S0-BIL-264

E . B É N É Z I T

DICTIONNAIRE
critique et documentaire
DES PEINTRES SCULPTEURS DESSINATEURS ET GRAVEURS

E. BÉNÉZIT

DICTIONNAIRE
critique et documentaire
DES PEINTRES SCULPTEURS DESSINATEURS ET GRAVEURS

de tous les temps et de tous les pays
par un groupe d'écrivains spécialistes
français et étrangers

•

NOUVELLE ÉDITION
entièrement refondue
sous la direction de Jacques BUSSE

•

TOME 4
COUDERT - DZWONOWSKI

GRÜND
1999

GARANTIE DE L'ÉDITEUR

Malgré tous les soins apportés à sa fabrication,
il est malheureusement possible que cet ouvrage comporte un défaut d'impression ou de façonnage. Dans ce cas, il vous sera échangé sans frais. Veuillez à cet effet le rapporter au libraire qui vous l'a vendu ou nous écrire à l'adresse ci-dessous en nous précisant la nature du défaut constaté. Dans l'un ou l'autre cas, il sera immédiatement fait droit à votre réclamation.

Éditions Gründ – 60, rue Mazarine – 75006 Paris

Éditions précédentes : 1911-1923, 1948-1955, 1976

ISBN : 2-7000-3010-9 (série classique)
ISBN : 2-7000-3014-1 (tome 4)

ISBN : 2-7000-3025-7 (série usage intensif)
ISBN : 2-7000-3029-X (tome 4)

ISBN : 2-7000-3040-0 (série prestige)
ISBN : 2-7000-3044-3 (tome 4)

Dépôt légal mars 1999

NOTES CONCERNANT LES PRIX

Tous les prix atteints en vente publique par les œuvres des artistes répertoriés dans le Bénézit sont indiqués :

- dans la monnaie du pays où a eu lieu la vente (*cf* abréviations ci-dessous) ;
- dans la monnaie au jour de la vente.

Afin de permettre au lecteur d'évaluer ce que représentent en valeur actualisée les transactions précitées, nous donnons dans le tome 1 :

- un tableau retraçant l'évolution du pouvoir d'achat du franc depuis 1901 (page 8) ;
- un tableau donnant les cours à Paris du dollar et de la livre sterling depuis la même année (page 10).

Ainsi pourra-t-on estimer par un double calcul la valeur d'une transaction effectuée par exemple à Londres en 1937, à New York en 1948, etc., et par une simple lecture à Paris en 1955.

DÉSIGNATION DES MONNAIES SELON LA NORME ISO

ARS	Peso argentin	**HKD**	Dollar de Hong Kong
ATS	Schilling autrichien	**HUF**	Forint (Hongrie)
AUD	Dollar australien	**IEP**	Livre irlandaise
BEF	Franc belge	**ILS**	Shekel (Israël)
BRL	Real (Brésil)	**ITL**	Lire (Italie)
CAD	Dollar canadien	**JPY**	Yen (Japon)
CHF	Franc suisse	**NLG**	Florin ou Gulden (Pays-Bas)
DEM	Deutsche Mark	**PTE**	Escudo (Portugal)
DKK	Couronne danoise	**SEK**	Couronne suédoise
EGP	Livre égyptienne	**SGD**	Dollar de Singapour
ESP	Peseta (Espagne)	**TWD**	Dollar de Taïwan
FRF	Franc français	**USD**	Dollar américain
GBP	Livre sterling	**UYU**	Peso uruguayen
GRD	Drachme (Grèce)	**ZAR**	Rand (Afrique du Sud)

Jusqu'aux années 1970, les prix atteints lors des ventes en Angleterre étaient indiqués indifféremment en livres sterling ou en guinées. Lorsque tel a été le cas, l'abréviation GNS a été conservée.

PRINCIPALES ABRÉVATIONS UTILISÉES

Rubrique muséographique

Les abréviations correspondent au mot indiqué et à ses accords.

Acad.	Académie
Accad.	Accademia
Assoc.	Association
Bibl.	Bibliothèque
BN	Bibliothèque nationale
Cab.	Cabinet
canton.	cantonal
CNAC	Centre national d'Art contemporain
CNAP	Centre national des Arts plastiques
coll.	collection
comm.	communal
Contemp.	Contemporain, contemporary...
dép.	départemental
d'Hist.	d'Histoire
Fond.	Fondation
FNAC	Fonds national d'Art contemporain
FRAC	Fonds régional d'Art contemporain
Gal.	Galerie, Gallery, Galleria...
hist.	historique
Inst.	Institut, Institute
Internat.	International
Libr.	Library
min.	ministère
Mod.	Moderne, Modern, Moderna, Moderno...
mun.	municipal
Mus.	Musée, Museum
Nac.	Nacional
Nat.	National
Naz.	Nazionale
Pina.	Pinacothèque, Pinacoteca...
prov.	provincial
région.	régional
roy.	royal, royaux

Rubrique des ventes publiques

abréviations des techniques

/	sur
acryl.	acrylique
alu.	aluminium
aquar.	aquarelle
aquat.	aquatinte
attr.	attribution
cart.	carton
coul.	couleur
cr.	crayon
dess.	dessin
esq.	esquisse
fus.	fusain
gche	gouache
gché	gouaché
gchée	gouachée
gchées	gouachées
gches	gouaches
grav.	gravure
h.	huile
h/cart.	huile sur carton
h/pan.	huile sur panneau
h/t	huile sur toile
inox.	inoxydable
isor.	Isorel
lav.	lavis
linograv.	linogravure
litho.	lithographie
mar.	marouflé, marouflée...
miniat.	miniature
pan.	panneau
pap.	papier
past.	pastel
peint.	peinture
photo.	photographie
pb	plomb
pl.	plume
reh.	rehaussé, rehaut, rehauts...
rés.	résine
sculpt.	sculpture
sérig.	sérigraphie
synth.	synthétique
tapiss.	tapisserie
techn.	technique
temp.	tempera
t.	toile
vinyl.	vinylique

COUDERT Amalia
Née en 1876 à Terre-Haute (Indiana). XIXe-XXe siècles. Américaine.
Peintre de portraits et de miniatures.
Elle fit ses études en Amérique. Elle réalisa de nombreux portraits de cour en Angleterre à partir de 1896, parmi lesquels celui en miniature du *Prince de Galles*, puis à la cour impériale de Russie.

COUDERT Angèle
Née à Limoges (Haute-Vienne). XXe siècle. Française.
Peintre de nus, de fleurs, de natures mortes.
Elle exposa au Salon des Artistes Indépendants entre 1937 et 1943.

COUDERT Armand
Né à Limoges (Haute-Vienne). XXe siècle. Français.
Peintre de portraits.
Il expose depuis 1905 au Salon des Artistes Français.

COUDERT Marcel
Né à Paris. XXe siècle. Français.
Peintre.
Il exposa au Salon des Indépendants, à Paris.

COUDERT Pierre
Né à Fourchambault (Nièvre). XXe siècle. Français.
Peintre.
Il exposa au Salon des Indépendants, à Paris.

COUDOUR Henry
Né à Montbrison (Loire). XIXe-XXe siècles. Français.
Peintre de portraits, paysages, natures mortes, fleurs.
Sociétaire du Salon d'Automne, il exposa aussi au Salon des Tuileries, à Paris.
Ventes Publiques : Paris, 21 nov. 1985 : *Nature morte, compotier et fleurs*, h/t (27x47) : **FRF 5 100** – Paris, 30 mai 1990 : *Nature morte à la table*, h/t (27x46) : **FRF 23 500**.

COUDRAIN Brigitte
Née le 21 octobre 1934 à Paris. XXe siècle. Française.
Graveur, peintre, aquarelliste, illustrateur.
Elle fut élève de Friedlaender à partir de 1954 et s'initie à la gravure. En 1955, elle réalise ses premières aquarelles. En 1984, elle exécute ses premiers tableaux à l'huile.
Elle expose collectivement à la Biennale de Ljubljana, au Salon de la Jeune Gravure, au Salon de Mai, à la Biennale de Paris, Tokyo, Grenchen. Elle a présenté ses œuvres lors d'expositions individuelles à partir de 1959 à la Galerie Seder à Paris, puis aussi à Hambourg, Copenhague, New York (Galerie of Graphic Arts en 1966), Jérusalem, Bruxelles, Essen (Galerie Heimeshoff en 1970 et 1973, Galerie Krupper en 1980), Paris (Galerie des Éditions de l'Ermitage en 1976 et 1981), Haarlem (au Franz Hals Museum en 1978), Vilnius (Bibliothèque Nationale en 1990), Bruxelles (Fondation Carcan en 1991), etc.
Elle grave en utilisant les techniques de taille directe, le burin, également la manière noire et l'eau-forte. Elle a illustré de nombreux ouvrages, dont : *Les plantes de coudrain*.
Bibliogr. : Catalogue Raisonné de l'Œuvre Gravée, Galerie Éditions Scmücking, 1976.
Musées : Berlin – Bruxelles – Édimbourg – Haïfa – Jérusalem – New York – Paris (BN).

COUDRAY Alice
XXe siècle. Française.
Miniaturiste.
Élève de Mlle Visto. Sociétaire des Artistes Français.

COUDRAY Charles
XVIIe siècle. Français.
Sculpteur.
Il travaillait à Carpentras en 1640. Il est aussi connu comme architecte.

COUDRAY François
Né vers 1678 à Villecerf (Aube). Mort le 29 avril 1727 à Dresde. XVIIIe siècle. Français.
Sculpteur.
Élève de Coysevox. Son *Saint Sébastien* en marbre, aujourd'hui au Louvre, lui ouvrit les portes de l'Académie en 1712. Nommé premier sculpteur du roi de Pologne, il passa sa vie à Dresde et y devint professeur à l'Académie. On lui doit le *Buste de Frédéric-Auguste de Saxe* (1715) à Dresde, et de nombreuses sculptures décoratives dans le parc royal, détruites pendant le siège de Dresde en 1760. On lui attribue aussi le modèle d'une statue équestre du Palatin. Père de Pierre Coudray.

COUDRAY François Gaston
Né à Billancourt (Seine). XIXe siècle. Français.
Sculpteur.
Il exposa dans différents Salons parisiens entre 1886 et 1893.

COUDRAY Georges Charles
Né à Paris. XIXe-XXe siècles. Français.
Sculpteur de statues, bustes, médailleur.
Il fut élève de Thomas et de Falguière. Il exposa fréquemment à Paris, entre 1883 et 1903.
Ventes Publiques : Londres, 24 juin 1981 : *Buste de jeune fille*, bronze (H. 52) : **GBP 400** – Enghien-les-Bains, 16 oct. 1983 : *Oriental au sabre*, bronze, patine polychrome (H. 92) : **FRF 95 000** – Londres, 20 mars 1986 : *Kidda* vers 1890, bronze, patine brune (H. 75) : **GBP 1 900** – Troyes, 16 oct. 1988 : *Égyptienne à la harpe*, bronze à patine deux tons (H. 66,5) : **FRF 10 000** – Lokeren, 9 mars 1996 : *L'ange de l'industrie*, bronze (H. 92) : **BEF 70 000**.

COUDRAY Marie Alexandre Lucien
Né le 21 février 1864 à Paris. XIXe-XXe siècles. Français.
Sculpteur, graveur en médailles.
Il obtint le Prix de Rome en 1893, une deuxième médaille en 1900.
Ventes Publiques : New York, 16 oct. 1984 : *Tahoser*, bronze polychrome (H. 85) : **USD 1 900** – Detroit, 18 jan. 1987 : *Guerrier maure*, bronze patiné (H. 80) : **USD 4 250**.

COUDRAY Paul de
Mort le 16 mai 1775 à Paris. XVIIIe siècle. Français.
Peintre.

COUDRAY Pierre
Né en 1713 à Paris. Mort en 1770 à Dresde. XVIIIe siècle. Français.
Sculpteur.
Fils de François Coudray. Il travailla à Rome, en Angleterre et à Varsovie, et devint plus tard professeur de l'Académie de Dresde. Plusieurs de ses ouvrages furent placés dans le Grand Jardin.

COUDRET Jean Pierre
XVIIIe siècle. Vivait à Paris en 1777.
Sculpteur.

COUDRIN René
XVIIIe siècle. Français.
Peintre.
Il fut reçu à l'Académie de Saint-Luc à Paris en 1749.

COUDRON Yvonne
Née à Amsterdam (Pays-Bas). XXe siècle. Française.
Peintre de paysages.
Élève de E. Simon. Exposant du Salon des Artistes Français.

COUÉ Francisque
Né à Molac (Morbihan). Mort le 7 avril 1865 à Paris. XIXe siècle. Français.
Graveur.
Exposa au Salon, en 1864 : *La Rue Saint-Yves à Rennes* en 1857.

COUÉE Laurent de
XVIIIe siècle. Français.
Sculpteur.
Il fut reçu à l'Académie de Saint-Luc à Paris en 1752.

COUÉE Marie Françoise
XVIIIe siècle. Française.
Peintre.
Elle fut reçue à l'Académie de Saint-Luc en 1761.

COUEFFARD Louis
XVIe siècle. Actif à Rouen. Français.
Peintre verrier.
Il travaillait en 1507 au château de Gaillon.

COUESNON Madeleine
Née à Paris. XXe siècle. Française.
Peintre de paysages.
En 1922, elle a exposé au Salon de la Nationale et au Salon d'Automne.

COUET Denis
XVIIIe siècle. Vivait à Caen entre 1775 et 1790. Français.
Sculpteur.

COUET Henri ou **Couette**
Mort le 16 décembre 1697 à Paris. XVIIe siècle. Français.
Sculpteur.

Il prit part à la décoration de l'église du Val-de-Grâce en 1666, travailla au Louvre de 1670 à 1674 et au château de Clagny, de 1675 à 1677. Il travailla aussi, en 1678, au grand escalier de Trianon et à la grande écurie de Versailles, en 1680.

COUËT Louise Sébastienne Henriette. Voir **BAQUOY**

COUET Nicolas
XVIIIe siècle. Actif à Caen entre 1775 et 1790. Français.
Sculpteur.

COUET Noël
XVIIIe siècle. Travaillait à Caen entre 1778 et 1790. Français.
Sculpteur.

COUET Pierre
XVIIe siècle. Français.
Sculpteur.
Il est signalé à Paris le 2 avril 1667.

COUET Pierre
XVIIIe siècle. Actif à Caen entre 1775 et 1790. Français.
Sculpteur.

COUET Renée
Née à Cherbourg (Manche). XXe siècle. Française.
Peintre.
Élève de Richebé. Sociétaire des Artistes Français ; mention honorable en 1925.

COUETTE Eloy
XVIIIe siècle. Français.
Sculpteur.
Il fut reçu à l'Académie de Saint-Luc à Paris en 1745, et vivait encore en 1763.

COUETTE Gabriel, dit **La Boissière**
XVIIe siècle. Français.
Sculpteur.
Il fut reçu à l'Académie de Saint-Luc à Paris en 1679.

COUETTE Jean Noël
XVIIIe siècle. Français.
Sculpteur.
Il fut reçu à l'Académie de Saint-Luc en 1754. Il s'agit peut-être du même artiste que Noël Couet.

COUEY Claude Emmanuel
XVIIIe siècle. Actif à Coutances. Français.
Peintre.
Il exécuta en 1712 un retable pour l'église Notre-Dame de Granville.

COUEZ Jules
Né le 18 juillet 1897 à Valenciennes (Nord). Mort le 28 mai 1984 en Seine-et-Marne. XXe siècle. Français.
Peintre de portraits, paysages, paysages urbains, natures mortes, aquarelliste.
Il était également architecte. Il a vécu à Paris de 1919 à 1970. Il a exposé au Salon des Artistes Indépendants entre 1922 et 1943 et au Salon de la Société Nationale des Beaux-Arts entre 1930 et 1934.
Outre des portraits et tableaux de famille, il a peint des vues du vieux Paris, des croquis et aquarelles des environs de Paris et d'Île-de-France.

COUFOURY
XIXe siècle. Réthelois, actif au XIXe siècle. Français.
Peintre.
Le Musée de Reims conserve de lui le *Portrait de Jean Charlier de Gerson*.

COUGET. Voir **COUCHET**

COUGNAUD Marcel
Né à La Châtaigneraie (Vendée). XXe siècle. Français.
Peintre de paysages, de portraits, de natures mortes.
Il exposa au Salon des Artistes Indépendants et au Salon d'Automne à partir de 1935.

COUGNY Antonin
Né à Nevers. XIXe siècle. Français.
Sculpteur.
Élève de Gleyre et de L.-E. Cougny. A débuté au Salon de 1870.

COUGNY Élisa
Née à Bourges. XIXe siècle. Française.
Peintre.
Commença à exposer des portraits au Salon de Paris en 1861. Elle a fait surtout des miniatures et des pastels.

COUGNY Julie, Mme, née **Morisot**
Née à Saint-Amand (Cher). XIXe siècle. Française.
Peintre.
Elle exposa sous son nom de jeune fille, de 1870 à 1877. Elle a exécuté de nombreuses médailles et figura pour la dernière fois au Salon en 1894.

COUGNY Louis Edmond
Né le 3 octobre 1831 à Nevers (Nièvre). Mort le 17 février 1900 à Paris. XIXe siècle. Français.
Sculpteur.
Élève de Jouffroy. Il commença à exposer au Salon de Paris en 1855. On cite de lui : *Jean de la Quintinie* ; *Lazare Carnot* ; *Une épave* ; *A l'atelier*. Le Musée d'Autun conserve de lui une *Bacchante*.

COUILLAUD
XIXe siècle. Français.
Peintre verrier.
Il travailla pour la cathédrale d'Amiens entre 1867 et 1869.

COUILLAUD Henri
Enterré à Paris le 10 octobre 1648. XVIIe siècle. Actif dans le Poitou. Français.
Peintre.

COUILLAUD Noémie
Née à Nantes (Loire-Atlantique). XXe siècle. Française.
Peintre.
Elle fut sociétaire du Salon des Artistes Français et peignit surtout des aquarelles.

COUILLY Jehan de. Voir **JEHAN de Couilly**

COULA Timothée
XVIIe siècle. Travaillant à Montpellier à la fin du XVIIe siècle. Français.
Sculpteur.

COULANGE Emmanuel
Né en 1898 à Marseille. Mort en 1962. XXe siècle. Français.
Peintre de paysages, marines.
Neveu de Jules Coulange-Lautrec, lui-même fils d'Emmanuel Coulange-Lautrec. À la suite de son séjour au Maroc et au Sénégal de 1949 à 1961, il peignit de nombreux paysages et marines. Il signait E. Coulange.
BIBLIOGR. : Gérald Schurr, in : *Les Petits Maîtres de la peinture 1820-1920, valeur de demain*, Les Éditions de l'Amateur, t. VI, Paris, 1985.

COULANGE Hélène
Née à Dobroudja-Foultcha, de parents français. XXe siècle. Française.
Sculpteur.
En 1924 elle exposait au Salon d'Automne une *Danseuse*.

COULANGE-LAUTREC Emmanuel
Né en 1824 à Nîmes (Gard). Mort en 1898. XIXe siècle. Français.
Peintre de compositions murales, paysages, natures mortes. Orientaliste.
Après avoir fait des études d'architecture et de décorateur, il s'installa à Marseille, où il fut élève à l'École des Beaux-Arts. En 1869, il débuta au Salon de Paris. Il fut chargé de cours de perspective et professeur d'Arts Industriels et Décoratifs à Marseille. Il est l'auteur de plusieurs peintures murales dans des églises, hôtels particuliers et châteaux du Midi et au salon d'apparat de la Bourse de Marseille.
Ses paysages d'Orient et de Provence, aux plans successifs très ordonnés, sont peints dans des tonalités plus claires que ses compositions décoratives. Ses natures mortes montrent son admiration pour les maîtres hollandais des XVIIe et XVIIIe siècles.
BIBLIOGR. : Gérald Schurr, in : *Les Petits Maîtres de la peinture 1820-1920, valeur de demain*, Les Éditions de l'Amateur, t. VI, Paris, 1985.
VENTES PUBLIQUES : NEW YORK, 29 mai 1981 : *Nature morte* 1877, h/t (97,8x138,4) : **USD 2 500** – PALAVAS-LES-FLOTS, 19 fév. 1983 : *Port oriental*, h/t (30x40) : **FRF 18 000** – MONTE-CARLO, 6 mars 1984 : *Crique dans les environs d'Antibes*, h/t (105x148) : **FRF 45 000** – MONACO, 15 juin 1990 : *Intérieur de fumoir* 1856, aquar. (29,2x24,3) : **FRF 28 860** – MONACO, 18-19 juin 1992 : *Pièce octogonale dominant la mer* 1863, aquar. et gche (41,7x28,6) : **FRF 6 660** – PARIS, 22 mars 1993 : *La récompense du ménestrel* 1852, h/cart. (40x30) : **FRF 7 000**.

COULANGE-LAUTREC Jules
Né en 1861 à Marseille. Mort en 1950. XIXe-XXe siècles. Français.

Peintre de genre, paysages, affichiste.
Fils d'Emmanuel Coulange-Lautrec, il lui succéda en tant que professeur à l'École des Beaux-Arts de Marseille.
Ses sujets anecdotiques se comparent à ceux de Roybet, tandis que ses vues de France, Italie, Suisse, Espagne ont une écriture sténographique qui, d'autre part, convient particulièrement à ses affiches publicitaires. Il signait généralement de son nom seul, sans prénom.
Bibliogr. : Gérald Schurr, in : *Les Petits Maîtres de la peinture 1820-1920, valeur de demain,* Les Éditions de l'Amateur, t. VI, Paris, 1985.

COULANT Roger
Né le 17 mai 1925 à Lille (Nord). Mort le 17 mai 1948. XXe siècle. Français.
Peintre, caricaturiste, écrivain d'art.
Il participa à quelques Salons avant sa mort prématurée.

COULAUD Martin
Né à Cournon (Puy-de-Dôme). Mort en 1906. XIXe siècle. Français.
Peintre d'animaux, paysages animés.
Il fut sociétaire du Salon des Artistes Français, à Paris, depuis 1903.
Ventes Publiques : New York, 1904 : *Berger et moutons* : **USD 200** ; *De bon matin* : **USD 190** – Londres, 18 jan. 1908 : *Le retour du pâturage* : **GBP 15** – Londres, 1er juin 1923 : *Moutons* : **GBP 17** ; *La sortie du troupeau* : **GBP 13** – Paris, 17 et 18 juin 1927 : *Moutons dans les genêts* : **FRF 520** – Londres, 10 fév. 1928 : *Berger et son troupeau* : **GBP 7** – Londres, 7 juil. 1930 : *La bergère* : **GBP 16** – Paris, 24 mai 1944 : *Le Troupeau de moutons* : **FRF 7 000** – Londres, 20 avr. 1978 : *Berger et troupeau dans un paysage,* h/t (66x90,2) : **GBP 950** – Paris, 29 juin 1981 : *Le berger sous la neige,* h/t (40x65) : **FRF 2 500** – Chester, 8 oct. 1987 : *Le retour du troupeau,* h/t (63,5x98) : **GBP 3 500** – Paris, 29 juin 1988 : *Le retour des champs,* h/t (46x65) : **FRF 4 500.**

COULDERY Horatio Henry
Né en 1832 à Lewisham. Mort en 1893. XIXe siècle. Britannique.
Peintre de genre, animaux.
Bien que son père fût artiste, peut-être à raison même de cette condition, Horatio Couldery fut mis en apprentissage chez un ébéniste. Cependant son goût pour l'art l'amena à renoncer à sa profession pour entrer, à 25 ans, comme élève à la Royal Academy de Londres, et il y débuta comme exposant en 1864. Ruskin estimait son talent.
Musées : Norwich : *Leçon de tir* – Nottingham : *Un souper aux huîtres.*
Ventes Publiques : Londres, 4 juin 1908 : *L'Alerte* : **GBP 5** – Londres, 17 avr. 1909 : *La Sympathie* : **GBP 3** – Londres, 4 et 5 mai 1922 : *Scène de guerre* : **GBP 3** – Londres, 24 mars 1939 : *Le crime et l'innocence* 1874 : **GBP 6** – Londres, 20 juin 1972 : *Mistress' new bonnet* : **GBP 300** – Londres, 13 sep. 1977 : *Les Chasseurs d'oiseaux,* h/t (48x59) : **GBP 650** – Londres, 20 mars 1979 : *Les Chasseurs d'oiseaux,* h/t (49x59) : **GBP 950** – Chester, 19 mars 1981 : *Good behaviour,* h/t (39,5x54) : **GBP 5 500** – Chester, 22 juil. 1983 : *Le bocal aux poissons rouges* 1882, h/t (28x53) : **GBP 3 000** – Londres, 1er oct. 1986 : *Cruel sport,* h/t (27x38) : **GBP 3 500** – New York, 4 juin 1987 : *Too late,* h/t (35,5x53,3) : **USD 7 000** – Londres, 3 juin 1988 : *Le partage d'un os,* h/t (28x35,5) : **GBP 4 180** – New York, 25 fév. 1988 : *Fière de sa portée,* h/t (41,9x63,7) : **USD 8 800** – Londres, 23 sep. 1988 : *Nulle part pour se cacher* 1882, h/t (40,5x56) : **GBP 6 050** – Londres, 2 juin 1989 : *En arrêt,* h/t (30,5x61) : **GBP 5 500** – Londres, 13 déc. 1989 : *Un acompte sur le souper,* h/t (36x46) : **GBP 5 280** – Londres, 14 fév. 1990 : *Prêts pour faire des sottises,* h/t (40,6x50,7) : **GBP 7 150** – Londres, 21 mars 1990 : *Les faiseurs de bêtises,* h/t (46x61) : **GBP 9 350** – Londres, 16 juil. 1991 : *Sottises de jeunes chiots,* h/t (45,7x60,9) : **GBP 4 950** – New York, 16 juil. 1992 : *Les chasseurs* 1890, h/cart. (19,1x29,8) : **USD 4 675** – Londres, 11 juin 1993 : *Occupation captivante,* h/t (30,5x38) : **GBP 7 820** – Londres, 9 juin 1994 : *Le monopole,* h/pan. (17x29) : **GBP 2 300** – Londres, 29 mars 1995 : *Lapins,* h/t (43,5x53,5) : **GBP 5 750** – Londres, 17 oct. 1996 : *Reflet fidèle,* h/t (69,2x89,5) : **GBP 4 830.**

COULDERY R.
XIXe siècle. Britannique.
Peintre.
Il exposa vers le milieu du XIXe siècle à la Royal Academy, à Londres.

COULDERY Thomas W.
XIXe siècle. Britannique.
Peintre.
Il exposait à la Royal Academy, à Londres, entre 1883 et 1893.
Musées : Sydney : une aquarelle.

COULENTIANOS Costas
Né le 21 décembre 1918 à Athènes. Mort en 1995 dans les Bouches-du-Rhône. XXe siècle. Depuis 1945 actif en France. Grec.
Sculpteur. Figuratif puis abstrait.
Il fit ses études à l'École des Beaux-Arts d'Athènes entre 1936 et 1940. En 1945, bénéficiant d'une bourse du gouvernement français, il se fixe à Paris, puis à Plan d'Orgon. Il figura au Salon d'Automne et à celui de Mai à partir de 1947 ainsi qu'à l'exposition du Petit Palais intitulée *Les Sept Sculpteurs Grecs de Paris* en 1953. En tant qu'artiste graphique, il figura également aux IIIe et IVe Biennales Internationales de la Lithographie en couleurs à Cincinnati, à l'Exposition de la Gravure et du Livre Grecs à Genève. Il a exposé personnellement en 1955, 1956 et 1957 à l'Obelisk Gallery de Londres.
À Paris, il fit la connaissance dès 1946 d'Henri Laurens qui lui donna des conseils discrets. Il travailla très tôt le métal, le fer et le plomb, il s'inspira d'abord des formes de la réalité extérieure, formes humaines ou animalières. Il élimine rapidement l'élément anecdotique de cette ressemblance pour n'en conserver que l'essence du geste ou de l'élan. De l'oiseau, par exemple, n'est retenu que l'envol. La sculpture est alors parfaitement aérienne, l'articulation de ses membres partant à la conquête de l'espace. Depuis 1970, il assemble des plaques de métal avec des boulons qui sont les points cruciaux de ses œuvres. ■ J. B.
Bibliogr. : In : *Diction. de la Sculpture Moderne,* Hazan, Paris, 1960.
Ventes Publiques : Paris, 6 déc. 1986 : *Sans titre* 1960, bronze (H. 190) : **FRF 27 500** – Paris, 24 avr. 1988 : *Sculpture en fer martelé et soudé* (H. 90) : **FRF 18 000** – Paris, 5 fév. 1990 : *Sans titre,* fer martelé (90x98x100) : **FRF 38 500** – Paris, 20 mai 1992 : *Cythère* 1962, relief de fer, étain, bronze et bois (142x110) : **FRF 14 500** – Paris, 4 nov. 1992 : *Le Mollard* 1961, sculpt. d'alu. (169x72x65) : **FRF 9 000.**

COULERU Henri
Né à Paris. XXe siècle. Français.
Peintre de paysages et de marines.
Exposant du Salon des Indépendants.

COULERY Louis de. Voir **CAULLERY**

COULET Anne Philiberte
Née en 1736 à Paris. XVIIIe siècle. Française.
Graveur.
Étudia sous la conduite d'Aliamet et de Lempereur.

COULET Daniel
Né en 1954 à Montpellier (Hérault). XXe siècle. Français.
Sculpteur. Minimaliste.
Depuis 1991, il présente ses œuvres dans des expositions collectives, des salons internationaux, et des expositions personnelles : 1985 Musée d'Art Moderne, Toulouse ; 1986 Galerie Bellint, Paris ; 1991 Galerie Éric Dupont, Toulouse...
Ses sculptures en fer et résine sont des sortes de tiges élancées et maladives, portant à leur bout une fleur (*Iris*) ou un chapeau de champignon. Ce sont parfois aussi des *Arches* de plus de trois mètres de haut, qui dans leur austérité ne sont pas sans évoquer Giacometti.
Bibliogr. : Catalogue de l'exposition *Daniel Coulet,* Galerie Eric Dupont, Toulouse, 1991.

COULET Léon Gabriel Louis
Né le 7 novembre 1873 à Montpellier (Hérault). XXe siècle. Français.
Peintre et sculpteur.
Musées : Montpellier : *Copie de la Vierge dite La Belle Jardinière,* d'après Raphaël.

COULET Lucien
XXe siècle. Français.
Peintre.
Il exposait un portrait au Salon des Artistes Français de 1920 à Paris.

COULET Pierre Guillaume
XVIIIe siècle. Travaillait à Paris et à Angers. Français.
Peintre.

COULET DE BEAUREGARD Marie Louise
Née à Enghien. Morte après 1794. XVIIIe siècle. Française.
Peintre.
Élève de l'Académie Royale à Paris. Elle fonda en 1769 à Angers une école de dessin avec son frère Pierre Guillaume.

COULHON Vital
Né à Montluçon (Allier). XIXe-XXe siècles. Français.
Sculpteur.
A obtenu une mention honorable en 1901.

COULIN Arthur
Hongrois.
Peintre.
Il fit ses études à Munich et vécut beaucoup en Italie.
Musées : Budapest – Szegzard, Hongrie.

COULIN Jean
Né en 1822. Mort en 1883. XIXe siècle. Actif à Genève. Suisse.
Peintre.
Étudia chez Hornung. Il exposa à Zurich en 1844, à Genève, de 1841 à 1856. On cite de lui : six portraits, dont un de lui-même, *Capucin en prières, David.* Il abandonna la carrière artistique en 1853.

COULIN-MOINOT Marie Eugénie, Mme, née **Moinot**
Née à Belfort. XIXe-XXe siècles. Française.
Peintre.
Élève, à Lyon, de Mlle Olivier et de Barriot, puis, à Paris, de Benjamin Constant, Baschet et J.-P. Laurens. Elle a exposé à Lyon depuis 1891, à Paris, depuis 1899 (sous son nom de jeune fille jusqu'en 1898), des portraits, des figures en plein air et des paysages. Parmi ces toiles : *Fumeur* et *Mendiant* (Lyon, 1894, troisième médaille), et à Paris, *Derniers soleils* (1899), *Le soir* (1902), *Matelots* (1905), *Les vacances* (1909).

COULING Arthur Vivan
Né le 13 novembre 1890 à Shantung (Chine). XXe siècle. Britannique.
Peintre, graveur.
Il a pratiqué l'huile, l'eau-forte et la pointe sèche et exposa à la Royal Scottish Academy et au Royal Glasgow Institute of Fine Arts.
Ventes Publiques : Perth, 26 août 1991 : *Bouleaux* 1944, h/pan. (69x91,5) : **GBP 825**.

COULIOU Jean-Yves
Né le 18 octobre 1916 à Landernau (Finistère). XXe siècle. Français.
Peintre. Figuratif puis abstrait.
Il fut élève des Beaux-Arts de Rennes puis de Paris et participa à partir de 1939 à différents salons parmi lesquels le Salon des Artistes Français, Terres Latines, d'Automne et des Artistes Indépendants. Il a exposé personnellement à Paris, Londres, Genève et New York. Il enseigne parallèlement aux Arts Décoratifs puis dans les Écoles des Beaux-Arts de Rennes et de Paris. Il peignit d'abord des marines et des paysages, puis évolua vers une abstraction jouant sur le signe où le relief de la matière semble prédominer.

Musées : Belgrade – Genève – Vannes.
Ventes Publiques : Lorient, 2 mai 1987 : *Le port de Sauzon*, h/t (38x53) : **FRF 8 200** – Paris, 30 nov. 1987 : *La campagne bretonne en été* (73x50) : **FRF 6 500** ; *Le chalutier rouge et noir* (81x65) : **FRF 6 100** ; *Composition bleue*, h/t (73x60) : **FRF 7 800**.

COULLAUT VALERA Lorenzo
Né en avril 1876 à Marchena (Séville). XXe siècle. Espagnol.
Sculpteur.
Il passa sa jeunesse en France et vécut par la suite à Madrid.

COULLÉ Andry
XVIe siècle. Français.
Peintre.
Il est signalé en 1540 au château de Fontainebleau.

COULLE Nicolas
XVIe siècle. Français.
Sculpteur.
Il sculpta, en 1536, pour la tour de l'église Saint-Gervais et Saint-Protais, de Gisors, des statues du Christ et des douze apôtres et, en 1552 et 1554, des statues de Vierge pour la tour et le portail. Celles de ses œuvres qui ont survécu paraissent indiquer qu'il appartenait à l'école des imagiers de Rouen.

COULLÉE Jean
XVIIe siècle. Travaillait en 1668 au Mans. Français.
Sculpteur.

COULLONJON
XVIIIe siècle. Français.
Sculpteur.
C'est sans doute le même artiste qui est aussi connu sous le nom de Denis ou Jean-Denis Coulonjon. Il exécuta en 1765 le tombeau de l'évêque de Saint-Omer.

COULOM Jean-Baptiste, ou **Jean de**
Né à Jurançon (Basses-Pyrénées). XVIIe-XVIIIe siècles. Français.
Peintre de compositions animées, scènes de genre.
Il travailla au Mans de 1695 à 1735. Il s'y maria le 24 septembre 1696. Le maréchal de Tessé, vers 1712, lui passa commande de l'illustration du *Roman comique* de Scarron, et vingt-sept scènes ornèrent un pavillon du château de Vernie, elles sont maintenant conservées au musée Tessé du Mans. Il est probablement aussi l'auteur des deux tableaux des petits autels de l'ancienne église de Chevaigné (Sarthe).
Bibliogr. : E. Foucart-Walter : *Le Mans, musée Tessé, Peintures françaises du XVIIe siècle*, Réunion des Musées Nationaux, Paris, 1982.
Musées : LE MANS (Mus. Tessé) : Suite du *Roman Comique*.
Ventes Publiques : Paris, 9 juin 1995 : *Le déplorable succès qu'est la comédie*, h/t (73x91) : **FRF 95 000**.

COULOMBE Odette
Née à Paris. XXe siècle. Française.
Peintre de fleurs, de paysages, de marines.
Elle fut élève de Henriette Damart puis sociétaire du Salon des Artistes Français.

COULOMBEL Jean
XIVe siècle. Français.
Sculpteur.
Il travailla, avec Raymond du Temple, en 1364, au grand escalier du vieux Louvre.

COULOMBET Pierre
XVIe siècle. Français.
Peintre.

COULOMBIE Robert
Né à Villeneuve-sur-Lot (Lot). Français.
Peintre de paysages.
Il exposa au Salon des Indépendants.

COULOMBIER Cyr
XVIIIe siècle. Français.
Sculpteur.
Il se maria à Paris en 1713.

COULON
XVIIIe siècle. Travaillait à Paris vers 1700. Français.
Auteur de portraits, peintre de miniatures.

COULON Augusta de
Née en 1838 à Neuchâtel. Morte le 8 mai 1897 à Strasbourg. XIXe siècle. Suisse.
Peintre.
Élève de Jules Jacot Guillarmod, de Albert Anker et de J.-J. Zelger. Elle exposa à Bienne en 1880, et peignit des paysages et des sujets de genre.

COULON Berthe
XXe siècle. Belge.
Peintre. Naïf.
Depuis 1970, elle participe à des expositions collectives et montre des ensembles de ses peintures dans des expositions personnelles, surtout en Belgique, Bruxelles, Namur, Anvers, etc., mais aussi à Lugano, Milan, La Chaux-de-Fonds, et à la galerie Antoinette de Paris. Elle a obtenu diverses distinctions.
Musées : Montfort-l'Amaury (Mus. d'Art Naïf d'Ile-de-France) – Nice (Mus. Anatole Jakovsky) – Paris (Mus. Max Fourny).

COULON Emile
Né en 1882 à Marseille (Bouches-du-Rhône). XXe siècle. Français.
Peintre de paysages.
Dès l'âge de quinze ans, il entra à l'École des Beaux-Arts de Marseille, puis vint à celle de Paris où il eut François Cormon pour professeur. A partir de 1910 il sera professeur de dessin dans les lycées et les collèges. Il a exposé régulièrement à Paris à partir de 1924, et en 1974 une galerie lui a rendu hommage de son vivant.

Il ne cesse pas de peindre, en particulier de petits formats réalisés sur le motif, des paysages de Provence, du Jura et du Velay. Désireux d'en préserver la lumière, tributaire en cela d'une tradition née au XIXe siècle devenue très « traditionnelle » au XXe s.

COULON Ernest
Né le 23 novembre 1868 à La Bastide sur l'Hers (Ariège). XIXe siècle. Français.
Peintre.
Élève de son père Paul Frédéric Léo Coulon. A exposé au Salon des Artistes Français et à celui des Indépendants. Ed. Joseph mentionne son activité scientifique.

COULON Georges
Né le 11 novembre 1914 à La Châtre (Indre). Mort le 2 décembre 1990 à Paris. XXe siècle. Français.
Sculpteur, mosaïste de monuments, peintre de natures mortes.
À Paris, il fut élève de Wlérick et Malfray à l'École des Arts Appliqués et de Henri Bouchard à l'École des Beaux-Arts. En 1946, pensionnaire de la Casa Vélasquez de Madrid, il passa deux ans en Espagne. En 1949, une bourse lui permit un séjour en Italie. Il exposait aux Salons des Artistes Indépendants, des Artistes Français et au Salon Terres Latines. En 1942, il reçut le Prix National pour la sculpture. D'autres distinctions lui furent attribuées.
Il a réalisé plusieurs sculptures commandées par l'Etat destinées à des groupes scolaires et à la Caisse des Dépôts et Consignations, dont : *La Source* dans le parc d'Encausse-les-Thermes ; *Jeune fille se coiffant* à Lorient ; *Saint Vincent de Paul* à l'église de Villejuif ; *Les Richesses de la terre* à Caen ; *L'Agriculture* à l'École d'Agriculture de Venours ; *Saint Yves* à Lorient ; *Crédit Nantais* à Lorient ; *Sainte Louise de Marillac* à l'église Saint-Louis-des-Français à Madrid ; *La Vie de Sully* à Sully-sur-Loire ; *La Jeunesse* à Trappes ; *La Lecture, les sciences, l'agriculture* à Châteauroux ; *Le Dauphin*, sculpture de cuivre et mosaïque à Rosny-sous-Bois ; *Le Feu* à Niort ; *La Sologne* à Aubigny-sur-Nere ; etc.
Il abandonna peu à peu la sculpture pour se consacrer à la peinture de natures mortes. Dans cette nouvelle technique, pour laquelle il acquit le savoir-faire de la tradition, il s'inspira des natures mortes de Zurbaran et de la précision des peintres de natures mortes flamands.
Ventes Publiques : Paris, 15 juin 1994 : *Torse* 1989, bronze (53x36) : **FRF 10 500**.

COULON Henri
Né à Paris. XXe siècle. Français.
Peintre de paysages.
Il exposa au Salon des Artistes Indépendants à partir de 1902 et fut invité ensuite au Salon des Tuileries.
Il a peint des vues de l'Indre et de la Creuse mais demeure plus connu pour ses écrits politiques.

COULON Henri Julien
Né à Nemours (Seine-et-Marne). XXe siècle. Français.
Peintre, aquarelliste.
Il était sociétaire perpétuel du Salon des Artistes Français.

COULON J.
XXe siècle. Français.
Sculpteur, céramiste.
Il exposa à Paris au Salon des Artistes Français en 1927.

COULON Jacques
XVIIe siècle. Éc. flamande.
Peintre.
Il travailla à Tournai, où il fut reçu maître le 10 janvier 1673.

COULON Jean
XVIIe siècle. Français.
Peintre.
Il est signalé à Rome entre 1616 et 1620.

COULON Jean
Né le 17 avril 1853 à Ebreuil (Allier). Mort en 1923. XIXe-XXe siècles. Français.
Sculpteur.
Il fut élève de Cavelier à Paris. Il débuta au Salon des Artistes Français de Paris en 1880 ; obtenant une médaille de troisième classe en 1880, une de deuxième classe en 1886, une de bronze à l'Exposition Universelle de 1889.
Musées : Amiens : *Henri Regnault* – Dinan : *La Mort de Pyrame* – Nice : *Hébé* – Toulon : *Flore et Zéphir*.
Ventes Publiques : Paris, 27 mai 1987 : *Jupiter et Thétis*, marbre blanc de Carrare (H. 103) : **FRF 34 000**.

COULON Jean
Né en 1947 à Bruxelles. XXe siècle. Belge.
Graveur.
Il grave au burin. Il fit ses études à l'Académie de Saint-Luc et à celle de La Cambre à Bruxelles.
Bibliogr. : In : *Diction. biogr. illustré des artistes en Belgique depuis 1830*, Arto, Bruxelles, 1987.

COULON Jean-Michel
Né en 1920 à Bordeaux (Gironde). XXe siècle. Français.
Peintre. Abstrait.
Il fit des études d'histoire à Paris. Ses premières œuvres abstraites datent de 1939. En 1949 il exposa des gouaches dans des villes d'Amérique Latine. En 1950, il fit sa première exposition particulière à Paris dans la galerie qui avait découvert De Staël. Il séjourna à Amsterdam en 1951 et voyagea en Espagne en 1952. Il figura au Salon des Réalités Nouvelles en 1947 et 1949.
Diverses influences, dont celle de De Staël, se font jour dans cette peinture relevant du classicisme abstrait.
Bibliogr. : In : *Diction. de la peinture abstraite*, Hazan, Paris, 1957.

COULON Louis
Né en 1820 en Belgique. Mort en 1855. XIXe siècle. Belge.
Peintre de genre.
Ventes Publiques : La Haye, 1889 : *Un jeune compositeur* : **FRF 320** – Paris, 22 au 24 avr. 1901 : *Piqûre d'aiguille* : **FRF 220** – Londres, 5 juil. 1978 : *La Visite*, h/pan. (39,5x30) : **GBP 950** – Amsterdam, 13 mai 1980 : *Le violoncelle*, h/pan. (26,5x21) : **NLG 1 650** – Londres, 21 oct. 1983 : *Threading the needle* 1880, h/pan. (71x57,8) : **GBP 1 700**.

COULON Marthe Jacqueline
Née à Castelsarrazin (Tarn-et-Garonne). XXe siècle. Française.
Sculpteur.
Élève de Leroux et Sicard. Exposant du Salon des Artistes Français.

COULON Paul Frédéric Léo
Né le 14 avril 1830 à Castres (Tarn). XIXe siècle. Français.
Peintre de paysages.
Exposa au Salon de Paris, de 1864 à 1866. En 1891, il a fait une exposition à Toulouse.

COULON Raymond
Né à Sayat (Puy-de-Dôme). XXe siècle. Français.
Sculpteur de bustes.
Il fut élève de Paul Niclausse. Il exposa au Salon des Artistes Français, recevant une mention honorable en 1932, et fut invité au Salon des Tuileries en 1939.

COULON René Émile Charles
Né à Amiens (Somme). XXe siècle. Français.
Peintre.
Élève de Cormon, Shommer et Gervais. A exposé des paysages au Salon des Artistes Français.

COULON-SERRA Mary
Née à Paris. XXe siècle. Française.
Peintre.
Élève de Humbert. Sociétaire des Artistes Français depuis 1938.

COULONGEON Denis ou **Jean Denis** ou **Coullonjon** ou **Coulonjon**
XVIIIe siècle. Français.
Sculpteur en ornements.
Il fut reçu à l'Académie de Saint-Luc à Paris en 1743 ou 1748 et nommé directeur le 19 octobre 1751. Voir également Coullonjon.

COULOT Jean
Né le 13 avril 1928 à Neuchâtel. XXe siècle. Suisse.
Peintre, peintre de compositions murales, de cartons de tapisseries, graveur, illustrateur. Abstrait.
Il dessinait dès sa tendre enfance mais mena des études d'agriculture. Diplômé de cette discipline, il commence à peindre en 1948 et s'étant fixé à Paris en 1952 se consacre pleinement à la peinture. Il voyage, effectuant de fréquents séjours en Provence, en Italie, en Espagne mais également en Amérique du Sud. Depuis 1958, il figure dans de nombreux salons, le Salon d'Automne, Comparaisons à partir de 1959, le Salon de Mai, celui des Réalités Nouvelles et des Grands et Jeunes d'Aujourd'hui, le Salon de Montrouge. Il a exposé personnellement à Lausanne en 1952, 1957, 1959 et à Paris, notamment en 1995 avec « 120 pein-

tures de petits formats revisitant les thèmes abordés par l'artiste depuis 30 ans ». En 1961, il fut lauréat du Prix de la Peinture étrangère à Paris ; en 1979 lauréat du Prix François de Ziegler, également à Paris.
Il a illustré des recueils de poèmes de Claude Aveline et de Jean Lescure.
Il peint dans une technique gestuelle, tachiste, s'efforçant de suggérer l'anecdote de la tauromachie ou de la vie des bêtes à cornes. ■ J. B.
Bibliogr. : J.-C. Lambert : *La peinture abstraite,* in : *Histoire Générale de la Peinture,* Tome 23, Rencontre, Lausanne, 1967 – Jean-Louis Ferrier : *Coulot, de la peinture considérée comme une tauromachie,* Paris.
Musées : Lausanne – Rehovot, Israël – Reykjavik.

COULSON Henry Major
Né le 16 octobre 1880 à South Shields. xxe siècle. Britannique.
Aquarelliste et graveur.
Il a gravé à l'eau-forte et à l'aquatinte.

COULTAUX Harry K.
Né en 1863 aux États-Unis. Mort en 1923 à Brooklyn. xixe-xxe siècles. Américain.
Peintre.
On lui doit des cartons de tapisserie.

COULTER William Alexander
Né en 1849. Mort en 1936. xixe-xxe siècles.
Peintre de marines.
Ventes Publiques : San Francisco, 8 oct. 1980 : *Le Brigantin « Perkin H. Phelps »,* h/t (71x101,5) : **USD 7 000** – San Francisco, 3 oct. 1981 : *Le naufrage,* h/t (46x56) : **USD 1 700** – Los Angeles, 29 juin 1982 : *Personnages sur la plage* 1892, h/t (30,5x51) : **USD 1 700** – San Francisco, 21 juin 1984 : *Fully rigged sailing vessel at sea,* h/t (58,5x68,5) : **USD 2 000** – Los Angeles-San Francisco, 7 fév. 1990 : *Embarcations au large de la Golden Gate* 1885, h/t (51x76) : **USD 5 500** – Los Angeles-San Francisco, 12 juil. 1990 : *Cargo,* h/t (30,5x46) : **USD 3 300** – Los Angeles-San Francisco, 10 oct. 1990 : *Frégate au larges des récifs* 1880, h/t (91,5x152,5) : **USD 4 950** – New York, 23 avr. 1997 : *La Baie de San Francisco* 1910, h/t (35,6x61) : **USD 10 925.**

COULX Lancelot de
xviie siècle. Éc. flamande.
Peintre.
Fils de Coulx Servaes, il fut reçu maître le 30 octobre 1610.

COULX Servaes de
xvie-xviie siècles. Vivait à la fin du xvie et au début du xviie siècle. Éc. flamande.
Peintre.
On connaît de lui une *Cène* à l'église Saint-Wandru à Mons et *Une Adoration des Mages* à Enghien. Il signait aussi semble-t-il É Cœls, Cœlex, Cols, Coulx, Cools.

COULY-NOUAILLHER. Voir **NOUAILHER Couly**

COUMANS Raymond
Né en 1922 à Maastricht (Pays-Bas). xxe siècle. Belge.
Peintre de paysages, de natures mortes et de portraits. Néo-expressionniste.
Autodidacte, il peint le paysage brabançon avec poésie et simplicité.
Bibliogr. : In : *Diction. biogr. illustré des artistes en Belgique depuis 1830,* Arto, Bruxelles, 1987.
Musées : Bruxelles (Cab. des Estampes).
Ventes Publiques : Bruxelles, 27 mars 1990 : *Paysage d'hiver,* h/t (81x100) : **BEF 32 000.**

COUMONT Charles
Né en 1822. Mort en 1889. xixe siècle. Éc. flamande.
Peintre de genre, animaux, paysages animés.
Ventes Publiques : Lille, 11 déc. 1983 : *La moisson,* h/pan. (24,5x42,5) : **FRF 6 000** – Londres, 11 oct. 1985 : *Les moissonneurs,* h/t (77,5x131) : **GBP 2 000** – New York, 24 fév. 1987 : *La Mossa, course de chevaux non montés,* h/t (74,3x97,7) : **USD 23 000** – Los Angeles, 9 juin 1988 : *Le jeune fermier,* h/t (45x63) : **USD 2 200** – Paris, 9 mars 1990 : *Le ramassage des foins et du bois,* deux h/t, formant pendants (60x92) : **FRF 11 000** – Londres, 4 oct. 1991 : *Gardien de bétail dans la campagne romaine* 1850, h/t (150x198,1) : **GBP 3 850** – Amsterdam, 20 avr. 1993 : *Chevaux se désaltérant,* h/t (65x91) : **NLG 4 600.**

COUNEAU E.
xixe siècle. Actif dans la seconde moitié du xixe siècle. Français.
Aquafortiste.
Le Musée de Saintes possède une vue de La Rochelle par cet artiste.

COUNELAKIS Nicolas
Né en 1829 à La Canée. Mort en 1869 au Caire. xixe siècle. Grec.
Peintre de compositions religieuses, scènes de genre, portraits.
Il a étudié à Saint-Pétersbourg, Rome et Florence.
Musées : Athènes (Pina. Nat.).

COUNET Jean Louis
Mort le 23 juin 1743. xviiie siècle. Actif à Liège. Éc. flamande.
Peintre.
Travailla à l'Hôtel de Ville, de 1717 à 1720.

COUNET Madeleine Georgette Raymonde
Née à Paris. xxe siècle. Française.
Décorateur.
Mention honorable au Salon des Artistes Français en 1923.

COUNHAYE Charles
Né le 7 janvier 1884 à Verviers. Mort en 1971 à Bruxelles. xxe siècle. Belge.
Peintre, dessinateur. Expressionniste.
Il fit d'abord ses études à l'Ecole d'Art de Verviers et entra ensuite à l'Académie Royale des Beaux-Arts de Bruxelles. Il exposa pour la première fois en 1914 au « Salon des Bleus », et dès 1916 figura au Salon des Artistes Indépendants à Paris. Revenu en Belgique, il réalise des œuvres diverses comme des tapisseries, des mosaïques et des vitraux. Il a exposé en Belgique et en 1961 à New York.
Admirable dessinateur, il a excellé dans le lavis à l'encre de Chine, figurant des nus pitoyables ou des scènes émouvantes. Il pratiqua également l'art monumental, réalisant des vitraux et des tapisseries. Il fut professeur à l'Académie de La Cambre.

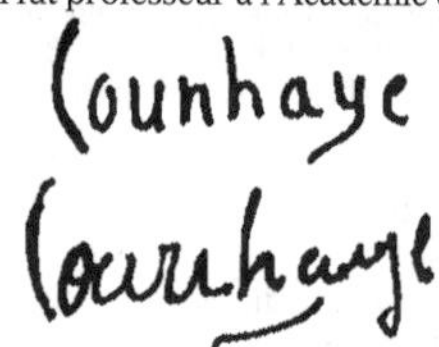

Bibliogr. : In : *Diction. biogr. illustré des artistes en Belgique depuis 1830,* Arto, Bruxelles, 1987.
Ventes Publiques : Bruxelles, 27 oct. 1982 : *L'homme au balcon, autoportrait de l'artiste* 1969, h/t (74x48) : **BEF 60 000** – Bruxelles, 26 oct. 1983 : *Femme et faune* 1967, fus. (94x108) : **BEF 45 000** – Bruxelles, 17 juin 1987 : *Le peintre et le modèle,* h/t (100x87) : **BEF 130 000** – Amsterdam, 13 déc. 1990 : *Nu* 1914, h/t (54x46) : **NLG 10 350** – Lokeren, 9 oct. 1993 : *La honte sur le village* 1969, h/t (62x79) : **BEF 33 000** – Lokeren, 20 mai 1995 : *Le port,* h/cart. (40x60) : **BEF 30 000.**

COUNIHAN Noël Jack
Né en 1913. Mort en 1986. xxe siècle. Australien.
Peintre de figures.
Il figurait dans l'exposition *Creating Australia, 200 Years of Art, 1788-1988.* Il peint dans une manière qui évoque celle de Rouault.
Bibliogr. : In : Catal. de l'exposition *Creating Australia, 200 Years of Art, 1788-1988,* Art Gallery of South Australia, 1988-1989.
Ventes Publiques : Sydney, 20 oct. 1980 : *Mère et enfant,* h/t (76x51) : **AUD 1 900** – Sydney, 3 juil. 1989 : *Nu assis,* past. (73x47) : **AUD 1 900** – Londres, 30 nov. 1989 : *Famille aborigène des environs de Swann Hill* 1960, h/cart. (76,2x92,1) : **GBP 18 700.**

COUNIOT ou **Conniot**
xviiie siècle. Actif au milieu du xviiie siècle. Français.
Miniaturiste, émailleur.

COUNIS Elise
Née en 1812 à Florence. Morte en 1848. xixe siècle. Italienne.
Peintre.
La Galerie royale de Florence conserve un portrait de cette artiste peint par elle-même.

COUNIS Salomon Guillaume
Né le 22 juillet 1785 à Genève. Mort le 10 février 1859 à Florence. XIXe siècle. Suisse.
Peintre miniaturiste.
Peintre de la grande duchesse de Toscane de 1810 à 1815, il revint à Florence en 1830 et y resta jusqu'à sa mort. Il a peint de nombreux portraits, notamment celui du *Roi de Westphalie*, celui de *Louis XVIII*, celui de *Mme de Staël*, une *Tête de Christ*, d'après Raphaël, *Pygmalion et Galathée*, d'après Girodet, etc. On cite également d'autres œuvres de cet artiste : *Le Portrait de J.-B. Counis* (collection H. Lieunme), *Un Portrait d'officier* (collection Artus), *Le Portrait de l'artiste par lui-même*, signé Counis, 1829 (collection prince de la Moskowa).
Musées : Florence : *Portrait de l'artiste par lui-même – La belle Grecque – Gabrielle d'Estrées – Femme inconnue* – Genève (Mus. d'Art et d'Hist.) : *Portrait de Trioson – Maunoir, d'après Saint-Ours – Portrait d'homme – Tête de Christ, d'après Raphaël.*
Ventes Publiques : Paris, 27-29 mai 1929 : *Portrait d'homme à favoris en habit noir et gilet jaune*, miniat. : **FRF 1 220**.

COUNTZE F.
D'origine allemande. XVIIIe siècle. Vivait à Londres à la fin du XVIIIe siècle. Allemand.
Peintre.
Il exposa de 1795 à 1799 à la Royal Academy.

COUPAN Jean Auguste
XIXe siècle. Français.
Peintre de paysages.
De 1837 à 1842, il figura au Salon de Paris.

COUPÉ Antoine Jean Baptiste
Né en 1784 à Paris. Mort après 1846. XIXe siècle. Français.
Graveur.

COUPE Louise
Né en 1877. Mort en 1915. XXe siècle. Belge.
Peintre.
Ventes Publiques : Lokeren, 21 mars 1992 : *Nature morte aux roses*, h/t (38x34) : **BEF 65 000** – Lokeren, 7 oct. 1995 : *Nature morte*, h/t (48x60) : **BEF 36 000** – Lokeren, 9 mars 1996 : *Nature morte de fleurs*, h/t (57x50) : **BEF 28 000**.

COUPEAU Ch. G. ou **Coupeaux**
XVIIIe siècle. Travaillait à Paris vers 1775. Français.
Graveur.

COUPER B. King
Née à Augusta-Georgia (Georgie). XXe siècle. Américaine.
Peintre.
A envoyé un portrait au Salon d'Automne de 1930.

COUPER Guillaume ou **William**
Né le 20 septembre 1853 à Norfolk. Mort en 1942. XIXe-XXe siècles. Américain.
Sculpteur de monuments, bustes.
Il fit ses études à New York, à Munich et à Florence. Il exécuta les bustes de nombreuses personnalités américaines et plusieurs monuments.
Ventes Publiques : Los Angeles, 24 juin 1980 : *Cupidon*, marbre (diam. 47) : **USD 950** – New York, 28 sep. 1989 : *Évangeline*, buste de marbre blanc (H. 53,4) : **USD 4 950** – New York, 3 déc. 1996 : *Evangeline*, marbre, buste (H. 53,3) : **USD 8 625** – New York, 4 déc. 1996 : *Repos* 1898, bronze relief (61x134,5) : **USD 32 200**.

COUPER Jean
Né au XVIIe siècle à Londres. XVIIe siècle. Britannique.
Portraitiste.
Il fit ses études à Amsterdam.
Ventes Publiques : Copenhague, 9 juin 1971 : *Nature morte* : **DKK 800**.

COUPER Richard Hamilton
Né en 1886 à Norfolk (Virginie). Mort en 1918 à New York. XXe siècle. Américain.
Peintre.

COUPER Thomas
XVe siècle. Travaillait à Londres en 1450. Britannique.
Peintre.

COUPET Frédéric
Né en 1965 à Martigues (Bouches-du-Rhône). XXe siècle. Français.
Sculpteur, créateur d'installations.
Il vit et travaille à Marseille. Il montre, depuis 1988, ses œuvres dans des expositions personnelles, notamment à la galerie Roger Pailhas à Paris et Marseille.
Il récupère des objets, mais aussi diverses références culturelles, dans des installations délibérement cyniques.
Bibliogr. : Paul Ardenne : *Frédéric Coupet – Bouffonnerie et lucidité*, Artpress, n° 187, Paris, janv. 1994.

COUPETTE Fanny
Née le 10 juillet 1854. XIXe siècle. Travaillant surtout à Düsseldorf et à Berlin. Allemande.
Peintre de fleurs.

COUPIGNY Edmond Ferdinand
Né à Paris. XXe siècle. Français.
Lithographe.
Sociétaire des Artistes Français ; mention honorable en 1910 ou 1920.

COUPIN Claude
Mort le 7 février 1764. XVIIIe siècle. Français.
Peintre.
Il fut reçu à l'Académie de Saint-Luc à Paris en 1750.

COUPIN H.
XIXe siècle. Français.
Peintre de genre, portraits.
Musées : Toul : *Portrait du lieutenant-général Gengoult* 1863.
Ventes Publiques : Versailles, 29 nov. 1981 : *Scène d'intérieur dans une administration publique* 1845, h/t (73x70) : **FRF 24 000** – Versailles, 20 nov. 1983 : *La collecte des impôts* 1845, h/t (60x74) : **FRF 46 500** – Paris, 12 mai 1989 : *L'Octroi* 1845, h/t (58,6x71,1) : **FRF 98 000**.

COUPIN DE LA COUPERIE Marie Philippe
Né en 1773 à Versailles (Yvelines). Mort le 19 décembre 1851 à Versailles. XVIIIe-XIXe siècles. Français.
Peintre d'histoire, sujets religieux.
Il eut pour maître Girodet. Il fut employé à la Manufacture de Sèvres et, en 1815, fut nommé professeur de dessin au Collège militaire de La Flèche, et six mois après à l'École de Saint-Cyr. En 1832, il reçut la croix de chevalier de la Légion d'honneur. Il était très apprécié de l'Impératrice Joséphine, ce qui explique, sans doute, sa rapide promotion. Au Salon de Paris, il exposa de 1812 à 1833.
Influencé par le graphisme d'Ingres, il donnait des attitudes précieuses à ses personnages, et puisait ses sujets dans l'histoire romanesque de l'Italie médiévale.
Bibliogr. : G. Schurr : *1820-1920, les petits maîtres, valeur de demain*, Paris, 1969.
Ventes Publiques : Paris, 29 avr. 1982 : *Sully montrant à son petit-fils le cœur d'Henri IV dans la chapelle de Sablé-sur-Sarthe*, h/t (212x178) : **FRF 98 000** – Monte-Carlo, 14 fév. 1983 : *Sainte Cécile*, h/t (165x128) : **FRF 50 000**.

COUPIN DE LA COUPERIE Pierre Sylvestre
Né en 1796 à Versailles. XIXe siècle. Français.
Peintre.
Il signa deux grisailles dans l'église Saint-Louis de Versailles.

COUPLE D'AMANTS DE GOTHA, Maître du. Voir **MAÎTRES ANONYMES**

COUPLET Hans
Né à Amsterdam. Enterré le 15 juin 1630. XVIIe siècle. Vivait à Amsterdam. Hollandais.
Peintre.

COUPLET Jacques
XVIIe siècle. Actif à Anvers au milieu du XVIIe siècle. Éc. flamande.
Peintre.

COUPLET Philippe
Né vers 1628. Mort en 1692. XVIIe siècle. Éc. flamande.
Dessinateur.
Missionnaire jésuite, il exécuta en Chine des dessins qui furent gravés.

COUPON Jean Joseph
Né le 31 mai 1822 au Buis-les-Baronnies (Drôme). Mort après 1870. XIXe siècle. Français.
Sculpteur.
Entré à l'École des Beaux-Arts le 22 septembre 1845, il y devint l'élève de Ramey et de A. Dumont. En 1849, il débuta au Salon de Paris. Cet artiste fit, pour le pourtour de l'église de la Madeleine,

une statue en pierre de *Saint Jean l'Évangéliste*. Il a exposé pour la dernière fois en 1870.

COUPRIE Jan
Né à Onderkerk. XVIIIe siècle. Vivait à Amsterdam en 1727. Hollandais.
Peintre.

COUPY
XVIIIe siècle. Français.
Sculpteur.
Il exécuta vers 1700 des travaux d'ornement pour le château de Versailles et l'Hôtel des Invalides.

COUR de La. Voir **LA COUR** et **DELCOUR**

COUR Janus Andreas Bartholin. Voir **LA COUR**

COUR Louis
XVIIIe siècle. Actif à Grenoble. Français.
Peintre.

COURAGEUX Claude
Né en 1938. XXe siècle. Français.
Peintre.
VENTES PUBLIQUES : PARIS, 14 déc. 1984 : *Composition*, h/t (65x54) : **FRF 13 000** – PARIS, 19 nov. 1995 : *Composition* 1994, h/t (92x73) : **FRF 30 000**.

COURAJOD Alexis
Né le 18 juin 1825 à Lyon (Rhône). Mort le 6 avril 1886 à Paris. XIXe siècle. Français.
Peintre de compositions religieuses, genre, portraits, paysages, natures mortes.
Élève de Guichard et de Chatigny à l'École des Beaux-Arts de Lyon, il participa au Salon de Paris entre 1868 et 1882 et au Salon de Lyon de 1869 à 1886.
Ses mises en pages peuvent être audacieuses, comme le montre celle du *Bon Samaritain* 1878, mais ses sujets restent toujours clairs et sobres, sans détails superflus. Citons : *Paysans à Pompéi* 1873 – *David et Bethsabée* 1875 – *Boucherie à Esneh, Haute-Égypte* 1876 – *Le bon Samaritain* 1878 – *Sainte Élisabeth de Hongrie* 1881 – *Agar dans le désert* 1882.
BIBLIOGR. : Gérald Schurr, in : *Les Petits Maîtres de la peinture 1820-1920, valeur de demain*, Les Éditions de l'Amateur, t. III, Paris, 1976.
MUSÉES : LYON – SAINT-ÉTIENNE : *Agar dans le désert* 1882.

COURANT
XVIIe siècle. Actif à Tours. Français.
Peintre et sculpteur.
Il était le père de Louis Courant.

COURANT
XVIIIe siècle. Actif à Thouars en 1711. Français.
Peintre.

COURANT Louis ou **Courrant**
Né en 1625 à Tours. Mort en 1675. XVIIe siècle. Français.
Peintre.
On connaît de lui une fresque dans la chapelle du château de Veretz (Indre-et-Loire).

COURANT Maurice François Auguste
Né le 8 novembre 1847 au Havre (Seine-maritime). Mort en 1925 à Poissy (Seine-et-Oise). XIXe-XXe siècles. Français.
Peintre de paysages, marines.
Élève d'Ernest Meissonier, il débuta au Salon de Paris en 1868, obtenant une médaille de deuxième classe en 1887. Il exposa régulièrement au Salon de la Société Nationale des Beaux-Arts. Il reçut une médaille d'argent à l'Exposition Universelle de 1889 et une médaille de bronze à celle de 1900 à Paris. Il a surtout travaillé au bord de la mer, de Boulogne à Douarnenez, passant, entre autres, par Honfleur et Concarneau. Il est allé aussi en Angleterre en 1906, en Belgique et Hollande en 1908, 1911 et 1913.
Ses toiles peintes presque toujours au bord de l'eau, montrent de grands espaces, traités à petites touches libres, dans des accords de couleurs où dominent, le plus souvent, les bleus, gris et bruns.

Maurice Courant 1894-

BIBLIOGR. : Gérald Schurr, in : *Les Petits Maîtres de la peinture 1820-1920, valeur de demain*, Les Éditions de l'Amateur, t. VII, Paris, 1989.
MUSÉES : HONFLEUR – MULHOUSE : *Marine* – ROUEN : *La barque à Godebi*.
VENTES PUBLIQUES : PARIS, 1875 : *Matinée d'été, marine* : **FRF 1 450** – PARIS, 25 fév. 1900 : *Bords de Seine* : **FRF 100** – LONDRES, 21 mars 1908 : *Un port* : **GBP 23** – PARIS, 4-5 mars 1920 : *Pêcheurs de moules sur la plage* : **FRF 420** – PARIS, 27-28 déc. 1927 : *Le port de pêche* : **FRF 900** – PARIS, 11 jan. 1943 : *Marine*, aquar. : **FRF 150** – PARIS, 18 nov. 1970 : *La jetée du port de Trouville* : **FRF 3 200** – PARIS, 31 mai 1972 : *Voilier* : **FRF 1 200** – LE HAVRE, 26 mars 1976 : *Voiliers*, h/pan. (27x35) : **FRF 2 000** – VERSAILLES, 25 oct. 1981 : *Les régates en Hollande* 1907, aquar. (27x41) : **FRF 5 000** – LONDRES, 6 juin 1984 : *Le « British Queen » arrivant au port* 1879, h/t (11,1x201,3) : **GBP 4 500** – LA FLÈCHE, 18 nov. 1984 : *La régate* 1924, aquar. (26x37) : **FRF 4 800** – PARIS, 2 juil. 1986 : *Paysage de bord avec des bretonnes* 1899, h/t (38x56) : **FRF 12 000** – STOCKHOLM, 21 oct. 1987 : *Le port de Concarneau* 1895, h/pan. (38x55) : **SEK 71 000** – LONDRES, 21 oct. 1988 : *Le Tréport* 1906, h/t (46,5x55) : **GBP 1 100** – PARIS, 21 mars 1990 : *Voiliers à la sortie du port* 1901, h/t (50x65) : **FRF 22 000** – PARIS, 16 nov. 1990 : *Marine*, h/t : **FRF 25 000** – AMSTERDAM, 5-6 nov. 1991 : *Figures sur la berge d'une rivière*, h/t (44,5x64) : **NLG 5 175** – PARIS, 13 nov. 1992 : *Le bac à vapeur à Rouen* 1881, h/pan. (26,5x35) : **FRF 12 000** – PARIS, 24 oct. 1994 : *Bord de mer*, h/t (55x82) : **FRF 14 000** – PARIS, 10 avr. 1995 : *Entrée de port un jour de fête* 1880, h/t (43,5x64) : **FRF 11 500**.

COURAU Laurent
Né à Souk-Ahras (Algérie). XXe siècle. Français.
Peintre.
Il exposa au Salon des Indépendants, à Paris, en 1931.

COURAULT Étienne
XIVe siècle. Actif dans la première moitié du XIVe siècle. Français.
Enlumineur.
Il était *Illuminator librorum* attaché à Notre-Dame de Paris et reçut, en 1534, une somme de 36 sols, pour avoir orné de lettres d'or plusieurs manuscrits appartenant à la cathédrale.

COURAULT L.
XXe siècle. Français.
Peintre.
Il exposa à Paris au Salon des Artistes Français en 1911.

COURAULT Pierre
Enterré à Tours le 16 mai 1659. XVIIe siècle. Français.
Peintre.

COURAYE DU PARC Léonor Charles Julien
Né en 1820 à Saint-Lô (Manche). Mort en 1893 à Annoville. XIXe siècle. Français.
Peintre de paysages.
Élève de Paul Huet. Il débuta au Salon de Paris en 1857. Exposa au Blanc et Noir en 1886. Le Musée de Vire conserve de lui deux dessins.

COURAYE DU PARC Marguerite
XIXe siècle. Française.
Peintre.
Fille du précédent. Elle exposa au Salon de Paris en 1878 et 1880.

COURBE Émile Jean Claude
Né le 28 juillet 1815 à Paris. Mort après 1882. XIXe siècle. Français.
Peintre d'histoire, portraits.
Il eut pour maître Orsel. En 1839, il figura au Salon de Paris pour la première fois avec son tableau : *Fénelon lisant à ses diocésains le bref du pape qui condamne son livre*.
VENTES PUBLIQUES : ZURICH, 14 mai 1982 : *Portrait d'un pasteur* 1875, h/t (40x32,5) : **CHF 1 000** – ZURICH, 28 oct. 1983 : *Cure* 1875, h/t (39x32) : **CHF 1 200**.

COURBE Marie Émilie Eugénie
Née le 10 janvier 1841 à Paris. Morte après 1880. XIXe siècle. Française.
Peintre.
Elle était la fille d'Émile Jean Claude Courbe et fut aussi son élève. Elle débuta au Salon en 1857.

COURBE Marie Paule, plus tard Mme **Parent-Desbarres**
Née à Nancy. XIXe siècle. Française.
Sculpteur.
Élève de Delorme, Hiolle et Chapu. A exposé régulièrement au Salon de 1869 à 1877.

COURBE Mathilde Isabelle
Née à Nancy (Meurthe-et-Moselle). XIXe siècle. Française.

Sculpteur.
Élève de Delorme. Sœur de Marie Paule Courbe. Elle a exposé au Salon en 1874 et 1875.

COURBE Nathalie Blandine
Née à Paris. XIXe-XXe siècles. Française.
Peintre.
Exposa au Salon depuis 1876.

COURBE Wilbrode Nicolas Magloire
Né à Paris. XVIIIe siècle. Actif à la fin du XVIIIe siècle. Français.
Graveur au burin.

COURBES Jean de
Né vers 1592. XVIIe siècle. Français.
Graveur.
On connaît de cet artiste : les *Portrait de Marie Sidney, comtesse de Pembrok*, de *Philippe de Sidney*, de *Lope de Vega*. En 1621, il grava le frontispice de la relation du voyage des capitaines B.-G. de Nodal et G. de Nodal ; en 1626, le frontispice de l'*Histoire de Cuenca* par J.-P.-M. Rizo ; en 1625, il exécuta une *Vue de la Ville de Breda*. Nous savons qu'il grava plusieurs armoiries. Jean de Courbes travailla en Angleterre et en Espagne.

COURBET Gustave, pour **Jean Désiré Gustave**
Né le 10 juin 1819 à Ornans (Doubs). Mort le 31 décembre 1877 à la Tour de Peilz (Suisse). XIXe siècle. Français.
Peintre de compositions à personnages, nus, portraits, paysages animés, paysages, marines, natures mortes. Réaliste.
Jean-Désiré-Gustave Courbet naquit à Ornans en Franche-Comté le 10 juin 1819. Cette origine rustique marquera son œuvre profondément. Ses parents étaient des paysans qui vivaient de la location de leurs terres et purent lui donner une éducation complète. Élève tour à tour au séminaire d'Ornans, puis au collège royal de Besançon, il fit des études très médiocres et montra toute sa vie une indifférence totale pour les connaissances scolaires. À Besançon, l'ingriste Flajoulot l'initia aux joies de peindre. À vingt ans, il partit pour Paris sous le prétexte de faire son droit, mais sitôt arrivé dans la capitale, il signifia à sa famille sa décision inébranlable de devenir peintre. Ses parents acceptèrent de lui verser une petite pension qui le mit à l'abri du besoin. il consacra fort peu de temps à Paris à ses études dans les ateliers de Steuben, puis de Hesse. Il prétendit s'instruire seul ; il peignit d'après le modèle vivant, copia au Louvre les grands maîtres du passé, négligeant cependant systématiquement l'école italienne qu'il jugeait trop mièvre. Dans les années quarante, Courbet était alors un très bel homme : grand, très robuste, il avait un visage profondément sculpté, auréolé de longs cheveux et d'une barbe noire. Après 1848, Courbet fut toujours un adversaire déclaré de l'Empire. Tout jeune les principes républicains lui avaient été inculqués par son grand-père, le jurisconsulte Oudot ; plus tard son amitié pour l'écrivain Proud'hon, lui aussi du Doubs, l'avait acquis aux idées révolutionnaires. Réaliste par tempérament, Courbet s'était peu à peu convaincu que le peintre des sujets rustiques et des êtres simples se devait d'être socialiste. Son goût de prêcher et de persuader l'incita parfois à choisir pour sujets de ses tableaux des thèmes sociaux. *Les casseurs de pierre* (1850) n'étaient encore sans doute qu'une attaque involontaire contre le régime social. Mais en 1863, il fit violemment profession de foi d'anticléricalisme dans une très grande toile *Le Retour de la Conférence*. Le tableau fit scandale. Au Salon de 1868, son *Aumône du Mendiant* d'un socialisme pourtant bien romantique fut traité de peinture anarchiste. Tout naturellement, le peintre fut entraîné, dès la chute de l'Empire à jouer un rôle politique. Élu Président de la Fédération des Artistes, on le vit déployer une admirable activité pour préserver les richesses des Musées nationaux pendant le Siège et pendant la Commune. Mais, il se fit remarquer également par une lettre au gouvernement provisoire où il lui demandait de faire déboulonner la colonne Vendôme, symbole de l'Empire belliqueux. Or, la colonne fut abattue quelques mois après. Lorsque les Versaillais victorieux rentrèrent à Paris, Courbet fut arrêté avec les dirigeants communards. Ses ennemis tentèrent de le faire passer pour le seul responsable de la destruction de la Colonne Vendôme. Cette calomnie transforma la fin de la vie de Courbet en un long calvaire et hâta sa mort. Condamné à six mois de prison, il retrouva vers la fin de sa captivité un goût du travail qu'il avait perdu depuis plusieurs semaines. En 1873, un nouvel arrêt condamna Courbet à payer les frais de réparation de la colonne Vendôme. Ses biens furent saisis. Menacé d'arrestation, il dut chercher refuge en Suisse sur les bords du Léman, dans le village de la Tour de Peilz. Sa mort, le 31 décembre 1877 passa en France presque inaperçue.
En 1844, le Jury du Salon accepta pour la première fois son envoi *Autoportrait au chien*. Ensuite, chaque année, le jury du Salon refusa tout ou partie de ses envois. Au lendemain de la révolution de Février 1848, Charles Blanc, nouveau Directeur des Beaux-Arts de la République, décida de supprimer le jury du Salon et d'autoriser chaque peintre à exposer ce que bon lui semblait. Courbet put ainsi présenter son œuvre nouvelle : *L'Après-dînée à Ornans*. Courbet se vit décerner par le jury du Salon, nommé alors par les peintres eux-mêmes, une médaille qui lui donnait désormais le droit d'exposer chaque année. En 1855, il proposa son tableau *L'Atelier* pour le Salon qui devait avoir lieu dans le Palais de l'Exposition Universelle. Il fut refusé. Alors plutôt que de renoncer à montrer son œuvre au grand public, il décida d'organiser à ses frais une exposition particulière. Cette initiative, alors tout à fait insolite, devait être bientôt suivie par nombre d'artistes. Au prix de mille difficultés, Courbet réussit à réaliser son projet et put montrer plusieurs dizaines de toiles. Mais l'évènement déçut son attente. Durant les premiers jours qui suivirent l'ouverture, le public vint visiter l'exposition par goût de la nouveauté et amour du scandale. Par la suite, la salle resta vide. À la fin du second Empire, Courbet n'était plus considéré comme un révolutionnaire furieux. Si tous les critiques ne l'aimaient pas, ils s'accordaient à lui reconnaître du moins de brillantes qualités techniques. En 1867, Courbet se sentit donc, à l'occasion de la nouvelle exposition universelle, le devoir de présenter à nouveau un vaste ensemble de ses œuvres qui, cette fois, aurait raison des dernières réticences du public. À grands frais, il fit construire près de l'Alma un immense bâtiment où il accrocha plus d'une centaine de ses œuvres. Malgré la valeur exceptionnelle de cette exposition, le public une fois de plus ne vint pas. Courbet conçut de cet échec répété une amertume profonde qui accrut sa haine du régime impérial et bourgeois, tenu pour responsable de ses déboires. En 1970, fidèle à l'attitude de révolté qu'il s'était choisie, Courbet refusa donc la Légion d'Honneur que lui offrait le gouvernement impérial. À sa sortie de prison, il envoya quelques toiles au Salon. À l'instigation de Meissonier, elles furent illégalement refusées.
Les premières toiles de Courbet sont inspirées du romantisme le plus littéraire. Il peignit une *Odalisque* d'après Victor Hugo, une *Lélia*, inspirée par George Sand ; sa *Nuit de Walpurgis* est tirée du Faust de Goethe. Il illustra tous les clichés du sentimentalisme à la mode, du *Rêve de jeune fille* aux *Amants dans la campagne*. Courbet peignit à vingt-cinq ans son premier chef-d'œuvre : un *Autoportrait au chien*. On trouve déjà toutes ses plus belles qualités dans cette œuvre violente : observation franche, sens du détail exact, habileté étonnante à modeler les volumes, singulière puissance d'expression. Les années qui suivirent ce premier succès furent remplies de déboires pour l'artiste qui avait compté conquérir rapidement la gloire. C'était pourtant l'époque où il exécutait l'admirable série de ses portraits par lui-même, le *Guitarero* (1845), le *Violoncelliste*, *L'Homme à la ceinture*, et autres. Jeune, Courbet se savait séduisant et découvrait dans sa propre image des richesses picturales inépuisables. Son originalité s'était seulement marquée jusqu'alors par quelques innovations techniques. *L'Après-dînée à Ornans* (1849) allait le révéler en même temps au public et à lui-même : c'est, si l'on ose ainsi dire, un « instantané » peint sur une vaste toile. Il s'est représenté à table avec quatre amis. Chacun des convives se distrait à sa manière. L'un joue de la musique, l'autre fume sa pipe, tandis qu'un troisième s'est endormi. Le peintre pousse même l'indifférence aux règles de l'école jusqu'à représenter un des convives de dos. Depuis deux siècles on n'avait pas traité en France un sujet aussi terre à terre avec tant d'application : le réalisme était né. L'État acheta le tableau pour la ville de Lille. La majorité de la critique et du public ne cacha pas cependant sa surprise et sa réprobation. Qu'importait à Courbet ? Il était soutenu par de jeunes écrivains ou journalistes comme Champfleury ou Baudelaire, il était sûr d'avoir trouvé sa voie. Désormais, il allait peindre selon les mêmes principes plusieurs toiles très importantes : *Les Paysans de Flagey* (1850), *Les Casseurs de pierre* (1850), *L'Enterrement à Ornans* (1850). Il se montra cette année-là d'une fécondité merveilleuse, et son chef-d'œuvre, *L'Enterrement*, suscita les plus vives polémiques. Dans la série de portraits aussi nombreux que comporte l'œuvre, d'une vérité évidemment plus directe que dans le *Sacre* de David, Courbet a représenté la plupart des habitants d'Ornans ; il a donné autant d'importance à la personnalité de chacun de ses concitoyens que

David à la noblesse de la première Cour d'Europe. Les paysans se sont rangés sans aucun protocole autour de la tombe. Ils expriment avec un parfait naturel les sentiments communs à tous les cortèges d'enterrement. Si la famille du mort paraît atterrée, si quelques vieilles pleurent avec conscience, la majorité des assistants bavardent et s'ennuient. Prêtre, enfants de chœur, chantres et bedeaux, suivent cette scène avec l'indifférence des professionnels blasés. Le tableau fit scandale. On reprocha au peintre de galvauder son art en traitant sur une si grande échelle un sujet de cette nature ; on l'accusa de profaner une cérémonie religieuse. Seuls ses amis auxquels vint se joindre Paul Mantz, signalèrent dans la presse l'extrême nouveauté de ce sujet et de sa réalisation. Courbet affecta devant les attaques dont il était l'objet, une indifférence sereine. En réalité, il était touché au vif et pour confondre ses juges, il voulut montrer qu'il était, lui aussi, capable de peindre des sujets gracieux. Malheureusement il ne pouvait aller contre sa nature. Ses *Demoiselles de Village* (1852) rappellent ses premières études. Le tableau ne pouvait plaire à ses amis ; ses ennemis s'en servirent pour le critiquer. Le peintre comprit son erreur et revint à un art puissant avec *Les Baigneuses* d'un réalisme impressionnant, qui peut être taxé de vulgarité et de laideur, et un groupe de *Lutteurs* (1853) extraordinaire morceau d'anatomie.

Un an plus tard, Courbet découvrait le Midi. Devant ces paysages nouveaux, il transforma sa palette ; aux couleurs sombres, très empâtées, il substitua une facture très légère ; il renonça aux tons opaques qui lui servaient à évoquer les sous-bois du Doubs ou de l'Île-de-France. Dès l'abord, il avait compris la beauté des horizons méridionaux. Il peignit un chef-d'œuvre *La Rencontre* (1854). Courbet, tête nue, s'avance vers son ami, le collectionneur Bruyas qu'accompagne un serviteur. Ces trois figures se détachent en contraste sur un ciel d'une transparence éclatante. En même temps, il peignait des paysages aux couleurs plus austères, ainsi *Le Ruisseau du Puits Noir* (1855) nourri des enseignements dont Courbet s'était enrichi dans le Midi.

Encensé par des admirateurs toujours plus nombreux, peut-être à l'encontre de sa vocation réaliste, Courbet conçut alors l'idée ambitieuse d'exprimer symboliquement ses doctrines picturales dans une toile immense. Il fit *L'Atelier* (1855). Cette très grande peinture est en même temps une galerie des portraits où sont représentés les meilleurs amis du peintre et une sorte de lexique symbolique des idées de Courbet. Ainsi par une innovation passablement périlleuse, chaque figure est à la fois un portrait et un symbole. Baudelaire, par exemple, rangé à droite, parmi les idées positives de l'artiste représente la poésie réaliste chère au peintre, tandis qu'au milieu à gauche, un mannequin crucifié exprime la déchéance de l'Art Académique, sa bête noire. Dégagé de ce fatras pseudo-philosophique, l'*Atelier* contient d'admirables morceaux. Ainsi le nu debout qui occupe le centre de la composition. Courbet attachait une grande importance à ce tableau. Quand il eut été refusé par le jury du Salon, il le montra avec plusieurs dizaines de toiles dans l'exposition personnelle qu'il avait organisée. Ses espoirs furent déçus. Il comprit alors que ses grandes compositions ne pouvaient toucher la foule. Peut-être cet échec l'incita-t-il à s'en tenir désormais aux tableaux de chevalet qui allaient faire sa renommée auprès d'un public plus facile, tandis que son renoncement aux compositions ambitieuses amputera son œuvre de ce qui en faisait un grand moment dans l'histoire. De tout temps, Courbet avait été un grand paysagiste. Il peignit jusqu'à la guerre de 1870, au cours de longs séjours à Ornans, à Saintes, pendant de brefs voyages en Allemagne et en Belgique certains de ses meilleurs paysages. En même temps il se prit d'une vive passion pour la peinture d'animaux. Dans des paysages toujours très étudiés, il représente *La Curée* (1857), un *Combat de Cerfs* (1861), ou *La remise des chevreuils* (1866). La présence des animaux confère peut-être à la composition une émotion plus intense. Les cerfs et les chevreuils de Courbet ne sont là, ni pour décorer, ni pour distraire. Le drame dont ils sont les acteurs a toujours une réalité poignante.

Courbet fut séduit par la mer au cours d'un séjour sur les rives de la Méditerranée en 1854. Mais c'est surtout la Manche qu'il peignit. À Trouville et Étretat, il rencontra Boudin, Manet, Whistler. Tout l'éloignait de leurs couleurs, de leur goût du mouvement. Les marines de Courbet ne sont nullement impressionnistes. Il aimait aussi les eaux tumultueuses, mais il voyait surtout les couleurs plombées des pluies d'orage. Au lieu du perpétuel et gai mouvement des flots, il représentait l'immensité et la puissance menaçante de l'Océan, *La Falaise d'Étretat* (1870). Dans la *Mer Orageuse* (1870), il peignit une vague à l'instant où sur le point d'éclater elle semble rester un instant immobile avant de déferler sur le rivage.

Les nus de Courbet sont heureusement encore nombreux à cette époque, *Vénus et Psyché* (1864), *La femme au Perroquet* (1866), ne sont pas de simples études anatomiques. Dépourvues de toute grâce mièvre, ses femmes exhalent encore, après les *Baigneuses* de 1853, un charme d'une sensualité âcre. À la suite des événements liés à la Commune, épuisé par les brimades et son emprisonnement, Courbet ne fut pas toujours à la fin de sa vie égal à lui-même. Il brossa encore quelques natures mortes, des nus, des paysages. Parfois, pour produire plus, il n'hésita pas à se faire aider par des élèves et à authentifier ainsi nombre de toiles.

Courbet fut parfois sculpteur et lithographe. Il dessina également un grand nombre d'illustrations de livres. Il occupe dans l'histoire de la peinture une place singulière. Son œuvre forme une étape caractéristique de l'évolution de la peinture au XIXe siècle vers un réalisme toujours approfondi. Après David, dont le réalisme consistait à substituer aux chimères mythologiques de Boucher ses héros grecs et romains ; après Delacroix qui pensait corriger David en troquant ses personnages de l'Antiquité contre les personnages d'histoires ou de littératures plus proches ; Courbet franchit un pas décisif en montrant des événements contemporains et surtout ordinaires dans des décors ou paysages pris sur le vif. C'est surtout indirectement par les circonstances de son existence d'artiste que Courbet a influencé l'histoire postérieure de la peinture. Par sa révolte délibérée contre l'art officiel, il a montré la voie à la génération impressionniste, qui, à sa façon, poursuivit aussi une quête de la réalité. Tandis que les impressionnistes allaient, avec leurs moyens propres c'est-à-dire une certaine perception du monde participant du courant idéaliste ambiant et la technique picturale impressionniste, s'efforcer de saisir et transcrire la réalité scientifique des choses occultée derrière les phénomènes apparents, Courbet, ayant adhéré délibérément au courant positiviste matérialiste du siècle, a, dans la première période de son œuvre jusqu'en 1870, voué sa peinture à un réalisme social, proche du naturalisme de Zola.

■ revu par J. B.

Cachet de vente

BIBLIOGR. : Pierre Courthion : *Courbet*, Éd. Flammarion, Paris, 1985 – J. J. Fernier, J. L. Mayaud et P. Le Nouëne : *Courbet et Ornans*, Éd. Herscher, Paris, 1989 – Michael Fried : *Le Réalisme de Courbet*, Gallimard, Paris, 1993 – J. Busse, in : *L'Impressionnisme : une dialectique du regard*, Ides et Calendes, Neuchâtel, 1996 – Petra Ten-Doesschte Chu, présentation par : *Correspondance de Courbet*, Flammarion, Paris, 1996.

MUSÉES : AGEN (Mus. des Beaux-Arts) : *Portrait de Charles Fourier* – ALENÇON : *Sous-bois – Bouquet* – AMSTERDAM : *La Forêt de Fontainebleau – L'amour de l'or-Roches-Pommes* – BÂLE : *Les Astres* – BAYONNE (Mus. Bonnat) : *Tête de jeune daim* – BERLIN : *Grande chevêche dépeçant un chevreuil – La vague – Le moulin à eau* – BESANÇON : *Le Puits noir – La Neige sur la montagne – Soleil couchant – Portrait du peintre à trente ans* – BOSTON : *La Curée* –

Brême : *Incendie – Mer agitée – Corbeille de fleurs – Jeune homme dans la forêt* – Bruxelles : *La Señora Adala Guerrero, danseuse espagnole – Portrait de Mme L. Fontaine – Portrait d'Alfred Stevens – Ornans* – Caen : *Marine* – Carcassonne : *Paysage* – Chicago : *Paysage alpestre – Ruisseau du Puits Noir* – Copenhague : *Cerfs luttant* – Detroit : *Le Rêve de Midi* – Dijon : *Marine au soleil couchant – Paysage alpestre* – Douai : *La Réflexion* – Dresde : *Le Casseur de pierres* – Francfort-sur-le-Main (Städel Mus.) : *Portrait de Jules Lunsteschitz – La Vague – Vache – Entrée de village en hiver* – Fribourg : *Paysage* – Genève (Rath) : *Bords du Doubs* – Göteborg : *Paysage* – Grenoble : *Cascade – Le Repos* – Hambourg : *L'hiver en Suisse* – Le Havre : *Remise des chevreuils* – Honfleur (Mus. Eugène Boudin) : *Couchant sur l'estuaire* – Langres : *Combe du Jura* – Liège : *Vue prise en Suisse* – Lille (Mus. des Beaux-Arts) : *L'Après-Midi à Ornans – Paysage – Paysage – Paysage* – Londres (Mus. Victoria and Albert) : *L'Immensité – Paysage* – Londres (Nat. Galleries Millbank) : *Le Marais – Forêt – Tempête de neige – Marine – Autoportrait* – Lons-le-Saunier (Mus. mun.) : *La mort du cerf – Trois Paysages* – Lyon (Mus. des Beaux-Arts) : *Portrait de P. Chenavard – Les Chevreuils – Vague – Étretat – Les Amants heureux* – Mannheim : *Cheval* – Marseille : *Paysage – Cerf* – Montpellier : *Autoportrait au col rayé – Autoportrait à la pipe – Portrait de C. Baudelaire – Bruyas – Bruyas – Bruyas – Fajon – Étude de femme – Baigneuses – Fileuse endormie – La rencontre – Marine à Palavas – Le Port d'Ambrussum – Étangs à Palavas – Solitudes* – Morlaix : *Mlle Andler* – Moscou (Gal. Tretiakoff) : *Une Vue de mer en Bretagne* – Mulhouse : *Paysage avec cerfs* – Munich : *Paysage d'été* – Nancy (Mus. des Beaux-Arts) – Nantes : *Cribleuses de blé* – New York (Metropolitan Mus.) : *Portrait de Gueymard – La Femme au perroquet – Les demoiselles du village – Saut du Doubs – Bord de mer – Effets de neige – Paysage – Le Ruisseau – Le Puits noir – Marine – Marécage* – Nice : *Le Saut du Doubs* – Ornans (Mus.-Maison natale de Courbet) : *Autoportrait à Sainte-Pélagie – Le château de Chillon – Le pont de Nahin – Paysages* – Oslo (Gal. Nat.) : *Le Fou de peur ou Le Désespéré* 1844-1845 – Paris (Mus. d'Orsay) : *L'Origine du Monde – L'Enterrement à Ornans – L'Homme blessé – Portrait de Champfleury – Combat de cerfs – La remise des chevreuils – Chevreuil sous-bois – Le ruisseau du puits noir – L'Homme à la ceinture de cuir, portrait de Courbet et la Vague* – Paris (Mus. du Petit Palais) : *Les demoiselles du bord de Seine – Les deux amies – Autoportrait au chien noir – Proudhon et ses enfants – L'Incendie* – Reims : *Cascade – Étude de nu* – Roanne : *Paysage* – Rouen : *Paysage* – Sète (Mus. Paul Valéry) : *Mer calme à Palavas* – Stockholm : *Inconnu – La Belle Irlandaise – Paysage au bûcheron – Cascade* – Stuttgart : *Bords de la mer* – Toulouse (Mus. des Augustins) : *Le ruisseau au puits noir* – Troyes (Mus. d'Art Mod.) : *Marc Trapadoux examinant un livre d'estampes* – Valence (Mus. des Beaux-Arts) – Washington D. C. : *Paysage.*

Ventes Publiques : Paris, 1861 : *Biche forcée : effet de neige* : **FRF 1 001** – Paris, 1868 : *Hallali de chevreuils* : **FRF 4 000** ; *Le renard* : **FRF 3 400** ; *La jeune baigneuse* : **FRF 3 700** – Londres, 1873 : *Un coin de l'immensité* : **FRF 8 000** ; *La trombe* : **FRF 3 310** ; *Grands lévriers* : **FRF 4 500** – Bruxelles, 1877 : *La cascade* : **FRF 1 800** – Paris, 1877 : *Anglaise à une fenêtre* : **FRF 970** ; *Paysage, avec figures* : **FRF 1 100** ; *La femme au chat* : **FRF 1 150** ; *Dessous de bois* : **FRF 900** ; *Tête de femme et fleurs* : **FRF 490** ; *La vague* : **FRF 600** ; *Portrait de Pierre Dupont* : **FRF 395** ; *Portrait de Proud'hon et de sa famille* : **FRF 1 500** ; *Cheval et chien* : **FRF 2 600** – Paris, 15 mai 1879 : *Les demoiselles de village* : **FRF 3 100** ; *Un paysage* : **FRF 1 450** ; *Les vaches au pâturage* : **FRF 2 600** – Paris, 1881 : *La lame* : **FRF 950** ; *Le Puits noir* : **FRF 800** ; *Le lac Léman* : **FRF 1 650** ; *Bergère assise* : **FRF 1 320** ; *Hector Berlioz* : **FRF 1 020** ; *Jeune fille endormie* : **FRF 4 550** ; *Blonde endormie* : **FRF 2 600** ; *Branche de cerisier* : **FRF 3 050** ; *Un soir, à Bougival* : **FRF 3 500** ; *Les amants dans la campagne* : **FRF 5 700** ; *La belle Hollandaise* : **FRF 8 000** ; *Dame espagnole* : **FRF 3 150** ; *Le Château de Chillon* : **FRF 6 900** ; *L'homme blessé* : **FRF 11 000** ; *L'homme à la ceinture de cuir* : **FRF 26 100** ; *La sieste* : **FRF 29 100** ; *Le combat de cerfs* : **FRF 49 100** ; *L'hallali* : **FRF 33 900** ; *L'atelier de Courbet* : **FRF 21 000** ; *Le retour de la conférence* : **FRF 15 600** ; *Brune endormie* : **FRF 4 100** ; *Portrait* : **FRF 5 000** ; *Job* : **FRF 3 200** ; *L'invalide* : **FRF 1 600** ; *Somnambule* : **FRF 1 800** ; *Clairière* : **FRF 2 700** ; *Châtaigniers* : **FRF 3 000** ; *Cheval à l'écurie* : **FRF 1 650** ; *Le hamac* : **FRF 2 800** ; *Le désespoir* : **FRF 1 100** ; *Portrait* : **FRF 500** – Paris, 1882 : *Une baigneuse dans un paysage* : **FRF 900** – Paris, 1882 : *Les lutteurs* : **FRF 5 800** ; *L'aumône d'un mendiant à Ornans* : **FRF 9 000** ; *Le cheval dérobé, courses de Fontainebleau* : **FRF 3 400** ; *Baigneuse, vue de dos* : **FRF 14 000** ; *Chasseur à cheval retrouvant la piste* : **FRF 1 600** ; *Le naufrage dans la neige, montagnes du Jura* : **FRF 1 740** ; *La mort de Petit-Pierre, à Ornans* : **FRF 1 050** ; *Le fossoyeur* : **FRF 515** ; *Le veau* : **FRF 2 520** ; *Emilius, cheval de courses du haras de Saintes* : **FRF 820** ; *Vigneronne de Montreux* : **FRF 1 600** ; *Le pêcheur à l'épervier, clair de lune* : **FRF 420** ; *La sorcière*, copie d'après Franz Hals : **FRF 2 000** ; *Portrait de Rembrandt*, copie : **FRF 4 810** ; *Portrait de M.-T. Marlet* : **FRF 680** ; *Portrait de femme* : **FRF 560** ; *Portrait de Mme X...* : **FRF 1 210** ; *L'homme au casque* : **FRF 1 020** ; *Portrait de jeune femme*, esquisse : **FRF 260** ; *Tête de femme* : **FRF 20** ; *Les roches de Mouthiers* : **FRF 2 650** ; *Le parc des Crêtes, études de chênes* : **FRF 1 020** ; *Bord du lac* : **FRF 1 630** ; *Château de Chillon* : **FRF 1 320** ; *Chailly-sur-Clarence* : **FRF 1 530** ; *Le cèdre d'Hauteville* : **FRF 2 405** ; *La dent de Jaman* : **FRF 1 620** ; *Le château de Chillon* : **FRF 1 960** ; *Châtaigniers en automne : parc des Crêtes* : **FRF 1 150** ; *Avant l'orage, sur le lac* : **FRF 400** ; *Tempête sur le lac* : **FRF 740** ; *Marine* : **FRF 980** ; *Soleil couchant : marine* : **FRF 750** ; *Marine* : **FRF 500** ; *Tempête de neige sur le lac de Genève* : **FRF 690** ; *Pommes rouges et blanches* : **FRF 1 350** ; *Académie : étude d'homme* : **FRF 525** ; *Femme endormie*, étude : **FRF 2 020** ; *Psyché* : **FRF 1 260** ; *Le retour au pays* : **FRF 860** ; *Tête d'homme*, dess. : **FRF 270** ; *Intérieur de forêt*, dess. : **FRF 105** ; *Peintre avec sa palette*, dess. : **FRF 260** ; *Jeune femme lisant*, dess. : **FRF 210** ; *Portrait de M. Urbain Cuenot*, dess. : **FRF 250** ; *Jeune homme assis : étude*, dess. : **FRF 320** ; *Les femmes dans les blés*, dess. : **FRF 660** ; *Étude de chêne : les vendanges*, dess. : **FRF 160** ; *Étude de main*, dess. : **FRF 100** – Paris, 1892 : *L'atelier du peintre, allégorie réelle* : **FRF 100 000** ; *Le ruisseau du puits noir* : **FRF 39 000** ; *Les amants dans la campagne* : **FRF 4 000** ; *La plage d'Étretat* : **FRF 2 900** ; *Marine : effet du matin* : **FRF 1 400** – Paris, 1894 : *Moulin d'Orbes (Suisse)* : **FRF 395** – Londres, 29 juin 1895 : *Femme au perroquet* : **FRF 4 200** – New York, 1895 : *L'écueil* : **FRF 2 000** ; *Le torrent* : **FRF 1 650** ; *Le ravin* : **FRF 2 600** – Paris, 1897 : *Marine : effet du matin* : **FRF 780** ; *L'atelier* : **FRF 26 500** ; *La plage d'Étretat* : **FRF 2 600** ; *L'Homme à la pipe*, dess. : **FRF 560** – New York, 1899 : *Dans les bois, en hiver* : **FRF 5 125** ; *Vallée d'Ornans* : **FRF 9 500** – Cologne, 1899 : *La plage* : **FRF 2 112** – Paris, 1900 : *Proud'hon dans son jardin* : **FRF 6 150** ; *La forêt, l'hiver* : **FRF 3 600** ; *La femme au chat blanc* : **FRF 4 100** ; *La belle Irlandaise* : **FRF 3 750** – Paris, 17 déc. 1900 : *La vague* : **FRF 6 250** – Paris, 8 nov. 1918 : *Prairie à la lisière d'un bois* : **FRF 780** – Paris, 25 nov. 1918 : *La remise aux chevreuils* : **FRF 42 000** – Paris, 4 et 5 déc. 1918 : *Biches dans la forêt* : **FRF 650** – Paris, 22 fév. 1919 : *Sentier dans la montagne* : **FRF 2 000** – Paris, 26 et 27 fév. 1919 : *La dormeuse nue* : **FRF 38 000** ; *Le renard dans la neige* : **FRF 40 000** – Paris, 27 fév. 1919 : *Femme au perroquet* : **FRF 14 000** – Paris, 22 mars 1919 : *Sous-bois* : **FRF 65** – Paris, 26 mars 1919 : *Les enfants de chœur (Ornans)* : **FRF 26 000** – Paris, 24 avr. 1919 : *La vague* : **FRF 2 500** – Paris, 22 mai 1919 : *Entrée d'un gave* : **FRF 7 300** – Paris, 22 mai 1919 : *La vague* : **FRF 7 850** – Paris, 9 juil. 1919 : *La toilette de la mariée*, esquisse sur toile : **FRF 41 000** ; *La fileuse bretonne* : **FRF 8 600** ; *Bon port à la tour de Peilz* : **FRF 8 100** ; *La dame de Francfort* : **FRF 66 000** ; *Source du Lizon* : **FRF 13 000** ; *Zélie Courbet, sœur du peintre* : **FRF 17 000** ; *Juliette Courbet (10 ans)* : **FRF 18 300** ; *Le gros chêne* : **FRF 5 000** ; *La Source* : **FRF 150 000** ; *La sieste* : **FRF 2 500** ; *La dame en périssoire*, esquisse sur toile : **FRF 15 100** ; *La Dent du Midi* : **FRF 17 500** ; *Chien* : **FRF 6 800** ; *La bergère* : **FRF 56 000** ; *Fleurs* : **FRF 3 800** ; *Le rétameur*, esquisse sur toile : **FRF 12 000** ; *Tony Marlet* : **FRF 6 000** ; *Les amants à la campagne (Justine et Gustave)* : **FRF 23 000** ; *La Dent du Midi* : **FRF 5 200** ; *La cascade d'Hauteville* : **FRF 16 500** ; *Les chênes* : **FRF 8 200** ; *Regis Courbet (père du peintre)* : **FRF 8 000** ; *Oudot (grand-père du peintre)* : **FRF 5 100** ; *Justine, amie du peintre*, esquisse sur toile : **FRF 4 500** ; *Réveil de saint-Jérôme*, copie sur toile : **FRF 700** ; *Petit portrait d'homme* : **FRF 900** ; *Portrait d'homme*, esquisse sur toile : **FRF 1 200** ; *Copie d'un Rembrandt du Musée de Munich* : **FRF 4 500** ; *Étude de cheval* : **FRF 2 500** ; *Jeune homme dans la forêt*, dess. : **FRF 610** ; *Jeune femme nue, vue de dos*, dess. reh. : **FRF 1 100** – Paris, 26 nov. 1919 : *La Dent de Jaman* : **FRF 6 600** – Paris, 1er-3 déc. 1919 : *Pierre druidique ; soleil couchant* : **FRF 5 600** – Paris, 8 et 9 déc. 1919 : *Rochers au bord de la mer* : **FRF 275** – Paris, 16 et 17 déc. 1919 : *La vague* : **FRF 17 000** ; *Son portrait par lui-même en 1854 à l'époque du tableau La Rencontre* : **FRF 8 100** ;

Son portrait à vingt ans : **FRF 15 000** ; *Les deux amies* : **FRF 45 000** ; *La vague* : **FRF 16 500** – PARIS, 4 et 5 mars 1920 : *Les Roches dans la forêt* : **FRF 7 000** – PARIS, 15 mars 1920 : *Portrait de femme* : **FRF 250** – PARIS, 20 mars 1920 : *Effet de lumière sur un lac suisse dans un site montagneux* : **FRF 3 000** – PARIS, 6-7 mai 1920 : *Le Ruisseau de la Consolation* : **FRF 29 000** ; *L'Orage en mer* : **FRF 16 300** ; *Le Bois sous la neige* : **FRF 6 100** – PARIS, 2-4 juin 1920 : *Tête de femme à coiffure de Bacchante*, fusain : **FRF 1 400** – PARIS, 3 et 4 juin 1920 : *Vue du château de Chillon (Lac de Genève), automne* : **FRF 8 000** – PARIS, 19 juin 1920 : *Les sources de la Loue* : **FRF 800** ; *Paysage* : **FRF 1 900** – PARIS, 8-11 déc. 1920 : *La mer à Saint-Aubin* : **FRF 2 350** ; *Les pêches* : **FRF 955** – PARIS, 10 déc. 1920 : *Son portrait par lui-même en 1854, à l'époque du tableau La Rencontre* : **FRF 2 700** ; *L'Hiver* : **FRF 5 900** ; *Le torrent dans les roches, paysage du Doubs* : **FRF 3 650** – PARIS, 13 déc. 1920 : *Effet de lumière sur un lac suisse (site montagneux)* : **FRF 950** – PARIS, 27 jan. 1921 : *Lac entre deux rochers* : **FRF 235** – PARIS, 18 et 19 fév. 1921 : *Vue de la Dent du Midi* : **FRF 1 000** – PARIS, 14 avr. 1923 : *Baigneuse endormie* : **FRF 55 500** ; *Remise de chevreuils* : **FRF 7 000** ; *Iris et giroflées dans un vase en porcelaine* : **FRF 3 200** – PARIS, 1er mars 1926 : *Branche de pommier en fleurs* : **FRF 15 900** – PARIS, 27 mai 1926 : *L'homme à la pipe*, étude à la pierre noire sur papier bleu : **FRF 11 000** – PARIS, 11 juin 1926 : *La falaise* : **FRF 850** – PARIS, 12 juin 1926 : *La gardeuse d'oie* : **FRF 13 000** ; *Le moulin à eau* : **FRF 22 500** – PARIS, 28 mars 1927 : *La Falaise d'Étretat* : **FRF 3 700** – PARIS, 9 avr. 1927 : *Paysage*, attr. : **FRF 250** – LONDRES, 29 avr. 1927 : *Le Torrent* : **GBP 147** – PARIS, 23-24 mai 1927 : *Portrait de l'artiste*, dess. : **FRF 2 700** – PARIS, 22 juin 1927 : *Rivière dans un paysage du Doubs* : **FRF 1 800** – PARIS, 29 et 30 juin 1927 : *La Falaise d'Étretat* : **FRF 21 500** – LONDRES, 8 juil. 1927 : *Vagues* 1872 : **GBP 399** – PARIS, 22 juil. 1927 : *La Chasse au daim* : **GBP 441** – LONDRES, 24 mai 1929 : *Portrait de jeune femme* : **FRF 345 000** – NEW YORK, 10 avr. 1930 : *Les rémouleurs* : **USD 3 100** ; *Femme nue au chien* 1868 : **USD 4 000** ; *La femme au chat qui pelote* : **USD 2 100** – PARIS, 21 mai 1931 : *Portrait d'homme* : **FRF 12 000** ; *Paysage montagneux* : **FRF 1 200** – PARIS, 12 fév. 1932 : *Les Gorges de la Loue* : **FRF 14 500** – PARIS, 9 juin 1932 : *Fleurs* : **FRF 26 000** ; *La Liseuse d'Ornans* : **FRF 150 000** – PARIS, 9 juin 1933 : *Le Petit Cavalier à Saint-Aubin-sur-Mer* : **FRF 11 800** – PARIS, 18 nov. 1933 : *Le passage du gué* : **FRF 4 000** – PARIS, 14 et 15 déc. 1933 : *La Falaise d'Étretat après l'orage* : **FRF 45 100** – PARIS, 26 et 27 fév. 1934 : *Coucher de soleil sur la mer* : **FRF 2 600** – PARIS, 28 juin 1934 : *L'Hiver dans le Jura* : **FRF 8 000** – STOCKHOLM, 7-9 nov. 1934 : *Paysage d'hiver* : **SEK 2 000** – NEW YORK, 18 jan. 1935 : *Le joueur de guitare* : **USD 2 500** – PARIS, 9 mars 1935 : *Intimité* : **FRF 30 000** – PARIS, 7 juin 1935 : *Cerf courant dans la neige* : **FRF 18 000** ; *Jeune fille arrangeant des fleurs* : **FRF 42 100** ; *La vigneronne de Montreux* : **FRF 39 100** ; *La Neige dans la forêt* : **FRF 6 100** ; *Portrait de femme* : **FRF 21 500** – PARIS, 20 juin 1935 : *Les Demoiselles de la Seine*, dess. sur pierre, au cr., lithographique : **FRF 1 750** – PARIS, 24 fév. 1936 : *Le lac de Genève, environs de Vevey, fin d'après-midi* : **FRF 9 300** ; *Paysage* : **FRF 7 600** – PARIS, 6 avr. 1936 : *Portrait de M. Oudot, grand-père du peintre* : **FRF 4 000** – LONDRES, 28 mai 1937 : *Les enfants de chœur* 1856 : **GBP 420** ; *Les amants dans la campagne* : **GBP 183** – PARIS, 15 avr. 1942 : *La Biche dans le ravin. Neige* : **FRF 152 000** – PARIS, 23 juin 1943 : *La Rivière dans les gorges* : **FRF 130 000** – PARIS, 26 nov. 1943 : *Paysage* : **FRF 201 000** – NEW YORK, 1er déc. 1943 : *Vue d'une ville* : **USD 1 800** – PARIS, 31 jan. 1944 : *La Rivière, le Pêcheur* : **FRF 225 000** – NEW YORK, 17 fév. 1944 : *La cascade* : **USD 800** – NEW YORK, 30 mars 1944 : *Le chemin du cimetière* : **USD 1 300** – PARIS, 31 mars 1944 : *Paysage d'hiver* : **FRF 302 000** – NEW YORK, 4 jan. 1945 : *Paysage italien* : **USD 1 050** – NEW YORK, 28 mars 1946 : *Les rémouleurs* : **USD 900** – NEW YORK, 1er mai 1946 : *La mer à Étretat* : **USD 1 100** – LUCERNE, 1er déc. 1956 : *Les grottes de la Loue* : **CHF 5 500** – PARIS, 4 avr. 1957 : *Jeune femme au perroquet* : **FRF 3 800 000** – NEW YORK, 23 avr. 1958 : *Gorges près d'Ornans* : **USD 2 400** – PARIS, 11 juin 1958 : *Le Lac Léman* : **FRF 380 000** – NEW YORK, 14 jan. 1959 : *Château de Chillon, Lac de Genève* : **USD 19 000** – LONDRES, 6 mai 1959 : *Le fils du sculpteur Lebœuf* : **GBP 3 800** – MUNICH, 10 juin 1959 : *Rochers près d'Ornans* : **DEM 3 000** – PARIS, 16 juin 1959 : *Loth et ses filles* : **FRF 2 800 000** – NEW YORK, 16 mars 1960 : *Portrait de Tony Moulet* : **USD 4 600** – STUTTGART, 7 juil. 1960 : *Le ruisseau du Puits Noir* : **DEM 15 000** – LUCERNE, 26 nov. 1960 : *Paysage dans le Jura* : **CHF 3 800** – NEW YORK, 26 avr. 1961 : *La vague* : **USD 4 000** – PARIS, 21 juin 1961 : *Les braconniers* : **FRF 200 000** – LONDRES, 7 juil. 1961 : *Le torrent* : **GBP 3 360** – LONDRES, 12 juin 1963 : *Portrait de la Comtesse Karoly de Hongrie, Deauville* 1865 : **GBP 20 000** – LONDRES, 1er juil. 1964 : *Les demoiselles du bord de la Seine* : **GBP 62 000** – GENÈVE, 9 juin 1967 : *Les braconniers* : **CHF 235 000** – LONDRES, 24 avr. 1968 : *Biche forcée dans la neige* : **GBP 37 000** – TOKYO, 3 oct. 1969 : *Portrait de la Comtesse Karoly* : **JPY 36 000 000** – NEW YORK, 28 oct. 1970 : *Nature morte aux fleurs* : **USD 125 000** – NEW YORK, 10 mars 1971 : *Mirage de la Loue* : **USD 55 000** – BERNE, 18 nov. 1972 : *Paysage du Jura* : **CHF 212 000** – NEW YORK, 26 mai 1976 : *La dame au podoscaphe* 1865, h/t (171,2x207,9) : **USD 66 000** – PARIS, 11 juin 1976 : *Les amants de la campagne* 1847, fus. (42x31) : **FRF 68 000** – PARIS, 26 mai 1977 : *Les Ramasseuses de moules*, h/t (65,5x81) : **FRF 80 000** – LONDRES, 28 juin 1978 : *Demoiselle des bords de la Seine*, h/t (90x110) : **GBP 250 000** – ROUEN, 18 mars 1979 : *Bord de mer* 1866, h/t (54x65) : **FRF 65 000** – BERNE, 18 juin 1980 : *Les scieurs* vers 1860, craie noire et reh. de blanc/pap. (52x41) : **CHF 61 000** – NEW YORK, 15 nov. 1983 : *Portrait de Mlle Jacquet* 1857, h/t (81,3x65,5) : **USD 260 000** – LONDRES, 5 déc. 1984 : *Les scieurs de long* 1860, fus. reh. de craie blanche (52x41) : **GBP 50 000** – NEW YORK, 24 avr. 1985 : *Bouquet de fleurs dans un vase* 1862, h/t (100,5x73) : **USD 1 100 000** – NEW YORK, 29 oct. 1987 : *Le chêne de Flagey, appelé chêne de Vercingétorix* 1864, h/t mar./cart. (88,9x111,1) : **USD 420 000** – NEW YORK, 25 fév. 1988 : *Le dormoir au bord de la mer*, h/t (73x92,6) : **USD 60 500** – PARIS, 21 mars 1988 : *Soir d'orage sur le château de Chillon*, h/t (40x50) : **FRF 11 500** – LONDRES, 24 mars 1988 : *Chûte d'eau dans le Jura* 1876, h/t (36x49) : **GBP 26 400** – LONDRES, 29 mars 1988 : *La sieste*, h/t (37,5x46,4) : **GBP 126 500** ; *Le château de Beaulieu, près de Lausanne*, h/t (55x45) : **GBP 63 800** – LONDRES, 28 juin 1988 : *Le chasseur* 1866, h/t (81x63) : **GBP 110 000** – BERNE, 26 oct. 1988 : *Paysage de la Gruyère*, h/t (45x32) : **CHF 5 000** – PARIS, 24 nov. 1988 : *Paysage de la vallée de la Loue* 1971, h/t (81x100) : **FRF 1 800 000** – NEW YORK, 22 fév. 1989 : *Portrait d'Alphonse Bon*, h/pan. (44,8x32,3) : **USD 165 000** – NEW YORK, 23 mai 1989 : *La vague*, h/t (113,3x145) : **USD 715 000** – LONDRES, 26 juin 1989 : *Ophélie (La fiancée de la Mort)* 1842, h/pan. (34,4x29) : **GBP 143 000** – NEW YORK, 18 oct. 1989 : *Paysanne au madras*, h/t (60x73) : **USD 605 000** – LONDRES, 21 nov. 1989 : *Marine à Saint-Aubin* 1872, h/t (32x39,5) : **GBP 132 000** – MONACO, 3 déc. 1989 : *Portrait de Mr Nicolle* 1862, h/t (60x49) : **FRF 1 054 500** – NEW YORK, 1er mars 1990 : *Marine : Les Équilleurs*, h/t (45,7x64,2) : **USD 374 000** – PARIS, 20 mars 1990 : *Ruisseau dans les rochers* vers 1873, h/t (55x44) : **FRF 370 000** – NEW YORK, 22 mai 1990 : *La vague*, h/t (50,8x65,3) : **USD 528 000** – LONDRES, 19 juin 1990 : *Vue d'Ornans et de son clocher*, h/t (49,5x61) : **GBP 836 000** – PARIS, oct. 1990 : *Le château de Chillon*, h/t (81x100) : **FRF 4 900 000** – PARIS, 21 oct. 1991 : *Portrait de Régis Courbet : père de l'artiste* 1844, h/t (73x59) : **FRF 3 300 000** – LONDRES, 2 déc. 1991 : *Le braconnier* 1867, h/t (33x40,6) : **GBP 66 000** – NEW YORK, 27 mai 1992 : *Fleurs sur un banc, ou Fleurs au pied d'un arbre, ou Gerbe de fleurs au soleil couchant* 1862, h/t (71,1x107,9) : **USD 1 540 000** – PARIS, 3 fév. 1993 : *Portrait du peintre Hector Hanoteau*, h/t (61x50,5) : **FRF 430 000** – NEW YORK, 26 mai 1994 : *Chevreuils dans la neige*, h/t (33x40,6) : **USD 112 500** – PARIS, 15 déc. 1994 : *Portrait d'homme*, peint./pap./t. (40x30) : **FRF 75 000** – LONDRES, 14 juin 1996 : *Pommes, poires et raisin sur une table*, h/t (36x66,4) : **GBP 78 500** – LONDRES, 20 nov. 1996 : *Grands chênes, bords de l'eau, Port-Berteau* 1862, h/t (68x92) : **GBP 155 500** – LONDRES, 3 déc. 1996 : *Le Bois sous la neige* vers 1875, h/t (65x54) : **GBP 109 300** – LONDRES, 21 mars 1997 : *Neige en forêt* 1875, h/t (51x65,5) : **GBP 106 000** – LONDRES, 11 juin 1997 : *Adieu au Jura* 1873, h/t (49,5x60,5) : **GBP 29 900** – PARIS, 17 juin 1997 : *Marine, gros temps* 1871, h/t (31x41) : **FRF 570 000** ; *Les Rochers sous la neige dans la forêt de Fontainebleau* vers 1873, h/t (73x60) : **FRF 850 000**.

COURBET Suzanne, Mme, plus tard Mme **Courbet-Galy**
Née à Paris. XXe siècle. Française.
Peintre.
Élève de Prégniard. A peint des natures mortes. Sociétaire des Artistes Français en 1939.

COURBIER Marcel Louis Maurice
Né en 1898 à Nîmes (Gard). Mort le 14 novembre 1976 à Paris. XXe siècle. Français.
Sculpteur de monuments, de bustes et de figures.
Il fut élève de Jules Coutan et de Félix Charpentier. Il exposa au Salon des Artistes Français recevant une deuxième médaille et un Prix National en 1926.

Il était un ami de Jean Moulin. A ce titre, il sculpta un monument : *Chute d'un corps*, à Salon-de-Provence, lieu du parachutage de Jean Moulin, et à Chartres dont il était préfet : une main tenant un glaive, qu'aurait peut-être connue César lorsqu'il sculpta en 1970 une main tenant une épée, pour l'Ecole de Saint-Cyr.
Ventes Publiques : Anvers, 9 mai 1979 : *Fillette à l'agneau*, bronze argenté (H. 47) : **BEF 48 000** – Bruxelles, 27 fév. 1986 : *Jeune fille nue agenouillée tendant un épis de maïs à un chevreuil*, bronze (H. 45) : **BEF 50 000** – Troyes, 20 mai 1990 : *Jeune fille et chevreau*, bronze à patine verte (47x69) : **FRF 12 000**.

COURBOIN Eugène
Né à La Fère (Aisne). xixe siècle. Français.
Peintre de genre.
Élève de Bonnat et Coninck. Expose au Salon depuis 1878. Il a illustré le *Voyage à Paris de S. A. le bey de Tunis, Mohamed El-Hadi Pacha Bey*, de H. et P. Daragon, *La Chambre bleue*, de P. Mérimée, *La Panacée du capitaine Hauteroche*, d'O. Uzanne.

COURBOIN François
xixe-xxe siècles. Français.
Peintre et graveur.
Il a illustré *Mimi-Pinson*, d'A. de Musset ; *Les Reines de l'aiguille*, d'A. Alexandre, *Celle-ci et Celle-là*, *Jettatura* ; de Th. Gautier.

COURBOT Didier
xxe siècle. Français.
Artiste, auteur d'installations, multimédia.
Il a montré ses œuvres dans une exposition personnelle en 1996 au musée des Beaux-Arts d'Amiens. Il réalise des installations autour d'un film, d'une vidéo, travaillant sur le pouvoir de l'image, saisissant une émotion, dans une volonté d'échapper au temps.
Bibliogr. : Didier Arnaudet : *Didier Courbot*, Art Press, n° 203, Paris, mai 1996.

COURBOULES Jacques
Né le 30 mai 1932 à Casablanca (Maroc). xxe siècle. Français.
Peintre de marines, peintre de compositions murales.
Il figura au Salon de la Jeune Peinture, au Salon Comparaisons et au Salon de la Marine, à Paris. Depuis 1957 il est sociétaire du Salon d'Automne ; il a reçu le Prix Antral en 1960. Il s'initia, à l'École des Métiers d'Art, aux techniques de la céramique et du vitrail. Il fut élève de Vincent Aujame, devint son collaborateur, et réalisa des fresques destinées à des édifices publics à Paris et en province. Il a bénéficié d'une bourse et séjourné deux ans au Mexique. Depuis 1975, il est peintre titulaire de la Marine.

COURCELLES DE KNIP Pauline. Voir **KNIP Pauline**

COURCHÉ Félix
Né le 20 avril 1863 à Paris. xixe siècle. Français.
Peintre.
Élève de Luigi Loir et de Bonnat, à l'École Nationale des Beaux-Arts. A exposé au Salon des Artistes Français depuis 1885, et à celui des Indépendants depuis 1902. Il a peint des baigneuses, des paysages, des fleurs et des tableaux de genre.
Ventes Publiques : Paris, 8 juin 1922 : *Lysistrata* : **FRF 100**.

COURCINAULT Pierre ou **Coussinault**
xvie siècle. Français.
Sculpteur.
Il travailla, en 1536, au château de Fontainebleau ; en 1546, il fournit le modèle en bois d'un vase que les orfèvres italiens établis à Paris, à l'hôtel du Petit Nesle, devaient fondre en métal précieux.

COURCY Alexandre Frédéric Charlot de. Voir **CHARLOT de Courcy**

COURCY Hubert de
Né en 1874 à Marseille (Bouches-du-Rhône). Mort en 1930 à Aix-en-Provence (Bouches-du-Rhône). xixe-xxe siècles. Français.
Illustrateur, peintre à la gouache, affichiste.
Élève de Diogène Maillart à l'École des Beaux-Arts de Paris, il s'orienta vers l'art de l'affiche et de l'illustration. Il est l'auteur de plusieurs projets décoratifs. Ses dessins et gouaches présentent des personnages qui rappellent le monde de Chéret.
Bibliogr. : Gérald Schurr, in : *Les Petits Maîtres de la peinture 1820-1920, valeur de demain*, Les Éditions de l'Amateur, t. VII, Paris, 1989.

COURCY Pierre de
Né à Paris. xxe siècle. Français.
Peintre.
Élève d'A. Déchenaud. Exposant des Artistes Français en 1931.

COURDE François
xviie siècle. Français.
Peintre.
Membre de l'ordre des Augustins.

COURDIER Jacques
xive siècle. Français.
Sculpteur.
Il prit part, en 1386, à la décoration du château de Riom, que le duc de Berry faisait alors construire.

COURDOUAN Vincent Joseph François
Né le 6 mars 1810 à Toulon (Var). Mort le 8 décembre 1893 à Toulon. xixe siècle. Français.
Peintre de sujets typiques, paysages, marines, aquarelliste, pastelliste.
Il eut pour maître Paulin Guérin. Il fut professeur à l'École des Beaux-Arts de Paris et conservateur au Musée de Toulon. Il visita l'Algérie en 1854 et l'Égypte en 1866. Il débuta au Salon de Paris en 1835, puis figura au Salon des Artistes Français jusqu'en 1885, obtenant une médaille de troisième classe en 1838 et 1844, une de deuxième classe en 1847.
On lui doit des paysages orientalistes, des sous-bois et des marines qui conservent un caractère grave, une grandeur austère.

V. Courdouan 1868.

Musées : Béziers : *Château de Preissan, près Capestang* – Brest (Mus. mun.) : *Marine, temps orageux*, past. – Dijon : *Marine* – *Marine* – Draguignan : *Vue de la Napoule* – Montpellier : *Paysage africain* – Nice : *Aux environs de Baudot* – Toulon : *Combat du vaisseau « Le Romulus »* – *Vallée des Angoisses, environs de Moustiers (Basses-Alpes)*.
Ventes Publiques : Paris, 11 déc. 1926 : *Ruines du Vieux-Puget (Var)* ; *Paysage maritime au Cap Brun, près Toulon*, deux toiles : **FRF 4 400** – Paris, 5 mai 1928 : *Le Vieux pont* : **FRF 400** – Paris, 21 nov. 1928 : *La rentrée des filets*, aquar. : **FRF 200** ; *La petite passerelle*, aquar. : **FRF 170** – Paris, 30 jan. 1929 : *Le fort de Sainte-Marguerite, environs de Toulon*, dess. : **FRF 180** – Paris, 12 mai 1932 : *Marine ; vue prise en Provence* : **FRF 220** – Paris, 1er et 2 déc. 1941 : *Port de pêche*, aquar. : **FRF 380** – Paris, 17 juil. 1942 : *Marché oriental au bord d'un cours d'eau* : **FRF 2 020** – Berne, 22 oct. 1971 : *Paysage montagneux* : **CHF 2 800** – Londres, 19 oct. 1978 : *Paysanne dans un chemin boisé longeant la mer* 1862, h./ (54,5x99) : **GBP 950** – Versailles, 19 oct. 1980 : *L'arrivée des pêcheurs* 1880, aquar. et reh. de gche (53,5x82,5) : **FRF 4 900** – Paris, 6 déc. 1982 : *Les pêcheurs sur la grève* 1837, aquar. (12,5x19,8) : **FRF 2 600** – Londres, 19 juin 1984 : *L'arrivée du Bey de Tunis dans le port de Toulon* 1846, h/t (79,5x124) : **GBP 8 500** – Monte-Carlo, 8 déc. 1984 : *Personnages sur une route au bord de la Méditerranée* 1864, past. (27,3x37,5) : **FRF 6 000** – Versailles, 12 juin 1985 : *Barques et pêcheurs à La Ciotat* 1882, h/t (54,5x100) : **FRF 58 000** – Monte-Carlo, 23 juin 1985 : *Bateaux au bord du Nil* 1873, aquar. (31x48) : **FRF 14 000** – Paris, 4 mars 1991 : *Paysage méditerranéen*, gche (27x42,5) : **FRF 10 600** – Le Touquet, 19 mai 1991 : *Les lavandières* 1879, h/t (40x68) : **FRF 52 000** – Londres, 19 juin 1991 : *La remontée des filets* 1884, h/t (49x74) : **GBP 5 280** – Neuilly, 12 déc. 1993 : *Environs d'Alger* 1870, cr. estompe et gche (42x62) : **FRF 10 000** – Paris, 20 déc. 1993 : *Femme dans un paysage de sous-bois* 1893, h/pan. (52,5x80) : **FRF 64 000** – Paris, 21 mars 1994 : *Village de la Garde dans le Var* 1878, h/t (46x88,5) : **FRF 23 000** – Londres, 17 nov. 1994 : *Felouques sur le Nil* 1866, h/t (40,7x65,7) : **GBP 7 475** – Paris, 22 nov. 1994 : *La baie de Naples et le fort Santa Lucia* 1844, past. (43x65) : **FRF 28 000** – Paris, 15 juin 1995 : *La maison Choquet Mourillon à Toulon* 1882, h/t (35,5x100) : **FRF 84 000** – Paris, 21 nov. 1995 : *Rencontre sur un chemin dans l'arrière-pays varois*, h/t (65x54) : **FRF 25 000**.

COURET André
xxe siècle. Français.
Peintre.
A exposé des portraits au Salon de la Nationale en 1936.

COURET Sophie
Née à Zamosc, de parents français. xxe siècle. Française.
Peintre.
A exposé des portraits au Salon d'Automne en 1941 et 1942.

COURJON Robert
Né à Saïgon (Vietnam). XXe siècle. Français.
Peintre.
Exposant du Salon d'Automne.

COURLAND L. E.
XVIIIe siècle. Actif à Rotterdam vers 1755. Éc. flamande.
Peintre.
On cite de lui : *Portrait du Dr Johannes Van Marle.*

COURLIEU
XIXe siècle. Actif vers 1800. Français.
Peintre.
L'Église Saint-Leu, à Paris, possède une *Descente de Croix* due au pinceau de cet artiste.

COURLON Annie Marie de
Née à Paris. XXe siècle. Française.
Peintre et graveur.
Élève de Lucien Simon et de Buland. Sociétaire des Artistes Français ; deuxième médaille en 1931.

COURMAJEUR
XIXe siècle. Actif vers le milieu du XIXe siècle. Français.
Dessinateur.
Le Musée de Nice possède un *Portrait du peintre Biscarra* par ce dessinateur.

COURMES Alfred
Né le 21 mai 1898 à Bormes-les-Mimosas (Var). Mort le 8 janvier 1993 à Paris. XXe siècle. Français.
Peintre de compositions à personnages, portraits, natures mortes, paysages animés, aquarelliste, peintre de compositions murales, dessinateur.
Il a figuré dans des expositions collectives : en 1930 et ensuite aux Salons des Artistes Indépendants et des Tuileries, en 1937 à la galerie des Beaux-Arts, et de la Gazette des Beaux-Arts puis au 1er Salon des Jeunes Artistes, après la guerre de 1939-1945 régulièrement au Salon de Mai, en 1971 à Bordeaux à la galerie Condillac *Les autres*, en 1972 au Grand-Palais à Paris *72 ou douze ans d'art contemporain en France*, en 1976 au Musée d'Art Moderne de la Ville de Paris *Mythologies quotidiennes*, en 1981 au Musée National d'Art Moderne à Paris *Les Réalismes entre révolution et réaction 1919-1939*, en 1988 à Cannes au Salon de la Malmaison *Inquiétude et sérénité, Alfred Courmes, Jean Hélion, Ignasi Vidal*. Il a exposé personnellement en 1977 à la galerie du Montparnasse, en 1977-1979-1982-1986-1987 à la galerie Jean Briance, en 1979 au Musée de Grenoble – l'exposition est préfacée par Pierre Gaudibert –, en 1986 et 1988 à la galerie Berggruen, en 1989 la seule exposition rétrospective aux Musées de Roubaix et Poitiers et au Musée National d'Art Moderne à Paris.
Il naquit dans une famille bourgeoise. Son père, officier de marine, encourage plutôt le désir de son fils de se consacrer à la peinture. Paradoxalement, ce sont des ennuis pulmonaires qui favoriseront son « entrée en peinture ». Au sanatorium où il est soigné en 1919, il parle avec l'homme allongé dans le transat voisin du sien de son désir de peindre, avouant son noviciat. Le voisin qui n'est autre que Roger de La Fresnaye révèle sa parfaite connaissance du milieu. Il s'établit alors entre les deux hommes une relation qui procède davantage de la relation filiale que de celle du maître à l'élève. Alfred Courmes apprend le métier avec un sérieux et une application dont il ne devait jamais se départir. Il s'ensuivra une correspondance importante, rendant compte des interrogations de Courmes et de son évolution d'une part, d'autre part des conseils prodigués par La Fresnaye. Le nom de ce dernier en ayant imposé aux parents de Courmes, il put venir s'établir à Paris. De cette période d'initiation sous l'autorité de La Fresnaye datent le *Portrait de Mademoiselle Courmes* de 1921 et le *Portrait de Peggy Guggenheim* de 1926. La Fresnaye étant mort en 1927, Courmes, en 1929, peignit à sa mémoire *L'Homme blessé*, version moderne du *Christ mort* de Mantegna. Néanmoins, conscient de ne pas vouloir « prendre le train en marche », il assimile la leçon du cubisme, en utilise les systèmes de construction, mais n'y limite pas son univers, comme en témoigne la période réaliste du Lavandou. En 1927 et 1928 il s'installe à Ostende avec son épouse belge. Il rencontre Ensor et Permeke, et fait la connaissance de Labisse avec qui il restera lié toute sa vie. Il visite les musées belges, fasciné par les primitifs flamands et la lumière du nord. C'est à cette époque que se définit son style propre, constitué d'emprunts aux maîtres du passé, juxtaposés à une iconographie tirée de l'imagerie populaire, de la publicité, des chromos anciens... On ne peut évoquer cette peinture actuellement sans se rendre compte que ces procédés sont ici mis en place bien avant leurs développements importants par les artistes du pop'art ou de la figuration narrative française. Le rassemblement dans une même toile des multiples registres artistiques, la citation de la peinture classique, la représentation de séquences disjointes, l'écriture dans la peinture font de Courmes un précurseur des multiples inventions formelles de la figuration des années soixante et alentour.
Revenu à Paris dans les années trente, au moment où s'opère un vaste retour à la figuration, Courmes commence à peindre les séries importantes de son œuvre, mêlant hardiment les références à la mythologie et à l'histoire sainte avec les figures publicitaires du temps ; Jésus a le visage du « Bébé Cadum », Œdipe et le Sphinx sourient « Colgate », la fillette du chocolat « Meunier » se promène où on ne l'attend pas, Andromède porte une gaine « Boléro »... Le Canal Saint-Martin le long duquel il habite devient son décor de prédilection. En 1936 il reçoit le prix Paul-Guillaume, partagé avec Pierre Tal-Coat, pour son *Saint-Sébastien* transfiguré en marin, premier d'une série de toiles sur le même thème. Le saint-martyr, déjà prétexte aux artistes renaissants à la description d'un nu athlétique, est ici habillé en haut mais très dévêtu en bas, exception faite de ses chaussures et porte-chaussettes. Trouvant sa place dans l'« art cruel » et l'érotomanie de l'époque, il ridiculise le pompon rouge et la religion par son obscénité. L'œuvre reste cependant ambiguë, subversive par sa représentation mais peinte dans une facture très « propre », exécutée selon des canons académiques. En 1937, en marge de son évolution vers Brueghel et Bosch revisités, il reçut encore les commandes « sérieuses » et réalisa la décoration du plafond du pavillon de Sèvres à l'Exposition Internationale avec une allégorie du *Toucher*, et en 1938 il fut chargé de la décoration murale (*La France joyeuse*) de l'ambassade de France à Ottawa.
Après cette ultime concession aux sujets « convenables », un humour corrosif, voire graveleux anime la longue suite des compositions telles que celle intitulée *Non, non... et non elle ne tolérera jamais qu'il fasse de l'aéroplane* (1964), représentant quatre mégères fortes en fesses dénudées aux prises avec un Icare éprouvant des velléités d'indépendance. À son sujet, Pierre Gaudibert écrit : « Il contribue aussi à miner par une déroutante lézarde qui chemine secrètement, l'abominable édifice de notre *civilisation-occidentale-humaniste-gréco-romaine-et-chrétienne.* » La peinture de Courmes est souvent *cultivée*, pratiquant là encore la citation avant l'heure, dans des œuvres au contenu souvent déroutant. Jean-Marc Campagne, son principal biographe définit la peinture de Courmes en quelques mots : « Irriguée de courants divers : Grèce, Italie, Flandres, Le Greco, Le Corrège, Picasso, La Fresnaye, elle n'a une valeur profonde de signification que par la liberté de regard. » ■ F. M., J. B.

A Courmes

Bibliogr. : In : Catal. de l'exposition *Écritures dans la peinture*, Villa Arson, Nice, avr.-juin 1984 – Catal. de l'Exposition *Alfred Courmes*, Musée de Roubaix, 1989.
Musées : Paris (Mus. Nat. d'Art Mod.).
Ventes Publiques : Paris, 14 nov. 1927 : *L'Ouvrier blessé* : **FRF 170** – Paris, 8 juin 1972 : *Cyrano de Bergerac* : **FRF 3 600** – Monte-Carlo, 9 oct. 1977 : *Portrait de Peggy Guggenheim* 1926, h/t mar./pan. (100x65) : **FRF 19 000** – Paris, 30 mai 1980 : *La tentation* 1936, h/pan. (35x26) : **FRF 6 500** – Versailles, 19 fév. 1984 : *La Bataille des Tritons* 1944, h/t (81x100) : **FRF 28 000** – Paris, 8 mars 1985 : *Portrait de Lucie* 1933, h/pan. (34x22,5) : **FRF 15 000** – Paris, 4 juin 1987 : *L'Homme blessé* 1929, h/t (54x73) : **FRF 86 000** – Paris, 24 mars 1988 : *Le Chantable Lavement de pieds* 1986, aquar./pap. (24x17) : **FRF 23 000** ; *Nature morte aux objets* 12 fév. 1921, h/pan. (54x40) : **FRF 70 000** ; *Trois arbres dans l'avenue Secrétan*, h/t (73x91,5) : **FRF 75 000** ; *La Tentation de Saint-Antoine* 1936, h/t mar./bois (35x26) : **FRF 36 000** – Paris, 16 déc. 1988 : *Le Repas aux champs* 1922, h/t (145x132) : **FRF 270 000** – Versailles, 20 juin 1989 : *Le Départ d'Amazones*, aquar. (37x51) : **FRF 30 500** – Paris, 20 nov. 1989 : *Nature morte fond rouge et jaune* 1948, h./ pan. (32,5x41) : **FRF 26 000** – Paris, 4 fév. 1990 : *Nature morte à la cafetière et à la lampe verte* 1947, h/t (54x65) : **FRF 42 000** – Paris, 11 mai 1990 : *Judith* 1972, encre de Chine (33,5x30) : **FRF 3 500** – Paris, 14 juin 1990 : *Couple au Lavandou* 1926, aquar./pap. (22x14) : **FRF 9 000** – Paris, 22 nov. 1991 : *Paris : la place du Combat devenue la place du Colonel Fabien* 1944, h/t (46x54,5) : **FRF 44 000** – Paris, 5 déc. 1991 :

Dame journaliste bousculée par un personnage comique, heureusement elle réussit à les lui écraser... 1971, h/t (130x162) : **FRF 150 000** – Paris, 27 oct. 1992 : *Antigone et son papa*, h/t/pan. (100x81) : **FRF 51 000** – Paris, 18 nov. 1992 : *Portrait de la sœur de l'artiste* 1921, h/t/bois (92x73) : **FRF 132 000** – Paris, 2 juin 1993 : *Nature morte à la pipe* 1941, h/cart. (50x92) : **FRF 42 000** – Paris, 5 juil. 1994 : *Nature morte*, h/t (92x73) : **FRF 20 000** – Paris, 26 juin 1995 : *Conversation à la campagne* 1926, h/t (92x73) : **FRF 100 000** – Paris, 24 mars 1997 : *Le Bain à Ostende ou La Naissance de Vénus* 1929, h/pan. (49,5x34,5) : **FRF 58 000**.

COURMONT Auguste
Né à Paris. XIXe siècle. Français.
Sculpteur.
Élève de Weimer. A exposé des portraits et des bas-reliefs en 1869 et 1870.

COURNAND
Travaillant en Avignon. Français.
Peintre.
Il peignit un *Saint Joseph* qui se trouve à la Congrégation des hommes, en Avignon. Il faut sans doute l'identifier avec le suivant.

COURNAUD Étienne Napoléon
Né vers 1807 à Avignon. Mort en 1863 à Avignon. XIXe siècle. Français.
Sculpteur.
Le Musée d'Avignon conserve de lui une *Pietà* et *Sainte Madeleine*.

COURNAULT Charles
Né en 1816. Mort en 1904 à Malzéville (près de Nancy). XIXe siècle. Français.
Peintre.
Il est mieux connu pour ses travaux archéologiques.

COURNAULT Étienne
Né le 15 mars 1891 à Malzéville (Meurthe-et-Moselle). Mort en 1948 à Paris. XXe siècle. Français.
Peintre de portraits, natures mortes, pastelliste, peintre de techniques mixtes, fresquiste, graveur, dessinateur, illustrateur, décorateur.
Il fut encouragé dans sa vocation par son grand-père qui était un ami de Delacroix. Il commença des études à l'École des Beaux-Arts de Nancy mais préféra mener seul ses recherches, orientées vers l'impressionnisme jusqu'en 1914. Il s'installe à Montmartre en 1920 et fait la connaissance de Jacques Doucet, rencontre décisive qui l'oriente vers une carrière de décorateur qui se poursuivra dix années durant ; il créera des meubles, des bijoux et des objets divers.
Cournault expose à New York et Paris, à Londres et au Japon. Des expositions rétrospectives de ses œuvres se sont tenues dans les galeries La Hune et Furstenberg à Paris. C'est en 1929 qu'il fonde avec Pierre Chareau, Pierre Legrain et Raymond Templier l'Union des Artistes Modernes et est à l'origine de la fondation du Salon de la Jeune Gravure Contemporaine.
Dès ses débuts, ses toiles présentent les thèmes clefs de son répertoire plastique : les visages, les jeux de taches et une écriture graphique qui rappelle celle de Kandinsky ou de Miro. Poursuivant des investigations dans les techniques nouvelles telles que la « peinture au sable », il a réalisé également de nombreux dessins au pastel, souvent de grand format et étudié les procédés de la fresque, peignant sur des panneaux disposés horizontalement enduits d'un mortier frais, enchâssés ensuite dans le ciment. Il est cependant mieux connu pour son œuvre de graveur. Il est considéré comme un des promoteurs du renouveau de l'art du burin au XXe siècle. Il a réalisé de nombreux monotypes après 1940 et a illustré de nombreux livres parmi lesquels *La Porte étroite* d'André Gide et *En Égypte* de M. Maeterlinck.
Bibliogr. : In : *Les Muses*, Tome 5, Grange Batelière, Paris, 1970.
Musées : Épinal (Mus. départ. des Vosges) : *Nature morte* 1933.
Ventes Publiques : Paris, 8 nov. 1972 : *Le coup de dés* : **FRF 5 000** – Enghien-les-Bains, 14 juin 1981 : *Tête et matière* 1930, peint. et gravier/t. (46x38) : **FRF 8 000** – New York, 26 mars 1983 : *Un homme debout* vers 1930, 2 h/pan. (185,5x61) : **USD 5 000** – New York, 31 mars 1984 : *Un homme et une femme* vers 1930, 2 h/pan. (200,5x70) : **USD 8 000** – Chambord, 10 mai 1986 : *Composition*, h. et sable/t. (45,6x38) : **FRF 15 000** – Vendôme, 1er fév. 1987 : *Musicien à la flûte* 1929, h. et sable/t. (46x38) : **FRF 19 500** – Nancy, 20 mai 1990 : *Danseuse équilibriste sur corde*, peint. sous verre (50x44) : **FRF 42 000** – Orléans, 21 mars 1992 : *Deux têtes* 1930, h. et sable (73x60) : **FRF 88 000** – Paris, 8 juil. 1993 : *Portrait de femme* 1929, past. (50x65) : **FRF 6 000** – Paris, 18 déc. 1996 : *Composition* 1945, fixé sous verre (23x20) : **FRF 45 500** – Paris, 24 mars 1997 : *Modèle de dos de profil*, h/t (33,5x22) : **FRF 17 000**.

COURNERIE Louis
XVIIIe siècle. Français.
Peintre miniaturiste, peintre de genre et dessinateur.
La collection Wallace conserve de lui : *Portrait de Marie-Antoinette, Marie-Antoinette ; reine de France* (miniature).
Ventes Publiques : Paris, 1871 : *Portrait en pied de Mme de Pompadour* : **FRF 830** ; *Portrait de Mme Vigée Le Brun*, miniat. ovale : **FRF 160** – Paris, 1897 : *Les attributs du berger*, gche : **FRF 900** ; *Portrait d'une jeune femme*, dess. à la gche : **FRF 80**.

COUROLEAU Alain
XVe siècle. Actif à Nantes en 1460. Français.
Peintre.

COURONNE A., Mme, née **Louisa Forbes Durand**
Née le 15 mai 1810 à Londres. Morte en février 1897 à Genève. XIXe siècle. Britannique.
Pastelliste.
Elle était élève de Hornung et femme d'Alexandre Couronne. On cite d'elle un *Portrait de Constantin*.

COURONNE Alexandre
Né le 17 décembre 1792 à Genève, originaire de Spire. Mort le 17 avril 1863 à Cannes. XIXe siècle. Suisse.
Peintre de natures mortes, fleurs et fruits, aquarelliste.
Il fut peut-être élève de Tœpffer. Il exposa à Genève entre 1823 et 1851.
Musées : Genève (Mus. Rath) : *Fleurs et fruits*, deux aquar.
Ventes Publiques : Londres, 22 mars 1985 : *Nature morte aux fleurs* 1826, aquar. (53,2x63) : **GBP 6 500**.

COURONNEMENT DE LA VIERGE, Maître du. Voir **MAÎTRES ANONYMES**

COUROT Ferdinand Victor Nicolas Maurice
Né à Paris. XIXe-XXe siècles. Français.
Peintre.
Élève de J. Lefebvre et Robert-Fleury. Sociétaire des Artistes Français ; a peint des portraits, des nus et des paysages.

COUROW Wilford S.
Né à New York. XIXe-XXe siècles. Américain.
Sculpteur.
Connu comme graveur en médailles ; a son atelier à Moret-sur-Loing (Seine-et-Marne).

COURPON Sophie Marie Charlotte de
Née à Meudon (Seine-et-Oise). XXe siècle. Française.
Peintre.
A exposé au Salon des Indépendants de 1924 à 1932.

COURRAS Suzanne, Mlle
Née à Paris. XXe siècle. Française.
Sculpteur.
Élève de Mlle Jubert et de Févola. A exposé au Salon des Artistes Français en 1931, 1932 et 1933.

COURRAT
XIIIe siècle. Travaillant à Paris. Français.
Miniaturiste.

COURRÉLONGUE R.
XXe siècle. Français.
Peintre de paysages.
A exposé au Salon des Artistes Français en 1913 et 1914.

COURREYE Jacques René
XXe siècle. Français.
Peintre de paysages.
A exposé au Salon de la Société Nationale des Beaux-Arts de 1935 à 1937.

COURROIT Jules
XIXe-XXe siècles. Belge.
Sculpteur.
Il fut professeur à l'Académie de Hasselt.
Musées : Louvain : Buste de terre cuite.

COURROY Roger Henri
Né à Bordeaux (Gironde). XXe siècle. Français.

Peintre de cartons de tapisseries, sculpteur.
Il fut élève de Malric. Il exposa au Salon des Artistes Français, à Paris.
Ventes Publiques : Paris, 16 nov. 1988 : *Soleil de février*, tapisserie (140x180) : **FRF 10 000**.

COURROYER Vincent
XVIe siècle. Travaillant à Arras. Français.
Peintre.

COURSEL Daniel
XVIIe siècle. Actif à Amsterdam. Hollandais.
Peintre.

COURSELLES-DUMONT André Paul
Né le 11 juin 1889 à Paris. XXe siècle. Français.
Peintre de portraits et de paysages.
Il fut élève de Luc-Olivier Merson. Il exposa entre 1912 et 1938 au Salon des Artistes Français dont il était sociétaire.

COURSELLES-DUMONT Henri
Né le 31 juillet 1856. Mort en 1918. XIXe-XXe siècles. Français.
Peintre de scènes mythologiques, portraits, animaux, aquarelliste.
Il fut l'élève d'Élie Delaunay, Raphaël Collin, Luc-Olivier Merson, à l'École des Beaux-Arts de Paris. Il exposa, pour la première fois en 1882, au Salon de la Société des Artistes Français, obtenant une mention honorable en 1897, une médaille de troisième classe en 1898, une médaille de deuxième classe en 1901, année où il devint sociétaire. Il est l'auteur d'une fresque au Panthéon. Certaines de ses compositions montrent des nus alanguis sur un paysage aux tonalités impressionnistes.

Bibliogr. : Gérald Schurr, in : *Les Petits Maîtres de la peinture 1820-1920, valeur de demain*, Les Éditions de l'Amateur, t. III, Paris, 1976.
Musées : Bayeux – Beauvais – Cannes – Dieppe : *Persée et Andromède*, aquar. – Montauban – Quimper – Remiremont – Saint-Brieuc – Soissons – Toulouse : *Le combat*, aquar.
Ventes Publiques : Paris, 21 déc. 1928 : *Jeune femme enlevée par un centaure*, aquar. : **FRF 100** – Zurich, 16 mai 1980 : *Le butin*, h/t (26,5x34,5) : **CHF 2 500** – Londres, 19 juin 1985 : *Scène de pillage*, h/t (85x60,5) : **GBP 6 500** – Paris, 28 oct. 1990 : *Le lion amoureux*, h/t (77x58) : **FRF 28 000**.

COURSELLES-DUMONT Pierre Paul Louis
XIXe siècle. Français.
Peintre de paysages.
Il exposa à Paris, au Salon de la Société Nationale des Beaux-Arts, fondé à partir de 1890. Peut-être à rapprocher de Louis Paul Pierre Dumont ?

COURSELLES-DUMONT S., Mlle
XIXe-XXe siècles. Française.
Peintre de portraits.
A exposé au Salon des Artistes Français de 1912 à 1914.

COURT de La. Voir **LA COURT**

COURT Charles de
XVIe siècle. Français.
Peintre.
Fils de Jehan de Court. Il succéda à son père sous Henri IV comme peintre et valet de chambre du roi.

COURT Emily
Née en Angleterre. XXe siècle. Britannique.
Peintre.
Elle exposa à Paris au Salon des Artistes Français en 1933.

COURT Jean de
XVIe siècle. Français.
Peintre de portraits.
Cet artiste, sur lequel on possède peu de documents, succéda à François Clouet en 1572 dans l'office de peintre du roi, à la Cour des Valois. En 1574, il peignit un portrait de Henri III, alors duc d'Anjou. Certains critiques estiment qu'il pourrait être le même que l'émailleur Jehan de Court, dont on cite des travaux en 1555, artiste que certains critiques proposent d'identifier avec Jehan Courteys. Dimier lui attribue une partie de l'œuvre donné traditionnellement à François Clouet.

COURT Jehan, dit **Vigier**
Né à Limoges. Mort avant 1583, très âgé. XVIe siècle. Français.
Peintre et émailleur.
Il était fils d'un orfèvre nommé lui-même Jehan Court dit Vigier, cité en 1509. Siret le dit élève de Léonard Limosin. Des actes aux archives de la Haute-Vienne le mentionnent comme maître-peintre et certains critiques, vu la rareté de ses œuvres, supposent que l'émaillerie n'était pas sa profession ordinaire. On le cite exécutant des émaux vers 1563 et 1564, mais une coupe avec son couvercle, aux armes de Marie Stuart, porte la date de 1556. Il eut un fils de sa femme Léonarde Jourdanie, Jehan Court, le jeune, qui se maria en 1580. Le Musée du Louvre possède de lui deux assiettes émaillées signées *J. C. D. V.* C'est un artiste élégant, au dessin ferme et correct, qui semble avoir sa place marquée entre P. Reymond et P. Courteys. Jehan Court, dit Vigier le jeune fut également peintre émailleur.
Ventes Publiques : Paris, 1865 : *Le festin des dieux*, coupe aux armes d'Écosse : **FRF 28 455** ; *Les noces de Psyché*, plat ovale : **FRF 5 000** – Paris, 1895 : *La Cène*, plaque rectangulaire : **FRF 1 550** – Paris, 1898 : *Plaque ovale en émail*, grisaille et couleurs : **FRF 300** ; *Les Muses* : **FRF 3 875** ; *La tonte des moutons*, assiette en grisaille : **FRF 1 750** – Paris, 1899 : *Coffret rectangulaire*, émaux de coul. : **FRF 4 100** ; *Plat circulaire*, grisaille chairs saumonées : **FRF 21 000**.

COURT Joseph Désiré
Né en 1797 à Rouen (Seine-Maritime). Mort en 1865 à Rouen. XIXe siècle. Français.
Peintre d'histoire, sujets religieux, portraits, pastelliste, dessinateur.
La plus brillante carrière semblait s'ouvrir pour Joseph Court. Il fut élève de Gros à l'École des Beaux-Arts de Paris. Il obtint le Prix de Rome en 1821 avec *Samson livré aux Philistins par Dalila*, il affirmait sa réputation à son deuxième salon, en 1827 (il avait débuté en 1824), par son célèbre tableau : *La mort de César*. L'œuvre eut un retentissement considérable et fut achetée par l'État. Court fit preuve encore de sérieuses qualités de peintre dans sa toile du Salon de 1833 : *Boissy d'Anglas saluant la tête de Féraud*, mais dès lors, il ne s'éleva pas au-dessus d'une honnête médiocrité, sauf dans quelques portraits. Il eut une part importante dans les tableaux destinés au Musée de Versailles. En 1853, il fut nommé directeur du Musée de Rouen, poste où il finit sa vie. Il avait obtenu une médaille de première classe en 1831, et était chevalier de la Légion d'honneur depuis 1838.

Musées : Alençon : *Charlotte Corday entrant chez Marat – Nymphe et Faune au bain* – Amsterdam : *Sainte Catherine* – Béziers : *Une jeune fille devant le Sénat romain* – Bordeaux : *Portrait de Henri Fonfrède – Portrait d'homme* – Chantilly : *Portrait de la princesse Louise d'Orléans, reine des Belges* – Honfleur : *Général Heymès – M. Barrière* – Lyon : *Une scène du Déluge* – Montpellier : *Jeune femme couchée – La mort de César – Louis XVI, Marie-Antoinette et le Dauphin se réfugiant à l'Assemblée législative* – Paris (Mus. du Louvre) : *La mort de César* – Périgueux : *Portrait de Mme Guillot* – Rouen : *Portrait de M. H. Barbet, ancien maire – Rigolette – Portrait de M. Thévenin – Portrait de M. Picard de Montferrand, architecte – Portrait de Léboucher-Desfontaines – Portrait de Hébert, avocat, député de Rouen et garde des Sceaux – Boissy d'Anglas saluant la tête de Féraud* – Tours : Peinture – Trieste : *Le masque* – Versailles : *Le duc d'Orléans signe la proclamation de la lieutenance générale du royaume – Le roi donne les drapeaux à la garde nationale de Paris et de la banlieue – McDonald, capitaine aide de camp en 1792 – La Fayette (Marie-Jos.-Paul-Yves-Roch-Gilbert Mottier, marquis de – Custine (Adam-Philippe, comte de), général en chef de l'armée du Rhin – William-Charles Cavendish, Lord Bentinck gouverneur général de l'Inde – Duc de Brion, lieutenant-général des armées du roi – Paysage et troupeau – Pierre-François-Léonard Fontaine, architecte – Valée Sylvain*, en pied – *Jean-François Allart, général en chef des troupes du roi de Lahore – Duperré (Victor Guy), baron*, en pied.
Ventes Publiques : Paris, 1839 : *Costume de Gaëta dans le royaume de Naples* : **FRF 325** – Paris, 1851 : *La mort d'Hippolyte* : **FRF 400** – Paris, 1866 : *Le marquis de Dreux-Brézé et Mirabeau à l'Assemblée Nationale*, esquisse : **FRF 840** – Paris, 1900 : *Portrait d'une jeune fille* : **FRF 346** – Paris, 18 mars 1920 : *La mort d'Hippolyte*, esquisse sur toile : **FRF 95** – Paris, 19 juin 1920 : *Boissy d'Anglas saluant la tête de Féraud* : **FRF 7 550** – Paris, 23-25 juin 1921 : *Les trois Grâces*, past. : **FRF 60** – Paris, 29 et 30 avr. 1929 : *Portrait de femme, en buste* : **FRF 1 800** – Paris, 27

mars 1931 : *Portrait de femme coiffée d'une mantille de dentelle à rubans bleus* : **FRF 1 800** – Paris, 5 fév. 1943 : *La Dame au voile* : **FRF 8 600** – Paris, 8 mars 1943 : *Portrait de jeune femme* : **FRF 4 300** – Rouen, 3 mars 1976 : *Portrait d'officier*, h/t (54x47) : **FRF 1 800** – New York, 12 mai 1978 : *Triomphe antique*, h/t (38,5x58,5) : **USD 2 500** – Paris, 22 mai 1981 : *La baigneuse*, h/t (90x72) : **FRF 3 500** – Paris, 14 oct. 1983 : *Portrait de femme à la robe de satin* 1836, h/t (73x60) : **FRF 4 800** – Paris, 18 avr. 1991 : *Portrait présumé de l'architecte Lenepveu en compagnie de deux de ses amis*, h/t (42x35) : **FRF 18 000** – Paris, 31 mars 1994 : *Portrait de jeune femme assise*, h/t (33,5x25) : **FRF 15 000** – Paris, 26 mars 1996 : *Jeune femme du harem*, h/t (131x98,5) : **FRF 35 000**.

COURT Louis
Originaire des Hautes-Alpes. xviiie siècle. Français.
Peintre.
Il travailla dans les Hautes-Alpes.

COURT Louis
xixe siècle. Actif à la fin du xixe siècle. Allemand.
Sculpteur.
Il fit ses études à Munich et travailla à Cologne.

COURT René
Né à Paris. xxe siècle. Français.
Peintre de paysages.
A exposé au Salon des Indépendants et à celui des Tuileries en 1935.

COURT Suzanne de
xvie-xviie siècles. Active à Limoges à la fin du xvie siècle et au début du xviie. Française.
Peintre émailleur.
Fille de Jean Court et son élève. Ses émaux sont signés : *Suzanne Court, Suzanne de Court* et quelquefois *S. C.* Maurice Ardant, dans son intéressant ouvrage sur *les Courteys, Court et de Court*, suppose qu'elle a signé *Suzanne Court* tant qu'elle a été demoiselle et qu'elle a pris le nom de *Suzanne de Court* après son mariage avec Jehan de Court. Son style rappelle celui de l'émailleur I. C. (Jehan Court ou Jean Court), son dessin est mou et exagéré. Elle est représentée au Musée du Louvre par plusieurs pièces : aiguière, coupe de calice, plats ovales, tasses circulaires, tasse à six lobes, plaques ovales, ainsi qu'aux Musées de Lyon, de Dijon et de Brunschwig.

COURT Sydney A.
Né à Londres. xxe siècle. Britannique.
Peintre.
Il exposa à Paris au Salon des Artistes Français en 1933.

COURT W.
xviiie-xixe siècles. Britannique.
Miniaturiste.
Il exposa à la Royal Academy de Londres de 1783 à 1836. Il exécuta de nombreux portraits.

COURTAIS Joseph
xviiie siècle. Français.
Graveur.
Il travaillait entre 1767 et 1769 à Lézin d'Aubance en Anjou.

COURTASIER David
Peut-être originaire d'Alençon. xviie siècle. Français.
Sculpteur.

COURTAT Louis
Né vers 1850 à Paris. Mort en 1909. xixe siècle. Français.
Peintre d'histoire, sujets allégoriques, scènes de genre, portraits.
Élève de Cabanel, il débuta au Salon de Paris en 1873, obtenant deux médailles de troisième classe en 1873 et 1874 et une médaille de première classe en 1875.
Il enveloppe ses nus d'un flou qui se souvient de l'art du Corrège.
Bibliogr. : Gérald Schurr, in : *Les Petits Maîtres de la peinture 1820-1920, valeur de demain*, Les Éditions de l'Amateur, t. IV, Paris, 1979.
Musées : Paris (ancien Mus. du Luxembourg) : *Léda*.
Ventes Publiques : Paris, 4 mai 1901 : *Nymphe couchée* : **FRF 145** – New York, 12-13 mars 1903 : *Agar et Ismaël* : **USD 225** – Paris, 30 avr. 1919 : *Le réveil de Vénus* : **FRF 600** – New York, 29 avr. 1946 : *Vénus et Cupidon* : **USD 725** – New York, 25 fév. 1983 : *Fillette nue cueillant des fleurs*, h/t (79,4x94,6) : **USD 4 500** – Copenhague, 16 avr. 1985 : *Vénus et amour* 1883, h/t (146x205) : **DKK 70 000** – New York, 27 fév. 1986 : *Le réveil de Vénus* 1883, h/t (144,2x204,5) : **USD 12 500** – New York, 24 oct. 1989 : *Portrait d'une petite fille avec son cerceau* 1882, h/t (64,8x54) : **USD 8 250**.

COURTE-PARIS Serge
Né en 1940 à Nancy. xxe siècle. Français.
Peintre. Abstrait.
Il a figuré en 1984 au Salon Comparaisons à Paris, en 1984-1985 *L'Art et le Cognac* Mécénart à Nice, Bordeaux, Francfort et Lyon, en 1985 à la galerie Boudin à Honfleur, en 1986 au Salon Comparaisons à Paris et à la Works II Gallery de Southampton, en 1987 au centre Georges Pompidou *Carte Blanche à l'Association des amis du centre Georges Pompidou*. Il a exposé personnellement en 1982, en 1985 à la Felicie Gallery de New York, en 1986 à la Works II Gallery de Southampton, en 1987 et 1995 à la Gallery Coard à Paris. Il a réalisé des œuvres monumentales, une fresque pour l'école maternelle Baudricourt à Paris dans le treizième arrondissement et en 1985 une autre pour l'école maternelle Saint-Didier dans le seizième arrondissement.

COURTEAUX Michel
Né à Épernay (Marne). xxe siècle. Français.
Peintre.
Exposant du Salon d'Automne en 1941 et 1942.

COURTEILLE
xviie siècle. Actif dans la seconde moitié du xviie siècle. Français.
Graveur.
Ses deux suites d'estampes les mieux connues sont un *Cahier de Jeux d'Enfants* et ses *Principes de feuilles et d'ornements*.

COURTEILLE
xviiie-xixe siècles. Français.
Peintre.
Il figura au Salon de Paris à partir de 1793. En 1822, Courteille habitait Moscou. Le Musée d'Alençon conserve de lui : *Le rapt* et *Le harem*.
Ventes Publiques : Paris, 27 juin 1923 : *Composition allégorique relative à la Révolution*, lav. de sépia : **FRF 50** – Paris, 29 avr. 1940 : *Satyres et Bacchantes dans un parc*, deux toiles : **FRF 2 200** – Paris, 18 déc. 1942 : *Courteille (1765-1810) ; La Nymphe endormie et Le Sacrifice à Priape*, deux pendants : **FRF 24 100**.

COURTEN Angelo de, comte
Né en 1848 à Bologne. xixe siècle. Italien.
Peintre d'histoire, sujets allégoriques, scènes de genre, aquarelliste.
Ventes Publiques : Paris, 1893 : *Le vieux serviteur*, aquar. : **FRF 65** ; *La méditation*, aquar. : **FRF 40** ; *La modiste*, aquar. : **FRF 95** – Paris, 1894 : *Danse de l'Almée*, aquar. : **FRF 30** – Londres, 19 mai 1976 : *Modèle et musicien*, h/t (150,5x67) : **GBP 480** – Londres, 28 nov. 1980 : *Le modèle du sculpteur*, h/t (118x67,4) : **GBP 2 000** – Londres, 4 oct. 1989 : *Un achat à un bon prix*, h/t (131x86) : **GBP 4 950** – Monaco, 18-19 juin 1992 : *Italienne près d'un puits*, h/t (99x77,5) : **FRF 49 950** – New York, 17 fév. 1993 : *Diane et le lion*, h/t (64,8x82,6) : **USD 6 900** – New York, 26 mai 1994 : *Le modèle du sculpteur*, h/t (119,4x68,6) : **USD 18 400** – Paris, 12 mars 1997 : *Allégorie de la Musique*, h/t (151x68) : **FFR 115 000**.

COURTEN Lodovico de
xixe siècle. Italien.
Peintre.
Cet artiste florentin s'est adonné aux représentations des costumes de son pays et aux tableaux de genre.

COURTENAY Edouard, duc de Devonshire
Né en 1526 à Londres. Mort en 1556 à Padoue. xvie siècle. Britannique.
Portraitiste.
Il était le fils d'un favori d'Henri VIII.

COURTENS Alfred
Né en 1889 à Saint-Josse-ten-Noode. Mort en 1967 à Saint-Josse-ten-Noode. xxe siècle. Belge.
Sculpteur de statues et de bustes.
Fils du peintre Franz Courtens, il fut élève de l'Académie des Beaux-Arts d'Anvers. En 1914, il obtint le Prix Godecharles. Il exposa au Salon de la Société Nationale des Beaux-Arts de Paris, entre 1920 et 1925. Il était Grand Officier de l'Ordre de Léopold, Commandeur de l'Ordre de la Couronne, chevalier de la Légion d'honneur.
Il a réalisé les statues équestres du *Roi Léopold II* à Ostende, du *roi Albert Ier* à Bruxelles, du *Roi Léopold III* à Courtrai, le *Buste du Dr Amatu, ambassadeur du Japon*, une *Tête d'apôtre*, un *Buste de la reine Astrid* des bustes du *Roi Léopold III*, du *Roi Baudoin*, de la *Reine Fabiola*.

Ventes Publiques : Bruxelles, 17 juin 1987 : *Nu chevauchant une chèvre*, bronze (H. 71) : **BEF 90 000**.

COURTENS Franz

Né le 15 février 1854 à Termonde. Mort en 1943 à Bruxelles. XIXe-XXe siècles. Belge.

Peintre de figures, paysages, marines.

Il fut élève des Académies de Termonde, d'Anvers et de Bruxelles ainsi que de l'Académie libre « La patte de dindon ». Il débuta à Bruxelles en 1874 et exposa dès lors régulièrement à Bruxelles et à Paris. Il a également obtenu des récompenses à Berlin, Amsterdam, Londres, Budapest, Vienne, Dresde, Munich, Barcelone. Il a obtenu un grand prix à l'Exposition Universelle de 1889. Il fut professeur à l'Institut Supérieur à Anvers en 1905. Il exposa à Bruxelles en 1910. Il fut membre de l'Académie Royale de Belgique et correspondant de nombreuses Académies étrangères. Il était Grand Officier de l'Ordre de Léopold et de la Couronne, Commandeur de la Légion d'honneur, etc. Franz Courtens était un paysagiste de la bonne école réaliste, aux toiles puissamment éclairées, à la pâte nourrie. Il fit partie de l'École paysagiste de Tervueren, avec Boulenger. A ses débuts il appartenait à l'École du Kalmthout dite École du gris, puis il revient à une gamme chromatique très colorée qui lui assura son succès. On cite de lui parmi ses meilleures toiles : *Derniers jours d'automne, Prélude au matin, La Solitude, Ex voto.*

Franz Courtens 94

Franz Courtens

Bibliogr. : In : *Diction. biogr. illustré des artistes en Belgique depuis 1830*, Arto, Bruxelles, 1987.

Musées : Anvers : *Le long chemin* – Bruxelles : *Sortie de l'office – La traite – Grève ensoleillée* – Budapest : *Pluie d'or* – Liège : *Soleil de septembre* – Magdebourg : *Les Nourrines* – Melbourne : *Matin* – Munich : *Mare dormante – Dans les Gasdyesthes* – Namur : *Sous les Saules* – Prague : *Sous le hêtre* – Stuttgart : *Barques à moules* – Termonde : *Dégel.*

Ventes Publiques : Berlin, 12 et 13 mars 1901 : *Paysage, effet de clair de lune* : **FRF 1 375** – New York, 26-28 fév. 1902 : *Paysage* : **USD 170** – Paris, 12 au 15 mai 1902 : *Paysage* : **FRF 610** – Londres, 13 fév. 1909 : *Une cour de ferme avec un moulin à vent* : **GBP 26** – Paris, 3 juin 1927 : *La route, effet de neige* : **FRF 2 200** ; *Le troupeau de moutons* : **FRF 5 000** – Bruxelles, 7 et 8 mai 1934 : *Paysage ensoleillé* : **BEF 22 000** – Bruxelles, 12 mai 1934 : *Au bord de la rivière* : **BEF 8 500** – Bruxelles, 14 mai 1937 : *Moutons dans une clairière* : **BEF 27 000** – Bruxelles, 11 déc. 1937 : *Village en Hollande* : **BEF 8 200** – Bruxelles, 25 et 26 mars 1938 : *Après l'ondée* : **BEF 24 500** ; *Bousrode* : **BEF 11 500** – Bruxelles, 17 et 18 mars 1939 : *Coup de vent* : **BEF 4 600** – Bruxelles, 25 avr. 1939 : *Troupeau de moutons* : **BEF 1 000** – Vienne, 28 mai 1963 : *La gardienne de chèvres* : **ATS 18 000** – Bruxelles, 16 et 17 nov. 1965 : *Derniers rayons* : **BEF 45 000** – Anvers, 13 et 14 avr. 1967 : *Chemin creux dans les dunes* : **BEF 155 000** – Bruxelles, 25 fév. 1970 : *Paysage au moulin* : **BEF 100 000** – Bruxelles, 25 mai 1971 : *La pluie d'or* : **BEF 84 000** – Anvers, 19 avr. 1972 : *Les glaneuses* : **BEF 65 000** – Anvers, 19 oct. 1976 : *L'accostage de la barque de pêche*, h/bois (65x100) : **BEF 160 000** – Bruxelles, 14 juin 1977 : *Gardeuse d'oie* 1913, h/t (215x180) : **BEF 170 000** – Bruxelles, 22 nov. 1978 : *Laboureur dans un paysage*, h/t (60x100) : **BEF 135 000** – Bruxelles, 12 juin 1979 : *Paysage avec vaches à l'abreuvoir*, h/bois (65x110) : **BEF 220 000** – Bruxelles, 21 mai 1980 : *Matinée, bergères et troupeau de moutons*, h/t (111x190) : **BEF 280 000** – Bruxelles, 28 avr. 1982 : *Parc du château par temps gris* 1922, h/t (173x300) : **BEF 200 000** – Bruxelles, 15 juin 1983 : *Waterloo, ferme de Hougomont* 1888, h/t (108x190) : **BEF 180 000** – Lokeren, 22 fév. 1986 : *Vent du Nord* 1893, h/t (84x116) : **BEF 280 000** – Amsterdam, 10 fév. 1988 : *Paysage boisé avec des fermiers conduisant une charrette de foin*, h/t (38x51) : **NLG 2 300** – Lokeren, 28 mai 1988 : *Voiliers accostant*, h/t (76x110) : **BEF 220 000** – Bruxelles, 27 mars 1990 : *Grève animée et ensoleillée* 1892, h/t (120x90) : **BEF 300 000** – Amsterdam, 6 nov. 1990 : *Bateaux amarrés dans l'embouchure de l'Escaut*, h/t (36x46) : **NLG 7 360** – Paris, 14 nov. 1990 : *Femme*, h/t (55x46) : **FRF 15 000** – Amsterdam, 14-15 avr. 1992 : *Paysage estival avec des péniches amarrées*, h/t (26x40) : **NLG 2 990** – Lokeren, 10 oct. 1992 : *Ferme dans un paysage de polder*, h/pan. (68x110) : **BEF 300 000** ; *Derniers beaux jours d'automne*, h/t (214x174) : **BEF 440 000** – Amsterdam, 3 nov. 1992 : *Le petit ramoneur*, h/t (59x44) : **NLG 1 265** – Paris, 29 mars 1993 : *Paysan sur un cheval de halage*, h/t (80x60) : **FRF 11 000** – Lokeren, 28 mai 1994 : *Cavalier dans une allée de Laeken*, h/t (175x145) : **BEF 550 000** – Lokeren, 20 mai 1995 : *Automne*, h/t (70x57,5) : **BEF 300 000** – Amsterdam, 19-20 fév. 1997 : *Ferme à la lisière d'un bois ; Cour de ferme près d'une église de village*, h/t, une paire (51,5x62,5) : **NLG 4 382** – Lokeren, 8 mars 1997 : *Sentier forestier en été*, h/t (161,5x111) : **BEF 280 000** – Lokeren, 11 oct. 1997 : *Le Moulin dans la bruyère*, h/t (70x101) : **BEF 320 000** – Lokeren, 6 déc. 1997 : *Le Soir après la pluie* 1904, h/t (177x300) : **BEF 750 000**.

COURTENS Hermann

Né en 1884 à Bruxelles. Mort en 1956 à Ixelles. XXe siècle. Belge.

Peintre de figures, de natures mortes et de scènes de genre.

Il fut élève de son père Franz Courtens et d'Isidore Vereyden puis professeur à l'Institut supérieur d'Anvers. Il exposa au Salon de la Société Nationale des Beaux-Arts.

Bibliogr. : In : *Diction. biogr. illustré des artistes en Belgique depuis 1830*, Arto, Bruxelles, 1987.

Musées : Anvers – Bruges – Valenciennes.

Ventes Publiques : Bruxelles, 17 et 18 mars 1939 : *Nature morte* : **BEF 1 000** – Bruxelles, 5 oct. 1971 : *Coin de table* : **BEF 6 500** – Bruxelles, 15 juin 1976 : *Nu au canapé vert*, h/t (80x60) : **BEF 16 000** – Bruxelles, 12 déc. 1979 : *Flup*, h/t (105x80) : **BEF 42 000** – Bruxelles, 24 mars 1982 : *Fleurs et accessoires*, h/t (60x91) : **BEF 30 000** – Paris, 22 mars 1990 : *Élégante*, h/t (61,5x50,5) : **FRF 70 000** – Amsterdam, 30 oct. 1990 : *Derniers préparatifs*, h/pan. (46x38,5) : **NLG 8 625** – Lokeren, 21 mars 1992 : *L'enfant au faisan*, h/t (135x103,5) : **BEF 240 000** – Paris, 3 fév. 1993 : *Le petit chien de la douairière*, h/t (60x80) : **FRF 22 000** – Amsterdam, 11 fév. 1993 : *Nature morte de fruits dans une coupe avec une carafe, un éventail et un miroir sur une table drapée*, h/t (56x70) : **NLG 1 725**.

COURTENS Jacques

Né en avril 1926 à Bruxelles. Mort en 1988 à Grasse (Alpes-Maritimes). XXe siècle. Actif aussi en France. Belge.

Peintre de compositions animées.

Il commença à peindre dans les ateliers de son grand-père Franz et de son père. Il réalisa d'importantes fresques murales dans une maison privée à Grasse. Il a exposé au Salon de la Jeune Peinture Belge en 1950 et dans une galerie à Paris en 1948.

À sa façon désinvolte, frôlant le caricatural, il prend en compte la tradition flamande des masques, du carnaval et du fantastique.

COURTENS Pierre

Né le 24 mars 1921 à Bruxelles. XXe siècle. Belge.

Peintre. Abstrait.

Il est le fils de Herman Courtens. Il fut élève à partir de 1937 de l'Académie des Beaux-Arts de Saint-Josse-ten-Noode où il eut pour professeur Jacques Maes. Il étudia également à l'Académie d'Art Décoratif Monumental de Anto Carte, puis à l'Académie Royale d'Anvers où il apprit les techniques de la gravure. Il a parfois figuré aux Salons des Réalités Nouvelles, des Artistes Indépendants et des Surindépendants à Paris. Il figura aussi à l'École de Paris à la galerie Charpentier ainsi qu'à d'autres groupements. Il a exposé personnellement à Paris, New York et Beyrouth en 1957.

Il allie un graphisme en arabesques entrecroisées à des plages de couleurs vives posées en aplats délimitées par les sinuosités de l'arabesque.

Ventes Publiques : Versailles, 7 mars 1976 : *Fleur de propreté* 1970, assemblage : h. et éponge/t. (100x65) : **FRF 1 500** – Paris, 12 mars 1984 : *Attitude*, h/t (81x65) : **FRF 4 000** – Paris, 27 fév. 1985 : *Portrait d'homme*, h/pan. (81x65) : **FRF 6 800**.

COURTES Auguste

Né à Paris. XXe siècle. Français.

Peintre de portraits, de paysages.

Il exposa au Salon des Artistes Français et à celui des Artistes Indépendants entre 1935 et 1943.

COURTET Jean

XIVe siècle. Français.

Peintre verrier.

Il travailla de 1386 à 1387 pour la cathédrale de Troyes.

COURTET Xavier Marie Auguste, dit **Augustin**
Né en 1821 à Lyon. Mort en 1891 à Paris. XIXe siècle. Français.
Sculpteur.
Élève de l'École des Beaux-Arts de Lyon, de Pradier, de Ramey fils et de A. Dumont. Il débuta au Salon de 1847 ; médaille de deuxième classe en 1848.
Musées : Amiens : *Carle Van Loo* – Lyon : *Centauresse et Faune* – *Comte de Castellane* – *Buste d'Ampère* – Paris (Comédie-Française) : *Adrienne Lecouvreur* – Paris (Mus. du Louvre) : *Faune dansant.*

COURTEU. Voir **COURTEYS Pierre**

COURTEYS, famille d'artistes
XIVe-XVe-XVIe siècles. Français.
Peintres, émailleurs.
Établie à Limoges depuis le XIVe siècle, la famille des Courteys est spécialement connue par deux émailleurs, appartenant à la seconde moitié du XVIe siècle, peut-être a-t-elle des attaches avec celle des Court, également émailleurs, et celle des Courtoys, qui ornèrent de vitraux l'église de La Ferté-Bernard, aux XVe et XVIe siècles. En 1500, en 1503 et en 1509, dans les assemblées publiques de La Ferté, on trouve un Robert Courtoys, qui, déjà en 1498, est chargé de fabriquer une verrière pour garnir une fenêtre de l'église. En 1534, un Jehan Courtoys exécute des travaux similaires à la chapelle du chevet ; mais ce Courtoys devait habiter Tours, ainsi que le témoignent des actes en date de 1548 et 1570. La famille Courtoys, de Tours, serait-elle une branche de celle des Courteys de Limoges ? Un membre de cette dernière serait venu s'y fixer à la fin du XVIe siècle. Toutefois, s'il existe un lien de parenté entre les Courtoys de La Ferté-Bernard et Tours, et les Courteys de Limoges, malgré la similitude des noms et des prénoms, il y a lieu de ne point confondre les verriers de l'une, avec les émailleurs de l'autre.

COURTEYS Jehan
Né à Limoges. Mort peut-être en 1586. XVIe siècle. Français.
Peintre émailleur.
Une plaque ovale représentant *Le Parnasse* dans la collection du baron Gustave de Rothschild, et signée *I. Cvrtivs* et *I. C.*, on suppose que cet émailleur était Jehan Courteys, lequel ne datait jamais ses œuvres. En 1545, un Jehan Courteys habitait rue Manigne, une maison sur laquelle il payait une rente au profit d'un établissement charitable, il possédait également quelques terres aux portes de Limoges. En 1586, mourait un Jehan Courteys, laissant un fils qui a porté les mêmes noms que lui. C'est de celui-ci que devraient surtout être les émaux signés *I. C.*, s'ils sont d'un membre de cette famille, et non pas de Jehan de Court comme on serait tenté de le croire.
Ses œuvres se reconnaissent d'abord aux sujets empruntés pour la plupart aux petits maîtres, au style maniéré, au profil aigu des personnages, dont la tête peut être inscrite dans un as de carreau, au ton des carnations qui est très saumonné, dans les grisailles dans les demi-teintes, qui est très foncé, au brillant de l'émail, et au précieux de l'exécution.
D'après certaines sources, il existe un émailleur qui a adopté les mêmes initiales que nous trouvons sur les émaux attribués à, ou aux, Jehan Courteys, donc *I. C.* ; dessinateur inhabile et peintre sans puissance, d'une considérable ignorance iconographique. Il aurait vécu au XVIe siècle, car la facture de ses émaux est celle de cette époque. On trouve de lui au Louvre une plaque ovale, *L'Annonciation.*
Conséquence des incertitudes concernant les Courteys, on peut s'étonner de trouver mentionnés au Musée du Louvre, pour Jehan Courteys et pour Pierre Courteys des motifs semblables empruntés à Étienne De Laulne.
Musées : Paris (Mus. du Louvre) : *Jésus-Christ au jugement dernier*, plaque rectangulaire – *La Prédication de saint Jean Baptiste*, plaque rectangulaire – *Le Passage de la Mer Rouge*, plaque ovale bombée – *Loth et ses filles, La Création de l'Homme*, fond de coupe et intérieur, coupe plate montée sur un pied en bronze doré, imitation de la composition de Raphaël – *La Continence de Joseph*, assiette, d'après Lucas de Leyde – *Joseph conduit en prison*, assiette – *Le songe de Pharaon*, assiette – *Joseph explique le songe de Pharaon*, assiette – *Joseph conduit en triomphe*, assiette – *Joseph préside à l'approvisionnement de l'Égypte*, assiette – *Le Triomphe d'Amphitrite (balustre), imité de la composition gravée par A. du Cerceau, Chasse à l'ours (disque) d'après H. Aldegraver*, flambeau composé d'un fût en balustre surmontant un disque qui s'élargit au-dessus du pied, formé d'une scotie au-dessus d'un tore godronné – *Masques et Trophées (pied), Combat de huit cavaliers nus formant frise (panse)*, aiguière – *L'Entrée dans l'arche (intérieur)*, coupe plate portée sur un piédouche interrompu par un filet saillant – *Vénus sur son char*, assiette – *Le mois de mai*, assiette – *Le mois de juin*, assiette – *Le mois d'octobre*, assiette – *Le mois de février*, assiette, d'après Étienne De Laulne – *Le mois de juin*, assiette, d'après Étienne De Laulne – *Le mois de juillet*, assiette – *La naissance des fils de Joseph*, assiette – *Baiser de paix, Une Pitié*, cintré par le haut, attribué – *Judith*, plaque ovale – *Le Triomphe de Neptune (zone supérieure de la panse) d'après la composition de A. du Cerceau ; Le Triomphe de Cérès (zone inférieure) d'après une composition de Virgilius Solis*, aiguière – *Vénus et l'Amour*, plaque ovale dans le goût d'Étienne de Laulne – *Le Repas des noces de Psyché*, plat, imitation de Raphaël – *Le mois d'avril, d'après Étienne de Laulne (au revers : Figure de Minerve casquée)*, plat – *Le prophète Élysée*, assiette – *Un buste de femme de trois quarts à droite (intérieur), Perroquet perché (au revers)*, cuilleron.

COURTEYS Martial ou **Courtoys**
Né à Limoges. Mort en 1592 à Limoges. XVIe siècle. Français.
Peintre et émailleur.
Fils et élève de Pierre Ier Courteys. Il est cité en 1579 et 1580 pour des modèles d'un candélabre et de panonceaux.
Ventes Publiques : Paris, 1854 : *Moïse frappant le rocher*, grand plat polychrome. Émail : **FRF 6 258** – Londres, 1892 : *Grand plat ovale émaillé en couleurs* 1580 : **FRF 30 875** – Paris, 1898 : *Vengeance d'Apollon sur les enfants de Niobé*, plat ovale en grisaille et chair sur fond noir, rehaussé d'or : **FRF 16 500.**

COURTEYS Pierre. Voir aussi **COURTREYS**

COURTEYS Pierre ou **Corteys, Cortoys, Courtoys, Courteu**
Né à Limoges. Mort avant 1591. XVIe siècle. Français.
Peintre émailleur.
Courteys Pierre signe ses émaux des initiales *P. C.* ou *P. C. T.*, quelquefois de son nom, d'une orthographe différente : *P. Corteys, Courteys, Cortoys, Courtoys, Courteu*, qui toutes devaient se prononcer Courtois. Les membres vivants de cette même famille signent aujourd'hui Courteix ; nous adopterons l'orthographe des actes visés par Maurice Ardant, soit : Courteys.
Les plus anciennes dates que l'on ait découvertes sur les émaux de P. Courteys sont celles de 1545 et de 1548. Brunet-Denon en possédait un daté de 1550, dans sa collection. C'est en 1559 qu'il décora de grands émaux incrustés, les façades du château de Madrid, et qui se trouvent aujourd'hui au Musée de l'Hôtel de Cluny. Ces émaux ovales représentent des divinités de l'Olympe presque de la grandeur naturelle, et sont formés de plaques de cuivre, dont la réunion est dissimulée sous des détails de vêtements ou de parures. Exécutées sur des reliefs obtenus au marteau, les figures épousent à peu près les formes, mais les contours sont dessinés avec une certaine exagération et peints avec quelque rudesse ; les carnations sont entièrement saumonnées, et le tout est modelé par de larges hachures de bistre sur fond blanc, glacé d'émaux colorés. Mais dans ces émaux, placés à une certaine hauteur, les incorrections du dessin et de la couleur disparaissent dans un effet d'ensemble qui s'harmonisait avec les nombreux motifs en faïence émaillée dont étaient décorées les façades. 1568 est la dernière date que l'on ait trouvée sur ses émaux ; à cette époque il habitait rue Manigne, où Jehan Courteys avait habité en 1545. Pierre Courteys paraît être sorti de l'atelier de P. Reymond. Il est assez difficile de classer les émaux de l'un de ceux de l'autre, surtout lorsqu'ils sont exécutés en apprêt sur fond blanc. Il est même permis de penser que ces émaux, où l'imitation est manifeste, sont des œuvres de début de P. Courteys, qui, par la suite, avec une assurance plus marquée, a montré plus de maîtrise dans son dessin, et plus de puissance dans ses couleurs. Classer chronologiquement les œuvres de P. Courteys ne paraît pas possible : les pièces qu'il a datées sont peu nombreuses ; les dates que ces pièces nous donnent sont trop rapprochées. L'étude des sujets qu'il a copiés, ou dont il s'est inspiré, pourrait servir de base à un classement sommaire suivant leurs auteurs, plus ou moins avancés vers la fin du XVIe siècle. Toutefois, les émaux datés de 1560 et de 1568 offrent un caractère nettement marqué.
Sa main, un peu lourde, dessine ses figures par un trait épais, énergique et d'une puissante musculature, les profils sont aigus, les chairs saumonnées sont exécutées sur préparation violette ou bleue, et dans les grisailles sont modelées avec un gris foncé très fumeux. Le violet, dans les nuages et les eaux, soutient ces

colorations puissantes et s'harmonise avec les verts intenses éclairés de quelques touches blanches nageant dans l'émail. Il est possible que plusieurs de ces pièces soient attribuées à ses enfants.
Conséquence des incertitudes concernant les Courteys, on peut s'étonner de trouver mentionnés au Musée du Louvre, pour Jehan Courteys et pour Pierre Courteys des motifs semblables empruntés à Étienne De Laulne.
Musées : Paris (Mus. du Louvre) : *Le Repas des Dieux* 1560, plat ovale, imitation de la Farnesine – *La terre et la mer* 1568, plat à ombilic – *Apollon et les Muses*, plat ovale, d'après Luca Penni – *Les Niobides*, plat circulaire, d'après Jules Romain – *Le sacrifice d'Abraham*, plaque rectangulaire – *La prédication de saint Jean Baptiste*, plaque rectangulaire ayant les coins supérieurs arrondis – *Saint Jean emmené en prison*, plaque cintrée en ogive – *La décollation de saint Jean Baptiste*, plaque cintrée en ogive – *Le mois d'octobre*, plaque ovale, d'après Etienne De Laulne – *L'Enlèvement d'Hélène*, plaque circulaire, imitation de la composition de Raphaël – *La prise de Troie*, plat circulaire – *La Création de l'Homme (face antérieure), La Création de la femme (face postérieure)*, coffret à couvercle semi-cylindrique – *Lapidation du blasphémateur (plaque antérieure), Le Festin de Balthazar (face postérieure), David calmant Saül (côté gauche), Loth et ses filles (côté droit)*, boîte – *Le repos de Silène*, coupe à pied – *Buste de femme alternant avec un buste d'homme, Jupiter, Vénus et Mercure*, coupe plate avec couvercle relevé de quatre bossages – *Le Bon Samaritain (extérieur), Daniel (intérieur)*, coupe plate avec son couvercle, quatre médaillons ovales à l'intérieur – *Le Mois de février (intérieur), le signe des Poissons (revers)*, assiette, d'après Étienne De Laulne – *Le Mois de juillet (intérieur), Le Signe du Lion (revers)*, assiette – *Mercure, Le Triomphe de Diane (sur la panse) emprunté d'Androuet du Cerceau, Le Triomphe de Junon (sur le socle)*, vase à large col, en forme de balustre, sur un socle circulaire, et surmonté d'un couvercle portant une figure, bronze doré, couvercle décoré de godrons, sur le col, quatre masques de femmes – *Tableau de la chapelle du château d'Écouen – Jésus au jardin des Oliviers – Le baiser de Judas – Jésus chez Caïphe – Jésus flagellé – Le Christ est montré au peuple – Jésus devant Pilate – Jésus succombant sous la croix – Le Christ en croix – Le Christ mis au tombeau – La Résurrection – L'Ascension*, assemblage de seize plaques d'émail réunies dans une monture en bois sculpté et doré, imitation des gravures d'Albrecht Dürer : quatre plaques circulaires, représentant les quatre évangélistes, douze plaques rectangulaires représentant des scènes de la Passion.

COURTHON Pierre
Né à Genève (Suisse). XXe siècle. Suisse.
Peintre de paysages.

COURTIER Pierre
Originaire de Chartres. XVIe siècle. Français.
Sculpteur sur bois.

COURTIER DE VESLE Jacques
Né à Pontpoint (Oise). XXe siècle. Français.
Peintre.
Il exposa au Salon des Artistes Français entre 1929 et 1931.

COURTILLE de
XVIIIe siècle. Travaillant surtout à Paris. Français.
Graveur.
On connaît de lui un portrait du lieutenant-général Le Noir. Peut-être doit-on l'identifier avec le graveur Courteille.

COURTILLEAU
XVIIIe siècle. Français.
Peintre.
Le Musée de Madrid conserve de lui le *Portrait d'une inconnue richement vêtue.*

COURTILLIER Germaine
Née à Bourges (Cher). XXe siècle. Française.
Peintre.
A exposé un paysage au Salon d'Automne en 1942.

COURTIN
Né à Strasbourg. Mort en 1810 à Plock. XIXe siècle. Français.
Peintre.
Quelques années il a travaillé à Varsovie, ensuite partit pour Plock (Pologne) en 1809, où il devint professeur de peinture au lycée.

COURTIN Caroline. Voir aussi **LEGUAY Caroline**

COURTIN Caroline
Née à Paris. XIXe-XXe siècles. Française.
Peintre de paysages, natures mortes.
Elle fut élève de A. Defaux. Elle exposa au Salon de Paris à partir de 1875.

COURTIN Émile
Né le 16 décembre 1923 à Soizé (Eure-et-Loir). Mort le 18 janvier 1997 à Nogent-le-Rotrou (Eure-et-Loir). XXe siècle. Français.
Peintre de paysages, marines, natures mortes, fleurs.
Il fut élève de l'École des Arts Appliqués du Mans, puis de l'École des Beaux-Arts de Paris. Après avoir obtenu le Prix de la Casa Vélasquez et avoir passé deux années en Espagne, en 1956 il obtint le Prix de la Maison Descartes et passa un an en Hollande, en 1961 le Prix de la Villa Abd-el-Tif qui lui permit un séjour de deux ans en Algérie, suivi du Prix de l'Afrique du Nord et d'un séjour d'un an au Maroc. Il vécut et travailla ensuite dans son village natal. En 1967, la maladie qui assombrit le reste de sa vie, interrompit son travail pendant deux années.
Il exposait à titre collectif à Paris, au Salon des Artistes Français, 1950 médaille d'argent, 1951 Prix Désiré Lucas ; ainsi que dans divers autres groupements. Il montrait ses peintures dans des expositions personnelles, d'entre lesquelles : en 1962, l'Institut Français de Londres organisa une exposition d'un ensemble de ses œuvres ; en 1977, le château Saint-Jean de Nogent-le-Rotrou ; en juillet 1996, la municipalité de Soizé.
Dans une facture dominée par une construction précise et robuste, une palette juste et poétique, après avoir profité des différents thèmes et lumières rencontrés au cours de ses voyages et séjours, dans le reste de sa vie et de son œuvre il s'efforça d'en dégager la synthèse en se consacrant désormais aux paysages de son terroir natal et aux marines de la côte proche.

COURTIN F.
XIXe siècle. Français.
Lithographe.

COURTIN Jacques François
Né en 1672 à Sens. Mort le 26 août 1752 à Paris. XVIIe-XVIIIe siècles. Français.
Peintre de compositions religieuses, batailles, portraits.
Élève de Louis de Boullongne ; il eut, en 1700 et 1701, le deuxième prix au concours pour Rome. Le 22 février 1710, il fut reçu académicien.
Courtin fut l'un des douze peintres qui prirent part au concours de 1726, ouvert dans la galerie d'Apollon. Il avait envoyé le *Combat d'Horatius Coclès*. On cite encore de lui : *La Sainte Vierge et l'enfant Jésus, Une femme badinant avec un écureuil, La Présentation de Jésus au temple, Christ en croix, Pan et Syrinx, Jeune homme jouant de la guitare, Enlèvement de Déjanire, Tête de Christ*. Il avait également peint, en 1707, un may, offert à Notre-Dame par la communauté des orfèvres, représentant : *Saint Paul prêchant à Troade et ressuscitant un jeune homme nommé Eutyque.*

Jac Courtin.

Musées : Bruxelles : *Le Christ mort devant la Vierge* – Paris (École des Beaux-Arts) : *Loth et ses filles* – Saint-Pétersbourg : *Une vestale* – *Jeune femme à sa toilette.*
Ventes Publiques : Paris, 1757 : *Une jeune fille caressant une colombe* : **FRF 200** – Paris, 1777 : *Un combat de cavalerie* : **FRF 360** ; *Deux batailles*, ensemble : **FRF 800** – Paris, 1887 : *Tableaux des portraits à la mode : Promenade des remparts de Paris d'après Saint-Aubin* : **FRF 351** – Londres, 19 fév. 1986 : *Portrait d'une actrice au tambourin*, h/t (90x70) : **GBP 10 800** – Paris, 30 nov. 1990 : *Jeune femme au masque*, h/t (92,5x73,5) : **FRF 48 000** – Paris, 17 juin 1991 : *La leçon de musique*, h/t (130x98,5) : **FRF 60 000** – Londres, 1er nov. 1991 : *Jeune femme enfilant des perles sous la surveillance d'une femme âgée*, h/t (92,5x74,7) : **GBP 4 950** – Londres, 22 avr. 1994 : *Portrait d'une Lady de trois-quarts vêtue d'une robe rouge et bleue et d'une écharpe jaune et nourrissant un perroquet avec des cerises* 1729, h/t (116,9x89,5) : **GBP 4 140** – Paris, 12 déc. 1995 : *La partie de trictrac*, h/t (64x80) : **FRF 210 000**.

COURTIN Jean, dit **l'Espagnol**
XVIe siècle. Français.
Sculpteur-architecte.

Sous la conduite de Jean Gailde, il travailla, en 1508, au jubé de l'église de la Madeleine de Troyes et, en 1512, il s'occupa des fortifications de la ville.

COURTIN Louis

Né à Strasbourg. XIXe siècle. Français.

Peintre de paysages, d'architectures, décorateur.

De 1812 à 1841, il exposa au Salon de Paris des vues et des intérieurs. En 1818, il partit pour Varsovie, appelé par le directeur du théâtre de cette ville ; jusqu'en 1821, il y exécuta plusieurs décorations. Il prit part en même temps aux expositions de Varsovie avec des portraits et des paysages. En 1821, Courtin revint à Paris.

COURTIN Marie

XVIIe siècle. Française.

Peintre verrier.

Elle signa en 1602 un vitrail qui faisait autrefois partie de la collection Mordret.

COURTIN Paul

Né en 1928 à Saint-Hilaire de Bresthmas (Gard). XXe siècle. Français.

Peintre de paysages.

Autodidacte, il s'est formé à la peinture au contact des peintres. Il vit et travaille à Saint-Rémy de Provence.

Il participe à des expositions collectives, dont, à Paris, en 1958, le Salon de la Société Nationale des Beaux-Arts. Il montre ses œuvres dans des expositions personnelles depuis 1959.

C'est un peintre de la nature, il peint des paysages animés, en y associant souvent une connotation religieuse et lyrique.

Musées : Alès – Narbonne – Nîmes.

COURTIN Pierre Louis Maurice

Né le 20 janvier 1921 à Rebréchien (Loiret). XXe siècle. Français.

Graveur et peintre. Abstrait.

Il fut d'abord ouvrier agricole puis bûcheron. En 1939 il suivit des cours de gravure à l'École des Beaux-Arts d'Orléans. En 1942 il passa le concours d'entrée à l'École des Beaux-Arts de Paris mais n'y resta pas, fréquenta les Académies Libres puis entra pour peu de temps à l'École des Arts Décoratifs, à laquelle il préféra encore les Académies Libres, celle d'André Lhote en particulier, où il fit la connaissance de Jean Dewasne. Entre 1947 et 1951 il travailla comme ouvrier-imprimeur chez le taille-doucier Leblanc. Il travailla ensuite comme graveur praticien chez Jacques Villon, qu'il vit régulièrement jusqu'en 1951 sans être influencé par son œuvre. Il exposa à partir de 1944. En 1945 il fut invité par le groupe Jeune Gravure Contemporaine et figura au Salon d'Automne à partir de 1946, ainsi qu'au Salon des Réalités Nouvelles en 1947. En 1949 il figura à l'Exposition Internationale de Gravure au Petit Palais à Paris. Il commença à exposer au Salon de Mai dont il fut nommé membre du comité en 1950 pour en démissionner en 1970. En 1948 et 1960 il figura à la Biennale de Venise, en 1953 à celle de São Paulo, en 1972 à l'exposition *Expo 72-72* au Grand-Palais à Paris. Il a exposé personnellement à partir de 1951 à Paris, en 1955 au Palais des Beaux-Arts de Bruxelles. La galerie Éric Galfard de Paris a présenté en 1992 l'exposition *Pierre Courtin – 40 ans de gravure*, la Bibliothèque Nationale à Paris, en 1998, une rétrospective de son œuvre gravé *Pierre Courtin, la gravure tactile*.

En 1939 son œuvre s'apparentait à celle des surréalistes, se réclamant ensuite du néocubisme conditionnant alors pratiquement toute l'École de Paris. Sa première gravure, que l'on peut qualifier d'abstraite, date de 1944. En 1946 s'ouvre une période gestuelle. En 1948 il réalise deux gravures qu'il qualifie de construites, suivies d'une courte période tachiste. C'est en 1949 qu'il « aboutit à ce burinage beaucoup plus formel qui me tient encore et qui refuse tout acoquinage avec un espace suggéré ». Depuis lors, confidentiellement et inlassablement comme il en va du travail des graveurs, il a bâti son œuvre si particulier, la technique et la forme se conditionnant. La caractéristique la plus surprenante de son œuvre est que ses gravures sont fréquemment des épreuves uniques, en contradiction avec l'esprit de la gravure qui ressortit aux moyens de reproduction multiple. Ses plaques sont travaillées au burin en gravure profonde. Le tirage s'effectue ensuite avec du papier chiffon très mouillé de façon qu'il puisse épouser les reliefs les plus profonds de la plaque. L'épreuve se présente alors comme un bas-relief en papier, dont Courtin ne travaille la lumière que par des gris-bleu très légers, appliqués manuellement. Les hasards rencontrés au cours des différentes phases du tirage expliquent que chaque épreuve soit différente des autres et donc unique, Courtin étant désireux d'accentuer l'individualité des œuvres. Apparentées à la courbe ou à la droite, les formes sont sobres, rarement allusives et s'organisent dans le seul but de constituer un équilibre qui se suffit à lui-même dans la pure spiritualité d'un classicisme abstrait. C'est en 1970 qu'une exposition révéla que Courtin peignait, plus seulement des gouaches de dimensions réduites mais également de grands formats. Le répertoire de formes correspond en tout point à celui des gravures, entretenant un même jeu ambigu entre une composition équilibrée éprise de classicisme méditerranéen et un certain baroquisme humoristique. Cette peinture hiéroglyphique est exécutée le plus souvent à la détrempe sur du papier, marouflé ensuite sur du bois. La couleur, résolument organisée à partir d'un bleu et d'un rouge vifs bien que passés appellent des rehauts d'or, renforce l'apparentement de ces formes composées en arabesques avec l'art et les artisanats du Proche-Orient ou du Tibet. ■ J. B.

Bibliogr. : Catal. de l'exposition *Courtin*, Ed. L'Œil, Paris, 1970.

Ventes Publiques : Paris, 16 nov. 1988 : *Composition*, tapisserie (105x140) : **FRF 6 000** – Douai, 11 nov. 1990 : *Composition*, gche (57x48,5) : **FRF 12 000** – Paris, 1er juil. 1992 : *Face à l'oiseau* 1970, temp./t. (163x249) : **FRF 16 000** – Paris, 7 oct. 1995 : *Composition* 1969, temp./pap./t. (61,5x46,5) : **FRF 7 500** – Paris, 8 mars 1996 : *Trinité au bel androgyne*, détrempe/pap./t. (145x109) : **FRF 20 000** – Paris, 5 oct. 1996 : *Derniers avatars de la Beauce*, gche/pap. (52,5x38,8) : **FRF 7 500**.

COURTINES Alexandre

Né le 8 avril 1857 à Montpellier (Hérault). XIXe siècle. Français.

Peintre.

Élève de M. Cabanel et d'Ernest Michel. Il débuta au Salon de 1881. Le Musée de Cette conserve de lui : *Rose-Thé* (portrait).

COURTNEY Dolorès

Née à Petrograd (Russie). XXe siècle. Américaine.

Peintre.

COURTNEY F.

XIXe siècle. Britannique.

Miniaturiste.

Il exposa entre 1835 et 1841 à la Royal Academy, à Londres.

COURTNEY J.

XIXe siècle. Actif à Londres au début du XIXe siècle. Britannique.

Portraitiste et graveur.

Exposa à la Royal Academy à partir de 1836.

COURTOIS

XVIIe siècle. Actif à Avignon en 1640. Français.

Peintre.

COURTOIS

Mort en 1750. XVIIIe siècle. Français.

Dessinateur.

Il vécut à Lyon pendant la première moitié du XVIIIe et exécuta de nombreuses maquettes pour les manufactures de soierie.

COURTOIS Albin

Né en 1928 à Schaerbeek. XXe siècle. Belge.

Sculpteur. Abstrait.

Il fut élève puis profeseur à l'Académie Saint-Luc à Liège. Il reçut le prix de Rome en 1962 et le prix Olivetti en 1963. Il crée des médailles et a réalisé le bas-relief de la clinique Reine Astrid à Huy.

Bibliogr. : In : *Diction. biogr. illustré des artistes en Belgique depuis 1830*, Arto, Bruxelles, 1987.

Musées : Anvers (Mus. de Plein Air du Middelheim).

COURTOIS Balthasar

XVIIe siècle. Actif à Anvers dans la première moitié du XVIIe siècle. Éc. flamande.

Peintre.

COURTOIS Charles

XVIe-XVIIe siècles. Travaillait à Tours à la fin du XVIe et au début du XVIIe siècle. Français.

Sculpteur.

Il appartenait sans doute à la même famille que le précédent.

COURTOIS Charles

Né à Nonâtre (Touraine). XVIe siècle. Travailla à Tours à partir de 1501. Français.

Sculpteur.

COURTOIS Christophe
XVIe siècle. Français.
Sculpteur.

COURTOIS Ernest. Voir **BONNENCONTRE Ernest de**

COURTOIS G. C. E. Voir **COURTOIS Gustave Claude Étienne**

COURTOIS Guillaume ou **CORTESE Guglielmo**, dit **il Borgognone**
Né en 1628 à Saint-Hippolyte (Doubs). Mort le 14 juin 1679 à Rome. XVIIe siècle. Français.
Peintre d'histoire, compositions religieuses, sujets allégoriques, portraits, paysages, fresquiste, graveur, dessinateur.

Il était frère de Jacques, dit le Bourguignon et eut pour maître Pietro di Cortona. Il a peint le portrait du pape Alexandre VII, gravé par Colignon. Toutes les peintures de la chapelle du palais Altieri, furent exécutées par lui. Pour l'église du noviciat des Jésuites, à Rome, il fit deux tableaux d'autel. On lui doit : à Saint-Jean-de-Latran, dans une chapelle, *Saint Augustin, Dieu le Père*, et diverses figures à fresques ; à Saint-Laurent en Lucina, une fresque latérale dans la chapelle de l'Annonciation ; à Saint-Luc, quelques petites peintures ; à Saint-Marc, dans la nef, deux peintures à fresques ; à Sainte-Marthe, le tableau du maître-autel ; à Saint-Martin-des-Monts, à Sainte-Martine-des-Peintres, à Sainte-Praxède, diverses peintures ; au palais du Quirinal, la *Bataille de Josué*, exécuté par ordre du pape Alexandre VIII ; à la Trinité-des-Pèlerins, le tableau du maître-autel d'une chapelle, représentant plusieurs figures de saints. Guillaume Courtois aida souvent son frère Jacques dans ses grands travaux. Il a aussi gravé des sujets religieux.

MUSÉES : STOCKHOLM : *Jésus chez Marie et Marthe*.

VENTES PUBLIQUES : PARIS, 1745 : *Paysage* : **FRF 34** – PARIS, 1804 : *Le Triomphe de Galathée* : **FRF 450** – PARIS, 1828 : *Le Triomphe de Galathée* : **FRF 123** – MUNICH, 13 et 14 oct. 1938 : *Le Christ en croix*, dess. : **DEM 400** – LONDRES, 14 jan. 1944 : *La Vierge et l'Enfant* : **GBP 31** – NEW YORK, 15 avr. 1944 : *Scène de bataille* : **USD 300** – LONDRES, 15 juin 1983 : *La mort d'Uzzah*, sanguine, pl. et lav. reh. de blanc (32,6x48,2) : **GBP 600** – ROME, 20 nov. 1984 : *Saint Antoine et le Centaure*, h/t (70x94) : **ITL 3 800 000** – PARIS, 15 avr. 1988 : *Saint Jérome* 1670, h/t (98x75,5) : **FRF 6 900** – LONDRES, 9 avr. 1990 : *L'Adoration des bergers*, h/t (76,2x63,2) : **GBP 17 600** – ROME, 19 nov. 1990 : *Jeux de putti avec un canard (allégorie de l'Eau) ; Jeux de putti avec des lapins (allégorie de la Terre)*, h/t, une paire (chaque 139x62) : **ITL 17 250 000** – NEW YORK, 12 jan. 1990 : *Le suplice de saint André*, sanguine (21,1x22,8) : **USD 1 925** – NEW YORK, 8 jan. 1991 : *La foule entourant un personnage debout*, craie rouge (19,4x26,2) : **USD 1 650** – LONDRES, 2 juil. 1991 : *Le sacrifice d'Aaron*, craie noire, encre brune et lav. gris (36,2x27,4) : **GBP 33 000** – NEW YORK, 11 jan. 1994 : *L'Adoration des mages*, sanguine avec reh. de blanc/ pap. écru (29,7x19,7) : **USD 32 200** – LONDRES, 3 juil. 1995 : *La capture de saint Marc*, sanguine (27,2x38,8) : **GBP 1 150** – LONDRES, 2 juil. 1996 : *Sarah enlevée et emmenée vers la demeure de Abimelech*, sanguine, encre et lav. (18,3x24,8) : **GBP 6 325**.

COURTOIS Gustave Claude Étienne
Né le 18 mai 1853 à Pusey (Haute-Saône). Mort le 25 novembre 1923 à Paris. XIXe-XXe siècles. Français.
Peintre d'histoire, portraits, paysages, compositions décoratives.

Élève de Gérome à l'École des Beaux-Arts de Paris, il participa au Salon de Paris, obtenant une troisième médaille en 1878, une deuxième médaille en 1880. Médaille d'or à l'Exposition Universelle de 1889. Il exposa au Salon de la Société Nationale des Beaux-Arts de 1911 à 1914. Chevalier de la Légion d'Honneur. Il a composé de grandes décorations pour des églises, pour la mairie de Neuilly-sur-Seine et pour le foyer du théâtre de l'Odéon, où il peignit les figures célèbres de *Lisette* et de *Figaro*. Citons, parmi ses œuvres : *Une bayadère – Enterrement d'Atala – Inquiétude humaine – Isynka, comtesse de Rochetaillée*. Outre ses portraits, il a souvent peint des paysages de Franche-Comté. Il a formé un grand nombre d'élèves.

GUSTAVE COURTOIS

BIBLIOGR. : Gérald Schurr, in : *Les Petits Maîtres de la peinture 1820-1920, valeur de demain*, Les Éditions de l'Amateur, t. II, Paris, 1982.

MUSÉES : BESANÇON : *Dante et Virgile – Hélaïne* – BORDEAUX : *La comtesse de Torrado* – MARSEILLE : *Narcisse* – PARIS (ancien Mus. du Luxembourg) : *Bella Riva Narcisse* – VESOUL (Mus. Garret).

VENTES PUBLIQUES : NEW YORK, 1885 : *Endormie* : **FRF 1 500** – NEW YORK, 26-28 fév. 1902 : *La mère et l'enfant* : **USD 540** – PARIS, 28 déc. 1942 : *Portrait de femme en rouge* : **FRF 1 250** – PARIS, 24 mai 1943 : *Jeune femme à la coiffure blanche* : **FRF 7 600** – NEW YORK, 28 mai 1981 : *La liseuse* 1884, h/t (65x58,5) : **USD 18 000** – LONDRES, 30 mai 1986 : *Portrait de Mme D.* 1880, h/t (35x24) : **GBP 2 000** – NEW YORK, 21 mai 1987 : *Le masque japonais* 1884, h/t (65x58,5) : **USD 20 000** – PARIS, 29 juin 1988 : *Nu à la source*, h/t (81x65) : **FRF 20 000** – LONDRES, 4 oct. 1989 : *Petite fille en robe blanche* 1885, h/t (45x36) : **GBP 2 200** – PARIS, 13 nov. 1991 : *Le lutteur* 1910, h/t (73,5x51,5) : **FRF 16 000** – NEW YORK, 26 fév. 1997 : *Le Nouveau Chapeau* 1883, h/t (50,8x34,2) : **USD 9 775**.

COURTOIS Jacques, dit **le Bourguignon**
Né le 12 février 1621 à Saint-Hippolyte (Doubs). Mort le 14 novembre 1676 à Rome. XVIIe siècle. Français.
Peintre de batailles.

Jacques Courtois est un des artistes au talent le plus personnel de l'école française. Il avait quinze ans lorsqu'il alla en Italie. A cette époque, il avait déjà travaillé avec son père, le peintre Jean Courtois. Il se lia à Milan avec le baron de Vatteville qui comme lui était originaire du Doubs, et suivit pendant trois ans les marches et contremarches de l'armée française. Toujours crayonnant ou peignant des scènes de campements ou de batailles, des escarmouches et des sièges, il fit là une ample provision de documents et de souvenirs. Revenu à Milan, il travailla quelque temps avec le peintre lorrain Jérôme et connut par lui le Guide et l'Albane. Sur leurs conseils, il aborda la peinture religieuse. Afin de se perfectionner, il parcourut toute l'Italie et au cours de ces voyages rencontra Pietro da Cortona et Pierre de Laar. Il semblait alors se décider pour le paysage lorsque la vue de la *Bataille de Constantin*, au Vatican, lui rappela ses premières études. Il résolut alors de se consacrer exclusivement à la peinture de batailles et c'est à ce titre qu'il est venu jusqu'à nous. Il travailla pour le comte Carpigna, pour le prince Mattias de Médicis, puis après la mort de sa femme qu'il fut accusé d'avoir empoisonnée, il se retira dans un couvent de jésuites, y prit l'habit et peignit là quelques toiles religieuses. Appelé à Florence par le duc Côme III, vers 1670, il décora la maison de campagne de ce prince à Castella, près Florence, puis revint à son couvent dans cette ville peu après. Son seul élève fut Joseph Parrocel.

Artiste très habile et très spontané, peignant presque toujours du premier jet, il a su comme peu de maîtres donner l'impression confuse et largement traitée de batailles auxquelles il avait assisté. Sa couleur est parfois un peu sombre, mais ses tableaux se font remarquer par leurs belles qualités de composition. Il a rendu avec une véritable furia – la *furia francese* – les chocs de cavalerie des guerres du Milanais.

MUSÉES : ABBEVILLE : Peinture – AIX : *Combat de cavalerie* – ARRAS : Peinture – AVIGNON : *Bataille de cavalerie, étude* – BERGAME : *Batailles* – BESANÇON : *Bataille, esquisse – Combat de cavalerie – Cavaliers franchissant un pont – Mêlée de cavalerie* – BORDEAUX : *Engagement de cavalerie* – BRESLAU, nom all. de Wroclaw : *Combat de cavalerie pendant la guerre de Turquie* – BUDAPEST : *Combat de cavalerie* – deux toiles – CAEN : *Suites d'un combat* – CALAIS : *Ébauche d'un combat* – CARCASSONNE : *Bataille* – CHERBOURG : *Choc de cavalerie* – DIJON : *Choc de cavalerie* – deux toiles – DRESDE : *Bataille dans la vallée – Combat de chevaliers devant les murs de forteresse – Après la bataille – Avant la bataille* – ÉDIMBOURG : *Bataille – Escarmouche – Épisode de combat* – ÉPINAL : *Bataille* – FLORENCE (Gal. Nat.) : *Combat de cavalerie* – deux toiles – *Corps d'armée allant attaquer une forteresse* – FLORENCE (Palais Pitti) : *Bataille* – GÊNES : *Batailles* – GENÈVE (Rath) : *Combat de cavaliers* – deux toiles – GRENOBLE : *Combat de cavalerie* – HELSINKY : *Combat de cavalerie entre Turcs et Chrétiens – Combat de cavalerie* – LANGRES : *Bataille* – LYON : *Après une bataille, un général donne des ordres pour relever les blessés* – MADRID (Mus. du Prado) : *Escarmouche de cavalerie – Bataille* – MOREZ : *Combat de cavalerie* – MUNICH : *Départ de la cavalerie après une bataille – Bataille* – NANCY : *Mouvement de cavalerie près d'un pont* – NANTES : *Champ de bataille après le combat – Choc de cavalerie* –

NAPLES : *Scène de bataille* – deux toiles – PARIS (Mus. du Louvre) : *Combat de cavalerie près d'un pont – Marches de troupes – Combat de cavalerie – Choc de cavalerie – Cuirassiers aux prises avec des cavaliers turcs – Bataille* – POITIERS : *Bataille* – PORTO : *Charge de cavalerie* – ROME : *Rencontre de cavaliers et fantassins – Mêlée de cavaliers – Bataille* – SAINT-PÉTERSBOURG (Mus. de l'Ermitage) : *Une sortie – Combat de cavalerie – Combats de cavaliers français et espagnols – Champ de bataille – Escarmouche de cavalerie – Combat de cavalerie entre Français et Espagnols – Défense d'une forteresse* – STOCKHOLM : *Combat de cavalerie – Bataille – Champ de bataille après le combat – Artillerie sur une hauteur* – STUTTGART : *Bataille turque* – deux toiles – TOULON : *Choc de cavalerie au passage d'un pont – Choc de cavalerie* – TOURNAI : *Batailles* – VALENCIENNES : *Escarmouches de cavaliers* – VIENNE : *Combat de cavalerie – Combat de cavalerie* – VIENNE (Mus. Czernin) : *Combat de cavalerie – Combat entre un chevalier et des Turcs – Chevaliers sur le champ de bataille.*

VENTES PUBLIQUES : ANVERS, 1769 : *Scènes de pillage par des soldats*, deux tableaux : **FRF 945** – PARIS, 1769 : *Bataille près d'un fort* : **FRF 800** ; *Bataille en pleine campagne* : **FRF 801** – AVIGNON, 1779 : *Combat de cavalerie entre Turcs et Impériaux* ; *La défaite des Turcs*, deux pendants : **FRF 63** – BRUXELLES, 1833 : *Une bataille* : **FRF 28** – BRUXELLES, 1865 : *Bataille* : **FRF 32** ; *Bataille entre Turcs et Polonais* : **FRF 75** – PARIS, 1866 : *Deux batailles*, pendants : **FRF 3 850** ; *Combats de cavalerie*, deux tableaux : **FRF 5 350** – PARIS, 1888 : *Paysage, vue des Apennins* : **FRF 18** – COLOGNE, 5-6 oct. 1894 : *Combat de cavaliers* : **DEM 35** – PARIS, 1895 : *Bataille* : **FRF 340** – MUNICH, 5 juin 1899 : *Deux scènes de batailles* : **FRF 712** – PARIS, 1900 : *Mêlée de cavalerie*, dess. : **FRF 133** ; *Combat de cavaliers*, dess. : **FRF 130** ; *Neuf dessins* : **FRF 200** – DIJON, 12 fév. 1900 : *Bataille* : **FRF 250** – PARIS, 1er mars 1919 : *Choc de cavalerie* : **FRF 20** – PARIS, 12-13 mai 1919 : *Choc de cavalerie*, pl. et lav. : **FRF 620** – PARIS, 20 juin 1919 : *Bataille* : **FRF 255** – PARIS, 1er-2 juil. 1919 : *Combats de cavalerie*, deux toiles : **FRF 300** – VIENNE, 19-22 sep. 1961 : *Champ de bataille pendant la guerre de Trente Ans* : **ATS 14 000** – LONDRES, 27 mai 1964 : *Cavaliers devant une ville fortifiée* : **GBP 680** – MILAN, 1er déc. 1970 : *Scène de bataille* : **ITL 2 000 000** – VERSAILLES, 3 déc. 1972 : *Chocs de cavalerie*, deux toiles : **FRF 6 500** – MUNICH, 27 mai 1977 : *Engagement de cavalerie*, h/t (63,5x115) : **DEM 10 000** – MILAN, 18 mars 1982 : *Scène de bataille*, pl. et sanguine/pap. (24,4x52,5) : **ITL 2 000 000** – MILAN, 8 mai 1984 : *Scène de bataille*, h/t (104x144) : **ITL 22 000 000** – LONDRES, 24 mai 1985 : *La signature d'un traité de paix*, h/t (92,1x134) : **GBP 9 500** – PARIS, 16 déc. 1987 : *Scène de bataille devant une forteresse*, h/t (35,5x59,5) : **FRF 28 000** – PARIS, 1er juil. 1987 : *Scènes de bataille*, dess. à la pl. et à l'encre brune, lav. brun et gris (11x16) : **FRF 19 000** – PARIS, 16 mars 1988 : *Combat entre chrétiens et Turcs*, h/t (43x74,5) : **FRF 55 000** – PARIS, 20 oct. 1988 : *Engagement de cavaliers aux abords d'une ville fortifiée*, h/t (56x98) : **FRF 130 000** – PARIS, 13 déc. 1988 : *Combat entre Chrétiens et Turcs*, h/t (43x74,5) : **FRF 58 000** – STOCKHOLM, 19 avr. 1989 : *Après la bataille*, h/t (30x72) : **SEK 8 000** – MILAN, 13 déc. 1989 : *Scène de bataille*, h/t (82,5x62,5) : **ITL 30 000 000** – LONDRES, 14 déc. 1990 : *Escarmouche de cavalerie entre les chrétiens et les infidèles sous les murailles d'une ville fortifiée*, h/t (101x203,2) : **GBP 41 800** – LONDRES, 17 avr. 1991 : *Engagement de cavalerie*, h/t (28x49) : **GBP 11 550** – PARIS, 18 avr. 1991 : *Sène de bataille*, h/t (47x64,5) : **FRF 55 000** – MONACO, 5-6 déc. 1991 : *Choc de cavalerie*, h/t (36x51) : **FRF 53 280** – MONACO, 18-19 juin 1992 : *Scène de bataille*, h/t (82x176) : **FRF 266 400** – NEW YORK, 14 oct. 1992 : *Combat entre turcs et chrétiens près d'une forteresse dans un vaste paysage*, h/t (92,7x127,6) : **USD 20 900** – NEW YORK, 6 oct. 1994 : *Cavaliers secourant des soldats blessés avec une scène de bataille au fond 1668*, h/t (33,6x80,6) : **USD 21 850** – PARIS, 16 nov. 1994 : *Choc de cavalerie*, h/t (49,5x67) : **FRF 40 000** – NEW YORK, 11 jan. 1996 : *Engagement de cavalerie avec les ruines d'un château à distance*, h/t (95,3x137,8) : **USD 29 900** – LONDRES, 2 juil. 1996 : *Escarmouche de cavalerie près d'une ville*, encre et lav. (17,3x26,5) : **GBP 3 910** – PARIS, 24 juin 1996 : *Choc de cavalerie*, h/t (64,5x134) : **FRF 42 000** – LONDRES, 12 déc. 1996 : *Escarmouche de cavalerie*, craie noire, pl. et encre brune, lav. gris (10,3x15,4) : **GBP 1 495** – PARIS, 25 avr. 1997 : *Engagement de cavalerie*, pl. et lav. brun (24x41) : **FRF 18 000** – AMSTERDAM, 11 nov. 1997 : *Escarmouche de cavalerie entre turcs et chrétiens*, h/t (42x52,3) : **NLG 16 144**.

COURTOIS Jacques
Né vers 1729. XVIIIe siècle. Vivait à Paris en 1767. Français.
Sculpteur.

COURTOIS Jan
XVIIe siècle. Actif à Anvers. Éc. flamande.
Peintre.

COURTOIS Jean
Né vers 1508 à Tours. Mort en 1584 à Tours. XVIe siècle. Français.
Peintre d'émaux.
Il a travaillé à La Ferté-Bernard et à Limoges, le Louvre conserve des émaux de lui. On peut se demander s'il ne s'agit pas de Jehan Courteys.
VENTES PUBLIQUES : PARIS, 19 mai 1933 : *Plaque de baiser de paix*, émail peint : **FRF 2 000**.

COURTOIS Jean
XVIIe siècle. Français.
Peintre.
Il était en 1633 au service de la reine Anne d'Autriche.
MUSÉES : RENNES : *Paysage*, deux œuvres, attribution.

COURTOIS Jean Baptiste
Né au XVIIe siècle à Saint-Hippolyte (Doubs). XVIIe siècle. Français.
Peintre et graveur.
Cet artiste était le frère des deux autres Courtois. Capucin dans une maison de Rome, il ne peignit jamais que pour les maisons de son ordre.

COURTOIS Jean Baptiste
Né le 1er novembre 1819 à Nancy (Meurthe-et-Moselle). Mort le 20 novembre 1870 à Orléans (Loiret). XIXe siècle. Français.
Peintre et graveur.
Élève de Dupuis à l'École de Dijon. Il exposa des portraits et des dessins au Salon de Paris, de 1859 à 1865.
MUSÉES : ORLÉANS : *Paysage – Portrait de M. Hème (Louis)* – PONTOISE : *Dame jouant du luth*, aquar. et mine de pb.
VENTES PUBLIQUES : PARIS, 1837 : *Une marine* : **FRF 150** ; *Paysage avec un bûcheron* : **FRF 63**.

COURTOIS Jean Pierre, dit **le Bourguignon**
XVIIe siècle. Actif à Saint-Hippolyte. Français.
Peintre.
Cet artiste est le père de Jacques, Guillaume et Jean-Baptiste Courtois. On cite de lui une *Vierge* (1620).

COURTOIS Marie, Mme. Voir **NATTIER Marie**

COURTOIS Mathurin
XVIe siècle. Français.
Sculpteur.
Sous la direction du Primatice, il travailla à la décoration du château de Fontainebleau, de 1540 à 1550.

COURTOIS Nicolas André
Né en 1734 à Paris. Mort en 1806 à Paris. XVIIIe siècle. Français.
Miniaturiste.
Agréé à l'Académie Royale en 1770, il exposa au Salon de 1771 à 1777 ; en 1782 il est peintre du roi. On connaît de lui des portraits : *Portrait de femme, Horace Saussure, Portrait d'enfant*, signé, *Portrait de l'artiste*, signé 1770 (collection David Weill), deux *Portraits de femme* (collection Sambon), deux *Portrait d'homme, Portrait de femme* (collection Olivier), trois *Portraits de femme, Portrait d'homme* (collection Asters), *Portrait de femme*, signé Courtois 1775 (Collection Albert Rossel), *La Vierge à la Chaise* signé *peint par Courtois*, d'après Raphaël 1782, *Jeune femme*, sur une boîte en or, signé *Courtois* (collection Cognacq).
MUSÉES : CHANTILLY (Mus. Condé) : *Louis-Philippe d'Orléans* – PARIS (Mus. du Louvre) : *Jeune femme, jouant avec un chat – Trois portraits de femme* – SÈVRES (Mus. céramique) : *Le comte d'Artois enfant*, signé Courtois f.
VENTES PUBLIQUES : PARIS, 1789 : *Une femme assise, repose sa tête sur un oreiller et a un chien près d'elle* : **FRF 50** – PARIS, 1863 : *Portrait de dame à mi-corps* : **FRF 150** – PARIS, 1876 : *Portrait d'une Espagnole* : **FRF 52** ; *Une Bacchante* : **FRF 182** – PARIS, 1910 : *Le duc de Nivernais* : **FRF 711** – PARIS, 1914 : *Horace Saussure* : **FRF 2 100** – ROUEN, 1921 : *Portrait de femme* : **FRF 780** ; *Portrait de femme* : **FRF 735** – PARIS, 1922 : *Portrait présumé de Mlle Pelissié*, boîte d'écaille : **FRF 3 200** – PARIS, 23 mai 1928 : *Jeune femme en buste, la tête inclinée sur l'épaule*, sanguine : **FRF 1 780** – PARIS, le 16 mai 1950 : *Portrait de femme en décolleté, les cheveux ornés de plumes* : **FRF 40 000** – PARIS, 8 avr. 1954 : *Femme en robe verte* : **FRF 25 000**.

COURTOIS Philippe
Mort en 1585 à Tours. XVIe siècle. Français.
Peintre verrier.
Il était le fils du peintre verrier Jean Courtoys.

COURTOIS Pierre
XVIe siècle. Travaillant à Bernay en Normandie. Français.
Peintre verrier.

COURTOIS Pierre
Né à Amiens (Somme). XXe siècle. Français.
Peintre de portraits, paysages, marines, natures mortes.
Il expose à Paris, au Salon des Artistes Indépendants et à celui des Artistes Français depuis 1938. En 1993, il a été nommé peintre agréé de la Marine.

COURTOIS Pierre
Né en 1950 à La Roche-en-Ardenne. XXe siècle. Belge.
Peintre, sculpteur.
Il a reçu le prix de la Jeune Peinture Belge en 1973 et le Prix des Arts Plastiques de l'Académie Luxembourgeoise en 1979.
Il réalise des « boîtes-peintures » où sont présentés des objets divers qu'il a fabriqués, appartenant à un ensembles précis, comme celui des armes présentant une arbalète ou des arcs imaginés.
Bibliogr. : In : *Diction. biogr. illustré des artistes en Belgique depuis 1830*, Arto, Bruxelles, 1987 – Eric Amouroux, *Pierre Courtois ou les sens d'une investigation*, in *Opus International*, n° 120, jul.-août 1990, p 32.

COURTOIS Pierre François
Né en 1736 à Paris. Mort en 1763 à Rochefort. XVIIIe siècle. Français.
Graveur.
Il a travaillé d'après Fr. Boucher, Augustin de Saint-Aubin et autres. On cite notamment : *La Promenade des remparts de Paris*, d'après A. de Saint-Aubin.
Ventes Publiques : Paris, 16 et 17 mai 1929 : *Buste de jeune fille vue de profil à gauche*, dess. : **FRF 400**.

COURTOIS Simon
XVIe siècle. Actif au Puy en 1599. Français.
Peintre.

COURTOIS-VALPINÇON Céline
Née à Paris. XIXe siècle. Française.
Peintre.
Elle commença à exposer ses dessins au Salon en 1866.

COURTOT Paul Laurent
Né en 1856 à Paris. XIXe siècle. Français.
Peintre de paysages urbains, compositions murales, cartons de tapisseries.
Élève de Galland et de Maillard à l'École des Beaux-Arts de Paris, il devint professeur au lycée de Limoges. Il est l'auteur de peintures murales au Panthéon à Paris, en 1880. Il se spécialisa dans les vues de Paris et du vieux Limoges. Il réalisa également des cartons de tapisseries pour les Gobelins.
Bibliogr. : Gérald Schurr, in : *Les Petits Maîtres de la peinture 1820-1920, valeur de demain*, Les Éditions de l'Amateur, t. IV, Paris, 1979.
Musées : Limoges : *Vue du rempart de la porte Montmailler* – Paris (Mus. Carnavalet) : *Une rue du vieux Paris*.
Ventes Publiques : Grenoble, 12 mai 1980 : *Le panier de cerises* 1874, h/pan. (24x30) : **FRF 3 000**.

COURTOUX Pierre
Né à Paris. XXe siècle. Français.
Peintre.
Il exposa à Paris au Salon d'Automne en 1934.

COURTOYS. Voir aussi **COURTEYS**

COURTOYS Jehan ou **Courtois**
XVIe siècle. Actif à Tours. Français.
Peintre et peintre verrier.
Cet artiste, certainement parent de Robert Courtoys, est cité en 1534 pour l'exécution des verrières du chevet de la chapelle de La Ferté-Bernard, mais il n'habite pas cette ville et réside à Tours où on le mentionne en 1548 et en 1570 pour des travaux de peinture, et en 1582 comme parrain. Il ne faut pas confondre cet artiste avec l'émailleur Jehan Courteys.

COURTOYS Robert ou **Courtois**
XVe-XVIe siècles. Actif à La Ferté-Bernard. Français.
Peintre verrier.
Il est cité en 1498 comme s'étant engagé à exécuter une verrière représentant l'arbre de Jessé, pour l'église de La Ferté-Bernard. Ce vitrail est aujourd'hui disparu. On le cite encore en 1500, 1503 et en 1509 pour des travaux de peinture. Certains biographes le croient né au Mans.

COURTREYS Pierre ou **Courtoys** ou **Courteys**
Né à Limoges. Mort après 1613. XVIIe siècle. Français.
Peintre émailleur.
Fils et élève de Pierre Courteys I, peintre émailleur de Catherine de Bourbon, sœur d'Henri IV. Il se maria à Tours en 1591 et s'y établit.

COURTRIGHT Robert
Né en 1926 à Sumter (Caroline du Sud). XXe siècle. Actif en France. Américain.
Peintre, sculpteur. Abstrait.
Il vit et travaille dans le Midi de la France. Il expose à partir de 1951 à New York, Spolete et aux Antilles. La galerie Jean-Jacques Dutko a montré une exposition personnelle de ses œuvres en 1996 à Paris. En 1960 il réalisa des décors pour le spectacle du Festival des Deux Mondes à Spolete.
Il travaille avec des papiers ou des toiles détrempés, délavés, séchés, teintés, coupés en bandes et réassemblés. Ses collages sont des entassements en hauteur dans des harmonies monochromes grises.
Ventes Publiques : New York, 10 oct. 1990 : *Sans titre CXIII* 1978, collage de pap./cart. (78,8x82,7) : **USD 1 650**.

COURTRY Alexandre Charles Louis
Né en 1875. Mort en 1900. XIXe siècle. Français.
Aquafortiste et lithographe.
Fils de Charles Jean Louis.

COURTRY Charles Jean Louis
Né le 11 mars 1846 à Paris. Mort en 1897 à Paris. XIXe siècle. Français.
Graveur à l'eau-forte.
Il travailla dès l'âge de 14 ans chez un architecte, puis entra au cours de dessin de la rue de l'École-de-Médecine et se décida à se consacrer à la gravure. Il eut pour maîtres Gaucherel et Flameng. Sa première eau-forte connue fut *Le Marché d'esclaves*, d'après Gérome, en 1868. Il a gravé environ 500 pièces d'après Delacroix, Guardi, Van Marcke, Holbein, Bernin, Guillaumet, Gérome, Troyon, Van Dyck. Exposant fidèle du Salon, il obtint une troisième médaille en 1874, une deuxième médaille en 1875, la médaille d'honneur en 1887 et une médaille d'or en 1889 (Exposition Universelle), fut décoré de la Légion d'honneur en 1881. Ce fut un des meilleurs aquafortistes du XIXe siècle.

COURVOISIER Jacques
XXe siècle. Français.
Peintre.
Il a participé au Salon d'Automne de Lyon en 1970-1971, au Salon de la Jeune Peinture à Aix-les-Bains en 1971-1972 et à celui des Artistes Français à Paris en 1973.

COURVOISIER Jules
Né le 23 mai 1884 à la Chaux-de-Fonds. XXe siècle. Suisse.
Peintre.
Il exposa une toile intitulée : *Reflets*, à Munich en 1909.

COURVOISIER Paul
Né le 19 janvier 1870 à Renan (Jura bernois). XIXe siècle. Suisse.
Graveur et peintre.

COURVOISIER Pierre
Né le 5 août 1756 à La Flèche. Mort en 1804. XVIIIe siècle. Français.
Peintre de paysages, peintre à la gouache.
Il se maria à Paris le 16 juin 1804.
Ventes Publiques : Paris, 23 jan. 1995 : *Vue du Palais de l'Institut*, gche (25x41) : **FRF 25 000**.

COURVOISIER-VOISIN Henri
Né en 1757 à La Chaux-de-Fonds. Mort en 1830 à Bienne. XVIIIe-XIXe siècles. Suisse.
Peintre, dessinateur, graveur au burin.
Courvoisier étudia la peinture à l'Académie des Beaux-Arts à Paris. Pour la gravure il fut élève de Charles Leschot dans sa ville natale. Après un séjour de quatre ans à Paris où il s'essaya à la peinture historique, il revint dans son pays et s'adonna entièrement à la gravure et à l'enseignement du dessin.
Ventes Publiques : Paris, 30 déc. 1925 : *Vue du Pont des Arts et de l'Institut*, gche : **FRF 1 000**.

COUSE Eanger Irving
Né en 1866 à Saginaw. Mort en 1936. XXe siècle. Américain.
Peintre de compositions à personnages, aquarelliste.
Il a surtout décrit la vie des Indiens et des chasseurs.
Musées : Dallas – Detroit – Montclair – New York – Omaha – Saint-Paul.
Ventes Publiques : New York, 29 oct. 1931 : *Un Indien tissant une couverture* : **USD 110** – New York, 4 mars 1937 : *Un Indien faisant le tam-tam* : **USD 750** – New York, 27 oct. 1971 : *Le joueur de flûtiau* : **USD 2 000** – Los Angeles, 9 juin 1976 : *The water jar*, h/t (61,5x74) : **USD 6 500** – Los Angeles, 6 juin 1978 : *Portrait de fillette*, h/t (44,5x37) : **USD 1 700** – New York, 25 oct. 1979 : *La légende Montezuma*, h/t (116,9x89) : **USD 25 000** – New York, 5 déc. 1980 : *Le nid d'aigle*, aquar. (52,7x74,9) : **USD 30 000** – New York, 11 déc. 1981 : *Chasseur indien*, h/t (91,4x76,2) : **USD 40 000** – New York, 3 déc. 1982 : *moke ceremony*, h/t (60,9x73,7) : **USD 40 000** – New York, 8 déc. 1983 : *Couple d'amoureux* 1906, h/t (76,8x92,1) : **USD 40 000** – New York, 6 déc. 1984 : *Le chasseur*, h/t (76,2x92,1) : **USD 29 000** – New York, 5 déc. 1985 : *Mokie scarf* 1926, h/t (61x72,7) : **USD 65 000** – New York, 29 mai 1986 : *Indien faisant rôtir du maïs*, h/t (55,8x46) : **USD 25 000** – New York, 3 déc. 1987 : *Indien près du feu*, h/t (30,4x40,6) : **USD 16 000** – New York, 26 mai 1988 : *Chasseur solitaire*, h/t (50,8x60,9) : **USD 30 800** – New York, 24 juin 1988 : *Famille de pêcheurs sur la plage*, aquar./pap. (37,5x52,5) : **USD 3 850** ; *Paysage de désert*, h/t (23,2x30,7) : **USD 4 125** – New York, 1er déc. 1988 : *Jeune fille Taos*, h/t (50,8x61) : **USD 22 000** – New York, 25 mai 1989 : *Les signaux de nuit*, h/t (61x73,5) : **USD 33 000** – New York, 30 nov. 1989 : *Indien et son poney près du campement*, h/t (66x82,6) : **USD 46 200** – New York, 24 mai 1990 : *Squaw devant le feu*, h/t (55,9x45,7) : **USD 28 600** – New York, 30 nov. 1990 : *La peau de blaireau*, h/t (30,7x40,7) : **USD 19 800** – New York, 22 mai 1991 : *Le peintre de peaux*, h/t (61x74) : **USD 99 000** – New York, 27 mai 1992 : *Le feu guérisseur*, h/t (61x73,7) : **USD 30 800** – New York, 3 déc. 1992 : *La coupe sacrée pour appeler la pluie* 1921, h/t (62,2x74,3) : **USD 41 250** – New York, 27 mai 1993 : *Flûte magique au printemps* 1918, h/t (116,8x88,9) : **USD 178 500** – New York, 1er déc. 1994 : *Le fabricant de tam-tam*, h/t (88,9x116,8) : **USD 222 500** – New York, 25 mai 1995 : *La nouvelle couverture*, h/t (116,8x87) ; *Étude pour la nouvelle couverture*, h/cart. (116,8x87) : **USD 244 500** – New York, 4 déc. 1996 : *Le Tisserand du peuple*, h/t (40x50,8) : **USD 40 250** – New York, 26 sep. 1996 : *Chanson à la lune*, h/pan. (52,1x62,2) : **USD 48 875** – New York, 27 sep. 1996 : *Or de la lumière du feu*, h/t/pan. (20,3x25,4) : **USD 21 850** – New York, 25 mars 1997 : *Étude académique*, h/t (36,2x33,3) : **USD 6 325** – New York, 6 juin 1997 : *Indien Taos et l'art du potier* 1920, h/t (61x73,7) : **USD 96 000**.

COUSE J.
XVIe siècle. Actif en Angleterre vers 1570. Britannique.
Graveur.
Le Bryan Dictionary cite de lui une *Vue du Château de Berkeley*, d'après un dessin de la comtesse de Berkeley, et quelques estampes d'une bonne exécution.

COUSEN Charles
Né vers 1819 en Angleterre. Mort en 1889. XIXe siècle. Actif vers 1848. Britannique.
Graveur au burin.
Charles suivit le métier de son frère John, mais il exposa aussi des portraits à l'huile à la Society of British Artists, à Suffolk Street, en 1848. Il travailla beaucoup pour le *Art Journal*, et grava ses premières planches pour les *Galeries Turner* et *Vernon*. Le grand peintre anglais lui fournit souvent ses sujets. Il grava aussi des paysages de nombre d'artistes anglais, tels que Stothard, Wilson, Sidney Cooper, Constable et Landseer. On cite aussi de lui un *Berger*, d'après Rosa Bonheur.

COUSEN John
Né en 1804 à Bradford, en Yorkshire. Mort en 1880 à South Norwood. XIXe siècle. Britannique.
Graveur de paysages.
Cousen apprit chez John Scott, le graveur d'animaux, où il fut apprenti. Cet artiste posséda un sentiment rare, joint à un haut degré de perfection dans l'exécution de ses planches d'après Turner, notamment dans les *Vues des fleuves de la France*. Ainsi que son frère cadet Charles, John travailla pour les galeries *Turner* et *Vernon* et choisit pour sujets des marines et des paysages d'après Stanfield, Turner, Sir A. W. Callcott, Landseer, Lee et d'autres artistes de son époque.

COUSIN Aert
XVIIe siècle. Actif à Rotterdam vers 1662. Hollandais.
Peintre et dessinateur de portraits.

COUSIN Antoine
XVe siècle. Actif à Tournai au milieu du XVe siècle. Éc. flamande.
Enlumineur.

COUSIN Charles
Né en 1807 à Paris. Mort en 1887. XIXe siècle. Français.
Peintre de portraits, paysages, paysages d'eau.
Il fut élève de Bonnat. Il a exposé au Salon des Artistes Français, dont il était sociétaire. On lui doit des paysages de France et d'Italie.
Ventes Publiques : Paris, 28 mai 1923 : *Vue de Venise* : **FRF 185** ; *Canal à Venise* : **FRF 200** – Paris, 22 déc. 1924 : *Canal à Venise* : **FRF 230** – Paris, 30 nov. et 1er déc. 1942 : *Venise : Le Grand Canal* : **FRF 3 500** ; *La Grotte dans les jardins Albert-1er à Nice* : **FRF 1 050** ; *Le Grand Canal à Venise* : **FRF 3 000** – Paris, 15 déc. 1942 : *Canal à Venise* : **FRF 10 400** ; *Grand Canal à Venise avec le campanile* : **FRF 8 500** – Paris, 28 déc. 1942 : *Ara blanc et Polichinelle* : **FRF 550** ; *Gondole* : **FRF 510** ; *La Grotte dans les jardins Albert-1er, à Nice* : **FRF 900** – Paris, 12 mai 1950 : *Canal à Venise* : **FRF 13 600** – Paris, 6 déc. 1954 : *Venise* : **FRF 21 000** – Londres, 18 juin 1965 : *Barques de pêcheurs sur le Grand Canal à Venise* : **GNS 100** – Versailles, 15 fév. 1970 : *Venise* : **FRF 650** – Paris, 5 nov. 1971 : *Le Grand Canal, Venise* : **FRF 1 000** – Versailles, 26 mars 1972 : *Venise* : **FRF 950** – Paris, 4 juin 1976 : *Venise*, h/t (65x46) : **FRF 3 000** – Paris, 7 nov. 1977 : *Venise*, h/pan. (100x61) : **FRF 8 100** – Paris, 26 mars 1981 : *Tartanes et gondoles à Venise*, h/t (66x94) : **FRF 6 000** – New York, 24 fév. 1983 : *L'avenue Foch, Paris*, h/t (18,5x35) : **USD 4 100** – Cannes, 3 avr. 1984 : *Rio Albrizzi à Venise*, h/t : **FRF 9 000** – Versailles, 17 nov. 1985 : *Montmartre, le Moulin Rouge*, h/t (33x46) : **FRF 5 000** – Paris, 21 et 22 déc. 1987 : *Voiliers entre Saint-Marc et Saint-Georges*, h/t (59,5x100) : **FRF 15 100** – Montréal, 17 oct. 1988 : *Canal à Venise*, h/t (49x64) : **CAD 5 200** – Paris, 5 juin 1989 : *Voiliers et gondoliers à Venise*, h/pan., deux pendants (chacune 27x19) : **FRF 20 000** – Neuilly, 5 déc. 1989 : *Bassin de Saint-Marc*, h/pan. (73x92) : **FRF 27 500** – Bruxelles, 27 mars 1990 : *Venise*, h/t (50x102) : **BEF 57 000** – Paris, 27 nov. 1991 : *Venise – gondoles sur le grand canal*, h/t (50x65) : **FRF 9 000** – Lokeren, 10 oct. 1992 : *Carnaval à Venise*, h/t (92x73) : **BEF 75 000** – New York, 26 fév. 1993 : *Villefranche-sur-Mer*, h/t (50,2x64,8) : **USD 1 150** – Reims, 13 mars 1994 : *Vue de Venise*, h/pan. (35x26,5) : **FRF 8 000** – Paris, 20 mars 1996 : *Canal à Venise*, h/t (88x60,5) : **FRF 14 000**.

COUSIN Charles Guillaume
Né en 1707 à Pont-Audemer. Mort en 1783. XVIIIe siècle. Français.
Sculpteur.
Élève de Coustou et ami de Pigalle. Il travailla surtout à Paris et à Stockholm. La Mairie de Pont-Audemer possède deux bustes en terre cuite de cet artiste.

COUSIN Charles Louis Auguste
Né en 1807 à Vilvorde, de parents français. Mort le 19 novembre 1887 à Fontenay-les-Briès. XIXe siècle. Français.
Peintre et graveur.
Le Musée de Lille conserve de lui : *L'Artiste malade*. Médaille de troisième classe 1844.

COUSIN

COUSIN Charles Prosper
Originaire de Montbozon (Haute-Saône). XIXe siècle. Travaillant à Fribourg de 1878 à 1882. Français.
Peintre.

COUSIN François
Né vers 1599. Mort le 13 décembre 1646 à Rome. XVIIe siècle. Actif à Bruxelles. Éc. flamande.
Graveur.

COUSIN Gérard
XVIIe siècle. Actif à Paris en 1645. Français.
Peintre.

COUSIN Jean, père
Né vers 1490 à Soucy (près de Sens). Mort vers 1560 à Paris. XVIe siècle. Français.
Peintre, sculpteur, graveur, illustrateur.
De tous les titres ci-dessus mentionnés, celui qui paraît le plus indiscutable est celui de peintre auquel il faut joindre celui de graveur. Son rôle comme architecte se borna, semble-t-il, à la publication, en 1560, d'un *Livre de perspective*. Mais son princi-

pal intérêt artistique réside dans son œuvre de peintre et de verrier. Il fut élève de Jacques Hympe et de Tassin Grasset, deux maîtres verriers qui, entre 1512 et 1515, travaillèrent aux vitraux de la cathédrale de Sens. Dans cette même église, Jean Cousin exécuta vers 1530 les vitraux de la chapelle de Saint-Eutrope. Son œuvre, comme verrier, est considérable. Parmi ses meilleures productions, on peut citer les vitraux de la chapelle de Vincennes, représentant *Le Jugement dernier*, les quatre compositions du chœur de l'église Saint-Gervais à Paris (1551), *Le Jugement dernier* de Villeneuve-sur-Yonne. Ce sont là les plus connues de ses œuvres, mais il faut encore y ajouter les verrières de l'église de Moret, celles de la chapelle du château de Fleurigny près de Sens, celles de l'église des Cordeliers à Sens et cinq vitraux en grisailles dans le château de Diane de Poitiers. Son œuvre, en peinture, est moins connue. On ne possède de lui aujourd'hui comme tableau rigoureusement authentique que le *Jugement dernier*, qui figure au Musée du Louvre et qui suffirait à établir ses exceptionnelles qualités de puissance et d'émotion intensive. A cette œuvre magistrale on peut encore ajouter le tableau intitulé : *Eva prima Pandora*, qui n'est guère plus discuté, et une belle *Descente de Croix* qui est au Musée de Mayence. Non moins certainement, Jean Cousin est l'auteur de nombreux portraits de la famille des Bowyer et très probablement de deux tableaux figurant aux Musées de Sens et de Rennes. Comme graveur, il fut le créateur d'une école où il eut pour élèves les Papillons qui fournirent à Félicien les documents par lesquels s'est transmise jusqu'à nous la vie du grand artiste de Sens.

La question la plus débattue est celle de savoir où Jean Cousin fut sculpteur. Sans chercher à trancher ici le différend à ce sujet, signalons d'une part que ses relations constantes avec Jean Goujon et le fait que l'on trouva dans la cave de sa maison une pierre sculptée reproduisant un dessin indiscutablement dû à son crayon semblent donner raison aux premiers historiographes de Cousin qui voient en lui un sculpteur égal aux plus grands maîtres de la Renaissance. D'autre part, la critique moderne avec les noms autorisés de Montaiglon et Jules Guiffrey se prononce nettement contre cette théorie et ces derniers affirment qu'il ne fut que le dessinateur du tombeau de l'amiral Philippe de Chabot et du monument de Louis de Brezé. Il est assez malaisé de conclure à ce sujet, mais il est indéniable que Cousin exerça sur tous les artistes de son époque – et aussi bien sur les sculpteurs que sur les peintres – une influence considérable et qu'il demeure un des plus puissants génies dont puisse s'enorgueillir l'art français. Si certaines de ses réalisations de maître verrier sont contestées, en particulier les hautes verrières de Saint-Gervais, ses cartons de tapisserie le sont moins, entre autres, ceux commandés par le Cardinal de Givry en 1543, pour la cathédrale de Langres. Ces tapisseries racontent l'histoire de *Saint Mammès* et l'on remarque, dans les bordures l'inspiration du Rosso. C'est d'ailleurs l'ampleur avec laquelle Jean Cousin, le père, a assimilé la leçon de l'école de Fontainebleau et surtout du Rosso, qui donne de l'intérêt à son œuvre. Cette caractéristique a permis d'attribuer à cet artiste *l'Allégorie de la Charité*, où la robustesse des formes, l'acidité des couleurs sont adoucies par une exécution lisse et légère. La confusion entre Jean Cousin le jeune et Jean Cousin le père existe toujours, notamment pour *le Jugement dernier* du Louvre, peint pour le couvent des Minimes de Vincennes, attribué à l'un puis à l'autre, sans raisons bien décisives. Du fils, on ne connaît que l'illustration du *Livre de Fortune* et quelques dessins.

Bibliogr. : M. Roy : *Les deux Jehan Cousin*, Paris, 1909 – S. Beguin : *L'École de Fontainebleau*, Paris, 1960.

Musées : Dublin : *Marie-Madeleine dans le désert* – Mayence : *Christ pleuré par les Saintes femmes* – Mayence (Mus. des Primitifs) : *Marie Cousin, fille du peintre, mariée à Étienne Bowyer*, bois – *Jean Bouvier ou Bowyer, chanoine de Sens, beau-père du peintre Arthémise* – *Portrait de femme sous la figure de la Paix* – *Descente de Croix* – Paris (Mus. du Louvre) : *Le Jugement dernier* – Rennes : *Jésus aux noces de Cana* – Sens : *Tombeau de l'amiral Chabot* – Valenciennes : *Le Jugement dernier* – Versailles : *Chabot Philippe, amiral de France*, statue, demi-couchée.

Ventes Publiques : Paris, 1785 : *Deux grandes compositions*, à la plume et au bistre : **FRF 6** ; *Deux sujets du Jugement dernier*, dess. : **FRF 221** – Paris, 1821 : *L'Amour ou la barque à Caron* : **FRF 233** – Paris, 27 avr. 1863 : *La déposition de croix*, dess. à la pl., lavé de bistre et d'indigo : **FRF 305** – Paris, 1865 : *Jupiter dans les airs imploré par une femme*, dess. à la pl. lavé d'indigo : **FRF 85** ; *Sujet mythologique*, dess. à la pl. et lavé d'indigo : **FRF 51** – Auxerre, 1873 : *Portrait de Diane de Poitiers* : **FRF 9 800** – Paris, 1877 : *Le songe d'Athalie*, dess. à la pl. : **FRF 71** ; *Le Sauveur descendu de la croix*, dess. à la pl. lavé d'indigo : **FRF 250** ; *Prédication de saint Paul*, dess. à la pl. lavé de bistre : **FRF 55** ; *Une Scène mythologique ; Prométhée et une Océanide*, deux dessins à la plume, lavés d'indigo : **FRF 60** – Paris, 1895 : *Le Sauveur descendu de la croix*, dess. : **FRF 200** ; *L'adoration des bergers*, dess. au lav. d'encre de Chine : **FRF 50** ; *Scène mythologique : Prométhée nu, assis sur un rocher*, dess. à la pl., lavé d'indigo : **FRF 92** ; *Scène mythologique : un corps nu sur un radeau, à gauche, un triton, à droite, un monstre marin*, dess. à la pl. lavé d'indigo : **FRF 72** ; *Le songe d'Athalie*, dess. à la pl., lavé de bistre : **FRF 45** – Paris, 1896 : *La mort de la Vierge*, dess. à la pl. avec reh. de sépia : **FRF 155** ; *Armoiries, emblèmes et devise du roi Henri II*, miniat. sur velin : **FRF 1 600** – Paris, 30 avr. 1902 : *Descente de croix* : **FRF 4 000** – Paris, 27 nov. 1909 : *Destruction de Sodome*, dess. : **FRF 47** – Paris, 8-10 juin 1920 : *Jeune Seigneur et jeune dame*, pl. : **FRF 900** – Paris, 28 nov. 1928 : *La Mort de la Vierge, dessin pour vitrail*, pl. : **FRF 8 700** ; *Le prophète Daniel expliquant au roi Nabuchodonosor un songe qui l'avait troublé*, dess. : **FRF 3 600** ; *Jésus et la Samaritaine au puits*, dess. : **FRF 6 000** – Paris, 23 mai 1997 : *Moïse et le serpent d'airain*, pl. (28,5x40,5) : **FRF 10 200**.

COUSIN Jean, fils

Né vers 1522 probablement à Sens (Yonne). Mort vers 1594 à Paris. XVIe siècle. Français.

Peintre d'histoire, sujets religieux, compositions mythologiques, sculpteur, graveur, dessinateur, illustrateur.

Il fut élève de son père. Il travailla la plus grande partie de sa vie à Sens.

La confusion entre Jean Cousin le jeune et Jean Cousin le père demeurant toujours, le *Jugement dernier*, peint pour le couvent des Cordeliers puis des Minimes de Vincennes, ne peut lui être attribué avec certitude ; cependant, l'œuvre révèle une gamme claire, une manière esquissée, une touche rapide qui rappellent beaucoup les dessins de Jean Cousin le père. L'artiste peignit l'*Entrée de Charles IX*, en 1563, en collaboration avec Nicolas Couste. Il illustra le *Livre de Fortune* 1568, puis publia, en 1571, le *Livre de pourtraicture*. Il a également fourni des peintures, telles que : *Serpent d'airain, Forge de Vulcain*, qui ont servi de modèles aux graveurs. Parmi ses dessins, on cite : *Métamorphoses d'Ovide – Épîtres d'Ovide – Fables d'Ésope*. En tant que sculpteur, on lui attribue les deux génies et la *Fortune* qui encadraient la statue funéraire du tombeau de l'amiral Chabot (sans doute exécutée par Pierre Bontemps), monument funéraire aujourd'hui démembré qui avait été érigé dans l'église des Célestins de Paris.

Sa production représente un élément de synthèse entre la culture de l'École de Fontainebleau et les apports nordiques, en particulier allemands. Si dans son œuvre, Jean Cousin le jeune semble avoir perdu la force maniériste bellifontaine de son père, il a gardé son habileté. ■ S. D.

Bibliogr. : In : catalogue de l'exposition *L'École de Fontainebleau*, Galeries Nationales du Grand Palais, Éditions de la réunion des Musées nationaux, Paris, 1972 – Michèle Beaulieu : *Description raisonnée des sculptures du Musée du Louvre. Renaissance française*, t. II Éditions de la réunion des Musées nationaux, Paris, 1978 – in : *Diction. de la peinture française*, coll. Essentiels, Larousse, Paris, 1989.

Musées : New York (Metropolitan Mus. of Art) : *L'Adoration des bergers*, dess., attr. – Paris (Mus. du Louvre) : *Deux génies funéraires – La Fortune*, sculpt., attr. – *Jugement dernier*, attr. – *Pan et Syrinx*, dess., attr. – Paris (Inst. de France) : *Livre de Fortune* – Saint-Pétersbourg (Mus. de l'Ermitage) : *Paysage avec figures mythologiques*, dess. – Vienne (Albertina Mus.).

Ventes Publiques : Berne, 17 juin 1987 : *La Foi triomphant des Sept Péchés Capitaux* vers 1580, pl. et lav. (17,3x11,4) : **CHF 6 000**.

COUSIN Jean

Né à Pithiviers. XVIe siècle. Français.

Sculpteur et peintre.

Il fit, en 1579, pour l'église Saint-Salomon, de Pithiviers, une statue de saint Maur, peinte et dorée, ainsi qu'une statue de saint Roch, avec des bas-reliefs représentant la vie de ce saint. Il peignit plus tard l'horloge et le cadran de la même église. Il a été identifié avec vraisemblance à un sculpteur du même nom qui travailla au château de Fontainebleau, de 1540 à 1560.

COUSIN Jean

Né en 1687 à Pont-Audemer. Mort le 29 juillet 1748 à Pont-Audemer. XVIIIe siècle. Français.

Sculpteur.
Il exécuta pour les églises de Pont-Audemer des sculptures dont certaines subsistent en partie.

COUSIN Jean Antoine
Né en 1788 à Avignon. Mort le 16 février 1875 à Avignon. XIXe siècle. Français.
Peintre.
Le Musée d'Avignon conserve de lui son propre portrait et celui de l'avocat Chaudon (pastel).

COUSIN Louis
XXe siècle. Français.
Peintre.
Il exposa à Paris au Salon des Tuileries en 1939.

COUSIN Marie-Anne
Née à Paris. XXe siècle. Française.
Peintre de portraits.

COUSIN Pierre Léonard
Né en 1788 à Limoges. Mort après 1831. XIXe siècle. Français.
Peintre miniaturiste.
Élève d'Aubry et de Saint. Il exposa, au Salon de 1822.

COUSIN Pieter
Mort après 1670. XVIIe siècle. Hollandais.
Peintre de fleurs.
Élève de Pieter Nason en 1647, à La Haye, puis de P. Willebeck, à Anvers, en 1648. Il se maria en 1649 ; fut compagnon de la Confrérie en 1657 et quitta la peinture pour se faire « portier » à Middelbourg.

COUSIN Victor Gustave
Né le 28 août 1836. Mort en 1894. XIXe siècle. Français.
Peintre de paysages, natures mortes.
Élève de Picot, il travailla à Rome et à Paris, et débuta au Salon de Paris en 1859.
Ses vues de la campagne française et du Latium sont solidement construites et colorées de verts changeants.
Bibliogr. : Gérald Schurr, in : *Les Petits Maîtres de la peinture 1820-1920, valeur de demain*, Les Éditions de l'Amateur, t. IV, Paris, 1979.
Musées : Bayonne : *Bosquet de la Villa Médicis à Rome* – Mulhouse : *Paysage*.
Ventes Publiques : Paris, 1900 : *Une bataille* : **FRF 1 400** – Enghien-les-Bains, 7 déc. 1980 : *Femme nue dormant*, h/t (114x154) : **FRF 12 100**.

COUSINEAU Sylvain P.
Né en 1949 à Arvida (Québec). XXe siècle. Canadien.
Peintre, photographe, sculpteur d'installations, technique mixte. Tendance naïve.
Ses assemblages en trois dimensions donnent l'idée la plus complète de son processus créatif. Il y accumule toiles, huiles, panneaux de bois, objets de rebut, débris domestiques, quincaillerie. Il produit des images volontairement simples, surtout chargées, plus que de produire du sens, de mettre en évidence l'adéquation des matériaux utilisés à l'image, dont l'apparente naïveté n'est que feinte, et démentie par la maîtrise des techniques, y compris la picturale.
Bibliogr. : In : *Les vingt ans du musée à travers sa collection*, Mus. d'Art Contemp., Montréal, 1985.
Musées : Montréal (Mus. d'Art Contemp.) : *Bateau rose blessé* 1977 – *Le gâteau* 1984.

COUSINERY Marcel
Français.
Lithographe.
On connaît de lui une planche représentant un taureau.

COUSINET Henri Nicolas
XVIIIe siècle. Français.
Sculpteur et graveur.
Cet artiste jouit de la protection du prince de Condé. Il fut adjoint à professeur à l'Académie Saint-Luc. En 1731, il eut le deuxième prix au concours pour Rome sur le sujet de : *Hanon, roi des Ammonites, outrageant les ambassadeurs de David*. Il exposa aux Salons de 1751, 1752, 1753 et 1756. Plusieurs de ses œuvres existent encore au château de Potsdam.

COUSINET Jean Baptiste
Mort en 1803 à Parme. XVIIIe siècle. Français.
Sculpteur.
On ne possède de renseignements que sur l'activité de cet artiste en Italie. Fils de Henri Nicolas, dès 1781 il recevait à l'Académie de Parme une pension annuelle de 3000 lires. L'Académie de Parme possède encore des œuvres de lui.

COUSINET Marguerite
Née à Paris. XXe siècle. Française.
Sculpteur de bustes.
Elle exposa au Salon de la Société Nationale des Beaux-Arts, au Salon d'Automne et à celui des Tuileries.

COUSINET-LEMPEREUR Élizabeth
Née en 1726 à Paris. XVIIIe siècle. Française.
Graveur.

COUSINIER Bernard
Né le 25 janvier 1942 à Castres (Hérault). XXe siècle. Français.
Peintre. Abstrait.
Il a exposé en 1985 dans le cadre du Génie de la Bastille à Paris, en 1986 à la FIAC à Paris, en 1987 et 1988 au Salon de Montrouge, en 1992 au Salon Découvertes à Paris et à l'École des Beaux-Arts d'Aix-en-Provence. En 1996, il a participé à la double exposition *In quarto – Paroles d'ateliers*, au Musée Saint-Germain d'Auxerre et à l'Atelier Cantoisel de Joigny. Il a exposé personnellement en 1976 et 1977 à la galerie Vercamet à Paris, en 1986 à la galerie Antoine Candau à Paris et à la galerie Françoise Palluel à Paris.

COUSINS Harold
Né en 1916 à Washington. XXe siècle. Actif en Belgique. Américain.
Sculpteur. Figuratif puis abstrait-cinétique.
Il fit ses études à l'Université de Washington puis à l'Art Student's League de New York chez William Zorach. En 1946 il vit une exposition des œuvres de Gonzalez qui eurent une influence déterminante sur son travail. Il y perçut toutes les possibilités du métal et l'importance des vides en sculpture. A Paris à partir de 1949 il travailla encore la pierre avec Zadkine avant de choisir presqu'exclusivement le travail du métal en 1950. Entre 1956 et 1963, il a figuré régulièrement au Salon des Réalités Nouvelles et en 1966 il a participé à la IIIe exposition internationale de sculpture au Musée Rodin.
Après une première période où ses œuvres évoquaient, non sans humour, des animaux ou des figures mythologiques intégrant à leur construction des vis et des boulons, il abandonna progressivement les références au monde réel. Il n'utilise plus que de fines tiges de métal, parfois combinées à de rares pièces de fer, de bronze ou de nickel, vibrant à la moindre incitation et se combinant au jeu de leurs ombres portées. Ces œuvres, qu'il nomme « sculptures linéaires », bougeant comme les branches des arbres dans la forêt sont à ranger dans la catégorie des œuvres cinétiques. Depuis 1967 il vit et travaille à Bruxelles. Il combine les mots, les plaques et le laiton, pour créer ce qu'il appelle les *Plaitons*, horizontaux ou verticaux. Il a réalisé ensuite des œuvres plus figuratives.
Bibliogr. : In : *Diction. de la sculpture moderne*, Hazan, Paris, 1960 – in : *Diction. biogr. illustré des artistes en Belgique depuis 1830*, Arto, Bruxelles, 1987.
Ventes Publiques : Versailles, 27 juin 1985 : *La Duchere Plaiton* 1967, acier (53x53) : **FRF 13 000** – Bruxelles, 13 déc. 1990 : *Composition*, fer (21x16,5) : **BEF 47 880** ; *Clenche de porte* 1969, fer (25,5x18,5) : **BEF 51 300**.

COUSINS Henry
Né au début du XIXe siècle. Mort en 1864 à Dorking (Surrey). XIXe siècle. Britannique.
Graveur.
Comme son frère Samuel, Henry fut aussi graveur, travaillant tantôt à la manière noire, tantôt au burin. Il exerça son art à Londres, où il fit nombre de portraits. Il grava aussi des planches d'après Landseer, Romney et Sant. On cite de lui notamment : *La Sieste*, d'après Winterhalter, *Vittoria d'Albano*, d'après H. Vernet.

COUSINS Samuel
Né le 9 mai 1801 à Exeter. Mort le 7 mai 1887 à Londres. XIXe siècle. Britannique.
Graveur à la manière noire.
Il fut sept ans apprenti chez le graveur Samuel William Reynolds. Ce maître le garda comme son assistant quatre ans. Sa première œuvre personnelle fut un *Portrait de Lady Acland et ses enfants*, d'après Lawrence. Une seconde planche, d'après la même peinture, le fit connaître, et son avenir fut assuré. Cousins reproduisit beaucoup d'œuvres de sir Joshua Reynolds, de

Lawrence et de Millais. Il fut nommé membre de la Royal Academy en 1855, et, en 1877, donna à cette institution une somme de 15000 livres sterling, destinée à fonder une pension pour les artistes pauvres. L'artiste se retira de l'Académie en 1880. Plusieurs de ses meilleurs ouvrages sont postérieurs à 1872, alors qu'il avait plus de 70 ans. Il a obtenu une médaille de deuxième classe en 1855 (Salon de Paris).
Ventes Publiques : Paris, 26 mai 1937 : *Buste d'enfant*, mine de pb, reh. de gouache. attr. : **FRF 325.**

COUSSEDIERE Charles Jean
Né à Paris. Mort le 22 février 1934. xxe siècle. Français.
Peintre de paysages et de fleurs.
Il exposa au Salon de la Société Nationale des Beaux-Arts et à celui des Artistes Indépendants où une exposition posthume de ses œuvres se tint en 1935.
Ventes Publiques : Paris, 26 oct. 1976 : *Maisons dans les arbres*, h/pan. (32,5x41) : **FRF 3 500.**

COUSSENS Armand
Né en 1881 à Saint-Ambroise (Gard). Mort en 1935 à Nîmes (Gard). xxe siècle. Français.
Peintre de portraits, paysages, graveur.
Il fit ses études à l'École des Beaux-Arts de Nîmes puis vint à Paris où il fut aussitôt séduit par la peinture impressionniste, en particulier celle de Monet, Pissaro et Sisley. Il retourne à Nîmes. Vers 1912-1914, il commença à graver, inspiré par Gustave Doré et Daumier.
Musées : Nîmes.

COUSSICAULT Guillaume
xvie siècle. Français.
Peintre verrier.
Il s'engagea en 1519 à peindre un vitrail pour l'église Saint-Vincent à Tours.

COUSSIN Honoré, dit aussi **Hardouin**
Né en 1709 à Aix. Mort en 1779 à Aix. xviiie siècle. Français.
Graveur à la manière noire.
Il se rendit surtout célèbre par des gravures de portraits.

COUSSIN Laure, née **Barsac**
Née en 1808 à Paris. Morte après 1861. xixe siècle. Française.
Peintre.
Élève de Regnault. Elle exposa au Salon de 1831 à 1861. A la fin de sa vie elle signa *Fourau*, ayant épousé, en secondes noces, le peintre Hugues Fourau.

COUSSIN Mathieu ou **Cosin, Cousin, Cosini**
xve siècle. Travaillait à Toulouse à la fin du xve siècle. Français.
Enlumineur.
Sans doute le même que Macé Cochon.

COUSSINET
xviiie siècle. Actif vers 1756. Français.
Peintre d'histoire.

COUSSOLE Y ASTIE Marie Alice
Née en 1876 près de Bordeaux. xxe siècle. Active en Espagne. Française.
Peintre de paysages, de marines et de miniatures.
Elle fut active à Madrid où elle était appréciée de la haute société.

COUSSY Frédéric de
Originaire de Guinée. xviie siècle. Allemand.
Peintre.
Élève de Fromantiou et de Vaillant, il débuta à Berlin à la fin du xviie siècle. Il entra au service de la Princesse palatine de Brandebourg.

COUSTAIN Pierre ou **Cousteyn, Costain**, dit **le peintre des princes**
xve siècle. Éc. flamande.
Peintre.
Il était actif de 1456 à 1471. « Varlet » des ducs Philippe le Bon et Charles le Téméraire, il dirigea, en 1468, les travaux pour le banquet des noces (de Marie de Bourgogne ?), à Bruges, avec Jehan Hennekart. Il n'y a pas lieu de l'assimiler au Maître anonyme dit le Maître des Portraits de Princes.

COUSTARD Robert
Mort en 1643. xviie siècle. Travailla à Angers de 1628 à sa mort. Français.
Peintre.
Il fut peintre du duc d'Orléans et peignit en 1631 une *Résurrection du Christ* pour l'Église Saint-Maurille.

COUSTAURY Louis
Né à Paris. Mort en 1897. xixe siècle. Français.
Sculpteur.
A obtenu une mention honorable en 1897.

COUSTEL Jean
Né en Normandie. Mort après 1713. xviiie siècle. Français.
Peintre de sujets religieux, paysages, architectures.
Cet artiste, qui fut un élève de Francisque Milet, composa plusieurs tableaux d'église et orna un grand nombre de maisons particulières à Rouen. Le 29 octobre 1694, il fut reçu maître dans la corporation des peintres.
Ventes Publiques : Paris, 4 déc. 1992 : *Paysage et architecture*, h/t, une paire (chaque 156x74) : **FRF 36 000.**

COUSTON Guillaume
Mort en 1685 à Lyon. xviie siècle. Français.
Sculpteur.
Il travailla à l'abbaye bénédictine Saint-Pierre à Lyon, de 1683 à 1685.

COUSTOU François
Né vers 1657 à Lyon. Mort en 1690 à Lyon. xviie siècle. Français.
Sculpteur sur bois.
Maître-menuisier, il était établi à Lyon vers le milieu du xviie siècle. Il épousa la fille de Pierre Coysevox, également maître-menuisier, Claudine, sœur d'Antoine le sculpteur. De ce mariage naquirent deux fils, Nicolas et Guillaume qui furent tous deux sculpteurs et deux filles, Élisabeth et Éléonore. François Coustou ne semble pas avoir jamais quitté Lyon. Son beau-frère Antoine Coysevox, dont la situation à Paris était déjà assise lorsque les jeunes filles furent en âge d'être établies, les reçut chez lui aux Gobelins, où il était logé, comme occupé par le roi. C'est ainsi qu'en 1685 Élisabeth épousa le sculpteur Guillaume Hulot, issu lui-même d'une famille de sculpteurs. François Coustou est porté comme défunt dans l'acte de mariage de son fils Nicolas, du 18 septembre 1690, où il est qualifié « de son vivant maître-sculpteur à Lyon ». Il était encore vivant le 14 octobre 1689, date d'un acte de baptême où son fils Nicolas était parrain et où on désigne celui-ci comme fils de François Coustou, sculpteur de Sa Majesté. Il en résulte que le maître-menuisier avait exécuté à Lyon des ouvrages pour le roi et possédait quelque renommée dans la sculpture sur bois. Sa seconde fille Éléonore devait épouser en 1693 François Alexis Francin, sculpteur du roi.

COUSTOU Guillaume
Né le 25 avril 1677 à Lyon. Mort le 20 février 1746 à Paris. xviiie siècle. Français.
Sculpteur.
Fils de François et de Claudine Coysevox ; il naquit à Lyon le 25 avril 1677. Il existe deux actes, nous apprenant, le premier que « le dit jour (1er mai 1677) j'ai ondoyé le fils, né le 25 avril dernier, de François Coustoud (sic) maistre-menuisier et de Claudine Coisvaud (sic) sa femme, avec permission de M. le grand Vicaire. Signé : F. Coustou, Bozon vic. » Le second établit l'application des « saintes onctions et baptesme » à la date du 29 novembre suivant, étant parrain Guillaume Coizevaud (sic) sculpteur (le frère d'Antoine). Nicolas Coustou était donc son aîné de 19 ans ; c'est peu après la venue au monde du petit Guillaume qu'il allait prendre la route de Paris pour suivre les leçons de son oncle Antoine Coysevox. C'est ce que Guillaume fit à son tour, quand le moment fut venu. Il remporta en 1696 le second prix de sculpture à l'ancienne École académique et le premier en 1697, celui que son aîné avait obtenu en 1682. Il partit pour Rome, mais moins heureux que Nicolas, il dut chercher à y gagner sa vie, des circonstances ignorées l'ayant empêché de profiter d'une place de pensionnaire du roi. Il envisagea même à un certain moment de se rendre à Constantinople ; mais son ami le sculpteur Frémin l'en dissuada et le présenta à Pierre II Legros qui l'occupa à la sculpture du bas-relief de Saint-Louis de Gonzague, dans l'église Saint-Ignace. De retour à Paris, l'Académie royale de peinture et de sculpture l'agréa, le 3 mars 1703, sur la présentation d'une statuette de marbre, la Mort d'Hercule (Académicien le 25 octobre 1704). Cette œuvre est aujourd'hui au Louvre. Il est fait mention de lui, comme sculpteur du roi, en 1707 pour la première fois : il travaillait alors en collaboration à la décoration de la Chapelle du Château de Versailles. Guillaume Coustou avait épousé Geneviève-Julie Morel, fille de Claude Morel, maître d'hôtel de Monseigneur le Chancelier de France ; de cette union naquirent sept enfants (dont les noms sont du moins connus). Ce sont : Marie-Anne-Geneviève, baptisée le 17 juin 1711, Gene-

viève-Claire le 24 août 1714, Claude le 19 juin 1715 ; puis, né le 19, baptisé le 29 mars 1716, Guillaume (dit Guillaume II), qui devint sculpteur du roi et académicien ; Marie-Jacqueline, née en 1726 ; Julie-Marie-Anne, née en 1729 ; enfin, Pierre-Charles (dont on ne possède pas l'acte de baptême), qui devint architecte du roi. Guillaume I Coustou, adjoint à professeur le 3 juillet 1706, avait été nommé professeur le 28 décembre 1715. Adjoint à recteur le 26 octobre 1726, il devint recteur le 10 janvier 1733 ; enfin, directeur de l'Académie du 5 février 1735 au 5 juillet 1738. Les travaux qu'il exécuta au cours de sa carrière se rapportent à Versailles, à Trianon, au Parc de Marly, en grande partie à Paris. Il travailla à l'ornementation de l'ancien hôtel Soubise, du portail des Invalides, du Palais-Bourbon, de la Grande Chambre du Parlement au Palais de Justice, des églises du Noviciat des Jésuites, de Saint-Jacques-la-Boucherie et de Saint-Honoré. On lui doit encore le monument du cœur de Louis XIV, pour l'église Saint-Paul-Saint-Louis : œuvre en argent, vermeil et bronze, représentant deux anges grandeur naturelle soutenant le cœur du roi. Commandée par le Régent, achevée après quatre ans et demi de travail, elle coûta 600 000 livres ; elle fut érigée en l'église Saint-Paul-Saint-Louis, rue Saint-Antoine (maison professe des Jésuites). Cette œuvre était semblable à celle exécutée par Jacques Sarrazin pour la sépulture du cœur de Louis XIII. Cachés pendant la Révolution au Musée des Petits Augustins, les anges de Coustou et de Sarrazin, réclamés au moment du couronnement de Napoléon pour orner la chapelle du pape furent sur l'ordre de Denon, directeur général des Musées, mis à la fonte pour servir à la statue de *La Paix de Chaudet* (aujourd'hui au Louvre). Enfin, il exécuta de 1740 à 1745 les deux groupes de marbre de *Chevaux* de Marly. destinés à remplacer le *Mercure* et la *Renommée* de Coysevox (transportés en 1719 à la Porte du jardin des Tuileries) sur la terrasse en haut de l'abreuvoir à Marly, ils y furent envoyés par eau. En 1794, on les ramena à Paris à la place qu'ils occupent aujourd'hui à l'entrée des Champs-Élysées du côté de la place de la Concorde. La Direction générale des Bâtiments ne voulut accorder pour cette œuvre que 85 800 livres, au lieu des 128 000 réclamées. Reproduit dans Millin, il faut encore citer *Le Temps portant le médaillon de Louis XV*, groupe pierre qui surmontait une des fontaines du pont de l'Orge à Juvisy (début du règne de Louis XV). Et encore : *Nymphe chasseresse*, marbre, payé 3 500 livres en 1725 ; cartels et trophées, bronze doré, ornant jadis le piédestal de la statue équestre de Louis XIV, par Girardon ; *Louis XV*, buste ; *Cardinal de Rohan*, buste ; un lutrin formé par un aigle soutenant un pupitre, sculpté d'après un modèle de Guillaume Coustou, qui se trouvait dans l'église Saint-Honoré ; *Le Soleil sur son char, prêt à commencer sa course*, groupe, autrefois au fronton du Palais-Bourbon.

Comme l'avait été son frère Nicolas, Guillaume Coustou fut inhumé à Saint-Germain-l'Auxerrois, en présence de ses deux fils, Guillaume II Coustou, sculpteur du roi et Pierre-Charles Coustou, et de ses gendres Jean Ringuet, conseiller en l'élection de Paris et Louis Gervaix, notaire au Châtelet. Pierre-Charles est désigné ici par Jal comme avocat au Parlement ; plus loin, à propos de la mort de son frère Guillaume II, il le donne pour architecte du roi ; de même encore dans deux autres citations qui suivent de près, et il le qualifie (dans la dernière) d'architecte inspecteur des bâtiments du roi. Le Musée du Louvre possède un portrait de Guillaume Coustou, peint par Jean-François Delyen, en 1725 et gravé en 1730 par de Larmessin.

Musées : Blois (pont de la Loire) : *Les armes de France soutenues par deux Tritons* 1731 – Limoges (Mus. Dubouché) : *Le Chancelier d'Aguesseau* 1727, buste marbre – *Un Fleuve et une Nymphe*, autrefois ancien Château-d'Eau – Lyon (Hôtel de Ville) : *Le Rhône*, groupe bronze, décorait autrefois le piédestal de la statue équestre de Louis XIV, place Bellecour, par Desjardins, avec « La Saône » de Nicolas Coustou (1720) – Marly : *Jonction de l'Océan et de la Méditerranée*, groupe marbre, placé à Marly en 1738 – *Diane* 1709, en collaboration, marbre d'après l'antique – *Hippomène* 1701-1711, marbre, en collaboration – Paris (place de la Concorde) : *Les chevaux de Marly* 1740-1745, groupes marbre pour la terrasse de l'abreuvoir, aujourd'hui à l'entrée des Champs-Élysées – Paris (église des Invalides) : Ouvrages de sculpture, carton, plâtre et plomb au baldaquin – Figures et ornements pour le maître-autel – *Un ange en adoration*, plomb – Paris (Invalides) : *Mars et Minerve*, statues bronze – *Tête d'Hercule*, chef du cintre du portail des Invalides – *Louis XIV à cheval, entouré de la Justice et de la Prudence*, bas-relief pierre, tympan porte centrale des Invalides – *Hercule*, autrefois sur la porte de l'ancien hôtel de Soubise – Paris (Mus. du Louvre) : *Nicolas Coustou*, buste terre cuite – *Pierre-François Darerès de la Tour, supérieur général de l'Oratoire* 1733, buste terre cuite – *Marie Leczinska, reine de France, en Junon* 1730, marbre – *La Mort d'Hercule*, statuette marbre, morceau de réception (25 octobre 1704) – Paris (Notre-Dame) : *Louis XIII à genoux, offrant son sceptre et sa couronne à la Vierge* 1713-1715, marbre, chœur de la cathédrale, à droite de la Descente de Croix de Nicolas Coustou – Paris : *Louis XV entre la Vérité et la Justice*, bas-relief marbre, autrefois au Palais de Justice (cheminée de la Grande Chambre du Parlement) – *Saint Jacques*, médaillon marbre blanc, provenant de l'église Saint-Jacques-la-Boucherie – *Saint Ignace* 1723, marbre, jadis au maître-autel du Noviciat des Jésuites – Paris (église Saint-Honoré) : *Tombeau du cardinal Dubois* 1725, la statue marbre représentant le cardinal agenouillé est aujourd'hui à l'église Saint-Roch – Paris (église Saint-Germain-des-Prés) : *Saint François Xavier* 1723, marbre provenant de l'église Saint-Jacques-la-Boucherie – Paris (Tuileries) : *Daphné* 1712, marbre, en collaboration – Versailles : *Marie Leczinska, reine de France*, buste marbre – Versailles (parc) : *Bains d'Apollon* 1705-1707, ouvrage de sculpture plomb et étain – *Bacchus* 1713, marbre en collaboration – Versailles (Trianon) : ouvrages de sculpture, corniches de l'appartement du roi 1706 – Versailles (chapelle du château) : *Saint Jérôme et saint Augustin* 1707-1709, statues pierre de Tonnerre de trois mètres de haut – *Groupe d'anges* – *Jésus-Christ mort sur les genoux de la Vierge*, bas-relief – *Anges*, bronze – *Jésus-Christ dans le Temple instruisant les Docteurs de la loi*, bas-relief – *Visitation*, bas-relief bronze – *L'Espérance et la Foi*, bas-relief – *La Foi et la Religion*, figures demi-couchées – *Le Passage du Rhin*, grand bas-relief marbre, vestibule.

Ventes Publiques : Paris, 17 mars 1978 : *Chevaux de Marly*, deux bronzes, formant pendants : **FRF 26 000** – Paris, 21 juin 1979 : *Nymphe de Diane* vers 1742-1744 : **FRF 350 000** – Lokeren, 10 déc. 1994 : *Cheval de Marly*, bronze (H. 56) : **BEF 110 000**.

COUSTOU Guillaume

Né le 17 mars 1716 à Paris. Mort le 13 juillet 1777 à Paris. XVIIIe siècle. Français.

Sculpteur.

C'était le quatrième enfant issu du mariage de Guillaume Coustou, frère de Nicolas et fils de François, avec Geneviève Julie Morel, fille de Claude Morel, maître d'hôtel de Monseigneur le Chancelier de France. Sculpteur du roi, il fut reçu à l'Académie le 28 juillet 1742, à l'âge de 26 ans. Il est désigné, à l'inhumation de son père, le 21 février 1746, comme adjoint à professeur de l'Académie ; il devient par la suite professeur, puis recteur et trésorier de l'Académie, et garde des Antiques de Sa Majesté. Il était chevalier de Saint-Michel (ce que l'on appelait chevalier de l'Ordre du roi). Célibataire, il mourut à l'âge de 61 ans. L'inhumation eut lieu le lendemain à Saint-Germain-l'Auxerrois, en présence de son frère Pierre-Charles Coustou, architecte du roi et d'un ami, Charles Dupré, notaire. Pierre Charles était accompagné de son fils Guillaume Nicolas. Un portrait de Guillaume II Coustou, sculpteur du roi, par Henri Drouais fut exposé au Salon de 1758. On ne signale pas d'œuvre connue qui lui soit attribuée, à l'exception du mausolée du dauphin, père de Louis XVI, à la cathédrale de Sens. Il est vraisemblable, toute question de mérite mise à part, qu'il a bénéficié, dès sa jeunesse, du renom et de la situation acquise tant par les Coustou que par Coysevox.

Ventes Publiques : Paris, 23 juin 1977 : *Madame lecomte*, bronze patiné (H. 58) : **FRF 17 000** – Londres, 4 juil. 1984 : *Madame Lecomte* vers 1770, bronze, patine brune (H. 44,5) : **GBP 2 000**.

COUSTOU Jean

XVIIe siècle. Français.

Sculpteur.

Il était actif en 1685.

COUSTOU Jean

Né en 1719 à Montpellier (Hérault). Mort en 1791 à Montpellier. XVIIIe siècle. Français.

Peintre de genre, trompe-l'œil.

Il fut un élève de Restout.

Musées : Béziers : Quatre dessus-de-porte – Montpellier : *Les Trois Patrons de la Confrérie des Pénitents Bleus* – *Jeune négresse tenant un enfant*.

Ventes Publiques : Monaco, 16 juin 1989 : *Dessus-de-porte en* *trompe-l'œil à l'effigie du Comte de Caylus entourée de livres, gravure et autres dans une niche de pierre*, h. (61x126) : **FRF 72 150** – PARIS, 3 avr. 1990 : *Trompe-l'œil au tableau et gravures sur planche de bois ; Trompe-l'œil aux gravures sur planche de bois*, h., deux pendants (chaque 44,5x28,5) : **FRF 105 000** – MONACO, 21 juin 1991 : *Trompe-l'œil à la gravure et aux dessins*, h/t, une paire (chaque 44,5x29) : **FRF 222 000** – LONDRES, 25 fév. 1994 : *Nature morte en trompe-l'œil avec un portrait du Comte de Caylus, une gravure, des livres et un poisson rouge dans une urne disposés dans une niche*, h/t (62,2x127,4) : **GBP 5 175**.

COUSTOU Nicolas

Né le 9 janvier 1658 à Lyon (Rhône). Mort le 1er mai 1733 à Paris. XVIIe-XVIIIe siècles. Français.

Sculpteur de compositions religieuses, groupes, figures, dessinateur.

Fils de François Coustou, maître-menuisier et sculpteur sur bois et de Claudine Coysevox, sœur du sculpteur Antoine Coysevox. Il demeura d'abord dans sa famille et reçut de son père les premiers principes de la sculpture. Il exécuta, pour orner la porte de l'atelier familial, une enseigne qui représentait la scène de saint Étienne à genoux priant pour ceux qui le lapidaient. Ses deux sœurs furent par la suite appelées à Paris, chez leur oncle Antoine Coysevox, qui était logé aux Gobelins, dans le but de faciliter leur établissement. Coustou lui-même, appelé peut-être aussi, en tout cas désireux de se perfectionner, s'était déjà rendu à Paris auparavant pour recevoir les leçons de son oncle vers l'année 1677, c'est-à-dire à l'âge d'environ dix-neuf ans. C'est en 1677 que Coysevox, venu à Paris dès 1657, après un séjour à Lyon où il avait songé à se fixer, était rentré définitivement dans la capitale. Le neveu suivit donc son oncle de près, peut-être l'accompagna-t-il de Lyon à Paris. En 1682, à vingt-quatre ans, Nicolas Coustou se voyait décerner le premier grand prix de sculpture à l'ancienne École académique, obtenant ainsi la qualité de pensionnaire du roi à Rome. Parti en avril 1683, il passa trois ans dans cette situation. Pendant son séjour à Rome, il exécuta en marbre, copiée d'après l'antique, une statue de l'empereur Commode représenté en Hercule ; celle-ci est aujourd'hui dans le parterre de Latone, au Parc de Versailles. Son retour à Paris se place en 1687, après un séjour de plusieurs mois à Lyon qui avait suivi son retour de Rome en 1686. Il ne pouvait donc être à Paris en janvier 1685, pour le mariage de sa sœur Élisabeth avec le sculpteur Guillaume Hulot ; constatant l'absence de sa signature sur l'acte de mariage, Jal en conclut à tort que Nicolas n'était pas encore, à cette époque, à l'école de Coysevox. Il avait en réalité conquis déjà sa maîtrise ; le même Jal relève sur un acte de baptême du 14 octobre 1689, le nom de Nicolas Coustou, figurant comme parrain et désigné comme sculpteur ordinaire des Bâtiments du Roi. Il exerça d'ailleurs cette fonction sans interruption jusqu'à sa mort, travaillant pour les châteaux de Versailles, Trianon, Marly, aussi pour les Invalides, exécutant encore des bustes et des statues, des mausolées. Beaucoup de ces œuvres subsistent encore. Le 18 septembre 1690, il épousa Suzanne Hoüasse, fille de René Antoine Hoüasse, peintre d'histoire, directeur de l'Académie de France à Rome de 1699 à 1704. Nicolas avait perdu son père, François, dans l'intervalle d'octobre 1689 à la date de ce mariage. Jal remarque que l'acte de mariage désigne Nicolas Coustou comme sculpteur ordinaire du roi en son Académie ; mais il résulte d'autres documents que Nicolas fut reçu à l'Académie le 29 juin ou août 1693 (date confirmée par la liste publiée par Dussieux dans les Archives de l'Art français, tome I). Stanislas Lami adopte la date du 29 août 1693, ajoutant que l'admission fut prononcée sur un bas-relief symbolisant le rétablissement de la santé du Roi, qui aujourd'hui figure au Musée du Louvre, sous le titre d'Apollon montrant à la France le buste de Louis XIV. Nicolas Coustou fut nommé adjoint à professeur le 13 août 1695, et professeur le 24 juillet 1702. Depuis 1701 il recevait une pension de 2.000 livres, qui fut doublée plus tard par le Régent. Le 14 juin 1703, il obtenait un brevet de logement au Louvre. Outre cet appartement, il disposait encore d'un atelier dans le vieux Louvre. Stanislas Lami donne une lettre de 1708, adressée par Coustou sans doute au surintendant des Bâtiments du roi, de laquelle il résulte que le sculpteur n'avait pas touché bien exactement le prix de ses travaux : « Pour payer mes ouvriers, déclare-t-il, j'ay été obligé de recourir à la bourse de mes amis. Cela ne m'a pas empêché de sacrifier tous mes soins et mon application pour les ouvrages du Roy. » Le 12 décembre 1719, Nicolas perdit sa femme, Suzanne Hoüasse, décédée à l'âge de 45 ans ; il n'est fait mention d'aucun enfant issu de ce mariage. Guillaume Coustou, frère de Nicolas, assistait aux funérailles ; venu à Paris lui-même à l'atelier de Coysevox, il appartenait à l'Académie depuis 1704. Nicolas Coustou, adjoint à recteur depuis le 28 septembre 1715, fut nommé recteur le 26 octobre 1720, enfin chancelier le 10 janvier 1733. C'est en 1725 que fut mis en place, dans le chœur de l'Église Notre-Dame, son groupe en marbre de la Descente de Croix. Ce groupe, avec la figure de Louis XIII par Guillaume Coustou à droite et celle de Louis XIV par Coysevox à gauche, est appelé communément *Le Vœu de Louis XIII* (il a été payé 27 000 livres). Nicolas Coustou fut inhumée à Saint-Germain-l'Auxerroix, en présence de son frère Guillaume, du fils de celui-ci, dit Guillaume II et de ses autres neveux Jean Ringuet et François Francin, maître-sellier. Il existe au Musée du Louvre un portrait de Nicolas Coustou peint par J. Legros en 1725 ; ce portrait a été gravé en 1730 par Charles Dupuis.

On mentionne parmi ses œuvres : Le Gladiateur Borghèse, statuette terre cuite, Louvre (octobre 1683) ; Hercule Commode, marbre copié à Rome d'après l'antique, Versailles, Parterre de Latone (1683-86), gravé par Thomassin ; Sainte Anne montrant à lire à la Vierge, bois doré, autrefois à l'église Saint-Nizier, Lyon (1686) ; Bacchus, statue pierre, autrefois au jardin du doyenné à Lyon ; quatre chapiteaux marbre, pour Trianon, payés 746 livres (1687) ; trophées pierre, Trianon, en collaboration avec J. Joly, payés 11.465 livres (1688) ; paniers et corbeilles de fleurs, pierre de Trossy, et paniers, pierre avec fleurs en plomb, pour Trianon, même collaboration, payés respectivement 2.530 et 3.750 livres (1688-89) ; figure en plomb, lanterne du dôme des Invalides (1691) : quatre groupes de Prophètes, hauts-reliefs plâtre doré, église des Invalides (dont deux subsistent), payés 4.800 livres ; Génie ailé, bas-relief, pierre, église des Invalides, payé 1.850 livres (1692) ; Concert d'Anges, haut-relief plâtre doré, Invalides ; Anges, coupole Invalides ; Apollon montrant à la France le buste de Louis XIV, bas-relief marbre, morceau de réception à l'Académie (29 août 1693) ; La Valeur, statue-marbre, et une Bataille, bas-relief bronze, faisaient partie du mausolée de François de Créqui, exécuté en 1695 en collaboration avec Coyzevox et Jean Joly, autrefois dans l'église des Jacobins rue Saint-Honoré, il n'en reste que le buste de la statue du maréchal, par Coysevox, en l'église Saint-Roch ; Saint Joseph et saint Augustin, statues pierre, pour les religieuses de Moulins (1696) ; vase marbre (payé 850 livres) (1697) et ornements ; vases et corbeilles, pierre, en collaboration de Noël Jouvenet, pour Marly, payés respectivement 462 et 1.620 livres (1699) ; médaillon de Louis XIII, pour le pourtour du dôme des Invalides, payé 500 livres (1700) ; trois Tritons, groupe plomb doré, pour Marly, et deux Tritons portant des poissons, idem (1700) ; la France et deux Renommées, figures plâtre ornant le plafond de la chambre de Louis XIV à Versailles, en collaboration de Lespingola (1701) ; Saint Louis, statue marbre, d'après un modèle de Girardon, portail extérieur de l'église des Invalides, payée 14.200 livres (1701) ; décoration du grand salon de Marly : Sphinx et Enfants, plomb doré (1701), Diane et Endymion, Mercure endormant Argus, groupes (1701), Bergers et bergères, plomb (1701-1702), un masque et une coquille (1704), le tout pour Marly ; crucifix, bronze, Salon de 1704 ; grand vase marbre, orné d'anges et de masques, autrefois à Marly ; Méléagre tuant un cerf, groupe marbre pour Marly, à Brest, au pied de l'escalier du Musée ; Méléagre tuant un sanglier, faisait pendant au précédent à Marly (1706), aujourd'hui à Versailles (bosquet de l'Arc-de-Triomphe), les deux groupes furent payés 14.650 livres ; Nymphe au carquois et Nymphe à la colombe, groupes marbre, Jardin des Tuileries, provenant de Marly ; Anges, enfants et Trophées d'église, bas-reliefs pierre, Chapelle Versailles, payés 5.400 livres (1709) ; Adonis se reposant de la chasse, marbre, Louvre (1710) ; un Fleuve, marbre pour Marly (1711) ; La Seine et la Marne, groupe marbre pour Marly, Tuileries, payé 16.299 livres (1712) ; Saint Denis, marbre, Notre-Dame de Paris, payé 6.000 livres (1713) ; crucifix, autrefois sur la porte du chœur de Notre-Dame (1713) ; Apollon poursuivant Daphné, marbre pour Marly, Tuileries, payé 4.570 livres (1713-14) ; le maréchal de Villars, en pied, vêtu à la romaine, marbre, autrefois jardin de l'Hôtel de Villars, aujourd'hui à l'Hôtel-de-Ville d'Aix (1714) ; Mausolée de François-Louis de Bourbon, prince de Condé, bas-relief marbre, autrefois église Saint-André-des-Arts, aujourd'hui à Versailles (1705) ; Marc-René de Voyer, marquis d'Argenson, buste marbre, Versailles ; Le Printemps et l'Automne, groupes pierre, autrefois Hôtel de Noailles ; Édouard Colbert de Villacerf, médaillon bronze doré entouré d'une draperie marbre blanc, autrefois à l'église des Minimes de la Place royale ; La Saône,

groupe bronze, vestibule de l'Hôtel-de-Ville à Lyon, qui ornait le piédestal de la statue équestre de Louis XIV, place Bellecour, de Desjardins, avec le Rhône de Guillaume Coustou (1720) ; Jules César, marbre, Louvre, venant des Tuileries (1722), cette date figure à la signature de Nicolas Coustou, toutefois il est question, dans les comptes des bâtiments du roi, en 1713, d'une figure de Jules César pour Versailles, montant à 5.780 livres ; La Descente de croix, dite aussi *Vierge de Pitié*, groupe marbre, chœur de Notre-Dame de Paris, l'ensemble qu'il forme avec le Louis XIII de Guillaume Coustou et le Louis XIV de Coysevox, est appelé communément *Le Vœu de Louis XIII*, mis en place en 1725 et payé 27.000 livres ; Gloire, plomb, autrefois à Notre-Dame ; buste de Colbert, autrefois à l'Ancienne Académie ; buste de l'abbé Bignon, idem ; crucifix marbre, pour M. Sanssier, auditeur à la Chambre des Comptes ; Flore et Bacchus, statues pierre pour un jardin particulier à Saint-Maur ; Jésus-Christ montant au ciel, statuette terre cuite appartenant jadis à Guillaume Coustou ; Louis XIV en Jupiter, marbre, autrefois à Versailles, Louvre ; Diane, statue pierre, autrefois château de Villegenis ; Hercule, statuette terre cuite d'après l'antique, Louvre ; Le Commerce, bas-relief, triangulaire pierre, fronton de l'Ancienne Douane de Rouen ; Neptune et Thétis, bustes marbre pour un hôtel de la place Vendôme, ainsi que deux médaillons – Sphinx et Lions, terrasse du Château de Chantilly, reconstitués d'après les anciens modèles ; Cardinal de Forbin-Janson, statue marbre, mausolée cathédrale de Beauvais, achevée par Guillaume Coustou en 1738 ; *Le Passage du Rhin*, grand bas-relief marbre, représentant le roi marchant sur le fleuve et couronné par la Victoire, inachevé à la mort du sculpteur en 1733, il fut achevé par son frère Guillaume et déposé au Louvre, aujourd'hui dans le vestibule de la Chapelle à Versailles.
Neveu et élève de Coysevox, lauréat de l'Académie à vingt-quatre ans, Nicolas Coustou mena la carrière la plus heureuse, comblé des commandes les plus flatteuses. Dans cette époque de grand style, une carrière officielle n'était pas incompatible avec le talent. Certes, il fut souvent requis par des travaux ornementaux, mais en toute tâche, des humbles aux solennelles, il respecta son art, nourri à Rome de l'exemple des antiques comme de celui du Bernin, trouvant un élégant équilibre entre pureté classique et dynamisme baroque, en situant par son œuvre un moment et un style de transition. ■ J. B.
Musées : Brest : *Méléagre tuant un sanglier* – Paris (Mus. du Louvre) : *Le Gladiateur Borghèse* octobre 1683, terre cuite – *Adonis se reposant de la chasse* 1710, marbre – *Jules César* datée 1722, marbre – *Louis XIV en Jupiter*, marbre – *Hercule*, terre cuite, statuette d'après l'antique – Versailles (Mus. du Château) : *Mausolée de François-Louis de Bourbon, prince de Condé* 1705, bas-relief marbre – *Marc-René de Voyer, marquis d'Argenson*, buste marbre.
Ventes Publiques : Paris, 1896 : *Descente de Croix*, dess. à la pl. et à l'aquar. : **FRF 70** ; *Projets de décoration pour la voûte des petites chapelles de Notre-Dame*, deux dessins à la plume et à la sanguine : **FRF 165** – Paris, 13-15 mars 1905 : *Le Rhône et la Saône*, dess. : **FRF 75** – Paris, 27-29 avr. 1909 : *Projet de fontaine*, dess. : **FRF 200** – Paris, 31 mai 1920 : *Projets de décoration en sculpture pour la voûte des petites chapelles de Notre-Dame*, deux dessins à la plume : **FRF 300** – Paris, 8-10 juin 1920 : *Descente de Croix pour le chœur de Notre-Dame* 1723, dess. à la pl. : **FRF 820** – Monte-Carlo, 14 juin 1981 : *Adonis* vers 1710, terre cuite (H. 162) : **FRF 110 000**.

COUSTURIER César
Né à Dôle (Jura). XIXe siècle. Français.
Peintre de genre, paysages, fleurs.
Il fut élève de Jean Séraphin Désiré et Faustin Besson. Il exposa au Salon de Paris à partir de 1868.
Ventes Publiques : Versailles, 5 mars 1989 : *La conversation sous le porche*, h/t (61,5x50,5) : **FRF 17 000**.

COUSTURIER Claude, dit **de Chambéry**
XVIe siècle. Français.
Sculpteur et modeleur.
Il habita à Lyon, de 1546 à 1555, et prit part aux décorations de la ville, en 1548, à l'occasion de l'entrée de Henri II et de Catherine de Médicis.

COUSTURIER Henriette
Née à Dijon (Côte-d'Or). XXe siècle. Française.
Peintre.
Elle exposa à Paris au Salon des Indépendants.

COUSTURIER Lucie
Née le 19 décembre 1870 à Paris. Morte le 16 juin 1925 à Paris. XIXe-XXe siècles. Française.
Peintre de nus, portraits, paysages, fleurs, aquarelliste. Néo-impressionniste.
Elle n'exposa qu'au Salon des Artistes Indépendants à Paris à partir de 1901. Une exposition posthume lui fut consacrée à la galerie Druet en 1926. Ses peintures n'ont donc été que peu vues. Amie de Seurat, de Cross, élève de Signac, elle leur consacra des monographies définitives.
Elle pratiqua un pointillisme modéré mais dont elle sut souvent s'affranchir. Elle peignit à Fréjus et à Paris, et lors de ses missions dans ce qui formait alors l'Afrique Occidentale Française. Félix Fénéon disait de ses tableaux qu'ils étaient « d'une saveur aigüe où jouaient les seules teintes du prisme dans un subtil lacis d'arabesques. C'étaient aussi d'élégantes, prestes et elliptiques aquarelles nées en Guinée ou au Soudan ». Elle était collaboratrice du journal *Paria*, le journal des prolétariats noirs et jaunes dont elle fut la protectrice convaincue, menant le même combat, sous une forme littéraire, dans une série d'ouvrages tels que *Des inconnus chez moi* (1920) ou *Mes inconnus chez eux* (1925).

Lucie Cousturier

Bibliogr. : In : *Diction. Univ. de la Peinture*, t. II, Le Robert, Paris, 1975.
Musées : Paris (Mus. Nat. d'Art Mod.).
Ventes Publiques : Paris, 9 juin 1927 : *Vue du Midi* : **FRF 500** – Paris, 10 mai 1935 : *Anémones, oranges et bananes* : **FRF 125** – Paris, 5 juin 1944 : *Lis, iris et pivoines dans un vase* : **FRF 6 000** – Paris, 10 déc. 1954 : *Femme étendue sur un divan* : **FRF 150 000** – Versailles, 14 juin 1961 : *Vase de tulipes* : **FRF 3 400** – Versailles, 1er déc. 1968 : *Le pin parasol* : **FRF 3 300** – Genève, 18 juin 1972 : *Nature morte* : **CHF 22 000** – Versailles, 14 mars 1976 : *Nature morte au melon*, h/t (60x81) : **FRF 9 000** – Honfleur, 10 avr. 1977 : *Promenade devant le lac*, h/t (44x54) : **FRF 6 500** – Enghien-les-Bains, 10 mai 1978 : *La belle endormie*, h/t (81x65) : **FRF 40 000** – Versailles, 20 juin 1979 : *Les arbres en fleurs au bord du lac* 1907, past. (43x55) : **FRF 8 000** – Versailles, 7 mai 1980 : *Jeune fille attablée*, h/pan. (35x26) : **FRF 9 000** – Versailles, 28 juin 1981 : *La table devant la glace* 1905, h/t (45x81) : **FRF 11 000** – Paris, 25 nov. 1982 : *La promenade au Bois de Boulogne*, h/t (70,5x92,5) : **FRF 33 000** – Versailles, 15 juin 1983 : *Massif de la Jungfrau (soir)*, h/t (74x92) : **FRF 20 000** – Enghien-les-Bains, 26 fév. 1984 : *Bouquet de fleurs*, h/t (65x55) : **FRF 45 000** – Rambouillet, 20 oct. 1985 : *Les pivoines*, h/t (80x65) : **FRF 60 500** – Versailles, 18 juin 1986 : *Nature morte aux fleurs et aux fruits*, aquar., past. et reh. de gche (54,5x43) : **FRF 5 500** – Londres, 21 oct. 1987 : *Baie des Canoubiers, Saint-Tropez* 1903, h/t (73,5x92,5) : **GBP 28 000** – Paris, 12 avr. 1989 : *Femme à la panthère*, h/pan. (91,5x73) : **FRF 57 000** – Douai, 23 avr. 1989 : *Maison et potagers*, h/t (38x46) : **FRF 39 700** – Saint-Dié, 11 fév. 1990 : *Portrait d'Henri Edmond Cross à Saint-Clair* 1907, cr. de coul. et aquar. (37x29) : **FRF 5 500** – Londres, 23 mai 1990 : *Nature morte aux chrysanthèmes*, h/t (82x65) : **GBP 22 000** – Paris, 5 juil. 1990 : *Paysage du Midi*, h/t (39x49) : **FRF 49 000** – Paris, 19 juin 1992 : *Le port de La Rochelle*, h/t (24x35) : **FRF 28 000** – New York, 14 juin 1995 : *Nature morte*, h/t/cart. (44,5x62,2) : **USD 4 370** – Paris, 1er fév. 1996 : *Paysage*, h/cart. (22x32) : **FRF 5 000** – New York, 10 oct. 1996 : *La liseuse*, h/t (39,1x47) : **USD 10 350** – Paris, 16 juin 1997 : *Bamako*, aquar. (16,5x24,5) : **FRF 10 500**.

COUSYN. Voir **COSYN**

COUSYNS. Voir aussi **COSYNS**

COUSYNS Pieter. Voir **COSYN Pieter**

COUTAN Amable Paul
Né le 13 décembre 1792 à Paris. Mort le 28 mars 1837 à Paris. XIXe siècle. Français.
Peintre.
Élève de Gros, il eut le deuxième prix au concours pour Rome en 1818. Il obtint le prix en 1820 avec : *Achille demandant à Nestor le prix de sagesse*. On cite de lui : *Arion*, *Le Christ au Calvaire* (à l'église Notre-Dame-des-Champs), *L'Assomption de la Vierge*, *Portrait en pied du général Cadoudal*. Il fit aussi différents portraits d'anonymes. Le dernier ouvrage de Coutan, qu'il laissa inachevé, représentait : le *Serment de Louis-Philippe*. Ce tableau,

qui était destiné à la Chambre des Députés, fut terminé par Court.
Musées : Angers : *Mort de la Vierge* – Bourges : *Naissance de Chloé*, dess. reh. de blanc – *Thémistocle demande l'hospitalité au roi Admete* – *Philémon et Baucis* – Roubaix : *Dénicheurs d'aigles*, modèle original – Versailles : *Louis-François, comte Coutard, lieutenant-général* – *F. Pizarre, navigateur* – Vire : *Portrait de Durupt*.
Ventes Publiques : Paris, 9 fév. 1928 : *Scène italienne*, dess. : **FRF 120**.

COUTAN Jules Félix
Né en 1848 à Paris. Mort le 23 février 1939 à Paris. XIXe-XXe siècles. Français.
Sculpteur.
Élève de Cavelier, il obtint le Prix de Rome en 1871. Il débuta au Salon en 1876 et obtint une première médaille. En 1881, il se vit attribuer le premier prix au concours pour l'érection d'un monument commémoratif de la Constituante à Versailles. Il prit une part active à la décoration de l'Exposition de 1889 et y obtint une médaille d'or et, en 1900, un Grand Prix à l'Exposition Universelle. Il fut élu en remplacement de Falguière à l'Académie des Beaux-Arts en 1900 et en 1905 il fut nommé professeur à l'École des Beaux-Arts en remplacement de Barrias ; grand Officier de la Légion d'honneur. Il dirigea la Manufacture de Sèvres, de 1891 à 1894.
Musées : Dijon : *République* – Paris (ancien Mus. du Luxembourg) : *Éros* – Saint-Lô : *L'Amour* – Saint-Louis : *Porteuse de pain* – Tarbes : *Saint Christophe*.
Ventes Publiques : Paris, 19 nov. 1982 : *Travail, Union et Paix*, bronze, patine médaille (H. 90) : **FRF 6 600** – Amsterdam, 16 juin 1983 : *La Victoire*, bronze, haut-relief (123x90) : **NLG 14 750** – New York, 19 juin 1984 : *Allégorie de la République*, bronze (H. 99,6) : **USD 2 000** – Londres, 6 nov. 1986 : *Cupidon* vers 1870, bronze patiné (H. 70) : **GBP 1 000** – Paris, 3 avr. 1996 : *La victoire ailée*, bronze (H. 62) : **FRF 6 000**.

COUTAN P. Auguste
Né le 29 octobre 1826 à Paris. XIXe siècle. Français.
Peintre.
Il fut élève de Delaroche et gagna la notoriété pour ses portraits et ses cartons de vitraux.

COUTAN-MONTORGUEIL Laure, née **Martin**
Née en 1855 à Dun-sur-Auron (Cher). Morte après 1914. XIXe-XXe siècles. Française.
Statuaire.
Élève de Boucher. Ses œuvres principales sont : *La Source*, statue marbre, *Sirius*, statue marbre (Palais du Gouverneur de l'Algérie), buste de *La Taglioni* (Opéra), buste de *Leverrier et Vivien* (Institut), buste d'*André Gill* (Père-Lachaise). Mention honorable en 1894. Officier d'Académie.
Musées : Bourges : *La Source* – Douai : *Bara* – Laruns : *Le soldat Guindey* – Paris (Mus. du Petit Palais) : *Le Printemps*.
Ventes Publiques : Lokeren, 6 déc. 1997 : *Jeune femme aux colombes*, bronze patine vert foncé (51x20) : **BEF 52 000**.

COUTANCE Joséphine
XIXe siècle. Française.
Peintre de fleurs et fruits, aquarelles.
De 1833 à 1844, elle exposa au Salon de Paris ses aquarelles, représentant des fleurs ou des fruits.
Ventes Publiques : Paris, 25 juin 1943 : *Fleurs et fruits*, deux aquarelles gouachées faisant pendants : **FRF 9 500**.

COUTANT Jean Louis Denis
Né en 1776 à Argenteuil. Mort après 1831. XIXe siècle. Français.
Graveur à l'eau-forte, au burin et à l'aquatinte.
Élève de Chr. de Mechel. Le Blanc cite de lui plusieurs planches pour des ouvrages scientifiques.

COUTANT Marie Aimée
Née à Paris. XXe siècle. Française.
Peintre de portraits.
Élève de F. Humbert. A exposé au Salon des Artistes Français dont elle est sociétaire.

COUTANT Nelly
Née à Londres. XIXe siècle. Française.
Sculpteur.
Mention honorable au Salon des Artistes Français en 1890.

COUTAU Hippolyte
Né le 13 mars 1866 à Genève. Mort en 1946. XIXe-XXe siècles. Suisse.
Peintre de figures, paysages, dessinateur.
Coutau étudia quatre ans avec B. Menn, et compléta son éducation artistique à Paris, chez Julian avec Jules Lefebvre et Benjamin-Constant. Il a exposé à Genève, à Lyon, à Vevey et à Paris et reçut une mention honorable à l'Exposition Universelle de 1900. En 1901, il fut l'un des fondateurs, avec la collaboration de Louis Patru et John Pierre Simonet, d'une école privée des beaux-arts qui fut très fréquentée.
Musées : Genève (Mus. Rath) : *Paysage*.
Ventes Publiques : Amsterdam, 30 oct. 1991 : *Village des Alpes un jour de pluie* 1900, h/t (60x46) : **NLG 1 840**.

COUTAUD Lucien
Né le 13 décembre 1904 à Meynes (Gard). Mort le 21 juin 1977 à Paris. XXe siècle. Français.
Peintre de compositions à personnages, paysages animés, paysages, natures mortes, peintre à la gouache, compositions murales, cartons de tapisseries, décorateur de théâtre, graveur, illustrateur. Tendance surréaliste.
Arrière-petit-fils d'un ébéniste provençal, dont le Musée d'Arlaten conserve quelques œuvres, et fils d'un orfèvre, qui lui apprit le métier, il en conserva le goût du travail soigné et minutieux, notamment dans son propre travail de graveur. Pendant quatre ans, à partir de 1920, il suivit les cours de l'École des Beaux-Arts de Nîmes, où il eut pour professeur Armand Coussens. Il y renonça en 1924 et s'installa à Paris, où il fréquenta les Académies libres de Montparnasse et entra à l'École des Arts Décoratifs. Il n'a participé qu'à partir de 1941 au Salon d'Automne et en 1946, à partir de sa fondation en 1945 au Salon de Mai, dont il fut membre du comité, en 1945 au Salon des Artistes Indépendants, à l'exposition de la *Jeune Peinture Française* au Palais des Beaux-Arts de Bruxelles, en 1948 et 1954 à la Biennale de Venise, en 1949 nommé sociétaire des *Peintres et Graveurs Français* il y exposa pour la première fois, en 1950 il figura à l'exposition du Prix de l'Institut Carnegie de Pittsburg, en 1951 dans *Tapisseries de France* à Buenos Aires, à la Royal Academy de Londres dans *École de Paris 1900-1950*, à la Biennale de São Paulo et à celle de Menton, en 1952 dans *Le fantastique dans l'art* à Bâle, en 1955 au Salon International de Peinture de Tokyo et au Salon des Tuileries à Paris. Sa première exposition personnelle de peintures eut lieu à Paris en 1931 à la galerie « Aux quatre chemins », puis, entre autres suivantes : en 1953 au Musée d'Art Moderne de Kamakura au Japon et à la galerie Maeght de Paris. En 1952 il reçut le Prix Daumier de la Gravure, en 1957 il fut fait Chevalier de la Légion d'Honneur et en 1958 Chevalier des Arts et Lettres.
En 1926 il fut remarqué par l'acteur Charles Dullin, qui lui commanda les décors et les costumes des *Oiseaux* d'Aristophane, créés en 1928 au théâtre de l'Atelier. Ce fut la première réalisation d'une longue liste, Coutaud restant très attaché tout au long de son œuvre à la dimension monumentale. Il exécuta, entre autres, les décors de *La vie en rose* de Salacrou, *Comme il vous plaira* de Shakespeare à Florence dans une mise en scène de Jacques Copeau, *800 mètres* de A. Obey, etc., son chef-d'œuvre en la matière restant les vingt décors et les cinquante costumes créés pour *Le Soulier de satin* donné à la Comédie-Française dans une mise en scène de Jean-Louis Barrault en 1943. Après la guerre, il fit encore les décors et costumes pour *Élisabeth d'Angleterre* montée en 1949 par Jean-Louis Barrault. Il aborda également la tapisserie à partir de 1933 à Aubusson, participant avec Lurçat, Dubreuil, Gromaire entre autres au renouveau de la tapisserie au XXe siècle. Il a exécuté des peintures murales et des tapisseries pour l'Institut National des Sourds-Muets, et le Palais de la Découverte à Paris. Il reçut une commande importante, *Le Général Négrier débarque sur la côte algérienne*, destinée à orner la salle du Conseil de la mairie de Philippeville et réalisa une série de seize tapisseries éditées par la compagnie des Arts Français, et en 1960 une série de trois œuvres *Jardins exotiques* pour le Salon des premières classes du paquebot *France*. Depuis un premier livre d'André Fraigneau, il a illustré plusieurs ouvrages littéraires.
Le séjour qu'il a fait en 1927 sur les bords du Rhin a marqué définitivement le style de Coutaud, caractérisé par des paysages dans les tons gris-bleu et une luminosité très douce. Il a assisté aux multiples manifestations des avant-gardes, côtoyant les surréalistes sans adhérer au groupe, se vouant depuis 1940 à un art qu'il qualifiait lui-même de « surréel ». Vers 1940 s'affirma sa manière, proche du surréalisme par l'utilisation d'une imagerie insolite où rêves et réalité s'entremêlent. Des correspondances sont établies entre les différentes natures ; un corps humain est

constitué de végétaux, le corps d'un taureau n'est qu'un agrégat de corps humains... Coutaud a lui-même défini ses thèmes de prédilection : « Des personnages, des maisons végétales et minérales, des métamorphoses, de grandes étendues de terre et de fers à repasser ». Ces multiples interférences rappellent naturellement le monde de Dali, mais elles jouent ici sur un mode beaucoup moins inquiétant et plutôt décoratif. On s'aperçoit mieux, avec quelque recul, que son monde à lui de femmes-fleurs, aux attributs sexuels ostensibles, hantant une nature hérissée d'épines, n'est rattaché à la démarche surréaliste que par l'apparence superficielle d'une imagerie finalement plus licencieuse qu'insolite. ■ Jacques Busse

Coutaud

Bibliogr. : Georges Charbonnier : *Le monologue du peintre*, Julliard, Paris, 1959 – Pierre Mazars, *Coutaud*, Editions Pierre Cailler, Genève, 1963, abondante documentation – in : *Les Muses*, t. V, Grange Batelière, Paris, 1970 – in : *Diction. universel de la Peinture*, Le Robert, Paris, 1975.

Musées : Kamakura (Japon) : *Les Demoiselles Trianon* 1951 – Liège : *La Table Bleue* – Menton : *L'armoire blanche* 1946 – Paris (Mus. d'Art Mod. de la Ville) : *Paysage Taurin* 1956 – Paris (Mus. Nat. d'Art Mod.) : *Escalier de Mademoiselle Phèdre* – *La jupe verte* 1945 – Rio de Janeiro (Mus. d'Art Mod.) : *En Rase Campagne, Jeune Porteuse de Pain métaporphosée en chaise* 1945.

Ventes Publiques : Paris, 7 déc. 1965 : *Une paire de chapeaux* : **FRF 3 500** – Genève, 3 nov. 1971 : *Trouville* : **CHF 6 000** – Paris, 26 nov. 1972 : *Fin d'hiver* : **FRF 9 000** – Versailles, 5 déc. 1976 : *Mains et poissons* 1968, h/t (60x73) : **FRF 6 000** – Versailles, 8 juin 1977 : *Fruit du soir* 1945, h/t (81x100) : **FRF 17 000** – Paris, 18 nov. 1978 : *Ce fut une petite fête* 1968, h/t (46x54) : **FRF 6 000** – Enghien-les-Bains, 27 mai 1979 : *Trouville par beau temps* 1964, h/t (61,5x77,5) : **FRF 20 100** – Paris, 6 avr. 1981 : *A Honfleur* 1939, gche (21x27) : **FRF 6 000** – Paris, 8 déc. 1982 : *Vue de Lacoste : le château du Marquis de Sade* 1949, h/t (60x73) : **FRF 8 800** – Paris, 1er juin 1983 : *Ce fut une petite fête* 1968, h/t (46x55) : **FRF 7 600** – Versailles, 21 mars 1984 : *Paul et Virginie* 1935, gche/pap. mar./t. (163x150) : **FRF 13 500** – Enghien-les-Bains, 16 juin 1985 : *Encore ce phare* 1963, h/t (73x60) : **FRF 20 000** – Paris, 3 juil. 1986 : *Environs du château Fadège* 1964, h/t (65x81) : **FRF 8 000** – Paris, 10 avr. 1987 : *Environs de Roquevaire (?)* 1963, gche (28x42) : **FRF 6 500** – Paris, 21 juin 1987 : *Le repasseur marin* 1950, h/t (57x46) : **FRF 45 000** – Paris, 10 fév. 1988 : *Paysage surréaliste* 1959, gche (37x45) : **FRF 10 000** – Versailles, 20 mars 1988 : *Violon fleuri*, tapisserie (124x185) : **FRF 18 000** – Paris, 5 mai 1988 : *L'homme coiffé du gros œil écoute* 1945, h/t (46x38) : **FRF 20 000** – Paris, 12 juin 1988 : *La forêt enchantée*, tapisserie (2x2,60) : **FRF 80 000** – Versailles, 25 sep. 1988 : *Maisons au soleil* 1945, h/t (60x73) : **FRF 16 500** – Paris, 1er juin 1988 : *Fleurs*, gche (33x25) : **FRF 3 500** – Paris, 8 mars. 1989 : *Ange cathare* 1959, t. (55x46) : **FRF 33 000** – Paris, 18 juin 1989 : *Le picador* 1965, encre de Chine et lav. (27x37) : **FRF 4 200** – Paris, 9 nov. 1989 : *Composition surréaliste* 1952, gche (26x39) : **FRF 140 000** – Paris, 11 mars 1990 : *L'homme en marche* 1944, h/t (22x13,5) : **FRF 30 000** – Paris, 30 mai 1990 : *La Femme et les carafes* 1929, h/t (64,5x80,5) : **FRF 45 000** – Paris, 11 oct. 1990 : *Vive Mozart* 1941, gche (15,5x30) : **FRF 70 000** – Paris, 11 déc. 1990 : *Plage de l'éroticomagie* 1954, h/t (162x130) : **FRF 170 000** – Paris, 10 déc. 1990 : *La Lettre ou Autoportrait* 1942, gche (85x115) : **FRF 70 000** ; *Quelques dames de Deauville* 1961, h/t (146x114) : **FRF 153 000** – Paris, 12 juin 1992 : *Moulins à moudre le temps* 1944, h/t (197x130) : **FRF 38 500** – Paris, 14 déc. 1992 : *Violon printanier*, tapisserie (134x197) : **FRF 34 000** – Calais, 14 mars 1993 : *Le couple* 1952, gche (26x39) : **FRF 8 000** – New York, 29 sep. 1993 : *Elles aiment le vent* 1959, h/t (99,7x81,3) : **USD 5 463** – Calais, 12 déc. 1993 : *Femmes-fleurs sur fond de mer* 1959, h/t (102x81) : **FRF 46 500** – Londres, 26 oct. 1994 : *La jeune armoire qui appartenait à la porteuse de pain* 1947, h/t (60x50) : **GBP 2 415** – Paris, 16 déc. 1994 : *Piano par temps gris* 1937, gche/pap. (49,5x69) : **FRF 20 000** – Paris, 27 juin 1995 : *La mer* 1942, quatre h/t montées en paravent (chaque feuille 210x50) : **FRF 75 000** – Londres, 25 oct. 1995 : *La Couturière* 1935, gche/cart. (22x28) : **GBP 632** – Paris, 10 juin 1996 : *La Femme et les Carafes* 1929, h/t (65x80) : **FRF 13 500** – Paris, 18 déc. 1996 : *Quelques trous sur une plage à trous* 1949, h/t (49x55) : **FRF 14 000**.

COUTEAU Paule
xxe siècle. Française.
Sculpteur de monuments, figures.

Elle fut élève des sculpteurs Paul François Niclausse et Alexandre Descatoire à l'Ecole des Beaux-Arts de Paris. En 1946, elle réalisa une grande statue de Jeanne d'Arc, placée aujourd'hui sous la tour du clocher de la Basilique de Domrémy, offerte par le gouvernement de la province du Québec en mémoire des soldats canadiens tombés pour la libération de la France.

COUTEL Antoine Gaspard Marius
Né le 14 novembre 1814 à Aix. Mort en 1886. xixe siècle. Français.
Peintre.

Élève d'Ingres à l'École des Beaux-Arts où il entra le 5 octobre 1833. Il débuta au Salon de Paris en 1838 et continua à y exposer jusqu'en 1878. En 1843, il obtint une médaille de troisième classe. Le Musée de Perpignan conserve de lui : *Les deux sœurs de charité*.

COUTELAS Robert
Né le 17 mars 1930. Mort le 27 juin 1985 à Paris. xxe siècle. Français.
Peintre.

Il exposa à Paris, Rome et New York. En 1975 il a présenté à Paris une série intitulée *Tarots*. Il a reçu le Prix Othon Friesz, le Prix Fénéon, et a été lauréat du Prix de la Critique.

Ventes Publiques : Paris, 3 juil. 1992 : *Bouquet stylisé* 1959, h/cart./t. (46x37) : **FRF 11 500** – Paris, 27 nov. 1992 : *Nature morte aux pinceaux* 1960, h/pan. (47x65,5) : **FRF 4 000**.

COUTELET Claude
xviiie siècle. Français.
Sculpteur.

Il fut reçu à l'Académie Saint-Luc à Paris en 1781.

COUTELET Suzanne Pauline
Née à Choisy-en-Brie (Seine-et-Marne). xxe siècle. Française.
Peintre.

Élève de Devambez et Roger. A exposé un paysage au Salon des Artistes Français en 1935.

COUTELLE
xviiie siècle. Travaillant à Paris pendant la seconde moitié du xviiie siècle. Français.
Sculpteur et ciseleur.

COUTELLE
Né le 13 novembre 1927 à Chemiré (Sarthe). xxe siècle. Français.
Sculpteur.

Autodidacte, il a reçu le prix Despiau en 1965, et a figuré dans de nombreuses expositions collectives : en 1957 au Salon de la Jeune Sculpture, à Comparaisons, au Salon d'Automne et à celui des Réalités Nouvelles. Il exposa avec Achiam, Longin, Lartigue à Paris et Nancy. Il a obtenu de nombreuses commandes pour des groupes scolaires et la Caisse des Dépôts.

Musées : Paris (Mus. d'Art Mod. de la Ville).

Ventes Publiques : Paris, 30 jan. 1989 : *Trio Latin*, bronze poli (26x20x30) : **FRF 9 500**.

COUTELLIER J.
xviiie siècle. Actif à Paris dans la seconde moitié du xviiie siècle. Français.
Dessinateur et graveur.

Ventes Publiques : Paris, 1er mars 1929 : *Portrait d'Adrienne Lecouvreur*, dess. : **FRF 780** – Paris, 29 nov. 1935 : *Portrait de Michu*, dess. à la pierre d'Italie et à la sanguine : **FRF 250**.

COUTENCIN
Né le 27 décembre 1851 à Istres (Bouches-du-Rhône). xixe siècle. Français.
Peintre.

Élève de Gérome et de Galland. Principales œuvres : *Hommage à Musset* (Musée des Arts Décoratifs), *A sa toilette* (Musée de Marseille), *Le Battage du blé* (1893), *La Récolte des pommes en Bretagne* (1894), *Vieille Bretonne* (1895), Musée de Rennes. *Voir aussi CONTENCIN.*

COUTER Jérôme
xvie siècle. Éc. flamande.
Peintre.

Il travailla à Anvers où il créa un atelier au milieu du xvie siècle.

COUTET
xixe siècle. Actif vers 1840. Français.
Peintre d'histoire.

COUTHAUD DE RAMBRY Isabelle
Née à Paris. XXe siècle. Française.
Miniaturiste.
Élève de Mme Martinet. Sociétaire des Artistes Français.

COUTHAUD DE RAMBRY Marthe
Née à Mourmelon (Marne). XXe siècle. Française.
Miniaturiste.
Élève de Mme M. Martinet et de J. Simon. A exposé au Salon des Artistes Français.

COUTHEILLAS Henri François
Né le 16 décembre 1862 à Limoges (Haute-Vienne). Mort le 31 octobre 1927. XIXe-XXe siècles. Français.
Sculpteur.
Élève des Écoles des Arts Décoratifs de Limoges et de Paris, et de Ch. Gauthier, Aimé Millet, Cavelier, Barrias. Médailles de troisième classe en 1892, de deuxième classe en 1894, de première classe en 1900. Sociétaire des Artistes Français ; chevalier de la Légion d'honneur en 1919. Le Musée de Limoges conserve de lui : *Nymphe chasseresse, La mort de la Cigale* et *Le Bucheron*.

COUTHEREN Jan Van der
XVIe siècle. Actif à Louvain vers 1522. Éc. flamande.
Peintre.

COUTI Liane
Née à Ismith (Turquie). XXe siècle. Française.
Peintre.
Élève de J. Adler, Bergès et Maury. A exposé en 1936 au Salon des Artistes Français.

COUTIL Léon Marie
Né le 13 octobre 1856 à Villers-sur-Andelys (Eure). Mort le 24 janvier 1943 à Villers-sur-Andelys. XIXe-XXe siècles. Français.
Peintre et graveur.
E. Joseph indique qu'il fut l'un des fondateurs du Salon des Artistes Français et conservateur du Musée Nicolas Poussin, aux Andelys. Il était élève de Gérome pour la peinture et de Braquemond pour la gravure.
Ventes Publiques : Paris, 10-11 juin 1997 : *Portrait de femme* 1887, h/t (65x54) : **FRF 21 000**.

COUTIN Auguste
Né à Reims (Marne). XIXe-XXe siècles. Français.
Sculpteur.
Élève de Millet et Moreau-Vauthier. A exposé des bustes, des bas-reliefs et des médailles au Salon des Artistes Français et au Salon des Tuileries.

COUTIN François
Né à Orléans. XVIIe siècle. Français.
Peintre verrier.

COUTIN Robert Elie
Né à Reims (Marne). XIXe-XXe siècles. Français.
Sculpteur de bustes.
Il fut élève d'Auguste Coutin et de l'École Nationale des Arts Décoratifs. Il exposa à partir de 1912 au Salon des Artistes Français, au Salon d'Automne dont il était sociétaire et au Salon des Tuileries. Il réalisa de nombreux torses et têtes.

COUTINHO Hector
Né en 1926 à Belo Horizonte. XXe siècle. Brésilien.
Sculpteur.
Il réalise des « sculptures-objets » dans des matières plastiques, en particulier des « boîtes » de grandes dimensions où des effets lumineux jouent sur des assemblages de petites pièces de bois et de verre coloré.

COUTON Jean
XVIe siècle. Vivait au Puy-en-Velay en 1530. Français.
Peintre.
Élève de Philippe de Maroles ou Mayserolis. Il faisait partie en 1479, de la gilde des libraires à Bruges.

COUTOULY Pierre de
Né le 30 novembre 1885 à Saint-Pierre-le-Vieux (Seine-Maritime). Tombé au champ d'honneur durant la Première Guerre mondiale (1914-1918). XXe siècle. Français.
Sculpteur.

COUTOUZIS Nicolas
Né en 1741 à Zakynthos. Mort en 1813 à Zakynthos. XVIIIe-XIXe siècles. Grec.
Peintre de compositions religieuses, de portraits.
Il fut élève de Panagiotis Doxaras et a étudié à Venise.
Musées : Athènes (Pina. Nat.).

COUTRE Nicolas de
Mort vers 1512. XVIe siècle. Actif à Bruges. Éc. flamande.
Enlumineur.

COUTRE Robert
Né à Gien (Loiret). Français.
Sculpteur.
Il exposa au Salon des Indépendants.

COUTRY Charles
Né en 1846 à Paris. Mort en 1897 en Angleterre. XIXe siècle. Français.
Graveur.

COUTTS Gordon
Né en 1875 à Glasgow (Écosse). Mort en 1937 à San Francisco (Californie). XIXe-XXe siècles. Actif aussi aux États-Unis. Britannique.
Peintre de figures, portraits, paysages.
Il fut élève de la Melbourne National Gallery School, entre 1893 et 1896, poursuivant ses études à la Royal Art School de Londres et enfin à l'Académie Julian à Paris. Il émigra ensuite vers les États-Unis, travailla à Mexico puis s'installa à San Francisco. Entre 1893 et 1896 il fut chargé d'enseigner l'art à l'Art Society de New South Wales. Il figura à la Royal Academy, à Londres, et à Paris jusqu'en 1914, et dans l'exposition d'art australien à la Spring Garden Gallery de Londres en 1925.
Musées : Sydney : *Portrait de G. H. Reid – L'Attente*.
Ventes Publiques : New York, 27 oct. 1977 : *Indiens dans un paysage montagneux*, h/t (76,8x102,2) : **USD 4 500** – Los Angeles, 18 juin 1979 : *Indiens rentrant de la chasse*, h/t (76,2x101,6) : **USD 2 500** – San Francisco, 24 juin 1981 : *Prête pour le bal*, h/t (122x92) : **USD 8 000** – Los Angeles, 9 fév. 1982 : *Paysage désertique*, h/t (53,5x76) : **USD 1 500** – New York, 23 juin 1983 : *Portrait d'un Indien*, h/t (76,2x58,5) : **USD 1 600** – New York, 26 oct. 1984 : *L'embuscade*, h/t (61x91,5) : **USD 2 700** – Los Angeles-San Francisco, 12 juil. 1990 : *Indigènes sur la côte de Tanger* 1916, h/t (30,5x41) : **USD 1 320** – New York, 15 mai 1991 : *Le soir*, h/t (55,9x91,4) : **USD 3 850** – New York, 9 sep. 1993 : *Portrait d'un guerrier indien*, h/t (43,2x35,6) : **USD 3 738**.

COUTTS Hubert, de son vrai nom **Hubert Coutts-Tucker**
Mort en 1921. XIXe-XXe siècles. Britannique.
Peintre de paysages, aquarelliste, dessinateur.
Il est l'un des cinq fils de Edward Tucker et décida en 1893 de se faire appeler Hubert Coutts. Il était actif à Ambleside. À partir de 1874 il exposa régulièrement à Londres, à la Galerie Dudley et à la Royal Academy. Il devint membre de l'Institut Royal des Peintres-aquarellistes en 1912.
Ventes Publiques : Londres, 12 juin 1908 : *Un Hameau sur le Shap Fells*, dess. : **GBP 5** – Londres, 11 juin 1993 : *Élevage de moutons dans le Duddon*, cr. et aquar. (53,3x81,6) : **GBP 5 175**.

COUTTS W.
XIXe siècle. Travaillait à Liverpool vers 1830. Britannique.
Graveur.
On connaît surtout de lui un portrait de Byron.

COUTTS-MICHIE J. Voir **MICHIE James Coutts**

COUTTY Marcel Louis
Né à Paris. XXe siècle. Français.
Peintre, pastelliste.
Il a exposé au Salon des Artistes Indépendants entre 1923 et 1929.

COUTURAT Jean Henri
Né à Paris. XXe siècle. Français.
Peintre de nus, portraits, paysages, intérieurs, natures mortes, fleurs.
Il fut élève de François Cormon et de Paul Laurens. Il exposa au Salon des Artistes Français dont il était sociétaire, recevant une mention honorable en 1926 et une deuxième médaille en 1937. Il exposa également au Salon d'Automne entre 1930 et 1937.

COUTURAUD Alfred
Né à Saint-Jean-d'Angely (Charente). XXe siècle. Français.
Peintre de paysages.
Il fut élève d'Henri Harpignies et de Jean Olive. Il fut sociétaire

du Salon des Artistes Français recevant une première médaille en 1920.

Ventes Publiques : Paris, 4 fév. 1925 : *Vue du Mont-Blanc en hiver et Vue des Aupilloux dans les Alpes*, 2 h/pan. : **FRF 120** – Paris, 20 et 21 nov. 1941 : *Effet de neige* : **FRF 880.**

COUTURE Thomas

Né le 21 décembre 1815 à Senlis (Oise). Mort le 30 mars 1879 à Villiers-le-Bel (Val-d'Oise). XIXe siècle. Français.

Peintre d'histoire, genre, portraits, dessinateur.

Il fut d'abord élève de Gros, puis, après la mort de celui-ci, il entra dans l'atelier de P. Delaroche. Il obtint en 1837 le Prix de Rome. Il débuta au Salon de Paris en 1838 avec *Jeune Vénitien après une orgie*, mais ses premiers succès notoires lui vinrent de *La Soif de l'or* (1845) et des *Romains de la Décadence* (1847) qui lui valut une médaille de première classe. Le musée de Strasbourg possède une réduction de ce tableau. Il s'essaya également dans la peinture officielle, notamment avec *Le Baptême du prince impérial*, mais cette tentative ne valut pas ses œuvres antérieures. Parmi ses autres toiles, on peut encore citer *Le Fauconnier* et le *Portrait de George Sand*.

Couture, qui ne fut pas un artiste sans talent, fut aussi un littérateur intéressant mais doué d'une humeur sarcastique et amère qui lui fit, de son vivant, nombre d'ennemis. Il restera comme l'un des bons maîtres de l'École classique du XIXe siècle. Millet, Manet, Feuerbach et Puvis de Chavannes furent ses élèves.

T. C.

T. C.

th. Couture

Musées : Abbeville (Boucher de Perthes) : *Tête de jeune homme* – Amsterdam : *L'amour de l'or* – Anvers : *Les lavandières* – Berlin : *Tête de femme* – Béziers : *La soif de l'or* – Caen : *Damoclès dans sa prison* – Compiègne : *M. Henri Didier* – Le Havre : *L'enfant prodigue* – Helsinki : *Tête d'étude de femme* – Londres (Mus. Wallace) : *Le jeune tambour* – *Timon d'Athènes* 1857 – *Arlequin et Pierrot* – *Orgie romaine* 1843, première idée du tableau – *Le duel après le bal masqué* – Madrid : *Fête d'atelier* – Le Mans : *La soif de l'or* – Milan (Castello Sforzesco) : *Le fou* – Montauban : *L'amour de l'or* – Montpellier : *Portrait de M. Bruyas*, deux toiles – Morlaix : *Michel Bouquet* – Moscou (Gal. Tretiakoff) : *Après la mascarade* – Oslo : *Étude pour le portrait de M. Feuerbach* – Paris (Arts Décoratifs) : *Portrait de Marie-Simonet* – *Portrait d'Adolphe Moreau* – Paris (Mus. Carnavalet) : *Portrait de Béranger* – *Portrait de George Sand* – Paris (Mus. du Louvre) : *Les Romains de la décadence* – Reims : *Portrait de M. Latte* – *Portrait de J. Michelet, historien français* – Rouen : *Le fou* – *Portrait du président Berger, de la Cour des Comptes* – Strasbourg : *Les Romains de la Décadence* – Toulouse : *L'amour de l'or* – Troyes : *Danse macabre*.

Ventes Publiques : Paris, 1855 : *Le repos* : **FRF 1 320** ; *La puissance de l'or* : **FRF 590** ; *La Tragédie* : **FRF 400** ; *Une conventionnel* : **FRF 580** ; *L'amour de l'or* : **FRF 1 000** – Bruxelles, 1856 : *Petite baigneuse* : **FRF 2 780** – Paris, 1857 : *Le fauconnier* : **FRF 10 700** ; *Le Trouvère* : **FRF 4 500** ; *Jeune femme, la tête couronnée de lierre* : **FRF 475** ; *Le philosophe*, étude pour « Les Romains de la décadence » : **FRF 500** ; *Le petit paysan* : **FRF 1 510** – Paris, 1860 : *Le juge endormi* : **FRF 2 500** ; *La courtisane moderne* : **FRF 2 495** ; *Un souper après le bal* : **FRF 1 500** – New York, 1864 : *Jour de rêverie ou l'Écolier paresseux* : **FRF 24 940** – Paris, 1868 : *Les Romains de la décadence* : **FRF 4 220** – Paris, 11 oct. 1877 : *La Tragédie* : **FRF 1 000** ; *Petit paysan* : **FRF 4 000** ; *Jeune fille tenant un bouquet de violettes* : **FRF 3 000** ; *Les naufragés* : **FRF 600** – Paris, 1877 : *L'enfant prodigue*, dess. à la pl. : **FRF 200** – Paris, 1878 : *Pierrot malade* : **FRF 8 000** ; *L'orgie* : **FRF 6 300** – New York, 1879 : *À travers champs* : **FRF 5 500** – Paris, 1887 : *Enrôlement des volontaires* : **FRF 5 600** – Paris, 1891 : *Damoclès* : **FRF 15 400** ; *L'oiseleur* : **FRF 6 000** ; *1815* : **FRF 1 200** ; *Moine tenant une tête de mort* : **FRF 1 300** ; *Figure d'homme, demi-nu* : **FRF 1 400** ; *L'amour de l'or*, dess. au cr. noir, reh. de blanc : **FRF 655** ; *La courtisane moderne*, dess. aux deux cr. : **FRF 320** – Paris, 1892 : *Souper à la Maison-Dorée* : **FRF 2 050** ; *La veuve* : **FRF 250** ; *L'enfant prodigue* : **FRF 5 800** ; *Les promises* : **FRF 3 600** ; *Le sommeil* : **FRF 350** ; *L'Oiseleur* : **FRF 4 100** ; *L'homme à la coupe* : **FRF 1 000** ; *L'homme au manteau brun* : **FRF 400** ; *Avocat plaidant*, étude : **FRF 630** ; *Pivoines et tortue* : **FRF 360** – Paris, 28 fév. 1894 : *Le naturaliste*, dess. : **FRF 100** – Paris, 1898 : *Les laveuses* : **FRF 1 550** – New York, 1899 : *L'Amour conduisant le Monde* : **FRF 15 000** – Paris, 1900 : *Idylle florentine* : **FRF 1 550** ; *Portrait de femme* : **FRF 1 550** – Paris, 12 juin 1902 : *Scène de carnaval* : **FRF 620** – Paris, 17 fév. 1903 : *Portrait de George Sand* : **FRF 920** – Paris, 23 mai 1903 : *Le repas de l'ogre* : **FRF 1 150** – Paris, 7 juin 1904 : *Un mendiant* : **FRF 210** ; *Un diacre*, étude : **FRF 430** – New York, déc. 1904 : *Au puits* : **USD 290** – New York, 27 avr. 1906 : *Les Fugitifs* : **USD 1 075** – Londres, 21 mars 1908 : *Tête de jeune fille* : **GBP 6** – Paris, 5 et 6 mai 1908 : *Après l'orgie* : **FRF 1 050** – Paris, 4-5 et 6 avr. 1910 : *Orgie romaine* : **FRF 350** – Paris, 5-7 déc. 1918 : *Les Romains de la décadence*, dess. du tableau conservé au Louvre : **FRF 3 000** ; *Les Romains de la décadence*, d'après Th. C. : **FRF 350** – Paris, 23 déc. 1918 : *Portrait d'homme* : **FRF 100** – Paris, 22 jan. 1919 : *Femme endormie*, dess. : **FRF 40** – Paris, 28 fév. 1919 : *Les Romains de la décadence*, étude fragmentaire sur toile : **FRF 1 400** – Paris, 13 et 14 mars 1919 : *L'artiste par lui-même* : **FRF 1 000** – Paris, 27 oct. 1919 : *Le mendiant*, étude sur toile : **FRF 190** – Paris, 23 fév. 1920 : *Portrait de jeune femme* : **FRF 210** – Paris, 18 mars 1920 : *Tête de jeune femme de profil à gauche* : **FRF 420** – Paris, 6-7 mai 1920 : *Monseigneur Sibour, archevêque de Paris* : **FRF 3 920** – Paris, 2-4 juin 1920 : *La Courtisane moderne*, cr. : **FRF 720** – Paris, 10 nov. 1920 : *Portrait de Jacques Baal*, attr. : **FRF 130** – Paris, 30 nov.-1er et 2 déc. 1920 : *Portrait de l'impératrice Eugénie*, cr. : **FRF 400** ; *Le Duel de Pierrot*, cr. : **FRF 230** ; *Le Rêve*, cr. : **FRF 230** – Paris, 10 déc. 1920 : *Portrait d'homme* : **FRF 1 950** – Paris, 16 mars 1921 : *Arabe*, dess. reh. : **FRF 35** – Paris, 29 avr. 1921 : *Jeune femme assise* : **FRF 250** – Paris, 28 et 29 avr. 1922 : *Buste de jeune femme* : **FRF 4 200** – Paris, 26 et 27 mai 1922 : *Tête de jeune garçon* : **FRF 540** – Paris, 21 et 22 nov. 1922 : *Les Insurgés* : **FRF 1 750** ; *Portrait de Mgr Sibour* : **FRF 1 700** – Paris, 27 nov. 1922 : *Jeune femme en buste* : **FRF 1 360** – Paris, 28 déc. 1922 : *Étude de femme nue* : **FRF 560** – Paris, 15 fév. 1923 : *Sujet biblique* : **FRF 175** – Paris, 9 et 10 mars 1923 : *L'Orgie romaine*, fusain rehaussé de blanc : **FRF 700** – Paris, 14 et 15 mai 1923 : *Soldat de la République* : **FRF 1 700** – Paris, 24 mai 1923 : *Portrait présumé de Monseigneur Sibour* : **FRF 550** – Paris, 27 juin 1923 : *Portrait de jeune fille*, attr. : **FRF 60** – Paris, 3 et 4 déc. 1923 : *Romains de la décadence* : **FRF 9 000** – Paris, 4 avr. 1924 : *Femme nue dans un paysage* : **FRF 500** – Paris, 30 mai 1924 : *Baigneuse*, étude. Genre de Th. C. : **FRF 500** – Paris, 14 nov. 1924 : *Tête du Roi de l'Époque* : **FRF 750** – Paris, 19 nov. 1924 : *Soldat à cheval* 1793, étude pour L'Enrôlement des volontaires : **FRF 520** ; *Tête de jeune fille*, ébauche : **FRF 820** – Paris, 22 déc. 1924 : *Les Bohémiens*, ébauche : **FRF 160** ; *Fileuse*, dess. reh. : **FRF 30** – Paris, 23 fév. 1925 : *Croquis d'homme*, pl. : **FRF 20** ; *Prêtre et noble* : **FRF 1 000** ; *1815*, esquisse : **FRF 750** – Paris, 4 mars 1925 : *Étude de nu* : **FRF 3 900** – Paris, 8 mai 1925 : *Souvenirs de jeunesse*, attr. : **FRF 820** – Paris, 27 mai 1926 : *Portrait d'homme, tête seule de trois quarts*, cr. reh. de blanc : **FRF 260** – Paris, 12 juin 1926 : *Étude de femme* : **FRF 20 100** – Paris, 28 et 29 juin 1926 : *Académie de femme* : **FRF 500** – Londres, 10 juin 1927 : *Danse espagnole* : **GBP 39** – Paris, 17 et 18 juin 1927 : *Le repos* : **FRF 420** – Paris, 26 nov. 1927 : *Portrait d'homme* : **FRF 240** – Paris, 1er mars 1928 : *Le Modèle* : **FRF 500** – Paris, 26 avr. 1928 : *Tête de garçonnet* : **FRF 1 500** ; *Nature morte : canard et lapins suspendus à l'office* : **FRF 2 800** – Paris, 5 mai 1928 : *Femme assise et lisant* : **FRF 2 300** – Londres, 4 juin 1928 : *Les roses* : **GBP 10** – Paris, 31 jan. 1929 : *Nature morte, canard et lapin* : **FRF 750** – Paris, 16 nov. 1931 : *Les Romains de la décadence*, étude ou esquisse : **FRF 3 000** – New York, 24 mars 1932 : *Dame jouant de la mandoline* : **USD 180** – Paris, 12 mai 1932 : *Le Concert* : **FRF 1 800** – Paris, 15 nov. 1933 : *Portrait présumé du compositeur Vincent Bellini*, attr. : **FRF 320** – Paris, 28 et 29 mai 1934 : *Les Prodigues* : **FRF 700** ; *Portrait d'homme travesti en pierrot* : **FRF 550** ; *La Prière du berger* : **FRF 2 500** ; *Un chanoine* : **FRF 820** – New York, 4 jan. 1935 : *Le petit Gill* : **USD 850** – New York, 28 oct. 1936 : *Jeune paysanne* : **USD 450** – Londres, 18 nov. 1938 : *Homme avec une barbe* : **GBP 7** – Paris, 6 mars 1940 : *L'Orgie romaine*, étude : **FRF 4 000** – Paris, 1er mai 1940 : *Portrait de femme*, école de Th. C. : **FRF 110** – Paris, 9 mars 1942 : *Buste de femme* : **FRF 4 100** ; *Buste de fillette* : **FRF 6 300** – Paris, 22 juin 1942 : *Un prélat* : **FRF 2 000** ; *Femme de dos* : **FRF 3 400** ; *Étude pour le bal masqué* : **FRF 10 000** –

Paris, 9 juil. 1942 : *Buste d'homme* : **FRF 1 000** – Paris, 3 fév. 1943 : *Joseph vendu par ses frères*, mine de pb et lav. de sépia, études : **FRF 620** – Paris, 8 mars 1943 : *Étude de jeune fille* : **FRF 15 000** – Paris, 15 mars 1943 : *George Sand*, école de Th. C. : **FRF 450** – Paris, 29 et 30 mars 1943 : *Portrait d'un nonce du Pape* : **FRF 6 000** ; *Le Christ aux outrages* : **FRF 8 800** – Paris, 1er juil. 1943 : *L'Alchimiste* : **FRF 5 800** – New York, 26 nov. 1943 : *Mademoiselle N. V.* 1850 : **USD 375** – Paris, 17 déc. 1943 : *La Résurrection de Lazare* : **FRF 2 000** – New York, 2 mars 1944 : *Portrait de jeune fille* : **USD 425** – Paris, 15 avr. 1944 : *La Leçon de chant* : **FRF 6 300** – New York, 12 mars 1945 : *Le fauconnier* : **USD 2 500** – New York, 18 et 19 mars 1945 : *Le réaliste* : **USD 2 500** – Paris, le 15 juin 1954 : *Buste d'Italienne* : **FRF 50 000** – Londres, 6 mai 1959 : *Portrait de la marquise de Boisgarin* : **GBP 180** – Londres, 11 avr. 1962 : *Le départ des volontaires* : **GBP 1 000** – New York, 2 mars 1967 : *Portrait d'un jeune garçon* : **USD 4 250** – Munich, 6 juin 1968 : *Après le bal* : **DEM 6 200** – New York, 12 nov. 1970 : *Les deux sœurs* : **USD 13 000** – Versailles, 9 juin 1971 : *Les prétendants* : **FRF 6 500** – Londres, 3 déc. 1976 : *Pierrot en correctionnelle*, h/pan. (30,5x36,5) : **GBP 2 500** – Paris, 26 nov 1979 : *Portrait d'inconnu N° 2*, fus./pap. bistre avec reh. de blanc (56x43) : **FRF 18 500** – Paris, 4 mars 1981 : *Les suites du bal masqué*, dess. reh. de craie/pap. (44x60) : **FRF 41 000** – New York, 24 fév. 1982 : *Portrait d'homme barbu*, craie noire reh. de blanc/pap. bis (53,4x41,9) : **USD 3 600** – Stockholm, 1er nov. 1983 : *Bacchus enfant*, past. (163x102) : **SEK 10 000** – Paris, 6 juin 1984 : *Le souper à la maison d'or* : **FRF 50 000** – Paris, 19 mars 1985 : *L'enrôlement des volontaires*, h/t (100x81) : **FRF 330 000** – Paris, 2 déc. 1986 : *Portrait d'un jeune garçon en buste*, pierre noire et reh. de blanc (45x34,5) : **FRF 80 000** – Monte-Carlo, 20 juin 1987 : *Le duel de Pierrot*, h/t (71,5x90,5) : **FRF 600 000** – Monte-Carlo, 21 juin 1987 : *Pierrot*, mine de pb (22,5x12,8) : **FRF 70 000** – Londres, 26 fév. 1988 : *Étude pour un nu masculin*, h/t (20,3x26,4) : **GBP 550** – Paris, 11 mars 1988 : *Feuille d'étude pour le baptême du fils de Napoléon III*, pl., encre brune (16x25,5) : **FRF 5 000** – Monaco, 17 juin 1988 : *Étude pour Stella Maris*, h/t (43,5x51) : **FRF 33 300** – Monaco, 2 déc. 1988 : *Étude pour « Pierrot malade »*, cr. (46,5x60,5) : **FRF 62 160** – Paris, 26 juin 1989 : *Étude de cheval d'Arabe*, h/t (48x60) : **FRF 41 000** – New York, 24 oct. 1989 : *Tête de jeune fille*, h/t, une paire, deux états (chaque 40,6x33) : **USD 19 800** – Monaco, 8 déc. 1990 : *Scène allégorique*, h/t (54x45) : **FRF 111 000** – Paris, 22 nov. 1991 : *Étude d'arbre (recto/verso)*, pierre noire/pap. bleu (31,6x49) : **FRF 3 500** – Paris, 9 juin 1993 : *Buste de femme*, h/t (54x45) : **FRF 24 000** – Paris, 29 mars 1994 : *Le changeur*, h/pan. (18x21) : **FRF 10 000** – New York, 26 mai 1994 : *Damoclès* 1867, h/pan. (35,6x26,7) : **USD 37 375** – Paris, 9 déc. 1994 : *Tête de jeune garçon*, fus. et reh. de blanc (43x32,5) : **FRF 64 000** – New York, 16 fév. 1995 : *Souper après le bal masqué*, h/t (20,3x25,4) : **USD 54 625** – Paris, 25 fév. 1996 : *Biste de femme*, h/t (54x45) : **FRF 24 000** – Lokeren, 9 mars 1996 : *Vieille femme*, h/t (81x64) : **BEF 110 000**.

COUTURIER
XVIIIe siècle. Français.
Peintres de fleurs.
Deux peintres de fleurs du XVIIIe siècle portèrent ce nom. Ils travaillèrent pour la Manufacture de Sèvres entre 1762 et 1783.

COUTURIER, Révérend Père
XXe siècle. Français.
Peintre.
Moine de l'ordre de Saint-Dominique, il a réalisé des vitraux et s'attache à la restauration du vitrail d'église. Entre 1939 et 1945 il a prononcé des conférences au Canada et aux États-Unis et ouvert à New York avec Fernand Léger, Amédée Ozenfant et Marc Chagall l'Institut Français d'Art Moderne à l'École des Hautes Études Françaises de New York.

COUTURIER Auguste
Né à Bourgoin (Isère). XXe siècle. Français.
Peintre.
Exposant du Salon des Indépendants.

COUTURIER C. P.
XIXe-XXe siècles. Français.
Sculpteur.
Exposant du Salon des Artistes Français en 1914.

COUTURIER Charles
Né le 2 mai 1768 à Plailly. Mort le 22 avril 1852 à Châtenay. XVIIIe-XIXe siècles. Français.
Peintre de paysages animés.
Il fut professeur à l'École de dessin de Grenoble.
Ventes Publiques : Paris, 13 mars 1942 : *Superbia* ; *Gula*, deux panneaux, faisant pendants : **FRF 1 800** – Paris, 12 avr. 1996 : *Promeneurs en barque dans un paysage montagneux* 1828, h/t (48x60,5) : **FRF 8 500**.

COUTURIER E.
Né en 1871 à Paris. Mort en 1903 à Vincennes. XIXe siècle. Français.
Dessinateur.
Il collabora à de nombreux périodiques, comme *Le Petit bleu – Paris joyeux – le Rire – L'Illustré moderne – L'Assiette au beurre.* Il publia plusieurs albums, dont : *Gens de maison, Les Ignorants ou le Péril social*, et des plaquettes, notamment : *La Critique, Notes d'art.*
Son dessin vif et expressif donne l'expression et l'attitude vraies des personnages.
Bibliogr. : Gérald Schurr, in : *Les Petits Maîtres de la peinture 1820-1920, valeur de demain*, Les Éditions de l'Amateur, t. IV, Paris, 1979.
Ventes Publiques : Cologne, 23 mars 1990 : *Divertissement élégant*, past. (43x54) : **DEM 2 500**.

COUTURIER Étienne Félix
Né en 1809 à Paris. Mort le 23 août 1843 à Paris. XIXe siècle. Français.
Peintre.
De 1836 à 1843, il exposa au Salon de Paris.

COUTURIER Georges
Né à Crespin (Nord). XXe siècle. Belge.
Peintre.

COUTURIER Hugues
XVIIe siècle. Actif à Bordeaux. Français.
Peintre.

COUTURIER Jean Claude Nicolas
Né en 1796 à Dijon. Mort en 1875 à Chalon-sur-Saône. XIXe siècle. Français.
Peintre.
Il fut l'élève de Devosges. Le Musée de Dijon conserve une de ses œuvres.

COUTURIER Léon Antoine Lucien
Né le 29 décembre 1842 à Mâcon (Saône-et-Loire). Mort en 1935 à Neuilly-sur-Seine. XIXe-XXe siècles. Français.
Peintre de sujets militaires, scènes de genre, paysages, marines, natures mortes.
Élève de Danguin à l'École des Beaux-Arts de Lyon de 1860 à 1864, puis de Cabanel à Paris, il débuta au Salon de Paris en 1868, obtenant une médaille de troisième classe en 1881. Décoré en 1898, il reçut une Médaille de bronze à l'Exposition Universelle de 1900 à Paris.
Son registre est très vaste, puisqu'il peignit des sujets aussi variés que des batailles, scènes de la guerre de 1870, scènes de la vie de pêcheurs ou de marins de guerre français, paysages, scènes de vendanges, natures mortes, etc. Citons : *Un coin de mon atelier* 1868 – *En éclaireurs, siège de Paris* 1874 – *Le tocsin des Chouans* 1878 – *Le récit, guerre de 1870* 1881 – *Branle-bas à bord de l'« Amiral-Duperré »* 1886 – *Au cabestan ! à courir* 1890 – *Le samedi à bord, toilette du bateau – Abandonné* 1895 – *Vendanges en Mâconnais* 1898 – *Souvenir de Quiberon* 1903 – *À Penmarch – Une terrasse au Conquet* 1907 – *Pêcheur breton* 1908 – *Départ de bateaux* 1910 – *Le croiseur « Edgar Quinet » – Dixmude – Portrait de l'amiral Mornet.* Pour *Le Monde illustré* de 1905, il composa *La Guerre navale future.*

Bibliogr. : Gérald Schurr, in : *Les Petits Maîtres de la peinture 1820-1920, valeur de demain*, Les Éditions de l'Amateur, t. IV, Paris, 1979.
Musées : Bagnères-de-Bigorre : *Paysage* – Cognac : *Un Turco* 1888 – Le Havre : *La corvée de l'eau* – Nantes : *Marche forcée* – Troyes : *Nature morte.*
Ventes Publiques : Paris, 30 nov. 1925 : *Mer démontée* : **FRF 160** – Versailles, 23 nov. 1980 : *Course d'embarcations*, h/t (71x100) : **FRF 4 300** – Calais, 24 mars 1996 : *Maréchaussée sur la digue d'un petit port breton*, h/t (81x66) : **FRF 8 500**.

COUTURIER Marc
Né en 1946 à Mirebeau-sur-Bèze (Côte-d'Or). XXe siècle. Français.

Sculpteur, dessinateur, aquarelliste.

Il vit et travaille à Paris. Il a figuré dans plusieurs expositions collectives, parmi lesquelles on peut citer : en 1985 la 1re Biennale de Sculptures à Belfort, en 1986 le Salon de la Jeune Sculpture à Paris, en 1987 *Ateliers en liberté* à la Fondation Cartier à Jouy-en-Josas et le Salon de Montrouge, en 1989 *Solex Nostalgie* à la Fondation Cartier, *les Magiciens de la terre* au Musée National d'Art Moderne à Paris et à la Grande Halle de la Villette, *Nos années 80* à la Fondation Cartier, *16 (+) dans le désordre* à Limoges. Il a exposé personnellement en 1984 à la Maison des Arts de Belfort *Regagnons les avalanches perdues*, à la galerie Michel Vidal à Paris en 1988 et au Centre d'Art Contemporain de Thiers, en 1989 *L'intervalle singulier* au Château de Saint-Saturnin dans le Puy-de-Dôme, en 1994 au Centre d'art contemporain de Vassivière-en-Limousin, en 1997 au centre d'art du Crestet.

L'œuvre de Marc Couturier est fortement teinté de symbolisme religieux, dû à la nature des matériaux employés, mais également à l'atmosphère de recueillement qui se dégage des installations ; *Longueur, largeur, hauteur et profondeur, ces quatre attributs divins sont l'objet d'autant de contemplation* est constitué de deux barques, évocation d'un souvenir personnel mais aussi référence à la barque du dieu égyptien Amon-Rê, *Hostia* est réalisée en pain azime présente un grand cercle composé de plusieurs plaques d'hostie montées sur une structure de Plexiglas. D'autres œuvres exécutées dans le même matériau forment des tableaux en croix ; *Lin, verre, or* évoque une offrande. Les « aquarelles » sont ici des réceptacles contenant de l'eau colorée dans laquelle se reflètent les objets environnants. Le travail de Marc Couturier invite ainsi à la méditation et explorer le domaine du sacré, chose assez rare dans l'art contemporain actuel. ■ F. M.

Bibliogr. : Itzhak Golberg : *Marc Couturier. Les reflets du sacré*, in : *Beaux-Arts* n° 162, Paris, nov. 1997.

Musées : Amiens (FRAC Picardie) : *Dessin du 3e jour* 1993 – Belfort (Mus. d'Art et d'Industrie) – Paris (FNAC) : *Lin, verre, or* 1988, sculpt., techn. mixte, (183x46,6x43).

Ventes Publiques : Paris, 13 oct. 1987 : *Listing* 1985, triptyque, h/pan. (420x135) : **FRF 6 500**.

COUTURIER Philibert Léon

Né en 1823 à Chalon-sur-Saône (Saône-et-Loire). Mort en 1901 à Saint-Quentin (Aisne). xixe siècle. Français.

Peintre animalier.

Élève de Charles Couturier et de Picot à l'École des Beaux-Arts de Paris, où il entra en 1844, il figura au Salon de Paris entre 1845 et 1867, obtenant une médaille de troisième classe en 1855 et un rappel en 1861.

Son dessin habile et vif donne du caractère à ses animaux de basses-cours.

P L Couturier

Bibliogr. : Gérald Schurr, in : *Les Petits Maîtres de la peinture 1820-1920, valeur de demain*, Les Éditions de l'Amateur, t. II, Paris, 1982.

Musées : Chalon-sur-Saône – Louviers : *Poule et coq* – Montpellier : *Les rongeurs – Scène de basse-cour – Chasses à courre* – Nice : *Dialogue de basse-cour* – Périgueux : *Coqs, poules et canards dans un paysage* – Provins : *Hector de Saint-Maur* – Reims : *Scène d'intérieur*.

Ventes Publiques : Paris, 1880 : *Un vase peint* : **FRF 150** – Paris, 7 mai 1901 : *Coqs, poules et canards dans une cour* : **FRF 135** – Londres, 18 mai 1901 : *Jeune servante dans la cuisine préparant le gibier*, h/t (200x353) : **GNS 17** – New York, 22 mars 1907 : *Le déjeuner de midi* : **USD 280** – Paris, 28 nov-2 déc. 1921 : *Le conseil des rats* : **FRF 1 900** – Paris, 21 jan. 1928 : *Poule, canards et canetons* : **FRF 900** – Paris, 17 mai 1943 : *Coq et poules* : **FRF 2 250** – Paris, 14 juin 1971 : *La basse-cour*, h/pan. (35x27) : **FRF 600** – Bruges, 13 mai 1972 : *Basse-cour* : **BEF 16 000** – Cologne, 26 mars 1976 : *La Basse-cour* 1863, h/t (50,5x61) : **DEM 4 000** – New York, 12 mai 1978 : *La Basse-cour*, h/t (51x61) : **USD 1 600** – Londres, 20 mars 1981 : *Jeune servante dans la cuisine préparant le gibier*, h/t (200x353) : **GBP 3 800** – Vienne, 14 sep. 1983 : *La basse-cour*, h/pan. (26x40,5) : **ATS 25 000** – Chester, 17 jan. 1986 : *Scène de cour de ferme*, h/cart. (57x39) : **GBP 1 700** – Toronto, 30 nov. 1988 : *Jeux dans la forêt* 1886, h/t (46x61) : **CAD 2 200** – New York, 24 oct. 1989 : *La préparation du gibier*, h/t (200,6x350,7) : **USD 16 500** – Berne, 12 mai 1990 : *La basse-cour*, h/pan. (16x21,5) : **CHF 3 800** – Amsterdam, 30 oct. 1991 : *Canards et poulets dans une copur de ferme*, h/t (33,5x42) : **NLG 4 830** – New York, 26 mai 1992 : *Volailles picorant dans un pré*, h/pan. (37,5x61) : **USD 3 850** – Paris, 13 oct. 1995 : *Basse-cour*, h/t (38x46) : **FRF 10 500** – New York, 17 jan. 1996 : *La cour des poulets* 1864, h/t (51,4x73,3) : **USD 1 380**.

COUTURIER Robert

Né le 2 mai 1905 à Angoulême (Charente). xxe siècle. Français.

Sculpteur.

À la suite de sa formation classique, il rencontre Maillol, en 1928, devient l'un de ses disciples préférés et travaille longtemps pour lui dans son atelier. L'un des fondateurs du Salon de Mai et membre du comité, il y figure très régulièrement depuis le premier en 1945, puis au Salon de la Jeune Sculpture en 1949, à la Biennale de Venise, notamment en 1960, à celle de São Paulo, aux expositions de sculpture en plein air d'Anvers, d'Arnhem, etc. Parmi ses expositions personnelles, citons celles de Paris en 1954, 1959 et au Musée Galliera en 1962, en 1996 à l'Hôtel Donadeï de Campredon à l'Isle-sur-la-Sorgue. Il a été professeur à l'École des Arts Décoratifs de Paris.

Tout d'abord très influencé par Maillol, puisqu'il travaillait pour lui, il sculptait des œuvres monumentales aux formes amples, particulièrement pour le Palais de Chaillot à Paris en 1937 et pour le Palais de la S.D.N. à Genève. Cette influence reste perceptible jusqu'à *La Méditerranée* de 1942 et la *Léda* de 1944. Peu à peu il se défait des canons néoclassiques, renonce aux formes pleines et larges, délaisse la pierre pour utiliser le plâtre sur des bâtis de bois et de fil de fer. Il réalise alors des formes humaines très effilées : *Adam et Ève* de 1945, *Monument à Etienne Dolet* de 1947, puis des créatures décharnées, anguleuses, presque réduites à la seule armature : *Le Berger* de 1950, *Fillette sautant à la corde* de 1951, *Les Faunes* de 1959. Ses sculptures des années 1980 reprennent sans doute plus d'ampleur même si elles sont traitées en formes plates, à la manière de feuilles de plâtre, laissant seulement en relief ventres, poitrines et sexes. L'ensemble *Déploration*, constitué de quatre personnages nus autour d'un gisant, donne une image d'une qualité mystique exceptionnelle sur la mort. Il a également fait une série d'œuvres autour du thème du bain et de la douche, dont le contexte naturel facilite la vérité du mouvement des nus.

Bibliogr. : In : *Dictionnaire de la sculpture moderne*, Hazan, Paris, 1960 – Ionel Jianou : *Robert Couturier*, préface de Raymond Cogniat, 1969.

Musées : Anvers (Mus. de Sculpture en plein air) – Paris (Mus. Nat. d'Art Mod.) – Paris (Mus. d'Art Mod. de la Ville de Paris) – Paris (Mus. du Petit Palais) – Poitiers (Mus. des Beaux-Arts) – Rio de Janeiro (Mus. de Arte Mod.).

Ventes Publiques : Versailles, 1er déc. 1968 : *Couple debout*, bronze : **FRF 4 000** – Versailles, 26 nov. 1972 : *Femme dans un fauteuil*, bronze : **FRF 5 000** – Paris, 8 nov. 1976 : *Femme au chignon*, bronze (H. 36) : **FRF 3 800** – Paris, 25 fév. 1980 : *Profil* 1969, marbre (H. 26) : **FRF 2 200** – Paris, 8 avr. 1984 : *Frileuse*, bronze (H. 35) : **FRF 8 000** – Enghien-les-Bains, 25 juin 1987 : *La jeune fille sautant à la corde* 1950, bronze (H. 115,5) : **FRF 210 000** – Paris, 1er fév. 1988 : *Vaguement sphérique* 1979, bronze à patine noire (H. 20) : **FRF 13 000** – Paris, 14 déc. 1988 : *Le couple*, deux sculpt. en pâte de verre de Daum (H. 67 et H. 62,5) : **FRF 12 000** – Paris, 10 oct. 1989 : *Femme*, bronze (120x25x24) : **FRF 205 000** – Paris, 5 fév. 1990 : *L'Idylle*, bronze à patine brune (94x33x28) : **FRF 110 000** – Paris, 25 avr. 1990 : *L'étudiante* 1964, bronze (H. 80) : **FRF 130 000** – Paris, 11 mai 1990 : *Baigneuse assise*, bronze patiné (H 19) : **FRF 35 000** – Versailles, 7 juin 1990 : *Nu assis*, bronze de patine médaille (H. 15) : **FRF 8 000** – Neuilly, 3 fév. 1991 : *Le nuage* 1969, bronze (42,5x29x5) : **FRF 19 000** – Paris, 7 oct. 1991 : *Couple*, bronze (38,5x22,5x13) : **FRF 45 000** – Paris, 28 oct. 1992 : *Nu cylindrique* 1968, bronze (H. 120) : **FRF 80 000** – Paris, 16 oct. 1993 : *Nu*, bronze (120x25x25) : **FRF 90 000** – Paris, 20 juin 1997 : *Hommage à Maillol* 1968, bronze patine brune (38,5x21x12) : **FRF 32 000**.

COUTY Edmé

xxe siècle. Français.

Peintre et décorateur.

COUTY Jean

Né le 12 mars 1907 à Saint-Rambert-l'Ile-Barbe (Rhône). Mort en 1991. xxe siècle. Français.

Peintre de compositions religieuses, scènes de genre, portraits, paysages, paysages urbains, natures mortes, décorateur. Tendance expressionniste.

Il avait étudié l'architecture pendant huit ans à l'École des Beaux-Arts de Lyon puis à celle de Paris, pratiquant en même temps la peinture. Il a participé au Salon des Artistes Indépendants à Paris de 1935 à 1940, à la manifestation des Peintres témoins de leur temps, à la Biennale de Menton, dont il est lauréat en 1953. Il a personnellement beaucoup exposé à Lyon, mais aussi à Paris entre 1945 et 1989. En 1997 à Paris, la galerie Larock-Granoff a organisé une rétrospective de son œuvre.
À côté de ses décors de theâtre et décorations murales, il aime peindre des objets, des paysages familiers, des gens simples qui appartiennent au monde du travail et aussi des sujets religieux. Sur un dessin ample, pur et traditionnel, il peint des formes bien définies, aux couleurs éclatantes posées avec générosité.
Bibliogr. : In : *Peintres contemporains*, Mazenod, Paris, 1964.
Musées : Athènes (Pina.) – Paris (Mus. d'Art Mod.).
Ventes Publiques : Paris, 14 mai 1972 : *Composition* : **FRF 1 000** – Londres, 8 juin 1983 : *Le repas frugal*, h/t (32,5x43) : **GBP 700** – Lyon, 28 nov. 1984 : *L'Île-Barbe sous la neige* 1941, h/t (73x91) : **FRF 6 400** – Lyon, 23 oct. 1985 : *L'église d'Auzon*, h/t (59x73) : **FRF 8 000** ; *La Rochelle*, h/t (59x72) : **FRF 11 500** – Lyon, 3 déc. 1986 : *Nature morte aux fruits et aux fleurs*, h/t (60x51) : **FRF 5 200** – Lyon, 21 mai 1987 : *La Saône, le Palais de Justice et Fourvière*, h/t : **FRF 6 200** – Paris, 12 juil. 1988 : *Nature morte aux citrons*, h/t (61x50) : **FRF 3 400** – Paris, 2 juil. 1990 : *Lyon la nuit*, h/t (41x33) : **FRF 8 000** – Paris, 12 déc. 1990 : *Lyon, le port de Beze*, h/t (60x73) : **FRF 8 000** – Paris, 25 mars 1993 : *Petite fille au béret rouge*, h/t (73x60) : **FRF 14 000** – Paris, 15 juin 1994 : *Village sous la neige*, h/t (50x61) : **FRF 4 500**.

COUTY Jean Frédéric
Né en 1829 à Issoudun (Indre). Mort en 1904 à Paris. XIXe siècle. Français.
Peintre de natures mortes.
Il fut l'élève de Billoux (?). Il figura au Salon de Paris de 1864 à 1867.
Musées : Louviers : *Poissons*.
Ventes Publiques : Copenhague, 23 août 1984 : *Nature morte* 1890, h/t (53x72) : **DKK 5 200** – Stockholm, 21 oct. 1987 : *Nature morte aux fruits* 1890, h/t (54x72) : **SEK 38 000**.

COUVAY Jean
Né en 1622 à Arles. XVIIe siècle. Français.
Dessinateur et graveur.

COUVÉ
XVIIe siècle. Français.
Graveur.

COUVE
XVIIIe siècle. Français.
Peintre.
On connaît un portrait gravé d'après cet artiste.

COUVEGNES Raymond Émile
Né le 27 février 1893 à Ermont (Val d'Oise). XXe siècle. Français.
Sculpteur.
Élève de Jean Injalbert, il obtint le Prix de Rome en 1927. Il a régulièrement exposé au Salon des Artistes Français dont il fut sociétaire, recevant une troisième médaille en 1925 et une deuxième médaille en 1932. Il a également participé au Salon d'Automne de 1962 à 1967 et au Salon Comparaisons.
Ses œuvres sont surtout des commandes faites par les villes de Paris, Poitiers, Bar-le-Duc, etc. Il a aussi réalisé les monuments des grands barrages du Rhin : Essenheim, Rhinau, Gerstheim.
Musées : Alexandrie – Boulogne-Billancourt – Paris (Palais de la Découverte) – Paris (Sénat).
Ventes Publiques : Paris, 30 jan. 1989 : *Diane chasseresse*, sculpt. en marbre blanc (211x socle 48,3) : **FRF 80 000**.

COUVELET Adolphe
Né à Charleville (Ardennes), en 1805, décembre 1802 selon Thieme et Becker. Mort le 27 avril 1867 au Havre (Seine-Maritime). XIXe siècle. Français.
Peintre.
Fils de Jean-Baptiste. Il était directeur du Musée du Havre et obtint une médaille de troisième classe en 1849 et fut fait chevalier de la Légion d'honneur en 1859. Exposa au Salon de Paris de 1834 à 1866. Cet artiste se plaisait à voyager. Il visita l'Angleterre, la Turquie, la Grèce.
Musées : Le Havre : *Vue du port de Bordeaux – Vue du port du Havre à marée montante – Vue du port de Marseille – Vue du port de Nantes*.
Ventes Publiques : Paris, 29 jan. 1927 : *Le Bosphore*, past. : **FRF 220**.

COUVELET Jean Baptiste
Né le 20 novembre 1772 à Charleville. Mort en janvier 1832 à Mézières, ou septembre 1830 selon le Thieme et Becker. XVIIIe-XIXe siècles. Français.
Peintre de portraits, miniaturiste, dessinateur.
Musées : Le Havre : *Personnage assis, époque Directoire*, dess.
Ventes Publiques : Paris, 15 avr. 1921 : *Portrait de femme*, miniat. : **FRF 1 100** – Paris, 22-23 avr. 1921 : *Portrait de jeune femme coiffée de rubans*, pierre d'Italie : **FRF 380** ; *Portrait de jeune femme, les cheveux épars sur les épaules*, pierre d'Italie : **FRF 190** ; *Portrait d'homme*, cr. : **FRF 200** – Paris, 3 juil. 1991 : *Portrait d'un minéralogiste* 1814 ; *Portrait de sa femme* 1824, h/t, une paire (chaque 60,5x49) : **FRF 25 000**.

COUVEN J. von
XIXe siècle. Travaillant à Munich pendant la première moitié du XIXe siècle. Allemand.
Peintre.

COUVER Jan Van, le Jeune. Voir **KOEKKOEK Hermanus**

COUVERCHEL Alfred
Né le 27 janvier 1834 à Marseille-le-Petit (Oise). Mort le 1er septembre 1867 à Croissy. XIXe siècle. Français.
Peintre de scènes de batailles, sujets typiques. Orientaliste.
Il fut l'élève de H. Vernet et de Picot, à l'École des Beaux-Arts, où il entra le 3 avril 1851.
Il a peint des scènes de batailles et des vues d'Algérie.
Musées : Alger : *Prise de Mohamed Abdallah* – Troyes : *Arabe et son coursier*.
Ventes Publiques : Paris, 23 juin 1943 : *Arabe et son cheval* : **FRF 3 000** – Paris, 10 fév. 1993 : *Militaires au repos en Afrique du Nord*, h/t (75,5x60) : **FRF 10 500** – Paris, 13 mars 1995 : *Le porte-étendard* 1864, h/t (61x51) : **FRF 34 000** – Paris, 17 nov. 1997 : *Chevaux arabes à la rivière*, h/t (129,5x193,5) : **FRF 50 000**.

COUVEREUR Jasper
XVIIe siècle. Travaillant à Anvers au début du XVIIe siècle. Éc. flamande.
Peintre.

COUVERT Étienne
Né le 13 décembre 1856 à Lyon (Rhône). XIXe siècle. Français.
Peintre et aquafortiste.
Élève de Michel Dumas à l'École des Beaux-Arts de Lyon, où il entra en 1880, puis professeur de dessin. Il exposa à Lyon, depuis 1887, des portraits et des têtes d'étude (peintures et dessins), des cartons de vitraux et des eaux-fortes originales. Il a décoré, à Lyon, la coupole de l'église Saint-Pothin *(La Vierge et les apôtres)* et l'abside de l'église Saint-Irénée. *(Le Christ, animaux symboliques et des anges)*. Ses eaux-fortes sont signées *E. Couvert*, ou *E. C.* en monogramme.

COUVREUR Françoise Isabelle
XXe siècle. Travaillant à Tourcoing (Nord). Française.
Peintre.
Elle exposa au Salon des Artistes Français de Paris.

COUVREUR Jean Achille Auguste
XXe siècle. Français.
Peintre de paysages.
A partir de 1926, il participe au Salon de la Société Nationale des Beaux-Arts de Paris. Il peint volontiers des vues d'Ile-de-France.

COUVREUR Lucie
Née à Cesson (Ille-et-Vilaine). XXe siècle. Française.
Peintre de portraits, de fleurs et de natures mortes.
Elle a pris part au Salon d'Automne et au Salon des Artistes Indépendants à Paris entre 1933 et 1937.

COUVREUR Paul
Né à Seclin (Nord). XXe siècle. Français.
Peintre de paysages et de fleurs.
Élève de J. Hervé, il a régulièrement participé au Salon des Artistes Français à Paris à partir de 1936.

COUWENBERG Abraham Johannes
Né en 1806 à Delft. Mort le 6 avril 1844 à Arnhem. XIXe siècle. Hollandais.
Peintre de paysages.
Musées : Amsterdam : *Hiver*.

Ventes Publiques : Amsterdam, 28 mai 1986 : *Vue d'Arnhem*, h/pan. (14x18) : **NLG 2 800** – Londres, 23 mars 1988 : *Scène campagnarde dans un paysage enneigé*, h/t (72x98,5) : **GBP 17 050** – Amsterdam, 24 avr. 1991 : *Paysage vallonné boisé avec des fantassins hollandais*, h/t (89x122,5) : **NLG 13 800** – Amsterdam, 11 avr. 1995 : *Vaste paysage estival avec des paysans dans les champs et Arnheim et l'église St Eusebius au fond*, h/t (38,5x52) : **NLG 11 800**.

COUWENBERG Aegidius ou **Jillesz Van** ou **Kawenberg**
xviie siècle. Allemand.
Peintre, graveur.
Éditeur et marchand d'œuvres d'art, il est aussi connu comme peintre et graveur travaillant à Cologne pendant la seconde moitié du xviie siècle.

COUWENBERG Christian ou **Corstiaen Van** ou **Kawenberg**
Né le 8 septembre 1604 à Delft. Mort le 4 juillet 1667 à Cologne. xviie siècle. Hollandais.
Peintre de sujets religieux, compositions mythologiques, sujets de chasse, scènes de genre, portraits.
Il fut élève de Jan Van Nes, puis il voyagea en Italie, où il étudia les peintres caravagesques. En 1627, il entra dans la gilde de Delft. Il vécut à La Haye vers 1647 et épousa Élizabeth Van den Dusse, il s'établit ensuite à Cologne. On ne voit pas à quoi correspondrait son identification, parfois alléguée, à un Maître aux initiales C. B.
Il travailla pour le prince Frédéric-Henri, au château Honsholredyk, en 1638. On cite de lui un *Sacrifice de Vénus*, à Nieuburch, en 1642 ; une *Diane* en 1644. Il subit d'abord l'influence d'Aertsen, décelable dans son *Jésus chez Marthe et Marie*, puis celle d'Honthorst dans un sujet commun à beaucoup de peintres du début du xviie siècle : *Joueurs de tric-trac* ou dans d'autres scènes de genre qui préparent la peinture de genre qui sera tant à l'honneur dans les Flandres. Plus qu'à celle du Caravage, il fut sensible à la leçon des Carrache, et participa, avec d'autres peintres d'esprit académique, à la décoration de la Salle d'Orange, en 1648, avec des *Allégories* et des *Trophées d'armes*, dans la Maison du Bois de La Haye. On lui attribue aujourd'hui une centaine de peintures, dont un bon nombre de portraits apprêtés.
Bibliogr. : In : *Diction. de l'Art et des Artistes*, Hazan, Paris, 1967 – in : *Diction. de la peinture flamande et hollandaise*, coll. Essentiels, Larousse, Paris, 1989.
Musées : Hambourg : *Joyeuse compagnie* – Los Angeles (County Mus.) : *Joueurs de tric-trac* – Nantes (Mus. des Beaux-Arts) : *Jésus chez Marthe et Marie* – Paris (Mus. Marmottan) : *Portrait de famille* – Strasbourg (Mus. des Beaux-Arts) : *Rapt de la négresse* – Tours : *Portrait de famille*.
Ventes Publiques : Londres, 16 juil. 1980 : *Bacchanale* 1626, h/t (134x166) : **GBP 3 500** – Monte-Carlo, 21 juin 1986 : *Sine Baccho et Cerere friget Venus*, h/t (153,5x218) : **FRF 75 000** – New York, 11 jan. 1989 : *Jeune garçon tenant une cruche et riant en levant son verre*, h/t (68x61,5) : **USD 44 000** – New York, 10 jan. 1990 : *Un gentilhomme et deux dames batifolant sous un arbre*, h/t (123,8x180,3) : **USD 60 500** – Amsterdam, 12 juin 1990 : *Granida et Daifilo*, h/t (117x138,5) : **NLG 34 500** – Londres, 13 déc. 1991 : *Vénus et Adonis* 1645, h/t (135,4x171) : **GBP 39 600** – Paris, 13 avr. 1992 : *Diane et les nymphes*, h/pan. (69x52,5) : **FRF 13 000** – Amsterdam, 10 nov. 1997 : *L'Enfant prodigue chassé du bordel* vers 1656, h/pan. (101,5x127,5) : **NLG 83 030**.

COUWENBERG Gilles Van
Né vers 1572 à Delft. Mort après 1627. xvie-xviie siècles. Hollandais.
Graveur.
Père du précédent.

COUWENBERG Henricus Wilhelmus
Né le 16 avril 1814. Mort le 12 novembre 1845 à Amsterdam. xixe siècle. Hollandais.
Peintre de portraits, paysages animés, graveur, dessinateur.
Il fut élève de F.-L. Huygens et de Taurel, en 1830.
Ventes Publiques : Londres, 14 nov. 1969 : *Troupeau dans un paysage au moulin* : **GNS 750** – Troyes, 28 fév. 1988 : *Portraits de Madame et de Monsieur Herckenrath* 1843, deux dess. (42x32) : **FRF 11 500**.

COUWENBERG Jan Van
xviiie siècle. Actif à Amsterdam. Hollandais.
Peintre.

COUWENBERG Jan Van den
xvie siècle. Actif à Anvers dans la première moitié du xvie siècle. Éc. flamande.
Peintre.

COUWENBERG Line
Née à Oostburg (Pays-Bas). xxe siècle. Active en France. Hollandaise.
Peintre de portraits, dessinatrice.
Élève de Floris Arntzenius en Hollande, elle vint s'installer à Paris en 1924 où elle fut élève de Castelucho. Elle a participé au Salon des Tuileries à partir de 1930.

COUWENBERG Philip Van
xviiie siècle. Actif à Amsterdam. Hollandais.
Peintre.
Ventes Publiques : Londres, 11 juil 1979 : *Natures mortes aux fleurs*, deux h/t (61x52) : **GBP 17 000**.

COUWENBERG Stefaan
Né à Almeno. xxe siècle. Hollandais.
Peintre de figures.
Il a pris part au Salon d'Automne et au Salon des Tuileries à Paris en 1928-1932.

COUWENBERG Willem de. Voir aussi **KOUVENBERG**

COUWENBERG Willem Van
xviiie siècle. Actif à Amsterdam. Hollandais.
Peintre.

COUWENBERGHE Joannes Van
xviiie siècle. Actif à Gand. Éc. flamande.
Sculpteur.

COUWENBURCH Maerten Van. Voir **KOUWENBURG**

COUWENHORN Evrardus
xviie siècle. Actif à Leyde en 1651. Hollandais.
Peintre.

COUWENHORN Pierre. Voir **KOUWENHORN Pieter**

COUWER. Voir **CAUWER**

COUY Jean François Alexandre
Né le 11 avril 1910 à Paris. Mort le 1er décembre 1983 à Paris. xxe siècle. Français.
Peintre et graveur. Abstrait-lyrique.
Il entra dans l'atelier de gravure en taille-douce de Dezarrois à l'École des Beaux-Arts de Paris où il fit ses études de 1930 à 1934. En même temps, il suivit les cours du soir de la Ville de Paris et fut reçu aux concours de professorat en 1933. Il fut effectivement professeur d'art plastique au Lycée de Rennes de 1935 à 1945 et au Lycée Lakanal de Sceaux de 1945 à 1961. De 1930 à 1939 il a participé au Salon des Artistes Indépendants, à partir de 1935 il figure au Salon de la Société Nationale des Beaux-Arts et à celui d'Automne dont il est nommé sociétaire. Mobilisé en 1939, il refuse de participer à toute manifestation artistique durant l'Occupation. De retour à Paris en 1945, il expose au Salon de la jeune gravure contemporaine dont il est membre sociétaire jusqu'en 1983. On le retrouve, à partir de 1954, au Salon de Mai, à celui des Réalités Nouvelles qui lui a consacré un hommage spécial en 1984, après sa mort. Il est présent à la Biennale de São Paulo en 1961, à la Biennale internationale de gravure à Ljubiana et à Tokyo en 1965, à celle de Venise en 1978. Il a exposé personnellement pour la première fois à Rennes en 1946, à Paris à partir de 1950, à Toulouse en 1972, 1976, 1977, 1978, 1981, à Nantes 1978, Bordeaux et Lyon 1983, mais aussi à Bruxelles, Caracas et Mexico.
Jean Couy reste attaché à la réalité ou tout au moins au souvenir du regard qu'il planifie selon les rythmes équilibrés de l'abstraction. Il sait rendre avec subtilité « ce qui reste du visible et ce en quoi l'opération abstraite est en train de le métamorphoser », selon l'explication de J.-J. Lerrant. Ses œuvres, fondées sur la réalité, cherchent à unir plastique et poétique. L'abstraction n'est pas son but premier, lui-même avoue ne pas être un véritable abstrait, mais avoir bénéficié de la liberté du geste et de la couleur que lui a permis l'abstraction. ■ A. P.
Musées : Bruxelles – Épinal (Mus. départ. des Vosges) : *Fin du jour* – Rennes – Rome – Tokyo – Turin – Washington D. C.

COUY Marguerite
Née le 30 octobre 1910 à Paris. xxe siècle. Française.
Peintre et graveur.
Élève de J. Beltrand à l'École des Beaux Arts de Paris, elle devint professeur diplômée en 1933. Elle a régulièrement participé au Salon des Femmes Peintres et Sculpteurs.

COUYBA Charlotte
Née le 9 septembre 1908 à Neuvelle-la-Charité (Haute-Saône). xxe siècle. Française.
Peintre de portraits, paysages, fleurs et intérieurs.
Élève de l'École des Arts Décoratifs, elle a participé à la plupart des salons parisiens, notamment à ceux des Tuileries, d'Automne de 1931 à 1942, de Terres Latines, des Femmes Peintres et Sculpteurs dont elle est sociétaire. A côté de ses aquarelles de paysages, d'une facture figurative classique, elle a réalisé des décorations dans des hôpitaux.

COUYOUMDJIAN Anastase
Né à Istanbul (Turquie). xxe siècle. Arménien.
Peintre.
A exposé en 1938 un portrait au Salon des Artistes Français.

COUYOUMDJIAN Parounac
Né à Yozgal. xxe siècle. Arménien.
Peintre.
Il a figuré au Salon d'Automne et au Salon des Tuileries à Paris en 1933-1934.

COUZENS Charles
xixe siècle. Vivant à Londres. Britannique.
Peintre de portraits.
Débuta à la Royal Academy en 1838. La National Portrait Gallery possède de lui : *Portrait de Gilbert Beckett.*

COUZIJN Pearl
Née en 1915 à New York. xxe siècle. Américaine.
Sculpteur.
Élève de Zadkine, elle a également suivi des cours à l'Art Student's League de New York. Son travail fut très influencé par un voyage effectué au Mexique en 1940. Elle a ensuite participé à de nombreuses expositions, notamment à l'exposition internationale de Sculpture au Musée Rodin en 1956. On lui a attribué un prix pour son projet *Prisonnier politique* pour l'UNESCO à Anvers en 1953. Elle est l'épouse de Wessel Couzijn. *Voir aussi PERLMUTER Pearl.*

COUZIJN Wessel
Né en 1912 à Amsterdam. xxe siècle. Hollandais.
Sculpteur. Tendance expressionniste.
Tout d'abord élève en peinture, à l'École des Beaux-Arts d'Amsterdam, il étudie ensuite la sculpture. Il fit des voyages à Rome, Paris puis, pendant la guerre, aux États-Unis, avant de revenir en Hollande en 1946. A partir de cette date, il a participé à toutes les manifestations importantes de l'art hollandais contemporain, tant sur le plan national : à Middelheim en 1951, 1953, 1959, 1960, que sur le plan international : Biennale de Venise 1950, 1954, 1960, Carnegie Institute 1961, Seattle 1962 et particulièrement à l'exposition des *Galeries pilotes du monde* au Musée Cantonal de Lausanne en 1963. Il a reçu des commandes pour des bâtiments officiels, dont la Maison provinciale d'Arnhem, pour une société industrielle à Rotterdam. Par contre, le projet de monument qui devait célébrer la navigation sur le port de Rotterdam en 1952, fut sans suite.
Libéré, à la suite de ses voyages, de la tradition précédemment représentée par Maillol et Despiau, il communiqua sa connaissance de nouveaux exemples comme ceux de Lipchitz et Wotruba, qu'il avait rencontrés, et eut une forte influence sur la jeune sculpture hollandaise. Encore attaché, à ses débuts, aux formes naturelles qu'il simplifie, puis déforme de manière plus audacieuse et expressive, il se libère peu à peu de l'apparence naturelle. Il crée alors des formes déchiquetées, hérissées, légères et éloquentes dans leur occupation de l'espace, évocatrices avec véhémence, d'insectes et de créatures inquiétantes, échappés des diableries de Bosch et cousins germains des petits monstres des Belges Roel d'Haese et Reinhoud. Michel Seuphor décrit l'œuvre conçue pour une société industrielle de Rotterdam comme « un bronze envahissant l'espace, haillons au vent ou mannequin déchiqueté, de quatorze mètres d'envergure ».
Bibliogr. : In : *Dictionnaire de la sculpture moderne,* Hazan, Paris, 1960.
Musées : Amsterdam – La Haye – Otterlo (Mus. Kroeller-Muller) – Schiedam.
Ventes Publiques : Amsterdam, 29 oct. 1980 : *Composition,* bronze (H. 69) : **NLG 4 000** – Amsterdam, 24 mars 1986 : *Figure ailée,* bronze (H. 70) : **NLG 9 000** – Amsterdam, 19 mai 1992 : *Tobie,* bronze (H. 30) : **NLG 8 050** – Amsterdam, 30 mai 1995 : *Scène de café* 1947, chamotte (H. 35) : **NLG 6 000** – Amsterdam, 7 déc. 1995 : *Scène de café* 1947, bronze cire perdue (H. 35) : **NLG 3 068.**

COUZINIE Germaine
Née à Orléans (Loiret). xxe siècle. Française.
Graveur sur bois.
A exposé au Salon des Artistes Français, 1930 et 1931.

COVALIU Bradut
Né en 1924 à Sinaia. xxe siècle. Roumain.
Peintre de figures, de compositions et de natures mortes.
Élève de Jean Alexandru Steriadi à l'École des Beaux-Arts de Bucarest, il expose, à partir de 1948, dans les manifestations d'État, mais aussi en dehors de la Roumanie, par exemple à la Biennale de Venise en 1962 où il représentait son pays avec vingt-cinq toiles.
Il peint des paysages, des vues de villes industrielles, des natures mortes et réalise aussi de grandes compositions comme : *Je veux le bonheur de nos enfants.*
Bibliogr. : *Peintres contemporains,* Mazenod, Paris, 1964.

COVARRUBIAS Andrès de
xvie siècle. Espagnol.
Peintre.
Il exécuta des travaux importants pour la cathédrale de Séville au début du xvie siècle.

COVARRUBIAS Miguel
Né en 1904 à Mexico. Mort en 1957. xxe siècle. Mexicain.
Peintre de figures typiques, portraits, compositions animées, technique mixte, peintre à la gouache, aquarelliste, illustrateur.
Il fit ses études à Mexico. Il s'intéressait à l'archéologie, ses deux ouvrages font autorité : *L'aigle, le serpent et le jaguar – L'art indien du Mexique et de l'Amérique centrale.* Il fut un illustrateur des grands magazines américains : *Vanity Fair, Fortune, Harper's Bazaar* dans les années vingt et trente. En 1930, il voyagea pendant deux ans à Bali, dans le Pacifique Sud, en Afrique et en Asie, en raison de son intérêt pour l'archéologie, rapportant des documents et spécimens scientifiques. En 1940, il peignit à San Francisco deux vastes compositions murales sur les Amériques du Nord et du Sud.

COVARRUBIAS

Ventes Publiques : Londres, 7 nov. 1980 : *Les Huttes,* h/t (50,8x40,7) : **USD 3 600** – New York, 8 mai 1981 : *Rockefeller découvrant la fresque de Rivera,* gche (35,5x25,4) : **USD 3 750** – New York, 9 juin 1982 : *Oiseau tropical,* gche (35,2x25) : **USD 800** ; *Femme assise,* h/cart. (39,8x21,5) : **USD 1 000** – New York, 30 mai 1984 : *Femmes de Bali,* aquar. (53,3x38,7) : **USD 2 250** – New York, 26 nov. 1985 : *Rhapsodie in blue* vers 1925, h/t (64,2x78,7) : **USD 23 000** – New York, 22 mai 1986 : *Le sacrifice,* aquar./pap. (25,4x32,4) : **USD 1 300** – New York, 18 nov. 1987 : *Bali* 1934, aquar./pap. (64,6x38,4) : **USD 15 000** – New York, 1er mai 1990 : *Dessin pour la couverture de « Vogue Magazine »* 1936, aquar. et gche/cart. (43,2x28) : **USD 4 400** – New York, 2 mai 1990 : *Portrait de Henry McBride,* cr./pap. (28x21,5) : **USD 2 200** – New York, 15-16 mai 1991 : *Deux Balinaises* 1930, aquar., past. et cr./pap. (54x34) : **USD 18 700** – New York, 18-19 mai 1992 : *Tehuana* 1944, h/t (76,2x61,3) : **USD 38 500** – New York, 18 mai 1993 : *Plan de Mexico,* aquar. et cr./pap. (45x69) : **USD 23 000** – New York, 17 nov. 1994 : *Balinaise,* h/rés. synth. (50,8x61) : **USD 48 300** – New York, 21 nov. 1995 : *L'oiseau bleu,* h/t (54x32) : **USD 28 750** – New York, 16 mai 1996 : *Balinaise,* h/t (50,8x35,5) : **USD 85 000** – New York, 25-26 nov. 1996 : *Champs de riz à Bali* vers 1933, h/t/pan. (49,5x34,3) : **USD 222 500** – New York, 29-30 mai 1997 : *George Gershwin, Un Américain à Paris* 1929, h/t (75,9x99,1) : **USD 244 500** – Paris, 18 juin 1997 : *Mexique, dégustation de poisson,* aquar. (42x34,5) : **FRF 22 000.**

COVARSI Adelardo
Né le 24 mars 1885 à Badajoz. Mort en 1951 à Badajoz. xxe siècle. Espagnol.
Peintre de scènes de genre, de paysages et de portraits.
En 1903 il est entré à l'École Spéciale de Peinture, Sculpture et Dessin de Madrid. Lorsqu'il sort de cette école en 1907, il devient professeur de dessin à Badajoz. Il complète sa formation en voyageant en Espagne, Italie, France, Angleterre, Portugal. Il a régulièrement exposé dans les manifestations espagnoles jusqu'en 1948, date à laquelle il reçut une médaille d'honneur. La plus grande partie de son activité s'est déroulée dans sa ville natale où il a pris la direction de l'École des Arts, fonda le Musée provincial de Peinture, etc.

Il a rendu les vastes horizons de sa région, mais aussi les figures typiques dans des intérieurs ou des tavernes. Oubliant un premier style impressionniste, il a peint ses scènes régionales dans un style traditionnel basé sur les oppositions de couleurs.
Bibliogr. : *Cien anos de pintura en Espana y Portugal, 1830-1930*, t. II, Antiquaria, Madrid, 1988.

COVATTI Ascanio, dit **il Franciosino**
Né à Cortone. Mort le 24 octobre 1632. XVIIe siècle. Italien.
Sculpteur.
Il travailla à Cortone et à Sienne.

COVELLE Julie. Voir **ALBERT-DURADE Julie d'**

COVELLI Gaele
Né le 28 mai 1872 en Calabre. XXe siècle. Italien.
Peintre.
Il fit ses études à l'Académie des Beaux-Arts de Naples et travailla sous la direction de D. Morelli. Il obtint une mention honorable à l'Exposition Universelle de 1900 à Paris.

COVENTRY C. C.
XIXe siècle. Britannique.
Peintre de portraits, paysages.
Il exposa à la Royal Academy, à Londres, de 1802 à 1819.

COVENTRY Frederick Halford
Né le 19 janvier 1905 en Nouvelle-Zélande. XXe siècle. Britannique.
Peintre, graveur, fresquiste, aquarelliste.
Ayant suivi des cours du soir en Nouvelle-Zélande et en Australie, il pratiqua l'huile, l'aquarelle, la fresque, la gravure sur cuivre et dessina aussi des affiches. Membre de la Society of Mural Painters en 1947, il figura à la Royal Academy de Londres, à la New-Zeland Academy et exposa à Los Angeles.

COVENTRY James
XIXe siècle. Britannique.
Peintre de paysages.
Il exposa de 1856 à 1862 à la Royal Academy et à la British Institution à Londres.

COVENTRY Robert McGovern. Voir **McGOVERN-COVENTRY Robert**

COVERT John
Né en 1882 à Pittsburgh (Pennsylvanie). Mort en 1960. XXe siècle. Américain.
Peintre. Abstrait.
Grâce à une bourse du gouvernement allemand, il va faire ses études à l'Académie des Beaux Arts de Munich de 1908 à 1912. Il séjourne à Paris de 1912 à 1914, avant de voyager en Angleterre. A son retour aux États-Unis en 1917, il fonde, avec William Glackens et Maurice Prendergast, la Society of Independants Artists à New York. Il est alors l'un des premiers artistes abstraits américains et tout aussi incompris que Patrick Henri Bruce avec lequel il a bien des similitudes. Il a toutefois participé à quelques expositions aux États-Unis, notamment à celles de la très importante société anonyme de Mlle Katherine Dreier, dont la collection réunit actuellement le plus grand nombre des œuvres qui ont subsisté de lui. Mais la grande crise de 1929 a eu raison de lui : ne pouvant vivre de sa peinture, il abandonne le domaine de l'art pour le monde des affaires. Le rythme de vie américaine ne semble pas permettre à l'artiste incompris de poursuivre son œuvre, tandis que les lois de l'efficacité y sont trop ancrées dans les habitudes de vie et de pensée.
Son art abstrait, même s'il n'est pas vraiment homogène ni systématique, est nourri des expériences du futurisme et de l'orphisme dont il a suivi l'évolution lors de son séjour en Europe. Ses reliefs peints avec ficelle et carton sont parmi ses réalisations les plus connues.
Bibliogr. : Ritchie : *Abstract painting and sculpture in America*, New York, 1951 – in : *Diction. universel de la Peinture*, Le Robert, t. 2, Paris, 1975.
Musées : New Haven (Société Anonyme, Yale University Art Gal.) : *Fanfare* 1919 – New York (Mus. of Mod. Art) : *Ex Act* 1919.
Ventes Publiques : New York, 31 mars 1993 : *Le guerrier maure* 1906, h/t (96,5x76,2) : **USD 2 185**.

COVERTIN Domenico de
XVIIe siècle. Actif à Padoue. Italien.
Peintre.

COVEY Arthur Sinclair
Né en 1877 à Bloomongton (Illinois). XXe siècle. Américain.
Peintre et graveur.

COVEYN. Voir **COVYN Reynier**

COVI Cesare
Né en 1872 à Trente. XXe siècle. Italien.
Peintre.
Élève de G. Mentessi, il travailla à Milan. Il prit part à l'Exposition Universelle de Milan en 1906.

COVIJN. Voir **COVYN Reynier**

COVILLE Mina
Née à Paris. XXe siècle. Française.
Peintre de paysages, de natures mortes et de fleurs.
Élève de L. Biloul, elle a participé au Salon des Artistes Français et à celui des Tuileries à partir de 1935.

COVILLION Jacqueline
Née à Dinan (Côtes-du-Nord). XXe siècle. Française.
Peintre.
A exposé au Salon d'Automne de 1922.

COVING
XVIIe siècle. Britannique.
Peintre.
J. Clarke grava un portrait d'après cet artiste.

COVINS
XVIIIe siècle. Français.
Peintre de fleurs et de fruits.
Il fut élève de Blain de Fontenay.

COVITRÉ J.
XVIIIe siècle. Hollandais.
Peintre.
Le Musée d'Amsterdam possède deux dessins de cet artiste.

COVO Battista ou **Coo**
Né vers 1486. Mort le 17 novembre 1546. XVIe siècle. Italien.
Sculpteur et architecte.
Il fit ses études à Rome et fut architecte du duc de Mantoue.

COVONI Tito
Né en 1849 à Florence. XIXe siècle. Italien.
Peintre décorateur.
Il fut le maître de Giuseppe Encas.

COVRIG Doru
Né le 29 octobre 1942 à Deta-Timis. XXe siècle. Depuis 1982 actif en France. Roumain.
Sculpteur et décorateur.
Diplômé de la Faculté des Beaux-Arts en 1965 et de l'Institut des Beaux-Arts de Bucarest en 1972, il a participé à plusieurs expositions de groupe en Roumanie, France, Suisse, Hollande, Allemagne, Grèce, Bulgarie, Yougoslavie, Tchécoslovaquie. De 1979 à 1982, il prend part à plusieurs Symposiums de sculpture en Autriche, Yougoslavie, Écosse et Roumanie. Obtenant une bourse d'études du Scottish Council en 1982, il quitte la Roumanie, puis s'installe en France. A partir de ce moment là, il participe au Salon de Montrouge, à celui des Grands et Jeunes d'Aujourd'hui à Paris et à d'autres expositions collectives. Sa première exposition personnelle s'est déroulée à Bucarest en 1975, elle est suivie de bien d'autres en 1981 à Bucarest, en Écosse 1982, Bordeaux 1985, Amsterdam 1986. En dehors de ses sculptures, il a fait des décors pour le Théâtre de la Ville de Paris, pour l'Opéra de Paris et celui de Bonn.
L'œuvre de Doru Covrig se divise en deux tendances : l'une orientée vers la simplicité, la pureté des formes qui sous-entend une volonté d'abstraction ; l'autre, vers la construction d'un monde, fait d'assemblages de matériaux, qui se rapproche de l'expressionnisme. Il utilise la pierre, le bronze, le bois, le plastique selon des techniques non traditionnelles. Ses sculptures en plastique sont, par exemple, réalisées en creux, celles en bois peuvent être constituées de petits morceaux de bois coupés puis collés minutieusement. Ainsi sont les *Hommes* faits de morceaux de bois de plusieurs essences, aux formes et aux couleurs différentes. Ses bronzes fondus entre 1977 et 1982 sont inspirés d'objets de culture byzantine. Dans l'ensemble, ses œuvres sont un équilibre constant entre symétrie et assymétrie, entre rigueur géométrique et spontanéité du naturel.
Bibliogr. : Ionel Jianou : *Les Artistes roumains en Occident*, American Romanian Academy of Arts and Sciences, Los Angeles, 1986.

COVYN Israël
Né à Anvers. XVIIe siècle. Éc. flamande.

Peintre d'histoire et de portraits.
En 1647, il travaillait à Dordrecht et en 1674 à Anvers.

COVYN Olivier Willem ou **Cowjin**
XVIIe siècle. Actif à Delft vers 1611. Hollandais.
Peintre.
Il fut peut-être le père d'Israël et Reynier Covyn.

COVYN Reynier ou **Coveyn, Covijn**
Né en 1636 à Anvers. Mort après 1667. XVIIe siècle. Éc. flamande.
Peintre de genre, intérieurs, natures mortes.
Il était le frère d'Israël Covyn. Il travailla surtout à Dordrecht.
Musées : Coblentz : *Servante de cuisine* – Düsseldorf : *Femme devant sa porte.*
Ventes Publiques : Londres, 9 avr. 1986 : *Nature morte dans une cuisine avec une servante devant une fenêtre,* h/t (51x60) : **GBP 10 500** – Amsterdam, 14 nov. 1988 : *Intérieur de cuisine avec une paysanne nettoyant des récipients,* h/pan. (70x67,5) : **NLG 42 550** – Londres, 19 mai 1989 : *Jeune homme faisant la conversation à une dentellière dans un intérieur,* h/t (49x39) : **GBP 8 800** – Amsterdam, 28 nov. 1989 : *Carcasse de bœuf dans une cuisine avec une servante nettoyant les boyaux,* h/t (58,4x57,5) : **NLG 5 750** – New York, 11 jan. 1995 : *Servante écaillant un poisson sur une table de cuisine devant une cheminée,* h/pan. (40,6x55,2) : **USD 13 800** – New York, 15 mai 1996 : *Nature morte de poissons sur une assiette, saucisses débordant d'un seau, un bol de terre cuite, un chou et un torchon sur une table,* h/pan. (28,6x36,2) : **USD 8 050.**

COWAN Theodora
D'origine australienne. XIXe-XXe siècles. Travaillant à Florence, à Sydney et à Londres. Britannique.
Sculpteur.

COWARD Noël, Sir
Né en 1899 ou 1900. Mort en 1973. XXe siècle. Britannique.
Peintre de scènes et paysages typiques, peintre à la gouache, aquarelliste. Orientaliste.

NOEL COWARD

Ventes Publiques : Londres, 17 oct. 1980 : *Les falaises de Douvres,* h/t (40,5x46) : **GBP 380** – Londres, 26 sep. 1984 : *Tropical grove,* gche (56x61) : **GBP 420** – Londres, 18 fév. 1988 : *Indigènes sur une côte jamaïquaine,* h. et gche/t. (75x60) : **GBP 50 000** ; *Village sur la côte jamaïquaine,* h/t (60x75) : **GBP 35 000** ; *Le voilier rouge,* h. et gche/pan. (13,8x20) : **GBP 5 500** ; *Débarquement à quai, Jamaïque,* h/t (40x29,4) : **GBP 26 000** – Londres, 2 mars 1989 : *La boutique du village,* h/t cartonnée (50x59,4) : **GBP 11 000** – Londres, 7 juin 1990 : *Le boy sur la terrasse à Firefly à La Jamaïque,* h/t (44,5x34) : **GBP 3 850** – Londres, 20 sep. 1990 : *Sur la côte jamaïcaine,* h/t (56x71) : **GBP 5 280** – Londres, 2 mai 1991 : *Vue depuis la maison de l'artiste à Firefly à La Jamaïque,* aquar. et gche avec reh. de blanc (23x32) : **GBP 3 850** – Londres, 6 juin 1991 : *Une baie à La Jamaïque,* h/t (50,8x40,6) : **GBP 4 400** – Londres, 18 déc. 1991 : *Jeune Jamaïcain pelant une orange,* h/t. cartonnée (33x23) : **GBP 2 200.**

COWDEN William
XVIIIe-XIXe siècles. Britannique.
Peintre.
Il exposa à Londres, à la British Institution et à la Royal Academy entre 1798 et 1820.

COWDEROY Kate E.
XIXe-XXe siècles. Britannique.
Peintre de portraits, miniatures.
Elle a régulièrement exposé à la Royal Academy de Londres à partir de 1905 et a pris part au Salon de la Société Nationale des Beaux-Arts à Paris en 1909. Elle a surtout peint des portraits en miniature.

COWDEROY William
XIXe siècle. Britannique.
Peintre.
Il exposa à la Royal Academy, à Londres, à partir de 1858.

COWELL Edwin
XIXe siècle. Britannique.
Peintre.
Il travailla à Londres où il exposa pour la première fois à Suffolk Street Gallery en 1851.

COWELL Emma
XIXe siècle. Active à Londres au milieu du XIXe siècle. Britannique.
Peintre.

COWELL G. H. Sydney
XIXe-XXe siècles. Actif à Londres. Britannique.
Sculpteur.
On cite de lui : *The Water Witch* et *The Dream Spirit.*

COWELL George J.
XIXe-XXe siècles. Actif à Londres. Britannique.
Sculpteur.
Il exposa pour la première fois à la Royal Academy en 1886 et remporta en 1896 une mention honorable au Salon des Artistes Français à Paris.

COWELL Joseph Goss.
Né en 1886 à Peoria (Illinois). XXe siècle. Américain.
Peintre.
Il a pratiqué l'huile et la fresque.

COWELL Lilian
Née le 19 janvier 1901 à Birkenhead (Chester). XXe siècle. Britannique.
Peintre de paysages, modeleuse, brodeuse.

COWEN Lionel J.
XIXe siècle. Britannique.
Peintre de genre, portraits, intérieurs.
Il travailla à Londres, où il exposa pour la première fois en 1869 à Suffolk Street Gallery.
Ventes Publiques : Londres, 21 déc. 1982 : *La lettre,* h/t (76x51) : **GBP 1 250** – Londres, 5 nov. 1997 : *A discarded letter,* h/pan. (36x27) : **GBP 1 725.**

COWEN William
Né vers 1797. Mort vers 1860. XIXe siècle. Britannique.
Peintre de paysages, aquarelliste, graveur.
Cet artiste vécut en Angleterre et en Irlande. Il exposa à Londres, à la British Institution, à la Royal Academy, à Suffolk Street et à la New Water-Colours Society.
Parmi ses œuvres, on trouve des vues de l'Irlande et des paysages de Suisse, de France et d'Italie. Il grava à l'eau-forte des planches pour un ouvrage qu'il publia en 1848, intitulé : *Six semaines en Corse.*
Musées : Londres (British Mus.) : Onze aquarelles.
Ventes Publiques : Londres, 21 juil. 1978 : *Paysage d'Italie* 1927, 3 h/pan. (21,6x32) : **GBP 1 200** – Londres, 16 avr. 1981 : *Le lac de Côme* 1827, aquar. sur trait de cr. (18x26,5) : **GBP 220** – Londres, 25 jan. 1988 : *Frascati près de Rome* 1819, aquar. (22,5x31,5) : **GBP 605** – Londres, 15 juin 1988 : *Perspective de Huddersfield* 1849, h/t (71x142) : **GBP 12 100** – Monaco, 8 déc. 1990 : *Soirée d'été en baie de Naples* 1847, h/t (63,5x76) : **FRF 33 300** – Londres, 17 nov. 1994 : *Salon d'un palais vénitien* 1840, cr. et aquar. (22,5x30,4) : **GBP 1 725.**

COWHAM Hilda
Née à Londres. XXe siècle. Britannique.
Graveur.
Travaille à Londres. A exposé au Salon des Artistes Français en 1928.

COWIE Frederick
XIXe siècle. Actif à Londres. Britannique.
Peintre.
Il exposa en 1845, à la British Institution une scène tirée de Shakespeare. Cet artiste eut toujours une prédilection pour la peinture historique.

COWIE James
Né en 1886. Mort en 1956. XXe siècle. Britannique.
Peintre de figures, natures mortes.
Ventes Publiques : Édimbourg, 30 avr. 1985 : *La Servante,* h/t (51x41) : **GBP 1 200** – Glasgow, 16 avr. 1996 : *Nature morte au Vermeer,* h/cart. (21x23,5) : **GBP 9 200.**

COWIESON Agnes M.
XIXe-XXe siècles. Britannique.
Peintre d'animaux, paysages, natures mortes.
Elle exposa à Édimbourg, à Glasgow et à la Royal Academy, à Londres.
Ventes Publiques : Édimbourg, 30 avr. 1985 : *Deux chats couchés,* h/t (29x39) : **GBP 800** – South Queensferry (Écosse), 23 avr. 1991 : *Nature morte avec des anémones dans un vase,* h/t

(30x40) : **GBP 1 100** – GLASGOW, 4 déc. 1991 : *Petits ânes attendant des promeneurs sur la plage de Portobello*, h/t (28x38) : **GBP 1 540** – ÉDIMBOURG, 23 mars 1993 : *Compagnons du coin du feu*, h/t (33x43) : **GBP 862** – GLASGOW, 14 fév. 1995 : *Un port dans le nord Berwick*, h/cart. (33x43) : **GBP 1 035**.

COWJIN. Voir **COVYN Olivier Willem**

COWLES Edith V.
Née en 1874 à Farmington (Connecticut). XIXe-XXe siècles. Américaine.
Peintre et illustrateur.

COWLES Geneviève Almeda
Née le 23 février 1871 à Farmington (Connecticut). XIXe-XXe siècles. Américaine.
Peintre, fresquiste, illustratrice.
Elle a travaillé à Boston et est surtout connue pour ses fresques.

COWLES Maud Alice
Née le 23 février 1871 à Farmington (Connecticut). Morte en 1905. XIXe-XXe siècles. Américaine.
Peintre, illustratrice, fresquiste.
Sœur jumelle de Geneviève Almeda Cowles, elle fut sa collaboratrice. Élève de Robert Brandegee, elle participa à l'Exposition Universelle de Paris, où elle obtint une médaille de bronze.

COWLMAN Emma L.
Née à Eton Bucks. XXe siècle. Britannique.
Peintre de paysages, pastelliste, affichiste, dessinatrice.
Elle a beaucoup pratiqué le pastel.

COWLMAN John E.
Né à Saint Slough. XXe siècle. Britannique.
Peintre.
Élève de Borough-Johnson, il a exposé à Londres, à la Royal Academy et à la Royal Scottish Academy, à Paris, au Salon des Artistes Français.

COWPER Cadogan. Voir **COWPER Frank Cadogan**

COWPER Douglas
Né en 1817 à Gibraltar. Mort en 1839 à Guernesey. XIXe siècle. Britannique.
Peintre.
Ce fut un talent précoce, et, comme tant de prodiges, Cowper ne put réaliser les espérances qu'il avait fait concevoir. Il mourut à l'âge de 22 ans, au début d'une carrière qui s'annonçait exceptionnellement brillante. Ses parents ne désiraient pas qu'il fût artiste. Néanmoins, à 17 ans, Douglas put obtenir leur consentement à son voyage à Londres, et il vint dans cette ville vers 1834. Entrant dans les Écoles de la Royal Academy, il ne tarda pas à se distinguer parmi les meilleurs élèves. Le nombre d'ouvrages exposés par le jeune artiste dans diverses sociétés de Londres ne dépasse pas dix-sept. On les vit à la Society of Artists de Suffolk Street et à la Royal Academy, entre 1837 et 1839. Shakespeare inspira souvent Cowper, qui fit son chef-d'œuvre d'un sujet tiré d'*Othello* (1839).

COWPER Frank Cadogan
Né le 16 octobre 1877 près de Stoney Streatford (Northampshire). Mort le 17 novembre 1958. XXe siècle. Britannique.
Peintre d'histoire, scènes de genre, portraits. Tendance préraphaélite.
Fils de l'écrivain Franz Cowper, il a commencé à exposer à la Royal Academy de Londres en 1901. Parmi ses peintures d'histoire, citons une *Scène de la Révolution de Paris en 1793*.
Son style montre une influence des préraphaélites.
MUSÉES : LONDRES (Nat. Gal.) : *Sainte Agnès en prison* – LONDRES (Tate Gal.).
VENTES PUBLIQUES : LONDRES, 6 juil. 1928 : *La belle dame sans merci* 1904, dess. : **GBP 37** – LONDRES, 15 juil. 1938 : *Dame vénitienne sur le Grand Canal* : **GBP 136** – LONDRES, 6 mars 1970 : *Vanité* : **GNS 260** – LONDRES, 25 oct. 1977 : *Quatre reines regardant dormir Lancelot*, h/t (105,5x90) : **GBP 1 900** – LONDRES, 17 juin 1980 : *Les enfants de James Christies* 1919, esq., h/t (85x100) : **GBP 1 200** – LONDRES, 27 nov. 1984 : *The new learning in England : Erasmus and Thomas More visit the children of Henry VII at Greenwich, 1499* 1910, partie inférieure : temp. reh. d'or, lunette : techn. mixte reh. d'or/t. mar./pan., haut arrondi, diptyque (160x71) : **GBP 28 000** – LONDRES, 18 juin 1985 : *Hermia dans le bois* 1953, aquar. et gche/pap. mar./cart. (53,5x69) : **GBP 2 500** – LONDRES, 26 nov. 1986 : *Frances, fille de H. E. Major-General, sir John Capper* 1923, h/t (101,5x81,5) : **GBP 6 000** – LONDRES, 27 nov. 1987 : *Le diable au milieu des religieuses* 1907, h/t (107x155) : **GBP 75 000** – LONDRES, 25 mars 1988 : *La Demoiselle du lac* 1924, h/t (101,5x81) : **GBP 17 600** – LONDRES, 24 juin 1988 : *Notre Dame des biens de la Terre* 1917, h/t (101,5x76) : **GBP 55 000** – LONDRES, 2 nov. 1989 : *La coupe d'or*, h/t (109,5x73,8) : **GBP 8 800** – NEW YORK, 17 oct. 1991 : *Lancelot désarçonne Sir Tarquin et sauve la Belle Dame*, h/t (102,9x81,3) : **USD 37 400** – LONDRES, 14 mai 1992 : *Portrait de Lady Ledgard* 1925, h/t (127x102) : **GBP 5 500** – LONDRES, 6 nov. 1995 : *La patiente Griselda*, cr., aquar. et reh. de gche (40,7x25,4) : **GBP 35 600** – NEW YORK, 1er nov. 1995 : *Lancelot désarçonne Sir Tarquin, sauve la Belle Dame et les chevaliers prisonniers*, h/t (102,9x81,3) : **USD 46 000**.

COWPER Max
XIXe-XXe siècles. Actif à Londres. Britannique.
Peintre, dessinateur et illustrateur.
Il exposa pour la première fois en 1901 à la Royal Academy une toile intitulée : *King Edward VII opening his first parliament*.

COWPER Richard
Originaire de Coventry. XVe siècle. Travaillant à Londres en 1441. Britannique.
Peintre.

COWPER Thomas
XIXe siècle. Actif à Acton. Britannique.
Peintre de genre et de fleurs.
Il a exposé entre 1891 et 1893 à la Royal Academy.
VENTES PUBLIQUES : LONDRES, 2 avr. 1910 : *Bonnes nouvelles* : **GBP 17**.

COX Albert Scott
Né le 7 novembre 1863 à Randolph (Maine). XIXe siècle. Américain.
Peintre de paysages et illustrateur.
Il fit ses études à Paris d'abord sous la direction de Délécluse, puis à l'Académie Jullian. Par la suite il vécut à New York.

COX Alfred Wilson
Mort en 1888. XIXe siècle. Britannique.
Peintre de genre, portraits, paysages.
Il travaillait à Nottingham. Il exposa entre 1868 et 1885 à la Royal Academy, à Londres.
MUSÉES : NOTTINGHAM : *Portrait de Henri V, duc de Newcastle*.
VENTES PUBLIQUES : LONDRES, 1er nov. 1977 : *Une partie de pêche* 1882, h/t (56x82) : **GBP 580** – LONDRES, 7 juil. 1981 : *Le repos dans un sous-bois* 1868, reh. de gche (35x65) : **GBP 340** – LONDRES, 25 mars 1994 : *La pause de midi*, h/t (55,9x84,5) : **GBP 977**.

COX Arthur
Américain.
Graveur.
Il travailla au Canada.

COX Charles
Né à Tonnay-Charente (Charente-Maritime). XXe siècle. Français.
Peintre.
A exposé des natures mortes au Salon d'Automne.

COX Charles Arthur
Né à Liverpool. XXe siècle. Britannique.
Peintre.

COX Charles Brinton
Né en 1864 à Philadelphie. Mort en 1905. XIXe siècle. Américain.
Sculpteur, peintre.
Il fut élève de Thomas Eakins, puis de l'Académie des Beaux-Arts de New York.
VENTES PUBLIQUES : NEW YORK, 17 oct. 1980 : *Cavalier mexicain dans un paysage* 1903, h/t (30,5x35,6) : **USD 1 300** – NEW YORK, 3 déc. 1996 : *El Remudero, Mexico* 1903, h/t (23x33) : **USD 3 220**.

COX Charles Edward
XIXe-XXe siècles. Britannique.
Peintre de sujets de genre, paysages.
Il exposa à Londres entre 1899 et 1901.

COX Charles Hudson
Né en 1829 à Liverpool (Angleterre). Mort en 1901 à Waco (Texas). XIXe siècle. Américain.
Peintre de paysages.
Le Musée de Norwich conserve de lui : *Les passages du Menai*.

COX David, l'Ancien
Né le 29 avril 1783 à Birmingham. Mort le 15 juin 1859 à Harborne (près Birmingham). XIXe siècle. Britannique.

Peintre d'animaux, paysages animés, paysages, aquarelliste, dessinateur.

D'abord apprenti chez un médailleur, le jeune David fut ensuite peintre de décors. À Londres, un collectionneur lui apporta protection, et dès ce jour l'avenir de Cox fut assuré. En 1813, il fut nommé membre de la Society of Painters in Water-Colours et il fut très recherché comme professeur de dessin, notamment dans le collège militaire à Farnham. Cox retourna à Londres en 1827, se retirant de cette ville pour habiter Harborne, près de Birmingham. Il y résida jusqu'à sa mort. À part quelques leçons en aquarelle qu'il reçut de John Varley et des conseils que lui donna William Muller lorsqu'il s'adonna à la peinture à l'huile, Cox s'instruisit seul.

C'était essentiellement un grand aquarelliste, qui vers la fin de sa vie, avait trouvé une nouvelle technique lui permettant d'avoir une personnalité plus originale que bien des aquarellistes anglais de son époque. C'est en 1836 qu'il a employé, en tant que support, un papier d'emballage d'une certaine rugosité. *Soleil, vent et pluie* (1845) est une aquarelle rendue ainsi avec plus de vitalité, grâce à ce procédé. Il réussit même parfois à annoncer les paysages de Boudin, comme avec *La plage de Rhyl* (1845).

Bibliogr. : A. Brookner in : *Dictionnaire de l'art et des artistes*, Hazan, Paris, 1967.

Musées : Birmingham : *Village du Heresfordshire – Église de Heresfordshire – Conduisant le bétail – Un chemin de Heresfordshire – Extracteurs de tourbe – Attendant le bac – Dans les près – Le chemin de traverse – Église de Bettews-y-Coed – Intérieur de cottage – Sentier grimpant – Bolton abbey – Soir – Maraîchers – Flint Castle – Traversant la plage – Bords de la forêt – Plage de Rhyl – Windermere – Bergers gallois – Conduisant des moutons – La ferme – Bateaux de pêche à Hastings – Le matin, en attendant le bac – Se rendant à la prairie – Tonte de moutons – L'agneau disparu – Gardant les moutons – Sur la plage – Sur la Tamise – Ch. de Kligerran – Changeant de pâturage – Environs de Bettews-y-Coed – La foire aux chevaux à Birmingham – Rivière de Penmaen – Demandant son chemin – Les crevettes – Scène sur le chemin de Heresfordshire* – Blackburn : *Traversant les sables – Chariot de sable*, aquar. – Bristol : *Vieux pontons à Portsmouth* – Cardiff : *La baie de Cardigan – Llanilltyd, Galles du Nord – Bancs de Lancaster – Faucheurs par une journée de vent – La terrasse de Hadden Hall*, aquar. – *Lac et bateaux – Caderi Ydris – Le moulin de Battersea*, aquar. – Derby : *Le château de Powis – Abbaye de Bolton, Yorkshire*, aquar. – *L'orage*, aquar. – Dublin : *Église de Harborne, près de Birmingham – Près de Rhyl*, aquar., esquisse – *Ramasseurs de crevettes*, aquar. – *La mer à Hastings*, aquar. – Édimbourg : Paysage – Glasgow : *L'écluse – La fontaine – Scène sur la lande – Ruines en Galles – Château Caer Cennen – Fleuve de Galles* – Glasgow (coll. Larmont) : *Vue du pays de Galles* – Leicester : *Paysage du pays de Galles – Pontypair – Ch. de Ludlow – La pie* – Liverpool : *Paysage sur la Wye* – Londres (Victoria and Albert Mus.) : *Rue à Beauvais – Moulin à Bettews-y-Coed – Battersea de Milbanks – Scène en forêt – Château de Rhuddlan, pays de Galles – Le voyageur surpris par la nuit – La Tamise au château de Windsor – Matin : vue du pays de Galles – Le ravin – Windsor dans le lointain – Paysage montueux – Paysage et pont – Champ de blés – Cottage près de Norwood – Le délit : taureau dans un marais pendant la tempête – Paysage – Windermere – Château de Windsor de la porte de Saw-pitt – Paysage montueux avec figures – Rade de Douvres – Moulin, pays de Galles – Château en ruine – Vieille carrière à Moseley, près de Birmingham – L'ondée sur la lande, figures et animaux – Champ de foin – Prairie près de Hereford – Windcliffe – Paysage, pont, figures et bestiaux – Paysage – Paysage avec animaux – Château de Dryslyn, pays de Galles – Les mouilleurs de fougères – Marine – Paysage gallois – La Tamise à Gravesend – Vieux ponton sur la Tamise – Vue de Snowdon – Campement de bohémiens – Abbaye en ruine – Le scieur de long – Ramasseurs de fougères – Marine* – Manchester : *Château de Conway – La Tamise à Purfleet – Château de Windsor de Virginia Water – Ruelle à Harborne, Warwickshire – La vieille jetée, Liverpool – Tour Barden, Yorkshire – La jetée de Calais – Rue du Marché, Manchester – Haddon Hall ? – Château de Windsor, de la Tamise* – Melbourne : *Une route de montagnes*, dess., aquar. – *Paysage*, dess., aquar. – Norwich : *Chaumière* – Nottingham : *Scène de rivage – Sur la Tamise à Bray* – Preston : *Paysage de collines – Au creux de la vallée – Le château de Dudley – Le chemin de Hayfield* – deux peintures – *Les sables de Lancaster – Le château de Knaresborough – Les ramasseurs de genêts – Prairie à Bettews-y-Coed – Montagne de Trefain, Galles du Nord – Prairie et troupeau, Galles du Nord – Paysage de montagne, Galles du Nord : garçons taquinant un taureau – Vieux Whitehall avec les gardes de corps – Lisière de forêt* – Sheffield : *Paysage* – Sydney : *Coup de vent en été*.

Ventes Publiques : Londres, 1870 : *Le rassemblement des troupeaux* : **FRF 10 500** ; *En route pour les foins* : **FRF 10 500** ; *Champ de foin* : **FRF 11 160** – Londres, 1872 : *La paix et la guerre* : **FRF 89 960** ; *Bohémiens sur la lisière d'un bois* : **FRF 57 875** ; *Paysage au pays de Galles* : **FRF 13 385** ; *En route pour le moulin* : **FRF 39 370** ; *Jour de blanchissage* : **FRF 23 600** – Londres, 1876 : *Château de Caer-Cermien* : **FRF 65 600** ; *Champ de foin* : **FRF 31 500** ; *Solitude* : **FRF 18 370** ; *Église de Bettews-y-Coed* : **FRF 55 120** ; *Sables de Rhyl* : **FRF 49 870** ; *Vent, pluie et beau temps* : **FRF 28 870** – Londres, 1884 : *Église de Bettews-y-Coed* : **FRF 52 000** ; *Bohémiens dans le bois* : **FRF 35 885** ; *Cour de l'église à Darley-Dale* : **FRF 12 075** – Londres, 1888 : *Le recensement du troupeau* : **FRF 51 970** ; *La rentrée du troupeau* : **FRF 34 120** – Londres, 1888 : *Les quatre Saisons* : **FRF 23 600** ; *Le rassemblement du troupeau* : **FRF 59 050** – Londres, 1891 : *Pont-y-Pier* : **FRF 19 700** ; *Berger des montagnes et moutons* : **FRF 15 740** ; *Rivière du pays de Galles* : **FRF 10 500** – Londres, 1892 : *La vallée de la Clyde* : **FRF 118 300** ; *Retour de la récolte* : **FRF 29 000** ; *Château de Harletts* : **FRF 14 430** – Londres, 1892 : *La tour de Barden* : **FRF 28 870** ; *Paysage du pays de Galles* : **FRF 14 200** ; *En route pour le champ de foin* : **FRF 28 000** – Londres, 1895 : *Château de Beeston* : **FRF 15 740** ; *Chat noir* : **FRF 12 360** ; *Grand parc de Windsor* : **FRF 36 000** ; *Funérailles dans le pays de Galles* : **FRF 62 980** – Londres, 26 fév. 1898 : *La paix et la guerre*, aquar. : **FRF 11 900** – Londres, 1899 : *Les foins*, aquar. : **FRF 32 800** ; *Le château de Powis*, aquar. : **FRF 24 150** – Londres, 30 nov. 1907 : *La cathédrale de Hereford*, dess. : **GBP 21** – Londres, 18 jan. 1908 : *Traversant le cours d'eau* : **GBP 29** – Londres, 15 fév. 1908 : *Une route au pays de Galles*, dess. : **GBP 42** – Londres, 24 fév. 1908 : *Paysage* : **GBP 54** – Londres, 1er mai 1908 : *Paysage du pays de Galles* : **GBP 147** – Londres, 21 mai 1908 : *Le soleil couchant* : **GBP 294** – Londres, 25 juin 1908 : *La route du moulin* : **GBP 220** – Londres, 7 mai 1909 : *Filet à saumons à Bettews-y-Coed* : **GBP 94** – Londres, 21 mai 1909 : *Route croisée* : **GBP 588** ; *L'heure du lait*, dess. : **GBP 63** – Londres, 4 juin 1909 : *Allant aux champs* : **GBP 682** – Londres, 11 juin 1909 : *Le retour du marché*, dess. : **GBP 115** – Londres, 9 juil. 1909 : *La lisière du bois* : **GBP 1 732** – Londres, 6 avr. 1910 : *Scène rustique sur un pont*, dess. : **GBP 220** – Londres, 18 nov. 1921 : *Goodricht Castle*, dess. : **GBP 60** – Londres, 17 fév. 1922 : *Chemin dans la campagne* 1833, dess. : **GBP 52** – Londres, 3 avr. 1922 : *Marine* 1833, dess. : **GBP 92** – Londres, 21 avr. 1922 : *Les glaneurs* 1842, dess. : **GBP 99** – Londres, 23 et 24 mai 1922 : *La tempête*, aquar. : **GBP 50** – Londres, 16 juin 1922 : *Les bords de la Seine à Paris*, dess. : **GBP 588** ; *Des enfants pêchant* 1848, dess. : **GBP 115** ; *Le port de Calais*, dess. : **GBP 84** – Londres, 7 juil. 1922 : *Windsor, la Reine*, dess. : **GBP 194** – Londres, 16 juin 1922 : *Going to market* 1855, aquar. sur trait de cr. (25,3x36) : **GNS 75** – Londres, 6 avr. 1923 : *La fenaison*, dess. : **GBP 152** – Londres, 22 juin 1923 : *Pâturages* 1856 : **GBP 63** – Londres, 29 juin 1923 : *Bolsovee Castle* 1849 : **GBP 78** – Londres, 29 avr. 1927 : *Vent, pluie et soleil* 1845 : **GBP 682** – Londres, 24 juin 1927 : *Un jour de vent* 1849 : **GBP 630** ; *Paysans avec du bétail*, dess. : **GBP 304** – Londres, 23 mars 1928 : *Un orage*, dess. : **GBP 105** – Londres, 20 avr. 1928 : *Dans le champ de foin* : **GBP 78** – Londres, 1er août 1928 : *Vue près d'Atherstone*, aquar. : **GBP 170** – Londres, 12 déc. 1928 : *Le vent dans les saules*, dess. : **GBP 22** – Londres, 28 février-3 mars 1930 : *Rhyl Sands*, dess. : **GBP 105** – Londres, 25 avr. 1930 : *Funérailles au pays de Galles* 1848 : **GBP 84** – Londres, 16 mai 1930 : *Un berger et son troupeau*, dess. : **GBP 294** – Londres, 8 juil. 1930 : *La croisée des chemins* 1843, aquar. : **GBP 300** – Londres, 5 déc. 1930 : *Une bergère et son troupeau dans le pays de Galles*, dess. : **GBP 168** ; *Paysans avec un âne*, dess. : **GBP 105** – Londres, 29 juil. 1932 : *La fenaison* 1829, dess. : **GBP 54** – Londres, 28 nov. 1933 : *Le cerf volant* 1853, aquar. : **GBP 290** – Londres, 8 juin 1934 : *Changeant de pâturage* 1850, dess. : **GBP 126** – Londres, 13 juin 1934 : *Un troupeau dans un paysage* : **GBP 540** – Londres, 13 mars 1935 : *Bord de la mer* : **GBP 72** – Londres, 4 avr. 1935 : *Hardwick Hall* 1846, aquar. : **GBP 130** ; *Sur* *la rivière Midway*, aquar. : **GBP 70** – CONWAY, 20 oct. 1936 : *Le moulin à vent*, aquar. : **GBP 68** – LONDRES, 30 octobre-2 nov. 1936 : *Une route*, dess. : **GBP 75** – LONDRES, 30 avr. 1937 : *Les plaines du Lancaster*, dess. : **GBP 81** – NEWCASTLE, 2 juin 1937 : *Le champ de foin* 1838, dess. : **GBP 90** – LONDRES, 25 mars 1938 : *La vallée de Conway* : **GBP 75** – LONDRES, 13 juil. 1938 : *La plaine de Launcester* : **GBP 46** – LONDRES, 17 fév. 1939 : *Un cavalier dans un paysage* : **GBP 26** – LONDRES, 26 juin 1941 : *Jour de vent* : **GBP 78** ; *Pont sur la rivière* : **GBP 94** – LONDRES, 14 fév. 1941 : *Pêcheurs avec paniers sur la plage de Calais* 1828, aquar. et reh. de blanc (20,5x29,5) : **GNS 20** – PARIS, 13 et 14 déc. 1943 : *La Promenade dans le parc* 1836, aquar. : **FRF 2 500** – NEW YORK, 24 mars 1944 : *Le pré communal* 1867 : **USD 225** – PARIS, 24 mai 1944 : *Nid et papillon* : **FRF 400** – LONDRES, 23 juin 1944 : *Moel Siabod* 1841 : **GBP 31** – LONDRES, 19 avr. 1961 : *Chelsea vu de la Tamise*, dess. : **GBP 280** – LONDRES, 13 juil. 1965 : *Vue de la forêt de Windsor*, aquar. : **GNS 130** – LONDRES, 14 juin 1966 : *Le joueur d'orgue de Barbarie*, aquar. : **GNS 320** – LONDRES, 19 nov. 1968 : *Paysage avec lac*, aquar. : **GNS 400** – LONDRES, 20 oct. 1970 : *Pont sur la Loire* : **GNS 850** – LONDRES, 9 nov. 1976 : *Lancaster Sands*, aquar. (18x26) : **GBP 2 600** – LONDRES, 1er mars 1977 : *Cavaliers sur la route du château de Stirling* 1838, aquar. et reh. de blanc (22x32,5) : **GBP 1 400** – LONDRES, 20 juin 1978 : *Pêcheurs avec paniers sur la plage de Calais* 1828, aquar. et reh. de blanc (20,5x29,5) : **GBP 2 600** – LONDRES, 13 mars 1980 : *Scène de rue*, craie noire et aquar./pap. (37x26,5) : **GBP 2 300** – LONDRES, 24 mars 1981 : *Going to market* 1855, aquar. sur trait de cr. (25,3x36) : **GBP 480** – LONDRES, 17 nov. 1983 : *Pêcheurs sur la plage de Hastings*, aquar. (12,5x19,5) : **GBP 4 000** – LONDRES, 16 mai 1984 : *Dudley Castle* 1844, h/pan. (36x46) : **GBP 950** – LONDRES, 14 mars 1985 : *The long gallery, Hardwick Hall*, aquar. (37x54) : **GBP 35 000** – LONDRES, 25 juil. 1986 : *Paysage à la ferme* 1847, h/t (35,5x46,3) : **GBP 2 000** – LONDRES, 16 juil. 1987 : *Shepherds collecting their flocks, evening, from scenery in Herefordshire*, aquar. reh. (70,5x105,5) : **GBP 45 000** – LONDRES, 29 jan. 1988 : *Vue de North Castleton*, h/t (17,8x22,9) : **GBP 990** – AMSTERDAM, 16 nov. 1988 : *Scène côtière avec des bateaux dans les brisants et des personnages se promenant sur la plage* 1854, h/pan. (20x40) : **NLG 5 520** – LONDRES, 25 jan. 1989 : *Pêcheur au bord de la rivière dans un paysage boisé* 1851, aquar. (27x36) : **GBP 2 200** – LONDRES, 18 oct. 1989 : *Jeune pêcheur à la ligne avec une charrette passant sur le chemin à l'arrière-plan* 1843, h/t (34x44,5) : **GBP 4 620** – LONDRES, 9 fév. 1990 : *Cavalier sur un sentier boisé un jour d'orage* 1855, h/t (77x64) : **GBP 4 400** – LONDRES, 25-26 avr. 1990 : *Château dans un paysage*, aquar. et gche (31x48,5) : **GBP 1 078** – LONDRES, 18 mai 1990 : *Paysanne rappelant son jeune enfant qui se sauve près d'un ruisseau*, h/t (36,3x46,3) : **GBP 4 950** – LONDRES, 31 oct. 1990 : *Gardiens de troupeaux et leur bétail près du château de Harlech* 1849, h/t (27x38,5) : **GBP 3 520** – LONDRES, 30 jan. 1991 : *Péniche de foin sur une rivière*, aquar./cr. (18x26) : **GBP 3 080** – NEW YORK, 21 mai 1991 : *Sur le chemin du retour*, h/t (21x31,1) : **USD 2 200** – LONDRES, 8 avr. 1992 : *Troupeau de moutons changeant de pâturage*, h/t (59x84) : **GBP 11 000** – LONDRES, 9 avr. 1992 : *Stratton Street vue depuis la demeure de Lord Arden St James Place*, aquar. (23x19) : **GBP 29 700** – ST. ASAPH (Angleterre), 2 juin 1994 : *La gardeuse d'oies* 1854, aquar. (41x58,5) : **GBP 5 980** – LONDRES, 9 avr. 1997 : *Champ de foin* 1853, h/t (24,5x37) : **GBP 18 400**.

COX David, le Jeune

Né en 1809 à Dulwich. Mort le 6 décembre 1885 à Streatham Hill (près Londres). XIXe siècle. Britannique.

Peintre de paysages animés, paysages, aquarelliste, graveur, dessinateur.

Cet artiste suivit de près les traces de son père David Cox sans parvenir cependant à l'égaler. Il eut, comme artiste, une réputation honorable, mais réussit surtout comme professeur. Entre 1827 et 1884, il exposa à Londres, notamment à la Old Water-Colours Society. On compte qu'il envoya 579 tableaux. La Royal Academy, la Society of British Artists et la New Society of Painters in Water-Colours reçurent également des œuvres de lui.

MUSÉES : BIRMINGHAM : *Paysage* – LONDRES (British Mus.) : *Le pique-nique*, aquar. – *Château de Windsor* – LONDRES (Victoria and Albert Mus.) : une aquarelle.

VENTES PUBLIQUES : LONDRES, 19 nov. 1926 : *Une église de village*, dess. : **GBP 4** – LONDRES, 20 juin 1927 : *Terrasse à Haddon*, dess. : **GBP 6** – LONDRES, 7 juin 1928 : *Le gué* 1855, dess. : **GBP 6** – LONDRES, 22 avr. 1932 : *La fenaison près d'Oxford*, dess. : **GBP 5** – LONDRES, 25 juil. 1934 : *Terrasse à Haddon* 1841, aquar. : **GBP 4** – LONDRES, 6 juin 1935 : *Llanberis*, dess. : **GBP 3** – LONDRES, 18 juin 1969 : *Bords de Tamise* : **GBP 450** – LONDRES, 20 nov. 1970 : *Étude de chevaux et figures* : **GNS 200** – LONDRES, 21 juil. 1981 : *Hastings*, aquar. et craie noire (34,5x43,5) : **GBP 260** – LONDRES, 28 avr. 1983 : *Elegant figures on the steps at Powis castle, Montgomeryshire*, aquar. reh. de gche (46,5x63,5) : **GBP 1 300** – LONDRES, 17 fév. 1984 : *Berger et troupeau dans un paysage montagneux* 1836, h/t (94x139,7) : **GBP 1 800** – LONDRES, 28 oct. 1986 : *Hastings, old town* 1861, aquar. et cr. (35,8x53,5) : **GBP 650** – LONDRES, 31 jan. 1990 : *Le château de Hurstmonceux dans le Sussex vue du sud-est*, aquar. et gche (40x58,5) : **GBP 825** – NEW YORK, 20 jan. 1993 : *Holwood Park*, aquar./pap. (34,3x54,6) : **USD 1 150** – NEW YORK, 9 mars 1996 : *Charrette à cheval avec des fermiers dans un paysage rural*, aquar./pap. (17,8x25,4) : **USD 748**.

COX Denis

XXe siècle. Travaillant en Angleterre. Britannique.

Peintre.

Il a exposé au Salon des Artistes Français de Paris en 1926.

COX Ethel Mary

Née à Old Connell. XXe siècle. Britannique.

Peintre aquarelliste.

COX Everard Morant

XIXe siècle. Britannique.

Peintre de sujets de genre, paysages.

Il exposa de 1876 à 1886 à la Royal Academy, à Londres.

COX Françoise

Née en 1957. XXe siècle. Française.

Peintre, graveur. Abstrait-lyrique.

Diplômée de l'École Nationale Supérieure des Arts Décoratifs de Paris en 1978, elle commence à exposer en 1982, participant à la Biennale internationale de gravure sur bois de Croissy, à des expositions de groupe à Boulogne-Billancourt en 1986 et 1987. Ses expositions personnelles se sont tenues à Paris en 1982, 1984, 1985, 1987, à Annecy, au Danemark, Pays-Bas et Norvège en 1988.

VENTES PUBLIQUES : PARIS, 12 mai 1989 : *Mouvement rouge*, acryl./pap. mar./t. (150x150) : **FRF 8 000**.

COX Frank E.

Né vers 1850 à Londres. XIXe siècle. Britannique.

Peintre.

Il exposa fréquemment de 1876 à 1894.

VENTES PUBLIQUES : CHESTER, 6 juil. 1984 : *A secret vigil* 1875, h/t (45x30,5) : **GBP 480**.

COX Garstin

Né le 13 mars 1892 à Camborne (Cornouailles). Mort en 1933. XXe siècle. Britannique.

Peintre de paysages.

Il a régulièrement exposé à la Royal West England Academy, dont il est devenu membre associé en 1924. Il a également exposé à la Royal Academy et au London Guild hall.

VENTES PUBLIQUES : LONDRES, 18 nov. 1980 : *The golden valley, Cornwall*, h/t (70x102) : **GBP 280** – LONDRES, 4 mars 1987 : *Vue des mines d'étain de Cornis*, h/t (71x91,5) : **GBP 480** – LONDRES, 2 mars 1989 : *Un ruisseau l'été*, h/t (70x90) : **GBP 2 860**.

COX Gertrude Florence Mary

XXe siècle. Britannique.

Peintre, aquarelliste, graveur.

Elle a exposé à la Royal Society of Painters in Water-Colours et à la Society of Women Artists. À Paris, elle a participé au Salon des Artistes Français. Elle est surtout connue pour ses aquarelles.

COX H. Bartle

Né en Angleterre. XXe siècle. Britannique.

Peintre, architecte.

A exposé depuis 1921 au Salon des Artistes Français.

COX J.

XVIIIe siècle. Actif à Knightsbridge. Britannique.

Peintre.

Il exposa en 1793 à la Royal Academy des portraits et des tableaux de fleurs.

COX Jacob

Né en 1810 à Philadelphie (Pennsylvanie). Mort en 1892 à Indianapolis (Indiana). XIXe siècle. Américain.

Peintre.

Ventes Publiques : New York, 16 mars 1967 : *Le rendez-vous des chasseurs* : **USD 600**.

COX James

Né en 1751 en Angleterre. Mort en 1834 à Philadelphie (Pennsylvanie). xviiie-xixe siècles. Américain.

Peintre.

COX Jan

Né le 27 août 1919 à La Haye. Mort le 7 octobre 1980 à Anvers. xxe siècle. Belge.

Peintre, graveur. Néo-expressionniste. Groupe COBRA, apparenté.

De mère hollandaise et de père flamand, il quitte la Hollande pour se fixer, en 1936, à Anvers où il est élève d'Opsomer à l'Institut Supérieur des Beaux-Arts. De 1937 à 1941, il suit des cours à l'Université de Gand, où il obtient une licence d'histoire de l'Art. En 1939, il a réalisé des décors pour le théâtre Royal de Gand. Il a exposé, pour la première fois à Anvers en 1942, puis s'est installé en 1945 à Bruxelles, où le Palais des Beaux-Arts lui a consacré une exposition. En 1956, il est professeur à la Museum Art School de Boston.

Son activité se rattache à celle du groupe COBRA. Bien qu'il ait fait partie du groupe de la Jeune Peinture Belge, dont les membres sont plutôt adeptes de l'art abstrait, Jan Cox produit un art figuratif, dans la lignée de l'expressionnisme flamand, avec une coloration onirique.

Jan Cox

Ventes Publiques : Lokeren, 26 fév. 1983 : *Claude* 1951, h/t (90x70) : **BEF 33 000** – Anvers, 22 oct. 1985 : *Femme lisant* 1947, past. (45x38) : **BEF 22 000** ; *Le papillon triste* 1975, h/t (130x90) : **BEF 130 000** – Lokeren, 22 fév. 1986 : *The very, very angry conservatives* 1977, h/t (90x130) : **BEF 70 000** – Lokeren, 23 mai 1992 : *Tête de jeune fille* 1949, craie noire (62,5x48,5) : **BEF 24 000** – Lokeren, 10 oct. 1992 : *Paysage urbain* 1948, h/t (35x27) : **BEF 24 000**.

COX John

Né le 24 février 1900. xxe siècle. Américain.

Peintre.

Après des études en Italie, il a exposé à Paris, au Salon des Artistes Indépendants et à celui des Tuileries.

COX Katherine G., née **Abbot**

Née en 1867 à Zannesville (Ohio). xixe-xxe siècles. Américaine.

Peintre.

Cette artiste étudia d'abord à New York avec Chase et Mawbray, puis, plus tard, avec L.-O. Merson, Geffroy et Delance, à Paris. Elle a reçu une récompense à l'Exposition de 1900, à Paris.

COX Kenion

Né le 27 octobre 1856 à Warren (Ohio). Mort en 1919 à New York. xixe-xxe siècles. Américain.

Peintre de portraits, paysages.

Il fut élève à Paris de Carolus Duran et de Gérôme et obtint des médailles de bronze aux Expositions Universelles de 1889 et de 1900. Il remporta comme peintre de portraits un très vif succès à New York, où il passa la plus grande part de sa vie. Les principaux musées américains possèdent des œuvres de cet artiste.

Ventes Publiques : New York, 22 oct. 1936 : *Le mois de mai* : **USD 100** – New York, 25 avr. 1980 : *The end of summer* 1887, h/pan. (58,4x22,2) : **USD 4 000** – New York, 3 juin 1983 : *Baigneuse* 1908, h/t (91,5x75,5) : **USD 2 600**.

COX Leonard Carr

xxe siècle. Britannique.

Peintre.

Entre 1900 et 1912, il a exposé à la Royal Academy de Londres et au Salon des Artistes Français à Paris.

COX Louisa E.

xixe siècle. Active à Wottingham dans la seconde moitié du xixe siècle. Britannique.

Peintre miniaturiste.

Elle exposa entre 1874 et 1888 à la Royal Academy des portraits et des natures mortes.

COX Louisa Howland King

Née le 23 juin 1865 à San Francisco (Californie). xixe siècle. Américaine.

Peintre, illustratrice.

Elle fut élève de Kenion Cox avant de l'épouser en 1892. On cite surtout ses portraits d'enfants.

COX Mary Constance

Née en Angleterre. xxe siècle. Britannique.

Aquarelliste.

Elle a peint des figures, des animaux, mais surtout des marines et des paysages.

COX Palmer

Né en 1840 à Granby (Québec). xixe siècle. Canadien.

Illustrateur.

COX Paul

Né le 8 avril 1959 à Paris. xxe siècle. Français.

Peintre de natures mortes, dessinateur, illustrateur. Entre tendance néocubiste et abstrait.

Tout en faisant des études de Lettres, étant licencié d'Histoire de l'Art, agrégé d'Anglais, il ne cesse de peindre. Au cours de ses recherches sur COBRA, il rencontre, en 1975, Pierre Alechinsky qui lui apprend, quelques années plus tard, la technique de l'acrylique et du marouflage. Il ne se consacre définitivement à la peinture qu'en 1983 et publie une série de dessins pour la revue littéraire *Le Bucentaure*. En 1986-1987, il commence une longue série de natures mortes qui lui permet d'approfondir la technique de l'huile. Parallèlement, il publie des albums pour enfants. Il a exposé ses natures mortes à Paris en 1988 et 1989, à Bruxelles, au Japon en 1989, à Caen en 1990.

La sobriété de ses compositions est soulignée par un coloris presque monochrome.

COX Raymond Jean Marie

Né le 25 juin 1856 à Nantes (Loire-Atlantique). xixe siècle. Français.

Peintre.

Élève de Bourgerel, Pascal et Luc-Olivier Merson. Fixé à Lyon depuis 1895 et directeur du Musée des tissus de cette ville, il a exposé à Paris, depuis 1879, des paysages.

COX Thirza

Née à Londres. xxe siècle. Britannique.

Miniaturiste.

Élève de J. Patissou. A exposé au Salon des Artistes Français en 1928.

COX Walter A.

Né en 1862. xixe siècle. Britannique.

Graveur.

Il fut élève de Jean Ballins. Il reproduisit nombre d'œuvres de maîtres anciens et modernes.

COX MAC CORMACK Nancy

Née en 1885 à Nashville (Tennessee). xxe siècle. Active en Italie. Américaine.

Sculpteur de bustes.

Elle travaille à Rome et prend part aux Salons parisiens, notamment à celui des Artistes Français et à celui de la Société Nationale des Beaux-Arts.

COXE Reginald Cleveland

Né en 1855 à Baltimore (Maryland). xixe siècle. Américain.

Peintre, graveur.

Il fut élève de Bonnat à Paris. Il travailla surtout à Buffalo, près de New York.

COXETER Lucy

Née à Boston (Lincolnshire). xxe siècle. Britannique.

Peintre.

Élève de Herkomer. A exposé au Salon des Artistes Français en 1926.

COXIE Anna de

Née en 1547. xvie siècle. Éc. flamande.

Sculpteur.

Fille du premier mariage de Michiel I Coxie ; se fit béguine à Malines, le 17 septembre 1585.

COXIE Anthonie

Né vers 1650 à Malines. Mort en 1720. xviie-xviiie siècles. Éc. flamande.

Peintre de genre, portraits.

Fils de Jan Coxie et élève des deux Biset. Il fut emprisonné pour dettes, à Ostende et se plut tellement dans la solitude, selon la légende, qu'il resta en prison jusqu'à sa mort. Il exécuta en 1690 un *Portrait de Philippe II d'Espagne* destiné à la ville de Malines.

COXIE Frans
Mort le 17 novembre 1563 à Malines. XVIe siècle. Éc. flamande.
Peintre.
Il était peut-être le fils de Michiel I Coxie.

COXIE Jan
Baptisé à Malines le 26 février 1629. Mort après 1665. XVIIe siècle. Éc. flamande.
Peintre de paysages.
Fils de Michiel III Coxie, il épousa la fille de Georg Biset le 13 septembre 1650, et entra en 1651 dans la gilde de Malines. Ses fils Jan et Anthonie furent aussi peintres.
Ventes Publiques : Amsterdam, 7 mai 1993 : *Paysans se reposant sur un chemin rocheux dans un paysage boisé*, h/t (85x119) : **NLG 9 200**.

COXIE Johan Anthonie ou **Jan Michiel**
Né après 1650. Mort en 1720 à Milan. XVIIe-XVIIIe siècles. Éc. flamande.
Peintre d'histoire.
Petit-fils de Michiel Coxie, Il fut peut-être d'Amsterdam, probablement de Malines. Il eut pour élève W. de Geest, fut peintre de la cour de Frédéric Ier, roi de Prusse, et peignit ses exploits dans un plafond du château de Berlin. En 1708, il peignit la chapelle et un tableau d'autel à Charlottenbourg, alla à Mayence en 1713, et à Milan. Le Musée de Lille conserve de lui : *Agar dans le désert*.
Ventes Publiques : Londres, 18 mai 1706 : *Flora*, dess. : **FRF 50** – Paris, 1823 : *Un saint transporté au ciel par cinq anges*, dess. à la pl., lavé de bistre : **FRF 2**.

COXIE Matthys
Né vers 1605 à Malines. Mort avant 1638. XVIIe siècle. Éc. flamande.
Peintre.
Son œuvre ne nous est pas connue.

COXIE Michiel I ou **Coxcie, Coxius**, dit **le Raphaël flamand**
Né en 1499 à Malines. Mort le 10 mars 1592 à Malines. XVIe siècle. Éc. flamande.
Peintre de sujets religieux, portraits, fresques, cartons de tapisseries.
Élève de son père et de Barent van Orley, il alla avec ce dernier à Rome et dirigea avec lui la fabrication des tapisseries du Vatican ; il ne put probablement pas travailler avec Raphaël, comme on l'a prétendu, mais fut très influencé par son style, peignit des tableaux dans l'église dell'Anima, commandés par le cardinal van Enckevoort, le portrait de celui-ci, et, dans la vieille basilique Saint-Pierre, une *Résurrection* ; en 1532, il peignit *L'Histoire de Psyché*. En 1539, de retour à Malines, il fit partie de la gilde et, en 1543, fut citoyen de Bruxelles. De 1542 à 1556, il dessina les cartons de vitraux de Sainte-Gudule, à Bruxelles. De 1557 à 1559, il travailla à Gand, et il y copia les tableaux de Van Eyck. En 1582, il était à Anvers, peignit les volets du tableau de Quintyn Massys et un *Jugement de Salomon*, dans l'hôtel de ville ; le conseil entier le fêta comme un prince. Philippe II lui donna le titre de peintre du roi ; François Ier fit tous ses efforts pour l'attirer à Paris ; il décora, pour Charles Quint et Marie de Hongrie, le château Binche, détruit en 1552 ; dessina les cartons de la bataille de Muhlberg pour tapisseries ; Charles Quint lui prit quatre tableaux de la vie de Jésus, et l'archiduc Matthias les volets de l'autel de Saint-Rombout, à Malines. Il fit une chute mortelle d'un échafaudage, en restaurant son *Jugement de Salomon* à l'hôtel de ville d'Anvers. Il laissa une grande fortune et une belle collection. Il eut pour élèves ses fils Raphaël et Willem Marcus Willems et plusieurs peintres de Malines.

Musées : Anvers : *Martyre de saint Sébastien – Martyre de saint Georges – Triomphe du Christ – Jugement de Salomon* – Berlin : *Adoration de l'agneau*, copie d'après van Eyck – *Dieu le Père trônant* – Béziers : *Portrait de femme* – Béziers (Mus. Fabregat) : *Portrait de femme à coiffe blanche* – Bruxelles : *Le lavement des pieds ; Christ au mont des Oliviers*, triptyque – *Mort de la Vierge ; Assomption ; La Pentecôte ; Les Donateurs (revers)*, triptyque – *Couronnement d'épines* – Bruxelles (Église Saint-Géry) : *Le Christ insulté* – Bruxelles (Église Sainte-Gudule) : *Vie de sainte Gudule*, triptyque – *Christ en croix*, triptyque – Gand (Saint-Jacques) : *David vainqueur de Goliath – Saint Joachim et sainte Anne – Christ entre les larrons* – Genève : *Cavaliers montant une route* – Glasgow : *Madone et l'Enfant* – Liège : *Sainte Cécile* – Louvain (Hôtel de Ville) : triptyque – Louvain (Sainte Gertrude) : triptyque – Madrid : *Mort de la Vierge*, triptyque – Malines (Cathédrale) : *Circoncision*, architecture de H. Vredeman de Vries – Malines (Saint-Rombout) : *Martyre de saint Georges*, triptyque – *Saint Sébastien*, triptyque – Munich : *Sainte Marie et saint Jean* – Prague : *Martyre de saint Jean, Jean à Patmos* – Rome (Église dell'Anima) : *Fresques de la vie de sainte Barbe* – Saint-Pétersbourg (Ermitage) : *Annonciation* – Valenciennes : *Portement de croix* – Vienne (coll. Liechtenstein) : *Christ portant la croix* – Vienne (Mus. Impérial) : *Chute d'Adam – Porte du Paradis*.
Ventes Publiques : Paris, 2 mars 1823 : *Un jeune homme présente une pièce d'or à une Bohémienne* : **FRF 280** – Gand, 1837 : *Jésus en croix entre les deux larrons* : **FRF 154** – Paris, 1850 : *L'agneau des frères Van Eyck* : **FRF 9 040** – Cologne, 1862 : *La Sainte Famille* : **FRF 544** ; *La descente de croix ; La Vierge, saint Jean et Madeleine* : **FRF 525** – Paris, 1881 : *L'Adoration des mages* : **FRF 1 700** ; *La Vierge et l'Enfant Jésus* : **FRF 1 060** ; *Portrait de la dame Ritter de Nuremberg* : **FRF 1 600** – Paris, 1890 : *L'Adoration des mages* : **FRF 1 800** – Londres, 8 déc. 1926 : *L'Adoration des bergers* : **GBP 50** – New York, 18 déc. 1929 : *La crucifixion* : **USD 550** – Milan, 31 mai 1966 : *La Visitation* : **ITL 1 100 000** – Londres, 14 avr. 1978 : *Psyché emmenée sur la crête de la montagne*, h/t (64,7x129,5) : **GBP 2 800** – Madrid, 9 fév. 1984 : *Le Jugement de Salomon*, h/pan. (127x160) : **ESP 1 600 000** – Bruxelles, 30 oct. 1985 : *Le Calvaire*, h/pan. (125x129) : **BEF 300 000** – Londres, 10 juil. 1992 : *Ecce Homo*, h/pan. (80x65,7) : **GBP 17 600** – New York, 12 jan. 1994 : *Saint Antoine*, h/pan. (38,1x28,6) : **USD 23 000**.

COXIE Michiel II
Né après 1569. Enterré le 2 septembre 1616. XVIe-XVIIe siècles. Éc. flamande.
Peintre de sujets religieux.
Il entra, le 18 septembre 1598, dans la gilde de Malines. Il eut deux fils : Michiel III et Matthys.
Ventes Publiques : Cologne, 18 nov. 1965 : *L'Annonciation* : **DEM 5 000**.

COXIE Michiel III
Baptisé à Malines le 15 septembre 1603. Mort après 1669. XVIIe siècle. Éc. flamande.
Peintre.
Fils de Michiel II, il fut maître à Malines en 1630 et peintre de Sa Majesté le roi d'Espagne en 1652.

COXIE Raphael
Né vers 1540. Mort en 1616. XVIe-XVIIe siècles. Actif à Malines. Éc. flamande.
Peintre.
Élève de son père Michel Ier en 1562, il entra dans la gilde de Malines, et fut peintre du roi d'Espagne. Il se maria trois fois ; il fut maître, à Anvers, de la gilde en 1584. En 1588, il était à Gand et y peignit un *Jugement dernier* pour la salle des échevins ; mécontent du prix de mille quatre-cents florins, il entama avec la ville un procès qu'il gagna ; en 1589, il peignit, à Gand, une *Résurrection* (détruite aujourd'hui) ; en 1594, il habitait Bruxelles. De lui au Musée de Gand : *Jugement dernier*.
Ventes Publiques : Paris, 1858 : *La Vierge, l'Enfant Jésus et saint François*, dess. : **FRF 5**.

COXIE Rombout
XVIIIe siècle. Actif à Malines. Éc. flamande.
Peintre décorateur.

COXIE Willem
Né vers 1540. Mort vers 1597. XVIe siècle. Actif à Malines. Éc. flamande.
Peintre.
Fils de Michiel I Coxie. Il fut condamné à Rome par l'Inquisition à dix ans de galères pour hérésie et fut gracié, sur la prière de son père, par Philippe II, en 1570. Ses œuvres ne sont pas connues.

COXINHO Lucius, pseudonyme de **José Lucio da Costa**
Né vers 1763 à Lisbonne. Mort après 1826. XVIIIe-XIXe siècles. Portugais.
Graveur, miniaturiste.

COXON Edna
Née le 15 février 1902 à Leeds (York). XXe siècle. Britannique.
Peintre, décoratrice.

COXON Raymond James
Né le 18 août 1897 à Hanley (Stoke-on-Trent). XXe siècle. Britannique.
Peintre, peintre de compositions murales, décorateur.
Élève du Royal College of Art dont il est devenu membre associé.
Musées : Londres (British Mus.) – Londres (Victoria and Albert Mus.) – Londres (Tate Gal.).

COYLE James
Né en 1798 en Angleterre. Mort en 1828 à New York. XIXe siècle. Américain.
Peintre.
Il fut, en 1826, l'un des fondateurs de l'Académie Nationale des Arts du Dessin à New York.

COYMBRA Antonio de
XVIe siècle. Actif à Séville en 1545. Espagnol.
Peintre.

COYPEL Antoine
Né le 11 avril 1661 à Paris. Mort le 7 janvier 1722 à Paris. XVIIe-XVIIIe siècles. Français.
Peintre d'histoire, scènes mythologiques, sujets religieux, compositions allégoriques, scènes de genre, portraits, pastelliste, médailleur, graveur, décorateur, dessinateur.
Antoine Coypel est le plus célèbre des artistes de cette famille. Il est d'ailleurs loin d'être le meilleur. Fils de Noël Coypel, il suivit en 1672 son père, nommé directeur de l'Académie à Rome. Les dispositions qu'il montrait dès son enfance attirèrent sur lui l'attention de Bernin qui lui prodigua les conseils. Mais les succès rapides qu'il remporta, les éloges que lui prodiguaient tous ceux qui avaient intérêt à se faire bien voir de son père faussèrent le tempérament artistique du jeune homme. Revenu en France, il y était déjà connu comme une sorte d'enfant prodige et peu après son retour, en 1681, il fut reçu à l'Académie. Il avait vingt ans. Comblé d'honneurs, choisi par le roi pour dessiner les médailles commémoratives des grands événements de son règne, devenu peintre du duc d'Orléans, membre de l'Académie des inscriptions et belles-lettres, très richement marié, Antoine Coypel posséda toutes les qualités et tous les défauts inhérents au titre de peintre officiel. Chez lui, le goût fit définitivement place à la convention lourde et maniérée. Chargé des décorations du château de Meudon, puis de celles du Palais-Royal, il apporta dans ces travaux une grandeur inélégante et emphatique que compense insuffisamment une science indiscutable du dessin. Sa vogue et les honneurs qu'elle lui valait ne firent que s'accroître jusqu'à sa mort. En 1710, il fut nommé directeur des dessins et des tableaux du Cabinet du roi ; en 1714, directeur de l'Académie ; en 1715, premier peintre du roi, et en 1717, il obtint ses lettres de noblesse.
Son œuvre de peintre est considérable. Celle du graveur ne l'est pas moins. Ce fut un assez habile aquafortiste qui travailla surtout d'après ses propres tableaux. En tant que peintre décorateur, il fut davantage influencé par Corrège que par Le Brun ; il avait d'ailleurs beaucoup étudié l'œuvre du Corrège à Parme. Il a moins le goût des attitudes empruntées au théâtre, que ne l'aura son fils Charles Antoine, qui suivra, dans cette voie, Le Brun. Il est difficile de juger sa peinture décorative, puisque presque toutes ses réalisations sont détruites, mais il reste des esquisses et dessins qui montrent une souplesse des attitudes, un modelé harmonieux des corps et une fraîche luminosité qui enveloppe les volumes. On a reproché à Antoine Coypel de peindre essentiellement des sujets mythologiques où nymphes et satyres se côtoient avec complaisance ; pour répondre à cette critique, il fit une série de tableaux sur *L'Ancien Testament*. Il a été également influencé par Rubens, vers 1690-1692, au point que l'un de ses portraits : *Démocrite* a longtemps été attribué à Rubens.

A Coyp. f.

Bibliogr. : Catalogue de l'exposition, *Le cabinet d'un grand amateur P.J. Mariette*, Paris, 1967 – Catalogue de l'exposition : *Les peintres de Louis XIV*, Lille, 1968.
Musées : Alais : *L'Enfance de Bacchus* – Angers : *L'Olympe* – *Vénus invitant Vulcain à forger les armes d'Énée* – *Énée arrivant à la cour de Didon* – Avignon : *Arrivée de Bacchus près d'Ariane dans l'île de Naxos* – Bordeaux : *Vision de sainte Catherine de Sienne* – Budapest : *Esquisse d'un plafond* – Cambrai : *Évanouissement d'Esther* – Carcassonne : *Samson et Dalila* – Châlons-sur-Marne : *Jésus servi par les anges* – *Les Principales Aventures de l'admirable Don Quichotte*, album – Cherbourg : *Don Quichotte s'entretenant avec la bête enchantée* – Coutances : *Jacob se plaignant à Laban* – Dijon : *Le Sacrifice de Jephté* – Épinal : *Diane et sa suite* – Florence (Gal. Nat.) : *Portrait de l'auteur* – Fontainebleau : *Athalie chassée du temple* – *L'Amour abandonnant Psyché* – Genève : *Cléopâtre* – Glasgow : *Léda et le cygne* – Graz : *Vénus se sépare d'Adonis* – *Le Sacrifice de la fille de Jephté* – *Suzanne devant les juges* – *Vénus déplore la mort d'Adonis* – Lille : *Athélèd et Roxane* – Lyon : *Ville de Lyon, allégorie* – *Bacchus et Ariane* – *Jugement de Pâris* – *Enlèvement d'Europe* – *Diane surprise par Actéon* – Metz : *Aristée, fils d'Apollon* – Montpellier : *Énée sauve son père et ses dieux de l'embrasement de Troie* – *Mort de Didon* – *Louis XIV reposant dans le sein de la Gloire* – Nantes : *Didon apercevant dans le temple Énée et Achate* – Oslo : *Zeus, enfant, parmi les nymphes* – Paris (Louvre) : *Athalie chassée du temple* – *Athalie chassée du temple* – *Suzanne accusée par les vieillards* – *Esther en présence d'Assuérus* – *Rébecca et Eliézer* – *Jeune fille caressant un chien* – *Flore et Zéphyr* – *Démocrite* – *Portrait d'Antoine Coypel* – Perpignan : *Esther devant Assuerus* – Pontoise : *Tête à la sanguine pour une Cléopâtre ou pour son tableau de l'Évanouissement d'Esther* – Reims : *Silène endormi* – Rennes : *Vénus apportant des armes à Énée* – *Jupiter et Junon* – Rouen : *Apothéose d'un guerrier* – *Projet de plafond* – *Enfant vu de dos* – *Allégorie de Louis XIV* – Saint-Pétersbourg (Ermitage) : *Amour et Psyché* – Valenciennes : *Héroïsme d'une vierge chrétienne* – Venise (Gal. Nat.) : *Suzanne et les vieillards* – Versailles : *Portrait du peintre* – Versailles (Trianon) : *Mercure et Argus*.
Ventes Publiques : Paris, 1757 : *Vénus sur les eaux accompagnée de plusieurs Tritons* : **FRF 298** – Paris, 1769 : *Iphigénie* ; *Renaud et Armide*, ensemble : **FRF 1 805** – Paris, 1785 : *Portrait de Molière* : **FRF 36** ; *La mort de Didon*, dess. : **FRF 12** ; *Les pèlerins d'Emmaüs*, dess. : **FRF 4** – Paris, 22 jan. 1872 : *Portrait de femme assise sous de grands arbres : des Amours voltigent autour d'elle* : **FRF 5 400** – Paris, 1883 : *Jeune femme couchée* : **FRF 1 020** – Paris, 1890 : *Renaud dans les jardins d'Armide* : **FRF 3 000** – Paris, 8 mars 1894 : *Bacchus et Ariane* : **FRF 460** – Paris, 11 juin 1894 : *Roxane et Atalide* : **FRF 3 500** – Paris, 1897 : *Triomphe d'Amphitrite* : **FRF 365** – Paris, 1898 : *Jupiter et Danaé*, gche : **FRF 1 520** ; *Portrait de Mme la comtesse de Toulouse*, past. : **FRF 6 000** – Paris, 1898 : *Le triomphe de l'Amour*, aquar. : **FRF 450** – Paris, 18-25 mars 1901 : *Portrait présumé de Mlle de Blois* : **FRF 2 050** – Paris, 22-23 mai 1902 : *Les marchands orientaux*, deux pendants : **FRF 1 350** – Paris, 13 mai 1904 : *René de Froulay, comte de Tessé* : **FRF 6 830** – Paris, 11-13 juin 1906 : *Le Repas de Don Quichotte* : **FRF 3 200** – Paris, 10-15 mai 1909 : *Jeune femme, corsage de brocart* : **FRF 1 150** – Paris, 21-22 fév. 1919 : *Allégorie à la gloire du Régent*, sanguine : **FRF 29** – Paris, 27 mars 1919 : *Eliezer et Rébecca*, pl. et sépia : **FRF 52** ; *L'Aurore*, sépia : **FRF 165** – Paris, 31 mars-2 avr. 1919 : *Portrait d'un abbé numismate* : **FRF 7 600** – Paris, 29 mai 1922 : *Couronnement d'une reine* ; *Offrande à une reine*, deux cuivres, la première œuvre est une attribution : **FRF 1 350** – Paris, 28-31 déc. 1925 : *Jeune femme pressant une grappe de raisin*, esquisse : **FRF 380** – Paris, 10-11 mai 1926 : *Tête de vieillard*, trois crayons : **FRF 7 200** – Paris, 14 mai 1936 : *Danaé*, sanguine : **FRF 1 100** – Paris, 14 déc. 1936 : *Un gentilhomme en goguette*, cr. rouge et noir, reh. de blanc : **FRF 2 100** – Londres, 17 mars 1939 : *Diane et ses nymphes* : **GBP 29** – Bruxelles, 15 avr. 1939 : *Bacchante* : **BEF 4 000** – Paris, 8 nov. 1950 : *Les Fiançailles de Bacchus et Ariane* : **FRF 123 000** – Paris, 23 juin 1961 : *Tête de jeune fille en Danaé*, sanguine : **FRF 2 120** – Vienne, 17 mars 1964 : *Bacchus et Ariane* : **ATS 14 000** – Versailles, 6 fév. 1966 : *Le Concert dans le parc* : **FRF 7 800** – Londres, 26 mai 1978 : *Loth et ses filles*, h/t (64,7x129,5) : **GBP 2 800** – Londres, 9 déc. 1980 : *Thétis consolant Achille de la mort de Patrocle*, craies noire, rouge et blanche/pap. (27x37,2) : **GBP 8 500** – Monte-Carlo, 6 déc. 1987 : *La Mort du Christ sur la croix*, h/t (11x168) : **FRF 1 500 000** – Paris, 27 mai 1987 : *Le coup de lance 1632*, pierre noire, sanguine et reh. de blanc (41x57) : **FRF 920 000** – Paris, 11 mars 1988 : *Persée et Andromède*, pierre noire et reh. de blanc (17,5x16) : **FRF 4 800** – Londres, 15 déc. 1989 : *Vertume et Pomone*, h/t (30x22,8) : **GBP 3 850** – Monaco, 15 juin 1990 : *Bacchus et Ariane sur l'île de Naxos*, h/t (73x85,5) : **FRF 2 109 000** – Monaco, 21 juin 1991 : *Tête d'enfant*, pierre noire, sanguine et past. (27,5x23,9) : **FRF 86 580** – Londres, 2 juil. 1991 : *Un ange*, craies rouge et

blanche/pap. bleu (12,1x17,9) : **GBP 2 200** – NEW YORK, 14 jan. 1992 : *Étude d'Orphée avec sa lyre,* craies rouge, noire et blanche/pap. écru (21x19,5) : **USD 11 000** – MONACO, 20 juin 1992 : *Minerve pointant le bras droit et protégeant de son bouclier la silhouette d'un jeune garçon à peine esquissée,* craies noire, rouge et blanche/pap. brun (36,5x22,6) : **FRF 133 200** – PARIS, 19 nov. 1992 : *Mise au tombeau d'un saint décapité (Saint Julien ?),* pierre noire, sanguine et reh. de blanc (30,5x25,5) : **FRF 30 000** – NEW YORK, 12 jan. 1995 : *Bacchus et Ariane,* craies noire, rouge et blanche/pap. gris (18x23,3) : **USD 11 500** – LONDRES, 2 juil. 1996 : *Homme debout le bras gauche replié et un doigt pointé vers le ciel,* sanguine et craies blanche et noire/pap. brun (33,3x24) : **GBP 8 625**.

COYPEL Charles Antoine

Né le 11 juillet 1694 à Paris. Mort le 14 mars 1752 à Paris. XVIIIe siècle. Français.

Peintre d'histoire, sujets mythologiques, scènes de genre, portraits, aquarelliste, pastelliste, graveur, dessinateur, illustrateur.

Il était fils d'Antoine Coypel et neveu de Noël Nicolas. Dès sa première jeunesse, il manifesta un goût très marqué pour la peinture et à moins de vingt ans il fut admis à l'Académie. Il débuta d'abord comme peintre d'histoire, mais se consacra bientôt aux tableaux de genre qui lui valurent le meilleur de sa réputation. Parmi ses toiles les plus remarquables dans cet ordre d'idées, il faut citer : *Les Jeux d'enfants,* ses tableaux extraits de Don Quichotte et ses illustrations pour les œuvres de Molière. Lorsque son père mourut en 1722, il fut nommé directeur des tableaux de la couronne et premier peintre du duc d'Orléans, charges qu'Antoine Coypel avait exercées avant lui. En 1747, il fut nommé premier peintre du roi et devint directeur de l'Académie.

À son talent de peintre, Charles Antoine Coypel joignit des qualités remarquables de littérateur. Il jouissait d'une haute faveur à la cour, où plusieurs de ses comédies et de ses tragédies furent jouées avec succès. Ce fut aussi un graveur plein de charme, à la verve très amusante et très satirique.

MUSÉES : BESANÇON : *Joseph reconnu par ses frères – Réduction en grisaille pour une gravure* – BOURGES : *Daniel dans la fosse aux lions – Jésus tenté par le démon* – BREST : *Sacrifice d'Iphigénie* 1730 – CHARTRES : *Athalie et Joas – La Vierge et l'Enfant* – FONTAINEBLEAU : *Rodogune et Cléopâtre* – GRENOBLE : *Rodogune et Cléopâtre* – MOREZ : *Andromède délivrée par Persée* – NANCY : *Renaud et Armide* – NANTES : *Renaud protégé par l'Amour contre les fureurs d'Armide – Saint Louis à genoux devant la sainte couronne* – PARIS (Louvre) : *Persée délivrant Andromède – Les noces d'Angélique et Médor – Portrait de l'acteur Jelyotte en costume de femme – Portrait de l'artiste* – TOULOUSE : *Héloïse.*

VENTES PUBLIQUES : PARIS, 1757 : *Renaud quittant le palais d'Armide* : **FRF 400** – PARIS, 1781 : *Assemblée d'enfants* : **FRF 561** – PARIS, 1783 : *Le sacrifice d'Iphigénie ; Renaud et Armide* : **FRF 2 210** – PARIS, 1859 : *Scène tirée de Don Quichotte* : **FRF 1 500** ; *Roland furieux* : **FRF 3 600** – PARIS, 1865 : *Jeunes filles jouant à la madame* : **FRF 3 400** – PARIS, 1877 : *Andromaque et Pyrrhus* : **FRF 4 500** ; *Scène tirée de Zaïre* : **FRF 4 000** – PARIS, 1881 : *Flore et Zéphyr* : **FRF 1 040** – PARIS, 14 déc. 1883 : *Flore et Zéphyr ; Bacchus et Ariane ; Vénus commandant à Vulcain des armes pour Énée ; Vertumne et Pomone,* quatre pendants : **FRF 3 000** – PARIS, 1886 : *Jeune femme aux prises avec l'amour* : **FRF 680** ; *La Toilette des petites filles* : **FRF 480** – PARIS, 1891 : *Le Château de cartes* : **FRF 880** – PARIS, 1894 : *Portrait d'actrice* : **FRF 580** – PARIS, 1897 : *Femme une coupe à la main,* past. : **FRF 150** – PARIS, 8 mai 1920 : *Don Quichotte et Sancho,* deux toiles : **FRF 36 000** – PARIS, 28 fév. 1921 : *Joseph faussement accusé par la femme de Putiphar* : **FRF 26 200** – ROUEN, 8-9 avr. 1921 : *Renaud et Armide,* aquar. : **FRF 420** – LONDRES, 24 mars 1922 : *Vénus et des amours dans un jardin* : **GBP 29** – PARIS, 8-10 mai 1922 : *Enfants jouant à la madame* : **FRF 27 000** – LONDRES, 2 mars 1923 : *L'Amour de ville ; L'Amour de village,* deux tableaux : **GBP 546** – PARIS, 17-18 juin 1924 : *Portrait de jeune femme* : **FRF 13 000** – PARIS, 22-24 juin 1927 : *Portrait de l'artiste,* past. : **FRF 178 000** – PARIS, 15 nov. 1928 : *Étude de bras et de mains,* dess. : **FRF 1 200** ; *Portrait de jeune femme tenant un masque,* past. : **FRF 2 300** – PARIS, 5 déc. 1928 : *Roland devenu furieux en apprenant la fuite d'Angélique et de Médor* : **FRF 151 000** – PARIS, 10 déc. 1930 : *Étude d'enfant,* cr. de coul. : **FRF 550** ; *Groupe de trois naïades enlacées,* dess. aux cr. de coul. : **FRF 3 000** – NEW YORK, 22 jan. 1931 : *Penthesilea et l'ambassade de Priam* : **USD 900** – PARIS, 21 mai 1941 : *Portrait de l'Artiste* : **FRF 190 000** – PARIS, 19 déc. 1949 : *Le Balcon* : **FRF 610 000** – PARIS, 28 mai 1954 : *Portrait de l'artiste par lui-même,* past. : **FRF 320 000** – VERSAILLES, 17 nov. 1963 : *Renaud et Armide* : **FRF 12 100** – PARIS, 10 juin 1966 : *Portrait de sa belle-sœur* : **FRF 30 000** – PARIS, 27 mars 1971 : *Portrait présumé de La Panzanelli* : **FRF 12 000** – VERSAILLES, 25 juil. 1982 : *Bacchus,* h/t (79,5x61) : **FRF 26 000** – LONDRES, 29 nov. 1983 : *Portrait de jeune femme,* craies de coul. (33,5x27,8) : **GBP 1 000** – PARIS, 6 juin 1984 : *Noli me tangere* 1729, h/t (81x64) : **FRF 180 000** – PARIS, 14 juin 1985 : *Les Comédiens,* h/t (76,5x94,5) : **FRF 35 000** – MONTE-CARLO, 29 nov. 1986 : *Les Adieux d'Hector à Andromaque* 1732, h/t (127x160) : **FRF 500 000** – PARIS, 9 mars 1988 : *Autoportrait,* past. (59x48) : **FRF 700 000** – NEW YORK, 7 avr. 1989 : *Portrait d'un gentilhomme en habit brun et manchon de léopard,* h/t (99,5x79,5) : **USD 9 900** – NEW YORK, 1er juin 1989 : *La Peinture chassant Thalie* 1732, h/t (66x81,3) : **USD 77 000** – STOCKHOLM, 15 nov. 1989 : *Scène mythologique,* h/t (41x33) : **SEK 7 500** – NEW YORK, 10 jan. 1990 : *Vénus et Mars, portrait présumé de Louise-Henriette de Bourbon-Conti avec un guerrier,* h/t (123,8x96,5) : **USD 57 200** – NEW YORK, 31 mai 1990 : *L'Ivresse de Silène,* h/t (99x81,3) : **USD 13 200** – MONACO, 20 juin 1992 : *Comédien penché vers la droite et tenant un rouleau de papier sur sa poitrine,* craies rouge, noire et blanche/pap. beige (27x20) : **FRF 77 700** – PARIS, 26 juin 1992 : *L'Annonciation* 1739, h/t (120x88,5) : **FRF 160 000** – NEW YORK, 13 jan. 1993 : *Tête de Vénus Uranie,* past./pap. bleu/t. : **USD 7 700** – PARIS, 13 nov. 1993 : *Portrait présumé de Jean-Paul Timoléon de Cossé, duc de Brissac,* past. (65x54) : **FRF 19 000** – MONACO, 19 juin 1994 : *Portrait de Mme Dupillé et de sa fille en habits de bal au bord d'une fenêtre ; Portrait de M. Dupillé en robe de chambre assis au bord d'une fenêtre* 1733, h/t, une paire (chaque 146,7x96,4) : **FRF 2 886 000** – RIOM, 29 jan. 1995 : *Le Sacrifice d'Abraham,* h/t (116x89) : **FRF 200 000** – NEW YORK, 9 jan. 1996 : *Armide l'enchanteresse,* craie noire avec reh. de sanguine (30,3x36,8) : **USD 10 350** – LONDRES, 2 juil. 1996 : *Le Sultan du Soudan,* craie noire (32,9x22,7) : **GBP 9 775**.

COYPEL Noël

Né le 25 décembre 1628 à Paris. Mort le 24 décembre 1707 à Paris. XVIIe-XVIIIe siècles. Français.

Peintre d'histoire, scènes mythologiques, compositions religieuses, portraits.

Il fut successivement élève de Poussin puis de Le Sueur. Il remplaça ce dernier en 1655 pour achever la décoration des appartements royaux du Louvre. Sa vogue à ce moment fut considérable. Il fut successivement chargé des peintures pour les appartements de Mazarin et de la décoration du cabinet de Louis XIV aux Tuileries. En 1663, il fut reçu à l'Académie de peinture avec *Caïn et Abel.* Très apprécié par Louis XIV, il fut nommé en 1672 directeur de l'Académie de France à Rome. Il épousa en premières noces Madeleine Hérault dont il eut un fils, Antoine Coypel, le plus illustre peintre de cette famille ; devenu veuf, il se maria avec Anne-Françoise Perrin, elle-même alliée à la famille des peintres de Boullongne et en eut plusieurs enfants parmi lesquels Noël Nicolas. Lorsque Pierre Mignard mourut, le roi le nomma directeur de l'Académie de peinture, situation qu'il conserva jusqu'à sa mort. Ce fut un artiste habile chez lequel on sentit toujours l'influence de son premier maître, Poussin.

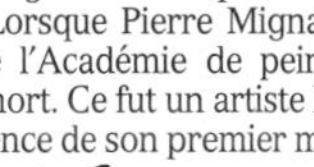

MUSÉES : ANGERS : *Zéphyr et Flore* – BESANÇON : *Le peintre et sa fille enfant* – BORDEAUX : *Triomphe d'Apollon* – LA FÈRE : *Scène mythologique* – FONTAINEBLEAU : *Apollon couronné par Minerve* – GRAZ : *Adam et Ève* – MADRID (Prado) : *Suzanne accusée d'adultère* – MONTPELLIER : *Jésus-Christ guérissant un aveugle* – PARIS (Louvre) : *Solon défendant ses lois devant les Athéniens – Ptolémée Philadelphe donnant la liberté aux Juifs – Trajan donnant des*

audiences publiques – Prévoyance d'Alexandre Sévère – La réprobation de Caïn après la mort d'Abel – Hercule combattant Achelaüs – Hercule Déjanire et le centaure Nessus – Apollon couronné par la Victoire – Apollon – Portrait de Noël Coypel – Figures et arabesques, modèles de tapisseries – Poitiers : *Mlle de Montpensier* – Pontoise : *Combat des Centaures et des Lapithes,* encre de Chine – Le Puy-en-Velay : *Ecce homo* – Rennes : *La résurrection du Christ* – Versailles : *Alexandre Sévère fait distribuer du blé au peuple dans un temps de disette – Ptolémée Philadelphe rend la liberté aux Juifs – Trajan rendant la justice – Solon expliquant ses lois – Jupiter accompagné de la Justice et de la Piété – Guillain Simon, sculpteur* – Versailles (Trianon) : *Figure allégorique – Figure allégorique – Jupiter chez les Corybantes – Junon apparaît à Hercule – Mercure et Argus – L'Hiver.*

Ventes Publiques : Paris, 1776 : *L'Enlèvement d'Europe* : **FRF 2 021** – Paris, 1777 : *Bacchus et Ariane à table dans un jardin* : **FRF 1 726** – Paris, 1778 : *Le triomphe d'Amphitrite* : **FRF 1 500** – Paris, 1788 : *L'enlèvement d'Europe* : **FRF 751** – Paris, 10-11 jan. 1816 : *Vieillard tenant un livre et une tête de mort* : **FRF 126** – Paris, 1845 : *Le sacrifice d'Abraham* : **FRF 232** – Lille, 1864 : *Suzanne et les vieillards* : **FRF 345** – Lille, 1865 : *Le triomphe d'Amphitrite ; Ariane abandonnée,* ensemble : **FRF 1 725** – Lille, 1865 : *Femme nue, vue de dos,* dess. aux trois cr. : **FRF 20** – Lille, 1886 : *Sujet mythologique* : **FRF 980** – Lille, 7-8 mars 1895 : *La lecture de la lettre* : **FRF 1 500** – New York, 13 juin 1978 : *Allégorie de la Nuit et du Jour,* h/t à vue ovale (68,5x56) : **USD 3 500** – Paris, 2 juin 1993 : *Loth et ses filles,* h/t (65x81) : **FRF 45 000** – New York, 11 jan. 1994 : *Apollon couronné par la victoire après la défaite du serpent python,* craies noire et blanche/fond gris (45,8x30,3) : **USD 10 350** – New York, 14 jan. 1994 : *La rosée ou personnification féminine de la Pluie,* h/t, de forme octogonale (121,3x182,6) : **USD 525 000.**

COYPEL Noël Nicolas

Né le 17 novembre 1690 à Paris. Mort le 14 décembre 1734 à Paris. XVIIIe siècle. Français.

Peintre d'histoire, scènes mythologiques, compositions religieuses, sujets allégoriques, graveur, dessinateur.

Noël Nicolas Coypel eut une existence et un tempérament artistique qui semblent à l'opposé de la vie et de la conception esthétique de son demi-frère Antoine Coypel. Autant celui-ci fut courtisan et ambitieux des faveurs officielles, autant Noël Nicolas vécut éloigné de toutes les manifestations brillantes. Il fut élève de son père, Noël Coypel, et surtout de sa mère, Françoise Perrin. Il exécuta, assez jeune encore, deux tableaux pour l'église Saint-Nicolas du Chardonnet à Paris : *Moïse frappant le rocher* et *La Manne dans le désert.* En 1720, il fut admis à l'Académie, dont Antoine était directeur. Il s'est surtout fait remarquer par ses tableaux mythologiques, parmi lesquels il faut citer : *Le Triomphe de Galatée, Le Bain de Diane, Vénus et l'Amour, Le Triomphe d'Amphitrite,* toutes toiles d'un coloris assez lumineux et qui attestent chez lui de rares qualités de charme et de compositions harmonieuses. Il lassa son frère en refusant sans cesse de paraître à la cour et, assez pauvrement marié, chargé de famille, il mourut dans la gêne. On a de lui quelques belles gravures.

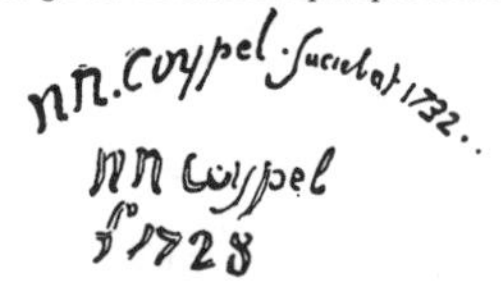

Musées : Amiens : *Sacrifice à Jupiter* – Bourges : *Le Triomphe d'Amphitrite* – Brême : *Les Femmes savantes* – Genève (Rath) : *Bacchus et Vénus* – Neuchâtel : *Armide veut poignarder Renaud* – Paris (Louvre) : *Vénus, Bacchus et l'Amour – L'Innocence et l'Amour – Nymphe et Amour* – Saint-Pétersbourg (Ermitage) : *La Naissance de Vénus – Diane au bain* – Stockholm : *Le Jugement de Pâris.*

Ventes Publiques : Paris, 1752 : *Jeune fille caressant une colombe,* dess. : **FRF 151** – Paris, 25 mai 1770 : *L'Ivresse de Noé* : **FRF 4 200** – Paris, 1777 : *Zéphyr, Flore et des Amours* : **FRF 240** – Paris, 1887 : *Triomphe d'Amphitrite* : **FRF 1 600** – Paris, 8 mai 1895 : *Amphitrite assise sur un char traîné par des dauphins* : **FRF 1 050** – New York, 1904 : *L'Été,* pan. décoratif : **USD 250** – Paris, 9 nov. 1911 : *Les Quatre Saisons,* h/t, suite de quatre (176x113) : **FRF 3 500** – Paris, 4 déc. 1968 : *Vénus et l'Amour* : **FRF 8 500** – Paris, 14 juin 1978 : *L'Alliance de Bacchus et Vénus,* h/pan. (46x35) : **FRF 40 000** – Paris, 20 mai 1980 : *Le Sacrifice d'Abraham,* dess. aux trois cr./pap. (39x30,5) : **FRF 4 000** – Monte-Carlo, 9 déc. 1984 : *Les Quatre Saisons,* h/t, suite de quatre (176x113) : **FRF 150 000** – Paris, 3 juil. 1987 : *Homme drapé vu de profil vers la gauche,* pierre noire et blanche/pap. gris (40,5x31) : **FRF 25 000** – Paris, 12 déc. 1988 : *La Naissance de Vénus,* h/t (81x64) : **FRF 160 000** – Paris, 5 déc. 1990 : *Vénus et l'Amour* 1725, h/t (126,5x108,5) : **FRF 1 100 000** – Monaco, 4 déc. 1992 : *Allégorie de la Chasse* 1725, h/t (85x130) : **FRF 222 000** – New York, 31 jan. 1997 : *Le Triomphe de Galatée,* h/t (97,2x124,5) : **USD 79 500.**

COYPEL-HERAULT Madeleine

Née le 11 février 1635 à Paris. Morte le 7 juillet 1682 à Paris. XVIIe siècle. Française.

Peintre.

Elle était la fille du peintre Antoine Hérault et épousa Noël Coypel.

COYSEVOX Antoine ou **Quoizevaux**

Baptisé à Lyon (Rhône) le 29 septembre 1640. Mort le 10 octobre 1720 à Paris. XVIIe-XVIIIe siècles. Français.

Sculpteur de monuments, groupes, bustes, bas-reliefs.

Il fut baptisé à la paroisse Saint-Nizier, à Lyon. L'extrait des registres relate : « Le 29 septembre 1640, j'ai baptisé Anthoine, fils à Pierre Quoyzeveau (sic), maistre menuisier, et à Ysabeau Morel, sa famme (sic), parrain sieur Anthoine Blaise, notaire à Lyon, marraine Claudine Bonardel, famme à Georges Jomard, boucher à Saint-Just. Signé : Blaise, P. Benoist, vicaire. » Pierre Quoyzeveau, son père, qui résidait à Lyon depuis 1636, était, d'après une déclaration faite par lui au Consulat, en 1642, en vue d'obtenir la qualité de bourgeois, natif de Dampierre-le-Doubs. D'autre part, Antoine signa jusqu'en 1670 avec l'orthographe portée à l'acte précité, pour n'adopter que plus tard celle de Coysevox. Ces deux constatations viennent à l'encontre de l'opinion qui assigne à la famille une origine espagnole.

Venu à Paris vers l'âge de dix-sept ans pour se perfectionner dans la sculpture, Antoine Coysevox devint l'élève de Louis Lerambert, dont il épousa la nièce le 18 janvier 1666, Marguerite Quillerier, fille de Noël Quillerier, peintre et valet de chambre ordinaire du roi. La même année, il devenait sculpteur du roi et exécutait quelques travaux pour le Louvre. Dix mois ne s'étaient pas écoulés que, le 15 novembre, la jeune femme mourait. Ce fut sans doute ce deuil qui l'incita à accepter l'offre que lui faisait l'évêque de Strasbourg, le cardinal de Furstenberg, de venir décorer son palais de Saverne. Il demeura quatre ans en Alsace. Revenu à Paris vers 1671, il dut alors former le dessein de se fixer à Lyon, car au bout d'un temps incertain, il avait regagné cette ville, où en 1675, il travaillait à un buste de l'archevêque de Neuville de Villeroi. Le 11 avril 1676, il était reçu à l'Académie et nommé le jour même adjoint à professeur. C'est en cette qualité qu'il obtint d'être délégué auprès de l'Académie de dessin fondée à Lyon vers cette époque par le peintre Blanchet. Mais, renonçant à son projet, il revint définitivement à Paris en 1677 ; le 2 janvier de la même année, il avait été nommé professeur. C'est à son retour, dans le logement qu'il occupait aux Gobelins, qu'il reçut son neveu Nicolas Coustou, le fils de sa sœur Claudine, puis les deux sœurs de celui-ci, afin de faciliter leur établissement. En 1677 ou peut-être plus exactement en 1679, il épousait en secondes noces Claude Bourdy (ou Bourdict), sœur du sculpteur lyonnais Pierre Bourdy, employé dans les travaux du roi et qui demeurait également aux Gobelins. De cette union, particulièrement féconde, naquirent douze enfants. D'adjoint le 29 avril 1690, Coysevox devint recteur de l'Académie le 30 octobre 1694 ; en 1698 (27 avril), il lui avait été octroyé un brevet de logement au Louvre. Il fut directeur de l'Académie du 24 juillet 1702 au 30 juin 1705 et chancelier le 19 décembre 1716, à l'âge de quatre-vingts ans. Aucun de ses enfants ne paraît avoir suivi une carrière artistique ; Charles fut capitaine au régiment de Navarre, Pierre, colonel d'infanterie (ce dernier avec son frère Jean, capitaine de canonniers, se consacra au service du roi d'Espagne).

La carrière de Coysevox est extrêmement féconde en œuvres et il travailla pour les châteaux de Versailles, Trianon, Marly, Saint-Cloud et pour Paris. On lui doit une statue de bronze de Louis XIV en pied, érigée en 1689 dans la cour de l'Hôtel de Ville de Paris ; ramenée en 1814 à l'Hôtel de Ville du Magasin du Roule où elle avait été transportée, au moment de la Révolution, elle orne aujourd'hui la cour d'honneur du Musée Carnavalet. Une statue équestre de Louis XIV en bronze, commandée par les États de Bretagne et achevée en 1695, fut érigée à Rennes en

1726 ; elle a été détruite à la Révolution. Le prix en était fixé à quatre-vingt dix mille livres pour la statue et trente mille pour le piédestal. Une quantité d'œuvres lui sont dues, monuments : comme ceux de Mazarin, Colbert, Vauban, Mansard, Le Brun, Le Nôtre, Crequi ; et bustes : Louis XIV, Louis XV, Colbert, le grand Condé, Michel Le Tellier, Louvois, Le Brun, Turenne, Vauban, Villars, le duc de Richelieu, le président de Harlay, Arnaud d'Andilly, etc. On lui doit encore la figure en marbre de la duchesse de Bourgogne pour le château du Petit-Bourg, et celle du prince de Condé pour Chantilly.

Ses œuvres essentielles sont les suivantes : *Frise* et *autres ouvrages* pour le Palais du Louvre (1667) ; *Décoration de la corniche du grand salon*, château de Saverne (1667-1671) ; *Apollon et les neuf Muses*, bas-relief stuc, Saverne (même date) ; *Termes et figures, Quatre grands trophées et autres ornements, Huit figures et vingt-quatre Termes*, Saverne (toutes les œuvres pour Saverne ont été détruites ou ont disparu) ; *Buste d'Arnaud d'Andilly, Buste en bronze de Camille de Villeroi, archevêque de Lyon*, Palais des Arts, Lyon (1675) ; *Statue en marbre de Notre-Dame-des-Grâces*, Église Saint-Nizier à Lyon (1676) ; *Statuette en terre cuite*, esquisse de la précédente, Archives de l'Hospice de la Charité à Lyon ; *Fleuve et enfant*, groupe pierre, autrefois à Sceaux (1678) ; *Buste en marbre du Grand Dauphin*, Versailles (1678-1679), à moins qu'il ne s'agisse là d'un autre ayant figuré au Salon de 1699 ; *Décoration de l'ancien escalier des Ambassadeurs à Versailles*, en collaboration avec J.-B. Tuby (1678-1680) ; *Sculptures et ornements des quatre pavillons de l'avant-cour*, Château de Versailles, pierre, bois et plomb (1678-1680) ; *La Justice et La Force*, statues pierre, façade de la cour de marbre, Versailles (1679) ; *Figure d'Apollon*, façade vers le parterre d'eau, idem ; *Charles Le Brun*, buste de marbre, Louvre (1679), morceau de réception de Coysevox et qui provient de l'ancienne Académie (moulage en plâtre à Versailles) ; *Consoles* « à la face de la cour », Versailles (1680) ; *Trophées*, stuc, corniche de la Grande Galerie, Versailles (1680) ; *Restauration des Termes*, petit parc, à Versailles (1680) ; *L'Abondance*, groupe pierre, Château de Versailles (1681-1682) ; *Ouvrages de stuc, Neuf trophées* (métal) et *un bas-relief* (marbre) pour un salon, Versailles (1681-1682) ; *Deux vases de métal*, pour une pièce d'eau de Versailles (1682) ; *Grand bas-relief* (plomb et étain), porte du cabinet des Bijoux, Versailles (1682) ; *Louis XIV à cheval*, bas-relief ovale (stuc), Cheminée du Salon de la Guerre, Versailles (1683) ; *Vase marbre*, décoré de bas-reliefs, terrasse de Versailles (1684) ; *La France triomphante écrasant l'Espagne et l'Empire*, groupe plomb autrefois doré, exécuté en collaboration avec J.-B. Tuby (*L'empire* est de Coysevox), et ornant l'ancien Bosquet de l'Arc de Triomphe, parc de Versailles (1683) ; *Fontaine de la Gloire*, d'après des dessins de Le Brun, Versailles (n'existe plus) ; *Arc de Triomphe*, Versailles, en collaboration (disparu) ; *Nymphe à la coquille*, marbre, Louvre, provenant du Bassin de Latone (1683-1685), moulage en plâtre à Angers ; *Vénus de Médicis*, marbre, pour Versailles, à Marly au XVIIIe (1683-86) ; *Trois masques et coquilles*, pour la Colonnade, Parc de Versailles (1683-1686) ; *Michel Le Tellier*, buste bronze, Louvre, moulage à Versailles ; *Michel Le Tellier*, buste marbre, Bibliothèque Sainte-Geneviève ; *François Michel Le Tellier, marquis de Louvois* (mort en 1691) ; *Charles-Maurice Le Tellier, archevêque de Reims*, buste marbre, Bibliothèque Sainte-Geneviève, moulage à Versailles ; *Charles de Sainte-Maure, duc de Montausier*, buste ; *Marie-Thérèse, reine de France*, buste (1684-1685) ; *Deux chapiteaux d'ordre ionique* (1684-1687) et *ouvrages de sculpture*, en plâtre, plafond (1685) pour Versailles ; *La Dordogne* et *La Garonne*, groupes bronze, Parterre d'eau, Versailles ; *J.-B. Colbert*, mort en 1683, et *L'Abondance*, deux statues marbre décorant le tombeau de Colbert, élevé d'après les dessins de Lebrun, Église Saint-Eustache, moulage de la statue de Colbert à Versailles ; *Louis XIV*, buste marbre, Dijon, commandé par le Parlement de Bourgogne en 1686 (attribué faussement à Girardon) ; *Génies, Amours, Naïades, Nymphes* et *Sylvains*, sept bas-reliefs pour Versailles (1686-1687) ; *Chapiteaux de marbre* pour Trianon (1687-1688) ; *Le Grand Condé*, buste marbre (attribué à Coysevox), Collection du baron Lambert de Rothschild, à Bruxelles ; *Le Grand Condé*, statue marbre, Chantilly (tête refaite par Louis-Pierre Deseine), moulage en plâtre à Versailles ; *J.-B. Lulli*, buste bronze, Église Notre-Dame des Victoires, sur le mausolée fait par Michel Cotton (1688) ; *Louis XIV, en pied, vêtu à la romaine*, érigé en 1689 dans la cour de l'Hôtel de Ville, bronze, aujourd'hui dans la Cour d'honneur de Carnavalet (une réplique de cette statue fut placée en 1697 sur la terrasse du château d'Ivry ; *Henry de Fourcy*, médaillon bronze, ornant jadis le piédestal de la statue précédente, plâtre à Versailles ; *Les Échevins de Paris, en charge en 1689*, médaillons bronze pour l'Hôtel de Ville ; *Gérard Audran, graveur*, buste, connu par une gravure de Nicolas Gabriel Dupuis ; *Louis XIV*, buste marbre (1690), provenant de Versailles, et qui se trouvait en 1807 en la possession du peintre Ph.-Aug. Hennequin, disparu depuis ; *Ornements du fronton du portail de l'église des Invalides*, et quatre statues de pierre : *La Justice, La Tempérance, La Prudence* et *La Force*, pour le fronton de la même église (1691) ; *Monument de Mazarin*, en collaboration avec Étienne Le Hongre et J.-B. Tuby (la signature de Coysevox est gravée sur la Statue de Mazarin et sur un ange tenant un faisceau, ainsi que sur *La Prudence*, l'une des trois statues de bronze assises au-dessous du sarcophage, les deux autres, *La Paix* et *La Fidélité* étant sans doute de ses collaborateurs, ainsi que les figures de marbre du faîte du monument) ; *La Justice soutenant le médaillon de François d'Argouges, premier président du Parlement de Bretagne*, bas-relief marbre, autrefois dans l'Église Saint-Paul, actuellement au Musée de Versailles ; *Monument du peintre Le Brun*, mort en 1690, à l'église Saint-Nicolas-du-Chardonnet : *La Peinture* et *La Religion*, deux figures marbre assises et buste marbre du peintre au pied d'un obélisque (plusieurs parties de cet ouvrage ont disparu) ; *Cheminée en marbre*, rue de Grenelle, pour l'abbé de Conque, aumônier de la reine (1693) ; *François de Créqui, maréchal de France*, buste marbre, à l'église Saint-Roch (fragment d'une statue sculptée en 1695 pour le mausolée du même, à l'église des Jacobins Saint Honoré) ; *Louis XIV*, bronze équestre (1695), érigé à Rennes en 1726, détruit à la Révolution, et dont deux bas-reliefs sont conservés au Musée de Rennes ; *Buste du duc de Chaulnes* ; *Monument de Ferdinand de Furstenberg*, stuc doré, autrefois dans l'église Saint-Germain-des-Prés ; *Vase de marbre*, pour Marly (1697-1698) ; *Buste de Louis Boucherat, Chancelier de France* ; *Sculptures, ornements*, pierre, dans l'église des Invalides (1693-1699), en collaboration ; *Saint-Athanase* et *Saint Grégoire de Nazianze*, pierre, façade de l'église des Invalides (1698-99) ; *Louis XIV*, buste bronze, Salon de 1699 ; *Marie-Thérèse, Le Grand Dauphin, Portrait de femme*, bustes marbre, Salon de 1699 ; *Édouard Colbert*, mort en 1699, médaillon marbre (peut-être de Nicolas Coustou), autrefois à l'église des Minimes ; *Mathieu Prior, poète anglais et diplomate*, buste marbre, offert par Louis XIV à Prior, secrétaire de l'ambassade d'Angleterre en 1699-1700, aujourd'hui à Westminster ; *Buste de Jean Racine* ; *Ange au casque*, bas-relief pierre, église des Invalides (1700-1701) ; *Monument d'André Le Nôtre* (le buste de marbre est à l'église Saint-Roch) ; *La Renommée* et *Mercure*, groupes équestres marbre, entrée du Jardin des Tuileries, côté Concorde, d'abord à Marly (1701-1702) ; *Le Grand Condé*, buste, Salon de 1704 (peut-être l'un des deux déjà cités) ; *Robert de Cotte, architecte*, buste marbre, Salon de 1704, Bibliothèque Sainte-Geneviève, moulage en plâtre à Versailles ; *Madame de la Ravois* et *chevalier de la Vallière*, bustes, Salon de 1704 ; *Buste de Turenne*, Salon de 1704 ; *Buste de Vauban*, Salon de 1704 ; *Vauban*, buste terre cuite ; *Monument de Nicolas de Bautru et de sa femme Marguerite-Thérèse*, orné des statues en marbre des époux, d'une *Victoire* en marbre et d'un bas-relief en plomb doré représentant le passage du Rhin au pont d'Altenheim, château de Serrant, Maine-et-Loire (1705) ; *Saint Charlemagne*, marbre, portail de l'église des Invalides (1700-1706) ; *Gérard Edelinck, graveur*, buste terre cuite ; *Neptune irrité, La Seine, Triomphe d'Amphitrite*, groupes marbre, pour Marly, aujourd'hui à Brest (1703-1707) ; *La Marne*, groupe marbre, pour Marly ; *Monument de Jules Hardouin-Mansard*, médaillon marbre, pour l'église Saint-Paul, magasins de l'église de Saint-Denis (1708) ; *Duc d'Antin*, buste marbre, exécuté pour l'Académie par le sculpteur à ses frais ; *Flore* et *Hamadryade*, groupes marbre, Jardin des Tuileries, autrefois à Marly (1708-1712) ; *Deux Centaures*, château de Plessis-Pâté, Monthléry (1709) ; *Buste d'Achille de Harlay* ; *Antoine Coypel, peintre et graveur*, buste marbre (1706 ou 1711) ; *Monument de Henri de Lorraine, comte d'Harcourt*, groupe marbre avec bas-relief plomb doré, érigé dans l'abbaye de Royaumont (1704-1711) aujourd'hui disparu ; *François du Vaucel* et *Madame du Vaucel*, bustes marbre, Collection de Jacques Doucet à Paris (1712) ; *Le Silence* et *La Modestie*, modèles de statues destinées à Versailles (1712-1713) ; *Buste d'Emmanuel-Théodore de la Tour d'Auvergne* ; *Louis XIV offrant le vœu de Louis XIII à la patronne de Paris*, statue marbre, à gauche de la *Descente de croix* de Nicolas Coustou, chœur de Notre-Dame de Paris, achevée en 1716 ; *Huit groupes d'enfants*, plomb, autrefois à Marly ; *Monument de la chancelière d'Aligre*, orné d'une statue à genoux ; *Le Génie de la Religion*, autrefois à l'Hôpital de la Miséricorde, à Paris ; *Monument du baron de Courchamps*, autrefois à l'église Saint-Germain-des-Prés ; *Diane*, statue, pour le château de Louveciennes (du Barry) ; *Buste de Charles II de Cossé* ; *Buste de J. B. de Fermelhuis* (médecin et biographe de Coyzevox) ; *Cardinal Louis-Antoine de Noailles*, buste marbre, moulage à Versailles ; *Buste du duc de Richelieu* ; *Cardinal de Polignac*, buste marbre, château de Canappeville, Eure (1718) ; *Duc de Villars*, buste ; *Quatre personnages inconnus*, bustes marbre, autrefois au château de Plessis-Pâté ; *Empereurs, Capitaines, Orateurs* et *Philosophes*, bustes d'après l'antique, dispersés dans plusieurs cours d'Europe ; *Bas-reliefs*, ornant jadis une maison rue du Grand-Chantier, à Paris ; Trois bustes de *Louis XV*, dont l'un à l'âge de sept ans ; *La Vierge et l'Enfant Jésus*, groupe marbre (attribué à Coysevox), église Saint-Paul-Saint-Louis à Paris ; une *Vierge* de marbre, remise en 1802 à l'ancienne église des Jésuites, et qui est peut-être la même que la précédente ; *La Vierge couronnée par l'Enfant Jésus*, bas-relief marbre (attribué à Coysevox), Église de Sceaux ; *Licorne terrassant un Dragon* et *Molosse étranglant un loup*, groupes pierre, château de Sceaux ; *Apothéose de Jupiter* et *Apothéose de Junon*, groupes marbre.

Un portrait de Coysevox, peint en 1702 par Hyacinthe Rigaud, a été gravé en 1708 par Jean Audran. Le Musée de Versailles en possède un autre, provenant de l'ancienne Académie, par Gilles Allou. Entre 1701 et 1702, Coysevox sculpta *La Renommée* et *Mercure*, deux groupes équestres, taillés dans des blocs de marbre blanc de quatre mètres de haut, qui furent érigés en 1702 sur la terrasse de l'abreuvoir de Marly. Une inscription atteste que « les deux groupes ont esté faites en deux ans ». Ils furent payés quarante mille livres. En 1719, on les transporta à Paris, à l'entrée du jardin des Tuileries, côté de la Place de la Concorde, où on les admire encore. Pour les remplacer à Marly, on commanda à Guillaume Coustou les deux groupes des *Chevaux de Marly*, qui devaient eux-mêmes revenir à Paris en 1794, à l'entrée des Champs-Élysées, comme si la destinée s'était complu à rapprocher définitivement ces deux souvenirs caractéristiques de la renommée associée de l'oncle et du neveu. Du neveu il a pu être dit que dans une époque de grand style, une carrière officielle n'était pas incompatible avec le talent ; à plus forte raison peut-on le confirmer concernant Coysevox, même si, comme Coustou, lui aussi fut souvent requis par des travaux ornementaux. Si Coustou eut à situer sa place historique en trouvant un élégant équilibre entre pureté classique et dynamisme baroque, dans un moment et un style de transition, le cas d'Antoine Coysevox est beaucoup plus clair puisque c'est précisément lui qui, en sculpture, représente éminemment l'époque et le style classiques. ■ J. B.

Musées : Amiens : *Le Régent Philippe d'Orléans* 1715 ?, buste en marbre – Chantilly (Mus. du Château) : *Le Grand Condé*, médaillon en bronze doré – *Le Grand Condé*, buste en terre cuite – Londres (coll. Wallace) : *Buste en marbre de Louis XIV*, attribué à Coysevox – *Charles Le Brun*, buste de terre cuite – Paris (Mus. du Louvre) : *Buste en marbre d'Antoine Coyzevox, par lui-même* 1678 – *Charles Le Brun* 1679, buste en marbre – *Nymphe à la coquille* 1683-1685, marbre, provenant du Bassin de Latone – *Michel Le Tellier*, buste en bronze – *Vénus accroupie, ou pudique* 1686, marbre pour Versailles – *Le Grand Condé*, buste en bronze – *Monument de François d'Argouges* 1692-1693, érigé autrefois dans l'église du Collège des Quatre Nations – *Le Rhône*, marbre, pour Saint-Cloud – *Marie Serre, mère du peintre Rigaud* 1706, buste en marbre, pour l'Ancienne Académie – *Un berger et un petit satyre* 1709, groupe en marbre, pour Marly – *Marie-Adélaïde de Savoie* 1710, statue de marbre – Paris (Bibl. Sainte-Geneviève) : *Charles-Maurice Le Tellier, archevêque de Reims*, buste en marbre – *Robert de Cotte, architecte* Salon de 1704, buste en marbre – *Jules Hardouin-Mansard*, buste – Paris (Mus. du Théâtre de la Comédie française) : *Antoine Coyzevox*, buste en marbre, porte une inscription le désignant par erreur comme représentant Lulli – Rennes : *deux bas-reliefs du bronze équestre de Louis XIV* – Versailles : *J.-B. Colbert*, buste en marbre – *Louis XIV* 1678-1681, buste en marbre – *La Justice soutenant le médaillon de François d'Argouges, premier président du Parlement de Bretagne*, bas-relief en marbre – *Vauban*, buste en marbre – *Marie-Adélaïde de Savoie* 1710, buste en marbre – *Castor et Pollux* 1712, groupe en marbre d'après l'antique – *Cardinal Louis-Antoine de Noailles*, moulage – *Louis XV*, buste en marbre.

Ventes Publiques : Paris, 1896 : *Tombeau de Marie Le Camus*, dess. à la pl. avec reh. d'encre de Chine : **FRF 150** – Paris, 27 mars 1933 : *Buste de Mme du Vaucel*, marbre blanc : **FRF 10 000** – Paris, 21 mars 1968 : *Louis XIV de profil, à droite*, médaillon en marbre blanc : **FRF 30 000** – Paris, 23 juin 1969 : *Homme de profil*, médaillon en marbre blanc : **FRF 22 000** – Paris, 14 juin 1978 : *Louis XIV de profil vers la droite* 1692, médaillon, marbre blanc (H. 77 et l. 67) : **FRF 32 000** – Paris, 1er juil. 1987 : *Buste de Louis XV enfant* 1719, terre cuite (H. 62) : **FRF 67 000**.

COYSEVOX Guillaume
Né en 1652 à Lyon. xviie siècle. Français.
Sculpteur.

Né à Lyon en 1652, il est le frère d'Antoine, son aîné de douze ans. Il est fait mention de lui dans l'acte de baptême du 29 novembre 1677, de Guillaume Coustou, son neveu (fils de sa sœur Claudine qui avait épousé le maître menuisier et sculpteur en bois François Coustou). Il y figure comme parrain, avec la désignation de sculpteur. Il est curieux de relever sur cet acte le nom de la marraine : Benoiste Bourdy (ou Bourdict), probablement de la famille du sculpteur Pierre Bourdy, dont la sœur Claude devait, la même année ou deux ans plus tard, épouser Antoine Coyzevox, veuf de Marguerite Quillerier. Guillaume Coyzevox ne semble pas avoir quitté sa ville natale, où il exerça sans doute l'art de la sculpture au cours de la seconde moitié du xviie siècle.

COYSEVOX Pierre
Né à Dampierre-sur-le-Doubs près de Montbéliard. Mort à Lyon. xviie siècle. Français.
Sculpteur.

Il fut le père d'Antoine Coysevox.

COYTE J.
xviiie siècle. Actif à Londres vers 1787. Britannique.
Graveur.

On connaît de lui un portrait de l'acteur J. Henderson.

COYTEUX-THIERY Marie
Née à Paris. xxe siècle. Française.
Peintre de paysages.

Entre 1921 et 1932, elle a participé au Salon d'Automne et au Salon des Artistes Indépendants à Paris.

COYZEVOX. Voir **COYSEVOX**

COZA Giovanni Pietro
xviie siècle. Actif à Udine vers 1631. Italien.
Peintre.

COZAL Henri Robert. Voir **HENRI Robert**

COZE-DABIJA Paul Jean
Né à Beyrouth. xxe siècle. Libanais.
Peintre de genre, portraits, animaux, nus, paysages, natures mortes.

À partir de 1922, il a participé au Salon de la Société Nationale des Beaux-Arts et à celui des Artistes Indépendants à Paris. Parmi ses nombreux sujets traités, on remarque des figures de Peaux-Rouges.

COZENS Alexander
Né au début du xviiie siècle en Russie. Mort le 23 avril 1786 à Londres. xviiie siècle. Britannique.
Peintre de paysages, aquarelliste, dessinateur.

Cozens était le fils naturel de Pierre le Grand de Russie et d'une Anglaise de Deptford, et, quoique né dans le pays slave, il ne montra ni dans son caractère, ni dans ses œuvres, aucune trace de son origine moscovite. Il étudia la peinture en Italie, et, en 1746, vint en Angleterre, où il résida jusqu'à la fin de ses jours. Il exposa à la Free Society of Artists, et à la Royal Academy, entre 1760 et 1781. Cozens enseigna et écrivit sur l'art. Il eut une très importante activité de professeur. Un de ses meilleurs élèves, William Beckford, le décrit comme « *aussi rempli de systèmes que l'univers* ». La critique moderne a en effet de nouveau porté son attention sur les, pour l'époque, très curieux principes pédagogiques de Cozens. Son premier ouvrage traitait des vingt-cinq variétés du ciel ; un autre de trente-deux variétés d'arbres ; en 1778, il publiait *Principes de beauté relatifs à la tête humaine*. Mais avant tout, c'est sa *Nouvelle méthode pour aider l'imagination à composer un paysage* (1785), qui constitue une remarquable démarche pour le développement de la créativité. Il part d'une idée développée par Léonard de Vinci, qui conseillait de fixer les taches d'humidité des murs et de s'efforcer d'y déchiffrer des formes et de les développer. Cozens déconseille le dessin d'imitation et invite les artistes à tacher préalablement presque au hasard, leur papier, à l'aide d'un gros pinceau par exemple, puis de dégager à partir de cette tache, « *par un léger appoint de dessin* », les traits d'un paysage, auxquels on peut encore ajouter personnages et animaux. Il paraît évident que Cozens connaissait des lavis chinois, qui procédaient de techniques comparables. Ceux qui croyaient moquer sa démarche, en l'accusant d'obtenir ses tachages par pliages de la feuille préalablement couverte d'encre fraîche, en démontraient d'autant plus la hardiesse. Pour retrouver semblable utilisation du hasard dirigé, il faudra attendre les monotypes de Degas, avant la considérable prolifération de ce que l'on appellera le paysagisme abstrait de la seconde moitié du XXe siècle.

Bibliogr. : Anita Brookner, in : *Dictionnaire de l'art et des artistes*, Hazan, Paris, 1967.

Musées : Londres (Victoria and Albert Mus.) : *Paysage montagneux*, sépia – *Paysage, ruines et montagnes* – Londres (British Mus.) : dessins – Manchester : *Près de Chamonix*, aquar.

Ventes Publiques : Londres, 1er août 1922 : *Les bords d'un lac*, dess. : **GBP 9** – Londres, 1er-2 juin 1927 : *Paysage de montagne*, encre de Chine et lav. de sépia : **GBP 19** – Londres, 27 jan. 1928 : *Paysage*, lav. d'encre de Chine : **GBP 6** – Londres, 11 juil. 1928 : *Paysage*, aquar. : **GBP 5** – Londres, 18 mars 1980 : *Une tour au bord d'un lac*, cr. et lav./pap. (9,5x15,2) : **GBP 450** – Londres, 5 juil. 1984 : *Paysage montagneux*, lav. de brun (20x30) : **GBP 7 500** – Londres, 8 juil. 1986 : *Paysage fluvial*, pinceau et lav. gris (15,2x19,5) : **GBP 900** – Londres, 19 fév. 1987 : *Bords de lac*, encre brune et lav./traits de cr. (9,5x16) : **GBP 1 900** – Londres, 8 nov. 1995 : *Paysage côtier avec des bâtiments dans un port*, h/t (64,5x89) : **GBP 162 100** – Londres, 9 avr. 1997 : *Après la pluie* vers 1756, h/pap. (30,5x23,5) : **GBP 430 500** – Londres, 12 nov. 1997 : *Le Lever du soleil*, h/pap. (242x308) : **GBP 199 500**.

COZENS John Robert

Né en 1752 à Londres. Mort vers 1799 en Angleterre. XVIIIe siècle. Britannique.

Peintre de paysages, aquarelliste, dessinateur.

John Robert était le fils d'Alexander Cozens. Il avait fait de nombreux voyages en Italie en compagnie de son père, mais aussi de l'écrivain William Beckford. En 1794, il devint fou. Il exposa peu d'œuvres.

Il peignit des paysages avec sentiment, choisissant de préférence des sites d'un caractère mélancolique et tendre. L'originalité de cet aquarelliste vient de sa conception personnelle de la couleur, qui le rapproche parfois de Turner. Une certaine noblesse, et une élégante simplicité forment l'essence de l'œuvre de cet artiste qui osa transcender la plate réalité du paysage. Il sait aussi éliminer tous les petits détails encombrants et nuisibles, en particulier au rendu de l'âpreté sauvage des montagnes suisses, qu'il connaît bien pour y avoir séjourné assez longtemps. Ce sont, sans doute, ces diverses qualités qui ont incité Constable à écrire, non sans exagérer, que J. R. Cozens était « l'un des plus grands génies qui aient touché au paysage ».

Bibliogr. : F. Fosca : *Le XVIIIe siècle de Watteau à Tiepolo*, Skira, Genève, 1952.

Musées : Dublin : *La Dent du Midi*, aquar. – *La baie de Naples*, aquar. – *Vue dans Piémont*, aquar. – Londres (Victoria and Albert Mus.) : *Castel Gandolfo et lac d'Albano, près Rome* – *Lac de Nemi* – *Côtes d'Italie, près Salerne* – *Ruisseaux sinueux dans une vallée* – *Genève vu du nord-ouest* – *Lac de Nemi* – *Vue entre Lauterbrunnen et Grindelwald* – *Santa Giustina, Padoue* – *Vue entre Bolsano et Trente* – *Côtes d'Italie entre Vietri et Salerne* – *Le Vésuve* – Manchester : *Lac d'Albano, au loin la baie de Naples* – *Le Valais Suisse* – *Lac d'Albano, avec le château Gandolfo, l'ancienne résidence d'été des papes* – *Vue de la campagne* – *Lac Nemi* – *Les collines Euganeau*.

Ventes Publiques : Londres, 13 avr. 1908 : *Borrowdale*, dess. : **GBP 5** – Londres, 16 fév. 1922 : *La Grande Chartreuse*, aquar. : **GBP 60** – Londres, 25 nov. 1927 : *La Grande Chartreuse*, dess. : **GBP 115** – Londres, 9 juil. 1928 : *Le Coliseum à Rome* 1780, dess. : **GBP 52** – Londres, 20 juil. 1928 : *Sallenche, Haute-Savoie* 1778, dess. : **GBP 131** – Londres, 10 nov. 1933 : *La Marina près de Viki*, dess. : **GBP 147** ; *La baie de Salerne*, dess. : **GBP 68** – Londres, 4 avr. 1935 : *Le Tyrol*, aquar. : **GBP 240** ; *Le Temple de Minerve à Rome*, aquar. : **GBP 130** – Londres, 16 mai 1946 : *Vue de Rome, du Tibre* : **GBP 36** – Londres, 30 nov. 1960 : *La chute d'eau de Lodore, Westmoreland*, dess. : **GBP 2 200** – Londres, 26 juil. 1961 : *Le lac de Nemi*, aquar. : **GBP 620** – Londres, 13 juil. 1966 : *Vue de la vallée de Oberhasli* : **GBP 1 000** – Londres, 24 nov. 1977 : *Isola Bella, Lac Majeur*, aquar. (44x61,5) : **GBP 23 000** – Londres, 13 déc. 1979 : *Cetara, golfe de Salerno*, aquar. et cr. (37x53, 5) : **GBP 35 000** – Londres, 13 déc 1979 : *Bords de l'Arve, Savoie*, dess. au lav. (24,2x37) : **GBP 6 000** – Londres, 19 mars 1981 : *Le château de Saint Elmo, Naples* 1790, aquar. sur trait de cr. (30,5x45) : **GBP 27 000** – Londres, 17 nov. 1983 : *View from inside a cave* 1778, aquar. (38x51) : **GBP 28 000** – Londres, 15 mars 1984 : *Vue de l'île d'Elbe* 1792, aquar. (37,5x53,5) : **GBP 22 000** – Londres, 19 nov. 1985 : *View from Sir William Hamilton's villa at Portici*, aquar. et cr. (26,3x37,5) : **GBP 38 000** – Londres, 16 juil. 1987 : *Rome from the villa Mellini*, aquar. et cr. (45x61,5) : **GBP 15 000**.

COZENS William

XIXe siècle. Actif à Avelay (Essex). Britannique.

Peintre.

Il exposa entre 1820 et 1828 à la Royal Academy, des paysages et des peintures d'animaux.

COZETTE Charles

Né en 1713 à Paris ou à Vitry. XVIIIe siècle. Vivait encore en 1797. Français.

Peintre.

Musées : Tours : *Bataille* – Versailles : *Louis XV* – *Louis XV* – Versailles (Trianon) : *Marie-Thérèse, impératrice d'Allemagne* – *Joseph II, empereur d'Allemagne*.

COZETTE Pierre François

Né en 1714 à Paris. Mort en 1801 à Paris. XVIIIe-XIXe siècles. Français.

Peintre de portraits, cartons de tapisseries.

Il fut l'élève de Parrocel. En même temps qu'il travaillait pour la Manufacture de tapisserie des Gobelins, il exécuta les portraits des principaux membres de la famille royale française.

Ventes Publiques : Paris, 22 mai 1895 : *Portrait présumé de Marie-Gabriel, comte de Choiseul, à l'âge de dix ans* ; *Marie-Gabrielle de Saint-Sénity, duchesse de Grammont-Caderousse*, ensemble : **FRF 75 000**.

COZIC Monique et Yvon

Monique, née en 1944 à Montréal (Québec), Yvon, né en 1942 à Saint-Servant (Morbihan). XXe siècle. Canadiens.

Peintres, sculpteurs d'assemblages, environnements. Polymorphe.

Depuis 1968, ils travaillent en totale collaboration, assemblant des objets solides jetés au rebut et ramassés par eux, et utilisant souvent des sortes de peluches pour créer des rapports entre dur et mou. Plus tard, il en vinrent au rituel de l'emballage, différent de celui de Christo par l'intervention de fermetures Éclair, de cordes à linge. D'une façon générale, flirtant avec l'art pauvre, avec l'art conceptuel, non exclusifs d'autres expérimentations, ils interviennent sur l'environnement préexistant, plus qu'ils ne créent des environnements. Ce phénomène d'intervention, internationalement répandu pendant quelques années, a été mis en valeur à la Biennale de Paris en 1971, où toute une section lui était consacrée. Leur art personnel frappe par sa joyeuseté, leurs interventions sont le plus souvent pleines d'humour, ce qu'exprime Guy Robert, dans une réflexion sur l'art au Québec : « Ils esquissent ainsi une nouvelle approche de l'écologie, sous le signe heureux de la fête, d'une fête qui peut prendre à l'occasion des airs de carnaval de peluche, de mémoire liquide et de cérémonial chiffré ». Leurs travaux très variés sont issus d'une alternance incessante d'attitudes devant leurs propres humeurs, les circonstances et les matériaux. Ils produisent soit des séries à dominante plastique, non totalement étrangères à l'abstraction géométrique ou minimaliste : *Surfaces, Cylindres, Surfacentres, Pliages*, soit des séries à dominante sensorielle, écologique ou sociologique, non plus des surfaces visuelles comme ci-dessus, mais des surfaces à participation, des surfaces « à boxer, à caresser, à embrasser » : *Objets critiques, Vêtir ceux qui sont nus*. Quoi qu'ils touchent, qu'ils manipulent, transforment, créent, par rapport à leurs référents culturels d'époque, de mode, on ne sait s'ils y adhèrent sans réserves ou bien s'ils ironisent, à moins, plus simplement, qu'ils ne s'y amusent sans complexe, pratiquant dans leur vaste domaine d'intervention leur propre « gai savoir ». ■ J. B.

Bibliogr. : In : *Les vingt ans du musée à travers sa collection*, Mus. d'Art Contemp., Montréal, 1985.

Musées : Montréal (Mus. d'Art Contemp.) : *Surfacentre 13* 1977.

COZIC Yvon. Voir **COZIC Monique** et **Yvon**

COZIER Claude

XVIe siècle. Français.

Sculpteur.

Il résida à Lyon de 1564 à 1566 et fournit son concours pour les fêtes données à l'occasion de l'entrée de Charles IX.

COZIER Pierre
XVIe siècle. Français.
Sculpteur.
Il travailla à Lyon, de 1584 à 1592 ; c'était probablement un parent du précédent.

COZLIN Joseph
Né à Lyon. Mort en 1896. XIXe siècle. Français.
Sculpteur.
Élève de Fabisch. Exposa au Salon à partir de 1876. Il n'a guère exécuté que des bustes et des médaillons.

COZZA Adolfo, conte
Né en 1848 à Orvieto. Mort en 1910 à Rome. XIXe-XXe siècles. Italien.
Sculpteur, peintre, architecte et ingénieur.
Il fut l'élève du sculpteur Giovanni Dupré à Florence. Très jeune il exécuta des statues pour le portail de la cathédrale d'Orvieto. Il collabora également à l'érection du monument funéraire à Victor-Emmanuel. Il réalisa son œuvre la plus importante à la villa Borghèse, où on lui doit des décorations peintes et sculptées.

COZZA Carlo
Né vers 1700 à Ferrare. Mort en 1769 à Ferrare. XVIIIe siècle. Italien.
Peintre d'histoire.
Carlo fit son éducation artistique près de son père Giovanni Battista Cozza. Il travailla pour les églises de sa ville natale. Il suivit la manière de son père.

COZZA Francesco
Né en 1605 à Stilo dans la Calabre. Mort le 11 janvier 1682 à Rome. XVIIe siècle. Italien.
Peintre de sujets religieux, portraits, paysages, graveur.
Disciple et compagnon fidèle de Domenichino, ce peintre termina plusieurs ouvrages laissés inachevés par le maître. D'après Lanzi, il sembla hériter de ses principes plutôt que de son élégance. *Une Vierge de la Rançon*, qu'il peignit pour l'église de Santa Francesca Romana à Rome, paraît être un de ses plus beaux tableaux. Il vécut presque toute sa vie dans cette ville. Son œuvre n'a fait l'objet d'études sérieuses qu'à partir des années 1960. On a remarqué que son style a évolué d'un archaïsme à la manière de Sassoferrato, vers un art plus baroque d'après les exemples de Lanfranc et de Mattia Preti. Ses deux versions de *Agar et Ismaël*, de 1664 et 1665, sont remarquables pour le charme de leur paysage. À la fin de sa carrière, il peignit de vastes décorations murales dans les Palais Pamphili et Altieri. On lui doit aussi des gravures au burin.
Bibliogr. : Catalogue de l'exposition : *Le Caravage et la peinture italienne du XVIIe siècle*, Musée du Louvre, Paris, 1965.
Musées : Amsterdam (Rijksmuseum) : *Agar et Ismaël* 1665 – Copenhague (Mus. roy.) : *Agar et Ismaël* 1664 – Rome (Gal. Doria Pamphili) : *Vue près de Sainte-Marie, à Rome – Pont rustique de la campagne romaine.*
Ventes Publiques : Londres, 14 fév. 1968 : *Vierge à l'Enfant* : **GBP 550** – Londres, 27 mai 1977 : *Le Triomphe de David*, h/t (38x61) : **GBP 2 200** – Rome, 28 mai 1982 : *Vénus*, h/t (126,5x177) : **ITL 6 000 000** – Londres, 4 avr. 1984 : *Jeune paysanne avec une fleur*, h/t (63x50) : **GBP 4 500** – Paris, 15 déc. 1987 : *Agar et l'ange*, h/t (75x55,5) : **FRF 351 000** – New York, 2 juin 1989 : *Agar et l'ange*, h/t (75x56) : **USD 74 250** – New York, 12 oct. 1989 : *La mort de Cléopâtre* 1662, h/t (95x132) : **USD 14 300** – Rome, 27 nov. 1989 : *Paysage classique avec une chasse au sanglier*, h/t (88x123) : **ITL 23 000 000** – New York, 1er juin 1990 : *La fille du pharaon trouvant Moïse dans les roseaux*, h/t (32x51) : **USD 60 500** – Rome, 24 nov. 1992 : *La fuite en Égypte*, h/t (71,5x60) : **ITL 23 000 000.**

COZZA Giovanni
XVIIIe siècle. Actif à Vicence. Italien.
Peintre.
L'église S. Chiara à Vicence possède plusieurs peintures de cet artiste, représentant des *Scènes de la Passion*. On peut se demander s'il ne s'agit pas de Giovanni Battista Cozza.

COZZA Giovanni Battista
Né en 1676 à Milan. Mort en 1742 à Ferrare. XVIIIe siècle. Italien.
Peintre d'histoire.
Ce peintre vint très jeune à Ferrare, où son talent obtint une approbation chaleureuse du public. Cozza exécuta plusieurs tableaux pour les églises de sa ville d'adoption, notamment pour la cathédrale, où l'on voit une *Immaculée Conception*, et pour Santa Lucia, qui conserve une *Annonciation*. L'église des Ognissanti et celle de San Guglielmo possèdent chacune un tableau de Cozza.

COZZA Liberale
Mort en 1821 à Venise. XIXe siècle. Italien.
Peintre.
Il existe des œuvres de cet artiste à l'église San Fantino à Venise.

COZZA Lorenzo
XIXe-XXe siècles. Actif à Rome. Italien.
Sculpteur.
Il était le fils d'Adolfo Cozza.

COZZALE Grazio ou **Cossale**. Voir **COSSALI**

COZZARELLI Giacomo di Bartolomeo di Marco
Né en 1453 à Sienne. Mort en 1515 à Sienne. XVe-XVIe siècles. Italien.
Sculpteur, architecte.
Il fut élève de Francesco di Giorgio. Le Musée du Louvre et le Kaiser Friedrich Museum de Berlin possèdent des sculptures de cet artiste qui fut surtout connu comme architecte. D'autres sources nous l'indiquent au contraire comme ayant été plus connu en tant que sculpteur. Il travailla surtout à Sienne, élevant l'église du couvent de l'Observance et peut-être le Palazzo del Magnifico, dont, en tout cas, il exécuta les ornements en bronze de la façade. On lui attribue de nombreuses statues de bois : *Saint Nicolas de Tolentino* à Sienne, et des terres cuites.

COZZARELLI Guidoccio di Giovanni
Né en 1450. Mort en 1517. XVe-XVIe siècles. Italien.
Peintre de sujets religieux, portraits, miniaturiste.
Il prit part à l'exécution des livres de chœur pour la cathédrale de Sienne, en 1481. On lui attribue au surplus un grand nombre de portraits et de peintures religieuses dont certaines sont conservées dans des églises de Sienne.
Musées : Sienne.
Ventes Publiques : Londres, 2 mai 1930 : *La Vierge et l'Enfant* : **GBP 78** – Londres, 18 déc. 1931 : *La Vierge et l'Enfant* : **GBP 52** – Londres, 25 fév. 1938 : *Crucifixion* : **GBP 94** – Londres, 14 mai 1971 : *La Vierge et l'Enfant entourés de saints personnages* : **GNS 2 600** – Milan, 4 déc. 1980 : *La justice de Trajan*, temp./pan. (40x124) : **ITL 20 000 000** – Paris, 31 mai 1988 : *La visitation*, h/pan., tondo (diam. 16,7) : **FRF 110 000** – New York, 6 oct. 1995 : *La fuite en Égypte*, temp./pan. (28,6x57,2) : **USD 79 500.**

COZZENS Frederic Schiller
Né le 11 octobre 1846 à New York. Mort le 29 août 1928 à Livingstone (Staten Island). XIXe-XXe siècles. Américain.
Peintre aquarelliste de paysages, marines.
Il a très régulièrement exposé à l'American Watercolor Society Exhibition à partir de 1880 et à la National Academy of Design en 1881.
Ventes Publiques : New York, 2 fév. 1979 : *Le « Emma Knowlton » en mer*, aquar./pap. (49x73,6) : **USD 1 500** – New York, 27 mars 1981 : *Voilier en mer* 1904, aquar. et cr. (34,2x25,4) : **USD 1 600** – New York, 28 sep. 1983 : *Les régates* 1890, aquar. et gche (34,5x54,6) : **USD 4 000** – New York, 12 fév. 1985 : *New Amsterdam*, aquar. (31x100) : **USD 6 000** – New York, 1er oct. 1987 : *The Narrow of New York* 1887, aquar./pap. mar./cart. (42x74,2) : **USD 6 500** – New York, 14 fév. 1990 : *Le long du canal* 1913, aquar./pap./cart. (25,5x39) : **USD 1 650** – New York, 30 mai 1990 : *Voiliers* 1922, aquar. et cr./pap. (45,5x68,6) : **USD 2 640** – Londres, 30 mai 1990 : *Yacht américain de compétition* 1884, aquar./cr. (29x49) : **GBP 1 980** – New York, 3 déc. 1992 : *Les brisants à marée basse* 1895, aquar./pap. (36,2x54,6) : **USD 1 650** – New York, 4 juin 1993 : *Filets remontés* 1887, encre, gche et cr./pap. (30,5x26) : **USD 3 738** – New York, 31 mars 1994 : *Le matin dans la baie de New York* 1883, aquar./pap./cart. (27,3x37,5) : **USD 4 945** – New York, 20 mars 1996 : *Barque apportant les vivres à bord* 1883, aquar. et cr./pap. (38,1x28,6) : **USD 1 840.**

COZZI Francesco di Giampietro
Né à Vicence. XVe siècle. Italien.
Sculpteur.
Il travailla entre 1455 et 1464 pour plusieurs églises vénitiennes.

COZZI Giuseppe
XIXe siècle. Actif à Milan. Italien.
Graveur.
Il fut l'élève de G. Longhi. On cite ses planches d'après Rembrandt, Bezzuoli, Locatelli.

COZZI Marco da Vicenza
XVe-XVIe siècles. Actif à Venise. Italien.
Sculpteur.
Il était peut-être le neveu de Marco di Giampietro. On sait qu'il travailla vers 1488 pour l'église San Stefano à Venise.

COZZI Marco di Giampietro
Né à Vicence. Mort en 1485 à Venise. XVe siècle. Italien.
Sculpteur.
Il fut le collaborateur entre 1465 et 1474 de son frère Francesco. Entre 1474 et 1477 il travailla avec son fils Giovanni pour la cathédrale de Spilimbergo (Frioul).

COZZOLINO Ciro
Né à Naples. XIXe-XXe siècles. Italien.
Peintre de paysages.
Il fut élève de Morelli et Palizzi. Il a exposé en 1921 au Salon des Artistes Français, à Paris.
Ventes Publiques : Berne, 26 oct. 1988 : *Une allée en automne*, h/pan. (24x33) : **CHF 700.**

COZZOLINO Salvatore
Né en 1857 à Naples. XIXe siècle. Italien.
Peintre de genre, intérieurs, intérieurs d'églises.
On mentionne de lui : *La cuisine militaire*, *L'intérieur de l'église de San Mauro*, exposés à Milan, en 1883.
Ventes Publiques : Milan, 16 mars 1993 : *Jeune paysanne entourée de poules*, h/t (60x45) : **ITL 5 500 000.**

CPLY. Voir **COPLEY William**

CRAAG Geneviève Marie
XXe siècle. Française.
Peintre de paysages.
Elle exposa à Paris au Salon de la Nationale des Beaux-Arts en 1935.

CRAAZ Gottfried
XVIIIe siècle. Actif à Augsbourg vers 1750. Allemand.
Dessinateur.
J. G. Ortel grava des dessins d'ornement d'après cet artiste.

CRAB Bernard
Né en 1944 à Louvain. XXe siècle. Belge.
Graveur.
Élève à l'Académie des Beaux-Arts de Louvain et à l'Institut Saint-Luc de Schaerbeek, il a pratiqué la gravure selon plusieurs techniques : l'eau-forte, la pointe sèche, la sérigraphie.

CRABB J.
XIXe siècle. Britannique.
Peintre de natures mortes, fleurs.
Il exposa à Londres, entre 1811 et 1834.

CRABB W. A.
XIXe siècle. Britannique.
Peintre de natures mortes, fleurs.
Il exposa à Londres entre 1829 et 1859.

CRABB William
Né en 1811 en Écosse. Mort en 1876. XIXe siècle. Britannique.
Peintre.
Il vécut longtemps à Londres où il exposa entre 1848 et 1863 des paysages et des portraits. Sinclair grava, d'après lui : un *Portrait du général Havelock*.

CRABBE Gillis
XVe siècle. Actif à Malines vers 1458. Éc. flamande.
Peintre.

CRABBE Herbert
XIXe siècle. Actif à Beckenham. Britannique.
Peintre.
Il exposa à la Royal Academy entre 1885 et 1890.

CRABBE Pieter
Né en 1563 à Malines. Mort après 1621. XVIe-XVIIe siècles. Éc. flamande.
Peintre.

CRABBE Van Espleghem Frans, dit **le Maître à l'Écrevisse**
Né vers 1480 à Malines. Mort en 1552 à Malines. XVIe siècle. Éc. flamande.
Peintre, graveur.
Fils du peintre Jan Crabbe ; il entra, en 1501, dans la gilde de Malines ; il peignit un triptyque à l'œuf pour les Franciscains de Malines. Il peignit aussi, pour l'église de Hanswyck extra-muros, des *Scènes de la vie de Marie* ; pour Notre-Dame de la Dyle, en 1540, *Une fuite en Égypte*. Comme graveur, il est appelé le Maître à l'Écrevisse parce que ses œuvres sont signées d'une écrevisse. Il eut pour élève Frans Verbeek. Peut-être peut-on l'identifier avec un *Frans Minnebroer*, signalé par Mander comme vivant à Malines en 1539 et 1540 et dont on ne trouve nulle autre trace. Son fils Jan, peintre, mourut à Malines, le 13 février 1576.

Musées : Bruxelles : *La femme adultère* – *Saint Corneille et saint Josse*, grisaille, douteux.
Ventes Publiques : Amsterdam, 14 nov. 1988 : *Esther devant Assuérus*, encre (26,1x19,4) : **NLG 379 500** – Paris, 20 juin 1997 : *Hercule enfant étouffant deux monstres*, pl. et encre brune (16x17,3) : **FRF 47 000.**

CRABBE Van Espleghem Jan I
Né à Malines. Mort avant 1504 à Malines. XVe-XVIe siècles. Éc. flamande.
Peintre.

CRABBE Van Espleghem Jan II
Mort en 1576 à Malines. XVIe siècle. Éc. flamande.
Peintre.
Il était le petit-fils de Jan I.

CRABBELS Florent Nicolas
Né en 1821 ou 1829 à Anvers. Mort en 1896 à Anvers. XIXe siècle. Éc. flamande.
Peintre de genre, paysages, graveur.
Ses œuvres sont à Bruxelles.

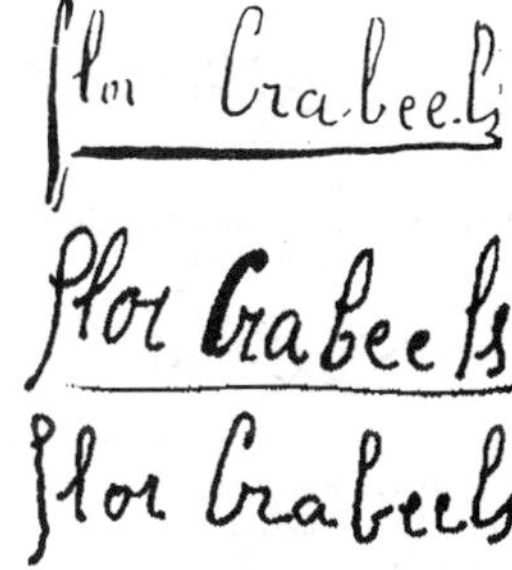

Musées : Anvers : *Bruyère au printemps* – *Dans la campagne, fin d'automne* – Bruxelles : *La saison du regain* – Montréal : *Un débit de bière à Anvers.*
Ventes Publiques : Bruxelles, 14 déc. 1971 : *Dimanche à la campagne* : **BEF 18 000** – Anvers, 10 oct. 1972 : *La Terrasse* : **BEF 19 000** – Copenhague, 2 nov. 1978 : *Scène de rue, Anvers* 1856, h/t (42x57) : **DKK 52 000** – Bruxelles, 18 fév. 1982 : *Berger au milieu de ses moutons*, h/t (24x16) : **BEF 16 000** – Lokeren, 25 fév. 1984 : *Kermesse villageoise*, h/t (36x50) : **BEF 220 000** – Lokeren, 16 fév. 1985 : *Le café en plein air*, h/t (20x31) : **BEF 100 000** – New York, 29 oct. 1987 : *Rixe devant l'auberge*, h/pan. (49,5x68,9) : **USD 10 500** – Lokeren, 5 mars 1988 : *Le berger*, h/t (35,5x25) : **BEF 60 000** – Lokeren, 8 oct. 1988 : *La lande*, h/pan. (22,7x33) : **BEF 40 000** – Londres, 6 juin 1990 : *Scène de marché*, h/t (41x52) : **GBP 5 280** – Londres, 4 oct. 1991 : *Repas à l'auberge* 1856, h/t (42x57,1) : **GBP 4 400** – New York, 17 oct. 1991 : *La kermesse* 1851, h/pan. (68,9x83,8) : **USD 36 300** – Lokeren, 23 mai 1992 : *Paysage animé*, h/pan. (31x40) : **BEF 105 000** – Londres, 16 juin 1993 : *La kermesse* 1851, h/pan. (70x84) : **GBP 27 600** – Londres, 16 nov. 1994 : *Jour de marché*, h/t (53x69) : **GBP 5 520** – Londres, 11 avr. 1995 : *Fête de village*, h/t (37x46) : **GBP 6 325** – Amsterdam, 11 avr. 1995 : *Dimanche après-midi*, h/pan. (37,5x51) : **NLG 9 204** – Lokeren, 18 mai 1996 : *Coucher de soleil*, h/t (56x71) : **BEF 60 000.**

CRABETH Adrian Pietersz
Mort avant le 17 mai 1553 à Autun (Saône-et-Loire). XVIe siècle. Hollandais.

Peintre de sujets religieux, portraits, aquarelliste, dessinateur.

Il est le frère aîné de Dirck et de Wouter Pietersz I Crabeth. Il fut élève de Jean Sward de Grönnigen à Gouda, en 1525. Il alla à Rome et en France.

Musées : Darmstadt : *Portrait de groupe* – Munich : *Portrait de femme.*

Ventes Publiques : Paris, 17 jan. 1865 : *La création du monde,* dess. lavé d'aquar. : **FRF 7.**

CRABETH Dirck Pietersz

Né en 1501 à Gouda. Mort en 1574 selon certains biographes ou vers 1577. xvie siècle. Hollandais.

Peintre de cartons de tapisseries, cartons de vitraux, peintre verrier.

Il est le frère d'Adrian et de Wouter Pietersz I Crabeth ; peut-être le fils d'un Crepel Pieter, peintre verrier en 1531. Il fut probablement élève d'un moine de Gouda, appelé Cornélis. Il voyagea en Italie. On le mentionne à Gouda en 1545 et 1552. Il se maria jeune et eut pour élève Jan Dirksz Loncq.

Il dessina des cartons de vitraux pour les églises de Delft, d'Utrecht et d'Amsterdam. D'après le Dr Van Wurzbach, il collabora, avec son frère Wouter, aux vitraux de Saint-Jean à Gouda, vers 1555-1571. Il travailla aussi pour l'atelier de tapisserie de Willem Andriesz Raet, à Leyde.

Bibliogr. : In : *Diction. de la peinture flamande et hollandaise,* coll. Essentiels, Larousse, Paris, 1989.

Ventes Publiques : Amsterdam, 30 nov. 1987 : *L'Annonciation, étude pour un vitrail,* craie noire, pl. et encre brune (27,1x36,7) : **NLG 8 500.**

CRABETH Wouter Pietersz I

Né en 1509 à Gouda. Mort peu avant 1590. xvie siècle. Hollandais.

Peintre de cartons de vitraux, peintre verrier.

Il est le frère cadet d'Adrian et de Dirck Pietersz Crabeth. Il voyagea en France et en Italie en s'arrêtant longtemps dans chaque ville importante. Il travailla à Bruxelles et à Anvers entre 1525 et 1540, ainsi qu'à Gouda de 1555 à 1557 et de 1561 à 1564. Il eut pour élève Adriaen Gerritsz de Vrye.

Il fit quatre vitraux dans l'église Saint-Jean à Gouda, en collaboration avec son frère ; chacun des deux artistes ayant son secret qu'il gardait jalousement pour lui seul.

Bibliogr. : In : *Diction. de la peinture flamande et hollandaise,* coll. Essentiels, Larousse, Paris, 1989.

Ventes Publiques : Paris, 1858 : *Sujets pour un des vitraux de Gouda,* dess. à la pl. et lavé : **FRF 39.**

CRABETH Wouter Pietersz II, dit **Almanack**

Né vers 1593 à Gouda. Mort peu avant le 16 août 1644 à Gouda. xviie siècle. Hollandais.

Peintre de sujets religieux, scènes de genre, portraits.

Il est le petit-fils de Wouter Pietersz Crabeth I. Il fut élève de Cornelis Ketel à Amsterdam et probablement d'Abraham Bloemaert à Utrecht. Il vécut treize ans en France et en Italie, où il prit le surnom de *Almanack,* et, de retour à Gouda, épousa, le 3 septembre 1628, Gérarde Vroessen. Il eut pour élèves Adriaen Van der Spelt, Jan Duyff et Aert Van Waes.

Musées : Amsterdam (Rijksmuseum) : *Incrédulité de saint Thomas* – Anvers : *Pastorale* – Berlin : *Mise au tombeau.*

Ventes Publiques : Londres, 14 mai 1971 : *Saint Thomas* : **GNS 650** – Monaco, 2 déc. 1989 : *Portrait d'homme,* h/cuivre (9x7) : **FRF 55 500** – New York, 11 oct. 1990 : *Jacob et Esaü,* h/t (109x146) : **USD 11 000** – New York, 17 jan. 1992 : *Les tricheurs,* h/pan. (77,5x109,2) : **USD 44 000.**

CRABIT François

Né le 9 octobre 1950 à Bordeaux (Gironde). xxe siècle. Français.

Peintre d'intérieurs, natures mortes, pastelliste, dessinateur. Tendance abstraite.

En 1971 à Paris, il fut élève de l'École Met de Peninghen. Depuis 1975, il participe à des expositions collectives, dont : 1976 Mauléon, Salon des Artistes d'Aquitaine ; 1983 Paris, Salon Figuration Critique ; 1985 Paris, *Les enveloppes,* galerie Caroline Corre ; etc. Il montre des ensembles de ses travaux dans des expositions personnelles, dont : 1979, 1980 Paris, galerie Zoé Gutzarida ; 1986, 1988, 1991, 1993 Paris, galerie Éonnet-Dupuy ; 1994 Genève ; 1995 Bruxelles ; 1996 Anvers ; 1997 Bruxelles ; etc.

À ses expositions, François Crabit donne des titres : *Siestes rêveuses ; Lumières silencieuses ; Le temps immobile.* Son matériau de prédilection, presque exclusif, c'est le pastel, qu'il n'utilise absolument pas pour ses effets faciles d'éclats de couleurs, mais au contraire modestement, on dirait pauvrement, dans un seul registre d'ocre qu'animent quelques lumières dorées. Où est-on, que voit-on dans ces pastels ? Presque rien, ce serait de l'abstraction si l'on ne devinait quelques objets et un journal posés, quelques livres rangés, des fenêtres sans doute, des passages peut-être des portes ; on est à l'intérieur, d'ailleurs dans la pénombre un lit, mais par ces failles la lumière pénètre quand le regard s'enfuit. Il s'agit de la douceur d'être dedans, le regard dans le ciel.

CRABTREE Philippa

xviiie siècle. Active à Londres. Britannique.

Peintre de fleurs, aquarelliste.

Elle exposa à la Royal Academy de Londres en 1786 et 1787.

Ventes Publiques : Londres, 8 nov. 1985 : *Fleurs* vers 1810-1816, aquar./parchemin, album comprenant vingt (de 20,2x18,6 à 32x25,7) : **GBP 8 000.**

CRACAO Johannes

Né avant 1761 à Utrecht. xviiie-xixe siècles. Hollandais.

Peintre de portraits.

Élève de la fondation Reuswondschen et de Van Veldhoven. Il séjourna à Paris de 1770 à 1774 et vécut à Amsterdam et à Utrech où il résidait en 1800.

CRACHT Tyman Arentsz ou **Craft**

Né à Wormer. xviie siècle. Hollandais.

Peintre.

Il vécut huit ans en Italie avant de s'établir à La Haye vers 1630.

CRACO Arthur

Né en 1869 à Bruxelles. Mort en 1955 à Boitsfort. xixe-xxe siècles. Actif aussi en France. Belge.

Sculpteur, céramiste.

Élève de Constantin Meunier, il fut membre de la Libre Esthétique et vécut longtemps en France, à Paris et à Orchies. Le Jardin botanique de Bruxelles conserve de lui *Le Lierre* et l'Institut supérieur de Philosophie de Louvain possède la *Statue du Pape Léon XIII.*

Ventes Publiques : Bruxelles, 27 mars 1990 : *Enfants assis,* terre cuite vernissée (H. 38) : **BEF 28 000.**

CRADOCK Marmaduke ou par erreur **Luke**

Né vers 1660 à Somerton (près d'Ilchester). Mort en 1717 à Londres. xviie-xviiie siècles. Britannique.

Peintre d'animaux, natures mortes.

Cradock commença sa carrière comme apprenti chez un peintre-artisan à Londres. Grâce à son énergie, à son ambition, il sut développer son talent d'artiste et devint un peintre habile d'oiseaux et d'animaux, qu'il dessina avec une grande vigueur. Il peignit aussi des natures mortes au gibier.

Ventes Publiques : Londres, 20 déc. 1909 : *Paon, volaille et autres oiseaux* : **GBP 13** – Londres, 5 fév. 1910 : *Paon et poules* : **GBP 3** – Paris, 15 nov. 1919 : *Oiseaux morts sur une table* : **FRF 550** – Londres, 25 nov. 1921 : *Un poulailler* : **GBP 8** – Londres, 3 mars 1922 : *Poulailler* : **GBP 14** – Londres, 25 juin 1923 : *Volaille dans un jardin* : **GBP 50** – Londres, 18 nov. 1927 : *Un chasseur* : **GBP 25** – Londres, 29 nov. 1929 : *Un paon et des faisans* : **GBP 17** – Londres, 17 avr. 1931 : *Un épervier attaquant une basse-cour* : **GBP 10** – Londres, 1er juin 1934 : *La corneille parée des plumes du paon* : **GBP 12** – Londres, 6 déc. 1937 : *Volaille* : **GBP 7** – Londres, 28 juil. 1939 : *Un paon dans une basse-cour* : **GBP 5** – Londres, 20 nov. 1964 : *Paysage avec volatiles* : **GNS 340** – Londres, 19 nov. 1976 : *Volatiles dans un paysage,* h/t (101,5x127) : **GBP 950** – Londres, 18 mars 1977 : *Canards dans un paysage fluvial,* h/t (43x46,2) : **GBP 950** – Londres, 19 juil. 1979 : *Volatiles dans un paysage,* h/t (47,5x65) : **GBP 700** – Londres, 17 juin 1983 : *Volatiles dans des paysages fluviaux,* h/t, une paire (34,3x43,2) : **GBP 4 500** – Norfolk (Angleterre), 22 oct. 1986 : *Volatiles dans un paysage fluvial,* h/t (66x107) : **GBP 10 000** – Londres, 29 jan. 1988 : *Poulailler ; Canards,* h/pan., deux pendants (15,2x20,2 et 14x19) : **GBP 3 300** – Londres, 18 nov. 1988 : *Canards sur la rivière ; Paon, dindons et volaille dans un paysage,* h/t, deux pendants (chacun 35,8x44,3) : **GBP 33 000** – Londres,

14 juil. 1989 : *Perdrix, canards et autres oiseaux dans un paysage*, h/t (61x89) : **GBP 8 800** – LONDRES, 17 nov. 1989 : *Paon, coq, dindon et autres animaux de basse-cour dans un jardin avec un bâtiment au fond*, h/t (61x108) : **GBP 14 300** – NEW YORK, 17 jan. 1990 : *Canards sauvages sur une rivière avec un paysage vallonné au fond*, h/t (29,3x34,4) : **USD 3 300** – HADDINGTON (Écosse), 21-22 mai 1990 : *Paon et autres volatiles dans un parc*, h/t (100x127) : **GBP 9 900** – LONDRES, 12 avr. 1991 : *Deux coqs, une poule et autres volailles dans un paysage*, h/t (81,2x121,6) : **GBP 6 050** – LONDRES, 10 juil. 1991 : *Nature morte d'oiseaux exotiques dans un paysage*, h/t (74x62) : **GBP 13 200** – LONDRES, 8 avr. 1992 : *Paons et autres oiseaux exotiques dans un paysage fluvial*, h/t (98x123) : **GBP 10 450** – LONDRES, 20 nov. 1992 : *Un paon, un dindon et autres volatiles avec des arbres à l'arrière-plan*, h/t (67,3x118,5) : **GBP 7 700** – LONDRES, 13 avr. 1994 : *Groupe de volatiles dans un paysage*, h/t (90x128) : **GBP 8 280** – LONDRES, 8 nov. 1995 : *Oiseaux d'ornement dans un paysage*, h/t (100,5x125) : **GBP 28 750** – LONDRES, 10 juil. 1996 : *Oiseaux exotiques dans un paysage*, h/t (71x86) : **GBP 9 200** – NEW YORK, 2 oct. 1996 : *Canards et oies sur une rivière avec des faisans volant au-dessus d'eux*, h/t (30,5x34,3) : **USD 1 725** – LONDRES, 12 nov. 1997 : *Oiseaux exotiques dans un paysage*, h/t, une paire (chaque 97,5x122,5) : **GBP 78 500** – LONDRES, 30 mai 1997 : *Oiseaux exotiques dans un paysage*, h/cuivre, une paire (chaque 16,5x19) : **GBP 9 200**.

CRAEN Adriaen J. ou **Kraen**
XVIIe siècle. Actif à Haarlem vers 1640. Hollandais.
Peintre.

On connaît une œuvre de cet artiste signée et datée de 1645. Élève de J.-G. Dewet, en 1638.

VENTES PUBLIQUES : PARIS, 2 avr. 1997 : *Nature morte aux pièces d'étain et au roemer*, h/t (78,5x94,5) : **FRF 200 000**.

CRAEN Jean de
XVIIe siècle. Actif à Bruxelles. Éc. flamande.
Sculpteur.

Il était en 1653 l'élève de Vincent Anthoni.

CRAEN Joannes
Mort vers 1707 à Anvers. XVIIe-XVIIIe siècles. Éc. flamande.
Peintre.

Il avait été reçu maître en 1677.

CRAEN Laurens
XVIIe siècle. Actif à Middelbourg. Hollandais.
Peintre de natures mortes.

De 1655 à 1664, il était dans la gilde de Middelbourg ; ses œuvres paraissent dans des ventes de 1645 à 1651.

VENTES PUBLIQUES : LONDRES, 26 juin 1922 : *Nature morte* : **GBP 18** – LONDRES, 13 juin 1930 : *Un homard et des fruits sur une table* 1653 : **GBP 30** – PARIS, 5 déc. 1964 : *Nature morte au jambon et à la corbeille de fruits* : **FRF 20 000** – LONDRES, 10 juil. 1968 : *Nature morte* : **GBP 1 000** – LONDRES, 2 juil. 1976 : *Nature morte* 1635 ou 1663, h/pan. (43x58,5) : **GBP 16 000** – PARIS, 27 fév. 1984 : *Nature morte au homard et fruits*, h/pan. (53x63) : **FRF 310 000** – AMSTERDAM, 29 nov. 1988 : *Nature morte de fruits et feuillages, crustacé et cristal de Venise sur un entablement drapé* 1659, h/t (72x64,4) : **NLG 207 000** – AMSTERDAM, 14 nov. 1991 : *Nature morte de raisin, citron pelé, pêches, huîtres et cerises dans un plat d'étain près d'un roemer et d'une carafe sur un entablement drapé* 1662, h/pan. (49,5x43) : **NLG 132 250**.

CRAESBEECK François Van
XVIIe siècle. Actif à Malines dans la seconde moitié du XVIIe siècle. Éc. flamande.
Peintre.

CRAESBEECK Joos van ou **Craes beke**
Né vers 1606 à Neerlinter. Mort entre 1654 et 1661 à Bruxelles. XVIIe siècle. Éc. flamande.
Peintre de sujets religieux, scènes de genre, portraits, dessinateur.

On ne sait rien sur ses années de jeunesse. Il apparaît vers 1630 à Anvers et étudie chez Adriaen Brouwer, rentré de Hollande vers la même époque. Cependant il exerce le métier de boulanger. En 1633-1634 il est porté dans la liste de la gilde de Saint-Luc avec la mention « Boulanger et peintre ». En 1638, il devient citoyen d'Anvers et épouse sa cousine, Johanna Tielens, fille du boulanger de la citadelle. Il hébergea quelque temps son maître Brouwer, ivrogne et bohème dont la tradition fait l'amant de la jolie femme de Craesbeeck. En 1637, il fait son testament : il exerce encore à ce moment son métier de boulanger. En 1651 il est maître de la gilde de Saint-Luc à Bruxelles, a probablement définitivement passé à la peinture, et à un élève. En 1661 il est mentionné comme décédé par de Bie.

La peinture de Craesbeeck est très influencée de celle de Brouwer, surtout à ses débuts, autant dans le choix des sujets que dans sa facture picturale, mais avec une tendance plus bourgeoise et plus idyllique. Il peint souvent des intérieurs familiaux, des ateliers de peintres, et même des sujets religieux. L'influence de l'éclairage unifié des Hollandais est aussi sensible dans son art que dans celui de son maître. Ses sujets religieux sont nettement inspirés de ceux de Rembrandt. Cependant son ascendance flamande se révèle dans sa gamme lumineuse et haute en couleurs. Il a une facture solide et émaillée, et des volumes puissants et lourds. Ses tableaux sont assez nombreux. Les premiers sont une imitation absolue de Brouwer. Après 1640 les sujets deviennent plus calmes, et la gamme plus colorée avec ses accords typiques de jaune paille et de bleu. En même temps s'accroît l'influence de l'éclairage rembranesque. Les tableaux tardifs, aux formes alourdies et aux couleurs criardes, sont en nette régression.

CB

MUSÉES : AMIENS : *Autoportrait* – *Un buveur* – *Jeune homme à la toque* – *Un écrivain public* – ANVERS : *2 cabarets flamands, dont l'un monogr. CB* – *Rixe d'ivrognes « Aux armes d'Anvers »* monogr. *IVCB* – BÂLE : *Repas de paysans* – BAYONNE (Mus. Bonnat) : *L'écraseur de poux*, d'après Brouwer – BERLIN : *Le buveur*, monogr. C.B. – BRUXELLES : *Réunion de réthoriciens*, monogr. J.V.C.B. – GOTHA : *Vieux couple et la mort* – INNSBRUCK : *Les trois musiciens* – LILLE : *La courtisane*, douteux – MADRID : *Le contrat de mariage* – MUNICH : *Cabaret de village*, monogr. C.B. – NANTES : *Jeune homme écrivant*, attr. douteuse – PARIS (Louvre) : *Atelier de Craesbeeck faisant un portrait de Brouwer*, beau tableau attribué autrefois à Brouwer lui-même – POTSDAM : *La réconciliation* – SAINT-PÉTERSBOURG : *La chambre à coucher*, de la collection Semenoff – *L'homme à la cruche* – *Scène d'intérieur avec trois figures*, monogr. C.B. – SCHLEISSHEIM : *Dame attablée chez les paysans* – STOCKHOLM : *Université. Tableau de genre* – SIBIU : *Les baigneurs villageois*, monogr. – VARSOVIE : *Mariage paysan* – VIENNE : *Les galants militaires*, monogr. C.B. – VIENNE (Acad.) : *Le joueur de luth, monogr* – *La rentrée aux flambeaux* – VIENNE (Gal. Liechtenstein) : *Scène d'auberge*.

VENTES PUBLIQUES : PARIS, 1761 : *Buveur endormi sur sa chaise* : **FRF 100** – PARIS, 1822 : *Portrait de Craeesbeck* : **FRF 38** – PARIS, 1843 : *L'empirique* : **FRF 405** – PARIS, 1852 : *Intérieur d'un cabaret* : **FRF 800** – PARIS, 1853 : *Scène de cabaret* : **FRF 2 200** – PARIS, 1857 : *Le concert flamand* : **FRF 3 400** – BRUXELLES, 1865 : *Intérieur de cabaret* : **FRF 125** ; *Scène de cabaret* : **FRF 300** ; *Cour d'auberge* : **FRF 100** – PARIS, 1874 : *Les politiques du cabaret*, bois : **FRF 6 000** – PARIS, 1882 : *La rixe au cabaret* : **FRF 2 500** ; *La visite au médecin* : **FRF 3 100** – ANVERS, 1898 : *Au cabaret* : **FRF 750** – PARIS, 1899 : *Réunion d'artistes* : **FRF 12 600** – PARIS, 1900 : *Scène d'auberge* : **FRF 2 320** – LONDRES, 20 déc. 1909 : *Paysans jouant aux cartes* : **GBP 13** – PARIS, 21 nov. 1918 : *La partie de cartes* : **FRF 2 100** – PARIS, 6-7 mai 1920 : *Tête d'homme* : **FRF 2 600** – NEW YORK, 12 déc. 1929 : *Un paysan et sa pipe* : **USD 90** – NEW YORK, 27-28 mars 1930 : *Bambochade* : **USD 175** – LONDRES, 31 juil.-1er août 1930 : *Paysans dans un intérieur* : **GBP 31** – LONDRES, 15 juin 1938 : *Scène de taverne* : **GBP 44** – PARIS, 5 déc. 1951 : *Les tricheurs* : **FRF 720 000** – LONDRES, 4 juin 1965 : *Couple assis dans un jardin* : **GNS 180** – VIENNE, 14 juin 1966 : *Le pansement* : **ATS 26 000** – COPENHAGUE, 17 mai 1968 : *Scène de cabaret* : **DKK 21 000** – LONDRES, 24 juin 1970 : *La partie de tric-trac* : **GBP 1 400** – LONDRES, 30 juin 1971 : *La salle de classe* : **GBP 1 800** – COPENHAGUE, 9 nov. 1977 : *Joyeuse compagnie dans un intérieur*, h/t (102x117) : **DKK 49 000** – AMSTERDAM, 17 nov. 1980 : *Paysans buvant dans un intérieur*, pl. et lav./pap. (15,4x17,9) : **NLG 2 600** – PARIS, 22 juin 1983 : *Les joueurs de tric-trac*, h/bois (59x79) : **FRF 121 000** – LONDRES, 12 avr. 1985 : *Scène de taverne*, h/pan. (48,2x70,5) : **GBP 16 000** – AMSTERDAM, 20 juin 1989 : *Paysans fumant et buvant dans une auberge* 1638, h/pan. (22,1x28,8) : **NLG 1 955** – PARIS, 9 avr. 1991 : *Un buveur près d'un poêle*, h/pan. (45x34,5) : **FRF 100 000** – MONACO, 5-6 déc. 1991 : *Caricature*, h/pan. (40x27,6) : **FRF 61 050** – MONACO, 18-19 juin 1992 : *Scène galante*, h/pan. (25x19) : **FRF 27 750** – NEW YORK, 15 oct. 1992 : *Paysans se querellant dans une taverne*, h/pan. (31,1x31,5) : **USD 4 620**.

CRAEY Dirck ou **Kraay**

Né à Amsterdam. Mort en 1666 à La Haye. XVIIe siècle. Hollandais.

Peintre d'histoire, portraits.

En 1648, dans la gilde de La Haye. Il fut, en 1656, un des fondateurs de la « Pictura ».

MUSÉES : AMSTERDAM : *Johan van Riebeck, 1er commandant du Cap de Bonne-Espérance – Maria de la Quevellerie, femme du précédent.*

CRAEYNEST Pierre Van

Né en 1948 à Mouscron. XXe siècle. Belge.

Sculpteur. Conceptuel.

Élève de l'Académie des Beaux-Arts de Tournai, il reçoit le prix de Wallonie à Liège en 1973.

Son matériau de base est le tronc d'arbre qu'il utilise pour en faire une construction évoquant le totem. Ensuite, il évolue vers un art « conceptuel-dichotomique » où les passages du concret au mental, d'une matière à une autre, d'un volume à une surface, d'une forme à son contraire, provoquent une lecture où le temps devient élément important et complémentaire de l'œuvre.

BIBLIOGR. : In : *Diction. biogr. illustré des artistes en Belgique depuis 1830*, Arto, Bruxelles, 1987.

CRAEYVANGER Gysbertus

Né le 21 octobre 1810 à Utrecht. Mort le 17 juillet 1895 à Utrecht. XIXe siècle. Hollandais.

Peintre de scènes de chasse, animaux, paysages, graveur, lithographe.

Il travailla d'après Potter, Wouverman et Du Jardin, et peignit des chasses et des chevaux.

VENTES PUBLIQUES : AMSTERDAM, 5-6 nov. 1991 : *Harnacher le cheval* 1845, h/pan. (21x26) : **NLG 2 070** – AMSTERDAM, 24 sep. 1992 : *Paysage vallonné avec un voyageur bavardant avec un berger* 1845, h/pan. (22x27) : **NLG 2 530** – AMSTERDAM, 19 avr. 1994 : *Chien dans un paysage* 1879, h/t, de forme ovale (48x41) : **NLG 1 725**.

CRAEYVANGER Reinier

Né le 29 février 1812 à Utrecht. Mort le 10 janvier 1880 à Amsterdam. XIXe siècle. Hollandais.

Peintre de genre, paysages urbains, paysages, dessinateur.

Il fut élève de son frère aîné Gysbertus et de J.-W. Puneman.

MUSÉES : UTRECHT : *Vue de la ville.*

VENTES PUBLIQUES : PARIS, 11 fév. 1929 : *Intérieur d'une cuisine*, dess. : **FRF 110** – PARIS, 9-10 fév. 1938 : *L'éclipse de soleil*, aquar. : **FRF 1 410** – LONDRES, 8 nov. 1967 : *Soldats dans un cabaret* : **GBP 200** – AMSTERDAM, 15 mai 1984 : *Joie maternelle* 1875, h/t (59,5x74) : **NLG 15 400** – AMSTERDAM, 5 juin 1990 : *Bateaux amarrés sur la plage de Scheveningen* 1865, cr. et aquar./pap. (26x41,4) : **NLG 1 840**.

CRAFF Antoine

Né en 1730 à Winterthur. Mort en 1813 à Dresde. XVIIIe-XIXe siècles. Suisse.

Peintre de portraits, graveur.

CRAFFONARA Giuseppe

Né en 1792 à Riva. Mort en 1837. XIXe siècle. Italien.

Peintre, graveur.

Il fut à Vérone l'élève de Pietro Maratoli. On cite de lui : à Rovereto *Mater Dolorosa* et *Le repas d'Emmaüs*, une autre *Mater Dolorosa* à l'église de Riva, *le martyre de saint Bartholomée* à la cathédrale de Fraveggio. Il dessina et grava les illustrations du volume intitulé : *I pu celebri quadri delle diverse scuole italiane rumiti nell'appartamento Borgia del Vaticano incis à Contorno*, Rome 1820.

CRAFFT Christophe

XVIIe siècle. Actif à Bordeaux. Français.

Peintre.

Cet artiste qui était peut-être d'origine allemande peignit pour la chapelle du château des ducs d'Épernon à Cadillac, en 1636, dix-neuf peintures retraçant la vie du Christ.

CRAFT Marjorie Hinman

Née à Philadelphie (Pennsylvanie). XXe siècle. Américaine.

Sculpteur.

A exposé un *Buste* et un *Torse* au Salon d'Automne de 1932.

CRAFT Percy Robert

Né en 1856 à Londres. Mort en 1934. XIXe-XXe siècles. Britannique.

Peintre de paysages.

Il a figuré à la Royal Academy de Londres et au Salon des Artistes Français de Paris en 1934.

VENTES PUBLIQUES : LONDRES, 23-24 mai 1928 : *Un pêcheur* : **GBP 10** – LONDRES, 25 jan. 1980 : *Le Mur des Lamentations, Jérusalem*, h/cart. (22,8x31,8) : **GBP 500** – LONDRES, 6 nov. 1985 : *Le Minaret à Damas*, h/pan. (45x34,5) : **GBP 2 100** – LONDRES, 11 nov. 1987 : *Waiting for the boats, St Ives* 1887, h/t (43x77,5) : **GBP 6 200** – LONDRES, 5 nov. 1993 : *D'où l'on voit arriver les bateaux*, h/t (76x41,3) : **GBP 2 530** – LONDRES, 6 nov. 1995 : *L'île du Pélican*, h/t (51x61) : **GBP 1 495**.

CRAFT Thomas

XVIIIe siècle. Actif à Stratford le Bow vers 1760. Britannique.

Peintre sur porcelaine.

Il était le frère de William H. Craft.

CRAFT William H.

Mort vers 1806. XVIIIe-XIXe siècles. Britannique.

Peintre émailleur.

Il exposa des portraits à la Royal Academy de 1774 à 1784. On cite de lui des cadrans de pendule décorés, notamment un sujet allégorique à la gloire de l'Angleterre coloniale (collection B. Franck), huit sujets en émail sur une pendule (collection Loup, à Genève), plusieurs portraits (collection David Weill).

CRAFTY Victor, pseudonyme de **Geruzez**

Né en 1840 à Paris. Mort en 1906 à Saint-Martin-de-Nigelles (Eure-et-Loir). XIXe-XXe siècles. Français.

Dessinateur, caricaturiste.

Fils d'Eugène Geruzez, professeur d'université, il fut élève de Gleyre et participa au Salon de Paris à partir de 1877. Il a collaboré au *Journal amusant* à *La Vie parisienne* – *L'Éclipse* – *Graphic* – *L'Esprit follet* – *Le Journal pour rire*. Il fit plusieurs illustrations d'ouvrages, dont les *Chats* de Champfleury en 1870, *Enfants* d'Alphonse Daudet en 1873. Mais il s'est surtout spécialisé dans le domaine de la caricature hippique : dessinant les cavaliers et élégantes amazones du Bois de Boulogne, et habitués des champs de courses. Il a publié plusieurs albums relatifs à l'équitation, notamment *Paris à cheval* 1883, *L'Équitation puérile et honnête* 1886, *La Chasse à tir* 1887, *La Chasse à courre* 1888.

BIBLIOGR. : Gérald Schurr, in : *Les Petits Maîtres de la peinture 1820-1920, valeur de demain*, Les Éditions de l'Amateur, t. VII, Paris, 1989.

VENTES PUBLIQUES : PARIS, 1895 : *La corbeille à la Bourse*, dess. : **FRF 40** – PARIS, 5-6 mars 1923 : *Aux courses de Longchamp ; La rentrée du vainqueur*, aquar. : **FRF 400** – PARIS, 6 fév. 1931 : *Courses*, aquar. : **FRF 85** – PARIS, 28 juin 1980 : *La halte pendant la chasse*, aquar./trait de pl. (20x5) : **FRF 2 200** – MONTE-CARLO, 8 fév. 1981 : *L'hallali du lièvre, plume*, encre de Chine et aquar./pap. (20,2x35) : **FRF 8 500** – NEW YORK, 28 oct. 1987 : *Scène de boulevard* 1877, aquar., gche et pl. (49,4x67,3) : **USD 8 000** – PARIS, 21 avr. 1997 : *La Voiture à cheval*, aquar. (41,5x57,8) : **FRF 4 500**.

CRAGG Tony

Né en 1949 à Liverpool. XXe siècle. Actif en Allemagne. Britannique.

Sculpteur d'assemblages, installations.

Il fut d'abord étudiant en sciences, assumant en 1968 un poste dans un laboratoire de biochimie. Il fut ensuite élève du Gloucester College of Art and Design à Cheltenham, puis de la Wimbledon School of Art, et à partir de 1973 du Royal College of Art de Londres. Il vit et travaille à Wuppertal depuis 1977. Il est professeur à l'Académie des Arts de Düsseldorf.

Il a figuré dans de nombreuses expositions collectives parmi lesquelles : en 1979 *Europa 79* à Stuttgart, en 1980 *Nuova immagine* à Milan, *A perspective* à Bâle. Il a figuré en 1982 à la Documenta 7 à Kassel, où il figura aussi en 1987. Il a exposé personnellement en 1984 au Musée d'Art Moderne de Louisiana, au Kölner Kunstverein de Cologne ; en 1985 à la Staatsgalerie Moderner Kunst à Munich, au Palais des Beaux-Arts de Bruxelles, à l'ARC au Musée d'Art Moderne de la Ville de Paris ; en 1986 au Brooklyn Museum of Art (États-Unis) et à la Lisson Gallery de Londres ; en 1987 à la Hayward Gallery de Londres ; en 1988 il a représenté la Grande-Bretagne à la Biennale de Venise ; en 1989, il a exposé à la Tate Gallery de Londres et au Stedelijk Van Abbe Museum d'Eindhoven ; en 1991, à la galerie Crousel Robelin Bama à Paris : en 1994 au Musée des Beaux-Arts de Nantes ; en 1995 au Musée National d'Art Moderne du Centre Beaubourg, à Paris ; 1997 Whitechapel Art Gallery de Londres ; 1998 galerie Karsten Greve à Paris ; etc.

Tony Cragg utilise dès les débuts de son activité les matériaux industriels usagés, issus d'objets de grande consommation, produits en grand nombre, rapidement consommés puis jetés, le plus fréquemment en plastique, matériau qui le distinguait à l'origine des artistes récupérateurs précédents. Les fragments employés portent la trace de l'utilisation humaine. Au début des années soixante-dix, il s'agit d'objets rejetés par la mer, ramassés sur la plage. Entre 1978 et 1982 l'artiste organise au sol ou sur les murs de grandes compositions, trouvant une de leurs forces expressives soit dans l'unité de couleur, soit dans celle de la nature du matériau. Entre le fragment ramassé et l'objet constitué est institué un jeu réflexif : les fragments disposés selon un certain ordre dessinent l'objet dont ils proviennent, celui de leur destination – un aspirateur par exemple. Cette logique réflexive est abandonnée, risquant de sombrer dans ce que Didier Semin décrit justement comme un « excès arcimboldesque ». Il travaille ensuite sur l'agrandissement d'objets, des instruments de laboratoire comme dans *Mortar and Pestle* (1986) ou *Instinctive Reactions* (1987) où de banales bouteilles ménagères sont devenues des monuments coulés en fonte. Les objets ont alors la neutralité de meubles : « Je ne veux pas faire des imitations, mais je veux que l'objet fasse référence à quelque chose ». Vers 1988, Tony Cragg emploie des matériaux traditionnellement plus « nobles » : le bronze, le bois, le plâtre, travaillés selon des techniques classiques comme le moulage et le polissage. Dans un esprit de conciliation avec ses expériences passées, des pièces de bois polies sont ainsi posées à côté de morceaux bruts ou de bois de récupération, fendu ou poncé. Les objets polymorphes sont composés de formes ventrues qui côtoient des coquilles creuses, laissant apparaître le feuilletage de leur fabrication, faisant implicitement référence à leur origine et à leur destination.

Pour Tony Cragg, la sculpture apparaît comme un moyen d'investigation du réel contemporain urbain : « Le vrai problème est... de rechercher de nouvelles images, de nouvelles significations de matériaux, une expansion du vocabulaire et une expansion de notre relation aux objets ». La fonction de l'artiste revêt aux yeux de Tony Cragg des aspects messianiques : « Créer des images d'objets qui seront des modèles de pensée pour aider à traverser le monde ». Il apparaît avec évidence que, pour Tony Cragg, il s'agit de le traverser joyeusement.

■ Florence Maillet, J. B.

Bibliogr. : Christian Besson, *Tony Cragg*, Public, n° 1, 1984, p. 48 – Catalogue de l'exposition *Tony Cragg*, ARC, Musée d'Art Moderne de la Ville de Paris, 1985 – Ph. Piguet : Catalogue de l'exposition *Tony Cragg : Sculptures*, Val de Vesle, Église de Courmelois, 1988 – Pierre Sterckx, *Tony Cragg*, in Artstudio n° 10, *La sculpture à l'anglaise*, automne 1988, pp 104 à 119 – Laurence Debecque-Michel, *Tony Cragg ou la magie de l'objet*, Opus International, n° 111, 1988, pp 65 à 66 – Annie Claustres : *Tony Cragg*, in : Cahiers du Mus. nat. d'art mod., Paris, hiver 1995-1996.

Musées : Épinal (Mus. départ. des Vosges) : *S.* 1984 – Londres (Tate Gal.) – Montréal (Mus. d'Art Contemp.) : *Spirale* 1983 – Paris (Mus. Nat. d'Art Mod.) : *Bouteille verte – Bronze en deux éléments* 1988 – Paris (FNAC) : *Under the skin* 1994 – Rochechouart (Mus. départ. d'Art Contemp.) : *Leaf* 1980.

Ventes Publiques : Londres, 29 juin 1989 : *Le mythe de la culture européenne* 1984, plastique blanc (300x180) : **GBP 22 000** – New York, 5 oct. 1989 : *Paysage (montagne)* 1984, construction murale peinte (238,7x320) : **USD 20 900** – Paris, 9 oct. 1989 : *Black drawing* 1984, contreplaqué et tôle, assemblage (134x104x146) : **FRF 200 000** – New York, 23 fév. 1990 : *La bouteille jaune*, pan. mural avec des objets de récupération en plastique (277x119,4) : **USD 55 000** – New York, 14 fév. 1991 : *La bouteille jaune* 1982, pan. mural avec des objets de récupération en plastique (228,8x113) : **USD 38 500** – New York, 27 fév. 1992 : *Couple de Japonais (Mr. et Mrs Otani)* 1984, objets trouvés en plastique, sculpt. murale (165x149,8) : **USD 39 600** – Paris, 23 mars 1992 : *Cader Idris* 1986, vélos et table sous une couche d'éclats de plastique (115x170x170) : **FRF 245 000** – New York, 5 mai 1992 : *Trois bouteilles moulées*, fer (170,9x78,7x35,5 et 175,2x45,7x45,7 et 190,5x55,8x55,8) : **USD 104 500** – Londres, 2 juil. 1992 : *Palette* 1982, bois peint, plastique, moquette, contreplaqué, adhésif et pap. (236x310) : **GBP 30 800** – New York, 18 nov. 1992 : *Logo*, bois en huit parties (110,5x100,3x165,1) : **USD 38 500** – New York, 19 nov. 1992 : *Palette*, h/bois, linoléum, ardoise et mousse de caoutchouc, sculpt. murale en seize éléments (245x237) : **USD 28 600** – Londres, 3 déc. 1992 : *Couteau, fourchette et cuillère* 1981, bois peint, plastique, pap. et bois (183x183) : **GBP 19 800** – Munich, 1er-2 déc. 1992 : *Extrusion* 1990, plâtre (H. 35) : **DEM 4 140** – Paris, 4 déc. 1992 : *Carafe renversée*, cristal et table en bois (114x65x44) : **FRF 100 000** – New York, 11 nov. 1993 : *Canoe* 1982, objets trouvés en plastique, quatre-vingts (45,7x508x94) : **USD 23 000** – Londres, 3 déc. 1993 : *Aigle* 1980, tessons de vaisselle de plastique coul. (175x57) : **GBP 9 200** – New York, 3 mai 1994 : *Autoportrait avec un pupitre*, pupitre en bois et objets trouvés en plastique (110,5x137,2x55,9) : **USD 18 400** – Paris, 17 oct. 1994 : *Lune commerciale* 1985, éléments plastiques, assemblage (225x125) : **FRF 120 000** – New York, 22 fév. 1995 : *Objets dessinés : Attente*, cr. coul., émail/bois, pan. et tôle (220x66x71) : **USD 20 700** – New York, 7 mai 1996 : *Coquillage* 1986, bois recouvert de plastique coloré et de cailloux (152,4x243,9x182,9) : **USD 23 000** – Londres, 27 juin 1996 : *Couteau, fourchette et cuiller*, bois peint, plastique, pap. et bois (183x183) : **GBP 12 650** – Londres, 24 oct. 1996 : *Autoportrait*, plastique et magazines (210,8x78,7) : **GBP 25 300** – Londres, 5 déc. 1996 : *Objets dessinés : Attente* 1983, cr. coul., émail/bois, pan. et tôle (220x66x71) : **GBP 11 500** ; *Flasche Orange* 1982, fragments de plastique assemblés (260x81,2) : **GBP 23 000** – Londres, 27 juin 1997 : *Palette* 1986, cent trente éléments plastiques (132,1x152,4x7,6) : **GBP 17 250**.

CRAGGS Geneviève Marie
Née à Paris. xxe siècle. Française.
Peintre de portraits, paysages, natures mortes, fleurs.
A partir de 1932, elle a participé au Salon d'Automne à Paris.

CRAGGS Jean Georges
xxe siècle. Français.
Peintre, sculpteur.
A exposé au Salon des Tuileries de 1935 à 1939.

CRAHAY Albert
Né en 1881 à Anvers. Mort en 1914. xxe siècle. Belge.
Peintre de paysages.
Élève de Franz Hens à l'Académie des Beaux-Arts d'Anvers, il expose pour la première fois dans cette ville en 1907. Il s'établit ensuite à Nieuport. Ses paysages du bord de l'eau évoquent souvent la pêche.

H. CRAHAY

Ventes Publiques : Anvers, 22 oct. 1985 : *Pêcheurs de crevettes* 1913, gche (99x124) : **BEF 75 000** – Lokeren, 28 mai 1988 : *Paysage de rivière*, h/t (81x101) : **BEF 95 000** – Lokeren, 21 mars 1992 : *Sur la jetée*, aquar. et gche (32x21) : **BEF 38 000** – Lokeren, 23 mai 1992 : *Intérieur avec un vase de fleurs*, h/t (100x100) : **BEF 110 000**.

CRAHAY Lambert
xviiie siècle. Actif à Liège. Éc. flamande.
Graveur.
On cite de lui : un *Portrait de Marie-Antoinette*.

CRAIG Alexander
Mort en 1878 à Glasgow. xixe siècle. Britannique.
Peintre de portraits.
Il travailla à Glasgow. Le Musée de cette ville conserve de lui : *Le Poète Thomas Campbell*. Peut-être identique à H. Craig.

CRAIG Charles
Né en 1846 à Morgan County (Ohio). Mort en 1931. xixe-xxe siècles. Américain.
Peintre de genre, paysages, aquarelliste.
Ventes Publiques : New York, 27 oct. 1971 : *Cavaliers aux abords d'un village* : **USD 3 500** – Los Angeles, 14 nov. 1972 : *Funérailles indiennes* : **USD 2 500** – New York, 27 oct. 1977 : *Papoose* 1894, h/t (61x39,4) : **USD 1 400** – New York, 26 oct. 1984 : *Guerriers indiens*, h/t (45,7x61) : **USD 2 500** – New York, 4 déc. 1986 : *Lac de montagne* 1890, h/t (91,5x127,6) : **USD 7 500** – New York, 14 fév. 1990 : *Campement près de la rivière*, h/t (66,6x46,8) : **USD 1 650** – New York, 25 sep. 1992 : *Guerrier indien* 1898, aquar./pap./cart. (29,2x22,9) : **USD 2 200** – New

York, 31 mars 1994 : *Les éclaireurs* 1894, h/t (55,9x91,4) : **USD 8 625.**

CRAIG Colin S.
Né aux États-Unis. Mort en 1914. xxe siècle. Américain.
Peintre.

CRAIG David
Né dans le Surrey. xxe siècle. Britannique.
Peintre de genre, natures mortes.
Il a travaillé à Londres, a exposé à Paris, au Salon des Artistes Français en 1939 et à celui de la Société Nationale des Beaux-Arts en 1940.
Ventes Publiques : Londres, 30 sep. 1986 : *Tournesols* 1938, h/t (56x76) : **GBP 480** – Londres, 12 mai 1989 : *Tournesols* 1938, h/t (76,2x55,6) : **GBP 1 430.**

CRAIG Edward A. ou **Carrick Edward**
Né le 3 janvier 1904 à Londres. xxe siècle. Britannique.
Peintre, graveur.
Après des études en Italie de 1917 à 1926, il expose pour la première fois à Londres en 1928. Ses gravures sont exécutées sur bois ou à l'eau forte. Il signe également *Edward CARRICK.*

CRAIG Edward Gordon. Voir **GORDON-CRAIG**

CRAIG Elizabeth
Née dans le Surrey. xxe siècle. Britannique.
Peintre.
En 1940 elle exposait des *Fleurs* au Salon de la Société Nationale.

CRAIG Francis
xixe siècle. Actif à Londres. Britannique.
Sculpteur sur bois.

CRAIG Franck
Né le 27 février 1874 à Abbey (Kent). Mort le 9 juillet 1918 à Cintra (près de Lisbonne). xixe-xxe siècles. Britannique.
Peintre, illustrateur.
Élève aux écoles de la Royal Academy, il expose pour la première fois au Salon de ce groupement en 1895, date à laquelle il débute au *Graphic*. Il a collaboré à plusieurs magazines, souvent avec beaucoup d'humour, notamment au Harper's, au Strand Magazine, au Pall Mall Magazine, au Sketch. En 1900, il fut « special artist » dans la guerre sud-africaine. Il a régulièrement exposé à la Royal Academy, à la Royal Society of British Artists, au Royal Institute of Oil Painters, à la National Portrait Society de Londres et au Salon des Artistes Français à Paris.
Bibliogr. : Marcus Osterwalder : *Dictionnaire des Illustrateurs, 1800-1914*, Hubschmid & Bouret, Paris, 1983.
Musées : Durban – Londres (Tate Gal.) – Sydney.
Ventes Publiques : Londres, 3 fév. 1928 : *La chapelle* : **GBP 13** – Paris, 12 mars 1941 : *La jeune duchesse*, gche : **FRF 200** – Paris, 24 avr. 1942 : *La jeune duchesse*, gche : **FRF 285** – Tokyo, 27 mai 1969 : *La marchande de fleurs* : **GBP 456** – Paris, 27 fév. 1984 : *Présentation à la reine* 1905, peint. en camaïeu/t. (71x113) : **FRF 15 000.**

CRAIG H.
xixe siècle. Américain.
Peintre.
Il s'agit peut-être d'une confusion avec Alexander Craig. On exposa à New York en 1907 une toile intitulée *Bedtime* et datée 1854.

CRAIG H. D.
xixe siècle. Britannique.
Peintre.
Il exposa à la Royal Academy, à Londres, entre 1815 et 1817.

CRAIG Henry Robertson
Né en 1916. Mort en 1984. xxe siècle. Irlandais.
Peintre de genre.
Ventes Publiques : Londres, 10 juil. 1986 : *Enfant de Séville*, h/t (66x40,6) : **GBP 1 700** – Dublin, 24 oct. 1988 : *Garçonnet et son chien dans un jardin*, h/t (77x50,8) : **GBP 2 200** – Belfast, 30 mai 1990 : *Un gamin de Connemara*, h/t. cartonnée (20,3x25,4) : **GBP 935** – New York, 19 juil. 1990 : *Les gants blancs*, h/t (91,6x71,2) : **USD 2 530** ; *Sally dans le jardin*, h/t (63,5x76,3) : **USD 6 050** – Dublin, 12 déc. 1990 : *Dans la forêt de Chantilly*, h/t (60,4x81,3) : **GBP 1 000** – New York, 5 juin 1992 : *Aux courses de Curragh près de Dublin*, h/t (63,5x76,2) : **USD 3 300** – New York, 3 juin 1994 : *Avant la course*, h/t (59,7x81,3) : **USD 5 750.**

CRAIG Isaac Eugene
Né près de Pittsburg (Pennsylvanie). xixe siècle. Américain.
Peintre.
Il peignit des tableaux d'histoire, des paysages et des portraits.

CRAIG J. K.
xixe siècle. Actif à Londres. Britannique.
Peintre de genre, portraits.
Il exposa à la Royal Academy de 1819 à 1821.

CRAIG James Humbert
Né en 1878. Mort en 1944 à Caigalea. xxe siècle. Britannique.
Peintre de scènes de genre, paysages.
Ventes Publiques : Meath (Comté de), 12 mai 1981 : *Pêcheurs et barque sur la plage*, h/t (37x49,5) : **GBP 1 150** – Londres, 11 juin 1982 : *la route de Maam Cross, Connemara*, h/t (50,8x69) : **GBP 900** – Londres, 10 juin 1983 : *Moutons au pâturage*, h/t (63,5x73,5) : **GBP 1 500** – Londres, 23 mai 1984 : *Près de Leenane, Connemara* 1905, h/t (40,5x61) : **GBP 1 000** – Londres, 13 juin 1986 : *Paysage alpestre*, h/t (43x56) : **GBP 1 400** – Londres, 13 mai 1987 : *Un jour doux dans le Connemara*, h/t (71x86) : **GBP 6 500** – Dublin, 24 oct. 1988 : *Villageois bavardant sur le chemin menant à la mer*, h/t (38,2x51,5) : **GBP 9 900** ; *Paysage avec du bétail paissant près d'une mare*, h/cart. (38,2x50,2) : **GBP 3 850** – Belfast, 28 oct. 1988 : *Fileuse travaillant devant les maisons*, h/pan. (46,4x38,2) : **GBP 5 280** ; *Jour d'été au bord de la Tamise*, h/pan. (23,5x31,2) : **GBP 4 950** – Belfast, 30 mai 1990 : *Les bois de Donegal*, h/pan. (40,6x50,8) : **GBP 3 850** ; *Cushendun Bay depuis la maison de l'artiste*, h/t (50,8x73,2) : **GBP 8 800** – Dublin, 12 déc. 1990 : *Bétail dans un paysage ensoleillé*, h/t (38,3x51,4) : **GBP 2 800** – Londres, 27 sep. 1991 : *Pêcheur et bétail au bord d'un lac*, h/t (49,5x60) : **GBP 2 420** – Londres, 6 mars 1992 : *Les courses de Waterfoot Co. Antrim*, h/pan. (23x30,5) : **GBP 3 960** – Londres, 6 nov. 1992 : *Le ramassage de la tourbe*, h/pan. (41x51) : **GBP 2 860** – Dublin, 26 mai 1993 : *Enfants et barques près d'un estuaire*, h/t/pan. (25,4x35,6) : **GBP 2 860** – Londres, 2 juin 1995 : *Personnages au bord d'un loch*, h/t (56x66) : **GBP 3 450** – Londres, 16 mai 1996 : *Transport de la tourbe à Donegal*, h/t (51x76,5) : **GBP 5 175** – Londres, 21 mai 1997 : *L'Heure de la traite*, h/pan. (24x34,4) : **GBP 6 900.**

CRAIG James Stephenson
xixe siècle. Britannique.
Peintre de genre.
Il fut actif à Londres, où il exposa de 1854 à 1870. Il ne paraît pas identique à James Stephenson.
Ventes Publiques : Perth, 20 août 1996 : *Cache-cache* 1877, h/t (92x72) : **GBP 2 875.**

CRAIG Sammy Hampton
Né à La Nouvelle-Orléans. xxe siècle. Américain.
Peintre.
A exposé des fleurs et un paysage au Salon d'Automne de 1922.

CRAIG Thomas Bigelow
Né en 1849 à Philadelphie (Pennsylvanie). Mort en 1924 à Woodland (Californie). xixe-xxe siècles. Américain.
Peintre d'animaux, paysages animés.
Ventes Publiques : New York, 10 juin 1976 : *In the castkills* 1890, h/t (51x76,2) : **USD 1 500** – Los Angeles, 3 mai 1982 : *Paysage boisé à l'étang*, h/t (48x38) : **USD 900** – New York, 22 juin 1984 : *Un lac en forêt*, h/t (126,4x91,5) : **USD 2 600** – New York, 1er oct. 1986 : *Moutons au pâturage* 1904, h/t (50,8x76,2) : **USD 1 700** – Toronto, 29 mai 1987 : *Le champ de pommes de terre*, h/t (25,5x34,5) : **CAD 7 000** – New York, 17 mars 1988 : *Panther Mountains dans la Woodland Valley* 1897, h/t (50x75) : **USD 2 860** – New York, 24 jan. 1989 : *Dans la prairie*, aquar./pap. (44,5x69,5) : **USD 1 100** – New York, 14 fév. 1990 : *Cueillette de fleurs des champs*, h/t (51x91) : **GBP 2 090** – New York, 31 mai 1990 : *Un ruisseau tranquille*, h/t (45,7x66) : **USD 3 300** – New York, 21 mai 1991 : *Journée d'été*, h/t (30,5x40,6) : **USD 825** – New York, 18 déc. 1991 : *Le retour du troupeau de vaches* 1886, h/t (50,8x76,2) : **USD 3 410** – New York, 25 sep. 1992 : *Après-midi d'automne*, h/t (76,2x63,5) : **USD 1 210** – New York, 15 nov. 1993 : *Retour à la vieille étable*, h/t (45,7x66) : **USD 3 450** – New York, 31 mars 1994 : *La route près de Fordham, N.Y.*, h/t (50,8x76,2) : **USD 4 025** – New York, 28 nov. 1995 : *Paysage avec des vaches*, h/t (76x64,2) : **USD 2 300.**

CRAIG William
Né en 1829 à Dublin (Irlande). Mort en 1875 à Lake George (New York). xixe siècle. Actif aux États-Unis. Irlandais.
Aquarelliste.
Il représenta surtout des paysages d'Amérique. On cite de lui : *Mount Washington, O'Sullivan's Cascade.*

CRAIG William Marshall
Né probablement à Manchester. XVIIIe-XIXe siècles. Britannique.
Peintre d'histoire, scènes de genre, miniaturiste, aquarelliste, graveur, dessinateur.
Il vint à Londres vers 1791, et fut nommé peintre à la cour de la reine. Il fut aussi très aimé du duc d'York, pour lequel il produisit nombre de miniatures. Ses œuvres furent exposées à la Royal Academy, à la British Institution et à Suffolk Street, entre 1788 et 1828. Il publia, en 1821, une série de traités sur le dessin, la peinture et la gravure sur bois.
Musées : Londres (Victoria and Albert museum) : *Soldat blessé.*
Ventes Publiques : New York, 24-26 fév. 1904 : *En remontant le fleuve*, dess. : **USD 55** – Londres, 8 avr. 1910 : *Nelson expliquant le plan d'attaque devant Trafalgar* : **GBP 27** – Londres, 18 mars 1980 : *The match girl*, aquar. (43x34,5) : **GBP 800** – Londres, 27 juil. 1981 : *Le jugement de Pâris* 1832, aquar., d'après Rubens (34x44,5) : **GBP 550.**

CRAIG-MARTIN Michael
Né en 1941 à Dublin. XXe siècle. Actif aussi aux États-Unis. Britannique.
Dessinateur, sculpteur d'installations.
Il réside aux États-Unis de 1946 à 1966, étudiant à la Yale University de 1961 à 1966. Il retourne en Grande Bretagne de 1966 à 1981, travaillant au King's College de Cambridge (1970-1972) et étant enseignant au Goldsmith's College de Londres à partir de 1973. Après être retourné aux U.S.A. en 1981-1982, il revient travailler à Londres. Il a participé à plusieurs expositions de groupe à partir de 1970, notamment à la IXe Biennale des Jeunes à Paris et à la XIIe Biennale de São Paulo en 1975, à la XIe Biennale internationale d'Art de Menton en 1976, à la Documenta VI de Kassel et à la Royal Academie de Londres en 1977. Il a pris part à l'exposition : *Un Certain Art Anglais* au Musée d'Art Moderne de la Ville de Paris en 1979 et *Aspects of British Art Today* au Metropolitan Museum de Tokyo puis en tournée au Japon en 1982. Ses expositions personnelles se sont déroulées, entre autres, à Londres tous les ans de 1969 à 1976, puis en 1980, 1982, 1985, à Bristol en 1971 et 1976-1977 dans le cadre d'une exposition tournante partie de Leigh en 1976, en Australie avec une exposition itinérante en 1978, en Pologne 1979, Paris 1980 et 1993, Zagreb 1981, New Delhi 1982, Toronto 1984, Montréal 1986, etc.
Craig-Martin était arrivé, en 1973, à un tournant de son art des années 1960-1970, à un point culminant qui le conduisait à une impasse avec *An oak tree*, montrant un verre d'eau sur une étagère en glace, accompagné d'un texte expliquant que l'objet, en dépit des apparences, avait été changé en un chêne. Il introduit ensuite d'autres éléments, comme le néon, dans des œuvres comme *The world* où la lumière intermittente empêche d'appréhender la composition dans son ensemble, *Reading light* (1975) où le tube au néon vient éclairer un dessin filiforme représentant un livre et une silhouette indéfinie. Quelques années plus tard, vers 1978, il exécute, directement sur des murs, d'immenses dessins d'une facture sobre et classique. Puis sont venues la couleur et la troisième dimension. Tantôt les couleurs délimitent les contours des objets dessinés pour mieux les faire ressortir, tantôt des rubans adhésifs colorés sont là pour mieux révéler les objets simples : fourchettes (*Sea Food*, 1984), ampoules (*Night Life*, 1984) livres, tiroirs, dessinés avec toujours autant de précision et de sobriété. Enfin la troisième dimension arrive : il introduit des panneaux colorés, des éléments de matériaux divers, acier, aluminium peints, etc, toujours mis en rapport avec un dessin. Il établit ainsi un rapport entre le caractère exceptionnel du matériau choisi et le caractère commun du dessin. Craig-Martin peut être considéré comme un artiste classique, évitant tout expressionnisme, mais préférant trouver des relations entre les objets, plutôt que de les opposer. ■ A. P.
Bibliogr. : Anne Seymour : *Michael Craig-Martin, selected works 1966-75*, catalogue de l'exposition de Leigh.
Musées : Baltimore (Mus. of Art) – Cambridge (Fitzwilliam Mus.) – Canberra (Australian Nat. Gal.) – Hull (Ferens Art Gal.) – Londres (Tate Gal.) – Londres (Victoria and Albert Mus.) – Oberlin College, Ohio (Allen Art Mus.) – Southampton (City Art Gal.).
Ventes Publiques : Londres, 23 juin 1997 : *Sans titre (Extincteur)* 1997, acryl./t. (40,5x23) : **GBP 3 200.**

CRAINIC Georgette
Née le 20 décembre 1926 à Ianca Braila. XXe siècle. Depuis 1972 active au Canada. Roumaine.
Peintre. Tendance fantastique.
Diplômée de la Faculté d'Économie Générale de Bucarest en 1949, elle suit des cours d'Histoire de l'art au département d'Arts Plastiques de l'Université du Québec à Montréal, où elle s'est établie depuis 1971. Elle participe à plusieurs expositions de groupe au Canada et expose régulièrement à Montréal.
Elle peint des rochers aux formes parfois organiques, dans des espaces grandioses, étranges, où nulle végétation ne pousse. Elle est également poète.
Bibliogr. : Ionel Jianou : *Les Artistes Roumains en Occident*, American Romanian Academy of Arts and Sciences, Los Angeles, 1986.

CRALI Tullio
Né en 1910 à Igalo. XXe siècle. Italien.
Peintre de sujets divers, paysages.
Ventes Publiques : Lyon, 23 oct. 1984 : *Moteur agonisant, luxure aérienne* 1932, h/cart. (60x73) : **FRF 47 000** – Milan, 10 nov. 1987 : *Incontro aereo con Ponza* 1984, h/t (60x72) : **ITL 4 400 000** – Milan, 8 juin 1988 : *Le survol* 1934, h/cart. (35x50) : **ITL 13 500 000** – New York, 9 mai 1989 : *La place Dauphine à Paris* 1953, h/t (45,7x54,5) : **USD 3 080** – Rome, 30 oct. 1990 : *Le naufrage* 1936, h/pan. (80x70) : **ITL 5 000 000** – Milan, 20 juin 1991 : *Composition*, h./contre plaqué (10,5x15,5) : **ITL 1 900 000** – Rome, 3 juin 1993 : *Paysage aérien*, gche/pap. (23x30) : **ITL 2 400 000** – Milan, 5 déc. 1994 : *Les forces de la courbe* 1931, temp./cart. (28x37) : **ITL 10 350 000** – Rome, 14 nov. 1995 : *Trieste – 3 novembre 1918*, h/pan. (45,5x35,7) : **ITL 12 650 000** – Milan, 25 nov. 1996 : *Paysage aérien breton*, temp./cart. (20,5x16) : **ITL 2 530 000.**

CRAM Allen Gilbert
Né en 1886 à Washington. Mort en 1947. XXe siècle. Américain.
Peintre, graveur, illustrateur.
Ventes Publiques : Los Angeles-San Francisco, 7 fév. 1990 : *Poursuite d'une bête échappée*, h/t. cartonnée (51x61) : **USD 3 850.**

CRAM Louis Marcellin, pseudonyme de **Chantrier**
Né le 24 avril 1886 à Paris. XXe siècle. Français.
Sculpteur céramiste.
Élève du céramiste Émile Diffloth, il inventa un nouveau procédé de décoration sur faïence. Il a participé au Salon des Artistes Français à Paris.

CRAMARIIS Giovanni de
XVe siècle. Actif à Udine en 1498. Italien.
Peintre.
Il fut chargé de la décoration d'une église à Codroipo qui est aujourd'hui détruite.

CRAMAUSSEL Jo, Mme
Née à Genève. XXe siècle. Suisse.
Sculpteur.
Élève de M. Baud-Bovy. A exposé au Salon des Artistes Français de 1924.

CRAMBADE Anaïs
Née à Paris. Morte en 1894 à Paris. XIXe siècle. Française.
Peintre de genre, dessinatrice.
Élève de L. Coignet, Galbrund et Lalanne. Elle débuta au Salon de 1878 avec *Souvenir des Pyrénées* (fusain).

CRAMER
XVIe siècle. Allemand.
Peintre d'histoire.
On trouve de ses œuvres à Nuremberg.

CRAMER Alphons von
Né en 1834 à Smyrne. Mort en 1884 à Pegli Multedo. XIXe siècle. Turc.
Peintre de genre, portraits, paysages animés.
Il fit ses études à Düsseldorf. On cite de lui trois portraits du sultan Abdul-Asis.
Ventes Publiques : Londres, 11 fév. 1977 : *Jeune berger dans un paysage* 1876, h/t (131x137) : **GBP 1 300** – Londres, 17 oct. 1997 : *Jeune fille turque avec des fleurs de printemps*, h/t (142x100) : **GBP 24 150.**

CRAMER Belle, Mrs
Née en Écosse. XXe siècle. Britannique.
Peintre.
Élève de Ruth Dugget à l'École d'Art d'Édimbourg.

CRAMER Elizabeth Skinner
Née à Chicago (Illinois). XIXe-XXe siècles. Américaine.

Peintre.
A exposé des paysages au Salon de la Nationale et au Salon d'Automne avant 1914. On cite d'elle : *Jardin d'Automne.*

CRAMER Frederik Christian
Né en 1731 à Copenhague. Mort le 30 décembre 1768 à Copenhague. XVIIIe siècle. Danois.
Peintre de portraits.
On peut citer parmi ses nombreux portraits, celui du professeur P. Rosenstand-Goiske, gravé par J. Haas et le portrait de Charlotte-Amalie Thielo, gravé par Berningeroth (1755). Cet artiste était peut-être frère de Peter Cramer.

CRAMER Friedrich
Né à Erfurt. XVIIe siècle. Allemand.
Peintre.
En 1640 il fut reçu bourgeois de Francfort-sur-le-Main.

CRAMER Hélène
Née le 13 décembre 1844 à Hambourg. XIXe siècle. Allemande.
Peintre de genre, fleurs.
Élève du paysagiste Oesterly et de Margareta Rosenboom à La Haye. Elle vécut à Hambourg. Le Musée de Brême conserve d'elle : *Narcisses.*

CRAMER Hendrik Willem
Né en 1809 à Amsterdam. XIXe siècle. Hollandais.
Peintre de genre.
Il fut élève de J. Van Brée.
Ventes Publiques : Amsterdam, 15 mars 1983 : *La demande en mariage* 1840, h/t (61x74,5) : **NLG 5 800.**

CRAMER Jacqueline
Née à Genève. XXe siècle. Suisse.
Peintre.

CRAMER Johann Helferich. Voir **KRAMER**

CRAMER Konrad ou **Kramer**
Né en 1888. Mort en 1963. XXe siècle. Actif aux États-Unis. Allemand.
Peintre de portraits, paysages, natures mortes de fleurs et fruits. Groupe de Woodstock.
Il émigra, avec sa femme Florence Ballin, d'Allemagne aux États-Unis. Ils s'installèrent à Woodstock en 1911.
Il travaillait selon les principes de Kandinsky. Par la suite, Dasburg et McFee, fascinés par Cézanne et le cubisme, eurent une grande influence sur son travail, et tous trois sont alors des pionniers du modernisme dans la peinture de Woodstock et d'Amérique. Dans les années 1920-1930, il travailla à la réalisation d'une synthèse entre la représentation objective et le modernisme européen.
Ventes Publiques : New York, 31 mai 1985 : *Bananes et poires dans un bol en verre* 1930, h/cart. (60,1x50,4) : **USD 3 000** – New York, 16 mars 1990 : *Autour de la crique* 1928, h/cart. (61,5x76,1) : **USD 24 200** – New York, 24 mai 1990 : *Patches et son fils* 1924, h/pan. (76,8x61) : **USD 16 500** – New York, 14 nov. 1991 : *Dahlias et crêtes-de-coq dans un vase* 1930, h/t cartonnée (50,2x40,7) : **USD 3 300** – New York, 31 mars 1993 : *16 et 4/10 cents le gallon,* encre et cr./pap. (27,9x43,2) : **USD 920** – New York, 21 sep. 1994 : *Composition,* h/t (77,5x66) : **USD 5 462** – New York, 28 nov. 1995 : *Zinnias 3* 1928, h/cart. (61x51) : **USD 16 100** – New York, 30 oct. 1996 : *Nature morte de fruits,* h/cart. (50,8x61) : **USD 6 900.**

CRAMER Molly
Née en 1862 à Hambourg. XIXe siècle. Allemande.
Peintre.
Elle fut l'élève de Rodeck et d'Eugène Joors. On lui doit surtout des portraits et des paysages.

CRAMER Peter
Né le 27 août 1726 à Copenhague. Mort le 17 juillet 1782 à Copenhague. XVIIIe siècle. Danois.
Peintre de genre, portraits.
Il semble avoir fait sans maître ses études de peintre. Il fut nommé peintre de théâtre en 1762 et garda cet emploi jusqu'à sa mort. Il fut reçu académicien en 1778.
Cramer pratiquait avec talent la peinture de genre. Il fut le premier à emprunter les sujets de ses tableaux aux scènes de la vie populaire danoise.
Ventes Publiques : Copenhague, 18 nov. 1970 : *Portrait d'un gentilhomme* 1757 : **DKK 4 200** – Copenhague, 24 jan. 1984 : *Deux officiers et soldats devant un fort,* h/t (20x15) : **DKK 14 000.**

CRAMER Petrus
Né en 1670 à Leyde. Mort vers 1703. XVIIe-XVIIIe siècles. Hollandais.
Peintre de genre.
Il eut pour maîtres W. v. Nieris et Karel de Moor qu'il imita ; il fut reçu maître à Leyde en 1695.
Ventes Publiques : Paris, 1900 : *Le prêche* : **FRF 485** – Paris, 12 déc. 1984 : *Le joyeux buveur,* h/t (31x28) : **FRF 38 000.**

CRAMER R.
XIXe siècle. Actif à Londres au début du XIXe siècle. Britannique.
Peintre de miniatures.

CRAMER Rie
Née à Soekaboemi (Indes Orientales). XIXe-XXe siècles. Hollandaise.
Graveur, illustrateur, lithographe.
Lithographe et aquafortiste, connue par ses illustrations de livres d'enfants et par ses affiches, elle a fait aussi des costumes pour le théâtre dirigé par Edouard Verkade dont elle devint la femme.

CRAMER Tiarko Meyer
Né en 1780 à Emden. Mort en 1812 à Rome. XIXe siècle. Allemand.
Peintre d'histoire.
Cet artiste fit ses études à Berlin, à Copenhague et à Dresde ; on cite de lui une *Résurrection du Christ* à l'église de Emden.

CRAMER Willem
Né en 1894 à Hilversum. Mort en 1970. XXe siècle. Hollandais.
Peintre aquarelliste. Naïf.
Autodidacte, il se mit à peindre dans les moments de loisirs que lui laissait son métier de cuisinier. Il décrit avec minutie les divers spectacles quotidiens.
Bibliogr. : Dr L. Gans : *Catalogue de la Collection de Peinture Naïve Alb. Dorne,* Pays-Bas s. d.

CRAMM Conrad
Né vers 1760 à Brunswick. Mort vers 1819. XVIIIe-XIXe siècles. Allemand.
Peintre de genre, portraits, paysages.
Il étudia à Brunswick et travailla comme peintre de portraits à Hambourg. Vers 1790, il était à Bâle où, à côté de ses occupations de restaurateur de tableaux, il exécuta des paysages en sépia dans le genre de Peter Bermann et quelques portraits.

CRAMOISY Mansuy
XVIIe siècle. Actif à Nancy vers 1659. Français.
Peintre.

CRAMOT Pierre ou **Pierchon**
XVe siècle. Actif à Béthune en 1480. Français.
Peintre d'ornements.

CRAMOYSAN Marcel
Né en 1915 à Rouen. XXe siècle. Français.
Peintre de scènes de genre, paysages, marines.
Ventes Publiques : Troyes, 12 déc. 1971 : *Le clown blanc au livre* : **FRF 2 000** – Rouen, 26 juin 1972 : *Paysage près d'Arcachon* : **FRF 1 700** – Versailles, 10 déc. 1989 : *Les enfants de Nazaré,* h/t (65x50) : **FRF 4 800** – Calais, 14 mars 1993 : *Pêcheurs espagnols,* h/pan. (22x27) : **FRF 4 000** – Saint-Jean-Cap-Ferrat, 16 mars 1993 : *Venise, La Place Saint-Marc,* h/t (16x24) : **FRF 5 000.**

CRAMPEL Paule
XIXe-XXe siècles. Française.
Peintre à la gouache, aquarelliste, illustrateur.
Elle exposa à Paris, au Salon de la Société Nationale des Beaux-Arts, de 1896 à 1903.
Ventes Publiques : Paris, 7 mars 1984 : *Fantasia,* gche et aquar. (37x28,5) : **FRF 10 100** – Enghien-les-Bains, 28 avr. 1985 : *Fantasia,* aquar. reh. de gche (27x23) : **FRF 15 500.**

CRAMPEL Pierrette Marie
XIXe-XXe siècles. Française.
Peintre de genre, portraits.
Elle a participé au Salon de la Société Nationale des Beaux-Arts de Paris à partir de 1910.

CRAMPEL-LACHÈVRE Élisabeth Germaine
Née à Melun (Seine-et-Marne). XXe siècle. Active au Maroc. Française.
Peintre.

Elle travaille à Casablanca et participe au Salon de la Société Nationale des Beaux-Arts de Paris depuis 1929.

CRAMPHORN W.
XVIIIe-XIXe siècles. Actif à Londres. Britannique.
Sculpteur.
Il exposa des bustes à la Royal Academy.

CRAMPHORN W. C., Jr.
XVIIIe-XIXe siècles. Actif à Londres. Britannique.
Sculpteur.
Il était le fils de W. Cramphorn.

CRAMPTON Rollin
Né en 1886 à New Haven (Connecticut). XXe siècle. Américain.
Peintre. Abstrait-géométrique.
Il fut élève de l'Université de Yale et de l'Art Students'League de New York. Actif à la New York City Art Commission, il a organisé des expositions circulantes consacrées aux peintures murales des buildings de la ville. Il fit de nombreuses expositions personnelles à New York, à l'Université de la Louisiane, à l'Université de l'État de New Paltz, et obtint plusieurs récompenses.
MUSÉES : NEW YORK.

CRAN Jules Ernest Joseph
Né le 10 mars 1876 à Thuin. Mort en 1926 à Bruxelles. XIXe-XXe siècles. Belge.
Peintre d'histoire, portraits.
Élève de Stallaerts et de Portaels à l'Académie des Beaux-Arts de Bruxelles, entre 1892 et 1900, il obtint le Prix Godecharle en 1900. Il compléta son éducation artistique en allant au Louvre étudier les maîtres de la Renaissance et les romantiques français. Son œuvre se divise en deux temps : à ses débuts, il peint de grandes compositions historiques, dont *Albert prêtant le serment constitutionnel devant les chambres réunies et les plus hautes personnalités du pays*, au Palais de la Nation à Bruxelles ; plus tard, de 1904 à 1920, il se consacre aux portraits. L'hôtel de ville de Thuin conserve de lui *Caïn*.
BIBLIOGR. : In : *Dictionnaire biogr. illustré des Artistes en Belgique depuis 1830*, Arto, Bruxelles, 1987.

CRANACH Hans, ou **Johann Lucas**
Né vers 1503 probablement à Wittenberg. Mort le 9 octobre 1537 à Bologne. XVIe siècle. Allemand.
Peintre de scènes mythologiques, compositions religieuses, sujets allégoriques, graveur, dessinateur.
On le trouve parfois aussi sous les prénoms de Johann Lucas. Il est probablement né en 1503. Martin Luther fut aussi de ceux qui mentionnèrent sa mort. Fils aîné de Lucas Cranach l'Ancien, élève et collaborateur de son père, il joua un rôle important dans l'atelier de Lucas. Comme après la mort de Hans Cranach le signe de l'atelier prit une autre forme (les ailes du dragon sont rabattues et non plus érigées), certains critiques allemands ont supposé que c'était lui qui se trouvait à la tête de l'atelier, tandis que son père, Lucas l'Ancien, absorbé par d'autres occupations, ne prêtait que son nom à l'entreprise familiale. Cependant, comme on possède des preuves que le père continua son activité artistique jusqu'à sa propre mort, cette hypothèse est à écarter, mais non le signe de deuil.
On possède un tableau signé et daté 1537 de Hans Cranach : *Hercule chez Omphale* (Nuremberg, collection privée) ; mais il se rapproche tellement d'une autre peinture du même sujet, datée, elle aussi de 1537 (Musée de Brunswick), et considérée comme œuvre de Lucas l'Ancien, qu'on est amené à conclure que l'art de Hans Cranach se confondait entièrement avec la production artistique de l'atelier familial. Johann Strigel consacra un poème latin à la mort de Hans Cranach, survenue pendant un voyage en Italie. Il y est dit que Hans, quoique inférieur à son père en métier de peintre, le surpassait en « ingenium », c'est-à-dire par son érudition humaniste, qui lui facilitait l'invention de sujets mythologiques et allégoriques. ■ E. Z.
MUSÉES : HANOVRE (Kestner Mus.) : un livre d'esquisses 1536.
VENTES PUBLIQUES : MONTE-CARLO, 25 juin 1984 : *Le Christ chez Marthe et Marie*, h/pan. (35x24) : **FRF 30 000**.

CRANACH Lucas, l'Ancien, de son vrai nom : **Müller** ou **Sunder**
Né en 1472 à Kronach (Bavière). Mort le 16 octobre 1553 à Weimar. XVe-XVIe siècles. Allemand.
Peintre de compositions mythologiques, scènes allégoriques, sujets religieux, portraits, graveur, décorateur.
Ses débuts sont inconnus et on ignore qui avait été son maître. Les premiers tableaux parvenus à nous datent de 1502 à 1505, quand l'artiste avait déjà atteint la trentaine, et diffèrent beaucoup du reste de son œuvre. Leur style permet de supposer que le jeune Cranach avait été fortement influencé par Jan Pollak (ou Pollonus) de Cracovie, établi à Munich vers 1480. On présume aussi que Cranach avait dû faire un séjour à Vienne vers 1502 : son *Saint Jérome* daté de 1502, trouvé à Lintz, (Musée de Vienne), la *Crucifixion* du Couvent des Écossais à Vienne, qui est considéré comme son premier tableau, ainsi que la *Crucifixion* de Munich datée de 1502 et le *Repos en Égypte* de Berlin de 1504, forment un groupe stylistiquement homogène, apparenté au style danubien qui florissait en Allemagne du Sud, et dont les représentants les plus connus sont Altdorfer et Wolf Huber. Ces premiers tableaux de Cranach ont un charme exquis. Les scènes de l'histoire sainte y sont situées dans des paysages, qu'on peut dire romantiques par leur germanité, de roches et de forêts de sapins ou de hêtres, stylisés dans la manière souple, touffue et précieuse des danubiens. Tout y subit la même amplification de l'élément expressionniste, la limpidité irréelle de la couleur, les mouvements des personnages, la configuration des rochers et les formes végétales, formant un ensemble parfaitement cohérent bien que féerique.
En 1505, Cranach, qui devait déjà être connu, fut appelé à Wittenberg en qualité de peintre de la cour, par le prince Frédéric le Sage. À partir de ce moment, son art devient plus conventionnel. Le grand retable du *Martyre de sainte Catherine* (Dresde), exécuté en 1506 tombe déjà dans la routine courante de la production artisanale allemande. Les figures sont schématiques et mal charpentées, les visages inexpressifs, et le paysage, qui conserve encore ses traits romantiques, n'est plus qu'une modeste toile de fond. La série de gravures sur bois, que Cranach fit paraître entre 1506-1509 est de très haute qualité artistique, mais trahit aussi l'évolution de son style. L'ambiance de Wittenberg n'était pas aussi propice pour son développement que celle de la Bavière. Frédéric le Sage, collectionneur passionné de peintures et de reliques de saints, s'efforçait de créer un nouveau centre d'art dans un pays qui n'avait pas de traditions artistiques. Fixé à Wittenberg, Cranach resta en dehors des grands courants artistiques de son époque. On peut constater toutefois l'influence exercée sur lui par Jacopo de Barbari, Vénitien germanisant, qui séjourna à Wittenberg en 1505 : un dessin de Cranach, avec une *Diane endormie* (Dresde) procède de l'élégance anémique des figures de ce peintre.
En 1508 Cranach eut l'occasion de visiter les Pays-Bas, probablement avec une mission diplomatique. Il peint là un portrait du futur Charles V, alors âgé de huit ans. Le contact avec l'art néerlandais se reflète dans le *Retable de la Sainte Famille* de 1509 (Francfort), dont la composition plus claire et plus aérée est visiblement inspirée de Quentin Massys et de Gossart, et où on retrouve de plus certaines influences italiennes (celles de Léonard et des Vénitiens), perçue à travers l'art des Pays-Bas. La *Madone et l'Enfant* de la cathédrale de Breslau, ainsi que la *Vierge et deux saintes* de la Maison Gothique de Wörlitz appartiennent aussi à cette phase. En 1547 Jean-Frédéric, protecteur de Cranach, fut fait prisonnier à la bataille de Muhlberg et emmené prisonnier à Augsburg par Charles Quint. À partir de 1550 Cranach partagea la captivité de son seigneur. Il rencontra Titien, et fit son portrait, qui malheureusement ne nous est pas parvenu.
Après un séjour à Innsbruck, Cranach se fixa à Weimar en 1553. À l'église de la Cité de cette ville se trouve un autel avec une *Allégorie du Salut* : un crucifix au pied duquel se tiennent Cranach et son ami Martin Luther. Le sang du Christ tombe sur la tête du peintre. Le tableau fut terminé par Lucas Cranach le Jeune. Au cours de sa longue vie, Cranach demeura peintre de la cour de trois princes de Saxe qui se succédèrent (Frédéric le Sage, mort en 1525, son frère Jean-Constant mort en 1532, et Jean-Frédéric mort en 1556). Le nombre des commandes exécutées pour eux dans son atelier est très grand. Les registres des comptes de Wittenberg mentionnent des portraits des princes et de leurs épouses, des tableaux religieux et mythologiques, des peintures décoratives sur toile (Tüchlein), qui remplaçaient des tapisseries, des décorations pour des fêtes et des tournois, et même des travaux de peinture en bâtiment. Il en ressort que l'atelier de Cranach devait comporter en plus de ses fils, Hans et Lucas, beaucoup d'aides et d'élèves.
En dehors de ce travail, Cranach, citoyen prospère et influent, était membre du Conseil municipal et même bourgmestre de Wittenberg de 1537 à 1544. En 1520, il avait acheté une pharma-

cie, et plus tard une librairie, réunie à une maison d'édition et une imprimerie. Il fut lié d'une amitié personnelle avec Martin Luther et put lui rendre des services notoires pendant la persécution. Il grava des portraits et illustra une des brochures de propagande du réformateur. Ces activités variées rendent hypothétique son assistance effective dans son atelier. Cranach signa de son nom ou de ses initiales, généralement accompagnées du dragon ailé, un blason qui lui fut octroyé en 1508, toute la production qui sortait de son atelier, et la critique moderne n'arrive pas à discerner d'une manière précise sa main de celles de ses fils et aides. On s'accorde à considérer comme originales les répétitions et les variantes qui se distinguent par leur qualité, ce dernier concept comportant sa part d'ambiguïté. La production en série de l'atelier (une notice d'archives de 1533 mentionne une commande de soixante portraits peints des deux Électeurs décédés), bien que couverte par le sigle de Cranach, ne s'élève parfois pas très au-dessus du niveau de l'imagerie populaire. Ces innombrables répétitions, qui inondent tous les châteaux et galeries d'Allemagne, étaient exécutées d'après un unique dessin original du maître, représentant généralement la seule tête du personnage. Quelques-unes de ces belles esquisses sont conservées (une au Louvre, treize au Musée de Reims), elles restent le seul témoignage sûr de l'art portraitiste de Cranach. Dans les grands tableaux exécutés par l'atelier, les costumes et les armures deviennent si importants, qu'ils annihilent l'effet du visage. (*Portraits en pied de Henri le Pieux et de sa femme à Dresde* de 1514). Le style de la maturité de Cranach offre un phénomène curieux. À une époque où la peinture allemande représentée par Dürer et Holbein s'oriente vers l'art mesuré et clair de la Renaissance, on constate chez lui un retour à l'esprit gothique. Ses scènes à nombreux personnages, comme chez Altdorfer, sont des fouillis inextricables, images suggestives mais irraisonnées de la foule humaine (Tableaux du *Dénombrement de Bethléem*, Dresde ; gravures sur bois représentant des tournois). Ses figures isolées ignorent la construction logique de la Renaissance et ont la souplesse et la continuité végétales des algues agitées par des remous.

Cet archaïsme donne cependant un charme très spécial à ses Madones. Parmi les plus belles il faut citer *La Vierge* de Karlsruhe, ainsi que *la Vierge à la tonnelle* de Léningrad. Elles représentent de jeunes élégantes au teint clair et lymphatique, vêtues suivant la mode guindée de Wittenberg, dans de beaux paysages. D'autres tableaux, petits pour la plupart mais en quantités impressionnantes, avec des figures nues, sur fond de paysage ou sur fond noir, forment aussi un aspect important de son œuvre, dont le charme cette fois ouvertement galant et sensuel n'a cessé de séduire à travers les siècles. Il est possible que, lors de son voyage aux Pays-Bas, Cranach ait été impressionné par certains tableaux de Bosch, chez lequel on rencontre des figurines nues assez analogues. Les livres de comptes de la cour de Saxe contiennent de nombreuses notes sur des peintures de ce genre, commandées à Cranach et qui étaient apparemment déjà très goûtées.

Dans son étude consacrée à l'École Allemande au Musée du Louvre, Louis Réau, insistant sur l'incompatibilité absolue qui existe entre l'art bourgeois de l'Allemagne de la Réforme et le paganisme de la Renaissance italienne, écrit, à propos de la *Vénus dans un paysage* de Lucas Cranach : « L'incompréhension de la mythologie antique est poussée jusqu'au grotesque et l'ignorance des formes du corps humain s'étale ingénument. Comme les mœurs rigoristes de la bourgeoisie allemande interdisaient aux peintres de faire poser des femmes nues dans leur atelier, ils se contentent de reproduire des poncifs empruntés aux estampes italiennes et grossièrement déformées. Les Vénus de l'atelier Cranach ont un type très caractérisé qui permet de les reconnaître du premier coup d'œil : un front bombé, des yeux bridés, des cheveux blonds crépelés, des seins menus, une attitude légèrement hanchée qui rappelle les Vierges en ivoire du XIVe siècle, des jambes démesurément longues et fluettes reposant sur de grands pieds plats en patte d'oie. Pour tout costume un voile de gaze transparente, un collier d'orfèvrerie et, parfois, par dérision, un chapeau de cardinal. Ces poupées nues sont si peu vivantes et d'une gaucherie si disgracieuse qu'on s'étonne qu'elles aient pu séduire les humanistes de Wittenberg. Elles alternent dans l'œuvre de Lucas Cranach et de ses fils avec une imagerie protestante, plus édifiante, certes, mais encore plus grossière, qui trouvait des débouchés parmi les adeptes de Martin Luther ». Quant au *Portrait de jeune fille*, Louis Réau persiste : « Ce portrait de jeune fille blonde qui se détache sur un fond noir opaque appartient, sans conteste, à l'œuvre de Lucas Cranach, car il est non seulement timbré du dragon aux ailes de chauve-souris, mais il présente les analogies les plus frappantes avec d'autres œuvres indiscutables du maître de Wittenberg conservées dans les Musées de Budapest et de Weimar ». Quant aux propos sur la féminité d'après Cranach d'un historien, d'autre part parfaitement estimable, si la part qui en concerne la description objective est assez bien vue, la part revenant à l'appréciation esthétique, dont il faut lui laisser la responsabilité, est suffisamment excessive pour être négligeable.

L'idéal de beauté de Cranach est exceptionnel pour le XVIe siècle : il aime les silhouettes frêles de fillettes à peine nubiles, aux ventres proéminents et aux tailles serrées. La carnation est d'une délicatesse anémique. La ligne onduleuse des corps est celle du gothique. Le caractère lascif de ces figurines est encore souligné par des bijoux, des chapeaux ou des voiles transparents. Quelques-unes témoignent d'une velléité de rapprochement à l'art italien : la grande *Vénus debout* de 1509 (Ermitage), la *Nymphe de la source* de 1518 (Leipzig) visiblement inspirée de la *Vénus couchée* de Giorgione, les panneaux d'*Adam* et *Ève* (Brunswick) sont une transposition de la composition de Dürer. Mais ce sont des exceptions. La plupart des compositions de ce genre, religieuses ou mythologiques – *Jugement de Pâris, Péché originel, Lucrèce, Judith, Vénus* ou *Bethsabée*, sont des prétextes pour représenter des nus féminins, d'une morphologie très germanique telle qu'elle se retrouve, pudique, chez Dürer et d'autres, tandis que chez Cranach d'une séduction faite de naïveté et de perversion. ■ E. Zarnowska, J. Busse

MUSÉES : AIX : *Portrait d'une jeune fille – Portrait d'homme –* ALTENBURG : *La Vierge avec sainte Catherine –* AMSTERDAM : *Portrait d'un homme – Melanchton – Kaspar Cruciger – Jugement dernier –* ANVERS : *Adam et Ève – L'amour –* AUGSBOURG : *Samson et Dalila – Portrait de Luther* 1533 – BÂLE : *Portrait de Martin Luther – Portrait de Luther et de sa femme – Portrait de Catherine de Bore – Lucrèce – Portrait de Catherine de Bore –* BAMBERG : *Tableau de l'évêque de Eichstätt* 1520 – *Madone au gâteau* 1529 – BERLIN : *Portrait du duc Georges de Saxe – Portrait d'une femme – Portrait d'homme – Portrait de Jean-Frédéric, le plus jeune duc de Saxe – Repos pendant la fuite en Égypte* 1504 – *Saint Jérôme – Adam et Ève – Sainte Anne de Selbdutt – Christ au jardin des Oliviers – Mise au Tombeau – Portrait de Jean-Frédéric le Généreux – Sainte Anne Selberit – Portrait du cardinal Albert de Brandebourg de Mayence – Marie avec l'Enfant Jésus et saint Jean – L'Enfer (aile droite) ; Le Paradis (aile gauche)*, autel – *Apollon et Diane – La fontaine de Jeunesse* 1530 – *Vénus et Amour – Patri-*

cien – Portrait de bourgeois – Portrait d'un bourgmestre de Weissenfels – Portrait de Catherine de Bore, femme de Luther – Vénus et Amour – Lucrèce – Bethsabée 1526 – *Déposition – Cardinal Albert de Brandebourg en saint Jérôme au désert* 1527 – Besançon : *Courtisane et vieillard – Nymphe couchée – Adam et Ève* – Bonn : *Crucifixion* 1515 – Bootle, Angleterre (Art Gallery and Museum) : *La Vierge sous un pommier* – Bordeaux : *Vénus et Amour* – Brême : *Sainte Trinité – Ecce Homo* – Breslau, nom all. de Wroclaw : *Portrait de femme – Sibylle de Clèves* – Breslau, nom all. de Wroclaw (Cathédrale) : *Vierge à l'Enfant* – Brunswick : *Adam et Ève – Hercule et Omphale* 1537 – Bruxelles : *Portrait d'homme – Adam – Portrait du Dr Scheuring* 1529 – Budapest : *Les Trois Flèches du Père Éternel – Hérodiade – Le Christ pleure – L'Adultère – Le Vieillard amoureux – La Vieille Amoureuse – Mariage mystique de sainte Catherine – Le Vieillard et la Belle* 1522 – *Salomé – Christ et la Femme adultère* 1532 – Cherbourg : *Frédéric III et Jean, électeurs de Saxe*, triptyque – Cologne : *Sainte Marie-Madeleine* – Copenhague : *Vénus et Amour* 1530 – *Jugement de Pâris* 1527 – *La Sainte Vierge et l'Enfant – Saint Sébastien* – Darmstadt : *Tableau avec des saints – Le Cardinal Albert de Brandebourg en saint Jérome* 1525 – *Deux portraits d'enfants* 1526 – Dijon : *Tête d'enfant* – Douai : *Une sirène faisant sa toilette – Portrait d'Idelette de Bure, femme de Calvin – Portrait de Sibylle, femme de Jean, électeur de Saxe* – Dresde : *Le martyre de sainte Catherine* 1506 – *Adoration des bergers, effet de nuit – Le dénombrement de Bethléem – Prince Henri le Pieux et sa femme* 1514 – *Christ au Jardin des Oliviers – Christ à la colonne* 1515 – *Lucrèce – Judith* – Dublin : *Judith avec la tête d'Holopherne – Christ sur la Croix* – Florence (Gal. Nat.) : *Portrait de Catherine de Bore – Portrait de Luther – Portraits des deux électeurs de Saxe, Jean et Frédéric – Portraits de Luther et de Melanchton – Saint Georges – Portrait de l'artiste – Adam* – Francfort-sur-le-Main : *Marie et l'Enfant Jésus – Le crucifiement du Christ – Le repas d'Hérode – Vénus au voile* 1532 – Fribourg (Cathédrale) : *Ecce Homo* 1524 – Genève : *La Tentation de saint Antoine* – Gotha : *Le péché originel et la Rédemption* 1529 – *Jugement de Pâris – Adoration des rois – Adam et Ève* 1527 – Graz : *Le cavalier au carrefour* – Halle (Église Sainte-Marie) : *Autel avec la Vierge* 1529 – Hambourg : *Caritas* – Hampton court : *Jugement de Pâris* – Hanovre : *Christ et saint Jean-Baptiste – Lucrèce – Le martyre de sept frères*, deux volets d'autel – Heidelberg : *Frédéric III de Saxe – Martin Luther – Catherine de Bore – Mélanchton – Frédéric le Généreux* – Helsinki : *Portrait de femme* – Kaliningrad, ancien. Königsberg : *Image de Luther et de Melanchton* – Karlsruhe : *Vierge à l'Enfant* – Kassel : *Sainte Catherine – Sainte Barbe – Suicide de Lucrèce – Portrait d'un homme âgé – Judith – Résurrection du Christ, Sainte Catherine, sainte Barbe, Armes de Hesse et de Mecklembourg*, triptyque appartenant aux parents de Philippe le Généreux – *L'Âge d'argent* – Leipzig : *Adoration des Rois Mages – Le Mourant – Le Christ et la Samaritaine – Georges le Barbu, duc de Saxe – Christian II de Danemark – Portrait de Géhrard Wolk – Apollonia et Georg de Widebach – La Nymphe de la source* 1518 – Lille : *Portrait d'homme* – Lisbonne : *Salomé* – Liverpool : *Nymphe de la source* 1534 – Londres (Nat. Gal.) : *Portrait d'une jeune dame – Portrait d'un homme* 1524 – *Charité – Jalousie – Neige avec saints* – Londres (Buckingham Palace) : *Apollon et Diane* – Lyon : *Portrait de femme* – Madrid (Prado) : *Grande chasse donnée par Charles V à des seigneurs allemands*, deux pendants – Mayence : *Saint Jérôme – Portrait du Prince électeur de Brandebourg, Albert de Brandebourg – Portrait du prince Jean Guillaume de Saxe et de sa mère, Sophie de Magdebourg* – Milan (Ambrosiana) : *Portrait de deux enfants* – Munich : *Crucifixion* 1502 – *L'Adultère – Suicide de Lucrèce – Marie en robe rouge et manteau vert, l'Enfant sur ses genoux – Loth ivre et ses deux filles – Portrait en buste de Martin Luther, Philipp Melanchton et l'électeur Frédéric III de Saxe – Moïse et Aaron et deux prophètes – Adam et Ève sous l'arbre de la science – L'Adultère devant le Christ – Sainte Anne sur un banc avec l'Enfant Jésus, Marie à côté – Christ sur la croix entre les deux malfaiteurs* – Naples : *Le Christ et la femme adultère* – Nuremberg : *Marie et l'Enfant – Le Christ et la femme adultère – Christ pleuré – Mise au tombeau – Décapitation de sainte Catherine – Vénus et l'Amour – Portrait de Christian II de Danemark* 1523 – *Portrait du margrave K. de Brandebourg – Luther – Portrait d'une jeune dame – Jeune fille flattant un vieillard – Portrait du Dr Reuss* 1503 – *Stigmatisation de saint François* – Oslo : *Le Christ et la femme adultère* – Paris (Louvre) : *Sujet mythologique – Vénus dans un paysage – Deux portraits d'homme – Frédéric III de Saxe* – Potsdam (Sans-souci) : *Lucrèce* – Reims : treize esquisses peintes de têtes – Rome (Gal. Colonna) : *Les Tentations de saint Antoine* – Saint-Pétersbourg (Ermitage) : *La Vierge au pommier – La Vierge à la tonnelle – Vénus et Amour – Portrait du cardinal A. de Brandebourg – Portrait de Sibylle, épouse de l'électeur de Saxe – Portrait de Frédéric le Sage, électeur de Saxe* – Schwerin : *Portrait d'homme* 1521 – Stockholm : *La sainte Vierge et l'Enfant Jésus – Entretien d'argent – Vénus et Amour – Portrait en buste de Hans Luther père de Martin – Jésus-Christ et la pécheresse – Les apôtres se congédient réciproquement – Lucrèce se donnant la mort – Jésus-Christ distribuant au peuple cinq pains et deux poissons – Jésus-Christ et la pécheresse* – Strasbourg : *Le Crucifiement – La Chute d'Adam et Ève* – Torgau (Église Sainte-Marie) : *Les Quatorze Saints* – Versailles : *Jean-Frédéric le Magnanime, duc de Saxe – Martin Luther* – Vienne : *Saint Jérome* 1502 – *La fille de Hérodiade* 1539 – *Chasse au cerf – Saint Jérôme et saint Léopold – Un vieillard et une jeune fille – Portrait d'homme – Le Christ disant adieu aux saintes femmes avant sa Passion – Judith*, étude – *Judith – Adam et Ève – Portrait de trois jeunes filles – Adam et Ève – Le Paradis* – Vienne (Czernin) : *Adoration des bergers* – Vienne : *Saint Jérôme* 1502 – *Judith – Chasse au cerf* 1544 – *Le Paradis* 1530 – *Judith* – Vienne (Acad.) : *Saint Valentin – Lucrèce* 1532 – Vienne (Gal. Liechtenstein) : *Sainte Hélène* 1525 – Vienne (Couvent des Écossais) : *Crucifixion* – Weimar : *Luther en gentilhomme – La Sainte Vierge – Prince Jean-Frédéric Ier, en fiancé* 1526 – *Sibylle de Clèves en fiancée du prince Jean-Frédéric – Chute et Rédemption – Prince électeur Jean Ier – Prince Frédéric III le Sage – Prince Jean Ier – Luther en costume ecclésiastique avec la barrette – La Femme de Luther – L'Effet de la jalousie – Vénus et l'Amour poursuivant l'abeille – Vénus – L'Âge d'argent* 1526 – Weimar (Église de la Cité) : *Allégorie du Salut* – Windsor : *Martin Luther en chevalier Jörg* – Worlitz (Maison gothique) : *La Vierge et deux saints – La Vierge entourée de femmes – Mariage mystique de sainte Catherine* 1516.

Ventes Publiques : Paris, 1846 : *Portrait de Catherine de Bore, femme de Luther* : **FRF 1 300** – Paris, 1859 : *Portrait de Martin Luther*, miniat. : **FRF 1 300** – Paris, 1867 : *Laissez venir à moi les petits enfants* : **FRF 3 100** – Paris, 1874 : *Le Christ et les petits enfants* : **FRF 2 180** – Paris, 1882 : *Hercule debout, vu de dos, tenant une masse*, pl. et encre de Chine : **FRF 155** – Paris, 1885 : *Frédéric le Sage* : **FRF 6 000** – Paris, 1890 : *Portrait de Luther* : **FRF 5 600** – Paris, 4 juin 1891 : *Portrait de Mélanchton* : **FRF 5 000** – Paris, 1899 : *Madone au gâteau* : **FRF 11 250** ; *Nymphe au repos* : **FRF 11 437** – New York, 1900 : *Portrait d'un gentilhomme* : **USD 1 751** – Paris, 9 nov. 1900 : *Le Christ enfant et saint Jean-Baptiste* : **FRF 1 000** – Paris, 15 juin 1904 : *L'Enfant Jésus terrassant le démon* : **FRF 1 800** – Paris, 4-7 avr. 1906 : *La Vierge et l'Enfant Jésus* : **FRF 2 500** – Paris, 26 avr. 1907 : *Portrait de Luther* : **FRF 7 500** – Paris, 8 mai 1908 : *Portrait d'homme* : **FRF 4 260** – Paris, 22-25 nov. 1909 : *Portrait de Wiecker Reys* : **FRF 12 300** – Paris, 21 avr. 1910 : *La Vierge et l'Enfant à la pomme* : **FRF 6 500** ; *Le Galant abusé* : **FRF 5 600** – Paris, 26-27 mai 1919 : *Portrait d'un électeur*, sur pap. : **FRF 13 000** – Paris, 17-18 nov. 1919 : *Bacchanale* : **FRF 27 000** – Paris, 29-30 avr. 1920 : *Loth et ses filles* : **FRF 16 000** – Londres, 13 avr. 1923 : *Le prince Georges de Saxe avec Martin Luther et Mélanchton* : **GBP 451** – Londres, 25 mars 1927 : *Catherine de Bore* : **GBP 546** – Londres, 13 juil. 1928 : *La Femme adultère* : **GBP 1 785** – Londres, 27 juil.1928 : *Saint Christophe* : **GBP 1 627** – Paris, 15 nov. 1928 : *La Mort de la Vierge*, pl. : **FRF 10 000** – Paris, 19 nov.1928 : *Lucrèce* : **FRF 425 000** – Londres, 11 juil. 1930 : *La Duchesse de Saxe* : **GBP 630** ; *Le duc de Saxe* : **GBP 1 890** – Berlin, 20 sep. 1930 : *Portrait d'une jeune femme* : **DEM 43 000** – Londres, 5 août 1932 : *Une joyeuse compagnie* : **GBP 294** – Paris, 19 mai 1933 : *Portrait de Martin Luther* : **FRF 25 000** – Paris, 22 fév. 1934 : *Lucrèce* : **FRF 35 000** – New York, 18-19 avr. 1934 : *Portrait d'une dame de la noblesse* : **USD 1 200** – Londres, 25 juil. 1934 : *Une allégorie religieuse* : **GBP 330** – Genève, 27 oct. 1934 : *Portrait d'Eléonore Mathilde et de Jean le Juste* : **CHF 4 000** – Londres, 26 juil. 1935 : *Salomé tenant sur un plateau la tête de saint Jean-Baptiste* : **GBP 714** – Londres, 9 déc. 1936 : *La Vierge et l'Enfant* : **GBP 600** – Londres, 25 fév. 1938 : *Hercule et les suivantes d'Omphale* 1537 : **GBP 388** – Londres, 24 juin 1938 : *Jean Frédéric I, Électeur de Saxe ; Sibylle de Clèves, sa femme*, peint., une paire : **GBP 1 050** – Amsterdam, 15 nov. 1938 : *Auguste de Saxe ; Anna de Danemark*, peint., une paire : **NLG 15 800** – Bruxelles, 6-7 déc. 1938 : *Portrait d'homme* : **BEF 125 000** – Londres, 26 juil. 1939 : *Marie et Jean de Saxe* 1528 : **GBP 620** – New York, 26 nov. 1943 : *La Femme adultère devant le Christ* : **USD 2 000** – New York, 20 avr. 1946 : *Sainte Barbara et sainte*

Marie-Madeleine : **USD 3 000** – New York, 15 mai 1946 : *Saint Maurice* : **USD 3 700** – Paris, 4 juin 1951 : *La Peseuse de bijoux* : **FRF 1 300 000** – Paris, 7 juin 1955 : *Hercule et Omphale* : **FRF 1 500 000** – Lucerne, 1er déc. 1956 : *La Vierge berçant l'Enfant Jésus* : **CHF 14 000** – Paris, 29 jan. 1957 : *Portrait du Docteur Johannes Scheiring* : **FRF 3 300 000** – Londres, 20 mars 1959 : *Adam et Ève* : **GBP 6 510** – Lucerne, 30 nov. 1959 : *Portrait d'un homme barbu* : **CHF 10 000** – Cologne, 26 avr. 1960 : *Saint Jérôme* : **DEM 45 000** – Berne, 19 mai 1960 : *Portrait de Martin Luther* : **CHF 10 000** – Londres, 22 juin 1960 : *Portrait de Johan Bugenhagen* : **GBP 10 000** – New York, 15 nov. 1961 : *Portrait de la princesse Sibylle de Clèves, Électrice de Saxe* : **USD 105 000** – Londres, 20 mars 1964 : *La Crucifixion avec la Vierge, sainte Madeleine et saint Jean l'Évangéliste* : **GNS 20 000** – Londres, 24 nov. 1967 : *Bacchanate* : **GNS 15 000** – Cologne, 29 nov. 1968 : *Vierge à l'Enfant aux framboises* : **DEM 155 000** – Londres, 26 juin 1970 : *La famille Feilitzsch*, triptyque : **GNS 28 000** – Paris, 7 mars 1972 : *Portrait de Martin Luther ; Portrait de Catherine de Bore, épouse de Martin Luther*, deux bois : **FRF 630 000** – Munich, 25 nov. 1976 : *Saint Jean Chrysostome en pénitence* 1509, grav./cuivre : **DEM 11 000** – Vienne, 30 nov. 1976 : *La Vierge et l'Enfant* après 1537, h/pan. (20x15,3) : **ATS 900 000** – Amsterdam, 9 juin 1977 : *Vierge à l'Enfant* 1516, h/pan. (49,5x32,5) : **NLG 105 000** – Munich, 24 nov. 1977 : *Saint Georges à pied, avec deux anges* 1506, grav./bois : **DEM 8 600** – Paris, 23 juin 1978 : *Vénus et l'Amour voleur de miel* après 1537, h/pan. (51x35) : **FRF 920 000** – Londres, 6 déc. 1978 : *Frédéric le Sage et Jean de Saxe*, grav./cuivre (13,4x11,9) : **GBP 1 800** – Munich, 29 nov. 1979 : *Saint Christophe* 1506, grav./bois clair-obscur : **DEM 25 000** – Londres, 20 nov. 1980 : *Le Second Tournoi* 1509, grav./bois (29,2x41,8) : **GBP 6 300** – New York, 20 jan. 1983 : *Vénus et Cupidon volant du miel* 1531, h/pan. (51x35) : **USD 135 000** – Londres, 17 juin 1983 : *Le Quatrième Tournoi* 1509, grav./bois/pap. filigrané (29,2x41,8) : **GBP 4 400** – Berne, 22 juin 1984 : *Un jeune prince de Saxe à cheval* 1506, grav./bois : **CHF 22 000** – Londres, 12 déc. 1984 : *L'Électeur de Saxe, Frédéric le Sage*, h/pan. (60,5x40,5) : **GBP 130 000** – Londres, 3 avr. 1985 : *Hercule entre le Vice et la Vertu* après 1537, h/pan. (63,5x45) : **GBP 240 000** – Berne, 21 juin 1985 : *David et Abigaïl* 1509, grav./bois : **CHF 36 000** – Londres, 27 juin 1986 : *Christ sur la croix entre la Sainte Vierge et saint Jean*, grav./bois coloriée à l'aquar. en jaune, deux tons de vert, rouge, orange, bleu pâle et gris/pap. filigrané « ancre » (21,7x15,2) : **GBP 43 000** – Londres, 10 juil. 1987 : *La Charité*, h/pan. (49,5x33) : **GBP 220 000** – New York, 4 déc. 1987 : *La Sainte Parenté*, grav./bois (22,2x32,4) : **USD 8 500** – New York, 14 jan. 1988 : *Portrait d'une jeune femme*, h/pan. (84x55) : **USD 748 000** ; *Lucrèce*, h/pan. (57x46,5) : **USD 352 000** – Londres, 22 avr. 1988 : *Saint Pierre*, h/pan. (26,7x17,2) : **GBP 93 500** – Heidelberg, 14 oct. 1988 : *La tentation de saint Antoine* 1506, bois gravé (40,3x27,7) : **DEM 2 600** – New York, 11 jan. 1989 : *Lucrèce*, h/pan. (83,9x55,7) : **USD 220 000** – New York, 31 mai 1989 : *La Mélancolie*, h/pan. (53,4x74,9) : **USD 88 000** – New York, 1er juin 1989 : *Lucrèce*, h/pan. (56,4x38) : **USD 715 000** – Londres, 6 juil. 1990 : *Portrait du Prince Électeur Johann de Saxe, le Sage, vêtu d'un habit et d'un chapeau noir garni de perles et de plumes ; Portrait de son fils, Johann Friedrich de Saxe, le Valeureux, plus tard Prince Électeur, portant un pourpoint vert et rouge, un collier d'or et un grand chapeau garni de plumes d'autruche*, h/pan., diptyque (chaque 41,3x31) : **GBP 4 840 000** – Londres, 24 mai 1991 : *La Charité*, h/pan. (49,5x33) : **GBP 286 000** – Monaco, 22 juin 1991 : *L'Adoration des bergers*, h/pan. (15x20,2) : **FRF 1 332 000** – Londres, 11 déc. 1991 : *Portrait d'un homme au béret rouge*, h/pap. (25x19,5) : **GBP 187 000** – Londres, 15 avr. 1992 : *Portrait d'une jeune femme assise, vêtue d'une robe orange et rouge, d'un large chapeau et tenant une fleur*, h/pan. (86x55,6) : **GBP 460 000** – Londres, 8 juil. 1992 : *Personnification féminine de la Justice* 1537, h/pan. (74x52) : **GBP 385 000** – Heidelberg, 9 oct. 1992 : *La Sainte Famille*, bois gravé (22,7x32,3) : **DEM 1 400** – Londres, 20 mai 1993 : *Lucrèce* 1525, h/pan. (56,5x39,3) : **GBP 309 500** – Londres, 8 juil. 1994 : *Saint Jérôme écrivant dans un paysage rocheux*, h/t/pan. (68x57,5) : **GBP 331 500** – New York, 11 jan. 1995 : *Portrait de l'Électeur Jean-Frédéric de Saxe, le Généreux*, h/pan. (20,8x15) : **USD 27 600** – New York, 12 jan. 1995 : *Jésus enfant bénissant saint Jean-Baptiste agenouillé* 1534, h/pan. (35,2x23,2) : **USD 178 500** ; *Vénus et Cupidon ou Le Voleur de miel*, h/pan. (48,9x33) : **USD 398 500** – Londres, 3 juil. 1996 : *Adam et Ève*, h/pan. (87x59) : **GBP 463 500** – Londres, 11 déc. 1996 : *Le Jugement de Pâris*, h/pan. (43x32,2) : **GBP 1 981 500** – New York, 31 jan. 1997 : *Portrait en buste de Sybille de Clèves, Électrice de Saxe*, h/t (57x39) : **USD 530 500**.

CRANACH Lucas, le Jeune

Né en 1515 à Wittenberg (Saxe-Anhalt). Mort en 1586 à Weimar. XVIe siècle. Allemand.

Peintre de scènes mythologiques, compositions religieuses, sujets allégoriques, portraits, graveur.

Élève et collaborateur de son père Lucas Cranach l'Ancien, il travailla dans l'atelier familial et il est impossible, vu le caractère de l'entreprise, de déceler sa main dans la production si nombreuse de cet atelier. Après la mort de son père en 1553, Lucas le Jeune continua l'entreprise, en signant toujours les tableaux du signe du dragon, aux ailes baissées depuis la mort de Hans.

Les œuvres de cette époque se distinguent par une coloration plus claire et une forme plus vive. Lucas le Jeune a aussi exécuté nombre de gravures sur bois. En se basant sur des dates de quelques peintures postérieures à 1553, on lui attribue un certain nombre d'œuvres. ■ E. Z.

Bibliogr. : In : *Diction. de la peinture allemande et d'Europe centrale*, coll. Essentiels, Larousse, Paris, 1990.

Musées : Berlin (Staat. Mus.) : *Portrait d'homme – Portrait de femme – Portrait de Leonhard Badehorn* – Boston : *Portrait de dame* 1549 – Dresde : *Élie et le prêtre de Baal* 1545 – *Hercule et les Pygmées* 1551 – *Portrait du prince Maurice de Saxe et de sa femme* 1559 – *Crucifixion* 1573 – Reims : *Esquisse à l'huile de têtes pour des portraits* – Vienne : *Portrait d'homme* 1564 – *Portrait de femme* 1564 – *Composition allégorique*.

Ventes Publiques : Paris, 1873 : *La Femme adultère* : **FRF 4 000** – Paris, 20 jan. 1928 : *Portrait de Heer Geissendorff* : **FRF 5 100** – New York, 18-19 avr. 1934 : *Portrait de femme* : **USD 1 100** – Genève, 25 mai 1935 : *Portrait du comte de Hohenstein* : **CHF 19 600** – New York, 18 avr. 1942 : *Maurice, duc de Saxe* : **USD 3 000** ; *Agnès, fille de Philippe, landgrave de Hesse* : **USD 3 000** – Paris, 7 déc. 1951 : *La Conversion de saint Paul* : **FRF 1 200 000** – Londres, 7 juil. 1972 : *Ève présentant la pomme à Adam* : **GNS 7 500** – Londres, 1er déc. 1976 : *La Crucifixion avec un pêcheur agenouillé* vers 1550-1560, grav./bois (35,3x26,6) : **GBP 2 800** – Mentmore, 25 mai 1977 : *Frédéric le Sage, Grand Électeur de Saxe* 1532, h/pan. (12x13,5) : **GBP 6 500** – Londres, 12 juil. 1978 : *Christ sur la Croix*, h/pan. (41x28,5) : **GBP 14 000** – Paris, 18 mars 1980 : *La Charité assise* vers 1540-1550, h/bois (48,5x75) : **FRF 360 000** – New York, 11 jan. 1991 : *Portrait en buste d'un gentilhomme tenant un livre*, h/pan. (36x23) : **USD 40 700** – Londres, 5 juil. 1996 : *Vierge à l'Enfant sur un trône dans un jardin et adorée de putti*, h/pan. (50,2x34,3) : **GBP 50 000** – New York, 31 jan. 1997 : *Portrait en buste du duc Auguste de Saxe portant un manteau à col de fourrure et tenant une lettre ; Portrait de sa femme, Anne de Danemark, en buste, portant une robe noire avec des manches blanches et un collier en or*, h/pan., une paire (63,5x47) : **USD 145 000** – Paris, 17 juin 1997 : *Faites venir à moi les petits enfants* vers 1540, pan. chêne parqueté (81x121) : **FRF 320 000**.

CRANACH Ulrich

XVIIe siècle. Allemand.

Graveur, ingénieur.

Il était actif à Hambourg.

CRANACH Wilhelm Lucas von

Né en 1861 à Stargard. XIXe-XXe siècles. Allemand.

Peintre de portraits, paysages, graveur, architecte.

Cet artiste, qui était peut-être aussi un descendant de Lucas Cranach, fit ses études à Weimar et à Paris. Il peignit surtout des portraits et des paysages.

CRANCE Germaine Louise

Née à Paris. XXe siècle. Française.

Miniaturiste, aquarelliste.

Sociétaire des Artistes Français.

CRANCH Carolina A.

Née aux États-Unis. XIXe-XXe siècles. Américaine.

Peintre.

Elle était la fille de Christopher Pearce Cranch.

CRANCH Christopher Pearce

Né en 1813 à Alexandria (Virginie). Mort en 1892 à Cambridge (Massachusetts). XIXe siècle. Américain.

Peintre de paysages.

Il séjourna longtemps à Paris et en Italie. En 1864 il fut élu membre de la National Academy of Design.

Ventes Publiques : Londres, 14 oct. 1977 : *Paysage du New Jer-*

sey, h/t (35,5x53,5) : **GBP 800** – New York, 4 avr. 1984 : *La promenade en barque, en automne*, h/t (50,8x76,2) : **USD 1 400**.

CRANCH John
Né en 1751 à Kingsbridge, en Devon. Mort en 1821 à Bath. XVIIIe-XIXe siècles. Britannique.
Peintre amateur d'histoire et de portraits.
On cite de cet artiste une *Mort de Chatterton*, qui paraît être sa meilleure œuvre. Il exposa, entre 1791 et 1808, à la Society of Artists et à la Royal Academy, où l'on vit ses célèbres *Poker Pictures*.
Musées : Londres (Victoria and Albert Museum) : *Jouant avec bébé*.

CRANCH John
Né en 1806 à Washington. Mort en 1891 à Urbana (Ohio). XIXe siècle. Américain.
Peintre.
Il fut surtout connu comme portraitiste.

CRANCK Adolphe
Né à Valenciennes. XIXe-XXe siècles. Français.
Peintre, graveur.
Élève de Cabanel et de Henriquel-Dupont, il fut surtout connu pour ses gravures exécutées au burin. Il a régulièrement pris part au Salon des Artistes Français, obtenant une médaille de troisième classe en 1896, une bourse de voyage en 1897, une médaille de première classe en 1905 et devenant sociétaire en 1904. Il a participé à l'Exposition Universelle de Bruxelles en 1910.

CRANDALL Francis
Né à Sherborne (New York). XXe siècle. Américain.
Graveur.
Élève de Delécluse. A exposé au Salon des Artistes Français de 1926.

CRANE de ou **Decrane, de Crans, Decrain, de Crenne, du Cresne,** etc., famille d'artistes
XVe-XVIe siècles. Actifs à Lyon. Français.
Peintres.
Gauthier ou Gaulchier, vit, à Lyon, en 1491, signe, en 1496, les statuts de la corporation des peintres, tailleurs d'image et verriers de la ville et meurt entre 1508 et 1511, laissant deux fils : Daniel et Jean.
Daniel, appelé Daniel Gaultier ou Gaultier de Crane, vit en 1493 et 1546, travaille, pour des entrées, de 1518 à 1540 et peint à cette occasion, en 1518 et 1533, des armoiries et des fleurs de lys sur des robes de taffetas.
Jean, vit en 1518 et 1562. Souvent employé par la Ville, de 1518 à 1540, il est, en 1555, peintre de l'église Saint-Jean.
On trouve encore : Nicolas, en 1504 et 1507 ; Antoine, en 1520, il meurt entre 1525 et 1528 ; Charles, en 1529 et 1547 ; Charles, en 1571 et 1574, employé par la Ville, en 1574, pour l'entrée d'Henri III.

CRANE Albert
Né à Chicago (Illinois). XXe siècle. Américain.
Peintre.
Élève de M. Pougheon. A exposé au Salon des Artistes Français de 1933.

CRANE Bruce
Né en 1857 à New York. Mort en 1937. XIXe-XXe siècles. Américain.
Peintre de paysages.
Après avoir suivi des cours auprès de A. H. Wyant, il séjourna quelques temps en Europe. Plusieurs galeries publiques et privées conservent de ses toiles.
Musées : New York (Met. Mus.).
Ventes Publiques : New York, 30-31 oct. 1929 : *La route* : **USD 170** – New York, 20 fév. 1930 : *Nuages d'octobre* : **USD 325** – New York, 1er mai 1930 : *Forêt en automne* 1919 : **USD 400** – New York, 25-26 mars 1931 : *Clair de lune en hiver* 1898 : **USD 750** – New York, 29 oct. 1931 : *Coucher de soleil* : **USD 105** ; *Le calme de la nuit* : **USD 150** – New York, 15 fév. 1934 : *L'hiver* : **USD 140** – New York, 16 mars 1934 : *L'automne* 1922 : **USD 225** – New York, 25 jan. 1935 : *Un champ gelé* : **USD 180** ; *Le dégel* : **USD 250** – New York, 4 mars 1937 : *L'arbre tombé* 1921 : **USD 500** – New York, 6 mai 1937 : *Décembre* 1919 : **USD 175** – New York, 14 jan. 1938 : *Paysage d'automne* : **USD 140** – New York, 18-20 nov. 1943 : *Paysage* : **USD 125** – New York, 17 fév. 1944 : *La ferme dans la vallée* 1922 : **USD 325** – New York, 14 mars 1968 : *Paysage d'automne* : **USD 625** – New York, 22 oct. 1969 : *Les dunes* : **USD 1 100** – New York, 15 avr. 1970 : *Paysage ensoleillé* : **USD 875** – New York, 15 sep. 1971 : *Prairie au bord de la mer* : **USD 575** – Los Angeles, 13 nov. 1972 : *Paysage* : **USD 600** – New York, 18 nov. 1976 : *Fin octobre, Long Island*, h/t (56x76,2) : **USD 1 200** – Los Angeles, 8 nov. 1977 : *Paysage d'automne*, h/t (60,3x91,5) : **USD 2 000** – New York, 23 sep. 1981 : *Paysage*, h/t (50,8x76,2) : **USD 4 000** – New York, 3 oct. 1981 : *Le chemin de campagne* 1881, aquar. (40,5x61) : **USD 1 100** – New York, 23 juin 1983 : *Paysage d'hiver*, h/cart. entoilé (31,2x41,3) : **USD 3 100** – New York, 22 juin 1984 : *L'arc-en-ciel*, h/t (64,8x76,2) : **USD 4 250** – New York, 15 mars 1985 : *Paysage d'hiver*, aquar. (38,1x58,5) : **USD 950** – New York, 24 oct. 1986 : *L'Automne* vers 1880, h/t (45,7x61) : **USD 12 000** – New York, 29 mai 1987 : *Collines* vers 1910, h/t (117,5x115) : **USD 26 000** – New York, 24 juin 1988 : *Sudbury dans le Vermont*, h/t (90x100) : **USD 13 200** – New York, 30 sep. 1988 : *Nuit étoilée*, h/t (63,5x76,2) : **USD 7 700** – New York, 1er Déc. 1988 : *Paysage d'hiver*, h/t (113x76,6) : **USD 42 900** – New York, 25 mai 1989 : *Soleil couchant sur un paysage enneigé*, h/t (40,5x61) : **USD 17 600** – New York, 28 sep. 1989 : *Arbres en fleurs au printemps*, h/t (36x51,5) : **USD 12 100** – New York, 30 nov. 1989 : *Une ancienne coupe de bois*, h/t (78,7x91,5) : **USD 17 600** – New York, 31 mai 1990 : *Chute matinale* 1936, h/t/cart. (40x50,5) : **USD 3 300** – New York, 27 sep. 1990 : *Bateaux sur une grève*, h/t (50,8x76) : **USD 6 050** – New York, 14 mars 1991 : *Matin de novembre*, h/t (45,7x61) : **USD 6 600** – New York, 18 déc. 1991 : *Soleil d'après-midi*, h/t (35,6x50,8) : **USD 6 600** – New York, 3 déc. 1992 : *Après l'orage*, h/t (45,7x61) : **USD 11 000** – New York, 10 mars 1993 : *Les collines*, h/t (117,5x114,9) : **USD 28 750** – New York, 14 sep. 1995 : *Sugar Maple Grove*, h/t (71,1x91,4) : **USD 18 400** – New York, 25 mars 1997 : *Paysage doré*, h/pan. (20,3x25,4) : **USD 2 875** ; *Paysage à la fin de l'été*, h/t (40,6x61) : **USD 12 650**.

CRANE Frank
Né en 1851 à Rahway (New Jersey). Mort en 1917 à New Rochelle (New York). XIXe-XXe siècles. Américain.
Illustrateur.

CRANE Frederick
Né en 1847 à Bloomfield (New Jersey). Mort en 1915 à Jamaïca (New York). XIXe-XXe siècles. Américain.
Peintre.
Il peignit surtout des paysages à l'aquarelle.

CRANE Ghisbert ou **Craene**
XVe siècle. Actif à Bruges vers 1480. Éc. flamande.
Peintre.

CRANE Lancelot
XXe siècle. Britannique.
Peintre de paysages, illustrateur.
Fils du peintre décorateur Walter Crane, il exposa régulièrement à la Royal Academy de Londres dès 1909. Il réalisa des illustrations pour les *Fables* d'Ésope.

CRANE Olive Kathleen
Née à Sydney. XXe siècle. Australienne.
Graveur.
Élève du Sydney Art School. A exposé au Salon des Artistes Français en 1924 et 1925.

CRANE Thomas
Né en 1808 à Chester. Mort en 1859 à Londres. XIXe siècle. Britannique.
Peintre de figures, portraits, miniaturiste, aquarelliste, dessinateur.
Crane se forma aux Écoles de la Royal Academy. Il vint à Londres à l'âge de seize ans et après avoir obtenu une récompense pour ses dessins en 1825, il retourna à Chester.
Crane commença dès lors à exercer le métier de peintre miniaturiste, publiant en collaboration avec son frère, une suite de personnages célèbres, du pays de Galles. En 1838, il fut nommé membre de l'Académie de Liverpool.
Crane déploya de grandes qualités d'élégance et de charme dans ses portraits, surtout ceux de femmes et d'enfants.
Ventes Publiques : Londres, 13 déc. 1989 : *Les trois enfants Hayes* 1855, h/cart. (43x49) : **GBP 1 100**.

CRANE Walter
Né le 15 août 1845 à Liverpool. Mort le 17 mars 1915 à Londres. XIXe-XXe siècles. Britannique.
Peintre de genre, figures, peintre à la gouache, aquarelliste, graveur, illustrateur, décorateur.

Élève de son père Thomas Crane et de William Linton, il commença sa carrière en se liant au mouvement des préraphaélites. C'est ensuite qu'il entreprit l'œuvre qui lui valut la célébrité. Il dessina des papiers peints et illustra des livres ; il écrivit aussi, en quelque sorte pour préciser ses intentions et donner comme un code de la décoration. Il a dirigé l'École d'Art de Manchester. En 1878 il exposait à Paris le *Départ de l'année*; deuxième médaille à l'Exposition Universelle de 1889, troisième médaille à celle de 1900.
Il est, avec William Morris, à l'origine de l'art décoratif moderne, s'attachant tout autant au cadre de la vie courante qu'à la création d'objets usuels.
Musées : Londres (Victoria and Albert) : *Le Sort de Perséphone – Les trois chemins – La gardeuse d'oies – Arbres près de Sorrente – Vue de la Cava, près Salerne* – Manchester : *Europe*, esquisse d'une peinture.
Ventes Publiques : Londres, 4 avr. 1910 : *Un peu de bleu*, avec un dessin de J. H. Mole : **GBP 6** – Londres, 6 juil. 1928 : *L'arc-en-ciel et la vague* 1896 : **GBP 33** – Londres, 16 déc. 1929 : *Flûtes de Pan* 1885, dess. : **GBP 10** – Londres, 17 mai 1966 : *Diane au bain*, aquar. : **GNS 150** – Londres, 20 nov. 1968 : *Saint Georges et le Dragon* : **GBP 2 100** – Londres, 16 nov. 1976 : *Les saisons* 1891, h/pan., ensemble de quatre (51x27) : **GBP 1 300** – Londres, 19 juil. 1978 : *Chevalier sur un cheval gris* 1870, aquar. (43,3x59,5) : **GBP 2 000** – Londres, 20 mars 1979 : *La fontaine d'amour* 1907, gche (52,5x35,5) : **GBP 1 200** – Londres, 13 mai 1980 : *The Swan King* 1895, craies de coul. reh. de gche (90x56) : **GBP 450** – Londres, 23 mars 1981 : *La Gardeuse d'oies*, aquar. (43x40) : **GBP 4 200** – Londres, 14 mars 1983 : *The diver*, aquar. (56x66) : **GBP 2 000** – Berne, 22 juin 1983 : *La Danse* 1894, litho. (43,4x27,2) : **CHF 1 600** – Londres, 30 mai 1985 : *Vue de Rome* 1871-1872, aquar. (19x51,5) : **GBP 1 400** – New York, 27 fév. 1986 : *The coming of may* 1873, h/t (69,2x164) : **USD 20 000** – Londres, 23 juin 1987 : *Lilies* 1893, h/t (76x56) : **GBP 18 000** – Londres, 27 oct. 1987 : *The Death of the Year* 1872, gche et past./t. (39x113) : **GBP 4 000** – New York, 29 avr. 1988 : *Extérieur de l'église des Capucins à Rome* 1871, gche/pap. (75,5x31) : **USD 6 600** – Londres, 3 nov. 1989 : *Projet de mosaïque* 1894, gche et h/tissu (27x19,5) : **GBP 825** – Londres, 21 nov. 1989 : *My soul is an enchanted boat...*, aquar. et gche (24x51,5) : **GBP 11 000** – Londres, 30 mars 1990 : *Le pont de la Vie* 1884, h/t (96,5x152,4) : **GBP 242 000** – Londres, 14 juin 1991 : *Croquis pour l'Enlèvement de Perséphone* 1877, aquar. et gche/pap. (21,5x45,5) : **GBP 8 800** – Londres, 29 oct. 1991 : *Vue d'un étang* 1867, cr. et aquar. (16,5x36,2) : **GBP 1 320** – York (Angleterre), 12 nov. 1991 : *Le Lac silencieux* 1867, aquar. (25,5x40,5) : **GBP 3 300** – Londres, 12 juin 1992 : *Whitby*, aquar. avec reh. de blanc (27,3x37,5) : **GBP 1 650** – Londres, 13 nov. 1992 : *La Terre et le Printemps*, h/t (31,1x73,6) : **GBP 8 800** – Londres, 8-9 juin 1993 : *Pandora* 1886, aquar. (53,5x73,5) : **GBP 27 600** – Londres, 2 nov. 1994 : *Esquisse pour Le Mariage viking*, aquar. et gche (20x182) : **GBP 9 200** – Londres, 29 mars 1996 : *Cadenabbia sur le lac de Côme* 1902, aquar. et gche/pap. (25,3x36,2) : **GBP 2 760** – Londres, 5 juin 1996 : *Le Plongeur*, aquar. (56x66) : **GBP 4 025** – Londres, 8 nov. 1996 : *Le Buisson du berger* 1875, aquar. reh. de blanc (36,2x27,3) : **GBP 4 000** – Londres, 5 nov. 1997 : *Dans le parc de Naworth* 1880, aquar. et gche (17,5x25) : **GBP 5 980**.

CRANENBURGH Hendrik Van
Né le 13 janvier 1754 à Amsterdam. Mort en 1832 à Amsterdam. xviiie-xixe siècles. Hollandais.
Peintre de genre, intérieurs, aquarelliste.
Il copia les vieux tableaux à l'aquarelle et réunit une intéressante collection.
Ventes Publiques : Paris, 31 jan. 1983 : *Scène d'intérieur*, aquar. (49x38) : **FRF 5 000**.

CRANENDONCQ Alexander
Né le 16 octobre 1799 à Maassluis. Mort après 1840. xixe siècle. Hollandais.
Graveur sur bois, dessinateur.
Élève de Jan Oortman. Il vécut à Gornichem et à Nimègue.

A. C. C.

CRANKE James, l'Ancien ou **Crank**
Né en 1707. Mort vers 1780. xviiie siècle. Actif à Londres. Britannique.
Peintre portraitiste.
On connaît quelques portraits signés de cet artiste comme celui de *Sir Robert Bradshaigh* daté sans doute, de 1751.

CRANKE James, le Jeune
Né vers 1746 à Urswick. Mort en 1826 à Urswick. xviiie-xixe siècles. Britannique.
Peintre.
Il fut sans doute l'élève de son oncle James Cranke l'Ancien. Il vécut à Londres, puis à Warrington (Lancashire). On le voit exposer à la Royal Academy presque chaque année entre 1775 et 1800. Le portrait fut sa spécialité, mais l'église de la Trinité à Warrington possède de lui une *Sainte Famille* (copie d'après Andrea del Sarto).

CRANMER Charles, l'Ancien
xviiie-xixe siècles. Actif à Londres. Britannique.
Peintre.
Il exposa entre 1793 et 1815 à la Royal Academy des paysages, des portraits et des tableaux de genre.

CRANMER Charles, le Jeune
Né en 1780. Mort en 1841. xixe siècle. Actif à Londres. Britannique.
Peintre.
Fils de Charles Cranmer l'Ancien, il exposa à la Royal Academy à partir de 1806 et jusqu'en 1839 des paysages, des natures mortes et des tableaux de genre. Le British Museum conserve un de ses dessins.

CRANNEY-FRANCESCHI Marie Anne
Née à Paris. xixe siècle. Française.
Sculpteur.
Élève de son père Jules Franceschi. A obtenu une mention honorable en 1889.
Musées : Amiens : *Charmeuse* – Troyes : *La nymphe Echo.*

CRANO Félix de
Né en France. Mort en 1908 à Wallingford. xixe-xxe siècles.
Peintre.

CRANS Johannes Marinus Schmidt
Né le 30 avril 1830 à Rotterdam. Mort en 1908 à Rotterdam. xixe-xxe siècles. Hollandais.
Peintre de genre, illustrateur.
Cet artiste fut l'élève de Van der Laar, puis d'Ary Scheffer qui eut sur lui, une influence considérable. Il fit de nombreuses illustrations pour des livres et pour la presse.
Ventes Publiques : Copenhague, 16 avr. 1986 : *Jeune pêcheur et jeune fille réparant les filets*, h/t (58x47) : **DKK 24 000**.

CRANSSE Jan
Né en 1498 probablement. Mort après 1548. xvie siècle. Actif à Anvers. Éc. flamande.
Peintre.
En 1523, dans la gilde d'Anvers.
Musées : Anvers : *Deux blasons.*

CRANSTON Meg
Née en 1960 à Baldwin (New York). xxe siècle. Américaine.
Sculpteur de figures, peintre.
Elle fut élève de l'Institute of the Arts de Californie, où elle suivit les cours d'art conceptuel. Elle vit et travaille à Venice (Californie).
Elle expose aux États-Unis, notamment à Santa Monica en Californie.
Elle a réalisé des sculptures « bâclées », de petites tailles, en réaction contre sa formation artistique, mettant en scène le monde de l'enfance. Elle peint également des portraits qui évoquent de manière humoristique les années soixante-dix.
Bibliogr. : Bonnie Clearwater : *Arrêt sur enfance*, in : *Art Press*, n° 197, Paris, déc. 1994 – Vincent Katz : *Meg Cranston*, in : *Art Press*, n° 225, Paris, juin 1997.

CRANSTONE Lefevre J.
xixe siècle. Actif à Londres. Britannique.
Peintre, graveur.
Exposa entre 1845 et 1867, surtout à la Royal Academy et à la British Institution. Il publia un volume de dix-sept planches intitulé *Fugitive Etchings*.
Ventes Publiques : Londres, 29 fév. 1908 : *Scène à Ardargie, Perthshire* : **GBP 5** – Londres, 17 fév. 1928 : *Un marché d'esclaves en Amérique* 1862 : **GBP 10** – Londres, 20 nov. 1963 : *L'attente à la gare* : **GBP 400**.

CRANTZ Wolfgang Christoph
xviie siècle. Actif à Görlitz vers 1670. Allemand.
Peintre.

CRANZ J. D.
xviiie siècle. Actif vers 1790. Allemand.

Graveur.
On connaît de lui une *Vue de Mayence*.

CRANZ Thomas ou **Kranz**
Né vers 1790. Mort le 24 juin 1853 à Cologne. XIXe siècle. Allemand.
Peintre et dessinateur de paysages et d'architectures.
Plusieurs lithographies représentant la cathédrale ou des églises de Cologne ont été exécutées d'après ses dessins. Le Musée de Cologne possède, de lui, une aquarelle.

CRAPA Agostino
Mort le 21 mai 1630 à Rome. XVIIe siècle. Italien.
Peintre.

CRAPELET Louis Amable
Né le 2 juin 1822 à Auxerre. Mort le 19 mars 1867 à Marseille. XIXe siècle. Français.
Peintre de scènes typiques, paysages, peintre à la gouache, aquarelliste, illustrateur. Orientaliste.
Il se forma dans les ateliers de Corot, Durand-Brager et Séchan. Crapelet partit pour le Caire en 1852 et n'en revint qu'en 1854, après avoir parcouru la Haute et la Basse-Égypte et remonté le Nil jusqu'à la troisième cataracte ; la relation du voyage qu'il fit à Tunis, en 1859, parut avec illustrations dans le *Tour du monde*. Pendant plusieurs années, il fut le décorateur des théâtres de Lyon et de Marseille.
Il figura au Salon, de 1849 à 1866, avec des vues d'Égypte.

Musées : Mulhouse : *Une rue au Caire*, deux toiles – Saint-Étienne : *Vue de la place au peuple à Saint-Étienne*, aquar. – *Vue de la rue Roannel à Saint-Étienne*, aquar.
Ventes Publiques : Paris, 28-29 juin 1926 : *Vue de Nîmes*, gche : **FRF 300** – Paris, 9-10 mars 1927 : *Rue au Caire*, aquar. : **FRF 270** – Paris, 12-13 nov. 1928 : *Vue d'une place animée de personnages*, gche : **FRF 200** – Paris, 10 mai 1944 : *Canal en Orient*, aquar. : **FRF 800** – Paris, 29 mars 1979 : *Rues du Caire* 1866, aquar. reh. de gche, une paire (50,5x34,5) : **FRF 7 500** – Monte-Carlo, 16 juin 1982 : *Vues du Caire* 1862, aquar., une paire (31,5x46,5) : **FRF 12 000** – Paris, 30 mars 1984 : *Felouque sur le Nil* 1854, aquar. gchée (33,5x57) : **FRF 6 000** – New York, 25 mai 1984 : *Scène de rue dans une ville d'Afrique du Nord*, h/t (84,5x100,3) : **USD 12 000** – Paris, 2 déc. 1985 : *Ruines de Philae*, aquar. (31x53) : **FRF 5 800** – Paris, 17 juin 1988 : *Mosquée au bord du Nil* 1862, aquar. (15x23) : **FRF 3 800** – Londres, 24 juin 1988 : *Sainte-Sophie à Constantinople* 1869, aquar. (15,3x24,8) : **GBP 792** – Calais, 10 mars 1991 : *Chamelier au bord du Nil*, h/pan. (24x30) : **FRF 14 000** – Paris, 18 mars 1992 : *Tunis, route du Zaghouan, aqueduc de Carthage* 1859, aquar. (46x29,5) : **FRF 4 000** – Paris, 22 mai 1992 : *Constantinople*, aquar. (14x21) : **FRF 5 000** – Paris, 19 nov. 1992 : *Ville orientale au bord d'un fleuve* 1856, aquar. et gche (16,5x27) : **FRF 3 800** – Paris, 5 avr. 1993 : *Cafés, barques et promeneurs sur les berges du Bosphore* 1859, aquar. (31x48) : **FRF 10 500** – Paris, 8 nov. 1993 : *Marché au vieux Caire* ; *Les felouques à l'embarquement*, h/t, une paire (41x32) : **FRF 42 000** – Paris, 25 oct. 1994 : *Caravane en Haute-Égypte* 1861, h/t (46x92) : **FRF 35 000** – Paris, 15 fév. 1995 : *Haute-Égypte, les Colosses de Matmout* 1858, h/pan. (22x37,7) : **FRF 15 000** – Londres, 11 avr. 1995 : *Le Bazar du Caire* 1866, aquar. (28,5x20) : **GBP 1 265** – Paris, 6 nov. 1995 : *Un bazar au Caire* ; *Rue du Caire* 1865, h/t, une paire (52x33) : **FRF 48 000** – Paris, 18-19 mars 1996 : *Sur le Nil*, aquar. (29x45) : **FRF 11 000** – Paris, 9 déc. 1996 : *Au bord du Nil* 1863, h/t (26,5x44) : **FRF 30 000** – Paris, 10-11 juin 1997 : *Campement*, h/t (38x46) : **FRF 16 500** – Cannes, 7 août 1997 : *Vue de Constantinople* 1857, aquar. (28x45) : **FRF 26 000**.

CRAPONNE Nadine Marie Paule
Née à Lyon (Rhône). XXe siècle. Française.
Peintre de natures mortes.
Élève de Sabatté, elle a exposé au Salon des Artistes Français de 1932 à 1937.

CRAPP Andreas Otto
Originaire de Tönning (Schleswig-Holstein). XVIIe siècle. Allemand.
Peintre.
On cite de lui une grande *Ascension du Christ*.

CRAPS Pol
Né le 16 novembre 1877 à Uccle. XXe siècle. Belge.
Graveur de scènes de genre, paysages.
Il a gravé des originaux mais aussi copié un grand nombre de tableaux de maîtres.

CRAS Monique
Née en 1910 à Brest (Finistère). XXe siècle. Française.
Peintre d'histoire, paysages.
À partir de 1926, elle a participé au Salon des Artistes Français, obtenant une médaille d'argent en 1938, au Salon des Artistes Indépendants et à celui des Tuileries.
Elle peint surtout des paysages d'Espagne et d'Afrique. Ses compositions relatent des scènes religieuses : *Résurrection de Lazare* ou mythologiques : *Persée et Méduse*.

Ventes Publiques : Paris, 27 avr. 1990 : *Danseurs Mossis* 1938, encre de Chine, aquar. et gche (72x48) : **FRF 6 500**.

CRASH, pseudonyme de **Matos John Crash**
Né en 1961. XXe siècle. Américain.
Peintre de techniques mixtes. Figuration libre.
Ventes Publiques : New York, 3 mai 1994 : *Ce vieux Art Pimp* 1984, bombage/t. (132,1x106,7) : **USD 7 475** – New York, 7 mai 1996 : *Punching Crash* 1983, bombage de vernis/t. (106,7x96,5) : **USD 2 760**.

CRASHLEY
XIXe siècle. Actif à Londres. Britannique.
Sculpteur.
Il exposa à la Society of Artists, de 1875 à 1877, surtout des scènes mythologiques.

CRASKE Leonard
Né vers 1882 à Londres. XXe siècle. Britannique.
Sculpteur.
Ventes Publiques : New York, 1er déc. 1989 : *La joie de vivre*, bronze avec socle de granite rose (H. 198,1) : **USD 27 500** – New York, 3 déc. 1996 : *Femme bondissant*, bronze (H. 71,1) : **USD 3 680**.

CRASTONA Gioseffo ou **Giuseppe** ou **Cristona**
Né en 1664 à Pavie. XVIIe-XVIIIe siècles. Vivait encore vers 1718. Italien.
Peintre de paysages.
Élève de Bernardino Cliceri, ce peintre devint un excellent paysagiste. Il travailla avec succès à Rome.

CRATÉROGRAPHIE, Maître de la. Voir **MAÎTRE DE 1551**

CRATOCHWILL Johann Adalbert ou **Kratochwill**
XVIIIe siècle. Autrichien.
Peintre.
Cet artiste était d'origine indienne. Il fut peintre de la cour impériale à Vienne entre 1712 et 1721.

CRATOCHWILLIN Anna
XVIIIe siècle. Active à Vienne entre 1721 et 1741. Autrichienne.
Peintre.
Elle était la veuve de Johann Adalbert Cratochwill et travaillait également pour la cour.

CRATON de Sicyone
VIIe siècle. Actif à la fin du VIIe siècle. Antiquité grecque.
Peintre.
Seulement mentionné par Athénagoras, on lui attribue l'invention de la peinture monochrome.
Bibliogr. : T. Spiteris : *La peinture grecque et étrusque*, Rencontre, Lausanne, 1965.

CRAUEN J. ou **Craven**
XIXe siècle. Actif à Londres au milieu du XIXe siècle. Britannique.
Peintre de paysages.
Exposa à la Suffolk Street.
Ventes Publiques : Paris, 30 nov. 1857 : *Deux paysages*, gche : **FRF 18** – Paris, 7 déc. 1858 : *Deux paysages*, gche : **FRF 25**.

CRAUK Adèle
Née en 1834 à Valenciennes (Nord). XIXe siècle. Française.

Peintre.
Elle était la sœur de Charles Alexandre Crauk et s'appela plus tard Madame Lebrun. Elle exposa au Salon, à Paris, une *Vierge* en 1861 et un *Autoportrait* en 1863.

CRAUK Adolphe
Né le 24 mai 1865 à Valenciennes (Nord). XIXe-XXe siècles. Français.
Peintre, graveur.
Élève de Henriquel-Dupont, J. Jacquet et Cabanel. A exposé dès 1887 ses burins au Salon des Artistes Français ; mention honorable en 1893, mention en 1900 (Ex. Un.), première médaille en 1905, hors-concours.

CRAUK Charles Alexandre
Né le 27 janvier 1819 à Donchy. Mort le 30 mai 1905 à Paris. XIXe-XXe siècles. Français.
Peintre de sujets mythologiques, compositions religieuses, portraits.
Entré à l'École des Beaux-Arts le 1er octobre 1840, il y fut l'élève de Picot. En 1846, il eut le deuxième prix au concours pour Rome. Chevalier de la Légion d'honneur en 1881, officier en 1896.
Il commença à exposer au Salon de Paris en 1845 avec son tableau : *Watteau et Pater.*
Sur la commande du Ministère de l'Intérieur, il exécuta en 1852 : *Extase de saint Lambert*, et en 1853, sur celle du Ministère d'État : *Le baptême de Jésus.* On lui doit de nombreux tableaux religieux.
Musées : Amiens : *Médée rendant la jeunesse à Eson – Portrait du général Bogeldieu* – Chambéry (Mus. des Beaux-Arts) : *Portrait d'enfant.*

CRAUK Gustave Adolphe Désiré
Né le 16 juillet 1827 à Valenciennes (Nord). Mort le 17 novembre 1905 à Paris. XIXe-XXe siècles. Français.
Sculpteur de statues, groupes.
Entré à l'École des Beaux-Arts en 1845, il y fut élève de Pradier. En 1851, il remporta le Prix de Rome avec son envoi : *Les Grecs et les Troyens se disputant le corps de Patrocle.*
Il obtint une médaille de troisième classe en 1857, de deuxième classe en 1859, de première classe en 1861 et 1867. Il avait eu un rappel en 1863. Le 9 août 1864, il fut décoré de la croix de chevalier de la Légion d'honneur, en 1878, il fut promu officier et en 1903, commandeur.
Il est l'auteur du *Combat du Centaure*, situé dans la cour d'honneur de la mairie du VIe arrondissement à Paris. Son art relève d'un pompiérisme ambitieux.
Musées : Amiens : *Satyres* – Autun : *Le maréchal de Mac-Mahon, duc de Magenta – Général Changarnier* – Cambrai : *Fénelon – Le cardinal Giraud* – Gray : *Amphitrite* – Valenciennes (Mus. Gustave Crauk) : *Œuvres diverses.*
Ventes Publiques : Paris, 25 oct. 1985 : *Bacchante et Silène*, bronze, patine brune (H. 86) : **FRF 12 000.**

CRAUK Marcel
Né à Cruzy-le-Châtel (Yonne). XXe siècle. Français.
Peintre.
A exposé au Salon des Indépendants de 1926 à 1929.

CRAUSHAAR Ernst Adolphe von
Né le 7 avril 1815 à Hohenbucka. Mort le 18 août 1870, à la bataille de Saint-Privat. XIXe siècle. Allemand.
Dessinateur.
Ce général saxon occupa ses loisirs en exécutant les portraits aux crayons des personnages de son entourage. Le Musée de Dresde conserve quelques-unes de ses œuvres.

CRAVARI Giulio
Né vers 1790 à Piacenza. Mort en 1831 à Rome. XIXe siècle. Italien.
Sculpteur.
Il fut l'élève et le collaborateur de Canova.

CRAVEN Hawes
Né vers 1825. Mort en 1910. XIXe-XXe siècles. Britannique.
Peintre.
Il exposa des marines à Suffolk Street Gallery de 1867 à 1875.

CRAVERI Luigi
Né le 1er juillet 1865 à Paris. XIXe siècle. Italien.
Peintre de paysages.
Il fit ses études à Turin et à Milan, puis, après un séjour à Paris, s'établit de nouveau à Turin. Il exposa fréquemment à Venise, Milan, Florence et Rome.

CRAVO Mario
Né en 1923 à Itagiba. XXe siècle. Brésilien.
Sculpteur. Expressionniste puis cinétique.
Élève de Mestrovicz à New York, il a participé à la 26e Biennale de Venise et à celle de São Paulo en 1951, 1953 et 1955.
Si dans un premier temps ses scultures avaient un style expressionniste, il s'est ensuite orienté vers l'art cinétique, en assemblant divers matériaux soudés.

CRAVOTTA José
Né en Sicile. XXe siècle. Français.
Peintre. Figuratif puis abstrait.
Originaire de Sicile, il travaille dans le Var. Il a exposé à Düsseldorf en 1959, Paris 1961, 1963, Toronto 1963, Milan 1966, Sydney 1967, New York 1969, Québec 1970, etc.
Jusqu'à la Seconde Guerre mondiale, il peignait selon la technique traditionnelle héritée de la Renaissance italienne. En 1950, il renonça à cette manière pour commencer une œuvre abstraite dans la ligne de l'École de Paris.
Bibliogr. : Guy de Laborde : *José Cravotta*, L.P.F., Thorigny, 1971.

CRAWFORD Earl Stetson
Né le 6 juin 1877 à Philadelphie (Pennsylvanie). XXe siècle. Américain.
Peintre, illustrateur.
Élève à l'Académie de Pennsylvanie, à l'École nationale des Beaux-Arts et dans l'atelier de Whistler.
Ventes Publiques : New York, 29 jan. 1981 : *Lumière ; Ombre ; Silence*, trois h/pan., triptyque (75,6x40,7 et 76,2x65,4 et 75,6x40,7) : **USD 2 800.**

CRAWFORD Ebenezer
XIXe siècle. Britannique.
Peintre d'histoire, scènes de genre.
Essentiellement actif à Londres de 1858 à 1873, il exposa fréquemment des tableaux de genre dans toutes les grandes Expositions londoniennes.
Il semble avoir voyagé en quête de sujets en Irlande et au Levant toutefois les scènes historiques restèrent ses sujets de prédilection. On cite de lui : *L'Enfance de Mozart, Rousseau et Mrs Garrick.*
Ventes Publiques : Londres, 25 août 1977 : *Mozart enfant au piano* 1873, h/t (36x28) : **GBP 700** – Londres, 6 nov. 1995 : *Ben Jonson décrivant son duel à Drummond à Hawthornden*, h/t (75x62,1) : **GBP 7 475.**

CRAWFORD Edmund Thornton
Né en 1806 à Cowden (Écosse). Mort le 27 septembre 1885 à Lasswade. XIXe siècle. Britannique.
Peintre de paysages, marines.
Après avoir travaillé quelque temps comme apprenti chez un peintre artisan à Édimbourg, Crawford entra dans la Trustee's Academy de cette ville, sous la direction d'Andrew Wilson.
Il exposa une marine à la Royal Academy de Londres en 1836. Membre de la Royal Scottish Academy en 1848. Crawford voyagea en Hollande à différentes reprises.
Musées : Édimbourg : *Franchissant la barre – Marine.*
Ventes Publiques : Londres, 20 déc. 1909 : *Barques de maraîchers sur la Dort* : **GBP 11** – Édimbourg, 25 avr. 1931 : *Sur la côte* : **GBP 3** – Édimbourg, 11 nov. 1933 : *Le port* 1856 : **GBP 5** – Édimbourg, 31 oct. 1936 : *Canty Bay* : **GBP 5** – Londres, 7 mars 1938 : *Vue de Portsmouth* : **GBP 39** – Londres, 10 juin 1938 : *Bateaux à quai* : **GBP 10** – Londres, 26 juin 1968 : *Scène de port* : **GBP 550** – Londres, 17 jan. 1969 : *Scène de plage* : **GNS 650** – Londres, 22 fév. 1972 : *Promeneur dans un parc* : **GBP 400** – Écosse, 24 août 1976 : *Bateaux de pêche, Loch Fyne* 1847, h/t (76x105,5) : **GBP 1 050** – Auchterarder (Écosse), 30 août 1977 : *On the Thames*, h/t (36x28) : **GBP 700** – Londres, 21 avr. 1978 : *Voiliers en mer*, h/t (24,2x34,2) : **GBP 750** – Édimbourg, 12 avr. 1983 : *La plage de Scheveningen* 1858, h/t (51x91,5) : **GBP 3 500** – Perth, 26 août 1986 : *An East Lothian mill* 1874, h/t (33x43) : **GBP 3 200** – Londres, 22 sep. 1988 : *Pêcheur sur une plage nettoyant ses casiers* 1865, h/t (22x38) : **GBP 935** – Glasgow, 6 fév. 1990 : *Scènes de port*, h/t, une paire (18x27 et 16x27) : **GBP 2 970** – South Queensferry (Écosse), 23 avr. 1991 : *Un canal près de La Haye*, h/cart. (30,5x45,5) : **GBP 1 650** – Glasgow, 4 déc. 1991 : *Loch Fyne*, h/t (53x84) : **GBP 825** – Glasgow, 1er fév. 1994 : *Moulin dans l'Est Lothian* 1874, h/t (33x43) : **GBP 2 300** – Édimbourg, 9 juin 1994 : *Le port de Fisherrow à marée basse le soir*, h/t (44,5x60) : **GBP 2 185** – Perth, 29 août 1995 : *Scène de rivière hollandaise*, h/pan. (40,5x58,5) : **GBP 2 070.**

CRAWFORD Emily, Mrs, née **Aldridge**
XIXe siècle. Britannique.
Peintre de genre, portraits.
Cette artiste exposa des tableaux de genre et des portraits à Londres, de 1869 à 1891 et à Berlin en 1891.
Ventes Publiques : Londres, 27 sep. 1989 : *Le petit déjeuner de Pussy* 1878, h/t (30,5x20,5) : **GBP 990**.

CRAWFORD Fanny Elinor
Née à Bengal (Indes). XXe siècle. Britannique.
Miniaturiste.
A exposé au Salon des Artistes Français de 1928.

CRAWFORD James ou **John**
XVIIIe-XIXe siècles. Actif à Londres. Britannique.
Peintre.
On ne sait si ce sont deux artistes ou un seul artiste qui exposa entre 1797 et 1799 et de 1826 à 1828.

CRAWFORD Ralston
Né en 1906 à St Catharines (Ontario). Mort en 1978. XXe siècle. Actif et naturalisé aux États-Unis. Canadien.
Peintre, lithographe, photographe. Précisionniste.
Élève à l'Otis Art Institute de Los Angeles, il devint matelot sur les cargots en 1926-1927 et continua ses études artistiques, de 1927 à 1930, à la Pennsylvania Academy à Philadelphie. Ayant obtenu une bourse, il poursuivit ses études à New York, puis à Paris en 1932-1933, notamment à l'Académie Scandinave et à l'Académie Colarossi. Il exposa pour la première fois au Maryland Institute de Baltimore en 1934. Il enseigna, dans les domaines de ses différentes activités, à l'Académie de Cincinnati en 1940-1941, à Buffalo et à l'École d'Art de Brooklyn en 1948-1949.
Ralston Crawford fit partie des peintres précisionnistes des États-Unis qui peignirent dans un style modeste et précis des objets ordinaires et courants de la civilisation américaine (motifs industriels), annonçant les peintres pop américains. Dans les années quarante, il a abandonné ce style descriptif, tout en gardant des thèmes relatifs au paysage industriel familier, pour donner un art plus abstrait mais très suggestif.

1949 RC

Bibliogr. : *Peintres contemporains*, Mazenod, Paris, 1964.
Musées : Chicago (Art Inst.) – Cincinnati (Mus. of Art) – Corcoran (Gal.) – New York (Whitney Mus.) – Richmond – Washington D. C. (Hirshhorn Mus. and Sculpture Garden) : *Autoroute au-dessus de la mer de Saint-Petersburg à Tempa* 1939-1940.
Ventes Publiques : New York, 25 avr. 1980 : *Power Shovel* 1938, aquar. et cr. (40x30) : **USD 4 100** – New York, 9 déc. 1983 : *Industrial landscape, Buffalo* vers 1937, h/t (63,5x76,2) : **USD 170 000** – New York, 1er juin 1984 : *Bateaux de pêche n° 5* 1956, h/t (66,5x101,6) : **USD 75 000** – New York, 5 déc. 1985 : *Construction n° 4* 1958, h/t (61x91,5) : **USD 75 000** – New York, 4 déc. 1987 : *Bikini* 1962, gche et cr. (39,3x28,5) : **USD 6 000** – New York, 28 sep. 1989 : *Les réservoirs de Sanford*, aquar., encre et cr./pap./cart. (28,6x39,4) : **USD 15 400** – New York, 30 nov. 1989 : *L'éclatement*, h/t (41,3x55,9) : **USD 22 000** – New York, 23 mai 1990 : *Nacelles en construction* 1946, h/t (71,8x101,5) : **USD 82 500** – New York, 12 avr. 1991 : *Filet*, h/t (33x46,4) : **USD 24 200** – New York, 3 déc. 1992 : *Silos à grain à Buffalo*, aquar. et cr./pap. (40x50,8) : **USD 15 400** – New York, 14 mars 1996 : *Construction #7* 1958, h/t (61x45,7) : **USD 20 700**.

CRAWFORD Richard G.
XXe siècle. Actif à Glasgow vers 1900. Britannique.
Peintre.
Il exposa à partir de 1898 à Londres des portraits et des scènes de genre.

CRAWFORD Robert C.
Né en 1842. Mort en 1924. XIXe-XXe siècles. Britannique.
Peintre de genre, portraits, paysages, natures mortes, fleurs.
Il débuta à la Royal Academy de Glasgow en 1872.
Musées : Glasgow : *Portrait de Walter Paton* – *Orage à Portincross* – *La Cruche*.
Ventes Publiques : Écosse, 24 août 1976 : *The Cottage Door* 1877, h/t (48x63,5) : **GBP 300** – Écosse, 31 août 1982 : *Scène de port* 1874, h/t (56x101,5) : **GBP 800** – Écosse, 28 août 1984 : *Hanging out the washing* 1877, h/t (50,8x30,5) : **GBP 1 200** – Perth, 27 août 1985 : *Le parcours de golf* 1874, h/t (40x69) : **GBP 1 100** – Édimbourg, 30 août 1988 : *Nature morte de roses dans un vase*, h/t (53x35) : **GBP 1 100** – Glasgow, 7 fév. 1989 : *Garrochty (Ile de Bute)* 1894, h/t (61x91,5) : **GBP 8 800** – Londres, 9 fév. 1990 : *Mon meilleur ami* 1893, h/t (152,5x102) : **GBP 13 200** – Londres, 5 juin 1991 : *Nature morte de roses*, h/t (53,5x35,5) : **GBP 2 970** – Édimbourg, 28 avr. 1992 : *Pique-nique au bord de la mer* 1881, h/t (92x153) : **GBP 7 700** – Édimbourg, 19 nov. 1992 : *Duo-portraits* 1886, h/t (111,7x147,3) : **GBP 3 500** – Glasgow, 1er fév. 1994 : *Après l'orage* 1889, h/t (71x91,5) : **GBP 828** – Londres, 25 mars 1994 : *Mon meilleur ami*, h/t (152,5x102) : **GBP 14 375** – Glasgow, 14 fév. 1995 : *Nature morte de roses*, h/t (35,5x41) : **GBP 920** – Glasgow, 21 août 1996 : *Rose dans un vase chinois bleu et blanc, théière laquée et pot en cuivre sur une table*, h/t (50,8x38,2) : **GBP 1 092** – Perth, 26 août 1996 : *Nature morte de roses*, h/t (53x35) : **GBP 2 185**.

CRAWFORD Susan Fletcher
Née à Glasgow (Écosse). XIXe-XXe siècles. Britannique.
Peintre, graveur.
A exposé un paysage en 1910 au Salon des Artistes Français.

CRAWFORD Thomas
Né en 1813 à New York. Mort le 10 octobre 1857 à Londres. XIXe siècle. Américain.
Sculpteur de statues.
Après avoir fait son apprentissage avec des tailleurs de pierre, il partit à Rome en 1834 où il fut l'élève de Thorwaldsen qui eut sur lui une influence considérable. De retour en son pays il fut nommé très jeune membre de la National Academy of Design et fut l'un des tout premiers grands sculpteurs américains.
On cite surtout de lui les importantes sculptures qu'il fit pour le Capitole de Washington et en particulier une statue colossale de la liberté. Pour la ville de Richmond il exécuta la statue équestre de George Washington.
Musées : Boston : *Orphée et Cerbère* – New York (Metropolitan) : *Danseuse* – *Flore* – *Indienne mourante*.
Ventes Publiques : New York, 26 mai 1988 : *Enfant endormi* 1851 (L. 69,8) : **USD 7 700** – New York, 24 mai 1989 : *L'enfant au tambourin* 1854, marbre (H. 109,1) : **USD 44 000** – New York, 25 mai 1994 : *La mariée d'Abydos* 1842, marbre blanc (H. 71,8) : **USD 27 600** – New York, 25 mai 1995 : *Babes in the wood* 1854, marbre (48,3,x124,5x86,4) : **USD 17 250**.

CRAWFORD Thomas Hamilton
XXe siècle. Britannique.
Peintre, graveur.
Élève de Hubert von Herkomer, il a exposé à la Royal Academy, à la Royal Scottish Academy et au Royal Glasgow Institute in Fine Arts. Il a également participé au Salon des Artistes Français à Paris de 1920 à 1928.
Ventes Publiques : Londres, 17 nov. 1994 : *Staircase Hall avec les briques vernissées de de Morgan*, cr. et aquar. (42,8x29,5) : **GBP 1 610**.

CRAWFORD Will
Né en 1869 à Washington. Mort en 1944. XXe siècle. Américain.
Dessinateur, illustrateur.
Il a débuté comme illustrateur dans *Newark (N.J.) Call*. Il a collaboré à de nombreuses revues américaines et a illustré, entre autres, *Tittlebat Titmouse* de S. Warren, 1903 ; *Skunny Wundy and other indian tales* (1926) et *Rumbling wings* (1928) de A.C. Parker.
Bibliogr. : Marcus Osterwalder : *Diction. des illustrateurs, 1800-1914*, Hubschmid & Bouret, Paris, 1983.

CRAWFORD William
Né en 1825 à Ayr. Mort en 1869 à Édimbourg. XIXe siècle. Britannique.
Peintre de genre, portraits.
Élève de Sir William Allan. En 1862, il fut élu membre de la Royal Scottish Academy.

CRAWHALL Joseph
Né le 20 août 1861 à Newcastle. Mort le 24 mai 1913 à Londres. XIXe-XXe siècles. Britannique.
Peintre de genre, animalier, aquarelliste, pastelliste.
Il passa la plus grande partie de sa vie à Beacon Banks.
Pour la première fois cet artiste exposa à la Royal Academy de Londres en 1883. En 1894 il organisa à Glasgow une importante exposition de son œuvre. Obtint une médaille d'argent à l'Exposition Universelle de Paris, en 1900.
Musées : Londres (Tate Gal.).

Ventes Publiques : Londres, 8 déc. 1922 : *Trois mules*, dess. : **GBP 84** – Londres, 12 mars 1923 : *Un coin tranquille*, dess. : **GBP 84** – Londres, 6 avr. 1923 : *Un chat blanc et noir*, dess. : **GBP 68** – Londres, 22 juin 1923 : *Des chevaux au repos* 1888, dess. : **GBP 304** – Londres, 10 juin 1927 : *Une amazone*, dess. : **GBP 162** – Londres, 30 juil. 1928 : *Deux ânes près d'une rivière (recto) ; Étude d'âne (verso)*, dess. : **GBP 126** – Londres, 17 mars 1930 : *Deux ânes sous les arbres* : **GBP 78** ; *Porcs dans une cour de ferme* 1884, dess. : **GBP 99** – Londres, 13 nov. 1930 : *Chasseurs et meute*, past. : **GBP 241** – Glasgow, 15 juin 1932 : *Deux pigeons sur un toit*, aquar. : **GBP 310** – Glasgow, 2 nov. 1933 : *La voiture de l'institutrice*, aquar. : **GBP 260** – Londres, 25 avr. 1934 : *Scène à Tanger*, dess. : **GBP 400** – Londres, 12 avr. 1935 : *Un malart sur l'eau*, dess./t. : **GBP 1 207** ; *Picador*, dess. : **GBP 420** ; *Basse-cour*, dess./t. : **GBP 399** – Londres, 24 mai 1937 : *Un chasseur et son chien*, dess. : **GBP 19** – Londres, 25 juin 1937 : *La chasse au sanglier* : **GBP 71** – Londres, 2 mars 1938 : *Scène de chasse*, dess. : **GBP 21** – Londres, 15 nov. 1938 : *Un veau* 1885, dess. : **GBP 15** – Londres, 27 mars 1942 : *La marchande de fleurs* : **GBP 546** ; *Une attaque arabe* : **GBP 294** – Londres, 15 déc. 1965 : *Les fox-terriers*, aquar. et gche/t. : **GBP 1 200** – Londres, 15 juil. 1966 : *Deux ânes, Tanger* : **GNS 360** – Londres, 30 oct. 1970 : *La vache blanche* : **GNS 3 000** – Glasgow, 4 jan. 1979 : *Taureau s'apprêtant à charger un picador* 1891, aquar. (28,5x41) : **GBP 3 200** – Londres, 16 déc. 1981 : *Cheval sellé* 1908, aquar. (22x23,5) : **GBP 300** – Londres, 13 déc. 1983 : *Étude de coq*, aquar. reh. de blanc/pap. brun (16x22,2) : **GBP 2 600** – Londres, 13 nov. 1985 : *Tête d'un Noir*, h/t (31,5x28) : **GBP 13 000** – Queensferry, 29 avr. 1986 : *Cochons à l'abreuvoir* 1884, aquar. reh. (25x45) : **GBP 6 500** – Glasgow, 7 fév. 1989 : *Le canari*, aquar. (13x10) : **GBP 3 520** – Perth, 28 août 1989 : *Le gagnant*, aquar. et gche (23x37,5) : **GBP 20 900** – Édimbourg, 22 nov. 1989 : *Jockeys américains et pur-sangs*, aquar. et gche/pap. Hollande (41,3x31,7) : **GBP 44 000** – Édimbourg, 26 avr. 1990 : *Le cheval déferré*, encre et aquar. (21,5x31,8) : **GBP 3 850** – Glasgow, 22 nov. 1990 : *Jeune serin*, encre et aquar. (45,1x29,5) : **GBP 12 100** – Glasgow, 4 déc. 1991 : *Le débutant*, aquar. et encre (22x27,5) : **GBP 2 200** – Londres, 25 sep. 1992 : *Voyage en hiver*, cr. noir et aquar. (24x36) : **GBP 1 540** – Édimbourg, 9 juin 1994 : *Le commis du boucher*, gche/pap. (40,7x42,5) : **GBP 13 800** – Auchterarder (Écosse), 26 août 1997 : *Vieux poulet* 1886, aquar. reh. de gche (69x52) : **GBP 65 300**.

CRAWLEY John

xixe siècle. Américain.

Lithographe.

CRAWSHAW Frances

Née le 22 septembre 1876. xxe siècle. Britannique.

Peintre.

Femme du peintre et graveur Lionel Townsend Crawshaw, elle fit des études à la Westminster School of Art, à la Scarborough School of Art et, à Milan, travailla sous la direction de Fulvia Bisi. Elle a exposé à la Royal Academy, au Royal Institute of Oil Painters, au New English Art Club, à la Society of British Artists et au Women's International Art Club.

CRAWSHAW Lionel Townsend

Né en 1864 à Warkworth (Northumberland). Mort en 1949. xixe-xxe siècles. Britannique.

Peintre de scènes de genre, graveur.

Il fit des études à Düsseldorf, Karlsruhe et Paris. Il a exposé à la Royal Academy de Londres et au Salon des Artistes Français à Paris.

L. Crawshaw

Ventes Publiques : Londres, 30 avr. 1986 : *Jour de marché*, h/t (60x51) : **GBP 3 500** – Londres, 8 mars 1990 : *Le marché aux fruits*, h/t (49,4x60,3) : **GBP 5 500**.

CRAXTON John

Né le 30 octobre 1922 à Saint-John's Wood (Londres). xxe siècle. Britannique.

Peintre de paysages animés.

Fils du pianiste H. Craxton, il fit ses études à la Bettshanger School et, peu de temps, au Goldsmith College où il devint professeur. Il a exposé à Londres en 1945, en Suisse, en Grèce, aux États-Unis. Il a participé à l'Exposition de la *Jeune Peinture en Grande-Bretagne*, à Paris en 1948.

Craxton

Musées : Londres (Tate Gal.).

Ventes Publiques : Londres, 22 avr. 1970 : *La chèvre* : **GBP 150** – Londres, 16 nov. 1977 : *Deux chèvres dans les rochers* 1959, h/cart. (122x61) : **GBP 620** – Londres, 10 juin 1983 : *Paysage* 1955, temp. (27x84) : **GBP 1 100** – Londres, 26 sep. 1984 : *Nature morte à la cruche* 1948, gche, en grisaille (44,5x29) : **GBP 480** – Londres, 6 fév. 1985 : *Lièvre dans le garde-manger* 1943, past./pap. gris (38x53) : **GBP 1 400** – Londres, 21 mai 1986 : *Blue estuary* 1943, h/t (38x48) : **GBP 1 500** – Londres, 14 nov. 1986 : *Le moulin* 1944, temp. et h/pap. (45x54) : **GBP 1 700** – Londres, 22 juil. 1987 : *Figures couchées avec Asphodele II* 1983, temp./t. (40,5x51) : **GBP 2 000** ; *La boucherie* 1967, h/cart. (35,5x43) : **GBP 4 600** – Londres, 14 oct. 1987 : *Man in a garden*, pl. et lav. (43x53) : **GBP 3 200** – Londres, 9 juin 1988 : *Homme assis*, h/cart. (56,3x44,5) : **GBP 2 090** ; *Deux chèvres dans les rochers* 1959, détrempe/cart. (120x60) : **GBP 7 150** – Londres, 12 mai 1989 : *Le chemin de la ferme*, encre (35x49,8) : **GBP 572** – Londres, 24 mai 1990 : *Paysage d'automne dans les collines* 1946, gche/pap. (81x122) : **GBP 22 000** – Londres, 8 mars 1991 : *Homme jouant du bouzouki* 1956, gche (28x21,5) : **GBP 5 720** – Londres, 7 juin 1991 : *Paysage de Lanzarote* 1973, acryl., temp./pan. (82,5x82,5) : **GBP 4 950** – Londres, 25 nov. 1993 : *Bergers la nuit*, h/t (76,2x101,6) : **USD 17 250** – Londres, 26 oct. 1994 : *Paysage sombre à Hydra*, h/t (59,8x110,5) : **GBP 8 625** – Londres, 25 oct. 1995 : *Oie* 1943, encre de Chine et gche blanche/pap. gris/cart. (48x62) : **GBP 1 840** – Londres, 23 oct. 1996 : *Langouste sur une table* 1956, gche et h/cart. (52x62) : **GBP 5 750**.

CRAYER Caspar de ou **Jasper**

Né le 18 novembre 1584 à Anvers. Mort le 27 janvier 1669 à Gand. xviie siècle. Éc. flamande.

Peintre d'histoire.

Élève de Raphael Coxie à Bruxelles, maître le 3 novembre 1607 ; il épousa, le 17 février 1613, Catherine Janssens ; fut conseiller en 1626, receveur de la douane d'un canal de 1626 à 1629, archer de la garde noble de la cour du Régent, et peintre de la cour de Bruxelles. Puis il s'établit à Gand avec son élève Jan Van Cleeff, travailla à l'arc de triomphe pour l'entrée du cardinal Infant en 1634, fut peintre de la cour de celui-ci de 1635 à 1641, et peignit son portrait équestre. Il fut peintre de la cour de Madrid et de celle de l'archevêque de Malines Jacques Boonen. De 1641 à 1664, il fut peintre du roi et l'ami de Rubens et de Van Dyck. Il retourna à Bruxelles et revint à Gand en 1664. Il peignit un nombre considérable de tableaux, plus de deux cent tableaux d'autels, dans les églises de Bruxelles et des environs : les paysages sont en général de L. de Vadder, de L. Achtschellinck et de Jacques d'Arthois ; les animaux sont de Pieter Boel. Disciple de Rubens, il manie la couleur avec parfois un peu trop de facilité.

D.C.DC

Musées : Amiens : *Portrait d'un jeune garçon* – Amsterdam : *Adoration des bergers* – *Descente de croix* – Anvers : *Élie dans le désert* – Bâle : *Saint Ambroise* – *Saint Gregor* – Berlin : *Christ à Emmaüs* – Breslau, nom all. de Wroclaw : *Le prophète Élie près du ruisseau le Krith* – Bruxelles : *La pêche miraculeuse* – *Martyre de saint Blaise* – *Marie, patronne du Grand Serment de l'Arbalète* – *Conversion de saint Hubert*, paysage d'Arthois – *Plusieurs tableaux d'autel* – Dijon : *Assomption de la Vierge* – *Ensevelissement* – Douai : *Jésus et la Vierge intercédant pour un pêcheur* – La Fère : *La rencontre* – Florence : *Sainte Famille* – Francfort-sur-le-Main : *Suzanne au bain* – Gand : *Martyre de saint Blaise*, douteux – *Jugement de Salomon* – *Tableaux pour l'entrée du cardinal Infant* – Glasgow : *Vierge et Enfant sur trône* – Grenoble : *Martyre de sainte Catherine* – Lille : *Les quatre couronnés* – Madrid : *Portrait du cardinal Infant* – Mayence : *L'Assomption de Marie* – Munich : *Tableau de Thésée* – *Tableau de Thésée*, esquisse en grisaille – *Portrait d'homme* – Nancy : *La peste de Milan* – Nantes : *Éducation de la Vierge* – Narbonne : *Éducation de la Vierge* – Nice : *Offrande printanière à l'amour* – Oproyck (Église) : *Saints Laurent, Sébastien, Paul, Pierre et sainte Catherine en adoration devant Marie* – *Hommage à saint Nicolas, etc* – Paris (Louvre) : *Marie et l'Enfant entourés de saints* – *Saint Augustin en extase* – *Portrait équestre du cardinal Infant* – Prague : *Quatre saints* –

Rennes : *Christ en croix* – Saint-Omer : *Offrande printanière* – Saint-Pétersbourg (Ermitage) : *Trois portraits* – Schleissheim : *Portrait de l'artiste* – Stockholm : *Portrait équestre de Philippe IV d'Espagne* – Valenciennes : *Notre-Dame du Rosaire* – Versailles : *Le cardinal Infant Ferdinand des Pays-Bas* – Vienne : *Sainte Thérèse recevant un collier de Marie* – *La Salutation angélique* – *Marie et l'Enfant entourés de saints* – *Lamentation du Christ,* quatre tableaux d'autels.

Ventes Publiques : Paris, 1738 : *Assomption de la Vierge* : **FRF 504** – Paris, 1785 : *L'Adoration des mages* : **FRF 1 588** – Paris, 1788 : *Portrait de vieillard* : **FRF 3 000** – Paris, 1841 : *Diogène et Alexandre le Grand* : **FRF 550** – Londres, 1853 : *Ferdinand d'Autriche, fils de Philippe III, roi d'Espagne* : **FRF 350** – Paris, 1890 : *Portrait d'homme* : **FRF 1 450** – Paris, 1900 : *Entrevue de saint Benoît et de Totila* : **FRF 12 810** – Paris, 17-24 mai 1903 : *Saint Antoine mourant* : **FRF 690** – New York, 1905 : *Vénus, Mercure et Mars* : **USD 130** – Paris, 19 mars 1906 : *Portrait d'homme* : **FRF 4 600** – Londres, 20 juil. 1908 : *La Trinité* : **GBP 3** – Londres, 5 déc. 1908 : *La Vierge et l'enfant* : **GBP 3** – Londres, 7 déc. 1908 : *Gibier mort* : **GBP 10** – Paris, 12 mai 1920 : *Portrait d'homme portant une fraise* : **FRF 680** – Paris, 3 juin 1921 : *Les pèlerins d'Emmaüs* : **FRF 220** – Paris, 4 avr. 1925 : *Grande composition à Donatrice* : **FRF 2 500** – Paris, 6 mai 1925 : *La rencontre de la Vierge et de sainte Élisabeth* : **FRF 2 000** – Paris, 27 juin 1927 : *Tête de vieillard,* attr. : **FRF 1 210** – Paris, 28 nov. 1934 : *Sacrifice antique au Dieu Mars,* aquar. gchée : **FRF 460** – New York, 25 jan. 1945 : *La Sainte Famille et les donateurs* : **USD 1 100** – Londres, 12 juin 1968 : *Portrait d'un gentilhomme* : **GBP 1 100** – Londres, 4 nov. 1970 : *Portrait du Cardinal Prince Ferdinand d'Autriche* : **GBP 600** – New York, 9 jan. 1980 : *Tortila agenouillé devant saint Benoît,* h/t (289,5x549) : **USD 37 000** – Londres, 21 avr. 1989 : *Saint Benoît recevant Totila, roi des Ostrogoths* 1633, h/t (276x546) : **GBP 110 000** – Paris, 12 déc. 1989 : *La Sainte Vierge offrant à saint Dominique,* t. (200x155) : **FRF 200 000** – New York, 11 jan. 1990 : *Portrait d'un gentilhomme portant la chaine de son ordre* 1622, h/t (62x51,5) : **USD 27 500** – Londres, 14 déc. 1990 : *Vénus et Mars,* h/t (255,5x230,5) : **GBP 29 700** – Paris, 11 avr. 1992 : *Portrait de Pierre Antoine Lammant,* h/pan. de chêne (64x49) : **FRF 20 000** – Paris, 10 déc. 1993 : *Christ à la couronne d'épines,* h/t (131x110,5) : **FRF 26 000** – Amsterdam, 9 mai 1995 : *Portrait équestre de Ferdinand, Cardinal infant d'Espagne,* h/t (212x176) : **NLG 41 300** – New York, 4 oct. 1996 : *Agar et Ismaël dans le désert,* h/t (193x248,9) : **USD 34 500**.

CRAYER François de
xviie siècle. Actif à Anvers en 1652. Éc. flamande.
Peintre.
Il fut l'élève d'Eg. Backerrel.

CRÉ Michel
Français.
Peintre.
On connaît de cet artiste un retable signé à l'église de Vilaines-sous-Lucé.

CREAC'H Bertrand
Né en 1947. xxe siècle. Français.
Sculpteur. Abstrait.
Il a participé au Salon Grands et Jeunes d'Aujourd'hui en 1987, 1988, et au Salon des Réalités Nouvelles à Paris, notamment en 1988, 1989.
Il sculpte des formes abstraites curvilignes, d'une noble simplicité.

CREADO Emiel
Né en 1910 à Hemiksen. Mort en 1965. xxe siècle. Belge.
Peintre. Postexpressionniste.
Tout d'abord ouvrier, il suivit des cours à l'Académie des Beaux-Arts et à l'Institut supérieur d'Anvers, mais vécut à l'écart de la vie artistique.
Bibliogr. : In : *Diction. biogr. illustré des artistes en Belgique depuis 1830,* Arto, Bruxelles, 1987.
Musées : Anvers.

CREALOCK Henry Hope
Né en 1831. Mort en 1891 à Londres. xixe siècle. Britannique.
Dessinateur amateur.
Général et attaché militaire anglais à Vienne, puis combattant de la guerre des Zoulous, il envoya de nombreux dessins à des publications et à des journaux londoniens.

CREALOCK John
Né en 1871 à Manchester (Lancashire). xxe siècle. Britannique.
Peintre de portraits, paysages.
Élève de La Gandara à l'Académie Julian à Paris, où il prit part au Salon de la Société Nationale des Beaux-Arts de 1911 à 1933. Il a travaillé à Londres, Paris, Dublin, peignant des paysages des bords de la Tamise et des environs de Paris.
Ventes Publiques : Londres, 25 juin 1908 : *Instoro* : **GBP 21** – New York, 29 oct. 1987 : *Portrait de Madame Bovary* 1910, h/t (228x122) : **USD 9 000**.

CREANCE Georges Jean Édouard
Né le 27 août 1926 à Granville. xxe siècle. Français.
Peintre de paysages.
Élève d'André Lhote et de l'Académie de la Grande Chaumière, il a participé au Salon d'Automne à partir de 1956 et au Salon des Artistes Indépendants à Paris.

CRÉANGE S.
xixe siècle. Actif à Paris vers 1850. Français.
Graveur.
Il exécuta des planches d'après E. Cornu pour un ouvrage intitulé *L'Art dans l'Armurerie.*

CREARA Santo
Né vers 1572 à Vérone. Mort après 1630. xvie-xviie siècles. Italien.
Peintre.
Élève de Felice Brusasorci. Il exécuta de nombreuses peintures religieuses et en particulier pour l'église Santa Catarina à Vérone.
Ventes Publiques : Paris, 1845 : *Énée et Anchise,* tableau sur ardoise : **FRF 140** ; *Neptune et Amphitrite,* tableau sur pierre de touche : **FRF 120** – Londres, 3-4 déc. 1997 : *La Déposition de Croix,* h./ardoise (44,9x37,9) : **GBP 17 250**.

CREASE Harold
xixe siècle. Actif à Londres en 1812. Britannique.
Peintre de miniatures.
Il exposa un portrait de femme à la Royal Academy.

CREATURA, il. Voir **BIANCHI Pietro**

CREBASSA Paul Édouard
Né vers 1870 à Graissessac (Hérault). Mort en 1912 à Paris. xxe siècle. Français.
Peintre de genre, portraits, paysages.
Élève à l'École des Beaux-Arts de Montpellier, il suit ensuite les cours de Jean-Paul Laurens à Paris. À partir de 1890, il a régulièrement pris part au Salon de la Société Nationale des Beaux-Arts, dont il est devenu associé en 1908.
Très intéressé par l'art de Watteau, il fit de nombreuses copies d'œuvres de cet artiste.
Bibliogr. : Gérald Schurr, in : *Les Petits Maîtres de la peinture 1820-1920, valeur de demain,* Les Éditions de l'Amateur, t. IV, Paris, 1979.
Ventes Publiques : Paris, 24 mai 1991 : *Le bal,* h/t (38x46) : **FRF 30 000**.

CREC Carel Jacob ou **Crée**
xviiie siècle. Actif à Anvers au début du xviiie siècle. Éc. flamande.
Peintre.
Le Musée de Valenciennes conserve de lui : *Scène de carnaval.*

CRECOLINI Giovanni Antonio ou **Cricolini, Grecolini**
Né le 16 janvier 1675 à Rome. Mort vers 1736. xviiie siècle. Italien.
Peintre.
Il fut l'élève de G. B. Lenardi et de Benedetto Luti. Il remporta dès 1702 un prix de l'Académie de Saint-Luc qui lui assura le succès. Dès lors il se consacra à la peinture religieuse. Il travailla surtout à Rome, mais également à Pavie.

CRECQ Jean
xve-xvie siècles. Actif à Nancy. Français.
Sculpteur.
Il exécuta sur l'ordre du duc René de Lorraine deux statues représentant *Saint Maurice* et *Saint Georges* pour l'église Saint-Georges à Nancy. Elles furent terminées en 1505. On peut sans doute identifier cet artiste avec le sculpteur Jean Crocq.

CREDENZA Francesco
D'origine espagnole. xvie siècle. Travaillant à Bologne. Italien.
Peintre.

CREDI Lorenzo di, de son vrai nom : **Lorenzo d'Oderigo,** appelé aussi **Barducci** et **Sciarpelloni** par Vasari

Né en 1459 (?) à Florence. Mort en 1537 à Florence. XVe-XVIe siècles. Italien.

Peintre de sujets mythologiques, compositions religieuses, portraits, sculpteur.

La date de sa naissance est établie par une déclaration fiscale de sa mère de 1480-1481, qui le dit âgé de vingt et un ans. L'inscription au revers de l'autoportrait de la collection Widener à Philadelphie selon laquelle le peintre aurait été âgé de trente-deux ans en 1488 est plus tardive et mérite moins de créance. Lorenzo fut l'élève favori et plus tard le collaborateur d'Andrea Verrocchio qui en fit son héritier et son exécuteur testamentaire en 1488.

Lorsque Verrocchio partit pour Venise pour exécuter le monument du Colleone (1481), il laissa Lorenzo à la tête de son atelier à Florence, où étaient en cours des commandes importantes comme l'autel de la cathédrale de Pistoia, peinture que Credi acheva de sa main, et le monument sculpté de Forteguerra, pour lequel il exécuta le dessin d'ange (British Museum). Malgré l'absence de sculptures certaines, il est probant que Credi avait été actif comme sculpteur. Le testament de Verrocchio le charge de parachever son monument équestre du Colleone, honneur que Credi déclina d'ailleurs ne se sentant vraisemblablement pas à la hauteur de cette tâche. Parmi les sculptures qu'on lui attribue, et qui se rapprochent de son style pictural et graphique, on peut citer le *Monogramme du Christ soutenu par des anges* (Berlin) et un *Saint Jérôme* au Victoria and Albert Museum de Londres.

Le style pictural de Credi avait été formé autant par l'enseignement de son maître que par l'influence de Leonardo da Vinci qui passa de six à huit ans dans l'atelier de Verrocchio. Les œuvres de jeunesse de Credi gravitent entre ces deux sources d'inspiration. Il tient de Verrocchio le type de ses madones aux visages ronds, aux nez légèrement aplatis et aux yeux posés loin l'un de l'autre. Il lui redoit son dessin précis et méthodique, l'étude des plis d'après des maquettes enduites de glaise, le goût pour des draperies houleuses et le modelé grassouillet de ses enfants, qu'il poussera à la lourdeur. Il prendra à Leonardo un certain sens de clair-obscur et d'unité dans l'éclairage et quelques schémas compositionnels. Plusieurs œuvres importantes, attribuées à Leonardo ou à Verrocchio, sont de l'avis de quelques autorités entièrement, ou partiellement de la main de Credi : *La Madone à l'œillet* de Munich (Marle), le *Portrait de Ginevra* dans la Galerie Liechtenstein (A. Venturi, Frizzoni), la grande *Annonciation* des Offices (Berenson) et la petite *Annonciation* du Louvre (Berenson).

Excellent connaisseur d'art, Credi fut souvent invoqué comme expert (1491 Commission jugeant les nouveaux projets de la façade de la cathédrale de Florence, 1498 consulté pour la réparation de la lanterne du Dôme, abîmée par la foudre, 1501 restauration d'un tableau de Fra Angelico, 1504 Commission décidant de l'emplacement du *David* de Michel-Ange, 1524 réparation des fresques avec les portraits équestres de Castagna et d'Ucello, etc). Les élèves qu'il forma sont Giovanni Antonio Sogliani Giovanni Cian Fanini, Michele di Ridolfo. Il influença aussi Piero di Cosimo. Ses dessins fort beaux sont très nombreux. Beaucoup ont longtemps passé pour ceux de Léonard. Ils sont surtout nombreux aux Offices, au Louvre, au British Museum et à Oxford. Sous l'influence de la prédication de Savonarole, il brûla, en 1497, tous ses tableaux à sujets profanes, à l'exclusion d'une *Vénus*, aux Offices, et de quelques portraits, dont le sien, de 1488, à la National Gallery de Washington.

Dans l'intense ambiance de Florence la personnalité de Credi apparaît un peu effacée, mais son métier est d'une rare délicatesse. Les œuvres datées, peu nombreuses ne facilitent pas l'étude de son développement. Le grand retable de Pistoia, commencé par Verrocchio et achevé par Credi en 1485, montre dans les parties peintes par lui un style plus moelleux et moins quattrocentiste que celui du maître. La petite madone de Dresde, ainsi que celle de Strasbourg sont dans une étroite dépendance de la *Madone Benois*, peinte par Leonardo entre 1476 et 1480. Les tableaux exécutés par Credi entre 1490-1500 ont des formes encore plus orientées vers l'équilibre classique de la haute Renaissance. Leur technique est soignée, les chairs ont la transparence de la porcelaine, les accords de couleur sont d'une recherche un peu précieuse. L'ensemble très harmonieux dégage une impression de calme harmonie. Cette période se clôt avec des œuvres comme l'autel du Louvre. Les tableaux tardifs ont des formes plus lourdes et des couleurs plus ternes.

■ E. Zarnowska, J. B.

Musées : Ajaccio : *Stigmatisation de saint François* – Angers : *Madone*, tondo – Avignon (Mus. Calvet) : *Madone* – Berlin : *Nativité* – *Marie l'Égyptienne* – Bordeaux : *Annonciation* – Boston (Gardner) : *Buste de jeune homme* – Brunswick : *Buste d'adolescent* – Cambridge (Fogg Mus.) : *Madone avec l'enfant jouant avec un oiseau* – Dijon : *Vierge et Enfant entre deux anges* – Dresde : *Madone et le petit saint Jean* – *Nativité* – *Madone avec saint Sébastien et un évangéliste* – Fiesole (Église de San Domenico) : *Baptême du Christ* – Florence (Uffizi) : *Madone adorant l'Enfant*, tondo – *Portrait d'Andrea Verrocchio* – *Portrait d'un jeune homme* – *Annonciation*, œuvre du début – *Annonciation* – *La Vierge et un Évangéliste* – *Le Christ et la Samaritaine* – *Noli me tangere* – *Vénus* – *Adoration des bergers* – Florence (Cathédrale, sacristie) : *Saint Michel* daté 1523 – Forli (Mus. comm.) : *Portrait de dame* – Goettingen Université : *Crucifixion* – Hanovre (Kestner Mus.) : *Buste de jeune homme* – Karlsruhe : *Madone* – Londres (Nat. Gal.) : *Madone* – *Madone adorant l'Enfant* – Londres (British Mus.) – Mayence : *Madone*, œuvre du début – Montpellier (Mus. Fabre) : *Madone*, tondo – Naples : *Madone trônant au milieu de saints* – New York (Metropolitan Mus.) : *Adoration de l'Enfant*, tondo – Oxford (Ashmolean Mus.) : *Madone*, atelier – Paris (Louvre) : *Madone avec deux saints* – *Noli me tangere*, époque tardive – Pistoja (Cathédrale) : *Madone et deux saints* 1478-1485, en collaboration avec Verrocchio – Pistoja (Église santa Maria delle Grazie) : *Madone et saints* 1510 – Rome (Gal. Borghese) : *Madone*, tondo – Strasbourg : *Madone*, époque du début – Troyes : *Jupiter et Léda* – Turin : *Madone*, début – Venise (Mus. Querini Stampaglia) : *Nativité*, tondo – Vienne (Liechtenstein) : *Sainte Catherine*, terre cuite peinte.

Ventes Publiques : Paris, 1838 : *La Sainte Famille* : **FRF 13 000** ; *La Vierge et l'Enfant Jésus* : **FRF 7 800** – Paris, 1865 : *La Sainte Vierge, l'Enfant Jésus et un ange* : **FRF 500** – Londres, 1874 : *Madone assise, Enfant sauveur* : **FRF 7 870** ; *Saint Sébastien et Madone* : **FRF 16 810** ; *Madone agenouillée, Enfant Jésus, saint Joseph* : **FRF 12 100** – Paris, 1882 : *Portrait de jeune homme*, dess. au bistre reh. de blanc/pap. teinté : **FRF 400** ; *Personnage debout, ses mains jointes*, dess. à la sépia/pap. teinté : **FRF 315** – Londres, 1892 : *Vierge et Enfant* : **FRF 62 980** – Paris, 1892 : *La Vierge et l'Enfant*, dess. à la mine d'argent/pap. teinté rouge : **FRF 1 050** – Londres, 1899 : *Sainte Famille* : **FRF 17 850** – Paris, 26-27 mai 1919 : *Tête de Vierge*, dess. à la mine d'argent : **FRF 5 000** – Londres, 24 mars 1922 : *La Vierge et l'Enfant*, pan. dans un coffret de cuir : **GBP 63** – Londres, 25 juin 1928 : *La Vierge et l'Enfant* : **GBP 173** – Londres, 20 avr. 1934 : *Portrait d'Andrea Verrochio* : **GBP 178** – Londres, 21 nov. 1934 : *La Vierge et l'Enfant* : **GBP 760** – Londres, 24 mai 1935 : *La Vierge, l'Enfant et saint Jean* : **GBP 525** – Londres, 10 déc. 1937 : *La Vierge et l'Enfant* : **GBP 173** – Londres, 9 juin 1944 : *Andrea Verrochio* : **GBP 178** – New York, 25 oct. 1945 : *La Vierge et l'Enfant* : **USD 4 500** – Lucerne, 26-30 juin 1962 : *La Vierge avec Jésus et Jean, enfants* : **CHF 12 000** – Londres, 24 mai 1963 : *Le couronnement de la Sainte Vierge* : **GNS 7 000** – Londres, 23 juin 1967 : *La Vierge allaitant l'Enfant Jésus* : **GNS 3 800** – Londres, 15 juin 1983 : *Étude de l'Enfant Jésus*, mine de pb/pap. brun-orange (6,2x7,9) : **GBP 4 400** – New York, 12 jan. 1995 : *Saint Quirinus de Neuss*, h. et temp./pan. (124,5x53,3) : **USD 1 212 500**.

CREDITZ

XVIIIe siècle. Allemand.

Peintre.

J. E. Nilson grava d'après cet artiste un *Portrait du général comte Franz Nadasdy*.

CREED Cary

Né en Angleterre. XVIIIe siècle. Actif en 1731. Britannique.

Graveur.

On cite de lui une série de gravures de statues.

CREED Elizabeth

Née en 1642 en Angleterre. Morte en 1728. XVIIe-XVIIIe siècles. Britannique.

Peintre amateur.

Cette artiste peignit des portraits de ses amis et fit plusieurs tableaux d'autel pour des églises de son pays. Elle était une cousine du poète Dryden et fille de Sir Gilbert Pickering.

CREED Lilla P.

XIXe-XXe siècles. Britannique.

Peintre.

Le Musée de Sydney possède d'elle un tableau de fleurs.

CREEFT Jose Mariano de
Né le 27 novembre 1884 à Guadalajara (Nouvelle Castille). Mort en 1983. XXe siècle. Depuis 1928 actif aux États-Unis. Espagnol.
Sculpteur de groupes, bustes.
Dès l'âge de treize ans, il est entré en apprentissage chez un « imagier » de Barcelone, puis dans une fonderie où il apprit la technique à la cire perdue. Entre 1900 et 1904, il était l'aide du sculpteur officiel Augustin Querol à Madrid. En 1905, il rendit visite à Rodin qui lui conseilla d'entrer à l'Académie Julian, dont il suivit les cours en 1906-1907. Il a fait, de 1911 à 1914, de la reproduction de statuaire par le procédé de la mise au point. Après la Première Guerre mondiale, à partir de 1919, il participa régulièrement aux Salons parisiens, notamment au Salon d'Automne, dont il devint sociétaire, au Salon des Artistes Français, à celui de la Société Nationale des Beaux-Arts et à celui des Artistes Indépendants. Après son mariage en 1928, il se fixa aux États-Unis, exposant pour la première fois à New York en 1932. Il fit des expositions personnelles tous les ans à partir de 1936. Il enseigna à la New School for Social Research et à l'Art Students' League.
Sa sculpture, encore enracinée dans l'esthétique néoclassique de la première moitié du siècle, est particulièrement marquée par la technique de la taille directe. Ainsi, ses figures se lovent sur elles-mêmes de façon à occuper au maximum le bloc de pierre d'origine.
Bibliogr. : In : *Diction. de la Sculpture moderne*, Hazan, Paris, 1960.
Musées : New York (Metropolitan Mus.) – New York (Mus. of Mod. Art) – New York (Whitney Mus.).
Ventes Publiques : New York, 8 avr. 1964 : *Têtes*, pierre : **USD 1 000** – New York, 12 nov. 1965 : *Javanaise* : **USD 1 200** – New York, 14 oct. 1970 : *Nuit*, marbre : **USD 1 800** – New York, 24 mai 1972 : *Orchidée*, fer : **USD 1 500** – New York, 4-5 oct. 1977 : *Tête de femme*, albâtre (H. 24) : **USD 2 000** – New York, 1er nov. 1978 : *Kabuki*, marbre (H. 33) : **USD 2 000** – New York, 18 oct. 1979 : *Seguedillas* 1940, pierre verte (H. 61,6) : **USD 4 800** – New York, 5 fév. 1981 : *Angelito* 1968, marbre vert (L. 36,9) : **USD 3 000** – New York, 7 juin 1984 : *Nus* 1971, gche, cr. et encre de Chine/pap. brun mar./cart. (71,1x53,3) : **USD 750** – New York, 6 déc. 1985 : *La Nuit* 1941, marbre de Carrare (H. 45,6) : **USD 15 000** – New York, 7 oct. 1986 : *Clair de lune* 1964, stéatite verte (H. 22) : **USD 5 500** – New York, 10 avr. 1987 : *Nu debout* 1950, pierre (H. 58,5) : **USD 8 000** – New York, 24 jan. 1989 : *Mère mythologique avec son enfant*, pierre (H. 35) : **USD 1 650** – New York, 15 mai 1991 : *Figure drapée*, marbre (H. 41,3) : **USD 4 675** – New York, 12 mars 1992 : *Clair de lune* 1964, stéatite verte (H. 23,5) : **USD 3 300** – New York, 28 mai 1992 : *Figure*, nu féminin en bois exotique (H. 113,8) : **USD 6 600** – New York, 11 mars 1993 : *Nu allongé*, bas-relief en pb peint (47x73,3) : **USD 1 955**.

CREETEN Charles
XVIIe siècle. Éc. flamande.
Peintre d'histoire, portraits.
On peut se demander s'il ne s'agit pas du même artiste que Karl Screta.

CREETEN Karel. Voir **SCRETA Karl**

CREGAN Martin
Né en 1788 probablement à Dublin. Mort en 1870. XIXe siècle. Irlandais.
Peintre de portraits.
Un des membres fondateurs de la Royal Hibernian Academy, il en devint président et exerça ses fonctions pendant plusieurs années. De 1812 à 1851, ses œuvres furent exposées régulièrement à la Royal Academy et à la British Institution, à Londres. Il habita cette métropole jusqu'en 1822. De retour à Dublin, il attira une clientèle composée de la plus brillante société.
Ventes Publiques : Londres, 13 mai 1977 : *Portrait d'un officier* 1837, h/t (79x58,5) : **GBP 480** – Londres, 29 fév. 1984 : *Portrait du lieutenant-général John Sullivan Ward* 1831, h/t (77,5x57) : **GBP 950** – Belfast, 28 oct. 1988 : *Portrait d'un lieutenant-général* 1831, h/t (79,5x58,5) : **GBP 4 950** – Londres, 14 juil. 1993 : *Portrait du colonel James McAlpine en buste, portant l'uniforme des Dragons*, h/t/cart. : **GBP 3 450** – Londres, 2 juin 1995 : *Portrait de Louisa Broughton, future Mrs James McAlpine* 1834, h/t (90,5x69,5) : **GBP 1 955**.

CREHAY Gérard
Né en 1844. Mort en 1936 ou 1937. XIXe-XXe siècles. Belge.
Peintre d'animaux, paysages.

G. A. Crehay

Ventes Publiques : Versailles, 5 mars 1989 : *Le Kiosque à musique sur la terrasse de Saint-Germain* 1872, h/t (37x55) : **FRF 19 000** – Londres, 16 juil. 1991 : *Tigre dans la jungle, sortant de son abri* 1893, h/t (63,5x101) : **GBP 1 760**.

CREHEN C. G.
XIXe siècle. Actif vers 1850. Américain.
Lithographe.
Il exécuta surtout des portraits.

CREHENSA Nicolas ou **Crehença** ou **Credença**
XVIe siècle. Actif en Catalogne au début du XVIe siècle. Espagnol.
Peintre.

CREIFELDS Richard
Né en 1853 à New York. Mort en 1939. XIXe-XXe siècles. Américain.
Peintre de figures, portraits, natures mortes.
Il fut l'élève de Barth et de Wagner à Munich.
Musées : Brooklyn : *Orientale – Portrait de G. Blackford*.
Ventes Publiques : New York, 24 oct. 1984 : *Nature morte*, h/t (56x72) : **USD 1 200**.

CREIL Antoine Richard
Né en 1936 à Sankt-Kruis (Bruges). XXe siècle. Actif aussi aux États-Unis. Belge.
Peintre, céramiste, verrier, sculpteur. Entre abstrait et figuratif.
Il fit ses études de peinture, arts décoratifs et sculpture à l'Hoger Instituut et à l'Académie des Beaux-Arts de Gand. Il a travaillé aux États-Unis, à Kansas City, de 1961 à 1965, en tant que graphics designer. Il y exécuta aussi de nombreux vitraux. Il devint professeur à l'Académie des Beaux-Arts de Roulers. Médaille d'or au concours international de la céramique à Faenza en 1977.
Ses œuvres sculptées monumentales, aux lignes épurées et aux tonalités riches, se situent entre l'abstraction et le figuratif.
Bibliogr. : In : *Diction. biogr. illustré des artistes en Belgique depuis 1830*, Arto, Bruxelles, 1987.
Musées : Faenza (Mus. de la céramique).

CREITE Ernst Ludwig
XVIIIe siècle. Actif au début du XVIIIe siècle. Allemand.
Graveur.
Cet artiste vécut à La Haye, où il grava des portraits et quelques tableaux de fleurs.

CREITZ Ulrich
XVIe siècle. Actif à Nördlingen au début du XVIe siècle. Allemand.
Sculpteur.
Il exécuta des sculptures pour l'église Saint-Georges à Nördlingen entre 1514 et 1525.

CREIXAMS Pierre, Pedro
Né le 9 novembre 1893 à Barcelone. Mort le 4 mars 1965 à Barcelone. XXe siècle. Actif en France. Espagnol.
Peintre de genre, scènes typiques, portraits, paysages, peintre à la gouache, illustrateur.
Après des études à Barcelone, il choisit de faire une carrière théâtrale, puis vient à Paris en 1918 où il travaille comme typographe. Trois ans plus tard, il se consacre à la peinture et commence à participer aux Salons d'Automne, des Artistes Indépendants et des Tuileries à Paris. Il retourne en 1927 à Barcelone, mais ne tarde pas à revenir à Paris où il s'installe définitivement. Il a fait plusieurs illustrations, dont *À une courtisane* de Baudelaire, *Le Fond du cœur* d'André Gaillard, *La Guérison sévère* de J. Paulhan, *Arrêts facultatifs* de G. Pullings.
Peintre espagnol, se réclamant de l'École de Paris, il a surtout peint des scènes typiques espagnoles, des dames à l'éventail, des arlequins, des gitanes, traitées à grands coups de brosse, dans des couleurs vives.

Creixams

Bibliogr. : *Cien Anos de Pintura en Espana y Portugal, 1830-1930*, Madrid, 1988.

Ventes Publiques : Paris, 26 oct. 1921 : *Le Pierrot* : **FRF 105** – Paris, 12 déc. 1925 : *Portrait de femme* : **FRF 350** – Paris, 27 juin 1927 : *Jeunes acrobates* : **FRF 660** – Paris, 4 juil. 1928 : *Petits Espagnols* : **FRF 850** – Paris, 3 mai 1929 : *Famille espagnole* : **FRF 5 500** – Paris, 8 déc. 1941 : *Femme au châle* : **FRF 2 100** – Paris, 15 déc. 1943 : *La jeune femme au châle bleu* : **FRF 5 000** – Paris, 20 juin 1944 : *Torse nu de femme* : **FRF 12 000** – Paris, 20 mars 1970 : *Les forains* : **FRF 2 000** – Versailles, 19 déc. 1971 : *La jeune mère près de la guitare* : **FRF 2 200** – Genève, 8 juin 1972 : *Buste de femme* : **CHF 3 750** – Versailles, 24 oct. 1976 : *La jeune mère*, h/t (100x81) : **FRF 10 000** – Zurich, 23 nov. 1977 : *Deux sœurs*, h/t (92x73) : **CHF 16 000** – Versailles, 3 déc. 1978 : *Odalisque (femme d'Alger)*, h/t (60x73) : **FRF 9 000** – Madrid, 17 oct. 1979 : *Femme au châle bleu*, h/t (92x73) : **ESP 180 000** – Barcelone, 31 jan. 1980 : *Le Joueur de flûte*, h/t (92x73) : **CHF 13 000** – Barcelone, 12 mai 1981 : *Portrait de femme*, h/pan. (104x72) : **ESP 125 000** – Zurich, 10 nov. 1982 : *Jeune acrobate assis* 1920, h/t (81x65) : **CHF 13 000** – Zurich, 6 juin 1984 : *Le Joueur de flûte*, h/t (92x73) : **CHF 9 000** – Zurich, 8 nov. 1985 : *Un homme et une femme*, h/t (80,8x65) : **CHF 8 000** – Zurich, 6 juin 1986 : *Le guitariste*, h/t (92x65) : **CHF 13 000** – Paris, 15 juin 1987 : *Couple d'espagnols à la guitare*, h/t (92x73) : **FRF 9 000** – La Varenne-Saint-Hilaire, 6 mars 1988 : *Voiliers échoués sur la plage*, aquar. (40x63) : **FRF 4 500** – Paris, 21 mars 1988 : *Buste de femme nue*, h/t (46x35) : **FRF 4 800** – Paris, 21 avr. 1988 : *Jeune femme langoureuse*, h/t (73x92) : **FRF 25 000** – Paris, 5 mai 1988 : *Danseuses espagnoles*, h/t (65x81) : **FRF 14 000** – Paris, 24 juin 1988 : *Pierrot à la pipe* 1957, h/t (81x60) : **FRF 25 000** – Reims, 23 oct. 1988 : *Portrait de jeune femme en buste*, h/t (73x60) : **FRF 9 500** – Paris, 28 nov. 1988 : *Jeune espagnole au châle vert*, h/isor. (55x46) : **FRF 14 000** – Paris, 19 mars 1989 : *Les Clowns au chien blanc*, h/t (81x65) : **FRF 8 000** – Paris, 10 avr. 1989 : *Femme à la robe rouge*, h/t (81x65) : **FRF 12 000** – Paris, 18 juin 1989 : *Buste de jeune fille*, h/t (46x38) : **FRF 20 000** – Versailles, 29 oct. 1989 : *Jeune femme aux fleurs* 1941, h/t (73x60) : **FRF 29 000** – Paris, 24 nov. 1989 : *Les Deux Musiciens*, h/t (100x81) : **FRF 52 000** – Paris, 13 déc. 1989 : *Les Banderilles*, h/t (38x55) : **FRF 15 000** – Versailles, 28 jan. 1990 : *Jeune femme brune au châle rouge*, h/t (61x50) : **FRF 7 000** – Paris, 11 mars 1990 : *Au café*, past. (53,5x44) : **FRF 18 000** – Neuilly, 27 mars 1990 : *Les Amoureux*, h/t (55x46) : **FRF 22 000** – Calais, 9 déc. 1990 : *L'Espagnol*, h/t (92x73) : **FRF 31 000** – New York, 13 fév. 1991 : *Les Gitans*, h/pap./rés. synth. (99x98,5) : **USD 3 960** – Paris, 29 mai 1991 : *Mère et Enfants*, h/t (100x81) : **FRF 26 000** – Paris, 25 oct. 1991 : *Femme au châle rose* 1937, h/t (92x73) : **FRF 10 100** – Paris, 19 mars 1993 : *Mère et Enfant*, h/t (65x46) : **FRF 11 000** – Paris, 19 nov. 1993 : *Arlequin guitariste au cheval*, h/t (61x73) : **FRF 26 000** – Londres, 30 nov. 1993 : *Portrait de femme au chemisier rose* 1918, h/t (92x73) : **GBP 10 350** – Paris, 6 avr. 1994 : *Femme à la guitare*, gche (59x46) : **FRF 5 000** – Paris, 19 nov. 1995 : *Le Guitariste et la Chanteuse*, h/t (73x54) : **FRF 20 000** – Paris, 13-14 juin 1996 : *Deux Jeunes Filles*, h/t (92x73) : **FRF 75 000** ; *Arlequin guitariste et son cheval*, h/t (61x73) : **FRF 5 500** – Paris, 18 nov. 1996 : *Joueur de guitare*, h/t (100x80) : **FRF 16 000** – Paris, 24 mars 1997 : *Maternité*, h/t (92x73) : **FRF 21 000** – Paris, 12 mars 1997 : *Odalisque catalane*, h/t (73x92) : **FFR 45 000** – Paris, 19 oct. 1997 : *La Joyeuse Taverne*, h/t (81x65) : **FRF 18 000**.

CREIXEL Y MIGUEL José
Mort vers 1880 à Valence. XIXe siècle. Espagnol.
Peintre.
Une dizaine de tableaux de genre et de fleurs, attribués à cet artiste, figurèrent dans une exposition à Madrid en 1881.

CREIZTALER Michael
Mort vers 1615 à Salzbourg. XVIIe siècle. Autrichien.
Sculpteur.

CRELINGER Marie
XIXe siècle. Active à Berlin. Allemande.
Peintre.
Elle exposa entre 1876 et 1894 à Berlin, des portraits et des tableaux de genre.

CRELL Rudolf
Né le 20 octobre 1833 à Demmin. Mort le 20 décembre 1904. XIXe siècle. Allemand.
Peintre, lithographe.
Il fut élève de l'Académie de Berlin avant d'être professeur de dessin à Altona.

CREM Johan de
Né en 1962 à Knokke-le-Zoute. XXe siècle. Belge.
Peintre animalier.
Il s'est spécialisé dans la représentation d'oiseaux peints à l'aquarelle ou à la gouache.
Bibliogr. : In : *Diction. biogr. illustré des artistes en Belgique depuis 1830*, Arto, Bruxelles, 1987.

CREMA Camilio Felice
XIXe siècle. Italien.
Peintre.
Piémontais, il traita de préférence les sujets orientaux.

CREMA Ferdinando
XVIIIe siècle. Actif à Vérone vers 1717. Italien.
Peintre.
Cet artiste amateur fut l'élève de Sante Prunati. Il décora sa maison de toiles illustrant des sujets mythologiques.

CREMA Giacomo da. Voir **CONSTANTIN de Zuan**

CREMA Giovanni Battista
Né en 1883 à Ferrare. Mort en 1964 à Rome. XXe siècle. Italien.
Peintre de figures, paysages. Postimpressionniste.
Il fut élève de Morelli à Naples, puis s'installa à Rome.
Ventes Publiques : Rome, 1er déc. 1982 : *La Cabine sur la mer*, h/pan. (120x140) : **ITL 4 500 000** – Milan, 6 mai 1987 : *Les sirènes ; Le triomphe de Galatée ; La légende de Circée*, h/isor., trois pièces (98x100 et 174x128) : **ITL 16 000 000** – Rome, 16 déc. 1987 : *Nu debout*, past./pap. (92x60,5) : **ITL 4 000 000** – Rome, 7 avr. 1988 : *Portrait de femme*, h/t (72x52) : **ITL 3 500 000** – Milan, 14 mars 1989 : *Chalutier sur son lieu de pêche*, h/pan. (50,5x55) : **ITL 2 600 000** – Rome, 17 avr. 1989 : *Pêche de nuit*, h/pan. (50,5x55) : **ITL 4 200 000** – Rome, 12 déc. 1989 : *Nu féminin*, h/pan. (27,5x49) : **ITL 3 000 000** – Rome, 4 déc. 1990 : *Pêchers fleuris*, h/t (17x24) : **ITL 1 000 000** – Rome, 16 avr. 1991 : *La flottille*, h./contre plaqué (50,5x55,5) : **ITL 3 450 000** – Milan, 6 juin 1991 : *La bêche*, h/t (92x120) : **ITL 32 000 000** – Rome, 19 nov. 1992 : *Près du Colisée*, h/cart. (32x45) : **ITL 2 760 000** – Rome, 31 mai 1994 : *Doux repos*, h/t (152x57,5) : **ITL 15 321 000** – Zurich, 12 nov. 1996 : *Aube en montagne*, h/t (85x85) : **CHF 3 200**.

CREMA Luigi da, fra
Originaire de Crémone. XVIIIe-XIXe siècles. Italien.
Peintre.
Il était père capucin et travailla à Rome. Cunago grava d'après lui le *Portrait du père Crispinus a Viterbio*.

CREMAS Joseph
Né à Guastalla (Emilie). XXe siècle. Italien.
Peintre.
A exposé au Salon des Indépendants en 1931.

CREMASCO Giovanni
XVIIe siècle. Italien.
Sculpteur sur bois.

CREMER Carl Cœsar Adalbert ou **Adelbert**
Né en 1822 à Copenhague. Mort le 26 novembre 1889 à Munich. XIXe siècle. Danois.
Peintre de genre, natures mortes, fleurs, décorateur.
Élève de l'Académie des Beaux-Arts de Copenhague de 1836 à 1842, il envoya de Munich aux expositions de Copenhague de 1856 à 1858, deux toiles. Il fut avant tout peintre décorateur.
Ventes Publiques : Vienne, 15 déc. 1982 : *Scène d'auberge* 1856, h/t (29x24) : **ATS 18 000**.

CREMER Franz Gerhard
Né vers 1845. Mort le 8 décembre 1908 à Düsseldorf. XIXe-XXe siècles. Allemand.
Peintre.
Il fut l'élève d'Andreas Müller à Düsseldorf et peignit surtout des grandes compositions historiques et religieuses.

CREMER Hensil
XIVe siècle. Actif à Breslau en 1349. Allemand.
Peintre.

CREMER Jan
Né en 1930 ou 1940 à Amsterdam. XXe siècle. Hollandais.
Peintre. Abstrait.
Il voyagea tout d'abord à travers le monde, étant dans la marine marchand. Puis, il fit ses études aux Académies de Enschede, Arnhem et La Haye. Il fait sa première exposition personnelle à La Haye en 1958, suivie de beaucoup d'autres, notamment à Rotterdam en 1959, Amsterdam 1960, à nouveau La Haye en 1961. Ses expositions s'accompagnent de manifestes fracassants où il

est difficile de faire la part du surréalisme, celle du tachisme, celle d'un expressionnisme issu du mouvement *COBRA*. En 1960, il invente la « peinture barbariste », illustrée par un immense tableau : *La guerre japonaise*.

Bibliogr. : *Peintres contemporains*, Mazenod, Paris, 1964.

Ventes Publiques : Amsterdam, 24 mai 1989 : *Composition abstraite* 1962, h/t (120x49) : **NLG 3 680** – Amsterdam, 5 juin 1990 : *Deux formes* 1958, h/t/pan. : **NLG 5 750** – Amsterdam, 13 déc. 1990 : *Sans titre* 1961, h/t (120x50) : **NLG 13 800** – Amsterdam, 23 mai 1991 : *« Crisiszee »* 1959, techn. mixte et h/t (86x110) : **NLG 11 500** – Amsterdam, 21 mai 1992 : *Sans titre* 1959, techn. mixte et h/t (46x60) : **NLG 3 450** – Amsterdam, 9 déc. 1992 : *Altaï II* 1988, techn. mixte/pap. (130x92,5) : **NLG 7 130** – Lokeren, 15 mai 1993 : *Tulipes* 1986, gche (120x79) : **BEF 26 000** – Amsterdam, 9 déc. 1993 : *Tête* 1958, h/toile d'emballage (85x70) : **NLG 6 900** – Londres, 27 oct. 1994 : *Tulipes NR2-1991* 1991, h. et temp./pap. (110x110) : **GBP 1 725** – Amsterdam, 7 déc. 1994 : *Figures et oiseau* 1957, h/pap. (52x73) : **NLG 4 370** – Amsterdam, 6 déc. 1995 : *Pourquoi je l'aime* 1962, h. et collage/t. (90,5x30) : **NLG 4 600** – Amsterdam, 5 juin 1996 : *Hiroshima* 1958, h. et techn. mixte/t. (42x116,5) : **NLG 9 200** – Amsterdam, 2-3 juin 1997 : *Sans titre* 1990, acryl./pap. (144x113) : **NLG 8 260**.

CREMER Josef
XIXe siècle. Allemand.
Lithographe.

On lui doit un ouvrage intitulé *Plan et principales curiosités de Cologne*, paru en 1846.

CREMER Leo
Né en 1911. XXe siècle. Allemand.
Peintre. Surréaliste.

Il se rattache à la veine fantastique de l'art germanique, ce qui le rapproche du mouvement surréaliste.

Bibliogr. : Marcel Brion : *La Peinture allemande*, Tisné, Paris, 1959.

CREMER Siegfried
Né en 1929 à Dortmund. XXe siècle. Allemand.
Peintre sculpteur. Cinétique.

Depuis 1955, il vit à Krefeld où il se consacre à l'art cinétique.

CREMER-ACRE Arthur
Né en 1932 à Bochum. XXe siècle. Allemand.
Peintre. Abstrait.

Il fit ses études à Essen et obtint, en 1962, le Prix Suisse de Peinture abstraite à Lausanne. Il expose régulièrement à Berlin et a participé à l'exposition *1960-1970* du Musée de Bochum.

CREMIEUX Édouard
Né en 1856 à Marseille (Bouches-du-Rhône). Mort en 1944. XIXe-XXe siècles. Français.
Peintre de portraits, marines.

Élève de Guindon à Marseille, puis de Cormon, Bouguereau et Tony Robert-Fleury à Paris, il participa aux différents Salons de sa région et à ceux de Paris, dont celui des Artistes Français de 1884 à 1912, obtenant une médaille de troisième classe en 1895. Sociétaire des Artistes Français.

Ses marines ensoleillées et ses scènes de pêche sont proches des œuvres de Jean-Baptiste Olive.

E D. CRÊMIEUX

Bibliogr. : Gérald Schurr, in : *Les Petits Maîtres de la peinture 1820-1920, valeur de demain*, Les Éditions de l'Amateur, t. V, Paris, 1981.

Ventes Publiques : Paris, 3 déc. 1979 : *Femme orientale* 1888, h/t (22x27) : **FRF 1 400** – Versailles, 27 juin 1984 : *Village de pêcheurs en Provence*, h/t (65x100) : **FRF 8 500** – Londres, 24 juin 1988 : *Promenade l'après-midi*, h/t (61x91) : **GBP 9 900** – Londres, 21 juin 1989 : *Dans le jardin*, h/t (63x90) : **GBP 15 400** – Paris, 27 mars 1994 : *Rabbin lisant la meguila de Pourim* 1885, h/bois (31x21,5) : **FRF 20 000**.

CREMONA Antonio da. Voir **ANTONIO da Cremona**

CREMONA Giovanni Pietro ou **Cremoni**
Né à Lugano. Mort vers 1745 à Sienne. XVIIIe siècle. Italien.
Sculpteur, architecte.

Il fut l'élève de G. Mazzuoli à Sienne où il vécut et travailla. Il contribua à la décoration de l'église San Giorgio, construite sur ses plans et sculpta le *Tombeau des frères Zondadari*.

CREMONA Girolamo da. Voir **GIROLAMO**

CREMONA Italo
Né en 1905 à Cozzo Lomellina. XXe siècle. Italien.
Peintre de figures, nus. Surréaliste.

Ventes Publiques : Milan, 20 juin 1991 : *Nu couché dans un intérieur* 1947, h/t (60x50) : **ITL 10 000 000**.

CREMONA Melchiorre
XVIe-XVIIe siècles. Actif à Rome. Italien.
Sculpteur.

CREMONA Niccolo da. Voir **NICCOLO da Cremona**

CREMONA Tranquillo
Né en 1837 à Pavie. Mort le 10 juin 1878 à Milan. XIXe siècle. Italien.
Peintre d'histoire, scènes de genre, portraits.

Il fut à Pavie l'élève de Trécourt, puis il vécut à Venise où il fut profondément influencé par les tableaux du Titien et de Véronèse.

Très apprécié et très célèbre dans son pays de son temps il fut l'un des fondateurs et des meilleurs représentants de l'École vériste italienne. Après avoir peint des sujets historiques, il illustra des scènes intimes.

Entre romantisme et réalisme, il s'attaqua aux peintres académiques, Bertini en particulier, chef de file des « Scapigliati » (échevelés), il faisait figure de rénovateur de la peinture lombarde. Il pratiquait des contours flous, aux ombres colorées. Continuant l'œuvre de Carnovali, il procède par touches nerveuses apparentes, préparant la voie pour les « Macchiaioli » de Florence. Une certaine grâce mièvre de ses figures féminines, diminue la force de son apport.

Bibliogr. : Lionello Venturi : *La peinture italienne*, Skira, Genève, 1952.

Ventes Publiques : Milan, 6 avr. 1965 : *Portrait de P. A. Curti* : **ITL 1 500 000** – Milan, 14 déc. 1976 : *Jeune fille en buste*, h/t (43,5x33) : **ITL 4 000 000** – Milan, 20 déc. 1977 : *Portrait de l'avocat E. Marozzi*, h/t (74x60) : **ITL 9 000 000** – Milan, 17 juin 1982 : *Les enfants tristes*, aquar. (59,5x39) : **ITL 48 000 000** – Milan, 30 oct. 1984 : *Portrait de Monsieur Deschamps* 1875, h/t (95x70) : **ITL 85 000 000** – Milan, 2 avr. 1985 : *Pagliacetto ; Mascherina da bersagliere*, h/t, une paire (39,5x29,5) : **ITL 22 000 000** – Milan, 10 déc. 1987 : *Idylle*, h/t, de forme ronde (Diam. 51,5) : **ITL 50 000 000** – Milan, 14 juin 1989 : *Visite au pensionnat* 1877, h/t (128x158,5) : **ITL 300 000 000** – Milan, 3 déc. 1992 : *Portrait du professeur Bertini* 1867, h/t (56x43,5) : **ITL 5 730 000** – Rome, 29-30 nov. 1993 : *Le fauconnier* 1859, h/t (66x53) : **ITL 22 391 000** – New York, 15 fév. 1994 : *Double portrait*, h/t (69,9x59,1) : **USD 9 200** – Milan, 25 mars 1997 : *Profil de jeune femme* 1873, h/t (52x35,5) : **ITL 61 745 000**.

CREMONCINI Filippo, dit **Gogna**
XVIIe siècle. Actif à Pistoia. Italien.
Peintre.

CREMONCINI Pietro
XVIIe siècle. Actif à Pistoia. Italien.
Peintre.

Il était le fils de Filippo Cremoncini.

CREMONESE, il. Voir au prénom

CREMONESI Emilio
Né le 6 octobre 1941 à Enna. XXe siècle. Italien.
Peintre.

Élève à l'Académie Brera de Milan, il a pris part à la troisième exposition d'Art contemporain au Palazzo Reale de Milan en 1966. Il obtient de nombreux premiers prix et, à partir de 1970, participe à des manifestations à caractère politique en Italie et en Allemagne. Il a personnellement exposé à Barcelone en 1972.

CREMONESI Francesco
XVIIe siècle. Actif à Macerata vers 1631. Italien.
Peintre.

CREMONESI Lorenzo
XIXe siècle. Actif à Rome. Italien.
Graveur.

CREMONESI Teodoro
XVIe-XVIIe siècles. Actif à Crémone. Italien.
Peintre.

Il peignit, en 1601, un portrait de Girolamo Malatesta.

CREMONINI
D'origine lombarde. XIXe siècle. Italien.

Peintre.
Il travailla avec Farchin vers 1830 au château de Gotha et à Weimar.

CREMONINI Francesco Maria
Originaire de Cento. XVIIIe siècle. Vivait à Rome en 1724. Italien.
Peintre.

CREMONINI Giovanni Battista, dit **Zamboni**
Né en 1550 à Cento. Mort en 1610 à Bologne. XVIe-XVIIe siècles. Italien.
Peintre d'histoire et de décorations.
Cremonini se produisit surtout à Bologne. Il y ouvrit une école où se formèrent des talents tels que Guercino, Savonanzi et Fialetti. Il peignit pour des particuliers et pour les églises de cette ville.

CREMONINI Leonardo
Né en 1925 à Bologne. XXe siècle. Actif en France. Italien.
Peintre de compositions à personnages, aquarelliste. Nouvelles figurations.
Après avoir fait des études à l'Académie des Beaux-Arts de Bologne, entre 1939 et 1944, puis à l'Académie Brera à Milan à partir de 1945, il obtient une bourse pour aller étudier à Paris où il s'installe en 1951. Il retourne périodiquement en Italie, surtout en Sicile, fait aussi des séjours en Espagne et en Bretagne, vers Douarnenez, en Normandie, vers Trouville.
Depuis son arrivée à Paris, il a participé à de nombreuses expositions collectives, parmi lesquelles : Carnegie International de Pittsburgh en 1952, 1955, 1958, 1964 ; *Jeunes Peintres*, dans les musées d'Art Moderne de Paris, Rome et du Palais des Beaux-Arts de Bruxelles en 1955-56 ; *Modern Italian Art*, à la Tate Gallery de Londres en 1956 ; Salon de Mai à Paris en 1958, 1965, 1968 ; Salon Comparaisons en 1961, 1962, 1964 ; *Mythologies quotidiennes*, exposition présentée par G. Gassiot-Talabot au Musée de la Ville de Paris en 1964, puis en 1977 ; en 1964, il figure à l'Exposition Internationale de Tokyo, à *Figuration et Défiguration* au Musée de Gand, à la Biennale de Venise où il expose également en 1978 ; unique exposition du groupe « 1/65 » au Musée National d'Art Moderne de Paris en 1965 ; Biennale de San Marino 1965 ; Salon de la Jeune Peinture à Paris 1965-1966 ; Quadriennale de Rome en 1966, 1972, 1986 ; exposition du Prix Marzotto à Valdogne en 1967 ; *L'Art vivant* à la Fondation Maeght à Saint-Paul-de-Vence en 1968 ; *Du Cubisme à nos jours*, au Musée Cantini à Marseille en 1982 ; la Biennale de Milan en 1984 et 1987.
Il a également montré de nombreuses expositions personnelles de ses œuvres, depuis la première en 1951 au Centre d'Art italien de Paris, puis à New York en 1952, 1954, 1957, 1962, 1987 ; Rome en 1954, 1967, 1971, 1972, 1977 ; Londres 1955 ; Milan 1960, 1971, 1972, 1974, 1986 ; Turin 1960, 1963 ; de nouveau à Paris en 1960, 1962, 1964, 1966, 1968, 1969-70 avec une rétrospective de son œuvre présentée par Pierre Gaudibert au Musée Municipal d'Art Moderne, puis en 1971, 1972, 1973, 1974, 1979, 1980, 1983, 1987, 1991 présenté par la Galerie Claude Bernard à la FIAC (Foire Internationale d'Art Contemporain) de Paris ; en 1996, ses peintures sont montrées au château de Biron et ses dessin et gravures à la collégiale Notre-Dame-de-Ribérac. En 1969, plusieurs rétrospectives lui ont été consacrées à Prague, Basilae, Lund, Bologne et au Palais des Beaux-Arts de Bruxelles où il expose encore en 1971 ; on le retrouve à Darmstadt et à Saint-Étienne en 1970, plusieurs rétrospectives ont eu lieu en 1973, notamment au Musée d'Art Moderne de Strasbourg ; il expose ensuite à Genève en 1975, Amsterdam 1976, Florence 1977, Bologne 1977 et 1980, année d'une rétrospective au Musée Séibu à Tokyo ; son exposition *douze ans de peinture, 1970-1982* s'est tenue à Grenoble et Carcassonne en 1983 ; *Cremonini, opere dal 1960 al 1984* à Spolete en 1984 ; une rétrospective à Sienne en 1986 et une exposition à Monte-Carlo en 1989 ; en 1992 à Aix-en-Provence une double exposition montrait les *Peintures de 1987 à 1991* et *L'œuvre gravé* ; en 1995, une rétrospective *aquarelles et petits formats* au musée-galerie de la Seita à Paris, *Une Anthologie en quarante tableaux* et une exposition de gravures et de sérigraphies à Metz ; en 1996, *Leonardo Cremonini en Périgord*, au château de Biron et des dessins et gravures à la collégiale Notre-Dame de Ribérac. Lauréat de la Biennale de San Marino en 1965, il reçoit le Prix Marzotto en 1967 et le Prix du Président de la République Italienne en 1979. Professeur à l'École Nationale des Beaux-Arts de Paris depuis 1983, il est Officier des Arts et Lettres, membre de l'Académie Nazionale di San Luca à Rome et de l'Académie Royale de Belgique.

L'œuvre de Cremonini connaît une nette coupure en 1961, il est donc nécessaire de distinguer deux périodes dans son développement. De 1951 à 1961, il compose un monde organique unique et pur qui réunit le minéral, le végétal, l'animal et l'humain. Cette idée lui a sans doute été inspirée par la découverte d'un squelette de mouton près d'un glacier, il est alors sensible à tout ce qui est pétrification, cristallisation. Il crée une correspondance organique entre pierre et os, entre chair et végétation, entre animal et humain. La *Donna tra le pietre* (195-57) donne une union entre le corps féminin et le rocher dans une imbrication telle qu'il est difficile de distinguer l'un de l'autre. Cette distinction devient encore plus hasardeuse lorsqu'il s'agit de petits personnages faisant corps avec la roche, en particulier dans *Fra la pietre al mare* (1959-1960). C'est selon une union tout aussi troublante entre le monde végétal et le monde animal que sont peints les *Moutons parmi les cactus*. Enfin, les membres humains vivants se prolongent dans les membres animaux morts dans *L'homme portant un quartier de viande*. Cette première période est marquée par l'obsession de ce que Gaudibert appelle un « isomorphisme universel », servi par un dessin très tendu, incisif, à vif, aux structures géométriques issues du néo-cubisme, sur lesquelles vient s'imbriquer une « mosaïque de coloris somptueux ».
En 1961, la guerre d'Algérie agit comme un détonateur avec ses tortures, ses viols, ses « ratonnades ». Le sang éclabousse la face de l'univers, l'homme est en montre à l'étal de la boucherie universelle, quand il n'est entassé dans la carriole de l'équarisseur, écho à la charette de la « Dulle Griet » de Brueghel et aux Jacques Callot et Goya qui ont dénoncé la gloire des batailles. Le passage de son monde organique unifié à ce monde déchiré se comprend en comparant *Articulations et désarticulations* de 1959 à *La torture* de 1961. Dans le premier, il y a union entre animal dépecé et sacrificateur, l'un se confondant dans l'autre, selon une composition unifiée. Dans le second, les hommes décharnés ne font plus partie d'un tout homogène organique, mais d'une composition déséquilibrée, coupée verticalement et dégoulinante de rouge.
Par le biais de cette violence, Cremonini aborde, après 1961, la « quotidienneté », selon la formule de H. Lefebvre, chargée d'agressivité, de cruauté, de blocages venus de la société, de problèmes de la sexualité. Ses tableaux nous font pénétrer dans des lieux intimes : chambres, salles de bain ou des lieux de loisirs de masse : plages, trains, squares, jardins d'enfants où se manifeste la tension de la sexualité, du rêve et de la mort. Le monde organique de l'homme s'oppose à la société industrielle faite de contraintes et d'angoisse. Les enfants qui interviennent dans cet univers, n'ont rien de rassurant, au contraire, puisqu'ils sont perçus, selon Moravia, comme « voyeurs ». Cette impression de voyeurisme est confirmée par les jeux de glaces, les reflets de vitres à travers lesquels les regards se croisent sans vraiment se rencontrer, allant du regard du peintre au nôtre en passant par ceux des enfants, selon un réseau complexe de « complicités interdites ». Cela va des *Indiscrets* (1963), tableau encore lié à la période précédente par la présence du monde organique, où la coupure verticale est soulignée par le « voyeur » placé de l'autre côté d'une vitre, aux *Chassis-barrages* (1980-82) où un jeu de regards d'enfants s'associe à une composition structurée par des châssis, chaises, portes, des oppositions entre ombre et lumière, dehors et dedans, données par l'intermédiaire de fenêtres, vitres et glaces. Même dans les compositions les moins angoissantes, tel *L'Autoportrait d'une chambre* (1965), se retrouvent les mêmes références : fragmentation de l'espace en zones verticales qui définissent un va-et-vient entre l'extérieur et l'intérieur, les jeux de reflets sur une vitre renvoyant la vision d'un personnage indéfini, tandis qu'est projetée dans l'espace la palette tenue par la main du peintre dont on ne perçoit que le pouce et trois doigts. Cette façon de projeter un membre humain dans l'espace, sans que l'on sache d'où il vienne, est fréquente chez Cremonini qui garde ainsi le contact avec ce monde organique de ses débuts et utilise des cadrages déroutants, proches de ceux de la photographie. Dans ce tableau, le jeu des couleurs définit aussi l'art du peintre : des tons stridents sont utilisés pour les encadrements des portes et fenêtres, accusant verticales et horizontales, évocation de l'ordre. La couleur évolue aussi pour suggérer la lumière du dehors opposée à la pénombre et l'ombre du dedans : derrière les barreaux d'un balcon écrasé de soleil, un enfant vu de dos reçoit des tonalités plates, proches du blanc, de même que le carrelage dont les motifs pâles sur le balcon reprennent vigueur dans la pénombre

de la maison avant de se désintégrer dans l'ombre, sous la toile blanche du peintre. Ici aussi, comme dans la plupart des tableaux de Cremonini, il y a utilisation de giclures, de couleurs dégoulinantes, qui sont un rappel de l'abstraction informelle, pour rendre la mer, les reflets de la vitre et les murs. Dans bien d'autres cas, les enfants sont en mouvement et leurs déplacements dans l'espace sont soulignés par des couleurs déliquescentes. Bien souvent, l'élément organique est évoqué par l'environnement : psychés, bois de lit, stucs, lavabos, robinets qui semblent un complément inévitable au désir sexuel qui flotte dans l'atmosphère, mais qui ne s'accomplit jamais dans la joie. Des œuvres, comme *Le sens et les choses* (1968), montrent cette crispation du désir qui mène à la solitude. Les plages sont également des lieux où les corps écrasés sous le soleil sont en proie à des rêves sexuels sans suite. Dans ce monde d'épiphénomènes vains, les corps sont affalés épars, dans la seule attente sérieuse de la putréfaction fatale. Autour de 1990, une nouvelle évolution s'est manifestée : le dessin des éléments et constructions du décor, cabines de bain, portiques de plage, chaises-longues, s'est raidi, avec la précision de l'abstraction géométrique, les couleurs, toujours aussi acidulées, ne dégoulinent plus, les êtres humains ont déserté la scène, la nuit est tombée étrangement sur une seule partie du tableau.
Cremonini refuse de tomber dans les pièges de la subjectivité, qu'ils viennent de l'abstraction, de l'expressionnisme ou du surréalisme. Selon l'analyse de Pierre Gaudibert : « l'informel, hier, l'hyper-réalisme, aujourd'hui, restent à ses yeux deux figures inversées d'une commune attitude de passivité par refus d'intervention ». Sa peinture, à la fois séduisante et inquiétante, est nourrie d'un métier qui ne nie aucunement son attachement à un métier traditionnel. « La culture figurative européenne qui lui sert de référence, écrit Gaudibert, s'étend de la peinture de l'école de Ferrare à la fin du Quattrocento (que l'on songe par exemple aux fresques du palais Schifonoia), du maniérisme d'un Pontormo jusqu'à des œuvres des années 1900, dans ce qui peut réunir Bonnard et Klimt sous le patronnage de l'Art Nouveau ». Cremonini est aussi le peintre du conflit entre un désir qui se voudrait tout puissant et le poids des structures de la vie sociale et familiale. ■ Annie Pagès

Bibliogr. : Catalogue de l'exposition *Cremonini*, ARC, Mus. d'Art Mod. de la Ville de Paris, 1969 – Giuliano Briganti : *Cremonini 80 disegni*, Nuove edizioni Enrico Vallecchi e il Bisonte, Florence, 1970 – Pierre Gaudibert in : *Figurations 1960-1973*, Union générale d'éditions, Paris, 1973 – Marc Le Bot et Leonardo Cremonini : *Les parenthèses du regard*, Fayard, Paris, 1979 – *Leonardo Cremonini*, Ed. Pierre Belfond, 1979 – *Leonardo Cremonini, peintures 1953-1987*, Skira, Genève, 1987 – Regis Debray : *Cremonini*, Skira, Paris, 1995 – Catalogue de l'exposition au Musée-Galerie de la Seita, Skira, Paris, 1995.

Musées : Alger (Mus. d'Art Mod.) – Bari (Gal. d'Arte Mod.) – Belfort (Mus. d'Art Mod.) – Bologne (Gal. d'Arte Mod.) : *Les compartiments* 1963-64 – *Machine à tuer* 1961 – Buffalo (Albright Art Gal.) – Colorado Springs (Fine Arts Center) – Detroit (Inst. of Arts) – Florence (Gal. des Offices) : *Autoportraits* – Grenoble (Mus. d'Art) : *Le soleil à carreaux* 1980-82 – Iwaki City (Art Mus.) : *Omnibus* 1965 – Jérusalem (Nat. Mus.) – Lille (Mus. d'Art Mod.) – Marseille (Mus. Cantini) : *Chuchotements et absences* 1972-74 – *Les Chassis-barrages* 1980-82 – Martigues (Mus. mun.) – Milan (Gal. Civica d'Arte Mod.) : *La poursuite* 1963-64 – New York (Mus. of Mod. Art) – New York (Brooklyn Mus.) – Paris (Mus. d'Art Mod. de la Ville) – Paris (Mus. Nat. d'Art Mod.) : *Les parenthèses de l'eau* 1968 – Pise (Instituto di Storia dell'Arte) – Pittsburgh (Carnegie Inst. Mus.) – Prague (Mus. d'Art Mod.) – Princeton University (Art Mus.) : *Homme portant un quartier de viande* 1957-58 – *Le carrousel, la nuit* 1956-57 – San Marino (Gal. d'Arte Mod.) : *Le sommeil dans le train* 1963-64 – St-Louis, Missouri (City Art Center) – Strasbourg (Mus. d'Art Mod.) : *Dialogues d'une fête* 1965-66 – Washington D. C. (Hishorn Mus. and sculpture Garden) : *Le bain parmi les rochers* 1955-56 – *Maternité* 1956.

Ventes Publiques : New York, 13 déc. 1961 : *Le rematrici* : **USD 1 250** – Milan, 28 oct. 1971 : *Le barricate del sole* : **ITL 2 600 000** – Milan, 9 mars 1972 : *Dialogue des structures* : **ITL 3 200 000** – Paris, 17 nov. 1972 : *Les codes d'un jardin* : **FRF 52 000** – Milan, 18 avr. 1978 : *Murs aveugles de Paris* 1954, h/t (45x56) : **ITL 2 800 000** – Milan, 24 juin 1980 : *Anatomie d'un paysage* 1959, h/t (68x59) : **ITL 3 500 000** – Munich, 6 déc. 1982 : *Le crepe tra le pietre* 1960, h/t (38x46) : **DEM 3 700** – Paris, 24 avr. 1983 : *Le miroir* 1966, aquar. gchée (37x27) : **FRF 4 500** – Rome, 5 mai 1983 : *Efflorescenza* 1958, h/t (73x50) : **ITL 3 500 000** – Rome, 15 mai 1984 : *Efflorescenza* 1958, h/t (73x50) : **ITL 3 000 000** – Paris, 9 déc. 1985 : *Circuits fermés* 1977-78, diptyque (133x81) : **FRF 75 000** – Paris, 25 oct. 1987 : *Étude pour les parenthèses de l'eau* 1967-68, cr. et reh. de gche (35,5x38) : **FRF 19 000** – New York, 17 nov. 1988 : *Maman et deux enfants en barque* 1951 (96,3x188) : **USD 18 000** – Milan, 7 nov. 1989 : *Dans le train* 1964, acryl./cart. souple (24x28) : **ITL 7 500 000** – Paris, 25 juin 1990 : *Jeu sans règles* 1964, h/t : **FRF 400 000** – Paris, 9 avr. 1991 : *Mon cap à la mer*, h/t : **FRF 185 000** – New York, 5 nov. 1991 : *Les chats* 1955, h/t (80,6x100,6) : **USD 14 300** – Paris, 16 fév. 1992 : *Les chats* 1955, h/t (80x100) : **FRF 180 000** – New York, 10 nov. 1992 : *Les chevaux qui hurlent*, h/t (81,5x108) : **USD 44 000** – Rome, 25 mars 1993 : *L'homme à cheval*, h/t (130x80) : **ITL 29 000 000** – Paris, 23 juin 1993 : *Le Baigneur vu sous l'eau*, h/t (116,3x89) : **FRF 120 000** – Milan, 5 mai 1994 : *La Chienne* 1957, h/t (62x77) : **ITL 27 600 000** – New York, 14 juin 1995 : *La Fumée des cheminées* 1957, h/t (38,1x64,8) : **USD 7 187** – Paris, 29-30 juin 1995 : *Le Désir de l'autre* 1965, h/pap./t. (49x68) : **FRF 65 000** – Milan, 20 mai 1996 : *Les Refrains du Belvédère* 1977-1978, h/t (73,7x238,7) : **ITL 64 400 000** – Paris, 16 oct. 1996 : *Bull Jamer* 1951, encre et aquar. (29x37) : **FRF 6 100** – Milan, 10 déc. 1996 : *Derrière le désir* 1966, h/t (130x96) : **ITL 41 940 000**.

CREMONINI Marco Andrea
xvie-xviie siècles. Italien.
Peintre.
Il était le fils naturel et fut l'élève de Giovanni Battista Cremonini.

CREMONINI Matteo I
xvie siècle. Italien.
Peintre.
Il fut peut-être le père de Giovanni Battista Cremonini. Actif à Cento.

CREMONINI Matteo II
xvie-xviie siècles. Italien.
Peintre.
Il était le fils et fut l'élève de Giovanni Battista Cremonini. Il travaillait déjà en 1590.

CREMOSINO G. B.
Né à Milan. xviie siècle. Vivait à Rome en 1623. Italien.
Peintre.

CREMY Claude
xvie siècle. Actif à Malines vers 1565. Éc. flamande.
Peintre.
Peut-être faut-il l'identifier avec le peintre anversois Claude Creemere.

CRENE Jennin de
Né à Diest (Brabant). xvie siècle. Travaillait à Tournai en 1507. Éc. flamande.
Peintre.

CRENIER Camille Henri
Né le 30 avril 1880 à Paris. Mort durant la Première Guerre mondiale (1914-1918). xxe siècle. Français.
Sculpteur.
Élève de Falguière, il a régulièrement exposé au Salon des Artistes Français, où il obtint une médaille en 1908.

CRENIER Henri
Né en 1873 à Paris. Mort en 1948 à New York. xxe siècle. Actif aux États-Unis. Français.
Sculpteur.
Élève de Falguière, il a régulièrement participé aux salons parisiens, à partir de 1892, notamment à celui des Artistes Français, où il reçut une mention honorable en 1927. Il partit s'installer en 1902 aux U.S.A. où il travailla essentiellement à la sculpture intégrée à l'architecture. A ce titre, il a collaboré à la décoration de San Francisco City Hall.
Musées : New York (Metroplitan Mus.).

CREO Cristoforo
Né à Gaëte (Latium). xviiie siècle. Italien.
Peintre.
Il travailla pour plusieurs églises à Rome.

CRÉPAUX Émile
Né en 1828 à Charleville (Ardennes). xixe siècle. Français.
Graveur.
Élève de Lequien. Il exposa au Salon à partir de 1868.

CRÉPAUX Raoul
Né à Villefranche (Rhône). XIXe-XXe siècles. Français.
Peintre.
Élève de J. Lefebvre, T. Robert-Fleury et Déchenaud. Sociétaire des Artistes Français. A exposé des nus et des natures mortes.

CREPE Jan
XVIIe siècle. Actif à La Haye en 1664. Hollandais.
Sculpteur sur bois.

CREPER Jean Baptiste de ou **Crepu**
Mort avant 1689. XVIIe siècle. Éc. flamande.
Peintre de fleurs.
Lieutenant au service de l'Espagne, il quitta l'armée, épousa le 31 décembre 1682, à Anvers, Maria-Anna Pauli, fille du miniaturiste, et entra en 1685, dans la gilde d'Anvers. Il eut pour élève Philip-Simon Hardimé et Jean-Baptiste Bosschaert, en 1685.

CREPIN
Né dans l'Orléanais. XVIIIe siècle. Français.
Peintre de paysages.
Membre de l'Académie Saint-Luc ; il exposa en 1764 et 1774.

CRÉPIN André
Né le 30 novembre 1846 à Ponthoile (Somme). XIXe siècle. Français.
Peintre amateur.
Le Musée d'Abbeville possède un *Paysage* de cet artiste.

CRÉPIN Edmond Achille
Né en 1880 à Vincennes (Seine). Mort en 1949. XXe siècle. Français.
Peintre de paysages et décorateur.
A partir de 1926, il a pris part au Salon des Artistes Français et au Salon des Artistes Indépendants à Paris.

CRÉPIN Jean Jacques. Voir **MOSNIER**

CRÉPIN Joseph Fleury
Né en 1875 à Hénin-Liétard (Pas-de-Calais). Mort en 1948. XXe siècle. Français.
Peintre de compositions animées, figures, animaux. Naïf médiumnique.
Originaire de la région minière du Pas-de-Calais, décimée par la première guerre mondiale, Crépin vit longtemps de son métier de plombier-zingueur, se livrant accessoirement à des activités de radiesthésiste, de guérisseur. Il s'initie au spiritisme en adhérant au cercle d'Arras présidé par Victor Simon, peintre de scènes froides et raides. Crépin commence par s'adonner à de modestes dessins sur papier quadrillé, qu'il consignera avec le plus grand soin dans des cahiers, et qui sont tous numérotés. Lorsqu'à l'âge de 63 ans, il entend des voix lui ordonnant de prendre le pinceau et d'exécuter des toiles, il reprend avec beaucoup d'attention ces premiers dessins pour composer ses peintures. Il utilise ensuite une technique curieuse de points incrustés de perles de couleur, plus proche d'un travail d'artisan céramiste que de peintre. Toutefois il ne délaisse pas ses crayons de couleur pour donner à la hâte des dessins naïfs de bouquets ou de personnages, qui vite reconnus et aimés d'André Breton, demeurent peut-être le meilleur de son travail, car imaginatifs, vifs et légers. Peu après il commença à peindre des œuvres rigoureusement symétriques, mais toujours aux incrustations perlées, et semblant évoquer des temples aztèques ou des mandalas tibétains. Sa technique le pousse d'ailleurs de plus en plus vers la minutie et cherche à évoquer une sorte de symbolisme où tous ses petits points additionnés produisent un effet magique. Crépin ne produisait « ses tableaux merveilleux » que dans un état médiumnique. Toutes ses figures d'inspiration païennes et carnavalesques le situent bien dans une tradition du Nord, celle des cochons en pain d'épice, des foires bigarrées. Tradition contrastée et douloureuse, brutale et en même temps pleine d'humanité.
Bibliogr. : José Pierre : *Le Surréalisme*, in : *Histoire Générale de la Peinture*, tome 21, Rencontre, Lausanne, 1966 – Françoise Monnin : *Tableaux choisis. L'art brut*, Editions Scala, Paris, 1997.
Ventes Publiques : Paris, 8 juin 1970 : *Papillon* 1948 : **FRF 2 300** – Paris, 19 mars 1971 : *Constructions et astres* : **FRF 10 000** – Paris, 17 oct. 1972 : *Composition* : **FRF 5 000** – Versailles, 12 mai 1976 : *Rosace* 1947, h. en relief/t. (56,5x56,5) : **FRF 4 600** – Paris, 25 mars 1982 : *Composition* 1942, h/t (83x62) : **FRF 5 000** – Paris, 24 avr. 1983 : *Fleury Joseph 203* 1943, h/t (40x40) : **FRF 6 300** – Paris, 22 nov. 1984 : *Porte aux sculptures* 1939, h/t (56,5x62) : **FRF 19 000** – Paris, 27 nov. 1985 : *Église orthodoxe* 1945, h/t (63x78) : **FRF 13 000** – Paris, 18 juin 1986 : *Pot de fleurs n° 330*, h/t (66x46) : **FRF 4 800** – Paris, 2 mars 1987 : *Personnage fantastique* 1940, h/t (30x24,5) : **FRF 7 000** – Paris, 25 nov. 1987 : *Étoile et Rosaces* 1947, h/t (56x56) : **FRF 10 500** – Paris, 27 oct. 1988 : *Fleury Joseph 203* 1943, h/t (40x40) : **FRF 11 500** – Paris, 20 mai 1994 : *Tableau merveilleux* 1942, h/t (36x26) : **FRF 22 000** – Paris, 27 mars 1996 : *Temple n°7*, h/t (53x64) : **FRF 68 000** – Paris, 24 mai 1996 : *Dans un coin de France* 1940, h/t (49,5x35) : **FRF 29 000**.

CRÉPIN Louis Joseph Désiré
Né le 24 février 1828 à Fives-Lille (Nord). Mort le 17 juillet 1887 à Etterbeck (près de Bruxelles). XIXe siècle. Belge.
Sculpteur, peintre de paysages.
Il suivit des cours de sculpture à l'École des Beaux-Arts de Bruxelles, puis il se consacra à la peinture.
Bien qu'il appartienne à l'École de Tervueren, il se rapproche davantage de l'art de Boudin, avec ses vues de canaux et de rivières de son pays. On cite de lui : *Vue de Hal – Canal à Bruxelles*.
Bibliogr. : Gérald Schurr, in : *Les Petits Maîtres de la peinture 1820-1920, valeur de demain*, Les Éditions de l'Amateur, t. III, Paris, 1976.

CRÉPIN Louis Philippe
Né en 1772 à Paris. Mort le 17 juillet 1851 à Paris. XIXe siècle. Français.
Peintre de scènes allégoriques, sujets militaires, paysages animés, paysages, marines, aquarelliste, dessinateur.
Il fut élève de Joseph Vernet, de Régnault et d'Hubert Robert. Parti sur les vaisseaux de la République en 1793, il revint à Paris vers 1796, date à laquelle il exposa pour la première fois au Salon de Paris. Avec des œuvres comme : *Le Combat de la Bayonnaise contre la frégate anglaise l'Embuscade*, il devint peintre officiel de la Marine, ayant un atelier au Ministère de la Marine. On cite de lui : *Sortie du port de Brest* 1798 – *Vue du port de Brest*. Cependant, la Monarchie de Juillet lui fut moins favorable et en 1832, sa situation devint plus difficile, sans doute en raison de la faveur de son rival Théodore Gudin.
Sa manière de traiter la nature avec émotion et minutie montre l'influence de ses maîtres.
Bibliogr. : Gérald Schurr, in : *Les Petits Maîtres de la peinture 1820-1920, valeur de demain*, Les Éditions de l'Amateur, t. III, Paris, 1976.
Musées : Bagnères-de-Bigorre : *Les cascatelles de Tivoli – Orléans* – Tours : *Paysage, une cascade et des pêcheurs* – Versailles : *Combat naval devant Boulogne dans la nuit du 15 au 16 août 1801 – Bombardement de Cadix – Combat naval en l'une des îles de Lox, 1813 – Louis XVI visite le port de Cherbourg, juin 1786* – Versailles (Trianon) : *Le Torrent – La Pêche – Chasse au vol*.
Ventes Publiques : Paris, 1852 : *Débarquement de Marie-Louise et de Napoléon* : **FRF 260** – Paris, 27 nov. 1919 : *Paysage montagneux – Le vieux pont*, deux h/pan. : **FRF 1 950** – Paris, 1er juin 1927 : *Paysage avec figures* : **FRF 2 500** – Paris, 16-17 mai 1929 : *Entrée d'un village – Entrée d'un port*, deux aquar. : **FRF 2 500** – Paris, 20 fév. 1942 : *Pêcheurs sur un rocher au bord d'un ruisseau* : **FRF 11 400** – Paris, 14 juin 1954 : *La lavandière – Le pêcheur à la ligne* : **FRF 105 000** – Paris, 12 juin 1970 : *La chasse au canard – La pêche au filet*, deux h/t (50x37) : **FRF 11 500** – Versailles, 5 oct. 1975 : *Paysans au bord d'une rivière*, h/pan. (11x16) : **FRF 2 100** – Paris, 10 mars 1976 : *Paysage boisé avec un berger et ses animaux*, h/t (76,2x62,2) : **FRF 3 400** – New York, 4 et 5 oct. 1977 : *Les Naufragés*, h/t (36x48,2) : **USD 1 200** – Copenhague, 10 fév. 1978 : *Paysages animés*, deux cartons, de forme ovale (39x31) : **FRF 15 900** – Londres, 20 fév. 1980 : *Paysage fluvial escarpé*, h/t (33x35) : **GBP 1 300** – Monte-Carlo, 25 juin 1984 : *Paysages à la rivière*, deux h/pan. (34,5x28) : **FRF 30 000** – Paris, 25 nov. 1985 : *Paysage pastoral à la cascade*, h/t (33x48,5) : **FRF 25 000** – Paris, 23 jan. 1989 : *Paysage de sous-bois à la cascade animé de personnages*, h/pan. (26,5x19,5) : **FRF 14 000** – Paris, 12 déc. 1989 : *La Chaumière sous les arbres*, h/t (38,5x49,5) : **FRF 65 000** – Monaco, 7 déc. 1990 : *Paysages*, h/t, une paire (45x55) : **FRF 44 400** – Monaco, 5-6 déc. 1991 : *Paysage classique*, h/t (14,5x20) : **FRF 7 770** – Paris, 15 mai 1992 : *Combat entre la corvette française La Bayonnaise et L'Embuscade, frégate anglaise, le 14 décembre 1798*, pl., encre de Chine, cr. noir, reh. de blanc (51x235) : **FRF 110 000** – Paris, 28 juin 1993 : *Pêcheurs au bord d'un torrent*, h/t (80,5x99) : **FRF 100 000** – Paris, 10 déc. 1993 : *Paysage à la cascade*, h/pan. de noyer

(36x30) : **FRF 48 000** – PARIS, 31 mars 1994 : *Les cascatelles de Tivoli*, h/t (42x62) : **FRF 11 000** – PARIS, 31 mars 1995 : *Bataille navale du Mont-Athos entre l'escadre russe et la flotte turque* 1827, h/t (134x196) : **FRF 1 750 000** – NEW YORK, 12 jan. 1996 : *Paysage fluvial avec une femme et deux enfants pêchant*, h/pan. (25,4x32,4) : **USD 3 680** – PARIS, 18 déc. 1996 : *Pêcheurs près d'une rivière dans la forêt*, h/pan. (22,5x32,5) : **FRF 25 000** – LONDRES, 30 oct. 1997 : *Paysage boisé avec des personnages au bord d'un trou d'eau et un pêcheur tirant son filet*, h/t (105x133,5) : **GBP 8 625**.

CREPIN Suzanne
Née à Dunkerque (Nord). XIXe-XXe siècles. Française.
Peintre de paysages.
Associée de la Nationale en 1908.

CREPU Jean Baptiste de. Voir **CREPER**

CRÉPY Jean ou **Crespy**
Né en 1660 à Paris. Mort vers 1730. XVIIe-XVIIIe siècles. Français.
Dessinateur, graveur au burin et éditeur.
Il fut le frère de Louis Crépy. On lui doit surtout des portraits. Le Blanc lui attribue 35 planches.

CRÉPY Léon Gérard
Né le 4 juillet 1872 à Lille (Nord). XIXe-XXe siècles. Français.
Peintre de portraits.
Élève de L. Bonnat. Exposant du Salon des Artistes Français.

CRÉPY Louis
Né vers 1680. XVIIIe siècle. Actif à Paris. Français.
Dessinateur, graveur au burin et éditeur.
Il grava d'après Le Brun, Lancret, Van Loo et Watteau.

CRÉPY Marcelle
Née à Paris. XXe siècle. Française.
Peintre.
A exposé au Salon d'Automne et à celui des Tuileries.

CRES Charles
Né à Briare (Loiret). Mort en 1908 à Paris. XIXe siècle. Français.
Peintre.
Élève de Gérome. Il débuta au Salon de 1875. Il obtint une mention honorable en 1888 et une médaille de troisième classe en 1898. Sociétaire des Artistes Français.

CRESANT Jacob ou **Croisant, Cressent**
XVIIIe siècle. Actif à Utrecht. Hollandais.
Sculpteur.
Cet artiste passa quelques années à Paris vers 1750, année où il fut reçu à l'Académie Saint-Luc, exposa en 1753 et 1756, puis retourna dans sa ville natale. Il exécuta une statue de la *Justice* pour le Palais de Justice et plusieurs bustes pour l'Université d'Utrecht.

CRESANT Jacob Mattheus
Né vers 1732 à Utrecht. Mort en 1794 à Amsterdam. XVIIIe siècle. Hollandais.
Sculpteur.
Il était le fils et fut l'élève de Jacob Cresant. Très jeune il accompagna son père à Paris, puis travailla, de retour dans sa patrie, dans les villes les plus diverses : Delft, Rotterdam, Zaandam, Overveen, Amsterdam, etc.

CRESCENT
XVIIIe siècle. Français.
Graveur.
Il grava d'après Oudry des illustrations pour une édition des *Fables* de La Fontaine publiée en 1776.

CRESCENT Henri
Né à Dieppe (Seine-Maritime). XXe siècle. Français.
Peintre de paysages.
Exposant des Artistes Français.

CRESCENT Jacobus Andreas
Né vers 1768. Mort en 1819 à Alkmaar. XVIIIe-XIXe siècles. Hollandais.
Dessinateur.
Il était sans doute le fils de Jacob Mattheus Cresant. On lui doit quelques vues d'Alkmaar.

CRESCENZI, conte Francesco ou **Crescentio, Cressenti**
Né vers 1585 à Rome. XVIIe siècle. Italien.
Peintre et dessinateur.
Il était le frère de Giovanni Battista Crescenzi. Bloemart grava d'après lui des dessins pour l'ouvrage *Documenti d'Amore*.

CRESCENZI Antonio
Né vers 1750 à Pesaro. Mort vers 1800. XVIIIe siècle. Italien.
Peintre d'histoire et de sujets allégoriques.
L'hôpital de Palerme possède de cet artiste un ouvrage à fresque représentant *La mort à cheval*, œuvre allégorique ou symbolique, traitant de l'impuissance de l'être humain devant la grande Faucheuse.

CRESCENZI Giovanni Battista, marquis de la Torre ou **Crescenci, Crescenzio**
Né vers 1577 à Rome, en 1577, en 1595 selon le dictionnaire Larousse. Mort en 1660 à Madrid. XVIIe siècle. Italien.
Peintre et architecte.
Élève de Pomerancio, cet artiste fut choisi par Philippe III d'Espagne pour faire des plans du Panthéon, dans l'Escurial de Madrid. Ses dessins plurent au monarque, qui chargea Crescenzi de leur exécution, et, en 1620, l'artiste secondé par des collaborateurs italiens et flamands, commença ce grand ouvrage qui l'occupa pendant trente-trois ans. Son bienfaiteur, Philippe III, mourant en 1621, Philippe IV ne se montra pas moins bienveillant que son prédécesseur, et continua à combler le peintre de ses faveurs. Il le créa marquis et lui confia un poste très important.

CRESCENZIO Antonello de. Voir **ANTONELLO da Palermo**

CRESCENZIO di Mario
XVe-XVIe siècles. Actif à Sienne. Italien.
Sculpteur.
Il travailla pour la cathédrale de cette ville.

CRESCENZO Giuseppe de
Né en 1849 à Naples. Mort en 1913. XIXe-XXe siècles. Italien.
Peintre de paysages.
Élève à l'Institut des Beaux-Arts de sa ville natale jusqu'à l'âge de 18 ans.
VENTES PUBLIQUES : ROME, 7 juin 1995 : *Moulin dans les marais à l'est de Naples*, h/t (50x69) : **ITL 6 325 000**.

CRESCI Lorenzo ou **Crescius**
Né à Palagnedra (Tessin). XVIe-XVIIe siècles. Suisse.
Peintre.
Il travailla à Palagnedra pour l'église San Michele où il exécuta une *Annonciation*, et pour l'église Santa Maria del Carmine à Florence.

CRESCIE di Ercolano
XVe siècle. Actif à Pérouse entre 1404 et 1440. Italien.
Peintre.

CRESCIMBENI Angelo
Né en 1734 à Bologne. Mort en 1781. XVIIIe siècle. Italien.
Peintre de portraits, compositions décoratives, pastelliste.
Il fut élève de Giuseppe Pedretti et exécuta des peintures au couvent San Michele à Bosco.
VENTES PUBLIQUES : MILAN, 13 mai 1993 : *Portrait féminin*, past./pap. (48x37,5) : **ITL 4 500 000**.

CRESCINI Giuseppe
Né en 1824 à Bassano. Mort en 1848 à Vicence. XIXe siècle. Italien.
Graveur.

CRESCINI Sebastiano
Né à Tereglio. XVIIIe siècle. Italien.
Peintre.
Il vécut à Angers et travaillait en 1769 pour la cathédrale de cette ville.

CRESCIONE Giovanni Filippo ou **Giovanni Battista**
XVIe siècle. Actif à Naples en 1568. Italien.
Peintre.
Il travailla avec Leonardo Castellani et fut élève de Marco Cardisco. Peut-être faut-il l'identifier avec Filippo Crisconio.

CRESCUOLO ou **Crescuono**. Voir **CRISCUOLO**

CRESEE Johannes I ou **Kresee**
XVIIe siècle. Hollandais.
Sculpteur.
Actif à Middelbourg.

CRESEE Johannes II
XVIIe-XVIIIe siècles. Hollandais.

Sculpteur.
Fils de Johannes I Cresee, il était en 1692, l'élève de Jan Bos. Actif à Middelbourg.

CRÉSILAS
Originaire de Cydonia en Crète. ve siècle avant J.-C. Travaille à Athènes entre 440 et 430 avant Jésus-Christ. Antiquité grecque.
Sculpteur.
Il vivait à une époque de plein épanouissement de l'art grec classique, c'est-à-dire au moment où Phidias termine les sculptures du Parthénon et Polyclète est en pleine possession de ses moyens. Selon Pline, ces trois sculpteurs auraient participé à un concours pour l'Amazone blessée, qui devait prendre place dans le sanctuaire d'Artémis à Éphèse ; Polyclète aurait remporté le premier prix, Phidias, le second et Crésilas, le troisième. Il est intéressant de comparer ces trois amazones blessées pour mieux dégager l'originalité de chacun des artistes, et en particulier de Crésilas. Polyclète montre un art rigoriste, très classique, Phidias met en valeur, avec discrétion, la beauté féminine de son modèle, qui conserve toutefois une allure guerrière ; Crésilas, lui, semble avoir vu les deux statues précédentes, puisqu'il reprend la pause de l'Amazone de Phidias, avec une variante qui en transforme la signification. En effet, si le bras droit de l'Amazone de Phidias, relevé au-dessus de la tête, repose sur la lance, celui de l'Amazone de Crésilas, relevé de la même façon, laisse finalement retomber la main sur la tête. L'Amazone de Crésilas diffère, par le style, des deux autres, elle ne répond plus au rythme polyclétéen, elle ne ressemble pas à une guerrière, ne s'appuyant plus sur une lance mais sur un pilier. Elle a une attitude alanguie presque langoureuse très nouvelle ; les plis de son chiton rappellent la grâce de l'art ionien archaïque : ce n'est pas un signe de décadence chez Crésilas, mais plutôt un goût du joli, de l'élégant. Ainsi, il met l'accent sur le charme voluptueux du corps, aux courbes ondoyantes, de cette Amazone, et annonce les recherches savantes du ive siècle avant J.-C. Selon J. Charbonneaux, cette Amazone de Crésilas est un événement dans l'évolution de l'art grec, puisqu'elle semble offrir « le premier exemple d'une composition plastique où les préoccupations d'esthétique pure relèguent au second plan la signification morale, civique ou religieuse du thème figuré ». Crésilas se comporte ainsi en sculpteur indépendant. Il avait créé un pendant à cette Amazone : *le Blessé défaillant*, dont on connait une réplique en bronze au Musée de Saint-Germain. Son équilibre instable est d'une recherche tout aussi osée pour l'époque. On lui attribue également la *Pallas de Velletri*, proche parente de *l'Amazone*. Enfin Crésilas est surtout connu pour son portrait de Périclès qui pose le problème difficile de l'objectivité et du réalisme dans l'art du portrait grec. Dans quelle mesure le *Périclès* de Crésilas n'est-il pas idéalisé et ne représente-t-il pas une fonction, même si quelques rides aux yeux et sur le front dénotent un certain réalisme. De toutes façons, Crésilas innove sur bien des points, il diffère de ses contemporains classiques en prenant beaucoup de liberté dans son mode de représentation. ■ A. J.
Bibliogr. : J. Charbonneaux : *La sculpture grecque classique*, 1964 – R. Martin, in : *Dictionnaire de l'art et des artistes*, Hazan, Paris, 1967.

CRESIMI Carlo
Né à Gênes. xixe siècle. Italien.
Peintre.

CRESPEL
xviiie siècle. Actif à Lille dans la seconde moitié du xviiie siècle. Français.
Peintre de genre et dessinateur.
Fut élève de l'École de dessin et de peinture de Lille. Il exposa à plusieurs reprises au Salon de cette ville entre 1773 et 1788.

CRESPEL Berthe Marie Henriette Dauchez
Née à Paris. xixe-xxe siècles. Française.
Peintre et dessinateur de fleurs et de natures mortes.
Elle participa au Salon de la Société Nationale des Beaux-Arts dont elle devint sociétaire. Elle travailla aussi bien l'huile que l'aquarelle.

CRESPEL Étienne
Né à Lille (Nord). xxe siècle. Français.
Peintre de paysages.
Exposant des Indépendants.

CRESPEL Hubert
Né à Lille (Nord). xxe siècle. Français.
Peintre.
Exposant du Salon des Indépendants en 1929.

CRESPELLE Émile
Né le 14 août 1831 à Douai (Nord). xixe siècle. Français.
Peintre de paysages.
Élève de Corot. Il commença à exposer au Salon de Paris en 1853.
Ventes Publiques : Paris, 4 déc. 1985 : *Paysage*, h/t (32,5x56,5) : **FRF 4 200**.

CRESPI Andrea
Né à Modène. xviiie siècle. Italien.
Peintre.
Il exécuta vers 1731 pour la cathédrale de Modène de vastes fresques aujourd'hui détruites.

CRESPI Antonio
Né vers 1704 à Bologne, certaines sources donnent 1712. Mort en 1781 à Bologne. xviiie siècle. Italien.
Peintre de scènes mythologiques, compositions religieuses, graveur.
Antonio était élève de son père Giuseppe Maria Crespi mais ne suivit pas la manière de ce maître.
Ventes Publiques : Paris, 1863 : *Nymphes et Amours* : **FRF 200** – Milan, 3 nov. 1982 : *Natures mortes aux fleurs et aux fruits*, deux h/t (145x198) : **ITL 26 000 000** – Rome, 13 avr. 1989 : *Bacchus faisant une offrande à Ariane* ; *Les nymphes de Diane désarmant les amours endormis*, h/t, une paire (chaque 34x45,5) : **ITL 19 000 000** – Rome, 8 mars 1990 : *Vierge à l'Enfant offrant la ceinture à un Saint abbé*, h/t (96x72) : **ITL 3 000 000** – Milan, 16-21 nov. 1996 : *Le Christ couronné d'épines*, h/t (60x47,5) : **ITL 5 009 000**.

CRESPI Benedetto, dit **il Bustino**
Né à Busto Arsizio (près de Milan). xviie siècle. Actif à Côme au milieu du xviie siècle. Italien.
Peintre.
L'artiste d'après Lanzi et Orlandi se fit remarquer « par une manière vigoureuse et élégante à la fois ». A la Pinacothèque de Milan, on conserve une *Circoncision du Christ*, et la Galerie de Madrid renferme une *Charité Romaine*, de lui. Son fils Antonio Maria fut son élève.

CRESPI Daniele
Né en 1598 à Busto Arsizio près Milan. Mort en 1630 à Milan. xviie siècle. Italien.
Peintre.
Daniele Crespi, un des plus grands peintres, de son siècle, se forma un style tout personnel, après avoir étudié avec G.-B. Crespi (dit Cerano) et Giulio Cesare Procaccini. Il adopta les principes des Carracci, qu'il suivit de près, surtout dans la distribution des couleurs. On loue de cet artiste le grand naturel de sa composition et la justesse de l'expression de ses personnages. Dans ses portraits de religieux célèbres, de l'ordre de Latran, la richesse et la vigueur de son coloris rappelleraient la manière de Titien. A l'église de la Passion, à Milan, figure sa *Déposition de Croix* et le *Saint Charles Borromée jeûnant*, exposé à Paris, à l'exposition du Louvre : Le Caravage et la peinture italienne du xviie siècle, en 1965, œuvre qui illustre l'art de la Contre-Réforme en Lombardie. Cette œuvre est demeurée isolée dans la brève carrière de Daniele Crespi, interrompue par la peste, et laissait prévoir chez celui-ci une évolution conditionnée par le vérisme du Caravage et qui faisait présager les conséquences du Caravagisme quand il s'alliera aux caractéristiques dramatiques de l'art espagnol, en particulier chez Vélasquez. Enfin, il exécuta vers 1629, des fresques à la Chartreuse de Garegnano, près de Milan.

Musées : Aix : *Annonciation* – Budapest : *Mise au tombeau* – Florence (Offices) : *Autoportrait* – Madrid (Prado) : *Le Christ pleuré par les Saintes femmes* – Milan (Ambrosienne) : *La Vierge avec saint François et saint Charles Borromée* – *Saint Filippo Benizzi et des anges* – Milan (Brera) : *Baptême du Christ* – *Vierge avec saint François et saint Charles Borromée* – *Cène* – *Les apôtres Pierre et Paul* – *Crucifixion* – Plusieurs portraits – Munich : *Les enfants de Bethléem* – Orléans : *Nathan devant David* – Vienne : *Le songe de Joseph*.
Ventes Publiques : Paris, 1764 : *Christ mort* : **FRF 105** – Paris, 1827 : *La décollation de saint Jean* : **FRF 31** ; *La Nativité* : **FRF 60**

– Paris, 1846 : *Incrédulité de saint Thomas* : **FRF 98** – Cologne, 1862 : *La descente de croix*, peint. sur marbre : **FRF 195** – Paris, 15 déc. 1921 : *La flagellation du Sauveur*, pl. : **FRF 90** – Paris, 30 juin 1922 : *La mise au tombeau*, attr. : **FRF 350** – Paris, 17 et 18 mars 1927 : *Feuille d'études de religieux vus en buste*, pl. et lav. : **FRF 110** – Londres, 14 mars 1930 : *L'Annonciation* 1621 : **GBP 44** – Londres, 5 avr. 1935 : *Sainte Cécile* : **GBP 23** – Londres, 10 juil. 1939 : *Crucifixion* : **GBP 75** – Londres, 2 déc. 1969 : *L'arrestation du Christ*, grisaille sur papier : **GNS 280** – Milan, 27 mai 1980 : *Consécration d'un évêque*, pl. et lav. de bistre/pap. (18,5x20,1) : **ITL 1 000 000** – Milan, 30 nov. 1982 : *Tête d'homme*, craie noire et sanguine/pap. (41x26,5) : **ITL 6 500 000** – Milan, 21 avr. 1986 : *Un ange et deux saints personnages*, sanguine, étude (26,5x17,5) : **ITL 15 500 000** – Paris, 11 mars 1988 : *Cariatide et étude pour un écoinçon*, pl. en bistre, lav. brun/croquis à la pierre noire (35x21) : **FRF 3 800** – Milan, 5 juin 1990 : *Le martyr de Jean Baptiste*, h/t (27,5x25) : **ITL 21 000 000** – New York, 8 jan. 1991 : *La pénitence de Saint Jérôme*, encre et lav. (19,8x17,8) : **USD 15 400** – Paris, 22 nov. 1991 : *Tête de vieillard*, cr. noir (13,5x9,3) : **FRF 7 000** – Londres, 2 juil. 1996 : *Vierge à l'Enfant avec St. Charles Borromée et deux franciscains (recto) ; Vierge à l'Enfant avec un saint et une étude de tête (verso)* (29,2x20) : **GBP 1 495**.

CRESPI Domingo
XVe siècle. Actif à Valence. Espagnol.
Enlumineur.

CRESPI Enrico
Né le 13 décembre 1854 à Busto Arsizio près de Milan. Mort en 1929 à Milan. XIXe siècle. Italien.
Peintre.

Il vécut à Milan et exposa de nombreuses compositions historiques.

Ventes Publiques : Milan, 23 mars 1988 : *A l'église* 1893, h/t (150x200) : **ITL 34 000 000**.

CRESPI Ferdinando
Né en 1709 à Bologne. Mort en 1759. XVIIIe siècle. Italien.
Peintre de miniatures.

Ferdinando Crespi était le fils de Giuseppe et devint moine de l'ordre des Franciscains.

CRESPI Ferruccio
Né en 1861 à Busto Arsizio près de Milan. Mort en 1891 à Milan, par suicide. XIXe siècle. Italien.
Sculpteur de figures, sujets militaires.

On lui doit des portraits et des sujets militaires.

Ventes Publiques : Londres, 7 nov. 1985 : *L'amazone* vers 1890, bronze, patine verte (H. 43) : **GBP 1 200**.

CRESPI Francesco
XVIe siècle. Actif à Busto Arsizio près de Milan. Italien.
Écrivain et peintre de miniatures.

Il décora un livre de chœur au début du XVIe siècle pour l'église San Giovanni, dont il était le curé, à Busto Arsizio.

CRESPI Giovanni Battista, dit **Il Cerano**
Né en 1575 à Cerano (près de Novare, Milanais). Mort en 1633 à Milan. XVIIe siècle. Italien.
Peintre d'histoire, sculpteur et architecte.

G.-B. Crespi, après avoir voyagé en Italie et étudié à Rome et à Venise, vint se fixer à Milan, où il sut bientôt acquérir la faveur du duc régnant, qui le pensionna, selon Lanzi, « soit pour présider aux vastes entreprises du cardinal Frédéric, soit pour diriger l'Académie ». Quelques historiens attribuent aux Procaccini l'honneur d'avoir formé le talent de ce peintre, mais Lanzi parle de Giulio Cesare Procaccini comme d'un rival qu'il surpassa, sans toutefois mentionner l'influence que le premier peintre aurait eue sur l'œuvre de Crespi. Il paraît établi qu'au cours de ses voyages de jeunesse, il étudia les œuvres de Pellegrino Tibaldi, du Barrochio et celles de Gaudenzio Ferrari et des derniers maniéristes.

Il put affirmer sa propre personnalité avec la commande de quatre grandes compositions sur la *Vie du Bienheureux Charles Borromée*, en 1602, pour le Dôme de Milan, puis de six autres compositions sur les *Miracles de Saint Charles Borromée*, ensuite avec les fresques de l'église Santa-Maria presso San Celso et de nombreux retables pour des églises de Milan et des villes voisines, Mortara, Varèse. Ses œuvres, pathétiquement religieuses, appartiennent bien à ce début du siècle de la Contre-Réforme. Le sens dramatique de la répartition des éclairages appartient à la même pensée sévère qui animait le Caravage, la composition, d'une aisance déconcertante malgré le tumulte du mouvement qui dispose les personnages dans l'espace, est proche des inventions les plus audacieuses du Tintoret, de qui il est le continuateur le plus convaincant, notamment dans *La messe de Saint Grégoire et les âmes du purgatoire*, à l'église Saint-Victor de Varèse, tellement en accord avec la dévotion jalouse et dramatique enseignée dans les « Exercices spirituels » de Saint Ignace. On pense aussi aux Espagnols, surtout à Vélasquez et encore au Greco, devant une composition comme *La résurrection* de l'église Saint-Victor de Meda. Ce qu'il convient de répéter à propos du Cerano, c'est, lorsqu'on aborde les grands créateurs de la fin du XVIe siècle et du début du XVIIe, le climat de la Contre-Réforme dans lequel la conscience religieuse tentait de surmonter alors un long passé de déchéance.

M.D C.
CC EDEBAT

Bibliogr. : Gian Alberto dell'Acqua, in : Catalogue de l'exposition *Le Caravage et la peinture italienne du XVIIe siècle*, Musée du Louvre, Paris 1966.

Musées : Bergame : *Vierge entre deux saints* – Berlin (Kaiser Friedrich) : *Le vœu des Franciscains* – Chambéry : *Saint Jean l'évangéliste* – Lucques (Gal. Mansi) : *Vierge et saints* – Milan (Ambrosienne) : *Saint Étienne* – Milan (Gal. Borromée) : *Le Christ au mont des Oliviers – Flagellation du Christ – Couronnement d'épines – Esquisse pour un évêque* – Milan (Brera) : *Vierge, anges et saints – Saint François libère les prisonniers – Martyr de deux saints* – Milan (Château) : *Saint Jean-Baptiste et saint Charles Borromée* – Turin : *Vierge et saints – Naissance du Christ – Saint François – Saint François et saint Charles Borromée* – Vienne : *Christ avec saint Pierre et saint Paul*.

Ventes Publiques : Paris, 1775 : *Deux figures orientales*, dess. au bistre reh. de blanc : **FRF 72** ; *La mort de saint Joseph*, dess. à la sanguine : **FRF 43** ; *Saint Jean – Une figure de patriarche*, dess. : **FRF 50** – Londres, 27 mai 1927 : *L'Assomption* : **GNS 100** – Paris, 23 mai 1928 : *L'Enfant Jésus et trois chérubins*, pl. : **FRF 420** ; *La Dispute théologique*, pl. et lav. : **FRF 280** – Londres, 11 juil. 1962 : *La Vierge et l'Enfant avec Saint François* : **GBP 440** – Londres, 28 juin 1979 : *Deux saints agenouillés*, dess. au lav./craies rouge et noire et rehaus de blanc/pap. bleu (29,3x23,2) : **GBP 4 500** – Milan, 4 déc. 1980 : *Martirio dei Santi Naborre e Felice*, h/pan. (81x54) : **ITL 14 000 000** – Monte-Carlo, 30 nov. 1986 : *Une Sainte martyre*, h/pan., de forme octogonale (49,5x43) : **FRF 44 000** – Monte-Carlo, 20 juin 1987 : *Deux personnages endormis*, sanguine (20,5x32,1) : **FRF 160 000** – Londres, 7 juil. 1993 : *Le Christ et la femme de Samarie*, h/pan. (100x72) : **GBP 78 500** – New York, 12 jan. 1994 : *Repos pendant la fuite en Égypte*, h/pan. (39,3x56,8) : **USD 8 625**.

CRESPI Giovanni Pietro
XVIe siècle. Actif à Busto Arsizio près de Milan. Italien.
Peintre.

Il aurait été le grand-père de Giovanni Battista.

CRESPI Giuseppe Maria, dit **Lo Spagnuolo,** ou **Spagnolo**
Né le 13 mars 1665 à Bologne. Mort le 16 juillet 1747 à Bologne. XVIIe-XVIIIe siècles. Italien.
Peintre de compositions religieuses, graveur au burin et à l'eau-forte. Caravagesque.

Giuseppe Maria Crespi réussit à se créer une manière très personnelle, formée après des années d'étude, de travail et de voyages, pendant lesquelles il se rapprocha de plusieurs maîtres des écoles contemporaines et copia les œuvres les plus anciennes. D'abord élève de Toni, Crespi passa dans l'école de Domenico Canuti, et plus tard reçut des conseils de Giovanni-Antonio Burrini, à Bologne. Ce fut dans cette ville qu'il copia aussi des peintures des Carracci, ainsi que celles de Corregio à Parme et à Modène, des Vénitiens à Venise, et de Baroccio à Urbino et à Pesaro. Poursuivant son étude des plus hautes personnalités des autres écoles, de tous les grands peintres de son pays, il travailla aussi d'après Guercino et Pietro da Cortona.

Le nombre impressionnant de maîtres et la multitude d'influences qu'on lui attribue, montrent combien Crespi, dit Lo Spagnuolo, est difficile à comprendre. Son surnom de « Spagnuolo » lui venait sans doute plus de son comportement général que de la seule cape à l'espagnole dont il se drapait. Cet homme, réputé étrange en son temps, est, en tant qu'artiste, également difficile à situer.

Il est à part dans le XVIIe siècle. Le luminisme hérité des Caravagesques, de même que chez Magnasco, n'est pas utilisé à des fins de mise en scène dramatique d'actions grandioses à portée morale, mais ne fait qu'accompagner la description d'événements bien quotidiens, dont il se fait le chroniqueur attentif et non dénué d'humour. Son œuvre gravé consiste en planches sur l'Ancien Testaments et le Nouveau. En peinture, s'il transcrit, à l'exemple du Guerchin et du Caravage, les scènes bibliques en termes de la vie de tous les jours, ce n'est pas tant pour démontrer l'humilité des personnages de l'entourage du Christ, que parce que la vie quotidienne l'intéresse plus que la légende sacrée. Il est profondément un peintre de genre. Même dans les sujets les plus graves qu'il ait traités, *Le Massacre des Innocents* par exemple, les personnages féminins sont traités avec élégance. Pour lui, la façon de dire les choses compte plus que ce qu'il dit, il est déjà un peintre plasticien, soucieux d'équilibrer les lumières qui englobent les formes principales avec la pénombre d'où elles surgissent, tout en laissant deviner, par des effets remarquables de transparence, les objets secondaires qui la meublent familièrement. Son œuvre qui garde dans la représentation du monde de tous les jours, la mise en scène luministe des Caravagesques, annonce l'école vénitienne du XVIIIe siècle.

■ J. B.

Bibliogr. : Lionello Venturi : *La peinture italienne*, Skira, Genève. 1952.

Musées : Amiens : *Christ et soldats* – Bologne : *Saint Jean Népomucène* – *Sainte Ursule* – *Saint François d'Assise* – *Les Grâces et l'Amour* – Bruxelles : *Troyennes* – Budapest : *Famille de laboureurs* – Cologne : *Portrait d'un religieux* – Darmstadt : *Découverte de Moïse* – Dessau : *Christ mort et anges* – Dresde : *Les sept sacrements*, sept peintures différentes – *Le général Palffy* – *Vierge, l'Enfant et saint Jean* – *Sainte Famille* – *Adoration des Mages* – *Ecce Homo* – *Joseph avec le livre et le lys* – Faenza : *Sainte Famille* – Florence (Offices) : *Chercheuse de puces* – *Autoportrait* – Florence (Palais Pitti) : *Sainte Famille* – Francfort-sur-le-Main : *Fuite en Égypte* – Hanovre : *Madeleine repentante* – Leipzig : *Amours endormis* – Mantoue : *Saint François de Sales* – *Saint François Régis* – Milan (Brera) : *Crucifixion* – Milan (Château) : *Sacrement du Baptême* – Nancy : *Présentation au temple* – Nantes : *Deux femmes âgées* – Naples : *Sainte Famille* – Paris (Louvre) : *Une école* – Parme : *Vierge, anges et saints* – Pesaro : *Christ et soldats* – Pise : *Chercheuse de puces* – Rome : *Mort de Joseph* – Saint-Pétersbourg : *Sainte Famille* – *Mort de saint Joseph* – *Autoportrait* – Toulouse : *Héraclite et Démocrite* – Turin : *Naissance du Christ* – *Saint Jean Népomucène* – Varsovie : *Christ couronné d'épines* – Venise : *Baigneuse* – Vienne : *Achille et le centaure* – *Énée, la Sibylle et Charon*.

Ventes Publiques : Paris, 1776 : *Une paysanne, à côté d'une fontaine donnant à manger à des volailles* : **FRF 1 305** – Paris, 1811 : *Deux tonneliers occupés dans un cellier* : **FRF 1 160** – Paris, 1827 : *Sainte Hélène, mère de l'empereur Constantin, assise et lisant* : **FRF 350** – Paris, 1851 : *Famille de paysans allant au marché* : **FRF 400** – Paris, 1851 : *Nymphes et amours*, deux pendants : **FRF 1 020** – Paris, 1895 : *Laveuses*, peint. sur marbre : **FRF 530** – Paris, 1899 : *Paysanne gênoise* : **FRF 170** – Paris, 1918-19 : *Le triomphe de Vénus* : **FRF 1 050** – Londres, 20 déc. 1929 : *Mendiants dans un couvent* : **GBP 57** – New York, 24 avr. 1930 : *Le massacre des Innocents* : **USD 140** – Milan, 15 mai 1962 : *La strage degli innocenti* : **ITL 6 500 000** – Milan, 12-13 mars 1963 : *Tête de jeune fille* : **ITL 1 300 000** – Milan, 29 oct. 1964 : *Épisode de la vie de Saint Giuseppe Tolomei* : **ITL 2 600 000** – Londres, 25 nov. 1966 : *Bergères filant de la laine dans un paysage* : **GNS 1 500** – Milan, 10 mai 1967 : *Miracle d'un Saint* : **ITL 2 400 000** – Londres, 21 juin 1968 : *Portrait du comte Ugo Molza de Modène* : **GNS 1 600** – Londres, 24 juin 1970 : *Portrait d'un gentilhomme* : **GBP 10 500** – New York, 7 juin 1977 : *Portrait d'une dame de qualité*, h/t (74,5x61) : **USD 15 000** – Londres, 6 juil. 1983 : *Cupidons endormis désarmés par des nymphes*, h/t (151x178) : **GBP 55 000** – Milan, 27 nov. 1984 : *Etude de Putti*, cr. reh. de blanc et past. (13,4x16,8) : **ITL 3 000 000** – Londres, 11 déc. 1985 : *Portrait allégorique*, h/t (81x61,5) : **GBP 60 000** – Milan, 16 mars 1988 : *Femme avec deux bambins se chamaillant*, h/t (51x36,5) : **ITL 70 000 000** – Paris, 14 avr. 1988 : *Jeune femme tenant un chaton* – *Jeune femme tenant une fleur à la main*, paire de peint./cuivre ovales (12,5x10) : **FRF 95 000** – Milan, 21 avr. 1988 : *Femme cherchant des puces*, h/t (58x47) : **ITL 100 000 000** – Milan, 12 déc. 1988 : *Jeune paysanne près du poulailler ; Bergère avec ses moutons*, h/t, une paire (chaque 18x13,5) : **ITL 32 000 000** – Londres, 5 juil. 1989 : *Un artiste dans son atelier*, h/t/pan. (53,5x38,5) : **GBP 66 000** – Paris, 25 juin 1991 : *Bergère endormie*, h/cuivre (22x16) : **FRF 500 000** – Londres, 3 juil. 1991 : *Jeune paysanne*, h/cuivre (37,5x27) : **GBP 93 500** – New York, 13 jan. 1993 : *Prophète assis*, sanguine sur craie noire (28,1x21,1) : **USD 16 100** – New York, 13 jan. 1994 : *Famille de paysans dans un intérieur ; Paysans avec leurs ânes*, h/cuivre, une paire de forme ovale (chaque 39,4x31,1) : **USD 431 500** – Rome, 10 mai 1994 : *Femme avec deux enfants se chamaillant*, h/t (50x40) : **ITL 26 450 000** – Monaco, 20 juin 1994 : *Satyre agenouillé avec une guirlande autour des épaules et études subsidiaires de main, patte et dos*, craie rouge (29,2x21) : **FRF 66 600** – Londres, 4 juil. 1997 : *Menghina rencontre Cacasenno en revenant du jardin*, h/cuivre (21,3x15,5) : **GBP 23 000**.

CRESPI Luigi

Né vers 1710 à Bologne. Mort en 1779 à Bologne. XVIIIe siècle. Italien.

Peintre et écrivain d'art.

Bien qu'élève de son père Giuseppe Crespi, ce fut moins comme peintre que comme historien d'art que Dom Luigi acquit sa réputation. Il publia, en 1769, un volume sur *l'histoire des peintres bolonais*.

Musées : Venise (Gal. roy.) : *Portrait de l'artiste par lui-même*.

Ventes Publiques : New York, 12 mai 1960 : *Une réception* : **USD 1 200** – Londres, 20 fév. 1986 : *Sainte Francesca Romana présentant l'Enfant Jésus à son confesseur*, h/t (43,5x66,5) : **GBP 6 000** – New York, 3 juin 1987 : *Allégorie de la Musique et de la Peinture*, h/t, de forme ovale (92,5x77) : **USD 70 000**.

CRESPI Maria Térésa

Née à Milan. XXe siècle. Italienne.

Peintre de paysages. Tendance abstrait.

Elle fit ses études à l'École des Arts Appliqués de Milan. C'est dans cette ville qu'elle montre en 1972 une série de toiles où les paysages lunaires et désertiques sont constitués de bandes de couleurs fractionnées.

CRESPI Raffaello

XVIe siècle. Italien.

Peintre de paysages, de batailles et de fleurs.

Il était sans doute parent de Giovanni Pietro.

CRESPIN

Originaire d'Orléans. XVIIIe siècle. Français.

Peintre.

Le Musée d'Orléans conserve de lui un *Paysage*.

Ventes Publiques : Paris, 30 juin 1904 : *Paysage accidenté* : **FRF 270** – Paris, 26 mars 1906 : *Paysage agreste* : **FRF 100** – Paris, 13 mai 1907 : *Le vieux pont* : **FRF 410** – Paris, oct. 1908 : *Paysage* : **FRF 140** – Paris, 18 avr. 1921 : *Paysage accidenté* : **FRF 380** – Londres, 15 juin 1934 : *Une cascade* : **GBP 8**.

CRESPIN Adolphe Louis Charles

Né le 17 mai 1859 à Bruxelles. Mort en 1944 à St-Jan-ten-Noss (Bruxelles). XXe siècle. Belge.

Peintre de figures, portraits, paysages, natures mortes, compositions décoratives, fresquiste, aquarelliste, graveur.

Il fut élève de Blanc-Garin et de L. Bonnat lors d'un séjour à Paris. Il fut professeur à l'Académie Royal des Beaux-Arts de Bruxelles, à l'école de Bischooffsheim et à l'école de dessin de St-Josse-ten-Noode.

Ami de l'architecte Paul Hankar, il eut l'occasion de faire des fresques pour des maisons de Bruxelles, mais aussi des papiers peints, des affiches, des décors et costumes de théâtre.

A.CRESPIN

Bibliogr. : Marcus Osterwalder : *Diction. des Illustrateurs, 1800-1914*, Hubschmid & Bouret, Paris, 1983.

Musées : Gand – Ixelles.

Ventes Publiques : New York, 24 nov. 1981 : *Paul Hankar. Architecte, rue de Facqz 63*, litho. (52,1x38,1) : **USD 900** – Lokeren, 28 mai 1988 : *À la plage* 1907, aquar. (23x24,5) : **BEF 30 000** – Paris, 22 nov. 1990 : *Vue de Paris : l'Arc de Triomphe du Carrousel*, aquar. (38x52) : **FRF 15 000**.

CRESPIN Louis Charles

Né le 2 août 1892 à Saint-Josse-ten-Noode. Mort en 1953 à Bruxelles. XXe siècle. Belge.

Peintre de portraits, intérieurs d'églises.

Il a exposé à la Royal Academy de Londres et a pris part à l'exposition de l'Art belge à Paris.

CRESPIN Lucy
Née à Paris. XXe siècle. Française.
Peintre de portraits, de paysages et de fleurs.
Élève d'André Lhote, elle a participé au Salon des Artistes Français, à celui des Tuileries et à celui des Artistes Indépendants à Paris, à partir de 1928.

CRESPIN Paule
Née à Paris. XXe siècle. Française.
Sculpteur.
A exposé un nu, un buste et un masque au Salon de la Société Nationale de 1922.

CRESPIN-REDARES Pol
Né à Paris. XXe siècle. Français.
Peintre de portraits.
Exposant du Salon des Indépendants et du Salon d'Automne.

CRESPINI Marco de
XVIIIe siècle. Italien.
Peintre de fleurs.
Travailla vers 1720 à Côme. Le Musée de Mayence conserve de lui : *Bouquet de fleurs.*

CRESPO de Reigon Asuncion
XIXe siècle. Actif à Madrid. Espagnol.
Peintre.

CRESPOLANI Camillo
XIXe siècle. Actif à Modène entre 1820 et 1830. Italien.
Peintre de décorations.

CRESPY LE PRINCE Charles Édouard de, baron
Né en 1784 à Paris. XIXe siècle. Français.
Peintre, dessinateur et lithographe amateur.
Il fut élève de David et de Vigée Lebrun. Il exposa au Salon de 1812 à 1850.

CRESSÉ Simon
XVIe siècle. Actif à Paris entre 1503 et 1549. Français.
Sculpteur et orfèvre.

CRESSENT
XVIIIe siècle. Français.
Sculpteur.
On trouve de lui au Musée de Versailles un buste en plâtre de *Louis d'Orléans,* ancien gouverneur du Dauphiné ; dans le sanctuaire de la collégiale d'Abbeville *Deux anges adorateurs* ; dans l'église de l'hôpital d'Amiens un groupe de *L'Assomption.*

CRESSENT
XVIIIe siècle. Actif en 1756 à Paris. Français.
Peintre d'histoire.

CRESSENT
XIXe siècle. Actif à Paris vers 1800. Français.
Peintre de miniatures.

CRESSENT Charles ou **Crescent**
Né en 1685 à Amiens. Mort le 10 janvier 1768 à Paris. XVIIIe siècle. Français.
Ébéniste et sculpteur.
Il était le fils de François et fut son élève avant d'être celui de Coysevox. Il fut sculpteur ébéniste du duc d'Orléans : ses meubles d'une ligne sobre sont souvent ornés de sculptures qu'il exécutait lui-même. C'est le plus célèbre ébéniste de la Régence.

CRESSENT François
Né le 9 novembre 1663 à Amiens. Mort vers 1735. XVIIe-XVIIIe siècles. Français.
Sculpteur.
Cet artiste travailla pour la cathédrale d'Amiens et pour de nombreux châteaux ou églises de la région de la Somme.

CRESSENT Jacques. Voir **CRESANT Jacob**

CRESSENT Paul Gaston
Né le 25 novembre 1923 à Paris. XXe siècle. Français.
Peintre.
Élève à l'École des Arts Appliqués de Paris, il a participé, à partir de 1957, au Salon d'Automne, au Salon Terres Latines et à l'École de Paris.
MUSÉES : PARIS (Mus. d'Art Mod. de la Ville de Paris).
VENTES PUBLIQUES : PARIS, 10 juil. 1983 : *Intérieur fleuri* 1961, 5 pan. en laque à fond or, chaque (205x57) : **FRF 30 000**.

CRESSENTI, conte Francesco. Voir **CRESCENZI**

CRESSEVEUR Jean Marie
Né à Saint-Michel-en-Grève (Côtes d'Armor). XXe siècle. Français.
Peintre de figures et de paysages.
A partir de 1928, il a régulièrement pris part au Salon des Artistes Indépendants à Paris.

CRESSIGNY Ferdinand
Né le 2 juin 1837 à Vernon (Eure). Mort après 1887. XIXe siècle. Français.
Sculpteur.
Élève de Duret et Guillaume. On cite de lui de nombreux bustes. Il débuta au Salon de 1870.

CRESSINI Carlo
Né en 1864 à Gênes. Mort en 1938 à Milan. XIXe-XXe siècles. Italien.
Peintre de portraits, paysages, graveur.
Il travailla à Turin et à Milan.
VENTES PUBLIQUES : MILAN, 16 mars 1971 : *Lac de Lugano* : **ITL 190 000** – MILAN, 14 mars 1978 : *Troupeau au pâturage,* h/t (40x755,5) : **ITL 1 000 000** – MILAN, 10 juin 1981 : *Paysage boisé à la mare,* h/t (45x30,5) : **ITL 3 000 000** – MILAN, 17 juin 1982 : *Paysage boisé,* h/t (21x31) : **ITL 1 400 000** – MILAN, 23 mars 1983 : *La première neige,* h/pan. (29x40) : **ITL 2 200 000** – MILAN, 30 oct. 1984 : *Passage de Fiscagno,* h/cart. (39,5x55,5) : **ITL 2 800 000** – MILAN, 4 juin 1985 : *Paysage montagneux,* h/t (120x85) : **ITL 5 500 000** – MILAN, 31 mars 1987 : *Personnages dans un parc,* h/pan. (27x7,5) : **ITL 1 500 000** – MILAN, 1er juin 1988 : *Glacier,* h/pan. (85x120) : **ITL 8 000 000** – MILAN, 14 juin 1989 : *Première neige* 1902, h/pan. (29x40) : **ITL 1 800 000** – MILAN, 6 déc. 1989 : *Le col de la Locce à Macugnaga,* h/t (86x119,5) : **ITL 9 000 000** – MILAN, 21 déc. 1993 : *Petit lac de montagne,* h/pan. (29x40) : **ITL 3 450 000**.

CRESSIUS Johannes Nicolas
XVIIe siècle. Actif dans la première moitié du XVIIe siècle. Éc. flamande.
Peintre.
V. Regnard grava une thèse d'après lui.

CRESSON
XVIIIe siècle. Actif à Paris. Français.
Peintre de décorations.

CRESSON Georges
Né à Paris. XXe siècle. Français.
Peintre de scènes de genre.
De 1926 à 1930, il a participé au Salon des Artistes Indépendants à Paris. Il s'est spécialisé dans la représentation d'ouvriers au travail.

CRESSON L.
XVIIIe siècle. Actif à Paris en 1787. Français.
Sculpteur.

CRESSON Margaret French
Née en 1889 à Concord (Massachusetts). XXe siècle. Américaine.
Sculpteur.

CRESSON Pierre
XVIIe siècle. Français.
Peintre.
Il fut reçu à l'Académie Saint-Luc en 1655.

CRESSON William Emlen
Né en 1843. Mort en 1868. XIXe siècle. Américain.
Peintre.

CRESSWELL Albert
Né vers 1862 à Paris. Mort en 1936. XIXe-XXe siècles. Français.
Peintre de sujets mythologiques, scènes de genre, portraits, paysages.
Élève de Boulanger, Jules Lefebvre et Luc Olivier Merson, il participa au Salon de Paris de 1880 à 1929, obtenant plusieurs récompenses, dont une mention honorable en 1892 et une troisième médaille en 1907.
La qualité picturale de ses œuvres est gâtée par des attitudes théâtrales fausses qui tendent au comique.
BIBLIOGR. : Gérald Schurr, in : *Les Petits Maîtres de la peinture 1820-1920, valeur de demain,* Les Éditions de l'Amateur, t. IV, Paris, 1979.
VENTES PUBLIQUES : PARIS, 4 mars 1926 : *Ulysse et Calypso* :

FRF 100 – Paris, 15 mai 1944 : *Au bord du puits* : **FRF 2 200** – Paris, 23 fév. 1990 : *Douce ivresse*, past./t. (55x46) : **FRF 4 000** – Versailles, 18 mars 1990 : *Jeune femme dans le jardin*, h/pan. (26,5x35) : **FRF 5 000** – Paris, 20 mars 1997 : *Baigneuse*, h/t (79x64) : **FRF 4 200**.

CRESSWELL Elizabeth ou **Eszabo**
Née le 1er mai 1927 à Philadelphie (Pennsylvanie). xxe siècle. Américaine.
Peintre.
Lorsqu'elle arrive en France en 1949, elle étudie à l'Académie d'André Lhote. En 1955 elle participe au Salon d'Automne sous le nom de Eszabo, en 1959 elle figure à la Biennale de Paris et en 1971 à Lausanne.
Elle appartient à « l'École de Paris ».

CRESSWELL William Nichol
Né en 1822. Mort en 1888. xixe siècle. Canadien.
Peintre de paysages et marines animés, paysages, aquarelliste.
Ventes Publiques : Toronto, 26 mai 1981 : *Moutons dans un paysage* 1873, aquar. (32,5x44,4) : **CAD 1 200** – Toronto, 15 mai 1984 : *Pêcheurs sur la plage* 1883, aquar. (13,8x22,5) : **CAD 600** – Toronto, 3 juin 1986 : *Eastern townships of lower Canada*, h/t (41,3x67,3) : **CAD 4 000** – Toronto, 12 juin 1989 : *Campement et chutes* 1867, aquar. (30,5x50,2) : **CAD 3 000** – Montréal, 19 nov. 1991 : *Moutons paissant dans une prairie surplombant une rivière* 1876, h/t (46x76,5) : **CAD 2 000**.

CRESTA di Piero
xiiie siècle. Actif à Florence en 1295. Italien.
Peintre.

CRESTE Jacquemon
xive siècle. Actif à Lille. Français.
Sculpteur-architecte.
Il fut chargé en 1390, de la direction des travaux de la ville.

CRESTI Domenico, dit **il Passignano**
Né en 1558 à Passignano (près de Florence). Mort en 1638 en Italie. xvie-xviie siècles. Italien.
Peintre d'histoire, compositions religieuses.
Cresti étudia d'abord chez Macchietti et Battista Maldini. Il travailla ensuite sous la direction de Federigo Zuccaro, dont il subit l'influence et avec qui il participa à la décoration de la grande coupole de Santa-Maria-del-Fiore à Florence. Mais Venise l'attirait. Cresti travailla à Rome, où il fut appelé par Clément VIII et par Paul V. Parmi ses élèves, on cite Ludovico Carracci, de Bologne, Sorri de Sienne et Nicodème Ferrucci, un des disciples favoris de Passignano qui l'aida dans ses travaux à Rome.
Ce fut surtout Paolo Véronèse qui semble l'avoir impressionné le plus.
Dans la composition et le choix de ses couleurs, il subit aussi l'influence de Tintoretto, utilisant comme lui des couleurs fragiles, d'où vint la détérioration de plusieurs de ses ouvrages, le temps ayant sérieusement altéré leur fraîcheur.
Ventes Publiques : Paris, 1858 : *Jésus portant sa croix*, dess. à la pierre d'Italie, relevé de blanc au pinceau : **FRF 21** – Monte-Carlo, 20 juin 1987 : *Jeune homme assis, la tête tournée vers l'arrière*, sanguine (36,4x24,2) : **FRF 70 000** – Monaco, 2 juil. 1993 : *À l'assaut d'une forteresse*, encre et lav. (18,1x21) : **FRF 105 450** – New York, 11 jan. 1996 : *L'expulsion d'Adam et Ève du jardin de l'Éden*, h/t (182,9x152,4) : **USD 68 500**.

CRESTIN Gabrielle
Née à Biarritz (Pyrénées-Atlantiques). xxe siècle. Française.
Peintre.
Elle a régulièrement participé au Salon des Artistes Indépendants à Paris de 1930 à 1937.

CRESTON René Pierre, dit **Yannick**
Né à Saint-Nazaire (Loire Atlantique). xxe siècle. Français.
Peintre de genre et de marines.
Il a pris part au Salon de la Société Nationale des Beaux-Arts de 1920 à 1934. Il peint, au gré de ses voyages, des scènes de la vie bretonne, des marines de Saint-Pierre-et-Miquelon et du Groenland.

CRESTOU Nicole
Née le 26 avril 1957 à Vierzon (Cher). xxe siècle. Française.
Sculpteur d'installations.
Diplômée d'Arts Plastiques en 1986 et d'Histoire de l'Art en 1988, elle a exposé à Vierzon et Bourges en 1986, à Paris en 1986, 1987, 1989 et 1990.
Nicole Crestou présente des installations composées de sculptures de terre qui figurent le plus souvent le corps ou parties du corps de l'auteur, et qui sont mises en scène de manière à se détruire progressivement au cours de l'exposition. Seules des photographies peuvent témoigner des divers états de la dégradation.

CRESTY, Mme. Voir **BURET Marguerite**

CRESURCH
Né au xixe siècle en Angleterre. xixe siècle. Britannique.
Peintre de paysages.
Ventes Publiques : Paris, 1898 : *Dans la forêt* : **FRF 2 750**.

CRESWELL Emily Grace
Née le 1er juin 1889 à Ravenstone (Leicester). xxe siècle. Britannique.
Peintre, miniaturiste, pastelliste.

CRESWICK Benjamin
xixe-xxe siècles. Actif à Birmingham. Britannique.
Sculpteur.
Il exposa à la Royal Academy, à Londres, dès 1888.

CRESWICK Thomas
Né en 1811 à Sheffield. Mort en 1869 à Londres. xixe siècle. Britannique.
Peintre de figures, animaux, paysages, graveur.
Élève de Joseph Vincent Barber de Birmingham, Creswick vint à Londres en 1828, et, à partir de cette date, commença à exposer à la Royal Academy, à la British Institution et à Suffolk Street, et continua à y envoyer de ses œuvres jusqu'à sa mort. En 1851, il fut nommé membre de l'Académie après en avoir été associé pendant neuf ans.
Musées : Birmingham : *Vue à vol d'oiseau de Birmingham – Paysage d'Angleterre* – Glasgow : *Scène sur plage – Scène côté de la mer* – Hambourg : *Le Conway (fleuve)* – Liverpool : *Marais – Le chemin à travers la rivière* – Londres (Victoria and Albert, Mus.) : *Paysage*, aquar. – *Bestiaux et moutons dans un champ*, aquar. – *Paysage (scène sur le Tummel, Perthshire)*, aquar. – *Après-midi d'été*, aquar. – *Le Mont Tom, Massachusetts (E.U.)*, aquar. – *Paysage avec ruines*, aquar. – *La Fin de la Terre, Cornwall* 1842, aquar. – Manchester : *Une truite de torrent – Galles du Nord* – Melbourne : *Angleterre, paysage – Entassant des pierres* – Preston : *Paysage d'été – Sur la rivière Cladish* – Sheffield : *Paysage avec bétail – Jetée de départ à Brighton – Phare du Sud, Holyhead – Glengariff, comté Cork – Un fleuve de moulin à Eskdale – Moutons.*
Ventes Publiques : Paris, 1858 : *La Rivière du Trente* : **FRF 13 250** ; *Une vue du comté de Surrey* : **FRF 5 250** – Paris, 1859 : *Paysage montagneux* : **FRF 9 005** – Londres, 1863 : *Après-midi* : **FRF 11 500** ; *Le Signal* : **FRF 2 887** – Londres, 1863 : *Paysage* : **FRF 6 560** – Londres, 1875 : *Pont-y-Pont : moulin* : **FRF 11 025** – Londres, 1875 : *Paysage et troupeau de moutons* : **FRF 10 500** – Londres, 1883 : *Première vue de la mer, (Personnages de J. Phlilp et le mouton de Ansdell)* : **FRF 32 810** – Londres, 22 fév. 1908 : *Dans les régions du Nord* : **GBP 39** – Londres, 25 juin 1908 : *L'Avenue* : **GBP 168** – Londres, 27 fév. 1909 : *Vue sur la Tamise* : **GBP 31** – Londres, 27 mars 1909 : *Scène de rivière* : **GBP 52** – Londres, 18 nov. 1921 : *Marais dans le pays de Galles* : **GBP 11** – Londres, 17 mars 1922 : *Un gué près de Fulwood Church* : **GBP 38** – Londres, 12 mai 1922 : *La pêche au saumon* : **GBP 42** – Londres, 16 juin 1922 : *Le Moulin à vent* 1854 : **GBP 73** – Londres, 23 juil. 1923 : *La Route de Londres dans l'ancien temps* : **GBP 24** – Londres, 24 nov. 1926 : *Sentier de campagne* : **GBP 23** – Londres, 17 juin 1927 : *Loch Lomond* : **GBP 21** – Londres, 2 déc. 1927 : *Un moulin près de Dolgelly* : **GBP 23** – Londres, 3 fév. 1928 : *Paysage* : **GBP 11** – Londres, 25 nov. 1929 : *Old England* 1847 : **GBP 47** – Londres, 28 mars 1930 : *Une rivière anglaise* : **GBP 26** – Londres, 25 mars 1931 : *Troupeau à l'abreuvoir* : **GBP 58** – Londres, 12 mai 1932 : *Vers le village* : **GBP 11** – Birmingham, 15 nov. 1933 : *Au pays de Galles* : **GBP 7** – Londres, 26 avr. 1935 : *Jedburgh Abbey* : **GBP 16** – New York, 28 oct. 1936 : *Bergère et son troupeau* : **GBP 90** – Londres, 30 juil. 1937 : *Sentier mouillé* : **GBP 16** – Londres, 25 mars 1938 : *Le Repos sur le bord de la route* : **GBP 11** – Londres, 14 avr. 1967 : *La Tamise près de Erith* : **GNS 250** – Londres, 15 oct. 1969 : *Paysage fluvial* : **GBP 200** – Londres, 6 mars 1970 : *Paysage du Devonshire* 1851 : **GNS 300** – Londres, 22 oct. 1971 : *Paysage fluvial* : **GNS 260** – Londres, 28 nov. 1972 : *La Forge du village* : **GBP 3 600** – Londres, 9 mars 1976 : *Le chemin de la maison* 1846, h/t (126x100) : **GBP 2 200** – Londres, 8 mars 1977 : *Waiting for the*

ferry, h/t (52x70) : **GBP 700** – Londres, 14 fév. 1978 : *Paysage au pont*, h/t (41x64) : **GBP 750** – Londres, 21 oct. 1980 : *La route de l'église*, aquar. (40,3x37) : **GBP 900** – Londres, 7 oct. 1983 : *Chaumière au bord d'une rivière*, h/t (30,5x38) : **GBP 1 000** – Londres, 26 juil. 1985 : *La visite du colporteur*, h/pan. (45,7x61) : **GBP 8 000** – Toronto, 29 mai 1987 : *A quiet day near Rogwood*, h/t (101x125) : **CAD 20 000** – Londres, 15 juin 1988 : *Un torrent de montagne* 1849, h/t (91,5x71) : **GBP 1 100** – Londres, 27 sep. 1989 : *Jeune Fille près d'un moulin à eau*, h/t (71x54) : **GBP 2 420** – Londres, 26 sep. 1990 : *Fillette et son chien sur un sentier boisé*, h/pan. (61x50) : **GBP 6 600** – New York, 24 oct. 1990 : *Le proche chemin en été*, h/t (116,8x111,2) : **USD 25 300** – Londres, 14 nov. 1990 : *Le Château de Windsor*, h/t (96,5x147,5) : **GBP 12 100** – Londres, 20 nov. 1992 : *Personnages dessinant sur la terrasse de Haddon Hall* 1838, h/t (30,5x24) : **GBP 2 860** – New York, 28 mai 1993 : *Paysanne avec un panier d'œufs près d'une barrière*, h/t (50,8x40,7) : **USD 1 093** – Londres, 10 nov. 1993 : *La Traversée du ruisseau* 1839, h/t (54,5x70,5) : **GBP 5 520** – Rome, 29-30 nov. 1993 : *Troupeau près d'une auberge*, h/t (50x75) : **ITL 2 357 000** – Ludlow (Shropshire), 29 sep. 1994 : *Bergers et leur troupeau dans une allée bordée d'arbres*, h/t (121x92,5) : **GBP 12 650** – Londres, 12 juil. 1995 : *Roger's Slide sur le lac George ; Black Moutain sur le lac George*, h/pan., une paire (chaque 17,5x25) : **GBP 9 200** – Londres, 27 mars 1996 : *Le Vieux Pont de Rochester* 1835, h/t (46x92) : **GBP 4 370** – Londres, 6 juin 1996 : *Vieille Ferme du Kentish*, h/t (30,5x51,4) : **GBP 1 610** – New York, 11 avr. 1997 : *Sur la Tees*, h/t (66x91,4) : **USD 9 200**.

CRÉTEL
XVIIIe siècle. Actif à Assé-le-Riboul vers 1790. Français.
Peintre.
Il travailla pour l'église de cette ville.

CRÉTEL Jean ou **Cretelle**
XVIIIe siècle. Actif à Paris. Français.
Sculpteur.
Il travailla en 1750 pour l'hôtel des ducs d'Aumont, rue de Jouy.

CRETEN Georges, pseudonyme : **Creten-George**
Né le 14 mars 1887 à Saint-Gilles (Bruxelles). Mort en 1966 à Schaerbeek. XXe siècle. Belge.
Peintre de figures, portraits, nus, paysages, natures mortes et compositions. Expressionniste.
Il suivit d'abord une formation de sculpteur. Il a participé à des expositions internationales, dont la Biennale de Venise, Carnegie International de Pittsburgh, etc. Dès 1910, il prend place parmi les peintres d'avant-garde, et de 1915 à 1920, ses œuvres le classent parmi les « constructeurs ».
S'il est passé par une période impressionniste et fauviste à ses débuts, il a subi, pour ses figures, l'influence de Modigliani et s'est orienté vers l'expressionnisme.

Bibliogr. : R. de Bendère : *Artistes d'aujourd'hui : Creten-George*, 1925 – G. Marlier : *Les Cahiers de Belgique*, 1930 – Jean Mogin : *Creten-George*, Elsevier, Bruxelles, 1959.
Musées : Bruxelles : *Féminité* 1932 – *Les deux sœurs* 1926 – *Illounga* 1949 – Gand : *Visage de femme* 1926 – Ixelles : *La femme au piano* 1915 – *Coquillages* 1915 – Verviers : *Nu au panier*.
Ventes Publiques : Anvers, 13 oct. 1970 : *Portrait du peintre L. Thévenet* : **BEF 28 000** – Londres, 12 nov. 1970 : *Féminité* : **GBP 250** – Anvers, 6 avr. 1976 : *Nu* 1929, h/t (75x55) : **BEF 20 000** – Anvers, 22 avr. 1980 : *Nu debout*, h/t (100x76) : **BEF 50 000** – Lokeren, 21 fév. 1981 : *Paysage flamand* 1929, h/t (60x80) : **BEF 40 000** – Bruxelles, 23 mars 1983 : *Le pêcheur de Sirène*, aquar. (62x49) : **BEF 75 000** – Anvers, 23 oct. 1984 : *Étudiant en vacances* 1925, h/t (101x81) : **BEF 130 000** – Bruxelles, 28 oct. 1987 : *Femme au chapeau noir* 1922, h/t (119x89) : **BEF 200 000** – Bruxelles, 19 déc. 1989 : *Portrait*, fus. (42x33) : **BEF 42 000** – Bruxelles, 27 mars 1990 : *Cygnes* 1916, aquar. (39x27) : **BEF 24 000** – Bruxelles, 12 juin 1990 : *Nu de dos assis*, h/t (63x50) : **BEF 28 000** – Lokeren, 10 oct. 1992 : *Femme assise* 1925, cr. noir (102x67) : **BEF 44 000** – Lokeren, 15 mai 1993 : *Dunes en hiver* 1928, h/t (65x80) : **BEF 70 000** – Londres, 16 nov. 1994 : *Nu debout*, h/t (88x65) : **GBP 16 100** – Lokeren, 11 mars 1995 : *Nu*, cr. noir (103x67,5) : **BEF 50 000** – Amsterdam, 5 juin 1996 : *Vue d'un ruisseau* 1911, h/t (35x29) : **NLG 3 680**.

CRETEN Victor
Né le 8 décembre 1878 à Schaerbeek. Mort le 5 mars 1966 à Bruxelles. XXe siècle. Belge.
Peintre de paysages et de natures mortes.
Ce peintre réaliste se distingue par un sens aigu de la lumière.

Ventes Publiques : Bruxelles, 27 oct. 1976 : *La danse des épouvantails* 1950, h/pap. mar. (106x120) : **BEF 28 000** – Paris, 3 avr. 1981 : *Red Star Line : Anvers New York*, litho. (75x64) : **FRF 5 600** – Lokeren, 28 mai 1988 : *Paysage d'été avec des promeneurs*, h/pap. (52x61) : **BEF 44 000** – Bruxelles, 12 juin 1990 : *Arc-en-ciel et fleurs*, h/t (120x120) : **BEF 55 000** – Bruxelles, 7 oct. 1991 : *Paysage*, h/t (41x53) : **BEF 24 000** – Lokeren, 21 mars 1992 : *Les plaisirs de la plage* 1912, h/t (36,5x57,5) : **BEF 150 000** – Lokeren, 4 déc. 1993 : *Fleurs*, h/cart. (70x60) : **BEF 55 000** – Lokeren, 12 mars 1994 : *Vue d'un parc*, h/pap./cart. (122x95) : **BEF 65 000**.

CRETEN-GEORGE. Voir **CRETEN Georges**

CRÉTET. Voir aussi **CRÉTEY**

CRETET Jean
Né à Lyon. Mort à Paris. XVIIIe siècle. Actif à la fin du XVIIIe siècle. Français.
Peintre.
Ce peintre n'est connu que par l'abbé Pernetti, qui le confond peut-être avec un des Crétey.

CRETEUR Jakob
XIXe siècle. Actif à Cologne. Allemand.
Lithographe.
On connaît de lui deux planches d'après Raphaël.

CRÉTEY André ou **Crétet**
XVIIe siècle. Français.
Peintre.
Il fut, à Lyon, maître de métier pour les peintres en 1656. Mariette lui attribue une *Chute des Géants* qui fut gravée.

CRÉTEY Jean Philippe Onuphre
Né à Lyon. XVIIe-XVIIIe siècles. Français.
Peintre et graveur.
Ce peintre travaillait à Rome et sans doute en France, au début du XVIIIe siècle. Il peignit un *Hercule tenant un médaillon avec le portrait du grand-duc de Toscane* (peinture qui a été gravée). Il grava lui-même, à la manière noire, les portraits d'un d'*Albon de Saint-Forgeux* et de *Louis XIV* (ce dernier signé *J. Crétet Romanus fecit*), et une planche représentant *Un troupeau*. Il était parent de Louis Crétey.

CRÉTEY Pierre Louis ou **Crétet**
Mort à Paris. XVIIe siècle. Actif à la fin du XVIIe siècle. Français.
Peintre.
Il vivait à Lyon en 1681 et fut nommé maître de métier par les peintres de cette ville en 1685.

CRÉTI Donato, dit **Donatino**
Né en 1671 à Crémone (Piémont). Mort en 1749 à Bologne (Émilie-Romagne). XVIIe-XVIIIe siècles. Italien.
Peintre d'histoire, compositions religieuses, sujets allégoriques, scènes de genre, portraits, paysages animés, fresquiste, sculpteur, dessinateur.
Il est le fils de Giuseppe l'Ancien. Il fut élève de Pasinelli à Bologne, et tout en suivant le style de ce maître, il y ajouta une part de la conception artistique de Cantarini. Il fut l'un des membres fondateurs de l'Académie Clémentine à Bologne, en 1709. Il travailla pendant plus de vingt ans pour les comtes Fava dans leur palais de la via Galliera. Dès 1730, sa réputation grandit en Italie, mais atteint aussi l'Espagne puisqu'il travaille pour le Roi d'Espagne en 1737. On considère Donato Créti comme l'un des meilleurs dessinateurs bolonais du XVIIIe siècle.
Il travailla pour les églises de Bologne (San Domenico, San Pietro et San Paolo Maggiore), Rimini, Bergame, Lucques et Palerme. Ses deux pendants, où s'affrontent les deux sœurs, Marthe et Marie-Madeleine, exhalent un classicisme raffiné qui s'exprime à travers des lignes gracieuses et une palette aux teintes délicates de fleurs. Mais il peignit surtout des tableaux destinés aux palais bolonais, aujourd'hui perdus dans leur majorité. Au Palazzo Publico de Bologne, il fit, entre autres quatre tableaux inspirés des scènes de la vie d'Achille. Contemporain

de Giuseppe Maria Crespi, il adopte un genre différent de celui-ci, en représentant des scènes bucoliques et idylliques, dans un graphisme élégant, souligné de couleurs précieuses. Sans l'égaler, il rappelle quelque peu l'art de Watteau, avec ses scènes galantes et pastorales. Dans ses dessins, il rend avec virtuosité les effets de lumière de ses paysages et scènes animées.

Creti-D-

Bibliogr. : In : catalogue de l'exposition *La peinture italienne au XVIIIe siècle*, Paris, 1961 – in : *Diction. de la peinture italienne*, coll. Essentiels, Larousse, Paris, 1989.

Musées : Bagnères-de-Bigorre : *L'éducation d'Achille par le Centaure Chiron* – Bologne (Gal.) : *Couronnement de Charles V à Bologne* – *Tombeaux de Locke, Boyle et Sydenham* – *Tombeau du duc de Marlborough* – Clermont-Ferrand : *Salomon et la reine de Saba, Salomon encense les idoles* – Milan (Gal. Brera) : *Madone ; Jésus et saint Jean enfant*, deux peintures – Tours (Mus. des Beaux-Arts) : *Sainte Marie-Madeleine* – Washington D. C. (Nat. Gal.) : *Philippe de Macédoine et Alexandre*.

Ventes Publiques : Paris, 1756 : *Le massacre des Innocents – Moïse sauvé des eaux* : **FRF 150** – Paris, 1784 : *Un enfant endormi sur un lit* : **FRF 1 200** – Lucerne, 28 nov. 1964 : *Diane et ses nymphes* : **CHF 9 500** – Londres, 29 oct. 1965 : *Marie Madeleine* : **GNS 4 100** – Londres, 28 mars 1969 : *Le violoncelliste* : **GNS 3 000** – Versailles, 16 juin 1976 : *David et Goliath*, terre cuite (H. 49,5) : **FRF 11 000** – Londres, 9 déc. 1980 : *Deux femmes dans un paysage boisé, avec une ville à l'arrière plan*, pl./pap. (35,3x23,5) : **GBP 1 300** – Milan, 24 nov. 1983 : *Études de têtes*, pl. (25,9x17,5) : **ITL 4 000 000** – Londres, 2 juil. 1984 : *La Visitation*, h/pap. en grisaille (47,3x36) : **GBP 7 600** – Monte-Carlo, 29 nov. 1986 : *Le songe de Jacob*, h/pap. mar./t. (35,5x51) : **FRF 58 000** – Rome, 10 nov. 1987 : *Erminia et Vafrino retrouvant Tancrède blessé*, h/t (101x82) : **ITL 42 000 000** – Londres, 1er avr. 1987 : *Homme nu vu de dos dans un paysage*, pl. et encre brune (23,1x10) : **GBP 2 200** – New York, 12 jan. 1988 : *Portrait d'un homme coiffé d'un tricorne à plume – le comte de Caylus ?*, encre (15,2x12,6) : **USD 2 860** – Monaco, 17 juin 1988 : *Scène d'aumone devant Saint Grégoire*, h/t (125x93) : **FRF 177 600** – Paris, 30 juin 1989 : *Étude de Jeune Femme*, h/t (47x37) : **FRF 30 000** – Paris, 12 déc. 1989 : *Achille plongé dans le Styx ; L'éducation d'Achille confiée au centaure Chiron*, h/t, deux pendants, par son atelier (139,5x193 et 138,5x193) : **FRF 300 000** – Monaco, 15 juin 1990 : *Feuille d'études de têtes et de personnages*, encre (29,1x19,3) : **FRF 7 215** – New York, 8 jan. 1991 : *Deux enfants de chœur*, h/pap. (32,7x25,7) : **USD 11 000** – Londres, 2 juil. 1991 : *Anges veillant sur Saint Jérôme*, encre (23,6x16,2) : **GBP 5 500** – Monaco, 5-6 déc. 1991 : *Satyre dans un paysage boisé*, encre (26,9x17,2) : **FRF 19 980** – Monaco, 20 juin 1992 : *Tête de jeune fille*, craies noire et blanche/pap. beige (24,8x18,5) : **FRF 94 350** – Londres, 6 juil. 1992 : *Études de têtes d'hommes*, encre (22,6x16,3) : **GBP 1 760** – New York, 11 jan. 1994 : *Le roi David et Moïse : projets de décoration d'écoinçons*, sanguine et encre (17,4x25,7) : **USD 2 875** – New York, 12 jan. 1995 : *Études de têtes avec un vase (recto) ; Études de têtes (verso)*, encre (24,8x19) : **USD 5 750** – Paris, 12 juin 1995 : *Tombeau allégorique de Charles Boyle, John Locke et Thomas Sydenham*, h/t. cintrée en grisaille (84,5x54) : **FRF 400 000** – Londres, 3 juil. 1995 : *Saint Jean-Baptiste dans le désert* 1732, encre (15,4x16,1) : **USD 1 495** – New York, 10 jan. 1996 : *Cupidon endormi et Pan jouant de la flûte* 1693, encre (19,7x28,6) : **USD 1 495** – Londres, 16-17 avr. 1997 : *Divers modèles*, pl. et encre brune, étude (17,5x13) : **GBP 402**.

CRETI Giuseppe, l'Ancien

Né en 1634. Mort en 1714 à Bologne. XVIIe-XVIIIe siècles. Italien.

Peintre, fresquiste.

Il vécut à Bologne où il exécuta surtout des fresques.

CRETI Giuseppe, le Jeune

Né vers 1715. Mort après 1769. XVIIIe siècle. Italien.

Peintre.

Fils de Donato, petit-fils de Giuseppe l'ancien, il est actif à Bologne.

CRÉTIEN Louis

XIXe siècle. Français.

Peintre.

Il débuta au Salon de Paris en 1837 et peignit surtout des paysages.

CRÉTIN J.

Sans doute d'origine française. XVIIe siècle. Travaillant à Rimini. Français.

Peintre.

Il subsiste une peinture signée de cet artiste et datée de 1644 à l'église San Francesco Saverio, à Rimini.

CRETINEAU JOLY Ludovic

Né le 18 juillet 1831 à Fontenay-le-Comte (Vendée). XIXe siècle. Français.

Peintre.

Élève de Apoil. Il commença à exposer ses émaux au Salon de Paris en 1861.

CRETIUS Konstantin Johann Franz

Né en 1814 à Brieg. Mort en 1901 à Berlin. XIXe siècle. Allemand.

Peintre d'histoire, sujets religieux, scènes de genre, portraits.

Il fit ses études à l'Académie de Berlin à partir de 1835 sous la direction de Wach. Il alla à Bruxelles, à Paris et en Italie. En 1846, il fut envoyé à Constantinople et en Asie Mineure. Professeur à l'Académie à Berlin.

Musées : Berlin : *Quatuor du temps de Van Dyck* – Vienne : *Luther et Georges de Frundsberg à Worms*.

Ventes Publiques : Cologne, 15 avr. 1964 : *Ave Maria* : **DEM 3 200** – Cologne, 28 mars 1965 : *Ave Maria* : **DEM 4 025** – Cologne, 12 juin 1970 : *Portrait d'enfant* : **DEM 850** – Madrid, 21 oct. 1986 : *Ave Maria*, h/t (111x155) : **ESP 1 500 000** – Madrid, 16 déc. 1987 : *Ave Maria* 1851, h/t (111x155) : **ESP 1 500 000** – Munich, 23 juin 1997 : *Famille grecque faisant une halte* 1836, h/t (194x144) : **DEM 186 000**.

CRÉTON Pierre

Né en 1789. Mort en 1870 à Saint-Pétersbourg. XIXe siècle. Français.

Sculpteur.

Il passa la plus grande partie de sa vie en Russie et travailla pour le Palais d'Hiver, à Saint-Pétersbourg en même temps qu'il professait la sculpture. Il était dénommé en Russie Peter Fedorowitsch Kreton.

CRÉTOT-DUVAL Raymond

Né en 1895 à Menton (Alpes-Maritimes). Mort en 1986 à Bordeaux. XXe siècle. Français.

Peintre de paysages, aquarelliste.

Il commence sa carrière en travaillant dans les ateliers de décors de théâtre à Paris. Blessé en 1918, libéré l'année suivante, il s'installe à Tunis, séduit par la lumière particulière de ce pays. Il a participé au Salon des Artistes Français à Paris, dont il est devenu sociétaire, à celui des Artistes de l'Afrique française à Paris en 1954. Après de nombreuses expositions à Tunis, Constantine et Alger, il se déplace vers le Maroc où il expose à Rabat, Marrakech et Casablanca. De 1955 à 1963, il vit à Marseille, puis se retire à Bordeaux, où il meurt.

Peintre des paysages d'Afrique du Nord, il rend aussi bien les perspectives des terrasses que les mouvements de foule.

Musées : Alger – Casablanca – Constantine – Marseille (Mus. Cantini) – Paris (Mus. d'Art Mod. de la Ville).

Ventes Publiques : Paris, 10-11 juin 1997 : *L'Entrée de Meknès*, aquar. (23,5x30,5) : **FRF 5 500** ; *Vue sur les toits, Maroc*, h/t (60x73) : **FRF 15 000**.

CRETS Jean

Né en 1926 à Léopoldville (Congo belge). XXe siècle. Belge.

Peintre, dessinateur de portraits, de paysages et de natures mortes.

Après des peintures bucoliques exécutées dans un style impressionniste, il montre l'inquiétude des villes avec leurs architectures aux perspectives vertigineuses, habitées de figures féminines dépouillées.

CRETS

Bibliogr. : In : *Diction. biogr. illustré des artistes en Belgique depuis 1830*, Arto, Bruxelles, 1987.

CRETTÉ Albert Louis Victor

Né à Vannes (Morbihan). XXe siècle. Français.

Sculpteur.

Élève de A. Larroux et H. Lemaire. A exposé au Salon des Indépendants de 1926 à 1943, et au Salon des Artistes Français de 1923 à 1931.

CRETTÉ Georges
Né le 6 juin 1893 à Créteil (Val-de-Marne). XXe siècle. Français.
Relieur d'art.
Exposant du Salon des Tuileries et du Salon des Artistes Décorateurs.

CRÉTU Antoine
XVIIIe-XIXe siècles. Actif à Saint-Brice (Seine-et-Oise). Français.
Sculpteur.

CRETU Dorin
Né le 17 novembre 1956. XXe siècle. Actif en France. Roumain.
Peintre de fleurs, technique mixte, dessinateur.
Il fut lauréat de l'institut d'arts plastiques de Bucarest en 1980. Il participe à des expositions collectives : de 1979 à 1987 en Roumanie ; 1988 Montréal, Toronto et Kyoto ; 1990 Rome et Milan ; 1992 SAGA (Salon des Arts Graphiques Actuels) à Paris ; 1993 Salon de Mai à Paris ; 1993 Salon des Réalités Nouvelles à Paris, musée des beaux-arts d'Ostende ; 1995 Foire internationale de Zurich ; 1995, 1996 MAC 2000 à Paris ; 1997 galerie Art et Patrimoine à Paris. Il montre ses œuvres dans des expositions personnelles : 1984 Bucarest ; 1992 galerie municipale de Vitry-sur-Seine ; 1997 galerie Art et Patrimoine à Paris.
Il s'inspire de la nature, lui empruntant le motif de la fleur et en particulier du pétale : « Le pétale est une forme plastique, presque abstraite qui se dessine dans l'espace avec autant de grâce que de simplicité. L'univers végétal m'aide à trouver un équilibre entre la présence d'une image et son absence (...) » (Cretu). Photographie, huile, fusain et cire, huile et poudre métallique, pigment et caséine, ses œuvres allusives, tantôt jouent sur la transparence, la fluidité, tantôt sur les effets de superposition, d'épaisseur, de matière. Parfois, Cretu assemble divers supports, comme une plaque de métal dont il exploite les effets de rouille, une toile recouverte de cire, de résine. Œuvres sombres, empreintes fragiles, son travail évoque aussi le cosmos.
Bibliogr. : Catalogue de l'exposition : *Dorin Cretu*, galerie Art & Patrimoine, Paris, 1997.
Musées : Paris (FNAC).
Ventes Publiques : Paris, 27 avr. 1991 : *Écriture*, acryl./t. (140x114) : **FRF 4 000**.

CRETU-ARMAND Joseph
XVIIIe siècle. Actif à Grenoble vers 1734. Français.
Sculpteur.

CREUS Jean
Né à Marseillan (Hérault). XXe siècle. Français.
Sculpteur.
Il exposa à Paris au Salon des Indépendants en 1939.

CREUSE Jean Pierre, dit **Auguste de**. Voir **DECREUSE**

CREUSOT Andrée
Née à Paris. XXe siècle. Française.
Peintre et graveur.
Elle exposa à Paris au Salon des Indépendants.

CREUSOT Frédéric
Né le 21 mars 1832 à Semur (Côte-d'Or). XIXe siècle. Français.
Sculpteur.
Élève de Boicho, Darbois et Dumont.
Musées : Semur-en-Auxois : *Moïse – Scène d'enfant luttant sur une plage – Pivoine herbacée – Fragment d'une frise en plâtre – Une Bacchanale.*

CREUSY Caroline. Voir **FEUILLAS-CREUSY**

CREUTZ Wilhelm Van der
XVIIe siècle. Actif à Prague en 1666. Hollandais.
Peintre.

CREUTZBERGER Paul ou **Kreutzberger**
Mort en 1600. XVIe siècle. Actif à Nuremberg. Allemand.
Graveur sur bois.
On cite de lui une planche pour : *Biblia, das ist die ganze heilige Schrift Teusch.*

CREUTZER Isaak
XVIIe siècle. Actif à Hambourg. Allemand.
Sculpteur.

CREUTZFELDER Johann ou **Kreutzfelder**
Né en 1570 à Nuremberg. Mort en 1636 à Nuremberg. XVIe-XVIIe siècles. Allemand.
Peintre de sujets religieux.
Élève de Nicolas Juvenel. Le Musée de Vienne conserve de lui : *Saint Ignace*. Le Musée de Heidelberg conserve aussi de ses œuvres. Il a peint quelques portraits. Il concilie la couleur flamande et le dessin de Dürer.

CREUZ Serge
Né le 4 mai 1924 à Molenbeek-St-Jean (Bruxelles). XXe siècle. Belge.
Peintre de portraits, dessinateur, graphiste. Tendance expressionniste.
Élève de l'Académie des Beaux-Arts de Bruxelles, il fit des voyages d'études en Afrique, Chine, URSS et Amérique Latine. Il a exécuté plusieurs décors de théâtre et est devenu le président de l'Association belge des Scénographes et techniciens de théâtre. Il a publié des dessins dans divers périodiques. En 1959, il a participé à la Biennale de Paris.
Serge Creuz, se réclamant de la « Jeune Peinture belge », a subi tour à tour les influences des expressionnistes et de Picasso. Il s'est créé une spécialité de portraits d'enfants.
Bibliogr. : In : *Diction. biogr. illustré des artistes en Belgique depuis 1830*, Arto, Bruxelles, 1987.

CREUZER Gustav
Né en 1812 à Marburg. Mort en 1862 à Marburg. XIXe siècle. Allemand.
Peintre et lithographe.
Il fut élève de l'Académie de Cassel.

CREUZET Émile
Né au XIXe siècle à Bourges (Cher). XIXe siècle. Français.
Peintre et dessinateur.
Élève de Hébert et Bonnat. A exposé en 1869 et 1870.

CREUZEVAULT Henri
Né le 4 avril 1905 à Paris. Mort le 1er juin 1971. XXe siècle. Français.
Dessinateur, peintre et relieur d'art.
Malgré sa vocation de peintre, il apprend, dès 1918, le métier de doreur sur cuir, puis entre dans l'atelier de reliure de son père Louis Lazare Creuzevault. Au moment de son service militaire au Moyen-Orient en 1925, il reprend la pratique de l'art pictural. L'année suivante, de retour dans l'atelier de son père, il dessine ses premières maquettes et expose ses reliures au Musée Galliera où il remporte le 1er Prix en 1928. En 1937, il figure à l'Exposition Universelle de Paris et obtient le Grand Prix de la Reliure et la Médaille d'Or. Membre fondateur de la Société de la Reliure Originale en 1947, il participe, à partir de cette date, à toutes les expositions de cette société à la Bibliothèque Nationale de Paris. A la Triennale de Milan en 1954, il reçoit également la Médaille d'or. En 1984 est organisée une exposition rétrospective intitulée : *Henri Creuzevault, Naissance d'une Reliure*, au Musée des Arts Décoratifs de Bordeaux.
Son art, qui reste attaché à une grande rigueur, a évolué au cours de sa vie, partant d'un style assez sage et traditionnel, pour s'orienter vers des compositions très « Art Déco » en 1930, puis revenir à un classicisme austère dix ans plus tard, avant de retrouver toutes les audaces dans les années 50. Parmi ses reliures, citons celle pour *Les Essais* de Montaigne, illustrés par L. Jou (1942), *Pantagruel* de Rabelais, illustré par Derain en 1947, les *Chants de Maldodor* (1952), *Les Métamorphoses* illustrées par Picasso (1953), le *Bestiaire* d'Apollinaire, illustré par Dufy (1954). Pour toutes ces reliures, Henri Creuzevault fit un travail de recherche très poussé, à travers des dessins à l'encre de Chine, des aquarelles, des pastels et gouaches qui sont davantage des compositions picturales à part entière que des études préliminaires. ■ Annie Pagès
Bibliogr. : Colette Creuzevault : *Henri Creuzevault, 1905-1971*, Éditions de Montfort, Paris, 1987.

CREUZEVAULT Louis
Né en 1912. Mort en 1937. XXe siècle. Français.
Relieur d'art.
Frère d'Henri Creuzevault, il entre dans l'atelier de reliure de leur père en 1928. Les deux frères s'associent en 1934 et Louis

réalise le corps de reliure, tandis qu'Henri dessine et exécute les décors. Louis meurt prématurément à l'âge de 25 ans.

CREUZEVAULT Louis Lazare
Né en 1879 à Autun. Mort en 1956 à Magagnosc. XXe siècle. Français.
Relieur d'art.
Père d'Henri et de Louis Creuzevault. Il a quitté sa Bourgogne natale pour apprendre le métier de relieur à Paris, où il a pris la suite de l'atelier de reliure Dodé en 1904.

CREVADES Damian
XVIIe siècle. Actif à Palma de Majorque en 1661. Espagnol.
Sculpteur.

CREVALCORE Antonio Leonelli da. Voir **LEONELLO da Crevalcore Antonio**

CREVALCORE Pier Maria da
XVIe siècle. Actif à Bologne vers 1580. Italien.
Peintre.
Il fut l'élève de Calvaert et peignit des fresques dans le style des Carrache à l'église Santa Maria di Miramonte.

CREVATTIN G. B.
Né vers 1835 à Trieste. Mort en 1910 à Trieste. XIXe-XXe siècles. Italien.
Peintre.
On lui doit des portraits et des tableaux de genre.

CREVAU Monique Jeanne Gabrielle
Née à Montargis (Loiret). XXe siècle. Française.
Peintre de paysages.
Élève de Sabatté. Elle exposa au Salon des Artistes Français en 1935.

CREVECŒUR Jean Briand de
Né en 1701 à Berlin. Mort en 1756 à Copenhague. XVIIIe siècle. Danois.
Peintre miniaturiste.
Fils d'un avocat français Jacques Briand de Crèvecœur, émigré à Berlin, lors de la révocation de l'édit de Nantes, le jeune artiste vint vers 1730 à Copenhague, où il fut nommé peintre miniaturiste de la cour, conseiller de chancellerie et plus tard conseiller de justice. Il épousa, en 1732, Philiberte-Marie Lefèvre, sœur de la femme du peintre Le Clerc. L'artiste travailla pour la cour de 1731 à 1750.

CRÈVECOEUR Robert
Né le 27 novembre 1913 à Bruxelles. Mort le 27 août 1986 à Nice. XXe siècle. Belge.
Peintre de paysages, décorateur et sculpteur d'ornementations. Postimpressionniste.
Il a exposé à Bruxelles, Anvers, Courtrai, Paris, au Caire, Alexandrie, New York, Beyrouth et a remporté plusieurs prix, dont le 1er Prix de l'Académie Royale de Bruxelles. A côté de ses paysages peints avec vigueur, il a réalisé des décors de théâtre et des sculptures ornementales.

CREVEL Madeleine
Née à Paris. XXe siècle. Française.
Peintre.
Élève de Royer, Guillonnet et Eschbach, elle a participé au Salon des Artistes Français et à celui d'Automne à Paris.

CREVEL René
Né à Rouen (Seine-Maritime). XXe siècle. Français.
Peintre de portraits, de paysages, de marines et décorateur.
Il a régulièrement participé au Salon d'Automne et fut sociétaire des Artistes Décorateurs. En dehors de ses toiles, il a réalisé des panneaux décoratifs et des papiers peints.
VENTES PUBLIQUES : PARIS, 24 nov. 1978 : *Le Jardin des Délices* 1926, h/t (115x90) : **FRF 12 600** – PARIS, 27 avr. 1981 : *Le pont* 1930, h/t : **FRF 7 800**.

CREVILLE
XVIIIe siècle. Actif à Paris vers 1790. Français.
Peintre de genre et de natures mortes.

CREVOISIER Marie Jeanne. Voir **CLEMENS**

CREVOLA Gaetano
XVIIIe siècle. Actif à Mantoue vers 1780. Italien.
Peintre.
Il exécuta une fresque pour l'église Sant'Andrea.

CREVOLA Giuseppe
XVIIIe siècle. Actif à Mantoue à la fin du XVIIIe siècle. Italien.
Peintre.
Il était peut-être le frère de Gaetano. Il fut l'élève de Pozzo et peignit surtout des décorations.

CREVOLUS Petrus Nicolaus
XVIIe siècle. Italien.
Graveur.
Il exécuta plusieurs planches d'après Rubens et Poussin.

CREW Emma
XVIIIe siècle. Britannique.
Peintre de costumes.

CREW J. T.
XIXe siècle. Actif à Londres. Britannique.
Peintre d'architectures.
Il exposa à la Royal Academy, entre 1833 et 1859, des vues de France, d'Italie et d'Angleterre.

CREW Silvanus
XVIIe siècle. Travaillant vers 1658. Britannique.
Sculpteur et ciseleur.
On lui doit le tombeau de la famille Wyne à Llanrwst (Denbighshire).

CREYTENS Julien
Né le 28 mars 1897 à Wingene. Mort en 1972 à Borgerhout (Anvers). XXe siècle. Belge.
Peintre de paysages, de marines, de portraits, de nus et de natures mortes.
Élève d'Opsomer à l'Académie des Beaux-Arts d'Anvers, il obtint le Premier Grand Prix de Rome en 1925 et le Grand Prix de la Province de Flandre occidentale en 1926. Il fut professeur à l'Académie des Beaux-Arts d'Anvers en 1919, puis en 1941 à l'Institut National Supérieur des Beaux-Arts de la même ville, dont il fut directeur en 1949. Il a exposé à Rome, Berlin, Paris, Stockholm, dans d'autres villes d'Europe, et à Pittsburgh, New York, Nankin, Shangaï, Tel-Aviv. Membre de la Commission du Musée d'Anvers en 1953 et membre de l'Académie royale de Belgique.
Représentant de « l'École d'Anvers », il reste fidèle au style d'Opsomer. Dans un coloris chaud, ses œuvres sont rendues selon une facture large et sommaire.

J. Creytens

BIBLIOGR. : In : *Diction. biogr. illustré des artistes en Belgique depuis 1830*, Arto, Bruxelles, 1987.
MUSÉES : ANVERS – LAUSANNE – LIÈGE – LOUVAIN – NANKIN.
VENTES PUBLIQUES : ANVERS, 21 avr. 1970 : *Nature morte* : **BEF 38 000** – ANVERS, 27 avr. 1971 : *nature morte* : **BEF 20 000** – ANVERS, 10 oct. 1972 : *Nature morte* : **BEF 20 000** – ANVERS, 27 oct. 1987 : *Kermesse à Berchem*, h/t (53x68) : **BEF 45 000** – LOKEREN, 8 mars 1997 : *Vase blanc aux anémones*, h/t (65x55) : **BEF 20 000**.

CRIADO Y BACA Manuel
Né en juillet 1839 à Malaga. Mort en 1899 à Madrid. XIXe siècle. Espagnol.
Paysagiste.
Élève de l'École des Beaux-Arts de Cadix, puis, à Madrid, de l'Académie Royale de San Fernando. Débuta à la Nationale des Beaux-Arts en 1860 et exposa assez régulièrement aux Salons de ce groupement.

CRIAL Juan Garcia
XVIe siècle. Actif à Lequeito vers 1510. Espagnol.
Sculpteur.
Il travailla pour la cathédrale de cette ville.

CRIBEL Antonio ou **Crivelli**
Né à Lugano. XVIe-XVIIe siècles. Travailla à Vienne. Autrichien.
Sculpteur.

CRICCHI Domenico di Marco
XVIe siècle. Actif à Ferrare en 1556. Italien.
Sculpteur sur bois.

CRICCO Antonio
Né en 1835 à Pedavena (près de Feltre). XIXe siècle. Italien.
Peintre.
Cet artiste fit ses études à Venise et à Florence, puis vécut à Feltre, où il peignit des portraits et des compositions historiques.

CRICK Alfred Egide
Né en 1858 à Anvers. XIXe siècle. Belge.
Sculpteur.
Il fut l'élève d'Eugène Simoni et de Léon Jacquet à Bruxelles. On cite de lui les monuments de Jenneval à Anvers.

CRICKEMBOURG Jan Van. Voir **CRIECKENBORCH**

CRICKY Léonard Van
XVIIe siècle. Actif à Bruges vers 1610. Éc. flamande.
Peintre de décorations.

CRICOLINI Battista
XVIIe siècle. Actif à Rome en 1659. Italien.
Sculpteur.

CRIDDLE Mary Ann, née **Alabaster**
Née en 1805 à Holywell (Pays de Galles). Morte en 1880 à Addlestone (près de Chertsey). XIXe siècle. Britannique.
Peintre.
Elle fut l'élève de Hayter et exposa fréquemment des portraits, des tableaux de genre et des compositions historiques. On cite d'elle : *Macbeth, La Reine Philippa et les bourgeois de Calais, Sainte Catherine.*

CRIECKE Inghelbrecht ou **Criec, Kriecke**
Mort vers 1503 à Gand. XVe siècle. Éc. flamande.
Sculpteur.
Il avait été reçu maître à Gand en 1489.

CRIECKENBORCH Johannes van ou **Kriekenburch**
XVe-XVIe siècles. Actif à Gand. Éc. flamande.
Miniaturiste.

CRIGNIER Louis ou **Crinier**
Né le 2 février 1790 à Amiens. Mort en 1824. XIXe siècle. Français.
Peintre.
Entré à l'École des Beaux-Arts en 1811, il se forma sous la conduite de David et de Gros.
MUSÉES : ANGERS : *David d'Angers* – TROYES : *Portrait d'un magistrat.*

CRIGNIS Rudolf de
Né en 1948 à Winterthur. XXe siècle. Suisse.
Peintre. Abstrait-monochrome.
Il vit et travaille à Zurich et New York. Il participe à des expositions collectives, dont : 1976 XXXVe Biennale de Venise. Il montre des ensembles de ses réalisations dans des expositions personnelles : 1980 Zurich et Genève ; 1983 Zurich ; 1984 Schaffhouse ; 1985 Berne ; 1986, 1988, 1991 Zurich ; 1992, 1993 Zoug ; 1995 Winterthur et New York ; 1996 Centre d'art contemporain de Demigny.
Dans les années quatre-vingt, il était encore figuratif. Il a adhéré à la peinture « radicale ». Il produit des monochromes, toutefois, Christian Besson précise : « Ce serait une grave erreur d'en rester à une telle saisie par le seul langage : le mot monochrome pouvant faire croire qu'une seule d'une seule couleur a été passée sur la toile, alors qu'il n'en est rien... » et nous rassure : il y a bien eu plusieurs couches de la couleur passées sur la toile.

CRIHAN Geneviève
Née à Chatenay (Haut-de-Seine). XXe siècle. Française.
Peintre de natures mortes et de paysages.
A partir de 1938, elle a participé au Salon des Artistes Français à Paris.

CRILEY T.
XXe siècle. Français.
Peintre.
Il exposa à Paris au Salon des Artistes Français en 1913.

CRIMS Anthony
XVIIIe siècle. Actif à Middelbourg en 1767. Éc. flamande.
Peintre de décorations.

CRINIER Georges
Né en 1808 au Mans (Sarthe). XIXe siècle. Français.
Peintre.
Il figura au Salon de Paris de 1837 à 1865. On cite parmi ses œuvres : *Lisière d'un bois arrosé par un ruisseau ; Le petit sentier ; La ferme aux ânes.*

CRINIERI Paolo
XVIIe siècle. Actif à Rome vers 1640. Italien.
Sculpteur.
Il fut l'élève d'A. Algardi.

CRINON Hector
Né en 1808 à Vraignes (Somme). XIXe siècle. Français.
Sculpteur.
Élève de Dehaussy. Il travailla pour l'église de Vraignes ainsi que pour l'église Saint-Jean à Péronne.

CRINON Pierre Médard
Né le 25 novembre 1770 à Vez (Oise). XVIIIe siècle. Français.
Peintre.
Élève de Vincent.

CRIPPA Francesco
XIXe siècle. Italien.
Sculpteur.
Lombard, on lui doit le *Monument de Victor Emmanuel Ier* à Monza.

CRIPPA Joséphine, née **Sepolina**
XIXe siècle. Active à Milan. Italienne.
Peintre.
Elle exposa des compositions historiques à partir de 1825. On doit l'identifier avec J. Götzel-Sepolina, qui exposa des miniatures à Vienne entre 1835 et 1839.

CRIPPA Lia
XXe siècle. Italienne.
Peintre. Tendance fantastique.
Elle fait des expositions personnelles tant en Italie qu'à Paris, Megève, Bruxelles.
Sa peinture, aux traits fantastiques, prend souvent un caractère évanescent. Selon la définition de Franco Passoni : « Les tableaux de Lia Crippa, semblables à de précieuses arabesques, se nourrissent de fantaisie, tout en gardant une évidence plastique et suggérant des visions enchantées avec une disposition au récit dans un sens intimiste ».

CRIPPA Luca
Né en 1924 à Seregno (Milan). XXe siècle. Italien.
Peintre, peintre de collages, dessinateur. Figuration onirique, fantastique, tendance surréaliste.
Il participe à des expositions collectives, dont : en 1995 *Attraverso l'Immagine*, au Centre Culturel de Crémone.
Rêves de souvenirs ou souvenirs de rêves, ses compositions, d'une imagination illimitée, fourmillent de détails qui en garantissent la fausse authenticité.
BIBLIOGR. : In : Catalogue de l'exposition *Attraverso l'Immagine*, Centre Culturel Santa Maria della Pietà, Crémone, 1995.

CRIPPA Roberto
Né en 1921 à Milan. Mort en 1972 à Bresso. XXe siècle. Italien.
Peintre et sculpteur. Néocubiste puis gestuel et cinétique.
Élève à l'Académie de Brera à Milan, il fut le condisciple de Carpi, Funi et sans doute Carra. En 1948, il fut l'un des membres du groupe des « Spatialistes », fondé par Lucio Fontana, dont l'objectif consistait à rechercher une nouvelle représentation de l'espace, par des moyens techniques résolument modernes.
Il a participé à la Biennale de Venise en 1948, 1950, 1952, 1954, 1956, 1958 et 1968 ; à la Documenta de Kassel en 1955 ; à la Pittsburgh International Exhibition en 1958 ; à la Biennale de São Paulo en 1961. Sa première exposition personnelle eut lieu à Milan en 1947, suivie de beaucoup d'autres en Italie et aux États-Unis à partir de 1951, à Paris à partir de 1955. Le Palais des Beaux-Arts de Bruxelles lui a consacré une rétrospective en 1959. Il a obtenu divers prix, dont le Prix de Viterbe en 1958.
A ses débuts il était influencé, comme beaucoup d'autres peintres de sa génération, par le néocubisme qui s'était généralisé. Il fut ensuite l'un des premiers en Italie, à pratiquer la peinture gestuelle, réalisant, entre 1948 et 1952, des *Spirales* qui consistaient en calligraphies de lignes spiraloïdes en forme d'écheveaux se développant sur des surfaces ou des formes rondes comme des balles, vivement colorées. Ensuite il s'est consacré à ce qu'il appelait des *Collages*, animant la surface statique de la toile de formes bien découpées, hautes en matière, occupant le fond sombre sobrement découpé. Il jouait sur des effets de matières aux surfaces rugueuses, épaisses, telles que le bois, l'écorce, des éléments végétaux, des éléments métalliques lisses ou brillants, des plastiques transparents. Ses recherches l'ont mené à la sculpture à partir de 1956, construisant en volumes métalliques découpés et soudés, des insectes, des petits monstres qui sont dans la lignée des œuvres de Chadwick. Mais

Crippa a toujours été interessé par le mouvement dans l'espace, la rigueur des paysages survolés en avion, puisqu'il avait été pilote acrobate, mourant dans un accident d'avion. Il s'était orienté, aux alentours de 1965, vers des reliefs monochromes, dans des tonalités de gris. Le mystère de l'espace est toujours resté l'une de ses préoccupations primordiales. ■ Annie Pagès

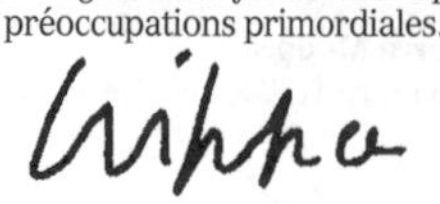

Bibliogr. : *Peintres contemporains*, Mazenod, Paris, 1964 – Michel Tapié : *Crippa*, Milan, 1969 – in : *Diction. universel de la Peinture*, Le Robert, tome 2, Paris, 1975.

Musées : Dallas – Londres (Tate Gal.) – Milan – New York – Rome.

Ventes Publiques : New York, 11 mai 1966 : *Composition*, journaux collés : **USD 1 750** – Milan, 26 mai 1970 : *Spirales sur fond rouge* : **ITL 550 000** – Milan, 2 déc. 1971 : *Spirales* : **ITL 550 000** – Milan, 9 mars 1972 : *Composition* : **ITL 2 800 000** – Milan, 6 avr. 1976 : *Spirales* 1951, h/t (70x100) : **ITL 1 600 000** – Londres, 5 déc. 1978 : *Composition* 1950, h/t (58,5x48,5) : **GBP 450** – Milan, 26 juin 1979 : *Origine du soleil* 1952, techn. mixte/t. (70x90) : **ITL 1 600 000** – Rome, 19 juin 1980 : *Spirales* 1950, h/t (93x73) : **ITL 1 100 000** – Milan, 16 juin 1981 : *Soleil*, techn. mixte/pan. (72x92) : **ITL 1 650 000** – New York, 5 mai 1982 : *Gigantology* 1961, techn. mixte (200,8x180,4) : **USD 1 800** – Milan, 15 juin 1983 : *Composition abstraite* 1950, temp. (70x100) : **ITL 1 800 000** – Milan, 5 avr. 1984 : *Spirales* 1949, h/t (60x50) : **ITL 1 100 000** – Milan, 11 juin 1985 : *Barnarella* 1968, bois peint. en relief (156,5x130,5) : **ITL 2 800 000** – Milan, 10 avr. 1986 : *Paysage* 1961-1962, amiante et collage/pan. (162x130) : **ITL 8 000 000** – Milan, 9 avr. 1987 : *Totem*, bronze et fer (H. 85,5) : **ITL 2 000 000** – Milan, 14 déc. 1987 : *Spirales* 1950, h/t (130x130) : **ITL 9 000 000** – Amsterdam, 7 juin 1988 : *Spirales* 1951, h/t (70x100) : **ITL 1 300 000** – Milan, 8 juin 1988 : *Spirale bleue* 1952, h/t (60x80) : **ITL 5 000 000** – Paris, 23 juin 1988 : *Tête* 1961, écorce et collage (200x200) : **FRF 55 000** – Milan, 14 déc. 1988 : *Eléphant* 1955, h/t (70x80) : **ITL 6 000 000** ; *Personnage allongé* 1950, h/t (139x199) : **ITL 10 000 000** ; *New York* 1960, liège et techn. mixte/pan. (162x129,5) : **ITL 42 000 000** – Londres, 6 avr. 1989 : *Jardins* 1951, h/t (130x162) : **GBP 12 100** – Amsterdam, 24 mai 1989 : *Sans titre* 1957, h/t (80x100) : **NLG 14 950** – Milan, 6 juin 1989 : *La création de la terre* 1952, h/t (130,5x130,5) : **ITL 31 000 000** – Rome, 28 nov. 1989 : *Arosio* 1970, techn. mixte et liège/pan. (79,5x92) : **ITL 9 000 000** – Milan, 27 mars 1990 : *Spirales* 1952, h/t (100x80) : **ITL 24 000 000** – Milan, 12 juin 1990 : *Composition* 1948, h/pan. (130x50) : **ITL 17 500 000** – Milan, 24 oct. 1990 : *Spirales* 1949, acryl./t. (98x98) : **ITL 29 000 000** – Lucerne, 24 nov. 1990 : *Chouette*, dess. au fus. et craie rouge/pap. Japon (28x22) : **CHF 1 100** – Rome, 3 déc. 1990 : *Spirales* 1952, h/t (70x90) : **ITL 18 400 000** – Rome, 9 avr. 1991 : *Spirales* 1951, h/t (170x200) : **ITL 44 000 000** – Rome, 3 déc. 1991 : *Spirales* 1952, acryl./t. (94x144) : **ITL 22 000 000** – Milan, 14 avr. 1992 : *Spirales* 1951, h/t (73x230) : **ITL 24 000 000** – Milan, 9 nov. 1992 : *Oiseau* 1970, techn. mixte et liège (65x54) : **ITL 6 000 000** – Rome, 19 nov. 1992 : *Sans titre*, liège/rés. synth. (50x60) : **ITL 4 200 000** – Milan, 15 déc. 1992 : *Totem* 1959, bois brut/pan. (165x135) : **ITL 24 000 000** – Milan, 6 avr. 1993 : *Personne* 1959, liège et techn. mixte/pan. (145x114) : **ITL 16 500 000** – Zurich, 13 oct. 1993 : *Composition* 1956, h/t (80x60) : **CHF 14 000** – Paris, 20 avr. 1994 : *Personnage* 1960, collage et cr./pap. (64x50) : **FRF 10 000** – Milan, 5 déc. 1994 : *Forêt* 1963, liége/pan. (147x114) : **ITL 8 050 000** – Rome, 13 juin 1995 : *Oiseau* 1966, liège/pan. à fond or (19x25) : **ITL 3 220 000** – Zurich, 14 nov. 1995 : *Totem* 1956, techn. mixte, gche et craie de coul. (65x47,5) : **CHF 2 800** – Milan, 12 déc. 1995 : *Jongleurs* 1955, h/rés. synth. (129x93) : **ITL 25 300 000** – Paris, 22 déc. 1995 : *Composition* 1952, h. et encre/t. (40x50) : **FRF 7 000** – Venise, 12 mai 1996 : *Composition* 1970, h./liège et pap./t. (73x92) : **ITL 4 600 000** ; *Spazi*, collage (54x64) : **ITL 5 100 000** – Milan, 25 nov. 1996 : *Uccello* 1971, liège et techn. mixte/t. (55x46) : **ITL 6 670 000** – Milan, 19 mai 1997 : *Crippascape* 1964, techn. mixte/pan. (130x95) : **ITL 13 800 000** – Paris, 4 oct. 1997 : *Paysage* vers 1960, h. et collage/pan. (24x38) : **FRF 7 000**.

CRISANTUS Benedictus
XVIe siècle. Actif à Laach vers 1505. Allemand.
Peintre.
Il était moine.

CRISCONIO Filippo
XVIe siècle. Actif à Naples. Italien.
Peintre.
Il fut élève de Marco Cardisco Calabrese.

CRISCONIO Luigi
Né en 1893 à Naples. Mort en 1944 ou 1946 à Portici. XXe siècle. Italien.
Peintre de figures, nus, intérieurs, paysages animés, paysages urbains, marines, paysages d'eau.

Ventes Publiques : Milan, 28 oct. 1976 : *Paysage* 1938, h/pan. (30x40) : **ITL 1 400 000** – Milan, 21 avr. 1983 : *Paysage animé*, h/pan. (16x29) : **ITL 1 200 000** – Rome, 6 juin 1984 : *Bord de mer*, h/pan. (42x51) : **ITL 1 500 000** – Milan, 12 déc. 1985 : *Vue de Venise*, h/pan. (12x20) : **ITL 1 200 000** – Milan, 30 oct. 1986 : *Marine*, h/pan. (22x29,5) : **ITL 2 300 000** – Rome, 20 mai 1987 : *Maison de campagne*, h/cart. (40x30) : **ITL 900 000** – Rome, 28 nov. 1989 : *Nu féminin dans un intérieur* 1936, h/t (86x71) : **ITL 7 500 000** – Rome, 29 mai 1990 : *Place du marché à Naples*, h/bois (34x42) : **ITL 4 025 000**.

CRISCUOLO Gaetano
XVIIIe siècle. Actif à Naples au début du XVIIIe siècle. Italien.
Peintre.
Il entra dans la corporation des peintres en 1723.

CRISCUOLO Giovan Filippo ou **Crisqolo, Crescuolo**
Né en 1495 à Gaëte (Latium). Mort en 1584 à Naples. XVIe siècle. Italien.
Peintre de compositions religieuses.
Cet artiste, dirigé d'abord par le Sabbatini à Naples vint à Rome, où il travailla d'après les conseils de Perino del Vaga. Pendant son court séjour à Rome, il copia surtout les œuvres de Raphaël.

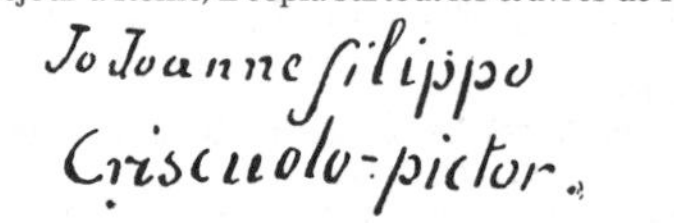

Musées : Naples (Mus. Apodimonte) : *Naissance du Christ*.

CRISCUOLO Giovanni Angelo ou **Crescuolo, Criscolo**
Né dans la première moitié du XVIe siècle probablement à Naples. Mort vers 1572 ou 1580. XVIe siècle. Italien.
Peintre de compositions religieuses.
Quoique cet artiste apprît dès sa plus tendre jeunesse l'art de peindre en miniature, son père voulut qu'il fût notaire, et, en effet, ce ne fut qu'après la mort de celui-ci que Criscuolo commença à suivre ses goûts artistiques. Grâce aux conseils de Marco di Pino, chez lequel il étudia la peinture, il arriva à être un bon imitateur de la manière de ce maître. Plusieurs églises de Naples reçurent de ses œuvres. Il publia une *Histoire des Artistes Napolitains*.

Musées : Naples (Mus. Capodimonte) : *Les rois mages*.

CRISCUOLO Mariangiola ou **Crescuono**
Née vers 1548. XVIe siècle. Italienne.
Peintre d'histoire.
Elle était la fille de Giovan Filippo Criscuolo. Elle était active, probablement à Naples, vers le début du XVIIe siècle. Elle se maria avec Giovanni d'Amato (le jeune) et peignit des Madones dans les églises de Naples.

CRISCUOLO P.
XVIIIe siècle. Actif vers 1750. Italien.
Peintre sur majolique.
Il travaillait à Naples.

CRISENOY Pierre Émile de, baron
Né à Crisenoy (Seine-et-Marne). XIXe siècle. Français.
Peintre de marines.
Il étudia avec Durand-Brager et commença à figurer au Salon de Paris en 1859.

CRISMANE Georges Charles
Né à Langres (Haute-Marne). XXe siècle. Français.
Peintre de paysages, scènes typiques.
Il exposait à Paris, aux Salons des Artistes Français, des Artistes Indépendants.
Il a surtout peint en Bretagne, notamment des scènes de la vie quotidienne dans les campagnes et les ports.

CRISNIZ
XIXe siècle. Actif vers 1800. Français.
Miniaturiste.

CRISONIE Jan
XVIe siècle. Actif à Anvers vers 1570. Éc. flamande.
Sculpteur sur bois.

CRISOSTOMO di Giacomo di Nino
XVe siècle. Actif à Orvieto vers 1490. Italien.
Peintre.
Il travailla pour la cathédrale d'Orvieto.

CRISP Arthur
Né en 1881 à Hamilton (Ontario). XXe siècle. Canadien.
Peintre de fresques.

CRISPI Scipione
Né à Tortone. XVIe siècle. Actif vers 1592 ou 1599. Italien.
Peintre d'histoire.
Crispi occupe une place très méritoire dans l'histoire de la peinture de son école. On ignore son maître. On trouve cependant les qualités les plus sérieuses dans son tableau de la *Visitation de la Vierge à Sainte Elizabeth*, qui fut placé dans l'église de San Lorenzo, à Voghera. Tortone possède un ouvrage de lui représentant *Saint François et Saint Dominique*, daté de 1592.
Ventes Publiques : Londres, 21 fév. 1910 : *Une sainte et deux amours* : **GBP 5**.

CRISPIN
XVIe siècle. Actif à Schwaz (Tyrol) vers 1531. Autrichien.
Peintre.

CRISPINUS
XVIe siècle. Actif à Rothenburg vers 1545. Allemand.
Sculpteur.

CRISPOLTI Piergirolamo
XVIIe siècle. Actif à Pérouse vers 1636. Italien.
Peintre.
Il exécuta deux *Scènes du Purgatoire* pour l'église Santa Maria di Colle, à Pérouse.

CRISPOLTO di Polto da Bettona
XVe-XVIe siècles. Actif à Pérouse et Assise. Italien.
Sculpteur sur bois.

CRISS Francis
Né en 1901. Mort en 1973. XXe siècle. Américain.
Peintre de compositions à personnages.
Il s'inspira souvent de l'Antiquité romaine.
Ventes Publiques : New York, 20 avr. 1979 : *3e Avenue I*, h/t (63,5x48,3) : **USD 5 000** – New York, 25 avr. 1980 : *Entrance to the El*, h/t (88,8x83,2) : **USD 7 000** – New York, 23 mars 1984 : *Baignoires*, h/t (30,4x35,5) : **USD 1 500** – New York, 15 mars 1986 : *Personnages sur un pont*, h/t (61x84) : **USD 10 500** – New York, 24 juin 1987 : *Bains dans le tub*, h/t (30,5x35,5) : **USD 7 000** – New York, 17 mars 1988 : *Scène de l'Antiquité romaine*, h/isor. (60x65) : **USD 4 400** – New York, 25 mai 1989 : *Métro* 1931, cr. et h/t/pan. (23,4x14,6) : **USD 4 400** – New York, 28 sep. 1989 : *Romains*, h./synth. (61x91,5) : **USD 5 500** – New York, 27 mai 1992 : *Alma en train de coudre*, h/t (83,8x114,3) : **USD 23 100** – New York, 15 nov. 1993 : *Romains*, h/rés. synth. (61x91,5) : **USD 3 680** – New York, 1er déc. 1994 : *Oiseau de proie*, h/t (101,6x43,2) : **USD 9 200** – New York, 28 nov. 1995 : *Nature morte au buste de Voltaire* 1931, h/t (76,2x61) : **USD 1 610**.

CRISSAY Marguerite
Née en 1874 à Mirecourt (Vosges). Morte en juillet 1945 à Paris. XIXe-XXe siècles. Française.
Peintre de figures, nus, portraits, paysages, fleurs.
Elle exposa au long de sa carrière au Salon d'Automne de Paris, dont elle était sociétaire, elle figura aussi aux Salons des Artistes Indépendants et des Tuileries. On citait ses qualités constructives alliées à une sensibilité féminine. Nus et baigneuses furent parmi ses thèmes préférés.
Bibliogr. : Georges Turpin : *Quelques peintres du temps présent*, Édit. de la Revue Littéraire, Paris, 1922.
Ventes Publiques : Paris, 4 fév. 1928 : *Nu couché* : **FRF 295** – Paris, 2 mars 1934 : *Anémones dans un pichet d'étain* : **FRF 80** – Paris, 7 juin 1971 : *Paysage provençal* : **FRF 350** – Copenhague, 17 jan. 1985 : *Le repos du modèle*, h/t (107x81) : **DKK 11 500** – Copenhague, 23 avr. 1987 : *Le repos du modèle*, h/t (107x81) : **DKK 20 000**.

CRISSÉ Lancelot Théodore Turpin de, comte. Voir **TURPIN DE CRISSÉ**

CRISSEY Chantal de
Née en 1951. XXe siècle. Française.
Peintre animalier, pastelliste.
Elle vit et travaille à Paris. Elle expose en France et en Suisse. Elle affectionne les sujets de course.

CRISTADORO Giuseppe
Né vers 1711 à Palerme. Mort en 1808 à Messine. XVIIIe siècle. Italien.
Peintre.
Il décora de fresques l'église San Francesco da Assisa à Syracuse.

CRISTALL Elisabeth
Née vers 1770 à Londres. Morte après 1851. XVIIIe-XIXe siècles. Britannique.
Graveur.
Elle était sœur de Joshua et grava plusieurs de ses œuvres.

CRISTALL Joshua
Né vers 1767 à Cambourne (Cornouailles). Mort en 1847 à Londres. XVIIIe-XIXe siècles. Britannique.
Peintre de sujets mythologiques, scènes de genre, paysages, aquarelliste, dessinateur.
Le jeune Joshua fut envoyé comme apprenti chez un fabricant de porcelaine à Rotherhite ; mais n'y resta que peu de temps, trouvant plus tard un emploi comme peintre de porcelaine aux Poteries. Le père s'opposa à une carrière artistique pour son fils, mais Joshua fut encouragé par sa mère, qui dirigea elle-même son goût vers l'art classique. Le jeune peintre vint à Londres où, après de nombreuses privations, il réussit à entrer aux Écoles de la Royal Academy. La connaissance du Docteur Monro, grand bienfaiteur des artistes, chez lequel il vit les premiers jeunes peintres à l'aquarelle de son temps, l'aida considérablement. Cristall devint un des membres fondateurs de la Society of Painters in Water-Colours, et exposa de ses œuvres à partir de 1805. Il continua à envoyer ses tableaux aux différentes expositions de Londres, notamment à la Royal Academy et à la British Institution jusqu'à sa mort.

J. C.

Ventes Publiques : Londres, 11 mai 1908 : *Jeunes paysannes écossaises, Luss, Loch Lomond*, dess. : **GBP 4** – Londres, 9 avr. 1910 : *A. Highland bay Scene*, dess. : **GBP 6** – Londres, 4 et 5 mai 1922 : *Jeunes galloises à la fontaine*, dess. : **GBP 25** – Londres, 27-29 mai 1935 : *Bateaux*, aquar. : **GBP 9** – Londres, 24 nov. 1977 : *Le Jugement de Pâris*, aquar. et cr. (61x44) : **GBP 380** – Londres, 20 juil. 1978 : *Saint-Donats Castle, Glamorgan*, aquar. (28,5x42) : **GBP 700** – Londres, 22 nov. 1979 : *Le départ des pêcheurs*, aquar. et cr. (16,5x23,5) : **GBP 1 300** – Londres, 30 juin 1981 : *Pêcheurs dans une barque* 1820, aquar. et cr. (41,5x54) : **GBP 700** – Londres, 30 mars 1983 : *A welsh peasant girl, Merionethshire, North Wales*, aquar. (37,5x29) : **GBP 1 400** – Londres, 9 juil. 1985 : *La cueillette du houblon* 1807, aquar. et cr. (65x99) : **GBP 3 800** – Hungerford (Angleterre), 21 nov. 1985 : *Fern burners, Coppet Hill* 1828, h/pap. (21,5x33) : **GBP 1 450**.

CRISTALL Walter
XXe siècle. Britannique.
Aquarelliste.

CRISTALLINO
XVe siècle. Actif en Lombardie vers 1483. Italien.
Peintre.

CRISTALLINO Francesco
XVIIIe siècle. Actif à Rome vers 1700. Italien.
Sculpteur.
Il exécuta plusieurs statues pour la colonnade de la place Saint-Pierre.

CRISTEA Andrei
Né le 25 septembre 1909 à Botosani. XXe siècle. Depuis 1961 actif en France. Roumain.
Peintre de compositions à personnages, dessinateur, illustrateur, graphiste. Expressionniste.
Il fit ses études artistiques à Bucarest, commença très jeune à travailler comme graphiste dans la presse roumaine, où il fit ensuite carrière, collaborant à de nombreuses publications, en dirigeant ou créant certaines. Il a aussi réalisé des affiches de théâtre ainsi que de lancement de produits industriels. En 1933 il vint à Paris effectuer un stage à l'hebdomadaire *Elle*. A Paris, il a pu poursuivre ses activités de graphiste et il a montré ses peintures dans une exposition personnelle en 1986.

Plus dessinateur que peintre, ses peintures sont plutôt des dessins rehaussés de couleurs vives en aplats. Son dessin peut être dit expressionniste, d'un expressionnisme joyeux, emprunté avec humour à Miro et Picasso.
BIBLIOGR. : Ionel Jianou : *Les artistes roumains en Occident*, Americ. Romanian Acad. of Arts and Sciences, Los Angeles, 1986.

CRISTELLYS Vicente
XXe siècle. Espagnol.
Peintre de genre.
Il a peint des scènes typiquement espagnoles et travaillé, à Paris, pour la décoration de cinéma.

CRISTEN ou **Christen**
XVIe siècle. Vivait à Lucerne vers 1511. Suisse.
Peintre.
Auteur d'un tableau d'autel dans la chapelle Saint-Pierre à Lucerne.

CRISTESCO C.
XXe siècle.
Sculpteur animalier.
Il exposa à Paris au Salon des Artistes Français en 1911.
VENTES PUBLIQUES : PARIS, 15 juin 1981 : *Cheval sautant un double-obstacle*, bronze et pierre (46x39) : **FRF 4 000** – LONDRES, 20 mars 1986 : *Cheval sautant une haie*, bronze, patine brune (H. 47) : **GBP 1 000**.

CRISTI dei. Voir aussi **CHRISTI**

CRISTI Tiziano dei
XVIIIe siècle. Actif à Vicence. Italien.
Sculpteur sur bois.

CRISTI Valentino dei ou **Christi**
XVIe siècle. Actif à Vérone vers 1550. Italien.
Sculpteur.
On sait qu'il exécuta des *Vierges* pour des églises.

CRISTIANI Elie
Né le 10 février 1948 à Ajaccio (Corse). XXe siècle. Français.
Créateur d'assemblages, auteur de performances.
Il abandonne des études de psycho-pédagogie en 1971, pour se tourner vers l'artisanat, s'initiant à la céramique et la statuaire, dans divers ateliers en France et en Italie. En 1982, il crée une fonderie de bronze d'art, qu'il dirige jusqu'en 1984.
Depuis 1977, il participe à des expositions collectives : 1977 Munich ; 1987, 1988 Paris ; 1989 *Art'Expo* à New York ; 1989 FRAC Corse (Fonds Régional d'Art Contemporain) à Corte. Il montre ses œuvres dans des expositions individuelles : 1978 Londres ; 1984, 1986 Bastia ; 1985, 1991 Ajaccio ; 1987 Paris ; 1993 Villa Arson à Nice et FRAC Corse (Fonds Régional d'Art Contemporain) à Corte. Il a réalisé de nombreuses commandes publiques à Nemours, Besançon et surtout en Corse, où son projet pour le mémorial de la bataille de Ponte Novu, a été retenu, après concours, et exécuté en 1988.
Il collecte, dans les entreprises artisanales et industrielles, des matériaux naturels (poutres, planches de bois), ayant perdus toute valeur d'usage, portant la trace de la main de l'homme, de la machine, du temps. Il les sauve de l'oubli, les « ex-posant » hors de leur contexte d'origine à même le sol, assemblés, superposés. Ces « supports-martyrs », comme il les nomme, se trouvent réhabiliter, par l'intervention de l'artiste « révélant à l'éclairage social la production de preuves résiduelles et objectives de cette activité collective, archaïque, fondamentale, incessante et, d'une certaine façon, étrangement aveugle » (Cristiani).
■ L. L.
BIBLIOGR. : Plaquette de l'exposition : *Les Mystères de l'auberge espagnole*, Fonds Régional d'Art Contemporain Corse, Corte, Villa Arson, Nice, 1992.

CRISTIANI Giovanni di Bartolommeo. Voir **GIOVANNI di Bartolommeo Cristiani da Pistoia**

CRISTIANI Roméo
XIXe-XXe siècles. Italien.
Sculpteur de statues, monuments.
Il vivait et travaillait à Vérone, où il a réalisé, entre autres, la statue de *Paul Véronèse*, le *Monument d'Umberto Ier*.

CRISTIANO
XIVe siècle. Actif à Bologne vers 1368. Italien.
Miniaturiste.

CRISTIANO
XVIe siècle. Actif à Tolède vers 1505. Espagnol.
Sculpteur.
Il travailla pour la cathédrale de Tolède.

CRISTIANO Enrico
XVIe siècle. Actif à Amalfi en 1502. Italien.
Peintre.

CRISTIANO Renato
Né en 1926 à Rome. XXe siècle. Italien.
Peintre.
En 1942, il abandonna des études classiques pour se vouer à l'art. Il exposa pour la première fois à Rome en 1951. Depuis 1957, il travaille alternativement dans l'île de Bali et à Rome. Il a exposé aussi à Paris, New York. En 1960, il participa à la Quadriennale de Rome. En 1961, il fut sélectionné pour l'Exposition Internationale de Pittsburgh.

CRISTIN Pierre
XVIIe siècle. Actif à Saint-Claude (Jura) entre 1655 et 1680. Français.
Sculpteur.

CRISTINO di Fiandra
XIVe siècle. Actif à Bologne. Éc. flamande.
Sculpteur.

CRISTOBAL Juan
XVIe siècle. Espagnol.
Peintre.
Travaillait à Sigüenza en 1589.

CRISTOBAL Melchior. Voir **CHRISTOFFELS**

CRISTOBAL de Léon
XVIe siècle. Actif à Séville. Espagnol.
Sculpteur.
Des documents divers le mentionnent de 1526 à 1540.

CRISTOBAL de Salamanca
XVIe-XVIIe siècles. Travaillant de 1578 à 1608. Espagnol.
Sculpteur sur bois.
Il exécuta les barrières du chœur de la Grande Chapelle du monastère de Montserrat ainsi que les stalles de la cathédrale de Tortosa.

CRISTOFALO
XVe siècle. Actif à Vérone en 1461. Italien.
Peintre.
Il décora l'église San Bernardino, à Vérone.

CRISTOFANELLI Sebastiano
XVIe siècle. Actif à Padoue vers 1550. Italien.
Peintre.
On lui doit des *Noces de Cana*.

CRISTOFANETTI Francesco
Né le 7 novembre 1901 à Rome. XXe siècle. Italien.
Peintre de figures, nus, paysages, natures mortes, fleurs, lithographe.
Il a aussi exposé à Paris, de 1932 à 1934 au Salon des Tuileries.

CRISTOFANI F.
XIXe siècle. Italien.
Graveur.
Il copia nombre de tableaux de maîtres pour l'*Histoire de la peinture*, de Rosini, parue en 1839.

CRISTOFANO. Voir aussi **CRISTOFORO**

CRISTOFANO, di. Voir au prénom

CRISTOFANO
XVe siècle. Italien.
Peintre d'histoire.
Il travaillait à Bologne vers 1404. Cet artiste collabora, avec Pietro-Francesco Jacopo, à la décoration de l'église de la Madonna della Mezzaratta, à Bologne.

CRISTOFANO Mariotto di. Voir **MARIOTTO di Cristofano**

CRISTOFANO di Andrea
XVe siècle. Actif à Florence en 1411. Italien.
Peintre.

CRISTOFANO di Benedetto
XVe siècle. Actif à Sienne au début du XVe siècle. Italien.
Peintre.

CRISTOFANO di Bondi
Né à Pietra Santa. XIVe siècle. Italien.
Peintre.

CRISTOFANO di Muccio
XIVe siècle. Actif à Sienne vers 1345. Italien.
Peintre.

CRISTOFANO di Papi dell'Altissimo. Voir **CHRISTOFANO**

CRISTOFANO di Pietro Paolo, dit **Quarantotto**
XVe siècle. Actif à Sienne vers 1485. Italien.
Sculpteur.

CRISTOFANO di Vanni
XIVe siècle. Actif à Sienne en 1392. Italien.
Peintre.

CRISTOFARI Elisabeth
Née dans l'Oise. XXe siècle. Française.
Sculpteur.
Élève de Sicard et Lamourdedieu. A exposé au Salon des Artistes Français de 1932.

CRISTOFARI Pietro Paolo de
Né en 1685 à Rome. Mort en 1743 à Rome. XVIIIe siècle. Italien.
Peintre mosaïste.
Il était le fils de Fabio et fut son collaborateur.

CRISTOFOL Leandre
Né en 1908 à Os de Balaguer, près de Lérida. Mort le 19 août 1998 à Lérida. XXe siècle. Espagnol.
Sculpteur d'assemblages, dessinateur. Surréaliste.
Il fut d'abord apprenti charpentier et ébéniste. Parallèlement il apprenait à dessiner et commençait à sculpter. Dans les premières années trente, il fréquentait les milieux artistiques d'avant-garde de Barcelone. Il participa aux expositions du groupe ADLAN, notamment en 1936 à Barcelone, et en 1938, introduit par Benjamin Péret dans le groupe surréaliste, à l'Exposition Internationale du Surréalisme à Paris, puis à d'autres manifestations du groupe. En 1990, le Musée d'Art Moderne de Valence lui organisa en hommage une exposition rétrospective de son œuvre. En 1997 à Paris, il était représenté à l'exposition *Les Années trente en Europe. Le temps menaçant*, au Musée d'Art Moderne de la Ville.
En 1934-35, il produisit une série de dessins oniriques, *Morphologies*. Après la guerre, isolé à Barcelone, puis à Lérida, il réalisa des compositions et reliefs en bois et tous objets de récupération, plus proches de l'esprit Dada que du surréalisme.
Bibliogr. : In : Catalogue de l'exposition *Les Années trente en Europe. Le temps menaçant*, musée d'Art moderne de la ville, Paris-Musées, Flammarion, Paris, 1997.
Musées : Barcelone (Mus. Nat. d'Art de Catalogne) : *Monument* 1935 – *Nuit de lune* 1935 – *Anticipation ontique* 1939 – Madrid (Mus. Reina Sofia).

CRISTOFORO
XVe siècle. Actif à Bologne. Italien.
Peintre de miniatures.

CRISTOFORO ou **Cristofano**
XVe siècle. Italien.
Peintre.
Il était actif à Ferrare vers 1469.

CRISTOFORO
XVIe siècle. Actif à Ravenne vers 1599. Italien.
Sculpteur sur bois.

CRISTOFORO
XVIIe siècle. Grec.
Peintre.
Il travailla en Crète.

CRISTOFORO Fabio de ou **Cristofori** ou **Cristofano**
Né dans le Picenum. Mort en 1689 à Rome. XVIIe siècle. Italien.
Peintre mosaïste.
Cristoforo fut souvent aidé par son fils Pietro-Paolo. Il fonda l'École des mosaïstes au Vatican, sous le Pontificat de Clément XI (1700-1721). Cet artiste exécuta, en collaboration avec Pietro, des ouvrages dans la Basilique de Saint-Pierre, à Rome.

CRISTOFORO di Antonio
XVe siècle. Actif à Pérouse en 1402. Italien.
Peintre.

CRISTOFORO d'Averara
XVe siècle. Italien.
Peintre.
Il travaillait à Brescia.

CRISTOFORO de Bardi. Voir **BARDI**

CRISTOFORO di Beltrame
XVe siècle. Actif à Padoue en 1449. Italien.
Peintre.

CRISTOFORO da Bergamo
XVIe siècle. Actif vers 1569. Italien.
Peintre.

CRISTOFORO di Bindoccio
XIVe-XVe siècles. Actif à Sienne. Italien.
Peintre.
Il travailla pour la cathédrale de Sienne.

CRISTOFORO da Bologna, l'Ancien
XIVe-XVe siècles. Italien.
Peintre.
Il était actif à Bologne.
Musées : Ferrare : deux œuvres.
Ventes Publiques : Londres, 21 avr. 1982 : *Descente de croix*, h/pan. (58x36) : **GBP 105 000**.

CRISTOFORO da Bologna, le Jeune
XVe siècle. Italien.
Peintre d'histoire.
Actif à Bologne, il peignit à l'église San Francesco une *Prédication de Saint Bernard de Sienne*.

CRISTOFORO da Brescia
XVIe siècle. Italien.
Peintre.
Le Kaiser Friedrich Museum, à Berlin, possède des œuvres de cet artiste.

CRISTOFORO da Campione
XVe siècle. Actif à Venise. Italien.
Sculpteur.
Il travailla avec son frère Pietro à l'église San Marco.

CRISTOFORO da Coltrona
XVe siècle. Actif à Aquilée. Italien.
Sculpteur et architecte.

CRISTOFORO di Contro
XVe siècle. Actif à Sienne vers 1452. Italien.
Peintre verrier.

CRISTOFORO de Cortesi ou **di Cortesio,** ou **Cortese**
Né à Venise. XIVe siècle. Italien.
Peintre de miniatures.
Il travailla surtout à Bologne. Il travailla aux peintures du manuscrit : *Matricolei de Sta Catherina di Sacchi*, autrefois en possession de Cicogna (1360-1371).

CRISTOFORO di Cosona
Mort en février 1389 à Sienne. XIVe siècle. Italien.
Peintre.
Il travaillait en 1369 pour la cathédrale de Sienne.

CRISTOFORO di Daniello di Leonardo
Mort en 1505 à Sienne. XVe siècle. Italien.
Peintre.
Son père, son oncle Lazzaro, son frère Domenico furent également peintres.

CRISTOFORO de'Ferrari ou **da Milano**
XVe siècle. Italien.
Sculpteur.
Il était actif à Gènes. Peut-être est-il identique, à un Cristoforo da Milano qui sculpta avec Filippo Sacchi de Crémone une superbe porte pour le Palais Cajazzo à Parme.

CRISTOFORO de'Ferrari ou **de'Guiochi,** ou **de Giuchis**
XVe-XVIe siècles. Italien.
Peintre.
Il était actif à Caravaggio (Lombardie), vers 1500. L'église doyennale de Caravaggio conserve de lui une *Vierge avec l'Enfant Jésus entre saint Pierre et saint André*.

CRISTOFORO da Firenze
XVe siècle. Actif à Ferrare en 1451. Italien.
Sculpteur.

CRISTOFORO da Forli
XVe siècle. Actif à Forli entre 1465 et 1481. Italien.
Peintre.

CRISTOFORO da Forli
XVe siècle. Actif à Forli entre 1467 et 1488. Italien.
Peintre.
Cet artiste est différent du précédent.

CRISTOFORO di Franceschino da Faenza
XVe siècle. Actif à Forli en 1428. Italien.
Peintre.

CRISTOFORO di Geremia
Né à Mantoue. Mort vers 1476 à Rome. XVe siècle. Italien.
Sculpteur et médailleur.
Il fut élève de Brunelleschi.

CRISTOFORO di Giacomo
XVe siècle. Actif à Pérouse. Italien.
Peintre.

CRISTOFORO di Giacomo
XVe siècle. Actif à Foligno. Italien.
Peintre.

CRISTOFORO di Giovanni
Né à Sanseverino. XVe siècle. Italien.
Peintre.

CRISTOFORO di Giovanni
XVe siècle. Actif à Pérouse vers 1456. Italien.
Peintre.

CRISTOFORO di Giovanni d'Alemagna
XVe siècle. Actif à Trévise en 1443. Italien.
Sculpteur.

CRISTOFORO de'Giuchis ou **de'Giuochi**. Voir **CRISTOFORO de'Ferrari**

CRISTOFORO di Gregorio
XVe siècle. Actif à Pérouse vers 1405. Italien.
Peintre.

CRISTOFORO dalle Lancie
XVe siècle. Actif à Vérone vers 1444. Italien.
Peintre.

CRISTOFORO del Legnane
XVIe siècle. Actif à Venise vers 1505. Italien.
Sculpteur et architecte.

CRISTOFORO da Lugano
XVe siècle. Actif à Lugano vers 1466. Suisse.
Peintre.
Auteur, avec la collaboration de son frère Nicolla de Lugano, d'une série de toiles représentant *Dieu le Père et le sacrifice du Calvaire*, dont l'une, signée et datée de 1466, est conservée dans la chapelle du collège d'Ascona.

CRISTOFORO da Maroggia
Né près de Lugano, originaire de Maroggia. XVIe siècle. Suisse.
Sculpteur.
Il travailla pour la cathédrale de Côme entre 1527 et 1564.

CRISTOFORO di Martino
XVe siècle. Actif à Pérouse vers 1450. Italien.
Peintre de miniatures.

CRISTOFORO da Milano
XVe siècle. Actif à Brescia en 1430. Italien.
Peintre.

CRISTOFORO da Milano. Voir aussi **CHRISTOFORO de' Ferrari**

CRISTOFORO di Niccoluccio di Cecco
XVe siècle. Actif à Pérouse vers 1400. Italien.
Peintre.
Peut-être fils de Niccolo di Cecco del Mercia.

CRISTOFORO di Paolo da Venezia
XVe siècle. Actif à Padoue vers 1468. Italien.
Peintre.

CRISTOFORO de Predis. Voir **PREDIS**

CRISTOFORO de Rande
XVe siècle. Actif à Milan en 1481. Italien.
Peintre.

CRISTOFORO da San Giovanni in Persiceto
XVe siècle. Actif à Césène vers 1454. Italien.
Sculpteur.

CRISTOFORO di Sandro
Né à Fiesole. XVe siècle. Italien.
Sculpteur.
Il travailla pour l'église San Petronio, à Bologne.

CRISTOFORO da Seregno
XVe siècle. Actif à Lugano en 1477. Suisse.
Peintre.

CRISTOFORO di Stefano
XIVe siècle. Actif à Sienne vers 1357. Italien.
Peintre.

CRISTOFORO Tedesco
XVe siècle. Italien.
Sculpteur.
Il travaillait en 1402 pour la cathédrale d'Orvieto.

CRISTOFORO della Villa
XVe siècle. Actif à Rome vers 1470. Italien.
Peintre.

CRISTOL Horace
Né le 11 juin 1878 à Menton (Alpes-Maritimes). Mort en 1959 à Toulon (Var). XXe siècle. Français.
Peintre de paysages animés, peintre à la gouache, aquarelliste, dessinateur, illustrateur.
Homme de culture, il fut toujours passionné par la musique et la philosophie, écrivant au long de sa vie un ouvrage sur l'art, resté non publié. Toutefois, après avoir fait l'École de la Santé Navale à Bordeaux, il devint médecin dans la Marine. Il fit plusieurs fois le tour du monde, terminant une brillante carrière comme médecin général, commandeur de la Légion d'honneur. Depuis sa mort, une place de Toulon porte son nom.
Enthousiasmé par les paysages et les scènes typiques qu'il découvrit à Tahiti, en Afrique, en Inde et Indochine, il nota ses impressions sur papier, à l'aquarelle ou à la gouache, la peinture prenant toujours plus d'importance dans sa pensée et sa vie. Ses dessins rehaussés, témoignages de la couleur et de la vie des foules arabes et africaines, furent publiés dans *L'Illustration* à partir de 1925. Ce fut très naturellement qu'il fut agréé peintre officiel de la marine. Outre ses impressions de voyages, il a aussi traité des aspects de Toulon ou de la Bretagne folklorique. En 1966, le Musée d'Art et d'Archéologie de Toulon lui a consacré une exposition rétrospective posthume.
Ses œuvres aux couleurs claires, aux dégradés savants, au trait nerveux, montrent une véritable sensibilité. Ses peintures à l'huile, représentant notamment des vues de Tanger ou de Bizerte n'ont peut-être pas la même spontanéité.
BIBLIOGR. : Catalogue de l'exposition rétrospective *Horace Cristol*, Mus. d'Art et d'Archéologie, Toulon, 1966 – Gérald Schurr, in : *Les Petits Maîtres de la peinture 1820-1920, valeur de demain*, Les Éditions de l'Amateur, t. VII, Paris, 1989.
VENTES PUBLIQUES : PARIS, 22 juin 1992 : *Marché à la Martinique*, cr. et aquar. (34x25) : **FRF 6 000**.

CRISTOPHOL Mossen Pedro
XVe siècle. Actif à Barcelone en 1483. Italien.
Enlumineur.

CRITCHER Catherine Carter
Née à Westmoreland. XIXe-XXe siècles. Britannique.
Peintre de scènes de genre.
Elle a exposé au Salon des Artistes Français de Paris en 1911.
VENTES PUBLIQUES : NEW YORK, 23 mars 1984 : *Indiennes faisant des poteries*, h/t (101,4x94,5) : **USD 28 000**.

CRITCHLOW Michael Bernard
Né le 21 juin 1904. XXe siècle. Britannique.
Peintre.
Il fut élève de Robert J. Emerson. Il exposait à Londres, à la Royal Academy, au New English Art Club, au Royal Institute of Oil Painters.

CRITIOS
VIe-Ve siècles avant J.-C. Athénien, travaillant entre 500 et 470 avant J.-C. Antiquité grecque.
Sculpteur.
Au cours des vingt premières années du Ve siècle avant J.-C., ce sculpteur est connu pour deux œuvres qui font effet de révolu-

tion dans l'histoire de la sculpture antique. Ce sont *l'Ephèbe de l'Acropole* (490-480) et les *Tyrannoctones* (470). *L'Ephèbe* est la première statue hanchée connue, même si en réalité d'autres l'ont précédée. Bien que l'Ephèbe paraisse peu différent des Couroï, il apporte une nouveauté qui engage des grands artistes comme Polyclète vers un nouveau style. Libérant la statue du schéma frontal, il incline la tête de la statue, abaisse l'épaule et la hanche d'un côté. Polyclète reprendra ce mouvement en le modifiant et le perfectionnant dans la vraisemblance. Avec l'affaissement d'un côté de son corps, l'Ephèbe est imprégné de vie, il n'a plus la raideur des statues archaïques, son corps est prêt à s'animer. Pour cette raison, J. Charbonneaux insiste sur le fait que cette statue est un événement capital dans l'histoire de l'art : « Il marque l'instant où l'art passe de l'interprétation arbitraire à l'imitation raisonnée de la nature ». Critios répond ainsi à la recherche de vérité de son époque, à tel point qu'on a voulu voir en cet *Ephèbe* l'incarnation d'un idéal démocratique grec, l'image du citoyen, homme libre. Si cet éphèbe est plein d'une vie discrète, il marque une certaine retenue qui peut être inhérente au caractère attique de Critios. L'ensemble des *Tyrannoctones* est un groupe exécuté par Critios et Nésiotès, commandé en 477 pour remplacer celui sculpté par Anténor. Nous en connaissons la réplique romaine qui se trouve au Musée de Naples. L'original devait être en bronze, ce qui explique l'association du technicien Nésiotès au sculpteur. L'originalité des *Tyrannoctones* vient de la conception en profondeur du groupe, dont chacun des deux personnages n'a pas été traité séparément, pour lui-même, mais en fonction de l'ensemble. Il y a là une prise en possession de l'espace qui paraît d'autant plus innovatrice qu'elle est le seul exemple connu dans ces premières années du Vᵉ siècle avant J.-C. ; ce qui ne veut pas dire que Critios soit effectivement l'inventeur de la statue hanchée. ■ A. J.

Bibliogr. : J. Charbonneaux : *La sculpture grecque archaïque*, 1964 – R. Martin, in : *Dictionnaire universel de l'art et des artistes*, Hazan, 1967.

CRITON Jean

Né le 23 décembre 1930 à Paris. XXᵉ siècle. Français.

Peintre, peintre de collages, dessinateur. Tendance fantastique.

Il fut élève de l'École des Beaux-Arts et de l'École des Métiers d'Art de Paris. À cette époque, il connut Dominique d'Astier qui devint sa compagne et Bernard Réquichot. Il a exposé à Paris à partir de 1955, puis à Rome, Bruxelles, Istanbul. A Paris, en 1963 et 1967, il participa à la Biennale des Jeunes, figurant parmi les lauréats en 1963, en 1967 au Salon Comparaisons, à partir de 1968 au Salon Grands et Jeunes d'Aujourd'hui, depuis 1972 au Salon de Mai. En Italie, il fut aussi sélectionné pour le Prix Marzotto.

Il crée un univers fantastique, dans ses collages, ses toiles et ses dessins, où ses entassements de chairs paraissent obsessionnels. D'autres œuvres figurent des accumulations d'architectures vues en perspective contre-plongeante. Il se situe lui-même parmi les « Nouveaux Réalistes », ce qui ne correspond guère à l'appellation telle que l'a définie Pierre Restany.

Musées : Paris (Mus. Nat. d'Art Mod.) – Saint-Étienne (Mus. d'Art et d'Industrie).

CRITS Thomas de

XVIIᵉ siècle. Britannique.

Peintre, décorateur.

CRITTENDON John Denton

Né en 1834 à Dartford. Mort en 1877 à Londres. XIXᵉ siècle. Britannique.

Sculpteur.

Il fut l'élève de J. Francis et exposa à partir de 1853 à la Royal Academy, à Londres.

CRITTIN Claude. Voir **CHRESTIEN**

CRITZ Emmanuel de

Né vers 1605. Mort en 1665 à Londres. XVIIᵉ siècle. Britannique.

Peintre de portraits, décorations murales.

Il était le troisième fils de John I de Critz. Il succéda à son frère John II, dans l'emploi de « serjeant painter ».

Il fit des peintures de plafonds, mais il peignit surtout des portraits qu'on distingue malaisément de ceux attribués à son frère Thomas.

Musées : Londres (Nat. Portrait Gal.) – Oxford (Ashmolean Mus.).

CRITZ John de, l'Aîné ou **Decretts** ou **de Crats**

Né vers 1552 ou 1555. Mort avant 1641 à Londres. XVIᵉ-XVIIᵉ siècles. Britannique.

Peintre de portraits.

Descendant d'une famille anversoise, il arriva en Angleterre en 1568. Il fit sans doute un voyage en France et en Italie en 1580. À partir de 1600, il fut peintre de la cour et exécuta certainement nombre de portraits. On n'en connait que fort peu. En 1607, par exemple, il reçut la commande de sept portraits du duc de Salisbury.

Bibliogr. : In : *Diction. de la peinture anglaise et américaine*, coll. Essentiels, Larousse, Paris, 1991.

Musées : Londres (Nat. Portrait Gal.) : *Sir Francis Walsingham* vers 1585 – *Thomas Sackeville, 1ᵉʳ duc de Dorset* 1601.

Ventes Publiques : Londres, 15 déc. 1993 : *Portrait du Roi Jacques VI d'Écosse, Jacques Iᵉʳ d'Angleterre de trois-quarts en habit blanc brodé de perles et col de dentelle avec une cape de fourrure et portant l'ordre de Saint-George*, h/pan. (113,7x82,9) : **GBP 34 500**.

CRITZ John de II

Né vers 1600. Mort après 1657. XVIIᵉ siècle. Britannique.

Peintre de portraits, décorations murales.

Il était fils de John I. Il peignit aussi, semble-t-il, un grand nombre de portraits. Il était attaché à la maison du roi, en tant que « serjeant painter », sous Jacques Iᵉʳ et Charles Iᵉʳ. Il paraît avoir fait surtout des décorations dans les palais royaux. Il acheta beaucoup de tableaux à la vente de la collection de Charles Iᵉʳ.

CRITZ Olivier de

Né vers 1625. XVIIᵉ siècle. Britannique.

Peintre de portraits.

Cet artiste était le quatrième fils de John I. Une tradition ancienne lui attribue un portrait conservé à l'Ashmolean Museum d'Oxford.

Musées : Oxford (Ashmolean Mus.) : *Portrait.*

CRITZ Thomas de

Né avant 1605. Mort peut-être vers 1676. XVIIᵉ siècle. Britannique.

Peintre.

Il était le second fils de John II. Il est possible, mais peu vraissemblable, que deux artistes de cette famille aient porté ce prénom.

CRIVELLARI Bartolommeo

Né en 1725 à Venise. Mort en 1777 à Venise. XVIIIᵉ siècle. Italien.

Graveur et sculpteur.

Crivellari apprit à manier le burin sous la direction de Joseph Wagner. Il exécuta plusieurs planches en se servant des modèles de Gherardini, Tiarini et Tiepolo.

CRIVELLI Angelo Maria, dit **le Crivellone**

Né à Milan. Mort vers 1730. XVIIᵉ-XVIIIᵉ siècles. Italien.

Peintre de paysages animés, scènes de chasse, animalier, natures mortes.

Crivelli fut considéré par des historiens, ses contemporains, tels qu'Orlandi, comme un peintre merveilleux dans le genre qu'il avait adopté. Dans quelques ouvrages, il eut la collaboration d'Alessandrino, notamment dans ceux que conserve la Galerie de Dresde.

Musées : Bergame (Acad. Carrara) : *Dindons* – Chambéry (Mus. des Beaux-Arts) : *Nature morte aux poissons* – Milan (Brera) : *Portrait d'un Chasseur* – Orléans : *Un chien et une poule.*

Ventes Publiques : Paris, 1777 : *Basse-cour* : **FRF 45** – Milan, 10 mai 1966 : *Nature morte aux poissons* : **ITL 380 000** – Vienne, 14 mars 1967 : *Volatiles* : **ATS 28 000** – Milan, 25 nov. 1976 : *Chiens de gibier*, h/pan. (23x28) : **ITL 2 600 000** – Milan, 5 déc. 1978 : *La Chasse au lion*, h/t (174x230) : **ITL 2 400 000** – Milan, 25 mai 1982 : *Le renard dans la basse-cour ; L'Attaque du renard*, deux h/t (92x127) : **ITL 14 000 000** – Milan, 27 nov. 1984 : *Volatiles dans un paysage*, h/t (175x135) : **ITL 15 000 000** – Milan, 25 fév. 1986 : *Volatiles dans un paysage*, h/t (81x100) : **ITL 15 000 000** – Milan, 19 avr. 1988 : *Nature morte avec gibier, raisin et deux chiens*, h/t (117x177) : **ITL 21 000 000** – Milan, 21 avr. 1988 : *Nature morte aux poissons et tortue*, h/t (92x65) : **ITL 11 000 000** – Milan, 4 avr. 1989 : *Nature morte avec des poissons*, h/t (105x86) : **ITL 15 000 000** – Monaco, 17 juin 1989 : *Nature morte au gibier et coquillages*, h/t (87x128) : **FRF 122 100** – New York, 13 oct. 1989 : *Oiseaux sauvages dans un paysage*, h/t, une paire (43,5x59,5) : **USD 8 800** – Monaco, 7 déc. 1990 : *Vue d'un pigeon-*

nier, h/t (117x147) : **FRF 199 800** – New York, 11 avr. 1991 : *Paon, faisans et lapins dans un paysage, ; Dindon et poules picorant du raisin dans une grange*, h/t, une paire (chaque 117x146,5) : **USD 63 250** – Londres, 13 sep. 1991 : *Canards et autres volatiles sur la berge d'une rivière*, h/t (36,2x52,8) : **GBP 6 600** – Paris, 16 déc. 1991 : *Canards sauvages, paons et oiseaux d'ornement dans des paysages*, h/t, une paire (chaque 114x146) : **FRF 142 000** – Milan, 3 déc. 1992 : *Nature morte aux poissons ; Nature morte au gibier*, h/t, une paire de forme ovale (chaque 73x57) : **ITL 22 000 000** – New York, 12 jan. 1995 : *Nature morte de poissons sur la berge d'une rivière*, h/t (41,9x55,9) : **USD 12 075** – Londres, 5 avr. 1995 : *Héron, canard et autre gibier d'eau*, h/t, une paire (chaque 102x108) : **GBP 11 500** – Lyon, 4 déc. 1995 : *Nature morte aux dindon, pigeons, coqs et légumes dans un paysage*, h/t (89x114) : **FRF 11 500**.

CRIVELLI Antonio
XIVe siècle. Actif à Pavie vers 1382. Italien.
Peintre et miniaturiste.

CRIVELLI Antonio Domenico
Né à Pavie. XVIIIe siècle. Italien.
Peintre de décorations.
En 1782 il travaillait à Parme.

CRIVELLI Antoniolo
XVe siècle. Actif à Milan vers 1432. Italien.
Peintre.
Il travaillait pour la cathédrale.

CRIVELLI Bernardo
Né à Milan. XVIIe siècle. Italien.
Peintre.
Il était à Rome en 1679.

CRIVELLI Carlo
Né entre 1435 et 1440 à Venise. Mort vers 1495 dans les Marches. XVe siècle. Italien.
Peintre de compositions religieuses.

Né à Venise, Crivelli y séjourna jusqu'en 1457, il fut condamné à six mois de prison et à une amende de 200 livres, pour avoir séduit la femme d'un marin. Aussitôt après, il quitta Venise pour toujours et s'établit dans la province des Marches. Il vécut d'abord à Fermo (jusqu'à 1470 environ), ensuite, pendant quatorze ans à Ascoli, en peignant pour ces villes et les localités environnantes des retables d'autel. En 1487-88 on le retrouve de nouveau à Fermo et en 1488 à Camerino. La dernière date connue de sa vie, 1493, se trouve sur le retable du *Couronnement de la Vierge*, peint pour l'église de Saint-François à Fabriano, actuellement à la Brera à Milan. En 1490, l'artiste reçoit du prince de Capoue, le futur Ferdinand II de Naples, le titre de « miles » qu'il n'omet jamais dans les signatures sur ses tableaux. Plus tard il obtient le titre de *eques laureatus* comme il ressort de la signature du retable de la Brera. Le lieu et la date de sa mort sont inconnus.

Crivelli était probablement sorti de l'atelier des Vivarini, mais il subit une forte empreinte de l'école padouane, dont le foyer se trouvait dans l'atelier de Squarcione. Celui-ci, peintre assez médiocre, avait su former des élèves remarquables qui travaillaient pour lui : le jeune Andrea Mantegna, Gregorio Schiavone, Marco Zoppo et d'autres encore.

Les premières œuvres de Crivelli, le petit retable avec une *Pietà* de Berlin et surtout sa *Madonna della Passione* du Musée de Vérone trahissent une influence décisive de cette école orientée vers un dessin précis, une plasticité extrême des corps et des ornements dans le style antique : chapiteaux sculptés, guirlandes de fruits, feuilles d'acanthe et petits génies ailés, travestis en angelots (putti). Crivelli resta fidèle à ce répertoire des formes. Mais, expatrié dans les Marches, province pauvre en art et en culture, il demeura isolé et son art n'eut presque pas d'écho à Venise.

Crivelli était exclusivement peintre de sujets religieux. Ses tableaux d'autel sont des polyptyques à l'ancienne, où chaque figure de saint occupe un compartiment isolé. À une époque où la peinture à l'huile fait la conquête de l'Italie il reste fidèle à la détrempe. L'esprit des ordres mendiants, Dominicains et Franciscains, pour lesquels il travaillait en grande partie, se manifeste dans ses œuvres par le contraste marqué de la splendeur qui entoure la Vierge et les évêques en dalmatiques rutilantes avec l'ascétisme des moines vêtus de simples bures.

Les premières œuvres exécutées dans les Marches, le retable pour l'église de Saint-Silvestre à Massa Fermana de 1468 (actuellement à l'Hôtel de Ville), ainsi que le retable de Macerata de 1470, dont un fragment seul, avec la Madone et l'Enfant a pu être sauvé dans un incendie (Musée municipal) trahissent encore une certaine faiblesse de dessin et de composition.

Mais, à partir de son arrivée à Ascoli, son talent se développe. Le retable de la cathédrale d'Ascoli (1473) qui contient vingt-et-une pièces de peinture, le retable de l'église de Saint-Dominique de la même ville (1476), actuellement à la National Gallery de Londres (incorrectement reconstruit), le grand retable des Franciscains à Monte Fiore dell'Aso (dont les parties sont éparses dans les Musées de Bruxelles, de Londres et d'Amérique) et pour lequel s'est conservé l'unique dessin connu de Crivelli (Fogg Museum, Cambridge, U.S.A.), toutes ces œuvres montrent le plein épanouissement de l'art de Crivelli. La plasticité de ses figures atteint son point culminant, ses couleurs sont puissantes et pures, les détails comme les fruits, les vases de fleurs et les velours brodés atteignent à une richesse jamais dépassée par un peintre italien. En 1486 Crivelli exécute pour le couvent de l'Annonciation à Ascoli la grande *Annonciation*, actuellement à Londres, où la Vierge se trouve à l'intérieur d'une maison, tandis que l'ange, accompagné de l'évêque Emidio, patron de la ville, reste dans la rue devant sa fenêtre. De cette époque datent également plusieurs représentations de la *Pietà* et de la *Mise au tombeau* qui formaient le couronnement de quelques retables. Les facultés tragiques et émotives de Crivelli y prennent leur plein essor. Les plus belles sont la *Pietà* de la collection Johnson de Philadelphie (U.S.A.), du Metropolitan Museum à New York (avant 1485) et la *Mise au Tombeau* du Vatican (avant 1490). Vers 1490 on constate un certain fléchissement de ses forces créatrices. Le détail devient trop riche et écrase parfois la composition. L'expression de la douleur se fige en grimace, le coloris est plus sombre, un ton brun-rougeâtre envahit les tableaux, tel est par exemple le *Couronnement de la Vierge* de 1493. Crivelli recourt souvent à des rehauts en plâtre doré, appliqués à la surface du tableau. Des couronnes, des bords de dalmatiques représentant des broderies d'or, les clefs de saint Pierre sont souvent en matière épaisse dorée.

L'art de Crivelli eut une grande influence sur la peinture des Marches et des provinces avoisinantes. Parmi ses élèves et ses imitateurs : Vittorio Crivelli, élève et parent (?) de Carlo, Pietro Alamanno qui signa ses tableaux : « Discipulus Caroli Crivelli Veneti », ainsi que plusieurs peintres anonymes, qui collaboraient aux grands retables du maître et auxquels on doit souvent les prédelles de ses tableaux. Nicolo di Maestro Antonio di' Ancona, Lorenzo di San Severino, Bernardino di Mariotto et Stefano Falchetti ont aussi subi l'influence de Crivelli.

■ E. Zarnowska

Musées : Ancone : *Vierge et Enfant* – Ascoli (Cathédrale) : *Vierge et Pietà* 1473, retable – Baltimore (Walter's Gal.) : *Vierge à l'Enfant – Saint François – Saint Bernard* – Bergame (Acad. Carrara) : *Vierge et l'Enfant* – Berlin : *Pietà avec deux saints – Saint Jérôme – Saint Bernard – Sainte Madeleine – La Consignation des clefs à saint Pierre* – Boston : *Pietà* – Boston (Gardner Mus.) : *Saint Georges et le dragon* – Bruxelles : *Vierge et Enfant – Saint François* – Budapest : *Vierge et Enfant* – Cambridge (Fogg Mus.) : *Pietà* – Chicago : *Crucifixion* – Detroit : *Mise au tombeau – Deux saints* – Francfort-sur-le-Main : *Annonciation* 1482 – Londres : *Pietà – La vision du bienheureux Gabriel Feretti – La Vierge avec saint Jérôme et saint Sébastien – L'Annonciation* 1486 – *Grand retable avec la Vierge (« l'autel Demidoff »)* 1476 – *La Vierge avec saint François et saint Sébastien* 1491 – *La Vierge en extase* 1492 – Londres (Victoria and Albert Mus.) : *Vierge et l'Enfant* – Londres (coll. Wallace) : *Saint Roch* – Macerata : *Vierge et Enfant* 1470 – Massa Fermana (Municipio) : *La Vierge, des saints une Pietà et une Annonciation* 1468, retable – Milan (Brera) : *La Vierge et quatre saints* 1482, triptyque – *Le Couronnement de la Vierge* 1493 – *Pietà – Madonna della Candeletta – Crucifixion* – Milan (Castello Sforzesco) : *Deux saints* – Milan (Mus. Poldi-Pezzoli) : *Saint François recueillant le sang du Christ – Saint Sébastien* – New York : *Saint Georges – Saint Dominique – Pietà* – Paris (Louvre) : *Saint Jacques de la Marche* 1477 – Paris (Mus. Jacquemart-André) : *Deux panneaux de prédelle avec six saints*, école ? – Pausola (Église de Saint-Augustin) : *Vierge et l'Enfant* – Philadelphie (coll. Johnson) : *Pietà* – Rome (Vatican) : *Mise au tombeau – Vierge et l'Enfant* 1482 – Strasbourg : *Adoration des Bergers*, école ? – Venise : *Deux volets avec saints* – Vérone : *La Vierge de la Passion*.

Ventes Publiques : Londres, 1847 : *L'Annonciation* : **FRF 8 135** – Londres, 1849 : *La Vierge, l'Enfant Jésus et plusieurs saints* :

FRF 23 600 – Paris, 1863 : *Saint Georges et le dragon* : **FRF 2 704** – Londres, 1874 : *Trois saints dans leurs niches* : **FRF 14 150** ; *Vierge en extase* : **FRF 14 475** ; *Sainte Catherine et sainte Magdeleine* : **FRF 5 515** – Paris, 1883 : *Le Calvaire* : **FRF 2 800** – Rome, 1884 : *Sainte Catherine d'Alexandrie* : **FRF 2 600** – Londres, 1884 : *La Vierge et l'Enfant sur un trône, entourés de saints* : **FRF 18 200** ; *Pietà* : **FRF 9 880** ; *L'ensevelissement* : **FRF 2 730** – Londres, 1894 : *Saint Georges et le dragon* : **FRF 13 650** ; *Saint Pierre et saint Paul* : **FRF 7 870** – Londres, 6 juil. 1923 : *La Vierge et l'Enfant* : **GBP 1 155** – Londres, 24 juin 1938 : *La Vierge et saint Jean pleurant le Christ mort*, triptyque : **GBP 399** – New York, le 15 nov. 1961 : *La Vierge et l'Enfant*, temp. sur bois : **USD 220 000** – Londres, 8 juil. 1988 : *La Vierge et l'Enfant à un balcon de marbre avec une pomme et une courge suspendues de chaque côté d'une niche au fond*, détrempe /pan. (61,3x44) : **GBP 550 000**.

CRIVELLI Eduardo
Né en 1886 à Ponte Tresa (Tessin). xxe siècle. Suisse.
Peintre décorateur.
Élève de l'Académie Albertina à Turin et auteur des décorations dans les établissements d'Aix-les-Bains.

CRIVELLI Francesco
xve siècle. Actif à Milan en 1450. Italien.
Peintre d'histoire et de portraits.

CRIVELLI Francesco
xvie siècle. Actif à Milan. Italien.
Peintre.

CRIVELLI Francesco
xviie siècle. Actif à Vérone. Italien.
Sculpteur.
Il fut l'élève de Gabrielle Brunelli.

CRIVELLI Gabrielle
xvie siècle. Actif à Rome en 1502. Italien.
Sculpteur.

CRIVELLI Giovanni Angelo
Né à Milan. xvie siècle. Italien.
Peintre verrier.
En 1568, il travaillait à Gênes.

CRIVELLI Giovanni di Tommaso
Né à Milan. Mort en 1481 à Pérouse. xve siècle. Italien.
Peintre.

CRIVELLI Giovanni, ou **Jacopo**, dit **Crivellino**
Mort en 1760. xviiie siècle. Italien.
Peintre de scènes de chasse, animalier, natures mortes,.
Très probablement parent, sinon fils de Angelo Maria Crivelli, le Crivellone, duquel il perpétua le genre animalier. On le trouve actif en Lombardie dans la première moitié du xviiie siècle. Il travailla à la cour de Parme et à Milan.
Ventes Publiques : Paris, 1777 : *Chiens et gibier mort* : **FRF 64** – Paris, 1884 : *Oiseaux* : **FRF 1 200** – Paris, 17 fév. 1898 : *Nature morte, oiseaux et volatiles* : **FRF 125** – Paris, 10 fév. 1899 : *Oiseaux de basse-cour à l'entrée d'un parc* : **FRF 1 600** ; *Oiseaux dans un paysage* : **FRF 1 440** – Milan, 14 nov. 1985 : *La chasse au loup – La chasse à l'ours*, deux h/t (190x225) : **ITL 24 000 000** – Milan, 16 mars 1988 : *Faisans, Héron*, deux h/t (chaque 73x57) : **ITL 10 000 000** – Milan, 10 juin 1988 : *Nature morte avec du gibier tué et les chasseur et ses chiens*, h/t (215x267) : **ITL 26 000 000** – Milan, 12 juin 1989 : *Chasseur avec le gibier abattu*, h/t (215x267) : **ITL 22 000 000** – Milan, 13 déc. 1989 : *Chasse au cerf*, h/t (101x130) : **ITL 32 000 000** – Paris, 30 nov. 1990 : *Combat de chiens et d'un taureau*, h/t (92x118) : **FRF 42 000** – Paris, 26 juin 1991 : *Nature morte au gibier avec un chien en arrêt*, h/t (107,5x139) : **FRF 52 000** – Londres, 19 avr. 1996 : *Deux chiens gardant un cerf et des oiseaux morts et instruments de chasse*, h/t (98,4x128,9) : **GBP 12 650** – Milan, 3 avr. 1996 : *Paysages avec des oiseaux*, h/t (112x142) : **ITL 7 475 000** – Londres, 3 déc. 1997 : *Des paons, des perdrix, des lapins et un perroquet sur un piedestal dans un paysage ; De jeunes coqs, des pigeons et un oiseau de proie attaquant une colombe dans un paysage*, h/t, une paire (116x181) : **GBP 25 300**.

CRIVELLI Jacopo
xve siècle. Italien.
Peintre.
Actif à Venise vers 1450.

CRIVELLI Jacopo
xvie siècle. Italien.
Peintre.
Actif à Fermo vers 1500.

CRIVELLI Jacopo. Voir aussi **CRIVELLI Giovanni**

CRIVELLI Pietro. Voir **GRIFFEL Peter**

CRIVELLI Protasio
xve siècle. Actif à Naples vers 1497. Italien.
Peintre.
Cet artiste qui était sans doute né à Milan, travailla pour l'église San Pietro à Naples.

CRIVELLI Taddeo, dit **Taddeo da Ferrara**
Né probablement à Ferrare. Mort vers 1484. xve siècle. Italien.
Peintre de miniatures.
Entre 1455 et 1461, cet artiste peignit, en collaboration avec Franco de Russi, les illustrations d'une Bible commandée par le duc Borso de Ferrare.

CRIVELLI Tomassino
xve siècle. Actif vers 1481. Italien.
Peintre.

CRIVELLI Vittorio
Né à Venise. Mort en 1501 ou 1502. xve siècle. Italien.
Peintre.
Vittorio Crivelli, élève et peut-être parent de Carlo, est un imitateur fidèle, quoique beaucoup plus faible, de son maître. Il travaillait dans les Marches depuis 1481. Il peint, lui aussi, des retables à plusieurs volets avec des figures séparées des saints, mais il n'atteint ni la force expressive de son maître, ni la perfection de son métier. Ses œuvres les plus considérables sont le retable avec le *Couronnement de la Vierge* au Palais Communal de Sant'Elpidio a Mare, et un autre retable, avec la Vierge et l'Enfant sur le panneau central à l'église de Saint-Jean à Torre di Palme. Son dessin est flou, ses expressions adoucies et indifférentes, les têtes plus petites avec des visages plus ronds, les reliefs inconsistants. Ses tableaux sont parfois confondus avec ceux de Carlo Crivelli. ■ E. Z.
Musées : Baltimore (Walters Gal.) : *Saint Jean-Baptiste et un évêque* – Budapest : *Madone* – Cambridge (Fogg Mus.) : *Saint Jérôme* – Londres (Victoria and Albert Mus.) : *Saint Jérôme et sainte Catherine* – Marseille : *Un jeune martyr* – Milan (Brera) : *Vierge adorant l'Enfant – Un Évangéliste – Sainte Anne et saint François – Saint Philémon et saint Joseph – Saint Jean-Baptiste avec 3 saints – Saint Augustin avec 3 saints* – Orléans : *Vierge adorant l'Enfant* – Oxford (Ashmolean Mus.) : *Saint Jean-Baptiste – Sainte Catherine* – Paris (Mus. Jacquemart-André) : *Saint Bonaventure* – Philadelphie : *Retable* 1489 – Le Puy-en-Velay (Mus. Crozatier) : *Saint Michel – Saint Pierre* – San Severino : *Retable avec la Vierge* – Sant'elpidio a Mare (Palais comm.) : *Couronnement de la Vierge* – Senlis : *Madone avec anges* 1501 – Torre di Palma (Église Saint-Jean) : *Retable* – Vienne (Gal. Liechtenstein) : *Vierge adorant l'Enfant* – Washington D. C. : *Saint François*.
Ventes Publiques : Londres, 26 nov. 1976 : *Pietà*, h/pan. (106x72) : **GBP 14 000** – Londres, 10 juil. 1987 : *La Vierge et l'Enfant avec des anges musiciens* 1497, h/pan. fond or, transposé/t. (115,5x74,5) : **GBP 90 000** – New York, 21 oct. 1988 : *Christ se levant de sa sépulture*, h/pan. doré (63,5x38,5) : **USD 36 300** – Londres, 5 juil. 1991 : *Les lamentations*, temp./pan. (104x72) : **GBP 132 000** – Londres, 13 déc. 1991 : *Vierge à l'Enfant sur un trône flanquée de deux anges musiciens* 1497, h/t/pan. à fond d'or (116x75,3) : **GBP 264 000** – Londres, 11 déc. 1992 : *Saint Antoine de Padoue*, temp./pan. à fond or (72,5x41,4) : **GBP 15 400**.

CRIVETZ Alexandre Th.
Né à Bucarest (Roumanie). xxe siècle. Roumain.
Peintre de paysages.
A exposé au Salon des Indépendants, en 1920 et 1921, des paysages parisiens.

CRIVEZ Paul Théodore
Né à Bucarest (Roumanie). xxe siècle. Roumain.
Peintre de genre.

CRNČIČ Menci Clemens
Né en 1865 à Novagradiska (Slavonie). xixe siècle. Yougoslave.
Peintre et lithographe.
Il fit ses études à Munich et à Vienne et exposa surtout à Belgrade, Agram et Sofia. Il fut professeur à l'École des Beaux-Arts d'Agram. On lui doit surtout des paysages.

CROATA. Voir **LACKOVIC Ivan**

CROATTO Bruno

Né le 12 avril 1875 à Trieste. Mort en 1948. XXe siècle. Italien.

Peintre de portraits, nus, paysages, natures mortes, fleurs et fruits.

Il a aussi exposé en France, au Salon des Artistes Français à Paris de 1928 à 1930.

Ventes Publiques : Milan, 8 nov. 1983 : *Vases aux fleurs blanches* 1946, h/pan. (50x45) : **ITL 1 500 000** – Milan, 5 juin 1985 : *Nu*, h/pan. (43x57) : **ITL 1 900 000** – Milan, 6 mai 1987 : *Nature morte*, h/t (50x49) : **ITL 2 400 000** – Rome, 25 mai 1988 : *Le Fort de Marmi* 1929, h/cart. (22,5x30,5) : **ITL 3 000 000** – New York, 13 fév. 1991 : *Vase de fleurs* 1945, h/pan. (38x34,4) : **USD 1 540** – Rome, 10 déc. 1991 : *Nature morte avec une plante grasse et un jeu de carte étalé*, h/pan. (45x38) : **ITL 3 800 000** – New York, 27 fév. 1992 : *Vase de fleurs* 1943, h/pan. (49,7x45) : **USD 2 420** – Rome, 9 juin 1992 : *Nature morte orientale*, h/t (43,5x51) : **ITL 10 000 000** – Bologne, 8-9 juin 1992 : *Jeune Femme vêtue de bleu* 1932, h/pan. (63x41) : **ITL 1 150 000** – Rome, 29-30 nov. 1993 : *Citrons et Gibier* 1941, h/t (79,5x79,5) : **ITL 4 714 000** – Rome, 31 mai 1994 : *Nature morte aux fleurs* 1934, h/bois (47,5x45) : **ITL 12 964 000** – Rome, 23 mai 1996 : *La Lecture*, h/t (100x82) : **ITL 11 500 000** – Milan, 18 déc. 1996 : *Vase de fleurs* 1944, h/t (44x37) : **ITL 8 155 000**.

CROBOR-FELIER Yolande

Née en Hongrie. XXe siècle. Hongroise.

Peintre.

A exposé au Salon de la Société Nationale en 1926.

CROCCHIA Girolamo, dit **il Crocicchia**

XVIe siècle. Actif à Urbin. Italien.

Peintre d'histoire.

Elève de Raphaël.

CROCE de La. Voir **LA CROCE**

CROCE Anton della

Né à Burghausen. Mort en 1820 à Munich. XIXe siècle. Allemand.

Peintre.

Il était le fils de Johannes. On cite surtout ses portraits.

CROCE Baldassare

Né en 1563 à Bologne. Mort en 1638 à Rome. XVIe-XVIIe siècles. Italien.

Peintre d'histoire, à l'huile et à fresque.

Croce, fut, croit-on, l'élève de Bartolommeo Passarotti. D'après quelques historiens, il subit l'influence d'Annibale Carracci et de Guido Reni. Orlandi veut même qu'il soit disciple de Carracci, sans appuyer d'aucune preuve son affirmation. Il vécut quelque temps à Rome, sous le pontificat de Grégoire XIII qui l'employa au Vatican. Parmi ses ouvrages à Rome on cite ses travaux à fresque dans la coupole de la chapelle de San Francesco, à l'église del Gesu ; le dôme du chœur à Saint-Jean de Latran.

Ventes Publiques : Paris, 1852 : *Adoration des mages* : **FRF 305**.

CROCE Evangelista della

Mort en 1560 à Milan. XVIe siècle. Italien.

Peintre de miniatures.

Il travailla dans le genre du Corrège.

CROCE Giulio della

XVIe siècle. Actif à Rome en 1563. Italien.

Peintre.

CROCE Giuseppe

Né à Trapani. XIXe-XXe siècles. Italien.

Sculpteur.

Il travailla à Rome.

CROCE Johann Nepomuk de La. Voir **LA CROCE**

CROCE Satiro della

XVe siècle. Actif à Milan en 1491. Italien.

Peintre.

CROCHEPIERRE André Antoine

Né en 1860 à Villeneuve-sur-Lot (Lot-et-Garonne). Mort en 1937. XIXe-XXe siècles. Français.

Peintre de figures, portraits, paysages, natures mortes.

Il fut élève de Pierre Léopold Philipes à Villeneuve-sur-Lot, de William Bouguereau à Paris. Il débuta à Paris avec un *Portrait* au Salon des Artistes Français de 1880, nommé sociétaire la même année, mention honorable 1882, médaille de troisième classe 1891, médaille de bronze à l'Exposition Universelle de 1900, chevalier de la Légion d'Honneur 1926. Il est l'auteur de grandes toiles accrochées dans la salle du conseil municipal à la mairie de Villeneuve-sur-Lot.

Il est resté fidèle à son admiration des peintres hollandais du XVIIe siècle, tant par la technique, le style, l'éclairage, que par les thèmes familiers, où se manifeste son admiration pour Vermeer ou Pieter de Hoog.

Bibliogr. : Gérald Schurr, in : *Les Petits Maîtres de la Peinture 1820-1920*, tome IV, Édit. de l'Amateur, Paris, 1988.

Musées : Buenos Aires – Draguignan : *Dans l'après-midi* – Minneapolis – New York – Philadelphie – Villeneuve-sur-Lot (Mus. Gaston Rapin).

Ventes Publiques : Paris, 23-26 nov. 1908 : *Une vieille femme* : **FRF 50** – Paris, 19 déc. 1923 : *En Août* : **FRF 200** – New York, 4 juin 1971 : *Jeune femme préparant un gâteau* : **USD 325** – Los Angeles, 28 juin 1982 : *Vieille femme berçant un enfant* 1892, h/t (81x65,5) : **USD 4 250** – New York, 27 oct. 1983 : *Vieille femme lisant* 1899, h/pan. (44,5x36,8) : **USD 1 600** – Fontenay-le-Comte, 18 avr. 1994 : *La servante*, h/t (99x116) : **FRF 40 000**.

CROCHET Suzanne

Née à la fin du XIXe siècle à Genouilly (Cher). XIXe-XXe siècles. Française.

Peintre.

Élève de Humbert et Royer. Sociétaire des Artistes Français. A exposé aussi au Salon d'Automne.

CROCHEZ Th.

Né à Calais. Mort en 1778. XVIIIe siècle. Français.

Peintre de portraits et pastelliste.

Élève de Mouron-Dessin.

Musées : Calais : *Portrait de M. Leveux, père*, past. – *Portrait de M., d'après Ferdinand Boole*, past.

CROCHT Tymon-Arentsz

Mort avant le 9 mai 1646. XVIIe siècle. Hollandais.

Peintre.

Il travailla en Italie et s'établit à La Haye, où il était dans la gilde en 1631.

CROCI Giacomo

XVIIe siècle. Actif à Bologne. Italien.

Peintre.

Il travailla également à Fano et à Milan.

CROCI Jacques

XVIe siècle. Français.

Sculpteur.

Il prit part aux travaux du château de Fontainebleau de 1540 à 1550.

CROCI S.

XIXe siècle. Actif à Forli vers 1800. Italien.

Sculpteur.

Il travailla pour la cathédrale.

CROCIANI Émile

XXe siècle. Français.

Peintre de figures. Naïf.

Sa façon de surcharger d'ornements décoratifs le pourtour de ses figures semble correspondre à un désir de sublimation qui rappelle celui de Séraphine de Senlis.

CROCIFISSI Simone dei. Voir **SIMONE dei Crocifissi**

CROCINI Antonio

Mort vers 1577 à Florence. XVIe siècle. Italien.

Peintre et sculpteur.

CROCINI Pietro

Né à Marseille. XVIIe siècle. Français.

Peintre.

Il travaillait à Rome en 1669.

CROCINUS Matthäus

Né en 1583 à Schlaun en Bohème. Mort en 1653 à Bautzen. XVIIe siècle. Tchécoslovaque.

Peintre.

Il travailla pendant cinquante ans à Bautzen.

CROCKER Martha

Née à South Yarmouth (Massachusetts). XXe siècle. Américaine.

Peintre de genre.

Elle exposa à Paris au Salon d'Automne, de la Société Nationale des Beaux-Arts et des Tuileries, en 1932-1933.

CROCKET Henry Edgar
Né en 1870 à Londres. XIXe-XXe siècles. Britannique.
Peintre de figures, compositions à personnages.
Il exposa pour la première fois en 1900, une *Ophélie* à la Royal Academy de Londres.
Ventes Publiques : Londres, 22 juil. 1986 : *Personnages sur un pont*, h/t (61x84) : **USD 10 500** – Londres, 25 jan. 1989 : *Fillette avec un panier de linge*, aquar. (51x30) : **GBP 6 600**.

CROCKFORD George
XIXe siècle. Actif à Londres. Britannique.
Peintre.
Il exposa des paysages.

CROCQ Balthasar ou **Crocx** ou **Crock**
XVIe siècle. Actif à Nancy. Français.
Peintre.
Il était fils de Claude.

CROCQ Charles
XVIe siècle. Actif à Nancy à partir de 1585. Français.
Peintre.
Il était fils de Claude. Sans doute doit-on l'identifier avec Balthasar.

CROCQ Claude ou **Crocx**
Mort en 1572 à Nancy. XVIe siècle. Français.
Peintre et graveur.
Travailla pour les ducs Antoine et François de Lorraine et fut anobli le 17 janvier 1556 à Nancy. Il était sans doute fils de Jean.

CROCQ Jacques
XVIe siècle. Français.
Sculpteur.
Travailla au château de Fontainebleau entre 1540 et 1550.

CROCQ Jean
XVe siècle. Français.
Sculpteur.
Il commença à travailler à Bar-le-Duc en 1487. Comme sculpteur du duc de Lorraine, il prit part à la décoration de la bibliothèque du palais ducal de Nancy, qu'il orna de chaires en bois sculpté. Il fut chargé, sur l'ordre du duc René, de faire, en 1506, et 1507, le tombeau de Charles le Téméraire, dans l'église collégiale de Saint Georges de Nancy ; ce monument fut détruit en 1742.

CROCQ Jehan de
XVIe siècle. Actif à Châlons-sur-Marne. Français.
Peintre verrier.

CROCQ Martin
Mort vers 1551 à Nancy. XVIe siècle. Français.
Sculpteur.
On pense qu'il était d'origine flamande et fils de Jean Crocq. Comme lui, il s'établit à Nancy et prit part, en 1540, aux préparatifs des fêtes en l'honneur du mariage de la princesse Anne de Lorraine, avec René de Châlons, prince d'Orange. Avec Pierre Des Marets, il ornementa une fontaine qui fut élevée dans le palais ducal en 1541.

CROCQ Pierre
Né en 1908. XXe siècle. Belge.
Sculpteur.
Il fit partie du groupe *Apport*, avec lequel il exposa.

CROCQEFER Eugène Adolphe
Né à Pontoise. XIXe siècle. Français.
Sculpteur.
Il exposa au Salon à Paris en 1888 et 1889.

CRODEL Charles
Né en 1894 à Marseille (Bouches-du-Rhône). Mort en 1973. XXe siècle. Allemand.
Peintre de figures, animalier, lithographe.
En 1929, à l'Exposition des Peintres-Graveurs Allemands présentée à la Bibliothèque Nationale de Paris, il exposait trois lithographies : *Olympia*, *Petite fille* et *Dindon*.

Ch · Crodel
Ch · Crodel

Ventes Publiques : Munich, 28 nov. 1980 : *Vision de Noël*, h/pan. (78x101) : **DEM 3 500** – Hambourg, 9 juin 1983 : *Le ramasseur de fagots* 1923, aquar. et pl. (66,7x42,9) : **DEM 1 500** – Munich, 24 nov. 1986 : *Menschen am Bach* 1923, aquar. et pl. (50,6x64,5) : **DEM 2 000** – Amsterdam, 7 déc. 1994 : *Modèle allongé et torse*, h/t (65x92) : **NLG 2 990**.

CRODEL Johann Sigismund
Né en 1650 à Plan (Bohême). Mort en 1713 à Prague. XVIIe-XVIIIe siècles. Tchécoslovaque.
Peintre.
Il travailla longtemps en Allemagne.

CRODEL Paul Eduard
Né en 1862 à Kottbus. Mort en 1928. XIXe-XXe siècles. Allemand.
Peintre de paysages.
Il travailla surtout à Munich.
Ventes Publiques : Munich, 6 juin 1984 : *Paysage d'hiver*, h/pap. (42,5x54) : **DEM 3 200**.

CROEBER Paul Otto
Né en 1874 à Dresde. XIXe-XXe siècles. Allemand.
Peintre de portraits, lithographe.
Il travailla longtemps à Rome et à Stuttgart.

CROECKER Heinrich Christoph
Mort en 1727 à Iéna. XVIIIe siècle. Allemand.
Graveur.
Il était frère de Johann Melchior.

CROECKER Johann Melchior
XVIIIe siècle. Actif à Iéna vers 1700. Allemand.
Peintre.

CROEGAERT Georges
Né en 1848 à Anvers. Mort en 1923. XIXe-XXe siècles. Actif aussi en France. Belge.
Peintre de genre, natures mortes.
Venu à Paris en 1876, il y resta de nombreuses années. On le mentionne au Salon de Paris en 1888, et en 1914, il était présent au Salon des Artistes Français.
Ses petites scènes de rues, de femmes élégantes dans des salons sont peintes dans des couleurs chatoyantes. Citons *Le Repos du modèle*.

Georges Croegaert

Bibliogr. : Gérald Schurr, in : *Les Petits Maîtres de la peinture 1820-1920, valeur de demain*, Les Éditions de l'Amateur, t. II, Paris, 1982.
Musées : Sydney : *Avant le bal*.
Ventes Publiques : Paris, 2 mai 1897 : *Le Repos du modèle* : **FRF 265** – Londres, 21 avr. 1922 : *Un cardinal* : **GBP 36** – Londres, 18 juin 1928 : *Avant la cérémonie* : **GBP 58** – Londres, 21 mai 1937 : *Les Nouvelles* : **GBP 75** – Londres, 19 mai 1961 : *Café pour le cardinal* : **GBP 399** – Londres, 7 oct. 1966 : *L'Heure du thé* : **GNS 1 350** – Londres, 4 juin 1969 : *Souvenirs* : **GBP 1 800** – Londres, 10 nov. 1971 : *Le Sucre pour le perroquet*, h/pan. (41x33) : **GBP 1 300** – Londres, 12 mai 1972 : *Le Mot juste* : **GNS 1 400** – Londres, 24 nov. 1976 : *Le Thé du cardinal*, h/t (61x74) : **GBP 5 800** – Londres, 23 fév. 1977 : *La Lettre secrète*, h/pan. (27x22) : **GBP 1 800** – Londres, 19 oct. 1978 : *Jeune Femme devant sa glace*, h/pan. (32x24) : **GBP 1 500** – Londres, 6 nov. 1980 : *La Partie de cartes*, h/pan. (45x38) : **GBP 5 200** – Londres, 18 mars 1983 : *Des faisans pour le dîner*, h/pan. (49x59,6) : **GBP 13 000** – Londres, 21 mars 1986 : *Le Galant Entretien* 1885, h/pan. (73,7x47) : **GBP 38 000** – Londres, 6 mai 1987 : *Cardinal à sa table de travail*, h/pan. (45x36,5) : **GBP 11 500** – Londres, 24 juin 1988 : *Le Bouquet*, h/pan. (55x39,7) : **GBP 9 900** – Toronto, 30 nov. 1988 : *Portrait d'une jeune femme*, h/cart. (48x27) : **CAD 2 400** – New York, 23 mai 1989 : *La Main gagnante*, h/pan. (55x45,7) : **USD 29 700** – Londres, 21 juin 1989 : *Prélat fumant tranquillement une cigarette*, h/pan. (55x45) : **GBP 12 650** – Londres, 5 oct. 1989 : *Prélat avec son petit chien quémandant un sucre*, h/pan. (32x23) : **GBP 4 950** – New York, 24 oct. 1989 : *Le flirt* 1885, h/pan. (74x47) : **USD 88 000** – Amsterdam, 2 mai 1990 : *Dame sur un sofa*, h/pan. (32,5x24,3) : **NLG 20 700** – Londres, 6 juin 1990 : *Nature morte avec une coupe, un coffret à bijoux et un éventail*, h/t (41x33) : **GBP 1 320** – New York, 24 oct. 1990 : *La Table du boudoir*, h/t (45,7x33) : **USD 7 150** – New York, 27 mai 1992 : *Souvenirs d'Orient* 1887, h/pan. (35,2x27,6) : **USD 5 500** – Londres, 2 oct. 1992 : *Un*

moment de réflexion, h/pan. (43x35) : **GBP 3 080** – New York, 16 fév. 1994 : *Flirt* 1885, h/pan. (27,3x40,6) : **USD 23 000** – Londres, 16 nov. 1994 : *La dictée*, h/pan. (38,5x31) : **GBP 14 950** – New York, 24 mai 1995 : *Le Canotier* 1885, h/pan. (27,3x40,6) : **USD 23 000** – Londres, 21 nov. 1996 : *La Composition du bouquet*, h/pan. (45,6x37) : **GBP 10 120** – New York, 22 oct. 1997 : *Arrangeant les fleurs*, h/pan. (33x24,1) : **USD 35 650**.

CROEGAERT VAN BREE Jan Jakob
Né en 1818 à Anvers. Mort en 1897. XIXe siècle. Éc. flamande.
Peintre de paysages et d'histoire.
Le Musée d'Anvers conserve de lui : *Porte Saint-Georges* et *Porte Kipdorp* (démolies en 1866).

CROENEN Gottfried
XVIIIe-XIXe siècles. Actif à Anvers. Éc. flamande.
Peintre de paysages.

CROES Adolf
Né en 1898 à Anvers. Mort en 1979. XXe siècle. Belge.
Peintre de paysages, paysages urbains, natures mortes, aquarelliste. Postimpressionniste.
Il fut élève de l'Académie des Beaux-Arts d'Anvers. Il peint dans la région de Kalmthout, Lier et de l'Escaut.
Bibliogr. : In : *Diction. biogr. illustré des artistes en Belgique depuis 1830*, Arto, Bruxelles, 1987.

CROES Jacques Van
XVIIe siècle. Éc. flamande.
Dessinateur de paysages.
Il dessina des paysages de Flandre.

CROES Lambertus
XVIIe siècle. Hollandais.
Dessinateur.
On ne connaît aucune œuvre de cet artiste.

CROES P. G.
XIXe siècle. Actif à Utrecht en 1811. Hollandais.
Peintre.

CROESE F.
XVIIIe siècle. Actif vers 1780. Hollandais.
Dessinateur et graveur.
N. Van der Meer le jeune, grava deux planches d'après lui.

CROESSE Jacob
XVIe siècle. Actif à Anvers vers 1521. Éc. flamande.
Peintre.

CROFF Giuseppe
Mort en 1869 à Torno (sur le lac de Côme). XIXe siècle. Italien.
Sculpteur.
Il vécut et travailla à Milan.

CROFF Jean
XVe siècle. Actif à Bourges vers 1490. Français.
Enlumineur.

CROFF Laurent
XVe siècle. Actif à Bourges à la fin du XVe siècle. Français.
Enlumineur.

CROFF Luigi
XIXe siècle. Actif à Milan. Italien.
Peintre.
On lui doit de nombreuses compositions historiques.

CROFT Arthur
XIXe siècle. Britannique.
Peintre de paysages, aquarelliste, dessinateur.
Actif à Londres.
Musées : Londres (Victoria and Albert Mus.) : *Café maure à Blidah*.
Ventes Publiques : Londres, 5 fév. 1910 : *Le château de Chillon* ; *Le lac de Genève*, dess. : **GBP 2** – Londres, 9 déc. 1921 : *Vue de Bordighera* 1879, dess. : **GBP 12** – Londres, 19 nov. 1926 : *San Remo en Italie* 1879, dess. : **GBP 3** – Londres, 20 jan. 1981 : *Scarborough Bay* 1861, aquar. reh. de gche (58x151,1) : **GBP 260** – Londres, 9 fév. 1983 : *Scène de rue* 1866, aquar./trait de cr. (101,5x63,5) : **GBP 1 700** – Londres, 28 oct. 1986 : *Villages alpestres* 1884, deux aquar. et cr. reh. de blanc (71x53,5) : **GBP 750**.

CROFT John B.
XIXe siècle. Actif à Londres. Britannique.
Sculpteur.
Il était le père de Marian. Il exécuta surtout des bustes.

CROFT John Ernest
XIXe siècle. Actif à Tunbridge Wells (Kent). Britannique.
Peintre.

CROFT José Pedro
Né en 1957 à Porto. XXe siècle. Portugais.
Sculpteur. Tendance abstraite.
Il vit et travaille à Lisbonne. Il participe à des expositions collectives : 1987 Middelheim d'Anvers et Biennale de São Paulo ; 1988 musée de Toulon ; 1990 Centre d'art de Santa Monica à Barcelone ; 1991-1992 dans le cadre de l'exposition *Europalia-Portugal* au Musée d'Art Contemporain de Gand ; 1992 Exposition universelle de Séville et Centre d'art moderne – fondation Calouste Gulbenkian à Lisbonne ; 1994 Centre culturel de Belem à Lisbonne et Centre d'art contemporain du Buisson à Noisiel. Il montre ses créations dans des expositions personnelles : depuis 1983 régulièrement à Lisbonne notamment en 1994 à la fondation Calouste Gulbenkian ; 1987 Zurich ; 1989 Porto ; 1990 Barcelone ; 1991 Anvers ; 1993 Madrid.
Si dans un premier temps Croft a privilégié le travail de la pierre, la découpant et l'incisant, il a réalisé ensuite des empilements de blocs de pierre, insistant sur la force brute du matériau dans des colonnes où alternent tambours sculptés et étagement de morceaux éboulés. La référence à l'architecture antique y est constante, tant par l'emploi de son vocabulaire que par la monumentalité des pièces. La mort habite ses constructions menacées d'éboulement, thématique évidemment présente dans ses sculptures qui se réfèrent aux monuments funéraires. Il crée aussi des répliques en bronze peint d'outils ou d'objets usuels, à une échelle agrandie, s'écartant ainsi de la fonction pour retrouver la seule forme dans sa pureté.
Bibliogr. : Alexandre Melo, Joao Pinharanda : *Arte contemporânea Portughesa*, Lisbonne, 1986.

CROFT Marian, Miss
Née à Bayswater près de Londres. XIXe siècle. Britannique.
Peintre.

CROFT Marjorie, Mrs
Née le 26 octobre 1889 à Hythe (Kent). XXe siècle. Britannique.
Peintre et graveur.

CROFT Mary Anne
XVIIIe-XIXe siècles. Active à Londres. Britannique.
Peintre.
Elle exposa à la Royal Academy, à Londres, entre 1804 et 1814, des portraits et des natures mortes.

CROFTS
XVIIIe siècle. Britannique.
Peintre sur porcelaine.

CROFTS Ernest
Né le 15 septembre 1847 à Leeds. Mort le 20 mars 1911 à Londres. XIXe-XXe siècles. Britannique.
Peintre d'histoire, sujets militaires.
Élève de Clay à Londres et de E. Hünten à Düsseldorf. Conservateur de la Royal Academy. Médaille de bronze à l'Exposition Universelle de 1889.

E. Crofts

Musées : Bristol : *Funérailles du roi Charles Ier* – Konigsberg : *Retraite des Français à Gravelotte* – Leeds : *Oliver Cromwell à l'assaut de Basing House* – Leicester : *Vieux amis* – Liverpool : *Le soir de la bataille de Waterloo* – Londres (Victoria and Albert Mus.) : *Bois de Crowhurst*, aq. – Sheffield : *La marche de Wellington de Quatre-Bras à Waterloo* – *La selle vide* – *Matin de la bataille de Waterloo*.
Ventes Publiques : Londres, 10 fév. 1894 : *Marston Moore* : **FRF 6 550** – Londres, 1899 : *La bataille de Marston Moore* : **FRF 7 350** ; *Cromwell, à Bootham-Bor* : **FRF 3 000** – Londres, 30 nov. 1907 : *Charles Ier allant à l'échafaud* : **GBP 84** – Londres, 7 mars 1908 : *Charles Ier à Edgehill* : **GBP 79** – Londres, 14 mars 1908 : *La dernière attaque de Napoléon à Waterloo* : **GBP 152** – Londres, 16 juin 1909 : *Le Prince Rupert et son État-Major à Marston Moor* : **GBP 231** – Londres, 23 avr. 1910 : *Les visiteurs importuns* : **GBP 105** – Londres, 30 juin 1922 : *Le soir de Waterloo* 1884 : **GBP 157** – Londres, 3 juil. 1922 : *Boscohel* 1889 : **GBP 60** – Londres, 27 avr. 1923 : *La dernière charge de la Garde Impériale à Waterloo* 1880 : **GBP 162** – Londres, 26 nov. 1926 : *Des visiteurs*

indésirables 1894 : **GBP 189** ; *Waterloo* 1895 : **GBP 341** – Londres, 11 mars 1927 : *Le retour des Flandres* : **GBP 33** – Londres, 2 déc. 1927 : *L'adieu du chevalier* 1889 : **GBP 514** – Londres, 13 avr. 1928 : *Le prince Rupert et sa suite*, past. : **GBP 21** – Londres, 4 juin 1928 : *Le duc de Malborough après la bataille de Ramillies* : **GBP 54** – Londres, 25 nov. 1929 : *L'adieu du chevalier* : **GBP 63** – Londres, 17 juil. 1931 : *Georges II à la bataille de Dettingen* : **GBP 73** – Londres, 12 mai 1932 : *La charge* 1891 : **GBP 17** – Londres, 11 juil. 1934 : *De Quatre Bras à Waterloo* 1861 : **GBP 41** – Londres, 30 nov. 1934 : *La forge* 1881 : **GBP 16** – Londres, 15 fév. 1935 : *Le duc de Malborough après la bataille de Ramillies* : **GBP 12** – New York, 3 déc. 1936 : *Waterloo : Le siège de Hougoumont* : **USD 220** – Londres, 21 avr. 1939 : *Hougoumont à Waterloo* 1881 : **GBP 27** – Leeds, 15 et 16 avr. 1942 : *Charles Ier marchant à l'échafaud* 1893 : **GBP 52** – Londres, 7 oct. 1966 : *Le roi Charles Ier avant la bataille* : **GNS 480** – Londres, 17 jan. 1969 : *Le roi Charles 1er à cheval* : **GNS 900** – Londres, 5 juin 1970 : *Avant la bataille* : **GNS 420** – Londres, 19 mai 1971 : *Napoléon à Wagram* : **GBP 480** – Londres, 29 juin 1976 : *From Quatrebras to Waterloo* 1881, h/t (56,5x105) : **GBP 2 000** – Londres, 19 mai 1978 : *Le Roi Charles Ier d'Angleterre allant au supplice* 1883, h/t (89x134,5) : **GBP 4 500** – Londres, 3 juil. 1980 : *Napoléon entouré de ses généraux le matin de la bataille de Waterloo* 1891, h/t (106,5x149,5) : **GBP 2 600** – Londres, 23 nov. 1982 : *Ye nags Head Inn, one for the road* 1889, h/t (46x56) : **GBP 3 600** – New York, 24 mai 1984 : *Roundheads at the gate* 1894, h/t (81x62) : **USD 3 300** – Londres, 1er nov. 1985 : *Charles Ier à la bataille d'Edgehill* 1879, h/t (44,5x69,5) : **GBP 3 200** – Londres, 15 juin 1988 : *Battue dans les bois* 1889, h/t (46x62,5) : **GBP 4 840** – Londres, 3 juin 1992 : *Les « Roundheads » de Cromwell revenant d'une mission* 1897, h/t (86,5x63,5) : **GBP 3 080** – Amsterdam, 3 nov. 1992 : *Le prisonnier* 1919, h/t (24x36) : **NLG 1 725** – Londres, 13 nov. 1992 : *Le Prince Rupert et son état major à Marston Moor*, h/t (40,8x61) : **GBP 2 750** – New York, 1er nov. 1995 : *Le matin de Waterloo* 1887, h/t (66x94) : **USD 40 250** – Londres, 6 nov. 1995 : *Retour des cavaliers* 1897, h/t (86,3x62,8) : **GBP 2 760** – Londres, 8 nov. 1996 : *Charles Ier sur le chemin de l'exécution* 1883, h/t (91,4x137,2) : **GBP 15 000** – Londres, 5 nov. 1997 : *Après le raid* 1892, h/t (97x73) : **GBP 6 785**.

CROFTS Stella Rebecca
Née le 9 janvier 1898. xxe siècle. Britannique.
Sculpteur animalier, céramiste, peintre.
Elle exposait à Londres à la Royal Academy. Elle a participé à des expositions collectives à Milan, Venise, Toronto, Paris où elle reçut une médaille d'argent à l'Exposition Internationale des Arts Décoratifs de 1925.
Musées : Londres (Victoria and Albert Mus.) – Manchester (Art Gal.) – Milan (Mus. d'Art Décor.).

CROGI Achille di Pietro
Né en 1481 à Sienne. xvie siècle. Italien.
Peintre.
Il travailla pour la cathédrale de Sienne. Il vivait encore en 1539.

CROGI Pietro di Achille
xvie siècle. Actif à Sienne. Italien.
Peintre.
Il était fils du précédent.

CROGI Sigismondo di Pietro
xvie siècle. Actif à Sienne. Italien.
Peintre.
Il était frère d'Achille di Pietro.

CROIN Jos
Né en 1894 aux Pays-Bas. Mort en 1949. xxe siècle. Actif aussi en France. Hollandais.
Peintre de paysages urbains.
Il a peint des aspects de la banlieue parisienne.
Musées : Paris (Mus. Nat. d'Art Mod.).
Ventes Publiques : Amsterdam, 22 mai 1991 : *Place de village en France* 1930, h/t (54,5x65) : **NLG 1 840** – Amsterdam, 18 fév. 1992 : *Une rue de Paris*, h/t (54x65) : **NLG 1 840** – Amsterdam, 1er juin 1994 : *Quartier latin* 1948, h/t (54x65,5) : **NLG 2 990** – Amsterdam, 6 déc. 1995 : *Nature morte avec des fleurs* 1931, h/t (65x54) : **NLG 1 725**.

CROISAC
xviiie siècle. Français.
Peintre d'histoire.
Elève de Rivals.

CROISEY P.
xviiie-xixe siècles. Français.
Graveur.
Il travaillait vers 1770 au château de Versailles.

CROISIER Marie Anne
Née en 1765 à Paris. Morte en 1812 à Paris. xviiie-xixe siècles. Française.
Graveur.
Elle fut l'élève de Saint-Aubin.
Ventes Publiques : Paris, 1898 : *Portrait de jeune homme*, dess. à l'encre de Chine : **FRF 60** – Paris, 5 juil. 1928 : *Portrait de femme*, cr. et aquarelle. attr. : **FRF 100**.

CROISILLIOT Jean Étienne
Né à Versailles. xixe siècle. Français.
Peintre.
Il exposa au Salon à Paris en 1836 et 1848.

CROISMARE L. P. de, chevalier
xviiie siècle. Français.
Graveur amateur.

CROISON Louis Gabriel
Né à Charleville (Ardennes). xxe siècle. Français.
Peintre de portraits, paysages.
Il a exposé à Paris, au Salon de la Société Nationale des Beaux-Arts de 1924 à 1933.

CROISSANT Hermann
Né en 1897 à Landau. Mort en 1963 à Landau. xxe siècle. Allemand.
Peintre de fleurs.
Ventes Publiques : Heidelberg, 16 oct. 1982 : *Paysage* 1923, h/t (76x63,5) : **DEM 4 200** – Heidelberg, 15-16 oct. 1993 : *Œillets dans un vase* 1947, h/cart. (40x50) : **DEM 2 200**.

CROISSANT Jean
xvie siècle. Actif à Anvers dans la seconde moitié du xvie siècle. Éc. flamande.
Graveur sur bois.
On cite de lui : *Les Fables d'Ésope* et *Les Voyages en Turquie de N. de Nicolaï*.

CROISSANT Michael
Né en 1928 à Landau (Palatinat). xxe siècle. Allemand.
Sculpteur. Abstrait.
Il vit et travaille à Munich. Depuis 1966, il expose fréquemment, et de nouveau en 1996, 1998, à la Galerie Appel et Troschke de Francfort-sur-le-Main, galerie qui consacre une grande part de son activité à la promotion de la sculpture contemporaine.
Les sculptures de Croissant, longtemps encore inspirées de la réalité : oiseau, tête, torse, tendent de plus en plus à l'abstraction par la pureté synthétique des lignes et des plans constitutifs du volume.

CROISSEL Augustin Calix
xviiie siècle. Français.
Peintre.
Il fut reçu à l'Académie Saint-Luc à Paris en 1779.

CROISY Abraham
xviie siècle. Actif en 1665. Français.
Sculpteur et peintre.
Il travailla pour l'église de Ferrières-Haut-Clocher près de Conches-en-Ouche (Normandie).

CROISY Aristide Onésime
Né le 31 mars 1840 à Fagnon (Ardennes). Mort le 6 novembre 1899 à Paris. xixe siècle. Français.
Sculpteur de statues, monuments.
Il fut élève de Toussain, puis de Dumont et Gumery à l'École des Beaux-Arts ; second prix de Rome en 1863. Croisy était chevalier de la Légion d'honneur.
Il débuta au Salon de 1867 avec *La Fondation de Marseille* et *La Prière d'Abel* (Palais de la Chancellerie).
On cite de cet artiste : *L'Invasion*, le monument de *La Défense des Ardennes* (Charleville) ; *Le Nid* (deuxième médaille, 1882, Musée du Luxembourg) ; *L'Armée de la Loire* (première médaille, 1885, Le Mans) ; *Malatesta et Françoise de Rimini* (Musée de Charleville) ; *La Fille aux raisins* ; la statue *La Dhuys*, figure allégorique (Mairie du xviiie arrondissement) ; les statues du général Chanzy, du général Boulanger, de Jauréguiberry, de Niedermeyer ; deux figures allégoriques (Exposition 1889, dôme central) ; grand fronton et statue de la Bourse du Commerce ; la

statue de *Méhul* (Givet) ; la statue de *Bayard* ; *L'Architecture, allégorie* (Cour du Vieux Louvre) ; *Le Calvaire*.
Musées : Charleville-Mézières : *Malatesta et Françoise de Rimini* – Paris (ancien Mus. du Luxembourg) : *Le Nid*.
Ventes Publiques : Bruxelles, 17 sep. 1984 : *Le nid*, bronze doré et ivoire : **BEF 170 000**.

CROIX Frederik La. Voir **LA CROIX**

CROIX G. F. de La. Voir **LACROIX de Marseille**

CROIX Isaac Jacob de La. Voir **LA CROIX**

CROIX Jean Roger
Né à Périgueux (Dordogne). xxe siècle. Français.
Peintre de paysages.
Il exposait à Paris, au Salon des Artistes Indépendants depuis 1927 et au Salon d'Automne en 1928.

CROIX Pierre Frédérik de La. Voir **LA CROIX**

CROIZÉ Emmanuel P. L.
Né en 1859 à Paris. xixe siècle. Français.
Peintre.
Élève de Bonnat. Il exposa au Salon des Artistes Français à partir de 1898.

CROIZET Eugène
xxe siècle. Français.
Peintre et émailleur.
Élève de J. Lefebvre et A. Meyer.

CROIZET Hippolyte Émile
Né à Saint-Mandé (Seine). xixe-xxe siècles. Français.
Sculpteur.
Élève de Falguière, Mercié, Gauthier et Levillain. Sociétaire des Artistes Français ; mention honorable en 1893.

CROIZIER
Né à Marseille (Bouches-du-Rhône). xixe siècle. Français.
Peintre miniaturiste, peintre à la gouache.
Exposa au Salon de Paris, en 1827, des miniatures, une tête d'étude et un effet de lampe. Le Musée d'Orléans conserve de lui deux paysages (gouaches).

CROKAERT Jean
xviiie siècle. Actif à Malines. Éc. flamande.
Peintre et graveur.
En 1774, il copia *l'Assomption de la Vierge* de Rubens pour la Chartreuse de Bruxelles.

CROKE Lewis Edmund
Né le 21 juillet 1875 à Londres. xxe siècle. Britannique.
Graveur, pastelliste, de paysages.
Il vivait et travaillait à Londres. De 1927 à 1932, il a aussi exposé à Paris, au Salon des Artistes Français, présentant des pointes sèches et des lithographies. Il a surtout gravé et dessiné les paysages des provinces anglaises, se montrant sensible à leurs aspects saisonniers.

CROKER Marianne
Morte en 1854. xixe siècle. Britannique.
Peintre.
Elle était la femme de Thomas Crofton.

CROKER Thomas Crofton
Né en 1798 à Cork (Irlande). Mort en 1857. xixe siècle. Britannique.
Graveur amateur et écrivain.

CROKETT Dora
xxe siècle. Travaillant à Londres. Britannique.
Peintre.
A exposé un *Nu* au Salon de la Nationale en 1938.

CROLA Elise
Née en 1809 à Berlin. Morte en 1878 à Ilsenbourg. xixe siècle. Allemande.
Dessinateur.
On lui doit un grand nombre de portraits.

CROLA Georg Heinrich
Né le 5 juin 1804 à Dresde. Mort le 6 mai 1879 à Ilsenbourg. xixe siècle. Allemand.
Peintre de paysages animés, paysages.
Fit ses études avec Dahl à Dresde et les continua à Munich en 1830. Il résida dans cette ville jusqu'en 1840. Compte parmi les peintres paysagistes les plus éminents de l'École bavaroise.
Musées : Hanovre : *Paysage en Partenkirschen – Paysage en Vieille-Bavière* – Leipzig : *Paysage* – Munich : *Moulin en montagne*.
Ventes Publiques : Munich, 25 nov. 1976 : *Paysage boisé* 1834, h/t (34x49) : **DEM 3 600** – Munich, 8 mai 1985 : *Charbonnier dans un paysage boisé* 1856, h/t (73,5x103,5) : **DEM 8 500** – Londres, 7 fév. 1986 : *Paysage alpestre*, h/t (33x52) : **GBP 2 000**.

CROLA Hugo
Né le 30 novembre 1841 à Ilsenbourg. Mort le 13 juin 1910 à Blankenbourg. xixe-xxe siècles. Allemand.
Portraitiste.
Fit ses études à l'Académie de Berlin et sous la direction de E. Bendemann et de Karl et Wilhelm Sohn à Düsseldorf. Fit des voyages en Hollande. Professeur à l'Académie de Düsseldorf. Il se fixa plus tard à Blankenbourg.

CROLARD François Joseph
Né à Crau-Gevrier. xixe-xxe siècles. Français.
Sculpteur.
Élève de Lemaire et Injalbert. A exposé au Salon des Artistes Français en 1922 et 1923.

CROLET Pierre ou **Crelot, Crolot**
Originaire de Pontarlier. xviie siècle. Travaillant à Fribourg au milieu du xviie siècle. Suisse.
Peintre.

CROLL Carl Robert
Né en 1800 à Dorfe Kadits (près de Dresde). Mort sans doute après 1842 à Prague. xixe siècle. Allemand.
Peintre de paysages.
Il était le frère de Georg Heinrich Crola.

CROLL Francis
Né en 1827 à Edimbourg. Mort en 1854 à Edimbourg. xixe siècle. Britannique.
Graveur et dessinateur.
Croll travailla d'abord comme apprenti chez un excellent graveur et dessinateur de sa ville natale nommé Dobbie, pour continuer plus tard ses études avec J. A. Bell et William.

CROLLALANZA Niccolo
Né en 1505 à Piuro. xvie siècle. Italien.
Peintre.
Il travailla à Vérone.

CROM Herman
xvie siècle. Actif à Utrecht en 1569. Hollandais.
Peintre.

CROM Jan
xvie siècle. Actif à Anvers en 1518. Éc. flamande.
Peintre.

CROMBÉ Luc Peter, pseudonyme de **Crombé Petrus Jozef Jacob**
Né le 14 janvier 1920 à Opwijk (Brabant flamand). xxe siècle. Belge.
Peintre de compositions à personnages, scènes typiques, décorations murales.
Il fut élève de l'Institut Saint-Luc de Gand et de l'Institut Supérieur d'Anvers. A Paris, il suivit des cours d'histoire de l'art. De 1950 à 1964, il fut professeur à Oostakker. De 1965 à 1984, il créa et dirigea l'Académie libre de Lathem-Saint-Martin. Il montra une exposition personnelle d'ensemble en 1985 à Deurle-sur-la-Lys, où il vit et travaille.
Aux peintures intimistes de ses débuts firent suite des cycles thématiques selon ses voyages ou ses centres d'intérêt, par exemple : Dolomites, Espagne, Maroc, la danse, la kermesse, des compositions religieuses, etc.
Bibliogr. : In : *Diction. biogr. illustré des artistes en Belgique depuis 1830*, Arto, Bruxelles, 1987.
Musées : Bruxelles.

CROMBIE Benjamin William
Né en 1803 à Edimbourg. Mort en 1847 à Edimbourg. xixe siècle. Britannique.
Dessinateur et graveur.
Le Musée d'Edimbourg possède plusieurs portraits de la main de cet artiste.

CROMBRUGGHE Gheeraert Van
xve siècle. Actif à Gand vers 1460. Éc. flamande.
Enlumineur.

CROMBURGER Lucas
xvie siècle. Actif à Augsbourg. Allemand.
Peintre.

CROME Emily
Née le 8 avril 1801 à Norwich. Morte vers 1833. XIXe siècle. Britannique.
Peintre.
Elle était la fille de John Crome et peignit surtout des tableaux de fleurs.

CROME Frederick James
Né le 30 septembre 1796 à Norwich. Mort vers 1831. XIXe siècle. Britannique.
Peintre et graveur.
Il était le frère de John. Le British Museum possède de lui de nombreuses gravures d'après des tableaux de maîtres.

CROME John Berney ou **Bernay**
Né le 8 décembre 1794 à Norwich. Mort le 15 septembre 1842 à Yarmouth. XIXe siècle. Britannique.
Peintre de paysages.
Ce peintre suivit la manière de son père, le grand paysagiste Old Crome. Il exposa à Norwich et à Londres, où, de 1811 à 1843, l'on vit de ses ouvrages à la Royal Academy, à la British Institution et à Suffolk Street.
Ventes Publiques : Londres, 1872 : *Paysage boisé* : **FRF 18 370** ; *Moulin à vent près de Norwich* : **FRF 9 445** ; *Rivière et rochers* : **FRF 7 990** – Paris, 1873 : *En forêt, crépuscule* : **FRF 4 000** ; *Près de Norwich, la nuit* : **FRF 21 000** – Paris, 20 mars 1874 : *Clair de lune* : **FRF 11 700** ; *Village sur le Yare* : **FRF 5 750** – Londres, 1875 : *Paysage* : **FRF 39 370** – Londres, 1876 : *Vue du port de Yarmouth* : **FRF 10 500** ; *Le chêne* : **FRF 8 660** – Paris, 1878 : *Près de Norwich, la nuit* : **FRF 9 700** – Londres, 1894 : *Vue à Yarmouth* : **FRF 68 220** – New York, 26 jan. 1906 : *Thorpe, près de Norwich* : **USD 850** – New York, 15 mars 1907 : *Le Vieux moulin à vent* : **USD 5 100** – Londres, 23 mars 1908 : *Route dans les bois* : **GBP 110** – Londres, 30 mars 1908 : *Un sentier ombragé, près de Norwich* : **GBP 54** – Londres, 12 déc. 1908 : *Gorleston, Norfolk* : **GBP 131** – Londres, 20 déc. 1909 : *La plage de Scheveningen* : **GBP 48** – Paris, 11 et 12 fév. 1921 : *Paysage* : **FRF 850** – Londres, 30 juil. 1928 : *Clair de lune à Breydon* : **GBP 15** – New York, 30 jan. 1930 : *Village au bord du Yare* : **USD 2 200** – Londres, 31 juil. 1931 : *Une rivière au clair de lune* : **GBP 14** – New York, 18 et 19 avr. 1934 : *Paysage boisé* : **USD 125** – Londres, 10 mars 1965 : *L'auberge « Gibraltar » Norwich* vers 1812 : **GBP 600** – Londres, 18 nov. 1966 : *Chaumière* : **GNS 320** – Londres, 18 mars 1970 : *Vue de Rouen* : **GBP 4 500** – Londres, 29 juil. 1977 : *Saint Martin, Norwich*, h/pan. (44,4x37) : **GBP 750** – Londres, 17 juin 1981 : *Vue de Rouen*, h/t (109x183) : **GBP 15 000** – Londres, 26 juil. 1985 : *Paysage au moulin au clair de lune animé de personnages*, h/t (69,2x88,9) : **GBP 3 200** – Londres, 18 nov. 1987 : *Paysage au moulin, au clair de lune*, h/t (69x89) : **GBP 6 000**.

CROME John, l'Ancien
Né le 22 décembre 1768 à Norwich. Mort le 22 avril 1821 à Norwich. XVIIIe-XIXe siècles. Britannique.
Peintre de paysages animés, paysages, graveur.
Son père était un pauvre ouvrier journalier. À 12 ans, il fut placé comme domestique chez un médecin, mais, l'état lui déplaisant, il s'engagea pour sept ans comme apprenti chez un peintre en bâtiment. Cependant il avait des visées plus hautes et travaillait le dessin, copiant de vieilles estampes et surtout la nature. Ces goûts artistiques lui valurent des protecteurs. Sir William Beechey, entre autres, lui permit de copier les maîtres flamands et hollandais de sa collection. D'autres sources indiquent la collection Thomas Harwey de Norwich. Malgré cet appui, les débuts de Crome furent extrêmement difficiles. À la longue, cependant, il se créa une clientèle dans les familles riches de Norwich et des environs et sa notoriété croissant chaque jour, il put vivre de ses pinceaux.
Il ouvrit même une école de peinture. En 1803, Crome eut assez d'influence pour réunir autour de lui un nombre suffisant d'amateurs et de jeunes artistes et il fonda la *Norwich society of Artists*, dont les expositions, à partir de 1805, furent le berceau d'une des plus belles écoles de paysages d'Angleterre. Il exposa à la Royal Academy à partir de 1806, mais plutôt rarement.
Crome voyagea peu et presque uniquement en Angleterre et dans le pays de Galles. En 1814, il fit un tour en France et en Belgique et l'on cite de ce voyage une *Vue du boulevard des Italiens*, à Paris, et des études de Bruges. Ce fut surtout un peintre local et il sut se contenter du prix modeste qu'il tirait de ses ouvrages, au maximum 1250 francs pour les œuvres les plus importantes.
Un fait particulier, que l'on remarque aussi chez Claude Lorrain : jamais Crome ne peignit dehors. Il faisait des dessins très poussés, à l'aide desquels il exécutait ses peintures dans son atelier. Il mérite également d'être cité comme graveur : ses eaux-fortes, qu'il exécutait pour lui, ne furent publiées qu'après sa mort, sous le titre de *Norfolk picturesques scenery*. Une deuxième édition en a été publiée en 1838.
Venu d'un milieu peu cultivé, mais ayant connu la peinture hollandaise, il a donné une vision franche des paysages de son pays, rompant avec la tradition des paysages de Claude Lorrain ou de Poussin, toujours appréciés des amateurs d'art de l'époque. Il devient ainsi l'un des précurseurs des grands paysagistes du XIXe siècle que sont Constable, Cotman et Turner.
Musées : Bruxelles : *La tour du château* – Édimbourg : *Une lande – Paysage, pays de Galles* – Londres : *Vue sur les bruyères de Mousehold, près de Norwich – Vue à Chapel-Fields, Norwich – Moulin à vent dans la lande de Mousehold, près de Norwich – Carrières d'ardoises – Pont de Brathay, Westmorland* – Londres (Victoria and Albert) : *Clair de lune près de Yarmouth – Paysage boisé – Clair de lune près de Norwich – Scène dans une forêt, chênes – La lande de Mousehold, près de Norwich – La lisière de la forêt – Paysage, cottage et arbres – Le bachot – Figures sur la lande* – Manchester : *Sur la route*, aquar. – *Sur la rivière Yare, Norfolk* – Montréal : *Une scène de forêt – Clair de lune sur le Ware* – Norwich : *Yarmouth Jetty – Étude d'un bouquet – Derrière les moulins neufs, Norwich – Rivière Bruges, Ostende dans la distance, clair de lune – Vue sur le Wensum* – Nottingham : *Paysage avec cottages, ruisseau au premier plan – Le manoir* – Sheffield : *Le moulin à vent* – Sydney : *Glaneuses* – 5 paysages.
Ventes Publiques : Paris, 13 jan. 1874 : *Intérieur de forêt* : **FRF 5 000** – Paris, 20 mars 1874 : *Le vieux chêne* : **FRF 9 000** – Londres, 1883 : *Hawthornden* : **FRF 9 050** – Londres, 1885 : *Scène de forêt* : **FRF 15 220** – Londres, 1894 : *Joutes sur l'eau à Yarmouth* : **FRF 68 380** – Paris, 1896 : *L'étang* : **FRF 1 550** – New York, 1898 : *La plage de Yarmouth* : **USD 600** – New York, 1904 : *Paysage anglais* : **USD 1 400** – Londres, 28 mars 1908 : *Paysage boisé* : **GBP 215** – Londres, 30 mars 1908 : *Sentier dans les bois, près de Norwich*, dess. : **GBP 54** – Londres, 9 juil. 1909 : *Un grain près de Yarmouth* : **GBP 735** – New York, 1909 : *Un paysage dans le Norfolk* : **USD 1 300** – Londres, 9 avr. 1910 : *Vue sur la rivière Wensum à Torpe, près de Norwich* : **GBP 472** – Paris, 6-8 déc. 1920 : *La Mare* : **FRF 1 000** – Londres, 3 fév. 1922 : *Marché au poisson sur la côte de Norfolk* : **GBP 115** – Paris, 14-15 déc. 1922 : *La Passerelle* : **FRF 2 010** – Londres, 11 mai 1923 : *Une route dans la forêt* : **GBP 5 250** – Londres, 29 avr. 1927 : *La rivière Moos* : **GBP 1 627** – Londres, 20 mai 1927 : *Le retour du troupeau* : **GBP 2 100** – Londres, 30 nov. 1927 : *Paysage au chêne*, h/pan. (23x17) : **GBP 400** – New York, 29 avr. 1932 : *Vue de Norwich* : **USD 1 650** – Londres, 7 déc. 1933 : *Le Wensom près de Norwich* : **GBP 294** – Londres, 5 avr. 1935 : *Bateaux sur le Yare* : **GBP 787** – New York, 4 et 5 déc. 1941 : *Le vieux chêne* : **USD 1 600** ; *Paysage de rivière* : **USD 500** – Londres, 30 nov. 1960 : *Le moulin à eau* : **GBP 380** – Londres, 19 avr. 1961 : *Étang de Norwich* : **GBP 8 800** – Londres, 18 juin 1969 : *Castle Acre Priory* : **GBP 11 000** – Londres, 18 mars 1970 : *Vue de Rouen* : **GBP 4 500** – Londres, 23 juin 1972 : *Paysage boisé* : **GNS 800** – Londres, 18 juin 1976 : *La rivière Yare au clair de lune*, h/t mar./pan. (27x34,3) : **GBP 850** – Londres, 19 juil. 1978 : *Moutons dans un paysage boisé*, h/t (61,5x74,5) : **GBP 14 000** – Londres, 27 mars 1981 : *A sandy bank* vers 1810-1811, h/t (35,6x50,8) : **GBP 3 800** – Londres, 20 nov. 1985 : *Paysage au chêne*, h/pan. (23x17) : **GBP 6 000** – Londres, 18 nov. 1988 : *L'étang Gibraltar à Heigham*, h/t (97,8x139,7) : **GBP 4 180** – Londres, 18 oct. 1989 : *Paysage de rivière avec le passeur au premier plan, au clair de lune*, h/t (56,5x90) : **GBP 3 300** – New York, 19 juil. 1990 : *Paysage boisé*, h/t (29,3x25,4) : **USD 1 210** – Londres, 7 avr. 1993 : *Barque à voiles près du moulin de Norfolk* 1825, h/t (31,8x39,3) : **GBP 2 300** – Penrith (Cumbria), 13 sep. 1994 : *Paysage avec un chemin bordé d'arbres près de Norwich*, h/t (29x21) : **GBP 6 900**.

CROME Joseph
Né le 13 décembre 1808 à Norwich. XIXe siècle. Britannique.
Dessinateur.

CROME William Henry
Né en 1806 à Norwich. Mort avant 1873. XIXe siècle. Britannique.
Peintre de paysages animés, paysages.
Il exposa à Londres de 1826 à 1848.
Musées : Nottingham : *Scène de rivière, arbres et figures – Scène de rivière, cottage et arbres – Scène de rivière avec bateaux, maisons sur la rive gauche, église dans la distance.*

Ventes Publiques : Londres, 28 juil. 1909 : *L'église de Trowse, près de Norwich* : **GBP 4** – Londres, 27 nov. 1929 : *Paysage du Suffolk* : **GBP 27** – Édimbourg, 25 avr. 1931 : *Coucher de soleil sur la rivière* : **GBP 2** – New York, 26 oct. 1933 : *Le vieux moulin* : **USD 150** – Londres, 2 août 1934 : *Paysage boisé* 1844 : **GBP 5** – Londres, 4 mars 1938 : *Paysage près de Newcastle* : **GBP 8** – Londres, 19 déc. 1938 : *Paysage boisé* : **GBP 15** – Londres, 15 mars 1978 : *L'Orée du bois*, h/pan. (70x95) : **GBP 1 050** – Londres, 10 oct. 1980 : *Vue de Rochester*, h/t (49,5x75) : **GBP 850** – Londres, 17 fév. 1984 : *Moutons au bord d'un étang* 1827, h/t (57x47,5) : **GBP 2 400** – Londres, 30 jan. 1985 : *Paysage animé de personnages avec vue de Medway dans le lointain*, h/t (44,5x60) : **GBP 2 500** – Londres, 5 juin 1987 : *Paysage fluvial boisé avec vue d'une ferme* 1859, h/t (45,5x61) : **GBP 3 000** – New York, 25 mai 1988 : *Paysage boisé avec en fond un large estuaire* 1846, h/t (67,2x102,8) : **USD 3 300** – Londres, 18 oct. 1989 : *Paysage boisé avec une église et un moulin sur l'autre rive du fleuve au fond*, h/t (53x74) : **GBP 2 200** – Londres, 9 fév. 1990 : *Paysage fluvial boisé avec des personnages dans une barque et du bétail au pré*, h/t (50x64) : **GBP 1 980** – New York, 26 fév. 1997 : *Où l'on peut sommeiller paisiblement*, h/t (147,4x200,8) : **USD 13 800** – Londres, 5 juin 1997 : *Norwich au coucher de soleil*, h/t (60,9x90,2) : **GBP 8 050**.

CROMEK Robert Hartley

Né en 1771 probablement à Hull. Mort en 1812 à Londres. XVIIIe-XIXe siècles. Britannique.

Graveur.

Cromek travailla la gravure d'abord à Manchester, puis à Londres, où il reçut des conseils du célèbre Bartolozzi. Il fit beaucoup de dessins pour des ex-libris et illustra aussi des œuvres d'écrivains contemporains, tels que Blair, Sharpe et Gesner.

CROMEK Thomas Hartley

Né en 1809 à Londres. Mort en 1873 à Wakefield. XIXe siècle. Britannique.

Peintre de paysages, aquarelliste, dessinateur.

Cromek reçut ses premiers conseils artistiques chez un portraitiste nommé James P. Hunter. Plus tard, il se plaça sous la conduite de Joseph Rhodes, qui lui enseigna le paysage et l'anatomie. Il se forma un style plein de naturel et un coloris qui plaisait par son goût et sa fraîcheur. L'artiste développa aussi sa vision d'art au cours de ses voyages. Il connut la Belgique, l'Allemagne, la Suisse et l'Italie. Il se fixa pendant quelque temps dans cette dernière contrée et s'y établit comme dessinateur et paysagiste.

De 1835 à 1872, Cromek envoya à plusieurs expositions de Londres, notamment à la Royal Academy, à Suffolk Street et à la New Water-Colours Society, des paysages inspirés par son séjour en Italie et par ses excursions en Grèce.

Ventes Publiques : Londres, 21 fév. 1927 : *Le Forum de Rome*, dess. : **GBP 4** – Londres, 14 juin 1977 : *L'Acropole, Athènes* 1834, aquar. et cr. (21x35,5) : **GBP 900** – Londres, 19 nov. 1981 : *Le temple de Zeus et l'Acropole à l'arrière-plan*, aquar. sur trait de cr. (30,5x46,5) : **GBP 1 500** – New York, 19 oct. 1984 : *Troupeau de chèvres dans un paysage, Italie* 1833, h/t (112x171,5) : **USD 3 500** – Londres, 8 nov. 1984 : *Vue du temple de Zeus et de l'Acropole*, aquar./trait de cr. (30,5x46,5) : **GBP 1 800** – Londres, 19 nov. 1985 : *Une terrasse surplombant Florence*, aquar. (30,5x50,8) : **GBP 5 500** – Londres, 25 jan. 1988 : *Cour intérieure du Palazzo Vecchio à Florence* 1838, aquar. (26x19) : **GBP 715** ; *Piazza della Signoria à Florence* 1838, aquar. (26x19) : **GBP 2 090** – Londres, 9 avr. 1992 : *Appeninus, le génie des Appenins*, aquar. et cr. (33x46,5) : **GBP 1 650** – Londres, 13 juil. 1993 : *Le Forum à Rome*, aquar. (32,1x47,9) : **GBP 3 220**.

CROMER Cesare ou **Croma**

XVIIe siècle. Actif à Ferrare. Italien.

Peintre.

Il était le fils et fut l'élève de Giulio.

CROMER Giovanni Battista

Né vers 1667. Mort en 1750 à Padoue. XVIIe-XVIIIe siècles. Italien.

Peintre.

Il vécut la plus grande partie de sa vie à Padoue et peignit des compositions religieuses.

CROMER Giulio, dit **Croma**

Né avant 1570 en Silésie. Mort le 27 septembre 1632 à Ferrare. XVIe-XVIIe siècles. Italien.

Peintre d'histoire.

Cromer fut un des meilleurs disciples de Jacopo Bambini. Il subit aussi l'influence de Domenico Mona. Il eut une réputation considérable et travailla pour les églises de Ferrare, notamment pour celle de Saint-André.

CROMMELYNCK Albert Jean

Né en 1902 à Molenbeek-Saint-Jean. XXe siècle. Belge.

Peintre de portraits, de décors de théâtre.

Il fut élève de Constant Montald à l'Académie des Beaux-Arts de Bruxelles. Dans les années vingt, il fit des séjours à Paris, en Suisse, à Florence. En 1950, il fut nommé professeur à l'Institut Supérieur d'Anvers, en 1954 à l'Académie de La Cambre. Il fut fait membre de l'Académie Royale de Belgique. A Paris, il a exposé trois portraits au Salon des Tuileries de 1927.

Il tente de mettre en lumière la personnalité de ses modèles. Sa gamme colorée est réduite à quelques tons fondamentaux.

Bibliogr. : R. Bodart : *Albert Crommelynck*, Bruxelles, 1962 – in : *Diction. biogr. illustré des artistes en Belgique depuis 1830*, Arto, Bruxelles, 1987.

Musées : Anvers – Bruxelles.

CROMMELYNCK Florent

Né en 1932 à Florence (Italie). XXe siècle. Belge.

Peintre, peintre de décorations murales, cartons de mosaïques, vitraux.

Fils et élève d'Albert Crommelynck et de l'Institut Supérieur d'Anvers. Il est devenu professeur à l'Académie de La Cambre.

Bibliogr. : In : *Diction. biogr. illustré des artistes en Belgique depuis 1830*, Arto, Bruxelles, 1987.

Ventes Publiques : Lokeren, 15 mai 1993 : *Marine aux trois brise-lames*, aquar. (54,5x73) : **BEF 30 000**.

CROMMELYNCK Robert Hubert

Né en 1895 à Liège (Wallonie). Mort en 1968. XXe siècle. Belge.

Peintre de figures, compositions religieuses, paysages, graveur.

Il fut élève de l'Académie des Beaux-Arts de Liège. En 1923, il a exposé au Salon des Artistes Indépendants de Paris : *Christ, Pietà et Le Chant.*

Bibliogr. : J. Bosmant : *Robert Crommelynck*, Verviers, 1933 – in : *Diction. biogr. illustré des artistes en Belgique depuis 1830*, Arto, Bruxelles, 1987.

Ventes Publiques : Bruxelles, 15 fév. 1983 : *Fonds Mouppa*, h/t (98x100) : **BEF 60 000** – Anvers, 8 avr. 1987 : *Paysage des Ardennes*, h/t (100x100) : **BEF 50 000** – Liège, 11 déc. 1991 : *Menhirs de Carnac en Bretagne* 1927, h/t (75x100) : **BEF 26 000**.

CROMMENY Cornelius ou **Krommony, Cromeneï, Krumeneï**

Né en Hollande. Mort vers 1598. XVIe siècle. Hollandais.

Peintre.

Cet artiste vécut en 1570 et 1580 à Hambourg et y exécuta un grand nombre de portraits.

CROMPTON James Shaw

Né en 1853. Mort en 1916. XIXe siècle. Britannique.

Peintre de genre, sujets typiques, paysages, aquarelliste.

Il exposa à Londres, à partir de 1882.

Ventes Publiques : Londres, 24 nov. 1976 : *La garde du harem*, h/t (29x38) : **GBP 460** – Londres, 16 mars 1979 : *Le fumeur de narghileh* 1889, aquar. (28,5x38,7) : **GBP 1 000** – Londres, 21 juil. 1981 : *Le pont et le château Saint-Ange, Rome* 1849, aquar. (16,2x63) : **GBP 850** – Londres, 13 déc. 1983 : *Cortège de mariage arabe dans les rues du Caire*, aquar. et gche (75x57,5) : **GBP 3 000** – Londres, 22 oct. 1986 : *La sultane* 1888, aquar. reh. de gche (26x35) : **GBP 2 600** – Londres, 25-26 avr. 1990 : *Quand les voleurs sont pris*, aquar. (37x55) : **GBP 715** – New York, 29 oct. 1992 : *Le perroquet joueur*, aquar./pap. (27,9x38,1) : **USD 825** – Londres, 2 nov. 1994 : *À Gretna Green*, aquar. (76x56,5) : **GBP 1 495**.

CROMPTON John

XIXe siècle. Actif à Londres. Britannique.

Peintre de paysages.

Il exposa de 1877 à 1886.

CROMPTON-ROBERTS Mildred

Née à Londres. XXe siècle. Britannique.

Peintre.

A exposé des aquarelles au Salon des Artistes Français en 1930 et 1931.

CRON Hans I

XVe siècle. Allemand.

Peintre.
Actif à Augsbourg entre 1434 et 1480.

CRON Hans II
XVe siècle. Allemand.
Peintre.
Il était le fils de Hans I. Actif à Augsbourg en 1488.

CRON Pierre Étienne
Né au XIXe siècle à Paris. XIXe siècle. Français.
Peintre de genre, de fleurs et aquarelliste.
Ventes Publiques : Paris, 1875 : *Un concert d'amours*, éventail : FRF 230.

CRONAN Julie
Née en 1845 à Brest. XIXe siècle. Française.
Peintre.
Le Musée d'Amiens possède de cette artiste une *Nature morte*.

CRONAU Rudolf Daniel Ludwig
Né en 1855 à Solingen. XIXe siècle. Allemand.
Peintre.
Il peignit surtout des paysages. Il vécut à Leipzig et à Dresde, mais fit des voyages prolongés en Amérique et en Afrique du Nord.

CRONE Robert
Né vers le milieu du XVIIIe siècle à Dublin. Mort en 1779 à Londres. XVIIIe siècle. Irlandais.
Peintre et dessinateur.
Crone abandonna le portrait qu'il avait appris à peindre chez Robert Hunter, pour le paysage, genre dans lequel il obtint un succès considérable. Plus tard, il se rendit à Rome et étudia avec Richard Wilson, maître dont on retrouve l'influence aussi dans ses dessins. La Royal Academy reçut ses paysages de 1770 à 1778, mais ses œuvres sont actuellement peu répandues dans les Musées. Quelques-unes sont dans la collection royale à Londres.
Ventes Publiques : New York, 6-7 avr. 1904 : *La justice au village* : USD 225.

CRONE Samuel H.
Né en 1858. Mort en 1913. XIXe-XXe siècles. Allemand.
Peintre de paysages, scènes de genre.
Il a longtemps travaillé à Munich. En 1912, il exposa à Paris, au Salon des Artistes Français : *Barque de pêche à Venise*.

CRONEAU Alphonse
Né le 27 mars 1818 à Bordeaux (Gironde). XIXe siècle. Français.
Peintre.
Entré à l'École des Beaux-Arts le 8 avril 1846, il devint l'élève de P. Delaroche et de Drolling. Il exposa au Salon de Paris de 1845 à 1857 des tableaux religieux.

CRONENBURG Adrien Van, ou **Adriaen**
XVIe siècle. Hollandais.
Peintre.
Ventes Publiques : Amsterdam, 6 mai 1993 : *Portrait de Gerrolt Minnes van Cammingha debout devant un rideau drapé et vêtu d'un habit beige et noir avec un col de dentelle*, h/pan. (83x72,8) : **NLG 264 500.**

CRONENBURG Anna Van ou **Cronenburgh**
Née vers 1552 à Pietersbierum. XVIe siècle. Éc. flamande.
Peintre de portraits.
Fille de Jacob Van Cronenburg. Elle peignit des portraits avec des costumes originaux et intéressants. Dans la même famille, Adrian van Cronenburg, secrétaire de la Grieteny Tietjerksteradeel à Bergum, et Rembolt van Adelen van Cronenburg, né vers 1592, furent aussi peintres.

CRONENBURG Rembolt Van Adelen van
XVIe-XVIIe siècles. Hollandais.
Peintre de portraits.

CRONEWALD
Né à Willomitz. XVIIIe siècle. Tchécoslovaque.
Peintre.

CRONHELM Alexander von
Né en 1810 à Berlin. Mort en 1846. XIXe siècle. Allemand.
Peintre de paysages.
Il peignit surtout des paysages d'Italie.
Ventes Publiques : Vienne, 29-30 oct. 1996 : *Voyageurs dans un paysage de montagne*, h/t (75,5x107) : **ATS 55 200.**

CRONHJORT Karl Gustaf
Né en 1694. Mort en 1777. XVIIIe siècle. Suédois.
Peintre de miniatures, peintre de portraits.
Musées : Stockholm (Mus.) : *Portrait du roi Frédéric Ier – Portrait de la reine Ulrich Eléonore.*

CRONICA. Voir **EQUIPO CRONICA**

CRONO Ignaz ou **Croon**
Né vers 1640 à Malines. Mort en 1667 à Rome. XVIIe siècle. Italien.
Peintre.

CRONPUSCH C. W.
XVIIe-XVIIIe siècles. Allemand.
Peintre de portraits.

CRONQVIST Lena
Née en 1938. XXe siècle. Suédoise.
Peintre de paysages. Tendance expressionniste.
Dans un graphisme ferme, décidé, une palette franche et forte, elle peint les vastes horizons des paysages panoramiques de la Suède, particulièrement attentive à en traduire les accidents climatiques ou météorologiques : ciel bleu et course des nuages ou bien : orage du ciel menaçant les arbres courbés, etc.
Ventes Publiques : Stockholm, 14 avr. 1984 : *Saint-Georges et le dragon*, émail (80x75) : **SEK 6 500** – Stockholm, 7 déc. 1987 : *Bergskrabba II* 1979, h/t (39x44) : **SEK 7 000** – Stockholm, 6 déc. 1989 : *Panorama d'une côte rocheuse* 1973, h/t (41x45) : **SEK 17 000** – Stockholm, 5-6 déc. 1990 : *Orage à Kalvö*, h/t (39x44) : **SEK 11 500** – Stockholm, 13 avr. 1992 : *Autoportrait II* 1962, h/t (66x88) : **SEK 7 700** – Stockholm, 21 mai 1992 : *Jeune fille assise*, h/pan. (92x56) : **SEK 12 000.**

CRONSHAW James Henry
Né le 14 juin 1859 à Accrington (Lancastre). XIXe siècle. Britannique.
Peintre de paysages, aquarelliste.

CRONSTEDT Frédéric Adolf Ulric, comte
Né en 1744 à Stockholm. Mort en 1829. XVIIIe-XIXe siècles. Suédois.
Peintre et graveur amateur.
Il fit des voyages prolongés en France et en Italie.

CROOK Huberecht
Né en 1490 à Bruges. XVIe siècle. Éc. flamande.
Graveur sur bois, imprimeur et éditeur.

CROOK James
XVIIIe siècle. Travaillant à Londres vers 1780. Britannique.
Peintre de portraits et d'histoire.

CROOK Pamela
XXe siècle.
Peintre.
Elle a montré ses œuvres en 1993, à Paris dans une exposition personnelle à la FIAC (Foire Internationale d'Art Contemporain), à la galerie Alain Blondel.

CROOKE John
Né en 1861 à Manchester (Lancastre). XIXe siècle. Britannique.
Peintre de paysages.
Il exposa à Londres et à Paris.

CROOKE Muriel Élise
Née le 14 juin 1901 à Egremont (Cumberland). XXe siècle. Britannique.
Peintre de figures, paysages, animalier, graveur.
En Angleterre, elle exposait à la Royal Academy de Londres et à la Royal Scottish Academy. En 1931, elle exposa aussi à Paris, au Salon des Artistes Français avec : *Les amies*.

CROOKE Ray Austin
Né en 1922. XXe siècle. Australien.
Peintre de figures, paysages.
Il recherche les aspects typiques des paysages et des habitants de contrées lointaines.
Ventes Publiques : Rosebery (Australie), 28 juin 1976 : *Woman in Island scene*, h/t (60x75,5) : **AUD 2 500** – Londres, 16 mars 1977 : *Paysage d'Australie*, h/t mar./cart. (75x121) : **GBP 2 100** – Melbourne, 19 juin 1978 : *Paysage, Chillagoe*, h/cart. (61x91) : **AUD 2 300** – Sydney, 10 sep. 1979 : *Indigènes travaillant*, h/t (60x75) : **AUD 2 800** – Sydney, 10 mars 1980 : *Rivière Laura, Queensland*, h/t (61x91) : **AUD 3 200** – Sydney, 29 juin 1981 : *L'établissement de golfe à la campagne*, h/cart. (45x60) :

AUD 1 600 – Londres, 12 mars 1982 : *Vue de Thursday Island*, h/cart. (76,2x101,5) : **GBP 1 700** – Rosebery (Australie), 20 juin 1983 : *Insulaire jouant de la guitare*, h/t mar./cart. (61x91) : **AUD 4 000** – Sydney, 20 août 1984 : *Insulaires avec des fleurs*, h/t (59x76) : **AUD 2 800** – Sydney, 25 mars 1985 : *Le cygne noir*, h/t (129x91) : **AUD 8 500** – Sydney, 24 nov. 1986 : *Gulf town*, h/cart. (61x91) : **AUD 4 500** – Melbourne, 26 juil. 1987 : *Village de Yelobi 1*, h/t (102x153) : **AUD 10 000** – Sydney, 17 avr. 1988 : *Groupe de famille*, h/t (61x91) : **AUD 3 000** ; *Sur la rivière Laura*, h/t (40x50) : **AUD 1 400** – Sydney, 4 juil. 1988 : *Paysage du nord Queensland*, h/t (26x30) : **AUD 850** ; *Chilligoe*, h/cart. (46x61) : **AUD 1 800** – Sydney, 21 nov. 1988 : *Insulaires papotant*, h/t (20x29) : **AUD 1 100** ; *Insulaires avec des fleurs*, h/t (61x76) : **AUD 3 200** – Londres, 1er déc. 1988 : *Village aux îles Fidji*, h/t (57,8x79,3) : **GBP 5 500** – Sydney, 20 mars 1989 : *Pêcheurs d'Islande*, h/cart. (25x31) : **AUD 1 200** ; *Islandais sur une plage*, h/t (29x39) : **AUD 2 800** – Sydney, 3 juil. 1989 : *Hinterland dans le North Queensland*, h/cart. (61x91) : **AUD 3 600** – Sydney, 16 oct. 1989 : *L'île Jeudi*, h/t (61x91) : **AUD 4 500** – Sydney, 2 juil. 1990 : *Islandais avec un panier de fruits*, h/t (76x61) : **AUD 3 800** – Sydney, 15 oct. 1990 : *Islandais avec un vase de fleurs*, h/t (40x50) : **AUD 2 800** – Londres, 28 nov. 1991 : *Paysage du Bush avec un aborigène pêchant dans une mare* ; *Paysage du Bush avec des gardiens de bestiaux mettant pied à terre*, h., une paire (26,2x30,5 et 22,9x30,5) : **GBP 1 210** – Sydney, 2 déc. 1991 : *Indigène près d'une fenêtre*, h/t (60x75) : **AUD 3 250** – Sydney, 29-30 mars 1992 : *Midi à Thursday Island*, h/t (91x123) : **AUD 5 000**.

CROOKE Stephen
Né à Londres. XXe siècle. Britannique.
Peintre de figures, paysages.
Élève de E. Procter. A exposé *les Reflets* au Salon des Artistes Français de 1934.
Ventes Publiques : New York, 29 sep. 1983 : *Jeune femme au journal*, h/pan. (59,5x47) : **USD 1 800**.

CROOKS Mildred
Née à Chicago (Illinois). XXe siècle. Américaine.
Peintre de natures mortes, fleurs.
Elle a exposé aussi à Paris, en 1931 au Salon d'Automne, de 1932 à 1934 au Salon des Tuileries.

CROOM-JOHNSON Milicent Eugénie
Née le 15 juin 1903 à Westeliff. XXe siècle. Britannique.
Peintre de portraits, miniaturiste.
Elle exposait à la Royal Academy et à la Royal Miniature Society Painters.

CROOME J. D.
XIXe siècle. Actif à Londres. Britannique.
Peintre de figures.
Il exposa à la Royal Academy entre 1839 et 1852.

CROOME William
Né en 1790. Mort en 1850 à Boston (Massachusetts). XIXe siècle. Américain.
Graveur sur bois.

CROON Johannes ou **Kroon**
Né en 1630 à Amsterdam. Mort en 1664 à Amsterdam. XVIIe siècle. Hollandais.
Peintre.
On ne connaît aucune œuvre de cet artiste dont il restait cependant 300 tableaux à sa mort, dans sa maison.

CROON Nicolas
Mort en 1745 à Malines. XVIIIe siècle. Éc. flamande.
Peintre.

CROON Pierre, dit **le Jeune**
XVIIe siècle. Actif à Bruxelles en 1601. Éc. flamande.
Peintre.

CROON Rombaut
XVIIIe siècle. Actif à Malines vers 1714. Éc. flamande.
Peintre.

CROONENBERGH Isaack
XVIIe siècle. Actif à Amsterdam en 1670. Hollandais.
Peintre.

CROONENBORG Steven Van
Originaire de La Haye. XVIe siècle. Hollandais.
Peintre.
Il travaillait à Anvers en 1570.

CROOS Anthony Jansz Van der ou **Croost**
Né vers 1606. Mort vers 1663. XVIIe siècle. Hollandais.
Peintre de scènes de genre, paysages animés, paysages, paysages urbains, paysages d'eau, dessinateur.
Il vécut à La Haye de 1634 à 1647. Il séjourna à Alkmaar en 1649, où il entra dans la gilde des peintres, puis il s'établit définitivement à La Haye, où il fut l'un des fondateurs de la « Pictura ». Le premier tableau daté, de lui, est de 1636 ; Van Eynden en mentionne un de 1631, et croit qu'il existe un peintre, plus jeune, appelé A. van Croos, dont les tableaux vont jusqu'en 1667. Le monogramme « ACUJC » de certaines de ses toiles a été modifié en « A. Cuyp » pour les faire passer pour des œuvres d'Aelbrecht Cuyp.

AV. CROOS. F. 1651

Bibliogr. : In : *Diction. de la peinture flamande et hollandaise*, coll. Essentiels, Larousse, Paris, 1989.
Musées : Alkmaar – Amiens (Mus. de Picardie) : *Nordwyck* – *Ville de Hollande* – Bruxelles (Mus. des Beaux-Arts) – Budapest : *Paysage avec pêcheurs* – Cambridge : *Paysages animés*, h/t – La Haye – Kassel – Paris (Mus. du Louvre) – Toulouse.
Ventes Publiques : Londres, 19 déc. 1908 : *Scène de rivière* : **GBP 10** – Londres, 19 juin 1922 : *Paysage boisé* 1648 : **GBP 33** – Paris, 24 mai 1923 : *Estuaire de rivière* : **FRF 1 800** – Londres, 8 juil. 1930 : *Vue de Haarlem* : **GBP 52** – Londres, 14 juin 1937 : *Une charrette dans la campagne* : **GBP 54** – Londres, 27 oct. 1943 : *Ville de Hollande* : **GBP 60** – Paris, 7 déc. 1951 : *Estuaire de rivière* : **FRF 350 000** – New York, 6 nov. 1963 : *Le vieux moulin* : **USD 1 400** – Milan, 24 nov. 1965 : *Paysage avec ruines* : **ITL 4 800 000** – Londres, 26 nov. 1971 : *Paysage animé de personnages* : **GNS 2 500** – Vienne, 9 sep. 1972 : *La route de campagne* : **ATS 220 000** – Londres, 2 avr. 1976 : *Paysage fluvial boisé* 1630, h/t (57x48,2) : **GBP 5 500** – Zurich, 20 mai 1977 : *Le Château de Ryswijk*, h/pan. (71x76) : **CHF 11 000** – New York, 7 jan. 1978 : *Paysage fluvial animé de personnages*, h/pan. (52,5x78,2) : **USD 18 000** – New York, 4 juin 1980 : *Deux pêcheurs au bord d'une rivière* 1648, h/pan. (21x25,5) : **USD 13 000** – Amsterdam, 15 nov. 1983 : *Paysans en conversation au pied d'un arbre*, craie noire/parchemin (18,5x18,9) : **NLG 3 600** – New York, 19 jan. 1984 : *Paysage fluvial avec vue de Binchorst*, h/pan. (21x31) : **USD 21 000** – Monte-Carlo, 22 fév. 1986 : *Personnages dans un paysage au bord d'une rivière*, h/t (61x80) : **FRF 160 000** – New York, 15 oct. 1987 : *Vue de Leyden* 1649, h/pan. (65,5x96) : **USD 80 000** – Amsterdam, 29 nov. 1988 : *Couvreurs réparant de toit de chaume d'une maison*, h/t (101,7x78,7) : **NLG 19 550** – New York, 7 avr. 1989 : *Vue du château de Rijswyck*, h/pan. (48x64) : **USD 13 200** – Londres, 21 avr. 1989 : *Paysage rhénan avec des voiliers sur le fleuve et des pêcheurs* 1652, h/t (82,3x99) : **GBP 15 400** – Londres, 27 oct. 1989 : *Vue de Wiesel sur le Rhin*, h/t (78x91,5) : **GBP 22 000** – Amsterdam, 22 nov. 1989 : *Vue du Rhin depuis la rive sud de Nederrijn* 1662, h/pan. (40x55) : **NLG 92 000** – Paris, 12 déc. 1989 : *Vue de la ville de Leyde*, bois (41x39) : **FRF 80 000** – New York, 31 mai 1990 : *Paysage avec des dunes et des paysans bavardant au bord de la rivière et un moulin à vent sur l'autre rive* 1652, h/pan. (50,3x69,5) : **USD 28 600** – New York, 11 avr. 1991 : *Manoir au bord d'une rivière avec le village à distance*, h/t (43x47,5) : **USD 7 700** – Paris, 26 avr. 1993 : *Paysage boisé au petit pont de bois*, h/pan. de chêne (47,5x65) : **FRF 50 000** – Amsterdam, 6 mai 1993 : *Vue du château de Montfoort avec des paysans pêchant au premier plan* 1648, h/pan. (34,2x39,8) : **NLG 13 800** – Stockholm, 10-12 mai 1993 : *Paysage fluvial avec des hommes chargeant un bateau de bois*, h/t (46x58) : **SEK 45 000** – Amsterdam, 16 nov. 1994 : *Capriccio de la ville de Haarlem avec l'église St Bavo* 1653, h/pan. (488x66) : **NLG 89 700** – New York, 12 jan. 1995 : *Pêcheurs au bord d'un canal avec un voyageur traversant un pont et Haarlem à distance* 1660, h/t (75,2x67,3) : **USD 34 500** – New York, 11 jan. 1996 : *Panorama d'une ville traversée par une rivière, présumé Francfort*, h/pan. (68,6x88,9) : **USD 63 000** – Londres, 3 juil. 1996 : *Vaste paysage fluvial avec des personnages au premier plan et un pont au fond* 1650, h/pan. (28,2x43,8) : **GBP 29 900** – New York, 26 fév. 1997 : *Satyres folâtrant sur une butte bossue* 1627, h/pan. (46x49,8) : **USD 13 800**.

CROOS Jan Jacobsz Van der
Né en 1654 ou 1655. Mort avant 1716. XVIIe-XVIIIe siècles. Hollandais.
Peintre de paysages animés, paysages, paysages d'eau.
Fils de Jacob Van der Croos, dont il subit l'influence, il travailla à Amsterdam.
Bibliogr. : In : *Diction. de la peinture flamande et hollandaise*, coll. Essentiels, Larousse, Paris, 1989.

Musées : Dunkerque – La Haye : *Vues de La Haye et de ses environs*, deux séries.
Ventes Publiques : Paris, 13 jan. 1874 : *Pleine mer* : **FRF 650** – Londres, 8 juil. 1910 : *La Plaine de Scheveningen* : **GBP 94** – Paris, 3 juin 1920 : *Pâturage aux environs d'une ville* : **FRF 1 860** – Londres, 23 fév. 1923 : *Paysage de rivière* : **GBP 39** – Londres, 23 mars 1934 : *Un canal* : **GBP 18** – Lucerne, 28 nov. 1964 : *Paysage avec un canal animé de personnages* : **CHF 8 000** – Londres, 3 nov. 1978 : *Paysage fluvial boisé*, h/pan. (34,8x76,8) : **GBP 2 500** – Londres, 11 déc. 1985 : *Vue d'Egmont*, h/pan. (14x18,5) : **GBP 8 800** – Londres, 8 juil. 1987 : *Les murailles d'une ville* 1644, h/pan. (52,5x83,5) : **GBP 32 000** – Londres, 5 juil. 1991 : *Paysans menant leur bétail le long d'une rivière dans un vaste paysage* 1664, h/t (65,7x80,6) : **GBP 6 050** – Amsterdam, 10 nov. 1992 : *Paysans sur un sentier près de « Huis ten Bosch » à La Haye* 1653, h/pan. (48,4x78,5) : **NLG 10 350** – New York, 7 oct. 1994 : *Vue d'un édifice en ruines (probablement Kostverloren Manor)*, h/pan. (43,5x41,9) : **USD 11 500** – New York, 11 jan. 1995 : *Paysans sur un chemin menant à un monastère au pied d'une forteresse surplombant une ville* 1675, h/t (109x152,5) : **USD 14 950** – Londres, 13 déc. 1996 : *Monastère près d'une rivière et pêcheur au premier plan* 1648, h/pan. (45,4x62,6) : **GBP 4 149**.

CROOS Pieter Van der ou **Croost** ou **Kroos**
Né vers 1610 à Alkmaar. Mort en 1701 à Amsterdam. XVIIe siècle. Hollandais.
Peintre de paysages animés, paysages d'eau, marines.
Il est peut-être le frère d'Anthony Jansz Van der Croos. Il vivait en 1647 à La Haye, en 1651 à Alkmaar et en 1661 à Amsterdam.
Bibliogr. : In : *Diction. de la peinture flamande et hollandaise*, coll. Essentiels, Larousse, Paris, 1989.
Musées : Béziers (Mus. des Beaux-Arts) : *Château au bord de l'eau* – La Haye : *Marine*.
Ventes Publiques : New York, 10 juin 1983 : *Pêcheur à la ligne au bord d'une rivière*, h/pan. (59,7x61) : **USD 4 000** – New York, 12 jan. 1989 : *Scène de navigation par tempête*, h/pan. (26x35,5) : **USD 9 350** – Amsterdam, 20 juin 1989 : *Vue de la demeure de Nieuburch près de Rijswijk avec un paysan au premier plan* 1654, h/t (56,5x89) : **NLG 29 900** – New York, 4 avr. 1990 : *Estuaire avec des pêcheurs à la ligne et un château à l'arrière plan*, h/pan. (71,1x54,6) : **USD 20 900** – Amsterdam, 7 mai 1992 : *Pêcheurs dans des barques à l'approche de la tempête*, h/pan. (33,5x46,5) : **USD 20 700** – New York, 11 jan. 1995 : *Estuaire avec des pêcheurs à la ligne sur le rivage et dans des barques avec un château à l'arrière plan*, h/pan. (71,5x54,8) : **USD 11 500**.

CROP Bastiaen
XVIe siècle. Éc. flamande.
Sculpteur.
Actif à Gand, il était sans doute le fils de Jan.

CROP Jan
Mort avant 1505 à Gand. XVe siècle. Éc. flamande.
Sculpteur sur bois.
Il travailla pour plusieurs églises.

CROPHIUS Johann Baptist
XVIIe siècle. Actif à Augsbourg vers 1690. Allemand.
Graveur.

CROPHIUS Martin Gottfried
XVIIIe siècle. Actif à Augsbourg vers 1751. Allemand.
Graveur.
Il copia un grand nombre d'estampes françaises.

CROPKA
XXe siècle.
Peintre de paysages.
Exposant au Salon d'Automne.

CROPSAL Louis
XVIIIe siècle. Actif à Paris vers 1771. Français.
Sculpteur.
Il était le fils de Nicolas.

CROPSAL Nicolas
XVIIIe siècle. Actif à Épinal. Français.
Sculpteur.

CROPSEY Jasper Francis
Né en 1823 à Rossville (New York). Mort en 1900 à Hastings-on-Hudson (New York). XIXe siècle. Américain.
Peintre de paysages, peintre à la gouache, aquarelliste, dessinateur.
Fit des voyages en Turquie. En 1851, membre de l'Académie de dessin à New York. En 1857, il s'établit à Londres. Il a exposé entre 1845 et 1862, surtout à la Royal Academy : *L'Automne sur l'Hudson*. Membre fondateur de la Société des Peintres Américains.
Ventes Publiques : New York, 1900-1903 : *Les Mille Iles* : **USD 110** – New York, 1904 : *Sur la rivière de la scierie* : **USD 130** – Londres, 1er août 1935 : *Jardin à New York* 1851 : **GBP 4** – New York, 20 mars 1969 : *Paysage de la Nouvelle Angleterre* : **USD 20 000** – New York, 28 jan. 1970 : *Paysage d'automne* : **USD 11 500** – New York, 28 oct. 1971 : *Bords du Hudson en automne*, aquar. : **USD 6 000** – New York, 19 oct. 1972 : *Voiliers au bord de la mer* : **USD 25 000** – New York, 29 avr. 1976 : *Paysage fluvial* 1888, h/t (30,5x51) : **USD 4 500** – New York, 21 avr. 1977 : *View from my studio, Hastings* 1881, aquar./pap. brun (51x40,5) : **USD 5 500** – New York, 21 avr. 1978 : *Le Lac de Greenwood au crépuscule* 1888, h/t (91,5x151) : **USD 31 000** – New York, 2 fév. 1979 : *Pastorale* 1890, aquar. (25,4x43,8) : **USD 1 700** – Los Angeles, 17 mars 1980 : *Voiliers sur le Hudson* 1888, aquar./pap. (31,8x53,4) : **USD 13 500** – New York, 2 juin 1983 : *Greenwood Lake* 1870, h/t mar./pan. (97,2x173,4) : **USD 260 000** – New York, 21 sep. 1984 : *Susquehanna River* 1889, aquar. (35x52) : **USD 9 500** – New York, 6 déc. 1985 : *On the Wawayanda Lake, New Jersey* 1873, h/t (36x61) : **USD 140 000** – New York, 28 mai 1987 : *Paysage fluvial boisé en automne* 1876, h/t (32,5x52,1) : **USD 41 000** – New York, 24 juin 1988 : *Paysage* 1845, cr. et gche/pap. (20,7x28,8) : **USD 4 950** – New York, 30 sep. 1988 : *Le lac Greenwood au crépuscule* 1873, h/t (15,8x25,5) : **USD 25 300** – New York, 1er déc. 1988 : *Paysage d'automne* 1871, h/t (17,5x61) : **USD 55 000** – Stockholm, 19 avr. 1989 : *Héron dans une forêt*, h/t (46x66) : **SEK 12 000** – New York, 24 mai 1989 : *Paysage côtier dans le Dorset* 1858, h/t (55,9x94) : **USD 52 250** – New York, 30 nov. 1989 : *Fort Putnam sur l'Hudson*, h/t (39,4x64,8) : **USD 82 500** – New York, 1er déc. 1989 : *Le Lac de Greenwood* 1879, h/t (60,9x111,9) : **USD 143 000** – New York, 24 mai 1990 : *Rivière en automne* 1868, h/t (50,8x83,8) : **USD 55 000** – New York, 27 sep. 1990 : *Le Lac de Greenwood* 1875, h/t (31,7x51,8) : **USD 24 200** – New York, 14 mars 1991 : *Paysage du Delaware* 1889, h/t (30,5x50,8) : **USD 22 000** – New York, 22 mai 1991 : *Une vallée tranquille* 1856, h/t (83,5x127,5) : **USD 88 000** – New York, 25 sep. 1991 : *Vue de l'Hudson en automne* 1897, h/t (31,8x24,1) : **USD 16 500** – New York, 6 déc. 1991 : *Un chalet au bord du lac de Greenwood* 1879, h/t (23,3x41,4) : **USD 28 600** – New York, 12 mars 1992 : *Une vision pastorale* 1865, h/t (39,3x57,2) : **USD 44 000** – Stockholm, 5 sep. 1992 : *Sous-bois avec un héron*, h/pan. (46x66) : **SEK 13 000** – New York, 23 sep. 1992 : *L'Hiver en Suisse* 1860, h/t/pan. (38,1x61,3) : **USD 28 600** – New York, 4 déc. 1992 : *Vue de l'Hudson* 1852, h/t (56x68,5) : **USD 38 500** – New York, 11 mars 1993 : *Les Docks* 1886, aquar. et encre de Chine/pap./cart. (37x63,5) : **USD 10 925** – New York, 27 mai 1993 : *Coucher de soleil sur le lac Greenwood* 1888, h/t (91,4x149,9) : **USD 189 500** – New York, 25 mai 1995 : *Le Lac George au soleil levant* 1868, h/t (61x111,8) : **USD 1 003 500** – New York, 29 nov. 1995 : *Le Lac Wickham* 1876, h/t (58,4x101,6) : **USD 222 500** – New York, 22 mai 1996 : *Matin brumeux sur le lac Greenwood* 1881, h/t (35,6x61) : **USD 34 500** – New York, 4 déc. 1996 : *Troupeau se désaltérant dans un paysage d'automne* 1888, h/t (30,4x45,8) : **USD 39 100** – New York, 26 sep. 1996 : *Paysage d'automne* 1876, h/t (35,6x61) : **USD 79 500** – New York, 25 mars 1997 : *Réflexions automnales*, h/t/pan. (13,3x21,3) : **USD 3 450** – New York, 5 juin 1997 : *Hastings-on Hudson en hiver* 1894, h/t (57,2x87,5) : **USD 233 500**.

CROQUELOI
XVIIIe siècle. Actif à Dieppe. Français.
Sculpteur sur ivoire.

CROQUEMACRE Nicolas Le. Voir **LE CROQUEMACRE**

CROQUISON Armand
XXe siècle. Français.
Peintre. Abstrait-géométrique.
De 1950 à 1955, il a figuré à Paris au Salon des Réalités Nouvelles, avec des compositions abstraites, dont certaines semblent inspirées de projets architecturaux complexes, qui proposent de très intéressantes possibilités d'occupation de l'espace, figurées avec des effets de clair-obscur. D'autres de ses œuvres proposent des signes plastiques très épurés, ressortissant quelque peu à l'abstraction géométrique.

CROS César Isidore Henri
Né le 16 novembre 1840 à Narbonne (Aude). Mort le 4 février 1907 à Paris. XIXe siècle. Français.

Peintre de figures, portraits, paysages, dessinateur, sculpteur.
Élève de Etex et de J. Valadon.
Il débuta au Salon de Paris en 1864 ; il a obtenu une médaille de troisième classe en 1889, et une d'argent, la même année, à l'Exposition Universelle. Chevalier de la Légion d'honneur. Médaille d'or à l'Exposition de 1900.
S. Lami rappelle ses travaux en céramique et verrerie, et comment, après de longues recherches, il trouva son procédé pour la fabrication de la pâte de verre colorée à l'aide d'acide d'oxydes métalliques, et dont il affirma que les Grecs connurent l'usage. Beaucoup de ses œuvres ont été acquises par l'État. Son *Apothéose de Victor Hugo*, pâte de verre, se trouve au Musée Victor Hugo. Des modèles de Cros sont conservés à la Manufacture Nationale de Sèvres, qui servit à l'artiste une pension destinée à poursuivre ses travaux dans un atelier de cet établissement.
Musées : Avignon : *Le prix du tournoi*, bas-relief – Paris (Cluny) : *Faïence*, fontaine et son support à décor polychrome et à tonalités dans le style de Berain – Paris (Mus. Victor Hugo) : *Apothéose de Victor Hugo*, pâte de verre – Sèvres (Manufacture Nat.) – Troyes : *M. Albert Mérat.*
Ventes Publiques : Paris, 9 juin 1938 : *Tête de femme*, médaillon pâte de verre : **FRF 230** – Paris, 27 oct. 1938 : *Buste de jeune fille*, en pâte de verre de ton blanc sur fond teinté rosé : **FRF 890** ; *Les trois Grâces*, groupe en albâtre, réparations : **FRF 150** – Paris, 14 oct. 1942 : *Crépuscule*, aquar. : **FRF 1 900** – Paris, 3 fév. 1943 : *Paysage : Étude de ciel*, cr. de coul. : **FRF 700** ; *Étude de femme lisant*, mine de pb et pl. : **FRF 900** ; *Études de portraits d'homme et de femme*, mine de pb : **FRF 350** – Paris, 24 fév. 1943 : *Plages*, deux aquarelles : **FRF 11 500** – Paris, 4 mars 1943 : *Projet pour une fontaine*, sanguine : **FRF 240** – Paris, 10 fév. 1944 : *Jeune fille assise de profil*, dess. à la sanguine : **FRF 3 500** – Paris, 4 mars 1991 : *Nu au tissu jaune*, cire de coul./pan. (40x20) : **FRF 16 000**.

CROS Clotilde
Née à Vichy (Allier). XXe siècle. Française.
Peintre de paysages.
Elle a figuré à Paris, aux Salons d'Automne et des Artistes Indépendants, de 1928 à 1931.

CROS Cristoval
XVIIIe siècle. Actif à Madrid entre 1727 et 1743. Espagnol.
Peintre sur porcelaine.

CROS Désiré Victor Marie
Né à Paris. XXe siècle. Français.
Sculpteur.
Il exposa à Paris au Salon des Artistes Français en 1924.

CROS Jean
Mort en 1932 en Tunisie. XXe siècle. Français.
Peintre de paysages, aquarelliste.
Il figura régulièrement au Salon des Artistes tunisiens, aux expositions de l'Afrique française et au Salon tunisien, même jusqu'en 1933, à titre posthume.
C'est avec une grande économie de moyens qu'il évoque les paysages tunisiens, à travers ses aquarelles qui le rendirent célèbre.
Bibliogr. : Catalogue de l'exposition : *Lumières tunisiennes*, Pavillon des Arts, Paris, 1995.

CROS Jean
Né à Paris. XIXe-XXe siècles. Français.
Sculpteur.
Il a poursuivi à la Manufacture Nationale de Sèvres les travaux de C. I. H. Cros.

CROS Louis
Né à Carcassonne (Aude). XXe siècle. Français.
Peintre de paysages.
Il exposa à Paris au Salon des Artistes Français en 1929.

CROSA Eduardo Gilino de La. Voir **LA CROSA**

CROSA Giovanni Battista
XIXe siècle. Actif à Turin. Italien.
Peintre.
La Galerie Rosso, à Gênes, conserve de lui : *Femme versant à boire.*

CROSA Paolo
XVIe-XVIIe siècles. Actif à Candiana. Italien.
Peintre sur majolique.

CROSATO Giovanni Battista
Né en 1686 à Venise (Vénétie). Mort à Venise, en 1756 ou 1758 selon certains biographes. XVIIIe siècle. Italien.
Peintre de compositions religieuses, sujets allégoriques, dessinateur.
Il étudia à Venise. Entre 1733 et 1743, il travailla en Piémont, principalement à Turin, où il reçut diverses commandes de la part de l'architecte Juvarra. Puis, il partagea ses activités entre Turin et Venise. Il fut professeur de Bernardino Galliari.
Il réalisa diverses fresques, dont : les *Quatre saisons*, pour la Villa della Regina ; *Sacrifice d'Iphigénie, Jason, Chasseurs*, au pavillon de chasse de Stupinigi, près de Turin ; un *Chœur d'anges*, à la coupole du sanctuaire de la Consolata ; *Scènes de la vie d'Alexandre*, à la villa Maruzzi-Marcello à Levada, dans la région de Trévise. Il peignit également des décorations pour le Palazzo Reale, le Palazzo Madama, à Turin.
Bibliogr. : In : *Diction. de la peinture italienne*, coll. Essentiels, Larousse, Paris, 1989.
Ventes Publiques : Paris, 1859 : *Les filles de Jéthro*, dess. à la pl. lavé d'encre : **FRF 3** – Paris, 23 mai 1928 : *Un oriental penché sur la balustrade d'une loggia et accompagné d'une jeune femme*, lav. d'encre de Chine reh. : **FRF 2 000** ; *La Vigilance*, dess. au roseau et au lav. : **FRF 2 120** – Londres, 6 nov. 1964 : *Allégorie avec Diane, Phaéton et autres divinités* : **GNS 350** – Milan, 8 mars 1967 : *Scènes de la vie du Christ*, suite de quinze scènes : **ITL 900 000** – Londres, 5 déc. 1969 : *Le retour de l'empereur victorieux* : **GNS 1 900** – Acqui Terme, 11 oct. 1985 : *L'Archange Gabriel et le démon*, h/pan. (34x26) : **ITL 3 600 000** – Londres, 21 avr. 1989 : *Moïse fendant le rocher*, h/t (64x90) : **GBP 41 800** – Londres, 1er avr. 1992 : *Flore*, h/pan. (63,5x60) : **GBP 8 800** – Paris, 13 mars 1995 : *Le triomphe de Vénus*, encre et reh. de pierre blanche (37,5x29) : **FRF 14 000**.

CROSBIE Émile F.
Né à Paris. Mort en 1907. XIXe siècle. Français.
Graveur sur bois.
A obtenu une médaille de troisième classe en 1895, une médaille de bronze à l'Exposition Universelle de 1900, et une médaille de deuxième classe en 1902.

CROSBIE Ferdinand
Né à Paris. XIXe-XXe siècles. Français.
Graveur sur bois.
Mention honorable au Salon des Artistes Français de 1910.

CROSBIE William
Né en 1915. XXe siècle. Britannique.
Peintre de genre, figures, nus, paysages, natures mortes, fleurs, aquarelliste.
Ventes Publiques : Édimbourg, 12 avr. 1983 : *L'artiste regardant au-delà du pont de Glasgow, Blitz* 1941, h/t (91,5x71) : **GBP 750** – Queensferry, 29 avr. 1986 : *Nu couché* 1966, h/t (36x76) : **GBP 480** – South Queensferry (Écosse), 29 avr. 1987 : *Kelingrove* 1945, aquar. (56x76) : **GBP 1 300** – Londres, 31 juil. 1987 : *Happy days* 1861, h/t (33,5x44) : **GBP 5 500** – Édimbourg, 30 août 1988 : *Sarah et la onzième édition des philosophes*, h/cart. (78x52) : **GBP 1 760** – Glasgow, 7 fév. 1989 : *Automne*, h/pan. (60,5x50,5) : **GBP 1 100** – Perth, 26 août 1991 : *Hangars à bateaux à Loch Lomond*, h/t (41x51) : **GBP 3 520** – Édimbourg, 28 avr. 1992 : *Fleurs d'automne*, h/t (91x71) : **GBP 2 860** – Édimbourg, 13 mai 1993 : *Tulipe*, h/cart. (38,7x8,2) : **GBP 605** – Perth, 26 août 1996 : *Nature morte de fleurs dans un pot*, h/t (75x49,5) : **GBP 2 070**.

CROSBY Caresse
Née le 20 avril 1892 à New York. XXe siècle. Active aussi en France. Américaine.
Sculpteur de bustes, illustrateur.
Elle fut élève de Paul Landowski et d'Antoine Bourdelle. Elle était l'épouse du poète Harry Crosby. Fixée à Paris, elle exposait au Salon d'Automne, elle y organisait aussi des présentations d'œuvres d'artistes américains.
Elle a sculpté les bustes de son mari, dont elle a illustré *Le Char du Soleil*, du romancier anglais D. H. Lawrence.

Caresse Crosby

CROSBY Clem
Né en 1958. XXe siècle. Britannique.
Peintre. Abstrait.
Il vit et travaille à Londres. Il participe à des expositions collec-

tives, notamment *Real Art – Un Nouveau Modernisme : les reflexive painters des années 90* à la Southampton City Art Gallery en 1995, dans divers musées régionaux du Royaume-Uni en 1995 et 1996, puis à Londres ; 1996-1997 Museum of Modern Art d'Oxford.
Il superpose d'épaisses couches de peinture à l'huile, dans une gamme de tons réduite, appliquant avant chaque nouveau « passage » du papier journal pour absorber l'excédent d'huile, lequel lorsqu'il le retire ensuite laisse de fines lignes. Il est l'un des représentants du *Real Art – A New Modernism*, cette tendance apparue en Angleterre dans les années 80 qui privilégie la peinture : ces artistes « s'attachent à créer des objets non figuratifs ne se référant qu'à eux-mêmes, et témoignant d'une approche structurelle et analytique du matériau peinture. Dans les œuvres, le processus physique de l'acte de peindre et la matérialité de la peinture font échec aux références et associations habituelles du spectateur » (Brian Muller).
Bibliogr. : Brian Muller : *Real Art – Un Nouveau Modernisme : les reflexive painters des années 90*, Art Press, n° 202, Paris, mai 1995.

CROSBY Katherine Van Rensellaer
Née en 1897 à Colorado Springs (Colorado). XXe siècle. Américaine.
Sculpteur.

CROSBY Raymond Moreau
Né en 1875 à Grand-Rapids (Michigan). XXe siècle. Américain.
Illustrateur.
Il vécut près de Boston et collabora surtout à l'hebdomadaire *Life*.

CROSBY William
XIXe siècle. Britannique.
Peintre de portraits, animalier, paysages et marines animés.
Il exposa entre 1859-1873, surtout à la Royal Academy de Londres.
Musées : Sunderland : *Eduardo Backhouse de Sunderland – La baie de Whitbum, Sunderland*.
Ventes Publiques : Écosse, 30 août 1983 : *Lost and Found* 1890, h/t (58x76) : **GBP 1 200** – Londres, 2 mars 1984 : *Paysage du Yorkshire* 1864, h/t (44,4x34,3) : **GBP 850** – Londres, 21 mars 1990 : *Littoral rocheux vu du sommet de la falaise* 1883, h/t (61x107) : **GBP 4 950** – Londres, 9 juin 1994 : *Sur la côte du Nord-Est* 1858, h/t (54x91) : **GBP 3 450** – Londres, 7 nov. 1996 : *Portraits de deux jeunes filles assises dans un paysage*, h/t (152,4x116,8) : **GBP 3 220** – Cannes, 7 août 1997 : *Le Peintre et sa famille sur la plage* 1878, h/t (63x95) : **FRF 50 000**.

CROSELLS
XVIIIe siècle. Actif à Barcelone. Espagnol.
Peintre.
Il travailla pour l'église dominicaine de cette ville.

CROSEY P.
XVIIIe-XIXe siècles. Actif à Versailles. Français.
Dessinateur, graveur au burin et éditeur.

CROSIO Luigi
Né en 1835 à Alba. Mort en 1915 à Turin. XIXe siècle. Italien.
Peintre de genre.
Ventes Publiques : New York, 24 mai 1984 : *La dompteuse*, h/t (42x32,5) : **USD 7 000** – Milan, 18 déc. 1986 : *Colazione per due*, h/pan. (42x32) : **ITL 6 000 000** – Rome, 22 mars 1988 : *Dame écoutant à la porte*, h/pan. (40x31) : **ITL 5 800 000** – New York, 25 mai 1988 : *En route pour le marché*, h/t (35,5x26) : **USD 5 500** – New York, 25 oct. 1989 : *Le retour de la sœur*, h/t (91,4x67,3) : **USD 7 150** – Londres, 16 nov. 1994 : *Réunion familiale*, h/t (87x63) : **GBP 4 140** – Londres, 20 nov. 1996 : *Personnage classique dans un intérieur de Pompéi*, h/t (50x34,5) : **GBP 6 900**.

CROSNIER Jules
Né en 1843 à Nancy (Meurthe-et-Moselle), de parents suisses. Mort en 1917. XIXe-XXe siècles. Suisse.
Peintre de paysages, pastelliste.
Crosnier fit ses études artistiques à Genève avec B. Menn à l'École des Beaux-Arts.
Ventes Publiques : Berne, 22 oct. 1980 : *Paysage*, past. (36x51) : **CHF 900**.

CROSNIER Maurice
Né à Soisy-sous-Montmorency (Val-d'Oise). XXe siècle. Français.
Graveur.
Exposant du Salon des Artistes Français et du Salon des Indépendants, à Paris, en 1927-1928.

CROSS A. B.
Né aux États-Unis. XIXe siècle. Travaillait vers 1840. Américain.
Graveur.

CROSS Anson Kent
Né en 1862 à Lawrence (Massachusetts). XIXe siècle. Américain.
Peintre de portraits, paysages.

CROSS Henri Edmond, pseudonyme de **Delacroix H. E.**
Né le 20 mai 1856 à Douai (Nord). Mort le 16 mai 1910 au Lavandou (Var). XIXe-XXe siècles. Français.
Peintre de figures, portraits, paysages, aquarelliste. Néo-impressionniste.
L'itinéraire spirituel d'Henri-Edmond Cross commence symboliquement dans les marches des Flandres. Sa mère était anglaise, Fanny Woollett. Un cousin, le Dr. Soins, lui fait donner dès l'âge de dix ans, des leçons de dessin à Lille. Il a pour maîtres Carolus Duran, qu'il aurait donc rencontré dans sa ville natale, Alphonse Colas, et plus tard à Paris, où il arrive en 1876, François Bonvin. À partir de 1890, il choisit de vivre une grande partie de l'année dans le Var. Signac et Van Rysselberghe sont ses visiteurs assidus à Saint-Clair. Dans les années de fin de siècle, il est l'ami des anarchistes, participe de leur rêve d'une harmonie entre l'homme et la nature, et apporte son aide aux « Temps Nouveaux » de Jean Grave. Il voyage au début du siècle en Italie. Venise le charme à travers le Tintoret. Mais le malheur physique va accabler ce poète de la lumière. Ce sont d'abord des troubles de caractère rhumatismal puis oculaire. Le stoïcisme d'H. E. Cross dans ces épreuves bouleverse ses amis parmi lesquels figurent aussi Roussel, Vuillard, Bonnard, Valtat et Lucie Cousturier. Celle-ci note : « Des œuvres toujours plus jeunes suivaient, comme des revanches, les terribles crises d'arthritisme qui déformaient et immobilisaient ses articulations ». Au crépuscule d'une vie trop brève, Cross visite la Toscane et Rome avant de regagner le Lavandou. Le 16 mai 1910, il est emporté par le cancer qui le harcelait. Il avait cinquante-quatre ans.
À vingt-cinq ans, il expose pour la première fois au Salon de 1881, dès lors appelé Salon des Artistes Français, sous son nom de famille H. E. Delacroix, qu'il traduit aussitôt en anglais, comme le lui conseille Bonvin. Puis, il exposa au Salon des Artistes Indépendants, manifestation dont il avait été l'un des promoteurs, dès 1884 à sa fondation. Ses toiles et ses aquarelles sont admirées en 1894 dans ce haut lieu qu'est la Galerie louée par les néo-impressionnistes au 20 rue Laffitte (en compagnie de l'élégiaque des « néos » Hippolyte Petitjean), en 1896 au Salon de l'Art Nouveau, en 1899 à la Galerie Durand-Ruel « Autour de Redon ». Les expositions à la Galerie Druet, en 1905, présentée par Émile Verhaeren, puis chez Bernheim, deux ans plus tard, préfacée par Maurice Denis, sont considérées comme le triomphe de la couleur. Ses peintures exposées à Berlin en 1909, furent accueillies comme prémonitoires par les créateurs de l'expressionnisme.
À ses débuts, ses œuvres, pour la plupart, sont consacrées à des portraits de ses proches et à la description des jardins de l'Observatoire et du Luxembourg. La vision réaliste et la technique sombre sont redevables à l'enseignement de Carolus Duran et de Bonvin. C'est aussi le temps de la découverte du Midi à l'occasion de vacances familiales dans les Alpes-Maritimes. Déjà sa palette a changé, sa technique est désormais plus libre. Le *Coin de jardin à Monaco* qu'il expose en 1884 au Salon des Indépendants est une scène de « plein air » en couleurs claires. Mais en 1891, c'est la mutation. L'ancien disciple des Impressionnistes accroche aux cimaises des Indépendants le portrait divisionniste de sa femme (actuellement au Musée d'Art Moderne). C'est au moment où Seurat disparaissait, que H. E. Cross vint au néo-impressionnisme. Il rompait ainsi avec une esthétique qu'il pratiquait depuis dix ans pour adopter celle du groupe qui animait le Salon des Indépendants. Ce fut pour ses amis Angrand, Signac et Luce l'avènement d'une sensibilité exceptionnelle, l'intrusion recommencée du romantisme dans la peinture en cette fin du XIXe siècle. C'est dans le Var, au cours de ses recherches sur la lumière du levant et du couchant qu'il crée certaines de ses principales œuvres : *La Ferme, le matin* ; *La Ferme, le soir*, (1893) ; *Mère jouant avec son enfant* (1897). Cross réussit une sorte de

libération romantique du paysage : *La vague*. Avec Signac et Van Rysselberghe, il révèle de la Provence une beauté jusque-là surtout recherchée en Île-de-France ou en Normandie par les impressionnistes. Le fauvisme est là, pressenti, annoncé, comme en témoignera le Matisse de « Luxe, Calme et Volupté », encore redevable à la sensation néo-impressionniste, plus subjective, de Cross, avec lequel il est venu travailler en 1904 à Saint-Tropez. Car H. E. Cross qui aspirait à la « glorification d'une vision intérieure » par l'organisation des sensations, fait des adeptes. Il se distingue de Signac par une touche moins systématique, plus serrée et plus proche de celle de Seurat, duquel il se distingue aussi par un chromatisme exacerbé, parfois jusqu'à des recherches de dissonances, souvent à partir du violet.

Le primat de la lumière, aboutissement logique des travaux de Seurat et de Signac, allait provoquer l'accélération de l'évolution de la peinture moderne. La confidence manifeste de H. E. Cross : « Je reviens à l'idée d'harmonies chromatiques établies de toutes pièces (pour ainsi dire) et en dehors de la nature comme point de départ » peut être considérée comme un élément fondateur de la future abstraction, au même titre que le célèbre précepte de Maurice Denis sur les « couleurs en un certain ordre assemblées ». Par le truchement d'H. E. Cross, ceux qu'on appelait les dissidents de l'impressionnisme, les néos, contribuent ainsi de manière décisive à un bouleversement historique qui va remettre en question l'existence même des données traditionnelles de la peinture. ■ Henri Cachin, J. Busse

Bibliogr. : In : Encyclopédie des Arts *Les Muses*, vol. 6, Grange-Batelière, Paris, 1969-1974 – in : *Diction. Univers. de la Peint.*, vol. 2, Le Robert, Paris, 1975.

Musées : Douai : *Coin de jardin à Monaco* 1884 – Genève : *Le Baigneur* 1906 – Grenoble (Mus. des Beaux-Arts) : *Le Cap Layet* 1904 – New York (Metropolitan Mus.) : *Personnages dans un parc*, aquar. – Paris (Mus. Nat. d'Art Mod.) : *Les Îles d'Or* 1891-92 – Saint-Tropez (Mus. de l'Annonciade) : *La Plage de Saint-Clair* 1908 – Toledo (Mus. of Art) : *Le Bal villageois* 1895-96.

Ventes Publiques : Paris, 9 mai 1894 : *Les Vigneronnes* : **FRF 140** – Paris, 24 fév. 1919 : *Venise*, aquar. : **FRF 450** – Paris, 21 mars 1919 : *Côte provençale*, aquar. : **FRF 230** – Paris, 28 mars 1919 : *Venise, marine* : **FRF 3 000** ; *Jardin de roses* : **FRF 580** – Paris, 28 mars 1919 : *Bœufs*, dess. : **FRF 110** ; *Étude de femme*, aquar. : **FRF 85** – Paris, 20 fév. 1920 : *La Maison au bord de l'eau*, aquar. : **FRF 152** ; *Sur la terrasse*, aquar. : **FRF 155** – Paris, 21 juin 1920 : *Grenade*, aquar. : **FRF 290** – Paris, 12 fév. 1921 : *Vue panoramique de la Seine environs de Paris*, aquar. : **FRF 260** – Paris, 28 oct. 1921 : *Étude de nu* : **FRF 180** ; *Torse de femme* : **FRF 290** ; *Figure* : **FRF 280** ; *Étude à la fossette* : **FRF 850** ; *Marine* : **FRF 400** ; *Paysage à Saint-Clair* : **FRF 430** ; *Deux études pour vendangeuses* : **FRF 160** ; *Figures* : **FRF 100** ; *Étude d'homme. Torse nu* : **FRF 75** ; *Paysage près de la mer (Saint-Clair)* : **FRF 355** ; *Homme et femme* : **FRF 160** ; *Étude pour un portrait (Leroy Saint Aubert)* : **FRF 80** ; *Nourrice* : **FRF 110** ; *Vendangeurs* : **FRF 210** ; *La plage de Brusq près de Toulon* : **FRF 400** ; *Paysage à Saint-Clair* : **FRF 220** ; *Étude de fleurs* : **FRF 160** ; *Étude de fleurs* : **FRF 130** ; *Femmes dans des arbustes* : **FRF 140** ; *Recherche pour des baigneuses* : **FRF 65** ; *Baigneuse* : **FRF 430** ; *Plage de la Vignasse (Cabassou)* : **FRF 720** ; *Haleurs de filets de pêche* : **FRF 450** ; *Calanque des Antibois* : **FRF 605** ; *Nuages rouges* : **FRF 820** ; *Femme cueillant des fleurs dans un jardin (Monaco)* : **FRF 1 100** ; *Groupe de figures décoratives dans un paysage* : **FRF 2 300** ; *Étude* : **FRF 1 400** ; *Pointe de la Galère (Cabassou)* : **FRF 1 100** ; *Pêcheur provençal* : **FRF 1 120** ; *Les Baigneuses* : **FRF 1 650** – Paris, 6 nov. 1924 : *Ponte San Trovaso* : **FRF 5 200** – Paris, 24-25 nov. 1924 : *Soleil couchant*, aquar. : **FRF 160** ; *Paysage*, aquar. : **FRF 320** ; *Paysage du Midi*, aquar. : **FRF 230** ; *Le Trocadéro*, aquar. : **FRF 400** ; *Paysage*, aquar. : **FRF 320** ; *Figure dans un paysage* : **FRF 1 200** – Paris, 8 avr. 1925 : *En Espagne*, aquar. : **FRF 405** – Paris, 14 mai 1925 : *Bords de la Méditerranée*, deux aq. : **FRF 660** ; *Enfant au jardin* : **FRF 2 800** – Paris, 14 fév. 1927 : *Bal villageois* : **FRF 30 000** – Paris, 3 mars 1927 : *Parc Monceau*, aquar. : **FRF 480** – Paris, 30-31 mai 1927 : *La Ronde* : **FRF 11 000** – Paris, 28 mai 1930 : *La Jeune Fille en rouge* : **FRF 20 000** ; *Maisons dans la verdure* : **FRF 20 000** ; *Nymphes* : **FRF 54 000** – Paris, 14 juin 1930 : *Portrait de jeune femme* : **FRF 14 000** – Paris, 22 nov. 1930 : *Paysage*, aquar. : **FRF 950** ; *Le Pont*, aquar. : **FRF 2 200** ; *Bassin au Bois de Boulogne* : **FRF 4 800** – Paris, 6 déc. 1930 : *Paysage à Saint-Clair* : **FRF 3 300** ; *Paysage du Midi* : **FRF 27 000** – Paris, 8 nov. 1940 : *Les Cygnes* : **FRF 8 000** ; *Paysage provençal* : **FRF 18 000** – Paris, 12 mars 1941 : *Paysage*, dess. à la pl. et cr. de coul. : **FRF 300** – Paris, 4 déc. 1941 : *Mère jouant avec son enfant* : **FRF 66 000** ; *La Mer clapotante* : **FRF 50 000** ; *La Dame au parc* : **FRF 36 000** ; *L'Épave* : **FRF 46 000** – Paris, 6 mai 1943 : *Sous-bois*, dess. au pinceau : **FRF 4 000** ; *Jeune femme à l'oreiller*, dess. : **FRF 3 000** ; *Paysage du Midi*, aquar. : **FRF 3 000** ; *Jardin ensoleillé* : **FRF 95 000** – Paris, 30 mai 1949 : *Le Lavandou* : **FRF 310 000** – Paris, 9 mai 1952 : *Arbres* : **FRF 465 000** – New York, 2 mai 1956 : *Pérouse, le campanile* : **USD 3 750** – Paris, 27 nov. 1957 : *Arbuste jaune et rouge* : **FRF 158 000** – Londres, 26 mars 1958 : *Un olivier*, cr. et aquar. : **GBP 440** – Paris, 16 juin 1959 : *Paysage de montagnes* : **FRF 3 000 000** – New York, 9 déc. 1959 : *Paysage* : **USD 1 700** – Paris, 10 déc. 1959 : *Paysage*, aquar. : **FRF 170 000** – New York, 16 mars 1960 : *Paysage du Sud*, gche : **USD 2 300** – Paris, 21 juin 1960 : *Village de Bormes*, aquar. : **FRF 13 200** – Londres, 7 juil. 1960 : *Paysage près du Lavandou*, cr. et aquar. : **GBP 300** – New York, 16 fév. 1961 : *Monaco*, cr. et aquar. : **USD 450** – Paris, 23 juin 1961 : *Nu dans un paysage* : **FRF 8 200** – Paris, 30 nov. 1961 : *La Baigneuse à Saint-Clair*, aquar. : **FRF 10 000** – Londres, 4 juil. 1962 : *Un canal à Venise* : **GBP 1 600** – Paris, 24 juin 1963 : *Les Vendanges* : **FRF 48 000** – Versailles, 10 juin 1964 : *Le Grand Canal à Venise* : **FRF 90 000** – Londres, 25 nov. 1964 : *Sous-bois*, aquar. et fus. : **GBP 1 300** – Paris, 25 mars 1965 : *Baigneuses dans un paysage* : **FRF 150 000** – Londres, 6 avr. 1966 : *Paysage provençal*, aquar. : **GBP 1 150** – Londres, 22 juin 1966 : *Nymphes* : **GBP 10 000** – New York, 10 oct. 1968 : *Antibes, le matin* : **USD 70 000** – Londres, 30 avr. 1969 : *La Pointe de la Galère* : **GBP 91 000** – Paris, 17 mars 1971 : *Le Trayas*, aquar. : **FRF 33 000** – Londres, 22 juin 1972 : *Antibes, matin* : **GNS 41 000** – Versailles, 2 juin 1976 : *Paysage provençal* 1899, h/t (60x81) : **FRF 153 000** – Paris, 26 oct. 1976 : *L'Ancien Palais du Trocadéro*, aquar. (12x17) : **FRF 5 100** – New York, 11 mai 1977 : *La Chaîne des Maures* 1906-1907, h/t (65,3x81,3) : **USD 65 000** – Londres, 4 oct. 1977 : *Aux Champs-Élysées*, litho. coul. sur Chine (20,2x26,2) : **GBP 2 200** – Paris, 15 juin 1978 : *Les Roches rouges*, aquar. (17x24,5) : **FRF 10 800** – Londres, 27 juin 1978 : *Vue de Menton* vers 1899-1900, h/t (65x92) : **GBP 32 000** – Berne, 20 juin 1979 : *Paysage de Provence* vers 1900, aquar. (24,7x17,2) : **CHF 6 000** – Versailles, 1er juin 1980 : *La Conversation*, dess./pap. (44x36) : **FRF 20 500** – Londres, 1er avr. 1981 : *Paysage boisé* 1899, aquar. et cr. (25,5x39,5) : **GBP 2 600** – Paris, 31 mai 1983 : *Les Baigneuses*, h/t (82x100) : **FRF 1 850 000** – New York, 22 juin 1983 : *La Toilette*, cr. (24x17,5) : **USD 1 400** – New York, 16 mai 1984 : *Sous les pins*, aquar. (47x62) : **USD 13 500** – New York, 12 nov. 1985 : *Venise, le Palais Venier dei Leoni, maison de Peggy Guggenheim*, aquar./pap. mar./cart. (21,6x37,8) : **USD 22 000** – Londres, 3 déc. 1985 : *Cyprès, avril* 1904, h/t (72x91) : **GBP 130 000** – Paris, 4 juin 1987 : *Voiliers à quai*, aquar. (33,5x25,5) : **FRF 83 000** – Londres, 29 juin 1987 : *Le Lac du Bois de Boulogne* vers 1899, h/t (65x81) : **GBP 340 000** – Fontainebleau, 21 fév. 1988 : *Paysage méditerranéen*, aquar. (26,5x43) : **FRF 76 000** – Londres, 24 fév. 1988 : *Étude pour un paysage*, encre (24,8x32) : **GBP 1 210** ; *Jardin devant la mer*, aquar. (13x20) : **GBP 6 820** – Reims, 13 mars 1988 : *Coucher de soleil en bord de mer*, h/pan. (20,5x24,5) : **FRF 5 600** – L'Isle-Adam, 20 mars 1988 : *Élégante au jardin*, h/t (73x54) : **FRF 460 000** – Paris, 21 mars 1988 : *Avant l'orage (la barque)* juin 1906-avril 1907, h/t (65x80) : **FRF 1 900 000** – Londres, 18 mai 1988 : *Cap Nègre et Pramousquier*, aquar. et cr. (18x25,2) : **GBP 6 380** – Paris, 12 juin 1988 : *La Côte rocheuse*, aquar. (15x24) : **FRF 30 000** – Paris, 22 juin 1988 : *Enfants au bord de l'eau*, aquar. (22x31) : **FRF 125 000** – Londres, 28 juin 1988 : *Le Tamaris* 1908, h/t (46x55) : **GBP 99 000** – Paris, 29 juin 1988 : *Bord de mer*, aquar. (16x24) : **FRF 56 000** – Paris, 16 oct. 1988 : *Les Vendanges*, h/pan. (14x24) : **FRF 42 000** – Londres, 19 oct. 1988 : *Étude pour un paysage avec le Cap Nègre*, h/t (25x45) : **GBP 11 550** – Londres, 21 oct. 1988 : *Cygnes*, encre/pap. (19x25,7) : **GBP 526** – Paris, 21 nov. 1988 : *La Falaise* vers 1891-92, h/t (41x33) : **FRF 140 000** – Paris, 3 mars 1989 : *Paysage*, h/t (24x41) : **FRF 24 000** – Paris, 7 avr. 1989 : *L'Orée du bois*, h/cart. (14,5x27,5) : **FRF 23 000** – New York, 9 mai 1989 : *Méditerranée par vent d'est*, h/t (58,5x81) :

USD 605 000 – La Varenne-Saint-Hilaire, 21 mai 1989 : *Paysage*, aquar. (19x14) : FRF 8 600 – Paris, 22 oct. 1989 : *Les Voiliers*, h/pan. (19x27) : FRF 285 000 – New York, 15 nov. 1989 : *Sous-bois*, h/t (59,5x73) : USD 660 000 – Paris, 4 mai 1990 : *Collines dans l'arrière pays niçois chemin conduisant à Eza*, h/t (54x73) : FRF 640 000 – New York, 16 mai 1990 : *La Chaîne des Maures*, h/t (65,1x81,3) : USD 605 000 – Paris, 15 juin 1990 : *Un canal à Venise* sept. 1903-1905, h/t (55x45,7) : FRF 2 200 000 – New York, 3 oct. 1990 : *Côte provençale* 1909, aquar./pap./cart. (28x38,2) : USD 14 850 – Londres, 3 déc. 1990 : *Rio San Trovaso à Venise*, h/t (73x92,7) : GBP 275 000 – Londres, 4 déc. 1990 : *Cyprès (avril)*, h/t (72x91) : GBP 308 000 – Douai, 24 mars 1991 : *Saint-Clair*, lav. d'encre : FRF 7 000 – Enghien-les-Bains, 21 nov. 1991 : *Avant l'orage (la barque)*, h/t (65x80) : FRF 1 500 000 – Londres, 16 oct. 1991 : *Pins au bord de la mer*, aquar. et cr. (16x25) : GBP 3 520 – Paris, 12 juin 1992 : *Un parc*, h/t (45x54) : FRF 251 000 – Londres, 29 juin 1992 : *La Lavandière*, h/t (65x92) : GBP 121 000 – Paris, 10 fév. 1993 : *La Cime aux nuages*, aquar. et fus. (17x24,5) : FRF 13 800 – Calais, 4 juil. 1993 : *La Cime aux nuages*, aquar. (17x25) : FRF 14 000 – Paris, 22 nov. 1993 : *Les Tartanes* 1895, h/t (53,7x73) : FRF 1 750 000 – Paris, 10 mars 1994 : *Le Port de Marseille*, h/t (65x92) : FRF 2 500 000 – New York, 11 mai 1994 : *Les rochers, Les Baleines au Lavandou*, h/t (64,8x91,4) : USD 442 500 – Paris, 3 juin 1994 : *La Promenade ou les Cyprès* 1897, litho. (28,5x41,2) : FRF 40 000 – Paris, 19 déc. 1994 : *Cyprès* 1904, h/t (73x92) : FRF 2 000 000 – Paris, 12 juin 1995 : *Nature morte à la fiasque*, h/t (65,5x81) : FRF 520 000 – Paris, 24 nov. 1996 : *Marseille, l'entrée du Vieux Port* vers 1900, aquar. et cr./pap. (16,7x24) : FRF 26 000 – Paris, 13 déc. 1996 : *Paysage*, h/t/pan. (24x32,5) : FRF 17 000 – New York, 12 mai 1997 : *Femmes liant la vigne* 1890, h/t (53,8x65) : USD 618 500 – Londres, 19 mars 1997 : *Paysage du Midi* 1905, aquar. et craie noire/pap. (17x24) : GBP 2 760 – Paris, 22 avr. 1997 : *La Promenade, ou Les Cyprès* 1897, litho. coul. : FRF 25 000 – Paris, 5 juin 1997 : *Paysage*, h/cart. (24x33) : FRF 9 000 – Paris, 10 juin 1997 : *Aux Champs-Élysées (La Nourrice)* vers 1895, litho. (19,7x25,7) : FRF 12 500 – Paris, 27 oct. 1997 : *Village en bord de rivière*, cr. et aquar. (10,5x18) : FRF 5 000.

CROSS Henry H.
Né en 1837 à Tioga County (New York). Mort en 1918 à Chicago (Illinois). XIXe-XXe siècles. Américain.
Peintre de sujets de sport, scènes typiques.
Il privilégia les sujets équestres.
Ventes Publiques : New York, 28 avr. 1978 : *Red Tomahawk* 1893, h/t (61x51) : USD 2 100 – New York, 6 juin 1986 : *The Old Union Race Course*, h/t (106,7x153,6) : USD 70 000 – New York, 5 juin 1987 : *The bay trotter Lord Byron on a racetrack* 1892, h/t (71,1x106,7) : USD 19 000 – New York, 17 déc. 1990 : *Le chef « Nuage rouge »* 1862, h/t (91,6x73,7) : USD 2 860 – New York, 4 juin 1993 : *Trotteur bai attelé, présumé Saint Patrick, sur un champ de course*, h/t (71,1x106,7) : USD 11 500.

CROSS J.
XIXe siècle. Actif à Londres entre 1820 et 1860. Britannique.
Graveur.
On cite de lui des *Ex libris* et des portraits.

CROSS John
Né en 1819 à Tiverton. Mort le 26 février 1861 à Londres. XIXe siècle. Britannique.
Peintre d'histoire, paysages.
Cross commença ses études du dessin à Saint-Quentin et plus tard, reçut des conseils de Picot, à Paris. Il participa au concours pour la décoration du Palais du Parlement, en 1843. Son carton de l'*Assassinat de Thomas Becket* ne fut pas reçu, mais, en 1847, sa peinture de la *Clémence de Richard Cœur de Lion* fut récompensée et achetée par l'État anglais, moyennant 1000 livres sterling (*Bryan's Dictionary*). Il exposa à la Royal Academy de 1850 à 1858 ou 1859.
Ventes Publiques : Londres, 16 mars 1908 : *Paysage* : GBP 17.

CROSS Lewis
Né vers le début de la dernière moitié du XVIIe siècle en Angleterre. Mort en 1721. XVIIe-XVIIIe siècles. Britannique.
Peintre de miniatures et aquarelliste.
Lewis Cross peignit les portraits des plus grands personnages en Angleterre du temps de la Reine Anne. Il copia à l'aquarelle, avec beaucoup de succès, les œuvres des vieux maîtres, et réunit des miniatures et des dessins anciens qui formèrent une collection des plus intéressantes. Le Musée d'Amsterdam conserve de lui un *Portrait de Guillaume III d'Angleterre*.

CROSS Louis Slavko
Né à Koncanica (Yougoslavie). XXe siècle. Yougoslave.
Peintre.
Élève de Cormon et Ballo. A exposé au Salon des Artistes Français de 1936, à Paris.

CROSS Michael
Né en Angleterre. XVIIe siècle. Actif sous Charles Ier, après 1616. Britannique.
Peintre.
Le *Bryan Dictionary* rapporte qu'ayant été envoyé en Italie par Charles Ier pour copier les tableaux des grands maîtres, Cross aurait volé une *Madone* de Raphaël de l'église de Saint-Marc à Venise, en y laissant une copie de cette œuvre, exécutée par lui.

CROSS Thomas, l'Ancien
Né en Angleterre. XVIIe siècle. Actif de 1645 à 1685. Britannique.
Graveur.
Cross travailla beaucoup pour les éditeurs et exécuta des portraits et des *Ex-libris* d'après ses dessins.

CROSS Thomas, le Jeune
XVIIe-XVIIIe siècles. Actif à Londres. Britannique.
Graveur.
Il était fils de Thomas l'Ancien et fut son élève.

CROSSAN Mary
Née à Liverpool (Angleterre). XIXe siècle. Active à la fin du XIXe siècle. Britannique.
Peintre.
A exposé des vues de Venise au Salon de la Nationale de 1914.

CROSSE Edwin Reeve
Né au XIXe siècle à Leeds. XIXe siècle. Britannique.
Peintre de genre, portraits.
Il exposa à la Royal Academy de Londres depuis 1888.

CROSSE Lawrence
Né vers 1650. Mort en 1724. XVIIe-XVIIIe siècles. Britannique.
Peintre de portraits et miniaturiste.
Il fut élève de Sam Cooper. Il restaura un portrait de Marie Stuart pour le duc d'Hamilton. Il en faussa les traits d'ailleurs et est à l'origine des doutes qui planent encore aujourd'hui sur l'iconographie de la Reine. Il travailla beaucoup pour le roi d'Angleterre et le duc de Bucclench. On cite de lui le portrait de la *Princesse Marie d'Orange*, qui fait partie de la collection Pierpont Morgan à New York.
Musées : Amsterdam (Rijksmus.) : *Portrait du roi Guillaume III d'Angleterre* – Oxford (Ashmolean Mus.) : *Portrait d'une dame inconnue*.

CROSSE Pierre
XVIIe siècle. Français.
Sculpteur.
Il fut reçu à l'Académie de Saint-Luc en 1697.

CROSSE Richard
Né le 24 avril 1742 dans le comté de Devon. Mort en 1810 à Knowle (près de Cullompton, dans le même comté). XVIIIe-XIXe siècles. Britannique.
Peintre de miniatures.
Cet artiste qui, d'après l'artiste Benjamin Robert Haydon, était muet, obtint une renommée très considérable par ses aquarelles et ses miniatures. En 1790, il acquit même la faveur du roi George III, qui le nomma peintre en émail à la cour. Il fut membre de la Free Society of Artists et exposa à cette Société ainsi qu'à la Royal Academy, entre 1760 et 1796. On mentionne de lui un portrait de Mrs Billington et un de Capt. Swinburne qui est au Victoria and Albert Museum.
Ventes Publiques : Londres, 3 mars 1922 : *Edward Crosse, enfant* : GBP 52 – Londres, 23 juin 1922 : *Officier en uniforme écarlate* : GBP 42.

CROSSLAND James Henry
Né le 22 août 1852 à Sandal (York). XIXe siècle. Britannique.
Peintre de paysages animés, paysages.
Ventes Publiques : Édimbourg, 14 mars 1931 : *Paysage de montagne* : GBP 2 – Londres, 18 mars 1980 : *Bords du lac Windermere*, h/t (81x135) : GBP 2 200 – Londres, 3 juin 1988 : *Personnage traversant un ruisseau dans un paysage escarpé*, h/t (61x91,5) : GBP 935.

CROSSLEY Cuthbert
Né le 22 août 1883 à Halifax (York). XXe siècle. Britannique.

Peintre, graveur, aquarelliste.
Il exposait à la Royal Academy de Londres. Il a aussi envoyé des aquarelles au Salon des Artistes Français de Paris, de 1928 à 1932.

CROSSMAN John C.
Né en 1790 aux États-Unis. Mort en 1850. XIXe siècle. Américain.
Graveur sur bois.
Il était élève de A. Bowen.

CROSTA Tommaso
XVIIIe siècle. Italien.
Peintre.
Napolitain, il peignit les fresques des murs et des plafonds de la sacristie de l'Église Santa Caterina à Formello à Naples, en 1762. Il peignit également le retable de cette église.

CROSTHWAITE Daniel
XIXe siècle. Britannique.
Peintre de portraits.
Il exposa de 1833 à 1845 à la Royal Academy, et à la Suffolk Street Gallery à Londres. On conserve de lui au British Museum, un dessin d'après l'antique.

CROTCH William
Né le 5 juillet 1775 à Norwich. Mort le 29 décembre 1847 à Taunton. XIXe siècle.
Peintre de figures, paysages, aquarelliste, graveur, lithographe.
Ses contemporains l'appréciaient en tant que musicien ; prodige, à quinze ans il tenait l'orgue de la Cathédrale, en 1797 il fut nommé professeur et en 1822 directeur de l'Académie Royale de Musique.
En tant que peintre, Il exposa trois paysages à la Royal Academy de 1799 à 1809. Il appartint au groupe de « l'École d'Oxford » appelé aussi par ironie « Grande École » dont peu de membres étaient réellement des professionnels. Cependant ils jouèrent un rôle dans le développement de la peinture du paysage anglais. Le British Museum conserve de lui trois dessins, et quelques lithographies, dont un paysage daté de 1815.
Musées : Londres (British Mus.).
Ventes Publiques : Londres, 9 avr. 1992 : *Tom, le fils de l'artiste devant la maison de Broad Street à Oxford*, aquar./pap. (29,5x23) : **GBP 660**.

CROTTI Auguste
XXe siècle. Français.
Peintre de portraits, paysages.
Il exposait à Paris, au Salon des Tuileries. On cite son *Portrait d'Aristide Briand*.
Ventes Publiques : Paris, 8 nov. 1989 : *Retour au néant*, h/t (55x46) : **FRF 29 000**.

CROTTI Jean
Né le 24 avril 1878 à Bulle (canton de Fribourg). Mort le 30 janvier 1958 à Paris. XXe siècle. Actif et depuis 1927 naturalisé en France. Suisse.
Peintre à la gouache, aquarelliste, peintre de portraits, cartons de vitraux, sculpteur. Dadaïste, cubo-futuriste, puis abstrait.
Il fut d'abord élève de l'école des Arts Décoratifs de Munich. Venu à Paris en 1901, il s'inscrivit à l'Académie Julian. Il exposa au Salon des Artistes Indépendants à partir de 1907, il fut sociétaire du Salon d'Automne de 1909 à 1942. Ses œuvres de prime jeunesse furent influencées par l'impressionnisme et le fauvisme. De 1914 à 1916 à New York, il connut Marcel Duchamp et Francis Picabia. De retour à Paris en 1916, il vint apporter des nouvelles de son frère à Suzanne Duchamp, qu'il épousa en 1919. Il fut très lié au groupe de Puteaux, réuni autour de l'autre frère Jacques Villon. De 1915 à 1921, sous l'influence de Duchamp et Picabia, il eut une activité intéressante dans le mouvement Dada. De cette période datent, entre autres : *Portrait sur mesure de Marcel Duchamp* qu'il exécuta en fil de fer directement sur le visage de Duchamp en 1915, *Virginité en déplacement* de 1916. Il collabora aux revues Dada : *311, Dada, La Pomme de Pins, Ça ira, Mécano*, etc. En symbiose avec le futurisme italien, auquel ont été également sensibles Marcel Duchamp et Raymond Duchamp-Villon, il orienta durablement ses recherches sur la représentation du mouvement, aussi bien en peinture qu'en sculpture. À la fin de sa période dadaïste, il fut influencé, jusqu'à l'imitation, par l'aspect mécanique des peintures de Picabia : *L'escalier sans fin, Crépuscule mécanique* de 1920. En 1921, il exposa des œuvres d'inspiration mécaniste à la galerie Montaigne, et chez Paul Guillaume en 1923. Il s'intitulait simultanéiste et préconisait « l'introduction du temps dans la structure du tableau ».
Dans la suite des années vingt, il rallia plusieurs groupes se réclamant de l'abstraction géométrique. En 1938, il inventa le procédé du « gemmail », sorte de vitrail sans plombs et constitué de verres colorés superposés, qu'il fit breveter et avec lequel il réalisa quelques œuvres, avant de le céder à des fins industrielles. À cette même époque, il revint parfois à la figuration avec une tendance expressionniste. En 1946, il retourna aux États-Unis et exposa au Centre Culturel de l'Ambassade de France. En 1959 eut lieu au Musée Galliera de Paris une exposition rétrospective posthume de l'ensemble de son œuvre. Une autre fut organisée à Fribourg en 1973.
Après sa période Dada et concernant ensuite l'ensemble de son œuvre, il n'eut qu'un rôle effacé dans l'après-cubisme, encore que, à partir de 1920, il ait pour sa part donné à la construction rigoureuse et statique de la réalité issue du cubisme, un double prolongement dans la dynamisation et dans l'abstraction des formes, et qu'il ait montré au long de sa carrière un sens chromatique de qualité. ■ Jacques Busse

Bibliogr. : Waldemar-George : *Jean Crotti et la primauté du spirituel*, Pierre Cailler, Genève, 1959 – in : Catalogue de l'exposition *Dada*, Mus. Nat. d'Art Mod., Paris, 1966 – in : *Diction. Univers. de la Peint.*, Robert, Paris, 1975.
Musées : Paris (Mus. d'Art Mod. de la Ville) : *Le Clown* 1916 – *Virginité en déplacement* 1916.
Ventes Publiques : Paris, 25 jan. 1923 : *Un éternel instant* : **FRF 530** – Paris, 27 nov. 1926 : *Tête de femme* : **FRF 420** – Paris, 2 mars 1929 : *Femme funèbre* : **FRF 2 300** – New York, 23 mars 1961 : *Femme-fleur* : **USD 200** – Versailles, 27 nov. 1961 : *La Japonaise* : **FRF 4 300** – Genève, 26 nov. 1966 : *Nature morte* : **CHF 4 600** – Paris, 18 fév. 1970 : *Portrait d'Édison*, aquar. : **FRF 14 500** – Paris, 24 nov. 1972 : *Composition* : **FRF 4 200** – Versailles, 5 déc. 1976 : *Mouvement de danse* 1931, h/t (64,5x54) : **FRF 6 800** – Paris, 9 juin 1977 : *Résonnances* 1923, h/t (81x60) : **FRF 32 000** – Versailles, 19 fév. 1978 : *Composition* 1943, h/isor. (64,5x51) : **FRF 4 700** – Versailles, 18 mars 1979 : *Baigneuse* 1927, h/pan. parqueté (81x130) : **FRF 30 000** – Paris, 10 juin 1980 : *Idée en cours de possession* 1920, gche/pap. (44x55) : **FRF 38 000** – Paris, 8 avr. 1981 : *Composition au palmier*, gche (49x34) : **FRF 7 000** – Paris, 29 juin 1981 : *Dans deux sens* 1917, cr./pap. : **FRF 6 200** – Paris, 25 nov. 1982 : *Visage* 1915, h/t (56x46) : **FRF 38 000** – Paris, 4 mai 1983 : *Les baigneuses* 1911, h/t (65x54) : **FRF 66 000** – Versailles, 13 juin 1984 : *Le Grand Diplomate* 1920, gche et aquar. (49x63) : **FRF 72 000** – Zurich, 27 mars 1985 : *Deux femmes* 1929, h. et sable/pan. (122x97) : **CHF 14 000** – Verrières-le-Buisson, 14 déc. 1986 : *Orage* 1928, h/t (92,5x72,5) : **FRF 70 000** – Londres, 3 déc. 1986 : *Le Grand Diplomate* 1920, aquar. et pl. (47,4x62) : **GBP 12 000** – Versailles, 10 juin 1987 : *Baigneuses* 1928, h/pan. (122x96) : **FRF 108 000** – Paris, 23 juin 1987 : *Les pensées de Tante Brigitte* 1926, gche (37x27) : **FRF 30 000** – Genève, 24 nov. 1987 : *Gertrude* 1922, cr. de coul. (60,7x45,5) : **CHF 6 500** – Paris, 1er fév. 1988 : *Dame au chapeau*, h/t (16x26) : **FRF 83 000** – Paris, 22 mars 1988 : *Femme au chapeau rouge* 1914, h/t (65x49) : **FRF 88 000** – Douai, 26 mars 1988 : *Couple* 1915, h/t (65x54) : **FRF 71 000** – Paris, 24 juin 1988 : *Si oui ou si non* 1915, h/t (46x35) : **FRF 115 000** – Versailles, 25 sep. 1988 : *Nature morte sur une cheminée* 1945, h/t (40,5x32,5) : **FRF 13 000** ; *Femme aux fleurs*, h/t (61x51) : **FRF 28 000** – Paris, 7 avr. 1989 : *Composition* 1942, peint. à la cire/pan. (33x42) : **FRF 16 000** – Paris, 22 oct. 1989 : *Jeune femme à la capeline* vers 1905, h/t (46x38) : **FRF 105 000** – Londres, 29 nov. 1989 : *Exorcisme sentimental* 1920, aquar. et gche/cart. (48x65,6) : **GBP 25 300** – Paris, 3 avr. 1990 : *Le Mannequin*, h/t (92x79) : **FRF 350 000** – Lucerne, 24 nov. 1990 : *Deux Têtes*, h/bois (42x50) : **CHF 9 800** – Paris, 19 juin 1991 : *Composition au visage féminin*, h/t (65x54) : **FRF 137 000** – Paris, 3 fév. 1992 : *Baigneuses* 1911, cr. noir (59,5x44) : **FRF 11 500** – Zurich,

14-16 oct. 1992 : *La Vierge folle* 1954, h/bois (65x53,5) : **CHF 8 000** – Paris, 2 nov. 1992 : *Visage*, h/pap./t. (66x51) : **FRF 51 000** – Paris, 8 nov. 1993 : *Orage* 1928, h/t (92x73,5) : **FRF 102 000** – Paris, 26 juin 1995 : *Visage de femme*, h/t (55x38) : **FRF 80 000** – Neuilly, 9 mai 1996 : *Le Pavillon d'Afrique* 1937, gche (44x30) : **FRF 9 500** – Paris, 28 oct. 1996 : *La Sieste* 1931, h/t (54x65) : **FRF 13 500** – Lucerne, 23 nov. 1996 : *Tableau ciré* 1943, h/cart./Pavatex (35x27) : **GBP 4 600** – Paris, 20 jan. 1997 : *Sans titre*, h/pan. (41x94) : **FRF 6 000** – Paris, 28 avr. 1997 : *Composition* vers 1915, h/t (46x55) : **FRF 28 000** – Paris, 25 mai 1997 : *Visages et personnages* 1931, h/t (65x54,5) : **FRF 42 000**.

CROU Joan
XIVe siècle. Espagnol.
Peintre.
D'origine catalane, il travaillait en 1308 à Perpignan.

CROUAN Julie, Mlle
Née à Brest (Finistère). XIXe siècle. Française.
Peintre de fleurs et de fruits.
Élève de Colas. Exposa régulièrement à partir de 1876.

CROUCH
XIXe siècle. Actif au milieu du XIXe siècle. Britannique.
Dessinateur.
Il dessina surtout des paysages italiens.
Musées : Londres (British Mus.) : *Temple à Poeste*, aquar.

CROUCH E. A.
XIXe siècle. Actif à Londres. Britannique.
Peintre.
Il exposa de 1827 à 1834 à la British Institution et à la Suffolk Street Gallery, à Londres.

CROUCH W.
XVIIIe siècle. Actif à Londres. Britannique.
Peintre de portraits et de miniatures.
Il exposa à la Free Society de 1774 à 1776.

CROUE Renée
Née à Paris. XXe siècle. Française.
Peintre de paysages.
Elle exposa à Paris au Salon d'Automne en 1922.

CROUET Alexis
XVIIIe siècle. Français.
Peintre.
Il fut reçu à l'Académie de Saint-Luc à Paris en 1748.

CROUIJ Ladislas
Né en Hongrie. XXe siècle. Hongrois.
Peintre.
A exposé au Salon des Indépendants à Paris en 1937.

CROUILLEBOIS Jean
Né à Saint-Georges-sur-Eure (près de Dreux). XVIe siècle. Français.
Peintre.
On cite des travaux de lui en 1561 et 1562 ; il travailla surtout pour l'église protestante de sa ville natale.

CROUILLEBOIS Michel
XVIIIe siècle. Français.
Peintre.
Il fut reçu à l'Académie de Saint-Luc à Paris en 1752.

CROULARD Jeanne Judith
Née à Paris. XXe siècle. Française.
Peintre de paysages.
Elle exposa à Paris de 1928 à 1943, aux Salons des Artistes Indépendants, d'Automne et des Tuileries.

CROUPART Jean
XVIIIe siècle. Français.
Peintre.
Il fut reçu à l'Académie de Saint-Luc à Paris en 1780.

CROUS Johannes
XVIIe siècle. Hollandais.
Peintre.
Un document daté du 9 juillet 1677 mentionne son nom à Amsterdam.

CROUSEL
XVIIIe siècle. Français.
Graveur.

CROUTELLE Louis
Né en 1765 à Paris. Mort le 5 septembre 1829. XVIIIe-XIXe siècles. Français.
Graveur.
Il étudia avec Delaunay. Il illustra quantité d'ouvrages littéraires et exécuta, entre autres des suites d'estampes pour les comédies de Molière, les œuvres de Regnard, de Rousseau, etc.

CROUX Ingo de
Née le 6 mars 1921 à Munich. XXe siècle. Active en France. Allemande.
Peintre de paysages.
Elle était la fille de Lou Albert-Lazar et reçut ses conseils, étant élevée en France. À Paris, elle fut invitée au Salon des Tuileries en 1937, a exposé au Salon des Femmes Peintres et Sculpteurs en 1944-1945, au Salon des Surindépendants en 1945-1946.
Elle a voyagé en Italie, Espagne, au Maroc, en Inde, Indochine, Chine, d'où elle a rapporté de nombreuses études.

CROUZAT Léopold Georges
Né le 27 mars 1904 à Castres (Tarn). XXe siècle. Français.
Sculpteur de statues, bustes, graveur en médailles.
Il fut élève de Paul Landowski à l'École des Beaux-Arts de Paris. Il exposait à Paris, au Salon des Artistes Français, mention honorable en 1928, médaille d'argent à l'Exposition Universelle de 1937, nouvelle médaille d'argent en 1938.
Il a exécuté de très nombreuses commandes de l'État, des statues pour le Sénat et l'Assemblée Nationale, un buste de *Jean Jaurès*, de nombreuses médailles pour l'Hôtel de la Monnaie.

CROUZET Antoine
Né en 1676 au Puy-en-Velay (Haute-Loire). Mort en 1742. XVIIIe siècle. Français.
Sculpteur.
Fils de Claude Crouzet, sculpteur. A exécuté de nombreux travaux dans les églises de la région. On peut signaler de Crouzet une œuvre d'une attribution sûre : l'autel de Saint-Ignace et Saint-Régis dans le collège des jésuites à Aubenas (Ardèche).
■ E. Gautheron

CROUZET Claude
Né au Puy-en-Velay (Haute-Loire). XVIIe siècle. Actif au Puy-en-Velay en 1656. Français.
Sculpteur.
Fils de Gabriel Crouzet l'Ancien, sculpteur.

CROUZET Gabriel, l'Ancien
Né au Puy-en-Velay (Haute-Loire). XVIIe siècle. Actif au Puy-en-Velay en 1635-1669. Français.
Sculpteur.

CROUZET Gabriel, le Jeune
Né au Puy-en-Velay (Haute-Loire). XVIIe siècle. Actif au Puy-en-Velay en 1672-1678. Français.
Sculpteur.
Était le fils de Claude Crouzet, sculpteur.

CROUZET Jean Baptiste Louis Symphorien
Né le 19 août 1825 à Charnay. Mort fin 1886 à Paris. XIXe siècle. Français.
Sculpteur.
Élève de F. Rude à l'École des Beaux-Arts, où il entra le 22 septembre 1845. Il figura au Salon de Paris, de 1847 à 1852.

CROUZET Jean Paul Camille
Né en 1812 au Puy-en-Velay (Haute-Loire). XIXe siècle. Français.
Sculpteur.
Le Musée du Puy possède de cet artiste un buste allégorique de *La Ville du Puy* et un *Portrait du sculpteur Julien*.

CROUZET Pierre
Né au Puy-en-Velay (Haute-Loire). XVIIIe siècle. Français.
Sculpteur.
Il vivait au Puy-en-Velay en 1721.

CROVA di Vaglio Clemente
Né en 1850 à Turin. XIXe siècle. Italien.
Peintre de paysages.
Il fut élève de Corsi di Bosnasco. Depuis 1879 il exposa tous les ans à Turin.
On cite de lui *Lago Maggiore, Le Port de Gênes, Valle Anzosca, Borghera*.
Ventes Publiques : Milan, 7 juin 1982 : *Lago d'Orta* 1888, h/pan. (27x40) : **ITL 750 000**.

CROVATI Antonio
XVIIIe siècle. Italien.
Peintre.

Il fut nommé en 1726 membre de la gilde SS. Anna e Luca à Naples.

CROVATTO Giovacchino
Italien.
Peintre.
Sa signature figure sans aucune indication dans le Palais Communal à Montepulciano.

CROW
XVIIIe siècle. Britannique.
Graveur d'ex-libris.

CROW Louise
Née à Seattle (Washington). XXe siècle. Américaine.
Peintre de portraits.
Exposa au Salon d'Automne de 1921.

CROWE Cyrielle Jane
Née à Paris. XIXe siècle. Française.
Dessinateur et pastelliste.
Élève de Galimard. A exposé au Salon en 1874 et 1875.

CROWE Eyre
Né le 3 octobre 1824 à Chelsea. Mort le 12 décembre 1910. XIXe-XXe siècles. Britannique.
Peintre de genre, paysages, aquarelliste, dessinateur.
Fit ses études sous Paul Delaroche à Paris. En 1844, il fut admis comme associé à la Royal Academy.
Musées : Bristol : *Les funérailles, un coin de la maison des marins, Bristol* – Liverpool : *Le fondateur de l'Astronomie en Angleterre.*
Ventes Publiques : Londres, 27 mars 1909 : *Après une course* : **GBP 16** – Londres, 21 mars 1910 : *Le Dr Johnson recevant Bosnell au club littéraire* : **GBP 29** – Londres, 21 nov. 1921 : *L'heure du dîner* : **GBP 3** – Londres, 11 juil. 1930 : *Un tableau* : **GBP 5** – Londres, 26 avr. 1937 : *Le jeu de la cerise pendante* 1871 : **GBP 6** – Londres, 3 fév. 1967 : *Procession de curés passant devant la maison natale de Voltaire* : **GNS 360** – Londres, 16 oct. 1968 : *L'homme-sandwich* : **GBP 880** – Londres, 2 juil. 1971 : *La caisse du théâtre* : **GNS 750** – Londres, 9 mars 1976 : *At the pit door* 1873, h/t (65x109) : **GBP 1 700** – Londres, 15 juin 1982 : *Paysages d'Allemagne*, cr. et pl., album comprenant 45 aq. (18x25) : **GBP 1 300** – Londres, 21 juin 1983 : *Forfeits*, h/t (73,5x112) : **GBP 7 000** – Londres, 1er oct. 1986 : *Après le travail*, h/pan. (25,5x40) : **GBP 1 800** – Londres, 21 mars 1990 : *La lecture dans un jardin tranquille* 1878, h/t (40,5x51) : **GBP 1 980** – Londres, 11 oct. 1995 : *Dean Swift au café de St James en 1710* 1860, h/pan. (75x62) : **GBP 1 495.**

CROWLEY Grace
Née en 1890 à Barraba. Morte en 1979. XXe siècle. Australienne.
Peintre de figures, portraits. Puis abstrait.
Elle séjourna en France de 1927 à 1931, principalement à Paris, mais aussi à Mirmande (Rhône). Elle fut élève de Louis Roger, d'André Lhote et subit l'influence d'Albert Gleizes.
Retournée en Australie, elle abandonna peu à peu la représentation de la réalité, où toutefois elle s'était montrée influencée par un cubisme tempéré, et devint, avec Ralph Balson, un des alors très rares représentants de l'art abstrait en Australie.
Bibliogr. : In : *Diction. de la Peint. Abstr.*, Hazan, Paris, 1957.
Musées : Melbourne (Nat. Gal. of Victoria) : *Jeune fille aux chèvres (Mirmande)* 1928.
Ventes Publiques : Melbourne, 21 avr. 1986 : *Scène de rue* 1921, h/t (33x23) : **AUD 7 500.**

CROWLEY Nicholas Joseph
Né en 1813 probablement en Irlande. Mort en 1857. XIXe siècle. Irlandais.
Peintre de genre, portraits.
Crowley résida et travailla à Dublin et à Belfast, mais vint à Londres en 1838.
Il exposa à la Royal Academy, à la British Institution et à Suffolk Street. La Royal Hibernian Academy l'appela dans son sein en 1838.
Ce fut un portraitiste très habile.
Musées : Dublin : *Portrait de Constantine, Henri de Mulgrave, lieutenant d'Irlande*, esquisse.
Ventes Publiques : New York, 6 mai 1937 : *L'artiste* : **USD 140** – Londres, 14 juil. 1972 : *La lettre cachée* : **GNS 400** – Londres, 15 mars 1982 : *Mrs G. Shaw et ses enfants*, h/t (87x112) : **GBP 2 800** – Londres, 29 fév. 1984 : *Les premiers pas*, h/t (100,5x125) : **GBP 2 500.**

CROWNE William
XVIIe siècle. Britannique.
Peintre.
M. Burghers grava d'après son tableau le portrait de John Barefoot, professeur à Oxford.

CROWNINSHIELD Frédéric
Né le 27 novembre 1845 à Boston (Massachusetts). Mort en 1918 à Capri (Italie). XIXe-XXe siècles. Américain.
Peintre de paysages, fresquiste, illustrateur.
Il fut élève de Rowbotham, Cabanel, Couture et Renouville. Il fut nommé professeur à l'École des Beaux-Arts du Musée de Boston de 1879 à 1885. Il a publié : *Pictoris Carmina, Tales in metres, Mural Painting.*
Ventes Publiques : New York, 20 juin 1985 : *L'île de Capri* 1917, h/t (63,5x86,4) : **USD 3 000** – New York, 24 jan. 1989 : *Ruines classiques* 1912, h/t (73,8x52,5) : **USD 3 025.**

CROWTHER John
XIXe siècle. Britannique.
Peintre de genre, architectures, paysages, aquarelliste.
Il exposa à la Royal Academy de Londres entre 1876 et 1898.
Ventes Publiques : Londres, 10 fév. 1981 : *Drays outside The Royal Hospital* 1900, aquar. reh. de blanc (24x37) : **GBP 500** – Londres, 17 mai 1984 : *View of St Mary Abbot's church, Kensington* 1895, aquar./trait de cr. reh. de gche (39,5x26,5) : **GBP 1 050** – Londres, 11 déc. 1985 : *The great hall of the Royal Hospital, Chelsea* 1898, aquar. et cr. reh. de blanc (28x41,4) : **GBP 1 400** – Londres, 11 juin 1993 : *Repas pendant une partie de chasse* 1894, aquar. avec reh. de blanc (29,2x45,1) : **GBP 1 322** – Londres, 20 juil. 1994 : *La Tour de Londres depuis l'autre rive de la Tamise* 1893, aquar. avec reh. de blanc (26,5x41) : **GBP 805** – New York, 18-19 juil. 1996 : *Le collège des Armées, Queen Victoria street à Londres* 1892, aquar./pap. (23,8x26,7) : **USD 1 150.**

CROXFORD William Edwards. Voir **EDWARDS William Croxford**

CROY André Rodolphe Claude François Siméon de, dit **Raoul**, comte ou **Crouy-Chanel**
Né en 1791 à Amiens, en 1791, en 1806 selon certains biographes. XIXe siècle. Français.
Peintre et écrivain.
Il étudia avec Valenciennes et Vafflard. En 1824, il exposa au Salon de Paris : *Vue prise à Allevar* et des paysages à l'aquarelle. M. de Croy était membre du conseil général d'Indre-et-Loire. Il écrivit des ouvrages relatifs à l'histoire ou à la littérature et fournit des articles à *l'Artiste*, au *Journal des Artistes*, au *Conservateur*, au *Nain Jaune*. Le Musée de Poitiers conserve de lui : *La Vallée de Thun* et celui de Rochefort : *Vue d'Amsterdam.*
Ventes Publiques : Paris, 21 nov. 1928 : *Clairière avec mare* : **FRF 190.**

CROY Hendrich de
XVIIe siècle. Actif à Anvers. Éc. flamande.
Peintre.
Il devint maître en 1635-36 et la même année il était élève de Martinus Flœryn.

CROY Jan de
Né en 1583 à Malines. XVIIe siècle. Éc. flamande.
Peintre.
Il fut nommé maître en 1619.

CROY Marie-Thérèse
Née à Guise (Aisne). XXe siècle. Française.
Peintre de figures, nus.
Elle fut élève de Louis Cabanès. Elle exposait à Paris, au Salon des Artistes Français de 1914 à 1931.

CROZALS Jean Vincent de
Né le 8 août 1922 à Toulouse (Haute-Garonne). XXe siècle. Français.
Sculpteur animalier.
Il a commencé à sculpter en 1947. Il expose à Paris, au Salon de la Jeune Sculpture à partir de 1952, au Salon Comparaisons en 1956, à la 2e Exposition Internationale de Sculpture du Musée Rodin.
Il travaille le bois, la pierre, le ciment armé et depuis 1955 le fer. Il réalise de nombreuses sculptures pour des collectivités : Collège Technique de Marseille, Faculté des Sciences de Nice, etc.

CROZAT Ambroise
Né dans la première moitié du XVIIIe siècle à Rodez. XVIIIe siècle. Français.

Peintre.
Il fut élève d'Antoine Rivalz à Toulouse.
Musées : Toulouse : *La conversion de saint Paul – La vision d'Ézéchiel – Dieu le Père.*

CROZAT Christine
Née en 1952. xxe siècle. Française.
Dessinateur, graveur.
En 1995, elle a participé, à Paris, à la FIAC (Foire Internationale d'Art Contemporain) présentée par la galerie Plessis de Nantes, en 1996-1997 à l'exposition *En Filigrane – un regard sur l'estampe contemporaine* à la Bibliothèque nationale à Paris. Elle montre ses œuvres dans des expositions personnelles, dont : 1998, *Les tournis de Minnie,* musée internationale de la Chaussure de Romans.
Elle a présenté en 1995 une série de dessins à la mine de plomb *Trouver paysage à son pied,* où elle développait dans un format rectangulaire des formes de chaussure avec une grande liberté. Dans son travail d'estampe elle s'applique à faire surgir l'image d'un papier qu'elle choisit parmi les plus fins, comme le japon pelure. Elle a notamment exécuté une série de gravures sur les cerfs-volants. Au musée de la Chaussure de Romans, elle présentait un trentaine de paires de petites chaussures rondes pour souris moulées dans du chocolat, de la cire d'abeille ou du sucre.

CROZATIER Charles
Né en 1795 au Puy-en-Velay (Haute-Loire). Mort le 8 février 1855 à Paris. xixe siècle. Français.
Sculpteur, fondeur.
Il fut élève de Cartellier. On lui doit une fontaine de style néo-gothique placée à proximité de la chapelle Saint-Clair dans le petit village d'Aiguilhe, près du Puy. Il est surtout connu comme fondeur. Le Musée du Puy possède plusieurs œuvres originales de Crozatier.
Musées : Bayonne (Mus.) : *Prométhée enchaîné* – Le Puy-en-Velay (Mus. Crozatier) : *Henri IV enfant – Vierge et Enfant Jésus – Vase en bronze.*

CROZE Louis
xviie siècle. Actif à Chambéry. Français.
Peintre.
Il travailla de 1636 à 1670 pour la maison de Savoie, comme décorateur, en particulier à l'occasion du mariage du prince Charles-Emmanuel II avec Françoise d'Orléans.

CROZES Joseph
Né à Arvieu (Aveyron). xxe siècle. Français.
Peintre de paysages.
Il a exposé à Paris, au Salon des Artistes Français de 1933, au Salon des Artistes Indépendants depuis 1938, au Salon d'Automne en 1941.

CROZET Maurice
Né le 26 juillet 1895 à Paris. Mort en 1978. xxe siècle. Français.
Peintre de portraits, nus, animaux, paysages animés, paysages, fleurs et fruits, décorateur.
Il fit ses études à Nantua (Ain), puis à l'École des Beaux-Arts de Genève. Ami de Paul Poiret, il dessina des tissus imprimés, des papiers peints, des tapis, des projets de verreries, des céramiques et des vases pour la Manufacture Nationale de Sèvres, des décorations d'intérieurs, un fumoir en tapisserie pour la Manufacture Nationale de Beauvais, des panneaux décoratifs pour l'école de Bessancourt, participant à la création du style « Art Déco », marqué de l'empreinte des *Ballets Russes* de Diaghilev. Il reçut la médaille d'or lors de l'Exposition de France à Athènes en 1928, une médaille de bronze à l'historique Exposition Internationale des Arts Décoratifs de 1925 à Paris. Peintre, il exposa à Paris à partir de 1920, participant régulièrement aux Salons d'Automne, des Tuileries, des Artistes Indépendants.
Il a peint de très nombreux paysages, au cours de ses voyages et séjours au Maroc, à travers la Bretagne et ses plus beaux ports, Saint-Malo, Concarneau, en Savoie, en Provence et sur la Côte d'Azur, en Ile-de-France, dans Paris et ses banlieues.
Musées : Fez – Marseille – Paris (Mus. Nat.) – Paris (Mus. de la Ville) – Rabat.
Ventes Publiques : Paris, 1er fév. 1982 : *Les thoniers au Maroc,* h/t (54x65) : **FRF 2 800.**

CROZET P.
xvie siècle. Français.
Fondeur.
Le Musée de Cluny possède de lui un bronze.

CROZIER
xviiie siècle. Actif à la fin du xviiie siècle. Français.
Peintre.
Le Musée de Nantes conserve de lui : *Rochers et cascades, avec figures* (gouaches).
Ventes Publiques : Paris, 13 et 14 avr. 1920 : *Paysage : cascade et ruines,* deux gouaches : **FRF 1 350** – Paris, 2 mars 1928 : *Le Manoir,* gche : **FRF 240** – Paris, 15 nov. 1928 : *Pêcheurs dans un torrent en montagne,* gche : **FRF 12 100** – Paris, 24 avr. 1937 : *Paysages de montagne ; Le Berger et les bergères,* gche : **FRF 2 050.**

CROZIER Anne Jane
xixe siècle. Britannique.
Peintre de genre.
Elle vivait à Manchester et exposa à Londres de 1868 à 1894.

CROZIER J. P.
xviie siècle. Travaillant dans la première moitié du xviie siècle. Français.
Graveur.

CROZIER Robert
xixe siècle. Britannique.
Peintre de genre, portraits, marines.
A exposé, notamment à la Royal Academy de Londres, de 1836 à 1848. Peut-être le même que Robert Crozier, de Manchester, qui prit part aux expositions de Londres de 1854 à 1882 avec des sujets de genre et des portraits.
Musées : Warrington : *Cinq portraits.*
Ventes Publiques : Londres, 11 mars 1935 : *Dame en robe noire* : **GBP 5** – Londres, 18 jan. 1984 : *Le galant entretien* 1885, h/t (53x41) : **GBP 800** – Londres, 29 jan. 1988 : *« Cream » pur-sang bai dans sa stalle* 1873, h/t (55,2x76,5) : **GBP 770.**

CROZIER William
Né en 1893. Mort en 1930. xxe siècle. Britannique.
Peintre, sculpteur de portraits, figures.
Il étudia au collège d'Art d'Édimbourg et plus tard avec André Lhote à Paris. À la fin des années 1920, il loua un atelier avec William Mac Taggart et ensemble ils visitèrent la France, l'Italie et les Pays-Bas.
Ventes Publiques : Glasgow, 30 jan. 1985 : *Portrait d'une dame de qualité au châle rouge* 1919, h/cart. entoilé (39,4x31) : **GBP 460** – New York, 11 nov. 1986 : *Antoinette* 1970-1972, bronze, N° 2/9 (30,5x129,5x65,5) : **USD 4 750** – New York, 3 mai 1988 : *Nancy* 1970-74, bronze (16,5x120x54,6) : **USD 8 800** – New York, 8 oct. 1988 : *Debra,* bronze (11,5x43,2x37) : **USD 1 650** – Perth, 27 août 1990 : *Sans titre,* aquar. et acryl. (53x63,5) : **GBP 1 100.**

CROZIERS Jean Baptiste de, dit **Croziers de Nîmes**
Originaire, selon toute vraisemblance, de Nîmes. xviie siècle. Actif à la fin du xviie siècle. Français.
Peintre.
Fut élève de Daret, à Aix-en-Provence et fit plusieurs peintures dans la chapelle des Pénitents bleus de cette ville. L'archevêché d'Aix conserve une peinture de lui signée et datée de 1654.

CRUA Andrès, alias **Damian**
Né en 1780 à Antella. Mort en 1823. xixe siècle. Espagnol.
Peintre.
Musées : Valence : *Christoph Colomb,* h/t.

CRUCHE, Maître à la. Voir **KRUG Ludwig**

CRUCHET Raphaël
Né à Arpajon (Essonne). xxe siècle. Français.
Peintre de paysages, fleurs.
Il exposait à Paris, au Salon des Artistes Indépendants de 1926 à 1930.

CRUCHLEY John Frederick
xixe siècle. Britannique.
Graveur sur cuivre et sculpteur sur bois.
Il travaillait à Londres. On connaît de lui quelques *ex-libris* datant des années 1820-1860. Il fit également un nouveau tableau de Londres.

CRUCIANO da Becanati
xve siècle. Italien.
Peintre.
En 1471, il peignit à Macerata pour le Palazzo Grande une *Crucifixion.* Peut-être peut-on l'identifier avec le fondeur qui coula une cloche en 1458-59 pour le Palazzo Comunale de Macerata.

CRUCIFIX DE BIGALLO, Maître du. Voir **MAÎTRES ANONYMES**

CRUCIFIXION, Maître de la. Voir **MAÎTRES ANONYMES**

CRUCITTA Giovanni
Mort en 1674 ou 1675. XVIIe siècle. Actif à Messine. Italien.
Peintre.
Il était élève de Domenico Maroli, et il travailla aux œuvres de ce dernier.

CRUDANO Giorgio
XVIIe siècle. Italien.
Peintre.
Il était vraisemblablement d'origine flamande, et son nom se trouve mentionné dans des documents à Rome en 1637.

CRUDECINDO José de
XVIIIe siècle. Mexicain.
Peintre.
Il fut élève de Juan Corréa.

CRUDEN John
Né à Aberdeen. XVIIe siècle. Britannique.
Peintre.
Il fut de 1667 à 1687 au service du peintre Claude Callot. Il travailla à Breslau après la mort de son maître.

CRÜEGER Peter ou **Krüger**
XVe siècle. Allemand.
Miniaturiste.
Fils d'un artiste du diocèse de Breslau. Il travaillait à Regensburg. Il fait preuve d'un art extrêmement primitif. Il écrivit en 1402 un graduel qu'il décora d'enluminures.

CRUEKHOKH ou **Chruchekhokh, Truekhokh**
XVIe siècle. Brandebourgeois, actif dans la première moitié du XVIe siècle. Allemand.
Peintre.
Son nom se trouve mentionné dans une liste de peintres que l'Électeur Maximilien Ier de Bavière envoyait à son parlementaire Aldinngen.

CRUELL Tilmann
XIXe siècle. Allemand.
Peintre.
Une de ses œuvres se trouve dans une collection privée de Prague, un *Christ en croix avec Magdalena et Longinus.*

CRUELLA Juan Francisco
Né à Morella. XIXe siècle. Vivant encore en 1890. Espagnol.
Peintre.
Il était élève de Miguel Parra à Valence. Il peignit beaucoup de retables d'autels.
Musées : Valence : *La fille de Jephté – La mort d'Abel – Guillem Sorolla et les treize ambassadeurs de Germania de Valence.*

CRUEPELBEEN Hans
Né en 1587 ou 1588. XVIIe siècle. Hollandais.
Peintre.
Il travaillait à Amsterdam vers 1623. On connaît de lui une bonne peinture qui fut vendue en 1910 à Amsterdam ; elle représente une joyeuse assemblée dans le style de Cornelius Van Haarlem.

CRÜGER Dietrich Théodore
Né vers 1576 à Munich. Mort en 1650 à Rome. XVIIe siècle. Allemand.
Dessinateur et graveur au burin.

CRÜGER Théodore ou **Vercruys**
Né en 1646. XVIIe siècle. Allemand.
Graveur à l'eau-forte et au burin.
Ne paraît pas identique à Théodor VERKRUIS.

J.C.

CRÜGER Xavier
XIXe siècle. Allemand.
Sculpteur-modeleur de cire.

CRUICKSHANK Catherine Gertrude
XIXe siècle. Britannique.
Miniaturiste.
Elle exposa de 1868 à 1889 à Londres.

CRUICKSHANK Frederic
Né en 1800. Mort en 1868. XIXe siècle. Britannique.
Peintre de figures, portraits, miniaturiste, aquarelliste.
Il exposa régulièrement à Londres, où il vivait, à la Royal Academy, la Suffolk Street Gallery et la British Institution.
On peut citer de lui les portraits de l'*Archevêque Edm. Stanley*, de *Lady Carmichael*, du *Colonel Arthur Caventish Bentinkt*, de *Sir P. Laurie*, du *Doyen G. Pellew de Norwich.*
Ventes Publiques : Londres, 22 nov. 1990 : *Quatre jeunes filles cueillant des fleurs* 1849, aquar. avec reh. de blanc (49,4x59) : **GBP 550** – Londres, 18 nov. 1992 : *Portrait de Henry Temple, 3e Vicomte Palmerston, tête et épaules, vêtu de noir,* h/t (47x38) : **GBP 8 800.**

CRUICKSHANK Grace
XIXe siècle. Britannique.
Peintre miniaturiste.
Elle prit part à des Expositions à Londres de 1860 à 1894.

CRUICKSHANK William
Né en 1848. Mort en 1922. XIXe-XXe siècles. Britannique.
Peintre de figures, animaux, fleurs, peintre à la gouache, aquarelliste.
Ventes Publiques : Londres, 10 fév. 1981 : *Nid d'oiseaux et orangers en fleurs,* aquar. et gche (25,5x38) : **GBP 320** – Londres, 1er mars 1984 : *Nature morte au nid,* gche (30,5x51) : **GBP 800** – Londres, 5 juin 1991 : *Fleurs dans un pichet ; Fleurs dans un vase,* aquar./ivoire, une paire (chaque 19x14) : **GBP 1 430** – New York, 28 mai 1992 : *« Queen Mab » – Shakespeare (Roméo et Juliette)* 1860, h/t (48,3x50,8) : **USD 4 675** – Londres, 12 mai 1993 : *Nature morte avec un nid et des fleurs,* aquar. et gche (16x22) : **GBP 667** – Londres, 11 juin 1993 : *Primevères, campanules et nid sur un sol moussu, et Nid, pinson et fleurs de pommier sur un sol moussu,* h./ivoire, une paire (10,7x13,2 et 8,6x11,5) : **GBP 1 840.**

CRUIKSHANK George
Né le 27 août 1792 à Londres. Mort le 1er février 1878 à Londres. XIXe siècle. Britannique.
Peintre de figures, portraits, caricaturiste, dessinateur, illustrateur, graveur.
Cet artiste embrassa la profession de son père, caricaturiste célèbre à Londres vers 1796. Cruikshank fut très recherché par les journaux illustrés, et fournit des dessins pour une foule de magazines, entre autres *The Scourge* (Le Fléau), *Le Météor, L'Humoriste* et *La Vie à Londres.* Il illustra aussi des éditions spéciales de livres populaires, tels que les *Contes de Fées* de Grimm. Il fit partie à un moment d'un groupe qui tâchait de supprimer l'alcoolisme en Angleterre, publiant des dessins très suggestifs sur les effets de ce vice. Cruikshank s'essaya aussi dans la peinture à l'huile. Ses dessins sont très nombreux.
Il exposa à Londres et en province à partir de 1830. Le Victoria and Albert Museum conserve également une gravure sur bois, d'après le tableau *A Fairy Ring.* À Westminster (Royal Aquarium) se trouve une collection assez complète de ses œuvres.

Cachet de vente

George Cruikshank

Musées : Londres (British Mus.) : Deux dessins et deux livres d'esquisses – Londres (Nat. Gal.) : *Workship of Bacchus or the Drinking Customs of Society* – Londres (Victoria and Albert Mus.) : *Workship of Bacchus,* étude.
Ventes Publiques : Londres, mai 1879 : *Une caricature du prince régent,* dess. : **FRF 128** ; *Portrait de Dickens,* dess. au cr. : **FRF 512** – Londres, 29 juil. 1898 : *Collection pour illustrations,* dess. : **FRF 395** – Londres, 28 fév. 1901 : *Les fruits de l'intempérance* : **GBP 19** – Londres, 30 nov. 1907 : *Le pirate, le marchand et le guerrier* : **GBP 3** – Londres, 28 mai 1908 : *Les Aventures de M. Lamklin,* dess. : **GBP 15** – Paris, 15 déc. 1921 : *Scène de l'élection de Sir Edward Codrington à Devonport (pièce satirique),* aquar. : **FRF 100** – Londres, 22 mars 1922 : *La cour de la reine Anne,* aquar. : **GBP 12** – Londres, 14 juin 1922 : *La reine Mab* 1860 : **GBP 3** – Londres, 23 nov. 1934 : *Le duel* : **GBP 15** – New York, 30 mai 1980 : *Queen of the May et étude de nu, au verso,* h/cart. (61x45,7) : **USD 1 500** – Londres, 2 mars 1982 : *The Picadilly Nui-*

sance 1818, eau-forte (23,8x34,2) : **GBP 400** – LONDRES, 30 juin 1986 : *L'Écrivain*, pl. et aquar./traits de cr. (23,5x18) : **GBP 600**.

CRUIKSHANK Isaac
Né vers 1756 à Leith. Mort en 1811 ou 1816 à Londres. XVIIIe-XIXe siècles. Britannique.
Graveur, dessinateur, et aquarelliste.
L'artiste vint à Londres vers la fin du XVIIIe siècle et commença à gagner sa vie en dessinant des caricatures et des estampes, qui suivirent la marche de la politique. La première fut une défense de Pitt, en 1796. Il fournit aussi les dessins illustrant des publications d'éditeurs anglais, notamment des œuvres du Doyen Swift, de Joseph Miller et de John Browne. Entre 1789 et 1792, l'artiste exposa à la Royal Academy à Londres.
MUSÉES : LONDRES (Victoria and Albert Mus.) : *L'enfant égaré – L'enfant retrouvé – École des dames* – LONDRES (British Museum. Cab. des estampes) : deux dessins rehaussés d'aquarelle et deux lavis.

CRUIKSHANK Percy
XIXe siècle. Britannique.
Dessinateur.
Il travailla avec son oncle et son père. Le Cabinet des Estampes du British Museum conserve de lui 7 dessins.

CRUIKSHANK Robert Isaac
Né le 27 août 1789 probablement à Londres. Mort le 13 mars 1856. XIXe siècle. Britannique.
Peintre de paysages, fleurs, caricaturiste, aquarelliste, illustrateur.
D'abord aspirant de marine, il quitta le service pour collaborer avec son frère George. Ses meilleurs ouvrages parurent dans le *Théâtre Britannique* et le *Théâtre Mineur* de Cumberland.
Il exposa à la Royal Academy, entre 1811 et 1817.
VENTES PUBLIQUES : LONDRES, 4 juin 1908 : *Fleurs et nids d'oiseaux*, deux tableaux : **GBP 1** – LONDRES, 12 déc. 1934 : *Une propriété à Bayswater* : **GBP 90** – NEW YORK, 23 fév. 1983 : *Designs for Fairburn's Twelfth Night characters*, suite de 8 aquar. et cr. (18,8x23,5) : **USD 3 800**.

CRUIS Luigi
XVIe siècle. Actif en Italie. Éc. flamande.
Peintre.
Cet artiste flamand vécut à Naples.

CRUMBS Charles P.
Né en 1874 à Bloomfield (Massachusetts). XIXe-XXe siècles. Américain.
Sculpteur.

CRUMIÈRE Victor
Né à Avignon (Vaucluse). XXe siècle. Français.
Peintre de paysages.
Il exposait à Paris, au Salon des Artistes Français dont il devint sociétaire, mention honorable en 1928.

CRUNDEN John
XVIIIe siècle. Britannique.
Architecte et dessinateur.
Il travailla à Londres à partir de 1765. Il exposa de 1766 à 1777 à la Free Society.

CRUNELLE José
Né en 1924 à Saint-Josse-ten-Noode. XXe siècle. Belge.
Peintre, peintre de décorations murales, cartons de vitraux, tapisseries.
Il fut élève des Académies de Saint-Josse-ten-Noode et de Bruxelles, dont il devint ensuite professeur d'art monumental. Il a obtenu plusieurs Prix, pour la tapisserie, les vitraux, et le Prix de la Mer en 1955.
BIBLIOGR. : In : *Diction. biogr. illustré des artistes en Belgique depuis 1830*, Arto, Bruxelles, 1987.

CRUNELLE Léonard
Né le 8 août 1872 à Lens (Pas-de-Calais). Mort en 1944. XIXe-XXe siècles. Actif aux États-Unis. Français.
Sculpteur de figures, groupes.
Il fut élève de Lorado Taft à Chicago, où il séjourna et travailla.
VENTES PUBLIQUES : NEW YORK, 3 fév. 1978 : *Vieillard et jeune garçon*, bronze (H. 52,5) : **USD 1 500**.

CRUNIER Henri
XVe siècle. Français.
Peintre.
Il travailla à Cambrai de 1464 à 1480.

CRUPPEVOLLE, l'Ancien
Né en 1680 à Dieppe. Mort en 1740. XVIIIe siècle. Français.
Sculpteur-ivoirier.
Il a exécuté surtout des crucifix.

CRUPPEVOLLE, le Jeune
Né en 1726 à Dieppe. Mort en 1806. XVIIIe siècle. Français.
Sculpteur-ivoirier.
Il faisait surtout des crucifix et était le fils de Cruppevolle l'Ancien.

CRUPPI Alice
Née à Paris. XXe siècle. Française.
Peintre de portraits et de paysages.
Sociétaire des Artistes Français.

CRUSAC
XIXe siècle. Actif au milieu du XIXe siècle. Français.
Miniaturiste.
Il travaillait à Paris. On connaît un buste du général Lejeune fait par lui vers 1850 et qui appartient à la Collection Alb. Jaffé à Hambourg.

CRUSEN Jauvau de
Mort en 1356. XIVe siècle. Éc. flamande.
Sculpteur.
Il travaillait à Gand.

CRUSIUS Carl Leberecht
Né le 9 mai 1740 à Langenhessen. Mort le 8 février 1779 à Leipzig. XVIIIe siècle. Actif à Leipzig. Allemand.
Graveur sur cuivre.
Il était le jeune frère de Gottlieb L. Crusius dont il fut élève, après avoir été celui de Œsers. Il fut professeur adjoint à l'Académie de Leipzig et travailla ensuite avec son frère. Il illustra une quantité de livres et notamment les *Contes Moraux*, de Marmontel, dans une édition de luxe pour son frère Siegfried L. Crusius, d'après Gravelot. Il illustra également *La Nouvelle Héloïse* et certains livres d'écrivains allemands contemporains : Wieland Gœking, etc. Le Musée des Arts Plastiques à Leipzig conserve des livres illustrés par lui.

CRUSIUS Gottlieb Leberecht
Né le 22 octobre 1730 à Steinpleis près de Werdau. Mort le 3 mars 1804 à Leipzig. XVIIIe siècle. Allemand.
Graveur.
Il fit ses études à Leipzig. Sous la direction de Sysang et de Bernigeroth, il se mit à graver lui-même d'après des dessins, des portraits et des vignettes. Il travailla beaucoup avec son frère Carl, principalement pour les éditions du troisième frère Siegfried Leberecht. En 1766 il fit un voyage d'études à Paris. Il signe généralement G. L. Cr. ou Cr. ou entièrement de son nom. Le Cabinet des Estampes du Musée des Arts Plastiques à Leipzig possède une collection assez complète de ses œuvres.

CRUSPONDERE Jean
XIVe siècle. Français.
Sculpteur.
Il fit, en 1391, des statues de bois pour l'église collégiale Notre-Dame, à Saint-Omer.

CRUSSAIRE Pierre Jean Joseph Denis
Né en 1749. Mort après 1800. XVIIIe siècle. Français.
Miniaturiste, peintre décorateur et dessinateur.
Il travaillait à Paris. Il a signé des éventails sous le règne de Louis XVI et pendant le Directoire.

CRUSSENAC Jan van
XVe siècle. Actif à Louvain. Éc. flamande.
Peintre.
Il travailla à Bruges en 1468 pour le mariage de Charles le Téméraire.

CRUSSENS Anton ou **Anthonie**
XVIIe siècle. Éc. flamande.
Peintre de paysages animés, dessinateur.
Actif à Bruxelles entre 1650 et 1660. On connaît de lui des dessins à la plume, dont l'un, daté de Bruxelles, 1655, est conservé au Musée Albertina à Vienne.
MUSÉES : VIENNE (Mus. Albertina) : Dessin.
VENTES PUBLIQUES : AMSTERDAM, 16 nov. 1993 : *Paysage d'hiver avec des chasseurs et des paysans ramassant des fagots*, encre/vélin (20x23,1) : **NLG 9 775**.

CRUSSON Pierre
XVIIe siècle. Français.

Peintre.
Il fut reçu à l'Académie Saint-Luc à Paris en 1655.

CRUVEILHIER Jenny
XXe siècle. Français.
Peintre de paysages et de natures mortes.
Exposant du Salon d'Automne et du Salon des Indépendants, de 1923 à 1925.

CRUX
XVe siècle. Tchécoslovaque.
Sculpteur.
Il travaillait à Prague. Il fit des travaux dans l'Hôtel de Ville de la ville neuve de Prague.

CRUXENT J. M.
Né en 1911 à Barcelone (Catalogne). XXe siècle. Depuis 1939 actif au Vénézuéla. Espagnol.
Peintre. Art-optique.
Également anthropologue, il fut élève de l'Académie des Beaux-Arts de Barcelone. Il a exposé à Caracas en 1959, à Maracaïbo en 1960, à la Biennale de São Paulo en 1961, au Musée des Beaux-Arts de Caracas en 1962.
Sur des thèmes littéraires, il introduit des éléments divers dans la peinture. Dans ses œuvres des années soixante-dix, dans l'esprit de la production optico-cinétique de Soto, il recherchait des effets vibratoires par l'interférence de grilles noires et blanches qui produisent des effets de moirure.
Bibliogr. : Frank Popper : *Naissance de l'art cinétique*, Gauthier-Villars, Paris, 1967.

CRUYCEN Jacobus Van der
Né au XVIIIe siècle à Gand. XVIIIe siècle. Éc. flamande.
Sculpteur.
Il fut maître de la Guilde le 24 novembre 1712. Il exécuta un lion aux armes de Gand pour le prince de Pakhius en 1722.

CRUYL Liévin
Né vers 1640 à Gand. Mort en 1720. XVIIe-XVIIIe siècles. Éc. flamande.
Peintre d'architectures, paysages, marines, dessinateur, graveur à l'eau-forte.
On cite de lui des vues de Rome. Il fit un voyage d'études en France d'où il rapporta des dessins. On cite également des projets de dessins pour la Tour Saint-Bavon.

Musées : Chantilly (Mus. Condé) : dessin rehaussé d'aquarelle – Gand (Bibl.) : *Projet pour le clocher – Projet pour le beffroi.*
Ventes Publiques : Paris, 5 juil. 1924 : *Intérieur de Saint-Pierre de Rome*, pl. et encre de Chine : **FRF 85** – Paris, 30 mars 1925 : *Bateaux en mer*, pl. et lav. : **FRF 240** – Paris, 28 mai 1937 : *L'Entrée d'un port*, pl. et lav. : **FRF 1 200** – Monte-Carlo, 8 déc. 1984 : *Vue du Vatican* 1676, pl. encre noire et brune et lav. (18,6x27,4) : **FRF 26 000** – New York, 14 jan. 1987 : *Piazza San Marco, Venise ; Le Rialto et le Grand Canal, Venise*, dess. à la pl. et lav./parchemin, une paire (15x21,3 et 14,8x21,3) : **USD 7 500** – Paris, 12 déc. 1988 : *Vue d'un port composé à la manière d'un caprice*, pl. et encre de Chine/vélin/bois (27x46) : **FRF 32 000**.

CRUYS Cornelis. Voir **KRUYS**

CRUYS Guiliam Van de
XVIIe siècle. Actif à Anvers. Éc. flamande.
Peintre.
Il fut élève de Peeter Van de Cruys en 1640-41 et maître en 1651-52.

CRUYS Jan Anthoni Van de
XVIIe siècle. Actif à Anvers. Éc. flamande.
Sculpteur.
Il fut maître en 1661-1662 et ses funérailles eurent lieu vers 1699-1700.

CRUYS Jan Carel I Van de
XVIIe siècle. Travaillant à Anvers. Éc. flamande.
Peintre.
Il fut élève de Peeter Spirinckx vers 1668-1669.

CRUYS Jan Carel II Van de
Né au XVIIe siècle à Anvers. XVIIe siècle. Éc. flamande.
Peintre.
Il fut nommé maître en 1699-1700.

CRUYS Jan Van de
XVIIe siècle. Actif à Anvers. Éc. flamande.
Sculpteur.
Il fut maître en 1638-39 et on parle de lui dans les livres de comptes de l'Académie de Saint-Luc jusqu'en 1646-47.

CRUYS Jost Van de
Né au XVIIe siècle à Anvers. XVIIe siècle. Éc. flamande.
Peintre.
Il fut nommé maître en 1673-1674.

CRUYS Lauwereys Van de
Né à Anvers. XVIIe siècle. Éc. flamande.
Peintre miniaturiste.
Il fut élève de François Byckaert vers 1689-90 et fut nommé maître de la guilde en 1694-1695.

CRUYS Peeter Van de
Mort vers 1644 ou 1645. XVIIe siècle. Éc. flamande.
Peintre.
Actif à Anvers, il fut en 1625-1626 élève de Peeter Van Avont et fut nommé maître en 1638-1639.

CRUYS Peeter Van de
XVIIIe siècle. Éc. flamande.
Sculpteur.
Actif à Anvers, il fut élève de Frans Somers vers 1732-1733. Il forma lui-même des élèves en 1763-1764, 1765-1766 et 1767-1768.

CRUYSBERGEN Adolf ou **Cruysberge, Kruysbergen**
XVIIe-XVIIIe siècles. Hollandais.
Peintre de tapisseries.
Il fut le maître de Johannes Van der Wal. Il était actif à La Haye de 1699 à 1704.

CRUYSBERGEN Gysbert
XVIIe siècle. Hollandais.
Peintre.
Il est cité à Amsterdam en 1679.

CRUYSELBERGEN Martinus Van De
XVIIIe siècle. Actif à La Haye. Hollandais.
Peintre.
En 1756, il était élève de l'Académie de Saint-Luc, et en 1759 il en fut nommé membre.

CRUYSMANS
Né en 1777. Mort en 1861. XIXe siècle. Actif à Bruges. Éc. flamande.
Peintre.
Il fut professeur à l'Académie de Bruges.

CRUYSMANS Franciscus
XVIIIe siècle. Actif à Anvers. Éc. flamande.
Peintre.
Il fut élève de Nicolas Van der Bergh à partir du 4 avril 1753.

CRUYT Dominique
Né le 2 septembre 1721. Mort le 9 décembre 1788. XVIIIe siècle. Actif à Gand. Éc. flamande.
Sculpteur.
Il fut nommé maître en 1755, et en 1765, il travaillait à l'Abbaye Saint-Pierre de Gand. Il décora en 1772 la maison commune de Assenede de ses armoiries, et sculpta de 1772 à 1782 avec Philippe Begyn le chœur de l'église Saint-Bavon à Gand.

CRUYT Franciscus
XVIIIe siècle. Actif à Gand. Éc. flamande.
Sculpteur.
Il était vraisemblablement le père de Dominique Cruyt et sculpta le confessionnal de l'Église Saint-Michel à Gand.

CRUZ de, La. Voir **LA CRUZ de**

CRUZ Antonio dos Santos da. Voir **SANTOS DA CRUZ Antonio dos**

CRUZ Horacio
Né le 28 novembre 1900 à Buenos Aires. XXe siècle. Argentin.
Peintre de compositions murales à personnages.
Il fut diplômé en architecture en 1923. Après avoir exercé ce métier pendant un an, il entra à l'École des Beaux-Arts de Paris. Retourné en Argentine, il continua à mener de front architecture et peinture. Revenu en Europe en 1930, il fut élève de l'Académie des Beaux-Arts de Berlin. De nouveau en Argentine, il poursuivit sa formation jusqu'en 1936. Il a exposé à Whitcomb en 1942, à Mar-del-Plata en 1946, Buenos Aires en 1949, Paris et Montevideo en 1952, etc.

Il a réalisé diverses peintures murales, dont : *La dernière Cène* dans l'abside de la chapelle de Villavicencio à Mendoza, une peinture murale pour l'Université de Buenos Aires.

CRUZ Juana Ines de

Née le 12 novembre 1651 à San Miguel Nepantla. Morte le 17 avril 1695. XVIIe siècle. Mexicaine.

Peintre.

Elle entra comme nonne au couvent San Jeronimo à la fin de sa vie. Elle était mieux connue comme poète mais la Collection Lamborn à Philadelphie conserve la copie d'un portrait d'elle par elle-même.

CRUZ Luis Hernandez

Né en 1936. XXe siècle. Portoricain.

Peintre, graveur, créateur de vitraux. Abstrait.

Il est le plus important peintre abstrait de son pays. Des formes courbes, traitées selon les époques en teintes douces ou en couleurs éclatantes, peuvent parfois évoquer quelque biomorphisme.

Bibliogr. : D. Bayon, R. Pontual, in : *La peinture de l'Amérique latine au XXe siècle*, Mengès, Paris, 1990.

Ventes Publiques : New York, 30 mai 1984 : *Paysage des Caraïbes* 1979, h/t (91,5x89) : **USD 800**.

CRUZ Marcos de

XVIIe siècle. Actif entre 1648 et 1678. Portugais.

Peintre de compositions religieuses.

Il fit partie de la confrérie de Saint-Luc à Lisbonne de 1649 à 1674. Bento Coelho fut son élève.

Il a surtout travaillé à Lisbonne, où il a peint un tableau dans l'église des Carmes, représentant *Sainte Marie-Madeleine* ; et les *Vies de saint François d'Assise et de saint Antoine de Padoue*, pour l'église du Jésus. Il est l'auteur de panneaux représentant des *Scènes de la vie de la Vierge*, au palais des ducs de Bragance. Ses jeux de clair-obscur, sa technique, montrent l'influence de Murillo.

Bibliogr. : In : *Dictionnaire de la peinture espagnole et portugaise du Moyen-Âge à nos jours*, coll. Essentiels, Larousse, Paris, 1989.

CRUZ Maria de

Morte en 1619. XVIIe siècle. Portugaise.

Peintre.

Elle était nonne au couvent des Chagas à Lamego, dans l'ordre des Clarisses. On peut citer d'elle une *Madone* et un *Saint Joseph* dans la chapelle do Desterro qu'elle fit construire dans le chemin de croix de son couvent.

CRUZ Valentina

XXe siècle. Chilienne.

Artiste, sculpteur. Conceptuel.

Connue pour avoir symboliquement brûlé ses sculptures en papier devant le Musée de Santiago.

Bibliogr. : D. Bayon, R. Pontual, in : *La peinture de l'Amérique latine au XXe siècle*, Mengès, Paris, 1990.

CRUZ-DIEZ Carlos

Né en 1923 à Caracas. XXe siècle. Actif aussi en France. Vénézuélien.

Peintre. Art-optique.

De 1940 à 1945, il fut élève de l'École des Beaux-Arts de Caracas. De 1946 à 1951, il fut directeur artistique d'une grosse firme publicitaire au Vénézuéla, en même temps qu'illustrateur au journal *El Nacional*. En 1957, il fonda l'*Atelier d'Arts Visuels*, pour l'étude du graphisme et du Design Industriel. De 1958 à 1960, il fut directeur-adjoint et professeur à l'École des Beaux-Arts de Caracas. Depuis 1960, il est venu à Paris poursuivre sa carrière artistique. Outre le Salon de Mai à Paris, il participe à de très nombreuses expositions collectives internationales, surtout celles consacrées dans les années soixante-soixante-dix à l'art optique et cinétique alors en vogue, parmi lesquelles : 1962 XXXIe Biennale de Venise, 1966 IIIe Biennale Américaine d'Art à Cordoba (Argentine), dont il obtint le Grand Prix, 1970 *Vision 24 – Peintres et Sculpteurs d'Amérique Latine* à l'Institut Italo-Latino-Américain de Rome, 1993 *Manifeste II, une histoire parallèle* au musée national d'Art moderne de Paris, etc. Il montre également ses œuvres dans des expositions personnelles : 1965 Londres et Paris, 1966 Fondation Mendoza de Caracas et de nouveau Paris, etc. L'année 1968 fut, à Paris et ailleurs, l'année d'un important mouvement de contestation chez les étudiants, qui s'étendit à l'ensemble de la société. Elle fut aussi celle d'une grande exposition du Bauhaus aux Musées d'Art Moderne de Paris, qui ne fut pas étrangère au succès soudain, et qui devait durer une bonne décennie, de l'art optico-cinétique, avant qu'il ne se dénature dans la production de « gadgets ». Au point de rencontre de la contestation de la rue et de la promotion optico-cinétique, fut commandé, par qui ? à Cruz-Diez en 1969 un *Parcours chromatique* mis éphémèrement en place au Carrefour de l'Odéon à Paris et un « Environnement » pour la Faculté de Villetaneuse alors en surchauffe. Dans des conditions plus durables, il a été chargé de créer des environnements chromatiques, notamment au Musée de Dortmund et à la Maison de la Culture de Grenoble, dans lesquels il fait évoluer le spectateur d'un conditionnement environnementiel à une certaine couleur, à un conditionnement à une autre couleur, puis à d'autres encore, non sans lui ménager entre les étapes des moments de détente rétinienne en milieu neutre.

Au Vénézuéla, les arbres sont à feuillage persistant. Arrivé en Europe, Cruz-Diez fut frappé par les transformations saisonnières de la végétation, qui lui est apparue comme la métaphore de l'accélération du temps, à ses yeux caractéristique des sociétés surdéveloppées. De là sa volonté de créer des objets spaciaux dont la perception se prolongerait dans la dimension temporelle. De 1956 à 1959, il utilisait les phénomènes de persistance rétinienne modifiant la perception d'un objet à deux faces en mouvement alternatif, la persistance rétinienne de la vision de l'une parasitant la vision de l'autre. Depuis ces premières expérimentations sommaires, il s'est inventé un dispositif simple et efficace, constitué de lamelles de bois, carton, métal ou plastique, peintes, qui caractérise l'ensemble de son œuvre : la surface des tableaux qu'il crée est pliée en accordéon. Sur la série des facettes de gauche est peinte une certaine figure, comme si ces facettes se succédaient en continu, de même sur la série des facettes de droite est peinte une autre figure. Il convient de préciser que les figures que peint Cruz-Diez sont abstraites-géométriques hautes en couleurs, apparentées à l'abstraction des Dewasne, Pillet, Vasarely, Agam. Ainsi, selon qu'on se déplace devant l'œuvre dans un sens ou dans l'autre, nous apparaît alternativement l'une ou l'autre des figures, avec, au milieu du parcours, un temps mort pendant lequel elles s'interpénètrent, faisant éventuellement intervenir des phénomènes de persistance rétinienne ou surtout des phénomènes de reflet de la surface d'une des séries de facettes sur la surface de l'autre qui lui est opposée à 45 degrés environ. Au mouvement, déplacement latéral, du spectateur répond le mouvement des rayons lumineux colorés, reflets. Les phénomènes d'interférences se modifient aussi en fonction de l'éloignement ou du rapprochement du spectateur. Il est évident que Cruz-Diez conçoit plastiquement chacune des deux figures en fonction de l'autre et qu'il maîtrise les phénomènes annexes de persistance et de reflet. Cruz-Diez nomme ces objets qui supposent la collaboration active, mais facultative, du spectateur des « Physi-chromies » ou « Physiochromies ». Il a également construit des œuvres manipulables, les « Chromo-interférences », qui contraignent le spectateur à la participation, en modifiant par déplacements les éléments constitutifs de l'œuvre. Ainsi a-t-il atteint son objectif héraclitéen : « Je veux faire des œuvres qui se modifient comme la nature se modifie. Plutôt qu'une composition ou une forme, une œuvre moderne, pour moi, c'est avant tout une métamorphose. »

Dans le vaste courant de l'art cinétique et de la recherche de phénomènes optiques, qu'ils soient dus à la physique de la lumière : reflets, à la physiologie de la vision : persistance rétinienne, à la psychologie de la perception : « Gestalt », Cruz-Diez s'est acquis une place à part. Sa recherche s'exerce essentiellement sur les phénomènes optiques liés à la couleur, aux interactions des couleurs ou plus précisément aux interactions des émissions de lumières colorées par les couleurs pigmentaires, par exemples : synthèses additives de rayons lumineux par reflet ou par diffusion, recomposition de la totalité du spectre (l'arc-en-ciel) à partir des trois couleurs primaires additives (celles de la télévision : bleu, vert, rouge) ou peut-être d'un couple de complémentaires : rouge et vert-bleu. Si certaines de ses « Chromo-interférences » l'associent au cinétisme, si une production pléthorique induit un comportement péri-industriel, toutefois le principe simple de base de son dispositif en accordéon évite sans doute aux réalisations de Cruz-Diez d'être suspectées d'expériences de physique amusante, d'autant que les phénomènes qu'il génère sont scientifiquement gérés. En outre, et pour la même cause de non-sophistication du dispositif, les deux figures que confronte chaque création de Cruz-Diez sont traitées comme des œuvres en soi, un peu à la façon des deux côtés d'un dyptique, par lui en tant que plasticien à part entière.

■ Jacques Busse

Bibliogr. : Frank Popper : *Naissance de l'Art Cinétique*, Gauthier-Villars, Paris, 1967 – Christiane Duparc : *Un Bonnard dans l'espace*, Nouvel Observateur, Paris, 1969 – Frank Popper, in : *Nouveau diction. de la sculpt. mod.*, Hazan, Paris, 1970 – in : *Diction. Univers. de la Peint.*, Robert, Paris, 1975 – Damian Bayon, Roberto Pontual, in : *La peinture de l'Amérique latine au xxe siècle*, Mengès, Paris, 1990.

Musées : Paris (Mus. Nat. d'Art Mod.) : *Physi-chromie n° 506* 1970.

Ventes Publiques : Paris, 12 mars 1972 : *Physi-chromie N° 422* : **FRF 6 000** – New York, 24 mars 1977 : *Physi-chromie n° 458* 1969, h. et plastique/cart. (61x122) : **USD 4 100** – New York, 17 oct. 1979 : *Physi-chromie, N° 1059* 1976, plastique peint. et alu. (100x100) : **USD 6 000** – New York, 6 nov. 1980 : *Physi-chromie N° 569* 1971, acryl. et plastique coul./pan. (100,3x121) : **USD 5 000** – New York, 7 mai 1981 : *Physi-chromie 1065* 1976, acryl. et plastique de coul. /alu. (100x100) : **USD 4 000** – New York, 9 juin 1982 : *Physi-chromie n° 386* 1967, h/cart. et construction plastique (122x62) : **USD 2 000** – New York, 31 mai 1984 : *Physi-chromie N° 747* 1974, alu. peint. et construction en plastique (200,6x97,8) : **USD 4 000** – Londres, 6 déc. 1985 : *Physi-chromie N° 354* 1967, plastique et bois peint./cart. (60,3x121,3) : **GBP 2 400** – Londres, 25 juin 1986 : *Physiochromie N° 293* 1966, h. et plastique/cart. (60x201) : **GBP 4 500** – Londres, 3 juil. 1987 : *Physi-chromie N° 92* 1963, bois peint./cart. (diam. 57) : **GBP 1 200** – Londres, 25 fév. 1988 : *Physi-chromie n° 169* 1965, techn. mixte (61x78) : **GBP 3 080** – Paris, 20 juin 1988 : *Physi-chromie n° 623,* h/pan. et lattes de plexiglas (70x120) : **FRF 42 000** – New York, 20 nov. 1989 : *Physi-chromie N° 198* 1965, acryl. et coul. plastique/pan. (71,5x201) : **USD 23 100** – New York, 1er mai 1990 : *Physio-chromie n° 514* 1970, techn. mixte/pan. (100x121) : **USD 9 900** – New York, 20-21 nov. 1990 : *Physiochromie n° 348* 1967, techn. mixte/pan. (60x119,5) : **USD 6 050** – New York, 15-16 mai 1991 : *Physiochromie n°697,* construction d'acryl., plexiglas et alu. (184x190,5) : **USD 16 500** – Paris, 7 oct. 1991 : *Sans titre* 1988, techn. mixte (100x100) : **FRF 9 000** – Zurich, 21 avr. 1993 : *Physiochromie n° 1272* 1990, techn. mixte (16,5x19) : **CHF 2 400** – Milan, 15 mars 1994 : *Physiochromie n° 646* 1973, acryl./pan. et lames de plastique (100x150) : **ITL 6 325 000** – New York, 18 mai 1994 : *Physiochromie n° 336* 1967, dyptique, techn. mixte/pan. (61x242) : **USD 19 550** – New York, 25-26 nov. 1996 : *Physi-chromie n°722* 1974, acryl., alu. et plastique coul./pan. (100,6x301,6) : **USD 18 400** – Paris, 29 avr. 1997 : *Physi-chromie n°200* 1965, relief (62x84) : **FRF 45 000**.

CRUZ HERRERA José Herrerilla

Né le 1er octobre 1890 à La Linea de la Conception (Cadix). Mort le 12 août 1972 à Casablanca (Maroc). xxe siècle. Espagnol.

Peintre de scènes typiques, figures, portraits, nus. Post-romantique.

Il fut élève de l'École de San Fernando de Madrid. Il participa à des expositions collectives, notamment à l'Exposition Nationale des Beaux-Arts, obtenant une troisième médaille en 1915, une distinction en 1920, une deuxième médaille en 1924, une première en 1926. Il obtint aussi une médaille d'argent à l'Exposition Internationale de Panama. Il eut un atelier à Neuilly-sur-Seine (Hauts-de-Seine) et exposa au Salon de la Société Nationale des Beaux-Arts de Paris, en 1934, 1935, 1936. Il fit des expositions personnelles à Madrid, Barcelone, Londres 1912, Amberes 1931, Casablanca 1933, Paris 1934, etc. Il fut nommé membre de l'Académie des Beaux-Arts de San Fernando.

Faisant de fréquents séjours à Casablanca, il se spécialisa dans les thèmes marocains, la foule, les fêtes, etc. Il fut aussi le peintre de la femme.

Cruz Herrera

Bibliogr. : In : *Cent ans de peinture en Espagne et au Portugal*, Antiquaria, Madrid, 1988.

Ventes Publiques : Paris, 20 juin 1985 : *La Tentation*, h/cart. (50x61) : **FRF 6 000** – Paris, 20 juin 1988 : *Souk à Marrakech*, h/cart. (45x55) : **FRF 8 000** – Londres, 22 juin 1988 : *Le Panier d'œufs*, h/t (80x60) : **GBP 1 650** – Paris, 19 mars 1990 : *Danseuse espagnole*, h/rés. synth. (46x38) : **FRF 17 000** – Paris, 25 mai 1992 : *Dans les souks de Marrakech* 1930, h/pan. (36x29) : **FRF 7 000** – Paris, 5 avr. 1993 : *Jeunes Marocaines à la marionnette*, fus. et sanguine (40x32) : **FRF 19 000** – Paris, 22 mars 1994 : *Jeunes filles aux yeux noirs* 1941, h/t (73x92) : **FRF 50 000** – Paris, 11 déc. 1995 : *Le Sommeil de l'enfant*, h/t (100x78,5) : **FRF 85 000** – Paris, 22 avr. 1996 : *Musicienne marocaine*, h/pan. (55x46) : **FRF 88 000** – Paris, 5 juin 1996 : *Espagnole*, h/isor. (40x30) : **FRF 7 500** – Paris, 10-11 juin 1997 : *Les Petits Marchands de poules*, h/t (100,5x73) : **FRF 48 000**.

CRUZ MOREIRA Luiz da

Né en 1707. xviiie siècle. Portugais.

Peintre.

CRUZADO Alonso

Mort le 18 août 1791 à Madrid. xviiie siècle. Espagnol.

Graveur.

Il travailla à Paris avec Carmona surtout pour apprendre la topographie, branche qu'il enseigna ensuite à l'Académie de Madrid, dont il fut membre à partir de 1764.

CRUZEL Claire, pseudonyme de **Delclaux Claire R.**, épouse **Cl. de Roquefeuil**

Née le 15 avril 1924 au Mans (Sarthe). xxe siècle. Française.

Peintre de compositions animées, natures mortes, aquarelliste. Tendance symboliste.

De 1969 à 1973, elle fut élève à Paris de l'Académie Julian, en 1974 de l'Académie Goetz, de 1975 à 1979 des cours de la Ville de Paris. Elle figura au Salon des Surindépendants de 1970 à 1975 et en 1982, au Salon des Artistes Indépendants depuis 1984, au Salon d'Automne depuis 1988, ainsi qu'à divers groupements à Paris et dans l'Indre.

Elle traite des sujets divers dans un style souvent proche de l'art naïf, surtout dans des natures mortes d'une agréable fraîcheur d'inspiration. Certaines de ses compositions risquent des étrangetés surréalisantes.

CRYFFLE Paulus L.

Né en 1724 à Bruges. xviiie siècle. Éc. flamande.

Graveur.

Élève de Jan Van Heecke. Il travailla à Paris de 1741 à 1748, fut nommé directeur de la fabrique de porcelaines de Lunéville par Stanislas Leczinsky, et, après la mort de ce dernier, alla à Vienne. L'impératrice Marie-Thérèse l'envoya à Bruxelles au prince Charles.

CRYSTYNE Thomas

xvie siècle. Britannique.

Peintre.

Il fut nommé membre de la guilde des peintres et bourgeois de Londres en 1537.

CSAKY Antal, Anton

xviiie siècle. Hongrois.

Graveur amateur.

Il fit en 1735 une gravure à Vienne pour J. A. Prenner, d'après un tableau de Guercino daté de 1734.

CSAKY Johann Weponenk

xviiie siècle. Hongrois.

Graveur amateur.

C'est le frère de Anton Csaky.

CSAKY Joseph. Voir **CSZAKY**

CSATO Georges

Né le 10 février 1910 à Budapest. Mort en 1983. xxe siècle. Actif aussi en France. Hongrois.

Peintre. Abstrait.

De famille bourgeoise, à dix-neuf ans il fut élève de l'École des Beaux-Arts de Vienne. De 1930 à 1934, il poursuivit ses études artistiques à Berlin, où il eut pour professeurs Archipenko, Käthe Kollwitz, Karl Hofer, et recevant aussi les conseils de Paul Klee et Lionel Feininger. Il exposa à Budapest en 1946 et 1947. Jean Cocteau l'incita à se fixer à Paris en y organisant sa première exposition en 1948. Il y participa aussi au Salon des Réalités Nouvelles en 1955, au Salon Comparaisons en 1957. En 1986, une galerie parisienne organisa une exposition rétrospective de son œuvre.

Dans ses premières années, figuratif il peignit des portraits. L'influence de Feininger et de Klee l'ayant marqué fortement, il trouva son expression dans l'abstraction, exploitant des empâtements sensuels et développant des harmonies raffinées de gris dans les années cinquante, des contrastes violents entre le noir et les rouge, jaune et vert dans les années soixante-dix.

Ventes Publiques : Paris, 26 mai 1979 : *Composition*, h/t (47x38) : **FRF 4 500** – Paris, 17 mai 1987 : *Composition ovale*, h/t (41x50) : **FRF 5 100** – Paris, 29 jan. 1988 : *Composition N° 69* 1952, h/t (146x89) : **FRF 3 500** – Londres, 6 avr. 1989 : *Continuité* 1962, h/t (116x73) : **GBP 1 650** – Paris, 1er oct. 1990 : *Composition n° 30* 1975, h/t (120x60) : **FRF 20 000** – Paris, 26 oct. 1994 : *Usine*, h/t (92x60) : **FRF 4 600**.

CSERNUS Tibor

Né le 27 juin 1927 à Kondoros. xxe siècle. Depuis 1964 actif en France. Hongrois.

Peintre de compositions à personnages, illustrateur, céramiste. Polymorphe, puis réaliste.

Entre 1946 et 1952, il fut élève d'Aurel Bernath à l'École des Beaux-Arts de Budapest. De 1949 à 1957, il participa aux expositions nationales annuelles de Budapest. En 1955, il fit un séjour en Hollande. En 1957-1958, il vécut à Paris, où il se fixa en 1964. En tant que représentant de la jeune peinture hongroise, il participa à de nombreuses expositions collectives, nationales et internationales, notamment : 1957 à Anvers *Peinture hongroise d'aujourd'hui*, 1959 première Biennale des Jeunes Artistes à Paris. En Hongrie, il fut lauréat de plusieurs Prix, en particulier le Prix Munkaczy à deux reprises, en 1952 et en 1963, année où il fut distingué à la Biennale de São Paulo. À Paris il a participé, en 1965, à l'exposition *La figuration narrative*, en 1967 au Salon de la Jeune Peinture et au Prix Lissone en Italie, 1971 à Cologne *Esprit du Surréalisme*, 1977 au Musée d'Art Moderne de la Ville à Paris *Mythologies Quotidiennes II*, 1979 et 1980 Salon de Montrouge, 1981 et 1983 *L'art hongrois du xxe siècle* en Hongrie, 1984 *Photogénies* au Palais de Tokyo à Paris, etc. Il est montré en expositions personnelles depuis 1964, surtout par la Galerie Claude Bernard à Paris et New York, et aussi en 1989 avec une exposition rétrospective au Palais des Expositions de Budapest. Pour les Éditions Gallimard, il a illustré Camus et Zola. Céramiste, il a décoré la façade d'un hôtel moderne de Kecskemet.

Ses premières peintures furent influencées par le postimpressionnisme de son maître Aurel Bernath. Au cours du séjour en Hollande de 1955, il découvrit les techniques du « tachisme », du « dripping », et les utilisa à la fin de créer des paysages fantastiques. À son arrivée à Paris, il combinait tachisme, fantastique et surréalisme dans des compositions surchargées de détails anecdotiques. Dans les années soixante, époque où il est invité aux expositions de Gérald Gassiot-Talabot *La figuration narrative* et *Mythologies quotidiennes*, qui consacraient un retour de la figuration après la longue domination abstraite, il se rallia à une figuration de type réaliste-vériste, où interviennent encore quelques éléments imaginaires. En 1971-72, il entreprit huit grandes peintures sur le thème de Lindbergh, dans lesquelles sont représentées méticuleusement des maquettes d'avions des années vingt. Techniquement, il pratique un métier traditionnel extrêmement minutieux, qui l'a fait parfois, à tort, taxer d'hyperréaliste, alors qu'il n'en partage pas les objectifs, bien qu'utilisant aussi photos et diapositives projetées sur la toile par un épidiascope, mais sous des éclairages dramatisants. Puis, il s'est encore rapproché d'une réalité objective, peignant des façades d'immeubles, des « marchandes des quatre-saisons », toujours avec le même souci d'un rendu méticuleusement parfait. Enfin, dans les années quatre-vingt, il se prit de passion pour l'œuvre du Caravage, au point de le plagier sur ses thèmes-mêmes, prenant pour modèles des personnages de son quotidien actuel, comme Caravage avait transféré les personnages de la Bible dans son époque à lui. Dans ce parti-pris, Csernus déploie toutes les ressources d'une technique virtuose, un dessin impeccable sous-tendant une peinture toute en clair-obscur, dans le rendu des corps, des étoffes, des métaux, du paysage, et évidemment de l'expression des visages. Cette référence à l'histoire de la peinture n'est pas un cas isolé dans sa génération. On retrouve dans cette dénégation de la modernité, attitude parfois dite « post-moderne », entre autres l'Espagnol Antonio Lopez-Garcia, le Colombien Luis Caballero et, pendant quelques années, le Français Gérard Garouste. ■ Jacques Busse

Bibliogr. : In : *Diction. Univers. de la Peint.*, Robert, Paris, 1975 – Véronique Prat : *Tibor Csernus*, Figaro Magazine, Paris, 19 nov. 1988 – Catalogue de l'exposition *Tibor Csernus*, Gal. Claude Bernard, FIAC, Paris, 1990.

Ventes Publiques : Paris, 22 déc. 1970 : *Dans l'herbe* : **FRF 1 300** – Paris, 13 oct. 1989 : *Femme coiffant*, h/t (75x60) : **FRF 40 000** – New York, 24 fév. 1995 : *Nu ou blouse orange* ; *Autoportrait*, deux peint. h/t (114,3x162,6 et 33x24,1) : **USD 23 000**.

CSIKOS-SESSIA Adalbert

Né le 27 janvier 1864 à Esseg. xixe siècle. Yougoslave.

Peintre.

Ce peintre croate fit ses études à l'Académie de Vienne avec le professeur Berger et Léop. K. Muller, puis à Munich avec Lindenschmit et K. Marr. Il exposa à Budapest ses premières peintures. Il fut professeur à l'École des Beaux-Arts de Zagreb.

Musées : Budapest (Mus. des Beaux-Arts) : *Circé* – Zagreb : *Pietà*.

CSINTALAN Joseph

xviiie siècle. Hongrois.

Dessinateur.

Il a fait quatre dessins pour le « Veteris arcis Strigoniensis descriptio » de John. Mathesen 1827.

CSIZIK Nora

Née à Budapest. xxe siècle. Hongroise.

Peintre.

Elle exposa, à Paris, au Salon des Indépendants de 1932.

CSOHANY Kalman

Né en 1925. xxe siècle. Hongrois.

Graveur, illustrateur, décorateur.

Il fut élève de l'École des Beaux-Arts de Budapest, de 1947 à 1952. Il participa en 1955 à l'Exposition d'Arts Graphiques de Lugano, en 1958 à Moscou, puis dans diverses villes d'Europe. Il a illustré de nombreux ouvrages et réalisé des décorations murales en majolique.

CSOK Istvan

Né le 13 février 1865 à Pusztaegeres. Mort en 1961. xixe-xxe siècles. Hongrois.

Peintre de genre, nus, portraits. Postimpressionniste.

Il fut élève de Gabriel von Hackl à l'Académie des Beaux-Arts de Munich, puis de William Bouguereau et Tony Robert-Fleury à Paris. Il passait généralement l'hiver à Paris. Il y participa à l'Exposition Universelle de 1889, obtenant une médaille de troisième classe, et à celle de 1900, où il reçut une médaille d'or. Il y participait aussi au Salon d'Automne, dont il devint sociétaire en 1912. Revenu dans son pays natal, il eut beaucoup de succès avec ses scènes paysannes, aux couleurs vives. Lorsqu'il peint des nus, il les place dans un décor chargé et utilise des tons claires posés à la manière des divisionnistes. Il fit partie, en Hongrie, du groupe Nagybania, très attaché à l'impressionnisme.

Bibliogr. : Gérald Schurr, in : *Les Petits Maîtres de la peinture 1820-1920, valeur de demain*, Les Éditions de l'Amateur, t. VII, Paris, 1989.

Musées : Budapest (Mus. des Beaux-Arts) : *La communion* – *Elisabeth Bathory* – *Coin d'atelier* – *La fenaison* 1890.

Ventes Publiques : Vienne, 17 mars 1976 : *Jeune fille dans les feuillages*, h/pan. (32x21) : **ATS 30 000** – Vienne, 22 juin 1979 : *Bouquet de fleurs*, h/pan. (23x26,5) : **ATS 18 000** – Londres, 19 mars 1980 : *Fleurs* 1905, h/t (71x82,5) : **GBP 1 050** – Los Angeles, 17 mars 1981 : *La pénitente* 1918, h/t (100x84) : **USD 1 000** – Londres, 18 mars 1992 : *Une mère poussant le landau de son bébé sur la berge d'une rivière*, h/t (91x81) : **GBP 1 980** – Londres, 28 oct. 1992 : *Tournesols*, h/t (87x86) : **GBP 4 400**.

CSOKONAI Jozsef

xviiie siècle. Actif à Debrecen. Hongrois.

Peintre-aquarelliste. Naïf.

Il fut le père du grand poète des *Chroniques de Debrecen*, Mihaly Csokonai Vitez. Il a orné d'aquarelles son journal intime, montrant comment étaient habillés les étudiants du célèbre collège de Debrecen.

CSONTOS Laszlo

Né en 1925. xxe siècle. Hongrois.

Sculpteur de statues.

Il fut étudiant en sculpture de 1949 à 1954, commença aussitôt après à exposer. Plusieurs de ses statues ont été disposées sur des places publiques.

CSONTVARY, de son vrai nom : **Mihaly Tivadar Kosztka**

Né le 5 juillet 1853 à Kisszeben. Mort le 20 juin 1919 à Budapest. xixe-xxe siècles. Hongrois.

Peintre.

Il s'agit du personnage le plus original de la peinture hongroise, dont certains auteurs veulent faire, à tort, un peintre naïf. Il fut d'abord apprenti de commerce, puis étudiant en droit, puis étudiant en pharmacie. Diplômé, il s'établit pharmacien à Iglo, petite ville du Nord de la Hongrie. À la suite d'une hallucination, qu'il qualifie dans ses mémoires d'inexplicable, et qui est sans doute à l'origine de sa maladie mentale, il se mit à peindre. De 1880 à 1894, il poursuivit son activité de pharmacien, tout en apprenant seul le dessin et la peinture. À l'âge de quarante et un ans, il loua la pharmacie et partit pour Munich, où il étudia la peinture, pendant six mois, dans l'atelier de Hollosy. Ensuite, il alla étudier chez Kallmorgen à Karlsruhe, puis à l'Académie Julian à Paris. Entre 1895 et 1902, il voyagea et fit des études de paysages en Dalmatie et en Italie. En 1902-1903, son style se précisa, le choix des motifs devint plus personnel, il est sensible aux « grands » sujets et peint à plusieurs reprises l'Etna, le Vésuve. En 1903, il entreprend de grands voyages d'étude, il visite la Grèce, l'Égypte, la Syrie, la Mésopotamie, la Terre Sainte, où il peint *Le mur des lamentations* (1904). Il est à remarquer qu'il peint toujours sur nature, quel que soit, comme on le verra, le format de la toile en cours. C'est une de ses œuvres les plus dramatiques : à gauche, de vieux juifs, figés de douleur, en prière contre le mur ; à droite, la foule des marchands et des passants de toutes sortes, où l'on remarque que les soldats sont vêtus selon les costumes de différentes époques. Le symbole qu'il exprime est la tragédie du monde entier et pas seulement celle du peuple juif. La couleur est claire, brillante, contrastée, heureuse. De la même époque date la *Promenade en voiture au clair de lune*, où il s'agit en fait d'une demi-lune éclairant les figurants irréels d'une scène de rêve contenue entre deux rangs de cyprès. De 1905 datent deux de ses plus importantes compositions : *Les ruines du théâtre de Taormina* et *Baalbek* (32 m2). Le dessin tente de percer l'infrastructure géologique du paysage, la couleur est pure, comme entre néo-impressionnisme et fauvisme. En 1907, il expose à Paris. Très curieusement, il n'en reste aucune trace écrite, alors qu'à ce moment précisément tout concourrait à ce qu'on y prêtât attention. Ses lettres et les documents afférents montrent qu'alors sa maladie mentale se manifestait plus souvent. Il entreprend un autre voyage au Liban, où il peint *Le cèdre solitaire*, et *Pèlerinage au cèdre* (1907-1908). Là, le cèdre symbolise évidemment la fierté devant la solitude et l'éternité. Dans la seconde de ces peintures, le cèdre occupe les deux tiers du tableau, autour de son tronc toute une ronde de personnages vêtus de blanc danse, parmi des cavaliers la Vierge Marie et Jésus y figurent, mais l'ensemble des personnages qui viennent évidemment célébrer l'arbre, est vu d'en haut, du point de vue du cèdre. Le cèdre est l'artiste, fêté (ici), mais de toute façon incompris. De l'année 1908 encore, date *Le puits de Marie à Nazareth*. La Vierge et l'Enfant Jésus sont entourés de femmes portant des cruches et de personnages en adoration. L'espace du tableau est figuré en perspective, toutefois les personnages du premier plan sont plus petits, à la façon des représentations du Moyen Âge. Une lumière jaune donne un caractère d'irréalité à la scène. Il fait deux expositions de ses œuvres à Budapest, en 1908 et 1910. L'incompréhension totale du public l'enferme encore plus dans la solitude de sa maladie mentale. Il tente de se faire entendre par des conférences et dans des brochures. Persuadé d'être fidèle à la nature, il exprime en fait sa vision intérieure des choses. Il attache la plus grande importance au choix de ses motifs, il entreprend de longs voyages à la recherche de sites grandioses. Il ne peint que sur le motif, quel que soit le format des toiles qu'il peint. Il étudie son motif d'une façon presque scientifique, éliminant tout ce qui lui paraît secondaire, et pourtant croyant peindre la substance même du paysage et de la scène choisie, dans l'acte de la création, il passe dans l'irréel et le rêve. Il ne se rattache à aucun mouvement pictural de son époque et ses moyens d'expression sont aussi difficiles à saisir que la poésie de ses œuvres est difficile à définir. Il peint en général par aplats de couleurs très vives, mais sans que cela corresponde à une technique préméditée ni systématique. Il a une prédilection pour les lumières génératrices d'étrangeté, qu'elles proviennent du soleil, du clair de lune, ou de sources lumineuses artificielles. L'expression symbolique de son utilisation des couleurs le rapproche de Gauguin et fait présager l'Expressionnisme et le Fauvisme. Le climat d'étrangeté qui se dégage de ses compositions aurait dû retenir l'attention des Surréalistes, mais il ne semble pas que ceux-ci aient eu connaissance de ses œuvres. Il est un des plus grands solitaires de l'histoire de l'art. Des expositions rétrospectives de son œuvre eurent lieu à Budapest et à Szekesfehervar, et aussi à Paris et Bruxelles en 1949, à Bruxelles encore en 1958, dans le cadre de l'Exposition Internationale de 1958, puis en 1962, et à Belgrade en 1963.

■ Anna Mark

CSORBA Géza

Né en 1892. xxe siècle. Hongrois.

Sculpteur.

Exposa au Salon des Tuileries de 1932.

CSZAKY Joseph ou **Csaky, Czaky**

Né le 18 mars 1888 à Szeged (Hongrie). Mort en 1971. xxe siècle. Depuis 1908 actif et depuis 1922 naturalisé en France. Hongrois.

Sculpteur de groupes, figures, statues, nus, bas-reliefs, peintre de portraits, intérieurs, peintre à la gouache, aquarelliste. Cubiste.

Il ne resta que peu de temps élève de l'école des Arts Décoratifs de Budapest, dont l'enseignement officiel ne répondait pas à son attente. Il préféra alors travailler seul, influencé par l'œuvre de Rodin. En 1908, il entreprit à pied le voyage de Hongrie à Paris et travailla d'après les modèles qui posaient dans les Académies libres. À ce moment, à l'influence du lyrisme post-romantisme de Rodin succéda celle de la plénitude rigoureuse et plus sensuelle de Maillol, puis surtout celle des artistes cubistes. En 1911, il adhéra au groupe et exposa avec eux aux Salons d'Automne et des Artistes Indépendants qui consacraient officiellement le jeune mouvement. Il a figuré également aux Salons de la Société Nationale des Beaux-Arts et des Tuileries. Il fit la guerre dans les rangs de l'armée française. Dans les années de l'après-guerre, tout en restant ancré à la forme humaine, une analyse plus poussée de la ligne et des volumes le mena aux limites de l'abstraction. Revenu à l'observation de la nature, principalement du corps humain, lieu de prédilection de la sculpture, il restera cependant durablement attaché à la rigueur de la construction des formes qui caractérise tout ce qu'on peut nommer l'après-cubisme, et particulièrement l'École de Paris dans l'entre-deux-guerres. Il participa alors à des expositions collectives internationales, 1932 Allemagne, 1933 Hollande, etc. Tardivement, en 1956, il eut l'opportunité de réaliser deux grands bas-reliefs pour un groupe scolaire d'Amiens.

En 1911, Picasso réalisa sa première sculpture cubiste, alors que la *Tête cubiste* de Cszaky date de la même année. En 1913, il sculpta en marbre la *Figure de femme debout* encore cubiste. Lorsqu'il revint de la guerre, l'abstraction faisait une timide apparition dans les milieux artistiques parisiens, encore durablement sous l'emprise du cubisme. Dès 1919, Cszaky tailla dans la pierre des enchevêtrements de cylindres, cônes, sphères. Sa période abstraite dura quelques années. À partir de 1928, il revint à un réalisme stylisé, aux lignes très « tendues » : *Adam et Ève, Femme nue au panier*. Féru de culture muséographique, à travers l'empreinte cubiste ses propres œuvres ont souvent avoué des influences de la sculpture égyptienne ou grecque, qu'il eut l'occasion de voir sur place au cours de ses voyages, notamment en Grèce en 1935. Il a sculpté dans des matériaux très divers, surtout les pierres dures : marbre, onyx, cristal de roche. Pour lui, le cubisme représentait le classicisme moderne, dans le contexte duquel il œuvrait en artisan modeste, que n'eût pas dérangé l'anonymat des « tailleurs d'images » médiévaux. Après la seconde guerre mondiale, Csaky s'est peu manifesté publiquement. Il a surtout créé des sculptures en bronze, dans lesquelles, sans que la rigueur de la construction formelle en fût négligée, les courbes ont souvent supplanté les plans anguleux de sa manière précédente.

L'œuvre de ce Hongrois aura été totalement caractéristique de ce qu'il y eut de mieux dans l'École de Paris de l'entre-deux-guerres, avec ses frilosités et son exclusif ancrage au cubisme, et en outre dans son cas son incursion dans l'abstraction.

■ Jacques Busse

Bibliogr. : Waldemar George, et un poème de Blaise Cendrars : *Csaky*, Édit. Ars, Paris, 1930 – in : *Diction. de la sculpt. mod.*, Hazan, Paris, 1960 – Donald Karshan : *Csaky*, Édit. Dépôt 15, Paris, 1973 – Catalogue de l'exposition *Csaky. Sculptures, dessins*, Mus. d'Art Mod., Troyes, 1986.

Musées : Budapest – Norfolk, Virginie – Paris (Mus. Nat. d'Art Mod.) : *Le Sommeil – La Lecture*, terres cuites, deux œuvres – *Femme nue au panier – Groupe – Buste de femme*, pierre – *Tête*, marbre – Rotterdam.

Ventes Publiques : Paris, 27 nov. 1926 : *Devant le cirque*, gche : **FRF 100** – Paris, 21 nov. 1928 : *Profil de femme*, aquar. : **FRF 160** – Paris, 27-28 nov. 1935 : *Tête de femme*, marbre : **FRF 500** ; *Femmes agenouillées* ; *Prêtresse*, terres cuites, deux pendants : **FRF 220** – Cologne, 8 déc. 1965 : *Femme debout*, bronze : **DEM 6 400** – Paris, 15 juin 1970 : *L'attente*, plâtre : **FRF 7 000** – Paris, 8 nov. 1972 : *Statuette de femme*, pierre : **FRF 40 000** – Munich, 28 mai 1976 : *Tête* 1914, bronze (H. 37,5) : **DEM 17 500** – Cologne, 3 déc. 1977 : *Tête* 1914, bronze (H. 38,5) : **DEM 20 000** –

Londres, 6 déc. 1978 : *Sculpture abstraite, figure debout* 1919, pierre (H. 91,5) : **GBP 12 000** – New York, 18 mai 1979 : *Femme* 1928, bronze (H. 88) : **USD 14 000** – Enghien-les-Bains, 15 nov. 1981 : *Adam et Ève*, bronze (H. 158) : **FRF 170 000** – Paris, 25 nov. 1982 : *Construction cubiste*, aquar. gchée (35,5x24,5) : **FRF 50 000** – Zurich, 9 nov. 1983 : *Personnage assis* vers 1920, aquar., gche et pl. (33,5x24,5) : **FRF 26 000** – Londres, 27 juin 1984 : *L'Étudiante* vers 1930, bronze (H. 167) : **GBP 8 000** – Paris, 13 déc. 1985 : *Intérieur aux fruits*, aquar. gchée (24x22) : **FRF 36 500** – Paris, 7 juin 1985 : *Composition*, cr. (23x18) : **FRF 15 000** – Paris, 6 déc. 1986 : *Le sphinx*, bronze, cire perdue : **FRF 110 000** – Paris, 27 nov. 1987 : *Femme* 1928, sculpt. en pierre (94,5x21,7x18) : **FRF 270 000** – Paris, 24 nov. 1988 : *Mère et enfant ou maternité* vers 1950, bronze (H. 100) : **FRF 323 000** – Paris, 1er fév. 1988 : *Le Couple* 1964, bronze patine brune (53x8,5x10) : **FRF 72 000** – New York, 18 fév. 1988 : *Scène de cirque*, aquar. et gche /pap. (22,2x19,6) : **USD 6 600** – Londres, 24 fév. 1988 : *Composition*, aquar., gche et encre (33,5x24) : **GBP 7 700** ; *Muse de la tragédie*, bronze (H. 54,3) : **GBP 2 420** – Paris, 24 mars 1988 : *Femme* 1964, bronze doré (H 35,5) : **FRF 14 000** – Paris, 20 juin 1988 : *Deux femmes*, gche (28x12) : **FRF 4 600** – Paris, 20 nov. 1988 : *Tête cubiste* 1921, bronze à patine brune nuancée (34x25x23) : **FRF 190 000** ; *Femme assise* 1928, bronze (61,5x32,5x36,5) : **FRF 130 000** – Paris, 30 jan. 1989 : *Jeune fille de profil*, plâtre original (38x27) : **FRF 10 500** – Paris, 22 mai 1989 : *Profil de jeune femme* 1953, plâtre original (46,5x26) : **FRF 7 000** – Paris, 17 juin 1989 : *Cônes et sphères* 1919 (H. 90) : **FRF 460 000** – Le Touquet, 12 nov. 1989 : *Nu allongé* 1946, bronze (H. 24 L. 62) : **FRF 185 000** – Paris, 13 déc. 1989 : *Odalisque*, bronze à patine brune médaille (L. 63) : **FRF 245 000** – Paris, 14 fév. 1990 : *Nu*, dess. au cr. (30,5x13) : **FRF 22 000** – Londres, 23 mai 1990 : *Femme debout*, bronze (H. 27) : **GBP 5 500** – Paris, 8 avr. 1990 : *La Liseuse* vers 1938, bronze à patine brune (91x37x32) : **FRF 130 000** – Calais, 8 juil. 1990 : *Femme nue au panier* 1928, bronze (H. 98) : **FRF 185 000** – Londres, 16 oct. 1991 : *Femme nue*, bronze (H. 29,5) : **GBP 4 180** – Paris, 17 nov. 1991 : *L'Étudiante*, bronze à patine vert foncé (164x49x46) : **FRF 400 000** – Paris, 24 mai 1992 : *L'Étudiante* 1928, bronze (H. 168) : **FRF 110 000** – New York, 11 nov. 1992 : *La Danseuse*, bronze à patine verte (H. 127) : **USD 33 000** – Paris, 28 sep. 1993 : *L'Étudiante* 1928, bronze (164x49x46) : **FRF 115 000** – Paris, 21 oct. 1993 : *Adam et Ève* 1933, bronze (160x85x50) : **FRF 210 000** – New York, 4 nov. 1993 : *Adam et Ève*, bronze (H. 152,4) : **USD 46 000** – Paris, 6 avr. 1994 : *Trois femmes* 1947, cr. rouge (62x47,5) : **FRF 6 000** – Amsterdam, 8 déc. 1994 : *Nu assis*, Chamotte (H. 25) : **NLG 11 500** – Londres, 14 mars 1995 : *Femme debout*, bronze (h. 98) : **GBP 6 900** – Paris, 5 avr. 1995 : *Le Sommeil* 1929, bronze (H. 73, l. 92, prof. 44) : **FRF 64 000** – Paris, 13 mai 1996 : *Femme nue au panier* 1928, bronze patine brune (97,5x35x24) : **FRF 52 000** – Paris, 16 oct. 1996 : *Femme nue au panier*, bronze (H.102) : **FRF 35 000** – Paris, 28 nov. 1996 : *Femme* 1922, pierre polychromée (62x9,5x10) : **FRF 175 000** – Amsterdam, 10 déc. 1996 : *Fillette*, bronze (H. 88) : **NLG 16 144** – Paris, 16 mars 1997 : *Femme* 1928, bronze patine brune (86x23x18,5) : **FRF 40 000** – Calais, 23 mars 1997 : *L'Architecture* 1927, bronze (H.73) : **FRF 38 000** – Paris, 16 juin 1997 : *Tête cubiste* 1914, bronze patine brune, épreuve (38,5x12x21,5) : **FRF 125 000** – Paris, 20 juin 1997 : *Jeune fille à la draperie* vers 1930, bronze patine brun mordoré (65,5x50,5x40,5) : **FRF 35 000** – Paris, 23 juin 1997 : *Femme assise* 1927, encres bleue, rouge et jaune (23,5x15) : **FRF 6 000** – Paris, 19 oct. 1997 : *Jeune femme agenouillée* 1928, bronze patine brune (24,5x23x14) : **FRF 30 000** – Paris, 23 nov. 1997 : *Visage ovoïde* 1940, bronze patine brune (38,5x10x15) : **FRF 30 000**.

CUADRA de La. Voir **LA CUADRA**

CUADRADO Matias

XIXe siècle. Espagnol.

Sculpteur.

Ce Catalan travaillant à Barcelone et, plus tard, à Tortosa.

CUADRAS Pedro

XIXe siècle. Espagnol.

Sculpteur.

Catalan, il étudia, à Barcelone, puis à Rome. Il travailla à Vich.

CUARTAS VELASQUEZ Gregorio

Né le 28 juillet 1938 à San-Roque. XXe siècle. Actif en France. Colombien.

Peintre de figures, portraits, paysages, dessinateur.

Comme son compatriote Luis Caballero, il vit à Paris, depuis 1962. En 1962, il a figuré au Festival d'Art Latino-américain de Cali (Colombie), en 1968 au Salon d'Art Sacré de Paris. En 1965, il a participé à la décoration du monastère de La Pierre-qui-vire. Dans ses débuts, il eut une période abstraite avec des compositions orthogonales de petits carrés de couleurs. Puis, il peignait des visages, des portraits, de profil, influencés par la Renaissance italienne, visages graves se détachant sur un espace nu, qui rappellent Piero della Francesca. Ensuite, dans des formats modestes, il a peint dans des tons éteints des personnages de face ou bien une maison, isolés devant un ciel neutre.

Bibliogr. : D. Bayon, R. Pontual, in : *La peinture de l'Amérique latine au XXe siècle*, Mengès, Paris, 1990.

Ventes Publiques : New York, 7 mai 1981 : *Tête d'homme N°4* 1972, aquar. (66x55,8) : **USD 1 700** – New York, 10 juin 1982 : *Portrait de ma sœur* 1975, aquar. (64,7x54) : **USD 1 000** – New York, 29 nov. 1983 : *Nature morte aux oignons* 1978, aquar. (76,5x57,5) : **USD 800** – New York, 30 mai 1984 : *Trois images* 1974, h/t (73x73) : **USD 2 500** – New York, 21 nov. 1988 : *Paysage aux cyprès* 1987, h/t (130x130) : **USD 6 050** – New York, 18-19 mai 1992 : *Autoportrait* 1974, h/t (73,3x73,3) : **USD 4 400**.

CUBAS Manuel

XIXe siècle. Espagnol.

Illustrateur et écrivain.

Il collabora à plusieurs périodiques espagnols.

CUBELLS Jaime

Né en 1925. XXe siècle. Espagnol.

Sculpteur.

Ses sculptures en bois renvoient à des formes naturelles et organiques qu'il traite par un dessin synthétique.

CUBELLS Y RUIZ Enrique Martinez ou **Cubells y Ruiz Martinez**

Né en 1874 à Madrid. Mort en 1947 à Malaga. XIXe-XXe siècles. Espagnol.

Peintre de compositions animées, portraits, paysages, marines, fleurs. Postimpressionniste.

Il est le fils du peintre Salvador Martinez-Cubells. Il fut élève de l'école de peinture, sculpture et gravure de Madrid. En 1899, il séjourna en Europe, visitant la Hollande, la Belgique, l'Angleterre, la France, l'Italie et l'Allemagne, où il travailla à Munich de 1899 à 1900 avec le peintre Zügel. Il fut professeur de l'école des arts et métiers de Madrid et maître-auxiliaire de l'académie des beaux-arts San Fernando de Madrid. Il travailla aussi à la restauration des œuvres de son père.

Il participa aux Salons de la Société Nationale des Beaux-Arts de Madrid à partir de 1897, à l'Exposition internationale de Munich en 1901, 1905 et 1906, à l'Exposition internationale de Panama en 1916, à la Biennale de Venise de 1924 à 1942, à l'Exposition nationale de peinture, sculpture et gravure de Valence en 1939. Il a montré ses œuvres dans des expositions personnelles : 1914 Munich et Berlin ; 1918 Buenos Aires, Rosario de Santa-Fe et Montevideo ; 1921 Rio de Janeiro. Il a reçu de nombreux prix et distinctions, parmi lesquelles : 1909 médaille d'or à l'Exposition internationale de Munich, 1910 médaille de seconde classe à l'Exposition internationale de Buenos Aires, 1912 médaille de première classe au Salon de la Nationale des Beaux-Arts et première médaille de l'Exposition internationale d'Amsterdam.

Il rend dans des teintes généralement neutres, par juxtaposition de touches dynamiques, l'ambiance d'un paysage, une scène de pêche, des pêcheurs et leurs bateaux de travail, des mouettes sur la côte, des enfants sur la plage. Il présente une vision synthétique du monde qui l'entoure.

E.M-CVBELLS.RVIZ

Bibliogr. : In : *Cien Anos de pintura en Espana y Portugal, 1830-1930*, Antiqvaria, t. V, Madrid, 1991.

Musées : Madrid (Gal. Mod.) – Malaga (Mus. des Beaux-Arts) – San Sebastian (Mus. des Beaux-Arts) – Valence (Mus. des Beaux-Arts).

Ventes Publiques : Vienne, 5 déc. 1973 : *La femme du pêcheur* : **ATS 280 000** – Madrid, 19 oct. 1976 : *Les femmes des pêcheurs*, h/t (49x69) : **ESP 650 000** – Madrid, 25 mai 1977 : *La Corne d'or, Istanbul*, h/t (50x60) : **ESP 1 250 000** – Madrid, 20 déc. 1978 : *Bœufs tirant une barque*, h/t (83x110) : **ESP 1 650 000** – Madrid, 18 oct. 1979 : *Les pêcheurs*, h/t (51x61) : **ESP 850 000** – Madrid, 26 fév. 1980 : *Les gondoliers*, h/t (82x104) : **ESP 1 800 000** – Madrid, 24 mars 1981 : *Barques au crépuscule*, h/t (60x70) : **ESP 750 000** – Madrid, 22 oct. 1985 : *Le repas des pêcheurs*, h/t

(106x84) : **ESP 3 000 000** – MADRID, 15 oct. 1986 : *Remeros del Cantabrico*, h/t (66x83) : **ESP 4 750 000** – LONDRES, 22 juin 1988 : *Pêcheurs dans le port de Bilbao*, h/t (179x237) : **GBP 55 000** – LONDRES, 22 nov. 1989 : *Après la pêche*, h/t (82x105) : **GBP 88 000** – LONDRES, 15 fév. 1990 : *Barques de pêche*, h/t (40x48) : **GBP 17 600** – LONDRES, 5 oct. 1990 : *L'attente des pêcheurs*, h/t (50,2x39,7) : **GBP 13 200** – NEW YORK, 23 oct. 1990 : *Retour de la pêche*, h/t (109,2x104,1) : **USD 77 000** – MADRID, 21 mai 1991 : *Barques et pêcheurs*, h/t (54x69) : **ESP 4 144 000** – MADRID, 28 jan. 1992 : *La pêche des bœufs à Valence*, h/t (50x48,5) : **ESP 4 928 000** – LONDRES, 15 juin 1994 : *L'heure de la pêche*, h/t (45,5x60,5) : **GBP 13 800**.

CUBERO Juan
Né à Barbastra. XVIe siècle. Espagnol.
Sculpteur sur bois.
Il travailla à Barbastra.

CUBISOLE Jean Antoine ou **Cubizolle**
Né le 9 avril 1811 à Montaure (Haute-Loire). Mort le 12 septembre 1877 au Puy-en-Velay (Haute-Loire). XIXe siècle. Français.
Sculpteur.
Envoyé à Rome par le conseil général de la Haute-Loire. Parmi ses principaux travaux, nous citerons : *Bacchante*, statuette (Salon de 1852), *Bacchante* (Salon de 1853), *Christ en croix* (Salon de 1855), *Ève cueillant la pomme* (Salon de 1867), la *Statue de Minerve*, à l'Hôtel de Ville de Lyon, les *Vierges* de l'église des Incurables et de l'église Saint-Augustin à Lyon, le fronton de l'église des Charbonnières, près de Lyon, deux statues à l'église de Montluel (Ain) et, au Musée du Puy : statue d'*Adhémar du Monteil* (bois peint), *Junon sortant du bain* (marbre) qui figurait à l'Exposition de 1855, deux *Bacchantes* de dimensions différentes : *Sibylle, Pie IX, Madone, Impératrice Eugénie.*
■ E. Gautheron

CUBITT Charlotte L.
XIXe siècle. Britannique.
Sculpteur.
Elle travailla à Londres où elle exposa entre 1873 et 1880 à la Royal Academy.

CUBITT Thomas
XVIIIe siècle. Britannique.
Miniaturiste.
Il travailla à Londres, où il exposa des portraits à la Royal Academy entre 1775 et 1778.

CUBITT-BEVIS Leslie
XXe siècle. Américaine.
Sculpteur.
A exposé un *Bouddha* au Salon des Tuileries de 1934.

CUBLEY OF NEWARK William Henry
XIXe siècle. Actif dans la seconde moitié du XIXe siècle à Londres. Britannique.
Peintre d'animaux, paysages.
MUSÉES : SALFORD(Mus.) : *Naddall Moss, Cumberland.*
VENTES PUBLIQUES : CHESTER, 12 juil. 1985 : *Paysage*, h/t (81,5x124,5) : **GBP 480** – LONDRES, 5 sep. 1996 : *Bœuf à cornes courtes*, h/t (40,7x50,8) : **GBP 1 840**.

CUBRIAN Francisco
XVIIe siècle. Actif à Séville. Espagnol.
Peintre.
Élève de Zurbaran.

CUBY, Mme. Voir **FONDEUR-CUBY Marcelle,** Mme

CUCARELLA Francisco
XIXe siècle. Actif à Madrid vers 1810-1825. Espagnol.
Peintre de portraits.

CUCCHI Enzo
Né le 14 novembre 1949 à Morro d'Alba (Ancône). XXe siècle. Italien.
Sculpteur, technique mixte, dessinateur, peintre de figures, de paysages, d'architectures, céramiste.
Enzo Cucchi est « le troisième C » de la Trans-Avant-Garde italienne. Il fréquente un temps l'Académie Macerata, travaillant dans la mouvance de l'art conceptuel et également comme restaurateur. Il vit et travaille à Ancône et à Rome. Il a participé à de nombreuses expositions collectives à partir de 1979, parmi lesquelles : en 1979 au Palais des Expositions de Rome *Le alternative del nuovo*, en 1980 la XIe Biennale des Jeunes à Paris et *Aperto 80* à la Biennale de Venise, en 1982 *Aspects de l'art italien actuel* au musée Guggenheim de New York, la Documenta VII de cassel, *60'80 attitudes/concepts/images* au Stedelijk Museum d'Amsterdam, *Mythe, Drame, Tragédie* au Musée d'Art et d'Industrie de Saint-Étienne, la IVe Biennale de Sydney, en 1983 *Italie, la Trans-avant-garde* à la Fundacion Caja de pensiones de Madrid, *Recent European Painting* au Solomon R. Guggenheim Museum de New York, en 1984 *Un aperçu international de la peinture et de la sculpture récentes* au Museum of Modern Art de New York, en 1985 la Nouvelle Biennale de Paris et la 18e Biennale de São Paulo, *L'Italie aujourd'hui* à la Villa Arson à Nice. Il a exposé personnellement à partir de 1977 dans de nombreuses galeries en Italie et à l'étranger. En 1982 il a exposé au Musée de Groningen, en 1983 au Musée Folkwang à Essen, en 1983-1984 au Stedelijk Museum d'Amsterdam, en 1985 à la Caja de Pensiones de Madrid, en 1986 au CAPC Musée d'Art Contemporain de Bordeaux, au Solomon R. Guggenheim Museum à New York et au Musée National d'Art Moderne de Paris, en 1987 à Munich et Édimbourg, en 1988 à la Kunsthaus de Zurich et au Louisiana Museum de Humleboek, en 1989 au Kunstmuseum de Düsseldorf et au Musée d'Art Contemporain de Prato, en 1991 *Roma* à la galerie Daniel Templon à Paris et à la fondation Miro à Barcelone, en 1993 à la galerie Daniel Templon avec *Idoli al lavoro*.
Il définit l'art comme une « liaison naturelle, un rapport physique conscient avec le cosmos ». Le dessin constitue une part majeure de l'œuvre de Cucchi. Ils accompagnent parfois les poèmes, courant sur les pages « comme un animal » dit l'artiste. Parfaitement autonomes, ils ne se limitent pas à être des travaux préparatoires tout en reprenant les thèmes des peintures. Sa peinture est une des formes de son expression artistique, présente également dans ses poèmes et autres préceptes adressés à lui-même et aux autres, qui apportent des compléments et des éclaircissements sur son travail plastique. Selon Achille Bonito-Oliva, pour Enzo Cucchi « ... la peinture devient un processus d'agrégation de plusieurs éléments, figuratif et abstrait, mentaux et organiques, explicites et allusifs, combinés entre eux sans solution de continuité ». Comme les autres artistes de la trans-avant-garde, Cucchi pratique les emprunts citationnistes à l'histoire de l'art, en particulier à l'expressionnisme et au futurisme russe. Il agit fréquemment par excès ; ses toiles, affectionnant les grands formats, juxtaposent ainsi des alignements mégalithiques et des têtes humaines démesurément allongées – il s'agit souvent de son autoportrait –, des vues de villes où la perspective est parfaitement irrationnelle... le monde est parfois perçu par anamorphose, l'œuvre apparaît ainsi comme une construction onirique, et compose un roman visuel propre à l'artiste, reconduit de tableau en tableau. Soucieux d'explorer la matière picturale, Cucchi a réalisé des tableaux sur ciment ou plaques d'acier, peints puis oxydés par du sel et du vinaigre et finalement abandonnés au soleil et à la pluie. Les vernis se boursouflent et, se mélangeant à la rouille, éclaircissent les taches laissées sur le métal. Son exposition de 1993 à la galerie Daniel Templon de Paris, présentait un ensemble de sculptures, petits bronzes associés à d'autres matériaux, marbre, plastique, caoutchouc, évoquant des personnages mythiques livrés à des occupations diverses : *Idole à l'attaque, Idole contente*. Par rapport à ses démarches dérangeantes précédentes, les sculptures récentes représentent un retour à l'esthétisme, certaines ayant même fière allure, sinon classique, du moins baroque-surréalisante.
■ F. M., J. B.

BIBLIOGR. : Catal. de l'exposition *Enzo Cucchi*, CAPC Musée d'Art Contemporain de Bordeaux, 1986 – in : *La Trans-avant-garde italienne*, Artstudio, n° 7, hiver 1987-1988, pp 70 à 88 – Catalogue de l'Exposition : *Magiciens de la terre*, Centre Georges Pompidou et la Grande Halle La Villette, Paris, 1989.
MUSÉES : AMIENS (FRAC Picardie) : *Sans titre* 1989 – AMSTERDAM (Stedelijk Mus.) : *Quadri di terra di un pittore*, h/t, (201x220) – DÜSSELDORF (Kunstmuseum) : *Sans titre* 1984-1985, cr. et fus./pap., (10x24,8) – NEW YORK (Mus. of Mod. Art) : *I giorni devono essere stesi per terra* 1983, h/t avec éléments de métal peint, (122x630x25,4) – PARIS (Mus. Nat. d'Art Mod.) : *Sguardo di un quadro ferito* 1983, h/t, (250x340), diptyque – *L'Ombra verde* 1987, sculpture – PRATO (Mus. d'Art Contemp.) : *Fontaines* 1988, marbre, ciment, mosaïque, eau.
VENTES PUBLIQUES : MILAN, 12 juin 1984 : *Sans titre* 1977, h/cart. (69,5x84,5) : **ITL 8 500 000** – MILAN, 19 déc. 1985 : *Sans titre*, techn. mixte/pap. (35x23,5) : **ITL 3 000 000** – ROME, 20 mai 1986 : *La Barque* 1979, terre cuite (48x109x28) : **ITL 1 000 000** – LONDRES, 5 déc. 1986 : *Un'immagine oscura* 1982, fus. et pl.

(14,6x22,5) : **GBP 4 000** – NEW YORK, 21 fév. 1987 : *Sans titre* 1984, fus., cr. noir et mine de pb (33,7x23,8) : **USD 3 500** – NEW YORK, 3 mai 1988 : *Génie de la mer Adriatique* 1977-80, h/t (130,5x205) : **USD 49 500** ; *Sans titre, dédicacé : Portrait pour Andy Warhol* 1982, h. et objet métal/t. (80x100,4x20,3) : **USD 66 000** – ROME, 21 mars 1989 : *Sans titre* 1977, techn. mixte et h/cart. (31x40) : **ITL 19 000 000** – PARIS, 16 avr. 1989 : *Pensiero millenario* 1984, h/t (120x280) : **FRF 530 000** – NEW YORK, 4 mai 1989 : *La maison des barbares* 1982, h/t (312,4x212,1) : **USD 121 000** – LONDRES, 25 mai 1989 : *Sans titre*, céramique vernissée (H. 36) : **GBP 1 980** – PARIS, 18 fév. 1990 : *Paysage onirique*, fus. (16,5x45) : **FRF 61 000** – NEW YORK, 27 fév. 1990 : *Sans titre* 1986, pigment sec dans du ciment avec des éléments de fer dans deux pan. (chaque 289,6x129,6x17,4) : **USD 79 750** – MILAN, 13 déc. 1990 : *Allégorie*, h/t/cart. (69x65) : **ITL 25 500 000** – PARIS, 10 juil. 1991 : *Composition fantastique* 1984, past. et mine de pb (45x16) : **FRF 27 000** – NEW YORK, 12 nov. 1991 : *La montagne près du Palais du Guerrier*, aquar., feutres et cr./pap. (39,7x30,2) : **USD 11 000** – NEW YORK, 27 fév. 1992 : *L'Instrument d'Ève* 1982, encre et collage/pap./t. (274,3x335,5x10,2) : **USD 73 700** – LONDRES, 26 mars 1992 : *Lupo Mannaro* 1983, h/t (220x140) : **GBP 16 500** – NEW YORK, 6 mai 1992 : *Rimbaud à Harrare*, feuilles de métal et h/t (270x321,5) : **USD 88 000** – LONDRES, 15 oct. 1992 : *Images d'outre-tombe* 1981, h/pan. (38,5x135) : **GBP 19 800** – NEW YORK, 18 nov. 1992 : *Plus près des dieux* 1983, h/t (279,5x358,5) : **USD 110 000** – LONDRES, 3 déc. 1992 : *Charrette de feu* 1981, h/t (104,8x207,3) : **GBP 34 200** – NEW YORK, 24 fév. 1993 : *Sans titre* 1986, feuille de métal et cuivre, h/t (289,5x389,9) : **USD 79 200** – LONDRES, 2 déc. 1993 : *Transposition de Rome, chevaux, chameaux, statues et lions* 1984, h/t (398x391) : **GBP 67 500** – ZURICH, 23 juin 1995 : *Sans titre* 1978, h/t (188x30) : **CHF 8 000** – PARIS, 6 nov. 1995 : *Sans titre* 1985, encre de Chine (15x21) : **FRF 4 500** – LONDRES, 30 nov. 1995 : *Héro de la mer Adriatique*, h/t (130,5x205) : **GBP 26 450** – NEW YORK, 9 mai 1996 : *Sans titre*, fer et h/bois (36,2x22,2) : **USD 17 250** – LONDRES, 24 oct. 1996 : *Sotto Vento* 1981, h/t (200x210) : **GBP 56 500** – NEW YORK, 19 nov. 1996 : *Santo Albero* 1980, fus. et h. de lin/pap. (35x44,5) : **USD 4 025** – NEW YORK, 20 nov. 1996 : *La guerra delle regioni* 1981, fus./pap./lin (271,8x431,8) : **USD 23 000** – NEW YORK, 7 mai 1997 : *Sans titre (Rue Rimbaud)* 1985, feuilles de métal et h/t (280,7x349,9) : **USD 34 500** – MILAN, 24 nov. 1997 : *Composition* 1978, h. et techn. mixte/pap. (23x70) : **ITL 10 350 000**.

CUCCHI Giovanni Antonio ou **Cucco**
Né en 1674 à Campiglia Cervo. XVIIe-XVIIIe siècles. Travaillant à Milan. Italien.
Peintre.

CUCCINI Antonio
Né en 1830 à Melide. Mort le 18 novembre 1874 à Melide. XIXe siècle. Suisse.
Sculpteur.
Cuccini étudia à Milan et à Bissone. Dans cette dernière ville, il reçut des leçons de Somaini.

CUCCINI Ulisse
Né en 1825 à Melide près de Lugano. Mort le 20 janvier 1887 à Bissone. XIXe siècle. Suisse.
Sculpteur.
Cuccini fit ses études à l'Académie des Beaux-Arts de Milan. Il habita aussi Casale, exposa à Turin et à Rome, et en 1859, exécuta un monument à la mémoire du colonel Morelli, pour la ville de Casale, ainsi que deux ouvrages pour l'hôpital de Voghera.

CUCHET Jean
Né le 2 juillet 1674 à Genève. Mort le 12 avril 1739. XVIIe-XVIIIe siècles. Suisse.
Peintre sur émail.
Élève de Thomas Fontaine.

CUCHET Jean, dit **Chatelraud**
XVIIe-XVIIIe siècles. Actif à Nantes vers 1696-1729. Français.
Sculpteur.

CUCHI Y ARNAU José
Né en 1859 à Arecibo (Porto Rico). XIXe siècle. Travaillant à Madrid et à Barcelone. Espagnol.
Peintre et illustrateur.

CUCU Nicolas
XVIIe siècle. Actif à Rouen. Français.
Peintre.

CUCUEL Edward
Né en 1875 à San Francisco (Californie). Mort en 1951 à Los Angeles. XIXe-XXe siècles. Américain.
Peintre de scènes de genre, portraits, nus, paysages, fleurs, illustrateur.
Il a travaillé en Suisse. Il a exposé à Paris, au Salon d'Automne et surtout au Salon de la Société Nationale des Beaux-Arts dont il était associé depuis 1913.
Son répertoire était très étendu. Il traitait toutefois volontiers les scènes de genre ou familières : *Dîner de rupture, Bain de soleil.*

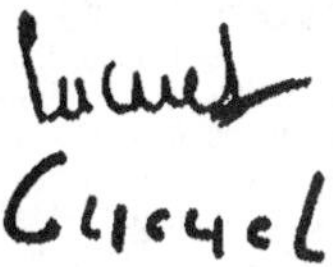

VENTES PUBLIQUES : BERLIN, 2 juil. 1970 : *Week-end* : **DEM 725** – ANVERS, 10 oct. 1972 : *Fille sur l'estacade* : **BEF 5 000** – COLOGNE, 12 nov. 1976 : *Bain de soleil*, h/t (54,5x47) : **DEM 4 000** – STUTTGART, 9 mai 1981 : *Jeune femme à son chevalet dans un paysage*, h/t (65x46,5) : **DEM 12 000** – LONDRES, 10 fév. 1982 : *Un coin ombragé*, h/t (89x99) : **GBP 5 200** – NEW YORK, 2 juin 1983 : *Dans le soleil*, h/t (66x80) : **USD 31 000** – COLOGNE, 26 oct. 1984 : *Jeune femme attablée dans un paysage d'été (Chiemsee)*, h/t (90x100) : **DEM 60 000** – NEW YORK, 30 sep. 1985 : *Le bal Bullier* 1896, aquar., gche et cr./pap. (48,2x35,5) : **USD 3 000** – NEW YORK, 30 mai 1986 : *Dans l'arbre*, h/t (92,7x103,2) : **USD 32 000** – LONDRES, 4 nov. 1987 : *Le port de New York*, h/t (64x78,5) : **GBP 14 000** – LONDRES, 17 mars 1989 : *Roses sauvages*, h/t (100x100) : **GBP 33 000** – MUNICH, 10 mai 1989 : *Une soirée d'été*, h/t (78x63) : **DEM 99 000** – NEW YORK, 25 mai 1989 : *Dîner de rupture*, h/t (109,5x90,2) : **USD 35 200** – NEW YORK, 28 sep. 1989 : *Le réveil*, h/t/pan. (72x80) : **USD 18 700** – NEW YORK, 14 fév. 1990 : *Le lac de Central Park à New York*, h/cart. (26x35,9) : **USD 8 250** – MUNICH, 31 mai 1990 : *Dame tenant un chapeau de paille*, h/t (59x53) : **DEM 71 500** – NEW YORK, 26 sep. 1990 : *Femme à l'éventail*, h/t (65,3x47) : **USD 8 800** – MUNICH, 12 déc. 1990 : *L'amarrage secret*, h/t (70x54) : **DEM 49 500** – NEW YORK, 14 mars 1991 : *Gare de triage en hiver*, h/t (50,9x61,1) : **USD 4 180** – MUNICH, 12 juin 1991 : *Au bord du lac*, h/t (79x79) : **DEM 82 500** – NEW YORK, 6 déc. 1991 : *Ombrages d'automne*, h/t (76,8x65,3) : **USD 18 700** – MUNICH, 25 juin 1992 : *Grille d'une villa*, h./contre-plaqué (40x50) : **DEM 27 685** – NEW YORK, 24 sep. 1992 : *Jeune femme cueillant des fleurs au bord d'un lac*, h/t (81,3x81,3) : **USD 29 700** – NEW YORK, 11 mars 1993 : *Maison au bord de la rivière*, h/t (63,3x79,1) : **USD 10 350** – MUNICH, 22 juin 1993 : *Bavardages d'atelier*, h/t (79x64) : **DEM 40 250** – NEW YORK, 12 sep. 1994 : *Au bal*, aquar./pap./cart. (24,1x29,8) : **USD 2 587** – MUNICH, 27 juin 1995 : *La baignade*, h/t (100x100) : **DEM 171 100** – NEW YORK, 13 sep. 1995 : *Eaux calmes*, h/t (51x60) : **USD 85 000** – NEW YORK, 27 sep. 1996 : *Sous la tonnelle*, h/t (63,5x60,3) : **USD 46 000** – LONDRES, 26 mars 1997 : *Heures paisibles*, h/t (65x79,5) : **GBP 26 450** – NEW YORK, 5 juin 1997 : *Fleurs de printemps*, h/t (80,6x80,6) : **USD 90 500** – NEW YORK, 6 juin 1997 : *Femme en blanc allongée*, h/t (73,7x104,1) : **USD 178 500** – MUNICH, 23 juin 1997 : *En barque*, h/t (45,5x59) : **DEM 84 000**.

CUDEVILLE Jean François
XVIIIe siècle. Français.
Peintre de miniatures.
Il fut membre de l'Académie de Saint-Luc à Paris.

CUDLIP S. B.
XIXe siècle. Britannique.
Peintre de portraits, natures mortes.
Il travailla à Londres où, entre 1828 et 1833, il exposa, à la Royal Academy, à la British Institution et à Suffolk Street.

CUECO Henri, pseudonyme de **Aguilella**
Né le 19 octobre 1929 à Uzerche (Corrèze). XXe siècle. Français.
Peintre de compositions à personnages, figures, paysages, animalier, lithographe. Nouvelles figurations. Groupe Coopérative des Malassis.
Fils d'un immigré espagnol qui peignait en amateur sous son patronyme, Henri prit celui de sa mère quand il peignit à son tour, de même son frère Ramon se contenta de son prénom. Le père leur enseigna les rudiments de la technique, avec lesquels Cueco très jeune peignit des vues d'après des cartes postales, qu'achetaient les touristes. Il fit des études secondaires au collège local. En 1946, sortant de l'éloignement corrézien, il découvrit le Musée National d'Art Moderne de Paris, au cours d'un

premier séjour pendant lequel il apprit à peindre natures mortes et portraits dans l'esprit du post-cubisme alors encore dominant dans l'École de Paris. En 1951, il fréquenta le groupe de « La Ruche », ce pavillon rescapé d'une exposition universelle où ont vécu et travaillé tant de peintre depuis 1900, et où il retrouva un autre Uzerchois : Paul Rebeyrolle.

Il a participé au Salon de la Jeune Peinture à partir de 1952. Il a figuré au Salon de Mai en 1957 et 1959, à la Biennale des Jeunes Artistes de Paris en 1959, 1961, 1963, 1965. En 1956, il obtint le Prix Malborough, en 1959 le Prix Fénéon, en 1963 le Prix de la Jeune Peinture, ce qui lui valut en 1964 sa première exposition personnelle au Musée d'Art Moderne de la Ville. Il vint se fixer à Paris en 1966. En 1967, il fut encore sélectionné pour la ve Biennale de Paris, pour laquelle il réalisa le décor des *Immortelles* de Pierre Bourgeade. À partir de 1968, il a introduit la dimension de son action politique dans son travail de plasticien. En mai 1968, en relation avec la contestation sociale partie du monde étudiant, il participa aux « Ateliers Populaires des Beaux-Arts », créant des affiches politiques. En 1969, il participa à la constitution de la « Coopérative des Malassis », avec Fleury, Latil, Parré, Tisserand, qui se manifestera pendant quelques années par des entreprises collectives. Parallèlement, Cueco, comme les autres membres de la Coopérative, poursuivait son œuvre personnelle, participant aux expositions collectives institutionnelles et se produisant dans des expositions personnelles nombreuses, régulièrement à Paris : à la galerie Louis Carré en 1992, 1993, en 1995 avec une petite rétrospective, en 1997 avec l'exposition *La peinture de la peinture* ; à l'École des Beaux-Arts en 1993 ; à la Galerie du Théâtre du Vieux Colombier en 1995 ; ainsi que : 1997 Abbaye Saint-André de Meymac.

Dans les premières années de sa participation au Salon de la Jeune Peinture, il y envoyait des paysages corréziens, puis ce furent des natures mortes. Autour de 1960, il fit une brève incursion dans l'abstraction. Dès 1964, il était revenu à la figuration avec une série de nus : les *Baigneuses*. Autour de 1965, son retour à la figuration n'était pas sans lien avec l'apparition et la propagation du réalisme propre au « Pop art ». Il peignait alors dans l'esprit du réalisme expressionniste, représenté surtout par le Salon de la Jeune Peinture, très marqué par l'autorité de Rebeyrolle, qui lui ouvrait des possibilités de communication de masse et lui permettait de faire passer dans sa peinture son double souci d'un certain érotisme et de la lutte politique. En 1967, il a commencé à faire exister ce qui va progressivement et durablement constituer son univers pictural peuplé d'hommes, de femmes et d'animaux domestiques, prélevés de documents photographiques, individuellement neutralisés par un traitement graphique schématisant, et distribués dans un espace et dans une lumière irréels, où ils semblent égarés, oubliés : « ... des êtres réduits à des types génériques (animal, femme, homme) mis en situation dans un environnement strictement simplifié, à dominante urbaine ou végétale. » À partir de ce moment, il a renoncé à tout effet pictural, il a adopté une technique lisse, un rendu anonyme, une précision photographique, qui ont pu être qualifiés d'« expressionnisme froid ». Cependant, cet « expressionnisme froid » n'est pas incompatible avec le plaisir de bien dessiner, de bien peindre, plaisir que les Malassis ont toujours revendiqué, et qui constitue leur singularité dans l'ensemble de la peinture militante. Comme un peu extérieur à la continuité de son œuvre, en 1967 il a découpé dans le bois et colorié les figurines manipulables des *Jouets et jeux d'adultes*, en 1968 il a lithographié ses affiches politiques représentant des hommes rouges en lutte contre l'ordre urbain de la société libérale, en 1968 il a participé, dans le contexte du Salon de la Jeune Peinture au Musée d'Art Moderne de la Ville de Paris, à la *Salle rouge pour le Vietnam*, et en 1969 à la salle sur le *Livre d'école... livre de classe*, enfin il a collaboré aux diverses réalisations collectives de la Coopérative des Malassis. Par exemple, dans la série des peintures exécutées en commun, directement inspirées des évènements et les dénonçant, invités à l'exposition 72/72, qui fut organisée à Paris en 1972, et réunissait 72 peintres dans le but d'un bilan de dix années de peinture française, ils décrochèrent toutes leurs peintures sur le thème du *Grand Méchoui* le soir du vernissage, à la suite du décrochage de l'une d'entre elles, considérée comme offensante envers le président Pompidou, représenté entouré de ses comparses, les moutons du grand méchoui figurant l'ensemble de la population. Revenant sur la proche période des hommes rouges, Pierre Gaudibert en donne l'analyse : « Ses *Hommes Rouges* multiplient des foules grouillantes qui courent, s'élancent, volent, tombent à travers des architectures géométriques ; ce thème l'oblige à libérer sa hantise des peuplades primitives... Par là son imaginaire sexuel a trouvé des voies pour rejoindre son engagement politique, ce qui permet de parcourir la totalité des registres de la violence (depuis la poursuite, le viol, jusqu'aux soulèvements des noirs américains, aux insurrections du Tiers-Monde, aux manifestations de rue, à la fête révolutionnaire). » À partir de 1970, il a renoué avec le monde qu'il avait constitué auparavant, repartant de documents photographiques du genre cartes postales, dans des teintes très sobres de gris et de bruns, créant du malaise, de l'angoisse en représentant des hordes de chiens, métaphoriques de la société humaine, errant sur des herbes rares ou comme prisonniers d'architectures bétonnées. Puis, dans la dizaine des années quatre-vingt, Cueco s'est consacré à une approche du paysage par le presque unique motif de l'herbe, traitée graphiquement, et qui apparente ce nouveau travail au contexte contemporain de l'hyperréalisme. Dans la suite, montrée en particulier lors de l'exposition à l'École des Beaux-Arts de Paris en 1993, les thèmes des chiens, de l'herbe, des serpents, se sont développés, selon le même classicisme de facture, peut-être un peu plus détachés de la symbolique militante au profit du simple plaisir du regard et du « bien fait ». En 1995, le Théâtre du Vieux Colombier a accueilli une exposition de Cueco, dont l'intitulé annonce un de ses domaines picturaux favoris, les collections de riens : *Henri Cueco L'Imagier – cailloux, éponges, ficelles, queues de cerises, pommes de terre*. Dans ce registre, le plaisir du regard et du « bien fait » paraît absolument pur. Aussi bien que possible, il peint des collections entières de ces objets dénués de tout autre intérêt que celui d'être là, au lieu d'être dans la poubelle, d'être là pour que le regard du peintre découvre et fasse découvrir la singularité de chacun de ces objets d'entre la collection de ses semblables. Démontrant que la beauté de la chose peinte n'est pas dans la chose mais dans la peinture, ignorant les « grands sujets », il restitue leur noblesse aux choses les plus humbles.

L'œuvre de Cueco dans sa globalité n'est pas séparable de son action politique militante. Cependant il ne faut pas perdre de vue que l'homme est remarquablement intelligent, dispose d'une dialectique diabolique. Il s'est voulu courageux, mais n'avait pas la vocation du martyr. Dans les temps où était décroché de l'exposition qu'on disait alors « l'exposition Pompidou » le *Grand Méchoui* des Malassis, il recevait de la Ville de Paris l'importante commande de la décoration des colonnes du Forum des Halles, qu'il réalisa avec des images de chiens en mosaïque. Dans un contexte politique moins lointain pour lui, le ministre Jack Lang lui commanda en 1989 la décoration de la Salle Albert Londres au Ministère de la Culture, qu'il accomplit entièrement, murs et plafond, avec son thème de l'herbe. S'il lui est demandé comment il obtient ces commandes d'horizons très opposés, il répond dans un grand sourire : « mais... au charme. » Sur cette apparente ambiguïté de situations où l'on voit souvent la puissance temporelle tenter de séduire l'opposition morale, à propos de Cueco Michel Troche, un de ses préfaciers constate : « Cueco n'aborde pas la politique en peinture avec le bel esprit de l'anarchiste aux mains pures. Il sait bien qu'il faut parfois ruser avec soi-même et le monde extérieur, accepter parfois les termes les plus douteux ou les données les moins claires... »

■ Jacques Busse

Bibliogr. : Michel Troche, Pierre Gaudibert : préface du catalogue de l'exposition *Henri Cueco, Michel Parré*, Mus. d'Art Mod. de la Ville de Paris, 1970 – Ramon et divers : Catalogue de l'exposition *H. Cueco*, Centre Culturel de l'Aérospatiale, Toulouse, 1973 – in : *Diction. Univers. de la Peinture*, Robert, Paris, 1975 – Henri Cueco, Pierre Gaudibert : *L'Arène de l'Art*, Paris, 1988 – Henri Cueco : *Le chemin de l'atelier*, Paris, 1988.

Ventes Publiques : Paris, 8 juin 1972 : *Danaé des H.L.M.* : **FRF 1 000** – Paris, 24 juin 1977 : *Les chiens*, h/t (131x162) : **FRF 7 000** – Paris, 29 mars 1979 : *La grande piscine bleue*, aquar. et gche (75x105) : **FRF 7 500** – Paris, 28 avr. 1981 : *Les cochons*, acryl./t. (90x116) : **FRF 8 000** – Paris, 25 oct. 1982 : *Escalier aux chiens* 1974, lav./pap. (75x105) : **FRF 7 200** – Paris, 22 avr. 1983 : *Le mur au chien* 1975, h/t (89x116) : **FRF 9 000** – Chalon-sur-Saône, 14 nov. 1984 : *Chenil* 1976, h/t (124x132) : **FRF 11 500** – Paris, 15 fév. 1986 : *La fenêtre* 1984, acryl./pap. (100x100) : **FRF 7 500** – Paris, 12 oct. 1987 : *Le mur au chien* 1975, h/t (89x116) : **FRF 13 000** – Paris, 12 juin 1989 : *La meute*, dess. à la mine de pb et cr. de coul. (50x65) : **FRF 8 000** – Paris, 13 oct. 1989 : *Moutons*, h/t (89,5x116) : **FRF 46 000** – Paris, 20 nov. 1989 : *Chiens dans la forêt* 1974, cr. (50x65) : **FRF 7 000** – Paris, 18 fév. 1990 : *Clostras n° 6* 1975, acryl./t. (89x116) : **FRF 65 000** –

PARIS, 16 avr. 1992 : *Mur de petites briques* 1974, cr. de coul./pap. (53,5x67) : **FRF 6 000** – PARIS, 26 nov. 1992 : *Le parc Monceau* 1972, h/t (131x163) : **FRF 58 000** – PARIS, 8 juil. 1993 : *Clostras*, h/t (90x116) : **FRF 22 000**.

CUEILLE Maïa
XXe siècle. Française.
Peintre. Naïf.
Elle figure régulièrement au Salon International d'Art Naïf de Paris. Une technique minutieuse et savante fait douter de la qualification de naïveté, d'autant que les sujets traités sont porteurs d'une inquiétude apparentée au fantastique.

CUELLO
Né en 1965 à Buenos Aires. XXe siècle. Argentin.
Peintre. Expressionniste-abstrait.
Il travaille à Buenos Aires. Il a montré un ensemble de ses peintures en Belgique, en 1993. Sa peinture, abstraite, est violemment gestuelle, à forte tendance matiériste, informelle.

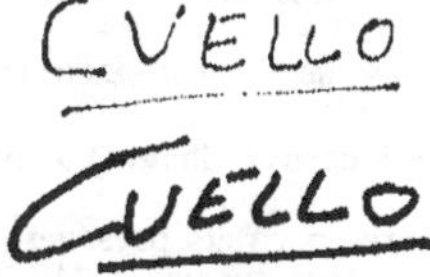

CUELNE Martin Van ou **Kuelne, Colene**
XVIe siècle. Actif à Gand. Éc. flamande.
Sculpteur.

CUENCA Juan
XXe siècle. Actif aussi en France. Espagnol.
Sculpteur. Abstrait-géométrique. Groupe Equipo 57.
Vivant à Paris entre 1954 et 1961, il y fonda, en 1957, avec Agustin Ibarrola, Juan Serrano, Angel et José Duarte, le groupe Equipo 57 qui eut une activité importante jusqu'à sa dissolution en 1965. En 1996, les deux galeries Denise René de Paris ont organisé une exposition rétrospective de l'activité passée du groupe.
BIBLIOGR. : Pierre Mérite : *Equipo 57*, Art Press, n° 217, Paris, oct. 1996.

CUENDE Juan
Mort en 1878 à Valence. XIXe siècle. Espagnol.
Peintre.
Le Musée de Valence conserve un portrait de sa main.

CUENINC ou **Cuenync**. Voir **CONINCK**

CUÉNOD Charles Édouard
Né à Genève. XIXe-XXe siècles. Suisse.
Peintre de paysages.
Élève de Rave, Cacheux, Martin, Mittay et Hodler. A exposé au Salon des Artistes Français de 1926.

CUÉNOT Charles Désiré
Né à Paris. XXe siècle. Français.
Peintre de paysages.
Il a exposé à Paris entre 1927 et 1930, aux Salons des Artistes Français et des Artistes Indépendants. Il a surtout peint des paysages de Normandie.

CUENOT François
Né vers 1610 à Bélieu (Doubs). Mort après 1685. XVIIe siècle. Français.
Sculpteur sur bois et architecte.
D'origine franc-comtoise, il fit, en 1636, les boiseries du chœur de l'église de Guyans-Vennes (Doubs). Il devint, en 1667, sculpteur du duc de Savoie et fournit, également en 1667, le retable de l'autel de la Vierge, dans l'église de Bélieu. Le Musée de Chambéry conserve des œuvres de lui.

CUENYNC. Voir **CONINCK Jacob de**

CUERENHERT. Voir **COORNHERT Dirck Volkertsz**

CUERS Marc Antoine de
Né à Hyères (Var). XVIIe-XVIIIe siècles. Français.
Sculpteur.
Il travailla à Toulon de 1665 à 1707.

CUERVAS MONS Luis
XIXe siècle. Actif à Santander. Espagnol.
Peintre de portraits, marines.

CUETO German
XXe siècle. Mexicain.
Sculpteur de bustes, de figures.
En 1929, il fit à Paris une présentation de quelques-unes de ses œuvres. Il est apparu dans le temps de la révolution zappatiste. Il s'est attaché, comme les peintres de sa génération, à l'expression de l'esprit national populaire. Il a sculpté des bustes de personnalités mexicaines, des figures d'Indiens, des masques.

CUETO Ludovico
XVIIe siècle. Travaillant à Tolède et Aranjuez au début du XVIIe siècle. Espagnol.
Sculpteur.

CUEVAS
XVIe siècle. Espagnol.
Peintre.
Il travailla à Huesca aux côtés de son maître Tomas Pellegret.

CUEVAS Diego de
XVIIe siècle. Actif à Valladolid vers 1602. Espagnol.
Peintre.

CUEVAS José
XIXe siècle. Actif en Galice, dans la seconde moitié du XIXe siècle. Espagnol.
Illustrateur.
Il a travaillé notamment pour l'Ilustracion Cantabria.

CUEVAS José Luis
Né en 1933 ou 1934 à Mexico. XXe siècle. Mexicain.
Aquarelliste, dessinateur, graveur, illustrateur. Expressionniste.
Autodidacte bien qu'ayant un peu fréquenté l'école d'Art de la Esméralda. Il commença à exposer à Mexico en 1947. Il participe à des expositions collectives, parmi lesquelles : 1955, 1959 Biennale de São Paulo où il obtint un Premier Prix en 1959 ; 1957, 1960, 1961 New York ; 1959 Jérusalem ; 1960 Vancouver ; dans les années quatre-vingt au Salon de Mai de Paris. Sa première exposition personnelle eut lieu en 1947 à Mexico, d'autres se tinrent à Washington, Paris, et en 1990-91 New York à la Galerie I.B.M. À New York en 1959 il a illustré *Les mondes de Kafka et de Cuevas*, il semble qu'il illustra les ouvrages-mêmes de Kafka, et en 1960 à Washington il a illustré un recueil de poèmes de William MacLeod.
À partir de 1957, il fut illustrateur de journaux et de revues. Vers le milieu des années cinquante, il s'opposa à la prépondérance de l'école des muralistes Rivera, Orozco, Siqueiros, et aux principes de base de leur action narrative, optimisante et populiste. Il fut des rares en Amérique latine à pratiquer des déformations expressionnistes, avec des intentions dramatiques et critiques, observateur sans indulgence des mœurs, dans une tradition qui va des grotesques médiévaux, à Brueghel et Otto Dix, comme, par exemple, avec : *L'Évêque et la prostituée*. Il a aussi beaucoup dessiné sur le thème du cérémonial meurtrier de la tauromachie. Anxieux, il a souvent interrogé son propre visage, en tant que miroir du monde extérieur. ■ J. B.
BIBLIOGR. : In : *Diction. Univers. de la Peint.*, Robert, Paris, 1975 – D. Bayon, R. Pontual, in : *La peinture de l'Amérique latine au XXe siècle*, Mengès, Paris, 1990.
MUSÉES : CARACAS – CHICAGO (Art Inst.) – NEW YORK (Mus. of Mod. Art) – SÃO PAULO – TEL-AVIV.
VENTES PUBLIQUES : NEW YORK, 4 fév. 1970 : *Le sculpteur* : **USD 700** – NEW YORK, 20-21 avr. 1976 : *Las Poseidas* 1955, aquar. et pl. (53,5x58,5) : **USD 1 100** – LOS ANGELES, 6 mars 1977 : *Recollections of Childhood* 1962, litho. coul., suite complète de douze (56,3x40,5) : **USD 1 800** – NEW YORK, 26 mai 1977 : *L'Évèque et la prostituée* 1959, aquar. et encre de Chine/pap. rose pâle (40,5x56,5) : **USD 2 500** – NEW YORK, 18 mai 1978 : *Étude n° 3, des Arnolfini*, aquar. et pl. (72,5x58) : **USD 4 000** – NEW YORK, 8 nov. 1979 : *Autoportrait malade à la Renaudière* 1975, aquar., pl. et cr. (56,5x75,5) : **USD 4 000** – NEW YORK, 11 mai 1979 : *L.S.D. Generation N° 3* 1966, pl. et lav. (21,5x27,6) : **USD 1 100** – NEW YORK, 23 oct. 1980 : *Marché de viande à Hambourg* 1973, aquar. et encre de Chine (69,9x96,2) : **USD 8 000** – NEW YORK, 5 nov. 1981 : *El Verdugo* 1968, aquar., pl. et lav. (52x39,5) : **USD 3 000** – NEW YORK, 8 nov. 1981 : *La Pareja* 31.VII.73, encre et lav. (76,2x108) : **USD 9 000** – NEW YORK, 20 mai 1982 : *La Maison de Rebecca* 1973, aquar. et encre de Chine (66x95,8) : **USD 9 000** – NEW YORK, 13 mai 1983 : *Autoportrait avec femme* 1981, aquar. et pl. (25,4x18,2) : **USD 1 900** – NEW YORK, 31 mai 1984 : *El Mago* 1973, aquar. et pl. (56,5x76,2) : **USD 7 000** – NEW YORK, 13 nov. 1985 : *La Famille du cirque* 1973, aquar., cr. de coul. et encre de Chine (32,5x46) : **USD 6 000** – NEW YORK, 27 nov. 1985 : *Le couple* 1973,

lav. d'encre de Chine (75,5x106) : **USD 3 750** – New York, 18 nov. 1987 : *Autoportrait avec femme* 1976, aquar. et pl./pap. (51x35,5) : **USD 2 200** – New York, 17 mai 1988 : *Les Assassins* 1973, encre noire et lav./pap. (77,5x106,8) : **USD 4 675** – New York, 21 nov. 1988 : *Sans titre*, encre et aquar./t. (53,5x12,1) : **USD 3 080** – New York, 17 mai 1989 : *Autoportrait* 1973, aquar. et encre/pap. (30,2x22,8) : **USD 3 850** – New York, 20 nov. 1989 : *Autoportrait avec un modèle* 1968, aquar. et encre/pap. (67x100) : **USD 5 500** – New York, 1er mai 1990 : *Les Sœurs* 1977, encre et lav./pap. (36x50,7) : **USD 3 850** – New York, 2 mai 1990 : *Lucrèce et César Borgia* 1968, aquar. et encre/pap. (60,7x101) : **USD 8 250** – Paris, 1er oct. 1990 : *Autoportrait au Père Lachaise* 1979, pl. et lav. d'encre de Chine (30x22,5) : **FRF 6 000** – New York, 19-20 nov. 1990 : *Victimes* 1983, cr./pap. (120,7x79,4) : **USD 8 250** – New York, 20 nov. 1991 : *Couple à la synagogue* 1987, aquar., encre et cr./pap. (59x39) : **USD 5 280** – New York, 19 mai 1992 : *Démagogie politique* 1968, aquar., encre et lav./pap. (27,5x35) : **USD 3 080** – New York, 18 mai 1993 : *Les Archives de Salazar 4* 1983, lav., aquar. et encre/pap. (80x120,6) : **USD 9 200** – New York, 21 nov. 1995 : *Les Visites du diable* 1967, encre et lavis/pap. de riz (45,6x57) : **USD 3 220** – New York, 10 oct. 1996 : *Étude figurative*, encre et vernis/pap./pan. (56,2x41,9) : **USD 1 150** – New York, 28 mai 1997 : *Tête obscène* 1991, bronze (H. 35,8) : **USD 11 500**.

CUEVAS Santiago de
xvie siècle. Actif à Valladolid. Espagnol.
Peintre.
Cet artiste fit des peintures pour le compte du roi Philippe III.

CUEYAS Jean ou **Crueyas**
Mort en 1419. xive-xve siècles. Français.
Sculpteur.
Il devint maître des œuvres de la ville de Montpellier et fut vingt-cinq fois consul, de 1367 jusqu'à sa mort. Son fils, Firmin Cueyas, lui succéda dans cette charge.

CUGAT Délia
Née en 1932. xxe siècle. Argentine.
Peintre de figures, groupes, compositions à personnages.
En 1992, elle a obtenu le Prix de la Ville de Monaco, lors du Prix International d'Art Contemporain de Monte-Carlo.
Elle peint, à partir d'un dessin légèrement géométrisé, dans des harmonies de tons très pâles ou bien de gris-bleu et ocre, des groupes de personnages en extérieur devant de vastes paysages, souvent sur une plage, où flottent des bâches à rayures.
Bibliogr. : D. Bayon, R. Pontual, in : *La peinture de l'Amérique latine au xxe siècle*, Mengès, Paris, 1990.
Ventes Publiques : New York, 29 mai 1985 : *Sans titre*, h/t (96,5x129) : **USD 5 000** – New York, 15-16 mai 1991 : *Mise en scène* 1989, h/t (97x146) : **USD 13 200** – New York, 18-19 mai 1992 : *Vers l'est* 1987, h/t (97x130) : **USD 10 450** – New York, 25 nov. 1992 : *Une femme sur le quai*, h/t (96x130) : **USD 8 800** – New York, 18 mai 1994 : *Sans titre* 1984, h/t (73x92,1) : **USD 11 500**.

CUGAT Xavier
Né en 1899 à Barcelone (Catalogne). xxe siècle. Espagnol.
Dessinateur-caricaturiste.
Surtout musicien, il produisit pourtant une grande quantité de caricatures, notamment de vedettes du cinéma. Il les montra dans des expositions personnelles : en 1929 au *Café Montmartre* de Hollywood. Ses caricatures furent publiées dans *The Angeles Times, Cine Mundial, Cinelandia-Films, Fotoplay, Theatre Magazine, Vanity Fair*, etc.
Bibliogr. : In : *Cent ans de peinture en Espagne et au Portugal*, Antiquaria, Madrid, 1988.

CUGLIERERO Angelo
Né en 1850 à Turin. xixe siècle. Travaillant à Turin. Italien.
Sculpteur.

CUGNENC Jean Gaston
Né à Béziers (Hérault). xxe siècle. Français.
Peintre de figures, fleurs.
A exposé au Salon des Indépendants à Paris, de 1926 à 1928.

CUGNET Léon
Né à Joinville-le-Pont (Val-de-Marne). xixe-xxe siècles. Français.
Peintre.
Exposant de la Société Nationale en 1910-1912.

CUGNIÈRES André Jacques de
Né à Paris. xxe siècle. Français.
Peintre de portraits, paysages.
Il a exposé à Paris, de 1924 à 1928, au Salon des Artistes Indépendants.

CUGNOT Louis Léon
Né le 17 octobre 1835 à Paris. Mort en 1894. xixe siècle. Français.
Sculpteur.
Entré à l'École des Beaux-Arts le 6 avril 1854 il eut pour professeurs Diéboldt et Duret. Son tableau : *Mézence blessé préservé par Lausas*, lui valut, en 1859, le prix de Rome. Il fut médaillé en 1863, 1865, 1867. On cite de lui : *Corybante étouffant les cris de Jupiter enfant* ; *Retour d'une fête de Bacchus* (plâtre) ; *Cérès rendant la vie à Triptolême* (marbre) ; *Fileuse de Procida* et, à l'église de la Trinité de Paris : *Saint Luc*, statue en pierre ; dans le parc de Saint-Cloud : *Apollon*, pierre ; au Palais de Justice de Paris, le fronton du monument de la Cour de Cassation. Chevalier de la Légion d'honneur en 1874.
Musées : Dieppe : *Messager d'amour* – Lyon : *Faune ivre* – Rouen : *Fileuse*.

CUGNOTET Édouard Ferdinand Ludovic
Né à Dijon. xixe siècle. Français.
Peintre de figures, portraits, paysages.
Élève de Picot et de l'Académie royale d'Anvers. Il a exposé au Salon de Paris entre 1868 et 1884. Le Musée de Langres conserve de lui : *Le joueur de vielle*.

CUGUEN Victor Louis
Né le 24 août 1882 à Pontorson (Manche). Mort le 25 juillet 1969 à Toulon (Var). xxe siècle. Français.
Peintre de paysages.
S'il a à Paris figuré au Salon des Artistes Français, il y a surtout exposé au Salon des Artistes Indépendants de 1922 à 1940.
Ventes Publiques : Neuilly, 19 mars 1994 : *Mas au bord de la côte*, h/pan. (46x61) : **FRF 4 600**.

CUGUNGA Pere
xive siècle. Français.
Peintre.
Il travaillait à Perpignan entre 1350 et 1372.

CUI Kaixi
Né en 1935 à Shandong. xxe siècle. Chinois.
Peintre de figures, de natures mortes.
Il est le Doyen de la section des Beaux-Arts à l'Académie PLA. Il expose en chine et à l'étranger.
Ventes Publiques : Hong Kong, 28 sep. 1992 : *Roses blanches* 1990, h/t (60,7x49,6) : **HKD 24 200**.

CUI BO ou **Ts'ui Po** ou **Ts'ouei Po**, surnom **Zixi**
Originaire de Haoliang, province du Anhui. xie siècle. Chinois.
Peintre.
Membre de l'Académie de Peinture, au début de l'ère Xining (1068-1077) de la dynastie Song, et particulièrement apprécié par l'empereur Song Shenzong. Il fait plusieurs peintures murales dans les palais et les temples de la ville de Kaifeng. C'est un spécialiste de fleurs, d'oiseaux et d'animaux en mouvement.
Musées : Kansas City (Nelson Gal. of Art) : *Oie sur la berge*, couleurs sur soie – Taipeh (Mus. du Palais) : *Lièvres et geais* – Washington D. C. (Freer Gal.) : *Oiseaux dans des arbres à l'automne*.

CUI HUI ou **Ts'ui Hui** ou **Ts'ouei Houei**, surnom **Xiangjin**
xviie-xviiie siècles. Actif à Pékin, vers 1680-1720. Chinois.
Peintre.
Il fait des personnages dans le style du peintre Jiao Bingzhen.

CUIJP. Voir **CUYP**

CUIN Noël
xxe siècle. Français.
Peintre de collages, assemblages, installations. Citationniste.
En 1995, la galerie Le Troisième Œil à Paris, a organisé une exposition de ses *Objets, Peintures et Installations*. Les deux pages de l'article cité en bibliographie, ne permettent pas d'apprendre ni de comprendre plus que cet artiste réalise des découpages-collages-assemblages de documents préexistants (citations), qu'il dispose dans des boîtes vitrées d'où ils débordent par fragments épinglés sur le mur. L'exposition de 1995 a montré des installations plus complexes, se prolongeant plus largement dans l'espace à trois dimensions. En 1997, la même galerie a exposé ses *Gestes de don et de mendicité*.

Bibliogr. : Anne Richard : *Noël Cuin – peintures nomades*, Opus International n° 95, Paris, automne 1984.

CUINAT Édith
Née à Fraisses (Haute-Loire). XXe siècle. Française.
Peintre.
Elle exposa à Paris au Salon des Indépendants, en 1923-1926.

CUI QUE ou **Ts'ui Ch'üeh** ou **Ts'ouei Ts'iue**, surnom **Ziz-hong**
XIe siècle. Actif dans la seconde moitié du IXe siècle. Chinois.
Peintre de fleurs et d'oiseaux.
Frère du peintre Cui Bo.

CUIRBLANC Berthe, Mme
Née à Villiers-Charlemagne (Mayenne). XIXe siècle. Française.
Peintre de paysages et de fleurs.
Exposa au Salon entre 1868 et 1874. Le Musée de Vire conserve d'elle un tableau de fleurs.

CUIRET Pierre Louis Vilbrode
XVIIIe siècle. Français.
Peintre.
Il fut reçu à l'Académie de Saint-Luc à Paris en 1770.

CUISIN Alexandre
Né vers 1820 à Toulon (Var). Mort en 1893 à Toulon (Var). XIXe siècle. Français.
Sculpteur sur bois et dessinateur d'ornements.

CUISIN Charles
Né en 1815 à Paris. Mort en 1859 à Troyes. XIXe siècle. Français.
Peintre de paysages.
Il exposa au Salon en 1841, 1844 et 1847. On cite de lui : *Environs de Troyes, Effet de crépuscule, Effet de lever de lune* (au Musée de Troyes).

CUISIN Charles Émile
Né en 1832 à Paris. Mort en 1900. XIXe siècle. Français.
Peintre de paysages et de fleurs.
Élève de Lecoq de Boisbaudran. Il débuta au Salon de Paris en 1853. Ses compositions rappellent très précisément celles des « vanités » du XVIIe siècle.

CUISINIER Jules Edmond
Né en 1857 à Alenya (Pyrénées-Orientales). Mort en 1917. XIXe-XXe siècles. Français.
Peintre de paysages, aquafortiste, lithographe.
Il participa au Salon des Artistes Français, obtenant une mention honorable en 1895.
D'un côté, il grave des eaux-fortes dans la tradition de Jérôme Bosch, Goya ou James Ensor. D'autre part, il peint des paysages, bords de rivière, noyés dans la brume, mais où certains contours s'affirment sous le soleil.
Bibliogr. : Gérald Schurr, in : *Les Petits Maîtres de la peinture 1820-1920, valeur de demain*, Les Éditions de l'Amateur, t. IV, Paris, 1979.
Ventes Publiques : Paris, 13 nov. 1985 : *Les bords de la Loue*, aquar. (46x62) : **FRF 5 100** ; *Le port*, h/t (50x65) : **FRF 5 800**.

CUISINIER Léon
Né en 1832 à Paris. XIXe siècle. Français.
Lithographe, graveur et peintre.
Élève de Picot et de Desmaisons. Il commença à exposer au Salon de Paris en 1855.
Ventes Publiques : Paris, 23-24 mai 1927 : *La Diligence : effet de neige* : **FRF 110**.

CUISSIN
XVIIIe siècle. Français.
Sculpteur.
Il fut sculpteur ordinaire du Roi, membre de l'Académie de Saint-Luc, dans la première moitié du XVIIIe siècle.

CUISSIN Jean Baptiste
XVIIe siècle. Français.
Sculpteur.
Il fut reçu à l'Académie de Saint-Luc en 1675. Il travailla en 1678 et 1686 au château de Fontainebleau.

CUITT George, l'Ancien
Né en 1743 à Moulton (Yorkshire). Mort en 1818 à Richmond (Yorkshire). XVIIIe-XIXe siècles. Britannique.
Peintre de portraits, paysages, aquarelliste, peintre à la gouache, dessinateur.
L'artiste obtint très jeune la protection de Sir Lawrence Dundas, qui l'envoya vers sa 26e année, en Italie, où il put se développer par l'étude et par la contemplation des chefs-d'œuvre et des trésors artistiques de Rome.
Revenant en Angleterre en 1775, il commença bientôt à exposer de ses œuvres à la Royal Academy, y envoyant des portraits et des paysages jusqu'en 1798.
Ventes Publiques : New York, 4 jan. 1935 : *M. Hickes de Richmond* 1780 : **USD 150** – Londres, 29 mai 1978 : *Vue de Richmond*, h/t (98cx149,5) : **GBP 4 500** – Londres, 30 juin 1981 : *Forcett Park, Yorkshire, a residence of the duke of Newcastle*, gche (40,5x58,8) : **GBP 1 200** – Londres, 2 mars 1983 : *A view of Scruton Hall, Yorkshire*, h/t (52,5x71) : **GBP 2 400** – Londres, 7 juil. 1983 : *Views of the ruins of St Mary's Abbey, Furness*, aquar. et gche (45x69) : **GBP 1 100** – Londres, 20-21 nov. 1985 : *Vue de Richmond, Yorkshire*, h/t (98x148,5) : **GBP 8 000** ; *The ruins of St Mary's abbey, Furness*, aquar. et gche (45x69) : **GBP 1 200** – Londres, 18 nov. 1988 : *Panorama de Richmond dans le Yorkshire*, h/t (66,6x104,7) : **GBP 7 150** – Londres, 14 juil. 1989 : *Vue de l'Abbaye de Easby ; Vue du château de Richmond*, h/t, une paire : **GBP 16 500** – Londres, 20 avr. 1990 : *Vue de l'Abbaye de Easby dans le Yorkshire avec des personnages au premier plan*, h/t (92,9x133,4) : **GBP 18 700** – Londres, 11 juil. 1990 : *Chien chinois à crête guettant un oiseau dans un arbre*, h/t (62x75) : **GBP 13 200** – Londres, 3 avr. 1996 : *Paysage avec l'église Ste Mary sur la rivière Swale et l'abbaye de Easby*, h/t (66,5x91) : **GBP 7 475** – Londres, 12 nov. 1997 : *Paysage de rivière avec une vue de Hayton Hall, Yorkshire*, h/t (65x90) : **GBP 7 130**.

CUITT George, le Jeune
Né en 1779 à Richmond (Yorkshire). Mort en 1854 à Masham. XIXe siècle. Britannique.
Peintre d'architectures, paysages, graveur.
Fils du peintre George Cuitt, cet artiste apprit la technique de son art près de son père. Il obtint vite une réputation importante pour ses gravures et ses tableaux, car il sut manier le burin aussi bien que le pinceau. Il exerça les fonctions de professeur de dessin à Chester, où il publia des vues des bâtiments de la ville. En 1820, il se retira de la vie publique pour s'installer dans sa maison à Masham. En 1848, parut le recueil de ses ouvrages, intitulé : *Pérégrinations et Impressions au milieu des ruines du Passé*.
Ventes Publiques : Londres, 18 juin 1969 : *Vue du château de Clifton* : **GBP 1 800**.

CUIXART Modesto
Né en 1925 à Barcelone (Catalogne). XXe siècle. Actif aussi en France. Espagnol.
Peintre. Abstrait, tendance lettres et signes, puis nouvelles figurations. Groupe Dau al Set.
Il avait commencé des études de médecine en 1941, qu'il abandonna pour se consacrer à la peinture. Il commença à peindre en 1946-47. En 1948, avec Antoni Tapiès et Joan J. Tharrats, il fut l'un des fondateurs du groupe *Dau al Set* et du premier Salon d'Octobre à Barcelone. En 1951, il s'installa à Lyon, où il séjourna et où il exposa à plusieurs reprises. Il y rencontra le metteur en scène Roger Planchon et, de leur commune admiration pour Brecht, naquit une collaboration. En 1958, il exposa à la galerie Drouin de Paris. En 1959, il reçut le Grand Prix de Peinture de la Biennale de São Paulo.
Il produisit des monotypes en 1947. Dès 1948-49, ses peintures consistent en signes calligraphiques d'aspect hiéroglyphique, souvent incisés dans l'épaisseur pigmentaire, dont le contenu avoué est d'inspiration ésotérique, contenu magique auquel les œuvres ultérieures sont restées attachées, en dehors de quelques péripéties n'affectant que l'évolution du seul aspect formel. À partir de 1953 et jusqu'en 1965, il ne cessa d'expérimenter les techniques les plus inventives, pour traduire une vision du monde tragique. En 1955, Cuixart produisit des peintures radicalement abstraites, traitées en hautes pâtes de peintures plastiques à séchage rapide. Dans cette période, mais non exclusifs des suivantes, apparaissent les cercles, spirales et toutes traces concentriques. À partir de 1956, il a réalisé les « peintures-objets », dans lesquelles il assemble des objets hétéroclites, puis en 1959-60 les compositions à disques. La gamme colorée limitée aux noir, violet, aux poudres d'or et d'argent et les matières pigmentaires comme recuites qu'il utilise, peuvent évoquer les cuirs gaufrés hispano-arabes souvent employés pour la reliure d'anciens grimoires secrets. Depuis l'exposition *Sept personnages d'exorcisme* à la galerie Drouin en 1962, il est revenu à la figuration, servie par une nouvelle technique où s'associent précision

du rendu et matiérisme ancien, figuration tempérée de symbolisme, voire de surréalisme, dont le dessein lisible concerne érotisme et fantasmes. ■ Jacques Busse

Bibliogr. : Juan Eduardo Cirlot, in : *Peintres contemporains*, Hazan, Paris, 1964 – in : *Diction. Univers. de la Peint.*, Robert, Paris, 1975 – in : *Diction. de la peint. espagnole et portugaise*, Larousse, Paris, 1989.

Musées : Cuenca – São Paulo (Mus. d'Art Contemp.).

Ventes Publiques : New York, 25 avr. 1969 : *Peinture* : **USD 800** – Paris, 3 mars 1970 : *Certerios* : **FRF 1 200** – Barcelone, 29 jan. 1981 : *Composition*, h/t (73x60) : **ESP 200 000** – Londres, 28 mars 1984 : *Composition* 1958, h/t (46x38) : **GBP 600** – Barcelone, 23 mai 1984 : *Composition* 1959, techn. mixte (48x33) : **ESP 75 000** – Barcelone, 29 oct. 1985 : *Expression* 1984, h/cart. (55x46) : **ESP 180 000** – Paris, 7 nov. 1986 : *Peinture* 1958, h/t (330x225) : **FRF 41 000** – Barcelone, 18 déc. 1986 : *Portrait d'homme de profil* 1951, aquar. (50x25) : **ESP 95 000** – Paris, 27 nov. 1987 : *Sans titre* 1958, h/t (61x50) : **FRF 30 000** – Madrid, 5 nov. 1987 : *Tête*, techn. mixte/pan. (54x45) : **ESP 760 000** – Paris, 15 fév. 1988 : *Composition*, techn. mixte/t. (73x60) : **FRF 26 000** – Paris, 28 mars 1988 : *Composition hétéroplastique* 1958, techn. mixte/t. (54x74) : **FRF 150 000** – Paris, 23 juin 1988 : *Composition*, techn. mixte/t. (100x81) : **FRF 80 000** – Londres, 26 oct. 1989 : *Sans titre* 1959, h. et ciment/t. (92,5x73) : **GBP 24 200** – Paris, 15 avr. 1991 : *Composition* 1956-57, h/t et collage (47x33) : **FRF 38 000** – Madrid, 25 avr. 1991 : *Sans titre* 1959, techn. mixte et h/t (90,5x65) : **ESP 4 032 000** – Lucerne, 25 mai 1991 : *Sans titre* 1958, h/t (92x73) : **CHF 21 000** – Londres, 17 oct. 1991 : *Destruction du jeune principe* 1956, h. et collage/t. (160x105) : **GBP 12 100** – Madrid, 28 nov. 1991 : *Sans titre* 1959, h. et techn. mixte/t. (81x65) : **ESP 4 256 000** – Paris, 2 déc. 1991 : *Composition*, h. et collage/t. (92x65) : **FRF 48 000** – Londres, 26 mars 1992 : *Composition* 1960, h/t (100x81) : **GBP 6 820** – Paris, 26 juin 1992 : *Composition*, techn. mixte/t. (130x95) : **FRF 56 000** – Londres, 2 déc. 1993 : *Date d'entrée* 1960, h. et composition/t. (117x89,5) : **GBP 9 775** – Londres, 20 mars 1997 : *Peinture* 1960, h. et composition/t. (130x195) : **GBP 8 050**.

CUI YANFU ou **Cui Yan-hui** ou **Ts'ui Yen-fu** ou **Ts'ouei-fou**, surnom : **Zunhui,** nom de pinceau **Yunlin**

Originaire de Qiantang, province du Zhejiang. XIVe siècle. Actif vers 1340. Chinois.

Peintre.

C'est le neveu du peintre Zhao Mengfu.

Musées : Taipei (Mus. du Palais) : *Montagne crevassée au bord d'une rivière* signé et daté 1342, poème de l'empereur Qing Qianlong.

CUI YAN-HUI. Voir **CUI YANFU**

CUI Zifan

Né en 1915. XXe siècle. Chinois.

Peintre de paysages, animalier. Traditionnel.

Ventes Publiques : Hong Kong, 17 nov. 1988 : *Album de 12 pages de différents sujets* 1988, 9 dess. encre et pigments/pap. et 3 dess. encre/pap., ensemble (chaque 34x52) : **HKD 176 000** – Pékin, 6 mai 1989 : *L'Automne profond*, encre et aquar./pap. (95x89) : **FRF 35 200** – Hong Kong, 18 mai 1989 : *Lotus et abeilles* 1982, encre/pap. (54,3x55,8) : **HKD 22 000** – Hong Kong, 15 nov. 1990 : *Grues* 1978, kakémono, encre et pigments/pap. (134,7x66,6) : **HKD 27 500** – Hong Kong, 30 mars 1992 : *Lotus et martins-pêcheurs*, encre et pigments/pap., kakémono prêt à l'encadrement (95,2x59,2) : **HKD 33 000** – Hong Kong, 28 sep. 1992 : *Lotus* 1984, encre et pigments/pap. (68x69) : **HKD 16 700** – Hong Kong, 4 mai 1995 : *Poissons*, encre/pap., kakémono (67,3x45,1) : **HKD 11 500**.

CUI ZIZHONG ou **Ts'ui Tzu-chung** ou **Ts'ouei Tseu-tchong**, surnom : **Kaiyu** et **Dao Mu,** noms de pinceau **Pei-hai** et **Qingyin**

Né à Laiyang (province du Shandong). Mort en 1644. XVIIe siècle. Actif au début du XVIIe siècle. Chinois.

Peintre.

Ce peintre, aussi connu que le peintre Chen Hongshou pour ses personnages, vit à Pékin et se laisse mourir de faim à la chute de la dynastie Ming. On sait peu de sa vie, si ce n'est qu'il est lettré confucéen. Il s'inspire de styles très anciens d'avant la dynastie Tang (618-906), mais ce sont souvent des imitations naïves, assez mauvaises. On le classe parmi les Maîtres Fantastiques de la fin de la dynastie Ming.

Musées : Taipei (Mus. du Palais) : *Le poète Su Dongpo donnant sa ceinture*, encre et coul. sur pap., rouleau en hauteur, signé – *Chiens et poulets dans les nuages (c'est-à-dire : voyageurs dans un paysage de montagnes)*, encre et coul. sur soie, rouleau en hauteur, signé.

CUKROWICZ Marie

Morte en 1899. XIXe siècle. Polonaise.

Peintre de sujets religieux, portraits.

Elle exposa à Cracovie entre 1865 et 1876.

CULBERT Bill

Né en 1935 à Port Chalmers (Nouvelle-Zélande). XXe siècle. Depuis 1970 environ actif en Angleterre, depuis 1981 en France. Néo-Zélandais.

Sculpteur d'assemblages.

Il fut élève du Royal College of Art de Londres, alors très en pointe dans la sculpture expérimentale. Travaillant dès 1970 à partir de la récupération d'objets de rebut, il a été apparenté à la *New Sculpture* des années quatre-vingt, avec Tony Cragg, Woodrow, Kapoor. Depuis 1981, il travaille en France, dans le Lubéron, où il a acquis une maison. En 1983 il a participé à l'exposition *Electra* organisée au Musée d'Art Moderne de la Ville de Paris. En 1990, le Musée des Beaux-Arts André Malraux du Havre lui a organisé une exposition personnelle.

La caractéristique de l'ensemble du travail de Culbert est dans son utilisation généralisée de la lumière. Ses assemblages, extrêmement diversifiés, à partir de bidons, boîtes, seaux, pièces mécaniques d'automobiles, etc., sont transfigurés par les rais des sources de lumière, ampoules électriques ou néons, qui les traversent. À partir de 1968, il a commencé à lier l'objet détourné à une fonction éclairante, l'ampoule électrique étant associée à un récipient, à quelque ustensile, à des miroirs, projetant à l'extérieur l'image de son filament incandescent ou les ombres des composants de chaque réalisation. L'objet dérisoire est magnifié par l'éclairage spectaculaire. Par exemple avec *Trumble* de 1972, la lumière est projetée à travers les trous de la rape d'un moulin à légumes. À partir de 1976, il a surtout utilisé le tube fluorescent, par exemple en place du manche d'une fourche. Après 1985, il a beaucoup utilisé des assemblages d'emballages plastiques translucides vides de produits d'entretien courants, reliés métaphoriquement par le faisceau lumineux d'un néon placé entre eux, qui les traverse ensemble. Jouant sur la répétition d'un même emballage dans chaque différente réalisation, d'un objet à l'autre il joue sur les différences de formes, de couleurs, de graphismes publicitaires, de translucidité des emballages de produits et de marques différents, transgressant l'objet commun par un processus créatif économique et élégant. ■ J. B.

Bibliogr. : Françoise Bataillon : *Bill Culbert, l'objet transfiguré*, Beaux-Arts, Paris, printemps 1990.

Musées : Limoges (FRAC) : *Stand Still* 1987, installation – Paris (FNAC) : *Small glass pouring light* août 1983, 25 verres, formica, métal, vin, (78x366x122).

Ventes Publiques : Paris, 17 oct. 1994 : *Sans titre*, bouteilles de plastique, transformateur et tube de néon (23x61) : **FRF 6 500**.

CULBERT Pipp

XXe siècle. Active aussi en France. Britannique.

Sculpteur.

Elle fut élève du Royal College of Art de Londres à la fin des années cinquante, où elle rencontra son compagnon Bill Culbert.

Elle montre ses œuvres dans des expositions personnelles, notamment en 1996 à la galerie Satellite à Paris.

Elle s'intéresse aux vêtements et leur structure, en retenant le « squelette », présentant les coutures, fils, fermetures éclair, poches.

Bibliogr. : Patricia Brignone : *Pipp Culbert*, Art Press, n° 216, sept. 1996, Paris.

CULIN Alice, Mrs **Stewart Culin**, née **Humford**

Née en 1875 à Philadelphie (Pennsylvanie). XXe siècle. Française.

Peintre.

CULL James Allenson

XIXe siècle. Actif à Londres. Britannique.

Peintre.

Il exposa entre 1872 et 1886, à la Royal Academy.

Ventes Publiques : Londres, 27 avr. 1908 : *Un visiteur matinal* : GBP 2.

CULLBERG Erland

Né en 1931. xxe siècle. Suédois.

Peintre de compositions à personnages, paysages.

Ventes Publiques : Stockholm, 16 nov. 1985 : *« Till bords »* 1979, h/t (89x94) : **SEK 7 100** – Stockholm, 7 déc. 1987 : *Cigarettes blondes*, h/t (180x110) : **SEK 20 000** – Stockholm, 22 mai 1989 : *Composition à personnages*, h/t (125x175) : **SEK 17 500** – Stockholm, 6 déc. 1989 : *Figures et paysage*, h/t (150x120) : **SEK 15 500** – Stockholm, 14 juin 1990 : *« Jag möter flickan i färgaffaren »*, h/t (116x104) : **SEK 8 500** – Stockholm, 13 avr. 1992 : *Pierres et roseaux sur le littoral*, h/t (66x88) : **SEK 4 000** – Stockholm, 21 mai 1992 : *Composition à personnage*, h/t (115x115) : **SEK 8 000** ; *Personnage debout*, h/t (129x89) : **SEK 8 200**.

CULLEN Charles

Né aux États-Unis. xixe siècle. Américain.

Graveur sur bois.

Il travaillait vers 1866-1884, notamment pour le Century magazine.

CULLEN Cyril Crofton

Né aux États-Unis. xxe siècle. Américain.

Sculpteur.

En 1921 il exposait un *J.-J. Rousseau* au Salon de la Nationale ; il avait son atelier à Fontenay-aux-Roses (Hauts-de-Seine).

CULLEN D.

xixe siècle. Britannique.

Peintre de miniatures.

Il exposa en 1819 à la Royal Academy, à Londres.

CULLEN Isaac ou **Cullin**

xixe-xxe siècles. Depuis 1881 à 1920 actif en Angleterre. Britannique (?).

Peintre de sujets de sport.

Il a peint le milieu des courses de chevaux.

Ventes Publiques : Londres, 17 nov. 1971 : *Le pesage* 1886 : **GBP 2 500** – Londres, 28 juil. 1972 : *La pesée à Epsom* 1883 : **GNS 700** – Londres, 20 mars 1984 : *The owner's enclosure, Newmarket* 1896, h/t (82x112) : **GBP 7 000** – New York, 6 juin 1986 : *Sir Horace Farquhar's chesnut colt « Nouveau Riche » in the winner's enclosure, Newmarket* 1896, h/t (81,9x11,8) : **USD 40 000** – Londres, 16 oct. 1986 : *L'arrivée d'Epsom*, aquar. reh. de gche (25,5x35,5) : **GBP 700** – Londres, 29 avr. 1988 : *Lesbia* 1908, cr. et aquar. (17,2x25,4) : **GBP 550** – Londres, 21 nov. 1989 : *Courses à Newmarket : les 2000 guinées ; Réunion de juillet*, h/t, une paire (chaque 67,5x112) : **GBP 71 500** – New York, 4 juin 1993 : *Jockeys au pesage de Sandown Park*, h/t (76,2x102,9) : **USD 28 750** – New York, 3 juin 1994 : *Le cheval de Lord Horace Farquhar « Nouveau Riche » avec son propriétaire et son entraîneur à Newmarket* 1896, h/t (81,3x111,8) : **USD 60 250** – Londres, 4 nov. 1994 : *Le Derby de 1896* 1897, h/t (91,5x155,5) : **GBP 28 750**.

CULLEN Maurice Galbraith

Né en 1866 à Saint-John's (Terre-Neuve). Mort en 1934 à Chambly (Québec). xixe-xxe siècles. Actif aussi en France. Canadien.

Peintre de paysages. Postimpressionniste.

Dès 1870, sa famille se fixa à Montréal. Ce fut à Montréal qu'il étudia la sculpture avec Louis Philippe Hébert. En 1888, il partit pour Paris et s'inscrivit à l'École des Beaux-Arts. Il fit sa première exposition de peintures à Paris en 1892. De retour à Montréal en 1895, il ouvrit un atelier, fut élu membre de la Royal Academy du Canada.

Pendant son séjour parisien, il voyagea à travers la France, peignant surtout des paysages, en particulier des scènes d'hiver, des paysages de neige, qui montraient une étude approfondie de la nature. Il peignit à Moret, à Giverny, et au Pouldu en compagnie de James Wilson Morrice. Au Québec, il eut toujours une prédilection pour les paysages d'hiver, où le blanc se mêle à des tons de roses, bleus, gris, verts, dont la texture fait vibrer la lumière.

Bibliogr. : Dennis Read, in : *A concise history of canadian painting*, Oxford University Press, Toronto, 1988.

Musées : Hamilton (Art Gal.) : *Logging in winter, Beaupré* 1896 – Montréal : *Québec* – Ottawa (Gal. Nat.) : *Soir d'hiver, Québec* – *The mill stream, Moret*.

Ventes Publiques : Toronto, 19 oct. 1976 : *Paysage de neige* 1896, h/t (38x46) : **CAD 4 800** – Toronto, 9 mai 1977 : *La route enneigée*, h/t (72,5x58,8) : **CAD 8 500** – Toronto, 30 oct. 1978 : *Rivière nord, près de St-Marguerite* vers 1931, h/t (46x61,5) : **CAD 12 500** – Toronto, 5 nov. 1979 : *Jour d'hiver*, h/t (45x37,5) : **CAD 19 000** – Toronto, 5 nov 1979 : *Paysage d'hiver*, craies de coul. (43,5x59) : **CAD 7 000** – Toronto, 11 nov. 1980 : *La rivière Cache, Québec, crépuscule*, h/t (58,1x71,9) : **CAD 30 000** – Toronto, 26 mai 1981 : *Rivière en hiver*, h/t (75,6x100,6) : **CAD 72 500** – Toronto, 2 nov. 1982 : *Paysage d'hiver*, h/pan. (29,4x40) : **CAD 7 000** – Toronto, 3 mai 1983 : *Paysage d'hiver à la rivière*, h/pan. (36,9x45) : **CAD 6 500** – Toronto, 26 nov. 1984 : *Paysage d'hiver*, h/t mar./cart. (45x60) : **CAD 32 000** – Toronto, 28 mai 1985 : *The Palisades from the Cache river*, h/pan. (30x40,6) : **CAD 11 000** – Toronto, 18 nov. 1986 : *Hiver sur la rivière Cache*, h/t (45x60) : **CAD 1 100** – Montréal, 1er mai 1989 : *Tempête de neige sur une rivière du nord, Québec* 1923, h/t (46x39) : **CAD 17 000** – Montréal, 30 avr. 1990 : *Bateaux dans une baie au clair de lune* 1896, h/t (65x81) : **CAD 14 300** – Montréal, 19 nov. 1991 : *Soleil d'hiver près de St.-Margaret*, h/pan. (29,8x40,6) : **CAD 10 000** – Montréal, 1er déc. 1992 : *Le pont Saint Michel à Paris*, h/pan. (21x25,5) : **CAD 8 250**.

CULLEN Nora Helen

Née à Londres. xxe siècle. Britannique.

Peintre de fleurs.

Elle exposa à Paris au Salon des Artistes Français, de 1935 à 1938.

Ventes Publiques : Londres, 24 juil. 1985 : *Bouquet de fleurs*, h/t (59x48) : **GBP 680**.

CULLET A.

xixe-xxe siècles. Français.

Sculpteur.

Il exposa au Salon des Artistes Français à Paris entre 1889 et 1903.

CULLEY Steve

xxe siècle. Australien.

Peintre de compositions animées. Traditionnel.

Il demeura fidèle aux techniques et thèmes de l'art aborigène. Il enseigna son art au peintre Jimmy Pike.

CULLUM John

xixe siècle. Britannique.

Peintre.

Il travailla à Londres où il exposa à la Royal Academy et à la British Institution entre 1833 et 1849.

CULMANN Marius Adolphe

Né en 1876 à Forbach (Moselle). xxe siècle. Français.

Peintre de paysages, fleurs.

Il étudia en Suisse, à Zurich et Saint-Gall. À Paris, il fut élève de Jules Lefebvre et Tony Robert-Fleury à l'Académie Julian. À Munich, il fut élève de Léopold Otto Strützel. Il exposa à Paris, à partir de 1908 au Salon des Artistes Français.

CULMBACH Hans von. Voir **KULMBACH**

CULMER Henry

Né en 1854 à Davington (Angleterre). Mort en 1914 à Salt Lake City (Utah). xixe-xxe siècles. Américain.

Peintre.

CULOT Pierre

Né en 1938 à Malmédy. xxe siècle. Belge.

Sculpteur-céramiste de monuments.

Il fut élève des Écoles d'Art de Maredsous et de La Cambre. Il fit sa formation de céramiste chez Bernard Leach en Angleterre. Il a obtenu des Prix à Faenza et à Vallauris, et le Prix de la Jeune Sculpture Belge en 1975. Il a créé des sculptures monumentales dans des lieux publics, assez nombreuses à Bruxelles, à Anvers et Liège.

Bibliogr. : In : *Diction. biogr. illustré des artistes en Belgique depuis 1830*, Arto, Bruxelles, 1987.

CULTERA DE MONTALBANO Armand ou **Cultrera**

Né en 1901 à Bizerte (Tunisie). xxe siècle. Français.

Peintre de scènes et figures typiques, paysages, peintre à la gouache, aquarelliste. Orientaliste.

Sa famille était d'origine romaine. Il débuta en France comme architecte et géomètre. Poursuivant sa carrière au Maroc, où il resta une quarantaine d'années, il menait parallèlement celle de peintre. À partir de 1931, il exposait ses œuvres à Casablanca. Il peignit aussi en Espagne et à Palma de Majorque. Au début des années 1960 il séjourne à San Francisco et à New York. De retour en France, il partage son temps entre l'Hérault et la Côte d'Azur. Ses œuvres sont exposées dans des galeries de Casa-

blanca dès 1931, puis vers 1950 dans sa propre villa, Aïn Diab, des alentours de la ville.
Il a essentiellement peint à la gouache et aquarelle, avec des indications dessinées à l'encre de Chine. Il a peint des vues pittoresques des sites et des villes marocaines, l'animation des foules dans les rues et la vie des nomades dans les campements. Il peint également des paysages d'Espagne et de Palma de Majorque.
Ventes Publiques : Paris, 27 avr. 1990 : *Moulay Idriss* 1968, gche et encre de Chine (55,5x50) : **FRF 3 500**.

CULVERHOUSE Johann Mongels
Né en 1820 à Rotterdam. Mort en 1891. xixe siècle. Hollandais.
Peintre de genre.
Musées : Saint-Lô : *Joueurs d'échecs – Effet de lumière* 1859.
Ventes Publiques : Rotterdam, 1891 : *Sortie de théâtre* : **FRF 41** – Paris, 7-9 juin 1926 : *Femme debout vêtue de bleu ciel, donnant à manger à un perroquet* : **FRF 600** – Paris, 25 oct. 1943 : *La Marchande de poissons* : **FRF 550** – Los Angeles, 22 mai 1972 : *Scène de marché de nuit* : **USD 5 000** – New York, 15 oct. 1976 : *Patinage au clair de lune* 1856, h/pan. (27x36) : **USD 1 900** – Londres, 28 nov. 1980 : *Paysage d'hiver avec patineurs* 1853, h/t (90,2x125,7) : **GBP 3 200** – New York, 6 déc. 1984 : *Children with kindling wood* 1877, h/t (63,5x101,6) : **USD 12 000** – Londres, 20 mars 1985 : *Scène de marché au clair de lune* 1877, h/t (61x41) : **GBP 2 000** – New York, 28 mai 1987 : *Enfants jouant au croquet*, h/t (33,5x39,9) : **USD 23 000** – New York, 16 mars 1990 : *La forge au clair de lune*, h/t (71,1x111,7) : **USD 9 900** – New York, 31 mai 1990 : *La lettre* 1876, h/t (28,3x23,3) : **USD 1 045** – Amsterdam, 5 juin 1990 : *Joyeuse compagnie dans un intérieur éclairé à la chandelle* 1866, h/pan. (32x39) : **NLG 1 840** – Paris, 13 juin 1990 : *Femme à la bougie*, h/pan. (32,5x21,5) : **FRF 22 000** – Monaco, 16 juin 1990 : *Le nouveau né*, h/pan. (35,5x27) : **FRF 10 545** – New York, 17 déc. 1990 : *Marché de nuit* 1862, h/pan. (26,7x35,6) : **USD 5 500** – Amsterdam, 24 avr. 1991 : *Le marché aux oies la nuit* 1864, h/t (100,5x82) : **NLG 9 430** – New York, 20 fév. 1992 : *Patinage au clair de lune* 1853, h/t/cart. (98,4x137,2) : **USD 14 850** – New York, 23 sep. 1993 : *Marché nocturne* 1889, h/t (91,4x127) : **USD 11 500** – New York, 20 juil. 1995 : *Venise la nuit* 1878, h/t (66x101,6) : **USD 5 462** – Amsterdam, 7 nov. 1995 : *Soirée de gala* 1859, h/t (57x46,5) : **NLG 4 484**.

CUMANO Costantino
Mort vers 1805. xviiie siècle. Travaillait à Venise. Italien.
Dessinateur et graveur.

CUMBERBATCH Edward
Né le 21 février 1877 à Bolton (Cumberland). xxe siècle. Britannique.
Peintre de paysages.
Il exposait à la Royal Cambrian Academy.

CUMBERLAND George
Né vers 1760. Mort en 1848. xviiie-xixe siècles. Travailla à Londres et à Bristol. Britannique.
Peintre, graveur, lithographe, dessinateur, écrivain.

CUMBERWORTH Charles
Né le 17 février 1811 à Verdun (Meuse). Mort le 19 mai 1852 à Paris. xixe siècle. Français.
Sculpteur de statues, bustes.
Il entra à l'école des Beaux-Arts le 5 octobre 1829. De 1833 à 1848, il exposa au Salon de Paris.
On lui doit la statue de Marie-Amélie, reine des Français, la statue du duc de Montpensier et le buste en bronze de Paul Féval.
Musées : La Rochelle : *L'Amour de soi-même – Jeune fille à la colombe.*
Ventes Publiques : Londres, 5 nov. 1980 : *Indian squaw and her child* vers 1850, bronze (H. 52) : **GBP 700** – Paris, 15 avr. 1988 : *Couple de Martiniquais*, bronze patine brune (H. 43) : **FRF 14 100** – Stockholm, 14 nov. 1990 : *Jeune danseuse au tambourin*, bronze (H. 41) : **SEK 5 500** – Paris, 28 jan. 1991 : *Les Antilles*, bronze, une paire (H. 49) : **FRF 26 000** – Stockholm, 29 mai 1991 : *Heureuse maman*, bronze à patine mordorée (H. 33) : **SEK 8 200** – Paris, 19 nov. 1991 : *Couple de noirs*, bronze, une paire (H. 45) : **FRF 25 000**.

CUMBO Ettore
Né vers 1833 à Messine. xixe siècle. Italien.
Peintre de paysages, natures mortes.
Ventes Publiques : Paris, 22 nov. 1996 : *Lac au pied des montagnes* 1874, h/t (50,5x98) : **FRF 9 000**.

CUMINAL Pierre
xviiie siècle. Français.
Peintre.
Il était actif à Bayeux entre 1782 et 1787.

CUMING Béatrice
Née à New York. xxe siècle. Américaine.
Peintre.
Elle fut élève de Henry Bayley Snell à New York et de François Quelvée certainement à Paris, où elle a sans doute séjourné, y exposant de 1926 à 1932 aux Salons des Artistes Français, d'Automne et des Artistes Indépendants.

CUMING J. B.
xviiie-xixe siècles. Britannique.
Peintre de portraits, paysages.
Il travailla à Londres où il exposa, entre 1793 et 1812, à la Royal Academy.

CUMING William
xixe siècle. Actif à Dublin vers le début du xixe siècle. Irlandais.
Peintre de portraits.
Cet artiste excella dans la peinture des portraits de femmes et fut un des membres fondateurs de la Royal Hibernian Academy.
Musées : Dublin : *James Caulfield – Edward Hudson – Portrait du duc de Charlemont – Portrait d'Edw. Hudson.*

CUMINGS Charles Atherton
Né en 1858 à Rochester (Illinois). xixe siècle. Américain.
Peintre, fresquiste.

CUMMING James
Né en 1922 à Dunfermline. xxe siècle. Britannique.
Peintre de compositions à personnages, figures.
De 1939 à 1941, il fut élève de l'École des Beaux-Arts d'Édimbourg, où il revint après la guerre de 1946 à 1950, et où il fut aussi conférencier. Il s'installa pour travailler à Callanish dans l'île de Lewis. Il fait des expositions personnelles : 1955 Londres, 1962 Édimbourg.
Musées : Toronto.
Ventes Publiques : Édimbourg, 30 août 1988 : *L'entracte* 1957, h/cart. (68,5x57) : **GBP 1 870** – Perth, 26 août 1991 : *De nombreuses lunes*, h/t (71x101) : **GBP 825**.

CUMMING William Skeoch
xixe-xxe siècles. Britannique.
Peintre de scènes typiques, aquarelliste.
Il était d'origine écossaise. Il exposait à Londres, à la Royal Academy en 1903, 1904, à Édimbourg, à la Society of Scott Art en 1906. Il séjourna en Afrique du Sud.

W. S. Cumming

Ventes Publiques : Édimbourg, 11 nov. 1933 : *Convoi passant une rivière à gué, en Afrique du Sud*, aquar. : **GBP 4** ; *Transvaal* 1901, aquar. : **GBP 4** – Glasgow, 5 fév. 1986 : *The Duchess of Gordon raising the Gordon highlanders* 1897, aquar. reh. de gche (112x79) : **GBP 8 200**.

CUMMINGS E. E.
xxe siècle. Américain.
Peintre. Lettres et signes.
En fait surtout écrivain, mais un peu peintre, il introduit la notion de plasticité dans ses textes, dont il contrôle également la mise en forme matérielle.

CUMMINGS Emily. Voir **BARNARD**

CUMMINGS Melvin Earl
Né en 1876 à Salt Lake City (Utah). xxe siècle. Américain.
Sculpteur.
Il travailla à San Francisco.
Ventes Publiques : Washington D. C., 2 mars 1985 : *Reflections* 1908, bronze, patine brun-vert (H. 30,5) : **USD 1 200**.

CUMMINGS R.
xviiie siècle. Actif à Édimbourg à la fin du xviiie siècle. Éc. écossaise.
Sculpteur.

CUMMINGS Thomas Seir
Né en 1804 à Bath (Angleterre). Mort en 1894 à Hackensack (New Jersey). xixe siècle. Américain.
Peintre miniaturiste.

CUMOND Chantal de, Mlle
Née à Cumond (Dordogne). xxe siècle. Française.
Miniaturiste.
Elle exposa à Paris au Salon des Artistes Français en 1932-1933.

CUMOND Jacqueline de, Mlle
Née à Orcenais (Cher). xxe siècle. Française.
Miniaturiste.
Elle exposa à Paris au Salon des Artistes Français en 1932.

CUMONT Jeanne de
Née à Vendôme (Loir-et-Cher). xxe siècle. Française.
Peintre.
Elle exposa à Paris au Salon des Indépendants en 1926.

CUNACCI Andrea
xvie-xviie siècles. Actif à Ostuni. Italien.
Peintre.

CUNAEUS Conradyn ou **Conradijn**
Né le 1er novembre 1828 à Dendermonde. Mort le 5 septembre 1895 à Nieuwer-Amstel. xixe siècle. Hollandais.
Peintre de genre, scènes de chasse, animaux, intérieurs, paysages animés, paysages de montagne.
Il fut élève de Nicolas Pieneman.

C. Cunaeus

Musées : Amsterdam : *Compagnons de chasse – Les Deux Amis.*
Ventes Publiques : Rotterdam, 1894 : *Deux chiens* : **FRF 420** – Londres, 20 juin 1980 : *Promenade du matin*, h/t (69x88) : **GBP 1 900** – Chester, 14 oct. 1982 : *Canine friends* 1866, h/pan. (26,5x38) : **GBP 2 800** – Londres, 21 juin 1989 : *Cheval alezan* 1860, h/pan. (43x62,5) : **GBP 2 200** – Amsterdam, 30 oct. 1990 : *Fairy, lévrier barzoï*, h/pan. (43,5x61,5) : **NLG 5 175** – Amsterdam, 5-6 fév. 1991 : *Tête de setter*, h/pan. (40x50) : **NLG 1 610** – Londres, 17 mai 1991 : *Lévrier et épagneul brun dans un intérieur*, h/pan. (48,2x67,3) : **GBP 2 750** – Perth, 26 août 1991 : *Chasse à la perdrix ; Chasse au lièvre*, h/pan., une paire (chaque 22x32) : **GBP 7 920** – Amsterdam, 22 avr. 1992 : *La loi du clan*, h/pan. (42x58) : **NLG 11 500** – New York, 4 juin 1993 : *Avant la chasse*, h/pan. (51,4x69,9) : **USD 11 213** – Amsterdam, 19 oct. 1993 : *Deux chiens dans un intérieur* 1849, h/pan. (24,5x27,5) : **NLG 2 990** – Amsterdam, 21 avr. 1994 : *Paysage montagneux écossais avec un berger et son troupeau* 1858, h/t (65x92) : **NLG 8 050** – Amsterdam, 11 avr. 1995 : *Chien dans un jardin*, h/t (43x59) : **NLG 15 930** – Londres, 13 mars 1996 : *Deux épagneuls levant un faisan*, h/pan. (26,5x38) : **GBP 5 175** – Amsterdam, 5 nov. 1996 : *Cerfs près d'un torrent dans un paysage de montagne*, h/t (73x92) : **NLG 4 248.**

CUNARD W. S.
xixe siècle. Actif à Londres. Britannique.
Peintre paysagiste.
Exposa à la Suffolk Street de 1889 à 1893.
Ventes Publiques : Londres, 23 mars 1908 : *Une prairie le soir* : **GBP 4.**

CUÑAT GARIBO Enrique
Né en 1885 à Valence. xxe siècle. Espagnol.
Peintre de paysages.
Il fut élève de l'École des Beaux-Arts de Valence. Il participait à des expositions collectives, entre autres l'Exposition Régionale de Valence, où il obtint une médaille d'argent en 1910, l'Exposition Internationale de Buenos Aires la même année, l'Exposition Nationale des Beaux-Arts à Madrid en 1912, où il obtint une mention honorable. Il fit aussi quelques expositions personnelles.
Bibliogr. : In : *Cent ans de peinture en Espagne et au Portugal*, Antiquaria, Madrid, 1988.

CUNDA Claude
Né vers 1915. xxe siècle. Français.
Peintre. Abstrait.
Il vit à Paris, où il a exposé, de 1952 à 1955 au Salon des Réalités Nouvelles, des compositions abstraites, généralement de petites dimensions, d'une facture décorative très soignée.
Ventes Publiques : Paris, 2 juil. 1990 : *L'Avion* 1975, h/t (100x100) : **FRF 3 800.**

CUNDALL Charles Ernest
Né le 6 septembre 1890 à Stretford. Mort en 1971. xxe siècle. Britannique.
Peintre de genre, scènes de sport, paysages urbains animés.
Il a peint des vues de villes et de ports au cours de ses voyages, souvent en France, mais aussi jusqu'en Russie. Il a peint des scènes de la guerre de 1939-1945, notamment : *L'Évacuation de Dunkerque.*
Musées : Londres (Tate Gal.).
Ventes Publiques : Londres, 25 nov. 1929 : *Le Port de Dieppe* 1922 : **GBP 15** – Londres, 13 juil. 1934 : *Cagnes* : **GBP 5** – Londres, 24 juil. 1939 : *La Foire de Michaelmas* : **GBP 11** – Londres, 9 fév. 1972 : *La Statue du président Roosevelt à Grosvenor Square* : **GBP 200** – Écosse, 24 août 1976 : *Édimbourg*, h/pan. (49x59) : **GBP 200** – Londres, 2 mars 1978 : *Pêcheurs près du Pont-Neuf*, h/t (58,5x84) : **GBP 2 200** – Londres, 2 mars 1979 : *Vue de Moscou en hiver*, h/t (51x73,5) : **GBP 1 500** – Londres, 12 juin 1981 : *Le jardin du Club des Arts, Chelsea*, h/t (50,8x61) : **GBP 900** – Londres, 29 avr. 1982 : *L'Acropole, Athènes* 1961, h/t (45x75) : **GBP 1 200** – Londres, 21 sep. 1983 : *La Fosse aux ours* 1926, h/pan. (38x43) : **GBP 650** – Londres, 7 juin 1985 : *Hastings'luggers* 1946, h/t (65,5x101,6) : **GBP 1 900** – Londres, 13 nov. 1986 : *The 1936 F. A. Cup Final, Arsenal Versus Sheffield United at Wembley* 1936, h/t (63,5x91,5) : **GBP 13 000** – Londres, 12 nov. 1987 : *Paysage d'Ombrie*, h/t (49,5x74,5) : **GBP 1 600** – Londres, 8 juin 1989 : *Dimanche de Pâques* 1923, h/pan. (44,4x52) : **GBP 11 000** – Londres, 20 juil. 1994 : *Paysage d'automne*, h/t (61x91) : **GBP 690** – Londres, 13 nov. 1996 : *Le Derby de Saint-Dunstan*, h/t (64x102) : **GBP 11 500.**

CUNDELL Henry
xixe siècle. Britannique.
Peintre de paysages, aquarelliste.
Entre 1838 et 1858, il exposa à la Royal Academy de Londres.
Ventes Publiques : Londres, 29 mars 1983 : *Greenwich Hospital*, aquar. et cr. reh. de blanc (22,3x28) : **GBP 420.**

CUNDELL Nora Lucy Mowbray
Née le 20 mai 1889 à Londres. Morte le 3 août 1948 à Londres. xxe siècle. Britannique.
Peintre de genre, figures, portraits, paysages, fleurs.
Elle fut élève de Walter Sickert. Elle exposait à Londres, à la Royal Academy, au New English Art Club, aussi à Paris au Salon de la Société Nationale des Beaux-Arts, où, en 1929, elle envoya *Maggie*. En 1940, elle a publié *Un sentimental*, écrit et illustré par elle-même.
Musées : Londres (Tate Gal.) : *Sourire de femme* 1923.
Ventes Publiques : Londres, 18 nov. 1977 : *Le bon serviteur, dimanche* 1922, h/pan. (51x43) : **GBP 600** – New York, 17 oct. 1980 : *Badger Creek Rapids*, h/t (56x66) : **USD 1 050** – Londres, 12 nov. 1982 : *Le petit frère* 1923, h/pan. (43x43) : **GBP 800** – Londres, 4 nov. 1983 : *L'ennui* 1922, h/pan. (40,5x355,5) : **GBP 600** – New York, 1er juin 1984 : *Portrait d'une jeune fille indienne Navajo*, h/t (61,2x50,8) : **USD 1 700** – Londres, 30 avr. 1986 : *Le petit frère* 1923, h/cart. (43x43) : **GBP 1 350.**

CUNDIER B.
Né à Aix-en-Provence. xviie siècle. Français.
Graveur.
Fils de Louis Cundier.

CUNDIER Jacques, l'Aîné et le Jeune
Nés à Aix-en-Provence au xviie siècle. xviie siècle. Français.
Graveurs.
Y aurait-il eu deux Jacques Cundier, fils de Louis Cundier et frères de Jean-Claude et de B. Cundier ?

CUNDIER Jean Claude
xviiie siècle. Français.
Peintre et graveur.
Fils du graveur Louis Cundier et frère de Jacques et de B. Cundier. Il fut élève de Laurent Fauchier. Il était actif à Aix-en-Provence au milieu du xviiie siècle.
Musées : Aix-en-Provence (Mus.) : *Portrait de femme.*

CUNDIER Louis
xviie siècle. Français.
Graveur.
Il était actif à Aix-en-Provence. Géomètre, il a gravé plusieurs plans de la ville d'Aix-en-Provence.

CUNDY Alice Langford, plus tard Mrs **Speaight**
xxe siècle. Britannique.
Peintre de portraits, miniaturiste.
Elle travaillait à Londres, où elle commença à exposer à la Royal Academy en 1898.

CUNEGO Aloisio ou **Luigi**
Né en 1750 ou 1757 à Vérone. Mort en 1823 à Rome. xviiie-xixe siècles. Italien.

Graveur au burin.
Fils aîné de Domenico Cunego. Il travailla en Italie et en Allemagne. Il a surtout gravé des sujets religieux et des motifs d'architecture d'après les maîtres italiens.

CUNEGO Domenico
Né en 1727 à Vérone. Mort en 1794 à Rome. XVIIIe siècle. Italien.
Dessinateur et graveur.
Bien qu'élève de Ferrari pour la peinture, Cunego se distingua surtout comme graveur.

CUNEGO Giuseppe
Né en 1760 à Vérone. Mort en 1781. XVIIIe siècle. Italien.
Graveur.
Fils et élève de Domenico, Cunego suivit la profession de son père et grava des planches d'après les vieux maîtres. On cite aussi, de lui, quatre paysages italiens avec figures, d'après F. da Capo, et huit paysages d'après Poussin.

CUNEMAN Adam ou **Künimann, Künemann**
XVIe siècle. Actif à Fribourg. Suisse.
Peintre décorateur.
Il fut bourgeois de Fribourg en 1589. Cuneman est l'auteur d'un tableau de *Saint Nicolas*, conservé au Musée de Fribourg. Il fit partie de la confrérie de Saint-Luc.

CUNEO Cyrus Cincinnati
Né en 1879 à San Francisco. Mort en 1916 à Londres. XXe siècle. Actif en Angleterre. Américain.
Peintre de compositions animées, illustrateur.
Il était d'origine italienne. Il fit ses études artistiques à Paris, en particulier avec Whistler. À partir de 1902, il se fixa à Londres. En 1908, il devint membre du Royal Institute of Oil Painters. En tant que peintre, il exposait à la Royal Academy et à la Royal Hibernian Society. En tant qu'illustrateur, en 1908 il a illustré *La colonne perdue* de C. Gilson, et il collaborait aux *Pall Mall Magazine, Strand Magazine, Premier Magazine*, pour lesquels il illustrait souvent des nouvelles. Son dessin est incisif, rappelant un peu Forain, mais s'inspirant également du réalisme de la photographie.

·CUNEO-

Bibliogr. : Marcus Osterwalder : *Diction. des illustrateurs 1800-1914*, Hubschmid & Bouret, Paris, 1983.
Musées : Sydney : *Trappeur attaqué par les loups.*
Ventes Publiques : Londres, 13 nov. 1992 : *Distribution d'allumettes au dîner du vendredi soir*, h/cart. (38,7x27,9) : **GBP 3 960.**

CUNEO José ou **Perinetti** par la suite
Né en 1887 à Montevideo. Mort en 1977 à Bonn (Allemagne). XXe siècle. Uruguayen.
Peintre de portraits, paysages, aquarelliste.
Il fut élève du Cercle des Beaux-Arts de Montevideo. Il fit d'abord plusieurs séjours en Europe, en Italie où il fut élève de Léonardo Bistolfi et d'un certain Anton Maria Mucchi-Vignoli ; il poursuivit sa formation à Paris, où il rencontra Van Dongen. Il revint en Europe à plusieurs reprises.
Il a participé à des expositions collectives d'artistes d'Amérique-Latine à New York et Paris ; aux XVIIe, XXIXe, XXXVIe Biennales de Venise ; en 1955 à la Biennale de La Havane à Cuba ; 1956 Barcelone, IIIe Exposition Hispano-Américaine d'Art ; 1964 Cordoba en Argentine, Biennale d'Art. Il a montré ses œuvres dans des expositions personnelles à Paris, notamment en 1930 galerie Zak, en 1938 galerie Jeanne Castel, ainsi qu'à Milan en 1939, Turin, Buenos Aires. Il fut professeur à l'École des Beaux-Arts de Montevideo. Il remporta en 1941 le Premier Prix, en 1942 le Grand Prix de Peinture du Salon National des Beaux-Arts d'Uruguay ; en 1969 le Grand Prix de Peinture de la Xe Biennale de São Paulo ; ainsi que d'autres distinctions.
Il a toujours peint par séries : dans les années vingt, les paysages de la campagne uruguayenne, les portraits de ses amis artistes ou écrivains ; entre 1928 et 1930, la série expressionniste des paysages de Cagnes-sur-Mer. De retour dans son pays, après les séjours en Europe, il y introduisit les conceptions de l'art moderne. De 1930 à 1955, il a peint la série des *Ranchos* (Chaumières), paysages caractéristiques des campagnes de son pays, dont de nombreux, les *Lunes*, au clair-de-lune. En 1946 et 1949, il a peint les séries de paysages de Salto et de Punta del Este, en Uruguay ; en 1955 la série des paysages de Sarnico, en Italie. Dans la série de ses *Aquarelles Uruguayennes*, il a su rendre le caractère de la nature locale et de ses habitants. En outre, en 1938, il a peint une série d'aquarelles de Venise. À partir de 1957, il adopta une manière abstraite, signant alors ses œuvres du nom de sa mère, Perinetti. ■ J. B.

J Cuneo

Musées : Montevideo – Paris (Mus. d'Orsay) – La Plata.
Ventes Publiques : New York, 29 nov. 1983 : *Paysage*, aquar. et pl. (50x65) : **USD 800** – Montevideo, 10 oct. 1984 : *Nocturno y rancho* 1931, h/t (80x100) : **UYU 345 000** – New York, 23 nov. 1992 : *Lune descendante* 1931, h/t (90,2x90,8) : **USD 41 250** – New York, 22-23 nov. 1993 : *Maisons en Floride* 1931, h/t (53,7x65,4) : **USD 13 800** – New York, 17 mai 1994 : *Lune*, h/t (99,1x70,5) : **USD 31 625** – New York, 18 mai 1994 : *Arène de pierre* 1945, h/cart. (49,8x64,5) : **USD 8 050** – New York, 21 nov. 1995 : *Cagnes-sur-Mer* 1928, h/toile d'emballage (53,3x63,5) : **USD 17 250** – New York, 28 mai 1997 : *Ranch sous la lune*, h/t/pan. (146x98) : **USD 46 000.**

CUNEO Nill Marion
Née à Londres. XXe siècle. Britannique.
Peintre de portraits, illustratrice.
Elle acquit sa formation à Paris. Elle exposait à Londres, à la Royal Academy, au Royal Institute of Painters in Water-Colour. À Paris, elle a figuré au Salon des Artistes Français.

CUNEO Terence
Né en 1907. XXe siècle. Britannique.
Peintre de sujets de sport, paysages animés.
Il représente souvent des évènements sportifs ou mécaniques du passé.
Ventes Publiques : Londres, 12 nov. 1976 : *Les « Bentley » aux 24 Heures du Mans de 1929* 1968, h/t (76,5x101,5) : **GBP 2 000** – Londres, 17 juin 1977 : *Les engins express à Tyseley, Birmingham* 1968, h/t (76x101,5) : **GBP 1 200** – Londres, 19 oct. 1979 : *Train dans les rochers canadiens* 1955, h/t (76,2x51) : **GBP 2 400** – Londres, 22 fév. 1980 : *La gare de Valladolid, Espagne* 1962, h/t (84x122) : **GBP 1 500** – Londres, 20 mai 1981 : *« Who wrecked the mail ? »*, h/cart. (34,5x27) : **GBP 750** – Londres, 9 nov. 1984 : *L'élévation du « Mary Rose », la construction Babcock Power en action* 1983, h/t (127x101,6) : **GBP 4 000** – Londres, 13 nov. 1986 : *La fonderie* 1944, h/t (61x76,2) : **GBP 2 500** – Londres, 22 juil. 1987 : *À pleine vapeur*, h/t (71x91,5) : **GBP 5 500** – Londres, 3-4 mars 1988 : *Retour au port, le soir – Hout Bay, Cape Town* 1968, h/t (52,5x75) : **GBP 935** – Londres, 3 mai 1990 : *Un coin de Hyde Park*, h/t (75x100,5) : **GBP 7 150** – Londres, 2 mai 1991 : *Une « Armstrong Siddeley »*, h/t (59,5x72,5) : **GBP 1 430** – Londres, 6 nov. 1992 : *Le gondolier* 1985, h/t (46x61) : **GBP 1 980** – New York, 20 juil. 1994 : *« The salt lick »*, h/t (63,5x76,2) : **USD 7 187.**

CUNEO D'ORNANO Marie-Thérèse
XXe siècle. Française.
Peintre de natures mortes.
Elle expose régulièrement à Paris, au Salon des Artistes Français, dont elle a reçu une médaille d'or.
Ventes Publiques : Paris, 26 mai 1988 : *L'assiette de fruits*, h/t (46x55) : **FRF 7 000.**

CUNEO PERINETTI José
Né en 1887. Mort en 1977. XXe siècle. Uruguayen.
Peintre de paysages animés, aquarelliste. Expressionniste, puis abstrait.
Il vint se former en Europe, recevant les conseils de l'Italien A. M. Mucchi-Vignoli, de l'Espagnol Hermen Anglada-Camarassa, du Hollandais Kees Van Dongen.
Dans une première époque, retourné dans son pays et attaché à en traduire l'identité, il fut le peintre, dans des tons ocres et terres, de paysages sombrement romantiques, tourmentés, presque toujours nocturnes et qu'éclaire dans des ciels orageux une lune immense. Ce furent les séries des *Ranchos*, des *Lunes* et des *Aquarelles uruguayennes*. Dans sa dernière période, il pratiqua une intransigeante abstraction.
Bibliogr. : Damian Bayon, Roberto Pontual, in : *La peinture de l'Amérique latine au XXe siècle*, Mengès, Paris, 1990.
Musées : Montevideo (Mus. Nat. des Arts Plastiques) : *Chaumières du ravin.*

Ventes Publiques : Montevideo, 3 août 1977 : *Paysage*, aquar. (63x49) : UYU **10 000** ; *Lune et maisons* 1930, h/t (80x99) : UYU **17 000** – Montevideo, 6 sep. 1978 : *Lune*, h/t (28x22) : UYU **7 000** – Montevideo, 20 août 1979 : *Paysage fleuri*, h/t (53x65) : UYU **20 000** – Montevideo, 29 juin 1981 : *Pointe de l'Est*, h/t (59x48) : UYU **20 000**.

CUNGI Camillio. Voir **CONGIO Cammillo**

CUNGI Francesco di Leonardo
XVIe siècle. Actif à Borgo-San-Sepolcro en 1587. Italien.
Peintre d'histoire.
Fils de Leonardo Cungi.

CUNGI Giovanni Battista
Né au XVIe siècle à Borgo-San Sepolcro. XVIe siècle. Italien.
Peintre d'histoire et de portraits.
Collaborateur de Vasari, du Doceno et de Baptista Bilia.

CUNGI Leonardo
Né en 1560 à Borgo-San Sepolcro. XVIe siècle. Italien.
Peintre de compositions religieuses.
Ventes Publiques : Paris, 1858 : *Un apôtre et un ange*, dess. à la pl. et au bistre sur pap. gris : FRF **5**.

CUNGI Lodovico
Originaire de Borgo-San Sepolcro. XVIe siècle. Italien.
Peintre.

CUNGIO. Voir **CONGIO Cammillo**

CUNGIUS. Voir **CONGIO Cammillo**

CUNHA Albino
Né à Oporto (Portugal). XXe siècle. Portugais.
Peintre de portraits, natures mortes.
A exposé des portraits et une nature morte au Salon des Artistes Français, de 1931 à 1939.

CUNHA Antonio Candido da
Né vers 1871 à Barcellos. XIXe-XXe siècles. Portugais.
Peintre.
Il étudia à l'Académie de Porto et fut ensuite l'élève, à Paris, de Jean-Paul Laurens et de Benjamin-Constant.
Il obtint une médaille de bronze à l'Exposition Universelle de 1900.

CUNHA Carlos da
Né le 8 avril 1907 à Jaguarâo. XXe siècle. Actif en France. Brésilien.
Peintre. Abstrait.
Il vint en France en 1959 et y exposa à partir de 1960 après avoir exposé au Brésil. Peintre non figuratif, il crée sur sa toile des formes massives qui s'entremêlent tout en se détachant nettement sur le fond. Sa peinture élégante aux accents expressionnistes est réalisée dans des teintes sombres et chaudes.

CUNHA Domingos da
Né en 1589 à Lisbonne. XVIIe siècle. Portugais.
Peintre.
Élève, à Madrid, d'Eugenio Caxes. Il se fit jésuite et se consacra à la décoration des églises de son ordre. Ses œuvres furent en partie détruites en 1755.

CUNHA Lourenço da
Né au début du XVIIIe siècle. Mort en 1760. XVIIIe siècle. Portugais.
Peintre de perspectives et d'architectures, et décorateur.
Travailla quelques années à Rome, en revint en 1744 et décora plusieurs églises de Lisbonne.

CUNHA TABORDA José
Né en 1766 à Fuardo. XVIIIe siècle. Portugais.
Peintre et architecte.
Élève de Joachim Manuel da Rocha, il alla à Rome, en 1788, où il suivit l'enseignement d'Antoine Cavallucci et se fit remarquer par son tableau : *Cincinnatus nommé dictateur*. Rentré dans sa patrie, il y fut nommé d'abord, en 1799, professeur à l'Académie de Lisbonne, et, en 1803, peintre de la cour. En cette qualité, il fit des décorations dans le palais royal d'Ajuda et dans la salle des Cortès. Le Musée d'Oporto conserve de lui : Don Joao IV à la procession du Saint-Sacrement.

CUNIBERTI Francesco Antonio
Mort en 1745. XVIIIe siècle. Actif à Savigliano. Italien.
Peintre de fresques.

CUNIBERTI Pier Achille
Né le 10 septembre 1923 près de Bologne. XXe siècle. Italien.
Peintre de figures. Naïf.
Il n'expose que depuis 1964. En 1975, il a exposé à Skoplje et à la Quadriennale de Rome.
Ses peintures figurent schématiquement les rapports entre les êtres, dans une écriture ressortissant à l'art qu'on dit naïf, ce qui, dans son cas en particulier, n'est pas exclusif d'une dimension fantastique.

CUNINGHAM Oswald Hamilton
Né le 16 juin 1883 à Newry (Angleterre). XXe siècle. Britannique.
Peintre, graveur à l'eau-forte, illustrateur, pastelliste.
A Londres il exposait à la Royal Academy, à Paris au Salon des Artistes Français.

CUNINGHAM Vera
Née à Goffes Oak House Herts (Angleterre). XXe siècle. Britannique.
Peintre.
En 1926 elle exposait au Salon des Indépendants *Nu accroupi* et *les Tulipes*.

CUNINGHAM William
XVIe siècle. Actif à Norwich vers 1559. Britannique.
Graveur.
Ce naturaliste est mentionné comme auteur d'un ouvrage intitulé : *Le Verre Cosmographique*.

CUNIO Daniello
XVIe siècle. Actif à Milan. Italien.
Peintre de paysages.
Frère ou parent de Ridolfo Cunio.

CUNIO Ridolfo
XVIe siècle. Travaillant à Milan vers 1590. Italien.
Peintre d'histoire et dessinateur.

CUNIS Carl Anton Xaver
Né en 1764 à Dresde. Mort en 1798 à Dresde. XVIIIe siècle. Allemand.
Peintre de portraits, miniatures.

CUNLIFFE D.
XIXe siècle. Britannique.
Peintre de figures, paysages.
Il travailla à Londres où il exposa entre 1826 et 1855, à la Royal Academy et à la British Institution.

CUNLIFFE Foster
XIXe siècle. Britannique.
Peintre de paysages.
Il exposa en 1812-1828 à la Royal Academy, à Londres.

CUNNET Ludwig
Originaire de Malmédy. XVIIIe siècle. Allemand.
Peintre.
Il exécuta des peintures à l'église Saint-Paulin à Trèves en 1721.

CUNNINGHAM
XVIIIe siècle. Actif à Londres. Britannique.
Sculpteur.

CUNNINGHAM C. Hélène
Née en octobre 1932 à Paris. XXe siècle. Française.
Peintre. Figuratif, puis abstrait.
Elle entre à l'École des Beaux-Arts de Paris, puis travaille dans l'atelier de Jean Souverbie (Académie de la Section d'Or), et à l'Académie de la Grande Chaumière. Elle voyage à plusieurs reprises, notamment en Afrique noire. Elle vit et travaille à Vence.
Elle expose collectivement, à Paris : 1960, 1961, 1962, 1963, 1964 Salon des Indépendants, 1974, 1976 Salon de la Marine, en province, et à l'étranger.
Elle a réalisé une suite de peintures ayant pour thème Venise, plus tard elle a évolué définitivement à une peinture abstraite.

CUNNINGHAM Charles C.
Né en 1841. Mort en 1918 à Brooklyn (New York). XIXe-XXe siècles. Américain.
Peintre.

CUNNINGHAM Earl
Né en 1893 à Edgecomb (Maine). Mort en 1977. XXe siècle. Américain.
Peintre de paysages animés, marines. Naïf.
Pendant sa jeunesse il parcourut la côte est des États-Unis, subvenant à ses besoins en pratiquant divers petits métiers. En

1949, il s'établit à Saint-Augustine en Floride et ouvrit un magasin d'antiquités, sa vocation première restant la peinture. En 1986, le musée de Folk Art Américain de l'Université et le Centre d'Art Americain de New York organisèrent une exposition consacrée à Earl Cunningham, qui provoqua une redécouverte de l'artiste. En février 1994, le High Museum of Art d'Atlanta a organisé une exposition itinérante de 36 peintures de Cunningham, qui, avec la publication de la première monographie à lui consacrée, l'ont porté au tout premier plan du courant du Folk Art américain.
Il peignait des plages et des bords de rivières qu'il avait vus lors de ses pérégrinations. Le Dr. Robert Bishop, directeur du Museum of Américan Folk Art, a écrit : « En tant qu'artiste, je considère Cunningham comme unique. Sa technique est considérablement plus achevée que celle d'autres peintres autodidactes du XXe siècle. De plus, ses détails les plus ordinaires rendent ses images plus fortes et très contrastées. Cunningham est par-dessus tout un coloriste. Peu d'artistes ont ce juste don pour choisir une nuance qui donne à l'œuvre une ambiance poétique. »
Bibliogr. : Robert Hobbs – *Earl Cunningham : peinture d'un paradis américain*, New york, 1994.
Ventes Publiques : New York, 1er déc. 1994 : *Spoonbill Point* 1950, h/rés. synth. (57,8x108,6) : **USD 29 900** – New York, 25 mai 1995 : *Le Phare de l'île* 1960, h./contre-plaqué (41,9x54,6) : **USD 37 375** – New York, 29 nov. 1995 : *Scandinaves découvrant le Nouveau Monde* 1930, h/rés. synth. (45,7x61) : **USD 32 200** – New York, 4 déc. 1996 : *Port à l'abri dans la baie de Perkins*, h/pan. (40,8x94) : **USD 29 900**.

CUNNINGHAM Edward Francis, appelé aussi **Francesco Calza** ou **Calze**
Né vers 1742 à Kelso (Écosse). Mort en 1795 à Londres. XVIIIe siècle. Britannique.
Peintre de portraits et d'histoire.
Cunningham étudia à Parme, à Rome, à Venise et à Paris et devint un très bon portraitiste. Il suivit la duchesse de Kingston en Russie et plus tard, travailla à la cour de Russie ainsi qu'à Berlin, où il eut beaucoup de succès.
Ventes Publiques : Londres, 24 nov. 1926 : *Le roi George III et la reine Caroline*, dess. : **GBP 6**.

CUNNINGHAM H. F.
XIXe siècle. Actif à Londres. Britannique.
Miniaturiste.
Exposa entre 1846 et 1849, à la Royal Academy.
Ventes Publiques : Londres, 10 juin 1910 : *Têtes de deux enfants ; Un enfant sur une chaise*, dess. : **GBP 1**.

CUNNINGHAM John Wilton
Né à Saint Louis (Missouri). Mort en 1903 près de San Antonio (Texas). XIXe siècle. Américain.
Peintre.
Élève de la Fine Arts School, à Saint Louis, et de l'Académie Julian, à Paris. Mention honorable au Salon des Artistes Français en 1890.

CUNO
XIVe siècle. Actif à Mayence. Allemand.
Peintre.

CUNO Noël
XVIe siècle. Français.
Sculpteur.
On voit son nom, ainsi que la date de 1587, gravés sur une croix de pierre sculptée qui est à Saint-Nolff (Morbihan).

CUNO AMIET. Voir **AMIET Cuno**

CUNRADI Marcelle
XXe siècle. Français.
Peintre et illustrateur.
A illustré *A la suite de Pascal*, d'A. Valensi (1926).

CUNTZ Henri
Né à Saint-Mandé (Val-de-Marne). XXe siècle. Français.
Peintre de paysages.
Il a exposé à Paris, de 1932 à 1935 aux Salons des Artistes Indépendants et de la Société Nationale des Beaux-Arts.

CUNTZ Maria Dorothea ou **Kunz**
XIXe siècle. Actif à Francfort-sur-le-Main vers 1800. Allemand.
Peintre de paysages.

CUNY François Eugène
Né le 1er avril 1839 à Metz (Moselle). Mort le 19 août 1876 à Paris. XIXe siècle. Français.
Peintre d'histoire, scènes de genre, portraits.
Élève de Signol à l'École des Beaux-Arts, où il entra le 5 avril 1860. Il débuta au Salon de Paris en 1865.
Musées : Arras – Metz : *Jeune dame sur un balcon*.
Ventes Publiques : Londres, 8 nov. 1972 : *Portrait de jeune fille* : **GBP 120** – Londres, 22 mai 1992 : *La leçon* 1874, h/t (64,8x110,6) : **GBP 7 480**.

CUNY Henri Pierre
Né le 5 juin 1880 à Concarneau (Finistère). XXe siècle. Français.
Peintre de paysages, marines.
De 1923 à 1928, il a exposé de nombreux aspects de la côte bretonne, au Salon des Artistes Français à Paris.
Ventes Publiques : Paris, 13 mars 1942 : *Barques de pêche* : **FRF 1 900**.

CUNY Jean
Mort le 9 juin 1714. XVIIIe siècle. Français.
Peintre.
Il a été professeur à l'Académie Saint-Luc.

CUNY Jutta
Née en 1940 à Berlin. Morte en 1983. XXe siècle. Active en France. Allemande.
Créatrice d'installations, dessinatrice.
Elle vivait et travaillait à Docelles (Vosges).
Musées : Épinal (Mus. départ. des Vosges) : *Colonne* 1978.

CUNY Léon Philippe Victor
Né le 14 juin 1800 à Paris. XIXe siècle. Français.
Peintre d'histoire et de genre.
Entré à l'École des Beaux-Arts le 10 novembre 1823, il devint l'élève de Lethière. Il figura au Salon, de 1824 à 1848.
Musées : Bourges : *Gondole vénitienne* – Périgueux : *L'Enfant prodigue* – Pontoise : *Italiennes dansant* – *Joueurs de flûte italiens* – *L'Automne : vendangeuse* – *L'Été : un moissonneur* – Provins : *Mort de saint Sébastien* – Toul : *Le denier de la veuve* – *Promenade en gondole*.

CUNY-METNY Gaby
XXe siècle. Française.
Peintre, pastelliste.
A signé des paysages et des fleurs.

CUNZ Martha
Née en 1876 à Saint-Gall. XXe siècle. Suisse.
Peintre, graveur sur bois.
Elle étudia à Munich, et à Paris avec Luc-Olivier Merson et Lucien Simon.
Musées : Genève – Saint-Gall – Zurich .

CUNZELMANN Johann Matthaus
XVIIIe siècle. Travaillant vers 1700. Suisse.
Peintre.
Il fut, à Bologne, élève d'Anton Calza de Vérone.

CUONG Nguyen Van. Voir **NGUYEN VAN CUONG**

CUONRAT
XVIe siècle. Actif à Berne au milieu du XVIe siècle. Suisse.
Verrier et peintre sur verre.
Il fournit un vitrail peint pour l'Hôtel de Ville à Schwarzenburg en 1537. Il est aussi mentionné en 1534 et 1535.

CUPERE. Voir aussi **CUYPER**

CUPERE Jooris de ou **Cuupere**, dit **Jooris de Schildere**
XVe siècle. Actif à Gand. Éc. flamande.
Peintre.

CUPPER Louis Frédéric
Né le 11 mars 1813 à Paris. XIXe siècle. Français.
Peintre.
Le 5 octobre 1835, il entra à l'École des Beaux-Arts et exposa au Salon en 1839, 1840, 1842.

CUPPIS Pompilio de
Né en 1804 à Fano. Mort en 1861 à Florence. XIXe siècle. Italien.
Dessinateur et graveur amateur.

CUPPRIEN Frank W.
Né en 1871 à Brooklyn (New York). XIXe-XXe siècles. Américain.
Peintre.

CUPPY Charles
Mort après 1786. XVIIIe siècle. Français.

Sculpteur.
Il fut reçu à l'Académie Saint-Luc à Paris en 1760.

CUPSA Victor
Né le 23 avril 1932 à Dej. XXe siècle. Actif aussi en France. Roumain.
Peintre, sculpteur d'assemblages.
Il a d'abord exposé dans les Salons institutionnels de Roumanie à partir de 1957. En 1965 il figura à la Biennale des Jeunes Artistes de Paris, ainsi qu'à Amsterdam, Munich. Depuis 1966, il participe à diverses expositions collectives, entre autres à Paris les Salons Grands et Jeunes d'Aujourd'hui et Comparaisons. En 1970, au Musée d'Art Moderne de la Ville de Paris, *L'ARC* (Ateliers, Recherche, Confrontation) lui a consacré une exposition personnelle rétrospective.
Il réalise des « méta-objets », rassemblant des débris de bois, de plastique, de métal, les détournant de leur fonction primitive. En 1970, à l'occasion de l'exposition sur les matière plastiques à Paris, il exposa des fausses fenêtres grillagées, métaphore et témoignage de divers enfermements.
Musées : Bucarest (Mus. d'Art Contemp.) – Oradéa (Mus. d'Art Contemp.) – Paris (Hôtel-de-Ville).

CUQUET Pedro
Né à la fin du XVIe siècle à Barcelone. Mort en 1666 à Barcelone. XVIe-XVIIe siècles. Espagnol.
Peintre.
Il travailla à Barcelone pour plusieurs églises et pour le couvent Saint-François de Paule.

CURABET Georges Marcel
Né à Paris. XXe siècle. Français.
Sculpteur.
Exposant du Salon des Artistes Français en 1930.

CURATELLA-MANÈS Pablo. Voir **MANÈS Pablo Curatella**

CURCI Carlo
XIXe siècle. Travaillant à Trani. Italien.
Peintre de paysages et de marines.

CURDEN Eduard
Originaire de Dresde. XIXe siècle. Travaillant à Berlin. Allemand.
Peintre.

CURÉ André
XVIIIe siècle. Actif à Paris vers 1795. Français.
Sculpteur.

CURÉ Claude
Mort en 1745. XVIIIe siècle. Actif aussi en Allemagne. Français.
Sculpteur.
Parisien, travaillant au château de Würtzbourg.

CURE William
XVIIe siècle. Actif à Londres. Hollandais.
Sculpteur.
Aidé par Cornelius Cure, il exécuta le tombeau de Marie Stuart à l'abbaye de Westminster, en 1606-1607.

CUREAU Guillaume
Né à La Rochefoucauld (Charente). Mort en 1647 à Bordeaux. XVIIe siècle. Français.
Peintre et sculpteur.
En 1625, cet artiste fut chargé de peindre les portraits des Maires et Jurats de la ville de Bordeaux.

CUREL de, chevalier, pseudonyme : **Zapouraph**
XVIIIe siècle. Actif à Paris dans la seconde moitié du XVIIIe siècle. Français.
Graveur sur bois.

CUREL Jean
Né à Oran (Algérie). XXe siècle. Français.
Peintre.
Il exposa à Paris au Salon d'Automne en 1928 et 1929.

CUREL Paul Emmanuel
Né le 25 janvier 1798 à la Colle-Saint-Paul (Var). Mort le 17 mai 1884 à Toulon. XIXe siècle. Français.
Peintre.
Ancien instituteur, conservateur de la bibliothèque de Toulon de 1869 à 1884. Le Musée de Draguignan conserve de lui un *Portrait de M. Turrel.*

CUREL Sylvestre Roger
Né en 1884 à Nice (Alpes-Maritimes). XXe siècle. Français.
Peintre de paysages.
Il fut élève d'un Stevens (Alfred ?). Il exposait à Paris, depuis 1927 au Salon de la Société Nationale des Beaux-Arts. Il a aussi participé à des expositions collectives aux États-Unis, au Canada.
Il a peint de nombreux paysages des bords de Seine, de Normandie, d'Italie.

CURFESS Ernst
Né en 1849 à Aalen (Wurtemberg). Mort en 1896 à Stuttgart. XIXe siècle. Allemand.
Sculpteur.

CURIA Francesco
Né en 1538 à Naples. Mort en 1610 à Naples. XVIe-XVIIe siècles. Italien.
Peintre.
Curia aurait profité des conseils de Leonardo di Pistoie, et, de plus, se développa par l'étude des œuvres de Raphaël et d'autres maîtres célèbres à Rome où il séjourna quelque temps. Il travailla souvent pour les églises de Naples, et laissa à celle de la Piété une œuvre représentant la *Circoncision du Christ*, un des plus beaux tableaux de Naples. Il fonda aussi une école de peinture à Naples, et laissa, dans Hippolyte Borghèse, un habile imitateur de sa manière.
Musées : Naples : *La Madone – La Sainte Famille et les saints – La Madone à la couronne de roses.*
Ventes Publiques : Paris, 24 juin 1929 : *La Madeleine lavant les pieds de Jésus au repas chez Simon le pharisien*, dess. : **FRF 170** ; *Déesse sur son char*, dess. : **FRF 100**.

CURIA Michele
XVIe siècle. Italien.
Peintre.
Il travailla à Naples entre 1532 et 1585.

CURIE Adine
XIXe siècle. Français.
Peintre de paysages.
Exposa des paysages au Salon de Paris de 1838 à 1840.

CURIE Arlette Parvine
Née le 3 février 1946 à Nancy (Meurthe-et-Moselle). XXe siècle. Française.
Peintre, sculpteur. Tendance fantastique.
Dès 1958 elle rencontra le sculpteur espagnol Marcel Marti, qui l'épousa en 1960. Cette même année, elle exposa à Barcelone, puis Paris, Milan. En 1960 encore, elle entreprit un voyage aux États-Unis. A Madrid, elle participa en 1962 à l'exposition *25 ans d'Art Espagnol*, et en 1963 à *Nouvelle Figuration*. En 1967 elle participa à Paris à la Biennale des Jeunes Artistes et à Montréal à la Foire d'Art, à Paris de nouveau en 1969 au Salon de la Jeune Sculpture et en 1971 au Salon de Mai.
Elle a commencé par la peinture, représentant des enfants à plusieurs têtes, des animaux fantastiques se transformant en plantes. En 1970, elle rencontra Stahly et, avec sa collaboration, réalisa une sculpture monumentale en bois. Comme certaines de ses peintures antérieures, ses sculptures évoquent aussi le monde végétal et, tout en étant issues du surréalisme, puisent aux sources de l'art précolombien.
Ventes Publiques : Paris, 9 fév. 1987 : *Mère porte*, bronze (H. 25) : **FRF 13 000** – Paris, 30 jan. 1989 : *Trois personnages en deux éléments*, bronze à patine noire (37x39x22) : **FRF 17 000**.

CURIE Militza
Née en Bessarabie. XXe siècle.
Sculpteur.
Elle exposa à Paris au Salon des Indépendants en 1923.

CURIGER Johann David ou **Kuriger**
Peut-être originaire d'Einsiedeln (canton de Zoug). Suisse.
Graveur sur cuivre.
On cite de lui une estampe : *Saint Anastasia Patrona in Benedictbeyrn. Jos. Weiss inv. et del. Joh David Curiger sc. mon.* Il aurait travaillé à Munich.

CURILLON Jean
Né à Paris. XXe siècle. Français.
Sculpteur de bustes.
Fils et élève de Pierre Curillon. Il fut aussi élève de Jules Félix Coutan à l'École des Beaux-Arts de Paris, après 1905, date d'entrée en fonction de Coutan. En 1922, il exposa au Salon des Artistes Français à Paris.

CURILLON Pierre
Né le 6 mars 1866 à Tournus (Saône-et-Loire). Mort le 2 mars 1954 à La Jumellière (Maine-et-Loire). XIXe-XXe siècles. Français.
Sculpteur de figures. Tendance symboliste.
Il fut élève de Charles Dufraine. Il exposa à Paris, depuis 1893 au Salon des Artistes Français, 1896 mention honorable, 1899 médaille de troisième classe, 1900 médaille de deuxième classe, 1908 médaille de première classe et hors-concours.
Musées : Paris (Mus. de la Ville) : *Frisson de la vague.*

CURIONI Telesforo
Né le 1er avril 1868 à Naples. XIXe siècle. Italien.
Peintre de genre et de paysages.
Étudia à l'académie des Beaux-Arts de sa ville natale sous la direction de Vicenzo Petruccelli.

CURLET François
Né en 1967. XXe siècle. Actif aussi en Belgique. Français.
Créateur d'installations.
Il participe à des expositions collectives : 1997 *Coïncidences, Coïncidences* à la Fondation Cartier à Paris. Il montre ses œuvres dans des expositions personnelles à Anvers et à Paris, notamment en 1993 au Musée National d'Art Moderne à Paris.
Il utilise l'empreinte, mode d'identification sur des objets, mais aussi le son pour souligner l'absence de l'homme. Il insiste aussi sur le caractère mécanique du travail, mettant en scène, dans *Female trouble* notamment, une voix qui répète inlassablement les mêmes mots. Il met en doute le réel, présentant des objets soumis à des distorsions, inadéquats dans le contexte, altérés dans leur matériaux, comme une cagette en marqueterie, un moteur en vannerie.
Bibliogr. : Marie Ange Brayer : *François Curlet,* Art Press, n°178, Paris, mars 1993.

CURLETTI Silvio Maria
XVIIe siècle. Actif à Gênes. Italien.
Graveur.

CURLU Beaudoin de. Voir **BAUDUIN de Curlu**

CURNOCK James
Né en 1812. Mort en 1870 à Bristol. XIXe siècle. Britannique.
Peintre de genre, portraits, aquarelliste.
Il s'établit à Bristol et exposa à la Royal Academy de 1847 à 1862.
Musées : Bristol : *Portrait d'homme – Groupe de famille – Jeune bohémienne,* aquar.
Ventes Publiques : Londres, 7 oct. 1980 : *Country companions,* h/t (46x34,5) : **GBP 600** – Londres, 15 mars 1984 : *Deux ballerines* 1845, aquar. reh. de gche (68,5x57) : **GBP 1 100.**

CURNOCK James Jackson
Né en 1839. Mort en 1891. XIXe siècle. Britannique.
Peintre de figures, paysages animés, paysages, aquarelliste.
Fils et élève de James Curnock. Il travailla à Bristol.
Musées : Reading : *Paysages,* aquar.
Ventes Publiques : Londres, 12 mars 1923 : *Une tempête* 1879, dess. : **GBP 17** – New York, 2 avr. 1976 : *Paysans dans un paysage,* h/t (71x91,5) : **USD 1 100** – Londres, 6 déc. 1977 : *Le Camp des bohémiens* 1862, gche (67x93) : **GBP 1 000** – Londres, 23 juil. 1981 : *Matin d'été* 1881, aquar. sur trait de cr. (29,5x38,5) : **GBP 300** – Londres, 1er mars 1984 : *Stepping stones* 1866, aquar. reh. de blanc (35x56) : **GBP 620** – Londres, 27 fév. 1985 : *Bolton Abbey on the Wharfe* 1886, aquar. reh. de blanc (49x75) : **GBP 2 200** – Londres, 8 fév. 1991 : *L'éclaircie après l'averse* 1881, aquar. (45,5x60,3) : **GBP 1 320** – Londres, 3 juin 1992 : *Sœurs* 1850, h/pan. (50,5x40,5) : **GBP 2 420** – Londres, 3 nov. 1993 : *Le ruisseau,* aquar. (61,5x44,5) : **GBP 2 300** – Londres, 3 juin 1994 : *Personnages traversant un champ d'avoine à Capel Curig* 1878, aquar. (45,2x74,3) : **GBP 2 300.**

CURNOE Greg
Né en 1936 à London (Ontario). XXe siècle. Canadien.
Peintre de sujets divers, aquarelliste. Polymorphe.
De 1957 à 1960, il fut élève de l'Ontario College of Art de Toronto, où il fit sa première exposition personnelle en 1958. Il y suivit les cours de Michel Sanouillet, spécialiste du dadaïsme et de Marcel Duchamp, qui l'impressionna durablement. En 1961, il organisa un « happening » à London (Ontario), sa ville natale, à laquelle il manifeste son enracinement, affichant son attachement au quotidien régional opposé à la contagion uniformisatrice américaine. Dans cette perspective de recherche d'identité, en 1961 il a créé la revue *Région,* qui parut jusqu'en 1967, il a participé en 1962-1963 à l'animation de la galerie coopérative du même titre, en 1964 il fut un des membres-fondateurs du *Nihilism Spasm Band,* puis il a fondé la galerie *20-20,* active de 1966 à 1970. En 1969, il représenta le Canada à la Biennale de São Paulo.
Son travail prend des aspects très divergeants. Dans ses premières années, au début des années soixante, il a surtout réalisé des collages et des assemblages d'objets trouvés. Simultanément, il dessinait, peignait à l'aquarelle, travaux graphiques incluant souvent des chiffres et des mots. Dans ses peintures, il représente des héros du sport, du spectacle, de la politique, il évoque des souvenirs d'enfance, il décrit sa propre vie familiale, avec une franchise parfois gênante. Images nettes et directes, couleurs souvent criardes mais efficaces, rappellent les récents acquis du pop art ou aussi le style de Richard Lindner. Comme chez Lindner encore, l'apport du texte joue très vite un rôle important à l'intérieur même du tableau, et, dans une période suivante, en est devenu l'élément essentiel, jusqu'à ce que le tableau enfin se limite à des descriptions écrites, où la qualité typographique lui confère éventuellement une qualité plastique picturale à part entière. Polymorphe, Greg Curnoe ne se laisse situer dans aucun camp, de crainte de se laisser circonvenir, aussi les visite-t-il tous avec une belle ardeur, avant tout soucieux de préserver son identité et l'identité de son terroir. Très significative de sa boulimie multidirectionnelle est son œuvre du Musée d'Art Contemporain de Montréal : *Sanouillet # 2,* dans laquelle il a inclus : sa pratique maîtrisée des couleurs claires et fraîches de l'aquarelle en grands formats, la référence à son maître Sanouillet qui titre l'œuvre, à travers celui-ci la référence au *ready-made* de la roue de bicyclette de Duchamp que représente l'aquarelle à sa façon, enfin sa propre pratique de la bicyclette symbolisée par la roue. ■ Jacques Busse
Bibliogr. : In : *Les vingt ans du musée à travers sa collection,* Mus. d'Art Contemp., Montréal, 1985.
Musées : Montréal (Mus. d'Art Contemp.) : *Sanouillet # 2* 1936.

CURNOW VOSPER Sydney. Voir **VOSPER Sydney Curnow**

CUROS Jordi ou **Jorge**
Né en 1930 à Clot (Gérone). XXe siècle. Espagnol.
Peintre. Polymorphe.
Il fut élève de l'École d'Art de Gérone. Par une bourse de l'Institut Français de Barcelone, il fit un séjour en France.
Vers 1950, il était figuratif, dans la manière de Bernard Buffet. Par des couleurs vives en épaisseurs, il évolua ensuite dans le sens de l'abstraction informelle.
Ventes Publiques : Madrid, 24 fév. 1977 : *Fenêtre sur mer* 1971, h/t (73x92) : **ESP 85 000.**

CUROT-BARBEREL M. L., Mme
XIXe siècle. Française.
Peintre de portraits, miniatures.
Elle exposa à partir de 1880 aux Artistes Français et à la Nationale des Beaux-Arts à Paris.

CUROTTI Gaetano
Né en 1762. Mort en 1834. XVIIIe-XIXe siècles. Actif à Plaisance. Italien.
Peintre.

CURRADI Raffaello
Né à Rovezzano (près de Florence). Mort à Volterra. XVIIe siècle. Actif au début du XVIIe siècle. Italien.
Sculpteur.
Élève d'Andrea Ferruci. Il travailla pour le Palais Pitti, le Palais Castelli, la Villa Poggio Impériale, les jardins Boboli.

CURRADI Taddeo, dit **Battiloro**
Né à Florence. Mort après 1590. XVIe siècle. Italien.
Sculpteur.
Élève de Giovanni Battista Nadini.

CURRADO Cosimo ou **Curradi**
XVIe-XVIIe siècles. Travaillant probablement à Florence. Italien.
Peintre.
Cosimo fut le frère de Pietro et de Francesco Currado et fut l'élève de ce dernier.

CURRADO Francesco ou **Curradi**
Né en 1570 à Florence. Mort vers 1661 à Florence. XVIe-XVIIe siècles. Italien.

Peintre d'histoire, compositions religieuses, figures, portraits, dessinateur.
Currado fut l'élève de son père Taddeo et de Giovanni Battista Naldini, et peignit pour les églises de sa ville natale et pour le roi de Portugal dont il reçut des commandes lors de son séjour à Rome. Ce souverain le décora de l'Ordre du Christ. Currado eut une grande influence comme professeur à Florence.
Musées : Florence (Gal. Nat.) : *Madeleine lavant les pieds du Sauveur* – *La Communion de sainte Marie-Madeleine* – Florence (Palais Pitti) : *Narcisse à la fontaine* – *Sainte Catherine* – Pise : *L'Adoration de l'Enfant* – Prato : *Apparition d'un cerf à saint Eustache* – Vienne : *Abraham et les Anges.*
Ventes Publiques : Londres, 28 juin 1979 : *Jeune fille endormie*, craies de coul., coins coupés (23x40,5) : **GBP 5 800** – Rome, 27 mars 1980 : *Saint Jean Baptiste*, h/pan. (71x90) : **ITL 2 200 000** – Monte-Carlo, 20 juin 1987 : *Tête de jeune garçon regardant vers le haut*, pierre noire er craie blanche/pap. chamois (24,3x19) : **FRF 55 000** – Rome, 24 mai 1988 : *Annonciation*, h/pap. mar./t. (37,5x27,5) : **ITL 1 000 000** – New York, 11 jan. 1989 : *Homme debout regardant à droite*, sanguine (40,8x21,9) : **USD 1 430** – Milan, 4 avr. 1989 : *La Madeleine*, h/t (140x110) : **ITL 28 000 000** – New York, 14 jan. 1992 : *Étude d'un homme debout suppliant*, craie noire avec reh. de blanc (37x19,4) : **USD 5 280** – Paris, 3 avr. 1992 : *Tête de jeune garçon*, pierre noire et reh. de blanc/ pap. beige (24x18,7) : **FRF 40 000** – Londres, 8 juil. 1992 : *Artémise buvant les cendres de Germanicus*, h/t (186,5x232) : **GBP 16 500** – Londres, 18 avr. 1994 : *Personnage priant agenouillé de profil*, craie noire/pap. gris-bleu (32,7x20,1) : **GBP 3 220** – Londres, 9 déc. 1994 : *Vierge à l'Enfant*, h/t (94x80) : **GBP 11 500** – Londres, 11 déc. 1996 : *Madeleine en repentance*, h/t (111,5x94) : **GBP 8 625** – Londres, 30 oct. 1996 : *Portrait d'un jeune soldat*, h/t (44,5x33) : **GBP 13 225.**

CURRADO Pietro
XVIe siècle. Travaillant à Florence. Italien.
Peintre.
Cet artiste fut un élève de son frère Francesco.

CURRAN Amelia
Née vers la fin du XVIIIe siècle probablement en Irlande. Morte en 1847 à Rome. XVIIIe-XIXe siècles. Britannique.
Peintre.
Cette artiste était fille de John Philpot Curran, le grand juriste et orateur irlandais. On cite d'elle un portrait du célèbre poète Percy Bysshe Shelley, conservé à la National Portrait Gallery, à Londres.
Ventes Publiques : Londres, 29 nov. 1971 : *Portrait of Shelley* : **GBP 1 100.**

CURRAN Charles Courtney
Né en 1861 à Hartford (Kentucky). Mort en 1942. XIXe-XXe siècles. Américain.
Peintre de figures, nus, portraits, intérieurs, paysages animés, paysages, pastelliste.
Il étudia successivement à Cincinnati, à l'Académie des Beaux-Arts et à l'Art Students' League de New York, et, en 1888, à l'Académie Julian de Paris, élève de Benjamin-Constant, Jules Lefebvre, H. Lucien Doucet. Il revint ensuite à plusieurs reprises à Paris. Après 1903, il se fixa surtout dans la colonie d'artistes de Cragsmoor.
Il exposa à Paris, au Salon des Artistes Français, mentions honorables en 1890 et en 1900 pour l'Exposition Universelle.
Outre de nombreux paysages, il a peint, surtout à l'époque de Cragsmoor, des portraits de jeunes femmes dans des cadres champêtres.

CHAS · C. CURRAN

Bibliogr. : William H. Gerdts, D. Scott Atkinson, Carole L. Shelby, Jochen Wierich : *Impressions de toujours – Les peintres américains en France 1865-1915*, Mus. Américain de Giverny, Terra Foundation for the Arts, Evanston, 1992.
Musées : Columbus – Giverny (Mus. Américain Terra Foundation for the Arts) : *Paris la nuit* 1889 – Richmond – Toledo – Washington D. C.
Ventes Publiques : New York, 29 oct. 1931 : *Scènes d'intérieur* : **USD 30** – New York, 13 déc. 1972 : *Le Jardin de l'artiste* : **USD 2 200** – Los Angeles, 8 mars 1976 : *Portrait de miss R.*, h/t (76x64) : **USD 650** – New York, 27 oct. 1977 : *Ciel d'été* 1918, h/t (56x45,7) : **USD 4 000** – New York, 14 oct. 1978 : *Jeune femme donnant des graines à des oiseaux dans un parc* 1889, h/pan. (22x30,5) : **USD 7 000** – New York, 20 avr. 1979 : *Jeune femme à la lanterne* 1913, h/t (76,8x76,9) : **USD 17 500** – New York, 25 avr. 1980 : *Emily avec son service à thé* vers 1906-1907, h/t (56,5x46,3) : **USD 7 000** – New York, 11 déc. 1981 : *Fille sur la plage* 1895, h/t (22,8x30,5) : **USD 13 000** – New York, 4 juin 1982 : *Le champ de choux* 1914, h/t (76,2x76,2) : **USD 24 000** – New York, 8 déc. 1983 : *Breakfast pour trois* 1909, h/pan. (50,8x76,2) : **USD 20 000** – New York, 26 oct. 1984 : *Portrait d'Elizabeth Allen* 1910, past. (29,9x19,7) : **USD 1 300** – New York, 30 mai 1985 : *Portrait de femme assise* 1913, h/t (76,2x76,2) : **USD 11 000** – New York, 29 mai 1986 : *Petit déjeuner pour trois*, h/isor. (50,8x76,2) : **USD 28 000** – New York, 3 déc. 1987 : *La Leçon d'aquarelle* 1907, h/t (46,5x56,5) : **USD 28 000** – New York, 24 juin 1988 : *Nu féminin sous une cascade* 1903, h/t (50x22,5) : **USD 3 300** – New York, 1er déc. 1988 : *Rosée d'avril*, h/t (57,2x46,4) : **USD 9 900** – New York, 24 mai 1989 : *Près de la mare aux nénuphars* 1908, h/t (43,2x24,7) : **USD 39 600** – New York, 26 sep. 1990 : *Au sommet de la falaise*, h/t (76,2x76,2) : **USD 104 500** – New York, 29 nov. 1990 : *Enfants à la pêche dans une barque* 1897, h/t (45,7x81,5) : **USD 35 750** – New York, 18 déc. 1991 : *Le vieux violoniste*, h/t/cart. (15,2x22,9) : **USD 1 870** – New York, 12 mars 1992 : *Parmi les fleurs sauvages*, h/t (31,1x44,4) : **USD 24 200** – New York, 4 déc. 1992 : *Le champ de choux* 1914, h/t (76,2x76,5) : **USD 38 500** – New York, 2 déc. 1993 : *Matin de mai*, h/t (56,5x46,4) : **USD 54 625** – New York, 30 nov. 1995 : *Parmi les lauriers en fleurs* 1914, h/t (76,2x76,2) : **USD 107 000** – New York, 3 déc. 1996 : *Femme à la couronne de lauriers* 1913, aquar. et cr./pap./cart. (61x45,7) : **USD 8 625** – New York, 4 déc. 1996 : *Femmes sur une colline* 1914, h/t (56,3x46) : **USD 222 500** – New York, 26 sep. 1996 : *Ivy* 1885, h/pan. (27,3x21,6) : **USD 31 050.**

CURREY Esme
Née à Londres. XXe siècle. Britannique.
Aquafortiste.
Elle exposa à Paris au Salon des Artistes Français de 1929.

CURRIE Ken
Né en 1960 à North-Shields (North-Cumberland). XXe siècle. Britannique.
Peintre de compositions à personnages, peintre de compositions murales, dessinateur. Expressionniste.
De 1978 à 1983, il fut élève de la Glasgow School of Art. De 1983 à 1985, il produisit des films à caractère social et politique. En 1987, il eut la possibilité de peindre une série de compositions murales pour le Palace du Peuple de Glasgow. Il vit et travaille à Glasgow. Il participe à de très nombreuses expositions collectives, depuis la première en 1980 à l'exposition annuelle de la Scottish Society of Artists à Édimbourg, puis de nombreux groupes surtout à Glasgow, et aussi Londres, Édimbourg, les États-Unis, etc. Il montre aussi son travail dans des expositions personnelles : 1982 Glasgow, 1986 Bristol, 1988 Glasgow et Berlin...
De Otto Dix, il partage les convictions sociales et militantes, et un dessin volontaire, efficace, violent, cruel et en même temps fortement structuré. Sur des arrière-plans de villes ouvrières, il érige des groupes de personnages dramatiques, où se confondent bourreaux et victimes, armés ou démunis, visages monstrueux ou marqués d'infamie, masqués, casqués ou nus. La répression institutionnelle et policière, effrayante et clownesque, cerne et écrase la classe ouvrière, dans ces métaphores simplistes et pourtant émouvantes. ■ J. B.
Bibliogr. : In : Catalogue de l'exposition *New Scottish Painting*, Gal. Bureaux et Magasins, Ostende, 1991.

CURRIER Edward Wilson
Né en 1857 à Marietta (Ohio). Mort en 1918 à San Francisco (Californie). XIXe-XXe siècles. Américain.
Peintre de paysages urbains animés.
Il a peint les aspects pittoresques de San Francisco et l'agitation quotidienne des quartiers.
Ventes Publiques : New York, 28 sep. 1989 : *Chinatown à San Francisco* 1903, h/t (30,6x46) : **USD 2 750.**

CURRIER J. Frank
Né en 1843 à Boston (Massachusetts). Mort en 1909 près de Boston. XIXe siècle. Américain.
Peintre de paysages et de figures.
Il fit ses études à Munich. En 1878, il envoya aux Artistes Américains : *Le Mendiant Bohémien* et deux *Paysages.*
Ventes Publiques : New York, 25 mars 1903 : *Crépuscule* : **USD 270** – New York, 10 avr. 1930 : *Paysage* 1880, aquar. : **USD 55.**

CURRIER P. P.
XIXe siècle. Actif à Hoey vers 1825. Belge.
Peintre et miniaturiste.

CURRIER Walter Barron
Né en 1879 à Springfield (Pennsylvanie). XXe siècle. Américain.
Peintre et graveur.

CURRIN John
Né en 1962. XXe siècle. Américain.
Peintre de compositions à personnages, figures, portraits.

Il vit et travaille à New York, où il expose à la galerie Andrea Rosen. Il montre ses œuvres dans des expositions personnelles à Paris à la galerie Jennifer Flay, en 1995 au Fonds Régional d'Art Contemporain Limousin.

La peinture de John Currin se caractérise par son absence de séduction, tant dans sa facture, que dans les sujets représentés. Des femmes aux cheveux blonds ou des hommes portant souvent la barbe sont peints dans des postures statiques, ne laissant entrevoir aucune possibilité de les situer dans le cours d'une action. Les références picurales sont stylisées, et de temps à autres, plus directement citées, les années quarante de Picabia par exemple.

Bibliogr. : Jean-Yves Jouannais : *John Currin*, in : *Art Press* n° 206, oct. 1995 – Maia Damianovic : *La Peinture au risque du dilemme*, in : *Art Press*, n° 211, Paris, mars 1996.

Musées : Limoges (FRAC) : *The old guy* 1994 – *Nude* 1994.

Ventes Publiques : New York, 20 nov. 1996 : *Sans titre* 1990, h/t (86,4x76,2) : **USD 14 950** – Londres, 23 juin 1997 : *Sans titre* 1996, gche/pap. (33,7x28,3) : **GBP 2 600**.

CURRY John Steuart
Né en 1897 ou 1898 à Dunavant (Kansas). Mort en 1946. XXe siècle. Américain.
Peintre de scènes de genre, paysages ruraux animés, lithographe.

Il fut élève de l'Art Institute de Kansas City, puis de celui de Chicago. Pendant cinq années, il travailla comme illustrateur indépendant pour des journaux et périodiques, tels que le *Saturday Evening Post*. En 1921, il fit un séjour d'un an à Paris. Il exposa au Worcester Art Museum. En 1933, il obtint le Second Prix de la Carnegie International Exhibition de Pittsburgh. Peu avant sa mort, le Milwaukee Art Institute organisa une exposition de deux cents de ses peintures. Plusieurs rétrospectives de son œuvre ont eu lieu : 1956 à la Syracuse University de New York, 1972 Smithsonian Institution de Washington. Inclus dans le programme gouvernemental d'aide aux artistes pendant la dépression, le « Federal Art Project », il a décoré de peintures murales des édifices du gouvernement fédéral à Washington, au Palais de Justice de Washington : *La Justice vainqueur de la Violence populaire, La Migration vers l'Ouest*, ainsi que le Capitole de Topeka (Kansas). Eut-il conscience de ne plus être sur son terrain, son propre registre rural anecdotique s'accommodant mal du monumental ? A Thomas Hart Benton qui le félicitait amicalement de la place conquise dans l'art américain, John Steuart répondit qu'il aurait peut-être mieux fait de rester dans sa ferme. Il a peint les paysages, les scènes rustiques et les cérémonies familiales du Middle-West. La critique de l'époque disait que sa peinture était « aussi américaine qu'un champ de blé du Kansas ». Il fut un représentant typique de ce courant de peinture de genre, dite « peinture régionaliste », dans laquelle se reconnaissait l'Amérique profonde. Ces peintres, très nombreux, dont les plus marquants furent, avec C. J. Steuart, Grant Wood et Thomas Hart Benton, occupèrent jusqu'à la Seconde Guerre mondiale le terrain de l'art américain, au point que les tentatives des Macdonald-Wright, Patrick Henry Bruce, Morgan Russell pour y importer quelque modernité artistique restèrent sans écho et qu'ils durent renoncer à poursuivre leurs œuvres alors vaines. Aussi intransigeant que T. H. Benton sur le principe du chauvinisme artistique et le devoir d'illustrer les vertus de l'Amérique traditionaliste, Steuart ne dépassa guère le niveau d'une imagerie facile, n'évitant pas toujours les côtés les pires du goût populaire. Plus émouvante est l'allégorie qu'il peignit sur le thème de *Parade de départ à la guerre*, terminée en 1939 sur des esquisses datant de 1933. Sa propre expérience de la guerre, des lectures appropriées l'avaient conforté dans l'antimilitarisme, qu'il illustra encore par des peintures sur le retour en Amérique des victimes. Moins favorable fut le jugement, souvent rencontré, selon lequel sa peinture n'était le plus souvent qu'un plagiat de Rubens. Cette influence manifeste dans le *Serpent tué par un porc* de 1930, n'est guère condamnable en soi quand elle est réussie. Dans la plupart des cas, le métier, la technique, l'écriture de John Steuart Curry restent académiques et froids.
■ Jacques Busse

Bibliogr. : J. Walker, J. D. Prown, B. Rose, in : *La Peinture Américaine de la période coloniale à nos jours*, Skira, Genève, 1969 – in : *Diction. Univers. de la Peint.*, Robert, Paris, 1975 – in : *Modern American Painting*, Time-Life Books, Alexandria, Virginia, 1977 – *J. S. Curry et G Wood : Portrait de l'Amérique profonde*, Colombia, Missouri et Londres, 1981.

Musées : Muskegon (Hackley Art Gal.) : *Tornado over Kansas* 1929 – New York (Whitney Mus. of American Art) : *Baptême au Kansas* 1928.

Ventes Publiques : New York, 10 déc. 1970 : *Autoportrait* : **USD 4 000** – New York, 24 mai 1972 : *Paysage* : **USD 600** – Los Angeles, 8 mars 1976 : *Hula girls* 1930, aquar. (35,5x50) : **USD 3 750** – New York, 29 avr. 1976 : *Nature morte aux fleurs*, h/t (66,5x51) : **USD 1 500** – New York, 21 avr. 1977 : *La prairie en feu* 1940, aquar. (27,3x63,5) : **USD 2 300** – New York, 21 avr. 1978 : *Scène de cirque* 1932, h. et temp./pan. (56x61) : **USD 3 750** – New York, 28 sep. 1979 : *John Brown* 1939, litho. (37,4x27,7) : **USD 1 800** – New York, 22 mai 1980 : *Matinée de printemps* 1932, h/t (51x66) : **USD 6 000** – New York, 2 juin 1983 : *Le Nuage* 1930, h/t (61x76,2) : **USD 19 000** – New York, 15 nov. 1983 : *Horses running before the storm* 1930, litho. : **USD 2 300** – New York, 23 mars 1984 : *Kansas pasture* 1931, pinceau et encre brune et cr. (49,2x63,8) : **USD 2 500** – New York, 30 mai 1985 : *Géant russe* 1929, h/t (66x50,8) : **USD 15 000** – New York, 15 mars 1985 : *Trois éléphants*, fus. et cr. Conté (43,6x58) : **USD 1 700** – New York, 26 mai 1988 : *Autoportrait* 1935, h/t /cart. (76,7x63,9) : **USD 28 600** – New York, 1er déc. 1988 : *Parade de départ à la guerre, allégorie* 1938, h/t (102,9x142,2) : **USD 82 500** – New York, 30 nov. 1989 : *Etalons Boulonnais* 1938, craies blanche et rouge/pap. (45,1x29,8) : **USD 18 700** – New York, 24 jan. 1990 : *Les marches de l'église* 1932, aquar. et cr./pap. (40,5x51) : **USD 1 320** – New York, 14 nov. 1991 : *Le Carnaval*, aquar./pap. (48,2x61) : **USD 3 300** – New York, 23 sep. 1992 : *La Libération des esclaves*, h/cart./cart., Étude (36,8x84,5) : **USD 14 300** – New York, 3 déc. 1992 : *L'Inondation du Mississipi* 1937, aquar., gche et cr./pap., étude (34,9x26,7) : **USD 15 400** – New York, 4 mai 1993 : *Enfants courant après le charriot-école*, gche/cart. (20,3x43,2) : **USD 2 300** – New York, 25 mai 1995 : *Mon père et ma mère* 1929, h/t (76,2x91,4) : **USD 162 000** – New York, 22 mai 1996 : *Hoover et l'inondation* 1940, h/pan. (95,3x160) : **USD 118 000** – New York, 5 déc. 1996 : *Clowns et Écuyères* 1935, h/cart. (45,7x63,5) : **USD 71 250**.

CURRY Robert Franz
Né en 1872 à Boston (Massachusetts). Mort en 1945. XIXe-XXe siècles. Américain.
Peintre de paysages, portraits, animaux. Postimpressionniste.

Il était essentiellement paysagiste. Né en même temps que l'impressionnisme, il fut de cette génération qui se montra très sensible à l'influence du calendrier et de la météorologie sur le paysage. Il note l'heure, par exemple par la mention : « au crépuscule », la saison : « jour d'hiver », le temps qu'il fait : « enneigé ».

Ventes Publiques : Munich, 30 nov. 1979 : *Jour d'hiver* 1911, h/t (93x135) : **DEM 3 000** – Munich, 28 nov. 1980 : *Paysage montagneux en hiver*, h/t (59,5x74) : **DEM 2 400** – Munich, 17 mai 1984 : *Paysage de haute montagne en hiver*, h/cart. (50x61) : **DEM 6 000** – New York, 26 juin 1985 : *Vue d'un village au bord d'un lac, Suisse*, h/t (59,5x72) : **USD 1 300** – Amsterdam, 16 nov. 1988 : *Paysage de montagnes enneigées au crépuscule*, h/t (61x74,5) : **NLG 2 530** – Cologne, 15 juin 1989 : *Paysage d'hiver*, h/t (60x83) : **DEM 3 000** – Cologne, 28 juin 1991 : *Journée d'hiver dans les Alpes*, h/t (60x75) : **DEM 2 600** – Amsterdam, 3 nov.

1992 : *Journée ensoleillée en montagne*, h/t/cart. (60,5x73,5) : **NLG 2 070** – HEIDELBERG, 8 avr. 1995 : *Paysage d'hiver ensoleillé dans les premières pentes des Alpes* 1911, h/t (80x100) : **DEM 2 800**.

CURSITER Stanley

Né en 1887 à Édimbourg (Écosse). Mort en 1976. XXe siècle. Britannique.

Peintre de genre, paysages, marines.

Il fut élève du College of Art d'Édimbourg. Il exposait à Londres à la Royal Academy et à Édimbourg à la Royal Scottish Academy. Il fut à partir de 1930 directeur des Galeries Nationales d'Écosse. Il a surtout peint les paysages d'Écosse.

VENTES PUBLIQUES : ÉDIMBOURG, 30 nov. 1982 : *Scène nocturne* 1909, aquar. (48,3x58,5) : **GBP 780** – GLASGOW, 19 avr. 1984 : *A night piece, Edinburgh* 1919, aquar. reh. de blanc (53,3x74,9) : **GBP 3 200** – LONDRES, 15 mai 1985 : *Scène nocturne* 1919, aquar. (56x76,2) : **GBP 8 500** – GLASGOW, 11 déc. 1986 : *En robe d'été* 1913, h/t (50,9x61) : **GBP 12 000** – PERTH, 26 avr. 1988 : *Les falaises à Yesuaby, Orkney* 1950, h/t (51x61) : **GBP 2 750** – ÉDIMBOURG, 22 nov. 1989 : *Le miroir* 1913, h/t (86,3x101,6) : **GBP 35 200** – PERTH, 27 août 1990 : *La couturière* 1923, h/t (51x61) : **GBP 24 200** – ÉDIMBOURG, 28 avr. 1992 : *Soirée musicale*, h/t (40,5x45,5) : **GBP 3 300** – PERTH, 29 août 1995 : *La côte et les falaises d'Orkney* 1958, h/t (71x91) : **GBP 8 050** – GLASGOW, 16 avr. 1996 : *Jeune fille à la potiche bleue et blanche*, aquar. (37x27) : **GBP 1 035** – AUCHTERARDER (Écosse), 26 août 1997 : *Vagues se brisant contre les falaises* 1961, h/t (86,5x102) : **GBP 9 775** ; *Jeune fille en blanc, Poppy Lowe* 1922, h/t (92x92) : **GBP 35 600**.

CURT Rolf

Né en 1931 à Dortmund. XXe siècle. Allemand.

Peintre.

Il fit ses études artistiques à Berlin. En 1958, il obtint le Prix Ernst Reuter. En 1970, il a participé à l'exposition *1960-1970* au Musée de Bochum.

CURTA F.

XIXe siècle. Actif à Aoste. Italien.

Peintre.

CURTAY Jean-Paul

Né le 22 janvier 1951 à Neuilly-sur-Seine (Hauts-de-Seine). XXe siècle. Français.

Peintre, sculpteur, illustrateur. Lettres et signes. Groupe lettriste.

Il participe à Paris au Salon Comparaisons régulièrement depuis 1968. En 1968 également, il figura dans une salle lettriste et hypergraphique à l'occasion d'une exposition au Musée National d'Art Moderne de Paris. En 1970, il a illustré un ouvrage du poète lettriste Isidore Isou.

Participant activement au mouvement lettriste, il construit ses œuvres à partir de signes issus du domaine linguistique.

CURTELIN Charles

Né aux Échelles (Savoie). XIXe-XXe siècles. Français.

Peintre.

Élève de L. Cabié. Fixé à Lyon, il expose au Salon de cette ville, depuis 1897, des paysages et surtout des marines, à l'huile et à l'aquarelle. On cite parmi ses œuvres : *Le Soir, étang de Lacanau ; Le matin dans la lande ; Brouillard en Gironde ; Soleil couchant à Boulogne-sur-Mer ; Matinée grise et marée haute au Tréport.*

CURTI Bernardino

Né à Reggio. XVIIe siècle. Actif vers 1645. Italien.

Graveur.

Ce graveur exécuta quelques portraits, entre autres celui de Lodovico Carracci.

CURTI Francesco

Né vers 1603 à Bologne. Mort vers 1670 à Bologne. XVIIe siècle. Italien.

Graveur.

L'artiste travailla presque exclusivement au burin. Sa manière qui se rapproche de celle de Cherubino Alberti, n'a pas la perfection de dessin de ce dernier maître. On a de lui quelques portraits, quelques sujets religieux, un ouvrage plus particulier : *Les cris de Bologne*.

VENTES PUBLIQUES : PARIS, 1858 : *Lapidation*, dess. au cr. rouge : **FRF 4**.

CURTI Girolamo, dit **il Dentone**

Né en 1570 ou 1577 à Bologne. Mort en 1631 ou 1632 à Bologne. XVIe-XVIIe siècles. Italien.

Peintre d'architectures.

Cet artiste travailla d'abord chez Lionello Spada et Baglione et apprit chez ce dernier les éléments de la perspective. Il se perfectionna plus tard à l'École de Vignola et de Serlio.

VENTES PUBLIQUES : PARIS, 1858 : *Un saint enlevé au ciel par Jésus et deux anges*, dess. : **FRF 10** – LONDRES, 16-17 avr. 1997 : *Projet de décoration de plafond*, pl. et encre brune et lav. gris sur craie noire (74,5x27,7) : **GBP 460**.

CURTI Luigi

Né en Italie. XXe siècle. Italien.

Peintre.

Il exposa à Paris au Salon des Indépendants de 1932.

CURTIS Calvin

Né en 1822 à Stratford (Connecticut). Mort en 1893. XIXe siècle. Américain.

Peintre de portraits, paysages.

VENTES PUBLIQUES : NEW YORK, 15 avr. 1992 : *Ferme sur le bord de l'Housatonic* 1854, h/t (45,7x61) : **USD 2 970**.

CURTIS Charles M.

Né en 1795 à Norwich. Mort en 1839 à Londres. XIXe siècle. Britannique.

Dessinateur et aquarelliste.

Curtis exécuta principalement des dessins de fleurs et de sujets d'histoire naturelle. Il exposa à la Royal Academy et à la Water-Colours Society, en 1827 et en 1832.

CURTIS Constance

Née à Washington. XXe siècle. Américaine.

Peintre.

Élève, à New York, de Chase et Reid. Elle a peint surtout des portraits.

CURTIS Domenico de

Né à Roslyn (New York). XXe siècle. Américain.

Sculpteur.

Il a exposé au Salon des Artistes Français en 1930, et à celui des Indépendants en 1931.

CURTIS E.

Né aux États-Unis. XXe siècle. Américain.

Peintre.

En 1931 à Paris, il exposait au Salon de la Société Nationale des Beaux-Arts un *Nu*, un paysage de Madrid et un autre du Connecticut.

CURTIS G. M., Miss

XIXe-XXe siècles. Britannique.

Peintre de paysages.

Cette artiste qui travaillait à Londres, a exposé au Salon des Artistes Français en 1912-1913.

CURTIS George Carroll

Né en 1872 aux États-Unis. Mort en 1926. XIXe-XXe siècles. Américain.

Peintre de paysages, sculpteur.

VENTES PUBLIQUES : VERSAILLES, 1er avr. 1979 : *La promenade en forêt en voiture à âne* 1903, h/t (100x81) : **FRF 5 000** – NEW YORK, 24 juin 1988 : *Bateaux au soleil couchant*, h/t (30x45) : **USD 5 500** – NEW YORK, 21 mai 1991 : *Les bouquinistes sur les quais de la Seine* 1899, h/t (40,6x26,8) : **USD 1 650**.

CURTIS J.

XVIIIe siècle. Actif à la fin du XVIIIe siècle. Britannique.

Graveur.

CURTIS James Waltham

Né en 1839. Mort en 1901. XIXe siècle. Australien.

Peintre de scènes animées, animaux, paysages.

VENTES PUBLIQUES : SYDNEY, 6 oct. 1976 : *Paysage montagneux*, h/cart. (46x71,5) : **AUD 800** – MELBOURNE, 11 mars 1977 : *Chevaux fuyant un incendie de forêt* 1893, h/cart. (42x75) : **AUD 2 000** – MELBOURNE, 20 mars 1978 : *Troupeau fuyant un incendie de forêt*, h/cart. (45,5x71) : **AUD 1 500** – ARMADALE (Australie), 11 avr. 1984 : *La route de Mansfield* 1897, h/t (29,5x50) : **AUD 3 000**.

CURTIS John

XVIIIe-XIXe siècles. Britannique.

Peintre d'animaux, paysages, marines, fleurs, aquarelliste.

Il reçut son éducation artistique chez William Marlow, et exposa à la Royal Academy et à la (Old) Water-Colours Society, à Londres, entre 1790 et 1822.
Ventes Publiques : Londres, 24 juil. 1980 : *La Tamise à Twickenham*, aquar. et gche (34x46,5) : **GBP 250**.

CURTIS John
Né en 1791 à Norwich. Mort en 1862 à Londres. xixe siècle. Britannique.
Graveur.
Ce naturaliste est connu pour ses représentations de sujets d'histoire naturelle.

CURTIS Pasquale de
Né en mai 1844 à Civitanova del Sannio. xixe siècle. Italien.
Peintre de portraits.
Fit ses premières études artistiques à Naples, à l'Institut des Beaux-Arts, où il fut l'élève de Morelli et de Mancinelli.

CURTIS Philippe Matthias Wilhem
xviiie siècle. Français.
Sculpteur.
Il fut reçu à l'Académie Saint-Luc à Paris en 1778.

CURTIS Ralph Wormeley
Né en 1854. Mort en 1922. xixe-xxe siècles. Américain.
Peintre de scènes de genre, portraits.
A exposé des tableaux de genre à Paris (Artistes Français), Florence, Venise et Londres. Il obtint une mention honorable à l'Exposition Universelle en 1889.
Ventes Publiques : Londres, 5 juin 1981 : *Portrait de James McNeill Whistler, attablé avec une femme*, h/t (116,8x80) : **GBP 1 600** – New York, 4 déc. 1996 : *Maître Juan*, h/pan. (32,5x23,6) : **USD 4 600** ; *Parvis d'une petite église*, h/t (67,9x48,3) : **USD 16 100** – New York, 7 oct. 1997 : *Le Pont des Soupirs*, h/t (180x250) : **USD 21 850**.

CURTIS Sarah
Née en Angleterre. Morte en 1743. xviie-xviiie siècles. Britannique.
Peintre de portraits.
Élève de Mrs Mary Beale. Cette artiste a exécuté quelques portraits, notamment ceux de son mari le Dr Hoadly, plus tard évêque de Winchester.

CURTIS T. Voir **CURTS T.**

CURTIS William
Né en 1746 à Alton (Hampshire). Mort en 1799 à Londres. xviiie siècle. Britannique.
Dessinateur.
Il était naturaliste et, sans doute, dessinateur pour les besoins de sa science.

CURTIS William Fuller
Né en 1873 à Staten Island (New York). xixe-xxe siècles. Américain.
Peintre, illustrateur.
Il fut élève du pastelliste Julius Rolshoven à New York, et de Jules Lefebvre et Tony Robert-Fleury à Paris.

CURTIS-HUXLEY Claire A.
Née à Palmyra. xixe-xxe siècles. Active en France. Américaine.
Sculpteur de statuettes. Tendance symboliste.
Elle se fixa à Paris, où elle fut élève de Denis Puech, et où elle exposait aux Salons des Artistes Français, de la Société Nationale des Beaux-Arts, des Artistes Indépendants. Elle obtint une mention honorable à l'Exposition Universelle de 1900.
Musées : Paris (Mus. d'Orsay) : *La lumière*.

CURTOBAL Juan
xvie siècle. Actif à Valladolid. Espagnol.
Peintre.

CURTOIS Mary Henrietta Dering
Née à Londres. xxe siècle. Britannique.
Peintre de portraits et de paysages, professeur d'art.

CURTOVICH Ovid
Né en 1855 à Smyrne. xixe siècle. Turc.
Peintre de portraits, paysages.
Élève de l'Académie des Beaux-Arts à Vienne de 1879 à 1883 et de Ed. von Engerth. Il a exposé en 1892 à la Royal Academy, à Londres.
Musées : Vienne : *Le portrait du peintre Erasmus Chevalier Engert*.

Ventes Publiques : Zurich, 20 mai 1977 : *Cour dans le palais de Kara Osman à Magnesie* 1890, h/t (134,5x101) : **CHF 4 500** – Londres, 11 oct. 1996 : *Sous les cyprès*, h/t (78x54) : **GBP 6 325**.

CURTOYS Joaquin
xixe siècle. Vivant à Londres. Espagnol.
Miniaturiste.

CURTS T. ou **Curtis**
Né vers 1895. Mort en 1929. xxe siècle.
Sculpteur.
Ventes Publiques : Londres, 21 juin 1978 : *Peau-Rouge avec un fusil* vers 1900, bronze (H. 51) : **GBP 2 600** – New York, 30 avr. 1980 : *Composition*, bronze (H. 69) : **USD 1 600** – New York, 23 avr. 1981 : *Indien debout*, bronze (H. 58,5) : **USD 4 700** – Londres, 8 mars 1984 : *The last drop* vers 1890, bronze patiné (H. 31) : **GBP 2 900** – New York, 31 mars 1993 : *Menant la charge*, bronze (H. 24,1) : **USD 1 035** – New York, 21 mai 1996 : *Le dernier picotin*, bronze (H. 22,8) : **USD 978**.

CURTY Claude Joseph Édouard
Né le 31 août 1799 à Paris. Mort après 1882. xixe siècle. Actif à Nantes. Français.
Peintre.
En 1817, il entra à l'École des Beaux-Arts, où il eut pour professeurs Laffitte, Abel de Pujol et Boisselier. De 1824 à 1841, il exposa au Salon de Paris. A Mons, il décora la salle des banquets maçonniques. Il a peint surtout des vues de Paris.

CURTY Edme
xviie siècle. Actif à Dôle vers 1625. Français.
Peintre verrier.

CURTY Joseph Emmanuel
Né le 13 février 1750 à Fribourg. Mort le 9 janvier 1813 à Fribourg. xviiie-xixe siècles. Suisse.
Dessinateur et aquarelliste.
Curty travailla au service de lord Northampton, lors de la visite de ce noble à Avenches vers 1786. Ses œuvres furent très appréciées en Angleterre ; quelques-unes ont été acquises par des Musées suisses.
Ventes Publiques : Paris, 1864 : *Vues de Suisse*, quatre dessins à la plume, lavés d'encre de Chine : **FRF 5** – Paris, 8 déc. 1922 : *Vue d'une partie de la ville de Fribourg ; Dessus du pont de Saint-Jean ; Vue de La Motte dans la ville de Fribourg ; Vue du pont du Milieu à Fribourg*, quatre aquarelles formant série : **FRF 2 500**.

CURY Marthe
xxe siècle. Française.
Peintre de paysages, intérieurs.
Elle exposa à Paris, au Salon de la Société Nationale des Beaux-Arts de 1926 à 1931.

CURY Thomas
xixe siècle. Britannique.
Peintre de genre, marines.

CURZON Paul Alfred de
Né le 7 septembre 1820 au Moulinet (commune de Migné-aux-Ances, Vienne). Mort le 4 juillet 1895 à Paris. xixe siècle. Français.
Peintre de genre, paysages, compositions décoratives.
Élève de Drolling et de Cabat à l'École des Beaux-Arts de Paris, il obtint le second grand Prix de Rome en 1849. Il participa au Salon des Indépendants à Paris.
Il rapporte de ses voyages en Grèce et en Italie des paysages peints dans de chaudes harmonies. Les *Contes* d'Hoffmann lui inspirent des compositions plus laborieuses. Il a fait de grandes décorations pour l'Hôtel de Ville de Poitiers.

Bibliogr. : Gérald Schurr, in : *Les Petits Maîtres de la peinture 1820-1920, valeur de demain*, Les Éditions de l'Amateur, t. II, Paris, 1982 – Pierre Miquel, in : *Le Paysage français au xixe siècle 1800-1900, l'école de la nature*, Éditions de la Martinelle, vol. IV, Maurs-la-Jolie, 1985.
Musées : Amiens (Mus. de Picardie) : *Sous-bois près de Toulon* – Angers : *Les bords de Teverone, campagne romaine* – Bagnères-de-Bigorre (Mus. Saliès) : *Un rêve dans les ruines de Pompéi* 1886 – Besançon (Mus. des Beaux-Arts) : *Au bord de l'Illissus*, aquar. et gche – *Paysage des environs de Rome* – Brest : *Environs de la*

rade de Toulon – LE HAVRE : *Au coin d'un champ, famille de moissonneurs italiens* – PARIS (Mus. d'Orsay) : *Psyché* – POITIERS : *Les houblons* – PONTOISE (Mus. Tavet-Delacour) : *Vue prise dans les bois de Castel-Fusano* – SAINT-ÉTIENNE (Mus. d'Art et d'Industrie) : *Paysage* – *Aveugles grecs près d'une citerne* – *L'Acropole d'Athènes* 1855.

VENTES PUBLIQUES : PARIS, 3 fév. 1919 : *Les bords du Clain près de Poitiers* : **FRF 1 100** – PARIS, 12-13 nov. 1928 : *Les tisserands Italie* : **FRF 510** – PARIS, 25 sep. 1942 : *Paysage antique* : **FRF 1 350** – PARIS, 15 mars 1976 : *Jeune femme assise*, h/t (23x28,5) : **FRF 1 950** – PARIS, 6 déc. 1982 : *Jeune Bédouine assise*, aquar. (18x27) : **FRF 2 600** – PARIS, 11 mars 1985 : *Jeune femme grecque au repos devant l'Acropole*, aquar. : **FRF 4 200** – NEW YORK, 22 mai 1990 : *Passe-temps d'après-midi*, h/t (71x90,1) : **USD 16 500** – LONDRES, 17 mai 1991 : *Scène journalière dans un village toscan*, h/t (32,5x42,5) : **GBP 4 400** – NEW YORK, 13 oct. 1993 : *Les faucheurs*, h/t (71,1x143,5) : **USD 9 200**.

CUSA Michele

Né en 1799 à Rimella (Valsesia). Mort en 1870 à Varallo. XIXe siècle. Italien.

Peintre.

Étudia à Varallo et à la Brera de Milan. Il fut professeur à l'Académie Albertine à Turin.

CUSACHS Y CUSACHS José

Né en 1851 à Montpellier (Hérault), de parents espagnols. Mort en 1908 à Barcelone. XIXe-XXe siècles. Espagnol.

Peintre de sujets militaires, scènes de genre, portraits, aquarelliste, dessinateur.

Élève du peintre catalan Simon Gomez et, à Paris, d'Ed. Detaille. Il a peint des sujets militaires, notamment : *La Batalla de Artaban* et quelques portraits, dont ceux d' *Alphonse XIII* et du *Général Porfirio Diaz*.

MUSÉES : BARCELONE : *La Batalla de Artaban*.

VENTES PUBLIQUES : NEW YORK, 9 juin 1976 : *Militaire menant deux chevaux à l'abreuvoir* 1897, h/t (30,5x49,5) : **USD 3 250** – LONDRES, 23 fév. 1977 : *Soldats espagnols dans un paysage escarpé* 1896, h/t (49,5x99) : **GBP 4 400** – MADRID, 22 mai 1978 : *La Diligence* 1904, h/t (50x100) : **ESP 775 000** – BARCELONE, 19 nov. 1981 : *Le pique-nique* 1895, h/t (157x270) : **ESP 1 650 000** – BARCELONE, 23 mai 1984 : *Le trompettiste*, aquar. (32x21,5) : **ESP 220 000** – BARCELONE, 19 déc. 1984 : *Les hussards*, h/t (70x100) : **ESP 3 200 000** – MADRID, 27 mars 1985 : *Les grandes manœuvres*, h/t (48x99) : **ESP 2 650 000** – BARCELONE, 28 nov. 1985 : *Le repos des cavaliers*, aquar. et pl. (23x30) : **ESP 175 000** – BARCELONE, 17 déc. 1987 : *Le régiment de cavalerie*, h/t (30x50) : **ESP 2 700 000** – LONDRES, 22 juin 1988 : *Scène de bataille* 1895, h/t (136x252) : **GBP 90 200** ; *Dans l'écurie* 1906, h/t (46x55) : **GBP 14 300** – LONDRES, 21 juin 1989 : *Promenade à cheval* 1899, h/t (30,5x50,5) : **GBP 39 600** – NEW YORK, 24 oct. 1989 : *Escadron de cavalerie* 1892, h/t (76,2x136) : **USD 137 500** – LONDRES, 22 nov. 1989 : *Bavardages féminins*, h/t (78x119) : **GBP 132 000** – LONDRES, 14 fév. 1990 : *Officiers de cavalerie*, cr., encre et aquar., une paire (chaque 18,5x14) : **GBP 2 750** – NEW YORK, 20 fév. 1992 : *Escadron de cavalerie*, h/t (30,5x50,2) : **USD 25 300** – NEW YORK, 18 fév. 1993 : *Hussards à cheval* 1905, h/t (55,5x46) : **USD 38 500** – MADRID, 18 mai 1993 : *Portrait d'un officier assis*, cr. (23x16) : **ESP 170 000** – LONDRES, 16 nov. 1994 : *La partie de chasse* 1903, h/t (47x98) : **GBP 38 900**.

CUSATI Gaetano

XVIIIe siècle. Italien.

Peintre de sujets de chasse, animaux, natures mortes.

Il travailla à Naples et à Palerme.

VENTES PUBLIQUES : LUCERNE, 25 juin 1966 : *Nature morte aux fruits de mer* : **CHF 4 800** – MONACO, 17 juin 1988 : *Nature morte aux fruits et fleurs*, h/t (89x128) : **FRF 166 500** – MILAN, 25 oct. 1988 : *Nature morte avec une raie et d'autres poissons*, h/t (46,5x66) : **ITL 10 000 000** – MONACO, 21 juin 1991 : *Nature morte aux fleurs, fruits avec un petit chien*, h/cuivre (17,5x28,5) : **FRF 155 400** – NEW YORK, 4 oct. 1996 : *Un héron, des faucons, un canard et autres gibiers gardés par deux chiens de meute, sous un arbre*, h/t (126,4x177,8) : **USD 13 225**.

CUSCO Giuseppe Francesco del

Né à Naples. XVIIIe siècle. Travaillant à Lisbonne. Italien.

Peintre sur émail.

CUSEI Lapo

XIVe siècle. Actif à Florence. Italien.

Peintre d'histoire et de portraits.

CUSEN Liévin

XVe siècle. Actif à Gand en 1448. Éc. flamande.

Enlumineur.

CUSENIER Jeannine, ou **Jeannie**

Née en 1909 à Paris. XXe siècle. Française.

Peintre de paysages, marines, paysages animés, intérieurs, figures, natures mortes, fleurs, aquarelliste.

Elle fut élève de l'École des Beaux-Arts de Paris de 1929 à 1933. En 1937-1938, elle voyagea autour du monde, avec séjours en Indochine, Chine, Japon, Amérique. En 1949, elle disposa d'un atelier au Palais-Royal à Paris. En 1952, elle découvrit la Grèce, où elle fit ensuite plusieurs séjours. En 1958, elle fut sensible aux œuvres de Legueult à la Biennale de Venise. Celui-ci lui conseilla d'aller travailler dans l'atelier d'Émile Sabouraud à l'Académie Julian. En 1963, elle reprit l'atelier de Roland Oudot à Eygalières. En 1965, elle séjourna à la Martinique, où elle retourna plusieurs fois. Depuis 1953, elle participe à des expositions collectives, parmi lesquelles : à Paris, depuis 1961 Salon du Dessin et de la Peinture à l'eau, 1973 et 1985 Salon des Artistes Français, depuis 1974 Salon de la Marine, depuis 1981 Salon d'Automne, en 1987 Salon de la Société Nationale des Beaux-Arts, etc. Elle montre aussi ses œuvres dans des expositions personnelles, surtout à Paris, en 1939, 1956, 1960, 1971, 1977, 1982, 1985, 1988.

Elle a beaucoup peint au cours de ses très nombreux voyages, pendant lesquels la pratique de l'aquarelle lui est d'un abord plus aisé, d'autant que son écriture picturale est naturellement très cursive. Elle peint aussi les paysages de France, de l'île d'Yeu à la Provence. Hors des théories, des écoles, elle produit une peinture de plaisir, ne s'attachant qu'aux beaux côtés des choses.

BIBLIOGR. : André Salmon : Présentation de l'exposition *Jeannie Cusenier*, Gal. Cardo-Matignon, Paris, 1960 – Pierre Dehaye : *J. Cusenier*, Paris, 1988.

VENTES PUBLIQUES : PARIS, 13 nov. 1985 : *Les bords de la Loue*, aquar. (46x62) : **FRF 5 100** ; *Le port*, h/t (50x65) : **FRF 5 800** – PARIS, 17 nov. 1986 : *Bateaux de pêche au port*, h/t (60x73) : **FRF 5 000** – PARIS, 14 fév. 1992 : *Grèce, Kulimnos*, h/cart. toilé (53x50) : **FRF 6 000**.

CUSETI Joseph Anton

Né en 1750 à Bozen. Mort en 1793. XVIIIe siècle. Actif à Bozen. Autrichien.

Peintre.

CUSHING Howard Gardiner

Né en 1869 à Boston (Massachusetts) ou à New York. Mort en 1916 à Boston ou à New York. XIXe-XXe siècles. Américain.

Peintre de portraits.

Il fut élève de l'Université de Harvard. A Paris, il fut élève de Benjamin-Constant, Jean-Paul Laurens, et exposa au Salon de la Société Nationale des Beaux-Arts. Il a exposé dans plusieurs villes des États-Unis.

Il a surtout peint des portraits féminins.

VENTES PUBLIQUES : NEW YORK, 28 mai 1987 : *The open cabinet*, h/t montée/isor. (121,9x92) : **USD 19 000**.

CUSHING-WRIGHT Charles. Voir **WRIGHT Charles Cushing**

CUSHMAN George Hewitt

Né en 1814 à Plainfield ou Windham (Connecticut). Mort en 1876 à Jersey-City. XIXe siècle. Américain.

Peintre de miniatures, aquarelliste et graveur.

Il résida successivement à New York et à Philadelphie. Il gravait au trait.

CUSHMAN Thomas Hastings

Né en 1815 à Albany (New York). Mort en 1841 à Albany. XIXe siècle. Américain.

Graveur.

CUSI Y FERRET Manuel

Né en 1857 à Villanueva y Geltru. XIXe-XXe siècles. Espagnol.

Peintre de genre, portraits.

Élève de l'Académie des Beaux-Arts de Barcelone, où il vivait, et de Léon Bonnat à Paris, où il travailla longtemps. Figura à l'Exposition de Bruxelles en 1910.

VENTES PUBLIQUES : MADRID, 27 fév. 1985 : *Deux Majas*, h/t (58x64) : **ESP 402 500** – BARCELONE, 29 oct. 1986 : *Portrait de femme*, h/t (47x35) : **ESP 175 000** – NEW YORK, 17 fév. 1994 : *Jeune Espagnole à l'éventail*, h/t (67,6x56,2) : **USD 3 680**.

CUSIGHE Simone da. Voir **SIMONE da Cusighe**

CUSSAT Joseph
XVIIe siècle. Français.
Peintre.
Peintre de cour à Paris, il travailla pour la Manufacture des Gobelins.

CUSSENS Cornelis Yzebrandsz ou **Kussens**
XVIe siècle. Hollandais.
Peintre.
Il fut le maître d'Henri Goltzius.

CUSSET Guillaume
XVIe siècle. Français.
Sculpteur, architecte, peintre.
Il passe pour avoir étudié en Italie. En 1510, il se chargea, à Rodez, de construire, en style original, le clocher de la cathédrale.

CUSSIN Charles ou **Gussin**
Né au XVIIe siècle. XVIIe siècle. Français.
Peintre.
On sait qu'ayant concouru pour Rome il eut une mention en 1688 et 1689, et qu'enfin il remporta le prix en 1690. Le sujet était : *Construction de la tour de Babel*. Ce n'est sans doute pas lui que Marco Boschini signale dès 1660, comme peintre de paysages vénitiens, sous le nom de Monsu Cussin.

CUSSINET Jean Claude
Né en 1818 à Lyon. XIXe siècle. Actif à Lyon. Français.
Graveur.

CUST Emmeline Mary Elizabeth, Mrs
Née le 5 août 1867 à Denton (Lancastre). XIXe siècle. Britannique.
Sculpteur.
A exposé à Londres (à la Royal Academy), à Liverpool, Manchester, B'ham, ainsi qu'au Salon de Paris. Elle a parfois signé : *Nina Cust*.

CUSTER Edward L.
Né en 1837 à Bâle. Mort en 1880 à Boston. XIXe siècle.
Peintre animalier.

CUSTINE S. V.
XIXe siècle. Actif à Liège en 1805. Éc. flamande.
Peintre de portraits.

CUSTODIS. Voir aussi **CUSTOS**

CUSTODIS François
Né en 1780 à Düsseldorf. XIXe siècle. Allemand.
Dessinateur et graveur à l'eau-forte.

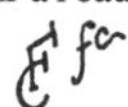

CUSTODIS Hieronymus
XVIe siècle. Éc. flamande.
Peintre de portraits.
Actif à Anvers et à Londres à la fin du XVIe siècle.
Ventes Publiques : Londres, 27 juin 1980 : *Portrait of Sir Maurice Cooper, aged 22* 1587, h/pan. (75,6x61) : **GBP 2 800**.

CUSTODIS Pieter. Voir **BALTEN Pieter** et **CUSTOS Dominicus**

CUSTOR Antoine I
Né le 4 octobre 1825 à Eschenbach (Saint-Gall). Mort le 24 mai 1892 à Neuchâtel. XIXe siècle. Suisse.
Sculpteur.

CUSTOR Antoine II
Né le 11 novembre 1852 à Neuchâtel. XIXe siècle. Suisse.
Sculpteur de bustes, décorateur.
Fils d'Antoine Custor. Il travailla d'abord à Zurich, puis à Rome où il entra à l'Académie de Saint-Luc. Pendant ses études, son œuvre : *Le Dénicheur d'Aiglons*, lui valut le prix de Rome. De retour en Suisse, il se fixa à Genève et y exécuta un certain nombre de travaux de décoration, notamment au Théâtre et au Musée Ariana. On lui doit aussi de nombreux bustes et en particulier, celui de l'historien Daguet.

CUSTOS David ou **Custodis**
XVIIe siècle. Actif à Augsbourg vers 1600. Allemand.
Graveur.
Fils de Dominicus Custos. On cite de lui huit planches pour *les Icones Operum misericordiae* et une suite de paysages.

CUSTOS Dominicus ou **Custodis**
Né vers 1560 à Anvers. Mort en 1612 à Augsbourg. XVIe-XVIIe siècles. Allemand.
Dessinateur et graveur.
Fils du peintre Pieter Balten (ou Pieter Custodis). Il prit le nom de Custos à Augsbourg où il vécut à partir de 1584. Il fut éditeur de gravures dans cette ville et y épousa la veuve du graveur Bartholomäus Kilian l'Ancien. Il eut trois fils, Raphaël, David et Jacob. En 1607, il était à Prague, au service de l'empereur Rodolphe II, dont il grava le portrait.

CUSTOS Jacob ou **Custodis**
Né à Augsbourg. XVIIe siècle. Actif à Augsbourg dans la première moitié du XVIIe siècle. Allemand.
Graveur.
Il était le plus jeune fils de Dominicus Custos.

CUSTOS Raphaël ou **Custodis**
Mort en 1651 à Francfort-sur-le-Main. XVIe-XVIIe siècles. Travaillant à Augsbourg en 1590. Allemand.
Graveur au burin.
Élève de son père, Dominicus Custos. Le Blanc cite de lui 70 portraits, des vues de ville et des sujets religieux.

CUTANDA Y TORAYA Vicente
Né en 1850 à Madrid. XIXe siècle. Espagnol.
Peintre de figures, portraits.
Il étudia à Madrid et à Rome. Il prit part aux expositions de Madrid.
Musées : Bilbao – La Corogne – Madrid – Saragosse.
Ventes Publiques : Londres, 16 juin 1993 : *Deux familles* 1897, h/t (49x99,5) : **GBP 4 600**.

CUTBERCHT
VIIIe siècle. Actif à Salzbourg.
Miniaturiste.

CUTBERT Albert
XIXe siècle. Actif dans la première moitié du XIXe siècle. Français.
Peintre, aquarelliste, dessinateur.
Ventes Publiques : Paris, 1858 : *Animaux au repos et figures, au fond un paysage*, dess. au cr. rouge : **FRF 27**.

CUTHBERT Margot Lindsey, Mrs
Née à Tiberton (Devonshire). Morte le 23 décembre 1893. XIXe siècle. Britannique.
Peintre, miniaturiste, aquarelliste.
Elle exposait à la Royal Academy et à la Walker Art Gallery.

CUTLER Harriette, Mrs
Née à Cleveland (Ohio). XXe siècle. Américaine.
Sculpteur.
Exposa au Salon des Artistes Français de 1928.

CUTLER Jervis
Né en 1768 à Martha's Vineyard (Massachusetts). Mort en 1846 à Evansville (Indiana). XVIIIe-XIXe siècles. Américain.
Graveur.

CUTNER Herbert
Né à Hull (York). XXe siècle. Britannique.
Aquafortiste.

CUTSEGHEM Jacob Van
XVe siècle. Actif à Bruges et à Alost. Éc. flamande.
Sculpteur.

CUTTICA Teresa, marchesa (marquise)
XVIIIe siècle. Italienne.
Peintre de miniatures.
Elle fut active à Alessandria della Paglia (Piémont).

CUVELEZ Pierre
XVIIIe siècle. Français.
Peintre.
Il fut reçu à l'Académie Saint-Luc à Paris en 1781.

CUVELIER Hippolyte Joseph
Né le 9 mars 1803 à Saint-Omer (Pas-de-Calais). Mort le 1er janvier 1876. XIXe siècle. Français.
Peintre.
Le 13 mai 1826, il entra à l'École des Beaux-Arts et y devint l'élève d'Hersent. Il fut nommé professeur de dessin à l'école communale de Saint-Omer le 1er janvier 1828. Il exposa au Salon

de Paris de 1836 à 1847. Le Musée de Saint-Omer conserve de lui : *Intérieur de l'église Notre-Dame à Saint-Omer* et *Entrée de Louis XIV dans la cathédrale de Saint-Omer*.

CUVELIER Hugues ou **Cavelier**
Mort en 1526 à Sens. XVIe siècle. Français.
Sculpteur.
Élève de Martin Chambiges, il lui succéda, en 1494, comme maître de l'œuvre de la cathédrale de Sens. Il s'occupa d'abord du transept nord, puis il fit le portail en cinq ans (1501-1506), ainsi que quatre tabernacles ; de 1513 à 1516, il acheva le portail d'Abraham. Il fit plusieurs voyages à Troyes, avec son maître, à l'occasion des travaux de la tour Saint-Pierre.

CUVELIER Joseph
Né à Commines (Nord). Mort en 1878. XIXe siècle. Français.
Sculpteur.
A exposé au Salon de 1868 à 1878. Il y a parfois confusion entre cet artiste et Louis Eugène Joseph Cuvellier.

CUVELIER Philippe
XVIe siècle. Actif à Arras en 1549-1551. Éc. flamande.
Peintre.

CUVELLIER Louis Eugène Joseph ou **Cuvelier**
Né à Cherbourg (Manche). XIXe siècle. Français.
Sculpteur de bustes, groupes, animalier.
Élève de Carpeaux. Il exposa au Salon, entre 1872 et 1883, des bustes et des médaillons. Il y a souvent confusion entre Joseph Cuvelier et Louis Eugène Joseph Cuvellier.
Ventes Publiques : Paris, 4 mai 1976 : *Deux jockeys*, bronze (H. 26) : **FRF 26 000** – Londres, 10 nov. 1983 : *Cheval de course* vers 1880, bronze patiné (H. 37,5) : **GBP 1 100** – Londres, 7 nov. 1985 : *Jockey tombant de cheval*, bronze, patine brune (H. 18) : **GBP 700** – Londres, 20 mars 1986 : *Chevaux de courses avec leurs jockeys*, bronze, patine brune (H. 25) : **GBP 3 000**.

CUVILLIER
XVIIIe siècle. Français.
Peintre.
Il travailla à Saint-Pétersbourg, où il enseigna à partir de 1758 à l'Académie impériale.

CUVILLIER Eugène H. E.
XIXe siècle. Français.
Peintre.
Il exposa à Paris au Salon entre 1887 et 1897.

CUVILLIÈS Jean François de
Né en 1695 à Soignies (Hainaut). Mort en 1768 à Munich. XVIIIe siècle. Allemand.
Graveur, dessinateur.
En dehors de sa qualité d'architecte, Jean-François de Cuvilliès se définirait volontiers, non comme peintre ni sculpteur, mais ornemaniste ou décorateur. En effet, le genre rococo, qu'il sert avec brio, convient particulièrement à l'art d'habiller les murs de stucs, miroirs et lambris. Il a donné tout un répertoire de modèles décoratifs à travers plus de quatre cents planches gravées, dont la publication a été achevée par son fils. Il a d'abord travaillé sous la direction de Jacob Effner, puis de Gunetzrhainer, auquel il succéda en tant qu'architecte de l'Électeur. La force de Jean-François de Cuvilliès vient de ce qu'il a créé également des architectures légères adaptées à ses décorations qui ne sont pas sans rappeler l'art d'un Watteau. Il connaît d'ailleurs l'art français puisqu'il a suivi, en France, l'Électeur Max Emmanuel, à la cour duquel il était attaché, et il semble également avoir vécu, vers 1724, auprès de Jean-François Blondel. Son œuvre se partage entre architecture : les palais Holstein, Portia, et Fugger à Munich ; décoration : le palais du prince Clément Auguste à Bonn, les appartements de la Résidence et le théâtre de la Cour à Munich ; et architecture-décoration dont la plus belle réussite est sans doute le pavillon d'Amelienburg, aux lignes ondulantes, aux ornements empruntés à la musique, à la guerre, sans oublier les Amours et Vénus.
Bibliogr. : Michel Gallet in : *Dictionnaire Universel de l'Art et des Artistes*, Hazan, 1967, Paris.
Ventes Publiques : Paris, 1896 : *Décoration d'un salon dans un pavillon de chasse*, dess. à la pl. et à l'aquar. : **FRF 215** ; *Glace avec cadre en bois placée dans une niche*, dess. à la pl., reh. d'encre de Chine : **FRF 155** ; *Console genre rocaille, à quatre supports*, dess. à l'encre rouge : **FRF 120** – Paris, 10-11 avr. 1929 : *Console à quatre pieds*, dess. : **FRF 500**.

CUVILLON Louis Robert de
Né le 29 février 1848 à Paris. XIXe siècle. Français.
Peintre de genre, portraits, architectures, paysages, aquarelliste.
Élève de L. Leloir, il a participé au Salon de Paris de 1870 à 1874, et au Salon des Aquarellistes.
Il peint avec vivacité des scènes anecdotiques dans l'esprit de Jean Béraud ou de Henry Somm.

R. de Cuvillon

Bibliogr. : Gérald Schurr, in : *Les Petits Maîtres de la peinture 1820-1920, valeur de demain*, Les Éditions de l'Amateur, t. IV, Paris, 1979.
Ventes Publiques : Paris, 9 juin 1900 : *Stathouder du seizième siècle*, aquar. : **FRF 115** – New York, 3 fév. 1905 : *Le rondeau* : **USD 160** – Paris, 18 juin 1930 : *La guitariste, chanson de printemps*, aquar. : **FRF 170** – Paris, 15-16 juin 1942 : *Bords de rivière*, aquar. : **FRF 210** ; *La soubrette* : **FRF 330** – New York, 14 oct. 1978 : *Vue de Pourville* 1931, aquar. (20x29) : **FRF 320** – New York, 1er mars 1984 : *Couple élégant assis dans un champ* 1886, aquar. et gche (28x21,5) : **USD 600**.

CUVINOT Jeanne
Née à Formerie (Oise). XXe siècle. Française.
Peintre de portraits, paysages, natures mortes, fleurs.
Elle exposait à Paris, au Salon des Artistes Français, dont elle devint sociétaire.

CUYAS Francisco Camilo
XIXe siècle. Actif à Cuba. Espagnol.
Peintre.
Il travailla à La Havane, où il fut l'élève de J. B. Vermay, et, à partir de 1823, professeur à l'Academia de San Alejandro.

CUYCK Catharina Van. Voir **DU BOIS Catharina**

CUYCK Cornelia Pieternella Van
Née en 1749 à La Haye. XVIIIe siècle. Hollandaise.
Paysagiste et portraitiste.
Élève de son père Pieter le Jeune et de son oncle Carel. Elle fut membre honoraire de la Pictura en 1777.

CUYCK Frans Van, de son vrai nom : **Mierhop Van**
Né le 22 novembre 1662 ou 1640 à Bruges. Mort vers 1690 à Gand. XVIIe siècle. Éc. flamande.
Peintre de genre, portraits, natures mortes.
Inspecteur de la gilde. Ses natures mortes rappellent celles de Snyders. Un Frans Van Cuyck fut, en 1536, élève de Quintyn Matsis, à Anvers.

F. V. C.

Musées : Bruges : *Oiseaux morts* – Copenhague : *Banc de poissons* – Gand : *Vision de saint Hubert* – Gand (Église Saint-Alexis) : *Déjeuner du matin*.
Ventes Publiques : Paris, 25 sep. 1984 : *Trompe-l'œil aux armes et à la montre*, h/t (96x67) : **FRF 65 000**.

CUYCK Karel Van
Né en 1724 à La Haye. Mort après 1776. XVIIIe siècle. Hollandais.
Peintre.
Élève de son père Pieter l'Ancien ; maître à La Haye en 1754.

CUYCK Maria Van
Née en 1711 à La Haye. Morte en 1783. XVIIIe siècle. Hollandaise.
Graveur, dessinatrice.
Élève de son père Pieter Van Cuyck l'Ancien.

CUYCK Michel Thomas Antoine Van
XIXe siècle. Belge (?).
Peintre de paysages.
Il était actif autour de 1842. On sait que James Ensor, très jeune, reçut les conseils d'un certain Van Cuyck.
Ventes Publiques : Bruxelles, 30 oct. 1985 : *Fête villageoise* 1859, h/t (58x80) : **BEF 105 000**.

CUYCK Pieter Van, l'Ancien
Né en 1687 à La Haye. Mort en 1765 à La Haye. XVIIIe siècle. Hollandais.
Peintre et graveur.
Élève de Mathaeus Terwesten.

CUYCK Pieter Van, le Jeune
Né en 1720 à La Haye. Mort en 1787 à La Haye. XVIIIe siècle. Hollandais.
Peintre.
Élève de son père Pieter Van Cuyck l'Ancien. Il épousa Catharina du Bois. On connaît un certain nombre d'estampes gravées d'après ses dessins.

CUYER Édouard
XIXe siècle. Actif à Paris. Français.
Peintre de portraits.
Élève de Bonnat. Il a exposé au Salon de 1876 à 1882. La Faculté de Médecine de Paris conserve de lui un *Portrait de Mathias Duval*.

CUYER Ludovic
XXe siècle. Français.
Peintre de paysages.
Il exposait à Paris, au Salon des Artistes Indépendants de 1924 à 1930.

CUYLENBORCH Abraham Van ou **Cuylenborgh,** ou **Cuylenburg**
Né avant 1620 à Utrecht. Enterré à Utrecht le 22 novembre 1658. XVIIe siècle. Hollandais.
Peintre de sujets mythologiques, paysages animés.
Élève de Poelenborgh. Il fut reçu dans la gilde d'Utrecht en 1639. Il peignit des paysages avec sujets mythologiques, souvent en collaboration avec Carel de Hooch, P. Van Hattich, Rombout Van Troyen. Un Jan Van Cuylenburg qui entre 1658 et 1661 faisait partie de la gilde d'Utrecht est souvent identifié avec lui.

VENTES PUBLIQUES : PARIS, 1813 : *Femmes au bain dans un paysage* : **FRF 95** – PARIS, 10 jan. 1916 : *Diane et ses nymphes au bain* : **FRF 160** – PARIS, 12 mai 1928 : *Le Bain des Nymphes*, attr. : **FRF 600** – LUCERNE, 25 juin 1966 : *Le bain de Diane* : **CHF 3 500** – MILAN, 8 mars 1967 : *Diane au bain* : **ITL 550 000** – VERSAILLES, 11 déc. 1977 : *Jeune baigneuses se reposant dans un grotte*, h/bois (56,5x79) : **FRF 10 000** – VERSAILLES, 11 déc. 1978 : *Jeunes baigneuse se reposant dans une grotte*, h/bois (56,5x79) : **FRF 10 000** – VERSAILLES, 22 fév. 1981 : *Diane et Calisto*, h/bois (55x61) : **FRF 8 000** – ROYAUMONT, 11 déc. 1983 : *Cavalier pénétrant dans la grotte*, h/bois (15x16) : **FRF 17 000** – ZURICH, 29 nov. 1985 : *Nymphes dans une grotte*, h/pan. (36x51) : **CHF 18 000** – AMSTERDAM, 29 nov. 1988 : *Chasseur rencontrant une dame dans un paysage de ruines*, h/pan. (47x68,5) : **NLG 3 450** – STOCKHOLM, 15 nov. 1989 : *Paysage avec Diane et des nymphes dans une grotte*, h/pan. (60x83) : **SEK 13 500** – AMSTERDAM, 12 juin 1990 : *Un chien sur une tombe classique dans une grotte*, h/pan. (57,4x40,8) : **NLG 8 050** – LONDRES, 20 juil. 1990 : *Les anges apparaissant à Marie-Madeleine*, h/pan. (47,5x63,5) : **GBP 6 050** – NEW YORK, 11 oct. 1990 : *Diane et les nymphes se baignant dans une grotte* 1644, h/pan. (43,5x51,5) : **USD 8 250** – LUGANO, 1er déc. 1992 : *Le jugement de Pâris*, h/pan. (39x51,5) : **CHF 19 000** – NEW YORK, 15 jan. 1993 : *Les nymphes de Diane se baignant dans une grotte*, h/pan. (60,3x84,5) : **USD 7 475** – LONDRES, 9 juil. 1993 : *Diane et ses nymphes dans une grotte* 1644, h/pan. (43,8x51,8) : **GBP 6 325** – AMSTERDAM, 16 nov. 1993 : *Paysage italien avec des ruines et un château à l'arrière-plan* 1641, h/pan. (16,5x30) : **NLG 32 200** – PARIS, 31 jan. 1994 : *Intérieur de grotte avec nymphe jouant du tambourin*, h/t (71x102) : **FRF 63 000**.

CUYLENBORGH Cornelis Van ou **Cuylenburg**
Né en 1758. Mort le 22 septembre 1827 à La Haye. XIXe siècle. Hollandais.
Peintre, graveur.
Baptisé à Utrecht le 2 avril 1758. Il était, en 1783, dans la gilde d'Utrecht, en 1816 à Anvers et en 1817 à La Haye.
VENTES PUBLIQUES : PARIS, 1818 : *Grotte souterraine avec nappe d'eau* : **FRF 56** – PARIS, 1852 : *La matrone d'Ephèse* : **FRF 241** – COLOGNE, 1862 : *Intérieur d'une grotte* : **FRF 125** – PARIS, 1869 : *Nymphe endormie, surprise par un satyre* : **FRF 16** – PARIS, 18 au 25 mars 1901 : *Diane découvrant la grossesse de Calisto* ; *Mars et Vénus* : **FRF 320** – PARIS, 10 juin 1904 : *Nymphes au bain* : **FRF 1 100** – LONDRES, 21 déc. 1907 : *Une caverne* : **GBP 6** – LONDRES, 14 juil. 1939 : *Jeune artiste* 1805 : **GBP 17** – DORDRECHT, 1er déc. 1970 : *Intérieur* : **NLG 1 500** – AMSTERDAM, 18 mai 1988 : *La forge* 1799, h/pan. (50x64,5) : **NLG 8 050** – PARIS, 18 avr. 1991 : *Portrait d'un homme en habit noir à travers un oculus* 1813, h/pan. (26x21,5) : **FRF 7 500** – AMSTERDAM, 2-3 nov. 1992 : *Paysans prenant un repas dans une cuisine* 1818, h/pan. (41x50) : **NLG 6 325** – NEW YORK, 20 juil. 1994 : *Femme pelant des pommes*, h/t (83,2x61,6) : **USD 5 462** – AMSTERDAM, 6 mai 1996 : *Portraits de Jacobus Hendricus Verkouteren et de sa femme Wilhelmine Eva de Bock* 1795, h/pan., une paire (chaque 85x67) : **NLG 9 440**.

CUYLENBURG Arent Walfertsz Van
XVIIe siècle. Actif à Utrecht en 1625. Hollandais.
Graveur d'estampes.

CUYLENBURG Cornelis Van
XVIIIe siècle. Hollandais.
Sculpteur.
Père du peintre Cornelis Van Cuylenborh, il fut membre de la gilde d'Utrecht en 1764.

CUYLENBURG Gerrit
XVIIIe siècle. Actif à Haarlem en 1715. Hollandais.
Peintre.

CUYLENBURG Jan Van
XIXe siècle. Actif vers 1820. Hollandais.
Peintre de paysages animés, graveur.
Fils de Cornelis Van Cuylenburg. Il travailla successivement à La Haye et à Bruxelles. Il a peint surtout des paysages avec des animaux.

CUYN Jehan
XVe siècle. Actif à Bourges en 1485-1488.
Enlumineur.

CUYN Thibault
XVIe siècle.
Peintre.
Il travaillait en 1541 au château de Fontainebleau.

CUYP Abraham Gerritsz
Mort avant 1644. XVIIe siècle. Hollandais.
Peintre de cartons de vitraux, peintre verrier.
Il est le fils de Gerrit Gerritsz Cuyp l'Ancien et le père de Jacob Abraham Cuyp. Il travailla à Dordrecht.

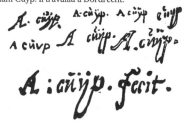

CUYP Aelbert ou **Aelbrecht** ou **Kiup**
Né le 20 octobre 1620 à Dordrecht. Mort le 15 novembre 1691 à Dordrecht. XVIIe siècle. Éc. flamande.
Peintre de portraits, animaux, paysages animés, paysages d'eau, natures mortes.
Issu d'une famille d'artistes – son grand-père paternel, Gerrit Gerritsz Cuyp et son oncle Jacob Gerritsz étaient peintres verriers – il était le fils du portraitiste Jacob Gerritsz Cuyp, et fit ses études dans l'atelier de ce dernier, comme son jeune oncle Benjamin Gerritsz Cuyp. À la mort de ses parents il hérita d'une fortune considérable et se maria en 1658 avec la veuve de Johan Van der Conput, Cornelia Boschman, qui appartenait à une famille patricienne. Leur fille unique naquit en 1659. Personnage de marque dans sa ville natale, Cuyp fut à maintes reprises investi de fonctions religieuses ou publiques, Diacre de la Communauté Réformée en 1659, *Ouderling* (Ancien) du Conseil de l'Église en 1667, Membre du Tribunal des Huit pour les Provinces du Sud en 1682, etc. Il perdit sa femme en 1689 et passa probablement les deux dernières années de sa vie dans la maison de son beau-fils, propriétaire de la « Brasserie du Lis », qui organisa son enterrement.
Albert Cuyp est surtout considéré comme peintre de paysages. Les premiers, qui sont exécutés entre 1639-1645 se rattachent au groupe de Van Goyen et de Pieter Molyn : ils ont un ton gris-jaune presque monochrome, et traitent le répertoire ordinaire de cette école : chaumières délabrées ensevelies dans les dunes, compositions construites en diagonale, comme celles de Van Goyen, mais d'une facture plus serrée et plus grenue (deux paysages à Berlin, paysage de Besançon en 1639).

Le style individuel d'Aelbert Cuyp se forme vers 1645. Sa meilleure période s'étend de 1650 à 1670. Il devient alors un des premiers paysagistes de la Hollande. Ses sujets restent typiquement nationaux, mais ses environs de Dordrecht sont ensoleillés comme la campagne romaine, le feuillage roux et transparent de ses arbres rappelle celui de l'italianisant J. Both, et son atmosphère saturée de lumière chaude et de brume est un héritage indirect de Claude Lorrain. D'autre part, la peinture grasse et large de ses premiers plans, ses tonalités profondes, ainsi que les formes massives et un peu gauches de ses personnages l'apparentent à l'entourage de Rembrandt. Cuyp a créé plusieurs types de paysage qui sont devenus classiques. Tout d'abord : les bords de rivière avec vaches s'abreuvant. Le paysage se réduit ici à une mince ligne d'horizon, qui est pourtant la clé de tout le tableau : tout est ramené à cette ligne d'horizon par une infinité de rappels imperceptibles, mais suggestifs (Londres 823, Leningrad 1104, Coll. Joh. Robarts) ; puis : les vaches au repos, ou traite des vaches, de dimensions souvent assez grandes, avec coulisse de terrain en diagonale et des figures massives de bêtes couchées au premier plan. Le « staffage » (large travail à la brosse) animal de Cuyp, moins précis, et moins chargé de vitalité individuelle que celui de Potter, est avant tout un élément constructif d'une composition décorative, sensible à l'équilibre rythmé des masses et à l'harmonie sensuelle de la couleur (Londres NN 53, 961, 1283, Saint-Pétersbourg 1107, Vienne Czernin) ; ensuite les vues de Dordrecht du côté du port, estuaires de la Meuse, marines, patinage sur canal. Dans sa peinture de la mer, Cuyp est influencé à ses débuts par Simon de Vlieger, mais la tonalité grise de ce dernier devient chez lui celle d'un soleil embrumé. On retrouve dans ces compositions son sens de l'équilibre des grandes masses simples. L'impression de l'espace et de l'air est créé par la dégradation du ton de leurs silhouettes superposées, et par leur rapport à la ligne de l'horizon. Cuyp y apparaît comme un précurseur de la vue de Delft de Vermeer, malgré la dissemblance de sa gamme toujours orientée aux jaunes, au rose orangé, aux bruns chauds et au vert olivâtre (vues de Dordrecht à Amsterdam et dans la collection du duc de Westminster, navires au port à Dordrecht et au Bridgewater House à Londres) ; et enfin : les grands tableaux avec portraits de personnages et de chevaux – formule de tableau personnelle à Cuyp – et qui étaient presque toujours des commandes de riches particuliers. Les poses raides des bêtes et les attitudes naïvement avantageuses des personnages marquent un certain déclin des facultés artistiques du peintre et aussi une évolution générale de la peinture hollandaise vers un art plus académique et conventionnel (Louvre 2342). Les portraits de Cuyp sont assez nombreux. Il y apparaît comme un continuateur de son père Jacob Gerritz (notamment dans ses portraits d'enfants sur un fond de jardin), mais sa facture est plus libre, son coloris plus clair et plus chaud, et on y sent davantage l'influence de Rembrandt. Ses natures mortes sont rares. Ce sont des étables, des coins de basse-cour dans le genre de Gysbert d'Hondecœter, des fruits et des fleurs. Cependant, la plupart des tableaux de fruits qu'on lui attribue sont de son élève Abraham Calraet qui signait des mêmes initiales. Outre Abraham Calraet, Cuyp avait été le maître de son frère Barent Calraet.

Il fut imité au XVIIe siècle par Ludolf de Jonghe (avec ses départs pour la chasse), Govert Camphuysen (par ses vaches au repos), Live Verschuring (avec ses marines). Au XVIIIe, il eut une série d'imitateurs et de faussaires anglais, et hollandais, dont Van Stry. Créateur du paysage typique hollandais, totalement différencié de celui du Flamand Pieter Brueghel, il en avait fixé pour longtemps quelques-uns des thèmes principaux, ruraux et urbains. ■ E. Zarnowska, J. B.

Musées : Abbeville : *Femme qui trait une vache – Vache et moutons* – Aix-en-Provence (Mus. Granet) : *Pêches dans un plat*, attr. – Amiens : *Portrait de famille dans un paysage* – Amsterdam : *Deux cavaliers dans un paysage montagneux – Berger et bétail – Bétail – Combat de cavaliers – L'Auberge d'un marchand de vins – Vue de Dordrecht, coucher de soleil – Jeune Homme avec fusil – Oiseaux combattant*, douteux – Anvers : *Deux Cavaliers devant une auberge* – Avignon : *Paysage et animaux* – Berlin : *Paysage sablonneux – Plage au soleil – Fleuve, semblable à Rotterdam – Printemps* – Besançon : *Paysage – Pâturage* – Bordeaux : *Paysage avec animaux* – Bruxelles : *Figures dans une vue de Dordrecht de V. Goyen – Figures dans l'intérieur de l'église de Delft de Gérard Houckgeest* – Budapest : *Portrait de famille – Vaches au bord de l'eau – Soir* – Caen : *Paysage et animaux*, attr. – Cologne : *Paysage* – Constance : *Paysage* – Copenhague : *Deux cavaliers* – Copenhague (Mus. mun.) : *Officier près de son cheval blanc – Paysage vallonné avec bergers* – Dordrecht : *Montagne au lever du soleil – Canal hollandais – Forêt – Vue d'un port* – Douai : *Enfant* – Dublin : *Vaches à la traite* – La Fère : *La Fontaine – Marine – Paysage – Portrait – La Querelle* – Fontainebleau : *Portrait d'homme* – Francfort-sur-le-Main : *Intérieur d'église* – Genève : *Vaches en repos – Dindons et belette – Le Blessé* – Glasgow : *Tête de bœuf – Paysage (pastorale)*, deux toiles – *Cour de ferme avec paysage – Christ entrant dans Jérusalem* – Gotha : *Vue de Nimègue* – Graz : *Paysage avec troupeau* – Le Havre : *Petite fille conduisant une chèvre* – La Haye : *Portrait d'un Sieur de Rooere* – La Haye (coll. Learmont) : *Le Cheval blanc* – Innsbruck : *Intérieur d'église* – Kassel : *Paysage et troupeau* – Lille : *Paysage* – Londres : *Paysage, animaux et personnages – Soir – Portrait d'homme 1649 – Cavalier et bétail dans une prairie – Scène de rivière avec bétail – Château d'Abbergen et le lac – Bétail et personnages, The Large Dort – Bétail et personnages, The Small Dort – Paysage avec bétail et personnages – Scène de rivière avec deux bateaux – Dame et enfant dans un paysage – Bétail et bouvier sur la berge d'une rivière 1656 – Garçon tenant un cheval gris – Moulins à vent, Dordrecht* – Londres (Nat. Gal.) : *Soir avec figures et bétail – Figures dans un paysage du soir de A. V. d. Nier – Portrait d'homme – Cavalier et vache dans un champ le soir – Rivage avec bétail – Ruines de château au bord de l'eau – Les Moulins à vent – Trois paysages avec bétail* – Londres (coll. Wallace) : *Bateaux sur une rivière – Paysage avec une avenue – Bateaux sur une rivière et figures – Vue de Dort et scène sur la rivière – Scène sur une rivière et cavaliers – Bestiaux – Halte à une auberge – Chevaux attachés à un arbre – Jeune garçon conduisant un cheval – Cavaliers dans un paysage – Berger avec un troupeau* – Le Mans (Mus. de Tessé) : *Portrait de femme* – Mayence : *Paysages avec deux chevaux et trois vaches*, deux toiles – Montpellier : *Au bord de la Meuse* – Neuchâtel : *Bords de rivière au soleil – Petite Fille avec son mouton* – Neuwied : *Écurie* – Nottingham : *Bétail dans un paysage* – Paris (Mus. du Louvre) : *Paysage et troupeau – Cavaliers sortant – Les Trois Cavaliers – Portrait d'enfant – Portrait d'homme – Marine* – Reading : *Colportage* – Roanne : *Animaux en repos dans un pâturage* – Rotterdam : *Écurie avec deux chevaux – Fleuve au matin – Un coq et une poule – Le Mangeur de moules* – Rouen : *Intérieur d'église – Marine* – Saint-Omer : *Paysage avec portraits du maître, sa femme et son enfant* – Saint-Pétersbourg (Mus. de l'Ermitage) : Six tableaux – Stockholm : *Monsieur et dame dans un parc* – Strasbourg : *Ruines sur le bord d'un fleuve* – Victoria (Gal. d'Art) : *Bétail dans un paysage* – Vienne : *Bataille* – Vienne (coll. Liechtenstein) : *Berger et bergère avec vaches et brebis – Fleuve avec un château – Paysage vallonné avec une chasse à cheval*.

Ventes Publiques : Londres, 1801 : *Paysage et bœufs* : **FRF 10 230** – Paris, 1810 : *Grand paysage, effet du matin* : **FRF 42 000** – Paris, 1831 : *Paysage* : **FRF 15 000** ; *Voyageurs à la porte d'une hôtellerie* : **FRF 3 000** ; *Portrait d'homme* : **FRF 870** – Londres, 1840 : *Château sur un rocher escarpé* : **FRF 8 920** ; *Femme trayant une vache* : **FRF 23 865** – Paris, 1852 : *Pâturage, figures et vaches* : **FRF 10 000** – Paris, 1863 : *Intérieur d'étable* : **FRF 7 100** ; *Marine : vue de Dordrecht* : **FRF 1 480** – Paris, 1869 : *Vaches sur un tertre dans une prairie* : **FRF 92 000** – Paris, 1872 : *Animaux dans un pâturage* : **FRF 9 200** ; *Départ pour la chasse* : **FRF 4 900** ; *Portrait de femme* : **FRF 3 150** – Londres, 1875 : *Bords de rivière* : **FRF 19 700** – Londres, 1876 : *Vue sur le Rhin* : **FRF 78 700** ; *Paysage* : **FRF 126 160** – Paris, 1881 : *Cuyp dessinant d'après nature* : **FRF 73 000** ; *Vue de Dordrecht* : **FRF 30 500** – Londres, 1889 : *Bateaux sur une rivière* : **FRF 20 500** ; *L'Abreuvoir* : **FRF 5 000** ; *Le Chat dans le poulailler* : **FRF 1 200** ; *Choc de cavalerie* : **FRF 1 200** – Paris, 1893 : *Vaches sur un tertre, dans une prairie, moulin à vent, maisons, etc.* : **FRF 28 000** ; *Femme et enfant* : **FRF 6 500** – Londres, 1893 : *Deux voyageurs à la porte d'une auberge* : **FRF 13 910** ; *Paysage* : **FRF 52 500** – Londres, 1899 : *Paysage de rivière ensoleillé* : **FRF 10 660** ; *Paysan et paysanne à cheval* : **FRF 11 700** ; *Enfant tenant en main deux chevaux dans un paysage* : **FRF 25 480** – New York, 1900 : *Rivière hollandaise et troupeau* : **USD 1 650** – New York, 1er-2 avr. 1902 : *Paysage, vaches et ruines* : **USD 3 200** – Londres, 21 déc. 1907 : *Portrait d'un adolescent*, dess. : **GBP 26** – Londres, 1er fév. 1908 : *Paysage montagneux* : **GBP 588** – New

York, 1908 : *Portrait de femme* : **USD 1 125** – New York, 1909 : *Paysage d'Italie* : **USD 95** – Paris, 10 mai 1909 : *Portrait d'un gentilhomme* : **FRF 1 080** – Paris, avr. 1910 : *Cavaliers dans un paysage* : **FRF 15 500** – Paris, juin 1911 : *Départ pour la chasse* : **FRF 160 000** – Paris, 21 nov. 1918 : *Portrait d'enfant* : **FRF 10 800** – Londres, 3 mars 1922 : *Trois Cavaliers dans un paysage* : **GBP 147** – Londres, 31 mars 1922 : *Un homme nourrissant un chien* : **GBP 388** – Paris, 18-19 mai 1922 : *Le Coq et la Poule* : **FRF 9 400** – Londres, 26 mai 1922 : *Cavalier avec un chien* : **GBP 110** – Paris, 9 juin 1922 : *Portrait de jeune femme, attr.* : **FRF 300** – Paris, 16-17 juin 1922 : *Vue de la Meuse à Dort* : **FRF 1 250** – Paris, 23 juin 1922 : *Le Départ pour la chasse* : **FRF 62 000** – Londres, 4-7 mai 1923 : *La Rivière Maas à Dordrecht* : **GBP 18 375** – Paris, 4 juin 1923 : *Pâturage* : **FRF 25 000** – Londres, 6 juil. 1923 : *Portrait de femme* : **GBP 336** – Paris, 22 mai 1924 : *Pâturage* : **FRF 80 000** – Paris, 30 mai 1924 : *Portrait d'un jeune chasseur,* attr. : **FRF 1 310** – Paris, 2 juin 1924 : *Pâturage au bord de l'étang* : **FRF 66 000** ; *La Halte à l'auberge* : **FRF 195 000** – Paris, 12-13 juin 1925 : *Le Pont-levis* : **FRF 176 000** – Londres, 8 juil. 1927 : *La Fuite en Égypte* : **GBP 441** – Londres, 27 juin 1928 : *Saint Philippe baptisant l'eunuque* : **GBP 2 600** – New York, 18 déc. 1929 : *Portrait d'homme* 1642 : **USD 2 400** – Londres, 28 mai 1930 : *Troupeau dans une ferme* : **GBP 420** – Londres, 11 juil. 1930 : *Saint Philippe baptisant l'eunuque éthiopien* : **GBP 315** – Paris, 23 mai 1932 : *Bouvier et son troupeau,* attr. : **FRF 1 180** – Paris, 13 juin 1932 : *Portrait de jeune homme,* attr. : **FRF 1 750** – Londres, 7 déc. 1933 : *Troupeau de vaches dans un pré* : **GBP 2 205** – Paris, 22 fév. 1934 : *Troupeau à la lisière d'une forêt,* cr. noir. École d'A. C. : **FRF 85** – Bruxelles, 5 mai 1934 : *Paysage avec vue sur Dordrecht* : **BEF 19 000** – Genève, 9 juin 1934 : *Nature morte* : **CHF 2 100** ; *Cheval et Cavalier* : **CHF 3 100** – Genève, 28 août 1934 : *Rivière dans un paysage* : **CHF 1 900** – Londres, 5 avr. 1935 : *Paysage hollandais* : **GBP 1 102** – Stockholm, 11-12 avr. 1935 : *Troupeau dans un paysage* : **SEK 875** – Paris, 20 mai 1935 : *L'Abreuvoir,* École d'A. C. : **FRF 330** – Genève, 25 mai 1935 : *La Halte* : **CHF 4 050** – Paris, 29 nov. 1935 : *La visite au cellier,* attr. : **FRF 7 200** – New York, 3 déc. 1936 : *Berger et son troupeau* : **USD 2 200** – Paris, 19 déc. 1936 : *La Chasse aux canards* : **FRF 35 550** – Londres, 30 avr. 1937 : *Une halte pendant la chasse* : **GBP 1 281** ; *Vue sur le Dort* : **GBP 1 701** – Londres, 28 mai 1937 : *Deux hommes à cheval* : **GBP 3 045** – Paris, 4 juin 1937 : *Le cavalier rouge* : **FRF 21 000** – Paris, 7 mars 1938 : *Le Départ pour la promenade* : **FRF 32 000** – Paris, 13-14 fév. 1941 : *Portrait d'homme* 1649 : **FRF 140 000** – Londres, 5 déc. 1941 : *La Côte à Scheveningen* : **GBP 399** – Paris, 30 mars 1942 : *La Famille Van Heertje Jansz* 1671 : **FRF 150 000** – New York, 17 déc. 1942 : *Troupeau dans un paysage* : **FRF 245 000** – New York, 7 déc. 1950 : *La Jeune Laitière aux champs* : **FRF 2 100 000** – New York, 10 déc. 1958 : *Bétail se désaltérant dans une rivière* : **USD 1 750** – Londres, 24 juin 1959 : *Vue de Dordrecht* : **GBP 25 500** – Londres, 26 juin 1959 : *Le prince d'Orange partant pour la chasse* : **GBP 4 725** – New York, 29 avr. 1960 : *Douves et pont-levis* : **USD 3 000** – New York, 10 mai 1961 : *Portrait d'un jeune prince en berger* : **USD 1 500** – Londres, 24 nov. 1961 : *Saint Philip baptising the Eunuch* : **GNS 5 000** – Londres, 27 nov. 1963 : *Voilier près des quais de Dordrecht* : **GBP 18 000** – Paris, 29 nov. 1965 : *Cheval gris, berger et cavalier* : **FRF 90 000** – Londres, 25 nov. 1966 : *Rivière gelée avec patineurs* : **GNS 16 000** – Londres, 5 déc. 1969 : *Paysage avec berger et son troupeau* : **GNS 50 000** – Londres, 24 juin 1970 : *Chasseurs se reposant dans un paysage* : **GBP 19 000** – Londres, 24 mars 1971 : *Vue d'un estuaire* : **GBP 15 000** – Cologne, 26 mai 1971 : *Paysage d'Italie* : **DEM 46 000** – Cologne, 7 juin 1972 : *Paysage fluvial* : **DEM 20 000** – Vienne, 19 sep. 1972 : *Le jeune seigneur* : **ATS 70 000** – Londres, 2 juil. 1976 : *Paysanne trayant une vache dans un paysage fluvial,* h/t (138x177) : **GBP 20 000** – Londres, 6 avr. 1977 : *Berger dans un paysage,* h/pan. (44x54) : **GBP 16 000** – Londres, 7 juil. 1978 : *La Maas à Dordrecht,* h/t (86,5x122,5) : **GBP 35 000** – Londres, 24 juin 1980 : *Paysage au moulin,* pierre noire, lav. de gris et jaune/pap. (20,6x30,9) : **GBP 9 500** – New York, 9 jan. 1981 : *Paysage fluvial près de Dordrecht,* h/pan. (54x93,5) : **USD 16 000** – Amsterdam, 25 avr. 1983 : *Vues de Nimègue,* pierre noire et lav., dess. double face (27x24,9) : **NLG 99 800** – Londres, 4 avr. 1984 : *Vue de la rivière Maas en hiver avec le château de Merwede,* h/pan. (70x90) : **GBP 58 000** – Londres, 18 avr. 1985 : *Paysage fluvial avec voiliers, barque et chasseurs sur une jetée, une ville à l'arrière-plan,* h/pan. (44,5x75,5) : **GBP 220 000** – New York, 4 juin 1987 : *Bergers et bergère près d'un puits,* h/pan. (77,5x107,3) : **USD 180 000** – New York, 14 jan. 1988 : *La conversion de saint Paul,* h/pan. (71x91) : **USD 88 000** – Paris, 17 mars 1989 : *Portrait d'une jeune fille couronnée de fleurs, caressant un mouton* 1655, h/t (65x57) : **FRF 1 050 000** – Monaco, 7 déc. 1990 : *Paysage aux trois moulins,* h/pan. (61x82) : **FRF 1 110 000** – New York, 31 mai 1991 : *Paysage rustique avec un cheval blanc près d'une charrette devant une ferme et des personnages,* h/pan. (41,2x53,2) : **USD 39 600** – New York, 10 oct. 1991 : *Vaste paysage avec des personnages sur les berges d'une rivière,* h/pan. (48,2x73) : **USD 40 700** – Paris, 26 juin 1992 : *Vue d'un quai à Dordrecht,* h/pan. (59,5x74) : **FRF 1 200 000** – Londres, 9 déc. 1992 : *Bouvier et bétail dans un vaste paysage fluvial avec Vianen à distance,* h/pan. (37x52) : **GBP 99 000** – Paris, 25 mai 1993 : *Paysage,* pierre noire et aquar. (22,5x33) : **FRF 41 000** – Amsterdam, 10 mai 1994 : *Vache ruminant,* lav. gris/craie noire (7,6x13,3) : **NLG 19 550** – Londres, 6 juil. 1994 : *Orphée charmant les animaux,* h/t (113x167) : **GBP 4 181 500** – Londres, 8 déc. 1995 : *Gentilshommes et dames sur un chemin à l'orée d'un bois avec un artiste dessinant au fond,* h/t (101x140) : **GBP 144 500** – New York, 16 mai 1996 : *Vaste paysage fluvial avec deux bergers et leur troupeau de moutons et de chèvres,* h/pan. (48,3x73,7) : **USD 167 500** – Londres, 13 déc. 1996 : *Paysage de rivière avec un moulin et des personnages dans un bateau et sur une jetée,* h/pan. (42,2x63,6) : **GBP 106 000** – Londres, 3 déc. 1997 : *Paysage fluvial avec un bouvier passant un pont avec son troupeau et des bergers au repos près de ruines,* h/pan. (49,5x74,6) : **GBP 26 450**.

CUYP Benjamin Gerritsz

Né en décembre 1612 à Dordrecht. Mort le 28 août 1652 à Dordrecht. XVIIe siècle. Éc. flamande.

Peintre de compositions religieuses, scènes militaires, portraits, intérieurs, paysages.

Il est fils de Gerrit Gerritsz Cuyp l'Ancien. Il se forma et travailla dans l'atelier de son demi-frère, Jacob Gerritsz. Il est inscrit en 1631 à la gilde de Dordrecht, il séjourna à La Haye en 1643, puis il s'établit définitivement à Dordrecht à partir de 1644.

Il peignit des sujets variés : affrontement de cavaliers, scènes paysannes et compositions religieuses forment son répertoire. Ses sujets bibliques sont représentés le plus souvent dans un intérieur rustique (cave ou grange). Il emploie des tons brun clair et jaunes qu'il traite dans une tonalité dorée, et fond certaines parties dans une brume colorée d'où émergent parfois des silhouettes, manière qui s'apparente directement à celle de Rembrandt.

BC cuyp cuyp

BG Cuyp

B. Cuyp. fecit 1628. B. cuyp

Bibliogr. : In : *Diction. de la peinture flamande et hollandaise,* coll. Essentiels, Larousse, Paris, 1989.

Musées : Amsterdam : *Joseph, en prison, explique les songes* – Berlin : *Adoration des bergers* – Berlin (Mus. des Beaux-Arts) : *Intérieur d'une grange* – *Intérieur,* attr. – Bruxelles (Mus. des Beaux-Arts) : *Adoration des Mages* – Budapest : *Paysans au cabaret* – Cologne : *Scène militaire* – Dordrecht : *Guérison de Tobie* – Douai : *Épisode de guerre* – Glasgow : *Intérieur de charlatan* – Hanovre : *Noël* – Kassel : *La délivrance de prison de saint Pierre* – Liège : *Bataille de paysans* – Nuremberg : *Rixe de paysans* – Saint-Pétersbourg (Mus. de l'Ermitage) : *Bataille de paysans* – Schleissheim : *Valet et cheval* – *Deux batailles* – Stockholm : *Les Anges soulèvent la pierre du tombeau du Christ* – Stuttgart – Valenciennes : *La Résurrection de Lazare.*

Ventes Publiques : Paris, 1873 : *Mon oye faict tout* : **FRF 2 000** ; *Paysanne tenant un panier* : **FRF 1 900** – Paris, 1881 : *Jeune Femme à l'éventail* : **FRF 7 100** – Paris, 2 mars 1921 : *La Nativité* : **FRF 1 700** – Londres, 31 mai 1922 : *Scène de camp* : **GBP 48** – Paris, 28-29 juin 1926 : *L'Apparition de l'étoile aux bergers* : **FRF 650** – Paris, 11 juil. 1941 : *La Fuite en Égypte* : **FRF 14 500** – Londres, 15 juil. 1960 : *Portrait d'une jeune fille* : **GBP 1 050** – Londres, 28 oct. 1966 : *Pêcheur sur la plage de Scheveningen* : **GNS 700** – Berlin, 5 mars 1970 : *Scène de cabaret* : **DEM 17 000** – Cologne, 7 juin 1972 : *La Résurrection de Lazare* : **DEM 3 000** – Cologne, 20 mars 1981 : *L'Adoration des rois mages,* h/bois (58,5x83,5) : **DEM 25 000** – New York, 7 nov. 1985 : *Soldats jouant aux cartes devant une chaumière,* h/pan. ovale (39x53,5) :

USD 7 000 – Paris, 12 juin 1987 : *La Fuite en Égypte*, h/bois (66x55) : FRF 20 000 – Paris, 15 avr. 1988 : *L'Annonce faite aux bergers*, pan. (diam. 75) : FRF 48 000 – Amsterdam, 29 nov. 1988 : *Soldats pillant la demeure d'un paysan*, h/pan. (53,5x66,5) : NLG 8 050 – Londres, 31 mars 1989 : *Corps-de-garde avec des soldats jouant aux dés*, h/pan. (27,9x22,5) : GBP 6 050 – Stockholm, 19 avr. 1989 : *Pêcheurs et cavaliers sur une côte*, h/t (50x79) : SEK 32 000 – Londres, 19 mai 1989 : *Combat sous les murailles d'une cité en flammes*, h/pan. (55,9x73,6) : GBP 3 300 – New York, 31 mai 1989 : *Soldats jouant aux cartes au campement*, h/pan. (40x60) : USD 18 700 – New York, 1er juin 1989 : *Adoration des bergers*, h/pan. (68,5x88,8) : USD 35 200 – Paris, 3 juil. 1991 : *L'Opération de la loupe*, h/t (65x82,5) : FRF 70 000 – New York, 9 oct. 1991 : *La Conversion de saint Paul*, h/t (165,1x262,9) : USD 24 200 – Amsterdam, 7 mai 1992 : *L'Adoration des bergers*, h/pan. (85,2x115,5) : NLG 32 200 – Paris, 29 mars 1994 : *Combat de cavalerie*, h/t (102x160,5) : FRF 160 000 – Londres, 22 avr. 1994 : *Soldats jouant aux cartes dans une caverne*, h/pan. (40,6x54,7) : GBP 12 650 – Amsterdam, 16 nov. 1994 : *Soldats jouant aux dés*, h/pan. (28x22,5) : NLG 17 825 – New York, 12 jan. 1995 : *Familles de pêcheurs sur la grève*, h/t (109,2x149,9) : USD 20 700 – Amsterdam, 7 mai 1996 : *L'Adoration des Mages*, h/pan. (39,2x55,8) : NLG 10 350 – Londres, 30 oct. 1996 : *La Conversion de saint Paul*, h/t (73x71) : GBP 2 070 – New York, 3 oct. 1996 : *L'Annonciation aux bergers*, h/t (61x88,9) : USD 4 600.

CUYP Gerrit Gerritsz, l'Ancien

Mort en 1644 à Dordrecht. XVIIe siècle. Hollandais.

Peintre, peintre verrier.

Il est le doyen d'une dynastie d'artistes originaires de Dordrecht, dont faisaient partie ses quatre fils, Jacob Gerritsz, Gerrit Gerritsz le Jeune, Benjamin Gerritsz et Abraham Gerritsz.

CUYP Gerrit Gerritsz, le Jeune

Né en 1603. XVIIe siècle. Hollandais.

Peintre, peintre verrier.

Il est fils de Gerrit Gerritsz Cuyp l'Ancien.

CUYP Jacob Abrahamsz

XVIIe siècle. Hollandais.

Peintre, peintre verrier.

Il est le fils d'Abraham Gerritsz Cuyp. Il vécut à Dordrecht ; en 1636, il fut reçu dans la gilde de Saint-Luc de cette ville.

Ventes Publiques : Paris, 11 mars 1997 : *Paysage au chasseur*, gche (43,5x59) : FRF 20 000.

CUYP Jacob Gerritsz

Né en décembre 1594 à Dordrecht. Mort en 1652. XVIIe siècle.

Peintre de compositions religieuses, sujets de genre, portraits, intérieurs, animaux, natures mortes, dessinateur.

Il est fils de Gerrit Gerritsz Cuyp l'Ancien, et le demi-frère de Benjamin Gerritsz Cuyp. Il eut peut-être pour maître Abraham Broemaert à Utrecht. Il fit partie, le 18 juillet 1617, de la gilde de Dordrecht. En 1625, il effectua un court séjour à Amsterdam. En 1642, il fonda la nouvelle gilde des peintres, avec Jacques Grief I Van Hasselt et K. Tegelberg. Il eut pour élève Bastiaen Govertsz Van der Leuw.

Il s'est surtout spécialisé dans le portrait individuel ou collectif. En 1617, il peignit les directeurs de la Monnaie de Dordrecht, tableau aujourd'hui disparu. On lui doit aussi des scènes bucoliques, des sujets de genre, dont la plupart illustrent des enfants jouant avec des animaux. Ses œuvres témoignent de l'influence des peintres caravagesques, influence qui s'exerça par l'intermédiaire d'Abraham Bloemaert.

Bibliogr. : Allison Mc Neil-Kettering : *L'Arcadie Hollandaise*, 1983 – in : *Diction. de la peinture flamande et hollandaise*, coll. Essentiels, Larousse, Paris, 1989.

Musées : Aix-en-Provence (Mus. Granet) : *Portrait de femme*, deux œuvres – Amsterdam (Rijksmuseum) : *Berger et bergère – Marguerite de Geer, femme de J. J. Trip* – Berlin : *Portrait de vieille femme – Jeunes fiançés hollandais, en Damon et Phyllis – Un jeune homme* – Budapest : *Portrait d'homme – Portrait de femme* – Cologne : *Enfants – Un homme* – Douai : *Intérieur rustique – Portrait d'enfant* – Dublin : *Portrait d'une vieille femme – Portrait d'une jeune femme avec chien* – Francfort-sur-le-Main : *Portrait d'un enfant* – Hambourg : *Portrait d'une vieille dame* – Madrid (Mus. du Prado) : *Vue d'une plage* – Metz : *Portrait d'homme – Dame* – Montauban : *Pastorale* – Rotterdam : *Trois enfants – Un maréchal – Femme de maréchal* – Saint-Pétersbourg (Mus. de l'Ermitage) : *Deux soldats à table* – Schomborn : *Portrait d'homme*, deux œuvres – Stockholm : *Vieillard à table* – Stockholm (École des Beaux-Arts) : *Buste de vieille femme* – Vienne : *Portrait d'homme*, deux œuvres – *Combat de chevaliers à la lisière d'une forêt.*

Ventes Publiques : Paris, 1888 : *Marchands de marée* : FRF 5 688 – Paris, 1898 : *Portrait d'un jeune homme et de sa mère* : FRF 7 000 – Londres, 5 déc. 1908 : *Portrait d'une dame* : GBP 71 – Paris, 15-16 nov. 1920 : *Portrait présumé du Dr Holl* : FRF 5 100 – Londres, 7 juin 1928 : *Un gentilhomme, sa femme et son fils* 1641 : GBP 500 – New York, 18 déc. 1929 : *Portrait d'enfant* : USD 475 – Londres, 11 juin 1937 : *Jeune fille en blanc* : GBP 52 – New York, 2 mars 1944 : *Portrait d'homme* 1649 : USD 2 500 – Paris, 30 mai 1949 : *Le jeune chasseur et son chien* : FRF 59 000 – Paris, 30 nov. 1954 : *Portrait de fillette* : FRF 700 000 – Paris, 15 juin 1961 : *Portrait d'un jeune homme* : FRF 14 500 – Amsterdam, 18 nov. 1980 : *Étude de jeune garçon au grand chapeau*, craie noire (26,7x13,4) : NLG 3 400 – Londres, 10 avr. 1981 : *Portrait d'un gentilhomme en berger* 1638, h/pan. (74,3x59,7) : GBP 3 200 – Cologne, 22 mai 1986 : *Portrait de fillette* 1647, h/pan. parqueté (99,5x72) : DEM 86 000 – Londres, 9 déc. 1987 : *Un jeune garçon et deux moutons*, h/pan., de forme ovale (62,5x69) : GBP 10 500 – New York, 14 jan. 1988 : *Portrait de Maria Stricke Van Scharlaken* 1650, h/pan. (81,3x62) : USD 165 000 – New York, 3 juin 1988 : *Portrait d'homme portant la barbe et une calotte, connu comme le bourguemestre de Dordrecht* 1649, h/pan. (70x62) : USD 24 200 – New York, 21 oct. 1988 : *Soldats jouant aux cartes dans une écurie*, h/pan. (39x53,5) : USD 10 450 – Amsterdam, 14 nov. 1988 : *Portrait d'une dame ; Portrait d'un gentilhomme* 1638, h/pan., une paire (chaque 69x58,5) : NLG 40 250 – Londres, 8 déc. 1989 : *Portrait de Maria Stricke Van Scharlaken âgée de trois ans en bergère avec un paysage boisé à l'arrière-plan* 1650, h/pan. (83,2x64,8) : GBP 242 000 – Londres, 15 avr. 1992 : *Portrait de deux enfants habillés en bergers avec Dordrecht à l'arrière-plan* 1646, h/pan. (88,8x90,8) : GBP 3 800 – Londres, 26 oct. 1994 : *Portrait d'un jeune garçon tenant son chapeau et sa canne dans un paysage fluvial* 1640, h/pan. (89,5x76,8) : GBP 16 100 – New York, 4 oct. 1996 : *Portrait d'un gentilhomme, en buste, portant un manteau noir avec un col blanc en dentelle* 1644, h/pan. (72,4x57) : USD 6 900 – New York, 16 oct. 1997 : *Un berger tenant une houlette dans une main et un anneau dans l'autre* 1638, h/pan. (74,3x59,7) : USD 27 600.

CUYPER de

Né à Dunkerque. XVIIe siècle. Actif dans la seconde moitié du XVIIe siècle. Éc. flamande.

Peintre.

Élève de Corbehem. Le Musée de Dunkerque conserve deux paysages de lui.

CUYPER Alphonse de

Né en 1887 à Heverlee. Mort en 1954 à Gand. XXe siècle. Belge.

Peintre de paysages, paysages urbains.

Il fut lauréat de l'Académie des Beaux-Arts de Gand, dont il devint professeur. Il a souvent peint des vues de la ville.

Bibliogr. : In : *Diction. biogr. illustré des artistes en Belgique depuis 1830*, Arto, Bruxelles, 1987.

Ventes Publiques : Lokeren, 26 fév. 1983 : *Jour de marché, Gand*, h/t (90x100) : BEF 150 000 – Lokeren, 22 fév. 1986 : *Paysage d'hiver* 1928, h/t (110x150) : BEF 75 000 – Lokeren, 21 mars 1992 : *Gerbes de blé*, h/pan. (24x32,5) : BEF 48 000 – Lokeren, 20 mai 1995 : *Moisson à Larem*, h/t (59,105,5) : BEF 120 000.

CUYPER Andries de ou **Andries Stevens**

Né vers 1360. Mort en 1431. XIVe-XVe siècles. Actif à Anvers. Éc. flamande.

Peintre.

CUYPER Charles de ou **Cupere**

XVIe siècle. Éc. flamande.

Peintre.

Il peignit les volets de l'orgue de l'église Saint-Pierre à Louvain, en 1555, et un retable pour la même église.

CUYPER Floris de

Né en 1875 à Anvers. Mort en 1965 à Mortsel. XIXe-XXe siècles. Belge.

Sculpteur de monuments.

Il fut élève de l'Académie, dont il devint professeur, et de l'Insti-

tut Supérieur des Beaux-Arts d'Anvers. Il a sculpté des monuments commémoratifs de la guerre de 1914-1918 à Duffel, Mol, Mortsel, Turnhout, Wijnegem.
Bibliogr. : In : *Diction. biogr. illustré des artistes en Belgique depuis 1830*, Arto, Bruxelles, 1987.
Musées : Anvers.

CUYPER Hendrick ou **Cuypers**
XVIIe siècle. Actif à Amsterdam vers 1632. Hollandais.
Peintre de paysages.

CUYPER Jacob Frans de
Originaire de Malines. XVIIIe siècle. Éc. flamande.
Peintre.
Il étudia à l'Académie d'Anvers en 1786.

CUYPER Jan ou **Cuypers**
Né vers 1619 à Anvers. Mort en 1681 à Amsterdam. XVIIe siècle. Actif à Amsterdam. Hollandais.
Sculpteur.

CUYPER Jan de, appelé aussi **Jan Stevens**
XIVe siècle. Actif à Anvers. Éc. flamande.
Peintre.
Père d'Andries de Cuyper.

CUYPER Johannes Baptista de
Né le 13 mars 1807 à Anvers. Mort le 26 avril 1852 à Anvers. XIXe siècle. Belge.
Sculpteur.
Élève de J. Van der Neer et M. de Brée. On cite parmi ses œuvres : *Sainte Cécile, La Justice protégeant l'Innocence, L'Éternité* (à la cathédrale d'Anvers), *Saint François de Sales* (à la cathédrale d'Anvers), *Statue de Mathieu de Brée* (Jardin de l'Académie d'Anvers).

CUYPER Léonard de
Né le 1er janvier 1813 à Anvers. Mort le 18 février 1870 à Anvers. XIXe siècle. Belge.
Sculpteur.
Frère et élève de Johannes Baptista de Cuyper. On cite de lui le *Monument d'Antoine Van Dyck*, érigé à Anvers, ceux de *Th. Van Ryswyck* et de *Lazare Carnot*. Il est d'autre part l'auteur d'une série de groupes religieux et de nombreux bustes.

CUYPER Pieter Joseph de
Né le 16 novembre 1808 à Anvers. Mort le 10 novembre 1883 à Duffel. XIXe siècle. Belge.
Sculpteur.
Frère de Johannes Baptista de Cuyper. Élève de l'Académie d'Anvers. Il a exécuté des travaux décoratifs pour un certain nombre d'églises d'Anvers, de Liège, d'Amsterdam, etc. Il a signé la statue du botaniste P. Coudenberg, érigée dans le Jardin botanique d'Anvers.

CUYPER Willem de ou **Cupere**
Mort avant 1460. XVe siècle. Éc. flamande.
Peintre.
Son père est probablement Andries de Cuyper, d'après von Wurzbach. Il était maître à Anvers en 1453.

CUYPERS. Voir aussi **CUYPER**

CUYPERS Diderick Herman
Né en 1707 à La Haye. Mort en 1779 à La Haye. XVIIIe siècle. Hollandais.
Peintre d'histoire, portraits, dessinateur.
Élève de Pieter Van Cuyck et de Math. Terwesten ; maître à La Haye en 1737.

CUYPERS Jean
Né en 1844 à Louvain. Mort en 1897 à Louvain. XIXe siècle. Belge.
Sculpteur.
Grand Prix de Rome en 1872. Le Musée de Louvain conserve de lui *L'Esclavage* et *Hallali*.

CUYPERS Michiel
Né vers 1601 à Amsterdam. Mort après 1632. XVIIe siècle. Actif à Amsterdam. Hollandais.
Peintre.

CUYPERS Thierry
Né en 1733. Mort en 1796. XVIIIe siècle. Actif à Dordrecht. Hollandais.
Peintre de genre et d'ornements.

CUYSEL Girard de
XIVe-XVe siècles. Actif à Lyon entre 1380 et 1404. Français.
Architecte et sculpteur.

CUYSEL Guillaume de
XIVe siècle. Vivant à Lyon de 1386 à 1390. Français.
Sculpteur.
C'était probablement le frère de Girard de Cuysel.

CUZIEU Charles Denis de
XIXe siècle. Français.
Peintre et dessinateur.
Cet amateur, ancien officier de cavalerie du Premier Empire, retiré à Saint-Lager (Rhône), peignait, et dessinait surtout, dans le premier quart du XIXe siècle, des portraits, des paysages et des vues de monuments ; quelques-uns de ses dessins ont été lithographiés à Lyon. Il signait *C. D. D. C.*

CUZIN Christophe
Né en 1956 à Saint-Siméon-de-Bressieux (Isère). XXe siècle. Français.
Peintre, auteur d'installations, sculpteur, dessinateur. Abstrait.
Il vit et travaille à Paris.
Depuis 1976, il participe à des expositions collectives : 1981 Maison de la culture de la Seine-Saint-Denis ; 1985 et 1986 hôtel de la monnaie à Paris ; 1986 Salon de Mai ; 1987 Salon de Montrouge ; 1988 musée d'Art moderne de la Ville de Paris ; 1990 Salon Découvertes à Paris ; 1991 FIAC (Foire Internationale d'Art Contemporain) à Paris ; 1992 foire de Bâle ; 1993 musée des Beaux-Arts de Chartres ; 1997 avec Charles Belle au MACC (Maison d'Art Contemporain de Chailloux) de Fresnes et au Kunstraum d'Innsbrück ; 1997 *Abstraction/Abstractions – Géométries provisoires* au musée d'Art moderne de Saint-Étienne.
Il montre ses œuvres dans des expositions personnelles : 1986 ARCA à Marseille ; 1986, 1987 Avignon ; 1988 Besançon ; de 1989 à 1994 galerie Bernard Jordan à Paris ; 1995 Le Mans, Marnans, Biot, école des beaux-arts de Metz ; 1996 galerie B. Jordan-M. Devarrieux à Paris.
À chaque exposition, Cuzin donne le descriptif des toiles abstraites et géométriques présentées, qui obéissent, depuis 1986, aux mêmes normes : un format (180x135), une structure composée d'un trait de treize centimètres et d'un rectangle placé à sept centimètre et demi du bord de la toile, auxquels correspondent deux couleurs mates contenant du gris. Austères, neutres en apparence, ses compositions dévoilent néanmoins la main, le geste de l'artiste au niveau des jointures non « parfaites ». Scientifiquement mises en scène, elles obéissent à une organisation que génère le lieu d'exposition. Ainsi en 1990, Cuzin installa-t-il, à la galerie Bernard Jordan à Paris, des toiles monochromes devant les fenêtres, laissant passer 10 cm de la lumière du jour sur leurs contours ; au centre de chaque œuvre était réalisé un dessin géométrique au graphite obéissant à des normes établies par l'artiste et repris en volume au milieu de la pièce. Aussi rigoureusement, il élabore des sculptures et des dessins d'architecture. ■ L. L.
Bibliogr. : Catalogue de l'exposition : *Christophe Cuzin*, Galerie Bernard Jordan, Paris, 1991 – Olivier Grasser : *Christophe Cuzin – Le Temps du regard*, Art Press, n° 184, Paris, oct. 1993 – Catalogue de l'exposition : *Christophe Cuzin*, école des beaux-arts, Metz, 1995 – Catalogue de l'exposition : *Abstraction/Abstractions – Géométries provisoires*, Musée d'Art moderne, Saint-Étienne, 1997.
Musées : Dole (FNAC).

CWIKLINSKI Zefir
XIXe siècle. Actif à Lemberg. Polonais.
Peintre de paysages.
Il exposa à Cracovie à partir de 1892.

CYBANSKI Johann
XXe siècle. Polonais.
Peintre.
Il exposa à Cracovie à partir de 1904.

CYBEI Giovanni Antonio ou **Cibei**
Né en 1706 à Carrare. Mort en 1784 à Carrare. XVIIIe siècle. Italien.
Sculpteur.

CYBERT Bartholomé
XIVe siècle. Français.
Sculpteur.
Il travailla, en 1375, à la décoration de la cathédrale de Cambrai.

CYBIS Jan
Né en 1897 à Wroblin (Silésie). XXe siècle. Polonais.

Peintre de paysages, natures mortes.
Il fut élève des Académies des Beaux-Arts de Wroclaw et de Cracovie, de 1919 à 1924. Il fit un long séjour de 1924 à 1931 à Paris, où il fut l'un des fondateurs du *Comité de Paris*, groupement avec lequel il exposa en Pologne et dans d'autres pays. Il a participé aux Biennales de Venise en 1936, 1948, de São Paulo en 1959. Il a fait des expositions personnelles : 1934 Cracovie, 1948 Poznan, 1956 Varsovie. Depuis 1945 il fut professeur à l'Académie des Beaux-Arts de Varsovie. En 1955 il obtint le Prix d'État, en 1956 le Prix National Solomon Guggenheim.
Il représente le courant coloriste polonais.
Bibliogr. : In : *Peintres Contemporains*, Mazenod, Paris, 1964.

CYBO ou **Cibo**. Voir **MONACO dell'Isola d'Oro**

CYBOULLE Aman ou **Cyb**
XIXe siècle. Français.
Peintre de fleurs et d'insectes.
Il exposa à Paris au Salon entre 1868 et 1880.

CYBULSKI Charles
XIXe siècle. Polonais.
Peintre.
Il exposa à Varsovie entre 1858 et 1870.

CYBULSKI Joseph
XIXe siècle. Actif dans la première moitié du XIXe siècle à Varsovie. Polonais.
Graveur.

CYBULSKI Pierre
XVIIe siècle. Actif à Varsovie. Polonais.
Peintre.

CYFFLÉ Paul Louis ou **Ciffié** ou **Cifflée**
Né le 6 janvier 1724 à Bruges. Mort le 24 août 1806 à Ixelles-lez-Bruxelles. XVIIIe siècle. Belge.
Sculpteur et céramiste.
Élève de Jan Van Hecke à Bruges, puis à Lunéville de Barthélemy Guibal en 1746. Après la mort de Guibal, il obtint le titre de sculpteur ordinaire de Stanislas, roi de Pologne. Il travailla à Nancy, où il exécuta la fontaine de la place de l'Alliance. En 1768 Louis XV lui octroya le privilège de la fabrication des statuettes en terre de Lorraine. Le musée de Toul conserve de lui : *Bélisaire*, statuette en terre de Lorraine.

CYGNES, Maître aux. Voir **MAITRE du Livre d'Heures du Maréchal de Boucicaut**

CYKOWSKI Casimir
Né à Varsovie. XXe siècle. Polonais.
Peintre.
Exposa au Salon des Indépendants de 1927.

CYL Gérard Van. Voir **ZYL Gerard Pietrsz Van**

CYLKOW Louis
Né à Varsovie. XXe siècle. Actif aussi en France. Polonais.
Peintre, aquarelliste.
Il fut élève de l'Académie des Beaux-Arts de Cracovie, puis de Jules Lefebvre à Paris, où il a exposé au Salon des Artistes Français en 1930.
Ventes Publiques : Paris, 18 déc. 1989 : *Pêcheurs sortant du port*, h/t (74x93) : **FRF 3 500**.

CYMERMAN Sebastien
D'origine allemande selon Zimmermann. XVIe-XVIIe siècles. Travaillant à Cracovie. Polonais.
Peintre.

CYNK Florian
Né en 1838 à Cracovie. Mort en 1912. XIXe-XXe siècles. Polonais.
Peintre.
Élève de l'École des Beaux-Arts de Cracovie ; comme boursier, il a continué ses études à Munich avec Anchütz et à Dresde avec Erhardt. Il a été professeur à l'Académie de Cracovie. Le Musée National de Cracovie conserve de lui : *Christ baisant la croix*.

CYPIERRE Casimir de
Né en 1783 à Paris. XIXe siècle. Français.
Peintre de paysages.
Cet artiste possédait un cabinet très remarquable de tableaux modernes. Il exposa au Salon de Paris, de 1822 à 1839, des paysages de Suisse.
Ventes Publiques : Paris, 17 juin 1919 : *Paysage* : **FRF 280**.

CYPRIEN-BOULET Eugène. Voir **BOULET Cyprien Eugène**

CYR Georges Albert
Né en 1881 à Montgeron (Essonne). Mort en 1964. XXe siècle. Actif aussi au Liban. Français.
Peintre de paysages, marines, intérieurs, natures mortes, aquarelliste, peintre de cartons de mosaïques, vitraux, céramiste. Postcubiste.
Il devint peintre sur le conseil de Guillaumin. Il a exposé à Paris, au Salon des Artistes Indépendants à partir de 1921. Il exposait aussi au Salon d'Automne, également à Paris, et en fut nommé sociétaire. A la suite de problèmes personnels, il quitta la France en 1934, avec l'intention de voyager au Proche-Orient et en Extrême-Orient. Après quelques semaines à Beyrouth, il décida de s'y fixer et s'installa au bord de la mer. Son atelier fut bientôt lieu de rencontre des artistes libanais, parmi lesquels Shafik Abboud, et eut aussi un rôle d'école d'art, où il donnait des cours de peinture et d'histoire de l'art, publiant également des essais critiques. Des rétrospectives de son œuvre furent organisées à Beyrouth en 1935, 1953, 1965. Georges Cyr fut décoré de l'Ordre du Cèdre.
L'œuvre est divers, et de ce fait peut être dit inégal. Dans sa première période en France, il peignit surtout les paysages de la région du Havre, de Rouen et d'Honfleur. Y a-t-il rencontré son contemporain Othon Friesz, duquel on trouve alors chez Georges Cyr les traces d'une possible influence ? Lorsqu'il fut au Liban depuis quelques années et qu'il peignit les *Fenêtres à Aïn el Mraïssé* en 1939, cette peinture d'intérieur ressortissait encore à un postimpressionnisme timide, non du tout sans qualités dans l'opposition de la pénombre intérieure avec l'éblouissement de la lumière sur la mer à l'extérieur de la fenêtre ouverte, et dans les modulations intermédiaires de cette opposition. Dans *La maison sur la falaise*, une aquarelle de 1947 ou dans *Aïn Zhalta*, autre aquarelle de même époque, l'évolution apparaît nettement, dans un sens cézannien d'analyse géométrisante des volumes par facettes. Si des peintures plus tardives, telle *Port et baie de Jounieh*, avec sa composition du port en arabesque embrassant la baie et flanquée de chaque côté de baigneurs rappelle de nouveau Othon Friesz, une peinture comme la nature morte *L'assiette aux deux poissons* de 1956, appartient totalement à l'après-cubisme, ici interprété dans de délicates couleurs tamisées. Par ses qualités humaines chaleureuses, par l'étendue de ses compétences et la diversité de ses dons, mais surtout par des peintures de cette veine postcubiste heureuse, Georges Cyr a pu être considéré comme l'initiateur de l'art moderne au Liban.
■ Jacques Busse

Georges Cyr

Bibliogr. : John Carswell et divers : Catalogue de l'exposition *Liban – Le regard des peintres – 200 ans de peinture libanaise*, Institut du monde arabe, Paris, 1989.
Musées : Le Havre : une salle entière.
Ventes Publiques : Paris, 27 avr. 1929 : *Bateau-phare au Havre* : **FRF 100** – Paris, 15 jan. 1943 : *Le port d'Honfleur* : **FRF 310** – Barentin, 17 juin 1971 : *Bateaux dans le port d'Ostende*, aquar. (28x43) : **FRF 750** – Paris, 14 déc. 1972 : *La Seine à Rouen* : **FRF 950** – Zurich, 5 mai 1976 : *Dervicherie* 1952, h/pan. (45x53,5) : **CHF 2 000** – Calais, 20 oct. 1991 : *Nature morte aux fleurs*, h/pan. (20x28) : **FRF 4 000** – Paris, 30 nov. 1992 : *Les moissons*, aquar. (34x52) : **FRF 8 000** – Paris, 2 juin 1993 : *La rade de Beyrouth* 1950, h/t (46x65) : **FRF 20 000**.

CYTERE Jean Baptiste Alphonse
Né à Tauves (Puy-de-Dôme). XXe siècle. Français.
Céramiste.
Exposa au Salon des Artistes Français de 1921.

CYTRONOVITZ Jacob
Né à Lodz. XXe siècle. Actif aussi en France. Polonais.
Sculpteur de figures.
Il a aussi exposé à Paris, aux Salons d'Automne depuis 1925, des Tuileries en 1932 et 1938.
Il a surtout sculpté des figures féminines.

CZACHORSKI Ladislas de
Né le 22 septembre 1850 à Lublin. Mort en 1911 à Munich. XIXe-XXe siècles. Polonais.
Peintre de compositions à personnages, scènes de genre, figures.
Élève d'Anschütz, Wagner et K. de Piloty à Munich, il vécut à

Varsovie. En 1879, il obtint une médaille d'or à l'Exposition internationale d'art à Munich.

Musées : Brême : *La pauvre veuve.*

Ventes Publiques : Paris, le 28 mars 1949 : *La lettre* : **FRF 32 000** – New York, 26 mai 1983 : *Hamlet : acte II, scène 2* 1875, h/t (116x226) : **USD 18 000** – New York, 13 fév. 1985 : *Jeune femme à la rose* 1879, h/t (66,5x53,5) : **USD 3 400** – New York, 23 fév. 1989 : *Couple élégant près d'une fenêtre* 1889, h/t (90,5x60,3) : **USD 8 800** – Londres, 6 juin 1990 : *Beauté italienne de la région des lacs*, h/t (41x63,5) : **GBP 8 800** – Londres, 16 mars 1994 : *Beauté italienne au bord du lac de Côme*, h/t (41x63,5) : **GBP 3 450**.

CZACKA Beata, née **Potocka**
Morte en 1824 à Sielec. XIXe siècle. Polonaise.
Peintre.
Élève, à Rome, de G. Landi. Elle a peint des compositions bibliques et mythologiques, ainsi qu'un certain nombre de portraits dont quelques-uns en miniature.

CZACKA Cunégonde, comtesse, née princesse **Sanguszko**
XVIIIe siècle. Active dans la seconde moitié du XVIIIe siècle. Polonaise.
Graveur, dessinatrice.

CZACKA Konstancia de, comtesse. Voir **SZEPTYCKA Konstancja**

CZAJKOWSKA Marie
Née au XIXe siècle en Podolie. XXe siècle. Polonaise.
Peintre de scènes de genre, portraits, paysages.
Elle étudia successivement à Munich, Cracovie, Paris. Elle exposa à Cracovie à partir de 1891.

CZAJKOWSKI Grégoire
Né en 1709 près de Sanok (Galicie). Mort en 1757 à Lemberg. XVIIIe siècle. Polonais.
Peintre.
Il étudia à Rome à la fois, la théologie, la médecine et la peinture. Il entra dans l'ordre des Carmes. Il a peint des tableaux d'autel et des portraits.

CZAJKOWSKI Joseph
Né en 1872 à Varsovie. XIXe-XXe siècles. Polonais.
Peintre de portraits, paysages.
Il fut élève à Munich de Johann et Ludwig Herterich et de Carl von Marr, à Paris de Jean-Paul Laurens, Benjamin-Constant et Whistler.

CZAJKOWSKI Stanislas
Né en 1878 à Cracovie. XXe siècle. Polonais.
Peintre de paysages, d'architectures.
Il fit ses études artistiques successivement à Cracovie, Munich, Paris. A partir de 1902, il a exposé à Cracovie, Lemberg, Posen, Varsovie, ainsi qu'à Vienne, Munich, Rome, et Paris où en 1912 il figurait au Salon de la Société Nationale des Beaux-Arts avec un *Paysage* et un *Intérieur d'église*. On le retrouva avec un *Effet de neige* et une *Cour de ferme*, dans ce même Salon qui, en 1921, organisa une Exposition des Artistes Polonais.

CZAKY Joseph. Voir **CSZAKY Joseph**

CZAPEK S.
XXe siècle. Travaillant à Vienne en 1911. Autrichien.
Sculpteur.
A exposé en 1911 au Salon des Artistes Français.

CZAPSKI Antoni, comte
Né à Kulm. Mort en 1792 à Varsovie. XVIIIe siècle. Polonais.
Peintre.
Il était officier et vécut longtemps à la cour de Versailles. Il pratiqua la miniature.

CZAPSKI Joseph
Né en 1896 à Prague. XXe siècle. Polonais.
Peintre de compositions à personnages. Postcubiste.
Il a figuré à la Nouvelle Biennale de Paris en 1985. Il a été le promoteur en Pologne de l'importante révolution esthétique qui a rénové l'art national en y introduisant l'influence de Paris. Dans ce but, il a fondé entre les deux guerres mondiales le groupe des *Kapistes*.
Czapski a été le peintre de la vie moderne, s'appliquant à dégager la poésie profonde, amère ou bouffonne, des réalités les plus quotidiennes. Également écrivain, il a publié en français *Terre inhumaine*.

Bibliogr. : Murielle Werner-Gagnebin : *Czapski, la main et l'espace*, L'âge d'homme, Paris, s. d.

CZAPSKI Marian et **Adolphe**, comtes
XIXe siècle. Polonais.
Peintres de paysages.
Ils exposèrent à l'Académie de Berlin en 1836, 1837, 1838 et 1839.

CZARNECKA Wanda
Née à Paris, D'origine polonaise. XXe siècle. Française.
Peintre de paysages, marines.
Elle fut élève de Robert Miniot. À Paris elle a exposé en 1935 au Salon des Artistes Indépendants, en 1939 à celui des Artistes Français.

CZARNECKI A.
XIXe siècle. Polonais.
Lithographe.
Il travailla à Cracovie, Lemberg et Lublin.

CZAYKOWSKA-KOZICKA
XXe siècle. Polonaise.
Peintre de paysages.
En 1920, elle a exposé à Paris des paysages de Pologne au Salon des Artistes Indépendants.

CZAYKOWSKI Louis de
XXe siècle. Polonais.
Peintre de paysages.
Il a aussi exposé à Paris, au Salon des Artistes Indépendants de 1930 à 1932, au Salon d'Automne en 1937.

CZECH Emil
Né en 1862 à Oberlangendorf (Moravie). Mort en 1929. XIXe siècle. Autrichien.
Peintre de genre, nus, natures mortes, aquarelliste.
Il travailla à Vienne.

Ventes Publiques : Londres, 22 nov. 1978 : *Enfants dans un champ de fleurs* 1902, h/t (50x74) : **GBP 7 500** – Londres, 11 oct. 1985 : *Nu couché parmi les roses* 1904, h/t (50,7x89) : **GBP 2 000** – Munich, 25 juin 1992 : *Nature morte avec des feuillages d'automne dans une cruche et une pendule* 1903, aquar. (76x54) : **DEM 4 294** – Londres, 1er oct. 1993 : *Jeux d'enfants* 1913, h/t (126,3x150,5) : **GBP 5 175**.

CZECH Henri
XVIIIe siècle. Actif à Cracovie dans la première moitié du XVIIIe siècle. Polonais.
Graveur.

CZECHOWICZ A.
XIXe siècle. Travaillant à Paris au milieu du XIXe siècle. Polonais.
Graveur sur bois.
Il grava notamment pour le *Roland furieux*, d'après Tellier.

CZECHOWICZ Simon
Né le 22 août 1689 à Cracovie. Mort le 21 juillet 1775 à Varsovie. XVIIIe siècle. Polonais.
Peintre.
Cet artiste résida pendant trente ans à Rome, où il s'était formé sous la direction de Maratta. De retour dans son pays natal, il travailla à Varsovie et à Cracovie, Wilna, Polock et Podhorce, où il laissa une multitude de ses ouvrages. Czechowicz entra dans l'ordre des Capucins, et dès lors ne peignit que pour son ordre. Il fonda la première école de peinture en Pologne.

CZECHOWSKI J.
XVIIIe siècle. Actif à Varsovie dans la deuxième moitié du XVIIIe siècle. Polonais.
Graveur.

CZEDEKOWSKI Boleslas Jan
Né le 22 février 1885 à Woynitow. XXe siècle. Actif aussi en France. Polonais.
Peintre de portraits.
Il fut élève de Kazimierz Pochwalski, sans doute à l'Académie des Beaux-Arts de Vienne où enseigna celui-ci. Il exposait à la Royal Academy de Londres, à l'Institut Royal des Beaux-Arts de Glasgow, à Vienne et New York. A Paris, où il travailla, il expo-

sait au Salon des Artistes Français, mention honorable 1924, deuxième médaille 1927, chevalier de la Légion d'Honneur 1934. Il figura également au Salon des Artistes Indépendants.
Essentiellement portraitiste, il avait avant tout le souci de la ressemblance et étudiait psychologiquement son modèle avant la pose, allant, par exemple, écouter plaider aux Assises maître de Moro-Giafferi avant de commencer son portrait.
Ventes Publiques : Londres, 27 nov. 1985 : *La lettre* 1949, h/cart. (88,5x71,5) : **GBP 2 000**.

CZEGKA Bertha
Née en 1880 à Felkirch (Vorarlberg). xxe siècle. Travaillant à Vienne. Autrichienne.
Peintre et caricaturiste.

CZENCZ Jean
Né à Ostffyamonyfa (Hongrie). xxe siècle. Hongrois.
Peintre de figures, nus.
Exposa au Salon des Artistes Français de 1926.
Ventes Publiques : Londres, 2 juin 1982 : *Nu à l'éventail* 1924, h/t (77x91) : **GBP 480**.

CZEREFKOW Serge Gres. Voir **GRES Serge**

CZEREGETTY Joseph
Né en 1742 à Chrudim (Bohème). Mort en 1799. xviiie siècle. Tchécoslovaque.
Peintre d'histoire.
Il étudia dans sa ville natale, élève d'Hermann. Après un séjour en Italie, il revient à Chrudim. On cite : *Portrait de la princesse d'Auersperg* (qu'il peignit neuf fois), *L'Impératrice Marie-Thérèse*, *L'Empereur Joseph II*, des retables d'autel. Il a laissé des nouvelles manuscrites ainsi qu'une *Histoire de la ville de Chrudim*, outre son autobiographie.

CZERMAK Franz
Né en 1822 à Prague. Mort en 1884 à Prague. xixe siècle. Tchécoslovaque.
Peintre.
Étudia successivement à Prague, Anvers et Paris, où il fut l'élève de Thomas Couture. Il a peint des compositions historiques et des tableaux religieux.

CZERMAK Jaroslav. Voir **CERMAK**

CZERNICHOWSKI Pol de
Mort durant la Première Guerre mondiale (1914-1918). xxe siècle. Français.
Peintre de portraits.
Il avait participé à Paris, au Salon des Artistes Français de 1913.

CZERNINSKI
Né à Varsovie. xixe-xxe siècles. Polonais.
Peintre.
A exposé des natures mortes au Salon d'Automne de 1919.

CZERNOTZKY Ernst
Né en 1869 à Brünn. Mort en 1939. xixe-xxe siècles. Autrichien.
Peintre de natures mortes.
Ventes Publiques : Vienne, 12 déc. 1978 : *Nature morte*, h/pan. (32x26) : **ATS 20 000** – New York, 5 déc. 1980 : *Nature morte aux fruits*, h/pan. (31x25,5) : **USD 1 200** – Vienne, 15 déc. 1982 : *Nature morte au nautile*, h/pan. (27x21) : **ATS 18 000** – Vienne, 20 avr. 1983 : *Nature morte*, h/pan. (26x20,5) : **ATS 16 000** – Cologne, 27 mars 1987 : *Nature morte*, h/pan. (26x21) : **DEM 1 600**.

CZERNY Ludwig
Né en 1821 à Vienne. Mort en 1889 à Vienne. xixe siècle. Autrichien.
Peintre de genre, paysages, aquarelliste, lithographe.
Élève de l'Académie des Beaux-Arts à Vienne.
Musées : Vienne : *Paysage boisé*.
Ventes Publiques : New York, 7 jan. 1981 : *Personnage à la porte d'une ville* 1872, aquar. et cr. (22,8x28,9) : **USD 420**.

CZERNY Wenceslas
Né à Varsovie. xixe-xxe siècles. Polonais.
Peintre.
En 1912, il exposait au Salon d'Automne un *Triptyque*.

CZERSKI Stanislas
Né en 1777 en Lithuanie. Mort en 1840 à Salanty. xixe siècle. Polonais.
Dessinateur et graveur.

CZERWINSKI Edouard
xxe siècle.
Peintre et graveur.
Il exposa à Paris au Salon des Indépendants en 1920.

CZESCHKA Franz
Né le 22 octobre 1878 à Vienne. Mort le 30 juillet 1960 à Hambourg. xxe siècle. Autrichien.
Peintre, dessinateur, illustrateur. Symboliste, Art nouveau.
Il fut élève de Christian Griepenkerl pendant quatre ans à l'Académie des Beaux-Arts de Vienne, où il enseigna ensuite lui-même de 1902 à 1908. Il était ami de Gustav Klimt et participa avec Joseph Hoffmann à la fondation des *Wiener Werkstätte*, ateliers d'architecture et décoration, pratiquant radicalement l'intégration architecturale, qui contribua considérablement à la diffusion du style Art nouveau. Puis Franz Czeschka s'installa à Hambourg, où il enseigna à l'École des Beaux-Arts.
Il illustra pour les éditions Gerlach : en 1905 de J. P. Hebej *Récits et Facéties*, en 1909 *Les Nibelungen*. Son style est très caractéristique du style d'époque qu'il a contribué à créer, le dessin, porteur du sens symbolique, est synthétique, va au trait essentiel, la couleur étend sa richesse jusqu'à l'or. ■ J. B.
Bibliogr. : Marcus Osterwalder : *Diction. des illustrateurs 1800-1914*, Hubschmid & Bouret, Paris, 1983.

CZESNIK Henryk
Né en 1951. xxe siècle. Polonais.
Peintre, dessinateur.
Il fit ses études à l'École des Beaux-Arts de Gdansk. Il participe à de très nombreuses expositions collectives en Pologne et à l'étranger : Paris, Brême, Edimbourg, Stockholm, Budapest et Madrid. Il est l'un des artistes polonais de sa génération les mieux compris à l'étranger.
Musées : Dresde (Albertinum) – Sophia (Mus. d'Art Mod.) – Varsovie (Mus. Nat.).

CZETENYI Janos
Né en 1955 à Budapest. xxe siècle. Hongrois.
Peintre technique mixte. Nouvelles Figurations.
Il fit ses études à l'École des Beaux-Arts Industriels de Budapest. Il est membre du Studio des Jeunes Artistes.
Ventes Publiques : Paris, 14 oct. 1991 : *La nuit* 1990, pierre agglomérée peinte (167x166) : **FRF 6 000**.

CZETTER Samuel ou **Tzetter, Zetter**
xviiie-xixe siècles. Travaillant à Vienne et à Budapest. Hongrois.
Graveur.

CZIGANY Dezso
Né en 1883. Mort en 1937. xxe siècle. Actif aussi en France. Hongrois.
Peintre de compositions à personnages, figures, natures mortes.
Il fit ses études artistiques à Munich, Nagybanya et Paris. Il fut membre du *Groupe des Huit*. Après la Première Guerre mondiale, il vécut en France jusqu'en 1927.
Sa peinture accuse des influences diverses. Certaines natures mortes ont la solide structure de celles de Derain. Les compositions à personnages expriment souvent des sentiments nationaux traditionnels.
Musées : Budapest (Gal. Nat. Hongroise) : *Enterrement d'un enfant* vers 1910 – *Nature morte aux pommes et à la vaisselle* 1910 – *Nature morte* 1910 – *Arbre solitaire* après 1910 – Pécs (Mus. Janus Pannonius) : *Borischka au piano* vers 1910.

CZOBEL Béla Adalbert
Né le 4 septembre 1883 à Budapest. Mort en 1976 à Budapest. xxe siècle. Depuis 1903 actif aussi en France et Hollande. Hongrois.
Peintre de figures, nus, paysages, natures mortes. Fauve. Groupe des Huit (Nyolcack).
De 1902 à 1906, il fut élève de Adalbert ou Béla Ivanyi Grünwald à Nagybanya. Il étudia aussi à Munich. Il vint à Paris dès 1903 ou 1904, travailla à l'Académie Julian sous la direction de Jean-Paul Laurens, devint tôt une des figures familières du quartier Montparnasse. En 1905, il commença à exposer aux côtés de Matisse, Derain, Vlaminck, Friesz, au Salon d'Automne, qui, cette année-là, consacra les débuts du fauvisme, mouvement aux activités duquel il fut intimement mêlé depuis lors et aux principes esthétiques duquel il est resté définitivement attaché et dont il fut le dernier survivant. Il exposait également au Salon des Artistes Indépendants. Jusqu'en 1910, il partagea son temps entre Paris et Budapest, où il fonda le *Groupe des Huit*, avec, entre autres,

Odön Marffy, Karoly Kernstock, Laszlo Tihany, qui contribua à faire connaître en Hongrie les théories de l'art moderne, l'œuvre de Cézanne et le fauvisme. En 1910, Czobel se fixa à Montmorency. De 1914 à 1919, il vécut aux Pays-Bas, puis de 1919 à 1925 à Berlin, où il participa au groupe de la Nouvelle Sécession, et de nouveau à Paris de 1925 à 1939, partageant son temps entre la France et Szentendre en Hongrie, et de nouveau après 1957 et jusqu'en 1965. Il rejoignit alors définitivement son pays. Outre ses participations à de nombreuses expositions collectives, ses principales expositions personnelles furent : 1929 New York, de 1952 à 1964 à la Galerie Zak de Paris, 1956 Budapest, 1958 Szentendre et Biennale de Venise, 1965 Genève, 1966 Amsterdam, 1969 à la galerie René Drouet de Paris.

Il est resté fidèle aux quelques principes qui avaient fondé le fauvisme. En témoignaient encore dans les dernières décennies de sa très longue vie, ses nus aux visages striés de rouge et de vert. Une grande partie de ses œuvres de jeunesse, l'époque des débuts du fauvisme, a été détruite. Toutefois, il évolua lentement dans le sens d'un expressionnisme synthétique, ce qui n'a jamais été en contradiction avec le fauvisme et son principe des couleurs pures. ■ J. B.

CZOBEL.

Bibliogr. : In : *Diction. Univers. de la Peint.*, Robert, Paris, 1975 – in : Catalogue de l'exposition *L'art en Hongrie 1905-1930, Art et Révolution*, Mus. d'Art et d'Industrie, Saint-Étienne, 1980.

Musées : Amsterdam (Stedelijk Mus.) – Berlin – Budapest (Gal. Nat. Hongroise) : *Homme assis* 1906 – Detroit – Genève (Mus. du Petit-Palais) : *Le pasteur de Bergen* 1918 – Paris (Mus. Nat. d'Art Mod.) : *Les peintres* 1906 – *La chaise rustique* 1950 – Pécs (Mus. Janus Pannonius) : *Cour à Nyergesujfalu* 1906 – Szentendre (Mus. Ferenczy Karoly) : *Jeune ouvrier* 1917.

Ventes Publiques : Paris, 29 oct. 1926 : *Jardinier* : **FRF 2 000** – Paris, 25 juin 1927 : *Boulevard* : **FRF 360** – Paris, 19 nov. 1965 : *Nature morte aux cruchons* : **FRF 4 100** – Genève, 3 nov. 1971 : *Jeune fille* vers 1962 : **CHF 3 500** – Paris, 21 déc. 1972 : *Avenue du Maine* : **FRF 1 700** – Versailles, 24 oct. 1976 : *La jeune femme au tablier jaune* 1930, gche (70x55) : **FRF 7 000** – Paris, 18 déc. 1982 : *Jeune femme accoudée*, h/t (46x38) : **FRF 4 000** – Vienne, 13 mars 1984 : *Vase de fleurs*, h/t (81x60) : **ATS 25 000** – Versailles, 26 oct. 1986 : *Tête de jeune fille*, h/t (44x36) : **FRF 9 700** – Paris, 1er juil. 1987 : *Le jardin* 1962, h/t (100x81) : **FRF 11 500** – Versailles, 17 avr. 1988 : *Sous-bois*, aquar. (39x50,5) : **FRF 2 500** – Paris, 6 juin 1988 : *Composition*, h/t (55x73) : **FRF 6 600** – Amsterdam, 8 déc. 1988 : *Un pont enjambant un fossé avec des vaches au loin*, encre et aquar. (59x46) : **NLG 1 265** – Paris, 16 oct. 1992 : *Portrait de femme* 1961, h/t (73x60) : **FRF 22 500** – Amsterdam, 1er juin 1994 : *Nu féminin*, h/t/pan. (60x50) : **NLG 3 220** – Paris, 3 avr. 1996 : *Jeune femme accoudée*, h/t (73x54) : **FRF 16 000** – Paris, 13 nov. 1996 : *Madame Czobel lisant* 1950, h/t (73x60) : **FRF 70 000**.

CZOBOR Yolande

Née à Cassovie. xxe siècle. Hongroise.

Peintre de genre, figures.

Elle a exposé aussi à Paris, en 1927 au Salon de la Société Nationale des Beaux-Arts, en 1931 à celui des Artistes Français.

CZOCH Volradt

xviie siècle. Actif à Halle. Allemand.

Peintre.

CZOPOWSKI

Mort en 1794 à Prague. xviiie siècle. Polonais.

Peintre.

Élève du professeur Smuglevitz, à Varsovie. Il a peint des fresques décoratives (paysages et architectures).

CZWICZEK Mathias ou **Cwiczeck, Schwezge**

xviie siècle. Actif à Königsberg. Allemand.

Peintre et graveur.

CZYNCIEL Célestin

Né en 1858 à Cracovie. xixe siècle. Polonais.

Peintre de fleurs.

Il travailla à Cracovie et exposa à partir de 1890.

CZYZEWSKI Tytus

Né en 1880 à Berdychow-Limanowa. Mort en 1945. xxe siècle. Polonais.

Peintre de compositions animées. Néofuturiste. Groupe Formisme.

Il fut élève de l'École des Beaux-Arts de Cracovie. Il fit deux séjours à Paris, de 1907 à 1909 et en 1911 et 1912, en pleine période de l'essor du cubisme. Il exposa à Paris, entre 1923 et 1929, aux Salons des Artistes Indépendants et des Tuileries. En 1928, il avait aussi exposé quatre *Compositions* à la section polonaise du Salon d'Automne, organisée par la Société d'Échanges Littéraires et Artistiques entre la France et la Pologne.

Il était aussi poète. Il appartint au groupe national *Praesens*. Il fut en 1917, avec Léon Chwistek, Zbigniew Pronaszko et Stanislas Wietkiewicz, l'un des fondateurs et des principaux animateurs jusqu'à la fin du groupe en 1923 du *Formisme*, influencé par le futurisme italien, l'expressionnisme allemand, le cubisme français, et jusqu'à l'abstraction, dont il tentait d'effectuer une synthèse instinctive, afin en tout cas de se démarquer de l'art polonais du moment, encore sous l'influence de l'impressionnisme et du symbolisme. En tant que théoricien du groupe, Chwistek écrivit l'ouvrage *La pluralité de la réalité*, dans lequel il affirmait la primauté de l'imagination formelle sur le monde extérieur. Le *Formisme* eut une action importante sur l'intelligenzia polonaise de l'époque. Czyzewski, dans une première période, dissociait l'apparence de la réalité dans des compositions d'inspiration volontairement naïve. Ensuite, il créa des œuvres fondées sur des principes plastiques issus du futurisme et du constructivisme, dans des « tableaux multiplans », présentant des parties en relief, à la limite de la sculpture. Après 1925, il revint à une peinture plus traditionnelle dans la forme, bien que sur des thèmes empreints de fantaisie baroque. ■ J. B.

Bibliogr. : In : *Diction. Univers. de la Peint.*, Le Robert, Paris, 1975.

Maîtres anonymes connus par un monogramme ou des initiales commençant par C

C

C.
XVIe siècle.
Monogramme d'un artiste.
Actif vers 1520. Il a travaillé dans la manière d'Aldegrever. On trouve également le monogramme sur des gravures sur bois imprimées chez Siliries, à Anvers, en 1576.

C.
XVIIe siècle.
Monogramme d'un graveur au burin.
On cite de lui : *Jeune berger dans un paysage.*

C.

C.
XVIIIe siècle.
Monogramme d'un graveur à l'eau-forte.
Le Blanc cite une estampe portant cette marque : *Stockmeyer, batelier, officier municipal de Colmar, nuit du 3 au 4 février 1791.*

C. A.
XVIe siècle (?). Probablement Allemand.
Monogramme d'un graveur.
Cité pour une copie de l'estampe de Hans Sebald Beham *Le Berger.*

C. A.

C. A.
XVIe siècle. Allemand.
Monogramme d'un graveur sur bois.
Actif au commencement du XVIe siècle. On cite notamment : Planche pour : *Die Geuchmat zu Straff alle wybische mannen, durch den hochgelehrte herre Thoman Murner, der Heiligen Schrift-doctor... Bâle, 1519.*

CA

C. A.
XVIe siècle. Italien.
Monogramme d'un graveur au burin.
On cite de lui : *Jupiter et Léda.*

C. A. B.
Monogramme d'un peintre et graveur.
Non encore identifié, il est cité par Ris-Paquot.

C. A. B.

C. A. B.
XVIe siècle. Italien.
Monogramme d'un graveur à l'eau-forte.
Il a gravé *Petit garçon avec une souricière,* d'après Angeli.

CAB

C. A. B.
XVIIe siècle. Allemand.
Monogramme d'un graveur.
Il travaillait à Nuremberg vers 1675. On cite de lui *Ornements d'orfèvrerie* d'après J.-J. Scholenberger.

C. A. D.
XVIIe siècle.
Monogramme d'un graveur.
Il travaillait vers 1653.

C. A. D. H. F.
XVIIe siècle.
Graveur.
Actif à Paris ; Le Blanc cite de lui des paysages.

C. A. F.
XVIIe siècle.
Monogramme d'un graveur au burin.
Actif au commencement du XVIIe siècle. Cité par Charles Le Blanc. Il a laissé un vase sur lequel on voit une sirène de face entre deux sirènes de profil. On cite encore de lui *La Cène.*

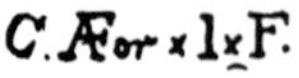

C. A. F.
XVIIe siècle. Italien.
Marque d'un graveur à l'eau-forte.
On cite de lui : *La Cène.*

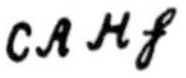

C. A. H. F.
XIXe siècle.
Monogramme d'un graveur à l'eau-forte.
Actif vers 1814. On cite de lui : *Paysanne et petit garçon près d'une ruine.*

C. B.
XVIe siècle.
Monogramme d'un graveur au burin.
Actif en Allemagne en 1543. On cite de lui : *Armoiries de Georges Raggenbach.*

C. B.
XVIe siècle. Allemand.
Monogramme d'un graveur sur bois.
Actif à Francfort-sur-le-Main en 1550. Le Blanc cite de lui : *Justin Gobler.*

C. B.
XVIe siècle. Français.
Monogramme d'un graveur sur bois.
Actif à Lyon en 1559. On cite de lui : *Frontispice de And. Tiraquelli Conmentor.*

C. B.
XVIe siècle. Allemand.
Monogramme d'un graveur.
On trouve cette marque et la date de 1562 sur une copie de l'estampe d'A. Dürer : *Jésus expirant sur la croix,* datée de 1562.

C. B.
XVIe siècle. Probablement Français.
Monogramme d'un graveur.
Il travaillait en 1595. Brulliot cite de lui : *Le Portement de Croix.*

C. B.
XIXe siècle. Britannique.
Monogramme d'un graveur sur bois.
Actif à Londres. On cite de lui : Planches d'après G. Cruiskshank pour : *Tales of Humour Gallantry and Romance,* etc. (Londres, 1824).

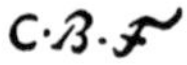

C. B. F.
XVIIIe siècle. Allemand.
Monogramme d'un graveur.
Cité par Brulliot qui mentionne des vignettes de lui et la date 1765.

C. B. M.
XIXe siècle. Allemand.
Monogramme d'un graveur.
Cité par Brulliot. On mentionne : *Un grand arbre dans un paysage.*

C. C.
Monogramme d'un graveur à l'eau-forte.
Il est cité par Brulliot et on mentionne de lui *Saint Joseph conduisant l'Enfant-Jésus.*

C. C., Maître aux initiales
XVIe siècle. Français.
Graveur au burin.
Actif vers le milieu du XVIe siècle. Il a orné de cinquante-huit petits portraits de rois *l'Epitome gestorum LVIII regum Franciae,* édité à Lyon par Arnoullet en 1546. La plupart de ces portraits royaux ont été copiés sur les dessins de Clouet.

C. C.
XVIe siècle. Allemand.
Monogramme d'un graveur sur bois.
Actif en Allemagne. Cité par Brulliot qui mentionne : *Publication de l'ordre judiciaire en Bavière* (1520).

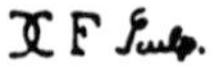

C. C. F.
XVIIIe siècle. Français.
Monogramme d'un graveur.
Cité par Brulliot qui mentionne des gravures d'après François Boucher.

C. D.
XVIe siècle. Allemand.
Monogramme d'un graveur.
Ce monogramme a été relevé sur des gravures sur cuivre représentant : *Adam et Ève* (1534), *Galathée* (1537), *Les Deux Amants* (1535), *Le Porte-Enseigne* (1536), *Buste de femme* (1536), *L'Ours* (1534), *Ornements d'orfèvrerie* (1534), *Gaine de Couteau* (1535), *Portrait de Simon Pistorius* (1535), *Portrait du duc de Saxe* (1536).

C. D.
XVIIe siècle. Allemand.
Marque d'un graveur.
Cité par Ris-Paquot, les œuvres de cet artiste inconnu sont datées de 1691.

CDB

C. D. B.
XVIIIe siècle. Français.
Monogramme d'un graveur.
Actif au début du XVIIIe siècle. Brulliot citant cet artiste comme un élève de Duchange, mentionne de lui : *Tobie recouvrant la vue,* d'après Sébastien Conca.

CDH

C. D. H.
XVIIe siècle. Français.
Monogramme d'un graveur à l'eau-forte.
Actif à Paris. Brulliot mentionne des paysages de lui.

C. D. W.
XVIIe siècle.
Initiales d'un maître.
Actif à Cologne au XVIIe siècle. Ses œuvres portent la mention : *C.D.W. fecit.*

C. E.
XVIe siècle. Italien.
Monogramme d'un graveur et dessinateur.
Actif vers 1500. Brulliot cite un portrait de lui : *Christianus Egerstus.*

C. E.
XVIe siècle. Allemand.
Monogramme d'un graveur.
Ses planches furent imprimées à Anvers en 1576. Cité par Ris-Paquot.

C. F.
XVIe siècle. Allemand.
Monogramme d'un graveur sur bois.
Actif vers 1570. Cité par Ris-Paquot. Son monogramme est relevé par Brulliot sur des gravures : vingt-et-une planches pour *l'Histoire de Jésus-Christ* et un portrait de général.

C. F.
Monogramme d'un graveur.
Cité par Brulliot qui mentionne des paysages.

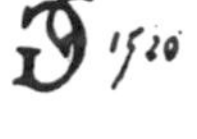

C. G.
XVIe siècle. Allemand.
Monogramme d'un graveur.
Il a été relevé sur des planches datées de 1520. Cité par Ris-Paquot.

C. G.
XVIe siècle. Allemand.
Marque d'un graveur.
Elle a été relevée sur des bois datés de 1565. Il est cité par Ris-Paquot.

C. G. I., Maître au monogramme
XVIIe siècle. Français.
Peintre.
Il fut connu par une œuvre de la collection Fl. Robertet, à Paris, représentant un peintre au travail dans son atelier, où se promènent également des visiteurs. On pense au travail d'un graveur lorrain perspectiviste, de l'entourage d'Abraham Bosse. Peut-être membre de la famille des Isac, graveurs lorrains. On pense aussi à *L'Atelier* d'Antoine Le Nain.
Bibliogr. : Catalogue de l'exposition *Les Peintres de la réalité en France, au XVIIe siècle,* Musée de l'Orangerie, Paris, 1934.

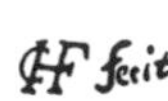

C. H. F.
Monogramme d'un graveur à l'eau-forte.
Brulliot cite de lui : *Apollon et Diane assis l'un à côté de l'autre,* copie d'une estampe de Galestruzzi.

C. I.
Allemand.
Monogramme d'un graveur de paysages urbains.
Cité par Ris-Paquot. Son monogramme est relevé sur des épreuves sur bois parmi lesquelles se trouvent un *Chariot chargé de tonneaux de vin,* une *Vue de la ville de Belgrade,* une *Vue de la ville de Florence,* une *Vue de la ville de Jérusalem,* une *Vue de la ville de Landau.*

C. I. B.
XVIIe siècle.
Monogramme d'un éditeur.
Il travaillait en 1643 en Italie. Il publia vers cette date des estampes éditées d'après Raffaelo Sanzio et Francesco Mazzuoli.

C. I. E. L.
XVIIe siècle. Allemand.
Monogramme d'un graveur sur bois.
Cité par Brulliot qui mentionne de lui : *Portrait d'Alten Stettin.*

C. J. B. I. R.
Allemand.
Monogramme d'un graveur.
Il a été relevé sur des gravures représentant : *Le Massacre des innocents, Jésus-Christ prêchant à ses disciples, Les Planètes* suite de sept planches, *L'Histoire des Trois Frères.* Cité par Ris-Paquot.

C. K.
Monogramme d'un graveur.
Cité par Brulliot qui mentionne ce monogramme comme ayant été trouvé sur des estampes en manière noire.

C. L.
Allemand.
Marque d'un graveur.
Cité par Ris-Paquot. Sa marque est relevée sur une gravure sur bois représentant la Pentecôte.

C. M.
Allemand.
Monogramme d'un graveur.
Il a été relevé sur une suite de cinq pièces portant également le chiffre d'Albert Dürer.

C. M.
Hollandais.
Monogramme d'un graveur.
Il a été relevé sur des gravures à l'eau-forte dans la manière de Rembrandt et de Van Ostade.

C. N. K.
Éc. flamande.
Monogramme d'un graveur.

C. P.
Allemand.
Monogramme d'un graveur.
Au-dessous du monogramme se trouve l'inscription *Grœnning*.

P. i. e. f.

C. P.
Monogramme d'un graveur à l'eau-forte.
Cité par Brulliot qui mentionne un *Port de mer* de lui.

C. P.
XVIe siècle. Belge.
Monogramme d'un graveur sur cuivre.
Il était moine à l'abbaye de Saint-Frond à la fin du XVIe siècle.

C. P. L. Sculp.

C. P. L.
Italien.
Monogramme d'un graveur.
Cité par Brulliot comme ayant travaillé d'après Conca.

C. P. P.
Monogramme d'un graveur.
Cité par Brulliot comme ayant travaillé dans l'école de Guido Reni.

C. R.
Monogramme d'un graveur à l'eau-forte.
Cité par Brulliot, qui mentionne de lui plusieurs planches représentant l'*Enfant prodigue*.

R. 163.

C. R.
Monogramme d'un graveur à l'eau-forte.
Cité par Brulliot qui mentionne un paysage représentant la *Fuite en Égypte*.

C. S.
Allemand.
Monogramme d'un graveur.
Il a été relevé sur douze pièces représentant les travaux d'Hercule.

C. S.

C. S.
XVIIe siècle. Allemand.
Monogramme d'un graveur.
Actif à la fin du XVIIe siècle. C'est le monogramme du graveur Saur Corbinian.

C. S. F.
Allemand.
Monogramme d'un graveur.
Il a été relevé sur des planches gravées sur cuivre.

C. V.
XVIe siècle. Éc. champenoise.
Monogramme d'un peintre verrier.
On trouve cette marque, avec la date de 1531, sur un vitrail de l'église de Saint-Pantaléon.

C. V. C. Voir **MAÎTRE des PORTRAITS de la COLLECTION HOLZHAUSEN**

C. V. P.
Monogramme d'un graveur.
Il est attribué au graveur Crispin Van Pas cité par Ris-Paquot.

C. W.
Allemand.
Monogramme d'un graveur.
Le nom a été relevé sur une estampe représentant un soldat, d'après Lucas de Leyde.

C. W., Maître de 1516, dit aussi **Maître de l'Autel de Nürtingen**

XVIe siècle. Allemand.

Peintre de compositions religieuses.

Il travailla en Souabe. Il a peint un autel de l'église Saint-Laurent, à Nürtingen. Cet autel a été transféré au Musée de Stuttgart et représente : *Anna Selbdritt avec saint Joseph, l'Annonciation* et le *Couronnement de Marie*. On doit également au même artiste deux panneaux d'un autel resté inconnu. Ils se trouvent également à Stuttgart et présentent l'*Annonciation et l'Adoration des Mages*.

C. W.

C W. f.

Né en 1754 à Hambourg. XVIIIe siècle. Allemand.

Monogramme d'un graveur à l'eau-forte.

Il a travaillé dans le genre de Berghem. On connaît de lui des villageois conduisant des bestiaux aux champs. Il a gravé notamment d'après Breenberg, Wagner, etc.

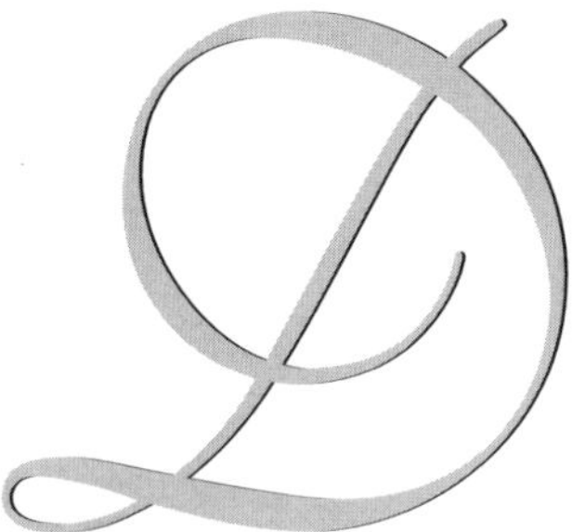

DA Abraham

Né probablement en Allemagne. XVIe siècle. Allemand.

Graveur.

Il travaillait vers la fin du XVIe siècle. Il semble avoir imité la manière de Théodore de Bry. Il existe de lui une planche, *La Cène*, d'un style précis, mais plein de raideur, signée *Abraham da fecit*, d'où l'on peut supposer qu'elle fut exécutée d'après son propre dessin.

DA suivi d'un patronyme. Voir ce patronyme

DAALHOFF Henri A. Van

Né en 1867 à Haarlem. Mort en 1953. XIXe-XXe siècles. Hollandais.

Peintre et graveur de paysages et de figures. Post-impressionniste.

Il a participé à la grande exposition de 1939 à Amsterdam.

À ses débuts, il subit l'influence de Torn Prikler et de Johannes Toorop. Il resta attaché dans ses paysages à la description de l'atmosphère par le pointillisme. Il grava des eaux-fortes de petit format.

Ventes Publiques : Amsterdam, 28 mai 1986 : *Rue de village animée*, h/t (51x75) : **NLG 1 800** – Amsterdam, 13 déc. 1989 : *Vue d'un village de l'autre côté d'un pont*, h/t (57x85) : **NLG 17 250** – Amsterdam, 30 oct. 1990 : *Enfant dans un verger*, h/pan. (31x32) : **NLG 1 495** – Amsterdam, 12 déc. 1990 : *Cage à oiseau accrochée sur le mur de la ferme*, h/pan. (17,5x13,5) : **NLG 1 725** – Amsterdam, 17 sep. 1991 : *Paysanne devant sa ferme*, h/cart. (19x24,5) : **NLG 1 955** – Amsterdam, 5-6 nov. 1991 : *Cour de ferme*, h/t (44x60) : **NLG 2 300** – Amsterdam, 14-15 avr. 1992 : *Un patio*, h/t (46x38) : **NLG 1 035** – Amsterdam, 9 nov. 1993 : *Maison dans les arbres*, h/t (65,5x76) : **NLG 2 300** – Amsterdam, 14 juin 1994 : *Un pêcheur et une paysanne au bord d'une rivière*, h/pan. (24,5x32,5) : **NLG 1 150**.

DAALMANS Hans

XVIIe siècle. Actif à Anvers. Éc. flamande.

Peintre.

Élève de Frans Floris et, en 1651, de Salebos.

DABADIE Henri

Né le 1er décembre 1867 à Paris. Mort en 1949 à Tunis. XIXe-XXe siècles. Français.

Peintre de sujets orientaux, figures, paysages.

Il fut élève d'Henri Lévy et d'Élie Delaunay. Il vécut en Indochine, au Maroc et en Tunisie. Sociétaire du Salon des Artistes Français, il reçut une mention honorable en 1885, une troisième médaille en 1893 et une deuxième médaille en 1901. Il fut ensuite hors-concours. Il participa au Salon tunisien entre 1920 et 1947, à l'Exposition internationale de 1937 à Paris, dans le pavillon tunisien. Il obtint le prix Paul Chabas en 1943. Il fut fait chevalier de la Légion d'honneur en 1912 et fut promu officier en 1932.

Peintre de tradition mais dénué de froideur académique, il use d'une palette sévère mais riche, d'une touche large et ondulante, pour peindre de nombreux paysages marins ou orientalistes, choisis en Tunisie, au Maroc ou en Asie, tels que *Le cimetière de Monastir – Rabat au crépuscule – Les grands tombeaux de Fez – Angkor – Église dans le Morbihan – Le vieux lavoir.*

Bibliogr. : Catalogue de l'exposition : *Lumières tunisiennes*, Pavillon des Arts, Paris, 1995.

Musées : Tunis (Mus. d'Art Mod.) : *Le cimetière de Monastir.*

Ventes Publiques : Paris, 14-16 jan. 1926 : *Tête de vieille femme* : **FRF 180** – Paris, 15 mai 1944 : *Embouchure d'un fleuve* : **FRF 800** – Paris, 27 mars 1947 : *Le village fortifié* : **FRF 5 500** – Paris, 5 fév. 1988 : *Azemmour, village du Maroc* 1921, h/cart. (46x61) : **FRF 3 000** – Paris, 11 déc. 1991 : *Meknès – vue générale* 1919, h/t (54x73) : **FRF 30 000** – Paris, 18 juin 1993 : *Paysage d'Algérie* 1913, h/t (65x81) : **FRF 6 000** – Paris, 7 nov. 1994 : *La villa blanche*, h/t (23,5x48) : **FRF 4 000** – Paris, 26 sep. 1997 : *Bateau dans une crique*, h/t (54,5x81,5) : **FRF 6 500**.

DABADIE Suzanne

XXe siècle. Française.

Peintre de paysages.

Elle exposa à Paris au Salon d'Automne et de celui des Tuileries en 1938 et 1939.

DABAT Alfred

Né le 2 janvier 1869 à Blidah (Algérie). XIXe-XXe siècles. Français.

Peintre de compositions religieuses, compositions à personnages, sujets typiques, figures.

Il fut élève de Benjamin Constant et de Jean-Paul Laurens, à l'École des Beaux-Arts de Paris. De retour dans son pays natal, il fit régulièrement des envois au Salon des Artistes Français à partir de 1899, recevant une mention honorable en 1910, une deuxième médaille en 1913 et une première médaille en 1922. Il fut ensuite hors-concours et obtint le prix Henner en 1932.

Les riches harmonies de ses coloris mettent en valeur les étoffes chatoyantes de son pays. Citons de lui : *Jésus guérit un aveugle – Femme nue.*

Bibliogr. : Gérald Schurr, in : *Les Petits Maîtres de la peinture 1820-1920, valeur de demain*, Les Éditions de l'Amateur, t. V, Paris, 1981.

Musées : Paris (ancien Mus. du Luxembourg) : *Danseuse rouge.*

Ventes Publiques : Paris, 3 déc. 1979 : *Traversée de l'Oued*, h/cart. (50x52) : **FRF 500**.

DABAULT Henri Ernest

Né à Niort (Deux-Sèvres). XXe siècle. Français.

Peintre de genre, paysages, paysages urbains.

Il exposa au Salon des Tuileries à partir de 1929 et au Salon des Artistes Indépendants à partir de 1931.

DABBE Jean

XVIIe siècle. Hollandais (?).

Graveur.

Il est cité par Heinecken et Le Blanc.

DABELSTEIN Chim

XVIe siècle. Actif à Schwerin à la fin du XVIe siècle. Allemand.

Sculpteur.

Il collabora avec Lorenz Dabelstein et Robert Coppens à l'érection du tombeau des ducs de Mecklembourg, à la cathédrale de Schwerin.

DABELSTEIN Lorenz

XVIe siècle. Actif à Schwerin à la fin du XVIe siècle. Allemand.

Sculpteur.

DABEVILLE Jean

XVe siècle. Actif à Rennes. Français.

Peintre verrier.

DABIN Joël

Né le 28 février 1933 au Pallet (Loire-Atlantique). XXe siècle. Français.

Peintre. Tendance abstrait.

Entre 1950 et 1954 il fut étudiant à l'École des Beaux-Arts de

Nantes. Il expose depuis 1955, principalement en Bretagne où il vit.
Il pratique un paysagisme plus ou moins abstrait où quelques formes identifiables se détachent sur des fonds à la surface fractionnée dans un esprit non figuratif. Il a réalisé des œuvres intégrées à l'architecture et des décors de théatre.
Ventes Publiques : Lorient, 2 avr. 1988 : *La barque*, h/t (81x101) : **FRF 9 500**.

DABIS Anna
XIXe siècle. Active à Londres. Britannique.
Sculpteur.
Elle exposa à la Royal Academy entre 1888 et 1895.

DABIT Eugène
Né en 1898 à Mers (Somme). Mort en 1936 à Sébastopol (U.R.S.S). XXe siècle. Français.
Peintre de figures, paysages, natures mortes.
Il exposa au Salon des Artistes Indépendants, au Salon d'Automne en 1926 et à partir de 1929 au Salon des Tuileries. Il délaissa ensuite la peinture pour les lettres, publiant des ouvrages populistes dont le célèbre *Hôtel du Nord* adapté au cinéma. En tant qu'écrivain, on lui doit encore un ouvrage sur la *Peinture espagnole*.
Musées : Paris (Mus. d'Art Mod. de la Ville) : *Nature morte aux livres et à la rose*.
Ventes Publiques : Paris, 4 juil. 1928 : *Le village dans la vallée* : **FRF 150** – Paris, 17 fév. 1995 : *Rue de village*, h/t (54x65) : **FRF 5 500**.

DABLANC Jeanne Renée
Née à Dourdan (Seine-et-Oise). XXe siècle. Française.
Peintre.
A exposé depuis 1929 au Salon de la Société Nationale des Beaux-Arts dont elle est membre. On cite de cette artiste : *La vieille servante*.

DABLANC Marie-Rose
Née à Nantes (Loire-Atlantique). XXe siècle. Française.
Peintre, miniaturiste.
Elle fut élève de Gabrielle Debillemont-Chardon. Elle exposa, à Paris, au Salon des Femmes Peintres et Sculpteurs et au Salon des Artistes Français dont elle était membre depuis 1938.

DABLER Antoine
XVIe siècle. Actif vers 1590.
Peintre et graveur.
On le cite comme ayant travaillé d'après les dessins de Goltzius et d'autres artistes de son temps.

DABLIN Jean Marie Antoine
Né au XIXe siècle à Saint-Quentin. XIXe siècle. Français.
Peintre de genre et pastelliste.
Élève de Lehmann et Galland. Il débuta au Salon de Paris en 1879. Il était sociétaire des Artistes Français depuis 1886.

DABNEY
XVIe siècle. Actif à Londres en 1558. Britannique.
Peintre.

DABO Léon
Né le 9 juillet 1868 à Detroit (Michigan). Mort en 1960. XXe siècle. Actif aussi en France. Américain.
Peintre de paysages, de fleurs et de décorations murales.
Il fut élève de l'Académie Julian et de l'École des Beaux-Arts de Paris. Il fut membre de l'Académie Nationale de dessin de New York et du National Art Club de New York. Il travailla longtemps à Paris et fut fait Chevalier de la Légion d'honneur en 1934. En 1938 il exposa au Salon de la Société Nationale des Beaux-Arts. Il se plut à décrire New York *Long Island* – *L'Hudson*.

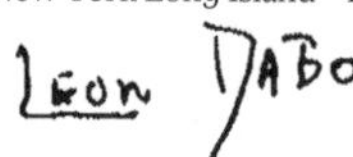

Musées : New York (Metropolitan Mus.) : *Le Nuage* – Ottawa : *Nuage gris* – Tokyo : *L'Océan* – Washington D. C. : *L'Hudson*.
Ventes Publiques : New York, 17 juin 1970 : *Bord de mer* : **USD 250** – New York, 24 mai 1972 : *Paysage* : **USD 125** – New York, 3 déc. 1982 : *Bord de mer*, h/t (30,7x40,9) : **USD 1 400** – New York, 1er juin 1984 : *Long Island sound*, h/t (76,3x86,9) : **USD 7 000** – New York, 29 mai 1987 : *Une crique*, h/t (62,2x86,4) : **USD 17 000** – New York, 16 mars 1990 : *Après-midi d'hiver*, h/t (53,3x71,1) : **USD 6 380** – New York, 30 mai 1990 : *Coup de vent sur l'Hudson*, h/t (76,3x86,5) : **USD 9 075** – New York, 27 sep. 1990 : *Soirée d'hiver*, h/t (53,3x71,1) : **USD 17 600** – New York, 14 mars 1991 : *Le soir au port*, h/t (68,5x91,5) : **USD 4 950** – New York, 2 déc. 1992 : *Arbres et Rochers*, h/t. cartonnée, une paire (50x41,9 et 35,5x25) : **USD 2 200** – New York, 31 mars 1993 : *Les ombres de la fin de l'après-midi*, h/t (61x76,2) : **USD 2 070** – New York, 27 mai 1993 : *Idylle d'été* 1916, h/t (76,2x86,4) : **USD 12 650** – New York, 28 sep. 1995 : *Plage au crépuscule*, h/t (61x76,2) : **USD 4 312** – New York, 21 mai 1996 : *La chapelle Ste Anne à Saint Tropez* 1940, h/t. cartonnée (51x40) : **USD 2 300**.

DABOS Jeanne, née **Bernard**
Née en 1763 à Lunéville (Meurthe-et-Moselle). Morte en 1842. XVIIIe-XIXe siècles. Française.
Peintre de genre, portraits.
Cette artiste obtint une médaille d'or de la reine d'Étrurie. Elle fut l'élève de Mme Guyard et exposa au Salon de Paris de 1802 à 1835.
Ventes Publiques : Paris, 1844 : *Portrait de jeune femme*, étude : **FRF 73** – Paris, 28 avr. 1993 : *Le bain*, h/t (24,5x32,5) : **FRF 12 000**.

DABOS Laurent
Né en 1761 à Toulouse (Haute-Garonne). Mort le 20 août 1835 à Paris. XVIIIe-XIXe siècles. Français.
Peintre d'histoire, scènes de genre, portraits.
Il fut élève de Vincent. Il figura à l'Exposition de la Jeunesse en 1788 et 1789. Mais à partir de 1791, jusqu'en 1835, il se produisit au Salon.
On cite parmi ses œuvres : *Une femme peignant un portrait*, *Enfant sur les bras de sa nourrice*, *Louis XVI écrivant son testament*, tableau peint au Temple, et le *Portrait de Louis XVII* d'après nature. Chevalier de la Légion d'honneur.

Dabos.1808

Musées : Narbonne : *La Vieille à la tirelire* – Versailles : *Portrait de J.-B. de Belloy, cardinal archevêque de Paris*.
Ventes Publiques : Paris, 1844 : *La frileuse* : **FRF 37** ; *La cuisinière* : **FRF 61** – Paris, 1892 : *Portrait de l'acteur Charles Potier* : **FRF 1 500** – Paris, 1900 : *Portrait de Philippot* : **FRF 110** ; *Jeune infortunée à genoux près de son père*, dess. aux cr. noir et blanc : **FRF 5** – Paris, 21 et 22 nov. 1922 : *Portrait de Philippot, agent de l'Académie de Peinture*, cr. : **FRF 170** – Paris, 14 et 15 fév. 1927 : *Portrait de Mirabeau* : **FRF 1 250** ; *Portrait de G. Bonnecarère* : **FRF 920** – Paris, 6 déc. 1946 : *La jeune mère* : **FRF 20 000** – New York, 9 oct. 1991 : *Putti couronnant un buste, présumé de Marie-Louise d'Espagne*, h/t (47x38,7) : **USD 3 080**.

DABOUR John
Né en 1837 à Smyrne (Turquie). XIXe siècle. Américain.
Peintre de portraits.
Élève à Paris de l'École Nationale des Beaux-Arts et de Jeanson. Il résida plusieurs années à Baltimore (Maryland). En 1879, il exposa, outre des portraits, une *Nymphe*.

DABOVAL Marguerite
Née à Rennes (Ille-et-Vilaine). XXe siècle. Française.
Peintre et dessinatrice.
A exposé un *Portrait* (crayon et sanguine) au Salon des Artistes Français en 1922.

DABOVILLE Nicolas
XVIIIe siècle. Actif à Paris en 1705. Français.
Sculpteur.

DABROWA-DABROWSKI Eugeniusz
Né en 1870 à Pryzwilow (Pologne). XXe siècle. Polonais.
Peintre de paysages et de fleurs, peintre de cartons de vitraux.
Il exposa au Salon des Artistes Indépendants entre 1925 et 1927. Il réalisa également un carton pour un vitrail *Sainte Sophie*.

DABROWSKA Casimira
Née le 3 mars 1890 à Radom. XXe siècle. Polonaise.
Peintre, miniaturiste.
Elle fut membre de la Société des Beaux-Arts de Varsovie et exposa au Salon des Artistes Français en 1928 et 1929. Elle a peint de nombreuses effigies aristocratiques d'entre lesquelles

celles du : *Prince Radziwill – Comte Potocki* et celle de l'*Archiduc Charles Albert.*

DABROWSKA Waleria, née **Kieszkowska**
Née en Galicie. XIXe-XXe siècles. Polonaise.
Sculpteur.
Elle travaille surtout à Cracovie.

DABROWSKI Anton Samuel
Né en 1774 à Turow. Mort en 1838 à Varsovie. XVIIIe-XIXe siècles. Polonais.
Peintre de portraits, paysages.
Il fut l'élève de Smuglewicz et de Plersch. Il vécut à Slonim et Lemberg avant de s'établir à Varsovie.

DABROWSKI Bonaventura
Né vers 1805 à Varsovie. Mort en 1861 à Varsovie. XIXe siècle. Polonais.
Peintre de portraits et de miniatures.
Il était le fils d'Anton Samuel.

DABROWSKI Marcin
XVIIIe siècle. Polonais.
Peintre.
On lui doit une œuvre signée et datée de 1767 à l'église Saint-Bernard à Lublin.

DABROWSKI Stephan
Né en 1849 à Varsovie. XIXe siècle. Polonais.
Peintre de paysages.
Il fut l'élève de Wastkowski et d'Alchimowicz.

DABRY Jenny
XIXe siècle. Française.
Peintre.
Fixée à Lyon, elle exposa au Salon de cette ville, de 1838 à 1849-1850, des portraits et des figures et à Paris, en 1844, *Une jeune mère*, étude.

DABURGER Matthias
Né à Traunstein (Bavière). XVIIe-XVIIIe siècles. Allemand.
Peintre.
On cite ses paysages et ses tableaux religieux. Il travailla dans sa province natale.

DACH Johann
Né en 1566 à Cologne. Mort en 1650 à Vienne. XVIe-XVIIe siècles. Allemand.
Peintre d'histoire.
Élève de Barth. Spranger. Il visita deux fois l'Italie. Plusieurs de ses dessins sont en Angleterre. Fut protégé par l'Empereur Rodolphe II.

DACH Johann Peter
Né vers 1640 à Mayence. XVIIe siècle. Vivait à Rome vers 1670. Allemand.
Peintre.

DACHAUER Georg
XVe siècle. Actif à Landshut. Allemand.
Peintre de miniatures.
Il existe des œuvres de cet artiste à la bibliothèque de l'Université de Munich.

DACHENHAUSEN Alexander von
Né en 1848 à Göttingen. XIXe siècle. Allemand.
Peintre.
On cite ses ex-libris.

DACHERIUS Gebhart
Né à Constance. Mort en 1471 à Constance. XVe siècle. Allemand.
Écrivain et peut-être peintre de miniatures.
Il aurait illustré ses propres ouvrages.

DACHEUX Edouard
Né à Péronne (Somme). XXe siècle. Français.
Peintre de paysages.
Il exposa à Paris au Salon de la Société Nationale des Beaux-Arts à partir de 1930 et au Salon des Artistes Français en 1932.
Il a principalement peint des paysages de sa région natale : *Passage de gibier sur la Somme – La Somme en Automne – Bords de la Somme.*

DACHIEN Chang
Né le 1er avril 1899 dans le Sichan. Mort le 2 avril 1983 à Taipei. XXe siècle. Chinois.
Peintre de paysages, portraits. Traditionnel.
Il devint moine bouddhiste à l'âge de vingt-cinq ans, puis quitta le monastère pour se consacrer à la peinture. Il devint célèbre en faisant la copie des fresques murales des grottes de Dun-huang (province de Gansu). Il était considéré comme un des grands artistes du siècle, il était maître de la peinture dite à sujet unique. Il émigra au Brésil en 1949, quand la Chine devint communiste. Toutefois, il effectua encore de nombreux voyages à Taiwann et s'y fixa définitivement en 1979.

DACHON P.
XVIIIe siècle. Actif dans la seconde moitié du XVIIIe siècle. Français.
Peintre.
J.-F. Beauvarlet grava, d'après cet artiste, un portrait du *Jésuite Sylvain Pérussault.*

DA CHONGGUANG ou **Ta Tchong-Kouang** ou **Ta Chung-Kuang** ou **Dan Chongguang, Tan Tchong-Kouang, Tan Chung-Kuang**, surnom : **Zaixin,** noms de pinceau : **Yisou, Yiguang, Saoye, Daoren, Jiangshang Waishi**
Né en 1623 à Dantu (province du Jiangsu). Mort en 1692. XVIIe siècle. Chinois.
Peintre de paysages. Traditionnel.
Fonctionnaire, reçu à l'examen de « lettré présenté » en 1652, il est nommé censeur de province et gouverneur de la province du Jiangxi. Calligraphe, poète, peintre paysagiste dans le style des maîtres Yuan (XIVe siècle), il est surtout connu pour ses écrits sur la peinture. Son traité, le *Hua Quan* (1670) est un ouvrage bref mais important. Il se présente d'une seule venue, sans subdivisions, mais est rédigé dans un style très élaboré qui ne va pas sans nuire à la clarté de l'exposé.
Concernant essentiellement le paysage, il reflète le grand courant d'orthodoxie des « Quatre Wang » ; il est d'ailleurs augmenté des annotations de Wang Hui (1632-1717) et de Yun Shouping (1633-1690).
Musées : Liaoning (prov. Museum-Chine) : *Bateau solitaire sur une rivière d'automne* daté 1686 ou 1690, encre sur pap., rouleau en longueur – Pékin (Palais Impérial) : *Paysage d'après un maître Yuan* daté 1672, signé colophon de Wang Hui – Stockholm (Nat. Mus.) : *Vue de rivière,* signé avec deux vers de l'artiste datés 1681.
Ventes Publiques : New York, 31 mai 1990 : *Paysage dans le style de Huang Gongwang* 1663, encre et pigments dilués/satin, kakémono (132,7x49,2) : **USD 2 200.**

DACHS Gabriel
XVIe siècle. Actif à Stuttgart vers 1590. Allemand.
Peintre.

DACHSELHOFER Joahnn I
Mort en 1550 à Berne. XVIe siècle. Suisse.
Peintre sur verre.
Dachselhofer, d'après le Dr C. Brun, fournit des vitraux pour la ville de Berne entre 1515 et 1539. Vivant à Berne, il travailla aussi à Fribourg et fit partie du Grand Conseil de Berne en 1535. En 1513, il suivit sa confrérie à Pavie où celle-ci s'était rendue par suite de la guerre.

DACHSELHOFER Johann II
Mort vers 1554 probablement à Berne. XVIe siècle. Suisse.
Peintre verrier.
Fils de Johann I, il travailla à Berne. Il exécuta vers 1551, d'après le Dr C. Brun, une vue de la ville de Berne, que l'on n'a pas conservée.

DACHSELHOFER Samuel
Né vers 1538 à Berne. Mort vers 1588 à Berne. XVIe siècle. Suisse.
Sculpteur sur bois.

DACHSELT Ernst Freidrich
Né le 17 juillet 1860 à Hühndorf (Saxe). XIXe siècle. Allemand.
Peintre.
Dachselt étudia à Dresde, puis voyagea en Italie, en France, en Allemagne et en Autriche. Il dirigea un atelier d'art décoratif et industriel à Dresde, puis alla remplir le poste de professeur à l'École d'Art de Berne où il enseigna notamment le dessin.

DACHTLER K.
Né vers 1770 près de Pforzheim. Mort en 1803 à Karlsruhe. XVIIIe siècle. Allemand.
Peintre sur émail.
Il travailla à Vienne et à Paris et exécuta de nombreux portraits.

DACHTLER Theophil
XVIIe siècle. Actif vers 1600. Allemand.
Peintre.
On lui doit un portrait de l'empereur Charles V, qui fut gravé.

DACILEGNO Giovanni Francesco
XVIe siècle. Actif à Parme en 1576. Italien.
Peintre.

DACKES Peter
XVIe siècle. Actif à Lübeck au début du XVIe siècle. Allemand.
Peintre.

DACKETT T.
XVIIe siècle. Actif à Londres. Britannique.
Dessinateur.
Le British Museum de Londres possède un portrait au dessin signé de ce nom et daté de 1684.

DACOS Guy Henry
Né en 1940 à Huy. XXe siècle. Belge.
Peintre, sculpteur, graveur. Figuratif.
Il fut élève des académies de Liège et de Bruxelles, se perfectionna à Cracovie puis devint professeur à l'académie de Liège. Il pratique l'eau forte, la pointe sèche, l'aquatinte et la sérigraphie.
Bibliogr. : In : *Diction. Biog. ill. des artistes en Belgique depuis 1830*, Arto, 1987.

DACOSTA Antonio
Né en 1917 aux Açores. Mort vers 1990. XXe siècle. Portugais.
Peintre de compositions animées. Surréaliste puis figuratif.
Pendant les années quarante, il était une figure importante du surréalisme portugais, qu'il représentait en particulier en exposant avec Antonio Pedro à Lisbonne à partir de 1940. Dans ces années, il venait à Paris, assurant la liaison entre le groupe surréaliste parisien et les artistes portugais. À la fin de cette décade, en 1950, il cessa toute activité picturale pour ne repeindre qu'au début des années quatre-vingt, sans doute motivé par le nouveau dynamisme artistique animant le Portugal, la création de la Fondation Gulbenkian en 1983, et la création à Porto du premier musée d'art du XXe siècle au Portugal n'en étant pas le moindre signe. Évitant le piège de la reprise d'un « vocabulaire surréaliste » devenant caricatural et décoratif, Dacosta réalise de grandes compositions à la texture sensuelle dans une gamme chromatique très raffinée. Les situations et le positionnement des figures sur la toile, souvent insolites, ne sont pas exempts de poésie ni d'humour.
Bibliogr. : José Pierre : *Le Surréalisme*, Rencontre, Lausanne, 1966 – Alexandre Melo, Joao Pinharanda : *Arte contemporânea Portughesa*, Lisbonne, 1986.

DACQUIN Thomas
XVIIe siècle. Actif à Paris en 1643. Français.
Sculpteur.
Il était membre de l'Académie de Saint-Luc.

DACRE James
XIXe siècle. Actif à Londres. Britannique.
Peintre.

DACRE Pierre
XVIIe siècle. Actif à Paris en 1675. Français.
Peintre.
Il était membre de l'Académie de Saint-Luc.

DACRE Susan Isabel
Née en 1844 à Leamington (Warwickshire). XIXe siècle. Britannique.
Peintre de portraits, scènes de genre, paysages.
Elle exposa en Angleterre, en France et en Italie.

DACRILIO Michel
Né au XXe siècle au Havre (Seine-Maritime). XXe siècle. Français.
Peintre.
En 1933 on vit de cet artiste un *Portrait* (pastel) au Salon des Artistes Français à Paris.

DACTY Jeanne
Née à Londres. XXe siècle. Française.
Peintre de paysages, marines.
Elle figura au Salon des Artistes Indépendants à Paris entre 1921 et 1927.

DACTYLIDES
Ier siècle avant J.-C. Antiquité grecque.
Sculpteur.

DACY Jean
XIVe siècle. Actif à Paris vers 1376. Français.
Peintre de miniatures.

DACZYNSKI Stanislaus
Né en 1856 à Wisnicz (Galicie). XIXe siècle. Polonais.
Peintre.
Il fut à Cracovie l'élève de Matejko et exposa en 1894 à Lemberg.

DADAMAINO
Née en 1935 à Milan. XXe siècle. Italienne.
Peintre. Abstrait, puis cinétique.
À ses débuts, elle réalise une peinture abstraite, puis entre 1957-1959 commence la série *Volume* qui porte la marque de l'influence de Lucio Fontana, avec des toiles monochromes percées de trous laissant apparaître le mur. Ces pratiques la rapprochent immédiatement de la galerie Azimut et d'artistes tels que Piero Manzoni et d'Enrico Castellani. À partir de 1960 elle crée des œuvres constituées de films plastiques superposés, tendus sur un châssis, percés de trous ; le léger décalage des deux surfaces provoque un effet de vibration optique. Elle appartient alors au courant de l'art cinétique et figure dans les expositions de la *Nouvelle tendance* organisées à Zagreb. En 1964, elle s'intéresse à la problématique de la couleur, créant des phénomènes optiques mis en œuvre par l'intersection d'éléments blancs et d'éléments noirs, objets qu'elle nomme « optiques-dynamiques » ; en 1986 la série *Constellations* évoque les derniers travaux de Georges Vantongerloo.
Bibliogr. : In : Franck Popper, *Naissance de l'art cinétique*, Gauthier-Villars, Paris, 1967 – in : *Dictionnaire de la peinture italienne*, Larousse, 1989.
Musées : Reutlingen (Fond. pour l'Art Concret).
Ventes Publiques : Rome, 17 avr. 1989 : *Constellations* 1982, encre verte/t. (100x100) : **ITL 3 200 000** – Milan, 19 déc. 1989 : *Sans titre*, temp./t. (60x49) : **ITL 2 600 000** – Milan, 15 mars 1994 : *Pas à pas ; Le Mouvement des choses* 1990, encre/tissu synth. (50x70) : **ITL 1 840 000** – Milan, 20 mai 1996 : *Interlude* 1981, encre de Chine/pap. (50x35) : **ITL 1 265 000**.

DADD Frank
Né le 18 mars 1851 à Londres. Mort le 7 mars 1929 à Teignmouth (Devonshire). XIXe-XXe siècles. Britannique.
Peintre d'histoire, de genre, illustrateur.
Il fit ses études à Londres : à South-Kensington, au Royal College of Art et à la Royal Academy. Exposant à la Royal Academy de 1878 à 1912. Il fut membre de la Royal Society of British Artists et du Royal Institute of Painters in Water-Colours à partir de 1884. Il a peint à l'huile et à l'aquarelle des scènes historiques dans un genre romantique. Il a également eu une importante carrière d'illustrateur, collaborant aux *Illustrated London News* de 1878 à 1884, puis au *Graphic*.
Musées : Londres (Tate Gal.) : *Gold Lace has a charm for the fair* – Sydney : *Chair à canon*.
Ventes Publiques : Londres, 5 fév. 1910 : *Le docteur* : **GBP 21** – Londres, 18 nov. 1921 : *Un dessin* : **GBP 18** – Londres, 22 avr. 1927 : *Un dessin* 1916 : **GBP 21** – Londres, 12 mars 1928 : *Un dessin* 1913 : **GBP 14** – Londres, 4 mars 1932 : *La première permission* 1921, dess. : **GBP 7** – Londres, 5 oct. 1933 : *Visite chez le médecin* : **GBP 5** – Londres, 30 juin 1939 : *Le matin d'après* 1880 : **GBP 5** – Londres, 21 mai 1943 : *Scène de genre* : **GBP 48** – Londres, 2 fév. 1945 : *L'arrivée des invités pour Noël*, dess. : **GBP 31** – Londres, 10 mai 1946 : *Bavardages* 1926, dess. : **GBP 26** ; *Scène de genre* 1928, dess. : **GBP 27** – Londres, 3 juil. 1979 : *Les joies de l'hiver* 1893, aquar. et reh. de blanc (36x48) : **GBP 4 800** – Chester, 31 juil. 1981 : *L'officier recruteur* 1918, h/t (59x89,5) : **GBP 2 200** – Londres, 27 avr. 1982 : *A country auction* 1910, aquar. en grisaille, reh. de blanc (40,5x66) : **GBP 2 200** – Londres, 23 nov. 1982 : *Couple avec un chien* 1925, h/pan. (38x30) : **GBP 2 000** – Londres, 27 fév. 1985 : *Lady Hamilton in George Romney's studio* 1912, aquar. reh. de blanc (35,5x48) : **GBP 1 500** – Londres, 25 jan. 1989 : *Une main secourable : petite fille apportant à boire à un soldat* 1919, aquar. (21x28) : **GBP 990** – Londres, 11 oct. 1991 : *Chez son notaire* 1892, h/t (45,8x61) : **GBP 4 950**.

DADD Richard
Né en 1819 à Chatham. Mort en 1887 à Londres. XIXe siècle. Britannique.

Peintre de genre, portraits, paysages animés, aquarelliste.

Son père, chimiste à Chatham, ayant repris le commerce d'un marchand d'antiquités à Londres, Dadd devint élève de la Royal Academy et commença à se faire connaître comme peintre de genre. Son ami, David Roberts l'ayant présenté à sir Thomas Philips, il entreprit, avec ce dernier, dans le courant de l'été 1842, un voyage qui les conduisit en Égypte, à travers l'Italie, la Grèce et l'Asie Mineure. Déjà faible de cerveau, le brûlant soleil d'Égypte lui fut très défavorable ; aussi, en route pour le retour, quitta-t-il subitement son ami pour rentrer à Londres au printemps de 1843. Un carton qu'il envoya au concours de Westminster Hall à cette époque dénote déjà le trouble de son cerveau. En effet, à l'automne 1843, il commença à perdre la raison et dut être gardé à vue par son père. Le 28 octobre il accompagna ce dernier à Cobham Bark Surrey où il l'assassina, et s'enfuit en France. Ayant attaqué un voyageur aux environs de Fontainebleau, il fut arrêté et identifié. On l'acquitta à cause de son irresponsabilité et on l'interna dans le Bedlam Hospital, où il mourut. Durant son séjour dans la maison de santé, on lui permit d'exercer sa profession.

Son premier envoi à la Royal Academy date de 1838, où il exposa son tableau : *Pêche à la ligne*. Il continua en 1839, 1840 et 1841. Cette dernière année, il se fit remarquer par *Titania endormie*. Son œuvre *Arabes* figura à une Exposition à Liverpool.

Parmi ses œuvres nombreuses, il convient surtout de signaler une centaine de peintures, exécutées pour Lord Foley, ayant pour thème des sujets puisés dans le *Manfred* de Byron et *La Jérusalem délivrée* du Tasse. On a de lui d'excellentes aquarelles exécutées au cours de son voyage de l'année 1942 et durant les mois qui suivirent : *Tombeaux des califes au Caire, Entrée d'un sarcophage égyptien, Arabes*. Interné, il continua à produire, réalisant des œuvres fort intéressantes, mais marquées d'un certain déséquilibre.

Musées : Londres (Tate Gal.) : *Le Coup du maître du bûcheron magicien* 1855-1964 – Londres (Water-Colours Mus.) : *Paysage d'Orient – Léonidas et les bûcherons – Patriotisme – A fallen Warrior – Jason et Médée – Paresse – Volonté* – Paris (Louvre) : *Le sommeil de Titania*.

Ventes Publiques : Londres, 25 nov. 1927 : *Musiciens italiens* 1878, dess. : **GBP 15** – Londres, 29 mai 1935 : *Esquisse* 1867, aquar. : **GBP 12** – Londres, 17 mars 1961 : *Un ermitage*, aquar. : **GBP 210** – Londres, 18 mars 1964 : *Contradiction, Oberon and Titania* 1854-1858, h/t, de forme ovale (61x75,5) : **GBP 7 000** – Londres, 25 mars 1966 : *Les musiciens ambulants* : **GNS 2 100** – Londres, 1976 : *Deux Persans assis par terre*, aquar. (13x18) : **GBP 700** – Londres, 29 juil. 1977 : *Nature morte* 1838, h/cart. (7,7x10,2) : **GBP 1 300** – Londres, 24 mars 1977 : *Le Repos au bord de la route* 1919, aquar. et cr. (70x46,5) : **GBP 90** – Londres, 20 nov. 1979 : *Fanaticism* 1855, aquar. (35,5x25,3) : **GBP 1 900** – Londres, 18 mars 1980 : *Polyphème endormi découvert par les bergers de Sicile* 1852, aquar. et pl. (24x35) : **GBP 6 500** – Londres, 15 mars 1983 : *Contradiction, Oberon and Titania* 1854-1858, h/t, de forme ovale (61x75,5) : **GBP 500 000** – Londres, 19 juin 1984 : *Ulysse déguisé en mendiant*, aquar. (25,5x36) : **GBP 4 000** – Londres, 15 mars 1984 : *Portrait de jeune femme entouré d'autres têtes*, lav. de brun (19,5x12,5) : **GBP 2 200** – Londres, 19 mars 1985 : *Illustration de l'Avarice* 1854, aquar., cr. et pl. (37x25,5) : **GBP 9 000** – Londres, 119 nov. 1985 : *Illustration de l'Ivrognerie* 1854, cr. encre grise et aquar. (37x26) : **GBP 18 000** – Londres, 1er nov. 1990 : *La mort de Richard II*, aquar. (35,9x25,7) : **GBP 8 800** – Londres, 12 juin 1992 : *Contradiction – Oberon et Titania*, h/t, de forme ovale (61x75,5) : **GBP 1 650 000** – Londres, 13 juil. 1993 : *Portrait de sir Thomas Phillips en costume oriental allongé et avec un narguilé*, aquar. avec reh. de blanc (17,8x26) : **GBP 36 700** – Londres, 13 avr. 1994 : *Portrait de l'artiste en buste vêtu de brun*, h/pan. (56x54,5) : **GBP 6 325** – Londres, 13 nov. 1996 : *Portrait d'une jeune dame tenant une rose* 1841, h/cart. (28x20,5) : **GBP 5 750** – Londres, 5 nov. 1997 : *Portrait d'une jeune dame* 1841, h/pan. (28x20,5) : **GBP 4 600**.

DADD Stephen D.

xixe siècle. Actif à Londres à la fin du xixe siècle. Britannique.

Peintre.

DADDI Bernardo I

Né à la fin du xiiie siècle. Mort sans doute en 1348, en 1350 d'après Bryan ou après 1355 selon le dictionnaire Hazan. xiiie-xive siècles. Italien.

Peintre de compositions religieuses, fresquiste.

Un des meilleurs élèves de Giotto, cet artiste, actif à Florence de 1327 à 1348, fut le contemporain et le collègue de Jacopo Sandini Casentino, avec lequel il fonda l'Académie de Saint-Luc de cette ville.

Il décora de fresques la chapelle Pulci Beraldi, à Santa Croce de Florence, avec l'histoire de *Saint Laurent et de Saint Étienne* et aussi les grandes portes de la vieille ville de Florence. Les seules fresques qui nous soient parvenues sont celles qui représentent *Le Martyre de saint Étienne et celui de saint Laurent*.

Bernardo Daddi se situe à mi-chemin entre l'art de Giotto, avec *la Madone et des saints* (Offices), et celui des Siennois, avec *l'Annonciation* (Louvre). On a d'ailleurs attribué certains de ses tableaux à Ambrogio Lorenzetti, en particulier des morceaux de la prédelle de Santa Maria Novella. Voir aussi le Pseudo-Bernardo Daddi.

Musées : Berlin : Deux triptyques – *Naissance du Christ – Saint Salvien guérit les pestiférés – Saint Bernard délivre la ville* – Berne : *Christ en Croix et les saints*, triptyque – Florence (Mus. des Offices) : *Vierge à l'Enfant et saints* 1328 – Naples : *La Vierge et l'Enfant* – New York (coll. Lehman) : *La Vierge et l'Enfant* – Paris (Louvre) : *Crucifixion – Annonciation* – Pise (Mus. Civique) : *Scènes de la vie de Sainte Cécile* – Prato : *Jésus en Croix – La Vierge, Jésus et divers saints* – Turin (Pina.) : *Couronnement de la Vierge*.

Ventes Publiques : Londres, 13 juil. 1923 : *La Vierge et l'Enfant* : **GBP 99** – Londres, 18 déc. 1931 : *La Vierge et l'Enfant* : **GBP 141** – Londres, 3 juin 1932 : *La Vierge et l'Enfant* : **GBP 115** – Londres, 31 juil. 1935 : *La Vierge, l'Enfant, sainte Catherine* : **GBP 110** – New York, 20 fév. 1946 : *La Présentation au Temple* : **USD 500** – Londres, 1er avr. 1960 : *Maesta* : **GBP 1 680** – Paris, 23 mars 1963 : *La Vierge et l'Enfant entourés de saints* : **FRF 11 200** – Cologne, 11 nov. 1964 : *La Crucifixion* : **DEM 10 000** – Londres, 30 juin 1965 : *L'arrivée de sainte Ursule à Bâle* : **GBP 14 000** – Londres, 19 avr. 1967 : *Sainte Catherine* : **GBP 22 000** – Londres, 26 mars 1969 : *Saint Pierre* : **GBP 10 000** – Londres, 25 nov. 1970 : *Christ sur la Croix* : **GBP 8 500** – Londres, 17 juin 1986 : *Un prophète*, temp./pan., fond or (Diam. 13,8) : **GBP 8 000** – Londres, 12 déc. 1990 : *Sainte Catherine d'Alexandrie*, temp./pan. à fond or, sommet ogival (76,5x42,5) : **GBP 352 000** – Londres, 13 déc. 1991 : *La Crucifixion*, temp./pan. à fond or (35,5x19,5) : **GBP 319 000**.

DADDI Bernardo II ou **Dado**, dit **le Maître au Dé,** dit aussi **Beatricius l'Ancien**

Né vers 1512 en Italie. Mort en 1570 à Rome. xvie siècle. Italien.

Peintre d'histoire, compositions religieuses, scènes de genre, graveur.

Cet artiste pour lequel on a peu de renseignements s'est particulièrement inspiré de Marc Antoine. Certains biographes déclarent que c'est à tort qu'on l'appelle parfois Beatricius. D'autres supposent que le B. ou B. V. que l'on trouve parfois sur ses planches le rendraient identique à Benedetto Verino.

Ventes Publiques : Paris, 1900 : *Prédelle représentant quatre scènes tirées de la vie du Christ* : **FRF 650** – New York, 4 juin 1987 : *Saint Grégoire le Grand avec un autre saint personnage*, temp./pan./fond or (22x35,5) : **USD 145 000**.

DADDI Cosimo

Né à Florence. Mort en 1630 à Volterra, de la peste. xviie siècle. Italien.

Peintre d'histoire, compositions religieuses.

Élève de Battista Maldini. Il peignit des sujets historiques avec beaucoup d'habileté. Mais il est surtout connu à cause de Volterrano, qu'il forma. On cite de lui : *La Visitation de la Vierge* et différentes scènes ayant trait à la vie de la Vierge, qui sont au monastère de San Lino, à Florence.

DADDI Daddo

xive siècle. Actif à Florence vers 1358. Italien.

Peintre.

Il était fils du peintre Bernardo Daddi.

DADDI Simone

xive siècle. Actif à Florence. Italien.

Sculpteur.

Il était fils de Daddo Daddi.

DADE Ernest
Né en 1868. XIXe-XXe siècles. Britannique.
Peintre de genre, paysages, marines.
Il exposa entre 1886-1901 à Londres, à la Royal Academy, à Suffolk Street et à différentes expositions.
Musées : Londres (Water-Colours Mus.) : *Bateau de pêche à Whitby* 1886 – Sydney : *L'étang*.
Ventes Publiques : Chester, 18 jan. 1985 : *Remorqueur et bateaux au large de Scarborough* 1893, aquar. reh. de gche (73,5x119,5) : **GBP 1 150**.

DADELBEEK G.
XVIIIe siècle. Actif à Amsterdam vers 1770. Hollandais.
Aquarelliste et dessinateur.

DADER Pierre
Mort en 1759 à Paris. XVIIIe siècle. Français.
Peintre sur émail.

DADÉRIAN Dikran
Né en 1929 à Zahlé (Beyrouth). XXe siècle. Depuis 1953 actif en France. Libanais.
Peintre, graveur, aquarelliste, peintre de cartons de tapisseries. Abstrait.
Il fréquenta d'abord l'atelier de gravure sur bois à l'École des Beaux-Arts de Paris en 1953, ainsi que les Académies Ranson et de la Grande-Chaumière. Il travailla ensuite à l'Académie de Henri Goetz, dont il est devenu professeur-adjoint en 1978, puis qu'il a reprise, en 1983, sous l'appellation d'Académie Goetz-Dadérian. Il participe à de nombreuses expositions collectives, parmi lesquelles : 1972 Festival de Cagnes-sur-Mer, 1980 *Aspects de l'Art de 1950 à 1980* au Musée Ingres de Montauban, 1988 Biennale de la Gravure Européenne à Heidelberg, etc., et à Paris aux Salons Comparaisons, de Mai, Le Trait, et des Réalités Nouvelles. Il a fréquemment exposé personnellement : à Paris en 1957, 1958, 1962, 1965, 1966, 1970... galerie Lélia Mordoch en 1991, 1994 ; à Beyrouth en 1961, 1967, 1971 et au Centre Alex Manoukian en 1974 ; à Nantes en 1968. Il a bénéficié d'achats de l'État en 1973, de la Ville de Paris en 1974.
Bien qu'il ait passé sa jeunesse dans son pays natal, il ne garda de l'Orient qu'un souvenir « exotique », qui devait pourtant influencer sa peinture, à propos de laquelle ses commentateurs évoquent volontiers calligraphies arabes, miniatures arméniennes ou persannes, musique orientale, tapis d'Orient, paysages d'Anatolie, etc. À l'Académie Ranson et par le contact avec Henri Goetz, il réalisa des peintures abstraites révélant une forte maîtrise de la composition. Au sujet de ses peintures, on pourrait évoquer un impressionnisme abstrait, tant elles sont caractérisées en permanence par la juxtaposition de petites touches de couleurs séparées par des interstices blancs et noirs, posées en bandes horizontales, selon des registres colorés alternés, en général de tons « rompus », parfois tendant à la monochromie. ■ J. B.
Bibliogr. : Roger Van Gindertael : Catalogue de l'exposition *Dadérian*, Gal. de Beaune, Paris, 1965 – Georges Pillement : Catalogue de l'exposition *Dadérian*, Centre Alex Manoukian, Beyrouth, 1974 – Jean-Marie Dunoyer : Catalogue de l'exposition *Dikran Dadérian*, Gal. Le Panthographe, Lyon, 1988 – Dora Vallier : Catalogue de l'exposition *Dadérian*, Gal. de Navarre, Paris, 1990.
Musées : Charleville-Mézières (Mus. Rimbaud) – Éveran, Arménie U.R.S.S. (Mus. d'Art Mod.) – Paris (Mus. Nat. d'Art Mod.) – Paris (BN) – Paris (Mus. d'Art Mod. de la Ville) – Paris (Mus. Arménien de France) – Villefranche-sur-Mer (Mus. Goetz-Boumeester).
Ventes Publiques : Paris, 29 jan. 1988 : *Composition N° 14* 1958, h/t (54x65) : **FRF 3 200** – Paris, 9 oct. 1989 : *Sans titre*, h/t (50x61) : **FRF 5 500**.

DADIE-ROBERG Dagmars
Née le 1er octobre 1897 à Stockholm. XXe siècle. Suédoise.
Sculpteur de figures.
Elle fut élève d'Akzap Gudjan et exposa à partir de 1925 à Stockholm, et à Paris au Salon des Artistes Français, au Salon des Artistes Indépendants, au Salon d'Automne et au Salon des Tuileries.
Elle a sculpté des figures dont plusieurs dotées d'un caractère symbolique : *Femme esclave de la vie – Homme esclave de lui-même*.

DADLEY J.
XVIIIe siècle. Actif à Londres. Britannique.
Graveur.
Il grava des portraits et des illustrations.

DADO, pseudonyme de **Djuric Miodrag**
Né en 1933 à Cetinjie (Montenegro, ex-Yougoslavie). XXe siècle. Depuis 1956 actif en France. Yougoslave.
Peintre de compositions à personnages, peintre de collages, dessinateur, graveur. Fantastique.
Il commence ses études à l'école des Beaux-Arts de Hercognovi dans le Montenegro entre 1947 et 1952. Il les poursuit à Belgrade à l'Académie des Beaux-Arts de 1952 à 1956, où il suit les cours de peinture de Marco Celebonovic. Il arrive en France en 1956, grâce à la vente d'un tableau *La fin du monde* acheté par la Galerie d'Art de Cetinjie. À Paris, il est peintre en bâtiment pendant un court laps de temps puis apprenti-lithographe, dans un atelier où il rencontre Jean Dubuffet. Kalinowski et Dubuffet lui présentent Daniel Cordier qui devient son marchand. Le collectionneur James Speyer lui achète son premier tableau en France. En 1960, il s'installe dans un moulin à Hérouval près de Gisors. En 1967, Dado commence à graver, exécute ses premières planches avec l'aide d'Alain Controu. 1968, il réalise ses premières lithographies. En 1974, il suit une mission médicale, en Centre Afrique chez les Pygmés, où il réalise une série de dessins *Portraits de Pygmés*. De 1978 au début des années quatre-vingt, Dado se consacre presque exclusivement à l'art graphique : dessins, gravures, collages. À partir de 1984, il recommence à peindre régulièrement.
Il figure dans de nombreuses expositions collectives parmi lesquelles on peut citer : 1956 Salon de Rijeka, Galerie des Beaux-Arts, Rijeka ; 1960 *Antagonismes* au Musée des Arts Décoratifs de Paris ; 1960, 1961 Salon Comparaisons, Paris ; 1961 *Huit ans d'agitation*, Galerie Daniel Cordier, Paris ; 1964 la Documenta III de Kassel et *Mythologies quotidiennes* au Musée d'Art Moderne de la Ville de Paris ; 1965 *European drawings* au Musée Guggenheim de New York ; 1966 *Labyrinthe* à l'Akademie der Künste à Berlin et Baden-Baden, *Art fantastique* à la Kunsthalle de Berne ; 1967 l'Exposition d'Art Français à Montréal et *Dix ans d'art vivant* à la Fondation Maeght de Saint-Paul de Vence, *Le visage de l'homme dans l'art contemporain* au Musée d'Art et d'Histoire de Genève ; 1968 *La peinture en France*, une exposition itinérante au Metropolitan Museum de New York, au Museum of Contemporary Art de Montréal et à l'Art Institute de Chicago ; 1969 *Surréalisme en Europe* à Cologne et *The Surrealists*, Byron Gallery, New York ; 1972 *Douze ans d'art vivant contemporain*, Grand-Palais, Paris ; 1976 *Contemporains IV*, Musée National d'Art Moderne, Paris, *Les espaces insolites*, Palais des Congrès, Strasbourg ; 1981 *XIVe Biennale Internationale de gravure*, Ljubljana ; 1990 *Donation Daniel Cordier*, Musée National d'Art Moderne, Paris ; 1996 Château Notre-Dame-des-Fleurs, Vence.
Il expose personnellement dans les galeries Daniel Cordier de Paris en 1958, 1961, 1964, de Francfort en 1960, de New York en 1962. En 1963, au Carnegie Institute de Pittsburgh ; en 1967, à la galerie André François Petit, à Paris, et au Jewish Museum de New York ; en 1969, au Museum of Contemporary Art de Chicago et au High Museum of Art d'Atlanta ; en 1970, au Centre National d'Art Contemporain de Paris (*Dado, rétrospective*) ; en 1971, 1973, 1974, 1975 à la Galerie Jeanne Bucher à Paris ; en 1974 au Musée Boymans Van Beuningen, Rotterdam ; en 1975, 1978, 1979, 1980, 1981, 1983 chez Isy Brachot, Paris ou Bruxelles ; en 1981, *Dado, Quinze ans de peinture* à la Galerie André François Petit, à Paris ; en 1981, *Dado, Dessins et collages* au Cabinet d'art graphique du Musée National d'Art Moderne de Paris ; en 1981, 1983, 1987 à l'Atelier Lacourière-Frélaut à Paris ; en 1984 *Dado, rétrospective 1961-1984* au Musée Ingres de Montauban ; en 1984, 1986, 1988, 1990 à la Galerie Beaubourg à Paris ; en 1986, *Dado, rétrospective de son œuvre gravé* à l'Arthotèque de Toulouse ; en 1990, Paris : *Dado, des débuts à 1964* à la Galerie Baudoin Lebon, *Dado, de 1964 à 1967* à la Galerie André François Petit, *Dado, de 1977 à 1980* à la Galerie Isy Brachot ; 1993 Paris *Dado* Galerie Beaubourg. Il reçoit le Grand Prix Étranger de gravure à Varna en Bulgarie. Dado s'intéresse à la bibliophilie. Parmi sa dizaine d'ouvrages illustrés : *La chute d'Icare* (1970), de Bernard Noël et André Velter, *Des hirondelles* (1989), texte de Buffon. Avec Pierre Bettencourt, Alain Controu, Pierre Nahon, et le typographe Daros, il crée un ouvrage *Les plus belles phrases de la langue française*.
Lors de ses études en Yougoslavie, Dado peint des portraits illustrant parfaitement le réalisme socialiste, louant les héros de la révolution et des armées soviétiques qui venaient de contribuer à libérer l'Europe de la domination nazie. A partir de 1956, il réa-

lise des toiles issues de la même veine fantastique que les actuelles mais présentant quelques différences formelles : la structure est robuste et non encore rongée par la décrépitude caractéristique des œuvres ultérieures. La couleur est franche et riche, alors qu'elle s'établira bientôt dans un registre plâtreux et suavement limité. Les objets y sont entiers et solides. Dans les années 1955-1957, ses peintures se peuplent de bébés, boursouflés et flasques dans lesquels s'incarne mollement l'ambiguïté de « l'être au monde ». Le caractère malsain de cette population de bébés s'étendit ensuite à une humanité complète, les toiles ne présentant plus qu'une image obsessionnelle du corps souffrant, morcelé, lacéré, mutilé. L'accumulation des personnages et des détails, l'état de décomposition et de ruines dont est frappé cet univers inquiétant, la lumière blafarde et irréelle qui l'enveloppe d'un linceul poussiéreux, trahissent une imagination aux mécanismes oniriques et hallucinatoires. Georges Limbour en a écrit : « Tout ce qui compose le monde de Dado, les bébés précoces, les vieillards prématurés et les pierres, tout se fendille. S'il y a des murs ou des monuments, ils s'effritent, tombent en ruines. » Ces images ne semblent pas dues à un traumatisme directement issu de la guerre, Dado ne l'ayant pas vécue mais ayant entendu de nombreux récits, favorisant une reconstitution imaginaire. L'horreur dépeinte est volontairement dépouillée de toute agression sur la conscience qui la reçoit, c'est une horreur simplement perçue qui se déroule en deçà des frontières ténues du rêve ou du cauchemar. Cette lumière poudreuse et pâle, qu'il dit avoir trouvée chez Mantegna, est la marque de l'irréalité de sa vision. Le décor est lunaire, souvenirs reconstitués du Monténégro de l'enfance, la terre se craquelle et les édifices sont écroulés. Si les corps de ces charniers sont écorchés vifs, le sang n'est jamais figuré. Ce ne sont pas des scènes dramatiques et violentes qui sont représentées, mais davantage un état permanent, une vision de la réalité : « Il est certain que ma peinture est aussi refus du monde dans lequel je vis personnellement, de la civilisation, ce qu'on appelle aujourd'hui la civilisation ». Dado refuse cependant que sa peinture soit réduite à un exorcisme personnel. La vision terrible qu'offrent ces peintures est paradoxalement entretenue par l'emploi d'une gamme chromatique dont la douceur et le raffinement des roses et des bleus-ciel ne font qu'entretenir le malaise du spectateur. Dado lui même confirme cette impression : « Le drame c'est un truc passager, la douleur aussi, l'ambiguïté elle ne finit pas, parce qu'on ne comprend rien ». Daniel Cordier a tracé un portrait juste : « ... Il semble que la misère humaine se soit réfugiée dans ses bras et transforme cet homme frêle, aux allures d'adolescent, en prophète colossal de la pitié et de l'horreur ». ■ J. B., F. M.

Dado 85

Bibliogr. : Catal. de l'exposition *Dado*, Centre National d'Art Contemporain, Paris, 1970 – Alin Avila : *Dado Buffon*, Éditions Area, Paris, 1988 – Pierre Bettencourt : *Dado, Buffon naturalisé*, Éditions La Différence, Paris, 1988 – Henri-Alexis Baatsch, Pierre Bettencourt, Alain Jouffroy : *Dado*, Éditions Gradac, Nis, 1988 – Alain Bosquet : *Dado un univers sans repos*, Éditions de la Différence, Paris, 1992.

Musées : Amsterdam (Stedelijk Mus.) : *La grande police végétale* 1969 – Boston (Mus. de l'Université Brandeis) : *Le chemin de Croix* 1973 – Bruxelles (Mus. roy. de Belgique) – Chicago (Art Inst.) : *Hôtel Adams Westhampton* – New York (Solomon R. Guggenheim Mus.) : *Diptyque de Montjavoult* – Paris (Mus. Nat. d'Art Mod.) : *L'Architecte* 1959 – *Diptyque d'Hérouval* 1976 – *Massacre des Innocents* 1958 – Paris (Bilbio. Nat.) – Paris (CNAC) : *Hérouval* 1967 – *Grande fresque* 1966 – *Grandes plages* – Rotterdam (Mus. Boymans-van Beuningen) : *La piscine* – Saint-Étienne (Mus. d'Art Mod.) – Saint-Étienne (Donation Daniel Cordier).

Ventes Publiques : Paris, 25 mai 1972 : *La foule* : **FRF 16 000** – Paris, 12 juin 1974 : *Visage fantastique* : **FRF 33 000** ; *Café turc* : **FRF 98 000** – Paris, 2 déc. 1976 : *Café-Tabac* 1970, h/t (150x195) : **FRF 69 000** – Paris, 24 juin 1977 : *Composition*, peint./pap. mar./t. (220x150) : **FRF 19 000** – Paris, 21 juin 1979 : *Portrait* 1958, peint., gche et cr. de coul. (65x50) : **FRF 6 500** – Paris, 26 avr. 1982 : *Le printemps* 1966, h. et acryl./t. (163x130) : **FRF 54 000** – Paris, 22 avr. 1983 : *Personnage fantastique* 1970, aquar. et encre (50x65,5) : **FRF 9 500** – Paris, 23 mai 1984 : *Les douaniers* 1958-59, h/t (35x90) : **FRF 25 000** – Paris, 23 mai 1984 : *1er prix* 1964, encre de Chine/pap. gris mar./t. (132x118) : **FRF 10 500** – Paris, 14 avr. 1986 : *Animaux et personnages* 1961, h/t (195x258) : **FRF 80 000** – Paris, 12 oct. 1986 : *Herouval* 1968, encre de Chine (50x65) : **FRF 8 500** – Paris, 27 nov. 1987 : *Westhampton* 1980, dess. au cr. de coul. (105x74) : **FRF 16 000** – Paris, 3 déc. 1987 : *L'art de taxidermie*, h/t (97x146) : **FRF 65 000** – Paris, 27 nov. 1987 : *Héroudal* 1980, cr. de coul. (105x74) : **FRF 16 000** – Paris, 24 mars 1988 : *Dermatologie* 1977, encre bleue : **FRF 5 000** ; *Personnages* 1978, encre coul. (78,55x36) : **FRF 4 000** – Paris, 27 juin 1988 : *Visage et torse* 1960, h/t (100x80) : **FRF 60 000** – Londres, 29 nov. 1988 : *Le Conseiller Crespell*, h/t (129,5x96,5) : **GBP 7 700** – Paris, 23 jan. 1989 : *Hommage à Buffon* 1987, h/t (195x130) : **FRF 185 000** – Paris, 6 avr. 1989 : *La police végétale* 1969, h/t (129,5x194,5) : **FRF 195 000** – Paris, 24 mai 1989 : *Sans titre* 1984, gche/pap. (24x36) : **FRF 4 200** – Paris, 9 oct. 1989 : *Composition fantastique* 1968, h/t (227x145) : **FRF 182 000** – Paris, 14 oct. 1989 : *Police végétale*, h/t : **FRF 150 000** – Paris, 17 déc. 1989 : *America* 1960-65, h/t (114x195) : **FRF 260 000** – Paris, 18 fév. 1990 : *Personnages* 1970, h/t (60x60) : **FRF 43 000** – Paris, 14 mars 1990 : *Taxidermie* 1976, encre de Chine (65x49) : **FRF 11 000** – Paris, 31 mars 1990 : *Sans titre* 1965, lav.à l'encre de Chine (150x150) : **FRF 90 000** – Paris, 10 déc. 1990 : *Géant*, cr. brun (148x115) : **FRF 47 000** – Le Touquet, 19 mai 1991 : *Composition*, collage/pap./t. (76x50) : **FRF 10 000** – Paris, 2 juin 1991 : *Des hirondelles et de quelques oiseaux connus méconnus ou inconnus décrits par le comte de Buffon et illustré par Dado*, 24 grav. originales : **FRF 6 200** ; *Baby* 1969, h/t (145x113) : **FRF 60 000** – New York, 5 nov. 1991 : *Composition fantastique* 1964, h/t (128,9x95,9) : **USD 6 600** – Paris, 11 mars 1992 : *Corsicana* 1971, h/t (108x197) : **FRF 74 000** – Paris, 26 nov. 1992 : *Triptyque de Touraine* 1972, h/t (146x114) : **FRF 100 000** – Paris, 28 fév. 1994 : *H. N. Buffon*, h/t (146x97) : **FRF 27 000** – Paris, 6 avr. 1994 : *Mayfait House* 1974, h. et collage/bois (250x125) : **FRF 51 000** – Paris, 23 juin 1995 : *Thomas Mor* 1960, h/t (162x130) : **FRF 205 000** – Paris, 19 juin 1996 : *Le Livre de Job* 1982, collage/pap. (119x78) : **FRF 5 500** ; *Fête de saint Hubert à Fleury*, h/pap./isor. (86x120) : **FRF 27 000** – Paris, 1er juil. 1996 : *Saint Jérôme* 1974, h/t (162x130) : **FRF 25 000** – Paris, 5-7 oct. 1996 : *Sans titre* vers 1970, h/t, triptyque (202x92) : **FRF 30 000** ; *Pour Jacqueline* 1982, h/t (100x72) : **FRF 20 000** – Paris, 28 avr. 1997 : *Personnage au chapeau*, acryl./t. (72,5x54) : **FRF 10 000** – Paris, 20 juin 1997 : *Police végétale* 1969, h/t (114x230) : **FRF 62 000** – Lokeren, 11 oct. 1997 : *Personnages* 1969, h/t (60x60) : **BEF 60 000**.

DADO di Bettino

Né à Lucques. xve siècle. Italien.

Peintre.

Il travailla également à Gênes.

DADU Simon

Originaire de Picardie. xve siècle. Français.

Sculpteur.

Il fut chargé, en 1470, de refaire deux stalles en pierre du chœur de l'église Saint-Pierre de Roye.

DADURE Marie Michel Alphonse

Né le 20 février 1804 à Paris. Mort le 20 mars 1868 à Paris. xixe siècle. Français.

Peintre d'histoire, portraits.

Élève d'Ingres. Il exposa au Salon de Paris de 1835 à 1868, généralement des portraits. On lui doit aussi des tableaux d'histoire.

DADZU

xxe siècle.

Artiste. Cinétique.

Il a développé les recherches de l'artiste allemand Siegfred Albrecht, provoquant des jeux d'ombres chromatiques par projection de faisceaux lumineux sur des silhouettes en mouvement devant un écran.

Bibliogr. : In : Franck Popper : *Naissance de l'Art Cinétique*, Gauthier-Villars, Paris, 1967.

DAE... Voir aussi **DÄ.**

DAEBELER Michael

Mort en 1707 à Berlin. xviie siècle. Allemand.

Sculpteur.

Il était d'origine hollandaise. Il travailla dès 1674 pour le prince Frédéric-Guillaume.

DAEGE Eduard

Né le 10 avril 1805 à Berlin. Mort le 6 juin 1883 à Berlin. xixe siècle. Allemand.

Peintre d'histoire.

Il fit ses études à l'Académie de Berlin avec Niedlich et Wach. Il y devint professeur en 1840. Il voyagea en Italie à partir de 1832 et le long séjour qu'il y fit influa grandement sur son talent. Il succéda à Herbig, dans l'administration de la Galerie Nationale à Berlin, en 1861. Auteur d'un *Saint Paul* en 1825. Il travailla à la décoration des autels dans de nombreuses églises et participa au travail des fresques de la chapelle royale à Berlin, de 1845 à 1852. Membre de l'Académie de Berlin en 1838 ; membre de l'Académie de Vienne.

DAEGLING Fritz

Né en 1844 près de Tilsit. XIXe siècle. Allemand.

Paysagiste.

Débuta à Dresde en 1874. Il a exposé à Dresde et Berlin. Il s'établit, par la suite, à Königsberg.

DAEHLING Heinrich Anton. Voir **DÄHLING**

DAEHLING Richard

Né à Berlin. Mort en 1879 à Berlin. XIXe siècle. Allemand.

Peintre de paysages.

DAEHNEL Ferd. Adolf

Né en 1823 à Dantzig. Mort en 1892 à Dantzig. XIXe siècle. Allemand.

Peintre.

Le Musée de Dantzig possède un tableau de cet artiste.

DAEL Auguste

Né en 1828 à Gand. Mort le 5 juin 1894 à Gand. XIXe siècle. Éc. flamande.

Peintre de genre et portraitiste.

Ses tableaux sont à Bruges.

DAEL Cornelis Van

XVIIIe siècle. Actif à Anvers. Éc. flamande.

Sculpteur.

DAEL Henderyck Van

XVIIe siècle. Actif à La Haye en 1686. Hollandais.

Peintre.

Il faut peut être l'identifier avec un peintre du même nom qui vivait quelques années auparavant à Anvers.

DAEL Jan Frans Van

Né le 25 mai 1764 à Anvers. Mort le 20 mars 1840 à Paris. XVIIIe-XIXe siècles. Éc. flamande.

Peintre de sujets allégoriques, intérieurs, natures mortes, fleurs et fruits, aquarelliste, dessinateur.

Il vécut à Paris à partir de 1786 ; il travailla à la décoration des châteaux de Chantilly, de Saint-Cloud et de Bellevue ; il fut logé au Louvre en 1793 et travailla pour Napoléon, Joséphine, et Louis XVIII. En 1825, il fut chevalier de la Légion d'honneur.

Musées : Bruges : *Intérieur* – Florence : *Sujets macabres* – Lille : *Roses et papillons* – Lyon : *La Tubéreuse cassée* – Orléans : *Fruits* – Paris (Louvre) : *Fleurs dans un vase et fruits* – Rouen : *Fleurs et fruits.*

Ventes Publiques : Paris, 1821 : *Bouquet de fleurs* : **FRF 6 300** – Paris, 1840 : *Une gerbe de fleurs et un nid d'oiseaux posés sur une table de marbre* : **FRF 4 500** ; *Bouquet de roses, tulipes* : **FRF 705** – Paris, 1857 : *Bouquet de roses* : **FRF 510** – Paris, 1870 : *Gerbe de fleurs dans un vase* : **FRF 5 500** – Paris, 1881 : *Fleurs dans un vase* : **FRF 3 500** – Paris, 1890 : *Fleurs* : **FRF 9 400** – Paris, 17 mai 1895 : *Vase de fleurs*, aquar. : **FRF 51** – Anvers, 1898 : *Bouquet de fleurs* : **FRF 280** – Paris, 12 mai 1898 : *Bouquet de roses*, miniat. : **FRF 330** – Paris, 1899 : *Fleurs* : **FRF 9 400** – Paris, 15-16 nov. 1920 : *Vase rempli de fleurs et de fruits sur une console* : **FRF 12 000** – Paris, 18-19 mai 1921 : *Vase de fleurs posé sur une table* : **FRF 1 920** – Paris, 12 mai 1939 : *Corbeille de fleurs* : **FRF 41 000** – Paris, 29 jan. 1943 : *Pêches et grappes de raisin* : **FRF 47 000** – Paris, oct. 1945-juil. 1946 : *Roses dans un verre* : **FRF 60 000** – Paris, 9 mars 1951 : *Vase de fleurs* : **FRF 1 050 000** – Paris, 10 juin 1958 : *Vase de fleurs* : **FRF 1 580 000** – Paris, 6 sep. 1960 : *Vase de fleurs* : **FRF 11 300** – Paris, 16 juin 1961 : *Nature morte aux poissons rouges* : **FRF 4 800** – Cologne, 18 nov. 1965 : *Nature morte aux fleurs* : **DEM 4 000** – Versailles, 27 juin 1968 : *Fleurs dans un vase*, deux gches, formant pendants : **FRF 8 910** – Londres, 21 juin 1968 : *Natures mortes aux fleurs*, deux toiles formant pendants : **GNS 1 300** – Londres, 3 déc. 1969 : *Fleurs dans un vase* : **GBP 5 500** – Londres, 24 juin 1970 : *Bouquet de fleurs* : **GBP 1 600** – Londres, 8 déc. 1972 : *Panier de fleurs* : **GNS 5 500** – New York, 6 déc. 1973 : *Nature morte aux fleurs* 1826 : **USD 6 250** – Paris, 26 mars 1977 : *Nature morte aux fruits à l'intérieur d'une niche* 1818, h/t (88x71) : **FRF 22 000** – Monte-Carlo, 26 mai 1980 : *Nature morte aux fleurs et aux fruits* 1796, h/t (63,5x50) : **FRF 165 000** – Monte-Carlo, 13 juin 1982 : *Bouquet de fleurs* 1814, h/t (66x50) : **FRF 210 000** – New York, 23 mars 1984 : *Nature morte aux fleurs et aux fruits*, h/t (80x58,4) : **USD 5 500** – Monte-Carlo, 22 juin 1985 : *Nature morte aux pêches et au raisin sur un entablement* 1827, h/t (154x234) : **FRF 230 000** – Monte-Carlo, 7 déc. 1987 : *Nature morte aux fleurs dans un panier, à côté d'une fontaine en forme de nymphe* 1822, h/t (103,5x85) : **FRF 800 000** – Londres, 7 Jul. 1989 : *Compositions florales autour d'une urne ; autour d'une lyre sur entablements de marbre*, h/t, une paire (chaque 98x73) : **GBP 44 000** – Monaco, 2 déc. 1989 : *Composition florale dans un vase en albâtre et nid sur un entablement* 1794, h/t (46x37,7) : **FRF 2 053 500** – Paris, 22 juin 1990 : *Bouquet de primevères, roses et pois dans un vase*, h./ pan. de chêne (32,5x24) : **FRF 190 000** – Versailles, 17 mars 1991 : *Composition florale : pivoines, roses, primevères, tulipes et iris avec des fruits sur un entablement* 1814, h/t (106x83) : **FRF 2 050 000** – New York, 31 mai 1991 : *Nature morte de pivoines, dahlias, roses, une coupe de prunes et fruits d'automne sur un entablement de marbre* 1814, h/pan. (83,3x64,5) : **USD 46 200** – Londres, 11 déc. 1992 : *Roses, delphiniums, pivoines et autres dans un vase sur un entablement de marbre*, h/pan. (32,7x24) : **GBP 17 600** – New York, 13 jan. 1993 : *Grande composition florale et ananas sur un entablement*, craie noire, encre et lav./pap. (114x77,2) : **USD 8 250** – Paris, 22 mai 1994 : *Fleurs dans un vase et grappe de raisin* 1807, aquar. (40x32) : **FRF 30 000** – Paris, 26 oct. 1994 : *Raisins, pêches et prunes sur un entablement de marbre*, h/t (41x33) : **FRF 210 000** – New York, 16 mai 1996 : *Nature morte de roses dans une corbeille sur un entablement de pierre*, h/pan. (68,3x54,9) : **USD 134 500** – Paris, 11 déc. 1996 : *Étude d'anémones ; Étude d'anémones et iris*, deux aquar. (20x26) : **FRF 19 000** – Londres, 13 déc. 1996 : *Pêches et raisins avec un papillon sur un entablement de marbre*, h./marbre (27,2x34,2) : **GBP 25 300** – Paris, 11 mars 1997 : *Études d'anémones et d'iris*, aquar., deux pendants (20x26) : **FFR 12 000** – New York, 23 mai 1997 : *Grappe de raisin vert suspendue à une corde ; Grappe de raisin noir suspendue à un anneau de laiton*, h./marbre, une paire (32x27) : **USD 123 500**.

DAELE C. Van den

XIXe siècle. Belge.

Peintre de genre et d'intérieurs.

Il travaillait à Bruges vers 1852. Semble assimilable à Casimir ou à Charles Van den Daele.

DAELE Casimir Van den

Né en 1818. Mort en 1880. XIXe siècle. Belge.

Peintre de genre, intérieurs.

Voir C. Van den Daele.

Ventes Publiques : Bruxelles, 26 oct. 1983 : *Jeune femme et fillette dans un intérieur* 1851, h/bois (52x41) : **BEF 180 000** – Londres, 28 oct. 1992 : *Prise sur le fait*, h/pan. (71x93,5) : **GBP 2 970** – Londres, 17 mars 1995 : *Le récit du guerrier* 1871, h/t (70,8x96) : **GBP 3 450** – Londres, 10 oct. 1996 : *La Jeune Musicienne* 1860, h/pan. (69,8x90,2) : **GBP 5 200**.

DAELE Charles Van den

XIXe siècle. Belge.

Peintre de genre, intérieurs.

Il était actif entre 1852 et 1873. Voir C. Van den Daele.

Ventes Publiques : Amsterdam, 28 nov. 1978 : *Chasseur dans un intérieur*, h/t (71x91,5) : **GBP 1 100** – Londres, 18 jan. 1980 : *L'amoureux surpris*, h/pan. (70,5x92) : **GBP 4 000** – Londres, 6 fév. 1987 : *Dans l'atelier du peintre* 1871, h/pan. (70,5x94) : **GBP 2 600** – Londres, 27 oct. 1993 : *Le marchand* 1859, h/pan. (69x89) : **GBP 3 910**.

DAELE Jan Van

Né en 1530 (?) à Anvers. Mort en 1601. XVIe siècle. Éc. flamande.

Peintre de paysages.

Il peignit beaucoup de scènes et de paysages de montagnes. Le *Bryan's Dictionary* dit qu'on lui a quelquefois donné par erreur le prénom de Cornélis. Siret dit qu'il fut reçu franc maître à Anvers en 1545, ce qui infirmerait la date de naissance généralement admise. A rapprocher de Hans Van Dale.

DAELE Simon Van ou **Dale**. Voir **DALE**

DAELEN Eduard
Né en 1848 à Düsseldorf. XIXe siècle. Allemand.
Peintre de genre, paysages.
Il débuta en 1876 à Dresde. Il a également exposé à Berlin. Maître de Martin Claessen le Zélandais, en 1509.
Ventes Publiques : Cologne, 21 mars 1980 : *Paysage de printemps*, h/t (86x57) : **DEM 5 500** – Cologne, 25 oct. 1985 : *Verlassen*, h/t (54,5x37,5) : **DEM 5 000**.

DAELHEM Pierre Van
XVe siècle. Travaillant à Louvain. Éc. flamande.
Peintre.
En 1483, il peignit, pour l'église de Binkem, une copie du tableau de l'église Saint-Michel à Louvain, et, en 1498, il peignit les armes de Louvain.

DAELLI Filippo
Né vers 1750 à Milan. XVIIIe siècle. Italien.
Peintre.
Il fit ses études à Rome.

DAELLIKER Johann Ruddolph. Voir **DÄLLIKER**

DAELMAN Fons
Né en 1921 à Lede. XXe siècle. Belge.
Peintre de portraits, de paysages, de marines, d'architectures, de natures mortes et de fleurs.
Élève de l'Académie de Bruxelles.
Bibliogr. : In : *Diction. Biog. ill. des artistes en Belgique depuis 1830*, Arto, 1987.

DAELMANS Henri
XVIIe siècle. Actif à Louvain. Éc. flamande.
Sculpteur.

DAELMANS Jean
Né au XVIe siècle. XVIe siècle. Éc. flamande.
Peintre d'histoire.
Élève de Frans Floris.

DAELS Louis
Né en 1826 à Louvain. Mort en 1893 à Louvain. XIXe siècle. Éc. flamande.
Peintre de portraits.

DAEMPS Alexandre ou **Dampt, Dams**
XVIIe siècle. Actif à Anvers. Éc. flamande.
Peintre.

DAEMS Ferdinand J. J.
Né en 1809. Mort en 1875. XIXe siècle. Travaillant à Bruxelles. Belge.
Peintre d'histoire.
Élève de Navez et de David. Il peignit aussi sur porcelaine.

DAEMS Frans
XVIe siècle. Actif à Anvers. Éc. flamande.
Peintre.
Il fut l'élève de Peter Stroem.

DAEMS Jan
XVIe siècle. Actif à Gouda vers 1552. Hollandais.
Peintre et peintre verrier.

DAEMS Lenaerd
XVIIe siècle. Actif à Anvers. Éc. flamande.
Peintre.
Il fut l'élève de Frans Brosse.

DAEMS Luc
Né en 1944 à Zandhoven. XXe siècle. Belge.
Peintre et graveur. Abstrait.
Il fut élève de l'Académie de Bruxelles et pratique l'abstraction froide.
Bibliogr. : In : *Diction. Biog. ill. des artistes en Belgique depuis 1830*, Arto, 1987.

DAEMSZ de Veth Jan. Voir **DAMESZ Jan**

DAENDL Georg Joseph
XIXe siècle. Actif à Velburg vers 1800. Allemand.
Sculpteur.

DAENDL Georg Leonhard
XVIIIe siècle. Actif à Velburg. Allemand.
Sculpteur.
Il travailla vers 1760 pour la cathédrale de cette ville.

DAENEN Adolphe Armand Henri
Né en 1921 à Seraing. XXe siècle. Belge.
Sculpteur.
Il a réalisé plusieurs statues à l'exposition de 1958 à Bruxelles et des bas-reliefs pour l'école de Beyne-Heusay en 1962.
Bibliogr. : In : *Diction. Biog. ill. des artistes en Belgique depuis 1830*, Arto, 1987.

DAENEN BOB
Né en 1942 à Louvain. XXe siècle. Actif en Allemagne. Belge.
Peintre, sculpteur. Abstrait.
Il a reçu le prix de Launois en 1963. Il réalise ce qu'il appelle des « Arts objects ». Sa peinture évolue de l'abstrait lyrique à l'abstrait géométrique.
Bibliogr. : In : *Diction. Biog. ill. des artistes en Belgique depuis 1830*, Arto, 1987.

DAENENS Albert
Né en 1883 à Bruxelles. Mort en 1952 à Uccle. XXe siècle. Belge.
Peintre, dessinateur, graveur. Figuratif puis abstrait.
Il a figuré dans des expositons d'avant-garde à Anvers, Bruxelles et Genève. Après la première guerre mondiale, il tenta d'exprimer à travers ses linogravures un engagement politique, passant par une critique de la bourgeoisie, du militarisme et de la guerre. On a noté, dans cette série, l'influence de Masereel. Il dirigea le périodique anarchiste *Haro*. Il s'expatria ensuite aux Pays-Bas, étendant son activité révolutionnaire en Hollande et en Allemagne. De 1920 à 1923, il aborda l'abstraction, désireux d'exprimer idées et sensations au travers d'éléments de plastique pure en dehors de toute imitation de formes connues.
Bibliogr. : In : *Diction. Biog. ill. des artistes en Belgique depuis 1830*, Arto, 1987.

DAENS Antoine
Né en 1871 à Bruxelles. Mort en 1946. XIXe-XXe siècles. Belge.
Peintre de figures, nus.
Ventes Publiques : Paris, 25 nov. 1977 : *Maternité* 1900, h/t (140x70) : **FRF 6 000** – Amsterdam, 8 déc. 1988 : *Éva : nu assis sur un lit à côté d'une pomme* 1928, h/t (61x61) : **NLG 8 050** – Bruxelles, 19 déc. 1989 : *Femme à la cigarette* 1924, h/t (140x70) : **BEF 220 000** – Paris, 19 mai 1995 : *Jeune femme à la cigarette* 1924, h/t (140x170) : **FRF 20 000** – Lokeren, 9 mars 1996 : *Dame en robe de soirée* 1923, h/t (126x105) : **BEF 150 000** – Amsterdam, 5 juin 1996 : *Ève* 1928, h/pan. (62x61) : **NLG 5 750**.

DAENZEL Michael ou **Dentzel, Tänzel**
Né en 1748 à Dictenhaim (Souabe). Mort après 1804. XVIIIe siècle. Allemand.
Peintre d'histoire.
Il travailla surtout à Augsbourg où il exécuta également des peintures religieuses.

DAEP Huibrecht
Mort vers 1702. XVIIe siècle. Actif à Anvers. Éc. flamande.
Sculpteur.

DAEP Michiel
Né vers 1604 à Anvers. Mort en 1655 à Amsterdam. XVIIe siècle. Éc. flamande.
Peintre.
Il fut l'élève de Philip Lisaert.

DAERINGER Johann Georg
Né le 20 avril 1759 à Ried. Mort le 13 janvier 1809 à Vienne. XVIIIe siècle. Autrichien.
Peintre.
Il exécuta de nombreux tableaux d'église et fut conservateur de l'Académie de Vienne.

DAEYE Hippolyte
Né le 16 mars 1873 à Gand. Mort en 1952 à Anvers. XXe siècle. Belge.
Peintre de figures et de portraits. Tendance expressionniste.
Il commença ses études à l'Académie de Gand entre 1896 et 1899, les poursuivant de 1899 à 1902 à l'Institut Supérieur des Beaux-Arts à Anvers dans l'atelier de Jean Delvin. Il exposa à Anvers, Amsterdam, Berlin, Paris, Rome et Stockholm. Sa première exposition personnelle eut lieu en 1924 à la galerie du Centaure de Bruxelles. En 1926, il participa au *Groupe des Neuf*, représentant les expressionnistes flamands. Il fut membre de l'Académie Flamande. En 1964, le Musée des Beaux-Arts d'Anvers organisa une exposition rétrospective de l'ensemble de son œuvre.
Il visita l'Algérie en 1903 et l'Espagne en 1912, peignant alors

dans une sage tradition impressionniste. Comme de nombreux autres artistes belges, il se réfugie en Angleterre entre 1914 et 1920, y découvrant Wistler et Turner et y peignant des portraits d'enfants, genre dans lequel il réussira à s'affirmer sans mièvrerie. Il découvre également les œuvres de la jeune école de Paris : Modigliani, Derain et Picasso et comme eux se passionne pour les arts primitifs qu'il étudie au British Museum. Il se lie également avec Permeke et Tytgat. A travers ces diverses influences, il s'inscrit avec modération dans le courant de l'expressionnisme belge.

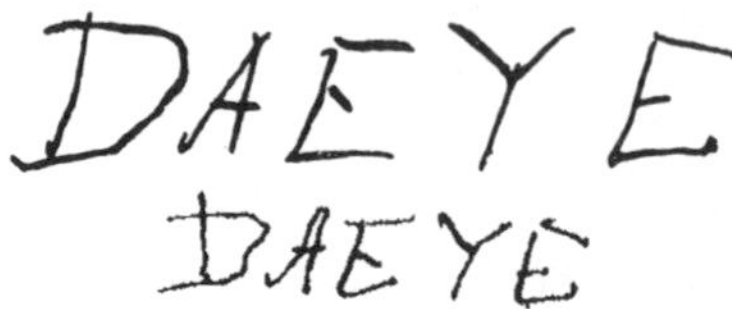

Bibliogr. : Michel Ragon : *L'Expressionnisme*, Editions Rencontre, Lausanne, 1966 – in : *Diction. Biog. ill. des artistes en Belgique depuis 1830*, Arto, 1987.
Musées : Anvers – Belgrade – Bruges : *Nu assis* 1929 – Bruxelles – Gand – Grenoble – La Haye (Gemeentemus.) – Paris (Mus. Nat. d'Art Mod.) – Rotterdam (Boymans Van Beuningen Mus.) – Tel-Aviv.
Ventes Publiques : Anvers, 8 et 9 déc. 1965 : *Visage d'enfant* : **BEF 220 000** – Londres, 12 nov. 1970 : *Le peignoir de bain* : **GBP 1 600** – Anvers, 19 avr. 1972 : *Bébé* : **BEF 200 000** – Breda, 25 avr. 1977 : *Vieille femme assise*, h/t (102x80) : **NLG 8 000** – Bruxelles, 21 mai 1980 : *Garçonnet ironique* 1925, h/pan. (52x42) : **BEF 280 000** – Anvers, 26 avr. 1983 : *Baby*, h/t (73x57) : **BEF 200 000** – Anvers, 23 avr. 1985 : *Fillette en rouge*, h/t (95x63) : **BEF 650 000** – Anvers, 7 avr. 1987 : *Nu vu de dos* 1946, h/t (100x65) : **BEF 1 000 000** – Londres, 19 oct. 1989 : *Bébé* 1918, h/t (66x41) : **GBP 13 200** – Lokeren, 10 oct. 1992 : *Lucienne* 1944, h/t (46x38) : **BEF 380 000** – Amsterdam, 27-28 mai 1993 : *Nu féminin*, h/t (49x71,5) : **NLG 5 520**.

DAFFARN William George
xixe-xxe siècles. Actif à Londres. Britannique.
Peintre de scènes de genre, paysages.
Il exposa surtout des paysages et des scènes de genre entre 1877 et 1908.

DAFFINGER Moritz Michael
Né en 1790 à Vienne. Mort en 1849 à Vienne. xixe siècle. Autrichien.
Peintre de portraits, miniaturiste, aquarelliste.
Surnommé l'Isabey de l'Autriche. Élève de Füger à l'Académie, il montra beaucoup de talent comme portraitiste, talent qu'il améliora en étudiant avec Lawrence, qui vint à Vienne pendant le congrès de 1814. Parmi les œuvres de Daffinger figurent un *Portrait du duc de Reichstadt* et ceux de plusieurs grands personnages de la cour de Vienne.
Musées : Stockholm : *Jeune fille – Portrait de dame* – Vienne : *Duc de Reichstadt*.
Ventes Publiques : Paris, 13 nov. 1923 : *Portrait de femme*, miniat. : **FRF 410** – Paris, 25 nov. 1936 : *Portrait de dame en buste portant un corsage bleu ciel* : **FRF 6 500** – Paris, 8 déc. 1941 : *Portrait de femme*, aquar. : **FRF 5 000** – Paris, 18 déc. 1946 : *Homme vêtu de noir sur une terrasse*, miniat. : **FRF 22 000** – Vienne, 18 sep. 1979 : *Portrait de la princesse Maria Theresa enfant*, h/t (62x76) : **ATS 130 000** – Montréal, 13 nov. 1984 : *Le duc de Reichstadt*, h/t (14,4x11,5) : **CAD 1 450** – Vienne, 23 fév. 1989 : *La Sainte Famille avec saint Jean Baptiste*, aquar./ivoire, d'après Sir J. Reynolds (14,5x11,2) : **ATS 418 000** ; *Portrait d'une dame en robe blanche* 1827, aquar./ivoire (17x11) : **ATS 165 000** – Munich, 12 juin 1991 : *La Sainte famille avec sainte Elisabeth et saint Jean Baptiste* 1824, h/métal, d'après Raphaël (22,5x16) : **DEM 24 200**.

DAFFINI Giulio
D'origine lombarde. xixe siècle. Italien.
Peintre.
Auteur d'une aquarelle exposée à Milan, en 1872, représentant des fleurs et d'une toile, exposée en 1881 dans la même ville, intitulée : *Fleurs de différents genres*.

DAFFIS Marie Louise
Née à Levallois-Perret (Hauts-de-Seine). xxe siècle. Française.
Aquarelliste.
A exposé au Salon des Femmes Peintres et Sculpteurs à Paris.

DAFFORNE James
Mort en 1880 à Londres. xixe siècle. Britannique.
Peintre et critique d'art.

DAGAN Abraham
Né en 1657 à Paris. xviie siècle. Actif à Grenoble. Français.
Graveur.

DAGAN Geula
Née vers 1925 à Jérusalem. xxe siècle. Active en France. Israélienne.
Peintre. Abstrait.
Elle vécut en Israël jusqu'en 1949. Dans son enfance, elle effectua de nombreux séjours en Afrique du Sud. A Jérusalem elle fut élève de l'Académie Bézalel où elle eut pour professeur Mordecaï Ardon. A Paris à partir de 1949, elle travaille dans l'atelier de Zadkine à l'Académie de la Grande Chaumière. Elle reçoit également les conseils d'artistes divers comme Szenes, Vieira da Silva ou Soulages. Elle figura au Salon de Mai en 1955 et 1956, au Salon des Réalités Nouvelles, à l'École de Paris en 1961. Elle a exposé personnellement à Lausanne et Paris en 1957, ainsi qu'à Jérusalem à la Maison des Artistes de 1969 et au musée Dizengoff de Tel-Aviv. En 1962 elle fut boursière de la Fondation Gulbenkian.
La formulation d'apparence abstraite de ses peintures n'est pas exclusive d'un évident sentiment de la nature. Vers 1956 elle s'attache à traduire le mouvement, réalisant une importante suite de « paysages dynamiques » où les rythmes de l'eau sont traduits avec des accents tendres ou violents. De retour en Israël, elle trouve son inspiration dans les paysages du Néguev et dans les minéraux, intitulant toutes ses toiles *Rythmes de la nature*. Elle s'oriente ensuite vers une expression plus figurative, superposant des souvenirs d'enfance de Jérusalem, quelques lignes perpendiculaires de maisons blanches surmontées de la coupole d'Omar avec différents instantanés de la métropole foisonnante d'aujourd'hui. ■ J. B.
Bibliogr. : In : *Catalogue Bolaffi*, Hazan, Paris, 1968 – in : *Diction. Univ. de la peinture*, Le Robert, Tome 2, Paris, 1975.
Musées : France – Jérusalem – Tel-Aviv.
Ventes Publiques : Paris, 12 oct. 1986 : *Irlande* 1960, h/t (81x116) : **FRF 4 500**.

DAGAND Adèle
Née à Paris. Morte en janvier 1864. xixe siècle. Française.
Peintre paysagiste.
Elle figura au Salon de Paris, entre 1838 et 1848 avec des paysages.

DAGAND Michel
Né à La Mothe-en-Beauges (Savoie). xixe siècle. Français.
Sculpteur.
Il eut pour maître Cortot et Jacquot. Naturalisé Français, il figura au Salon de Paris de 1843 à 1870.

DAGBERT Eugène
Né à Boulogne-sur-Mer (Pas-de-Calais). xxe siècle. Français.
Peintre de compositions à personnages et d'intérieurs.
Il exposa au Salon des Artistes Français en 1929 et 1930 : *Le café* et *Bastringue*. Il travaille à Saint-Quentin dans l'Aisne.

DAGEN Andries Van
xviie siècle. Actif à Amsterdam vers 1677. Hollandais.
Graveur.

DAGEN Claes Robertsz Van
Mort en 1681 à Amsterdam. xviie siècle. Hollandais.
Graveur.

DAGERADT Hilwert
xviie siècle. Actif à Oldenburg. Allemand.
Peintre et peintre verrier.

DAGGET Maud
Née le 10 février 1885 à Kansas-City (Missouri). xxe siècle. Américaine.
Sculpteur de figures et de bustes.
Elle fut élève de Lorado Taft à l'Art Institute de Chicago, étudiant également à Rome et à Paris. Elle fut membre de l'Art Club de Californie. Elle reçut la médaille d'argent à l'exposition de San Diego en Californie. En 1928 elle exposa au Salon de la Société Nationale des Beaux-Arts une *Tête de jeune homme*.

DAGGETT Alfred
XIXe siècle. Actif à New Haven (Connecticut, U.S.A.) vers 1835. Américain.
Graveur.

DAGGETT Grace E.
Née le 19 juin 1867 à New Haven (Connecticut). XIXe siècle. Américaine.
Peintre et artisan d'art.
Elle fut élève de l'École des Beaux-Arts de Yale et de l'Académie Julian, à Paris ; a aussi étudié à Rome. Membre de la Société des miniaturistes de Pennsylvanie, elle enseigna également.

DAGGY Augustus S.
Né dans la deuxième moitié du XIXe siècle aux États-Unis. XIXe siècle. Américain.
Peintre et graveur.

DAGGY Richard S.
Né le 17 février 1892 à Chatham (New-Jersey). XXe siècle. Américain.
Peintre et graveur.
Élève et sans doute fils de Augustus S. Daggy.

DAGHE Nicolaes
XVIIe siècle. Actif à Anvers vers 1689. Éc. flamande.
Sculpteur.

DAGIU Francesco ou **Daggiu**, dit **il Capella**
Né en 1714 à Venise. Mort en 1784 ou 1787. XVIIIe siècle. Italien.
Peintre d'histoire, compositions religieuses.
Élève de Giovanni Battista Piazzetta, à Venise.
Peintre d'histoire, il fut employé souvent dans les églises de Bergame. Dans l'église de San Donate, on voit une de ses meilleures œuvres : *Saint Georges et le Dragon*.
VENTES PUBLIQUES : NEW YORK, 26 fév. 1942 : *La Sainte Famille* : **USD 130** – MILAN, 13 déc. 1989 : *Saint Joseph*, h/t (60x46) : **ITL 7 000 000** – NEW YORK, 10 oct. 1990 : *Saint Joseph et le Christ enfant*, h/t (80,8x63,2) : **USD 19 800**.

DAGLEY Richard
Né vers 1765. Mort en 1841 à Londres. XVIIIe-XIXe siècles. Britannique.
Peintre.
Élève au Christ's Hospital, il fit d'abord des dessins pour l'orfèvrerie. De 1784 à 1806, il exposa à la Royal Academy des tableaux représentant des sujets de genre. Il donna ensuite des leçons de dessin, puis exposa encore à l'Académie, de 1815 à 1833. Enfin, il publia des travaux sur les pierres précieuses, en 1804 et en 1822.

DAGLI Claudio
Italien.
Graveur.
On cite de lui : *La Sainte Vierge et l'Enfant Jésus*.

DAGNAC-RIVIÈRE Charles Henri Gaston
Né le 1er mai 1864 à Paris. Mort le 14 janvier 1945 à Moret-sur-Loing (Seine-et-Marne). XIXe-XXe siècles. Français.
Peintre de compositions à personnages, sujets typiques, figures, paysages, natures mortes, peintre à la gouache.
Élève de Jules Lefebvre, Gustave Boulanger et de Benjamin Constant, il débuta en 1885, à Paris, au Salon des Artistes Français dont il fut nommé sociétaire en 1898. Il reçut la mention honorable à l'Exposition Universelle de 1900 à Paris. Il figura ensuite au Salon de la Société Nationale des Beaux-Arts dont il fut membre du jury. En 1910 il figura à l'Exposition de Bruxelles. Il exposa pour la dernière fois en 1938. En 1932 il avait été fait Chevalier de la Légion d'honneur.
Il a peint des sujets inspirés par la vie orientale et ses personnages typiques : *Port turc* – *Les Raccommodeurs de tapis*. La tonalité émaillée de ses natures mortes fait penser à l'œuvre de Monticelli.
BIBLIOGR. : Gérald Schurr, in : *Les Petits Maîtres de la peinture 1820-1920, valeur de demain*, Les Éditions de l'Amateur, t. VI, Paris, 1985.
MUSÉES : ALGER – BUCAREST – CARPENTRAS – DRAGUIGNAN : *Fantasia* – DREUX – DUNKERQUE : *Le Souk* – NICE – ORAN – TUNIS.
VENTES PUBLIQUES : VERSAILLES, 19 nov. 1972 : *Le Port de Marseille* : **FRF 3 350** – BERNE, 22 oct. 1980 : *Raccommodeurs de tapis*, h/t (54x73) : **CHF 4 000** – PARIS, 27 avr. 1990 : *Le Marchand de capres à Tanger* 1898, h/pan. (50x61) : **FRF 20 000** – PARIS, 22 juin 1990 : *Les Bouchers*, h/pan. (36x55) : **FRF 20 000** – PARIS, 22 juin 1992 : *Mœurs marocaines*, h/t (161x204,5) : **FRF 120 000** – PARIS, 21 juin 1993 : *Entrée d'une ville marocaine*, gche (23,5x18,5) : **FRF 4 000** – NEW YORK, 14 oct. 1993 : *Pêcheurs hors des murailles de la cité* 1891, h/t (46,3x55,3) : **USD 1 265** – PARIS, 22 mars 1994 : *Le Raccommodeur de tapis*, h/t (65x81) : **FRF 18 000** – PARIS, 29 jan. 1996 : *Marché arabe*, h/t (55,5x46,5) : **FRF 19 800** – PARIS, 14 juin 1996 : *Scène marocaine*, h/pan. (33x24) : **FRF 5 100** – PARIS, 24 mars 1997 : *Venise : la terrasse fleurie*, h/pan. (60x73) : **FRF 11 000**.

DAGNALL T. W.
XIXe siècle. Actif à Londres. Britannique.
Peintre de paysages, marines.
Il exposa notamment de 1824 à 1836.

DAGNAN Isidore
Né à Marseille (Bouches-du-Rhône), en octobre 1794 ou en 1790 selon Schurr. Mort en 1873 à Paris. XIXe siècle. Français.
Peintre de paysages, vues de villes.
Il débuta au Salon de Paris en 1819, fut médaillé de deuxième classe en 1822, et de première classe en 1831. Le 2 février 1836 il fut décoré de la croix de chevalier de la Légion d'honneur.
Ses paysages sont traités avec délicatesse et charme.
MUSÉES : ANGERS : *Vue d'Angers* – AVIGNON (Mus. Calvet) : *Vue d'Avignon* – *Village du Vaucluse* – *Vue du lac de Neuchâtel* – GRENOBLE : *Vue de Grenoble* – MONTPELLIER : *Le lac de Neuchâtel* – NARBONNE : *Vues du lac de Genève* – ORLÉANS : *La place d'Aren à Marseille* – PARIS (Mus. Carnavalet) : *Le boulevard Poissonnière* – VERSAILLES (Trianon) : *Vue du lac de Genève*.
VENTES PUBLIQUES : PARIS, 1861 : *La tour de Pirmil à Nantes*, dess. à la pl. : **FRF 4**,75 – PARIS, 1885 : *Vue prise en Dauphiné* : **FRF 175** – PARIS, 18 juin 1928 : *La Seine à la pointe de l'Ile Saint-Louis* : **FRF 2 150** – PARIS, 8 nov. 1928 : *Vue de Paris : La Cité* : **FRF 3 200** – PARIS, 26 mars 1934 : *Sous-bois* : **FRF 40** – BERNE, 24 oct. 1979 : *Village de montagne*, h/t (38x51) : **CHF 3 700** – ZURICH, 14 mai 1982 : *Vue d'une ville suisse* 1831, h/t (50x65) : **CHF 2 000** – PARIS, 28 avr. 1993 : *Paysage du Jura*, h/pap. (31x45) : **FRF 9 000**.

DAGNAN-BOUVERET Pascal Adolphe Jean
Né le 7 janvier 1852 à Paris. Mort le 3 juillet 1929 à Quincey (Haute-Saône). XIXe-XXe siècles. Français.
Peintre de sujets mythologiques, compositions religieuses, sujets allégoriques, scènes de genre, portraits, dessinateur, illustrateur.
Il fut élève de Gérome à l'École des Beaux-Arts, et aussi de Corot. Second prix de Rome en 1876.
Il débuta au Salon la même année avec deux sujets mythologiques : *Orphée et les Bacchantes* et *Bacchus enfant adoré*. En 1921 il exposait au Salon le *Portrait du Maréchal Joffre* et en 1922 celui du *Maréchal Foch*. Il a exposé pour la dernière fois en 1929, présentant un *Stabat mater*.
Troisième médaille (1878), première médaille (1880), médaille d'honneur (1889). Grand prix (Exposition Universelle 1889). Officier de la Légion d'honneur, membre de l'Institut en 1900.
Les envois qui suivirent le premier Salon, comme la *Noce chez le photographe*, aujourd'hui au Musée de Lyon, semblaient devoir faire présager plutôt un peintre de genre, non sans humour. L'influence de Bastien Lepage, avec qui Dagnan était très lié, permit à son talent une orientation plus heureuse. Son style s'élargit et se simplifia, évoluant vers un idéal plus poétique. Son tableau : *Le pain bénit*, à l'ancien Musée du Luxembourg, en est l'expression. Bretons et Bretonnes lui fournirent ensuite de nombreux sujets de tableaux qui obtinrent le plus grand succès, entre autres le *Pardon*, exposé en 1889, et qui lui mérita la médaille d'honneur. Il peignit, en 1921, le panneau décoratif de *La Justice* pour la 6e Chambre correctionnelle du Palais de Justice de Paris. On cite encore de lui : *Manon Lescaut*, portrait de *Mme de Rochetaillée*, *Une noce chez un photographe*, *Bénédiction des jeunes époux en Franche-Comté*, *Vaccination*, *Hamlet et les fossoyeurs*, *La Vierge*, *Paysan breton*, *Bernoise*, *Bretonne au Pardon*, *Cimetière de Sidi-Kébir*, *Les Conscrits*, *La Cène*. Dagnan-Bouveret est un des portraitistes favoris de l'aristocratie parisienne. Il a illustré *Causerie sur l'Art dramatique*, de Julia Bartet.
En réaction contre l'académisme de son maître Jean Léon

Gérome, il exprimait avec force son goût pour les arts appliqués et le réalisme.

Cachet de vente

PAS DAGNAN

Musées : Chambéry (Mus. des Beaux-Arts) : *Chevaux à l'abreuvoir* – Helsinki : *Le disciple d'Emmaüs* – Lyon : *La noce chez le photographe* – Moscou (Gal. Tretiakoff) : *Bénédiction nuptiale* – Mulhouse : *Douleur d'Orphée* – Munich : *Marie et l'Enfant* – Paris : *Le pain bénit.*

Ventes Publiques : Paris, 1886 : *Le violoniste* : **FRF 5 000** ; *Orphelins dans une église* : **FRF 11 500** – Paris, 1891 : *L'aquarelliste au Louvre* : **FRF 5 700** ; *Bretonne* : **FRF 5 500** – Philadelphie, 25 mars 1903 : *Le Déjeuner* : **USD 1 900** – New York, 27 jan. 1905 : *Un duo dans l'atelier* : **USD 1 350** – New York, 3 fév. 1905 : *Le passage* : **USD 1 600** – Paris, 13 juin 1906 : *A la fontaine* : **FRF 20 000** ; *Bretonne* : **FRF 19 000** ; *Gardeuse de vaches* : **FRF 19 000** – Paris, 4 mars 1907 : *La Convalescente,* past. : **FRF 1 520** – New York, 15 mars 1907 : *Confirmation* : **USD 650** – New York, 29 nov. 1907 : *Figure de femme* : **USD 80** – New York, 11 mars 1909 : *La nouvelle* : **USD 1 450** – Paris, avr. 1910 : *Portrait de petite fille* : **FRF 5 000** – Paris, 8 mai 1919 : *Tête de Bretonne* : **FRF 1 250** ; *Paysanne bretonne* : **FRF 1 000** ; *Bretonne disant son chapelet* : **FRF 2 700** ; *Un vieux marin breton,* dess. : **FRF 140** – Paris, 30-31 mai et 1er juin 1921 : *Les Bretonnes au Pardon* : **FRF 108 500** – Paris, 16 mai 1924 : *Portrait de Coquelin Cadet,* cr. : **FRF 85** – Paris, 20 nov. 1925 : *Jacob et l'Ange* : **FRF 245** – Paris, 1er mars 1926 : *Tête de jeune femme,* dess. : **FRF 310** – Paris, 21-22 et 23 mars 1927 : *L'Étang* : **FRF 1 300** – Paris, 4 mai 1928 : *Breton* : **FRF 650** – Paris, 20 et 21 juin 1928 : *La femme au voile vert,* past. : **FRF 1 600** – Paris, 17 déc. 1931 : *Paysanne et son enfant,* dess. au cr. noir, reh. de sanguine et de blanc : **FRF 50** – Londres, 11 juin 1934 : *Dans la forêt,* dess. : **GBP 6** – Paris, 28 déc. 1934 : *Buste de jeune femme,* past. : **FRF 400** – Paris, 5 nov. 1936 : *Mélancolie,* past. : **FRF 840** – Londres, 25 juin 1937 : *Dans la forêt,* dess. : **GBP 11** – Paris, 9 mars 1939 : *La lecture* ; *Le Cavalier d'E. Detaille,* aquar., sur la même feuille d'éventail : **FRF 650** – Paris, 12 et 13 déc. 1940 : *Tête de jeune fille,* dess. au cr. et à la sanguine : **FRF 320** – Paris, 22 fév. 1943 : *La Rêverie,* mine de pb et cr. bleu : **FRF 1 400** – Paris, 8 mars 1943 : *Autoportrait* : **FRF 1 800** – New York, 4 déc. 1943 : *Les Jardins du Luxembourg* : **USD 400** – Paris, 23 déc. 1943 : *Portrait d'homme,* past. ; *Portrait de femme* : **FRF 250** ; *Fillette en blanc,* past. : **FRF 180** – Paris, 23 et 24 fév. 1944 : *Nu dans un paysage* : **FRF 8 000** – Paris, 19 déc. 1944 : *Portrait de l'auteur par lui-même,* dess. au cr. noir : **FRF 1 000** – Paris, 24 mars 1947 : *Le charmeur d'oiseaux des Tuileries,* pl. et lav. : **FRF 600** – Londres, 20 fév. 1970 : *La mort de Manon Lescaut* : **GBP 420** – Paris, 2 nov. 1972 : *Ève* : **FRF 950** – Paris, 7 déc 1979 : *Femme au voile,* fus. (73x36) : **FRF 4 200** – Londres, 19 juin 1981 : *Jeunes filles bretonnes* 1887, h/t (54,7x40,7) : **GBP 5 000** – Los Angeles, 28 juil. 1982 : *Jeune Bretonne,* h/t (47,5x35,5) : **USD 4 000** – New York, 24 mai 1984 : *Le repos au bord de la Seine* 1880, h/t (34,5x52) : **USD 24 000** – Londres, 27 nov. 1985 : *Portrait d'un gentilhomme assis* 1877, h/t (109x86) : **GBP 21 000** – Paris, 18 mars 1987 : *Chats dormant sur une chaise* 1879, pl. et encre brune, lav. gris et brun, lav. blanc (26,8x20,6) : **FRF 30 000** – Paris, 7-12 déc. 1988 : *Jeune femme à la toque,* h/t (33x21) : **FRF 37 000** ; *Portrait de jeune femme,* sanguine/pap. (32,5x23,5) : **FRF 15 000** – New York, 23 fév. 1989 : *La fille du houblonnier,* h/t (101,6x73) : **USD 4 400** – Paris, 14 juin 1991 : *Portrait de femme et Portrait d'enfant,* fus. double face (35x45,5) : **FRF 17 000** – Londres, 4 oct. 1991 : *Sainte Geneviève* 1878, h/t (31x28) : **GBP 1 430** – New York, 16 juil. 1992 : *Enfant offrant des grains de raisin à un oiseau,* cr. et h/pan. (41,6x27,9) : **USD 1 650** – New York, 13 oct. 1993 : *La Bretonne,* h/t (47,6x35,6) : **USD 19 550** – Paris, 6 déc. 1993 : *L'enfant à la colonne,* h/t, esquisse (40x32) : **FRF 9 500** – Paris, 18 nov. 1994 : *La songeuse,* h/pan. (30x22) : **FRF 5 000** – New York, 1er nov. 1995 : *Un accident* 1880, h/t (81,9x115,6) : **USD 37 375.**

DAGNAS Paul François Pierre

Né le 11 juin 1893 à Chabanais (Charente). xxe siècle. Français.

Peintre de figures, de portraits, d'intérieurs.

Il fut élève de l'École Nationale des Arts Décoratifs puis sociétaire du Salon des Artistes Français où il exposa à partir de 1927, recevant une mention honorable en 1942. Il figura également au Salon de la Société Nationale des Beaux-Arts entre 1930 et 1936.

DAGNAUX Albert Marie Adolphe

Né le 10 juillet 1861 à Paris. Mort en 1932 à Mantes-la-Jolie (Yvelines). xixe-xxe siècles. Français.

Peintre de compositions à personnages, intérieurs, figures, nus, portraits, paysages animés, paysages, pastelliste, graveur. Postimpressionniste.

Il fut élève d'Alfred Roll, qui fut l'un des fondateurs de la Société Nationale des Beaux-Arts. Dagnaux en fut l'un des premiers adhérents, en devint associé en 1890, boursier 1891, sociétaire 1895, année où il fut classé hors-concours en considération de son envoi *L'âne.*

Dans son époque, qui fut une époque particulièrement charnière, il ne prit pas de parti tranché. Il restait attentif aux leçons du passé, acceptait les remarques d'origine académique, surtout en ce qui concernait les nus. Il tentait de concilier à son usage les apports anciens avec ceux de son temps, surtout dans le paysage, son motif de prédilection, où il se situait dans la continuité de Corot, se posant comme lui en tant qu'« élève de la nature », tout en se rapprochant des impressionnistes par le choix des sujets. Pour ses paysages, des impressionnistes il tenait aussi le souci de traduire par la couleur les infinies modulations de la lumière du plein-air, en fonction des variations climatiques, horaires et saisonnières. Il a peint aussi des scènes d'intérieur intimistes émouvantes, et l'on connait encore de lui un autoportrait, d'une facture remarquable où il fait se rejoindre Chardin avec de nouveau les impressionnistes.

Se voulant apparemment libre, se refusant à toute affiliation, encore que satisfait de son appartenance à la Société Nationale des Beaux-Arts, c'est le prix de USD 550.000 atteint à New York en 1989 par sa peinture *Avenue du Bois de Boulogne, le club des Pannés* qui accentue tout ce à côté de quoi est passé Albert Dagnaux. Dans l'ensemble de son œuvre, cette peinture fait partie des rares compositions à personnages de très grandes dimensions (213x305), avec les décorations murales qui lui furent commandées pour le Lycée Fénelon de Paris. Elle est en effet isolée dans l'œuvre, de par les dimensions, mais surtout de par la facture. Exposée en 1893, elle fut certainement peinte peu auparavant. Dagnaux devait alors avoir trente-deux ans. Il est là visiblement influencé par Manet et les impressionnistes. Techniquement il était très à l'aise dans cette manière. Or, cette audace n'eut pas assez de suite. Il partagea cette retenue envers ses propres audaces potentielles, avec bon nombre de peintres de sa génération, dont Victor Tardieu est un des exemples caractéristiques. Comme lui, il transgressa pourtant souvent cette réserve dans des petites peintures plus spontanément esquissées, auxquelles il n'attribuait pas d'importance officielle. Ainsi est-il, précisément à ce moment, resté relativement en deça du peintre qu'il aurait dû devenir, par un sentiment regrettable des convenances. ■ J. B.

A. Dagnaux

Musées : Annecy : *Quai aux fleurs* – Lille : *Étude de nu* – Reims : *Les dernières feuilles.*

Ventes Publiques : Paris, 12 fév. 1921 : *Le pont d'Argenteuil* : **FRF 350** – Paris, 29 avr. 1921 : *La chercheuse de simples* : **FRF 800** – Paris, 4 nov. 1924 : *L'allée d'arbres, effet d'Automne* : **FRF 420** – Paris, 11 déc. 1942 : *Portrait de femme,* past. : **FRF 230** – Amsterdam, 25 jan. 1977 : *Paysanne dans un intérieur,* h/pan. (30,5x39,5) : **NLG 3 000** – Saint-Brieuc, 7 avr. 1980 : *Chasseurs sur l'étang,* h/pan. (22x36) : **FRF 6 100** – Cologne, 20 mai 1985 : *Paysage fluvial,* h/pan. (25,5x32) : **DEM 4 500** – New York, 23 mai 1989 : *Avenue du Bois de Boulogne, le club des Pannés,* h/t (213x305) : **USD 550 000** – Paris, 14 fév. 1990 : *La Seine à Mantes-la-Jolie,* h/t (38x60) : **FRF 13 500** – Reims, 18 mars 1990 : *Lavandières au bord de la rivière au crépuscule,* h/t (54x81) : **FRF 14 000** – Calais, 3 juil. 1994 : *Prairie en bord de Canche au Touquet,* h/t (38x71) : **FRF 12 000.**

DAGNEAU Henry ou **Henri**

Né à Middelbourg, de parents français. xixe siècle. Français.

Peintre de genre, figures, paysages, natures mortes.

Musées : Dunkerque : Deux tableaux.
Ventes Publiques : Paris, 18 mai 1981 : *La plage*, h/t (20x40) : **FRF 6 900** – Lille, 11 déc. 1983 : *Nature morte* 1870, h/t (24x32) : **FRF 12 000** – Calais, 5 avr. 1992 : *Femme à son ouvrage* 1875, h/t (33x24) : **FRF 7 000**.

DAGNEZ-LEFEVRE Emilienne Louise
Née à Paris. xxe siècle. Française.
Peintre miniaturiste de paysages.
Elle fut élève de Fernand Humbert. Elle exposa au Salon des Artistes Français à partir de 1921 des paysages divers : *Plage au Touquet – Environs de Pierrefonds*.

DAGNINI Mario
Né à Bologne. xixe-xxe siècles. Italien.
Peintre.
On lui doit des tableaux d'histoire.

DAGOBERT Lazarus Franz
xviie siècle. Allemand.
Graveur à la manière noire.
On cite de lui deux portraits : *Le Roi* et *La Reine de Pologne*.

DAGOBERT Raymond Georges Marie
xxe siècle. Français.
Peintre de paysages.
Il exposa à Paris au Salon des Artistes Français en 1943.

DAGOIS F.
xixe siècle. Actif à Anvers vers 1813. Éc. flamande.
Peintre de portraits.

DAGOMER Charles
Mort avant 1768. xviiie siècle. Français.
Peintre de portraits, animalier.
On sait de cet artiste qu'il appartenait à l'Académie de Saint-Luc de Paris ; où il fut successivement professeur et conseiller. Il prit part seulement à deux des Expositions organisées par cette Compagnie. En 1762, il envoya : *Une chatte avec ses petits* et *Des petits chiens culbutent une nichée de cochons d'Inde*.
Peut-être le même artiste que Charles Dagommer, dont un portrait de *Claude Mellan* (dessin à la pierre d'Italie) fut vendu 2 fr. 75 à la vente Van den Zande, en 1855.
Ventes Publiques : Paris, 29 et 30 mars 1943 : *Chien attaquant un héron* ; *Buse dévorant un lapin*, sanguine, attr. : **FRF 500** – Paris, 1er déc. 1972 : *King Charles, carlins et cochons d'Inde* ; *Famille de chats*, les deux toiles : **FRF 26 500** – Paris, 16 avr. 1984 : *Faisan de Mongolie, perroquet et petits oiseaux* 1763 ; *Perroquets et petits oiseaux*, deux h/t, formant pendants (75,5x61,5) : **FRF 270 000** – Monaco, 2 juil. 1993 : *Oiseaux exotiques dans un paysage* 1765, h/t, une paire (76x62) : **FRF 399 600** – Paris, 26 mars 1996 : *Portrait d'un gentilhomme assis*, h/t (46x37,5) : **FRF 18 000**.

DAGONET Ernest
Né le 4 mai 1856 à Châlons-sur-Marne (Marne). Mort en 1926. xixe-xxe siècles. Français.
Sculpteur.
Élève de J.-P. Laurens et de Moreau-Vautier. Exposa au Salon pour la première fois en 1883, troisième médaille en 1890 ; deuxième médaille en 1895 ; médaille de bronze à l'Exposition Universelle de 1889 ; médaille d'argent à celle de 1900.
Principales œuvres : *Christ au tombeau* (1896), mention honorable, au Musée de Saint-Dizier ; *Animaux*, groupe en bronze (médaille de bronze, Exposition Universelle, 1889) ; sculptures en ivoire *bustes* et *médaillons*. Citons également *La Nuit* (1890), marbre, troisième médaille, au Palais du Sénat ; *Bas-relief*, pierre (1891) ; *Ève* 1895 (deuxième médaille, ancien Musée du Luxembourg) ; façade postérieure du *Monument*, érigé à Châlons-sur-Marne, au *Président Carnot* (1896) ; *Monument commémoratif de la revue de Vitry, passée par le Président Carnot* (1897).

DAGOT Louise Amélie
Née à Aurillac (Cantal). xxe siècle. Française.
Dessinateur et peintre.
En 1924, elle exposait deux dessins au Salon de la Société Nationale.

DAGOUSSIA-MOUAT
Né à Tiflis (Caucase). xxe siècle. Britannique.
Peintre de paysages, de natures mortes, de compositions à personnages, illustrateur.
Il exposa au Salon d'Automne à partir de 1926. En 1920 il illustra la traduction française des *Commentaires sur le Cantique des Cantiques* de Sainte Thérèse.

Ventes Publiques : Paris, 8 déc. 1987 : *Le port*, h/t (54,5x65) : **FRF 4 500**.

DAGRON Florette
Née au xxe siècle à Paris. xxe siècle. Française.
Peintre.
Elle exposa à Paris au Salon d'Automne à partir de 1937.

DAGRON Maurice
Né à Fontainebleau (Seine-et-Marne). xxe siècle. Français.
Peintre de paysages.
Exposant du Salon des Indépendants.

DAGUE Pierre
Mort en juin 1787. xviiie siècle. Français.
Peintre.
Il fut reçu à l'Académie de Saint-Luc à Paris en 1746.

DAGUE Victor
xixe siècle. Actif à Paris. Français.
Graveur au burin.
On cite de lui : *L'Assomption de la Sainte Vierge*, d'après Dumay, *Le Mariage de sainte Catherine*, d'après S. Le Roy, *Sainte Cécile*, d'après Bourdon, *Apollon au griffon*, d'après Vauthier, *Esculape*, d'après Vauthier, *La Fortune*, d'après S. Le Roy, *Le Titien et sa maîtresse*, d'après Bourdon, *La Belle Ferronnière*, d'après S. Le Roy, *La Bergère*, d'après Plouski.

DAGUENNIER Jehan
xviie siècle. Actif à la Ferté-Bernard. Français.
Peintre verrier.

DAGUERRE Louis Jacques Mandé
Né le 18 novembre 1787 à Cormeilles-en-Parisis (Val-d'Oise). Mort le 10 juillet 1851 à Bry-sur-Marne (Val-de-Marne). xixe siècle. Français.
Peintre de figures, architectures, intérieurs, paysages, décors de théâtre, aquarelliste, pastelliste, dessinateur.
L'éducation de Daguerre, né en 1787, subit le contrecoup des événements politiques et du grand bouleversement de la Révolution. Le moins qu'on en puisse dire, c'est qu'elle fut singulièrement négligée. Laissé libre de choisir sa voie, il s'adonna passionnément à la peinture. Attiré surtout vers la grande peinture à effet, il ne tarda pas à être remarqué parmi les élèves du décorateur Degotti, célèbre à l'époque, qui exécutait les toiles les plus sensationnelles du grand Opéra.
Daguerre exposa à son premier Salon, en 1814 à l'âge de 27 ans, un *Intérieur de chapelle de l'église des Feuillants à Paris*. Après son début de 1814, il exposait en 1824, deux ans après l'ouverture du *Diorama*, *Les Ruines de la chapelle de Holy-Rood*, ainsi qu'une esquisse de *L'Abbaye de Roslin* (près d'Édimbourg). Au Salon de 1827, figura *le Village d'Untersen*, avec un effet de clair de lune ; enfin il exposa encore un paysage à celui de 1834.
Mais le théâtre l'attirait invinciblement ; sans doute parce que ce genre de décoration laissait place au déploiement de son génie de l'invention. Non seulement il peignit des décors remarquables de par la seule exécution, mais il imagina une série de moyens qui révolutionnèrent en peu de temps l'art des effets de scène.
Au seul agencement des couleurs, il eut l'idée d'ajouter les combinaisons et les jeux de lumière. Ce fut au Théâtre de l'Ambigu qu'il réalisa pour la première fois un dispositif de ce genre, avec la lune mobile, dans *Le Songe*. Puis, ce furent le soleil tournant de *La Lampe merveilleuse*, l'effet de nuit du *Vampire*, le fameux décor du second acte de *Calas*.
Le succès ne fut pour Daguerre qu'un stimulant : l'idée contenue en germe dans les créations lumineuses de l'Ambigu et de l'Opéra, allait aboutir à une réalisation singulière.
Le 1er juillet 1822 un nouvel établissement s'ouvrait sur le Boulevard, attirant la foule. C'était le *Diorama*, pour la fondation duquel Daguerre s'était associé avec le peintre Charles Marie Bouton, qui fut un moment le rival d'Horace Vernet. L'invention appelait la collaboration de l'optique et de la peinture. C'était en quelque sorte l'idée du cinéma appliquée à des tableaux proprement dits, mais d'un cinéma antérieur à la photographie. Le spectateur était mis en présence d'une toile de très grandes dimensions, large d'une vingtaine de mètres et haute d'environ quatorze. Au dire des contemporains, qui ne connaissaient pas encore la ressemblance photographique, ces peintures présentaient la nature avec une prodigieuse vérité. Chaque toile était peinte de l'un et de l'autre côté, de sorte que, suivant que l'éclairage était placé devant ou derrière, c'est-à-dire que la lumière l'éclairait par réflexion ou par transparence, on voyait appa-

raître l'une ou l'autre peinture, phénomène obtenu par un choix très particulier de la matière du support, des couleurs et des produits employés pour la peinture, ainsi que par une correspondance réciproque minutieusement réglée des deux effets figurés sur les deux côtés de la même toile. Grâce à la manière ingénieuse dont la lumière était distribuée et modifiée, le spectateur jouissait des changements à vue les plus rapides et les plus surprenants. Les sujets étaient variés et prêtaient à des jeux de lumière extrêmement complexes.
Au cours des dix-sept ans que dura l'exploitation du *Diorama*, Daguerre présenta des œuvres qui remportèrent de grands succès, en particulier la reproduction des tableaux exposés par lui au Salon. Par exemple, le spectateur, assis dans la salle circulaire montée sur pivot qui tournait afin de l'amener successivement devant chaque toile présentée, se trouvait d'abord en présence de *La Vallée de Sarnen*; en Suisse un moment après, grâce au changement d'éclairage dont il n'avait aucunement conscience, cette vue faisait place à *La Chapelle d'Holy-Rood*, avec le tombeau de Charles X. Un tintement de cloche aidait encore à la pleine réalisation de l'effet. Ou encore : la toile représentait la tranquille *Vallée de Goldau*, avec son lac paisible, endormi au pied d'une montagne couverte de sapins. Le ciel s'assombrissait soudain, la montagne ébranlée s'abattait sur le malheureux village, couvrant de ses débris la moitié du lac et l'on avait devant soi *L'Éboulement de la montagne dans la vallée de Goldau.*
Plus tard, devenu seul propriétaire de l'établissement, Daguerre réalisa un spectacle avec *L'Intérieur de l'église de Saint Étienne-du-Mont*. On passait d'abord du jour aux ténèbres ; puis les cierges s'allumaient avec un jeu de rayonnement sous les voûtes et autour des piliers, dont les ombres se projetaient sur les dalles. Puis, c'est l'apparition dans la nef, jusqu'alors déserte, des fidèles venus en grand nombre assister à la messe de minuit. L'orgue se fait entendre ; puis l'assistance disparaît, les feux s'éteignent, ramenant l'obscurité. Enfin l'aurore vient colorer d'une pâle lumière les vitraux.
Ce succès ne représentait qu'une étape pour l'inventeur, obsédé d'une idée plus grandiose. Il faisait un usage constant de la chambre noire pour ses études d'éclairage et l'image vivante et colorée qui se dessinait sur l'écran le passionnait. Daguerre n'était pas un homme de science. Il avait pourtant suivi les cours du professeur Charles et admiré les silhouettes exécutées par ce savant, en recevant l'image formée dans la chambre noire sur une feuille de papier enduite de chlorure d'argent. Tous les loisirs que lui laissait le *Diorama* étaient consacrés à des recherches physiques et chimiques et il s'informait sans cesse de tout ce qui était de nature à l'éclairer au sujet de celles-ci. C'est dans ce but qu'il rendait de fréquentes visites à l'opticien Charles Chevalier, dans sa boutique du quai de l'Horloge. Chevalier, c'était en janvier 1826, apprit à Daguerre qu'il avait eu connaissance d'un chercheur, Joseph-Nicéphore Niepce, qui poursuivait ses essais dans sa propriété du Gras, près de Chalon-sur-Saône. Niepce, ancien officier, avait alors la soixantaine tandis que Daguerre n'avait pas encore atteint quarante ans. Niepce et Daguerre réalisèrent un contrat d'association, le 14 décembre 1829, mettant en commun les résultats de leur activité passée et future. Le nom de Daguerre a été justement associé à la première forme qu'il donna à celle-ci, le daguerréotype réalisé après la mort de Niepce, survenue le 5 juillet 1833. Le 14 juin 1839, Daguerre, et le fils de Niepce cédaient leurs procédés à l'État en raison de l'incrédulité du public et de l'impossibilité de trouver des actionnaires. Daguerre recevait une pension annuelle et viagère de 6.000 francs et Isidore Niepce une de 4.000. Daguerre, chevalier de la Légion d'honneur depuis le 11 janvier 1825, était promu officier le 15 juin 1839. La même année, le *Diorama* était détruit par un incendie. Le daguerréotype n'offrait qu'une solution très imparfaite mais il constituait la pierre angulaire de tous les perfectionnements qui en transformèrent le procédé et l'objet.
■ revu par J. B.

Musées : Chambéry (Mus. des Beaux-Arts) : *Intérieur d'église* – Paris (Mus. Carnavalet) : *Vue de Paris prise de Montmartre*.

Ventes Publiques : Paris, 1882 : *Pont monumental dans un parc ; Intérieur du musée des Antiques au Louvre*, deux aquar., ensemble : **FRF 8** – Paris, 28 oct. 1922 : *Paysage d'Italie* : **FRF 305** – Paris, 30 avr. 1970 : *Personnages visitant un cloître* : **FRF 1 300** – Paris, 22 fév. 1980 : *La charrette dans un chemin creux* 1850, past. (23x31,5) : **FRF 5 800** – New York, 25 oct. 1989 : *Personnages dans l'église Saint-Jean de Ehiers*, lav. brun avec reh. blancs (23,4x16,4) : **USD 6 600**.

DAGUET Yvonne Édith Emma
Née à Paris. XXe siècle. Française.
Peintre, aquarelliste.
Depuis 1935 exposant du Salon des Artistes Français.

DAGULF
VIIIe siècle. Français.
Miniaturiste.
Il travailla pour l'empereur Charlemagne et pour le pape Hadrien Ier. La bibliothèque de Munich conserve des manuscrits illustrés par cet artiste.

DAGUZAN Léon Victor
Né au XIXe siècle à Bézéril. XIXe siècle. Français.
Peintre.
Élève de Picot. Il participa à Paris au Salon de 1859 à 1865.

DAHAK Brahim
Né le 16 novembre 1931 à Gafsa. XXe siècle. Tunisien.
Peintre de scènes typiques, animalier, graveur.
De 1957 à 1961, il fut élève de l'Académie des Beaux-Arts de Rome. En 1971-1972, il fit un séjour d'étude à la Cité des Arts de Paris. Il participe à des expositions collectives, parmi lesquelles : 1968 VIIe Biennale d'Alexandrie, 1980 groupe de l'Ecole de Tunis. Depuis 1952, il montre son travail dans des expositions personnelles, notamment en 1978 à Sidi Bou Saïd et au Centre Culturel Allemand de Tunis, 1982 à la Galerie de l'Information de Tunis, etc.
Il semble consacrer une part importante de son activité à la gravure, sur bois ou sur linoleum. Entre 1970 et 1977, il a édité des planches gravées sur les thèmes, par exemples : des dromadaires en 1970, des oiseaux de la Méditerranée en 1977. Son dessin en courbes et volutes, elliptique quant au détail, est très souple pour la ligne générale, tout en arabesques qui suggèrent le mouvement.

Bibliogr. : In : Catalogue de l'exposition *Art Contemporain Tunisien*, Théâtre du Rond-Point, Paris, 1986.

DAHL Carl
Né vers 1813 à Berlin. XIXe siècle. Allemand.
Peintre de figures, paysages.
Il vécut à Düsseldorf à partir de 1834.

Ventes Publiques : Cologne, 16 oct. 1970 : *Paysage montagneux* : **DEM 1 800** – Copenhague, 27 sep. 1977 : *Trois hommes devant une statue*, h/t (39x38) : **DKK 5 600**.

DAHL Cecilie
Née en 1858 à Vestre Aker. XIXe siècle. Norvégienne.
Peintre.
Cette artiste fut, à Paris, l'élève de Courbet et de Dagnan-Bouveret en 1887. On lui doit surtout des paysages. Elle exposa et vécut en Norvège, au Danemark et en Suède.

DAHL Christian
Né à Copenhague. Mort probablement en Angleterre. XVIIIe siècle. Danois.
Peintre.
Élève de l'Académie de Copenhague de 1787 à 1790, il partit plus tard pour l'Angleterre où il fut peintre de décors. On voit de lui un portrait du prince Jörgen à Windsor Castle.

DAHL Hans
Né le 19 février 1849 à Hardanger. Mort en 1937 à Sogn. XIXe-XXe siècles. Norvégien.
Peintre de genre, paysages animés, paysages typiques, marines.
Il fit des études sous la direction de Riefstahl et de Gude à Karlsruhe, puis de Gebhardt et Sohn à Düsseldorf. Il a débuté en 1876 à Berlin.

Ventes Publiques : Londres, 1er avr. 1935 : *Le Bas rouge* : **GBP 10** – Londres, 13 mai 1938 : *Le Bac* : **GBP 29** – Londres, 8 nov. 1967 : *Jeune Fille dans un paysage de Norvège* : **GBP 420** – Londres, 2 fév. 1968 : *Vue d'un fjord* : **GNS 450** – Cologne, 17 oct. 1969 : *Vue d'un fjord* : **DEM 18 000** – Cologne, 26 nov. 1970 : *Le Fil d'Ariane* : **DEM 4 400** – New York, 4 juin 1971 : *Barque dans un fjord* : **USD 1 600** – Göteborg, 1er nov. 1972 : *Bateau de pêche en mer* : **SEK 6 000** – Copenhague, 9 nov. 1976 : *Vue d'un fjord*, h/t (100x70) : **DKK 16 000** – Copenhague, 8 juin 1977 : *Barque de pêche dans un fjord*, h/t (100x70) : **DKK 16 500** – New York, 4 mai 1979 : *Jeune paysanne au bord d'un fjord*, h/t (96,5x157,5) : **USD 8 000** – Londres, 20 juin 1979 : *Jeune Fermière dans un paysage*, h/t (84x143) : **GBP 3 000** – Stockholm, 27 avr. 1982 : *La naïade*, h/t (83x143) : **SEK 30 000** – Stockholm, 14 nov. 1984 : *Jeune fille au bord d'un fjord*, h/t (65x98) : **SEK 75 000** – Stockholm, 10 avr. 1985 : *Jeunes filles réveillant un homme endormi* *dans un champ,* h/t (95x140) : **SEK 170 000** – Brême, 20 avr. 1985 : *Vue d'un fjord de Norvège,* h/t (66x99,5) : **DEM 20 000** – Zurich, 28 jan. 1987 : *Vue d'un fjord en été,* h/t (70x100) : **CHF 13 200** – Stockholm, 21 oct. 1987 : *Vue d'un fjord,* h/t (78x120) : **SEK 160 000** – Londres, 23 mars 1988 : *À flanc de montagne, Norvège de l'Ouest,* h/t (139,5x89) : **GBP 12 650** – Stockholm, 15 nov. 1988 : *Paysage montagneux avec une jeune fille assise regardant vers la vallée,* h/t (128x102) : **SEK 135 000** – Londres, 24 mars 1988 : *La Rivale,* h/t (73,6x113) : **GBP 18 700** ; *La Gardienne de chèvres,* h/t (66,5x100) : **GBP 12 100** – Londres, 16 mars 1989 : *Jeune Gardienne de chèvres au bord d'un fjord,* h/t (128,3x100,4) : **GBP 15 400** – Stockholm, 19 avr. 1989 : *Jeune Paysanne dans un fjord,* h/t (57x44) : **SEK 120 000** – Göteborg, 18 mai 1989 : *Couple de jeunes paysans norvégiens faisant la fenaison au bord d'un fjord,* h/t (85x145) : **SEK 215 000** – Londres, 4 oct. 1989 : *Barque de pêche sortant d'un fjord,* h/t (53x42) : **GBP 4 400** – Cologne, 20 oct. 1989 : *Hautes montagnes en Norvège,* h/t (80x145) : **DEM 29 000** – New York, 25 oct. 1989 : *Gardeuse de chèvres dans un paysage alpestre,* h/t (86,3x146,7) : **USD 28 600** – Londres, 27-28 mars 1990 : *L'Été dans les montagnes de Norvège,* h/t (99x66) : **GBP 11 550** – Londres, 29 mars 1990 : *Avec le vent,* h/t (97x162,5) : **GBP 18 700** – New York, 23 mai 1990 : *Jeune fille près d'un fjord,* h/t (66,2x48,2) : **USD 8 800** – Copenhague, 29 août 1990 : *Joyeux dimanche,* h/t (66x100) : **DKK 76 000** – New York, 23 oct. 1990 : *Les Filles des flots,* h/t (92,1x144,1) : **USD 9 900** – Stockholm, 14 nov. 1990 : *Jeune Montagnarde,* h/t (51x33) : **SEK 65 000** – Londres, 30 nov. 1990 : *Journée d'été en Norvège,* h/t (83x117) : **GBP 9 680** – New York, 17 oct. 1991 : *Promenade en barque à voile dans un fjord ensoleillé,* h/t (96,5x156,2) : **USD 18 700** – Stockholm, 5 sep. 1992 : *Jeune Fille près d'un fjord,* h/t (57x44) : **SEK 30 000** – Londres, 25 nov. 1992 : *Avec le vent dans la voile,* h/t (94x153) : **GBP 12 650** – Stockholm, 30 nov. 1993 : *Fillette dans un paysage de fjord* 1901, h/t (51x33) : **SEK 23 000** – Londres, 11 avr. 1995 : *Promenade en barque dans un fjord,* h/t (59x108) : **GBP 10 580** – New York, 23-24 mars 1996 : *Moisson au bord d'un fjord,* h/t (80x120) : **USD 8 050** – Londres, 12 juin 1996 : *Flirt au bord d'un fjord,* h/t (96x156) : **GBP 15 525** – Londres, 13 juin 1997 : *Printemps dans les fjords,* h/t (60,9x109,2) : **GBP 18 975**.

DAHL Hans Andreas

Né en 1881. Mort en 1919. xxe siècle. Danois ou Norvégien ?

Peintre.

Dahl
Hans Dahl.

DAHL Hans Balzer

Né le 26 janvier 1825 à Copenhague. Mort le 30 janvier 1893 à Copenhague. xixe siècle. Danois.

Graveur sur bois.

Élève du xylographe Flinch, il fréquentait l'Académie en 1841-1848. Il exposa, de 1844 à 1848, quelques épreuves de gravures sur bois. Il travailla pour *Illustreret Tidende* (Journal illustré) ; il collabora aussi aux gravures sur bois publiées par la société *L'Avenir*. Atteint d'une attaque d'apoplexie en 1873, Dahl fut dès lors dans l'incapacité de travailler, bien qu'il ait vécu jusqu'en 1893.

DAHL Johan Christian Clausen

Né le 24 février 1788 à Bergen. Mort le 14 octobre 1857 à Dresde. xixe siècle. Norvégien.

Peintre de figures, paysages.

Ses parents voulaient le faire entrer en religion, mais il résista et suivit sa vocation d'artiste. Il entra à l'Académie de Copenhague en 1811 et partit pour Dresde en 1818. Il voyagea plus tard dans le Tyrol, en Allemagne. Il ne retourna que quatre fois dans sa patrie, dont il a peint avec une très grande exactitude, mais avec beaucoup de sécheresse, les côtes, les fjords, la campagne et les lacs. Il avait voyagé, en 1820-1821, en Italie, où il avait découvert cette opposition de la lumière et de l'ombre qui caractérisera tout son œuvre à venir. À Dresde, où il s'était fixé définitivement, sauf un séjour à Paris en 1847 et ses quatre retours en Norvège, il avait été nommé professeur à l'Académie en 1824.

Surtout paysagiste, très en avance sur son temps, il abandonna toute composition bâtie sur l'anecdote, tout pittoresque, pour la seule observation de la nature et surtout de ses changements d'atmosphère. L'apparent romantisme des paysages rudes et sauvages qu'il affectionne, vient peut-être du souvenir de la rudesse de son pays natal. Bien que vivant à Dresde, c'est encore sur la peinture norvégienne, qu'il exerça une grande influence.

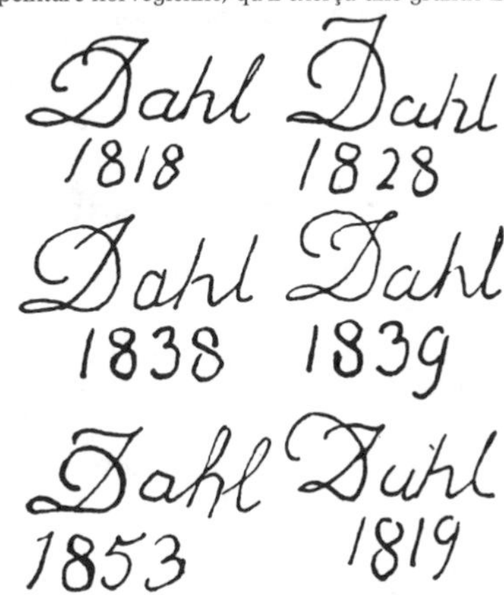

Bibliogr. : K. K. Ringstrom, in : *Dictionnaire de l'Art et des Artistes,* Hazan, Paris, 1967.

Musées : Berlin : *Tempête en mer* – Cologne : *Paysage* – Copenhague : *Cinq paysages* – Hambourg : *Paysage de Norvège* – Kassel : *Une cascade* – Munich : *Paysage d'hiver* – Oslo : Esquisses et études peintes – *Vue d'une partie de Trollheetan (cascade)* – Étude – *Inondations* – *Paysage danois, forêt de hêtres* – *Paysage de fjord dans le caractère des environs de Bergen* – *Paysage italien* – *Vue d'une partie d'Oresund, près de Kronsborg* – *Paysage d'hiver allemand* – *Vue d'une partie de Laurvig* – *La Cascade de Hongfossen, près de Hongsund* – *Paysage d'hiver.*

Ventes Publiques : Copenhague, 21 fév. 1963 : *Paysage à l'arbre* : **DKK 15 400** – Londres, 20 fév. 1970 : *Vues du port de Copenhague au clair de lune,* deux toiles : **GBP 2 400** – Hambourg, 8 juin 1972 : *Mer du Nord* : **DEM 10 400** – Copenhague, 10 fév. 1976 : *Paysage boisé* 1814, h/t (38x48) : **DKK 26 000** – Munich, 28 nov. 1979 : *Pêcheur et jeune fille dans une barque* 1836, aquar./trait de pl. (37x57) : **DEM 6 000** – Londres, 27 nov. 1980 : *La vallée de l'Elbe,* dess. à l'encre/pap. (20x32,5) : **GBP 2 100** – Hambourg, 11 juin 1981 : *Paysage montagneux au crépuscule* 1853, h/pan. (18,3x22,7) : **DEM 13 000** – Londres, 21 juin 1983 : *Carriole dans un paysage* 1841, h/t (22x35,5) : **GBP 9 000** – Londres, 27 nov. 1984 : *La cascade, Naerodalen* 1830, h/t (80x114) : **GBP 17 000** – Londres, 22 mars 1985 : *Vue d'un village au bord d'un lac* 1849, h/t (26,5x34) : **GBP 14 000** – Londres, 23 juin 1987 : *Vue du port de Bergen* 1839, h/cart. mar./t. (35x43) : **GBP 21 000** – Londres, 25 mars 1988 : *Vue de Dresde, la nuit* 1842, h/t (7x11,5) : **GBP 6 050** – Londres, 24 mars 1988 : *Personnages près d'une église de campagne* 1851, h/pap. (17x24) : **GBP 8 250** – Londres, 28 nov. 1990 : *La route longeant la mer à Copenhague* 1812, h/t (62x77,5) : **GBP 35 200** – Londres, 19 juin 1991 : *Bateaux traversant la rivière chargés de bois* 1822, h/t (62x98) : **GBP 41 800** – New York, 12 oct. 1994 : *Personnages sur une plage au clair de lune,* h/t (15,9x21) : **USD 37 375** – Londres, 16 nov. 1994 : *Paysage d'automne à Pedersborg près de Soro au Danemark* 1832, h/t (32,5x46,5) : **GBP 15 525** – Londres, 11 oct. 1995 : *Éruption du Vésuve* 1824, h/t (94x140) : **GBP 309 500** – Londres, 19 nov. 1997 : *Paysage près de Lippe au coucher du soleil* 1827, h/t (16x21) : **GBP 42 200**.

DAHL Johan Vilhelm Ludvig

Né le 26 juillet 1818 à Randers. Mort le 13 janvier 1885 probablement à Copenhague. xixe siècle. Danois.

Peintre et lithographe.

Licencié en droit, il entra en 1848 au ministère de la guerre. Il étudia le dessin et la lithographie avec J. Hellesen, la peinture avec Corsten Henrichsen. Dahl a travaillé pendant deux ans comme lithographe chez Bœrentzen et Co. Plusieurs paysages de lui ont figuré aux expositions de 1862 à 1866.

DAHL Johannes Siegwald

Né le 16 août 1827 à Dresde. Mort le 15 juin 1902. xixe siècle. Allemand.

Peintre animalier, paysages.

Son père, le peintre d'animaux Joh.-Chr. Dahl, dirigea ses premières études. Il devait les compléter par des voyages à Londres, à Paris et en Norvège.

Ventes Publiques : Copenhague, 9 nov. 1976 : *Chien de chasse portant un faisan* 1855, h/t (87x98) : **DKK 5 800** – Cologne, 19 oct. 1979 : *Lapins dans un panier* 1855, h/t (56x50) : **DEM 12 000** – Copenhague, 30 avr. 1981 : *Portrait d'un chien* 1863, h/t (31x25) : **DKK 9 200** – Copenhague, 7 nov. 1984 : *Deux chiens et un perroquet dans un intérieur* 1858, h/t (120x86) : **DKK 150 000** – Londres, 17 mai 1985 : *Pigeons et moineaux* 1873, h/t (49,5x57,2) : **GBP 3 000** – Londres, 28 mars 1996 : *Un épagneul King Charles sur une table drapée* 1860, h/t (69,7x59,6) : **GBP 3 220**.

DAHL Michaël, l'Ancien

Né en 1656 à Stockholm. Mort en 1743 à Londres. XVIIe-XVIIIe siècles. Suédois.

Peintre de portraits.

Il fut quelque temps l'élève de l'artiste suédois Ehrenstral, puis, à l'âge de vingt-deux ans, il partit pour l'Angleterre, où il ne séjourna qu'un an. Il traversa la France et étudia pendant quelques années en Italie, où il peignit à Rome, le portrait de la fameuse reine Christine de Suède. En 1688, il retourna à Londres, où il se fit remarquer par son talent.

Il exécuta les portraits des plus hauts personnages, tels que la reine Anne et le prince Georges de Danemark.

Musées : Hanovre : *John, comte de Leicester* – Londres (Nat. Gallery of Portraits) : *Reine Anne avec son fils William – Portrait de James Butler, 2e duc d'Ormonde – Portrait du roi Georges II – Portrait de John Freind – Portrait de Georges Legge, 1er baron Dartmouth – Cloudisley Shovell* – Stockholm : *Portrait de Charles XII*.

Ventes Publiques : New York, 10-11 avr. 1902 : *Mère et enfant* : **USD 250** – Londres, 8 fév. 1908 : *Portrait de Queen Mary, épouse de William III* : **GBP 21** – Londres, 5 déc. 1908 : *Portrait d'une dame* : **GBP 16** – Londres, 19 déc. 1908 : *Portrait d'une dame en robe jaune* : **GBP 3** – Londres, 25 nov. 1921 : *Portrait de Lady Rooke* : **GBP 26** – Londres, 28 juil. 1922 : *Portrait de Mrs Elisabeth Stuart* : **GBP 60** – Londres, 13 avr. 1923 : *James Butler, duc d'Ormonde* : **GBP 31** ; *Lord Herbert Powis* : **GBP 33** – Londres, 4 mars 1927 : *Lady Mallet* : **GBP 50** – Londres, 27 juil. 1927 : *Dame en robe verte* : **GBP 30** – Londres, 16 mai 1928 : *Groupe d'enfants* : **GBP 68** – Londres, 23 mai 1930 : *Portrait de Mrs Cowper* : **GBP 31** – Londres, 27 fév. 1931 : *Lady Mary Booth enfant* : **GBP 68** – New York, 2 avr. 1931 : *Enfant en veste rouge* : **USD 150** – New York, 4-5 fév. 1932 : *Portrait d'homme* : **USD 70** – Londres, 8 avr. 1932 : *Portrait de petite fille* : **GBP 27** – Londres, 24 nov. 1933 : *Charles Montagu, comte d'Halifax* : **GBP 31** – Londres, 1er mai 1936 : *L'Artiste et son modèle* : **GBP 31** – New York, 28 oct. 1936 : *John Percival, Earl of Egmont* : **USD 100** – Londres, 4 juin 1937 : *Personnages* : **GBP 47** – New York, 4 mars 1938 : *Dame à l'écharpe bleue* : **USD 75** – Londres, 27 mai 1938 : *Sir Gilbert Heathcote en costume de Lord-maire* : **GBP 23** – Londres, 3 mai 1940 : *Le vicomte Townshend* : **GBP 11** ; *Dame en robe jaune* : **GBP 8** – Londres, 28 mai 1941 : *George, prince de Galles* : **GBP 10** – Londres, 25 juin 1941 : *Le comte de Dartmouth*, dess. : **GBP 6** – Londres, 18 juil. 1941 : *Le vicomte Townshend*, dess. : **GBP 5** – Londres, 31 mai 1941 : *John Stone* : **GBP 31** – Londres, 6 mars 1942 : *Dame en robe bleue* : **GBP 4** – Londres, 21 fév. 1945 : *Petite fille en rose* : **GBP 36** – New York, 1er mars 1945 : *Portrait d'une dame* : **USD 275** – Londres, 26 oct. 1945 : *Lady Conyngham* 1689 : **GBP 73** – Londres, 7 juil. 1967 : *Portrait du duc de Dorset entouré de trois gentilshommes* : **GNS 800** – Londres, 27 nov. 1968 : *Mary of Modena* : **GBP 550** – Londres, 17 mars 1971 : *Portrait of Edward Gibbon* : **GBP 150** – Londres, 23 nov. 1973 : *Portrait de jeune femme avec ses deux enfants* : **GNS 1 300** – Londres, 22 juin 1979 : *Portrait de Elisabeth Steward*, h/t (124,4x100,3) : **GBP 2 400** – Londres, 11 avr. 1980 : *Mrs Mary Cholmley avec ses trois enfants*, h/t (214x138,4) : **GBP 1 800** – Londres, 19 mars 1981 : *Portrait of a Lady*, craies de coul. sur cr./pap. (28x20) : **GBP 750** – Londres, 19 nov. 1982 : *Portrait group of Evelyn, 1st Duke of Kingston, Charles, Earl of Burlington, and John, Lord Berkeley of Stratton*, h/t (144,8x183) : **GBP 12 000** – Londres, 6 juil. 1983 : *Portrait of Lady*, h/t (126x99) : **GBP 1 500** – Hungerford (Angleterre), 21 nov. 1985 : *Portrait of Alexander Popham with his wife Lady Anne Montagu and daughter Elizabeth*, h/t (243x213,5) : **GBP 14 500** – Londres, 20 nov. 1987 : *Portrait d'un gentilhomme*, h/t (126,4x101,6) : **GBP 12 000** – Londres, 19 fév. 1987 : *Portrait de jeune fille*, craie noire (18x12,5) : **GBP 1 050** – Londres, 29 jan. 1988 : *Portrait d'homme*, h/t (61x51,3) : **GBP 440** – Stockholm, 15 nov. 1988 : *Portrait d'un gentilhomme*, h. (122x99) : **SEK 42 000** – Stockholm, 19 avr. 1989 : *Portrait d'homme portant perruque*, h/t (107x86) : **SEK 7 500** – New York, 31 mai 1991 : *Portrait d'une dame vêtue en bergère, de trois-quarts, accoudée à un arbre*, h/t (100,4x125,8) : **USD 4 400** – Stockholm, 29 mai 1991 : *Portrait en buste d'un gentilhomme en armure*, h/t (76x63) : **SEK 9 700** – Londres, 10 juil. 1991 : *Portrait de Mrs Sarah Finch, de trois-quarts vêtue d'une robe de lamé d'argent et un mantelet rouge*, h/t (123x100) : **GBP 3 740** – Londres, 12 juil. 1991 : *Portrait de Gilbert, 4e comte de Coventry en habit de cour*, h/t (244x148) : **GBP 7 700** – New York, 21 mai 1992 : *Portrait d'un gentilhomme, présumé sir Cholmeley Dering, debout de trois-quarts, en habit vert*, h/t (127x101,6) : **USD 4 400** – Stockholm, 19 mai 1992 : *Portrait d'un gentilhomme en armure portant perruque*, h/t (80x64) : **SEK 39 000** – New York, 14 jan. 1993 : *Portrait d'une dame, présumée Sarah, duchesse de Marlborough vêtue d'une robe de satin blanc et tenant une corbeille de fleurs sur ses genoux*, h/t (132,1x137,1) : **USD 6 600** – New York, 31 jan. 1997 : *Portrait d'une dame debout près d'une colonne avec un vase de fleurs*, h/t (244x150) : **USD 23 000** – Londres, 9 juil. 1997 : *Portrait de John, premier comte Ashburnham*, h/t (221x135) : **GBP 12 650**.

DAHL Michaël, le Jeune

Mort en 1741 à Londres. XVIIIe siècle. Suédois.

Peintre de portraits.

Il était le fils de Michaël Dahl l'Ancien.

DAHL Niels Alstrup

Né en 1876 à Christiania (aujourd'hui Oslo). XXe siècle. Norvégien.

Peintre de paysages.

Il fit ses études à Paris et fut influencé par les œuvres impressionnistes.

DAHL Niels Carl Flindt

Né le 24 mars 1812 à Faaborg. Mort le 7 avril 1865 à Copenhague. XIXe siècle. Danois.

Peintre de marines.

Élève de l'Académie de 1835 à 1842, il étudiait en même temps la peinture de marines dans l'atelier d'Eskersberg. En 1840, il visita Lisbonne où il a peint une vue achetée en 1843 par le Musée royal. Il fut nommé, en 1842, professeur de perspective à l'Académie, obtint le prix de Neuhausen en 1849 et une bourse de voyage à l'Académie en 1852. Il visita pendant trois années, les côtes de la Méditerranée. Il fut agréé à l'Académie en 1857. Sa dernière œuvre importante fut : *Le Combat naval à Helgoland* (1864) appartenant au Musée royal de peintures de Lisbonne qui possède encore de lui *Frégate en péril* (1846). Ses œuvres ont figuré aux expositions, de 1837 à 1865.

Musées : Lisbonne (Mus. roy.) : *Le Combat naval à Helgoland* 1864 – *Frégate en péril* 1846.

Ventes Publiques : Copenhague, 27 jan. 1981 : *Voilier sous la brise*, h/t (31x25) : **DKK 9 300**.

DAHL Olaf Christopher

Né en 1842 à Bergen. Mort en 1895 à Fane (près de Bergen). XIXe siècle. Norvégien.

Peintre.

On lui doit des paysages et des peintures d'animaux.

DAHL Peter

Né en 1934. XXe siècle. Suédois.

Peintre de figures, aquarelliste, sculpteur. Expressionniste.

Il peint dans une manière très elliptique, n'indiquant que les masses principales. Il prend souvent pour thèmes, en peinture et en sculpture, les figures féminines et les danseurs.

Ventes Publiques : Stockholm, 25 nov. 1982 : *Jeune fille* 1979, h/t (82x56) : **SEK 6 000** – Stockholm, 16 mai 1984 : *Jeune fille* 1979, h/t (82x56) : **SEK 9 600** – Stockholm, 7 déc. 1987 : *Le modèle* 1951, h/t (56x44) : **SEK 6 000** – Stockholm, 30 mai 1991 : *Danse autour du sapin*, aquar. (48x38) : **SEK 12 500** – Stockholm, 21 mai 1992 : *Jeune fille assise en robe rouge*, aquar. (40x30) : **SEK 18 000** – Stockholm, 5 sep. 1992 : *Couple de danseurs* 1979, h/t (54x38) : **SEK 34 000** – Stockholm, 10-12 mai 1993 : *Vénus*, bronze (H. 29,5) : **SEK 8 000** – Stockholm, 30 nov. 1993 : *Baigneurs sur une plage*, h/t (46x72) : **SEK 26 000**.

DAHL S.

XIXe siècle. Allemand.

Graveur.

DAHL-JENSEN Jens

Né en 1874 à Copenhague. XIXe-XXe siècles. Danois.

Sculpteur.
Il travailla surtout pour des manufactures de porcelaine.

DAHLBACK Yngve
Né en 1925 à Gävle. XXe siècle. Suédois.
Peintre.
Il fit ses études à l'École des Beaux-Arts de Valand entre 1952 et 1957 puis à l'Académie de Vienne en 1957. Il effectua ensuite quelques voyages en Europe et exposa personnellement à Stockholm en 1957, à Göteborg et Gävle en 1959. Il appartient au Cercle des Artistes de Göteborg, centre artistique aussi important que Stockholm.
Musées : Göteborg (Mus. des Beaux-Arts).

DAHLBERG Erich Johnson, comte
Né en 1625. Mort en 1703. XVIIe siècle. Suédois.
Peintre et architecte.
Arrivé en Pologne comme général de l'armée de Charles-Gustave, en 1655, il a fait plusieurs dessins des villes, châteaux polonais, et aussi des scènes de bataille.

DAHLBORN Vilhelm ou **Wilhelm** ou **Dahlbom**
Né en 1855 à Lund. Mort en 1928. XIXe-XXe siècles. Suédois.
Peintre de paysages, marines.
Il fut élève de l'Académie de Stockholm et peignit surtout des paysages.
Ventes Publiques : Stockholm, 1er nov. 1983 : *Barques de pêche*, h/pan. (24x33) : **SEK 4 300** – Stockholm, 20 oct. 1987 : *Le port de Göteborg* 1896, h/t (45x27) : **SEK 15 000**.

DAHLEM Joseph
Né en 1872 à Aschaffenburg. XIXe-XXe siècles. Allemand.
Dessinateur et illustrateur.
Il fit ses études à Nuremberg et à Munich et exécuta surtout des dessins d'animaux.

DAHLEM Will
Né en 1916 à Pétrange. Mort en 1986 à Luxembourg. XXe siècle. Luxembourgeois.
Peintre, aquarelliste. Non figuratif, tendance abstraite.
Il fit ses études à l'École industrielle de Saint-Gilles à Bruxelles, à l'Académie de la Grande Chaumière à Paris, à l'École de Maîtrise à Trève.
Il est le co-fondateur du premier Salon des Iconomaques à Luxembourg en 1954.
Ses compositions rappellent celles exécutées par les promoteurs de l'art non figuratif après la guerre à Paris, Bazaine et Manessier en particulier.
Bibliogr. : In : Catalogue de l'exposition *150 Ans d'Art Luxembourgeois*, Mus. Nat. d'Histoire et d'Art, Luxembourg, 1989.
Musées : Luxembourg (Mus. Nat. d'Hist. et d'Art) : *Crépuscule* 1954.
Ventes Publiques : Paris, 3 juil. 1996 : *Composition* 1949, aquar. (22x28) : **FRF 7 200**.

DAHLEN Abraham von, l'Ancien
XVIe siècle. Allemand.
Peintre.
Actif à Leipzig vers 1579.

DAHLEN Abraham von, le Jeune
XVIIe siècle. Allemand.
Peintre.
Il était fils d'Abraham von Dahlen l'Ancien et travaillait à Leipzig vers 1600.

DAHLEN Bernhard von ou **Thallen**
XVIIe siècle. Actif à Leipzig vers 1600. Allemand.
Peintre d'intérieurs.
Il était fils d'Abraham von Dahlen l'Ancien.

DAHLEN Johann von
XVe siècle. Actif à Leipzig. Allemand.
Sculpteur.
On ne sait rien de cet artiste dont on ne connaît le nom que par sa pierre tombale.

DAHLEN Paul
Né en 1881 à Karlsruhe (Bade-Wurtemberg). XXe siècle. Allemand.
Peintre et sculpteur sur bois.
Il voyagea en Italie durant sa jeunesse et se fixa ensuite à Oberseebach.

DAHLEN Reiner
Né en 1836 à Cologne. Mort le 25 avril 1874 à Düsseldorf. XIXe siècle. Allemand.
Peintre de genre, paysagiste et animalier.
Il fit ses études à l'Académie de Düsseldorf. Dahlen voyagea beaucoup en France, en Angleterre et aux États-Unis, obtenant partout un égal succès, notamment avec ses scènes de chasse.
Ventes Publiques : Londres, 27 fév. 1931 : *L'oiseleur* : **GBP 9**.

DAHLER Warren
Né en 1887 à Helena (Montana). XXe siècle. Américain.
Peintre.
Il fut élève de l'École d'Art de l'Académie Nationale de dessin de New York. Il fut membre de la Société Nationale des peintres muraux de New York. Il a reçu un prix en 1915.

DAHLERUP Hans Birch
Né le 1er avril 1871, à Copenhague. Mort le 15 janvier 1892 à Paris. XIXe siècle. Danois.
Sculpteur.
Fils du chancelier, baron Dahlerup. Il fut l'élève du sculpteur Saabye. Il entra en 1889 à l'Académie, où il resta peu de temps. Après avoir exposé son buste en 1889, il partit en 1890 pour Paris où il fut élève de Chapu. De retour en Danemark, il repartit pour Vienne où il reçut la commande d'un monument de son grand-père, le baron Dahlerup, vice-amiral. En 1891, il revenait à Paris, dans l'intention d'exécuter l'esquisse de son œuvre. Mais, devenu neurasthénique, il se suicida en 1892.

DAHLGREEN Charles W.
Né le 8 septembre 1864 à Chicago (Illinois). XIXe-XXe siècles. Américain.
Peintre de paysages, graveur.
Il fut élève de l'Art institute de Chicago et reçut une mention honorable à l'Exposition de San Francisco en 1915. Il a reçu le prix Etching Cunningham en 1935.
Ventes Publiques : Los Angeles, 29 juin 1982 : *En dehors de la ville ; Cabane au bord de la route*, deux h/pan. (40,5x51) : **USD 750** – New York, 14 fév. 1990 : *Peupliers*, h/t/cart. (66,6x56) : **USD 2 090**.

DAHLIN Bengt
XXe siècle. Travaillant aux États-Unis. Suédois.
Peintre de paysages.
Il a peint aux U.S.A. et beaucoup aussi en Espagne.

DAHLIN Dorte
Née en 1955. XXe siècle. Danoise.
Peintre. Abstrait.
Elle vit et travaille à Copenhague. Elle participe à des expositions collectives : 1982, 1983, 1984, Copenhague ; 1984, en Suède ; 1987, en Islande ; 1988, exposition itinérante en Suède, Finlande et Norvège ; 1991, *Questions de sens*, Centre d'Art d'Ivry et Centre d'Art Contemporain de Corbeil-Essonne. Elle montre ses œuvres dans des expositions personnelles : 1982, Copenhague ; 1985, 1987, Galerie Specta, Aarhus ; 1990, Vestsjaelands Kunstmuseum à Sorö et au Kunstmuseum à Randers.
La peinture de Dahlin est issue du mouvement pictural *La Peinture Sauvage*, apparu au Danemark au début des années quatre-vingt. Il est le pendant des tendances similaires allemandes comme la *Heftige Malerei*, et *Die Neue Wilden* (Nouveaux Fauves). Un art en réaction, qui développe un sens critique face à la croyance, un instant dominante, de la toute puissance de l'art par sa capacité à englober la totalité de l'univers social et à en modifier le contenu. L'artiste a développé une œuvre en séries avec : *Les Paysages*, une évocation de la météorologie de l'espace ; *Mi Yüan* (distance perdue), une sensation hybridée d'Occident et d'Orient du thème de l'infini ; la série *Soul* avec le sculpteur Mogens Möller, complice de plusieurs expositions en binômes. ■ C. D.
Bibliogr. : Catalogue de l'exposition *Questions de sens, 8 artistes danois*, Centre d'Art Contemporain de Corbeil-Essonnes, et le Centre d'Art d'Ivry, 1991.
Musées : Aarhus (Aarhus Kunstmuseum) – Copenhague (Mus. Nat. des Beaux-Arts) – Sorö (Vestjaellands Kunstmuseum).
Ventes Publiques : Copenhague, 22-24 oct. 1997 : *Flyvende fjeld* 1987, h/t (85x205) : **DKK 10 000**.

DAHLING Heinrich Anton
Né le 19 janvier 1773 à Hanovre. Mort le 10 septembre 1850 à Potsdam (Prusse). XVIIIe-XIXe siècles. Allemand.
Peintre de genre et d'histoire.
Il vint travailler à Berlin en 1794 comme peintre de miniatures. En 1802, il visita Paris, Kassel, Düsseldorf, La Haye, et Amsterdam pour y étudier la peinture à l'huile. Membre de l'Académie de Berlin en 1811 ; professeur en 1814. Il fit, sur la fin de sa car-

rière, un long voyage en Italie. On cite de lui une *Descente de Croix*, conservée dans l'église de Potsdam.

DAHLMAN Helge

Né en 1924. XXe siècle. Finlandais.

Peintre de paysages, de natures mortes et d'intérieurs.

Il peignit d'abord des paysages neigeux, abordant ensuite d'autres sujets de genre.

DAHLMANN Paul Martynowitsch

XVIIIe siècle. Travaillait en Russie à la fin du XVIIIe siècle. Russe.

Peintre.

Il vivait à Saint-Pétersbourg et exécutait, semble-t-il, surtout des portraits.

DAHLSKOG Evald

Né en 1894. Mort en 1950. XXe siècle. Suédois.

Peintre de paysages, d'intérieurs, d'architectures, de figures.

Il fut élève de l'École des Beaux-Arts de Stockholm et en 1929 figurait à l'Exposition d'Art Suédois organisée au Musée du Jeu de Paume à Paris, y exposant *Le Fort de Sienne – Le Louvre – Intérieur d'atelier – Grecque*.

VENTES PUBLIQUES : STOCKHOLM, 29 nov. 1983 : *Scène de plage* 1917-1918, h/t (80x98) : **SEK 30 000** – STOCKHOLM, 16 nov. 1985 : *Paysage* 1933, h/t (59x72) : **SEK 6 000** – STOCKHOLM, 6 juin 1988 : *Vue d'un archipel sous les rayons de soleil avec des chevaux*, h. (90x115) : **SEK 15 000** – STOCKHOLM, 6 déc. 1989 : *Paysage de montagne avec un mur de pierres près d'un arbre en automne*, h/pan. (45x54) : **SEK 11 000** – STOCKHOLM, 21 mai 1992 : *Côte occidentale en automne*, h/pan. (37x45) : **SEK 6 200** – STOCKHOLM, 30 nov. 1993 : *Okarinan*, h/pan. (60x49) : **SEK 9 200**.

DAHLSTEIN August

Né à Kassel. XVIIIe siècle. Allemand.

Dessinateur et graveur.

Cet artiste travailla en Suède et en Russie. On cite, parmi ses gravures, cinquante planches pour des *Costumes moscovites et Cris de Saint-Pétersbourg et de Moscou*. Cet ouvrage présente un intérêt documentaire considérable. Dahlstein était à Kassel en 1754. Il y publia : *Casselische Nebenstunden Invent. gesätzt von A. Dahlstein und verlegt von W. L. Mayr Hochfst, Hess Hofkupferskecher in Cassel*, 1854.

DAHLSTRÖM Carl Andreas ou **Dahlstrung**

Né le 22 octobre 1806 à Stockholm. Mort le 9 septembre 1869 à Stockholm. XIXe siècle. Suédois.

Peintre d'histoire, sujets militaires, scènes de genre, paysages, lithographe.

D'abord sous-officier d'artillerie, son goût pour l'art l'emporta sur la carrière militaire qu'il abandonna définitivement. Après un voyage en Italie, il travailla peu de temps à l'Académie. Il chercha bientôt ses modèles dans la nature et les anciens Hollandais.

Il débuta au Salon de 1831 comme paysagiste.

Après avoir terminé *Revue de Ladugärds-gärdet* et *Le combat de Leipzig* en 1831, œuvres très appréciées par leurs qualités de groupement, l'artiste entreprit, aux frais du roi, un voyage à Lübeck pour étudier cette ville. Il exécutait alors *Le combat de Lübeck* en 1806 et *Le passage du Rhin en* 1796, tableaux d'une grande ampleur de composition, mais dont la couleur fut trouvée lourde et dure. Aussi, Dahlstrom se décida-t-il à s'adonner à l'avenir à des travaux lithographiques.

VENTES PUBLIQUES : STOCKHOLM, 13 nov. 1985 : *Paysage montagneux* 1852, h/t (50x71) : **SEK 5 900**.

DAHLWEIN Andreas

Né au XVIIIe siècle à Weissenhorn. XVIIIe siècle. Allemand.

Peintre.

On connaît de lui une peinture religieuse.

DAHM Helene

Née en 1878 à Egelshofen. Morte en 1968 à Männedorf. XXe siècle. Suissesse.

Peintre de figures, paysages, natures mortes, fleurs, pastelliste, technique mixte.

Elle fit ses études artistiques à Munich et Zürich.

VENTES PUBLIQUES : ZURICH, 5 mai 1976 : *Deux cygnes, lac de Zürich*, past. (33,54x51,5) : **CHF 3 100** – ZURICH, 23 nov. 1977 : *Autoportrait*, h/isor. (54,5x41) : **CHF 4 600** – ZURICH, 29 mai 1979 : *Vaches dans un paysage boisé* vers 1930, h/t (63x50) : **CHF 3 600** – ZURICH, 29 mai 1979 : *Oiseaux en hiver* 1918, fus. (66x66) : **CHF 2 000** – ZURICH, 16 mai 1980 : *Nature morte aux fleurs*, h/t (60x50) : **CHF 6 000** – ZURICH, 30 mai 1981 : *Fleurs de cactus*, past. (45x31,5) : **CHF 3 600** – ZURICH, 28 oct. 1983 : *Madone*, past. et fus. (63x46) : **CHF 2 200** – ZURICH, 23 jan. 1985 : *Tête de femme*, past. (65x50) : **CHF 5 000** – ZURICH, 26 fév. 1986 : *Le chat*, h/cart. (67x32,5) : **CHF 3 850** – ZURICH, 22 juin 1990 : *Indien*, h/cart. (64x74) : **CHF 8 000** – ZURICH, 29 avr. 1992 : *Composition*, plâtre coloré, relief (31,5x55,5) : **CHF 1 000** – ZURICH, 4 juin 1992 : *Roses de Noël* 1937, fus./bois (51x47,5) : **CHF 1 356** – LUCERNE, 23 mai 1992 : *Autoportrait*, h/t (53,5x40) : **CHF 2 000** – LUCERNE, 21 nov. 1992 : *Sans titre*, h. et goudron/cart. (100x70) : **CHF 4 400** – ZURICH, 13 oct. 1993 : *Le cygne*, verre peint. (65,5x45) : **CHF 2 000** – ZURICH, 24 nov. 1993 : *Oiseau*, past./pap. (42x30) : **CHF 1 150** – ZURICH, 3 déc. 1993 : *Portrait de femme avec des fleurs*, past. (44,7x64) : **CHF 5 500** – ZURICH, 23 juin 1995 : *Nénuphars*, h/t (100x112) : **CHF 12 000**.

DAHME

XIXe siècle. Actif vers 1802. Allemand.

Peintre de miniatures.

Il vivait peut-être à Leipzig.

DAHME Franz

XIXe siècle. Actif à Warburg. Allemand.

Sculpteur.

DAHMEN Franz

Né en 1790. Mort en 1865. XIXe siècle. Allemand.

Peintre de portraits et de genre, et lithographe.

Il vécut et travailla à Munich.

DAHMEN Heinrich

Né en 1876 à Crefeld. XXe siècle. Allemand.

Peintre.

On lui doit surtout des paysages.

DAHMEN Karl Fred

Né le 4 novembre 1917 à Stolberg (Rhénanie). Mort en 1981 à Preinersdorf/Chiemghau. XXe siècle. Allemand.

Peintre, graveur. Abstrait-informel.

Entre 1931 et 1933 il fut élève à l'École des Arts et Métiers d'Aix-la-Chapelle. De 1939 à 1945, il fut mobilisé. En 1951-1952, il voyagea en Suisse et à Paris, puis en Belgique et Italie. En 1956-1957, il travaillait avec le groupe des artistes allemands informels. En 1967, il fut nommé professeur à l'Académie de Munich. Il a figuré dans des expositions collectives importantes, à Mannheim en 1957, Charleroi en 1958, le Prix Lissone en 1959 et la même année Documenta II de Kassel. En France il a figuré au Salon des Réalités Nouvelles en 1961 et 1963 et montré personnellement ses œuvres dans plusieurs galeries : la première ayant été en 1955 la galerie Arnaud. La galerie municipale de Linz montra une exposition d'ensemble de l'œuvre en 1976. La galerie Lahumière à Paris lui a rendu hommage dans le cadre du SAGA 1991 (Salon de l'estampe et de l'édition d'art) organisé au Grand Palais.

Dans sa première période, il peignait des vues de villes, des paysages industriels. Après 1952, ayant abandonné la figuration, il a peint dans une gamme chromatique souvent sombre, toujours sourde. Les effets de matière jouent un rôle important dans la constitution des purs « faits plastiques » qu'est devenue sa peinture. Les premières toiles sont travaillées en pleine pâte, évoquant des fragments de mur et leurs nombreux accidents de reliefs, griffures, lézardes, éboulements. Un de ses biographes souligne qu'il se place sous le signe de « la terre et des rêveries de repos ». La galerie *22* à Düsseldorf rassemblait les tachistes et informels allemands. Dahmen travaillait en liaison avec leur groupe. Il utilisa aussi des résines synthétiques qu'il teintait et étalait en plusieurs épaisseurs. D'un grand pouvoir de séduction, ses propositions brunes ou gris-blanc, les *Formations terrestres*, communiquent une sensation de somptuosité calme, somptuosité encore renforcée par l'intégration à partir de 1963 dans les toiles d'éléments divers créant des effets de matières, du crin, de la ficelle, des laçages, des chaînes et des nœuds qui « fétichisent » une surface le plus souvent monochrome : *Tableau-gibet, Tableau de coussins, Tableau rembourré avec montage de cuir*, etc. À partir de 1974, dans des dessins et des collages, il a associé des tracés géométriques aux surfaces griffées comme précédemment, puis est revenu aux peintures matiéristes monochromes et striées. En Allemagne il est considéré comme un des très grands artistes de l'informel d'après guerre. Il a aussi réalisé des collages et des assemblages de bois et de matériaux divers : en 1963 un mur d'ardoises à l'Université de Heidelberg. Il s'est également très tôt intéressé à la gravure, qui constitue une part importante de l'œuvre, pour laquelle il a exploré les diverses techniques : aquatinte, pointe sèche, impression en relief. ■ J. B.

Dahmen

Bibliogr. : In : *Diction. Univ. de la Peinture*, Tome 2, Le Robert, Paris, 1975 – in : *Diction. de la peint. allemande et d'Europe centrale*, Larousse, Paris, 1990.
Musées : Aix-la-Chapelle : *Composition végétative* 1955 – Bâle – Bonn – Darmstadt – Essen – Hambourg – Hanovre – Munich – Oslo – Rotterdam – Stuttgart – Wuppertal.
Ventes Publiques : Zurich, 12 mai 1977 : *Terra rosa* 1959, techn. mixte/t. (110x90) : **CHF 8 000** – Zurich, 23 nov. 1977 : *Paysage Télé, série piano* 1970, boîte-objet (92x62) : **CHF 6 000** – Munich, 1er déc. 1980 : *Composition*, h/t (38,5x33,5) : **DEM 4 200** – Munich, 1er juin 1981 : *Composition* 1959, collage et techn. mixte (84,5x64,5) : **DEM 6 000** – Cologne, 5 juin 1982 : *Sans titre*, techn. mixte (50x65) : **DEM 3 500** – Munich, 6 déc. 1982 : *Torso V* 1973, boîte-objet (42x32,5x10,5) : **DEM 4 600** – Cologne, 6 déc. 1983 : *Écriture noire* 1980, cr. de coul./cart. fond bleu (47,6x38,5) : **DEM 2 200** – Hambourg, 8 juin 1984 : *Composition* 1960, h/t (125x110) : **DEM 16 000** – Londres, 4 déc. 1984 : *Sans titre*, collage et techn. mixte/cart. (52x66) : **GBP 1 500** – Cologne, 7 déc. 1984 : *Collage* 1959, matériaux divers montés/bois (H. 155, larg. 31) : **DEM 10 000** – Paris, 18 mars 1986 : *Composition*, collage et techn. mixte/pap. et cart. (82x62) : **FRF 14 500** – Cologne, 9 déc. 1986 : *Materialbild* 1964, collage, matériaux divers/cart. (68x46,7) : **DEM 14 500** – Londres, 30 juin 1988 : *Sans titre* 1959, techn. mixte/t. (134,7x110) : **GBP 22 000** – Londres, 18 oct. 1990 : *Sans titre* 1963, h. et composition/t. (110x94) : **GBP 15 400** – Paris, 2 déc. 1991 : *Sans titre* 1963, h. et sable/t. (100x75) : **FRF 138 000** – Amsterdam, 19 mai 1992 : *Sans titre* 1956, h/t (36,7x62,5) : **NLG 13 800** – Amsterdam, 9 déc. 1992 : *Sans titre*, collage/pap. (60x44) : **NLG 19 550** – Londres, 3 déc. 1992 : *Sans titre*, h. et techn. mixte/t. (80x56) : **GBP 14 300** – Heidelberg, 15-16 oct. 1993 : *Anamorphoses* 1977, aquat. en coul. (63,8x49,5) : **DEM 1 650** – Zurich, 3 déc. 1993 : *L'espérance en mars* 1980, techn. mixte/pan. (54x65) : **CHF 17 000** – Copenhague, 2 mars 1994 : *Souvenir* 1965, collage et techn. mixte/bois (39x38) : **DKK 30 000** – Amsterdam, 8 déc. 1994 : *Sans titre*, techn. mixte/pap. (60x45) : **NLG 18 975** – Heidelberg, 8 avr. 1995 : *Composition avec un poêle* 1965, collage et techn. mixte (36x29,5) : **DEM 6 400** – Londres, 26 oct. 1995 : *Écorce terrestre* 1960, techn. mixte/t. (62,5x54) : **GBP 5 750**.

DAHN Walter
Né le 8 octobre 1954 à St-Tönis-Krefeld. xxe siècle. Allemand.
Peintre.
Il a figuré dans plusieurs expositions collectives parmi lesquelles on peut citer : en 1976 *Beuys et ses élèves* à la Kunstverein de Francfort ; en 1980 à Cologne *Même si la pintade pleure doucement* avec H.-P. Adamski, P. Bömmels et J. G. Dokoupil ; à Berlin à l'Akademie der kunst *Nouvelle orientation des tableaux – nouvelle peinture d'Allemagne* ; en 1982 *10 peintres d'Allemagne* au musée Folkwang d'Essen, *12 peintres d'Allemagne* à Bâle et Rotterdam, la Dokumenta VII de Kassel, *Zeitgeist* au Martin-Gropius-Bau de Berlin ; en 1983 au Stedelijk Van Abbe Museum d'Eindhoven ; en 1984 à Barcelone et Madrid *Origine et vision – nouvelle peinture allemande*, au Museum Of Modern Art *An International Survey of Recent Painting and Sculpture*, à Mexico à l'Institut National des Beaux-Arts *Origine et Vision – nouvelle peinture allemande* ; en 1985 *L'or du Rhin* à Turin, à Bologne *Les années 80* ; en 1986 à Vienne *Wien-Fluss*. Il a exposé personnellement en 1982 à la galerie Paul Maenz à Cologne, en 1983 à la galerie Chantal Crousel et à New York à la galerie Mary Boone, en 1984 au Groninger Museum de Groningen avec J. G. Dokoupil, à New York à la galerie Marian Goodman, à Bonn au Rheinisches Landesmuseum, au Groninger Museum de Groningen, en 1986 à Bâle au Musée d'Art Contemporain, à Krefeld au Musée Kaiser Wilhelm, à la Kunsthalle de Bâle et au Musée Folkwang à Essen, à Grenoble au Musée *Peintures 1986*.
Ses peintures présentent des signes épais dispersés sur un fond non uniforme, constitués de quadrillages et de coulures.
Bibliogr. : Catal. de l'exposition *Peintures 1986*, Musée de Grenoble, juin-août 1986.
Ventes Publiques : Londres, 3 déc. 1987 : *Sans titre* 1984, acryl./t. (250x140) : **GBP 4 200** – Londres, 23 fév. 1989 : *Xu* 1982, h/t (220x150) : **GBP 4 950** – New York, 8 mai 1990 : *Sie-es* 1984, vernis et bombage/t. (239,4x200) : **USD 15 400** – New York, 6 nov. 1990 : *Sans titre* 1984, acryl./tissu (260x170,8) : **USD 18 700** – New York, 12 juin 1991 : *Homme pleurant parce que le capitalisme est la plus barbare des religions. Il crée et tolère la faim dans le monde !* 1984, peint. à la bombe/t. (249,6x150,5) : **USD 7 150** – New York, 12 nov. 1991 : *Sans titre* 1985, acryl./t. (249,5x200) : **USD 14 300** – New York, 13 nov. 1991 : *Ballon rose et chandelles* 1982, acryl./t. (190x160) : **USD 19 800** – New York, 27 fév. 1992 : *Sans titre* 1985, acryl./t. (248,9x157,5) : **USD 14 300** – New York, 6 mai 1992 : *Un homme dans un bateau* 1981, h/t (159,4x150,2) : **USD 18 700** – Stockholm, 21 mai 1992 : *Autoportrait en balayeur de la République Fédérale d'Allemagne*, acryl./t. (250x200) : **SEK 40 000** – New York, 8 oct. 1992 : *Sans titre* 1986, acryl./t. (210,2x210,2) : **USD 19 800** – Lucerne, 20 nov. 1993 : *Sans titre* 1990, projections d'acryl. et vernis/pap. (41x29) : **CHF 2 200** – Londres, 27 oct. 1994 : *L'Origine d'Alpha* 1985, acryl. et bombage/t. (210x290) : **GBP 4 600** – Amsterdam, 2 déc. 1997 : *Le Chevalier à la rose*, acryl./t. (180x160) : **NLG 13 838**.

DAHN-FRIES Sophie
Née en 1835 à Munich. Morte en 1898 à Munich. xixe siècle. Allemande.
Peintre de paysages et de fleurs.
Elle était l'épouse du poète Félix Dahn.

DAHS Hartwig
Né en 1806 à Hambourg. Mort en 1842 à Hambourg. xixe siècle. Allemand.
Peintre.
Il fut l'élève de Siegfried Bendixen. Le Musée de Hambourg possède une toile de cet artiste intitulée *Les volontaires patriotes de 1813*.

DAHY Antoine
xvie siècle. Actif à Besançon en 1519. Français.
Sculpteur.

DAI BENXIAO ou **Tai Pen-Hiao** ou **Tai Pên-Hsiao**, noms de pinceau : **Fushan** et **Yinga**
Né en 1621 à Xuning (province du Anhui). Mort en 1693. xviie siècle. Chinois.
Peintre de paysages.
Peintre de second ordre de l'école du Anhui au début de la dynastie des Qing (à propos de cette école, voir HONGREN). Comme Hongren, il aime conférer à ses œuvres une certaine monumentalité, avec une grande économie de moyens. Il est spécialement doué pour l'utilisation de la brosse sèche et du lavis estompé pour les lointains. Il semble avoir été influencé par les paysages fantastiques de la fin de la dynastie Ming.
Musées : Shangai : *Paysage de montagne*, encre sur pap., rouleau en hauteur.
Ventes Publiques : New York, 1er juin 1989 : *Visite à des chalets isolés dans des montagnes brûmeuses*, encre/pap., kakémono (49,2x125,7) : **USD 104 500** – New York, 4 déc. 1989 : *Chalets le long d'un ruisseau de montagne*, encre/pap., kakémono (87x26,6) : **USD 16 500** – New York, 2 déc. 1992 : *Paysage*, encre/pap., kakémono (145,4x62,2) : **USD 22 000**.

DAIGARYU. Voir **KAISAKI**

DAIGREMONT Jean Marie
xixe siècle. Actif à Cambrai. Français.
Peintre de miniatures.

DAIGREMONT M.
xviie-xviiie siècles. Français.
Graveur au burin.
Élève de P. Le Pautre. On cite parmi ses gravures des planches d'architectures et d'ornements et des *Vues de Versailles*. Il travailla de 1670 à 1700, notamment d'après Berain.

DAIGUEBLANCHE François
xvie siècle. Actif à Tours en 1530. Français.
Peintre.

DAI JIN ou **Tai Tsin** ou **Tai Chin**, surnom : **Wenjin,** noms de pinceau : **Jingan** et **Yuquan Shanren**
Né vers 1388 à Qiantang (province du Zhejiang). Mort en 1462. xve siècle. Chinois.
Peintre de genre, paysages animés.
Avec le peintre Wu Wei (1459-1508), Dai Jin est le seul représentant de la peinture professionnelle de la dynastie Ming (1368-

1644). Ce courant de l'école du Zhejiang, dont il est le principal tenant, sera combattu par la critique lettrée dont l'autorité deviendra bientôt souveraine avec Dong Qichang (1555-1636) : la peinture professionnelle ne s'en relèvera pas. Ce n'est qu'aujourd'hui que l'on redécouvre ces artistes et leurs audaces plastiques.
La biographie de Dai Jin est mal connue. Il aurait été artisan orfèvre avant de devenir peintre et de faire un bref passage à l'Académie Impériale de l'empereur Xuanzong (règne 1426-1436) d'où il est évincé par des rivaux jaloux. Sans doute a-t-il une éblouissante facilité de métier mais une médiocre connaissance des milieux mandarinaux de la cour. Pour échapper aux intrigues, il regagne donc sa région natale de Hangzhou et entreprend de gagner sa vie comme peintre.
On le considère comme le fondateur d'une importante école paysagiste, l'école du Zhejiang, du nom de sa province d'origine, où sont toujours honorées les traditions paysagistes de l'école des Song du Sud, notamment de Ma Yuan (actif vers 1190-1230) et Xia Gui (même époque). Dai Jin va leur infuser une vitalité nouvelle : à la tête d'une dynastie familiale d'artistes (son fils, sa fille et son gendre sont peintres), il impose un ensemble de procédés et une esthétique qui connaîtront une vogue considérable et susciteront d'innombrables disciples et imitateurs jusqu'au début du XVIIe siècle. S'il emprunte des techniques de pinceau à l'école Ma-Xia, il doit beaucoup pour la composition aux grands maîtres des Song du Nord : Fan Kuan (actif début IXe siècle) et Li Tang (actif début XIIe siècle). Comme l'écrit P. Ryckmans, « il s'efforce de traduire dans le langage formel des Song du Sud – écriture abrégée et rapide – la vision ample et globale des Song du Nord ». Cela n'est pas totalement satisfaisant dans la mesure où l'ampleur devient prolixité et où l'instantané tombe dans l'anecdote et la scène de genre. Succombant à la tentation de la virtuosité, il reste trop souvent plat et décoratif sans atteindre à une certaine profondeur ni synthèse spatiale. Son principal disciple, Wu Wei, ira beaucoup plus loin dans le sens de l'audace simplificatrice. Considéré au XVIe siècle comme le plus grand peintre Ming, Dai Jin ne sera plus bientôt que le premier des « peintres de métier ». Dong Qichang ruinera définitivement sa réputation. En réalité, l'école du Zhejiang sombrera dans le maniérisme et, à partir du XVIIe siècle, la peinture professionnelle cessera d'être une composante significative de la vie artistique chinoise.
Musées : Berlin (Staatliche Museen) : *Lettrés dans un pavillon sous les pins près d'une rivière* daté 1446, rouleau en longueur signé – Cleveland (Art Mus.) : *Les 10000 lis du Yangzi jiang (Fleuve bleu)*, grand rouleau en longueur signé, colophon de Wang Wenzhi daté 1794 – Indianapolis (John Herron Art Inst.) : *Grand paysage*, signé – Pékin (Palais impérial) : *Ferme dans les arbres au pied d'une montagne dans les nuages*, signé, inscription de Dong Qichang – *Auberge au pied de grandes montagnes*, encre et coul. sur pap., dans le style des maîtres Yuan, signé – *Paysage avec trois héros arrivant à la porte de Zhuge Liang*, encre et coul. sur soie, signé – *Papillons et roses trémières*, signé, poèmes par quatre contemporains – *Branches et troncs de grands pin*, grand rouleau en longueur, signé – *Wen Wang et Zhou rendant visite à Tai Gong Wang au bord de la Rivière Wei* – *Ahrat avec un tigre* – Shanghai : *Montagnes verdoyantes au printemps* daté 1449, encre sur pap., rouleau en hauteur, colophon – *Vieux pins à flanc de montagne avec un lettré suivi de son serviteur* signé et daté 1445 – Stockholm (Nat. Mus.) : *Poète sur une terrasse, singes dans un arbre*, signé – Taipeh (Mus. du Palais) : *Retour tardif d'une excursion au printemps*, encre et coul. légères sur soie – *Voyageurs sur un pont*, encre et coul. sur soie, rouleau en hauteur – *Béatitude du printemps*, encre et coul. sur soie, rouleau en hauteur – *Cinq daims dans les pins*, encre et coul. sur soie, rouleau en hauteur, inscription de Wen Zhengming – *Tempête sur une rivière, deux hommes sur un bateau*, signé – Washington D. C. (Freer Gal.) : *Vagues et vents d'automne*, encre, rouleau en longueur, signé – *Pêcheurs au bord du fleuve*.
Ventes Publiques : New York, 2 juin 1988 : *Jeu de go dans une retraite de montagne*, encre/soie, kakémono (157x103,5) : **USD 24 200** – New York, 31 mai 1990 : *La quête d'un prunus dans la neige*, encre et pigments dilués/pap., makémono (106,2x56,5) : **USD 52 250**.

DAIKOSAI. Voir **TÔTSUGEN**

DAILLE-LEFEVRE, veuve de Pierre César
XVIIIe siècle. Française.
Peintre.
Elle était membre de l'Académie Saint-Luc à Paris en 1764.

DAILLE-LEFEVRE Pierre César
XVIIIe siècle. Actif à Paris. Français.
Peintre.

DAILLION Horace
Né le 10 novembre 1854 à Paris. Mort après 1937. XIXe-XXe siècles. Français.
Sculpteur.
Élève de Dumont et Aimé Millet. Il débuta au Salon de 1876 avec un *Portrait*, buste en plâtre, depuis cette date, il figura régulièrement aux Artistes Français dont il fut sociétaire depuis 1888. Le Musée de Charleville conserve de lui : *Le coucher de l'enfant*. Il obtint une médaille de deuxième classe en 1882, et une de première classe en 1885. Bourse de voyage, 1882. Prix du Salon 1885. Médaille d'or à l'Exposition Universelle de 1889. Médaille d'or à l'Exposition Universelle de 1900, médaille d'honneur en 1924 avec l'*Age de pierre*, commandé par l'État pour être placé au Jardin des Plantes. La même année il exécutait le buste de *Pasteur* pour le monument d'Arbois (Jura). Médaille d'honneur à l'Exposition de 1937. Il était officier de la Légion d'honneur.
Ventes Publiques : Paris, 13 mars 1981 : *Les chrysanthèmes*, marbre de Carrare (H. 86) : **FRF 11 000** – New York, 19 juin 1984 : *Allégorie*, bronze, patine brun vert (H. 125) : **USD 2 800** – Stockholm, 10-12 mai 1993 : *La source*, bronze (H. 62) : **SEK 7 000**.

DAILLION Palma, Mme, née **d'Annunzio**
Née le 7 mars 1863 à Atina (Caserte). XIXe siècle. Française.
Sculpteur et graveur en médailles.
Élève de H. Daillion, Bottée et Deschamps, elle devint française par son mariage. A débuté au Salon de Paris en 1889, Sociétaire en 1891 ; mention honorable en 1913, deuxième médaille en 1914. On cite son *Portrait de H. Daillion* (cire perdue).

DAILLOT Gustave ou **Dailliet**
Né le 12 juin 1842 à Cambrai (Nord). Mort le 4 avril 1917 à Cambrai. XIXe-XXe siècles. Français.
Sculpteur.
Il débuta au Salon de 1868 avec *Silène*, buste en terre cuite. Le Musée de Cambrai conserve de lui : *L'Enfant à la mouche*. Daillot reçut du Conseil municipal de sa ville natale une pension qui lui permit de faire ses études à Paris.

DAILLY
XVIIIe-XIXe siècles. Français.
Sculpteur-ivoirier.
Dieppois, il s'était fixé à Paris. Il représenta plusieurs fois la prise de la Bastille.

DAILLY
XVIIIe siècle. Actif à Bruxelles. Éc. flamande.
Peintre sur émail.

DAILLY Abraham
XVIIe siècle. Actif à Paris vers 1656.
Sculpteur.

DAILLY Edouard Louis
Né au XIXe siècle à Paris. XIXe siècle. Français.
Architecte et peintre.
Élève de Lebas et Genain, il débuta au Salon de 1877. Sociétaire des Artistes Français depuis 1885.

DAILLY Etienne
Mort en 1663. XVIIe siècle. Éc. flamande.
Sculpteur.
Il travailla, à Tournai, pour l'église Saint Piat.

DAILLY Pierre
XVIIe siècle. Actif à Rouen en 1696. Français.
Peintre.

DAÏMA
Née en 1959 à Tachkent (Ouzbékistan). XXe siècle. Depuis 1989, active en France. Ouzbèk.
Peintre de figures, compositions à personnages. Primitif.
Elle se forme d'abord à l'Académie des Beaux-Arts de Tachkent, puis à l'École des Beaux-Arts de Moscou. Elle s'installe à Paris en 1989, et a eu depuis de nombreuses expositions personnelles : Galerie Saint-Pétersbourg à Vaals (Pays-Bas) en 1992 ; Art Asia (Hong Kong) en 1993 et 1994 ; Art Messe Frankfurt (Allemagne) en 1995 ; Galerie Flak, Paris, en 1992, 1993 et 1995.
La peinture de Daïma, raffinée et mystérieuse, évoque à la fois l'art des icones orientales et les primitifs italiens tels que Fra

Angelico, Pisanello, Uccello. Ses compositions ont le même dépouillement, les mêmes fonds unis, ses personnages ont les mêmes expressions un peu stéréotypées. De la même façon que chez ces illustres prédécesseurs, une apparente naïveté cache une grande profondeur.
Bibliogr. : Catalogue de l'exposition *Daïma, le jardin des poètes*, Galerie Flak, Paris, 1995.

DAIMENES
Né à Groanda (Pisidie). IIe-Ier siècles avant J.-C. Antiquité romaine.
Sculpteur.
Il travailla à Halicarnasse où il fut enterré.

DAI MINGSHUO ou **Tai Ming-Chouo** ou **Tai Ming-Shuo**, surnom : **Daomo,** nom de pinceau : **Yanluo**
Originaire de Langzhou, province du Hebei. XVIIe siècle. Actif au début de la dynastie Qing (1644-1911). Chinois.
Peintre de paysages, fleurs.
Il est président du Bureau de la Guerre pendant l'ère Shunzhi (1644-1661), après avoir été reçu à l'examen de « lettré présenté » en 1634. Il privilégia la peinture des bambous dans ses œuvres.

DAIN Pedro
XVIe siècle. Travaillant en 1588. Espagnol.
Sculpteur.
À cette date, un sculpteur du nom de Daïn sculpta un *Saint Sébastien* pour la chapelle de D. Rodrigo Ponce de Leon à Conil.

DAINEN, de son vrai nom : **Nakagawa Tenju,** surnom : **Dainen, Chôshirô,** noms de pinceau : **Suishinsai, Kantenju**
Mort en 1795. XVIIIe siècle. Japonais.
Peintre et calligraphe.
Peintre de l'école Nanga (Peinture de lettré) qui vit à Matsuzaka, Ise. On sait qu'il travaille pendant un temps avec Ike-no-Taiga (1723-1776) à Kyoto. On connaît de lui plusieurs albums dont *Taigadô Gafu* (peintures de Taiga) et *Ifukyû Gafu* (peintures d'Ifukyû).

DAINGERFIELD Elliott
Né en 1859 à Harper's Ferry (Virginie). Mort en 1932. XIXe-XXe siècles. Américain.
Peintre de compositions à personnages, figures, paysages, marines, fleurs. Post-romantique.
Surtout peintre de paysages, il était sensible aux éclairages particuliers, notamment crépusculaires, voire nocturnes sous la lune. Il peignait aussi des sujets divers, des thèmes spécifiquement romantiques, des natures mortes de fleurs.
Ventes Publiques : New York, 13-15 fév. 1907 : *Route à minuit* : **USD 105** – New York, 15 nov. 1929 : *Paysage* : **USD 225** – New York, 25-26 mars 1931 : *Coucher de soleil* 1905 : **USD 140** – New York, 15-16 jan. 1932 : *Tempête sur mer* : **USD 175** – New York, 4 mars 1937 : *Dante et Virgile au Paradis* : **USD 150** – New York, 15 mars 1945 : *Mystère de la lune* : **USD 275** – New York, 16 mars 1967 : *Paysage montagneux* : **USD 350** – New York, 19 avr. 1972 : *Couple de danseurs* : **USD 1 100** – New York, 2 fév. 1979 : *Vase de fleurs*, h/t (86,3x61) : **USD 3 000** – New York, 26 juin 1981 : *Paysage au cyprès*, h/t (76,8x92,2) : **USD 3 000** – New York, 7 avr. 1982 : *Crépuscule* 1893, h/t (63,5x76,7) : **USD 1 900** – New York, 1er juin 1984 : *The moon path*, h/cart. (40,3x30) : **USD 5 000** – Raleigh (North Carolina), 5 nov. 1985 : *Paysage d'été*, h/t (40,8x61,3) : **USD 5 500** – New York, 24 jan. 1989 : *Nature morte de fleurs* 1881, h/t (60x35) : **USD 2 750** – New York, 5 déc. 1991 : *L'orée d'une forêt*, h/t (102,2x81,9) : **USD 7 150** – New York, 15 nov. 1993 : *Les Danseuses*, h/t/cart. (27,4x28,5) : **USD 5 750** – New York, 31 mars 1994 : *Forêt à la tombée de la nuit* 1905, h/t (76,2x92,1) : **USD 4 888** – New York, 25 mars 1997 : *Esprit follet des bois*, h/t/pan. (50,8x55,9) : **USD 10 350**.

DAINI Augusto
XIXe-XXe siècles. Italien.
Peintre de genre, aquarelliste, pastelliste.

A Daini

Ventes Publiques : New York, 7 oct. 1977 : *La Diseuse de bonne aventure*, aquar. (53,5x74) : **USD 1 700** – Londres, 15 juil. 1980 : *Couple et vieille femme dans un intérieur* 1912, aquar. (56,8x97,5) : **GBP 260** – New York, 7 jan. 1982 : *La salle de classe*, aquar. (21,5x36,8) : **USD 1 400** – New York, 25 fév. 1988 : *Conversation galante*, aquar. (54,6x37) : **USD 1 210** – Paris, 19 juin 1989 : *Conversation* 1889, past. (68x101) : **FRF 28 000** – New York, 20 jan. 1993 : *Le récital*, h/t (54,3x74,9) : **USD 4 313** – Milan, 9 nov. 1993 : *Lecture de documents dans la bibliothèque*, h/t (51x80,5) : **ITL 4 140 000** – Rome, 5 déc. 1995 : *À l'auberge à Brindisi*, h/pan. (28x18) : **ITL 1 414 000** – Londres, 13 mars 1996 : *Le prétendant*, h/t (39x59) : **GBP 2 530**.

DAINTREY Adrian Maurice
Né le 23 juin 1902 à Londres. XXe siècle. Britannique.
Peintre de portraits.
Il fut élève de Henry Tonks. Il a exposé à la Royal Academy ses huiles et ses aquarelles. On cite ses peintures murales.
Musées : Le Caire – Londres (Contemporary Art Society) : *Portrait de Wilson Steer*.
Ventes Publiques : Londres, 24 juin 1985 : *The blue motor boat*, h/cart. (23x42) : **GBP 700**.

DAINTY J.
XIXe siècle. Actif à Philadelphie vers 1840. Américain.
Graveur.

DAINVILLE Maurice
Né le 24 avril 1856 à Paris. Mort en 1930. XIXe-XXe siècles. Français.
Peintre de paysages. Postimpressionniste.
Fils d'architecte, il suivit tout d'abord des cours d'architecture, puis se consacra à la peinture, étant élève de G. Boulanger, J. Lefebvre et L. O. Merson. Il participa au Salon de Paris à partir de 1880 et à celui des Artistes Français à partir de 1887, obtenant une mention honorable en 1895 et une médaille de troisième classe en 1896. Personnellement, il a exposé en 1882 à Chaumont, en 1896 à Moulins et à Amiens.
Ses vues de Paris, de l'Ile-de-France et de Bretagne, où les ciels sont vastes, les feuillages onduleux, sont peints dans une manière impressionniste et selon une construction assez rigoureuse.
Bibliogr. : Gérald Schurr, in : *Les Petits Maîtres de la peinture 1820-1920, valeur de demain*, Les Éditions de l'Amateur, t. IV, Paris, 1979.
Musées : Amiens – Angers – Autun – Nantes – Paris (Mus. Carnavalet).
Ventes Publiques : Paris, 30 mai 1978 : *Étang en automne à Itteville*, h/t (89x116) : **FRF 2 800** – Paris, 4 déc. 1978 : *Gardeuse de dindons*, h/t (100x154) : **FRF 3 000** – Enghien-les-Bains, 13 sep. 1981 : *Animation sur les quais de la Seine* 1903, h/cart. (48x63) : **FRF 25 000** – Enghien-les-Bains, 14 fév. 1982 : *Les cerisiers en fleurs* ; *Promeneuse dans le champ de coquelicots*, h/pan. et h/t (14x19) : **FRF 20 500** – Versailles, 18 nov. 1984 : *Les voiliers près de la côte*, h/t (45x91) : **FRF 7 500** – Compiègne, 28 nov. 1987 : *Paysage breton*, h/t (45x63) : **FRF 6 200** – Versailles, 7 fév. 1988 : *Le ruisseau près de la ferme*, h/t (64x45) : **FRF 4 100** – Reims, 22 oct. 1989 : *Le pavillon au bout du parc*, h/pan. (37x20) : **FRF 1 500** – Paris, 15 juin 1994 : *Promenade quai d'Orsay* 1903, h/t (47,5x63,5) : **FRF 9 000**.

DAIPPOS
IIIe siècle avant J.-C. Actif à Athènes. Antiquité grecque.
Sculpteur.
Il était le fils et fut l'élève de Lysippe.

DAI QUHENG ou **Tai K'iu-Heng** ou **Tai Ch'ü-Hêng**, surnoms : **Hezhi** et **Lianshi**
Né en 1755 à Dayu (province du Jiangxi). Mort en 1811. XVIIIe-XIXe siècles. Chinois.
Peintre paysagiste.
On sait qu'il a été Président du Bureau des Travaux, mais il n'est pas signalé dans les biographies de peintres.

DAIRUSSEAU
XVIIIe siècle. Actif à la fin du XVIIIe siècle. Français.
Peintre de fleurs.

DAISAY Alexandre
Né à Paris. XXe siècle. Travaillant à Bandol (Var). Français.
Peintre.
A exposé des paysages au Salon des Artistes Français à Paris en 1933 et 1934.

DAISAY Jules
Né en 1847 à Chambéry (Savoie). Mort en 1900. XIXe siècle. Français.
Peintre de genre, portraits.
Élève de Molin et Pils. Il débuta au Salon de Paris en 1875 avec : *La Prière*.

Musées : Chambéry (Mus. des Beaux-Arts) : *Portrait de la fille de l'artiste – Autoportrait – L'Indiscrète – Portrait de Joseph Bonjean.*
Ventes Publiques : Paris, 10 oct. 1980 : *Deux fillettes* 1884, h/t (112x87) : **FRF 8 000**.

DAISER Carl Joseph
Né en 1755 à Augsbourg. Mort en 1827 à Munich. XVIIIe-XIXe siècles. Allemand.
Sculpteur médailleur et graveur.
Il fut l'élève de Verhelst, puis termina ses études à Vienne. Il travailla par la suite surtout à Munich.

DAI SHUN ou **Tai Chouen** ou **Tai Shun**, surnom : **Houfu**
Originaire de Qiantang, province du Zhejiang. XIVe siècle. Actif vers 1317. Chinois.
Peintre paysagiste.
On dit qu'il est capable de saisir la pureté des maîtres anciens et de la traduire dans un style qui lui est propre. Le peintre Gong Xian (vers 1620-1689) s'inspirera de lui.
Musées : Taipeh (Nat. Palace Mus.) : *Le Mont Lu* daté 1318 et signé, encre sur pap., rouleau en hauteur.

DAI SONG ou **Tai Song** ou **Tai Sung**
VIIIe siècle. Chinois.
Peintre.
Fonctionnaire provincial à l'époque où le peintre Han Huang (723-787) est gouverneur de la province du Zhejiang, il devient disciple de Han Huang. Il est connu pour ses représentations de buffles.
Musées : Berlin : *Deux buffles près d'un bosquet d'arbres agités par le vent* 960-1279, Œuvre signée qui date probablement de l'époque Song – Boston (Mus. of Fine Arts) : *Un aide-bouvier sur un buffle d'eau*, ancienne attribution à Dai Song, sans doute du XIIe siècle – Taipei (Nat. Palace Mus.) : *Combat de buffles, deux vachers cachés derrière des arbres*, attribution.

DAISSE Jehan
XVe siècle. Actif à Namur en 1410. Éc. flamande.
Sculpteur.

DAISY-DELPECH. Voir **DELPECH Daisy**

DAITEG
XVIIIe siècle. Français.
Sculpteur.
Exposa au Salon de Paris, de 1793 à 1803, quelques travaux en plâtre.

DAI TIANRUI ou **Tai T'ien-Jouei** ou **Tai T'ien-Jui**, surnom **Xitang,** nom de pinceau : **Benyuan**
Actif à Changzhou (province du Jiangsu) sous la dynastie Qing (1644-1911). Chinois.
Peintre de paysages.
Musées : Taipeh (Nat. Palace Mus.) : *Paysage de rivière avec deux grands pins et un gros rocher*, peint. au doigt, signée.

DAIWAILLE Alexander Joseph
Né le 21 janvier 1818 à Amsterdam. Mort en 1888 à Bruxelles. XIXe siècle. Hollandais.
Peintre de paysages animés, paysages.
Élève de son père Jean-Augustin et de son oncle B.-C. Koekkoek. S'établit à Clèves, puis à Bruxelles.
Musées : Amsterdam : *Effet de neige.*
Ventes Publiques : Paris, 1844 : *Paysage des environs de Clèves* : **FRF 140** ; *Paysage d'hiver* : **FRF 180** – Cologne, 9 mars 1904 : *Paysage hollandais* : **DEM 400** – New York, du 16 au 19 nov. 1904 : *Paysage avec bétail*, en collaboration de Verboeckhoven : **USD 120** – Cologne, 27 mai 1971 : *Troupeau dans un paysage* : **DEM 2 800** – Londres, 14 juin 1972 : *Paysage d'hiver avec patineurs* : **GBP 4 800** – Amsterdam, 22 nov. 1977 : *Paysage boisé à l'étang*, h/t (46x69) : **NLG 12 500** – Munich, 30 nov. 1978 : *Paysage d'hiver* 1841, h/pan. (40,5x52) : **DEM 6 500** – New York, 17 mai 1984 : *Voyageurs dans un paysage fluvial* 1850, h/t (75x104) : **USD 5 750** – Amsterdam, 23 avr. 1988 : *Paysage d'hiver, avec paysans tirant une branche d'arbre, un moulin à vent au fond* 1844, h/pan. (22,5x26,5) : **GBP 14 950** – Amsterdam, 30 oct. 1991 : *L'aube et le Crépuscule – paysages boisés et vallonés avec des voyageurs et une auberge* 1839, h/pan., une paire (38x51) : **NLG 23 000** – Amsterdam, 21 avr. 1993 : *Paysage rhénan avec des personnages sur un chemin au pied d'un château en ruines* 1848, h/pan. (37,5x48) : **NLG 101 200** – Amsterdam, 27 oct. 1997 : *Personnages sur une rivière gelée près d'un château*, h/pan. (31x41) : **NLG 82 600**.

DAIWAILLE Elize Thérèse
XIXe siècle. Hollandaise.
Peintre de fleurs et lithographe.
Elle était la fille de Jean Augustin Daiwaille.

DAIWAILLE Jean Augustin
Né le 6 août 1786 à Cologne. Mort le 12 avril 1850 à Rotterdam. XIXe siècle. Hollandais.
Portraitiste et lithographe.
Il vécut en Hollande depuis 1788, fut élève de A. de Lelie, et, en 1820, directeur de l'Académie. Il quitta cette fonction pour fonder un établissement de lithographie et vécut ensuite à Rotterdam.
Musées : Amsterdam : *Pieter Barbius Pietertz – Jan Blanken jeune – Hendrick Van Demmeltraadt – Portrait de l'artiste.*

DAI XI ou **Tai Si** ou **Tai Hsi**, surnom : **Chunshi,** nom de pinceau : **Yuan**
Né en 1801 à Qiantang (province du Zhejiang). Mort en 1860. XIXe siècle. Chinois.
Peintre.
Fonctionnaire, il fait une brillante carrière politique comme vice-président du Bureau des Rites, puis s'occupe de la prohibition de l'opium dans la province de Canton. C'est lui qui organise la défense de Hangzhou contre les Taiping rebelles. Devant la victoire de ces derniers, il se suicide en se noyant. Membre de l'Académie Hanlin, c'est aussi un des grands peintres de son temps, apprécié pour ses paysages dans le style de Wang Hui, ses peintures de plantes et ses très belles copies d'anciens. Par ailleurs, ses réflexions diverses d'ordre esthétique, critique et technique sont d'un grand intérêt et témoignent d'une pensée originale et pénétrante. Ses colophons ont été groupés en deux recueils : le *Xikuzhai Huaxu* et le *Ciyanzhai Tihua Oulu* dont la première édition date de 1870.
Ventes Publiques : New York, 26 nov. 1990 : *Paysages*, album de 8 pages dont 5 à l'encre et pigments/soie et 3 à l'encre/soie (chaque 24,1x34,7) : **USD 6 600** – New York, 2 déc. 1992 : *Paysage*, encre/pap., makémono (34,9x266,7) : **USD 10 450** – Taipei, 10 avr. 1994 : *Paysage d'automne ; calligraphie en Xing shu*, encre/pp. gaufré doré, une paire d'éventails (chaque 17x49) : **TWD 207 000** – New York, 31 mai 1994 : *Paysage*, encre/pap., makémono (17,8x126,4) : **USD 2 070** – Hong Kong, 29 avr. 1996 : *Ciel clair au-dessus des montagnes vertes*, encre et pigments/pap. or, éventail (21x61) : **HKD 29 900** – Hong Kong, 28 avr. 1997 : *Arbre*, encre/pap., makémono (44,5x67,2) : **HKD 59 800**.

DAI YI ou **Tai I**
VIIIe siècle. Chinois.
Peintre.
Frère cadet du peintre Dai Song, il est connu aussi pour ses représentations de buffles.

DAI YIHENG ou **Tai I-Heng**, surnom : **Yongbo**
Né en 1826. Mort en 1891. XIXe siècle. Chinois.
Peintre de paysages.
Originaire de Qiantang (province du Zhejiang), c'est le neveu du peintre Dai Xi (1801-1860).
Ventes Publiques : Hong Kong, 30 oct. 1995 : *Paysages*, encre et pigments/pap., une paire de kakémonos (109,7x20,9) : **HKD 29 900**.

DAI YUAN ou **Tai Yuan**
Originaire de Kaifeng, province du Henan. XIIe siècle. Actif vers 1110-1125. Chinois.
Peintre.
Peintre de fleurs et d'oiseaux, favori de l'empereur Song Huizong (règne 1101-1126). Il est membre de l'Académie Hanlin.
Musées : New York (Metropolitan Mus.) : *Les cent oiseaux*, coul. sur soie, rouleau en longueur, attribution.

DAIZAN, de son vrai nom : **Hirose Seifû,** surnom : **Bokuho,** noms de pinceau : **Shûzô, Undayû, Daizan, Shogasai, Haku-Unka, Rokumasai**
Né en 1752. Mort en 1813. XVIIIe-XIXe siècles. Japonais.
Peintre.
Ce peintre, samuraï du clan de Tsuyama à Mimasaka, est un élève du peintre Gogaku (1809-1893) et fait partie de l'école Nanga (peinture de lettré) de Kyoto. On le connaît pour ses paysages.

DAJOLA Geronimo ou **Giovanni**
XVIe siècle. Actif à Palerme vers 1574. Italien.
Sculpteur.

DAJON Nicolaj
Né le 21 janvier 1748 probablement à Copenhague. Mort le 12 décembre 1823 à Copenhague. XVIIIe-XIXe siècles. Danois.

Sculpteur.
Issu d'une famille française émigrée au Danemark, il fut élève de l'Académie de 1759 à 1766, et étudia en même temps avec Wiedewelt. Lauréat de la grande médaille d'or, il obtint la bourse de l'Académie en 1775. Il envoya de Rome un *Pâris*, et à son retour à Copenhague, fut nommé académicien, Promu, en 1803, professeur de l'Académie, il fut élu, à la mort de Wiedewelt, directeur de l'Académie en 1815 et en 1818, chaque fois pour trois années.

DAKE Carel Lodewijk
Né en 1886. Mort en 1946. XXe siècle. Français.
Peintre de paysages, graveur.
Il était actif à Amsterdam et figurait dans l'Exposition Universelle de Bruxelles en 1910.

VENTES PUBLIQUES : AMSTERDAM, 15-16 oct. 1907 : *Une bruyère*, dess. : **NLG 30**. – AMSTERDAM, 6 nov. 1990 : *Vue d'un sawa en Indonésie*, h/t (67x117) : **NLG 5 750** – AMSTERDAM, 5-6 fév. 1991 : *Un sawa ensoleillé*, h/cart. (51x83) : **NLG 2 300** – AMSTERDAM, 23 avr. 1991 : *Paysage de la région d'Hilversum*, h/pan. (66x99) : **NLG 920** – AMSTERDAM, 30 oct. 1991 : *Paysage lacustre et montagneux en Indonésie avec un Kampong dans la vallée*, h/t (82x132) : **NLG 2 760** – AMSTERDAM, 21 avr. 1993 : *Paysage indonésien*, h/cart. (50x80) : **NLG 1 840** – AMSTERDAM, 11 avr. 1995 : *Paysage indonésien*, h/pan. (52x83) : **NLG 2 360** – AMSTERDAM, 23 avr. 1996 : *Le mont Marapi à l'arrivée de l'orage, Java*, h/pan. (50x81,5) : **NLG 3 776**.

DAKE Gesina
Née en 1871. Morte en 1911. XIXe-XXe siècles. Hollandaise.
Peintre et graveur.
Elle était la fille de Dake Carel L. l'Aîné et travailla surtout à Amsterdam.

DAKIN Mary Dauvers
Née à South Schulls (Angleterre). XXe siècle. Britannique.
Peintre, pastelliste de figures.
Elle fut élève de E. Borough Johnson et exposa à Paris au Salon des Artistes Français en 1927 et 1928. Elle aimait peindre les enfants : *Baby Dorothy – Petite fille hollandaise*.

DAL Harald
Né en 1902 à Oslo. XXe siècle. Norvégien.
Peintre.
On cite de lui un tableau : *Soria Maoria*.

DAL suivi d'un patronyme. Voir aussi ce patronyme

DALA Giuseppe
Né en 1788 à Cattaro. Mort en 1860 à Venise. XIXe siècle. Italien.
Graveur au burin.
Il travailla surtout à Venise où il copia les œuvres de nombreux peintres anciens.

DALAGER Mathias Anton
Né en 1797 à Trondhjem. Mort en 1837 à Trondhjem. XIXe siècle. Norvégien.
Dessinateur.
Il vécut quelque temps à Stockholm. C'était le fils de Mathias Ferslew.

DALAGER Mathias Ferslew
Né en 1769 à Grönland. Mort en 1843 à Trondhjem. XVIIIe-XIXe siècles. Norvégien.
Peintre à la gouache, dessinateur.
Il s'établit à Trondhjem comme professeur de dessin en 1796.
VENTES PUBLIQUES : COPENHAGUE, 25 août 1986 : *Vue de Kristianssand, Norvège* 1788, gche : **DKK 27 000**.

DALAIS Claude
Né à Lyon (Rhône). XVIIe siècle. Français.
Peintre verrier.
Il travailla pour la chapelle du château des ducs de Savoie à Chambéry vers 1660. Probablement identique à Dalez Christin.

DALAL Manuk
Né à Bombay (Indes). XXe siècle. Travaillant à Londres. Britannique.
Peintre.
A exposé un *Portrait de jeune fille* au Salon des Artistes Français de Paris en 1932.

DALAUBAR Martin
XVIe siècle. Travaillant à Séville vers 1536. Espagnol.
Sculpteur.

DALBANG Marthe
Née à la fin du XIXe siècle à Fourmies (Nord). XIXe-XXe siècles. Française.
Sculpteur.
A exposé un buste en plâtre au Salon des Artistes Français en 1922.

DALBANNE C.
XIXe-XXe siècles. Français.
Peintre et illustrateur.
A illustré, en 1913, *La Parodie de l'Étranger*, d'E. Lefebvre (à Lyon).

DALBE
XVIIIe siècle.
Peintre de miniatures.

DALBE
XIXe siècle.
Peintre paysagiste et aquarelliste.
VENTES PUBLIQUES : PARIS, 29 mars 1908 : *Paysage d'Italie*, aquar. : **FRF 210**.

DALBEAU Louis
XVIIIe siècle. Actif à Angoulême en 1784. Français.
Peintre.
Peut-être travailla-t-il également à La Rochelle.

DALBERG
XVIIIe siècle. Travaillant vers 1757. Suisse.
Peintre.
D'après le Dr C. Brun, il est l'auteur des peintures décoratives sur bois, autrefois au château de Hermenches (Vaud), aujourd'hui en la possession de la comtesse de Pükler au château de Mézery (Vaud). Ces œuvres, exécutées d'après des dessins de Mme d'Aubonne, ont été parfois attribuées à Huber.

DALBERG Carl Theodor Anton Maria von, baron
Né le 8 février 1744 au château d'Hernsheim (près de Worms). Mort le 10 février 1817 à Regensburg. XVIIIe-XIXe siècles. Allemand.
Graveur amateur.
Prince électeur de Mayence, premier chancelier, grand duc de Francfort, on connaît de lui une suite de paysages réunis sous le titre de *Recueil de vignettes gravées à l'eau forte par Charles Antoine B. Dalberg*.
MUSÉES : FRANCFORT-SUR-LE-MAIN (Mus. mun.) : Dessins à la plume – RATISBONNE (Société d'Hist. du Palatinat et de Regensburg) : *La Ville de Francfort-sur-le-Main*, bas-relief.

DALBERT Yolande
Née à Paris. XIXe-XXe siècles. Française.
Peintre de scènes de genre et aquarelliste.
Elle figura au Salon des Artistes Français avec *Le gourdon*, une aquarelle.

DALBESIO Adolfo
XIXe siècle. Piémontais, actif au XIXe siècle, résidant à Turin. Italien.
Peintre.
S'est adonné à la miniature sans toutefois délaisser complètement la peinture. Il fut l'élève du comte Federigo Pastoris.

DALBET Louis
Né à Mehun-sur-Yèvre (Cher). XXe siècle. Français.
Sculpteur.
Il exposa à Paris au Salon d'Automne en 1942-1944.

DALBIS Eric
Né le 27 février 1957 à Aumale (Algérie). XXe siècle. Français.
Peintre de figures. Figuratif, puis abstrait.
A partir de 1973 il fut étudiant à l'École des Beaux-Arts de Sète, de Montpellier et de Marseille Lumigny où il eut Claude Viallat comme professeur. Il vit et travaille à Paris.
Il a figuré dans plusieurs expositions collectives parmi lesquelles

on peut citer : en 1982 *Art Prospect, Réseau Art 82* à Avignon ; en 1983 la présentation de la collection de Bernard Lamarche-Vadel au Musée Sainte-Croix de Poitiers ; en 1984 *Ateliers 84* à l'ARC au Musée d'Art Moderne de la Ville de Paris, en 1985-1986 la 2e Biennale d'Art Contemporain de Tours ; en 1986 *Dispersion* au Musée Ingres de Montauban ; en 1987 la foire de Chicago avec la galerie Montenay, *Les années 80 en France, une nouvelle génération* à Ankara et Istanbul ; en 1988 la présentation des collections du Musée d'Art Contemporain de Nîmes et *Leçons de peinture* à l'Hôtel de Ville de Paris ; en 1989 *Nos années 80* à la Fondation Cartier à Jouy-en-Josas. Il a exposé personnellement en 1984 à la galerie Fina-Bitterlin de Bâle, en 1985 à la galerie Montenay-Delsol à Paris, en 1986 à la galerie Hans Strelow à Düsseldorf, en 1987 et 1994 à la galerie Montenay, en 1988 à l'Institut Français à la foire de Bologne et au Centre d'Art Contemporain de Castres, en 1996 à la galerie Montenay-Giroux à Paris. Il a reçu le Prix Fénéon pour la peinture en 1985 et a été lauréat de la Villa Médicis hors les murs en 1986.

Eric Dalbis entretient avec la peinture un rapport quasi-religieux ; ses tableaux sont limités à un seul objet : le corps. Il explique que pour lui la peinture a toujours évoqué le derme ; peut-être est-ce pour cela qu'il pratique le recouvrement, posant un glacis final sur ses tableaux, qui évoque la peinture ancienne pour laquelle Dalbis avoue éprouver une certaine nostalgie. D'abord monochrome, la peinture s'est peu à peu ouverte à la couleur. La dualité de ces toiles se développe dans la confrontation, sur une même toile, d'une figure dessinée en silhouette sur un fond abstrait, provoquant ainsi des effets d'encombrements, de disparition et d'effacement. Au cours des années, la figure a disparu, pour une surface plane, qui privilégie les effets de vibration. ■ F. M.

Bibliogr. : Catal. de l'exposition *Leçons de peinture*, Hôtel de Ville de Paris, mars-mai 1988 – Catal. de l'exposition *Nos années 80*, Fondation Cartier, Jouy-en-Josas, juin-nov. 1989 – Carole Boulbès : *Éric Dalbis*, Artpress, n° 220, Paris, janv. 1997.

Ventes Publiques : Paris, 8 oct. 1989 : *Sans titre*, fus./pap. (67x49) : **FRF 7 000** – Paris, 4 oct. 1991 : *Sans titre* 1986, fus./pap. (47,5x32) : **FRF 4 500** – Paris, 13 déc. 1996 : *Sans titre* 1985-1986, h/t (162x130) : **FRF 20 500**.

DALBLE Jean

Né à Toul. xive siècle. Français.

Sculpteur.

Cité par A. Jacquot dans son *Essai de Répertoire des Artistes Lorrains*.

DALBON August

xixe siècle. Actif à Nüremberg dans la première moitié du xixe siècle. Allemand.

Graveur sur cuivre.

DALBONO Eduardo

Né en 1843 à Cômes. Mort en 1915 à Naples. xixe-xxe siècles. Italien.

Peintre de genre, paysages, marines, aquarelliste.

Il fit ses études à Rome avec le peintre Marchetti puis, de retour à Naples, se perfectionna avec les conseils de Morelli et de Mancinelli. Il exposa à Parme, en 1871 : *Le Pari du roi Manfred* ; à Vienne, en 1874 : *La Légende des Sirènes* ; à Milan, en 1872 : *Marine* et *Les Lavandières* ; à Turin, en 1880 : *Barque de pêche*.

E Dalbono

Musées : Trieste (Mus. Revoltella) : *Chanson nouvelle*.

Ventes Publiques : New York, 15-16 avr. 1909 : *La Baie de Naples* : **USD 320** – Paris, 25-26 juin 1923 : *Canal à Venise*, aquar. et reh. de gche : **FRF 90** ; *La Baie de Naples*, aquar. : **FRF 305** – Paris, 5 déc. 1936 : *Jeune Femme aux roses*, aquar. : **FRF 480** – Milan, 4 juin 1968 : *Scugnizzo che suona* : **ITL 400 000** – Milan, 11 nov. 1969 : *La Sérénade* : **ITL 2 200 000** – Milan, 4 juin 1970 : *La Baie de Naples* : **ITL 2 400 000** – Rome, 16 oct. 1970 : *Vue de Capri* : **ITL 1 200 000** – Milan, 25 nov. 1971 : *La Baie de Naples* : **ITL 3 000 000** – Londres, 11 fév. 1976 : *Cavaliers à l'orée d'un bois*, h/t (16x41) : **GBP 520** – Milan, 26 mai 1977 : *Marine* 1889, aquar. (53x75) : **ITL 1 300 000** – Milan, 25 mai 1978 : *Tarantella*, h/t (51,5x38,5) : **ITL 2 000 000** – Milan, 17 juin 1982 : *Fête de rue à Naples* 1912, h/t (44x107) : **ITL 26 000 000** – Milan, 29 mai 1984 : *Vue de Sorrente*, h/t (45x101) : **ITL 20 000 000** – Londres, 29 nov. 1984 : *La lagune à Venise*, aquar. (21,5x29,2) : **GBP 400** – Rome, 5 déc. 1985 : *La fête*, aquar. (72x125) : **ITL 9 500 000** – Rome, 29 oct. 1985 : *La porteuse d'eau* 1885, h/t (72x152) : **ITL 16 400 000** – Milan, 13 oct. 1987 : *Le port de Naples* 1895, h/cart. (68x130,5) : **ITL 32 000 000** – Milan, 23 mars 1988 : *La plage de Mergellina* 1878, h/t (34x25) : **ITL 23 500 000** – Rome, 25 mai 1988 : *Verso Portici*, h/pan. (14,5x12) : **ITL 2 400 000** – Rome, 14 déc. 1988 : *Personnages sur la promenade de Naples*, h/pan. (14,8x8,4) : **ITL 3 000 000** ; *Portrait d'adolescente*, h/t, de forme ovale (48x43) : **ITL 7 200 000** – Milan, 19 oct. 1989 : *La Sirène moderne* 1874, h/t (56,5x96,5) : **ITL 75 000 000** – Rome, 12 déc. 1989 : *Pêcheurs et Baigneuses*, h/t (39x54) : **ITL 12 000 000** – Monaco, 21 avr. 1990 : *La Leçon de danse*, h/t (51x38) : **FRF 210 900** – Milan, 30 mai 1990 : *Une crique avec des personnages sur la plage* 1887, h/cart. (43x55) : **ITL 20 000 000** – Rome, 4 déc. 1990 : *Paysage campagnard avec des maisons rustiques à Portici*, h/t (46x64,5) : **ITL 15 500 000** – Milan, 5 déc. 1990 : *Marine avec des pêcheurs*, h/pan. (34x45) : **ITL 20 000 000** – Bologne, 8-9 juin 1992 : *Bougival* 1878, aquar. (22x28,5) : **ITL 4 370 000** – Milan, 16 juin 1992 : *Retour des pêcheurs*, aquar./pap. (53x73) : **ITL 19 000 000** – Paris, 1er déc. 1992 : *Baie de Naples*, h/t (31,5x46) : **FRF 45 000** – Rome, 27 avr. 1993 : *Repos sur la plage*, h/t (30,5x62) : **ITL 33 781 500** – Londres, 18 juin 1993 : *La Tarantelle*, h/t (61x96,5) : **GBP 27 600** – New York, 12 oct. 1993 : *Deux Baigneuses nues*, h/t (70,4x90,2) : **USD 20 700** – Rome, 6 déc. 1994 : *Marine avec des pêcheurs dans leurs barques* 1887, h/t (54x97) : **ITL 53 032 000** – Rome, 23 mai 1996 : *Fête dans une barque*, h/bois (40x54) : **ITL 8 050 000**.

DALBOY Blanche, Mme

xixe siècle. Active à Saint-Mandé (Val-de-Marne). Française.

Sculpteur.

Sociétaire des Artistes Français depuis 1907.

DALBY OF YORK David

Né en 1794. Mort en 1836, ou 1853. xixe siècle. Britannique.

Peintre de sujets sportifs, scènes de chasse, animalier.

Il a surtout été peintre de chevaux.

Ventes Publiques : Londres, 17 juin 1970 : *Portrait du vicomte de Guillamour* : **GBP 400** – Londres, 17 nov. 1971 : *St Nicholas avec son jockey* : **GBP 550** – Londres, 13 déc. 1972 : *Scène de chasse* : **GBP 8 500** – Londres, 31 mars 1976 : *Cheval de course dans un paysage* 1833, h/t (63,5x92) : **GBP 1 700** – Londres, 24 juin 1977 : *Scène de chasse* 1857, h/cart. (24,2x38,2) : **GBP 3 500** – Munich, 27 mai 1978 : *Jerry avec son Jockey*, h/t (59,5x76) : **GBP 4 200** – New York, 1er avr. 1981 : *Le départ pour la chasse*, h/t (23,5x31,1) : **USD 8 500** – Gargrave, 26 oct. 1982 : *A bay hunter with two hounds*, h/t (62x75) : **GBP 4 000** – New York, 8 juin 1984 : *Mr Richard Watt's bay racehorse, Rockingham with Sam darling up, on a racecourse*, h/t (53,3x79,1) : **USD 16 000** – Paris, 16 oct. 1985 : *La jument Matilda*, h/t (59,5x75) : **FRF 270 000** – New York, 6 juin 1986 : *Elis montée par J. Day, vaiqueur du St-Léger* 1836, h/t ; *Middleton monté par J. Robinson, vainqueur du Derby* 1836, h/t (56,5x76,7) : **USD 38 000** – Londres, 14 juil. 1989 : *Lord Bolton sur un trotteur bai brun devant l'écurie avec un chien noir à la porte et une église à l'arrière plan*, h/t (71x91,5) : **GBP 17 600** – Londres, 17 nov. 1989 : *Le cheval The Farrier sur le champ de course de Beverley* 1933, h/t (75x94) : **GBP 9 900** – Londres, 12 avr. 1991 : *Un coche attelé à quatre sur une route de campagne*, h/cart. (22,6x30,5) : **GBP 5 280** – Londres, 7 avr. 1993 : *The Farrier, cheval de course bai à Beverley* 1833, h/t (75x94) : **GBP 12 650** – Londres, 12 nov. 1997 : *Le Pur-sang bai St Nicholas monté par R. Johnson dans un paysage* 1830, h/t (65x84,5) : **GBP 5 175**.

DALBY OF YORK John

Mort en 1853. xixe siècle. Britannique.

Peintre de sujets sportifs, scènes de chasse,animalier.

Il fut actif de 1838 à 1853.

Ventes Publiques : Londres, 24 juin 1977 : *Cheval de course avec son jockey* 1850, h/t (62,2x75) : **GBP 1 700** – Londres, 23 mars 1979 : *Scène de chasse*, h/t (71,7x113) : **GBP 1 100** – New York, 1er mai 1981 : *Colonel White's chestnut Gelding* 1854, h/t (44,5x60) : **USD 17 000** – New York, 4 juin 1982 : *A coach and four on the road to York*, h/t (36,8x54,7) : **USD 25 000** – New York, 10 juin 1983 : *Scènes de chasse*, quatre h/t (23,5x38,1) : **USD 100 000** – Londres, 13 juil. 1984 : *The finish for the Ascot Cup* 1842, h/t (38,1x58,5) : **GBP 55 000** – New York, 6 juin 1985 : *Pur-sang et chien dans un paysage* 1849, h/t (57x66) : **USD 18 000** – Londres, 26 mai 1989 : *Le départ des chasseurs et de la meute*, h/t (32x39,4) : **GBP 6 380** – New York, 1er mars 1990 : *Le passage d'un ruisseau*, h/t (23x38,8) : **USD 7 700** – Londres, 12 juil. 1991 : *Chasseur tombé de son hunter bai et un autre cavalier dans un* *paysage* 1841, h/t (32,2x40,5) : **GBP 2 750** – Londres, 15 nov. 1991 : *Fermier assis près de son taureau primé dans un paysage* 1842, h/t (63,5x76,2) : **GBP 4 950** – New York, 5 juin 1993 : *Le départ de la chasse*, h/cart./pan. (23,5x30,5) : **USD 3 450** – New York, 9 juin 1995 : *La pleine poursuite* 1855, h/t (48,9x90,8) : **USD 42 550**.

DALBY OF YORK Joshua
Né vers 1780. Mort en 1849. xviiie-xixe siècles. Britannique.
Peintre de sujets et portraits militaires.
Ventes Publiques : Londres, 31 juil. 1981 : *Sergent-Major du 7e dragon sur son cheval* 1838, h/t (35,5x45,7) : **GBP 2 800** – Londres, 13 avr. 1994 : *Sergent-Major du 7th dragon en selle* 1838, h/t (35,5x46) : **GBP 3 450** – Londres, 12 juil. 1995 : *Le capitaine Percy Williams du 9e lancier avec son ordonnance et le trompette avec leurs montures dans un paysage*, h/t (86x111) : **GBP 37 800**.

DALCO Antonio
Né le 14 novembre 1802. Mort le 24 février 1888. xixe siècle. Actif à Parme. Italien.
Graveur au burin.
Il fut l'élève de Tosclée et d'Antonio Isac à l'Académie de Parme. On cite de lui des sujets religieux et des planches pour *Tutti gli Affresco del Corregio*. La Bibliothèque de Parme conserve de lui le dessin d'une médaille.

DAL COLLE Raffaello. Voir **COLLE Raffaello dal**

DALDINI Vittore
Né en 1867 à Aranno (Lugano). xixe siècle. Suisse.
Sculpteur.
Fils d'Andreas Daldini. Il travaillait vers 1884 à Thoune, et se rendit en Autriche vers 1898, d'après le Dr C. Brun.

DALE Cornelis Cornelisz Van
xvie siècle. Actif à Anvers. Éc. flamande.
Peintre.
Fils de Cornelis l'Ancien. Cité dans la gilde en 1587.

DALE Cornelis Van, l'Ancien
Mort après 1567. xvie siècle. Éc. flamande.
Peintre verrier.
En 1534, dans la gilde d'Anvers.

DALE Edith Olive Cherschyre
Née dans le comté de Kent. xxe siècle. Britannique.
Peintre de paysages.
Elle exposa des pastels au Salon des Artistes Français en 1923 et 1926, des vues de Florence et de Venise.

DALE François Van ou **Dalen**
xviie siècle. Hollandais.
Peintre d'intérieurs.
Élève, en 1636, de J. Hoeckgeest, à La Haye. D'après Nagler, il y avait un peintre hollandais qui signait F. V. Dale et qui peignit des intérieurs.

F. DALE.

Ventes Publiques : Paris, 16 déc. 1997 : *Vase de fleurs sur un entablement*, t. (56,5x45) : **FFR 33 000**.

DALE Gérard Van den
Né en 1597. Mort probablement à Rome. xviie siècle. Actif à Malines. Éc. flamande.
Peintre.
Travailla, en 1620, à Paris et fit une *Trinité* pour N.-D. au delà de la Dyle, en 1625, pour 100 florins.

DALE H.
Né le 13 novembre 1852. xixe siècle. Actif à Londres. Britannique.
Paysagiste.
Il exposa en 1872 à Suffolk Street et à différentes expositions.
Ventes Publiques : Amsterdam, 1880 : *Clair de lune* : **FRF 1 200**.

DALE Hans ou **Johannes Van** ou **Dael**
xvie siècle. Actif à Anvers en 1552. Éc. flamande.
Peintre.
Descamps signale, vers 1560, un paysagiste de ce nom ; Guicciardini, un sculpteur d'ornements et poète ; Vasari, un architecte, sculpteur et poète, mort avant 1566. Comparer avec Jan Van Daele.

I. V. D. F.

DALE Jean de ou **Dales, Dalles, Dedalles**
Né près de Bourg (Ain). xve-xvie siècles. Français.
Peintre, graveur sur bois.
Natif de Brèce, près de Bourg, il vivait à Lyon en 1485 et en 1524 et était cartier. Certaines figures de ses jeux de cartes portent la signature J. de Dale, et sont d'un dessin simple et naïf, avec de la finesse et de la fermeté. On a pensé que l'auteur de ces cartes pouvait être le graveur anonyme connu sous le nom de « Le Maitre I. D. »

DALE Lodewyck Van
xvie siècle. Actif à Anvers. Éc. flamande.
Peintre.
En 1544, il fut élève de Jan Adriaenssen, maître en 1553, et mourut avant 1585.

DALE Simon Van ou **Daele**
Mort entre 1530 et 1533. xvie siècle. Actif à Anvers. Éc. flamande.
Peintre verrier.
Il fut maître de la Guilde en 1502, et forma des disciples en 1505, 1506 et 1509 (Marino Van Roymerswaele), 1513, 1523 et fut nommé doyen de la Guilde de Saint-Luc en 1519.

DALE Willem Van. Voir **DALEN**

DALECHAMPS Jean Jacques
xviiie siècle. Actif à Caen. Français.
Illustrateur et dessinateur.
Il illustra des livres de prières.

DALEM Cornelis, ou **Cornelis Van**
Né vers 1530. xvie siècle. Flamand.
Peintre de compositions religieuses, scènes de genre, paysages animés, paysages, dessinateur.
Il fut élève de Jan Adriaenssen à Anvers en 1545 ; se lia d'amitié avec Bart. Granger. Il devint maître à la gilde de Saint-Luc en 1556 ; de 1560 à 1565, il eut comme élève Bartholomeus Spranger.
D'après Van Mander, les figures de ses œuvres ont été peintes par d'autres artistes, tels que Gillis Mostaert, Joachim Beuckelaer ou Jan Van Wechelen.
Bibliogr. : In : *Diction. de la peinture flamande et hollandaise*, coll. Essentiels, Larousse, Paris, 1989.
Musées : Aix-en-Provence (Mus. Granet) : *Nativité* – Francfort-sur-le-Main (Städel Inst.) : *Tentation de saint Antoine* – Munich (Alte Pina.) : *Paysage avec cour de ferme* – Paris (Mus. du Louvre) : *Mendiants dans une cour de ferme* – Rotterdam (Mus. Boymans Van Beuningen) : *Adam et Ève pleurant la mort d'Abel*.
Ventes Publiques : Paris, 8 déc. 1977 : *Rue animée*, h/pan. (23,5x31) : **FRF 95 000**.

DALEM Hans Van ou **Dale**. Voir **DALEN Jan I Van**

DALEMAN Jean
xvie siècle. Actif à Anvers. Éc. flamande.
Peintre.
Il fut élève de Frans Floris.

DALEN Antoni Van
xviie siècle. Hollandais.
Peintre.
Il fut élève de Jan la Roquette à La Haye en 1663. D'après un document du 23 mars 1686, il eut une commande de peintures de plafonds pour la maison du Portugais Anto. Alvarez Machado.

DALEN Cornelis Van
xviie siècle. Actif à Anvers. Éc. flamande.
Peintre.
Il fut élève de G. J. Van Opstal de 1685 à 1686 et reçu maître en 1695-96.

DALEN Cornelis Van, père et fils
xviie siècle. Actifs à Amsterdam. Hollandais.
Dessinateurs, graveurs.
Leurs œuvres sont impossibles à distinguer ; le père est mentionné en 1625 et fit un testament en 1646. Un Corn. Van Dalen fit un testament en 1664, il semble que ce doit être le jeune. Ce dernier naquit vers 1620. Il fut élève de son père et de Cornelis de Visscher. La manière de ces deux artistes rappelle parfois celle de A. Blootering ou celles de Pontius ou de Bolswert. Leurs estampes sont souvent signées. Ils furent aussi éditeurs.

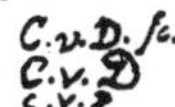

Musées : Londres (Victoria and Albert Mus.) : *Portrait de P. V. Slingelands*, par Cornelis le Père.

Ventes Publiques : Paris, 1773 : *Le portrait de Govaert Flinck, peintre*, dess. : **FRF 147** ; *Un autre portrait de Govaert Flinck, les bras appuyés sur une balustrade*, dess. : **FRF 88**,20 – Paris, 1847 : *Un portrait d'homme*, dess. à la pierre noire : **FRF 157**,50 – Londres, 26 juin 1934 : *Pieter Van Slinglandt*, dess. : **GBP 10**.

DALEN Cornelis Abramsz Van
XVIIe siècle. Actif à Delft en 1681. Hollandais.
Peintre.
Peut-être identique à Cornelis Van Dalen.

DALEN E. Van
Né en 1648. Mort en 1709. XVIIe siècle. Actif à Gorkum. Hollandais.
Peintre.

DALEN François Van. Voir **DALE**

DALEN H. Van
XVIIIe siècle. Actif dans la seconde moitié du XVIIIe siècle. Hollandais.
Peintre.
Musées : Amersfoort : *Deux portraits, celui de Will. Wouter Van Veersen et celui de sa sœur.*

DALEN Jan I Van ou **Dale, Dalem**
XVIIe siècle. Éc. flamande.
Peintre de figures, portraits.
Actif à Anvers, il fut élève de Daniel de Middelaer vers 1632-1633 et maître vers 1640-1641. Il fit une série de tableaux dans le style de Van Dyck et de Th. Rombout.

Musées : Schleissheim : *Tête de jeune homme* – Tournai : *Portrait d'une famille* – Vienne (Mus. de la Cour) : *Tête de Bacchus – Copie d'un amour de Domenichino* – Vienne (Mus. Albertina) : *Dessin représentant une vieille femme*, disparu – Vienne (Gal. Lichtenstein) : *Paysanne – Paysan*, deux pendants, également disparus.

DALEN Jan II Van
Né vers 1611 à Gorkum. Mort après 1677. XVIIe siècle. Hollandais.
Peintre de portraits, paysages, natures mortes.

DALEN Jan III Van ou **Daelen**
Né en 1633. XVIIe siècle. Hollandais.
Peintre.
En 1665 il vivait à Amsterdam.

DALEN Jan IV Van
XVIIIe siècle. Hollandais.
Peintre.
Il fut maître à La Haye en 1712.

DALEN Jasper Van
XVIIe siècle. Travaillait à Amsterdam vers 1688. Hollandais.
Peintre.

DALEN Johann ou **N. Van**
Mort après 1719. XVIIIe siècle. Hollandais.
Peintre de fleurs.
Vivait à Bois-le-Duc et mourut, paraît-il, dans une affreuse misère. Le Musée d'Oslo conserve de lui : *Fleurs et fruits*.

DALEN M. Van
XVIIIe siècle. Hollandais.
Graveur.
Une de ses gravures est conservée au Cabinet des Estampes à Amsterdam.

DALEN Paulus Van
Mort en 1657. XVIIe siècle. Actif à Amsterdam. Éc. flamande.
Peintre.
Il était le frère de Cornelis I Van Dalen. Une peinture d'oiseaux signée P. van Dalen se trouve dans la collection Glitza à Hambourg.

DALEN Valesius Van
XVIIe siècle. Éc. flamande.
Peintre.
Dans l'église Saint Jacob à Hambourg il y a une *Madeleine au pied de la Croix*, signée et datée de 1683.

DALEN Willem ou **Dalens**
Mort le 7 novembre 1675 à Hambourg. XVIIe siècle. Hollandais.
Peintre de paysages.
Tout d'abord actif à Amsterdam, il fut nommé maître à Leyde en 1650. D'après Houbraken, il aurait fui l'arrivée des Français en 1672, tandis que son fils Dirk restait à Amsterdam. Un peintre du même nom était à Rome en 1614.

DALEN Willem Sandersz
XVIIe siècle. Actif à Delft. Hollandais.
Peintre.
Il fut maître le 23 mars 1654.

DALENOORD Jenny
XXe siècle. Hollandaise.
Peintre de paysages, graveur sur bois, illustrateur.
Elle allie un dessin énergique à des tons déclinés en camaïeu.

DALENS. Voir **DELEN**

DALENS Dirk I ou **Dalen**
Né vers 1600 à Dordrecht. Mort en 1676 à Zierikzée. XVIIe siècle. Hollandais.
Peintre de sujets mythologiques, paysages animés, paysages.
Probablement élève de Moses Van Uytenbroeck qu'il imita ; il épousa, à Dordrecht, le 27 janvier 1627, Roeltge Willems. Il vécut à La Haye, mais voyagea et visita Leyde dont il revint en 1637, Rotterdam en 1662, Leyde de 1663 à 1672. Il fut dans la gilde à La Haye en 1632, maître d'école et peintre en 1636 ; en 1637, il travailla pour le prince Frédéric-Henri et lui peignit quatre dessus de cheminées pour la maison *Het Noordeynde*. Veuf, il épousa, le 14 avril 1658, Andreaentge de Lief, et eut une fille en 1659. Il dut s'enfuir pour échapper aux poursuites religieuses avec sa fille, en 1676, et mourut à Zierikzée tandis que sa fille, condamnée à mort, s'enfuit et ne fut pas retrouvée. Il eut deux fils peintres : Willem et Johannes, d'après le Dr Von Wurzbach.

Musées : Aix-la-Chapelle : *Village sur une rivière* – Amsterdam : *Paysage italien*, figures de M. Van Uytenbroeck – Brunswick : *Paysage et bergers* – Cologne : *Paysage* – Haarlem : *Deux paysages* – Hanovre : *Grand paysage – Trois paysages* – Vienne (Gal. Liechtenstein) : *Paysage montagneux avec ville sur un fleuve*.
Ventes Publiques : Cologne, 28 avr. 1965 : *Bergers dans un paysage* : **DEM 2 990** – Cologne, 26 nov. 1970 : *Paysage fluvial* : **DEM 4 800** – Amsterdam, 18 mai 1976 : *Paysages d'Italie*, h/pan., de forme ovale (39x48) : **NLG 32 000** – Amsterdam, 24 mai 1977 : *Berger jouant de la flûte dans un paysage* 1667, h/pan. (42,5x60) : **NLG 18 000** – Amsterdam, 30 oct. 1979 : *Troupeau dans un paysage boisé* 1632, h/pan. (42x69,5) : **NLG 6 000** – Monte-Carlo, 23 juin 1985 : *Troupeau dans un paysage de ruines*, h/pan. (44,5x62,5) : **FRF 38 000** – Londres, 18 mai 1990 : *Nymphes dans une clairière au soleil avec des chevaux et du bétail*, h/pan. (45,8x63,5) : **GBP 3 300** – New York, 22 mai 1992 : *Pastorale avec des bergers probablement Mirtillo et Amaryllis* 1642, h/pan. (39,1x55,9) : **USD 23 100** – Londres, 21 avr. 1993 : *Vaste paysage fluvial avec des nymphes au bain*, h/pan. (69,2x98) : **GBP 6 325** – New York, 20 mai 1993 : *Latone et ses enfants avec les paysans de Lycie transformés en grenouilles*, h/pan. (58,4x68,6) : **USD 14 950** – Stockholm, 30 nov. 1993 : *Paysage avec des nymphes*, h/pan. (55x78) : **SEK 26 000** – Londres, 5 juil. 1996 : *Vue de la Tour des faucons à Nimègue depuis la rivière Waal*, h/pan. (48,3x64,5) : **GBP 10 350** – New York, 3 oct. 1996 : *Paysage avec un homme conduisant son troupeau*, h/pan. (22,5x32,7) : **USD 5 175**.

DALENS Dirk II
Né en 1658 ou 1659 à Amsterdam. Mort en 1688. XVIIe siècle. Hollandais.
Peintre de figures, animaux, paysages animés, paysages, aquarelliste, peintre à la gouache, dessinateur.
Élève de son père Willem Dalens, fils de Dirk I.
Cet artiste de réelle valeur exécuta surtout de grands paysages, d'une facture large et hardie et d'une jolie couleur, qui tiennent un peu de la décoration. On lui doit aussi de petits sujets champêtres avec figures, non moins intéressants.
Musées : Bordeaux : *Paysage* – Haarlem (Mus. Teyler) : Deux dessins.
Ventes Publiques : Amsterdam, 18 mai 1706 : *Un paysage* : **FRF 18** – Amsterdam, 28 mars 1708 : *Paysage avec oiseaux* : **FRF 110** ; *Paysage avec oiseaux* : **FRF 50** – Utrecht, 1755 :

Quatre paysages : **FRF 161** – Paris, 1776 : *Deux paysages avec figures*, dess. à l'encre de Chine : **FRF 220** – Paris, 1863 : *Canards et bécasses* : **FRF 680** – Londres, 27 et 28 juin 1922 : *Paysage*, aquar. : **GBP 5** – Londres, 1er mai 1964 : *Paysage pastoral* : **GNS 480** – Amsterdam, 14 nov. 1983 : *Paysans et troupeau dans un sous-bois au bord d'une rivière*, gche (26x38,4) : **NLG 13 000** – Londres, 6 juil. 1992 : *Paysage fluvial avec des paysans et leur bétail et un château au pied d'une montagne au fond*, gche (28,8x48,7) : **GBP 6 050** – Paris, 15 déc. 1992 : *Scène pastorale*, h/pan. (25x43,5) : **FRF 31 000** – Paris, 18 déc. 1992 : *Scène de rivière hollandaise*, h/pan. (46x84) : **FRF 66 000** – Amsterdam, 12 nov. 1996 : *Vue de la lisière d'un bois* 1651, brosse, gche/craie noire (14x11,1) : **NLG 18 290**.

DALENS Dirk III
Né le 3 février 1688 à Amsterdam. Mort en 1753. xviiie siècle. Hollandais.
Peintre de paysages animés, paysages, cartons de tapisseries, peintre à la gouache, dessinateur.
Fils de Dirk II. Élève de Théodor Van Pee ; il travailla à Amsterdam, Leyde et La Haye. Il naquit après la mort de son père et peignit avec talent des paysages souvent agrémentés de figures, d'animaux et de ruines, dans la manière de Pynacker.
Musées : Bordeaux : *Paysage* – Utrecht : *Paysage*.
Ventes Publiques : Paris, 1766 : *Vue du Rhin* : **FRF 107** – Paris, 21 fév. 1924 : *Berger et troupeau près d'une rivière dominée par un château fort*, gche : **FRF 880** – Londres, 13 avr. 1927 : *Paysage boisé* : **GBP 15** – Paris, 2 mars 1928 : *Paysage italien avec personnages*, pl. et lav. : **FRF 150** – Londres, 2 août 1928 : *Paysage montagneux* : **GBP 9** – Bruxelles, 25 et 26 mars 1938 : *Le berger* : **BEF 2 600** – Londres, 18 avr. 1980 : *Paysage d'hiver avec patineurs*, h/cuivre (17,8x24,7) : **GBP 8 000** – Londres, 17 avr. 1996 : *Paysage avec une rivière gelée et des patineurs et des traineaux à chevaux avec un village au fond*, h/cuivre (18,5x25) : **GBP 17 250** – Londres, 30 mai 1997 : *Paysage d'hiver avec des patineurs sur une rivière gelée*, h/t (21,6x30,7) : **GBP 11 500**.

DALENS Dirk Van. Voir **DELEN**

DALENS Johannes
Né en 1655. Mort en 1680 ou 1681. xviie siècle. Hollandais.
Peintre de vues de villes.
Il fut maître en 1663 à Leyde.
Ventes Publiques : Londres, 18 juil. 1980 : *Vue d'une ville au bord de la mer*, h/pan. (46,2x61) : **GBP 2 500** – Londres, 9 déc. 1994 : *Vue de Leyde*, h/pan. (48x63,8) : **GBP 8 050**.

DALENS Willem. Voir **DALEN**

DALER Hans
xvie siècle. Actif à Nuremberg. Allemand.
Sculpteur.
Il fut envoyé par la ville à Rothenburg, où il mourut.

DALERIC Joseph Thimotée
xviiie siècle. Actif à Grenoble. Français.
Peintre sur faïence.
Travaillait à la fabrique du faubourg Très-Cloître, en 1730.

DALES Jean-Michel
Né le 28 mai 1919 à Bergerac (Dordogne). xxe siècle. Français.
Peintre de sujets religieux et de paysages.
Ce n'est qu'à trente-huit ans qu'il commença à peindre ; sa première exposition date de 1964. Bien que très colorée au départ, sa gamme chromatique s'est peu à peu restreinte au seul noir et blanc. Ses paysages oniriques constitués de rocs, d'à-pics, de trouées et d'échappées sont baignés d'une certaine inquiétude. Il a également peint les grands thèmes de la Genèse et de la Croix, figurant alors au Salon d'Art Sacré.

DALEZ Christin ou **Dallès, Dallet, Dalais**
Mort le 25 juillet 1657 à Lyon. xviie siècle. Français.
Peintre et peintre verrier.
Il fut nommé maître de métier de la corporation à Lyon et en 1641 vitrier de l'Église de Lyon. Il travailla de 1650 à 56, principalement pour la Chapelle.

DALGAS Carlo Edoardo
Né le 9 novembre 1820 à Naples. Mort le 1er janvier 1851 à Möllhorst. xixe siècle. Danois.
Peintre d'animaux, paysages.
Bien que né en Italie, il était de parents danois, et vint à Copenhague pour y faire son éducation. Élève de l'Académie de 1837 à 1845, il exposa de 1843 à 1848 plusieurs paysages avec animaux. Un de ses tableaux : *Vue d'une exposition d'animaux*, lui valut le prix Neuhausen en 1847 ; un autre : *Troupeau de moutons*, fut acheté par le Musée royal de peintures. La bourse de l'Académie lui fut accordée en 1848, mais la guerre ayant éclaté, il participa aux trois campagnes. Blessé au dernier combat, il mourut peu de temps après à Möllhorst.
Musées : Copenhague (Hichsprungmuseum) : *Moutons au pâturage* – Copenhague (Mus. roy.) : *Troupeau de moutons* – Copenhague (Cab. des Estampes) : Dessins à la plume.
Ventes Publiques : Copenhague, 11 juin 1986 : *Fillette et vache au bord d'un ruisseau*, h/t (43x57) : **DKK 20 000** – Copenhague, 25 oct. 1989 : *Jardin d'un manoir près d'un lac boisé*, h/t (34x25) : **DKK 7 000**.

DALGLIESH Théodore Irving
Né le 1er février 1855 à Coventry. xixe siècle. Vivant dans le Kent, à Folkestone. Britannique.
Peintre et graveur.
Il fut l'élève d'Alph. Legros à Londres, et exposa à partir de 1880 à la Royal Academy. Il voyagea beaucoup en Angleterre, en Hollande, en France, en Espagne. Le British Museum conserve de lui un choix de gravures.

DALGLISH William
Né vers 1860. Mort en mars 1909 à Glasgow. xixe siècle. Britannique.
Peintre de paysages, aquarelliste.
Il exposa à Glasgow et à Londres, à la Royal Academy, des paysages et des aquarelles.
Ventes Publiques : Perth, 29 août 1995 : *St Monance*, h/t (65x40,5) : **GBP 1 495**.

DALHAN Jean François
Mort avant 1745. xviiie siècle. Français.
Sculpteur sur ivoire.

DALHEIM Elias
Né en 1554 à Magdebourg. xvie-xviie siècles. Allemand.
Peintre.
Il acheva en 1609 la décoration de l'Autel de Ladebourg, qui se trouve actuellement à Proedel. On y trouve son propre portrait à l'âge de cinquante-cinq ans.

DALHOFF Jorgen Balthasar
Né le 11 novembre 1800 à Grslev (Falster). Mort le 2 mars 1890 probablement à Copenhague. xixe siècle. Danois.
Modeleur.
Élève de l'Académie de 1815 à 1819, il obtint une bourse de voyage et visita Vienne. Nommé professeur de modelage à l'Académie des Beaux-Arts en 1827, emploi qu'il quitta en 1864, il reçut en 1837 une bourse de voyage du fonds *ad usus publicus*. Dalhoff exposa trois bustes en 1829.

DALI Louis
Né en 1905 en Bretagne. xxe siècle. Français.
Peintre de paysages urbains, marines, fleurs.
Il vint à Paris en 1919 et en fréquenta les Académies artistiques. Habitant Montmartre, il se spécialisa rapidement dans les paysages parisiens de la butte mais resta attaché à la description des paysages bretons. Il fut sociétaire au Salon de l'École Française à partir de 1946 et à partir de 1949 sociétaire du Salon des Artistes Indépendants.

DALI Salvador
Né le 11 mars 1904 à Port-Lligat (près de Figueras, Catalogne). Mort le 23 janvier 1989 à Port-Lligat. xxe siècle. Actif aussi en France. Espagnol.
Peintre, sculpteur, graveur, illustrateur. Surréaliste.
Jacques Lassaigne, qui traita souvent du cas Dali, sans passion partisane pour ou contre, pense, non sans raisons, que Dali a vu sa personnalité véritable injustement méconnue, et que le cas humain de Salvador Dali déborde les problèmes du peintre. Toujours pour Jacques Lassaigne, la survivance dans sa mémoire de traits infantiles, décelables à travers son œuvre dans la permanence du paysage de son enfance, qu'il n'a d'ailleurs jamais quitté, explique et humanise bien des irritants caprices du personnage. On a pu invoquer aussi, ce dont plus tard Dali ne fit pas mystère, une immaturité sexuelle. Il avait peut-être une relation mentale privilégiée avec sa sœur, de laquelle il peignait des nus. Surtout a pu peser sur son enfance la mort un an avant sa propre naissance d'un frère qui se prénommait déjà Salvador. À partir de 1925, il fut très lié avec Federico Garcia Lorca, duquel il

n'ignorait pas l'homosexualité. Quand, dans l'été 1929, dans la maison de ses parents à Figueras, il reçut Éléna Éluard, alors encore femme du poète, il était un jeune peintre, influencé par Tanguy et par Miro, et qui en peinture ne s'était pas encore nettement situé lui-même. Si d'Éléna Éluard il fit Gala, il est dit souvent que ce fut Gala qui fit Dali. Elle organisa son existence, dans ses détails les plus intimes ou les plus scabreux, pour autant que les Dali aient préservé une intimité, et contribua largement aux extravagances publicitaires désormais inséparables de son œuvre. Il apparaît parfois qu'il aurait attribué plus d'importance à ce personnage qu'il se fabriqua, qu'à l'œuvre du peintre qu'il était, et aurait déclaré que son œuvre c'était lui-même.
Très jeune il avait fréquenté l'école municipale de dessin de Figueras. A l'âge de dix ans, il avait déjà peint deux toiles ambitieuses : *Joseph accueillant ses frères* et *Portrait d'Hélène de Troie*. En 1921, il entra à l'Académie San-Fernando de Madrid. Il y apprit facilement et volontiers, dit-on, les recettes académiques de son professeur, José Moréno Carbonéro, qui y enseignait déjà du temps de Picasso. Toutefois, dans le même temps, il se passionnait, par l'intermédiaire des revues d'art, pour le cubisme, le futurisme et surtout la « peinture métaphysique » de Chirico, dont la poétique philosophique correspondait à ses propres lectures du moment, dans lesquelles Freud occupait une place privilégiée. Il est rapporté que son séjour à l'École d'Art fut tumultueux, ses admirations ne cadrant pas avec l'enseignement de la maison. Il en fut renvoyé en 1924, en même temps qu'il fut emprisonné pour activité politique antigouvernementale. Jusqu'en 1926-1927, diverses influences se partageaient encore sa production, mais le talent y apparaissait avec évidence. En 1925, il fit la première exposition de ses peintures à Barcelone, à la galerie Dalmau qui s'était déjà intéressée au jeune Miro. En 1926, il participa à Madrid à l'Exposition des Artistes Ibériques. Avec ses deux grands amis Lorca et Bunuel, il était l'un des animateurs d'un petit groupe d'intellectuels madrilènes. En 1928, il fit le voyage de Paris (en taxi), où il voulait voir « Picasso, Versailles et le Musée Grévin ». Ce fut en fait par le groupe surréaliste qu'il fut fort bien accueilli. Revenu à Barcelone, il y publia un pamphlet-manifeste *Groc*, et fit venir le groupe surréaliste à Cadaquès, où il s'était fixé depuis 1925. De nouveau à Paris en 1929, il fut pris sous contrat par une galerie, qui organisa sa première exposition parisienne. Il épousa Gala, l'ancienne femme de Paul Éluard. En 1933, il eut sa première exposition à New York, où il fit un premier séjour en 1934. Dès 1934, les sympathies que Dali manifestait pour les régimes totalitaires préparaient sa future exclusion du groupe surréaliste. En 1937, un voyage en Italie provoqua son enthousiasme pour les peintres de la Renaissance tardive et de l'époque baroque. Les surréalistes profitèrent de ce retour à l'académisme pour l'exclure du groupe. En 1940, Dali se fixa aux États-Unis, où il bénéficia, l'ayant d'ailleurs provoqué, d'un succès à l'américaine. Il composa les décors et les costumes de plusieurs ballets, dont il écrivit aussi les livrets : *Bacchanale, Labyrinthe* en 1941, *Tristan fou* en 1944. Grand succès aussi dans l'art de l'affiche – il est vrai que la publicité n'avait guère de secrets pour lui. Walt Disney le fit collaborer à des dessins animés. La mode s'en inspira. Sa rétrospective au Musée d'Art Moderne de New York en 1941, la publication en 1942 de son autobiographie *La vie secrète de Salvador Dali*, consacrèrent sa réussite américaine. Il acceptait à peu près toutes les propositions, moyennant importantes finances, et devint décorateur de vitrines de magasins de luxe, créateur de bijoux, etc. En 1942, le nouveau jugement d'André Breton à son endroit, lui ayant déjà infligé l'anagramme « Avida Dollars », revenant cruellement sur ses jugements antérieurs, resta sans appel : « Dali s'insinua dans le mouvement surréaliste en 1929... Sur le plan théorique, il procéda par emprunts et par juxtapositions, dont l'exemple le plus frappant est l'amalgame, sous le nom d'activité paranoïaque-critique, de la leçon de Cosimo et de Vinci (s'absorber dans la contemplation de crachats ou d'un vieux mur jusqu'à ce que s'y organise pour l'œil un monde second non moins révélable par la peinture) et des moyens (de l'ordre du frottage) déjà préconisés par Ernst pour *intensifier l'irritabilité des facultés de l'esprit*. En dépit d'une indéniable ingéniosité dans sa propre mise-en-scène, l'entreprise de Dali, desservie par une technique ultra-rétrograde (retour à Meissonier) et discréditée par une indifférence cynique à l'égard des moyens de s'imposer... sombre aujourd'hui dans l'académisme... et depuis 1936 n'intéresse d'ailleurs plus en rien le Surréalisme. » Après la guerre, deux expositions rétrospectives importantes lui furent consacrées, en 1964 à Tokyo, en 1966 à New-York. À Paris de nouveau, il fut élu membre associé de l'Institut de France en 1979, puis il revint en Espagne, n'ayant jamais dissimulé sa sympathie pour le régime franquiste. Il fit deux portraits de la famille Franco. Il se rallia également, sans discrétion, au catholicisme romain, ce qui lui valut la bénédiction papale. Après avoir complété avec complaisance les révélations sur lui-même, en 1948, dans *Cinquante secrets d'art magique*, il publia en 1951 son *Manifeste mystique*. Il est bien évident que, soit à l'occasion de ses confidences écrites, soit de ses extraordinaires conférences, que plus Dali s'expliquait ou prétendait le faire, plus il se dérobait derrière le personnage assez parfait qu'il construisait avec une étonnante constance.
Lorsqu'on se réfère au beau volume consacré, sous le titre *Les Dali de Gala*, à ses œuvres conservées dans sa propre collection, on ne peut que reconnaître la diversité et la qualité de l'ensemble. Mais il n'est plus possible de séparer l'œuvre des extravagances qui l'ont accompagnée, même si l'on peut en déplorer la nocive inutilité. Dès 1917, il avait peint un portrait de sa grand-mère. L'impressionnisme fut sa première découverte picturale anti-académique. Selon la technique pointilliste, il peignit un *Paysage de Cadaquès* en 1921, *Baigneuses de la Costa-Brava* en 1923. En 1924, alors à l'Académie San-Fernando de Madrid, il réalisa ses premières peintures cubistes, influencées par Juan Gris : *Pierrot et guitare*. De 1925-1926 datent des dessins ingresques, parmi lesquels : *Portrait du père et de la sœur de l'artiste*. Ensuite, il fut influencé par Vermeer. Ce fut en 1926, vraisemblablement après avoir vu dans les numéros sept et huit de *La Révolution Surréaliste* des reproductions des premières peintures de Tanguy, qu'il mit en œuvre à son usage personnel des mécanismes automatiques et qu'il commença à inventorier son futur répertoire obsessionnel. Peignant des œuvres d'influences encore très diverses, il continuait de recourir fréquemment à la facture la plus académiquement minutieuse, qui lui permettait de rendre crédibles les déformations insolites et les juxtapositions les plus imprévues, dans l'esprit de la rencontre, préconisée par Lautréamont, d'un parapluie et d'une machine à coudre sur une table de dissection. Ce recours à la technique du trompe-l'œil et même à la photographie lui firent expérimenter, avec Bunuel, dans *Le chien andalou* de 1928 et dans *L'âge d'or* de 1931, les extraordinaires possibilités du cinéma dans le domaine de l'illusion réaliste appliquée à l'irréel. En 1928, certaines de ses peintures s'inspiraient des procédés de collage, d'intégration de matériaux divers, pratiqués, par Max Ernst et Joan Miro : *Les désirs inassouvis, Oiseau*. De 1929 datent les premières de ses peintures pleinement abouties, entre autres : *Le jeu lugubre, Le grand masturbateur*. Il manifestait également dans l'écriture des dons nourris de l'utilisation systématique de l'étrange, matérialisée dans des pirouettes verbales où intervenaient anarchiquement de généreux emprunts philosophiques, que les prêteurs involontaires n'auraient sans doute pas entérinés. En 1930, il publia des poèmes en espagnol, et des poèmes en français : *La femme invisible, L'amour et la mémoire*. Il écrivait des articles dans la revue *Le Minotaure*, et des essais théoriques : *La femme visible* de 1930, *La conquête de l'irrationnel* de 1935. Son arrivée dans le groupe surréaliste fit d'autant sensation qu'il venait à point contribuer à combler le vide d'une première charrette d'exclusions : André Masson, Michel Leyris, Philippe Soupault, Robert Desnos. André Breton avait d'enthousiasme préfacé sa première exposition. Dali apportait, dans un fatras de terminologie philosophique sauvage compensé par la saveur des hispanismes cultivés savamment, sa méthode « paranoïaque-critique ». Maurice Raynal s'est attaché à définir sérieusement cette méthode : les états paranoïaques consistant dans le développement d'un système délirant donnant naissance à une implacable logique aberrante, Dali considère que les artistes ne sauraient échapper à la paranoïa. Alors que Miro, Masson, Tanguy, expriment de façon spontanée des sentiments profonds, correspondant certes à des données de l'inconscient, mais sans que ces données soient recherchées de façon systématique, Dali n'admet que l'élaboration concertée d'un univers à signification métaphysique, à partir de la seule interprétation dirigée des rêves et de tous les processus délirants provoqués ou entretenus. Il a défini lui-même sa « méthode spontanée de connaissance irrationnelle, basée sur l'association interpétation-critique des phénomènes délirants », dans cette terminologie pseudo-scientifico-philosophique qui fera dire à un André Breton, revenu de son premier enthousiasme, qu'elle indiquait une paranoïa « de forme bénigne ». Maurice Raynal remarque encore justement qu'on « ne peut refuser aux *erreurs logiques* préconi-

sées par Dali, l'apparence d'un certain humour à l'aide duquel il les a développées avec, bien souvent, plus d'esprit que d'émotion lyrique » et cite à l'appui une phrase célèbre de Dali : « Soyez persuadés que les fameuses montres molles de Dali, ne sont autre chose que le camembert paranoïaque-critique, tendre, extravagant, solitaire, du temps et de l'espace. » Dessiner le portrait de Lautréamont, sur l'aspect physique duquel on ne connait aucun indice, fut une mise à l'épreuve de choix de la nouvelle méthode. D'ailleurs, il illustra *Les chants de Maldoror* en 1934. Il appliqua sa méthode à différents thèmes, dont on décèle mal s'il les a choisis par admiration ou par dérision – la dérision masquant éventuellement l'admiration – tels que *L'Angélus* de Millet, l'interprétation freudienne de l'histoire de Guillaume Tell, le personnage de Lénine, l'œuvre de Vermeer de Delft, dans des œuvres capitales : *Guillaume Tell* de 1930, *Persistance de la mémoire* de 1931, *Dormeuse, cheval, lion, invisibles* et *La naissance des désirs liquides* de 1932, *Spectre de Vermeer de Delft pouvant servir de table* et *Crâne atmosphérique sodomisant un piano à queue* de 1934. Dans ces œuvres, on retrouve quelques constantes de l'univers dalinien, paysages de plages désertiques, formes de rochers anthropomorphiques, « images doubles », par exemple : cheval qui est en même temps femme. Bien avant la série des montres molles, la mollesse généralisée de toutes les formes imaginées par lui a caractérisé durablement le style de Dali, mollesse sans doute responsable de la sensation de malaise souvent communiquée par ses peintures. À cette époque, il participa aussi à la vogue de la création d'objets surréalistes, avec une *Vénus de Milo* transformée en meuble à tiroirs, avec encore un mannequin de mariée installé dans un taxi rempli d'escargots vivants. Les œuvres marquantes se firent ensuite plus rares : *Construction molle avec haricots bouillis* en 1936, *Métamorphose de Narcisse* en 1937. On ne retrouve ensuite dans sa production que peu d'œuvres se rattachant authentiquement à la méthode paranoïaque-critique : *Rêve causé par le vol d'une abeille autour d'une pomme-grenade une seconde avant l'éveil* en 1944, et *Jeune vierge autosodomisée par les cornes de sa propre chasteté* en 1954. Des œuvres de cette origine méthodologique, Jacques Lassaigne notait que Dali y utilisait très habilement les déformations que lui fournissait un recours conscient et systématique aux dérèglements psychologiques et que, posant à la base de son œuvre les éléments reproduits de la façon la plus impersonnelle et quasi-photographique, il laissait ensuite « l'image se dégrader par une sorte de décomposition, signifiée par l'amollissement ou l'élongation des substances, ou, plus élémentairement encore, par des vols de mouches ou des signes visibles de putréfaction. » À partir de 1937, mettant en œuvre le retour à l'académisme auquel il s'est rallié à la suite de son voyage en Italie, il commença d'aborder – qui dira la part du blasphème ? – les sujets sacrés. C'est alors aussi qu'il inaugura la technique d'interprétation des modèles qu'il qualifia d'« atomique », voulant simplement désigner par là et l'éclatement des formes et le spectacle donné par lui à l'occasion de l'exécution des œuvres en public, exemple dont s'inspira bientôt Georges Matthieu. L'application de cette nouvelle stratégie explique ensuite la raréfaction des peintures issues de la méthode paranoïaque-critique. En accord avec son ralliement (?) au catholicisme romain, il entreprit de peindre de grandes compositions religieuses, dont les originalités poussées ne compensent pas la raideur d'une technique qui se veut classique mais qui n'est plus que laborieuse : *Madone de Port Lligat* de 1950, *Le Christ de Saint Jean de la Croix* en 1951, *La Cène* en 1955. Dans les dernières années de sa vie, sa production picturale se raréfia, il multiplia par contre la production de dessins, gravures, illustrations, et amplifia encore plus la mise en scène de ses apparitions en public, désormais du domaine de la pitrerie sénile, d'autant plus regrettable qu'elle tend à occulter l'œuvre accompli dans les années trente et parfois encore dans la suite, par un des artistes majeurs du siècle. Les conclusions proposées à son œuvre et à son spectacle ont été diverses : Herbert Read : « Salvador Dali est tombé à un niveau encore plus bas, se cantonnant dans une exploitation cynique d'une religiosité sentimentale fondée sur le sensationnel... Son comportement théâtral l'a placé maintenant au service des forces réactionnaires espagnoles dont le triomphe fut le plus grave affront jamais fait à l'humanisme qui a toujours été le souci primordial du mouvement surréaliste. » Jacques Lassaigne, plus mesuré : « Il est probable que cette œuvre se serait égarée si Dali, en revenant en Espagne, n'avait retrouvé l'aliment de son réalisme pictural de base et de sa fantaisie graphique qui renouvelle la grande tradition espagnole du baroque. » Maurice Raynal, plus précis : « Dali est resté fidèle à ce sens de l'imitation impeccable du sujet. Il trouva dans ce mode d'expression l'une de ses plus curieuses manières de déconcerter l'attention, surtout lorsqu'il s'agit pour lui de traduire la vision d'un univers entièrement imaginé selon le mode le plus irrationnel... La grande erreur de Dali aura été de substituer à la spontanéité vivante requise par la pensée surréaliste, les fantaisies un peu trop attendues d'un irrationalisme trop raisonné. » D'Herbert Read encore la remarque la plus désabusée : « On est néanmoins contraint de reconnaître que le nom de Dali, en grande partie en raison du succès de son exhibitionnisme, est devenu, dans l'esprit du grand public, le synonyme de surréalisme. » Le 18 décembre 1979, jour de l'inauguration à Paris de la grande exposition rétrospective du Centre Pompidou, le personnel se mit en grève, pour des raisons syndicales sans aucun rapport avec Dali, mais l'empêchement de l'inauguration conférait à l'exposition un caractère néfaste. En juillet 1981, renonçant à Paris et New York, Dali, soixante-dix-sept ans, et Gala, quatre-vingt-onze, rentrèrent définitivement en Espagne.

■ Jacques Busse

Bibliogr. : Federico Garcia Lorca : *Ode à Salvador Dali*, Paris, 1926 – Jacques Lassaigne : *La peinture espagnole*, Skira, Genève, 1952 – Maurice Raynal : *Peinture moderne*, Skira, Genève, 1953 – Herbert Read : *Histoire de la peint. Mod.*, Somogy, Paris, 1960 – R. Descharnes : *Dali de Gala*, Lausanne, 1962 – André Breton : *Le Surréalisme et la Peinture*, Paris, 1965 – José Pierre : *Le Surréalisme*, Rencontre, Lausanne, 1966 – Alain Bosquet : *Entretiens avec Salvador Dali*, Paris,1966 – Catalogue de l'exposition *Salvador Dali*, Centre Pompidou, Paris, 1979 – R. Descharnes : *Salvador Dali*, Biblioth. des Arts, Lausanne, 1985 – divers, in : *Cent ans de peint. en Espagne et au Portugal, 1830-1930*, Antiquaria, Madrid, 1988.

Musées : Bâle (Kunstmus.) : *La girafe en feu* vers 1935 – *Perspectives* 1936-37 – Chicago (Art Inst.) : *Les inventions des monstres* 1937 – Cleveland (Dali Mus.) : *Baigneuse* 1928 – *Spectre de Vermeer pouvant servir de table* 1934 – *Le rêve de Christophe Colomb* 1959 – Figueras (Teatro-Museo Dali) : *importante collection* – Glasgow (Art Gal. and Mus.) : *Le Christ de Saint Jean de la Croix* 1951 – Hartford – Londres (Tate Gal.) : *Métamorphose de Narcisse* – *Cannibalisme de l'Automne* 1936-1937 – Madrid (Mus. Espagnol d'Art Contemp.) : *Jeune fille assise vue de dos* – *Jeune fille debout à la fenêtre* – Montréal (Mus. des Beaux-Arts) : *Portrait de Maria Carbona* 1925 – New York (Metropolitan Mus.) – New York (Mus. of Mod. Art) : *Persistance de la mémoire* 1931 – Paris (Mus. Nat. d'Art Mod.) : *Six apparitions de Lénine sur un piano* – *Parfois je crache avec plaisir sur le portrait de ma mère* 1929 – Philadelphie (Mus. of Art) : *Construction molle avec haricots bouillis ou Prémonition de la guerre civile* 1936 – Saint-Pétersbourg (Floride) : *importante collection* – Stockholm (Mod. Mus.) : *L'Énigme de Guillaume Tell* 1933 – Venise (Fond. Peggy Gugenheim) : *Naissance des désirs liquides* 1932 – Washington D. C. (Nat. Gal.) : *La Cène* 1955.

Ventes Publiques : Londres, 11 avr. 1945 : *Personnage monté*, dess. : **GBP 32** – New York, 1er mai 1946 : *Le Couloir palladien de la dramatique surprise* : **USD 1 250** – Paris, 24 avr. 1947 : *La Captive*, dess. cr. : **FRF 8 000** – Paris, 28 nov. 1949 : *Portrait de Mae West* : **FRF 40 000** – Paris, 2-3 déc. 1952 : *La Résurrection* : **FRF 170 000** – Paris, 8 déc. 1959 : *Les Fontaines* 1945, dess. pl. : **FRF 520 000** – New York, 26 avr. 1961 : *La Très Sainte Trinité adorée par trois archevêques*, techn. mixte : **USD 9 500** – Milan, 21-23 nov. 1962 : *Pour Federico Garcia Lorca* : **ITL 7 500 000** – Londres, 2 déc. 1966 : *Apparition de la ville de Delft* : **GNS 3 900** – Londres, 6 déc. 1968 : *Nostalgie cannibale* : **GNS 6 500** – New York, 15 oct. 1969 : *L'île de la solitude* : **USD 50 000** – New York, 10-11 mars 1971 : *Christophe Colomb découvrant l'Amérique* : **USD 100 000** – Paris, 18 mars 1972 : *Ossification matinale du cyprès* : **FRF 380 000** – Paris, 12 juin 1974 : *Coït avec une fille de dix ans aux seins prodigieusement développés* 1931, encre de

Chine : **FRF 62 000** – Hambourg, 2 juin 1976 : *La Place de la Concorde* 1963, aquat. : **DEM 2 100** – Los Angeles, 10 juin 1976 : *Simulacre de la nuit* 1930, h/t (55,2x45,5) : **USD 45 000** – Paris, 2 déc. 1976 : *Chaise antifamélique*, bronze (110x45x34) : **FRF 20 000** – Munich, 23 mai 1977 : *La cité des tiroirs (Memories of drawers)* : **DEM 2 000** – New York, 25 juin 1979 : *Saint George et le dragon* 1947, eau-forte (45x28,6) : **USD 2 000** – New York, 7 nov. 1979 : *Le pèlerinage* 1947, aquar. et pl. /pap. (40,5x30,4) : **USD 16 000** – Enghien-les-Bains, 18 nov. 1979 : *Le violon mou*, pâte de verre, sculpture (H. 60) : **FRF 6 000** – Londres, 30 mars 1981 : *Le sommeil* 1937, h/t (50x77) : **GBP 360 000** ; *Buste à tiroir* 1937, pl., encre noire et gche blanche/pap. beige (74,5x54) : **GBP 24 000** – Rio de Janeiro, 4 juil. 1982 : *Vénus*, bronze poli (H. 36) : **BRL 4 200 000** – New York, 4 mai 1983 : *Saint Georges et le dragon* 1947, eau-forte (44,7x28,6) : **USD 3 000** – New York, 12 nov. 1984 : *L'Heure du visage craquelé* 1934, h/t (61,6x47) : **USD 170 000** – Londres, 27 mars 1985 : *Jeunes filles et papillons* 1956, gche et collage/pap. (43x29) : **GBP 45 000** – New York, 15 mai 1985 : *Gradiva* 1933, pl./pap. mar./cart. (66x41,9) : **USD 40 000** – Paris, 8 déc. 1986 : *Portrait de Mrs Reeves* 1954, h/t (147x92) : **FRF 1 050 000** – New York, 11 nov. 1987 : *La bataille de Tetuan* 1962, h/t (304x396) : **USD 2 200 000** – Londres, 24 fév. 1988 : *De l'affection des pères aux enfants*, encre de Chine (18x18) : **GBP 8 800** ; *Alice au pays des merveilles* 1968, encre de Chine, gche et aquar. (56x39) : **GBP 15 400** ; *Hommage à Newton* 1969, bronze doré (H. 31,5) : **GBP 4 400** – Paris, 21 mars 1988 : *Bataille autour d'un pissenlit*, h/t : **FRF 6 000 000** – Paris, 2 juin 1988 : *Femmes aux tiroirs* 1937, encre de Chine/pap. brun (38,5x56) : **FRF 392 000** – Paris, 14 juin 1988 : *Femme coiffée d'une chaussure à haut talon*, dess. (19x14) : **FRF 22 000** – Versailles, 15 juin 1988 : *Le cabinet anthropomorphique*, bronze à patine verte (35x59,5) : **FRF 35 000** – New York, 6 oct. 1988 : *Tristan et Isolde* 1941, h/t (64x79) : **USD 462 000** ; *Tête de Dante* 1965, bronze (H 27,8) : **USD 37 400** – New York, 12 nov. 1988 : *Le cavalier* 1952, encre et sépia/cart. (43,2x56) : **USD 46 750** – Calais, 13 nov. 1988 : *San Juan de la Cruz* 1951, dess. à l'encre de Chine (25x20) : **FRF 95 000** – Paris, 21 nov. 1988 : *Gondole surréaliste sur bicyclettes en feu* 1946, fus., aquar. et past. (74x54) : **FRF 700 000** – Stockholm, 21 nov. 1988 : *Vénus à la girafe*, bronze argenté (H. 56,5) : **SEK 30 000** – Paris, 23 nov. 1988 : *L'ange déchu* 1951 ; *Les indolents* 1952, deux aquar. (41x27,5) : **FRF 420 000** – Londres, 29 nov. 1988 : *Le sentiment de la vitesse* 1934, h/t (33x24) : **GBP 214 500** – Londres, 22 fév. 1989 : *L'Allier à Pont-du-Chateau*, h/t (34,5x65,5) : **GBP 7 150** – New York, 16 fév. 1989 : *Hommage à Newton* 1969, bronze (H. 132) : **USD 143 000** – Londres, 22 fév. 1989 : *Homme oiseau* 1968, bronze (H. 82) : **GBP 286 000** – Rome, 21 mars 1989 : *Abstraction en bleu et vert*, techn. mixte/cart. bleu (28x21,5) : **ITL 14 000 000** – Paris, 11 avr. 1989 : *Sans titre* 1942, h/t (43x35,5) : **FRF 2 200 000** – New York, 11 mai 1989 : *Portrait de la comtesse Ghislaine d'Oultremont* 1960, h/t (74,3x61,6) : **USD 286 000** – Göteborg, 18 mai 1989 : *Anthropomorphic Cabinet*, bronze (12,5x25) : **SEK 31 000** – Paris, 17 juin 1989 : *Le nu mou* 1928, h. et sable /pan. (41x33) : **FRF 980 000** – Paris, 19 juin 1989 : *Montre molle couronnée* vers 1974, cr. feutre (76,3x102) : **FRF 280 000** – Londres, 27 juin 1989 : *Portrait de Madame Reeves* 1954, h/t (147x92) : **GBP 165 000** – New York, 14 nov. 1989 : *Portrait de Paul Eluard* 1929, h/cart. (33x25) : **USD 2 090 000** – Londres, 29 nov. 1989 : *Vanité* 1942, h/t (43x35,5) : **GBP 286 000** – New York, 26 fév. 1990 : *Le Sacré Cœur de Jésus* 1962, h/t (86,5x61) : **USD 286 000** – Paris, 29 mars 1990 : *Étude pour dormeuse, cheval, et lion invisibles* 1930, dess. à la mine de pb (28,5x40) : **FRF 160 000** – Paris, 30 mars 1990 : *Illustration pour Moïse et le monothéisme* 1974, gche (65x50) : **FRF 300 000** – Londres, 3 avr. 1990 : *Le papillon au rocher* 1954, aquar., collage et encre/pap. (35x27) : **GBP 66 000** – New York, 15 mai 1990 : *Assumpta corpuscularia lapislazulina* 1952, h/t (229,9x144,2) : **USD 4 070 000** – Lyon, 13 juin 1990 : *Le Cœur Sacré de Jésus* 1962, h/t (86,5x61) : **FRF 2 700 000** – New York, 3 oct. 1990 : *Persistance de la mémoire* 1984, bronze à patine dorée (H. 195) : **USD 104 500** – Zurich, 18 oct. 1990 : *Hommage à Newton* 1980, bronze à patine verte : **CHF 11 000** – Milan, 24 oct. 1990 : *Gala*, techn. mixte/cart. (61x47,5) : **ITL 40 000 000** – New York, 15 nov. 1990 : *Portrait de Mrs Jack Warner* 1945, h/t (111,1x94,6) : **USD 528 000** – Londres, 4 déc. 1990 : *Le char d'or* 1971, h. et encre/pap. (55,8x40,3) : **GBP 41 800** – Stockholm, 5-6 déc. 1990 : *Femme en flammes* 1981, bronze à patine dorée (H. 84) : **SEK 50 000** – Madrid, 22 nov. 1990 : *Anatomies* 1937, h/cart./pan. (50x64) : **ESP 43 680 000** – Londres, 19 mars 1991 : *Mai* 1949, aquar. et encre/pap./cart. (50,7x22,5) : **GBP 20 900** – New York, 8 mai 1991 : *Une bouche mystérieuse apparaissant dans le dos de ma nurse* 1941, gche/pap. (44,7x30,3) : **USD 231 000** ; *Trois femmes imitant les mouvements d'un voilier* 1940, h/t (51,5x65) : **USD 418 000** – Londres, 26 juin 1991 : *Un chevalier*, encre de Chine et encre rouge/cart. (76,2x50,8) : **GBP 49 500** – Monaco, 11 oct. 1991 : *Métamorphose paranoïaque du visage de Gala*, encre de Chine/pap. Japon/cart. (29,5x20,5) : **FRF 777 000** – New York, 5 nov. 1991 : *La rencontre de la Psychanalyse et de la Morphologie* 1939, h/t (24,8x45,7) : **USD 242 000** – Paris, 16 fév. 1992 : *Dix recettes d'immortalité* 1973, livre-objet avec 13 pointes-sèches (H. 67) : **FRF 80 000** – Bourg-en-Bresse, 15 mars 1992 : *Vénus aux tiroirs*, bronze patiné en fonte (H. 218,5) : **FRF 1 700 000** – Lokeren, 21 mars 1992 : *Éléphant de l'espace* 1980, bronze et plexiglas (H. 85, l. 44) : **BEF 300 000** – Madrid, 24 mars 1992 : *Cadaquès*, h/t (41,5x52) : **ESP 23 520 000** – Londres, 24 mars 1992 : *Moïse et le monothéisme* 1974, gche, aquar., craies de coul., encre et grav./pap. (64,7x49,8) : **GBP 27 500** – New York, 12 mai 1992 : *Composition à la jambe, encre de Chine*, encre brune et collage/pap./cart. (34,2x26,1) : **USD 71 500** – New York, 13 mai 1992 : *Les sources mystérieuses de l'harmonie* 1933, h/t (54,6x45,7) : **USD 467 500** – Lokeren, 23 mai 1992 : *La noblesse du temps – La persistance de la mémoire* 1984, bronze à patine brun vert (h.59,5, l. 38) : **BEF 330 000** – New York, 10 nov. 1992 : *Gondole surréaliste sur bicyclettes en feu* 1937, fus., aquar. et past./pap. (74x54) : **USD 242 000** – Londres, 1er déc. 1992 : *Instrument masochiste*, h/t (62x47) : **GBP 451 000** – Monaco, 6 déc. 1992 : *Cannibalisme des objets* 1933, encre de Chine (22,5x18) : **FRF 266 400** – Stockholm, 10-12 mai 1993 : *Femme en flammes*, bronze poli (H. 82) : **SEK 49 000** – Paris, 3 juin 1993 : *Homme oiseau* 1968, bronze (H. 82) : **FRF 200 000** – Lokeren, 9 oct. 1993 : *Porte-manteau-montre*, sculpt. en cristal et matériaux divers (H. 103,5, l. 52) : **BEF 180 000** – New York, 2 nov. 1993 : *L'ascension du Christ (Pieta)* 1858, h/t (115x123) : **USD 2 422 500** – Londres, 30 nov. 1993 : *Automne, Pomona – femme debout* 1973, past.gche et aquar./pap. (99x57) : **GBP 56 500** – New York, 23 fév. 1994 : *L'Assiette de Gala*, porcelaine peinte, assiette avec un décor or (Diam.3 25) : **USD 18 400** – Paris, 14 mars 1994 : *Don Quichotte*, stylo bille noir (23x24,5) : **FRF 10 000** – New York, 10 mai 1994 : *La Bataille de Tetouan* 1962, h/t (304x396) : **USD 2 202 500** – Paris, 14 juin 1994 : *La Girafe ou la Girafe d'Avignon* 1975, past., aquar., gche et collage (57,5x75) : **FRF 70 000** – Copenhague, 14 juin 1994 : *Vénus à la girafe* 1974, bronze (H. 56) : **DKK 16 500** – Lokeren, 11 mars 1995 : *La Femme à la tête de roses* 1981, bronze et Plexiglas (H. 76, l. 55) : **BEF 170 000** – New York, 9 mai 1995 : *Cygnes reflétant des éléphants* 1937, h/t (50,8x76,8) : **USD 3 522 500** – Londres, 28 juin 1995 : *Composition*, gche (143x54,6) : **GBP 100 500** – Lokeren, 7 oct. 1995 : *L'Ange cubiste*, bronze (38x19,5) : **BEF 160 000** – New York, 7 nov. 1995 : *Portrait de mon frère mort* 1963, h/t (175,3x175,3) : **USD 882 500** – Milan, 2 avr. 1996 : *Vénus aux tiroirs* 1963, encre de Chine/pap. (35x45) : **ITL 17 825 000** – Paris, 13 juin 1996 : *Tauromachie* 1967, h. et aquar./pap. (57,5x47) : **FRF 180 000** – Paris, 7 oct. 1996 : *Le Christ de San Juan de la Cruz*, bronze doré à l'or fin (62,5x20x20) : **FRF 32 000** – New York, 13 nov. 1996 : *Le Mendicant* 1943, cr. et encre brune/pap. cartonné (85,7x57,2) : **USD 37 375** – New York, 12 nov. 1996 : *Guitares*, gche, brosse et encre/cart. (29x24,2) : **USD 7 475** – Londres, 3 déc. 1996 : *Roma* 1949, aquar., encre, cr. et stylo/cart. (58,5x73,5) : **GBP 45 500** – Londres, 4 déc. 1996 : *Neptune au centre* 1947, aquar., gche, cr. noir, pl. et encre/cart. (103x76) : **GBP 221 500** – Paris, 10 déc. 1996 : *Vénus de Milo aux tiroirs* 1964, bronze à patine vert florentin (H. 116) : **FRF 250 000** – New York, 9 oct. 1996 : *Le chevalier* 1955, pl. et encre/pap. (26x21) : **USD 24 150** – Londres, 25 juin 1996 : *L'Heure inaccessible* 1936, pl. et encre (53x42) : **GBP 73 000** – New York, 14 nov. 1996 : *Danse des jeunes filles en fleurs* 1942, aquar. sur cr./pan., de forme ronde (Diam. 34) : **USD 46 000** – New York, 12 nov. 1997 : *Instrument masochiste*, h/t (61,9x47) : **USD 882 000** – Lokeren, 8 mars 1997 : *Femme en flammes* 1980, bronze (84x38) : **BEF 350 000** – New York, 12 mai 1997 : *Nu de dos* 1945, craie rouge/pap. (64x48,2) : **USD 145 000** – Rome, 8 avr. 1997 : *Fantaisie à la licorne* 1969, encres coul. et temp. or/cart./pan. (78x57) : **ITL 53 590 000** – Paris, 20 juin 1997 : *Rod and Gun* 1947, encre de Chine/pap. (23,5x15) : **FRF 61 000** – Londres, 25 juin 1997 : *Scène de cabaret* 1922, h/t (52x41) : **GBP 210 500** ; *Estudi per Disapeering images* 1939, fus./pap. (48x63) : **GBP 89 500** – Cannes, 8 août 1997 : *Minotaure*, bronze patine vert florentin (146x74x74) : **FRF 290 000** – Paris, 10 oct. 1997 : *Les Cuillères – montres molles* 1959, cr. reh. de gche blanche (18x24) :

FRF 46 000 ; *Projet de candélabre* 1959, lav. d'encre (83x55) : **FRF 128 000** ; *La Vénus à béquilles* 1964, collages, clous, tube de peint. et gche/céramique, plat de forme ovale (59x43) : **FRF 238 000.**

DALIBERT Christian
Né en 1946 au Havre (Seine-Maritime). XXe siècle. Français.
Sculpteur, puis peintre.
Il suivit les cours de l'École Nationale des Beaux-Arts de Paris et de Munich. Il commença par sculpter, remportant en 1968 le Prix de la Ville du Havre. C'est à partir de 1970 qu'il se tourne exclusivement vers la peinture, influencé par les recherches des grands artistes cubistes, Juan gris, Braque et Picasso. Sa peinture accorde une large place à la couleur.

DALIFARD Raymond
Né en 1901 à Châteauneuf-sur-Sarthe (Maine-et-Loire). XXe siècle. Français.
Peintre. Abstrait.
Il exposa au Salon des Artistes Indépendants et au Salon des Surindépendants en 1945.

DALIGE DE FONTENAY Alexis Léonard
Né le 29 avril 1813 à Paris. Mort en 1892 à Paris. XIXe siècle. Français.
Peintre de paysages.
Élève de Watelet et Hersent à l'École des Beaux-Arts de Paris, où il entra en 1831, il débuta au Salon de Paris en 1833. Il obtint une médaille de troisième classe en 1841, une de deuxième classe en 1844 et des rappels en 1861 et 1863. Membre fondateur de l'association Taylor, il fut, pendant de longues années, président de la commission des comptes de cette société.
Ses toiles ont la spontanéité des paysages peints d'après nature, sans retouche.
Bibliogr. : Gérald Schurr, in : *Les Petits Maîtres de la peinture 1820-1920, valeur de demain*, Les Éditions de l'Amateur, t. II, Paris, 1982.
Musées : Bayeux (Mus. mun.) : *Vallée de la Touques* – Montauban – Montpellier – Nantes – Périgueux – Rouen – Troyes.
Ventes Publiques : Paris, 16 mai 1924 : *Paysage avec constructions animé de personnages* : **FRF 700** – Monte-Carlo, 5 mars 1984 : *Paysage des Alpes suisses*, h/t (32x40) : **FRF 22 000** – New York, 24 mai 1984 : *Paysage rustique*, h/t (27,5x35,5) : **USD 1 600** – Paris, 22 mars 1985 : *Paysage de montagne* 1866, h/t (80x99) : **FRF 10 500.**

DALILA Guillaume
XVIe siècle. Français.
Peintre verrier.
Frère de Jean. Travailla pour la Cathédrale de Bourges en 1519.

DALILA Jean
XVIe siècle. Actif à Bourges. Français.
Peintre.
Peignit, en 1522, un *Christ en Croix* pour l'Hôtel-Dieu de Bourges.

DALIPHARD Édouard
Né le 24 septembre 1833 à Rouen (Seine-Maritime). Mort en 1877. XIXe siècle. Français.
Peintre de scènes de genre, paysages, natures mortes.
Élève de Gustave Morin à l'École des Beaux-Arts de Rouen, il suivit ensuite les cours de Joseph Quinaux à l'Académie de Bruxelles. Il participa au Salon de Paris entre 1864 et 1875.
Ses paysages de Belgique, Hollande et France sont vus, de préférence, au crépuscule et prennent souvent un caractère nostalgique.
Bibliogr. : Gérald Schurr, in : *Les Petits Maîtres de la peinture 1820-1920, valeur de demain*, Les Éditions de l'Amateur, t. V, Paris, 1981.
Musées : Hyères : *Marine* – Rouen : *Mélancolie* – *Paysage* – *Un cimetière au printemps.*
Ventes Publiques : Paris, 30 mars 1874 : *Femme revenant du bois* : **FRF 630** – Paris, 1888 : *Vue prise en Normandie* : **FRF 210** – Paris, 7 nov. 1946 : *Bords de rivière* : **FRF 5 200** – Paris, 16 mars 1981 : *Laboureur dans un paysage* 1861, h/t (50x100) : **FRF 7 000** – Barbizon, 27 fév. 1983 : *Les marais de Blangy-sur-Bresle* 1871, h/t (32,5x46) : **FRF 4 300** – Berne, 2 mai 1986 : *Nature morte aux trois poissons* 1868, h/t (30x46) : **CHF 1 500.**

DALIWES Jacques
XVe siècle. Français ou Flamand.
Peintre.

DALKE Johann Maria
XVIIIe siècle. Actif vers 1732.
Graveur.

DALL Hans Mathias Halten
Né le 24 juin 1862 à Oster-Skerninge (Fionie). XIXe siècle. Danois.
Paysagiste.
Il vint à Copenhague, où il fut placé comme apprenti peintre en 1879 ; il fréquenta d'abord l'école de la société technique et ensuite l'Académie des Beaux-Arts de 1880 et 1889. Il étudia en même temps le paysage et exposa depuis 1885.
Son *Temps pluvieux à la pêcherie de Hundested*, exposé en 1890, lui valut le prix Södring, une bourse de l'Académie, ainsi que le legs Bjelke, qui fut renouvelé l'année suivante. Son tableau *Après la pluie, paysage de Thy*, lui donna le prix Neuhausen en 1891. Il reçut, en 1893, une subvention du fonds Raben-Levetzan pour la continuation de ses études.
Ventes Publiques : Londres, 30 mai 1984 : *Deux cygnes au bord d'un lac* 1915, h/t (105x105) : **GBP 1 300** – Stockholm, 16 mai 1990 : *Littoral avec des enfants jouant près des barques de pêche*, h/t (34x63) : **SEK 12 500.**

DALL Nicolaj, ou **Nicholas, Thomas**
Né au Danemark. Mort en 1776 ou 1777 à Londres. XVIIIe siècle. Danois.
Peintre de paysages animés, paysages, paysages d'eau, aquarelliste. Préromantique.
Il a travaillé comme artiste en Angleterre, où il fut reçu associé de l'Académie des Beaux-Arts de Londres en 1771. Il a aussi peint de nombreux décors pour Covent Garden.
Ventes Publiques : Londres, 24 fév. 1922 : *Propriété dans la campagne anglaise* : **GBP 5** – Londres, 28 nov. 1969 : *Paysage avec pêcheurs au bord d'une rivière* : **GNS 550** – Londres, 17 nov. 1976 : *Paysage romantique* 1774, h/t (120x167) : **GBP 800** – Londres, 15 mars 1978 : *Paysage fluvial boisé* 1772, h/t (99,5x125) : **GBP 1 700** – Londres, 19 nov. 1982 : *Vue de Oakage Hall, Colwich* 1773, h/t (94x139,7) : **GBP 15 000** – Londres, 30 mars 1983 : *Views of Hackfall in Yorkshire* 1766, deux aquar. et cr. reh. de blanc (52x72,5) : **GBP 2 200** – Londres, 19 mars 1985 : *Vues du Yorkshire* 1766, deux aquar. et cr./feuilles jointes (50,8x73,2 et 50,8x72,8) : **GBP 2 300** – Londres, 18 oct. 1989 : *Capriccio d'un paysage fluvial avec un couple en conversation et du bétail près d'une tour en ruines* 1768, h/t (64x112) : **GBP 3 520** – Londres, 12 avr. 1991 : *Vue de Fountains Abbey dans le Yorkshire avec des personnages et du bétail au premier plan*, h/t (91,5x122) : **GBP 13 200** – Londres, 10 juil. 1991 : *Vue du domaine de Rock Hall à Great Haywood dans le Staffordshire*, h/t (89x135) : **GBP 12 100** – New York, 4 oct. 1996 : *Palais Bishopthorpe, Yorkshire*, h/t (61,6x76,8) : **USD 10 350.**

DALL suivi d'un patronyme. Voir aussi ce patronyme

DALL'ACQUA Ambrogio
Mort avant 1447. XVe siècle. Italien.
Peintre.
Cet artiste est désigné comme père de Gasparo dall'Acqua. Il était actif à Gênes.

DALL'ACQUA Andrea di Vanni
XIVe siècle. Italien.
Sculpteur.
Siennois, il était actif dans la seconde moitié du XIVe siècle. Il est impossible qu'il ait été frère du peintre Giacomo dall'Acqua de Venise ; il aurait pu l'être de Domenico di Vanni Dall'Acqua, actif au Dôme de Sienne au XIVe siècle.

DALL'ACQUA Bartholommeo
XVIIIe siècle. Italien.
Peintre.
Il est cité parmi les professeurs de l'Académie de Mantoue.

DALL'ACQUA Domenico di Vanni
Mort le 16 août 1383. XIVe siècle. Italien.
Sculpteur.
De 1359 à 1369, il est cité comme dirigeant les travaux du Dôme de Sienne. Il fut dit qu'il mourut fort riche.

DALL'ACQUA Gasparo
XVe siècle. Italien.
Peintre et orfèvre.
Cet artiste génois était fils du peintre Ambrogio dall'Acqua et

hérita de l'atelier que celui-ci possédait Via della Maddalena à Gênes. On ne cite pas d'œuvres connues de ce peintre. Par contre, son nom est mentionné dans plusieurs procès.

DALL'ACQUA Giacomo
XVe siècle. Italien.
Peintre.
Vénitien, un acte du 22 septembre 1477 le mentionne comme devant exécuter des travaux de peinture dans l'église de Santa-Eufemia della Giudecca.

DALL'ACQUA Giovanni
XVe siècle. Italien.
Peintre.
Les archives de la ville mentionnent cet artiste génois en 1467 et 1469 comme peintre de meubles et de bahuts.

DALL'ACQUA Giuseppe
Né à Vicence. XVIIIe siècle. Italien.
Graveur à l'eau-forte et au burin.
Fils et élève de Christoforo dell'Acqua, qu'il aida dans ses travaux à la fin du XVIIIe siècle et dont il prit la manière. Giuseppe s'appliqua surtout au paysage, et reproduisit un grand nombre de composition d'après Joseph Vernet, Pillement, Perelle, Aberli, etc. Il grava aussi des figures d'après Cipriani.

DALL'AGLIO Mario
Né le 11 août 1927 à Castelguglielmo (Rovigo). XXe siècle. Italien.
Peintre. Abstrait.
Il passa son enfance dans sa région natale et, en 1937, sa famille s'établit dans le Haut-Adige, à Bolzano. Il fut professeur dans les instituts artistiques de l'état. Il a figuré dans de nombreuses expositions collectives en Allemagne, Autriche, France, Yougoslavie, Pologne, Russie, Angleterre... depuis 1957 il a exposé personnellement son œuvre. Sous le pseudonyme de « mad. », il a signé de nombreuses critiques d'art parues dans la presse italienne.
Après une période figurative, Mario Dall'Aglio a évolué vers l'abstraction. Ses œuvres sont réalisées à partir d'un module géométrique, répété sur toute la surface de l'œuvre, qu'il s'agisse d'un tableau, d'une fresque monumentale ou d'une sculpture.
BIBLIOGR. : Divers : *« mad. » Mario Dall'Aglio*, Édit. Studio D, Bolzano, 1996.

DALLAIRE Jean Philippe
Né le 9 juin 1916 à Hull (Québec). Mort le 27 novembre 1965 à Saint-Paul-de-Vence. XXe siècle. Actif aussi en France. Canadien.
Peintre de figures, paysages urbains, natures mortes, peintre de cartons de tapisseries.
C'est après avoir suivi un cours commercial à Hull qu'il étudia la peinture pendant un an à la Central Technical School et à la Grange Art School de Toronto. Il travailla ensuite avec un peintre local, Henri Fabien, inaugurant sa carrière par des tableaux religieux. En 1936, installé au monastère des Dominicains d'Ottawa, il exécuta une fresque dans leur chapelle. Il reçut alors de nombreuses commandes, mais éprouvant le besoin de parfaire sa formation, partit pour Paris en 1938 où il s'inscrivit aux Ateliers d'Art Sacré dirigés par Maurice Denis et Georges Desvallières. Il passa ensuite par l'atelier d'André Lhote, puis travailla seul, réalisant des natures mortes et des paysages urbains dominés par les gris. Entre 1940 et 1944, il fut interné par les nazis au camp des civils britanniques à Saint-Denis. Rentré au Canada, il fut nommé professeur en 1946 à l'École des Beaux-Arts de Québec où il enseigna jusqu'en 1952. Il part étudier l'art de la tapisserie durant l'été 1949 en France à Aubusson. De 1952 à 1957, il travailla à des films éducatifs, sur des sujets historiques et folkloriques. Il exposa en 1947 au Cercle Universitaire de Montréal.
Artiste solitaire, sa peinture figurative n'est pas sans avoir emprunté à Lurçat, Matisse, Picasso ou Dali, sans toutefois que ces influences mêlées nuisent à la personnalité même de son œuvre. Ses œuvres, de tendance onirique, mettent en scène des personnages à deux dimensions, des figures clownesques, dans une subtile gamme chromatique et selon une vision parfois déformante. Tout en continuant à exposer au Salon du Printemps de Montréal et dans plusieurs galeries, il fut employé à l'Office National du Film (1953-1957). En 1958, il retourna en France, se fixant à Vence. Dans ses dernières toiles, il chercha à retrouver la spontanéité de ses dessins d'enfants.
Si cette peinture n'est pas typiquement canadienne, et si plus d'un point la rattache au « bon goût » français en vigueur dans l'entre-deux-guerres, il n'en reste pas moins que l'aventure de ce solitaire resté fidèle à la figuration – et ce en dépit de la vogue abstraite des automatistes – constitue une des œuvres marquantes du Canada d'hier.
BIBLIOGR. : In : *Diction. Univ. de la Peinture*, Tome 2, Le Robert, Paris, 1975 – in : Catal. de l'exposition *Les vingt ans du musée à travers sa collection*, Musée d'Art Contemporain, Montréal, 1985.
MUSÉES : MONTRÉAL (Mus. d'Art Contemp.) : *Le peintre* 1954 – *Calcul solaire n° 2* 1957, h/t (122x91,6) – QUÉBEC : *Vieille demoiselle* 1954 – *Jardinier* 1954 – TORONTO : *Au castel de la mer* 1953.
VENTES PUBLIQUES : TORONTO, 17 mai 1976 : *Sans titre* 1955, gche (20x17) : **CAD 700** – TORONTO, 15 mai 1978 : *Abstraction* 1962, h/cart. (44x53,5) : **CAD 1 500** – TORONTO, 14 mai 1979 : *The bewildered reader* 1955, gche/grav. (27x16) : **CAD 2 600** – TORONTO, 27 mai 1980 : *Lampe et papillon* 1963, h/t (63,8x52,5) : **CAD 4 400** – TORONTO, 14 mai 1984 : *Two little fools* 1965, h/t (58,8x71,3) : **CAD 3 800** – TORONTO, 28 mai 1985 : *Bucher Alpine*, h/t mar./cart. (45x53,8) : **CAD 2 400** – MONTRÉAL, 25 avr. 1988 : *Poissons* 1960, h/pan. (37x51) : **CAD 7 200** ; *Nature morte* 1951, gche (17x11) : **CAD 3 400** – MONTRÉAL, 17 oct. 1988 : *Étude abstraite d'une femme* 1935, h/pan. (27x22) : **CAD 8 000** – MONTRÉAL, 30 oct. 1989 : *Poème chinois* 1962, h/pap. (13x20) : **CAD 2 640** – MONTRÉAL, 30 avr. 1990 : *Cabane solitaire* 1937, sépia (57x63) : **CAD 1 870** – MONTRÉAL, 19 nov. 1991 : *Scène de rue*, h/pan. (27,2x21,6) : **CAD 2 100**.

DALLAIS Pierre
Mort avant 1756. XVIIIe siècle. Actif à Paris. Français.
Peintre.

DALLAMANO Giuseppo
Né en 1679 à Modène. Mort en 1758. XVIIIe siècle. Italien.
Peintre.
Cet artiste est l'exemple du génie se développant seul et sans maître chez un individu privé d'instruction. Lanzi dit qu'il connaissait à peine ses lettres. Par un talent naturel extraordinaire, surtout pour le coloris, il parvint à se faire admirer, même des plus habiles connaisseurs. Il eut comme élève Fasetti et travailla longtemps à Turin pour le service de la maison royale.

DALL'AMATRICE Nicola, ou **Cola, di Filotesio**. Voir **NICOLA di Filotesio**

DALL'AQUILA Andrea
Né à Trente. XVIe-XVIIe siècles. Italien.
Sculpteur.
Il eut pour maître Alessandro Vittoria ; il travailla à Venise ; il a collaboré bien souvent, avec son maître notamment à la grande figure du Christ pour l'église dei Frari. Aquila a fait le *Monument funèbre de Alessandro Vittoria* à S. Zacharie en 1602, une *Madone* pour l'église des Jésuites, une autre *Madone entre deux adorateurs*, en marbre, pour l'église delle Vignole, qui n'existe plus.

DALL'ARA Ambrogio
XIXe-XXe siècles. Italien.
Sculpteur.
Exposa, en 1884, à Turin, des travaux en terre cuite.

DALL'ARA Gustavo
Né en 1865. Mort en 1923. XIXe-XXe siècles. Italien.
Peintre de paysages.
Vénitien, cet artiste exposa avec succès, en 1902, à Rio de Janeiro : *Scènes de la foire* et *Vue de la baie*. Il est aussi l'auteur d'une toile intitulée : *L'Abbaye de la Miséricorde*, qui fut exposée à Venise en 1887.
VENTES PUBLIQUES : SÃO PAULO, 25 juin 1981 : *Scène de bord de mer* 1920, h/t (40,5x63,3) : **BRL 540 000** – RIO DE JANEIRO, 23 août 1983 : *Venise* 1889, h/pan. (27x45) : **BRL 3 600 000** – RIO DE JANEIRO, 21 déc. 1986 : *Rua da Lapa* 1908, h/t (38,5x38,5) : **BRL 400 000**.

DALL'ARA Natale
XVIIe siècle. Italien.
Peintre.
Il travailla à Bologne, vers 1680, pour le comte Onofrio Campori.

DALL'ARA Paolo
XVIIe siècle. Italien.
Peintre.

Cet artiste, élève de Pasinelli, travailla à Bologne, vers 1670. Peut-être est-il le même que Natale dall Ara, ou son parent.

DALLARA Tony
Né le 30 juin 1936 à Campobasso. XXe siècle. Italien.
Peintre. Abstrait.
Sa première exposition se tint en 1960 à Milan. Depuis, il expose tous les ans, principalement en Italie. Sa peinture est très influencée par les recherches de Fontana et des spatialistes ; les titres mêmes de ses toiles, *Grand Silence – La lune* impliquent cette notion d'espace infini et souvent intangible. Il utilise, comme Fontana, la fente, mais ne limite pas à cet élément les figures de ses toiles.

DALL'ARCA Niccolo d'Antonio. Voir **NICCOLO de Bari**

DALL'ARGENTO Giovanni Antonio ou **Dianti**, dit **Sansone**
XVe siècle. Italien.
Peintre.
Établi à Ferrare, peignit des fresques pour l'Oratorio della Morte, en 1495. En 1527, il travailla pour le marquis Agostino Villa. D'après un document de 1561, il était le père du peintre Giovanni-Francesco Dianti dall'Argento.

DALL'ARGENTO Giovanni Francesco ou **Dianti**
Né à Ferrare. Mort le 19 octobre 1575 à Ferrare. XVIe siècle. Italien.
Peintre.
Fils de Giovanni Antonio Dianti dall' Argento et élève de l'école de Garofalo, il est l'auteur de plusieurs fresques, à Sta Caterina de Ferrare, et à l'église de la Madonnina (aujourd'hui Chiesa dei Ministri degli Infermi) ; on cite encore un tableau d'autel *Visitation de Marie*, et un autre, *Annonciation de Marie*, au-dessus de la porte de S. Gabriello.

DALL'ARMI Andreas von
Né le 1er septembre 1788 à Munich. Mort le 17 août 1846 à Bernried. XIXe siècle. Allemand.
Paysagiste et lithographe.
Il est élève de Gg. von Dillis et de Simon Warnberger à Munich. Vint travailler à Paris avant d'aller achever ses études à Rome. Il fit de nombreuses études de paysage, soit peinture à l'huile, soit aquarelles, et en 1805 il introduisit la lithographie à Rome. Andreas von Dall'Armi a été peu connu du public : ses œuvres sont celles d'un amateur.
Musées : Munich (Cab. des Estampes) : *Chaumière près Wolfahrtshausen – Paysage*, d'après Warenberger.

DALL'ARMI Franz Xavier von
Né le 1er août 1787 à Munich. Mort le 8 mars 1854 à Munich. XIXe siècle. Allemand.
Lithographe.
S'occupa d'art en dilettante. À citer de lui deux lithographies : *Chevreuil couché* et *Départ pour la chasse*, datées de 1805, une eau-forte, signée et datée de 1806 : *Mouton couché avec deux agneaux*, une gravure sur pierre, d'après R. Winter : *Tête de cheval*, de 1807. C'est probablement le même artiste qu'un nommé Xaver Dall'Armi, mentionné au début du XIXe siècle à Milan.

DALL'ARMI Giovanni, dit **il Francese**
Né en 1526. Mort le 6 février 1609 à Modène. XVIe siècle. Italien.
Sculpteur sur bois.

DALL'ARMI Joseph von
XIXe siècle. Allemand.
Lithographe.
Frère d'Andreas et de Xaver von Dall'Armi, il est mentionné, en 1805, pour quelques essais lithographiques avec ces derniers.

DALL'ARMI Oscar von ou **Arni**
Né en 1859 à Munich. XIXe siècle. Allemand.
Peintre animalier.
Élève de l'Académie des Arts à Munich sous A. Gabl.

DALL'ARPA Clemente
XVIe siècle. Travaillait à Brescia vers 1534. Italien.
Peintre.

DALL'ARZERE Stefano
Né à Padoue ou Merlara. XVIe siècle. Italien.
Peintre de compositions religieuses, portraits, fresques, dessinateur.
Cet artiste serait né à Padoue si l'on en croit sa signature qui était *Stephanus patavinus*, mais quelques biographes le font naître à Merlara, où il habita quelques années. Il fut élève du Titien. En 1551, il peignit sur les murs de l'église de l'Hospice des Enfants, à Padoue, une fresque représentant la *Madone et le Christ entourés de saint Antoine et saint Bernardin*, pour laquelle il reçut en paiement trente-sept écus d'or. Quelques années après, dans l'église del Santo, il travailla à une *Résurrection du Christ*, qui existe encore aujourd'hui et qui lui fut payée quarante-cinq ducats. En 1560, dans l'église des Eremitani, il peignit les figures des prophètes *Moïse et Josué* et des apôtres *Pierre et Paul*. En collaboration avec Campagnola, il fit, pour l'oratorio di San Bovo *La vie du Christ*, fresques dont malheureusement il ne reste plus rien. Enfin la dernière œuvre datée d'Arzere est un portrait de *Maria Mussato* (1573) qui était à la Casa Lazzara, à Padoue, vers le milieu du XIXe siècle. Parmi ses autres œuvres, mentionnons : *La Madone avec le Christ enfant, entourés de saint Jérôme et de saint Sébastien*, qui se trouve dans une église de Padoue ; à Sainte-Sophie de Padoue, à côté du maître-autel, une toile à l'huile qui représente *La Mise au Tombeau du Christ* ; une fresque de la *Madone*, au-dessus du maître-autel de l'église del Carmine, qui primitivement se trouvait au Porticus della Casa Salvazzi in via Patriarcato ; un tableau de *La Vierge* (signé), au-dessus du maître-autel de la chapelle de l'Ospitale civile ; un profil de la *Madonna dei Ciechi*, au-dessus d'un autel de la cathédrale de Padoue ; au Musée Civico, *un Crucifiement* signé : STE P. F. ; *La Madone, Saint Paul, Sainte Marie-Madeleine et Sainte Catherine*, qui se trouvaient dans l'église dei Servi ; *Le Martyre de saint Laurent*, à l'église San-Nicolo ; un tableau d'autel de Sainte Marie del Parto, représentant *Saint Jérôme et saint Christophe* ; *Saint Christophe* à Sta Croce ; un tableau d'autel représentant *La Vierge, saint Christophe et saint Jacob* ; dans la sacristie de San Benedetto Novello, une fresque de *Dieu le Père*. Enfin, sur l'une des façades de l'hôpital, se trouvait une fresque dont le sujet est inconnu.
Ventes Publiques : Amelia, 18 mai 1990 : *L'Adoration des bergers*, h/t (85x98) : **ITL 6 000 000** – Londres, 18 avr. 1996 : *Vierge à l'Enfant en gloire avec Sainte Barbe entre saint Antoine et saint Jean Baptiste en dessous*, encre et lav. avec reh. de blanc/pap. gris-bleu (24,1x18,5) : **GBP 3 450**.

DALLAS Elmslie William
Né le 27 juin 1809 à Londres. Mort le 26 janvier 1879 à Édimbourg. XIXe siècle. Britannique.
Peintre de paysages.
Il fut élève de la Royal Academy de Londres. On lui doit les décorations de plusieurs pavillons du parc de Buckingham Palace.

DALLAS Jacob A.
Né en 1825. Mort en 1857. XIXe siècle. Américain.
Sculpteur sur bois.
Il fut membre de la National Academy of Design.

DALLAS John E. S.
Né le 9 novembre 1883. XXe siècle. Britannique.
Peintre, aquarelliste de paysages.
Il exposa à la Royal Cambrian Academy.

DALLE suivi d'un patronyme. Voir ce patronyme

DALLE Jean
Né en 1750 à Joinville. Mort en 1820 à Chaumont-en-Bassigny. XVIIIe-XIXe siècles. Français.
Peintre de sujets religieux.
On lui doit une *Sainte Anne* qui se trouve à la cathédrale de Chaumont.

DALLEAS
Né vers 1910. XXe siècle. Français.
Peintre. Abstrait.
Héritier de la Section d'Or, il construit ses tableaux grâce à une géométrie plus sensible qu'exacte, selon un échafaudage de plans purement abstraits qui laissent parfois transparaître des éléments figuratifs, donnant à voir un univers directement issu de l'imagination.

DALLEAS Jacques
XXe siècle. Français.
Peintre.
Peut-être identique au précédent. Il exposa à Paris au Salon d'Automne en 1942-1944.

DALLECIMA Bartolomeo
XVe siècle. Actif à Palerme. Italien.
Sculpteur.

DALLEGRET François
XXe siècle. Canadien.

Peintre, sculpteur.
Depuis 1960, il s'intéresse à l'art technologique. Dès 1962, ses voitures « super-sport » ont retenu l'attention. Également *designer*, il s'intéresse surtout aux notions d'environnement.

DALLEIN Jean
XVIe siècle. Actif à Nancy. Français.
Sculpteur sur bois.
Il travailla, en 1516, à la décoration du cabinet de la duchesse Renée de Bourbon, dans le palais ducal de Nancy.

DALLEIZETTE Aimé
Né en 1799 probablement à Genève. XIXe siècle. Suisse.
Peintre de genre et de portraits.
Ce peintre reçut des leçons d'Hersent à Paris, où plus tard il devint lui-même professeur. Il a aussi travaillé à Genève. On cite de lui des portraits.

DALLEMAGNE Adolphe Jean François Marin
Né le 1er juillet 1811 à Pontoise (Val-d'Oise). XIXe siècle. Français.
Peintre de paysages.
Élève d'Ingres, de L. Cogniet et de Monvoisin, il commença à figurer au Salon de Paris en 1833.
Musées : Nantes : *La ferme du Mont, près d'Étretat.*
Ventes Publiques : New York, 17 mai 1984 : *Les joies de l'hiver*, h/t (59,5x73) : **USD 1 800.**

DALLEMAGNE Aimé Edmond
Né le 16 mars 1882 à Saint-Germain-en-Laye (Yvelines). Mort le 23 juin 1971 à Boulogne-Billancourt (Hauts-de-Seine). XXe siècle. Français.
Peintre d'architectures, paysages, aquarelliste, graveur.
Il exposa au Salon des Artistes Français à partir de 1905, recevant une troisième médaille en 1914 et une deuxième médaille en 1921. Il gravait à l'eau-forte.
Il peint des aquarelles avec une économie de moyens, sur un trait précis qui rappelle ses qualités d'aquafortiste.

DALLEMAGNE Augustine Philippe Polyxène Virginie, née **de Cagny**
Née en 1821 à Beauvais. Morte le 10 août 1875 à Corbeil. XIXe siècle. Française.
Peintre et miniaturiste.
Elle était la femme du peintre de ce nom. Élève de Mme de Mirbel, elle débuta au Salon de Paris en 1845. Le ministère d'État acquit *Le mariage de la Vierge*. L'église Saints-Gervais et Protais, de Pierrefitte, doit à Mme Dallemagne : *La Vierge à la rose*. Sa renommée lui fut surtout acquise par ses portraits en miniature et au crayon.

DALLEMAGNE Léon
Né en 1837 à Bellay (Ain). Mort en 1907 à Bourg-en-Bresse (Ain). XIXe siècle. Français.
Peintre de paysages.
Après avoir commencé des cours de droit, il s'orienta vers l'art de peindre, devenant élève de Louis Français, et participant au Salon de Paris à partir de 1870.
Il traduit plus finement les paysages brumeux et mélancoliques du Bugey ou des Dombes, que les vues prises au Cambodge, en Inde ou en Égypte. Citons : *Étang de Virieu – Sous les tilleuls* 1870.
Bibliogr. : Gérald Schurr, in : *Les Petits Maîtres de la peinture 1820-1920, valeur de demain*, Les Éditions de l'Amateur, t. VI, Paris, 1985.
Musées : Bourg-en-Bresse (Mus. de Brou) : *Champ de blé après l'orage* 1878.

DALLEN Henry
XVIe siècle. Actif à Tournai en 1503. Éc. flamande.
Sculpteur.

DALLERY Pierre Jacques Antoine
Né en 1813 à Amiens. XIXe siècle. Français.
Peintre de portraits et d'histoire.
Il fit ses études, vécut et travailla à Dresde en Allemagne.

DALLES Pedro ou **de Alles**
XVIe siècle. Travaillant à Séville. Espagnol.
Sculpteur.

DALLET Jules
Né le 4 janvier 1876 à Paris. XXe siècle. Français.
Peintre de genre, portraits, paysages.
Élève de Cormon. Sociétaire des Artistes Français depuis 1906.
Ventes Publiques : Bruxelles, 15 juin 1987 : *Les jeux de plage*, h/t (72x114) : **BEF 200 000** – Lokeren, 23 mai 1992 : *La colonie de vacances à Deauville* 1919, h/t (73x117) : **BEF 170 000.**

DALLET Liza
Née au XXe siècle à New York. XXe siècle. Américaine.
Sculpteur.
A travaillé à Paris. Elle exposait un buste au Salon des Artistes Français de 1933.

DALLEVES Raphy
Né le 26 janvier 1878 à Sion. Mort en 1940 à Sion. XIXe-XXe siècles. Suisse.
Peintre de scènes religieuses, compositions à personnages.
Il étudia plusieurs années à Paris, puis revint s'installer en Suisse à Wallis. Il fut encouragé par Hodler et figura au Grand Palais à Paris en 1908 et à la Xe Exposition internationale à Munich en 1909 ; il était associé au Salon de la Société Nationale des Beaux-Arts en 1913. Il a surtout peint à la détrempe et à tempera. Il se plut à décrire la vie paysanne suisse, s'attachant aux détails les plus réalistes.
Bibliogr. : – Louis Buzzini : *Raphy Dallèves*, Lausanne, 1941.
Ventes Publiques : Lucerne, 7 déc. 1963 : *Vieille Paysanne de Heremence, près de la fenêtre*, temp. : **CHF 2 400** – Londres, 3 juin 1978 : *Enfant d'Evolène*, temp. (103x53,5) : **CHF 6 500** – Zurich, 29 mai 1979 : *Vue de Notre-Dame de Valère* 1915, gche (67x104) : **CHF 4 000** – Zurich, 4 juin 1997 : *Dimanche à Vex* 1908, telp./t. (119x213,5) : **CHF 120 050.**

DALLEVIA Alessandro
XVIIe siècle. Italien.
Graveur.
Il résidait à Venise vers 1686. Il grava, entre autres choses, une suite de planches représentant des processions triomphales, publiées à Venise en 1686.

DALLIANCE Louis
Né au XIXe siècle à Chevigny. XIXe siècle. Français.
Peintre paysagiste et graveur sur bois.
Élève de l'École des Gobelins et de Fauvel, il débuta au Salon de 1872 avec : *La mare à Dagneau*, fusain. Sociétaire des Artistes Français depuis 1887. Il obtint comme graveur une mention honorable en 1882.

DALLICHAMPS Pierre ou **Dalichamps**
XVIIIe siècle. Actif à Paris en 1701. Français.
Sculpteur.

DALLICHER Johann Georg
XVIIIe siècle. Allemand.
Peintre d'architectures.

DALLIER Georges
Né au XIXe siècle à Paris. XIXe siècle. Français.
Peintre de paysages.
Élève de Dameron. Il obtint une mention honorable à l'Exposition de 1889. Mention honorable au Salon des Artistes Français de 1899.

DALLIER J.
XIXe-XXe siècles. Français.
Peintre de scènes de genre, paysages.
Il exposa au Salon des Artistes Français à Paris.

DALLIER Jules
Né au XIXe siècle à Paris. XIXe siècle. Français.
Sculpteur.
Élève de Dupérier. Il débuta au Salon de 1879.

DÄLLIKER Johann Rudolf
Né en 1694 à Berlin. Mort en 1769 à Schaffhouse. XVIIIe siècle. Allemand.
Peintre.
Il étudia avec Franz-Anton Pesne, et travailla quelque temps à Paris, où il subit l'influence de Rigaud et de Largillière. Après avoir passé quelque temps à Leipzig et dans le duché de Brunswick, il travailla à Zurich, puis à Saint-Gall et à Schaffhouse. Ce fut surtout un peintre de portraits.

DALLIN Cyrus Edwin
Né en 1861 à Springville (Utah). Mort en 1944. XIXe-XXe siècles. Américain.
Sculpteur de statues et de groupes, écrivain.
Il fit ses études à Paris où il fut élève de Jean Dampt. Il fut membre de la Société Nationale de Sculpture de New York en

1893, sociétaire de l'Académie Américaine des Arts et des Lettres et membre de la Royal Society of Arts de Londres. En 1888 il reçut une médaille d'or à l'exposition de l'Association des Artistes Américains. Il reçut une mention honorable au Salon de Paris en 1890 et une deuxième médaille à l'Exposition Universelle de 1900. En 1903 au Salon de Paris il obtint une troisième médaille, recevant une médaille d'or à l'exposition de Saint-Louis en 1904 ainsi qu'à celle de San Francisco en 1905.
Ventes Publiques : New York, 29 avr. 1976 : *Appel au Grand Esprit* 1913, bronze (H. 54,6) : **USD 6 500** – New York, 27 oct. 1977 : *Indien à cheval implorant le Grand Esprit* 1913, bronze (H. 22,2) : **USD 2 250** – New York, 27 oct. 1978 : *Sur le sentier de la guerre*, bronze (H. 22,2) : **USD 2 100** – New York, 30 avr. 1980 : *Paysage du Colorado* 1934, h/t (38,7x61) : **USD 1 500** – Los Angeles, 3 mai 1982 : *On the warpath* 1914, bronze (H. 100) : **USD 28 000** – New York, 23 mars 1984 : *The protest, bronze*, patine brun foncé (H. 51,4) : **USD 15 000** – New York, 30 mai 1985 : *Appeal to the Great Spirit* 1913, bronze, patine brun foncé (H. 54) : **USD 15 000** – New York, 29 mai 1986 : *Appeal to the Great Spirit* 1913, bronze, patine brun foncé (H. 54) : **USD 12 500** – New York, 3 déc. 1987 : *Appeal to the Great Spirit* 1913, bronze, patine brun foncé (H. 54,6) : **USD 38 000** – New York, 24 juin 1988 : *Le sorcier* 1899, plâtre peint. (H. 77,5) : **USD 6 050** – New York, 24 mai 1989 : *L'éclaireur* 1910, bronze (H. 58,4) : **USD 11 000** – New York, 30 nov. 1989 : *« Aigle joli »*, bronze à patine verte (H. 73,6) : **USD 33 000** – New York, 16 mars 1990 : *Invocation au Grand Esprit, groupe équestre*, bronze (H. 21,9) : **USD 3 300** – New York, 23 mai 1990 : *Cow-boy tirant en l'air* 1920, bronze (H. 59,8) : **USD 17 600** – New York, 23 mai 1991 : *Invocation au grand esprit* 1913, bronze à patine brune (H. 53,3) : **USD 16 500** – New York, 4 déc. 1992 : *La protestation, groupe équestre d'un chef indien*, bronze (H. 51) : **USD 11 000** – New York, 27 mai 1993 : *Le pisteur* 1912, bronze (H. 94) : **USD 27 600** – New York, 12 sep. 1994 : *Invocation au grand esprit blanc* 1913, bronze (H. 22,9) : **USD 1 725** – New York, 30 nov. 1995 : *L'éclaireur* ; *L'Évocation du grand esprit*, bronze, une paire (chaque H. 53,3) : **USD 27 600** – New York, 3 déc. 1996 : *L'Éclaireur* ; *Invocation au Grand Esprit* 1910, bronze, une paire (H. 21) : **USD 6 900**.

DALLINGER Frantz Theodor
Né en 1710 à Linz. Mort en 1771 à Prague. xviiie siècle. Autrichien.
Peintre d'animaux, paysages, natures mortes, fruits.
Ventes Publiques : Vienne, 19 sep. 1978 : *Nature morte au gibier*, h/t (76x63) : **ATS 55 000** – Vienne, 19 mai 1981 : *Chevaux au pâturage* 1849, h/pan. (30x37) : **ATS 28 000** – Vienne, 5 déc. 1984 : *Nature morte aux fruits*, h/t (74x93) : **ATS 120 000**.

DALLINGER Ignaz
Né en 1803 à Munzkirchen. xixe siècle. Allemand.
Peintre de genre et d'histoire.
Siret cite de lui : *Le denier de la veuve*.

DALLINGER Johann Benedikt
xviie siècle. Autrichien.
Peintre.
Il travailla à Enns et à Linz. Il était frère de Johann Wolfgang.

DALLINGER Johann Wolfgang
xviie siècle. Actif à Linz. Autrichien.
Peintre.
Il était le frère de Johann Benedikt.

DALLINGER Wolfgang
xviiie siècle. Autrichien.
Peintre.
Il était le père et fut le maître de Franz Theodor. Sans doute était-il le fils de Johann Wolfgang. Échevin à Linz, il pratiqua également la peinture.

DALLINGER VON DALLING Alexander Johann
Né en 1783 à Vienne. Mort en 1844 à Vienne. xixe siècle. Autrichien.
Peintre.
Élève de son père Johann Dallinger von Dalling le vieux, il fut graveur et paysagiste aussi bien que peintre d'animaux et restaurateur de tableaux anciens. On voit de lui, au Belvédère de Vienne, un tableau représentant : *Un vacher faisant traverser un ruisseau par un troupeau de vaches*.

AD f961

Ventes Publiques : Vienne, 29-30 juin 1965 : *Prairie* : **ATS 14 000** – Vienne, 9 juin 1970 : *Berger et troupeau au bord d'une rivière* : **ATS 32 000** – Londres, 12 juin 1997 : *Chien attaquant un taureau dans un paysage* 1837, h/pan. (32,3x36,8) : **GBP 3 450**.

DALLINGER VON DALLING Johann, l'Ancien
Né en 1741 à Vienne. Mort en 1806 à Vienne. xviiie siècle. Autrichien.
Peintre d'histoire, sujets allégoriques, animaux.
Il se fit remarquer comme directeur de la Galerie Liechtenstein. Il peignit des animaux, des sujets d'histoire et de grands ouvrages que l'on trouve en Russie et en Pologne. Le Musée de Nuremberg conserve de lui : *Nymphe au bain*.

DALLINGER VON DALLING Johann-Baptist, dit aussi **Johann II**
Né en 1782 à Vienne. Mort en 1868 à Vienne. xixe siècle. Autrichien.
Peintre animalier, paysages, graveur.
Fils de Johann Dallinger von Dalling. Il peignit des paysages et des animaux rappelant par leur facture le style des anciens maîtres hollandais.
Musées : Vienne : *Chevaux de trait à l'écurie – Cinq chevaux de labour*.
Ventes Publiques : Paris, 1823 : *Paysage avec animaux*, dess. à la pl., lavé de bistre : **FRF 4**,30 – Vienne, 2 juin 1964 : *Le troupeau* : **ATS 8 000** – Vienne, 18 juin 1968 : *Vue de la Karlskirche, Vienne* : **ATS 60 000** – Vienne, 21 sep. 1971 : *Bords du Danube* : **ATS 50 000** – Vienne, 18 mai 1976 : *Troupeau au pâturage*, h/pan. (26x33) : **ATS 12 000** – Vienne, 15 déc. 1982 : *Berger et chevaux dans un paysage* 1837, h/pan. (42,5x57) : **ATS 45 000** – Londres, 22 juin 1983 : *Troupeau dans un paysage d'été*, h/pan. (34x42) : **GBP 1 400** – Vienne, 13 fév. 1985 : *Chevaux au pâturage* 1849, h/pan. (31x39) : **ATS 38 000** – Vienne, 11 nov. 1987 : *Chevaux au pâturage*, h/t (45x37,5) : **ATS 20 000** – Cologne, 23 mars 1990 : *Autour de la fontaine* 1851, h/pan. (34x42) : **DEM 4 500** – Londres, 16 mars 1994 : *Bovins dans un paysage* 1848, h/pan., une paire (chaque 30x37) : **GBP 3 450**.

DALLMAN Joseph
Né le 10 décembre 1828 à Bellach (près de Soleure). Mort le 14 janvier 1888 à Montreux. xixe siècle. Suisse.
Peintre de natures mortes et décorateur.
Élève de l'École d'Art de Munich. Il travailla à Paris, à Soleure, à Genève et à Montreux. Dallmann exposa à Bâle, à Lucerne et à Genève.

DALL'OCA BIANCA Angelo
Né en 1858 à Vérone. Mort en 1942 à Vérone. xixe-xxe siècles. Italien.
Peintre de genre, figures, portraits, paysages animés, aquarelliste, pastelliste. Pré-impressionniste.
Il fut élève de Napoleone Nani à l'Académie des Beaux-Arts de Vérone. Il a subi l'influence de Favretto, et à travers celui-ci l'influence de Manet et du début de l'impressionnisme. Il a aussi exposé à Paris : médaille de bronze à l'Exposition Universelle de 1889, médaille d'argent à celle de 1900.
Il avait un registre très étendu : figures, portraits, personnages dans des paysages. Il fut surtout le peintre de scènes de la vie populaire à Vérone. Son originalité dans son époque consiste surtout en ce qu'il a, plus que la tache des macchiaioli, pratiqué librement la touche divisée de l'impressionnisme.

A. Dall'Oca Bianca

Angelo Dall'Oca Bianca

Musées : Berlin : *Première messe* – Brooklyn : *Tramontane* – Rio de Janeiro : *La douleur* – Trieste (Mus. Revoltella) : *L'Aube* – Venise (Mus. d'Art Mod.) : *Piazza dell'Erba à Vérone*.
Ventes Publiques : Paris, 1er fév. 1895 : *Marchande de marrons*, aquar. : **FRF 18** – Milan, 10 avr. 1969 : *Deux jeunes femmes* : **ITL 800 000** – Milan, 1er déc. 1970 : *Paysage*, past. : **ITL 1 800 000** – Milan, 16 mars 1971 : *Jeune-fille dans un jardin* : **ITL 2 400 000** – Milan, 19 juin 1979 : *Le Parc*, h/t (77x115) : **ITL 8 300 000** – Milan, 6 nov. 1980 : *Commérages*, past. (43,5x56) : **ITL 1 100 000** – Milan, 16 déc. 1982 : *La marchande de fleurs à Vérone* 1890, h/pan. (33,5x18,5) : **ITL 7 200 000** – Milan, 15 juin 1983 : *Nu debout*, fus. et temp. (49,5x33,5) : **ITL 1 100 000** – Milan, 29 mai 1984 : *Moulins au crépuscule* 1931, past. (50x70) : **ITL 1 200 000** ; *Scène de marché*, h/t (161x67) : **ITL 40 000 000** – Milan, 18 déc. 1986 : *Provocazione*, past.

(50x70) : **ITL 1 900 000** – ROME, 16 déc. 1987 : *Il gallo nel pollaio* 1884, h/t (99x132) : **ITL 39 000 000** – ROME, 14 déc. 1989 : *Troupeau* 1889, h/pan. (28x18) : **ITL 4 600 000** – MILAN, 8 mars 1990 : *Gardeuse de dindons*, h/t (35x46) : **ITL 20 000 000** – MONACO, 21 avr. 1990 : *L'homme orchestre*, h/t (100x39) : **FRF 199 800** – ROME, 11 déc. 1990 : *Sur le port de Torri*, h/t (80x90) : **ITL 28 750 000** – ROME, 24 mars 1992 : *Buste d'une jeune femme souriante*, past. (50x35) : **ITL 4 600 000** – ROME, 31 mai 1994 : *La Lecture*, h/cart. (10x15,5) : **ITL 1 179 000** – MILAN, 29 mars 1995 : *Petit Lac*, h/t (135x139) : **ITL 32 775 000** – ROME, 23 mai 1996 : *Portrait de jeune femme*, past. (48x34) : **ITL 3 220 000**.

DALL'OLIO Egidio ou **dall'Oglio**
Né en 1705. Mort en 1784. XVIIIe siècle. Italien.
Peintre de compositions religieuses, portraits, compositions décoratives, fresquiste.
Il était actif à Cison. Il fut élève de Piazzetta. Il peignit des fresques et des tableaux d'autel dans les églises, au théâtre de Cison et dans la cathédrale de Belluno.
VENTES PUBLIQUES : MILAN, 27 oct. 1987 : *Portrait de jeune fille*, h/t (43x36) : **ITL 5 500 000**.

DALL'OLIO Gaspare ou **dall'Oli**
XVIIe siècle. Italien.
Dessinateur et aquafortiste.
Il était actif à Bologne en 1650.

DALL'OLIO Paolo, ou **Polo**
XVIe siècle. Italien.
Graveur sur bois.
Il était actif à Ferrare de 1500 à 1502.

DALL'OLIO Pietro
Né en 1839 à Parme. XIXe siècle. Italien.
Peintre de paysages, vues de villes.
MUSÉES : PARME : *Vue de Parme*.

DALLONI Emma
Née à Clans (Alpes-Maritimes). XXe siècle. Française.
Peintre de miniatures.
Élève de Mme Debillemont-Chardon.

DALL'OPERA Giovanni. Voir **BANDINI DA CASTELLO**

DALL'ORTO Pietro Antonio. Voir **PIETRO ANTONIO dall'Orto**

DALLOS Miklos
Né le 20 février 1920 à Batok. XXe siècle. Hongrois.
Sculpteur.
Il commença ses études à l'École des Beaux-Arts de Budapest, les poursuivant à celle de Paris en 1949 sous la direction de Marcel Gimond. Il figura au Salon des Artistes Indépendants à partir de 1961, au Salon de la Jeune Sculpture en 1962, et en 1964 à la Biennale de la Sculpture Contemporaine.
Il sculpte principalement le corps humain qu'il traite avec des formes élégantes et synthétisées, influencées par les œuvres en ronde-bosse de Arp.

DALLOT
XIXe siècle. Français.
Peintre de genre.
Le Musée d'Alger conserve de lui : *Intérieur de tisserands arabes*.

DALLUT, Mme
XIXe siècle. Française.
Peintre de figures.
Elle travaillait en 1817 pour la Manufacture de Sèvres.

DALLWIG Heinrich
Né en 1811 à Cassel. Mort en 1857 à Munich. XIXe siècle. Allemand.
Peintre de genre, paysages.
Il s'établit dans la capitale de la Bavière en 1839, mais voyagea beaucoup. On cite parmi ses œuvres : *Le moulin* et *La contrée près de Kufstein*.
VENTES PUBLIQUES : COLOGNE, 14 juin 1976 : *La ramasseuse de fagots* 1853, h/t (51x63) : **DEM 6 200**.

DALLYE Peter Andreas
Mort en 1825 à Hambourg. XIXe siècle. Allemand.
Peintre de portraits.

DALMA Bogomir
Né le 17 mars 1899 à Plevlié (Serbie). XXe siècle. Yougoslave.
Sculpteur de bustes et peintre de paysages.
Il a peint de nombreux paysages en France comme *La rade de Villefranche – Cap brun – Le Canigou*, des vues de Paris *L'Hôtel de Sens* et sculpté les bustes du poète *Emile Verhaeren* et ceux des artistes dramatiques *E. de Max – Guilhène – Marie Bell*.
VENTES PUBLIQUES : PARIS, 25 mars 1993 : *Treille en été*, h/t (55x46) : **FRF 8 500**.

DALMAR Marie-Rose
Née à Lille (Nord). XXe siècle. Française.
Peintre de natures mortes, de fleurs, de paysages et de scènes de genre.
Elle était membre du Salon des Artistes Français où elle exposa à partir de 1929.

DALMASES Y GUILERA Francisco
Né en 1814 à Gérone. Mort en 1852 à Barcelone. XIXe siècle. Espagnol.
Peintre d'histoire.
Le Musée de Barcelone conserve de lui : *Tobie rendant la vue à son père*.

DALMASIO François
Né au XVIIIe siècle à Bologne. XVIIIe siècle. Italien.
Peintre de fleurs et paysagiste.
Élève de Vittorio Bigari.

DALMATA Giovanni
Né vers 1440 à Trau (Dalmatie). Mort vers 1509. XVe siècle. Italien.
Sculpteur et architecte.
Il travailla à Rome à partir de 1460 et y exécuta plusieurs œuvres importantes telles que le tombeau monumental du Pape Paul II à la basilique Saint-Pierre.

DALMAU Antonis
XVe siècle. Actif à Barcelone en 1480. Espagnol.
Peintre.

DALMAU Ludovicus ou **Luis,** ou **Dalman**
XVe siècle. Espagnol.
Peintre.
Dalmau est probablement né à Barcelone. On ne sait rien de sa jeunesse. Un document de 1428 mentionne qu'il avait le titre de peintre du roi. Alphonse V le chargea d'une mission dans le comté de Flandre. Pendant son séjour, il étudia et copia le fameux retable de l'*Agneau mystique* des frères Van Eyck qui fut placé à Saint-Bavon de Gand en 1432. Combien de temps resta-t-il dans les Flandres ? on ne sait. En 1443, il réside à Barcelone, et y restera jusqu'en 1461. Il fut choisi par les conseillers pour peindre le retable de leur chapelle « comme le meilleur et le plus apte qui se put chercher et trouver ». C'est en 1445 qu'il termina son grand tableau : La *Vierge des conseillers de Barcelone*, qui se trouve aujourd'hui au Musée Municipal de cette ville après avoir été placé dans la chapelle de la maison des conseillers. Il est la preuve évidente qu'il fut le disciple de Jean Van Eyck. Saint-André et sainte Eulalie présentant les cinq conseillers de la ville à la Vierge – dont le vêtement, le visage allongé et les longs cheveux déroulés rappellent les types du maître de Bruges. Les conseillers traités avec une force singulière ont la pose de trois quarts de l'*homme à l'œillet* et le visage proche de celui du chanoine Van der Paele. Étant donné l'aspect aride de cette peinture, on avait pensé que Dalmau avait utilisé la détrempe, procédé traditionnel à Barcelone, et non la peinture à l'huile comme le faisait Van Eyck. On a découvert qu'il n'en était rien et vers 1955 une restauration a redonné à ce retable la densité et l'éclat de la peinture à l'huile. L'utilisation de cette technique permettrait également de comprendre une des raisons pour lesquelles ce tableau n'a eu aucune influence sur les peintres catalans, qui restent attachés à la détrempe. À l'exposition des Primitifs Méditerranéens à Bordeaux, en 1952, Dalmau a été représenté par une *Annonciation*, conservée au musée de Valence. En 1964, on découvrit à Llobregat, près de Barcelone, un panneau représentant *San Baldiri*, dont l'attribution à Dalmau est attestée par deux contrats de 1448. Par rapport à la *Vierge des conseillers*, cette œuvre affirme davantage un caractère catalan, proche des premières compositions de Jaime Huguet.
BIBLIOGR. : J. Lassaigne : *La Peinture espagnole*, Skira, Genève, 1952 – *De Van Eyck à Botticelli*, Skira, Genève, 1955 – in : *Dictionnaire de la peinture espagnole et portugaise du Moyen Âge à nos jours*, coll. Essentiels, Larousse, Paris, 1989.
MUSÉES : BARCELONE (Mus. d'Art de Catalogne) : *La Vierge des conseillers*.

DALMAYS ou **Dalmais**
XVe-XVIe siècles. Français.

Peintres.
Plusieurs peintres de ce nom vécurent à Lyon : Claude (en 1499 et 1500), Jean (en 1523), Mathieu (en 1523).

DALMBERT Daniel
Né le 22 octobre 1918 à Maisons-Alfort (Val-de-Marne). XXe siècle. Français.
Peintre.
Agé de quinze ans, encore au lycée, il commence à peindre et fréquente assidument le Louvre, à la suite de la lecture des *Maîtres d'autrefois* de Fromentin. Ce n'est qu'en 1942 qu'il embrasse sérieusement la carrière artistique et devient l'élève d'Othon Friesz. Il figure pour la première fois au Salon des Tuileries en 1943. Il était alors attaché aux services d'évacuation des œuvres des Musées Nationaux. Il appartient au groupe novateur de l'« Echelle » et remporte en 1948 un des prix de la « Jeune peinture ».
Il introduit dans ses compositions des éléments empruntés à la vie moderne quotidienne, telle une machine à coudre, qu'il transpose en un jeu de lignes et d'harmonies sourdes.
Musées : Épinal (Mus. départ. des Vosges) : *Composition.*
Ventes Publiques : Paris, 5 fév. 1992 : *Intérieur* 1948, h/t (100x81) : **FRF 6 500.**

DALMER Dora
Née en 1857 à Brandshagen (Poméranie). XIXe siècle. Allemande.
Peintre, graveur et lithographe.
Elle travailla à Berlin et peignit des paysages et des scènes d'intérieur.

DALMONT Pierre
XVIIIe siècle. Français.
Peintre.
Il fut reçu à l'Académie de Saint-Luc à Paris en 1770.

DALOLI Gaspardo
XVIIe siècle. Actif à Bologne vers 1600. Italien.
Dessinateur, graveur et éditeur.
On cite parmi ses gravures une *Vue du Palais de Plaisance.*

DALOU Aimé Jules
Né le 31 décembre 1838 à Paris. Mort le 15 avril 1902 à Paris. XIXe siècle. Français.
Sculpteur de monuments, statues, bustes.
Il fut élève de Carpeaux et Duret, et débuta au Salon de 1867. Les événements de 1870-71 l'amenèrent à se mêler de politique et après la Commune il dut se réfugier à l'étranger. Rentré en France après l'amnistie de 1879, Dalou fut un des promoteurs du Salon des dissidents ouvert au Champs-de-Mars en 1890 par la Société Nationale des Beaux-Arts. On cite de cet artiste : *La Brodeuse* (1870), *Berceuse* (1873, acquis par le duc de Westminster), *La Gardeuse d'enfants, Mirabeau répondant à M. de Dreux-Brézé,* haut-relief (Palais-Bourbon), *Triomphe de Silène,* groupe plâtre, *Blanqui,* statue bronze (Père-Lachaise), *Victor Noir* (Père-Lachaise), *Lavoisier* (Sorbonne), *Scène bachique,* Fontaine, *Monument de la Place de la Nation* : *Le Triomphe de la République,* bustes de *Charcot, Vacquerie, Lozé, Albert Wolff,* etc., *Bas-reliefs de la statue de la République* (place du Château d'Eau, Paris), *Monument d'Alphand,* etc. Médaille (1870), médaille d'honneur (1889). Grand prix (Exposition Universelle, 1889). Il était officier de la Légion d'honneur.
Ses statues de femmes le définissent plus particulièrement comme un sculpteur naturaliste, et dans ce genre, il est l'un des meilleurs représentants français du XIXe siècle. Dans ses compositions monumentales, il est plus classique et parfois ennuyeux. Enfin, on retrouve le charme du XVIIIe siècle à travers ses esquisses en terre cuite qui ont une vivacité toute baroque.
Bibliogr. : M. Besset in *Dictionnaire Universel de l'Art et des Artistes,* Hazan, Paris, 1967.
Musées : Lausanne (Mus. canton. des Beaux-Arts) : *Le Terrassier* 1897-1902 – Périgueux : *Buste de Floquet.*
Ventes Publiques : Paris, 8 juin 1906 : *Femme nue,* terre cuite : **FRF 360** – Londres, 9 juil. 1909 : *Mère bretonne,* terre cuite coloriée : **GBP 152** – Paris, 11 juin 1924 : *la Toilette,* dess. à la pl. : **FRF 170** – Paris, 22 nov. 1930 : *Le Tueur,* bronze patiné fondu à cire perdue : **FRF 500** – Paris, 27 mars 1931 : *Le Tueur,* bronze patiné, fondu par Hébrard à cire perdue : **FRF 580** – Paris, 20 juin 1932 : *La Baigneuse,* bronze cire perdue : **FRF 10 000** – Paris, 12-14 juin 1933 : *Le Centaure Nessus enlevant Déjanire,* bronze patiné cire perdue, petit groupe : **FRF 2 600** – Paris, 28 juin 1935 : *Bébé endormi* : **FRF 920** – Paris, 27 nov. 1937 : *L'Ange gardien,* bronze cire perdue : **FRF 710** ; *L'Étreinte,* bronze cire perdue : **FRF 885** – Paris, 8 déc. 1937 : *La Berceuse ou le Rocking-chair,* bronze, pièce unique : **FRF 6 000** ; *Buste de sa fille Georgette,* terre cuite originale : **FRF 6 300** ; *La Fayette,* plâtre original de l'esquisse : **FRF 1 510** – Paris, 15 juin 1938 : *Tête d'enfant endormi,* bronze cire perdue : **FRF 1 100** – Paris, 24 mai 1945 : *Étude d'après une statue,* pl. : **FRF 110** – Paris, 10 déc. 1962 : *Buste de Georgette Dalou,* terre cuite : **FRF 5 500** – Londres, 8 mai 1963 : *Ouvriers,* bronze : **GBP 220** – Londres, 22 juin 1966 : *Femme nue lisant dans un fauteuil,* bronze à cire perdue : **GBP 1 300** – New York, 5 avr. 1967 : *La Sagesse supportant la Paix,* bronze cire perdue : **USD 1 300** – Londres, 25 avr. 1968 : *Tête de jeune fille,* bronze : **GBP 700** – Paris, 5 mars 1970 : *La Grande Liseuse,* bronze, cire perdue : **FRF 18 500** – Paris, 27 avr. 1976 : *Esquisse pour l'Arc de Triomphe de Levassor,* bronze, cire perdue, fonte (H. 20,5) : **FRF 6 000** – Versailles, 2 oct. 1977 : *Le Baiser,* bronze (H. 25) : **FRF 13 500** – Paris, 3 mars 1978 : *Baigneuse assise,* bronze patiné (H. 31,5) : **FRF 8 200** – Enghien-les-Bains, 18 nov. 1979 : *Les Épousailles ou le Passage du Rhin,* bronze patine brune nuancée vert (H. 26) : **FRF 12 000** – New York, 22 nov. 1980 : *Antoine Lavoisier,* bronze (H. 42) : **USD 2 200** – Paris, 28 juin 1982 : *La leçon de lecture, portrait de Mme Dalou et de sa fille* 1874, plâtre (H. 48) : **FRF 42 000** – Londres, 20 mars 1984 : *Arthur Saint-Clair Anstruther Thomson enfant* 1877, marbre (H. 114) : **GBP 75 000** – Paris, 1er juil. 1985 : *Femme nue s'essuyant le pied, bronze,* patine brune (H. 35) : **FRF 91 000** – Londres, 17 juin 1986 : *La couseuse,* bronze patine brun foncé (H. 34) : **GBP 12 000** – Paris, 25 juin 1987 : *Amour maternel,* bronze patiné (H. 59) : **FRF 101 000** – Paris, 25 nov. 1987 : *Nu assis se lavant, le bras droit levé,* bronze (H. 17,3) : **FRF 49 500** – Paris, 10 déc. 1987 : *Homme portant une femme dans ses bras,* bronze (H. 26,5) : **FRF 56 000** – Paris, 11 déc. 1987 : *Le terrassier s'appuyant sur sa pelle,* bronze patiné (H. 20) : **FRF 8 800** – Paris, 26 fév. 1988 : *Homme à la pelle,* bronze patine verte (H. 20) : **FRF 17 000** – Paris, 18 mars 1988 : *Désespoir ou désespéré,* bronze patiné (H. 21) : **FRF 60 000** – Paris, 22 mars 1988 : *Le Gué ou le Passage du Rhin* (H. 26,5) : **FRF 41 000** – Paris, 24 mars 1988 : *Paysan debout,* bronze (H. 60,5) : **FRF 11 500** – Paris, 24 avr. 1988 : *Paysan relevant ses manches,* bronze patine brune (H 30) : **FRF 7 600** – Lokeren, 28 mai 1988 : *Le Miroir brisé,* bronze (H. 33) : **BEF 220 000** – La Varenne-Saint-Hilaire, 29 mai 1988 : *Maternité,* bronze patine brune (H. 35) : **FRF 30 000** – Paris, 16 oct. 1988 : *Femme à la gerbe de blé,* bronze cire perdue patine brune (H. 11) : **FRF 12 500** – Paris, 14 déc. 1988 : *Minerve et jeune fille* 1889, bronze cire perdue (H. 50) : **FRF 34 000** – Paris, 11 avr. 1989 : *Faune et Nymphe,* bronze patine brune (H 21) : **FRF 31 000** – Paris, 18 mai 1989 : *Femme nue* 1879 (H. 49) : **FRF 145 000** – Londres, 20 juin 1989 : *Tête de garçonnet,* marbre (H. 47,5) : **GBP 16 500** – Paris, 6 juil. 1989 : *Les Épousailles ou le Passage du Rhin,* bronze (H. 26) : **FRF 40 500** – Versailles, 19 nov. 1989 : *Paysan aiguisant sa faux,* bronze patine brun vert (H. 13, l. 15,5) : **FRF 11 500** – New York, 25 oct. 1989 : *Nu féminin assis,* marbre blanc (H. 43,2) : **USD 9 900** – Paris, 1er déc. 1989 : *Paysan aiguisant sa faux,* bronze patine brune (H. 12,7) : **FRF 19 000** – Amsterdam, 25 avr. 1990 : *Homme appuyé sur une pelle,* bronze patine verte (H. 21) : **NLG 5 750** – New York, 22 mai 1990 : *Buste d'enfant,* bronze (H. 30,4) : **USD 8 800** – New York, 23 mai 1990 : *Ebauche finale pour le monument aux petits-enfants de la reine Victoria,* bronze patine brune (h. 44,5) : **USD 23 100** – Paris, 22 juin 1990 : *La Frileuse,* bronze (55x33x37) : **FRF 360 000** – Monaco, 6 déc. 1991 : *Le Porteur de panier,* bronze cire perdue (H. 11) : **FRF 13 320** – Paris, 13 déc. 1991 : *Étude pour le Triomphe de la République* 1879, bronze (H. 49) : **FRF 46 000** – Paris, 24 fév. 1992 : *Enfant aux fleurs,* bronze (H. 54) : **FRF 86 000** – Lokeren, 23 mai 1992 : *Le Semeur,* bronze cire perdue à patine brune (H. 47, l. 17,5) : **BEF 95 000** – New York, 30 oct. 1992 : *Le Baiser du faune,* bronze (H. 41) : **USD 12 100** – Paris, 5 mai 1993 : *La Baigneuse dite avant le bain,* bronze cire perdue (H. 56,5) : **FRF 230 000** – New York, 26 mai 1994 : *Le Grand Paysan,* bronze (H. 198,1) : **USD 156 500** – Paris, 22 juin 1994 : *La Brodeuse,* bronze cire perdue (H. 28) : **FRF 46 000** – Paris, 30 mars 1995 : *Le Grand Paysan,* plâtre (H. 198) : **FRF 110 000** – Dijon, 19 nov. 1995 : *Le Charpentier,* bronze cire perdue (H. 61) : **FRF 47 500** – Montréal, 7 déc. 1995 : *Le Casseur de pierres,* bronze (H. 15) : **CAD 1 100** – Paris, 5 juin 1996 : *Fleuve ou Passage du Rhin,* bronze patine brune (H. 43,5) : **FRF 13 000** – Paris, 20 juin 1996 : *Faucheur assis,* bronze patine brune (13,5x18x14) : **FRF 7 000** – Paris, 14 oct. 1996 : *La Charité,* bronze cire perdue (H. 35) : **FRF 48 000** – Paris, 26 nov. 1996 : *La*

Chute des Titans, bronze patine brune, haut-relief (H. 34, l. 24) : **FRF 20 000** – PARIS, 12 déc. 1996 : *Forgeron martelant une faucille*, bronze patiné (H. 13, L. 16) : **FRF 12 000** – NEW YORK, 9 jan. 1997 : *Nu féminin, étude pour la République*, bronze patine brune (H. 48,3) : **USD 8 625** – PARIS, 16 mai 1997 : *Femme s'essuyant le pied*, bronze patiné, épreuve (H. 35) : **FRF 77 000** – PARIS, 11 juin 1997 : *Maternité ou Parisienne allaitant* 1874, bronze patine brune (H. 46 et L. 35) : **FRF 105 000** – PARIS, 5 juin 1997 : *Paysan relevant ses manches*, bronze patine brune (H. 60) : **FRF 35 000** – PARIS, 18 juin 1997 : *Baigneuse assise se tenant le pied*, bronze patiné, épreuve (H. 32) : **FRF 43 000** – PARIS, 25 sep. 1997 : *Le Prince Impérial enfant*, biscuit (H. 24) : **FRF 10 000** – PARIS, 7 nov. 1997 : *Ariane abandonnée*, bronze patine brune nuancée de vert (H. 20,5) : **FRF 15 000**.

DALOZ Andrée

Née au XXe siècle à Paris. XXe siècle. Travaillant aux Damps, par Pont-de l'Arche (Eure). Française.

Peintre de paysages.

A exposé *Lisière de plaine en hiver* au Salon des Artistes Français de 1928.

DALPAYRAT Adrien Pierre

Né en 1844 à Limoges. XIXe-XXe siècles. Français.

Peintre sur faïence.

A obtenu une médaille d'or à Chicago. Chevalier de la Légion d'honneur en 1900.

MUSÉES : LIMOGES : *Général Carnot – Gambetta*, faïence – NANCY : *Coupe*, grès flammé.

DALRYMPLE Lucille Stevenson

Née le 23 octobre 1882 à Sanousky (Ohio). XXe siècle. Américaine.

Peintre de portraits et miniaturiste.

Elle fut élève de J. Francis Smith et de l'Art Institute de Chicago. Elle est lauréate de l'Académie des Beaux-Arts d'Illinois.

MUSÉES : SPRINGFIELD (State Mus.).

DALSCHAERT Étienne

XVIIIe siècle. Actif à Gand, en 1720. Éc. flamande.

Sculpteur.

DALSGAARD Christen

Né le 30 octobre 1824 à la propriété Krabbesholm (près de Skive). Mort le 11 février 1907 à Sorö. XIXe siècle. Danois.

Peintre de genre.

Élève de l'Académie de Copenhague à partir de 1841. Il étudia en même temps la peinture avec Rörbye.

Il exposa depuis 1847, et il a remporté plusieurs fois le prix Neuhausen. Il fut nommé, en 1862, professeur de dessin à l'Académie de Sorö. Reçu membre de l'Académie des Beaux-Arts en 1872, il fut nommé chevalier de Danebrog en 1879, et reçut le titre de professeur en 1892.

Il appartient à la génération qui forgea le nationalisme danois et il s'appliqua à peindre l'identité des différentes provinces.

MUSÉES : COPENHAGUE : *Matin de jour de Noël chez une paysanne (fermière) – Dans la cabane d'un pêcheur jutlandais – Visite de mormons chez un menuisier de village – Le menuisier apporte le cercueil – Une saisie-gagerie chez un tonnelier de village – Une femme se rendant à l'église après ses couches – Scène devant la porte d'une cabane de pêcheurs – La croix de tombe chez l'artiste de village.*

VENTES PUBLIQUES : COPENHAGUE, 18 fév. 1965 : *L'ordonnance du médecin* : **DKK 14 900** – COPENHAGUE, 26 mars 1968 : *Homme assis devant une porte* : **DKK 3 500** – COPENHAGUE, 19 mars 1969 : *Intérieur rustique* : **DKK 4 500** – COPENHAGUE, 8 sep. 1970 : *Jeune fille écrivant une lettre* : **DKK 14 000** – COPENHAGUE, 6 déc. 1972 : *L'attente* : **DKK 13 600** – COPENHAGUE, 9 nov. 1976 : *Jeune fille lisant une lettre* 1871, h/t (54x44) : **DKK 19 000** – LONDRES, 19 avr. 1978 : *L'Arrivée du prétendant* 1880, h/t (91,5x72,5) : **GBP 6 500** – COPENHAGUE, 28 août 1979 : *Bord de mer animé de personnages* 1885, h/t (50x64) : **DKK 24 000** – COPENHAGUE, 3 juin 1980 : *Jeune fille sur la plage* 1903, h/t (43,5x30,5) : **DKK 10 000** – Copenhague – 7 juin 1983 : *Pêcheur sur la plage* 1871, h/t (63x49) : **DKK 10 500** – COPENHAGUE, 16 jan. 1985 : *L'attente de la lettre*, h/t (23x14,5) : **DKK 44 000** – COPENHAGUE, 18 nov. 1992 : *Paysans de Jylland au soleil couchant* 1848, h/t (76x58) : **DKK 42 000** – COPENHAGUE, 15 nov. 1993 : *Recueillement pendant les psaumes à l'église de Vartov* 1868, h/t (43x34) : **DKK 70 000**.

DALSGAARD Sven

Né en 1914. XXe siècle. Danois.

Peintre, sculpteur. Tendance abstraite.

La construction de ses peintures est abstraite, et pourtant contredite par la représentation, très schématique, de quelques objets, animaux ou personnages, dont les signes qui les constituent s'intègrent géométriquement aux lignes et surfaces structurelles de la composition.

VENTES PUBLIQUES : COPENHAGUE, 24 avr. 1985 : *Figure debout* 1959, bois (H. 123) : **DKK 5 500** – COPENHAGUE, 24 sep. 1986 : *Ved graven* 1953, h/t (182x75) : **DKK 42 000** – COPENHAGUE, 30 sep. 1987 : *Composition* 1956, h/t (140x205) : **DKK 95 000** – COPENHAGUE, 30 nov. 1988 : *Hors de la cité* 1969, h/t (38x32) : **DKK 5 500** – COPENHAGUE, 20 sep. 1989 : *Occupation nocturne* 1958, h/t (54x80) : **DKK 13 000** – COPENHAGUE, 22 nov. 1989 : *Signal* 1959, sculpt. de fer (H. 80) : **DKK 5 000** – COPENHAGUE, 4 déc. 1991 : *Cheval* 1956, peint./pan. (38x51) : **DKK 8 000** – COPENHAGUE, 4 mars 1992 : *« Doden i byen – Tre malerier »* 1953, peint./rés. synth. (31x19) : **DKK 15 000** – COPENHAGUE, 20 mai 1992 : *La visite aux oiseaux* 1944, h/t (100x87) : **DKK 27 000** – COPENHAGUE, 1er déc. 1993 : *« Signeret Billede »* 1965, h/t (91x60) : **DKK 5 500** – COPENHAGUE, 2 mars 1994 : *Figures* 1974, fer et techn. mixte (H. 34) : **DKK 5 000** – COPENHAGUE, 6 déc. 1994 : *Avec des ailes* 1986, peint./contre-plaqué (60x60) : **DKK 6 000** – COPENHAGUE, 22-24 oct. 1997 : *Moblement-Bleu* 1965 ; *Exposition* 1968 ; *Frydenlund* 1963, aquar., trois pièces (chaque 27x19) : **DKK 4 800**.

DALSTROM Gustaf Oscar

Né le 18 janvier 1893 à Gothland (Suède). XXe siècle. Américain.

Peintre, graveur.

Il fut élève de Randall Davey, de Geoges Bellows et de l'Art Institute de Chicago. Il fut membre de la Société des Artistes de Chicago. Il reçut le prix Peterson à l'exposition américaine et scandinave de Chicago en 1929 et la médaille d'or des Artistes de Chicago.

DALTCHEV Lubomir

Né en Bulgarie. XXe siècle. Bulgare.

Sculpteur.

A d'abord étudié la peinture, à Sofia, Rome, Paris et Londres. Sa sculpture tend au style.

DALTON Edwin

XIXe siècle. Actif à Londres. Britannique.

Peintre de miniatures.

Il exposa à la Royal Academy entre 1818 et 1844. Peut-être identique à SMITH (Edwin Dalton).

DALTON Edwin, Mrs, née **Magdalena Ross**

Née en France. XIXe siècle. Vivant à Londres et à Paris dans la première moitié du XIXe siècle. Française.

Peintre.

Exposa, sous son nom de jeune fille, à la Royal Academy et à Suffolk Street, de 1820 à 1841, puis sous son nom de femme jusqu'en 1846, à la seule Royal Academy. Danseuse de l'Opéra, épousée par un Anglais, elle aurait eu auparavant, une liaison avec H. Vernet. Il semble que ce soit à Londres qu'elle connut Delacroix, par l'entremise de Bonnington. Delacroix a laissé d'elle plusieurs portraits, dont un dessin à la mine de plomb, exposé en 1827. Aimée de Delacroix, Mme Dalton voulut peindre à son tour. En 1827, le Salon reçoit son *Paysage avec figures* ; en 1833, elle obtient une deuxième médaille ; elle expose une *Tête de chien de chasse* au Salon de 1840. « Plusieurs de ses paysages, écrit Robaut, ont été légèrement corrigés par le maître et peuvent passer pour des Delacroix ». Il y en aurait eu un d'inscrit sous le nom prestigieux à la vente posthume. Mme Dalton pratiquait aussi la lithographie. Dans une lettre datée d'avril 1833, Delacroix recommande chaudement à Ricourt, directeur de « L'Artiste », les envois au Salon de Mme Dalton.

DALTON Jan

XVIe siècle. Actif à Anvers entre 1520 et 1530. Éc. flamande.

Peintre.

DALTON John

Né en 1792 en Angleterre. XIXe siècle. Travaillait en Suisse entre 1822 et 1837. Britannique.

Peintre.

Dalton envoya souvent des paysages aux expositions de Berne. Il habita Berne, Thoune et séjourna aussi près de Muri, après 1828. Le Musée de Berne conserve de lui la *Maison du fossoyeur*.

VENTES PUBLIQUES : PARIS, 3 déc. 1925 : *Portrait de vieille femme coiffée d'une marmotte*, fus. : **FRF 20**.

DALTON Maud

Née à Londres. XXe siècle. Britannique.

Peintre de figures, aquarelliste.
Elle travaille à Londres. Elle a exposé des figures espagnoles, italiennes et suisses au Salon des Artistes Français de 1933 à 1938.

DALTON Peter C.
Né le 26 décembre 1894 à Buffalo (New York). XXe siècle. Américain.
Sculpteur.
Élève de R.-I. Aitken. Médaille d'or des Allied Artists of America en 1935.

DALTON Richard
Né vers 1715 dans le Cumberland. Mort en 1791 au palais de Saint-James à Londres. XVIIIe siècle. Britannique.
Graveur et dessinateur.
A son retour d'un voyage en Italie et en Grèce, il devint bibliothécaire du prince de Galles, puis gardien des médailles et des dessins royaux ; enfin, en 1778, conservateur des tableaux royaux. Il grava quelques planches d'après Holbein et des statues antiques. On cite aussi 14 études d'après Léonard de Vinci.

DALVIMART Octavian
XIXe siècle. Actif en Angleterre et en France au début du XIXe siècle. Britannique.
Dessinateur et graveur.

DALVIT Oskar
Né le 11 mars 1911 à Zurich. Mort en 1975. XXe siècle. Suisse.
Peintre.
Il étudia les arts graphiques à partir de 1926. Sa première expositon personnelle se tint à Zurich en 1942, suivie de nombreuses autres en Europe et aux États-Unis. Il effectua des voyages d'étude à Paris, Munich, Berlin et en Italie. En 1937, il se consacra exclusivement à son activité artistique, subissant les influences conjuguées d'Otto Meyer-Amdem, de Kandinsky, de l'expressionnisme et des débuts de l'abstraction.
Musées : Amsterdam (Stedelijk Mus.) – Lausanne – New York (Mus. of Mod. Art) – Saint-Gall – Winthertur.
Ventes Publiques : Zurich, 5 mai 1976 : *Composition* 1970, h/t (80x60) : **CHF 3 600** – Zurich, 16 mai 1980 : *« Instrument-figur »* 1947, h/t (75,5x62,5) : **CHF 3 800** – Zurich, 3 juin 1983 : *Gerät* 1950, h/cart. (21x30,5) : **CHF 1 400** – Zurich, 26 mai 1984 : *Sans titre*, sculpt. en bois et cerisier poli (H. 98) : **CHF 1 600** – Zurich, 25 oct. 1989 : *Composition* 1947, techn. mixte/t. (72,2x52,5) : **CHF 2 800** – Zurich, 29 avr. 1992 : *Force vitale* 1960, h/t (110,5x60,5) : **CHF 2 600** – Zurich, 21 avr. 1993 : *Végétatif*, h/t (80x60) : **CHF 1 000** – Lucerne, 20 nov. 1993 : *Nuit de printemps* 1948, h/rés. synth. (30x37) : **CHF 1 000.**

DALWOOD Hubert
Né le 2 juin 1924 à Bristol. XXe siècle. Britannique.
Sculpteur. Figuratif puis abstrait.
Il commença des études d'ingénieur à la Bristol Aeroplane Compagny qu'il suivit jusqu'en 1944 et servit ensuite dans la Royal Navy entre 1944 et 1946. Il fut élève de Kenneth Armitage à la Bath Academy of Art entre 1946 et 1949. Il poursuivit ensuite ses études en Italie pendant deux ans, bénéficiant d'une bourse du gouvernement italien. Il a figuré dans les expositions de sculptures en plein air à Londres en 1957 et à Sonsbeek en 1958. Il exposa personnellement à Londres en 1954, puis en Allemagne, en Suède et à Venise en 1962. Il enseigna à l'Université de Leeds entre 1955 et 1958.
Il utilise les ressources des matériaux les plus variés : béton, bronze, plomb, aluminium. Parti de la forme humaine, corps de femmes massifs et charpentés, il a évolué vers une abstraction de symboles formels, organisés en compositions classiquement équilibrées en bas-reliefs à destination murale. Il a réalisé ensuite des sculptures polychromes.
Bibliogr. : Michael Middlleton, in : *Dictionnaire de la sculpture moderne*, Hazan, Paris, 1960.
Musées : Londres (Tate Gal.) : *Standing draping figures* 1954, sculpt. en pb – *Large objet* 1959, alu.
Ventes Publiques : Londres, 14 déc. 1967 : *Sculpture*, métal : **GBP 120** – Castle Howard, 6 avr. 1968 : *Drapeau* : **GBP 250** – Londres, 21 sep. 1983 : *Abstract*, bronze (H. 37) : **GBP 900** – Londres, 9 nov. 1990 : *Minos* 1962, alu. à patine grise (L. 206) : **GBP 8 800** – New York, 8 nov. 1993 : *Le haut juge*, bronze (59,8x30,5x18,4) : **USD 1 150.**

DALY David Raymond
Né à New York. XXe siècle. Américain.
Peintre.
Il fut membre des Allied Artists et du Salmagundi Club de New York, recevant une mention honorable à l'exposition des Allied Artists en 1937.

DALY Thomas
Né le 5 novembre 1908 à Chicago (Illinois). XXe siècle. Américain.
Peintre.
Élève de l'Art Institute de Chicago. Lauréat en 1934.

DALZIEL Alexander
Né en 1781. Mort en 1832. XIXe siècle. Britannique.
Peintre.
Il travailla à Wooler (Northumberland), puis à Newcastle. Sur 9 enfants, 7 de ses fils et sa fille furent peintres.
Ventes Publiques : Londres, 8 avr. 1935 : *Nature morte* : **GBP 7** – Londres, 1er août 1935 : *Nature morte* : **GBP 5.**

DALZIEL Alexander John
Né en 1814 à Wooler. Mort en 1836 à Newcastle. XIXe siècle. Britannique.
Dessinateur.
Il était le troisième fils d'Alexander.

DALZIEL Edward
Né en 1817 à Wooler. Mort en 1905 à Hampstead. XIXe siècle. Britannique.
Graveur sur bois, peintre et dessinateur.
Il était le cinquième fils d'Alexander. On lui doit de nombreuses illustrations de livres.

DALZIEL Edward Gurden
Né en 1849 à Londres. Mort en 1889. XIXe siècle. Britannique.
Peintre de genre, paysages, aquarelliste, dessinateur.
Il exposa à la Royal Academy des tableaux de genre de 1869 à 1882. Il était le fils d'Edward.
Ventes Publiques : Londres, 16 oct. 1986 : *Le rémouleur* 1875, aquar. reh. de gche (34x43) : **GBP 3 600** – Londres, 25 jan. 1988 : *A Coombe Sydenham à l'ouest du Somerset* 1870, aquar. (83x58) : **GBP 715** – Londres, 31 jan. 1990 : *Ciseaux à repasser* 1875, aquar. et gche (34x42) : **GBP 3 410.**

DALZIEL George
Né en 1815 à Wooler. Mort en 1902 à Londres. XIXe siècle. Britannique.
Graveur sur bois et dessinateur.
Il fut l'élève de Charles Gray. C'était le quatrième fils d'Alexander. Il fonda avec plusieurs de ses frères un atelier de gravure sous la dénomination « Brothers Dalziel ».

DALZIEL Gilbert
Né en 1858 à Londres. XIXe siècle. Britannique.
Peintre et graveur.
Il était le second fils d'Edward. Il exposa des tableaux de genre à la Dubley Gallery entre 1866 et 1882, et grava également pour la firme « Brothers Dalziel » fondée par son père et ses oncles.

DALZIEL Herbert
Né en 1858 à Londres. XIXe siècle. Britannique.
Peintre de genre, aquarelliste.
Il était le fils de Thomas.
Ventes Publiques : Londres, 22 mai 1979 : *Les derniers amis du vieillard* 1876, aquar. et reh. de gche (33x44) : **GBP 1 300.**

DALZIEL James B.
XIXe siècle. Britannique.
Peintre d'animaux, paysages animés, aquarelliste.
Il exposa à Londres entre 1851 et 1908.
Ventes Publiques : Londres, 16 mai 1978 : *Voyageurs sur une route bordée d'arbres*, h/t (71x91,5) : **GBP 100** – Londres, 5 juin 1981 : *Troupeau et berger sur un pont*, h/t (45,7x61) : **GBP 650** – Londres, 18 fév. 1983 : *Personnages et cariole dans un chemin bordé d'arbres*, h/t (71,1x91,5) : **GBP 1 400** – Londres, 27 fév. 1985 : *Biches dans un paysage boisé* 1861, aquar. reh. de gche (50x33) : **GBP 1 000.**

DALZIEL John
Né en 1822 à Wooler. Mort en 1869 à Drigg. XIXe siècle. Britannique.
Graveur sur bois.
Il était le fils d'Alexander et travailla avec ses frères pour la firme « Brothers Dalziel ».

DALZIEL Margaret Jane
Née en 1819 à Wooler. Morte en 1894 à Londres. XIXe siècle. Britannique.
Peintre.
Elle était fille d'Alexander et travailla avec ses frères.

DALZIEL Nau
Né en Écosse. XXe siècle. Britannique.
Peintre.
En 1928, il envoyait au Salon d'Automne : *Le Cirque* et *Portraits de Mme Harrington.*

DALZIEL Owen
Né en 1860 ou 1861 à Londres. Mort en 1942. XIXe-XXe siècles. Britannique.
Peintre de paysages.
Il était fils de Thomas. Il exposa à la Royal Academy entre 1878 et 1904.
Ventes Publiques : Londres, 27 mars 1996 : *Sur la plage,* h/pan. (24x16,5) : **GBP 2 645.**

DALZIEL Robert
Né en 1810 à Wooler. Mort en 1842 à Londres. XIXe siècle. Britannique.
Peintre de portraits et de paysages.
Il travailla à Glasgow et à Edimbourg avant de se fixer à Londres. On le vit exposer à la British Institution entre 1840 et 1842. Il était fils d'Alexander.

DALZIEL Thomas Bolton Gilchrist Septimus
Né en 1823 à Wooler. Mort en 1906 à Herne Bay (Kent). XIXe siècle. Britannique.
Peintre de paysages, aquarelliste, peintre à la gouache, illustrateur.
Il était sans doute le septième fils d'Alexander et travailla avec ses frères pour la firme de gravure « Brothers Dalziel ». On lui doit, en particulier de nombreuses illustrations de livres.
Ventes Publiques : Londres, 16 mai 1978 : *Paysage au crépuscule,* aquar. et reh. de gche (34,5x43) : **GBP 900** – Londres, 31 jan. 1990 : *Retour vers la ferme,* aquar. (47x75) : **GBP 1 980.**

DALZIEL William
Né en 1805 à Wooler. Mort en 1873 à Penarth. XIXe siècle. Britannique.
Peintre.
Il était fils aîné d'Alexander. On lui doit surtout des natures mortes.

DAM von ou **Dahn**
XVIIIe siècle. Allemand.
Sculpteur.
Il était actif à Cologne, vers 1731.

DAM Anthony Van ou **Daame, Damme**
XVIIe siècle. Actif à Middelbourg. Hollandais.
Peintre de marines et dessinateur d'ornements.
En 1669 dans la gilde de Middelbourg.
Ventes Publiques : Amsterdam, 15-16 oct. 1907 : *Jeune femme raccommodant des filets* : **NLG 70.**

DAM Arent Gysbrechtsz Van
Né en 1615. Mort vers 1667 à Leyde. XVIIe siècle. Hollandais.
Peintre.

DAM Jan Van
Né en 1857. Mort en 1927. XIXe-XXe siècles. Actif à Leyde. Hollandais.
Peintre de genre.
Musées : Leyde (Mus. Lakenhal) : *Enfants jouant – Moissonneurs.*
Ventes Publiques : Amsterdam, 3 sep. 1996 : *Travail à la maison,* h/pan. (39x32) : **NLG 5 189.**

DAM Pieter
XVIIIe siècle. Éc. flamande.
Peintre.
Maître à Middelbourg en 1775.

DAM Wouter
Né vers 1726 à Dordrecht. Mort vers 1785 à Dordrecht. XVIIIe siècle. Hollandais.
Peintre animalier, graveur et marchand d'objets d'art.
Élève de Aaart Schouman à La Haye, en 1749. Il fut professeur de dessin.
Ventes Publiques : Londres, 21 jan. 1970 : *Scène de chasse* : **GBP 260.**

DAM Zeger Van
XVIIe-XVIIIe siècles. Actif à Middelbourg entre 1675 et 1708. Hollandais.
Peintre.

DAM VAN ISSELT Lucie Van
Née en 1871 à Berg-op-Zoom (Pays-Bas). Morte en 1949. XIXe-XXe siècles. Hollandaise.
Peintre de portraits, paysages, natures mortes, fleurs et fruits, graveur.
Elle fut élève de l'Académie de La Haye entre 1889 et 1892 puis de l'École des Beaux-Arts de Lyon. Elle fut membre du « Pulchri » à La Haye et du « Haagsche Kunstring ».
Musées : Amsterdam – Arnhem – Eindhoven – Kampen – Middelburg.
Ventes Publiques : Amsterdam, 19 sep. 1989 : *Champignons sur une table de cuisine,* h/cart. (25x40) : **NLG 1 265** – Amsterdam, 17 sep. 1991 : *Zinnias,* h/pan. (26,5x33,5) : **NLG 2 185** – Amsterdam, 11 fév. 1993 : *Nature morte avec un nid sur un entablement,* h/pan. (30x39,5) : **NLG 1 265** – Amsterdam, 19-20 fév. 1997 : *Fleurs dans un vase avec une assiette en porcelaine du Japon et des bijoux,* h/cart. (33,5x44,5) : **NLG 4 382** – Amsterdam, 2-3 juin 1997 : *Nature morte de fleurs,* h/pan. (46,5x37,8) : **NLG 3 540.**

DAM-HAN Van
Né en 1901 à Zalt-Bommel. XXe siècle. Hollandais.
Peintre de portraits et de natures mortes.
Son enseignement se borna aux cours de l'Ecole de dessin de Bois-le-Duc où il obtint le diplôme de professeur dans les écoles publiques. Il était membre du « Brug », que l'on peut qualifier de Salon des Artistes Indépendants hollandais.
Musées : Amsterdam.

DAMADIAN Maya
Née en 1951 à Bucarest. XXe siècle. Belge.
Dessinatrice, graveur, de compositions à personnages.
Son univers onirique est peuplé de créatures mythiques, dieux taurins, sphinx, femmes et hommes, issus des images de l'antiquité et de son imagination.
Bibliogr. : In : *Diction. Biog. ill. des artistes en Belgique depuis 1830,* Arto, 1987.
Musées : Bruxelles – Bucarest (Mus. d'Art de l'État) – Detroit (Mus. d'Art Arménien) – Paris (Cab. des Estampes).

DAMAGNEZ Paul
Né à Amiens (Somme). XXe siècle. Français.
Graveur à l'eau-forte.
Élève de H. Martin, Gervais et Renard ; Sociétaire du Salon des Artistes Français.

DAMAN Nicolas
XVe siècle. Actif à Malines en 1440. Hollandais.
Peintre.

DAMANE-DEMARTRAIS Michel François
Né en 1763 à Paris. Mort le 27 avril 1827 à Paris. XVIIIe-XIXe siècles. Français.
Peintre et graveur.
Cet élève de David envoya en 1780, à l'âge de dix-sept ans, à l'exposition de la Jeunesse : *Un sujet de fête sur un canal.* Il exposa fréquemment au Salon de Paris de 1796 à 1819. Parmi ses tableaux, citons : *L'Étude tourmentée par l'Amour, Le grand Sanhédrin, Russes occupés à briser et à enlever des blocs de glace.* On cite, parmi ses gravures, 24 vues de Naples, des planches pour des Costumes et Usages de Russie.
Ventes Publiques : Paris, 23 avr. 1937 : *Vues de Paris,* gche, série de quatre œuvres ; *Vue du Pont d'Iéna* : **FRF 5 000** ; *Vue sur le grand bassin des Tuileries et le Palais Bourbon* : **FRF 2 900** ; *Vue du Champ-de-Mars et de l'École Militaire* : **FRF 3 100** ; *Vue prise des hauteurs d'Auteuil. Sur la Seine, le village de Grenelle et les Invalides* : **FRF 4 400.**

DAMART Bartholomé
XVIIIe siècle. Actif à Berlin entre 1703 et 1716. Français.
Sculpteur.
Cet artiste était né en France.

DAMART Henriette Marguerite Blanche
Née à Saint-Mard (Seine-et-Marne). XIXe-XXe siècles. Française.
Peintre de marines, de portraits et de fleurs.
Elle fut élève de Tony Robert-Fleury, Odilon Redon et Adolphe Déchenaud. Elle exposa à partir de 1911 au Salon des Artistes Français et figura au Salon d'Automne. En 1920 elle reçut le Prix Galimard-Lambert, une deuxième médaille en 1924, le Prix Pellini en 1931, une première médaille en 1936, le Prix Blanche Roullier en 1937. Elle fut ensuite hors-concours.
Ventes Publiques : Paris, 24 nov. 1928 : *Vase de fleurs,* past. :

FRF 160 - Nancy, 24 juin 1990 : *Sidi-Bou-Saïd*, h/t (37x44) : **FRF 5 000**.

DAMAS
XIXe siècle.
Peintre, aquarelliste.
Il exposa à Berlin en 1802, quelques aquarelles.

DAMAS Eugène
Né en 1848 à Rimogne (Ardennes). Mort en 1917. XIXe-XXe siècles. Français.
Peintre de genre, paysages.
Élève de Cabanel et de l'École des Beaux-Arts. Il débuta au Salon de 1879 avec : *Une Plumeuse*.
Musées : Langres : *Paysage* – Rouen : *L'appel au déjeuner*.
Ventes Publiques : New York, 28 oct. 1982 : *Laboureurs* 1886, h/t (209,5x165) : **USD 2 000**.

DAMASCENE Jean, Père, **an Ti** (nom chinois sous lequel ce père augustin est connu). Voir **AN TAI**

DAMASCENO Michele ou **Damascenos** ou **Damaskinos**
Né en Crète. XVIe siècle. Grec.
Peintre.
Il est l'auteur d'icônes et de décorations murales, datées entre 1571 et 1591, disséminées dans le monde orthodoxe, mais aussi en Italie. On trouve ses œuvres à Candie dans l'église Saint-Ménas, au couvent du Mont Athos, dans les églises Sainte-Catherine du Sinaï et Saint-Spyridon-Flambouriaris de Zante, et à Venise, dans l'église Saint-Georges-des-Grecs. Cet artiste a établi un point de contact avec l'art occidental, puisqu'avec lui l'icône commence à s'occidentaliser. Cependant sa peinture conserve un caractère spécifiquement byzantin ; d'ailleurs, si l'on voit une certaine similitude entre lui et Le Greco, son compatriote, c'est naturellement sous cet angle.
Bibliogr. : K. Papaioannou : *La peinture byzantine et russe*, Rencontre, Lausanne, 1965.

DAMASDY Julius
Né en 1937 en Hongrie. XXe siècle. Actif au Canada. Hongrois.
Sculpteur de figures.
Il se fixa en 1957 à Toronto après avoir fait un tour du monde. Jusqu'en 1964 il étudia au College of Art d'Ontario.
Sa sculpture reste traditionnelle, prenant le corps humain pour thème, utilisant le bronze et l'acier dont il traite la matière, jouant sur les rugosités dans une optique expressionniste.

DAMASSE Louise Denise
Née le 7 octobre 1901 à Houdan (Yvelines). XXe siècle. Française.
Peintre de portraits.
A débuté au Salon des Artistes Français en 1924. Elle est élève de Mlle J. Thil.

DAMAST Claes Cornelisz Van
XVIIe siècle. Actif à Utrecht de 1636 à 1667. Hollandais.
Sculpteur.

DAMAST Johan Van
XVIIe siècle. Actif à Utrecht vers 1685. Hollandais.
Sculpteur.
Il travailla pour l'Académie de cette ville.

DAMATRIOS
IIe siècle avant J.-C. Actif à Rhodes. Antiquité grecque.
Sculpteur.
On connaît seulement son nom par un document épigraphique.

DAMAYE George William
Né en 1875. XXe siècle. Français.
Peintre.
A exposé : *Fontaine Médicis* et *Entrée du port du Havre* à l'Exposition spéciale des Artistes mobilisés, en 1919.

DAMAZY Julian. Voir **JULIAN-DAMAZY**

DAMBACHER V. D.
XVIIIe siècle. Actif dans la seconde moitié du XVIIIe siècle. Hollandais.
Peintre.
On connaît de cet artiste un portrait et des peintures religieuses.

DAMBER Juan
XVIe siècle. Travaillant à Séville en 1578. Espagnol.
Sculpteur.
Collabora avec Juan Picardo à l'ornementation des édifices publics de Séville.

DAMBERG Alexander Konstantinovitch
Né en 1843 à Helsinki. XIXe siècle. Finlandais.
Peintre.
Il fit des tableaux d'histoire et travailla à Saint-Pétersbourg.

DAMBERGER Josef
Né en 1867 à Munich. XIXe siècle. Allemand.
Peintre et graveur.
Il fut l'élève de Diez et de Defregger et travailla toute sa vie dans sa ville natale.

DAMBEZA Léon Eugène Jérôme
Né le 13 octobre 1865 à Paris. XIXe-XXe siècles. Français.
Peintre d'histoire, paysages.
Il travailla d'abord avec Jules Lefebvre et ne s'adonna aux paysages que lorsqu'il connut Harpignies. Il débuta au Salon de 1889 et depuis cette date il exposa régulièrement. Il obtint une mention honorable en 1893. Médaille de troisième classe en 1899. Médaille de bronze en 1900 et une médaille de deuxième classe en 1902. Il figurait au Salon de 1931.
On connaît de lui, en dehors de ses paysages, quelques tableaux d'histoire. Il travailla en Espagne, dans les Ardennes Belges et finalement en Norvège.
Musées : Amiens (Mus. de Picardie) : *La Loire au crépuscule* – Nemours : *Coucher de soleil sur la Loire*.
Ventes Publiques : Paris, 22 fév. 1919 : *Paysage, le soir* : **FRF 305** – Calais, 24 mars 1996 : *Enfant dans le verger*, h/t (46x61) : **FRF 13 000**.

DAMBIELLE ou **d'Ambielle**
XVIIIe siècle. Vivait à Bordeaux vers 1770. Français.
Pastelliste amateur.
Il fut l'un des fondateurs de l'Académie de Bordeaux.

DAMBIERMONT Mary
Née en 1932 à Liège. Morte en 1983 à Bruxelles. XXe siècle. Belge.
Peintre, dessinateur, peintre de cartons de tapisseries. Figuratif.
Elle fut élève de l'Académie de Bruxelles, recevant le prix du Brabant en 1957. Elle réalise des tapisseries qui reprennent les mêmes thèmes que ses œuvres peintes, issus d'une figuration poétique et onirique.
Bibliogr. : In : *Diction. Biog. ill. des artistes en Belgique depuis 1830*, Arto, 1987.
Ventes Publiques : Lokeren, 18 mai 1996 : *Ciel étoilé*, tapisserie (105x249) : **BEF 50 000**.

DAMBLANS Eugène
Né le 14 juillet 1865 à Montevideo (Uruguay). XIXe siècle. Actif et naturalisé en France. Français.
Aquarelliste, graveur au burin et à l'eau-forte.
Élève de G. Buland et Celez, ayant pratiqué la gravure originale. Sociétaire du Salon des Artistes Français.

DAMBOISE Marcel
Né en 1903 à Marseille (Bouches-du-Rhône). XXe siècle. Français.
Sculpteur de figures.
Il a exposé au Salon des Tuileries, au Salon des Artistes Indépendants et à celui d'Automne.
Il entra à l'École des Beaux-Arts de sa ville natale à l'âge de treize ans. De condition modeste, il doit rapidement quitter l'école pour entrer en apprentissage, travaillant le marbre et apprenant le métier de tailleur de pierre. Il vint ensuite s'installer définitivement à Paris. Il retrouve certains artistes marseillais, et profite occasionnellement d'un atelier loué par Louis Dideron à La Ruche. En 1926 il envoie un buste au Salon des Artistes Français. En 1928, il épouse la fille de Georges Dorignac et expose alors régulièrement au Salon des Artistes Indépendants, faisant entre autres la connaissance de Malfray, Cornet, Despiau et Maillol. En 1932 il obtient la bourse de la Villa Abd-El-Tif et séjourne durant trois ans en Algérie. Il y éxécute le monument aux morts de Foundouk et de nombreux travaux personnels. A son retour il expose avec Malfray et Cornet en Suède, recevant le prix des Vikings en 1939. Après la guerre, il reçoit plusieurs commandes de l'état et figure régulièrement dans les différents salons parisiens. Entre 1948 et 1954, il retourne en Algérie et expose à Oran et Alger ; il reçoit également diverses commandes d'architectes, des portraits et de petites figures. En 1954 il est

nommé Professeur chef d'atelier à l'École des Beaux-Arts de Paris. Il a participé à la fondation du Groupe des Neuf en 1963. Il est chevalier de la Légion d'honneur et des Arts et Lettres.
Damboise ne s'est jamais détourné de sa pratique de la taille directe, ni des sujets d'inspiration classique de la sculpture, marquant une prédilection pour la figure humaine.
Bibliogr. : In : *Diction. de la sculpture moderne*, Hazan, Paris, 1960 – Catal. de l'exposition *René Iché et Grands Sculpteurs Contemporains*, Palais des Archevêques, Musée de Narbonne, jul.-sep. 1970.
Musées : Bordeaux – Paris (Mus. d'Art Mod.) : *Buste de jeune fille – Mauresque assise.*
Ventes Publiques : Paris, 27 juin 1995 : *Buste de Jean-Louis Barrault* 1940, bronze cire perdue (H. 50) : **FRF 10 000**.

DAMBOURGEZ Édouard Jean
Né en novembre 1844 à Pau (Basses-Pyrénées). Mort vers 1890. XIXe siècle. Français.
Peintre de genre, paysages, graveur.
Élève de Boulanger et J. Lefebvre. Il débuta au Salon de 1880 avec : *Visite aux caveaux de Saint-Denis.* Sociétaire des Artistes Français depuis 1883. Il obtint une mention honorable en 1888.
Ventes Publiques : Paris, 28 mai 1984 : *Canal à Bruges*, h/t (54x73) : **FRF 4 000** – New York, 19 jan. 1994 : *Une histoire d'après diner* 1882, h/t (81,3x116,8) : **USD 3 220**.

DAMBREVILLE Frédéric
XXe siècle. Français.
Peintre de compositions et de figures.
Ses compositions polychromes et structurées relèvent de l'illustration.
Ventes Publiques : Paris, 13 avr. 1988 : *Puissance 4*, acryl./pap. (150x150) : **FRF 5 500** ; *Le chantier*, past. à l'h. et acryl./pap. (160x120) : **FRF 7 500** – Paris, 12 fév. 1989 : *Sans titre*, past./pap. (160x135) : **FRF 5 000**.

DAMBRIN P. M.
D'origine française. XIXe siècle. Travaillant au début du XIXe siècle à Middelbourg. Hollandais.
Miniaturiste.
Le Musée de Pontoise conserve de lui : Portraits de *Nicolas Petit* et de *Mme Chaulin.*

DAMBRUN Jean
Né en 1741 à Paris. Mort après 1808. XVIIIe siècle. Français.
Graveur au burin.
Cet artiste occupa une place distinguée parmi les burinistes de la fin du XVIIIe siècle. Il exécuta notamment des vignettes d'après Moreau le jeune, Fragonard et Queverdo. Il grava pour le *Monument de Costume*, d'après Moreau, et pour de nombreux almanachs de la fin du XVIIIe siècle. On cite encore de lui : *Le Repos de Diane, Roger et Fleur d'Épine*, d'après G. Reni, *Tangu relevant le Sultan qui vient avec sa fille se soumettre à lui*, planche pour le *Musée français de Filhol*, planches pour *la Galerie de Florence de Wicar*, planche pour le *Voyage pittoresque de Naples et de Sicile.*

DAMBRUN Louise Cécile Madeleine
Née à Paris. XXe siècle. Française.
Peintre de fleurs.
Exposant du Salon des Indépendants.

DAMBRY Pierre, dit **le Marbreur** ou **le Marbreux**
XVIe siècle. Français.
Sculpteur.
Il travailla, en 1536, au château de Fontainebleau et collabora, en 1565, à Paris, sous la direction du Primatice, à l'ornementation du tombeau de Henri II.

DAMBRY Thomas
XVIe siècle. Français.
Sculpteur et peintre.
Sans doute le frère de Pierre Dambry. Il travailla à la peinture et à la sculpture de la grande galerie du château de Fontainebleau, en 1536.

DAMBSMANN Jonas
XVIIe siècle. Actif à Vienne en 1664. Autrichien.
Peintre.
Il décora une chapelle de l'église des Capucins de Vienne.

DAME
XVIe siècle. Allemand.
Peintre.
Il travailla pour la cathédrale d'Osnabrück en 1503.

DAME Cornelis
XVIIe siècle. Hollandais.
Peintre de portraits.
Actif à Delft entre 1630 et 1641, il mourut, semble-t-il, après 1661. Une source non identifiée le signale sans doute père de Dirck et Putman Rietwijk, lui-même portant parfois ce nom dont il n'a pas été possible de trouver trace.

DAME Ernest
Né le 1er octobre 1845 à Saint-Florentin (Yonne). Mort le 22 novembre 1920 à Paris. XIXe-XXe siècles. Français.
Sculpteur de bustes, groupes.
Élève de Lequesne-Cavelier et Guillaume. Il débuta au Salon des Artistes Français et depuis cette date il figura régulièrement aux expositions. Il obtint une médaille de deuxième classe en 1875, une de troisième classe en 1878 ; médaille de bronze à l'Exposition Universelle de 1889 ; médaille de bronze à l'Exposition Universelle de 1900.
On connaît de lui plusieurs monuments, notamment la statue de *Claude Chappe*, boulevard Saint-Germain, *La Charité recueillant la vieillesse*, à l'hospice des Petites Sœurs des pauvres de Levallois-Perret, *Victor Jacquemont*, à l'Hôtel de Ville de Paris. On cite encore d'autres bustes, notamment celui de Raphaël qui se trouve au square de la Guillotière, à Lyon, et ceux de *Camoëns* et *Caldéron.*
Musées : Laon : *Céphale et Procris*, groupe.
Ventes Publiques : Londres, 5 nov. 1987 : *Fugit Amor*, bronze (H. 109) : **GBP 3 000**.

DAME George
Né au XIXe siècle à New York. XIXe siècle. Américain.
Portraitiste.
Ventes Publiques : New York, 6 et 7 avr. 1905 : *Portrait de la princesse Charlotte-Augusta de Galles* : **USD 325** – New York, 21 mars 1906 : *Miss Philips, actrice* : **USD 140**.

DAMEAS
VIe siècle avant J.-C. Actif à Crotone en 540 avant J.-C. Antiquité grecque.
Sculpteur.
Pour Olympie, il fit la statue en bronze du fameux athlète Milon de Crotone.

DAMEAS
Ve siècle avant J.-C. Actif à Clitore en 404 av. J.-C. Antiquité grecque.
Sculpteur.
Il était élève de Polyclète d'Argos. Il fit une statue de Diane et plusieurs statues de Spartiates, vainqueurs d'Ægos-Potamos.

DAMEL Johann
Né en 1780 en Pologne. Mort le 30 août 1840. XIXe siècle. Polonais.
Peintre.
En 1921, un *Portrait* signé de ce peintre figurait à l'Exposition des Artistes Polonais au Salon de la Société Nationale des Beaux-Arts à Paris.

DAMELE E.
XIXe siècle. Actif à Gênes. Italien.
Graveur.
Il grava d'après Le Guide.

DAMELET Johann Heinrich ou **Damelette**
Mort avant 1779. XVIIIe siècle. Actif à Münster à partir de 1749. Allemand.
Peintre.
Il fut peintre de la cour de l'archevêque de Münster.

DAMELINCOURT Hubert
Né en 1884 à Tarbes (Hautes-Pyrenées). Mort en 1917 à Pau (Pyrénées-Atlantiques). XIXe-XXe siècles. Français.
Peintre d'histoire, compositions religieuses, paysages.
Élève de Joseph Castaing à Pau, puis de Bonnat, René-Xavier Prinet et Henri-Martin à l'École des Beaux-Arts de Paris, il travaille ensuite sous la direction de Forain qui a une plus grande influence sur son art.
À ses débuts, il peint des toiles historiques, des panneaux religieux pour des églises, dont celle de Baigts. Mais c'est surtout dans ses vues des Pyrénées, prises sur le vif et peintes sur bois, qu'il montre un métier libre, aux touches larges et nourries. Il a illustré d'aquarelles : *Almaïde d'Etremont* de son ami Francis Jammes.
Bibliogr. : Gérald Schurr, in : *Les Petits Maîtres de la peinture*

1820-1920, valeur de demain, Les Éditions de l'Amateur, t. VII, Paris, 1989.
Musées : Pau (Mus. des Beaux-Arts) : *Le pic d'Anie* 1912.

DAMELLO Marco ou **da Mello**
Né vers 1515 à Feltre. Mort vers 1563. XVIe siècle. Italien.
Peintre.
Il fit ses études à Padoue, puis retourna en 1545 dans sa ville natale. Son œuvre la plus significative est un retable, à l'église Saint-Georges à Bivaï. On lui doit aussi des portraits.

DAMEN Cornelis. Voir **DAME Cornelis**

DAMER Anna Seymour
Née en 1748 à Londres. Morte le 28 mai 1828 à Londres. XVIIIe-XIXe siècles. Britannique.
Sculpteur.
Elle exposa entre 1784 et 1818 à la Royal Academy. On cite d'elle la statue de *George III*, à Edimbourg, le buste de *Nelson*, à l'Hôtel de Ville de Londres, et de nombreux bustes de membres de l'aristocratie anglaise.

DAMERET L.
XVIIe siècle. Hollandais.
Peintre.
On connaît une peinture de cet artiste par une gravure de J.-J. Thruneysens.

DAMERET Luca
Né en Lorraine. Mort en 1667 à Turin. XVIIe siècle. Français.
Peintre de sujets mythologiques.
Sa carrière à la cour de Savoie est parallèle à celle de Charles Dauphin. Tous deux sont nés en Lorraine, Dauphin est répertorié à Turin en 1655 et Dameret l'année suivante. Ils furent également employés par le Prince de Carignan en 1658 et 1659, on les retrouve travaillant au Palais Royal au début des années 1660 et un document du 10 juillet 1665 note que « Lucas Dameret et Dauphin sont des peintres tenus en haute estime ». Il est mort relativement jeune en 1667.
Bibliogr. : M. Di Macco, in : Catalogue de l'exposition *Claude Lorrain et les peintres lorrains en Italie au XVIIe siècle*, Académie de France, Rome, avril-mai 1982.
Ventes Publiques : Londres, 5 juil. 1991 : *Bacchus et Ariane*, h/t (141,8x219,3) : **GBP 46 200**.

DAMERON Emile Charles
Né en 1848 à Paris. Mort en janvier 1908. XIXe siècle. Français.
Peintre de paysages.
Élève de Pelouse et de Troyon, il participa au Salon de Paris de 1872 à 1907, obtenant une troisième médaille en 1878, une deuxième médaille en 1881 et une médaille de bronze à l'Exposition Universelle de Paris en 1889.
Ses paysages des bords de Seine, de Bretagne et de Provence sont peints d'une manière réaliste, néanmoins poétique.

Bibliogr. : Gérald Schurr, in : *Les Petits Maîtres de la peinture 1820-1920, valeur de demain*, Les Éditions de l'Amateur, t. III, Paris, 1976.
Musées : Arras – Liège : *Paysage* – Lyon – Rouen : *Le petit bras de Seine à Villennes* – Semur-en-Auxois : *Aux bords de l'étang*.
Ventes Publiques : Paris, 1895 : *Place de la fontaine à Villeneuve (près de Montreux)* : **FRF 100** – Paris, 28 mars 1904 : *Bois de Malmaison*, dess. : **FRF 650** – Paris, 17-18 oct. 1919 : *Les laveuses à Chauvigny (Vienne)* : **FRF 310** – Paris, 30 nov. 1928 : *Tournant de rivière* : **FRF 410** – Paris, 16 juil. 1942 : *Paysage du Midi* : **FRF 3 700** – Paris, 19 mai 1947 : *Bord de rivière* : **FRF 3 700** – Lucerne, 27 nov. 1970 : *Paysage* : **CHF 1 300** – Paris, 13 oct. 1971 : *Les lavandières* : **FRF 2 100** – Vienne, 19 sep. 1972 : *La marchande de volaille* : **ATS 30 000** – Paris, 22 mars 1976 : *Verger au printemps*, h/t (59x92) : **FRF 5 500** – Zurich, 20 mai 1977 : *L'Entrée du port*, h/pan. (41,5x64,5) : **CHF 2 600** – Berne, 7 mai 1982 : *Paysage fluvial*, h/t (54x73) : **CHF 2 800** – Vienne, 14 mars 1984 : *Nature morte aux chrysanthèmes*, h/t (100,5x81) : **ATS 80 000** – New York, 9 juin 1987 : *Paysage de printemps*, h/t (59x91,5) : **USD 5 500** – Berne, 30 avr. 1988 : *Paysage de rivière* 1884, h/pan. (24x33) : **CHF 3 700** – Londres, 16 fév. 1990 : *Conversation amicale*, h/t (46,3x65,2) : **GBP 3 300** – Stockholm, 14 nov. 1990 : *Paysage estival avec un ruisseau*, h/t (73x101) : **SEK 18 000** – Paris, 29 nov. 1991 : *Paysage breton*, h/t : **FRF 25 000** – New York, 27 mai 1992 : *Paysage de Bretagne*, h/t (56x82) : **USD 12 100** – Calais, 13 déc. 1992 : *Rivière près du village*, h/t (33x40) : **FRF 12 000** – Saint-Jean-Cap-Ferrat, 16 mars 1993 : *Monsieur de Buffon à Montbard*, h/t (96x130) : **FRF 15 000** – Amsterdam, 9 nov. 1993 : *Jour de lessive*, h/t (36,5x54) : **NLG 5 750** – New York, 23-24 mai 1996 : *Étang de Saint-Cucufa* 1889, h/t (149,9x219,7) : **USD 20 700** – Londres, 21 nov. 1997 : *Le nourissage des poulets*, h/t (46,5x65) : **GBP 5 750**.

DAMERON François
Né vers 1835 à Dijon (Côte-d'Or). Mort le 13 août 1900. XIXe siècle. Français.
Sculpteur.
Élève de Jouffroy. Il débuta au Salon de 1873 avec un *Portrait*, buste en plâtre.

DAMERON Roger
Né à Paris. XXe siècle. Français.
Sculpteur de bustes.
Il fut membre du Salon des Artistes Français en 1938, y exposant ensuite régulièrement. Il a réalisé entre autres les *Buste du boxeur L. Thierry* – *Buste de l'actrice Louise Carletti* – *Buste du Dr Paul B.*

DAMERVAL Henri Edmond
Né à Paris. XXe siècle. Français.
Peintre.
En 1920, il exposait au Salon d'Automne : *Les Fortifications à la Porte de Versailles*.

DAMERY Eugène Jean
Né le 14 septembre 1823 à Paris. Mort le 29 août 1853 à Nice. XIXe siècle. Français.
Peintre de portraits.
Élève de P. Delaroche à l'École des Beaux-Arts, où il entra le 7 avril 1838. En 1843 il eut le prix de Rome avec *Œdipe s'exilant de Thèbes*. Il fit surtout des portraits.

DAMERY Jacques
Né en 1619 à Liège. Mort en 1685 à Rome. XVIIe siècle. Éc. flamande.
Peintre de fleurs, de fruits et d'ornements.
Élève de son frère Walther, il alla deux fois en Italie. Il eut un élève à Rome, en 1671, qui lui porta un coup sur les yeux dont il garda toujours la cicatrice. Bellier, d'après Robert-Dumesnil, l'indique à tort comme Français.

DAMERY Jean
XVIIe siècle. Français.
Graveur.
Il travaillait en Italie. Robert-Dumesnil cite de lui une suite de douze vases antiques.

DAMERY Jehan de
Mort en 1380 à Troyes. XIVe siècle. Français.
Peintre et peintre verrier.
On lui doit de remarquables verrières à la cathédrale de Troyes.

DAMERY Simon ou **Damri, Damerier, Dammori**
Né en 1597 probablement à Liège. Mort vers 1640 à Milan. XVIIe siècle. Éc. flamande.
Peintre d'histoire et de portraits.
Fils d'un peintre de même nom et de même prénom ; il alla à Rome, où il fut emprisonné, en 1616, à la suite d'une querelle avec un autre peintre, et à Milan, où il se maria.

DAMERY Walther ou **Gauthier**
Né le 7 mars 1610 à Liège. Mort le 18 février 1672 à Liège. XVIIe siècle. Éc. flamande.
Peintre d'histoire, compositions religieuses, scènes de genre, paysages.
Élève de Antoine Deburto, il passa plusieurs années à Londres vers 1635, en France, en Italie, à Rome, où il fut élève de Pietro Berrettini de Cortona. Pris par des corsaires après un naufrage et emmené à Alger, il fut sauvé et ramené à Toulon par les Récollets. Il revint, en 1644, à Liège, après avoir travaillé à Paris pour les Carmélites de la rue de Vaugirard, pour lesquelles il fit une *Vierge donnant le scapulaire à Saint Simon Stock*.
Musées : Liège : *Vision de Saint Dominique* – Mayence : *Marie*

remettant le scapulaire à Saint Simon Stock – MUNICH : *Saint Norbert recevant de Sainte Marie le scapulaire.*
VENTES PUBLIQUES : PARIS, 18 mars 1985 : *Les voyageuses perdues*, h/t (74x105) : **FRF 26 500.**

DAMESZ Jan ou **Daemsz** ou **Dame de Vet** ou **de Veth**
Né vers 1595. Mort en 1625 à Gouda. XVIIe siècle. Hollandais.
Peintre de portraits.
Peut-être élève de Dirk Crabeth. Voyagea en France et en Italie et travailla à Gouda. Peut-être parent de Jan Daems.
MUSÉES : GOUDA : *Trois tableaux d'arquebusiers.*

DAMETO Y SUREDA DE SAN MARTI Antonio
XIIIe siècle. Actif à Palma de Majorque. Espagnol.
Peintre.
Il était Corregidor et de famille noble. Il fut l'élève de Mezquida et se fit un nom comme paysagiste. Il fit un saint Cayetano pour la chapelle de la Divina Pastora dans l'Église du couvent des Minimes à Palma.

DAMFRIE Nicolas ou **Danfrie**
Mort en 1604 ou 1606. XVIe siècle. Français.
Graveur.
Il était actif à Paris. À rapprocher de Philippe Danfrie.

DAMGAARD-SORENSEN Henning
Né en 1928 à Aalborg. XXe siècle. Danois.
Peintre. Abstrait.
Il est autodidacte. Il exposa au Salon d'Automne à Copenhague en 1950, et dans la manifestation organisée au Grand-Palais à Paris intitulée *Art Danois, 1945-1973* en 1973. Il a présenté ses œuvres lors d'expositions personnelles, à Copenhague en 1965 et 1968, à la Maison du Danemark à Paris en 1969.
La peinture de Damgaard-Sorensen s'inscrit dans la voie ouverte par Malévitch et Mondrian. Sa peinture épurée au maximum se limite à l'emploi de figures géométriques. Il a réalisé des œuvres monumentales intégrées à l'architecture.
BIBLIOGR. : Catal. de l'exposition *Art Danois, 1945-1973*, Galeries Nationales du Grand-Palais, mai-jul. 1973.
VENTES PUBLIQUES : COPENHAGUE, 21 sep. 1994 : *Composition XXI* 1974-75, peint./contre-plaqué (110x147) : **DKK 6 500.**

DAMIAEN
XVIe siècle. Hollandais.
Sculpteur.
En 1535, il travailla à la partie supérieure des orgues dans l'Église de Saint Bavo à Haarlem.

DAMIAEN Van Gouda
XVIe-XVIIe siècles. Espagnol.
Peintre.
Il fut l'élève de Franz Floris et archer du roi d'Espagne Philippe II.

DAMIAN Hieronymus ou **Dameon** ou **Tomeran** ou **Thombion**
Originaire de Malines. Mort en 1623. XVIe-XVIIe siècles. Éc. flamande.
Sculpteur.
Depuis 1576, à la Cour de Munich. On cite de lui une *Madone avec Jésus* en marbre italien, une *Vierge* pour le palais de la Résidence, une *Flagellation* en ivoire.

DAMIAN Horia
Né le 27 février 1922 à Bucarest. XXe siècle. Depuis 1946 actif en France. Roumain.
Peintre, sculpteur, sculpteur d'assemblages et de compositions monumentales. Abstrait.
Il suivit pendant six mois les cours de l'École d'Architecture de Bucarest. La même année il expose au Salon officiel où il reçoit le premier prix de dessin. Il a figuré dans de nombreuses expositions collectives en Roumanie, France, Autriche, Norvège, Italie, au Japon, au Brésil et aux États-Unis, notamment à la Biennale de Venise en 1942, à la biennale de Sao Paulo en 1973 où il reçu le prix Communicaçao, au festival d'Osaka, etc. Il a exposé personnellement à partir de 1942 en Roumanie mais également à l'étranger : à partir de 1956 à la galerie Stadler à Paris, en 1972 au Musée d'Art Moderne de la Ville de Paris, en 1974 à la Neue Gallery Sammlung Ludwig d'Aix la Chapelle, en 1976 au Solomon R. Guggenheim Museum de New York, en 1980 au Centre Georges Pompidou à Paris et à l'Art Institute de Chicago, en 1983 au Grand-Palais à Paris avec Jean-Pierre Raynaud, en 1985 à la galerie Gilbert Browstone à Paris et au Musée d'Art Moderne de Villeneuve d'Ascq.
En 1946 il reçut le prix Anastase Simu, obtint une bourse d'études à Paris et quitta définitivement la Roumanie. Il s'inscrivit à l'atelier d'André Lhote puis à l'École de Fernand Léger, pour lequel il réalisa 17 vitraux destinés à l'église d'Audincourt. Il a peint des constructions antiques, des *Mastabas* ou *La ville d'Alexandre*, des constructions stellaires qui évoquent le mystère du cosmos... autant de descriptions précises d'un monde passé vu sur le mode de l'onirique, que l'on a pu comparer aux visions de Piranèse. Cet aspect de son travail rejoint naturellement le monumental. En 1951 il fait la connaissance de Jean Herbin et subit l'influence du néo-plasticisme. En 1974 il a réalisé la maquette pour l'entrée monumentale du théatre-musée de Salvador Dali à Figueras en Espagne et en a surveillé l'éxécution. En 1985, dans le cadre de l'action *7 Fontaines en France*, il a été choisi avec six autres artistes pour la réalisation du programme, à sa charge revenant la construction d'une colonne de 7,50 m pour la ville de St-Denis.
BIBLIOGR. : In : Ionel Jianou, *Les artistes roumains en Occident*, American Romanian Academy of Arts and Sciences, Los Angeles, 1986.
MUSÉES : AMSTERDAM (Stedelijk Mus.) – ÉDIMBOURG (Nat. Gal.) – NEW YORK (Mus. of Mod. Art) – PARIS (Mus. d'Art Mod. de la Ville) – PARIS (Mus. Nat. d'Art Mod.).
VENTES PUBLIQUES : NEW YORK, 17 juil. 1980 : *Composition rouge n° 12* 1959, techn. mixte (146,6x129,5) : **USD 500** – PARIS, 14 oct. 1984 : *Signe* 1960, h/t (80x80) : **FRF 6 000** – PARIS, 25 mars 1985 : *Rose au fond gris* 1961, h/t (146x132) : **FRF 26 000** – NEW YORK, 16 déc. 1987 : *Composition rose et grise* 1957, h/t (106x97,1) : **USD 2 200** – PARIS, 20 mars 1988 : *Composition*, h/pap. (51,5x44) : **FRF 11 500** ; *Composition*, techn. mixte/pap. (57x42) : **FRF 5 500** – PARIS, 18 mai 1988 : *Grand rouge* 1961, h/t (220x165) : **FRF 26 000** – PARIS, 23 juin 1988 : *Composition* 1954, h/t (81x60) : **FRF 5 500** – PARIS, 23 juin 1989 : *Composition rouge* 1960, h. et matière/pan. (173x153) : **FRF 45 000** – PARIS, 7 mars 1990 : *Construction blanche, rose et noir*, techn. mixte/cart. (62x49) : **FRF 20 000** – PARIS, 23 avr. 1990 : *Composition abstraite* 1955, h/t (46x121) : **FRF 25 000** – PARIS, 19 avr. 1991 : *Composition bleue* 1960, techn. mixte/pap. /cart. (64x49) : **FRF 8 800** – AMSTERDAM, 22 mai 1991 : *Comme un tapis de prières* 1962, h. et techn. mixte/t. (161x130) : **NLG 7 475** – PARIS, 19 jan. 1992 : *Composition* 1960, h/cart. (63,5x49) : **FRF 8 000.**

DAMIAN Johann
Originaire de Malines. Mort en 1626. XVIIe siècle. Éc. flamande.
Sculpteur.
Fils de Hieronymus. Il fut maître à Munich en 1610. On cite de lui un *Christ* en 1621 et en 1623, une *Mise en croix avec Marie et saint Jean* pour le duc Albert VI.

DAMIAN Pierre
XVe siècle. Français.
Miniaturiste.
Cité par Siret à Rouen.

DAMIAN-EYRIGNOUX Monica
Née le 22 septembre 1936 à Cluj-Napoca (Roumanie). XXe siècle. Depuis 1980 active en France. Roumaine.
Sculpteur verrier.
Elle est diplômée de l'Institut d'Arts Plastiques N. Grigorescu de Bucarest. En 1967 elle obtient une bourse d'études de l'État, et recevra de nombreux prix de l'État roumain. Entre 1970 et 1974 elle enseigne l'art du verre à la faculté d'Arts Décoratifs de Bucarest et de 1974 à 1975 la décoration-volume à l'École Nationale Supérieure des Beaux-Arts de Constantine, en Algérie, en tant que professeur coopérant. Depuis 1980, mariée à un français elle vit en Normandie. Elle est membre fondateur de l'International Committee of Artists in Glass et Présidente de l'Association « Renouveau de l'Art du Verre de la Haute-Normandie ». Elle a organisé en 1984 la Rencontre Internationale de l'Art du Verre à Rouen et en 1985 l'exposition Art du Verre-Actualité Internationale. Elle a exposé personnellement en 1973 à la galerie Apollo de Bucarest, et en 1984 à la galerie Home à Bâle.
Elle maîtrise parfaitement la technique de l'art du verre et travaille avec la volonté de lui insufler un renouveau ; elle emploie le verre à chaud, le découpe à la scie, polit les pièces découpées, les assemble ou les colle à froid, pour édifier des structures complexes, qui « sculptent l'espace ».
BIBLIOGR. : In : Ionel Jianou, *Les artistes roumains en Occident*, *American Romanian Academy of Arts and Sciences*, Los Angeles, 1986.

DAMIANAKES Clio
Née à Berkeley (Californie). XXe siècle. Américaine.
Peintre et graveur.
Membre de la Société des graveurs de Chicago, elle reçut une médaille en 1922. Elle a réalisé des décorations murales.
Musées : Chicago (Art Inst.) – Toronto.

DAMIANAKIS Nicolas
Né le 26 juin 1920 à La Canée (Crète). XXe siècle. Depuis 1957 actif en France. Grec.
Peintre, graveur, aquarelliste. Abstrait puis figuratif-expressionniste.
Il fut étudiant à l'École des Beaux-Arts d'Athènes de 1950 à 1956 et, en 1957 et 1958 à celle de Paris. Il a figuré dans plusieurs expositions collectives parmi lesquelles : en 1952-1969-1971-1973-1975 l'Exposition Nationale à Athènes, en 1955 *La Grèce vivante* au Musée d'Art et d'Histoire de Genève, en 1960 et 1961 le Salon d'Automne, en 1963 *La jeune gravure contemporaine* au Musée National d'Art Moderne, en 1966 à Karlstaadt et Göteborg en Suède, en 1969 la 10e Biennale Panhellénique d'Athènes et en 1971 la 11ème puis les suivantes, en 1971 et 1973 à la Biennale de l'île de Crète, en 1975 au Salon de la Société Nationale des Beaux-Arts à Paris, en 1976 au Salon Comparaison à Paris. Il a exposé personnellement dans des galeries à Paris, en 1990 une rétrospective s'est tenue au Musée d'Art et d'Histoire de la Citadelle à Villefranche-sur-Mer.
Parti d'une abstraction gestuelle très colorée, il a évolué vers une figuration expressionniste, dominée par la figure de la femme, emblème de la Méditerranée.
Bibliogr. : Catalogue de l'exposition *Damianakis*, Mus. d'Art et d'Hist., Citadelle de Villefranche-sur-Mer, 1990.
Musées : Genève (Mus. d'Art et d'Hist.) – Le Havre (Mais. de la Culture) – Saint-Brieuc (Mus. de l'Hôtel-de-Ville) – Villefranche-sur-Mer (Mus. de la Citadelle) : un ensemble rétrospectif.
Ventes Publiques : Paris, 13 juin 1990 : *Personnages* 1961, techn. mixte : **FRF 4 000**.

DAMIANI Felice
Né en 1530 à Gubbio. Mort en 1608. XVIe siècle. Travaillait en Italie à la fin du XVIe siècle. Italien.
Peintre.
Certains biographes estiment qu'il convient de classer Damiani parmi les maîtres vénitiens. Son tableau : *La Circoncision* rappelle cette école. Mais, en général, il penche vers le goût romain. Peut-être même eut-il pour maître Beneditto Nucci. Un de ses meilleurs tableaux, daté de 1584 : *La Décollation de saint Paul*, se trouve à Castel Nuovo, à Recanati. L'expression en est remarquable, le coloris brillant et harmonieux. On cite encore : *Le Baptême de saint Augustin*, peint en 1594, pour l'église Saint-Augustin, à Gubbio.

DAMIANI Jorge
Né en 1931 à Gênes. XXe siècle. Uruguayen.
Peintre et graveur. Figuratif puis tendance abstrait.
Il commença ses études en autodidacte puis en 1951 s'inscrivit à l'Académie Bréra de Milan où il resta deux ans. Revenu en Uruguay, il exposa dans les différents salons annuels d'Amérique Latine. Il reçut plusieurs distinctions parmi lesquelles une bourse de la Fondation Guggenheim qui lui permit d'exposer à New York à partir de 1960.
Evoluant de la figuration aux limites de l'abstraction, il garde toutefois le contact avec la réalité, source de son inspiration.
Ventes Publiques : New York, 23-24 nov. 1993 : *Nocturne* 1991, acryl./t. (89x116) : **USD 9 775**.

DAMIANO
XVe siècle. Italien.
Miniaturiste.
Il travailla à la décoration de la Cantoria de l'Abbaye Torrechiara en 1475.

DAMIANO
XVIIe siècle. Actif à Rome. Italien.
Peintre.
Son nom se trouve dans le registre des morts à l'occasion du décès de sa femme le 26 avril 1615.

DAMIANO Bernard
Né le 10 janvier 1926 à Cuneo (Italie). XXe siècle. Actif en France. Italien.
Peintre de figures, de nus et de compositions. Tendance expressionniste.
Il a figuré dans plusieurs expositions collectives parmi lesquelles on peut citer : en 1960 la Biennale de Menton, le Salon d'Automne et la Maison de la Culture de Moscou, en 1962 le Salon d'Automne, en 1963 à la Biennale de Paris, en 1964-1966-1970 à la Biennale de Menton. Il a exposé personnellement à partir de 1958 dans des galeries à Nice, Cannes, Paris (Galerie Bernheim Jeune, Galerie Expression, Galerie Pascal Odille), Stockholm, Genève, Lausanne et Zurich. En 1995, le Centre pour l'Art Contemporain de Milan lui a consacré une importante rétrospective.
Il est particulièrement difficile de classer les œuvres de Damiano selon des périodes ou des styles bien définis, tant elles font preuve de spontanéité et de liberté vis-à-vis des systèmes qui accompagnent souvent l'art. L'artiste contribue d'ailleurs lui-même à brouiller les cartes, en ne datant jamais ses œuvres, en les reprenant après des années, et en s'abstenant de tout commentaire. On peut cependant, prudemment, établir des rapprochements qui doivent plus à des « affinités électives » qu'à de véritables effets de mode, et n'altèrent en rien l'unité de l'œuvre. Les débuts de la production de Damiano ne sont pas sans évoquer le Jean Dubuffet « brut » ou les œuvres du groupe Cobra, bien que ce dernier fasse preuve d'une rupture bien plus radicale avec la peinture du passé. Damiano reste en effet toujours attaché à un art formel, et il éprouve le besoin de se frotter à des sujets et des personnages traditionnels, en particulier religieux. Dans les années 70-80, son inspiration devient plus franchement expressionniste, et la rapidité d'exécution, le flamboiement de chairs vives sur des fonds sombres, l'usage répété du trait-couleur le rapprochent de deux grands maîtres qu'il se reconnaît volontiers : Soutine et Van Gogh. Dans les œuvres de cette période, le sacré et le morbide se fondent dans une sorte d'obsession sauvage. Aujourd'hui, Damiano demeure à la fois un précurseur et un marginal ; Martina Corgnati déclare à son propos : « Il ne fait aucun doute que le monde actuel de l'art fait désormais radicalement abstraction de tout propos abstrait ayant trait à la qualité. Et c'est précisément le chemin que Damiano a choisi, décidant de rester obstinément marginal par rapport à des groupes tels que Cobra et refusant de compromettre le traditionalisme diligent de sa *manière* au contact d'autres pratiques plus superficiellement à la page. (...) Damiano est étranger à la trans-avant-garde et à ses congénères de par son manque total de conceptualisme, de citations du passé, de par l'intérêt et l'amour qu'il porte à la bonne peinture et non à la mauvaise. Toutefois ses représentations impétueuses occupent de droit une place dans l'actualité figurative qui émerge avec décision sur la scène actuelle de l'art ». Ajoutons que l'art de Damiano, sans qu'il l'ait particulièrement cherché, se trouve particulièrement en phase avec le regain d'intérêt pour tous les expressionnismes. ■ A. G.
Bibliogr. : *Bernard Damiano*, catalogue de l'exposition rétrospective de Milan en 1995, Electa, Milan, 1995 – cat. de l'exposition à la Galerie Loft, Nice, 1994 – F. Altmann, *Bernard Damiano, le Solitaire*, cat. de l'exposition à la Salle des Dominicains, Saint-Emilion, 1993.
Ventes Publiques : Milan, 26 mai 1986 : *Sans titre*, h/t (87x67) : **ITL 1 350 000** – Versailles, 11 jan. 1989 : *Clown*, h/t (92x65) : **FRF 3 500** – Paris, 19 mars 1989 : *Paysage*, h/t (74x61) : **FRF 6 500** – Neuilly, 5 déc. 1989 : *Nu à la plage*, h/pan. (70x80) : **FRF 14 000** – Paris, 23 avr. 1990 : *Port de Nice* 1985, h/pan. (66x69) : **FRF 7 500** – Montauban, 10 mai 1992 : *Portrait de Chantal la Russe*, h/t (130x97) : **FRF 28 500** – Montauban, 6 nov. 1994 : *Hommage à Van Gogh*, h/t (147x114) : **FRF 57 000** – Montauban, 22 oct. 1995 : *Femmes à la fenêtre*, h/t et pap. froissé (114x46) : **FRF 51 000** – Libourne, 18 juin 1996 : *Autoportrait*, h/pan. (100x81) : **FRF 29 000**.

DAMIANO di Bartolommeo
XVIe siècle. Actif à Sienne. Italien.
Peintre.
Il se maria en 1549.

DAMIANO da Bergamo
Mort en 1549. XVIe siècle. Italien.
Peintre.
Membre de l'ordre de Saint Dominique, il travailla à Bologne avec grand succès.

DAMIANO da Parma
XVIe siècle. Actif à Reggio et à Bologne. Italien.
Miniaturiste.
Le Musée de San Petronio à Bologne conserve deux livres de cantiques décorés par lui.

DAMIANOS Constantin
Né le 3 janvier 1869 à Vienne. XIXe siècle. Autrichien.
Paysagiste.
Élève de l'Académie de Vienne où il fut l'élève de Lichtenfels. Médaille d'or en 1895. Prix en 1896. Prix de l'État en 1905.
MUSÉES : GRAZ : *Soleil couchant sur un champ.*

DAMICO Victor E.
Né le 19 mai 1904 à New York. XXe siècle. Américain.
Peintre.
Il fut élève de la Columbia University et membre de l'American Artists Congress. Une *Madone* est conservée à la Bibliothèque de New York. Il a écrit des articles sur l'art et a été professeur.

DAMIEN Antony
Né en 1858 à Paris. Mort en 1943 à Fontainebleau. XIXe-XXe siècles. Français.
Peintre de paysages, paysages urbains. Postimpressionniste.
Il exposa au Salon de la Société Nationale des Beaux-Arts en 1890, 1921 et 1922. Il a peint des paysages dans la tradition des impressionnistes, attentif aux variations de la lumière et aux changements climatiques. Il aimait décrire Paris et ses environs.
BIBLIOGR. : In : Gérald Schürr, *Les petits maîtres de la peinture*, Tome IV, Ed. de l'Amteur, 1979.
VENTES PUBLIQUES : PARIS, 31 mai 1926 : *Place Saint-André-des-Arts à Paris* : **FRF 320** ; *Place de la Bastille à Paris* : **FRF 320** ; *Route ronde (Forêt de Fontainebleau)* : **FRF 415** – PARIS, 6 fév. 1929 : *La Place de la Bastille* : **FRF 175** – PARIS, 3 mai 1930 : *Place de la Bastille* : **FRF 50** – SAINT-DIÉ, 15 mars 1981 : *Les petits ramasseurs de fagots*, h/pan. (28x34) : **FRF 6 500** – FONTAINEBLEAU, 24 nov. 1985 : *Vue de Paris*, h/pan. (61x73) : **FRF 10 000**.

DAMIEN Martin
Originaire de Guise. XVIIe siècle. Français.
Sculpteur.
Il fit, en 1618, la tombe d'un chanoine dans l'église Notre-Dame de Laon et, la même année, il exécuta une table d'autel pour l'église de Montcornet (Aisne). Il alla à Sens, puis à Amiens, où il fit, en 1620, le tombeau du grand vicaire de l'évêché, Adrien Pécoul. Pour le cloître de l'abbaye de Corbie, il exécuta, en 1621, un monument : l'*Assomption de la Vierge*. Enfin, en 1626, il acheva un jubé dans l'église de l'abbaye de Saint-Martin-aux-Jumeaux.

DAMIEN de Gouda. Voir **DAMIAEN Van Gouda**

DAMIENS Andrieu
XVe siècle. Éc. flamande.
Peintre.
Il fut nommé maître de l'Académie Saint-Luc à Tournai en 1428.

DAMIENS Joseph
XVIIe siècle. Actif à Anvers. Éc. flamande.
Peintre miniaturiste.
Il devint maître en 1651-52.

DAMIENS Pierre
Né en 1824 à St-Germain-d'Arcé (Sarthe). Mort en 1902. XIXe siècle. Français.
Sculpteur.
Élève de M. Bonnassieux. Il figura au Salon de Paris de 1849 à 1861, date à laquelle il a dû cesser de produire.

DAMIN Victor Louis Adolphe
XXe siècle. Français.
Peintre.
Il fut membre du Salon des Artistes Français en 1920.

DAMINI Damina
XVIIe siècle. Active dans la première moitié du XVIIe siècle. Italienne.
Peintre.
Elle était la sœur de Pietro et de Giorgio Damini. Elle peignit les 12 Apôtres dans l'Église S. Liberale à Castel Franco.

DAMINI Giorgio ou **Damiano**
Mort le 28 juillet 1631 à Padoue, de la peste. XVIIe siècle. Italien.
Peintre de genre et de portraits.
Frère de Pietro Damini. Il fut un excellent peintre de portraits et de tableaux à petites figures.

DAMINI Pietro ou **Damiano**
Né en 1592 à Castelfranco. Mort le 28 juillet 1631 à Venise, de la peste. XVIIe siècle. Italien.
Peintre de sujets mythologiques, compositions religieuses, portraits, dessinateur.
Il apprit, comme son frère Giorgio, l'art de peindre de Giovanni-Battista Novelli, élève de Palma, et montra de bonne heure de si grandes aptitudes pour son art que certains auteurs ont dit qu'il aurait égalé le Titien s'il n'était pas mort si jeune. Lanzi fait remarquer fort justement qu'il faut considérer cette comparaison comme une hyperbole.
Dès l'âge de vingt ans, Damini s'établit à Padoue, où l'on peut voir encore un grand nombre de ses ouvrages. Il en est de même à Castelfranco, Vicence et Crémone. Damini étudia les grands maîtres dans leurs tableaux et dans les estampes, et si, d'après ce qu'on dit, cet exercice l'empêcha de tomber dans l'affectation qui gagnait les peintres de son époque, en revanche il ne lui fit pas éviter un coloris auquel on reproche de la crudité.
MUSÉES : KASSEL : *Jugement de Midas – Le sacrifice d'Abraham* – Esquisse – PADOUE (Mus. Civico) – VENISE (Gal. roy.) : *L'Ange gardien protégeant le passage des âmes des fidèles.*
VENTES PUBLIQUES : LONDRES, 9 déc. 1982 : *La conversion de saint Paul*, craie noire, pl. et lav. (25,4x11,9) : **GBP 1 900** – LONDRES, 20 juil. 1990 : *Les Saints patrons de Padoue : Antoine, Justine, Daniel avec la Sainte Trinité et un panorama de la ville*, h/cuivre (27,5x35) : **GBP 8 800** – ROME, 22 nov. 1994 : *Portrait commémoratif des personnages de la famille Tisoni*, h/t (151,5x409) : **ITL 41 400 000**.

DAMINI Vincenzo
Né probablement à Venise. XVIIIe siècle. Italien.
Peintre de portraits.
On croit qu'il fut élève de Pellegrini. Il résida à Londres de 1720 à 1730. Il partit pour l'Italie avec son élève Hussey. Il séjourna à Aquila, où dans nombre d'églises nous retrouvons de ses œuvres.
VENTES PUBLIQUES : VIENNE, 19 mars 1968 : *La Sainte Famille* : **ATS 35 000**.

DAMIOT Jacqueline
Née au XXe siècle à Lèves, près de Chartres (Eure-et-Loir). XXe siècle. Française.
Peintre de paysages.
Exposant du Salon des Artistes Français.

DAMIRON Hortense
Née en 1945 à Paris. XXe siècle. Française.
Peintre.
Elle fit ses études à l'École Nationale des Beaux-Arts de Paris. Elle a figuré dans plusieurs expositions collectives, en 1969 à la galerie Katia Granoff et en 1970 à la galerie Weil à Paris, en 1973 à la 8e Biennale des jeunes à Paris. Elle a exposé personnellement en 1970 à la galerie Berthier à Paris.
VENTES PUBLIQUES : PARIS, 13 oct. 1987 : *La forêt*, h/t (54x73) : **FRF 13 500** – PARIS, 8 oct. 1989 : *Sans titre* 1989, acryl./cart. (18,5x21) : **FRF 3 500**.

DAMIS Amédée Gustave François
Né en 1811 à Bruges. Mort en 1851. XIXe siècle. Belge.
Peintre de natures mortes, fleurs et fruits, sculpteur.
Il était élève de Redouté. Exposa au Salon de Paris, de 1846 à 1848, des fleurs et des fruits. Plusieurs de ses œuvres sculptées décorent des églises de Paris.
VENTES PUBLIQUES : LONDRES, 11 avr. 1995 : *Nature morte de fleurs dans un vase*, h/t (35x28) : **GBP 3 450**.

DAMIS Y CARTES Joaquin
Né à Cadix. XIXe siècle. Espagnol.
Peintre d'histoire, de portraits et de paysages.
Élève à Cadix, de l'Académie des Beaux-Arts. Il exposa dans cette ville et à Madrid à partir de 1869.

DAMJANOVIC Radomir ou **Damnajovic**
Né en 1936 à Mostar. XXe siècle. Yougoslave.
Peintre. Abstrait.
Il fit ses études à l'Académie des Beaux-Arts de Belgrade à partir de 1957. Il a figuré en 1963 à la Documenta de Cassel, à la Biennale de Paris en 1965 et à celle de Venise en 1966. Depuis 1958 il expose personnellement à Belgrade, Zagreb, Split et Florence. Son œuvre se compose de deux ensembles de tableaux : les uns peuvent évoquer des paysages, dominés par un vaste ciel bas au dessous duquel s'étend une côte sablonneuse et des fragments de sols porteurs de diagrammes, de signaux et de symboles. Les autres sont des natures mortes d'objets imaginaires ou du moins inutilisables, peints dans une gamme chromatique aux accords de tons volontairement heurtés et violents. L'œuvre de Dam-

janovic trouve sa spécificité dans ce mélange d'abstraction et d'onirisme.
Bibliogr. : In : *Diction. Univ. de la peinture*, Tome 2, Le Robert, Paris, 1975.
Musées : Belgrade – Fiume – Paris (Mus. Nat. d'Art Mod.) : *Plage* 1961 – Split – Zagreb.

DAMKE Bernd
Né en 1939 à Gräfendorf. xxe siècle. Allemand.
Peintre. Abstrait-géométrique.
Entre 1959 et 1963 il étudie à Berlin auprès de Fred Thieler. Sa première exposition se tint à Francfort en 1965 ; il exposa ensuite à Berlin, à Hanovre, à nouveau à Francfort en 1967.
Ses toiles abstraites à tendance géométrique fonctionnent à partir d'une même forme légèrement incurvée, disposée en séries, mais dont la continuité est soudainement brisée sur la toile.
Ventes Publiques : Cologne, 3 déc. 1985 : *GS I-62* 1962, acryl./pan. (130x115) : **DEM 2 000** – Cologne, 31 mai 1986 : *Triple 9/70 (GGB)* 1970, acryl./t. (100x120) : **DEM 1 800**.

DAMKO Jozsef
Né le 16 octobre 1872 à Nemet-Proua. xixe-xxe siècles. Hongrois.
Sculpteur.
Il fit ses études artistiques à Budapest où il vécut. Il exposa très fréquemment, recevant une médaille à Londres. Concourrant pour le monument funéraire du Pape Sylvestre II, il obtint le prix et la commande.

DAMLERIN Sébastien
Né à Nancy. xviie siècle. Français.
Artiste.
Travailla à Rome en 1681.

DAMM John ou **Johan Federik**
Né le 24 avril 1820 à Gothebourg. Mort le 10 avril 1894 à Helsingör. xixe siècle. Danois.
Peintre de fleurs.
Élève à Helsingör, il y apprit la peinture industrielle et vint en 1840 à l'Académie de Copenhague où, sur le conseil de Ottesen, il étudia de préférence la peinture de fleurs. La maladie de son père l'obligea à retourner à Helsingör en 1849 où il se fixa. Depuis ce temps, il y vécut comme professeur de dessin. Ses expositions furent, après l'année 1851, peu nombreuses.
Musées : Copenhague (Gal. roy.).
Ventes Publiques : Londres, 26 nov. 1986 : *Vase de fleurs sur un entablement de marbre* 1847, h/t (62x51) : **GBP 20 000**.

DAMM Mathias Van
xviiie siècle. Actif à Cologne. Allemand.
Peintre.
Il fit partie de la corporation à partir du 20 mai 1708. Les peintures du Grand Autel de l'église protestante de Saint-Alban lui sont attribuées.

DAMMAN Benjamin Louis Auguste
Né le 26 janvier 1835 à Dunkerque (Nord). xixe siècle. Français.
Peintre et graveur.
Élève de Robert-Fleury et de Charles Waltner. Il débuta comme peintre au Salon de 1868 et n'exposa que huit ans après comme aquafortiste : *Catherine de Médicis*, d'après Diaz. Ce fut surtout Millet qu'il interpréta. Il obtint comme graveur une médaille de troisième classe en 1879, médaille de deuxième classe en 1883 ; médaille de bronze à l'Exposition Universelle de 1900. Le Musée de Dunkerque conserve de lui : *Femme nue, Le père Étienne, supérieur des Lazaristes* et *Berger au milieu de ses moutons*.

DAMMAN Henderyck
xviie siècle. Italien.
Peintre.
Il devint maître en 1642 à Gênes.

DAMMAN Paul Marcel
Né le 13 juin 1885 à Montgeron (Seine-et-Oise). Mort en 1939. xxe siècle. Français.
Sculpteur et graveur.
Il fut élève de Jules Chaplain. Il reçut le Prix de Rome en 1908, une première médaille en 1921, une médaille d'honneur en 1928. Il fut ensuite hors-concours et chevalier de la Légion d'honneur en 1925.
On a vanté la grâce des figures féminines de ses plaquettes.
Musées : New York (Mus. Numismatique) – Paris (Monnaie).

DAMMANN Hans
Né le 16 juin 1867 à Proskau (Silésie). xixe-xxe siècles. Allemand.
Sculpteur.
Il fit ses études à l'École Technique Supérieure de Hanovre. Il fut ensuite l'élève de Gerh. Janensh et de Peter Breuer à Berlin. Il fit surtout des monuments funéraires et quelques bustes officiels, notamment celui du ministre de la Justice Schön Ikott, et celui du Kaiser en Uhlan.

DAMMANN Johann August
xviiie siècle. Actif à Berlin. Allemand.
Peintre de portraits.
Il travaillait également le cuivre. On connaît de lui 5 grands médaillons de cuivre dorés dont deux représentent Frédéric Guillaume I et son épouse Sophie Dorothée.

DAMMARTIN Drouet de ou **Dampmartin**
Mort en février 1413 à Jargeau (Loiret). xive-xve siècles. Français.
Sculpteur et architecte.
En 1365, il travailla au vieux Louvre comme élève de Raymond du Temple ; trois ans après, il alla à Bourges, où il entra, avec son frère Guy, au service du duc Jean de Berry. Il visita, à titre d'expert, en 1380, la maçonnerie de la cathédrale de Troyes. En 1383, il fut nommé maître général des œuvres du duc de Bourgogne et vint, en cette qualité, à Dijon, pour y diriger la construction de la grande Chartreuse de Champmol. Il travailla au portail de la Sainte-Chapelle de Dijon, en 1387, et quitta la Bourgogne en 1396, pour rentrer dans le Berry, où il participa activement aux constructions de Mehun-sur-Yèvre, de Poitiers, de Bourges, de Riom et de Lusignan. Son fils, Jean de Dammartin, travailla comme architecte aux cathédrales de Tours et du Mans.

DAMMARTIN Guy de ou **Dampmartin**
Mort vers 1398. xive siècle. Français.
Sculpteur et architecte.
Frère de Drouet de Dammartin. Il travailla avec lui, en 1365, au Louvre, sous les ordres de Raymond du Temple ; il y aurait fait, dans le grand escalier, la statue du duc de Bourgogne. Il fut nommé, en 1370, maître des œuvres du duc Jean de Berry, à Bourges et fit, dans cette ville, différents ouvrages pour la cathédrale et le palais du duc. Vers 1383, il s'occupa de la construction des châteaux de Concressault (Cher) que continua son frère. Il restaura, à Poitiers, le palais du duc de Berry, que les Anglais avaient brûlé en 1345 et édifia la grosse horloge de cette ville en 1390.
Musées : Paris (Mus. des Monuments Français) : *Statues de Charles VI et Isabeau de Bavière, Jean de Berry et Jeanne de Boulogne*, répliques en plâtre.

DAMMAS
xviie siècle. Actif à la fin du xviie siècle. Allemand.
Peintre.
Ce peintre ne nous est connu que par un tableau signé de lui qui se trouve à la galerie de peinture de Worlitz.

DAMMASCH Willy
Né le 20 mai 1887. xxe siècle. Allemand.
Peintre de marines.
Il travailla à l'Académie de peinture de Berlin et fut ensuite l'élève de Karl Salzmann. Il exposa à Berlin, Munich, Hambourg, Stuttgart etc.

DAMME Anita-Erna Van
Née en 1933 à Ypres. xxe siècle. Belge.
Peintre. Néo-expressionniste.
Elle est autodidacte mais suivit la Schule des Sehens d'Oscar Kokoschka. Elle réalise des lithographies.

DAMME Anthony Van. Voir **DAM**

DAMME Cornelis Van
xviie siècle. Actif à Gand. Belge.
Sculpteur.
Il fut nommé maître en 1637.

DAMME Étienne Van
Né en 1917 à Hamme. Mort en 1980 à Knokke-le-Zoute. xxe siècle. Belge.
Peintre de marines, de paysages, de fleurs, d'intérieurs, de figures.
Il fut élève de l'Académie de Gand et étudia à Londres. Il aime particulièrement décrire les paysages anglais et flamands.
Bibliogr. : In : *Diction. Biog. ill. des artistes en Belgique depuis 1830*, Arto, 1987.

DAMME Frans Van
Né le 19 juillet 1858 ou 1860 à Waesmunster. Mort en 1925 à Bruxelles. xixe-xxe siècles. Belge.

Peintre de paysages, marines.
Il acquit sa formation à Waesmunster et à l'Institut Supérieur des Beaux-Arts d'Anvers. Il se fixa à Bruxelles. Il a exposé à Paris, figurant depuis 1903 au Salon des Artistes Français.
Il fut surtout peintre de marines.
Ventes Publiques : Londres, 20 avr. 1977 : *Troupeau au bord de l'eau*, h/t (76x127) : **GBP 720** – Lokeren, 31 mars 1979 : *Les pêcheurs de moules*, h/t (70x95) : **BEF 48 000** – San Francisco, 21 juin 1984 : *Paysage fluvial rustique*, h/t mar. (51,5x95) : **USD 1 000** – Bruxelles, 30 oct. 1985 : *Bateaux de pêche, barques et voiliers au port*, h/t (54x99) : **BEF 60 000** – Lokeren, 28 mai 1988 : *Paysage d'été*, h/t (38,5x45) : **BEF 50 000** – Bruxelles, 19 déc. 1989 : *Mer houleuse près de l'estacade à Nieuwpoort*, h/t (70x100) : **BEF 80 000** – Lokeren, 15 mai 1993 : *Marine*, h/pan. (28,5x44) : **BEF 55 000** – Lokeren, 11 mars 1995 : *Marine*, h/t (42x76) : **BEF 40 000** – Lokeren, 5 oct. 1996 : *Vue d'un port*, h/pan. (36x56) : **BEF 55 000**.

DAMME Jan Van
xve siècle. Actif à Anvers. Éc. flamande.
Peintre.
Il devint maître à Anvers en 1459 ; il vivait encore en 1461.

DAMME Jan Van
xvie siècle. Actif à Anvers. Éc. flamande.
Peintre.
Il devint maître de la Guilde en 1529.

DAMME Jan Van
xviie siècle. Actif à Gand. Éc. flamande.
Peintre.
Il fut nommé maître en 1628. Il ne fait qu'un avec le peintre du même nom qui fit partie de la Guilde de Tournai à partir du 29 mars 1634.

DAMME Marten von
Enterré le 18 décembre 1638. xviie siècle. Actif à Brême. Allemand.
Sculpteur.

DAMME Suzanne Van
Née en 1901 à Gand. Morte le 11 janvier 1986 à Ixelles. xxe siècle. Depuis environ 1930 active en Italie et France. Belge.
Peintre. Tendance surréaliste.
Elle fut élève des Académies de Gand et de Bruxelles. Elle était l'épouse du peintre italien Bruno Capacci et de ce fait travailla souvent à Florence et à Paris où, avec son mari, elle figura dans l'exposition intitulée *Surréalisme en 1947* organisée par André Breton et Marcel Duchamp, en 1970 dans une autre exposition de tendance surréaliste à Bruxelles. Elle a figuré à la Biennale de Venise en 1935, 1954, 1962. En 1969, le Palais des Beaux-Arts de Bruxelles, qui l'avait déjà exposée individuellement en 1938, 1949, 1965, 1967, lui consacra une exposition rétrospective. En 1990 et 1992, la galerie *Group II* d'Ixelles a organisé des expositions de ses œuvres.
En 1925, elle a peint un valeureux *Portrait de James Ensor dans son atelier*, entouré de masques, accessoires et, en fond de composition, une partie de l'*Entrée du Christ à Bruxelles*. Dans les années trente, elle faisait une peinture surtout soucieuse de belles sonorités à l'occasion de paysages du Sud de la France. Elle rallia le milieu surréaliste, surtout dans les années de la guerre de 39-45. Elle a également pratiqué une peinture du type matiériste, frôlé l'abstraction, en toutes occasions fait preuve d'une imagination plastique aussi fertile que celle de Bruno Capacci. Dans la généreuse période de sa maturité, elle adopta un schéma, une grille d'incitation à la création bien décrite par Raymond Lacroix : « Composés de multiples rectangles, ces tableaux accumulent de nombreuses petites œuvres miniaturisées, parfaitement abouties, chacune d'elles développant des sujets originaux totalement différents... Ces grands tableaux composés puisent aussi leur force dans des dessins d'une grande fraîcheur, dans des couleurs joyeuses et savoureusement rassemblées... Abstrait et figuratif vivent ici en parfaite convivialité... »
■ Jacques Busse
Bibliogr. : *L'œuvre de Suzanne Van Damme de 1920 à 1945*, Édit. La Boétie, Paris, 1946 – Paul Fiérens : *Trente reproductions de tableaux de Suzanne Van Damme*, Édit. La Boétie, Paris, 1950 – Roger Bodart : *Suzanne Van Damme*, De Sikkel, Anvers, 1953 – in : *Diction. Biog. ill. des artistes en Belgique depuis 1830*, Arto, 1987 – Jeannine Lenaerts, Raymond Lacroix : *Suzanne Van Damme – Hommage*, Group 2 Gallery, Bruxelles, 1990, bon appareil documentaire.
Musées : Bruxelles : *Le gant précoce* – Liège – Ostende.
Ventes Publiques : Paris, 7 nov. 1986 : *La parole secrète – La parturation du miracle*, h/pan. double face (114x74) : **FRF 5 500** – Versailles, 29 oct. 1989 : *Nature morte au pichet*, h/t (73,5x92) : **FRF 5 000** – Lokeren, 21 mars 1992 : *Vase de fleurs*, h/t (80x67) : **BEF 55 000** – Lokeren, 9 oct. 1993 : *Origine de la vie*, h/t (170x120) : **BEF 70 000** – Lokeren, 4 déc. 1993 : *Composition*, h/pan. (57x66) : **BEF 50 000** – Amsterdam, 9 déc. 1993 : *Nature morte*, h/t (82x110) : **NLG 1 610** – Lokeren, 12 mars 1994 : *Figure* 1958, h/pap. (67x46) : **BEF 36 000** – Lokeren, 10 déc. 1994 : *Composition*, h/pan. (75x65) : **BEF 44 000** – Lokeren, 11 mars 1995 : *Composition abstraite*, h/pan. (120x110) : **BEF 44 000** – Lokeren, 18 mai 1996 : *Le mystère sollicité*, h/pan. (132x73) : **BEF 50 000**.

DAMME-SYLVA Emile Van
Né en 1853 à Bruxelles. Mort en 1935. xixe-xxe siècles. Belge.
Peintre animalier, paysages.
Il exposa à Bruxelles, Munich, Dresde et Paris (Salon des Artistes Français).
Ventes Publiques : New York, 25 oct. 1977 : *Troupeau au pâturage* 1885, h/t (51x71) : **USD 1 900** – Londres, 7 mai 1980 : *Troupeau au pâturage*, h/t (51x75) : **GBP 1 000** – Bruxelles, 25 sep. 1984 : *Troupeau au pâturage*, h/t (76x95) : **BEF 80 000** – Lokeren, 28 mai 1988 : *Troupeau de vaches dans la campagne*, h/t (76x126,5) : **BEF 150 000**.

DAMMEIER Rudolf
Né le 18 janvier 1851. Mort en 1936. xixe-xxe siècles. Allemand.
Peintre de genre.
Actif à Berlin. Il obtint une mention honorable à l'Exposition Universelle de 1900. On cite de lui : *La lecture amusante*. L'État allemand a acheté nombre de ses œuvres.
Ventes Publiques : Londres, 11 mai 1990 : *La lettre* 1906, h/t (101x83) : **GBP 2 750**.

DAMMER Andreasden
xviiie siècle. Éc. flamande.
Peintre.
Cité à Leyde en 1732.

DAMMERON Jan Fransz
Mort entre 1658 et 1661 à Amsterdam. xviie siècle. Hollandais.
Peintre et marchand de tableaux.
En 1640, il travaillait à Amsterdam.

DAMMERTS ou **Dammes, Dammesz**. Voir **HOEY DAMMERTS Van**

DAMMOUSE Albert Louis
Né au xixe siècle à Paris. xixe siècle. Français.
Sculpteur et céramiste.
Élève de Jouffroy. Il débuta au Salon de 1869 avec un *Portrait* (buste en plâtre). Il travailla plus tard dans l'atelier de Solon Milès. Des céramiques de lui sont conservées dans de nombreux musées en France (Musée Galliera, Musée des Arts Décoratifs et Musée du Luxembourg, à Paris, Musée de Sèvres, Musée de Limoges) et à l'étranger, notamment en Allemagne.

DAMMOUSE Édouard Alexandre
Né dans le quartier de Belleville à Paris. Mort en 1903. xixe siècle. Français.
Peintre.
Élève de M. Bracquemond. Il débuta au Salon de 1878 avec un *Portrait*.

DAMMOUSE Pierre Adolphe
Né le 2 avril 1817 à Paris. xixe siècle. Français.
Sculpteur.
Élève de Barye, il commença à figurer au Salon en 1848. On doit à cet artiste deux trophées avec des emblèmes maritimes, pour la décoration de la galerie du bord de l'eau, au Louvre. Depuis 1852, il fut attaché comme sculpteur à la manufacture de Sèvres où il travailla, précise S. Lamy, jusqu'à 1880. Il était le père d'Albert Louis Dammouse.

DAMNAMENEUS
Artiste ?
Nom gravé sur une pierre sous une momie égyptienne, entourée d'un serpent. On ne sait si c'est là le nom du propriétaire de l'œuvre ou le nom de l'artiste.

DAMOCRATES, fils d'Aristomedes
Né à Itanos. Antiquité grecque.

Sculpteur.
Crétois, on voit son nom gravé sur la base d'une statue qui fut érigée à Hierapytna, ville de Crète.

DAMOIS Ernest Emile
xxe siècle. Français.
Peintre d'animaux, natures mortes, fleurs.
Il expose au Salon des Artistes Indépendants depuis 1928 et depuis 1931 au Salon des Artistes Français. Il privilégie les chats parmi les animaux qu'il représente.

DAMOISEAU Jean
Mort en 1678 au couvent des Minimes au Plessis-lez-Tours (commune de La Riche, Indre-et-Loire). xviie siècle. Français.
Peintre.
Il fut actif en Bourgogne, mais aussi dans la région de Tours. C'est lui qui fit les peintures qui décorent le réfectoire du couvent des Minimes au Plessis-lez-Tours.

DAMOISELET Florentin
Né le 1er janvier 1644 à Paris. xviie siècle. Français.
Peintre d'histoire.
Il fit des tableaux d'histoire et des tableaux décoratifs pour le château de Versailles.

DAMOLIN Oreste
xixe siècle. Actif à Padoue. Italien.
Peintre de portraits.
Il obtint une mention honorable à l'Exposition Universelle de 1889 et une mention honorable à l'Exposition Universelle de 1900.

DAMON
xixe siècle. Russe.
Peintre.
Il n'est connu que par deux portraits du général Nik Alex Tutschkoff, mort à Borodino en 1812.

DAMON Alfred Eugène
xixe-xxe siècles. Actif à Paris. Français.
Sculpteur et graveur en médailles.
Sociétaire des Artistes Français depuis 1895. Il obtint une mention honorable en 1896. Il était élève de Levillain.

DAMON Louise Whulwright
Née le 29 octobre 1889 à Boston (Massachusetts). xxe siècle. Américaine.
Peintre.
Elle fut élève de Charles W. Hawthorne et de Philip Leslie Hale. Elle fut membre de l'Art Club de Providence et de l'Art Association de Newport de Rhode Island.

DAMON Marthe
Née à Paris. xxe siècle. Française.
Peintre de nus, paysages, paysages urbains, natures mortes.
Entre 1929 et 1934 elle exposa au Salon d'Automne et à celui de la Société Nationale des Beaux-Arts à Paris.

DAMON René Louis
Né à Chédigny. xixe siècle. Français.
Peintre de portraits.
Élève de MM. Lobin et E. Lafon. Il débuta au Salon de 1880 avec un *Portrait*. Sociétaire des Artistes Français depuis 1884.

DAMOPHILOS
ve siècle avant J.-C. Antiquité grecque.
Peintre, sculpteur.
Travailla avec Gorgasos au temple de Cérès vers 493 avant J.-C. Zeuxis est, dit-on, son élève. On voit des terres cuites et des peintures de lui à Corinthe et en Etrurie.

DAMOPHON
Originaire de Messine. iie siècle avant J.-C. Vivant au début du iie siècle avant J.-C. Antiquité grecque.
Sculpteur.
Damophon est essentiellement connu pour le groupe sculpté du temple de Demeter et Despoina à Lycosoura en Arcadie. Nous connaissons ce groupe d'après la description de Pausanias, des pièces de monnaie qui s'en inspirent et quelques fragments conservés à Athènes. D'après les deux premières sources, l'ensemble était composé des déesses *Déméter* et *Despoina* assises, encadrées d'*Artémis* et *Anytos*, debout. Cette présentation frontale, par sa rigueur, demeure classique, tout comme la facture des fragments dont les rapports avec Phidias et Praxitèle sont évidents. Cet attrait de Damophon pour l'art classique vient de l'intérêt qu'il a porté au *Zeus* de Phidias à Olympie, qu'il eut l'occasion de restaurer. Son style qui devient alors classique, s'oppose à la tendance baroque de la sculpture pergamelienne de son époque, mais annonce le style de l'art augustéen.
Bibliogr. : Roland Martin in : *Dictionnaire Universel de l'Art et des Artistes*, Hazan, Paris, 1967.

DAMOSTI Giacomo ou **Damotti**
Né près de Locarno, originaire de Palaguedra en Centovalli. xviiie siècle. Actif au début du xviiie siècle. Suisse.
Peintre.
Damosti est l'auteur d'un tableau d'autel à l'église San Fabiano et à celle de San Sebastiano à Ascona.

DAMOTTE Jean, dit **Regnard**
Mort en 1567. xvie siècle. Français.
Sculpteur.
Il prit part aux décorations de Dijon, lors de l'entrée de Henri II, en 1548. En 1550, à l'occasion de l'entrée du duc d'Aumale, gouverneur de la province, il fit trois statues de bois : Alexandre le Grand, Scipion et Josué. Il exécuta, en 1561, quatre colonnes aux armes de la ville et les statues de sainte Marthe et de sainte Madeleine, pour le maître-autel de la chapelle de la Maladrerie. Enfin il répara une statue de la place Saint-Jean et un crucifix de la place de la Sainte-Chapelle.
Musées : Dijon : *Autel de pierre*.

DAMOUR Charles
Né le 5 octobre 1813 à Paris. xixe siècle. Français.
Peintre et graveur.
Le 2 avril 1831, il entra à l'École des Beaux-Arts et devint l'élève d'Ingres. Il débuta au Salon en 1849 et se fit représenter jusqu'en 1855. Cet artiste apporta des perfectionnements importants à la gravure dite « au vernis mou ». Le Musée de Bourges conserve de lui : *Les Échardonneuses*.
Ventes Publiques : Paris, 3 mai 1905 : *Cardinal* : **FRF 20**.

DAMOUR Jean Louis
xviiie siècle. Actif à Besançon entre 1769 et 1789. Français.
Sculpteur.

DAMOURETTE Abel
Né à Paris. xixe siècle. Français.
Lithographe.
Ventes Publiques : Paris, 16 avr. 1945 : *Cocher de diligence*, aquar. gchée : **FRF 400**.

DAMOURETTE Aristide
Né au xixe siècle à Tours (Indre-et-Loire). xixe siècle. Français.
Peintre de portraits.
Élève de Droling. Il débuta, au Salon de 1869 avec un *Portrait*.

DAMOURETTE Augustine Agathe
Née en 1837 à Nantes (Loire-Atlantique). xixe siècle. Française.
Peintre de genre.
Élève de Mlle Marest et de Henner et Carolus Duran. Elle débuta au Salon de 1879.

DAMOURS Hippolyte
Né en 1797 à Paris. xixe siècle. Français.
Graveur.

DAMOURS Jacqueline
Née à Paris. xxe siècle. Française.
Peintre et dessinateur de paysages urbains.
Elle fut élève de Lucien Simon et exposa au Salon des Artistes Français des vues de Paris dont elle fit son sujet de prédilection : *Quai des Grands Augustins – Panorama pris des tours de Notre-Dame*. Elle reçut une deuxième médaille en 1935.

DAMOYE Julien
Né à Rothois (Oise). xxe siècle. Travaillant à Chartrain (Loir-et-Cher). Français.
Peintre de paysages et de marines.
A exposé *Quiberon* au Salon des Artistes Français de 1938.

DAMOYE Pierre Emmanuel Eugène
Né le 20 février 1847 à Paris. Mort le 22 janvier 1916 à Paris. xixe-xxe siècles. Français.
Peintre de figures, animaux, paysages.
Il fut élève de Corot, Daubigny et Bonnat à l'École des Beaux-Arts. Expose des paysages à partir de 1875. Médaille d'or (Exposition Universelle 1889). Chevalier de la Légion d'honneur en 1893 ; membre du Jury, hors-concours en 1900. Damoye fut, en 1890, un des fondateurs de la Société Nationale des Beaux-Arts. Il fut membre du comité de cet important groupement artistique.

Ses œuvres principales sont : *L'Hiver* (1875), *Les Prairies de Mortfontaine* (1876), *Les Pâturages de Cucq* (1878), *Le Moulin de Merlimont* (1879, troisième médaille), *Le Carrefour de l'Épine* (1880), *Le Moulin de Gouillandeur* (1881), *La Plaine de Gennevilliers* (1884, deuxième médaille).
Damoye comptera parmi les meilleurs continuateurs de la tradition de ses maîtres Corot et Daubigny.

I DAMOYE.

I. DAMOYE

Musées : Anvers : *Marais* – *Aux environs d'Amiens* – Arras – Dunkerque – Helsinki – Hyères : *L'automne* – *Paysage de Touraine* – *L'étang* – Montréal : *Saint-Denis, près Paris* – Paris (Mus. d'Art Mod.) – Périgueux : *La Seine à Épinay.*
Ventes Publiques : Paris, 1891 : *Le marais* : **FRF 635** ; *Paysage* : **FRF 200** – Paris, 1898 : *Verger* : **FRF 150** – Paris, 21 juin 1900 : *Mare au milieu de la prairie* : **FRF 395** – Paris, 17 fév. 1903 : *Paysage. Le Ruisseau* : **FRF 380** – Paris, 4 et 5 juin 1903 : *La Plaine à Franconville* : **FRF 140** – New York, 14 et 15 avr. 1904 : *Paysage* : **USD 135** – Paris, 14 avr. 1908 : *Paysage de Sologne* : **FRF 210** – Paris, 6 fév. 1909 : *Vache au bord d'un étang* : **FRF 255** – Paris, 24 nov. 1922 : *La Plaine à Auvers* : **FRF 500** – Paris, 27 jan. 1923 : *Bords de rivière* : **FRF 620** ; *Le Verger* : **FRF 620** – Paris, 9 fév. 1923 : *Le Ruisseau dans la prairie : fin d'automne* : **FRF 900** – Paris, 24 mars 1923 : *Le Chaland sur la rivière* : **FRF 405** – Paris, 30 mars 1923 : *Paysage* : **FRF 270** ; *Paysage* : **FRF 500** – Paris, 23 fév. 1925 : *La Seine à Saint-Denis* : **FRF 375** ; *Bords de rivière en hiver* : **FRF 1 150** ; *Les Abords de la ferme* : **FRF 950** – Bruxelles, 28 et 29 mars 1938 : *Paysage* : **BEF 1 150** – Paris, 8 déc. 1941 : *Moulin et pâturage en plaine* : **FRF 1 300** – Paris, 22 juin 1942 : *Paysage de l'Ile-de-France* : **FRF 900** – Paris, 9 juil. 1942 : *Paysage avec troupeau* : **FRF 1 500** ; *Paysage* : **FRF 2 150** ; *Le Clocher* : **FRF 1 020** ; *Paysage* : **FRF 1 200** – Paris, 20 nov. 1942 : *Trois Cavaliers* : **FRF 1 500** ; *La Plaine* : **FRF 1 000** – Paris, 21 déc. 1942 : *Le Hameau dans les arbres* : **FRF 3 800** – Paris, 8 mars 1943 : *Coucher de soleil sur un étang en Sologne* : **FRF 330** – Paris, 12 mars 1943 : *Paysage* : **FRF 4 200** – Paris, 24 mars 1943 : *Bords d'étang* : **FRF 5 000** – Paris, 14 juin 1944 : *Bords de rivière* 1885 : **FRF 25 000** – Paris, 4 déc. 1944 : *L'hiver* : **FRF 3 100** – Paris, 29 déc. 1944 : *Paysage printanier* : **FRF 3 500** – Paris, 19 jan. 1945 : *La plaine* : **FRF 10 500** – Paris, 23 mars 1945 : *Marée basse* : **FRF 3 500** – Paris, 24 mai 1945 : *Marée basse* : **FRF 1 100** – Paris, oct. 1945-juillet 1946 : *Bords de rivière* : **FRF 20 000** ; *Jeune fille assise* : **FRF 11 000** – Paris, 10 fév. 1947 : *La mare dans la prairie* : **FRF 3 400** – Paris, 27 mars 1947 : *Bords de l'Oise* : **FRF 800** – Lucerne, 21-27 nov. 1961 : *Paysage* : **CHF 1 200** – Londres, 6 déc. 1963 : *Paysage* : **GNS 200** – Londres, 1er juil. 1964 : *Bord de mer en Bretagne* : **GBP 450** – Londres, 9 déc. 1966 : *Sous-bois* : **GNS 300** – Genève, 10 juin 1967 : *Sous-bois* : **CHF 5 600** – Paris, 17 nov. 1969 : *Paysage breton* : **FRF 5 900** – Paris, 10 juin 1970 : *Paysage* 1892 : **FRF 6 500** – Lucerne, 16 déc. 1973 : *Paysage fluvial* : **CHF 7 700** – Paris, 13 mars 1974 : *Le hameau* : **FRF 14 000** – Londres, 19 mai 1976 : *Paysage d'été* 1879, h/pan. (30,5x58,5) : **GBP 2 600** – Zurich, 20 mai 1977 : *Au bord de la rivière* (32,5x61) : **CHF 6 500** – Londres, 15 juin 1979 : *Paysage à la rivière* 1883, h/pan. (28x48,3) : **GBP 1 300** – Londres, 26 mars 1982 : *Paysage fluvial* 1882, h/t (43x71) : **GBP 3 500** – New York, 29 fév. 1984 : *Bord de mer* 1881, h/pan. (33x59,5) : **USD 3 750** – New York, 13 fév. 1985 : *Prairies inondées, Pas-de-Calais* 1880, h/t (108x198) : **USD 8 500** – New York, 6 mai 1987 : *Les abords d'un village* 1881, h/pan. (32,5x60) : **USD 6 200** – Paris, 28 mars 1988 : *Inondation* 1906, h/t (67x100) : **FRF 24 000** – Paris, 7 juin 1988 : *Paysage à l'étang* 1892, h/t (50x73) : **FRF 26 000** – Londres, 21 oct. 1988 : *Arbres fruitiers au bord de la mer* 1904, h/t (50,7x73,5) : **GBP 2 640** – Paris, 16 déc. 1988 : *Bord de rivière* 1903, h/t (50x73) : **FRF 21 000** – Cologne, 15 juin 1989 : *Paysage fluvial en France* 1891, h/t (73x50) : **DEM 8 000** – Monaco, 3 déc. 1989 : *Lavandières près d'un étang* 1879, h/pan. (22x35) : **FRF 22 200** – Paris, 18 déc. 1989 : *Lavandières*, h/t (67x121) : **FRF 50 000** – New York, 17 jan. 1990 : *Le littoral*, h/t (44,6x82,7) : **USD 6 050** – Paris, 3 avr. 1990 : *Paysage à l'étang* 1892, h/t (44x83) : **FRF 31 000** – Paris, 12 juin 1990 : *Pont de Quimperlé*, h/t (50x73) : **FRF 38 500** – Londres, 5 oct. 1990 : *Moulin à vent dans un vaste paysage* 1879, h/pan. (33,1x60) : **GBP 2 420** – Paris, 12 oct. 1990 : *Paysage*, h/t (50x73) : **FRF 25 000** – Londres, 17 mai 1991 : *Bétail dans un paturage* 1882, h/t (33x60,5) : **GBP 3 080** – Neuilly, 23 fév. 1992 : *Coucher de soleil sur l'étang*, h/t (66x110) : **FRF 15 000** – Paris, 14 juin 1993 : *Bord de rivière en hiver* 1903, h/t (50x73) : **FRF 27 000** – Londres, 27 oct. 1993 : *Prairie près de la mer* 1897, h/t (65x109) : **GBP 1 955** – Paris, 23 mars 1994 : *Marais en bord de mer* 1882, h/pan. (33x62) : **FRF 23 000** – Paris, 8 déc. 1995 : *Vaches dans un pré* 1897, h/pan. (33x60) : **FRF 22 000** – Paris, 26 nov. 1996 : *Vaches dans un pré* 1897, h/pan. (33x60) : **FRF 14 600** – Londres, 13 mars 1997 : *La Plaine*, h/t (66,2x119,6) : **GBP 4 830** – New York, 23 mai 1997 : *Les Blés en Bretagne* 1890, h/t (109,9x200) : **USD 43 125**.

DAMPERVIEL J. G.
xviie siècle. Actif à Prague de 1669 à 1674. Autrichien.
Graveur au burin.
Il alla à Vienne, car c'est lui qui exécuta une gravure à l'occasoin du mariage de Leopold Ier et d'Eleonore Magdeleine Thérèse de Palatinat dans l'église de la cour de Vienne le 14 décembre 1676.

DAMPIER Arthur. Voir **MAY Arthur Dampier**

DAMPIER E.
xviiie siècle. Britannique.
Miniaturiste.
Il exposa des miniatures à la Royal Academy de 1784 à 1786.

DAMPIERRE, pseudonyme de **Adam Pierre**
Né en 1899 à Charleroi. xxe siècle. Belge.
Peintre. Tendance fantastique.
Autodidacte, il peignit d'abord des paysages et des natures mortes, travaillant ensuite vers une veine plus fantastique, décrivant un monde étrange où évoluent des éléments plus gracieux qu'inquiétants.

DAMPIERRE Ernestine de, comtesse
Née à Paris. xixe siècle. Française.
Peintre.
Élève de Lalanne. Elle exposa au Salon de 1863 à 1867.

DAMPIERRE Jacques Antoine de
xxe siècle. Français.
Peintre.
Il exposa à Paris au Salon des Tuileries en 1933.

DAMPIERRE Marc Antoine de
Né en 1936 à Deauville (Calvados). xxe siècle. Français.
Peintre. Abstrait.
Il est historien d'art et peint depuis 1965. A partir de 1968 il participe au Salon de Mai et à celui des Grands et Jeunes d'Aujourd'hui. Il a également figuré dans de nombreuses expositions collectives en France et à l'étranger.
Ses premières peintures alliaient la couleur haute et vive de Matisse et une forme décorative issue mais libérée du néo-plasticisme de Herbin. Par la suite, il a assemblé les formes comme pour un puzzle, les découpant et les juxtaposant. Le trait s'en trouvant en négatif, les formes gagnèrent en autonomie, participant souvent à une sorte de séquence abstraite qui pouvait se lire en continuité. ■ J. B.

DAMPT Aurélie
xxe siècle. Active à Paris. Française.
Peintre de fleurs et de fruits.
Elle exposa des pastels et des aquarelles au Salon des Artistes Français de 1898 à 1904. Elle était la sœur de Marie Céline D.

DAMPT Jean Auguste
Né le 6 mars 1853 à Venarcy (Côte-d'Or). Mort en septembre 1946 à Dijon (Côte-d'Or). xixe-xxe siècles. Français.
Sculpteur de bustes, statues, groupes.
Élève de l'École des Beaux-Arts de Dijon, puis de Jouffroy et Dubois à l'École des Beaux-Arts de Paris.
Débuta au Salon de 1879 avec *Ismaël*, statue plâtre. Donna ensuite *Général de Carlin*, buste, *Saint Jean*, statue marbre (Musée du Luxembourg), *M. Mazeau*, buste, *Jeune fille*, groupe bronze, *Mignon*, statue marbre, *A la forge*, groupe bronze, *Coquette*, statue marbre, *Avant la fantasia*, groupe bronze, *Diane regrettant la mort d'Actéon*, statue marbre, *Virginité*, statue ivoire, *La Fin du Rêve*, statue plâtre, *Volupté*, statue marbre, *Faunesse*, statue de l'ébéniste *Boulle* (Hôtel de Ville de Paris), statue de *Bizet* (Foyer de l'Opéra-Comique). Deuxième médaille (1879), première médaille (1881), médaille d'or (Exposition Universelle, 1889). En 1935, il exposait au Salon : *Le Maréchal Joffre décide la bataille de la Marne* et *Un Haut-relief* destiné aux sources de la Marne. Chevalier de la Légion d'honneur en 1889. Officier en 1900 ; commandeur en 1926. Il avait été élu membre de l'Institut

en 1919. Il a légué à l'Institut une somme de 600000 fr. dont la rente sera attribuée à un prix de sculpture religieuse.
Musées : Amiens : *La fin du rêve*, marbre – Beaune : *Esquisse de tombeau pour Lazare Carnot* – Châlons-sur-Marne : *Ismaël* – Dijon : *Buste de Belot* – *Mignon*, buste – *Diane pleurant Actéon* – Helsinki : *Saint Jean*, bronze, copie – Paris (Mus. d'Art Mod.) : *Saint Jean* – *Arabe à cheval* – *Le baiser de l'aïeule* – Paris (Mus. Galliera) : *Marteau de porte* – Semur-en-Auxois : *Enfant en prière*.
Ventes Publiques : Paris, 4 nov. 1987 : *Femme à la gerbe de roses avec un chat* 1889, marbre (58x72) : **FRF 6 500**.

DAMPT Marie Céline
Née à Paris. XIXe-XXe siècles. Française.
Peintre de fleurs et de fruits.
Élève de Jules Lefebvre et de Rivoire. Participa à l'Exposition Universelle de Paris en 1900. Le Musée d'Avignon conserve d'elle : *Pavots*.

DAMPT DE CID Diane
Née à Buenos Aires. XXe siècle. Argentine.
Peintre.
A exposé un *Portrait* au Salon des Artistes Français de 1930.

DAMSCHROEDER Jan Jacobus Matthijs ou **Damschreuder**
Né en 1825. Mort en 1905. XIXe-XXe siècles. Actif à Amsterdam. Allemand ou Hollandais.
Peintre de genre.
Musées : Montréal : *Le colporteur*.
Ventes Publiques : Amsterdam, 15-16 oct. 1907 : *Une paysanne pelant des pommes de terre* : **NLG 36** – New York, 6 mai 1909 : *Le portraitiste ambulant* : **USD 75** – Londres, 17 mars 1944 : *L'école du village* : **GBP 30** – New York, 15 oct. 1976 : *Le jeu de domino*, h/t (37,5x46,5) : **USD 1 200** – Los Angeles, 9 mars 1977 : *Enfants sur la plage* 1885, h/t (35,5x54) : **USD 1 250** – Londres, 9 mai 1979 : *Enfants cueillant des coquillages*, h/t (36,5x46) : **GBP 2 100** – Londres, 28 nov. 1980 : *La lecture de la Bible*, h/t (64,6x82) : **GBP 2 500** – New York, 25 fév. 1982 : *La leçon de musique*, h/t (63,5x73) : **USD 6 000** – Amsterdam, 15 mai 1984 : *Mère et enfant dans un intérieur*, h/t (50,5x70,2) : **NLG 5 600** – Londres, 27 fév. 1985 : *La partie d'échecs*, h/pan. (25,5x32,5) : **GBP 1 000** – New York, 25 fév. 1988 : *La famille du pêcheur*, h/t (34,3x54,6) : **USD 7 700** – New York, 25 mai 1988 : *Un moment de repos* 1885, h/t (52,7x71,1) : **USD 3 850** – New York, 24 mai 1989 : *Le cirque ambulant*, h/t (66x82) : **USD 6 050** – Amsterdam, 19 sep. 1989 : *Jeune paysanne tricotant près d'une fenêtre ouverte*, h/pan. (47x34,5) : **NLG 6 900** – Stockholm, 14 nov. 1990 : *Intérieur avec un paysan consolant son épouse pleurant devant un berceau*, h/t (100x125) : **SEK 21 000** – New York, 21 mai 1991 : *La leçon*, h/t/cart. (56x83,1) : **USD 3 300** – Londres, 18 mars 1992 : *Paysanne tricotant à sa fenêtre*, h/pan. (47x34,5) : **GBP 1 430** – Amsterdam, 22 avr. 1992 : *Les musiciens ambulants*, h/t (83,5x124) : **NLG 9 775** – New York, 16 juil. 1992 : *La leçon de cuisine*, h/t/rés. synth. (36,8x46,4) : **USD 1 650** – Amsterdam, 19 avr. 1994 : *L'heure du thé*, h/t (37x46) : **NLG 4 600**.

DAM VU CAO. Voir **VU CAO DAM**

DAMYEN Jean
XVIe siècle.
Sculpteur sur bois.
Il travailla, en 1550, au palais ducal de Nancy.

DAN Hans Pedersen. Voir **PEDERSEN-DAN**

DAN Johanne Pedersen. Voir **PEDERSEN-DAN**

DAN Lars
XXe siècle. Danois.
Peintre de compositions à personnages.
Ventes Publiques : Copenhague, 4 mai 1988 : *Songe d'une nuit d'été* 1985 (120x140) : **DKK 5 000** – Copenhague, 30 nov. 1988 : *Composition à personnage* 1985, h/t (70x71) : **DKK 8 800** – Copenhague, 30 mai 1990 : *Composition à personnage*, h/t (140x130) : **DKK 14 000** – Copenhague, 30 mai 1991 : *Composition à personnages* 1987, h/t (130x120) : **DKK 5 000** – Copenhague, 2-3 déc. 1992 : *Composition à personnages* 1987, h/t (160x148) : **DKK 9 000** – Copenhague, 3 juin 1993 : *Mère et fille*, h/t (150x104) : **DKK 8 000**.

DAN Mihail
Né en 1840 à Pilesti. Mort en 1883 à Jassy. XIXe siècle. Roumain.
Peintre.
Le Musée Simu, à Bucarest, conserve de lui un *Portrait de femme*.

DANA Gladys Elisabeth
Née le 2 décembre 1896. XXe siècle. Américaine.
Peintre et dessinateur.
Elle fut membre de l'Artist Guild de Lincoln (Nebraska) et de l'Art Association de l'État de Nebraska. Elle fut professeur à l'Ecole Supérieure de Lincoln.

DANA Mary Pepperrell
Née le 25 février 1914 à New York. XXe siècle. Américaine.
Peintre et illustrateur.
Ancienne élève et membre de l'Art Students League de New York.

DANA Melchiorre
XVIIe siècle. Actif à Venise. Italien.
Peintre.
Il est nommé dans des documents en 1630-1638.

DANA William Jay
XIXe siècle. Actif dans la seconde moitié du XIXe siècle. Américain.
Sculpteur sur bois.

DANA William P. W.
Né le 18 février 1833 à Boston (Massachusetts). XIXe siècle. Américain.
Peintre de marines et de genre.
Il vint à Paris en 1852. Élève de Picot, Le Poitevin et de l'École des Beaux-Arts. De retour aux États-Unis en 1862, il fut élu en 1863 à la National Academy. Exposa au Salon de Paris ; troisième médaille à l'Exposition Universelle de 1878 ; troisième médaille à l'Exposition Universelle de 1889. Des œuvres de lui sont conservées au Metropolitan Museum de New York *(Heathsease)* et au Musée de Philadelphie.
Ventes Publiques : Londres, 23 juin 1927 : *Bateaux sur la plage*, aquar. : **GBP 4** ; *La Tamise* 1890, past. : **GBP 7** ; *Tempête à Hastings* 1893, past. : **GBP 7** ; *La Plage d'Étretat* : **GBP 17** ; *La Plage de Dinard* : **GBP 64** – Paris, 22 juin 1942 : *Sur la banquise* : **FRF 420** – Paris, 27 jan. 1943 : *Clair de lune sur la Tamise* 1905 : **FRF 1 700** ; *Les Caloges à Étretat* : **FRF 1 250** ; *Étretat. La Roche percée* : **FRF 1 300** ; *Les Ramasseurs de goémon* 1910 : **FRF 3 200** – Paris, 23 juin 1943 : *Étretat* : **FRF 1 200** – Paris, 12 mai 1944 : *Le Paquet de mer* ; *Combat naval*, deux toiles : **FRF 2 500** – Paris, 5 juin 1944 : *Biarritz* 1893, aquar. : **FRF 300** – Paris, 14 juin 1944 : *Étretat, la plage*, past. : **FRF 600** – Paris, 27 mars 1947 : *Les caloges à Étretat* : **FRF 450** ; *La Vague* : **FRF 1 000** – Versailles, 18 avr. 1971 : *Les ramasseurs de goémon* : **FRF 1 400**.

DANAILOFF Dragan
Né à Baltchikau. XIXe siècle. Bulgare.
Peintre de portraits.
Élève de l'Académie de Turin. Il obtint une mention honorable à l'Exposition Universelle de 1900.

DANANCHE Louis de
Né le 25 juin 1830 à Saint-Amour (Jura). Mort le 21 juillet 1885 à Venise. XIXe siècle. Français.
Peintre de paysages.
Il était l'élève de Ziegler et de Couture, et exposa à la Société des Amis de l'Art à Lyon, et à Besançon, depuis 1860.

DANANCHE Xavier de
Né à Saint-Amour (Jura). XIXe siècle. Français.
Graveur.
Il étudia sous la direction de Corot et débuta au Salon de Paris en 1863.

DANBY Francis
Né le 16 novembre 1793 près de Wexford (Irlande). Mort le 10 février 1861 à Exmouth. XIXe siècle. Britannique.
Peintre d'histoire, sujets mythologiques, scènes de genre, paysages animés, paysages, aquarelliste.
Il reçut les premiers principes du paysagiste O'Connor, de Dublin. Danby débuta très jeune et il exposa, en 1812, dans la capitale irlandaise, son premier paysage : *Le Soir*. En 1813, Danby, O'Connor et Georges Pétrie prirent la route de Londres. À Bristol, le premier vendit quelques dessins dont le produit servit à payer les dépenses de la compagnie. Le jeune paysagiste, encouragé par ce succès, se fixa dans le grand port anglais pendant quelques années, vivant des leçons d'aquarelle qu'il donnait, et envoyant de temps à autre un tableau à la Royal Academy. Il en devint associé en 1925, par : *La délivrance d'Israël de l'Égypte*. S'étant brouillé avec l'Académie en 1830, il quitta l'An-

geleterre et vécut pendant onze ans en Suisse, passant son temps à construire des bateaux, à chasser et à faire sur commande de petites peintures sans valeur. Durant son absence, il n'envoya que deux tableaux à l'exposition annuelle de Londres : *L'âge d'or* et *Les joyaux qu'elle portait étaient riches et rares*.

Musées : Bristol : *Dessin* – Dublin : *La fin du monde* – *Le dernier rayon du soleil* – Édimbourg : *Paysage* – Genève (Mus. Rath) : *Baptême de Jésus* – Leicester : *Les Roches de Saint-Vincent* – *Canal de Bristol* – *Parc de Lord Clifford* – *King's Weston* – Londres (Victoria and Albert Mus.) : *Amour déçu* – *Calypso regrettant Ulysse* – *Le lac de Liensford* – *L'arbre au poison, Java* – *Painter's Holiday* – *Fisherman's Homeat Sunrise* – *Portrait de Sir Sam. Egerton Brydges* – *Sur l'Avon* – *Cours d'eau* – *Sir Samuel Egerton* – Londres (Sloane Mus.) : *Le Marchand de Venise* – Sheffield : *La vallée de Tempé*.

Ventes Publiques : Paris, 1859 : *Une Nymphe* : **FRF 9 360** – Manchester, 1861 : *La danse des Muses* : **FRF 8 750** ; *Un marin mourant de faim* : **FRF 5 625** – Paris, 1864 : *Vue d'une île entourée d'un lac* : **FRF 400** – Paris, 1887 : *La vallée du Tempé* : **FRF 5 155** – Londres, 6 nov. 1927 : *Moulin au soleil couchant* : **GBP 15** – Londres, 31 juil. 1935 : *Rome* : **GBP 9** – Londres, 3 juil. 1964 : *Coucher de soleil avec enfants jouant sur une mare glacée* : **GNS 1 700** – Londres, le 25 juin 1965 : *Nymphe dans un paysage, à l'aube* : **GNS 900** – Londres, 14 juil. 1972 : *Paysage marin* : **GNS 1 100** – Paris, 21 nov. 1978 : *The Avon Gorge*, aquar. et cr. (27x42,5) : **GBP 950** – Londres, 20 nov. 1979 : *Paris : le Pont de la Concorde et l'Assemblée Nationale* 1831, aquar. et cr. reh. de blanc (18,3x26) : **GBP 2 800** – Londres, 18 mars 1980 : *Amphitrite*, aquar. (18,8x25,3) : **GBP 3 400** – Londres, 17 mars 1982 : *Paysage maritime au crépuscule après un orage*, h/t (90x143,5) : **GBP 58 000** – Londres, 15 nov. 1983 : *Paris : le pont de la Concorde et l'Assemblée nationale* 1831, aquar. et cr. reh. de blanc (18,5x26) : **GBP 2 600** – Londres, 21 nov. 1984 : *Un lac en Norvège*, h/t (41x54) : **GBP 24 000** – Londres, 20 nov. 1986 : *Pêcheur à la ligne au bord d'une cascade*, aquar. et cr. (43,85x56,5) : **GBP 1 140** – Londres, 18 nov. 1987 : *Enfants près d'un ruisseau*, h/pan. (34x27,5) : **GBP 36 000** – Monaco, 17 juin 1988 : *Scène de naufrage* 1834, h/t (24x31) : **FRF 15 540** – Londres, 12 juil. 1989 : *Embarquement de Cléopâtre sur le Cydnus* 1843, h/t (60x83) : **GBP 77 000** – Londres, 2 nov. 1989 : *La chasse au cerf*, h/t (66x91,5) : **GBP 35 200** – Londres, 16 mai 1990 : *Paysage avec un âne au crépuscule*, h/cart. (25,5x38,5) : **GBP 1 430** – Londres, 8 avr. 1992 : *Paysage montagneux au clair de lune*, h/métal (14x21,5) : **GBP 3 960** – Londres, 14 juil. 1993 : *Un traîneau au coucher du soleil en hiver* 1850, h/t (69x105) : **GBP 40 000** – Londres, 13 avr. 1994 : *Vue de Villeneuve sur le lac de Genève* 1836, h/t (52x79) : **GBP 102 700** – Londres, 13 nov. 1996 : *Le Retour des pêcheurs à l'aube*, h/t (49x59,5) : **GBP 18 400**.

DANBY Jacob C.

xixe siècle. Actif à Londres. Britannique.

Peintre.

Il exposa à la British Institution en 1863 et jusqu'en 1882 à la Suffolk Street Gallery.

DANBY James Francis

Né en 1816 à Bristol. Mort le 22 octobre 1875 à Londres. xixe siècle. Britannique.

Peintre de paysages.

Fils de Francis Danby, il était associé de l'Académie royale ; ses œuvres y furent exposées, ainsi qu'à la Société des Artistes britanniques. Il mourut à la suite d'une attaque d'apoplexie.

Il se fit surtout remarquer par la façon avec laquelle il peignit les levers et les couchers de soleil.

Musées : Londres (Victoria and Albert Mus.) : *Le Palais du Parlement vu de la rivière, effet de brouillard* – Sunderland : *Inverary*.

Ventes Publiques : New York, 26-27 fév. 1903 : *Sur le chemin* : **USD 90** – Londres, 21 nov. 1908 : *Sur un lac des Galles du Nord* ; *Le Château de Criccieth* : **GBP 6** – Londres, 27 mars 1909 : *Ailsa Crag* : **GBP 7** – Londres, 3 mai 1909 : *Greenwich, coucher du soleil* : **GBP 5** – Londres, 18 juin 1909 : *Le gué*, en collaboration avec Poole : **GBP 1** – Londres, 20 juin 1972 : *Scène de port* : **GBP 750** – Londres, 9 mars 1976 : *Le parlement au coucher du soleil*, h/t (56x91,5) : **GBP 800** – Londres, 29 fév. 1980 : *La Tamise à Greenwich*, h/t (74x122) : **GBP 4 800** – Londres, 12 fév. 1982 : *La Tamise à Greenwich au crépuscule* 1856, h/t (68,5x122) : **GBP 2 400** – Londres, 21 juin 1983 : *Le naufrage*, h/t (76x122) : **GBP 1 300** – Londres, 3 mars 1987 : *Bateaux à l'ancre au coucher du soleil*, h/t (36x59,5) : **GBP 2 800** – New York, 17 jan. 1990 : *Le sauvetage*, h/t (76,3x121,3) : **USD 4 400** – Londres, 21 mars 1990 : *Voilier sur un lac d'Écosse*, h/t (28x47) : **GBP 880** – Londres, 10 juil. 1991 : *Chien sur une grève attendant son maître*, h/t (24x29,5) : **GBP 1 100** – Munich, 1er-2 déc. 1992 : *Paysage fluvial et montagneux méridional*, gche (14x22) : **DEM 2 415** – Londres, 11 mai 1994 : *Greenwich*, h/t (33,5x61) : **GBP 3 910** – Londres, 6 nov. 1996 : *Soleil couchant* 1868, h/t (29,5x48,5) : **GBP 2 185**.

DANBY Kenneth Edison

Né en 1940 à Sault-Sainte-Marie. xxe siècle. Canadien.

Peintre. Figuratif.

Il a participé au renouveau de la figuration apparu vers 1970. A ce titre il figurait à la Biennale de Paris et exposa au Centre Culturel Canadien.

Ventes Publiques : Toronto, 19 oct. 1976 : *L'ascenseur* 1967, temp. (55x70) : **CAD 4 500** – Toronto, 28 mai 1980 : *In the shade* 1972, sérig. (38,8x55) : **CAD 2 800** – Toronto, 3 mai 1983 : *Quatre roues* 1965, aquar. (50x68,8) : **CAD 2 800** – Toronto, 15 mai 1984 : *In the shade* 1972, sérig. en coul. (38,8x55) : **CAD 1 400** – Toronto, 12 juin 1989 : *L'attente de l'hiver* 1972, litho. en coul. (40x55,9) : **CAD 1 000**.

DANBY Thomas

Né en 1818 en Irlande. Mort le 25 mars 1886. xixe siècle. Britannique.

Peintre d'animaux, marines, paysages, aquarelliste, dessinateur, illustrateur.

Second fils de Francis Danby ; il passa la plus grande partie de sa jeunesse à Bristol, où son père enseignait le dessin. Thomas Danby envoya à Londres, à la British Institution, en 1841, une petite peinture à l'huile, puis, en 1843, à la Royal Academy, l'illustration d'un des poèmes de Wordsworth. D'abord nommé associé de la Société des Aquarellistes en 1867, il en devint membre en 1870.

Musées : Dublin : *Scène de rivière* – Liverpool : *Le lac de Lucerne* – Londres (Victoria and Albert Mus.) : *Évasion de Marie Stuart* – *Lac et montagnes* – *Vue du pays de Galles* – *Le ruisseau* – *Bords de la mer* – *Snowdon, pays de Galles* – *Même sujet* – *Soir d'été* – *Montagnes galloises* – *Ruisseau près de Capelburig, pays de Galles* – Manchester : *Près de Portmadol, Galles du Nord* – Reading : *Foyer désert* – *Paysage* – Sunderland : *Le rêve du poète*.

Ventes Publiques : Londres, 22 fév. 1908 : *Gleudovey* : **GBP 10** ; *Une vue au pays de Galles* : **GBP 9** – Londres, 27 nov. 1922 : *Dans les montagnes*, dess. : **GBP 5** – Londres, 2 fév. 1923 : *Près de Tal-i-Granan*, dess. : **GBP 17** – Londres, 25 mai 1923 : *Pastorale galloise* : **GBP 3** – Londres, 13 avr. 1934 : *Soir* : **GBP 5** – Londres, 16 juil. 1976 : *Berger et troupeau dans un paysage* 1851, h/t (75x127) : **GBP 1 200** – Los Angeles, 28 jan. 1977 : *Berger et troupeau dans un paysage* 1851, h/t (75x127) : **GBP 900** – San Francisco, 18 mars 1981 : *Paysage fluvial boisé, Dolgelley*, h/pap. mar. (28x46) : **USD 1 700** – Édimbourg, 27 mars 1984 : *Neish Island, Loch Earn, Perthshire* 1881, aquar. (48x92) : **GBP 650** – Londres, 16 déc. 1986 : *Pêcheurs dans leur barque sur un lac d'Italie*, h/t (91,5x152,5) : **GBP 3 000** – Londres, 31 mai 1989 : *Construction d'un bateau sur une plage*, h/t (86,5x122) : **GBP 15 950** – Londres, 5 nov. 1997 : *Vue de Moel Siabod, Galles du Nord* 1847, h/t (100x146) : **GBP 3 795**.

DANCART

Mort vers 1487 à Séville. xve siècle. Actif en Espagne. Hollandais.

Sculpteur.

On ne connaît de lui que ce qu'il fit à Séville. On cite le maître-autel de la cathédrale de Séville. Le siège du Doyen est sûrement de lui.

DANCE Elisabeth Jennings

Née le 5 mars 1901 à Richmond (Virginie). xxe siècle. Américaine.

Peintre, graveur, dessinateur.

Elle étudia avec Anne Fletcher aux États-Unis puis à Paris et en Italie. Elle fut membre du musée des Beaux-Arts de Virginie.

DANCE George

Né en 1741 à Londres. Mort le 14 janvier 1825 à Londres. xviiie-xixe siècles. Britannique.

Peintre de portraits, aquarelliste, pastelliste, dessinateur.

Fils de l'architecte du même nom et frère de Sir Nathaniel Dance-Holland. Fut un des membres fondateurs de la Royal Academy et s'adonna surtout à l'architecture. On cite pourtant

de lui des portraits de personnages éminents à la sanguine, qu'il exposa en 1798 et 1800.
Musées : Londres (British Mus.) : 30 dessins au crayon rehaussés – Londres (Art Gal. des Londoner Guildhall) : Dessins – Londres (Sloane Mus.) : Dessins.
Ventes Publiques : Londres, 26 jan. 1923 : *Portrait de femme ; Portrait d'homme*, deux past. : **GBP 11** – Londres, 16 mars 1923 : *Gentilhomme avec un chien* : **GBP 12** – Londres, 27-30 mai 1932 : *Portrait de William Weddell* : **GBP 315** – Londres, 14 juin 1977 : *Portrait of J.M.W. Turner* 1792, aquar. et cr., de forme ovale (22x16,5) : **GBP 800**.

DANCE George
XIXe siècle. Britannique.
Peintre.
Il exposa de 1821 à 1829 des portraits à la Royal Academy de Londres.

DANCE Nathaniel. Voir **HOLLAND**

DANCE W.
XVIIIe siècle. Actif à Londres. Britannique.
Peintre.
Il exposa à la Free Society of Artists en 1780. Deux de ses miniatures faisaient partie de l'Exposition du South-Kensington Museum (aujourd'hui Victoria and Albert Mus.) en 1865.

DANCE W.
XIXe siècle. Actif à Londres. Britannique.
Peintre.
Il exposa de 1819 à 1859 à la Royal Academy.

DANCE-DARBOUR Anna
XXe siècle. Actif à Paris. Français.
Peintre.
Sociétaire des Artistes Français depuis 1900.

DANCHEL Falkmar Poulsen
Né le 24 décembre 1672 à Köbelöv. Mort en juillet 1726 à Copenhague. XVIIe-XVIIIe siècles. Danois.
Graveur en taille-douce.
Cet artiste, qui était pasteur à Copenhague, a dessiné et gravé plusieurs portraits.

DAN CHONGGUANG. Voir **DA CHONGGUANG**

DANCI Giacomo
XVe siècle. Actif à Bologne. Italien.
Peintre.
Masini lui attribue une *Mort de la Vierge* datée de 1483, qui se trouve dans l'église SS. Cosmo e Damiano de Bologne.

DANCKERTS ou **Dancker, Dankerts**
Né en 1634. Mort le 8 décembre 1666 à Amsterdam. XVIIe siècle. Actif à Amsterdam. Hollandais.
Graveur et éditeur.

DANCKERTS Cornelis I
Né vers 1603. Mort avant le 10 juillet 1656 à Amsterdam. XVIIe siècle. Hollandais.
Graveur.
Actif à Amsterdam, il était fils du plus jeune frère de l'architecte Cornelis Danckerts. Il est à identifier avec le Cornelis Danckerts de Seevenhoven également éditeur. Wurzbach a fait la nomenclature de ses œuvres.

DANCKERTS Cornelis II ou **Danckers**
XVIIe siècle. Hollandais.
Dessinateur, graveur.
Fils de Justus Danckerts. Il était actif à Amsterdam de 1637 à 1684. Il était également marchand.

DANCKERTS Hendrick
Né vers 1625 à la Haye. XVIIe siècle. Hollandais.
Peintre d'histoire, sujets religieux, paysages animés, paysages, graveur.
Il était le frère de Johan D. Il fut nommé maître de la Guilde en 1651. Il voyagea en Italie et rejoignit son frère en Angleterre, où il travailla en 1669 pour Charles II, mais d'où, étant catholique, il dut fuir au moment du « Popish Plot ». Il vivait encore en 1679.
Musées : Amsterdam (Cab. des Estampes) : *Assassinat des frères de Witt* – Hampton Court (Gal.) : Peintures.
Ventes Publiques : Londres, 5 déc. 1941 : *Le château de Windsor* : **GBP 6** – Londres, 1er mai 1963 : *Vue du château de Windsor* : **GBP 380** – Londres, 30 oct. 1985 : *L'Adoration des bergers*, h/t (183x130) : **GBP 1 800** – Londres, 17 juil. 1987 : *Paysage animé*, h/t (133,4x182,8) : **GBP 28 000** – Londres, 11 juil. 1990 : *Paysage avec le château de Windsor* 1679, h/t (123x140) : **GBP 52 800** – Londres, 29 oct. 1993 : *Paysage italien avec des personnages près d'une fontaine*, h/t (61,2x74) : **GBP 4 140** – Amsterdam, 15 nov. 1994 : *Paysage rocheux avec des bergers* 1657, encre et lav. (22x19,3) : **NLG 2 875**.

DANCKERTS Johan ou **Johann** ou **Danckersz, Dankerts**
Né entre 1613 et 1615 à la Haye. Mort entre 1681 et 1687 à Amsterdam ou en Angleterre. XVIIe siècle. Hollandais.
Peintre de sujets mythologiques, compositions religieuses, paysages animés, paysages, marines.
Il était le plus jeune frère de Hendrick D. Il devint maître de la Guilde de La Haye en 1632, et doyen en 1649. Il voyagea en Italie et en Angleterre où parurent ses illustrations des Œuvres de Juvénal.
On cite de lui des paysages et vues de Portsmouth, plusieurs *Madones*, une *Fuite en Égypte*, un *Christ sur le Mont des Oliviers*, un *Christ bénissant les enfants*, qui fait partie de la Collection M. Emants à La Haye.
Ventes Publiques : Londres, 25 juil. 1928 : *Personnages dans un paysage* 1640 : **GBP 45** – Londres, 5 avr. 1963 : *Paysage avec rivière* : **GNS 300** – Londres, 18 déc. 1968 : *Vue panoramique de Denham* : **GNS 3 800** – New York, 10 juin 1983 : *Bacchanale*, h/t (154,9x148,9) : **USD 5 000** – Londres, 10 juil. 1996 : *La frégate « Gloucester » faisant naufrage au large des côtes de Yarmouth le 6 mai 1682*, h/t (68x88) : **GBP 15 525**.

DANCKERTS Justus
XVIIe siècle. Hollandais.
Graveur.
Il était le fils de Danckerts (graveur et éditeur mort à Amsterdam en 1666 et le père de Cornelis II et de Theodorus D. Wurzbach cite 6 gravures de lui. Il fut éditeur à Amsterdam de 1666 à 1692.

DANCKERTS Theodorus
Mort après 1726. XVIIe-XVIIIe siècles. Hollandais.
Graveur et éditeur.
Il était le fils de Justus D., et le frère de Cornelis II D.

DANCKERTS de Ry Peter ou **Dankert, Danckerse**
Né en 1583 ou 1605 à Amsterdam. Mort le 9 août 1661 à Rudnik (Pologne). XVIIe siècle. Hollandais.
Peintre.
Probablement fils de l'architecte Cornelis ; il fut peintre de la cour de Sigismond III et de Wladislaw IV ; attaqué sur la route de Wilna, à Varsovie, il mourut peu après, ayant fait les portraits de ses meurtriers qui furent arrêtés. Il a décoré diverses églises en Pologne.

P'DANCKERSE PDf.

P.DANCKERSE-FECIT. P.D. inv

Musées : Amsterdam : *Un cavalier en costume de chasse* – Bruxelles : *L'architecte Corn. Dankerts de Ry – La femme du précédent.*

DANCKET Heyndriel
XVIIIe siècle. Actif à Gand. Éc. flamande.
Peintre.
Il fut nommé maître en 1757.

DANCO Arnoldus
XVIIIe siècle. Actif à Anvers. Éc. flamande.
Sculpteur.
Il fut nommé maître le 10 septembre 1771.

DANCO Henricus
Né à Namur. XVIIIe siècle. Actif à Anvers vers 1755. Éc. flamande.
Sculpteur.
Il livra un nouveau retable en 1755 pour l'autel de Rubens en l'église Saint-Jacques d'Anvers.

DANCO Petrus Franciscus
XVIIIe siècle. Actif à Anvers en 1757. Éc. flamande.
Sculpteur.

DANÇOIS Jacques
XVIe siècle. Français.
Sculpteur.
De 1537 à 1540, il travailla à la décoration du château de Fontainebleau.

DANCOT Jacques
XVIIe siècle. Actif à Namur entre 1657 et 1675. Éc. flamande.

Sculpteur.
Il exécuta des travaux décoratifs.

DANCRE Émile Emmanuel
Né le 18 avril 1901 à Paris. Mort en 1977. xxe siècle. Français.
Peintre de paysages, de figures mythologiques et de natures mortes.
Il fut élève de Lucien Simon. Il exposa au Salon des Artistes Français et à celui des Artistes Indépendants à partir de 1927.
Ventes Publiques : Paris, 18 nov. 1985 : *Le marché*, h/t (60x92) : **FRF 7 000.**

DANCX Françoys ou **Danks**, dit **Schilpad**. Voir **DANKS**

DANDAROV Robert
Né à Strumica. xxe siècle. Actif aux États-Unis. Yougoslave.
Peintre de compositions d'imagination. Tendance fantastique.
Il a exposé à Bruges en 1991.
Il peuple ses peintures, de dimensions importantes, d'un grouillement de créatures de toutes sortes et surtout chimériques. Ses compositions complexes se prévalent de titres traditionnellement situés, mais ici revisités avec humour : *La naissance de Vénus, La tentation de saint Antoine, Dédale et Icar*, etc.

DANDELEAU Nicolas ou **Dandelau**
Né vers 1749 à Hennegau. xviiie siècle. Hollandais.
Graveur au burin.
Élève de Bervic. Travailla à Anvers et à Paris.

DANDELEUX A.
xixe siècle. Actif à Paris. Français.
Graveur.
On cite de lui : *La Bataille de Marengo.*

DANDELEUX Pierre Léonard
Né en 1783 à Troyes. xixe siècle. Français.
Graveur.
On doit notamment à cet élève de Blondeau le plan de l'attaque et de la défense de la place de Dantzig, pendant les années 1812 et 1813.

DANDELOT Élisabeth
Née à Ermont (Val-d'Oise). xxe siècle. Française.
Peintre et dessinatrice.
A exposé au Salon des Artistes Français de 1927 et 1928 des aquarelles et dessins du Maroc.

DANDELOT Louise
Née au xixe siècle à Château-Thierry (Aisne). xixe siècle. Française.
Peintre d'architectures.
Le Musée de Château-Thierry possède d'elle : *Porte du vieux château* et une copie de *La Malaria* d'Hebert.

DANDELOT Pierre
Né à Neuilly-sur-Seine (Hauts-de-Seine). xxe siècle. Français.
Sculpteur animalier et de sujets religieux.
Il fut élève de Paul Niclausse et d'Emile Guillaume. Il exposa à partir de 1929 au Salon des Artistes Français, reçevant une mention honorable en 1930, une médaille d'argent en 1934 et une médaille d'or en 1936. Il fut ensuite hors-concours.
Il se plut à sculpter les fauves et les animaux sauvages (Dromadaire couché), mais traita également les sujets religieux.

DANDINI Cesare
Né vers 1595 à Florence. Mort en 1656 ou 1658. xviie siècle. Italien.
Peintre de sujets mythologiques, compositions religieuses, sujets allégoriques, figures, portraits, dessinateur.
Il eut de nombreux maîtres : Francesco Curradi, Pietro, Domenico Cresti appelé Passignano et Cristofano Allori.
Il appartient donc comme disciple à plusieurs écoles, mais semble avoir surtout subi l'influence de Passignano, dont on retrouve dans ses tableaux le dessin, la vivacité et le coloris peu durable. On considère comme son chef-d'œuvre un *Saint Charles parmi d'autres saints*, dans l'église d'Ancône.
Ventes Publiques : Milan, 19 nov. 1963 : *L'Abondance* : **ITL 1 000 000** – Vienne, 22 mars 1966 : *Vierge à l'Enfant* : **ATS 45 000** – Londres, 13 juil. 1977 : *Apollon*, h/t (94x75,5) : **GBP 1 500** – New York, 11 juin 1981 : *Portrait d'un peintre*, h/t (63x49,5) : **USD 6 000** – Rome, 15 mars 1983 : *Quatre anges musiciens*, h/t (37x57) : **ITL 5 200 000** – Londres, 11 avr. 1986 : *Saint Dorothée de Cappadoce – Sainte Catherine d'Alexandrie*, deux h/t (120x101,3 et 121x102) : **GBP 50 000** – Paris, 18 déc. 1987 : *Salvator Mundi*, peint./cuivre (21x15) : **FRF 18 000** – New York, 14 jan. 1988 : *Femme couronnée de laurier portant un enfant*, h/t (52x38,5) : **USD 85 250** – New York, 12 oct. 1989 : *Saint Michel*, h/cuivre, de forme ovale (10,2x7,6) : **USD 6 050** – Rome, 8 mars 1990 : *Buste de Sainte*, h/t (46x32) : **ITL 3 000 000** – New York, 10 oct. 1990 : *Allégorie de la Vanité*, h/t (81,9x64,8) : **USD 14 300** – Rome, 19 nov. 1990 : *La Madeleine*, h/t (71x56) : **ITL 8 050 000** – Rome, 8 avr. 1991 : *Allégorie de la Comédie*, h/t (87x66) : **ITL 100 050 000** – Londres, 17 avr. 1991 : *Sainte Agnès*, h/t (73,5x61) : **GBP 6 600** – Londres, 8 juil. 1992 : *Personnification de la Renommée*, h/t (46x36) : **GBP 16 500** – New York, 14 oct. 1992 : *Allégorie de la Charité*, h/t (113,7x99,1) : **USD 24 200** – New York, 14 jan. 1994 : *Portrait d'un artiste (Alessandro Rosi ?)*, h/t (66x49,8) : **USD 74 000** – New York, 10 jan. 1996 : *Petit garçon endormi*, sanguine (15,8x17,8) : **USD 2 760** – Londres, 16-17 avr. 1997 : *Tête féminine*, craie noire reh. de craie blanche et touches de craie rouge/pap. bleu (12x10,2) : **GBP 460** – Londres, 3 déc. 1997 : *L'Archange Gabriel*, h/t/t., t. de forme ovale sur t. de forme rectangulaire (surface peinte 74,5x59,5) : **GBP 45 500.**

DANDINI Cosimo
xviie siècle. Actif à Rome. Italien.
Peintre.
Il entra en 1604 à l'Académie de Saint-Luc.

DANDINI Ottaviano
Mort vers 1750. xviiie siècle. Travaillait à Pescia. Italien.
Peintre.
Fils de Pietro Dandini, il chercha surtout à imiter son père et peignit l'histoire dans le même style. Ses peintures dans le cloître San Spirito et celles dans l'église de Sainte-Madeleine, à Pescia, montrent un talent assez remarquable. Il se fit jésuite vers la fin de sa vie.

DANDINI Pietro ou **Pier**
Né en 1646 à Florence. Mort en 1712. xviie-xviiie siècles. Italien.
Peintre d'histoire, sujets mythologiques, compositions religieuses, sujets allégoriques.
Fils de Vincenzo Dandini, d'après Lanzi ; d'après le *Bryan's Dictionary*, neveu du même. Ce fut celui des Dandini qui montra le plus de talent ; ce fut aussi celui de la famille qui voyagea le plus. Après avoir travaillé avec Vincenzo, qui le forma dans le style de Pietro da Cortona, il étudia à Venise, à Bologne, à Modène et à Rome. De retour à Florence, il fut protégé par le grand-duc Côme III. Il exécuta pour ce prince de nombreux travaux. On accuse Pietro Dandini d'avoir tout subordonné à la question d'argent et de négliger la façon de terminer ses œuvres. Il paraît établi que les peintures pour lesquelles il se donna le plus de peine, furent celles qu'on lui paya le plus largement.
On cite, parmi ces dernières, une coupole à Sainte-Marie-Madeleine, et *la prise de Jérusalem*, exécutée dans le palais de Pise. Il convient de remarquer aussi ses tableaux d'autels, notamment : *Saint François* à Sainte-Marie-Majeure, et le *Bienheureux Piccolomini*, au couvent des Servites, représenté au moment où il officie.
Musées : Rome (Mus. Borghèse) : *Sainte Famille.*
Ventes Publiques : Milan, 6 mai 1971 : *La famille d'Adam* : **ITL 650 000** – Milan, 18 juin 1981 : *Sainte Anne et la Vierge*, h/t (72x58) : **ITL 1 000 000** – Rome, 1er juin 1982 : *Saint-Jean-Baptiste prêchant*, h/t (95x116) : **ITL 10 000 000** – New York, 18 jan. 1984 : *Esther devant Assuérus*, h/t (86,3x145) : **USD 8 500** – Monte-Carlo, 20 juin 1987 : *Allégorie des Belles Lettres*, h/t (147,5x203) : **FRF 210 000** – Paris, 15 avr. 1988 : *Mucius Scaevola mettant la main au dessus du brasier*, h/t (99x139) : **FRF 54 000** – Monaco, 17 juin 1988 : *Judith s'apprêtant à couper la tête d'Olopherne*, h/t (96x135,5) : **FRF 149 850** – Milan, 25 oct. 1988 : *Herminie chez les bergers*, h/t (122x173) : **ITL 42 000 000** – Londres, 7 juil. 1989 : *L'idolâtrie de Salomon*, h/t (82,5x117) : **GBP 22 000** – Londres, 19 avr. 1991 : *Sémiramis partant en guerre*, h/t (98x139,5) : **GBP 24 200** – Milan, 3 déc. 1992 : *Orphée et les Bacchantes*, h/t (68x90) : **ITL 15 000 000** – Milan, 2 déc. 1993 : *Bacchanale*, h/t (80x285) : **ITL 28 750 000** – Londres, 20 avr. 1994 : *Allégorie de la Justice*, h/t (76x60) : **GBP 5 520** – New York, 18 mai 1994 : *Antoine et Cléopâtre*, h/t (146x207,7) : **USD 16 100** – Londres, 18 oct. 1995 : *Bacchanale*, h/t (58,6x135,4) : **GBP 13 800** – New York, 12 jan. 1996 : *Bacchanale*, h/t (37,5x31,4) : **USD 4 830** – New York, 16 mai 1996 : *La Vierge présentant Sainte Marie-Madeleine de Pazzi à la Sainte Trinité*, h/t (78,7x96,5) : **USD 9 775.**

DANDINI Rutilio
xviie siècle. Actif à Rome vers 1650. Italien.
Peintre.

DANDINI Vincenzo
Né en 1607 à Florence. Mort en 1675 à Florence. XVIIe siècle. Italien.
Peintre d'histoire, compositions religieuses, sujets allégoriques, sculpteur.
Frère de César Dandini ; il fut quelque temps son élève, puis passa sous la direction de Pietro da Cortona, à Rome. Il suivit le style de son dernier maître et devint un excellent peintre d'histoire, tout en cultivant également la sculpture et l'architecture. Il retourna à Florence où il fit surtout des travaux pour de nombreuses églises. On cite particulièrement : *La Conception*, qui se trouve dans l'église d'Ognisanti. Il exécuta aussi des peintures destinées à orner le palais du grand-duc.
Ventes Publiques : New York, 13 jan. 1987 : *Allégories de la Musique et de la Peinture*, deux h/t (74,2x62,9) : **USD 16 000** – Milan, 27 mars 1990 : *Sainte Marguerite*, h/t (103x78) : **ITL 6 500 000**.

DANDIRAN Frédéric François ou **d'Andiran**
Né le 8 mai 1802 à Nantes ou à Bordeaux. Mort le 3 juin 1876 à Lausanne. XIXe siècle. Actif aussi en Suisse. Français.
Peintre de paysages, aquarelliste, lithographe.
Élève de R. Topffer, d'Auguste Calame et de l'aquarelliste anglais Harding, il participa plusieurs fois aux Salons de Paris de 1833 à 1855. Il vécut un temps à Nantes, puis s'installa à Lausanne, où il ouvrit un cours de dessin et de peinture.
Ses peintures, aquarelles, lithographies, montrent une passion pour la montagne, que ce soit la Suisse, la Savoie ou les Pyrénées. En 1837, ses vues de montagne ont été publiées sous le titre : *Excursion dans les Pyrénées composée de cent croquis pittoresques*. Mais il ne s'est pas limité au domaine de la montagne, peignant aussi des vues de bords de mer, des rives de la Seine et paysages d'Ile-de-France.
Bibliogr. : Gérald Schurr, in : *Les Petits Maîtres de la peinture 1820-1920, valeur de demain*, Les Éditions de l'Amateur, t. VII, Paris, 1989.
Musées : Pau (Mus. des Beaux-Arts) : *Les Eaux-Bonnes* 1836.
Ventes Publiques : Berne, 6 mai 1981 : *Paysage montagneux*, h/t (74x100) : **CHF 3 600**.

DANDL Kaspar ou **Dondl**
XVIIIe siècle. Actif à Vienne. Autrichien.
Sculpteur.
Il travaillait en 1783 pour une fabrique de porcelaine.

DANDLEUF Jean. Voir **JEAN,** pseudonyme de **Dandleuf Jean**

DANDO Karin
Née en 1961 à Johannesburg. XXe siècle. Sud-Africaine.
Artiste.
Elle a participé en 1994 à l'exposition *Un Art contemporain d'Afrique du Sud* à la galerie de l'esplanade, à la Défense à Paris.

DANDO Susie May
Née le 6 septembre 1873 à Odell (Illinois). XIXe-XXe siècles. Américaine.
Peintre.
Elle fut élève de William Lees Judson et membre de l'Art Club de Californie. Elle reçut la médaille d'argent à l'exposition de San Diego en 1915. Elle fut également professeur.

DANDOIS Francis
Né le 22 novembre 1951 à Créteil (Val-de-Marne). XXe siècle. Français.
Peintre. Expressionniste.
Formé à l'Ecole Nationale Supérieure des Beaux-Arts de Paris de 1971 à 1975, il expose depuis 1977 (Galerie Furstenberg, Paris, en 1992-93-94 ; Galerie des Beaux-Arts, Paris, en 1976-80-81 ; Foire d'art contemporain de Los Angeles, 1993), parallèlement à une activité de professeur à l'école des Beaux-Arts de Chalon-sur-Saône.
Ses toiles vivement colorées montrent des corps déformés et enchevêtrés, un monde torturé proche de celui de Bacon.

DANDOLO Cesare
XVIe siècle. Italien.
Peintre.
Vivant en 1595 à Venise, il renonça à son rang dans le sénat de cette république pour s'établir à Milan, où l'on trouve de ses peintures dans plusieurs palais.

DANDOY Albert
Né en 1885 à Namur. Mort en 1977 à Namur. XXe siècle. Belge.
Peintre de paysages, décorateur.
il fut professeur à l'Académie de Namur. Il a essentiellement décrit sa ville natale et ses environs.

A. Dandoy

Bibliogr. : In : *Diction. Biog. ill. des artistes en Belgique depuis 1830*, Arto, 1987.
Ventes Publiques : Douai, 23 avr. 1989 : *Route de village* 1918, h/t (36x51) : **FRF 6 500** – Bruxelles, 7 oct. 1991 : *Le port de Bruxelles* 1945, h/t (27x40) : **BEF 32 000** – Lokeren, 9 oct. 1993 : *Parc de Bruxelles* 1945, h/t (27x40) : **BEF 33 000**.

DANDOY Armand
Né vers 1834 à Namur. Mort en 1898 à Namur. XIXe siècle. Éc. flamande.
Peintre de paysages.
Il exposa uniquement en Belgique.
Ventes Publiques : Bruxelles, 19 déc. 1989 : *Bords de la Meuse*, h/t (45x75) : **BEF 52 000**.

DANDOY Jan Baptist
XVIIe siècle. Éc. flamande.
Peintre.
Élève de Adr. Brouwer, en 1631, à Anvers.

DANDRÉ BARDON Michel François ou **André Bardon**
Né le 22 mai 1700 à Aix-en-Provence. Mort le 4 juillet 1778 à Paris. XVIIIe siècle. Français.
Peintre d'histoire, compositions religieuses, sujets allégoriques, scènes de genre, graveur, dessinateur.
Ses parents le destinaient à la magistrature et lui firent étudier le droit à Paris. En 1719, ses goûts pour la peinture l'amenèrent à consacrer ses loisirs à l'étude du dessin avec Baptiste Van Loo, et de la peinture avec de Troy. Ayant obtenu un second prix à l'Académie, il partit pour Rome, où il séjourna six ans, puis resta six mois à Venise. De retour à Aix, il peignit au Palais de Justice, à l'Hôtel de Ville, mais ces édifices, ainsi que l'église Saint-Jérôme ont été détruits par le feu en 1792. A son arrivée à Paris, il fut fort bien accueilli et prit tout de suite place parmi les artistes en vue. L'Académie l'admit au nombre de ses membres en 1735. En 1752, il était professeur, puis secrétaire, puis enfin professeur de peinture historique. Il fut aussi l'un des fondateurs de l'Académie de Marseille. Il dessinait avec une très grande facilité et une très grande correction. Il signait ses ouvrages : *Dandré Bardon* ou *D. Bardon*. Son oncle, Louis Bardon, lui avait laissé sa fortune à la condition qu'il porterait son nom.
On cite parmi ses meilleurs ouvrages : *L'Empereur Auguste ordonnant le châtiment des voleurs des deniers de l'État* (1729), au Musée d'Aix, *Figures allégoriques des vertus*, au Palais de Justice, *Le Christ sur la Croix*, au Musée de Marseille, *Tullia foulant sous son char le corps de Servius Tullius*. Il fit *Jason conduisant la charrue*, pour être reproduit en tapisserie de Beauvais. Cette œuvre est malheureusement disparue. Parmi ses gravures, on cite : *Le Christ mort*, *Deux enfants morts à l'entrée d'une voûte*, *L'enterrement*, *Johannes Snellinks*, et, encore, au Musée d'Aix, *L'Union de la procuration de Provence au Consulat d'Aix* et *Les Habitants d'Aix secourant Marseille contre les Aragonais*.
Musées : Aix-en-Provence : *L'Empereur Auguste ordonnant le châtiment des voleurs des deniers de l'État* 1729 – Marseille : *Le Christ sur la Croix*.
Ventes Publiques : Paris, 1775 : *Sujet allégorique à la gloire de Louis XV*, dess. à la pl., reh. de blanc : **FRF 100** – Paris, 1855 : *Fragment imité du triomphe de César*, dess. à la pl. et au bistre ; *Trompettes et tambours*, dess. à la pl. et au bistre, ensemble : **FRF 8** – Paris, 1882 : *Les chevaliers danois*, dess. gouaché : **FRF 16** – Paris, 1897 : *Allégorie*, dess. : **FRF 65** ; *Le Parnasse*, dess. : **FRF 75** – Paris, 27 mars 1919 : *Le sommeil*, sanguine : **FRF 470** – Paris, 7 et 8 mai 1923 : *Allégorie des Arts*, sanguine, reh. de blanc : **FRF 720** – Paris, 6 déc. 1923 : *Allégorie sur le mariage de Louis XV*, sanguine, reh. : **FRF 600** – Paris, 17 nov. 1983 : *Hector quittant son fils Astynax avant de partir au combat*, pl. et lav./trait de pierre noire et sanguine (31,5x18,5) : **FRF 11 000** – Monaco, 5-6 déc. 1991 : *Vue d'un port imaginaire*, h/t (35x104) : **FRF 83 250** – Paris, 23 juin 1993 : *Nu d'homme assis le bras gauche en arrière*, pierre noire et reh. de blanc/pap. (53,2x36,1) : **FRF 8 000** – Monaco, 2 juil. 1993 : *Académie d'homme assis les mains jointes*, craie noire et blanche/pap. beige (49,7x39,2) : **FRF 33 300** – Paris, 11 mars 1994 : *L'Ascension*, pl. et lav. brun (23x15) : **FRF 14 000** – Paris, 31 mars 1994 :

La naissance de la Vierge, h/t (99x62) : **FRF 35 000** – New York, 10 jan. 1995 : *Le festin de Balthazar*, encre et lav. avec reh. de blanc (28x42,2) : **USD 8 625**.

DANDRIDGE Bartholomew
Né en 1691. Mort en 1755. xviiie siècle. Britannique.
Peintre de portraits.
Il eut son heure de célébrité sous le règne de George II.
Musées : Londres (Nat. Gal. of portraits) : *Portrait de Hooke l'historien – Portrait de Frédéric-Louis, prince de Galles*.
Ventes Publiques : Londres, 5 déc. 1908 : *Tête de jeune fille* : **GBP 5** – Londres, 7 mai 1923 : *La comtesse de Rochford* : **GBP 10** ; *Une dame en pairesse* : **GBP 3** – Londres, 27 juil. 1928 : *James Small* : **GBP 13** – Londres, 21 nov. 1930 : *Master Robert Price* : **GBP 25** – New York, 29 avr. 1932 : *Jeune fille aux souliers rouges* : **USD 375** – Londres, 2 août 1934 : *Robert Price, enfant* : **GBP 9** – Londres, 24 juin 1977 : *Groupe familial*, h/t (115x140) : **GBP 1 500** – Londres, 6 juil. 1983 : *Portrait of Valentine Knightley*, h/t (178x114) : **GBP 4 000** – Londres, 10 juil. 1985 : *Equestrian portrait of Captain Richard Gifford*, h/t (122x96,5) : **GBP 36 000** – Londres, 24 avr. 1987 : *Portrait of Miss Peckham of Little Green, with her negro page, Juba*, h/t (147,3x157,5) : **GBP 26 000** – Londres, 18 nov. 1992 : *Portrait de Maitre Barton enfant en pied, vêtu d'un habit rouge sur un gilet brodé et tenant son tricorne*, h/t (122x97) : **GBP 8 800** – Londres, 14 juil. 1993 : *Portraits de John et Martha Chase*, h/t, une paire (chaque 123x99) : **GBP 23 000** – Londres, 3 avr. 1996 : *Portrait de la famille Croftes*, h/t (152x165) : **GBP 23 000**.

DANDRIDGE Serena Katherine
Née à West Virginia (Virginie). xxe siècle. Américaine.
Peintre.
Elle exposa à Paris au Salon des Artistes Français en 1939.

DANDRIEU ou **Dandrieux**
xviiie siècle. Français.
Peintre.
Il fut reçu à l'Académie de Saint-Luc à Paris en 1763.

DANDRILLON Pierre
xviie siècle. Actif à Paris en 1692. Français.
Peintre.

DANDRILLON Pierre Bertrand
Né vers 1725. Mort en 1784. xviiie siècle. Français.
Peintre d'architectures, d'animaux et de décorations.
Il travailla à Bordeaux. Il fut membre de l'Académie de cette ville et en décora le théâtre. C'est certainement lui qui fut reçu à l'Académie de Saint-Luc en 1751.

DANDRILLON Pierre Charles
Né le 25 mai 1757 à Paris. Mort le 14 mai 1812 à Paris. xviiie-xixe siècles. Français.
Peintre d'architectures, paysages, dessinateur.
Élève de Demachy, il exposa au Salon de Paris de 1795 à 1806. Dandrillon partit pour Rome en 1790, aux frais de M. Rocques, agent de change, et y demeura trois ans. Il exécuta, à son retour, dix grands tableaux pour « le Château d'eau » possédé en Normandie par son protecteur. Ces compositions représentaient des vues de l'Italie et de l'Égypte.
Ventes Publiques : Paris, 1814 : *Vues du temple de la Paix, du Colisée et des arcs de Constantin et de Titus*, dess. coloriés : **FRF 21** – New York, 11 jan. 1996 : *Paysage avec un obélisque et une fontaine ; Construction classique à flanc de montagne* 1791, h/t, une paire (189,9x103,5) : **USD 107 000**.

DANDRY Jean. Voir **ANDRIESZ Jan**

DANDURAN Georges Louis
Né à Paris. xxe siècle. Français.
Peintre.
Il exposa au Salon des Indépendants, à Paris.

DANE Clémence, pseudonyme de **Ashton Winifred**
Née en 1885. Morte en 1965. xxe siècle. Britannique.
Peintre, sculpteur de portraits, écrivain.
Elle fut une amie proche de Noël Coward dans les années 1920. Elle étudia la peinture avec Henry Tonks à la Slade School of Art de Londres. Elle ne fit jamais commerce de ses peintures pendant sa vie, préférant les offrir à ses amis.
Le portrait à l'huile et le buste de bronze de Noël Coward de la National Gallery of Portraits sont considérés, dans l'ouvrage de C. Lesley : *La vie de Noël Coward*, publié à Londres en 1976, comme les plus vivants qui aient été faits de cet artiste.
Bibliogr. : C. Lesley : *La vie de Noël Coward*, Londres, 1976.
Musées : Londres (Nat. Gal. of Portraits) : *Sir Noël Coward*, sculpt., buste – *Sir Noël Coward*, peint.
Ventes Publiques : Londres, 7 mars 1986 : *Portrait of Roger Senhouse* 1956, h/t (76,2x63,5) : **GBP 700** – Londres, 26 mars 1993 : *Portrait de Sir Noël Coward*, bronze (H. 35,5) : **GBP 2 070**.

DANE-CHANASE Richard. Voir **CHANASE**

DANEDI Giuseppe, dit **Montalti**
Né en 1618 à Treviglio (Milanais). Mort en 1688. xviie siècle. Italien.
Peintre.
Il était le plus jeune frère de Stefano Danedi, et reçut les premières notions de son art de Morazzone. Fort jeune, il quitta sa ville natale pour se rendre à Bologne, où il devint l'élève de Guido Reni. Danedi quitta ce maître pour aller se fixer à Turin. Dans cette ville, il exécuta plusieurs travaux pour des édifices publics. Vers la fin de sa vie, il rejoignit son frère à Milan et y fut très apprécié. A l'église San-Sebastiano, on peut voir de cet artiste : *le Massacre des Innocents* et *l'Annonciation*. Le Musée de Dresde conserve de lui : *Saint Antoine caressant Jésus enfant*.

DANEDI Stefano
Né en 1608 à Treviglio (Milanais). Mort en 1689 à Milan. xviie siècle. Italien.
Peintre de compositions religieuses.
Comme Giuseppe Danedi, son plus jeune frère, il reçut les premières notions de son art du Cavaliere Morazzone, et bien que n'ayant pas étudié à d'autre école, il ne ressemble pas absolument à son maître.
Il peignit avec plus de soin et de délicatesse que ne le faisaient en général les peintres de son temps. Pendant le long séjour qu'il fit à Milan, il exécuta un grand nombre de peintures pour les églises de cette ville et pour l'État. On note : *Le Martyre de sainte Justine*, qu'il fit à Santa Maria de Padoue.
Ventes Publiques : Milan, 29 mars 1983 : *Le mariage mystique de Sainte Catherine*, h/t (91x121) : **ITL 16 000 000** – Milan, 25 oct. 1988 : *Suzanne et les vieillards*, h/t (85,5x165) : **ITL 11 000 000** – Milan, 4 avr. 1989 : *Hérodiade présentant la tête de Jean Baptiste à Hérode*, h/t (98x127) : **ITL 38 000 000** – Milan, 13 déc. 1989 : *La découverte de Moïse*, h/t (180x134) : **ITL 26 000 000** – Londres, 1er mars 1991 : *Joseph et la femme de Putiphar*, h/t (172,5x133) : **GBP 11 000** – Milan, 28 mai 1992 : *Saint Sébastien*, h/t (79x65) : **ITL 8 500 000** – Rome, 21 nov. 1995 : *Salomé*, h/t (94,5x142) : **ITL 10 607 000**.

DANEEL
xve siècle. Actif à Anvers vers 1453. Éc. flamande.
Sculpteur.

DANEELS Henneken
xve siècle. Éc. flamande.
Peintre.
Il était actif à Anvers vers 1476. Peut-être identique à DANIEL (Hennequin).

DANEELS Joos ou **Daniels, Daneils, Daenels**
xviie siècle. Actif à Anvers. Éc. flamande.
Peintre.
Il fut reçut maître vers 1627.

DANEELS, Danoels Willeken
xve siècle. Actif à Anvers vers 1472. Éc. flamande.
Peintre.

DANEKES Andreas
Né le 8 septembre 1788 à Amsterdam. xixe siècle. Hollandais.
Peintre de paysages.
Élève de P. G. Van Ost et J. van Ravensway.

DANEL Jean
xve siècle. Français.
Sculpteur sur bois.
Il travailla, en 1490, aux stalles de l'abbaye de Saint-Bertin, à Saint-Omer. Son fils devint maître des œuvres de la ville.

DANEL Pierre
Né en 1734 à Genève. Mort en 1778. xviiie siècle. Suisse.
Peintre sur émail.

DANELOIS Baudouin ou **Daneloye**
xviie siècle. Actif à Tournai. Éc. flamande.
Peintre verrier.
Il fut reçu maître en 1640 et travailla, semble-t-il, jusqu'en 1667.

DANERI Eugenio
Né en 1891 à Buenos Aires. Mort en 1970. xxe siècle. Argentin.

Peintre de fleurs.
VENTES PUBLIQUES : NEW YORK, 21 nov. 1988 : *Magnolias*, h/cart. (50x40) : **USD 6 600.**

DANESI Dominique
Né au XVe siècle à Rome. XVe siècle. Italien.
Peintre.
Le Musée de Bagnères conserve de lui : *La Ferme*, paysage.

DANEST François Guillaume
XVIIe siècle. Français.
Sculpteur.
Il fut reçu à l'Académie de Saint-Luc en 1695.

DANET
Né en 1560. XVIe siècle. Français.
Peintre.
Il travailla à la cathédrale de Valenciennes.

DANET
XIXe siècle. Actif au début du XIXe siècle. Français.
Peintre de miniatures.

DANET Antoine
XVIe siècle. Actif à Lyon. Français.
Graveur.
On lui doit l'illustration des « Quatre premiers livres des Navigations orientales » de N. de Nicolaï, Lyon, 1568.

DANET Flor
XVe siècle. Actif à Toulouse en 1499. Français.
Enlumineur.

DANET Marie Marcelle
Née le 20 juillet 1877 à Maisons-Laffitte (Yvelines). Morte le 15 février 1958 à Paris. XIXe-XXe siècles. Française.
Peintre de paysages.
Elle fut élève de René Fath et sociétaire du Salon des Artistes Français où elle exposa à partir de 1899.

DANEZAN Jean Baptiste Joseph
Né en 1733 à Valenciennes. Mort le 16 août 1801 à Valenciennes. XVIIIe siècle. Français.
Sculpteur.
En 1778, cet artiste fut chargé de restaurer la façade de l'Hôtel de Ville de Valenciennes. Il exécuta les statues colossales de l'abbaye d'Hautmont et sculpta les médaillons des maisons qui flanquent le beffroi de Valenciennes. Il fit la chaire de l'église des Carmes, de la Place Royale, à Lille, et le *Milon de Crotone*, en pierre blanche, qui ornait les jardins de l'abbaye d'Hasnon.

DANFORTH Moseley Isaac
Né en 1800 à Hartford (Connecticut). Mort en 1862 à New York. XIXe siècle. Américain.
Graveur et aquarelliste.
Il passa une partie de sa vie en Angleterre, puis retourna en Amérique où il jouit d'un notable succès.

DANFRIE Philippe
Né en 1535 en Cornouailles (Finistère). Mort en 1606 à Paris. XVIe siècle. Français.
Médailleur et graveur.
Célèbre comme médailleur, cet artiste s'essaya parfois dans la gravure. À rapprocher de Nicolas DAMFRIE.

DANGAR Anne
Née en 1887 à Sydney (Australie). Morte en 1951 à Moli-Sabata (Isère). XXe siècle. Française.
Peintre, céramiste. Postcubiste.
De parents irlandais protestants, elle vécut d'abord à Sydney où elle enseignait. Au cours d'un voyage à Paris en 1927, elle découvre la peinture d'Albert Gleizes, découverte qui devait bouleverser sa vie. Rentrée à Sydney, elle se sent fortement imprégnée de cette peinture issue du cubisme et l'enseigne à son tour sur le continent australien, rompant ainsi avec la tradition impressionniste de son établissement. Ayant fait épistolairement la connaissance de Gleizes, elle vient sur son invitation en France en 1930, et s'y installe définitivement. A l'époque, sa peinture est encore très proche de celle de Gleizes qui l'accueille et l'héberge dans la communauté de Moli-Sabata. L'expérience de Moli, mi-mystique, mi-artistique, est l'un des rares exemples de communauté artistique qui ait finalement réussi. Chaque participant devant, pour assurer sa subsistance, exercer un métier manuel, Anne Dangar décide d'installer à Moli-Sabata un atelier de poteries. Son activité de céramiste l'occupe bientôt totalement et elle abandonne la peinture. La renommée de Moli et les céramiques d'Anne Dangar dépassaient la simple audience régionale et, en 1937, la communauté reçoit le Prix de l'Artisanat à l'Exposition Internationale de Paris. L'année suivante, Gleizes organisant au Salon d'Automne une section consacrée à *L'Aspect du cubisme chez quelques aînés et quelques jeunes* y invite naturellement Anne Dangar. Outre ses qualités d'artiste, Anne Dangar avait ouvert un atelier de dessin pour les enfants des environs, ce qui contribua à la rendre populaire dans la région où elle vécut jusqu'à la fin de sa vie et où elle est enterrée dans le caveau des Gleizes. ■ Jacques Busse
VENTES PUBLIQUES : PARIS, 22 juin 1995 : *Compotier*, céramique (H. 50) : **FRF 35 500.**

DANGEL Georg
Mort en 1798. XVIIIe siècle. Autrichien.
Peintre sur porcelaine.
Il travailla pour des manufactures de porcelaine, et fut dit « peintre polychromiste ».

DANGEL Miguel von
Né en 1946 en Allemagne. XXe siècle. Depuis environ 1965 actif au Venezuela. Allemand.
Peintre. Tendance nouveau réaliste.
Formé à Caracas, il tente de s'intégrer au Vénézuéla en créant des panneaux ou des œuvres à trois dimensions dans lesquelles il introduit des éléments naturels faisant référence à une symbolique en rapport avec les racines indigènes. Ses *Coffrages* sont constitués de fragments d'objets naturels : terre, racines, vers de terre, etc, inclus dans une masse de polyester. La texture de ses œuvres est très riche et d'un coloris vibrant.
BIBLIOGR. : Damian Bayon et Roberto Pontual : *La peinture de l'Amérique latine au XXe siècle*, Menges, Paris, 1990.

DANGELO Sergio
Né en 1931 à Milan. XXe siècle. Italien.
Peintre, artiste multimédia.
Il fit ses études à Paris et à Bruxelles, où il entra en contact avec Baj, les peintres du mouvement Cobra et les peintres surréalistes belges. Il a figuré à la Triennale de Milan en 1954, à la Biennale de Venise en 1958, à la Biennale de Paris en 1959 et 1961, à la Pittsburgh International Exhibition en 1962 et à de très nombreuses expositions nationales et internationales. Il a exposé personnellement pour la première fois à Milan en 1951 et obtint une récompense au Prix San Fedele à Milan en 1955.
Avec Baj, il signe, en 1952, le manifeste du Mouvement d'Art Nucléaire ; comme lui, il introduit dans ses compositions les matériaux les plus divers.
BIBLIOGR. : In : *Peintres Contemporains*, Mazenod, Paris, 1964.
VENTES PUBLIQUES : MILAN, 27 oct. 1970 : *Good bye Marilyn* : **ITL 350 000** – MILAN, 10 avr. 1986 : *Tambour étrusque* 1965, h/t (69,5x90) : **ITL 1 100 000** – MILAN, 14 déc. 1988 : *Monument à J. Pollock* 1957, h/t (39x79) : **ITL 1 300 000** – MILAN, 7 juin 1989 : *Printemps noir*, peint. et collage/t. (70x100) : **ITL 1 200 000** – MILAN, 14 nov. 1991 : *Fleurs artisanales*, h/t (50x70) : **ITL 1 600 000** – MILAN, 14 avr. 1992 : *La Volière* 1965, h/t (120x160) : **ITL 6 000 000** – MILAN, 23 juin 1992 : *Le moulin* 1955, collage et h/t (70x50) : **ITL 3 000 000** – MILAN, 9 nov. 1992 : *Sans titre* 1958, h/t (72,5x100) : **ITL 1 800 000** – MILAN, 22 juin 1993 : *Alla dans la rue*, h/t (60x45) : **ITL 2 000 000** – MILAN, 22 nov. 1993 : *Où se termine l'arc-en-ciel* 1957, h/t (40x70) : **ITL 2 828 000** – MILAN, 26 oct. 1995 : *Sans titre* 1958, h/t (40x70) : **ITL 2 185 000** – MILAN, 27 mai 1996 : *Forêt secrète* 1952, vernis et h/t (50x70) : **ITL 2 760 000.**

DANGER Henri Camille
Né le 31 janvier 1857 à Paris. Mort après 1937. XIXe-XXe siècles. Français.
Peintre d'histoire, compositions mythologiques, sujets allégoriques, scènes de genre, paysages, cartons de tapisseries, pastelliste.
Élève de Gérome et d'Aimé Millet, il participa au Salon de Paris de 1886 à 1937. Prix de Rome en 1887, il fut sociétaire des Artistes Français depuis 1899, obtint une médaille d'argent à l'Exposition Universelle de 1900. Chevalier de la Légion d'Honneur en 1903.
Il envoie au Salon des sujets historiques, comme *La conférence de La Haye*, des allégories, dont *Les grands artisans de l'Arbitrage et de la Paix*, et enfin, des sujets mythologiques, tel : *Vénus aux deux présents* 1937. Il exécute des cartons de tapisserie pour les Gobelins, mais aussi des enluminures dans le goût du XVe

siècle. Il est également l'auteur de scènes de genre plus intimes et de paysages italiens au pastel.

H.D.

Bibliogr. : Gérald Schurr, in : *Les Petits Maîtres de la peinture 1820-1920, valeur de demain,* Les Éditions de l'Amateur, t. V, Paris, 1981.

Ventes Publiques : Paris, 1895 : *Le matin* : **FRF 310** – Paris, 30 avr. 1919 : *Idylle,* past. : **FRF 100** – Paris, 2 déc. 1976 : *Bacchanale,* h/cart., de forme circulaire (64,5x70,5) : **FRF 2 700** – Londres, 26 sep. 1979 : *Jeune femme au vase* vers 1900, h/t (65x54) : **GBP 1 200** – New York, 25 mai 1984 : *La joueuse de luth,* h/t (31,1x40,9) : **USD 1 600** – Milan, 16 déc. 1987 : *La transgression des commandements* 1892, h/t (156x260) : **ITL 21 000 000** – New York, 24 mai 1995 : *Les lucioles* 1896, h/t (82,6x112,4) : **USD 35 650**.

DANGERS

XVIIe siècle. Actif à Paris dans la seconde moitié du XVIIe siècle. Français.

Graveur au burin.

Élève de Guil. Chasteau.

DANGERS Jean

Né en 1595 à Paris. XVIIe siècle. Français.

Peintre d'histoire et de portraits.

Exécuta pour la municipalité un tableau avec portraits.

DANGERS Pierre

XVIe siècle. Actif à Paris en 1558. Français.

Peintre.

Il fut le père de Jean.

DANGERVILLE Mathieu

XVIIe siècle. Actif à Rouen en 1645. Français.

Peintre.

DANGIN Cleriadus

XVIIe siècle. Actif à Besançon. Français.

Peintre.

Exécuta les armoiries du roi sur la porte de l'Hôtel de Ville en 1674.

DANGLA Mad

Née à Bordeaux (Gironde). XXe siècle. Française.

Peintre de figures, de portraits et d'intérieurs.

De 1926 à 1934, elle participa au Salon de la Société Nationale des Beaux-Arts à Paris. Lorsqu'elle peint des figures, elles sont exclusivement féminines.

DANGLADE René

Né au XXe siècle à Libourne (Gironde). XXe siècle. Français.

Peintre, pastelliste.

A exposé un portrait au Salon des Artistes Français de 1928.

DANGLUS Jacques

XVIIe siècle. Actif à Nancy entre 1601 et 1610. Français.

Portraitiste.

Il travailla en 1606 pour l'entrée de la duchesse de Bar à Nancy. Il fit plusieurs portraits du duc Charles II, en 1610.

DANGMANN Paul

Né le 2 décembre 1899 à Lyon. Mort le 13 mars 1974 à Lyon. XXe siècle. Français.

Peintre de portraits, paysages, fleurs, compositions décoratives, décors de théâtre.

Élève de l'École des Beaux-Arts de Lyon de 1918 à 1925, il a participé au concours du Prix de Rome à Paris en 1924. De 1924 à 1960, il a pris part au Salon d'Automne dont il était sociétaire. Il fut professeur de dessin dans les collèges et lycées d'État de 1951 à 1965. Il était officier dans l'ordre des Palmes académiques.

À côté de sa production picturale de chevalet, il a réalisé des travaux publicitaires, une décoration pour le groupe scolaire Pasteur à Vénissieux en 1933 et pour la même commune, en 1934, des décors de théâtre.

DANGMANN Paul

Né en 1947. XXe siècle. Belge.

Peintre animalier.

Après des études à l'École des Arts décoratifs à Bruxelles, il se spécialisa dans les scènes de chasse.

DANG NHAN

Né en 1945. XXe siècle. Vietnamien.

Peintre de portraits, animaux, paysages animés, paysages d'eau, aquarelliste, dessinateur. Traditionnel.

Peintre autodidacte, il prend part à de nombreuses expositions collectives nationales. En 1996, plusieurs de ses œuvres figurent à l'exposition *Vietnam. 30 ans de peinture de la guerre à la paix,* Paris.

Spécialisé dans la peinture traditionnelle, il travaille principalement l'aquarelle sur soie. On lui doit : *Oiseau bleu* et *Femme et cheval.*

Musées : Hanoi (Mus. Nat.).

DANGON Jeanne

Née le 25 février 1873 à Lyon (Rhône). XIXe-XXe siècles. Française.

Peintre de portraits, de figures et de fleurs.

Élève de J. Lefebvre, B. Constant et J. P. Laurens, elle a exposé à partir de 1892 à Paris où elle s'est fixée. Jusqu'en 1931, elle a régulièrement participé aux Salons parisiens, obtenant une mention honorable en 1906.

Elle pratique plus volontiers le pastel pour ses figures et portraits, et l'aquarelle pour les fleurs.

DANGREAUX Antoine Désiré

Né le 25 mars 1803 à Valenciennes (Nord). Mort le 4 mars 1831 à Valenciennes (Nord). XIXe siècle. Français.

Peintre et lithographe.

Le mérite de cet artiste lui valut la médaille d'honneur de l'Académie de sa ville natale en 1819. En 1822 il vint à Paris et travailla chez Lethière pendant trois ans, tout en suivant les cours de l'École des Beaux-Arts. Pendant son séjour à Paris, il envoya à Valenciennes un tableau représentant : *Sisyphe aux enfers.*

DANGREMONT Claude I

XVIIIe siècle. Français.

Sculpteur.

Actif à Paris, il était en 1737 membre de l'Académie de Saint-Luc.

DANGREMONT Claude II

XVIIIe siècle. Français.

Sculpteur.

Il était le fils du précédent et fut reçu à l'Académie de Saint-Luc en 1766.

DANGUFF Anton

XVIIIe siècle. Actif à Mähr-Neustadt vers 1744. Allemand.

Peintre.

DANGUILLAUME François Dominique

Né vers 1705. Mort en 1780. XVIIIe siècle. Français.

Peintre et sculpteur.

Actif à Montreuil-sur-Mer, il travailla pour les églises de cette ville.

DANGUIN Gaspard

Né le 25 janvier 1778 à Theizé (Rhône). Mort le 17 février 1878 à Lyon. XIXe siècle. Français.

Dessinateur.

Il travailla longtemps pour la fabrique lyonnaise et fut réputé comme dessinateur.

DANGUIN Jean Baptiste

Né le 3 mai 1823 à Frontenas (Rhône). Mort le 17 mars 1894 à Paris. XIXe siècle. Français.

Peintre et graveur au burin.

Élève de Vibert, à l'École des Beaux-Arts de Lyon, et de Victor Orsel, à Paris. Second prix de Rome en 1852. Il avait aidé son maître à la décoration de Notre-Dame de Lorette, de 1848 à 1851. Il s'était constamment occupé de gravure et de lithographie (ses premières pièces sont de 1842) et, à partir de 1857, il s'y consacra exclusivement. En 1860, il fut nommé professeur à l'École de Lyon en remplacement de Vibert. Il fut décoré en 1883.

DANGUY Jean

Né à Gagny (Seine-Saint-Denis). XIXe-XXe siècles. Français.

Peintre de scènes de genre, portraits.

Élève de G. Moreau, Boulanger et J. Lefebvre, il participa au Salon des Artistes Français, notamment en 1913, date à laquelle il obtint une troisième médaille.

Ventes Publiques : Paris, 28-29 juin 1923 : *La marchande de violettes* : **FRF 38** – Paris, 9 nov. 1941 : *Statues dans un parc,* deux pendants : **FRF 120** ; *Saint Jérôme et Sainte Cécile,* deux toiles : **FRF 200** – Paris, 1er fév. 1980 : *L'attente* 1910, h/t (105x120) : **FRF 7 500** – Paris, 20 mars 1984 : *La marchande de violettes* 1910, h/t (105x120) : **FRF 4 000**.

DANGUY Pierre

XVIIe siècle. Actif à Angers vers 1697. Français.

Sculpteur.

DANGY Anatole Pierre Marie
Né au XIXe siècle à Chatellerault (Vienne). XIXe siècle. Français.
Graveur.
Élève de son père, de O. de Rochebrune et Lucien Gauthier. Sociétaire des Artistes Français depuis 1897. Il obtint une mention honorable en 1900.

DANHAUER Gottfried ou **Danauer** ou **Tannauer**
Né vers 1680 en Souabe. Mort en 1737 ou 1733 à Saint-Pétersbourg. XVIIIe siècle. Allemand.
Peintre d'histoire, miniaturiste et sculpteur.
D'abord horloger, il devint ensuite élève de Bombelli et se fixa en Italie, où il travailla la peinture et la sculpture. Il travailla également en Russie où il a laissé ses œuvres les plus belles.

DANHAUSER Josef
Né le 19 août 1805 à Vienne. Mort le 4 mai 1845 à Vienne. XIXe siècle. Autrichien.
Peintre d'histoire, scènes de genre, portraits, paysages.
Élève à l'Académie de Vienne, de 1824 à 1826, il suivit les principes de Peter Kräfft, puis séjourna à Venise. À la mort de son père, il dut diriger, avec son frère, l'entreprise familiale de meubles, continua à peindre des scènes de genre, notamment des scènes d'atelier, mais aussi des projets de meubles et d'intérieurs. De 1834 à 1844, il occupa des fonctions à l'Académie de Vienne. Il a voyagé en Allemagne, en Hollande et en Belgique.
Peintre Biedermeier viennois, il présente de façon plaisante et populaire des scènes de genre sur la bourgeoisie en donnant à ses compositions une coloration moralisatrice que certains lui reprochent. Il fut également le portraitiste de personnalités célèbres.
Bibliogr. : In : *Diction. de la peinture allemande et d'Europe centrale*, coll. Essentiels, Larousse, Paris, 1990.
Musées : Berlin (Nationalgal.) : *Liszt au clavier* – Graz : *Deux Scènes d'atelier* – *Étude de tête* – Vienne (Mus. du Belvédère) : *Le débauché* 1835 – *La soupe au couvent* 1838 – *Ouverture du testament* – *Scène d'atelier* – *L'atelier de peinture* – *Abraham répudie Agar* – *Voituriers lisant* – Vienne (Mus. Czernin) : *Demande en mariage* – Vienne (Histor. Mus.) : *L'enfant et son univers*.
Ventes Publiques : Paris, 27 juin 1949 : *La lecture à deux* : **FRF 55 100** – Vienne, 14 juin 1966 : *Paysage avec Vienne à l'arrière-plan* : **ATS 40 000** – Vienne, 19 mars 1968 : *Portrait de jeune fille* : **ATS 35 000** – Vienne, 17 mars 1970 : *Le jeune virtuose* : **ATS 250 000** – Vienne, 11 juin 1971 : *L'atelier de l'artiste* : **ATS 65 000** – Vienne, 15 mars 1977 : *Portrait du peintre Natale Schiavone* 1835, h/t (78,5x56) : **ATS 35 000** – Vienne, 16 sep. 1980 : *Soir de fête* 1845, h/pan. (42,5x33,5) : **ATS 130 000** – Vienne, 17 mars 1982 : *Tête d'homme*, h/pap. mar. sur t. (28x22) : **ATS 22 000** – Vienne, 31 mars 1984 : *Portrait de la femme de l'artiste* vers 1838, h/pan. (33,5x36) : **ATS 280 000** – Cologne, 20 mai 1985 : *Le Livre d'images* 1839, h/t (81x74) : **DEM 12 000** – Vienne, 24 sep. 1987 : *Wein, Weib und Gesang* 1839, h/t (143x190) : **ATS 700 000** – Vienne, 23 fév. 1989 : *Les enfants endormis*, h/t (41x47) : **ATS 506 000** – New York, 26 oct. 1990 : *Étude d'épagneul* 1834, cr./pap. (17,8x17,8) : **USD 4 125** – Monaco, 7 déc. 1990 : *Portrait d'une dame de qualité*, h/t (92x74,5) : **FRF 27 750** – Munich, 7 déc. 1993 : *Une famille un jour férié* 1845, h/pan. (87,5x109) : **DEM 25 300** – New York, 9 jan. 1996 : *L'Impératrice Joséphine évanouie*, craie noire et reh. de blanc/pap. beige (30,5x21,3) : **USD 1 150** – Vienne, 29-30 oct. 1996 : *Politiciens de village dans une cave*, h/pan. (42,5x52) : **ATS 575 000**.

DANHAUSER Tobias
XVIIIe siècle. Actif à Nuremberg vers 1763. Allemand.
Peintre.

DANHOFER Joseph Philipp
Né en 1712 à Vienne. Mort après 1790. XVIIIe siècle. Autrichien.
Peintre sur porcelaine.
Il travailla pour différentes fabriques à Vienne, à Ludwigsburg et à Bayreuth.

DANHORN Johann Georg
Né à Vienne. XVIIIe siècle. Travaillait vers 1735. Autrichien.
Peintre.
On lui doit plusieurs œuvres d'inspiration religieuse.

DANI Francesco
Né en 1895. XXe siècle. Italien.
Peintre de paysages.
Musées : Florence (Gal d'Art Mod.) : *Nagra in Arno* – *Il ponte della ferrovia*.

DANIAUD
Né au XIXe siècle à Rouen. XIXe siècle. Français.
Peintre de genre.
Le Musée de Rouen conserve de lui : *Femme d'Orient assise*.

DANICHE, l'Ancien
XVIIIe-XIXe siècles. Français.
Peintre de portraits.
On possède de cet artiste le portrait d'un Inspecteur des fermes royales de Haute-Alsace.

DANICHE, le Jeune
XVIIIe-XIXe siècles. Actif à Strasbourg. Français.
Peintre de portraits.
On connaît plusieurs portraits de cet artiste qui signait « Daniche filius ».

DANICHE Monique
Née en 1736. XVIIIe siècle. Française.
Peintre de portraits.
Elle travaillait à Strasbourg et fut aidée par sa sœur Ursule Daniche.
Musées : Strasbourg : *La famille d'Étienne Livio, maire de Strasbourg*.
Ventes Publiques : Paris, 18 déc. 1991 : *Portrait d'homme au gilet rouge ; Portrait de femme au ruban blanc*, h/t, de forme ovale, une paire (56x48) : **FRF 20 000**.

DANICHE Ursule
Née en 1741. XVIIIe siècle. Française.
Peintre.
Elle fut collaboratrice de sa sœur Monique.

DANICHEWSKY Simon
XIXe-XXe siècles. Russe.
Peintre de portraits et de paysages.
Il a participé au Salon des Artistes Indépendants à Paris, notamment en 1911 et 1912.

DANIEL
Ve-VIe siècles. Actif à Ravenne. Italien.
Sculpteur.

DANIEL
XIIe siècle. Italien.
Peintre à la fresque.
Il s'agit d'un artiste byzantin. Il fut actif à Brindisi vers 1197.

DANIEL
XIIIe siècle. Espagnol.
Sculpteur.
On lui doit la tombe de Don Pero Perez de Villamar à l'église San Andrès à Cordoue.

DANIEL
XVIIIe siècle. Italien.
Peintre.
Actif à Brescia. Il aurait peint un tableau intitulé *Le Printemps*.

DANIEL
Mort en 1722 à Paris. XVIIIe siècle. Français.
Sculpteur.

DANIEL A. S. W., Miss
XIXe siècle. Active à Londres. Britannique.
Peintre de miniatures.
Elle exposa entre 1824 et 1853.

DANIEL Alice Laura
Née le 23 novembre 1892. XXe siècle. Britannique.
Peintre et dessinateur.
Elle a exposé à la British Water-Colours Society, dont elle était associée en 1920 et membre à partir de 1946.

DANIEL Charles
XVIIIe siècle. Français.
Peintre.
Il fut reçu à l'Académie de Saint-Luc à Paris en 1784.

DANIEL Clarke
Né le 12 janvier 1911 à Washington. XXe siècle. Américain.
Peintre et sculpteur.
Élève de A. Albertin, H. Laurens et A. Descatoire, il a participé aux Salons parisiens. Prix Randolph Julian en 1932.

DANIEL Constantin
Né vers 1798 à Lugos. Mort le 25 mai 1873 à Nagybecskerch. XIXe siècle. Hongrois.

Peintre.
Cet artiste autodidacte travailla dans toutes les villes de Hongrie et dans tous les genres. On cite surtout cependant ses tableaux religieux et ses portraits.

DANIEL Étienne
XIVe siècle. Actif à Poitiers. Français.
Sculpteur sur bois.
Il travailla pour le duc de Berry.

DANIEL Gérome
XVIIe siècle. Actif à Aix-en-Provence. Français.
Peintre.
Il travailla avec son frère Jean Baptiste pour la cathédrale de cette ville. Une peinture monumentale de cet artiste, qui se trouvait à l'église des Grands Augustins, à Marseille, disparut sous la Révolution.

DANIEL Hennequin
XVe siècle. Français.
Peintre et sculpteur.
Peut-être identique à DANEELS (Henneken). Il travailla à la cour des ducs de Bourgogne, vers 1448.

DANIEL Henri Joseph. Voir **DUCOMMUN DU LOCLE Henri Joseph**

DANIEL Henry
Né au XXe siècle à Burton-on-Trent (Angleterre). XXe siècle. Britannique.
Peintre, aquarelliste.
A exposé un *Paysage d'Écosse* (aquarelle) au Salon des Artistes Français de 1933.

DANIEL J.
XIXe-XXe siècles. Française.
Peintre de sujets typiques, paysages, sculpteur de bustes.
Elle travaille à Saint-Étienne (Loire) et a pris part, de 1920 à 1924, au Salon des Artistes Français dont elle est devenue sociétaire. Elle a traité des sujets orientalistes.
Ventes Publiques : Calais, 13 déc. 1992 : *Cavaliers arabes* 1881, h/pan. (22x41) : **FRF 9 500** ; *Maison au bord de l'oued* 1881, h/pan. (22x41) : **FRF 8 000** – Paris, 6 avr. 1993 : *Cavaliers arabes sur les sommets* 1881, h/pan. (21,5x40) : **FRF 9 500**.

DANIEL J. A.
XXe siècle. Travaillant en Angleterre vers 1903. Britannique.
Peintre de paysages.
Ventes Publiques : Londres, 12 juin 1908 : *A Spur o Slioch laved in gentle mister* : **GBP 12**.

DANIEL J. L.
Né au XIXe siècle à Périgueux. XIXe siècle. Français.
Paysagiste.
Élève d'Auguin. Le Musée de Périgueux conserve de lui : *Le Moulin de Mounard, La Combe des Bois, Le Vieux Périgueux et le pont de Tournebiche*.

DANIEL Jacques
XXe siècle. Français.
Peintre.
C'est dans un style dépouillé, évoquant celui de Morandi, qu'il a peint des natures mortes présentées lors d'une exposition en 1969. En 1971, il montrait des cimetières de voitures, s'attachant à mettre en valeur lumière et volumes qu'il rythme sans tenir compte du sujet quelque peu dérisoire.

DANIEL Jean
Né à Sorges (Dordogne). XXe siècle. Français.
Peintre de paysages, dessinateur.
Élève d'Auguin. Il a participé au Salon des Artistes Français à partir de 1921, au Salon de la Société Nationale des Beaux-Arts, notamment en 1929 et au Salon des Artistes Indépendants.
Ses paysages montrent surtout des vues de Corrèze.

DANIEL Jean Baptiste
XVIIe siècle. Actif à Aix-en-Provence. Français.
Peintre.
Il travaillait avec son frère Gérôme.

DANIEL Jehan
XVe siècle. Parisien, actif entre 1469 et 1488. Français.
Sculpteur sur ivoire.

DANIEL Johannes Michael
XVIIIe siècle. Allemand.
Sculpteur sur bois.
Il travailla pour l'église d'Oberammersdorf (Saxe).

DANIEL Lewis C.
Né le 23 octobre 1901 à New-York. XXe siècle. Américain.
Dessinateur, illustrateur, graveur et peintre.
Élève du graveur H. Wickey, il est membre de l'American Water-colour Club et a obtenu une mention honorable à l'exposition de Los Angeles en 1932. Parmi ses illustrations, citons : *L'Évangile selon Saint Jean* et un poème de Walt Whitman. Il a enseigné à Cooper Union.

DANIEL Melchior, dit **Koschwitz**
Mort en 1616 à Streigan. XVIe-XVIIe siècles. Allemand.
Peintre.

DANIEL Peter Stöhrmann
Né le 7 octobre 1821 à Oldensworth dans la province d'Eiderstdedt. XIXe siècle. Danois.
Sculpteur.
Il fréquenta l'Académie de Copenhague à partir de 1845, travaillant en même temps dans l'atelier de H.-V. Bissen. On peut citer parmi ses œuvres *L'Hospitalité* et *Jésus-Christ*, à l'église de Höör en Suède (1880). Mais la principale occupation de Daniel était l'exécution de figures en cire pour des musées. Il était le premier modeleur du Panoptique et c'est lui qui dirigeait la fonte en cire.

DANIEL Philippe
XVe siècle. Actif à Paris. Français.
Sculpteur sur ivoire.
Il travaillait en 1433 pour le duc de Bourgogne.

DANIEL Samuel
Né en 1808 à Versailles. XIXe siècle. Français.
Graveur et médailleur.
Il fut l'élève de Dutertre et grava notamment les cachets particuliers de Charles X, du duc et de la duchesse d'Angoulême, et de la duchesse de Berry.

DANIEL T. Cushing
Né à Washington. XXe siècle. Américain.
Graveur.
Élève de Descatoire, il a figuré au Salon des Artistes Français à Paris en 1932 et 1933.

DANIEL Yvon
Né le 30 mars 1946 à Paimpol (Côtes-d'Armor). XXe siècle. Français.
Peintre, pastelliste, graveur. Abstrait-lyrique.
Il entre à l'École des Beaux-Arts de Brest en 1967, puis à celle de Rennes, d'où il sort diplômé en 1972. Il vit et travaille à Plougastel-Daoulas. Il a participé à plusieurs expositions de groupe, notamment à Brest en 1971, 1973, 1979 ; à Saint-Brieuc en 1973 ; Nantes 1977 ; Paris 1978 ; Paimpol 1984, 1985, 1987 ; Lyon 1985, 1986, 1989, date à laquelle il obtient le 1er prix du Salon d'hiver de Lyon. Il expose régulièrement, depuis 1989, au Salon des Réalités Nouvelles à Paris. Il fait de nombreuses expositions personnelles en Bretagne : Paimpol et Rennes dès 1972, Guingamp à partir de 1973, Saint-Brieuc, Brest, Plougastel-Daoulas en 1993, Brest en 1995 à l'Association *Passerelle*, etc, mais aussi Chateauroux, Paris, La Rochelle, Genève en 1990, Paris en 1996 à la galerie Jacques Debaigts. Il enseigne à Brest les arts plastiques et les arts appliqués.
Il travaille le plus souvent au pastel et à l'acrylique. À la suite de sa rencontre, en 1976, avec Jean Bazaine, qui lui a prodigué des conseils, il pratique un art abstrait, issu d'un regard sur le paysage, les climats, comme le confirment les titres de ses toiles : *Printemps de pluie, Août à Roussillon (Vaucluse), Pluie de mars, Fin de jour* ou *Aube nouvelle* ou encore le titre générique de son exposition de 1993 à Plougastel-Daoulas *Vents contraires*.
Bibliogr. : Catalogue de l'exposition *Yvon Daniel*, Centre d'Art La Passerelle, Brest, 1995.

DANIEL DE MONFREID Georges. Voir **MONFREID**

DANIEL-GIRARD
XXe siècle. Français.
Graveur et illustrateur.
Il a régulièrement participé au Salon de la Société Nationale des Beaux-Arts, dont il est membre, et au Salon des Tuileries. Il a surtout travaillé pour des éditions de luxe. Parmi ses illustrations, citons : *Les Chartreux, maîtres de forges* d'A. Bouchayer, *Monsieur des Lourdines* de Chateaubriand, les *Lettres de mon Moulin* et *Tartarin de Tarascon* d'A. Daudet, *La porte étroite* d'A. Gide, *Le Divertissement provincial* et *L'Escapade* d'H. de

Régnier, *Le Rouge et le Noir* de Stendhal, *Sagesse* de P. Verlaine, *La Chute de la maison Usher* d'E. Poë.

DANIEL-MOREAU Lalu. Voir **LALU**

DANIELE
XIIIe siècle. Actif à Padoue. Italien.
Sculpteur.
Il exécutait en 1209 des figures de lion pour l'église San Andrea à Padoue, qui subsistent encore.

DANIELE
XVe siècle. Actif vers 1465. Italien.
Et peintre.

DANIELE Michele
XVe siècle. Actif à Reggio d'Émilie en 1461. Italien.
Peintre.
Il travailla pour l'Hôtel de Ville de Reggio.

DANIELE di Bartolomeo da Verona
XVe siècle. Actif à Vérone. Italien.
Peintre.
Il travaillait à Cologne en 1443.

DANIELE Fiorentino
XVIe siècle. Actif à Savone en 1502. Italien.
Peintre.
On lui doit des fresques.

DANIELE di Leonardo da Orvieto, dit **Danese**
Mort en 1441 à Sienne. XVe siècle. Italien.
Peintre.
Il fut le père de Cristoforo et de Domenico di Daniello.

DANIELE Tedesco
XVe-XVIe siècles. Actif à Milan en 1499. Italien.
Sculpteur.
Il travailla pour la cathédrale de cette ville.

DANIELE da Verona
XIVe siècle. Actif à Vérone. Italien.
Peintre.
On connaît un tableau signé de ce nom.

DANIELE da Volterra. Voir **RICCIARELLI**

DANIELE-HOFFÉ Jane
Née le 12 juillet 1885 à Paris. XXe siècle. Française.
Peintre, pastelliste de portraits, de compositions et de fleurs.
Élève de Baschet et de Maignan, elle a participé, de 1922 à 1938, au Salon des Artistes Français dont elle est devenue membre.

DANIELETTI Giambattista
XVIIIe siècle. Actif à Padoue vers 1755. Italien.
Sculpteur.
Il travailla pour les églises de cette ville.

DANIELETTI Pietro Antonio
Né en 1712 à Padoue. Mort en 1779. XVIIIe siècle. Italien.
Sculpteur.
Il fut l'élève de Giovanni Bonazza et exécuta surtout des compositions religieuses pour les églises de Padoue et de ses environs. Nombre de ses œuvres subsistent.

DANIELETTO Antonio
Mort vers 1850. XIXe siècle. Actif à Padoue. Italien.
Sculpteur.
Il exécuta surtout des sculptures décoratives.

DANIELI Antonio
XVe siècle. Actif à Reggio d'Émilie. Italien.
Peintre.

DANIELI Francesco
Né en 1852 ou 1853 à Strigna (Trentin). Mort à Riva d'Arcano. XIXe siècle. Italien.
Peintre de paysages.
Il a participé à presque toutes les expositions de son pays et vécut à Vérone et à Venise.
Ventes Publiques : Monaco, 21 avr. 1990 : *Sur la passerelle*, h/t (77x100) : **FRF 133 200**.

DANIELI Giuseppe
Né en 1865 à Venise. Mort en 1931 à Vérone. XIXe-XXe siècles. Italien.
Peintre de paysages, paysages de montagne.
Ventes Publiques : Milan, 19 mars 1981 : *Paysage d'hiver au crépuscule*, h/t (76,5x108,5) : **ITL 2 600 000** – Milan, 15 juin 1983 : *Hameaux près des Dolomites*, h/t (66x45) : **ITL 1 200 000** – Milan, 6 déc. 1989 : *Périphérie*, h/pan. (21,5x31) : **ITL 1 600 000** – Rome, 14 déc. 1989 : *Hiver*, h/t (36x54) : **ITL 4 025 000** – Rome, 11 déc. 1990 : *Paysage montagneux*, h/pan. (27,5x40,5) : **ITL 1 495 000** – Rome, 29-30 nov. 1993 : *Triste retour*, h/t (95x145) : **ITL 5 303 000** – Rome, 31 mai 1994 : *Le lac de Garde*, h/cart. (23x15,5) : **ITL 2 239 000** – Milan, 25 oct. 1994 : *Canal de Chioggia* 1906, h/t (55x97) : **ITL 30 475 000**.

DANIELL Abraham
Mort le 29 août 1803 à Bath. XVIIIe siècle. Britannique.
Peintre miniaturiste.

DANIELL Edward Thomas
Né le 5 juin 1804 à Londres. Mort le 24 septembre 1842 à Adalia (Turquie). XIXe siècle. Britannique.
Peintre et graveur.
Élevé à Norwich, il y apprit le dessin sous la direction de Crome, à la Grammar School, et fut un des artistes les plus indépendants et les plus intéressants de l'École de Norwich. Il fit, en 1823, partie du collège Balliol à Oxford, puis, après avoir quitté l'Université, consacra plusieurs années à voyager. Il grava à l'eau-forte des paysages anglais qui sont remarquables par la façon dont la lumière y est traitée. Daniell, par la sincérité, l'originalité qu'il met dans son œuvre, mérite l'honneur de voir son nom à côté de ceux de Crome, de Cotman, de Wilkie, de Geddes, de Whistler, de Seymour Haden, les rénovateurs de l'eau-forte. Il fut, en outre, l'ami intime de Turner qui l'estimait beaucoup. En 1840 et 1841, Daniell visita la Grèce, l'Égypte et la Syrie et rejoignit à Smyrne l'expédition envoyée par le gouvernement pour ramener en Angleterre les antiquités découvertes par Sir Charles Fellowes, à Xante. Il rapporta, avec deux autres membres de l'expédition restés en arrière avec lui, une série de 64 aquarelles, actuellement au British Museum. Tout seul, il entreprit témérairement une expédition en Pisidie pendant la saison la plus chaude de l'année ; il tomba malade à Adalia et y mourut.

DANIELL Frank
XIXe-XXe siècles. Travaillait à Colchester (Essex). Britannique.
Peintre.
Il exposa des portraits et des tableaux de fleurs à Londres et à Paris.

DANIELL J.
XVIIIe-XIXe siècles. Actif à Londres. Britannique.
Peintre de miniatures.
Il exposa à la Royal Academy de 1799 à 1819.

DANIELL James
XVIIIe-XIXe siècles. Travaillant à la fin du XVIIIe et au commencement du XIXe siècle. Britannique.
Graveur à la manière noire.
Il grava surtout d'après Singleton. On cite aussi *Le Jeune Samuel chez le grand prêtre Élie*, d'après Coypel.

DANIELL Joseph
XIXe siècle. Actif en 1807. Britannique.
Graveur.
On ne connaît cet artiste que par une signature.

DANIELL Roger
XVIIe siècle. Actif à Londres au milieu du XVIIe siècle. Britannique.
Graveur et éditeur.
Cité par le Dr Mireur.

DANIELL S. S., Miss
XIXe siècle. Active à Londres. Britannique.
Peintre de miniatures.
Elle exposa des portraits entre 1828 et 1845 à la Royal Academy.

DANIELL Samuel
Né en 1775. Mort en 1811 à Ceylan. XVIIIe-XIXe siècles. Britannique.
Peintre paysagiste, dessinateur et graveur.
Frère de William et neveu de Thomas Daniell, il fut élève de Medland et exposa la première fois en 1792 à la Royal Academy. Il fit de nombreuses expéditions pendant un séjour de plusieurs années en Afrique, d'où il revint à Londres en 1804. En 1805, il partit pour Ceylan. Il publia, en 1804 et 1805, des dessins : scènes tropicales et scènes de chasses et des animaux africains, et en 1808 la *Description de Ceylan*. Un de ses paysages fut exposé à Londres en 1812. Victoria and Albert Museum à Londres, conserve de lui : *Daim et oiseaux dans un paysage tropical*.

DANIELL Thomas
Né en 1749 à Kingston-upon-Thames. Mort le 19 mars 1840 à Kensington (Middlesex). XVIIIe-XIXe siècles. Britannique.

Peintre de sujets typiques, paysages, aquarelliste, dessinateur, illustrateur.

Il commença comme peintre paysagiste, retraçant les sites d'Angleterre, puis, en 1784, il partit pour les Indes avec son neveu William Daniell. Ils furent absents pendant dix ans, pendant lesquels ils recueillirent les matériaux nécessaires pour leur ouvrage : *Scènes Orientales* dont les six volumes parurent entre 1795 et 1815. À l'exception du tome intitulé : *Excavations*, les cinq autres furent exécutés par William. Thomas ne peignit guère que des sujets indiens. Il fut associé à la Royal Academy en 1796 et nommé académicien en 1799.

L'œuvre de William et de Thomas est si intimement liée qu'au point de vue artistique on peut la considérer comme un ensemble indivisible. Certains critiques, cependant, considèrent le dernier comme supérieur au premier.

Musées : Londres (Nat. Gal.) : *Vue sur le Nullah* – Londres (Victoria and Albert Mus.) : *Chevaux* – Sunderland : *Paysage indien.*

Ventes Publiques : Londres, 3 mars 1922 : *Scène aux Indes* 1802 : **GBP 11** – Londres, 21 avr. 1922 : *Le palais de Sedburgh* : **GBP 8** – Londres, 24 jan. 1928 : *La flotte britannique à l'ancre à l'embouchure d'une rivière de l'Inde* : **GBP 27** ; *Une rivière chinoise* : **GBP 11** – Londres, 11 avr. 1930 : *La Porte de la Victoire à Fatipur Sikhri* 1821 : **GBP 5** – Londres, 17 avr. 1936 : *Vue de Calcutta* 1787 : **GBP 54** – Londres, 27 mai 1936 : *Chowringa Road à Calcutta* : **GBP 5** – Londres, 30 juin 1937 : *Scène aux Indes* : **GBP 16** – Londres, 17 juin 1966 : *Paysage au viaduc, Gloucestershire* : **GNS 2 400** – Londres, 12 mars 1969 : *Paysage des Indes* : **GBP 250** – Londres, 18 nov. 1970 : *Vue de Bénarès* : **GBP 1 900** – Londres, 18 juin 1976 : *Un temple hindou*, h/t (61x74) : **GBP 800** – Londres, 20 juil. 1976 : *La mosquée Jami de Juanpur*, aquar. (47x68) : **GBP 600** – Londres, 25 nov. 1977 : *Paysage montagneux animé de personnages*, h/t (107x139,5) : **GBP 4 200** – Londres, 1er mars 1977 : *L'entrée du port de Mascate, Arabie* 1793, aquar. cr. et pl. (29x39,5) : **GBP 11 000** – Londres, 27 mars 1981 : *The Delhi Gate of the Agra Fort* 1808, h/t (102,9x127,6) : **GBP 40 000** – Londres, 18 nov. 1983 : *The Entrance to the Mandapam of the pancha Pandavas*, h/t (122x183) : **GBP 14 000** – Londres, 19-22 nov. 1985 : *Falls of the Cauvery, Mysore* 1792, aquar. et cr. (49,4x46,5) : **GBP 2 600** ; *Voyageurs sur une route près de Kalyan Mahal, Tamil Nadu* 1816, h/t (74,9x62,3) : **GBP 15 000** – Londres, 119 nov. 1985 : *Jumba Kishna* 1792, cr. et lav. de coul. (38x55,5) : **GBP 3 200** – Londres, 19 nov. 1986 : *Scene near Pathargarh, India*, h/t (76x63) : **GBP 8 000** – Londres, 18 nov. 1988 : *Entrée d'une caverne près de Gyah* 1789, h/t (44,8x54,5) : **GBP 6 600** – Londres, 10 juil. 1991 : *Le temple troglodyte de Kanheri dans l'île de Salsette à Bombay*, h/t (62x74,5) : **GBP 9 900** – New York, 15 jan. 1992 : *La porte de Amrooah à Sumbul*, mine de pb et encre (37,5x53,4) : **USD 1 320** – Londres, 10 avr. 1992 : *La chasse à l'antilope*, h/t (113x153,6) : **GBP 27 500** – New York, 4 oct. 1996 : *Vue près de Pathargarh, Inde*, h/t (73,7x63,5) : **USD 14 950**.

DANIELL William

Né en 1769. Mort le 16 août 1837 à Londres. XVIIIe-XIXe siècles. Britannique.

Peintre de paysages, aquarelliste, dessinateur, graveur.

Il partit pour les Indes avec son oncle Thomas en 1784, et collabora aux dessins et esquisses produits par ce dernier ; c'est lui qui grava les vues de la plus grande partie de leurs *Scènes orientales*.

Il exposa pour la première fois à la Royal Academy en 1795 et entra aux écoles de l'Académie en 1799. En 1807, il fut nommé associé ; en 1822, membre de l'Académie.

Vers la fin de sa vie, il peignit plusieurs vues panoramiques des Indes.

Musées : Cardiff : *Château de Windsor* – Manchester : *Temple de Minerve.*

Ventes Publiques : Londres, 1er et 2 juin 1927 : *Le Château de Windsor*, dess. : **GBP 16** – Londres, 17 avr. 1931 : *Portrait d'un prince indien* : **GBP 5** – Londres, 10 juil. 1931 : *Le Gange à Bénarès* : **GBP 94** – Londres, 11 mars 1932 : *Une cascade aux Indes* : **GBP 68** – Londres, 23 mars 1935 : *Terrain de cricket aux Indes* : **GBP 22** – Londres, 22 juil. 1938 : *Port Saint-Louis* : **GBP 9** – Londres, 25 avr. 1940 : *Eton vu de la Tamise*, dess. : **GBP 39** – Londres, 20 mars 1963 : *Sur les bords du Gange* : **GBP 220** – Londres, 22 nov. 1967 : *La côte à Madras* : **GBP 500** – Londres, 24 nov. 1972 : *Paysage indien* : **GNS 4 500** – Londres, 24 juin 1977 : *Shivala Ghaut and Cheyt Singh's house near Benares*, h/t (77,5x124,5) : **GBP 9 500** – Londres, 25 nov. 1977 : *Vue d'Arran* 1814, h/t (59,1x91) : **GBP 1 500** – Londres, 22 mars 1979 : *La vallée du Rhône : vues de Lyon, Vienne, Valence, Rochemaure, Avignon, Tarascon*, album comprenant 35 aquarelles et crayon (chaque 11,5x19) : **GBP 15 000** – Londres, 16 oct. 1980 : *Les phares de Mumbles, Glamorgan*, aquar. (16,5x28) : **GBP 240** – Londres, 16 mars 1982 : *Eton College* 1827, aquar. et cr. (30,2x50,5) : **GBP 13 000** – Londres, 22 avr. 1983 : *Biches dans un paysage boisé*, h/t (59,6x73,6) : **GBP 10 500** – Londres, 20 mars 1984 : *Burra Sahib*, aquar. et cr. (11,7x17,5) : **GBP 600** – Londres, 18 oct. 1985 : *Vue d'un estuaire*, h/t (30,5x40) : **GBP 600** – Londres, 18 avr. 1986 : *Vue d'Arran* 1814, h/t (59,1x91) : **GBP 5 500** – Londres, 8 juil. 1986 : *Bhutan : Palace at Wandecky*, aquar. et cr. (9,8x12) : **GBP 8 000** – Londres, 17 nov. 1987 : *Windsor Castle from Eton* 1827, aquar. et cr. (29,3x49,7) : **GBP 11 000** – Londres, 12 juil. 1989 : *Le château de Conway au nord du Pays de Galles*, h/t (106x181,5) : **GBP 28 600** – Londres, 15 nov. 1989 : *Vue des usines européennes de Canton en Chine*, h/t (91,5x181) : **GBP 704 000** – Londres, 11 juil. 1990 : *Panorama de Londres depuis Greenwich Park*, h/t (44,4x59) : **GBP 17 600** – Londres, 8 avr. 1992 : *Les environs de Chertsey dans le Surrey*, h/cart. (22,5x35,5) : **GBP 5 720** – Londres, 10 nov. 1993 : *Le port de Plymouth avec l'entrepôt royal*, h/t (36,5x61) : **GBP 4 600**.

DANIELLE

Née en 1945 à Bruxelles. XXe siècle. Belge.

Peintre.

Ses œuvres figuratives sont peintes dans des tonalités froides et une technique faussement académique qui les apparentent à un art proche du surréalisme, un peu dans la filiation de Magritte ou de Delvaux.

Bibliogr. : In : *Diction. Universel de la Peinture*, Le Robert, tome 2, Paris, 1975.

DANIELLI Bartolomeo

XVIe siècle. Actif à Bologne. Italien.

Graveur.

DANIELLI Bassano

Né le 27 mai 1864 à Crémone. XIXe siècle. Italien.

Sculpteur.

Lombard, il exposa à Milan, à Turin et à Venise à partir de 1881. Il obtint une médaille d'or à Paris en 1889 (Exposition Universelle).

Musées : Rome (Gal. d'Art Mod.) : *Visioni.*

DANIELLI Giovanni

Né en 1860 à Guibiasco (Tessin). XIXe siècle. Suisse.

Peintre.

Il est élève de Bertini et de l'Académie de la Brera, à Milan. Il y peignit des portraits et fut nommé, en 1895, professeur de dessin à la Scuola Tecnica à Locarno.

DANIELLI Giovanni

Né le 2 février 1824. Mort le 29 décembre 1890. XIXe siècle. Italien.

Paysagiste.

Habita Bellune où il travailla avec ardeur. Il exposa à Parme, en 1870, une *Vue du Mont Civetta dans l'Agardino* (Province de Bellune) ; et à Turin, en 1884 : *Les glaciers des Marmolades dans l'Agardino* (province de Bellune).

DANIELLI Michel Cesare

XIXe siècle. Italien.

Peintre.

C'est lui qui décora, en 1840, la coupole de l'Église S. Sisto à Gênes, reconstruite depuis 1827.

DANIELS Albert

Né en 1944 à Overpelt. XXe siècle. Belge.

Dessinateur.

Son œuvre est nourrie de mystique, de littérature et de magie selon une symbolique qui lui est propre.

Bibliogr. : In : *Diction. biogr. illustré des Artistes en Belgique depuis 1830*, Arto, Bruxelles, 1987.

DANIELS Andries. Voir **DANIELSZ Andries** ou **Hendries**

DANIELS Elmer Harland

Né le 23 octobre 1905 à Owosso (Michigan). XXe siècle. Américain.

Sculpteur de portraits, monuments.

Élève de l'Institut des Beaux-Arts de New York, il était membre de l'Indiana Art, du Hoosier Saloon de Chicago et de l'Art Students League de New-York. Il obtint une mention honorable à l'Indiana Art d'Indianapolis. Il fit plusieurs monuments funéraires.

DANIELS George
XIXe siècle. Actif à Londres. Britannique.
Peintre paysagiste et miniaturiste.
Il exposa de 1884 à 1894 à la Royal Academy.

DANIELS John Karl
Né le 14 mai 1875 en Norvège. XXe siècle. Américain.
Sculpteur.
Élève de A. O'Connor, il obtint une médaille d'or à l'Exposition de Saint-Louis en 1903.

DANIËLS René
Né en 1950 à Eindhoven. XXe siècle. Hollandais.
Peintre de sujets divers. Polymorphe.
Il fut élève de l'Académie Royale de Bois-le-Duc, de 1972 à 1975. Il vit et travaille à Eindhoven. Il a figuré dans plusieurs expositions collectives : en 1980 à la XIe Biennale de Paris ; en 1981 aux Rheinhallen de Cologne ; en 1982 *60/80* au Stedelijk Museum d'Amsterdam, Dokumenta 7 à Kassel, *Zeitgeist* au Martin Gropius-Bau à Berlin ; en 1983 au Van Abbemuseum d'Eindhoven, et à la 17e Biennale de São Paulo ; en 1984 *Moderne Nederlands Schilderkunst* au Stedelijk Museum d'Amsterdam, l'Élac à Lyon, *L'identité néerlandaise* au Van Gogh Museum d'Amsterdam ; en 1985 à la Halle-Sud à Genève, à l'Institut Néerlandais de Paris ; en 1986 au Musée d'Art Moderne de Villeneuve d'Ascq et à Karlshruhe ; il figure à l'exposition *Art - Pays-Bas - XXe siècle - Du concept à l'image*, à l'ARC, Musée d'Art Moderne de la Ville de Paris en 1994. Il a exposé personnellement régulièrement entre 1978 et 1985 à la galerie Paul Andriesse à Amsterdam, en 1978 au Stedelijk Van Abbemuseum d'Eindhoven, en 1981 à Gand, en 1983 au Stedelijk Museum d'Amsterdam, en 1984 à New York, en 1986 de nouveau au Stedelijk Van Abbemuseum d'Eindhoven, en 1994 *Tableaux, objets, œuvres sur papier* à l'Institut Néerlandais de Paris.
En 1977-1978, il peignait dans une facture expressionniste des objets permettant la lecture, l'audition, la vision, soit : livres, phonographes, caméras. En 1979-1980, il pratiqua des déformations indicatrices de mouvements. Après un séjour à New York, il peignit des paysages monochromes jusqu'en 1984. En 1985, il représenta des salles d'exposition en perspective avec quelques indications de tableaux sur les parois.
Bibliogr. : In : *Diction. de la peint. flamande et hollandaise*, Larousse, Paris, 1989 - in : Catalogue de l'exposition *Art - Pays-Bas - XXe siècle. Du concept à l'image*, Musée d'Art Moderne de la Ville de Paris, 1994.
Musées : Amsterdam (Stedelijk Mus.) : *Palais des Beaux-aards* 1983 - *Chaude journée dans la maison de lumière* 1985 - *Le déluge de Bosch*, peinture sur la peinture disparue - Eindhoven (Van Abbemus.) : *La muse vénale* 1979.
Ventes Publiques : Amsterdam, 9 déc. 1993 : *Borsalino* 1981, acryl./photo./cart. (23,5x17,5) : **NLG 11 500** - Amsterdam, 31 mai 1995 : *Composition-conception*, acryl./t. (120x100) : **NLG 21 240**.

DANIELS William
Né le 9 mai 1813 à Liverpool. Mort le 13 octobre 1880 à Liverpool. XIXe siècle. Britannique.
Peintre de genre, portraits, animaux, graveur.
Fils d'un briquetier de Liverpool, il apprit le dessin à l'Institution de sa ville natale et s'exerça ensuite au métier de graveur sur bois. Vers la fin de son apprentissage, il s'établit peintre à Liverpool.
Musées : Liverpool : *Le prisonnier de Chillon - Portrait de l'artiste - Le Brigand - Joueurs d'échecs* - Londres (Victoria and Albert Mus.) : *Portraits de George Stephenson - Sir Johsua Walmsley - Charles Kean - Capitaine Walmsley - James Walmsley enfant.*
Ventes Publiques : Londres, 15 juil. 1987 : *Portrait de l'artiste*, h/t (89x69,5) : **GBP 3 500** - Göteborg, 18 mai 1989 : *Troupeau de moutons devant l'église*, h/pan. (36x25) : **SEK 5 000**.

DANIELSKI Jan Népomucen
Né à Cracovie. Mort en 1844 à Cracovie. XIXe siècle. Polonais.
Peintre de portraits et miniaturiste.
Élève de Dominique Estreicher. Il peignit notamment quelques fresques.

DANIELSON-CAMBOGGI Elise, Mme
Née le 3 septembre 1861 à Norrmark. XIXe siècle. Russe.
Peintre de genre et de paysages.
Elle obtint une médaille de bronze à l'Exposition Universelle de 1889 et une autre à l'Exposition Universelle de 1900.
Musées : Helsinki : *Jeune fille de Bretagne - Une mère - Au lac Massaciuccali.*

DANIELSZ Andries ou **Hendries** ou **Daniels**
XVIe-XVIIe siècles.
Peintre de fleurs.
Actif à Anvers de 1598 à 1602.
Ventes Publiques : Paris, 18 mars 1980 : *Fleurs dans un vase*, h/bois (64x50) : **FRF 130 000** - Stockholm, 28 oct. 1985 : *Nature morte aux fleurs*, h/cart. (25x20) : **SEK 150 000** - Londres, 10 juil. 1987 : *Iris, tulipes, pivoines et autres fleurs dans un vase avec un escargot sur un entablement*, h/cuivre monté/pan. (26,6x21,5) : **GBP 11 000** - Londres, 22 avr. 1988 : *Nature morte aux fleurs dans un vase sculpté, une bague et une coccinelle sur le support*, h/pan. (64x48,5) : **GBP 25 300** - Monaco, 16 juin 1989 : *Vierge à l'Enfant entourée d'une guirlande de fleurs*, h/pan. (64,5x49,5) : **FRF 66 600** - Paris, 20 mars 1992 : *Couronne de fleurs autour d'une Sainte Famille*, cuivre (38,5x53,5) : **FRF 40 000** - Cheverny, 17 avr. 1994 : *Fleurs dans un vase sculpté*, h/pan. (107x69) : **FRF 1 310 000** - New York, 11 jan. 1995 : *Importante composition florale avec une couronne impériale, des roses, des tulipes, une pivoine et autres dans un vase sur un entablement*, h/cuivre (35,8x29,5) : **USD 68 500**.

DANIELSZ Hendrick
XVIIe siècle. Éc. flamande.
Peintre.
Son nom se trouve mentionné le 23 janvier 1617 à Rotterdam dans un document. Le Cabinet des Estampes, à Dresde, conserve de lui : *Rebecca à la fontaine, La construction de la Tour de Babel, David envoie des messages à Nabal.*

DANIELSZ Jacobus
XVIe siècle. Actif à la fin du XVIe siècle à La Haye. Hollandais.
Peintre.
Il est mentionné dans le livre de la Guilde, parmi les noms des peintres qui y étaient inscrits entre 1580 et 1630.

DANIFER Sigurd
Né en 1894 en Norvège. XXe siècle. Norvégien.
Peintre.
Cet artiste travaillait à Paris vers 1920.

DANIKER Konrad, l'Ancien
XVIIIe siècle. Travaillant à Zurich vers 1754. Suisse.
Sculpteur.
D'après Füssli, il exécuta les cariatides et décorations de la maison de la confrérie « Zur Meise » à Zurich.

DANIKER Konrad, le Jeune
Né en 1752 à Zurich. Mort en 1805. XVIIIe siècle. Suisse.
Sculpteur.

DANIL, pseudonyme de **Panagopoulos Danil**
Né en 1924 à Pyrgos (Élide). XXe siècle. Grec.
Peintre et sculpteur. Tendance nouveau réaliste puis abstrait.
Après avoir fait des études de médecine en 1943 et 1944, il est élève à l'École des Beaux Arts d'Athènes de 1944 à 1947. Tout d'abord, il travaille à des fresques dans les églises de sa région, puis peint des icônes. En 1954, il vient à Paris et il apprend l'art de la mosaïque avec Gino Severini. Il a participé à plusieurs expositions collectives, avec des peintres et des sculpteurs grecs au Musée d'Art Moderne de Paris en 1962, au Salon de Mai à Paris en 1968 et 1969, au Salon Grands et Jeunes d'Aujourd'hui en 1987, 1988. A partir de 1956, il fait des expositions personnelles régulières de ses œuvres.
Dans les années soixante, il se rapproche du nouveau réalisme, présentant des assemblages de cartons d'emballage peints et dont l'intérieur révèle un monde totémique. Il semble qu'il se soit aussi interessé à l'introduction de la cybernétique dans l'art. Dans les années 80, il s'est orienté vers un art abstrait où l'opposition ombre-lumière prend une place prépondérante.

DANIL Konstantin
Né en 1798 à Lugos. Mort en 1873 à Veliki Beckerec. XIXe siècle. Yougoslave-Serbe.
Peintre de compositions religieuses, portraits, natures mortes.
Il fit son apprentissage chez le peintre serbe, Arsa Teodorovic, qui résidait à Temisvar, puis suivit l'enseignement d'autres peintres, avant de poursuivre ses études à Vienne et Munich. De 1846 à 1851, il voyagea en Italie.
Il s'est surtout montré peintre de portraits, d'une psychologie

très en accord avec le romantisme sentimental de l'Europe Centrale du XIXe siècle et d'une facture recherchée quant au rendu du modelé, des tissus et bijoux. Il a peint aussi quelques natures mortes, dont la *Nature morte au melon*, du musée de Belgrade, qui montre sa connaisance de l'art hollandais. Enfin, il fut également un remarquable peintre d'icônes pour iconostases, notamment à Jarkovac, Pancevo, Uzdin, Temisvar, Dobrice.
Bibliogr. : Lazar Trifunovic, in : *Diction. de l'Art et des Artistes*, Hazan, Paris, 1967 – in : *Diction. de la peinture allemande et d'Europe centrale*, coll. Essentiels, Larousse, Paris, 1990.
Musées : Belgrade (Mus. Nat.) : *Nature morte au melon*.

DANILI Antonino
XVIe siècle. Actif à Milazzo (Sicile). Italien.
Miniaturiste.
Moine de l'ordre de Saint-Dominique, son nom se trouve gravé sur un « Graduale sec. Ord. Predicatorum » qui lui avait été commandé par un religieux de son ordre, Fra Antonino dei Speziali, pour le couvent de l'Annonciation près de Syracuse, et qui fut acquis par le Musée de Syracuse en 1899.

DANILOFF Fedor Danilowitsch
XVIIIe siècle. Actif à Saint-Pétersbourg. Russe.
Peintre, décorateur et architecte.
Il fut nommé membre de l'Académie des Beaux-Arts en 1794.

DANILOT Robert
Né à Vannes (Morbihan). XXe siècle. Français.
Peintre et dessinateur.
Il exposa à Paris au Salon des Artistes Français en 1938.

DANILOUK Vladimir
Né en 1919. XXe siècle. Russe.
Peintre de paysages, de natures mortes.
Il fréquenta l'École des Beaux-Arts de Nijni Novgorod. Il fut élève de Mikhaïl Lissenkov. Le titre d'Artiste Émérite d'URSS lui fut décerné.
Ventes Publiques : Paris, 23 mars 1992 : *Rafraîchissements*, h/t (64x83) : **FRF 8 500** – Paris, 20 mai 1992 : *Les marguerites* 1976, h/cart. (70x49) : **FRF 5 200**.

DANILOV Anatoli
Né en 1944. XXe siècle. Russe.
Peintre de figures, nus, intérieurs, natures mortes, peintre à la gouache, pastelliste. Tendance réalité poétique.
Il fut élève de l'Institut Répine des Beaux-Arts de Léningrad. Il est membre de l'Association des Peintres de Léningrad (aujourd'hui Sain-Pétersbourg).
Surtout pastelliste et peintre à la gouache, il dispose d'une jolie pratique picturale, souple et diversifiée, non figée dans quelque académisme, procédant souvent, et surtout au pastel, par touches juxtaposées issues lointainement du postimpressionnisme. Dans des harmonies colorées très chaleureuses et un sens affiné de la qualité de la lumière sur une peau comme sur étoffes ou divers objets du décor, il peint surtout des jeunes femmes gracieuses, qu'il met en situations amusantes, se déguisant, dans un atelier d'artiste, nues dans un intérieur accueillant.
Bibliogr. : In : Catalogue de la vente *L'École de Léningrad*, Drouot, Paris, 19 nov. 1990.
Musées : Bratislava (Gal. Nat.) – Dresde (Gal. Nat.) – Helsinki (Gal. Art Russe Contemp.) – Kiev (Mus. des Beaux-Arts) – Krasnodar (Mus. Art Soviet. Contemp.) – Moscou (min. de la Culture) – Saint-Pétersbourg (Mus. Russe) – Saint-Pétersbourg (Mus. de la Sculpture).
Ventes Publiques : Paris, 27 nov. 1989 : *Dans un atelier* 1989, gche et past./pap. (62x46) : **FRF 6 000** ; *Le repos* 1987, past./pap. (49x65) : **FRF 6 800** – Paris, 11 juin 1990 : *Nu*, past./pap. (64x50) : **FRF 20 000** – Paris, 19 nov. 1990 : *Après le plaisir*, past./pap. (50x65) : **FRF 8 500** – Paris, 25 mars 1991 : *Fin du bronzage*, past./pap. (49x62) : **FRF 8 000** – Paris, 25 nov. 1991 : *La fille au chaton*, past./pap. (50x55) : **FRF 8 000** – Paris, 23 mars 1992 : *Le plat de groseilles*, h/t (45x55) : **FRF 8 500** – Paris, 7 avr. 1993 : *Au réveil*, past./pap. (50x32) : **FRF 4 500** ; *Après-midi au jardin*, h/t (33x41) : **FRF 25 000**.

DANILOWATZ Josef
Né le 22 novembre 1877 à Vienne. XXe siècle. Autrichien.
Graveur, lithographe et caricaturiste.
Élève de Sigmund L'Allemand et du graveur William Unger, il est connu pour ses caricatures du journal *Die Muskete*.
Ventes Publiques : Londres, 21 mars 1979 : *Paysage des Indes*, h/t (94,5x122) : **GBP 4 100** – Cologne, 18 nov. 1982 : *Paysan avec son mulet* 1923, h/pan. (35,5x46) : **DEM 4 000**.

DANIN François
XVIIIe siècle. Français.
Peintre.
Il fut reçu à l'Académie de Saint-Luc à Paris en 1766.

DANINGTON-CISMAS Paul
Né le 6 juin 1947 à Cluj. XXe siècle. Depuis 1976 actif aux États-Unis. Roumain.
Peintre. Figuratif puis abstrait-lyrique.
Après avoir fait des études à l'École Technique d'Architecture de Cluj jusqu'en 1967, il est diplômé de l'Institut d'Arts Plastiques N. Grigorescu de Bucarest en 1973. Il quitte définitivement la Roumanie en 1976 et s'établit à Los Angeles. Il a participé à plusieurs expositions de groupe en Roumanie, France, aux États-Unis et au Japon, obtenant beaucoup de récompenses. Il a exposé personnellement pour la première fois à Bucarest en 1973, puis en France, Suisse et aux États-Unis. Il a réalisé des travaux de peinture monumentale à Medgidia (Roumanie), Bucarest et Los Angeles. Il a également exécuté des travaux de restauration à l'église de Strei en Roumanie.
Dans sa première période réaliste, il a peint des portraits, des scènes religieuses, fait des restaurations de fresques d'église. Puis, à la suite de contacts avec l'art contemporain occidental, il a adopté un nouveau langage, se dirigeant vers l'abstraction lyrique. Ses grandes compositions sont animées de sphères, cylindres, ellipses et autres formes géométriques peintes dans des tonalités chaudes, des couleurs vives, lumineuses et transparentes. Elles donnent l'impression d'un monde bouillonnant, en perpétuel devenir, dans une féerie de lumière.
Bibliogr. : Ionel Jianou : *Les Artistes Roumains en Occident*, American Romanian Academy of Arts and Sciences, Los Angeles, 1986.

DANIOTH Heinrich
Né en 1896. Mort en 1953. XXe siècle. Suisse.
Peintre de scènes animées, figures, nus, portraits, paysages, peintre à la gouache, aquarelliste.
Ventes Publiques : Lucerne, 19 nov. 1977 : *Margritli* 1948, h/isor. (65x53) : **CHF 19 000** – Berne, 17 nov. 1983 : *Mère et enfants*, gche (67x31) : **CHF 4 800** – Zurich, 7 juin 1984 : *Portrait de femme*, h/t (65x46) : **CHF 15 000** – Lucerne, 6 nov. 1986 : *Scène de vendanges*, temp./pap. mar./t. (115x193) : **CHF 15 000** – Lucerne, 11 nov. 1987 : *Bord de lac au printemps*, aquar. (50,5x65) : **CHF 8 000** – Berne, 30 avr. 1988 : *Portrait de femme, la tête recouverte d'une écharpe blanche* 1945, cire de coul./t. (65x46) : **CHF 4 200** – Lucerne, 23 mai 1992 : *Famille de paysans*, étude aquar./pap. (31,5x42) : **CHF 2 400** – Zurich, 2 juin 1994 : *La région d'Uri*, cr. et aquar./pap., une paire (chaque 39x33) : **CHF 4 600** – Zurich, 25 mars 1996 : *Autoportrait* 1921, h/t (44x32,5) : **CHF 17 250** – Lucerne, 23 nov. 1996 : *Nu féminin* 1950, gche et aquar./pap. (53,5x32,5) : **CHF 2 500**.

DANIOTTO
XVIIIe siècle. Italien.
Graveur.
Il illustra une édition des Sonnets de Pétrarque.

DANIS Alfred
Né au XIXe siècle à Valenciennes (Nord). XIXe siècle. Français.
Peintre.
Sociétaire des Artistes Français depuis 1883. Il débuta au Salon de 1879 avec : *Monsieur est servi*.

DANIS Bacchus
XVIe siècle. Français.
Sculpteur.
D'après les dessins du peintre Jean Bellegambe et avec un autre sculpteur nommé Séverin Titre, il travailla aux boiseries de la cathédrale à Cambrai, en 1526.

DANIS Franc
Né le 17 janvier 1904 à Paris. XXe siècle. Français.
Peintre de paysages et de marines. Postimpressionniste.
Élève des Académies de la Grande Chaumière et Colarossi, il a réalisé des décorations murales au monastère de Sainte-Odile (Bas-Rhin) et des mosaïques à l'hôpital de Plombières. Il a exposé aux Salons d'Automne et des Tuileries, dont il fut membre, en 1926, 1927 et 1930.

DANIS Georges Jean Baptiste
Né à Bapaume (Pas-de-Calais). XXe siècle. Français.
Peintre de genre.
Il a pris part au Salon des Artistes Indépendants et notamment à

la Rétrospective de 1926. Les sujets de ses œuvres sont souvent symboliques.

DANIS Juan
XVIIe siècle. Espagnol.
Peintre verrier.
A partir de 1676, il travailla pour le Chapitre de la Cathédrale de Ségovie.

DANISE
Né à Paris. XXe siècle. Français.
Peintre.
Exposant du Salon d'Automne.

DANJON Maurice
XXe siècle. Français.
Peintre de paysages.

DANJOU, Mme
XXe siècle. Française.
Peintre de portraits.
Elle exposa au Salon des Artistes Français, à Paris, en 1945.

DANK Frans ou **Danck**, appelé **Schelpat**. Voir **DANKS**

DANKART Jean
XVe siècle. Travaillant à Lille. Français.
Sculpteur.
Il fit, en 1468, pour l'hôpital, deux statues en terre, l'une de saint Jean et l'autre de saint Clément.

DANKBERG Friedrich Wilhelm G.
Né le 9 octobre 1819 à Halle (Westphalie). Mort le 13 octobre 1866 à Berlin. XIXe siècle. Allemand.
Sculpteur.
Il travailla chez le sculpteur Holbein, à Berlin. Il ouvrit un atelier où les architectes de son temps faisaient exécuter nombre de décorations pour des maisons privées et pour des châteaux et, en particulier, l'Orangerie de Sans-Souci. Il fit une statue de Frédéric Guillaume Ier, des statuettes représentant les princes électeurs de Brandebourg, des fontaines, etc.

DANKERS Christiaen
XVIIIe siècle. Hollandais.
Sculpteur.
En 1705, il fut nommé membre de la guilde d'Haarlem.

DANKERS Johan. Voir **DANCKERTS**

DANKERTS Heinrich ou **J. H.** Voir **DANCKERTS**

DANKERTS Justus ou **Danckerts**. Voir **DANCKERTS**

DANKHART Charles ou **Danquart, Dankwart, Tanquart**
Né à Nissen (Suède). XVIIe siècle. Suédois.
Peintre.
Il vint en Pologne, en 1694, pour faire les fresques à l'église de Czestochowa. Il décora aussi l'église de Ste-Anne de Cracovie.

DANKHE Johann Georg
XVIIIe siècle. Éc. de Bohême.
Peintre.

DANKMEYER Charles ou **Carel B.** ou **Dankmeijer**
Né le 8 avril 1861 à Amsterdam. Mort en 1923. XIXe-XXe siècles. Hollandais.
Peintre de portraits, paysages.
Il travailla tour à tour à Laren, Amsterdam, La Haye, Zaandam, Osterbeck et se fixa définitivement à Schveningen.
Il obtint une mention honorable à l'Exposition Universelle de 1900.
Musées : Amsterdam : *Portrait de Johannes Bosboom.*
Ventes Publiques : Cologne, 30 mars 1984 : *Vue d'une ville de Hollande*, h/t (55x71) : **DEM 2 800** – Amsterdam, 11 sep. 1990 : *Vue de Delf*, h/t (60,5x80) : **NLG 1 150** – Bruxelles, 7 oct. 1991 : *Paysage au crépuscule*, h/t (57x82) : **BEF 32 000** – Amsterdam, 9 nov. 1993 : *La moisson*, h/t (59,5x90) : **NLG 1 035** – Amsterdam, 19 avr. 1994 : *Le port de pêche de Harderwijk*, h/t (31,5x39,5) : **NLG 1 725** – Amsterdam, 18 juin 1996 : *Verger en fleurs*, h/t (51x76) : **NLG 1 495**.

DANKO Stefan
Né en 1912 à Karvina. XXe siècle. Tchécoslovaque.
Peintre de paysages. Naïf postimpressionniste.
Mineur de son métier, il se mit à peindre dans ses moments de loisirs. Ses représentations de campagne, de travaux des champs, de paysans, chantent la paix des saisons et le bonheur simple, se plaçant souvent sous la protection de calvaires campagnards. Son art se distingue de celui des peintres dits « naïfs », par sa technique curieusement postimpressionniste, à mi-chemin entre Nabis et Intimistes, entre Gauguin et Bonnard, mais donnant toujours une impression atmosphérique poétique vaporeuse.
Bibliogr. : Dr L. Gans : *Catalogue de la collection de peinture naïve Albert Dorne*, Pays-Bas, s. d.

DANKS B.
XVIIIe siècle. Actif à Londres. Britannique.
Peintre.
Il exposa en 1783 et en 1790 des peintures de genre à la Royal Academy.

DANKS Frans ou **Dancx, Dank**, dit **la Tortue,** ou **Schelpat, Schilpad**
Né vers 1650 à Amsterdam. Mort en 1703 à Amsterdam. XVIIe siècle. Hollandais.
Peintre d'histoire et de portraits et sculpteur.
Cet artiste montra un égal talent dans ses peintures historiques et dans ses sculptures. Vécut à Amsterdam de 1655 à 1676, et modela une statue du *Temps*, en 1676.
Ventes Publiques : Paris, 4 fév. 1924 : *La Cage* : **FRF 1 250**.

DANKWORTH August
Né en 1813. Mort en 1854. XIXe siècle. Allemand.
Peintre de genre, portraits, animaux, fruits, dessinateur, lithographe.
Actif à Celle.
Musées : Brunswick (Mus. mun.) : *Portrait du Dr Scheller.*
Ventes Publiques : New York, 9 déc. 1982 : *La dernière prière* 1850, h/t (80x93) : **USD 3 000**.

DANLOUX Henri Pierre
Né le 24 février 1753 à Paris. Mort le 3 janvier 1809 à Paris. XVIIIe siècle. Français.
Peintre de genre, portraits, graveur, dessinateur.
Il eut pour maîtres J.-B. Lépicié et Vien et se perfectionna en Italie. Il fit la connaissance de L. David. En 1771, il envoya à l'Exposition de la Jeunesse : *Un ivrogne auprès d'une table*. En 1773, les portraits de Préville et de Feuillie, de la Comédie-Française. À l'Exposition de la Blancherie, il envoya en 1782 : *Chasseur assis dans un bois et caressant son chien ; Portrait du peintre Genillon ; Jeune femme assise sur un sopha ; Diogène demandant l'aumône aux statues pour s'habituer à être repoussé*. En 1791, il parut au Salon avec : *Un peintre à son chevalet ; Un peintre de paysage ; Scène familière ; Une femme devant une glace* et des portraits. À cette époque, Danloux, qui s'était acquis de la réputation, se rendit en Angleterre pour fuir la Révolution. Il s'y distingua et y résida jusqu'en 1800. Plusieurs de ses œuvres ont été gravées, notamment par les artistes anglais. Il se fit de nouveau représenter au Salon en 1802 par *Le supplice d'une vestale* (gravé par Ch. Wilkin), *Un épisode du déluge* et le portrait d'une dame anglaise. En 1806 : *Enfants jouant avec un chien dans un jardin* et le portrait de la princesse de Santa Croce. Danloux est surtout recherché pour ses portraits de femmes.

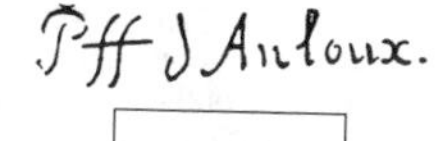

Cachet de vente

Bibliogr. : Baron de Portalis : *Pierre Danloux, sa vie, son œuvre et son journal pendant l'émigration*, Paris, 1910.
Musées : Berlin : *Portrait de Mme de Nozières – Portrait de Mlle Rosalie Duthé, de l'Opéra* – Cambridge : *Charles X* – Chalon-sur-Saône : *Jacques Delille et sa femme* – Chantilly : *Portrait de Charles X, comte d'Artois – Portrait de Louis-Henry-Joseph de Bourbon, dernier prince de Condé* – Édimbourg : *Portrait du général Gordon* – Lille : *Portrait du conventionnel Brissot* – Londres : *Portrait d'Adam, premier vicomte Duncan de Camperdown* – Tours : *Portrait d'un jeune garçon* – Varsovie : *L'Innocent – L'Espiègle* – Versailles : *Portrait du poète Jacques Delille.*
Ventes Publiques : Marseille, 1896 : *Si je te tenais* : **FRF 103** – Paris, 1898 : *Portrait d'une jeune femme*, dess. à l'encre de Chine : **FRF 3 250** – Paris, 1898 : *Portrait de jeune fille*, past. : **FRF 630** –

Paris, 16-17 mai 1898 : *La confidence*, sanguine : **FRF 1 000** – Paris, les 10 et 11 avr. 1902 : *Portrait de la princesse Louise* : **FRF 2 600** – Paris, les 6 et 7 fév. 1902 : *Portrait d'enfant* : **FRF 5 200** – Paris, 4 juin 1903 : *Portrait d'homme* : **FRF 580** – Paris, 8 fév. 1904 : *Portrait de jeune femme* : **FRF 440** – Paris, 26 au 29 avr. 1904 : *Les petits gourmands*, deux pendants : **FRF 8 000** – Londres, 21 déc. 1907 : *Portrait d'un gentilhomme* : **GBP 2** – Londres, 19 déc. 1908 : *Portrait d'une dame et de ses deux enfants* : **GBP 6** – New York, 1er-2 et 3 avr. 1909 : *Portrait d'une dame* : **USD 250** – New York, 12 avr. 1909 : *Portrait d'une dame* : **USD 100** – Paris, du 9 au 11 juin 1909 : *Portrait d'homme et de femme* : **FRF 3 000** – Paris, le 16 juin 1909 : *Portrait du baron de Bézamel* : **FRF 2 700** – Paris, 25 nov. 1918 : *Monsieur de Nully* : **FRF 27 200** ; *Madame de Nully* : **FRF 61 500** – Paris, 8 juin 1925 : *Portrait d'Étiennette Roussée* : **FRF 87 000** – Londres, 11 juin 1926 : *Mrs Day avec son épagneul* : **GBP 1 102** – Paris, 6 et 7 déc. 1926 : *Portrait de femme* : **FRF 35 000** – Paris, 21 mars 1927 : *Portrait de Dussek devant son clavecin* : **FRF 12 000** – Paris, 24 et 25 mai 1928 : *Il m'a tiré les oreilles ! ; Tant mieux, c'est bien fait !*, pierre noire reh., deux dessins : **FRF 28 000** ; *Le compositeur Dussek* : **FRF 10 000** – Paris, 13-15 mai 1929 : *Portrait de Madame Danloux, femme de l'artiste*, dess. : **FRF 35 000** – New York, 2 avr. 1931 : *Portrait de noble* : **USD 900** – Paris, 15 juin 1931 : *Portrait de jeune homme, une fillette sur ses genoux* : **FRF 6 700** – New York, 20 nov. 1931 : *Portrait d'enfant* 1802 : **USD 350** – Paris, 18 mars 1937 : *Portrait de Madame Pierre Danloux, femme du peintre* : **FRF 88 600** – Paris, 11 avr. 1951 : *Portrait d'Étiennette Roussée* : **FRF 250 000** – Paris, 21 mars 1952 : *Portrait de jeune femme* : **FRF 380 000** – Paris, 4 juin 1958 : *Portrait de Laurette d'Alpy* : **FRF 510 000** – Paris, 18 mars 1959 : *Jeune femme en buste*, pierre noire et aquar. : **FRF 550 000** – Paris, 5 déc. 1960 : *Portrait d'une jeune femme blonde* : **FRF 2 600** – New York, 18 mars 1961 : *Maître jardinier* : **USD 450** – Paris, 21 juin 1963 : *Portrait de William Henry, duc de Gloucester* : **FRF 3 300** – Paris, 27 mars 1965 : *Portrait de Mme Delaval, née Larrivée* : **FRF 6 000** – Paris, 29 mai 1969 : *La jeune mère* : **FRF 60 000** – Versailles, 21 mars 1971 : *Portrait d'un garçonnet aux cheveux longs* : **FRF 9 500** – Paris, 6 avr. 1978 : *Portrait de la comtesse de Cluzel* vers 1787, h/t (63x52) : **FRF 140 000** – Londres, 22 juin 1979 : *Portrait présumé de l'Amiral Nelson*, h/t mar./pan., à vue ovale (10,2x8,2) : **GBP 800** – Rome, 27 mai 1980 : *Portrait de jeune femme*, h/t (62x49) : **ITL 3 600 000** – Monte-Carlo, 8 fév. 1981 : *Portrait de femme*, mine de pb/pap., de forme ovale (diam. 16) : **FRF 4 500** – Monte-Carlo, 11 nov. 1984 : *Portrait de la comtesse de Cluzel* vers 1787, h/t (63x52) : **FRF 550 000** – Paris, 3 juil. 1987 : *La dame au berceau* 1801, h/t (103x88) : **FRF 260 000** – Paris, 20 avr. 1988 : *La jeune vestale*, h/t (45x36,5) : **FRF 19 000** – New York, 11 jan. 1990 : *Portrait d'une dame (présumée être la Comtesse de Cluzel)*, h/t (63,5x52,5) : **USD 170 500** – New York, 28 fév. 1990 : *Portrait de Maître Gardiner* 1802, h/t (75x62,5) : **USD 14 850** – Paris, 22 juin 1990 : *Portrait de Monsieur Dussek, pianiste et compositeur*, h/t (52,5x56) : **FRF 200 000** – Paris, 18 avr. 1991 : *Portrait de François Antoine Herman, consul de France en Angleterre* 1793, h/t, de forme ovale (76x63,5) : **FRF 35 000** – Paris, 28 nov. 1991 : *Portrait de femme*, pierre noire (12,3x11) : **FRF 4 000** – Monaco, 7 déc. 1991 : *Portrait de Constantia Foster tenant son neveu sur ses genoux*, h/t (118x97) : **FRF 222 000** – Londres, 8 avr. 1992 : *Portrait de Richard Foster vêtu d'un manteau bleu*, h/t (44x35) : **GBP 2 200** – Paris, 31 mars 1993 : *Études de têtes de femme et jeune homme*, lav. et gche/pap. bleu (15,5x18) : **FRF 6 500** – Londres, 15 déc. 1993 : *Portrait d'un gentilhomme, de buste, en habit bleu et gilet blanc à pois rouges et cravate blanche*, h/t (77,5x65,2) : **GBP 4 600** – Monaco, 20 juin 1994 : *Portrait d'une jeune femme, en buste, de profil vers la droite*, craie noire et lav. (23,7x20,4) : **FRF 266 400** – Paris, 21 juin 1995 : *Tête de femme vue de profil* 1791, pierre noire, de forme ovale (24x21,5) : **FRF 29 000** – New York, 10 jan. 1996 : *Portrait en buste de Jean Étienne Despréaux de profil gauche ; Portrait en buste de Marie-Madeleine Guimard de profil droit*, craies noire et blanche (chaque 26,5x22,6) : **USD 43 700** – Paris, 9 oct. 1997 : *Le Danseur Despréaux*, pierre noire, de forme ovale (17x14) : **FRF 22 000**.

DANNAT William Turner

Né en 1853 à New York. Mort en 1929. xixe-xxe siècles. Américain.

Peintre de genre, figures, portraits, pastelliste.

Venu très jeune en Europe, il travailla d'abord à l'Académie Royale de Munich, puis vint se fixer à Paris vers 1880. Il y fut élève de Carolus Duran et de Munkacsy.

Il débuta au Salon de 1883 avec une toile : *Le Contrebandier aragonais*, qui fut achetée pour le Luxembourg. Il a obtenu une médaille de troisième classe en 1883. Nommé chevalier de la Légion d'honneur en 1889, il a été promu officier en 1897 et commandeur en 1901.

Parmi ses portraits, il faut citer ceux de *Caroline Otero, Gaston Calmette.*

Musées : Chicago : *Sacristie en Aragon – Étude d'un contrebandier – Aragonais – Nature morte* – New York : *Le Quatuor – Portrait de Théo. Child* – Oslo : *Cigarière* – Paris (Mus. d'Art Mod.) : *La femme en rouge* – Perpignan : *Contrebandier aragonais* – Philadelphie : *Femmes espagnoles – Effets de lumière électrique – La danse – Espagnoles en train de danser.*

Ventes Publiques : New York, 1895 : *Au cabaret* : **FRF 1 600** – Paris, 1899 : *Danseuse espagnole*, past. : **FRF 800** – New York, 4 mai 1944 : *Sacristie en Aragon* 1884 : **USD 125** – Londres, 14 oct. 1977 : *Le Guitariste gitan* 1880, h/t (42x29,2) : **GBP 900** – New York, 27 jan. 1984 : *Tête de jeune fille* 1886, h/t (35,6x33) : **USD 1 600** – Paris, 19 juin 1986 : *Tête d'Arabe* 1880, h/t (29x23) : **FRF 7 800** – Paris, 27 juin 1990 : *Portrait de femme*, h/t (39x31) : **FRF 6 000** – Paris, 1er juil. 1992 : *La danseuse*, past. (97x40) : **FRF 4 500** – New York, 26 sep. 1996 : *La Femme en rouge* 1898, h/pan. (68x33) : **USD 19 550**.

DANNBACHER Anton

Mort en 1796 à Bamberg. xixe siècle. Actif à Neresheim (Wurtemberg). Allemand.

Peintre.

Il était l'élève de John. Rud Byss. Il peignit deux tableaux pour l'église des Liebfrauen à Bamberg.

DANNE Franz Anton

xviiie siècle. Actif à Vienne de 1726 à 1764. Autrichien.

Peintre d'architectures.

Il fit surtout des décorations à l'occasion de fêtes et de funérailles, dans le style Giuseppe Galli Bibiene. Il fit des décorations lors de l'enterrement de Charles VI, de la naissance de l'archiduc Charles, du retour de François Ier à Vienne en 1745 et exécuta en 1760 l'Arc de triomphe du mariage de Joseph II. L'Académie de Vienne conserve des dessins de lui.

DANNECKER Johan Heinrich ou **Johann von**

Né le 15 octobre 1758 à Stuttgart. Mort le 8 décembre 1841 à Stuttgart. xviiie-xixe siècles. Allemand.

Sculpteur de bustes, statues.

Nommé sculpteur de la cour en 1780, il fut d'abord élève d'Adam Bauer, A. F. Harper, Nicolas Guibal et de P. F. Lejeune. En 1783, il vint à Paris où il travailla sous la direction de Pajou. En 1785, il alla à Rome où il rencontra Canova, puis rentra en Allemagne en 1790 et fut nommé professeur de sculpture à la Karlsacademie. Il s'était lié d'amitié avec Schiller qu'il avait connu à la Karlsschule, école militaire, fondée par le duc de Wurtemberg, son protecteur.

Musées : Angers : *Médaillon de David d'Angers* – Francfort-sur-le-Main : *Arcadie*, marbre – Saint-Étienne : *Ariane à la Panthère* – Stuttgart : *Milon de Crotone – Esquisse d'un monument à la mémoire de l'archiduc Charles*, plâtre – *Buste de l'artiste*, plâtre – *L'Amitié en deuil*, plâtre – *Hector*, plâtre – *Lesbie*, plâtre – *Buste de Lavater*, plâtre – *Buste du compositeur Zumsteeg*, plâtre – *Faune ivre*, plâtre et terre cuite – *Arcadie*, plâtre – *Buste de Schiller*, plâtre – *Médaillon de David d'Angers*, plâtre – *Nymphe de l'eau et des champs*, plâtre – *La Nymphe à la source*, moulage – *Christ – Jean l'Évangéliste – Buste de la grande duchesse de Bade Stéphanie*, plâtre – *Mme Pistonus*, plâtre – Stuttgart (Mus. de l'Armée) : *Mars assis*, plâtre – *Buste du duc Frédéric de Wurtemberg* – Stuttgart (Mus. des Beaux-Arts) : Dessins. Esquisses et souvenirs ayant trait à Dannecker – Weimar : *Bustes de Goethe et de Schiller.*

Ventes Publiques : Londres, 8 déc. 1976 : *Ariane à la panthère*, bronze (H. 75, l. 62) : **GBP 1 700**.

DANNECOT Martin

xviiie siècle. Français.

Sculpteur.

En 1737, il était membre de l'Académie Saint-Luc à Paris.

DANNEEL Freddy. Voir **ANNEEL**

DANNEGGER A. D. ou **Dannecker**

xviiie siècle. Actif à Strasbourg. Français.

Graveur sur cuivre.

Il était aussi peintre verrier, de médiocre talent. Le portrait sur verre du maréchal de Broglie se trouvait à la bibliothèque de Strasbourg, mais fut brûlé en 1870.

DANNEGGER Johann Adolph ou **Dannecker**
Né le 5 mars 1700 à Strasbourg. Mort le 4 février 1776. XVIIIe siècle. Français.
Peintre verrier.
En 1756, il peignit un vitrail de la façade nord de la cathédrale de Strasbourg, et la rosace du chœur de l'église de Maurs en Alsace.

DANNEHL Louise
Née en 1864. XIXe siècle. Allemande.
Peintre animalier.
Elle fut élève de Adolf Maunchen, Frenzel et Skarbina, et aimait surtout à peindre des tableaux d'animaux. On peut citer d'elle : *Canards, Vaches au pâturage.*

DANNEHL Reinhold
Né le 8 janvier 1833 à Buschkau (près de Dantzig). Mort le 15 septembre 1888 à Königsberg. XIXe siècle. Allemand.
Peintre.
Il fut l'élève du professeur Rosenfeld à l'Académie des Beaux-Arts de Bruxelles, de 1876 à 1882 et devint professeur à l'École Technique de Königsberg. Il peignit de nombreuses natures mortes, et des scènes de famille. On cite de lui : *Le Benedicite, Enfants faisant des bulles de savon, Maison paysanne en Prusse Orientale, Près de la cheminée.*

DANNEMONT C. de
XIXe siècle. Actif à Abbeville dans la première moitié du XIXe siècle. Français.
Portraitiste.
Le Musée Boucher de Perthes, à Abbeville, conserve de lui un *Portrait d'homme* daté de 1827.

DANNENBERG Alice
Née le 4 avril 1861 à Annenburg (Russie). XXe siècle. Française.
Peintre de genre, de paysages et de natures mortes.
Elle a participé au Salon d'Automne à partir de 1919, à celui des Artistes Indépendants, notamment à la Rétrospective de 1926. Elle a également pris part au Salon de la Société Nationale des Beaux-Arts dont elle était membre et au Salon des Tuileries.
Musées : Dieppe – Nice – Riga : *La lessive de la poupée.*
Ventes Publiques : Paris, 19 mai 1920 : *Jardin du Luxembourg* : **FRF 345** – Paris, 1er mars 1926 : *Enfants jouant dans un parc* : **FRF 205** – Paris, 24 fév. 1936 : *Enfants patinant* : **FRF 100** – Paris, 2 avr. 1990 : *Effet de soleil*, h/t (45x79,5) : **FRF 38 000** – New York, 20 fév. 1992 : *Fillettes faisant du patin à glace*, h/t (45,7x61) : **USD 9 625** – Paris, 6 avr. 1993 : *Nature morte aux opalines vertes*, h/t (73x92) : **FRF 6 000** – New York, 16 fév. 1995 : *Fillette à la robe rose*, h/t (103,5x76,2) : **USD 11 500**.

DANNENBERG Otto
Né le 3 octobre 1867 à Schönebeck (près de Magdebourg). XIXe siècle. Allemand.
Peintre et dessinateur.
Il fut élève de l'Académie de Berlin. Il peignit les *Noces de Cana* pour l'église de Golm, près de Potsdam.

DANNEQUIN Alfred Joseph
Né à Ivry-sur-Seine (Val-de-Marne). Mort en 1890. XIXe siècle. Français.
Peintre de paysages, aquarelliste, graveur.
Il débuta au Salon des Artistes Français en 1869 avec : *La Mare à Piat, forêt de Fontainebleau.*
Musées : Londres (Victoria and Albert Mus.) : *La mare à Piat – Plateau de Belle-Croix – Pont sur l'Yères à Villeneuve-Saint-Georges – Port Rivotte à Besançon – Vieux chênes à Fontainebleau*, eaux fortes – Pontoise : *Cour de ferme à Osmy*, aquar.
Ventes Publiques : Paris, 13 déc. 1989 : *Pêcheur au bord de rivière*, h/t (77x117) : **FRF 14 000**.

DANNER
XVIIe siècle. Actif à Augsbourg. Allemand.
Peintre.
On connaît une peinture signée de lui au château de Kriebstein : *Portrait de Joh. Hier. von Stetten.*

DANNER
XIXe siècle. Allemand.
Peintre de natures mortes, de fleurs et de fruits.
Il travailla de 1823 à 1847. Également copiste et restaurateur, il fut Conservateur de la Galerie Nationale de Stuttgart, et exposa dans cette ville de 1833 à 1839 des tableaux de fleurs et de fruits.

DANNER Albert
XVIe siècle. Actif à Regensbourg à la fin du XVIe siècle. Allemand.
Peintre d'histoire et de portraits.

DANNER Georg Linhard
XVIIIe siècle. Actif à Bamberg. Allemand.
Peintre.
Sans doute identique à Görg Leonhard Danner.

DANNER Görg Leonhard
XVIIIe siècle. Allemand.
Peintre.
Il devint citoyen de Mayence en 1702.

DANNER Hans Görg
XVIIIe siècle. Allemand.
Peintre.
Il devint citoyen de Mayence en 1725.

DANNER Joahnn Kaspar
XVIIIe siècle. Actif à Mayence. Allemand.
Peintre.
Il fut témoin au mariage du peintre Georg Linhard Danner en 1707.

DANNER Johann ou parfois aussi **Tanner**
Né le 21 octobre 1868 à Marbach (canton de Lucerne). XIXe siècle. Suisse.
Peintre de portraits, paysages, peintre sur verre.
Danner fit ses études à l'École des Arts industriels de Lucerne et à l'École d'Art de Hans Bachmann, à Zurich. Il apprit la peinture sur verre avec Ludwig Pfyffer de Heidegg. A part un voyage à Rome, en 1891, Danner semble avoir travaillé exclusivement dans son pays natal, où il exposa à Lucerne, notamment en 1901 et 1902.

DANNER Konrad
XVIIe siècle. Actif à Nüremberg. Allemand.
Enlumineur.
Il se maria dans cette même ville le 26 août 1605.

DANNER Sara Kolb, Mrs **W. M. Danner Jr.**
Née en 1894 à New York. Morte en 1969. XXe siècle. Américaine.
Peintre de figures, paysages, natures mortes, dessinatrice.
A obtenu au Hoosier Salon de 1929 le prix réservé au meilleur paysage peint par une femme.
Ventes Publiques : Los Angeles-San Francisco, 12 juil. 1990 : *Nature morte avec une bouteille de vin et des oignons*, h/t (51x61) : **USD 2 090** ; *Artiste dans un parc*, h/t (63,5x77,5) : **USD 5 225**.

DANNESKJOLD-SAMSOE Sophus
Né en 1874. XXe siècle. Danois.
Peintre.
Il fut élève de Kristian Zahrtmann avec lequel il voyagea en Italie. A partir de 1909, il exposa régulièrement à Copenhague.

DANNET Henry
Né le 17 mars 1886 à Gassicourt. Mort le 10 novembre 1946 à Pont-Audemer. XXe siècle. Français.
Peintre de paysages. Néo-impressionniste.
Conservateur du Musée de Pont-Audemer, il a surtout peint des paysages des environs de cette ville. De 1925 à 1931, il a participé au Salon des Artistes Indépendants à Paris.

DANNET Jacqueline
XVIIIe siècle. Française.
Artiste.
Elle fut reçue à l'Académie Saint-Luc à Paris en 1730.

DANNET Jean
Né le 2 avril 1912 à Honfleur (Calvados). XXe siècle. Français.
Peintre de compositions animées, paysages, natures mortes. Postcubiste puis expressionniste.
Il a commencé à peindre dans l'atelier de son père Henry Dannet, puis, dans les années trente, à l'Académie Vassilieff à Montparnasse, avant de rencontrer Gen-Paul à Montmartre. Enfin, la découverte de Braque a profondément bouleversé l'art de Jean Dannet. Il a beaucoup voyagé, de l'Afrique à la Sibérie, passant par les États-Unis et le Japon. A partir de 1957, il a participé au Salon d'Automne, mais dès 1949, il avait fait sa première exposition personnelle à Paris, suivie de beaucoup d'autres à Cannes, Rouen, Le Havre, Lausanne, Cologne, Chicago, Miami, Tokyo, Los Angeles, New York, etc.
Son art vigoureux, servi par une pâte généreuse, est hérité du cubisme par sa fermeté, son équilibre. Peu à peu, il s'oriente vers

un expressionnisme tout en gardant la rigueur de ses compositions structurées.

Ventes Publiques : Honfleur, 11 juil. 1976 : *Le bassin du centre*, h/t (65x54) : **FRF 2 500** – Paris, 21 juin 1993 : *Les zerbes, (sic)* 1962, h/t (100x100) : **FRF 3 500**.

DANNHAUER Frust
Né le 15 août 1843 à Altgeringswalde (Saxe). XIXe siècle. Actif à Dresde. Allemand.
Peintre de genre.
Il fut élève de l'Académie de Dresde et de Jul. Hübner. Il exposa à partir de 1874. On connaît de lui une peinture sur verre, un *Christ bénissant* destiné à l'église de Bœrnsdorf, près de Moritzburg et un tableau *Troubadour et joueuse de luth* (1891) qui fait partie d'une collection privée.

DANNHÄUSER Jean Eduard
Né le 8 août 1869 à Berlin. XXe siècle. Allemand.
Sculpteur animalier.
Élève à l'Académie de Berlin, il s'est surtout spécialisé dans des compositions où le cheval tient une grande place : *Cheval se désaltérant, Joueur de polo.*
Ventes Publiques : Londres, 4 juin 1981 : *Le braconnier* 1894, bronze (H. 94) : **GBP 1 200**.

DANNI
XIXe siècle. Actif à Nice. Français.
Sculpteur.
Le Musée de Nice conserve sa maquette d'un monument commémoratif de l'annexion de Nice à la France.

DANNINGER Franz
XIXe siècle. Actif à Vienne à partir de 1811. Autrichien.
Sculpteur bronzier.
Il était frère de Johann Georg le Jeune.

DANNINGER Ignaz
XIXe siècle. Actif à Vienne vers 1829. Autrichien.
Sculpteur.
Il était fils de Johann Georg le Jeune.

DANNINGER Johann
XVIIIe siècle. Actif à Vienne. Autrichien.
Sculpteur sur bronze.
Le 29 octobre 1796 il reçut 40 gulden pour un calice, dont le haut était en argent doré.

DANNINGER Johann Georg, l'Ancien
XVIIIe siècle. Actif à Vienne vers la fin du XVIIIe siècle. Autrichien.
Sculpteur bronzier.
Peut-être doit-on l'identifier avec Johann.

DANNINGER Johann Georg, le Jeune
XVIIIe siècle. Actif à Vienne à partir de 1798. Autrichien.
Sculpteur bronzier.
Il travailla beaucoup pour la cour impériale. Il était fils du précédent.

DANNOLLE Guillaume
XVIe siècle. Actif à Cambrai. Français.
Sculpteur.
En 1515, il fit le modèle d'une statue de saint Druon, destinée à la tombe d'un chanoine, qui devait être placée, à la cathédrale, dans la chapelle de Saint-Laurent. Pour le tombeau d'un grand vicaire, Gilles Oston, il fit, en 1522, une statue de Notre-Dame et de saint Gilles. Il exécuta, en 1526, dans le cloître de l'abbaye du Saint-Sépulcre un Jésus-Christ et Pilate, et fut chargé, en 1552, de tailler les modèles en bois de deux statues destinées à être fondues en bronze aux frais du bailli Jean de Bove, en réparation d'une arrestation arbitraire. Les bronzes de ces statues, représentant une Justice et un homme agenouillé, ont été pris par la Révolution pour en faire des canons ; les modèles de bois, retrouvés, figurent au Musée de Cambrai.

DANNOLLE Jean
XVIe siècle. Actif à Cambrai. Français.
Sculpteur.
Fils de Guillaume Dannolle, il refit, en 1546, le saint Sébastien d'un tombeau de la cathédrale et plusieurs images dans le côté gauche du transept. En 1548, en collaboration avec son frère Robert, il décora l'Hôtel de Ville. En 1551, il répara un saint Jean Baptiste, dans la chapelle Sainte-Anne de la cathédrale. Il fit, en 1555, un autel et un retable d'albâtre orné de plusieurs personnages, dans la chapelle Sainte-Élisabeth, pour obéir aux volontés testamentaires de Jean de Courouble, chanoine de la cathédrale, qui devait y être inhumé. De 1556 à 1559, il fit la clôture du chœur de la chapelle Notre-Dame-de-Grâce. En 1561, son frère Robert et lui se chargèrent, à l'Hôtel de Ville, de sculpter la partie ornementée de la terrasse du haut de laquelle se faisaient les publications légales.

DANNOLLE Jérôme
XVIe-XVIIe siècles. Français.
Sculpteur.
Petit-fils de Guillaume, il travailla, en 1572, pour l'évêque de Cambrai. En 1600, il fit une série de réparations aux stalles de la cathédrale et sculpta, en 1612, à l'Hôtel de Ville, dans la salle d'assemblée de l'échevinage, une statue de saint Léonard, qu'il peignit ensuite à l'huile. Jérôme ne serait pas le dernier des Danolle de Cambrai ; un Claude Dannolle, peut-être son frère, prenait part aux travaux de la cathédrale, en 1615.

DANNOLLE Robert
XVIe siècle. Actif à Cambrai. Français.
Sculpteur.
Frère de Jean et fils de Guillaume, il partagea une grande partie de ses travaux. Il sculpta, de plus, des armoiries à l'Hôtel de Ville et tailla une cheminée dans la chambre des échevins, en 1548. Il est l'auteur du tombeau du chanoine Jean Soudan, dans la cathédrale (1562) et d'une image d'albâtre sur l'autel de la chapelle du palais de l'évêque, à Cateau-Cambrésis (1565).

DANOIS Adrien Charles
Né le 29 juin 1797 à Paris. XIXe siècle. Français.
Graveur.
Le 23 janvier 1816, il entra à l'École des Beaux-Arts et débuta au Salon, en 1839, avec *Napoléon recevant la reine de Prusse à Tilsitt en 1807.*

DANON Nicolas
XVIIIe siècle. Actif à Toulon en 1720. Français.
Sculpteur.

DANOOT Pieter ou **Philipp** ou **Dannoot**
XVIIe siècle. Actif vers 1690. Éc. flamande.
Graveur.
On cite de lui une *Tête de Christ* d'après Rubens.

DANOVICH Françis Edward
Né le 25 avril 1920 à Neward (New Jersey). XXe siècle. Français.
Peintre, aquarelliste.
Prix Kahn pour l'aquarelle à l'Exposition annuelle de l'État de Michigan.

DANRE Louis Victor
Né à Rozières (Aisne). XXe siècle. Français.
Graveur à l'eau-forte.
Exposant du Salon des Artistes Français.

DANREICHER
XVIIIe siècle. Actif à Laibach vers 1757. Autrichien.
Peintre de miniatures.

DANS Susan
Née à Berlin. XXe siècle. Allemande.
Sculpteur.
En 1928 elle exposait des bustes et un paysage au Salon d'Automne, dont elle était membre.

DANSAERT J.
XVIIIe siècle. Éc. flamande.
Peintre de genre, graveur.
Directeur de l'Académie de Bruxelles en 1755.
Ventes Publiques : Londres, 6 juil. 1994 : *Atelier d'un sculpteur*, h/pan. (42x33,5) : **GBP 4 370**.

DANSAERT Léon Marie Constant
Né le 2 octobre 1830 à Bruxelles. Mort en 1909 à Écouen (Val-d'Oise). XIXe siècle. Naturalisé en France. Belge.
Peintre de genre.
Élève d'Édouard Frère à Paris, il voyagea en Italie, travailla quelque temps en Allemagne, puis revint en France, s'installa à Écouen en 1882.
Il a participé au Salon de Paris à partir de 1868.
Il peint, avec élégance, des scènes de la vie familière au XVIIIe siècle.

Bibliogr. : Gérald Schurr, in : *Les Petits Maîtres de la peinture 1820-1920, valeur de demain*, Les Éditions de l'Amateur, t. III, Paris, 1976.

Musées : Bagnères-de-Bigorre : *Le liseur* – Bayonne : *Intérieur, fileuse* – Bruxelles : *Les diplomates* – Londres : *La rentrée de Pierrot* – Périgueux : *Mort du poète Gilbert* – *Les amateurs de fleurs* – Sheffield : *Promenade à Versailles sous Louis XIV*.
Ventes Publiques : Paris, 1891 : *Rixe à l'auberge*, h/bois : **FRF 800** – Paris, 1900 : *Visite à la galerie* : **FRF 480** – New York, 7 fév. 1901 : *Un baptème au* XVIIIe *siècle* : **USD 200** – Londres, 17 fév. 1928 : *Les courtisans* : **GBP 89** – Londres, 21 avr. 1939 : *Un jeu intéressant* : **GBP 17** – Paris, 9 fév. 1942 : *Le violoniste* : **FRF 3 100** – Paris, 23-24 fév. 1944 : *Personnages en costume Henri III* : **FRF 6 800** – Bruxelles, 30 sep. 1969 : *L'excellent repas* : **BEF 26 000** – Vienne, 9 juin 1970 : *Le jeune artiste* : **ATS 12 000** – Bruxelles, 26 avr. 1971 : *Incroyable* : **BEF 20 000** – Londres, 1er mars 1972 : *Le jeu de la corde* : **GBP 950** – New York, 15 oct. 1976 : *La partie de cartes*, h/pan. (41x33) : **USD 1 500** – Bruxelles, 4 mars 1977 : *Les Politiciens du village*, h/bois (45x38) : **BEF 65 000** – Berne, 24 oct. 1979 : *Le gentilhomme et la servante*, h/pan. (32,5x24) : **CHF 9 000** – New York, 13 fév. 1981 : *Une lettre d'intrigues* 1863, h/t (28,5x22,2) : **USD 2 200** – Londres, 3 juin 1983 : *Fillette à la poupée assise dans un fauteuil* 1892, h/pan. (26,6x20,2) : **GBP 650** – Bruxelles, 30 oct. 1985 : *Les voisins, deux figures* 1877, h/pan. (24,5x32) : **BEF 90 000** – New York, 20 mai 1986 : *L'atelier de l'artiste*, h/pan. (65,4x54) : **USD 5 000** – New York, 23 fév. 1989 : *Le bal*, h/pan. (71,1x92,1) : **USD 5 280** – Londres, 7 juin 1989 : *Le concert*, h/pan. (36x26) : **GBP 2 200** – New York, 25 oct. 1989 : *Le baptême*, h/pan. (79x96,8) : **USD 7 150** – Paris, 30 jan. 1991 : *Scène paysanne*, h/pan. (42x54) : **FRF 75 000** – Amsterdam, 5-6 nov. 1991 : *Soldat fumant sa pipe*, h/pan. (24x18) : **NLG 1 725** – Londres, 16 mars 1994 : *La boutique du marchand de vin*, h/pan. (65x85) : **GBP 10 925** – New York, 16 fév. 1995 : *L'atelier de l'artiste*, h/pan. (63,5x54,6) : **USD 5 750**.

DANSE Louise
xxe siècle. Active à Bruxelles. Belge.
Peintre de genre, illustratrice.
Fille du peintre Michel Auguste Danse. Participa à l'Exposition Universelle de Bruxelles en 1910. Elle a illustré *l'Intelligence des fleurs*, de M. Mæterlinck.

DANSE Marie
Née en 1866 à Bruxelles. Morte en 1942. XIXe-XXe siècles. Belge.
Graveur. Symboliste.
Fille du graveur Michel Auguste Danse et épouse de Jules Destrée, elle a gravé ses propres œuvres, reproduit des vues de monuments et copié des tableaux de maîtres.
Bibliogr. : In : *Diction. biogr. illustré des Artistes en Belgique depuis 1830*, Arto, Bruxelles, 1987.

DANSE Michel Auguste
Né en 1829 à Bruxelles. Mort le 2 août 1929 à Uccle. XIXe-XXe siècles. Belge.
Dessinateur et graveur.
Élève de Calamata. Participa à l'Exposition Universelle de Bruxelles en 1910. Il a obtenu en France une médaille de troisième classe en 1879 et deux médailles d'argent en 1889 et 1900 (Exposition Universelle).

DANSE Pierre
XVIIIe siècle. Français.
Peintre et sculpteur.
Il était membre de l'Académie Saint-Luc à Paris dès 1730 et vivait encore en 1748.

DANSE Pierre Étienne
Mort en 1778 à Paris. XVIIIe siècle. Français.
Sculpteur.
Il était fils de Pierre Danse.

DANSE Pierre Louis
Mort sans doute peu après 1786. XVIIIe siècle. Actif à Paris. Français.
Sculpteur.
Il était le fils de Pierre Danse.

DANSET Georges
Né à Roubaix (Nord). XXe siècle. Français.
Peintre de paysages.
Il a participé au Salon des Artistes Français de 1934 à 1938. Ses paysages montrent surtout des vues de Montmartre et des environs de Paris.

DANSETTE Charles Alfred
Né le 5 octobre 1894 à Armentières (Nord). Mort durant la Première Guerre mondiale (1914-1918). XXe siècle. Français.
Sculpteur.
Élève du sculpteur animalier J. Merculiano, il obtint une mention honorable au Salon de 1913, à dix-neuf ans.

DANSLER Robert
Né à Paris. XXe siècle. Français.
Peintre de paysages et de portraits.
Il a pris part au Salon des Artistes Français à Paris de 1931 à 1935.

DANSON Elsa
Née le 13 janvier 1885 à Stockholm. XXe siècle. Suédoise.
Sculpteur et peintre.
À Paris, elle fut élève de Bourdelle et de Zadkine, exposa aux Salons de la Société Nationale des Beaux-Arts, d'Automne, des Artistes Indépendants et des Tuileries.

DANSON George
Né le 4 juin 1799 à Lancaster. Mort le 23 janvier 1881 à Londres. XIXe siècle. Britannique.
Peintre.
Il fut également décorateur de théâtre et exposa de 1823 à 1842 à la Royal Academy. Le Musée Albert et Victoria conserve de lui une aquarelle représentant une rue avec de vieilles maisons.

DANSON Jacques
Né en 1759 à Lyon. XVIIIe siècle. Actif à Grenoble. Français.
Sculpteur.

DANSSE Étienne
XVIIIe siècle. Français.
Sculpteur.
Il fut reçu à l'Académie Saint-Luc à Paris en 1754.

DANSSE DE ROMILLY Joseph F.
XVIIIe siècle. Français.
Portraitiste.
Ventes Publiques : Dijon, 1894 : *Portrait de Jean Kupersky* ; *Portrait d'homme*, deux pendants : **FRF 63**.

DANSSE DE ROMILLY, Mme
XIXe siècle. Française.
Peintre de portraits.
Le Musée de Versailles possède d'elle les portraits de Charlotte-Godefride-Élisabeth de Rohan, princesse de Condé, et de Louis-Henri-Joseph de Bourbon, prince de Condé.

DANTAN Antoine Laurent
Né le 8 décembre 1798 à Saint-Cloud. Mort le 25 mai 1878 à Paris. XIXe siècle. Français.
Sculpteur.
Élève de Bosio et de Brou, à l'École des Beaux-Arts, où il entra le 17 février 1816 ; il eut le deuxième prix au concours pour Rome en 1823, fut médaillé de deuxième classe en 1824 et remporta enfin le prix de Rome en 1828 pour son groupe : *Mort d'Hercule*. En 1835, il eut la médaille de première classe et en obtint une autre de troisième classe en 1855. Le 6 juin 1843, il fut décoré de la croix de chevalier de la Légion d'honneur. Il débuta au Salon en 1819 et continua à y exposer jusqu'en 1868.
Très épris de l'antique, Dantan s'est surtout distingué par la pureté de la ligne. Il se montre très personnel dans *Juvénal des Ursins*, figure monumentale exécutée pour la façade de l'Hôtel de Ville de Paris. En 1844, ses qualités et son charme apparurent dans la statue de *Duquesne*, faite pour la ville de Dieppe. Dans l'église de la Villette, on voit de lui une grande statue en pierre représentant saint Christophe. On cite de lui le *Buste du baron Mounier*, que l'on voit au palais du Luxembourg. Parmi ses œuvres de fantaisie on mentionne notamment : *Jeune baigneur jouant avec son chien, Ivresse de Silène, Jeune fille jouant du tambourin*.
Musées : Aix : *Buste du comte F. Auguste de Forbin* – Amiens : *Mme de Mirbel* – Angers : *Le général Desjardins* – Bordeaux : *Italienne jouant du tambourin* – Bourges : *Danseuse napolitaine* – *Buste de Rachel* – Mulhouse : *Buste en marbre d'Emile Dollfus* – Nancy : *Le général de Sénarmont* – *J.-J. Grandville* – Orléans : *M. Demadières-Mirón* – *Abraham Isaac Jacob* – *Le baron Gérard* – *Bélisaire* – *Le Sauveur du monde* – Rouen : *Henri Barbot* – *Jeu de disque* – *Paganini* – *Bellini* – *Meyerbeer* – *Hérold* – *Mme Malibran* – *Carle Vernet* – *H. Vernet* – Valenciennes : *Mme Rachel* – Versailles : *Cuiscar Bar* – *Le maréchal Gouvion* – *Le maréchal Nicolas Maison* – *Buste en marbre de Pierre Lescot* – *Le maréchal Louis-Claude de Villars* – *Jacques Desjardins* – *François Malherbe* – *Le général de Noailles* – *Le maréchal duc de Berwick* – *Nicolas Samson* – *Le général Desaix* – *Statue de Condé* – *Buste de*

Marie-Joseph de Saxe, dauphin de France – Perrin-Jonquière – Sénarmont.

DANTAN Édouard Joseph
Né le 26 août 1848 à Paris. Mort le 7 juillet 1897 à Villerville (Calvados), dans un accident de voiture. XIXe siècle. Français.
Peintre de scènes de genre, décorations murales, illustrateur.
Fils du sculpteur Jean Dantan, il fut élève de Pils et de Lehmann à l'École des Beaux-Arts de Paris et participa au Salon de Paris entre 1869 et 1895. Sa carrière fut interrompue à 49 ans.
Peintre de décorations murales, il est l'auteur de *La Sainte Trinité* 1867-1869, à l'Hospice de Brézin ; la *Vocation des apôtres Pierre et André* 1877, à l'Hôpital de Saint-Cloud ; du *Christ en croix* 1878, à l'église Dombrowa en Pologne ; de *L'entr'acte d'une première à la Comédie-Française* 1886, au Théâtre-Français ; de *La consultation à l'Hôpital de Saint-Cloud* 1888, à la Faculté de Médecine de Bordeaux ; *Une serre en construction* 1890, au Ministère des Beaux-Arts. Parmi ses illustrations, citons : *Une page d'Amour* de Zola et *L'Art d'être grand-père*, de Victor Hugo. Ses scènes de genre peuvent montrer quelques audaces dans leur mise en page et leur éclairage.
Bibliogr. : Gérald Schurr, in : *Les Petits Maîtres de la peinture 1820-1920, valeur de demain*, Les Éditions de l'Amateur, t. III, Paris, 1976.
Musées : Avignon (Mus. Calvet) : *Portrait de femme* – Le Havre : *Enterrement d'un enfant à Villerville* – Limoges : *Un atelier de tourneurs* – Luxembourg : *Un coin d'atelier* – Munich (Pina.) : *Un atelier de tourneurs* – Nantes : *Moine sculptant un crucifix* – *Hercule aux pieds d'Omphale* – Rouen : *Le jeu de disque*.
Ventes Publiques : Paris, 15 déc. 1904 : *Phrosine et Mélidore* : **FRF 1 200** – Paris, 20-22 oct. 1924 : *Figures caricaturales et sujets divers*, suite de dessins dans un album : **FRF 430** – Paris, 20-21 avr. 1928 : *La rivière dans les montagnes* : **FRF 210** – Los Angeles, 28 fév. 1972 : *Le berger surpris* : **USD 1 800** – Paris, 15 mai 1986 : *Jeu antique du discobole* 1876, h/t (52,5x100) : **FRF 15 000** – New York, 24 mai 1995 : *Un coin du Salon en 1880* 1880, h/t (97,2x130,2) : **USD 211 500**.

DANTAN Jean Pierre, le Jeune
Né le 28 décembre 1800 à Paris. Mort le 6 septembre 1869 à Baden-Baden (Allemagne). XIXe siècle. Français.
Sculpteur, caricaturiste.
Il fut, comme son frère Antoine Laurent Dantan, élève de Bosio, en 1823 à l'École des Beaux-Arts de Paris. Il participa régulièrement au Salon de Paris entre 1827 et 1869.
À côté de son œuvre de statuaire classique, comme le montre son *Philibert Delorme* au Musée du Louvre, il aborda, après un voyage en Italie, un genre tout à fait différent et totalement inédit. On peut dire qu'il créa, avant Daumier, la caricature sculptée. Son « Musée secret », dans son atelier, fut un endroit connu où l'on venait rire des silhouettes des contemporains illustres traités en statuettes grotesques. Même si ses caricatures ne faisaient preuve d'aucune cruauté, ce genre avait tendance à porter ombrage à sa carrière de statuaire sérieux. Victor Hugo, Rossini, Balzac, Dumas, Frédéric Lemaître, Paganini, bien d'autres encore furent traités par lui. Il eut également beaucoup de succès en Angleterre, où ses figurines et ses statuettes-charges des membres les plus considérables de l'aristocratie britannique furent très appréciées et atteignirent des prix élevés.
Bibliogr. : Gérald Schurr, in : *Les Petits Maîtres de la peinture 1820-1920, valeur de demain*, Les Éditions de l'Amateur, t. III, Paris, 1976.
Musées : Douai : *Adolphe Delegorgue* – Nancy : *Canrobert* – Paris (Mus. du Louvre) : *Philibert Delorme* – Valenciennes : *Canrobert* – *Méhémet-Ali* – *Horace Vernet* – *Ducoux* – *Lepic* – *Le phrénologiste* – *Bressant* – *Duvert* – *Christine Nilson* – *Baron de Rothschild* – *Monrose* – *Robert Houdin* – Versailles : *Monsieur, Philippe d'Orléans* – *Charles de Blanchefort, marquis de Crécy*.

DANTAN Maurice Étienne
XXe siècle. Français.
Peintre de genre, portraits, paysages, natures mortes, peintre à la gouache.
Il a peint des portraits, des natures mortes et des paysages, notamment des effets de neige.
Ventes Publiques : Monte-Carlo, 17 mars 1985 : *Bar* vers 1925, gche, cr. et peint. argent/pap. : **FRF 7 500**.

DANTE Girolamo, dit **Girolamo di Tiziano**. Voir **DENTE**

DANTE Marius. Voir **DENTE Marco**

DANTES Fernand
Né à Paris. XXe siècle. Français.
Peintre de paysages.
Exposant de la Société Nationale des Beaux-Arts.

DANTES Luiz
XVe siècle. Portugais.
Peintre.
Il travaillait à Lisbonne, de 1454 à 1466, au service du roi D. Alfonso V.

DANTHIER Nicaise
XVIIe siècle. Français.
Sculpteur sur bois.
Il reçut la commande du chœur de l'église Saint-Cyr à Laon, avec Jean, Jacques et Michel Ducastel.

DANTHON Gustave
Né à Nevers (Nièvre). Français.
Peintre de paysages et de fleurs.
Il exposa, à Paris, au Salon d'Automne et au Salon des Indépendants.

DANTI Egnazio, nom séculier : **Pellegrino**
Né en 1536 à Pérouse. Mort le 19 octobre 1586 à Alatri. XVIe siècle. Italien.
Peintre.
De l'ordre de Saint-Dominique, il sera évêque d'Alatri. Il fut instruit par son père, l'orfèvre Giulio Danti, et sa tante Théodora. Il avait pour frère le sculpteur Vincenzio Danti. Il était également cosmographe, mathématicien et architecte. Il peignit à Florence : les *Cartes de Ptolémée*, en 57 tableaux. Le pape Grégoire XIII l'appela auprès de lui afin de décorer les murs du Vatican avec les cartes géographiques de l'Italie ancienne et moderne. Ce pape ayant formé le projet de continuer la Galerie de Raphaël, conformément au projet primitif, et de peindre quatre sujets tirés du Nouveau Testament dans chaque arcade de la galerie, il chargea Danti de diriger ce travail, car il avait reconnu l'impossibilité de laisser Roncalli à la tête des peintres. Pellegrino possédait les qualités voulues pour accepter cette direction, pendant laquelle le travail s'orienta d'une façon telle que l'esprit même de Raphaël semblait présider à l'exécution des peintures qui cependant accusent la décadence : l'art n'est plus celui du grand maître. En récompense de ses services, Danti fut promu à l'évêché d'Alatri.

DANTI Girolamo
Né en 1547 à Pérouse. Mort le 26 août 1580 à Pérouse. XVIe siècle. Italien.
Peintre d'histoire, fresquiste.
Frère de Vincenzio et d'Egnazio Danti, il peignit des fresques dans le style de Vasari. Il donnait les plus grandes espérances lorsqu'il mourut prématurément. Pérouse possède quelques œuvres de lui, à Saint-Pierre.

DANTI Téodora
Née en 1498 à Pérouse. Morte en 1573 probablement à Pérouse. XVIe siècle. Italienne.
Peintre de genre.
Elle fit de petits tableaux dans le style de Pietro Perugino.

DANTI Vincenzio
Né en 1530 à Pérouse. Mort en 1576. XVIe siècle. Italien.
Peintre d'histoire, sculpteur de groupes, dessinateur.
Frère de Jérôme et d'Egnazio Danti. Il travailla d'abord l'orfèvrerie. Il fit en bronze la statue du Pape Jules III, qui est sur la place de Pérouse. Le duc Cosme de Médicis lui fit exécuter plusieurs dessins qui furent envoyés en Espagne. Il fit pour l'enterrement de Michel Ange un groupe de marbre très admiré, *Mercure* ou le *Génie terrassant l'Ignorance*, ainsi qu'un tableau, *le Triomphe de la Renommée sur le Temps*. C'est en 1556 qu'il avait terminé la fonte de la statue du pape Jules III ; en 1557, qu'il avait quitté Pérouse pour se fixer à Florence, appelé à la cour de Cosme Ier. Il avait commencé par exécuter un groupe pour le tombeau de Michel-Ange, s'était occupé au décor des noces de François de Médicis. Sa statue de *L'Honneur vainqueur du Mensonge*, vers 1561, aujourd'hui au Bargello, trahit encore l'influence de Michel-Ange. En 1567, il dédie à son protecteur Cosme Ier, son *Traité de la parfaite proportion*. On doit dater après 1568 sa statue du duc Cosme Ier du Bargello.
À partir de ces années, ses œuvres prennent un tout autre intérêt : il se détache absolument du modèle michelangelesque, et si l'on tient à ce qu'il se fût fixé un modèle dans le passé, le contexte

de la ville de Florence fait immanquablement penser à Donatello. *La Décollation de saint Jean Baptiste*, de 1569-1571, à l'entablement de la porte sud du Baptistère ; le bas-relief en fonte de *Moïse et le serpent d'airain*, au Bargello ; la *Vénus Anadyomène*, après 1570, en bronze au Palazzo Vecchio ; la *Vénus* de marbre au Palais Pitti ; la *Léda et le cygne*, aujourd'hui au Victoria and Albert Museum, sont issus de la même esthétique sensuelle et maniériste qui caractérise les œuvres de son exact contemporain Jean de Bologne. Cet allongement sinueux des formes que les maniéristes du XVIe siècle ressentent à travers la sensualité propre à leur époque, annonce les déformations que les baroques du XVIIe ressentiront à travers l'emphase théâtrale de l'époque de la papauté triomphante.

Musées : Florence (Mus. del Bargello) : *Porte d'une armoire secrète pour le grand-duc François Ier*, terre cuite – Florence (Arcives Covado) : *Madone avec l'Enfant* – Florence (Mus. des Offices) : *Amour endormi* – Pérouse (Casa Menisconi) : *Tarquin et Lucrèce* – Vienne (Hofmuseum) : *Hercule ou Caïn avec sa massue*, bronze.

DANTON Ferdinand, Jr.
Né en 1877. Mort après 1912. XXe siècle. Américain.
Peintre de natures mortes. Trompe-l'œil.
En 1989, il figurait à l'exposition *200 ans de peinture américaine. Collection du Musée Wadsworth Atheneum*, présentée à Paris, aux Galeries Lafayette.

DANTU Andrée
XXe siècle. Française.
Peintre. Cinétique.
Dans des montages dont les éléments sont en mouvement, elle utilise les propriétés des verres polaroïd pour obtenir, à partir de matériaux incolores, des effets lumineux par polarisation de la source lumineuse.
Bibliogr. : Franck Popper : *Naissance de l'Art Cinétique*, Gauthier-Villars, Paris, 1967.

DANTU Georges Victor Laurent
Né le 10 avril 1867 à Paris. XIXe siècle. Français.
Peintre de paysages.
Il a exposé au Salon des Artistes Français et au Salon des Orientalistes. Il a varié ses sujets, de l'*Église de la Trinité-en-Megven* à *Sous les cerisiers, au Japon*.
Ventes Publiques : Zurich, 29 oct. 1982 : *Neige, les Géants d'Alsace*, h/t (81x100) : **CHF 6 000** – Bolton, 11 sep. 1987 : *Cerisiers du Japon à Tokyo*, h/t (54,7x65) : **USD 3 900**.

DANTZELL Joseph
Né le 17 décembre 1805 à Lyon (Rhône). Mort le 22 avril 1877 à Paris. XIXe siècle. Français.
Sculpteur et graveur en médailles.
Élève de son père, graveur sur pierres fines, et de l'École des Beaux-Arts de Lyon. Débuta au Salon de 1841. Mention honorable en 1858.

DANTZER H. ou **Danzer**
XIXe siècle. Actif à Mulhouse. Français.
Lithographe, dessinateur, illustrateur.
On connaît de lui des dessins et lithographies représentant des paysages d'Alsace, et les illustrations du livre de Rouvrois : *Voyage pittoresque en Alsace*.
Ses œuvres appartiennent à des collections privées.

DANTZIG Rachel Margaretha Van
Née le 12 novembre 1878 à Rotterdam. XXe siècle. Hollandaise.
Sculpteur.
Elle fit ses études à l'Académie de Rotterdam, puis travailla dans l'atelier de Van der Stappen à Bruxelles et chez Colarossi à Paris. Elle voyagea en Italie, Espagne, Allemagne et se fixa à Amsterdam. Elle fit des expositions personnelles en Hollande et à l'étranger.

DANTZIGER N.
Né au début du XIXe siècle à Hambourg. XIXe siècle. Allemand.
Peintre de portraits.
Il exposa un pastel le représentant à la première Exposition d'Hamburger Kunsteverein.

DANU Mihai
Né le 16 juillet 1926 à Bucarest. XXe siècle. Roumain.
Peintre de portraits et de paysages.
Après avoir été élève de Stériadi et de Maxy à l'Institut d'Arts Plastiques de Bucarest, il quitte la Roumanie en 1950 pour voyager en U.R.S.S. d'abord, puis en Bulgarie en 1959, en Allemagne de l'Est en 1960 et en Hongrie en 1961. Professeur à l'Université Populaire d'Arts Plastiques de Bucarest, il participe à toutes les expositions officielles d'État, ainsi qu'en 1957, à l'exposition commémorant les révoltes paysannes de 1907. Il a également pris part à des expositions d'art roumain à l'étranger.
Son art relève de l'esthétique et de l'éthique du réalisme socialiste, comme le montre par exemple *Le ciment de la Paix*. Il peint aussi des portraits et des paysages de la vie industrielle roumaine.

DANUS Juan
Né au XVIIIe siècle dans l'île de Majorque. XVIIIe siècle. Espagnol.
Peintre.
Il peignit plusieurs tableaux pour la chapelle de Nuestra Senora del Rosario dans l'église de l'ancien monastère de Manacon. Il y a des peintures de lui dans les églises de Montuiri de Porreras.

DANUS Miguel
Né au XVIIe siècle dans l'île de Majorque. XVIIe siècle. Espagnol.
Peintre d'histoire.
Étudia d'abord à Valence, puis se rendit en Italie, où il fut élève de Carlo Maratta. Il imita la manière de son maître. Il revint se fixer dans son île natale. On cite de lui la décoration du cloître du couvent del Socorro, à Palma.

DANVEAU Léon François
Né au XIXe siècle à Paris. XIXe siècle. Français.
Peintre.
Élève de Dussauce, Arbaut et A. de Chéquier. Il débuta au Salon des Artistes Français en 1888 avec une *Nature morte*.

DANVER
XVIe siècle. Espagnol.
Sculpteur.
Il travailla en 1548 aux décorations de la sacristie de la cathédrale de Séville.

DANVIN Constance Amélie, Mme, née **Lambert**
Née le 3 mai 1810 à Lille. XIXe siècle. Française.
Peintre.
Elle était femme de Victor-Marie-Félix Danvin. Cette artiste exposa au Salon de 1844 à 1848.

DANVIN Denis
XVIIe siècle. Français.
Sculpteur.
On trouve son nom sur une croix de pierre, située au milieu du cimetière d'Epiais-lès-Louvres (Val-d'Oise) et dont la date est 1645.

DANVIN Jacques Louis
Né en 1748 à Paris. Mort en 1825. XVIIIe-XIXe siècles. Français.
Portraitiste.
Ventes Publiques : Bruxelles, 1847 : *Portrait d'homme* : **FRF 10**.

DANVIN Victor Marie Félix
Né en 1802 à Paris. Mort le 13 février 1842 à Paris. XIXe siècle. Français.
Peintre de paysages.
Il entra à l'École des Beaux Arts de Paris en 1818 et travailla, entre autres, sous la direction de Guérin. Il participa au Salon de Paris de 1831 à 1841, obtenant une médaille de troisième classe en 1836.
Ses paysages assez classiques ne sont pas dépourvus d'une certaine sensibilité.

Danvin

Bibliogr. : Gérald Schurr, in : *Les Petits Maîtres de la peinture 1820-1920, valeur de demain*, Les Éditions de l'Amateur, t. II, Paris, 1982.
Musées : Montpellier : *Vues des bords de la Seine* – Nancy : *Le Mont Saint-Michel*.
Ventes Publiques : Londres, 27 nov. 1985 : *Paysage à la chaumière animé de personnages* 1841, h/t (63x108) : **USD 3 600** – Vienne, 18 mars 1987 : *Vue du château d'Amboise*, h/t (61,5x90) : **ATS 50 000** – Paris, 9 déc. 1988 : *Portrait de Marie Malibran*, h/t (70x50) : **FRF 7 500**.

DANWALCK, pseudonyme de **Walcker Daniel**
Né le 22 juin 1909 à Courbevoie. XXe siècle. Français.

Peintre de paysages.

Il a participé aux Salons des Artistes Indépendants, des Artistes Français et de la Société Nationale des Beaux-Arts à Paris.

Il cerne les formes violemment en les synthétisant et travaille la touche dans une technique presque abstraite.

DANZ Hugo

Né le 1er août 1839 à Berlin. Mort le 13 septembre 1901 à Berlin. XIXe siècle. Allemand.

Peintre de portraits.

Il fut élève de l'Académie de Berlin et de Karl Steffecks. On peut citer de lui un *Portrait du Prince Antoine de Hohenzollern*, qui se trouve au château impérial à Berlin.

DANZ Robert

Né le 3 juillet 1841 à Oberweissbach. XIXe siècle. Allemand.

Peintre de paysages.

Il a exposé à Dresde et Berlin.

Ventes Publiques : New York, 1er mars 1990 : *Journée au bord de l'eau et canotage* 1879, h/t (111,1x145,4) : **USD 35 200.**

DANZEL Eustache

Né le 5 mai 1735 à Abbeville (Somme). Mort en 1775. XVIIIe siècle. Français.

Graveur.

Il fut l'élève de J. F. Beauvarlet. On cite de lui : *Deux fils de Rubens dans l'adolescence*, d'après Daullé. Le Musée d'Abbeville conserve de lui : *La Mort de Socrate* (sanguine), *A moi d'Auvergne, voilà les ennemis !* (lavis).

DANZEL Jacques Claude

Né le 5 mai 1737 à Abbeville (Somme). Mort le 24 décembre 1809 à Abbeville. XVIIIe siècle. Français.

Graveur.

Il fut élève de Flipart et de Beauvarlet. Ce fut un graveur au burin très habile. Il a travaillé d'après Fragonard, Boucher et Greuze. Le Musée d'Abbeville conserve quelques-unes de ses œuvres.

DANZEL Jérôme

Né en 1755 à Abbeville (Somme). Mort en 1810 à Paris. XVIIIe-XIXe siècles. Actif à Paris. Français.

Graveur.

Élève de Flipart. On cite de lui : *L'Enlèvement de Proserpine et Vénus et Adonis*, d'après J. Bethon ; *Vénus et Énée*, d'après Boizot ; *Vulcain remettant à Vénus les armes d'Énée*, d'après Fr. Boucher ; *Le Prêtre Corsœus*, d'après H. Fragonard ; *La Charité romaine*, d'après N. Coypel ; *Alexandre cédant Campaspe à Apelle*, d'après Lagrenée ; *Carl Van Loo et les deux fils de Rubens*, d'après P.-P. Rubens ; *Le roi boit*, d'après Tilbury ; *L'Heureux instant*, d'après Villebois ; *La Reconnaissance du berger*, d'après J. Benard.

DANZEL Octavien

Né en 1816 à Abbeville (Somme). Mort le 10 décembre 1872 à Abbeville. XIXe siècle. Français.

Peintre de paysages, aquarelliste.

Le Musée d'Abbeville conserve quelques aquarelles de lui.

DANZEL P. A.

XVIIIe siècle. Actif à Paris. Français.

Peintre, dessinateur.

La gravure de J.-B. Michel représentant Voltaire est probablement faite d'après un dessin de lui.

DANZEL Théophile

Né au XVIIIe siècle à Abbeville. XVIIIe siècle. Français.

Graveur.

DANZICA, de. Voir au prénom

DANZIG, de. Voir au prénom

DANZINGER Itzhak ou **Yitzhak**

Né en 1916 à Berlin. Mort en 1977 en Israël. XXe siècle. Depuis 1923 actif en Israël. Allemand.

Sculpteur, dessinateur.

Pendant les années quarante, il travailla à Paris avec Zadkine et Brancusi. En 1950 il exposa à l'Institut d'Art Contemporain de Londres. En 1969, il reçut le Prix Zandberg de l'Israel Museum. Il est considéré comme l'un des plus importants sculpteurs d'Israël. Son travail est constitué en grande partie de pièces ornementales et décoratives dont plusieurs sont exposées au Jardin de sculpture du Hirshhorn Museum de New York.

Musées : Jérusalem (Sculpture Garden of the Israel Mus.) : *King of the Sheperds*.

Ventes Publiques : Tel-Aviv, 1er juin 1987 : *Nimrod* 1939, bronze (H. 30) : **USD 15 130** – Tel-Aviv, 31 mai 1990 : *Le roi des bergers* 1964, cuivre poli (H. 78,5) : **USD 28 600** – Tel-Aviv, 19 juin 1990 : *Acrons* 1975, collage, encre et cr. gras (16x11,5) : **USD 3 520** – Tel-Aviv, 1er jan. 1991 : *Enclos, structure provisoire dans un paysage* 1962, encre (20x31,5) : **USD 2 090** – Tel-Aviv, 26 sep. 1991 : *Le Roi des bergers*, cuivre poli (H. 78,5) : **USD 25 300** – Tel-Aviv, 20 oct. 1992 : *Dieu est mon berger (les Moutons du Negev)* 1964, bronze en deux parties (H. 80,8 et L. 212,2 ; H. 82,6 et L. 195,9) : **USD 110 000** – Tel-Aviv, 14 avr. 1993 : *L'Alliance* 1977, bronze soudé et pierre du Sinaï/socle de cuivre (H. tot. 44) : **USD 28 750** – Tel-Aviv, 4 avr. 1994 : *Le Roi des bergers*, laiton poli (H. 234) : **USD 92 700** – Tel-Aviv, 11 avr. 1996 : *Tête* 1935, pierre (H. 37,5) : **USD 129 000** – Tel-Aviv, 7 oct. 1996 : *Le Roi des Bergers* 1964, cuivre poli (H. 78,5) : **USD 24 150** – Tel-Aviv, 12 jan. 1997 : *Mouton* 1945, encre (41x35) : **USD 3 680.**

DANZWOHL Paul

Né au XVIIIe siècle à Linz. XVIIIe siècle. Allemand.

Peintre de portraits, miniatures.

Connu surtout comme miniaturiste, il fit trois portraits pour le couvent Saint-Florian. Il devint le peintre restaurateur de ce couvent. Il exposa une miniature en 1809 à l'Exposition du Jubilé de l'Altertumsverein de Mannheim : *Portrait de la baronne von Babo*.

DAO Antoine

Né à Elva (Italie). XXe siècle. Italien.

Peintre.

Élève de L. Jonas. En 1930 il exposait un *Portrait de l'artiste* au Salon des Artistes Français.

DAOHONG ou **Tao-Hung** ou **Tao-Hong**

XVe siècle. Actif au début du XVe siècle. Chinois.

Peintre.

Ce moine artiste n'est connu que par un rouleau conservé à la Freer Gallery, dont l'inscription contient le nom de Daohong et la date de 1427. Ce rouleau aurait été copié d'après l'original par Wu Sicang.

Musées : Washington D. C. (Freer Gal.) : *Ahrats dans un paysage*, lignes d'or sur fond bleu sombre.

DAOJI SHITAO YUANJI ou **Tao-Tsi** ou **Tao-Chi**, nom monastique du peintre **Zhu Ruoji** ou **Tchou Jo-Ki**

Né en 1641 à Wuzhou (province du Guangxi). Mort vers 1719 ou 1720, d'autres sources donnent 1707. XVIIe-XVIIIe siècles. Chinois.

Peintre.

Shitao (ou Che-t'ao ou Shih-t'ao) est le surnom de courtoisie sous lequel le peintre Zhu Ruoji est le mieux connu en Chine, tandis qu'en Occident il est plus souvent désigné sous son nom monastique de Daoji ou Tao-tsi. Yuanji est un autre nom monastique ; ses noms de pinceau sont multiples, nous ne citerons que les plus connus : Qingxiang laoren (« le vieillard de Qingxiang »), Dadizi (« le disciple de la grande pureté »), Kuguaheshang (« le moine Citrouille-Amère »), Xiazunzhe (« le vénérable aveugle »). C'est probablement l'un des peintres chinois les plus étudiés actuellement, tant en Chine qu'à l'étranger. Créateur prolifique, il a laissé une œuvre immense dont le modernisme est étonnant. De plus, il a fait œuvre de philosophe en livrant dans ses inscriptions d'une part, et dans son ouvrage théorique d'autre part (le *Hua yulu, Propos sur la Peinture*, également connu sous le titre *les Propos sur la Peinture du Moine Citrouille-Amère*), une méditation esthétique qui dépasse de loin le domaine spécifique de la peinture chinoise. De sang impérial, Shitao descend en ligne directe du frère aîné de Zhu Yuanzhang, fondateur de la dynastie Ming (empereur Taizu, règne 1368-1399). Son père, Hengjia, prétendant au trône, est assassiné en 1645, dans les querelles qui, en Chine du Sud, opposent les factions rivales des légitimistes Ming après l'usurpation mandchoue (dynastie Qing). Shitao est sauvé par quelques serviteurs fidèles qui, bientôt, pour mieux assurer sa sécurité, le font moine. Son enfance et son adolescence s'écoulent donc à l'ombre de monastères. L'enseignement de ses maîtres du bouddhisme chan (plus connu sous le nom japonais de bouddhisme zen) exercera une influence déterminante sur sa formation philosophique. Mais on peut difficilement parler, chez lui, de vocation monastique : arrivé à l'âge mûr, sa renommée et ses relations sociales l'ayant mis à l'abri de tout danger, il reprendra l'état laïc. Lors de son séjour à Pékin (1690-1692), il ne dédaignera pas de fréquenter l'aristocratie mandchoue et de hauts fonctionnaires impériaux. Shitao commence à voyager jeune et restera toute sa vie un infatigable voyageur, visitant surtout les montagnes les plus connues des

diverses provinces et en particulier l'admirable Mont Huangshan (dans le Anhui) où il ira plusieurs fois et dont il fera des croquis qui resteront une source constante d'inspiration pour sa peinture. Les principaux ports d'attache de cette vie d'errance sont Xuancheng (province du Anhui) de 1666 à 1679 où il fréquente le peintre Mei Qing, son aîné et son ami intime, puis à partir de 1680, Nankin où il séjourne pendant neuf ans, enfin Yangzhou où il se fixe définitivement à partir de 1693. Un riche mécénat bourgeois ayant fait de cette ville une métropole artistique, Shitao y trouve un milieu particulièrement préparé à apprécier son génie, et il y jouit d'un prestige considérable en se consacrant tout entier à la peinture. Il y fait néanmoins quelques créations de jardins (l'art des jardins, qui constitue une branche importante de l'esthétique chinoise puisqu'il met en œuvre à la fois la création d'un rythme plastique et une vision cosmologique, est très développé à Yangzhou et à Suzhou). On ignore la date exacte de sa mort : on peut penser que c'est à la jonction des années 1719 et 1720.
Les renseignements dont nous disposons sur la vie de cet artiste étant très fragmentaires, il est d'autant plus difficile de cerner sa personnalité complexe et multiforme. Protéiforme, il l'est surtout dans sa peinture : on trouverait difficilement dans toute l'histoire de la peinture chinoise un artiste disposant d'un registre aussi large et déconcertant de métamorphoses stylistiques (la transformation est d'ailleurs un des grands thèmes théoriques de ses *Propos sur la Peinture*). Servi par sa virtuosité technique et sa culture classique, il pastiche la peinture des Anciens, la désintègre et la transforme, passant délibérément dans ses procédés d'un extrême à l'autre : de la technique posée et minutieuse à l'exécution fruste et brutale, des fausses naïvetés de l'archaïsme à l'audace moderne. À l'enseignement des écoles et au respect des traditions, il substitue le principe de l'autonomie suprême du Moi créateur (*Les barbes et les sourcils des vieux maîtres ne peuvent pousser sur mon visage* dit-il, et encore : *La méthode qui consiste à ne suivre aucune méthode est la méthode par excellence*). Sa radicale autonomie se veut véritablement universelle et innombrable et le fait qu'il signe ses peintures de plus de trente noms différents est très significatif. Il est incomparable dans les feuilles d'album où les accidents de quelques taches d'encre suffisent à suggérer un microcosme aux ressources inépuisables : il transcende sans effort la tradition des valeurs anciennes et l'excentricité, il réconcilie les données fondamentales de la cosmologie antique, du confucianisme, du taoïsme et du bouddhisme chan pour offrir une explication synthétique de *l'Acte du peintre* conçu comme un pendant microcosmique à l'activité du Créateur de l'univers. À son époque, son art ne peut être populaire et il n'est apprécié que par l'élite littéraire et artistique de son temps, concentrée surtout à Yangzhou, sa ville d'adoption. À Yangzhou même, son art sera directement à l'origine des audaces du groupe bien connu des *Huit Excentriques de Yangzhou* au XVIIIe siècle, et l'admiration que lui voueront les individualistes ne se démentira jamais, pas plus que la méfiance des milieux académiques. À l'époque contemporaine la fascination qu'il exerce est plus vive que jamais : Huang Binhong (1863-1955) et Qi Baishi (1863-1957) ont proclamé leur admiration pour lui et leurs œuvres témoignent de son influence libératrice et féconde. Zhang Daqian (né en 1899) a étudié son œuvre avec un bonheur ambigu : bon nombre de Shitao figurant dans les musées et dans les collections sont en fait sortis de son pinceau ! Fu Baoshi (1904-1965) a subi son influence dans sa peinture et l'a étudié en historien : sa monographie chronologique reste un ouvrage de base. Ajoutons que les critiques, les chercheurs, les esthètes tant chinois que japonais ou occidentaux se sont penchés et se penchent sur cette exceptionnelle personnalité : aucun autre artiste chinois n'a jamais suscité une telle ferveur. ■ Marie Mathelin

Bibliogr. : Pierre Ryckmans : *Les Propos sur la peinture de Shitao*, Bruxelles, 1970.

Musées : Boston (Mus. of Fine Arts) : *Homme allant vers sa retraite dans la montagne* daté 1703, encre sur pap., rouleau en hauteur, inscription de l'artiste – *Bambous et rochers*, encre sur pap., rouleau en hauteur, inscription de l'artiste – *Conversation de Hâritî sur le bouddhisme* signé et daté vers 1683, encre sur pap., rouleau en longueur – *Berge rocheuse d'une rivière, pavillons dans les arbres* daté 1691, encre sur pap., rouleau en hauteur, colophon de Wu Hufan – *Album de douze feuilles de paysages avec poèmes et essais de l'artiste* signées et datées 1703, encre et coul. sur pap. – Cleveland (Art Mus.) : *Paysage de la rivière Min* daté 1697, encre et couleurs sur papier, rouleau en hauteur, colophon et sceau de l'artiste – *Epidendrums, bambous et autres plantes* 1662, rouleau en longueur, poème de l'artiste – *Paysages de Luofushan*, album de douze feuilles dont une feuille signée – Hakone (Japon) : *Paysages de Luofushan*, album de douze feuilles – Paris (Mus. Guimet) : *Paysage : retraite dans la montagne et cascade* daté 1671, rouleau en hauteur, signé, colophon de l'artiste – Pékin (Palais Impérial) : *Montagnes dans les nuages* daté 1702, signé, longue inscription de l'artiste – *Jardin d'un lettré sur la berge rocheuse d'une rivière*, inscription du peintre – *Homme assis par terre jouant du luth à un bœuf*, encre, inscription de l'artiste – *Homme en bateau sur une rivière entre de gros rochers*, coul. rougeâtres sur pap., rouleau en longueur, signé – *Études de paysages du Mont Huangshan*, encre et coul. légères sur pap., huit feuilles d'album, inscriptions de l'artiste – *Terrasse de montagne, bosquet de bambous, homme dans un bateau*, coul. légères sur pap., quatre feuilles d'album – Shanghai : *Automne à Weiyang (ville de Yangzhou)*, coul. sur pap., rouleau en hauteur, long poème de l'artiste sur l'histoire de la ville – *Paysage*, encre sèche et coul. sur pap., feuille d'album – *Grand pavillon dans un bosquet de bambous, lettré assis à l'étage supérieur* daté 1697, inscription du peintre – Stockholm (Nat. Mus.) : *Promeneur solitaire sur un chemin de montagne*, longue inscription et sceau de l'artiste – *Pousses de bambou et tendre tige*, inscription de l'artiste – *Deux études et rochers et ruisseaux*, deux grandes feuilles d'album, inscriptions et sceaux de l'artiste – Washington D. C. (Freer Gal.) : *Vues de vallée avec rochers, maisons et arbres morts* daté 1684, rouleau en longueur, inscription.

Ventes Publiques : New York, 31 mai 1989 : *Ermitage sur le mont Tongpo*, encre/pap., kakémono (84,8x42) : **USD 52 250** – New York, 4 déc. 1989 : *Légumes et mante religieuse*, encre et pigments/pap., kakémono (80x62) : **USD 176 000** – New York, 6 déc. 1989 : *Vagabondage dans les bois*, encre/pap., kakémono (47x30) : **USD 88 000** – New York, 29 mai 1991 : *Paysages*, encre et pigments/pap., album de dix feuilles (chaque page 23,8x36,9) : **USD 308 000** – New York, 25 nov. 1991 : *Fleurs, légumes et paysages*, encre/pap., album de dix feuilles (chaque 33,7x24,8) : **USD 495 000** – New York, 1er juin 1992 : *Falaise avec une cascade parmi des pins*, encre et pigments/pap., kakémono (224x74,9) : **USD 561 000** – New York, 2 déc. 1992 : *Orchidée et rocher*, encre/pap. (66,3x36,7) : **USD 60 500** – New York, 18 mars 1997 : *Bambou, orchidées et rochers* 1691, encre/pap., makémono (26,7x324,2) : **USD 211 500**.

DAOUR Jeanne

Née le 9 mai 1914 à Bucarest. XXe siècle. Roumaine.

Peintre.

Élève de l'Académie Scandinave, elle a exposé au Salon des Tuileries en 1930.

DAOUST Guillaume Louis

XVIIIe siècle. Actif à Paris. Français.

Sculpteur.

Il travailla en 1715 au clocher de l'Abbaye de Poissy.

DAOUST Raymond

Né le 10 septembre 1914 à Valenciennes. Mort le 13 septembre 1956 à Valenciennes. XXe siècle. Français.

Peintre de paysages, natures mortes.

Ce musicien s'initia à l'art pictural en captivité en 1940 avec René Broutin. Élève d'André Lhote, il travailla également chez F. Léger et Gimond. Il a participé au Salon d'Automne à Paris. Ses paysages d'Honfleur, de Venise et Paris sont vivement colorés et composés dans un esprit proche de celui de François Desnoyers qui lui prodigua son soutien.

DAOUT Robert Nicolas

Né à Paris. XXe siècle. Français.

Graveur.

Associé de la Société Nationale des Beaux-Arts depuis 1933.

DAOZHENG ou **Tao-Tcheng** ou **Tao-Chêng**

XVIIe-XXe siècles. Chinois.

Peintre.

De ce peintre de la dynastie Qing (1644-1911), on connaît une œuvre signée, mais il n'est pas enregistré dans les biographies officielles d'artistes.

DAPE Adrian

XVIIe siècle. Éc. flamande.

Peintre.

En 1600 il était élève chez Tobias Verhaeght et fut nommé maître à Anvers en 1611.

DAPE Hans

Mort avant 1610. XVIe-XVIIe siècles. Éc. flamande.

Peintre.
Il fut élève chez Philips Elisaert et nommé maître à Anvers en 1544.

DAPE Hans ou **Berbier**
XVIe siècle. Éc. flamande.
Peintre.
Il fut maître à Anvers en 1580, et peignit une statue de la Madone en 1615-1616 pour Notre-Dame de la Noël à Anvers. Il était le fils de Hans Dape.

DAPENG ou **Ta-P'eng**
XVIIIe siècle. Actif au début du XVIIIe siècle. Chinois.
Peintre.
Moine bouddhiste, spécialiste de peinture de bambous, au doigt. Il fait un voyage au Japon en 1722.

DAPHNIS Nassos
Né le 23 juillet 1914 en Grèce. XXe siècle. Américain.
Peintre et sculpteur. Néoconstructiviste.
Il a émigré aux États-Unis en 1930 et a participé à de nombreuses expositions collectives, notamment au Carnegie International de Pittsburgh en 1958 et 1961. Il est membre de la Société américaine des Artistes Indépendants. Il a personnellement exposé à New York 1959, 1960, 1961, 1963, Milan 1961, Paris 1962, Buffalo, Portland, Montclair, etc.
Dans les années soixante, il s'oriente vers une œuvre de sculpteur, créant des objets d'esprit néoconstructiviste, où il introduit des matériaux contemporains, comme le Plexiglas.
Ventes Publiques : New York, 23 fév. 1985 : *S-11-74* 1974, epoxy/isorel (60,5x60,5) : **USD 450** – New York, 21 fév. 1990 : *Sans titre #17* 1958, h/t (50,8x61) : **USD 2 420** – New York, 17 nov. 1992 : *#6-68*, rés./t (213,4x213,4) : **USD 3 520** – New York, 29 sep. 1993 : *Sans titre*, peint. plastique/pp/bois (44,5x24,4) : **USD 1 380**.

DAPLYN H. J.
XIXe siècle. Australien.
Peintre de genre.
Il arriva en 1881 en Australie, après avoir fait ses études d'art à Paris avec Gérome et Carolus Duran. Le Musée de Sydney conserve de lui : *Lever de lune*.

DAPOIGNY Albert Louis
Né le 2 avril 1885 à Montesson (Yvelines). XXe siècle. Français.
Peintre.
Élève de l'École des Arts Décoratifs de Paris, il travailla ensuite sous la direction de Bouguereau, G. Ferrier et P. A. Laurens à l'Académie Julian. Il a régulièrement participé au Salon des Artistes Français dont il est devenu membre, obtenant une mention honorable en 1931. Dès ses débuts, en 1900, son art témoigne de ses intentions décoratives.
Ventes Publiques : Paris, 14 mars 1944 : *Le coup de vent* : **FRF 350** ; *Tigre – Cobra*, encre de Chine, deux pendants : **FRF 1 950**.

DAPPER. Voir **TAMM Franz Werner von**

DAPPERE Jacob
XVIe siècle. Éc. flamande.
Peintre verrier.
Il était le fils de Pieter Dappere et fut nommé maître à Bruges en 1545.

DAPPERE Pieter
XVIe siècle. Actif à Bruges de 1513 à 1546. Éc. flamande.
Peintre verrier.
En 1517, il fit seize vitraux pour les fenêtres de l'Hôtel Saint-François de la Torre, huit avec des scènes de Pétrarque, huit avec le Saint-Sacrement, et pour le paiement entama un procès qu'il gagna ; en 1541, pour l'église Saint-Donatien, il peignit un ensevelissement du Christ dont le dessin existe encore, et, en 1544, *Charles Quint et Isabelle de Portugal*.

DAPPLES Marie
Née au XXe siècle à Chicago (Illinois). XXe siècle. Américaine.
Peintre.
Elle exposait un portrait et un paysage au Salon des Indépendants de 1939.

DAPRAI Jean
Né le 22 septembre 1929 à Rovereto (Italie). XXe siècle. Depuis 1949 actif et depuis 1970 naturalisé en France. Italien.
Peintre de compositions animées.
Il fit ses études à l'École des Beaux-Arts, à l'Académie Brera, à l'École d'Art Sacré et à l'Académie Cimabue de Milan. Entré à la Légion Étrangère en 1949, il s'établit à Marseille, à son retour en 1954, puis s'installe définitivement à Paris à partir de 1956. Il se fait naturaliser Français en 1970. Il participe régulièrement aux Salons d'Automne, Comparaisons, Peintres Témoins de leur Temps, de Mai, de la Société Nationale des Beaux-Arts et des Artistes Français. Il a fait des expositions de groupes en France et à Caracas, Hambourg, en Arabie Saoudite, au Koweit, en Suède, aux États-Unis. Ses expositions personnelles se sont déroulées à Deauville, Paris, Chantilly, Nancy, Monaco, Houille, Nördlingen, etc. Il a reçu plusieurs distinctions, dont la Médaille d'Or du Mérite Culturel et Artistique d'Europe en 1980, le Prix du Gemmail à Tours en 1998.
Il fait des peintures allégoriques où il veut allier une technique et des sujets issus de la Renaissance et une représentation actualisée des symboles, par exemple : le portrait d'Albrecht Dürer (du Louvre) et une femme d'aujourd'hui (nue) qui lui tend une rose. Il a aussi réalisé de nombreux portraits, dont celui de Salvador Dali, et de grandes peintures décoratives, notamment, en 1989, deux cartons de tapisseries retraçant les cérémonies du couronnement du sultan de Brunei. Trois éléments dominent la plupart de ses toiles : l'Œil, l'Œuf, la Femme.

DAPREMONT Jean
Né à Chesne (Ardennes). XXe siècle. Français.
Peintre.
Il a participé au Salon de la Société Nationale des Beaux-Arts de 1921 à 1927, puis au Salon des Artistes Indépendants à Paris.

D'APRET. Voir **TAMM Franz Werner von**

DAQUIN Pierre
Né en décembre 1936. XXe siècle. Français.
Peintre et lissier.
Le Musée d'Art Moderne de la Ville de Paris a montré, en fév. mars 1974, l'ensemble de ses recherches.
C'est à travers l'analyse de la technique du tissage qu'il a découvert, à partir de 1967, les possibilité d'intériorité de la tapisserie, le dédoublement des surfaces tissées, les vides, le pli et la flexibilité du tissu. A partir de là, il met en opposition l'endroit et l'envers d'un même tissage par le jeu de plis à angles droits. Par la suite, vers 1971, dans un même état d'esprit que pour la tapisserie, il élargit son investigation à d'autres médiums, le plus souvent industriels, toile caoutchoutée, vinyle opaque ou transparent, cuir ou plastique toilé, mettant en évidence l'opposition recto-verso de la matière : brillant-mat, brut-travaillé, rugueux-lisse.

DARAGNÈS Jean Gabriel
Né le 2 avril 1886 à Bordeaux (Gironde), et non à Guéthary (Basses-Pyrénées). Mort le 25 juillet 1950 à Neuilly (Hauts-de-Seine). XXe siècle. Français.
Peintre de paysages, figures, aquarelliste, graveur, illustrateur.
Son père était charpentier de haute-futaie. Tout d'abord peintre de paysages, notamment des sites pyrénéens et provençaux, mais aussi peintre de figures, il se tourna ensuite vers l'art du livre, devenant graveur, maître imprimeur et illustrateur. Il participa au Salon d'Automne, à celui de la Société Nationale des Beaux-Arts et au Salon des Tuileries. Il était officier de la Légion d'honneur et peintre de la Marine.
Travaillant aussi bien l'eau-forte, le burin que le bois, il doit sa notoriété à la qualité de ses illustrations d'ouvrages célèbres, tels : *Tristan et Iseult*, les *Histoires grotesques et sérieuses* d'E. Poë, *Le Crépuscule des Dieux* d'E. Bourges, le *Faust* de Goethe, *Les Amies* et *Femmes* de P. Verlaine, les *Pièces condamnées* de C. Baudelaire, *Pêcheurs d'Islande* de P. Loti, *Suzanne et le Pacifique* de J. Giraudoux, *Chansons de la chambrée* de R. Kipling, *Isabelle* d'A. Gide, *Le fils du loup* et *Martin Eden* de J. London, etc.

DARAGNES

Bibliogr. : P. Mac Orlan : préface du *Catalogue des œuvres de J. G. Daragnès*, Paris, Manuel Brueker, 1956.
Ventes Publiques : Paris, 2 mars 1925 : *Le quai des Amiraux à Toulon* : **FRF 2 900** – Paris, 6 juin 1929 : *Clocher de village*, aquar. : **FRF 2 000** – Paris, 11 déc. 1935 : *Sanary* : **FRF 400** – Paris, 15 déc. 1943 : *Le Revest* : **FRF 11 100** – Paris, 8 déc. 1944 : *Paysage à Epiais* : **FRF 7 500** – Versailles, 24 sep. 1972 : *Les toits*

du village : **FRF 1 320** – Los Angeles, 17 mars 1981 : *Mère et enfant dans un paysage exotique*, h/t (163x131) : **USD 1 300** – Paris, 23 juin 1997 : *Petit port de Méditerranée*, h/t (73x92) : **FRF 6 000**.

DARAGON Charles Joseph. Voir **LAURENT-DARAGON**

DARALDI Carlo Francesco d' ou **Araldi**

xviiie siècle. Travaillant vers 1724. Italien.

Peintre.

Il est mentionné à Bologne, par Zani.

DARAMAT Jean François

xxe siècle. Français.

Peintre. Cinétique.

Élève à l'École des Beaux-Arts d'Angers, il a figuré à l'exposition *Les Folles Nuits d'amour* à la Maison de la Culture d'Angers en 1985, à l'*Invitation au contemporain* à Bordeaux en 1986 et à *Rencontre du 3e type* à la Maison de la Culture de Lille en 1987. Il a réalisé un décor de 600 m² à l'Espace d'Art contemporain de la ville de Lyon.

Pour certaines de ses œuvres, il place une trame de bandes noires sur l'image et de bandes blanches de part et d'autre de l'image, donnant ainsi un effet cinétique.

Ventes Publiques : Paris, 14 mars 1988 : *Folie des rêves ou Rêves en folie*, techn. mixte/t. en mouvement (130x195) : **FRF 5 000**.

DARAN Gérard

Né en 1946 à Toulouse. xxe siècle. Français.

Peintre. Tendance fantastique.

Il fit ses études artistiques aux Écoles des Beaux-arts de Toulouse et de Paris. Il a exposé, entre autres, à Paris 1969, 1982, 1983, 1989, Düsseldorf 1972, 1974, Tokyo 1975, 1976, Bruxelles 1974, 1975, 1977, 1979, 1984, 1985, Liège 1981, 1986.

DARAN Jean Émile

Né en 1813. Mort en mai 1883. xixe siècle. Français.

Peintre décorateur.

Il travailla pour le grand Opéra à Paris. La Bibliothèque de l'Opéra possède des esquisses de sa main.

DARAS François Charles

xviie siècle. Français.

Peintre.

Il fut reçu à l'Académie Saint-Luc en 1689.

DARAS Henry

Né en 1850 à Rochefort (Charente-Maritime). Mort en 1928 à Angoulême (Charente). xixe-xxe siècles. Français.

Peintre de compositions religieuses, portraits, paysages, aquarelliste, pastelliste, sculpteur, dessinateur.

Il fut élève de Cabanel, puis d'Élie Delaunay. Puvis de Chavannes fut son véritable maître et devint son ami. Deux portraits de Daras par Puvis sont conservés l'un au musée du Petit Palais à Paris, l'autre au musée de Poitiers. Il exposait à Paris, au Salon de la Société Nationale des Beaux-Arts, dont il était sociétaire depuis 1920. Une grande exposition rétrospective lui a été consacrée, en 1986-1987, aux musées d'Angoulême, de Poitiers et de Rochefort. La plupart de ses œuvres sont restées dans sa famille.

Il a peint de grands tableaux religieux, notamment à l'église Saint-François-de-Salles à Paris, et bibliques, des compositions symbolistes très marquées par le style de son maître. Il s'en dégagea après la mort de ce dernier et trouva alors une facture très personnelle dans des portraits, des paysages charentais, poitevins ou basques, à l'huile, à l'aquarelle et au pastel. Il a laissé de nombreux dessins et réalisé des sculptures en grès émaillé chez le céramiste Renoleau. Certaines de ses dernières œuvres sont proches de l'abstraction.

Bibliogr. : Monique Bussac, Bruno Gaudichon, divers : Catalogue de l'exposition *Henry Daras*, musées d'Angoulême, de Poitiers, de Rochefort, 1986-87 – Gérald Schurr, in : *Les Petits Maîtres de la peinture 1820-1920, valeur de demain*, Les Éditions de l'Amateur, t. VII, Paris, 1989.

Musées : Angoulême (Mus. mun.) : Une salle entière – *Femme pleurant la fin du jour* vers 1918 – Poitiers : *Samson* 1882.

DARASCU Nicolas ou **Darasco Nicolae**

Né le 18 janvier 1883 à Giurgiu. Mort le 4 août 1957 ou 1959 à Bucarest. xxe siècle. Roumain.

Peintre de paysages.

Après avoir été élève à l'École des Beaux-Arts de Bucarest entre 1903 et 1906, il vint en France, de 1906 à 1910, étudier à l'École des Beaux-Arts de Paris et à l'Académie Julian. Ensuite, et jusqu'en 1922, il voyagea dans le Midi de la France et en Italie. De retour en Roumanie, il devint professeur à l'Institut des Arts Plastiques de Bucarest. Il participa aux expositions officielles de l'État, dès 1910 et jusqu'à sa mort. Il a pris part à la Biennale de Venise en 1940, a fait des expositions personnelles régulières, montrant ses toiles exécutées en France, en particulier à Saint-Tropez. En 1945 il reçut le Prix National.

Influencé par Cézanne, il pratique un paysagisme à la fois coloré et structuré dans une manière qui devint vite une des traditions de la peinture de chevalet.

DARASSE Georges Paul Joseph

Né au xixe siècle à Paris. xixe siècle. Français.

Peintre de genre, paysages.

Élève de J. Courny. Il débuta au Salon de 1879 avec : *Mon meilleur ami*. Sociétaire des Artistes Français depuis 1888. Il obtint une mention honorable au Salon de 1892. A participé à la 42e exposition de Versailles.

Musées : Bayeux : *Villefranche-sur-Mer*.

Ventes Publiques : Paris, 22 fév. 1995 : *Le repos à mi-côte* 1894, h/t (50x72,5) : **FRF 10 000**.

DARASSE Raymond

Né à Paris. xxe siècle. Français.

Peintre de scènes de genre et de portraits.

À partir de 1924, il a participé au Salon d'Automne à Paris.

DARAZSI Marin

xixe siècle. Hongrois.

Peintre. Naïf.

Il était actif à Mohacs. Maçon, il passait pour un original. Pour son propre mariage, avec Tomka Rica en 1882, il peignit un « coffre de mariée », où il se représenta d'un côté, la mariée de l'autre, tous les deux entourés du décor floral traditionnel.

Musées : Budapest (Mus. d'Ethnogr.) : *Coffre de mariée peint*.

DARBEDA Madeleine Marie Marcelle

Née à Alger. xxe siècle. Française.

Peintre. Orientaliste.

Élève de Cauvy et Antoni, elle travaillait à Alger et exposa au Salon des Artistes Français à Paris. Son art appartient à la tradion de l'orientalisme.

DARBEFEUILLE Paul

Né en 1855 à Toulouse (Haute-Garonne). Mort vers 1930. xixe-xxe siècles. Français.

Peintre, sculpteur.

Il fut l'élève de Jouffroy, Falguière et Mercié. On cite de ce sculpteur : *l'Enfant à la coquille* (1880), mention honorable ; *L'Enfant qui rit* (1881) ; *L'Avenir* (1882), mention honorable ; *Mlle Cornélius Herz* (1884) ; *Femme à sa toilette* (1885), mention honorable ; *Apothéose de Victor Hugo* (1886), mention honorable ; *La Libellule* (1896), ainsi qu'un grand nombre de bustes. En peinture, il convient de citer quatre panneaux décoratifs pour l'église Sainte-Marthe à Paris, et *Génie sur un nuage* (1883). Il obtint une médaille de troisième classe en 1898, une médaille de bronze en 1900 (Exposition Universelle), une médaille de deuxième classe en 1902 et la médaille d'honneur en 1928.

DARBEFEUILLE Victor Sacha

Né à Toulouse (Haute-Garonne). xxe siècle. Français.

Peintre de scènes de genre, portraits, paysages, natures mortes.

Il a régulièrement pris part au Salon de la Société Nationale des Beaux-Arts dont il était associé en 1923 et sociétaire depuis 1937. Parmi ses scènes de genre, citons les *Scènes du Music-hall*.

Ventes Publiques : New York, 24 fév. 1987 : *Danseuse de revue descendant l'escalier*, h/t (91,5x72) : **USD 11 000**.

DARBÈS Joseph Friedrich August

Né en 1747 à Hambourg. Mort en 1810 à Berlin. xviiie-xixe siècles. Allemand.

Peintre de portraits.

Il fit ses études à Copenhague, où il fut l'élève de Preisler et de Pilo. Il vécut longtemps à Saint-Pétersbourg. On lui doit les portraits de nombre de notabilités allemandes et russes.

Ventes Publiques : Paris, 1899 : *Portrait de l'empereur de Russie, de Paul Ier, enfant* : **FRF 6 200** ; *Portrait de l'impératrice Marie de Russie* : **FRF 9 300** ; *Portrait de Catherine II, impératrice de Russie* : **FRF 3 750** – Paris, 9 fév. 1905 : *Portrait de l'impératrice Marie de Russie* : **FRF 10 280** – New York, 29 et 30 mars 1905 : *Portrait de l'impératrice, Marie de Russie* : **USD 10 200** –

Londres, 17 avr. 1936 : *Un gentilhomme* 1784 : **GBP 24** – Londres, 15 mai 1936 : *Un officier* 1789 : **GBP 16** – Copenhague, 7 juin 1977 : *Portrait de femme* 1780, h/t, à vue ovale (57x44) : **DKK 9 000** – Copenhague, 29 avr. 1980 : *Portrait de M. J. von Bock* 1780 (57x44) : **DKK 19 000** – Copenhague, 7 nov. 1984 : *Portrait de Marie von Augustenborg*, past. (33x25) : **DKK 10 000**.

DARBLAY Jacqueline
Née à Saint-Germain-les-Corbeil (Essonne). Française.
Peintre.
Elle exposa au Salon des Artistes Français de Paris. Elle pratiqua la peinture à la détrempe.

DARBOIS, Mme
XIXe siècle. Française.
Peintre de portraits, miniatures.
De 1834 à 1842, elle exposa au Salon de Paris des portraits, notamment celui du *Comte de Las-Cases*, et des miniatures. Elle avait épousé l'artiste Pierre Paul Darbois.

DARBOIS Pierre Paul
Né le 11 janvier 1785 à Dijon (Côte-d'Or). Mort le 30 septembre 1861 à Dijon. XIXe siècle. Français.
Peintre de miniatures, sculpteur.
François Devosges, Augustin et Bornier furent ses maîtres. Déjà professeur à l'École de dessin, il devint conservateur du Musée de la ville de Dijon à partir de 1829. Les principales œuvres de Darbois sont : *Turnus portant l'incendie chez les Troyens* ; *Un jongleur* ; *Buste de Chartraire de Montigny* ; *Buste de F. Lecoulteux* ; *Buste de PP. Prudhon* ; *Buste d'Anatole Devosge fils*. Cet artiste a en outre exécuté une statue de *Saint Bernard* pour l'église de l'asile des aliénés de Dijon et une *Minerve*, statue colossale en pierre (à la façade de l'Hôtel de Ville).
Ventes Publiques : Paris, 16 et 17 nov. 1923 : *Portrait de femme vêtue de blanc*, miniat. : **FRF 345**.

DARBOIS-GAUDIN Germaine Irène
Née à Paris. XXe siècle. Française.
Peintre de paysages et graveur.
Elle a régulièrement pris part au Salon des Artistes Français dont elle est sociétaire depuis 1939 et au Salon de la Société Nationale des Beaux-Arts depuis 1944.

DARBON André Évariste Joseph
Né le 20 avril 1921 à Bletterans (Jura). XXe siècle. Français.
Peintre d'histoire.
Élève à l'École des Beaux-Arts de Paris, il peint surtout des sujets religieux.
Musées : Dijon (Mus. des Beaux-Arts) : *Guadix* 1960.

DARBOUR Ernestine
XXe siècle. Travaillait à Nice (Alpes-Maritimes). Française.
Peintre de genre.
Elle exposa au Salon des Artistes Français de Paris en 1920.

DARBOUR Gaston Charles Guillaume
Né en 1869 à Sedan (Ardennes). XXe siècle. Français.
Peintre de paysages, dessinateur.
Il a régulièrement participé au Salon de la Société Nationale des Beaux-Arts. Ses paysages de Provence, des Alpes et d'Italie sont exécutés au crayon, à la gouache, à la sanguine ou à l'aquarelle.

Gaston Darbour

DARBOUR Marguerite Mary
Née à Florence (Italie). XXe siècle. Française.
Peintre de figures, nus, portraits, paysages.
Elle a participé au Salon des Artistes Indépendants dont elle est sociétaire en 1903, au Salon des Tuileries depuis 1920 et au Salon de la Société Nationale des Beaux-Arts dont elle est associée en 1922.
Ventes Publiques : Paris, 24 mai 1945 : *Femme au miroir* : **FRF 650** – Londres, 26 nov. 1986 : *Nu couché* 1926, h/t (95x160) : **GBP 2 800** – Paris, 23 avr. 1993 : *Femme symboliste*, h/t (145x86) : **FRF 8 500**.

DARBOVEN Hanne ou **Hannah**
Née en 1941 à Munich. XXe siècle. Active aussi aux États-Unis. Allemande.
Artiste. Conceptuel.
Après des études à l'École des Beaux-Arts de Hambourg, elle part en 1966 pour New York, où elle séjourne quelques années. Dans les années soixante-dix, elle a participé aux grandes expositions concernées par l'art conceptuel, notamment au Museum of Modern Art de New York en 1970, 1974, 1976, à la Biennale de Paris en 1971 et à la Documenta de Kassel en 1972, 1977, 1982, à l'exposition *Art Allemagne Aujourd'hui* au Musée d'Art Moderne de la Ville de Paris en 1981, à l'exposition *Von hier aus* (À partir d'ici) à Düsseldorf en 1984, à la Biennale d'Art contemporain de Lyon en 1997. Elle a, d'autre part, exposé individuellement pour la première fois à Düsseldorf en 1968, puis à New York, Paris et en Allemagne. Elle travaille tantôt à Hambourg, tantôt à New York.
Une des interrogations de l'art conceptuel concerne les rapports qu'entretiennent art et langage, c'est en ce sens que s'oriente l'activité du groupe *Art Language* ou celle de Joseph Kossuth. Pour Hanna Darboven, le langage est chiffrable, un langage arithmétique, et elle propose des variations sérielles sur les chiffres, sur les rapports qui les lient, sur la connaissance que l'on peut en avoir, et sur leur rapport au temps. Elle a appliqué ses grilles chiffrées : en 1971 à l'*Odyssée* d'Homère, en 1975 *Les mots* de Jean-Paul Sartre, et dans les années quatre-vingt au langage musical.
Musées : Paris (Mus. Nat. d'Art Mod.) : *Pour Jean-Paul Sartre* 1975.
Ventes Publiques : Pékin, 6 mai 1989 : *Eine Tagesrechnung* 1989, encre/pap. (21x29,5) : **FRF 8 450** – Milan, 8 nov. 1989 : *Composition Franco* 1973, encre/pap. (29,5x42) : **ITL 3 600 000** – New York, 9 nov. 1989 : *Sans titre*, encre /pap. millimètré (63,5x50,8) : **USD 7 150** – Paris, 20 jan. 1991 : *Triptyque* 1972, encre de Chine sur pap. (chaque élément 29,5x42) : **FRF 38 000** – New York, 1er mai 1991 : *Sans titre (porte-folio I) volume IV* 1970, cr., encre et caractères de machine/onze feuilles de pap. (en tout 30,5x231,3) : **USD 8 800** – New York, 14 nov. 1991 : *Sans titre* 1968, encre/pap. graphique (74,5x75,7) : **USD 7 700** – New York, 6 oct. 1992 : *7/5 index X,XX,XXX, Tafel (1-7), I(1-7), V(1-7)*, cr. sur 15 feuilles de pap. montées sur cart. (106x125,7) : **USD 8 250** – New York, 18 nov. 1992 : *Variante 59*, encre de Chine/pap. graphique sur un cadre de bois et groupés en trois colonnes (une col. 190,5x23, les deux autres 158,7x23) : **USD 12 650** – Francfort-sur-le-Main, 14 juin 1994 : *Sans titre cahier, à dessins* 1994 (21x14,5) : **DEM 5 600** – Paris, 17 oct. 1994 : *Sans titre* 1969, encre de Chine/pap. (29x21) : **FRF 7 000** – Londres, 26 oct. 1995 : *Variante* 1976, encre sur collage de pap. imprimé, 16 panneaux (en tout 117,2x81,2) : **GBP 4 600**.

DARBRE Rémi
Né le 8 janvier 1938 à Reims (Marne). XXe siècle. Français.
Peintre. Abstrait-lyrique.
Venu au Maroc en 1942, il fut marqué par les paysages de son enfance, à l'embouchure d'un oued ensablé séparant Rabat et Salé. En pension à Grenoble à partir de 1950, les va-et-vient entre France et Maroc, en avions de l'époque au-dessus de l'Espagne, lui firent voir la terre toute proche comme la rencontre de la géométrie et du hasard. Il entra en contact livresque avec l'art contemporain au début des années soixante. Ayant commencé seul à peindre au Maroc, revenu en France, à Paris en 1964, ce fut sa rencontre avec la peinture réelle et les amitiés déterminantes. Il fut invité au Salon de Mai de 1966 et bénéficia d'un séjour à la *Cité Internationale des Arts*. Les événements insurrectionnels de Mai 1968 furent vécus par lui comme une remise en question douloureuse. Il cessa de peindre de 1969 à 1974. Ayant quitté Paris en 1980, il vit depuis à Boulogne-sur-Mer. Il expose à Paris, au Salon des Réalités Nouvelles à partir de 1988, 1989, 1990, 1991. En 1994, il montra un ensemble de peintures dans une exposition personnelle à Paris.
Sa peinture ressortit à l'abstraction-lyrique, avec une prédominance gestuelle et matiériste.

DARBY Mathew
XVIIe siècle. Britannique.
Graveur, caricaturiste.
Il exposait son art à Londres et à Bath dans la seconde partie du XVIIe siècle. Il monta une boutique sur la plage et y vendit du matériel pour les artistes, tout en se donnant lui-même comme professeur de gravure. Anthony Pasquin fut un de ses élèves. Il publia des dessins comiques et environ 300 caricatures.

DARBY Pierre
Né à Paris. XXe siècle. Français.
Peintre de paysages et de natures mortes.
Il participe au Salon des Artistes Français, puis, après 1934, à celui de la Société Nationale des Beaux-Arts.

DARCEY W.
XVIIIe siècle. Actif à Portsmouth à la fin du XVIIIe siècle. Britannique.
Peintre de portraits.
On lui doit également des miniatures et des aquarelles.

DARCHE Charles
Né le 3 janvier 1810 à Paris. Mort le 22 mars 1838 à Paris. XIXe siècle. Français.
Peintre d'architectures.
Élève de Colin à l'École des Beaux-Arts où il entra le 31 mars 1829. Il figura au Salon de 1831 à 1838.

DARCHE Joseph
Né le 12 décembre 1846 à Lyon. Mort en 1906. XIXe siècle. Français.
Peintre de figures, portraits, paysages, natures mortes, aquarelliste, fusiniste, graveur.
D'abord employé de commerce, il travailla pendant deux ou trois ans avec J. Chatigny et débuta au Salon de Lyon, en 1877, avec un *Portrait*. Il a exposé à Lyon, jusqu'en 1904, des portraits, des figures, des natures mortes et des paysages (peintures, aquarelles, fusains) ; en 1881, *Portrait* (médaillon plâtre) et, en 1888, *Le canal de Crémieu*, eau-forte. Il avait obtenu, en 1898, une troisième médaille, avec *L'aurore*, panneau décoratif et *Au bord de la rivière d'Ain*.
Ventes Publiques : Paris, 12 déc. 1991 : *Promenade en barque*, h/t (74x91) : **FRF 22 500** – Paris, 26 mai 1997 : *Promenade en barque*, h/t (74x91) : **FRF 5 000**.

DARCHE Michel
XVIe siècle. Français.
Sculpteur sur bois.
Il fut chargé, en 1565, par le chapitre, de faire différents travaux dans la cathédrale de Noyon.

DARCHE Thérèse
Née à Bussières-les-Belmont (Haute-Marne). XXe siècle. Française.
Peintre, dessinatrice, pastelliste.
Elle a participé au Salon des Artistes Français en 1922-1923, au Salon des Artistes Indépendants de 1925 à 1927. Elle a surtout produit des pastels et des dessins rehaussés de sépia.

DARCHOW C.
XVIIIe siècle. Actif à Berlin à la fin du XVIIIe siècle. Allemand.
Graveur.
Il subsiste quelques planches de cet artiste dont la vie nous est totalement inconnue.

DARCIS J. Louis
Mort en 1801 à Paris. XVIIIe siècle. Français.
Graveur.
On cite de lui : *Junius Brutus*, d'après Lethière ; *L'Anglomane*, d'après C. Vernet, *Les Incroyables* ; d'après C. Vernet ; *Les Merveilleuses*, d'après C. Vernet ; *La Sentinelle en défaut*, d'après Lawrence.

DARCQ Albert ou parfois **Darcy**
Né en 1848 à Lille (Nord). Mort en 1895. XIXe siècle. Français.
Sculpteur.
Il fut élève de Cavelier. Il exposa au Salon de Paris, puis Salon des Artistes Français de 1874 à 1892, débutant en 1874 avec un *Portrait* en médaillon de marbre ; troisième médaille en 1881.
Musées : Lille (Mus.) : *Bacchante*, buste.

DARCY
XIXe siècle. Français.
Peintre de paysages animés, paysages, aquarelliste.
Musées : Brest (Mus. mun.) : *Foire en Bretagne* – Rouen (Mus.) : *Une ferme*.
Ventes Publiques : Paris, 1868 : *Intérieur breton*, aquar. : **FRF 95** ; *Laveuse*, aquar. : **FRF 80**.

DARCY Albert. Voir **DARCQ**

DARCY Georges Édouard
Né en 1883. XXe siècle. Français.
Peintre.
On voyait de ses aquarelles à l'Exposition spéciale des Artistes Mobilisés (1919).

DARCY J.
XIXe siècle. Actif à Londres au début du XIXe siècle. Britannique.
Peintre.
Cet artiste, qui était officier d'artillerie, exposa à la Royal Academy des paysages à l'aquarelle.

DARCY Laura
XIXe siècle. Active à Londres à la fin du XIXe siècle. Britannique.
Peintre.
Elle exposa, surtout des paysages entre 1881 et 1891.

DARCY-DUMOULIN Alexis Auguste
Né en 1815 à Noyon (Oise). Mort en 1864 à Paris. XIXe siècle. Français.
Peintre de genre, portraits, paysages.
Musées : Angers : *Vue de la Tour Saint-Jacques* – Orléans : *Portrait*, copie d'après Rembrandt.
Ventes Publiques : Berne, 26 oct. 1984 : *Famille de paysans dans une cour de ferme* 1855, h/t (24x36) : **CHF 3 100**.

DARD Pétrequin Gustave
Né le 19 mars 1838 à Vienne (Isère). XIXe siècle. Vivant à Lausanne. Suisse.
Peintre.
Étudia avec C. Bonnefond et Gustave Courbet. Il exposa à Lausanne en 1876. Il signait *P. Dard*.

DARDAILLON Gaston
Né vers 1885 à Montreuil-sous-Bois. XXe siècle. Français.
Peintre de paysages et de fleurs.
Il a participé au Salon d'Automne en 1930 et fait des expositions personnelles à Paris.
Ventes Publiques : Paris, 27 mars 1947 : *Les falaises* : **FRF 850** ; *Les saules* : **FRF 3 000**.

DARDALLA Manuel
XIXe siècle. Espagnol.
Peintre de décorations.
Fils d'acteur, il travailla surtout pour des théâtres de Madrid.

DARDANI Antonio
Né en 1677 à Bologne. Mort le 29 septembre 1735. XVIIIe siècle. Italien.
Peintre d'histoire et graveur.
Élève de A. Toni et de J. Viani. Il fut le père de Luigi Dardani. On lui doit des peintures religieuses.

DARDANI Giuseppe
Né en 1689. Mort en 1753. XVIIIe siècle. Actif à Bologne. Italien.
Peintre.
Il était le frère d'Antonio. Il peignit des paysages, des figures et des ornements.

DARDANI Luigi
Né le 20 septembre 1723 à Bologne. Mort le 26 janvier 1787 à Bologne. XVIIIe siècle. Italien.
Sculpteur.
Il était fils d'Antonio et fut son élève, puis, plus tard, celui de Pedretti. Tout jeune il se consacra quelque temps à la peinture. Il travailla, entre autres, pour l'église San Martino à Bologne.

DARDANI Paolo
Né en 1725. Mort le 9 juin 1789. XVIIIe siècle. Actif à Bologne. Italien.
Peintre de paysages et de décorations.
Il était fils d'Antonio et fut le collaborateur de Giovanni Carlo Gelli Bibiena. Il travailla quelque temps à Lisbonne.

DARDANI Pietro
Né en 1728. XVIIIe siècle. Actif à Bologne. Italien.
Peintre.
Il était fils d'Antonio et fut l'élève de Pedretti.

DARDANI Pompeo
XVIIe siècle. Italien.
Sculpteur.
Il travailla à la façade de l'église San Pietro de Cassinensi à Pérouse en 1682.

DARDANONE Gaetano
XVIIIe siècle. Actif à Milan vers 1720. Italien.
Peintre de compositions religieuses.
On lui doit des peintures religieuses.

DARDARE Germaine
Née le 22 octobre 1903 à Bois-le-Roi (Seine-et-Marne). XXe siècle. Française.

Graveur.
Élève de La Guillermie et P. A. Laurens, elle a pris part au Salon des Artistes Français, obtenant une mention honorable en 1925.

DARDARON José
Né au XVIIIe siècle à Majorque. XVIIIe siècle. Espagnol.
Peintre.

DARDÉ Paul
Né le 4 juillet 1888 à Olmet (Hérault). Mort le 29 décembre 1963 à Lodève (Hérault). XXe siècle. Français.
Sculpteur de statues, bustes.
Tout jeune, petit berger, il s'essayait à tailler des figures dans la pierre ; soldat à Montpellier, il suit des cours du soir de dessin. Admis à l'École Nationale des Beaux-Arts de Paris en 1912, il n'y reste guère, préférant à l'enseignement d'Injalbert parcourir l'Italie. Revenu à Paris, il travaille comme praticien dans l'atelier de Rodin durant quelques semaines, puis tout seul. Mobilisé pendant la guere de 1914-1918, il ne débute au Salon des Artistes Français qu'en 1920.
Il pratiquait la taille directe de la pierre. En 1913, il avait commencé à travailler à une *Femme aux serpents*. Il peut passer de l'art expressif des bustes qui lui sont demandés, à la truculence de certaines sculptures, comme le *Vieux faune*, plus de trois mètres de haut, réalisé dans l'atelier de Rodin, exposé au Salon de 1920, actuellement au château de la présidence de la République à Vizille. Pour ces deux sculptures, *Femme aux serpents* et *Vieux faune*, il obtint le Grand Prix National des Arts. En Languedoc, il réalisa huit Monuments aux Morts, tous dédiés à la paix universelle. Non compris à Lodève, il s'isola pendant vint-et-un ans à Saint-Maurice de Navacelles. De l'ensemble de son œuvre sont cités : *Laocoon* vers 1926, *Thaïs aux enfers* 1931, la commande de l'État d'un *Homme de Néanderthal*, *Christ aux outrages* 1931-1932. Il a aussi exécuté des dessins des grands musiciens, conquérants, héros shakespeariens, etc.
Ventes Publiques : Monte-Carlo, 25 nov. 1979 : *Tête de jeune fille ou la Rieuse* 1920, bronze (H. 26,5) : **FRF 4 000**.

DARDEL, Mme
XVIIIe siècle. Active à Paris. Française.
Graveur.
Elle était la femme de Robert Guillaume Dardel et copia des œuvres de son mari.

DARDEL Fritz Ludvig von
Né en 1817 à Neuchâtel. Mort en 1901 à Stockholm. XIXe siècle. Suédois.
Aquarelliste, dessinateur.
Il était officier et fut surtout un amateur. Le Musée de Gothenburg possède des aquarelles de cet artiste.
Ventes Publiques : Londres, 21 mars 1997 : *Le Croissant d'Or et la mosquée Suleimaniye vus du pont Galata, Constantinople*, h/t (36,5x54) : **GBP 20 700**.

DARDEL Léon Henri Félix
Né en 1814 à Paris. XIXe siècle. Français.
Peintre.
Exposa au Salon, de 1831 à 1839, des vues et des intérieurs.
Ventes Publiques : Paris, 11 juin 1945 : *L'embarcadère du quai de la Tournelle* : **FRF 100 100**.

DARDEL Nils von
Né en 1888 à Bettna (Södermansland). Mort en 1942 ou 1943 à New York. XXe siècle. Depuis 1910 actif aussi en France. Suédois.
Peintre de compositions animées, paysages, illustrateur. Expressionniste.
Petit-fils du peintre d'histoire amateur Fritz von Dardel, il fut élève à l'École des Beaux-Arts de Stockholm et eut la possibilité d'entreprendre de nombreux voyages en Europe, à Paris de 1910 à 1912, au Japon en 1917. Il se fixa de longues années à Paris, retournant souvent en Suède. Il contribua au succès des Ballets suédois en France et peignit pour eux des maquettes et des décors, dont ceux de *La Nuit de la Saint-Jean* en 1920. En 1939, il voyagea aux États-Unis, au Mexique et en Amérique du Sud, il s'installa enfin à New York où il séjourna jusqu'à sa mort. Il figurait à l'Exposition d'Art Suédois, au Musée du Jeu de Paume à Paris en 1929. Une rétrospective lui était consacrée en 1988 au Musée des Arts Décoratifs à Paris.
Il peignait, dans un premier temps, des portraits plutôt réalistes de paysans et de vieillards, dans des tonalités grises, puis s'orienta, aux alentours de 1910, vers un expressionnisme venu de Munch. Après avoir été influencé par Cézanne, il s'est tout naturellement tourné vers le cubisme, tandis qu'il montra des affinités avec les miniatures persanes et les estampes japonaises. Il fut membre du groupe postimpressionniste *De Atta*, mais il fut surtout redevable de l'École de Paris, en relation avec la société parisienne et les écrivains de sa génération. Ses travaux ésotériques, remplis d'un humour très pointu, sont le plus souvent traités dans un style expressionniste.

Dardel

Bibliogr. : In : *Dictionnaire Universel de la Peinture*, Le Robert, t. II, Paris, 1975.
Ventes Publiques : Paris, 30 mai 1921 : *Dans les rues de Senlis* : **FRF 500** ; *Dans le fauteuil* : **FRF 550** – Paris, 29 oct. 1926 : *Le jeu de quilles* : **FRF 6 500** – Stockholm, 22 avr. 1981 : *Enfants jouant à saute-mouton* 1930, h/t (81x65) : **SEK 34 000** – Stockholm, 23 avr. 1983 : *Amazone à l'éventail* 1918, aquar. (49x35) : **SEK 92 000** – Stockholm, 16 mai 1984 : *La mort du dandy* 1918, h/t (140x180) : **SEK 3 250 000** – Londres, 25 mars 1987 : *L'œuf de Colomb* 1924, gche (69x98,5) : **GBP 50 000** – Stockholm, 6 juin 1988 : *Portrait de femme*, h. (91x72) : **SEK 48 000** – Londres, 27-28 mars 1990 : *Le garçon discret* 1919, h/t (99x132) : **GBP 220 000** – Stockholm, 5-6 déc. 1990 : *Atejeut vu d'en haut*, aquar. (48x36) : **SEK 37 000** – Stockholm, 30 mai 1991 : *La mort de Dandyn*, h/t (140x180) : **SEK 6 600 000** – Stockholm, 21 mai 1992 : *Mineur*, h/t (83x57) : **SEK 46 000** – Stockholm, 10-12 mai 1993 : *L'enfant mal aimé*, h/t (89x130) : **SEK 170 000**.

DARDEL Renée Hélène Tolla
Née le 6 juillet 1891 à Meung-sur-Loire (Loiret). XXe siècle. Française.
Peintre de miniatures.
Élève de Gabrielle Debillement-Chardon, elle exposa au Salon des Artistes Français à partir de 1922 et fut membre de l'Union des Femmes Peintres et Sculpteurs.

DARDEL Robert Guillaume
Né en 1749 à Paris. Mort le 29 juillet 1821 à Paris. XVIIIe-XIXe siècles. Français.
Sculpteur.
L'éducation artistique de Dardel se fit sous la direction de Pajou. Ne faisant pas partie de l'Académie royale, il envoya ses ouvrages au Salon de la Correspondance jusqu'au moment où, en 1791, le décret de l'Assemblée Nationale lui permit de figurer au Louvre où il exposa jusqu'en 1817. De ses œuvres, citons : une composition en bronze, exécutée pour le prince de Condé et représentant *Le Grand Condé à Rocroy, Descartes, Buffon*, des statues en terre cuite de *Bossuet, Pascal, Turenne, Newton, La reprise de Calais*. On voyait de cet artiste, dans la salle des maréchaux aux Tuileries, le buste en marbre de *Jacques Elliot* et, à l'arc de triomphe du Carrousel, une des statues de grenadiers.

DARDENNE Léon Louis
Né le 29 octobre 1865 à Bruxelles. Mort le 12 janvier 1912 à Bruxelles. XIXe-XXe siècles. Belge.
Peintre de genre, paysages, aquarelliste, dessinateur.
Élève, dès l'âge de quatorze ans, à l'Académie des Beaux-Arts de Bruxelles, il travailla ensuite sous la direction de Michel Van Alphan, avant de suivre les cours de Frans Van Leemputten à l'École des Beaux-Arts d'Anvers. Il exposa avec des mouvements artistiques comme *L'Essor, Pour l'art* ou *Jeune Belgique*. Après avoir participé, de 1898 à 1901, à une expédition scientifique dirigée par le lieutenant Lemaire au Congo belge, il exposa, au Centre artistique de Bruxelles, ses toiles, aquarelles, dessins représentant les paysages, la faune et la flore des différentes régions de cette colonie. Bien qu'il vive ensuite retiré au bord de la Mer du Nord, il participa à l'Exposition Universelle de Bruxelles en 1910.
Bibliogr. : Gérald Schurr, in : *Les Petits Maîtres de la peinture 1820-1920, valeur de demain*, Les Éditions de l'Amateur, t. VI, Paris, 1985.
Musées : Tervueren (Mus. roy. de l'Afrique centrale) : *Maison arabe au village Toupissia, au Congo, 6 juin 1899*, aquar.
Ventes Publiques : Paris, 10 déc. 1966 : *Promenade à Tervueren* : **FRF 10 500**.

DARDENNE Milo
Né le 13 janvier 1938 à Sommières (près de Dinant). XXe siècle. Belge.
Peintre de paysages animés. Expressionniste.
Autodidacte, il hésita, un moment, entre la chanson et la pein-

ture, s'orientant vers l'art pictural tout en étant éducateur. A partir de 1978, il a fait des expositions personnelles à Dinant, Namur, Charleroi, Bruxelles, Louvain, Spa, etc.
Ses paysages sont peuplés de paysans ardennais dont la vie rude est rendue à travers des compositions d'une simplicité primitive et forte. Les formes sont largement découpées, comme à la hache, et les couleurs proches de celles de la terre, sont cernées ou nettement définies. Il donne aux paysans de sa terre natale, « de gros pieds lourds, d'énormes mains calleuses et déformées, un dos arrondi par l'effort, une démarche pesante », selon la description de Stéphane Rey. Son art le rapproche de la vision de Permeke, mais aussi de Fritz Van Berghe.
Bibliogr. : Guy Gilquin et avant-propos de Stéphane Rey : *Milo Dardenne*, Éditions Chris, Forrières, 1990.

DARDI Alfonso
xvie siècle. Actif à Ferrare à la fin du xvie siècle. Italien.
Peintre.

DARDIER Émile
Né le 22 juillet 1803 à Saint-Gall. Mort le 19 août 1890 à Saint-Gall. xixe siècle. Suisse.
Lithographe et dessinateur.
Il apprit les éléments du dessin chez Daniel Ehrenzeller et Moretto, dans sa ville natale, puis étudia la lithographie chez Brodtmann, à Zurich. Il travailla aussi sous la direction de H.-K. Füssli. Dardier exécuta de nombreux portraits (notamment *M. Botzaris ; colonel Forrer ; Poniatowski*).

DARDOIZE Louis Émile
Né en 1826 à Paris. Mort en 1901. xixe siècle. Français.
Peintre de genre, animaux, paysages, dessinateur, illustrateur.
N'a pas eu de professeur et sa constante étude de la nature se retrouve dans ses ouvrages.
Médailles bronze et argent aux Expositions Universelles de 1878 et 1889.
Ses principales toiles sont : *Solitude* (1869) ; *Soleil couchant* (1874) ; *La Nuit verte* (1880, mention honorable) ; *La Source* (1882, troisième médaille) ; *Le Bois des Rossignols* (1890) ; *Au Halgoët* (1893) ; *Le Bois Pierre* (1894) ; *Les Tourterelles* (1895). Le nombre de ses ouvrages est considérable. Il publia un cours de perspectives (Monrocq, éditeur) et collabora au *Tour du Monde* et à *l'Illustration*. Il créa une maison d'édition et de gravures, alors qu'il avait trente ans, ce qui lui permit de se consacrer à la peinture.
Ventes Publiques : Paris, 1883 : *Paysage* : **FRF 525** – Paris, 1890 : *Un sous bois* : **FRF 740** – Paris, 1895 : *Sur la falaise à Carolles (Manche)* : **FRF 100** – Paris, Oct. 1945-Juil 1946 : *Vaches au pâturage* : **FRF 2 200** – Calais, 10 mars 1991 : *Paysage*, h/t (24x33) : **FRF 21 500** – Paris, 23 juin 1993 : *Paysage de Normandie au bord de la mer*, h/t (38x61) : **FRF 3 800**.

DARDOLINI Consiglio di Giunta
Né à Monteleone. xive siècle. Italien.
Peintre verrier.
Il travailla pour la cathédrale d'Orvieto.

DARDY Albert Louis
Né à New York. xxe siècle. Français.
Peintre de paysages et de scènes de genre.
Élève de M. C. Bousquet, il participa au Salon des Artistes Français dont il fut membre. Il a rapporté des études sur la guerre de 1914-1918 et figurait en 1919 à l'Exposition spéciale des Artistes mobilisés.

DARE Estievenart
xve siècle. Actif à Tournai en 1406. Éc. flamande.
Peintre.

DARÈGE
xviiie siècle. Allemand.
Peintre.
On lui doit une peinture au château de Ludwigslust.

DAREGE Pierre Jean
xviiie siècle. Actif à Bernay (Eure) à la fin du xviiie siècle. Français.
Sculpteur sur bois.

DAREL Georges
Né le 18 mars 1892 à Genève. Mort le 15 novembre 1943 à Genève. xxe siècle. Actif aussi en France. Suisse.
Peintre de paysages, natures mortes, intérieurs.
Il a beaucoup travaillé à Paris où il s'établit entre 1921 et les débuts de la Seconde Guerre mondiale. Il a régulièrement participé au Salon d'Automne, dont il est devenu sociétaire, au Salon des Tuileries et à celui des Artistes Indépendants à Paris.
Musées : Belgrade – Berne – Genève – Le Havre – Lyon – Paris.
Ventes Publiques : Paris, 7 fév. 1927 : *Nature morte* : **FRF 135** – Genève, 1937 : *La rade de Genève* : **CHF 1 000** – Paris, 31 mai 1943 : *Quai des Grands Augustins* : **FRF 350** – Berne, 6 mai 1976 : *Paris, place Dauphine* 1934, h/t (38x46) : **CHF 1 200** – Paris, 13 fév. 1984 : *Le port de Paimpol*, aquar. (35x24) : **FRF 4 000** – Zurich, 9 nov. 1984 : *Les trois jockeys* 1922, h/t (81x116) : **CHF 5 000** – Zurich, 28 nov. 1985 : *Péniche devant la place Dauphine, Paris* 1927, h/t (73,5x100,5) : **CHF 5 000** – Berne, 2 mai 1986 : *Portrait de James Vibert* 1915, h/t (55x65) : **CHF 1 500** – Paris, 17 oct. 1990 : *Quais à Paris* 1926, h/t (38x46) : **FRF 4 500** – Paris, 6 oct. 1993 : *Nu* 1923, h/pan. (41x33) : **FRF 4 000** – Zurich, 24 nov. 1993 : *La Tour Eiffel*, h/t (117x99) : **CHF 3 450**.

DAREL Marcel V. E.
xixe siècle. Actif à Paris. Français.
Sculpteur.
Sociétaire des Artistes Français depuis 1905.

DARELL Karl Frederik
xixe siècle. Actif à Stockholm vers 1800. Suédois.
Portraitiste.
Musées : Stockholm : *Portrait de M. J. Crusenstolpe*, dess., aquar. – *Portrait de Sofia Crusenstolpe, femme du précédent*.

DARET Daniel ou **Danelet**
xve siècle. Éc. flamande.
Peintre.
Il serait fils de Jean Daret II, frère d'un Jacques Daret, peut-être d'un Martin Daret II. Maître le 10 février 1440 à Tournai ; peintre et « valet du duc Philippe le Bon » avec Jan Van Eyck, de 1449 à 1458.

DARET Jacques I, ou **James**
Né à la fin du xive siècle. xive-xve siècles. Éc. flamande.
Peintre d'histoire, compositions religieuses, portraits, cartons de tapisseries.
Il serait fils de Jean Daret I, ébéniste d'art, probablement I, ou peut-être II. Le 12 avril 1427, avec Roger Van der Weyden, il entre comme élève à l'atelier de Robert Campin. En 1432, il est maître et prévôt de la gilde. En 1436 on reconnaît parmi ses élèves, Eleuthère de Pret, Hans de Strasbourg et Johan de Boerl avec lesquels il travailla, en 1454, à la décoration de la salle de banquets du « Vœu du Faisan » à Lille.
Il travailla à Bruxelles, à Arras, où il vécut de 1441 à 1453. Dans cette ville il fit en 1441, des cartons d'histoire et de religion pour les fameuses tapisseries d'Arras. En 1467 il travaillait pour la maison de Bourgogne et en 1468, pour les fêtes du mariage de Charles le Téméraire avec Marguerite d'York, en même temps qu'un Martin Daret, probablement aussi de Tournai. Il fit pour le fondeur Michel de Gand, les dessins d'une lampe et d'une croix monumentale pour l'abbaye de Saint Vaast. Il y a peu de temps que les œuvres de cet artiste et de son frère Danelet sont connues, elles étaient attribuées de longue date, à leurs contemporains, les Van Eyck et Roger Van der Weyden. S'il est probable que le Maître de Flémalle (Tournai) et le Maître de Mérode (Bruxelles) sont un seul et même artiste, l'hypothèse selon laquelle ils se confondent également avec Jacques Daret a été abandonnée.
J. Weales estime cependant que les œuvres de Daret se différencient avec d'autres qui paraissent similaires, et qui se caractérisent notamment dans les draperies ; des diversités nombreuses se révèlent parmi des œuvres qui semblent avoir « un air de famille » et qui par leur conformité et leur affinité entre elles apparaissent comme étant de la même main. Ainsi, il est vraisemblable que le diptyque de Madrid soit d'une toute autre main que celle qui peignit la *Marie en prière* d'Aix, ou la *Madone* de la collection Somzée. L'ascendance et l'influence donnée par les maîtres de ce groupe d'artistes, à d'autres artistes, est manifeste. Martin Schongauer et E. S. les connurent très bien. Le coup de pinceau de la *Sibylle de l'empereur Auguste* de l'artiste E. S. se retrouve sur les tableaux de Roger Van der Weyden, ainsi que dans ceux du maître de Flémalle. La *Trinité* de l'autel de Francfort, du maître E. S. trahit la technique et se distingue des *Madones* de Martin Schongauer avec les *Vierges* de Daret.
Au Pavillon Belge de l'Exposition de Paris en 1900, les visiteurs pouvaient admirer une *Vierge* de Jacques Daret, dans laquelle ils auraient pu identifier toutes les caractéristiques du style très

personnel de cet artiste. Comme dans le triptyque du Musée de Liverpool, ainsi que dans son *Crucifiement* du Musée de Francfort, on reconnaît dans cette *Vierge* la manière vigoureuse de ses peintures. Le visage, dont l'ovale est long, maigre, pâle où l'on cherche vainement ce qui pourrait passer pour un reflet de séduction, a une expression triste, revêche, dure et sèche. Le nez est pincé, long et les yeux rapprochés, ce qui donne l'impression quelque peu « oiseau de proie », note disgracieuse pour un sujet religieux. Le dessin est âpre, anguleux et les chairs sont incolores et traitées durement en insistant sur les saillies. Témoignages, chez cet artiste, d'une conscience professionnelle scrupuleuse et d'une poursuite persistante de l'expérience déjà acquise. Une particularité des œuvres de Daret a trait, à certaines inscriptions en caractères orientaux ou hébraïques, que nous retrouvons parfois sur des tentures ou sur des vêtements. Les principaux Musées d'Europe conservent des tableaux de Jacques Daret. Quelques collectionneurs ont également des œuvres de ce maître.

Musées : Aix : *Marie trônant dans la gloire avec l'Enfant, au fond, une ville rappelant Paris* – Arras (Abbaye de Saint-Vaast) : Retable – Berlin : *Christ en Croix – Portrait d'homme – La vengeance de Tomyris,* peut-être vieille copie – *La Visitation* – Bruxelles : *Un homme à la Truye et sa femme* – Dijon : *Adoration des bergers* – Francfort-sur-le-Main : Quatre tableaux, volets d'un grand retable représentant Marie allaitant l'Enfant – *Sainte Véronique – Le larron repentant – La Sainte Trinité,* grisaille – Liverpool : *Descente de Croix, les deux larrons, saint Jean Baptiste, saint Julian,* triptyque vieille copie d'un des 4 tableaux de Francfort – Londres (Nat. Gal.) : *Portrait d'homme – Portrait de femme – Sainte Madeleine – La Mort de Marie* – Louvain (Hôtel de Ville) : *Sainte Trinité* – Madrid : *Le donateur H. Van Werl et sainte Barbe,* deux volets de triptyque – *Le mariage de la Vierge,* diptyque – *Annonciation* – Saint-Pétersbourg : *La Trinité – Marie et l'Enfant dans une chambre* – Turin : *Marie et l'Enfant* – Vienne (Acad.) : *Sainte Catherine.*

DARET Jacques II
xvie siècle. Éc. flamande.
Sculpteur.
Il serait frère de Pierre Daret. Il était actif à Bruxelles.

DARET Jean I
xive-xve siècles. Éc. flamande.
Sculpteur.
Actif à Tournai, il serait père de Jacques, de Daniel et de Jean II Daret.

DARET Jean II
Né vers 1411 à Tournai. xve siècle. Éc. flamande.
Sculpteur.
Fils de Jean Daret I, il serait frère de Jacques I et de Daniel Daret. Il travailla à Valenciennes et à Lille.

DARET Jean III
xvie siècle. Éc. flamande.
Sculpteur.
Il serait père de Jean-Baptiste Daret. Il était actif à Tournai vers 1525.

DARET Jean IV
Né en 1613 ou 1615 probablement à Bruxelles. Mort en 1668 à Aix-en-Provence (Bouches-du-Rhône). xviie siècle. Flamand.
Peintre de sujets religieux, portraits, compositions murales, graveur.
Il fut élève d'Anton Van Opstal à Bruxelles en 1625. Il alla ensuite en Italie jusqu'en 1638. Après son séjour en Italie, plus particulièrement à Bologne, il vint en France, et s'établit définitivement à Aix-en-Provence vers 1635. Il séjourna à Paris, vers 1660-1663. Ses enfants, Michel, Jean-Baptiste et Marguerite, eurent aussi une carrière artistique.
En Italie, il avait subi l'influence du Caravage, comme en témoigne *Le Guitariste,* qu'il convient de rapprocher de l'*Autoportrait.* Toutefois, il perdit de sa vigueur dans les peintures qu'il exécuta pour différents hôtels et églises d'Aix-en-Provence (hôtel du baron de Chasteau-Renard, cathédrale Saint-Sauveur, église de la Madeleine, église du Saint-Esprit), et l'on peut alors y voir plutôt l'influence plus académique des Bolonais.

Bibliogr. : In : catalogue de l'exposition *Le xviie siècle français,* Petit Palais, Paris, 1958 – in : *Diction. de la peint. française,* collection Essentiels, Larousse, Paris, 1989.
Musées : Aix-en-Provence (Mus. Granet) : *Le Guitariste* 1636 – Marseille : *Portrait d'un magistrat* 1638 – Saint-Pétersbourg (Mus. de l'Ermitage) : *Autoportrait* 1636.

DARET Jean Baptiste
Né au xviie siècle. xviie siècle. Éc. flamande.
Peintre.
Il était fils de Jean Daret.

DARET Jérôme
xvie siècle. Actif à Tournai. Éc. flamande.
Sculpteur.
Il exécuta pour la « chapelle de la Halle de Messeigneurs les Consaux » les sculptures représentant la mise en croix.

DARET Martin I
xve siècle. Éc. flamande.
Peintre.
Actif à Bruges. Il travailla aux décorations du mariage de Charles le Téméraire en 1468, en même temps qu'un autre peintre Jacques Daret (I ?), qui était peut-être son frère.

DARET Martin II
xve siècle. Éc. flamande.
Sculpteur.
Il était fils de Jean Daret (II ?). Actif à Tournai, il sculpta surtout des autels en bois et en pierre. En 1497, il reçut la commande d'un autel pour l'église de Flines-les-Mortagne ; en 1506, il fit le monument funéraire de Jehan du Cambry, d'après les plans de Rogers de Hostel.

DARET Michiel
Né au xviie siècle. xviie siècle. Éc. flamande.
Peintre.
Il était sans doute fils de Jean Daret IV.

DARET Oste
xvie siècle. Actif à Tournai entre 1518 et 1542. Éc. flamande.
Sculpteur.
On connaît de lui un tabernacle pour l'église de Wattripont fait en 1518, en 1523 il fit des sculptures pour le maître-autel dans l'église de Kain (Hennegau), représentant des scènes de la légende de Saint Omer.

DARET Pierre
xvie siècle. Éc. flamande.
Sculpteur.
Il était sans doute frère de Jacques Daret II. Il était actif à Bruxelles vers 1518.

DARET Pierre
Né vers 1632. Mort le 28 novembre 1677. xviie siècle. Français.
Peintre enlumineur.
Il était actif en France.

DARET Suzanne A. A.
Née le 14 septembre 1882 à Champigny-sur-Marne (Val-de-Marne). xxe siècle. Française.
Lithographe.
Elle fut sociétaire du Salon des Artistes Français, où elle exposait.

DARET DE CAZENEUVE Pierre
Né en 1604 à Paris. Mort le 29 mars 1678 au château de la Luque (près de Dax). xviie siècle. Français.
Graveur, peintre.
Le 15 septembre 1663, il fut reçu académicien. Il a reproduit notamment les maîtres flamands : Rubens et Van Dyck. Il a également gravé d'après Vouet une *Mise au Tombeau* et une *Sainte*

Famille. Suivant Mariette, l'artiste commença et finit sa carrière par la peinture (il était aussi écrivain). Son œuvre gravé dépasse 400 planches.

DARETS D' ARDEUIL Henri
Né le 30 octobre 1834 à Dijon (Côte-d'Or). XIXe siècle. Français.
Peintre de genre, portraits, paysages, natures mortes.
Élève de Charles Gleyre, il participa au Salon de Paris de 1864 à 1885.
Il découpe les formes avec netteté, laissant peu de place au pittoresque et donnant un caractère sculptural à ses sujets. Citons : *Une halte de chasse.*
Bibliogr. : Gérald Schurr, in : *Les Petits Maîtres de la peint. 1820-1920, valeur de demain,* Les Éditions de l'Amateur, t. IV, Paris, 1979.

DAREY Louis
XIXe siècle. Actif à Royan. Français.
Peintre.
Sociétaire des Artistes Français depuis 1885. Le Musée de Saintes conserve de lui : *Troupeau de brebis.*

DAREYNES Pierre
XIVe siècle. Actif à Paris de 1368 à 1383. Français.
Enlumineur.
Enlumineur juré de l'Université de Paris.

DARGAUD Victor Paul Joseph
Né vers 1850 à Paris. XIXe siècle. Français.
Peintre de paysages, natures mortes.
Il participa au Salon de Paris entre 1873 et 1885. Il peignit des natures mortes, mais aussi des vues de Paris, de Marseille et autres villes, dans des compositions bien structurées.
Bibliogr. : Gérald Schurr, in : *Les Petits Maîtres de la peint. 1820-1920, valeur de demain,* Les Éditions de l'Amateur, t. IV, Paris, 1979.
Ventes Publiques : Paris, 23 nov. 1936 : *La tour carrée* : **FRF 165** – Paris, 4 déc. 1978 : *Le village devant la mer* : **FRF 1 000.**

DARGE Fred
Né le 1er mars 1900 à Hambourg. XXe siècle. Naturalisé aux États-Unis. Allemand.
Peintre.
Élève de l'Art Institute de Chicago, il fut membre de la Dallas Artists League et obtint plusieurs récompenses à Chicago.

DARGELAS André Henri
Né le 11 octobre 1828 à Bordeaux (Gironde). Mort en juin 1906 à Écouen (Val-d'Oise). XIXe siècle. Français.
Peintre de genre.
Élève de Picot à l'École des Beaux-Arts où il entra le 6 avril 1854. Au Salon de Paris il commença à exposer à partir de 1857. Citons parmi ses tableaux de genre : *Le Jeu de billes, La Glissade, Le Regain, Le Saut de mouton, Le Défi.*
Il privilégie la représentation de l'enfance.
Ventes Publiques : Paris, 1876 : *Gamins jouant aux billes* : **FRF 560** – New York, 7 mars 1902 : *Les Dernières Nouvelles* : **USD 125** – New York, 10 fév. 1903 : *La leçon de couture* : **USD 110** – Londres, 9 déc. 1907 : *Jouant aux billes* : **GBP 12** – Londres, 15 fév. 1908 : *A Crossingsweeper,* pan. : **GBP 7** – Londres, 27 fév. 1909 : *Les Enfants du moissonneur* : **GBP 5** – Londres, 11 juin 1909 : *Leapfrog, paysage d'hiver* : **GBP 46** – Amsterdam, 10 fév. 1910 : *École du village* : **NLG 210** – Londres, 17 mars 1930 : *Scène de genre* : **GBP 13** ; *La Visite du docteur* : **GBP 32** – Londres, 19 déc. 1930 : *Les Lunettes de grand-mère* : **GBP 14** – Londres, 1er mai 1931 : *Scène de genre* : **GBP 18** – Philadelphie, 30-31 mars 1932 : *Mère jouant* : **USD 60** – Londres, 3 mai 1935 : *L'Accident* : **GBP 14** – Glasgow, 4 juin 1936 : *Scène de genre* : **GBP 16** – Londres, 26 avr. 1937 : *La Servante diligente* : **GBP 14** – Londres, 7 avr. 1961 : *Maternité,* pan. : **GBP 273** – Londres, 7 fév. 1964 : *L'Aveugle* : **GNS 260** – New York, 7 jan. 1970 : *Le Baptême* : **USD 350** – New York, 15 oct. 1976 : *Par grand vent,* h/t (64x81) : **USD 4 750** – Zurich, 25 mai 1979 : *Les Mauvais Élèves,* h/pan. (36,5x45) : **CHF 18 000** – New York, 28 oct. 1982 : *Enfants jouant aux osselets,* h/pan. (37x46) : **USD 15 000** – New York, 29 fév. 1984 : *Fillette jouant à la poupée,* h/t (55x46,5) : **USD 5 500** – New York, 13 fév. 1985 : *Les Petits Docteurs,* h/t (64,7x81,2) : **USD 15 000** – Londres, 8 oct. 1986 : *Un futur fermier,* h/pan. (32,5x25) : **GBP 2 800** – Toronto, 30 nov. 1988 : *La Première Cigarette,* h/cart. (59,5x79,5) : **CAD 23 000** – New York, 17 jan. 1990 : *Le Professeur endormi,* h/pan. (36,2x45,2) : **USD 11 000** – Paris, 12 juin 1990 : *Le Retour de l'École,* h/t (38x45) : **FRF 36 000** – New York, 28 fév. 1991 : *L'Embuscade,* h/pan. (33x24,8) : **USD 6 600** – New York, 20 fév. 1992 : *La Chasse au rat* 1864, h/t (90,2x69,9) : **USD 7 700** – Stockholm, 19 mai 1992 : *Jeune écolière dans une rue de village enneigé,* h/pan. (38x27) : **SEK 34 000** – New York, 20 jan. 1993 : *Petite fille dans la rue enneigée d'un village,* h/pan. (33x23,5) : **USD 4 313** – Londres, 16 mars 1994 : *Mère et enfants dans un intérieur,* h/pan. (46x38) : **GBP 16 100** – Londres, 10 fév. 1995 : *Quand l'instituteur dort...,* h/pan. (37,5x45,7) : **GBP 9 200** – Londres, 31 oct. 1996 : *Enfants regardant par la fenêtre,* h/pan. (23x17,5) : **GBP 7 015** – Londres, 21 mars 1997 : *La Chandeleur,* h/pan. (45,6x37,8) : **GBP 20 700** – New York, 23 mai 1997 : *Au revoir, Maman,* h/pan. (45,7x36,8) : **USD 28 750** – Londres, 11 juin 1997 : *Une classe rebelle,* h/pan. (37,5x45,5) : **GBP 15 525.**

DARGELES Claude
Né au XXe siècle à Paris. XXe siècle. Français.
Peintre.
Membre du Salon d'Automne ; il y exposait *Zone* en 1928.

DARGEN Ernst
Né le 13 septembre 1867 à Hambourg. XIXe siècle. Allemand.
Peintre.
Il fut l'élève de Félix Fehr à Munich, et de l'École Impériale de Peinture de l'Académie des Beaux-Arts, à Berlin. Il y travailla avec Schäffer, Vorgang et Eugène Bracht.

DARGENDET Léonard
XVIIIe siècle. Actif à Paris en 1760. Français.
Peintre.

DARGENT, dit **d'Argent le Jeune**
Né en 1794 à Liège. Mort en 1812. XIXe siècle. Éc. flamande.
Peintre de portraits et miniaturiste.
Fils de Michel d'Argent, ses œuvres rappellent celles d'Ed. de Latour. Voir à Michel d'Argent.

DARGENT Alphonse
Né au XIXe siècle à Verdun (Meuse). XIXe siècle. Français.
Peintre de portraits.
Élève de Cabanel. Il débuta au Salon de 1874. Il obtint une médaille de deuxième classe en 1882, et une mention honorable à l'Exposition Universelle de 1889.

DARGENT Ernest
Né au XIXe siècle à Paris. XIXe siècle. Français.
Graveur.
Fils du peintre Yan Dargent et élève de Trouvé et Thomas. Il débuta au Salon de 1881 avec huit gravures sur bois d'après les dessins de son père. Il a gravé aussi d'après Adrien Marie.

DARGENT Jacques
XVIIIe siècle. Actif à Roanne. Français.
Sculpteur.
On lui attribue sans raison cinq statues de saints qui se trouvent au Musée de Roanne.

DARGENT Jean Édouard, dit **Yan Dargent**
Né en 1824 à Saint-Servais (Finistère). Mort le 20 novembre 1889. XIXe siècle. Français.
Peintre d'histoire, scènes de genre, paysages, décorations murales, cartons de vitraux, illustrateur.
Autodidacte, il participa au Salon de Paris à partir de 1851. Il partagea son temps entre la Bretagne et Paris. Chevalier de la Légion d'honneur.
Il réalisa des œuvres décoratives pour la cathédrale de Quimper ; l'église de Landerneau ; pour le monastère de la Visitation à Nantes : *Jésus chez Marthe et Marie* ; à l'église Saint-Gervais à Paris, des cartons de vitraux, notamment le *Christ et douze apôtres* ; à l'église Saint-Joseph de Morlaix : *Sainte Famille – Apôtres – Fuite en Égypte – Présentation au temple.* En tant qu'illustrateur, il collabora à *La France illustrée,* au *Musée des Familles* et illustra Dante, *La vie des saints, Christophe Colomb, Notre-Dame de Lourdes.* Ses paysages flous aux personnages solides font penser à l'œuvre de Corot.
Bibliogr. : Gérald Schurr, in : *Les Petits Maîtres de la peint. 1820-1920, valeur de demain,* Les Éditions de l'Amateur, t. III, Paris, 1976.
Musées : Béziers : *La Roche Maurice, le soir* – Brest : *Mort de saint Joseph – Mort du dernier barde breton – Pêche dans l'Élorn* – Morlaix – Quimper : *Travail et intempérance* – Rennes : *Bonheur aux champs* – Saint-Brieuc : *Brizeux et Marie* – Troyes : *Le dolmen de Saint-Servais.*

Ventes Publiques : Paris, 1899 : *Berger et troupeau* : **FRF 50** – Brest, 17 déc. 1972 : *Bouquet de fleurs* : **FRF 4 200** – Brest, 17 déc. 1978 : *Les Derniers rayons*, h/pan. (28x37) : **FRF 6 100** – Brest, 25 mai 1986 : *Procession en Bretagne, le soir*, h/t (36x44) : **FRF 8 000** – New York, 29 oct. 1992 : *Le jeune gardien de troupeau*, h/pan. (61x36,8) : **USD 6 380**.

DARGENT Michel. Voir **ARGENT Michel d'**

DARGENTAL Aimée
Née vers 1890 à Saint-Étienne (Loire). xxe siècle. Française.
Miniaturiste.
Élève de Mme Debillemont-Chardon. Débuta en 1910 au Salon des Artistes Français.

DARGER Henry J.
Né en 1892 à Chicago (Illinois). Mort en 1973 à Des Plaines (Illinois). xxe siècle. Américain.
Peintre, aquarelliste, peintre de collages, illustrateur. Art brut.
Ses œuvres ont été montrées en 1979 à la Hayward Gallery de Londres, ainsi qu'à New York et à Lausanne. En 1997, une importante rétrospective a été organisée aux États-Unis et en Suisse.
Américain de Chicago, inconnu en tant qu'auteur, Henry J. Darger, qui travaillait comme homme à tout faire dans un hôpital, a réalisé, durant toute sa vie, de 1916 à sa mort en 1973, un étrange manuscrit illustré, en treize tomes, constitué de sortes de fresques de plus de trois mètres de long. Il travaillait à l'aquarelle et par décalque, sur des feuilles de papier grossières collées les unes aux autres. Son œuvre, où évoluent des figures androgynes dans une nature luxuriante, est un univers à part entière. Il brodait pour lui seul des histoires fantastiques autour des grands cataclysmes qui frappaient le monde et l'humanité. Il a ainsi écrit un roman illustré de 19 000 pages : *L'Histoire des Vivian Girls, où l'on pourra suivre dans les royaumes de l'irréel, les épouvantables péripéties de la guerre glandéco-angélinienne due à la rébellion des enfants esclaves*, dont s'est ensuite inspirée Paula Rego. ■ J. B.
Bibliogr. : Bernard Hoepffner : *Henry Darger*, in *Artpress*, n° 186, Paris, déc. 1993 – Françoise Monnin : *Tableaux choisis. L'art brut*, Editions Scala, Paris, 1997.
Musées : Lausanne (Mus. de l'Art brut).

DARGIE William Alexander, Sir
Né en 1912 en Australie. xxe siècle. Australien.
Peintre de figures, nus, paysages.
Il a peint des figures, notamment des nus.
Ventes Publiques : Sydney, 6 oct. 1976 : *Port Phillip Bay*, h/t mar./cart. (23x25) : **AUD 300** – Londres, 10 juin 1986 : *Mount Sondar, from the Finke river*, h/t (50,8x66,1) : **GBP 1 400** – Londres, 1er déc. 1988 : *Le palais des Doges sur le Grand Canal*, h/t (40,6x50,7) : **GBP 1 430**.

DARGONNE Simon Pierre. Voir **ARGONNE Simon Pierre d'**

DARGOUGE Georges Edmond
Né le 27 mars 1897 à Paris. xxe siècle. Français.
Peintre de paysages, de marines et de genre.
Élève de Cormon, Humbert et Fouqueray, il a exposé au Salon des Artistes Français, obtenant une troisième médaille en 1924 et une deuxième médaille en 1930. Il a souvent peint des scènes de la vie des marins pêcheurs.
Ventes Publiques : Paris, 22 nov. 1982 : *Sœurs bretonnes sous la pluie*, h/t (81x130) : **FRF 5 500**.

DARGUS Jean Baptiste
xviiie siècle. Actif à Nantes. Français.
Peintre.

DARIA. Voir aussi **ARIA**

DARIA Giovanni Antonio
Mort le 8 mars 1702 à Saint-Florian. xviie siècle. Italien.
Sculpteur et architecte.
On ne sait rien sur sa jeunesse et sa formation. La première de ses œuvres qui nous soit connue est la fontaine de la Résidence à Salzbourg.

DARIE Sandu
Né en 1908 en Roumanie. xxe siècle. Depuis 1941 actif et naturalisé à Cuba. Roumain.
Peintre et sculpteur. Néoconstructiviste puis cinétique.
Il fut élevé en France, s'installa à la Havane à partir de 1941 et se fit naturaliser cubain. Il participa à de nombreuses expositions collectives à New York, aux États-Unis, au Japon, etc. A partir de 1949, il fit des expositions personnelles, notamment à La Havane.
Peintre abstrait depuis 1946, il fit partie du mouvement néo-constructiviste sud-américain avec des compositions où le triangle dominait, en combinaison avec des verticles et des horizontales. Il a aussi utilisé des panneaux mobiles interchangeables. Depuis 1953, il a construit des « structures transformables » qu'il conçoit comme « un spectacle en mouvement et lumière », spectacle qu'il transporte et présente grâce à son « Cosmorama », baraque mobile. Il projette des images sur un écran transparent, ce qui accentue l'effet irrél des projections. Tout comme Nicolas Schöffer, il utilise aussi des programmateurs.
Bibliogr. : Franck Popper : *Naissance de l'Art Cinétique*, Gauthier-Villars, Paris, 1967.
Ventes Publiques : Paris, 1er juil. 1996 : *Objet Madi* 1961, h./sept lattes de bois articulées (37x22) : **FRF 5 500**.

DARIEL Nicolas
Né le 26 avril 1940 à Melun. xxe siècle. Français.
Sculpteur. Abstrait.
Ayant travaillé durant deux ans dans l'atelier de Stahly et, pendant six mois, dans celui de Gioli, il montre respectivement l'influence de ces deux maîtres sur ses sculptures exécutées en bois ou en marbre.

DARIEL-DUCROT Paule Hélène Marie, Mme
Née à Lyon (Rhône). xxe siècle. Française.
Peintre de miniatures.
Exposant du Salon des Artistes Français. Deuxième médaille en 1934.

DARIEN Henri Gaston
Né le 8 janvier 1864 à Paris. Mort le 7 janvier 1926 à Paris. xixe-xxe siècles. Français.
Peintre de genre, paysages, natures mortes, pastelliste.
Élève de J. Lefebvre et Guillemet. Sociétaire des Artistes Français depuis 1886. Il obtint une mention honorable en 1889, médaille de troisième classe 1897, prix de Raigecourt-Goyon 1897, médaille de deuxième classe 1899, médaille de bronze. Exposition Universelle de 1900. Chevalier de la Légion d'honneur en 1910.

Musées : Auxerre : *En Forêt.*
Ventes Publiques : Paris, 17 mai 1895 : *Port de mer, soleil couchant* : **FRF 320** – Paris, 19-29 nov. 1902 : *La Glaneuse* : **FRF 575** ; *Le vieux garçon* : **FRF 700** – Paris, 3 juin 1927 : *Conte charmant* : **FRF 6 100** ; *Circulez* : **FRF 5 500** ; *Paris la nuit en 1915* : **FRF 3 500** ; *Les moutons* : **FRF 3 600** ; *Le port à Venise* : **FRF 3 800** ; *Le dîner est servi* : **FRF 1 150** ; *Un personnage* : **FRF 5 000** ; *Clair de lune* : **FRF 4 400** – Paris, 18 fév. 1942 : *La Lecture au bord de la mer* : **FRF 1 150** ; *Les Indiscrètes*, past. : **FRF 1 000** – Paris, 5 nov. 1969 : *La passerelle du Pont des Arts* : **FRF 6 500** – Paris, 23 fév. 1970 : *Jeune femme devant la fenêtre* : **FRF 1 200** – Londres, 6 oct. 1982 : *Les quais de la Seine au crépuscule* 1901, h/pan. (52x92) : **GBP 3 000** – Saint-Brieuc, 9 déc. 1984 : *Le vieux pêcheur à la longue-vue*, h/t (60x73) : **FRF 8 500** – Rome, 21 mars 1985 : *Jeune femme à sa fenêtre*, h/t (82x60) : **ITL 5 000 000** – Paris, 29 juin 1988 : *Le cantonnier*, h/t (57x46) : **FRF 15 000** – Paris, 16 jan. 1989 : *Paysanne récurant ses casseroles, dans l'âtre*, h/t (46x56) : **FRF 5 500** – Le Touquet, 11 nov. 1990 : *Fécamp, le marché aux poissons* 1909, h/t (140x250) : **FRF 158 000** – Paris, 25 nov. 1992 : *Le port de Fécamp* 1909, h/t (140x250) : **FRF 80 000** – New York, 13 oct. 1993 : *Boulevard Saint-Michel à Paris* 1895, h/t (59,7x99,7) : **USD 54 050** – Paris, 10 mai 1994 : *Nature morte aux huîtres et au homard*, h/t (82x102) : **FRF 45 000** – New York, 16 fév. 1995 : *Nature morte au homard*, h/t (119,4x139,7) : **USD 11 500** – Paris, 21 nov. 1995 : *Fleuriste sur les quais à Paris*, h/t (49,5x96,5) : **FRF 82 000** – New York, 23 oct. 1997 : *L'Heure du thé*, h/t (66x81,3) : **USD 16 100** – New York, 22 oct. 1997 : *Les amoureux se promenant dans le jardin*, h/t (61x50,2) : **USD 12 650**.

DARIER Albert
Né le 25 février 1843 à Genève. Mort en 1915. xixe-xxe siècles. Suisse.
Peintre de figures, portraits, graveur, dessinateur.

Élève de l'École des Beaux-Arts à Paris et de Gleyre. Il reçut aussi des conseils de Corot, avec lequel sa famille était liée d'amitié. Figura aux Expositions de Genève.
On cite parmi ses œuvres des portraits dessinés à la sanguine, des eaux-fortes, des pointes sèches et nombre de portraits, parmi lesquels ceux de la *Baronne de Saint-Didier*, du roi de Serbie, *Pierre Ier*, du *Prince d'Anhalt-Dessau*, du *Professeur Ernest Naville*.
Musées : Genève (Mus. Rath) : *Les Choristes*.
Ventes Publiques : Berne, 26 oct. 1984 : *Femmes et enfant dans une clairière*, h/cart. (40x30) : **CHF 1 100** – Londres, 13 mars 1996 : *Portrait de jeune femme*, h/cart. (26x19,5) : **GBP 805**.

DARIER Hugues Elie
Né le 13 septembre 1765 à Genève. Mort le 5 octobre 1839. XVIIIe-XIXe siècles. Suisse.
Peintre sur émail.
Il était l'élève de François Blay et de Daniel et Philippe Roux. Il travailla pour son frère qui avait une fabrique de montres.

DARIER Nancy, née **Scherer**
Née le 5 octobre 1816 à Genève. Morte le 21 janvier 1888 à Genève. XIXe siècle. Suisse.
Peintre de portraits, peintre sur émail.
Élève de Hornung. Des portraits de Mme Darier furent médaillés à une Exposition, à Saint-Gall, en 1848. Le Musée Rath conserve un de ses ouvrages. Elle exécuta des portraits, des émaux, d'après Raphaël Gabriel Scheffer et Léopold Robert et des copies d'après son maître.

DARIER-GUIGNON Jenny, Mme
Née en 1845 à Genève. XIXe siècle. Suisse.
Peintre de fleurs.
Élève de son père, Charles Guignon, et de l'École des Beaux-Arts à Genève. Elle exposa à la Société suisse des Beaux-Arts en 1883.

DARIER-WOLFSBERGER Emma
Née le 19 février 1850 à Munich. XIXe siècle. Allemande.
Peintre.
Elle était fille d'un architecte de Genève et mariée à l'architecte genevois Charles-François Darier. Elle fut l'élève de Raphaël Gabriel Scheffer et de son père. Elle peignit surtout des tableaux décoratifs. A Paris, en Hollande et en Italie on connaît des œuvres d'elle dans des collections particulières.

DARIF Giovanni
Né le 7 septembre 1801 à Venise. Mort en août 1871 à Milan. XIXe siècle. Italien.
Peintre.
Il était l'élève d'Appiani, il fut ensuite sous l'influence de Franc. Hayez. Il exposa à Milan en 1827. Sa meilleure peinture semble être, *Retour des Milanais de la bataille de Legnano*. Il fit un portrait de lui-même qui figure au Musée Municipal de Milan, et une *Sainte Famille*, conservée au Musée Brera de la même ville.

DARIMONT Marc H.
Né le 23 janvier 1903 à Liège (Wallonie). XXe siècle. Belge.
Peintre de figures, nus, portraits, paysages, dessinateur, illustrateur. Expressionniste.
Il a participé au Salon des Artistes Indépendants à Paris et a exposé à Liège, Bucarest et Milan.
Ses peintures raffinées se complaisent parfois dans l'évocation du geste inconsciemment pervers. Il a évolué ensuite vers un art plus naturel, plus simple et plus synthétique.
Bibliogr. : In : *Diction. biogr. illustré des Artistes en Belgique depuis 1830*, Arto, Bruxelles, 1987.

DARIO PAOLUCCI Giorgio
Né en 1926 à Venise. XXe siècle. Italien.
Peintre. Surréaliste, expressionniste puis figuration narrative.
Il a figuré à la Biennale de Venise à partir de 1954, date à laquelle il obtint le Prix Omero Soppelsa et le Prix International à la Biennale de Gorizia. Il a participé à la Quadriennale de Rome en 1955 et 1959. Sa première exposition personnelle eut lieu en 1947.
Si ses débuts ont été marqués par le surréalisme puis par l'expressionnisme, il s'est ensuite rattaché à la figuration narrative.
Bibliogr. : *Peintre contemporains*, Mazenod, Paris, 1964.
Musées : Florence – Gorizia – Messine – Milan – Rome – Venise.

DARIO di Giovanni, dit aussi **Dario da Asolo, da Pordenone, da Udine, da Treviso**
Né en 1420 à Pordenone. Mort avant 1498. XVe siècle. Italien.
Peintre de portraits et d'histoire.
En 1446 à Padoue, il fut élève de Squarcione. Il travailla avec Ant. Mantegna. En 1469, il fit le portrait de Caterina Cornaro. À Asolo, il décora la façade extérieure d'une maison, actuellement située Via Regina Margherita. Il décora aussi des façades d'habitations à Trévise, Conegliano et Serravalle.
Musées : Asolo (Mus. mun.) : Fresque, signée et datée de 1459 – Bassano (Mus. mun.) : *La Vierge entre saint Jean-Baptiste et saint Bernard*.

DARIO-BARBOSA Carlo
Né à São Paulo (Brésil). XIXe-XXe siècles. Brésilien.
Peintre.
Élève de J. Lefebvre et Dechenaud. En 1924, a exposé au Salon des Artistes Français : *Dans la Kasbah* et *La prise*.

DARIS Leo ou **Daveu**
Né en 1509 à Ostie. XVIe siècle. Italien.
Graveur.
A comparer avec THIRY (Léonard). Cet artiste a gravé d'après Primaticcio, Rosso, Luca Penni, Giulio Romano. On cite de lui : *Vénus bandant les yeux à l'Amour*, marquée en toutes lettres : *Leo Daris fc. Homœ. Supperm L. D.*

LD LD

DARIUS, pseudonyme de **Hecq-Cauquil Darius**
Né le 23 avril 1950 à Charleroi. XXe siècle. Actif en France. Belge.
Peintre.
Il a participé à la Biennale de Menton en 1978, au Salon des Artistes Indépendants à Paris à partir de 1982, au Salon des Artistes Français en 1982 et au Salon d'Automne en 1983. Il expose pour la première fois personnellement à Antibes et Marcinelle (Belgique) dès 1976, puis en 1977 de nouveau à Marcinelle, à Charleroi 1978, Paris 1983 et 1986, à New York, Saint-Paul-de-Vence et au Mans en 1985.
Ses toiles, aux tonalités sobres, presque monochromes, présentent des scènes figuratives aux formes simplifiées et robustes.
Ventes Publiques : Paris, 18 fév. 1990 : *La nuit* 1989, h/t (130x195) : **FRF 40 000** – Paris, 10 juin 1990 : *Les riches heures* 1989, h/t (130x195) : **FRF 35 000** – Paris, 2 juil. 1990 : *Le légionnaire*, h/bois (147x100) : **FRF 26 000** – Paris, 20 jan. 1991 : *Nature morte* 1990, h. et matière/t. (97x130) : **FRF 20 000**.

DARIZCUREN Mayi
XXe siècle. Française.
Peintre de scènes de genre, paysages, fleurs, compositions religieuses.
Travaillant à Bayonne, elle a participé à de nombreuses expositions dans cette région à partir de 1950. Elle a également pris part au Salon des Artistes Français à Paris en 1952 et fut présidente-fondatrice de Salon Ibaya à Bayonne.
A côté de ses paysages et tableaux de fleurs, elle a peint. des scènes de danse espagnole et des courses de taureaux.

DARJOU Alfred Henri
Né le 13 octobre 1832 à Paris. Mort le 22 novembre 1874. XIXe siècle. Français.
Peintre de genre et dessinateur.
Toute son éducation artistique se fit sous la conduite de son père, Victor Darjou. Cependant il fréquenta l'atelier de L. Cogniet. En 1853, il commença à exposer au Salon. Mentionnons de lui : *Intérieur d'atelier, Épisode de la bataille de l'Alma, Souvenir du bourg de Ratz, Course bretonne, Lutte bretonne, Noces de paludiers*.
Musées : Lille (Mus. Wicar) : *Femme bretonne*, dess. – Londres (Mus. Albert et Victoria) : *Les Lapins vengés – Vierge de sang humain*.
Ventes Publiques : Paris, 3-6 mai 1905 : *Le Rendez-vous* : **FRF 150** – Paris, 21 déc. 1928 : *Les Anglais en voyage*, attr. : **FRF 105** – Paris, 23 mai 1935 : *La visite de l'abbé* : **FRF 260** – Paris, 9 et 10 juin 1941 : *Cavalier arabe* : **FRF 200** – Paris, 29 juin 1942 : *A l'auberge* : **FRF 1 350** – Paris, 16 juil. 1942 : *La Partie de cartes* : **FRF 700** ; *La leçon de dessin* : **FRF 2 350** – Paris, 31 mai 1943 : *Prise de Sébastopol* : **FRF 1 750** – Paris, 6 nov. 1944 : *Combat de chouans* : **FRF 4 300**.

DARJOU Victor
Né le 4 novembre 1804 à Paris. Mort le 11 décembre 1877. XIXe siècle. Français.

Peintre de portraits.
Il se forma sous la direction de L. Cogniet et débuta au Salon de 1837. Il y figura presque toujours par des portraits. Parmi ses tableaux, citons : *Esther et Mardochée, La prière du Christ, Funérailles du maréchal Drouot.*
Musées : Reims : *Obsèques du maréchal comte d'Erlon, à Reims – Portrait de Transton-Lecomte, maire de Reims – Portrait de Marie-Hubert Baudet – Portrait d'Étienne Saubinet – Portrait de Plumet-Folliart – Portrait de Aubin-Louis Hédoin de Pons-Ludon* – Soissons : *Portrait de J.-B. Robert Dambry.*
Ventes Publiques : Paris, 1852 : *Le repas,* cr. et aquar. : **FRF 5.**

DARKO, pseudonyme de **Rankovic Darko**
Né en 1942 à Belgrade. xxe siècle. Yougoslave.
Peintre. Surréaliste.
Élève à l'Académie des Arts Appliqués de Belgrade entre 1954 et 1965, il a exposé pour la première fois à Belgrade en 1969. Ensuite, il a régulièrement exposé à Belgrade, Milan, Paris.
Ses œuvres, d'inspiration fantastique, sont traitées selon un dessin extrêmement fouillé, avec des perspectives déroutantes parceque insolites et imaginaires. Elles réussissent à atteindre une poésie du mystère.

DARLES Laurent
Né au xxe siècle à Toulouse (Haute-Garonne). xxe siècle. Français.
Sculpteur.
Exposant du Salon des Artistes Français. Troisième médaille et Prix Henriette-Ernestine Boissy en 1937.

DARLEY
xixe siècle. Français.
Peintre d'histoire et de genre.
Exposa au Salon de Paris de 1839 à 1842.

DARLEY Anatole
xve siècle. Actif à Dôle. Français.
Peintre.

DARLEY Bernard. Voir **ORLEY Bernard Van**

DARLEY Félix Octavius Carr
Né le 23 juin 1822 à Philadelphie. Mort le 27 mars 1888 à Claymore. xixe siècle. Américain.
Peintre d'histoire, genre, portraits, aquarelliste, illustrateur.
Sociétaire depuis 1850 de l'American Art Union et depuis 1852 de l'American Society of Painters in Water-Colours. Il participa à l'Exposition de 1867. Il s'est surtout fait un nom comme illustrateur des ouvrages de Cooper, Dickens, Hawthorne.
Ventes Publiques : New York, 26 avr. 1905 : *Le juge Quinn* : **USD 105** – New York, 15 jan. 1976 : *Touchstone and Audrey* 1856, h/t (68,5x56) : **USD 600** – New York, 29 jan. 1981 : *The fatigued sportsman* 1845 ; *Barnaby rudge,* deux dess. au cr. et lav./pap. (21x15,2 et 34,3x23,5) : **USD 1 200** – New York, 24 jan. 1990 : *L'ours* 1887, encre/pap. (35,5x28) : **USD 1 540** – New York, 22 mai 1991 : *Touchstone et Audrey* 1886, h/t (69x56,2) : **USD 3 850** – New York, 22 sep. 1993 : *La mère à la tâche,* aquar. et cr./pap. (35,5x50,8) : **USD 2 070.**

DARLEY J. F.
xixe-xxe siècles. Actif à Londres. Britannique.
Peintre de paysages.
A exposé depuis 1901 à la Suffolk Street Gallery.

DARLEY Maxime
Né à Neuvy-Santour (Yonne). xxe siècle. Français.
Sculpteur.
Il a participé au Salon des Artistes Français dont il est devenu sociétaire en 1904. Citons, parmi ses œuvres, une statue équestre en plâtre du *Maréchal Foche* (1920) et une statuette du *Général Gourand* (1924), également en plâtre.

DARLEY Nicolas
xviie siècle. Français.
Peintre de portraits.
Au service de la duchesse de Lorraine en 1600.

DARLEY William H.
xixe siècle. Actif à Londres. Britannique.
Peintre.
Il exposa à la Royal Academy et à la British Institution en 1841.

DARLING W.
xviiie siècle. Actif à Londres. Britannique.
Graveur au burin.
Il exposa en 1762 à la Society of Artists une miniature.

DARLING Wilder M.
Né en 1856 à Sandusky. xixe siècle. Américain.
Peintre de genre.
Élève de Jean-Paul Laurens et de Benjamin-Constant. Il visita la Hollande. Il obtint une médaille de bronze à l'Exposition Universelle de 1900.
Ventes Publiques : Paris, 8 mars 1943 : *Femme étendant du linge dans son jardin* : **FRF 3 000.**

DARLINGTON Francis
xxe siècle. Actif à Londres. Britannique.
Sculpteur.
Il exposa à Londres en 1901 à la Royal Academy.

DARLY François
xvie-xviie siècles. Actif à Tours. Français.
Peintre et enlumineur.
Il était le fils du peintre de la cour de Henri III, Henri IV et de la reine Marguerite. En 1599, il fut nommé peintre de la ville de Tours. Il fit plusieurs tableaux importants pour les religieuses de la Ferté-Bernard, entre autres une *Descente de Croix* et une *Madone de la Miséricorde.* Il travailla aux décorations de la ville de Tours pour l'entrée solennelle de Louis XIII et de Marie de Médicis.

DARLY Jean Baptiste
Né en 1530 à Tours. xvie siècle. Français.
Peintre de portraits.
Suivant la tradition, il jouit de son vivant d'une réputation considérable.

DARLY M.
xviiie siècle. Actif à Paris. Français.
Graveur.
On cite de lui *Six Marines, Sujet de Trophées, Caricatures.*

DARLY Mary
xviiie siècle. Britannique.
Graveur.
Elle était la femme de Darly Matthew. On connaît d'elle une gravure représentant l'acteur David Garrick.

DARLY Matthew
xviiie siècle. Actif à Londres. Britannique.
Caricaturiste et graveur d'ornements.
En 1771-1772, il fit paraître un grand nombre de caricatures sous le titre *Caricatures by Several ladies and Gentlemen and Artists.* Le British Museum possède un certain nombre de caricatures de lui. En 1758, il avait fait paraître une *Collection of Political Prints.* Il exposa vers 1765-1771 des dessins d'architectures, d'après les projets de G. Dauce, en 1767 *Sixty Vases of English, French and Italian Masters,* des cadres pour des miroirs, etc.

DARLY Miriam
Née au xxe siècle à Paris. xxe siècle. Française.
Peintre de fleurs.
Elle exposa à Paris au Salon des Indépendants à partir de 1939.

DARMANCOURT Nicolas
xviie-xviiie siècles. Français.
Peintre.
Il vivait à Lyon, où il fut maître de métier en 1715 et 1722.

DARMAUD
xixe siècle.
Peintre de genre.
Ventes Publiques : Paris, 28 et 29 mars 1905 : *Le vieux fumeur* : **FRF 60.**

DARMENDRAIL Marie-Pierre
Née en 1943. xxe siècle. Française.
Peintre. Abstrait.
Elle a participé à des expositions collectives, notamment au Salon Grands et Jeunes d'Aujourd'hui à Paris en 1988.

DARMES François
xviiie siècle. Français.
Sculpteur.
Il fut reçu à l'Académie Saint-Luc à Paris en 1766.

DARMESTETER Héléna
Née dans la seconde moitié du xixe siècle à Londres. xixe-xxe siècles. Française.
Peintre de portraits.
Élève de Collin, G. Courtois et L. Glaise. Sociétaire des Artistes

Français depuis 1883. Participa à l'Exposition Universelle de Paris en 1900. Membre de la Société Nationale en 1912.

DARMON Alexandre

Né à Oran (Algérie). XXe siècle. Français.

Peintre de compositions religieuses, portraits, natures mortes.

Il a participé au Salon des Artistes Indépendants, aux Salons d'Automne et des Tuileries à partir de 1931.

DARMON Claude Jean

Né le 25 décembre 1935 à Oran (Algérie). XXe siècle. Français.

Graveur et dessinateur. Abstrait.

Il vit à Paris depuis 1960. Après avoir peint pendant son adolescence, dessin et gravure sont devenus progressivement ses moyens d'expression privilégiés. Il a pris part à plusieurs Salons parisiens, dont ceux de la Jeune Peinture en 1960-1962, Grands et Jeunes d'Aujourd'hui 1960-1961-1962, d'Automne depuis 1963, du Dessin depuis 1964, Le Trait à partir de 1969, Salon de Mai depuis 1970 et dont il est devenu membre du comité, membre de la Jeune Gravure contemporaine depuis 1971. À partir de 1961, il a participé à diverses expositions collectives sur l'art graphique et la gravure, notamment à Londres, Paris, Épinal, Varsovie, Madrid, Lyon, Beyrouth, etc. Ses expositions personnelles se sont déroulées à Oran 1958, Paris 1959, 1961, 1964, 1966, 1970, 1973, 1985, Strasbourg 1968, 1969, Valencia 1971, Genève 1975, Chartres 1977, Bordeaux 1983, Château-Thierry 1988, Prague, Bratislava et le Musée de Chalon-sur-Saône en 1992.

De 1958 à 1973, il a exposé surtout ses dessins, d'abord figuratifs, puis abstraits. À partir de 1970, la gravure sur cuivre a pris une place prépondérante dans son travail. Ses gravures abstraites, exécutées à la pointe sèche, modulent les gris tantôt par un labourage serré du cuivre qui mène à des noirs veloutés, tantôt par un effleurement qui donne des graduations plus ténues. « L'intensité des valeurs étant en quelque sorte proportionnelle au degré de pénétration de l'outil dans le métal », selon l'explication de Darmon.

Musées : Alger – Beauvais – Belfort – Besançon – Beyrouth (Mus. Sursock) – Charleville (Mus. Rimbaud) – Château-Thierry – Cracovie – Genève (Cab. des Estampes du Mus. d'Art et d'Hist.) – Graveline (Mus. du Dessin et de l'Estampe) – Honfleur (Mus. Eug. Boudin) – Madrid (Mus. nac. de Grabado Contemp.) – Meudon (Mus. d'Art et d'Hist.) – Mulhouse (Donat. Ch. Oulmont) – Oran – Paris (Fonds. Nat. d'Art Contemp.) – Paris (BN, Cab. des Estampes) – Paris (Mus. d'Art Mod. de la Ville) – Poitiers (Mus. Sainte-Croix) – Rehovot (Centre Culturel) – Sète (Mus. Paul-Valéry) – Skopje – Soissons – Strasbourg (Cab. des Estampes).

DARMONT Jean Claude

XVIIIe siècle. Actif à Besançon. Français.

Sculpteur et doreur.

DARMS Édouard

Né en 1934. Mort le 21 mai 1965 à Saint-Gilles. XXe siècle. Belge.

Dessinateur.

DARMS Israel

Né en 1808 à Trieste, de parents suisses. Mort le 27 octobre 1887 à Coir. XIXe siècle. Suisse.

Peintre et photographe.

Darms étudia à Munich, Vienne et Venise, et choisit de préférence des sujets de genre tirés de la vie du peuple de Dalmatie et de la Steiermark. Il ouvrit un atelier photographique à Coir. Le Musée du Conseil de cette ville conserve des tableaux de lui.

DARNA Jean-Pierre

Né au XXe siècle. XXe siècle. Français.

Sculpteur.

Il exposa à Paris au Salon des Tuileries à partir de 1944.

DARNAC Étienne

XVe siècle. Français.

Peintre.

Son nom est cité en 1461 et en 1463 à Limoges ; il est surnommé Étienne Le Peintre.

DARNAC Mathias

XIVe siècle. Français.

Peintre.

Il vivait encore au début du XVe siècle à Limoges.

DARNAS Robert

XXe siècle. Français.

Sculpteur.

Élève de l'École des Beaux-Arts de Lyon, il a participé au Salon Regain, à celui de la Jeune Sculpture et au Salon des Surindépendants.

A côté d'un travail de restauration de sculptures du Moyen Âge, il fit des compositions religieuses aux accents plus modernistes et réalisa aussi des œuvres abstraites, notamment le monument du Génocide arménien, élevé à Décines (Rhône).

Musées : Albi – Genève – Grenoble – Lyon.

DARNAUD Cécile

Née à Foix (Ariège). XIXe siècle. Française.

Peintre de genre.

Élève de Ch. Chaplin. Elle débuta au Salon de Paris en 1861. On cite d'elle : *La toilette*, *Les premiers jeux*.

DARNAUD François

Né à Perpignan (Pyrénées-Orientales). XXe siècle. Français.

Graveur.

Élève de L. Huvey, H. Lefort et P. Manzon. Sociétaire du Salon des Artistes Français.

DARNAUD Maxime

Né en 1931 à Lyon (Rhone). XXe siècle. Français.

Peintre. Abstrait.

Depuis 1950, il a pris part au Salon de la Jeune Peinture, au Salon de Mai et à celui des Grands et Jeunes d'Aujourd'hui. Il a également figuré à la Biennale de Paris.

Le problème de l'espace, qu'il soit réel, possible ou imaginaire, domine son art. Bien qu'abstrait à tendance géométrique, on trouve dans ses compositions des traces de paysagisme.

Ventes Publiques : Paris, 16 juin 1988 : *Sans titre* 1988, h/t (81x65) : **FRF 4 000** – Paris, 3 mars 1989 : *Composition*, h/t (117x89) : **FRF 6 200** – Paris, 22 nov. 1990 : *La chambre du voyageur*, h/t (115x79) : **FRF 15 000** – Lucerne, 21 nov. 1992 : *Nature morte aux fruits* 1960, h/t (65x81) : **CHF 1 400**.

DARNAULT Florence Malcolm

Née en 1905 à New-York. XXe siècle. Américaine.

Sculpteur.

Membre du National Arts Club de New York, elle réalisa, entre autres, le bas-relief de *Franck-J. Spragne* à l'Institut des Ingénieurs électriciens.

DARNAUT Hugo

Né le 28 novembre 1851 à Dessau. Mort en 1937 à Dessau. XIXe-XXe siècles. Autrichien.

Peintre d'animaux, paysages, fleurs, aquarelliste.

Il fit ses études à l'Académie de Vienne, sous la direction du professeur de Lichtenfels. Il obtint une médaille d'argent à l'Exposition Universelle de 1900.

On cite de lui : *Un matin d'automne*, *Le vieux moulin*.

Hugo Darnaut

Musées : Berlin : *Paysage* – Brünn – Dresde – Mannheim – Vienne : *Splendeur disparue* – *Parterre et charmille à Schœnbrunn*.

Ventes Publiques : Vienne, 4 déc. 1962 : *L'église de Wallfahrt en Basse-Autriche* : **ATS 14 000** – Vienne, 30 mai 1967 : *Paysage d'été au soir couchant* : **ATS 18 000** – Vienne, 17 mars 1970 : *Le ruisseau de montagne* : **ATS 13 000** – Vienne, 28 nov. 1972 : *Le ramasseur de fagots* : **ATS 55 000** – Vienne, 10 fév. 1976 : *Soir d'été*, h/pan. (31x45) : **ATS 28 000** – Vienne, 18 oct. 1977 : *Paysage au moulin* (39,5x30) : **ATS 25 000** – Vienne, 14 mars 1978 : *Troupeau au pâturage*, h/cart. (32x42) : **ATS 45 000** – Vienne, 19 mai 1981 : *La forêt viennoise en été* 1890, h/t (140x200) : **ATS 220 000** – Vienne, 15 sep. 1982 : *La moisson*, aquar. (20x30) : **ATS 30 000** – Londres, 18 mars 1983 : *Bûcherons dans une forêt* 1890, h/t (137,8x198,2) : **GBP 4 000** – Vienne, 6 déc. 1984 : *Fleurs*, aquar. (34x23) : **ATS 18 000** – Londres, 27 nov. 1985 : *Lavandières dans un paysage fluvial* 1874, h/t (63x85) : **GBP 5 000** – Vienne, 19 mai 1987 : *La route du village, Altenburg* 1894, h/t (81x116) : **ATS 220 000** – Londres, 7 juin 1989 : *Pont enjambant une rivière bordée d'arbres*, h/cart. (74,5x50,5) : **GBP 2 200** – Munich, 10 déc. 1991 : *Les bûcherons* 1899, h/pan. (56x40) : **DEM 14 950** – Munich, 10 déc. 1992 : *La mare aux canards*, h/t (34x47) : **DEM 23 730** – Heidelberg, 5-13 avr. 1994 : *Maison rustique à Millstadt-am-See* 1891, h/t (56x43,5) : **DEM 6 600** – Munich, 21 juin 1994 : *Paysage fluvial* 1896, h/t (78x110) : **DEM 34 500**.

DARNET Georges
Né le 22 mars 1859 à Périgueux (Dordogne). Mort le 30 octobre 1936. XIXe-XXe siècles. Français.
Peintre de paysages.
Élève de P. Sain. Sociétaire du Salon des Artistes Français ; mention honorable en 1920 ; troisième médaille en 1928.
Le Musée de Périgueux conserve de lui : *L'Isle à Charrieras* (près de Périgueux).

DARNSTEDS Johann Adolph ou **Darnstadt**
Né en 1769 à Auma. Mort le 8 mai 1844 à Dresde. XVIIIe-XIXe siècles. Allemand.
Graveur au burin.
Il fut élève de Schluze et de Zingg et s'établit à Dresde vers 1784. Il fut nommé membre de l'Académie de Dresde le 5 janvier 1811, puis de celles de Berlin, de Milan et de Copenhague en 1815. On cite de lui : *La cathédrale de Cologne*, d'après Quaglio, *Le Matin*, d'après Kleugel, *Paysages*, d'après Moucheron.

DAROCA Victoriano
Mort en 1875 à Madrid. XIXe siècle. Espagnol.
Peintre de portraits.

DARODES Eugène
D'origine française. XIXe siècle. Travaillant en Espagne au début du XIXe siècle. Français.
Peintre.

DARODES Louis Auguste
Né le 13 décembre 1809 à Paris. Mort le 4 décembre 1879. XIXe siècle. Français.
Peintre, aquarelliste, graveur.
Ses maîtres furent Ruhierre et Richomme. En 1837, il eut le second prix au concours pour Rome. Il débuta au Salon en 1843 avec une aquarelle : *Une baigneuse*. Comme graveur, on cite de lui : *La Philosophie* et *Le Baiser*.

DARON Philippe, pseudonyme de **Daspremont**
Né en 1951 à Soignies. XXe siècle. Belge.
Peintre. Tendance abstrait.
Diplômé de la Famous Artists School en 1971, il pratique une peinture où ligne, forme, texture et couleur s'harmonisent en des compositions semi-abstraites.
Bibliogr. : In : *Diction. biogr. illustré des Artistes en Belgique depuis 1830*, Arto, Bruxelles, 1987.

DARONDEAU Stanislas Henri Benoît
Né le 4 avril 1807 à Paris. Mort le 12 juillet 1841 à Brest. XIXe siècle. Français.
Peintre d'histoire, genre, portraits, dessinateur, illustrateur.
Élève de Bassaget (peintre et lithographe peu connu au début du siècle), Darondeau, dès sa vingtième année, exposa au Salon ; il y prit part régulièrement entre les années 1827 et 1841. Il y a lieu de remarquer qu'étant élève d'un artiste de peu de prestige, les succès qu'il obtint n'étaient pas dus à l'influence protectrice d'un « patron » renommé, mais à la qualité réelle de ses œuvres, un grand nombre de ses tableaux étaient empruntés à ce qu'il est convenu d'appeler « la petite histoire ». Laissant à d'autres les grands drames, bon nombre de peintres choisissaient comme thèmes de menus faits de la vie d'illustres personnages. Ainsi firent souvent : Paul Delaroche, les deux Johannot, Eugène Deveria, et tant d'autres. Ils pensaient ainsi rendre plus familier le côté particulièrement pittoresque de leurs héros. Certainement notre conception actuelle de la peinture nous fait juger sévèrement une manière de voir si différente de la nôtre, qui rejette en art tout ce qui est anecdotique il faut cependant reconnaître que les « données » de la peinture historique demandent des qualités réelles.
Beaucoup de peintres, des diverses écoles européennes, durant la période romantique firent d'excellents tableaux inspirés par l'histoire : Darondeau fut de ceux-là, il ne cessa jamais d'être peintre, ses toiles n'ont rien d'une « vignette » agrandie et coloriée. Ses qualités de coloriste, entre autres, sont évidentes ; elles le rattachent, toutes proportions gardées, à la manière dont Bonington traitait ses tableaux d'histoire. Il n'a certes pas l'admirable désinvolture du grand Anglais. S'il ne peut entrer en comparaison avec Bonington, du moins occupe-t-il une place honorable dans la catégorie des « petits maîtres ». Il se fit surtout une réputation comme illustrateur. Désigné comme dessinateur d'une expédition appelée à remonter le Sénégal, il y contracta la maladie dont il devait mourir en débarquant à Brest, à peine âgé de 44 ans. Médaille de troisième classe, Salon de 1838, de deuxième classe, Salon de 1840. Sa carrière artistique s'étendant sur peu d'années (quatorze ans exactement), nous donnons la liste de ses œuvres ayant figuré au Salon de 1827 à 1841. Salons de 1827 : *Jésus enseignant dans le temple*. 1831 : *Françoise de Rimini* ; *La Conversation* ; *Portrait de Mlle A. M.* ; *Portrait de Mlle L.*, artistes de l'Opéra ; *Portrait de femme* (dessin) ; *Sujet tiré des aventures de Nigel*, de Walter-Scott ; *Portrait de femme en pied*. 1833 : *Le rendez-vous* ; *Portrait de famille*. 1834 : *Portrait de Mlle O. A.* ; *Portrait de Mlle A...* ; *Portrait de femme*. 1836 : *Charles Ier et sa famille se faisant peindre par Van Dyck* ; *Un musicien et une dame* ; *Tête de jeune femme*. 1837 : *Enfance de sainte Geneviève* ; *Henri IV et Fleurette*. 1838 : *La Vierge et l'Enfant Jésus* ; *Convoi d'Isabeau de Bavière* ; *Les représentations maternelles* ; *L'Enfant jouant avec des lapins* ; *Sujet tiré de Quentin Durward* ; *Portrait en pied de Mlle*. 1839 : *l'Annonciation* ; *Portrait d'homme*. 1840 : *Le vieillard et ses enfants* ; *Pêcheur napolitain, jouant de la mandoline* ; *Portrait de Mme M. G.* ; *Portrait d'homme*. 1841 : *Jeanne d'Arc*.

Darondeau
1836

Musées : Arras : *Convoi d'Isabeau de Bavière*, Salon de 1838 – Hyères : *Charles Ier et sa famille se faisant peindre par Van Dyck*, Salon de 1836.

DAROSI Francesco
Né en 1744 à Crémone. Mort en 1788 à Rome. XVIIIe siècle. Italien.
Peintre, dessinateur.
Il fut surtout copiste.

DAROUL Jean
XVIe siècle. Français.
Sculpteur.
Il résida à Amiens, de 1549 à 1578, et y fit un *Ecce Homo*, qui fut placé à l'Hôtel de Ville, sur le buffet de la Chambre du conseil.

DAROUX Leonora
Née le 14 juin 1886 à Sacramento (Californie). XXe siècle. Américaine.
Peintre.
Elle fut élève de Hansen et, à Paris de A. Lhote et O. Friesz. Membre du San Francisco Women's Artists Club, elle obtint une mention honorable à l'Exposition de ce cercle en 1930.

DARPY Lucien Gilbert
Né le 26 février 1875. XXe siècle. Français.
Peintre de fleurs, graveur.
Élève de Géry-Bichard et Nel-Duchel, il a exposé au Salon des Artistes Français dont il est devenu sociétaire en 1897.

DARQUES Pierre
Né le 31 juillet 1933 à Brive-la-Gaillarde (Corrèze). XXe siècle. Français.
Peintre de scènes animées, paysages urbains, marines, paysages de montagne, natures mortes.
De 1952 à 1956, il fut élève de l'École des Beaux-Arts de Toulouse. Il fut reçu professeur de dessin de l'Éducation Nationale ; enseigna aux lycées de Mazamet, Pau, Toulouse ; de 1977 à 1993 professeur de dessin de l'École des Beaux-Arts de Toulouse.
Il participe à quantité de Salons et groupements régionaux, obtenant des distinctions locales, ainsi qu'à Paris aux Salons de la Société Nationale des Beaux-Arts, d'Automne. Depuis 1961, il expose individuellement essentiellement dans les villes du Sud-Ouest.
Disposant d'une technique affirmée dans le relevé figuratif des sites les plus divers, il l'a exploitée à travers la France, en Égypte et jusqu'en Chine.
Bibliogr. : Divers : *Darques*, chez l'artiste, Cugnaux, 1995.

DARQUET François
Né à Amiens. XXe siècle. Français.
Peintre de scènes animées, paysages, intérieurs.
Il a régulièrement participé au Salon des Artistes Français où il obtint une mention honorable en 1936.

DARQUITAIN Violette
Née à Saint-Laurent-du-Maroni (Guyane française). XXe siècle. Française.
Peintre de fleurs.
Elle exposa à Paris au Salon des Indépendants en 1931 et 1932.

DARRAH Ann Sophia Towne, Mrs
Née en 1819 à Philadelphie. Morte en 1881. XIXe siècle. Américaine.
Peintre de paysages, marines, natures mortes, fruits.
VENTES PUBLIQUES : NEW YORK, 28 sep. 1973 : *Nature morte aux pommes* : **USD 1 100** – NEW YORK, 24 oct. 1984 : *Nature morte aux fruits*, h/t (48,3x69) : **USD 6 000.**

DARRAINE Perrin
XIVe-XVe siècles. Actif à Paris. Français.
Enlumineur.

DARRANS
XVIIIe siècle. Actif à Tours à la fin du XVIIIe siècle. Français.
Peintre.
Le Musée de Tours conserve de lui le *Portrait de J.-L. Chalmel.*

DARRAS Achille Abel
Né le 15 avril 1881 à Annappes (Nord). Mort le 21 janvier 1965 à Antibes. XXe siècle. Français.
Peintre de paysages.
Élève de Cormon, Schommer et Baschet, il a pris part au Salon des Artistes Français à Paris à partir de 1907.

DARRAS Léontine
XIXe siècle. Actif à Paris. Français.
Peintre.
Sociétaire des Artistes Français depuis 1884.

DARRAS Paul Édouard Alfred
Né au XIXe siècle à Dijon (Côte-d'Or). XIXe siècle. Français.
Peintre de genre, paysages, aquarelliste.
Exposa des aquarelles de paysages et de genre, de 1868 à 1874. Voyagea au Mexique et en Égypte, et en reproduisit de nombreux sites.

DARRASSE Raymond
Né à Paris. XXe siècle. Français.
Peintre de genre, portraits.
A partir de 1924, il a participé au Salon d'Automne à Paris.

DARRE Madeleine Imelda
Née au XXe siècle à Saint-Omer (Pas-de-Calais). XXe siècle. Française.
Aquarelliste.
Exposant de l'Union des Femmes Peintres et Sculpteurs.

DARRELL Margaret, Mrs **Edward F. Darrell**
XXe siècle. Travaillant à New York. Américaine.
Peintre.
Exposa au Salon de l'Association Nationale des Femmes Peintres et Sculpteurs de New York de 1935 à 1939.

DARRICAU Henry Léonce
Né le 5 octobre 1870 à Bordeaux. Mort le 10 août 1962 à Bordeaux. XXe siècle. Français.
Peintre de scènes de genre.
Élève de Gabriel Ferrier et de Gustave Moreau à l'École des Beaux-Arts de Paris, il a pris part au Salon des Artistes Français dont il fut membre.
VENTES PUBLIQUES : LONDRES, 6 oct. 1982 : *Les cadeaux à la concubine*, h/t (133x147,5) : **GBP 7 200** – LONDRES, 21 juin 1989 : *Les présents à la concubine* 1905, h/t (133x147,5) : **GBP 8 800.**

DARRIET Léontine
Née le 31 octobre 1872 à Bordeaux (Gironde). XXe siècle. Française.
Peintre animalier, paysages, marines, fleurs.
Elle a participé au Salon des Artistes Français, dont elle est devenue sociétaire, et à l'Union des Femmes Peintres et Sculpteurs. Parmi ses représentations d'animaux, elle a marqué une préférence pour les chats et les oiseaux.

DARRIEU M.
XIXe-XXe siècles. Actif à Caudéran près de Bordeaux. Français.
Peintre.
Sociétaire des Artistes Français depuis 1896.

DARRIEUX Charles René
Né le 17 juillet 1879 à Bordeaux (Gironde). Mort le 11 mai 1958 à Clichy-la-Garenne (Hauts-de-Seine). XXe siècle. Français.
Peintre de portraits, paysages, marines, illustrateur.
Élève de Cormon à l'École des Beaux-Arts de Paris, puis de Baschet et Schommer à l'Académie Julian, il obtint le deuxième Grand Prix de Rome. Il prit régulièrement part au Salon des Artistes Français, dont il devint sociétaire en 1909, recevant une mention honorable en 1906, une troisième médaille en 1910, une deuxième médaille en 1924 et une première médaille en 1927. Chevalier de la Légion d'honneur en 1929, il obtint le Prix Bompard en 1944.
Son œuvre reste ouvert à plusieurs influences : expressionniste avec des toiles comme : *Jeu de croquet au Luxembourg*, post-impressionniste pour certains jardins ensoleillés, donnant un art qui peut être à la fois simple et maniéré. On lui doit aussi des illustrations. Citons également : *Ruines romaines en Algérie* – *La tempête à Ciboure.*
BIBLIOGR. : Gérald Schurr, in : *Les Petits Maîtres de la peinture 1820-1920, valeur de demain*, Les Éditions de l'Amateur, t. IV, Paris, 1979.
MUSÉES : L'ISLE-ADAM (Mus. Senlecq) – LIBOURNE : *Jeu de croquet au Luxembourg.*
VENTES PUBLIQUES : PARIS, 19 déc. 1941 : *Tipaza* : **FRF 230** – NEW YORK, 21 mai 1987 : *Péripatétitiens au Luxembourg* 1933, h/t (105x201) : **USD 6 000.**

DARROUX Auguste Victor
Né au XIXe siècle à Paris. XIXe siècle. Français.
Peintre de portraits.
Élève de M. V. Géraud. Il débuta au Salon de 1878.
VENTES PUBLIQUES : LOS ANGELES, 28 fév. 1972 : *L'Espagnole* : **USD 250.**

DARROUY Odette Anne
XXe siècle. Français.
Graveur.
Élève de H. Lefort et L. Huvey. Sociétaire du Salon des Artistes Français. Troisième médaille en 1937.

DARROW Paul W.
XXe siècle. Américain.
Peintre, aquarelliste.
Depuis 1934, il prend part aux expositions de l'Art Institute de Chicago et à l'Academy des Beaux-Arts de Pennsylvanie.

DARROZ Martine, pseudonyme de **Devillers**
Née le 4 mai 1949. XXe siècle. Française.
Peintre de paysages. Fantastique.
Autodidacte, elle participe aux Salons des Artistes Indépendants, des Artistes Français, de la Société Nationale des Beaux-Arts et d'Automne.

DARRU Louise
Née au Neubourg (Eure). XIXe siècle. Française.
Peintre de natures mortes, fleurs et fruits.
Élève de Piette et de A. Doré. Elle exposa au Salon de Paris, à partir de 1864, ses tableaux représentent des fleurs.
VENTES PUBLIQUES : PARIS, 1880 : *Valse des roses* : **FRF 205** – PARIS, 24 mai 1943 : *Nature morte aux huîtres* : **FRF 1 400** – LINDAU, 7 oct. 1981 : *La valse des roses*, h/t (73x92) : **DEM 6 700** – NEW YORK, 24 fév. 1987 : *Nature morte aux fruits* 1866, h/t (117x89) : **USD 10 000.**

DARSOW Johannes
Né le 12 août 1877 à Berlin. XXe siècle. Allemand.
Sculpteur de scènes de genre.
Élève de la Kunstgewerbe Schule de Dresde et de l'Académie de Berlin, il fit des expositions à Berlin et à Munich, à partir de 1906.
VENTES PUBLIQUES : COLOGNE, 22 mars 1980 : *Amazone au javelot*, bronze (H. 64) : **DEM 2 200.**

DARTAGNAN Robert Yves Julien
Né au XXe siècle à Saintes (Charente-Maritime). XXe siècle. Français.
Peintre.
Travaille à Saumur (Maine-et-Loire). A exposé : *Effet de neige en Auvergne* au Salon des Artistes Français de 1936.

DARTÉ Egide
XVIIIe siècle. Actif à Bruxelles. Belge.
Sculpteur.
Il fit les sculptures de l'escalier principal de l'actuel Collège Saint-Michel à Bruxelles.

DARTEIN Ch.
XIXe siècle. Actif en Alsace au début du XIXe siècle. Français.
Miniaturiste.
En 1895, à l'Exposition d'Art et d'Antiquités d'Alsace-Lorraine, il exposa deux copies de miniatures brûlées en 1870, du Musée Municipal de Strasbourg.

DARTEIN Marie Ferdinand de
Né le 9 février 1838 à Strasbourg. Mort le 19 février 1912 à Paris. XIXe-XXe siècles. Français.
Peintre de paysages, aquarelliste, graveur, architecte.
Il débuta au Salon de 1870 et continua à prendre part aux Expositions parisiennes avec des aquarelles et des eaux-fortes originales. On lui doit plusieurs ouvrages d'architectures.
Ventes Publiques : Paris, 1899 : *Un champ de blé ; Le buisson*, deux aquar. : **FRF 100**.

DARTIGUENAVE Prosper Guillaume Alfred
Né le 9 juillet 1815 à Pau (Pyrénées-Atlantiques). Mort en 1885. XIXe siècle. Français.
Peintre de compositions religieuses, scènes de genre, portraits, pastelliste.
Frère de Victor Dartiguenave. En 1838, il entra à l'École des Beaux-Arts de Paris, où il travailla sous la direction de P. Delaroche.
Il figura au Salon de Paris de 1840 à 1845, et exposa à la Royal Academy de Londres en 1859 avec *My window*.
Il est l'auteur de plusieurs sujets espagnols. Pour l'église Saint-Martin de Pau, il réalisa une *Descente de Croix*. Il est surtout connu pour ses pastels, technique qui convient bien à son romantisme.
Bibliogr. : Gérald Schurr, in : *Les Petits Maîtres de la peinture 1820-1920, valeur de demain*, Les Éditions de l'Amateur, t. II, Paris, 1982.
Musées : Pau : *Costumes pyrénéens*.
Ventes Publiques : Londres, 10 fév. 1995 : *L'attente du coche*, h/pan. (25,4x33) : **GBP 1 840**.

DARTIGUENAVE Victor
Né vers 1810 à Pau (Pyrénées-Atlantiques). XIXe siècle. Actif aussi en Angleterre. Français.
Peintre de genre, portraits.
Frère de Prosper Guillaume Alfred Darguinave, il débuta au Salon de Paris en 1838. À partir de 1841, il résida à Londres et, jusqu'en 1854, exposa à la Royal Academy et à Suffolk Street.
Citons, parmi ses œuvres : *Les contrebandiers des Pyrénées – Vision d'une religieuse Augustine*.
Ventes Publiques : Perth, 31 août 1993 : *Portrait d'un pêcheur écossais*, craies de coul. (79x58,5) : **GBP 2 300**.

DARTOIS Jacques
Né en 1754 à Liège. Mort le 12 août 1848 à Liège. XVIIIe-XIXe siècles. Belge.
Sculpteur et orfèvre.
Il travailla avec son père comme orfèvre et à Paris avec Auguste Masson. A Liège on peut citer de lui : Les portes du Tabernacle dans l'église Saint-Jean, un tableau représentant la *Révolution de 1789 à Liège*, un *Christ*. Il exposa en 1781 un bas-relief de cuivre *Le serpent d'Airin*, et un groupe ciselé : *Hercule et Omphale*.

DARTOIS Mathurin. Voir **MATHURIN d'Artois**

DARVALL Henry
XIXe siècle. Britannique.
Peintre de genre, portraits, paysages, aquarelliste.
Actif de 1848 à 1889.
Musées : Londres (Nat. Portrait Gal.) : *Henry Crabb Robinson*.
Ventes Publiques : Londres, 23 sep. 1988 : *La petite ramasseuse de fagots* 1862, h/t (60x45) : **GBP 1 980** – York (Angleterre), 12 nov. 1991 : *Venise et le Palais des Doges* 1881, aquar. (38x29) : **GBP 682**.

DARVANT Alfred
Né vers 1830 à Paris. Mort en octobre 1909. XIXe-XXe siècles. Français.
Sculpteur.
Sociétaire des Artistes Français depuis 1884. Il travailla à la décoration de l'Opéra.

DARVILLE Alphonse
Né en 1910 à Mont-sur-Marchienne. Mort le 21 novembre 1990 à Charleroi. XXe siècle. Belge.
Sculpteur de bustes, bas-reliefs, médailles.
Il fit ses études à l'Académie des Beaux-Arts de Bruxelles. Son art scrupuleusement académique mais moderniste, lui valut les hautes récompenses officielles : Prix Godecharle 1931, Grand Prix de Rome 1935. Il fonda en 1946 l'Académie des Beaux-Arts de Charleroi, qu'il dirigea pendant une vingtaine d'années, où son fils lui succéda, et pour lequel il sculpta un nu en bronze, placé contre sa façade.

DARVIOT Cécile
Née le 15 juillet 1899 à Beaune (Côte-d'Or). XXe siècle. Française.
Dessinatrice.
Élève de E. Darviot. Exposant du Salon des Artistes Français.

DARVIOT Édouard
Né en 1859 à Beaune (Côte-d'Or). Mort en 1921. XIXe-XXe siècles. Français.
Peintre.
Il fut l'élève de T. Robert-Fleury, Hanoteau, Bouguereau et de l'École des Beaux-Arts. Exposa pour la première fois au Salon de 1882. Mention honorable en 1920. Ses œuvres principales sont : *Les Comptes* (1882), Musée de Beaune ; *Une visite intéressée* (1883) ; *Hanoteau dans son atelier* (1888), Musée de Beaune ; *Les Tricoteuses* (1895) ; *Vue de l'Hôtel-Dieu de Beaune* (1896) ; *Le Billet* (1897).

DARVIOT Henriette
Née le 20 mai 1901 à Beaune (Côte-d'Or). XXe siècle. Française.
Dessinatrice.
Élève de E. Darviot. Exposant du Salon des Artistes Français. Sans doute parente avec Cécil Darviot.

DARWICHE Sayed
Né le 27 octobre 1949 au Caire. XXe siècle. Depuis 1974 actif en France. Égyptien.
Peintre de figures, sculpteur, graveur. Expressionniste en peinture, tendance abstraite en sculpture.
Ce fut auprès de son père, calligraphe, qu'il apprit le dessin. Ce fut à la suite des deux guerres égypto-israéliennes qu'il quitta l'Egypte. Il participe à des expositions collectives, mais surtout il montre son travail dans de très nombreuses expositions individuelles, au Caire, en Egypte et à Rome entre 1971 et 1974, puis, à partir de 1975, surtout en Bretagne, Lannion, Saint-Brieuc, Pont-Aven, Lorient, Guingamp, Saint-Nazaire, Quimper, etc., mais aussi Amsterdam 1982, Paris 1983, 1985, 1987, 1988, 1989, 1991, au Caire de nouveau en 1987. Il a publié trois albums de dessins aux Editions *Calligrammes* de Quimper.
Dessins et peintures figurent des personnages, masculins, féminins, enfants, mais figurent au travers de déformations expressionnistes violentes, où l'on peut faire un rapprochement avec la figuration expressionniste-abstraite d'un De Kooning, tandis que les accords de couleurs évoquent au contraire la douceur et le luxe. Les sculptures, taillées dans le bois vieilli ou la pierre des carrières, se rattachent à l'abstraction. Elles sont constituées de volumes courbes et tendus, dont la plénitude sensuelle contraste avec la rugosité des dessins et peintures, et qui induisent un anthropomorphisme féminin. ■ J. B.
Bibliogr. : Robert Marteau : *Sayed Darwiche*, Edit. Calligrammes, Quimper, 1988 – divers : Catalogue de l'exposition *Sayed Darwiche*, Galerie du Fleuve, Paris, 1991.
Musées : Le Caire (Mus. d'Art Mod.) – Le Caire (Inst. Goethe) – Chamalières (Mus. d'Art Contemp.) – Paris (BN).

DARWIN G. M. Voir **RAVERAT Gwendolen**

DARWIN V. H.
XIXe siècle. Britannique.
Peintre de fleurs.

DARYABEGUI
Né en 1930 à Racht. XXe siècle. Iranien.
Peintre.
Après des études à l'Université de Téhéran, il commence à exposer en Iran en 1960 et participe à une exposition organisée par l'UNESCO en 1968, où il obtient une mention. En 1973, il figure dans la selection de peinture iranienne présentée au Salon d'Automne à Paris.
Ses toiles dépouillées, dont l'espace évoque de loin, par sa construction, l'univers de Tanguy, montrent l'immensité de la terre iranienne.

DAS Frieda
Née en Suisse. XXe siècle. Active en France. Suisse.
Peintre de scènes animées.
Travaillant à Paris, elle a exposé *À la fontaine, Bénarès*, au Salon de la Société Nationale de 1926.

DAS Pierre
Né le 23 juillet 1912 à Nemours (Seine-et-Marne). XXe siècle. Français.
Peintre de paysages et décorateur. Postimpressionniste.

Il a commencé son apprentissage en tant que peintre de décors à Troyes. À partir de 1958, il participe régulièrement au Salon des Artistes Indépendants à Paris. Il fit sa première exposition personnelle en 1945 à Romilly-sur-Seine, puis à Paris en 1958. En 1992 et 1993, des expositions de ses œuvres ont été présentées en plusieurs lieux de La Roche-sur-Yon. Il a exécuté plusieurs peintures décoratives et, notamment une fresque murale à l'Écomusée de la Vendée, au Château du Puy du Fou, et en 1993 une peinture de grande dimension reproduite sur un timbre du « Téléthon » à La Roche-sur-Yon.

DAS suivi d'un patronyme. Voir ce patronyme

DASAGUES Louis de
XVIIe siècle. Actif à Courtrai. Éc. flamande.
Dessinateur.

DASBURG Andrew Michael
Né le 14 mai 1887 à Paris. Mort en 1979. XXe siècle. Américain.
Peintre. Cubiste, abstrait puis Nouvelles Figurations.

Élève de l'Art Student's League de New York, il s'installe à Taos, au Nouveau-Mexique à partir de 1917. Il participe à l'exposition panaméricaine de Los Angeles en 1925, obtenant le deuxième prix, puis à l'Exposition international de 1927 où il reçoit le troisième prix.

Il avait découvert, au cours d'un voyage à Paris en 1909, l'œuvre de Cézanne, Picasso et Braque. A son retour aux États-Unis, il est l'un des premiers artistes américains à pratiquer le cubisme et, vers 1913-1915, il en arrive à un art abstrait qui rejoint les positions des synchromistes, artistes américains inspirés de Delaunay et des effets de dynamisme coloré basé sur le cercle. Puis, comme Thomas Benton, il abandonne, vers 1917, l'art abstrait pour revenir à une peinture figurative d'un réalisme aigu. Au moment de ce passage d'un art à l'autre, Dasburg a détruit plusieurs de ses toiles. ■ A. P.

Bibliogr. : In : *Diction. Universel de la Peinture*, Le Robert, t. II, Paris, 1975.

Ventes Publiques : New York, 20 et 21 oct. 1943 : *Nature morte aux tulipes* : **USD 150** – New York, 18 nov. 1965 : *Bouquet de fleurs* : **USD 775** – New York, 27 mars 1981 : *Paysage d'été* 1967, cr./pap. (48,1x60,8) : **USD 750** – New York, 29 mai 1981 : *Finney farm, Croton-on-Hudson* 1917, h/t (76,8x62,3) : **USD 9 500** – New York, 23 juin 1983 : *Maisons et arbres* 1933, fus. (63,5x48,3) : **USD 2 500** – New York, 9 déc. 1983 : *Finney farm, Croton-on-Hudson*, h/t (74,9x59,7) : **USD 50 000** – New York, 20 juin 1985 : *Paysage* 1911, h/t mar./cart. (21x26) : **USD 1 300** – New York, 20 mars 1987 : *Paysage aux trois pics de montagne*, aquar./pap. mar./cart. (31x33,5) : **USD 3 500** – New York, 3 déc. 1987 : *Le vase de cristal*, h. et collage/t. (66,6x76,8) : **USD 105 000** – New York, 25 mai 1989 : *Pueblo*, h/t (49,8x60,3) : **USD 121 000** – New York, 30 nov. 1989 : *La ferme Finney*, h/t. cartonnée (33x40,6) : **USD 37 400** – New York, 26 sep. 1990 : *Paysage en octobre* 1962, past. et encre/pap. (43,7x55,7) : **USD 9 900** – New York, 14 mars 1991 : *Une grange dans un paysage enneigé* 1910, h/t (40,9x51,3) : **USD 3 520** – New York, 22 mai 1991 : *Nature morte de fruits* 1946, h/t (43,5x61,5) : **USD 17 600** – New York, 28 mai 1992 : *Arbres* 1933, cr. rouge/pap./cart. (57,8x48,2) : **USD 2 200** – New York, 22 sep. 1993 : *Paysage* 1919, h/t/cart. (33,1x41,3) : **USD 10 925** – New York, 21 mai 1996 : *Paysage avec des arbres*, past./pap. (42,8x58,5) : **USD 7 475** – New York, 3 déc. 1996 : *Paysage Taô* 1933, aquar. et cr./pap./cart. (37x54,5) : **USD 9 200** – New York, 23 avr. 1997 : *Paysage Taô* 1931, aquar./pap. (36,8x52,1) : **USD 29 900** – New York, 7 oct. 1997 : *Cottonwoods Taos Pueblo*, h/t/pan. (45,7x34,3) : **USD 19 550**.

DASCALU-HASS Irina
Née le 12 août 1952 à Bacau. XXe siècle. Roumaine.
Peintre, graveur, illustrateur. Expressionniste, tendance abstraite.

Diplômée de l'Institut d'Arts Plastiques N. Grigorescu de Bucarest en 1975, elle a participé à de nombreuses expositions de groupe en Roumanie, Bulgarie, Yougoslavie et Canada. Elle obtint le 1er Prix au Salon de la Caricature de Petrosani en 1978, le 1er Prix à l'Exposition de l'Humour dans l'Art à Bacau en 1979. Personnellement, elle expose pour la première fois à Toronto en 1975. Installée définitivement au Canada depuis 1981, elle fait des affiches pour le théâtre, pour des festivals et des expositions et illustre des livres.

Elle a traité ses paysages dans une manière expressionniste et s'est intéressée à divers domaines comme la caricature, l'affiche, la scénographie. A son arrivée au Canada, elle a travaillé durant deux ans dans un atelier de gravure et son style a évolué vers l'abstraction.

Bibliogr. : Ionel Jianou : *Les Artistes roumains en Occident*, American Romanian Academy of Arts ans Sciences, Los Angeles, 1986.

DASCH Barthel
XVIIe siècle. Actif à Nuremberg. Allemand.
Peintre.

DASCHKOFF Pawel Michailowitsch
Né en 1763. Mort en 1807. XVIIIe siècle. Russe.
Graveur.

Ce général, descendant d'une noble famille, grava pour son plaisir, en particulier d'après P. Sandby et J. B. Leprince.

DASHAN ou **Ta-Chan** ou **Ta-Shan**, surnom : **Hanweng**, nom de pinceau : **Shi-Lian**
XVIIe-XVIIIe siècles. Actif sous le règne de l'empereur Qing Kangxi (1662-1722). Chinois.
Peintre.

Prêtre vivant au temple Changshou, dans la province du Guangdong, c'est un ami du peintre Wu Weiye (1609-1671). Un de ses paysages est signé et daté 1692.

DASHIELL Margaret May, Mrs
Née à La Nouvelle-Orléans. XXe siècle. Travaillant à Richmond (Virginie). Américaine.
Peintre, dessinatrice.

Membre du Musée des Beaux-Arts de Richmond. On cite ses dessins de noirs. Elle est aussi écrivain et conférencière.

DASHOU ou **Ta-Cheou** ou **Ta-Shou**, de son vrai nom **Chen Jun**, surnoms : **Jirer Qinji, Hanquan, Linzhou...**
Originaire de Haichang, province du Zhejiang. XIXe siècle. Actif vers 1839-1852. Chinois.
Peintre.

Il était moine.

DASHOUNDS
XIXe siècle.
Peintre animalier.

Ce nom se trouve dans le dictionnaire du Dr Mireur avec les prix d'un certain nombre d'aquarelles de chiens et de sujets de chasse, ayant figuré à la vente de la veuve d'Olivier de Penne. Nous pensons qu'il y a là une erreur du rédacteur du catalogue, à moins qu'il ne s'agisse d'un pseudonyme d'Olivier de Penne.

DASI Daniele
XVIIe siècle. Français.
Peintre.

Il exécuta une *Vierge* pour l'église San Dionigi à Rome vers 1665.

DASI ORTÉGA Francisco
XIXe siècle. Actif à Valence. Espagnol.
Peintre.

DASIO Ludwig
Né en 1871 à Munich. Mort en 1932 à Munich. XIXe-XXe siècles. Allemand.
Sculpteur.

Il fut l'élève de Syrius Eberle, puis, après quelques voyages à travers l'Europe, professa lui-même. On cite surtout ses bronzes.

Ventes Publiques : Cologne, 19 oct. 1979 : *Flore* 1905, bronze (H. 65) : **DEM 4 600** – Munich, 1er-2 déc. 1992 : *Jeune fille dansant*, bronze (h. 62) : **DEM 4 140**.

DASIO Maximilian
Né le 28 février 1865 à Munich. Mort en 1954. XIXe-XXe siècles. Allemand.
Peintre de compositions mythologiques, sujets religieux, illustrateur, graveur, médailleur.

Après avoir fait un apprentissage chez un ciseleur, il est entré en 1884 à l'Académie de Munich où il fut élève de Heterich et de W. von Diez. À la suite du succès de ses décors pour le Deutsches Theater, il obtint une bourse qui lui permet de séjourner à Rome. De retour à Munich, il devint professeur à la Damenakademie, de 1896 à 1900, puis à l'École des beaux-Arts, de 1900 à 1910. Il fit des expositions dans les grandes villes d'Allemagne et notamment à l'Académie de Berlin.

Si les thèmes de ses tableaux sont souvent mythologiques ou religieux, les livres qu'il a illustrés sont surtout tirés des œuvres d'Andersen, telle : *La princesse sur un petit pois*.

Bibliogr. : Marcus Osterwalder : *Dictionnaire des illustrateurs, 1800-1914*, Hubschmid & Bouret, Paris, 1983.

DASKALOFF Georgi
Né en 1923 à Sofia. xxe siècle. Actif en France et en Amérique. Bulgare.
Peintre. Expressionniste.
Élève à l'Académie des Beaux-Arts de Sofia, il en sort diplômé en 1949. Entre 1950 et 1960, il est selectionné pour les principales expositions d'art bulgare à Vienne, Berlin, Belgrade, Moscou, Prague, Leipzig, en Chine, en Inde, en Indonésie, au Mexique. A partir de 1960, il vit à Paris et à New York, figure dans de nombreuses expositions collectives aux États-Unis, en Suède, et à Paris où il participe au Salon des Artistes Indépendants en 1962, au Salon d'Automne de 1962 à 1967, au Salon Comparaisons de 1965 à 1967. Ses expositions personnelles se sont déroulées, depuis 1961, à Paris, Londres, Copenhague, Detroit, Bruxelles, New York, Genève, etc.
Sa peinture, qui peut-être rattachée au courant expressionniste tout en montrant quelque influence du pop art, exprime souvent une sensualité tendant à l'érotisme.
Ventes Publiques : Copenhague, 30 nov. 1988 : *Souvenir folklorique* 1963, h/t (165x130) : **DKK 5 000**.

DASNOY Albert
Né en 1901 à Lierre. xxe siècle. Belge.
Peintre de portraits, paysages, natures mortes, intérieurs, graveur.
Élève de l'Académie des Beaux-Arts de Bruxelles, il fut membre des « Compagnons de l'Art » à partir de 1937, de « l'Art contemporain » et de l'Académie royale de Belgique. Il était également critique d'art.
Bibliogr. : In : *Diction. biogr. illustré des Artistes en Belgique depuis 1830*, Arto, Bruxelles, 1987.
Ventes Publiques : Anvers, 6 avr. 1976 : *Femme dans un intérieur*, h/t (60x50) : **BEF 44 000** – Bruxelles, 26 oct. 1977 : *Fleurs*, h/t (54x44) : **BEF 5 500** – Bruxelles, 25 mars 1981 : *Vue d'une ville*, h/t (55x45) : **BEF 48 000** – Bruxelles, 24 oct. 1984 : *Quatre personnages masqués*, h/t (57x47) : **BEF 60 000** – Bruxelles, 27 mars 1985 : *Place Louise à Bruxelles*, h/t (64x84) : **BEF 115 000** – Bruxelles, 13 mai 1987 : *L'embarcadère*, h/t (65x66) : **BEF 60 000** – Lokeren, 21 mars 1992 : *Jeune fille de profil*, h/pan. (64,5x55) : **BEF 28 000** – Lokeren, 9 déc. 1995 : *Place Louise à Bruxelles*, h/t (65x87) : **BEF 180 000**.

DASOKU, de son vrai nom **Sôyo**
Originaire de Echizen. xve siècle. Japonais.
Peintre.
Il vécut à Kyoto à l'époque Muromachi et fit partie de l'école de peinture à l'encre. Il aurait été ami du moine zen Ikkyû Sôjun (1394-1481).

DASOKUKEN. Voir **KANÔ SANSETSU** et **KANÔ SHÔKAKU**

DASPREVYN Jacques
xvie siècle. Actif à Tours en 1577. Français.
Peintre.
Il fit le portrait du duc d'Anjou.

DASSARETO Ludwig
xviiie siècle. Actif à Mayence en 1752. Allemand.
Peintre.
Il mourut sans doute en 1753.

DASSEL Ulrich von
xviiie siècle. Actif à Wrisbergholzen (Hanovre) vers 1748. Allemand.
Peintre sur porcelaine.
Le Musée de Hanovre conserve des pièces signées de cet artiste.

DASSELBORNE Lucien
Né en 1873 à Louvroil (Nord). Mort en 1952 à Tournai. xxe siècle. Belge.
Peintre de paysages, paysages urbains, fleurs, aquafortiste.
Il a participé au Salon des Artistes Français, obtenant une mention honorable en 1922, au Salon de la Société Nationale des Beaux-Arts et, à partir de 1931, au Salon d'Automne à Paris.
Musées : Tournai.
Ventes Publiques : Lokeren, 12 déc. 1987 : *In den tuin*, h/t (92x72) : **BEF 300 000**.

DASSIER, dit **Genevois**
Mort en 1764 à Lyon. xviiie siècle. Français.
Dessinateur.
Il dessina des maquettes de tissus.

DASSIER Adrian ou **Assier, d'Assier, d'Acier, Dacier**
Né en 1630 à Lyon. xviie siècle. Français.
Peintre de sujets religieux, portraits.
Cet artiste alla travailler à Rome et fut, à Lyon, maître de métier (?) pour les peintres, en 1652, 1663, 1669. De Bombourg, en 1675, cite des tableaux religieux de « d'Assie », existant à Lyon dans les églises des Carmes Déchaussés, du couvent de la Déserte, de Saint-Nizier, Saint-Paul La Platière et dans le cloître de Saint-Jean. Il peignit le portrait de J. Moyron, bienfaiteur des hôpitaux de Lyon.

DASSIER Michel Victor. Voir **ACIER**

DASSIER Pierre
xviie siècle. Français.
Peintre.
Ce peintre vivait à Lyon en 1688 et 1694.

DASSONNEVILLE Jacques ou **Dassonville**
Né en 1619 à Saint-Ouen (près de Rouen). xviie siècle. Français.
Peintre, graveur.
Ce très intéressant graveur, qui fut doublé d'un littérateur de talent, a gravé de nombreuses planches originales en lesquelles il a nettement copié, mais d'une façon très personnelle, la manière de Van Ostade.

Ventes Publiques : Paris, 1776 : *Intérieur d'une maison de paysans prenant leur repas*, dess. à la pl. et à l'encre de Chine : **FRF 37**.

DASSONVAL Gaston
xxe siècle. Français.
Peintre et décorateur.
Il a participé au Salon des Humoristes. Il a exécuté des tentures décoratives pour des salles de spectacle et des intérieurs, notamment *l'Envers du music-hall*, inspiré de l'œuvre de Colette.

DASSONVILLE Jeanne Marguerite Marie
Née à Paris. xxe siècle. Française.
Aquafortiste.
Élève de P. Desbois. Membre du Salon des Artistes Français.

DASSONVILLE René Georges
Né à Cambrai (Nord). xxe siècle. Français.
Peintre de paysages.
Il a pris part au Salon des Artistes Français dont il est membre. Ses paysages montrent surtout des sites de l'Oise, du Cambrésis et de la Meuse.

DASSONVYLLE Melchior. Voir **ASSONVILLE Melchior d'**

DASSORI Giovanni Battista
xviiie siècle. Actif vers 1792. Italien.
Graveur.

DASSY Jean Joseph
Né le 27 décembre 1796 à Marseille. Mort le 27 juillet 1865 à Marseille. xixe siècle. Français.
Peintre et lithographe.
Entré à l'École des Beaux-Arts le 28 août 1817, il se forma sous la conduite de Goubaud et de Girodet-Trioson. En 1824 il obtint une médaille de deuxième classe. Au mois de septembre 1845, il fut nommé conservateur du Musée de Marseille. Il exposa au Salon de Paris de 1819 à 1844. Parmi les œuvres de cet artiste, mentionnons : *Saint Jérôme*, à la cathédrale d'Arras, *Le Christ au tombeau*, à l'église de la Palud, à Marseille, *L'éducation de la Vierge*, à l'église Saint-Nicolas-des-Champs de Paris, *La Charité*, dans les appartements du président du Sénat, *Mort de Saint Louis*, à la cathédrale d'Arras. On doit en outre à Dassy, les figures allégoriques de la *Force* et de la *Vigilance* peintes en 1827 au château de Vincennes.
Musées : Semur-en-Auxois : *La Charité* – Versailles : *Combat de Robert, duc de Normandie, avec un guerrier sarrasin* – *Caribert* – *Louis Ier le Débonnaire* – *Portrait en pied d'Étienne Lahire de Vignoles* – *François-Alexandre-Paris de Lorraine* – *Cath. de Lorraine, abbesse de Remiremont* – *Bataille de Saucourt-en-Vimeu*.

DASTI Jean Baptiste
xviie siècle. Français.
Peintre.
Il fut reçu à l'Académie Saint-Luc à Paris en 1661.

DASTOR Georges Louis Paul
Né à Paris. xxe siècle. Français.
Peintre de paysages et de marines.
A partir de 1928, il a exposé au Salon des Artistes Français et à celui des Artistes Indépendants à Paris.

DASTRAC Raoul Jean
Né le 9 octobre 1891 à Aiguillon (Lot-et-Garonne). xxe siècle. Français.
Peintre de paysages.
Élève de J. P. Laurens, P.A. Laurens et Déchenaud, il débute au Salon des Artistes Français en 1922, obtenant une mention honorable en 1923. Il figurait au Salon d'Automne de Paris en 1924.

DASTUGUE Maxime
Né en 1851 à Castelnau-Magnoac (Hautes-Pyrénées). Mort en 1909. xixe-xxe siècles. Français.
Peintre de genre, nus, portraits.
Élève de Gérome, il prit part au Salon de Paris, de 1876 à 1908. À la suite de son voyage en Égypte en 1889, il rapporta des vues de bazars, souks, oasis. Il peignit aussi des nus, des baigneuses, dont les lignes ondoyantes font penser à l'œuvre d'Ingres, des portraits, dans un style fin de siècle.
Bibliogr. : Gérald Schurr, in : *Les Petits Maîtres de la peinture 1820-1920, valeur de demain,* Les Éditions de l'Amateur, t. IV, Paris, 1979.
Musées : Pau : *Baigneuses* 1879 – Le Puy-en-Velay (Mus. Crozatier) : *Edmond de La Fayette.*
Ventes Publiques : Paris, 1855 : *Le bain turc* : **FRF 1 500** – Paris, 1894 : *Anniversaire* : **FRF 1 820** – Paris, 1894 : *Une rue au Caire,* past. : **FRF 120** – Paris, 14-16 jan. 1926 : *La récureuse de cuivres* : **FRF 250** – Paris, 19 fév. 1943 : *L'oasis* : **FRF 1 420** – Bruxelles, 14 déc. 1976 : *Intérieur d'une synagogue tunisienne,* h/t (39x62) : **BEF 44 000** – Paris, 3 avr. 1981 : *Femme aux seins nus,* h/t (63x47) : **FRF 6 600** – Enghien-les-Bains, 16 oct. 1983 : *Femme au tambourin,* h/t (100x73) : **FRF 33 500** – Londres, 8 fév. 1985 : *Une beauté brune* 1890, h/t (81,2x54) : **GBP 1 600** – New York, 23 mai 1989 : *Avenue du bois de Boulogne à Paris,* h/t (54x73) : **USD 6 600.**

DASVELDT Jan H. ou **Daveldt**, dit **le Petit Potter**
Né le 26 août 1770 à Amsterdam. Mort le 11 février 1850 ou 1855. xviiie-xixe siècles. Hollandais.
Peintre animalier, paysages, graveur.
Élève de H. Stokvisch.

ID.

Musées : Amsterdam : *Chien du Mont-Saint-Bernard – Deux chiens.*
Ventes Publiques : Amsterdam, 14 sep. 1993 : *Bétail dans une forêt près d'un moulin à eau,* h/pan. (51x65) : **NLG 1 380.**

DASWARTH
xvie siècle. Indien.
Peintre.
Il travailla pour le Grand Moghol d'Hindoustan Akbar Ier (1542-1605).

DAT Simone
Née le 19 juillet 1927 à Paris. xxe siècle. Française.
Peintre. Nouvelles Figurations.
Elle commence à peindre en 1949, étudiant la peinture dans les Académies Julian et de la Grande Chaumière à Paris. Elle a régulièrement participé au Salon de la Jeune Peinture, au Salon de Mai, à la Biennale de Paris et à plusieurs expositions de groupe en France et à l'étranger, notamment à : Paris en 1951 *28 jeunes femmes par 28 jeunes peintres* ; à Londres en 1956 *Jeune Peinture de Paris* ; au Musée d'Art Moderne de Paris en 1965 *1/65* ; au Musée d'Art Moderne de Paris en 1970 *1/70* ; etc. Elle a exposé personnellement, entre autres, à Paris à partir de 1956, à Houston (Texas) en 1960. Elle a obtenu le Prix Fernand Léger en 1954. Elle est chevalier de l'ordre des Arts et Lettres.
Son art n'est sans doute pas étranger à celui de Paul Rebeyrolle avec qui elle fut mariée. Après une période d'abstraction, elle s'est orientée vers la nouvelle figuration, particulièrement représentée au Salon de la Jeune Peinture dans les années soixante, consacrant l'apparition pour la première fois d'un important expressionnisme français. Dans des compositions ambitieuses, hautes en couleur, d'une dessin caricatural et agressif, Simone Dat exprime le plus souvent une critique aiguë, politiquement affirmée, de la société actuelle.
Ventes Publiques : Versailles, 25 nov. 1963 : *Au marché* : **FRF 3 000** – Paris, 21 nov. 1990 : *Départ pour le marché* 1954, h/pan. (173x100) : **FRF 10 800** ; *Les paysans* 1954, h/pan. (75x184) : **FRF 19 000.**

DATHAN Johann Georg
Né en 1703 à Mannheim. Mort en 1748 à Mannheim. xviiie siècle. Allemand.
Peintre d'histoire, portraits.
Essentiellement peintre de portraits officiels, il travailla à Spire et à Mannheim.
Il fait preuve d'un certain réalisme, plaçant ses personnages, parfois habillés de manière pittoresque, sous un clair-obscur très marqué.
Bibliogr. : In : *Diction. de la peinture allemande et d'Europe centrale,* coll. Essentiels, Larousse, Paris, 1990.
Musées : Dresde (Staat. Kunst.) : *Allégorie sur le mariage de Marie-Joséphine de Pologne avec le dauphin de France, fils de Louis XV* 1747 – Francfort-sur-le-Main : *Portrait de Joh. Fr. Uffenbach* 1746 – Karlsruhe (Staat. Kunsthalle) : *Vieille femme en uniforme de hussard.*
Ventes Publiques : Zurich, 17-18 juin 1996 : *La mort de Cléopâtre* 1730, h/pan. (46x32) : **CHF 8 000.**

DATHEIL Zdenka, née **Arnostova**
Née le 26 décembre 1908 à Prague. xxe siècle. Depuis 1946 active, depuis 1957 naturalisée en France. Tchécoslovaque.
Peintre, graveur, décoratrice de théâtre, illustrateur, sculpteur et critique d'art. Tendance lyrique-abstrait.
Elle a débuté à Prague en créant une trentaine de décors pour les théâtres nationaux de Prague, Brno, Bratislava et Zagreb. Arrivée à Paris en 1946, elle s'inscrit à l'École des Beaux-Arts, section peinture en 1946. Elle commence à peindre sous son nom de jeune fille, Arnostova, puis épouse en 1957 le poète français Raymond Datheil et, à partir de 1961, signe ses œuvres de son nom de femme.
Elle participe aux Salons d'Automne, Comparaisons et Réalités Nouvelles à Paris, prend part à des expositions de groupe et fait des expositions personnelles, à partir de 1948, à Paris, Amsterdam, Barcelone, Ankara, Londres, Lausanne, Prague, Bratislava, Brno, Luxembourg, Tulle, etc. En 1969, elle reçoit le Grand Prix des Beaux-Arts de la Ville de Paris et la médaille d'argent de la Ville de Paris en 1990.
Sur certaines de ses toiles, qui semblent extraites d'un monde minéral, « l'œil voyage d'éclat en fissure, de faille en cristallisation, de strate en protubérance... », selon la description de Jean Bouret. D'autres fois, d'un fond abstrait nébuleux à la Turner, se distingue très discrètement l'évocation de villes, de personnages, de constructions difficiles à définir. Jean Cassou, Max-Pol Fouchet et Michel Ragon ont écrit sur cette artiste dont la peinture mêle subtilement onirisme fantastique and abstraction.
■ A. P.
Musées : Lausanne (Mus. canton. des Beaux-Arts) – Luxembourg (Mus. de l'État) – Paris (Mus Nat. d'Art Mod.) – Paris (Mus. mun. d'Art Mod.) – Prague (Archives Nat. du Théâtre).

DATII Alessio
Né en 1610 à Loreto. xviie siècle. Italien.
Peintre.
Il travailla à Rome.

DATILIO Anthony ou **Dattilo-Rubbo**
Né le 22 juin 1870 à Naples. Mort en 1955. xixe-xxe siècles. Actif aussi en Australie. Italien.
Peintre de genre, dessinateur.
Après des études aux Écoles d'Art de Rome, il fut, à Naples en 1894, élève du professeur Morelli. En 1896, il obtint son diplôme de professeur de dessin et, la même année, alla s'installer à Sydney.
Musées : Sydney : *Un vétéran – Au bord de la mer.*
Ventes Publiques : Sydney, 2 juil. 1990 : *La Montagne bleue,* h/t (28x33) : **AUD 650.**

DATO
xive siècle. Actif à Pise vers 1300. Italien.
Peintre.
Il travailla pour l'église de la Trinité et pour la cathédrale de cette ville.

DATSCHITZKI Daniel
Né vers 1620 à Prague. Mort en 1682 à Breslau. xviie siècle. Tchécoslovaque.
Peintre.

Il travailla à Dresde avant de s'établir à Breslau où il exécuta plusieurs tableaux religieux.

DATTÉE Jeanne
XXe siècle. Française.
Graveur.
Élève de Dusouchet et de Mlle Feuilloux. Sociétaire du Salon des Artistes Français ; mention honorable en 1933.

DATTI Natale ou **Dati**, dit **le Maître à la Ratière**
XVIe siècle. Italien.
Graveur.
Zani, sans preuves, attribue à cet artiste, actif à Ravenne dans la première partie du XVIe siècle, de petites planches entièrement faites au burin qui portent comme signature *NA. DAT* et comme emblème une ratière, ce qui l'a souvent fait appeler le « Maître à la ratière ». On cite de lui : *La Vierge et sainte Anne, Les Jumeaux monstrueux, Les Deux Armées rangées en bataille.*

DATTOLI Vincenzo
Né le 17 octobre 1831 à Foggia. Mort en 1896. XIXe siècle. Italien.
Peintre d'histoire et de genre.
Fit ses études dans sa ville natale et se perfectionna à Naples. Son père étant mort, il reçut de sa province une pension dont il jouit jusqu'en 1861. En cette année 1861, le jeune artiste fit un voyage à Florence, y peignit un tableau représentant une *Bataille navale*, qui figura à l'Exposition de Turin en 1863 et se trouve aujourd'hui au Muséo Civico de cette ville. En 1864, il exposa à Milan : *Les Napolitains déchirant l'édit de l'Inquisition*. En 1871, il partit pour Rome et y obtint un grand succès. Le Musée Revoltella, à Trieste, conserve de lui : *Un jour de vacances.*

DATUCCIO Orlandi
XIVe siècle. Actif à Lucques entre 1315 et 1337. Italien.
Peintre.

DATUS Jay
Né le 24 mars 1914. XXe siècle. Américain.
Peintre.
Élève de l'École des Beaux-Arts de Yale. Expose à l'Art Institute de Chicago.

DATZ A. Mark
Né le 28 octobre 1883 en Russie. XXe siècle. Américain.
Peintre et graveur.
Élève de l'Académie Nationale de Dessin de New York de la Cooper Union, il a réalisé plusieurs peintures murales.

DAU Jacqueline
Née à Paris. XXe siècle. Française.
Peintre d'animaux, de paysages, de figures, sculpteur.
Elle fit ses études à l'École Nationale Supérieure des Beaux-Arts de Paris où elle eut pour professeurs Louis Leygue et Chapelain-Midy. A partir de 1968 elle a exposé dans les Salons parisiens. Elle a exposé au Musée de la Chasse à Paris, à Québec, New York, Munich. Elle obtint le Premier Grand Prix comme peintre animalier. Elle décrit également les paysages de la région où elle vit, et s'est attachée à faire le portrait de musiciens célèbres.

DAUBAN Jules Joseph
Né le 31 mai 1822 à Paris. Mort le 6 septembre 1908. XIXe siècle. Français.
Peintre de sujets mythologiques, scènes de genre, portraits, compositions murales.
Élève d'Auguste Debay à l'École des Beaux-Arts de Paris, où il entra en 1844, il figura au Salon de Paris de 1847 à 1867. Établi à Angers, il fut nommé conservateur au Musée des Beaux-Arts de cette ville en 1850. Décoré de la croix de la Légion d'honneur en 1868.
Il est l'auteur de grandes décorations d'églises, notamment à la chapelle de l'hospice général d'Angers. La vie des Trappiste lui a inspiré une trilogie : *Réception d'un étranger chez les Trappistes – Trappistes se donnant le baiser de paix, avant la communion – La mort d'un Trappiste.* On cite également : *Mme Roland se rendant au tribunal révolutionnaire.*
Bibliogr. : Gérald Schurr, in : *Les Petits Maîtres de la peinture 1820-1920, valeur de demain*, Les Éditions de l'Amateur, t. V, Paris, 1981.
Musées : Angers : *Réception d'un étranger chez les Trappistes – Trappistes se donnant le baiser de paix, avant la communion – La mort d'un Trappiste.*
Ventes Publiques : Paris, 1863 : *Bacchus* : **FRF 150.**

DAUBEIL Jules
Né à Paris. XIXe siècle. Français.
Peintre d'histoire, portraits, paysages, aquarelliste.
Il fut l'élève de J.-P. Laurens et exposa au Salon des Artistes Français à partir de 1879 des portraits et des scènes historiques.
Ventes Publiques : Charleville-Mézières, 19 nov. 1989 : *Le tombeau de Dinet*, aquar. (22x32) : **FRF 3 000** ; *Alger*, aquar. (23x32) : **FRF 2 300.**

DAUBENSPECK Carl Friedrich
Né en 1857 à Roermond (Hollande). XIXe siècle. Allemand.
Peintre de paysages.
Il passa la plus grande partie de son existence à Düsseldorf.

DAUBERT F.
XVIIe siècle. Français.
Sculpteur.
Il fit, pour la chapelle de Saint-Ménélé, aux Parillers, à Précigné (Sarthe) un bénitier en pierre dure sur lequel on voit son nom gravé, ainsi que la date de 1647.

DAUBERTAN Charles, dit **de Maugras**
Né à Fontainebleau. Mort vers 1662 à Fontainebleau. XVIIe siècle. Français.
Peintre.
Il existe au château de Fontainebleau deux grandes compositions de cet artiste : *Apollon gardant les troupeaux d'Admète* et *Adam et Ève.*

DAUBERVILLE Henry
Né le 13 juin 1907 à Paris. Mort le 12 mars 1988 à Paris. XXe siècle. Français.
Peintre de paysages, natures mortes, aquarelliste.
Membre de la célèbre dynastie de commerçants en œuvres d'art, les Bernheim, il perfectionna sa culture artistique à l'École du Louvre. Artiste lui-même, il a exposé ses propres œuvres au Salon des Indépendants à partir de 1935. À titre individuel, il en montra un ensemble à la galerie Bernheim Jeune de Paris, en 1881. En connaisseur du monde de l'art, il lui a consacré des romans satiriques : *Attention à la peinture*, et *La mort de l'art.*

DAUBIGE Marie
Née à Sarlat (Dordogne). XXe siècle. Française.
Peintre.
Exposant du Salon des Artistes Français et du Salon des Femmes Peintres et Sculpteurs.

DAUBIGNY Amélie, née **Dautel**
Née vers 1796 à Paris. Morte le 22 mars 1861 à Paris. XIXe siècle. Française.
Peintre de portraits, miniatures.
Elle eut pour professeurs Aubry et Granger. Au Salon elle exposa des portraits en miniature de 1831 à 1844. Elle obtint une médaille de troisième classe en 1834. Cette artiste avait épousé le peintre Pierre Daubigny.
Ventes Publiques : Paris, 29 avr. 1994 : *Jeune fille au corsage de dentelle*, miniat., de forme ovale (11x8) : **FRF 6 000.**

DAUBIGNY Charles ou **d'Aubigny**
Né en 1740. Mort le 4 février 1830 à Varsovie. XVIIIe-XIXe siècles. Depuis 1780 actif en Pologne. Français.
Peintre.
Cet artiste habita presque constamment la Pologne ; il y travailla beaucoup de 1780 à 1830, probablement auprès de son père, maître de danse chez le prince Adam Czatoryski. Il peignit surtout des miniatures, mais aussi de petites toiles à l'huile qui furent vendues de 1819 à 1821 à Varsovie, où il donna aussi des leçons de dessin.

DAUBIGNY Charles François
Né le 15 janvier 1817 à Paris. Mort le 21 février 1878 à Paris. XIXe siècle. Français.
Peintre de paysages, paysages d'eau, graveur, illustrateur.
Charles François Daubigny faisait partie d'une famille de peintres : son père, Edmé François, son oncle, sa tante ; son fils le fut d'ailleurs aussi. Daubigny étudia tout d'abord avec son père ; mais sa mère étant morte, il ne put s'adapter à la situation créée par le remariage de celui-ci. À 17 ans, il résolut de partir pour Rome, ayant réuni la somme nécessaire. Il consacra une année à la visite des grands Musées d'Italie. À son retour à Paris, le peintre Granet, conservateur du Louvre, l'employa à la restauration des tableaux du Musée. Daubigny a déclaré souvent que

ce furent là les heures les plus pénibles de sa carrière artistique et proclamé son dégoût pour ce « travail de profanation ». En 1838, il avait 21 ans, il entra chez le peintre d'histoire Paul Delaroche. Il gagnait alors sa vie avec des dessins pour des boîtes à bonbons, d'innombrables illustrations qu'on lui payait vingt sous pièce, dessinant surtout pour la gravure sur bois. Il se proposait de participer en 1840 aux épreuves du prix de Rome ; une négligence l'en écarta. Il continua de connaître une période difficile, avec des illustrations encore, des en-têtes de factures. Après 1844, Daubigny connut la peinture anglaise au cours d'un séjour qu'il fit en Grande-Bretagne. Il est certain que les paysages de Constable retinrent son admiration, mais il se trouvait déjà lui-même en pleine possession de son art. Ultérieurement, il peindra et gravera d'après des œuvres de Ruysdael. Grâce à ses premiers succès, joints à l'entrée en possession d'un petit héritage, Daubigny put réaliser un rêve révélateur de l'orientation très particulière de sa sensibilité. Il fit construire une péniche, aménagée en vue d'une habitation permanente : c'est à bord du « Bottin » qu'il vivra désormais d'une existence errante sur les canaux et les rivières, explorant tout le bassin de la Seine, se faisant remorquer et « déposer » tour à tour au gré de sa fantaisie et de l'attrait des sites. Séjournant sur les eaux dormantes et dans les brouillards humides, Daubigny commença à éprouver de graves symptômes d'épuisement. Il était déjà très affaibli lorsqu'il entreprit son périple d'été en l'année 1877 ; la fatigue ne fit que s'accentuer et l'hypertrophie du cœur intervenant, il s'éteignit le 21 février 1878.

Il figura à son premier Salon, en 1838, avec une *Vue de l'église Notre-Dame de Paris*. Dans la suite, les œuvres exposées au Salon furent innombrables : Salon de 1840 : *Saint Jérôme* ; *Vue prise dans la vallée d'Oisans (Isère)* – Salon de 1841 : *Vue prise sur les bords du Furon, Sassenage* ; Six vues à l'eau-forte – Salon de 1843 : *Vue prise aux environs de Choisy-le-Roi* – Salon de 1844 : *Carrefour du nid de l'Aigle, forêt de Fontainebleau* – Salon de 1845 : Six eaux-fortes – Salon de 1847 : *Vue prise en Picardie* ; *Vue prise au bord du ru, Valmondois* ; *Une chaumière en Picardie* – Salon de 1848 : *Les Souches* ; *Vue prise dans le Morvan* ; *Un champ de blé* ; *Les bords du Cousin, près d'Avallon* ; *Vue prise aux environs de Château-Chinon* – Salon de 1849 : *Vue prise à Champlay* ; *Vue prise sur les bords de la Seine* ; *Soleil couché* – Salon de 1851 : *La Mouche, petite rivière près du Rhône* ; *Vue prise à Optevoz (Isère)* ; *Les Îles vierges à Bezons* (Musée d'Avignon) ; *Vue prise près d'Argenteuil* ; *Péniche* ; *La vendange* ; *Vue prise sur les bords de la rivière d'Oullins près de Lyon* – Salon de 1852 : *Moisson* ; *Vue prise sur les bords de la Seine* – Salon de 1853 : *Petite vallée d'Optevoz (Isère)* ; *Entrée de village* – Salon de 1855 : *Bords du ru, à Orgevaux (Seine-et-Oise)* ; *Pré à Valmondois (Seine-et-Oise)* ; *Mare au bord de la mer* ; *Écluse dans la vallée d'Optevoz* (Louvre), réexposé au Champ-de-Mars en 1867 – Salon de 1857 : *Le Printemps* ; *Vallée d'Optevoz* ; *Soleil couché* ; *Une futaie de peupliers* ; *Le buisson*, paysage gravé d'après le tableau de Ruysdael (Musée du Louvre et chalcographie du Louvre) – Salon de 1859 : *Les Graves au bord de la mer, à Villerville (Calvados)* (Musée de Marseille) ; *Les bords de l'Oise* (Musée de Bordeaux) ; *Soleil couchant* ; *Lever de lune* ; *Les champs au printemps* – Salon de 1861 : *Parc à moutons, le matin L'Île de Vaux, à Auvers (Val d'Oise)* ; *Un village près de Bonnières* ; *Lever de lune* ; *Les bords de l'Oise* ; *Le coup de soleil*, d'après le tableau de Ruysdael (Musée du Louvre et chalcographie du Louvre) – Salon de 1863 : *La vendange* ; *Matin* ; *Bords de l'Oise à Auvers* – Salon de 1864 : *Villerville-sur-Mer* ; *Les bords de la Cure (Morvan)* – Salon de 1865 : – *Le parc de Saint-Cloud* ; *Effet de lune* ; *Un parc à moutons* ; *Une vendange*, eaux-fortes – Salon de 1866 : *Effet du matin sur l'Oise* (Musée de Lille) ; *Les bords de l'Oise, près de Bonneville* ; *Le gué*, eau-forte – Salon de 1867 (Exposition Universelle) : *Le hameau d'Optevoz* – Exposition annuelle, 1867 : *Un soir à Andresy, bords de la Seine* – Salon de 1868 : *Le printemps* ; *Lever de lune*. À signaler également : deux panneaux décoratifs appartenant à l'État : *Le pavillon de Flore*, *Le palais et le jardin des Tuileries*. À la suite du Salon de 1857, où il exposait entre autres œuvres *Le Printemps*, il fut nommé chevalier de la Légion d'honneur. Daubigny fut fait officier de la Légion d'honneur en 1874.

Sa réputation de peintre commença de s'affirmer à partir de 1844, et aussi sa prédilection pour les paysages de fleuves et de rivières, les étangs, ayant discerné de suite sa voie véritable. Après 1857, il obtint la mission de décorer l'escalier des salons du Ministère d'État au Louvre. Les tableaux qui suivirent ses périples à bord de la péniche-atelier connurent une très grande vogue. On a même reproché au maître « marinier » d'avoir quelque peu commercialisé ses œuvres.

La critique a parfaitement su démêler ce qui devait être mis au crédit de Daubigny : ses qualités techniques, sa sincérité, la fraîcheur et la vivacité de ses tons, la fluidité de l'atmosphère, la simplicité des motifs : *le Printemps, la Vanne, la Vallée d'Optevoz* et d'autres, les pommiers en fleur, les verdures neuves, la transparence de l'eau. Daubigny n'est pas un esprit synthétique : il ne cherche jamais à évoquer quelque chose de plus grand que le sujet qui l'occupe, d'en dégager une idée, un contenu abstrait. Ce qui le caractérise, c'est son amour entier pour la campagne, qu'il peint telle qu'il la voit, c'est-à-dire à peu près à l'opposé de Théodore Rousseau, qui est, lui, animé d'une profondeur de sentiment qu'ignore Daubigny, ou de Corot, qui recompose la nature selon la tradition classique illustrée par Poussin. Daubigny ne saurait pratiquer le paysage historique. Sa vision même le fait échapper à l'emprise de la composition. Il peint exclusivement le paysage : ses vues ne comportent pas de figures ou peu du moins et, quand il en existe, elles se réduisent discrètement à de toutes petites indications. Ses quelques figures de bœufs sont exceptionnelles.

Daubigny est surtout le peintre de l'eau, et chose que nul autre n'avait réalisée avant lui, il était, lui, « sur l'eau ». En cela il peut être rapproché de Claude Monet. Daubigny peint continuellement d'après nature et sur le motif même, ce qui entraîne nécessairement une liberté d'exécution toute particulière. La postérité de Daubigny comprend la peinture de paysage entre la seconde moitié du dernier siècle et le début de la Première Guerre mondiale, avec : Boudin, Jongkind, Lépine, Chintreuil, Courbet, les Maris, puis : Harpignies, Bastien-Lepage, Lhermitte, Cazin, Vollon, Lebourg. Ses tableaux sont de grandes études peintes entièrement d'après nature. Il ne retient que la nature et la peint pour elle-même, il apparaît en cela comme un initiateur de l'impressionnisme.

■ E. C. Bénézit, J. B.

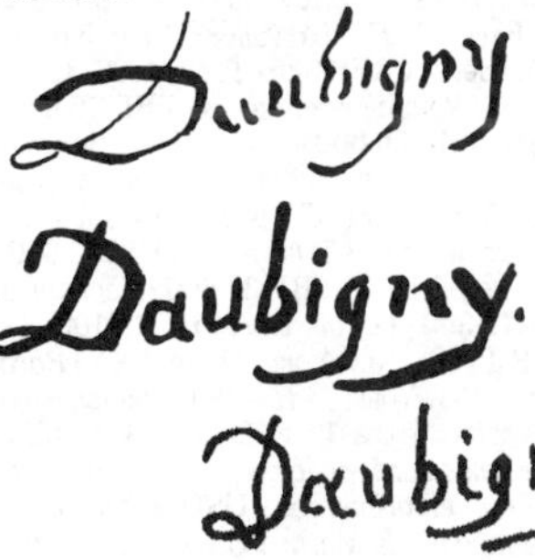

Cachets de vente

Musées : Amsterdam : *Paysage sur les bords de l'Oise* – *Vue de la plage* – Amsterdam (Mus. mun.) : *L'Île de Vaux* – Avignon : *Les Îles Vierges à Bezons* – Avignon : *Les Îles Vierges à Bezons* – Bayonne : *Le Palais de Cristal à Londres* – *Paysage*, deux toiles – Berlin : *Paysage printanier* – Béziers (Mus. Fabregat) : *Bords de l'Oise* – Bordeaux : *Bords de l'Oise* – Carcassonne : *Rivière d'Oullins près de Lyon* – Châlons-sur-Marne : *La Cascade de Saint-Cloud* – Chantilly : *Château de Saint-Cloud* – Copenhague : *Paysage* – Detroit (Inst. of Art) : *Les Moulins de Dordrecht* – Glasgow : *Lac* – La Haye (Mus. Mesdag) : *La Maison de lamère Bazot* 1874 – Vingt-et-une autres toiles – Helsinki : *Rivages avec lune* – *Clair de lune et mer* – *Paysage* – *Paysage d'été* – *Dutru* – *Tripleval* – Kassel : *Soir au bord de la mer* – Liège : *Vue de Villerville* – *Marécage* – *Bords de l'Oise* – *Un chemin* – Lille : *Matin sur l'Oise* – Limoges : *Environs de Paris* – Londres : *Les Bords de la rivière* – Lyon : *Marine* – Marseille (Mus. Grobet-Labadie) : *Graves de Villerville*, étude – Montréal (Learmont) : *La Vallée de Dieppe* – Moscou (gal. Tretiakoff) : *Un petit village* – *Les Bords de l'Oise* – *La Côte de la mer* – *Le matin* – *Solitude* – *Un soir à Honfleur* – Nantes : *Vue de la Seine* – Nice : *Vue des hauteurs de Montmartre* – *Paysage*, deux toiles – Paris (Mus. du Louvre) : *Bords du Cousin* – *La Moisson* – *Les péniches* – *La Tamise* – *Le Moulin de Gygliers* – *Bords de l'Oise* – *Le Matin* – *L'Étang* – *Coin de Normandie* – *Le Marais* – *La Mare aux cigognes* – *Soleil couchant* – *Les Graves de Villerville* – *La Vanne d'Optevoz* – *Bateaux sur l'Oise* – *Les Vendanges de Bourgogne* – *La Mare* – *Le Printemps* – Deux gravures d'après Jean Pinas et Claude Lorrain – Pontoise : *La Meule* – *Vue de la Bonneville* – Reims : *Les Bords de l'Oise* – *Paysage* – *Le Bac* – *Falaise en Normandie* – Trois paysages – Rouen : *Écluse* – *Bords de l'Oise*.

Ventes Publiques : Londres, 1873 : *Un crépuscule* : **FRF 7 435** – Paris, 1874 : *Marais* : **FRF 12 550** – Paris, 1877 : *Le lever de la lune* : **FRF 7 100** – Bruxelles, 1877 : *L'étang* : **FRF 2 300** – Paris, 1878 : *Plateau de Saint-Cloud* : **FRF 255** ; *Maison à Optevoz* : **FRF 1 200** ; *Mare à Villerville* : **FRF 3 710** ; *Ile de Vaux* : **FRF 1 005** ; *Moutons parqués* : **FRF 2 370** ; *Vendange, Bourgogne* : **FRF 10 000** ; *La ravine à Auvers* : **FRF 1 420** – Paris, 1879 : *Paysage* : **FRF 5 650** – Boston, 16 et 17 jan. 1880 : *Un paysage* : **FRF 2 000** ; *Un paysage* : **FRF 3 225** – Paris, 1881 : *Village au bord de l'eau* : **FRF 20 000** ; *L'étang* : **FRF 6 000** – Paris, 1881 : *Le marais* : **FRF 12 500** – Paris, 1881 : *Fécamp, soleil couchant* : **FRF 18 000** ; *Le clair de lune* : **FRF 10 000** – Bruxelles, 23 déc. 1882 : *La route du village* : **FRF 1 920** – Amsterdam, 1884 : *Paysage* : **FRF 9 758** – Paris, 17 mars 1884 : *Le pré des Graves à Villerville* : **FRF 13 000** ; *Les roches noires* : **FRF 3 300** – Paris, 1885 : *Bords de l'Oise* : **FRF 15 000** – Paris, 1886 : *Sur la Seine* : **FRF 31 000** ; *Sur la Marne* : **FRF 27 500** ; *Bateaux en rivière* : **FRF 6 625** – Paris, 1886 : *Bords de l'Oise* : **FRF 14 250** ; *Vue de Conflans* : **FRF 16 500** – New York, 1887 : *La fin du mois de mai* : **FRF 39 500** – Paris, 1888 : *Effet de soleil* : **FRF 43 250** ; *Après-midi d'été* : **FRF 25 000** – Paris, 1889 : *La rentrée des moutons* : **FRF 42 500** ; *Le ruisseau dans la forêt* : **FRF 9 500** – La Haye, 1889 : *Lever de lune* : **FRF 13 020** – Berlin, 12 déc. 1889 : *Paysage* : **FRF 4 845** – New York, 1889 : *Sur la mare* : **FRF 25 500** – Paris, 1891 : *Le verger* : **FRF 15 150** ; *Vaches et moutons dans un paysage, effet de lune*, étude : **FRF 6 200** – Paris, 1891 : *Gardeuse de vaches* : **FRF 12 150** – Paris, 1891 : *Bords de l'Oise* : **FRF 16 000** – Paris, 1891 : *La Saulaie* : **FRF 44 000** ; *Portijoie* : **FRF 54 000** ; *La Mare au clair de lune* : **FRF 47 000** – Paris, 1892 : *Aux bords de l'Oise* : **FRF 25 600** – Paris, 1892 : *Les bords de l'Oise* : **FRF 30 500** – Paris, 1892 : *Les bords d'une rivière* : **FRF 18 000** – Londres, 1892 : *Bords de rivière* : **FRF 11 830** – Paris, 1893 : *Un coin de la Tamise* : **FRF 8 100** ; *Les Marais d'Optevoz* : **FRF 38 200** – Paris, 1er-2 fév. 1897 : *Les bords de l'Oise* : **FRF 78 000** – Paris, 1897 : *La vallée* : **FRF 5 600** – Londres, 1898 : *Bords de rivière* : **FRF 6 825** – Paris, 1898 : *Le soir sur la Marne* : **FRF 25 000** ; *Pommiers en fleurs* : **FRF 30 000** – Paris, 1898 : *Le printemps* : **FRF 20 000** – Paris, 1898 : *Bords de l'Oise* : **FRF 14 500** – Philadelphie, 1898 : *Auvers-sur-Oise* : **FRF 30 000** – New York, 5 fév. 1900 : *Côtes et falaises à Villerville* : **USD 2 500** ; *Coucher de soleil sur la rivière* : **USD 2 000** – Bruxelles, 11 mai 1901 : *Le pêcheur* : **FRF 31 400** ; *Pêcheur au bord d'une rivière* : **FRF 12 300** ; *Le ruisseau* : **FRF 21 100** ; *Les pommiers en fleurs* : **FRF 3 700** – New York, 17 jan. 1902 : *Bords de la Marne* : **USD 7 050** – New York, 14 fév. 1902 : *La falaise de Villerville* : **USD 5 500** – New York, 1er et 2 avr. 1902 : *L'été* : **USD 6 600** ; *Coucher de soleil sur la rivière* : **USD 11 500** ; *Crépuscule* : **USD 1 800** ; *Premier printemps* : **USD 4 200** – New York, 19 mars 1909 : *Matinée sur la Marne* : **USD 14 000** – New York, 2 avr. 1909 : *Sur la Marne* : **USD 3 600** – New York, 15 et 16 avr. 1909 : *Crépuscule sur la Seine* : **USD 13 100** – Londres, 30 avr. 1909 : *Les bords de l'Oise* : **GBP 913** ; *Les bords de l'Oise* : **GBP 1 890** ; *Coucher de soleil sur la mer* : **GBP 210** ; *Moisson d'algues* : **GBP 378** ; *A l'entour du village* : **GBP 325** ; *Sur la Seine* : **GBP 451** ; *Sur la route, près d'Auvers* : **GBP 204** – Londres, 21 mai 1909 : *Paysage dans l'Eure* : **GBP 2 205** ; *La Loire à Nantes* : **GBP 1 627** – Londres, 9 juil. 1909 : *Les laveuses* : **GBP 1 627** – Londres, 16 juil. 1909 : *Coucher de soleil sur un marais* : **GBP 210** – Paris, avr. 1910 : *Petit paysage* : **FRF 1 600** ; *Paysage au bord de la mer* : **FRF 25 000** ; *Bord de l'Oise* : **FRF 77 500** ; *Vue de Villerville* : **FRF 21 500** – Londres, 30 juin 1910 : *L'Inondation* : **GBP 1 575** ; *Les Sables-d'Olonne* : **GBP 682** ; *Clair de lune* : **GBP 115** ; *The Ferry* : **GBP 4 515** – New York, 13-14 fév. 1913 : *Bords de l'Oise, été* 1866, h/pan. (31x57) : **USD 7 900** – Londres, 26 mai 1922 : *Coucher de soleil sur l'Oise* : **GBP 1 942** – Paris, 3-4 déc.1923 : *Vaches à l'abreuvoir* : **FRF 93 000** ; *Effet de matin sur l'Oise, Auvers-sur-Oise* : **FRF 31 500** ; *La Fenaison, soleil couchant* : **FRF 12 000** ; *Solitude (prairie marécageuse par temps gris)* : **FRF 6 300** ; *Vue de Dunkerque* : **FRF 12 000** ; *Souvenir de Fontarabie* : **FRF 4 000** ; *La Route sous bois* : **FRF 16 500** – New York, 11 mai 1934 : *L'Oise à Conflans* 1865 : **USD 8 000** – Paris, 3 fév. 1944 : *Coucher de soleil sur la rivière* : **FRF 27 500** – New York, 2 mars 1944 : *Jour d'été* : **USD 800** – New York, 16 mars 1944 : *L'Oise* 1871 : **USD 900** – Paris, 12 mai 1944 : *Le Champ de blé* : **FRF 2 100** – Paris, 17 mai 1944 : *La Plaine* : **FRF 42 000** – Paris, 24 mai 1944 : *Bords de rivière* 1874 : **FRF 51 000** – Paris, 5 juin 1944 : *Coucher de soleil à Villerville* : **FRF 10 500** – Paris, 19 déc. 1944 : *La rivière*, esquisse : **FRF 21 200** – Paris, 24 déc. 1944 : *Paysanne sur la route* : **FRF 20 500** – Nice, 26 déc. 1944 : *Vue sur la Seine* : **FRF 31 000** – Paris, 1er fév. 1945 : *Bords de rivière* : **FRF 65 000** – New York, 1er fév. 1945 : *L'Oise à Cergy* : **USD 2 700** – New York, 15 mars 1945 : *Jour de juin* 1875 : **USD 1 100** – New York, 19 avr. 1945 : *Soleil couchant* 1872 : **USD 1 900** – Paris, 16 et 17 mai 1945 : *Vue de Meaux* : **FRF 78 000** ; *La vallée d'Optevoz* : **FRF 101 000** – Paris, 25 mai 1945 : *Paysage*, dess. : **FRF 1 210** – Paris, 11 juin 1945 : *Le Chemin du village*, attr. : **FRF 15 500** – Londres, 15 juin 1945 : *Paysage et rivière* 1860 : **GBP 105** – Paris, 22 juin 1945 : *Coucher de soleil sur l'étang* : **FRF 20 100** – Paris, 25 juin 1945 : *Paysages*, mine de pb, trois dessins : **FRF 700** – Londres, 19 déc. 1945 : *Scène de côte* : **GBP 140** – Paris, oct. 1945 – juil. 1946 : *Prairie marécageuse par temps gris* : **FRF 13 100** ; *Marine* 1866 : **FRF 60 000** – New York, 28 mars 1946 : *Les bords de la Seine à Portjoie* 1872 : **USD 1 000** – New York, 15 mai 1946 : *Le printemps* : **USD 600** – Paris, 2 déc. 1946 : *Paysages*, mine de pb, trois dessins : **FRF 2 200** – Paris, 23 déc. 1946 : *Village au bord de la Seine* : **FRF 100 000** – Paris, 14 fév. 1947 : *Gardeuse d'oies au bord d'une rivière* : **FRF 39 500** – Paris, 24 avr. 1947 : *Effets de lumière au bord du lac* : **FRF 25 000** – Paris, 18 juin 1947 : *Coucher de soleil sur la rivière* : **FRF 20 500** – Paris, 20 juin 1951 : *Village au bord de la rivière* : **FRF 211 000** – Londres, 14 juin 1952 : *Conflans* : **GBP 4 000** – Paris, 5 juin 1954 : *Vue de rivière* : **FRF 570 000** – New York, 23 oct. 1957 : *L'Oise* : **USD 1 700** – Londres, 9 juil. 1958 : *Le village de Glouton* : **GBP 2 000** – Londres, 3 déc. 1958 : *Fermes en Normandie* : **GBP 500** – New York, 13 mars 1959 : *Coucher de soleil sur l'Oise* : **USD 3 000** – Londres, 1er juil. 1959 : *Coucher de soleil* : **GBP 480** – New York, 6 avr. 1960 : *Journée d'été sur l'Oise* : **USD 2 700** – Londres, 20 mai 1960 : *Baie à marée basse* : **GBP 630** – Paris, 25 mai 1960 : *Paysage* : **FRF 7 000** – Paris, 23 juin 1961 : *Le port* : **FRF 8 500** – Londres, 5 juil. 1961 : *Les pâturages* : **GBP 1 150** – New York, 6 nov. 1963 : *Paysage avec pêcheurs* : **USD 8 000** – Londres, 24 nov. 1964 : *La lavandière au bord de l'Oise* : **GBP 3 900** – New York, 13 déc. 1967 : *Paysage fluvial* : **USD 4 750** – Londres, 28 juin 1968 : *Bonnières, crépuscule* : **GNS 3 800** – Londres, 28 nov. 1972 : *La Boucle du fleuve* : **GNS 6 000** – Paris, 4 déc. 1972 : *Les Bords de la Cure dans le Morvan* : **FRF 56 000** – Londres, 2 avr.1974 : *Le Village au bord de l'Oise* 1882 : **GNS 6 800** – New York, 17 mai 1974 : *Paysage fluvial* 1858 : **USD 8 750** – New York, 14 mai 1976 : *Bords de l'Oise, été* 1866, h/pan. (31x57) : **USD 16 000** – New York, 15 oct. 1976 : *Le bac* 1864, h/t (62x100) : **USD 18 000** – Zurich, 2 nov. 1979 : *Paysage au clair de lune*, h/t (47x82) : **CHF 10 000** – New York, 25 jan. 1980 : *L'aube* 1869, h/t (83x145) : **USD 36 000** – Paris, 2 juil. 1980 : *La forêt de Fontainebleau*, mine de pb/pap. (25x52,5) : **FRF 13 000** – Paris, 19 juin 1981 : *Bord de rivière avec troupeau*, sanguine (28,5x46) : **FRF 16 000** – New York, 28 mai 1982 : *L'Oise à Auvers* 1877, h/pan. (38,7x67,4) : **USD 17 000** – Londres, 30 juin 1983 : *Le gué* 1865, eau-forte (30,6x37,8) : **GBP 3 100** – New York, 25 mai 1984 : *Bords de l'Oise* 1875, h/t (61x100,3) : **USD 40 000** – New York, 28 oct. 1986 : *Bords de l'Oise* 1867, h/pan. parqueté (40,6x66) : **USD 19 000** – Londres, 26 fév. 1988 : *Paysage de rivière*, h/pan. (22,8x40,6) : **GBP 13 200** – New York, 24 mai 1988 : *Chemin près d'Anvers* vers 1869, h/pan. (19x39,8) : **USD 11 550** – Paris, 24 juin 1988 : *Vue de Dieppe* 1876, peint./pan. (30x50) : **FRF 220 000** – Berne, 26 oct. 1988 : *Chemin forestier débouchant sur une clairière en automne* 1897, h/pan. (33x23) : **CHF 2 200** – Stockholm, 15 nov. 1988 : *Paysage boisé avec un lac au coucher du soleil*, h. (50x83) : **SEK 85 000** – Paris, 12 déc. 1988 : *Paysage avec paysan sur un âne*, h/pan. (23,7x40,7) : **FRF 71 000** – Copenhague, 5 avr. 1989 : *Paysage de l'Oise*, h/t (14x33) : **DKK 24 000** – Paris, 7 avr. 1989 : *La barque près de l'écluse*, h/t (52x38) : **FRF 70 000** – New York, 23 mai 1989 : *Les pêcheurs d'anguilles* 1864, h/pan. (17,5x29,8) : **USD 18 700** – Monaco, 17 juin 1989 : *Paysage de Bonneville dans l'Oise*, h/pan. (22,5x35) : **FRF 61 050** – Monaco, 3 déc. 1989 : *Bords de Seine*, cr. (25,5x41,8) : **FRF 133 200** – New York, 28 fév. 1990 : *Le matin* 1874, h/t (48,2x83,2) : **USD 66 000** – Paris, 27 mars 1990 : *Étude de vaches* 1865, h/t mar. sur pan. : **FRF 6 000** – New York, 22 mai 1990 : *L'abreuvoir, effet de lune*, h/t (87,6x149,8) : **USD 52 800** – Tel-Aviv, 19 juin 1990 : *Paysage avec un champ et des arbres*, h/cart. (21,5x12,5) : **USD 4 840** – Fontainebleau, 30 sep. 1990 : *Bord de rivière au soleil couchant* 1872, h/t (52x86) : **FRF 165 000** – Londres, 28 nov. 1990 : *Pêcheur dans une barque au bord de la rivière* 1871, h/pan. (33x56) : **GBP 16 500** – Paris, 7 déc. 1990 : *Bord de rivière*, h/pan. (29x61) : **FRF 140 000** – New York, 23 mai 1991 : *La Seine à Conflans* 1876, h/pan. (40,7x70,5) : **USD 52 800** – Grenoble, 17 juin 1991 : *Les chasseurs au Freney d'Oisans* 1839, cr. avec reh. de blanc

(35,5x58,5) : **FRF 45 000** – Londres, 19 juin 1991 : *Bord de mer près de Villerville*, h/t (63x98) : **GBP 24 200** – Monaco, 6 déc. 1991 : *Bateaux échoués*, cr. noir (25,5x44) : **FRF 62 160** – New York, 19 fév. 1992 : *Village au bord d'une rivière* 1868, h/pan. (38,8x67,3) : **USD 41 800** – Paris, 22 mai 1992 : *Attelages* 1865, fus. (23,5x32,5) : **FRF 9 000** – New York, 28 mai 1992 : *Paysage à Villerville* 1859, h/t (89,9x189,9) : **USD 126 500** – New York, 29 oct. 1992 : *La pêche au bord de la rivière*, h/pan. (16,5x30,5) : **USD 23 100** – Barbizon, 15 nov. 1992 : *Le pont sur le fleuve*, h/pan. (25,5x46) : **FRF 83 000** – Londres, 25 nov. 1992 : *Voiliers sur la mer*, h/pan. (39x65) : **GBP 11 550** – New York, 17 fév. 1993 : *Les Bord de l'Oise*, h/t (78,7x115,6) : **USD 118 000** – Londres, 17 mars 1993 : *Les ramasseurs de coquillages à Trouville*, h/pan. (30x53) : **GBP 10 350** – Paris, 31 mars 1993 : *Chevaux et carrioles sur une place* 1825, cr. noir (22,5x32) : **FRF 5 000** – Barbizon, 5 déc. 1993 : *La maison de la mère Bazot à Valmondois* 1872, h/pan. (31x59,5) : **FRF 90 000** – Paris, 3 juin 1994 : *L'arbre aux corbeaux* 1867, eau-forte (21,7x30) : **FRF 5 000** – New York, 16 fév. 1995 : *Soleil couchant*, h/t (88,9x179,1) : **USD 156 500** – Londres, 17 mars 1995 : *Bords de l'Oise*, h/t (47,5x83,5) : **GBP 91 700** – Paris, 24 mars 1995 : *Canards sur un étang*, cr. noir (30,5x49) : **FRF 9 500** – Pontoise, 11 juin 1995 : *Arbres au bord de l'Oise*, h/pan. (36x54) : **FRF 74 000** – Londres, 12 juin 1996 : *Chevaux sur une plage en Normandie*, h/pan. (24x51) : **GBP 2 875** – New York, 18-19 juil. 1996 : *Le Village de Sandicourt dans l'Oise*, fus./pap. (28,9x44,1) : **USD 2 300**.

DAUBIGNY Edme François, l'Aîné

Né en 1789 à Paris. Mort le 14 mars 1843 à Paris. XIXe siècle. Français.

Peintre de paysages.

Père du paysagiste Charles François Daubigny. Il fut élève de Victor Bertin, il participa au Salon de Paris de 1819 à 1831. Il fit un séjour en Italie en 1832-1833.

Ses toiles représentent généralement des vues prises dans les environs de Paris ou de Naples.

Bibliogr. : Gérald Schurr, in : *Les Petits Maîtres de la peinture 1820-1920, valeur de demain*, Les Éditions de l'Amateur, t. IV, Paris, 1979.

DAUBIGNY J.

XIXe siècle. Français.

Peintre et dessinateur.

Cité par Mireur. Il fut actif au début du XIXe siècle.

DAUBIGNY Karl Pierre

Né le 9 juin 1846 à Paris. Mort le 25 mai 1886 à Auvers-sur-Oise. XIXe siècle. Français.

Peintre animalier, paysages, marines, aquarelliste, dessinateur.

Fils et élève de Charles François Daubigny, il en fut très influencé. Il débuta au Salon de 1863 avec *Le Sentier* et *l'Île de Vaux sur l'Oise* qui révélaient en lui un sentiment très intense de la nature printanière. Il continua à exposer régulièrement au Salon où il obtint des médailles en 1868 et 1874.

Il a surtout peint des paysages de la Normandie et de la forêt de Fontainebleau. La technique de son père se retrouve assez fidèlement suivie dans ses premiers tableaux, mais dans les dernières années il accusait un tempérament très personnel. Malgré sa mort prématurée, il restera comme un des plus charmants paysagistes de la seconde moitié du XIXe siècle.

Karl Daubigny

Karl Daubigny

Musées : Aix : *Le Retour de la Pêche* – Amiens : *Les Dunes de Saint-Quentin* – Bayonne : *Paysage* – Berlin : *Paysage* – Brest (Mus. mun.) : *Bord de l'Oise* 1873 – *Bords de la Seine* – La Haye (Mus. Mesdag) : *Vue de rivière* – *Nancy* : *Paysage* – Honfleur : *Paysage*.

Ventes Publiques : Paris, 30 mars 1874 : *Mantes-la-Jolie* : **FRF 650** ; *Marée basse à Cancale* : **FRF 1 000** ; *Bords de l'Oise* : **FRF 1 120** – Paris, 1879 : *Paysage* : **FRF 110** ; *Environs de Honfleur* : **FRF 1 550** ; *L'Arrivée des pêcheurs à Berck (Pas-de-Calais)* : **FRF 2 850** – Toulouse, 1895 : *Bords de l'Oise* : **FRF 110** – Paris, 1900 : *Vaches s'abreuvant* : **FRF 710** – Paris, 21 dé. 1908 : *La Bûcheronne* : **FRF 800** – Londres, 6 fév. 1909 : *Pêcheurs de moules* : **GBP 5** – Paris, 12 fév. 1909 : *Bords de l'Oise près Auvers* : **FRF 410** – Paris, 27 avr. 1910 : *Lever de lune* : **FRF 165** – Paris, 13 nov. 1918 : *Le Vannage* : **FRF 235** – Paris, 7 déc. 1918 : *À bord du Bottin* : **FRF 85** ; *Vue de Mantes* : **FRF 400** ; *La Seine aux Andelys* : **FRF 405** – Paris, 10 déc. 1920 : *Les Lavandières des bords de l'Oise, temps gris* : **FRF 1 400** – Paris, 23-24 mai 1921 : *Vallée de la Touque, Normandie*, dess. au cr. : **FRF 260** – Paris, 11 mai 1923 : *La Bûcheronne* : **FRF 480** – Paris, 28 mai 1923 : *La Roulotte* : **FRF 200** – Londres, 1er juin 1923 : *Le Ruisseau* : **GBP 12** – Paris, 5 nov. 1923 : *Environs d'Auvers*, attr. : **FRF 78** – Paris, 26 jan. 1924 : *Paysage au bord de la mer*, attr : **FRF 105** – Paris, 4 fév. 1925 : *Paysage* : **FRF 350** – Paris, 27 mars 1926 : *Le Calfatage des barques* : **FRF 580** – Paris, 11 juin 1926 : *L'Approche de l'Orage* : **FRF 430** – Paris, 26 jan. 1927 : *Paysage à Auvers* : **FRF 310** – Paris, 25 mars 1927 : *Bord de rivière* : **FRF 1 050** – Paris, 16 fév. 1928 : *Carrières au bord de la Seine* : **FRF 1 150** – Paris, 16 fév. 1928 : *Les Pommiers en fleurs* : **FRF 1 300** – Paris, 26 avr.1928 : *La Grève de Villerville* : **FRF 1 400** – Paris, 3-4 mai 1928 : *Bords de rivière* : **FRF 620** – Paris, 27 fév. 1929 : *Vue panoramique d'une ville au bord d'une rivière* : **FRF 1 800** – Paris, 13 mars 1929 : *Bords de rivière* : **FRF 250** – New York, 4 mars 1937 : *Paysage de rivière* : **USD 125** – Anvers, 31 jan. 1939 : *Le Parc aux huîtres* : **BEF 7 000** – Paris, 16-17 mai 1939 : *Bords de rivière* : **FRF 3 000** ; *Pêcheur en barque sur la rivière* : **FRF 600** – Paris, 11 juil. 1941 : *La Mare* : **FRF 900** – Paris, 9 juil. 1942 : *Bords de l'Oise*, aquar. : **FRF 700** – Paris, 20 nov. 1942 : *Bords de Seine* : **FRF 19 000** – Paris, 21 déc. 1942 : *Deux palettes de l'artiste* : **FRF 1 000** ; *Paysages, Marines*, sanguine ou cr. noir, six pages d'album : **FRF 3 100** ; *Études d'animaux et de personnages*, mine de pb, 18 pages d'album : **FRF 500** – Paris, 11 jan. 1943 : *La Ferme* : **FRF 4 500** – Paris, 10 fév. 1943 : *Lisière de forêt* : **FRF 17 000** – Paris, 22 fév. 1943 : *Le Bac* : **FRF 37 000** – Paris, 22 déc. 1943 : *Bords de Seine* : **FRF 8 500** – Paris, 17-18 fév. 1944 : *Laveuses près du village* : **FRF 110 000** – Paris, 25 mars 1944 : *Marine, soleil couchant* 1885 : **FRF 4 000** – New York, 20 avr. 1944 : *La Plage à Trouville* : **USD 750** – Paris, 3 mai 1944 : *Travail aux champs*, sanguine : **FRF 2 000** ; *Chemin à Auvers* : **FRF 40 000** – Paris, 14 juin 1944 : *Bords de l'Oise à Auvers* : **FRF 28 500** – Paris, 16 avr. 1945 : *Paysage à la mare* : **FRF 1 300** – Paris, 14 mai 1945 : *Bords de rivière* : **FRF 2 200** – New York, 18 oct. 1945 : *Paysage avec rivière* : **USD 250** – Paris, oct.1945-juil.1946 : *Bords de plage animés* : **FRF 15 000** – Paris, 28 juin 1961 : *Bords de rivière* : **FRF 4 000** – Paris, 10 juin 1963 : *Bords de l'Oise, les lavandières* : **FRF 14 000** – Lucerne, 28 nov. 1964 : *Le Départ pour la pêche à Villerville* : **CHF 20 000** – Paris, 25 jan. 1967 : *Paysage au coucher de soleil* : **FRF 2 000** – Vienne, 3 déc. 1968 : *Paysage d'été* : **ATS 32 000** – Lucerne, 26 nov. 1971 : *Bords de Seine* : **CHF 17 000** – Londres, 13 avr. 1972 : *Le Port de Paimpol* : **GBP 500** – Paris, 18 mars 1974 : *Les Lavandières au bord de la rivière* : **FRF 17 000** – Londres, 24 nov. 1976 : *Paysage fluvial* 1871, h/t (34x56,5) : **GBP 2 300** – Londres, 20 juil. 1977 : *Paysage fluvial*, h/t (45x79) : **GBP 3 200** – Paris, 27 nov. 1979 : *Pêcheurs*, h/pan. (39x67) : **FRF 21 000** – Londres, 24 juin 1981 : *Village au bord d'une rivière* 1869, h/pan. (38x55,5) : **GBP 5 400** – Berne, 7 mai 1982 : *Vieux pêcheur à la pipe*, h/t (41x32) : **CHF 1 600** – Londres, 11 mai 1984 : *Les Ramasseuses de moules* 1867, h/t (86,3x162,5) : **GBP 6 000** – New York, 24 mai 1985 : *Le Bac* 1871, h/pan. (39,3x63,5) : **USD 5 500** – Saint-Maur, 27 oct. 1985 : *Troupeau dans la vallée*, past. (35x54) : **FRF 5 800** – La Varenne-Saint-Hilaire, 10 mai 1987 : *Les Moulins près du canal* 1875, h/t (63x77) : **FRF 80 500** – New York, 25 fév. 1988 : *Chemin à travers bois*, h/pan. (27,3x35,2) : **USD 2 200** – Paris, 25 mai 1988 : *Village au bord de la rivière* 1972, h/pan. (34x58) : **FRF 30 000** – Paris, 6 juin 1988 : *Étang*, h/t mar./pan. (40x60) : **FRF 15 000** – Berne, 26 oct. 1988 : *Paysage fluvial avec un chaland* 1867, h/t (33x46) : **CHF 3 800** – Paris, 1er mars 1989 : *Berger et son troupeau au crépuscule*, h/t (27x40) : **FRF 9 000** – Paris, 13 juin 1990 : *Bord de Seine*, h/pan. (26x50) : **FRF 25 000** – Saint-Dié, 21 avr. 1991 : *Bord d'étang*, h/t (60x73) : **FRF 21 000** – Le Touquet, 19 mai 1991 : *Église et village dominant la rivière*, h/pan. (28x50) : **FRF 49 000** – New York, 21 mai 1991 : *Village campagnard*, h/pan. (20,4x23,5) : **USD 3 740** – Paris, 24 mai 1991 : *La promenade en barque* 1882, h/pan. (35x58) : **FRF 65 000** – Paris, 10 juin 1992 : *Bord de fleuve*, h/t (64x77) : **FRF 45 000** – Fontainebleau, 22 nov 1992 : *Plage à Oléron* 1875, h/pan. (34,5x58) : **FRF 82 000** – Calais, 4 juil. 1993 : *Jeune garçon assoupi à l'ombre d'un menhir*, h/pan. (34x60) : **FRF 18 000** – New York, 12 oct. 1993 : *Un ciel* *menaçant*, h/pan. (45,1x55,2) : **USD 11 500** – Amsterdam, 9 nov. 1993 : *Le littoral*, h/pan. (25,5x49,5) : **NLG 3 450** – Amsterdam, 8 nov. 1994 : *Paysage côtier*, h/pan. (25,5x46,5) : **NLG 6 325** – Paris, 18 nov. 1994 : *Paysage fluvial* 1882, h/pan. (29,5x68) : **FRF 40 000** – New York, 2 avr. 1996 : *Amoureux se promenant sur la berge d'une rivière*, h/t (90,2x71,8) : **USD 16 100** – Calais, 15 déc. 1996 : *Vue de Menton* 1883, aquar. (17x23) : **FRF 5 600** – Paris, 16 mars 1997 : *Paysage au crépuscule*, h/cart. (34x58) : **FRF 26 000**.

DAUBIGNY Philippe C. Voir **CORDIER Philippe**

DAUBIGNY Pierre
Né vers 1793 à Paris. Mort le 15 juillet 1858. XIXe siècle. Français.
Peintre de portraits, miniaturiste, dessinateur.
Il était l'oncle du paysagiste Charles François Daubigny. Il fut élève d'Aubry. Il exposa au Salon ses miniatures de 1822 à 1855. Il obtint une médaille de troisième classe en 1833.
Ventes Publiques : Paris, 23 juin 1921 : *Portrait de femme*, miniat. : **FRF 500** – Londres, 28 nov. 1990 : *Portrait d'un jeune officier* 1815, fus. (54x42) : **GBP 1 760**.

DAUBIN Jean-Pierre
Né le 13 octobre 1942 à Chatou (Yvelines). XXe siècle. Français.
Peintre de scènes animées, marines, fleurs, sculpteur.
Il fut élève de l'École municipale des Beaux-Arts de Caen. Depuis 1962, il participe à des expositions collectives régionales et est représenté dans des galeries de Honfleur, Toulouse, La Rochelle. Il peint avec habileté des sujets aimables.

DAUBNER Georg
Né en 1865 à Berlin. Mort en 1926. XIXe-XXe siècles. Allemand.
Peintre de genre.
Il avait débuté dans la décoration théâtrale et se spécialisa par la suite dans le paysage. Le Musée de Strasbourg conserve de lui : *Troupeaux d'oies*.

DAUBO. Voir **DEAUBO Alexandre Étienne**

DAUBRAWA Henry de
XIXe siècle. Actif à Londres. Britannique.
Peintre.
Il exposa des scènes de batailles entre 1840 et 1861.
Ventes Publiques : Londres, 19 et 20 mai 1926 : *Portrait équestre* : **GBP 9**.

DAUBRECHT Salomon
XVIe siècle. Actif à Stuttgart vers 1575. Allemand.
Peintre.

DAUBRIVE Angèle, plus tard Mme **May**
Née à Fayls-Billot (Haute-Marne). XIXe siècle. Française.
Peintre sur porcelaine.
Elle exposa des portraits et des scènes de genre au Salon des Artistes Français entre 1870 et 1881.

DAUBY Maria. Voir **BUHNER Maria**

DAUCÉ Édouard Marcel
Né à Rennes (Ille-et-Vilaine). XXe siècle. Français.
Peintre de paysages.
Il exposa à Paris au Salon des Indépendants en 1929 et 1931.

DAUCHÉ Daumars
XIVe siècle. Français.
Sculpteur.
Le duc Jean de Berry le chargea, en 1386, de la décoration du château de Riom.

DAUCHER. Voir **DAUHER Adolf**

DAUCHEZ André
Né le 17 mai 1870 à Paris. Mort en 1943 ou 1948 à Paris. XIXe-XXe siècles. Français.
Peintre de scènes de genre, figures, paysages, paysages d'eau, marines, aquarelliste, pastelliste, graveur, dessinateur, illustrateur.
Autodidacte, il travailla uniquement d'après nature. Il débuta en 1894 à Paris, au Salon de la Société Nationale des Beaux-Arts dont il devint sociétaire en 1896, secrétaire en 1927, et président en remplacement de Forain en 1938. Il prit part à de nombreuses expositions à l'étranger à Pittsburgh (Institut Carnegie), Munich, Budapest, Bruxelles, Barcelone, etc. Il obtint une médaille d'argent à l'Exposition Universelle de 1900. Il fut promu chevalier de la Légion d'honneur en 1911, officier en 1932, membre de l'Institut en 1938.
La plupart de ses tableaux, tels que : *Brûleurs de goémons* ou *La récolte du varech*, relatent la vie des paysans et des pêcheurs bretons. Parmi ses illustrations, on cite : *Le foyer breton* de E. Souvestre, *Le livre de l'émeraude*, de A. Suarès, *La mer dans les bois* de A. Chevrillon, *Paris, ses eaux et ses fontaines* de G. Montorgueil, *Les Georgiques* de Virgile.

Bibliogr. : A. Saglio : *André Dauchez*, Paris, 1907.
Musées : Brême – Budapest – Dijon (Mus. des Beaux-Arts) : *Bateaux sur le sable* – Le Havre – Lille – Nantes : *Dunes et rochers* – Paris (Mus. d'Orsay) : *Pont-Croix* – *Les lavandières* – Philadelphie – Pittsburgh – Saint-Nazaire – Strasbourg.
Ventes Publiques : Paris, mai 1910 : *La plaine de Carnac* : **FRF 320** ; *Les bords de l'Odet* : **FRF 550** – Paris, 22 fév. 1919 : *Maisons en ruines* : **FRF 550** – Paris, 4 et 5 mars 1921 : *Bords de rivière* : **FRF 2 950** – Paris, 26 oct. 1922 : *Le hameau (Bretagne)* : **FRF 1 000** – Paris, 11 et 12 mai 1925 : *Paysage aux environs de Concarneau* : **FRF 1 800** – Paris, 25 avr. 1927 : *Maisons près de la mer (Bretagne)* : **FRF 950** ; *La route de Lesconil* : **FRF 1 105** – Paris, 25 juin 1945 : *Bords de l'Odet*, fus. reh. : **FRF 2 200** – Paris, 27 mars 1947 : *Le troupeau dans les marais*, aquar. : **FRF 1 050** – Paris, 5 oct. 1970 : *Rivière en Bretagne*, h/t (38x59) : **FRF 520** – Paris, 17 mai 1972 : *L'Odet*, h/t (81x65) : **FRF 800** – Brest, 16 mai 1982 : *Paysage breton*, past. (38x62) : **FRF 4 100** – Brest, 18 déc. 1983 : *Rivière de Pont-l'Abbé* 1929, h/t (82x100) : **FRF 12 500** – Brest, 15 déc. 1985 : *L'embouchure de l'Odet*, past. et cr. de coul. (64x99) : **FRF 7 800** – Brest, 17 mai 1987 : *Bourg breton sur la côte*, h/t (23x33) : **FRF 7 500** – Versailles, 5 mars 1989 : *Paysans sur la route près du moulin*, h/t (35,5x73) : **FRF 7 000** – Paris, 4 mars 1991 : *Les ormes* 1939, h/pan. (29,5x41) : **FRF 6 000**.

DAUCHO Fernand
Né le 3 décembre 1898 à Paris. XXe siècle. Français.
Peintre. Expressionniste.
Élève des Académies Colarossi et de la Grande Chaumière en 1922 et 1923, il a participé au Salon des Artistes Indépendants dès 1927, puis plus tard aux Salons d'Automne et des Tuileries. Dans sa manière de construire et de géométriser les formes, il a souvent été comparé à Léger, mais où Léger met de la force dans l'expression, Doucho y met de l'humour. Et, si l'on a parlé d'expressionnisme à son égard, il faut le nuancer de jovialité.

DAUCHOT Gabriel
Né le 10 mai 1927 à Livry-Gargan. XXe siècle. Français.
Peintre de portraits, paysages, natures mortes, lithographe. Tendance expressionniste.
Élève d'Othon Friesz et d'Yves Brayer dans les ateliers de la Grande Chaumière, où il travailla dès l'âge de quatorze ans, il prit part aux Salons des Moins de Trente ans et d'Automne, dès 1942. A partir de 1945, il fit des expositions personnelles régulières à Paris, en Suisse et aux États-Unis. Il remporta le premier Prix des Amateurs d'Art en 1952.
Il peint, en pleine pâte, des personnages funambulesques, valets de chambre, nouveaux mariés, paysages mélancoliques, enterrements ironiquement grotesques, natures mortes surannées ou au contraire charnelles. Dans les années 80, il a éclairci sa palette, laissé libre cours à son humour, donnant des compositions d'une grande liberté dans leur mise en page.

Musées : Paris (Mus. d'Art Mod.).
Ventes Publiques : Paris, 7 nov. 1946 : *Femme assise* : **FRF 3 000** – Paris, 10 juin 1955 : *Le Valet de chambre à la cigarette* : **FRF 120 000** – Paris, 5 jan. 1960 : *Le clown* : **FRF 5 205** –

New York, 26 oct. 1960 : *La voiture de poupée* : **USD 1 400** – Paris, 10 déc. 1962 : *Jeune homme assis tenant une fleur* : **FRF 4 800** – New York, 19 juil. 1967 : *La choriste* : **USD 475** – Paris, 27 juin 1968 : *La Poupée* : **FRF 3 000** – Genève, 28 juin 1969 : *Homme à la pipe* : **CHF 4 000** – Paris, 5 mars 1972 : *Les Méfaits de l'alcool* : **FRF 4 100** – Zurich, 13 nov. 1979 : *L'Atelier*, h/t (60x60) : **CHF 5 000** – Zurich, 29 oct. 1982 : *Dans l'atelier de l'artiste*, h/t (40x80) : **CHF 3 600** – Zurich, 9 nov. 1984 : *Vase de fleurs*, h/t (92x63) : **CHF 3 200** – Zurich, 7 juin 1985 : *L'atelier de l'artiste*, h/t (40x80) : **CHF 4 600** – Cologne, 10 déc. 1986 : *Nature morte à la trompette*, h/t (100x100) : **DEM 4 800** – Paris, 15 avr. 1988 : *Clown pianiste*, h/t (27x16) : **FRF 3 000** – Paris, 16 mai 1988 : *Rue de Paris*, h/t (22x27) : **FRF 5 100** – Paris, 14 déc. 1988 : *Le peintre du bois de Boulogne* 1959, h/t (47x19) : **FRF 5 500** – Paris, 3 mars 1989 : *Arlequin*, h/t (80x40) : **FRF 5 500** – Paris, 21 nov. 1989 : *Nature morte*, h/t (65x81) : **FRF 13 000** – Strasbourg, 29 nov. 1989 : *Automne*, h/t (38x55) : **FRF 11 000** – Paris, 1er déc. 1989 : *Femme au chapeau*, h/t (73x54) : **FRF 14 000** – Paris, 13 juin 1990 : *Paris sous la neige*, h/t (54x73) : **FRF 23 500** – New York, 10 oct. 1990 : *Rue de Paris* 1951, h/t (73,1x91,6) : **USD 3 850** – New York, 15 nov. 1990 : *Arlequin*, h/t (132x81,3) : **USD 8 250** – Calais, 9 déc. 1990 : *Promenade au bord du lac*, h/t (40x81) : **FRF 22 000** – Amsterdam, 17 sep. 1991 : *Clown tenant une rose*, h/t (73x47,5) : **NLG 1 955** – Paris, 27 jan. 1992 : *Nature morte à la lampe à pétrole*, h/isor. (65x81) : **FRF 6 000** – Paris, 3 juil. 1992 : *La jeune fille au chapeau à fleur*, h/t (100x50) : **FRF 9 000** – New York, 30 juin 1993 : *Portrait d'homme*, h/t (80x40,6) : **USD 1 035** – Le Touquet, 14 nov. 1993 : *Le Clown triste*, h/t (80x40) : **FRF 8 000** – Paris, 15 nov. 1994 : *Le Banc public*, h/t (130x162) : **FRF 18 500** – Paris, 10 avr. 1996 : *La Croisette, Cannes*, h/t (65x100) : **FRF 5 100** – Paris, 16 déc. 1996 : *Dans l'atelier*, h/t (40x80) : **FRF 5 500**.

DAUCY Jacquemart
xve siècle. Français.
Sculpteur.
Il travailla, vers 1450, à la décoration du boulevard de Lille.

DAUDE Knud
Né le 28 mars 1808 à Skjold. Mort en 1879 à Munich. xixe siècle. Norvégien.
Peintre.
A fait ses premières études à l'Académie de Copenhague ; de là se rendit à Dresde où il fut l'élève de Dahl ; enfin, vers 1845, s'établit à Munich où il fit des portraits. Mais bientôt il changea de voie et se livra presque exclusivement aux paysages. Sa spécialité, dans laquelle il excella, fut les clairs de lune sur la mer. On y trouve peut-être un peu d'uniformité, mais ses effets de lumière sont toujours merveilleux de justesse. Le buste de Daude, exécuté en marbre par Halbig, a sa place parmi les artistes bavarois, au Musée de Munich.

DAUDELIN Charles
Né en 1920 à Granby (Québec). xxe siècle. Canadien.
Peintre, sculpteur. Abstrait.
Il suivit des cours de sculpture sur bois à l'École du meuble, fut élève de Borduas au Canada, puis de F. Léger à New York, de Laurens et de nouveau de Léger à Paris. Entre 1964 et 1967, il a enseigné à l'École des Beaux-Arts de Montréal, a exposé dans cette ville, au Musée Rodin à Paris en 1970, à la Biennale de Sculpture d'Anvers en 1971. Il obtient le prix Paul Émile Borduas en 1985. À Paris, il a réalisé une fontaine place Saint-Germain-des-Prés.
Ayant rapidement abandonné la peinture pour la sculpture, il réalise des œuvres abstraites, d'esprit géométrique où il joue de la déformation et de la décomposition des stuctures primaires.
Bibliogr. : In : Catal. de l'exposition *Les vingt ans du musée à travers sa collection*, Musée d'Art Contemporain, Montréal, 1985.
Musées : Montréal (Mus. d'Art Contemp.) : *Habitants* 1946 – *Antre noir* 1969, bronze (25,4x17,8x21,6).
Ventes Publiques : Montréal, 25 nov. 1986 : *Force motrice 69*, bronze : **CAD 1 300**.

DAUDENARDE Louis Joseph Amédée
Né au xixe siècle à Paris. Mort en 1907. xixe siècle. Français.
Graveur.
Élève de Best. Il débuta au Salon de 1869 avec *La Vierge et l'Enfant Jésus*, d'après une statue.

DAUDENFOORT Jan Lodewyk
xviie-xviiie siècles. Actif à Anvers. Éc. flamande.
Peintre.
Il fut l'élève de Joris Van Bredael.

DAUDET Berthe
Née au xixe siècle à Paris. Morte en 1889. xixe siècle. Française.
Peintre de portraits.
Élève de E. Robert-Fleury. Elle débuta au Salon de 1879 avec un *Portrait*.

DAUDET Étienne Joseph
Né en 1672. Mort en 1730 à Lyon. xviie-xviiie siècles. Français.
Graveur.
Il illustra *L'Histoire du Dauphiné* (Genève, 1722) et sans doute *La description du Cabinet de M. de Servières* (Lyon, 1719).

DAUDET Eugène
Né le 31 mai 1809 à Paris. xixe siècle. Français.
Peintre.
Cet artiste, élève de Langlois, débuta au Salon de Paris en 1831, avec une *Vue du moulin de Saint-Ouen* et un portrait. A partir de 1837, il fut attaché à la conservation des Musées. En 1860, il devint conservateur adjoint du Musée de peinture du Louvre. Le 15 août 1865, la croix de chevalier de la Légion d'honneur lui fut décernée. Au Musée de Pontoise, on possède de cet artiste une étude d'homme (mine de plomb et lavis).

DAUDET Henri
Né au xixe siècle à Paris. xixe siècle. Français.
Peintre de paysages.
Élève de Segé et H. Sintin. Il débuta au Salon de 1877 avec : *Un coin de la plaine de Bois-Colombe*.
Ventes Publiques : Paris, 23 juin 1988 : *Barques de pêche près de la jetée* 1881 et 1882, h/t, une paire (chaque 32,5x55) : **FRF 20 000**.

DAUDET Jean Louis
xviiie siècle. Actif à Lyon entre 1722 et 1744. Français.
Graveur.
On connaît un assez grand nombre d'œuvres de cet artiste, notamment le *Portrait de la Nonne, Suzanne de Riant* et l'illustration de la *Pompe funèbre du Maréchal duc de Villeroy* (Lyon, 1731).

DAUDET Robert, père
xviiie siècle. Français.
Graveur.
Également marchand d'estampes, il travaillait à Lyon dans la première moitié du xviiie siècle. Il a gravé en 1733 le frontispice pour *La Dévotion au Sacré-Cœur*, du P. de Gallifet (d'après F. Delamonce), en 1734 : *Le Jubilé de saint Jean* (d'après Delamonce), *Église de saint Jean, vue extérieure* et *Vue du Chant* (d'après le même). On cite aussi les portraits suivants : *Léonard Michon* (1730, d'après Grandon), *J. Van Effon*, *J. Launois* (1731), *le R. P. Louis Molina* (1733), *Saint François de Sales* (d'après Delamonce). On le confond souvent par erreur avec Jean-Louis ou Étienne Joseph Daudet.

DAUDET Robert, fils
Né en 1737 à Lyon. Mort le 2 juin 1824 à Paris. xviiie-xixe siècles. Français.
Graveur au burin.
Fils de Robert Daudet, il apprit le dessin avec J.-C. Frontier, la gravure avec son père, J.-J. Baléchou et J.-G. Wille. On cite de lui : *Ruines d'une ville d'Italie*, (d'après C. Van Poelenburg), *Vue du Pausilippe*, *Les jeunes blanchisseuses*, *Les pêcheurs corses* (Joseph Vernet), *L'après-midi*, *Ruine romaine* (Diétrich), *Paysage* (Wagner), *Ruines de Palmyre*, *La grand'chasse au cerf* (P. Wouwerman), *La Vendange*, *Le troupeau hollandais* (Berghem), ainsi que quatre planches pour l'ouvrage *l'Expédition d'Égypte*, et des paysages pittoresques avec figures et animaux.

DAUDETEAU L. René
Né au xixe siècle à Fontenay-le-Comte (Vendée). xixe siècle. Français.
Peintre de paysages et dessinateur.
Il débuta au Salon de 1869 : *La Grand'Raie*, fusain.

DAUDIER
xviie siècle. Actif à la fin du xviie siècle. Français.
Graveur.
Cité par Heineken.

DAUDIGNAC Clémence Sophie, plus tard Mme **de Sermezy**

Née en 1767 à Lyon. Morte en 1830 à Charentay (Rhône). XVIIIe-XIXe siècles. Française.

Sculpteur.

Élève de Chinard, cette artiste fut une portraitiste très à la mode dans la société lyonnaise de la première moitié du XIXe siècle.

DAUDIN Henri Charles

Né au XIXe siècle à Paris. XIXe-XXe siècles. Français.

Peintre de portraits.

Élève de Cabanel et de Cormon. Sociétaire des Artistes Français depuis 1890 ; obtint une mention honorable en 1889 et une médaille de troisième classe en 1907.

Ventes Publiques : Paris, 30 mars 1942 : *Portrait du sculpteur Janson* : **FRF 650.**

DAUDIN Louis Charles Valéry

Né le 20 septembre 1861 à Paris. XIXe siècle. Français.

Peintre.

Élève de Cabanel et Cormon. Sociétaire des Artistes Français depuis 1889, il obtint une mention honorable en 1888. Il a peint surtout des intérieurs. On ne sait rien de lui après 1906.

DAUDO. Voir **DEAUBO Alexandre Étienne**

DAUEBLER Johann Martin

Né en 1756 à Nuremberg. Mort vers 1800. XVIIIe siècle. Allemand.

Peintre de miniatures.

Le Musée de Munich possède un paysage de cet artiste.

DAUER Johannes

Originaire du Wallis. XVIe siècle. Suisse.

Peintre.

D'après le Dr C. Brun, auteur d'un tableau d'autel représentant, sur un côté, *Saint Jean Baptiste et sainte Catherine* et sur l'autre une *Scène de la légende de saint Nicolas.*

DAUEY Randall

XXe siècle. Américain.

Peintre et graveur.

Membre de l'Académie Nationale de New York en 1938, il était affilié aux Sociétés d'art de Taos, New Mexico et Kansas City. Il obtint le second prix Hallgarten en 1915 et le prix Walter Clarke en 1938.

DAUFFIN Louis

XVIIe siècle. Actif à Troyes en 1627. Français.

Peintre.

DAUFIN Jacques

Né le 24 mai 1930 à Saint-Lo (Manche). XXe siècle. Français.

Peintre de fleurs. Postimpressionniste.

Il participe aux Salons des Artistes Indépendants, d'Automne et de la Jeune Peinture. Ses bouquets de fleurs de couleurs vives sont peints au couteau dans une pâte épaisse.

Ventes Publiques : Neuilly, 5 déc. 1989 : *Les toits rouges,* h/t (73x53) : **FRF 9 000** – Paris, 30 oct. 1990 : *Le village,* h/t (100x81) : **FRF 16 000** – Neuilly, 14 nov. 1990 : *Les genets,* h/t (81x100) : **FRF 20 000** – New York, 15 nov. 1990 : *Vase de fleurs,* h/t (120x60) : **USD 4 950** – Neuilly, 3 fév. 1991 : *La tuilerie,* h/t (81x100) : **FRF 15 000** – Neuilly, 20 oct. 1991 : *Les toits rouges,* h/t (60x73) : **FRF 9 000** – Neuilly, 23 fév. 1992 : *Le village aux toits rouges,* h/t (81x100) : **FRF 18 000** – Paris, 27 nov. 1992 : *Table de café,* h/isor. (119x60) : **FRF 6 000.**

DAUGE Claude ou **Daulge**

XVIe siècle. Actif à Troyes vers 1548. Français.

Peintre.

DAUGE Gérard

XVIe siècle. Français.

Peintre.

Il travailla à l'église de Moutier-la-Celle à Troyes en 1522, jusqu'en 1534, et fut employé aux décorations de la ville pour l'entrée de la reine Éléonore.

DAUGE Jean

XVIe siècle. Français.

Peintre verrier.

Cité à Troyes en 1562.

DAUGE Marc

XVIe siècle. Actif à Troyes vers 1550. Français.

Peintre et sculpteur.

Cité par Natalis Rondot dans son ouvrage : *Les Peintres de Troyes.*

DAUGER Xavier, vicomte

Né au XIXe siècle à Menneval. XIXe siècle. Français.

Sculpteur.

Il débuta au Salon de 1880 avec un buste marbre.

DAUGHERTY Charles M.

XXe siècle. Travaillant à Westport (Connecticut). Américain.

Peintre.

Auteur de peintures murales.

DAUGHERTY James Henry

Né le 1er juin 1889 à Ascheville (Caroline du Nord). Mort en 1974. XXe siècle. Américain.

Peintre, graveur, décorateur et illustrateur.

Il fit ses études à l'École d'art Corcoran, à la Pennsylvania Academy, à l'École des Beaux-Arts de Philadelphie et fut élève de F. Brangwyn. Il a réalisé des décorations murales pour l'École supérieure de Stamford (Connecticut) et d'un théâtre à Cleveland (Ohio). Ses illustrations se sont essentiellement portées sur des ouvrages relatifs à l'histoire des États-Unis.

Ventes Publiques : New York, 22 mars 1979 : *Sans titre,* h/cart. (51x61) : **USD 2 000** – New York, 29 mai 1981 : *La fuite en Égypte,* h/t (100,3x75,5) : **USD 20 000** – New York, 3 déc. 1982 : *Abstraction,* h/t (62,5x47,3) : **USD 1 800** – New York, 22 juin 1984 : *Truth-life-mind-love,* h/cart. entoilé (61x45,7) : **USD 2 500** – New York, 30 jan. 1987 : *Truth, Mind, Life, Love,* h/t (61x45,7) : **USD 3 100** – New York, 1er déc. 1989 : *Forêts,* h/pan. (46,3x51,8) : **USD 26 400** – New York, 23 sep. 1992 : *Sur la route du désert,* h/t (92x110) : **USD 16 500** – New York, 31 mars 1993 : *Consolation,* h/t (40,6x80,3) : **USD 1 150.**

DAUGHERTY Nancy Lauriene

Née le 21 juin 1890 à Kittanning (Pennsylvanie). XXe siècle. Américaine.

Peintre et illustrateur.

Élève de I. Wiles, D. Connah, F.-A. Parsons, et, à Paris, de L. Simon et Billoul.

DAUGNY Colette

Née à Paris. XXe siècle. Française.

Peintre de paysages et de fleurs.

Elle a pris part au Salon de la Société Nationale des Beaux-Arts de Paris entre 1938 et 1945. Ses expositions personnelles se sont déroulées à Nice, Cannes en 1963, Dallas 1967, Paris 1967, 1968, 1970, New York 1967 et 1969.

DAUGUET Gilbert

Né en 1958. XXe siècle. Français.

Peintre, pastelliste.

Il a participé à des expositions de groupe au Havre à partir de 1979 et au Salon d'Automne à Paris à partir de 1987. Personnellement, il a exposé au Havre en 1983, 1987, 1990, à Saint-Brieuc et Caen en 1984, Courchevel 1987, Paris 1991.

Il a traité au pastel, tour à tour les thèmes des scarifications des noirs africains, puis les moines de Citeaux et les civilisations des Indiens d'Amérique. Pour cette dernière série, Dauguet fait, au pastel sur du papier kraft, parfois enrichi de discrets collages, des dessins d'une sobriété proche de l'abstraction. Ses couleurs passent du bleu turquoise à l'ocre jaune, au brun de la terre.

DAUGULL August

Né en 1830 à Dorpat. Mort en 1899 à Saint-Pétersbourg. XIXe siècle. Russe.

Sculpteur sur bois.

Il fut l'élève de Ludwig von Maydell. On cite de lui un *Portrait du Tzar Alexandre II avec sa suite.*

DAUHER Adolf ou **Daucher, Dawer, Dower, Tauher, Tuwer**

Né vers 1460. Mort vers 1524. XVe-XVIe siècles. Allemand.

Sculpteur.

Il vécut surtout, semble-t-il, à Ulm et à Augsbourg. On lui doit le chœur de la chapelle Fugger à l'église Sainte-Anne d'Augsbourg et l'autel de l'église Sainte-Anne à Annaberg. Épousa la sœur de Gregor Erhart, puis quitta Ulm pour Augsbourg, où il collabora avec son beau-frère. On sait qu'il sculpta des retables, qui ne sont pas conservés. Il travailla pour la chapelle Sainte-Anne d'Augsbourg, y sculptant les épitaphes des banquiers Fugger, et une *Mise au tombeau* en marbre. Entre 1512 et 1518, il avait sculpté les stalles, dont il ne reste que des fragments en demi-figures, ce très important ensemble ayant été détruit au XIXe siècle. Dans l'église Sainte-Anne d'Annaberg, dans l'Erzgebirge, il exécuta le retable principal en pierre avec incrustations de marbre. Dans cette époque du gothique finissant, il prit ses modèles de la Renaissance italienne.

Bibliogr. : Pierre du Colombier, in : *Diction. de l'Art et des Artist.*, Hazan, Paris, 1967.

DAUHER Hans

Né vers 1485. Mort en 1538. xvie siècle. Allemand.

Sculpteur.

Il vécut à Augsbourg, à Vienne et à Stuttgart. Il était le fils d'Adolf et fut également son élève et son collaborateur. Plus tard il se consacra également au métier de médailleur.

Musées : Berlin (Kaiser Friedrich Mus.) : *Résurrection – Duel de Dürer avec Spengler* – Colmar : *Susanna von Wels* – Innsbruck : *Le roi Ferdinand à cheval* – Vienne (Hofmuseum) : *L'empereur Maximilien en saint Georges – Sainte Famille – Le Jugement de Pâris – Charles Quint à cheval – Annonciation.*

DAUHER Hans Adolf

xvie siècle. Allemand.

Sculpteur.

Il était sans doute fils d'Adolf. Il est cependant possible que cet artiste dont on ne sait pratiquement rien, n'ait jamais existé, et qu'il se confonde avec Adolf ou avec son fils.

DAUJON

xixe siècle. Actif à Paris vers 1809. Français.

Sculpteur.

Le Musée du Louvre conserve de lui : *Deux têtes de Méduse*, bas-reliefs en bronze.

DAULESA Pedro

xve siècle. Espagnol.

Peintre.

Il exécuta en 1464 des peintures pour la chapelle du château du roi Pierre IV d'Aragon à Barcelone.

DAULLÉ Claire Marie

Née en 1827 à Paris. Morte en mars 1869 à Paris. xixe siècle. Française.

Peintre de portraits.

Claire Daullé était fille du général de ce nom. Elle fut l'élève de A. Rouillet et de E. Faure.

DAULLÉ Jean

Né le 18 mai 1703 à Abbeville. Mort le 23 avril 1763 à Paris. xviiie siècle. Français.

Graveur.

Il fut élève de Hecquet à Paris, après avoir reçu les premiers principes de dessin et de gravure d'un moine d'Abbeville. Il fut reçu à l'Académie le 30 juin 1742 sur la planche du portrait de Rigaud. Daullé compte parmi les meilleurs graveurs de la brillante pléiade du xviiie siècle. Il a reproduit les meilleurs maîtres de son époque, notamment François Boucher. Il signait souvent ses planches *I. D.* On cite particulièrement des portraits. On cite aussi : *La Mort d'Abel*, d'après Chr.-Ernst Dietrich ; *La Madeleine*, d'après Ant. Allegri ; *Le Mystère du Rosaire*, d'après Frère Jean André ; *La Charité avec trois enfants*, d'après Fr. Albano ; *Jupiter sous la forme de Diane amoureuse de Calisto*, d'après N. Poussin ; *Jupiter et Sémélé*, d'après P. de Matthéi ; *Le Triomphe de Vénus*, d'après Fr. Boucher ; *Le Repos de Vénus et des Grâces au bain*, d'après J. Raoux ; *L'Amour, figure en pied*, d'après Ch. Coypel, *Le Quos Ego*, d'après Ch. Hutin ; *La Vengeance de Latone*, d'après J. Jouvenet ; *Les Éléments*, d'après Fr. Boucher ; *Les Quatre Saisons*, d'après Boucher ; quatre pièces ; *Diogène avec sa lanterne*, d'après G. Ribera ; *Clémentine, princesse de Pologne* ; *Charles-Edouard Stuart* ; *La Comtesse de Caylus* ; *Ludovicus-Jacobus de Chapt de Rastignac* ; *C.-N. Cochin le fils* ; *Le Maréchal Fabert* ; *Mlle Favart* ; *Catherine Mignard de Feuquières* ; *Gauffecourt de Genève*, d'après Nonnotte ; *Claudius Deshais Gendron*, d'après H. Rigaud ; *François Febure de Lembrière* ; *Pierre-Augustin Le Mercier* ; *Carl Van Loo*, d'après C. N. Cochin ; *Charles-Alexandre de Lorraine*, d'après Meytens ; *Jean Mariette*, d'après Ant. Pesne ; *Pierre-Louis Moreau de Maupertuis*, d'après Rob. Tournières ; *Gérard Moermann*, d'après Perroneau ; *D. Nonnotte* ; *Le Père Martin Pallu*, d'après Nonnotte ; *François Patot* ; *Mlle Pélissier, de l'Opéra* ; *F.-D.-Emmanuel Pinto* ; *Frédéric-Auguste III de Pologne*, d'après De Silvestre ; *Hyacinthe Rigaud* ; *Jean-Baptiste Rousseau* ; *Les deux fils de Rubens* ; d'après Ch. Hutin ; *Les charmes de la vie champêtre*, d'après Fr. Boucher ; *Les différents travaux du Port*, d'après J. Vernet ; *La Grecque sortant du bain*, d'après J. Vernet ; *La lanterne magique*, d'après J.-B. Marie-Pierre ; *Le marchand d'oiseaux* ; *La marchande d'œufs*, d'après Fr. Boucher ; *Le Pèlerinage*, d'après J. Vernet ; *Les Plaisirs flamands*, d'après J. Vernet ; *La Riboteuse hollandaise*, d'après G. Metzu ; *La Souffleuse de savon*, d'après Fr. Boucher ; *Le Turc regardant pêcher*, d'après J. Vernet ; *La Vendangeuse*, d'après J. Vernet ; *Villageoise au bord d'une rivière*, d'après Dietrich.

DAULNOY Victor

Né le 24 juin 1824 à Charenton (Hauts-de-Seine). xixe siècle. Français.

Peintre paysagiste.

Il fut élève de Dauzats et il commença à exposer au Salon de Paris en 1857. Citons parmi ses œuvres : *Au bord de la Marne, Un village en Auvergne, Dans les prés.*

Ventes Publiques : Paris, 1872 : *Étude dans le Berry* : **FRF 110**.

DAUMAIL

xxe siècle. Français.

Peintre de marines, paysages urbains, paysages et natures mortes, décorateur.

Artiste travaillant à la Manufacture des Gobelins, il a, entre autres, peint des vues de la Seine à Paris, des aspects de Montmartre, des paysages de l'Ile-de-France.

DAUMAS Jean Barthélemy

Né le 6 août 1815 à Toulon (Var). Mort le 9 août 1879 à Paris. xixe siècle. Français.

Sculpteur.

S. Lamy cite cet artiste, frère de Louis-Joseph Daumas, élève de David d'Angers. La nécessité le réduisit souvent aux besognes du praticien. Il termina, pour la Comédie-Française une statue de Molière laissée inachevée par J.-E. Caudron.

DAUMAS Louis Joseph

Né le 24 janvier 1801 à Toulon (Var). Mort le 22 janvier 1887 à Paris. xixe siècle. Français.

Sculpteur.

Le 18 novembre 1826, il entra à l'École des Beaux-Arts et fut élève de David d'Angers. Il obtint une médaille de troisième classe en 1843, de deuxième classe en 1845 et 1848 et un rappel en 1857. Au mois d'août 1868, il fut décoré de la Légion d'honneur. Il débuta au Salon de Paris en 1833. Mentionnons parmi ses œuvres : *Diogène le philosophe*, groupe en plâtre, *Charles d'Anjou, comte de Provence*, statue en pierre, *Jean de Gauthier, fondateur de l'hospice de la Charité à Toulon*, statue en pierre, *Aurélia Victorina*, statue en marbre, *La méditation*, statue en marbre. On doit à Daumas, à Carpentras, la statue d'Inguimbert, évêque de cette ville ; pour un des frontons du palais de Compiègne : *le Génie de l'Industrie* ; le bas relief du portail de l'église Saint-Thomas d'Aquin à Paris ; et dans une des salles du Musée de la Marine, le buste en marbre de J. Noël, baron de Sané. En outre, on voit de lui au Musée de Toulon : *La Comédie, La Poésie lyrique.*

DAUMAS Yvan

Né le 15 juin 1943 à Marseille. xxe siècle. Français.

Peintre, lithographe. Expressionniste.

Élève de François Bret à l'École des Beaux-Arts de Marseille en 1962, il entre aussi en contact, en 1967, avec les peintres Jacques Busse et Mario Prassinos. Il a figuré dans plusieurs expositions collectives, en particulier à celle des 100 Artistes provençaux 1900-1970 au Musée Cantini à Marseille, puis au Goethe Intitut de Marseille, à la Maison de la Culture de Saint-Étienne en 1971, au groupe d'Art Contemporain de La Seyne-sur-Mer en 1972, aux Six Jours de la Peinture à Marseille 1975, à la Fondation Nationale des Arts Graphiques et Plastiques à Paris en 1977, au Collège d'échanges contemporains à Saint-Maximin 1978. En 1980, il participe aux expositions faites au Musée des Enfants, à la Vieille Charité de Marseille, aux 10 ans de création à Marseille au Musée Cantini, Lieux d'Artistes, exposition organisée par le Centre Pompidou. Il figure aussi aux expositions du Centre d'Art Contemporain de Lacoux en 1987, à Présence Contemporaine d'Aix-en-Provence et à la Biennale de Saint-Victor à Marseille en 1988, etc. Il a personnellement exposé à Marseille en 1972, 1975, 1977, 1980, 1982, 1987, Saint-Rémy-de-Provence 1973, 1979, Bordeaux 1975, Saint-Étienne 1976, Paris 1977, Vence 1987. En 1969, il a obtenu le Premier grand Prix du festival d'Avignon.

Parmi ses premières réalisations, citons ses fresques pour une crèche de Marseille en 1968. Il abandonne très tôt les peintures de natures mortes et de paysages pour peindre un monde d'êtres étranges, souterrains, dans les verts et violets sombres. Puis ce sont des êtres en métamorphoses, un peu à la manière de

F. Bacon, sortes d'écorchés, aux muscles bandés, courant vers la lumière. En 1987, il présente des peintures et des dessins où se rencontrent, s'imbriquent, s'opposent ou se confondent des profils d'hommes et d'oiseaux, évoquant l'art d'Alechinsky ou même parfois d'Escher.

Bibliogr. : Catalogue de l'exposition : *Yvan Daumas*, Galerie Alphonse Chave, Vence, 1987.

Musées : Avignon (Mus. Calvet) – Marseille (Mus. Cantini).

DAUMER Michel

XVIIIe siècle. Actif à Paris en 1773. Français.

Sculpteur.

DAUMERLANG Carl Ernst

Né en 1842 à Nuremberg. XIXe siècle. Allemand.

Peintre et dessinateur.

Il exécuta des illustrations pour des journaux locaux et, comme peintre, des paysages. Il était le fils de Christian.

DAUMERLANG Christian

XIXe siècle. Actif à Nuremberg. Allemand.

Graveur.

DAUMIER Honoré

Né le 26 février 1808 à Marseille (Bouches-du-Rhône). Mort le 10 février 1879 à Valmondois (Val-d'Oise). XIXe siècle. Français.

Peintre, lithographe, dessinateur, sculpteur. Réaliste pamphlétaire.

Pour la bien faire comprendre, la carrière de Daumier sera ici divisée en quatre parties très distinctes, dont la succession est très logique et le développement harmonieux. Honoré Daumier naît à Marseille le 26 février 1808, de parents modestes. Son père pourtant, natif de Béziers, ne borne pas sa vie à son métier de peintre vitrier. Il a des aspirations poétiques et publiera même, comme le poète boulanger de Nîmes, Reboul, un volume de vers, mais qui ne lui vaudra aucune célébrité. La mère de Daumier est une Marseillaise, de cœur simple et bon, mais plus réaliste que son mari. Le ménage vient à Paris pendant que Daumier est encore enfant : c'est un Provençal qui deviendra, pour commencer, gamin de Paris. Le petit Honoré est d'abord saute-ruisseau, puis commis de librairie. Cela ne lui dit rien. Il est attiré par le Louvre et veut dessiner. Les parents font la sourde oreille jusqu'à ce que Lenoir, le fondateur du Musée des monuments français, que le père de Daumier connaît, l'engage à le laisser suivre sa voie. Toutefois un premier essai est peu concluant, sans doute parce que l'enseignement un peu trop « par principe » répugne à la nature de l'élève. Il arrive cependant tant bien que mal à prendre un métier à côté de l'art : il entre chez un lithographe, nommé Ramelet, où il dessine des Alphabets, des ornements pour couvertures de romances, etc. Il travaille ensuite pour l'éditeur Béliard, puis pour Ricourt (vers 1830) jusqu'à ce qu'il débute enfin, modestement, dans le journalisme, en collaborant à la *Silhouette* (année 1830). Il accomplit ces débuts sous un patron remarquable : Ch. Philipon, qui fut vraiment un directeur de polémique endiablé. La *Caricature*, fondée par ce maître journaliste en 1830, et qui est demeurée un monument d'opposition littéraire et artistique, vaudra à Daumier ses premiers galons : six mois de prison pour une planche intitulée *Gargantua* (simplement éditée par Aubert, ayant été jugée « trop faible d'exécution » pour paraître dans le journal). À la *Caricature*, le jeune Daumier a pour collaborateurs dessinateurs Grandville, Traviès, Pigal, et parfois Charlet, Raffet et Decamps. Parmi les collaborateurs littéraires se trouvent L. Desnoyers, et Balzac qui signe : Alexandre de B. Les essais non publiés du jeune dessinateur devaient être sensiblement supérieurs à ses premiers tâtonnements en public, car Balzac disait de lui aux camarades qu'il « avait du Michel-Ange sous la peau ». Au surplus, quelques premières lithographies ne manquent pas de vigueur : portraits comiques et déjà robustement modelés de Thiers, d'Argout, Sebastiani, etc., caricatures sur M. Gisquet, sur le maréchal Lobeau, etc. Daumier purge sa condamnation à Sainte-Pélagie, en 1831, et occupe les loisirs de la prison à composer une suite à l'aquarelle, *l'Imagination*, signée Rogelin, et lithographiée par un autre, compositions simplement agréables. Ici se termine la première partie de son évolution.

Mais voici que de prison il est sorti mûri et comme transformé. Bientôt c'est tout à fait un artiste, comme le prouvent les *Masques* d'hommes politiques publiés en 1831. Il suit les séances du Parlement et de retour chez lui, il modèle, exclusivement de mémoire, en terre glaise, de petits bustes des orateurs, des ministres et des défenseurs de l'« Ordre des choses » que combat son journal. Ces petites sculptures surprenantes de vie et d'intensité comique servent de documents pour ses portraits lithographiés qui seront désormais autant de chefs-d'œuvre dans l'ordre du portrait satirique, et dont la plus haute expression se trouve dans la célèbre planche du *Ventre législatif* et dans la non moins célèbre série des *Pairs*, juges du procès d'avril 1834. À cette époque se rattachent : la dramatique et admirable lithographie des massacres de la *Rue Transnonain*, les superbes compositions de la *Liberté de la Presse*, de *l'Enterrement de La Fayette*, diverses protestations contre les procès politiques et la façon de les instruire. La manière de Daumier est alors aussi grandiose comme caractère que serrée comme exécution. Aussi le dessinateur entre-t-il par la grande porte dans le monde artistique : Préault, Jeanron, Diaz, Huet, Cabat, sont ses camarades, se réunissant dans un local de la rue Saint-Denis, un ancien bureau de nourrices, groupe fraternel et génial qui vit frugalement, travaille beaucoup, et ne recule pas devant l'élaboration d'enseignes de sages-femmes, payées 50 francs pièce, afin de pouvoir travailler à autre chose. C'est le premier argent que Daumier gagne comme peintre : ses plus belles lithographies ne lui rapportent d'ailleurs pas davantage. En 1835, la *Caricature* est supprimée par le gouvernement, et cette date peut être considérée comme clôturant la deuxième partie de la carrière de Daumier.

Ce qui caractérise d'abord la troisième partie, c'est que Daumier va, moins libre au point de vue politique, s'adonner beaucoup plus largement à la peinture de mœurs, notamment dans le *Charivari*, où il devient le puissant et mordant naturaliste des *Bons Bourgeois*, des *Gens de Justice*, des *Artistes*, etc... Enfin, et surtout, sa célébrité s'appuie sur l'immortelle série des *Robert Macaire*, où tous les travers du jour, toutes les spéculations aventureuses, toutes les réalisations par trop scabreuses du mot de Guizot : « Enrichissez-vous ! », sont stigmatisés par un vrai dramaturge : Daumier, en reprenant l'extraordinaire création de Frédérick Lemaître, l'a faite sienne à son tour. Cette partie de l'œuvre dure jusque vers 1848. En 1847, s'est fondé un nouveau groupement d'artistes étroitement liés, dont Daumier est un des membres les plus aimés : c'est le petit cénacle « de l'Île Saint-Louis », comprenant Daubigny, Steinheil, Geoffroy-Dechaume et Trimolet, et qui a pour affidés occasionnels Lavieille, Dupré, Boulard, divers autres. C'est alors que Corot connaît et apprécie grandement Daumier et que Delacroix l'estime assez pour copier certaines de ses lithographies dans ses calepins de recherches et croquis.

La manière de Daumier, dans le journalisme, est devenue, alors, beaucoup plus libre et plus large. Les portraits en pied des *Représentants représentés* inaugurent cette quatrième phase. L'exécution, moins sculpturale peut-être que celle des *Juges d'Avril*, est cependant très solide, et très vivante dans son écriture plus cursive. Le portrait de *David d'Angers*, entre autres, est un chef-d'œuvre de caractère. Daumier recommence plus librement à faire de la politique. Sans doute il raille les côtés excessifs du parti à la victoire duquel il a contribué, craignant que cette victoire ne soit bientôt compromise. Mais peu à peu, il est amené à se faire le défenseur éloquent de la liberté menacée. C'est d'alors que datent deux faits importants de sa carrière d'artiste et de penseur : sa création de *Ratapoil* et des dessins où figure ce personnage politique et policier ; puis ses relations avec Michelet. Le grand historien, si artiste et si poète, a entretenu avec Daumier une correspondance qui demeurera un honneur pour ces deux hommes si différents de personnalité mais si fraternels d'aspirations. Mais bientôt l'opposition directe, sous le second Empire, devient à peu près impossible, et Daumier ne pouvant plus attaquer le gouvernement d'une manière ouverte, continue cependant à combattre son action en suivant les événements au jour le jour, ne laissant échapper aucune occasion de satire, aucun événement européen significatif. C'est ainsi qu'entre autres, il prévoit la guerre entre l'Allemagne et la France, devine Gambetta, etc. Enfin, en 1870, il brosse de terribles tableaux de ruines, et commente les *Châtiments* en un dessin fulgurant. Cela constitue son extraordinaire bagage d'*Actualités*, se mêlant néanmoins à ses habituelles peintures de mœurs. Sa collaboration se poursuit dans divers journaux : le *Boulevard*, le *Journal amusant*, le *Monde illustré* et toujours le *Charivari*, etc. Pendant cet étonnant labeur de journaliste, cela ne l'empêche pas de peindre, et de produire d'assez nombreux dessins noirs, ou rehaussés d'aquarelles. On peut évaluer à 200 peintures et à 300 dessins accomplis, sans compter nombre de croquis et d'ébauches, cette œuvre insoupçonnée de son vivant. Très peu

de ces œuvres furent acquises à des prix modestes par des amis de Daumier. Un grand nombre fut en quelque sorte raflé à sa veuve pour une vile somme par une association de marchands peu scrupuleux. Les principaux sujets de cet ensemble puissant sont des scènes populaires, des types, des personnages de la Comédie Italienne, des épisodes de *Don Quichotte*, des scènes du *Palais de justice*, trois ou quatre grandes compositions d'histoire. En 1877, Daumier, demeuré très pauvre, perdit à peu près complètement la vue, et ne fut sauvé de la détresse que par la générosité de Corot qui acheta pour son ami la maisonnette qu'il louait à Valmondois. Il vécut alors d'une modique pension que la République lui devait bien, mais il ne profita pas longtemps de ce douloureux repos. Il mourut le 11 février 1879, se doutant à peine de la grandeur de son œuvre, et nullement de la gloire qui lui a depuis été accordée.
Ce grand peintre de mœurs et ce grand philosophe du dessin, méconnu jusqu'au début du siècle, a pour répondants devant l'histoire, des écrivains comme Balzac, Michelet, Banville, Baudelaire, Duranty, Burty, des artistes comme Delacroix, Millet, Corot, Geoffroy-Dechaume, Jules Dupré, Ribot. Quoiqu'il soit devenu inutile de produire des « attestations » en faveur d'un pareil artiste, il est bon de rappeler ici que pendant toute sa carrière, ils furent ses seuls garants ; ses seules consolations vinrent de leur suffrage et de ceux d'une très restreinte élite ; car il ne faut pas compter, loin de là, pour encourageantes, les apparences de gros succès qu'il obtint parfois de la foule et des regardeurs superficiels qui le considéraient comme un « caricaturiste », un « dessinateur de charges », un « amuseur », au point de le faire douter lui-même de son propre génie. D'autre part, cette sorte de grosse faveur de la foule, partagée entre lui et des dessinateurs de journaux qui lui étaient bien inférieurs, ne parvint même pas à lui valoir des salaires suffisants pour sortir jamais d'une vie besogneuse. Ce qui frappe, dans cette figure déjà d'un autre temps, c'est la parfaite sérénité avec laquelle il accepta cette criante injustice de l'existence et cette trop insuffisante part de gloire. Il serait presque ironique, et d'ailleurs inexact de dire que ce calme d'âme lui venait de la conviction qu'après sa mort, il serait dédommagé. Il n'eut même pas la vision d'une telle possibilité : cela n'en rend que plus belle sa souriante philosophie, sa sereine résignation à se contenter des joies que son crayon lui donnait lorsqu'il ne soupirait pas trop de ne pas pouvoir se servir plus souvent de son pinceau pour parfaire les œuvres rêvées. Mais comment un artiste qui créait quotidiennement tant d'images si profondément philosophiques n'aurait-il pas été pour son propre compte un véritable philosophe ? ■ Arsène-Alexandre, J. B.

Bibliogr. : Bruce Laughton : *Honoré Daumier*, Yale University Press, Yale, 1996.

Musées : Aix-les-Bains (Mus. du Dr Faure) – Amsterdam : *Christ et ses disciples – Le couple chantant*, peint. – Avignon (Mus. Calvet) : *N.-D. de Paris, vue du pont St-Michel – Autoportrait présumé* – Baltimore (Walters Art Gal.) : *Les Amateurs*, aquar. – Berlin : *Don Quichotte et Sancho Pança*, peint. – Boston (Mus. of Art) : *L'homme à la corde à nœuds* – Bucarest (Mus. Simu) : *Compartiment de troisième classe* – Cardiff (Nat. Mus. of Wales) : *Noctambules* – Cleveland (Mus. of Art) : *Les amateurs de peinture*, lav. – Dijon (Mus. des Beaux-Arts) : *Le fardeau* – Foog (Art Mus.) : *Le Boucher*, aquar. – La Haye (Mus. Mesdag) : *La causette* – Londres (Inst. Courtaud) : *Don Quichotte et Sancho Pança – Le malade imaginaire ou les deux charlatans* – Lyon : *Passants, ou l'attente à la gare de Lyon*, peint. – *Après l'audience*, peint. – Marseille (Mus. des Beaux-Arts) : *Bustes des parlementaires – Ratapoil* – Montréal (Learmont) : *Fête de paysan* – Montréal (Mus. des Beaux-Arts) : *Les Critiques, visiteurs dans l'atelier d'un peintre* vers 1862 – Munich : *Le Drame*, peint. – New York (Metropolitan Mus.) : *Un wagon de troisième classe* 1856, peint. – *L'Amateur*, aquar. – *Paillasse*, dess. – Otterloo (Mus. Kröller-Müller) : *Don Quichotte et le mulet mort – Étude pour la tête de Don Quichotte* – Paris (Mus. d'Orsay) : *Les voleurs et l'âne*, peint. – *Portrait du peintre Théodore Rousseau – La République* 1848, peint. – *La Blanchisseuse*, peint. – *Crispin et Scapin*, peint. – *Scène de comédie*, peint. – *La parade foraine*, aquar. – *La Soupe*, dess. – *Le Baiser*, dess. – *Étude pour une parade*, dess. – *La marche de Silène*, dess. – *Les Célébrités du juste milieu* ou *les Parlementaires* 1832, terre crue enluminée à l'huile – *Les émigrants* 1848, relief en plâtre – *Ratapoil* 1850, bronze – *Le Martyre de saint Sébastien* – Paris (Mus. du Petit-Palais) : *L'Amateur d'estampes*, peint. – *Trio d'amateurs*, peint. – *Les joueurs d'échecs*, peint. – *Les Émigrants*, peint. – *Le Chanteur des rues*, aquar. – *Au Palais de Justice*, aquar. – Prague (Mus. Nat.) : *Une famille sur la barricade* – Reims : *Le peintre* – Troyes (Mus. d'Art Mod.) : *Au bord de l'eau* – Washington D. C. (Phillips Memorial Gal.) : *Le peintre devant son tableau – L'atelier d'un sculpteur* – Zurich : *Tête de Don Quichotte*.

Ventes Publiques : Paris, 1869 : *Camille Desmoulins au Palais-Royal*, dess. : **FRF 200** – Paris, 16 déc. 1871 : *Avant le plaidoyer*, aquar. : **FRF 150** – Paris, 1875 : *Les curieux à l'étalage* : **FRF 1 500** – Paris, 1882 : *En troisième classe* : **FRF 5 000** – Paris, 1883 : *Les Juges*, dess. cr. et pl. : **FRF 165** – Paris, 1890 : *L'Avocat* : **FRF 2 550** – Paris, 1892 : *Pièces à conviction*, aquar. : **FRF 1 900** ; *Le Plaidoyer*, aquar. : **FRF 1 260** – Paris, 1897 : *Sancho* : **FRF 5 100** ; *Don Quichotte dans la montagne* : **FRF 2 100** – Paris, 1897 : *Le Défenseur*, aquar. : **FRF 5 200** – Glasgow, 1898 : *Les lutteurs* : **FRF 3 900** ; *La baignade* : **FRF 1 020** ; *La lettre* : **FRF 670** – Paris, 1899 : *Les lutteurs* : **FRF 9 000** ; *Les amateurs d'estampes* : **FRF 5 000** – Paris, 29 avr. 1899 : *Le bain* : **FRF 3 100** – Paris, 1899 : *Le Wagon de 3e classe* : **FRF 46 500** ; *Le premier bain* : **FRF 10 000** ; *Le malade imaginaire* : **FRF 5 300** ; *La sortie de l'école* : **FRF 7 700** ; *Tête de Pasquin* : **FRF 1 750** ; *Femme jouant de la mandoline* ; *Femme portant un enfant* : **FRF 3 350** ; *Le Meunier* : **FRF 4 000** – Paris, 24 mars 1900 : *Don Quichotte de la Manche dans la montagne* : **FRF 7 500** – Paris, 1900 : *A l'audience* : **FRF 4 000** ; *Les Confrères* : **FRF 3 050** – Paris, 1900 : *Les fugitifs* : **FRF 8 800** ; *Les prisonniers* : **FRF 2 100** – Paris, 23 juin 1900 : *Les dénicheurs* : **FRF 320** ; *Au pied d'un arbre* : **FRF 825** – Paris, 1900 : *Avant l'audience*, aquar. : **FRF 4 100** ; *La chanson à boire*, aquar. : **FRF 10 200** ; *Les confrères*, aquar. : **FRF 3 250** ; *La plaidoirie*, aquar. : **FRF 3 300** – Paris, 1900 : *Le défenseur*, aquar. : **FRF 2 500** ; *Le wagon de 3e classe*, aquar. : **FRF 6 500** ; *Une cause célèbre*, aquar. : **FRF 22 200** – Paris, 21-22 mars 1907 : *Au théâtre* : **FRF 1 520** ; *Le Drame* : **FRF 28 100** ; *Une famille sur les barricades* : **FRF 4 600** – Paris, 7 juil. 1921 : *Don Quichotte et Sancho Pança* : **FRF 25 000** ; *Femme et enfant*, dess. reh. : **FRF 2 400** ; *Curieux à l'étalage*, mine de pb : **FRF 320** ; *L'Avocat*, mine de pb : **FRF 550** – Londres, 30-31 mai 1922 : *Caricatures de Mars*, lav. et aquar. : **GBP 46** – Paris, 26 oct. 1922 : *Deux avocats*, lav. : **FRF 3 900** – Paris, 7 déc. 1922 : *La Justice poursuivant le crime*, pl. : **FRF 2 600** – Paris, 17 et 18 juin 1925 : *Le Violoniste*, cr. : **FRF 13 500** ; *Les trois Avocats* : **FRF 31 500** – Paris, 16 juin 1926 : *Le Liseur* : **FRF 100 000** – Londres, 29 avr. 1927 : *Le Wagon de 3e classe* : **GBP 7 350** ; *Les Fumeurs* : **GBP 1 155** – Paris, 16-17 mai 1927 : *Enfants dans la campagne* : **FRF 200** – Paris, 20 mai 1927 : *Don Quichotte et Sancho Pança* : **FRF 4 000** ; *La Parade*, aquar. : **FRF 12 000** ; *Le Repos dans la campagne*, aquar. : **FRF 14 000** ; *Le Rieur*, pl. : **FRF 8 000** ; *Don Quichotte suivi de Sancho*, fus. : **FRF 16 500** ; *La chatte métamorphosée en femme*, dess. : **FRF 4 200** ; *Don*

Quichotte et Sancho Pança, dess. : **FRF 26 000** ; *Tête de vieille femme, de profil à gauche*, dess. : **FRF 8 000** ; *La Vénus de Milo*, dess. : **FRF 7 100** ; *Jeune coureur*, dess. : **FRF 14 000** ; *Un avocat plaidant*, aquar. : **FRF 52 000** ; *Les Trois Commères*, dess. : **FRF 26 000** ; *Deux Buveurs*, aquar. : **FRF 37 000** ; *Une grand-maman*, dess. : **FRF 28 000** ; *En contemplation*, dess. : **FRF 61 000** ; *Une Mendiante*, dess. : **FRF 32 000** ; *La jeune mère*, dess. : **FRF 51 000** ; *Un Peintre*, dess. : **FRF 28 500** ; *Deux femmes dont l'une porte un enfant*, dess. : **FRF 26 000** ; *Entre avocats*, dess. reh. : **FRF 28 000** ; *Un avocat*, dess. : **FRF 21 000** ; *Avocat lisant devant le tribunal*, dess. : **FRF 71 000** ; *Deux avocats discutant*, aquar. : **FRF 169 000** ; *La Chanson*, aquar. : **FRF 202 000** ; *Les Amateurs de peinture*, dess. reh. : **FRF 155 000** ; *Le Marché*, dess. : **FRF 131 000** ; *Conversation d'avocats*, aquar. : **FRF 205 000** ; *La Salle d'attente des 3e classe*, dess. : **FRF 85 000** ; *Une annonce de saltimbanques*, dess. reh. : **FRF 26 000** ; *Pendant l'entr'acte à la Comédie-Française*, aquar. : **FRF 265 000** ; *Le Boucher*, aquar. : **FRF 72 100** ; *Le Malade imaginaire*, aquar. : **FRF 400 000** ; *Deux avocats*, dess. reh. : **FRF 93 000** ; *Un Paillasse*, dess. reh. : **FRF 255 000** ; *Le Forgeron* ; *La Visite du médecin*, dess. : **FRF 180 000** ; *Les Musiciens ambulants* : **FRF 400 000** ; *Les Amateurs de peinture* : **FRF 640 000** ; *Une salle d'attente*, peint. sur pap. : **FRF 300 000** ; *Les Avocats* : **FRF 295 000** ; *Le Pardon* : **FRF 380 000** ; *Les Émigrants* : **FRF 285 000** ; *La Blanchisseuse* : **FRF 701 000** ; *Don Quichotte et Sancho Pança* : **FRF 1 290 000** – New York, 8-9 jan. 1942 : *La Fuite (l'Homme à la corde)* : **USD 5 700** – Paris, 9 mars 1942 : *Le Buveur* : **FRF 130 000** – Paris, 1er avr. 1942 : *L'Interrogatoire*, fus. : **FRF 31 000** – Londres, 15 mai 1942 : *Famille de paysans*, fus., cr. et encre : **GBP 68** ; *Étude de quatre juges*, cr., encre et lav. : **GBP 178** – Paris, 11 déc. 1942 : *Portrait d'un ami de l'artiste* : **FRF 1 320 000** – Paris, 21 déc. 1942 : *Scène à quatre personnages vus à mi-corps*, fus. : **FRF 8 300** ; *Le wagon de 3e classe*, cr. noir et lav. d'encre de Chine : **FRF 3 800** – New York, 14-16 jan. 1943 : *L'Homme à la corde* : **USD 5 100** – Paris, 10 fév. 1943 : *Deux personnages en buste* : **FRF 76 000** – New York, 18-20 nov. 1943 : *Un peintre*, dess. et lav. sépia : **USD 2 600** ; *Les avocats* : **USD 7 000** – Paris, 22 nov. 1943 : *Avant* ; *Après*, deux dess., attr. : **FRF 800** – Paris, 17 mars 1944 : *Oui, messieurs les Jurés...* : **FRF 250 000** – New York, 20 avr. 1944 : *Don Quichotte et Sancho Pança* : **USD 5 500** ; *Charles Debureau* : **USD 6 000** – New York, 22 mars 1945 : *Attente à la gare* : **USD 2 350** – New York, 12 avr. 1945 : *Les avocats* : **USD 1 000** – Paris, 25 juin 1945 : *Deux enfants*, dess. à la pl. et au lav. : **FRF 5 100** – Paris, oct. 1945-juil. 1946 : *Le wagon de 3e*, dess. : **FRF 18 000** ; *Portrait d'homme*, dess. au cr. : **FRF 49 000** – New York, 24 jan. 1946 : *Le premier bain* : **USD 15 250** ; *L'étalage* : **USD 11 500** – Paris, 18 nov. 1946 : *Les trois spectateurs*, aquar. : **FRF 110 000** – Paris, 5 déc. 1946 : *Laveuse tenant un enfant*, cr. noir sur la même feuille : **FRF 34 100** – Paris, 20 juin 1947 : *Couple de vieillards*, dess. au fus. : **FRF 5 000** – Paris, 9 juin 1949 : *Visage d'homme légèrement penché et tourné de trois quarts vers la droite*, cr. noir verni à la gomme : **FRF 130 000** – Paris, le 14 déc. 1951 : *Baigneuses* : **FRF 5 700 000** – Londres, 28 nov. 1956 : *Les Baigneuses* : **GBP 7 000** – Paris, 5 déc. 1957 : *L'Avocat et son client* : **FRF 1 760 000** – Paris, 21 mars 1958 : *Les Avocats*, aquar. gchée : **FRF 4 400 000** – Londres, 3 déc. 1958 : *Enfant sortant de l'école* : **GBP 4 800** ; *Avant l'audience*, lav. : **GBP 1 100** – Paris, 11 déc. 1958 : *Au marché*, lav. de sépia : **FRF 700 000** – New York, 14 jan. 1959 : *Le Défenseur*, pl. et lav. de sépia : **USD 1 300** – Londres, 1er juil. 1959 : *Tête d'homme* : **GBP 5 500** – Londres, 4 mai 1960 : *Tête de sonneur* : **GBP 7 000** – Lucerne, 24 nov. 1960 : *Le Wagon de troisième classe*, pl. et craie : **CHF 35 000** – New York, 30 nov. 1960 : *Le Chevalier*, fus. : **USD 350** – New York, 16 fév 1961 : *Deux hommes*, cr. noir : **USD 975** – Stuttgart, 3 mai 1961 : *Trois personnages autour d'une table*, dess. cr. : **DEM 9 200** – Londres, 6 déc. 1961 : *Un wagon de troisième classe* : **GBP 37 000** – New York, 21 mars 1962 : *Le Niais*, bronze : **USD 2 500** – Londres, 23 mars 1962 : *Le Malade imaginaire*, dess. cr. : **GNS 1 300** – Londres, 24 avr. 1963 : *Chasseur buvant* : **GBP 7 500** – Berne, 9 mai 1963 : *Les Buveurs*, fus. avec lav. d'encre de Chine : **CHF 32 000** – Paris, 24 juin 1963 : *Le Confident* ; *Le bourgeois qui flâne*, bronze patiné : **FRF 20 000** – New York, 8 avr. 1964 : *L'entêté*, bronze : **USD 3 000** – Londres, 27 nov. 1964 : *La Confidence* : **GNS 14 500** – Berne, 17 juin 1965 : *L'Avocat et son client*, dess. à la craie noire, pl. et lav. : **CHF 40 500** – New York, 13-14 oct. 1965 : *Le ratapoil*, bronze : **USD 24 000** ; *Le Boucher, marché Montmartre* : **USD 38 000** – Paris, 14 juin 1966 : *Daumier par lui-même*, plâtre original teinté et patiné : **FRF 292 000** – New York, 3 avr. 1968 : *Réunion d'avocats* : **USD 50 000** – Berne, 14 juin 1968 : *Daumier par lui-même*, bronze patiné : **CHF 116 000** – Londres, 30 avr. 1969 : *Le Trio* : **GBP 18 000** – Londres, 3 juil. 1969 : *Cavalier*, encre de Chine : **GBP 3 800** – New York, 5 mai 1971 : *Avant l'audience*, aquar. sur trait de pl. : **USD 85 000** ; *Le Ratapoil*, bronze patiné, cire perdue : **USD 20 000** – Londres, 11 avr. 1972 : *Deux buveurs attablés*, aquar. et encre : **GNS 14 000** – Londres, 4 avr. 1974 : *Homme à longue perruque ou LouisXIV*, bronze : **GBP 3 100** – Paris, 5 juin 1974 : *La plaidoirie*, lav. gché : **FRF 101 000** – Londres, 2 avr. 1974 : *Trois avocats*, panneau : **GBP 16 000** – Berne, 9 juin 1976 : *Le Ratapoil* vers 1825, bronze (H. 44,5) : **CHF 35 000** – Paris, 6 oct. 1976 : *Enfoncé La Fayette !.. Attrappe, mon vieux* 1834, litho. : **FRF 5 000** – Paris, 25 nov. 1976 : *Portrait présumé de Corot*, pl./pap. (21x16) : **FRF 30 000** – Paris, 22 nov. 1977 : *Dupin*, bronze (H. 15) : **FRF 22 500** – Londres, 8 déc. 1977 : *L'Abreuvoir* vers 1847, h/t (43x58,5) : **GBP 3 400** – Hambourg, 1er juin 1978 : *L'avocat saluant*, bronze (15,5x9,4) : **DEM 18 000** – Berne, 7 juin 1978 : *Le Dimanche au jardin des Plantes* 1862, litho. : **CHF 2 200** – Londres, 4 avr. 1979 : *Vulcain* vers 1853 : **GBP 1 200** – Londres, 7 déc. 1979 : *L'Amateur d'art*, bronze : **GBP 2 800** – Londres, 4 avr 1979 : *Feuille d'études : au Palais de Justice* après 1846, pl. (29x41,5) : **GBP 24 000** – Paris, 15 déc. 1980 : *Le dandy*, bronze (H. 19) : **FRF 32 000** – Paris, 17 mars 1981 : *Parades de Saltimbanques*, fus. et lav. reh. d'aquar./pap. (24x32,5) : **FRF 1 080 000** – New York, 20 mai 1981 : *Les curieux à l'étalage* vers 1860-63, h/pan. (33,5x25) : **USD 420 000** – Paris, 17 nov. 1982 : *Les buveurs*, essence/pap., esquisse (24,5x26) : **FRF 100 000** – Paris, 19 mars 1983 : *La Parade*, pl. et lav. reh. d'aquar. (8,5x10) : **FRF 68 000** – New York, 1er nov. 1983 : *Le Ventre législatif* 1834, litho. (28,3x43,5) : **USD 8 500** – Soissons, 11 déc. 1983 : *Le Ratapoil*, bronze (H. 43,5) : **FRF 500 000** – New York, 14 nov. 1984 : *Un wagon de troisième classe* vers 1856-58, h/pan. parqueté (26x34) : **USD 360 000** – Paris, 21 mars 1984 : *Membre d'une société d'horticulture : « Wellingtonia... c'est possible mais Gigantea c'est trop fort »*, fus. et cr. noir (31x25) : **FRF 446 000** – Berne, 19 juin 1985 : *Intérieur d'un omnibus* 1862-1864, pl. et lav./trait de fus. (20x31,5) : **CHF 210 000** – New York, 20 nov. 1986 : *L'Homme à la lorgnette ou le Spectateur* vers 1860, aquar. et pl. (13x10) : **USD 38 000** – Paris, 23 juin 1987 : *Le Ratapoil* 1850, bronze (H. 44) : **FRF 165 000** – New York, 29 oct. 1987 : *La Brouette* vers 1860, h/t (40,6x32,7) : **USD 105 000** – New York, 18 fév. 1988 : *Le chasseur buvant*, h/pan. (37,5x26,7) : **USD 93 500** – Paris, 18 mars 1988 : *Parade de saltimbanques* vers 1860, h/pan. (25x33) : **FRF 5 000 000** ; *Les Trois Spectateurs*, aquar. (10x12) : **FRF 250 000** ; *Le Visiteur*, bronze patiné (H. 17) : **FRF 105 000** ; *Le Rôdeur ou le Ramasseur de bouts de cigare*, bronze patiné (H. 14,5) : **FRF 116 000** – Londres, 18 mai 1988 : *Les Émigrants*, bronze (72x33,3) : **GBP 8 800** – Paris, 3 oct. 1988 : *Le Ratapoil*, bronze patiné (H. 44) : **FRF 150 000** – Paris, 19 oct. 1988 : *Avocat plaidant*, dess. à la pl. (11x9) : **FRF 60 000** ; *Trois personnages en buste*, aquar./trait de cr. (4,3x9,7) : **FRF 80 000** ; *Trois têtes d'hommes*, pl. (15x19) : **FRF 255 000** – Paris, 24 nov. 1988 : *Le Boucher*, fus. reh. de lav. (33x22) : **FRF 110 000** – Londres, 4 avr. 1989 : *Les Avocats à l'audience*, cr., aquar. et gche (25,5x22,4) : **GBP 275 000** – Londres, 5 avr. 1989 : *Ratapoil*, bronze (H. 44) : **GBP 24 200** – Paris, 13 avr. 1989 : *L'Amateur d'art* vers 1862, bronze patiné (H. 165) : **FRF 102 000** – Paris, 22 mai 1989 : *Les Émigrants*, bas-relief en bronze patiné (33,5x72,7) : **FRF 35 000** – New York, 15 nov. 1989 : *Trois personnages (Bacchantes, le retour des vendanges)*, h/pan. (15x17,5) : **USD 154 000** – Paris, 22 nov. 1989 : *Le Provincial à Paris* vers 1855, bronze patiné (H. 18,5) : **FRF 60 000** – Londres, 28 nov. 1989 : *Ratapoil*, bronze (H. 43,5) : **GBP 33 000** – Paris, 15 déc. 1989 : *Fruchard ou le Dégoût personnifié*, bronze (12x13) : **FRF 48 000** – New York, 15 mai 1990 : *La Devanture*, h/t (46x54,6) : **USD 1 100 000** – Londres, 19 juin 1990 : *Ratapoil*, bronze (H. 43,5) : **GBP 88 000** – Paris, 15 juin 1990 : *Scène d'audience*, cr. et pl. (24x32) : **FRF 95 000** – Paris, 25 juin 1990 : *L'Ombre*, fus. (25x20) : **FRF 30 000** – New York, 3 oct. 1990 : *Mère et enfant*, fus. et cr./pap. (32,5x29,2) : **USD 13 200** – Paris, 24 jan. 1991 : *Deux avocats*, dess. (25,5x21,5) : **FRF 27 500** – Londres, 19 mars 1991 : *Le Comte d'Argout*, bronze à cire perdue (H. 29) : **GBP 6 600** – New York, 7 mai 1991 : *Étienne*, bronze à patine brune (H. 16,5) : **USD 7 700** – Londres, 26 juin 1991 : *Deux avocats*, h/t (28,5x24,5) : **GBP 49 500** – New York, 6 nov. 1991 : *Baigneurs*, h/pan. (33x24,8) : **USD 132 000** – Paris, 3 juin 1992 : *Daumier par lui-même*, bronze cire perdue (H. 73,5) : **FRF 265 000** – Paris, 22 juin 1992 : *Le valet de chambre*, bronze cire perdue (H. 13) : **FRF 55 000** – Londres, 29 juin 1992 : *Deux*

Buveurs, aquar., encre et gche/pap. (18,4x25,4) : **GBP 121 000** – New York, 11 nov. 1992 : *Buste de Chevandier de Valdrome*, bronze (H. 18,1) : **USD 15 400** – Londres, 1er déc. 1992 : *L'Amoureux*, bronze cire perdue (H. 18,1) : **GBP 19 800** ; *Avant l'audience : l'avocat et son client*, aquar., gche et encre (17,5x21,5) : **GBP 297 000** – Paris, 3 fév. 1993 : *Gargantua*, litho. (21,4x30,5) : **FRF 68 000** – New York, 12 mai 1993 : *Deux saltimbanques*, encre et lav. gris/pap. (23,8x15,6) : **USD 85 000** – Paris, 16 juin 1993 : *Cortège du commandant général des apothicaires (Le maréchal Lobau)* 1833, litho. coul. (29,5x50) : **FRF 5 000** – Londres, 22 juin 1993 : *Le Fardeau (la Blanchisseuse)*, h/t (116,3x89,2) : **GBP 1 651 500** – Paris, 26 nov. 1993 : *Misanthropie* 1833, lav. d'encre et gche/pap. (25x20) : **FRF 500 000** – New York, 8 nov. 1994 : *La Chanson à boire*, cr. coul., encre et aquar./pap. (25,1x34,9) : **USD 640 500** – Paris, 24 juin 1994 : *Harlé père dit le Gâteux*, bronze (H. 125) : **FRF 55 000** – Paris, 28 nov. 1994 : *Le Boucher au marché Montmartre*, h/pan. (20,7x27,6) : **FRF 1 250 000** – Rambouillet, 21 mai 1995 : *Les Émigrés* 1871, bronze, relief (31x67) : **FRF 100 000** – Paris, 16 juin 1995 : *Le représentant nouant sa cravate*, bronze cire perdue (H. 17,5) : **FRF 82 000** – New York, 8 nov. 1995 : *La Parade*, aquar., past., fus. et encre/pap./cart. (43,8x33,7) : **USD 1 212 500** – Paris, 13 juin 1996 : *Paysagistes au travail* 1862, litho. : **FRF 15 000** – Paris, 21 juin 1996 : *Monsieur Gallois*, bronze (H. 21,4) : **FRF 25 000** – Londres, 26 juin 1996 : *Ratapoil*, bronze (H. 45) : **GBP 25 300** – Paris, 7 oct. 1996 : *Actualités*, litho., quatorze planches : **FRF 7 500** – Paris, 22 nov. 1996 : *La Jeune Mère*, cr., encre et lav. (17,2x12,7) : **FRF 125 000** – New York, 9 oct. 1996 : *Tête d'homme*, pl. et encre et lav./pap. (12,1x9,5) : **USD 10 005** – New York, 19 fév. 1997 : *Femme et enfant*, h/pan. (31,4x23,5) : **USD 43 125** – Paris, 10 juin 1997 : *Ayant une discussion à propos de leur beauté* 1852, litho. (23,5x18,8) : **FRF 5 000** – Paris, 11 juin 1997 : *Portrait charge, en buste, du Constitutionnel (Louis-Philippe)* 1832, pierre noire, dessin (19x22) : **FRF 45 000**.

DAUMIER LE FEVRE Eusèbe
Né en 1808. Mort en 1874. XIXe siècle. Français.
Peintre céramiste.
Cité par Ris-Paquot.

DAUMILLER Gustav Adolf
Né le 10 novembre 1876 à Memmingen. XXe siècle. Allemand.
Sculpteur.
Il fit des expositions à Munich, Londres et Paris. parmi ses statuettes en bronze, citons : *Aphrodite, Idylle, Conte de fée.*

DAUMONT Émile Florentin
Né le 20 février 1834 à Montereau. XIXe siècle. Français.
Peintre de paysages, peintre à la gouache, graveur à l'eau-forte.
Élève de Courtry Chauvel et Flameng, il débuta au Salon de 1870. Sociétaire des Artistes Français, il a obtenu une mention honorable en 1881, une médaille de troisième classe en 1886 et une médaille de bronze en 1900 (Exposition Universelle).
Il s'est surtout fait connaître comme graveur de paysages.
Ventes Publiques : Paris, 3 mai 1934 : *Ile de Groix ; Vaux-le-Pénil ; Lisière de forêt*, trois gouaches : **FRF 35** – Paris, 25 fév. 1943 : *Environs de Douarnenez* 1887 : **FRF 400** – Versailles, 19 nov. 1989 : *Fin de journée d'été sur le village* 1891, h/pan. (23x15) : **FRF 4 500**.

DAUN Alfred
Né en 1854 à Baranow (Galicie). XIXe siècle. Polonais.
Sculpteur.
Il fut à Cracovie l'élève de Gadomski. Après un bref séjour à Vienne il retourna à Cracovie où il exécuta plusieurs monuments funéraires et enseigna la sculpture.

DAUNAS André Georges
Né au XXe siècle à Rochefort-sur-Mer (Charente-Maritime). XXe siècle. Français.
Peintre.
Depuis 1936 a exposé au Salon de la Nationale des scènes rustiques et des paysages du pays de Saintonge.

DAUNAS Hermenegildo
Né en 1843 à Barcelone. Mort en 1903. XIXe siècle. Espagnol.
Peintre de genre.
Il exposa surtout à Paris.
Ventes Publiques : Londres, 12 fév. 1993 : *Deux jeunes couples se courtisant* 1877, h/pan. (37,5x46) : **GBP 2 200**.

DAUNE Martine, Mme
XVIIIe siècle. Française.
Peintre.
Elle fut veuve en 1779. Membre de l'Académie de Saint-Luc à Paris.

DAUNT Hubert
Né au XXe siècle à Mozufferpore (Inde). XXe siècle. Irlandais.
Peintre et dessinateur.
De 1933 à 1935 a exposé des dessins, dont : *Un Coréen chez lui*, au Salon de la Société Nationale des Beaux-Arts à Paris.

DAUNTE Thomas
XVe siècle. Actif vers 1435. Britannique.
Peintre.

DAUPHANT-SENEAULT Madeleine
Née au XXe siècle à Paris. XXe siècle. Française.
Peintre.
Elle exposa à Paris au Salon de la Nationale des Beaux-Arts en 1938.

DAUPHIN Charles Claude, le chevalier ou **Dofin**
Né en Lorraine. Mort en 1677 à Turin. XVIIe siècle. Français.
Peintre de compositions mythologiques, sujets religieux, portraits, compositions décoratives.
Fils et élève d'Olivier Dauphin. Dans la ville de Turin on voit de cet artiste, au Palais royal, des peintures sous les voûtes de la salle du trône, de la salle d'audience et de la salle des gardes ; à la cathédrale, *Saint Luc faisant le portrait de la Vierge, Jésus-Christ donnant la communion à saint Honoré* et plusieurs petits tableaux relatifs à la vie de ce saint ; à Saint-Charles-Borromée, *Saint Joseph tenant l'enfant Jésus dans ses bras* ; à Saint-François-de-Paul, *Saint François marchant sur la mer, Louise de Savoie, duchesse d'Angoulême, invoquant saint François de Paul*. On doit au même artiste de nombreux portraits.
Ventes Publiques : Paris, 26 mars 1996 : *La Vierge, l'Enfant Jésus et saint Jean*, h/t (80x64,5) : **FRF 28 500** – Milan, 16-21 nov. 1996 : *Minerve récompense la Vertu et punit le Vice*, h/t (136x108) : **ITL 40 775 000**.

DAUPHIN Eugène
Né le 30 novembre 1857 à Toulon (Var). Mort en 1930 à Paris. XIXe-XXe siècles. Français.
Peintre de paysages, marines, pastelliste.
Élève de Vincent Courdouan, puis de Gervex, il débuta au Salon de Paris en 1880, obtenant une mention honorable en 1887, une médaille de troisième classe en 1888, une médaille de bronze à l'Exposition Universelle de 1889 à Paris. Il participa également au Salon de la Société Nationale des Beaux-Arts à partir de 1890. Chevalier de la Légion d'honneur en 1895.
Il peint, le plus souvent, les sites pittoresques des environs de sa ville natale, soit sous des éclairages nocturnes, des couchers de soleil, soit sous le soleil, accentuant les effets d'ombre et de lumière. Il a réalisé deux grands panneaux décoratifs pour le musée de Toulon : *L'entrée de la rade de Toulon* et *Dans le port de commerce*.
Bibliogr. : Gérald Schurr, in : *Les Petits Maîtres de la peinture 1820-1920, valeur de demain*, Les Éditions de l'Amateur, t. V, Paris, 1981.
Musées : Aix-en-Provence – Dijon – Toulon : *Les Sablettes – L'entrée de la rade de Toulon – Dans le port de commerce – Bord de mer.*
Ventes Publiques : Neuilly, 5 déc. 1989 : *Le cap brun (rade de Toulon)* 1887, h/t (33x46) : **FRF 19 000**.

DAUPHIN François Gustave
Né le 7 juin 1804 à Belfort. Mort le 23 mai 1859 à Paris. XIXe siècle. Français.
Peintre.
Entré à l'École des Beaux-Arts le 11 novembre 1825, il devint élève de Hersent. Débuta au Salon en 1835 où il exposa jusqu'en 1859. Il obtint une médaille de troisième classe en 1842 et de deuxième classe en 1845. Parmi ses œuvres, citons : *Chute d'un bateau à la cascade de Terni, Le baiser de Judas, La fille de Jephté.*
Il fut colonel de la garde nationale de la Seine.

DAUPHIN Jacques
XVIIe-XVIIIe siècles. Français.
Peintre.

Il vivait à Lyon en 1688 et 1703, et fut élu maître de métier en 1693, 1700 et 1703.

DAUPHIN Jane
XIXe siècle. Française.
Aquarelliste.
Active à Paris. Citée par Mireur. Voir aussi Madeleine Dauphin.
VENTES PUBLIQUES : PARIS, 1894 : *Loup, y es-tu ?*, aquar. : **FRF 18.**

DAUPHIN Jean
XVIIe siècle. Français.
Sculpteur.
Il fut reçu à l'Académie de Saint-Luc à Paris en 1662.

DAUPHIN Jean
XVIIe siècle. Actif à Nantes entre 1635 et 1647. Français.
Peintre.

DAUPHIN Joseph
Né en 1821. Mort en 1849. XIXe siècle. Français.
Peintre.
A peint des paysages du Midi, dans un style qui rappelle celui de Diaz.
BIBLIOGR. : G. Schurr : *Les petits maîtres de la peinture, valeur de demain*, Paris, 1969.

DAUPHIN Louis Étienne
Né le 15 mars 1885 à Paris. Mort en 1926. XXe siècle. Français.
Peintre et dessinateur de paysages.
En 1919, il a participé à l'Exposition spéciale des Artistes mobilisés et en 1920, il figurait au Salon de la Société Nationale des Beaux-Arts de Paris. A travers ses peintures et ses dessins, il évoque les paysages du Nord de la France, La Provence et l'Espagne, mais aussi Corfou, Athènes, Venise, dessins exécutés d'après des croquis pris durant les campagnes d'Orient et d'Italie.
VENTES PUBLIQUES : PARIS, 14 et 15 déc. 1927 : *Route en Provence*, aquar. : **FRF 165.**

DAUPHIN Madeleine
XIXe siècle. Française.
Aquarelliste.
Active à Paris. Citée par Mireur. Voir aussi Jane Dauphin.
VENTES PUBLIQUES : PARIS, 1894 : *Sur la route*, aquar. : **FRF 25** ; *Sur la terrasse*, aquar. : **FRF 22.**

DAUPHIN Olivier ou **Oliviero** ou **Dofin**, dit **Delfino**
Né en Lorraine. Mort en 1693 à Sassuolo, ou à Bologne ou 1679 à Modène. XVIIe siècle. Français.
Peintre, graveur.
Cet artiste était neveu de Jean Boulanger de Troyes. Pendant longtemps, il travailla au palais du duc de Modène. Il a beaucoup gravé d'après les Carracci.
VENTES PUBLIQUES : ROME, 8 mars 1990 : *Le sevrage du petit Bacchus*, h/t (74x98) : **ITL 12 000 000.**

DAUPHIN Raymond
Né en 1910 à Bruxelles. XXe siècle. Actif aussi en France. Belge.
Peintre, dessinateur et décorateur.
Il a réalisé des vitraux et fait des fresques de la chapelle du Coteau à Antibes (Alpes-Maritimes).

DAUPHIN DE BEAUVAIS Charles Nicolas
Né en 1730 à Paris. Mort en 1783. XVIIIe siècle. Français.
Graveur.
Fils et élève de Nicolas Dauphin de Beauvais. A gravé d'après F. Boucher Ch. Eisen et S. Conca. On cite aussi de lui un portrait de Juste-Aurèle Meissonier.

DAUPHIN DE BEAUVAIS Jacques Philippe
Né en 1738. Mort le 31 octobre 1781 à Paris. XVIIIe siècle. Français.
Graveur et sculpteur.
Fils et élève de Nicolas Dauphin de Beauvais, marchand d'estampes établi rue Saint-Jacques. Il se perfectionna à l'Académie sous la direction de G. Coustou le Jeune, et obtint, en 1767, le prix de Rome. Il fut médaillé en 1764, avec le prix de première classe. Tandis qu'il était à Rome, l'impératrice de Russie lui commanda l'exécution d'une figure allégorique : *L'Immortalité*. En 1773, il fut appelé à Gênes pour décorer le salon du palais Spinola. Revenu à Paris, on le chargea d'exécuter, sur le portail principal de l'église Sainte-Geneviève (actuel Panthéon), un relief, représentant la sainte. Il fut occupé à Fontainebleau à l'exécution de groupes en marbre, dans le boudoir de Marie-Antoinette. On connaît de lui 18 planches gravées : un *Livre de Vases*, qu'il dut exécuter alors qu'il était élève à l'Académie et trois planches de *Vues de Venise*.

DAUPHIN DE BEAUVAIS Nicolas
Né vers 1687 à Paris. Mort en 1763 à Paris. XVIIIe siècle. Français.
Graveur.
Il fut d'abord l'élève de Jean Audran, puis il travailla avec G. Duchange, dont il épousa la fille. L'œuvre de cet artiste est assez considérable. Il grava presque toutes ses planches d'après les grands maîtres.

DAUPHIN DE SAINT-MARY Pierre
XVIIe siècle. Français.
Sculpteur.
Il fut reçu à l'Académie de Saint-Luc en 1696.

DAUPHINÉ Delo Chesme
Né vers 1826 à Florence. Mort le 17 août 1856 à Florence. XIXe siècle. Italien.
Sculpteur.
Il fut l'élève de Bartolini.

DAUR Henry von
Mort en 1911 à Paris. XIXe-XXe siècles. Américain.
Peintre, aquarelliste.
Il exécuta des paysages d'Italie, de Suisse et des environs de Paris.

DAUR Hermann
Né le 21 février 1870 dans le pays de Bade. XIXe siècle. Allemand.
Peintre, lithographe et graveur.
Il fit ses études à Bâle et à Karlsruhe et continua toute sa vie à beaucoup voyager.

DAURA Pedro, ou **Pere,** ou **Pierre** ou **Daura y Garcia Pierre Francisco Juan**
Né le 21 février 1896 à Minorque (Baléares). Mort le 1er janvier 1976 à Rockbridge Baths (Virginie). XXe siècle. Actif et depuis 1943 naturalisé aux États-Unis. Espagnol.
Peintre de figures, portraits, paysages, natures mortes, aquarelliste, graveur, sculpteur. Polymorphe.
Son parrain était le violoncelliste Pablo Casals. Il fut élève de José Ruiz Blasco (le père de Picasso) à l'École des Beaux-Arts de Barcelone. Arrivé à Paris en 1914, il travailla dans l'atelier d'Émile Bernard. De 1917 à 1920, il fit son service militaire à Minorque. En 1920, il revint à Paris. À partir de 1925, il fut intimement lié avec Torres Garcia, puis Michel Seuphor. En 1928, il épousa l'Américaine Louise Blair, dont la sœur épousera Jean Hélion. En 1930, il acquit une maison à Saint-Cirq-Lapopie (Lot), où il passera ensuite souvent l'été. En 1934-1935, il fit un premier séjour en Virginie. En 1937, engagé dans l'armée républicaine, il fut blessé à Teruel. En 1939, il partit se réfugier en Virginie. Il devint citoyen américain en 1943. En 1945-46, il fut directeur de la Faculté d'Art de Lynchburg College ; de 1946 à 1953, il enseigna au Woman's College de Lynchburg. De 1959 à 1976, il se fixa à Rockbridge Baths, également en Virginie. En 1990 fut fondée la Galerie Daura à Lynchburg College.
De 1918 à 1929, il participa aux expositions collectives de la galerie Dalmau de Barcelone. Au moment où il vécut à Paris, entre 1920 et 1930, il participa aux divers Salons parisiens, aux côtés des peintres catalans de Paris liés au mouvement de la jeune peinture française. Il figura notamment au Salon d'Automne de 1922, 1926. En 1928, il faisait partie de l'exposition *Cinq peintres refusés par le jury du Salon*, avec Torres-Garcia, Jean Hélion, Engel-Rozier, Alfred Aberdam. En 1929-30, il est, selon Michel Seuphor, l'inventeur du sigle du groupe *Cercle et Carré*, mouvement auquel il participa activement. Ensuite, aux États-Unis, il a participé à de très nombreuses expositions, notamment de 1944 à 1951 au Musée de Richmond ; de 1953 à 1978 à l'Art Center de Lynchburg. Il montrait des ensembles de ses peintures dans des expositions personnelles : en 1928 à Paris ; de 1929 à 1935 à Barcelone ; ensuite, après 1939, aux États-Unis, surtout en Virginie.
Toutefois, après la guerre civile espagnole, Daura sembla se désintéresser de sa carrière d'avant-garde, ne peignant plus que pour son plaisir visuel immédiat et pour quelques ventes nécessaires. Dans sa globalité, l'œuvre de Daura déconcerte, quelque peu dispersé entre les diverses techniques de la peinture et de la sculpture, et surtout entre l'abstraction pure et dure de la période de *Cercle et Carré* et les motifs figuratifs des longues dernières décennies.
■ J. B.

Musées : Barcelone (Mus. d'Art de Catalogne) – Barcelone (Mus. d'Art Contemp.) – Lynchburg, Virginie (College, Daura Gal.) : nombreuses œuvres – Minorque (Mus. Diocesa) – Monserrat – Paris (Mus. Nat. d'Art Mod.) : six peintures – Perpignan (Mus. Hyacinthe Rigaud) : une salle Daura – Saint-Petersburg, Floride (Mus. of Fine Arts) – San Antonio, Texas (Mus. of Art) – Toulouse.

DAURER Juan
XIVe siècle. Actif vers 1373. Espagnol.
Peintre.
Il travailla à Majorque et à Muro.

DAURIAC Jacqueline
Née le 15 mars 1945 à Tarbes. XXe siècle. Française.
Artiste, peintre, auteur d'installations. Abstrait puis nouvelles figurations.
Après un rapide passage à l'École des Beaux-Arts de Paris, elle suit pendant trois ans des cours d'architecture à Toulouse. Elle a participé à plusieurs expositions collectives parmi lesquelles on peut citer : en 1977 *Mythologies quotidiennes* à l'ARC au Musée d'Art Moderne de la Ville de Paris, en 1978 *Mona Lisa* au Musée de Duisburg, en 1979 à la Lund Konsthall en Suède, à New York en 1980 *Une idée en l'air*, à Stockholm en 1981 *37 artistes français* à l'Institut français, au Centre Pompidou en 1982 elle a présenté 2 performances : *Le sein de ma mère* et *Nous sommes venus pour sourire*. Personnellement, elle a exposé, entre autres, à Paris en 1973, 1977, 1983, 1988, en Suède et au Japon en 1979, à Bordeaux 1980, Lyon 1985, Montréal et Marseille 1987, Florence, à la gare de Biele-Bienne en Suisse, au Nouveau Musée de Villeurbanne, à Cologne et Jérusalem en 1989.
Jacqueline Dauriac se définit comme une artiste non pas conceptuelle mais « perceptuelle ». A ses yeux, la pratique de l'installation peut se définir comme une « proposition de champs de sensation ultra-sensibles ». Ses « mises en forme » d'objets et de l'espace sont là pour provoquer des réactions, déclencher de nouvelles perceptions, en sollicitant nos sens, principalement la vue et l'ouïe. Ainsi les bandes-sons, les caissons lumineux, les diapositives, les jeux de lumière sont-ils autant de réflexifs tendus à travers l'œuvre, qui tentent de transformer le spectateur passif en acteur, en le rendant plus conscient.
Bibliogr. : Gaya Goldcymer : *Jacqueline Dauriac, sous le signe d'Hermès* – Catherine Nadaud : *L'instant propre de Jacqueline Dauriac*, in : Public, N°1/1984, pp 28 et 29.
Musées : Eindhoven (Mus. Van Abbe).

DAUSCH Constantin
Né en 1841 à Waldsee. Mort en 1908 à Rome. XIXe siècle. Allemand.
Sculpteur.
Élève de l'École des Beaux-Arts de Munich, il acheva son éducation artistique à Rome en 1889. On cite de cet artiste : *Samson et Dalila, Les Quatre Saisons, Calliope et Érato, La Jeunesse et la Vieillesse*. Le Musée de Brême conserve de lui : *Hercule et le Centaure*.

DAUSOIR Jacques
XVIe siècle. Actif à Toulouse vers 1535. Français.
Sculpteur.
Il travailla pour l'Hôtel de Ville de Toulouse.

DAUSSET Sylvie
Née en 1942. XXe siècle. Française.
Dessinateur, illustrateur et peintre.
Dès 1967, après des études aux États-Unis et une exposition personnelle à Paris, elle reçoit la commande d'une fresque pour le métro Pont-Neuf à Paris. Elle exécute également des décors et des costumes pour des ballets modernes.
Ses coloris transparents accompagnent un dessin épuré et fragile.

DAUSSIN Émile
Né à Paris. XXe siècle. Français.
Sculpteur et graveur.
Élève de Ponscarme et Bouguereau. Il obtint une mention honorable à l'Exposition Universelle de Paris en 1900 et une mention honorable au Salon de la même année.

DAUSSY Alexandre
XVIIIe siècle. Actif vers 1737. Allemand.
Peintre sur faïence.

DAUSSY Raymond
Né en 1919 à Rouen. XXe siècle. Français.
Peintre. Surréaliste.
Élève à l'École des Beaux-Arts de Rouen, puis à celle de Paris, il participa au Salon d'Automne, notamment en 1945. Il fut fondateur du groupe surréaliste révolutionnaire. En 1964, il a exposé au Musée d'Ixelles, près de Bruxelles et en 1965 au Stadtmuseum de Leverkusen.

DAUT Johann Andreas
Mort en 1859 à Nuremberg. XIXe siècle. Allemand.
Graveur.

DAUTEL Henriette Virginie
Née le 12 octobre 1803 à Paris. XIXe siècle. Française.
Peintre de portraits.
Élève de Granger. Elle figura au Salon de 1822 à 1861 avec des études et des portraits.

DAUTEL Pierre Victor
Né le 19 mars 1873 à Valenciennes (Nord). Mort le 12 novembre 1951 à Ancenis (Loire-Atlantique). XXe siècle. Français.
Sculpteur et graveur en médailles.
Élève de Maugendre, Villers, Barrias et Coutan, il reçut le Prix de Rome en 1902. Il participa régulièrement au Salon des Artistes Français dont il fut sociétaire, obtenant une troisième médaille en 1907, une deuxième médaille en 1910, une première médaille en 1913 et une médaille d'honneur en 1927. Chevalier de la Légion d'honneur en 1929.
Musées : Valenciennes.

DAUTEN Pierre
XVIe siècle. Français.
Sculpteur.
En 1512, il collabora à la sculpture du grand portail de la cathédrale de Rouen, que construisait Roullant Leroux.

DAUTHAGE Adolf
Né en 1825 près de Vienne. Mort en 1883 à Vienne. XIXe siècle. Autrichien.
Peintre et lithographe.
Il fut l'élève de Gselhofer et de Petter. Son œuvre, très réaliste, fut influencée à la fin de sa vie par la découverte de la photographie. On cite de lui : *Le Portrait des professeurs de la Faculté de Médecine de Vienne*.

DAUTHE Johann Friedrich Karl
Né en 1749 à Grosszschocher (près Leipzig). Mort le 13 juillet 1816 à Bade Elinsberg (Silésie). XVIIIe-XIXe siècles. Allemand.
Architecte et graveur au burin, dessinateur au lavis.
Cet architecte célèbre grava quelques vues d'Italie.

DAUTHEMARE J. F.
XIXe siècle. Actif à Londres en 1848. Britannique.
Graveur au burin.

DAUTHUILLE André
Né le 5 février 1918 à Saint-Pol (Pas-de-Calais). XXe siècle. Français.
Peintre de paysages et de compositions.
Autodidacte, il prend part au Salon des Artistes Français et au Salon des Artistes Indépendants à Paris. Personnellement, il expose en France et à l'étranger.
Il met en valeur l'atmosphère brumeuse des paysages de la campagne flamande.

DAUTIEUX Joseph
XVIIIe-XIXe siècles. Allemand.
Peintre.
Il exposa à l'Académie de Berlin entre 1800 et 1810.

DAUTIGNY Jean Pierre
Né le 5 mars 1946 à Paris. XXe siècle. Français.
Peintre de compositions d'imagination, graveur. Tendance fantastique.
Diplômé de l'École Boulle, il a fait son apprentissage de dessin et de peinture chez un peintre à Paris, tandis qu'il s'initie tout seul à la gravure à partir de 1976. Il participe depuis 1984 aux Salons des Artistes Indépendants, d'Automne et des Artistes Français à Paris. De 1981 à 1984, il a exposé ses gravures à Paris, puis à partir de 1985, ses peintures à Clairac, Dax et Paris.
Il peint des paysages imaginaires dans lesquels se retrouvent toujours quatre éléments : l'air, la lumière, la terre et l'eau. A tra-

vers ses paysages, serpente généralement un cours d'eau ou un sentier qui symbolise le voyage en tant que recherche intérieure.

DAUTIN Camille
XIXe siècle. Espagnol.
Peintre.
Exposa à Madrid en 1880 et 1881.

DAUTION Frances
Née à New York. XXe siècle. Américaine.
Peintre de fleurs.
Elle exposa à Paris au Salon des Indépendants en 1938 et 1939.

DAUTREY Lucien
Né le 6 mai 1851 à Auxonne (Côte-d'Or). Mort en mars 1926 à Paris. XIXe-XXe siècles. Français.
Graveur.
Élève de Coutry et de Braquemond, il débuta au Salon de 1880 avec une eau-forte. Sociétaire des Artistes Français depuis 1887. Il obtint une mention honorable en 1885, médaille de troisième classe en 1896, médaille d'argent à l'Exposition Universelle de 1900 ; médaille de première classe en 1904. Membre du jury.

DAUTRY Marc
Né le 11 mars 1930 à Nîmes (Gard). XXe siècle. Français.
Graveur, sculpteur, illustrateur.
Élève à l'École des Beaux-Arts de Toulouse, il obtient les premiers prix de sculpture, de dessin et de gravure. Il vit et travaille près de Montauban. À partir de 1952, il participe à des expositions de groupe, notamment à celle des Peintres et Graveurs à la Bibliothèque Nationale de Paris, à l'exposition d'Art Nouveau à Montauban en 1952, à Grenoble en 1967, à la Biennale Internationale d'Art Graphique de Florence où il reçoit une médaille d'or en 1972. Il a exposé personnellement à Toulouse 1955 et 1964, Montpellier 1955, Montauban en 1955 et 1962, Évreux, Valenciennes 1959, Nîmes et Châlon-sur-Marne 1964, Bordeaux 1965, La Rochelle 1966, Götteborg 1968, Ancône 1969, Florence 1973, Genève 1974, Rome et Innsbruck 1975, Avignon, Cologne 1976, Aix-en-Provence, Genève, La Baule et Paris 1977.
Dans un premier temps, et jusqu'en 1960, il se consacre exclusivement à la sculpture, puis travaille plus particulièrement la gravure au burin. Cependant, il sculpte en 1961 un monument de la Déportation à Montauban et Montpezat-de-Quercy, en 1968 la stèle commémorative du bicentenaire huguenot à Aigues-Mortes, puis pour la ville de Montauban : en 1975 un cheval cabré et un buste en bronze, en 1976 un Nu féminin en bronze, en 1989 un monument de *La Liberté* en bronze pour le bicentenaire de la Révolution Française, en 1990-1992 des bustes et terres cuites. Mais c'est son œuvre de graveur qui l'a rendu célèbre, pratiquant la gravure au burin et créant en 1963 le Cercle du Burin. Parmi ses illustrations, citons celles du *Livre de Job* (1960), *Les Dix Commandements* (1963), les *Provinciales* de Pascal (1967), les *Sonnets* de Michel-Ange (1970-71) et de Pétrarque (1976), *Tristan et Yseult* (1981), les *Lettres Persanes* (1986). Il a également fait une suite de gravures sur les thèmes des *Caprices – Confidences d'Ève – Bestiaire fantastique*. Sa maîtrise du burin lui a valu les plus hautes récompenses. C'est un ardent défenseur du retour à la Tradition, dans le prolongement de l'inspiration des maîtres de la Renaissance.
Musées : Brême (Cab. des Estampes) – Cincinnati – Cleveland – Florence (Mus. des Offices) – Georgia – Hambourg – Louisville – Lyon – Montauban (Mus. Ingres) – New York (Metropolitain Mus.) – Paris (BN, Cab. des Estampes) – Rodez – Rome (Mus. du Vatican) – Vienne (Albertina Mus.).

DAUTUN Jean Elie
Né le 12 février 1766 à Lausanne, originaire de Morges. Mort le 25 mai 1832 probablement à Lausanne. XVIIIe-XIXe siècles. Suisse.
Peintre.
Dautun fut pasteur successivement à Paris, à Morges, à Berges et à Lausanne où il se fixa. Il devint membre du Conseil académique et un des fondateurs de l'École de charité. Il s'exerça seul comme peintre, et ne reçut aucune instruction artistique. Dautun laissa des tableaux d'histoire sainte et classique, des paysages et des portraits.

DAUTY Christian
Né en 1948. XXe siècle. Français.
Peintre. Abstrait.
Il participe régulièrement au Salon Grands et Jeunes d'Aujourd'hui, notamment en 1987-88. Il fait une peinture abstraite très en relief.

DAUTZE
Mort en 1736. XVIIIe siècle. Allemand.
Peintre de portraits.
Il exécuta des portraits d'échevins pour l'Hôtel de Ville de Bautzen.

DAUVEL
XVIIe siècle. Français.
Peintre.
Il est cité par Marolles.

DAUVERGNE Adolphe, ou **Louis Adolphe**
Né le 23 novembre 1865 à Lyon (Rhône). Mort après 1920. XIXe-XXe siècles. Français.
Graveur sur bois.
Élève de Baude. Il s'est fixé à Paris, où il a débuté au Salon des Artistes Français de 1885. Il a obtenu : une mention honorable en 1885 ; troisième médaille en 1896 ; deuxième médaille à l'Exposition Universelle de 1900 ; Membre du jury, une médaille de troisième classe en 1901 ; première médaille en 1904 ; une médaille de deuxième classe en 1909, avec *Fragment des Buveurs de Velasquez*, gravure sur bois.
Il a collaboré en 1896-1897, à l'*Image*, revue des graveurs sur bois. Il exposait des gravures sur bois en noir et en couleur et des lithographies.

DAUVERGNE Anatole
Né le 28 septembre 1812 à Coulommiers (Seine-et-Marne). Mort en 1870. XIXe siècle. Français.
Peintre de sujets de genre, portraits, compositions murales, restaurateur, dessinateur.
Élève, à Paris, de Gérard et de Léon Cogniet, il figura au Salon de Paris entre 1837 et 1855.
Membre de la Société pour la conservation des monuments historiques, il réalisa à ce titre diverses recherches sur les peintures murales, on mentionne notamment celles du château de Saint-Floret (Puy-de-Dôme), cycle pictural qui a pour thème la Quête du Saint Graal et le roman de Tristan et Yseult ; celles de la chapelle de Saint-Michel l'Aiguilhe au Puy-en-Velay (Haute-Loire). On lui doit en outre la décoration murale de l'église Saint-Paul à Issoire et de l'abside de la sainte chapelle du palais à Riom. Il exécuta aussi la décoration de l'avant-chœur de la cathédrale d'Auch et des peintures dans la nouvelle église de Vichy. Parmi ses tableaux on mentionne : *La Grange des dîmes à Provins*, *Le Retour du curé*, *La Veillée du Camaldule*, *La Mort d'un comédien*, *Souvenir d'une nuit de Venise*, *Le Regret du pays*. Dauvergne publia également de nombreux ouvrages d'histoire et de littérature.
Musées : Le Havre : *Intérieur*.

DAUVERGNE Émilie
Née à Lyon (Rhône). XIXe-XXe siècles. Française.
Peintre.
Élève de Miciol, Barriot, Balouzet et Poncer. Elle expose à Lyon, depuis 1885, à Paris depuis 1892, des portraits, des figures et des paysages (huile et pastel). Elle a obtenu à Lyon, en 1891, une deuxième médaille avec *Un coin de parc* et *Morbidezza* (pastel), un rappel en 1893 avec *Le lac d'Aiguebelette* et des pastels.

DAUVERGNE Étienne
XVIIIe siècle. Actif à Caen entre 1763 et 1780. Français.
Sculpteur.

DAUVERGNE Louis
Né en 1828 à Saint-Saulge (Nièvre). Mort en 1899 à Nevers. XIXe siècle. Actif à Paris. Français.
Peintre.
Il fut l'élève de Thomas Couture et se fixa à Paris. Il exposa au Salon de 1860 à sa mort.

DAUVERGNE Louis Adolphe. Voir **DAUVERGNE Adolphe**

DAUX Charles Edmond
Né vers 1855 à Reims (Marne). XIXe siècle. Français.
Peintre de genre, nus, portraits.

Élève de Cabanel, il participa au Salon de Paris à partir de 1878 avec *Une sentinelle*, obtenant une mention honorable en 1886. Il entoure ses sujets d'un « sfumato » qui fait penser à l'œuvre d'Eugène Carrière. Ses nus, classiques de forme, prennent souvent un caractère érotique fin de siècle.

Bibliogr. : Gérald Schurr, in : *Les Petits Maîtres de la peinture 1820-1920, valeur de demain*, Les Éditions de l'Amateur, t. II, Paris, 1982.
Musées : Bourges : *Femme jouant avec des colombes* – Reims : *Portrait de Madame Anatole Chemin*.
Ventes Publiques : Versailles, 13 déc. 1970 : *Jeune fille musicienne* : **FRF 1 800** – Versailles, 29 oct. 1972 : *Jeune musicienne parmi les pavots et les lauriers roses* : **FRF 1 500** – Reims, 19 déc. 1982 : *Sentinelle arabe montant la garde devant une tente* 1878 (132x57) : **FRF 40 000** – Londres, 20 mars 1985 : *Femme arabe assoupie*, h/t (71,5x58,5) : **GBP 8 000** – Reims, 23 mars 1986 : *Jeune femme au voile et au bouquet de marguerites* 1874, past. (47x39) : **FRF 14 000** – Londres, 16 juin 1993 : *La sentinelle* 1878, h/t (131x54) : **GBP 9 200** – Paris, 18 nov. 1994 : *Portrait de femme décolletée* 1883, past. (55x38) : **FRF 5 500**.

DAUX Henriette

Née en 1866 à Paris. XIXe siècle. Française.

Peintre pastelliste.

Élève de Jules Lefebvre et Roll. Exposa d'abord au Salon des Champs-Élysées, ensuite au Champs-de-Mars, des portraits au pastel et à l'huile, puis une étude de nu, et enfin le portrait en pied de l'auteur.

DAUZAS Antonin Ferdinand

Né en 1817 à Colmar. Mort en 1888 à Lyon. XIXe siècle. Français.

Peintre verrier.

Religieux dominicain du monastère des Brotteaux à Lyon, il a dessiné, pendant de longues années, des cartons de vitraux qu'il faisait exécuter par les frères de son couvent. Ses meilleures œuvres sont dans les églises dominicaines de Bonnay, de Lyon *(Rencontre de saint Dominique et de saint François, sainte Catherine de Sienne communiée par le Christ)* et dans la chapelle du Collège d'Oullins *(Saint Antonin)*.

DAUZATS Adrien

Né le 16 juillet 1804 à Bordeaux (Gironde). Mort le 18 février 1868 à Paris. XIXe siècle. Français.

Peintre de genre, sujets typiques, paysages, architectures, aquarelliste, dessinateur. Orientaliste.

Dauzats est un des maîtres les mieux doués de l'École de 1830. Élève de Michel-Julien Gué, il fut attaché, en 1828, à la publication que dirigeait le baron Taylor et qui avait pour titre : *Voyages pittoresques et romantiques dans l'ancienne France*. Il dut à cette situation d'aller planter son chevalet un peu dans toutes les contrées. Il voyagea ensuite au Portugal, en Espagne, puis de là gagna l'Égypte et l'Asie Mineure. Rentré en France, il y séjourna peu de temps et fit une longue tournée en Allemagne. Sa vie de voyage ne se borna pas là. Il accompagna le duc d'Orléans dans l'expédition du Djurjura, commandée par le maréchal Vallée, et prit part en personne à l'affaire du défilé des Bibans. Au point de vue de sa production artistique officielle, il débuta au Salon de 1831 et exposa régulièrement jusqu'en 1867. Il obtint une médaille de deuxième classe en 1831 et des médailles de première classe en 1835, en 1848, et en 1855. Il fut décoré de la Légion d'honneur en 1837.

A. Dauzats fut un artiste exceptionnellement fécond. Il a produit un grand nombre de tableaux et d'aquarelles, en lesquels il faut louer tout particulièrement la scrupuleuse exactitude du dessin et la vérité d'interprétation de la couleur locale. Le coloris de A. Dauzats est très brillant, très lumineux et plein de charmes. Il brossa ses architectures mauresques, ses ciels d'azur avec une fougue aisée et vigoureuse qui en fait un des artistes les plus remarquables, une des gloires les plus pures de l'École romantique. Ses dessins exécutés en Palestine, Syrie, Égypte sont d'une très grande précision et sont de précieux documents architecturaux, mais aussi humains, puisque Dauzats, à la différence de la plupart des orientalistes, s'attache à rendre des visages plutôt que des costumes ou des détails folkloriques.

Cachet de vente

Bibliogr. : Lynne Thornton : *Les orientalistes, peintres voyageurs*, ACR Édition, Paris, 1993-1994.
Musées : Bagnères-de-Bigorre : *Les Falaises* – Blois : *La Mosquée de Cordoue* – Bordeaux : *Intérieur d'un palais à Bagdad – Façade du collège Santelmo à Séville* – Bordeaux (Mus des Beaux-Arts) : *L'Église du couvent de Saint-Catherine au mont Sinaï* – Chalon-sur-Saône : *Ruisseau à Blidah* – Chantilly : *Place du gouvernement à Alger – Expédition des Portes de Fer* – Lille : *Le passage des Bibans* – Marseille : *Chapelle de Saint-Jacques-de-Compostelle* – Metz : *Intérieur de la mosquée de Mourestan* – Nice : *La cathédrale de Tolède* – Paris (Louvre) : *Intérieur d'une église en Espagne – Le Couvent de Sainte-Catherine, mont Sinaï – Intérieur de la mosquée de Mourestan au Caire* – Périgueux : *Vue de Tolède* – Pontoise : *Grenade* – Le Puy-en-Velay : *Intérieur de la cathédrale d'Albi* – Rouen : *Nubien en Arnaute* – Versailles : *Première muraille des Portes de fer – Même sujet – Sortie des Portes de fer* – Versailles : *Le Passage des Portes de Fer*, série d'aquarelles.
Ventes Publiques : Paris, 1869 : *Tombeau du Sultan au Caire* : **FRF 575** ; *Mosquée au Caire* : **FRF 240** ; *Place de San Francisco à Séville* : **FRF 560** ; *Patio d'une maison à Saragosse* : **FRF 215** ; *Vue de Blaye* : **FRF 155** ; *Château de Réveillon* : **FRF 62** ; *Le Palais de Justice et le quai de l'Horloge à Paris* : **FRF 390** ; *Entrée du chœur de la cathédrale de Tolède*, aquar. : **FRF 460** ; *Entrée de la salle du chapitre dans la cathédrale de Tolède*, aquar. : **FRF 500** ; *Intérieur de la cathédrale de Séville*, aquar. : **FRF 190** ; *Une procession à Cadix*, aquar. : **FRF 60** ; *Portes de Fer, fond du ravin*, aquar. : **FRF 410** ; *Vue intérieure de l'église d'Albi*, cr. : **FRF 200** ; *Tombeau d'Édouard le confesseur dans l'abbaye de Westminster*, dess. : **FRF 135** ; *Vue générale d'Oran*, dess. au cr. : **FRF 64** ; *Vue générale de Blidah*, dess. : **FRF 31** ; *Une rue à Palerme*, dess. : **FRF 26** ; *Sainte Cécile, d'Albi, détail du chœur*, dess. : **FRF 120** – Londres, 21 fév. 1934 : *Vue de Bordeaux* 1835, aquar. : **GBP 12** – Paris, 3 mai 1934 : *Intérieur d'église*, aquar. : **FRF 145** – Paris, 9 juin 1938 : *L'église de Manzanarès*, mine de pb et aquar. : **FRF 200** – Paris, 4 mai 1942 : *Intérieur de cathédrale* 1831, mine de pb ; *Côté d'église, rue de Beauvais, Senlis*, mine de pb : **FRF 380** – Paris, 22 juin 1942 : *Cathédrale de Saint-Vulfran à Abbeville* : **FRF 2 000** – Paris, 29 mars 1943 : *Tombeau du Sultan Kalaoun* : **FRF 1 800** – Paris, 22 nov. 1943 : *Chute d'eau* : **FRF 700** – Paris, 13-14 déc. 1943 : *La Place du Théâtre* 1832, aquar. : **FRF 4 500** – Paris, 23 mars 1945 : *Vue intérieur d'une ville avec tourelle Renaissance* 1840, aquar. : **FRF 1 150** – Paris, 18 oct. 1946 : *Notre-Dame et le pont de l'Archevêché*, mine de pb : **FRF 650** – Paris, 9-10 juil. 1947 : *Bords de la Seine au Louvre* : **FRF 4 000** – Paris, 7 juin 1955 : *L'Hôtel de Ville de Paris* : **FRF 48 000** – Paris, 24 nov. 1972 : *Le pont* : **FRF 3 200** – Paris, 25 oct. 1976 : *La Giralda, Séville, vue sur les toits*, h/pap. mar./t. (20,5x30) : **GBP 400** – Paris, 26 juin 1979 : *Les Arcs du Rummel à Constantine*, h/t (38x29) : **FRF 4 500** – Londres, 13 déc. 1979 : *Vue d'une ville* 1830, aquar. (27,3x19) : **GBP 1 600** – Paris, 1er juin 1981 : *Deux études de costumes Le pont de Ronda* 1836, mine de pb, reh. d'aquar./pap., deux dessins (23,2x36 et 33,5x26) : **FRF 4 000** – Londres, 17 mars 1983 : *Les Tuileries*, aquar. et pl. (13,5x19,2) : **GBP 2 200** – Paris, 27 avr. 1984 : *Couvent au pied de la montagne* 1839, h/t (32x24) : **FRF 31 000** – Paris, 28 nov. 1985 : *Le Pont-Neuf* 1835, aquar. et pl. (15x25) : **FRF 20 000** – Paris, 9 mars 1987 : *Mosquée au Caire*, h/pan. (65x81) : **FRF 120 000** – Monaco, 17 juin 1988 : *Vue de Rome* 1856, h/t (58x43,5) : **FRF 75 480** – Paris, 12 mai 1989 : *Intérieur de l'église (Espagne)*, h/t (43x54) : **FRF 22 000** – Reims, 17 déc. 1989 : *vue intérieure de l'Ancien Couvent des Jésuites à Reims*, pl. lavée et aquar. (23,5x37,5) : **FRF 12 000** – New York, 26 oct. 1990 : *Etude d'une cour avec une montée d'escalier*, cr. et aquar./pap. (28,6x34,9) : **USD 3 025** – Amsterdam, 5-6 nov. 1991 : *L'arc de triomphe de Djimilah en Algérie*, h/t (36x28) : **NLG 4 370** – Neuilly, 23 fév. 1992 : *Les fortifications du Caire*, h/t (33x47) : **FRF 39 000** – Paris,

19 nov. 1992 : *Vue intérieure de l'abbaye de Saint-Saturnin à Toulouse*, aquar. (35x22) : **FRF 5 800** – New York, 18 fév. 1993 : *Vue du monastère Sainte-Catherine au mont Sinaï*, h/t (54x67) : **USD 19 800** – Paris, 25 mars 1993 : *Bateau à quai* 1825, encre (11x7,5) : **FRF 4 500** – Paris, 2 avr. 1993 : *Abbaye de La Chaise Dieu*, cr. noir et gche blanche (28x22) : **FRF 3 500** – Mayenne, 22 mai 1994 : *Jérusalem vue du mont des Oliviers* 1839, h/t (38x65) : **FRF 92 000** – New York, 12 oct. 1994 : *Bédouin assis*, encre et lav./pap. (30,5x22,9) : **USD 9 200** – Paris, 22 mars 1995 : *Le chateau de Teba*, aquar. (27x41) : **FRF 15 500** – Paris, 5 avr. 1995 : *Le portefaix*, encre et gche/pap. (42x28) : **FRF 6 000** – Londres, 21 nov. 1996 : *Chœur de la cathédrale de Saint-Étienne à Toulouse*, craie noire, pl., encre brune et gche avec reh. de blanc (46x32) : **GBP 2 990** – Monaco, 14-15 déc. 1996 : *Le Passage des Portes de Fer le 28 octobre 1839* 1848, h/pan. (21,5x27) : **FRF 64 350**.

DAVACH DE THEZE Marc
Né le 17 novembre 1880 à Toulouse. xxe siècle. Français.
Peintre.
Après avoir étudié à l'École des Beaux-Arts, il travailla dans l'atelier d'Eugène Carrière, vers 1905. Il a régulièrement participé aux Salons des Artistes Indépendants et des Artistes Français et, de manière plus épisodique, au Salon d'Automne à Paris.

DAVAILLON Alice
Née en 1948 à Paris. xxe siècle. Française.
Peintre de figures.
Après avoir fait une maîtrise d'esthétique en 1971, elle s'est mise à peindre à partir de 1979. Depuis 1981, elle participe à divers Salons à Villeparisis, Montrouge, expose également individuellement à Paris, Anvers, Copenhague, Séoul, en 1997 au Centre Culturel de Saint-Yrieix-La-Perche. « Sur la planète Davaillon, vivent surtout des femmes ou des déesses ou des fées. Toutes sont grosses. Toutes sont nues... Elles sont mafflues, bouffies, stéatopyges, épanouies. Joufflues, enflées, gonflées, géantes bienveillantes et molles, elles s'étendent parmi les fleurs. » Ainsi Gilbert Lascault décrit-il ce que nous montre l'œuvre de Davaillon. Ces grosses femmes s'allongent, se vautrent sur les montagnes, les fleuves, les torrents, dans la campagne. Il leur arrive aussi de s'agiter devant une gare, mais elles s'épanouissent bien mieux dans la nature avec laquelle elles font corps. Elles aiment « se mêler à la boue des chemins, à la viscosité des mousses, à la rudesse du rocher, car elles sont devenues natures mortes elles-mêmes », écrit Davaillon à leur sujet. Ces immenses figures roses et blèmes sont traitées à la mine de plomb, au pastel léger ou à la sanguine, elles sont entourées de nuages ou de paysages aux coloris sobres. L'artiste elle-même au sujet de ses créatures a risqué le jeu de mots : *Les Demoiselles Davaillon*. Si la référence aux *Demoiselles d'Avignon* peut amuser, elle accentue la disproportion du propos entre un événement esthétique historique et une œuvre maniériste. ■ A. P.
Bibliogr. : Gilbert Lascault et de Cueco : *Davaillon, pastels*, catalogue de l'exposition Galerie du Roi de Sicile, Paris, 1987.

DAVAIN LESAGE, pseudonyme de **Lesage Pierre**
Né le 28 janvier 1908. xxe siècle. Français.
Peintre de paysages et de marines animés.
Il a surtout peint des scènes de plages normandes.
Ventes Publiques : Paris, 26 mai 1971 : *Les voiliers face à la mer* : **FRF 530** – Genève, 1er et 3 oct. 1973 : *Plage de Trouville*, deux pendants : **CHF 2 400** – Fécamp, 13 avr. 1974 : *Scènes de plage*, deux pendants : **FRF 2 000** – Paris, 24 nov. 1976 : *Scènes de plage*, deux h/pan. : **FRF 2 000**.

DAVALENSO Jacomo. Voir **VALENCIA Jacoppo**

DAVALOS
xxe siècle. Bolivien.
Peintre.
Au début du siècle, il fut l'un des premiers peintres à prendre ses distances par rapport aux normes académiques en vigueur au long du xixe siècle et qui leur avaient été tout d'abord inculquées au cours de leur formation traditionnelle. Il se tourna vers les authentiques ressources offertes par une nature profondément originale.

DAVANZO Wanda
Née en 1920 à Naples. xxe siècle. Active en France et en Argentine. Italienne.
Peintre. Abstrait-lyrique.
Elle suivit l'enseignement de son père, peintre classique, mais aussi de l'Académie de la Grande Chaumière à Paris. Venue très jeune avec sa famille à Paris, elle quitte en 1940 la capitale pour s'installer à Cagnes-sur-Mer, où elle découvre la peinture abstraite. De 1947 à 1964, elle vit en Argentine, participant à la vie artistique de Buenos-Aires. Durant cette période, elle pratique le « All Over » dans sa peinture. Revenue en France en 1964, elle participe à la création du groupe V. Elle a exposé en Argentine jusqu'en 1964, puis à partir de cette date, en France, prenant régulièrement part au Salon de Mai.
Sa peinture est à la fois gestuelle et écrite. La multiplication des signes graphiques, qui l'apparente au lettrisme, envahit la totalité de la toile dans un hypergraphisme somptueux aux couleurs franches et peu nombreuses.
Ventes Publiques : Paris, 17 juin 1988 : *La loge*, h/t (46x55) : **FRF 7 500**.

DAVAU Gilles
xviie siècle. Actif à Paris vers 1670. Français.
Sculpteur.

DAVE Daniel
Né au xixe siècle à Cambrai (Nord). xixe siècle. Français.
Peintre de genre et aquarelliste.
Il débuta au Salon de 1880 avec : *Le Chemin du cimetière*, aquarelle.
Musées : Niort : *Le chemin du cimetière*.
Ventes Publiques : Paris, 11 et 12 déc. 1924 : *Pêcheur au bord d'une rivière*, aquar. : **FRF 115**.

DAVEAU Flavien
Né au xixe siècle à Romorantin (Loir-et-Cher). xixe siècle. Français.
Peintre.
Il débuta au Salon de 1873 avec : *Pins parasols dans les dunes du golfe Juan*.

DAVELINE Georgette
Née le 26 janvier 1902 à Nevers (Nièvre). xxe siècle. Française.
Graveur en médailles, sculpteur et peintre.
Élève de N. Dubois. Débute au Salon des Artistes Français de 1923.

DAVELOOZE Jean Baptiste
Né en 1807 à Courtrai. Mort en 1886 à Courtrai. xixe siècle. Belge.
Peintre de paysages.
Il fut élève de J.-B. de Jonghe.
Musées : Bruges : *Paysage, vue des environs d'Audenarde* 1843 – Tourcoing : deux paysages.
Ventes Publiques : Paris, 1867 : *Paysage soleil couchant* : **FRF 400** – Amsterdam, 21 avr. 1993 : *Vaste paysage vallonné avec des voyageurs sur un chemin et des constructions*, h/pan. (19x23,5) : **NLG 3 220**.

DAVENNE
xixe siècle. Actif à Paris. Français.
Graveur au burin.
On cite de lui : une planche pour le *Règne animal* de Cuvier, une planche pour la partie zoologique des *Explorations scientifiques de l'Algérie* en 1840.

DAVENPORT
Né en 1645 en Angleterre. Mort en 1695. xviie siècle. Britannique.
Peintre de portraits.
Élève de P. Lely.

DAVENPORT Carson Sutherlin
Né le 14 février 1908 à Danville (Pennsylvanie). xxe siècle. Américain.
Peintre, graveur.
Il fut élève de George Pearse Ennis et William Dacres Adams. Membre de l'American Water-Colour Society de New York, ainsi que de l'Académie des Sciences et des Beaux-Arts, de laquelle il reçut le Premier Prix à l'occasion de l'exposition de Richmond (Virginie) en 1938.

DAVENPORT Édith Fairfax
Née à Kansas-City. xxe siècle. Américaine.
Peintre de portraits, compositions animées, graveur.
Elle fut élève de Louis Joseph Raphaël Collin et Jean-Paul Laurens à l'École des Beaux-Arts de Paris. Elle obtint une médaille de la reine Élisabeth de Belgique pour une affiche de la guerre de 1914-1918. En 1925, elle obtint le Prix de la Southern States Art League. Elle a exécuté des compositions murales pour la Chambre de Commerce d'Orlando en Floride, où elle était fixée.

DAVENPORT Henry
Né le 1er avril 1882 à Boston (Massachusetts). XXe siècle. Américain.
Peintre.
Il fut élève de Charles W. Hawthorne et George Elmer Browne. Il fut aussi diplômé de l'École des Beaux-Arts de Paris, où il fonda l'École Clouet. Il fut professeur à la Yale Art School.

DAVENPORT Ian
Né en 1966. XXe siècle. Britannique.
Peintre. Abstrait.
Il vit et travaille à Londres. Il participe à des expositions collectives : 1995 *Real Art – Un Nouveau Modernisme : les « reflexive painters » des années 90* à la Southampton City Art Gallery ; 1995 dans divers musées régionaux du Royaume-Uni puis à Londres ; 1996-1997 *New British Painting in the 1990s* au Museum of Modern Art d'Oxford.
Il applique mécaniquement les couleurs (peinture industrielle ou vernis de marine) sur la toile, à l'aide d'un récipient muni d'un bec verseur, que guide la main de l'artiste, avec des « erreurs de parcours », par couches successives. Il est l'un des représentants, avec Zebedee Jones, Jason Martin notamment, du *Real Art – A New Modernism,* cette tendance apparue en Angleterre dans les années 80 qui privilégie la peinture : ces artistes « s'attachent à créer des objets non figuratifs ne se référant qu'à eux-mêmes, et témoignant d'une approche structurelle et analytique du matériau peinture. Dans les œuvres, le processus physique de l'acte de peindre et la matérialité de la peinture font échec aux références et associations habituelles du spectateur » (Brian Muller).
Bibliogr. : Brian Muller : *Real Art – Un Nouveau Modernisme : les reflexive painters des années 90,* Art Press, no 202, Paris, mai 1995.

DAVENPORT Jane
Née le 11 septembre 1897 à Cambridge (Massachusetts). XXe siècle. Américaine.
Sculpteur de statues, monuments, décorateur.
Elle fut élève d'Alexandre (Sandy) Calder, d'Antoine Bourdelle. Elle fut membre de l'Art Student's League de New-York. Elle a sculpté un monument pour l'American University Union de Paris, et une statue pour la Fondation Carnegie de Washington.

DAVENPORT John Byron
Né le 16 septembre 1914 à Provincetown (Massachusetts). XXe siècle. Américain.
Sculpteur.
Il fit ses études artistiques à l'Art Department du Rollins College de Floride, à l'Académie Britannique de Rome, et à l'École des Beaux-Arts de Paris. En 1938, il figura à Paris à l'exposition de l'American Artists Professional League et au Salon des Tuileries.

DAVENPORT Mac Harg
Né le 27 mars 1891 à New York. XXe siècle. Américain.
Peintre.
Membre du Santa Fe Painters and Sculptors. Travaille à Santa Fe (Nouveau Mexique).

DAVENPORT Samuel
Né en 1783 à Bedford. Mort en 1867. XIXe siècle. Britannique.
Graveur.
Il fut l'élève de Charles Warren et travailla beaucoup à l'illustration des livres d'après les dessins de Shenton, Corbould et d'autres. Il grava aussi de nombreux portraits et fut un des premiers qui fit de la gravure sur acier.

DAVENPORT William Slocum
Né le 5 avril 1868 à Vestal (New-York). XIXe-XXe siècles. Actif aussi en France. Américain.
Peintre de paysages urbains.
Il fut élève de Whistler. S'il débuta en 1899, il n'exposa ensuite qu'à partir de 1914. Il exposa à Paris, au Salon de la Société Nationale des Beaux-Arts, dont il fut fait membre associé, plus tard au Salon des Tuileries. En France, il fut fait officier de la Légion d'honneur.
Il a peint peu de paysages ruraux (*Forêt de Marly*), et très souvent au contraire à l'intérieur des villes, notamment en France : *Le Palais des Papes à Avignon, L'arc du Carrousel, Albi, Le cloître de Toulouse,* et en Italie : *Notre-Dame de Soccori, L'église de San-Michele.*
Musées : Brooklyn – Pittsburgh (Fond. Carnegie).

DAVENTURE Henri
Né le 16 avril 1889 à Libourne (Gironde). XXe siècle. Français.
Peintre de paysages, portraits.
Il exposait à Paris, aux Salons d'Automne et des Artistes Indépendants. Il a peint des paysages de Normandie.

DAVERDOING Charles Amé Joseph
Né le 20 février 1813 à Hall (Belgique). Mort en 1895 à Averdoingt (Pas-de-Calais). XIXe siècle. Français.
Peintre.
Élève de Gros à l'École des Beaux-Arts où il entra le 6 octobre 1832. Il figura au Salon de Paris de 1844 à 1849. On voit de lui au Musée de Troyes : *Portrait de René, Portrait de Mignard,* à celui de Versailles : *Portrait du marquis de Harincourt,* et à celui de Bourges : *Portrait du cardinal du Pont.*

DAVERIO Amilcare
Né en 1806 à Milan. Mort en janvier 1874 à Venise. XIXe siècle. Italien.
Dessinateur et graveur.
Sa famille s'établit à Zurich en 1814, et ce fut dans cette ville qu'il reçut des leçons de H. Schulthess et de G.-C. Oberkogler. A Florence, il étudia la gravure avec Raffael Morghen et le dessin chez P. Ermini. Il exposa à Zurich en 1825 et 1827. A la fin de sa vie, il résida à Venise. Parmi ses gravures, on cite : *La Vision d'Ezechiel,* d'après Raphaël, *I Pastori* et *Presepio,* d'après Ghirlandajo, *La Deposizione,* d'après Perugino, *La Transfigurazione,* d'après Giotto, *Portrait de Rubens,* par lui-même, d'après l'original.

DAVERIO Pietro Antonio del
XVIIe siècle. Actif à Milan vers 1600. Italien.
Sculpteur.
Il travailla pour la Cathédrale de Milan.

DAVESNE P.
XVIIIe siècle. Travaillant à Paris. Français.
Peintre de portraits.
Cet artiste appartenait à l'Académie de Saint-Luc où il devint adjoint à professeur. On lui doit entre autres portraits ceux de M. et Mme Bérard, de la Comédie-Italienne ; du duc de Bourbon, de la comtesse de la Tour d'Auvergne, du chevalier du Londel, de Linguet. Au Louvre, Davesne envoya, en 1793 et 1796, plusieurs portraits. Il fut un des maîtres de Mme Vigée-Lebrun.
Ventes Publiques : Paris, 1858 : *Le petit lever* : **FRF 380** – Paris, 1868 : *Les cerises* : **FRF 1 160** ; *Les prunes* : **FRF 1 160** – Paris, 21 et 22 fév. 1923 : *Portrait d'un Abbé, député à l'Assemblée Nationale, la poitrine barrée d'un ruban tricolore,* past. : **FRF 1 900** – Paris, 25 juin 1937 : *Un député du Clergé à l'Assemblée Nationale,* past. : **FRF 1 550** – Paris, 17 déc. 1949 : *Les cerises ; Les prunes,* deux pendants : **FRF 690 000**.

DAVESNE Pierre
Mort en 1761 à Paris. XVIIIe siècle. Français.
Sculpteur.

DAVESNET Jacques
XVIe siècle. Actif à Arras vers 1545. Français.
Peintre.

DAVET Marc
Né le 3 septembre 1951 à Fécamp (Seine-Maritime). XXe siècle. Français.
Peintre de compositions d'imagination. Fantastique.
Il fut élève de l'École des Arts Décoratifs de Paris, se dit autodidacte en peinture. Depuis 1978, il participe à des expositions collectives, parmi lesquelles : 1980 Salon de Peinture Surréaliste et Fantastique d'Avoriaz et de nombreux groupes réunis par la Galerie Vendôme de Paris. Il montre ses peintures dans des expositions personnelles : 1981 à Portico (U.S.A.), 1983 Los Angeles, 1986 Lille, 1988 Paris.
Il pratique une technique savante, par « glacis » superposés, au service d'un dessin très sûr et d'une peinture qui modèle les volumes dans une gamme de tons assourdis. Dans des compositions foisonnantes de détails, il met en scène une faune hybride, dont les avatars physiologiques et les agissements déroutants se réfèrent ouvertement à l'univers de Jérôme Bosch.
Bibliogr. : Divers : Catalogue de l'exposition *Marc Davet,* Gal. Vendôme rive-gauche, Paris, 1988.

DAVEY Édith Mary
XXe siècle. Britannique.
Peintre de miniatures.
Elle fut élève de Gerald Edward Moira. Elle travaillait à Londres. Elle a exposé à Paris, au Salon des Artistes Français de 1928 à 1935.

DAVEY Grenville
Né en 1961 à Launceston (Cornouailles). XXe siècle. Britannique.

Sculpteur.
Grenville Davey appartient à la jeune génération de sculpteurs apparus sur la scène anglaise au début des années quatre-vingts. Nanti d'une formation disparate – quatre années apprenti-boucher et quatre années passées à l'Académie des Beaux-Arts de Londres –, il vit et travaille à Londres. Il a figuré dans plusieurs expositions collectives. Il a présenté personnellement son travail à la Lisson Gallery de Londres en 1987, 1989 ; à la galerie Primo Piano à Rome en 1989 et 1993 ; à la galerie Crousel-Robelin à Paris et à la Kunsthalle de Berne en 1991 ; au Kunstverein für die Rheinlande und Westphalen de Düsseldorf en 1992 ; au musée départemental de Rochechouart et à la crypte Jules Noirac à Limoges en 1993.
A ses débuts, Grenville Davey explore les possibilités d'un matériau, l'isorel, et d'une figure géométrique, le cercle. Posées au sol ou contre les murs, les œuvres se développent surtout en horizontalité. La verticalité et la monumentalité sont introduites dans les travaux suivants. Il s'agit de receptacles surdimensionnés exécutés en métal, partie industriellement, partie par l'artiste, clos, qui investissent l'espace d'exposition en le fracturant, l'obstruant ou en ménageant des vides entre eux. Des objets identifiables apparaissent ensuite, des bouteilles, des bidons surproportionnés en métal rouillé. ■ F. M.
Ventes Publiques : Londres, 25 oct. 1995 : *Géant rouge,* acier peint. (117x117x7,5) : **GBP 5 750.**

DAVEY Randall
Né le 24 mai 1887 à East-Orange (New-Jersey). Mort en 1964 à Santa-Fe (Nouveau-Mexique). xxe siècle. Américain.
Peintre de paysages, figures, portraits, animalier, dessinateur.
Il fut élève de la Cornell University de 1905 à 1907. En 1908-1909 il fut élève de l'Américain Robert Henri, mais en Europe. En 1915, il obtint le Prix Hallgarten décerné par la National Academy of Design de New-York. Il fut membre de la Society of Independant Artists. Il a eu lui-même des élèves au cours d'une importante activité professorale, notamment à Chicago, Kansas City, au Nouveau-Mexique. En 1923, il exposa à Paris, un dessin au Salon d'Automne. Il fit des expositions personnelles, entre autres : New York en 1922 et 1933, une rétrospective à San Francisco en 1957.
Ventes Publiques : New York, 24 oct. 1979 : *Portrait d'homme,* h/t (61x50,5) : **USD 2 200** – New York, 29 mai 1981 : *Portrait de jeune fille,* h/t montée sur isor. (86,3x66) : **USD 7 000** – New York, 23 juin 1983 : *Sentier dans la forêt,* h/pap. tanné (26x37,5) : **USD 750** – Santa Fé, 2 juil. 1985 : *Race track scene,* past. (73,6x61,5) : **USD 24 000** ; *The jockey* 1927, h/t (196,3x94) : **USD 48 000** – New York, 5 déc. 1986 : *Le saut de la rivière,* h/t (81x101,4) : **USD 15 000** – New York, 14 fév. 1990 : *Au paddock,* h/t (51x61) : **USD 4 950** – New York, 16 mars 1990 : *Le petit rouquin,* h/t (61x51) : **USD 8 800** – New York, 17 déc. 1990 : *Nu féminin assis parmi des coussins sur un sofa,* fus./pap. (56,5x40,1) : **USD 4 125** – New York, 14 mars 1991 : *Le fumeur,* h/t (61x50,9) : **USD 3 850** – New York, 21 mai 1991 : *Jour de pluie aux courses,* h/rés. synth. (54,5x64,6) : **USD 6 600** – New York, 21 mai 1996 : *Après le bain,* h/cart. (101,5x76,2) : **USD 2 760.**

DAVEY William Turner
Né en 1818 à Londres. xixe siècle. Britannique.
Peintre et graveur.
Il fut l'élève de Ch. Rolls. Il exécuta des portraits et des scènes de genre.

DAVI Arnal Giral
xive siècle. Actif à Perpignan au début du xive siècle. Français.
Peintre.

DAVI Bernat
xive siècle. Actif à Perpignan au début du xive siècle. Français.
Peintre.
Il était frère d'Arnal Giral D.

DAVI Giral I
xive siècle. Français.
Peintre.
Il était apparenté à Bernat D. Actif à Perpignan au début du xive siècle.

DAVI Giral II
xive siècle. Français.
Peintre.
Peut-être doit-on identifier cet artiste avec Arnal Giral D. Actif à Perpignan au début du xive siècle.

DAVI Jean
xiiie siècle. Actif à Rouen. Français.
Architecte et sculpteur.
Il travailla à partir de 1278 pour la cathédrale de Rouen.

DAVIA Gaetano
Né à Ferrare. xixe siècle. Italien.
Sculpteur.

DAVIAL de La Nézière. Voir **LA NÉZIÈRE**

DAVIAU Mélina Eudoxie
Née le 13 décembre 1874 à Luçon (Vendée). Morte le 31 décembre 1961 à La Tranche-sur-Mer (Vendée). xxe siècle. Française.
Dessinateur de paysages, portraits.
Elle fut élève de Luc-Olivier Merson. Elle exposait à Paris depuis 1906 au Salon des Artistes Français.

DAVIAUD Paul
Né à Viarmes (Hauts-de-Seine). xxe siècle. Français.
Peintre, graveur. Polymorphe.
Il eut une première carrière certainement figurative, exposant à Paris du Salon des Artistes Français, sociétaire, hors-concours, première médaille en 1939. On le retrouve en 1949 et 1950 exposant des compositions abstraites au Salon des Réalités Nouvelles.
Ventes Publiques : Lokeren, 10 oct. 1992 : *Composition,* h/pap. (94x70) : **BEF 36 000.**

DAVICO Mario
Né en 1920 à Turin. xxe siècle. Italien.
Peintre. Figuratif.
Il fut élève de l'Académie des Beaux-Arts de Turin, dont il est devenu professeur plus tard. Il a figuré à la Biennale de Venise en 1948, 1950, 1952, 1956, 1958, 1962, à la Quadriennale de Rome en 1948, 1959. Il avait obtenu un Prix à la Biennale de Venise en 1952. Il a aussi montré des ensembles de ses peintures dans des expositions personnelles, depuis la première en 1948.
Bibliogr. : In : *Peintres Contemporains,* Mazenod, Paris, 1964.
Musées : Asti – Rome – La Spezia – Turin.

DAVID
xve siècle. Italien.
Peintre.
Cet artiste florentin a fait, vers 1489, un tableau de mosaïque représentant la *Vierge assise.*

DAVID, Mlle
xviiie siècle. Française.
Graveur.
On cite d'elle : *À bas le Verrou.*

DAVID Adolphe
Né en 1828 à Baugé (Maine-et-Loire). Mort en 1895 à Paris. xixe siècle. Français.
Sculpteur.
Élève de Jouffroy. Membre fondateur de la Société des Artistes Français, il figura à ses expositions. Il obtint une médaille de troisième classe en 1874. Le Musée d'Angers conserve de lui : *Apothéose de Napoléon,* bas-relief, bronze.

DAVID Albert Eugène Marie
Né le 30 novembre 1896 à Liernais (Côte d'Or). xxe siècle. Français.
Sculpteur de monuments, bas-reliefs, céramiste.
Il fut élève de Jean Boucher à l'École des Beaux-Arts de Paris. Il exposait à Paris, au Salon des Artistes Français, mention honorable 1921, médaille d'or à l'Exposition Universelle de 1937, troisième médaille 1938 et chevalier de la Légion d'honneur, deuxième médaille 1943, il exposa aussi aux Salons d'Automne et des Artistes-Décorateurs.
Il a réalisé plusieurs monuments aux morts de la guerre de 1914-1918, des bas-reliefs décoratifs, des céramiques.

DAVID Alexander
Né en 1908 à Gênes (Italie), de parents américains. xxe siècle. Américain.
Peintre, graveur.
Il fut élève de Bridgman (Frédérick Arthur ?), de Romanovski (Filip ?), et de l'Art Student's League de New-York.

DAVID Alexandre
xve siècle. Français.
Enlumineur.
Il était actif à Tournai vers 1471.

DAVID Alexandre de
XVIIe siècle. Français.
Peintre.
Il travailla pour la cour entre 1638 et 1657.

DAVID Anatole
XVIIe siècle. Actif à Saint-Claude (Jura), vers 1670. Français.
Peintre.

DAVID Anna
Née le 4 septembre 1855 à Paris. Morte après 1929. XIXe-XXe siècles. Française.
Sculpteur.
Élève de A. Séraphin. Sociétaire du Salon des Artistes Français.

DAVID Antonio
Né en 1698 à Venise. Mort vers 1750. XVIIIe siècle. Italien.
Peintre de portraits, graveur.
Fils de Luodovico David, il devint un habile portraitiste et eut pour modèles maints personnages de marque. Parmi ceux-ci, on cite le *Pape Clément XI*. On lui attribue une gravure d'après une *Madone* de Corregio. Quelques experts donnent cette œuvre à son père.

VENTES PUBLIQUES : LONDRES, 22 avr. 1983 : *Portrait de William Perry, agé de 21 ans*, h/t (122,2x147,3) : **GBP 6 500** – LONDRES, 13 juil. 1993 : *Portrait de William Perry de Turville Park, agé de 21 ans, vêtu d'un habit brun brodé, debout près d'une balustrade avec le Colisée à l'arrière plan*, h/t (222,3x148) : **GBP 10 925** – LONDRES, 14 juil. 1993 : *Portrait du Prince James Edward Stuart, l'ancien prétendant, debout de trois-quarts et portant une armure avec une vue de la Tour de Londres au fond*, h/t (136x98) : **GBP 34 500.**

DAVID Arnold
XVIIIe siècle. Actif à Liège vers 1720. Éc. flamande.
Graveur.

DAVID Artus
XVIIe siècle. Actif à Paris vers 1660. Français.
Sculpteur.

DAVID Barbara
Née vers 1498 à Bruges. XVIe siècle. Éc. flamande.
Miniaturiste.
Fille et élève de Gérard David. Au moment de la mort de celui-ci, elle était fiancée. Elle dirigea d'abord avec sa mère l'École de Miniaturistes fondée par Gérard David, puis, lorsque sa mère se fut remariée à Bruges en 1529, Barbara resta seule directrice de l'École.

DAVID Bartolomeo
Né à Gênes. XVIIIe siècle. Italien.
Peintre de fleurs.
Il était frère de Giovanni et travailla en Italie, en Espagne et en Amérique du Sud.

DAVID Berthe M. J.
XIXe-XXe siècles. Active à Paris. Française.
Portraitiste et miniaturiste.
Élève de L.-O. Merson et Ch. David. Sociétaire des Artistes Français depuis 1891.

DAVID Carmen Blanche
Née le 8 juillet 1906 à Champroud-en-Gâtine (Eure-et-Loir). XXe siècle. Française.
Lithographe.
Élève de Manron et Roger. Sociétaire du Salon des Artistes Français.

DAVID Charles
Né en 1600 à Paris. Mort entre 1636 et 1638. XVIIe siècle. Français.
Dessinateur et graveur.
On sait peu de choses sur ce buriniste qui se place par son talent parmi les bons graveurs de son époque. Il marquait généralement ses estampes : *C. D.* ou C. D. F. On cite de lui 3 planches pour le *Nouveau Testament*, 3 planches de *Saintes*, *Mercure accompagné de l'Abondance*, 12 planches pour les travaux d'Hercule, 8 planches pour le *Temple de la Félicité*, d'après P. de Champaigne, *La Sagesse éveillant un homme endormi*, 4 planches de *Portraits*, *Les Cris de Rome*, *Une nourrice portant un enfant*, *Jeune femme allaitant un vieillard*, *Homme tenant un escargot*, *Un homme tenant une cruche*, d'après G. Honthorst, *Un soldat*, et un *David*, tous deux d'après S. Vouet.

DAVID Charles
Né le 19 juin 1797 à Cadenet. Mort le 12 novembre 1869 en Avignon. XIXe siècle. Français.
Peintre et musicien.
Élève de l'École d'Avignon. Il s'engagea comme musicien dans un régiment de ligne. Rentré dans la vie civile, il s'adonna exclusivement à la peinture, pratiquant surtout la miniature. Le Musée d'Avignon possède son portrait par lui-même, celui d'un officier et une petite peinture charmante : *La Crèche de la Sainte-Enfance*.
MUSÉES : AVIGNON (Mus. Calvet) : *Portrait du peintre*.
VENTES PUBLIQUES : NEW YORK, 11 déc. 1930 : *Jeune Amazone* 1839 : **USD 275** – NEW YORK, 4 mars 1938 : *Jeune fille avec une cruche* : **USD 120.**

DAVID Charles Eugène
Né au XIXe siècle à Paris. XIXe-XXe siècles. Français.
Peintre de portraits, et de fleurs, et aquarelliste.
Élève de A. Leloir, Lefebvre, Boulanger. Il débuta au Salon de 1878 avec : *Fleurs*, aquarelle. Sociétaire des Artistes Français depuis 1892. Il obtint une mention honorable à l'Exposition Universelle de 1889. Chevalier de la Légion d'honneur depuis 1903.

DAVID Christian
XVIIIe siècle. Actif à Mährisch-Trübau entre 1712 et 1724. Français.
Peintre.

DAVID Claude
Né en Franche-Comté. XVIIIe siècle. Français.
Sculpteur et graveur.
En 1720, il grava différentes pièces en Angleterre. A Gênes on voit de cet artiste, à Sainte-Marie, une statue de la Vierge et les statues de saint Pierre et de saint Paul. Dans l'église Saint-Pierre de Carignan, la statue de saint Barthélemy. Peut-être a-t-on confondu à tort sous ce même nom plusieurs artistes différents.

DAVID Claude Nicolas
XVIIe siècle. Actif à Saint-Claude (Jura) vers 1655. Français.
Sculpteur.

DAVID Cornelia
XVe-XVIe siècles. Éc. flamande.
Miniaturiste.
Elle était la fille de Jakob Cnoop, doyen de la gilde des orfèvres, à Bruges ; elle épousa, vers 1497, Gérard David et s'adonna, comme lui, à l'art de la miniature ; H. Willet, à Brighton, possède trois de ses ouvrages, dont l'exécution est remarquable. Elle peignit, en outre, avec son mari, différentes œuvres, entre autres : deux manuscrits (au Musée National de Munich), le Bréviaire Grimani (à la Bibliothèque de Saint-Marc à Venise) et deux autres manuscrits, autrefois en possession du baron Anselme de Rothschild, à Vienne.

DAVID David Fleury
Né en 1780. Mort en 1841 au Québec. XIXe siècle. Canadien.
Sculpteur.
Il a travaillé de 1816 à 1827 à l'ornementation intérieure de l'église du Sault au Recollet. Le Musée de Québec possède une *Vierge à l'Enfant* qu'on lui attribue.

DAVID Edmond
Né à Paris. XXe siècle. Français.
Peintre de paysages et de natures mortes.
Il exposa à Paris au Salon d'Automne en 1944.

DAVID Édouard
Né au XIXe siècle à Paris. XIXe siècle. Français.
Sculpteur.
Il débuta au Salon de 1875 avec un *Portrait*, buste.

DAVID Émile François
Né en 1824 à Lausanne. Mort en 1891 à Rome. XIXe siècle. Suisse.
Peintre de paysages.
Après avoir suivit des cours à l'École des Beaux-Arts de Genève, il fut élève de Gleyre à Paris. En 1898, il se rendit en Italie, notamment à Capri, où il fit ses premières études de paysage, avec ses amis Harpignies, Français et Helbuth.
Ses vues de la campagne romaine montrent de vastes étendues baignées d'une lumière nostalgique.

Bibliogr. : Gérald Schurr, in : *Les Petits Maîtres de la peinture 1820-1920, valeur de demain,* Les Éditions de l'Amateur, t. IV, Paris, 1979.
Musées : Bâle : *Paysage à Capri* – Genève (Mus. Rath) : *Dans la campagne romaine* – *La naissance de Vénus* – Lausanne – Neuchâtel.
Ventes Publiques : Berne, 6 mai 1983 : *Jeune fille peignant,* h/t (55x46) : **CHF 2 400.**

DAVID Ernest
Né en 1838 à Caen (Calvados). XIXe siècle. Français.
Peintre de natures mortes.
Élève de Guillard. Il débuta au Salon de Paris en 1864. Sociétaire des Artistes Français depuis 1883.
Ventes Publiques : Vienne, 11 mars 1980 : *Nature morte* 1900, h/pan. (26x36) : **ATS 20 000.**

DAVID Étienne
Né le 20 novembre 1819 au Plessis-Chenet. XIXe siècle. Français.
Dessinateur et lithographe.
Le 20 novembre 1839, il entra à l'École des Beaux-Arts.
Musées : Autun : *L'abbé André Guyon,* litho. – Saintes : *Le vicomte Anatole Lemercier,* litho. – *Mlle Rachel,* litho.

DAVID Eugène
Né à Grenoble (Isère). XXe siècle. Français.
Peintre.
En 1945, il exposait au Salon d'Automne : *Paris.*

DAVID Euphémie Thérèse, née **Didiez**
Née le 1er juin 1823 à Paris. XIXe siècle. Française.
Peintre de genre, portraits, paysages.
Sous le nom de Didiez, elle exposa au Salon de 1848 à 1852, puis sous le nom de David à partir de 1857. Elle fut l'élève de Barbier Walbonne et de Groenendeal et fit des paysages et des portraits.
Ventes Publiques : Amsterdam, 23 avr. 1991 : *Le pot de fleurs cassé,* h/pan. (41x32) : **NLG 5 750.**

DAVID F.
Graveur.
Il est cité par Ris Paquot.

DAVID F.
XVIIIe siècle. Actif à Toulon vers 1750. Français.
Peintre.
Il existe à la cathédrale de Toulon une peinture signée de ce nom.

DAVID F.
XVIIIe siècle. Français.
Graveur.
On lui doit le portrait de l'évêque Haime. Sans doute faut-il l'identifier avec François Anne.

DAVID Ferdinand Élie
Né le 20 mars 1860 à Agen (Lot-et-Garonne). Mort en 1944. XIXe-XXe siècles. Français.
Peintre de paysages, pastelliste.
Il fut élève d'Alexandre Cabanel, puis de Harpignies qui l'influença davantage. Il exposait à Paris, au Salon des Artistes Français dont il fut sociétaire, mention honorable 1914. À la suite d'un voyage officiel en Espagne et au Maroc, il rapporta des pastels et des toiles qu'il exposa au Salon des Orientalistes. Il fut conservateur du musée d'Agen.
Bibliogr. : Gérald Schurr, in : *Les Petits Maîtres de la peinture 1820-1920, valeur de demain,* Les Éditions de l'Amateur, t. II, Paris, 1982.
Ventes Publiques : Paris, 27 avr. 1990 : *Place de la mosquée Sidi M'Harez à Tunis* 1905, h/t (46x55) : **FRF 19 500.**

DAVID Fernand
Né en 1872 à Paris. Mort en 1927. XIXe-XXe siècles. Français.
Sculpteur de statuettes.
Il fut élève des sculpteurs Louis Barrias, Léon Fagel. Il exposait à Paris, au Salon des Artistes Français, mention honorable 1899, médaille de troisième classe 1901, sociétaire à partir de 1909, y figura pour la dernière fois en 1923. Il sculpta principalement des terres cuites.
Ventes Publiques : New York, 14 nov. 1980 : *La prêtresse* 1902, bronze (H. 49,3) : **USD 500** – Lokeren, 9 mars 1996 : *Jeune femme,* bronze (H. 52,5) : **BEF 33 000.**

DAVID François
Né vers 1673. Mort le 14 juin 1723. XVIIe-XVIIIe siècles. Français.
Peintre de sujets religieux.
Fils du peintre Jean David. Il peignit une partie des tableaux de la chapelle de l'Assomption, des Jésuites de Grenoble.

DAVID François
XVIIIe siècle. Français.
Peintre.
Fils de René David. Il était actif à Grenoble. Il se maria avec Anne Levet, le 18 février 1751.

DAVID François Alexandre
Né vers 1805. Mort en 1894 à Paris. XIXe siècle. Français.
Peintre sur porcelaine.
Il travailla pour la manufacture de Sèvres.

DAVID François Anne
Né en 1741 à Paris. Mort le 2 avril 1824 à Paris. XVIIIe-XIXe siècles. Français.
Graveur.
Eut pour maître J.-P. Lebas et figura au Salon de 1802 à 1819. Il fut membre des Académies de Rouen et de Berlin. On a de lui au Musée de Rochefort, le portrait de Louis XVIII, et à celui de Saint-Lô le portrait de Henri IV. On cite de lui : *Le Couronnement d'épines,* d'après Titien, *Sainte Cécile,* d'après Raphaël, *Thésée domptant le taureau de Marathon,* d'après Carle Van Loo, *Le Triomphe de la République Française,* d'après Charles Monnet, *La Bataille d'Austerlitz,* d'après Charles Monnet, *Le Triomphe de Napoléon,* d'après Charles Monnet, *La Bonne Mère,* d'après Bernard, *Le Marchand d'Orviétan,* d'après Karel Dujardin, *Charles Ier d'Angleterre et sa famille,* d'après Anton Van Dyck, *Louis XVIII, Fran Val Mulot, Netscher, sa femme et son fils, Le Chasseur hollandais,* d'après Gabriel Metsu, *La Liseuse hollandaise, Le Marché aux herbes à Amsterdam,* d'après Gabriel Metsu.

DAVID Frederik Ludvig ou **Davidsen**
Né en 1737. Mort le 15 novembre 1789 à Frederiksberg. XVIIIe siècle. Danois.
Peintre.
Élève de l'Académie des Beaux-Arts de Copenhague en 1754-1756, il fut le premier médaillé de cette institution, nouvellement formée. Il vivait à Frederiksberg comme professeur de dessin.

DAVID G. F. F.
Né dans la première moitié du XIXe siècle à Oldenburg. XIXe siècle. Allemand.
Peintre et lithographe.
On lui doit surtout des paysages peints ou gravés.

DAVID Gabrielle Henriette Marie
Née le 16 juillet 1884 à Vannes (Morbihan). Morte le 2 juin 1959 à Grayssac (Lot). XXe siècle. Française.
Peintre de paysages, intérieurs. Postimpressionniste.
Elle fut élève de Jules Adler et d'Antoine Guillemet, qui fut apprécié par Manet et qui cautionna la première admission d'une peinture de Cézanne au « Salon de Monsieur Bouguereau ». Elle exposait à Paris, au Salon des Artistes Français, mention honorable en 1924, elle figura aussi au Salon d'Automne.

DAVID Gérard, Gheeraert ou **Gérard Jansz** ou **David Oudewater**
Né vers 1460 à Oudewater dans la Hollande du Sud. Mort le 13 août 1523 à Bruges. XVe-XVIe siècles. Éc. flamande.
Peintre de compositions religieuses, portraits, paysages, miniaturiste.
Gérard David eut de son temps une réputation bien établie autant comme artiste de talent que comme chef d'école ; il est donc assez extraordinaire de constater que son nom même fut oublié pendant plus de trois siècles et qu'il fallut les travaux de James Weale, en 1866, pour retrouver dans les archives de Bruges, une documentation précise à son sujet. Toutefois, on ignore encore qui fut son maître, et de quelle façon celui-ci peignait, le mystère plane sur ses origines. On présume qu'il étudia en Hollande, à Haarlem, avec Albert Van Ouwater, Sint Jans, et Dirk Bouts qui ont été instruits là-bas. En 1483, il revient se fixer à Bruges, qui était à cette époque dans toute sa splendeur. Il ne devait pas être un inconnu dans cette ville, à cette époque, puisque, en janvier 1484, il était inscrit à la gilde de Bruges. Le 31 janvier 1488, les citoyens Brugeois se révoltèrent et se dres-

sèrent contre Maximilien d'Autriche, l'arrêtèrent et le retinrent prisonnier jusqu'au 16 mai, à la maison de Jan de Gros. C'est dans cette maison que Gérard David fit son premier travail pour la ville de Bruges. Il entreprit de peindre les grilles des fenêtres derrières lesquelles se tenait le prisonnier, afin d'adoucir son regard, et ce, pour la somme de 2 Pf, 10 Sh. Malheureusement, nous ne savons pas de quelle manière cet artiste entreprit ce délicat ouvrage, car quelques jours plus tard, les principaux auteurs de l'emprisonnement de Maximilien, et de son procès, furent arrêtés, jugés, et décapités pour rebellion envers l'autorité qui occupait le pays à cette époque. Gérard David était dans la ville et a dû être témoin de ces événements. Les nouveaux magistrats nommés au nom du roi de France, comme suzerain des Flandres, demandèrent à Gérard David de fournir deux tableaux pour la salle des séances de l'Hôtel de Ville, ouvrage qu'il ne termina qu'en 1498, pour la somme de 12 livres 10 escalins de gros.

Dans ces tableaux, nous remarquons dans les motifs, l'inspiration prise aux miniatures florentines. Son renom, à Bruges, s'accrut assez vite et il occupa successivement, de 1495 à 1498, tous les postes les plus élevés de la gilde des peintres. En 1501, il en devint le doyen. Gérard David paraît avoir pris une part active autant qu'importante à la vie artistique et politique de Bruges, durant les dernières années du XVe siècle et le début du XVIe siècle. En 1507, il termine un retable pour Jan de Trompes, actuellement au Musée de Bruges. En 1508, il est membre de la corporation de Notre-Dame de l'Arbre Sec. En 1509, il peignit, sans aucune rétribution, un tableau d'autel, pour le couvent des religieuses Carmélites de Sion, actuellement au Musée de Rouen. Il prêta même à ces nonnes, une somme de dix livres de gros, somme qu'il ne leur redemanda en remboursement que quelques jours avant sa mort. Il est difficile de déterminer s'il est ou non allé en Italie, et plus particulièrement à Gênes vers 1511. D'une part, son inscription à la confrérie de N.-D. de l'Arbre Sec, à Bruges, n'a jamais été interrompue entre 1508 et 1514, mais sa présence n'était sans doute pas nécessaire au paiement de son inscription. D'autre part, trouver des éléments italiens dans son œuvre, à l'époque où des échanges entre Italie et Flandres étaient perceptibles depuis longtemps dans la peinture, ne prouve pas forcément qu'il ait fait un voyage en Italie. Par contre, à la fin de sa vie, dans le *Calvaire de Gênes* et surtout dans la *Transfiguration de N.-D. de Bruges*, il dramatise les personnages, rappelant jusque dans leurs positions, les personnages de la *Transfiguration* de G. Bellini. La différence de composition entre le recto et le verso du retable de Jean des Trompes peut faire pencher pour l'hypothèse d'un voyage en Italie entre les deux réalisations. Le charme du paysage du premier tableau (*le Baptême du Christ*), laisse place à une simplification des volumes qui se découpent sur un fond uni à la façon de Bellini, dans le second (*la Vierge à l'Enfant*). De toute façon, il est allé à Anvers en 1515 et s'inscrit à la gilde de Saint-Luc dans cette ville. Cependant, c'est à Bruges qu'il vient mourir en 1523. En 1496, il avait épousé Cornélia Cnoop, fille de Jakob, doyen de la gilde des orfèvres. De ce mariage, il eut une fille, Barbara. Il fonda une école de miniaturistes où sa femme et sa fille furent ses premiers élèves, et qu'elles continuèrent à diriger même après sa mort. Celui qui avait beaucoup donné aux couvents de sa ville adoptive, fut enterré sous la tour de l'église Notre-Dame. Sa pierre tombale portant ses armes disparut lors des restaurations de cette église, et son corps fut inhumé à Anvers, au « Gildenbüchern » sous le titre « Maître Gérard de Bruges, peintre ». Le motif de cette translation est inconnu et aucun de ses élèves, ni à Bruges, ni à Anvers, n'en fut avisé. Sanderus l'appelle « Gerardus Davidus Veteraquensis » et le considère le maître de Adrian Isenbrand de Bruges (1510). On suppose que J. Patinir fut son élève et son aide. Son corps fut enterré au même endroit que celui de David. Sa veuve se remaria en 1529 et resta à Bruges. Sa fille venait de se marier lors de la mort de son père. Ses œuvres sont encore peu connues. En dehors de ces indications, il résulte que Gérard David fut un très honnête homme et ses travaux reflètent une grandeur d'âme et une sensibilité profonde. Il a tout d'abord été qualifié d'éclectique, étant donné les rapports évidents de sa peinture avec celle de Memling, Bouts, Van Eyck et aussi les Italiens. *La Justice de Cambyse*, seule œuvre datée (1498) en est une preuve : son thème rappelle celui de la *Justice d'Othon* de Bouts, le détail du reflet d'une tour de la ville dans le casque d'un soldat est digne de la virtuosité de Van Eyck, et les putti, guirlandes, camées incrustés font partie du vocabulaire décoratif italianisant. Malgré ces divers rappels, cette œuvre impressionne non seulement par la représentation presque insoutenable du châtiment du juge Sisamnès, écorché vif, mais par le côté monumental des personnages dont l'expression est rendue avec une grande sensibilité et une réserve dramatique. La composition simple des personnages alignés à la même hauteur ajoute au caractère monumental du tableau. Gérard David a traité le paysage dans un esprit assez différent de celui de ses contemporains, le *Baptême du Christ* peint sur l'une des faces du *retable de Jean des Trompes* est l'un des plus beaux exemples. Ce paysage englobe tous les personnages, y compris les donateurs placés dans les volets latéraux, il se développe avec ampleur, prenant une place considérable pour une peinture de cette époque, et surtout, il est représenté avec un naturel qui le rend plausible. Le revers d'une *Nativité* révèle le goût de Gérard David pour le paysage puisqu'il a peint deux petits paysages, faits simplement pour eux-mêmes. Il revient avec plus de rigueur à des thèmes où les personnes prennent une ampleur par la réserve de leur physionomie expressive et aussi, paradoxalement, par leur facilité à se mêler familièrement aux personnages divins. Ces caractéristiques se retrouvent précisément dans les *Noces de Cana*, tableau qui fait preuve de modernisme par cet esprit humaniste. La sobriété de composition, l'ampleur des drapés, la chaleur des couleurs profondes donnent à des tableaux comme *La Vierge entre les Vierges* et le *Mariage mystique de Sainte Catherine*, une monumentalité qu'il ne dépassera pas, d'autant qu'à la fin de sa vie, il peint des tableaux religieux proches des scènes de genre, surtout dans la série des *Vierges à la soupe au lait*, dont la construction conserve toujours autant d'assurance. On a remarqué une *Mater Dolorosa*, au Musée de l'Ermitage, vêtue de bleu et d'un voile blanc. Ce tableau était attribué autrefois à Albrecht Dürer, mais Waagen l'a reconnu comme étant une œuvre de Gérard David. Il rassemble ses figures avec beaucoup de science et il a une façon très personnelle de traiter les étoffes, les parures, les détails de costume, qui révèle chez lui un goût de la miniature, mais surtout une connaissance de la peinture de Van Eyck. Il fut membre de la gilde Saint Jean, avec sa femme et sa fille, certains de ses travaux furent même signés de la main de sa femme, l'un d'eux se trouvait autrefois dans l'abbaye Cistercienne de Sainte-Marie-des-Dunes, et porte nettement la facture de Gérard David. J. Weale le tient pour l'un des miniaturistes les plus habiles. Il est difficile de se figurer que les peintures de Bruges et de Rouen sont les œuvres d'un miniaturiste. A l'Exposition de Paris (1900), au Pavillon Belge, on remarquait : *La Châsse des Saints Antoine de Padoue et Nicolas de Bari*, avec six panneaux représentant les épisodes les plus connus de la vie de ces deux saints, ainsi que : *Le grand triptyque de sainte Anne sur un trône, avec Marie et l'Enfant Jésus* et, sur volets, les deux mêmes saints, dus aux pinceaux de Gérard David. Ces deux ouvrages furent achetés à Palma de Mayorque, aux îles Baléares. L'Espagne du XVe siècle reçut un apport considérable d'œuvres de maîtres flamands, elle s'en est constitué une réserve si importante, que c'est encore au pays de Vélasquez que les collectionneurs, autant que les chercheurs passionnés, découvriront souvent les chefs-d'œuvre de l'École Flamande. En résumé, bien que Gérard David semble reprendre les diverses tendances de son époque, et qu'il soit le dernier grand peintre de l'école Brugeoise au XVe siècle, il donne une vision humaniste des êtres et des choses, présageant ainsi les recherches des peintres du XVIe siècle. Peut-on, en conséquence, conclure que « c'est là un art qui se meurt », comme l'écrit J. Lassaigne ?

Bibliogr. : R. Genaille : *De Van Eyck à Bruegel*, Paris, 1954 – J. Lassaigne : *De Van Eyck à Botticelli*, Genève, 1955, Skira – *La peinture flamande, le siècle de Van Eyck*, Genève, 1958, Skira.

Musées : Amsterdam : *Paysage* – Anvers : *Les Saintes Femmes* – *Juges juifs et soldats romains* – Bergame : *La Vierge et l'Enfant Jésus dans un paysage* – Berlin : *Crucifiement* – *La Vierge et l'Enfant Jésus* – *Quatre saints* – Bruges : *Triptyque de Jean des Trompes* – *Jugement de Cambyse* – *Exécution de ce jugement*, deux miniatures – Bruxelles : *Adoration des Mages* – *La Vierge et l'Enfant Jésus, dite « Vierge à la soupe au lait »* – Darmstadt : *Vierge entourée d'Anges* – Detroit : *L'Annonciation* – Francfort-sur-le-Main : *Saint Jérôme au désert* – *Annonciation* – Gênes (Gal. Rosso) : *La Vierge allaitant l'Enfant Jésus* – *Crucifiement* – Haarlem : *Crucifixion* – *L'Annonciation aux Bergers et la Nativité* – *La Résurrection* – *Repos pendant la fuite en Égypte* – Londres (Nat. Gal.) : *Portrait d'un ecclésiastique* – *Chanoine avec ses saints Patrons* – *Saint Jérôme* – *Christ cloué sur la croix* – *Adoration des rois* – *Canon d'autel* – *Mariage mystique de sainte Catherine* –

MADRID : *La Fuite en Égypte* – MARSEILLE (Mus. Grobet-Labadie) : *Résurrection, grisaille au revers,* École de G. D. – MUNICH : *Adoration des Mages* – NEW YORK : *L'Adoration des Bergers* – *Saint Jean-Baptiste* – *Saint François recevant les stigmates* – *Le repos pendant la Fuite en Égypte* – *L'Annonce faite à Marie* – *Triptyque de la Nativité* – PARIS (Louvre) : *Noces de Cana,* attribué – ROUEN : *La Vierge entre les Vierges* – VIENNE : *L'Archange Michel,* triptyque – *L'Archange Michel* – *Nativité* – *Portrait d'un orfèvre.*

VENTES PUBLIQUES : NEW YORK, 1910 : *Histoire de Saint Augustin* : **FRF 12 500** – LONDRES, 11 juil. 1930 : *Saint Jean-Baptiste et Sainte Jeanne,* deux volets d'un triptyque : **GBP 273** – NEW YORK, 17 et 18 mai 1934 : *Saint Bernard* : **USD 1 500** – LONDRES, 3 mai 1940 : *La Vierge et l'Enfant* : **GBP 892** – LONDRES, 13 fév. 1946 : *Portraits de trois saints* : **GBP 300** – LONDRES, 24 juil. 1959 : *Le Sauveur* : **GBP 4 725** – LONDRES, 13 juil. 1962 : *La Vierge et l'Enfant* : **GNS 1 200** – LONDRES, 3 juil. 1963 : *L'adoration des Rois Mages* : **GBP 8 000** – LONDRES, 24 juin 1964 : *Saint Jérôme ; Saint Augustin,* deux pendants : **GBP 20 000** – LONDRES, le 28 mai 1965 : *L'adoration des Rois Mages* : **GNS 26 000** – LONDRES, 21 juin 1968 : *Crucifixion* : **GNS 5 000** – LONDRES, 26 juin 1970 : *La Sainte Famille* : **GNS 10 000** – AMSTERDAM, 9 juin 1977 : *Pietà,* h/pan. (17x17,5) : **NLG 78 000** – LONDRES, 8 juil. 1988 : *La Vierge nourrissant Jésus d'un bol de soupe, à l'arrière plan on voit un paysage par la fenêtre,* h/pan. (38,5x32) : **GBP 748 000** – NEW YORK, 11 jan. 1989 : *La halte pendant la fuite en Egypte,* détrempe et h/pan. (44,5x46,2) : **USD 33 000** – LONDRES, 8 déc. 1995 : *Les lamentations,* h/pan. (57,8x48) : **GBP 111 500.**

DAVID Giovanni
Né à Albe. XVe siècle. Italien.
Peintre.
Vivait à Gênes en 1408.

DAVID Giovanni
Né en 1743 à Gabella (Ligurie). Mort en 1790 à Gênes. XVIIIe siècle. Italien.
Peintre de compositions à personnages, scènes de genre, portraits, paysages, aquarelliste, peintre à la gouache, graveur.
Il fut à Rome l'élève de Domenico Corvi. Il peignit des portraits et des scènes de genre et grava des tableaux de maîtres.

VENTES PUBLIQUES : PARIS, 20-24 oct. 1927 : *Offrande au roi,* aquar. : **FRF 520** ; *Vues de Rome et Venise (costumes),* 65 aquar. gchées : **FRF 6 250** – PARIS, 7 et 8 juin 1928 : *Illuminations de Venise à l'occasion de la création d'un procurateur de Saint Marc,* gche : **FRF 2 500** ; *Feu d'artifice tiré sur le château Saint-Ange à Rome,* gche : **FRF 1 700** – NEW YORK, 30 avr. 1982 : *Caravane dans un paysage,* pl., lav. (30,5x45,8) : **USD 1 100** – NEW YORK, 13 jan. 1993 : *Poète inspiré par les nymphes et un dieu de la rivière près d'un temple,* craies et encre (20,9x30,4) : **USD 2 860.**

DAVID Guilhem
XVe siècle. Actif à Toulouse en 1483. Français.
Enlumineur.

DAVID Guillaume
Mort en 1626 à Paris. XVIIe siècle. Français.
Enlumineur.

DAVID Gustave
Né en 1824 à Paris. Mort en 1891. XIXe siècle. Français.
Peintre de genre, portraits, paysages, aquarelliste.
Élève de Picot. Il figura au Salon de Paris de 1841 à 1867.

G-DAVID-

MUSÉES : NEUCHÂTEL : *Capri.*

VENTES PUBLIQUES : LONDRES, 5 avr. 1937 : *La boutique du barbier,* dess. : **GBP 5** – LONDRES, 5 juin 1942 : *Chez le coiffeur,* dess. : **GBP 5** – WASHINGTON D. C., 11 déc. 1982 : *Un chien,* aquar. (20,3x16) : **USD 1 300** – PARIS, 7 nov. 1988 : *Femme dans un jardin public,* h/t (61,5x50) : **FRF 19 000** – PARIS, 19 mars 1990 : *Mère et son enfant jouant avec un petit chien, dans un intérieur,* h/t (60,5x50,5) : **FRF 21 500.**

DAVID Henri
Né en 1931 à Saint-Jean-de-Maurienne (Savoie). XXe siècle. Français.
Peintre. Abstrait tendance minimaliste.
Il fut sélectionné en 1970 à la Biennale de Menton.
Il utilise presqu'exclusivement le blanc, qu'il traite souvent en relief, se servant de plâtre qu'il incise ou taillade, de cartons ondulés ou marouflés. En plus d'une évidente motivation spatiale, le blanc représente pour lui, comme le définissait Kandinsky : « le silence avant toute création ».

DAVID Henry
Né à Agen (Lot-et-Garonne). XXe siècle. Français.
Peintre.
Élève de Cormon. Il travaillait à Béziers (Hérault). Il a exposé un intérieur au Salon des Artistes Français de 1928.

DAVID Hermine
Née en 1886 à Paris. Morte le 1er décembre 1970. XXe siècle. Française.
Peintre de scènes de genre, paysages animés, paysages, peintre à la gouache, aquarelliste, graveur, lithographe, illustrateur.
Elle fut élève de l'Académie Julian et de l'école des Beaux-Arts de Paris. Elle se maria avec le peintre et graveur Pascin qui, s'il fut son véritable maître, s'attacha surtout à ce qu'elle dégageât sa propre personnalité. Elle débuta au Salon des Femmes Peintres et Sculpteurs en 1904, exposa ensuite au Salon des Artistes Français, avant de réserver ses envois aux Salons d'Automne et des Tuileries.
Elle peignit surtout à l'aquarelle et à la gouache et fut surtout paysagiste, exprimant par des nuances exquises les grâces des environs de Paris. Elle traita toutefois bien d'autres sujets : *Partie de campagne, L'orchestre, Portrait de femme assise sur une terrasse,* etc., et les paysages de bien d'autres régions : Cagnes, maisons dans la montagne, gare dans le Midi, Villefranche-sur-Mer, Palma-de-Majorque, etc. Elle a exécuté une cinquantaine de pointes-sèches, ainsi que des lithographies. Elle s'est approprié la tradition des émailleurs de Limoges, réalisant diverses pièces d'inspiration catholique.
Graveur en noir et en couleurs, elle fut un illustrateur fécond, dont l'imagination délicate n'a jamais trahi aucun des auteurs de son choix : Byron : *Ariel ou la vie de Shelley,* André Maurois : *Climats,* Jean Giraudoux : *Simon le Pathétique* et plusieurs titres, Tristan Derême : *L'Enfant perdu* et plusieurs titres, Paul-Jean Toulet : *Les Trois Impostures, la Jeune Fille verte,* Alain Fournier : *Le Grand Meaulnes,* Jean Giono : *Pastorale,* Charles d'Orléans : *Poésies,* Jules Barbey d'Aurevilly : *Le beau Brummel ou du dandysme,* Maurice Barrès : *Un jardin sur l'Oronte,* Charles Perrault : *Les contes,* Paul Verlaine : *Romances sans paroles, La bonne chanson,* François Mauriac : *Fabien,* Arthur Rimbaud : *Les Illuminations, Une saison en enfer,* etc.

■ André Salmon, J. B.

hermine David

MUSÉES : LONDRES (Tate Gal.) – NARBONNE (Mus. d'Art et d'Hist.) : *Étude pour Nativité,* dess. – PARIS (Mus. Nat. d'Art Mod.).

VENTES PUBLIQUES : PARIS, 24-25 nov. 1924 : *Forains au bord de la mer,* gche : **FRF 400** – PARIS, 20 oct. 1926 : *Le port* : **FRF 1 000** – PARIS, 26 nov. 1927 : *La collation* : **FRF 600** – PARIS, 6 mai 1932 : *Vue de Saint-Paul,* gche : **FRF 390** – PARIS, 6 déc. 1933 : *Dimanche au bord de la Marne* : **FRF 1 000** – NEW YORK, 14 nov. 1934 : *Gare dans le Midi* : **USD 30** – PARIS, 29-30 mars 1943 : *Vue de port,* aquar. : **FRF 1 500** – PARIS, 29 juin 1945 : *Palma de Majorque,* aquar. et gche : **FRF 1 400** – PARIS, oct. 1945-juil. 1946 : *Le Val-de-Grâce,* aquar. : **FRF 4 500** – PARIS, 12 déc. 1946 : *Paysage,* aquar. : **FRF 7 000** – PARIS, 24 fév. 1947 : *L'orchestre,* aquar. : **FRF 3 700** ; *Maisonnette,* aquar. : **FRF 1 500** ; *Au bois de Boulogne* : **FRF 4 000** – PARIS, 20 avr. 1955 : *Villefranche-sur-Mer* : **FRF 20 000** – PARIS, 14 juin 1965 : *La fête champêtre,* gche : **FRF 1 750** – VERSAILLES, 12 oct. 1976 : *Joinville le Dimanche* 1923, h/cart. (75x88) : **FRF 4 000** – VERSAILLES, 14 déc. 1980 : *Les enfants dans le parc,* h/cart. (54x65) : **FRF 6 100** – TROYES, 22 avr. 1983 : *Vendanges dans la plaine (Dourgne)* vers 1937, aquar. (37x48) : **FRF 4 200** – VERSAILLES, 18 nov. 1984 : *Les courses,* h/t (73x54) : **FRF 4 600** – PARIS, 21 avr. 1985 : *Le Vel'd'Hiv* 1933, h/cart. (51x74) : **FRF 12 000** – COLOGNE, 27 nov. 1987 : *Rue à Cagnes,* h/cart. (82x76) : **DEM 5 500** – PARIS, 10 déc. 1987 : *Presqu'île à Hvabex, Norvège* 1955, aquar. (35x52,5) : **FRF 3 200** – PARIS, 7 fév. 1988 : *La plage* 1956, aquar. (34x51) : **FRF 2 000** – PARIS, 12 déc. 1988 : *Promenade à Garches* 1923, gche (50x65) : **FRF 10 500** – PARIS, 16 avr. 1989 : *Le Parc Montsouris* 1921, h/cart. (60x40) : **FRF 10 000** – PARIS, 26 mai 1989 : *Les gorges* 1927, h/t (50x60,5) : **FRF 6 000** – PARIS, 22 juin 1989 : *Le Grand Prix de Paris à Longchamp* 1932, h/t (73x92) : **FRF 100 000** – LE TOUQUET, 12 nov. 1989 : *Vue de Monte Carlo,* aquar. et fus.

(19x28) : **FRF 8 000** – Paris, 25 mars 1990 : *Labourage à Saint-Benoît*, h/t (46x55) : **FRF 12 000** – Paris, 8 avr. 1990 : *La Rue Royale*, h/t (65x70) : **FRF 48 000** – Paris, 23 oct. 1990 : *Sur la plage d'Ostie* 1935, aquar. : **FRF 11 000** – Le Touquet, 11 nov. 1990 : *Marché aux fleurs à Versailles sous un ciel d'orage*, gche et h/pan. (79x59) : **FRF 24 000** – Neuilly, 3 fév. 1991 : *Labourage à Saint-Benoit-sur-Loire*, h/t (46x55) : **FRF 12 000** – Paris, 31 oct. 1991 : *Bûcherons*, h/t (81x65) : **FRF 6 500** – New York, 9 mai 1992 : *Rue de ville*, h/cart. (72,5x60,3) : **USD 4 620** – Paris, 17 mai 1992 : *Le bar épicerie*, h/t (60x73) : **FRF 25 500** – Paris, 9 mars 1994 : *Paysage d'Algérie*, dess. aquar. (19x39) : **FRF 4 000** – Paris, 10 oct. 1994 : *Village de Provence*, h/pan. (68x57) : **FRF 22 000** – Paris, 16 mars 1997 : *Paysage*, h/cart. (63,5x53) : **FRF 700 0.**

DAVID Honoré

Né à Toulon. XVIIe siècle. Français.

Sculpteur.

Il exécuta des sculptures sur bois pour les vaisseaux de la flotte royale.

DAVID Ilda

XXe siècle. Portugaise.

Peintre de compositions à personnages et de sujets religieux.

Les œuvres d'Ilda David mèlent mémoire collective et mémoire individuelle. A un premier plan au sujet religieux – Adam et Ève, la Visitation – est adjoint un arrière-plan narratif, du domaine de sa mythologie personnelle. Grandes compositions aux couleurs vives et contrastées, les œuvres d'Ilda David réintègrent l'iconographie religieuse dans la peinture contemporaine, sans gravité, plutôt sur le mode anecdotique.

Bibliogr. : Alexandre Melo, Joao Pinharanda : *Arte contemporânea Portughesa*, Lisbonne, 1986.

DAVID Jacques

Né le 17 novembre 1927 à Paris. XXe siècle. Français.

Graveur, surtout de reproductions.

Il fut élève de l'École Boulle de Paris. Il a exposé à Paris, au Salon des Surindépendants, en 1952 et 1955 à celui des Artistes Français, de 1953 à 1964 à celui des Artistes Indépendants.

DAVID Jacques Louis Jules

Né le 16 mai 1829 à Paris. Mort le 2 septembre 1886 à Ormoy-la-Rivière (Seine-et-Oise). XIXe siècle. Français.

Peintre de portraits, paysages, lithographe.

Petit-fils de Jacques-Louis David, il entra à l'École des Beaux-Arts le 9 octobre 1849 et fut élève de Cogniet et de Picot. Il débuta au Salon en 1859.

DAVID Jacques Louis, dit **Louis**

Né le 30 août 1748 à Paris. Mort le 29 décembre 1825 à Bruxelles. XVIIIe-XIXe siècles. Français.

Peintre d'histoire, compositions animées, portraits, dessinateur. Néo-classique.

De bonne famille bourgeoise, mais orphelin de père dès l'âge de neuf ans, il fut élevé par un oncle architecte qui lui permit d'acquérir une sérieuse culture classique. En 1766, le peintre François Boucher, trop âgé pour l'accueillir, lui conseilla d'entrer à l'atelier de Joseph Marie Vien, fervent admirateur de l'Antiquité. David rêvait d'aller étudier les classiques sur place, quand par trois fois le Prix de Rome lui fut refusé. Il pensa renoncer à la peinture. Son parrain, le poète Sedaine le décida à persévérer. Enfin, en 1774, David obtint, avec *Érasistrate découvrant la cause de la maladie d'Antiochus*, ce Premier Prix tant ambitionné. Il partit avec Vien qui venait d'être nommé directeur de l'École de Rome, visitant ensemble villes et musées. Il resta en Italie jusqu'en 1780. Ses envois au Salon lui valant une rapide notoriété, il fut, à son tour, agréé à l'Académie, puis reçu membre, en 1783, avec *Andromaque pleurant la mort d'Hector*. En 1784, il retourna en Italie et y peignit, pour une commande du roi, le *Serment des Horaces*, exposé à Rome puis au Salon de Paris où l'accueil fut triomphal. Au cours de ces années que l'on peut dire romaines en ce qui concerne David, il se lia, à Paris ou à Rome, avec l'archéologue Antoine Quatremère de Quincy, spécialiste de l'Antiquité gréco-latine, qui lui fit partager sa passion. Ce fut probablement Quatremère de Quincy qui lui fit connaître les travaux du philosophe esthéticien Johann Joachim Winckelmann, auquel il convient d'attribuer la paternité entière du vaste mouvement néo-classique en littérature et en art, en tant que rejet de la frivolité rococo et retour à la pureté hellénistique. C'était aussi le début des fouilles de Pompéi et d'Herculanum, que David alla visiter. Les influences conjuguées de la référence aux canons esthétiques de l'Antiquité, des Italiens du XVIe siècle et de Poussin aboutissent à ce véritable manifeste d'un style néo-classique qu'attendait l'époque, à la mesure des événements annoncés, que confirmèrent ensuite *La Mort de Socrate* en 1987, et, en 1789, *Les Licteurs rapportant à Brutus les corps de ses fils*, dont la connotation politique poussa la censure royale à tenter d'en empêcher l'exposition. De ce néo-classicisme, Pierre Francastel a écrit qu'avec David il cesse « d'être une doctrine esthétique pour devenir une manière de sentir, de représenter les choses, de les rapporter à l'histoire et à la politique ».

Ami et admirateur de Robespierre, la Révolution enflamma David. Il fut député de Paris à la Convention et par deux fois président. Il fit voter par la Convention la suppression de l'Académie de Peinture, qu'il tenait pour responsable de ses échecs au Prix de Rome, et vota la mort de Louis XVI. Il était l'ordonnateur des grandes célébrations républicaines, jusqu'à la « Fête de l'Être Suprême » de 1794. Renonçant pour un temps aux sujets antiques, son zèle républicain lui fait entreprendre, à partir de 1790, l'immense portrait collectif du *Serment du Jeu de Paume*, qui restera inachevé, mais dont subsistent un dessin d'ensemble préparatoire et de nombreuses esquisses de portraits individuels. En 1793 il illustra de façon inoubliable, à partir d'un croquis pris sur place, *Marat assassiné dans sa baignoire*, retraça *Les derniers moments de Le Peletier de Saint-Fargeau*, en 1794 *La Mort du jeune Bara*. À la chute de Robespierre, arrêté à deux reprises, il passa sept mois à la prison du Luxembourg, dont il peignit les jardins, l'unique paysage de son œuvre, prémonitoire de ceux de Corot. Il fut définitivement amnistié en 1795 et sut s'introduire auprès du Directoire. Le général Bonaparte aurait peut-être voulu l'emmener avec lui en 1798 dans l'expédition d'Égypte. David, qui avait déjà peint son portrait vers 1797-1798, était alors absorbé par l'exécution de son tableau *L'enlèvement des Sabines* de 1796 à 1799, qu'il exposa ensuite publiquement pendant quatre ans, moyennant un droit d'entrée, et que Bonaparte serait allé voir. Lorsque Napoléon eut été sacré empereur, il nomma David son premier peintre et lui confia le soin d'exécuter ses portraits et de célébrer divers épisodes de son règne. À la chute de l'empire, David, déclaré régicide, chercha à se faire oublier, mais il avait pris une part trop active à la période révolutionnaire et à la glorification de l'empire pour que les Bourbons lui pardonnent. Condamné à l'exil, il gagna la Belgique, se fixa à Bruxelles et y peignit quelques portraits et nombre de toiles, d'une facture diminuée, dont les sujets étaient empruntés à des scènes de la mythologie. Il mourut en 1825. Le gouvernement français s'opposa à ce que ses cendres fussent ramenées à Paris et il fut inhumé en grande pompe à l'église Sainte-Gudule de Bruxelles.

En 1948, la conjoncture historique y étant peut-être pour quelque chose, une exposition replaça David et son œuvre, longtemps négligés au titre de l'académisme, dans l'actualité artistique. En 1989, la célébration du bicentenaire de la Révolution donna l'occasion d'une exposition d'ensemble exceptionnelle. Pour des raisons d'impossibilité de transport de certaines peintures monumentales, au Musée du Louvre, transformé en lieu d'exposition temporaire, étaient regroupés, autour du *Couronnement de Napoléon et de Joséphine* de 1805-1807, quatre-vingt-une peintures et près de cent trente dessins, et à Versailles, autour du *Serment du Jeu de Paume* inachevé, de *La Remise des Aigles* de 1810 et d'une réplique du *Couronnement*, trente dessins préparatoires du *Serment du Jeu de Paume* et de la *Remise des Aigles*.

David a personnalisé avec éclat le mouvement de renaissance classique qui commença de se manifester après la mort de Louis XV. Il a animé la réaction contre l'art mièvre, précieux et licencieux du XVIIIe siècle. Dans un premier temps, pour remettre à l'honneur le grand genre, la peinture d'histoire, il a célébré la puissance héroïque et la grandeur morale de l'Antiquité grecque et romaine. Il en est résulté des œuvres souvent taxées de froideur. Il n'est pas inexact que, dans cette première période que l'on peut qualifier de romaine, David pousse la rigueur du dessin jusqu'à un certain immobilisme glacé et la sobriété de la couleur jusqu'à l'austérité. Il n'est pas inexact non plus que l'exemplarité de cette première période peut être tenue pour responsable d'un académisme qui stérilisera l'art officiel du XIXe siècle. Pourtant, l'œuvre de David ne s'est pas limité à cette seule période. C'est d'ailleurs, tout au long de sa carrière, avec une bien plus grande liberté qu'il peignit des portraits nombreux. Il a donné à ses personnages, de *Madame Sériziat* de 1795, à *Madame Récamier* de

1800, jusqu'aux *Trois Dames de Gand* vers 1820 pour ne citer que ceux-ci, une fraîcheur, une simplicité et une rare impression de vie. En corrélation avec les formidables événements contemporains, avec l'avènement douloureux de la République, David et son œuvre étaient inévitables. Plus n'était besoin de recours à l'Antiquité, le présent lui donnait ses héros. Il en a illustré des épisodes épiques et tragiques. *Le Serment du Jeu de Paume* est une démonstration de sa très grande maîtrise de dessinateur, dont les exemples abondent heureusement au long de son œuvre, et de sa science d'une technique picturale qu'il voulait alors encore académique, ce qui pour lui signifiait néo-classique. *Marat assassiné dans sa baignoire, Les derniers moments de Michel Lepelletier de Saint-Fargeau* et la *Mort du jeune Bara* sont des témoignages presque directs des drames que drainait la fatalité révolutionnaire, dont il traitait le tragique déjà en réaliste. Lorsqu'il peignit *Les Sabines* de 1796-1799, d'un dessin linéaire précis de médaille et dans une lumière étonnamment claire, sans pathos d'atmosphère, c'est à la manière des bas-reliefs antiques qu'il disposait frontalement la cohue des guerriers nus forçant les mères brandissant leurs enfants hors de portée. Dans cette foisonnante composition, où l'on remarque la nouvelle prise en compte du mouvement, du déroulement de l'action dans le temps, s'il faisait un retour à l'Antiquité, c'était pour bénéficier des commodités de l'allégorie. Hersilie, fille du chef des Sabins, rayonnante au centre de la scène, s'interpose entre Romains et Sabins pour faire cesser le combat fratricide, trêve semblable à celle que tente alors le Directoire. Avec *Bonaparte franchissant le Grand-Saint-Bernard* vers 1802, quand « déjà Napoléon perçait sous Bonaparte », il était porté au style épique, qu'il faut reconnaître pour pré-romantique. Certes, la glorification impériale le contraignit à un style pompeux, le *Sacre de Napoléon* de 1805-1807, *La Remise des Aigles* de 1810, sont des « grandes machines » solennelles destinées à épater la galerie, non sans raison car encore fallait-il savoir les faire. Avec *Léonidas aux Thermopyles* de 1814, en pendant aux *Sabines*, il dressait encore somptueusement l'allégorie de la France non résolue à l'invasion des armées alliées.

Dans l'histoire de l'art français, chaînon qui relie Poussin à Ingres en écartant la période rococo et annonçant le romantisme, David occupe une place prépondérante, un de ses moments fondamentaux, non seulement en raison de sa valeur personnelle dans ses aspects les plus divers, mais encore en considération de l'influence énorme que son œuvre exerça durant toute la première moitié du XIXe siècle. Pendant la trentaine d'années des périodes pré-révolutionnaire, révolutionnaire et de l'époque impériale, dans l'atelier de David se sont pressés les élèves venus de toute l'Europe, participant du néo-classicisme de son enseignement, mais dont certains vont constituer la génération romantique de 1830. Girodet, qui fut de ses élèves directs, peignant en 1801 *Les Ombres des héros morts pour la patrie reçues par Ossian* s'affirmait comme le disciple de David qui annonçait la première génération romantique, celle encore subjuguée par l'épopée napoléonienne et par l'écho mêlé que lui renvoyait Chateaubriand. ■ Jacques Busse

Cachets de vente

Bibliogr. : R. Cantinelli : *J.-L. David*, Paris et Bruxelles, 1930 – René Huyghe : *Catalogue des œuvres de David*, Paris, 1948 – F. Fosca, in : *Le XVIIIe siècle, de Watteau à Tiepolo*, Skira, Genève, 1952 – Louis Hautecœur : *Louis David, son évolution et son style*, Paris, 1953 – Pierre Francastel, in : *Histoire de la Peinture française*, Paris, 1955 – Luc Besnoit, in : *Dictionnaire Universel de l'Art et des Artistes*, Hazan, Paris, 1967 – in : *Dictionnaire Universel de la Peinture*, Le Robert, Paris, 1975 – Catalogue de l'exposition *David et Rome*, Villa Médicis, Rome, 1981 – E.J. Delécluze : *Louis David, son école et son temps*, Paris, 1855, réédité par J.P. Mouilleseaux, Paris, 1983 – M.C. Sahut et R. Michel : *David, l'art et le politique*, Paris, 1987 – Antoine Schnapper, Arlette Sérullaz, divers : Catalogue de l'exposition *David*, Réunion des Mus. Nat., Mus. du Louvre et Mus. de Versailles, Paris, 1989 – *David*, N° hors-série, Beaux-Arts Magazine, Paris, 1989.

Musées : Aix : *Portrait d'un jeune garçon* – Amiens : *Portrait en pied de la comtesse de Dillon* – Angers : *Étude de draperies* – Anvers : *Tête d'étude* – Avignon : *Mort de Joseph Bara* – Bayeux : *Le philosophe* – Bayonne : *Le Serment des Horaces* – *Portrait de Duroc* – *Portrait de Napoléon Ier* – Bayonne (Mus. Bonnat) : *La Mort de Socrate*, étude – Berlin : *Le sculpteur Caffieri* – *Portrait de l'artiste* – Besançon : *L'abbé Grégoire, étude* – *Prieur de la Marne* – *Père Gérard, étude* – Béziers : *Portrait de Larive, comédien* – Bruxelles : *Marat, assassiné dans sa baignoire* – Cambridge (Fogg Art Mus.) : *Portrait de Sieyes* – Châlons-sur-Marne : *Funérailles d'Hector* – Cherbourg : *Philoctéte à Lemnos* – Chicago (The Art Inst.) : *Madame de Pastoret et son fils* 1792 – Cleveland (Mus. of Art) : *L'Amour et Psyché* 1817 – Cologne : *Périclès* – Copenhague : *Portrait du Comte de Turenne* 1816 – Dijon : *Portrait d'une dame et de sa fille* – *Mort de Mozart* – Florence (Gal. des Offices) : *Autoportrait* 1790-1791 – Fontainebleau : *Pie VII* – Genève : *Alexandre le Grand* – Graz : *Le Pêcheur* – Grenoble : *Portrait du peintre Vincent* – Grenoble (Mus. de Peinture et de Sculpture) : *Frise antique*, dess. – Lille (Mus. des Beaux-Arts) : *Bélisaire demandant l'aumône* – *Coin d'intérieur* – *Napoléon en habits impériaux* – *Apelle peignant* – *Mort du jeune Bara* – *Danton*, dess. – Limoges : *Portrait de Vergniaud* – Lyon : *Une maraîchère* – Malmaison (Mus. Nat. du Château) : *Bonaparte franchissant le Grand-Saint-Bernard* 1801 – Le Mans (Mus. de Tessé) : *Le Conventionnel Gérard et sa famille* – Marseille (Mus. des Beaux-Arts) : *Saint Roch priant pour les pestiférés* 1779 – Montpellier : *Tête de jeune homme* – *Portrait d'Alphonse Leroy* – *Portrait de M. de Joubert* – *Hector* – *Tête de femme et main d'homme* – Montpellier (Mus. Fabre) : *Étude de Madame de la Rochefoucauld pour Le Sacre* – Morez : *Revue du premier consul* – Moscou (Tretiakoff) : *Portrait du peintre Ingres* – Nantes : *Mort de Cléonice* – *Portrait de François Mellinet* – Narbonne : *David et Goliath* – *Portrait d'un élève* – New York (Metropol. Mus.) : *Portrait de Monsieur et Madame Lavoisier* 1788 – *La Mort de Socrate* – Paris (Louvre) : *Le Général Bonaparte* – *Madame Trudaine* – *Études d'après l'antique* – *Étude pour Brutus* – *Arrivée de l'Empereur à l'Hôtel de Ville*, dess. – *Napoléon se couronnant*, dess. – *Joséphine agenouillée*, dess. – *La Reine Marie-Antoinette allant à l'échafaud*, dess. – *La Distribution des Aigles*, dess. – *Léonidas aux Thermopyles* – *Les Sabines* – *Serment des Horaces* – *Même sujet* – *Licteurs rapportant à Brutus les corps de ses fils* – *Bélisaire demandant l'aumône* – *Combat de Minerve* – *Les Amours de Pâris et d'Hélène* – *Figure académique* – *Portraits de M. et de Mme Pécoul* – *Portraits de M. et de Mme Sériziat et de leur enfant* – *Portraits du pape Pie VII* – *Mme Récamier* – *Mme Chalgrin* – *Antoine Mougez et sa femme* – *Les Trois Dames de Gand* – *Portraits de Bailly* – *Sacre de Napoléon* – *Les funérailles de Patrocle*, dess. – *Les Jardins du Luxembourg* – *Le Conventionnel J.-B. Milhaud* – *La Marquise d'Orvilliers* – *Mme de Verninac* – Paris (Mus. Jacquemart-André) : *Le Comte François de Nantes* – *M. Meyer* – *Mme de Verninac Bonaparte*, esquisse – Paris (Mus. du Petit-Palais) : *La Mort de Sénèque* 1773 – Paris (Mus. Carnavalet) : *Triomphe du peuple français*, dess. – *Le Représentant du peuple en fonction*, dess. reh. d'aquar. – Paris (École des Beaux-Arts) : *Erasistrate découvrant la cause de la maladie d'Antiochus* 1774 – Reims : *Mort de Marat* – Rouen : *Ruines* – *Portrait d'un jeune garçon* – *Portrait de Mme Lebrun* – Rueil-Malmaison (Mus. du château) : *Bonaparte franchissant le Grand-Saint-Bernard* – Saint-Pétersbourg : *Andromaque pleurant Hector* – Semur-en-Auxois : *Tête de vieillard* – Toulon : *Princesses Zénaïde et Charlotte, filles de Joseph Bonaparte* – Tourcoing : *Portrait d'homme* – Tours (Mus. des Beaux-Arts) : *Étude de femme pour Brutus* – Troyes : *Portrait de Mlle Charpentier* – Valence : *Mort d'Ugolin* – Vannes (Mus. des Beaux-Arts) : *La princesse Laetitia* – Varsovie (Mus. Nat.) : *Portrait du Comte Potocki* 1781 – Versailles (Mus. Nat. du Château) : *Serment du Jeu de Paume*, dess. et ébauche – *Serment de l'armée fait à l'empereur* – *Barère de Vieuzac* – *Le Premier consul franchissant le mont Saint-Bernard* 1800 – *Pie VII* – *Le Sacre, répétition* – *La Distribution des Aigles* 1810 – *Tête de Marat assassiné*, dess. – Vienne : *Napoléon passant le Saint-Bernard* 1800.

Ventes Publiques : Paris, 1865 : *Portraits du pape Pie VII et du cardinal Caprara* : **FRF 17 800** – Paris, 1867 : *Eucharis et Télémaque* : **FRF 3 800** – Paris, 1869 : *Portrait de Lepelletier de Saint-Fargeaux*, pl. : **FRF 760** – Paris, 1872 : *La Mort de Socrate* :

FRF 17 600 – Paris, 1882 : *Portrait de Napoléon Ier* : FRF 9 445 – Paris, 1890 : *La jeune artiste* : FRF 12 500 ; *Portrait de Macdonald* : FRF 2 700 – Paris, 1890 : *La femme artiste* : FRF 12 000 – Londres, 1891 : *Portraits du pape Pie VII et du cardinal Caprara* : FRF 13 260 – Londres, 1893 : *Le Sacre de Napoléon Ier*, dess., Recueil de 42 études : FRF 900 – Paris, 1894 : *Portraits de femmes* : FRF 12 000 – Paris, 1897 : *Portrait de David*, encre de Chine : FRF 3 100 – Paris, 1897 : *Portrait de la chancelière de Pastoret* : FRF 17 900 – Londres, 1898 : *Départ de Télémaque et d'Eucharis* : FRF 5 500 – Paris, 31 mai 1899 : *Le sacre de Napoléon* : FRF 32 000 – Paris, 1899 : *Portrait de Napoléon Ier*, dess. à la pl. : FRF 2 500 – Paris, 19 fév. 1903 : *Esquisse du rideau du théâtre de Chantereinne* : FRF 900 – Paris, 12 fév. 1903 : *Portrait du général de Voudoncourt* : FRF 2 000 – Paris, 5 mars 1903 : *Étude de différents personnages pour le tableau du Sacre* : FRF 100 – New York, 12-13 mars 1903 : *Lætitia Bonaparte et Napoléon* : USD 950 – Paris, 4 juin 1903 : *Portrait de femme* : FRF 4 800 – Cologne, 9 mars 1904 : *Jeune fille au bain* : DEM 310 – Paris, 22 juin 1905 : *Portrait de M. Desmaisons* : FRF 40 000 ; *Portrait de Mme Buron* : FRF 8 500 – Londres, 9 mai 1910 : *Portrait d'une dame en robe rouge* : GBP 10 – Paris, 25 nov. 1918 : *Jeune fille tenant un chien* : FRF 74 000 – Paris, 21 fév. 1919 : *Portrait de S. Erard*, dess. : FRF 530 ; *Portrait présumé d'une princesse Borghèse*, attr. : FRF 500 – Paris, 21-22 fév. 1919 : *Deux études de figures drapées*, sépia : FRF 140 – Paris, 3 mars 1919 : *Portrait de Mme Sériziat* : FRF 60 000 – New York, 10 avr. 1930 : *Jeune fille en blanc* : USD 26 000 – Paris, 20-21 mai 1935 : *Portrait de Madame Sériziat*, étude : FRF 86 000 – New York, 18-20 nov. 1943 : *La citoyenne Crouzet* : USD 15 000 – Paris, 31 jan. 1949 : *Napoléon Ier ; Un grenadier*, deux études pour la Distribution des Aigles : FRF 55 000 – Paris, 27 mars 1953 : *Portrait présumé de l'artiste par lui-même* : FRF 820 000 – Lucerne, 3 déc. 1955 : *Portrait du peintre zurichois Hans Jacob Olri* : CHF 7 900 – Londres, 7 juil. 1959 : *Paysage dans la campagne romaine*, pierre noire : GBP 420 – Milan, 25 nov. 1965 : *Tête de femme de profil droit* : ITL 4 500 000 – Londres, 6 déc. 1967 : *Autoportrait* : GBP 4 000 – Versailles, 12 nov. 1978 : *Académie d'homme*, pap. mar. (81x60) : FRF 17 000 – Berne, 18 juin 1980 : *La mort de Marat*, cr./pap. (16,8x15) : CHF 44 000 – Paris, 22 mars 1983 : *Pâris et Hélène* 1786, pl. et lav. d'encre de Chine (18,3x22,8) : FRF 390 000 – Londres, 21 juin 1983 : *Bélisaire et son guide* 1780, h/t (64x77) : GBP 190 000 – New York, 24 mai 1985 : *Vestale couronnée de fleurs*, h/t (81,3x65,4) : USD 780 000 – Paris, 17 juin 1986 : *Les armes de David peintes par lui-même*, gche (26,5x21,5) : FRF 20 000 – Monte-Carlo, 22 fév. 1986 : *Études d'après des bas-reliefs et sculptures antiques, copies d'après les maîtres, paysages d'Italie...*, pl., encre, lav. et mine de pb, album de quatre-vingt-dix-huit croquis (29x43,5 à 7,7x6,9) : FRF 1 550 000 – New York, 24 fév. 1987 : *Les adieux de Télémaque et Eucharis* 1818, h/t (88x102,5) : USD 3 700 000 – Paris, 11 mars 1988 : *Le départ d'Hector*, mine de pb (10,5x11) : FRF 3 800 – Paris, 30 mai 1988 : *Tête de femme pleurant* 1783, pierre noire, craie blanche et estompe/pap. beige (42x38,5) : FRF 400 000 – Monaco, 3 déc. 1989 : *Eucharis et Télémaque* 1819, mine de pb (16,7x18,6) : FRF 333 000 – Paris, 15 juin 1990 : *Tête de femme*, cr. noir (12x17) : FRF 91 000 – Monaco, 22 juin 1991 : *Têtes de guerrier et de roi ; Deux têtes de femmes*, craie et encre, une paire (chaque 8x13) : FRF 111 000 – Monaco, 6 déc. 1991 : *La décollation de Saint Paul*, cr. noir (18,1x13,2) : FRF 49 950 – Paris, 2 avr. 1993 : *Trois études de personnages antiques et autel des Vestales*, encre de Chine (21,3x13,5 ; 21,3x11,7 et 21,3x9,9) : FRF 23 000 – Paris, 10 déc. 1993 : *Portrait d'homme vu de profil*, pierre noire, encre brune et lav. (diam. 19) : FRF 1 650 000 – New York, 12 jan. 1994 : *Études de deux têtes d'hommes jeunes portant une couronne de laurier* 1813, craie noire (11,5x17,5) : USD 28 750 – Londres, 15 juin 1994 : *Eucharis et Télémaque* 1819, cr. (16,5x18,5) : GBP 43 300 – Paris, 13 mars 1995 : *Derrière le palais Barberini*, encre noire (10x13,5) : FRF 30 000 – Paris, 18 oct. 1995 : *Portrait de Ramel* 1820, h/t (60,5x47,5) : FRF 15 000 000 – Paris, 12 déc. 1995 : *Caracalla tue son frère Geta dans le sein de sa mère*, encre noire et lav. gris avec reh. de gche blanche (22,3x29,2) : FRF 860 000 – Londres, 12 juin 1996 : *Figure classique avec une corne d'abondance*, pl. et encre brune/traits de cr. (21x13,5) : GBP 4 600 – Paris, 25 avr. 1997 : *Figures allégoriques représentant la Terre et l'Eau*, pl. et lav. d'encre noire (14,2x19,3) : FRF 34 000 – Londres, 11 juin 1997 : *Portrait de Suzanne Le Peletier de Saint-Fargeau* 1804, h/t (60,5x49,5) : GBP 3 741 500 – New York, 13-14 mai 1997 : *Figures d'une histoire romaine vers 1822*, cr./pap. (16x10,8) : USD 16 675.

DAVID Jean
xive siècle. Français.
Sculpteur.
Travailla au tombeau de Clément VI, à la Chaise-Dieu (1346-1351).

DAVID Jean
xviie siècle. Actif à Paris en 1656. Français.
Peintre.

DAVID Jean
Mort en 1708 à Grenoble. xviie siècle. Français.
Peintre.
Fils de Claude David, notaire et propriétaire de la châtellenie de Laval, il donna naissance à toute une famille de peintres. En 1696, il peignit un *Crucifix* et divers tableaux pour le procureur fiscal de Grenoble, Jean Michel.

DAVID Jean
Né le 16 décembre 1908 à Bucarest. xxe siècle. Depuis 1948 actif en Israël. Israélien.
Peintre, graveur, peintre de cartons de tapisseries, cartons de vitraux, affiches publicitaires, graphiste, décorateur.
Il fut élève en architecture de l'École des Beaux-Arts de Paris, où, ensuite, il étudia la peinture à l'Académie Scandinave et à l'Académie Julian de 1927 à 1933. De retour en Roumanie, il collabora à la revue *Unu*, dans laquelle s'exprimaient les mouvements d'avant-garde. Il fit sa première exposition personnelle de peintures en 1937 à Bucarest. La même année, avec un autre peintre Stefan Constantinescu, il réalisa une fresque pour le Pavillon de la Roumanie à l'Exposition Internationale de Paris. Juif, il dut fuir les persécutions nazies, naviguant pendant six mois en 1942 dans la Mer Noire et la Mer Égée. Il s'engagea dans la marine britannique jusqu'à la fin de la guerre, puis dans la marine israélienne lors de la création de l'État d'Israël. En 1948, il s'établit à Tel-Aviv. À partir de ce moment, il participe à de nombreuses expositions collectives, en Israël, Roumanie, France, Italie, Allemagne, Hollande, Autriche, Tchécoslovaquie, États-Unis, Brésil, Mexique, Canada, etc., notamment aux Biennales de Venise, São Paulo, à la Documenta de Kassel, à l'Exposition Internationale de Montréal en 1967. Il a obtenu plusieurs distinctions, Triennale de Milan 1954, Exposition Internationale de Tokyo 1955, etc. Il a montré ses peintures de chevalet dans de nombreuses expositions personnelles, à Tel-Aviv, Jérusalem, Haïfa, Londres, Mexico, New York, etc.
Devenu conseiller du gouvernement israélien pour l'esthétique industrielle, il a créé des affiches, des tapisseries, des décorations murales pour des grands-hôtels de Tel-Aviv, pour l'École Polytechnique de Haïfa, pour l'Université Hébraïque de Jérusalem, pour des agences de la compagnie d'aviation *El Al*, pour des paquebots, et bien d'autres encore. Dans tous ces travaux de décoration pure, Jean David montre une exceptionnelle faculté d'imagination et d'adaptation, aux techniques et aux publics.
Ses peintures de chevalet participent aussi de cette double faculté, de productivité et de charme décoratif. Leur formulation plastique est d'accent volontairement moderniste, se référant discrètement et habilement à ce qu'il y a de plus poétique dans le surréalisme de Paul Klee, de Max Ernst. ■ J. B.

Bibliogr. : Ionel Jianou, in : *Les artistes roumains en Occident*, Amer. Romanian Acad. of Arts and Sciences, Los Angeles, 1986.

Ventes Publiques : Tel-Aviv, 2 jan. 1989 : *Soleil, oiseau et végétation*, h/t (72x60) : USD 930 – Tel-Aviv, 7 oct. 1996 : *Jeu d'échec cruel* 1977, h/t (89x116) : USD 6 900.

DAVID Jean Ferdinand. Voir **DAVID Ferdinand Élie**

DAVID Jean Louis
Né en 1792 à Paris. Mort le 10 février 1868 à Paris. xixe siècle. Français.
Peintre de sujets militaires, scènes de genre, portraits, aquarelliste.
Il participa au Salon de Paris entre 1833 et 1866.
Ses aquarelles : *Promenade aux environs de Paris* ou *Vendanges à Louveciennes*, font découvrir des lointains ensoleillés, mais aussi des premiers plans détaillés.

Bibliogr. : Gérald Schurr, in : *Les Petits Maîtres de la peinture 1820-1920, valeur de demain*, Les Éditions de l'Amateur, t. II, Paris, 1982.

Ventes Publiques : Paris, 9 nov. 1921 : *Vue de Marly*, aquar. : FRF 180 – Paris, 11 fév. 1922 : *L'Empereur !*, aquar. : FRF 1 000 – Paris, 13 juin 1927 : *Jeune homme mourant, soutenu par son* père, cr. noir reh. : **FRF 5 000** – Paris, 24 mars 1947 : *La rentrée du troupeau*, aquar. : **FRF 2 050** – Londres, 13 mars 1986 : *Mère et Enfant au petit déjeuner*, aquar. (18x15,5) : **GBP 580** – Paris, 20 nov. 1996 : *L'Amazone*, aquar. et reh. de gche (30x25) : **FRF 12 200**.

DAVID Jean Louis André
Né le 13 avril 1894 à Saulieu (Côte-d'Or). xxe siècle. Français.
Peintre de marines.
Il exposait à Paris, au Salon des Artistes Français depuis 1923.

DAVID Jérôme
Né vers 1605 à Paris. Mort vers 1670 à Rome. xviie siècle. Français.
Dessinateur et graveur.
Il était frère de Charles David dont il adopta la manière. Il grava surtout des portraits. Nombre de ses planches sont signées des initiales H. D. F. On cite de lui encore des planches pour l'*Ancien et le Nouveau Testament*, 3 planches pour des *Saints*, 8 planches de *Portraits*.

DAVID Johann
Mort vers 1585 à Hermannstadt (Sibiu, Roumanie). xvie siècle. Allemand.
Peintre.

DAVID Johann Marcus
Né le 13 janvier 1764 à Hambourg. Mort en 1810 à Hambourg. xviiie-xixe siècles. Allemand.
Peintre de portraits et de paysages.
Il travailla à Hambourg, Lübeck et Dessau. On lui doit la décoration du Kunst halle de Hambourg.

DAVID José-Maria
Né en 1944. xxe siècle. Français.
Sculpteur animalier.
Ventes Publiques : Strasbourg, 29 nov. 1989 : *Panthère*, bronze (H. 46, L. 70) : **FRF 45 000** – Saint-Dié, 29 avr. 1990 : *Rhinocéros*, bronze (H. 35, L. 80) : **FRF 67 000** – Paris, 24 juin 1991 : *Elton, dogue anglais*, bronze (H. 40) : **FRF 30 000** – Paris, 1er juil. 1991 : *Cheval cabré*, bronze (H. 80, L. 29) : **FRF 121 000** – Nantes, 7 mars 1992 : *Éléphant*, bronze : **FRF 47 000** – Paris, 16 juin 1993 : *Chat persan*, bronze cire perdue (H. 15, L. 30) : **FRF 25 000** – Montauban, 22 fév. 1994 : *Le guépard*, bronze (H. L. 90, l. 52) : **FRF 97 200** – Paris, 16 nov. 1995 : *Hippopotame*, bronze (33x75) : **FRF 88 000** – New York, 12 avr. 1996 : *Le Lion*, bronze (62,2) : **USD 12 650** – Sceaux, 5 mai 1996 : *Bouquetin*, bronze à patine brune (H. totale 66,5) : **FRF 17 200**.

DAVID Joseph Antoine, dit **David de Marseille**
Né en 1725 à Marseille (Bouches-du-Rhône). Mort en 1789 à Marseille. xviiie siècle. Français.
Peintre de portraits, paysages, dessinateur.
Il fut professeur, puis recteur de l'Académie de peinture et de sculpture de Marseille, fondée en 1753 sous le patronage du duc de Villars.
Il peignit des portraits et des paysages, dans la manière de Joseph Vernet et Salvator Rosa. Ses dessins à la plume sont dignes d'intérêt.
Ventes Publiques : Paris, 13-16 avr. 1863 : *Paysages avec figures et animaux*, sanguine, deux dessins : **FRF 4** – Paris, 27 fév. 1929 : *Paysage d'Italie*, dess. : **FRF 180** – Paris, 8 juin 1931 : *Ruines et personnages*, pl. et lav. de sépia, deux dessins : **FRF 140** – Paris, 17 nov. 1983 : *Paysages d'Italie avec cascades et grands arbres*, pl. et reh. de blanc, deux dessins (56x40) : **FRF 10 500**.

DAVID Jules
Né le 29 mars 1808 à Paris. Mort le 20 octobre 1892 à Paris. xixe siècle. Français.
Peintre d'histoire, scènes de genre, aquarelliste, illustrateur, lithographe.
Élève de Duval-Lecamus, il figura au Salon de Paris de 1834 à 1885.
Ses compositions historiques, comme : *Bonaparte après la bataille des Pyramides*, ont été qualifiées par Baudelaire d'« âneries et niaiseries vertueuses ». Il fit plusieurs illustrations, dont celles des *Fables* de La Fontaine, et *Les Mystères de Paris* d'Eugène Sue. Il publia un album de douze lithographies : *Vice et Vertu, album moral de la bonne et mauvaise conduite*. Parmi ses aquarelles, citons : *L'entrée au couvent* – *L'enfant malade*.

Bibliogr. : Gérald Schurr, in : *Les Petits Maîtres de la peinture 1820-1920, valeur de demain*, Les Éditions de l'Amateur, t. IV, Paris, 1979.
Ventes Publiques : Paris, 8 nov. 1918 : *Le petit pont* : **FRF 70** – Paris, 20-22 mai 1920 : *Jeune mère assise dans un intérieur avec ses deux enfants*, aquar. : **FRF 500** – Paris, 19 juin 1933 : *Figures de mode*, deux aquar. gchées : **FRF 400** – Paris, 1er avr. 1942 : *La visite à l'exposition de tableaux* ; *La promenade*, deux aquar., formant pendants : **FRF 1 300** – Paris, 31 jan. 1955 : *Études de costumes de mode*, aquar. : **FRF 38 000** – Paris, 23 fév. 1977 : *Élégantes*, quatre aquar. gchées : **FRF 5 000** – Paris, 24 avr. 1978 : *Les enfants au guignol* 1880, aquar. (24x21) : **FRF 1 600** – Versailles, 22 fév. 1981 : *Scènes religieuses, de croisades et orientales*, lav./pap., onze dessins (7x9,4) : **FRF 6 400** – Londres, 20 juin 1985 : *Dessins de mode* 1883 et 1884, deux aquar. et pl. reh. de gche blanche (27,5x22) : **GBP 950** – Paris, 15 mars 1989 : *Deux femmes en robe blanche*, aquar. (27x22) : **FRF 10 000** – Paris, 18 déc. 1991 : *La partie de campagne* 1876, aquar. (30x23) : **FRF 20 000**.

DAVID Laurence
Née vers 1705. Morte le 6 novembre 1760. xviiie siècle. Active à Grenoble. Française.
Peintre.
Fille de François David.

DAVID Léonie
Née au xixe siècle à Paris. xixe siècle. Française.
Peintre de genre.
Élève de Mme Meyzara. Elle débuta au Salon de 1868 avec un pastel d'après Giacomotti.

DAVID Libor
Né le 25 juin 1947 à Brno. xxe siècle. Tchèque.
Sculpteur. Abstrait.
On a vu de ses œuvres à Paris, en 1969, lors de l'Exposition de Sculptures Tchécoslovaques au Musée Rodin.
Dans l'esprit d'un certain baroque de la tradition bohémienne, il sculpte en pierre des œuvres abstraites, qui semblent issues de la nature même du matériau qui les constituent.

DAVID Lorene
Née le 31 mai 1897 à Independance (Missouri). xxe siècle. Américaine.
Peintre, aquarelliste.
En 1936, elle obtint un Prix d'aquarelle de l'Académie Nationale des Femmes Peintres et Sculpteurs. Elle obtint aussi une mention honorable à l'Art Association de la Nouvelle-Orléans.

DAVID Louis
Né en 1667 en Avignon. Mort en 1718 en Avignon. xviie-xviiie siècles. Français.
Graveur.
Il alla à Rome et y résida pendant une partie de sa carrière. On cite de lui : *La Descente de croix*, *Antonio Bauchieri*, *Petrus Couderc*, *Esprit Macassole*, *Ludovicus Pelisson*.

DAVID Louis Alphonse
Né le 27 novembre 1798 à Saint-Rambert. Mort après 1849. xixe siècle. Français.
Peintre de genre, portraits, aquarelliste.
Élève de Girodet à l'École des Beaux-Arts où il entra le 29 janvier 1817. Au Salon de Paris, il exposa de 1831 à 1849.
On cite parmi ses tableaux : *Une femme turque à sa toilette*, *La duchesse de Montpensier et Jacques Clément*.
Ventes Publiques : Paris, 28 juin 1980 : *L'Empereur à cheval*, aquar. (37x29) : **FRF 2 700**.

DAVID Luodovico ou **Ludovico**
Né en 1648 à Lugano. Mort entre 1728 et 1730. xviie-xviiie siècles. Suisse.
Peintre de sujets mythologiques, compositions religieuses.
Après avoir travaillé à Milan comme élève de Caveliere Cairo et

d'Ercole Procaccini, il alla à Bologne, où il entra à l'École de Carlo Cignani. Pendant son séjour à Venise, il effectua un voyage à Bologne où il travailla sous la direction de C. Cignani. En 1685, il séjourna à Parme puis l'année suivante s'installa définitivement à Rome.
À Venise, dans l'église San Silvestro, on voit de lui un tableau de la *Nativité*.

David.

Ventes Publiques : New York, 12 jan. 1996 : *Le jugement de Pâris*, h/t (172,7x245,1) : **USD 134 500**.

DAVID M.
Né au XIXe siècle à Paris. XIXe siècle. Français.
Portraitiste, peintre de genre et pastelliste.
Élève de Tony Robert-Fleury. Sociétaire des Artistes Français depuis 1906.

DAVID Mano
Né à Aix-en-Provence (Bouches-du-Rhône). XXe siècle. Français.
Peintre de paysages.
Il exposa à Paris au Salon des Artistes Français en 1925 et 1926.

DAVID Maria Caterina
Née en 1765 à Gênes. Morte jeune. XVIIIe siècle. Italienne.
Peintre.
Elle était sœur de Giovanni. On connaît son portrait par elle-même.

DAVID Marie
Née à Limoges (Haute-Vienne). XIXe-XXe siècles. Française.
Portraitiste.
Élève de Mme de Cool et Al. Lafond. Participa à l'Exposition Universelle de Paris en 1900.

DAVID Marylène. Voir **DENOVAL**

DAVID Maxime
Né le 24 août 1798 à Châlons-sur-Marne. Mort le 23 septembre 1870 à Paris. XIXe siècle. Français.
Peintre.
Cet artiste étudia sous la direction de Mme de Mirbel. Il fut médaillé de troisième classe en 1835, de deuxième classe en 1836 et 1848 et de première classe en 1841. Le 2 mai 1851, il fut décoré de la croix de chevalier de la Légion d'honneur. Au Salon de Paris, il figura de 1834 à 1868. De ses œuvres, on mentionne : *Le Miroir, l'Écrin, la Lyre, Dominicain en prière* (miniatures). Cet artiste qui avait commencé à faire de la miniature en amateur, abandonna la magistrature. Il devint le miniaturiste à la mode. On lui doit les portraits de plusieurs grands personnages de l'époque. Il fit trois portraits d'Abd-el-Kader. Le Musée de Châlons-sur-Marne conserve de lui deux miniatures sur ivoire.
Ventes Publiques : Paris, 1861 : *Portrait de Louis-Philippe*, miniat. : **FRF 275** ; *Jeune mère et deux enfants*, miniat. : **FRF 365** – Paris, 1882 : *Portrait d'une jeune fille*, miniat. sur ivoire : **FRF 45** – Londres, 26 fév. 1898 : *Aux approches du soir* : **FRF 7 260** – Paris, 30 nov. et 1er déc. 1923 : *Portrait de femme*, miniat. : **FRF 1 580** – Paris, 20 juin 1924 : *Portrait de Don José, président du Venezuela*, miniat. : **FRF 95** – Paris, 18 déc. 1946 : *Jeune femme en robe blanche et manteau de velours rouge garni d'hermine, assise dans un fauteuil*, miniat. : **FRF 8 700**.

DAVID Michael
Né en 1954. XXe siècle. Américain.
Peintre.
Ventes Publiques : New York, 27 fév. 1990 : *Sans titre*, encaustique sur bois de construction (L'ensemble 86,4x102,9x30,5) : **USD 5 500** – New York, 12 nov. 1991 : *Sans titre n° 61* 1987, h. et craies grasses/pan. (90,2x86,4) : **USD 2 750** – New York, 29 sep. 1993 : *Sans titre n° 93* 1987, acryl., craie et peint./pap. (47,6x55,9) : **USD 1 840** – New York, 22 fév. 1995 : *Garçons italien T.V.* 1981, h. et encaustique/tésine synth. et bois (86,3x78x19,6) : **USD 1 150** – New York, 24 fév. 1995 : *Entelecgy (1)*, émulsion de cire et polymer sur bois (76,2x61) : **USD 2 530**.

DAVID Michel
XVIIe siècle. Actif à Château-du-Loir en 1685. Français.
Graveur.

DAVID Mireille Madeleine Josepha
Née au XXe siècle à Coutances (Manche). XXe siècle. Française.
Peintre de natures mortes.
Élève de R. Prinet. Expose au Salon des Artistes Français depuis 1934.

DAVID Paul Léon
Né au XXe siècle à Carcassonne (Aude). XXe siècle. Français.
Peintre d'intérieurs.
Il exposa à Paris au Salon des Artistes Français à partir de 1931.

DAVID Pierre
XVe siècle. Actif à Paris vers 1400. Français.
Peintre verrier.
Il exécuta un vitrail pour la chapelle du duc d'Orléans à l'église Saint-Paul à Paris (détuite au XIXe siècle).

DAVID Pierre, dit **David l'Aîné**
Né vers 1693. XVIIIe siècle. Français.
Sculpteur.
Il s'établit en Suède en 1732 et ne cessa, dès lors, de travailler à Stockholm.

DAVID Pierre
Mort peut-être en 1721. XVIIIe siècle. Actif à Grenoble. Français.
Peintre.
Fils de Jean David.

DAVID Pierre Jean, dit **David d'Angers**
Né le 12 mars 1788 à Angers. Mort le 6 janvier 1856 à Paris. XIXe siècle. Français.
Sculpteur de statues, bustes, monuments, médaillons, médailleur, dessinateur.
Il était le quatrième fils du sculpteur angevin Pierre-Louis David et bien qu'à peine âgé de 4 ans, il accompagna celui-ci parmi les troupes républicaines lors de l'insurrection de la Vendée. Mais lorsqu'il voulut, quelques années plus tard, se consacrer à la carrière artistique, il rencontra chez son père une opposition violente. Le vieux sculpteur avait trop souffert d'un état qui ne lui avait guère rapporté que des déboires, pour ne pas contrarier de toutes ses forces la vocation de son fils. Grâce à l'appui de Marchand et de Delusse, professeurs de dessin et de gravure à l'École Centrale d'Angers, le jeune homme triompha de la résistance paternelle et obtint l'autorisation de travailler sous la direction des deux maîtres et, plus tard, de partir pour Paris. A vrai dire, il dut effectuer ce voyage à pied et lorsqu'il arriva dans la capitale, en 1808, il possédait à peine en poche quelques écus. Il y connut le peintre Louis David et le sculpteur Roland qui lui prodiguèrent leurs conseils, cependant que, pour gagner de quoi vivre, il travaillait moyennant vingt sous par jour à des sculptures d'ornementation à l'Arc du Carrousel et au Palais du Louvre. Il a lui-même raconté dans des lettres tout intimes, que, le soir, rentré dans le grenier où il habitait, avant de s'étendre sur la planche qui lui servait de lit, il s'appliquait à modeler les peintures de Nicolas Poussin. Ces efforts eurent leur récompense. Quelques succès aux concours de l'Académie, en 1809 et 1810, furent suivis de l'obtention du premier Grand-Prix de Rome, en 1811. Il séjourna cinq ans en Italie et y connut Canova. Revenu en France en 1816, il ne put supporter le spectacle de Paris occupé par les alliés et s'exila en Angleterre. Il n'y resta pas longtemps. Dix-huit jours après son arrivée, on vint lui offrir une commande richement payée pour l'érection d'un monument commémoratif de la bataille de Waterloo. Le jeune artiste congédia ses visiteurs officiels avec plus de patriotisme que de civilité et n'ayant pas un sou, vendit le soir même une partie de ses vêtements pour rentrer en France. Il fut choisi, sitôt son retour, pour achever la statue de Condé que Roland, mort peu avant, avait laissée inachevée. Cette œuvre assura la gloire et la prospérité de David d'Angers. En 1826, il fut décoré de la Légion d'honneur et nommé membre de l'Académie et professeur à l'École des Beaux-Arts. Un attentat provoqué par la jalousie faillit lui coûter la vie en 1828. Laissé pour mort sur le pavé, il refusa de révéler le nom de son agresseur qui était, paraît-il, un peintre. De cette date à celle de 1848, David se consacra exclusivement à son art.
C'est la période la plus féconde de sa carrière. Pendant la Monarchie de Juillet, David eut commande de très nombreuses statues consacrées aux grands hommes des villes de province. Si Victor Hugo vanta l'ensemble de ces « colosses radieux », il semble que ce n'est pas tant cette partie de son œuvre qu'a retenue la postérité, exception faite du tombeau du *Général Bonchamp* (1824) à Saint-Florent-le-Vieil, de la statue de *Cuvier* (1833) à Montbéliard, du *Bernardin de Saint-Pierre* (1851) au Havre, et du *Général Drouot* (1853) à Nancy. Guizot lui passa commande pour le fronton du Panthéon, pour lequel il sculpta le très classique relief de *La Patrie distribuant des couronnes au génie* (1837). La Révolution de 1848 le décida à aborder la poli-

tique. Élu député en Maine-et-Loire, il défendit avec une rare énergie les artistes poursuivis et les secourut sans relâche. En 1851, contraint de s'exiler, et dans le souci de compléter sa collecte des effigies, qu'il sculptait surtout en médaillons, des grands personnages de son époque, il parcourut l'Europe entière, en particulier la Belgique et la Grèce, et rentra en France en 1855, peu de temps avant sa mort.
C'est en tant que portraitiste que David d'Angers a pris une place exceptionnelle dans l'histoire de l'art romantique bien sûr, mais aussi dans l'histoire du XIXe tout court. David d'Angers est un des maîtres les plus remarquables de l'École française. Sa technique est vigoureuse et puissante. Poursuivant son œuvre de statuaire proprement dit, il donnait quelques œuvres, parmi lesquelles *L'enfant à la grappe*, du Louvre, sculpté en 1845 d'après son petit garçon de quatre ans, il sculptait des bustes, le *Goethe* de 1831, le *Paganini* de 1830, *Lamennais* en 1838, mais surtout il modelait plus de cinq cents médaillons d'après ses contemporains la plupart du temps les plus célèbres, presque tous conservés au Louvre. Le charme de ces portraits provient d'abord de l'intérêt que l'on trouve à ces effigies si vivantes des personnages du temps passé, mais aussi à cet équilibre, si caractéristique de l'art de David, entre la diversité de l'expression des caractères des modèles, et la fine nervosité toute romantique de sa technique. Lui-même a déclaré que la sculpture était la tragédie des arts. Peut-être même en exagérait-il un peu le caractère d'austérité lorsqu'il disait : « Quand la sculpture se prête à la représentation des scènes familières, il me semble voir danser un prêtre », mais le souci qu'il avait de la pureté de la ligne et le culte du beau qu'il professa toujours avec une ardeur exaltée sont des qualités artistiques et morales assez grandes et assez rares pour lui assurer une place au tout premier rang des maîtres de tous les temps. En 1958, les *Carnets* de l'artiste furent publiés dans leur intégralité. Ces écrits nous permettent de comprendre mieux ce sculpteur et nous apportent de précieux renseignements sur les milieux artistiques du XIXe siècle.
Musées : Aix : *Le roi René* – Angers : 676 statues, statuettes, médaillons et 66 dessins – Avignon : *Cuvier* – *Raspail* – Cambrai : *Béclard Pierre-Auguste*, buste – *Chateaubriand*, buste – *J. F. Cooper*, buste – *Cuvier*, buste – *François Ier*, buste – *Victor Hugo*, buste – *A. L. de Jussieu*, buste – *Visconti*, buste – *Lacépède*, médaillon – Châlons-sur-Marne : *François Arago*, médaillon – *Béranger*, médaillon – *Drolling*, médaillon – *Alfred Johannot*, médaillon – *Général Kléber*, médaillon – *Caroline Murat*, médaillon – *Royer Collard*, médaillon – *Ary Scheffer*, médaillon – *Horace Vernet*, médaillon – Douai : *Merlin de Douai* – Dunkerque : *Jean Bart* – Genève (Mus. Rath) : *Etienne Dumont*, buste – *Jérémie Bentham*, buste – Le Havre : *Général Rouelle* – *François Ier* – *Louis XVI* – Londres : *Amelia Opie*, médaillon de bronze – *sir John Bowring*, médaillon de bronze – Nantes : *Casimir Delavigne*, buste – Orléans : *Les enfants de France volant à la défense du territoire*, bas-relief – *Bataille de Fleurus*, bas-relief – *Bataille d'Héliopolis*, bas-relief – Paris (Mus. d'Orsay) : *L'enfant à la grappe* – *Philopœmen* – *Cuvier*, buste – *Béranger*, buste – *Arago*, buste – 478 médaillons, 12 maquettes, 1 dessin – Rennes : *Philopœmen* – Rochefort : *Portrait de Bonaparte, 1er consul* – Roubaix : *Les enfants de l'artiste*, médaillon en plâtre – Rouen : *Cuvier*, buste – *François Ier*, buste – *Jussieu*, buste – *Armand Carrel*, buste – *Hyacinthe Langlois*, buste – *Bonchamps*, buste – *Casimir Périer*, médaillon – Saumur : *Bodin* 1824, buste – *Bichat* 1844, buste – *de la Borde* 1843, buste – *Balzac* 1844, buste – *Destutt de Tracy* 1837, buste – *Couthon* 1845, buste – *Marie-J. Chénier* 1844, buste – *Casimir Delavigne*, buste – *Cooper* 1830, buste – *Chateaubriand* 1830, buste – *Cuvier* 1833, buste – *Travot* 1840, buste – *Suchet* 1827, buste – *Rossini* 1830, buste – *le roi René* 1825, buste – *l'abbé Grégoire* 1828, buste – *Goethe* 1833, buste – *Général Foy*, buste – *Fénelon* 1827, buste – *François Ier* 1821, buste – *Daumon* 1840, buste – *Desgenettes* 1824, buste – *Volney* 1825, buste – *Merlin de Douai* 1834, buste – *Lady Morgan* 1830, buste – *Lacépède* 1824, buste – *Lafayette* 1828, buste – *Lamartine* 1830, buste – *Lamennais* 1838, buste – *Mlle Jubin* 1827, buste – *Jefferson* 1834, buste – *Humbolt* 1843, buste – *Béclard* 1825, buste – *Jérémie Bentham* 1828, buste – Troyes : *Casimir Périer* 1777-1832, grand médaillon – *Lazare Carnot* 1753-1823, grand médaillon – Valenciennes : *Casimir Périer*, médaillon – *Abel de Pujol et sa femme*, médaillon – Versailles : *Lacépède* – *Gouvion Saint-Cyr* – *Laurent de Jussieu* – Vire : *Turpin Pierre*, buste.
Ventes Publiques : Paris, 1899 : *Fronton du Panthéon*, dess. : **FRF 400** – Paris, 21 et 22 fév. 1919 : *Carle Vernet*, pl. : **FRF 22** – Paris, 4 mars 1932 : *Portrait de Quatremère de Quincy*, pl. : **FRF 150** – Paris, 30 avr. 1941 : *Têtes*, dess. à la pl. : **FRF 160** ; *Profils de femme*, dess. à la pl. : **FRF 250** – Paris, 18 mai 1977 : *Tête* 1831, marbre blanc (H. 73) : **FRF 21 000** – Enghien-les-Bains, 27 avr. 1980 : *Guerrier grec* 1837, bronze (H. 89) : **FRF 12 500** – Paris, 13 mai 1982 : *La République debout, le fusil à la main*, bronze patiné (H. 34,5) : **FRF 6 500** – New York, 24 mai 1989 : *Gutenberg se tenant debout*, bronze (H. 40) : **USD 1 320** – New York, 27 mai 1992 : *Général Bonchamp*, bronze (H. 19,4) : **USD 2 090** – New York, 22-23 juil. 1993 : *Laetitia Bonaparte*, médaille de bronze (diam. 15,9) : **USD 1 725** – Paris, 25 nov. 1993 : *Portrait de Jean Reboul*, cr. noir (21,5x18,5) : **FRF 4 000** – Paris, 20 déc. 1993 : *Étude d'homme jouant de la musique*, pl. (21x17) : **FRF 5 500** – Paris, 29 avr. 1994 : *Madame Malicevoska*, dess. (27x19,5) : **FRF 7 000** – Paris, 25 mai 1994 : *Buste de Granet* 1828, plaque de bronze (diam. 12) : **FRF 9 000** – Angers, 14 juin 1994 : *Buste de Louis Pavie*, marbre blanc (H. 56) : **FRF 120 000**.

DAVID Pierre Louis
Né en 1760 à Margancy. Mort en décembre 1821 à Angers. XVIIIe-XIXe siècles. Français.
Sculpteur.
Cet artiste, qui fut le père de David d'Angers, eut une existence particulièrement mouvementée. Fils d'un agriculteur des environs de Paris qui mourut alors que lui-même était encore enfant, il commença son éducation artistique avec un parent, sculpteur de quelque valeur, qui lui apprit à modeler et à sculpter dans le bois des motifs d'ornements. D'humeur voyageuse, le jeune artiste entreprit de visiter la France, mais s'arrêta à Angers où il se maria. Lorsque la Révolution éclata, bien qu'il fut déjà père de quatre enfants, il s'engagea parmi les troupes républicaines et fut fait prisonnier au combat de Saint-Florent. L'intervention de Bonchamps lui sauva la vie. La Vendée pacifiée, il songea à s'engager dans l'armée du Rhin, mais sur les instances de sa femme, il renonça à ce projet et revint se fixer à Angers où il se consacra exclusivement à son art. Entre autres travaux, on cite, de lui, dans cette ville, de très belles sculptures dans le chœur de l'église Saint-Maurice.

DAVID Raoul
Né le 23 juillet 1876 à Vitré (Ille-et-Vilaine). Mort le 14 octobre 1950 à Vitré. XXe siècle. Français.
Peintre, graveur.
Il fut élève de Fernand Cormon. Il exposait à Paris, au Salon des Artistes Français, dont il devint sociétaire.

DAVID René
Né vers 1687. Mort le 5 juin 1732. XVIIIe siècle. Actif à Grenoble. Français.
Peintre.
Fils du peintre Jean David. Il décora la chapelle de l'Assomption du Collège des Jésuites.

DAVID Robert
Né en 1833 à Paris. Mort le 2 juin 1912 à Neuilly-sur-Seine. XIXe-XXe siècles. Français.
Sculpteur.
Fils de David d'Angers. Il n'hérita pas du génie de son père. Sa meilleure œuvre, un médaillon de *Le Goupil*, figure au Musée d'Angers.

DAVID Salvador
Né le 7 janvier 1859 à Paris. XIXe siècle. Français.
Relieur d'art.
Médaille d'or à l'Exposition Universelle de 1900.

DAVID Théodore
Né au Mans (Sarthe). XIXe-XXe siècles. Français.
Peintre de genre et paysagiste.
Sociétaire des Artistes Français depuis 1901. Mention honorable en 1893.

DAVID Théodore Pierre Maurice
Né le 26 juin 1869 à Lausanne. Mort le 3 mai 1902 à Paris. XIXe siècle. Suisse.
Sculpteur, dessinateur.
Fils d'Émile-François. David vécut en Italie et en Suisse pendant sa jeunesse, et commença des études artistiques avec le sculpteur sur bois Giuseppe Berardi. Il travailla plus tard pour le modelage et la taille de la pierre avec Salmson et Jacques, à l'École des Arts industriels à Genève, et reçut des conseils de Puech à Paris. Il est connu comme dessinateur d'art industriel.

DAVID Virgil
Né en 1930 à Bucarest. XXe siècle. Depuis 1980 actif en Suisse. Roumain.

Peintre de paysages, graphiste. Tendance abstraite.

Il a été diplômé en 1956 de l'Institut d'Arts Plastiques N. Grigorescu de Bucarest. La même année lui fut décerné le Prix de la Jeunesse à Varsovie. De 1962 à 1970, il fit des travaux graphiques pour la télévision roumaine. Il participe à de très nombreuses expositions collectives en Roumanie, France, Allemagne, Suisse, et dans de nombreux pays du monde, U.R.S.S., Amérique, Japon, etc. Il montre ses œuvres dans des expositions personnelles en Roumanie, Suisse, Italie, Allemagne.

Essentiellement peintre de paysages, il a aussi parfois peint des cavaliers. Ses paysages, elliptiques, synthétiques, à la limite de l'abstraction, maçonnés de violents aplats de rouge, de bleu, de jaune, rappellent sans ambiguïté les peintures de De Staël de l'époque d'Antibes.

Bibliogr. : A.M. Covrig, in : Ionel Jianou : *Les artistes roumains en Occident*, Amer. Romanian Acad. of Arts and Sciences, Los Angeles, 1986.

DAVID Werner

Né le 15 octobre 1836 à Hanovre. Mort le 31 janvier 1906 à Vienne. XIXe siècle. Allemand.

Sculpteur.

Il exécuta pour le Parlement de Vienne les statues du Commerce et de l'Industrie. Le Musée de Hanovre possède une frise due au ciseau de cet artiste.

DAVID d'Angers. Voir **DAVID Pierre Jean**

DAVID de Marseille. Voir **DAVID Joseph Antoine**

DAVID de Mayréna, Mme, née **Clémence Jeanne Eymard de Lanchatre**

Née au XIXe siècle à Metz. XIXe siècle. Française.

Peintre de portraits, pastelliste et sculpteur.

Élève de Mlle Bricka. Elle débuta au Salon de 1875, sous son nom de demoiselle et prit à partir de 1882 celui de son mari.

DAVID-BALAY Jean ou **David de Sauzea**

Né à Saint-Étienne (Loire). XIXe siècle. Français.

Peintre de genre, paysages animés, natures mortes.

Élève de Carolus Duran. Il débuta au Salon de 1880 avec : *Chasse à courre*, il fut nommé sociétaire des Artistes Français en 1883. On pourrait peut-être le rapprocher de Charles Balay.

Ventes Publiques : Paris, 15 mars 1976 : *Nature morte au violon* 1885, h/pan. (12x16) : **FRF 2 000** – Stockholm, 19 mai 1992 : *Paysage avec un militaire à cheval*, h/pan. (22,5x40) : **SEK 10 000**.

DAVID-FONTANGE Aimé

Né à Philippeville (Algérie). XXe siècle. Français.

Peintre.

Il exposa à Paris au Salon des Artistes Français de 1935 à 1938.

DAVID-FUGÈRE, Mme, née **Claudia Fugère**

XIXe siècle. Française.

Graveur.

Fille et élève du graveur lyonnais J.-M. Fugère. Elle a gravé, à Lyon, une série de planches, parmi lesquelles un *Portrait de Chalier* et le *Portrait de Jacquard*.

DAVID-GELL Honor Mary Ryland

Née le 24 janvier 1903 à Corsham. XXe siècle. Active en France. Britannique.

Peintre de portraits, nus, fleurs.

Elle a exposé à Paris, au Salon des Artistes Français dans les années vingt.

DAVID-NILLET Germain

Né le 4 décembre 1861 à Paris. Mort en 1932. XIXe-XXe siècles. Français.

Peintre de genre.

Il fut élève de Léon Lhermitte. Il exposait à Paris, au Salon de la Société Nationale des Beaux-Arts, mention honorable 1889, sociétaire 1895, médaille d'argent à l'Exposition Universelle de 1900, il fut fait chevalier de la Légion d'honneur. Il obtint aussi une médaille d'or à Munich en 1892, une mention honorable à Madrid 1893, médailles d'or Rouen 1897 et Amsterdam 1899. Le Salon de la Société Nationale des Beaux-Arts lui consacra une exposition rétrospective en 1934.

Peintre de genre typique, les titres de ses œuvres déposées dans les musées l'attestent : *Le bénédicité, La soupe, Chez grand'mère.*

Bibliogr. : Gérald Schurr, in : *Les Petits Maîtres de la peinture 1820-1920, valeur de demain*, Les Éditions de l'Amateur, t. IV, Paris, 1979.

Musées : Amiens : *Berger changeant de parc* – Amsterdam : *L'aïeule* 1889 – Avignon : *Intérieur breton* 1910 – Capentras : *Le veuf* 1903 – Dresde : *L'aveu* 1896 – Nantes : *Le bénédicité* – Paris (Mus. du Petit-Palais) : *Vieillard lisant*, dess. – Pau – Le Puy-en-Velay : *Le laboureur et ses enfants* – Reims (Mus. Vasnier) : *La mère – le convalescent* 1904 – Roanne : *La soupe* – Rouen : *Maternité – Cathédrale de Rouen* 1910 – Saint-Nazaire : *Les peines de la vie* – Santiago : *L'aveugle* 1904.

Ventes Publiques : Paris, 16 oct. 1996 : *La Cathédrale de Chartres*, h/t (35x33) : **FRF 5 500**.

DAVID-RIQUIER Alfred Hector

Né au XIXe siècle à Amiens (Somme). XIXe siècle. Français.

Peintre et graveur.

Élève de MM. Gaucherel, Cabanel et Ch. Crauk. Il débuta au Salon de 1877. Mention honorable en 1881.

DAVIDE Antonio

Né en 1943. XXe siècle. Italien.

Artiste. Conceptuel.

Il vit et travaille à Salerne. Il expose depuis 1968.

À partir de petits schémas ou d'associations de photographies, il décompose et analyse les modifications circonstancielles ou éventuelles de paysages, sans doute dans le but de démonter les mécanismes de la perception. Il applique également ce principe d'analyse à des tableaux célèbres.

DAVIDE Antonio. Voir aussi **DAVID Antonio**

DAVIDE di Nello del Signor Betto

XVe siècle. Actif à Pérouse. Italien.

Peintre.

Peut-être fils de Nello di Betto.

DAVIDE di Pietro di Domenico

Né vers 1433 à Pistoie. XVe siècle. Italien.

Sculpteur.

Il était le fils du sculpteur Pietro di Domenico di Pietro da Lucca, et fit l'entrée du chœur de San Giovanni fuorocivitas à Pistoie.

DAVIDENKOVA Lidia

Née en 1939 à Léningrad (aujourd'hui Saint-Pétersbourg). XXe siècle. Russe.

Peintre de compositions à personnages.

Elle étudia à l'École des Beaux-Arts et à l'Institut Répine de Léningrad et fut l'élève de A.D. Zaitsev. Elle a été membre de l'Union des Peintres d'URSS, participant régulièrement à des expositions nationales.

Fidèle au réalisme-socialisme, elle peint, dans un style académique, des thèmes conventionnels.

Ventes Publiques : Paris, 18 fév. 1991 : *Marins de Léningrad* 1965, h/t (65x124) : **FRF 13 000** – Paris, 27 jan. 1992 : *Fête sur la Néva*, h/t (47x109,1) : **FRF 6 200** – Paris, 5 avr. 1992 : *Fête sur la Néva*, h/t (51x70,5) : **FRF 5 500** – Paris, 5 oct. 1992 : *Promenade en hiver*, h/t (34,7x50,7) : **FRF 3 400**.

DAVIDOFF A.

XVIIIe siècle. Actif à Saint-Pétersbourg. Russe.

Dessinateur.

DAVIDOFF Ivan Grigorievitch

Né en 1826 ou 1831. Mort en 1856. XIXe siècle. Russe.

Peintre.

Il fit ses études à Moscou et à Saint-Pétersbourg. Il peignit des paysages de différents pays d'Europe.

Musées : Moscou (Gal. Tretiakoff) : *Études – Dans les montagnes de Suisse* – Saratoff (Gal. Raditscheff) : peinture.

DAVIDOFF Joseph

Né dans la deuxième moitié du XIXe siècle à Londres. XIXe-XXe siècles. Naturalisé en France. Britannique.

Graveur au burin.

Élève de Laguillermine. Sociétaire du Salon des Artistes Français. Mention honorable en 1927.

DAVIDOGLU Mira

Née en Roumanie. XXe siècle. Roumaine.

Peintre.

DAVIDOVA-MEDENE Léa

Née en 1921 à Riga. XXe siècle. Russe-Lettone.

Sculpteur de figures, monuments. Réaliste-socialiste.

Elle faisait partie d'une sélection officielle soviétique pour l'Exposition Internationale de Sculpture du Musée Rodin de Paris en 1966. Elle présentait un *Portrait de soldat*, caractéristique de la production réaliste-socialiste, alors provoquée et seule promulguée par les instances culturelles, destinée à la louange du travailleur et à la glorification du héros.

DAVIDS André

Né à Bruxelles, de parents anglais. xxe siècle. Actif et naturalisé en France. Britannique.

Peintre de portraits, nus, fleurs.

Il exposait à Paris, au Salon de la Société Nationale des Beaux-Arts.

Musées : Paris (Mus. Nat. d'Art Mod.) : *Portrait de Madame H.*

Ventes Publiques : Paris, 5 déc. 1940 : *Roses dans un vase* : **FRF 2 100.**

DAVIDS Arlette

Née à Paris. xxe siècle. Française.

Peintre de fleurs.

Elle exposait à Paris, au Salon de la Société Nationale des Beaux-Arts, dont elle fut associée en 1937. Une semblablement peinture de fleurs proposée à la même vente du 5 décembre 1940 que celle de André DAVIDS, permet de supposer une parenté.

Ventes Publiques : Paris, 5 déc. 1940 : *Fleurs des champs* : **FRF 1 800** – Paris, 24 déc. 1944 : *Bouquet de fleurs* : **FRF 1 320.**

DAVIDS Marie

Née le 5 mars 1847 à Rendsburg. xixe siècle. Active à Berlin. Allemande.

Peintre de portraits.

Elle était l'élève de Alex. Struys. Elle exposa à l'Exposition Internationale en 1896 et en 1904.

DAVIDS Renée

Née le 19 janvier 1877 à Paris. xxe siècle. Française.

Peintre de portraits, paysages, dessinateur.

Elle exposa à Paris, au Salon de la Société Nationale des Beaux-Arts, de 1920 à 1938.

Elle fit le portrait de personnalités connues, dont : Robert de Montesquiou, Judith Gauthier, le Sâr Péladan, sachant donner leur caractère à travers un détail, une attitude. Ses paysages de sous-bois montrent une sensibilité tout aussi fine.

Bibliogr. : Gérald Schurr, in : *Les Petits Maîtres de la peinture 1820-1920, valeur de demain*, Les Éditions de l'Amateur, t. VI, Paris, 1985.

Ventes Publiques : Paris, 8 mars 1943 : *En attendant*, dess. reh. : **FRF 100.**

DAVIDSEN Frederik Ludvig. Voir **DAVID Frederik Ludvig**

DAVIDSON Alexander

Né en 1838. Mort le 26 avril 1887. xixe siècle. Britannique.

Peintre, aquarelliste.

Écossais, il fit ses études à Glasgow. Il a illustré les *Waverley Novels de W. Scott*. Il exposa des paysages à la Suffolk Street Gallery et à la Royal Academy. Membre de la Royal Water-Colours Society.

Ventes Publiques : Londres, 4 juin 1934 : *Greenwich* : **GBP 21.**

DAVIDSON Allan Douglas

Né en 1873. Mort en 1932. xixe-xxe siècles. Britannique.

Peintre de genre, figures, nus, portraits, intérieurs.

Il était le fils de Thomas Davidson, peintre d'histoire et de genre. Il étudia à St. John's Wood Art School, puis aux Royal Academy Schools et, à Paris, à l'Académie Julian.

Il vécut et travailla à Londres. Il débuta à la Royal Academy avec la composition *Relations amicales*, puis y exposa occasionnellement : 1901 *Messager du Printemps*, 1903 *Lady Godiva*, 1912 *Solitude*. Il fut professeur à la Central School.

Ventes Publiques : Londres, 15 oct. 1976 : *La Servante*, h/pan. (32x17) : **GBP 220** – Londres, 29 mars 1984 : *La Guerrière*, h/t (64x28) : **GBP 750** – Londres, 24 juil. 1985 : *Jeune fille à la blouse rose*, h/cart. (32x18) : **GBP 720** – Londres, 30 sep. 1986 : *Le Repos du modèle*, h/cart. (38x29) : **GBP 800** – Londres, 3 mai 1990 : *Portrait d'une femme avec un chapeau*, h/cart. (28x23) : **GBP 2 200** – Londres, 29 mars 1996 : *« Ma maitresse éclaire les sombres jours » (extrait de l'opéra « Le Mikado »)* 1906, h/t (76,2x63,5) : **GBP 12 075.**

DAVIDSON Bessie

Née le 22 mai 1880 à Adélaïde (Australie), ou en 1879 selon d'autres sources. Morte en 1965. xxe siècle. Depuis 1904 active en France. Britannique.

Peintre de portraits, intérieurs, natures mortes, paysages, fleurs.

D'origine écossaise. En France, elle fut élève de René Xavier Prinet. Elle exposait à Paris, y ayant débuté en 1936 au Salon de la Société Nationale des Beaux-Arts, dont elle devint sociétaire. Elle a aussi exposé au Salon des Tuileries depuis sa fondation. En 1938, elle participa à une « Exposition du Groupe Féminin » au Petit-Palais. Elle fit partie d'une exposition d'art français au Carnegie Institute de Pittsburgh. En 1931 elle fut faite chevalier de la Légion d'honneur. Elle exposait également souvent à Londres.

Musées : Adélaïde : *Portrait de Mlle S.R.* – Beaune : *Intérieur* – Édimbourg : *Intérieur* – La Haye : *Intérieur* – Kukcaldy (Écosse) : *Nature morte* – Paris (Mus. du Petit-Palais) : *Portrait de l'artiste* – *Nature morte* – Paris (Mus. d'Orsay) : *Intérieur* – Rouen : *Intérieur.*

Ventes Publiques : Melbourne, 11 mars 1971 : *Fleurs* : **AUD 400** – Sydney, 29 mars 1982 : *Nature morte aux roses*, h/cart. (45x36,5) : **AUD 3 000** – Londres, 1er déc. 1988 : *Paysage de Savoie*, h/pan. (19,1x24,2) : **GBP 4 400** ; *Roses dans un vase vert*, h/cart. (40,7x31,2) : **GBP 9 900** – Londres, 30 nov. 1989 : *Nature morte*, h/pan. (37,4x45,7) : **GBP 9 900** – Neuilly, 27 mars 1990 : *Fleuve* ; *Paysage de montagne*, deux h/pan. (22x27 et 20x24) : **FRF 75 000** – Paris, 14 nov. 1990 : *Vase de fleurs*, h/cart. (37x29) : **FRF 23 500.**

DAVIDSON Carl Hoth

Né le 2 juin 1881 à Gresham (Nébraska). xxe siècle. Américain.

Peintre.

Élève de l'Art Institute de Chicago. Il est professeur et travaille à Park Ridge (Illinois).

DAVIDSON Charles

Né en 1820 à Reading (Berkshire). Mort le 19 avril 1902 à Falmouth. xixe siècle. Britannique.

Peintre de scènes de genre, paysages, peintre à la gouache, aquarelliste, dessinateur.

Exposa depuis 1844 à la Old Water-Colours Society et au Royal Institute. En 1849, il fut élu membre du Royal Institute et en 1858 membre de la Old Water-Colours Society.

Musées : Blackburn : *Scène de la côte* – Londres (Victoria and Albert Mus.) : *Saint-Léonard sur le coteau* – *Earl's Commons* – *La Fenaison* – *La Fenaison, Gatton Park* – Reading : *Chapel Farm.*

Ventes Publiques : Londres, 18 avr. 1910 : *Paysage boisé*, aquar. : **GBP 9** ; *Chargement de bruyères*, aquar. : **GBP 8** ; *Au Printemps*, aquar. : **GBP 5** – Londres, 1er avr. 1927 : *L'Île de Arran*, dess. : **GBP 8** – Londres, 20 oct. 1981 : *Personnages sur une route de campagne longeant un champ de blé avec moissonneuses*, aquar. reh. de blanc (46,8x73,8) : **GBP 700** – Londres, 27 fév. 1985 : *Scène de moisson*, aquar. et cr. (55x78,5) : **GBP 2 300** – Londres, 25 jan. 1989 : *Matin d'automne*, aquar. et gche (40,5x61) : **GBP 1 320** – New York, 17 fév. 1994 : *Arabes devant les murailles d'un village*, h/t (51x61) : **USD 1 380** – St. Asaph (Angleterre), 2 juin 1994 : *Ramasseurs de crevettes près de Hastings*, aquar. (24x35,5) : **GBP 1 092.**

DAVIDSON Charles Tophane ou **Topham**

Né en août 1848 à Red Hill (Surrey). xixe siècle. Britannique.

Peintre de paysages, aquarelliste.

Il était le fils de l'aquarelliste Charles D. Il débuta en 1870 à la Suffolk Street Gallery et exposa à la Royal Water-Colours et à la Royal Academy.

Ventes Publiques : Londres, 21 juin 1983 : *Un port au clair de lune*, aquar. (58,5x96,5) : **GBP 420.**

DAVIDSON Clara D., plus tard Mrs **Simpson**

Née le 16 janvier 1874 à Saint-Louis (Missouri). xixe-xxe siècles. Américaine.

Peintre, dessinateur.

Elle fut élève de l'Art Student's League de New York, de la Cooper Union, et à Paris de Jacques-Émile Blanche et de Alphonse Mucha.

DAVIDSON Dorothy Mary

Née à Arkansas-City (Kansas). xxe siècle. Travaillant à Washington. Américaine.

Peintre de portraits.

Élève de la Corcoran School of Art.

DAVIDSON Ezéchiel

Né en 1792 à La Haye. Mort en 1870. xixe siècle. Hollandais.

Peintre d'histoire, genre, portraits.

Élève de Besters à Leyde.

Musées : Leyde (Mus. Lakenhal) : *Portrait de J.-A. Montagne.*

Ventes Publiques : Paris, 11 juin 1942 : *Portrait présumé de la maréchale Berthier, princesse de Wagram* 1833 : **FRF 2 520** – Londres, 4 mai 1977 : *La Supplique* 1823, h/t (117x91,5) : **GBP 900** – Amsterdam, 14 avr. 1986 : *Le retour* 1848, h/t (71,5x59,5) : **NLG 6 000** – Amsterdam, 6 nov. 1990 : *Une potion amère* 1851, h/t (57x43) : **NLG 7 475**.

DAVIDSON George

Né en 1872. Mort en 1910. XIXe-XXe siècles. Britannique.

Peintre de paysages.

Travaillant à Aberdeen, il exposa à l'Exposition de la Royal Academy en 1904 : *Io Invergordon*, et à la Royal Institution : *Casbah' Gateway*.

Ventes Publiques : Glasgow, 16 avr. 1996 : *Depuis le port à Aberdeen*, h/pan. (20x29) : **GBP 1 092**.

DAVIDSON George

Né le 10 mai 1889 à Butka (Pologne). XXe siècle. Américain.

Peintre de décorations murales, dessinateur.

Il était membre de l'Académie Nationale de Dessin de New-York. En 1926, il obtint la médaille d'honneur pour la peinture murale de l'Architectural League de New-York.

DAVIDSON George Dutch

Né en 1879 à Dundee. Mort en 1901 à Dundee. XIXe siècle. Britannique.

Peintre et dessinateur.

Fils unique, il contracta, à l'âge de 17 ans, une grave maladie qui le laissa estropié. Aussi, pour se distraire, entra-t-il dans les classes de dessin. Il s'y passionna, travailla d'après l'antiquité et d'après nature. En 1898, il exécuta sa première aquarelle symbolique : *Envie !* Davidson visita Londres en 1899. Les primitifs italiens et les vases grecs firent grande impression sur lui. Il s'arrêta peu de temps à Anvers en se rendant en Italie, où il résida surtout à Florence et où il étudia Cimabue, Gaddi, Memmi, Giotto et Fra Angelico. De retour à Dundee, il y prit un atelier ; mais il n'y travailla que pendant peu de mois : la mort l'emporta soudain à la fleur de l'âge. Ses œuvres sont fines et délicates ; on y sent l'influence celtique due à l'étude qu'il fit des ornements de cette culture.

DAVIDSON Harry

Né en 1858 à Philadelphie. XIXe siècle. Américain.

Graveur sur bois.

Élève de Frederick Faust. Il obtint une mention honorable à l'Exposition Universelle de 1889 et une médaille de bronze à l'Exposition Universelle de 1900.

DAVIDSON Helen

Née à Belleville (Canada). XXe siècle. Travaillant à Toronto (Canada). Canadienne.

Peintre.

A exposé *Zénobia* au Salon des Artistes Français de 1925.

DAVIDSON Jeremiah ou **Davison**

Né vers 1695 en Écosse. Mort en 1745. XVIIIe siècle. Britannique.

Peintre portraitiste.

Il avait une grande clientèle à Edimbourg et à Londres. On croit qu'il travailla avec Kneller, mais il se forma surtout en copiant Lely. On cite de lui le *Portrait d'Elisabeth Mac Donald of Largie*, qui se trouve dans la Galerie des Marchands à Edimbourg, et celui de *Christiania Lady Moray* (à l'Hôpital de la marine à Greenwich).

Musées : Édimbourg (Nat. Portrait Gal.) : *Portraits du Prince de Galles et de Richard Cooper* – Londres (Nat. Portrait Gal.) : *Amiral George Byng*.

Ventes Publiques : Londres, 29 nov. 1929 : *Lady Susan Poulett* 1745 : **GBP 65** – Londres, 22 mai 1936 : *George Byng, vicomte Torrington* : **GBP 31** ; *Daniel, Earl of Winchelsea* : **GBP 42** ; *Earl of Halifax* 1740 : **GBP 37** – Londres, 14 fév. 1938 : *Lady Susan Poulett* : **GBP 23** – Londres, 22 mars 1972 : *Portrait of Mrs. Ann Dundas* : **GBP 550** – New York, 18 jan. 1983 : *Portraits du vicomte Torrington et de lady Torrington* 1731, deux h/t (128x101,5) : **USD 4 200** – Londres, 11 mars 1987 : *Portrait de sir William Murray, 3e baronet d'Ochtertyre ; Portrait de sa femme, Katherine Fraser*, deux h/t (125x99) : **GBP 6 500** – Édimbourg, 22 nov. 1988 : *Portrait de Sir William Murray en habit brun avec un faucon sur son perchoir près de lui*, h/t (125x99) ; *Portrait de son épouse en robe de soie or à nœud bleu* : **GBP 4 000** – Londres, 11 juil. 1990 : *Portrait d'une dame de trois-quarts devant un paysage et vêtue d'une robe jaune et tenant une rose*, h/t (123x98) : **GBP 18 700** – Londres, 9 nov. 1994 : *Portrait d'une dame, présumée l'actrice Kitty Clive, en buste, vêtue d'une robe blanche avec une étole de fourrure*, h/t (73,5x58,5) : **GBP 5 175** – Londres, 12 avr. 1995 : *Portrait de John, lord Glenorchy vêtu d'un habit bleu et d'un gilet blanc*, h/t (74x62) : **GBP 6 325** – Londres, 13 nov. 1996 : *Portrait de deux jeunes filles*, h/t (124x99) : **GBP 27 600** – New York, 6 fév. 1997 : *Portrait du Vicomte de Torrington ; Portrait de la Vicomtesse de Torrington*, h/t, une paire (127x101,6) : **USD 8 050**.

DAVIDSON Jo

Né le 30 mars 1883 à New York. Mort en janvier 1952 à Tours (Indre-et-Loire). XXe siècle. Actif aussi en France. Américain.

Sculpteur de figures, nus, bustes, aquarelliste, dessinateur.

Il fut élève de George de Forest Brush, George Bridgman et Bryson Burroughs, à l'Art Student League de New York. Ensuite, il fut assistant de Hermon Atkins Mac Neil. En 1934, il fut bénéficiaire du Prix Maynard décerné par la National Academy of Design. Son importante activité en France lui valut d'être fait chevalier, puis officier de la Légion d'honneur.

Essentiellement sculpteur de portraits en bustes, cette activité bien précise lui a valu une notoriété de spécialiste, aux États-Unis certes, mais à travers le monde et notamment en France, où il a fait des séjours prolongés et où il est mort. Lorsqu'il s'agissait de commander le buste officiel d'un personnage en vue, on savait à qui s'adresser avec toute garantie de conformisme, sans aucun risque d'audaces stylistiques déplacées. Jo Davidson était accoutumé à travailler sur place, là où se trouvait son modèle. Dans la première moitié du siècle, aux États-Unis, il a réalisé les bustes de quantité de personnalités : le *Président Wilson*, le *Général Pershing*, etc., et en France, il exécuta, entre autres, les bustes du *Maréchal Foch* au lendemain de la signature de l'armistice de 1918, du *Maréchal Joffre*, de *Georges Clémenceau*, ainsi que *Anatole France*, *André Gide*. Après la Deuxième Guerre mondiale, il a sculpté les portraits du *Général de Gaulle* alors que celui-ci se trouvait à New York, du *Président Vincent Auriol*, de l'homme politique *Édouard Herriot*, du *Colonel Rol-Tanguy*. ■ J. B.

Jo Davidson

Bibliogr. : Jacques Davidson, in : Catalogue de l'exposition *Jo Davidson 1883-1952. Sculptures, aquarelles, dessins*, Hôtel-de-Ville de Tours, 1996.

Musées : Paris (Mus. d'Orsay) : *Président Wilson* – Paris (Mus. des Invalides) : *Maréchal Joffre* – *Général Pershing* – San Francisco (Palais de la Légion d'Honneur) : *Georges Clémenceau* – Tours (Mus. des Beaux-Arts) : *La France en armes* 1917, plâtre – *Yvonne* 1934-38, bas-relief – *Buste d'André Derain 1935*, terre-cuite polychrome – Versailles : *Maréchal Foch* – Washington D. C. (Nat. Portrait Gal.) : une salle entière.

Ventes Publiques : New York, 29 sep. 1977 : *Ida Rubinstein* 1909, bronze (H. 28) : **USD 1 400** – Paris, 28 nov. 1979 : *Isadora Duncan*, plaque en étain gravée en creux (86x112,5) : **FRF 12 000** – New York, 30 avr. 1980 : *Nu debout*, bronze (H. 50,8) : **USD 1 600** – New York, 28 sep. 1983 : *Buste de Harry Payne Whitney* 1932, bronze, patine brun foncé (H. 67,3) : **USD 6 000** – New York, 31 jan. 1985 : *Portrait Bust of Woodrow Wilson* 1916, bronze, patine brune (H. 21) : **USD 2 000** – New York, 14 mars 1986 : *L'étreinte*, bronze, patine brun foncé (H. 18,5) : **USD 1 500** – New York, 20 mars 1987 : *Portrait of Franklin Delano Roosevelt* 1945, terre cuite (H. 9,8) : **USD 1 800** – Saint-Dié, 7 mai 1988 : *Foch et Pershing*, deux bronzes cire perdue patinés, formant pendants : **FRF 12 000** – New York, 30 sep. 1988 : *Buste de Cornelius Vanderbilt* 1925, bronze (H. 59,4) : **USD 11 000** – New York, 28 sep. 1989 : *Buste de Frank Sinatra*, bronze (H. 24,5) : **USD 1 650** – New York, 14 fév. 1990 : *Buste d'Abraham Lincoln* 1943, terre-cuite (H. 26,8) : **USD 715** – New York, 31 mai 1990 : *Buste du Maréchal Foch* 1918, bronze (H. 24,2) : **USD 2 860** – New York, 15 avr. 1992 : *Buste de Bernard M. Baruch*, bronze (H. 44,5) : **USD 1 320** – New York, 31 mars 1993 : *Franklin D. Roosevelt* 1934, bronze (H. 25,4) : **USD 3 565** – New York, 21 sep. 1994 : *Buste d'un soldat anglais de la Première Guerre mondiale* 1913, bronze (H. 48,3) : **USD 6 900** – Paris, 24 mars 1997 : *Torse de femme* 1932, terre-cuite (H. 54,5) : **FRF 13 000**.

DAVIDSON John

Né le 25 décembre 1890 à New York. XXe siècle. Américain.

Peintre.

Travaillait à Hollywood (Californie).

DAVIDSON Lilian
Née à Bray. xxe siècle. Irlandaise.
Peintre de paysages, figures, compositions animées.
Elle travaillait à Dublin. De 1924 à 1931, elle a exposé à Paris au Salon de la Société Nationale des Beaux-Arts.
Elle a peint des paysages d'Irlande, Belgique, Suisse, également parfois des figures isolées. Elle s'est surtout fait connaître pour ses scènes de marché et scènes de moissons.
Ventes Publiques : Londres, 22 juil. 1987 : *The Peat Cutter,* h/t (71x53) : **GBP 1 700.**

DAVIDSON Maria
Né en 1926. xxe siècle. Russe.
Peintre de portraits.
Elle fit ses études à l'Institut Mukhina. Elle devint Membre de l'Union des Peintres de Léningrad.
Ventes Publiques : Paris, 10 juin 1991 : *Danseuse tzigane* 1970, h/t (140x120) : **FRF 5 300.**

DAVIDSON Morris
Né le 16 décembre 1898 à Rochester (New-York). xxe siècle. Américain.
Peintre de sujets divers, natures mortes.
Il fut élève de Harry Mills Walcott. Il exposait à New York autour de 1940. Il fut directeur d'une école de peinture et écrivit des ouvrages sur l'art.
Ventes Publiques : New York, 23 mars 1961 : *Nature morte avec une cafetière* : **USD 225.**

DAVIDSON Ola McNeil
Née à Brazoria (Texas). xxe siècle. Américaine.
Peintre de scènes typiques.
Elle fut élève d'Emma Richardson Cherry et de Éva (Évangeline ?) Fowler. En 1930, la Southern States Art League lui décerna le Prix pour la peinture inspirée des thèmes du Sud.

DAVIDSON Robert
Né le 13 mai 1904 à Indianapolis (Indiana). xxe siècle. Américain.
Sculpteur de bustes, bas-reliefs, graveur en médailles, céramiste.
Il fut élève de Albin Polasek et Alfonso Iannelli. Il était membre du Portfolio Club d'Indianapolis. Il obtint le Premier Prix des Indiana State Fairs en 1923 et 1924, le Grand Prix en 1928. Il obtint en outre le deuxième Prix du Salon de Chicago en 1940.

DAVIDSON Thomas
xixe siècle. Britannique.
Peintre d'histoire, scènes de genre, portraits.
Il exposa des peintures de genre et des peintures historiques de 1863 à 1903 à la Royal Academy, à la Suffolk Street Gallery, à la British Institution.
Installé à Londres Davidson peignait des sujets historiques, de préférence de l'époque du Moyen-Age ; il réalisa aussi une série de peintures relatant la vie de l'amiral Nelson. On cite encore de lui : *Premier Amour* (1873), *Feuillage fané* (1874), *Une affaire d'honneur* (1880), *Les Romains en Bretagne* (1887), *Nelson à la bataille de Copenhague* (1897).
Ventes Publiques : Londres, 17 mars 1922 : *Une peinture* : **GBP 15** – Londres, 21 juin 1935 : *La première entrevue de Lady Hamilton et de Lord Nelson* 1886 : **GBP 16** – Londres, 5 juin 1981 : *Prisonniers bretons à Rome,* h/t (127x102,9) : **GBP 1 100** – Londres, 15 juin 1982 : *Un soldat français,* h/pan. (24,5x16) : **GBP 1 000** – New York, 29 oct. 1987 : *Tom O'Shanter,* h/t (71,1x101,6) : **USD 7 500** – Londres, 1er nov. 1990 : *Caratacus amené devant l'Empereur Claude,* h/t (128x102,5) : **GBP 3 850** – Londres, 3 juin 1994 : *Portraits de Maître Lud plaidant pour la défense et pour l'accusation,* h/t, une paire (chaque 35,5x25,5) : **GBP 4 600.**

DAVIDSON SOMMERS Alice. Voir **DECKER**

DAVIDSZ Daniel
xviie siècle. Actif à La Haye. Hollandais.
Peintre.
Il fut membre de la Guilde en 1615.

DAVIDSZ Direk
xviie siècle. Hollandais.
Peintre.
Cité dans un inventaire du 9 juin 1649, à Leyde.

DAVIDSZ Jan
xviie siècle. Actif à Delft. Éc. flamande.
Peintre.

DAVIDTS Martin
xviie siècle. Actif à Gand. Éc. flamande.
Peintre verrier.
Il fut nommé maître de la Guilde en 1616. Il livra des vitraux pour l'Église Saint-Martin à Gand, en 1624-25.

DAVIE Alan, pseudonyme de **James Alan**
Né le 28 septembre 1920 à Grangemouth (Écosse). xxe siècle. Britannique.
Peintre à la gouache, aquarelliste, lithographe. Expressionniste-abstrait, pré-Pop art.
Il est le fils du peintre et graveur James William Davie. Il fut élève du College of Arts et de la Royal Academy d'Édimbourg de 1937 à 1940. Dès 1938, il s'intéressait à la musique, au jazz en particulier. Il fut mobilisé ou s'engagea, de 1940 à 1946. Il fit sa première exposition personnelle à Édimbourg en 1946. Dans le même temps il donnait des cours de peinture à de jeunes enfants. Esprit curieux, en éveil, attiré depuis sa jeunesse par la poésie, Walt Whitman, Thomas Stearns Eliot, David Herbert Lawrence, Ezra Pound, Joyce en particulier, des poètes chinois aussi, il écrivait alors des textes, des poésies. Dès 1946, il s'intéressa aux arts primitifs, à Londres d'abord pour la sculpture africaine, puis plus tard au Musée Américain d'Histoire Naturelle pour l'art primitif des Amériques. En 1947, il fut saxophone-ténor (la « carotte » de Sidney Bechet) dans l'orchestre de Tommy Sampson. Une bourse de voyage lui fut attribuée, qui lui permit de visiter France, Suisse, Italie, Espagne, de connaître des personnalités du monde artistique. Il fit sa deuxième exposition personnelle à Florence en 1948, puis exposa à Venise, où Peggy Guggenheim l'encouragea et lui montra des œuvres de Jackson Pollock. De 1949 à 1953, il travailla comme orfèvre-joaillier. Depuis 1955, il participe à de très nombreuses expositions collectives internationales, d'entre lesquelles : 1955 *Jeunes peintres* dans les musées de Rome, Paris, Bruxelles, en 1956-1957 lui fut attribué le Prix Guggenheim, 1958 *Nouvelles tendances de l'art britannique* à Rome, et *Cinquante ans d'art moderne* à Bruxelles. A partir de 1958 aussi la Biennale de Venise. En 1959-1960, il fut professeur à la Central School of Art de Londres. Il continuait de participer aux expositions internationales : 1960 *British Painting 1700-1960* à Moscou et Léningrad. A partir de 1960 environ le Salon de Mai à Paris, Documenta de Kassel, Biennale de São Paulo dont le Grand Prix lui fut attribué en 1963, 1964 *1954-1964 Exhibition* à la Tate Gallery de Londres, etc.
Il fit ses premières expositions personnelles à Londres en 1950, 1952, etc., régulièrement à la Galerie Gimpel Fils, bientôt suivies de nombreuses autres en Europe, par exemple à la Galerie Louis Carré de Paris en 1987 et 1990, aux États-Unis, au Japon, etc., dont certaines dans des musées, notamment au Carnegie Institute de Pittsburgh, au Stedelijk Museum d'Amsterdam, au Kunsternes Hus d'Oslo, à la Kunsthalle de Berne, etc.
En 1948, il hésitait peut-être entre la musique et la peinture, outre qu'une certaine propension mystique le faisait déjà s'intéresser au bouddhisme zen, quand Peggy Guggenheim lui montra les peintures de Jackson Pollock qui eurent sur lui une influence déterminante. Il y puisa une leçon de liberté, qui l'encouragea à assumer pleinement la sienne. A partir de là, il élabora assez vite le langage graphique et pictural qui le caractérisera durablement, dans lequel prennent place des réminiscences des signes archaïques observés au cours de ses visites des musées d'arts primitifs. Ce langage peut être rattaché au mouvement COBRA, en ce qu'il ne pose pas le problème, et surtout pas l'antinomie, de l'abstraction et de la figuration, pomme de discorde typique du moment, faisant, par les voies les plus instinctives – expérimentales diraient les adeptes de COBRA – la synthèse de l'expressionnisme et de l'abstraction lyrique. Sur de grandes toiles, produites avec prodigalité, une très joyeuse et très tonique accumulation de signes, apparemment discrètement allusifs à de concrètes réalités (repères chargés d'exprimer paix et joie, violence et chaos ou bien symboles relativement clairs : trèfles de jeu de cartes, croix ansée de l'ancienne Égypte), plutôt que chargés de significations ésotériques – bien que cette dernière assertion soit souvent avancée – cernés énergiquement de noir, largement brossés hauts en couleurs, prenait gaillardement la succession de Matisse et de Miro, et faisait pressentir ce qu'il y aurait bientôt de plus jeune et de plus vivifiant dans le Pop'art, dont on oublie trop facilement qu'il eut des sources britanniques.
Sans rien perdre de son identité et unité stylistique, la peinture d'Alan Davie a évolué, en particulier par rapport à la figuration

et à l'abstraction, accordant selon les moments plus à l'une ou à l'autre, s'accordant, dans les périodes plus figuratives, un caractère narratif, créant une relation – moins uniquement plastique, gratuite, plus logique même si le décryptage des sortes de rébus proposés demeure aléatoire – de réalité entre éléments symboliques et objets réels. ■ Jacques Busse

Bibliogr. : Michaël Horovitz : *Alan Davie*, Londres, s.d – in : *Diction. Univers. de la Peint.*, Diction. Robert, Paris, 1975 – Caroline Benzaria : *Alan Davie – Gouaches*, Opus International, Paris, mai-juin 1990.

Musées : Londres (Tate Gal.) : *Entrée pour un temple rouge, n° 1* 1960 – Manchester (City Art Gal.) – New York (Mus. of Mod. Art) – Venise (coll. Peggy Guggenheim).

Ventes Publiques : Paris, 23 mars 1965 : *Entrée pour un temple rouge* : **FRF 5 500** – New York, 24 mars 1966 : *Étude pour La Clé* : **USD 3 000** – Londres, 9 juil. 1969 : *Les Amoureux de la lune* : **GBP 400** – Genève, 13 juin 1970 : *Portrait de scribe* : **CHF 16 000** – Londres, 27 oct. 1972 : *Le Chien joyeux sur la table* : **GNS 900** – Milan, 8 juin 1976 : *Terrible Tom* 1961, techn. mixte/t. (122x153) : **ITL 4 800 000** – New York, 13 mai 1977 : *The Bird Man makes his own game* 1964, gche (54,5x75) : **USD 2 000** – Milan, 25 oct. 1977 : *Sorcerer's Wall n°2* 1969, h/t (122x153) : **ITL 3 800 000** – Londres, 3 juil. 1979 : *A Round in Grey* 1958 (122x182) : **GBP 3 000** – Londres, 5 déc. 1979 : *Birds adores the Sun* 1963, gche (49,5x76) : **GBP 600** – Londres, 3 juil. 1980 : *Masque de Guru, n°13* 1970, gche (58,577,5) : **GBP 600** – Zurich, 1er juin 1982 : *Serpent's Breath* 1966, h/t (122x152,5) : **CHF 15 000** – Londres, 1er juil. 1982 : *Ideas for a Children's Wall n°8* 1969, gche/pap. (56x76) : **GBP 1 000** – Londres, 28 juin 1984 : *Portrait de Sonny Rollins* 1966, acryl. et peint. émail/t. (152,5x183) : **GBP 9 000** – Londres, 27 juin 1985 : *Serpent's breath* 1966, h/t (122x152) : **GBP 5 600** – New York, 7 nov. 1985 : *Yoga Structures n°44*, gche et craies de coul. (59x84) : **USD 1 800** – Londres, 20 mai 1987 : *Tongue Twister*, h/t (121x152,5) : **GBP 12 500** – Londres, 25 fév. 1988 : *Le Ballon jaune* 1957, h/cart. (44x52) : **GBP 2 200** – New York, 3 mai 1988 : *Bruits d'oiseaux* 1963, gche/pap. mar./cart. (50,2x76,3) : **USD 4 950** – Londres, 20 oct. 1988 : *Rêve de poisson* 1960, h/pap./t. (42x53,5) : **GBP 1 650** – Milan, 20 mars 1989 : *Murs de méditation n° 2* 1970, h/t (55,5x75) : **ITL 6 000 000** – Londres, 25 mai 1989 : *Jumping dans les bois* 1965, h/t (122x152,5) : **GBP 24 000** – Paris, 29 sep. 1989 : *Moon Bow N°5* 1960, h/t (122x152,5) : **FRF 31 000** – Londres, 26 oct. 1989 : *Puzzle des météorologistes* 1961, h/t (172,7x213,4) : **GBP 39 600** – Londres, 10 nov. 1989 : *Hommage aux esprits de la terre n° 10* 1980, gche/pap. (59,7x83,9) : **GBP 2 860** – Londres, 22 fév. 1990 : *Chevalier rouge* 1959, h/rés. synth. (121x151,5) : **GBP 30 800** – New York, 7 mai 1990 : *Variation sur la lanterne magique*, gche, aquar. et encre (28x21,6) : **USD 2 090** – New York, 9 mai 1990 : *Femme timide avec un éventail* 1966, h/t (122x152,4) : **USD 49 500** – Londres, 24 mai 1990 : *Sans titre* 1951, h/cart. (107x123) : **GBP 28 600** – Londres, 8 juin 1990 : *La Chambre aux sortilèges n° 13* 1970, aquar. et gche (55,5x75,5) : **GBP 3 630** – Paris, 3 juil. 1991 : *Personnages jouant sous la lune*, encre au pinceau (27x37) : **FRF 4 000** – Londres, 17 oct. 1991 : *L'Haleine du serpent* 1966, h/t (122x152,5) : **GBP 19 800** – Milan, 14 nov. 1991 : *Composition* 1972, temp./cart. (51x76) : **ITL 11 500 000** – Londres, 26 mars 1992 : *Une entente merveilleuse* 1961, h/pap./t. (41,5x53,5) : **GBP 4 180** – Paris, 20 mai 1992 : *Sans titre* 1954, encre de Chine/pap. (35,5x28) : **FRF 5 000** – Londres, 11 juin 1992 : *Miroir de la lune n°2* 1971, h/t (122x152,5) : **GBP 11 550** – Londres, 26 mars 1993 : *Le Mécanisme des plantes (mobile florentin)* 1948, h/t (89x95) : **GBP 12 650** – Lokeren, 15 mai 1993 : *Masque Guru n°13* 1970, gche (57x76) : **BEF 100 000** – Londres, 25 nov. 1993 : *Jumping à l'orée du bois* 1965, h/t (121,9x152,4) : **GBP 16 100** – New York, 24 fév. 1994 : *Mythes de village n°12* 1983, gche/pap. (75,6x59,1) : **USD 3 738** – Paris, 21 juin 1994 : *Guru mask,n°10* 1970, gche et aquar./pap. (55x75) : **FRF 29 000** – Londres, 26 oct. 1994 : *Traces de rêves* 1974, h/t (122x152,5) : **GBP 12 650** – Londres, 30 nov. 1995 : *Crazy Horse n°10* 1971, h/t (122x152,5) : **GBP 17 250** – Paris, 1er juil. 1996 : *Hallucination with Long-tailed Turtle* 1984, gche/pap. (72,5x58,5) : **FRF 10 000** – Paris, 29 nov. 1996 : *Deux Magiciens* 1967, h/pan. (51x61) : **FRF 28 000**.

DAVIE James William

Né à Glasgow (Écosse). xxe siècle. Britannique.

Peintre, graveur.

Il vivait et travaillait à Grangemouth (Écosse). Il fut élève de Maurice Greiffenhagen. En 1925, il a figuré au Salon des Artistes Français de Paris. Il était le père d'Alan Davie.

DAVIED

xixe siècle. Actif à Paris. Français.

Graveur.

Sociétaire des Artistes Français depuis 1887.

DAVIEL Léon

Né à Paris. xxe siècle. Français.

Peintre de portraits, miniaturiste.

Élève de Carolus-Duran. Il exposa à Paris au Salon des Artistes Français en 1927.

DAVIES. Voir aussi **DAVIS**

DAVIES Arthur Bowen

Né le 26 septembre 1862 à Utica (New York). Mort en 1928 à Florence. xixe-xxe siècles. Américain.

Peintre de genre, figures, nus, paysages, sujets allégoriques, illustrateur, graveur, aquarelliste. Réaliste. Groupe des Huit, ou groupe de l'Ashcan School (école de la poubelle).

Il commença ses études artistiques à l'Academy of Design en 1878. Puis, il passa deux ans au Mexique en tant que dessinateur industriel (1880-1882). A son retour, il fut élève de l'Art Institute de Chicago en 1882 avec Roy Robertson et Charles Corwin (1882-1886). Quatre ans plus tard, il vint à New York, travaillant comme illustrateur de magazines et suivant les cours de l'Art Student's League. En 1893, il fit un voyage d'études en Europe, allant au devant des Whistler, Delacroix, des préraphaélites et des peintres italiens. Au début du siècle, sous l'influence de Robert Henri, des peintres, non seulement se vouèrent à la représentation de la réalité telle qu'elle est, mais en outre eurent le souci de manifester les contextes sociaux, avec une volonté de vérisme militant, dans lesquels se situaient choses et personnes des scènes qu'ils représentaient. De ceux-ci, en 1907, Luks, Sloan et Glackens, virent leurs envois à la National Academy of Design refusés, Robert Henri, lui-même membre de l'Académie, retira en signe de protestation ses propres œuvres de l'exposition projetée. L'année suivante, à ces quatre premiers se joignirent en une exposition de groupe : Arthur B. Davies, Everett Shinn, Maurice Brazil Prendergast et Ernest Lawson. Le groupe continua de se manifester sous le sigle de *Groupe des Huit*, bien que ses composants fussent esthétiquement assez différents, les scènes pastorales ou mythologiques d'Arthur Davies étant très étrangères au réalisme des promoteurs du groupe. Pourtant ce fut ce groupe, malgré les différences individuelles fermement solidaire dans l'opposition au conservatisme de l'Academy, qui fut appelé l'« École de la poubelle ». Ce fut dans ce même esprit de contestation que fut organisée la célèbre exposition des quinze-cents œuvres, dont un tiers venues d'Europe, de l'Armory Show en 1913, dont la présidence fut confiée à Arthur Davies, déjà président de l'Association of American Painters and Sculptors, qui en avait été un des instigateurs, par passion pour Odilon Redon est-il relaté, conservateur dans ses propres peintures et pourtant passionné de modernité artistique. Cette exposition fut la première exposition internationale importante d'art moderne à New York, dont les palmes en matière de succès de scandale revinrent au *Nu descendant l'escalier* de Duchamp et à Matisse.

Dans sa première manière, les scènes imaginaires, idylliques, peintes par Arthur B. Davies étaient empreints d'une poésie proche de celle des Préraphaélites anglais, vus lors de son voyage à Londres. Sa propre action lors de l'exposition de l'Armory Show l'engagea à participer à l'actualisation de l'art américain. À partir de 1914, il adopta une manière cubiste, qu'il ne sut maîtriser. Vers 1918, Il pratiqua aussi l'aquarelle, la lithographie et la gravure. Durant les dernières années de sa vie, il collabora avec les Gobelins à des projets de tapisseries. Outre ses très nombreuses œuvres de chevalet, Arthur Davies eut l'occasion de créer la décoration du building de la Cour de Justice de New-York. ■ J. B.

Bibliogr. : J.S. Czestochowski : *Les œuvres de Arthur B. Davies*, Chicago, 1979 – in : *Diction. Univers. de la Peint.*, Robert, Paris, 1975 – in : *Diction. de la Peint. Angl. et Amér.*, Larousse, Paris, 1991.

Musées : Brooklyn : *Hampstead Heath – Making the Talett – Enfants de l'année dernière – Enfants dansant* 1902 – Chicago (Art Inst.) : *Maya, miroir d'illusion* – New York (Metropolitan

Mus.) : *Rêve, Les Licornes* 1906 – Oakland, Californie : *Le lac Tahoe* vers 1914 – Washington D. C. (Corcoran Gal. of Art) : *Paysage de l'Ombrie.*

Ventes Publiques : New York, 1-2 fév. 1900 : *Sur la route du château enchanté* : **USD 125** – New York, 25-26 nov. 1929 : *Rêverie devant un miroir* : **USD 2 800** – New York, 25-26 mars 1931 : *Le voilier* : **USD 210** – New York, 15-16 jan. 1932 : *Le baiser du soir* : **USD 450** – New York, 18-20 nov. 1943 : *Lily of Enoch* : **USD 300** – Paris, 24 déc. 1944 : *La cathédrale de Gand,* aquar. : **FRF 3 800** – Londres, 21 nov. 1962 : *Fantaisie du vin* : **GBP 700** – New York, 6 oct. 1963 : *La colline imaginaire* : **USD 1 350** – New York, 27 jan. 1965 : *Paysage d'Italie* : **USD 4 000** – New York, 1er oct. 1969 : *Paysage montagneux,* aquar. : **USD 400** ; *Trois nus dans un paysage* : **USD 750** – New York, 21 mai 1970 : *Sept nus* : **USD 5 000** – New York, 28 oct. 1976 : *Banquet a héros,* h/t (46,5x76,2) : **USD 3 500** – Los Angeles, 8 nov. 1977 : *Shine, Hesperus,* h/t (40,7x33) : **USD 3 300** – New York, 21 avr. 1978 : *Vanyon undertones* vers 1905, h/t (66x101,5) : **USD 4 250** – New York, 20 avr. 1979 : *Berger et troupeau,* h/t (56x43,8) : **USD 4 500** – New York, 2 mai 1979 : *Baigneurs,* past. (34,3x38,1) : **USD 1 500** – New York, 29 mai 1981 : *Fantasy* 1886, h/t (83,4x67,3) : **USD 13 000** – New York, 7 avr. 1982 : *Femmes nues dansant,* aquar. et gche (34,9x39,4) : **USD 1 000** – New York, 18 mars 1983 : *A mighty forest,* h/cart. entoilé monté/pan. (48,3x107) : **USD 8 000** – New York, 23 mars 1984 : *Cinq femmes nues,* aquar. gche et cr./pap. gris (55,9x43,5) : **USD 2 500** – New York, 30 sep. 1985 : *A greater morning,* h/t (59,3x71,1) : **USD 12 000** – Berne, 18 juin 1986 : *Rétrospection* 1917, pointe sèche/Chine mince (12,5x8,6) : **CHF 6 500** – New York, 5 déc. 1986 : *Huit femmes nues,* aquar. et cr./soie mar./cart. (41,9x55,2) : **USD 1 300** – New York, 3 déc.1987 : *Les montagnards* 1913, h/t (45,8x101,7) : **USD 32 000** – New York, 7 avr. 1988 : *Paysage,* h/cart. (13,8x23,8) : **USD 605** – New York, 2 mai 1988 : *Alchimie,* h/t (45,7x76,2) : **USD 7 700** – Los Angeles, 9 juin 1988 : *Nu féminin debout,* h/t (76x46) : **USD 2 750** – New York, 24 juin 1988 : *Paysage* 1925, aquar./pap. (27x35,8) : **USD 2 200** – New York, 30 sep. 1988 : *Printemps : le rêveur,* h/t (45,8x76,2) : **USD 5 500** – New York, 24 jan. 1989 : *Nu féminin dans un vaste paysage,* h/t (90x165) : **USD 14 300** – New York, 16 mars 1990 : *L'Etna,* h/t (43,4x55,8) : **USD 24 200** – New York, 30 nov. 1990 : *L'inspiration,* h/t (35,7x28) : **USD 10 450** – New York, 17 déc. 1990 : *San Gimigniano* 1926, aquar., past. et cr./pap. (24,3x31,8) : **USD 4 675** – New York, 15 mai 1991 : *Nu féminin dans un paysage,* h/t (45,7x66) : **USD 2 640** – New York, 14 nov. 1991 : *Les baigneuses,* h/cart. (29,5x40,6) : **USD 4 180** – New York, 24 sep. 1992 : *Dévotion au souffle,* h/t (58,4x71,1) : **USD 6 875** – New York, 3 déc. 1992 : *Protestation contre la violence,* h/t (101,6x66) : **USD 12 100** – New York, 22 sep. 1993 : *Moments de récréation dans la campagne,* h/t (46x76,3) : **USD 6 900** – New York, 14 sep. 1995 : *Les Bâtisseurs du temple,* h/t (66x101,6) : **USD 10 925** – New York, 21-22 mai 1996 : *Paysage montagneux,* past. et gche/pap. (23,3x31,5) : **USD 2 760** ; *Moonbeam,* h/t (58,4x71,1) : **USD 13 800** – New York, 3 déc. 1996 : *Twin Lakes, Colorado,* h/pan. (13,4x23,5) : **USD 2 300** – New York, 25 mars 1997 : *Le Souffle obscène,* h/t (47x58,4) : **USD 3 450** – New York, 6 juin 1997 : *Avatar,* h/t (45,7x101,6) : **USD 68 500.**

DAVIES Arthur Edward

Né en 1893. xxe siècle. Britannique.

Peintre.

Il exposait à Londres, à la Royal Academy, à la Royal Society of British Artists, dont il était membre depuis 1939. Il était également membre du Royal College of Art depuis 1942.

Ventes Publiques : New York, 3 juin 1994 : *Sur la piste, paravent en quatre panneaux,* h/pan. (chaque 114,9x41,9) : **USD 23 000.**

DAVIES David

Né le 26 juin 1837 dans le Pays de Galles. xixe siècle. Britannique.

Sculpteur.

Il fit ses études à Londres et exposa à la Royal Academy le buste, en marbre du *Rev. Richard Henry Smith.* Pour l'église de la Trinité, à Hampstead, il sculpta deux bas-reliefs.

DAVIES David

Né en 1864. Mort en 1939. xixe-xxe siècles. Australien.

Peintre de paysages, aquarelliste. Post-romantique.

Après trois années d'études outre-mer, il revint en Australie en 1893. En 1894, il peignit son célèbre paysage *Moonrise* (Clair de lune), qui, exposé à la Société des Artistes de Victoria, puis en 1895 dans la collection permanente de la Galerie Nationale de Victoria, suscita admiration et mode. En effet, dans les années qui suivirent, ce qu'on appelle l'École de Melbourne produisit bon nombre de paysages nostalgiques, nocturnes, lunaires ou brumeux.

Bibliogr. : Divers : *Creating Australia. 200 years of art 1788-1988,* Art Gallery of South Australia, 1988.

Musées : Melbourne : *Lever de la lune* – Melbourne (Nat. Gal. of Victoria) : *Clair de lune* – Sydney : *Un soir d'été.*

Ventes Publiques : Rosebery (Australie), 29 juin 1976 : *The late evening camp fire* 1894, h/cart. (22,5x23) : **AUD 1 100** – Londres, 6 fév. 1980 : *Adam and Eve Inn, Painswick, Gloucestershire* 1930, h/pan. (24x33) : **GBP 1 100** – Londres, 6 nov. 1985 : *Scène de marché – Coin de rue,* deux aquar. et cr. (20x27,5 et 25,5x19,5) : **GBP 3 800** – Londres, 10 juin 1986 : *Lever de lune,* h/t (40,7x50,8) : **GBP 25 000** – Sydney, 24 nov. 1986 : *The homestead,* h/t (31x44) : **AUD 9 500.**

DAVIES E.

xixe siècle. Britannique.

Sculpteur.

Le Musée de Salford conserve de lui : *Vénus désarmant Cupidon* (ce groupe avait figuré à l'Exposition des trésors d'art, à Manchester, en 1857).

DAVIES Edward

Né en 1843 à Londres. Mort en 1912 à Londres. xixe-xxe siècles. Britannique.

Peintre de paysages.

Exposa entre 1880-1893 à la Royal Academy et à différentes Expositions. Membre du Royal Institute.

Musées : Leicester : *L'Estuaire de la Mawddach.*

Ventes Publiques : Londres, 5 nov. 1997 : *Une rivière paisible* 1886, h/t (33,5x48,5) : **GBP 3 680.**

DAVIES Ethel

xxe siècle. Britannique.

Peintre de portraits, paysages, fleurs, aquarelliste.

Elle travaillait à Liverpool et exposait à Londres, à la Royal Academy depuis 1899.

Ventes Publiques : Londres, 23 oct. 1984 : *Meg of the mill-house farm,* aquar. et cr. (50,8x40,6) : **GBP 2 000** – Londres, 31 jan. 1990 : *Roses trémières près d'une maison à toit de chaume,* aquar. (18x12,5) : **GBP 660.**

DAVIES Gay, Miss

xxe siècle. Travaillant à Omaha (Nebraska). Américaine.

Peintre de portraits.

Élève de J.-Laurle Wallace. Mention honorable dans diverses Expositions au Kansas et en Iowa.

DAVIES Henry Eason

Né en 1831. Mort en 1868. xixe siècle. Britannique.

Paysagiste.

Le Musée de Melbourne conserve de lui : *Vue sur le Jarroc, près Richmond.*

DAVIES James E. Voir **DAVIS James Edward**

DAVIES James Hey

Né en 1848 à Manchester. xixe siècle. Britannique.

Peintre de paysages.

Il exposa depuis 1872 à la Royal Academy et à la Suffolk Street Gallery.

Musées : Manchester (Mus. d'Art) : *Jeunes Braconniers.*

Ventes Publiques : Londres, 16 déc. 1980 : *Le repos des moissonneurs,* h/t (61x91,5) : **GBP 950** – Londres, 23 avr. 1986 : *Scène de moisson* 1906, h/t (51x76) : **GBP 900** – Londres, 13 juin 1990 : *La fenaison* 1900, h/t (60x86) : **GBP 1 265.**

DAVIES John

Né en 1946 à Cheshire. xxe siècle. Britannique.

Sculpteur de figures, technique mixte.

Il fut élève du Manchester College of Art, du Hull College of Art, puis diplômé de la Slade School. Depuis 1970, il vit et travaille à Kent. En 1972, il a fait une exposition personnelle à Londres. Il fut invité à la 8e Biennale de Paris en 1973.

Il réalise des personnages grandeur nature, qu'il habille et dispose dans des attitudes insolites.

Ventes Publiques : Londres, 26 juin 1986 : *Tête,* rés. et plâtre (H. 19) : **GBP 2 800** – Londres, 20 oct. 1988 : *S.H. (le père de l'artiste ?),* sculpt. de fibres de verre peintes (H. 29,2) : **GBP 4 400** – Londres, 25 mai 1989 : *Le cueilleur de fruits* 1974, bois, fibre de verre, métal et vêtements (H. 274,5) : **GBP 30 800** – New York, 3 oct. 1991 : *Tête avec filins métal* 1972, acryl. peint. (H. 169) :

USD 5 500 – Londres, 25 mai 1994 : *Tête d'homme (mon frère Peter)*, rés. peinte et cr. sur pied métal. (H. 165,5) : **GBP 5 175** – Londres, 22 mai 1996 : *Tête d'homme, résine, fibre de verre*, poudre de pierre et acryl. peints (H. 168) : **GBP 11 500**.

DAVIES-PRESCOTT Norman. Voir **PRESCOTT-DAVIES Norman**

DAVIES Richard

Né le 16 août 1945 à Cardiff (Pays de Galles). Mort le 7 juillet 1991. xxe siècle. Actif en France. Britannique.

Peintre de figures, peintre à la gouache, pastelliste, peintre de monotypes, graveur, dessinateur.

Il a suivi, à Paris, les cours du soir de dessin et de gravure à Montparnasse, ceux de l'Académie Populaire, de l'Académie Goetz et continua son apprentissage à l'École des Beaux-Arts. Richard Davies a obtenu, en 1982, le Grand Prix du jury du Festival international de la Gravure d'Uzes.

Il a participé à de nombreuses expositions collectives : Salon du Trait à Paris ; 1982, Musée d'Art Moderne de la Ville de Paris ; 1984, International Contemporary Art Fair, Londres ; 1988, Salon international des Musées et des Expositions au Grand Palais, Paris.

Il a montré ses œuvres dans des expositions personnelles : 1982-1983 à Paris et Bruxelles ; 1989, 1990, Japon ; 1990, galerie Michèle Broutta, Paris. 1996, exposition de ses gravures, monotypes et dessins couvrant la période 1980-1990, galerie Michèle Broutta, Paris ; 1993, rétrospective, Musée de Troyes.

Davies dessine sur sa plaque de cuivre des personnages à la présence massive et simple, aux regards sobres, vus de profil ou de face. Ses gravures en noir et blanc réfléchissent leur tranquillité et nous happent hors de notre univers de couleurs. Loin d'un langage composé de dualismes ou d'antagonismes, les mises en situation de ces figures imaginaires, éclairées parfois par un sourire généreux, sont remplies d'une grâce et d'une poésie qui semblent venir des profondeurs de l'enfance. La familiarité est immédiate, la rencontre aussi : « les sujets se dirigent sur un chemin, selon leur dessein, afin de rencontrer autrui. Ils fuient le mal mortel de l'absence. La gravure de R. Davies par son geste définitif, lance un défi à la mort », note O. Souville. ■ C. D.

DAVIES Stéphanie Joyce

Née le 8 mai 1910. xxe siècle. Britannique.

Peintre.

Elle fut élève de Réginald Edgar James Bush et du Royal College of Art. Elle exposait à la Royal Society of British Artists. Elle était membre de la New Society of Artists depuis 1929 et fut aussi fellow du Central Institute of Art and Design.

DAVIES Stuart, orthographe erronée pour **Davis Stuart**

DAVIES Thomas, captain

Né vers 1737 à Shooters Hill. Mort le 16 mars 1812 à Blackheath. xviiie-xixe siècles. Britannique.

Peintre de batailles, animaux, paysages, aquarelliste.

On ne connaît l'œuvre de Davies que depuis 1953 environ, et, dès l'année suivante, les Galeries Nationales du Canada acquirent vingt paysages canadiens de ce peintre aujourd'hui considéré comme le premier paysagiste canadien.

Cadet à la Royal Military Academy de Woolwich en mars 1755, il y apprit à dessiner et à exécuter des croquis de terrains et bâtiments, comme c'était habituel pour les élèves officiers. Il y fut l'élève de Gamaliel Massiot et, vraisemblablement, de Paul Sandby dont il fut également l'ami. En 1756 il est nommé commandant en second d'un bataillon et stationne à Hyde Park. La guerre de sept ans étant officiellement déclarée, il s'embarque l'année suivante, et traverse pour la première fois l'Atlantique. Il entre alors à Halifax, et la première œuvre que nous lui connaissons date de cette époque. Il fait campagne au Canada dont il peint les sites, en particulier les chutes d'eau, et les batailles. De retour en Angleterre de 1767 à 1773, on publie en 1768 des reproductions de ses tableaux représentant les fameuses chutes qui l'ont tant marqué, et, en 1771, il expose pour la première fois à la Royal Academy. De 1773 à 1779 il retourne au Canada où il peint et étudie les animaux, en particulier les oiseaux puisque, de retour en Angleterre, il a une réputation d'ornithologue. De son séjour à Gibraltar, en 1783 et 1784, il laisse de nombreuses vues du rocher et de la forteresse, avant de partir une dernière fois, en 1786, en Amérique d'où il reviendra semble-t-il définitivement en 1790.

Davies occupe dans l'histoire de l'aquarelle une place particulière : militaire avant tout il n'a dessiné et peint qu'à ses heures de loisirs au cours des campagnes. Manquant de formation, on le surnomme parfois le Douanier Rousseau du xviiie, comparaison qui doit s'accompagner de certaines réserves. En effet, outre ce manque de formation, le style de Davies est moins caractérisé par un certain primitivisme que par les modes en vogue à son époque. On peut d'autre part y déceler l'influence de Sandby, qui fut un des maîtres de l'aquarelle, influence surtout visible dans la disposition des personnages, ainsi que quelques ressemblances avec l'œuvre de Cozens. Pourtant Davies n'est réellement le disciple d'aucun, les œuvres de la maturité montrant une nette personnalité.

On peut en effet découvrir dans l'œuvre de Davies trois styles distincts, le premier, schématique et caractéristique des dessins militaires, le second, plus pittoresque, influencé par Sandby et le rococo de l'art cosmopolite, et enfin celui de la maturité. Passées les œuvres de jeunesse, la manière de Davies lui est tout à fait personnelle, et, délaissant le monde poétique de l'école méridionale des aquarellistes anglais, il semble faire renaître le monde charmant des enlumineurs de la fin du Moyen Age, combinant l'exactitude schématique et une conception pittoresque que l'on pouvait déjà déceler dès ses premiers dessins. ■ P. F.

Ventes Publiques : Londres, 16 juil. 1982 : *Vue de Gilbraltar* 1782, aquar. et pl. (40x61) : **GBP 1 200** – Londres, 19 fév. 1987 : *Vue de Gibraltar* 1783, aquar. et pl. (35x57,5) : **GBP 3 200**.

DAVIES W.

xixe siècle. Britannique.

Peintre de natures mortes et de fleurs.

Il était actif à Shrewsbury. Il exposa de 1818 à 1824 à la Royal Academy de Londres.

DAVIES William

Né le 26 janvier 1826 à Glebeland (South-Wales). Mort le 22 septembre 1901 à Londres. xixe siècle. Britannique.

Sculpteur de bustes.

Il étudia la sculpture avec William Behnes et débuta en 1851 à la Royal Academy en exposant *Ariel released*.

Musées : Liverpool : *Buste de Sir Hugh Owen* – Londres (Mus. géologique) : *Buste du géologue Sir A. C. Ramsay*.

DAVIES William

Né en 1826. Mort en 1910. xixe-xxe siècles. Britannique.

Peintre de paysages.

Il s'est surtout consacré aux paysages typiques du Argyllshire en Écosse.

Ventes Publiques : Londres, 2 oct. 1985 : *Loch Goll, Argyllshire – Hells Glen, Argyllshire* 1897, deux h/t (76x63,5) : **GBP 2 600** – Londres, 1er oct. 1986 : *Rhos Porthochain, Carnarvonshire* 1896, h/t (56x84) : **GBP 700** – Glasgow, 7 fév. 1989 : *Bétail près d'un lac*, h/t (61x91,5) : **GBP 2 090** – Perth, 27 août 1990 : *Glenstrae dans le Argyllshire* 1890, h/t (53x33,5) : **GBP 1 430** – South Queensferry (Écosse), 23 avr. 1991 : *La brume se dissipant sur Loch Long dans l'Argyllshire* 1907, h/t (61x91,5) : **GBP 3 850** – Perth, 26 août 1991 : *La rivière Eck dans l'Argyllshire* 1906, h/t (61x92) : **GBP 2 420** – New York, 29 oct. 1992 : *Lock Eck dans l'Argyllshire* 1893, h/t (42,5x57,2) : **USD 2 420**.

DAVIES William H.

xixe siècle. Britannique.

Peintre de portraits.

Il exposa de 1832 à 1838 à la Royal Academy de Londres des portraits, entre autres celui de la *Reine Victoria* (1838) et celui du *Roi Guillaume IV*.

DAVIGE John William

Né dans la seconde moitié du xixe siècle à Saint-Étienne (Loire). xixe siècle. Français.

Sculpteur et graveur en médailles.

Mention honorable au Salon des Artistes Français de 1906.

DAVIGNON François Jean

xviiie siècle. Français.

Modeleur.

Il travailla à la Manufacture de Sèvres de 1776 à 1796.

DAVIGNON Jean François

xixe siècle. Français.

Peintre de figures.

Attaché à la Manufacture de Sèvres de 1807 à 1815.

DAVIGNON Pierre

xvie siècle. Vivant à Tours. Français.

Sculpteur.

Il prit part, en 1516, aux apprêts de fête en l'honneur de l'entrée de François i^er à Tours.

DAVILA Alberto
Né en 1912 à Trujillo. xxe siècle. Péruvien.
Peintre. Abstrait-lyrique.
Il vit et travaille à Lima. Il fut élève de l'École des Beaux-Arts de Lima, dont il devint ensuite professeur. Depuis 1953, il expose à Lima, Buenos Aires, Mexico, Miami, en Israël, etc.
Tenant de l'abstraction lyrique, il utilise surtout des signes graphiques noirs, qui créent des effets de clair-obscur, d'opposition de lumière et d'ombre, sur des fonds blancs.

DAVILA Antonio
Né le 16 août 1934 à Vigo (Galice). Mort le 25 décembre 1993 à Paris. xxe siècle. Depuis 1972 actif, puis naturalisé en France. Espagnol.
Sculpteur. Abstrait.
De 1944 à 1947, il fut élève de l'École des Arts et Métiers de Vigo. De 1947 à 1950, une bourse d'État lui ouvrit l'Atelier-École de Santander. En 1950, il obtint, à Madrid, une bourse nationale ; en 1951, la première médaille nationale de sculpture, et il fut admis à l'Académie Royale de San-Fernando. En 1954, il fut élève de l'École Espagnole Supérieure des Beaux-Arts à Rome. Il fut encore élève de Marino Marini à l'École de Bréra à Milan.
En même temps que se développait sa très précoce carrière artistique, Antonio Davila, né sur les rives de la Baie de Vigo, et qui a toujours ressenti l'appel de la mer, passe le Brevet de la Marine Marchande à Barcelone, et additionne les heures de navigation, dont deux campagnes à Terre-Neuve comme officier. Simultanément, il réalise différents travaux à Barcelone, Vigo, Madrid, ainsi qu'en Suède, et expose régulièrement. Pourtant toute son enfance et son adolescence sont marquées par la guerre et l'après-guerre d'Espagne, par la répression franquiste, ses incarcérations et ses morts, mais aussi par la chaleur, l'amitié, la solidarité qui unissent les résistants au régime. Il décide d'émigrer au Mexique avec sa jeune épouse, en 1961. Il y restera jusqu'en 1968, y laissant de nombreux monuments, notamment au général Alvarrado et un buste du président de la République Diaz Ordaz, et ayant professé la sculpture en taille directe, à l'Université de Mexico, puis à Mérida dans le Yucatan. Il retrouve l'Europe, d'abord la Costa Brava, le temps de réaliser pour le château de Pubull, propriété de Dali, six sculptures monumentales. Quelques séjours à Carrare, Bruxelles, Amsterdam, mais il revient à Paris, où il se fixe définitivement en 1972. Pendant quelques années, une maison dans le Finistère Sud lui permet de renouer avec ses racines celtes. En 1975, Franco est mort... Antonio reprend la mer sur son voilier de 14 mètres « Esméralda », et travaille le marbre au hasard des escales. Il laisse ses sculptures sur place aux amoureux de son art. Après un an à bord, en famille, de retour en France, il aborde avec « Esméralda », en Charente-Maritime, à Royan, La Rochelle, Saint-Martin de Ré, puis remonte vers le golfe du Morbihan, à Auray, Quiberon, où il travaille de nouveau basalte et granit. À Paris, en 1976, lui est attribué un atelier d'État. Son épouse mutée, en 1985, à l'Île de la Réunion, c'est l'ouverture sur l'hémisphère Sud : l'Île Maurice, le Kénya et surtout Madagascar, où les gens, malgré leur pauvreté, conservent un esprit créatif, une gentillesse et une joie de vivre qui le touchent au cœur. Accompagné par le chant des enfants dans les arbres, il sculpte passionnément le marbre local. La Réunion offre un « basalte de pays », un peu triste, auquel il tient cependant à donner des lettres de noblesse en créant trois œuvres monumentales.
Durant ces années d'errance, il a participé à des expositions collectives, notamment : 1963 Biennale Internationale de Sculpture au Mexique ; 1964 Biennale Internationale de Sculpture à Buenos Aires ; et, à Paris, aux Salons Formes Humaines, de Mai, et, très régulièrement à partir de 1979, au Salon des Réalités Nouvelles. Il a aussi montré des ensembles de sculptures dans des expositions personnelles : 1964 Montevideo ; 1973 Strasbourg ; 1974 Paris, galerie Forum. Après sa disparition, le Salon des Réalités Nouvelles lui a consacré une exposition importante en hommage, en 1994. En 1997, une exposition rétrospective de l'ensemble de son œuvre a eu lieu à Pontevedra.
En 1985, lorsqu'il revient de La Réunion, il a cinquante ans. Il aspire à revivre et travailler dans son atelier parisien. Pour lui, désormais, les voyages ne sont plus un besoin vital. Il est parvenu à la synthèse de sa vie d'homme, et le sculpteur réalise des œuvres dans lesquelles l'épure est totale, l'essentiel exprimé. Même de dimensions modestes, issues de l'atelier et non plus taillées à ciel ouvert, ses sculptures sont toujours d'évidence à vocation monumentale. Il les souhaiterait intégrées dans le contexte de la vie, faisant partie du tissu social, familières aux hommes, fréquentables et même habitables. Énergiquement taillées en arêtes vives, dans leur abstraction porteuse de symboles, elles assument avec noblesse une fonction décorative. Il n'a pas soixante ans, il est comblé. Le jour de Noël 1993, la mort l'abat, alors qu'il avait tant de projets à faire éclore, de messages d'harmonie à délivrer en paroles de pierre. ■ J. B.
Musées : Amsterdam – New York (Mus. of Mod. Art) – Paris (FNAC).

DAVILA Jose Antonio
Né en 1935 à New York. xxe siècle. Vénézuélien.
Peintre.
Ventes Publiques : New York, 17 oct. 1979 : *« Metete in esa ropa y salvate »* 1977, acryl. (120,3x120,3) : **USD 1 800** – New York, 25 oct. 1986 : *Universo domesticado* 1984, acryl./t. (100x120) : **USD 13 000** – New York, 21 nov. 1988 : *Qui sommes-nous ?* 1976, acryl./t. (135x120) : **USD 4 400** ; *La seconde tour de Babel* 1988, acryl./t. (122x122) : **USD 12 100** – New York, 1er mai 1990 : *Offrandes V* 1989, acryl./t. (121,5x122,5) : **USD 22 000** – New York, 26 fév. 1993 : *La treizième rencontre* 1984, acryl./t. (100,3x120,7) : **USD 9 200** – New York, 16 mai 1996 : *La vingt-neuvième rencontre* 1993, acryl./t. (120,6x130,8) : **USD 11 500.**

DAVILA Juan
Né au xvie siècle à Tuy. xvie-xviie siècles. Espagnol.
Sculpteur.
Il travailla de 1603 à 1608 au chœur de la cathédrale de Santiago de Compostela.

DAVILER Augustin Charles
Né en 1633 à Paris. Mort en 1700 à Montpellier. xviie siècle. Français.
Architecte et graveur.
On cite de lui : *M. A. Buonarotti.*

DAVIN Césarine Henriette Flore, Mme, née **Mirvault**
Née en 1773 à Paris. Morte le 25 novembre 1844 à Paris. xviiie-xixe siècles. Française.
Peintre.
Elle eut pour professeurs Suvée, David et Augustin. Elle obtint une médaille de deuxième classe en 1804 et de 1re classe en 1814. Elle exposa de 1798 à 1822. Le Musée de Versailles conserve d'elle les portraits d'*Asher-Khan, ambassadeur de Perse*, et du *Maréchal Lefebvre*.
Ventes Publiques : Paris, 15 avr. 1921 : *Portrait de l'archiduchesse Marie-Louise*, miniat. : **FRF 280.**

DAVIN Hélène
Née à Saint-Amand-de-Bonnieure (Charente). xxe siècle. Française.
Peintre de paysages, fleurs, animalier, sujets divers.
Elle a exposé à Paris, dès 1925 au Salon des Artistes Indépendants. En 1931, elle figura aussi au Salon des Artistes Français.

DAVIN Louis Auguste Ernest
Né le 6 décembre 1866 à Saint-Michel-en-Beaumont (Isère). Mort le 23 avril 1937 à Grenoble (Isère). xixe-xxe siècles. Français.
Sculpteur de monuments, statues, bustes, médailleur de portraits.
Il fut élève de Falguière et de Charles Chaplin. Il travaillait à Grenoble et à Paris, où il exposa au Salon des Artistes Français depuis 1889.
Il a sculpté de nombreux monuments aux morts de la guerre de 1914-1918, des statues commémoratives : *Le sergent Pie, Le docteur B. Niepce, Le peintre E. Hébert*, etc. Il a réalisé un buste de la République. Il a gravé plus de deux-cents médaillons, parmi lesquels : *Georges Clémenceau, Émile Erckmann*, etc.

DAVIS. Voir aussi **DAVIES**

DAVIS Alexander Jackson
Né en 1803. Mort en 1892. xixe siècle. Américain.
Peintre de scènes de chasse, paysages, aquarelliste, lithographe.
En 1827 il fut nommé membre de l'Académie Nationale de Philadelphie.
Ventes Publiques : New York, 24 mars 1944 : *L'ancienne douane de New York* 1833, aquar. : **USD 110** – New York, 31 mai 1984 : *City Hall, New York* 1826, aquar. et encre/pap. mar./cart. (35x46,3) : **USD 15 500** – Londres, 13 fév. 1987 : *Scène de chasse* 1885, h/t (61x91,5) : **GBP 3 500.**

DAVIS Alice
Née le 1er avril 1905 à Iowa-City (Iowa). xxe siècle. Américaine.

Peintre.
Professeur à l'Université d'Iowa.

DAVIS Annie, Mrs **Leland**
XXe siècle. Travaillant à Westfield (New-Jersey). Américaine.
Peintre.
Membre de la Westfield Art Association et du National Arts Club de New York, où elle exposa en 1939.

DAVIS Arthur Alfred
XIXe-XXe siècles. Britannique.
Peintre de scènes de chasse, sujets de genre, animaux.
Il exposa à Londres, de 1877 à 1884, à la Suffolk Street Gallery et dans d'autres Expositions, des tableaux de genre.

Ventes Publiques : Londres, 10 juil. 1922 : *Une peinture* 1886 : **GBP 7** – Londres, 4 juil. 1928 : *Renard aux abois* : **GBP 9** – Londres, 5 juin 1930 : *Si près et pourtant si loin* 1881 : **GBP 5** – Londres, 29 juin 1931 : *Une peinture* 1900 : **GBP 8** – Londres, 13 juil. 1983 : *Scènes de chasse* 1906, deux h/t (73,5x48) : **GBP 800** – Édimbourg, 30 avr. 1986 : *Chasse à courre* 1891, h/t (36x24) : **GBP 1 500** – New York, 3 juin 1994 : *Le départ de la meute* 1892, h/t (91,4x61) : **USD 6 325**.

DAVIS Arthur Edward. Voir **DAVIES Arthur Edward**

DAVIS Arthur F.
Né le 27 mars 1863 à Roxbury (Massachusetts). XIXe siècle. Américain.
Graveur au burin.
Il était l'élève de A. H. Bickenell.

DAVIS Arthur Henry
XIXe siècle. Britannique.
Peintre animalier, paysages.
Il exposa à la Suffolk Street Gallery entre 1871 et 1893, et à partir de 1872 à la Royal Academy de Londres.
Ventes Publiques : Los Angeles, 28 juin 1982 : *Troupeau près d'une ferme, Isle of Wight* 1892, h/t (45,5x76) : **USD 2 300** – Londres, 22 fév. 1985 : *Timber carthing, Monmouthshire*, h/t (120,7x181,6) : **GBP 4 200** – Londres, 23 sep. 1988 : *Attelage d'un chariot de troncs d'arbres dans le Monmouthshire* 1872, h/t (117x180) : **GBP 6 050** – New York, 19 juil. 1990 : *Vaches se désaltérant dans un ruisseau*, h/t (76,3x127) : **USD 2 310**.

DAVIS Brad
Né en 1942. XXe siècle. Américain.
Peintre de paysages animés.
Il traite ses thèmes paysagés, floraux et animaliers dans un style décoratif.
Ventes Publiques : New York, 9 mai 1984 : *Autumn twilight* 1979, acryl. et tissu/t. (183x137,2) : **USD 7 500** – San Francisco, 20 juin 1985 : *Les quatre saisons : automne* 1983, acryl./t. (218,5x152,5) : **USD 4 000** – New York, 5 mai 1987 : *Floral improvisations*, h. et tissu/t., deux panneaux (160x153) : **USD 7 000** – New York, 3 mai 1988 : *Oiseau-pêcheur et lotus, nuit* 1979-80, acryl. et polyester/t. (121,3x90,5) : **USD 6 050** – New York, 8 nov. 1993 : *Trois perdrix* 1979, acryl. collage de t. d'emballage et graphite/t. (91,7x61,6) : **USD 805**.

DAVIS Cecil Clark
Née le 12 juillet 1877 à Chicago (Illinois). XXe siècle. Américaine.
Peintre de portraits.
Elle obtint le Prix du Portrait de la Chicago Municipal Art League en 1918, une médaille d'or au Salon de Rio de Janeiro en 1920, exposé des portraits à Paris au Salon de la Société Nationale des Beaux-Arts en 1921 et 1922, obtint une médaille d'or de l'Art Club de Philadelphie en 1925, le Prix Populaire de l'Art Association de Newport (Rhode-Island) en 1932.

DAVIS Charles
Né au XIXe siècle à Boston. XIXe siècle. Américain.
Peintre de paysages.
Cité par Mireur.
Ventes Publiques : New York, 1895 : *Feux follets à travers les marais* : **FRF 800** – Paris, 27 jan. 1905 : *Paysage* : **FRF 5 875** – New York, 19 juin 1981 : *« Dawn light »* 1887, h/t (32,4x45) : **USD 2 700**.

DAVIS Charles Harold
Né le 7 janvier 1856 à Amesbury. Mort en 1933. XIXe-XXe siècles. Américain.
Peintre de paysages.
Élève de Otto Grandmann, Boulanger et Jules Lefebvre. Il obtint une mention honorable en 1887, une médaille d'argent à l'Exposition Universelle de 1889, une médaille de bronze à l'Exposition Universelle de 1900. Il exposa à Londres, notamment en 1891, à la Royal Academy. Chevalier de la Légion d'honneur en 1883.
Musées : Boston : Peinture – Chicago : *Crépuscule* – *Jeux de lumière* – New York : *Soir* – Pittsburgh (Carnegie Inst.) : Peinture – Washington D. C. (Nat. Gal.) : Peinture – Washington D. C. (Corcoran Gal.) : Peinture.
Ventes Publiques : New York, 9 jan. 1902 : *Vallée et lac* : **USD 110** – New York, 3 avr. 1903 : *Crépuscule rose* : **USD 340** – New York, 3-4 et 5 déc. 1903 : *Soir* : **USD 200** – New York, 27 jan. 1905 : *Un soir d'hiver* : **USD 1 175** – New York, 29 oct. 1931 : *Lune rousse* 1885 : **USD 25** – New York, 4 mars 1937 : *Après-midi du mois d'août* : **USD 210** ; *Noank Hills* : **USD 80** – New York, 5 déc. 1980 : *Une ferme en hiver*, h/t (73,8x81,6) : **USD 8 500** – New York, 30 sep. 1982 : *Matinée de novembre* 1885, h/t (38x61) : **USD 6 500** – New York, 1er juin 1984 : *The time of the red-wing blackbird*, h/t (74x91,5) : **USD 6 000** – New York, 24 avr. 1985 : *Pâturages d'été*, h/t (48,3x63,5) : **USD 6 250** – New York, 29 mai 1987 : *Golden trees*, h/t (30,5x40,6) : **USD 11 000** – New York, 30 sep. 1988 : *Dunes*, h/t (50,8x68,6) : **USD 5 280** – New York, 27 sep. 1990 : *Crépuscule sur l'eau*, h/t (33x53,5) : **USD 8 800** – New York, 23 sep. 1993 : *Ombre de l'après midi en été*, h/t (63,5x76,2) : **USD 8 338** – New York, 29 nov. 1995 : *Éclaircie après l'orage* 1897, h/t (76,2x111,8) : **USD 27 500**.

DAVIS Charles Vincent
Né le 3 novembre 1912 à Evanston (Illinois). XXe siècle. Américain.
Peintre et graveur.
Élève de George E. Neal. Membre des United American Artists. Prit part aux Expositions annuelles des Peintres et Sculpteurs.

DAVIS Edward
Mort le 14 août 1878. XIXe siècle. Britannique.
Sculpteur de bustes.
Exposa à Londres, presque toujours à la Royal Academy, de 1834 à 1877. On cite de lui le buste de son père et ceux de la *duchesse de Kent* (château de Windsor), du *duc de Rutland*, de *Sir Samuel Canning*, de *l'évêque de Hereford*.
Musées : Liverpool : *Buste de Constable* – *Buste du philanthrope Rathbone*.

DAVIS Edward ou **le Davis**
Né dans le Pays de Galles. Mort vers 1684. XVIIe siècle. Britannique.
Graveur de sujets religieux.
Élève de Loggan. Il vint à Paris, où il travailla et fit, entre autres, un *Ecce Homo* d'après Annibal Carrache et une *Sainte Cécile* d'après Van Dyck. De retour à Londres, s'établit marchand de tableaux.
Musées : Londres (British Mus.) : *Infant Christ holding a Cross*.

DAVIS Edward Thompson
Né en 1833 à Worcester. Mort le 13 juin 1867 à Rome. XIXe siècle. Britannique.
Peintre de genre, portraits.
Il exposa, jusqu'en 1867, à Londres, à la Royal Academy, à la British Institution et à Suffolk Street.
Musées : Hambourg : *Mendiante sur la route* – Liverpool : *J. Constable*.
Ventes Publiques : Londres, 18 juin 1937 : *Le soir de la vie* 1854 : **GBP 9** – Londres, 29 juin 1945 : *L'Histoire* : **GBP 47** – Londres, 12 avr. 1985 : *Sur les genoux de grand-père*, h/cart. (15,2x12) : **GBP 1 900** – Londres, 2 nov. 1989 : *Portrait d'une petite paysanne* 1861, h/pan. (44,4x34,3) : **GBP 4 620** – Londres, 21 mars 1990 : *Charrette de foin sur le chemin du village* 1859, h/pan. (23x30,5) : **GBP 9 350** – Londres, 14 mars 1997 : *Portrait d'une dame*, h/pan. (15,4x10,7) : **GBP 2 300**.

DAVIS Emma Earlingbourgh, Mrs **William-John Davis**
Née le 8 septembre 1891 à Altoona (Pennsylvanie). XXe siècle. Américaine.
Peintre, illustrateur.

DAVIS Emma L.
XXe siècle. Américaine.
Sculpteur.
Elle travaillait à Santa-Monica (Californie). Elle exposa à l'Académie des Beaux-Arts de Pennsylvanie à Philadelphie, en 1938 et 1939, année où elle figura aussi à l'Exposition Universelle de New-York.

DAVIS Faith Howard
Né le 29 juillet 1915 à Chicago (Illinois). xxe siècle. Américain.
Peintre, sculpteur et illustrateur.

DAVIS Fay Elisabeth
Née le 8 juillet 1916 à Indianapolis (Indiana). xxe siècle. Américaine.
Peintre, graveur et décorateur.

DAVIS Frederick William
Né en 1862. Mort en 1919. xixe-xxe siècles. Britannique.
Peintre de genre, aquarelliste.
Il travaillait à Birmingham. Membre de l'Institut Royal des Aquarellistes, il exposa à partir de 1891 à Suffolk Street et à la New-Water-Colours Society. Il a participé à l'Exposition Universelle de Paris en 1900.
Musées : Stradford (Mus. Shakespeare).
Ventes Publiques : Londres, 29 nov. 1985 : *The penance of the duchess of Gloucester* 1902, h/t (84,4x158,2) : **GBP 4 000** – Londres, 6 mars 1986 : *The Curfew tolls the Knell of the parting Day* 1912, h/t (65,5x108,5) : **GBP 7 500** – Londres, 8-9 juin 1993 : *Les cloches annoncent la fin du jour* 1912, h/t (66x109) : **GBP 4 140.**

DAVIS Gene
Né en 1920 à Washington. Mort en 1985. xxe siècle. Américain.
Peintre, créateur d'environnements. Expressionniste-abstrait, puis abstrait-minimaliste.
Il fut élève de l'Université du Maryland de 1939 à 1942, du Wilson Teachers College à Washington en 1943. D'abord journaliste politique, il se forma ensuite à la peinture en autodidacte. Il participe à de nombreuses expositions collectives, notamment : 1963-1964 *Nouvelles directions dans la peinture américaine*, itinérante dans différentes villes des États-Unis, 1965 *The Responsive Eye*, et toujours la même année, *Colorist 1950-1965*, au San Francisco Museum of Art, 1967-1968 *Exposition Annuelle de la Peinture Américaine* au Whitney Museum de New York, etc. Il montre aussi son travail dans des expositions personnelles depuis 1952, à Washington, New York, Chicago, à Kassel en Allemagne, etc. Nombreuses rétrospectives dont celle de 1987, au Smithsonian Institute à Washington.
Ses peintures, faites d'éléments géométriques répétitifs (par exemple) rayures verticales, se rattachent aux courants minimalistes de la peinture américaine des années soixante-dix. On le rattache à la Washington Colour School, groupe soutenu par le critique Clement Greenberg. Il a également réalisé des environnements, peignant des pièces en larges bandes colorées. Il revient ensuite à l'expresionnisme abstrait de ses débuts.
Bibliogr. : In : *Diction. de la Peint. Angl. et Amér.*, Larousse, Paris, 1991.
Musées : San Francisco (Mus. of Fine Arts) : *Cool Buzz Saw* 1964.
Ventes Publiques : New York, 12 mai 1977 : *Voodoo* 1965, acryl./t. (178x213,5) : **USD 2 600** – New York, 19 oct. 1979 : *Apple jack* 1970, acryl./t. (84x91,5) : **USD 1 800** – New York, 13 mai 1981 : *Voodoo* 1975, acryl./t. (177x215) : **USD 6 000** – New York, 11 mai 1983 : *Voodoo* 1975, acryl./t. (177x215) : **USD 9 500** – New York, 3 mai 1985 : *King's gate* 1978, acryl./t. (182,8x243,8) : **USD 15 000** – New York, 14 nov. 1986 : *Concord* 1970, acryl. et mine de pb/t. (174x237) : **USD 16 000** – New York, 20 fév. 1988 : *Mohawk* 1970, acryl./t. (176,2x172) : **USD 16 500** – New York, 10 Nov. 1988 : *Place chaude* 1979, acryl./t. (178,6x231,8) : **USD 15 400** – New York, 4 oct. 1989 : *Sonate ambrée* 1965, acryl./t. (236,8x124,5) : **USD 28 600** – New York, 23 fév. 1990 : *Needle Park (journée ensoleillée)* 1972, acryl./t. (179,7x231,7) : **USD 16 500** – New York, 12 nov. 1991 : *Prince William* 1976, h/t (156,2x195,6) : **USD 4 950** – New York, 22 fév. 1993 : *Dauphin* 1975, acryl./t. (177,8x228,6) : **USD 6 050** – New York, 8 nov. 1993 : *65-2* 1965, acryl./t. (148x188) : **USD 7 475** – New York, 19 nov. 1996 : *Citrus* vers 1970, h/t (144,8x182,8) : **USD 7 475.**

DAVIS Gérald Vivian
Né à New-York. xxe siècle. Américain.
Peintre de genre, portraits, paysages.
Il exposait à Paris, aux Salons de la Société Nationale des Beaux-Arts et des Artistes Indépendants depuis 1924, d'Automne de 1929 à 1931.
Il peignait des scènes de genre : *Les immigrants*, des personnages pittoresques, des scènes religieuses : *Le Christ et les Pharisiens*, son autoportrait, etc.

DAVIS Gladys, née **Rockmore**
Née le 11 mai 1901 à New-York. Morte en 1967. xxe siècle. Américaine.
Peintre de sujets divers.
Elle fut élève de l'Art Institute de Chicago, dont elle obtint une médaille en 1937.
Ventes Publiques : New York, 27 jan. 1965 : *Fillette et son chien* : **USD 4 200** – New York, 12 avr. 1967 : *Petite fille et son chien* : **USD 3 000** – New York, 8 déc. 1971 : *Fleurs* : **USD 650** – New York, 23 juin 1983 : *Après le bain*, h/t (61x38,1) : **USD 1 300** – New York, 9 sep. 1993 : *Après-midi d'août*, h/t (76,2x101,6) : **USD 6 613** – New York, 20 mars 1996 : *Fin de l'été*, h/t (77,5x101,6) : **USD 9 775.**

DAVIS Goode Paschall
Né le 8 novembre 1906 à La Havane (Cuba). xxe siècle. Américain.
Peintre.
Il fut élève de Charles Hawthorne, Fernand Léger, Amédée Ozenfant. Il obtint le Prix Crowninschield à l'Exposition de Stockbridge (Massachusetts) en 1937. En 1938, il exposa à la National Academy.

DAVIS Goodman
Né à New York. xxe siècle. Américain.
Sculpteur.
En 1930 il présentait au Salon d'Automne un bois et une sculpture : *Étude pour la pierre.*

DAVIS Hallie
Né à Piedmont (États-Unis). xxe siècle. Américain.
Sculpteur.
Élève de C. Grafly. En 1927, il exposait *Baby centaurs* (statuette, plâtre) et *Fontaine avec enfant* (plâtre), au Salon des Artistes Français.

DAVIS Harry A., Jr.
Né le 21 mai 1914 à Hillfors (Indiana). xxe siècle. Américain.
Peintre.
Il remporta le Prix de Rome américain en 1938. Il devint professeur à l'American Academy de Rome.

DAVIS Helen S.
Née à Philadelphie (Pennsylvanie). xxe siècle. Américaine.
Sculpteur, graveur.
Élève de G. Brewster. Membre de la National Academy de femmes peintres et sculpteurs.

DAVIS Helen, née **Cruikshank**
Née à Elizabethville (New Jersey). xxe siècle. Américaine.
Peintre de miniatures.
Elle obtint les Prix pour la miniature : en 1926 à l'Art Museum de Houston (Texas), 1930 à la Nouvelle-Orléans (Louisiane), 1931 à Savannah (Géorgie), 1932 à Dallas (Texas), 1934 une mention honorable à l'exposition annuelle du Musée des Beaux-Arts de Houston.

DAVIS Henry William Banks
Né le 26 août 1833 à Finchley. Mort en 1914. xixe-xxe siècles. Britannique.
Peintre de portraits, animaux, paysages.
Élève de la Royal Academy. Il a exposé à Londres à la Royal Academy, à Suffolk Street et à la British Institution entre 1853 et 1893. Il a exposé à Vienne en 1873 et à Paris en 1878.
Musées : Aberdeen : *Portrait par lui-même* – Bristol : *Cerig-Gwynion Radnorshire* – Hambourg : *Pluie et rayon de soleil – Lumière du soleil – Jument et poulain – Bœufs d'Écosse* – Londres (Tate Gal.) : *Satisfaction – Tombée de la nuit – Le retour à l'étable* – Manchester : *Le troupeau* – Melbourne : *Ben Eay au soleil* – Sheffield : *Une après-midi d'été – Paysage.*
Ventes Publiques : Londres, 1877 : *Un sentier en Bretagne* : **FRF 14 200** – Londres, 1883 : *Reconnaissance* : **FRF 15 493** – Londres, 1887 : *Après-midi d'été* : **FRF 13 120** ; *La panique* : **FRF 18 370** – Londres, avr. 1893 : *Le Chemin du sanctuaire* : **FRF 11 380** – Londres, 1898 : *Après-midi d'automne* : **FRF 12 600** – Paris, 26 fév. 1898 : *Aux approches du soir* : **FRF 7 260** – Paris, 1899 : *Labourage au printemps* : **FRF 8 250** ; *Bergers, moutons et moissonneurs* : **FRF 3 800** – Londres, 15 fév. 1908 : *Brebis et Agneaux sur un coteau* : **GBP 71** – Londres, 22 fév. 1908 : *Perdu et retrouvé* : **GBP 33** – Londres, 25 juin 1908 : *Affection familiale* : **GBP 220** – Londres, 10 juil. 1908 : *Les falaises anglaises* : **GBP 53** – Londres, 27 jan. 1922 : *Berger et son troupeau* 1884 : **GBP 73** – Londres, 12 mai 1922 : *Le labour* 1885 :

GBP 56 – Londres, 27 avr. 1923 : *Soir près de Boulogne* : **GBP 42** – Londres, 11 juin 1923 : *Début de l'été* 1876 : **GBP 52** – Londres, 17 juin 1927 : *Sur la côte française* : **GBP 60** ; *Moutons* 1904 : **GBP 84** – Londres, 25 nov. 1927 : *Paysage* 1882 : **GBP 75** – Londres, 25 nov. 1929 : *La côte de Picardie* : **GBP 21** – Londres, 9 oct. 1930 : *Le printemps* 1898 : **GBP 24** – Londres, 24 juil. 1931 : *Sur la Tamise* : **GBP 28** – Londres, 2 mai 1932 : *Troupeau près d'un ruisseau* : **GBP 18** – Londres, 11 juil. 1934 : *Pâturage* : **GBP 51** – Londres, 3 mai 1935 : *Le passage à gué* 1890 : **GBP 24** – New York, 23 jan. 1936 : *Nu* : **USD 45** ; *Reflets* : **USD 80** – Londres, 21-24 fév. 1936 : *Le passage des rapides* : **GBP 31** – Londres, 1er mai 1936 : *Un sentier en France* 1874 : **GBP 28** – Londres, 18 fév. 1938 : *Début d'été* : **GBP 5** – Londres, 3 mars 1939 : *Le Soir* 1889 : **GBP 9** – Londres, 25 juin 1941 : *La moisson*, dess. : **GBP 11** – Londres, 20 août 1941 : *La moisson* : **GBP 9** – Leeds, 24 fév. 1942 : *Le printemps*, dess. : **GBP 11** – Londres, 29 juil. 1942 : *L'été* 1881 : **GBP 5** – Londres, 22 oct. 1943 : *Crépuscule* : **GBP 27** – Londres, 6 mars 1970 : *Paysage boisé* : **GNS 800** – Londres, 28 nov. 1972 : *Paysage du Pas-de-Calais* : **GBP 1 000** – Londres, 25 oct. 1977 : *Moutons dans un paysage* 1876, h/t (122x244) : **GBP 1 700** – Londres, 20 juil. 1979 : *Biches dans la forêt à la tombée du jour* 1853, h/t (90,2x70) : **GBP 4 200** – Londres, 6 mars 1981 : *Rough Pasturage, Pas-de-Calais*, h/t (59,6x106,6) : **GBP 5 500** – Écosse, 31 août 1982 : *An Inverness-Shire Valley* 1889, h/t (96x178) : **GBP 3 000** – Londres, 23 mars 1984 : *Un verger* 1909, h/t (119,5x211) : **GBP 8 000** – New York, 30 oct. 1985 : *Paysans et troupeau à l'abreuvoir dans un paysage fluvial boisé* 1859, h/t (91,4x132,7) : **USD 14 000** – Londres, 17 juin 1986 : *Paysage fluvial boisé avec une barque*, h/t (45,2x59,7) : **GBP 550** – New York, 28 oct. 1986 : *Un verger en Picardie* 1892, h/t (76,2x152,3) : **USD 23 000** – Londres, 15 juin 1988 : *Moutons sur la falaise surplombant la mer*, h/t (44x107) : **GBP 7 480** – Londres, 15 juin 1990 : *Rassemblement du troupeau* 1883, h/t (30,5x50,8) : **GBP 1 980** – Londres, 8 fév. 1991 : *Demi-jour* 1870, h/t (27,9x50,8) : **GBP 2 200** – Londres, 12 juin 1992 : *Arbre en pleine floraison* 1908, h/t (120,7x123,4) : **GBP 9 900** – Londres, 29 mars 1996 : *Bétail sur un chemin menant à la mer* 1867, h/t (41,9x68,6) : **GBP 3 450** – Londres, 12 mars 1997 : *Vaches se rafraîchissant dans un ruisseau* 1887, h/t (51x81) : **GBP 9 200** – Londres, 15 avr. 1997 : *Troupeau traversant un ruisseau*, h/t (66x122) : **GBP 8 050** – Londres, 5 juin 1997 : *Crépuscule du plein été* 1870, h/pan. (52,6x90,2) : **GBP 4 370** – Londres, 5 nov. 1997 : *Moutons et peupliers* 1887, h/t/pan. (81x23,5) : **GBP 4 600**.

DAVIS Herbert

xixe siècle. Britannique.

Graveur.

On connaît deux portraits de lui d'après F. Grant, celui du *vicomte Robert Jocelyn* (1857) et celui de *Lord Duncan* (1805).

DAVIS Hilda

Née à Londres. xxe siècle. Britannique.

Peintre.

Elle fut élève de Ian Mac Nab à la Grosvenor Shool of Modern Art de 1935 à 1939. Elle travaillait à Londres, y exposant au New English Art Club, à la Royal Society of British Artists, au Royal Institute of Oil Painters, à la New Society of Artists, et est membre de la National Society of Painters, Sculptors, Engravers and Potters.

DAVIS Hubert

Né le 15 mars 1902 à Milton (Pensylvanie). xxe siècle. Américain.

Peintre, graveur, illustrateur.

Il a illustré *Une tragédie américaine* de T. Dreiser.

DAVIS J. Barnard

xixe-xxe siècles. Britannique.

Peintre.

Il expose, depuis 1890, à la Society of British Artists et la New Water-Colours Society, des paysages, des peintures de genre, des portraits.

DAVIS J. M.

xixe siècle. Actif à Londres. Britannique.

Peintre de portraits.

Il exposa quantité de portraits à la Royal Academy, de 1810 à 1839. On peut citer ceux de *Louis-Philipe*, de *Johan Dobie*, de *Reynolds*.

DAVIS J. P.

Né en 1784 à Ashburton (Devonshire). Mort le 28 août 1862. xixe siècle. Britannique.

Peintre de genre et de portraits.

Il exposa pour la première fois en 1811 à la Royal Academy et n'y exposa plus après 1843. Il alla à Rome en 1824 et obtint l'année suivante un prix en espèces de la British Institution. Son œuvre la plus connue est la *Lettre d'Amour*, exposée en 1826 à la même British Institution. Le Musée de Norwich conserve de lui le *Portrait du capitaine G. W. Manby*.

Musées : Londres (Victoria and Albert Mus.) : *A Florence : L'avant-cour de l'Église de l'Annonciation* – Londres (Nat. Portrait Gal.) : *Le marquis de Wellesbey*.

Ventes Publiques : New York, 1er et 2 fév. 1902 : *Portrait de Lafayette* : **USD 900** – New York, 14 nov. 1934 : *Portrait de jeune femme* : **USD 210**.

DAVIS J. Steeple

xixe-xxe siècles. Américain.

Dessinateur.

Le Musée de Chicago conserve de lui *Armor worn by the Pilgrims*.

DAVIS J. Valentine, dite **Val Davis**

Née en 1854 à Liverpool. Morte en 1930. xixe-xxe siècles. Britannique.

Peintre de genre.

Elle était la fille et l'élève de William D. et ensuite de Ford Madox Brown à Londres. Elle débuta à la Royal Academy en 1875 et y exposa ensuite régulièrement, ainsi qu'à Liverpool et à Glasgow.

Ventes Publiques : Londres, 29 jan. 1910 : *Un palais peut être une prison* : **GBP 6** – New-castle, 10 juil. 1939 : *Après le bal* : **GBP 5** – New York, 24 mai 1985 : *Enfants et troupeau dans un paysage*, aquar. et cr. avec reh. de blanc (39,4x53,8) : **USD 1 100**.

DAVIS James Edward

Né le 4 juin 1901 à Clarksburg (Virginie). xxe siècle. Américain.

Peintre de figures, portraits.

Il fut élève de l'Université de Princeton (New-Jersey) et, à Paris, d'André Lhote. Il est devenu professeur assistant à l'Université de Princeton.

Il est l'auteur de nombreux portraits de personnalités américaines et de figures typiques. En 1933 il exposait : *Blue Acrobat* au Worcester Art Museum.

Ventes Publiques : New York, 25 oct. 1979 : *Marin à l'accordéon* vers 1929, h/t (66x54) : **USD 3 750**.

DAVIS Jessie

Née le 22 février 1887 à Williamam (Texas). xxe siècle. Américaine.

Peintre.

DAVIS John Parker

Né le 17 mars 1832 à Meredith Bridge (New Hampshire). Mort le 19 janvier 1910 à Ehnhurst à Long Island (N. Y.). xixe-xxe siècles. Américain.

Graveur au burin, sculpteur sur bois et paysagiste.

Il fut à Philadelphie l'élève de Walter Shirlaw. Il collabora aux principales revues à New York. Il exposa à l'Exposition Internationale de Paris en 1889 avec succès et à Buffalo en 1901.

DAVIS John Scarlett

Né en 1804 à Herefort. Mort en 1845 ou 1846. xixe siècle. Britannique.

Peintre de genre, intérieurs, architectures, aquarelliste.

Davis débuta dans la marine et passa beaucoup de temps à bord, mais il consacra une partie de ses loisirs, durant ses longues croisières, à l'étude du dessin.

Il exposa pour la première fois à la Royal Academy, en 1825 : une scène de genre et des vues et intérieurs d'établissements publics, qui eurent un notable succès. Malheureusement, il tomba dans des habitudes de dissipation et mourut jeune.

Musées : Cardiff : *Église d'un Monastère* – Londres (Victoria and Albert Mus.) : *Porte Saint-Martin* – Londres (British Mus.) : *Autoportrait* – 4 études d'architecture – *Portrait d'après Lawrence et W. Robinson*.

Ventes Publiques : Londres, 13 fév. 1909 : *Intérieur d'une église de Calais*, dess. : **GBP 7** – Londres, 27 mars 1909 : *Effet du soir* : **GBP 236** ; *Le printemps* : **GBP 157** ; *Moutons de Picardie* : **GBP 86** – Londres, 3 avr. 1909 : *Le mont Saint-Frilleux, en Picardie* : **GBP 31** – Londres, 3 mai 1909 : *Un berger et son troupeau* : **GBP 53** – Londres, 9 juil. 1909 : *Loch Maree* : **GBP 115** – Londres, 21 avr. 1922 : *Le Louvre, à Paris* 1831, dess. : **GBP 19** – Londres, 25 juin 1923 : *Intérieur de Saint-Pierre de Rome*, dess. : **GBP 3** – Londres, 8 juin 1928 : *Une rue à Séville*, cr. : **GBP 25** – Londres, 23 juil. 1928 : *Procession religieuse à Séville* : **GBP 63** – LONDRES, 10 nov. 1933 : *Saint-Sulpice, à Paris* 1831, dess. : **GBP 54** – LONDRES, 1er avr. 1935 : *Le Musée du Greenwich Hospital* : **GBP 5** – LONDRES, 1er mai 1936 : *Intérieur du palais Schleissheim, près de Munich* 1840 : **GBP 10** – LONDRES, 19 juil. 1937 : *Église Saint-Roch* : **GBP 19** – LONDRES, 15 juil. 1938 : *Cathédrale* : **GBP 19** – LONDRES, 7 déc. 1938 : *Prêtres à l'autel* : **GBP 56** – LONDRES, 30 juin 1939 : *Église Saint-Roch*, dess. : **GBP 48** ; *Intérieur de cathédrale* : **GBP 56** – LONDRES, 4 mars 1943 : *Greenwich Hospital* 1830, aquar. : **GBP 32** – LONDRES, 16 mars 1945 : *Salle à manger de chasseur* : **GBP 44** – LONDRES, 13 juil. 1962 : *L'intérieur de la British Institution Gallery* : **GNS 600** – LONDRES, 12 juil. 1967 : *La galerie de tableaux du Palais Farnèse à Parme* : **GBP 950** – LONDRES, 18 fév. 1970 : *La galerie du Maine au Louvre* : **GBP 1 800** – LONDRES, 26 oct. 1979 : *Intérieur de l'église Saint-Eustache, Paris* vers 1831, h/t (89x71,2) : **GBP 1 000** – LONDRES, 14 déc. 1979 : *Intérieur de l'église Saint-Eustache, Paris* 1836, aquar. et cr. reh. de blanc (23x17,5) : **GBP 3 800** – LONDRES, 13 déc 1979 : *The Painted Hall at Greenwich*, cr. et lav. (37,5x43) : **GBP 2 200** – LONDRES, 19 nov. 1981 : *Autoportrait* 1828, cr./pap. (14x12,5) : **GBP 1 300** – LONDRES, 17 nov. 1983 : *The library at Tottenham, the seat of B. G. Windus* 1835, esq., aquar. reh. (29x56) : **GBP 28 000** – LONDRES, 9 avr. 1985 : *The Avon Gorge above Bristol* 1834, aquar. et cr. (20,2x33) : **GBP 6 500** – LONDRES, 14 juil. 1987 : *Figures and a dog on the quai, Paris* 1830, aquar. et pl. (15,5x11) : **GBP 4 800** – NEW YORK, 28 fév. 1990 : *Intérieur de St Pierre de Rome* 1844, h/t (160x241,3) : **USD 6 600** – LONDRES, 14 juil. 1993 : *La grande galerie des Offices* 1834, h/t (107x141) : **GBP 56 500**.

DAVIS Joseph H.
Mort sans doute en 1837. XIXe siècle. Américain.
Peintre de genre, portraits, aquarelliste. Naïf.
Sans doute un de ces peintres de portraits itinérants, si caractéristiques de l'Amérique du XIXe siècle. Il fit ses débuts à Newfield dans le Maine. On connaît de lui une centaine de portraits, peints sur papier, à l'aquarelle, de profil à la façon des silhouettes découpées. Le premier connu est daté de 1832. En 1833-34, il peignit des scènes de ferme et des portraits de familles groupées. On suit son chemin à Lebanon, Berwick, Brookfield, New-Hampshire.
BIBLIOGR. : Oto Bihalji-Merin : *Les peintres naïfs*, Delpire, Paris.
VENTES PUBLIQUES : PORTLAND, 7 avr. 1984 : *Jeremiah Jones, Alton, New Hampshire*, aquar. (19x14) : **USD 6 000** – NEW YORK, 26 oct. 1985 : *The Hayes family of Stratford, New Hampshire* 1835, aquar., encre et cr. (27,5x39,4) : **USD 26 000**.

DAVIS Laurence
Née le 4 novembre 1879 à Londres. XXe siècle. Britannique.
Peintre de genre, graveur, illustrateur.
Elle a exposé des scènes de genre à la Royal Academy en 1899 et 1901. Elle a aussi exposé à Berlin en 1913.

DAVIS Lew E.
Né le 2 novembre 1910. XXe siècle. Américain.
Peintre de paysages, natures mortes.
Il fut élève de Léon Kroll. Il fut membre de l'American Art Congress et de l'Association des Peintres et Sculpteurs de l'Arizona.

DAVIS Louis B. ou **Lucien**
Né en 1860 à Liverpool. Mort en 1941. XIXe-XXe siècles. Britannique.
Peintre de genre, fleurs, aquarelliste, illustrateur, graveur, décorateur.
Fils du peintre William D. et le plus jeune frère de J. Valentine D., Il vivait et travaillait à Pinner près de Londres.
Membre de l'Institut Royal des aquarellistes. Il a exposé à Londres à partir de 1878. Il obtint une médaille de bronze à l'Exposition Universelle de 1900.
Il a surtout illustré des livres, créé des ex-libris. Décorateur, il travaillait dans le style de Morris et de Burne Jones.
VENTES PUBLIQUES : LONDRES, 24 mars 1981 : *Only for a biscuit* 1887, h/pan. (12,5x21,5) : **GBP 950** – LONDRES, 1er mars 1984 : *Jeune fille à l'entrée de la roseraie*, aquar. reh. de gche (34x21) : **GBP 950** – LONDRES, 19 déc. 1991 : *L'ange-enfant*, gche et aquar. (29,9x17,2) : **GBP 1 100** – LONDRES, 8-9 juin 1993 : *Fleurs de mai* ; *Les lys*, aquar., une paire (chaque 89,5x31,5) : **GBP 5 175** – LONDRES, 4 juin 1997 : *Dans la serre*, aquar. et gche sur traits cr. (92x68) : **GBP 4 600**.

DAVIS M.
Né vers 1710. Mort le 28 janvier 1784. XVIIIe siècle. Actif à Londres. Britannique.
Graveur sur bois, illustrateur.
Il réalisa des illustrations de livres.

DAVIS Marie
Née au XXe siècle à Montréal (Canada). XXe siècle. Canadienne.
Peintre.
A exposé *Baigneuses* au Salon des Artistes Français de 1937.

DAVIS Martha, née **Cowles**
Née le 12 février 1895 à Brooklyn (New-York). XXe siècle. Américaine.
Peintre.
Son activité s'est exercée à Johnstown (Pensylvanie), où elle obtint de 1935 à 1938 des Prix décernés par l'association des Allied Artists.

DAVIS Mary, née **Halford**
Née le 22 mars 1866 à Londres. Morte le 30 octobre 1941 à Romsey (Hampshire). XIXe-XXe siècles. Britannique.
Peintre de paysages, peintre d'éventails. Postimpressionniste.
Elle fut élève de la Ridley Art School. Elle commença à exposer en 1896 à la Royal Academy de Londres, et en 1898 au Salon des Beaux-Arts.
Elle s'est surtout fait connaître pour ses peintures sur soie d'éventails et de masques.
MUSÉES : LONDRES (Tate Gal.) : masques et éventails peints.

DAVIS Mirjam F., Miss
XIXe siècle. Active à Londres. Britannique.
Peintre.
Elle expose, depuis 1884, à la Suffolk Street Gallery et à la Royal Academy, des tableaux de fleurs.

DAVIS N. Denholm
XXe siècle. Actif à Londres. Britannique.
Peintre de portraits.
Il expose à la Royal Academy de 1899 à 1904.

DAVIS Percy Charles Clement
Né le 10 mai 1867 en Angleterre. XIXe siècle. Britannique.
Aquarelliste.
Élève de la Haberdasher's School. Expose à la British Water-Colours Society, dont il est membre.

DAVIS Peter
Né en 1972. XXe siècle. Britannique.
Peintre. Abstrait.
Il vit et travaille à Londres. Il participe à des expositions collectives, notamment *Real Art – Un Nouveau Modernisme : les reflexive painters des années 90* à la Southampton City Art Gallery en 1995, dans divers musées régionaux du Royaume-Uni en 1995 et 1996, puis à Londres.
Il travaille par série, et utilise pour structurer l'espace horizontalement et verticalement des bandes adhésives, qu'il retire ensuite, sous lesquelles s'infiltrent la peinture industrielle choisie pour son « coulant ». Une trame irrégulière apparaît, anonyme. Il est l'un des représentants du *Real Art – A New Modernism*, cette tendance apparue en Angleterre dans les années 80 qui privilégie la peinture : ces artistes « s'attachent à créer des objets non figuratifs ne se référant qu'à eux-mêmes, et témoignant d'une approche structurelle et analytique du matériau peinture. Dans les œuvres, le processus physique de l'acte de peindre et la matérialité de la peinture font échec aux références et associations habituelles du spectateur » (Brian Muller).
BIBLIOGR. : Brian Muller : *Real Art – Un Nouveau Modernisme : les reflexive painters des années 90*, Art Press, n° 202, Paris, mai 1995.

DAVIS Phyllis
Née à Nottingham. XXe siècle. Britannique.
Peintre.
Elle exposa à Paris au Salon d'Automne de 1922 à 1927.

DAVIS Richard
Né le 7 décembre 1904 à New-York. XXe siècle. Américain.
Sculpteur.
Il fut élève d'Antoine Bourdelle, José Mariano de Creeft, John Flanagan. Il était membre de l'American Artists Congress et de la Société des Artistes Indépendants de New-York. Il a participé à l'Exposition Universelle de New York en 1939.

DAVIS Richard Barrett
Né en 1782 à Watford. Mort le 13 mars 1854. XIXe siècle. Britannique.

Peintre animalier, paysages.

Il fut élève d'Evans ou Eton de Bachey et de l'école de l'Académie royale. Richard Davis exposa pour la première fois en 1802. Il devint, en 1829, membre de la Société des Artistes britanniques et fut nommé peintre-animalier de Guillaume IV, en 1831.

Musées : Londres (Victoria and Albert Mus.) : *Près de Virginia Water.*

Ventes Publiques : Londres, 21 fév. 1910 : *Portraits du Capitaine et de Catton* : **GBP 10** – Londres, 12 mars 1910 : *La Chasse royale* : **GBP 45** – Londres, 16 mars 1923 : *Scène de chasse* 1807 : **GBP 23** – Londres, 15 juin 1923 : *Scène de chasse* : **GBP 65** – Londres, 23 juil. 1923 : *Scène de chasse* : **GBP 35** – Londres, 21 juil. 1927 : *La chasse au faisan* : **GBP 31** – Londres, 25 juin 1930 : *Un chasseur* : **GBP 210** – Londres, 19 déc. 1930 : *La meute de Trelewny à Dartmoor* : **GBP 89** – Londres, 16 mars 1934 : *Fermiers* 1820 : **GBP 30** – Londres, 10 mai 1935 : *La chasse de Chasborough* 1844 : **GBP 157** – Londres, 16 déc. 1935 : *Chasse aux loutres* : **GBP 5** – Londres, 7 mai 1937 : *Chasse au renard* : **GBP 6** – Londres, 29 mars 1940 : *Charles Davis à la chasse au renard* : **GBP 10** – New York, 1er mars 1945 : *Scène de chasse* : **USD 130** – Londres, 18 jan. 1946 : *Deux chasseurs* 1825 : **GBP 231** – Londres, 1er fév. 1946 : *Portrait de Ralph Lambton* : **GBP 68** – Londres, 16 juil. 1965 : *Portrait d'un chasseur à cheval et sa meute* : **GNS 5 500** – New York, 3 nov. 1967 : *Mr Shape à la chasse* : **USD 1 800** – Londres, 3 mai 1968 : *Chasseur et ses chiens* : **GNS 550** – Londres, 20 nov. 1970 : *Portrait of Sir Richard Sutton* : **GNS 850** – Los Angeles, 14 nov. 1972 : *Scène de chasse* : **USD 2 400** – Londres, 13 déc. 1972 : *Hampstead Heath* : **GBP 3 500** – Londres, 14 juil. 1976 : *Le marché aux chevaux* 1821, h/t (100x127) : **GBP 3 000** – Londres, 18 mars 1977 : *Ralph Lambton sur un cheval bai* 1836, h/t (61x72,5) : **GBP 2 500** – Londres, 21 nov. 1979 : *James John Farquharson with the Blackmore Vale Hunt*, h/t (102x127) : **GBP 13 000** – Londres, 27 mars 1981 : *Chevaux d'attelage à l'écurie* 1820, h/t (101,5x127) : **GBP 6 000** – New York, 10 juin 1983 : *James John Farquharson with the Blackmore hunt*, h/t (101,6x127) : **USD 30 000** – New York, 6 juin 1985 : *Isaac Sadler Esq. mounted on a bay hunter*, h/t (67x89) : **USD 10 000** – Londres, 11 mars 1987 : *« Black Prince » with troopers of the royal horse guard beyond* 1823, h/t (86,5x107) : **GBP 10 000** – Londres, 16 mai 1990 : *Sur la trace ; Taïaut*, h/t, une paire (chaque 19,5x24,5) : **GBP 1 540** – Londres, 11 juil. 1990 : *Isaac Sadler sur son trotteur bai avec la meute à l'arrière plan*, h/t (67x89) : **GBP 9 900** – Londres, 26 oct. 1990 : *Minos, le hound préféré du Roi*, h/cart. (12,7x17,8) : **GBP 1 650** – New York, 5 juin 1993 : *La meute en pleine action*, h/t (41,3x61) : **USD 1 495** – Londres, 13 avr. 1994 : *Deux hunters dans les dépendances d'une propriété* 1836, h/t (60,5x85,5) : **GBP 19 550** – New York, 11 avr. 1997 : *Maria, gagnante du Prix de Sommersetshire de 1828 à Bath* 1828, h/t (63,5x76,8) : **USD 10 925**.

DAVIS Rogers

Né à Hamilton (Ohio). xxe siècle. Américain.

Peintre.

Il exposa à Paris au Salon d'Automne en 1927.

DAVIS Ronald, dit **Ron**

Né en 1937. xxe siècle. Américain.

Peintre. Abstrait-minimaliste.

Il effectue des études d'ingénieur à l'Université de Laramie (Wyoming) en 1955-56, puis intègre l'Institut d'Art de San Francisco (1960-1964). Il a participé à de nombreuses expositions collectives, notamment la Documenta 4 de Kassel (1968) et la Biennale de Venise (1972). Une rétrospective de son œuvre a été organisée par le musée d'Oakland en 1976. Il est un des représentants importants des artistes de la Côte Ouest, souvent plus concernés par des modes d'expression méditatifs, par la pensée extrême-orientale. Pourtant, il fut dès l'origine de son propre travail influencé par l'œuvre de Jackson Pollock, jusque là négligée et laissée inexploitée. Il peint directement avec du plastique liquide, qui crée une surface à la fois translucide et brillante donc réfléchissante, ce qui double le plan iconique de la peinture. Il prit rapidement conscience de ce que l'art minimal, de par ses limitations radicales, en particulier la monochromie, avait épuisé ses possibilités. Il orienta alors ses propres recherches vers l'exploitation d'une troisième dimension (la profondeur) « illusionniste », ni par une extension matérielle déjà utilisée dans les sculptures minimalistes, ni par le recours à la perspective graphique classique, proscrite de la définition de la bidimensionalité, mais par les phénomènes optiques résultant du choc provoqué par la juxtaposition contrastée de plusieurs couleurs, qui paraissent se situer à des distances différentes de notre œil, fausse solution contradictoire, cette illusion chromatique ne se distinguant pas fondamentalement de la perspective graphique.

■ J. B.

Bibliogr. : J.D. Prown, B. Rose, in : *La peinture américaine de la période coloniale à nos jours*, Skira, Genève, 1969.

Musées : Seattle (Mus. d'Art) : *Frame and Beam* 1975.

Ventes Publiques : New York, 26 oct. 1972 : *Dix moitiés* : **USD 4 750** – New York, 28 mai 1976 : *Sans titre* 1968, vinyl./cart. (21,5x51) : **USD 450** – New York, 19 oct. 1979 : *Plane in vent* 1975, acryl. et pigment./t. (165x241,3) : **USD 7 750** – New York, 16 mai 1980 : *Corner shower* 1969, plâtre, polyester, rés. et pigment (132x350) : **USD 10 000** – New York, 4 mai 1982 : *Sans titre* vers 1970, rés. de polyester et fibre de verre (132x345,5) : **USD 9 500** – New York, 2 nov. 1984 : *Wedge wave* 1978, acryl./t. (176,5x166,5) : **USD 15 000** – New York, 27 fév. 1985 : *Double frame* 1972, fibre de verre (123,8x335,3x2.5) : **USD 6 500** – New York, 12 nov. 1986 : *Dodecagon Ring* 1976-1977, acryl./t. (166,7x238,8) : **USD 28 000** – New York, 21 fév. 1987 : *Six-Ninths yellow* 1966, rés. de polyester et fibre de verre (184,1x334,2x7,6) : **USD 15 000** – New York, 4 mai 1989 : *Tranche de diamant* 1975, acryl. et craies de coul./t. (213,3x162,5) : **USD 16 500** – New York, 23 fév. 1990 : *Dalle plate* 1970, vernis, fibre de verre et rés. (127x254,4) : **USD 15 400** – New York, 12 juin 1991 : *Sans titre*, rés. de polyester et fibre de verre (134,6x345,4) : **USD 660** – New York, 17 nov. 1992 : *plaque plate* 1970, vernis, fibre de verre et rés. (127x354,4) : **USD 4 400** – New York, 20 nov. 1996 : *Lumière intérieure* 1969, rés. de polyester/fibre de verre (143,5x345,4x5,4) : **USD 8 050**.

DAVIS Samuel P.

Né le 7 juillet 1846 à Schenectady (New York). xixe siècle. Américain.

Sculpteur sur bois.

Il était l'élève de John P. Davis et de A. V. S. Anthony. Il travaillait à Brooklyn. Il exposa à Berlin en 1891, à l'Exposition Internationale et à Paris en 1900, et obtint des distinctions à Chicago en 1893 et à Buffalo en 1901.

DAVIS Sara

xixe siècle. Britannique.

Peintre de miniatures.

Elle exposa de 1846 à 1855 à la Royal Academy, et à la Suffolk Street Gallery.

DAVIS Stark

Né le 13 mai 1885 à Boston (Massachusetts). xxe siècle. Américain.

Peintre.

Il fut membre à Chicago d'un club *Palette et Ciseau* et de la Société des Peintres et Sculpteurs. En 1924, il obtint le Prix Eisendrath de l'Art Institute de Chicago.

DAVIS Stuart

Né le 7 décembre 1894 à Philadelphie (Pennsylvanie). Mort le 24 juin 1964 à New York. xxe siècle. Américain.

Peintre de compositions animées. Postcubiste, puis abstrait.

Son père était directeur de journal et caricaturiste. Après avoir été élève de Robert Henri, ami de son père, à New York, il subit un temps l'influence de l'œuvre de Toulouse-Lautrec et de celle de Steinlen dans des dessins à caractère « social » saisis dans les quartiers populaires de Chinatown, du Bowery, de Brooklyn Bridge, dans les bals et cabarets populaires. Dès 1910, il donnait des dessins à la *Philadelphia Press*, puis à *The Masses*. A l'époque de l'École de la Poubelle (Ash Can School), il fut séduit mais non enrôlé, et, dans sa peinture, il avait adopté la technique impressionniste qu'il appliquait aux paysages et marines de la Nouvelle-Angleterre et du Gloucester. En 1913, âgé de dix-neuf ans, il était déjà suffisamment connu pour être invité à exposer cinq aquarelles à l'exposition historique de l'*Armory Show*, qui marqua la véritable entrée de l'art moderne européen en Amérique, entrée et non pénétration le public américain y étant resté indifférent sinon indigné. Seuls quelques artistes, dont Stuart Davis définitivement, en furent profondément remués. Cette révélation entraîna pour Stuart Davis une réaction de déception envers l'enseignement de Robert Henri et l'exemple de l'Ash Can School, et un refus absolu de rallier les réalistes régionalistes qui tentaient d'élaborer un art typiquement américain par les clichés les plus académiques. Dans un premier temps, Stuart Davis fut pour sa part influencé par l'œuvre de Van Gogh. Dans le mépris où le public tenait alors ses seuls artistes prospectifs, les Patrick Henry Bruce, Morgan Russell, Marsden Hartley, Macdonald Wright, et d'autres, non indignés de leurs homologues européens, réduits à la misère ou à renoncer, la forte personnalité de Stuart Davis persista désormais à proclamer la modernité, et bientôt pratiquer, promulguer et célébrer post-cubisme, puis abstraction. Il n'abandonnait pas pour autant l'idée, alors obsessionnelle chez les artistes américains, de fonder un art typiquement américain, mais pas du tout par les moyens des réalistes régionalistes. De l'enseignement de Robert Henri, il garda l'habitude de déambulations et observations dans les rues et lieux publics, en rapportant des croquis de tout ce qui lui apparaissait comme typique du mode de vie américain, d'autant qu'alors il travaillait comme dessinateur et illustrateur de presse à la revue *Masses*. Les lumières de la ville, le dynamisme de son fonctionnement humain et mécanique, le gigantisme de ses édifices, transcrits en équivalences plastiques, constituèrent les thèmes de sa célébration de la modernité. Au moment où débutait la Première Guerre mondiale, Stuart Davis peignait déjà d'estimables compositions cubistes, tendant à l'abstraction. En 1916, il quitta son emploi à *Masses* pour se consacrer totalement à la peinture. Il fit sa première exposition personnelle en 1917. En 1918, il fut dessinateur de cartes géographiques pour l'armée. Après la guerre, il se confirma comme étant le peintre américain le plus concerné par le cubisme, d'ailleurs plus ou moins délaissé en France par ses créateurs, et singulièrement influencé par le sens de la modernité exprimé par la peinture de Fernand Léger, qui lui semblait être « le peintre le plus américain des peintres de notre temps ». En 1928, il vint à Paris et y séjourna pendant deux années, exposant au Salon des Artistes Indépendants. De retour à New York, à partir de 1931 il enseigna à l'Art Student's League, de 1933 à 1940 il exerça des fonctions officielles, puis enseigna à la New School for Social Research. En 1935, le Whitney Museum for American Art se décida enfin à montrer une exposition consacrée à la peinture abstraite américaine. Stuart Davis en écrivit la présentation, qui lui fut une occasion supplémentaire d'affirmer et d'argumenter que l'art devait témoigner de la modernité et que la modernité en art se situait dans le cubisme et l'abstraction. Dans les années trente, commandées par le « WPA » (Work Projects Administration), organisme fédéral qui fournit du travail aux artistes pendant la période de récession, il peignit des grandes décorations murales pour des édifices publics, dont celle sur le thème du jazz destinée à la station de radio « WNYC ». À l'occasion de l'Exposition Universelle de New York en 1939, Stuart Davis reçut du WPA, la commande d'une peinture murale illustrant *L'Histoire des Communications*. Dès 1945, son importance dans l'art américain fut consacrée par une exposition rétrospective au Musée d'Art Moderne de New York. Il connut ensuite une carrière brillante, jalonnée de commandes officielles, de très nombreuses participations aux grandes manifestations internationales, telles : Biennale de Venise 1952, 1956, Biennale de São Paulo 1951, etc., y recevant de nombreuses distinctions.

À la suite du choc qu'il avait ressenti au contact des œuvres européennes figurant à l'exposition de l'Armory Show, où lui-même montrait quelques aquarelles, dans les premières années de la guerre de 1914-1918, puis dans les années qui suivirent, il peignait des œuvres nettement cubisantes, tendant à l'abstraction. Dès les premières années vingt, il réalisa des peintures à caractère abstrait, intégrant des marques, affiches et étiquettes de produits commerciaux. La peinture *Lucky Strike* de 1921, est constituée d'éléments prélevés du paquet de cigarettes de la marque, et notamment pour la première fois de chiffres et de lettres, qu'il utilisera souvent ensuite, leur conférant la monumentalité de l'agrandissement partiel ou entier. Étiquettes publicitaires aux couleurs franches, chiffres et lettres, seront repris quarante ans plus tard dans le pop art des années soixante, dont Stuart Davis a été considéré comme un précurseur. De par la facture nette et géométrisée de ses peintures, il a pu aussi être revendiqué en tant que précurseur du « Hard Edge » des années cinquante-soixante. En 1927-1928, il peignit exclusivement la série fameuse des *Batteurs à œufs, Ventilateurs électriques, Gants de caoutchouc*, premières peintures relativement abstraites, aux plans en aplats, formes nettement découpées, angles et courbes géométriques, où l'on reconnaît l'influence de la facture précise de Charles Demuth, la parenté avec les peintures mécanistes de Fernand Léger et les abstractions géométriques européennes du moment. Dans les peintures datant des deux années passées à Paris et ayant fait suite au séjour, il réintroduisit, en une sorte de « collage » qui restera caractéristique de l'ensemble de son œuvre, des détails prélevés avec plaisir et humour du décor parisien, kiosques, tables de café, lettres publicitaires, toutefois aplanis et soumis à la logique formelle de l'infrastructure abstraite. D'ailleurs, on peut avancer que pour Stuart Davis, et de loin pas seulement pour lui, l'abstraction consistait bien plus dans un raisonnement et une discipline concernant la forme plastique, que dans une sorte de superstition proscrivant absolument la réalité. Dans *La salière* de 1931, il utilisait encore des « points de repère » prélevés de la réalité extérieure. Ces éléments empruntés à la réalité vont se disloquer peu à peu jusqu'à perdre leur identité reconnaissable et se fondre dans les parties et l'ensemble de grandes compositions plus abstraites, par exemple le *Swing Landscape* de 1938, que l'on peut considérer comme le véritable point de départ de sa période purement abstraite. Dans les années quarante, sans doute sous l'influence de Matisse venue compléter celles du cubisme et de l'abstraction, il éclaircit sa palette et surtout exploita les couleurs les plus franches et les plus vives, dans des compositions très inventives, caractérisées par un évident dynamisme rythmique et une formidable gaîté chromatique.

Son long et constant cheminement dans l'esthétique post-cubiste l'a désigné tout particulièrement pour être l'un des précurseurs de la peinture moderne et de l'art abstrait américain. Ce ne fut pas par hasard que lui advinrent les amitiés de Ad Reinhardt, David Smith, Arshile Gorky qui en 1931 dans un article le citait aux côtés de Léger, Picasso, Miro, Kandinsky, parmi les inventeurs de « l'art propre de ce siècle ». Il a su garder, au long de sa carrière, sa personnalité bien marquée, tout en se montrant exceptionnellement sensible aux courants les plus vivants de l'évolution de la peinture contemporaine. Stuart Davis fut un des tout premiers artistes américains à avoir fondé son œuvre sur l'apport des grands mouvements cubiste et abstrait du début du siècle en Europe, tout en les fondant dans une forme spécifique du monde américain. La caractéristique la plus frappante de son œuvre dans son ensemble, paraît être l'inspiration constante puisée dans tous les aspects de la vie américaine, dont il a lui-même écrit : « Pendant tant d'années, j'ai aimé le spectacle dynamique de l'Amérique, toutes mes peintures s'y rapportent, toutes sont nées de l'élan qu'il m'a donné ».

■ Jacques Busse

Bibliogr. : Ritchie : *Abstract Painting and Sculpture in America*, New York, 1951 – J.D. Prown, Barbara Rose : *La peinture américaine de la période coloniale à nos jours*, Skira, Genève, 1969 – in : *Les Muses*, Grange Batelière, Paris, 1971 – in : *Diction. Univers. de la Peint.*, Robert, Paris, 1975 – Jérôme Coignard : *La longue marche de l'art américain*, in : Beaux-Arts, Paris, janvier 1992.

Musées : Bloomington (Indiana University Art Mus.) : *Paysage swing* 1938 – Fort-Worth (Amon Carter Mus.) : *Blips and Ifs* 1963 – Hartford, Connecticut (Wadsworth Atheneum) : *Midi* 1954 – New York (Metropolitan Mus. of Art) : *Edison-Mazda* 1924 – New York (Mus. of Mod. Art) : *Lucky Strike* 1921 – *La salière* 1931 – *Visa* 1951 – New York (Whitney Mus.) : *Place Pasdeloup* 1928 – *The Paris Bit* 1959 – New York (Guggenheim Mus.) – Palm Beach West (Norton Gal. of Art) : *New York Mural* 1932.

Ventes Publiques : New York, 18 mai 1960 : *Composition avec un polygone rouge* : **USD 950** – New York, 11 avr. 1962 : *La pompe à essence* : **USD 2 600** – New York, 11 avr. 1963 : *Vue d'une ville de province*, aquar. : **USD 425** – New York, 19 oct. 1967 : *New York* : **USD 28 000** – New York, 4 mars 1970 : *Étude pour Package Deal*, gche : **USD 16 000** – New York, 13 déc. 1972 : *Sail Loft* : **USD 19 000** – New York, 28 oct. 1976 : *Étude pour Allée, n° 2* 1954-1955, gche/pap. (20,3x30,5) : **USD 7 250** – New York, 21 avr. 1977 : *Yellow Cafe*, h/t (30,5x43) : **USD 5 250** – New York, 27 oct. 1977 : *Bois*, gche (25,4x29,2) : **USD 6 500** – New York, 9 nov. 1977 : *Bass Rocks* 1939, sérig. en coul. (21,5x29,5) : **USD 1 600** – Londres, 14 fév. 1978 : *Pan* 1906, h/t (123x178) : **GBP 1 900** – New York, 20 avr. 1979 : *Red brick buildings* vers 1931-1932, gche (29,1x43,2) : **USD 20 000** – New York, 25 oct. 1979 : *G & W* 1944, h/t (48,2x30,5) : **USD 35 000** – Lyon, 16 déc. 1979 : *Theater on the beach* 1931, litho. (28x28) : **USD 3 100** – New York, 20 avr 1979 : *Nature morte* 1925, pl. (36,2x53,3) : **USD 7 500** – New York, 27 mars 1981 : *A Greenwich village novelist* 1923, pl. et gche/pap. (38,1x45,6) : **USD 800** – New York, 24 avr. 1981 : *Spring blossoms* 1931, h/t (56,5x92) : **USD 65 000** – New York, 30 sep. 1982 : *Town with boats*, gche, encre et cr. (30,4x39,8) : **USD 8 000** – New York, 3 juin 1983 : *Town and country* 1959, h/t (25,4x25,5) : **USD 70 000** – New York, 15 nov. 1983 : *Rue des Rats* 1928-1929, litho. (25,7x38,8) : **USD 2 000** –

New York, 1er juin 1984 : *Composition*, gche/cart. (28x35,6) : **USD 45 000** – New York, 29 mai 1986 : *Nature morte* 1925, pl. et encre (36,9x53,4) : **USD 22 000** – New York, 3 déc. 1987 : *Egg-beater n° 5* 1930, gche et encre/pap. (55,9x35,6) : **USD 90 000** ; *Anchors* 1930, h/t (55,8x81,6) : **USD 200 000** – New York, 26 mai 1988 : *Souterrain*, gche et cr./pap. (30,2x40,4) : **USD 71 500** – New York, 24 juin 1988 : *Paysage près de Gloucester avec coq et canards*, h/t (45,7x56,4) : **USD 17 600** – New York, 1er déc. 1988 : *Étude pour Place des Vosges* 1929, encres et cr./pap. (67,3x85,7) : **USD 68 750** – Londres, 17 mars 1989 : *Nymphes dans un jardin*, h/t (112,4x174) : **GBP 13 200** – New York, 30 nov. 1989 : *Vie nocturne* 1962, h/t (61x81,3) : **USD 880 000** – New York, 1er déc. 1989 : *Ciel de New York*, gche/cart. (38,7x50,8) : **USD 88 000** – New York, 27 sep. 1990 : *Paysage de Gloucester avec un coq et des canards* vers 1915, h/t (47x57,5) : **USD 20 900** – New York, 17 déc. 1990 : *Canotage* 1912, aquar. et cr./pap. (24,8x36,9) : **USD 7 700** – New York, 3 déc. 1992 : *Étude pour un emballage*, gche/pap. (33,7x30,5) : **USD 60 500** – New York, 4 déc. 1992 : *Souvenir synthétique* 1941, h/t (22,6x30,7) : **USD 110 000** – New York, 25 mai 1994 : *Artiste en quête d'un modèle* 1931, temp./pap. (26x45,7) : **USD 68 500** – New York, 30 nov. 1995 : *Abstraction en haute tonalité* 1931, gche/pap. (29,3x23,5) : **USD 54 050** – New York, 25 mars 1997 : *Homme et Femme* 1926, gche et craie/pan. (30,5x22,2) : **USD 8 050** – New York, 5 juin 1997 : *Petits bateaux à l'ancre*, gche/pap. (29,8x34,2) : **USD 68 500**.

DAVIS Stuart G.
xixe siècle. Actif à Londres. Britannique.
Peintre de genre.
Il expose dès 1893 à la Royal Academy.

DAVIS Tyddelsey ou **Tyddesley R. T.**
xixe siècle. Britannique.
Peintre de scènes de chasse, sujets de sport, animaux, paysages.
Il travailla à Brighton, Oxford et Ruabon (Galles), et exposa de 1831 à 1857 à la British Institution.
Ventes Publiques : Londres, 30 mai 1932 : *Scène de chasse* : **GBP 17** – Londres, 25 mai 1934 : *Chasseur* 1826 : **GBP 16** – Londres, 13 nov. 1996 : *Cheval de course bai tenu par son entraîneur avec un jockey dans un paysage* 1827, h/t (76x89) : **GBP 16 675**.

DAVIS Val. Voir **DAVIS J. Valentine**

DAVIS W. Paul
xixe-xxe siècles. Britannique.
Peintre.
Il exposa dès 1881 des peintures de genre à la Royal Academy.

DAVIS Warren B.
Né en 1865. Mort en 1928. xixe-xxe siècles. Américain.
Peintre de nus, portraits, paysages animés.
Il traite souvent des nus posant dans des paysages.
Ventes Publiques : New York, 22 mars 1978 : *Nu*, h/t (40,6x30,5) : **USD 2 750** – New York, 21 oct. 1983 : *Nu au bord de l'eau*, h/cart. (36,2x25,4) : **USD 1 300** – Washington D. C., 28 sep. 1986 : *Nu assis au bord de la rivière*, h/cart. (25,3x20,2) : **USD 2 200** – New York, 28 sep. 1989 : *La musique*, h/t (41x31) : **USD 3 080** – New York, 14 fév. 1990 : *Reflets*, h/t. cartonnée, une paire (chaque 27x22,5) : **USD 3 850** – New York, 14 nov. 1991 : *Nu féminin drapé*, h/t/cart. (35,5x26) : **USD 935** – New York, 12 mars 1992 : *Nu sur un rocher*, h/t (61x81,5) : **USD 6 600** – New York, 26 mai 1993 : *Traversée d'un carrefour à New York*, h/t (40,5x55,8) : **USD 10 925** – New York, 28 nov. 1995 : *Portrait de Emma Fenton Voorhees* 1888, h/t (91,4x61) : **USD 5 980**.

DAVIS Wayne Lambert
Né le 3 janvier 1904 à Oak Park (Illinois). xxe siècle. Américain.
Peintre, graveur, illustrateur.
Il fut élève de l'Art Student's League de New York. Il a surtout réalisé des illustrations pour magazines, créé des affiches, etc.
Ventes Publiques : New York, 28 nov. 1995 : *Dégagement de la piste*, aquar./pap. (47x57) : **USD 690**.

DAVIS William
Né début août 1812 à Dublin. Mort le 22 avril 1873 à Londres. xixe siècle. Britannique.
Peintre de genre, portraits, animaux, paysages.
Après avoir étudié à l'Académie des Arts de Dublin, il s'établit d'abord à Liverpool, où il fut peintre de portraits. Peu de temps après, il fut élu membre de l'Académie de Liverpool et chargé d'un cours de peinture. À ce moment, il se consacra entièrement au paysage. L'Académie de Liverpool couronna plusieurs artistes préraphaélites encourageant ainsi ces artistes à présenter leurs travaux dans cette ville. Davis eut ainsi l'occasion de voir ces peintures et développa son propre style dans les années 1850. Ses peintures étaient fort appréciées dans les cercles préraphaélites et il exposa avec le Hogarth Club. Peu soutenu par les critiques londoniens, refusant de vendre à des marchands, ses amis le nommaient « l'un des plus malchanceux des artistes d'Angleterre ». Il exposa, en 1851, à la Royal Academy et, en 1862, à l'Exposition Internationale.
Ses paysages témoignent d'une réelle connaissance de la nature.
Musées : Liverpool : *À Hale, Lancashire – Gibier – Champ de blé – Faisans – Canard*.
Ventes Publiques : Londres, 13 mars 1909 : *Paysage du Loch Long ; Sur le rivage, Loch Eck, Argyllshire* : **GBP 11** – Londres, 15 juil. 1910 : *Près de Ardeninny, Argyllshire* : **GBP 8** – Londres, 17 mars 1922 : *La récolte de l'avoine* : **GBP 8** – Londres, 20 fév. 1931 : *Champ de foin* : **GBP 3** – Londres, 15 déc. 1972 : *Paysage* : **GNS 600** – Londres, 9 mars 1976 : *Millfield Lane Highgate*, h/t (29x44) : **GBP 400** – Londres, 14 juin 1977 : *Port Bannatyne, isle of Bute*, h/t (30x47) : **GBP 1 600** – Londres, 20 juil. 1979 : *Vue de la Mersey*, h/t (28x39) : **GBP 1 600** – Londres, 21 juin 1983 : *Troupeau de moutons dans un paysage*, h/t (33x51) : **GBP 2 500** – Londres, 16 mai 1986 : *Scène de labour*, h/t (35x52) : **GBP 5 000** – Londres, 2 juin 1989 : *Champs de blé*, h/cart. (31,1x49,5) : **GBP 4 400** – Londres, 21 mars 1990 : *Le moulin de Ditton dans le Lancashire*, h/t (26x33) : **GBP 5 500** – Londres, 12 nov. 1992 : *Enfant gravant son nom sur un tronc d'arbre*, h/t (26,5x24,5) : **GBP 5 500** – Londres, 27 mars 1996 : *Journée ensoleillée*, h/t (30,5x46) : **GBP 4 140**.

DAVIS William Arthur
Né à Florence, de parents anglais. xixe siècle. Britannique.
Sculpteur de bustes.
Actif dans la seconde moitié du xixe siècle. Exposant du Salon des Artistes Français. Mention honorable en 1891.
Ventes Publiques : Norfolk (Angleterre), 23 oct. 1986 : *Buste d'homme* 1889, bronze (H. 43) : **GBP 1 600**.

DAVIS William Henry
xixe siècle. Britannique.
Peintre animalier.
Il vécut et travaillait à Londres. Il exposa dès 1803 et jusqu'en 1849 à la Royal Academy, à la British Institution et à Suffolk Street Gallery.
Ventes Publiques : New York, 10 juin 1983 : *Troupeau dans un paysage* 1841, h/t (69,2x99,7) : **USD 3 000** – New York, 7 juin 1985 : *Trois lévriers dans un paysage* 1834, h/t (63,5x76) : **USD 9 000** – Londres, 22 juil. 1986 : *A prize Hereford bull* 1860, h/t (52x67) : **GBP 2 400** – Londres, 28 fév. 1990 : *Un taureau Shorthorn primé dans un paysage* 1842, h/t (52x64) : **GBP 1 100** – York (Angleterre), 12 nov. 1991 : *Un hunter gris pommelé dans son écurie* 1815, aquar. (27x35) : **GBP 682** – Londres, 10 avr. 1992 : *Une vache Durham dans un paysage* 1857, h/t (53,3x69,2) : **GBP 3 080** – Londres, 14 juil. 1993 : *Le marquis de Alglesey chassant pendant sa promenade*, h/t (60,5x75,5) : **GBP 11 040** – Londres, 12 avr. 1995 : *Une vache primée dans un paysage* 1868, h/t (52x67,5) : **GBP 3 450** – Londres, 5 juin 1997 : *Un taureau Longhorn dans un paysage* 1859, h/t (62,8x75,6) : **GBP 3 220**.

DAVIS William Moore
Né en 1829. Mort en 1920. xixe-xxe siècles. Américain (?).
Peintre de paysages, peintre à la gouache.
Ventes Publiques : New York, 22 oct. 1982 : *Cider making, Stony brook*, h/t (39,5x61) : **USD 60 000** – New York, 3 juin 1983 : *Clamming, Long Island*, h/t (30,7x41) : **USD 7 500** – New York, 1er oct. 1987 : *Fleurs de pommier*, h/pap. mar./cart. (17,8x16,8) : **USD 7 500** – New York, 30 sep. 1988 : *Le phare*, gche/pap. (38,8x52) : **USD 3 300** – New York, 28 sep. 1989 : *Cour de ferme*, h/t (36x56,6) : **USD 16 500**.

DAVIS William Stuple
xxe siècle. Travaillant à Orient, Long Island (New York). Américain.
Peintre de marines, graveur.

DAVISON Jeremiah. Voir **DAVIDSON Jeremiah**

DAVISON Minnie Dibden, Miss
xixe siècle. Britannique.
Peintre de genre, portraits, paysages, miniaturiste.
Elle exposa des portraits et des scènes de genre depuis 1893 à la Royal Academy de Londres.

Ventes Publiques : Londres, 15 juin 1988 : *Près d'un ruisseau en été*, h/t (30,5x41) : **GBP 2 310**.

DAVISON Nora, Miss
XIXe siècle. Britannique.
Peintre de paysages, marines, aquarelliste.
Elle exposa de 1881 à 1899 à la Suffolk Street Gallery et à la Royal Academy de Londres.
Ventes Publiques : Londres, 5 juin 1985 : *Le « Tobique » arrivant dans le port de Bristol*, aquar. reh. de gche (53,5x24,5) : **GBP 400** – Londres, 31 mai 1989 : *Le « Tobique » de St John dans le New Brunswick*, aquar./pap. (51x34) : **GBP 1 650**.

DAVISON Thomas Raffles ou **Ruffles**
XIXe-XXe siècles. Britannique.
Dessinateur de sujets religieux.
Actif à Manchester. Il expose dès 1877 à la Royal Academy de Londres.
Ventes Publiques : New York, 31 mars 1984 : *Agar* 1918 : **USD 1 700**.

DAVISON William
XIXe siècle. Actif à Londres. Britannique.
Peintre de portraits, paysages.
Il exposa souvent de 1813 à 1843 à la British Institution et à la Royal Academy.

DAVOINE Françoise
Née en 1926 à Paris. XXe siècle. Française.
Peintre de paysages, animalier, pastelliste, lithographe. Expressionniste.
Elle ne commença à peindre et dessiner qu'à partir de 1975. Elle expose depuis 1986, dans des expositions collectives ou bien montre des ensembles de ses pastels, sanguines, peintures, par exemple dans le cadre du Grand Salon du Chat à Nancy ou au Pavillon Baltard de Nogent-sur-Marne, à Montbard à l'occasion de la célébration du bicentenaire de la mort de Buffon ou encore à Saint-Sauveur-en-Puisaye autour de Colette, etc.
Elle peint les paysages du Morvan, des animaux acteurs de scènes champêtres, et ses propres chats dans des couleurs exacerbées et des attitudes insolites, très éloignées des gracieusetés habituelles du genre.

DAVOINE Jean Irénée, dit **René**
Né le 14 octobre 1888 à Charolles (Saône-et-Loire). Mort le 23 mars 1962 à Charolles (Saône-et-Loire). XXe siècle. Français.
Sculpteur de figures, sujets de genre.
Il fut élève de l'École des Beaux-Arts de Buenos Aires (Argentine). Il exposait à Paris, au Salon des Artistes Français, sociétaire dès 1925, troisième médaille 1927, deuxième médaille 1937 lors de l'Exposition Universelle.
Il a sculpté surtout le bois, pour des statues religieuses : *Bienheureuse Bernadette*, et des sujets allégoriques ou de genre : *L'Opprimée, Fin de sonate*.

DAVOINE Jeannie, Mme, née **de Saint-Père**
XIXe siècle. Active à Paris. Française.
Peintre.
Sociétaire des Artistes Français à partir de 1896.

DAVOLIO Girolamo
XVIIIe siècle. Actif à Reggio. Italien.
Graveur.
En 1780, il grava le catafalque des funérailles de François III dans la cathédrale de Reggio.

DAVOUST Émile Hilaire
Né au XIXe siècle à Orléans. XIXe siècle. Français.
Peintre de paysages, graveur.
Élève de MM. Wachsmuth, Chouppe et Lalanne. Il débuta au Salon de 1877 avec : *La Trinité* (fusain).

DAVOUST Léon Louis
Né au XIXe siècle à Paris. XIXe siècle. Français.
Peintre de paysages, architectures, aquarelliste.
Élève de M. André et de l'École des Beaux-Arts. Il débuta au Salon de 1877 avec : *Avignon, vu de l'île de la Barthelasse*, aquarelle. Sociétaire des Artistes Français à partir de 1890. Il était aussi architecte.
Ventes Publiques : New York, 19 jan. 1995 : *Projets architecturaux*, aquar., une paire (49,5x61,6 et 48,6x61,6) : **USD 2 300**.

DAVRANCE Jean Jacob
XVIIIe siècle. Actif à La Haye. Hollandais.
Peintre.
Il reçut une médaille d'or en 1784 des mains du prince Statthouder.

DAVRAY Henri Charles
Né au XIXe siècle à Rennes (Morbihan). XIXe siècle. Français.
Peintre de paysages, aquarelliste.
Élève de C. de Cock. Il débuta au Salon de 1879 avec : *En Normandie*.

DAVRIL Étienne
XVIIIe siècle. Français.
Sculpteur.
Il fut nommé membre de la gilde de Paris en 1775 et vivait encore en 1786.

DAVRIL Eugène
Né au XIXe siècle à Douai. XIXe siècle. Français.
Sculpteur.
Élève de M. Lequien fils. Il débuta au Salon de 1878 avec : *Portrait*, buste en plâtre.

DAVRIL François
XXe siècle. Français.
Peintre de nus, paysages.
Il exposa à Paris au Salon des Indépendants dès 1937.

DAVRING Henri, pseudonyme de **Davringhausen**
Né en 1900 à Aix-la-Chapelle. XXe siècle. Depuis environ 1945 actif aussi en France. Allemand.
Peintre. Abstrait-géométrique.
Il fut élève de l'Académie des Beaux-Arts de Düsseldorf et de Wilhelm Eckstein. Alors sous le nom de Davringhausen, il participa au Novembergruppe à Berlin, aux expositions importantes de peinture allemande jusqu'en 1933. Ses peintures furent exposées par les nazis dans le contexte de l'« art dégénéré ». Il s'exila d'abord en Espagne, où il passa plusieurs années, puis en Suisse, et en France où il se fixa. À Paris, il a figuré en 1949 au Salon des Réalités Nouvelles. Il y a montré des expositions personnelles de ses peintures en 1949, 1950, 1955.
Sa peinture est fondée sur la combinaison de lignes droites coupées de quelques courbes. Ces intersections déterminent des surfaces simples, de l'ordre du segment de cercle plein. Dans l'esprit de recherches du Bauhaus, les accords de couleurs qu'il mettait en œuvre induisaient des connotations cinesthésiques.
Bibliogr. : In : *Diction. de la peint. abstraite*, Hazan, Paris, 1957.
Ventes Publiques : Londres, 6 déc. 1983 : *L'homme en habit*, h/t (66x66) : **GBP 4 500** – Paris, 26 oct. 1988 : *Composition* 1960, gche (51x65) : **FRF 6 000**.

DAVROUT Gustave Fernand
Né au XXe siècle à Thiennes (Nord). XXe siècle. Français.
Peintre de paysages.
Élève de Pharaon et Winter. A exposé au Salon des Artistes Français de 1936.

DAVY
XVIIIe siècle. Actif à Angers. Français.
Peintre.

DAVY Marin
XVIIe siècle. Actif à Beaufort-en-Vallée. Français.
Peintre.

DAVY Myra
Née en Roumanie. XXe siècle. Roumaine.
Peintre.
A exposé à Paris en 1947.

DAVY Robert
Né vers 1735 à Collumpton. Mort le 28 septembre 1793. XVIIIe siècle. Britannique.
Peintre de portraits.
Il exposa à Londres à la Royal Academy et à la Society of Artists entre 1762 et 1782.
Ventes Publiques : Londres, 19 fév. 1930 : *Portrait d'un gentilhomme* 1778 : **GBP 14**.

DAWANT Albert Pierre
Né le 21 septembre 1852 à Paris. Mort le 18 avril 1923 à Paris. XIXe-XXe siècles. Français.
Peintre d'histoire, scènes de genre, portraits, illustrateur.
Élève de J.-P. Laurens. Il fit partie du comité du Salon. Médaille

d'or à l'Exposition Universelle de 1889. Commandeur de la Légion d'honneur. A illustré *Cinq-Mars* et *Histoire d'un crime.*

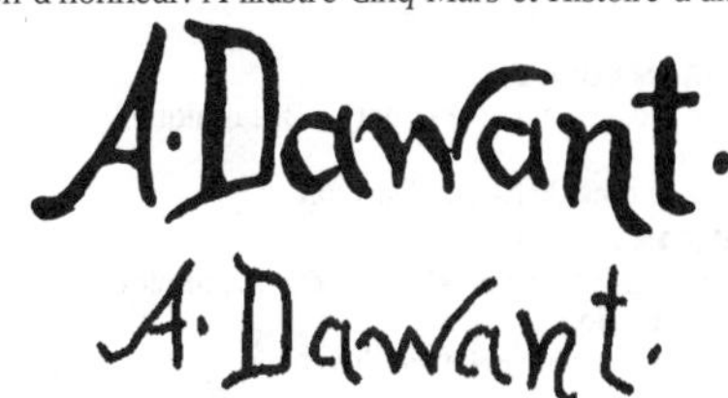

Musées : Agen : *Henri IV à Canossa* – Amiens : *Sauvetage* – Nantes : *Fin de messe à Einsideln* – New York : *Embarquement d'émigrants* – Paris (Mus. d'Art Mod.) : *Une maîtrise d'enfants* – *Portraits* – Quimper : *Mort du commandant du Couedic* – Rochefort : *Enterrement d'Invalides* – Roubaix : *En Alsace* – Rouen : *Le maréchal Lannes au couvent de Saint-Polten* – *Saint-Bonaventure et la pourpre cardinalice* – Toulouse : *Barque de misère* – Valenciennes : *Dans la mort* – *Sébastopol.*

Ventes Publiques : Paris, 15 fév. 1907 : *Vêpres*, grisaille : **FRF 105** – New York, 21 et 22 jan. 1909 : *Le Cabaret* : **USD 120** – New York, 31 oct. 1968 : *Portrait de Meissonier* : **USD 400** – Londres, 4 juin 1970 : *La chorale* : **GNS 130** – New York, 21 jan. 1978 : *Les vieux retraités* 1882, h/t (53x66) : **USD 2 800** – Monaco, 16 juin 1990 : *Scène d'assemblée*, h/t (90x72) : **FRF 44 400.**

DAWBARN Joseph Yelverton

Né au xixe siècle à Cambridge. xixe siècle. Britannique.

Peintre de genre, paysages.

Élève de Bouguereau et de Robert Fleury à Paris. Actif de 1890 à 1930, il travailla essentiellement à Liverpool, où Il exposa régulièrement. Il présenta aussi ses œuvres à Londres, à la Royal Academy, à partir de 1897.

Musées : Liverpool : *Oppidi Opulentiae* – *Le mont Saint-Michel* – *Dimanche dans un village de pêcheurs hollandais* – Liverpool (Gal. Rochdale) : *Les faneuses.*

Ventes Publiques : Londres, 1er mars 1984 : *Pêcheurs examinant des filets* 1901, aquar. et cr. (16x16) : **GBP 600** – Londres, 26 sep. 1985 : *Vue de Paris et de la vallée de la Seine* 1890, h/t (100x150) : **GBP 750** – Londres, 2 nov. 1989 : *Avignon*, h/t (45,8x91,5) : **GBP 1 650** – Édimbourg, 13 mai 1993 : *Le marché aux fruits de Ypres* 1919, aquar. avec reh. de blanc (47,6x59) : **GBP 1 430.**

DAWE Elizabeth

Née sans doute en Italie. xviiie-xixe siècles. Britannique.

Miniaturiste.

On connaît de cette artiste un *Autoportrait à la Lyre*. Elle vécut en Angleterre.

DAWE George

Né le 8 février 1781 à Londres. Mort le 15 octobre 1829 à Kentish Town (près de Londres). xixe siècle. Britannique.

Peintre de portraits, graveur.

Fils de Philip Dawe, le graveur à la manière noire. Ce dernier lui apprit son métier, mais George l'abandonna pour la peinture, après avoir exécuté plusieurs planches d'un grand mérite. Il avait déjà acquis une grande renommée lorsqu'il partit pour la Russie, où l'empereur Alexandre lui fit peindre environ quatre cents portraits des chefs de l'armée russe qui, avec l'aide du froid, avaient vaincu Napoléon. Il fut nommé premier peintre de la cour de Russie. Dawe visita les différentes cours d'Europe et la plupart des souverains posèrent devant lui. Après ces voyages, il revint à Londres. Il fut présenté à George IV, mais il mourut six semaines après son retour et fut enterré dans la cathédrale Saint-Paul.

Il prit part à différentes expositions, entre les années 1804 et 1828, fut nommé associé de la Royal Academy en 1809 et académicien en 1814. Ses portraits sont ressemblants, mais peu expressifs. On affirme qu'il mourut très riche.

Musées : Londres (Nat. Portrait Gal.) : *Princesse Charlotte Augusta de Galles avec son mari* – *Même sujet* – Moscou (Roumianzeff) : *Le portrait de l'amiral, comte N. S. Mordvinoff* – *Portrait du prince Madatoff* – *Fragment d'une statuette d'Égypte* – Nottingham : *Portrait de l'artiste.*

Ventes Publiques : Londres, 23 mars 1910 : *Portrait d'une dame en robe jaune* : **GBP 5** – Londres, 23 mars 1923 : *Dame en « Hébé »* : **GBP 17** – New York, 30-31 oct. 1929 : *Dame en robe blanche* : **USD 100** – Londres, 18 déc. 1931 : *Le grand-duc Michel de Russie* 1824 : **GBP 9** – Londres, 24 juin 1932 : *La princesse Charlotte* : **GBP 26** – Londres, 20 nov. 1933 : *Mrs White* 1809 : **GBP 10** – Londres, 17 juil. 1935 : *Mrs Sperling* 1816 : **GBP 25** ; *Mrs Brereton* : **GBP 34** – Londres, 11 juin 1937 : *Captain Bates* : **GBP 5** – Londres, 28 avr. 1939 : *Le duc de Wellington* 1818 : **GBP 57** – Paris, 7 mars 1951 : *Portrait du tsar Alexandre II et de sa sœur la grande-duchesse Marie, enfants* : **FRF 142 000** – Londres, 3 mars 1982 : *Portrait du grand-duc Nicolas, futur empereur Nicolas Ier* 1824, h/t (85x69,5) : **GBP 800** – Tew (Angleterre), 28 mai 1987 : *Portrait de Johann Wolfgang von Goethe*, h/t (74,5x62,5) : **GBP 12 500** – Londres, 12 juil. 1991 : *Portrait du major général Sir George Adam Wood, en buste, en uniforme de l'Artillerie Royale, portant de nombreuses décorations*, h/t (93x73,5) : **GBP 8 800** – Londres, 11-12 juin 1997 : *Portrait de la comtesse Agrafena Fiodorovna Zakrevskaya* 1823, h/t (220x147,5) : **GBP 20 700.**

DAWE Henry

Né le 29 septembre 1790 à Kentish Town (près de Londres). Mort le 28 décembre 1848 à Windsor. xixe siècle. Britannique.

Peintre, graveur.

Élève de son père, Philip le graveur, il travailla aussi dans les Écoles de la Royal Academy. Dawe fut un des collaborateurs de Turner pour le *Liber Studiorum*. Il grava aussi à la manière noire de nombreuses œuvres de son frère George. Comme peintre, il exposa à la Société des Artistes britanniques, dont il fut nommé membre en 1830. Il fit aussi un envoi à la Royal Academy.

DAWE Philip

Né vers 1750 à Londres. Mort vers 1785 à Londres. xviiie siècle. Britannique.

Peintre de genre, portraits, graveur à la manière noire, illustrateur.

Il travailla sous la direction de Hogarth, vers 1760, et grava plusieurs sujets d'après George Henry Morland. Parmi d'autres portraits, il convient de citer ceux de *Mme Yates en Électre*, d'après Cotes, et de l'*Amiral Charles Hardy*, d'après Hudson. On cite encore des planches pour *L'Ancien et le Nouveau Testament*, *Female Incubation*, d'après J. Foldson, *Femme de chambre savonnant du linge*, *La Femme de lettres*, *Jeune fille endormie*, *Le Petit Mendiant espagnol*, *Le Vendeur de mort aux rats*, *La Vendeuse d'huîtres*, d'après G. H. Morland.

Ventes Publiques : Londres, 13 mars 1986 : *Can you forbear laughing*, aquar. et pl. (20x15) : **GBP 850.**

DAWER. Voir **DAUHER Adolf**

DAWES Dixter B.

Né le 15 juin 1872 à Englewood (New-Jersey). xixe-xxe siècles. Américain.

Peintre, lithographe.

DAWES Edwin M.

Né le 21 avril 1872 à Boone (Iowa). xixe-xxe siècles. Américain.

Peintre de paysages.

On le donne comme autodidacte en peinture. Il fut membre de la Minnesota State Art Society, y obtenant des distinctions en 1909 et 1913.

DAWES Pansy

Né le 7 octobre 1883 à Clay Carter (Kansas). xxe siècle. Américain.

Peintre aquarelliste.

Il fut professeur à l'École Supérieure de Colorado Springs.

DAWES William

xviiie siècle. Actif à Londres. Britannique.

Peintre d'histoire, scènes de genre.

Il exposa de 1760 à 1774.

DAWID Tamara Nikolajevna

Née en 1907 à Odessa. xxe siècle. Russe.

Peintre de paysages, dessinatrice.

Elle fut élève de l'École d'Art d'Odessa. Dès 1932, elle vivait et travaillait à Leningrad.

DAWINT Simone

Née à Genève (Suisse), de parents français. xxe siècle. Française.

Sculpteur.

En 1926 elle exposait au Salon d'Automne une *Académie.*

DAWIS Germaine

Née au xixe siècle à Paris. xixe siècle. Française.

Peintre de portraits.
Élève de Yvon et Rivey. Elle débuta au Salon de 1877 : avec *Portrait de Mme E. Caillard*. Sociétaire des Artistes Français dès 1883.

DAWKES Samuel Whitfield
XIXe siècle. Actif à Cheltenham. Britannique.
Peintre d'architectures.
Il exposa à Londres de 1839 à 1856.

DAWKINS Henry
XVIIIe siècle. Américain.
Graveur.
On cite de lui des planches pour les *Ruines de Palmyre et de Balbec*.

DAWLEY Herbert M.
Né le 15 mars 1880 à Chillicothe (Ohio). XXe siècle. Américain.
Peintre, sculpteur.
Membre de la Société d'Art de Buffalo et de l'Art Club de Chatham.

DAWS Frederick Thomas
Né en 1878 à Beckinham (Kent). XIXe-XXe siècles. Britannique.
Peintre, sculpteur animalier.
Il travaillait à Londres. Il exposa aussi à Paris, au Salon des Artistes Français, avec des peintures, des sculptures, notamment : *An American monarch* (peinture), *Combat de tigres* (bronze et marbre).

F.T. DAWS

Ventes Publiques : Londres, 12 mars 1910 : *Tête de lion* 1897 : **GBP 1** – Londres, 26 sep. 1984 : *Chiens esquimaux dans l'Antarctique*, h/t (101,5x152,5) : **GBP 900** – Londres, 30 sep. 1987 : *Dix terriers* 1930, h/t (101,5x152,5) : **GBP 5 000** – Londres, 14 fév. 1990 : *Sabine Fine Figure, un terrier à poil raide* 1914, h/t (30,5x40,7) : **GBP 825**.

DAWS Philip
XIXe siècle. Britannique.
Peintre de paysages.
Peintre à Dorking, il exposa à la Royal Academy de Londres, de 1873 à 1879.
Ventes Publiques : Londres, 14 juil. 1983 : *On the Llugwy* 1875, h/t (41x62) : **GBP 350**.

DAWSON Alfred
XIXe siècle. Britannique.
Peintre de genre, paysages.
Peintre actif à Chertsey entre 1860 et 1893, il exposa à partir de 1880 à Londres, à la Royal Academy, à Suffolk Street et à la British Institution.
Musées : Reading : *Paysage avec cerfs*.
Ventes Publiques : New York, 1er et 2 déc. 1904 : *Après-midi* : **USD 300** – New York, 23 et 24 fév. 1905 : *La récolte des pommes de terre* : **USD 160** – New York, 4 mars 1905 : *Sous-bois* : **USD 200** – Londres, 24 fév. 1908 : *Mont Saint-Michel* : **GBP 2** – Londres, 21 nov. 1908 : *Durham ; Vue de Melrose, prise à distance* : **GBP 15** – New York, 7 mai 1909 : *Pont sur les marais* : **USD 105** – Londres, 17 nov. 1933 : *Cathédrale* 1882 : **GBP 6** – Londres, 8 mars 1977 : *In Windsor Park* 1874, h/t (40,5x61) : **GBP 800** – Londres, 27 mars 1979 : *Windsor vu depuis Eton* 1898, h/pan. (34,5x24) : **GBP 750** – New York, 25 fév. 1982 : *Idylle champêtre* 1866, h/pan. (21,5x16,5) : **USD 2 000** – Londres, 13 juin 1984 : *Rochester castle* 1875, h/t (40,5x61) : **GBP 1 500** – Londres, 15 juin 1990 : *Le chemin du village* 1870, h/pan. (17,5x23) : **GBP 2 750** – Londres, 8-9 juin 1993 : *La cité de Rye* 1876, h/t (52x77) : **GBP 3 105** – Londres, 3 juin 1994 : *Paysans devant leur demeure avec une ville au fond* 1964, h/pan. (15,2x20,3) : **GBP 2 070**.

DAWSON Arthur
Né en 1857 ou 1858 à Crewe. Mort en 1922. XIXe siècle. Britannique.
Peintre de paysages.
Il fut l'élève de David Law.

Arthur Dawson

DAWSON B., Mrs, née **Elisabeth Rumley**
XIXe siècle. Active à Londres. Britannique.
Peintre.
Elle exposa des tableaux de fleurs et des natures mortes de 1851 à 1876.

DAWSON Edith B.
XIXe-XXe siècles. Active à Londres. Britannique.
Peintre.
Elle était la femme de Nelson Dawson.

DAWSON Ehie-May
Née à Leeds (Angleterre). XXe siècle. Britannique.
Peintre de fleurs.
Élève de E. S. Suteliffe et Owen Boven.

DAWSON George Walter
Né en 1870 à Andover (Massachusetts). XIXe siècle. Américain.
Peintre de paysages, fleurs.

DAWSON Gladys
Née en 1909. XXe siècle. Britannique.
Peintre, aquarelliste, pastelliste, illustrateur.
En 1943, elle devint associée du Royal College of Art, membre en 1946. Elle écrit et illustre des livres pour enfants.

DAWSON Henry
Né en 1811 à Hull. Mort en décembre 1878 à Chiswick. XIXe siècle. Britannique.
Peintre de paysages.
Bien que né à Hull, il considéra toujours Nottingham comme sa ville natale, car il y vint tout enfant. Ses parents étaient pauvres. Il fut placé dans une manufacture de dentelles. Là, malgré ses occupations, il trouva le moyen de s'exercer au dessin d'abord, puis à la peinture et de faire de petits tableaux, qu'il vendit d'abord une demi-couronne. En 1835, il abandonna, le métier d'ouvrier en dentelles et embrassa la carrière artistique. Son guide était alors un coiffeur de Nottingham, qui avait du goût pour l'art. En 1835, il se fixa à Liverpool, où il ne tarda pas à acquérir une réputation et à vendre ses œuvres un prix élevé.
En 1849, il alla à Londres, avec sa famille. C'est là (c'est-à-dire à Croydon) qu'il fit ses meilleurs tableaux. Parmi les plus connus, citons : *Les murs en bois de la vieille Angleterre*, qui fut exposé en 1853 à la British Institution ; *L'arc-en-ciel, L'arc-en-ciel sur la mer, Londres au lever du soleil*.
Henri Dawson s'éduqua lui-même (il ne reçut que six leçons de Pyne en 1838). Il étudia la nature pour lui-même et son art dénote une grande originalité et un réalisme profond. Plus tard, cependant, Turner sembla avoir exercé une grande influence sur lui, sans qu'on puisse l'appeler un imitateur de Turner, car il a une personnalité bien marquée. Pendant longtemps, son œuvre ne fut connue que de quelques artistes et connaisseurs. Ce n'est qu'en 1878, lors de l'Exposition de Nottingham que son génie fut apprécié du grand public. Depuis lors, il est considéré comme un vrai paysagiste anglais, aimant la nature et la représentant avec fidélité et conscience.
Musées : Birmingham : *Saint-Paul vu de la Tamise* – Bristol : *Le coup de canon du soir* – Leicester : *Sur la côte – Saint-Paul – Embouchure de la Dart* – Londres (Victoria and Albert Mus.) : *Paysage – Marine, soleil couchant* 1861 – *Paysage* 1840 – Nottingham : *Paysage – Château incendié – Vue de mer – Vue de lac – Arbres et grange – Étude d'un sapin – Vue d'Oxford – Le bois de Colwich – Le bosquet de Clifton – Grands ormes, colline Sainte-Anne – Vue sur le Ribble – Vue sur le Trent, Nottingham – La rivière Trent, vue de Ratcliffe – Barrage sur le quai – Nuages – Coucher du soleil – Ciel, le soir – Nuages – Soleil couchant – Mer – Ruisseau et arbres – Berge et arbres – Arbres – Westminster et le Parlement – Coucher de soleil – Sur le Trent – Henley sur la Tamise – Esquisse à Dilton – Nuages – Nuages – Approche d'orage – Effet de nuage – Étude d'un vieil if – Étude d'un sapin – Arbres et collines – Route et rivière – Soir, nuages et pluie – Soleil couchant – Nuages – Étude de mâts et de gréement – Paysage – Vue sur la Dove – Vue de Borrowdale – Paysage – Étude d'arbres – Arbres et personnages – Sur la côte – Sur la côte – Bateaux – Vue près de Plymouth – Vue sur la Wye – Vue sur la grève – Tronc d'arbre – Étude de cheval – Champs – Passage sur le Trent – La côte près Darmouth – Le lac Windermere* – Sheffield : *Vue sur la Tamise* 1852.
Ventes Publiques : Londres, 1874 : *Runnymede* 1856, h/t (55x83) : **GBP 702** – Londres, 1898 : *Lincoln* : **FRF 5 500** ; *Chantier de bois au bord de la rivière* : **FRF 2 625** – Londres, 1er fév. 1906 : *Vue prise d'un port* : **GBP 13** – Londres, 30 nov. 1907 : *Scène de rivière* : **GBP 14** – Londres, 18 jan. 1908 : *Coucher de*

soleil : **GBP 19** – Londres, 22 fév. 1908 : *Dans le port de Plymouth* : **GBP 13** – Londres, 29 mai 1908 : *Les Murailles de pierre d'Angleterre* : **GBP 147** – Londres, 13 fév. 1909 : *Paysage côtier au coucher du soleil* : **GBP 19** ; *Paysage du Trent* : **GBP 19** – Londres, 12 fév. 1910 : *En attendant la marée* : **GBP 60** ; *Lever de soleil sur la mer* : **GBP 29** – Londres, 7 mars 1910 : *Château de Nottingham, vu de Leen Site* : **GBP 17** ; *Deux scènes de rivière*, dess. : **GBP 3** – Londres, 3 avr. 1922 : *Le château de Windsor au coucher du soleil* 1874 : **GBP 9** – Londres, 21 juil. 1922 : *Paysage du Derbyshire* 1864 : **GBP 10** – Londres, 12 mars 1923 : *Paysage* : **GBP 11** – Londres, 1er et 2 juin 1927 : *L'abbaye de Newstead* 1853 : **GBP 33** – Londres, 4 mai 1928 : *La cathédrale de Durham* : **GBP 27** – Londres, 7 fév. 1930 : *Sur la Tamise* 1865 : **GBP 12** – Londres, 20 fév. 1931 : *Vieux navires* 1867 : **GBP 3** – Londres, 1er juil. 1932 : *Bateau de guerre* 1873 : **GBP 5** – Londres, 16 mars 1934 : *Grantham Lock* : **GBP 11** – Londres, 15 mars 1935 : *Une peinture* 1849 : **GBP 34** – Londres, 6 mars 1970 : *Londres vu des hauteurs de Greenwich* : **GNS 2 000** – Londres, 7 nov. 1972 : *The Trent Lock* : **GBP 280** – Londres, 9 mars 1976 : *Runnymede* 1856, h/t (55x83) : **GBP 1 800** – Londres, 29 juil. 1977 : *Paysage fluvial d'Italie* 1877, h/t (90,2x120,7) : **GBP 750** – Londres, 1er oct. 1979 : *London from Vauxhall* 1864, h/t (132x208) : **GBP 5 200** – Londres, 22 nov. 1982 : *Vue présumée de Rochester* 1868, h/t (76x137) : **GBP 2 600** – Londres, 19 juin 1984 : *On the Ribble near Preston, Lancashire – harvest time* 1866, h/t (102x151) : **GBP 12 000** – Londres, 12 juin 1985 : *London bridge* 1875, h/t (61x91) : **GBP 4 000** – Londres, 3 juin 1987 : *Les falaises près de Rochester* 1868, h/t (76x137) : **GBP 6 500** – Londres, 15 juin 1988 : *L'orage* 1841, h/t (71x91,5) : **GBP 1 320** – Londres, 9 fév. 1990 : *Les environs de Donnington* 1867, h/t (50,8x76,8) : **GBP 3 300** – Londres, 20 jan. 1993 : *Un port tranquille au coucher du soleil* 1874, h/t (50x75) : **GBP 977** – Londres, 3 mars 1993 : *Chemin menant à un moulin à vent*, h/t (46x61) : **GBP 3 220** – Londres, 11 mai 1994 : *Le pont de Londres depuis le bassin* 1865, h/t (50x76,5) : **GBP 1 035** – Londres, 9 juin 1994 : *Arc-en-ciel* 1858, h/t (50x76) : **GBP 2 875** – Londres, 6 nov. 1995 : *Moisson*, h/t (106,7x151,1) : **GBP 33 350**.

DAWSON Henry Thomas

xixe siècle. Actif à Chertsey. Britannique.

Peintre de paysages, marines.

Fils aîné de Henry Dawson, il exposa à Londres, entre 1860 et 1878, notamment à la Royal Academy, à la British Institution et à Suffolk Street.

Musées : Liverpool : *La Tamise à Depford*.

Ventes Publiques : Londres, 18 avr. 1932 : *Scène de rivière* 1872 : **GBP 6** – Londres, 1er oct. 1979 : *London from Vauxhall* 1864, h/t (132x208) : **GBP 5 200** – Londres, 10 nov. 1981 : *Nottingham* 1859, h/t (83,5x121) : **GBP 6 800** – Londres, 6 juin 1984 : *Port au crépuscule* 1876, h/t (41x61) : **GBP 1 500** – Londres, 2 oct. 1985 : *L'Embouchure d'un port* 1874, h/t (40x60) : **GBP 1 150** – Londres, 11 juin 1986 : *La Cathédrale de Durham vue de la rivière* 1876, h/t (117x180) : **GBP 9 800** – Londres, 23 sep. 1988 : *Ancienne frégate amarrée à Plymouth* 1870, h/t (40,5x61) : **GBP 1 650** – Londres, 31 mai 1989 : *Trafic dans un port du continent* 1879, h/t (61x91,5) : **GBP 12 100** – Londres, 16 juil. 1993 : *Marée haute à Greenwich*, h/t (51,5x77) : **GBP 4 370** – New York, 19 jan. 1995 : *Sur la rivière Yare*, h/t (51,4x76,2) : **USD 1 150** – Londres, 30 mai 1996 : *La Tamise à Erith* 1882, h/t (30,5x46) : **GBP 1 955** – Amsterdam, 30 oct. 1996 : *Vaisseaux hollandais dans un port anglais* 1878, h/t : **NLG 11 532**.

DAWSON Janet

Née en 1935. xxe siècle. Australienne.

Peintre. Abstrait-lyrique.

Elle travaille à Melbourne. Elle développe des graphismes sinueux et des aplats spontanés sur des fonds de couleurs franches.

DAWSON Marion

Née à Londres. xxe siècle. Britannique.

Peintre de genre.

Elle exposait aussi à Paris, au Salon de la Société Nationale des Beaux-Arts, dont elle fut associée en 1922. Les titres de ses œuvres sont particulièrement indicatifs : *Suzanne et les vieillards, L'heure passante, Monsieur le bébé*.

DAWSON Montague

Né en 1895 à Chiswick (Middlesex). Mort en 1973. xxe siècle. Britannique.

Peintre de batailles, marines, aquarelliste.

Il était le petit-fils du paysagiste Henry Dawson. Il fut élève du célèbre peintre de marines Charles Napier Hemy à la Royal Academy et travailla aussi dans une école d'art de Bedford Row. Engagé dans la marine pendant la guerre de 1914-1918, il peignait les affrontements pour un magazine. Dès la fin de la guerre, il exposa à la Royal Academy. Il fut associé de la Royal Society of Art, membre de la Royal Society of Marine Artists. Pendant la Deuxième Guerre mondiale, il a été nommé peintre de guerre.

Il était réputé comme le plus important des peintres de marines. Dans son cas, par peintre de marines, il convient d'entendre surtout peintre de navires. Il montrait une prédilection pour l'évidente élégance de tout ce qui portait voilures, les clippers d'autrefois, la reconstitution de batailles navales anciennes, surtout entre bateaux américains et leurs ennemis occasionnels. Il ne négligea pourtant ni les paquebots de croisières, ni les impressionnants navires de guerre modernes. Il était spécialisé dans les « portraits » de bateaux, il a peint le yacht royal *Bluebottle*, ainsi que ceux du Président Eisenhower, du Président Lyndon B. Johnson. ■ J. B.

MONTAGUE DAWSON

Ventes Publiques : Londres, 16 fév. 1923 : *Deux dessins* : **GBP 16** – Londres, 28 nov. 1930 : *Lamloo* : **GBP 94** – New York, 16 mars 1934 : *Le Royal Dane toutes voiles dehors*, aquar. : **USD 125** – New York, 23 sep. 1944 : *Clipper*, dess. : **USD 150** – Londres, 9 mai 1962 : *Clipper toutes voiles dehors* : **GBP 500** – Londres, 10 mars 1965 : *Le Voilier* : **GBP 800** – Londres, 8 juil. 1966 : *Toutes voiles dehors* : **GNS 2 700** – Londres, 13 oct. 1967 : *Le Voilier Chrysolite* : **GNS 3 000** – Londres, 10 nov. 1971 : *Marine* : **GBP 4 500** – Los Angeles, 28 fév. 1972 : *Le Trois-mâts* : **USD 9 000** – Londres, 28 juil. 1972 : *Marine* : **GNS 4 200** – Londres, 10 mai 1974 : *Le Trois-mâts Cutty Sark* : **GNS 6 600** – Londres, 10 nov. 1976 : *Voilier en mer*, aquar. reh. de gche (54x75) : **GBP 750** – Londres, 4 mars 1977 : *Le Nicova en mer*, h/t (102x127) : **GBP 14 000** – Londres, 28 sep. 1977 : *North Sea Patrol* 1919, gche (74x97,7) : **GBP 1 050** – Londres, 2 mars 1979 : *The Glorious Lighting*, h/t (51x76,2) : **GBP 5 500** – New York, 31 oct. 1980 : *Le Marco Polo sous la brise*, h/t (75x99,8) : **USD 55 000** – New York, 27 fév. 1982 : *The Tea-clipper Thermopylae in full sail*, aquar. reh. de blanc (42,7x68) : **USD 7 250** – New York, 11 avr. 1984 : *The flying clipper Cutty Sark*, h/t (101,5x127) : **USD 70 000** – New York, 24 mai 1984 : *Searching the seas, H.M.S. Victory*, aquar. reh. de blanc (49,5x75) : **USD 12 000** – New York, 23 mai 1985 : *The Argonaut-billowing home*, h/t (71x106,7) : **USD 45 000** – Londres, 3 juin 1986 : *A gunter rigged yacht rounding a boy*, aquar. reh. de blanc (42x68) : **GBP 13 000** ; *A clipper by moonlight*, h/t (101,5x127) : **GBP 52 000** – New York, 25 fév. 1988 : *Frégate toutes voiles dehors*, h/t (106,6x71,1) : **USD 24 200** – Londres, 3-4 mars 1988 : *Forte brise*, aquar., gche et cr. (57,5x37,5) : **GBP 5 500** – New York, 24 mai 1988 : *L'American Cup, les voiliers*, h/t (61x91,4) : **USD 57 750** – New York, 25 mai 1988 : *Combat entre les frégates anglaise et américaine Le Président et le Little Belt*, h/t (101,6x127) : **USD 159 500** – New York, 22 fév. 1989 : *Le Retour du voilier South Australia*, h/t (71,1x106,7) : **USD 63 250** – New York, 23 fév. 1989 : *Les frégates Arial et Taeping*, h/t (101,6x127) : **USD 176 000** – Londres, 31 mai 1989 : *Le Transatlantique Daniel Webster*, h/t (102x127) : **GBP 101 200** – New York, 25 oct. 1989 : *Bonne mer*, aquar. (49,5x75) : **USD 16 500** – Londres, 8 mars 1990 : *Le Point du jour*, h/t (71,2x106,7) : **GBP 45 100** – New York, 22 mai 1990 : *Le Trois-mâts Glorious Lightning*, h/t (51x77,5) : **USD 22 000** – Londres, 30 mai 1990 : *Le Lagon bleu*, h/t (101,5x127) : **GBP 46 200** – Londres, 22 mai 1991 : *La Caravelle Lightning en haute mer*, h/t (101,5x127) : **GBP 60 500** – New York, 7 juin 1991 : *Le Château de Windsor sur la mer scintillante*, h/t (101,6x127) : **USD 46 750** – New York, 19 fév. 1992 : *Le Cutty Sark*, h/t (71,1x106,7) : **USD 19 800** – Londres, 20 mai 1992 : *Gardien des mers Victory*, h/t (101,5x126) : **GBP 44 000** – Londres, 20 jan. 1993 : *Les frégates United States et Macedonian*, h/t (101,5x127) : **GBP 58 700** – New York, 4 juin 1993 : *En haute mer*, h/t (101,6x128,3) : **USD 76 750** – Londres, 3 mai 1995 : *Le Clipper américain Challenge*, h/t (61x91,5) : **GBP 34 500** – New York, 9 juin 1995 : *Le Clipper W.F. Babcock*, h/t (71,1x106,7) : **USD 134 500** – Londres, 30 mai 1996 : *Le Haimak*, h/t (71x83) : **GBP 41 100** – New York, 11 avr. 1997 : *Le Clipper australien Beltana en haute mer*, h/t (66x97,2) : **USD 58 600** – New York, 23 mai 1997 : *Le Clipper Thomas Stephens*, h/t (61x91,4) : **USD 39 100** – Londres, 29 mai 1997 : *Timaru, clipper néo-zélandais*, h/t (71,5x106,5) : **GBP 57 000**.

DAWSON Nelson
XIXe siècle. Actif à Londres. Britannique.
Peintre, dessinateur.
Il a exposé des paysages, à partir de 1885, à la Royal Academy, à Suffolk Street et à la New Water-Colours Society. Le Musée de Bristol conserve de lui un grand nombre de dessins. Il fut membre de la Royal Society of British Artists.

DAWSON Rhoda
XXe siècle. Américaine.
Peintre.
Elle exposa à Paris au Salon d'Automne en 1936.

DAWSON-WATSON Dawson
Né en 1864 à Londres. Mort en 1939. XIXe-XXe siècles. Depuis 1893 actif aux États-Unis. Britannique.
Peintre de paysages animés, graveur. Impressionniste.
Son père aurait été peintre. À Londres, il fut élève de l'Américain Mark Fisher, et, en 1886 à Paris, d'Émile Carolus-Duran. En 1888, appelé par John Leslie Breck, il alla pour la première fois séjourner à Giverny. À partir de 1893, il passa presque tout le reste de sa vie aux États-Unis, peignant et enseignant.
À Londres, il exposa à la Royal Academy de Londres entre 1883 et 1891. Aux États-Unis, il exposait à la Society of American Artists de New York ; ainsi qu'au Saint-Botolph Club de Boston, à l'Art Institute de Chicago, au Saint-Louis Art Museum.
Il situait ses paysages dans l'atmosphère de moments et de saisons bien précis : en hiver ou après la moisson ou par brise légère, etc.
Bibliogr. : William H. Gerdts, D. Scott Atkinson, Carole L. Shelby, Jochen Wierich : *Impressions de toujours – Les peintres américains en France 1865-1915*, Mus. Américain de Giverny, Terra Foundation for the Arts, Evanston, 1992.
Musées : Giverny (Mus. Américain Terra Foundation for the Arts) : *Giverny* 1888 – *Giverny, route allant vers l'ouest en direction de l'église* vers 1890.
Ventes Publiques : New York, 4 juin 1982 : *La ramasseuse de fagots* 1890, h/t (170,2x132,1) : **USD 8 000** – Bolton, 21 juin 1984 : *Bord de lac en été*, h/t (56x45,7) : **USD 700** – New York, 23 juin 1987 : *Paysage des environs de Giverny* 1892, h/t (43,5x84,5) : **USD 13 000** – New York, 17 mars 1988 : *Mère et fille ramassant du bois en hiver, Giverny 1890*, h/t (162,5x130) : **USD 5 775** – New York, 28 sep. 1989 : *Un pré après la moisson*, h/t (45,5x56) : **USD 2 750** – New York, 21 mai 1991 : *Gerbes de paille dressées dans un champ*, h/t (73x54) : **USD 6 600** – New York, 18 déc. 1991 : *Le chasseur* 1891, h/t (170,2x131,4) : **USD 2 420** – New York, 31 mars 1994 : *Le pont d'Avignon* 1888, h/t (46,4x55,2) : **USD 4 313**.

DAWYDOFF. Voir **DAVIDOFF**

DAX Adrien
Né en 1913 à Toulouse (Haute-Garonne). XXe siècle. Français.
Peintre, dessinateur, technique mixte. Surréaliste.
Une activité personnelle révolutionnaire l'amena en contact avec le mouvement surréaliste, auquel il n'adhéra formellement qu'en 1949. Il refuse toute carrière picturale, travaillant dans une totale solitude.
Il pratique la création automatique, y apportant des solutions neuves : impressions en relief, affiches interprétées. Quand il ne s'exprime pas uniquement par la qualité de la matière de ses peintures, il dispose d'un dessin dont les volutes, qu'on disait récemment psychédéliques, rappellent le graphisme ornemental de l'époque de l'Art Nouveau.
Bibliogr. : José Pierre, in : *Le Surréalisme*, Rencontre, Lausanne, 1966.

DAX Christoph
Mort en 1619 à Innsbruck. XVIIe siècle. Autrichien.
Peintre.
Il était fils de Hans I. Il travailla pour la cour impériale de Vienne et pour l'église des Franciscains d'Innsbruck.

DAX Hans I
XVIe-XVIIe siècles. Autrichien.
Peintre.
Il était fils de Paul I et travailla à Innsbruck avec son frère Kaspar.

DAX Hans II
XVIe siècle. Autrichien.
Peintre verrier.
Actif à Innsbruck vers 1565.

DAX Hans III
Mort en 1653 à Innsbruck. XVIIe siècle. Autrichien.
Peintre.
Il était fils de Hans II.

DAX Hans Christoph
Né vers 1622 à Innsbruck. XVIIe siècle. Autrichien.
Peintre.
Il était fils de Hans III.

DAX Johann Georg
Mort en 1743 à Munich. XVIIIe siècle. Allemand.
Graveur.
On connaît de lui des gravures de serrures.

DAX Kaspar
Mort en 1565 à Innsbruck. XVIe siècle. Autrichien.
Peintre.
Il était fils de Paul I.

DAX Michel
XVIIe siècle. Actif à Lübeck entre 1613 et 1623. Allemand.
Peintre.
Il travailla dans cette ville pour les églises Sainte-Marie et Saint-Pierre.

DAX Paul I
Né en 1503 dans le Tyrol. Mort en 1561. XVIe siècle. Éc. tyrolienne.
Peintre verrier, architecte.
Il mena une vie très mouvementée. Il fut d'abord peintre d'un certain mérite, puis, ayant abandonné le pinceau pour l'épée, il fit plusieurs campagnes et assista aux sièges de Naples, de Florence et de Vienne. En 1530, il s'adonna à la peinture sur verre. Ses œuvres, d'une valeur remarquable, se trouvent à Innsbruck et à Ensisheim, en Alsace. On possède aussi de lui plusieurs cartes de son pays.

DAX Paul II
XVIe siècle. Éc. tyrolienne.
Peintre.
Il était fils de Kaspar et travaillait à Innsbruck à la fin du XVIe siècle.

DAXHELET Paul
Né en 1905 à Liège. Mort en 1993. XXe siècle. Belge.
Peintre de figures, paysages. Polymorphe.
Il fut élève de François Maréchal et Jacques Ochs à l'Académie des Beaux-Arts de Liège, ainsi que de l'Académie Julian de Paris. Il est devenu professeur à l'Académie de Liège.
Il peignit d'abord des sujets de sport. Ensuite, il s'appliqua à des paysages tropicaux. Autour de 1962, sa vision des choses se teinta de fantastique. Puis, il fit retour aux paysages orientalistes.

P_DAXHELET

Bibliogr. : In : *Diction. biograph. illustré des artistes en Belgique depuis 1830*, Arto, Bruxelles, 1988.
Musées : Bruxelles (Cab. des Estampes) – Liège (Cab. des Estampes).
Ventes Publiques : Bruxelles, 24 mars 1976 : *Le bain des nymphes*, h/t (50x100) : **BEF 25 000** – Paris, 3 juin 1987 : *Les boxeurs* 1930, h/t (144x105) : **FRF 18 500** – Paris, 27 avr. 1990 : *Danseuses zaïroises ou Kasaï*, h/t (130x195) : **FRF 17 000** – Liège, 11 déc. 1991 : *La marchande de poissons*, h/t (60,5x50) : **BEF 50 000**.

DAY Alexander
Né en 1773 à Somerset. Mort le 11 janvier 1841 à Londres. XVIIIe-XIXe siècles. Britannique.
Miniaturiste.
C'est à Rome, où il résida pendant plusieurs années, qu'il exécuta ses œuvres les plus importantes, d'après les maîtres anciens. En 1800, il entra à Londres, apportant avec lui une belle collection de copies, notamment *L'Enlèvement de Ganymède* et *Vénus et Adonis*, d'après le Titien, une *Madone*, un *Enfant Jésus* et un *saint Jean*, d'après Raphaël, etc. (National Gallery de Londres).

DAY Catherine
XXe siècle. Américaine.
Peintre de natures mortes, fleurs.
Elle exposa à Paris au Salon d'Automne en 1912 et 1913.

DAY Charles William
XIXe siècle. Actif à Londres. Britannique.

Miniaturiste.
Il exposa à la Royal Academy de 1821 à 1854, surtout des portraits.

DAY Eva Grace
Née à Warminster (Wiltshire). XXe siècle. Britannique.
Peintre aquarelliste.
Elle travaillait à Warwick dans son comté d'origine. Elle a aussi exposé à Paris, au Salon des Artistes Français de 1935 à 1938.

DAY France S., Miss
XIXe siècle. Active à Londres entre 1838 et 1858. Britannique.
Miniaturiste.

DAY Francis James
Né le 12 août 1863 à Le Roy (New York). Mort en 1942. XIXe-XXe siècles. Américain.
Peintre de compositions à personnages, scènes de genre, décorations.
Il fut élève de l'Art Student's League de New York. À Paris, il fut élève d'Antoine Hébert et de Luc Olivier Merson à l'École des Beaux-Arts.
Ventes Publiques : San Francisco, 3 oct. 1981 : *Interlude musical*, h/t (91,5x107) : **USD 1 200** – New York, 3 déc. 1982 : *Maternité*, h/t (86,4x71) : **USD 6 000** – New York, 4 avr. 1984 : *La théière*, h/t (76,8x59,6) : **USD 2 000** – New York, 24 avr. 1985 : *Récital en rêverie*, h/cart. (45,7x53,5) : **USD 2 300** – New York, 30 sep. 1988 : *Une histoire d'amour* 1906, h/t (76x61) : **USD 13 200** – New York, 27 sep. 1990 : *L'histoire du soir*, h/t (101,6x76,2) : **USD 7 700** – New York, 6 déc. 1991 : *Le contrat de mariage*, h/t (87,2x69,1) : **USD 8 800**.

DAY G. F.
XIXe siècle. Actif à Leicester. Britannique.
Peintre de genre.
Il exposa à Londres de 1850 à 1869.

DAY H. S.
XIXe siècle. Actif à Londres. Britannique.
Peintre de genre, portraits.
Il exposa de 1837 à 1848.

DAY Horace Talmage
Né le 3 juillet 1909 à Amoy (Chine). XXe siècle. Américain.
Peintre.
Élève de K. Nicolaïdes et K.-H. Miller. Membre de l'Art Student's League de New York.

DAY Jan
Né le 28 octobre 1920 à Thierville (Meuse). XXe siècle. Français.
Peintre.
Il exposa au Salon de l'Art Libre en 1958 et 1959, au Salon d'Hiver à Paris régulièrement chaque année entre 1955 et 1960. Il a exposé personnellement en Italie, en France, en Australie, à Tahiti et Madagascar. Il a reçu de nombreuses récompenses.

DAY Johann
XVIIe-XVIIIe siècles. Actif à Utrecht entre 1686 et 1701. Hollandais.
Peintre.
Il semble qu'il travailla également à Leyde.

DAY John
Né en 1935 à Boston (Massachusetts). XXe siècle. Américain.
Peintre de compositions animées, sujets oniriques, technique mixte.
En 1954-1955, il fit un séjour en France. En 1956, il termina son diplôme de la Yale University de New Haven (Connecticut), où il fut élève de Josef Albers. En 1965, il fit un séjour en Grèce, qui fut de la plus grande importance sur le développement ultérieur de son œuvre. Il participe à de très nombreuses expositions collectives, dans des musées des États-Unis, en 1968 à l'exposition *L'Art Vivant* à la Fondation Maeght de Saint-Paul-de-Vence. Depuis 1961, il montre ses peintures dans des expositions personnelles, aux États-Unis, surtout à New York, et à Paris en 1969. Il a obtenu différents prix et bourses, notamment une bourse de l'État Français en 1954-1955.
Certaines de ses compositions, évidents souvenirs du séjour en Grèce, figurent des accumulations de ruines antiques comblant des paysages arides. De même, sur le thème de l'Érèbe, dont on peut rappeler qu'il était fils de Chaos et frère de la Nuit et qu'il personnifiait les ténèbres infernales, il imagine des constructions en perspective, constituées de portiques à l'Antique, donnant sur de longs couloirs, qui débouchent sur l'azur. Les blocs de pierre qui constituent ces édifices sont souvent formés par John Day de collages, représentant des personnages du passé, mêlés intimement à des photographies de nus. Les collages sont recouverts de glacis encore transparents, mais de tons neutres et de densités variées qui différencient les plans successifs par leurs valeurs plus ou moins claires ou sombres. Les personnages ainsi camouflés semblent des souvenirs émergeant péniblement du passé lointain de ces monuments sans âge. ■ Jacques Busse
Musées : Flint, Michigan City (Inst. of Art) – Lincoln, Nebraska (Sheldon Mem. Art Gal.) – New London, Connecticut (Lyman Allyn Mus.) – New York (Mus. of Mod. Art) – New York (Whitney Mus. of American Art).

DAY Martha B. Willson. Voir **WILLSON**

DAY Thomas
XVIIIe siècle. Travaillant en Angleterre. Britannique.
Miniaturiste.
Il exposa à la Royal Academy, entre 1772 et 1778. On cite de lui des aquarelles et des portraits au fusain.

DAY William
XVIIIe siècle. Britannique.
Peintre de paysages.
Il exposa à la Royal Academy de Londres de 1768 à 1788.
Ventes Publiques : Londres, 30 juin 1981 : *Dolbaden Castle, Llanberies lake, Caernarvonshire*, aquar. et cr. (19x24,2) : **GBP 320** – Londres, 21 nov. 1984 : *Mam Tor and Odin Lead Mine, near Castleton, Derbyshire* 1789, aquar. et cr. (34x46,5) : **GBP 1 100**.

DAY William
Né en 1797. Mort en 1845 à Londres. XIXe siècle. Britannique.
Lithographe, illustrateur.
Il illustra *Spanish Scenery*, de Vivian et *Views in the Valley of the Isère*, de Monson.

DAY William Cave
Né en 1862 à Dewsbury. XIXe siècle. Britannique.
Peintre de figures, portraits, paysages.
Il fut à Paris l'élève de B. Constant et de Jules Lefebvre.

DAYDÉ Bernard Hélin Henri
Né à Paris. XXe siècle. Français.
Dessinateur animalier.
Il fut élève de Paul Jouve. Il a exposé des dessins d'animaux au Salon des Artistes Français. Sans doute identique au Bernard Daydé qui réalisa de nombreux décors de théâtre à partir des années soixante.
Ventes Publiques : Paris, 27 juin 1995 : *Andromaque, saison 1962 : études de costumes pour J.L. Barrault, Geneviève Page, D. Ivernel, etc...*, gche, suite de douze : **FRF 4 000**.

DAYES, Mrs
XVIIIe-XIXe siècles. Travaillant à Londres. Américaine.
Peintre de miniatures.
Femme de E. Dayes. Elle exposa à la Royal Academy, entre 1797 et 1800.

DAYES Edward
Né en 1763. Mort en mai 1804 à Londres, par suicide. XVIIIe-XIXe siècles. Britannique.
Peintre de paysages animés, paysages, aquarelliste, miniaturiste, graveur.
Il fut un élève de William Pether.
Il exposa d'abord à l'Académie Royale en 1786 des miniatures et des vues et continua d'exposer presque sans interruption jusqu'à sa mort. Il peignit des miniatures dans une manière simple, gracieuse et finie, exécutées en mezzo-tinto. Il pratiqua aussi les paysages. Ses œuvres étaient des aquarelles principalement topographiques : bien dessinées et nettement formées avec l'encre de Chine et teintées. Il dessinait très bien les personnages. Sa procession royale à Saint-Paul pour le rétablissement du Roi en 1789 contient une foule de personnages. Du même ordre est : *The trail of Waren Hastings in Wetsminster Hall*. Les deux œuvres ont été gravées. Il existe de lui une intéressante peinture de *Old Buckingham House* avec des groupes très pittoresques sur le devant du tableau. Il a exécuté en mezzo-tinto plusieurs ouvrages. *Rustie Courtship* et *Polite Courtship* d'après Hogarth, *A landscape* d'après J. R. Smith. Il a écrit une excursion à travers le Derbyshire et le Yorkshire, des instructions pour le dessin et la peinture des paysages publiés en 1805. Il se suicida à la fin de mai 1804.
Musées : Budapest : *Saint Christophe* – *Saint Mathias* – Cardiff :

Vue de Cardiff – Dublin : *Quai de Southampton – Dweadale, Derbyshire – Glenton, Cumberland – Chaumières* – Londres (Water-Colours) : *Cathédrale d'Ely – Windermere – Derwentmater, Cumberland – Buckhingham House – Bath – Vieux pont et maison – L'hôpital de Greenwich – Waltham Cross* – Manchester : *Hôpital de Greenwich – Abbaye – Cathédrale – Cathédrale* – Nottingham : *Groupe de dames – Une résidence.*

Ventes Publiques : Londres, 8 avr. 1910 : *La place du marché, Salisbury*, dess. : **GBP 18** ; *Une vue de Flamstead House*, dess. : **GBP 44** – Londres, 16 fév. 1922 : *La cathédrale d'Hereford* 1796, aquar. : **GBP 70** – Londres, 28 avr. 1922 : *Un étang au pays de Galles* 1803 : **GBP 10** – Londres, 27 juil. 1923 : *Boutique de Bond Street*, dess. : **GBP 4** – Londres, 25 fév. 1927 : *Ascot*, dess. : **GBP 5** – Londres, 23 et 24 mai 1928 : *La grande rue à Portsmouth* : **GBP 136** – Londres, 17 fév. 1930 : *Lympne Castle, dans le Kent* 1784, dess. : **GBP 5** – Londres, 26 juin 1931 : *Paysage* 1789, dess. : **GBP 17** ; *Canterbury* 1787, dess. : **GBP 44** – Londres, 11 mars 1932 : *L'abbaye de Tintern* 1795, dess. : **GBP 19** – Londres, 10 nov. 1933 : *Paysage* 1790, dess. : **GBP 12** – Londres, 4 avr. 1935 : *Llanthony Abbey*, aquar. : **GBP 17** ; *Le lac Windermere*, aquar. : **GBP 15** ; *Ullswater*, aquar. : **GBP 10** – Londres, 16 déc. 1935 : *Vue sur le Wye* 1795, dess. : **GBP 22** – Londres, 24 avr. 1936 : *Porchester Castle*, dess. : **GBP 11** – Londres, 25 mai 1938 : *L'Observatoire de Greenwich* 1785, dess. : **GBP 5** – Londres, 25 avr. 1940 : *Le portrait de saint Augustin à Canterbury* 1787, dess. : **GBP 68** ; *Le château de Windsor* 1788, dess. : **GBP 48** – Londres, 5 juin 1942 : *Baigneur* 1797, dess. : **GBP 6** – Londres, 24 juin 1942 : *Officiers de cavalerie dans un parc* : **GBP 60** – Londres, 26 mai 1944 : *Queen Square, Bloomsbury* : **GBP 262** – Londres, 17 nov. 1944 : *Voiture de ferme*, dess. : **GBP 18** – Londres, 30 nov. 1945 : *Melrose Abbey*, dess. : **GBP 44** – Londres, 5 juil. 1946 : *Paysage à Leek* 1793, dess. : **GBP 42** – Londres, 29 mai 1957 : *Ludlow Shropshire* : **GBP 1 150** – Londres, 29 mai 1959 : *Vue du square de la reine, Bloomsbury-Londres* : **GBP 714** – Londres, 12 nov. 1968 : *Le château de Raby*, aquar./trait de cr. : **GNS 1 100** – Londres, 14 déc. 1976 : *Lancaster* 1791, aquar. et cr. (14x22) : **GBP 320** – Londres, 24 mars 1977 : *Glasgow cathedral* 1794, aquar. (32x42,5) : **GBP 850** – Londres, 2 mars 1979 : *Le bateau fantôme*, aquar. et gche (36x53) : **GBP 750** – Londres, 13 déc 1979 : *Ullswater from Patterdale*, cr. et lav. (25,3x39) : **GBP 1 400** – Londres, 13 nov. 1980 : *The bridge at Bewdley, Worcestershire*, aquar. (11x16,5) : **GBP 750** – Londres, 15 nov. 1983 : *Ely cathedral* 1791, aquar. et pl. (25x37) : **GBP 7 500** – Londres, 23 nov. 1984 : *View of Shrewsbury from the river Severne*, h/t (94x129,6) : **GBP 9 000** – Londres, 9 juil. 1985 : *The river Thames at Putney*, aquar., cr. et pl. (35,5x47,5) : **GBP 9 000** – New York, 5 juin 1986 : *Shrewsbury seen from the banks of the river Severn*, h/t (94x129,5) : **USD 14 000** – Londres, 25 jan. 1989 : *Berger devant les ruines d'une abbaye* 1791, aquar. et gche (21x14) : **GBP 715** – Londres, 25-26 avr. 1990 : *Maison rustique au bord d'un lac*, aquar. (13x18,5) : **GBP 550** – Londres, 30 jan. 1991 : *Le château de Rochester vu de la Medway* 1787, encre et aquar. (32x46) : **GBP 825.**

DAYET Louis Aristide

Né le 18 mai 1825 à Paris. Mort en juin 1869 à Paris. xixe siècle. Français.

Graveur.

DAYEZ Georges

Né le 29 juillet 1907 à Paris. Mort en 1991. xxe siècle. Français.

Peintre de compositions à personnages, figures, paysages, natures mortes, graveur, lithographe, peintre de cartons de tapisseries. Postcubiste.

Il était le fils d'un merveilleux artisan lithographe parisien, duquel il peignit un portrait à la fois imposant et familier. Il garda ensuite son atelier à son propre usage. Il fut élève des sculpteurs Arnold et Wlérick aux cours du soir de la Ville de Paris, puis, en 1926, de Lucien Simon à l'École des Beaux-Arts. En 1928, il a exposé au Salon d'Automne. Il travailla ensuite en solitaire. En 1942, il rencontra André Lhote, qui précipita son évolution. Depuis 1944, il a exposé à Paris, aux Salons d'Automne, des Artistes Indépendants, de Mai depuis le premier en 1945 et dont il est devenu membre du comité en 1950, et participé à de nombreuses expositions collectives, parmi lesquelles : 1956 *Dix ans de peinture française* au Musée de Grenoble, et *Art from France* au Musée d'Art Moderne de San Francisco, 1957 *L'École de Paris* à Munich, etc. Il montre ses peintures dans de nombreuses expositions personnelles à Paris à partir de 1954 et notamment encore une en 1991, mais aussi à New York 1955, 1957, Lausanne 1959, Nancy 1961, Oslo et Amsterdam 1963, Lyon et Avignon 1965, Milan 1966, Madrid 1967, etc. En 1951-1952 il a enseigné dans le contexte de l'Académie d'André Lhote. En 1967, il fut nommé professeur de l'Atelier de lithographie de l'École des Beaux-Arts de Paris.

En 1947, il fit un voyage à Florence et Venise, d'où il rapporta les peintures qui constituèrent sa première exposition personnelle, avec quelques natures mortes et des compositions sur le thème des *Maçons*. En 1950, il peignit son premier carton de tapisserie, qui fut suivi de six autres. En 1956, il commença la série des paysages de Normandie : Étretat, Yport, Varengeville, jusqu'en 1960. Son admiration pour Georges Braque se fit particulièrement remarquer dans cette série, mais demeura une des constantes de l'ensemble de son œuvre : semblable rapport distancié avec l'apparence de la réalité, semblable synthétisation des lignes et des plans ramenés à l'essentiel, semblables gammes colorées de tons mineurs qu'exaltent un vert, un jaune ou un rouge francs. À partir de 1957, il se rendit annuellement dans la région de Vence. Des paysages rocailleux et des oliviers tordus du Midi, il donna une interprétation très différente de celle de son grand ami Édouard Pignon, celui-ci plus proche de l'expressionnisme picassien, Dayez plus proche de Braque, plus construit, plus sobre, plus « classique » dans le sens de l'héritage latin. En 1959, il voyagea à travers les États-Unis et, d'un voyage en Grèce en 1960, il rapporta des peintures de l'Acropole et du Temple d'Égine. Ayant déjà visité Tolède en 1951 et 1953, à partir de 1964, il y fit de longs séjours qui furent producteurs de l'abondante série des paysages de la ville du Gréco, en écho lointain aux deux vues que celui-ci en avait peintes, chose rare au xvie siècle. Comme le montrent de nouveau les natures mortes d'instruments de musique des années quatre-vingts-quatre-vingt-dix, c'est bien du côté de Georges Braque, né à Argenteuil d'un père peintre en bâtiment, que se situe Georges Dayez, parisien né d'un père artisan lithographe, tous deux s'étant montrés en permanence soucieux des vertus cartésiennes de méthode et de bon sens, d'ordre et de mesure. ■ Jacques Busse

DAYEZ

Bibliogr. : Jacques Duchateau : *Dayez*, Musée de Poche, Paris, 1967.

Musées : La Chaux-de-Fonds : *Couseuses* 1950 – Göteborg : *Nature morte* 1961 – *Tolède* 1966 – Le Havre : *La Valleuse de Varengeville* 1958 – Imatra, Finlande (Art Mod.) : *Chantier naval* 1952 – *Nature morte* 1953 – Luxembourg (Mus. Grand-Ducal) : *Étretat* 1958 – Madrid (Mus. Nac. d'Arte Contemp.) : *Tolède* 1967 – Paris (Mus. Nat. d'Art Mod.) : *Figure assise* 1945 – *La matelassière* 1949 – *Étretat* 1957 – *Les Gorges du Loup* 1961 – *Les vignes de La Cadière* 1961 – *Tolède* 1967 – Paris (Mus. d'Art Mod. de la Ville) : *Les dentellières de Burano* 1950 – *Récifs du Diben* 1952 – *Nature morte* 1954 – Skoplje (Mus. d'Art Contemp.) : *Les Gorges du Loup* – Tokyo (Art Mod. Kamakura) : *Le bain*, grav.

Ventes Publiques : Cologne, 20 mai 1965 : *La cafetière noire* : **DEM 1 265** – Paris, 10 oct. 1974 : *« Vat 69 »* 1944 : **FRF 1 800** – Paris, 14 nov. 1983 : *Composition cubiste à la guitare*, aquar. (16x20,5) : **FRF 4 000** – Paris, 21 juin 1984 : *Tête grecque et mandoline* 1980-1981, h/t (73x92) : **FRF 23 500** – Versailles, 23 mars 1986 : *Composition aux baigneuses*, h/t (51x67) : **FRF 12 000** – Paris, 18 mai 1987 : *La tasse de café*, h/t : **FRF 32 000** – Paris, 30 nov. 1987 : *La baignade*, aquar. gchée (14,5x22) : **FRF 5 300** – Versailles, 15 mai 1988 : *Saint-Jeannet depuis Vence* 1960, h/t (27x35) : **FRF 8 800** – Stockholm, 6 juin 1988 : *La couture* 1950, h. (89x117) : **SEK 22 000** – Douai, 23 oct. 1988 : *Les enfants d'Étretat*, cr. et gche, dess. (10x15) : **FRF 3 600** – Paris, 27 oct. 1988 : *Le quartet* 1956, h/t (56x38) : **FRF 24 000** – Paris, 9 oct. 1989 : *Yport, barques de pêche*, h/t (24x33) : **FRF 14 500** – Göteborg, 18 mai 1989 : *Chantier naval XII*, h/t (75x100) : **SEK 25 000** – Douai, 3 déc. 1989 : *Composition cubiste au violon*, aquar. gchée (20x15,5) : **FRF 13 000** – Nanterre, 24 avr. 1990 : *La femme au miroir*, cr. gras et aquar. (21x26,5) : **FRF 9 800** – Paris, 25 juin 1990 : *Composition* 1960, h/t (50x60) : **FRF 21 000** – New York, 13 fév. 1991 : *La tasse de thé*, gche/pap./rés. synth. (50,2x64,8) : **USD 3 300** – Paris, 8 avr. 1991 : *Saint-Paul-de-Vence*, h/pap. (40x67) : **FRF 16 000** – Paris, 10 juil. 1991 : *Nature morte à l'azalée* 1946, h/t (33x41) : **FRF 24 000** – Le Touquet, 8 juin 1992 : *La pianiste* 1950, h/t (38x55) : **FRF 28 000** – Reims, 24 oct. 1993 : *Paysage*, aquar. et gche/pap. (50x65,5) : **FRF 4 500** – Stockholm, 30 nov. 1993 : *La cafetière noire*, h/t (92x73) : **SEK 10 000** – Neuilly,

12 déc. 1993 : *Composition*, h/t (38x61) : **FRF 8 000** – PARIS, 25 mars 1994 : *Tête grecque et mandoline* 1984, h/t (61x46) : **FRF 11 000** – LE TOUQUET, 21 mai 1995 : *Vue de Séville*, h/t (41x67) : **FRF 7 500** – PARIS, 27 mars 1996 : *Chantier naval* 1951, h/t (74x100) : **FRF 16 000**.

DAYG Sebastian ou **Bastian** ou **Taig, Tayg**
Mort en 1555. XVIe siècle. Autrichien.
Peintre d'histoire.
Élève de l'École de Nördlingen. Sa vie ne nous est pas connue et son œuvre est très controversée.
MUSÉES : AUGSBOURG : *Les premiers pas* – BUDAPEST : *Saint Christophe – Saint Mathias* – KARLSRUHE : *Adoration des bergers* – MUNICH : *Saint Joseph – Saint Onufrius* – NUREMBERG : *Saint Onufrius – Lapidation de saint Étienne* – SCHLEISSHEIM : *Le Christ au mont des oliviers – Fuite en Égypte – Sainte Apollonie* – STUTTGART : *Adoration des Mages*, fragment.

DAYNES Edmond
Né le 6 juillet 1895 à Paris. Mort en 1986. XXe siècle. Français.
Peintre de portraits, paysages.
Il fut élève d'Henri Morisset. Il exposait à Paris, aux Salons des Artistes Indépendants depuis 1932, des Artistes Français depuis 1935, y recevant la médaille d'or et le Prix Corot en 1964, devenant membre du jury en 1967, membre du comité en 1968.
VENTES PUBLIQUES : SCEAUX, 11 mars 1990 : *Honfleur*, h/t (65x81) : **FRF 5 200**.

DAYNES Victor Jean
Né à Colmar (Haut-Rhin). XXe siècle. Français.
Peintre de compositions animées, paysages.
Il exposait à Paris, au Salon des Artistes Indépendants, dont il était sociétaire depuis 1912. En 1926, il y participa à la rétrospective, montrant les divers aspects de son répertoire : paysages d'architectures : *Arc de Titus, Loggia dei Lanzi*, paysages ruraux de caractère : *Effet de neige*, scènes animées : *Combat de boxe*.

DAYNES-GRASSOT-SOLIN Suzanne
Née en 1881 ou 1884 à Paris. XXe siècle. Française.
Peintre de figures, portraits, nus, intérieurs, paysages, natures mortes de fruits.
Elle exposait à Paris, surtout au Salon de la Société Nationale des Beaux-Arts, de 1918 à 1935, obtenant le Prix Armand Berton Poussulgue en 1930. Elle a figuré aussi aux Salons des Artistes Indépendants et d'Hiver.
Elle s'était spécialisée dans la représentation des danseuses, des intimités féminines, de nus.
VENTES PUBLIQUES : PARIS, 27 mars 1942 : *Danseuses* : **FRF 600** – NICE, 25 juin 1971 : *Portrait de Polaire dans « Maison de danse »* : **FRF 3 800** – PARIS, 30 nov. 1987 : *Jeune femme à sa toilette*, h/t (65x50) : **FRF 4 000** – NEW YORK, 23 fév. 1989 : *La danseuse de flamenco* 1910, h/t (127,6x95,8) : **USD 14 300**.

DAYOT Magdeleine A.
Née à Paris. XXe siècle. Française.
Peintre de paysages, décoratrice.
Elle était la fille de l'inspecteur des Beaux-Arts, historien et critique d'art, Armand Dayot. Elle a dirigé la revue *Art et Décoration* après la mort de celui-ci. Elle exposait à Paris, au Salon d'Automne, dont elle était sociétaire depuis 1928.
Elle a surtout peint des paysages de Bretagne et de Provence : *Sainte-Trinide, Le vieux mas*, etc. Elle a créé des étoffes et des papiers peints.

DAYSINGER Johan Lorenz
XVIIIe siècle. Actif à Bamberg. Allemand.
Peintre d'histoire, graveur.
Il exécuta un retable pour l'église Sainte Walburga à Lintach.

DAZAINCOURT Blondel
XVIIIe siècle. Actif à Paris. Français.
Dessinateur, graveur amateur.
On cite parmi ses gravures : *La Porteuse d'œufs*, d'après Fr. Boucher, *Intérieur de ferme*, d'après Fr. Boucher, et deux paysages.

DAZAN
XVIIIe siècle. Vivant à Genève à la fin de 1783. Suisse.
Peintre.

DAZARD Anatole
Né au XXe siècle à Paris. XXe siècle. Français.
Peintre de paysages, natures mortes.
Il exposa à Paris au Salon des Indépendants.

DAZAT-MOSSAUD Simone Marie Lucienne
Née le 4 août 1908 à Paris. XXe siècle. Française.
Miniaturiste.
Exposant du Salon des Artistes Français.

DAZZI Antonio
Né en 1846 à Parme. XIXe siècle. Italien.
Peintre.
Le Musée de Parme conserve deux paysages de cet artiste.

DAZZI Arturo
Né en 1882 à Carrare. XXe siècle. Italien.
Sculpteur de statues, monuments.
Il a sculpté la statue du *Cardinal de Luca* pour le Palais de Justice de Rome.
MUSÉES : ROME (Mus. d'Art Mod.) : *Les constructeurs*.

DAZZI Vicenzo
XXe siècle. Italien.
Sculpteur. Abstrait-minimaliste.
Il s'est manifesté au début de la deuxième moitié du siècle.

DÉ, Maître au. Voir **DADDI**

DE suivi d'un patronyme. Voir ce patronyme

DEACON Allan
Né en 1858 près de Liverpool. XIXe-XXe siècles. Britannique.
Peintre de genre.
Élève de Doucet et de Baschet. Il obtint une mention honorable au Salon de 1900.

DEACON Augustus Oakley
XIXe siècle. Actif à Londres. Britannique.
Peintre.
Il fut, de 1849 à 1861, professeur à l'École des Beaux-Arts de Derby.

DEACON Charles Ernest
XXe siècle. Britannique.
Peintre de paysages, marines, fleurs, aquarelliste.
Il était fils d'un architecte, Ernest Deacon. Il fut élève de la Richmond School of Art. Il exposait à Londres, au New English Art Club, au Royal Institute of Painters in Water-Colours, à la Royal Society of British Artists, à la Society of Marine Artists.

DEACON G. S.
XIXe siècle. Actif à Londres. Britannique.
Peintre de genre, portraits, paysages.
Il travailla en 1871 pour l'hôtel de ville de Southampton.

DEACON James
Né vers 1728. Mort en mai 1750. XVIIIe siècle. Britannique.
Miniaturiste.
Le British Museum possède plusieurs œuvres de cet artiste.

DEACON James
XVIIIe siècle. Britannique.
Graveur sur bois.
On trouve plusieurs de ses œuvres dans la *Collection of Prints* de Rogers (Londres, 1778).

DEACON Richard
Né en 1949 à Bangor (Pays de Galles). XXe siècle. Britannique.
Sculpteur, technique mixte. Abstrait, baroque.
En 1969, il fut élève du Somerset College of Art de Taunton, en 1972 de la St. Martin School de Londres, où enseignaient Anthony Caro et William Tucker. Il fréquenta ensuite le Royal College of Art et la Chelsea School of Art, toujours à Londres. En 1985, il a commencé à enseigner à la Bath Academy of Art et enseigne depuis lors à la Chelsea School of Art. En 1986, il fut sélectionné pour le *Turner Prize* de la Tate Gallery, qu'il obtint l'année suivante. Sauf un séjour à New York en 1979, il a toujours vécu et travaillé à Londres.
Très tôt, depuis 1970, il a participé à de très nombreuses et importantes expositions collectives, parmi lesquelles quelques-unes : 1982 *British Sculpture Now* au Kunstmuseum de Lucerne, 1983 *The Sculpture Show* aux Hayward and Serpentine Gallerys de Londres, 1984 *An International Survey of Recent Painting and Sculpture* au Musée d'Art Moderne de New York, 1985 Biennale de Paris, Carnegie International Museum de Pittsburgh et *Sculpture, première approche pour un parc*, à la Fondation Cartier de Jouy-en-Josas, 1987 *Skulptur Projekte* à Munster, 1989 *Britannica* à Anvers et Toulouse et à Chicago un groupe avec Richard Serra et Nancy Chase, etc.
En 1975 et 1976, il fit ses premières expositions personnelles aux Royal College of Art Galleries. Ses expositions personnelles se sont ensuite multipliées, à Londres en 1978, 1980, 1983, 1984, 1985 à la Tate Gallery,1986 et annuellement, ainsi qu'à Sheffield,

Cardiff, Chicago, New York, Lucerne, Anvers, en 1988 au Carnegie Museum de Pittsburgh, Toronto, Los Angeles, en France au Nouveau Musée de Villeurbanne 1984, Aix-en-Provence, Nantes 1986, en 1989 au Musée d'Art Moderne de la Ville de Paris, en 1993 au Kunstverein d'Hanovre, en 1997 au Musée d'art contemporain de Rochechouart.
La technique de Richard Deacon est très singulière. D'une part, il utilise des matériaux divers, qu'on pourrait dire hétéroclites : minces et souples plaques d'acier galvanisé ou de bois laminé, cuivre, plastique, linoleum, tissus. D'autre part, contrairement à ce à quoi on peut s'attendre concernant en général le bricolage de matériaux insolites et quasiment incompatibles, le façonnage que leur applique Richard Deacon, avec la délicatesse précise d'une main de couturière, par un travail de découpage, pliage, collage, couture, rivetage, vissage, est extrêmement soigné et minutieux. Pourrait-on dire, sans porter de jugement, que, dans sa génération, cette facture impeccable est inhabituelle quand il s'agit, entre autres à la suite de Beuys, d'assemblages de matériaux hétérogènes impliqués en fonction de leurs connotations sensibles ou symboliques et de leurs heurts réciproques ? Lui-même, conscient de l'étrangeté de son comportement, évite de se dire sculpteur sculptant : « Je fabrique, je ne sculpte ni ne modèle ». Toutefois, il convient de relativiser cette déclaration d'étrange modestie, car, contrairement aux comportements purement conceptuels, les réalisations de Richard Deacon appartiennent de toute évidence au domaine de la sculpture, et dans lequel domaine elles manifestent également de toute évidence des intentions esthétiques, d'ailleurs parfaitement abouties.
À cette même étrange modestie correspond une autre déclaration, souvent rapportée par ses commentateurs ou interlocuteurs, selon laquelle il attribue une primauté absolue au langage textuel sur toutes les autres formes d'expression et notamment sur celle des formes, sur celle de la sculpture en particulier. On comprend d'autant moins ce scrupule que, sans être bavarde, sa propre sculpture impose avec autorité son évidence plastique, ce qui est bien le langage des formes, outre qu'il ne s'interdit pas l'expression métaphorique, comme par exemple avec *This That and The Other* (Cette chose-ci et l'autre) de 1986, qui consiste en une forme symboliquement féminine, ouverte pour recueillir en son creux une forme abattue, la mère de douleur et le fils brisé : Pieta. Au moins pour une première période, on est autorisé à attribuer à sa nostalgie du langage textuel l'éloquence des titres dont il protège ses sculptures en façon de passeport : *Le cœur et l'esprit – Aveugle, sourd et muet – Art pour un autre peuple – Ceci est ce que c'est – Poisson hors de l'eau – Le dos de la main – Le corps et l'esprit.* Cette surabondance verbale plaquée sur le concret de ses sculptures répond à un besoin qu'il a lui-même justifié : « Pour faire une sculpture, j'ai besoin de la parole : penser et parler ont partie liée. À travers les images, ce sont des mots que l'on pense ». Ce besoin de parole s'épanche alors dans les titres : « Le titre a plus à voir avec l'intention que l'apparence. C'est un moyen d'indiquer le sens. J'utilise des titres idiomatiques, j'use de clichés. Le titre éclaire ou obscurcit, il est là pour associer ou confondre : c'est le moment où le langage peut devenir objet ». Au-delà de la technique, la catégorie de forme de laquelle participe l'acte créateur de Richard Deacon est également très typée, et en son temps plutôt inusitée : chez lui, la ligne, la surface, (pas de volume que celui des vides), ressortissent à la courbe. Certains de ses commentateurs font l'évident rapprochement avec Jean Arp ou bien évoquent l'anneau de Moebius cher à Max Bill. Sans généraliser, car, au contraire, la diversité de ses créations semble sans limitation et dissuade d'en décrire la multiplicité baroque, le modèle du ruban est fréquent, qu'il se déroule décorativement comme posé sur un seul plan ou qu'il feigne s'emmêler sur lui-même dans toutes les directions de l'espace confondues, encore que finalement élégamment dénoué comme par inadvertance. Cette constante de la courbe est liée, délibérément de sa part, à une correspondance organique avec des formes naturelles, voire humaines qu'il ne récuse pas. Usant de la métonymie, il n'évoque un tout que par une de ses parties, par exemple pour le corps humain, l'oreille, la bouche, la main, tous organes de communication. Cette dimension de son œuvre en restreindrait l'appartenance à l'abstraction, si ce lien à l'organique n'était en fait qu'un rapport métaphorique et non une quelconque ressemblance. Tout se passe comme si l'objet « fabriqué » ne devenait l'évidence concrète d'un fait plastique qu'en tant que substitut et par nostalgie de la parole. Pour reprendre partie d'une citation précédente, ce qui importe pour Richard Deacon, c'est le moment inexplicable où l'intention prend corps, par des procédures parfois inattendues : « C'est le moment où le langage peut devenir objet ». ■ Jacques Busse

Bibliogr. : M. Newman et divers : *Richard Deacon, sculpture 1980-1984*, Fruttmarket Gall., Edinburgh – Le Nouveau Musée, Villeurbanne, 1984 – Mona Thomas, Jean de Loisy : *Deacon : Le parti pris des choses*, Artstudio n° 3, Paris, hiver 1986-1987 – Ch. Harrison : Catalogue de l'exposition *Richard Deacon : Recent Sculpture 1985-1987*, musées de Maastricht, Lucerne, Madrid, Anvers, 1987-1988 – Frédéric Paul : *Richard Deacon, Un exercice d'auto-critique d'art*, Artstudio n° 10, Paris, automne 1988 – Mona Thomas : *Richard Deacon*, Beaux-Arts, Paris, fév. 1989 – Catalogue de l'exposition *Richard Deacon*, Mus. Nat. d'Art Mod. de la Ville, Paris, 1989.

Musées : Châteaugiron (FRAC Bretagne) : *The back of my hand V* 1986, acier galvanisé et caoutchouc – Louisiana, Danemark : *In Two Minds* 1986 – Otterlo (Mus. Kröller-Müller) : *Blind, Deaf and Dumb B* 1985 – Pittsburgh (Mus. of Art, Carnegie Inst.) : *Fruit* 1985 – Rochechouart : *Lacöon* 1996.

Ventes Publiques : New York, 3 mai 1994 : *Art d'un autre peuple n° 17* 1985, acier galvanisé et linograv. (108x104,1x58,4) : **USD 16 100** – Londres, 25 oct. 1995 : *Le regard d'un autre homme n° 2* 1986, acier et linograv. avec des écrous (210x280x210) : **GBP 28 750.**

DEAK EBNER Lajos ou **Ebner**

Né le 18 juillet 1850 à Budapest. Mort en 1934. XIXe-XXe siècles. Hongrois.

Peintre de genre.

Il fit ses études à Munich et à Paris. Il passa une grande partie de sa vie à Vienne. Il y exposa, ainsi qu'à Munich, de 1882 à 1888. Il obtint une médaille de bronze à l'Exposition Universelle de 1889, une mention à celle de 1900.
On cite de lui : *Scène de marché ; Le Départ des conscrits.*

Musées : Budapest (Gal. Nat. Hongroise) : *Un coin de village.*

Ventes Publiques : New York, 26 fév. 1986 : *Scène de marché en Hongrie*, h/pan. (60,4x49,5) : **USD 7 500** – Stockholm, 29 avr. 1988 : *Champ de foire avec paysannes*, h/t (32x41) : **SEK 37 000.**

DEAKIN Edwin

Né en 1838. Mort en 1923. XIXe-XXe siècles. Américain.

Peintre de scènes animées, paysages, natures mortes.

Ventes Publiques : San Francico, 3 oct. 1981 : *Nature morte aux raisins* 1883, h/t (61x41) : **USD 19 000** – San Francisco, 21 juin 1984 : *Le vieil octroi*, h/t (66x51) : **USD 3 500** – New York, 26 sep. 1986 : *Nature morte aux raisins*, h/t (40,6x61,5) : **USD 8 000** – Los Angeles-San Francisco, 12 juil. 1990 : *Le lac de Genève depuis Vevey*, h/t (46x91,5) : **USD 2 200** – New York, 10 juin 1992 : *Une treille à Salt Lake Belles* 1904, h/pan. (37x139,8) : **USD 4 620** – New York, 14 sep. 1995 : *Nature morte avec du raisin* 1883, h/t (61x40,6) : **USD 13 800.**

DEAKIN Jane

XIXe siècle. Britannique.

Peintre de paysages.

Elle exposa à Londres, à Suffolk Street Gallery de 1861 à 1884.

DEAKIN Peter

XIXe siècle. Britannique.

Peintre de paysages.

Travaillant à Birmingham, il exposa, entre 1855 et 1879, à la Royal Academy, à la British Institution, à Suffolk Street et à d'autres expositions.

Musées : Londres (Victoria and Albert Mus.) : *Le soir après l'orage.*

Ventes Publiques : Londres, 5 déc. 1941 : *Smithy at Llandrilo* : **GBP 6** – Londres, 26 sep. 1985 : *Kings Norton, Worcestershire*, h/t, de forme ronde (diam. 60) : **GBP 800** – Londres, 28 oct. 1986 : *Stepping stones*, h/t (88,8x137,2) : **GBP 1 700.**

DEALY Jane M., plus tard Lady **Lewis**

XIXe siècle. Britannique.

Peintre de genre, aquarelliste.

Membre de la New Water-Colours Society et de la Royal Institute of Painters in Water-Colours ; elle a exposé à partir de 1879 à la Royal Academy, à Suffolk Street et à la British Institution. Elle épousa en 1887 Sir Walter Llewellyn Lewis et fut active jusqu'en 1931.

Jane M. Dealy

Musées : Sunderland : *Laissé en arrière.*

Ventes Publiques : Londres, 21 avr. 1922 : *Why is she soidle ?*, dess. : **GBP 9** – Londres, 5 mars 1993 : *Et elle demeura au marché toute la journée...*, h/t (101,6x127,6) : **GBP 17 250** – New York, 26 sep. 1996 : *Scène de jardin* 1899, h/t (45,7x55,9) : **USD 4 600**.

DEAMEAUX Charles. Voir **DESAMEAUX**

DEAN Andrès
XIVe siècle. Espagnol.
Peintre.
Il travailla pour le roi de Navarre vers 1394.

DEAN Catherine
Née le 16 octobre 1905 à Liverpool. XXe siècle. Britannique.
Peintre.
Elle a étudié à la Liverpool School of Art et au Royal College of Art. Peintre de paysages et de natures mortes, elle est assistant d'art à St. Gabriel Training College. La Tate Gallery conserve d'elle : *Sheep's skulland ferns* (1935).

DEAN Christopher
Né à Glasgow. XIXe-XXe siècles. Britannique.
Dessinateur, illustrateur.
À partir de 1897, il s'établit à Londres.

DEAN Eva
Née à Stirm Lake (Iowa). XXe siècle. Américaine.
Peintre, graveur, décorateur, illustrateur.

DEAN Frank
Né en 1865 près de Leydes. Mort vers 1907. XIXe-XXe siècles. Britannique.
Peintre de genre, paysages.
Fit ses études d'art à la Slade School avec Legros. À partir de 1882-1886, il étudia à Paris avec Lefebvre et Boulanger. Exposa à la Athenaeum Building en 1882, et en 1887 à la Royal Academy.
Musées : Leeds : *Le moulin à vent.*
Ventes Publiques : Londres, 15 oct. 1976 : *Caravane au crépuscule* 1893, h/t (59,5x90) : **GBP 240** – Londres, 20 sep. 1990 : *La pause sur le sentier de la colline à Grenade* 1900, h/cart. (36x48) : **GBP 990**.

DEAN Grace Rhoodes, Mrs
Née le 15 janvier 1878 à Cleveland (Ohio). XXe siècle. Américaine.
Peintre, graveur, dessinateur.

DEAN H.
XIXe siècle. Actif à Londres. Britannique.
Graveur.
Il exposa à la Royal Academy de 1860 à 1864.

DEAN Helga Hangen
Née à Milwaukee (Wisconsin). XXe siècle. Américaine.
Peintre de figures.
Elle travaillait à Chicago (Illinois). Une de ses œuvres *Rêveuse* a figuré à la Hangen Public School de Chicago.

DEAN Hugh Primerose, dit **Claude l'Irlandais**
Né vers 1740 ou 1750 en Irlande. Mort vers 1784. XVIIIe siècle. Britannique.
Peintre de paysages.
Grâce à l'aide de lord Palmerston, il passa plusieurs années en Italie, d'où il revint en 1779. Il exposa à Londres, entre 1765 et 1780. Des habitudes de débauche altérèrent ses facultés artistiques. Citons de lui : *Vue du Danube*, exposé en 1768, *Éruption du Vésuve*, exposé en 1779.

DEAN John ou **Deane**
Né vers 1750. Mort en 1798 à Londres. XVIIIe siècle. Britannique.
Dessinateur et graveur à la manière noire.
Élève de Valentine Green, il exposa à Londres, en 1777 et 1791. Citons, parmi ses meilleures planches : *James, comte d'Abercorn George, lord Vernon*, d'après Gainsborough, *Lady Gertrude Fitzpatrick*, d'après Reynolds, *Elisabeth Hamilton*, d'après Romney.
Ventes Publiques : Paris, 1833 : *Jésus et la Samaritaine* : **FRF 50** – Paris, 5 déc. 1898 : *La partie de cartes (famille Opic)*, deux pièces d'après Opic : **FRF 1 250** ; *Phebe Hoppner*, d'après J. Hoppner : **FRF 170** – Paris, 1899 : *Portrait de femme*, d'après J. Wrigth : **FRF 6** – Londres, 15 mars 1910 : *Une bergère*, d'après Hoppner : **GBP 7** – Londres, 8 avr. 1910 : *Lady Cadogan*, d'après Reynolds : **GBP 4** – Londres, 26 avr. 1910 : *Elisabeth, comtesse de Derby*, d'après Romney : **GBP 44** ; *Lady Mary Kent*, d'après Reynolds : **GBP 42** ; *Master Paine*, d'après Romney : **GBP 48** ; *Miss Ann Parl* : **GBP 9** – Londres, 25 mai 1910 : *James Thomas Paine* : **GBP 2** – Londres, 12 juil. 1968 : *Bords de Tamise*, deux pendants : **GNS 320**.

DEAN Mallette
Né le 9 mars 1907 à San-Francisco. XXe siècle. Américain.
Peintre de décorations murales, graveur, illustrateur.
Il fut élève de l'École des Beaux-Arts de Californie.

DEAN P.
XVIIIe siècle. Actif à Londres vers 1789. Britannique.
Peintre de fleurs.

DEAN Richard
XVIIIe siècle. Actif à Londres à la fin du XVIIIe siècle. Britannique.
Graveur.

DEAN T. A.
XIXe siècle. Actif à Londres en 1830. Britannique.
Graveur au burin.
On cite de lui : *Tiziano Vecelli*. Il exposa entre 1773 et 1825 à la Society of Artists, à la Royal Academy et à Suffolk Street.

DEAN Walter Lofthouse
Né le 4 juin 1804 à Lowell. Mort le 14 mars 1852 à Boston. XIXe siècle. Américain.
Peintre.
Il fut à Paris l'élève de J. J. Lefebvre et de Boulanger.

DEANAGLIS C.
XIXe siècle. Actif en Angleterre. Britannique.
Peintre et dessinateur.
Ventes Publiques : Londres, 9 avr. 1910 : *Réfugiés d'Albanie ; Une scène de la Conquête du Mexique*, dess. : **GBP 4**.

DEANE Charles
XIXe siècle. Britannique.
Peintre de paysages.
Il exposa presque chaque année de 1815 à 1851 à la Royal Academy et à la British Institution de Londres.
Ventes Publiques : Londres, 18 juin 1926 : *La Tamise à Vauxhall* 1819 : **GBP 29** – Londres, 8 juil. 1927 : *Lambeth Palace* 1810 : **GBP 94** – New York, 26 oct. 1933 : *Lambeth Palace* : **USD 700** – Londres, 18 déc. 1936 : *Lambeth Palace* : **GBP 42** – Londres, 6 mars 1970 : *Twickenham ferry* : **GNS 400** – Londres, 22 nov. 1982 : *Rochester*, h/t (88x126) : **GBP 1 600** – Londres, 24 oct. 1984 : *Scène de rue, Bristol*, h/t (60x49,5) : **GBP 1 700** – Londres, 13 juil. 1993 : *Vue de Birchington dans l'île de Thanet ; Vue de St. Nicolas dans l'île de Thanet* 1832, h/cart., une paire (29x43) : **GBP 1 725**.

DEANE Dennis Wood
XIXe siècle. Actif à Londres. Britannique.
Peintre de genre.
Il était le frère aîné de William Wood Deane.

DEANE Emmeline
XIXe siècle. Active à la fin du XIXe siècle. Britannique.
Peintre de portraits, miniaturiste.
Elle exposa entre 1879 et 1892 à la Royal Academy. La National Portrait Gallery conserve d'elle : *John Henry Newman*.

DEANE Percy
Né en 1921 à Amazonas. XXe siècle. Brésilien.
Graveur à l'eau-forte, dessinateur.

DEANE William Wood
Né en 1825 à Islington. Mort en 1873 à Islington. XIXe siècle. Britannique.
Peintre de genre, paysages, aquarelliste, dessinateur.
Il entra dans les classes de la Royal Academy de Londres en 1844 et y remporta, la même année, une médaille d'argent. Membre de la British Institution, il en obtint deux prix en espèces.
Il exposa, en 1853, à la Royal Academy une vue de *Saint-Pierre de Rome* qu'il avait faite lors de son voyage en Italie. Deane fit de nombreux envois aux différentes expositions de Londres, entre 1844 et 1873. En 1863, il abandonna la profession d'architecte, qu'il avait poursuivie sans grand succès, et devint d'abord associé de l'Institute of Painters in Water-Colours, puis membre, en 1867. En 1870, il démissionna et devint, l'année suivante, membre de l'Old Society des aquarellistes.
Ventes Publiques : Londres, 24 fév. 1908 : *Une rue à Villafranca* : **GBP 2** – Londres, 18 avr. 1910 : *L'Église du monastère*, dess. : **GBP 2** – Paris, 25 mars 1922 : *Watendlath near Keswick (Cumberland)* : **FRF 620** – Londres, 3 juil. 1922 : *Paysage du*

Cumberland 1860 : **GBP 3** – LONDRES, 23 mars 1923 : *L'Hôpital de Greenwich* : **GBP 15** – LONDRES, 22 nov. 1926 : *Le Palais des Papes à Avignon*, dess. : **GBP 13** – LONDRES, 10 mai 1929 : *Un canal à Venise* 1872, dess. : **GBP 5** – LONDRES, 26 juin 1931 : *Foire aux chevaux à Séville*, dess. : **GBP 4** – LONDRES, 2 fév. 1979 : *La destruction des documents compromettants* 1853, h/t (102,2x159) : **GBP 1 400** – CHESTER, 20 juil. 1989 : *Troupeau de moutons ; Le braconnier* 1860, h/t, une paire (44,5x67,5) : **GBP 1 540** – LONDRES, 8 fév. 1991 : *Panorama de Florence avec des pélerins arrêtés devant un reposoir au premier-plan* 1858, aquar. avec reh. de blanc (52,1x77) : **GBP 1 320**.

DEANES Edward
XIXe siècle. Britannique.
Peintre de genre.
Il exposa à la British Institution et à la Royal Academy de 1860 à 1868. Il fut actif à Londres de 1860 à 1893.
VENTES PUBLIQUES : LONDRES, 8 mai 1981 : *The broken string* 1877, h/t (61x50,8) : **GBP 750** – LONDRES, 13 déc. 1984 : *La marchande de fleurs*, h/t (70x90) : **GBP 2 800** – GLASGOW, 5 fév. 1986 : *Pêcheur à la ligne soupesant un poisson*, h/t (61x51) : **GBP 1 900** – LONDRES, 11 juin 1993 : *Fin de journée* 1877, h/t (72x107) : **GBP 8 050**.

DEAR Mary E.
XIXe siècle. Active à Londres vers le milieu du XIXe siècle. Britannique.
Peintre de genre, portraits.

DEARBORN Nathaniel
Né en 1786. Mort le 7 novembre 1852 à Redding (Massachusetts). XIXe siècle. Américain.
Graveur.

DEARE John
Né le 18 octobre 1760 à Liverpool. Mort le 17 août 1798 à Rome. XVIIIe siècle. Britannique.
Sculpteur.
Dès son enfance il manifesta des dispositions pour la sculpture, fit son apprentissage chez un sculpteur londonien et fut admis comme étudiant à l'Académie Royale. En 1780, il obtint une médaille d'or pour son modèle *Adam et Ève*. Sa réputation croissait rapidement. En 1783, il quitte son maître pour aller travailler avec Bacon et Cheere. En 1785, il obtint une bourse de voyage de l'Académie. Il alla d'abord à Florence, puis à Rome. Pour l'Exposition de 1786, il avait terminé un grand bas-relief *Le Jugement de Jupiter* qui renferme trente personnages. Cette œuvre ne paraît pas avoir été exposée. À Rome où il fut rejoint par Flaxman et Howard, il étudia les marbres antiques et fit un grand nombre de dessins très soignés. Il envoya de Rome en 1788 pour l'Exposition de l'Académie son *Édouard Ier et la reine Éléonore*. Son succès qui était très grand fut arrêté par ses excentricités. Il mourut à Rome le 17 août 1798 et fut enterré dans le cimetière protestant.
Il dessinait avec beaucoup d'exactitude et possédait une imagination féconde soutenue par une application ferme.
VENTES PUBLIQUES : LONDRES, 26 mai 1983 : *Horse of Praxiteles, Monte Cavallo* 1788, pl. (16x19) : **GBP 450**.

DEARE Joseph
Né vers 1804. Mort le 5 août 1835. XIXe siècle. Britannique.
Sculpteur.
Il était neveu de John Deare et fut l'élève de la Royal Academy de Londres. En 1826, il exposa pour la première fois à la Royal Academy avec un groupe *David et Goliath*.

DEARING Perrine Van
Née le 10 septembre 1869 à Garnett (Kansas). XIXe-XXe siècles. Américaine.
Peintre de figures, paysages.
L'Institut Carnegie de Pittsburgh conserve une de ses peintures.
VENTES PUBLIQUES : NEW YORK, 29 jan. 1981 : *Étude de lumière*, h/t (66x55,9) : **USD 3 750** – NEW YORK, 23 mars 1984 : *In the Gazero*, h/t (66x55,9) : **USD 3 500** – NEW YORK, 30 sep. 1985 : *Jeune Fille avec crâne*, h/t (66x50,7) : **USD 1 500** – NEW YORK, 3 déc. 1996 : *Winter Cliffs* 1906, h/t (89x66,5) : **USD 2 185**.

DEARLE John H.
Né vers 1860. XIXe siècle. Britannique.
Peintre verrier, dessinateur.
Il travailla à Londres à partir de 1878, en particulier pour les églises de différentes villes d'Angleterre.

DEARLE John Henry
Né à Jersey. XIXe-XXe siècles. Britannique.
Peintre de paysages.
Il exposa à Londres de 1851 à 1900.
VENTES PUBLIQUES : LONDRES, 27 jan. 1922 : *Dans le champ de foin* : **GBP 4** – LONDRES, 21 avr. 1922 : *Jour d'été* : **GBP 7** – LONDRES, 25-26 avr. 1990 : *Vue de l'embouchure de la Rye et Romney Marsh vus depuis Fairlight Down dans le Kent* 1880, aquar. (15,2x12) : **GBP 1 045**.

DEARMAN Elizabeth J.
XIXe siècle. Active à Londres. Britannique.
Peintre.
Elle était sœur de John.

DEARMAN John
Né à Londres. Mort vers 1857. XIXe siècle. Britannique.
Peintre animalier, paysages.
Il exposa à l'Académie royale entre 1824 et 1856, et vivait à Shere, près de Guildford.
VENTES PUBLIQUES : LONDRES, 7 juil. 1922 : *Paysage du Westmorland* 1854 : **GBP 23** – LONDRES, 16 nov. 1928 : *La passerelle* : **GBP 57** – LONDRES, 12 juil. 1967 : *Paysage du Surrey* : **GBP 350** – LONDRES, 13 déc. 1972 : *Troupeau dans un paysage* : **GBP 350** – PARIS, 15 nov. 1976 : *Paysage animé de moutons, vaches et chien* 1845, h/t (37x56) : **FRF 6 000** – LONDRES, 23 mars 1977 : *Paysage à la mare animé de personnages* 1844, h/t (44x59) : **GBP 1 000** – LONDRES, 10 oct. 1980 : *Vue d'Albury, Surrey* 1855, h/t (31,6x44,5) : **GBP 1 300** – LONDRES, 21 juil. 1982 : *Shere Lane, near Albury, Surrey* 1851, h/t (43x48) : **GBP 780** – LONDRES, 10 juil. 1984 : *Cavaliers et troupeau de chevaux dans un paysage* 1856, h/t (30,5x41) : **GBP 1 700** – LONDRES, 17 juin 1987 : *Une cour de ferme* 1847, h/t (38x56) : **GBP 1 700** – NEW YORK, 11 avr. 1997 : *Fermier préparant ses chevaux au labeur du jour* 1844, h/t (47x63,5) : **USD 13 800**.

DEARMAN Mary A.
XIXe siècle. Active à Londres dans la première moitié du XIXe siècle. Britannique.
Peintre de genre, paysages, natures mortes.
Elle exposa de 1828 à 1846.

DEARMER Mabel, née **White**
Née le 22 mars 1872 à Londres. XIXe-XXe siècles. Britannique.
Dessinatrice, illustratrice.
Poétesse, elle a illustré, entre autres, ses propres recueils : *Round about Rhymes, The Book of Penny Toys*, etc.

DEARMER Thomas
XIXe siècle. Britannique.
Peintre de paysages.
Il exposa à Londres entre 1840 et 1867.

DEARN T. D. W.
XIXe siècle. Actif à Londres au début du XIXe siècle. Britannique.
Graveur, dessinateur, architecte.
Il exécuta des dessins et des gravures de monuments.

DEARTH Henry Golden
Né le 22 avril 1864 à Bristol (Rhode Island). Mort en 1918. XIXe-XXe siècles. Américain.
Peintre de genre, portraits, paysages, natures mortes.
Il fut élève de l'École des Beaux-Arts de Paris. Obtint une mention honorable à l'Exposition Universelle de 1900.
VENTES PUBLIQUES : NEW YORK, 9 et 10 jan. 1909 : *Coucher de soleil* : **USD 220** ; *La paix du crépuscule* : **USD 210** – NEW YORK, 15 et 16 jan. 1932 : *Portrait de jeune femme* : **USD 750** ; *Marine* : **USD 700** ; *Cascade* : **USD 600** – NEW YORK, 17 et 18 mai 1934 : *Les docks* : **USD 160** – NEW YORK, 4 mars 1937 : *Clair de lune* : **USD 200** – NEW YORK, 12 fév. 1942 : *Nature morte* : **USD 190** – NEW YORK, 4 et 5 mars 1943 : *Nature morte* : **USD 130** – NEW YORK, 29 avr. 1943 : *Le travail quotidien achevé* : **USD 125** – NEW YORK, 17 fév. 1944 : *Fête champêtre* : **USD 325** – NEW YORK, 16 mars 1967 : *Nature morte aux gardénias* : **USD 450** – BREST, 19 déc. 1976 : *Le pouldu*, h/pan. (46x55) : **FRF 8 800** – NEW YORK, 3 déc. 1982 : *Crépuscule*, h/t (60,3x102) : **USD 7 500** – WASHINGTON D. C., 6 déc. 1985 : *Après-midi de septembre* 1894, h/t (61x102) : **USD 4 800** – NEW YORK, 20 mars 1987 : *Crépuscule*, h/t (50,8x76,2) : **USD 3 000** – NEW YORK, 15 mai 1991 : *Roux et or*, h/t (88,9x116,8) : **USD 1 100** – NEW YORK, 12 sep. 1994 : *Nature morte avec un tableau de paysage*, h/t (54,6x64,8) : **USD 4 600** – NEW YORK, 20 mars 1996 : *Brume d'été au bord de l'Hudson* 1889, h/t (76,2x101,6) : **USD 2 070**.

DEAS Charles
Né en 1818 à Philadelphie. Mort en 1867. XIXe siècle. Américain.

Peintre de genre.
Il envisageait une carrière militaire mais après son échec à West Point, il partit pour New York poursuivre ses études de peinture et de dessin à la National Academy, puis travailla sous la direction de John Sanderson à Philadelphie. L'ouverture de la galerie indienne de George Catlin en 1837 et les travaux d'Alfred Jacob Miller et de Seth Eastman l'encouragèrent à approfondir ses connaissances relatives aux Indiens et en 1840 il s'installa à Fort Crawford dans le Wisconsin. Plus tard, fixé à Saint Louis, il continua à effectuer des séjours dans différentes tribus indiennes s'intéressant à leurs mœurs, au commerce avec les trappeurs, etc... Simultanément il exposait souvent à New York. Il perdit la raison et termina sa vie au Bloomingdale Asylum de New York en 1867.
Parmi ses œuvres, on cite : *La Chasse dans la prairie, Le dernier tir, Long Jake.*
Ventes Publiques : New York, 3 déc. 1987 : *Groupe de Sioux*, h/pap. mar./pan. (8,4x15,2) : **USD 35 000** – New York, 16 mars 1990 : *Wa-kon-cha-hi-re-ga – Grondement de tonnerre*, h/pap. (20,9x15,8) : **USD 165 000** – New York, 22 sep. 1993 : *Guerrier indien au bord d'un précipice* 1847, h/t (92,8x67) : **USD 310 500**.

DEAUBO Alexandre
XVIIIe siècle. Français.
Sculpteur.
Il fut élu en 1724 membre de l'Académie Saint-Luc à Paris.

DEAUBO Alexandre Étienne ou **Daubo, Daudo**
XVIIIe siècle. Français.
Sculpteur.
Il fut élu en 1752 membre de l'Académie Saint-Luc à Paris. Il était fils d'Alexandre.

DEAUBO Martin Jean Baptiste ou **Dobeau**
XVIIIe siècle. Français.
Sculpteur.
Il fut élu en 1760 membre de l'Académie Saint-Luc à Paris.

DEBACKER Louise Jeanne Hortense
XIXe-XXe siècles. Française.
Sculpteur.
A exposé bustes et statuettes au Salon des Artistes Français.

DEBACQ Charles Alexandre
Né le 12 août 1804 à Paris. Mort le 2 octobre 1853 à Paris. XIXe siècle. Français.
Peintre d'histoire, scènes de genre, portraits, aquarelliste.
Élève de Gros à l'École des Beaux-Arts, où il entra le 10 avril 1824. En 1831, il débuta au Salon et exposa jusqu'en 1848.
Cet artiste qui peignit plus spécialement l'histoire, avait un style très soigné.
Musées : Versailles : *Assemblée des croisés à Ptolemaïs en 1148 – Prise de Tripoli en 1100 – Prise du Château de Smyrne en 1344 – Jean, seigneur de Beaudricourt – Philippe V, le Long – Charles VI, roi de France – Humbert Ier, dauphin du Viennois – Jacques-Lazare Savetter de Candras, général de brigade – Julien A.-J., vicomte Mermet, lieutenant général – Henri, prince de Russkœstrstz – Charles de France, duc de Berry – Edouard Jacques, comte Burgues Missessy – Le ministre, duc de Richelieu – Pierre Briçonnet, Sr de Praville – Guill. Briçonnet, cardinal – Ph. Em. de Lorraine, duc de Mercœur – Jacques Ier, roi d'Angleterre – A. de Vignacourt, grand-maître de l'Ordre de Malte – François de Bourbon, duc de Montpensier – Jean de la Meilleraye – Charles-Em. de Lorraine, comte de Sommerive – Gaspard de Guzman, comte d'Olivarez – François VII, duc de la Rochefoucauld – Charles-Alexis, marquis de Sillery – Ferdinand III, grand-duc de Toscane – Louise-Marie-Amélie-Thérèse, grande-duchesse de Toscane – Victor-Maurice de Riquet, comte de Caraman – Ducs et duchesses de Bourgogne, depuis Philippe le Hardi jusqu'à Charles le Téméraire – Robert Briçonnet, archevêque de Reims, chancelier de France – Louis de Lorraine, comte d'Armagnac – Charles II, roi d'Angleterre – Le connétable Albert de Luynes – Firmin-Didot, poète et imprimeur – François Ier, roi des Deux-Siciles – Marie-Isabelle d'Espagne, reine des Deux-Siciles – Jean-François de la Guiche – Mort de Molière – Reddition de Tripoli – Bernard Palissy alimentant avec ses meubles le feu de ses fourneaux.*
Ventes Publiques : Paris, 19 mai 1927 : *Le mouton fidèle*, aquar. : **FRF 300** – Paris, 13 déc. 1937 : *Scène Louis XIV dans le parc de Versailles*, aquar. reh. de gche : **FRF 90** – Paris, 16 nov. 1981 : *La mort de Molière* 1839, h/t (153x212) : **FRF 68 000** – Saint-Germain-en-Laye, 25 avr. 1993 : *La mort de Molière* 1839, h/t (153x210) : **FRF 128 000**.

DEBACQ Joseph Frédéric
Né en 1800 à Paris. Mort en 1892 à Paris. XIXe siècle. Français.
Peintre d'architectures, architecte.
Il construisit avec Garnier la chapelle du Château de Luynes à Dampierre. Le Musée d'Avignon possède de lui une aquarelle.

DEBACRE Henri
XVe siècle. Actif à Bruges en 1467. Éc. flamande.
Peintre.

DEBAENE Alphonse Jules
Né à Dunkerque. XIXe-XXe siècles. Français.
Peintre.
Il exposa aux Salons de Paris à partir de 1890.
Ventes Publiques : New York, 23 mai 1997 : *Ma blanchisseuse* 1892, h/t (160x130,2) : **USD 17 250**.

DEBAENE Stéphane Georges
Né le 24 mai 1902 à Lille (Nord). XXe siècle. Français.
Peintre de figures, portraits, pastelliste.
Il fut élève de Paul-Albert Laurens. Il devint professeur à l'École des Beaux-Arts de Dunkerque. Il exposait à Paris, au Salon des Artistes Français, dont il devint sociétaire en 1928.
Ventes Publiques : Paris, 25 jan. 1923 : *Portrait de femme*, past. : **FRF 100**.

DEBAILLE Maurice
Né en 1898 à Châtelineau (Hainaut). XXe siècle. Belge.
Peintre d'intérieurs.
Peu de renseignements sur cet artiste, qui a toutefois exposé à Paris, au Salon d'Automne de 1923, un *Intérieur hollandais*.

DEBAINS Robert
Né en 1885. XXe siècle. Français.
Peintre.
A présenté : *En captivité* et *Interlaken, Suisse* à l'Exposition spéciale des Artistes mobilisés, 1919.

DEBAINS Thérèse
Née le 25 mars 1907 à Versailles (Yvelines). XXe siècle. Française.
Peintre de compositions animées, figures, nus, paysages, natures mortes. Postimpressionniste.
Elle fut élève de l'Académie Ranson. Elle exposait à Paris, aux Salons d'Automne depuis 1926, des Artistes Indépendants et des Tuileries. Depuis 1934, elle montre régulièrement ses peintures au cours d'expositions personnelles à Paris.
Elle utilise volontiers des accords de gris colorés à partir d'un dessin qui reste volontairement dans des effets de flou. Sa manière semble avoir été sensible à l'exemple de Bonnard.
Musées : Alger – Paris (Mus. Nat. d'Art Mod.) – Tel-Aviv.
Ventes Publiques : Paris, 12 déc. 1988 : *Profil de jeune femme*, h/pan. (46x35) : **FRF 6 200** – Londres, 25 oct. 1995 : *Portrait d'homme*, h/t (80,5x60) : **GBP 3 450**.

DEBANNE Scipion Joseph
Né à Grenoble (Isère). XXe siècle. Français.
Peintre.
Exposant de la Société Nationale des Beaux-Arts.

DEBARD-BRAVAIX Myrto, Mme
Née à Trescléoux (Hautes-Alpes). XXe siècle. Française.
Peintre.
A exposé une toile orientaliste au Salon des Artistes Français de 1938.

DEBARRE René Auguste
Né à Paris. XXe siècle. Français.
Sculpteur.
Il fut élève de Jules F. Coutan et Charles Raoul Verlet à l'École des Beaux-Arts de Paris. Il exposait à Paris, au Salon des Artistes Français, mention honorable 1924.

DEBAT Roger Marius
Né à Constantine (Algérie). XXe siècle. Français.
Peintre.
Il exposait à Paris, au Salon des Artistes Français, dont il devint sociétaire en 1932.

DEBAT-PONSAN Colette
XXe siècle. Française.
Peintre de portraits, paysages, natures mortes, fleurs.
Elle exposait à Paris, au Salon des Tuileries depuis 1934.

DEBAT-PONSAN Édouard Bernard
Né le 25 avril 1847 à Toulouse (Haute-Garonne). Mort le 29 janvier 1913 à Paris. XIXe-XXe siècles. Français.

Peintre d'histoire, scènes de genre, portraits, paysages.
Élève de Cabanel à l'École des Beaux-Arts de Paris, il participa au Salon de Paris dès 1870, obtenant une deuxième médaille en 1874 avec : *Le premier deuil*. Il reçut le prix Troyon à l'Institut en 1874 et fut second prix de Rome en 1875. Admis à l'Exposition Universelle de Paris en 1889, il fut ensuite retiré par ordre, et refusa la médaille de bronze qui lui était décernée par le jury. Dreyfusard convaincu, il perdit une partie de sa clientèle, l'estime de certains de ses amis et membres de sa famille, au moment de l'Affaire et signa une grande toile allégorique à ce sujet, intitulée : *La Vérité*. Il devint président de la Société des Artistes Français et fut chevalier de la Légion d'honneur. En 1973, une grande rétrospective, au Musée de Tours, fit redécouvrir ses œuvres anecdotiques. Il est l'auteur de compositions historiques, notamment la *Piété de saint Louis pour les morts* 1879, à la cathédrale de La Rochelle ; mais aussi de compositions d'inspiration patriotique ; de portraits, dont ceux de *M. Constant* – *Mme Constant* – *M. Camescasse* – *Pouyer-Quertier* – *Paul de Cassagnac* – *Général Boulanger* ; et de paysages de facture académique.

E. DEBAT-PONSAN

E. DEBAT-PONSAN

Bibliogr. : Gérald Schurr, in : *Les Petits Maîtres de la peinture 1820-1920, valeur de demain*, Les Éditions de l'Amateur, t. III, Paris, 1976.
Musées : Amboise : *La Vérité* – Carcassonne : *La fille de Jephté* – Clermont-Ferrand : *Une porte du Louvre le jour de la saint Barthélémy* – Nantes : *Coin de vigne* – Rouen : *Portrait de Pouyer-Quertier* – Toulouse : *Le massage*.
Ventes Publiques : Paris, 1er fév. 1895 : *L'abreuvoir* : **FRF 235** – New York, 4-5 fév. 1904 : *Idylle rustique* : **USD 320** – Paris, 6 mai 1925 : *Les lavandières aux champs* : **FRF 1 150** – Londres, 24 nov. 1926 : *L'amour fait passer le temps* 1878 : **GBP 18** – New York, 25-26 mars 1931 : *Flirt rustique* 1889 : **USD 275** – Paris, 25 juin 1943 : *La Vérité* : **FRF 1 900** – Paris, 2 fév. 1973 : *La Vérité* 1898, h/t (240x155) : **FRF 7 000** – Göteborg, 8 nov. 1973 : *La rixe* 1895 : **SEK 37 000** – Paris, 28 jan. 1974 : *Scène de concours hippique* 1883, h/t (91x66) : **FRF 23 000** – New York, 9 oct. 1974 : *Bergère et troupeau* 1897 : **USD 2 900** – Paris, 6 déc. 1976 : *L'abreuvoir*, h/t (46x65) : **FRF 1 700** – Londres, 20 avr. 1979 : *Couple de jeunes paysans au puits* 1889, h/t (71,7x99) : **GBP 2 400** – Londres, 19 juin 1981 : *Jeunes paysans et vaches à l'abreuvoir* 1889, h/t (73,1x101) : **GBP 4 200** – New York, 26 mai 1983 : *Entretien galant au bord d'une rivière*, h/t (61x80,7) : **USD 3 300** – New York, 1er mars 1984 : *Conversation au bord de la route* 1894, h/t (49,5x65,4) : **USD 4 000** – Londres, 12 fév. 1986 : *Le chemin de campagne* 1889, h/t (199x149) : **GBP 4 000** – Londres, 25 mars 1988 : *Bétail et sa gardienne* 1904, h/cart. (50x65,5) : **GBP 3 300** – Paris, 3 juin 1988 : *L'étang en forêt d'Amboise*, h/t (33x46) : **FRF 5 000** – Paris, 5 juin 1989 : *Champs de fleurs*, h/t (65x49) : **FRF 8 000** – Paris, 21 nov. 1989 : *Touraine, arbres en automne*, h/pan. (26x34) : **FRF 5 500** – Paris, 17 nov. 1991 : *Bord de fleuve*, h/pan. (38x47) : **FRF 7 000** – Paris, 12 déc. 1991 : *L'heure de la sieste* 1887, h/t (45x65) : **FRF 69 000** – Paris, 30 avr. 1993 : *Portrait de Pierre Goilhard, directeur de l'Opéra* 1900, h/pan. (38x31,5) : **FRF 4 000** – New York, 15 oct. 1993 : *La bataille de Friedland* 1895, h/t (73,8x101,6) : **USD 5 750** – New York, 16 fév. 1994 : *Jeune femme mettant des fleurs en pots* 1891, h/t (64,8x49,5) : **USD 8 050** – Londres, 17 mars 1995 : *Napoléon à la bataille de Friedland* 1875, h/t (73x102) : **GBP 5 750** – New York, 20 juil. 1995 : *Jour de lessive* 1910, h/t (66x91,4) : **USD 10 350**.

DEBATTICE Jean
Né en 1919 à Romsée. Mort en 1979. xxe siècle. Belge.
Peintre. Tendance fantastique.
Il fut élève d'Auguste Mambour à l'Académie des Beaux-Arts de Liège, où il lui succéda.
On a parfois rapproché sa peinture du surréalisme.
Bibliogr. : In : *Diction. biograph. illustré des artistes en Belgique depuis 1830*, Arto, Bruxelles, 1988.

DEBATTY Pierre
Né à Uccle. xxe siècle. Belge.
Peintre. Tendance abstraite.
Il travaille à Bruxelles. En 1993, il a montré un ensemble de peintures à la galerie Le Mont des Arts de Bruxelles.
S'inspirant des constructions industrielles, il réalise des compositions très fortement structurées dans des harmonies de bruns diversifiés, dont la synthétisation des formes atteint à une abstraction à tendance géométrique.

DEBAY Auguste Hyacinthe
Né le 2 avril 1804 à Nantes (Loire-Atlantique). Mort le 24 mars 1865 à Paris. xixe siècle. Français.
Peintre d'histoire, portraits, sculpteur.
Dès l'âge de treize ans, en 1817, il débuta au Salon de Paris, en tant que sculpteur, étant le fils du sculpteur Jean Baptiste Joseph Debay. Il y obtint une médaille en 1819. Intéressé par la peinture, il devint élève de Gros, obtint le Prix de Rome en 1823, puis, sept ans plus tard, abandonna la peinture pour se consacrer à la sculpture, à laquelle il se livra sous la direction de son père. En 1855, il obtint une première médaille dans ce genre et fut décoré en 1861.
En peinture, il peut avoir deux styles tout à fait différents : l'un, ingresque, comme le montre le *Portrait de Mme Félix Trucy*, l'autre, fougueux, dans la veine de Delacroix, comme le prouve *Épisode de la Terreur de Nantes* 1838.
Bibliogr. : Gérald Schurr, in : *Les Petits Maîtres de la peinture 1820-1920, valeur de demain*, Les Éditions de l'Amateur, t. III, Paris, 1976.
Musées : Angers : *Le berceau primitif* – *Monument de l'archevêché de Paris* – *Philoctète dans l'île de Lemnos* – Nantes (Mus. des Beaux-Arts) : *Épisode de la Terreur en 1793, sur la place de Bouffay à Nantes* – *Lucrèce sur la place publique de Collatie* – *Mme Félix Trucy* – Versailles : *Baron Gros*.
Ventes Publiques : Paris, 1835 : *La Peste de Jaffa*, copie : **FRF 2 050** – Paris, 1863 : *La lune de miel et la lune rousse* : **FRF 700** – Paris, 3 et 4 mai 1923 : *Diane et Callisto*, lav. sépia : **FRF 85** – Paris, 10 avr. 1992 : *Portrait d'un jeune sculpteur*, h/t (75,5x59,5) : **FRF 55 000**.

DEBAY Caroline Louise Emma, née **Pérignon**
Née le 24 mars 1809 à Paris. Morte le 6 septembre 1832 à Paris. xixe siècle. Française.
Peintre d'histoire, scènes de genre.
Élève de son père, le délicat peintre et dessinateur Alexis Nicolas Pérignon. Elle épousa René Debay, le fils cadet du célèbre sculpteur, et débuta avec succès au Salon de 1831 avec plusieurs tableaux d'histoire. Une mort prématurée interrompit sa carrière qui s'annonçait brillante.

DEBAY Danièle
Née en 1950 à Kamisuku (ex-Congo belge). xxe siècle. Belge.
Sculpteur de statuettes, bustes, médailleur.
Elle fut élève du sculpteur et médailleur René Harvent, et devint sa collaboratrice. Elle travaille le bronze et crée des médailles, coulées, frappées ou ciselées.
Bibliogr. : In : *Diction. biograph. illustré des artistes en Belgique depuis 1830*, Arto, Bruxelles, 1988.

DEBAY Jean Baptiste Joseph. Voir **BAY de**

DEBBAUT Willem
xve siècle. Actif à Gand à la fin du xve siècle. Éc. flamande.
Enlumineur.

DEBBÈCHE Amara
Mort à Paris. xxe siècle. Actif en France. Tunisien.
Peintre.
Peintre tunisien, il vécut en France et exposa parfois au Salon tunisien.
Ses toiles sont largement et grassement peintes, dans un style européen.
Bibliogr. : Catalogue de l'exposition : *Lumières tunisiennes*, Pavillon des Arts, Paris, 1995.
Musées : Tunis (Mus. d'Art Mod.) : *Nu assis*.

DEBBIO André del
Né à Carrare. xxe siècle. Actif en France. Italien.
Sculpteur.
Élève de Theunissen et de Bertrand, il a participé au Salon des Artistes Français de 1931 à 1936, puis au Salon des Artistes Indépendants, à ceux d'Automne et des Tuileries.

DEBBOUDT Joos
xve siècle. Actif à Bruges, à la fin du xve siècle. Éc. flamande.
Peintre de décorations.

DEBEAUVAIS Yvonne Raymonde Henriette
Née à Trets (Bouches-du-Rhône). xxe siècle. Française.

Peintre de scènes de genre, portraits.
Elle fut élève de Fernand Sabatté. Elle exposait à Paris, au Salon des Artistes Français, dont elle devint sociétaire, mention honorable 1936. Elle a peint des portraits typiques et des scènes de genre : *Atelier chez les Petites Sœurs des Pauvres.*

DEBEIGER Jan
Né en 1705 à Aarau (Suisse). Vivait encore en 1768. XVIIIe siècle. Suisse.
Peintre de paysages.
Il alla très jeune à Amsterdam et y travailla sous la direction de C. Pronk et de J. M. Quinkbard. On lui doit notamment d'intéressantes vues de villes hollandaises.

DEBELLE Alexandre
Né le 21 décembre 1805 à Voreppe (Isère). Mort le 23 juillet 1897 à Grenoble (Isère). XIXe siècle. Français.
Peintre d'histoire, compositions religieuses, paysages, fresquiste, peintre de cartons de vitraux.
Au Salon de Paris, il figura de 1837 à 1847. On doit à cet artiste, dans l'église Saint-Louis-en-l'Île, à Paris, une fresque représentant *Moïse et Élie* ; à l'hôtel de ville de Grenoble : *Grenoble assiégée par les alliés, le 6 juillet 1815* ; à la préfecture de la même ville : *L'Assemblée des notables, à Vizille, en 1788* ; au palais du Bey de Tunis : *Entrevue de Napoléon III et du Bey de Tunis à Alger* ; dans l'église des Missions-Étrangères au Japon : *Le Christ apparaissant à saint François-Xavier* ; au château d'Uriage, l'histoire du château représentée en quatorze sujets. Il fit aussi les peintures murales de la chapelle de Rives et la décoration de la chapelle de Tif, ainsi que les cartons des vitraux des églises Notre-Dame, Saint-André et Saint-Louis, à Grenoble. À la mairie de cette ville, on voit de lui : *Abdication d'Humbert II.* Il devint conservateur du musée de cette ville, en 1853, et le 12 août 1868, il fut décoré de la croix de chevalier de la Légion d'honneur.
Musées : Grenoble : *Entrée de Napoléon à Grenoble.*
Ventes Publiques : Paris, 1877 : *Napoléon Ier rentrant aux Tuileries, le 20 mars 1815* : **FRF 630** – Lyon, 9 oct. 1990 : *Vue de Chambéry ou Annecy* 1829, h/t (40,5x54) : **FRF 45 000**.

DEBELLESMES Adam. Voir **ADAM de Bellesmes**

DEBEN Toussaint
Né le 17 août 1665 à Liège. Mort le 24 octobre 1747 à Liège. XVIIe-XVIIIe siècles. Éc. flamande.
Peintre.
Son père se prénommait Philipp. Il fut l'élève d'Englebert Fisen, puis séjourna quelque temps à Rome vers 1700 avant de revenir s'établir dans sa ville natale.

DEBENEDETTI Jean-Marc
Né en 1952 à Paris. XXe siècle. Français.
Sculpteur de figures, peintre. Expressionniste.
Originellement poète, de 1972 à 1975, il fut cofondateur de la revue *Soror* ; de 1979 à 1986, il fut fondateur de la revue *Ellébore*. Il expose depuis 1973, notamment en 1996 à Paris, il a exposé un ensemble de sculptures, à la galerie Mantoux-Gignac.
Il ne sépare pas son œuvre plastique de son activité poétique. Ses créations plastiques, d'essence anthropomorphique, évoluent de l'expression réelle à l'imaginaire.

DEBENEDITTO. Voir **BENEDETTO Baldassare de**

DEBENJAK Riko
Né le 8 février 1908. XXe siècle. Yougoslave.
Peintre, graveur de sujets divers.
De 1930 à 1937, il fit ses études artistiques à Belgrade, à la suite de quoi il voyagea en Italie, Suisse, puis vint à Paris, où il se perfectionna en gravure dans l'Atelier de Johnny Friedlaender. Il se fixa ensuite à Ljubljana. Il expose dans les grandes manifestations internationales de l'estampe, remportant divers Prix : 1957 et 1963 à Ljubljana, 1957 Biennale de Tokyo, 1959 São Paulo. En 1964, il fut invité à la Biennale de Venise.
En 1950, il abandonna définitivement la peinture pour la gravure. Sa manière s'inspire de l'art populaire, qui, traditionnellement, s'est souvent manifesté par l'estampe multiple. Au long des années, des périodes se sont succédées sur des thèmes divers : une première période était caractérisée par un sentiment dramatique et romantique, à laquelle a succédé une phase plus enjouée où il représentait des objets ménagers. Puis, il y eut la période dite des *Murs*, où l'on sent la fascination des surfaces abandonnées et devenues lépreuses. Ensuite, dans la période des *Arbres*, il s'est surtout attaché à peindre des équivalents de l'écorce et de la résine qui coule, dans une matière picturale apparentée à l'art informel.
Musées : Hambourg – Londres (Victoria and Albert Mus.) – Paris (BN) – Rio de Janeiro – São Paulo – Tokyo – Vienne (Albertina).

DEBERDT Françoise
Née le 1er juillet 1934 à Donnemarie-en-Montois (Seine-et-Marne). XXe siècle. Française.
Peintre, graveur, illustrateur de sujets oniriques. Tendance naïve.
Elle est d'origine flamande et hongroise. Elle entra à l'âge de quatorze ans à l'École des Arts Appliqués de Paris, elle y étudia pendant six années, suivant complémentairement les cours du soir de diverses Académies privées. Puis, elle entra à l'École des Beaux-Arts, apprenant la peinture dans l'Atelier Legueult. Elle participe à divers Salons traditionnels parisiens et expose aussi à titre individuel.
Son dessin volontairement simple la fait parfois rattacher à la catégorie de l'art naïf. De ses origines elle a préservé la poésie de leur imagerie populaire. Elle construit un univers imaginaire et enchanté. Elle illustre des contes qui la séduisent par leurs prolongements fantastiques ou surréalistes.

DEBERITZ Per
Né en 1880. Mort en 1945. XXe siècle. Norvégien.
Peintre de paysages.
Ventes Publiques : Copenhague, 11 mars 1987 : *Paysage de Norvège* 1918, h/t (48x55) : **DKK 19 000** – New York, 23 oct. 1990 : *Paysage estival* 1943, h/cart. (66,7x81,3) : **USD 8 800**.

DEBERQUE Antoine
D'origine française. XIXe siècle. Travaillant à Barcelone au milieu du XIXe siècle. Français.
Peintre.

DEBERT Camille Charles Jules
Né à Lille (Nord). XIXe-XXe siècles. Français.
Sculpteur, décorateur.
Il exposait à Paris, au Salon des Artistes Français, dont il obtint une mention honorable en 1898.

DEBES Juliette Émilie, plus tard **Beaume**
Née le 20 août 1889 à Paris. XXe siècle. Française.
Peintre de portraits, paysages.
Elle fut élève de Jean-Paul et de Paul-Albert Laurens. Elle a débuté à Paris, en 1911 au Salon des Artistes Français, mention honorable 1923, troisième médaille 1926, deuxième médaille 1927.

DEBES Marthe
Née le 25 novembre 1893 à Paris. XXe siècle. Française.
Peintre de portraits, nus, paysages animés, fleurs.
Elle fut élève de Jean-Paul et Paul-Albert Laurens. Elle exposait à Paris, au Salon des Artistes Français, dont elle devint sociétaire.

DEBESS Heinrich
XVIIe siècle. Actif à Brünn vers 1651. Allemand.
Sculpteur.
Cet artiste était originaire d'Ehgen-am-Bodensee.

DEBEUL Franz. Voir **BEUL Frans de,** ou **Franz**

DEBEUL H. Voir **BEUL Henri De**

DEBIA Paul
Né en 1880. Mort en 1915. XIXe-XXe siècles. Français.
Peintre de paysages, aquarelliste. Néo-impressionniste.
Ses compositions, montrant des vues de villes ou de ports, se partagent en volumes rejetés dans l'ombre et parties colorées en petites touches divisionnistes.
Bibliogr. : Gérald Schurr, in : *Les Petits Maîtres de la peinture 1820-1920, valeur de demain,* Les Éditions de l'Amateur, t. II, Paris, 1982.
Musées : Sète : *Le port vu du Môle* 1910 – *Vues de la ville de Sète,* deux aquar.

DEBIA Prosper
Né en 1791 à Montauban. Mort en 1876. XIXe siècle. Français.
Peintre d'histoire, paysages.
Exposa au Salon de Paris entre 1824 et 1842 des paysages historiques, parmi lesquels on cite : *Charles VI dans la forêt du Mans.*
Musées : Montauban : *Paysage.*
Ventes Publiques : Paris, 22 fév. 1980 : *Paysage néoclassique,* h/t (50x61) : **FRF 13 500**.

DEBIAGGI Casimiro
Né en 1855 à Duccio Valsesia (Piémont). XIXe siècle. Italien.
Sculpteur.
Il fut à Vercelli l'élève de Frigolini, puis il se rendit à Lyon. Il tra-

vailla par la suite à Turin et à Rome. On cite de lui à Turin : *Musica Rusticana* et *Buon Pastore*.

DEBICKI Stanislaw ou **Stanislas**
Né en 1866. XIXe-XXe siècles. Polonais.
Peintre de scènes de genre, paysages, illustrateur. Art nouveau.
Il fit ses études artistiques à Munich, Paris, Lemberg, Cracovie. Il s'établit d'abord à Lwow. Il enseigna à partir de 1900, en 1911 devint professeur à l'Académie des Beaux-Arts de Cracovie. Il fut membre de la *Sezession* de Vienne et du groupe d'artistes *Sztuka*. Il travailla comme illustrateur avec l'éditeur Altenberg de Lemberg, où il décora aussi le foyer du théâtre.
À partir de 1890, il exposa ses peintures à Lwow et à Cracovie.
Très en accord avec le mouvement sécessionniste viennois, son style s'il peut être dit orné, ornemental, curviligne, participe aussi de l'expressionnisme naissant, par exemple, en 1901, la chimère de couverture de la revue varsovienne *Chimera*, certes plus menaçante que florale. En 1902 et 1905, il a illustré des ouvrages littéraires polonais, et, en 1905 également, la *Salomé* d'Oscar Wilde.
Bibliogr. : Marcus Osterwalder : *Diction. des illustrateurs, 1800-1914*, Hubschmid & Bouret, Paris, 1983.

DEBIE Annie Jeanne
Née en 1943 à Zaventem. XXe siècle. Belge.
Auteur d'assemblages.
Elle est la femme de l'artiste Camile Van Breedam et réalise des assembalges dans l'esprit du pop art.
Bibliogr. : In : *Dict. biogr. des artistes en Belgique depuis 1830*, Arto, Bruxelles, 1987.

DEBIEFVE
XIXe siècle. Belge.
Peintre.
Élève de David d'Angers, ce fut un de ces décorateurs belges, à mi-chemin entre les classiques de l'École de Navez et le romantisme naissant. On ne manque pas à reprocher la froideur de ses grandes compositions, comme *Le compromis des Nobles*.

DEBIENNE Noémie
Née à Moulins (Allier). XIXe-XXe siècles. Travaillant à Paris. Française.
Sculpteur.
Élève de Marquet, de Vasselot et de Pallez. Prit part, régulièrement aux Salons de Paris et y obtint une mention honorable en 1894 et une médaille de troisième classe en 1909. Sociétaire des Artistes Français dès 1898.

DEBIESSE Louis
Né à Marnand (Rhône). XIXe-XXe siècles. Français.
Peintre.
Il exposa à Lyon, de 1893 à 1902, des paysages, des marines et des natures mortes.

DÉBILJ F. C.
XVIIIe siècle. Travaillant à Soleure. Suisse.
Peintre de genre, portraits, aquarelliste.
Debilj a laissé des portraits, notamment celui du *Colonel Gobenstein*, daté de 1792. On cite aussi une aquarelle intitulée : *Zu Landvogis Zeiten* (du temps des Prévots), signée et datée de 1796. Cet artiste fut peut-être un réfugié français en Suisse.

DEBILLEMONT-CHARDON Gabrielle
Née le 26 septembre 1860 à Dijon (Côte-d'Or). Morte le 26 septembre 1957 à Paris. XIXe-XXe siècles. Française.
Peintre de miniatures, portraits, éventails, émaux, pastelliste.
Elle était fille du compositeur J.-J. Debillemont. Elle reçut les conseils de Pierre de Pommayrac, qui fut miniaturiste de l'impératrice Eugénie. Elle débuta à l'âge de seize ans au Salon des Artistes Français de Paris, où elle ne cessa plus d'exposer, médaille d'or en 1891 et 1937. Elle fut également présidente de la Société des Femmes Peintres et Sculpteurs, et présidente de la Société des Miniaturistes et des Arts Précieux. Elle fut professeur de dessin des écoles de la Ville de Paris. Elle forma de nombreuses élèves, françaises, anglaises, américaines, suédoises. En 1903, elle publia un *Traité de la Miniature* qui fit autorité. Elle fut faite chevalier de la Légion d'honneur.
Musées : Barcelone – Dijon – Liverpool – Paris (Mus. d'Orsay) : cinq miniatures.
Ventes Publiques : Paris, 28-29 mai 1923 : *Portrait d'une actrice anglaise*, miniat. : **FRF 1 300.**

DEBISSCHOP Marie-Louise
Née le 9 novembre 1927 à Lambersart (Nord). XXe siècle. Française.
Peintre de décorations murales, sculpteur, céramiste.
Elle fut élève de l'École des Beaux-Arts de Tourcoing. Elle a montré ses œuvres dès 1958 dans des expositions personnelles dans le Nord. Elle a réalisé des décorations monumentales, notamment pour la gare de Lille et pour l'hôpital Saint-Antoine.

DEBLAIZE Gaston Victor André
Né à La Houssière (Vosges). XXe siècle. Français.
Sculpteur de bustes, statuettes, céramiste.
Il a exposé à Paris, au Salon des Artistes Indépendants de 1927 à 1932.

DEBLANS François
XVIIIe siècle. Français.
Peintre.
Il était syndic de l'Académie de Saint-Luc en 1786.

DEBLÉ Colette
Née en 1944 à Coucy-les-Eppes (Aisne). XXe siècle. Française.
Peintre de figures, dessinatrice.
Elle vit et travaille à Paris.
Elle montre ses peintures dans des expositions personnelles, en général éloquemment préfacées : 1976 Paris et Bibliothèque de Pontivy, préface de Jérôme Peignot ; 1977 Paris ; 1978 Bruxelles, préface de Louis Scutenaire ; 1979 Marseille, Draguignan, Toulon, préface de Bernard Noël ; 1980 Bruxelles, Nancy, Nantes ; 1981 Toulon, La Jolla (Californie) ; 1983 Musée de Rochefort-sur-Mer, Maison de la Culture de Reims ; 1994 musée Girodet de Montargis ; 1995 Institut culturel de Dresde, etc.
Née dans l'Aisne, peu loin d'Arras en Artois, il semble qu'il y ait jeu-de-mot quand elle dit sa peinture artésienne, qui coule de source. Dans une facture floue, comme effacée, « tremblée », rayée mille fois horizontalement à la gomme, elle laisse entrevoir une silhouette – elle-même ? – enveloppée de vêtements couverts d'inscriptions, publicitaires ou universitaires. Elle travaille depuis plusieurs années à un ouvrage consacré à huit cent quatre-vingt-huit représentations de la femme dans l'histoire de l'art, qu'elle exécute au lavis, Ève, Vénus, Danaé, Diane, vues à travers Vinci, Titien, Tintoret, Vélasquez ou Rembrandt.
Bibliogr. : Jacques Derrida : *Prégnances*, Brandes, 1993 – Jean-Joseph Goux : *Colette Deblé – femmes dessinées*, Art Press, n° 193, Paris, juil.-août 1994.
Ventes Publiques : Paris, 15 oct. 1990 : *Fougères*, acryl./t. (146x114) : **FRF 14 000** – Paris, 23 mars 1992 : *Qui est artiste ?* 1983, acryl./t. (162x113,5) : **FRF 4 500.**

DÉBLED Eusèbe
Né le 4 mai 1824 à Chatou (Seine-et-Oise). XIXe siècle. Français.
Peintre.
Élève de Lemmens et de Barye. Il débuta au Salon de Paris en 1859.

DEBLOIS Charles Alphonse
Né en 1822 à Paris. XIXe siècle. Français.
Graveur à l'eau-forte.
Il débuta au Salon de 1868 et obtint une médaille de deuxième classe en 1873.

DEBLOIS Charles Théodore
Né en 1851 à Fleurines (Oise). XIXe siècle. Français.
Graveur.
Il était fils de Charles Alphonse et élève d'Henriquel Dupont et Cabanel. Il remporta le grand prix de Rome en 1878 et exposa au Salon à partir de 1877.

DEBOIS Albert
Né en 1938 à Anvers. XXe siècle. Belge.
Peintre, sculpteur, aquarelliste, graphiste, technique mixte. Abstrait.
Il fut élève de l'Institut des Arts Décoratifs d'Anvers de 1954 à 1957, puis d'Octave Landuyt à l'École Normale d'État de Gand de 1957 à 1959.
Il a évolué de la peinture au relief. Sa période de peinture a pris fin en 1967. C'est surtout à partir de ses expositions de 1969 à Bruxelles et de 1970 à Gand que sa carrière a commencé à se dessiner clairement. Il commença alors ses expérimentations de reliefs, d'abord en aluminium et bronze encore sur toile. Vers 1969, il aborda l'utilisation des matériaux plastiques colorés, avec lesquels il parvient à de violents contrastes, qui accentuent

les phénomènes de profondeur des plans et de mouvement potentiel. Ayant pris ses distances d'avec le milieu anversois dominé par Vic Gentils, celui-ci tantôt destructeur post-dadaïste, tantôt assembleur expressionniste d'objets, Albert Debois s'intéresse essentiellement au traitement de l'espace.
Musées : Anvers – Bruges – Bruxelles (Mus. des Beaux-Arts) – Bruxelles (Cab. des Estampes).
Ventes Publiques : Bruxelles, 13 déc. 1990 : *Petite chambre bleue* 1970, relief (75,5x62,3) : **BEF 68 400**.

DEBOIS Martial
Peintre, graveur.
Il est cité par Mireur.

DEBOIS Nicolas Michel
Né le 6 février 1804 à Paris. XIXe siècle. Français.
Peintre.
Entré à l'École des Beaux-Arts, le 18 septembre 1819. Il fut élève de Gros, d'Abel de Pujol et de Lethière. Il débuta en 1834. On cite de lui : *Léda, Jeanne d'Arc dans sa prison.*

DEBOLT Fritz ou **Tiebolt**
XIVe-XVe siècles. Actif à Nuremberg. Allemand.
Peintre.

DEBON Antony
Né au XIXe siècle à Paris. Mort en 1901. XIXe-XXe siècles. Français.
Sculpteur.
Élève de Bra et Jacquant. Il débuta au Salon de 1878 avec *Le Bien et le Mal*, bas-relief bois.

DEBON Edmond
Né le 19 décembre 1846 à Condé-sur-Noireau (Calvados). Mort en 1922 à Paris. XIXe-XXe siècles. Français.
Peintre de portraits, aquarelliste.
Élève de Henner et de Carolus Duran. Il débuta au Salon de 1877 avec le portrait de M. A. Debon, sociétaire des Artistes Français depuis 1883. Il obtint une mention honorable en 1887, médaille de troisième classe en 1889, médaille de deuxième classe en 1898, mention honorable à l'Exposition Universelle de 1900. Il exposait encore en 1922, année de sa mort.
Musées : Gray : *Les varechs à Carolles* – Vire : *L'aveugle musicien.*

DEBON François Hippolyte
Né le 2 décembre 1807 à Paris. Mort le 29 février 1872 à Paris. XIXe siècle. Français.
Peintre d'histoire.
Le 19 novembre 1825, il entra à l'École des Beaux-Arts et fut élève de Gros et d'Abel de Pujol. En 1842, il obtint une médaille de troisième classe et deux médailles de deuxième classe en 1846 et 1848. Il exposa au Salon de 1835 à 1868. Parmi ses œuvres on cite : *Prédication de la première croisade, Les joueurs de lansquenet, César vient traiter avec les druides.* En 1830, Debon envoya à l'exposition organisée au profit des blessés des trois journées de juillet : *Les nouvelles de Paris au couvent de Saint-Acheul.* Il suscita l'enthousiasme de Baudelaire qui s'écria « Quel talent, quelle énergie ! » devant sa *Bataille d'Hastings*, aujourd'hui détruite, mais dont l'esquisse est conservée au musée de Caen.
Bibliogr. : G. Schurr : *Les petits maîtres de la peinture, valeur de demain.*
Musées : Amiens : *César au milieu des Druides – Les écueils de la vie* – Caen : *Portrait en pied de Guillaume le Conquérant – Entrée de Guillaume le Conquérant à Londres – Portrait de M. Guillard* – Marseille : *La défaite d'Attila* – Paris (Louvre) : *Entrée à Londres de Guillaume le Conquérant* – Versailles : *Henri VIII et François Ier* – Vire : *Esquisse pour le portrait de Guillaume le Conquérant.*

DÉBON Frédéric J.
XIXe-XXe siècles. Français.
Sculpteur de bustes.
Il exposait à Paris, au Salon des Artistes Français, dont il était sociétaire depuis 1897, et où il figura jusqu'en 1920.

DEBON Sophie, née **Bompart**
Née en 1787 à Paris. Morte en avril 1848 à Paris. XIXe siècle. Française.
Peintre.
Elle exposa au Salon de 1817 à 1833.

DEBONNAIRES Fernand
Né en 1907 à Saint-Gilles (Belgique). XXe siècle. Belge.
Sculpteur de monuments, peintre.
Il fut élève en sculpture de l'Académie des Beaux-Arts de Bruxelles, de 1918 à 1926. En 1926, il obtint le Prix de la Province de Brabant, en 1928 le Prix Godecharle avec voyages en France, Italie et à Londres, en 1933 le Prix Rubens, en 1937 un diplôme d'honneur à l'Exposition Universelle de Paris. Il est devenu professeur à l'Académie de Bruxelles en 1951 et membre de l'Académie Royale de Belgique.
Bibliogr. : In : *Diction. biograph. illustré des artistes en Belgique depuis 1830*, Arto, Bruxelles, 1987.
Ventes Publiques : Anvers, 6 avr. 1976 : *Baigneuses* 1932, bronze (H. 56) : **BEF 22 000** – Anvers, 29 avr. 1981 : *Nu debout* 1942, pierre (H. 75) : **BEF 28 000**.

DEBONNET Maurice G.
Né le 24 décembre 1871 à Paris. XIXe-XXe siècles. Américain.
Peintre, graveur, décorateur.
Membre du Salmagundi Club de New York, dont il fut lauréat en 1929 et 1931.

DEBORD Jean François André
Né le 2 juin 1938 à Évreux (Eure). XXe siècle. Français.
Peintre de portraits, paysages, graveur.
Il fut élève de Cassandre à l'École des Beaux-Arts. En 1964, il participa à une Exposition des Jeunes Artistes à Tokyo.

DEBORNE Robert
Né à Viviers (Ardèche). XXe siècle. Français.
Peintre de paysages. Postimpressionniste.
Il exposait à Paris, au Salon d'Automne, dont il était sociétaire depuis 1923.
Il a essentiellement peint la petite ville, pourtant ancien évêché, de Viviers, qui domine le Rhône, et ses environs. Ses vues du fleuve, de ses rives, des coteaux avoisinants, sont poétiquement empreintes des modifications que leur confèrent l'heure, le temps ou la saison. Il a montré une prédilection pour les effets de l'aube et du soir.

DEBOUCET Marie Laure Josephine
Née à Saint-Elvy-les-Mines (Puy-de-Dôme). XXe siècle. Française.
Peintre.
Elle exposa à Paris au Salon des Artistes Français en 1936.

DEBOUCHE François
XVIIe-XVIIIe siècles. Actif à Namur. Éc. flamande.
Sculpteur.
Il travailla pour l'hôpital Saint-Jacques.

DEBOULET Émile
Né à Strasbourg. Mort en 1901. XIXe-XXe siècles. Français.
Sculpteur.
Il obtint une mention honorable en 1894 et exposa au Salon des Artistes Français entre 1887 et 1899.

DEBOURCQ P. L.
Peintre de paysages.
Cité par Mireur.
Ventes Publiques : Paris, 1844 : *Paysage avec figures* : **FRF 100** ; *Chasse au renard* : **FRF 50**.

DEBOURG Édouard, pseudonyme de **Bourgeois**
Né le 28 août 1880 à Versailles (Yvelines). Mort le 3 février 1939 à Gargilesse (Indre). XXe siècle. Français.
Peintre de paysages, aquarelliste. Postimpressionniste.
De 1896 à 1898, il fut élève de l'École des Beaux-Arts de Paris, où il se lia avec Othon Friesz, qui lui fit connaître la vallée de la Creuse. De 1906 à 1915, il ouvrit un atelier de dessin à Versailles. À partir de 1913, il exposa à Paris, d'abord au Salon d'Automne et à celui des Artistes Français, dont il devint sociétaire, puis au Salon des Artistes Indépendants dont il était sociétaire, et au Salon de la Société Nationale des Beaux-Arts. En 1920, il se fixa définitivement à Gargilesse. En 1931, il participa à Paris à l'exposition *Les peintres de la vallée de la Creuse.*
Après la période des vues du château et du parc de Versailles, puis des séjours à Cannes de 1915 à 1920, Il a surtout peint les paysages de la vallée de la Creuse, sensible aux variations de la lumière, mais aussi, en 1923, ceux du sud du Limousin, de Bretagne autour de Concarneau. Dans ses dessins et aquarelles, il use très souvent d'un dessin aux contours et aux masses très simplifiés et traduit alors la lumière et les ombres par des dégradés de pointillés. Sinon, dans ses huiles, la touche se fait fluide et grasse.
Ventes Publiques : Paris, 7 fév. 1927 : *Gargilesse*, aquar. : **FRF 250** – Paris, 11 juin 1927 : *Saint-Benoît-du-Sault*, aquar. : **FRF 90** – Orléans, 17 oct. 1987 : *Environs de Concarneau*, encre

et aquar. (39x53) : **FRF 2 500** – ORLÉANS, 14 nov. 1987 : *Vallée de la Creuse*, h/t (65x90) : **FRF 15 500** ; *Vallée de la Creuse*, h/t (63x91) : **FRF 14 100** ; *Concarneau*, h/t (63x75) : **FRF 4 000** ; *Environs de Concarneau*, h/t (57x76) : **FRF 2 500** – VERSAILLES, 25 sep. 1988 : *Collonges, la ville rouge*, h/t (59,5x73) : **FRF 5 800**.

DEBOURG Narciso Arturo
XXe siècle. Depuis environ 1950 actif aussi en France. Vénézuélien.
Peintre. Abstrait-cinétique.
Après avoir peint des compositions abstraites dans l'esprit du néoplasticisme sud-américain, qu'il exposa à Paris, au Salon des Réalités Nouvelles, en 1952, 1953, 1957, il rejoignit les recherches de cinétisme, statique ou visuel, de son compatriote Cruz-Diez. La surface de ses peintures est constituée de plissements en éventail réguliers. Sur les facettes d'un côté est peinte une composition que le spectateur ne voit que s'il se place dans la perpendiculaire de ces facettes. Sur les facettes de l'autre côté est peinte une autre composition. Selon sa position par rapport à l'œuvre, le spectateur voit l'une ou l'autre des deux compositions.
BIBLIOGR. : Frank Popper, in : *Naissance de l'Art Cinétique*, Gauthier-Villars, Paris, 1967.

DEBOUSSET Émile
Né au XXe siècle à Paris. XXe siècle. Français.
Peintre de paysages.
Élève de Montézin ; exposant du Salon des Artistes Français en 1939.

DEBOUT H. J. G.
XVIIIe siècle. Français.
Peintre de miniatures.
Le Musée de Francfort-sur-le-Main possède la seule œuvre signée connue de cet artiste.

DEBOUTE Maurice
Né à Saint-Nazaire (Loire-Atlantique). XXe siècle. Français.
Peintre de paysages.
Il a exposé à Paris, aux Salons d'Automne et des Tuileries, à partir de 1926.

DEBOUZY Jeanne
Née à Wignehies (Nord). XXe siècle. Française.
Graveur au burin.
Exposant du Salon des Artistes Français.

DEBRABANDERE Liéven
Né le 18 février 1945 à Vichte. XXe siècle. Belge.
Sculpteur. Abstrait.
Il fut élève de l'Académie des Beaux-Arts de Aalst. Il participe à des expositions collectives en Belgique, recevant plusieurs distinctions. Expositions personnelles depuis 1983.

DEBRAS Louis
Né le 2 octobre 1820 à Péronne (Somme). Mort en 1899. XIXe siècle. Actif aussi en Espagne. Français.
Peintre de genre, portraits.
Élève de Jules Dehaussy, dans sa ville natale, il participa au Salon de Paris de 1843 à 1866. Ayant résidé longtemps en Espagne, il exposa à l'Académie San Fernando et au Salon de Madrid de 1850 à 1856.
Il est surprenant de le voir figurer à la première exposition des impressionnistes chez Nadar, en 1874, alors que ses scènes de genre, scènes de rues sont traitées dans un style réaliste qui reste éloigné des recherches des impressionnistes. La Galerie Roussel possède de lui : *Redevance au vieux temps*.
BIBLIOGR. : Gérald Schurr, in : *Les Petits Maîtres de la peinture 1820-1920, valeur de demain*, Les Éditions de l'Amateur, t. IV, Paris, 1979.
VENTES PUBLIQUES : PARIS, 14 jan. 1895 : *Paysage*, past. : **FRF 25** – PARIS, 5 juil. 1929 : *Galants propos* : **FRF 580** – NEW YORK, 20-21 fév. 1946 : *Le cardinal* : **USD 450** – BRUXELLES, 27 oct. 1982 : *En audience* 1887, h/t (180x130) : **BEF 38 000**.

DEBRAUX René Charles Louis ou **Braux René de**
Né en 1868. Mort en 1938. XIXe-XXe siècles. Français.
Peintre de paysages, marines, natures mortes. Post-impressionniste.
Il fut l'un des membres fondateurs du Salon d'Automne de Paris. Il a figuré aussi aux Salons des Artistes Indépendants, de la Société Nationale des Beaux-Arts dont il fut sociétaire. En 1926, il a participé à l'exposition rétrospective du Salon des Artistes Indépendants.
Ami de Pissarro et de Signac, Il peint ses bords de Seine, vues de Bruges, de Bretagne, Normandie, ses marchés flamands, dans une manière impressionniste, sachant traduire la mouvance des diverses heures de la journée.

R Debraux

BIBLIOGR. : Gérald Schurr : *Les Petits Maîtres de la peinture 1820-1920, valeur de demain*, Les Éditions de l'Amateur, t. II, Paris, 1982.
MUSÉES : DIEPPE : *Port en Hollande*.
VENTES PUBLIQUES : BREST, 12 déc. 1982 : *Village en Bretagne*, h/cart. (38x45) : **FRF 4 000** – HONFLEUR, 17 juil. 1983 : *Vue de Bruges*, h/pan. : **FRF 4 500**.

DEBRAY Achille Hector Camille
Né en 1799 à Paris. Mort le 12 mai 1842 à Paris. XIXe siècle. Français.
Peintre de paysages.
Élève de Watelet. Il exposa au Salon de 1827 à 1838, et obtint une médaille de deuxième classe en 1833.
VENTES PUBLIQUES : PARIS, 21 déc. 1928 : *Rue du Puits-Châtel*, dess. : **FRF 85** – CASTRES, 10 fév. 1980 : *Vallon et pâturage*, h/t (46x63) : **FRF 5 000** – MONACO, 14-15 déc. 1996 : *Laitière et Berger dans la campagne* ; *Vue du château de Schwerin en Allemagne du Nord*, h/t, une paire (chaque 35,5x57) : **FRF 81 900**.

DEBRAY Jules Marie Joseph
Né au Mans (Sarthe). XXe siècle. Français.
Peintre.
Il exposa à Paris au Salon des Artistes Français dès 1926.

DEBRAY Nelly
Née au Tréport (Seine-Maritime). XXe siècle. Française.
Peintre de portraits.
Elle exposa à Paris au Salon des Artistes Français en 1936.

DEBRAY Salomon
XVIIIe siècle. Actif dans la seconde moitié du XVIIIe siècle. Français.
Peintre d'histoire.
Cité par Mireur. Probablement confusion avec Salomon de Bray.
VENTES PUBLIQUES : PARIS, 1813 : *Sainte Famille à la crèche* : **FRF 360**.

DEBRÉ Olivier
Né le 14 avril 1920 à Paris. XXe siècle. Français.
Peintre de paysages, décorations monumentales, cartons de céramiques, peintre à la gouache, décorateur de théâtre, sculpteur, graveur, lithographe, dessinateur. Abstrait-paysagiste.
Il est le petit-fils du très officiel portraitiste et peintre d'histoire Édouard Debat-Ponsan et petit-neveu de Jules Garnier, l'architecte de l'Opéra de Paris. Ayant commencé à peindre dès l'enfance, il entreprit en 1938, après ses études secondaires, simultanément une licence de lettres et des études d'architecture, qu'il interrompit pour la seule peinture. À quelques premières toiles d'inspiration impressionniste, succédèrent quelques autres plutôt à l'inverse expressionniste, dont quelques-unes furent exposées dès 1941 à la galerie Aubry, puis, dès 1942-1943, les premières abstraites, dont l'une fut exposée en 1943 toujours à la galerie Aubry. Olivier Debré fut blessé à la libération de Paris.
Ce fut en 1948 qu'il commença à exposer dans les contextes institutionnels parisiens, d'abord au Salon des Surindépendants, puis en 1949 au Salon d'Automne et au Salon de Mai auquel il a continué de participer. En 1952 et 1953, il a participé aux premier et second Salons d'Octobre, organisés par Charles Estienne. En 1954, il a exposé pour la première fois au Salon Comparaisons, en 1955 il a figuré à l'exposition du Prix Lissone en Italie, en 1957 pour la première fois au Salon des Réalités Nouvelles. Alors ses participations à des expositions collectives nationales et internationales se multiplièrent, parmi lesquelles : 1961 invité au Prix Marzotto, 1962 invité pour la première fois au Salon de Paris Grands et Jeunes d'Aujourd'hui, 1964 il obtint le premier Prix de la Biennale de Menton, 1965 il devint membre du comité du Salon des Réalités Nouvelles, 1967 il participa à l'exposition de peinture contemporaine au Pavillon de l'Europe de l'Exposition Internationale de Montréal et à *Dix ans d'art vivant* à la Fondation Maeght de Saint-Paul-de-Vence, 1976 Premier Prix International d'Art du Welch Art Council, 1984 Bien-

nale de Venise, etc. Parallèlement se multiplièrent aussi ses expositions personnelles : 1950 avec Mario Prassinos à New York, 1953 et 1956 seul à Paris, 1957 Paris avec Jacques Germain, 1958 Phillips Memorial Gallery de Washington, 1959 et 1960 Galerie Knoedler New York, puis, entre nombreuses : 1962 Milan, Lucerne, Genève, 1963 Galerie Knoedler Paris et New York, 1966 Le Havre Musée des Beaux-Arts, Galerie Appel et Fertsch Francfort-sur-le-Main, Oslo, 1968 exposition rétrospective au Musée Galliera de Paris, Oslo et Bordeaux, 1969 Caen Maison de la Culture, rétrospective au Musée des Beaux-Arts de Brest, 1970 Tokyo, Milan, 1972 Musée de l'Athénée à Genève, 1974 Musée des Sables-d'Olonne, 1975 rétrospective au Musée d'Art et d'Industrie de Saint-Étienne, Musée Picasso à Antibes, Musée d'Art Moderne de la Ville de Paris, 1976 Musée des Beaux-Arts de Nantes, 1977 Musée de Cardiff, 1978 Musée de Aalborg, 1979 Musée des Beaux-Arts de Liège et nombreuses expositions dans les pays scandinaves, 1980 rétrospective au Musée de Tours, 1981 Musées de Poitiers et Strasbourg, 1983 Rice University de Houston, 1985 Musée des Beaux-Arts d'Orléans, 1987 à l'Abbaye des Cordeliers de Châteauroux, 1988 *Olivier Debré, son œuvre monumentale 1966-1988* au Centre Culturel de Boulogne-Billancourt, rétrospective au Musée Ingres de Montauban, 1995 rétrospective à la Galerie Nationale du Jeu de Paume, etc. Il eut assez régulièrement des opportunités de réaliser des peintures monumentales : 1965 deux très grandes décorations murales pour l'Internat du Collège de Royan, 1966 une peinture murale pour la Maison des Jeunes Travailleurs de Créteil, 1967 la peinture monumentale *Signe d'Homme* pour le hall du Pavillon Français de l'Exposition Internationale de Montréal, 1968 les peintures murales du Collège d'Audruicq, et pour la Faculté de Médecine de Toulouse, 1970 une céramique pour le Pavillon des Communautés Européennes à l'*Exposition 70* à Osaka, 1971 deux peintures murales pour la ville d'Amboise, 1972 peinture monumentale pour la Maison de France à l'Institut Hébraïque de Jérusalem, 1975 peinture murale pour le Lycée Rabelais de Chinon et deux autres pour des écoles au Touquet et à Paris, 1976 peinture murale pour la Nouvelle École Polytechnique, 1978-1980 décoration des lambris du Centre Hospitalier Universitaire de Liège, 1979-1980 une peinture décorative à Belfort, 1980-1981 céramique pour l'hôtel Nikko à Paris, 1982-1983 peinture pour la nouvelle Chancellerie de l'Ambassade de France à Washington, 1987 rideau de scène de la Comédie Française à Paris, 1988 peinture murale pour l'escalier d'honneur de l'hôtel de ville de Boulogne-Billancourt, 1989 rideau de scène du nouvel Opéra de Hong-Kong, 1997 décors et costumes de *Signes* sur une chorégraphie de Carolyn Carlson à l'Opéra Bastille de Paris. En 1993, il publia *Anatomie du sourire*, composé d'eaux-fortes et de textes originaux. En 1979, il fut nommé professeur à l'École des Beaux-Arts de Paris, en 1983 il fut appelé en tant qu'artiste résident à la Rice University de Houston (Texas). Après ses touts débuts, impressionnistes : la *Petite Fille dans l'herbe* de 1941, puis expressionnistes : le *Vieux Paysan* de 1942, dès 1943 il « entra en abstraction ». Il n'y entra pas seul, nul ne naît sans parents à un monde neuf. Durant quelques années les sollicitations qu'il ressentait firent évoluer sa peinture alternativement du signe à l'empâtement et réciproquement, du signe : *Signe de ferveur noir* 1944-1945, *Signe musicien et musique* 1948, *Signe personnage étroit* 1951, *Signe paysage* 1953, à l'empâtement : *Grande brune ou le concert champêtre* 1947-1952, *Le bateau* 1952, *Nature morte abstraite* 1954. Dès le début des années cinquante, surtout dans la série des *Signes personnages*, signe et empâtement œuvrent souvent ensemble. Dans ces premières œuvres abstraites, se remarquent des rencontres avec De Staël : *Peinture abstraite ou sans titre* 1943, Soulages : *Le Mort de Dachau* 1945, peut-être plus tard Messagier : *Signe paysage* 1968. Il ne s'agit guère d'influences, mais seulement du fait qu'à un même moment, dans le même air, se respirent les mêmes idées. Dans un texte de 1968, Julien Alvard décrit avec précision depuis le début le parcours de Debré dans l'abstraction : « Vingt-cinq années jalonnent la courbe qui va de formes peintes dans la pâte de *l'abstraction chaude* de 1943 et des signes écrits dans la vivacité du geste directement au tube du début de 1944 à la fin 1948, à la reprise des empâtements monolithiques des années cinquante, à la période actuelle des grandes plages de couleur aux confins ourlés de matière, quelque peu informelle, qui sont en quelque sorte l'accent et le centre de toute son œuvre ». Dès la peinture *Bleue tache jaune* de 1965, Debré fut en possession de l'essentiel de son langage pictural : dans leur infinie diversité poétique, toutes ses peintures seront désormais conçues sur le même moule syntaxique : l'espace du fond immobilisé en larges coulées tendant au monochrome, que griffent marginalement de rageuses taches de couleurs aussi vives que celles aux poteaux des « peaux-rouges criards ». D'ailleurs, définitivement, les titres de ses peintures n'indiqueront plus que leurs composantes chromatiques : de *Grande noire légère* de 1961-1962, à *Grande bleue* 1965, à *Ocre tache violette* 1970, à *Gris-bleu à la tache verte* 1977, à *Pâle bleu-mauve* 1982, etc., comme si, et non fortuitement, chaque peinture n'avait d'autre objectif que de se peindre elle-même, de se révéler en tant qu'elle-même, en tant que peinture d'un certain moment de peinture. Sur cette autonomie de la peinture chez Debré, Pierre Courthion, qui le connaissait bien, démonte un des mécanismes essentiels de sa démarche : « Pourquoi ce vert ou ce bleu n'agirait-il pas sur nous en dehors de toute association d'idée, c'est-à-dire par lui-même, comme une force en soi dont l'effet intervienne directement sur notre sensibilité ? Ce besoin de développer toute la puissance que la couleur peut exercer par elle-même, la nécessité de la faire parler par le pigment, de lui trouver sa psychologie, est chez Debré une sorte d'obsession ». Toutefois, s'effaçant devant cette pureté de la peinture qui accède à l'être en se peignant elle-même, Debré n'oublie pas qu'il est le continuateur direct du Monet des *Nymphéas*, et, en signe de reconnaissance, situe l'acte vierge dans son propre Giverny : *Ocre violet de Loire* 1969-1970, *Loire d'automne près d'Amboise* 1970, *Blanche de Loire d'hiver* 1976, *Rayé clair de Loire* 1981, etc. Discrètement interrogé par Jean Grenier, Olivier Debré, pourtant peu loquace, s'est expliqué sur le rapport de sa peinture au monde et à la nature : « Une peinture, aussi éloignée soit-elle de ce qu'il est convenu d'appeler la représentation du monde, en reste une image... Toute chose qui est, participe du monde, y compris mon émotion. Les peintres qui se croient de purs lyriques, décrivent le paysage de leur émotion... L'important reste l'intensité du sentiment et non le sujet, fût-il la description-même de l'émotion ». Dans un texte de 1963, Francis Ponge, l'écouteur d'objets, sait pénétrer le processus créateur de Debré, quand il renvoie la capacité d'émouvoir au corps même de la peinture : « C'est à la vie propre du moyen d'expression choisi, qu'est laissé, abandonné avec confiance, le soin de réintroduire dans l'ensemble, les détails, la complexité, les nuances qui assurent notre émotion ». Et Francis Ponge de définir à son tour ce rapport de la peinture de Debré à la figuration : « ... une sorte de figuration à l'envers, qui capte et conduise notre regard à nous empêcher de voir précisément quelque chose, de façon seulement à nous permettre de ressentir principalement les douces, les si particulières rafales du lieu et de la saison ». Ainsi, inaccessible aux turbulences extérieures, cet homme, de taille modeste mais trapu, brouillon et empêtré hors la peinture, aussi discret en société que résolu dans son art, des yeux insistants, tour à tour attentifs, interrogatifs, tendres, dans un visage calmement rond, toile après toile constitue un œuvre d'une rare homogénéité et qui, à l'écart d'une époque inhumaine, tend à perpétuer encore la possibilité d'une méditation réceptive devant la nature considérée, non en tant que spectacle, mais, telle les « vivants piliers », en tant que symbole d'une interrogation sans fin. ■ Jacques Busse

O DEBRE

OD

Bibliogr. : Jean Grenier : *Entretiens avec dix-sept peintres non-figuratifs*, Calmann-Lévy, Paris, 1963 – Pierre Courthion : *Debré*, Le Musée de Poche, Paris, 1967 – divers : Catalogue de l'exposition rétrospective *Debré*, Musée Galliera, Paris, 1968 – Bernard Ceysson, Daniel Abadie, divers : Catalogue de l'exposition *Olivier Debré*, Musée d'Art et d'Industrie, Saint-Étienne, 1975 – Bernard Noël : *Debré*, Flammarion, Paris, 1984 – Gilbert Lascault : *Douze notes sur les peintures d'Olivier Debré*, Artstudio, Paris, été 1988 – Bernard Noël : *Olivier Debré à deux voix*, Opus international, Paris, nov. 1990.

Musées : Aalborg – Amman – Antibes – Bordeaux – Boston (Fogg Mus.) – Brest – Buffalo (Albright Knox Art Gal.) – Caen – Cardiff (Fine Arts Mus.) – Castellanza (Fond. Pagani) – Châteauroux – Cincinatti – Colmar – Copenhague (Statens Mus. for Kunst) – Dunkerque – Évreux – Grenoble – Le Havre – Houston (De Menil Foundat.) – Jérusalem (Maison de France) – Lausanne – Les Sables-d'Olonne – Liège – Lyon – Marseille (Mus. Cantini) : *Jar-*

din d'ocre léger 1970 - *Sans titre*, dess. - METZ - MONTRÉAL (Maison de France) - NANTES - NEW DELHI - OSLO (Sonja Hejnie et Niels Onstadt Nat. Gal.) - PARIS (Mus. Nat. d'Art Mod.) - PARIS (Mus. d'Art Mod. de la Ville) - PERPIGNAN - RIO DE JANEIRO - SAINTES - SAINT-ÉTIENNE - SAINT-LOUIS - STRASBOURG - TOULOUSE - TOURS - WASHINGTON D. C. (Phillips coll.).

VENTES PUBLIQUES : PARIS, 22 juin 1962 : *Nature morte* : **FRF 5 100** - NEW YORK, 21 oct. 1964 : *Abstractions* : **USD 1 000** - NEW YORK, 27 avr. 1966 : *Vert-personnage étroit* : **USD 2 500** - PARIS, 23 avr. 1974 : *Nature morte* 1955 : **FRF 7 500** - PARIS, 12 mars 1976 : *Ferme près de Saint-Germain* 1956, h/t (80x120) : **FRF 6 600** - PARIS, 24 juin 1977 : *Nature morte, gris et vert*, h/t (81x116) : **FRF 8 000** - PARIS, 28 fév. 1978 : *Composition bleue*, h/t (188x312) : **FRF 12 000** - PARIS, 21 déc. 1981 : *Les arbres* 1958, h/t (100x100) : **FRF 10 500** - PARIS, 22 avr. 1983 : *Personnage en gris et jaune* 1957-58, h/t (160x130) : **FRF 28 000** - PARIS, 21 avr. 1985 : *Automne en Touraine, ocre coulée rose* 1975, h/t (180x300) : **FRF 64 000** - PARIS, 3 déc. 1986 : *Composition* 1957, h/t : **FRF 50 000** - VERSAILLES, 21 déc. 1986 : *Composition, sans titre* 1960, gche/pap. mar./t. (150x76) : **FRF 18 000** - PARIS, 5 avr. 1987 : *Bleu grande claire* 1965, h/t (180x190) : **FRF 120 000** - PARIS, 27 nov. 1987 : *Rose transparent d'amboise légère* 1948, h/t (100x100) : **FRF 65 000** - PARIS, 17 fév. 1988 : *À l'Impressionnisme*, h/t (100x100) : **FRF 32 000** - PARIS, 28 mars 1988 : *Sans titre*, h/t (20x44) : **FRF 10 000** - PARIS, 24 avr. 1988 : *Bleu grande claire* 1965, h/t (180x190) : **FRF 140 000** - PARIS, 5 mai 1988 : *Le port blanc* 1963, h/t (82x100) : **FRF 34 000** - PARIS, 22 juin 1988 : *Composition bleue*, h/t (30x66) : **FRF 12 500** - PARIS, 23 juin 1988 : *Composition* 1948, h/t (120x94) : **FRF 75 000** - PARIS, 16 oct. 1988 : *Vert de l'arbre, touches roses* 1985-1986, h/t (150x150) : **FRF 71 000** - PARIS, 21 nov. 1988 : *Les hauts bruns* 1958, h/t (73x100) : **FRF 81 000** - PARIS, 23 mars 1989 : *Personnage jaune* 1957, h/t (195x115) : **FRF 230 000** - PARIS, 6 avr. 1989 : *Ocre rose Afrique* 1986, h/t (100x100) : **FRF 112 000** - PARIS, 18 juin 1989 : *Verte, trait jaune*, h/t (60x72) : **FRF 42 000** - PARIS, 29 sep. 1989 : *Obidos* 1973, h/t (46x55) : **FRF 37 000** - PARIS, 7 oct. 1989 : *Loire, pâle, Touraine* 1976, h/t (100x100) : **FRF 92 000** - PARIS, 8 oct. 1989 : *Blanche ocrée, taches vives* 1985, h/t (100x100) : **FRF 120 000** - PARIS, 22 nov. 1989 : *Loire*, acryl./t. (54x73) : **FRF 57 000** - PARIS, 17 déc. 1989 : *Tout rouge* 1964, h/t (100x100) : **FRF 125 000** - PARIS, 14 mars 1990 : *Vert tendre à Fez* 1971, h/t (64,5x81) : **FRF 59 000** - PARIS, 26 mars 1990 : *Signe-personnage* 1951, h/t (146x97) : **FRF 765 000** - PARIS, 10 mai 1990 : *Rouge de Saint-Georges* 1965, h/t (100x100) : **FRF 210 000** - PARIS, 11 juin 1990 : *Paysage d'ocre Loire-Touraine* 1976, h/t (100x100) : **FRF 200 000** - NEW YORK, 15 juin 1990 : *Sous-bois bleu* 1959, h/t (146x97) : **USD 46 000** - LE TOUQUET, 11 nov. 1990 : *Composition blanche avec taches vives* 1985, h/t (100x100) : **FRF 50 000** - PARIS, 27 nov. 1990 : *Jérusalem, avril 1972*, h/t (46x55,5) : **FRF 55 000** - PARIS, 14 oct. 1991 : *Sans titre* 1942, encre de Chine/pap. craft (63x44) : **FRF 10 000** - PARIS, 4 déc. 1991 : *Composition abstraite* 1948, h/pan. (76x102) : **FRF 50 000** - PARIS, 18 oct. 1992 : *Rose de Loire* 1986, h/t (100x100) : **FRF 61 000** - PARIS, 10 juin 1993 : *Tache ocre orange aux marbrures claires* 1982, h/t (100x100) : **FRF 42 000** - PARIS, 30 mars 1995 : *Sans titre*, h/t (114x129) : **FRF 80 000** - COPENHAGUE, 12 mars 1996 : *Printemps* 1982, h/t (33x41) : **DKK 11 000** - PARIS, 24 mars 1996 : *Composition* 1948, h/t (53x80,5) : **FRF 41 000** - LONDRES, 23 mai 1996 : *Le Bac*, h/t (80x99) : **GBP 6 900** - PARIS, 5 oct. 1996 : *Couleurs vives de la République* 1989, h/t (22x33) : **FRF 13 000** - PARIS, 24 nov. 1996 : *Petite Rose aux taches vives* 1986, h/t (33x41) : **FRF 11 000** - PARIS, 19 déc. 1996 : *Grand Vert transparent* 1984-1985, h/t (181x181) : **FRF 61 000** - PARIS, 28 avr. 1997 : *Chamarande rose-rouge à la trace bleu clair* 1992, h/t (34x54) : **FRF 26 000** - PARIS, 18 juin 1997 : *Nature morte* 1955-1956, h/t (95x108) : **FRF 58 000** - PARIS, 20 juin 1997 : *Rouge de Toulouse* 1993, h/t (38x55) : **FRF 23 000**.

DEBRÉGEAS Robert

Né le 6 juillet 1925 à Ivry-sur-Seine (Val-de-Marne). XXe siècle. Français.

Peintre.

Il vit et expose en Saône-et-Loire. Il a mis au point un procédé de marqueterie de matériaux contemporains, plastiques et divers.

DEBRET Jean Baptiste

Né le 18 avril 1768 à Paris. Mort le 11 juin 1848 à Paris. XVIIIe-XIXe siècles. Actif aussi au Brésil. Français.

Peintre d'histoire, scènes de genre, aquarelliste. Néo-classique.

Élève de David, il obtint, en 1791, le second prix de Rome. Il figura au Salon de Paris de 1799 à 1814. Il fut appelé, en 1815, pour ouvrir l'Académie des Arts à Rio de Janeiro. La résidence de la cour du Portugal se trouvant alors dans cette ville, il devint premier peintre de la cour au Brésil, où il resta jusqu'en 1831, époque à laquelle il fut nommé membre correspondant de l'Institut. Une exposition retrospective au musée galerie de la SEITA montra cent quarante aquarelles prêtées par le musée de la Chacara do Ceu de Rio de Janeiro en 1987-1988.

Il a profité de son séjour au Brésil pour faire de nombreuses aquarelles montrant les divers types d'habitants et leurs coutumes, mais aussi les villages, les habitations, les plantes tropicales. Il peignit aussi des portraits officiels. De retour à Paris, il publia des lithographies d'après ses aquarelles prises sur le vif au Brésil, dans un ouvrage intitulé : *Voyage pittoresque et historique au Brésil*.

BIBLIOGR. : Gérald Schurr, in : *Les Petits Maîtres de la peinture 1820-1920, valeur de demain*, Les Éditions de l'Amateur, t. VII, Paris, 1989.

MUSÉES : MONTPELLIER : *Aristomène délivré par une jeune fille* - *Régulus partant pour Carthage* - RIO DE JANEIRO (Mus. Chacara do Ceu) : plus de cent aquarelles, dont *Un fonctionnaire sortant de chez lui avec sa famille et ses domestiques* - ROUEN : *Le médecin Trasistrate découvre la maladie du jeune Antiochus* - VERSAILLES : *Napoléon à Tilsitt décore un soldat de l'armée russe* - *Napoléon haranguant les troupes bavaroises à Bernsberg* - *Napoléon rend honneur au courage malheureux*.

VENTES PUBLIQUES : PARIS, 1861 : *Forêt vierge au Brésil* : **FRF 10**,50 - ORLÉANS, 28 mars 1987 : *Napoléon à Tilsitt décore un soldat de l'armée russe le 9 juillet 1807 ; Napoléon rend hommage au courage malheureux*, h/t, une paire (71x90) : **FRF 235 000**.

DEBRIE. Voir aussi **BRIE de**

DEBRIE Gustave Joseph

Né le 17 septembre 1842 à Paris. Mort après 1932. XIXe-XXe siècles. Français.

Sculpteur.

Élève de A. Dumont, L. Cogniet, et A. Poitevin. Il débuta au Salon en 1864 et continua à exposer régulièrement aux Artistes Français et devint sociétaire en 1883. Il obtint une mention honorable en 1886, une mention honorable à l'Exposition Universelle de 1889, médaille de troisième classe 1897, médaille de bronze à l'Exposition Universelle de 1900. Chevalier de la Légion d'honneur depuis 1902. On cite de lui : *Le Chien de Montargis* au Musée de cette ville, le *Buste d'Halévy*, au foyer de l'Opéra, à Paris, le *Monument des Girondins*, à Bordeaux.

DEBRIE-BULO Delphine

Née au XIXe siècle à Lyon (Rhône). XIXe siècle. Française.

Peintre.

Sociétaire des Artistes Français dès 1892. Elle obtint une mention honorable en 1887.

DEBROUX Louis

XVIIIe siècle. Français.

Peintre.

Il fut reçu à l'Académie de Saint-Luc en 1756.

DEBRUCK Pierre Armand

Né le 5 février 1804 à Ypres. Mort le 12 mars 1871. XIXe siècle. Éc. flamande.

Peintre.

Élève de Ch. Lefèvre et de Bouton. Le Musée d'Ypres conserve de lui : *Intérieur de l'église Saint-Martin*.

DEBRUXELLES E.

Né en 1865. XIXe siècle. Éc. flamande.

Peintre d'histoire.

Il est cité par Siret.

DEBRY Sophie Victoire

Née en 1920 à Charleville (Ardennes). XXe siècle. Française.

Sculpteur de bustes, animalier.

Elle fut élève de Laurent Marqueste. Elle exposait à Paris, au Salon des Artistes Français, dont elle devint sociétaire, mention honorable 1920. Animalier, elle sculptait des coqs.

VENTES PUBLIQUES : BRUXELLES, 23 mars 1976 : *Combat de coqs*, bronze (H. 37) : **BEF 17 000**.

DEBSCHITZ Wilhelm von

Né le 21 février 1871 à Görlitz. XIXe-XXe siècles. Allemand.

Peintre de décorations murales, cartons, tapisseries.

Il voyagea au Tyrol et en Italie, avant de s'établir à Munich.

Il fit quelques décorations murales avant de se consacrer exclusivement à la tapisserie.

DEBUCHY Amielle ou **Marcelle**

Née en 1889 à Paris. XXe siècle. Française.

Peintre, créateur de tapisseries, technique mixte. Post-cubiste.

Elle fut élève de l'Académie Julian en 1912, de l'Académie André Lhote en 1928, de Sonia Delaunay à l'Académie de la Grande Chaumière en 1935. Elle exposait à Paris, aux Salons des Artistes Indépendants depuis 1930, des Tuileries de 1933 à 1939, et d'Automne épisodiquement.

Dans la suite du cubisme et de l'enseignement d'André Lhote, elle pratiquait un dessin de synthèse et une peinture structurée. Sous l'influence de Sonia Delaunay, elle a réalisé des impressions sur étoffes et des tapisseries en étoffes cousues.

DEBUCOURT Philibert Louis

Né le 13 février 1755 à Paris. Mort le 22 septembre 1832 à Belleville (Paris). XVIIIe-XIXe siècles. Français.

Peintre, graveur.

Debucourt fut élève de Vien. Agréé à l'Académie en 1781 et reçu membre de cette société un an plus tard, il débuta par des tableaux de genre, parmi lesquels : *Les bouquets de fête, La promenade du Palais-Royal, Le retour de la chasse*. Il avait épousé la fille de Pigalle, qui mourut aussitôt, en 1783.

Mais, dès 1785, il renonça à la peinture pour se consacrer exclusivement à la gravure à l'aquatinte. Sa vogue fut considérable en ce genre et lui valut une réputation énorme à son époque. Dans les premières scènes qu'il illustra avec bonhomie, il utilisait le procédé de l'aquatinte, fort en vogue chez les Anglais. D'entre les très nombreuses illustrations à succès qu'il produisit, on cite souvent : *Le menuet de la mariée*, et *Les deux baisers*, de 1786, *La fête de grand'maman*, de 1788, *La noce au château*, de 1789, et surtout *La galerie du Palais Royal*, où il représente la foule des Parisiens et des provinciaux se pressant à l'endroit à la mode, de 1787, qu'il reprit en 1792, sous le titre de *La promenade publique*, dont les personnages sont devenus les Merveilleuses et les Incroyables de ce nouveau temps. On cite encore le *Café Frascati*, de 1807, de la même veine.

Jusqu'à 1824, Debucourt exposa ses rares peintures et dessins au Salon : 1781, *Le gentilhomme bienfaisant – L'Instruction villageoise – Le Juge de Village – La Consultation redoutée* et plusieurs petits tableaux ; 1783, *Vue de la Halle au moment des réjouissances données par la Ville – Un charlatan – Deux petites fêtes* et plusieurs petits tableaux ; 1785, *La Feinte caresse* et autres tableaux ; 1810, *La Consultation – Les voyageurs – Le Colin-Maillard – Un Ermite distribuant des chapelets à des jeunes filles* ; 1814, *Un médecin consulté par une jeune fille – Une fête de village – Un charlatan*, dessin ; 1817, *Une procession dans un village des environs de Paris* et un dessin ; 1824, *Le Lendemain d'une noce de village ou Les présents de la mariée – Intérieur d'une ferme, danse de paysans*.

À partir de 1785, Debucourt exposa aussi ses gravures, mais de façon beaucoup plus continue que les peintures. L'Œuvre gravé de Debucourt comporte cinq cent soixant-dix-sept numéros. Sa longue énumération n'a pas sa place dans une notice synthétique, et sera consultée dans l'ouvrage de M. Fenaille.

Ce fut le graveur de l'élégance française. Cependant, Debucourt ne sut pas jusqu'au bout conserver toute l'étendue de son talent. Fatigué, épuisé, il tomba assez tôt dans le rabâchage et ses dernières gravures, à partir de 1825, sont très loin de posséder la verve pittoresque et spirituelle de ses premiers essais. Dès les cinquante-deux figures des *Modes et manières du jour*, de 1800, semble émousser la verve de sa chronique de mœurs. Sous la Restauration, il se contenta de transcrire à l'aquatinte, les dessins de Carle Vernet.

Ventes Publiques : Peintures et Dessins – Paris, 1783 : *Fête villageoise* ; *Un charlatan*, ensemble : **FRF 446** – Paris, 1814 : *Arrivée de voyageurs dans une hôtellerie*, dess. au bistre : **FRF 40** ; *Halte de voyageurs devant une chaumière*, dess. au bistre : **FRF 33** – Paris, 1855 : *Plusieurs personnages élégamment vêtus, se livrant au plaisir de la danse, dans un riche paysage*, dess. à la pl., lavé de coul. : **FRF 250** – Paris, 1862 : *Fête de village sous Louis XVI à Franchard : forêt de Fontainebleau* : **FRF 1 050** – Paris, 1873 : *Le juge ou la cruche cassée* : **FRF 13 100** ; *La consultation redoutée* : **FRF 4 000** – Paris, 1880 : *Un Incroyable* ; *Une jeune femme sous le Directoire*, deux aquar. ; *Jeune fille poursuivant un papillon*, dess. au cr. noir et estompe, ensemble : **FRF 350** – Paris, 1883 : *Le juge ou La cruche cassée* : **FRF 11 800** – Paris, 1885 : *La fête de village* : **FRF 13 500** – Paris, 1886 : *Partie de campagne*, dess. à la pl., lavé de coul. : **FRF 3 400** ; *Le billet de logement*, dess. à la pl. et au lav. d'encre de Chine : **FRF 155** – Paris, 8 mars 1894 : *L'heureuse famille*, dess. au cr. noir reh. de blanc : **FRF 3 600** – Paris, 1897 : *Les goûts différents*, dess. à la gche/trait de pl. : **FRF 480** ; *Le prétexte*, aquar. gchée : **FRF 820** – Paris, 1898 : *Les Parisiens au Champ-de-Mars* : **FRF 19 600** ; *Les Parisiens au Champ-de-Mars : préparatifs pour la fête de la Fédération (14 juillet 1790)*, aquar. gchée : **FRF 19 600** – Paris, 1899 : *La fête des Loges* : **FRF 3 200** ; *Jeune femme en costume du Directoire*, aquar. : **FRF 800** ; *Jeune femme en buste*, aquar. : **FRF 790** ; *Buste de femme*, aquar. : **FRF 710** – Paris, 1899 : *Un rendez-vous de chasse*, aquar. : **FRF 2 160** – Paris, 26 fév. 1900 : *Frascati*, dess. : **FRF 953** – Paris, 9-11 mai 1909 : *Le bateleur* : **FRF 2 700** – Paris, 28 fév. 1919 : *Procession dans un village des environs de Paris* : **FRF 11 200** – Paris, 3 juin 1920 : *Le Pas d'Arlequin* ; *Le Festin de Scaramouche*, deux panneaux : **FRF 9 900** – Paris, 21-22 nov. 1920 : *Annette et Lubin*, dess. : **FRF 600** – Paris, 30 nov.-2 déc. 1920 : *Costumes de femmes pour le Bon Genre*, aquar., quatorze œuvres en collaboration avec Jean-Baptiste Isabey : **FRF 10 460** – Paris, 16 mai 1924 : *Villageois et dragon regardant la pantomime* : **FRF 21 000** – Paris, 8 mai 1925 : *Intérieur villageois* : **FRF 20 000** – Paris, 13-15 mars 1929 : *Les joies maternelles*, dess. : **FRF 52 000** ; *La Galerie du Palais-Royal*, dess. : **FRF 51 000** – Paris, 31 mai 1929 : *La jeune mère* : **FRF 3 000** – Londres, 29 juin 1934 : *La Promenade publique*, gche : **GBP 33** – Paris, 7 déc. 1934 : *Le Montreur de marionnettes* : **FRF 30 500** – Paris, 15 mars 1943 : *La Danse villageoise* : **FRF 230 500** – Paris, 15 mars 1944 : *La Fille mal gardée* : **FRF 305 000** – Paris, 24 mars 1947 : *Jardin des Tuileries*, aquar. : **FRF 1 650** – Paris, 17 déc. 1949 : *Une procession dans un village des environs de Paris* : **FRF 620 000** – Paris, 30 mai 1956 : *Le montreur de marionnettes* : **FRF 580 000** – Paris, 21 mars 1958 : *L'heureux accident*, pl. et lav. d'encre de Chine : **FRF 230 000** – Paris, 23 juin 1959 : *Un marchand d'Orviétan* : **FRF 810 000** – Londres, 1er juil. 1959 : *La fête de la grand'maman* : **GBP 400** – Paris, 24 juin 1960 : *Les amoureux en voyage* : **FRF 5 100** – Paris, le 29 nov. 1965 : *Le marché* : **FRF 20 000** – Hambourg, 14 juin 1979 : *Portrait de jeune femme*, h/pan. (61x50,5) : **DEM 6 000** – Londres, 15 avr. 1980 : *Les joueurs*, cr., pl. et lav./pap. (20,8x28,7) : **GBP 950** – Paris, 22 jan. 1982 : *Vue du Havre, prise de Sainte-Adresse*, aquar. (37x56) : **FRF 11 500** – Paris, 3 déc. 1982 : *Préparatifs de la fête de la Fédération 14 juil. 1790*, h/pan. (24x30) : **FRF 42 000** – Paris, 6 juin 1984 : *Le juge ou la cruche cassée* ; *La consultation redoutée*, h/pan., deux pendants (33x41,5 et 33x39,5) : **FRF 255 000** – Paris, 6 nov. 1986 : *Sceau de la République Française*, pl. et lav. (33,3x26,5) : **FRF 25 500** – Montréal, 30 avr. 1990 : *La promenade* 1801, aquar. (16x23) : **CAD 1 210** – Monaco, 21 juin 1991 : *Portrait présumé d'Hubert Robert*, h/pan. (14x11) : **FRF 42 180** – Paris, 27 mars 1992 : *Intérieur d'une ferme, danse de paysans* 1824, h/t (37x28) : **FRF 85 000** – Paris, 15 mai 1992 : *Le grand-père entouré de ses enfants et sa petite-fille*, pierre noire, estompe et reh. de blanc/pap. beige (45,5x36,5) : **FRF 100 000** – New York, 21 mai 1992 : *Le charlatan*, h/pan. (15,5x20,3) : **USD 20 900** – Paris, 9 déc. 1994 : *Le goûter dans la buanderie*, h/t (31x27) : **FRF 35 000** – Paris, 3 juin 1996 : *La Visite au campement*, h/pan. (19x15,5) : **FRF 6 500** – Paris, 11 juin 1997 : *Vue de la Halle*, pan. (16x21) : **FRF 50 000** – New York, 21 oct. 1997 : *Préparatifs pour la Fête de la Fédération*, h/pan. (24,2x29,9) : **USD 63 000**

Œuvre Gravé : Paris, 31 jan. 1860 : *Le Menuet de la mariée*, épreuve de 1er état en coul. : **FRF 102** ; *Les deux baisers – Annette et Lubin*, grav. en coul., épreuve de 1er état : **FRF 108** – Paris, 1862 : *Fête de village sous Louis XVI* : **FRF 1 050** – Paris, 1873 : *Le juge ou La cruche cassée* : **FRF 13 100** – Paris, 1877 : *La promenade publique* 1792, épreuve de 1er état : **FRF 900** ; *La galerie du Palais-Royal*, en coul. avant la lettre : **FRF 530** ; *Le menuet de la mariée* ; *La noce au château*, en coul. : **FRF 3 505** – Paris, 1881 : *La galerie du Palais-Royal*, en coul. : **FRF 1 575** ; *Les deux baisers*, en coul. : **FRF 3 000** – Paris, 1883 : *Le juge ou La cruche cassée* : **FRF 11 800** – Paris, 1885 : *La fête de village* : **FRF 13 500** – Paris, 1889 : *La promenade publique* 1792 : **FRF 5 700** ; *Le jardin du Palais-Royal*, en coul. : **FRF 1 800** ; *La main* ; *La rose*, en coul. : **FRF 3 500** ; *L'oiseau ranimé*, épreuve 1er état, en coul. : **FRF 2 400** ; *Les deux baisers*, en coul. : **FRF 2 005** – Paris, 14 mars 1889 : *La cruche cassée*, épreuve en coul. : **FRF 5 500** ; *Les deux baisers*, en coul. : **FRF 2 005** ; *Lise poursuivie* ; *Le songe*, à la pointe : **FRF 4 110** ; *La promenade publique* 1792, en coul. avant toutes lettres : **FRF 5 700** – Paris, 1897 : *Les* *deux baisers*, en coul. : **FRF 2 420** ; *L'oiseau ranimé*, épreuve de 1er état en coul. : **FRF 5 320** – Paris, 1898 : *Les Parisiens au Champ de Mars* : **FRF 19 600** – Paris, 12 déc. 1898 : *Les deux baisers*, épreuve en coul. : **FRF 4 905** – Paris, 13 mars 1899 : *Les amants poursuivis*, épreuve en coul. ; *Les Amants découverts*, épreuve en noir, ensemble : **FRF 2 300** – Paris, 7 juin 1900 : *Annette et Lubin*, épreuve en coul. : **FRF 680** ; *Que vas-tu faire ?* ; *Qu'as-tu fait ?* : **FRF 615** – Paris, 23 fév. 1903 : *La pêche* : **FRF 100** – Paris, 5 déc. 1905 : *La Noce au château*, 1er état : **FRF 5 200** – Paris, 12-15 mars 1906 : *L'Escalade ou Les adieux du matin* : **FRF 370** – Paris, 29 mars 1906 : *Les deux baisers* : **FRF 1 790** ; *Le compliment* ; *Les bouquets* : **FRF 1 750** – Paris, 6-7 déc. 1906 : *L'Escalade ou Les adieux du matin* : **FRF 870** – Paris, 20 déc. 1908 : *Le menuet de la mariée* : **FRF 351** – Londres, 20 déc. 1909 : *Sainte Madeleine*, épreuve sous verre : **FRF 12** – Paris, 9-11 mai 1909 : *Le bateleur* : **FRF 2 700** – Paris, 29 jan. 1909 : *Jouis, tendre mère* : **FRF 130** – Paris, 16 mars 1909 : *Les deux baisers* : **FRF 4 500** – Londres, 7 avr. 1910 : *Le Menuet de la Mariée* ; *La Noce au Château*, grav. en coul., par et d'après Debucourt : **GBP 52** ; *Le Jardin du Palais-Royal*, grav. en coul. : **GBP 157** – Londres, 20 juil. 1910 : *La Croisée*, épreuve avant la lettre : **GBP 7** ; *Le menuet de la Mariée*, en coul. : **GBP 23** ; *Annette et Lubin*, en coul. : **GBP 31** – Paris, 19 mars 1910 : *La Croisée* : **FRF 355** – Paris, 7 avr. 1910 : *La Promenade au Palais-Royal* : **FRF 3 925** – Paris, 8-9 avr. 1910 : *Promenade de la galerie du Palais-Royal* : **FRF 1 980** ; *Que vas-tu faire ?* ; *Qu'as-tu fait ?* : **FRF 2 600** – Paris, 25-30 mars 1912 : *Les deux baisers*, grav. en coul. : **FRF 10 000** ; *Le menuet de la mariée* ; *La noce au château*, grav. en coul., deux pendants : **FRF 8 220** ; *L'oiseau ranimé*, grav. en coul. : **FRF 12 000** ; *Promenade de la Galerie du Palais-Royal* : **FRF 3 700** ; *Heur et Malheur* ; *L'Escalade*, grav. en coul., deux pendants : **FRF 9 105** ; *La Rose* : *La Main*, grav. en coul., deux pendants : **FRF 14 500** ; *La rose mal défendue*, en coul. : **FRF 7 300** ; *Almanach National*, en coul. : **FRF 3 000** ; *Modes et manières du jour*, quarante-sept pièces sur cinquante-deux coloriées : **FRF 3 600** ; *Collection du costume*, d'après C. Vernet, cinquante-six pièces coloriées : **FRF 2 500** ; *Le Bien coiffé*, pièce non décrite, très rare : **FRF 2 900** – Versailles, 24 mai 1970 : *La promenade publique* : **FRF 14 500** – Londres, 28 nov. 1979 : *Promenade de la Galerie du Palais-Royal* 1787, aquat. et eau-forte en coul. (38x57) : **GBP 1 000** – Paris, 29 juin 1983 : *La Promenade publique* 1793, grav. en teinte : **FRF 12 500** – Paris, 16 juin 1992 : *La Promenade publique* 1792, grav. en coul. (60,7x37) : **FRF 18 500** – Paris, 7 juil. 1992 : *La Promenade publique*, grav. : **FRF 32 000** – Heidelberg, 15-16 oct. 1993 : *La porte d'un riche de la suite Les mœurs et ridicules du jour* 1805, aquat. (36,6x52,6) : **DEM 2 500** – Paris, 25 mars 1994 : *Les deux baisers* 1786, grav. coul. (27,5x36) : **FRF 33 500** – Paris, 10 mai 1995 : *Promenade de la Galerie du Palais Royal* 1787, grav. en teinte et imp. coul. (28,5x55,5) : **FRF 22 000**.

DEBUIGNE Louis Alexandre. Voir **BUIGNE Louis Alexandre de**

DEBUIRE A. P.

XIXe-XXe siècles. Actif à Paris. Français.

Peintre.

Il exposa au Salon des Artistes Français et à la Société Nationale à Paris de 1889 à 1904. On cite de lui un intérieur : *Chez l'Antiquaire*.

DEBUISSY Antoinette

Née le 28 juin 1903 à Guéret (Creuse). XXe siècle. Française.

Peintre de paysages, natures mortes.

Elle fut élève de Fernand Sabatté. Elle exposait à Paris, au Salon des Artistes Français, dont elle devint sociétaire en 1929.

DEBUS

XIXe siècle. Actif à Strasbourg vers 1800. Français.

Peintre de portraits.

Il était sourd-muet. On connaît de lui quarante-cinq petites esquisses de types d'Alsaciens.

DEBUT Jacques

Né dans la deuxième moitié du XIXe siècle à Paris. XIXe-XXe siècles. Français.

Peintre de sujets typiques, figures, peintre à la gouache, aquarelliste.

Il fut élève de Bonnat et exposa au Salon des Artistes Français.

Ventes Publiques : Paris, 6 nov. 1995 : *Jeunes filles au Khamsa* 1923, aquar. et gche (49x38) : **FRF 4 000**.

DEBUT Jean Didier

Né le 4 juin 1824 à Moulins (Allier). Mort en avril 1893 à Paris. XIXe siècle. Français.

Sculpteur de sujets mythologiques, groupes, statues, bustes.

Élève de David d'Angers, il obtint le second Grand Prix de Rome en 1851. Il débuta au Salon en 1848. On cite parmi ses meilleurs œuvres : *Faune et Bacchantes*, *Les Danaïdes*, la *Statue de l'impératrice Eugénie*, détruite par les membres de la Commune en 1871. Il fut employé à la décoration du tribunal de Commerce, de l'Opéra et de l'Hôtel de Ville de Paris.

Musées : Angers : *Statue de vacher* – Moulins : *Alexandre après le meurtre de Clitus* – *Buste de Raphaël*.

Ventes Publiques : Enghien-les-Bains, 4 mars 1984 : *Janissaire*, bronze patine brune reh. d'or (H. 93) : **FRF 37 500** – Paris, 17 juin 1985 : *Janissaire, guerrier arabe*, bronze patine brun nuancé (H. 32) : **FRF 7 200** – Paris, 3 fév. 1986 : *Janissaire*, bronze patines médaillon et marron clair (H. 42) : **FRF 8 000** – Londres, 5 nov. 1987 : *Le Porteur d'eau tunisien* vers 1890, bronze patine brun rouge (H. 91) : **GBP 1 500** – Reims, 20 déc. 1987 : *Le Barde*, bronze patine brune (H. 52) : **FRF 4 000** – Paris, 8 avr. 1991 : *Le Porteur d'eau arabe*, bronze patine brune et noire (H. 32) : **FRF 10 000** – Paris, 5 avr. 1993 : *Porteur d'eau*, bronze (H. 62) : **FRF 19 000** – New York, 14 oct. 1993 : *Un zouave*, bronze polychrome (H. 32,4) : **USD 1 840** – Paris, 22 mars 1994 : *Porteur d'eau à la longue canne* ; *Porteur d'eau au bâton*, bronze, une paire (31x11,5x9,5) : **FRF 9 000** – Paris, 10 avr. 1995 : *Guerrier marocain*, bronze (H. 92) : **FRF 42 000** – Paris, 10-11 avr. 1997 : *Porteur d'eau* ; *Porteuse de fruits*, bronze, deux épreuves (H. 32 et 35) : **FRF 10 000**.

DÉBUT Marcel

Né le 27 mars 1865 à Paris. Mort en 1933. XIXe-XXe siècles. Français.

Sculpteur de statuettes, sujets de genre, peintre de paysages urbains.

Il fut élève à l'École des Beaux-Arts, de Thomas et Chapu comme sculpteur, de Boulanger et J. Lefebvre comme peintre. Il participa au Salon des Artistes Français, dont il devint sociétaire, obtenant une mention honorable en 1895.

En peinture, il présenta des vues de Paris, sachant indiquer les volumes avec dextérité. En sculpture, il réalisa des petites sujets de genre, des études de statuettes pour la manufacture de Sèvres, des projets de médailles.

Bibliogr. : Gérald Schurr, in : *Les Petits Maîtres de la peinture 1820-1920, valeur de demain*, Les Éditions de l'Amateur, t. II, Paris, 1982.

Ventes Publiques : Londres, 5 nov. 1980 : *Allégorie de l'Agriculture* vers 1890, bronze (H. 16) : **GBP 720** – Paris, 9 déc. 1982 : *Vercingétorix*, bronze patine médaille (H. 86) : **FRF 5 500** – Londres, 7 juin 1984 : *Le porteur d'eau*, bronze patine brun-rouge (H. 33) : **GBP 400** – Versailles, 24 nov. 1985 : *Fatma*, bronze patiné avec reh. d'or (H. 80) : **FRF 11 500** – Paris, 18 déc. 1986 : *La remise des armes*, bronze patine brun-rouge (H. 80) : **FRF 16 000** – Lokeren, 5 mars 1988 : *Le Porteur d'eau*, bronze patine brun-rouge (H. 32) : **BEF 33 000** – Paris, 1er juil. 1992 : *Le Forgeron*, bronze (H. 40) : **FRF 7 000** – New York, 14 oct. 1993 : *Porteur d'eau arabe*, métal polychrome (H. 30,5) : **USD 690** – Paris, 8 nov. 1993 : *Porteur d'eau à la canne*, bronze (H. 60) : **FRF 11 000** – Lokeren, 7 oct. 1995 : *Fauconnier*, bronze (H. 78 et l. 28) : **BEF 75 000** – Paris, 22 mai 1996 : *Fillette à la cruche*, bronze (H. 54,5) : **FRF 7 500**.

DEBUYSER Albert

XIXe siècle. Français.

Peintre.

Le Musée de Lille conserve de lui une composition pour un panneau décoratif.

DECACHE P. A. F.

XVIIIe siècle. Actif à Paris entre 1770 et 1780. Français.

Graveur, dessinateur.

On cite de lui *Madame la Ressource*, *Clément XIII*, *Jean-Joseph Faidit de Tersac*. Le Musée de Saint-Étienne conserve de lui : *Guerrier grec*. C'est vraisemblablement lui qu'on désigne sous le nom de Decoché qui fit le *Portrait du pasteur J. J. Fay dit de Tersac*.

DECAEN Alfred Charles Ferdinand

Né le 15 juin 1820 à Paris. XIXe siècle. Français.

Peintre d'histoire, compositions religieuses, scènes de genre, sujets typiques, animalier.

Élève de Drolling et de A. Couder à l'École des Beaux-Arts de Paris, il participa au Salon de cette ville de 1846 à 1868.

Peintre de sujets historiques, il montre des scènes de la conquête de l'Afrique du Nord, qu'il anime de personnages très vivants. Parmi ses œuvres, citons : *Sainte Marie l'Égyptienne – Déjeuner sur l'herbe – Le duc de Trivonne au passage du Rhin.*

Bibliogr. : Gérald Schurr, in : *Les Petits Maîtres de la peinture 1820-1920, valeur de demain,* Les Éditions de l'Amateur, t. IV, Paris, 1979.

Musées : Grenoble : *Le maréchal comte Randon reçoit la soumission des tribus de la grande Kabylie* – Moulins : *Mort de Berwick* – Versailles : *Prise de Tiguert Hala.*

Ventes Publiques : Paris, 8 mai 1925 : *Chien dans un intérieur* : **FRF 160** – Paris, 13 juil. 1942 : *La Provençale,* aquar. : **FRF 80** – Paris, 23 jan. 1974 : *Revue dans la plaine de Longchamp en présence de S.M. l'empereur des Français et l'empereur d'Autriche* : **FRF 9 000** – Paris, 13 mai 1976 : *Fantasia,* h/t (125x270) : **FRF 4 000** – Paris, 21 déc. 1978 : *Fantasia – Halte au village arabe,* h/t, deux pendants (125x270) : **FRF 7 500** – Reims, 24 mars 1985 : *Rue animée d'Afrique du Nord* 1859, h/pan. (27x22) : **FRF 8 500** – Paris, 19 nov. 1991 : *Siège du Qsar d'Ain Chaïr,* h/t (58x91) : **FRF 40 000** – New York, 9 juin 1995 : *La chasse au cerf,* h/t (225,4x207) : **USD 42 550.**

DECAESTECKER Ann

Née en 1955 à Gand. xxe siècle. Belge.

Sculpteur, décorateur de théâtre.

Elle crée des bronzes à la cire perdue. Elle privilégie les formes curvilignes et baroques.

Bibliogr. : In : *Diction. biograph. illustré des artistes en Belgique depuis 1830,* Arto, Bruxelles, 1988.

DECAISNE Henri. Voir **CAISNE Henri de**

DECAISNE Louis François

xviiie siècle. Français.

Peintre.

Il fut reçu à l'Académie de Saint-Luc à Paris en 1764.

DECAMBOS

xviiie siècle. Actif à Sèvres. Français.

Doreur et peintre sur porcelaine.

DECAMP Joseph Rodefer. Voir **CAMP Joseph Rodefer de**

DECAMPS Adolphe

Né en 1919 à Bruxelles. xxe siècle. Belge.

Peintre de nus, paysages, marines, natures mortes, dessinateur.

Il fut élève de l'Académie des Beaux-Arts de Malines. En 1982, il obtint le Prix G. E. Lebon d'Auderghem.

Il pratique une technique franche et colorée.

Bibliogr. : In : *Diction. biograph. illustré des artistes en Belgique depuis 1830,* Arto, Bruxelles, 1988.

DECAMPS Albert

Né en 1862 à Allery (Somme). Mort en 1908. xixe-xxe siècles. Français.

Peintre de genre, figures, intérieurs, paysages, natures mortes.

Il fut élève de Vollon. Il exposa régulièrement au Salon des Artistes Français de 1893 à 1908. On cite de cet artiste : *Chez un tisserand* (1886), *Après la messe de la fête patronale.*

Musées : Abbeville : *Les œillettes – Seule – L'Apprenti tisserand* – Amiens : *Intérieur picard.*

Ventes Publiques : Paris, 4 mars 1925 : *Le Champ après la moisson* : **FRF 280** – Paris, 17 et 18 juin 1927 : *La Plage de Port-en-Bessin, ciel d'orage* : **FRF 720** ; *Les Hêtres, forêt de Fontainebleau* : **FRF 300** ; *Le Moulin brûlé à Charenton* : **FRF 600** – Paris, 27 fév. 1936 : *La Chaumière* : **FRF 65** – New York, 11 jan. 1968 : *Le Rémouleur* : **USD 475** – Stockholm, 19 avr. 1989 : *Homme assis sur une charrette devant une maison,* h/t (68x55) : **SEK 21 500** – Reims, 24 oct. 1993 : *Nature morte aux fraises et aux pêches,* h/t (33x46) : **FRF 23 000** – New York, 20 juil. 1994 : *Couture près d'une fenêtre ensoleillée* 1888, h/t (60,3x73) : **USD 4 600.**

DECAMPS Alexandre Gabriel

Né le 3 mars 1803 à Paris. Mort le 22 août 1860 à Fontainebleau. xixe siècle. Français.

Peintre d'histoire, scènes typiques, peintre à la gouache, aquarelliste, dessinateur. Orientaliste.

Alexandre Gabriel Decamps naquit à Paris le 3 mars 1803. Il confie, dans une lettre pleine d'humour, qu'en raison du « volume exorbitant de sa personne », ses parents furent soupçonnés de ne l'avoir pas déclaré dans le délai prescrit. Et il ajoute : « ce qui ne m'a pas empêché d'être depuis assez chétif et souffreteux ». Il passa une partie de sa première enfance au fond d'une vallée presque déserte de Picardie, y menant une heureuse existence de vagabondage et d'école buissonnière, voire même agrémentée de maraude. Ce premier séjour rappelle les randonnées du jeune Diaz dans sa forêt. À l'exemple des petits paysans, il s'amusa à tailler d'informes figures dans la craie. « Dans ces ouvrages, nous dit-il, le croirait-on ? je me soumis aux règles reçues. Le génie ne se révéla pas : l'esprit d'innovation ne m'avait pas encore apparemment soufflé son venin. » De retour à Paris, après trois ans de vie rustique, il fut mis en pension : durant des années il ne cessa d'évoquer le souvenir des bois et des herbages de sa vallée picarde. « Peu à peu le goût du barbouillage s'empara de moi et ne m'a plus quitté depuis. » Il s'était lié à la pension avec un camarade aimable et fort doué, Philibert Bouchot, mort tout jeune. Le père de celui-ci était peintre d'histoire et Decamps, dès qu'il le put, entra à son atelier comme élève. Il reçut là « quelques bons avis » et apprit un peu de géométrie, d'architecture et de perspective. Mais le jeune indépendant, qui en cela rappelle encore la jeunesse de Diaz, quitta l'excellent Bouchot pour l'atelier d'Abel de Pujol. Auprès de ce maître indulgent, médiocre, absorbé par ses travaux, peu apte à intéresser son élève en lui faisant comprendre l'utilité et l'importance des études, il trouva le temps long et, lui aussi, abandonna l'école pour l'art libre : « j'essayai chez moi quelques petits tableaux : on me les acheta, et dès lors mon éducation de peintre fut manquée ». Il bénéficia pourtant des bons avis et des encouragements d'un amateur éclairé, le baron d'Ivry, qui le tira des crises de doute qu'il subissait parfois. Decamps connut alors la passion des voyages : il parcourt la Suisse, puis le Midi de la France, pour lequel il conserva toujours une prédilection marquée. De là il gagna l'Orient et l'Asie Mineure et, en dernier lieu l'Italie. Envoyé en mission officielle en Grèce et en Turquie, avec Garneray, pour recueillir des documents sur la victoire de Navarin, il rapporta de Smyrne des croquis et des souvenirs suffisants pour alimenter toute sa carrière de peintre orientaliste, sans qu'il ne retournât jamais en Orient. À la suite de ses premiers insuccès, qui risquèrent le décourager, une satire sur Charles X, *le pieu monarque* lui valut un certain renom. Puis il tâta de différents genres, « sans direction, sans théorie, semblable à un navigateur sans boussole, et m'épuisant quelquefois à poursuivre l'impossible ». Le 22 août 1860, il mourut à Fontainebleau, des suites d'une chute de cheval pendant une chasse à courre. Assez irrégulièrement, et avec des fortunes diverses, Decamps participa pourtant au Salon, jusqu'en 1855 : à la suite de ses voyages en Orient, de retour à Paris, Decamps exposait à son premier Salon, en 1827, avec : *Soldat de la garde d'un Vizir, La chasse aux vanneaux* ; passé inaperçu, il songea à abandonner la peinture pour la lithographie et la caricature. Decamps peintre connut son premier succès au Salon de 1831, avec *Cadgi-Bey, chef de la police de Smyrne, faisant sa ronde,* qui remporta une deuxième médaille, exposé avec *Vue prise dans le Levant, Des enfants effrayés à la vue d'une chienne.* Il exposa dès lors assez régulièrement. En 1833 : *Sujet turc, Chasse au héron, Intérieur d'atelier, Paysage turc, L'accord parfait, Le désaccord* (aquarelles) – 1834 : *Marius défait les Cimbres dans la plaine située entre Balsannettes et la Fugère* (Provence), *Un village turc, Un corps de garde sur la route de Smyrne, à Magnésie, Lecture d'un firman chez l'aga d'une bourgade, Des baigneuses* (aquarelles) ; la *Défaite des Cimbres* dans un décor provençal, mais surtout quelques scènes de la vie orientale, furent récompensées d'une première médaille. Il était nommé chevalier de la Légion d'honneur en 1839, où il présentait : *Samson tiré de la caverne du rocher d'Etam, Joseph vendu par ses frères, Vue prise en Syrie, Supplice des crochets* (Turquie), *Rue d'un village des États Romains, Un café* (Asie Mineure), *Les experts, Souvenir d'une villa, Enfants, jouant près d'une fontaine* (Turquie), *Bourreaux à la porte d'un cachot, Cavaliers turcs* – Salon de 1842 : *Siège de Clermont* (en Auvergne), *Épisode de la défaite des Cimbres* (dessin), *Sortie de l'école* (Turquie, aquarelle) – Salon de 1845 : Histoire de Samson en neuf dessins : *Sacrifice de Manoé ; Samson mettant le feu aux moissons des Philistins ; Samson enlevant les portes de Gaza ; Samson tuant le lion ; Samson défaisant les Philistins ; Samson et Dalila ; Samson emmené prisonnier ; Samson renversant la salle des festins ; Samson tournant la meule* – Plusieurs de ses tableaux furent refusés en 1846 ; furent acceptés : *École de jeunes enfants ou Salle d'asile* (Asie Mineure), *Retour du berger, Effet de pluie, Souvenir de la Turquie d'Asie.* Decamps, peintre de la maison d'Orléans, devait d'ailleurs éprouver fâcheusement le contre-coup des événements de 1848, il ne reparut plus au Salon qu'en 1851, avec : *Eliezer et Rebecca, Cavalerie turque, Asiatique traversant un gué, Des Arnautes guident et maintiennent le cheval du Séraskier sur le gué* (dessin), *Fuite en Égypte, Pirates grecs, Intérieur de cour, Troupeau de cannes, Albanais se reposant sur des ruines, Repos de la Sainte Famille*, Salon auquel il fut promu officier de la Légion d'honneur. En 1855, il figurait à l'Exposition Universelle avec cinquante tableaux et dessins et y remportait une des trois médailles d'honneur.

Decamps, s'il nous a laissé quelques détails sur les événements de son enfance et de sa jeunesse, et, en outre, quelques considérations sur l'évolution de sa carrière, n'a rien confié de la technique de sa peinture, non plus que sur ses origines. La seule particularité qu'il annonce comme lui étant personnelle est « de n'avoir jamais copié un pouce carré de peinture quelconque, non de parti pris, mais par suite d'un vague instinct de répulsion tout à fait incompréhensible ; car j'aimais la peinture par-dessus toute chose, et je me reprochais souvent cette lacune de mes études ». Il ajoute : « J'ai toujours pris le plus grand plaisir à considérer toute peinture, et celle-là devait être bien mauvaise où je ne trouvais pas quelque chose qui me plût. Cette passion des tableaux me donna seule le goût du travail ; car je suis né paresseux... » Si l'on veut résumer les caractères les plus saillants de son œuvre, il semble qu'on puisse les ramener aux quatre chefs principaux suivants : en premier lieu, l'épaisseur de la pâte, qui est certainement la considération capitale. Puis, l'orientalisme, qui s'impose de lui-même. En troisième lieu, l'importance attribuée à la nature morte, sujet par lequel s'exercera l'influence de Decamps. Enfin, doit être notée la dimension réduite des œuvres. La question des origines de sa manière, a priori assez obscure, semble devoir se résoudre si l'on se réfère au premier des caractères énoncés. Les origines de la manière de Decamps peuvent être cherchées chez Rembrandt et surtout chez Chardin, ayant pratiqué tous deux, et d'une façon exceptionnelle chacun à son époque, la peinture épaisse. À noter cette phrase de la lettre de Decamps : « L'absence de tout principe est seule un mal. Chaque maître part d'un point théorique, et Rembrandt fut peut-être le seul artiste qui sut formuler du premier coup sa théorie et sa pratique sans aucun appris : aussi pour n'en être pas le plus grand, doit-il être considéré comme le plus extraordinaire des peintres ». Decamps s'avère rebelle à toute influence classique davidienne. Il déclare d'ailleurs lui-même : « Sorti par ricochet de l'école de David, je me trouvai nu et désarmé ; car, malgré les puissantes et incontestables facultés de ce peintre, l'absence de toute observation sérieuse, le mépris et l'oubli de toute tradition, fermaient l'avenir à ses errements ». Ne subsistent comme références que les précédents de Rembrandt au XVIIe et de Chardin au XVIIIe, qui sont les seuls peintres à maçonner. La façon de peindre en maçonnant va se transmettre à Millet, à Courbet, à Cézanne. Son choix de la nature morte et l'importance qu'il lui accorde indique suffisamment à quel point il entend substituer l'intérêt de l'exécution à celui que peuvent évoquer les choses représentées. Les élèves de David qui, comme leur maître, avaient conservé une partie des traditions du XVIIIe, étaient les seuls à peindre clair ; mais exception faite pour Ingres (envers lequel Decamps professait une admiration profonde, en exprimant son regret amer de n'avoir pu profiter, en temps utiles, de ses « précieuses leçons »), la peinture des disciples de David, y compris et entre autres Abel de Pujol, le maître de Decamps, était tellement plate, qu'il fut naturellement amené à réagir en adoptant une manière opposée.

Le rêve de Decamps fut de peindre de « grandes machines historiques » ; de très bonne foi il se croyait fait pour occuper de vastes surfaces. Le succès qu'il connut très vite fut en même temps la raison qui lui interdit de prétendre rivaliser dorénavant avec Delaroche ou Horace Vernet. De cet état d'âme, Decamps ne faisait pas mystère et il s'en est expliqué sans aucun détour : « Lorsque j'exposai cette grande esquisse de *la Défaite des Cimbres*, que je donnai conjointement avec un *Corps de garde turc* (il s'agit du Salon de 1834), je pensais fournir là un aperçu de ce que je pouvais concevoir ou faire. Quelques-uns, le petit nombre, approuvèrent fort ; mais la multitude, l'immense majorité qui fait la loi, n'y put voir qu'un gâchis, un hachis, suivant l'expression d'un peintre alors célèbre et que la France aujourd'hui regrette, à ce que j'ai su quelque part ». Il ajoute un peu plus loin : « Je vous ai parlé des *Cimbres*, parce que ce sujet est caractéristique de la voie que je comptais suivre ; mais le peu d'encouragement que je trouvai d'abord, le caprice, le désir de plaire à tous, que sais-je encore ? m'en ont plus ou moins détourné. Je demeurai claquemuré dans mon atelier, puisque nul ne prenait l'initiative de m'en ouvrir les portes ; et, malgré ma répugnance primitive, je fus condamné au tableau de chevalet à perpétuité. Je vis avec chagrin tous mes confrères chargés successivement de quelque travail sur place... » Même espoir et même déception lorsqu'il exposa, en 1845, l'histoire de *Samson* en neuf dessins : « ni l'État, ni aucun de nos mécènes opulents n'eurent l'idée de me demander un travail en ce genre ». Decamps dut renoncer à devenir Horace Vernet. Ce lui fut difficile de voir tant d'honneurs, tant d'argent revenir au peintre de la *Smalah* et de demeurer confiné dans la catégorie des petits peintres amusants, mais non qualifiés pour l'exécution des grandes choses. « Tant il y a, déclarait-il à propos de ce qu'il appelait sa manie des animaux, que je suis le peintre des singes. » Un Directeur influent ne lui confiait-il pas naïvement : « Nous n'avons rien fait pour vous, parce que le public aimant, appréciant vos ouvrages, vous n'avez nul besoin de nous ». Et Decamps de conclure : « Le mot de l'énigme est qu'il fallait demander, solliciter, se faire appuyer... » ■ E. C. Bénézit, J. B.

Musées : Amsterdam : *Le Chercheur de truffes – Le Rémouleur – Bourreaux turcs – Napolitain* – Bayonne : *Quatre Bateaux – Biche gisant sur un rocher* – Béziers : *Vue en Hollande* – Bucarest (Mus. Simu) : *La Mosquée* – Châlons-sur-Marne : *Vieux pêcheur – Vieux paysan* – Chambéry (Mus. des Beaux-Arts) : *Paysage – La Sortie de l'école turque* – Chantilly : *Paysage turc – Un corps de garde turc – Souvenir de la Turquie d'Asie – Enfants turcs – Porte-étendard turc – L'École turque – Rebecca à la fontaine – Paysage – Bertrand et Raton – Enfant et moutons – Cavalerie turque – Marche de bachi-bouzouks – Vue d'Ebra* – Compiègne : *Les singes musiciens* – Francfort-sur-le-Main : *Attelage de bœufs* – Glasgow : *Saint Jérome* – Graz : *Le Conteur* – La Haye (Mus. Mesdag) : *Contrebandier – Napoléon à Sainte-Hélène – Chiens de garde* – Lille : *La chasse* – Londres (coll. Wallace) : *Arabe au repos – Moïse sauvé des eaux – Un puits – La Villa Doria Paufili à Rome – Le Rongeur de livres – Campagne romaine – La Pêche miraculeuse – Joseph vendu par ses frères* 1838 – *Ânes à Boulac* 1830 – *L'Abreuvoir – La Ronde – Femmes d'Orient – Le Supplice des crochets – Les sorcières de Macbeth – La Rade de Smyrne – La Favorite du Pacha – Enfants cueillant des fleurs – L'Intérieur du Harem – Sentinelle albanaise – Femme d'Alger – Tribunal en Turquie – Sur le toit d'une maison orientale – Traversant la rivière – Sortie de l'école turque – Albanais – Le passage du gué – Chevaux – L'Abreuvoir* – Moscou (Roumianzeff) : *Mendiants* – Moscou (Tretiakoff) : *La chasse aux canards – Chasse dans les montagnes – Garçons mendiants* – Paris (Mus. des Arts Décoratifs) : *Histoire de Samson*, neuf dessins – Paris (Louvre) : *Les chevaux – la Caravane – Paysage – Bouledogue et terrier écossais – Éléphant et tigre – La cour de ferme – Le camp des Bohémiens – Le Rat – Bertrand et Raton – Les Catalans – Les mendiants – Valet des chiens – Chiens – Singe peintre – Rue de Smyrne – Chiens de chasse – Chien basset – Chien basset – Le Rémouleur – Les Sonneurs* – Périgueux : *Couvent ruiné en Orient* – Sens : *Italienne – Italien* – Strasbourg : *Paysage.*

Ventes Publiques : Paris, 1828 : *Les Bûcheronnes* : **FRF 7 500** – Bordeaux, 1849 : *Garde-chasse assis sur un rocher*, dess. : **FRF 410** ; *L'Abreuvoir*, dess. : **FRF 820** ; *Halte d'Arabes*, dess. : **FRF 550** ; *Étude pour un Âne au soleil près d'un mur*, dess. : **FRF 305** – Bordeaux, 1851 : *L'École turque* : **FRF 21 100** – Paris, 1852 : *Samson combattant les Philistins* : **FRF 20 500** ; *Bataille des Cimbres* : **FRF 28 000** ; *Joseph vendu par ses frères* : **FRF 37 000** – Paris, 1853 : *Josué*, inachevé : **FRF 8 500** ; *Une cour rustique* : **FRF 4 950** ; *Le Divan turc*, aquar. : **FRF 5 005** –

Paris, 1858 : *Joseph vendu par ses frères* : **FRF 38 000** ; *En Asie Mineure* : **FRF 13 700** ; *Berger et son troupeau* : **FRF 24 000** – Paris, 1860 : *Les Petits Nautonniers*, aquar. : **FRF 4 500** ; *Jésus et les docteurs*, aquar. : **FRF 7 500** ; *Cavalerie turque traversant un gué*, aquar. : **FRF 16 900** – Paris, 1861 : *Âne et chiens savants* : **FRF 27 000** – Paris, 1861 : *La Patrouille turque* : **FRF 25 000** – Paris, 1861 : *Le Bon Samaritain* : **FRF 23 600** ; *Polyphème* : **FRF 15 800** ; *La Patrouille turque* : **FRF 25 000** ; *L'Âne et les chiens savants* : **FRF 27 000** – Paris, 1861 : *La Sortie de l'école*, aquar. : **FRF 34 000** – Londres, 1862 : *Le Savoyard*, aquar. : **FRF 17 600** – Londres, 1863 : *Samson combattant les Philistins* : **FRF 45 000** – Londres, 1864 : *Bûcheronne* : **FRF 10 000** – Londres, 1868 : *Rue d'un village italien* : **FRF 25 000** ; *Pays oriental* : **FRF 20 000** – Londres, 1870 : *Le Christ et le centenier* : **FRF 25 200** – Londres, 1872 : *Enfants turcs jouant avec une tortue* : **FRF 20 700** ; *Âne au repos, scène d'Orient* : **FRF 51 500** – Londres, 1873 : *Flagellation du Christ* : **FRF 20 500** – Bruxelles, 1874 : *Les Mendiants* : **FRF 5 100** – Londres, 1874 : *Paysage avec chasseurs et chiens* : **FRF 1 500** ; *Les Mendiants* : **FRF 6 150** – New York, 1876 : *Le Suicidé* : **FRF 14 500** ; *Patrouille turque* : **FRF 41 500** – Bruxelles, 1877 : *La Fuite en Égypte*, aquar. : **FRF 5 000** – Paris, 1881 : *Intérieur de cour en Italie* : **FRF 36 800** ; *Le Rémouleur* : **FRF 10 500** – Paris, 1883 : *Rue d'un village italien* : **FRF 48 000** – Paris, 1883 : *Joueur de vielle* : **FRF 3 100** ; *La Maternité* : **FRF 1 800** – Amsterdam, 1884 : *Un tableau* : **FRF 1 638** – Paris, 1886 : *Le Bon Samaritain* : **FRF 21 000** – Paris, 1888 : *Cour de ferme* : **FRF 30 400** ; *La Porchère* : **FRF 19 200** ; *Bouledogue et terrier écossais* : **FRF 16 600** – Paris, 1889 : *Intérieur de cour, scène orientale* : **FRF 53 550** ; *Joseph vendu par ses frères* : **FRF 40 500** ; *Les Singes experts* : **FRF 70 000** ; *Le Frondeur* : **FRF 92 000** – New York, 3 fév. 1898 : *La Mort et le Bûcheron* : **USD 2 750** – Amsterdam, 1898 : *Brigands*, aquar. : **FRF 945** – Anvers, 1898 : *Chasse au sanglier en Anatolie* : **FRF 19 000** ; *Le Bachi-bouzouk* : **FRF 15 000** – Paris, 1900 : *Enfants effrayés par une chienne* : **FRF 101 000** ; *A la porte d'un chenil* : **FRF 25 000** ; *Les Fillettes à la ferme*, aquar. : **FRF 7 000** – New York, 8-9 jan. 1903 : *Bazars au Caire* : **USD 850** ; *Coucher de soleil sur des tombes près du Caire* : **USD 3 000** – New York, 23 jan. 1903 : *Paysage* : **USD 3 000** ; *Le Mendiant* : **USD 500** – Paris, 24 mars 1903 : *Atelier de forgeron* : **FRF 72** – New York, 24-26 fév. 1904 : *La Vente de l'esclave* : **USD 410** – Paris, 4 juin 1904 : *Matelots catalans jouant aux boules* : **FRF 80 000** ; *Bûcherons prenant leur repas* : **FRF 21 000** ; *L'Indiscret* : **FRF 36 500** ; *Enfant donnant à manger à des lapins* : **FRF 8 900** ; *Chiens de garde* : **FRF 1 000** ; *Le Boucher turc* : **FRF 48 500** – New York, 1er-2 déc. 1904 : *Le Repasseur de ciseaux* : **USD 650** – New York, 27 jan. 1905 : *Saül poursuivant David* : **USD 3 550** – Paris, 26 mai 1905 : *Le Passage du gué* : **FRF 10 100** – New York, 25 jan. 1907 : *Les Contrebandiers* : **USD 7 100** – New York, avr. 1908 : *Enfants et Cheval* : **USD 1 300** – Paris, 16-19 juin 1919 : *Le Déjeuner en ville* : **FRF 53 000** ; *Napolitain et son chien* : **FRF 14 500** ; *Le Chenil* : **FRF 12 500** ; *Le Renard pris au piège* : **FRF 4 000** ; *La Sortie de l'école*, aquar. : **FRF 6 600** – Londres, 29 avr. 1927 : *Un port* : **GBP 157** ; *Ramasseurs de fagots* : **GBP 57** – New York, 10 avr. 1930 : *Paysage romantique* : **USD 800** ; *Le Christ dans le Temple*, aquar. et gche : **USD 1 000** ; *Le Christ à Emmaüs* : **USD 1 600** – Paris, 10 mai 1944 : *Le Gardien de porcs*, fus. : **FRF 1 000** – Paris, 17 mai 1944 : *Les Murs d'une ville* : **FRF 41 000** ; *La Lessive*, aquar. : **FRF 20 000** – Paris, 24 mai 1944 : *Les Murs de Jéricho* : **FRF 28 100** – Paris, 14 juin 1944 : *Le Singe tailleur*, aquar. : **FRF 2 500** – Paris, 19 déc. 1944 : *Réunions d'Orientaux*, aquar. : **FRF 9 200** ; *Jeune Paysanne à cheval*, cr. noir : **FRF 4 000** – Paris, 23 fév. 1945 : *Romanichel aux chiens savants*, aquar. : **FRF 27 800** – Paris, 19 mars 1945 : *Marée basse* : **FRF 3 000** – New York, 18-19 avr. 1945 : *Famille italienne* 1835 : **USD 400** ; *La Sentinelle* 1860 : **USD 400** – Paris, 16 et 17 mai 1945 : *Chiens de chasse*, aquar. : **FRF 1 600** – New York, 18 oct. 1945 : *Scène de harem* : **USD 135** – Londres, 30 nov. 1945 : *Ramasseur de bois* : **GBP 33** – New York, 31 jan. 1946 : *Jeune Italienne* : **USD 230** – New York, 28 mars 1946 : *Environs de Smyrne* : **USD 275** ; *Voyageurs orientaux* : **USD 325** ; *Paysage* : **USD 300** – New York, 16 mai 1946 : *L'Approche de la tempête* 1842 : **USD 225** – Paris, 16 oct. 1946 : *Conversation dans le souk* : **FRF 8 500** – Paris, 18 nov. 1946 : *Le Croquis*, dess. : **FRF 420** – Paris, 2 déc. 1946 : *Intérieur de tisserand* : **FRF 5 000** – Paris, 5 déc. 1946 : *Paysage avec rivière* : **FRF 1 100** – Paris, 23 juin 1954 : *Les Gardes du fort* : **FRF 28 000** – New York, 6 avr. 1960 : *Famille italienne* : **USD 600** – Paris, 20 jan. 1969 : *Âne et chiens savants* : **FRF 20 000** – Paris, 17 nov. 1969 : *À la fontaine*, aquar. reh. de past. : **FRF 2 800** – Paris, 5 juin 1970 : *Paysanne italienne et enfant* : **FRF 2 600** – Versailles, 10 oct. 1971 : *L'Abattoir* : **FRF 4 000** – Londres, 14 avr. 1972 : *La Caravane* : **GNS 400** – Lucerne, 24 nov. 1972 : *Charge de cavalerie* : **CHF 4 800** – Londres, 9 avr. 1976 : *Porteuse d'eau dans un village marocain*, h/t (32,5x24,5) : **GBP 1 200** – Londres, 22 nov. 1978 : *Le Chevrier des Abruzzes* vers 1843-1845, h/t (33x40,5) : **GBP 3 000** – New York, 4 mai 1979 : *Le Char à bœufs au crépuscule*, h/pan. (18x35) : **USD 4 000** – Paris, 16 mai 1979 : *Le loup et les bergers*, dess. reh. d'aquar. et gche (19,5x29,5) : **FRF 10 100** – New York, 28 mai 1981 : *Scène de chasse*, h/t (34x41) : **USD 19 000** – New York, 26 mai 1983 : *Les singes barbiers* 1840, craies de coul./pap. gris (34,3x49,8) : **USD 13 500** – New York, 26 oct. 1983 : *Jésus parmi les docteurs* vers 1833, aquar. et gche (38x48,3) : **USD 20 000** – Londres, 30 nov. 1984 : *Cavalier dans un paysage*, h/cart. (28x44) : **GBP 4 500** – Paris, 12 déc. 1984 : *Berger turc au bord de la mer*, h/pan. (30x22) : **FRF 13 000** – Londres, 20 juin 1985 : *Nature morte et chat*, aquar. et gche (22x18) : **GBP 1 000** – New York, 28 oct. 1986 : *Paysage en Anatolie* 1851, h/t (68,5x94,5) : **USD 9 500** – Paris, 7 mars 1988 : *Maisons à Smyrne*, h/pan. (31x41) : **FRF 24 000** – Paris, 11 mars 1988 : *Étude de chiens*, lav. brun (20,5x27) : **FRF 7 500** – Londres, 25 mars 1988 : *Un village arabe*, aquar. (18,5x28) : **GBP 1 155** – Paris, 24 juin 1988 : *Cavalier*, h/t (21x26) : **FRF 36 000** – Strasbourg, 10 mars 1989 : *Personnages napolitains*, t. (55x46) : **FRF 36 000** – Monaco, 17 juin 1989 : *Petit garçon se reposant près de deux ânes* 1845, h/t (14x19,5) : **FRF 44 400** – Paris, 17 mars 1989 : *Le Bachi-bouzouk*, h/t (32x24,5) : **FRF 11 000** – New York, 17 jan. 1990 : *Environs de Smyrne*, h/t (27x35) : **USD 3 025** – Amsterdam, 10 avr. 1990 : *L'Oiseau en cage*, aquar. et gche/pap. (14,5x13,5) : **NLG 4 140** – Monaco, 15 juin 1990 : *Paysage de rochers et rivière avec combat de félins*, aquar. (23,2x36,5) : **FRF 44 400** – Monaco, 16 juin 1990 : *Les sentinelles*, h/t (32,5x40,5) : **FRF 88 800** – New York, 19 juil. 1990 : *Auberge napolitaine*, aquar./pap. (35,6x45,5) : **USD 4 400** – Stockholm, 14 nov. 1990 : *Postillon au galop*, h/t (48x117) : **SEK 18 500** – Monaco, 8 déc. 1990 : *Étude de paysan de dos*, fus. et cr. coul. (37,5x24,5) : **FRF 7 215** – Neuilly, 3 fév. 1991 : *Les Experts blagueurs*, pl. (13x18) : **FRF 3 500** – New York, 23 mai 1991 : *Paysage avec un personnage se rafraîchissant au bord du ruisseau*, h/t (33x41) : **USD 9 900** – Paris, 19 nov. 1991 : *Le Porte-étendard turc*, h/pan. (24,5x15) : **FRF 17 000** – Monaco, 20 juin 1992 : *Une maison turque*, craie noire, encre et lav. avec reh. de blanc (20,6x30,9) : **FRF 11 100** – Paris, 19 nov. 1992 : *Soldat arabe*, cr. noir, estompe et reh. de blanc (38x25) : **FRF 4 100** – Paris, 25 nov. 1992 : *Ferme lombarde*, h/t (32x46) : **FRF 19 000** – New York, 16 fév. 1993 : *Le Vieux Sage*, h/pan. (21x16,5) : **USD 1 320** – New York, 26 mai 1993 : *Un Grec*, aquar./pap. (20,3x16,5) : **USD 2 588** – New York, 14 oct. 1993 : *Un Arabe dans une ruelle ensoleillée*, h/cart. (31,7x24,2) : **USD 4 830** – Paris, 23 mars 1994 : *La Soupe, intérieur paysan italien*, aquar. (36x47,5) : **FRF 30 000** – Londres, 16 nov. 1994 : *Chiens dans une grange*, h/pan. (32x40) : **GBP 2 300** – Paris, 22 avr. 1996 : *Convoi de cavaliers armés*, h/t (55x44) : **FRF 23 000** – Londres, 21 nov. 1996 : *Deux Singes dressés à serrer la main comme des huissiers* ; *Singe dressé à faire le cuisinier, deux singes en marmitons en arrière-plan*, craie noire, aquar. et gche, une paire (25,2x19,2) : **GBP 1 840** – Paris, 14 mai 1997 : *Le Janissaire*, h/t (27x22,5) : **FRF 18 000** – Paris, 17 nov. 1997 : *Jeune Turque au tchibouk* 1834, aquar. (15x11) : **FRF 8 000**.

DECAMPS Jehan. Voir **DESCAMPS Jehan**

DECAMPS Maurice Alfred

Né le 2 octobre 1892 à Paris. xxe siècle. Français.

Peintre de paysages, fleurs.

Il fut élève de Pierre Montézin. Il exposa à Paris, au Salon des Artistes Français à partir de 1913, en devint sociétaire, mention honorable et Prix de la Savoie 1926, deuxième médaille et Prix de la Société des Paysagistes 1927, Prix de Raigecourt-Goyon 1929, Prix Justin Claverie 1938.

Ventes Publiques : Paris, 30 nov. 1942 : *Vase de fleurs* : **FRF 780** – Londres, 19 mars 1985 : *Nature morte aux glaïeuls*, h/t (73,5x92) : **GBP 520** – Paris, 16 juin 1987 : *Vases de fleurs*, h/t, une paire (73x60) : **FRF 5 800** – Calais, 3 juil. 1988 : *Le bouquet de roses*, h/t (60x73) : **FRF 11 000** – New York, 3 mai 1989 : *Bouquet de fleurs*, h/t (60x73) : **USD 16 650** – Paris, 21 mars 1990 : *Vases de roses sur un entablement*, h/t (64x99) : **FRF 12 000** – Londres, 28 oct. 1992 : *Nature morte de fleurs dans un vase*, h/t (60x73) : **GBP 990**.

DECAN Eugène

Né le 5 novembre 1829 à Paris. Mort en 1894. xixe siècle. Français.

Peintre de paysages animés, sculpteur.
Formé sous la conduite de L. Cogniet, il débuta au Salon, en 1848, par des paysages. Il s'est inspiré de Daubigny et surtout de Corot avec lequel il travailla.
Ventes Publiques : Paris, 1er fév. 1943 : *La Sortie du village* : **FRF 4 400** – Paris, 25 mars 1985 : *Herbage à Villers-sur-Mer*, h/t (67,5x106) : **FRF 5 000** – Hambourg, 10 juin 1987 : *Troupeau au pâturage* 1877, h/t (55,5x90) : **DEM 3 400**.

DECANIS Théophile Henry
Né en 1848 à Marseille. XIXe siècle. Français.
Peintre.
Élève d'Olive. Sociétaire des Artistes Français, il prit part aux Expositions de cette société. Il obtint une mention honorable en 1884, médaille de troisième classe en 1888, médaille de deuxième classe en 1892.

Musées : Amiens : *Village des Camoins* – Avignon : *La Madrague de Montredon* – Montpellier : *Paysage*.

DECAP Ferdinand F.
XIXe-XXe siècles. Actif à Suresnes (Hauts-de-Seine). Français.
Peintre.
Sociétaire des Artistes Français à partir de 1905, il prit part aux Expositions de cette société.

DECARIS Albert
Né le 6 mai 1901 à Sotteville-les-Rouen (Seine-Maritime). Mort le 1er janvier 1988 à Paris. XXe siècle. Français.
Peintre de compositions à personnages, portraits, paysages, marines, peintre à la gouache, aquarelliste, graveur, dessinateur, illustrateur.
Il reçut le Prix de Rome en 1919. Il exposa au Salon d'Automne en 1945, en 1973 il fut nommé peintre de la Marine. Il fut élu membre de l'Institut en 1943.
Graveur à la technique virtuose et au graphisme sévère au service d'une imagination fertile, il a réalisé depuis 1926 de nombreuses illustrations de livres, parmi lesquelles les trois premiers cahiers des *Mémoires d'outre-tombe* de Chateaubriant, *Réflexions ou Sentences et Maximes morales* de La Rochefoucauld, *Hommes représentatifs* d'Emerson, *Le Chant de mon voyage vers la Grèce* de L. Cathlin, ainsi que des œuvres de Ronsard, Shakespeare, Vigny, Barrès, Eschyle et Corneille. Il a régulièrement gravé pour les PTT et on lui doit plus de cinq cent timbres-poste.

Ventes Publiques : Paris, 22 fév. 1945 : *La Cascade*, fus. : **FRF 220** – Paris, 15 avr. 1988 : *Les Lavandières*, h/cart. (70,5x102) : **FRF 11 500** – Fontainebleau, 24 juil. 1988 : *La Place Saint-Marc* 1925, lav. d'encre (56x72) : **FRF 8 000** – Calais, 4 mars 1990 : *Le Louvre sous la neige*, aquar. et gche (33x41) : **FRF 8 500** – Paris, 21 nov. 1990 : *L'Enlèvement d'Europe*, grav. au burin (95x105) : **FRF 3 000** – Neuilly, 23 fév. 1992 : *Le Coudon vu de la presqu'île de Giens*, aquar. (43x55) : **FRF 6 300** – Paris, 26 mars 1995 : *Villa italienne* 1924, encre/pap. (51,5x33,5) : **FRF 4 200** – Paris, 20 jan. 1997 : *Le Val-de-Grâce* 1944, lav. d'encre (148x103) : **FRF 13 000**.

DECARLI
Né au XXe siècle à Berne. XXe siècle. Suisse.
Peintre.
Membre de la Société Suisse des Peintres et Sculpteurs.

DECARRE Pierre
Né en 1945. XXe siècle. Français.
Peintre. Abstrait.
Il vit et expose à Paris, au Salon Grands et Jeunes d'Aujourd'hui dans les années quatre-vingts.
Ses peintures sont constituées de surfaces colorées abstraites, très rigoureusement dessinées et même cernées, rectilignes et courbes alternées, qui s'articulent entre elles, un peu à la façon de Bozzolini ou plus tard d'Adami.

DECARRIÈRES Pierre Antoine
XVIIIe siècle. Français.
Peintre.
Il fut reçu à l'Académie de Saint-Luc à Paris en 1754.

DECART Franz Anton
XVIIIe siècle. Allemand.
Peintre.
On trouve sa trace à Bamberg en 1728.

DECAUX Fanny, née **Michel**
XIXe siècle. Française.
Peintre de fleurs.
Exposa au Salon de Paris de 1834 à 1851, des études de fleurs.

DECAUX Iphigénie, vicomtesse, née **Milet-Moreau**
Née en 1780. Morte en 1862. XIXe siècle. Française.
Peintre de natures mortes, fleurs et fruits.
Elle était fille du général Milet-Moreau, étudia la peinture avec Van Dael. Elle figura quelquefois au Salon de Paris de 1802 à 1819.
Ventes Publiques : Paris, 10 mai 1990 : *Nature morte de fleurs et de fruits sur un entablement de marbre*, h/t (90x172) : **FRF 820 000** – Paris, 19 juin 1991 : *Nature morte de fleurs et de fruits sur un entablement de marbre*, h/t (92x73) : **FRF 408 000** – Paris, 27 mars 1992 : *Bouquet de fleurs sur un entablement*, h/pan. (40,5x32) : **FRF 68 000** – Londres, 16 nov. 1994 : *Nature morte de fleurs dans un vase*, h/pan. (41x32) : **GBP 14 375** – Paris, 5 avr. 1996 : *Bouquet de roses sur un entablement* 1797, h/pan. (46x37,5) : **FRF 86 500**.

DECAUX Jacques
Né le 9 mars 1918 à Leysin. XXe siècle. Suisse.
Peintre. Abstrait.
Français d'origine, il poursuivit des études supérieures à Londres à la School of Economics and Politics. Il exposa pour la première fois en 1966 à Paris et Francfort.
Passioné par l'histoire de la civilisation chinoise, il exploite ses connaissances en premier lieu dans le domaine du journalisme ; il étudie ensuite la calligraphie chinoise, et à partir de 1958 cherche à utiliser les techniques chinoise et japonaise dans ses œuvres abstraites. Les symboles sont chinois tandis que le fond bouge et se colore en profondeur. Certaines œuvres sont issues de méditations Zen.

DECAUX Roger Georges
Né à Houilles (Yvelines). XXe siècle. Français.
Peintre de figures, paysages. Expressionniste.
Il fut élève de Léon Broquet et exposa au Salon des Artistes Français ainsi qu'au Salon d'Automne. À Paris, la galerie Targa a organisé une exposition personnelle de ses œuvres en 1994.
Ses figures sont, graphiquement et chromatiquement, violemment expressionnistes. Paysagiste, il travaille souvent dans le Languedoc.

DECHAMPS Suzanne
Née à Rouen (Seine-maritime). XXe siècle. Française.
Peintre de paysages, fleurs.
Elle fut sociétaire du Salon des Artistes Français en 1934.

DÉCHANET Henri
Né le 3 juillet 1930 à Meknès (Maroc). XXe siècle. Français.
Peintre, verrier.
Il a exposé en 1953 au Salon d'Art Sacré, à la Biennale de Paris en 1955, au Salon Comparaisons en 1957, 1962 et 1968, au Salon de Mai et au Salon d'Automne.
Dans sa peinture, deux tentations s'affrontent : l'une, romantique, choisit de saisir le charme de la silhouette fugitive, l'autre, classique, de construire dans sa plénitude une sensation.
Ventes Publiques : Paris, 29 juin 1990 : *Deux figures* 1960-1961, h/t (145x113) : **FRF 7 500**.

DECHANT Miles Boyer
Né le 10 janvier 1890 à Reading (Pennsylvanie). XXe siècle. Américain.
Peintre, graveur, architecte.
Il fut élève de George Walter Dawson.

DECHAR Peter
Né en 1942. XXe siècle. Américain.
Peintre de natures mortes de fruits.
Il s'est curieusement spécialisé en ne peignant que des poires.
Ventes Publiques : New York, 19 oct. 1979 : *Poires* 1969, h/t (183x132) : **USD 2 500** – New York, 13 mai 1981 : *Sans titre* 1969, h/t (132x183) : **USD 2 000** – New York, 12 nov. 1982 : *Poires* 1971, h/t (132x183) : **USD 3 500** – New York, 9 mai 1984 : *Poires* 1969, h/t (132,1x182,8) : **USD 2 500** – New York, 10 oct. 1990 : *Poires*

1968, h/t (93x132,1) : **USD 2 860** – New York, 22 fév. 1996 : *Poires* 1974, h/t (132,1x182,9) : **USD 3 220**.

DECHATEAUBOURG, dit **le Chevalier de Châteaubourg**

Né à Nantes. XVIIIe-XIXe siècles. Français.

Peintre de miniatures.

Il exposa en 1804, 1808 et 1812 au Salon une série de portraits en miniature, en 1812 notamment ceux de ses enfants. Il fut, d'après Maillard, l'élève d'Isabey et résida à Nantes jusqu'en 1837. Il semble qu'il ait travaillé en Allemagne au cours des dernières années du XVIIIe siècle.

DÉCHAUD Étienne

Né le 15 décembre 1821. XIXe siècle. Actif à Lyon. Français.

Graveur sur cuivre.

Il fut élève de l'École des Beaux-Arts de Lyon. Il grava le portrait du Conservateur du Musée archéologique, Ambroise Comarmond.

DECHAUME Geoffroy. Voir **GEOFFROY de CHAUME**

DECHAZELLE Pierre-Toussaint ou **de Chazelle**

Né le 1er novembre 1752 à Lyon. Mort le 15 décembre 1833. XVIIIe-XIXe siècles. Français.

Dessinateur et peintre.

Élève de Nonnotte et de Douet. Il fut dessinateur de fabrique, puis fabricant de soieries à Lyon, où par son talent, ses écrits et sa situation (il fut membre de la Chambre de Commerce et du Conservatoire des Arts) il eut une certaine autorité sur les jeunes artistes lyonnais du début du XIXe siècle. Il conseilla Hennequin et Grobon. Il a peint des fleurs, des fruits et des portraits. Il a publié *Étude sur l'histoire des Arts* et *De l'influence de la peinture sur les arts d'industrie.*

DÉCHELETTE Louis Auguste

Né le 11 janvier 1894 à Cours (Rhône). Mort en décembre 1964. XXe siècle. Français.

Peintre de compositions à personnages, sujets allégoriques, scènes de genre, nus, marines, sculpteur. Naïf.

Autodidacte, il était peintre en bâtiment et fit le Tour de France des compagnons. Il abandonna ce métier après la Seconde Guerre mondiale, quand il fut révélé au public. Il a exposé au Salon des Surindépendants et au Salon des Peintres Autodidactes en 1945. Des expositions personnelles de ses œuvres se tinrent à partir de 1942.

Déchellette a son individualité très marquée parmi les peintres que l'on dit naïfs. À force de persévérance dans ce métier auquel il s'est véritablement senti appelé, il a fini par acquérir une technique qui, si elle ne correspond à aucune tradition, n'en est pas moins efficace. D'autre part, il s'est mis à la peinture sans en attendre aucun honneur ni en tirer aucun avantage, mais pour protester contre les trop nombreuses injustices exercées ici ou là contre l'humanité, faisant de la peinture l'instrument de son combat politique. Il commença à peindre pour exprimer son indignation devant l'agression fasciste italienne contre l'Éthiopie. Ce furent ensuite les victimes enfantines de la guerre civile espagnole qui peuplèrent ses toiles. Pendant l'occupation allemande de la France, il décrivit les misères de la population affamée par l'occupant, s'obstinant à crier sa compassion et sa détestation, pour rien, pour se soulager, enterrant chacune de ses toiles achevées dans son jardin. Après la Libération, il put montrer la presque totalité de sa production sous le titre *De l'Éthiopie à la paix stable.*

N'étant pas un peintre plasticien, mais un peintre de l'événement, pour qui la peinture est un moyen narratif et d'expression, ses œuvres sont évidemment extrêmement diverses, suscitées qu'elles sont par les circonstances. Scènes de guerre alternent avec scènes de rues, de mœurs, de genre, des allégories ou des marines. Il peignit également, surtout après la guerre, des scènes pacifiques et heureuses : trottoirs animés, bateaux-lavoirs, scènes gaillardement campagnardes : avec *Les Gaziers et les corps nus*, les calembours francs et rustiques ne l'effraient jamais, de jeunes femmes nues jouent au ballon, feignant d'ignorer, modernes et frustes Suzanne, les employés de la Compagnie du Gaz qui les lorgnent.

On ne peut sans contresens regretter que Déchelette n'ait pas continué à peindre ses actes d'accusation contre les sociétés répressives et que sa verve soit devenue souriante. Déchelette, qui l'avait bien méritée, a cru à la paix, et ce serait oublier surtout que le bonheur est aussi une notion politique. ■ J. B.

Bibliogr. : Anatole Jakovsky : *La Peinture naïve*, Jacques Damase, Paris, s.d., 1946 ou 1947 – in : *Diction. Univ. de la Peinture*, Le Robert, t. II, Paris, 1975.

Musées : Paris (Fonds de la Ville) : plusieurs œuvres – Paris (Mus. du Folklore) : *Veille de Ducasse.*

Ventes Publiques : Paris, 18 mai 1945 : *Ici... Londres* : **FRF 700** – Cologne, 6 déc. 1968 : *Les Frères Trouille, acrobates géants* : **DEM 2 200** – Paris, 23 fév. 1997 : *Les Deux Cyclistes* 1938, h/pan. (55x40) : **FRF 7 000**.

DECHELLE Élie Jean-Baptiste

Né le 10 juillet 1874 à Arbois (Jura). Mort le 14 mars 1937 à Chambéry (Savoie). XXe siècle. Français.

Peintre de paysages.

Il exposa au Salon des Artistes Français à partir de 1911. Il a essentiellement peint des paysages jurassiens.

Musées : Chambery (Mus. des Beaux-Arts) : *Paysage de montagne – Soleil couchant sur les monts – Paysage de montagne – Aux dernières heures du couchant – Soir d'automne – La pointe de Seti et le lac des Evettes.*

DECHENAUD Adolphe

Né le 28 juin 1868 à Sennecey-le-Grand (Saône-et-Loire). Mort le 27 décembre 1929 à Paris. XIXe-XXe siècles. Français.

Peintre de compositions, portraits.

Il fut élève de Benjamin Constant, Second Grand Prix de Rome en 1891 et Premier Grand Prix de Rome en 1894. Sociétaire du Salon des Artistes Français il reçut une mention honorable en 1899, une troisième médaille en 1900, une médaille d'honneur en 1913. Il fut fait chevalier de la Légion d'honneur en 1908 et devint membre de l'Institut en 1918. En 1928 le Salon des Artistes Français organisa une rétrospective de son œuvre.

À ses débuts il peignit selon les rigueurs de l'école des œuvres inspirées par les grands thèmes religieux tels que *Judith montrant la tête d'olopherne – Philémon et Baucis.* Il rendit ensuite à plus d'humanité ses compositions avec notamment *Les noces d'or – Le marché – La bonne prise.* Il a acquis sa renommée par ses nombreux portraits.

A. Déchenaud.

Musées : Dijon : *Portrait de ma mère – Les noces d'or* – Paris : *Portrait de mon père – La bonne prise – Portrait de Mme Dujardin-Baumetz.*

Ventes Publiques : Paris, 25 oct. 1985 : *Portrait du graveur Antoine Dezarrois*, h/t (70x60) : **FRF 15 500** – Paris, 17 fév. 1988 : *Le récit du poilu*, h/t (63x85) : **FRF 3 800**.

DECHENAUX Florentin

Né à Lyon. XIXe-XXe siècles. Français.

Peintre.

Élève de l'École des Beaux-Arts de Lyon. Il exposa au Salon de cette ville, à partir de 1896, des paysages à l'huile et au fusain.

DECHENNE Jean

Né en 1938 à Liège. XXe siècle. Belge.

Graveur de sujets divers.

Il est aquafortiste. Il est professeur à l'Académie des Beaux-Arts de Liège où il fut élève.

Bibliogr. : In : *Diction. Biog. Ill. des Artistes en Belgique depuis 1830*, Arto, 1987.

DECHERCHES Catherine

XVIIIe siècle. Active au Mans. Française.

Peintre.

On cite de cette artiste : *Jésus rendant la vue à un aveugle* (1707), *Descente de croix, Le Christ à Gethsemani, Le Christ et les Enfants, L'Adoration des mages* (église de la Couture, Le Mans).

DECHERCHES Charles

XVIIIe siècle. Actif au Mans. Français.

Peintre.

Il travailla, en 1734, à l'église Notre-Dame de Mamers. Cet artiste appartenait à une famille de peintres établie au Mans au commencement du XVIIIe siècle. On connaît de lui deux tableaux qu'il peignit pour l'ancienne abbaye de Saint-Vincent du Mans : *Le Sacrifice d'Abraham* et *David avec la tête de Goliath*, actuellement à la cathédrale du Mans. Ce dernier ouvrage est signé : *De Cherche Pinx, Cenomani Anno 1734.* On cite également à l'église Notre-Dame, à Mamers, deux toiles de cet artiste : *Assomption de la Vierge* et *Baptême de Jésus-Christ.*

DECHERCHES Jehan

XVIIe siècle. Français.

Peintre de compositions religieuses, peintre verrier.
Il travailla au Mans entre 1662 et 1684. On cite de lui : *L'Agonie de Jésus au Jardin des Oliviers*, 1695.

DECHERCHES Louis
XVIIe siècle. Actif au Mans. Français.
Peintre verrier.

DECHESNE Jean Joseph
XVIIIe-XIXe siècles. Actif à Paris. Français.
Sculpteur.

DECHEVOI Ivan
D'origine française. XIXe siècle. Actif au début du XIXe siècle. Russe.
Graveur sur cuivre, illustrateur.
Il fit ses études à l'Académie impériale de peinture de Saint-Pétersbourg. Il travailla la gravure avec Stephan Galalationoff. L'Académie de Leningrad conserve de lui un dessin original et une gravure.

DECHIN Géry
Né le 17 mars 1882 à Lille (Nord). Mort pour la France durant la Première Guerre mondiale. XXe siècle. Français.
Sculpteur.
Il fut élève de Gabriel Thomas et reçut une mention honorable au Salon des Artistes Français en 1911.

DECHIN Jules
Né le 12 novembre 1869 à Lille (Nord). XIXe-XXe siècles. Français.
Sculpteur de monuments, groupes, figures, bustes.
Il fut élève d'Henri Chapu et de Pierre Cavelier à l'École des Beaux-Arts de Paris, où il fut lauréat du Prix de Rome en 1898. Il débuta au Salon des Artistes Français en 1899 avec un envoi de Rome : *Mercure*, recevant une mention honorable la même année, une troisième médaille en 1900 pour un deuxième envoi de Rome : *Jeanne d'Arc*, une deuxième médaille en 1904 et une première médaille en 1907, devenant ensuite hors-concours. Il en fut membre du jury de sculpture à partir de 1908 et y exposa régulièrement jusqu'en 1936. Il a en outre reçu diverses distinctions et figuré dans des expositions internationales à Londres et Rome.
Il a réalisé de très nombreux monuments publics, notamment des bustes de personnalités ou monuments commémoratifs pour leurs villes d'origine : en 1914 *La comtesse Jeanne de Flandre* pour la ville de Lille, des monuments funéraires pour des tombes, en 1912 *Consolatrix afflictorum* groupe en marbre érigé à Lourdes, de nombreux monuments aux morts de la guerre de 1914-1918 à Épernay (Marne), Roye (Somme), Merville (Nord), Bellegarde (Ain), Sarreguemines (Moselle), etc. Il a aussi participé à la décoration d'églises et de chapelles, dont : Saint-Rémy à Dieppe, en 1919 le *Monument aux morts* de Saint-Clément à Rouen, Saint-Martin à Pau, Saint-Jean-Baptiste à Arras, Notre-Dame d'Épernay, Saint-Sauveur à Lille, Saint-Augustin à Paris, Saint-Pierre de Neuilly, Basilique du Sacré-Cœur à Paris, etc. Il a aussi réalisé des commandes de monuments pour Buenos Aires, Londres, Québec, Haïti. ■ J. B.

DECHORAIN Rolande
Née à Paris. XXe siècle. Française.
Peintre de paysages, natures mortes.
Elle est la femme du peintre Vergé-Sarrat, dont elle fut l'élève. Elle exposa au Salon d'Automne et au Salon des Tuileries à partir de 1929.
Elle se plait à décrire les paysages de Bretagne et d'Algérie.

DECIO Agosto ou **Agostino** ou **Decio da Milano**
XVIe-XVIIe siècles. Italien.
Miniaturiste.
Il était actif à Milan vers 1576, réputé très habile dans son art. Il travailla pour des souverains, dont l'empereur Rodolphe II (1552-1612) et les ducs de Savoie. Il fut appelé, avec son fils Ferrante, par le pape Grégoire XIV, qui les fit travailler à Rome. On lui attribue plusieurs miniatures, qui se trouvent à l'Ambrosienne à Milan.
Musées : Milan (Bibl. Ambrosienne) : *Adoration des Rois*, miniat. – *Profil*, miniat. – *Vierge à l'Enfant*, miniat. – *Annonciation*, miniat.

DECIO Ferrante
XVIe-XVIIe siècles. Italien.
Miniaturiste.
Il était le fils de Agostino Decio et, sans doute avec son père, il travailla également pour les ducs de Savoie et l'empereur Rodolphe II. Le pape Grégoire XIV le fit aussi travailler à Rome.

DECIO Gian. Giacomo
XVe-XVIe siècles. Italien.
Miniaturiste.
Il était actif à Milan vers 1451-1508.

DECIO Giovanni
XVe siècle. Italien.
Miniaturiste.
Il était actif à Milan vers 1450.

DECISY Eugène
Né le 5 février 1866 à Metz (Moselle). Mort vers 1936 à Paris. XIXe-XXe siècles. Français.
Peintre de sujets militaires, scènes de genre, paysages, graveur. Réaliste.
Élève de Boivin, Bouguereau et Tony Robert-Fleury, il participa, à partir de 1886, au Salon des Artistes Français, dont il fut sociétaire. Il devint également sociétaire du Salon de la Société Nationale des Beaux-Arts en 1898. Il prit part à l'Exposition Universelle de 1900, où il obtint une troisième médaille.
Il a illustré de gravures, d'après des dessins de G. Rochegrosse, des ouvrages de Baudelaire, Th. de Banville, Flaubert, J. M. de Heredia.

DÉCIUS
Ier siècle avant J.-C. Antiquité romaine.
Sculpteur.
Il fit une colossale tête de bronze, que le consul P. Lentulus fit placer au Capitole, en 77 avant J.-C.

DECKELBEECK Nicolaes Janz Van
XVIIe siècle. Actif à Utrecht. Hollandais.
Sculpteur.
Il fut nommé membre de l'Académie Saint-Luc en 1611.

DECKELMANN Andreas
Né le 2 décembre 1820 à Nordhalben. Mort le 22 décembre 1882 à Munich. XIXe siècle. Allemand.
Peintre d'histoire.
Il fit ses études sous la direction de Cornelius et de Schwind. On cite parmi ses œuvres : *Le duc Louis de Bavière* et trois grandes fresques qui se trouvent dans la Galerie du Musée Wittelsbach à Munich : *La Bataille de Gammelsdorf, Le Mariage de l'Empereur dans la Roseraie de Cologne, Le Mariage de Louis de Brandebourg avec Marguerite Maultasch.*

DECKER. Voir aussi **DEKKER**

DECKER Abraham Jansz
Né vers 1587. Mort sans doute après 1641. XVIIe siècle. Hollandais.
Peintre.
Il semble qu'il vécut à Delft et à Amsterdam.

DECKER Adriaen Jansz
XVIIe siècle. Hollandais.
Peintre.
Élève de Zacharias Paulusz à Alkmaar en 1643, maître à Alkmaar en 1649. Un autre Adrian Decker fut élève de Jan Van den Bergh, aussi à Alkmaar, en 1649. Houbraken mentionne A. Decker comme élève de César van Everdingen.
Ventes Publiques : Londres, 1893 : *Paysage avec un moulin* : **FRF 9 445** – Londres, 19 juin 1936 : *Paysage de rivière* : **GBP 32.**

DECKER Albert
Né le 18 juin 1817 à Colmar. Mort le 7 juillet 1871 à Meidling. XIXe siècle. Français.
Peintre de genre, portraitiste, miniaturiste.
Son père, Johann Stephan Decker, dirigea ses premières études d'art. Il travailla à Vienne.

DECKER Alice, plus tard Mrs **Davidson Sommers**
Née le 1er septembre 1901 à Saint Louis (Missouri). XXe siècle. Américaine.
Sculpteur.
Elle fut à Paris élève d'Antoine Bourdelle, Charles Despiau, Robert Laurent.

DECKER Anja
Née à Berlin. XXe siècle. Allemande.
Peintre. Tendance abstrait.
Elle fut élève de l'Académie de Munich et de l'École des Beaux-Arts de Paris. Elle fit de nombreux voyages d'études en Italie, en France et en Angleterre. Sa première exposition personnelle se

tint à Munich en 1959. Elle se consacra d'abord à l'illustration de livres puis se tourna vers l'abstraction, d'abord graphique puis tendant vers l'informel.

Bibliogr. : In : *Peintres contemporains*, Mazenod, Paris, 1964.

DECKER Coenraet

Né en 1651 à Amsterdam. Mort avant 1709. xviie-xviiie siècles. Hollandais.

Peintre de sujets d'histoire, portraits, graveur.

Il débuta fort jeune, fut l'élève de Romeyn de Hooghe et s'établit à Amsterdam. Il a surtout gravé des portraits et des sujets d'histoire. L'hypothèse de Le Blanc et d'autres biographes qui l'identifient à Cornelis Decker est inexacte.

DECKER Cornelis Gerritsz ou **Dekker**

Mort le 23 mars 1678 à Haarlem. xviie siècle. Éc. flamande.

Peintre de genre, paysages animés, paysages, paysages boisés, dessinateur.

Il fut probablement l'élève de Salomon Ruysdael ; il était membre de la gilde de Haarlem en 1643. Van Eynden le tient à tort pour le même artiste que le graveur Coenraet Decker. On l'identifie aussi avec J. Decker.

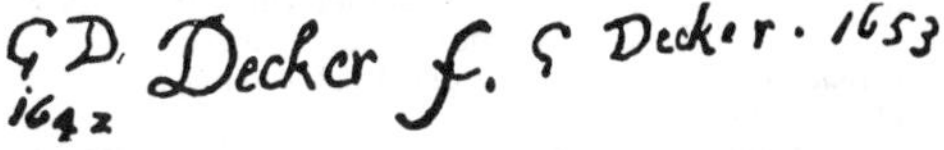

Musées : Abbeville : *Paysage* – Amsterdam : *Le Tisserand à son travail* – Anvers : *Paysage* – Augsbourg : *Vieille hutte et groupe d'arbres – Hutte et étable à porcs* – Bâle : *Paysage* – Berlin : *Halte devant une auberge* – Besançon : *Paysage* – Béziers : *Paysage* – Bruxelles : *Un atelier, figures de Van Ostade* – Budapest : *L'Auberge À l'Oie* – Cologne : *Paysage* – Copenhague : *Lisière d'un bois – Paysage* – Darmstadt : *Hutte sous les arbres* – Düsseldorf : *Repos devant l'auberge* – Épinal : *Voyageur à cheval* – Fontainebleau : *Paysage* – Hambourg : *Ferme – Chantier de navires* – Hanovre : *Paysage* – Innsbruck : *Paysage avec ruines* – Leipzig : *Cabane – Paysage hollandais* – Liège : *Paysage* – Liverpool : *Le Moulin de Waterloo* – Londres (Nat. Gal.) : *Paysage avec bâtiments et figures* – Mayence : *Paysage* – Munich : *Maison de paysans sous les arbres – Trois Huttes sous les arbres* – Nancy : *Le Pont de pierre* – Nantes : *Chaumière* – Niort : *La chaumière au bord de l'eau* – Orléans : *Canal et pêcheurs* – Paris (Louvre) : *Paysage, figures de Van Ostade* – Saint-Pétersbourg : *Paysage avec figure – Fleuve et pêcheurs* – Stuttgart : *Paysage.*

Ventes Publiques : La Haye, 1755 : *Maison rustique* : **FRF 52** – Paris, 1777 : *L'atelier d'un tisserand* : **FRF 3 010** – Paris, 1793 : *Repas de famille dans l'atelier d'un tisserand* : **FRF 3 000** – Paris, 1845 : *Maisons rustiques* : **FRF 1 000** – Amsterdam, 1860 : *Intérieur de forêt* : **FRF 3 400** – Paris, 1860 : *Le singe médecin : consultation grotesque*, dess. à la pl., lavé d'encre de Chine : **FRF 15** – Marseille, 1864 : *Moulin à eau* : **FRF 93** – Paris, 1864 : *Village au bord d'un fleuve* : **FRF 2 050** – Bruxelles, 1865 : *Paysage, avec figures et barques* : **FRF 105** – Paris, 1873 : *Paysage, avec cours d'eau* : **FRF 930** – Paris, 1881 : *Le pont de bois* : **FRF 5 000** – Paris, 1887 : *Paysage avec figures et vue d'une forteresse* : **FRF 45** – Paris, 1895 : *La ferme avec animaux gardés par deux bergers* : **FRF 1 860** – Bruxelles, 1899 : *Paysage boisé, avec ruisseau, figures et canards* : **FRF 280** – Bruxelles, 1900 : *Paysage avec figures* : **FRF 1 700** – Berlin, 20 mars 1900 : *Paysage* : **FRF 3 275** – Paris, 26 mars 1900 : *Le petit pont* : **FRF 810** – Bruxelles, 12-13 juil. 1905 : *La vieille tour* : **FRF 400** – Londres, 15 mai 1908 : *Rivière et bois* : **GBP 6** – Londres, 21 fév. 1910 : *Scène de rivière* : **GBP 37** – Londres, 23 mars 1910 : *Scène de rivière* : **GBP 17** – Paris, 8-10 juin 1920 : *Chaumière à la lisière d'un bois*, cr. : **FRF 650** – Paris, 3 juin 1921 : *La Passerelle de bois* : **FRF 1 800** – Londres, 25-26 juil. 1922 : *Paysage avec personnages* : **GBP 19** – Londres, 24 nov. 1922 : *Scène de rivière* : **GBP 11** – Paris, 9-10 mars 1923 : *Chaumière au bord d'une mare*, pl. : **FRF 82** – Londres, 13 juil.1923 : *Bords de rivière* : **GBP 68** – Londres, 1er fév. 1929 : *Bords d'une rivière* : **GBP 220** – Paris, 24 juin 1932 : *Paysage agrémenté de deux personnages* : **FRF 1 120** – Berlin, 25-26 juin 1934 : *Paysage boisé* : **DEM 810** – Londres, 9 juin 1939 : *Paysage de rivière* : **GBP 54** – Paris, 4 déc. 1941 : *Paysage avec moulin au bord d'un canal* : **FRF 30 000** – Paris, 1er fév. 1943 : *Paysage nocturne* : **FRF 620** – Paris, 12 mars 1943 : *La ferme au bord de la rivière* : **FRF 36 000** – New York, 15 nov. 1945 : *Scène de rivière* : **USD 200** – Londres, 18 jan. 1946 : *En route pour le marché* : **GBP 84** – Londres, 3 avr. 1946 : *Troupes dans une ville flamande* : **GBP 98** – Paris, 25 mai 1949 : *Le champ de blé* : **FRF 310 000** – Cologne, 2-6 nov. 1961 : *Paysage avec rivière et chaumière* : **DEM 8 500** – Londres, 1er juil. 1966 : *Bords de rivière* : **GNS 380** – Londres, 14 fév. 1968 : *Paysage fluvial boisé* : **GBP 400** – Londres, 30 juil. 1971 : *Paysage boisé* : **GBP 1 600** – Amsterdam, 29 mai 1986 : *Paysage à la chaumière*, h/t (73x82,5) : **NLG 48 000** – Paris, 4 déc. 1987 : *Groupe de paysans devant une chaumière à la lisière d'un bois*, cr. et lav. d'encre de Chine (21x32) : **FRF 8 200** – Amsterdam, 20 juin 1989 : *Voyageurs dans un paysage boisé*, h/t (84,2x111,3) : **NLG 6 325** – Londres, 28 fév. 1990 : *Paysage boisé avec deux voyageurs sur le chemin venant d'une maison*, h/pan. (47,5x63,5) : **GBP 22 000** – Amsterdam, 12 juin 1990 : *Paysanne et son rouet dans une grange*, h/pan. (27,4x31,4) : **NLG 41 400** – Londres, 12 déc. 1990 : *Ferme au bord d'un ruisseau avec une paysanne nourrissant un cochon*, h/t (73x82,5) : **GBP 27 500** – New York, 15 jan. 1993 : *Une ferme sous un ciel d'orage avec des poulets au premier plan*, h/pan. (53,3x43,5) : **USD 12 075** – Amsterdam, 16 nov. 1993 : *Hameau au bord d'un canal*, h/pan. (47x63,5) : **NLG 46 000** – Stockholm, 30 nov. 1993 : *Paysage avec une vieille bâtisse au bord de l'eau*, h/pan. (56x45) : **SEK 20 000** – Amsterdam, 16 nov. 1994 : *Paysage boisé avec des paysans près d'une ferme*, h/t (59x83,5) : **NLG 16 100** – Paris, 30 nov. 1994 : *Paysage à la tour et au lac*, peint./pan. (39x51,5) : **FRF 36 000** – Londres, 8 déc. 1995 : *Paysage fluvial avec des pêcheurs à la ligne près d'un cottage* 1656, h/t (79x101) : **GBP 14 950** – Paris, 27 mars 1996 : *Paysage fluvial*, h/t (79x109) : **FRF 42 000** – Vienne, 29-30 oct. 1996 : *Paysage de rivière avec paysan devant sa ferme*, h/pan. (40,5x35,7) : **ATS 126 500** – Paris, 11 mars 1997 : *Paysage à la chaumière* 1660, t. (88x71) : **FRF 60 000** – Londres, 3 juil. 1997 : *Paysage boisé avec des personnages à côté d'un pont traversant un cours d'eau*, h/pan. (47x62,3) : **GBP 45 500** – Londres, 30 oct. 1997 : *Ferme au bord d'un cours d'eau avec une paysanne nourrissant un cochon*, h/t (73x82,5) : **GBP 16 100**.

DECKER Custos

xvie siècle. Hollandais.

Dessinateur.

DECKER David

xviie siècle. Actif à Amsterdam. Hollandais.

Peintre de paysages.

Il rédigea un testament en 1645.

DECKER Evert

Mort en 1647 à Hambourg. xviie siècle. Allemand.

Peintre d'histoire.

DECKER Frans ou **Dekker**

Né le 4 mars 1684 à Haarlem. Mort le 28 novembre 1751 à Haarlem. xviiie siècle. Hollandais.

Portraitiste, dessinateur.

Élève de Romeyn de Hooghe et de Bart. Engels. Il fut, en 1706, membre de la gilde de Haarlem, dont il fut directeur de 1724 à 1740 ; il reçut, en 1743, des magistrats de Haarlem, la commande de trente-quatre tableaux des comtes de Hollande. Il eut pour élève Taco H. Jelgersman. Il fut également marchand d'œuvres d'art.

F DECKER.

F.DECKER

Musées : Genève : *Une Kermesse* – Haarlem : *Les directeurs de l'hospice – Un jeune homme – Le jardin de l'hôpital Saint-Georges.*

Ventes Publiques : Gand, 1837 : *Samson et Dalila* : **FRF 90** – Bruxelles, 1865 : *Portrait de J. H. Lercailze, poète hollandais* : **FRF 120** ; *Samson et Dalila* : **FRF 300** – Londres, 25 jan. 1908 : *Scène de rivière* : **GBP 5** – Paris, 4 juin 1947 : *Patineurs sur une rivière gelée, près d'une Ville*, attr. : **FRF 7 500** – Amsterdam, 11 nov. 1997 : *Portrait en buste de Pieter Merkman*, h/t/pan., en grisaille (19x14,2) : **NLG 1 960**.

DECKER Gabriel

Né le 25 août 1821 à Budapest. Mort le 26 août 1855 à Vienne. xixe siècle. Hongrois.

Peintre de portraits, miniatures, aquarelliste, lithographe.

Il était le fils et fut l'élève de Johann Stephan. On lui doit un grand nombre d'aquarelles et de miniatures.

Ventes Publiques : Vienne, 14 sep. 1983 : *Portrait de Wally Felsenfest en robe blanche* 1851, aquar. (26x21) : **ATS 22 000**.

DECKER Georg
Né le 7 décembre 1818 ou 1819 à Pest. Mort le 13 février 1894 à Vienne. XIXe siècle. Hongrois.
Peintre de genre, portraits.
Il était fils du peintre Johann Stephan Decker ; il fit ses études à l'Académie de Vienne où il fut élève de Cornélius et de Schwind.
Ventes Publiques : Lindau, 2 oct. 1985 : *Portrait de jeune femme*, h/t (104,5x80,5) : **DEM 7 200**.

DECKER Giacomo ou **Jacob de**, dit **Gulden Regen**
XVIIe siècle. Hollandais.
Peintre.

DECKER Gillis de
XVIIe siècle. Actif à Anvers vers 1656. Éc. flamande.
Peintre.

DECKER Hans
XVe siècle. Actif à Nuremberg vers le milieu du XVe siècle. Allemand.
Sculpteur.
On lui attribue une statue de *Saint Christophe* à l'église Saint-Sébald à Nuremberg.

DECKER Hans
XVIe siècle. Actif à Nuremberg en 1557. Allemand.
Peintre.

DECKER Hendrik. Voir **DEKKER Hendrik**

DECKER Hinrich Jochim
Mort en 1695 à Hambourg. XVIIe siècle. Allemand.
Peintre.

DECKER J. A.
XVIIe siècle. Allemand.
Peintre d'histoire.
Il fut le maître de Johann Mathias Weyer à Hambourg.

DECKER J. de
XVIIe siècle.
Graveur.

DECKER Jan
XVIIe-XVIIIe siècles. Hollandais.
Peintre sur faïence.

DECKER Jan
XVIIe siècle. Hollandais.
Peintre de figures, intérieurs.
On ne sait rien de la vie de cet artiste, qui fut sans doute actif à Haarlem, et dont plusieurs œuvres signées subsistent.
Musées : Amsterdam : *Chez le tisserand* – Berlin (Kaiser Friedrich) : *L'atelier du forgeron* – Bruxelles : *Chez le tisserand* – Budapest : *Paysage* – Hanovre : *Chez le tisserand* – Lübeck : *L'Atelier du forgeron* – Rotterdam (Boymans) : *Chez le tisserand* – Stockholm : *L'Alchimiste.*

DECKER Jan Willemsz
Né vers 1553 à Gouda. Mort en 1613. XVIe-XVIIe siècles. Éc. flamande.
Peintre de paysages.
C'est peut-être le fils de Willem Jansz Decker I, peintre qui travaillait à Gouda en 1551. Il travailla à Rotterdam, y épousa, le 1er novembre 1586, Willemetje Adriaensar et resta vingt ans dans cette ville. Il était à Delft en 1613 et 1616.

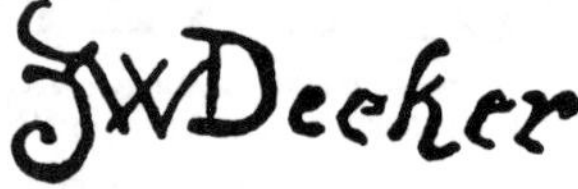

Ventes Publiques : Paris, 1758 : *Paysage* : **FRF 50** – Paris, 1851 : *Chaumière de Hollande* : **FRF 221**.

DECKER Jochim
Né à Hambourg. Mort en 1690 à Hambourg. XVIIe siècle. Allemand.
Peintre d'histoire, batailles.
Probablement de la famille de Hinrich Jochim Decker.

DECKER Johann Hinrich
XVIIe siècle. Allemand.
Peintre.

DECKER Johann Stephan
Né le 26 décembre 1784 à Colmar. Mort le 25 juin 1844 à Grinzing (près de Vienne). XIXe siècle. Français.
Peintre de portraits, miniatures, aquarelliste, lithographe, dessinateur.
Père du portraitiste Georg Decker. Il vint à Paris vers 1804 et fit ses études sous la direction de David. Après un séjour de plusieurs années dans sa ville natale, il alla s'établir à Vienne, en 1821, et s'y fit une place distinguée comme miniaturiste, aquarelliste et professeur de dessin. Il fut souvent employé par la cour d'Autriche.
Ventes Publiques : Paris, 20 juin 1991 : *Portrait du duc de Reichstadt en 1821*, cr./pap. (40x31,5) : **FRF 48 000**.

DECKER Jos de
Né le 18 août 1912 à Termonde (Dendermonde). XXe siècle. Belge.
Sculpteur.
Il fit ses études à l'Académie Royale de Termonde entre 1931 et 1933 où il eut pour professeur Alfred Courtens puis entre 1933 et 1938 à l'Académie Royale de Bruxelles. Il fut professeur à l'Académie Royale de Termonde à partir de 1947. Il reçut le Prix de Rome en 1941 et reçut de nombreuses récompenses en Belgique. Il a figuré dans des expositions collectives en Belgique et à l'étranger et a exposé personnellement à Gand, Lokeren, Termonde, Knokke, Bruxelles, etc.
Il a réalisé des monuments à la Reine Astrid à Termonde et Gand, des monuments aux morts, des fontaines, plusieurs statues à l'effigie de la Sainte Vierge dans des églises.
Bibliogr. : In : *Diction. Biog. Ill. des Artistes en Belgique depuis 1830*, Arto, 1987.
Ventes Publiques : Lokeren, 28 mai 1994 : *Couple dansant*, bronze (H. 40 et l. 43) : **BEF 140 000** – Lokeren, 8 oct. 1994 : *Jeune femme*, bronze cire perdue (H. 42,5 et l. 7,4) : **BEF 75 000** – Lokeren, 10 déc. 1994 : *Pas de deux*, bronze cire perdue (H. 41 et L. 40) : **BEF 120 000** – Lokeren, 11 mars 1995 : *Nu*, terre cuite (H. 60 et l. 13) : **BEF 44 000** – Lokeren, 7 oct. 1995 : *Vénus* 1937, bronze (H. 60,5 et l. 12,5) : **BEF 140 000** – Lokeren, 9 mars 1996 : *Nu debout*, terre cuite (H. 56) : **BEF 36 000** – Lokeren, 18 mai 1996 : *Matin ; Soir*, marbre blanc, deux pièces (chaque 41x23) : **BEF 260 000** ; *Enfants dansant* 1978, bronze patine brune (48x43) : **BEF 360 000**.

DECKER Joseph
Né en 1853 à Nuremberg. Mort en 1924. XIXe-XXe siècles. Allemand.
Peintre de genre, paysages, natures mortes.
Il partit pour l'Amérique en 1867 puis revint s'établir à Munich.
Ventes Publiques : New York, 9 jan. 1902 : *Paysage d'automne* : **USD 40** ; *Au large* : **USD 27** ; *Fruits* : **USD 32** ; *Marchand de dattes* : **USD 25** ; *Renversé* : **USD 30** ; *A la cimaise* : **USD 55** – New York, 31 mai 1945 : *George Inness* 1893 : **USD 425** – New York, 30 avr. 1980 : *La Boîte de bonbons* 1879, h/t (22,8x35,6) : **USD 1 500** – New York, 9 déc. 1983 : *Greenings*, h/t (23x28) : **USD 200 000** – Washington D. C., 6 déc. 1985 : *Peanuts and pewter tankard*, h/pap. mar./pan. (22,7x35,6) : **USD 17 000** – New York, 3 déc. 1987 : *Écureuil mangeant des noisettes*, h/t mar./isor. (35,5x55,9) : **USD 150 000** – New York, 24 mai 1989 : *Nature morte de prunes et melon* 1896, h/t (30,5x50,8) : **USD 19 800** – New York, 24 mai 1990 : *Bouquet de poires à peau jaune*, h/t (25,4x50,8) : **USD 16 500** – New York, 9 mars 1996 : *Cacahuètes et chope d'étain*, h/pap./cart. (22,8x35,5) : **USD 2 760**.

DECKER Luc de
Né en 1907 à Ninove. Mort en 1982 à Meerbeke. XXe siècle. Belge.
Peintre de portraits, paysages, natures mortes.
Il fut élève de l'Académie de Bruxelles où il eut pour professeur Alfred Bastien et Jean Delville et de l'Institut Supérieur d'Anvers. Il a exécuté les portraits de nombreuses personnalités du monde politique, scientifique et littéraire belge. Il exposa dans les principales villes belges, à Amsterdam et à Paris.
Bibliogr. : In : *Diction. Biogr. illustré des Artistes en Belgique depuis 1830*, Arto, Bruxelles, 1987.

DECKER Paul, l'Aîné
Né en 1677 à Nuremberg. Mort en 1713. XVIIIe siècle. Allemand.
Architecte et graveur au burin.
Élève pour l'architecture de Andréas Schluter et de Georges-Christoph Eimard pour la gravure. On cite parmi ses planches : *La justice et la force*, d'après Aug. Terwesten, deux pièces, *Le Château de Berlin*, d'après Andréas Schluter.

DECKER Paul, le Jeune
Né en 1685 à Nuremberg. Mort en 1742 à Nuremberg. XVIIIe siècle. Allemand.

Peintre et dessinateur.
Il fit des tableaux d'histoire et des portraits et fut deux ans directeur de l'Académie de Nuremberg.
Ventes Publiques : Londres, 2 juil. 1928 : *Gentilhomme, sa femme et son fils sur une terrasse* : **GBP 21**.

DECKER Robert M.
Né en 1847 à Troy (New York). XIXe siècle. Américain.
Peintre.
Le Musée de Brooklyn possède de lui : *Une journée de juin dans les bois.*

DECKER Sigmund
XVIe siècle. Actif à Stuttgart à la fin du XVIe siècle. Allemand.
Sculpteur.

DECKER Willem Jansz I
XVIe siècle. Éc. flamande.
Peintre.
Actif à Gouda vers 1551, il est peut-être le père de Jan Willemsz Decker.

DECKER Willem Jansz II
Né vers 1586 probablement à Rotterdam. Mort vers 1624. XVIIe siècle. Éc. flamande.
Peintre de paysages.
Sans doute fils du paysagiste Jan Willemsz Decker, il épousa, avant 1609, Barbara Symonsdr ; il fit une loterie avec ses œuvres, en 1614, et il mourut de la peste avec sa femme et quatre enfants. Hans Jordaens peignit les figures d'un de ses paysages.
Musées : Budapest : *Paysage.*

DECKERS Edward
Né le 24 décembre 1873 à Anvers. Mort en 1956. XXe siècle. Belge.
Sculpteur et médailleur.
Fils de Jan-Frans Deckers. Il fut élève de Thomas Vincotte et de l'Académie d'Anvers. Il a réalisé le monument aux morts de la guerre 1914-1918 à Anvers.
Bibliogr. : In : *Diction. Biog. Ill. des Artistes en Belgique depuis 1830,* Arto, 1987.
Musées : Anvers : *Nymphe découvrant la tête d'Orphée* – Bruxelles.
Ventes Publiques : Anvers, 5 déc. 1984 : *Athlète et tigre,* bronze (H. 75) : **BEF 46 000**.

DECKERS Émile
Né en 1885 à Ensival (Liège). Mort en 1968. XXe siècle. Belge.
Peintre de figures, portraits, aquarelliste, pastelliste. Orientaliste.
Il fut élève de Carolus Duran et d'Evariste Carpentier. Il figura au Salon des Artistes Français en 1930.

Ventes Publiques : Paris, 23 mars 1981 : *La charmeuse* 1927, h/t (85x60,5) : **FRF 7 000** – Neuilly, 9 mars 1988 : *Les trois femmes* 1958, h/t (66x83) : **FRF 24 000** – Paris, 17 mars 1989 : *Le café sur la terrasse* 1934, h/t (82x91) : **FRF 70 000** – Paris, 8 déc. 1989 : *Études de tête d'hommes* 1931, past./t. (55x84,5) : **FRF 38 000** – Neuilly, 27 mars 1990 : *Jeunes algériennes* 1958, h/t (65,5x83,5) : **FRF 30 000** – Paris, 20 nov. 1990 : *Portraits de quatre jeunes Algériennes* 1930, techn. mixte (56x85) : **FRF 42 000** – Paris, 22 avr. 1992 : *Portrait de trois Algériennes* 1960, h/t (83x55) : **FRF 25 000** – Paris, 7 déc. 1992 : *Portrait de trois jeunes filles* 1954, h/t (65x80) : **FRF 30 000** – Paris, 5 avr. 1993 : *Famille algérienne* 1926, aquar. (51x61) : **FRF 9 500** – Paris, 22 mars 1994 : *Trois jeunes filles aux turbans* 1960, h/t (83x55) : **FRF 105 000** – Paris, 13 mars 1995 : *Le Café sur la terrasse* 1934, h/t (82x91) : **FRF 200 000** – Londres, 14 juin 1995 : *Portraits de jeunes filles arabes* 1942, h/t (65x85) : **GBP 7 820** – Paris, 17 nov. 1997 : *Trois portraits de jeunes Algériennes* 1939, past. (55x85) : **FRF 60 000** – Paris, 10-11 juin 1997 : *Triple portrait d'une femme des Aurès,* h/t (62,5x82,5) : **FRF 45 000**.

DECKERS Herman
Né en 1888 à Brasschaat. Mort en 1973 à Anvers. XXe siècle. Belge.
Peintre de sujets religieux, portraits, paysages, marines.
Il est également conférencier et écrivain.
Bibliogr. : In : *Diction. Biog. Ill. des Artistes en Belgique depuis 1830,* Arto, 1987.

DECKERS Jan Frans
Né le 20 mars 1835 à Anvers. XIXe siècle. Belge.
Sculpteur de groupes, statues.
Il fut professeur à l'Académie d'Anvers.
Musées : Anvers : *Bacchus en nourrice* – *L'Aveugle consolé.*

DECKERS Louis
Né en 1846. XIXe siècle. Éc. flamande.
Peintre de genre.
Élève de Verschueren. Siret cite de lui : *Jeune Espagnole jouant de la mandoline.*

DECKERS Peter
Né en 1823 à Hulm (près de Goch). Mort en 1876 à Cologne. XIXe siècle. Allemand.
Aquarelliste, lithographe.
Il fut élève de Levy Elkans. On lui doit de nombreuses illustrations.

DECKERS Vincent
Né le 8 juillet 1864 à Düsseldorf. Mort en 1905 à Düsseldorf. XIXe siècle. Allemand.
Peintre.
Son père Franz était architecte. Il fut élève de Bruno Schmitz, puis de Peter Janssen. Il séjourna quelque temps en France et en Italie avant de retourner dans sa ville natale.

DECKERT Joseph A.
XIXe siècle. Allemand.
Peintre de paysages.
Il était actif à Bamberg.
Musées : Bamberg : *Paysage.*

DECKINGER Hans
XVe siècle. Actif à Ulm vers 1430. Allemand.
Peintre.

DECKINGER Hieronymus
XVIe siècle. Actif à Ulm vers 1564. Allemand.
Peintre.

DECKINGER Laux
XVIe siècle. Actif à Ulm vers 1552. Allemand.
Peintre.

DECKINGER Peter
XVe siècle. Actif à Ulm dans la première moitié du XVe siècle. Allemand.
Peintre.

DECKLER Karl Friedrich
Né à Bretzingen (Bade). XIXe siècle. Travaillant en Allemagne et en Suisse. Allemand.
Peintre et peintre décorateur.
Fit ses études à Karlsruhe, vers 1850. Exposa à Lucerne entre 1874 et 1889 et se fixa plus tard à Fribourg. Parmi ses œuvres, on mentionne : *Le plafond de l'église paroissiale de Sursee, Tête de Christ, Portrait de l'archevêque E. Lachat, Portrait de lui-même, Ariane, Hector et son fils,* à l'Exposition de Lucerne en 1874.

DECKREYSS Andreas Wilhelm von
D'origine hollandaise. XVIIe siècle. Travaillait en Bohème. Hollandais.
Peintre.
En 1655 il travaillait à la chapelle du château de Nachod.

DÉCLAT Jacques
XVIIIe siècle. Français.
Peintre.
Il fut reçu à l'Académie de Saint-Luc à Paris en 1746.

DÈCLE Adam
XVIe siècle. Français.
Sculpteur et architecte.
Il travailla aux fortifications d'Amiens, en 1548. En 1549, il fit les armoiries du roi et celles de la ville sur deux courtines ; l'année suivante, il fit quatre autres écussons.

DÈCLE Charles Clément
Né en 1781 à Paris. XIXe siècle. Français.
Peintre.
Il fut élève de l'Académie.

DECLER F.
XVIIIe siècle. Allemand.
Peintre.
On connait des paysages de cet artiste.

DECLER Ludmila
Née à Varsovie. XXe siècle. Polonaise.

Peintre de compositions à personnages, scènes de genre, portraits.
Sociétaire du Salon d'Automne, elle y a exposé, ainsi qu'au Salon des Indépendants, des portraits et des tableaux de genre : *Jeune Espagnol, À la recherche du temps perdu, Dancing, Misère*. Elle a également peint des panneaux décoratifs.

DECLERCQ Albert
Mort en 1896 à Paris. XIXe siècle. Français.
Peintre.
Sociétaire des Artistes Français.

DECLERCQ Gilbert
Né en 1946 à Zwijnaarde. XXe siècle. Belge.
Peintre de compositions à personnages, paysages, dessinateur, illustrateur.
Il fut élève de Raoul Servais à l'Académie de Gand.
Bibliogr. : In : *Diction. Biog. Ill. des Artistes en Belgique depuis 1830*, Arto, 1987.

DECLEVA Mario
Né en 1930 à Lussingrande. XXe siècle. Autrichien.
Peintre, graveur. Abstrait.
Il commença par étudier à l'École d'Art de Graz puis à Vienne où il vit depuis 1965. À partir de 1960 il expose dans ces deux villes. Il a figuré à la Biennale de Ljubljana en 1965 et 1967 et à celle de Tokyo en 1968.
Sa peinture abstraite est volontiers expressionniste par l'ampleur des gestes qui contribuent à sa genèse et assez proche de ce que l'on nomme le « nuagisme ».

DECLINCOURT Alfred
Né à Saboncourt (Aisne). XXe siècle. Français.
Peintre de compositions animées, paysages.
Il exposa à Paris au Salon des Indépendants. Il a surtout peint des scènes bretonnes.

DECLOITRE André
XXe siècle. Français.
Peintre et graveur.
Il exposa à Paris au Salon des Indépendants à partir de 1935.

DECLOMESNIL E. Voir **CLOMESNIL E.**

DECOCK Gilbert
Né en 1928 à Knokke. XXe siècle. Belge.
Peintre. Abstrait-géométrique.
Il fit ses études artistiques à l'Académie de Bruges. Il a exposé en Belgique et à l'étranger, notamment au Salon des Réalités Nouvelles en 1989 et en 1990 à la galerie Edwige Herdé à Paris. Il a reçu de nombreux Prix et distinctions en Belgique.
Il pratique une abstraction géométrique réduite à quelques figures simples, le cercle, le triangle et le carré, animées par l'emploi de couleurs vives sur un fond blanc.
Musées : Anvers (Mus. de Middelheim) – Anvers (Mus. Sterckshof) – Bruges (Mus. de Groeninghe) – Bruxelles (Mus. d'Art Mod.) – Cholet (Mus. mun.) – Courtrai (Mus. de la Ville) – Dunkerque (Mus. d'Art Mod.) – Quito (Mus. del Banco Central del Ecuador).
Ventes Publiques : Lokeren, 15 mai 1993 : *Composition* 1978, h/t (70x70) : **BEF 36 000** – Lokeren, 9 oct. 1993 : *Sémiramis* 1990, h/t (60x60) : **BEF 26 000**.

DECOCK Josyane, ou **Josée-Anne,** dite **Jos** ou **de Cock**
Née le 15 janvier 1934 à Courtrai. XXe siècle. Belge.
Peintre, sculpteur. Abstrait-lyrique.
Elle fut élève de l'Académie des Beaux-Arts d'Etterbeek, d'Edgar Tytgat à Bruxelles. Elle vint travailler à Paris à l'Académie privée de la Grande-Chaumière. Elle est devenue française par son mariage. À partir de 1956, elle a exposé à Bruxelles, Genève, Paris, où, en 1958, elle obtint un Prix de la Société des Amis du Musée d'Art Moderne.

Bibliogr. : In : *Diction. Biogr. illustré des Artistes en Belgique depuis 1830*, Arto, Bruxelles, 1987.
Musées : Amiens – Bruxelles – Ostende – Paris (Mus. Nat. d'Art Mod.).
Ventes Publiques : Versailles, 21 juin 1987 : *Fluorescence jaune* 1960, h/t (92x65) : **FRF 8 000** – Paris, 18 fév. 1990 : *Fission* 1958, h/t (81x65) : **FRF 4 000**.

DECOEN Jean
Né le 4 janvier 1890 à Bruxelles. XXe siècle. Belge.
Peintre de compositions à personnages, portraits, nus, paysages, sculpteur.
Il débuta sa carrière vers 1911. Sa production s'échelonne entre les années 1913 et 1964.
Sculpteur, ses œuvres principales sont : *Devant la vie*, bronze (1913), *Le Baiser*, marbre (1914), *Méditation*, marbre (1917), *Mario Viscardini*, bronze (1920), *La Danseuse*, bronze (1933). Il a peint dans des genres très diversifiés, des compositions à personnages : *La Couture* 1915, *Rencontre sur la plage* 1955, des paysages : *Argousiers* 1957, *La Moisson* 1950, des figures : *Nu* 1915, *Autoportrait* 1964. Ses premières peintures reflètent l'influence des néo-impressionnistes, mais par la suite il adopta une facture plus sobre.

DECOENE Jean Henri. Voir **COENE Jean Henri de**

DECOEUR Elisabeth
Née au Teil (Ardèche). XXe siècle. Française.
Peintre de sujets divers.
Élève d'Agricol Montagné. Elle fut sociétaire du Salon des Artistes Français en 1928. Elle a principalement peint des intérieurs d'églises et des paysages d'Afrique du Nord.

DECŒUR Jean Marie ou **Descœurs**
Né le 2 décembre 1822 à Lyon. XIXe siècle. Français.
Peintre.
Élève de l'École des Beaux-Arts de Lyon (1837-1840), sous Bonnefond et Thierriat. Il exposa au Salon de cette ville, depuis 1854-1855, des fleurs et *Rieuse* (1873) ; à Paris, en 1857 : *Un nid dans les pâquerettes*. Le Musée de Bagnères-de-Bigorre conserve de lui : *Fleur des bois*.

DECŒUR Louis François
XXe siècle. Actif vers 1920. Belge.
Peintre.

DECOHORNE Gabrielle
Née le 23 mars 1881 à Avignon (Vaucluse). XXe siècle. Française.
Peintre de paysages, aquarelliste.
Elle fut sociétaire du Salon des Artistes Français de Paris.

DECOMBE C.
XVIIIe-XIXe siècles. Actif à Lyon. Français.
Peintre.
Élève, à Lyon, de l'École de dessin. Il figura aux Expositions lyonnaises de 1822, 1828 et 1833, avec des tableaux de fleurs et de fruits : *Tourterelle détachant une couronne de roses* et *Le lapin et la sarcelle de Florian* (1833).
Ventes Publiques : Paris, 27 fév. 1970 : *Guirlande de fleurs* : **FRF 4 100**.

DECONYNCK Jan
Né en 1963. XXe siècle. Belge.
Peintre, peintre de monotypes, technique mixte. Figuration libre.
Il fut élève de l'Académie Royale des Beaux-Arts de Gand de 1982 à 1985. Il participe à des expositions collectives depuis 1985, à Gand, Anvers et autres villes de Belgique, ainsi qu'à Cagnes-sur-Mer, Amsterdam, etc. Il montre aussi des ensembles d'œuvres dans des expositions personnelles, notamment à Osteeklo en 1986, 1987, 1989, à Eindhoven en 1988, à la galerie *Bureaux et Magasins* d'Ostende, en 1990 et 1991.
Dans des peintures à l'huile et des monotypes, il évoque assez sommairement des scènes et des personnages auxquels il attribue, peut-être arbitrairement ou après-coup, des titres à caractère narratif : *Danse macabre, Le vol d'Icare, Ève et le pommier*, etc.
Ventes Publiques : Lokeren, 10 oct. 1992 : *Arbre de Noël pour Angélique* 1991, h/t (111x150) : **BEF 90 000**.

DECORCHEMONT François Émile
Né le 26 mai 1880 à Conches (Eure). Mort le 17 février 1971 à Conches (Eure). XXe siècle. Français.
Peintre et céramiste.
Sociétaire des Artistes Français depuis 1906, il prit part aux Expositions de cette société. Élève de son père L.-E. Decorche-

mont, avec lequel il entreprit de renouveler l'art de la pâte de verre. E. Joseph rapporte comment ils construisaient eux-mêmes leurs fours, broyant de leurs mains cristaux et matières colorantes. À la fois céramiste, ciseleur et peintre, F. Decorchemont atteignit à la perfection de son art. Sociétaire du Salon des Artistes Français, du Salon d'Automne, membre du Comité du Salon des Artistes Décorateurs, il a exposé dans toutes les grandes capitales. On conserve de ses œuvres au Musée Galliera, au Musée de la Manufacture Nationale de Sèvres, au Musée des Arts Décoratifs, aux Musées de Mulhouse et de Genève.

DECORCHEMONT Louis Émile
Né le 11 juillet 1851 à Saint-Pierre-d'Autils. Mort le 21 janvier 1920 à Conches (Eure). XIXe-XXe siècles. Français.
Sculpteur.
Élève de Aimé Millet et de A. Dumont. On cite parmi ses meilleurs ouvrages : *Jeune martyr* (1877), *Une offrande à Pan* (1882) et la *Statue du colonel Langlois* (1885). Sociétaire des Artistes Français depuis 1887. Il obtint une médaille de troisième classe en 1878.

DECORCHEMONT Marie Joseph
Né le 15 mai 1830 à Pressagny. XIXe siècle. Français.
Sculpteur.
Il restaura le château d'Anet et travailla pour les églises de Bernay, de Neubourg et d'Évreux.

DECOREIS Pierre
Né le 8 décembre 1834 à Ollioules (Var). Mort le 14 novembre 1902 à La Garde (Var). XIXe siècle. Français.
Peintre de natures mortes.
Il fut professeur de dessin à Toulon et exposa au Salon des Artistes Français à Paris.
Ventes Publiques : Neuilly, 20 oct. 1991 : *Nature morte au poisson et à la langouste* 1899, h/t (54x81) : **FRF 8 000**.

DÉCORET Marie Noëlle
Née en 1955. XXe siècle. Française.
Peintre, sculpteur, dessinateur, technique mixte.
Elle montre ses œuvres dans des expositions personnelles : 1997 Villeurbanne.
Elle a réalisé une série d'œuvres de « broderie », inscrivant en blanc sur fond blanc, au point de tige, des mots appartenant au registre de l'émotion, des sentiments. Difficile à déchiffrer, ce travail s'inscrit dans une réflexion plus générale sur la perception, la cécité, déjà présente dans des dessins.
Bibliogr. : Christophe Domino : *Marie Noëlle Décoret au doigt et à l'œil*, Beaux-Arts, n° 153, Paris, févr. 1997.

DECORT Henri François
Né en 1745 à Nancy. XVIIIe siècle. Français.
Peintre.
Le prince de Condé l'attacha à son service. Il fut agréé à l'Académie le 25 septembre 1779 et ne figura qu'une fois au Salon de Paris, en 1781. Comparer avec CORT (Hendrik Frans de).

DECORT Juste
Né à Ypres. Mort en 1679 à Venise. XVIIe siècle. Éc. flamande.
Sculpteur.
On cite de lui : *L'Amour endormi*, *L'Instabilité*.

DECORTE Léon
Né en Belgique. XXe siècle. Français.
Peintre et graveur.
Il exposa à Paris au Salon des Indépendants à partir de 1935.

DECOSTER Jean-Pierre. Voir **COSTER Jean-Pierre de**

DECOT Germaine
Née à Alger. XXe siècle. Française.
Peintre de paysages.
Elle fut élève de l'École des Beaux-Arts d'Alger et de l'École Nationale des Beaux-Arts ; elle eut Othon Friesz et André Lhote pour professeurs. Elle exposa au Salon des Artistes Indépendants à partir de 1930, au Salon d'Automne et fut invitée au Salon des Tuileries.

DECÔTE Georges
Né le 24 novembre 1870 à Lyon (Rhône). XIXe-XXe siècles. Français.
Peintre de compositions à personnages, de sujets religieux, de portraits, de cartons de vitraux.
À l'École des Beaux-Arts de Lyon il fut élève de Jean-Baptiste Poncet, de Tony Tollet puis à Paris de Gustave Moreau et de Jules Valadon. Il commença à exposer au Salon des Artistes Français en 1894.
Il a réalisé des cartons de vitraux pour la basilique de Fourvière à Lyon. Parmi ses œuvres citons *Visitation de la Vierge* 1896, *Le vieux musicien* 1904, *Pianiste* 1909.
Musées : Lyon : *Portrait de M. Seguin* 1896 – *Portrait du peintre Guichard* 1904 – *L'artiste pauvre* 1910.

DECOUDU N., Mme, née **Geoffroy**
XIXe siècle. Active à Paris. Française.
Peintre.
Sociétaire des Artistes Français depuis 1889.

DECOURCELLE Jean
Né en 1791. Mort en 1857. XIXe siècle. Français.
Peintre de portraits.
Il fut élève de Picot. Il exposa au Salon de Paris de 1824 à 1841. On cite de lui le portrait de Talma.

DECOURCELLE Louis Édouard
Né le 12 mars 1819 à Paris. Mort en 1900. XIXe siècle. Français.
Sculpteur.
Débuta au Salon en 1851.

DECOURT Charles. Voir **COURT Charles de**

DECOURT Jean. Voir **COURT Jean de**

DECRAECKE G. Frank
Né en 1899 à Saint-Andries. Mort en 1954 à Bruges. XXe siècle. Belge.
Peintre de paysages, intérieurs, natures mortes.
Il travaille à Munich et à Paris et pratique le pastel. Il peint des intérieurs d'édifices religieux, des couvents ou des chapelles.
Bibliogr. : In : *Diction. Biog. Ill. des Artistes en Belgique depuis 1830*, Arto, 1987.

DECRAENE Florentin
Né en 1795 à Tournai. Mort en 1852 à Madrid. XIXe siècle. Belge.
Peintre de compositions religieuses, portraits, miniatures, lithographe.
Il habita l'Espagne à partir de 1825 et y fit surtout de la gravure. On cite de lui : *Rebecca et Eliezer*, d'après Murillo ; *L'Annonciation*, d'après Murillo ; *Vénus et Adonis*, d'après Véronèse ; *Sainte Elisabeth de Hongrie*, d'après Murillo ; *Orphée et Eurydice*, d'après Rubens ; *L'Adoration des Mages*, d'après Rubens. Il a fait aussi des miniatures.

DECRAENE Florentina, Mrs **Seco de Caceres**
Née en 1833 à Madrid. XIXe siècle. Espagnole.
Peintre de portraits, pastelliste.
Fille de Florentin Decraene, elle fut son élève. Elle participa aux Expositions de 1866 et 1876 avec des portraits au pastel. Elle épousa Gabriel Seco de Caceres.

DECRET E., Mlle
XIXe siècle. Française.
Peintre de genre.
De 1835 à 1844, elle exposa au Salon. Citons : *Intérieur normand* et *Sainte Geneviève en prière*.

DECRET P. J. Voir **DURET Pierre J.**

DECREUSE Jean Pierre, dit **Auguste** ou **Creuse**
Né le 28 août 1806 à Montrond (Doubs). Mort le 26 décembre 1839 à Paris. XIXe siècle. Français.
Peintre de portraits, lithographe.
Élève de l'École des Beaux-Arts de Lyon, puis d'Antoine Gros à Paris. Exposa à Lyon à partir de 1831, à Paris de 1833 à 1836.
Il a peint des figures et des portraits (notamment ceux du *Dr. Imbert*, du sculpteur *Legendre-Héral*, du chirurgien *Pouteau*).
Musées : Fontainebleau (Château) : nombreux portraits – Versailles (Château) : nombreux portraits.
Ventes Publiques : Paris, 25 nov. 1976 : *Portrait de Louis Philippe*, h/t (78x65) : **FRF 1 200** – Paris, 30 juin 1989 : *Autoportrait* 1835, h/t (73x60) : **FRF 80 000**.

DECREUSE Théodore Juste
Né le 26 juin 1814 à Montrond (Doubs). Mort le 7 novembre 1894 à Lyon. XIXe siècle. Français.
Peintre.
Frère d'Auguste Decreuse, il fut élève de Revoil à l'École des Beaux-Arts de Lyon dont il suivit les cours de 1827 à 1832. Il aida longtemps son père, qui était naturaliste, à Lyon, tout en dessinant et peignant des paysages, des intérieurs, des portraits et

surtout des têtes d'étude. Il n'a jamais exposé ; il a laissé un grand nombre de dessins.

DECRITZ Emmanuel, John I, John II, Olivier, Thomas. Voir **CRITZ Emmanuel, John, Olivier, Thomas de**

DECROIX Alfred Émile
Né en 1869 à Paris. XIXe siècle. Français.
Peintre.
Élève de Petit et de Jacques Perrin. On cite de ce peintre : *Portrait de mon père* (1893), *Un dessert* (1894), *Grenades, Raisins* (1895-1896).

DECROIX Maurice
Né à Lille (Nord). XXe siècle. Français.
Peintre.
Sociétaire du Salon des Artistes Français. A exposé en 1931 au Salon d'Automne : *Cour de chaudronnier.*

DECROIX-DUGUÉ Georgette Jeanne Marie
Née à Saint-Martin-lès-Boulogne (Pas-de-Calais). XXe siècle. Française.
Peintre de portraits, paysages.
Elle fut élève de Ferdinand Humbert et sociétaire du Salon des Artistes Français en 1930. Elle a fait des séjours d'étude en Algérie.

DECROUEZ Max Albert
Né le 9 mars 1878 à Vieux-Condé (Nord). Mort le 23 décembre 1943 à Valenciennes (Nord). XXe siècle. Français.
Peintre de compositions à personnages.
Il fut élève de Léon Bonnat et de Joseph Layraud. Il exposa au Salon des Artistes Français à partir de 1911, recevant une mention honorable en 1937. Il fut professeur à l'École des Beaux-Arts de Valenciennes.

DECROUX Ernest Jean Lucien Paul
Né à Paris. XXe siècle. Français.
Sculpteur de bustes.
Élève de Joseph Lamasson, il fut sociétaire du Salon des Artistes Français en 1932.

DECROZE Lucienne Alice
Née le 14 juin 1899 à Paris. XXe siècle. Française.
Miniaturiste.
A débuté au Salon des Artistes Français en 1924.

DECRUE Paul Henri
Né le 19 juillet 1812 à Genève. Mort le 1er novembre 1894 à Genève. XIXe siècle. Suisse.
Peintre et ciseleur.
Il fut élève de Detallas et séjourna quelque temps à Paris.

DECSÉNYI Lucie
Née à Budapest (Hongrie). XXe siècle. Française.
Peintre.
Elle fut élève de Fernand Sabatté. Sociétaire du Salon des Artistes Français elle reçut une mention honorable en 1931 et fut invitée au Salon des Tuileries.

DECUEREZ
XVIIe siècle. Français.
Peintre.
Actif à Toulon à la fin du XVIIe siècle, il travailla pour des navires de la marine royale.

DECUERS Marc Antoine. Voir **CUERS Marc Antoine de**

DECUGIS Marc Antoine
XVIIe siècle. Français.
Sculpteur.
Actif à Toulon de 1668 à 1687, il travailla pour la marine royale.

DECURGIER Joseph
XVIIIe siècle. Français.
Graveur sur bois.
Il travaillait à Lyon en 1763-1769.

DECURTIS Domenico. Voir **CURTIS Domenico de**

DÉDALE
Né vers 1400 avant J.-C. XVe siècle avant J.-C. Antiquité grecque.
Sculpteur de compositions mythologiques, architecte.
Arrière-petit-fils d'Erechtée, roi d'Athènes, il aurait inventé la scie, le vilebrequin, les mâts et les voiles des navires. L'Aréopage l'ayant exilé en Crète pour avoir, par jalousie, tué son neveu Talus, il y construisit le Labyrinthe. Il aurait séparé, le premier, les jambes des statues en ronde-bosse. Son nom paraît avoir été porté ensuite par plusieurs bons artistes qui, tous, sont confondus en un seul.

DEDALE
IVe siècle avant J.-C. Actif à Sicyone en 395 avant J.-C. Antiquité grecque.
Sculpteur.
Élève et fils de Patrocle. Il exécuta un trophée, que les Éléens consacrèrent dans l'Altis, pour célébrer une victoire remportée sur les Lacédémoniens et la statue d'un vainqueur des jeux olympiques, Aristodème ; on a retrouvé son nom sur la base d'une statue découverte à Éphèse.

DÉDALE
Actif à Bithynie. Antiquité grecque.
Sculpteur.
Il serait l'auteur d'une statue de Jupiter.

DEDEI Giovanni
Né à Volgaglio (près de Milan). XIXe siècle. Italien.
Sculpteur sur bois.
Cet artiste, qui exposa dans toutes les villes d'Italie, est l'auteur d'une belle œuvre en bois : *La Descente de la Croix*, qui figura à l'Exposition de Rome, en 1883. Il envoya aussi à l'Exposition de Turin de 1884 un buste en marbre, sous le titre de *Modestie*.

DEDEKE Heinrich
XVIIe siècle. Actif à Wolfenbüttel (Brunswick) en 1624. Allemand.
Peintre.
Il décora l'église cathédrale de cette ville.

DEDEKEN Willem
Mort en 1528. XVIe siècle. Actif à Hambourg. Allemand.
Peintre.

DEDEL Huybrecht Willemsz ou **Deedel**
Mort après 1632. XVIIe siècle. Hollandais.
Peintre.
Il était actif à Leyde dans la première moitié du XVIIe siècle.

DEDELINC Jan
XVe siècle. Actif à Gand. Éc. flamande.
Tailleur de pierres.
Il fut le père de Willem I et le grand-père de Willem II et de Philipp.

DEDELINC Philipp
Né en 1502 à Gand. XVIe siècle. Éc. flamande.
Sculpteur.
Il était fils de Willem I. En 1538, il fut nommé doyen de la corporation des tailleurs de pierre.

DEDELINC Willem I
XVe-XVIe siècles. Éc. flamande.
Sculpteur.
Il était le fils de Jan. Actif à Gand entre 1482 et 1528, il exécuta aussi dans la plupart des villes flamandes de menus travaux de sculpture ou parfois de forgeron : il sculptait des tombeaux comme il fabriquait des enseignes en métal.

DEDELINC Willem II, dit **de Jonghe**
Né en 1494 à Gand. Mort avant 1550. XVIe siècle. Éc. flamande.
Sculpteur.
Il était fils de Willem I et travailla avec son père.

DEDENSKI Maciej
XVIe-XVIIe siècles. Actif à Varsovie entre 1596 et 1613. Polonais.
Peintre.

DEDEREN Gérald
Né le 20 février 1957 à Verviers. XXe siècle. Belge.
Sculpteur de figures. Tendance expressionniste-abstrait.
À Bruxelles, il fut diplômé de l'École des Arts visuels de La Cambre en 1981, du Centre Royal Hoger Kunstonderwijs en 1982. Depuis 1987, il participe à des expositions collectives, surtout à Bruxelles, en 1990 à la première Triennale d'Art contemporain d'Hennebont, en 1991 à *Sculptures en ville* à Voiron, etc. Il montre ses sculptures dans des expositions individuelles : 1987 Anvers, 1988 Bruxelles, 1989 Bruxelles et Anvers. Il a obtenu plusieurs Prix : en 1985 au concours Ballet Béjart, et Fondation belge de la Vocation ; 1987 1er Prix Watermael-Boitsfort de Bruxelles ; 1991 à Jeune Sculpture en plein air à Liège ; 1994 Bruxelles.

Il pratique la taille directe sur des bois de grandes dimensions. Parti du corps humain en mouvement, il s'est progressivement détaché de l'apparence anatomique humaine.
Musées : Ixelles.

DEDERICHS Sophonias. Voir **DERICHS Sophonias de**

DEDIC Drago
Né le 13 mars 1937 à Orahovo (Monténégro). xxe siècle. Depuis 1967 actif en France. Monténégrin.
Peintre de compositions à personnages, figures. Expressionniste.
Après avoir fait des études à Titograd et à Belgrade, il rejoint Paris en 1967. Il y présente ses œuvres à partir de 1973 (galerie Lambert), participe à des expositions collectives et personnelles, et à des salons, dont le Salon d'Automne en 1977 et 1979.
Essentiellement peintre de figures et de groupes, il en construit les volumes un peu à la façon d'un sculpteur, et les assemble souvent en des enchevêtrements quasiment obsessionnels rappelant à la fois Jérôme Bosch (pour le côté tourmenté) et Fernand Léger (pour l'aspect géométrique, presque mécanique, de certains éléments).
Ventes Publiques : Paris, 12 fév. 1989 : *Les illusions rangées*, encre de Chine/pap. (120x80) : **FRF 4 000**.

DEDICOVA Irena
Née vers 1930 à Prague. Morte en décembre 1987 à Paris. xxe siècle. Active en France. Tchécoslovaque.
Peintre. Tendance surréaliste.
Elle fit ses études entre 1951 et 1956 à l'Académie des Beaux-Arts de Prague. En 1956 elle a reçu le Grand Prix de l'Académie. Entre 1960 et 1965 elle réalise des vitraux et des peintures intégrés à l'architecture. À partir de 1965 elle vit en France et s'installe à Paris. Elle a figuré dans de nombreuses expositions collectives parmi lesquelles on peut citer : en 1967 *Aspects fantastiques de l'art tchèque contemporain* à Prague, en 1968 *Phases* à Lille, en 1969 *Sept jeunes peintres tchécoslovaques* à la galerie Lambert à Paris, *Surréalisme en Europe* à Cologne, *Signes d'un surréalisme rénové* à la galerie Isy Brachot de Bruxelles, en 1970 au centre culturel de Bagnolet, en 1971 au Salon des Grands et Jeunes d'Aujourd'hui, en 1972 *25 manières d'être (ou ne pas être) surréaliste* à la galerie Jean Prud'homme Bene à Paris, et au Salon Comparaisons à Paris, en 1973 au Salon Comparaisons, en 1974 au Salon des Réalités Nouvelles, *Phases* au Musée d'Ixelles, en 1975 au Salon des Réalités Nouvelles, en 1978 à Londres, en Allemagne et à la FIAC à Paris, en 1979 *Dépaysages* à la galerie Alain Digard à Paris, et dans les années quatre-vingt à Paris encore au Salon de Mai. Elle a présenté personnellement son travail en 1968 à Prague, en 1969 à la galerie Solstice à Paris, en 1971 au Musée d'Art Moderne de la Ville de Paris, en 1976 à la galerie Les Mains Libres à Paris, en 1977 à la Maison de la Culture de Saint-Étienne s'est tenue une rétrospective de son travail depuis 1967 et à la galerie Marthe Nochy à Paris, en 1978 au Centre Culturel de Neuchâtel, en 1979 à la galerie Alain Digard à Paris et au Palais des Beaux-Arts de Bruxelles.
Elle appartenait à cette génération de peintres tchécoslovaques qui put montrer au public des œuvres dont la recherche se situait bien loin des impératifs du réalisme socialiste, grâce à la libération intervenue dans la vie intellectuelle tchécoslovaque vers 1965. Elle recourt aux moyens d'une imagerie glauque pour décrire des formes issues d'un monde plus intra-utérin qu'érotique. Frantisek Smejkal dit qu'elle « exprime l'état embryonnaire du monde intérieur angoissant de la créature perpétuellement blessée et repliée sur elle-même. »
Bibliogr. : J.-C. Lambert : *Fleur d'or*, Opus International, 1976 – in : René Passeron, *Encyclopédie du surréalisme*, ed. Somogy, 1977.
Ventes Publiques : Paris, 4 mars 1994 : *La falaise de glace* 1979, acryl./t. (146x96) : **FRF 6 000**.

DEDIEU Pierre
Né le 6 juillet 1928 à Boulogne-Sur-Mer (Pas-de-Calais). xxe siècle. Français.
Sculpteur sur bois.
Il a figuré au Salon des Réalités Nouvelles, d'Automne en 1954 et 1955, au Salon de Milan en 1956, des Artistes Français en 1968 et au Salon d'Art Sacré de 1968 à 1972. Il a exposé personnellement dans plusieurs galeries parisiennes, au château de Vascueil et à la galerie Carnot de Poitiers, à Chicago et Seattle en 1950 et 1952.
Il entre à l'âge de quatorze ans comme apprenti ébéniste chez un restaurateur de mobilier ancien. À la suite d'un long séjour en Nouvelle-Calédonie, il étudie la technique de la sculpture canaque puis celle de l'art africain en général. Il réalise ses premières œuvres en 1946, d'inspiration surréaliste. En 1953 il aborde ses premiers bas-reliefs. En 1963 il participe à la restauration de l'église Saint-Avold et en 1966 aux travaux de la cathédrale de Metz pour laquelle il exécute les poignées de porte. Il travaille également à la restauration de meubles, enseignant à l'Institut Français des Œuvres d'Art.

DEDINA Jean ou **Jan**
Né le 1er septembre 1870 à Strak (Tchécoslovaquie). Mort en 1955. xixe-xxe siècles. Actif aussi en France. Tchécoslovaque.
Peintre de sujets religieux et de compositions à personnages.
Il fut élève de Josef Zenisek à l'Académie des Beaux-Arts de Prague. À Paris en 1895 il collabora à la réalisation du plafond de la Comédie-Française. Il fut associé de la Société Nationale des Beaux-Arts à partir de 1903.
Il a peint des épisodes bibliques *Sermon sur la montagne*, des personnages illustres *Jeanne d'Arc – Vie du Martyr Jean Huss*, des scènes quotidiennes *Le déjeuner*.

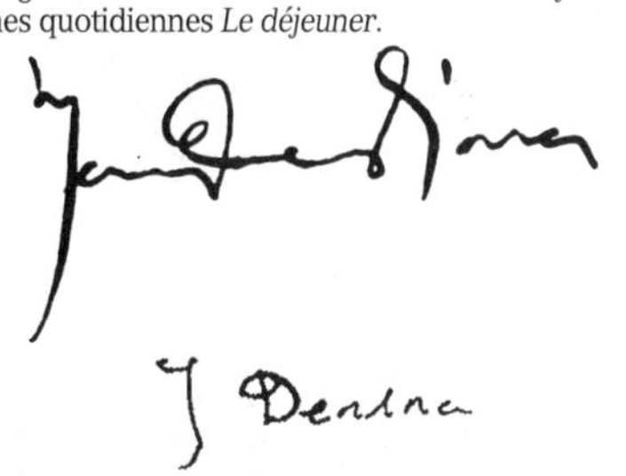

Ventes Publiques : Paris, 30 juin 1993 : *Élégante dans la neige*, gche (40x22) : **FRF 7 000**.

DEDINA Venceslas
Né le 21 août 1872 à Prague. xixe-xxe siècles. Français.
Graveur, peintre, sculpteur.
Il fut élève de l'Académie des Beaux-Arts de Prague. Il a pratiqué la peinture à la cire. Sociétaire du Salon des Artistes Français, il exposa régulièrement au Salon des Artistes Indépendants.

DEDREUX Alfred, puis **de Dreux**
Né le 23 mai 1810 à Paris. Mort le 5 mars 1860. xixe siècle. Français.
Peintre de genre, scènes de chasse, figures, animaux, aquarelliste, dessinateur.
Fils de l'architecte Pierre-Anne Dedreux, Prix de Rome, et neveu du peintre Dedreux-Dorcy, Alfred de Dreux dut à son oncle d'avoir connu très jeune Géricault qui en était l'ami, et qui, d'ailleurs, laissa un portrait du jeune Alfred enfant. Est-ce à cette influence que le peintre doit d'avoir consacré quasiment tout son œuvre à la représentation des chevaux, est-ce à son goût, ou à une anglomanie qui, après la Restauration, raffolait d'équitation et de courses ? À tout cela sans doute. *Le Maquignon*, dessin qu'il exécuta à treize ans, aujourd'hui conservé au Louvre, représente d'ailleurs déjà un cheval. Pourtant son professeur, L. Cogniet, lui conseillait plutôt de s'adonner à la peinture d'histoire. Il ne dut guère suivre son conseil, bien qu'en 1839, huit ans après sa première participation, il montra au Salon une « Grande Machine » : *La Bataille de Baugé*, genre qu'il abandonna néanmoins vite pour revenir à ces chevaux qui avaient déjà fait son succès. En effet, dès 1831 il présente au Salon une toile : *Intérieur d'Écurie* qui obtient un grand succès, et, en 1834, reçoit une médaille de troisième classe. Il doit en outre à la faveur de son oncle de partager l'atelier d'Isabey, peintre bien « en cour » par excellence, et, sans doute pour faciliter ses entrées dans le « Monde », s'invente une particule et signe désormais *de Dreux*. À partir de 1840 il commence sa grande série de « *Portraits de chevaux* », choisissant, en connaisseur, les plus belles bêtes comme modèles, en particulier celles des écuries du Duc d'Orléans et, plus tard, le très fameux *Tamerlan*, orgueil d'Abd el Kader, prisonnier en France de 1847 à 1850. Entre temps il avait obtenu deux médailles de deuxième classe, en 1844 et 1848. Après 1848 sa fidélité aux Orléans le conduit souvent en Angleterre, accentuant l'influence qu'il subit de la part des peintres animaliers d'outre-manche. C'est en Angleterre qu'il peint un de ses portraits les plus célèbres, celui du Comte de Paris et du Duc de Chartres, enfants, chevauchant

dans un sous-bois. Portraitiste très à la mode, de Dreux ne réalisa, sauf rares exceptions que des portraits équestres, s'attachant d'ailleurs plus à la robe et à la musculature du cheval, ou, curieusement aux habits du modèle, qu'au modèle lui-même, restant fidèle à ce qui fit son succès : la mode. De ses séjours en Angleterre il a aussi ramené un goût marqué pour les chiens, chiens de race qui, courant aux côtés d'un cheval ou seuls, sont le sujet de nombreux tableaux. De retour en France il fut chargé du portrait de Napoléon III, et ce portrait semble, quoique ce ne fut jamais totalement éclairci, être à l'origine de sa mort, lors d'un duel dû sans doute à une altercation relative au paiement du tableau peu de temps après son exécution.
Couvert de gloire pendant sa vie – il fut fait chevalier de la Légion d'honneur en 1857 – de Dreux semble avoir été un peu oublié après sa mort, oubli qui fut par la suite réparé ; ses chevaux, en groupe ou solitaires, à la chasse ou sur les pistes de courses, à l'écurie ou tirant quelque équipage, par leur élégance, eurent un regain de faveur au XXe siècle. Une exposition rétrospective, *Alfred de Dreux. Le cheval, passion d'un dandy parisien* eut lieu à la Mona Bismarck Foundation, à Paris, en 1997.

Musées : Bordeaux : *Le Duc d'Orléans* 1844 – Brest : *Maréchal-ferrant* – Chantilly : *Un chien du Duc d'Aumale* 1853 – Dijon : *Cheval de course* – Le Havre : *Les cavaliers* – Narbonne : *Bataille de Baugé* 1839 – Paris (Louvre) : *Le maquignon* 1823 – *Cavaliers et amazones au bord d'un lac* – *Randjist Sing Baadour* 1838 – Paris (Mus. des Arts Décoratifs) : *Portrait d'Alexandre Manuel Aguado* – Paris (Petit Palais) : *L'Écuyère Kippler* – Paris (Camondo) : *Scène de chasse* – Riom : *Promenade en forêt* – Saint-Lô : *Amazone*.

Ventes Publiques : Paris, 20 jan. 1858 : *La chasse aux rats* : **FRF 1 090** – Paris, 1860 : *La promenade* : **FRF 1 490** ; *Le pansement : intérieur d'écurie* : **FRF 1 540** – Paris, 22 mars 1869 : *Chasse au renard* : **FRF 8 000** – Lyon, 1888 : *Cheval de selle gris pommelé* : **FRF 455** – Paris, 1891 : *Rendez-vous de chasse* : **FRF 4 500** – Paris, 1900 : *Au rendez-vous* : **FRF 1 450** ; *Dans la forêt de Pierrefonds* : **FRF 1 320** ; *L'amazone au cheval cabré* : **FRF 2 100** – Cologne, 9 mars 1904 : *Chevaux* : **DEM 410** ; *Aux courses* : **DEM 410** – Paris, 15 mars 1905 : *Cheval de sang* : **FRF 904** – Paris, 10 mars 1905 : *Cavaliers en forêt* : **FRF 545** – Paris, 27-30 nov. 1918 : *La promenade*, aquar. : **FRF 1 600** – Paris, 4 déc. 1918 : *Le rendez-vous de chasse* : **FRF 4 480** – Paris, 4-5 déc. 1918 : *Amazone et cavalier lancés au galop* : **FRF 8 000** ; *Jockey entraînant son cheval* : **FRF 1 020** – Paris, 7 déc. 1918 : *La promenade des chevaux* : **FRF 900** ; *Bataille de chiens* : **FRF 2 100** – Paris, 8-9 avr. 1919 : *Chasse à courre* : **FRF 1 700** ; *L'amazone* : **FRF 2 000** ; *Chevaux arabes* : **FRF 2 500** – Paris, 17 juin 1919 : *Cheval attelé à un tilbury, un laquais devant lui*, dess. reh. : **FRF 250** ; *Cheval noir vu de profil sellé de rouge*, aquar. : **FRF 270** – Paris, 21 juin 1919 : *Lad promenant un cheval pommelé* : **FRF 500** ; *Chasse à courre* : **FRF 700** – Paris, 22-23 nov. 1920 : *Départ pour la promenade*, mine de pb reh. : **FRF 260** – Paris, 30 nov.-2 déc. 1920 : *Courses de chevaux : le saut de la rivière*, mine de pb : **FRF 650** – Paris, 10 déc. 1920 : *Le repos sur la terrasse* : **FRF 9 350** ; *Portrait équestre de Napoléon III* : **FRF 15 000** – Paris, 27 jan. 1921 : *Le Saut de la barrière* : **FRF 220** ; *Le Saut de la rivière* ; *L'Arrivée*, deux toiles : **FRF 1 670** – Paris, 29 avr. 1921 : *Portrait de M. de R.* : **FRF 3 120** – Paris, 22 juin 1921 : *Chien en arrêt* : **FRF 315** – Paris, 29 nov. 1922 : *Chien en arrêt* : **FRF 350** – Paris, 27 jan. 1923 : *La pâtée des chiens*, attr. : **FRF 170** – Paris, 9-10 mars 1923 : *Amazone et enfant*, cr. : **FRF 350** – Paris, 17 mars 1923 : *Gentleman à cheval* : **FRF 2 630** – Paris, 26 avr. 1923 : *Chevaux à l'écurie et chiens* : **FRF 460** – Paris, 3-4 mai 1923 : *Steeple-Chase : le saut du mur* : **FRF 5 000** ; *Le saut de la rivière* : **FRF 4 000** ; *La Chasse à courre* : **FRF 8 000** – Paris, 12 mai 1923 : *Cavaliers dans la campagne* : **FRF 2 950** – Paris, 4 avr. 1924 : *Cavaliers au galop*, mine de pb : **FRF 550** – Paris, 8 mai 1924 : *Le cuirassier blessé* : **FRF 2 005** – Paris, 16 mai 1924 : *L'Enfant au chien* : **FRF 550** – Paris, 20 juin 1924 : *Femme à cheval accompagnée de chiens*, mine de pb et gche : **FRF 200** – Paris, 24 nov. 1924 : *Cavalier Louis XIII à l'orée d'un bois appuyé à son cheval* : **FRF 1 850** – Paris, 12-13 déc. 1924 : *La chasse* : **FRF 2 000** – Paris, 12 jan. 1925 : *Le cuirassier blessé* : **FRF 600** – Paris, 17 jan. 1925 : *Dressage* : **FRF 1 550** – Paris, 4 avr. 1925 : *Avant la course* ; *Le Dressage* ; *La Chute*, trois aquarelles : **FRF 400** – Paris, 23 juin 1925 : *Cheval harnaché* : **FRF 1 720** – Paris, 26 oct. 1925 : *Cheval de selle*, aquar. : **FRF 190** – Paris, 9 nov. 1925 : *Amazone sur un cheval gris pommelé* : **FRF 16 650** – Paris, 24 fév. 1926 : *L'Enfant au chien* : **FRF 18 000** – Paris, 26 fév. 1926 : *Cavalier et amazone suivant la chasse à courre* : **FRF 21 600** – Paris, 2-3 déc. 1926 : *Cavaliers et amazones arrêtés au bord du lac (parc du château de Pierrefonds)* : **FRF 61 000** – Paris, 11 déc. 1926 : *Cavalier dans la campagne* : **FRF 18 000** – Paris, 19 mai 1927 : *Chien Colley*, attr. : **FRF 200** – Paris, 30-31 mai 1927 : *Chasse au cerf* : **FRF 3 200** – Paris, 27 juin 1927 : *Le départ pour la chasse à courre* : **FRF 3 500** – Paris, 29 juin 1927 : *Cheval dans un paysage* : **FRF 5 000** – Londres, 1er juil. 1927 : *Napoléon III en uniforme* : **GBP 78** ; *Le cheval de l'Empereur* : **GBP 68** – Londres, 21 juin 1929 : *Zouave à cheval* : **GBP 115** – New York, 25-26 fév. 1931 : *Jockeys* : **USD 55** – Paris, 7 déc. 1934 : *Chasse à courre : le saut de la rivière*, aquar. : **FRF 2 600** ; *Le Prince impérial, son cheval et son chien*, cr. noir : **FRF 2 700** ; *L'Amazone* : **FRF 35 300** – Paris, 11 déc. 1934 : *Un jeune cavalier* : **FRF 33 600** – Paris, 24 nov. 1941 : *L'Amazone* : **FRF 32 000** – Paris, 19-20 mars 1942 : *Cheval et chien* : **FRF 1 000** – Paris, 2 mars 1942 : *Le passage du ruisseau* : **FRF 40 000** – Paris, 17-18 fév. 1944 : *Portrait d'un jeune officier de cavalerie* : **FRF 45 000** ; *La Châtelaine à cheval* : **FRF 66 000** – Paris, 8 fév. 1945 : *Les Amazones anglaises* : **FRF 900 000** – Paris, 11 mai 1945 : *Portrait présumé de Mlle Doche de la Comédie-Française* : **FRF 305 000** – Paris, 5 déc. 1946 : *Cheval attaché à un arbre dans un paysage*, aquar. : **FRF 5 000** – Paris, 2 juil. 1947 : *Le dressage* 1833, aquar. : **FRF 10 500** – Paris, 3 juin 1954 : *Le lad blanc et ses chevaux* : **FRF 2 000 000** – Paris, 5-6 juin 1956 : *Le lad, le chien et le cheval de selle*, aquar. : **FRF 450 000** – Paris, 18 mars 1959 : *Lévrier et bouledogue* : **FRF 830 000** – Paris, 18 juin 1962 : *Rendez-vous de chasse* : **FRF 56 000** – Londres, 26 juin 1963 : *Le comte de Brémond d'Ars* : **GBP 7 800** – Londres, 7 déc. 1966 : *Cavalier et chien enragé*, aquar. : **GBP 1 000** ; *Nizan, cheval arabe des écuries de Napoléon III* : **GBP 4 000** – Londres, 6 déc. 1968 : *Aux courses* : **GNS 6 500** – Paris, 6-7 mai 1969 : *Une amazone* : **FRF 62 000** – Genève, 8 déc. 1970 : *Amazone au bois* : **CHF 80 000** – Londres, 30 nov. 1971 : *Fillette gardant deux chevaux* : **GNS 2 900** – Paris, 5 mars 1972 : *Les amants dans la campagne* : **FRF 43 000** – Paris, 12 déc. 1973 : *Cheval et son groom* : **FRF 35 000** – Paris, 31 mars 1976 : *L'équipage*, h/t (80x120) : **FRF 170 000** – Paris, 3 juin 1976 : *Cavalier en redingote rouge*, h/t (34x44,5) : **FRF 36 000** – Angers, 30 mars 1977 : *Chevaux à l'entraînement*, h/t (43x64) : **FRF 29 500** – Londres, 19 avr. 1978 : *Le Départ pour la chasse*, h/t (270x420) : **GBP 20 000** – Londres, 9 mai 1979 : *La duchesse de Gramont à cheval* 1849, h/t (88x115) : **GBP 3 900** – Paris, 16 déc. 1979 : *La promenade des chevaux*, aquar. (18x25) : **FRF 22 100** – Paris, 10 déc. 1980 : *Cavaliers sautant un obstacle*, cr. reh. d'aquar./pap. (22x35) : **FRF 15 500** – New York, 10 juin 1983 : *Le pur-sang Nizan dans un paysage*, h/t (83,2x101,6) : **USD 90 000** – New York, 7 juin 1985 : *Le cheval emballé*, aquar. (18,3x32,1) : **USD 10 000** – Londres, 18 juin 1985 : *L'entraîneur*, h/t (48,5x67,5) : **GBP 95 000** – New York, 27 fév. 1986 : *Le cheval emballé*, aquar./pap. (25,5x34,2) : **USD 20 000** – Paris, 19 juin 1986 : *Amazone dans la forêt*, h/t (60x74) : **FRF 450 000** – Paris, 10 déc. 1987 : *Entraînement*, h/t (86x153) : **FRF 920 000** – Paris, 16 déc. 1987 : *Amazone*, h/t (32x24) : **FRF 9 000** – Paris, 18 mars 1988 : *L'Amazone*, h/t (24,5x32,5) : **FRF 200 000** – Paris, 14 juin 1988 : *Cheval emballé et chien*, h/t (60x73,5) : **FRF 60 000** – Paris, 16 déc. 1988 : *Amazone*, h/t (32,5x24,3) : **FRF 148 000** – New York, 18 oct. 1989 : *Épagneul dans un paysage*, h/t (116,8x83,8) : **USD 12 100** – Paris, 15 déc. 1989 : *Cheval dans une prairie*, h/t (60x73,5) : **FRF 250 000** – Londres, 28 mars 1990 : *Un bel étalon* 1857, h/t (72x90,5) : **GBP 22 000** – Monaco, 16 juin 1990 : *Scène de chasse à courre*, h/pan. (22,5x33) : **FRF 166 500** – Londres, 5 oct. 1990 : *Combat d'étalons dans un paysage tourmenté*, h/t (84,5x112,5) : **GBP 11 000** – Monaco, 8 déc. 1990 : *Cavalière avec son cheval et son lévrier*, h/t (64x47,5) : **FRF 155 400** – Neuilly, 3 fév. 1991 : *Course de chevaux en liberté* 1832, aquar. (27,5x40,4) : **FRF 135 000** – New York, 7 juin 1991 : *Chevaux à l'exercice*, h/t (43,2x64,8) : **USD 59 400** – Monaco, 21 juin 1991 : *L'envolée sur l'obstacle*, h/t (33x41) : **FRF 94 850** – Paris, 22 nov. 1991 : *Le poney ou études variées n° 5*, aquar. (26x34) : **FRF 91 000** – Paris, 19 juin 1992 : *Amazone à la natte (Simone d'Anthenaise)* 1857, h/t (55x40) : **FRF 170 000** – Paris, 16 juin 1993 : *Une mauvaise rencontre*, h/t (56x46) : **FRF 220 000** – Londres, 17 nov. 1993 : *Les montures d'Abd el Kader* 1858, h/t (86,5x112,5) : **GBP 463 500** – New York, 26 mai 1994 : *L'étalon d'Abd el Kader tenu par un*

Nubien 1858, h/t (65,4x81,3) : **USD 387 500** – ÉDIMBOURG, 9 juin 1994 : *Les Enfants de Colin Dunlop* 1850, h/t (86,3x111,7) : **GBP 74 100** – CALAIS, 11 déc. 1994 : *Le Jockey à cheval*, h/t (33x40) : **FRF 78 500** – PARIS, 31 mars 1995 : *Lad sur un poney tenant un cheval à la main* 1832, aquar. (24,5x32,5) : **FRF 130 000** – PARIS, 13 fév. 1996 : *Les lévriers*, h/t : **FRF 240 000** – PARIS, 10 déc. 1996 : *Chien de chasse*, h/pan. (24,5x23) : **FRF 9 000** – PARIS, 12 déc. 1996 : *Amazone et ses deux lévriers dans un parc* vers 1840, h/t (74x60) : **FRF 175 000** – LONDRES, 11 juin 1997 : *Galop matinal*, aquar./traits de cr. (23x44) : **GBP 29 325** – PARIS, 11 juin 1997 : *La Promenade des chevaux* vers 1840, aquar. (18,5x25,5) : **FRF 58 000** – PARIS, 21 nov. 1997 : *Le Lad et le cheval Alezan*, peint./t. (46x33) : **FRF 195 000**.

DEDREUX-DORCY Pierre Joseph
Né le 28 avril 1789 à Paris. Mort le 9 octobre 1874. XIXe siècle. Français.
Peintre d'histoire, portraits, paysages, pastelliste. Néoclassique.
Élève de Guérin, il est l'oncle d'Alfred Dedreux. Il fut désigné pour prendre part à la décoration de la Madeleine à Paris. Il travailla avec Géricault au tableau : *La Baigneuse*.
MUSÉES : BÉZIERS : *Tête de jeune fille* – BORDEAUX : *Paysage et berger* – GRENOBLE : *Portrait de Beyle-Stendhal* – TOULON : *Tête de jeune fille* – VERSAILLES : *Joséphine, impératrice des Français – Marie-Louise, impératrice des Français – Moncey, capitaine au 7e de ligne en 1792 – Jean-François-Joseph Debelle – Tenaques Guillaume de Hanterner – La Feuillade, François d'Autusson – Ferdinand IV, roi des Deux-Siciles*.
VENTES PUBLIQUES : PARIS, 1849 : *Tête de jeune fille* : **FRF 190** – PARIS, 1862 : *Tête de jeune fille* : **FRF 120** – PARIS, 1881 : *Jeune fille en buste* : **FRF 205** – PARIS, 3 avr. 1909 : *La Coquette ; La Pensive*, les deux : **FRF 76** ; *Jeune fille en toilette du matin*, past. : **FRF 50** – PARIS, 23 déc. 1918 : *L'Innocence* : **FRF 260** – PARIS, 28 avr. 1926 : *Portrait de jeune garçon, le col de lingerie largement ouvert sur un gilet sombre* : **FRF 2 500** – PARIS, 15 juin 1978 : *Portrait de jeune femme debout en robe blanche dans un paysage* vers 1830, h/t (93x73) : **FRF 10 000**.

DEDRICK Jessie L.
Née à Irnesses (Illinois). XXe siècle. Américaine.
Peintre de compositions à personnages et de figures.
En 1926 elle exposa à Paris au Salon d'Automne *Marché en Bretagne* et une *Tête de jeune fille*.

DEDUIT
XVIIIe siècle. Actif à Lorient. Français.
Peintre de portraits, paysages.
Il existe à l'Hôtel de Ville de Lorient un *Portrait du Bourgmestre Pérault* par cet artiste. Un artiste du même nom, qu'il faut sans doute identifier avec lui, travaillait en 1747 pour l'Église de Jonquerets près de Bernay, en Normandie.

DEE John
Né en 1938 à Northampton. XXe siècle. Britannique.
Sculpteur. Tendance minimal art.
Il fit ses études à la Reading University et à la Slade School de Londres. En 1964 il reçut un prix au concours national de sculpture de Leeds. Sa première exposition date de 1965.

DEEBLE T.
XVIIIe siècle. Actif à Cork (Irlande) vers 1780. Irlandais.
Graveur.
Il travailla également à Bristol. On connaît de lui plusieurs ex-libris signés.

DEEBLE William
XIXe siècle. Actif à Londres. Britannique.
Peintre et graveur.
Il exposa à la Royal Academy de Londres en 1814 deux *Vues de la cathédrale de Canterbury*. Il faut l'identifier avec le graveur du même nom cité par Le Blanc, qui illustra à Paris, en 1849, le livre espagnol « Un Amor y una expiacion, por el Conde de C. M. »

DEEGMORE A. R.
Américain.
Peintre.
VENTES PUBLIQUES : PHILADELPHIE, 22 avr. 1932 : *Lake Louise Bauff* : USD 25.

DEELE Paul Van
Né en 1593. XVIIe siècle. Actif à Gand. Éc. flamande.
Peintre.
Son père se prénommait Joos. Il fut reçu maître en 1614.

DEELEN. Voir **DELEN**

DEELEY C.
XIXe siècle. Actif à Boston vers 1850. Américain.
Graveur.

DEELIS Johannes
XVIIe siècle. Actif à Amsterdam au milieu du XVIIe siècle. Hollandais.
Graveur.

DEEM George
Né en 1932 à Vincennes (Indiana). XXe siècle. Américain.
Peintre.
Il fit ses études à l'Art Institute de Chicago. Il exposa à New York en 1963 et 1968. Il réalise des collages en utilisant des reproductions d'œuvres de vieux maîtres qu'il découpe et assemble.

DEEMER
Né en 1834. Mort en 1862. XIXe siècle. Éc. flamande.
Peintre de genre.
Il est cité par Siret.

DEERING Roger L.
Né le 2 février 1904 à East Waterboro. XXe siècle. Américain.
Peintre et illustrateur.

DEES Hendrick
Né au XVIIe siècle à Bois-le-Duc. XVIIe siècle. Éc. flamande.
Peintre.
Il est le fils de Pieter Dees.

DEES Pieter
Né à Bois-le-Duc. XVIe-XVIIe siècles. Éc. flamande.
Peintre.

DEESM Cornelis
XVIe siècle. Actif à Anvers. Éc. flamande.
Peintre.
Il fut nommé maître de la gilde en 1525.

DEEY William, R. P.
XIXe siècle. Britannique.
Peintre de portraits.
Il exposa comme « Honorary Exhibitor » de 1829 à 1874 à la Suffolk Street Gallery.

DEFAINE
XVIIIe siècle. Actif à Bourges. Français.
Sculpteur.
MUSÉES : BOURGES : *Le Ramoneur – Le Marchand de plaisir*.

DEFAUCAMBERGE Irène
Née à Paris. XXe siècle. Française.
Peintre de fleurs.
Elle exposa au Salon d'Automne dont elle était sociétaire et au Salon des Artistes Indépendants.

DEFAUT Amélie M.
XIXe siècle. Active à Paris. Française.
Peintre.
Sociétaire des Artistes Français depuis 1889. Elle figura aux expositions de cette société.

DEFAUX Alexandre
Né le 27 septembre 1826 à Bercy. Mort en 1900 à Paris. XIXe siècle. Français.
Peintre d'animaux, paysages animés, paysages, peintre à la gouache, aquarelliste, dessinateur.
Ce délicat artiste qui a réussi avec autant de charme la peinture à l'huile que l'aquarelle, fut élève de Corot. Il débuta au Salon en 1859 avec une *Vue de carrière abandonnée*. Il exposa régulièrement aux Salons de Paris jusqu'à sa mort. Médaille de troisième classe en 1874, médaille de deuxième classe en 1879, médaille d'or en 1900 (Exposition Universelle) et fut décoré de la Légion d'honneur en 1881.
Il a peint surtout des paysages de Normandie, et des sites de la forêt de Fontainebleau. Doué d'un sentiment de la nature très affiné, Defaux a apporté dans ses tableaux un peu du charme pénétrant et des qualités de coloriste de son maître.

A. Defaux

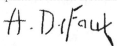

MUSÉES : AMIENS (Mus. de Picardie) : *Bouleaux, souvenir de Fontainebleau* – ANGERS : *Un lavoir sur la Marne* – CAEN : *Paysage,*

sous-bois – DIEPPE : *Soir d'automne* – DRAGUIGNAN : *Port de Pont-Aser* – GRENOBLE : *Cour de ferme* – *Intérieur de la forêt de Fontainebleau* – LIÈGE : *L'île Saint-Ouen* – LOUVIERS (Gal. Roussel) : *Poules* – *Appel à la promenade* – MULHOUSE : *Forêt de Fontainebleau* – *Vue prise à Montigny* – NEW YORK : *Pommiers en fleurs* – ROUEN : *Le plateau de Belle Croix* – *Les bords de la Loire* – SAINT-BRIEUC : *Gros temps* – SAINT-ÉTIENNE : *Environs de Granville* – STRASBOURG : *Maison dans la forêt* – SYDNEY : *The Poultry Yards* – TOUL : *Portrait d'homme à cheval* – *Ch. H. de Rarécourt de la Vallée de Pimodan*.

VENTES PUBLIQUES : PARIS, 1883 : *Paysage, effet de printemps* : **FRF 185** – PARIS, 1887 : *Intérieur de ferme* : **FRF 800** – PARIS, 1890 : *Paysage et basse-cour* : **FRF 720** – PARIS, 25 avr. 1895 : *Cour de ferme* : **FRF 170** – PARIS, 9 juin 1900 : *Derrière l'église* : **FRF 250** ; *Le poulailler* : **FRF 100** ; *Le printemps* : **FRF 150** – NEW YORK, 24-25 et 26 fév. 1904 : *Le printemps* : **USD 170** – PARIS, 120 et 21 avr. 1904 : *Fleurs dans un vase* : **FRF 57** ; *Paysage avec poules* : **FRF 125** ; *Une basse-cour* : **FRF 190** – NEW YORK, 15 et 16 mars 1906 : *Forêt de Fontainebleau* : **USD 100** – PARIS, 25 et 26 avr. 1910 : *Sous-bois* : **FRF 131** – PARIS, 27 avr. 1910 : *Les Bouleaux* : **FRF 100** – PARIS, 8 nov. 1918 : *La Basse-cour* : **FRF 305** – PARIS, 13 nov. 1918 : *Route en forêt* : **FRF 310** – PARIS, 20 nov. 1918 : *Jour de marché (Bretagne)* : **FRF 270** – PARIS, 10 déc. 1920 : *Une allée en forêt, effet de soleil* : **FRF 420** ; *Le Printemps* : **FRF 1 350** – PARIS, 11 mars 1921 : *Au jardin* : **FRF 130** – PARIS, 13 avr. 1921 : *Le Moulin de Montigny-sur-Loing* : **FRF 1 250** – PARIS, 7 fév. 1941 : *Moutons au pâturage* : **FRF 800** – PARIS, 11 juil. 1941 : *La Porcherie* : **FRF 380** ; *Les Poules* : **FRF 1 450** – PARIS, 20 et 21 nov. 1941 : *Moutons, vaches* : **FRF 1 500** – PARIS, 9 fév. 1942 : *Le Moulin à vent*, aquar. gchée : **FRF 950** ; *Coq et poules* : **FRF 450** ; *Cour de ferme* ; *Bords de rivière*, deux pendants : **FRF 1 150** – PARIS, 1er juil. 1942 : *Marine* 1856 : **FRF 1 450** – PARIS, 4 mars 1943 : *Le Retour du chasseur* : **FRF 4 800** – PARIS, 10 nov. 1943 : *Le Gardeur de vaches* 1860 : **FRF 3 100** – PARIS, 5 mars 1945 : *Nature morte aux pommes* : **FRF 1 250** – PARIS, 28 mai 1945 : *Paysage* : **FRF 3 900** – PARIS, oct. 1945-juil. 1946 : *Paysage avec poules en liberté sur le gazon* : **FRF 6 400** – BERNE, 6 mai 1966 : *La Basse-cour* : **CHF 2 500** – BERNE, 27 oct. 1967 : *Troupeau à l'orée d'un bois* : **CHF 2 900** – BERNE, 23 oct. 1970 : *Le Potager* : **CHF 3 000** – NEW YORK, 3 juin 1971 : *Scène champêtre* : **USD 425** – PARIS, 9 mai 1972 : *La Chaumière ensoleillée* : **FRF 3 200** – VERSAILLES, 28 mars 1976 : *La Fermière et sa basse-cour*, h/bois (32x52) : **FRF 4 900** – BERNE, 2 mai 1979 : *Forêt de Fontainebleau*, h/t (100x81) : **CHF 7 000** – PARIS, 16 fév. 1982 : *Paysage animé de poules et canards*, h/t (100x83) : **FRF 43 000** – VERSAILLES, 7 mars 1982 : *Village de montagne*, gche (30x47) : **FRF 5 000** – ZURICH, 30 nov. 1984 : *Étude à Cernay-la-Ville*, h/t (65x54) : **CHF 10 000** – LE HAVRE, 11 avr. 1987 : *Paysage boisé*, h/t (65x100) : **FRF 43 000** – CALAIS, 28 fév. 1988 : *Bateaux de pêche à Yport*, h/pan. (33x53) : **FRF 40 000** – BERNE, 30 avr. 1988 : *Un étang avec des canards de barbarie*, h/pan., en forme d'éventail (17x27) : **CHF 4 400** – PARIS, 30 mai 1988 : *Paysage au printemps* 1833, h/t (116x200) : **FRF 61 000** – LA VARENNE-SAINT-HILAIRE, 23 oct. 1988 : *Scène de basse-cour*, h/t (59x84) : **FRF 46 000** – BERNE, 26 oct. 1988 : *Fermette en Bretagne*, h/t (86x106) : **CHF 12 000** – PARIS, 7 nov. 1988 : *Bord de rivière animé de canards et de poules*, h/t (39x66) : **FRF 33 000** – PARIS, 15 fév. 1989 : *La cheminée*, h/pan. (32x43,5) : **FRF 7 000** – PARIS, 1er mars 1989 : *Carrière de Montmartre*, h/pan. (41x31,5) : **FRF 14 000** – PARIS, 19 juin 1989 : *Devant l'âtre*, h/pan. (32x43) : **FRF 6 000** – NEW YORK, 1er mars 1990 : *Paysage*, h/t (40x69) : **USD 7 700** – MONACO, 16 juin 1990 : *Vue de Venise*, h/t (38,5x68) : **FRF 22 200** – BARBIZON, 13 oct. 1991 : *Jeune aquarelliste dans une barque : Clémentine Poret, amie de Corot*, h/t (46x61) : **FRF 85 000** – PARIS, 29 nov. 1991 : *La cour de ferme*, h/t (49x70) : **FRF 43 000** – LONDRES, 17 mars 1993 : *Capriccio de Venise* 1858, h/t/cart. (46x73) : **GBP 2 875** – PARIS, 30 juin 1993 : *Cour de ferme*, h/t (40x68) : **FRF 18 000** – NEW YORK, 13 oct. 1993 : *Cour de ferme avec des volailles*, h/t (57,2x83,2) : **USD 5 750** – CALAIS, 12 déc. 1993 : *Les poules*, h/pan. (24x40) : **FRF 46 000** – NEW YORK, 18-19 juil. 1996 : *En Bretagne*, h/t (53,3x39,4) : **USD 2 875** – PARIS, 10 mars 1997 : *Paysanne à l'orée du bois*, h/t (45x76) : **FRF 9 500** – PARIS, 20 oct. 1997 : *Les Environs de Montmartre*, h/pan. (17,8x35,5) : **FRF 6 000** – NEW YORK, 23 oct. 1997 : *Le Bain des oies et des canards*, h/t (66x100,6) : **USD 18 400** – NEW YORK, 22 oct. 1997 : *Scène de basse-cour*, h/t (54,9x74,9) : **USD 10 350**.

DEFENDENTE da San Pelligrino. Voir **GIORGIO Defendente da San Pellegrino**

DEFENDENTE di Ser Federigo

XVIe siècle. Actif à Caleinate, près de Bergame, au XVIe siècle. Italien.

Peintre.

Il fut à Venise du 9 mai 1543 au 25 janvier 1556. On sait qu'il peignit la façade d'une maison avec Melchiorre de Galoni.

DEFER Félicie, Mme. Voir **TIGER**

DEFER Jean Baptiste

Né en 1674 à Paris. XVIIe-XVIIIe siècles. Français.

Sculpteur.

Il obtint le second prix de Rome en 1698 avec : *La coupe de Joseph trouvée dans le sac de Benjamin* ; il eut un prix en 1699 pour sa : *Vision de Jacob en Égypte en allant retrouver son fils Joseph*. Il sculpta, à la chapelle du palais de Versailles, des enfants portant les attributs du culte catholique, pour la décoration des archivoltes des grandes fenêtres.

MUSÉES : PARIS (Mus. des Monuments français) : Médaillon de marbre représentant Jacques Sirmond.

DEFER Jean Joseph Jules

Né le 11 avril 1803 à Paris. XIXe siècle. Français.

Peintre d'histoire, paysages.

Ce fut l'élève de Bertin et de Hersent. Siret cite de lui : *Vues d'Écosse*.

VENTES PUBLIQUES : PARIS, 13 déc. 1935 : *Vue de Nice, prise du Mont-Boron* : **FRF 160** – PARIS, 10 mai 1944 : *Nice, la ville et la baie* : **FRF 6 000** – LONDRES, 22 nov. 1967 : *Vue de Nice, à partir du Mont-Boron* : **GBP 260** – LONDRES, 15 juin 1979 : *Vue de Nice* ; *Vue de Menton* 1869, h/t, une paire (70x113) : **GBP 1 800** – MONTE-CARLO, 22 juin 1986 : *Vue de l'église Saint-Barthélémy à Nice*, h/t (44x59) : **FRF 8 000**.

DEFERNEIX Jean Baptiste. Voir **DEFERNEX**

DEFERNEX Jean Baptiste ou **de Fernex** ou **Fernex** ou **Deferneix**

Né vers 1729. Mort en mai 1783 à Paris. XVIIIe siècle. Français.

Sculpteur de figures, bustes, portraits.

D'entre le peu de renseignements biographiques sur cet artiste, on sait qu'il vécut à Paris (peut-être aux environs de la rue et de la barrière Poissonnière) et qu'il était membre de l'Académie de Saint-Luc, reçu en 1760, où il devint adjoint à professeur en 1763. Defernex semble avoir été un esprit indépendant, concentré dans l'exercice de son art et ayant vécu hors coterie. Sculpteur du duc d'Orléans, il ne figura cependant pas parmi les membres de l'Académie Royale. L'une de ses œuvres principales, un buste présumé de la *Princesse de Béthune-Sully*, qui fit partie de la Collection Pierre Decourcelle, est signée J. B. Defernex 1772. On trouve encore l'orthographe Deferneix, ou encore de Fernex et Fernex.

Il figura au Salon de 1774 avec plusieurs bustes, entre autres celui en marbre de *M. de Sartine, lieutenant général de police*. Il exposait encore : un buste de *M. l'Abbé de B...*, en plâtre, lequel a pu être exécuté en marbre ; un buste de marbre de *Mme de P...*, deux en terre cuite : *M. Le...*, *M. de...*, et quelques autres. Defernex figura d'autre part à l'Exposition de l'Académie de Saint-Luc, en 1776, avec des œuvres importantes, comme le buste en plâtre, en grandeur naturelle, du *Prince Repnin, ambassadeur de Russie à la cour d'Espagne* ; celui en bronze, grandeur naturelle, du *Duc de Valentinois* ; les deux bustes en plâtre, également en grandeur naturelle, du *Comte de Saint-Simon* et de la *Comtesse de Saint-Simon*. À cette série se rattache le buste en terre cuite de *Madame Favart* et diverses autres œuvres, parmi lesquelles quatre petits sujets en talc : *Un tailleur de pierre*, *Une écailleuse d'huîtres*, *Le Bénédicité*, *Une mangeuse d'œufs*. On doit encore à ce sculpteur les deux groupes d'enfants soutenant les lanternes qui éclairaient le grand escalier du Palais-Royal, ainsi que les deux trophées en pierre qui décoraient l'attique des portiques de la première cour de ce palais. Sont à citer encore, comme œuvres particulièrement caractéristiques et intéressantes, un *Buste d'homme*, en terre cuite, qui fut prélevé par les Allemands pendant l'occupation, lors de la dernière guerre, et le buste également en terre cuite de *Madame de Fonville*, conservé au musée du Mans.

Sa technique est celle des grands sculpteurs de l'époque, des Houdon, Pajou, Lemoine. Il recourt à la terre cuite, comme Clodion, Houdon. Il n'aurait pas trouvé d'autre mode d'expression pour extérioriser, en la traduisant de façon durable, l'impression fugitive qui était la caractéristique même de sa manière de sentir et d'appréhender le réel.

La terre cuite, dans sa matité, conserve à jamais l'impression première, elle perpétue le sentiment même du modeleur, avec la nervosité de son coup de pouce, la fugacité de son intuition. Ses bustes de femmes sans draperie, échappent par là à la marque de l'époque. La manière est simple, excluant la recherche d'effets compliqués : tout l'art est dans l'expression des visages, le mouvement des yeux, des bouches. Le *Buste de Mme de Fonville*, du musée du Mans, en offre un exemple particulièrement démonstratif. L'œil, la narine, la commissure des lèvres, tout le visage sourit ; l'expression le transfigure. Tout différent se présente le *Buste de la princesse de Béthune-Sully*, de la Collection Pierre Decourcelle. Le visage est beau par lui-même et n'appelle pas l'artifice ; d'autant plus que la beauté apparaît sûre d'elle-même et sûre de son succès. Dans un autre ordre d'expression, le buste d'homme, prélevé lors de l'occupation allemande, met en évidence la malléabilité de la terre cuite. Visage un peu singulier, aux yeux nettement en angle, offrant un caractère asiatique assez en contraste avec les autres traits, la bouche un peu amère, aux lèvres épaisses : tout concourt à donner à la figure un caractère de vérité profonde.
Enfin, il n'est pas sans intérêt de remarquer que ce sculpteur, dont l'œuvre accuse une recherche des valeurs qui l'apparente au peintre, a également trouvé l'emploi de sa manière essentiellement réaliste dans l'exécution de petits sujets de genre, à la Chardin, tels que *La Mangeuse d'œufs, L'Écailleuse d'huîtres, Le Bénédicité*, qui représentent un autre aspect de son talent.
■ E. C. Bénézit, J. B.

Musées : Le Mans : *Madame de Fondville* – Paris (Louvre) : *Madame Favard*, terre cuite – Paris (Mus. Jacquemart-André) : *Buste du Prince Repnin*.

Ventes Publiques : Londres, 12 juil. 1978 : *Buste de Madame de Fonville* 1759, plâtre (H. 50) : **GBP 1 000** – Zurich, 22 mai 1981 : *Diane chasseresse et Cupidon* 1772, terre cuite (H. 41) : **CHF 7 000** – Paris, 16 juin 1983 : *Buste de la princesse de Béthune* 1772, terre cuite blanche (H. 30) : **FRF 70 000**.

DEFERRARI Gio Andrea ou **de Ferrari**. Voir **FERRARI Giovanni Andrea de**

DEFERT Emmanuel
Né le 3 septembre 1898 à Lys (Nièvre). xxe siècle. Français.
Graveur sur bois.
Élève de E. Léon. Sociétaire du Salon des Artistes Français.

DEFERT Marguerite
Née au xixe siècle à Paris. xixe siècle. Française.
Peintre.
Elle fut élève de Levasseur et de Topart. Elle exposa de 1878 à 1882 des miniatures peintes sur porcelaine et sur ivoire.

DEFERT Maxime
Né le 11 mai 1944 à Avallon (Yonne). xxe siècle. Français.
Peintre. Abstrait.
Il est co-fondateur du groupe *Space*. En 1977 à Paris, il a participé, à l'exposition *Meubles Tableaux* du Centre Beaubourg, avec une table ronde *Knoll* décorée par lui. Sa première exposition personnelle se tint à Paris en 1969 et fut préfacée par Michel Foucault. Il exposa à nouveau en 1971.
En utilisant l'écriture géométrique, Defert simplifie sa peinture jusqu'à l'évidence. Ses lignes droites produisent un effet persistant de perspectives qui renvoient à l'infini. Michel Foucault écrit à propos de cette peinture : « La réversibilité est la loi de chaque tableau ».

Ventes Publiques : Honfleur, 3 oct. 1976 : *O.V.N.I.* 1976, acryl. (80x80) : **FRF 2 050**.

DEFESCHE Pieter
Né en 1921. xxe siècle. Hollandais.
Peintre, peintre à la gouache. Polymorphe.

Ventes Publiques : Amsterdam, 11 déc. 1991 : *Buisson ardent* 1982, gche/pap. (49x69) : **NLG 1 610** – Amsterdam, 1er juin 1994 : *La Bénédiction de l'amour sur la terre* 1991, h/t (170x170) : **NLG 9 775** – Amsterdam, 7 déc. 1994 : *Composition abstraite* 1989, h/t (129,5x109,5) : **NLG 5 750** – Amsterdam, 6 déc. 1995 : *Paradis* 1977, h/t (98x110) : **NLG 4 830** – Amsterdam, 18 juin 1996 : *Méditation* 1965, h/pap. (56x72) : **NLG 2 530**.

DEFEUILLE Louis Benjamin Hubert
Né au xixe siècle à Paris. xixe siècle. Français.
Peintre de portraits.
Élève de M. Collignon. Il débuta au Salon de 1874 avec une miniature. Sociétaire des Artistes Français depuis 1890.

DEFFEL Justina
xixe siècle. Britannique.
Peintre de genre, paysages.
Elle exposa régulièrement de 1859 à 1871 à la Suffolk Street Gallery.

DEFFNER Friedrich
Né en 1758 à Ludwigsburg. Mort en 1793 à Ludwigsburg. xviiie siècle. Allemand.
Peintre de miniatures.
On connaît quelques œuvres de lui sur émail et sur porcelaine.

DEFFOREY Cécile
Née le 23 juillet 1947 à Jallieu (Isère). xxe siècle. Française.
Peintre. Tendance abstrait.
Sa peinture se rapproche de la non-figuration, utilisant un vocabulaire formel issu du cubisme et des papiers découpés de Matisse.

DEFIGIER Renée
Née à Toul (Meurthe-et-Moselle). xxe siècle. Française.
Peintre de sujets divers.
Elle exposa au Salon des Artistes Français en 1934 et figura régulièrement au Salon des Artistes Indépendants.

DEFIZE Alfred
xxe siècle. Actif à Liège. Belge.
Paysagiste.
Participa à l'Exposition Universelle de Bruxelles en 1910.

DEFLUBÉ Louis Joseph
Né en 1797 à Paris. xixe siècle. Français.
Peintre de marines et de paysages.
Siret cite de lui : *Vue prise à Nicolosi en Sicile, Vue du Puy-de-Dôme.*

DEFONTAINE Charles François
xviiie siècle. Français.
Peintre.
Il fut reçu à l'Académie de Saint-Luc à Paris en 1761.

DEFONTAINE Claude
xviiie siècle. Français.
Peintre.
Reçu à l'Académie de Saint-Luc à Paris en 1756, il fut nommé directeur en 1774. Il pratiquait également la dorure.

DEFONTAINE Louis. Voir **FONTAINE Louis de**

DEFONTAINE Louis Rodolphe
Né à Arras (Pas-de-Calais). xxe siècle. Français.
Peintre de paysages.
Sociétaire du Salon des Artistes Français en 1920.

DEFONTE Edmond Alphonse
Né le 9 mai 1862 à Paris. xixe-xxe siècles. Français.
Peintre de compositions à personnages et de portraits.
Il fut élève de Joseph Blanc, Diogène Maillard et Emile Renard. Il fut sociétaire du Salon des Artistes Français en 1889, y figurant jusqu'en 1938. Il aimait peindre les enfants : *La leçon de géographie – Âmes d'enfants – Petite fille et grand-mère.*

Musées : Doullens : *La balançoire.*

Ventes Publiques : New York, 24 fév. 1987 : *Élégante nourrissant des colombes* 1907, h/t (98,5x131) : **USD 19 000**.

DEFORCADE Jean Baptiste Étienne
Né au xixe siècle à Layrac. xixe siècle. Français.
Peintre de portraits et paysagiste.
Élève de M. Jacquesson de la Chevreuse. Il débuta au Salon de 1868 avec un dessin d'après Antonello de Messine.

DEFOSSEUX Ernest Charles Louis
Né dans la deuxième moitié du xixe siècle à Arras (Pas-de-Calais). xixe siècle. Français.
Graveur au burin.
Sociétaire du Salon des Artistes Français.

DEFOSSEZ Alfred
Né en 1932. xxe siècle. Français.
Peintre de figures, nus, paysages, sujets divers. Post-cubiste.
En 1996 à Paris, la galerie Drouant lui a consacré une exposition personnelle.
Il procède parfois par séries consacrées à un thème ou à un lieu. Dans un style très elliptique, il supprime tout détail, réduit les éléments de ses compositions à leur plus simple structure. Cette austérité de la forme est toutefois compensée par des indications colorées qui revivifient la réalité figurée.

DEFOSSEZ

Ventes Publiques : Paris, 4 avr. 1989 : *Nu au bouquet*, h/t (38x46) : **FRF 12 000** – Paris, 18 juin 1989 : *L'allée ensoleillée*, h/t

(38x46) : **FRF 10 000** – VERSAILLES, 29 oct. 1989 : *Village de la côte*, h/t (38x46) : **FRF 14 000** – STRASBOURG, 29 nov. 1989 : *Paysage grec*, h/t (35x27) : **FRF 21 000** – PARIS, 20 fév. 1990 : *Nu à la fenêtre*, h/t (35x27) : **FRF 13 000** – VERSAILLES, 8 juil. 1990 : *Le vase de fleurs*, h/t (55x46) : **FRF 12 000** – NEUILLY, 3 fév. 1991 : *Jeune femme au bouquet*, h/pan. (51x40) : **FRF 9 000** – SAINT-DIÉ, 23 juin 1991 : *Eze village*, h/t (65x81) : **FRF 27 000** – CALAIS, 25 juin 1995 : *Paysage*, h/t (50x65) : **FRF 4 000**.

DEFOUR Jean-Baptiste
Né en 1936 à Saint-Étienne (Loire). XXe siècle. Français.
Peintre.
Il a figuré dans plusieurs expositions collectives en France et à Montréal et depuis 1978 présente son travail lors d'expositions personnelles en France et au Canada.
Les peintures de Jean-Baptiste Defour, mettent en scène un monde fantastique et minéral, baigné de limbes inquiétantes, où l'homme solitaire trouve refuge dans la spiritualité.

DEFOURNEAU
XVIIIe siècle. Français.
Peintre de portraits.
Il travaillait à Lyon en 1736-1737.

DEFRAIGUE Gilberte
Née à Béthune (Pas-de-calais). XXe siècle. Française.
Sculpteur et décorateur.
Sociétaire du Salon d'Automne elle exposa des incrustations d'or et d'argent sur bronze.

DEFRAINE Jean Florent
Né en 1754 à Paris. XVIIIe siècle. Français.
Dessinateur et graveur.
Élève de Lempereur.
VENTES PUBLIQUES : PARIS, 28 mai 1931 : *La Joueuse de guitare*, mine de pb : **FRF 820**.

DEFRANCE Alexandre
Né le 20 mars 1612 à Chaumont (Haute-Marne). XVIIe siècle. Français.
Peintre.
Issu d'une famille de marchands chaumontois, il fut sans doute le premier à se tourner vers les arts. À vingt et un ans, il était peintre ordinaire de la Reine, Anne d'Autriche.

DEFRANCE Alexandre
Né le 24 novembre 1650 à Toulon (Var). XVIIe-XVIIIe siècles. Français.
Peintre.
Il était le fils de Hiérosme Defrance, originaire de Chaumont et installé à Toulon. Le 20 février 1688, il reçut de la marine la commande d'un retable de *Sainte Barbe* destiné à la chapelle de la poudrière de Lagoubran. En 1691 et 1695, il était adjudicataire de travaux de peinture pour les vaisseaux. « Maître à dessiner » de la marine en 1717, il exécutait en 1718, pour l'hospice de la Charité, les copies des portraits de MM. Catelin, du Pradet, et Lange de Ricard.

DEFRANCE Hiérosme
Né le 14 mars 1621 à Chaumont (Haute-Marne). Mort le 26 décembre 1681 à Toulon (Var). XVIIe siècle. Français.
Maître brodeur et peintre.
Il était le frère cadet d'Alexandre Defrance, qui fut peintre de la Reine. Il quitta Chaumont pour s'établir avec sa famille à Toulon, où il travailla comme maître brodeur. C'est à ce titre que la marine lui commanda en 1664 l'exécution d'une broderie de laine et d'or, dont il avait présenté le dessin, pour « la galère de sa Majesté nommée la Reyne ».

DEFRANCE Jean Pierre
XVIIIe siècle. Actif à Rouen. Français.
Architecte et sculpteur.
Il travailla surtout dans des églises, à des travaux de restauration, et construisit et décora des autels.

DEFRANCE Joseph
Né le 31 octobre 1653 à Toulon (Var). XVIIe-XVIIIe siècles. Français.
Sculpteur.
Fils de Hiérosme Defrance, il fit son apprentissage à Toulon vers 1668, sans doute auprès de Pierre Puget. Il fut reçu maître sculpteur en 1677 à Amiens, où il fut actif jusqu'en 1684. Il y réalisa notamment le baldaquin de l'église des Jacobins, disparu à la Révolution, mais dont tous les témoignages s'accordent à dire qu'il était un véritable chef-d'œuvre. Il était en effet conçu à l'image de ceux de Saint-Pierre de Rome et du Val-de-Grâce à Paris, et surplombait une contre-table d'autel qui encadrait une toile du frère Luc, *L'Assomption de la Vierge*, copie du tableau de Guido Reni à Saint-Louis des Français (Rome), sauvée de la Révolution mais détruite en 1940. Les six colonnes torses richement ornées, le vocabulaire décoratif très baroquisant, les angelots et le groupe de la Vierge au sommet nous sont connus par un dessin conservé au musée de Picardie, qui témoigne de la parfaite maîtrise technique et artistique de Joseph Defrance, ainsi que de ses séjours en Italie. On pourrait également lui attribuer le grand tableau sculpté en haut-relief de l'église de Feuquières-en-Vimeu (Somme), représentant *L'Extase de Sainte-Thérèse*, et provenant de l'ancienne église des Carmes d'Abbeville. En effet, son style débridé et triomphant, « baroque » si l'on veut, paraît insolite dans la Picardie du XVIIe siècle et doit être rattaché à l'influence de Puget, dont l'activité à l'Arsenal de Toulon eut un rayonnement considérable.

DEFRANCE Laurent Jacquot. Voir **JACQUOT-DEFRANCE**

DEFRANCE Léonard
Né le 5 novembre 1735 à Liège. Mort le 22 février 1805. XVIIIe siècle. Flamand.
Peintre de compositions religieuses, sujets mythologiques, scènes de genre, portraits, intérieurs, paysages, fleurs et fruits, aquarelliste, décorateur de théâtre, dessinateur.
Il fut élève de Jean-Baptiste Coclers. Il vécut à Rome de 1753 à 1759, puis à Florence, Bologne, Venise, Padoue, Milan. Il resta longtemps en France à Montpellier et Toulouse et revint à Liège en 1764. Il fut professeur de dessin et étudia le paysage avec H. de Fassin. Pendant la Révolution, il contribua au vandalisme et à la destruction des vieilles œuvres d'art, dont la cathédrale Saint-Lambert de Liège.
Il peignit dans des tons clairs et vifs des petits tableaux racontant la vie de tous les jours. Ses œuvres rappellent les tableaux de genre des Hollandais, à l'école desquels Defrance a été formé.

MUSÉES : DIJON (Mus. des Beaux-Arts) : *À l'égide de Minerve* – LIÈGE : *Le Christ à la colonne*, deux œuvres – *Femmes buvant du café* – *Hommes jouant aux cartes* – *Visite à la manufacture de tabac* – *La partie de cartes* – *Intérieur d'une fonderie* – *Autoportrait* – *Intérieur d'une usine* – *Le militaire en permission* – MIRANDE (Mus. des Beaux-Arts) : *Portrait de peintre* – PARIS (Mus. Marmottan) : *L'extraction des marbres* – *Intérieur d'une tannerie* – SAINT-PÉTERSBOURG : *Rixe d'hommes* – *Rixe de femmes* – VERVIERS : *Déclaration d'amour*.
VENTES PUBLIQUES : PARIS, 10 jan. 1816 : *Vue d'une place publique à Vienne* : **FRF 200** – PARIS, 1883 : *Réjouissance publique* : **FRF 2 500** – PARIS, 17 déc. 1906 : *Un coin de rue à l'époque de la Révolution* : **FRF 1 010** – PARIS, 7 juin 1922 : *Réunion dans un cabaret* : **FRF 4 800** – BRUXELLES, 11 déc. 1937 : *La forge* : **BEF 2 900** – PARIS, 24 jan. 1944 : *La lecture de la gazette* : **FRF 74 000** – LONDRES, 3 nov. 1944 : *La forge* : **GBP 54** – PARIS, 17 déc. 1949 : *Une vente publique* : **FRF 1 720 000** – PARIS, 12 déc. 1966 : *Les racoleurs* : **FRF 14 000** – AMSTERDAM, 28 avr. 1976 : *Chez le forgeron*, h/pan. (34,5x51) : **NLG 37 000** – MUNICH, 29 juin 1982 : *Personnages en costumes Directoire*, dess. à la pl. aquarellé (23x36) : **DEM 1 800** – PARIS, 30 juin 1989 : *Intérieur de forge*, panneau de chêne (31,5x25,5) : **FRF 23 000** – NEW YORK, 12 jan. 1995 : *Joueurs de cartes dans une auberge*, h/pan. (44,5x34,3) : **USD 12 650** – PARIS, 12 juin 1995 : *Homme assis taillant un bâton*, h/t (32x25) : **FRF 50 000** – PARIS, 26 mars 1996 : *L'heure du thé*, h/t (90x145) : **FRF 55 000**.

DEFRANCE Paule
Née le 6 mars 1894 à Dijon (Côte-d'Or). XXe siècle. Française.

Peintre de fleurs et de natures mortes.
Elle fut élève de Jacques Fernand Humbert et sociétaire du Salon des Artistes Français ainsi que de l'Union des Femmes Peintres et Sculpteurs.

DEFRANSURE-D'HEILLY Marie Emilie
Née le 10 juillet 1867 à Amiens (Somme). Morte après 1930. XIXe-XXe siècles. Française.
Peintre, miniaturiste.
Elle débuta en 1896 au Salon des Artistes Français dont elle fut sociétaire en 1902.

DEFRAOUI Chérif et **Silvie**
XXe siècle. Suisses.
Artistes, réalisateurs d'installations.
Ils ont figuré dans de nombreuses expositions collectives parmi lesquelles on peut citer : en 1975 la Biennale de São Paulo, en 1976 la Biennale de Venise, en 1977 à l'Art Institute de Chicago *L'Europe dans les années soixante-dix : Aspects de l'art actuel*, en 1978 *Artwords and Bookworks* à l'Institut d'Art Contemporain de Los Angeles, en 1979 *Photography as art, art as photography* II et III exposition itinérante en Europe et aux États Unis, en 1982 *De la catastrophe* au Centre d'Art Contemporain de Genève, en 1983 *Defraoui, Krauth, Sarkis, Toroni* au City Art Center d'Édimbourg, en 1984 *100 œuvres de 75 artistes* à la Fondation Nationale des Arts Plastiques à Paris, en 1985 *L'autoportrait à l'âge de la photographie* au Musée cantonnal des Beaux-Arts de Lausanne et la 1re Biennale Internationale de Vidéo de Vienne, en 1986 à Cassel, à Graz *Artistes suisses*. Ils ont exposé personnellement à partir de 1975 : à la galerie Gaëtan à Genève, en 1976 *Jardins exotiques* dans cette même galerie, en 1977 *Archétypes et Artifices* à la galerie Cadaquès à Cadaquès, en 1978 *Rooms* au centre d'art contemporain de Genève, en 1979 *Performances secrètes* au centre d'art contemporain de Genève, en 1981 *Indices de variations* à Lucerne, *les instruments de divination* au centre d'art contemporain de Genève, en 1982 *Les formes du récit* à la Tartar Gallery d'Édimbourg, en 1983 *Conversation sur un radeau* à la galerie Grita Insam à Vienne, en 1984 *Elementare Begegnungen* à la galerie Corinne Hummel à Bâle, en 1985 *Figures* au Musée cantonnal des Beaux-Arts de Lausanne, en 1986 *Et si la terre perdait son pouvoir d'attraction* à la Fondation Joan Miro de Barcelone, *La querelle des images* au centre d'art contemporain Midi-Pyrénées à Toulouse, en 1987 *Orient-Occident*, La Criée-Halle d'art contemporain de Rennes, en 1988 au Centre culturel Suisse à Paris.
Silvie et Chérif Defraoui sont professeurs à l'École Supérieure d'Art Visuel de Genève. Depuis 1975, ils réalisent les *Archives du futur*, œuvre constituée de multiples pièces qui dialoguent entre elles. Leur travail est construit sur des oppositions et centré sur l'idée de la réversibilité, comme cela apparaît dans *Lieux de mémoire / Mémoire du lieu*. Ils utilisent des matériaux divers, la vidéo, mais également plus traditionnels comme des toiles, la photographie, des sculptures. ■ F. M.

DEFRAOUI Silvie. Voir **DEFRAOUI Chérif**

DEFRASSE H.
XXe siècle.
Peintre, aquarelliste, dessinateur de paysages, d'architectures.
Il est peut-être architecte.
VENTES PUBLIQUES : PARIS, 18 nov. 1988 : *Le bar*, past. mar./pan. (36x56) : **FRF 4 500** ; *Le bassin*, dess. cr. et fus. (48x98) : **FRF 5 800** ; *La gare*, past. mar./pan. (73x110) : **FRF 9 000**.

DEFREGGER Franz von
Né le 30 avril 1835 à Stronach (Tyrol). Mort en 1921 à Munich. XIXe-XXe siècles. Allemand.
Peintre d'histoire, scènes de genre, portraits, paysages.
Tout d'abord berger, il s'orienta vers les beaux-arts et entra à l'Académie de Munich où il fut élève de Piloty. Il obtint une médaille de troisième classe à l'Exposition Universelle de 1878 et fut membre du jury à celle de 1900. Anobli en 1883, il fut nommé professeur à l'Académie de Munich.
Peintre de scènes populaires, il fut aussi célèbre pour l'un de ses tableaux d'histoire : *La Dernière Levée*, montrant l'appel des vieillards contre Napoléon en 1809, qui fut reproduit un nombre considérable de fois.
Il peint avec force les détails de personnages qui se détachent sur un fond de paysage généralement flou.

F. Defregger

F. Defregger

BIBLIOGR. : Gérald Schurr, in : *Les Petits Maîtres de la peinture 1820-1920, valeur de demain*, Les Éditions de l'Amateur, t. V, Paris, 1981.
MUSÉES : BERLIN : *Retour des Tyroliens – Paysage – Le Tyrolien* – BRÊME : *Jeune paysanne tyrolienne* – BRESLAU, nom all. de Wroclaw : *Jeune fille* – BUCAREST (Mus. Simu) : *Tête d'enfant* – COLOGNE : *Combat – Jeune paysanne* – FRANCFORT-SUR-LE-MAIN : *S. Fraudl, jeune Tyrolienne* – HAMBOURG : *Le gardien* – INNSBRUCK : *Scènes extraites de la vie de Spechbacher* – KALININGRAD, ancien. Königsberg : *Tête d'homme – Tête de femme – Tyrolienne – La dernière promenade d'André Hofer – Chose défendue* – LEIPZIG : *Bénédicité* 1875 – MAYENCE : *Buste de femme* – MUNICH : *L'assaut de la Tour Rouge – Matin de Noël 1705 – La visite – Un conseil de guerre* 1809 – STUTTGART : *Le chasseur blessé* 1874 – VIENNE : *La dernière levée – Le joueur de mandoline – Portrait du Kronprinz et de la Kronprinzessinn.*
VENTES PUBLIQUES : PARIS, 1883 : *La danse* : **FRF 48 000** – NEW YORK, 3 fév. 1905 : *Amoureux* : **USD 1 600** – BERLIN, 19 avr. 1909 : *La lettre d'amour* : **DEM 670** – LONDRES, 27 mai 1910 : *Proposition de mariage* : **GBP 1 008** – PARIS, 30 nov. 1923 : *Intérieur tyrolien* : **FRF 17 800** – NEW YORK, 13 mai 1942 : *The Prize horse* : **USD 2 350** – LUCERNE, 5 déc. 1955 : *Buste de jeune fille* : **CHF 2 000** – COLOGNE, 5 mai 1960 : *Jeune fille tyrolienne* : **DEM 11 000** – LUCERNE, 22 juin 1963 : *Portrait d'un jeune garçon – Portrait d'une fillette* : **CHF 10 000** – MUNICH, 23-24-25 juin 1965 : *La danse dans la prairie* : **DEM 42 000** – MUNICH, 24 nov. 1971 : *Le repos des chasseurs* : **DEM 34 000** – LOS ANGELES, 28 fév. 1972 : *Villageois admirant un cheval* : **USD 28 000** – COLOGNE, 27 juin 1974 : *Le conteur* 1894 : **DEM 50 000** – COLOGNE, 14 juin 1976 : *Scène d'auberge, Tyrol* 1889, h/pan. (92x134) : **DEM 77 000** – LINDAU, 12 oct. 1977 : *L'aide-cuisinière* 1873, h/pan. (48x34,5) : **DEM 35 000** – LONDRES, 20 avr. 1979 : *Famille dans un intérieur* 1872, h/t (45,5x53,3) : **GBP 12 000** – LONDRES, 20 avr. 1979 : *Famille dans un intérieur* 1872, h/t (45,5x53,3) : **GBP 12 000** – VIENNE, 10 juin 1980 : *Portrait d'homme en buste* 1896, craies de coul./pap. (15,5x10) : **ATS 30 000** – LONDRES, 23 juin 1981 : *Heimkehrende Tiroler Landsturm im Kriege von 1809* vers 1876, h/t (43,5x57,5) : **GBP 26 000** – NEW YORK, 26 mai 1982 : *Intérieur d'auberge* 1886, h/t (49,2x37,5) : **USD 72 500** – MUNICH, 24 nov. 1983 : *Tyroliens faisant de la musique*, fus. (24x32) : **DEM 2 600** – NEW YORK, 30 oct. 1985 : *La joueuse de cythare* 1909, h/t (49,5x39,5) : **USD 42 000** – MUNICH, 5 nov. 1986 : *Joueuse de cithare avec ses deux enfants* 1909, h/t (49,5x39,5) : **DEM 120 000** – MUNICH, 14 mai 1986 : *Lisa* 1884, fus. et estompe (67x56) : **DEM 7 000** – VIENNE, 11 déc. 1987 : *Fillette tenant une assiette* 1883, cr. noir (22x17,6) : **AST 30 000** – LONDRES, 25 mars 1988 : *Portrait en buste d'une jeune paysanne* 1983, h/pan. (27x21,5) : **GBP 11 000** – NEW YORK, 25 fév. 1988 : *Le retour de la chasse*, h/t (77,5x94,5) : **USD 137 500** – MUNICH, 18 mai 1988 : *Homme au chapeau*, h/pan. (24x18) : **DEM 28 600** – NEW YORK, 28 fév. 1990 : *Bonheur familial* 1884, h/pan. (45,1x26,7) : **USD 68 750** – MUNICH, 31 mai 1990 : *La demande en mariage* 1906, h/pan. (80x59) : **DEM 181 500** – MUNICH, 12 déc. 1990 : *Braconniers dans un refuge alpin*, h/t (38x49) : **DEM 71 500** – MUNICH, 10 déc. 1991 : *La première leçon* 1887, h/cart. (103x139) : **DEM 218 500** – NEW YORK, 28 mai 1992 : *Jeune paysan*, h/cart. (35,6x24,8) : **USD 8 800** – MUNICH, 25 juin 1992 : *Jeune fille*, h/bois (20x16,5) : **DEM 35 030** – NEW YORK, 29 oct. 1992 : *Joueur de cithare avec deux jeunes femmes près de l'âtre* 1876, h/t (94,6x73,7) : **USD 115 500** – ROME, 27 avr. 1993 : *Homme fumant la pipe* 1891, h/t (21x16) : **ITL 7 319 300** – LONDRES, 19 nov. 1993 : *Jeune paysan à la pipe*, h/pan. (40,7x30,4) : **GBP 11 500** – MUNICH, 7 déc. 1993 : *Le pélerinage* 1901, h/t (136,5x178,5) : **DEM 634 400** – NEW YORK, 15 fév. 1994 : *Endormi* 1904, h/t (36,8x40,6) : **USD 14 950** – LONDRES, 13 oct. 1994 : *Petite fille et sa poupée* 1881, h/pan. (47x26,2) : **GBP 33 350** – NANTERRE, 20 oct. 1994 : *Élégante au parc*, h/pan. (50x68) : **FRF 8 500** – VIENNE, 29-30 oct. 1996 : *Portrait d'un vétéran de la guerre*, h/cart. (37x37) :

ATS 138 000 – MUNICH, 25 juin 1996 : *La Conspiration de Andreas Hofer et des paysans*, h/cart./pan. (80x65) : **DEM 74 750** – MUNICH, 3 déc. 1996 : *Jeune Bavaroise* 1887, h/bois (52x40,5) : **DEM 61 200**.

DEFREGGER Sebastian
Né en 1784 à Mitterdorf (Tyrol). Mort en 1853 à Kufstein. XIXe siècle. Éc. tyrolienne.
Peintre et sculpteur.
Le Musée d'Innsbruck conserve des moulages de ses œuvres : *Mise au tombeau, Résurrection du Christ, Enlèvement des Sabines.*

DEFRÉMINCOURT Blanche
XIXe siècle. Active à Paris. Française.
Peintre.
Sociétaire des Artistes Français depuis 1891. Elle prit part aux expositions de cette société.

DEFRENNE Émile
Né en 1817 à Lille (Nord). XIXe siècle. Français.
Peintre de genre.
Élève de Souchon. Le Musée de Tourcoing conserve de lui : *Cérémonie de l'inauguration des Eaux de la Lys* (1863).

DEFRENNE Jacques
XIVe siècle. Actif à Douai. Éc. flamande.
Sculpteur.
Il sculpta un tombeau en 1325 avec un certain Jean Harbouillet.

DEFREYN Charles
Né le 24 janvier 1851 à Bruxelles. Mort après 1930. XIXe-XXe siècles. Belge.
Peintre de genre.
Exposait depuis 1909 au Salon des Artistes Français, des sujets paysans.

DEFRIÈS Lily
Née au XIXe siècle à Londres. XIXe siècle. Britannique.
Peintre de genre.
Élève de Max Bohm. Elle obtint une mention honorable au Salon de 1900.
VENTES PUBLIQUES : LONDRES, 26 mars 1923 : *Scène de genre* : **GBP 9**.

DEFROMONT Pierre
XVIIe siècle. Actif à Châteaudun. Français.
Sculpteur.
Il fut chargé, en 1621, de différents ouvrages dans l'église du prieuré de Saint-Valérien, à Châteaudun, notamment de décorer le maître-autel au moyen de pyramides portant un Christ, une Madeleine et un saint Jean.

DEGA Marcel Louis Bernard
Né à Montlhéry (Essonne). XXe siècle. Français.
Peintre de paysages.
Élève de A. Laurens et Biloul. Exposant du Salon des Artistes Français.

DEGAINE Édouard
Né à Gintioux (Creuse). XXe siècle. Français.
Peintre de figures, de compositions à personnages, de natures mortes, de paysages.
Il exposa au Salon d'Automne en 1930 et 1931.
VENTES PUBLIQUES : PARIS, 19 fév. 1932 : *Le compotier* : **FRF 1 200** – PARIS, 22 fév. 1936 : *Garçonnet et femme au repos* : **FRF 280** ; *Nature morte avec fruits et porcelaines* : **FRF 110** – PARIS, 23 mars 1938 : *Portrait d'enfant*, sanguine : **FRF 400** – LIMOGES, 4 déc. 1982 : *Visage*, techn. mixte, laque et sable/t. (61x37) : **FRF 45 000**.

DEGALASSE Amélie
Née en 1821 à Paris. XIXe siècle. Française.
Peintre de genre.
A exposé au Salon de 1844 à 1849.

DEGALLAIX Louis
Né à Saint-Quentin (Aisne). XIXe siècle. Français.
Peintre de paysages, aquarelliste.
Il exposa au Salon des Artistes Français de Paris, dont il devint sociétaire en 1883, obtenant une mention honorable en 1908. Il figura ensuite au Salon de la Société Nationale des Beaux-Arts. En 1925, il présentait deux vues de *Marseille* au Salon d'Automne.
VENTES PUBLIQUES : PARIS, 1894 : *En forêt, temps de neige*, deux aquar. : **FRF 31** – PARIS, 24 fév. 1922 : *Pensées*, aquar. : **FRF 400** – PARIS, 5 juil. 1988 : *Voiliers*, h/t (150x181) : **FRF 12 500**.

DEGAND Eugène
Né le 6 octobre 1829 à Lille (Nord). XIXe siècle. Français.
Peintre de genre, paysages animés, paysages.
Il a exposé au Salon de Paris, de 1857 à 1868, des tableaux de genre, représentant généralement des sujets pris en Algérie et en Italie.
VENTES PUBLIQUES : AMSTERDAM, 11 mai 1982 : *Trois femmes et un perroquet*, h/pan. (31,2x23,7) : **NLG 1 850** – PARIS, 23 avr. 1993 : *La Halte*, h/pan. (23x37) : **FRF 7 400**.

DEGAND Pierre Guislain Philibert
Né le 3 mars 1747 à Arras. Mort le 18 juillet 1825 à Douai. XVIIIe-XIXe siècles. Éc. flamande.
Sculpteur.
Il fut professeur à l'Académie de Douai. Le Musée de Douai conserve de lui les portraits de *Jean-François Bérenger d'Onicourt, Edmé Liegards, Claude Louis Samson Michel, Pierre Taffin*, un groupe représentant *Les Trois Grâces*.

DEGANI
XVe siècle. Actif à Reggio Emilia. Italien.
Peintre.
Il travailla avec d'autres peintres au Palazzo del Comune et au Palazzo del Capitano.

DEGANS Xavier
Né en 1949. XXe siècle. Français.
Peintre de paysages animés, paysages, natures mortes, peintre à la gouache, aquarelliste.

VENTES PUBLIQUES : DOUAI, 2 juil. 1989 : *Les présences invisibles* 1969, aquar. (37,5x45) : **FRF 3 800** – LE TOUQUET, 12 nov. 1989 : *Promeneurs sur la plage au crépuscule*, aquar. (73x54) : **FRF 17 000** – DOUAI, 24 mars 1991 : *Paysage*, gche (54x65) : **FRF 5 700** – CALAIS, 5 juil. 1992 : *Nature morte aux fruits* 1969, h/t (65x54) : **FRF 5 000** – LE TOUQUET, 14 nov. 1993 : *Nature morte aux fruits* 1969, h/t (65x54) : **FRF 4 000**.

DEGANUTTO Matteo
Né au XVIIIe siècle à Cividale. XVIIIe siècle. Italien.
Sculpteur sur bois.
En 1761, il livra pour l'église S. Francesco de Capodistria une armoire, qui se trouve aujourd'hui dans la Cathédrale de la même ville. Il travailla également en 1792 à la Chaire et aux Orgues de la Cathédrale de Cividale.

DEGAS Hilaire Germain Edgar, pseudonyme de **de Gas**
Né le 19 juillet 1834 à Paris. Mort le 26 septembre 1917 à Paris. XIXe-XXe siècles. Français.
Peintre d'histoire, de scènes de genre, sujets de sport, figures, nus, portraits, intérieurs, pastelliste, sculpteur, graveur, dessinateur. Impressionniste.
Hilaire Germain Edgar Degas est né à Paris, rue Saint-Georges, d'un père banquier né à Naples, d'une mère née à la Nouvelle-Orléans, tous deux de vieille origine française. Son grand-père, qui avait émigré au moment de la Révolution, et son père avaient toujours signé leur nom : De Gas. Lui-même signa ainsi jusque vers 1870. Les *Malheurs de la Ville d'Orléans* sont signés : Ed. De Gas. Après ses études au lycée Louis-le-Grand, il commence son droit, puis suit sa vocation qui l'entraîne vers les arts. Il entre à l'atelier du lyonnais Lamothe, élève d'Hippolyte Flandrin, puis d'Ingres lui-même. Son esprit demeurera toujours fidèle à l'enseignement ingriste. Dans sa jeunesse, il avait, paraît-il, rencontré le maître lui-même chez les Valpinçon, qui, l'ayant possédée dans leur collection, ont donné leur nom à la *Grande Baigneuse*. « Faites des lignes, jeune homme – lui aurait dit M. Ingres – beaucoup de lignes, de souvenir ou d'après nature, c'est ainsi que vous deviendrez un bon artiste. » Dès ses premières années, il manifeste son goût pour le dessin et l'eau-forte et pour ce maître de précision qu'est Holbein. Il exécute des copies au Louvre et poursuit son étude des musées au cours de ses premiers voyages en Italie, en 1856 et, en particulier, de son séjour à Rome. Le jeune Degas s'engage en 1870 et retrouve comme capitaine de la batterie où il sert, son ancien condisciple Henri Rouart. Il se rend en Amérique, où son frère René était employé dans la maison de commerce de leur oncle. Degas a accompli quelques voyages au cours de sa vie : en Italie, en Angleterre, en Espagne. Mais il a surtout vécu à Paris. C'est un Parisien de

Paris, et en somme un génie essentiellement urbain et qui n'ira guère chercher la nature que sur les champs de courses. Pendant plus de vingt ans, il a habité à Montmartre, rue de Laval (aujourd'hui rue Victor-Massé), dans un logis dont on a souvent décrit l'hétéroclite et poussiéreux désordre. Ses meubles sont les meubles de famille, des meubles louis-philippards. Dans sa collection de peintures dominent Corot, Manet, Cézanne, Gauguin et aussi Ingres et Delacroix. Car tout zélateur passionné d'Ingres qu'il soit, il sait rendre justice à Delacroix. Il fréquente les milieux naturalistes, le Guerbois et la Nouvelle-Athènes, se lie avec Duranty dont il fera un beau portrait. Notons qu'il n'est que de deux ans le cadet de Manet, et nous nous expliquerons que, bien qu'ayant été le compagnon des Impressionnistes, il n'ait que malaisément accepté de se voir classé dans leur école. Au reste, c'est un solitaire et un misanthrope, et si l'on parle de son cœur, c'est toujours comme d'une source cachée et qu'il faut savoir découvrir sous l'âpreté des mots d'esprit, tranchants et impitoyables. Expulsé de son atelier pour cause d'opération immobilière, il cessa complètement de travailler, errant autour du chantier de démolition. Il mourut, presque aveugle, à Paris, dans la nuit du 26 septembre 1917.

Degas a participé au Salon officiel : Salon de 1865 : *Scène de guerre au Moyen Âge* (pastel). – 1866 : *Scène de steeple-chase.* – 1867 : *Portrait de famille, Portrait de famille* (l'un de ces deux portraits représente *Deux Sœurs*, probablement les deux sœurs de l'artiste, d'après le compte rendu que Castagnary fit de ce Salon). – 1868 : *Portrait de Mlle E. F.*, à propos du ballet de *La Source.* – 1869 : *Portrait de Mme G.* (probablement *Mme Gaujelin*, c'est-à-dire la *Femme aux Mains jointes*, collection de Mrs Gardner). – 1870 : *Portrait de Mme C. (Mme Camus), Portrait de Mme G.* (pastel).

Des Expositions des Impressionnistes, ou plus exactement de la *Société Anonyme des Artistes peintres, sculpteurs, graveurs* (c'est le nom que portent les catalogues des Expositions), il y en eut huit, Degas s'abstint seulement à la septième, celle de 1882. L'indication précise des œuvres présentées par Degas à chacune des expositions, outre l'intérêt de leur choix, fait comprendre que la participation à cet organisme d'un type nouveau constituait pour chacun une véritable exposition personnelle.

Il y exposa : à la 1re, du 15 avril au 15 mai 1874, 35, boulevard des Capucines : No 54, *Examen de danse au théâtre* ; No 55, *Classe de danse* (c'est le tableau de la collection Camondo, No 163) ; No 56, *Intérieur de coulisse* ; No 57, *Blanchisseuse* ; No 58, *Départ de course* (esquisse, dessin) ; No 59, *Faux départ*, dessin à l'essence ; No 60, *Répétition de ballet sur la scène* (dessin) (c'est le tableau peint en grisaille de la collection Camondo, No 162) ; No 61, *Une Blanchisseuse* (pastel) ; No 62, *Après le bain* (étude, dessin) ; No 63, *Aux courses en province*, (*La Voiture aux Courses* au Museum of Fine Arts de Boston).

2e exposition, 11, rue Le Pelletier, avril 1876 : *Portraits dans un bureau* (Nouvelle-Orléans), (*Le Bureau de coton* du Musée de Pau) ; *Examen de danse* ; *Portrait de M. E. M. (M. Ernest May)* ; *Portrait de Femme* (ébauche) ; *Cour d'une maison* (Nouvelle-Orléans) (esquisse) ; *Blanchisseuse*, deux fois ; *Ébauche de portrait* (pastel) ; *Portrait*, le soir ; *Salle de danse*, deux fois ; *Portrait* ; *Coulisses*, deux fois ; *Blanchisseuses* (silhouette) ; *Blanchisseuse portant du linge* ; divers croquis de danseuses ; *Dans un café* ; *Orchestre* ; *Femme se lavant le soir* ; *Petites paysannes se lavant à la mer vers le soir* ; *Modiste* ; *Portrait* : *Blanchisseuse* (dessin).

3e exposition, avril 1877, 6, rue Le Pelletier, il présente vingt-cinq œuvres, dont quelques-unes de ses plus notables scènes de danse : No 37, *Femmes devant un café le soir*, appartient à M. C. (M. C. c'est Caillebotte, et le tableau est le pastel qui se trouve au Louvre) ; No 38, *École de danse* ; No 39, *Ballet* ; No 40, *Danseuse un bouquet à la main* (pastel de la collection Camondo No 217) ; No 41, *Danseuses à la barre* ; No 42, *Chanteuse de café-concert* ; No 43, *Café-concert* ; No 44, *Café-Concert* ; No 45, *Femme sortant du bain* (c'est le petit pastel du legs Caillebotte au Louvre) ; No 46, *Femme prenant son tub le soir* ; No 47, *Choriste* (c'est le tableau du legs Caillebotte *Les Figurants*) ; No 48, *Classe de danse* (peut-être la réplique du tableau de la collection Camondo, appartenant à la collection Payne de New York, ou le tableau collection Camondo No 163, exposé pour la deuxième fois) ; No 49, *Portrait de M. H. R. (Portrait de M. Henri Rouart* ; No 50, *Bains de mer. Petite fille peignée par sa bonne* (tableau de l'ancienne collection Henri Rouart, qu'on appelle généralement *Sur la Plage*) ; No 51, *Petites filles du pays se baignant dans la mer à la nuit tombante* ; No 52, *Coulisses de théâtre* ; No 53, *Portrait* ; No 54, *Portrait* ; No 55, *Billard* ; No 56, *Cabinet de toilette* ; No 57, *Ballet* ; No 58, dessins faits à l'encre grasse et imprimés ; No 59, même chose ; No 60, même chose ; No 61, *Répétition de ballet* (tableau de la collection Camondo, No 162, ou la réplique appartenant à mrs Colden-Sichert).

4e exposition, avenue de l'Opéra, avril 1879 : No 57, *Portrait de M. Diego Martelli* ; No 58, *Portrait de M. Duranty* (détrempe) ; No 59, *Portrait après un bal costumé* (détrempe) ; No 60, *Portrait d'amis sur la scène* (pastel) ; No 61, *Portrait à la Bourse* ; No 62, *Miss Lola au cirque Fernando* ; No 63, *Chevaux de course* (essence) (collection Camondo, No 165) ; No 64, *Blanchisseuse portant du linge en ville* (esquisse à l'essence), appartenait à M. Coquelin Cadet (tableau de la collection de Sir William Eden, reproduit dans Lemoisne, Degas p. 86) ; No 65, *École de danse* (détrempe) ; No 66, *École de danse* (ancienne collection Henri Rouart) ; No 67, *Essai de décoration* (détrempe) ; No 68, *Portrait dans une baignoire à l'Opéra* (pastel) ; No 69, *Portrait d'un peintre dans son atelier* ; No 70, *Chanteuse de café* (pastel) ; No 71, *Loge de danseuse* (pastel) ; No 72, *Danseuse posant chez un photographe* ; No 73, *Grand air après un ballet* (pastel) ; No 74, *Portrait de danseuse, à la leçon* (pastel) ; No 75, *Portraits de M. H. et de Mme H. de C.* (détrempe à pastel) (M. et Mme Hector de Callias) ; No 76, *Portrait* ; No 77, *Éventail* ; No 78, même chose ; No 79, même chose ; No 80, même chose ; No 81, même chose.

5e exposition, du 1er au 30 avril 1880, 10, rue des Pyramides : *Petites filles spartiates provoquant des garçons* (1860), (National Gallery, Millbank, London) ; *Petite danseuse de quatorze ans* (statuette en cire) ; *Portraits à la Bourse* (le même que le No 61 de la 4e Exposition) ; *Portrait*, deux fois ; *Étude de loge au théâtre* (pastel) ; *Toilette* (pastel) ; *Examen de danse*, deux fois ; *Danseuses* ; dessins ; Eaux-fortes. Essais et états de planches (dont l'eau-forte de la collection Camondo, No 227 : *Miss Cassatt au Louvre*, fit partie de ce lot).

6e exposition, du 20 avril au 1er mai 1881, 35, boulevard des Capucines : No 12, *Petite danseuse de quatorze ans* (statuette en cire) ; No 13, *Portrait* ; No 14, même chose ; No 15, même chose ; No 16, même chose ; No 17, *Physionomie de criminel* ; No 18, même sujet ; No 19, *Blanchisseuse.*

8e exposition, 1, rue Laffite, 15 mai-15 juin 1886 : No 14, *Femme essayant un chapeau chez sa modiste* (pastel) ; No 15, *Petites modistes* (pastel) (ancienne collection Alexis Rouart) ; No 16, *Portrait* (pastel) ; No 17, *Ébauche de portraits* (pastel) ; No 18, *Têtes de femme* ; du No 19 au No 28 : 10 pastels : Suite de nus de femmes se baignant, se lavant, se séchant, s'essuyant, se peignant ou se faisant peigner (dont deux pastels de la collection Camondo, No 221 : *Après le bain* et No 222 : *Le Tub*, figurèrent dans cette série).

Ses premières œuvres, *Sémiramis construisant Babylone* (1861), les *Malheurs de la ville d'Orléans* (1865), ressortissent évidemment au genre que l'on appelle peinture d'histoire ; on y note un tour académique, une pensée patiente et laborieuse, et, en bref, la recherche du style. Rien de surprenant à ce que cette dernière toile ait attiré l'attention de Puvis de Chavannes. On peut dater de la même période son *Portrait de famille*, vaste composition à quoi sa perfection de dessin et son aspect concerté donnent un air de chef-d'œuvre de musée. Un chef-d'œuvre lucidement, ironiquement voulu. Lors de son séjour en Amérique, il peint la *Femme à la potiche* et le *Bureau de coton à la Nouvelle-Orléans.* Dans la mise en page si singulière de la première de ces œuvres, dans la composition saugrenue de la seconde, sa sécheresse, sa lumière froide et ce que sa mise en scène, sa comédie, dénotent d'esprit d'observation, toute la personnalité de Degas s'affirme enfin.

Son naturalisme et, pour parler plus exactement encore, son classicisme apparaît dans l'exactitude et la magistrale autorité, un peu morose, de ses portraits (*La femme aux chrysanthèmes*, 1865, *La femme aux mains jointes*, 1867, *Les Deux Sœurs*, vers 1867-1868, *Mlle Dihau au piano*, vers 1868-70, *Diego Martelli*, 1879). Il est certain qu'il échappe complètement au lyrisme du plein air et n'a de souci que d'être vrai, fût-ce avec cynisme et férocité. Il peint des intérieurs de cafés, cafés-concerts, de théâtres, de boutiques de repasseuses. Moraliste hargneux, il représente des scènes d'un comique amer, semblables, dans leur triviale brièveté, à des faits divers ou aux « tranches de vie » du Théâtre-Libre (*Bouderie*, vers 1872-1873, *Le Pédicure*, 1873, *Intérieur* ou *Le Viol*, vers 1875, *L'Absinthe*, vers 1876-1877, *Les Repasseuses*, 1882).

Ce qui retient son attention, c'est le geste. Geste de la coquetterie vulgaire, de la peine, du travail ou de l'avachissement, il le capte avec une curiosité sarcastique, en naturaliste qu'il est. C'est

parce que, en naturaliste, en réaliste, il est épris du geste qu'il s'est toujours, mais particulièrement à la fin de sa vie, et alors que ses yeux l'abandonnaient, occupé au modelage et a produit des sculptures d'une saisissante présence concrète, ici citées d'après le Catalogue de M. Hébrard :
DANSEUSES : No 1, *Arabesque* ouverte sur la jambe droite, bras gauche en avant (première étude) ; No 2, *Arabesque* ouverte sur la jambe droite, bras gauche en avant (deuxième étude) ; No 3, *Arabesque* ouverte sur la jambe droite, main droite près de terre, bras gauche en dehors ; No 4, *Arabesque* sur la jambe droite, bras gauche dans la ligne ; No 5, Grande *Arabesque*, premier temps ; No 6, Grande *Arabesque*, deuxième temps ; No 7, Grande *Arabesque*, troisième temps (deuxième étude) ; No 8, Grande *Arabesque*, troisième temps ; No 9, Position de *Quatrième devant* sur la jambe gauche (première étude) ; No 10, Position de *Quatrième devant* sur la jambe gauche (deuxième étude) ; No 11, Position de *Quatrième devant* sur la jambe gauche (troisième étude) ; No 12, *Danseuse* mettant son bas (première étude) ; No 13, *Danseuse* mettant son bas (deuxième étude) ; No 14, *Danseuse* mettant son bas (troisième étude) ; No 15, *Danseuse* attachant le cordon de son maillot ; No 16, *Danse espagnole* (première étude) ; No 17, *Danse espagnole* (deuxième étude) ; No 18, *Danseuse* s'avançant, les bras levés (première étude) ; No 19, *Danseuse* s'avançant les bras levés, jambe droite en avant (deuxième étude) ; No 20, *Danseuse* au tambourin ; No 21, *Danseuse* au repos, les mains sur les hanches, jambe gauche en avant ; No 22, *Danseuse* au repos, les mains sur les reins, jambe droite en avant (première étude) ; No 23, *Danseuse* habillée au repos, les mains sur les reins, jambe droite en avant (deuxième étude) ; No 24, *Danseuse* au repos, les mains sur les reins, jambe droite en avant ; No 25, *Danseuse* saluant (première étude) ; No 26, *Danseuse* saluant (deuxième étude) ; No 27, *Danseuse* se frottant le genou ; No 28, *Danseuse* agrafant l'épaulette de son corsage ; No 29, *Danseuse* tenant son pied droit dans la main gauche ; No 30, *Danseuse* faisant le mouvement de tenir son pied (la main gauche manque) ; No 31, *La Révérence* ; No 32, *Danseuse* regardant la plante de son pied droit (première étude) ; No 33, *Danseuse* regardant la plante de son pied droit (deuxième étude) ; No 34, *Danseuse* regardant la plante de son pied droit (troisième étude) ; No 35, *Danseuse* regardant la plante de son pied droit (quatrième étude) ; No 36, *Préparation* à la danse, pied droit en avant ; No 37, *Étude de nu* pour la danseuse habillée.
CHEVAUX : No 38, *Cheval* de pur sang marchant au pas (le cou manque) ; No 39, *Cheval* marchant au pas relevé ; No 40, *Cheval* caracolant (trois jambes manquent) ; No 41, *Cheval* au galop sur le pied droit ; No 42, *Cheval* à l'abreuvoir ; No 43, *Cheval* s'enlevant sur l'obstacle ; No 44, *Cheval* se cabrant ; No 45, *Cheval* de trait ; No 46, *Cheval* faisant une « descente de main » ; No 47, *Cheval* arrêté ; No 48, *Étude de cheval* (les oreilles manquent) ; No 49, *Cheval* au galop sur le pied droit, le pied gauche arrière seul touche terre ; No 50, *Jockey* seul, allant sur le cheval précédant ; No 51, *Cheval* au trot, les pieds ne touchant pas le sol ; No 52, *Cheval* en marche (les oreilles manquent) ; No 53, *Cheval* au galop tournant la tête à droite, les pieds ne touchant pas terre ; No 54, *Jockey* pour le cheval précédent.
ÉTUDES DE FEMMES : No 55, *Torse* ; No 56, *Le Tub* ; No 57, *Femme enceinte* ; No 58, *Femme* assise dans un fauteuil s'essuyant la nuque ; No 59, *Femme* assise dans un fauteuil s'essuyant la hanche gauche ; No 60, *Femme* assise dans un fauteuil s'essuyant l'aisselle gauche ; No 61, *Femme* surprise ; No 62, *Femme* se coiffant ; No 63, *Femme* se lavant la jambe gauche (première étude) ; No 64, *Femme* se lavant la jambe gauche (deuxième étude) ; No 65, *Femme* sortant du bain (fragment) ; No 66, *Femme* s'étirant ; No 67, *Femme* assise dans un fauteuil s'essuyant le côté gauche ; No 68. *La Masseuse* (groupe) ; Divers : No 69, *Tête*, première étude pour le portrait de Mme S ; No 70, *Tête* (deuxième étude d'après Mme S.) ; No 71, *Portrait*, tête appuyée dans la main ; No 72, *La Cueillette des Pommes* (bas-relief).
Mais aussi, cette passion du mouvement ne pourrait-elle aider à le rattacher aux Impressionnistes ? Il est en tout cas parmi les spectacles de la vie moderne, un domaine sur lequel il les rejoint. C'est le plateau du théâtre, éclairé des feux scintillants de la lumière artificielle et traversé des tournoiements fugaces des danseuses. Les danseuses, les petits rats d'opéra, Degas est leur poète. Poète cruel, qui les saisit jusque dans leur geste de se gratter le dos, mais se laisse attendrir par leur « populacier museau », comme il dit dans un de ses sonnets, et émerveiller par la grâce papillotante de leurs tutus. Son goût des recherches techniques a amené Degas à les représenter, non seulement par l'huile, mais par toutes les cuisines les plus savantes et les plus raffinées du pastel : (*Le Foyer de la danse à l'Opéra de la rue Le Peletier*, 1872 ; *La Classe de danse*, 1874 ; *Répétition d'un ballet sur la scène*, 1874 ; *La Répétition de danse au foyer*, vers 1874-75 ; *L'Étoile*, 1876 ; *Danseuse au bouquet saluant*, 1877 ; *Danseuses ajustant leur toilette*, vers 1878-1880 ; *Danseuses au repos*, 1879 ; *Danseuses montant un escalier*, vers 1880 ; *Danseuses bleues*, vers 1890 ; *Quatre danseuses*, vers 1899). Que d'images du théâtre, du café-concert, du cirque, à ajouter à cette floraison ! (*Mlle Fiocre dans le ballet de la Source*, 1868 ; *L'Orchestre de l'Opéra*, vers 1868 ; *Le Ballet de Robert Le Diable*, 1872 ; *Le Café-Concert des Ambassadeurs*, vers 1875-1877 ; *La Chanson du Chien*, vers 1875-77 ; *Miss Lola au cirque Fernando*, 1879 ; *La Chanteuse au gant*, vers 1880).
Restent enfin à grouper : les scènes de courses : *La Voiture aux courses*, 1874 ; *Course de gentlemen. Avant le départ*, 1862 ; *Aux courses, devant les tribunes*, vers 1879 ; *Aux courses : jockeys amateurs près d'une voiture*, vers 1880 ; et surtout : les images de femmes à leur toilette, par lesquelles Degas s'est rendu particulièrement célèbre, ces nus au dessin anguleux, ces nus tristes malgré, souvent, la diaprure de couleurs qui les fouette. Là s'exhale toute la mysogynie d'un célibataire grognon, et l'on conçoit combien elle a pu enchanter la verve gouailleuse de Huysmans. Celui-ci s'est réjoui de voir Degas « jeter à la face de son siècle le plus expressif outrage, en culbutant l'idole constamment ménagée, la femme qu'il avilit lorsqu'il la représente en plein tub, dans les humiliantes poses des soins intimes. » : *Femme dans son tub*, vers 1880 ; *Après le Bain*, 1833 ; *Le Tub*, vers 1884-86 ; *La Toilette*, vers 1885-86 ; *Après le bain, Femme s'essuyant les pieds*, 1886 ; *Après le bain, Femme étendue sur un sopha*, vers 1890-95 ; *Après le bain, Femme nue s'essuyant le cou*, vers 1890-95.
« Aucun art n'est moins spontané que le mien » a pu dire Degas lui-même. Il se cherche, en effet, constamment une méthode et une technique ; il est curieux des métiers, s'intéresse à l'eau-forte et à la lithographie, imagine les procédés qu'on a appelés monotype, peint à l'essence sur papier, combine ensemble le pastel, l'huile et la détrempe. En témoigne le catalogue de l'Œuvre gravé et lithographié de Degas, lors de la vente de l'atelier de l'artiste (22 novembre 1918), eaux fortes, vernis-mous, aquatintes, lithographies et monotypes : Eaux-fortes : No 1, *Degas (Edgar)*, par lui-même ? daté : 8 nov. 57 ; No 3, *Degas (Edgar)*, par lui-même, 1858 ; No 4, *Dame âgée* (la mère de l'artiste ?) ; No 8, *Tourny (Joseph)* ; No 9, *Manet (Édouard)*, en buste, de profil à gauche (vers 1864) ; No 13, *Manet* assis, tourné de trois quarts à gauche, un chapeau dans la main droite ; No 15, *Manet* assis, tourné de trois quarts à droite ; No 22, *Portrait d'Homme imberbe*, de face, en buste ; No 24, *Portrait de jeune fille* (1re planche) ; No 25, *Portrait de jeune fille* (2e planche) ; No 28, Au Louvre : La Peinture (miss Cassatt) (15 états de cette planche) ; No 48, Au Louvre : Musée des Antiques (trois états) ; No 51, *Une actrice* ; No 54, *Loges d'Actrices* ; No 58, *Sur la scène* (cinq états) ; No 64, *Sur la scène*, variante ; No 68, *Aux Ambassadeurs* ; No 70, *Danseuses dans la coulisse* ; No 81, *Deux danseuses dans la coulisse* ; No 84, *Les deux danseuses* ; No 85, *Dans la coulisse* ; No 86, *Derrière le rideau de fer* ; No 87, *Une danseuse* ; No 88, *Profil d'Actrice* ; No 89, *La Danseuse mettant son chausson* ; No 90, *Les Blanchisseuses* (quatre états) ; No 96, *Femme à sa toilette* (la sortie du bain) (quinze états) ; No 100, *Le petit Cabinet de toilette* (quatre états) ; No 104, *Femme debout, au livre* ; No 106, *Femme à mi-corps* ; No 108, *Les Amoureux* (essai au crayon électrique) ; No 109, *Buste de femme* (essai au crayon électrique) ; No 110, *Pénombre* ; No 111, *Le Sportsman montant à cheval* ; No 111 bis, *La Rade* ; No 112, *L'Infante Isabelle*, d'après Vélasquez ; No 113, *Jeune Homme assis et réfléchissant* (copie d'après l'eau-forte de Rembrandt) ; No 114, *Projet de Programme*. Lithographies : No 115, *Aux Ambassadeurs* (Mlle Bécat) ; No 129, *Aux Ambassadeurs* (Mlle Bécat) (trois sujets sur la même pierre) ; No 132, *Chanteuse de café-concert* ; No 138, *Divette de café-concert (Ébat matinal)* (deux sujets sur la même pierre) ; No 140, *La chanson du chien* ; No 141, *Dans la Coulisse* ; No 145, *Loge d'avant-scène* (femme à l'éventail) ; No 146, *Au Cirque ; Femme nue à la porte de sa chambre* (deux sujets sur la même pierre) ; No 148, *Les trois danseuses nues mettant leurs chaussons* ; No 149, *Le Lever* (1re planche) ; No 158, *Le Lever* (2e planche) ; No 161, *Femme nue debout, à sa toilette* (1re planche) ; No 162, *Femme nue à sa toilette* (2e planche) ; No 166, *La Sortie du bain* (petite planche) ; No 167, *La Sortie du bain* (grande planche) ; No 175, *La Toilette*,

L'Homme à la pipe (M. Desboutins), *Au café-concert* (trois sujets sur la même pierre) ; No 177, *Quatre têtes de femmes.* Monotypes ou dessins à la presse : No 179, *Les deux amateurs* ; No 180, *La Loge* ; No 181, *Danseuses en répétition* ; No 182, (la même pièce No 2, signée) ; No 184, *Aux Ambassadeurs* (Mlle Bécat) (variante de la lithographie No 129) ; No 185, *Pianistes et chanteurs* (rehaussé de couleurs) ; No 186, *Chœur d'opéra* ; No 187, *Au théâtre : La loge* ; No 188, *Les Coulisses* ; No 189, *Les Coulisses* ; No 190, *Danseuse mettant son chausson* (contre-épreuve de monotype) ; No 191, *Danseuse* ; No 192, *Une danseuse* ; No 193, *Danseuse en exercice* (deux épreuves) ; No 194, *Divette de café-concert* (variante de la lithographie No 138) ; No 195, *Chanteuse de café-concert* (variante de la lithographie No 129) ; No 196, *Chanteuse de café-concert* (deux épreuves) ; No 197, *Chanteuse de café-concert* ; No 198, *Au café-concert* ; No 199, *Le café-concert* ; No 200, *Au café-concert* ; No 201, *Les Petites Cardinal*, par Ludovic Halévy (réunion de 37 compositions monotypes, de 30 contre-types et de 11 dessins, conçus en vue d'une illustration de cet ouvrage) ; No 202, *Omnibus de voyage* ; No 203, *Omnibus de voyage* (variante) ; No 204, *Une soirée* ; No 205, *En soirée* (épreuve No 2) ; No 206, *Cabinet particulier* ; No 207, *Le Repas* ; No 208, *La Table* ; No 209, *Une Fête* ; No 210, *L'Intime* ; No 211, *Les Repasseuses* ; No 212, *La Fête de la Patronne* (monotype pastellisé) ; No 213, *Le Lever* ; No 214, *Le Lever* (les bas) ; No 215, *Femme nue à la porte de sa chambre* (variante de la litho No 146) ; No 216, *Le Tub* ; No 217, *Le Bain* ; No 218, *La Sortie du bain* ; No 219, *Derniers préparatifs de toilette* ; No 220, *Scènes de maisons closes* (réunion de 14 monotypes) ; No 221, *Scènes de maisons closes* (réunion de 16 monotypes) ; No 222, *Salon de maison close* ; No 223, *Dans un salon d'une maison close* ; No 224, *Un coin de salon en maison close* ; No 225, *La Sieste* ; No 226, *Les trois filles en chemise* ; No 227, *Ces dames* ; No 228, *Attente* ; No 229, *Repos sur le lit* (monotype et contre-épreuve) ; No 230, *Repos sur le lit* (variante), (contre-épreuve en monotype) ; No 231, *Femme nue, de dos* ; No 232, *Femme nue, dans son cabinet de toilette* ; No 233, *Délassement* ; No 234, *Farniente* ; No 235, *Bain-massage* ; No 236, *Devant la glace, au repos* ; No 237, *Deux femmes* (monotype en deux tons) ; No 239, *Sommeil* ; No 240, *Miction* (deux épreuves) ; No 241, *Le Lever* (les bas) ; No 242, *Le Lever* (les bas) variante ; No 243, *La Toilette (le bain)* ; No 244, *La Toilette (le bidet)* ; No 245, *La Toilette (la cuvette)* ; No 246, *La Toilette (les bras)* ; No 247, *La Toilette (la chevelure)* ; No 248, *La Toilette (lecture après le bain)* ; No 250, *La Lettre* ; No 251, *Femme se chauffant* ; No 252, *Le Coucher* ; No 253, *Le Coucher* ; No 254, *Le Coucher* ; No 255, *La lampe éteinte* ; No 256, *Après l'orgie* ; No 257, *Repos* ; No 258, *Femme nue, assise* ; No 259, *La Boucle d'oreille* ; No 260, *Femme nue, de dos dans sa chambre* ; No 261, *Le Bidet* (épreuve No 2) ; No 262, *Devant la lampe* ; No 263, *La Puce* ; No 264, *Femme aux ciseaux* ; No 265, *Indiscrétion* (épreuve et contre-épreuve) ; No 266, *Les Marlous* (épreuve et contre-épreuve) ; No 267, *Un Monsieur et une Dame* (épreuve et contre-épreuve) ; No 268, *Portrait d'homme en buste* de trois quarts à droite (deux épreuves) ; No 270, *L'Homme à la pipe* (Marcellin Desboutin) ; No 271, *Buste d'homme à moustaches*, de profil à droite ; No 272, *Un Bellâtre* (deux épreuves) ; No 273, *Buste de chanteuse*, de profil à droite (deux épreuves) ; No 274, *Buste de chanteuse*, au bras levé (deux épreuves) ; No 275, *Chanteuse* ; No 276, *Chanteuse de café-concert s'inclinant* (monotype en deux tons) ; No 277, *Chanteuse de café-concert*, légèrement rejetée en arrière ; No 278, *Femme au chapeau*, en buste, de face (épreuve rehaussée de pastels) ; No 279, *Femme à la toque* (rehaussé de couleurs) ; No 280, *Buste de femme* ; No 281, *Buste de femme*, de profil perdu ; No 282, *Profil de jeune femme* (deux épreuves) ; No 283, *Buste de chanteuse*, un ruban autour du cou ; No 284, *Buste de femme*, de profil, à droite ; No 285, *Buste de femme*, de profil, à gauche ; No 286, *Buste de femme*, de profil à droite, ruban au cou (deux épreuves) ; No 287, *Femme à la cigarette* (deux épreuves) ; No 288, *Buste de femme : Une bonne* (deux épreuves) ; No 289, *Bustes de femmes* ; No 290, *Buste de femme*, de profil à droite, en chapeau ; No 291, *Bustes de femmes* (trois pièces) ; No 292, *Femme en manteau de fourrure* ; No 293, *Liseuse* ; No 294, *L'Avenue* ; No 295, *Dans la rue* ; No 296, *La Famille en promenade* ; No 297, *Partie de campagne* ; No 298, *Promenade à la campagne* ; No 299, *Repos dans les champs* ; No 300, *Au bord de la mer* ; No 301, *Les Baigneuses* ; No 302, *Le Jockey* (deux épreuves) ; No 303, *L'Automobile* ; No 304, *Illuminations* ; No 305, *La Vallée* ; No 306, *Le Vallon* ; No 307, *La Rivière* ; No 308, *Le Chemin montant* ; No 309, *La Route* ; No 310, *Lever de lune* ; No 311, *Les Saules* ; No 312, *La Pièce d'eau* ; No 313, *Au pied d'un arbre* (rehauts de couleurs) ; No 314, *Fantaisie* (épreuve, avec l'annotation : vignette No 6, sur celluloïd) ; No 315, (avec l'annotation : sur celluloïd) ; No 316, *Fumées d'usines, Les deux arbres* (deux monotypes) ; No 317, (sept pièces monotypes, etc.).

Si Degas réfléchit constamment sur les moyens, il ne manque pas non plus d'observer sans répit son objet. Et cet objet est triste et entretient en lui une sagesse pessimiste et taciturne. Bref, sa lucidité est toujours sur ses gardes et en exercice. D'où l'aspect intentionnel, volontaire de ses ouvrages, leur mise en page bizarre, consciemment et délibérément inspirée des Japonais. Les modèles sont sectionnés par le bord de la toile ou se présentent de dos et à contre-jour. À la composition frontale et symétrique, Degas substitue une présentation oblique, des perspectives plongeantes et des perspectives en contre-haut. Mises à part les féeries où l'a porté sa science passionnée du pastel, il garde sans cesse un esprit de dessinateur, c'est-à-dire de raisonneur, de moraliste sec qui observe les gestes, les lignes, les traits, qui juge au lieu de s'abandonner au délice de la sensation ou de la contemplation. Il s'arrête aux contours et aux angles. C'est un esprit éminemment civilisé et qui ne saurait s'émouvoir des élans de la chair à l'état libre et élémentaire. Au contraire, on suivra Huysmans disant de lui : « M. Degas est passé maître dans l'art de rendre ce que j'appellerais volontiers la *carnation civilisée* ». Et on comprendra aisément que Paul Valéry ou, plus précisément, M. Teste se soit pris d'un goût si vif pour l'art, l'humeur et les maximes de ce maître singulier et en ait fait un des personnages de sa comédie intellectuelle. Dans son essai *L'impressionnisme : une dialectique du regard*, J. Busse tente de situer l'art de Degas en regard de la perception impressionniste de l'incertaine fluidité de toutes choses : peu impressionniste la déclaration de Degas : « Aucun art n'est moins spontané que le mien. » En fait de plein air, il ne peignait que les arrière-boutiques, les intérieurs de cafés, les coulisses de théâtres. Sauf celle des champs de courses, la nature est radicalement absente de son œuvre. Encore plus que Renoir, qui les intégrait au paysage, il fut un peintre de figures, ayant fait de la femme l'objet presque unique d'une exploration insistante. S'il pratiqua, surtout au pastel qui l'impose, la touche divisée, ce fut plus pour l'éclat des chairs que pour une fusion des formes dans la continuité de leur changement, qu'exclut son dessin aux contours cernés. Il approcha l'attitude impressionniste devant le devenir des êtres quand il négligeait parfois la plastique pure du modèle pour en surprendre une expression fugitive, le prolongement d'un geste, mais là encore, plus qu'à l'enchaînement des aspects, d'abord perceptif à la notation psychologique d'une grâce sensuelle, ou plus souvent d'une intimité indiscrète. Aucune autre trace d'une attention à l'incertitude fugace des apparences, à moins que de retenir au compte d'une sensibilisation à l'illusoire son goût pour les artifices du théâtre. C'est bien le réel qu'il fouaille jusqu'en ses plus matériels relents. ■ Jean Cassou, J. B.

ATELIER ED. DEGAS

Cachet de vente

Bibliogr. : Paul Jamot : *Degas*, Paris, 1924 – Ambroise Vollard : *Degas, 1834-1917*, Paris, 1924 – Paul Valéry : *Degas, Danse, Des-*

sin, Gallimard, Paris, 1936 – John Rewald : *L'Œuvre sculpté de Degas*, New York, 1944 – Paul André Lemoisne : *Degas et son œuvre*, 5 vol., Brame et de Hauke, Paris, 1946-1949, suivi de deux suppléments – D. Rouart : *Degas à la recherche de sa technique*, Paris, 1946 – Jean Leymarie : *Les Dessins de Degas*, Paris, 1948 – D. Cooper : *Pastels d'Edgar Degas*, Bâle, 1952 – Fosca : *Edgar Degas*, Genève, 1954 – John Rewald, Leonard von Matt : *L'Œuvre sculpté de Degas*, Zurich, 1957 – Maurice Serullaz : *Edgar Degas, femmes à leur toilette*, Paris, 1958 – in : Encyclopédie des Arts *Les Muses*, vol. 6, Grange-Batelière, Paris, 1969-1974 – Fiorella Minervino, Franco Russoli : *L'Opera completa di Degas*, Rizzoli, Milan, 1970 – Jean Adhémar, Françoise Cachin : *Degas, gravures et monotypes*, Arts et Métiers du Livre, Paris, 1973 – *Degas intime* musée Ordrupgaard de Copenhague, 1994 – J. Busse, in : *L'Impressionnisme : une dialectique du regard*, Ides et Calendes, Neuchâtel, 1996 – Daniel Halévy : *Degas parle*, De Fallois, Paris, 1996 – Richard Kendall : *Degas : Au-delà de l'impressionnisme*, Yale University Press, Yale, 1996.

Musées : Berlin : *Conversation chez la modiste* – Boston (I. S. Gardner) : *Cortège – Sortie du pesage – Jockey – Mme Gaujelin* – Boston (Mus. des Beaux-Arts) : *M. et Mme Morbili – M. Degas père écoutant Pagans – Aux courses en province – Chevaux à Longchamp – Homme en buste – Danseuse – Danseuses au repos – Danseuses près d'un portant – Danseuse à mi-corps – Paysage – Paysage d'automne – Danseuses roses* – Brooklyn : *Portrait d'homme – Mlle Fiocre dans le ballet de la Source – Femme au tub – Femme s'essuyant les cheveux* – Buenos Aires : *Diego Martelli* – Cambridge (Fogg) : *Petites filles spartiates provoquant des garçons – Aux courses, le départ – Mme Olivier Villette – Marchands de coton à la Nouvelle Orléans – Deux danseuses entrant en scène – Femme se tenant le cou – Danseuse – Sortie du bain* – Chicago : *Quatre jockeys – Henri de Gas et sa nièce Lucy – Danseuses en scène – Chez la modiste – Danseuses dans les coulisses – Le bain – Danseuses au foyer* – Cincinnati : *Trois danseuses en jupes jaunes* – Cleveland : *Danseuses attachant leurs sandales – Danseuses* – Colombus : *Après le bain* – Copenhague (Ny Carlsberg) : *Danseuses roses – Au foyer de la danse* – Denver : *Examen de danse* – Detroit : *Mlle Malo – Danseuses au foyer – Danseuses* – Édimbourg : *Diego Martelli* – Farmington : *Jockey – Danseuses – Le Tub* – Francfort-sur-le-Main : *Musiciens à l'orchestre* – Glasgow (Art Gal.) : *Jockeys sous la pluie – Femme à l'ombrelle* – Hambourg : *Mme Gaujelin – Portrait de femme – Mlle Dobigny – Devant le miroir – Scène de ballet* – Hartford : *Deux sœurs – Danseuses avec éventails* – Indianapolis : *Jeune fille en bleu* – Lausanne : *Blanchisseuses et chevaux* – Lausanne (Mus. canton. des Beaux-Arts) : *Étude de danseuse* vers 1880 – *Torse de femme (femme s'épongeant le dos)* 1896-1911 – Londres (Nat. Gal.) : *Jeunes filles spartiates provoquant des garçons – Femme assise – Degas saluant – Camille Moutejasi Cicérale – Tête de femme – Tête de femme – Bains de mer – Carlo Pellegrini – Miss Lola au cirque Fernando – Danseuses* – Londres (Tate Gal.) : *Femme nue sur un lit – La toilette* – Londres (Victoria and Albert) : *Ballet de Robert le Diable* – Londres (Courtauld Inst.) : *Femme à la fenêtre – Après le bain – Deux danseuses en scène* – Los Angeles : *Deux sœurs – Femme en bleu* – Lyon : *Le café-concert des Ambassadeurs – Trois danseuses* – Melbourne : *Femme* – Minneapolis : *Hortense Valpinçon* – Moscou (Mus. d'art occidental) : *Danseuse chez le photographe – Chevaux de course – Danseuses à la répétition – La toilette – Après le bain – Après le bain – Dans les coulisses* – Moscou (Mus. Pouchkine) : *Danseuse chez le photographe* vers 1874 – New Haven : *Jockeys* – New York (Metropolitan) : *Femme aux chrysanthèmes – Amateur – Marie Dihau – James Tissot – J. H. Altès – Mme Gobillard – Mme Lisle – Mme Loubens – Ballet de Robert le Diable – Le foyer – Mme René de Gas – Bouderie – Repasseuse à contre-jour – Femme sur un divan – Répétition d'un ballet sur la scène – Danseuse à la barre – Violoniste assis – Le ballet – Trois danseuses à leur toilette – Danseuses – Répétition de ballet – Deux danseuses – Chez la modiste – La modiste – Femme nue – Femme s'essuyant – Femme au tub – Danseuse à l'éventail – La toilette – Jeune femme – Après le bain – Danseuses au foyer – Deux danseuses – Danseuse – La baigneuse – Danseuse à l'éventail – Après le bain – Danseuse russe – Le bain* – New York (Mus. of modern art) : *Trois danseuses* – New York (Brooklyn Mus.) : *Portrait de Melle Eugénie Fiacre, à propos du ballet La Source* 1867-1868 – Northampton (Smith College) : *René de Gas à l'encrier – La fille de Jephté* – Oslo : *Petites filles spartiates provoquant des garçons – Femme au chien – La coiffure – La rentrée du troupeau* – Ottawa : *Danseuses à la barre* – Paris (Louvre) : *Degas au porte fusain – Giovanna Bellelli – René Hilaire De Gas – Mme Fèvre – Mme Fèvre – La famille Bellelli – Semiramis construisant une ville – Course de gentlemen – Thérèse de Gas – Degas et de Valernes – Scène de guerre au Moyen Âge – Rose Adélaïde Aurore de Gas – Mains – L'orchestre de l'Opéra – Le violoncelliste Pillet – Pagans chantant et Degas père – Sur le champ de course – Chevaux de course – Marie Dihau – Jeantand, Linet et Lainé – Le foyer de la danse à l'Opéra de la rue Lepelletier – Femme à la potiche – Le pédicure – Répétition du ballet sur la scène – Classe de danse – Deux lads à cheval – L'absinthe – Desboutin et Lepic – Danseuse tenant un bouquet – Femmes devant un café – Choristes – Femmes sortant du bain – Aux courses – Danseuse au bouquet saluant – L'étoile – Portraits à la Bourse – Femme nue accroupie de dos – Trois études de la tête d'une danseuse – Danseuse espagnole – Danseuse nouant son brodequin – Danseuse espagnole – Femme nouant le ruban de son chapeau – Femme dans son bain – Les repasseuses – Le café-concert – Le tub – Après le bain – Danseuses montant un escalier – Femme se lavant dans sa baignoire – Femme s'essuyant le cou* – Paris (Gustave Moreau) : *Gustave Moreau* – Paris (Fond. d'art Doucet) : *Trois danseuses* – Paris (Mus. d'Orsay) : *Étude pour La danse espagnole*, cire verte brune, esquisse – *Portrait de Thérèse de Gas* vers 1855-56, mine de pb/pap. rose – *Le ballet* vers 1879, gche/soie, éventail – *Portrait d'Édouard Manet*, dess. – *Un îlot en pleine mer* – Pau : *Dans un bureau de cotons* – Philadelphie : *Classe de ballet – Jockey* – Portland : *Danseuse rajustant son corsage* – Providence : *Jockey – La Savoisienne – Le ballet – W. Sickert, Daniel Halévy, Ludovic Halévy, Jacques Blanche, Gervex et Boulanger-Cavé – Le départ d'une course – Danseuse rajustant son corsage – Rochester : Danseuse* – Saint-Louis : *Dante et Virgile – Danseuses dans les coulisses* – Springfield : *Le ballet* – Stockholm : *Dame en noir – Les trois danseuses russes – Deux danseuses* – Toledo : *Danseuses* – Tours : *Le Christ entre les deux larrons* – Vienne (Belvédère) : *Côte rocheuse* – Washington D. C. (Nat. Gal.) : *Avant la course – Danseuse vue de dos et trois études de pieds – Le foyer de la danse* – Washington D. C. (Philys Memorial) : *La mélancolie – Femme se peignant – Danseuse à la barre – La salle de danse* – Worcester : *Portrait de jeune femme*.

Ventes Publiques : Paris, 13 jan. 1874 : *La tribune des courses à Longchamp* : **FRF 1 100** – Paris, 1890 : *La leçon au foyer* : **FRF 8 000** – Paris, 1894 : *Chevaux de courses montés* : **FRF 7 100** ; *Danseuses à la barre et assises* : **FRF 7 500** – Paris, 1895 : *Le forgeron* : **FRF 8 750** ; *Les blanchisseuses* : **FRF 11 000** – Paris, 23 mars 1898 : *Le lever*, past. : **FRF 1 900** ; *Danseuses*, past. : **FRF 4 000** – Glasgow, 10 juin 1898 : *La toilette*, aquar. : **FRF 1 600** ; *À la barre : étude de danseuse*, dess. : **FRF 380** – Glasgow, 1900 : *La sortie du bain*, past. : **FRF 6 800** ; *Ballabile*, past. : **FRF 7 800** – Cologne, 1900 : *Danseuses*, past. : **FRF 3 125** ; *Danseuses*, past. : **FRF 10 687** ; *Paysage rocheux*, past. : **FRF 1 825** ; *Étude de paysage*, past. : **FRF 2 500** – Paris, 6 mai 1901 : *Danseuse* : **FRF 3 000** ; *Danseuse assise* : **FRF 1 900** – New York, 14 fév. 1902 : *Loge des danseuses* : **USD 500** ; *Les coulisses* : **USD 6 100** ; *Les courses* : **USD 100** – Paris, 29 nov. 1902 : *Danseuse, temps d'arrêt* : **FRF 900** – New York, 19 jan. 1906 : *Les danseuses* : **USD 800** – Paris, 4 mars 1907 : *Danseuse au foyer*, past. : **FRF 16 100** ; *Danseuse au châle rouge*, past. : **FRF 2 000** ; *La famille Mante*, past. : **FRF 22 500** – New York, 12 mars 1909 : *La loge des danseuses* : **USD 330** – Paris, 23 juin 1910 : *Le coucher* : **FRF 3 200** – Paris, juin 1911 : *Danseuses* : **FRF 8 100** – Paris, 10 déc. 1912 : *Les danseuses à la barre*, peint. : **FRF 435 000** ; *Danseuses dans une salle d'exercice* : **FRF 100 000** – Paris, 6-8 mai 1918 : *Portrait de Manet* : **FRF 40 500** ; *La fille de Jephté* : **FRF 9 100** ; *Sémiramis construisant une ville* : **FRF 29 000** ; *Mlle Fiocre dans le ballet de la source* : **FRF 80 500** ; *Quatre danseuses* : **FRF 132 000** ; *Portrait de Marcellin Desboutin* : **FRF 18 000** ; *Les malheurs de la ville d'Orléans* : **FRF 60 000** ; *Femme se coiffant* : **FRF 25 500** ; *Portrait de Duranty* : **FRF 95 000** ; *Cheval emporté* : **FRF 16 000** ; *Portrait de Diégo Martelli* : **FRF 30 500** ; *Causerie* : **FRF 22 500** ; *Danseuses au foyer* : **FRF 56 000** ; *Groupe de danseuses* : **FRF 80 100** ; *Départ pour la chasse, signé De Gas* : **FRF 15 800** ; *Danseuses en blanc* : **FRF 56 500** ; *Portrait d'une jeune femme en robe brune* : **FRF 71 000** ; *Aux courses (le départ)* : **FRF 34 300** ; *Deux jeunes femmes en toilette de ville répétant un duo* : **FRF 1 000 00** ; *Au Musée du Louvre* : **FRF 30 500** ; *Femme s'essuyant* : **FRF 13 200** ; *Trois jockeys* : **FRF 11 100** ; *Danseuses* : **FRF 20 200** ; *Après le bain* : **FRF 11 100** ; *Danseuses, jupes vertes et jaunes* : **FRF 23 500** ; *Le petit déjeuner après le bain* : **FRF 10 000** ; *Deux danseuses au repos* : **FRF 30 000** – Paris, 11-12 et 13 déc. 1918 : *Portrait d'un polytechnicien* :

FRF 4 000 ; *Jeunes Spartiates s'exerçant à la lutte* : **FRF 10 600** ; *Après le bain : femme nue couchée sur un divan, la jambe gauche appuyée sur le rebord d'une baignoire* : **FRF 6 000** ; *Fillette en robe blanche* : **FRF 6 200** ; *Intérieur : une salle de billard* : **FRF 8 600** ; *La fille de Jephté*, étude : **FRF 950** ; *Intérieur d'un appartement (commode, fauteuil et porte-serviette)* : **FRF 13 700** ; *Étude pour le Portrait de Duranty dans sa bibliothèque*, deux fusains : **FRF 8 000** ; *Danseuse rajustant son chausson*, dess. à l'encre de Chine : **FRF 14 000** – Paris, 13 et 14 mars 1919 : *Portrait d'un musicien* : **FRF 29 000** ; *Saint Symphorien*, d'après Ingres : **FRF 2 900** ; *La femme au bandeau* : **FRF 15 000** ; *Chez la modiste*, past. : **FRF 31 150** ; *Portrait de Duranty*, past. : **FRF 15 000** ; *Sortant du bain*, dess. à l'encre grasse sur celluloïd : **FRF 1 150** – Paris, 7-8 et 9 avr. 1919 : *Le ballet (trois danseuses)* : **FRF 4 900** ; *Deux jockeys* ; *Trois jockeys*, deux toiles : **FRF 5 300** ; *Au café* : **FRF 1 800** ; *La garde-malade* : **FRF 5 000** ; *Le bal*, copie d'après Menzel : **FRF 5 200** ; *Au café-concert (la femme à l'éventail)*, peint. à l'essence : **FRF 820** ; *Jeunes filles au bord de la mer* : **FRF 8 000** ; *Rue de village* : **FRF 3 700** ; *Rue de village (la rentrée du troupeau)* : **FRF 3 100** ; *Entrée de village* : **FRF 12 200** ; *La répétition* ; *Jeune femme debout, vue de profil*, deux dess. : **FRF 13 100** ; *Étude de mains (pour le portrait de Mme Gaugelin)* ; *Portrait de Mme Gaugelin*, deux dess. : **FRF 2 100** ; *Jeune femme assise* ; *Le modèle*, deux dess. : **FRF 1 000** – Paris, 22 mai 1919 : *Le salut de l'étoile*, past. : **FRF 30 000** ; *Derrière les portants*, past. : **FRF 18 000** ; *Le duo*, aquar. : **FRF 5 000** – Paris, 2-3 et 4 juil. 1919 : *Au bord de la mer*, trois past. : **FRF 5 500** ; *Champ labouré bordé d'arbres*, past. : **FRF 3 000** ; *Une route en forêt* ; *Prairie bordant une rivière*, deux past. : **FRF 3 300** – Paris, 10 déc. 1920 : *Portrait de Mlle Sallandry*, past., étude de tête : **FRF 11 200** – Paris, 29 avr. 1921 : *Au foyer de la danse*, past. : **FRF 9 500** – Londres, 30 et 31 mai 1922 : *La coiffure*, dess. à la craie : **GBP 50** ; *Danseuses*, dess. à la craie : **GBP 27** ; *Après le bain*, dess. à la craie : **GBP 26** – Paris, 20 nov. 1922 : *L'Éventail au portant de théâtre*, aquar. : **FRF 3 100** – Paris, 16 mai 1923 : *Danseuses sur la scène*, cr. avec reh. : **FRF 550** – Paris, 22 juin 1925 : *Étude de nu pour une danseuse rattachant son chausson*, fus. : **FRF 10 000** ; *Deux danseuses à la barre*, past. : **FRF 23 000** ; *M. de Gas père écoutant Pagans s'accompagnant de la guitare* : **FRF 85 000** ; *M. de Gas père, et son secrétaire* : **FRF 65 000** – Paris, 16 juin 1926 : *Danseuse rajustant son corsage*, fus. et past. : **FRF 24 000** – Londres, 29 avr. 1927 : *La danseuse*, past. : **GBP 357** ; *Les deux danseuses* : **GBP 7 560** – Paris, 10 nov. 1927 : *Portrait de Madame Dombrowski*, fus. : **FRF 30 000** ; *Portrait de Mademoiselle de Belleli*, fus. : **FRF 18 500** ; *Portrait d'Edgar Degas par lui-même*, sanguine : **FRF 21 500** ; *Portrait d'Edmond Morbilli*, cr. : **FRF 16 500** ; *Portrait de Madame de Belleli*, mine de pb : **FRF 18 000** ; *Trois jockeys*, deux dessins en un cadre : **FRF 12 500** ; *Portrait de Thérèse de Gas dans le salon de son père*, past. : **FRF 180 000** ; *Danseuse en bleu, debout et vue de face*, past. : **FRF 26 000** ; *Un prévenu devant le tribunal*, past. : **FRF 25 000** ; *Une nourrice au jardin du Luxembourg* : **FRF 50 000** ; *Portrait d'Edgar Degas par lui-même* 1857 : **FRF 150 000** ; *Madame Thérèse Morbilli-Degas, sœur du peintre* : **FRF 181 000** ; *Portrait d'Achille de Gas, frère du peintre, en tenue d'aspirant de marine* : **FRF 100 000** ; *Jeunes Spartiates s'exerçant à la lutte* : **FRF 27 000** ; *Alexandre et le Bucéphale* : **FRF 20 100** ; *Étude de maternité* : **FRF 8 100** ; *Entrée de village* : **FRF 18 000** – Paris, 17 mars 1928 : *Les Petites Cardinal*, 70 croquis et impressions : **FRF 408 500** – Paris, 29 mai 1929 : *Danseuse debout*, past. : **FRF 12 600** – Paris, 21 mai 1931 : *Au café de Châteaudun*, peint. à l'essence : **FRF 106 000** ; *Au Café-Concert (la femme à l'éventail)* : **FRF 3 400** ; *Tête de femme* : **FRF 75 000** ; *Tête de cheval* : **FRF 4 200** ; *Rue de village* : **FRF 20 000** ; *Maisons au pied d'une falaise* : **FRF 17 000** – Londres, 17 fév. 1932 : *Deux danseuses*, past. : **GBP 370** – Paris, 12 déc. 1932 : *Copie d'après Giovanni Bellini* : **FRF 10 000** – Paris, 12 juin 1934 : *Au Louvre, au Musée de peinture vers 1875-1876*, past. : **FRF 50 200** ; *Au théâtre : le ballet vu d'une loge*, past. : **FRF 10 000** ; *Femme prenant son tub*, past. : **FRF 11 500** – Paris, 20 déc. 1934 : *Italienne appuyée sur une cruche*, aquar. : **FRF 2 000** ; *Saint Jean-Baptiste* : **FRF 3 800** ; *Paysage d'Italie* : **FRF 4 000** – Paris, 9 mars 1935 : *Étude pour un portrait de femme* : **FRF 4 000** ; *Chevaux au pâturage* : **FRF 7 000** ; *Nu antique*, copie d'un marbre ancien : **FRF 710** – Paris, 8 mai 1936 : *Page d'études*, dess. au cr. noir : **FRF 1 580** ; *Vieille rue à Saint-Valéry-sur-Somme* : **FRF 6 000** – Londres, 28 mai 1937 : *Danseuse*, dess. : **GBP 525** ; *Jockeys sous la pluie*, dess. : **GBP 3 855** – Paris, 3 juin 1937 : *Femme en jupe verte, le torse découvert* : **FRF 39 100** – Paris, 30 mars 1938 : *Route dans la montagne*, past. : **FRF 9 200** – Paris, 17 juin 1938 : *Portrait d'homme, d'après un tableau de l'École florentine*, aquar. reh. de gche : **FRF 14 000** – Londres, 15 juil. 1938 : *Femme à la baignoire*, dess. : **GBP 399** – Paris, 12 mai 1939 : *Danseuse*, fus. reh. de past. : **FRF 6 500** – Paris, 24 nov. 1941 : *Portrait de sa sœur, la duchesse de Morbilli*, dess. : **FRF 14 000** ; *Danseuse le coude appuyé sur la jambe droite relevée*, monotype : **FRF 12 300** – New York, 8 et 9 jan. 1942 : *Trois jockeys* : **USD 3 600** ; *Danseuse rattachant son chausson* : **USD 2 600** – Paris, 16 fév. 1942 : *Quatre danseuses au repos derrière les portants*, past. : **FRF 680 000** – New York, 3 déc. 1942 : *Portrait de Mary Cassatt*, past. : **USD 2 400** ; *Baigneuse au bord de l'eau*, past. : **USD 1 500** – Paris, 11 déc. 1942 : *Danseuses saluant*, dess. au fus. reh. de blanc et mis au carreau : **FRF 301 000** ; *M. de Broutelles en jockey*, dess. au cr. noir : **FRF 66 000** ; *Portrait de Mlle Fournaise, debout, s'appuyant à une table*, dess. à la mine de pb : **FRF 78 000** ; *Portrait de l'Empereur Napoléon III, des maréchaux Canrobert, Niel, Bazaine, Mac Mahon*, dess. au cr. noir : **FRF 48 000** ; *Études de têtes d'après l'antique. Tête de femme. Tête d'homme*, dess. à la mine de pb : **FRF 101 000** ; *Portrait de James Tissot*, dess. à la mine de pb double face : **FRF 42 000** ; *Deux études de mains pour le tableau de sainte Catherine*, dess. à la mine de pb, dans un même cadre : **FRF 32 000** ; *Danseuse évoluant sur la scène*, dess. au cr. noir reh. de past. : **FRF 200 000** ; *Femme à sa coiffure*, monotype repris au pastel : **FRF 430 000** ; *Plage à marée basse*, past. : **FRF 52 000** ; *Portrait du vicomte Lepic tenant son chien*, past. : **FRF 132 000** ; *Femme à sa coiffure*, past. : **FRF 1 500 000** ; *Après le Bain. Femme s'essuyant*, past. : **FRF 2 230 000** ; *Dante et Béatrice* : **FRF 200 000** ; *Le Duel* : **FRF 480 000** ; *Portrait de l'artiste, en buste, de trois quarts vers la gauche* : **FRF 900 000** ; *Jeunes Filles Spartiates s'exerçant à la lutte*, esquisse pour le tableau du Louvre : **FRF 350 000** ; *Portrait du critique d'art Durant-Gréville* : **FRF 330 000** ; *La Causerie* : **FRF 1 410 000** ; *Portrait de Monsieur de Valerne* : **FRF 1 400 000** ; *Après le bain, Femme s'essuyant* : **FRF 500 000** – Paris, 19 mars 1943 : *Dans les coulisses de l'Opéra*, monotype, rehaussé de crayon lithographique : **FRF 5 000** – Paris, 10 nov. 1943 : *Étude de ciel*, aquar. : **FRF 4 900** – Paris, 29 et 30 nov. 1943 : *Le Discobole*, fus. : **FRF 9 000** – Paris, 17-18 fév. 1944 : *Battements sur les pointes à la barre*, dess. au cr. noir : **FRF 85 000** – New York, 20 avr. 1944 : *Femme à sa toilette*, past. : **USD 4 000** ; *Trois danseuses en jupes jaunes et corsages rouges*, past. : **USD 9 500** – Paris, Oct.1945-Juil.1946 : *Portrait d'Ottoz* : **FRF 290 000** ; *Après le bain*, fus. : **FRF 175 000** – Paris, 30 mai 1947 : *Nu debout se coiffant*, fus. : **FRF 100 000** ; *Nu au bras gauche levé*, fus. reh. de craie : **FRF 72 000** – Paris, 13 juin 1947 : *Danseuse au repos*, past. : **FRF 660 000** – Paris, 22 juin 1948 : *La Femme en gris* : **FRF 9 100 000** – Paris, 22 mars 1955 : *Degas par lui-même*, h. sur pap. : **FRF 600 000** – New York, 2 mai 1956 : *Ballerine*, cr. : **USD 1 600** – Paris, 23 mai 1957 : *Autoportrait*, h/pap. mar./t. : **FRF 7 500 000** – Paris, 21 mars 1958 : *Danseuse se chaussant* 1885, dess. : **FRF 5 400 000** – Paris, 4 juin 1958 : *Femme à sa coiffure*, monotype et past. : **FRF 4 200 000** – New York, 19 nov. 1958 : *Deux danseuses en jupes vertes, décor de paysage* : **USD 66 000** – Londres, 3 déc. 1958 : *Trois danseuses en maillot*, pierre noire : **GBP 1 000** – Paris, 18 mars 1959 : *Étude de paysage au bord de la mer* : **FRF 3 100 000** – New York, 13 mai 1959 : *Danseuse sur la scène*, past. : **USD 180 000** ; *La danse grecque*, past. : **USD 58 000** – Paris, 1er déc. 1959 : *Après la course, la rentrée au pesage*, fus. : **FRF 420 000** – New York, 9 déc. 1959 : *Femme nue se chauffant*, past. : **USD 12 000** – Paris, 28 mars 1960 : *Danseuses en scène*, past. : **FRF 160 000** – Paris, 6 avr. 1960 : *Jockey à cheval*, dess. : **FRF 6 200** ; *Portrait de femme*, dess. : **FRF 10 000** – Londres, 4 mai 1960 : *Miss Lola, tunique mauve, au cirque Fernando*, past. : **GBP 5 000** – Londres, 6 juil. 1960 : *Portrait de Mademoiselle Hélène Rouart* : **GBP 44 000** – New York, 25 jan. 1961 : *Danseuse de ballet en position*, cr. noir : **USD 5 500** – Berne, 8 juin 1961 : *Scène de ballet, danseuses fuyant à droite*, gche/soie/cart. : **CHF 91 000** – Paris, 21 juin 1961 : *Femme nue se peignant*, past. : **FRF 38 000** – New York, 31 oct. 1962 : *La Danseuse Étoile*, past. : **USD 90 000** – Londres, 11 juin 1963 : *Danseuse basculant*, past. : **GBP 105 000** ; *La Répétition sur la scène, cinq danseuses* : **GBP 55 000** – Versailles, 25 nov. 1963 : *Trois danseuses en maillot*, fus./pap. calque mar. : **FRF 75 000** – Paris, 24 nov. 1964 : *Danseuse attachant le cordon de son maillot*, bronze patiné, cire perdue : **FRF 65 000** – Londres, 31 mars 1965 : *Cheval galopant*, bronze cire perdue : **GBP 8 750** – New York, 14 avr. 1965 : *Répétition de ballet* : .

USD 410 000 – Londres, 7 déc. 1966 : *Baigneuse au bord de l'eau*, past. : **GBP 18 000** ; *Le Jockey* : **GBP 24 000** – Paris, 14 mars 1967 : *Trois Danseuses avant l'exercice*, past. : **FRF 310 000** – Londres, 29 nov. 1967 : *Étude pour La Petite Danseuse de quatorze ans*, bronze, cire perdue : **GBP 53 000** – New York, 20 nov. 1968 : *Quatre danseuses*, past. : **USD 185 000** – New York, 15 oct. 1969 : *Danseuse sur la pointe*, gche et past. : **USD 550 000** – New York, 5 mai 1971 : *Danseuse basculant*, past. : **USD 530 000** ; *La Petite Danseuse de quatorze ans*, bronze, cire perdue : **USD 380 000** – Paris, 27 mars 1974 : *Présentation de chevaux*, fus. : **FRF 24 000** – Londres, 1er juil. 1974 : *Femme mettant ses gants* vers 1877 : **GNS 145 000** – New York, 17 mars 1976 : *Arabesque ouverte sur la jambe droite, le bras gauche en avant* vers 1882-1895, bronze, patine noire cire perdue (H. 21) : **USD 18 000** – Londres, 1er juil. 1976 : *La Sortie du bain*, eau-forte (12,8x12,7) : **GBP 1 500** – New York, 13 mai 1977 : *Portrait de femme* vers 1868, h/t (40,5x32,5) : **USD 10 000** – New York, 18 mai 1977 : *Sur la scène*, eau-forte (12,3x16,2) : **USD 4 000** – Londres, 29 juin 1977 : *Danseuse tenant son pied droit avec sa main droite*, bronze (H. 50) : **GBP 8 200** – Londres, 6 déc. 1977 : *Dans la baignoire* vers 1883, past. et craie noire (26x30,5) : **GBP 9 000** – Berne, 7 juin 1978 : *Mademoiselle N. Wolkonska* vers 1860, eau-forte : **CHF 7 600** – Berne, 20 juin 1979 : *Danseuse dans la coulisse* vers 1875, eau-forte : **CHF 18 500** – Londres, 3 juil. 1979 : *Le Danseur Perrot, assis* vers 1875-1879, h/pan. (34,5x26) : **GBP 38 000** – New York, 6 nov. 1979 : *Danseuses sous les portants* vers 1879, gche et past./soie, en forme d'éventail (16,5x58,5) : **USD 90 000** – Londres, 5 déc. 1979 : *Grande arabesque, troisième temps* vers 1882-1895, bronze (H. 40,3) : **GBP 23 000** – New York, 12 mai 1980 : *Grand battement à la seconde* vers 1880-82, cr. noir reh. de past. et craie blanche/pap. (30x24) : **USD 67 500** – New York, 19 mai 1981 : *Eugène Manet*, h/t (65,2x81) : **USD 2 200 000** – New York, 3 nov. 1982 : *Danseuses au repos* 1874, h. et gche sur pap. mar./t. (46x32,5) : **USD 1 200 000** – New York, 18 mai 1983 : *Au Café-Concert : la chanson du chien* vers 1875-77, gche, past. et monotype/pap. (57,5x45,5) : **USD 3 100 000** – Londres, 16 juin 1983 : *Edgar Degas par lui-même* 1857, eau-forte (23,1x14,4) : **GBP 36 000** – New York, 15 mai 1984 : *Au Musée du Louvre, Miss Cassatt* vers 1879, past./pap. (71x54) : **USD 2 300 000** ; *Grande arabesque, troisième temps*, bronze patine brun foncé : **USD 80 000** – New York, 12 nov. 1985 : *Trois danseuses dans les coulisses* vers 1880-85, h/t (54,5x85) : **USD 550 000** – New York, 13 nov. 1985 : *Étude de danseuses*, craies noire et blanche/pap. vert (48x29,5) : **USD 310 000** – New York, 13 mai 1986 : *La famille Mante* vers 1884-89, past./pap. (90x50) : **USD 1 500 000** – Londres, 24 juin 1986 : *Cheval au galop sur le pied droit*, bronze (H. 31, l. 47) : **GBP 230 000** – Londres, 30 mars 1987 : *Jeune danseuse nue* vers 1878-79, bronze patine brune (H. 72,5) : **GBP 550 000** – Paris, 25 nov. 1987 : *Hommage à F. Lippi*, h/cart. (38x29) : **FRF 300 000** – Londres, 30 nov. 1987 : *Les blanchisseuses*, h/t (81,3x76,2) : **GBP 6 800 000** – Paris, 10 déc. 1987 : *Études de figures*, mine de pb (30x19,5) : **FRF 55 000** – Paris, 18 mars 1988 : *Prairie bordant une rivière* vers 1890-1893, past. (23,5x38) : **FRF 240 000** ; *St Georges terrassant le dragon*, mine de pb reh. à la pl. (24x20) : **FRF 105 000** – Londres, 29 mars 1988 : *Danseuse en mauve*, past. (72x39,5) : **GBP 990 000** – Paris, 15 avr. 1988 : *Étude de mouvement de danse, position de 4e devant, sur la jambe gauche*, bronze cire perdue (H. 40,5) : **FRF 800 000** – New York, 29 avr. 1988 : *Femme sortant du bain*, bronze, fragment (H. 42,3) : **USD 79 750** – Paris, 24 juin 1988 : *La Sortie de bain* vers 1885, past. (44x24) : **FRF 3 700 000** – Londres, 28 juin 1988 : *Cheval de trait*, sculpt. bronze (H. 10) : **GBP 23 100** ; *Danseuse : position de quatrième sur la jambe gauche*, bronze (H. 40,5) : **GBP 123 200** ; *Femme nue couchée*, past. (33x41,6) : **GBP 313 500** – New York, 6 oct. 1988 : *Le Mont-Saint-Michel*, craie noire/pap. (38,4x27,3) : **USD 10 450** – Calais, 13 nov. 1988 : *Femme assise*, mine de pb (22x17) : **FRF 40 000** – New York, 14 nov. 1988 : *La Petite Danseuse de quatorze ans*, bronze (H. 95) : **USD 9 250 000** – Paris, 22 nov. 1988 : *Trois danseuses en maillot*, fus. (67x44) : **FRF 1 000 000** – Paris, 16 déc. 1988 : *Étude de femme nue*, fus. (70x58) : **FRF 640 000** – Lyon, 8 mars 1989 : *Trois danseuses*, past. (79x49) : **FRF 3 660 000** – Londres, 4 avr. 1989 : *Cheval au galop sur le pied droit*, bronze (H. 30,5) : **GBP 440 000** – Paris, 17 juin 1989 : *Trois danseuses*, fus. reh. de bistre (75x54) : **FRF 2 000 000** – Londres, 27 juin 1989 : *Portrait de Jérôme Ottoz*, h/t (46,3x38,1) : **GBP 63 800** ; *Buste de jeune femme presque nue* 1867, h/pan. (32,5x24) : **GBP 242 000** – New York, 18 oct. 1989 : *Femme en peignoir bleu le torse dénudé*, h/t (92x42) : **USD 3 850 000** – Paris, 21 nov. 1989 : *Danseuse vue de dos*, peint. à l'essence/pap. (28x33) : **FRF 4 400 000** – Londres, 2 avr. 1990 : *Degas en gilet vert* 1856, h/t (41x32,5) : **GBP 1 870 000** – New York, 16 mai 1990 : *Degas par lui-même*, h/pap./t. (26,3x19,4) : **USD 660 000** – New York, 17 mai 1990 : *Préparatifs pour le cours de danse*, past./pap. (64,8x49,7) : **USD 4 950 000** – Paris, 15 juin 1990 : *Ludovic Halévy parlant à Madame Cardinal*, monotype à l'encre grasse avec reh. de past. (15,8x24,2) : **FRF 5 200 000** – Londres, 25 juin 1990 : *Trois danseuses – tutus jaunes et corsages bleus*, past./cart. (55x50) : **GBP 1 870 000** – Paris, 25 nov. 1990 : *Trois danseuses*, fus. reh. de bistre (75x54) : **FRF 2 200 000** – Londres, 3 déc. 1990 : *Cheval marchant au pas relevé*, bronze cire perdue à patine brune (H. 22,9, L. 22,2) : **GBP 143 000** – New York, 14 fév. 1991 : *Cavalier regardant vers la droite*, cr./pap. (22,9x17,8) : **USD 11 000** – New York, 8 mai 1991 : *Femme à sa toilette*, past./pap. (47x52) : **USD 1 760 000** – Londres, 24 juin 1991 : *Nu regardant la plante de son pied droit*, bronze cire perdue (H. 49) : **GBP 88 000** ; *Les chevaux de course à la sortie du pesage*, h/pan. (32,5x40,4) : **GBP 6 050 000** – Londres, 25 juin 1991 : *Femmes accoudées au bastingage*, past. (57x83) : **GBP 1 430 000** – New York, 6 nov. 1991 : *Danseuse*, past./pap. monotype (41,6x24,2) : **USD 1 650 000** – Paris, 4 déc. 1991 : *Le repos de la danseuse*, past. (23x36) : **FRF 690 000** – New York, 12 mai 1992 : *Danseuses au repos*, past./pap. fixé sur cart. (51,3x49,5) : **USD 935 000** – New York, 13-14 mai 1992 : *Danseuse attachant le cordon de son maillot*, bronze cire perdue à patine brun clair (H. 43,2) : **USD 209 000** – Paris, 14 déc. 1992 : *Homme assis et danseuse (de la série La famille Cardinal)*, monotype (21,8x17,7) : **FRF 900 000** – Paris, 29 mars 1993 : *Après le bain, trois femmes nues*, past. (79x63) : **FRF 1 650 000** – New York, 12 mai 1993 : *Danseuses russes*, past./pap./cart. (48x67) : **USD 6 272 000** – Paris, 8 juin 1993 : *Après le bain, femme s'essuyant la jambe (Le Peignoir rouge)*, past. (54x60) : **FRF 2 650 000** – Londres, 21 juin 1993 : *Femme à sa toilette*, past./pap./cart. (70x50) : **USD 595 500** – Paris, 21 juin 1993 : *Grande arabesque, troisième temps*, bronze (H. 38,8) : **FRF 1 800 000** – New York, 2 nov. 1993 : *Danseuses se baissant (Les ballerines)* 1885, past./cart. (35,5x48,2) : **USD 7 042 500** – Paris, 16 déc. 1993 : *Femme au chapeau*, monotype imprimé sur vélin avec reh. de past. : **FRF 80 000** – New York, 9 mai 1994 : *Mary Cassatt au Louvre dans la galerie des peintures*, aquat. (30,5x12,5) : **USD 6 900** – New York, 11 mai 1994 : *La Toilette*, past./pap. (31,1x27) : **USD 2 092 500** – Londres, 28 juin 1994 : *Cheval au galop sur le pied droit*, bronze (H. 31, L. 47) : **GBP 210 500** – Paris, 19 déc. 1994 : *Autoportrait* vers 1855, fus. et estompe (38x30) : **FRF 1 200 000** ; *Cheval au galop tournant la tête à droite, les pieds ne touchant pas terre, monté par son jockey*, bronze cire perdue (H. 28,5) : **FRF 1 400 000** – New York, 9 mai 1995 : *Danseuse*, past./monotype/pap. (41,6x24,1) : **USD 1 872 500** – Paris, 1er juin 1995 : *Après le bain (femme s'essuyant)*, past./pap. (49x52) : **FRF 2 800 000** – New York, 8 nov. 1995 : *Le bain (femme vue de dos)*, h/t (65,1x81) : **USD 2 862 500** – Londres, 27 nov. 1995 : *La Toilette*, past./pap./cart. (31x27) : **GBP 1 074 000** – New York, 30 avr. 1996 : *Femme au tub* 1884, past./pap. (76,2x86,4) : **USD 5 447 500** – Paris, 22 mai 1996 : *Étude d'homme à cheval*, cr. noir (31,3x24) : **FRF 167 000** – Londres, 24 juin 1996 : *Fillette portant des fleurs dans son tablier*, h/t (73x56) : **GBP 331 500** – New York, 12-13 nov. 1996 : *La Petite Danseuse de quatorze ans*, bronze : **USD 11 800 000** ; *Étude de nu (deux jeunes femmes)*, fus., craies rouge, bleue et blanche/pap. beige (52,1x39,7) : **USD 96 000** – Londres, 3 déc. 1996 : *Étude de nu, Deux femmes debout*, craie noire/pap./cart. (64,5x45,2) : **GBP 45 500** ; *Femme se coiffant*, h/t (61x74) : **GBP 1 079 500** ; *Trois danseuses*, past./pap. (94x80) : **GBP 2 311 000** – Londres, 4 déc. 1996 : *Après le bain, femme s'essuyant*, past./pap. (65x53) : **GBP 56 500** – Paris, 18 déc. 1996 : *Au Louvre : la Peinture (Mary Cassat)*, eau-forte et aquat. (301x125) : **FRF 6 500** – New York, 13 nov. 1996 : *Après le bain* vers 1883, past./pap. joints (52x32) : **USD 7 262 500** – New York, 12 nov. 1996 : *Danseuse jaune* vers 1885, past./pap. (71,1x38,1) : **USD 8 692 500** ; *Petite danseuse de quatorze ans* 1879-1881, bronze, mousseline et ruban en satin (H. 95,3) : **USD 11 882 500** – Paris, 14 mars 1997 : *Étude pour la Fille de Jephté* vers 1861-1864, h/pap./cart. (18,5x12) : **FRF 56 000** – New York, 13 mai 1997 : *Portrait de Daniel François*, fus./pap. (17x11) : **USD 10 580** – New York, 13 mai 1997 : *Danseuses* 1899, past./pap./t. (60,5x63,5) : **USD 11 002 500** – New York, 14 mai 1997 :

Danseuses vertes et jaunes vers 1903, past./pap. (80x90) : **USD 2 092 500** – PARIS, 18 juin 1997 : *Étude de cheval*, mine de pb (28x17,5) : **FRF 25 000** – LONDRES, 23 juin 1997 : *Le Baquet* vers 1886, bronze patine brune (H. 22, L. 45,5) : **GBP 529 500** – LONDRES, 24 juin 1997 : *Scène de ballet* vers 1893, h/t (59x50) : **GBP 1 651 500** – LONDRES, 25 juin 1997 : *Danseuse attachant le cordon de son maillot* entre 1885 et 1890, bronze (H. 42,5) : **GBP 77 400** ; *Le Bain* vers 1883, past. sur monotype/pap. (50x33) : **GBP 144 500** – PARIS, 21 nov. 1997 : *Étude de danseuse*, fus. reh. de blanc (48x63) : **FRF 1 550 000**.

DEGASPERI Filippo
xxe siècle. Italien.
Peintre, sculpteur.
Ses peintures révèlent un monde cosmique et fictif, construit sur des effets optiques changeants donnés par les couleurs. Il a également réalisé des constructions spatiales animées, où interviennent des jeux de lumières et de liquides.

DEGAULT
xixe siècle. Actif dans la première moitié du xixe siècle. Français.
Peintre et miniaturiste.
Probablement celui qui, cité par Mireur, fut membre de l'Académie de Saint-Luc et y exposa en 1774.
VENTES PUBLIQUES : PARIS, 1843 : *Tabatière en or*, petites grisailles sur émail : **FRF 1 201** – PARIS, 1863 : *Sujets mythologiques*, boîte carrée en or : **FRF 680**.

DEGELLER U.
xixe siècle. Allemand.
Paysagiste.
MUSÉES : MUNICH (Mus.) : *Paysage*.

DEGEN Dismar
Né vers 1730 à Pommersfelden. Mort vers 1751. xviiie siècle. Hollandais.
Peintre d'histoire, batailles.
En 1731 Frédéric Guillaume II le fit venir en Prusse, où il peignit les exploits militaires du souverain.
VENTES PUBLIQUES : LONDRES, 18 fév. 1981 : *Engagements de cavalerie* 1740, peint./métal, une paire (chaque 24x31) : **GBP 2 000**.

DEGEN Franz. Ign.
xviie siècle. Actif à la fin du xviie siècle. Allemand.
Peintre.
Il peignit les tableaux de l'autel de la chapelle de l'Hôpital à Uberlingen.

DEGEN Hans
Né à Döbeln. xvie siècle. Allemand.
Sculpteur sur bois.
Il sculpta les orgues de l'église de la Croix à Dresde. C'est peut-être lui qui fit les sculptures de l'église Nicolaï à Döbeln au début du xvie siècle.

DEGEN Hans Konrad ou **Daegen**
xviie siècle. Suisse.
Peintre.
Travaillant à Bâle en 1695, il fut reçu dans la confrérie appelée « Zum Himmel » la même année. Le Dr Brun suppose qu'il quitta Bâle avant sa mort.

DEGEN Johan Philip Caspar
Né en 1738 à Wolfenbüttel. Mort en 1792 à Copenhague. xviiie siècle. Danois.
Peintre de portraits.
Fils d'un maître de chapelle de Brunswick, il fut d'abord violoncelliste. À Copenhague, il cultiva en même temps la peinture en miniature. Très apprécié comme peintre par la reine douairière, il peignit pour elle beaucoup de tableaux.

DEGEN Mary
Née à Sydney. xxe siècle. Australienne.
Peintre.
Exposa aux Indépendants avant 1914.

DEGEN Stephan
xve siècle. Actif dans la seconde moitié du xve siècle à Saint-Ulrich d'Augsbourg. Allemand.
Moine.
Il décora les livres de messe de son couvent de peintures.

DEGENER Abraham
Mort le 24 janvier 1655. xviie siècle. Actif à Hambourg. Allemand.
Peintre décorateur et d'histoire.
En 1598 il peignit les fonts baptismaux de l'église Saint-Jacques, pour laquelle il travailla beaucoup à partir de cette date ; il fit, entre autres, le chemin de croix, dix peintures historiques, deux crucifix neufs.

DEGENER H.
Né au xviie siècle à Hambourg. xviie siècle. Allemand.
Peintre d'histoire.
On connaît de lui des dessins à la plume datés de 1615 et 1616.

DEGENEVE Robert
Né en 1919 à Ganshoren. xxe siècle. Belge.
Peintre, peintre de cartons de tapisseries.
Il fit ses études à l'Académie de Bruxelles et fut professeur aux Académies de Tournai et de St-Josse-ten-Noode. Il a reçu le Prix Triennal de peinture en 1945 et le Prix des métiers d'art du Brabant en 1960.
Il peint des architectures colorées ; il a réalisé des vitraux pour la basilique de Koekelberg et la fresque et des bas-reliefs de la maison communale de Woluwe-Saint-Pierre.
BIBLIOGR. : In : *Diction. Biogr. illustré des Artistes en Belgique depuis 1830*, Arto, Bruxelles, 1987.

DEGENHARD Hugo
Né en 1866 à Munich. Mort en 1902. xixe siècle. Allemand.
Graveur.
MUSÉES : LONDRES (Victoria and Albert Mus.) : *Paysage*, gravure.

DEGENHART Christian
Né vers 1611. Mort fin 1675 ou au début de 1676. xviie siècle. Autrichien.
Peintre.
Peintre de la cour à Garsten.

DEGENHART Pearl
Née le 25 février 1904 à Montana (Montana). xxe siècle. Américaine.
Peintre.
Elle fut élève de Walter Ufer et exposa à l'Art Association de San Francisco en 1937. Elle fut professeur à l'École Supérieure d'Arcata en Californie.

DEGENNE Jacques
Né le 6 octobre 1936 à Roanne (Loire). xxe siècle. Français.
Peintre de sujets divers, cartons de vitraux, cartons de tapisseries, graveur, lithographe, illustrateur.
Il fut élève de l'École des Beaux-Arts de Saint-Étienne. En 1961 il a travaillé en Suisse pour la publicité, subissant l'influence du « groupe des graphistes de Lausanne ». Il participe à des expositions collectives, dont, à Paris : Salons des Indépendants et de la Jeune Gravure Contemporaine ; à Marseille au Musée Cantini : 1971 *Acquisitions du Musée Cantini*, 1982 *200 Artistes Provençaux* ; 1973 *23 Maîtres Contemporains* à Salon-de-Provence ; 1986 Cavaillon ; etc. Il a exposé personnellement ses œuvres à Roanne et Marseille en 1965 et 1966 ; à Paris en 1967 sur le thème *Paysages automobiles*, puis en 1974, 1977 ; en 1969 à Marseille ; en 1970 au Coteau (Loire) ; en 1978 à Aix-en-Provence ; 1994 à Nice ; etc. Il a remporté plusieurs prix pour des concours d'affiches. En 1962 il est nommé professeur d'arts graphiques à l'École des Beaux-Arts de Marseille.
En 1957 il réalisa une série de lithographies sur le thème des vieilles automobiles. En 1960 il exécute des panneaux décoratifs et un vitrail pour le Grand-Hôtel de Roanne. En 1966 il crée un carton de tapisserie, *La pêche extraordinaire* qui sera édité par Braun en 200 exemplaires en sérigraphie. Une deuxième « tapissière » imprimée intitulée *Bric à Brac* est éditée. En 1969 il a créé un panneau de lave émaillée destiné au barrage électrique de Salon de Provence. Il a illustré des ouvrages littéraires, dont *Clem* d'Henry Miller à la Guilde du Livre, *Ni homme ni bulle* de Philippe Garnier ; et conçu des couvertures pour les revues *La Tour de Feu, Les Lettres Modernes, Marseille.* ■ J. B.
MUSÉES : MARSEILLE (Mus. Cantini) : *La Maison des Mallard*, dess.

DEGENNE Michel
Né le 4 mars 1903 à Poitiers (Vienne). Mort le 9 février 1988 à Charlieu (Loire). xxe siècle. Français.
Peintre de marines, paysages, nus, aquarelliste.
Autodidacte en peinture, jeune il participa pourtant déjà aux activités de groupes d'artistes de Roanne, poursuivant cette collaboration au long de sa vie. En 1940 débuta son amitié avec le roannais Jean Puy, sur lequel il écrivit plusieurs fois, dont la préface de l'exposition du Musée Déchelette en 1976. Il avait pré-

senté également une exposition Roger de La Fresnaye à Charlieu en 1975. Il écrivit de nombreux articles dans la presse de la Loire et du Rhône. Il a beaucoup voyagé, en France du Midi à l'Ouest, notamment en Bretagne, ainsi qu'à l'étranger : Suisse, Écosse, Espagne, Italie, Hollande, Angleterre, Seychelles, Grèce, Crête, Irlande. Il a participé à des expositions collectives, à Roanne, Grenoble, Lyon. Il a aussi montré ses œuvres dans des expositions personnelles : 1945, 1950, 1954, 1974, 1981 à Roanne, 1954 Souillac, 1960 Céret, 1971 Paris, 1978 Charlieu, 1984 Riorges, etc.
L'aquarelle fut sa technique de prédilection, d'autant que plus facilement praticable au cours de ses nombreux voyages en quête de motifs. S'il explora peu à peu les thèmes du paysage, du nu, ce furent les marines, l'eau, les bateaux qui ont surtout requis sa plus grande attention.
Musées : Roanne (Mus. Joseph Déchelette).

DEGEORGE Charles Jean Marie
Né le 31 mars 1837 à Lyon. Mort le 2 novembre 1888 à Paris. XIXe siècle. Français.
Sculpteur.
Élève de Duret, de Flandrin et de Jouffroy. Grand Prix de Rome de gravure en médailles, il débuta au Salon de 1864. S. Lami cite son buste en bronze du peintre *Henri Regnault*, à l'École des Beaux-Arts. Troisième médaille à l'Exposition de 1878. Chevalier de la Légion d'honneur en 1880.
Musées : Lyon : *Buste de Bernardino Cenci* – Paris (Louvre) : *La jeunesse d'Aristote* – Paris (Mus. d'Art Mod.) : sept médailles de bronze – Paris (Petit Palais) : Diverses médailles.

DEGEORGE Christophe Thomas
Né le 8 octobre 1786 à Blanzat (Puy-de-Dôme). Mort le 21 novembre 1854 à Clermont (Puy-de-Dôme). XIXe siècle. Français.
Peintre d'histoire, compositions religieuses, portraits. Néo-classique.
Entré à l'École des Beaux-Arts en 1814, il étudia sous la direction de Gault de Saint-Germain et David. Il débuta au Salon de Paris en 1810, mais à la suite du refus de son tableau : *Bonchamp mourant demandant la grâce des prisonniers républicains*, pour des raisons politiques, il cessa de prendre part aux Salons et se retira à Clermont.
Il réalisa des compositions religieuses, dont *Le Christ à la colonne*, à l'église Saint-François d'Assise, le *Martyre de Saint-Jacques-le-Mineur*, à l'église Saint-Philippe du Roule à Paris, *Le Christ au jardin des oliviers* à la cathédrale de Sancerre. En collaboration avec Vinchon, il exécuta les fresques de la chapelle Saint-Maurice dans l'église Saint-Sulpice à Paris. Pour le Tribunal de Commerce de Paris, il exécuta quatre grisailles représentant : la *Fidélité*, le *Calcul*, l'*Ordre*, l'*Économie*. Il peignit également de nombreux portraits.
Ventes Publiques : Londres, 7 avr. 1993 : *Portrait de la Comtesse Alice d'Audebaud de Ferrussac* 1831, h/t (116x90) : **GBP 3 910** – Londres, 12 déc. 1996 : *Une fillette, en buste, portant un turban et un manteau garni de fourrure* 1814, past. (43,4x36,7) : **GBP 2 990**.

DEGER Edouard
Né en 1809 à Bockenheim. XIXe siècle. Allemand.
Peintre d'histoire.
Siret cite de lui : *La Vierge et l'Enfant* et *La Résurrection*. Peintures murales à Reimagen et au château de Stoszenfels.

DEGER Ernst
Né le 15 avril 1809 à Bockenem. Mort le 27 janvier 1885 à Düsseldorf. XIXe siècle. Allemand.
Peintre d'histoire, compositions religieuses.
Il commença ses études à l'Académie de Berlin et les compléta à Düsseldorf sous la direction de Schadow. Plus tard, il devint membre de l'Académie de Berlin et de Munich.
Musées : Berlin : *Vierge priant l'Enfant* – Francfort-sur-le-Main : *Tête de femme* – Leipzig : *La chute du premier homme* – Lille : *Étude pour un Enfant Jésus* – Munich (Maximilianeum) : *Résurrection du Christ*.
Ventes Publiques : Paris, 1898 : *Entrée de Jésus à Jérusalem* : **FRF 13 625** ; *Regina Cœli* : **FRF 1 450** ; *Mater Dolorosa* : **FRF 1 120** – Cologne, 18 nov. 1982 : *L'Entrée du Christ à Jérusalem*, h/t (36x53) : **DEM 3 600**.

DEGGELER Hans Kaspar
Né en 1699. Mort en 1755. XVIIIe siècle. Suisse.
Peintre de portraits.
Actif à Schaffhouse. Le Dr Brun ne croit pas comme d'autres biographes qu'il ait été élève de Johann Andreas Wolf, à Munich.
Ventes Publiques : Paris, 23 oct. 1992 : *Portrait d'un homme tenant une boîte*, h/t (79x62) : **FRF 8 000**.

DEGGELER Hans Leonhard
Né en 1702 à Schaffhouse. Mort en 1744 à Brushsal. XVIIIe siècle. Suisse.
Peintre.
On croit qu'il fut maître de Johann Kaspar Heilmann.

DEGGELER Johannes
Né en 1751. Mort en 1842 à Schaffhouse. XVIIIe-XIXe siècles. Suisse.
Graveur.
Il fut professeur à Schaffhouse.

DEGGELER Ursula, plus tard Mme **Scheuchzer**
Née le 25 septembre 1795 à Schaffhouse. Morte en 1867. XIXe siècle. Suisse.
Peintre de compositions religieuses, genre, portraits, paysages.
Cette artiste, qui reçut des leçons de son mari le peintre Wilhelm Rudolf Scheuchzer, peignit des miniatures et s'essaya aussi dans la peinture d'histoire et de genre, tels que : *La Sainte Famille*, *Napolitaine avec enfants*, *Portrait d'un vieillard*, etc. On suppose qu'elle fit des voyages en Italie. Elle habita tour à tour Munich et Zurich. La Pinacothèque de Munich conserve un paysage de sa main.

DEGHAYE Marcelle
Née le 16 juin 1901 à Hérin (Nord). Morte le 5 novembre 1949 à Valenciennes (Nord). XXe siècle. Française.
Sculpteur de bustes et de monuments, dessinateur.
Elle fut élève de l'École Nationale Supérieure des Beaux-Arts de Paris entre 1920 et 1927. Elle fut sociétaire du Salon des Artistes Français, recevant une mention honorable en 1926. Elle réalisa le monument aux Morts de Valenciennes modelé par son maître Raset. Elle fut professeur de dessin aux Académies de Valenciennes à partir de 1932 dont elle assura la direction de 1942 à 1944.

DEGLAIN Anne
Née en 1929 à Liège. XXe siècle. Belge.
Peintre de cartons de tapisseries et de vitraux, graveur.
Elle fut élève de l'Académie de Liège. Elle a travaillé dans l'atelier de Jean Lurçat et à l'École nationale des Arts décoratifs et de tapisseries d'Aubusson.
Bibliogr. : In : *Diction. Biogr. illustré des Artistes en Belgique depuis 1830*, Arto, Bruxelles, 1987.

DEGLE Franz Joseph
Né en 1724. Mort en 1812 à Augsbourg. XVIIIe-XIXe siècles. Allemand.
Peintre d'histoire, portraits.
Il fut élève de Thomas Schäffler. Il obtint à Rome le second prix de l'Académie de Saint-Luc en 1765. Il peignit beaucoup de fresques religieuses, dans les églises de Mauerstetten, Unterostendorf, Sigmershausen.
Musées : Berlin (Kaiserfriedrich Mus.) : *Portrait de Tiepolo* – Munich (Bayer. Nat. Mus.) : *Portrait du Pasteur Ign. Thanner d'Oberostendorf*.
Ventes Publiques : Amsterdam, 29 nov. 1988 : *Peter Paul de Obwexer vêtu d'un gilet brodé et d'un habit de velours vert ; La femme de Paul de Obwexer portant une robe blanche brodée et bonnet de dentelle* 1777, h/t, une paire (chaque 104x81,5) : **NLG 23 000**.

DEGLER Anton
XVIIe siècle. Éc. tyrolienne.
Peintre miniaturiste.
Il travaillait au Tyrol et à Munich.

DEGLER Castorius
Né le 14 juillet 1676 à Munich. Mort le 7 avril 1722 au couvent de Tegernsee. XVIIIe siècle. Allemand.
Peintre miniaturiste.

DEGLER Christian
XVIe siècle. Éc. tyrolienne.
Peintre.
Il était peintre à la cour du duc Guillaume V à Munich, vers 1580. Il peignait des œuvres décoratives et appartenait à la famille de peintres de ce nom originaire de Vilnöss.

DEGLER Franz
Né en 1705 à Vilnöss (Tyrol). Mort le 29 novembre 1746 à Francfort-sur-le-Main. XVIIIe siècle. Éc. tyrolienne.
Peintre d'histoire, compositions religieuses, portraits.
Il peignit les portraits de l'empereur Charles VII, celui de l'impératrice, ceux d'autres grands personnages qui se trouvaient à Francfort-sur-le-Main. On cite aussi de lui dix tableaux de la Passion pour l'église des Capucins de la même ville.

DEGLER Franz, dit **le Peintre Ziska**
Né en 1678 à Vilnöss. XVIIIe siècle. Éc. tyrolienne.
Peintre.

DEGLER Georg
Né à Vilnöss (Tyrol). Mort en 1685 au couvent à Tegernsee. XVIIe siècle. Éc. tyrolienne.
Peintre, graveur.
Dans l'église Notre-Dame de Hall-i-T., il peignit trois tableaux d'autel ; pour l'église de Schärding il peignit plusieurs autels, ainsi que pour le couvent de Tegernsee. À la bibliothèque d'Innsbruck, on peut voir une gravure de lui : Maria Loretto von Berg à Munich.

DEGLER Hans
XVIe-XVIIe siècles. Allemand.
Peintre.
En 1587 il travaillait pour le château de la Résidence à Munich.

DEGLER Hans
Originaire de Munich. Mort en 1637. XVIIe siècle. Allemand.
Sculpteur sur bois.

DEGLER Hans
XVIIe siècle. Éc. tyrolienne.
Peintre.
Il était le père de Johann Degler.

DEGLER Johann
Né en 1666 à Vilnöss. Mort le 2 janvier 1729 à Tegernsee. XVIIe-XVIIIe siècles. Actif à Munich. Éc. tyrolienne.
Peintre.
Il fut élève du peintre de cour Andreas Wolf, pendant six ans. Pour l'église de la Trinité à Munich il fit le tableau central du grand autel, et fut nommé peintre de la cour pour ce travail. Il décora la chambre impériale au couvent de Saint-Florian. À Tegernsee il décora le Réfectoire, la salle de récréation. Il peignit des fresques religieuses également pour l'église de sa ville natale Vilnöss, pour les églises de Attel, Berg, Burgharting Erding, Isen, Oberammendorf, Rohrdorf.

DEGLER Johann Gabriel
Né le 22 février 1799 à Latzfons (Tyrol). Mort le 22 mars 1829 à Vahrn (près de Brixen). XIXe siècle. Éc. tyrolienne.
Peintre.
Il fut à Innsbruck l'élève de Denifle et de Schädler, puis à l'Académie de Vienne. Il peignit surtout des paysages historiques influencés par Poussin. Le Ferdinandeum d'Innsbruck possède de lui deux peintures et une sanguine représentant la *Résurrection de Lazare*.

DEGLER Sebastian ou **Deckler**
XVIIIe siècle. Actif à Bamberg au début du XVIIIe siècle. Allemand.
Sculpteur.

DEGLESNE-HEMMERLÉ Emilie
Née à Paris. XXe siècle. Française.
Peintre de paysages, marines.
Elle exposa au Salon des Artistes Indépendants.

DEGLI suivi d'un patronyme. Voir ce patronyme

DEGLUME Henri
Né le 29 décembre 1865 à Gerpinnes. Mort en 1940. XIXe-XXe siècles. Belge.
Peintre de paysages, fleurs, natures mortes.
Il fut élève à Anvers de Théodore Baron. Essentiellement paysagiste, il se montrait particulièrement sensible aux atmosphères variables selon le temps qu'il faisait, sachant apprécier les ciels couverts : *Ciel nuageux*. Il reprit un thème qui fut cher à Monet : *Les meules*.

H Deglume

VENTES PUBLIQUES : BRUXELLES, 19 déc. 1989 : *Fleurs*, h/t (45x33) : **BEF 28 000** – BRUXELLES, 7 oct. 1991 : *Meule de foin*, h/t (52x74) : **BEF 70 000** – PARIS, 9 déc. 1991 : *Les pommiers en fleurs*, h/t (51x72) : **FRF 8 000** – LOKEREN, 23 mai 1992 : *Automne*, h/t (52x72) : **BEF 110 000** – NEW YORK, 26 fév. 1993 : *Bouleaux à flanc de colline*, h/t. cartonnée (52,7x74,3) : **USD 1 265** – LOKEREN, 15 mai 1993 : *Automne*, h/t (52x72) : **BEF 75 000** – LOKEREN, 4 déc. 1993 : *Étang en hiver*, h/t (50x70) : **BEF 65 000** – LOKEREN, 8 oct. 1994 : *Étang en hiver*, h/t (50x70) : **BEF 60 000** – LOKEREN, 11 mars 1995 : *Paysage d'hiver* 1921, h/t (141x187) : **BEF 130 000**.

DEGMAIR August Hermann Jakob
XVIIIe siècle. Actif à Augsbourg. Allemand.
Graveur.
Il fut l'élève de Gabriel Spitzel. Il se maria en 1764. On lui doit plusieurs planches d'après Greuze.

DEGMAIR Philipp Andreas
Né en 1711 à Augsbourg. Mort en 1771. XVIIIe siècle. Allemand.
Graveur au burin.
Il se maria en 1754. On lui doit un portrait, d'après Heinecken, du théologien *Andreas Degmair*.

DEGODE Wilhelm
Né le 6 février 1862 à Oldenbourg. XIXe siècle. Allemand.
Peintre de paysages, aquarelliste.
Il fut à Oldenbourg élève de Diedrich. Plus tard il s'établit à Kaiserwerth où il professa à partir de 1894. Il participa à nombre d'Expositions, en particulier à Berlin.
MUSÉES : OLDENBOURG (Hôtel de Ville) : une aquarelle.
VENTES PUBLIQUES : LONDRES, 13 fév. 1931 : *L'Avenue* 1897 : **GBP 5** – COLOGNE, 25 nov. 1976 : *Paysage* 1912, h/t (38x50) : **DEM 1 300** – COLOGNE, 20 mars 1981 : *Paysage d'été*, h/bois (41,5x29,5) : **DEM 2 200**.

DE GOEYE Michel
Né en 1900 à Anderlecht. Mort en 1958 à Bruxelles. XXe siècle. Belge.
Peintre, dessinateur, illustrateur.
Il fut élève de l'académie des beaux-arts de Bruxelles.
BIBLIOGR. : In : *Dict. biogr. illustré des artistes en Belgique depuis 1830*, Arto, Bruxelles, 1987.

DEGORGE Georges Léo
Né le 25 mai 1894 à Quaregnon (Belgique). XXe siècle. Français.
Peintre de sujets divers.
Il fut élève de Charles Waltner et de François Flameng. Il reçut une médaille au Salon des Artistes Français et reçut une mention honorable en 1922 ; il fut lauréat d'une bourse de voyage en 1921. Il exposa également au Salon de la Société Nationale des Beaux-Arts et à celui des Artistes Indépendants. Il a peint le *Portrait de Ch. Waltner*.
VENTES PUBLIQUES : PARIS, 14 juin 1928 : *La sieste* : **FRF 2 400** – PARIS, 8 mars 1929 : *Bateaux* : **FRF 1 450** – PARIS, 15 jan. 1943 : *Port Joinville (Île d'Yeu)* : **FRF 5 000** – PARIS, oct. 1945-jul. 1946 : *Roses thé dans un vase* : **FRF 8 000**.

DEGOTSCHON
XVIIIe-XIXe siècles. Tchécoslovaque.
Graveur et décorateur sur faïence.
Il travailla pour la manufacture de faïence de Proskau (Silésie).

DEGOTTEX Jean
Né en 1918 à Sathonay (Bouches-du-Rhône). Mort le 6 décembre 1988 à Paris. XXe siècle. Français.
Peintre à la gouache, peintre de techniques mixtes, graveur, lithographe, dessinateur, illustrateur. Abstrait-analytique.
Jean Degottex vint à Paris en 1933. Il s'y fixa définitivement, partageant plus tard son temps entre Paris et une maison à Gordes dans le Vaucluse. Durant ses jeunes années, il était surtout occupé à militer politiquement dans des cercles de gauche plutôt marginaux. Il commença à peindre en autodidacte à l'occasion d'un séjour à Sidi Bou-Saïd en Tunisie, au cours de sa mobilisation en Algérie et Tunisie, en 1939-1941.
Il commença à participer à des expositions collectives : à partir de 1941 premier Salon des Moins de Trente Ans et suivants. En 1949, il participa à une exposition Galerie Denise René, et au Salon de Mai auquel il continua à figurer ensuite. Ses participations aux expositions collectives se multiplièrent : 1952 *Peintres de la Nouvelle École de Paris* présentés par Charles Estienne, qui fondait en même temps le Salon d'Octobre, Degottex y étant invité. Encore en 1952, il participa à la Galerie Maeght, y faisant

suite aux deux expositions des *Mains Éblouies*, à l'exposition *Tendances* présentée par Michel Seuphor, ces trois manifestations successives ayant historiquement marqué l'adhésion en masse de la jeune génération aux expressions non-figuratives. 1953 New York Solomon Guggenheim Museum *Younger European Painters*, 1959 Documenta II à Kassel, 1960 *International Sky Festival* à Osaka, Japon, 1964 XXXIIe Biennale de Venise, 1965 VIIIe Biennale de São Paulo, 1967 Exposition Internationale de Montréal, *Dix ans d'art vivant* à la Fondation Maeght de Saint-Paul-de-Vence, Carnegie Institute de Pittsburgh, 1968 *Painting in France 1967* aux États-Unis, Maison de la Culture de Grenoble, 1970 Centre d'art contemporain de l'Abbaye de Beaulieu, 1972 au Grand Palais de Paris l'exposition *72/72*, se réservant dans la suite surtout pour ses expositions personnelles, qui se sont multipliées depuis la première à Paris en 1950, entre autres : 1955 Paris, présentée par André Breton et Charles Estienne ; 1956 Palais des Beaux-Arts de Bruxelles ; 1958 Paris, présentées par Renée Beslon ; 1959 Paris, *Les Alliances, Les Dix-Huit Vides* ; 1961 Palais des Beaux-Arts de Bruxelles, présentée par Julien Alvard, et Paris *Sept Métasignes sur la fleur* ; 1966 Bruxelles, *Métasphères/Papiers* ; 1967 Paris, Galerie Jean Fournier *Horsphères 1967*, présentée par Alain Jouffroy ; 1970 Paris, Musée d'Art Moderne de la Ville, *Horspaces, Horslignes* ; 1972 Paris *Les Déchirures* ; 1974 Paris *Suite Médias* ; 1975 Paris *Métasphères/ Papiers* et *Notes de Parcours Médias* ; 1976 Paris, Galerie Jean Fournier, *Suite Médias 1973-1974* et œuvres de 1956 à 1959 ; Galerie Germain *Papiers-Pleins* ; Galerie Hécate *Suite Serto* ; jusqu'aux expositions rétrospectives de 1978 aux Musées de Grenoble, Saint-Étienne, et présentée par Dominique Bozo au Musée d'Art Modene de la Ville de Paris ; 1982 *Bris-Signes*, Galerie Le Dessin, Paris ; 1985 *6/7 Métasignes 1961*, Galerie de France, Paris ; 1987 Musées de Buenos Aires, Montevideo ; 1987-1988, successivement aux Centres d'Art Contemporain d'Ivry, Corbeil-Essonnes, Genevilliers, Choisy-le-Roi, Saint-Cyr-l'École, aux Musées d'Évreux, Brou, Bourg-en-Bresse, aux Centres d'Art Contemporain de Brétigny, Sceaux ; 1997 *Parcours 1970-1984*, Espace Fortant de France, Sète.

Dès 1951 lui avait été attribué le Prix Kandinsky. En 1981 lui fut décerné le Grand Prix National de Peinture.

Parallèlement à sa carrière de peintre, et de peintre aux techniques très mixtes, Jean Degottex a aussi exécuté des lithographies, des gravures, illustré des ouvrages littéraires : Maurice Benhamou, Renée Beslon, Pierre Lecuire et autres, créé des affiches, en 1960 un carton de tapis pour Beauvais, en 1975 la maquette d'un *Mur Perspective* pour un Lycée Technique de Bayeux, en 1980 la maquette des *Murs Obliques* à la Régie Nationale des Usines Renault, et autres réalisations.

Pendant une dizaine d'années, ses peintures expérimentèrent des directions très diverses : celles qu'il rapporta de Tunisie étaient inspirées de Gauguin et Van Gogh, apparentées au fauvisme. Puis, revenu à Paris, il dessina ou grava sur des sujets dans la manière de Pascin et de Matisse, et, après la guerre, commença à exposer des peintures en accord avec l'esthétique néo-cubiste alors dominante, notamment dans une série dite bretonne, rapportée d'un séjour à Dinard, où il travaillait en compagnie de son ami du moment Michel Patrix. Il peignit ses premières compositions abstraites en 1949.

Après les expérimentations diverses des débuts, et après les premiers contacts avec l'abstraction, à partir de 1955 Jean Degottex s'affirma en tant qu'individualité forte dans le courant de l'abstraction lyrique. Cette période peut être dite calligraphique, fondée sur le tracé spontané du signe ou de la tache dans l'espace de la toile, dont l'inspiration extrême-orientale est évidente, et dont la parenté « sans l'avoir voulu » avec la calligraphie Zen fut soulignée par André Breton dans sa préface de 1955, et qui lui prêta *Le lavis en Extrême-Orient* de E. Grosse, ce qui incita sans doute Degottex à s'initier deux années plus tard à la philosophie Zen par l'étude attentive de l'*Essai sur le bouddhisme* de Suzuki et l'observation des diverses écritures calligraphiques orientales. De cette période, le *Dictionnaire de la peinture abstraite* de 1957 dit : « Degottex a abouti, en 1955, à une peinture puissante, projection d'une intériorité qui voudrait se donner totalement, comme d'un seul geste, dans chaque œuvre. » Tout en ne minimisant pas sa reconnaissance à André Breton, Degottex précisa toujours que l'automatisme de sa pratique était un automatisme abstrait et non l'automatisme onirique des surréalistes. Suivit aussitôt, toute couleur éliminée, la « période blanche », série de signes à peine gris ou blancs, juste soulignés de noir, sur le fond blanc de la toile. À plusieurs époques, mais surtout en 1961, lisibles ou illisibles, en place de signes il introduisit des écritures dans ses peintures : « J'aime écrire le nom des choses que j'aime... Le plein et le délié de l'écriture sont une respiration. J'aimerais que ma peinture soit une plus grande respiration. » Au sujet du peu de réalité des choses et de la fugacité du moment, notions qui implicitement fondaient les peintures de cette époque, on peut rappeler, au hasard, le titre d'une de ses peintures des années soixante : *Quelque chose s'est passé*. Il ne sera guère possible de donner une énumération descriptive satisfaisante de l'ensemble d'un œuvre dont une des caractéristiques est la continuité, au moins à l'intérieur de chacune de ses phases quand chaque œuvre découle de la précédente et engendre la suivante.

Il semble qu'on ne puisse suivre Jean-Clarence Lambert, quand il avance qu'« Il est de ceux qui ont mené la peinture jusqu'à la limite au-delà de laquelle plus rien ne demeure sur la toile. » On ne pouvait pourtant ignorer totalement cette objection qu'on retrouve à l'endroit de tous les modes d'expression issus de l'ascèse, pour lesquels le faire est subordonné au ressentir ou au penser, voire au seul vouloir. Degottex donnait sa réponse au dilemme : l'œuvre (d'art) est-elle un objet, l'expression de quelque chose ? Pour lui, elle est non seulement expression-expulsion, mais se veut complète et parfaite dans sa forme la plus dépouillée, expression de la totalité de l'être. La méthode consistait à créer le vide en soi, par la méditation accompagnant la préparation minutieuse des conditions de travail, des matériaux, de la peinture, du fond, jusqu'à l'instant du jaillissement irrépressible du geste, traçant le signe insignifiant qui va engendrer autour de lui sur la toile la perception de l'immensité du vide. L'entreprise était ambitieuse, mais guère différente de celle des dessinateurs calligraphes Song. Avec ces peintures, sur fond blanc, puis rose, puis sombre de la *Suite obscure* de 1964, consistant en une trace projetée en fin de concentration, s'imposait l'importance du vide dans la toile. Avec les *Métasignes* Degottex mit en évidence le vide entre les tableaux, le considérant comme plus important que les tableaux eux-mêmes. La notion du vide aura dominé la totalité de sa réflexion et de son œuvre : « Ce rien, ce blanc, ce vide, parlent d'autre chose...qui nous concerne pourtant tous. »

Dans une concision croissante toujours extrême-orientale, passant du geste au signe, du signe à l'écriture, de l'écriture à la ligne d'écriture illisible, de la ligne d'écriture à la ligne nue, se succédèrent les *Métasphères* où sur chaque peinture monochrome est tracé un cercle parfait, symbole de totalité mais ne refusant pas l'association poétique avec le disque solaire, les *Horsphères* dans lesquelles ne se décèle qu'à peine une empreinte ténue. Depuis 1970, sauf quelques périodes encore de gestes proprement picturaux, avec les *Horspaces, Déchirures, Papiers-Pleins* et autres, Degottex scrute les possibilités plastiques des matériaux les plus divers, possibilités plastiques n'étant qu'un pis-aller verbal, alors que ses interventions ressortissent plutôt à une mise entre parenthèses de la pensée à l'occasion d'un faire répétitif. Après les périodes où, par des attaques différenciées, subsistait encore le signe, Degottex est entré dans une définitive réflexion, d'abord sur l'espace du signe et le vide hors du signe, puis sur la matérialité des supports possibles, jusqu'à éliminer la dernière trace de signe, afin de mieux mettre en évidence, dans la *Suite Médias* de 1972 à 1974, la nature-même des supports : toile, fibres, papier ausculté par arrachage-recollage, briques de terre-cuite de Gordes, le bois, etc. : « L'épiderme des choses est à lui seul une écriture. », ainsi que la nature-même des matériels et matériaux qui traçaient auparavant les signes renoncés : l'acrylique au « roulor » dans ses possibilités de recouvrements, l'encre de Chine au pinceau plat dans ses coulures.

Au fil d'événements personnels, de rencontres intellectuelles, Jean Degottex a dépouillé l'ancien jeune-homme élégant et sociable, le jeune artiste dilettante, pour s'investir, spirituellement, dans la conduite de sa vie et jusqu'à la modification ascétique de son physique, de son visage émacié, dans la méditation Zen, dont tout son œuvre fut imprégné. Il a toujours tendu de plus en plus vers le minimum, référent omniprésent de tout son œuvre, jusqu'à l'exacerbation de l'absence, du vide, de la vacuité, de la vacance, seule apte à accueillir l'absolu, l'universel : « ...le vide, ce neutre qui est la matérialité d'aujourd'hui. » En 1989, Marie-Françoise Poiret, conservateur du Musée de Brou, a défini l'attitude ultime de Jean Degottex dans sa pratique artistique : « ... la disparition de la présence subjective, du geste personnel, laisse place à une attitude d'observation, d'écoute de laisser-faire, une attention à l'éclosion de tous les possibles de la matière. » Plus d'intention préconçue, plus de déduction contraignante, la fidélité en somme à l'automatisme, garant de l'authenticité du « faire » (étymologiquement du poétique). Totale adéquation au monde par la médiation du matériau, prélevé ou fortuit. Méthode de pensée et d'action, philosophie de l'être-au-monde qu'il aimait à résumer ainsi : « Rien avant, rien après, tout en faisant. » ■ Jacques Busse

Bibliogr. : Michel Seuphor, in : Catalogue de l'exposition *Tendances*, Derrière le miroir, Maeght, Paris, 1952 – André Breton, Charles Estienne : *L'épée dans les nuages*, À l'étoile scellée, Paris, 1955 – Michel Seuphor, in : *Diction. de la Peint. Abstraite*, Hazan, Paris, 1957 – Renée Beslon : Catalogue de l'exposition *Degottex*, Gal. Kléber, Paris, 1958 – André Breton, in : *Le surréalisme et la peinture*, Gallimard, Paris, 1965 – René Passeron, in : *Histoire de la peinture surréaliste*, Livre de poche, Paris, 1968 – Geneviève Stum-Simon : *Jean Degottex, l'œuvre et son parcours*, thèse de doctorat de 3e cycle, Paris, 1977 – B. Lamarche-Vadel, Marie-Cl. Beaud : *Degottex*, Mus. d'Art et d'Industrie, Saint-Étienne, 1978 – B. Lamarche-Vadel : *L'œuvre de Jean Degottex et la question du tableau*, Mus. de Grenoble, 1978 – Jean Frémon : *Degottex*, Édit. du Regard, Gal. de France, Paris, 1987, avec documentation abondante – Geneviève Breerette : *Le silence et la rigueur*, entretien avec J. D., Le Monde, 31 déc. 1987 – Émilie Daniel : *Entre deux vides, tout est dans l'intention*, Artstudio, Paris, été 1988 – Geneviève Breerette : *La traversée des signes*, in : Catalogue de l'exposition *Croisement de signes*, Institut du Monde Arabe, Paris, été 1989.

Musées : Amsterdam (coll. Peter Stuyvesant) – Brou : douze œuvres, de 1959 à 1985 – Bruxelles (Mus. roy.) – Dijon (Mus. des Beaux-Arts) – Dunkerque – Évreux – Grenoble (Mus. de Peinture et de Sculpture) – Haute-Normandie (FRAC) – Jérusalem (Mus. Nat. de Bézalel) – Languedoc-Roussillon (FRAC) – Liège (Mus. des Beaux-Arts) – Malmö (Konsthall) – Marseille (Mus. Cantini) : *Estranghelo X* 1957 – Minneapolis (Inst. of Art) – New York (Sol. Guggenheim Mus.) – Osaka (Pina. de Gutaï) – Paris (Mus. Nat. d'Art Mod.) : *Furyu* 1961 – Paris (Mus. d'Art Mod. de la Ville) – Paris (FNAC) : *Report 1/2 – Terre – Noir II* 1981 – Provence-Alpes-Côte-d'Azur (FRAC) – Rennes (FRAC) – Saint-Paul-de-Vence (Fond. Maeght) – Tokyo (Ohara Mus. of Art) – Toulon – Vienne (Mus. du xxe siècle).

Ventes Publiques : Paris, 7 déc. 1974 : *Haïgall* 1961 : **FRF 6 100** – Paris, 24 nov. 1976 : *Composition*, aquar. et encre (106x78) : **FRF 4 000** – Paris, 28 avr. 1981 : *Uttama* 1959, h/t (129x162) : **FRF 7 500** – Paris, 6 nov. 1982 : *Horsphère* 1967, h/pap. mar. (120x80) : **FRF 15 000** – Paris, 21 nov. 1983 : *Composition* 1961, gche/pap. (105x74) : **FRF 9 000** – Paris, 21-22 juin 1984 : *Composition* 1954, aquar. et encre de Chine (73x110) : **FRF 16 000** ; *Métasigne Six* 1961, h/t (280x120) : **FRF 80 000** – New York, 12 nov. 1986 : *Sans titre* 1957, h/t (134,5x162) : **USD 9 000** – Versailles, 8 mars 1987 : *Composition* 1954, gche, encre et aquar. (74x104) : **FRF 43 000** – Paris, 3 déc. 1987 : *Composition*, encre et gche/pap. (74x110) : **FRF 18 000** – Neuilly, 23 fév. 1988 : *Être la mer* 1954, h/t (89x117) : **FRF 40 000** – Paris, 20 mars 1988 : *Sans titre (suite)* 1960, encre et lav. (65x48) : **FRF 19 000** ; *Horsphère M 1* 1967, h/t (121x81) : **FRF 51 000** ; *Composition*, h/pan. (45x68,5) : **FRF 30 000** – Paris, 24 mars 1988 : *Grand aigle* 1959, encre et aquar./pap. (75x109) : **FRF 32 000** – Paris, 24 avr. 1988 : *Métasigne cinq* 1961, peint./t. (280x120) : **FRF 300 000** – Paris, 20-21 juin 1988 : *Ascendant* 1955, h/t (130x96,5) : **FRF 84 000** – Paris, 23 jan. 1989 : *Lignes report III*, acryl./t. (100x100) : **FRF 70 000** – Paris, 12 fév. 1989 : *Papier plein n°8* 1977 (40x60) : **FRF 20 000** – Paris, 12 avr. 1989 : *Composition* 1959, techn. mixte (75,5x105,5) : **FRF 130 000** – Paris, 16 avr. 1989 : *Vide des Choses Extérieures* 1959, h/t (114x162) : **FRF 445 000** – Paris, 5 juin 1989 : *Composition multicolore* 1952, acryl./t. (142x88) : **FRF 185 000** – Paris, 9 juin 1989 : *L'Éphémère* 1954, h/t (100x50) : **FRF 130 000** – Paris, 7 oct. 1989 : *1er août 56* 1956, h/t (180x130) : **FRF 560 000** – Paris, 9 oct. 1989 : *Composition*, h/t (235x351) : **FRF 650 000** – Paris, 11 oct. 1989 : *Composition*, encre noir et rouge/pap. (66x50) : **FRF 53 000** – Paris, 20 nov. 1989 : *Les chevaux*, h/t (19x33) : **FRF 20 000** – Paris, 26 nov. 1989 : *Lignes d'écriture*, h/t (195,5x130) : **FRF 200 000** – Paris, 17 déc. 1989 : *Wabi (II)* 1961 (200x130) : **FRF 1 100 000** – Paris, 11 mars 1990 : *L'éphémère* 1954, h/t (100x50) : **FRF 190 000** – Paris, 28 mars 1990 : *Composition* 1963, gche/pan. (104x74) : **FRF 115 000** – Paris, 3 mai 1990 : *Sphère indifférenciée* 1969, h/pan. (85x80) : **FRF 110 000** – Paris, 18 juin 1990 : *Sans titre* 1958, h/t (130x195) : **FRF 400 000** – Paris, 29 oct. 1990 : *Antée III* 1956, h/t (205x135) : **FRF 500 000** – Bruxelles, 13 déc. 1990 : *Les alliances* 1960, h/t (162x114) : **BEF 1 368 000** – Paris, 15 avr. 1991 : *Juillet 1956*, h/t (116x72) : **FRF 151 000** – New York, 13 nov. 1991 : *Sans titre* 1958, h/t (129,5x230) : **USD 34 100** – Paris, 7 déc. 1992 : *Suite rose et noire VIII*, acryl./pap./t. (120x80) : **FRF 130 000** – Paris, 23 nov. 1993 : *Pin ardent* 1954, h/t (120x60) : **FRF 70 000** – Londres, 3 déc. 1993 : *Composition sur fond rouge* 1958, h/cart. (54,8x45,8) : **GBP 2 760** – Paris, 12 juil. 1994 : *Sans titre* 1949, h/isor. (45x13) : **FRF 4 800** – Paris, 16 mars 1995 : *Horsphère coulée I* 1967, acryl./t. (215x130) : **FRF 50 000** – Paris, 19 juin 1996 : *Fond blanc* 1951, h/t (73x50) : **FRF 14 000** ; *Composition sur fond gris*, h/t (106.5x125) : **FRF 73 000** – Paris, 1er juil. 1996 : *Sans titre* 1957, h/t (100x98,5) : **FRF 50 000** – Paris, 29 nov. 1996 : *Le Feu noir* 1955, h/t (220x298) : **FRF 7 700** ; *Bleu III* 1961, acryl. et grattage/pap. (64x50) : **FRF 35 000** – Paris, 19 déc. 1996 : *Sans titre* 1956, h/t (230x200) : **FRF 91 000** – Paris, 20 juin 1997 : *Bleu III* 1962, h/cart. (81x45) : **FRF 21 000**.

DEGOTTI Ignace Eugène Marie

Mort en décembre 1824 à Paris. xixe siècle. Italien.

Peintre décorateur.

Il fut décorateur de l'Opéra et maître de Daguerre.

DEGOULET Maurice Clovis Georges

Né à Paris. xxe siècle. Français.

Sculpteur.

Il fut sociétaire du Salon des Artistes Français, recevant une troisième médaille en 1944 et le prix Vital-Cornu la même année. On cite *Le semeur* et *L'Âge de pierre*.

DEGOUMOIS. Voir aussi **GOUMOIS de**

DEGOUVE DE NUNCQUES William

Né le 28 février 1867 à Monthermé (Ardennes). Mort le 1er mars 1935 à Stavelot. xixe-xxe siècles. Belge.

Peintre de compositions religieuses, portraits, paysages, paysages urbains, pastelliste, lithographe, dessinateur. Symboliste.

Il se destinait tout d'abord à la musique. Autodidacte en peinture, il subit néanmoins l'influence des peintres symbolistes Jan Toorop, avec lequel il se lie d'amitié dès 1883, et Henri de Groux. Dès 1890 il expose à Paris, au Salon de la Société Nationale des Beaux-Arts, et fait la connaissance de Rodin, Puvis de Chavannes et Maurice Denis qui l'encouragent. En 1894 il devient membre du *Groupe des XX* et de la *Libre Esthétique*. Marié à la belle-sœur du poète Émile Verhaeren, il fréquente les milieux littéraires et peint des décors pour le théâtre de Maeterlinck. Il séjourne fréquemment à l'étranger, en Italie, en Autriche et en Suisse. Entre 1900 et 1902 il vit à Majorque, ce qui aura une incidence sur sa manière, qui se rapproche alors de celle des impressionnistes, bien que sa vision de la nature demeure intériorisée et poétique. Entre 1912 et 1913, il traverse une période de mysticisme et peint plusieurs compositions religieuses. L'année suivante, au début de la guerre, il se réfugie en Hollande jusqu'en 1919. À la fin de la guerre, son style devient plus expressionniste et il n'en refuse pas les déformations.

Le catalogue de son œuvre comporte environ huit cents numéros, peintures, pastels et dessins. Le symbolisme reste ce qui l'a le plus motivé, entre 1890 et 1900, en tant que peintre de paysages, mais un symbolisme dénué du rêve de pureté édénique qui habite celui de ses amis français. Ses villes mortes, ses paysages antiques ou bien inspirés des vues du Brabant, de la Hollande ou des Baléares, sont hantés, baignés de fantastique et d'angoisse. Il a fréquemment peint des sous-bois aux troncs d'arbres étranges et traité aussi des effets de nuit. Ce n'est pas sans raisons que le surréaliste Magritte se souviendra de *La maison du mystère* de Degouve de Nuncques dans sa peinture intitulée *L'empire des lumières*. ■ Jacques Busse

Bibliogr. : In : *Diction. Univers. de la Peinture*, Le Robert, Paris, 1975 – in : *Diction. biogr. illustré des Artistes en Belgique depuis 1830*, Arto, Bruxelles, 1987 – in : *Diction. de la peint. flamande et hollandaise*, Larousse, Paris, 1989.

Musées : Bruxelles (Mus. roy. des Beaux-Arts) : *Puig Major Majorque* – Gand : *L'Aube* 1897, past. – Ixelles : *Effet de nuit* 1896, past. – Munich – Nancy (Mus. des Arts Décoratifs) : *Sous-bois* 1894, past. – Otterlo (Mus. Kröller-Müller) : *Les Anges de la nuit* 1891 – *Le Cygne noir* 1896 – en tout dix-sept peintures, huit pastels et dessins.

Ventes Publiques : Paris, 25 juin 1975 : *Vue de Bruges* 1917, fus. (70x67) : **FRF 7 000** – Anvers, 6 avr. 1976 : *En Provence* 1910, h/t mar./pan. (40x50) : **BEF 50 000** – Anvers, 19 oct. 1976 : *Côte rocailleuse*, past. (40x50) : **BEF 22 000** – Paris, 14 juin 1976 : *Soir de tristesse*, h/pan. (71x90) : **FRF 4 500** – Londres, 25 mars 1981 : *Voiliers au large des Baléares*, h/t (53x71) : **GBP 2 800** – Bruxelles, 25 mars 1982 : *Verger en fleurs*, h/cart. (45x70) : **BEF 50 000** – Anvers, 27 avr. 1982 : *Nu assis*, past. (22x32) : **BEF 15 000** – Bruxelles, 23 mars 1983 : *Paysan au travail*, h/t (87x103) : **BEF 90 000** – Lokeren, 22 fév. 1986 : *Paysage d'été* 1912, h/cart., esquisse (35x45) : **BEF 38 000** – Lokeren, 16 mai 1987 : *La Charrette de foin* 1925, h/cart. (60x69) : **BEF 85 000** – Lokeren, 5 mars 1988 : *Paysage dans les environs de Dordrecht*, past. (28x36) : **BEF 60 000** – New York, 24 mai 1988 : *La grotte de Manacor, Majorque* 1901, h/t (48,5x60,5) : **USD 17 600** – Amsterdam, 8 déc. 1988 : *Été, les blés* 1913, h/cart. (45,5x35) : **NLG 11 500** – Amsterdam, 24 mai 1989 : *Vue de Broek op Waterland en hiver*, h/t (99,5x119,5) : **NLG 86 250** – Londres, 19 oct. 1989 : *Le parc*, gche/cart. (60x50) : **GBP 8 250** – Londres, 1er déc. 1989 : *La nuit à Bruges* 1897, h/t (60x90) : **GBP 462 000** – Londres, 16 oct. 1990 : *Crépuscule à Munster* 1896, past./pap. (39x98,5) : **GBP 30 800** – Amsterdam, 22 mai 1991 : *Nuit de lune à Campanano aux Baléares* 1901, h/t (53,5x73) : **NLG 48 300** – Amsterdam, 19 mai 1992 : *« Le Caillou-qui-Bique » dans le Hainaut* 1908, h/t (99x118) : **NLG 97 750** – Amsterdam, 31 mai 1994 : *« Le Caillou-qui-Bique » sous la neige*, h/t (43x63) : **NLG 20 700** – Amsterdam, 5 juin 1996 : *La ferme*, h/pan. (36x45) : **NLG 5 750** – Amsterdam, 17-18 déc. 1996 : *« Le Caillou-qui-Bique », village sous la neige* 1907, h/t (42,5x63) : **NLG 11 800** – Amsterdam, 4 juin 1997 : *Boutique à Katwijk* 1898, h/t (35x75) : **NLG 55 354** – Paris, 16 juin 1997 : *Brume sur le canal* 1908, h/t (30x51) : **FRF 120 000**.

DEGOUVE DE NUNCQUES Juliette, née **Massin**
Née à Liège. XIXe-XXe siècles. Travaillant à Bruxelles. Belge.
Peintre de paysages.
Épouse de William Degouve de Nuncques.

DEGOUY Nelly
Née en 1910 à Anvers. Morte en 1979. XXe siècle. Belge.
Dessinateur, illustrateur, graveur.
Elle est la femme du graveur D. Acket. Elle fut élève de l'académie des beaux-arts et de l'institut supérieur d'Anvers. Elle pratique la gravure sur bois.
Bibliogr. : In : *Dict. biogr. illustré des artistes en Belgique depuis 1830*, Arto, Bruxelles, 1987.

DEGRADY Maximilien Joseph
XVIIIe siècle. Travaillant au Mans en 1782. Français.
Sculpteur.

DEGRAIN Antonio Munoz. Voir **MUNOZ-DEGRAIN**

DE'GRASSI. Voir **GRASSI**

DEGRAVE Jules Alex Patrouillard
Né à Saint-Quentin. XIXe siècle. Français.
Peintre de genre, figures.
Élève de Gérôme, il devint sociétaire des Artistes Français en 1883 ; il prit part aux expositions de cette société et obtint une mention honorable en 1883.
Ventes Publiques : Paris, 1882 : *Silence* : **FRF 850** – Paris, 1899 : *Sortie d'école* : **FRF 2 000** – Londres, 20 fév. 1929 : *Jeux d'enfants* : **GBP 26** – Paris, 18 juin 1930 : *Le Déjeuner à l'asile* : **FRF 1 350** – Londres, 2 mars 1938 : *Enfants jouant* : **GBP 6** – New York, 26 mai 1983 : *Jardin d'enfants*, h/pan. (40,5x32) : **USD 1 600**.

DEGREEF Amédée
Né le 27 octobre 1878 à Bruxelles. Mort le 26 décembre 1968. XXe siècle. Belge.
Peintre de sujets divers.
C'est le peintre Maurice Blieck qui l'encouragea à persister dans l'apprentissage de la peinture. Il fut introduit dans le cercle des artistes du « Sillon ». Il figura aux Quadriennales de Bruxelles, d'Anvers, de Gand et de Liège ainsi qu'aux Salons du Printemps et de l'Automne.
Il a principalement décrit les paysages aquatiques de la Belgique et de la Hollande, mais également des compositions à personnages, des natures mortes et des portraits.
Bibliogr. : In : *Diction. Biogr. illustré des Artistes en Belgique depuis 1830*, Arto, Bruxelles, 1987.
Ventes Publiques : Bruxelles, 24 oct. 1984 : *Ferme* 1898, h/t (44x74) : **BEF 40 000** – Lokeren, 28 mai 1994 : *Les choux*, h/t (79x118) : **BEF 180 000** – Lokeren, 8 oct. 1994 : *Maisons au bord de l'eau*, h/t (76x92) : **BEF 44 000**.

DEGREEF Jean Baptiste. Voir **GREEF Jean Baptiste de**

DÉGREMONT Marjolaine
Née en 1957 à Buenos-Aires. XXe siècle. Française.
Peintre de techniques mixtes. Abstrait-géométrique.
Elle expose à partir de 1986 à Paris dans les galeries Hedelkoort et Boulakia, ainsi qu'à Atlanta, Sienne, Madrid et Florence.
Elle réalise des œuvres où sont associés du verre, du métal, de la toile, portant en elles leur processus de dégradation, attaquées violemment par de l'acide ou marquées par des impacts de balles. Certaines de ses compositions, éventuellement en dyptiques, développent plus simplement des figures géométriques, par exemple en labyrinthes.
Ventes Publiques : Paris, 14 oct. 1991 : *Labyrinthes, assemblage de 12 toiles*, techn. mixte (chaque 15x15) : **FRF 6 000**.

DEGROISELLE Caroline
Née en 1963 à Saint-Denis. XXe siècle. Active en Nouvelle-Calédonie. Française.
Peintre de sujets divers.
Elle a figuré dans plusieurs expositions collectives à Nouméa, Paris, Lyon, Toulouse et Genève. Elle a reçu plusieurs récompenses.

DEGRON
XIXe siècle.
Peintre de genre.
Cité par Mireur.
Ventes Publiques : Paris, 20-21 déc. 1899 : *La folle orientale* : **FRF 1 100**.

DEGROSSI Adelchi
Né en 1852 à Oneglia (Ligurie). Mort en 1892. XIXe siècle. Italien.
Peintre de genre, paysages, aquarelliste.
S'est adonné surtout à rendre d'une façon précise les anciennes coutumes de Rome ; il a donné en peu de temps un grand nombre de toiles.
Ventes Publiques : Los Angeles, 17 mars 1980 : *Le galant entretien*, aquar. (52x37) : **USD 900** – Rome, 31 mai 1990 : *Vue de l'église de la Consolation et du Forum à Rome*, aquar./pap. (32x52) : **ITL 3 200 000** – Londres, 22 nov. 1990 : *Le Tibre avec le château Saint-Ange et Saint-Pierre à l'arrière plan*, aquar. avec reh. de blanc (26x37) : **GBP 825**.

DEGROUX. Voir **GROUX Charles Corneille A. de** et **GROUX Henri Jules C. C.**

DEGUEILLY
XIXe siècle. Français.
Peintre.
Il travailla à la Manufacture de Sèvres entre 1804 et 1807.

DEGUELLE Anne
Née en 1943. XXe siècle. Française.
Peintre, créateur d'installations, technique mixte. Abstrait.
Elle a figuré dans des expositions collectives, en 1987 au Centre d'Art Contemporain de Grignan et au Salon de Montrouge, en 1988 au musée de Valence en 1989 au SAGA à Paris et au musée de Romans, en 1989 au musée de Gérone, en 1989 et 1995 à la FIAC (Foire Internationale d'Art Contemporain) à Paris. Elle a exposé personnellement à la galerie du Génie à Paris et au Crédit Local de France à Paris en 1990, à A. B Galeries à Paris et au Centre d'art de Vassivière à Beaumont-du-Lac en 1994, au Grenier du chapitre à Cahors en 1995. Elle a peint une série de toiles inspirées de l'enfer de Dante portant pour titre *Inferno*, et réalisé des œuvres de format réduit qu'elle nomme *Petits assemblages*.
Elle réalise des tableaux de grandes dimensions, exécutés dans des techniques mixtes sur de la toile ou du papier goudronné ; devant la surface peinte uniformément de noir ou de blanc, de brun ou de beige, un verre-miroir est posé, captant les variations de lumière, les objets ou les silhouettes qui passent à sa portée, induisant ainsi un jeu de contrastes matiéristes entre l'opacité de

la surface qu'il recouvre et la transparence du verre. Elle utilise ce dispositif sur des petits formats, qu'elle dédie à Beuys depuis sa mort. En 1993, elle a travaillé à partir de tirages stéréoscopiques sur verre du début du siècle, représentant des paysages urbains. Elle les a dupliqués, en a fabriqué aussi elle-même. Elle assemble les vues anciennes avec les nouvelles étirant horizontalement l'espace, semant le doute : les immeubles contemporains se fondent aux vieux. Présent et passé se confondent dans un même temps, celui de la présentation de l'œuvre.
Musées : Annonay (FRAC) – Paris (FNAC) – Romans-sur-Isère.

DE GUIDE Frédéric
Né en 1940 à Etterbeck. xxe siècle. Belge.
Graveur. Tendance fantastique.
Il fut élève de Claude Lyr à l'académie des beaux-arts de Bruxelles. Il a reçu le prix de gravure de la commune d'Ixelles.
Bibliogr. : In : *Dict. biogr. des artistes en Belgique depuis 1830*, Arto, Bruxelles, 1987.

DEHAINE Armand et **Lievin**
D'origine flamande. xive siècle. Éc. flamande.
Sculpteurs.
Ces frères travaillèrent entre 1384 et 1388, sous la direction de Jean de Marville, au tombeau de Philippe le Hardi à la Chartreuse de Dijon.

DEHAINE Nicolas
xive siècle. Français.
Sculpteur.
D'origine flamande, il travailla, en 1386, à Dijon, au tombeau de Philippe le Hardi, sous la direction de Jean de Marville. C'est peut-être le même qu'un artiste désigné sous le nom de Nicolas de Hans et que Philippe le Hardi fit venir à Dijon afin d'y exécuter des statues de pierre pour la Chartreuse de Champmol.

DEHAIS Dominique
Né le 31 mai 1956. xxe siècle. Français.
Peintre, sculpteur. Abstrait-géométrique.
Il a participé en 1995 à la FIAC (Foire internationale d'Art contemporain), à Paris, présenté par la galerie La Ferronnerie. Il montre ses œuvres dans des expositions personnelles, à Paris, à la galerie La Ferronnerie.
Il réalise des grilles organisées, sur lesquelles il applique de la couleur, qui parfois se développent dans l'espace sous forme de « boîtes ».

DEHAIS Louis François
Né le 23 juillet 1827 à Orléans (Loiret). Mort le 16 juin 1862 à Trieste (Autriche). xixe siècle. Français.
Peintre de paysages.
Élève de Gérôme.

DEHAISNE Léon B.
xixe siècle. Travaillant dans le Val-d'Oise. Français.
Peintre.
Sociétaire des Artistes Français depuis 1888, il figura aux expositions de cette société.

DEHARME, Mme
xixe siècle. Française.
Peintre de natures mortes, fleurs et fruits.
Elle exposa au Salon de Paris, de 1801 à 1824, une série de natures mortes.

DEHARME Élisa Apollina
Née à Paris. xixe siècle. Française.
Peintre de portraits, miniatures, aquarelliste.
Élève de Nicolas Jacques, elle débuta au Salon en 1834.

DEHAS J. F.
Dessinateur et graveur à l'eau-forte.
Cité par Mireur.

DEHASPE François Joseph
Né le 9 novembre 1874 à Bruxelles. xixe-xxe siècles. Actif en France. Belge.
Peintre de paysages.
Il fut élève de l'Académie des Beaux-Arts de Bruxelles. Il reçut les conseils d'Henri Baes et de Léon Frédéric. Il a figuré au Salon de la Société Nationale des Beaux-Arts, au Salon des Artistes Français, à celui des Indépendants et fut invité à celui des Tuileries. Jusqu'en 1912, il peint des vues de la vallée de la Meuse, dont la minutie et le réalisme montrent l'influence d'Henri Braekeler. Fixé depuis dans le Midi de la France, il en interprète les paysages.
Bibliogr. : Gérald Schurr, in : *Les Petits Maîtres de la peinture 1820-1920, valeur de demain*, Les Éditions de l'Amateur, t. V, Paris, 1981.
Musées : Bruxelles-Ixelles : *Le nuage blanc*.

DEHAURÉ
xviiie siècle. Actif à Paris. Français.
Sculpteur.
Peut-être identique à Jean HAURÉ.

DEHAUSSY Adèle, Mme, née **Douillet**
Née le 13 décembre 1823 à Meaux (Seine-et-Marne). xixe siècle. Française.
Peintre.
Femme et élève du peintre Jules-Jean-Baptiste Dehaussy. Exposa au Salon de Paris, de 1848 à 1882, de nombreux dessins.

DEHAUSSY Hélène
Née à Paris. xixe siècle. Française.
Peintre.
Fille et élève de Jules-Jean-Baptiste Dehaussy, elle exposa des dessins (études de têtes) au Salon à partir de 1878.

DEHAUSSY Jules Jean Baptiste
Né le 11 juillet 1812 à Péronne (Somme). Mort le 16 juillet 1891. xixe siècle. Français.
Peintre d'histoire, scènes de genre, portraits.
Élève de Théophile Fragonard, petit-fils du célèbre Fragonard, il débuta au Salon de Paris en 1836, obtenant une médaille de troisième classe cette même année. Certaines de ses commandes officielles, notamment pour les galeries de Versailles, ayant été annulées à la suite de la révolution de 1848, il partit pour l'Angleterre, où il devint un portraitiste réputé et, de 1848 à 1851 exposa à la Royal Academy de Londres. De retour à Paris en 1852, il s'en alla en Italie, où il séjourna de 1869 à 1872, avant de revenir définitivement en France.
Outre ses compositions historiques, il est l'auteur de plusieurs scènes de genre. On cite : *Les derniers moments de Rembrandt – Jeune fille turque à la fontaine – La lettre – La nymphe Echo.*
Bibliogr. : Gérald Schurr, in : *Les Petits Maîtres de la peinture 1820-1920, valeur de demain*, Les Éditions de l'Amateur, t. V, Paris, 1981.
Musées : Berlin : *Atelier de peintre* – Le Havre : *La lettre* – Versailles : *Portrait de Pierre Pithon, jurisconsulte.*
Ventes Publiques : Paris, 21 oct. 1946 : *Jeune fille se coiffant* : **FRF 1 100** – Los Angeles, 13 oct. 1972 : *Jeune femme au panier de fruits* : **USD 1 200** – Londres, 9 mai 1979 : *Chien faisant le beau* 1852, h/pan. (50x38) : **GBP 2 000** – New York, 24 mai 1984 : *Jeune Romaine de profil* 1869, h/cart. (27x27) : **USD 1 200** – Paris, 2 déc. 1992 : *Le jugement de Pâris*, h/pan. (97,5x134,5) : **FRF 43 000**.

DEHAUT Étienne
Né en 1717 à Marchienne-au-Pont. Mort en 1797 à Beaumont. xviiie siècle. Éc. flamande.
Sculpteur.
Il résida à Beaumont, et travailla pour un certain nombre d'églises, et notamment pour Notre-Dame à Tournai.

DEHAY Philippe. Voir **HAY**

DEHELLY Jean
Né à Paris. xxe siècle. Français.
Peintre de sujets divers.
Il exposa au Salon des Artistes Indépendants.
Ventes Publiques : Paris, 10 nov. 1933 : *Anémones* : **FRF 260** ; *Banlieue, temps couvert (vue panoramique)* : **FRF 190**.

DEHELLY Madeleine Georges
Née à Paris. xxe siècle. Française.
Peintre de portraits, paysages, paysages urbains, fleurs.
Elle était sociétaire du Salon de la Société Nationale des Beaux-Arts en 1941. Elle a pratiqué la fresque, et se montra sensible aux variations atmosphériques *Soir sur la tour Eiffel*.

DÉHÉRAIN Herminie, née **Lerminier**
Née en 1798 à Abbeville. Morte le 23 mai 1839 à Paris. xixe siècle. Française.
Peintre.
Elle figura au Salon de 1827 à 1839. On mentionne parmi ses œuvres : *Raphaël présenté au Pérugin par son père, La toilette de Ninon, Éducation de la Vierge.*
Musées : Autun : *Sainte Geneviève de Brabant* – Douai : *Entrevue de Buckingham et d'Anne d'Autriche* – Versailles : *Philippe IV le Bel – Comte de Narbonne-Lara.*

DEHIS ?
XVIIe siècle. Français.
Peintre.
Peut-être s'agit-il de HIS (Jacques de). Cité par Marolles, comme ayant travaillé en France au XVIIe siècle.

DEHN Adolf Arthur
Né en 1895. Mort en 1968. XXe siècle. Américain.
Peintre de genre, paysages, paysages urbains, peintre à la gouache, aquarelliste.
Il a peint dans de nombreuses contrées des États-Unis et notamment souvent dans New York même. Ses œuvres de guerre furent aussi remarquées.
Ventes Publiques : New York, 28 oct. 1976 : *Paysage escarpé* 1939, aquar. (43x69) : **USD 850** – New York, 21 avr. 1977 : *New Orleans, saturday night* 1941, aquar. et cr. (51x73,7) : **USD 2 500** – New York, 30 sep. 1982 : *Marron Lake, Colorado* 1946, aquar. (26x36,2) : **USD 900** – New York, 22 juin 1984 : *Un village des Caraïbes* 1942, aquar. (48,9x64,1) : **USD 1 300** – New York, 20 juin 1985 : *Central Park* 1950, h/cart. (55,3x75) : **USD 3 500** – New York, 20 mars 1987 : *Lower Manhattan* 1946, aquar. et cr./pap. (56,5x69,8) : **USD 4 000** – New York, 17 mars 1988 : *Central Park* 1946, aquar. et gche/pap. (50x70) : **USD 4 950** – New York, 28 sep. 1989 : *L'Hudson gris* 1948, gche et cr./pap. (49x75) : **USD 4 620** – New York, 14 fév. 1990 : *Soudeurs* 1937, aquar./pap. (56,5x49) : **USD 3 850** – New York, 15 mai 1991 : *Paysage avec une grange près d'une mare*, aquar./pap. (53,3x31,1) : **USD 1 320** – New York, 10 juin 1992 : *Une ferme prospère*, aquar./pap. (40,8x55,9) : **USD 2 860** – New York, 23 sep. 1992 : *Mon cœur appartient à Papa* 1941, aquar. et cr./pap. (41x58,7) : **USD 14 300** – New York, 11 mars 1993 : *Trompettes de jazz*, aquar./pap. (38,8x57,5) : **USD 14 950** – New York, 28 sep. 1995 : *Le Jardin des dieux* 1939, aquar./pap. (50,8x72,4) : **USD 4 600** – New York, 23 avr. 1997 : *Fin d'après-midi, Pittsburgh* vers 1936, temp./pan. (66x97,8) : **USD 12 075**.

DEHN Georg
Né le 2 janvier 1843 à Hanovre. Mort en 1904. XIXe siècle. Allemand.
Peintre de paysages urbains, architectures.
Il étudia d'abord à Brunswick, puis à Munich ; il fut élève de Ramberg. Fixé à Munich, il a surtout exposé dans cette ville à partir de 1873.
Musées : Bucarest (Mus. Simu) : *Rue de petite ville allemande*.
Ventes Publiques : Munich, 11 mars 1987 : *Rue de village*, h/t mar./cart. (50x41) : **DEM 3 000**.

DEHNE
XVIIIe siècle. Allemand.
Peintre de miniatures.
Il exposa à Berlin en 1797 et en 1798.

DEHNE Christoph
XVIIe siècle. Actif à Magdebourg au début du XVIIe siècle. Allemand.
Sculpteur.

DEHNE Johann Christoph ou **Dehné, Dehn**
XVIIIe siècle. Actif à Leipzig. Allemand.
Graveur au burin.
On cite notamment de lui plusieurs portraits pour l'ouvrage : *Icônes Bibliopolarum et Typographorum*, publié à Nuremberg de 1726 à 1742. On mentionne aussi de lui des sujets mythologiques.

DEHNER Walt
Né le 13 août 1898 à Buffalo (New York). XXe siècle. Américain.
Peintre de paysages.
Il fut directeur artistique à l'Université de Porto Rico.

DEHO Alessandro Bernardino
XVIIe-XVIIIe siècles. Italien.
Peintre.
Actif à Crémone au début du XVIIIe siècle, il était également poète.
Ventes Publiques : Paris, 8 déc. 1987 : *Les Quatre Éléments*, h/t, quatre peintures (chaque 90x121) : **FRF 310 000**.

DEHODENCQ Edme Alexis Alfred
Né en 1822 à Paris. Mort en 1882 à Paris. XIXe siècle. Français.
Peintre de compositions religieuses, scènes de genre, sujets typiques, aquarelliste, dessinateur. Romantique, orientaliste.
Élève de Léon Cogniet à l'École des Beaux-Arts de Paris, il débuta au Salon de Paris en 1844 avec *Dante* et *Sainte Cécile*, obtenant une troisième médaille en 1846 et 1853, une première médaille en 1865. Chevalier de la Légion d'honneur en 1870.
À ses débuts, il compose des tableaux religieux, tel : *Le Christ au tombeau* 1848, où se retrouve son goût pour le drame et le mouvement. Au moment de la révolution de 1848, horrifié par les morts étendus dans les rues, il peint *La nuit du 23 février*, au cours de laquelle il est blessé. Envoyé en convalescence dans les Pyrénées, il s'en va jusqu'en Espagne, où il découvre les œuvres de Velasquez et de Goya qui l'impressionnent particulièrement. De là, il va jusqu'au Maroc, où il séjourne de 1853 à 1863. C'est la révélation d'un monde grouillant qu'il rend dans des toiles où les sujets sont violents, les personnages agités, les couleurs très vives et même parfois criardes, comme *Exécution d'une juive au Maroc* 1861. À son retour en France, il est pratiquement oublié et, bien qu'il s'oriente vers des sujets de genre plus populaires, tel : *Le liseur* 1875, mettant parfois en scène des enfants, il n'obtient pas davantage de succès et se suicide. Alfred Dehodencq a repris, depuis, une place représentative parmi les petits maîtres romantiques, qui travaillèrent dans l'ombre redoutable de Delacroix. Ses dessins restent des documents intéressants sur la vie marocaine et notamment sur la population juive du Maroc.

Bibliogr. : Lynne Thornton, in : *Les orientalistes, peintres voyageurs*, ACR Édition, Paris, 1993-1994.
Musées : Alger (Mus. des Beaux-Arts) : *La noce juive* – Bagnères-de-Bigorre (Mus. Saliès) : *La Justice du Pacha* – Paris (Mus. du Louvre) : *Autoportrait* – *Arrestation de Charlotte Corday* – Paris (Mus. d'Orsay) : *Les adieux de Boabdil* – Poitiers : *La fête juive à Tanger*.
Ventes Publiques : Paris, 25-26 mai 1894 : *Jeune Italienne* : **FRF 130** – Paris, 9 mai 1901 : *Portrait d'une petite fille* : **FRF 220** – Paris, 2-4 juin 1920 : *À la fontaine, scène mauresque*, aquar. : **FRF 500** – Paris, 15 mai 1922 : *Le vendeur d'eau* : **FRF 4 100** – Paris, 12 juin 1926 : *Italienne* : **FRF 1 600** – Paris, 3 juil. 1928 : *Frère et sœur : portraits* : **FRF 4 800** – Paris, 29 mars 1943 : *La Martiniquaise* : **FRF 8 000** – Paris, 23 fév. 1945 : *Femmes arabes* : **FRF 7 000** – Paris, oct. 1945-juil. 1946 : *Scène marocaine* : **FRF 10 000** – Paris, 9 déc. 1949 : *Le fils du Pacha* : **FRF 33 000** – Paris, 19 mars 1951 : *Mendiant arabe (scène de rue)* : **FRF 51 000** – Paris, 16 oct. 1970 : *Le retour du marché* : **FRF 3 800** – Paris, 4 juin 1971 : *L'atelier, le jeune peintre* : **FRF 10 000** – Versailles, 25 oct. 1976 : *Scène de la vie algérienne*, h/pan. (27x35) : **FRF 1 850** – Los Angeles, 12 mars 1979 : *Négresse à Tanger*, h/t (63x45,7) : **USD 3 000** – Londres, 24 juin 1981 : *L'exécution*, h/t (215x164) : **GBP 4 500** – Londres, 22 nov. 1982 : *Les prisonniers marocains*, h/t (246x164) : **GBP 26 000** – Paris, 22 mars 1985 : *Deux enfants*, aquar. (27x36) : **FRF 12 000** – Londres, 23 juin 1987 : *La bastonnade à la Kasbah*, h/t (84x112) : **GBP 9 000** – Monaco, 20 fév. 1988 : *Etude pour une femme à genoux*, encre (18,7x22,7) : **FRF 3 774** – Paris, 11 mars 1988 : *La sortie du Pacha*, calque et pap. beige ; *Tête de femme marocaine*, mine de pb et lav. (21,5x30) : **FRF 2 500** – Douai, 23 avr. 1989 : *La fuite*, aquar. (34,5x25,5) : **FRF 6 000** – Paris, 6 avr. 1990 : *La sortie du Pacha*, h/t (117x89) : **FRF 280 000** – Paris, 20 nov. 1990 : *Les fils du Pacha*, h/t (145x95) : **FRF 380 000** – Paris, 14 déc. 1990 : *Femme portant un vase*, aquar. (23,5x21) : **FRF 7 100** – Paris, 1er juil. 1992 : *Étude pour « la fête juive à Tanger » exposée au musée de Poitiers*, aquar. (26x31,5) : **FRF 7 500** – Paris, 27 mai 1993 : *Étude de cheval*, pl. et lav. d'encre de Chine, h/t (155x14) : **FRF 3 500** – Paris, 9 juin 1993 : *Portrait présumé des enfants du peintre* 1853, h/t (65x54) : **FRF 48 000** – Paris, 12 mai 1995 : *Fête juive à Tétuan*, h/t (120x90) : **FRF 300 000** – New York, 23 oct. 1997 : *Combat de novillos* 1850, h/t (73x102,9) : **USD 57 500**.

DEHODENCQ Edmond
Né en 1860 à Cadix. Mort en 1887. XIXe siècle. Français.
Peintre de genre, fleurs et fruits, aquarelliste.
Fils et élève de Dehodencq (Edme-Alfred-Alexis), il débuta au Salon de 1873 avec *Oranges et Grenades*.
Ventes Publiques : Paris, 4 mars 1943 : *Cour de ferme*, aquar. : **FRF 300**.

DEHONDT ou **Dhondt**. Voir **HONDT**

DEHORS
XVIe siècle. Français.
Sculpteur.
Natif de Châtillon-sur-Seine, il y fit, en 1527, une mise au tombeau, qui prit place dans l'église Saint-Vorles, de 1970 à 1975 au Musée, et souvent prêtée dans des expositions d'art religieux.

DEHOY Charles
Né en 1870 ou 1872 à Bruxelles. Mort en 1940 à Bruxelles. XXe siècle. Belge.
Peintre de paysages, de figures et de natures mortes.
Autodidacte, encouragé par Auguste Oleffe, il avait exposé au Salon d'Anvers en 1901 mais ne fut révélé qu'à l'époque du fauvisme brabançon.
Ses voyages effectués en France, notamment en Provence, l'avaient initié à la peinture française moderne. Il évolua d'un impressionnisme délicat à des œuvres construites par taches de couleurs pures dont la sonorité exprime la lumière et la joie. Sa gamme chromatique sera ensuite plus assourdie. Les natures mortes, jalons permanents de son œuvre, révèlent, à travers les transformations des techniques et des coloris, un sens de l'intimisme poétique.

Ch. Dehoy

VENTES PUBLIQUES : ANVERS, 19 oct. 1976 : *Nature morte* 1939, h/t (80x65) : **BEF 17 000** – BRUXELLES, 19 nov. 1980 : *Hiver* 1929, h/t (70x74) : **BEF 42 000** – LOKEREN, 26 fév. 1982 : *Un canal à Bruxelles* 1915, h/t (120x93) : **BEF 80 000** – BRUXELLES, 19 déc. 1985 : *Paysage d'été*, h/t (70x84) : **BEF 44 000** – LOKEREN, 12 déc. 1987 : *Paysage rustique*, h/t (80x100) : **BEF 150 000** – LOKEREN, 9 oct. 1993 : *Le verger fleuri*, h/t (70x75) : **BEF 65 000** – LOKEREN, 4 déc. 1993 : *Canal à Bruxelles* 1917, h/t (61x50) : **BEF 140 000** – LOKEREN, 10 déc. 1994 : *Vue de l'abbaye de Grimbergen*, h/t (70x85) : **BEF 180 000** – LOKEREN, 20 mai 1995 : *Menton à travers les pins* 1906, h/t (80x100) : **BEF 240 000** – LOKEREN, 18 mai 1996 : *Vase de fleurs* 1933, h/t (60x50) : **BEF 44 000**.

DEHOY J. J.
Né en 1843. XIXe siècle. Éc. flamande.
Peintre d'histoire.
Voir les HOEY. Peut-être identique à Joseph Ignace Van Hoey. Cité par Siret.

DEHRMANN Marta
Née en 1863 à Francfort-sur-le-Main. XIXe siècle. Allemande.
Peintre de portraits, natures mortes.
Elle résida à Cassel et à Berlin, où elle exposa à partir de 1888.

DEHTJAREFF Afanasi
XVIIIe siècle. Russe.
Peintre de portraits, graveur.
Il travaillait à Saint-Pétersbourg sous le règne de Catherine II.

DEI suivi d'un patronyme. Voir ce patronyme

DEI Enzo
Né à Bologne. XXe siècle. Actif aussi en France. Italien.
Sculpteur de figures.
Il était sociétaire perpétuel du Salon des Artistes Français, recevant la troisième médaille en 1942 et la deuxième médaille en 1944. Il s'est spécialisé dans la représentation de la femme.

DEI Vincenzo
Né en 1774 à Livourne. Mort en 1838. XVIIIe-XIXe siècles. Italien.
Peintre d'histoire.
On cite de lui des travaux à Sienne.

DEIBEL Joseph ou **Deubel**
Né en 1716. Mort en 1793. XVIIIe siècle. Actif à Dresde. Allemand.
Sculpteur sur bois.

DEIBELE Karl
Né en 1869 à Gmünd (Wurtemberg). XIXe siècle. Allemand.
Sculpteur.

DEIBL Anton
Né en 1833 à Miesbach. Mort en 1883 à Munich. XIXe siècle. Allemand.
Peintre de genre.
Il fut actif à Munich.
VENTES PUBLIQUES : COPENHAGUE, 9 nov. 1977 : *L'Arracheur de dents*, h/t (55x60) : **DEM 3 000** – NEW YORK, 31 oct. 1980 : *Les Sœurs*, h/pan. (22,9x31,2) : **USD 3 200**.

DEICHMANN Christine
Née en 1869. XIXe-XXe siècles. Danoise.
Peintre, aquarelliste.
Elle exposa à Copenhague à partir de 1898. Elle pratiquait souvent l'aquarelle.

DEICHMANN Jens Christian
Né le 31 juillet 1832 à Copenhague. XIXe siècle. Danois.
Peintre de compositions animées, paysages urbains, sculpteur, dessinateur, illustrateur.
Élève de l'Académie de 1848 à 1857, il travailla en même temps comme sculpteur dans l'atelier de H.-V. Bissen. Il fréquenta l'Académie de nouveau en 1865 pour étudier la peinture. Il a exposé un buste de son père en 1852. Comme dessinateur, il a travaillé pour les journaux *Illustreret Tidende* et pour *Punch*. On cite encore de lui : *Entrée des rois Frédéric VII et Charles XV*, et une série de 40 feuilles coloriées, représentant des anciennes rues de Copenhague.

DEIFOBO
XVe siècle. Actif à Parme. Italien.
Peintre.

DEIFOBO BURBARINI. Voir **BURBARINI Deifobo**

DEIKE Clara L.
Née à Detroit (Michigan). XXe siècle. Américaine.
Dessinatrice, peintre de paysages.
Elle fut élève de Frederick Clarck Gottwald et de Henry George Keller, ainsi que de Diego Rivera à Mexico. Elle fut membre du Woman's Art Club de Cleveland (Ohio). L'École Supérieure Centrale de cette ville conserve : *À travers les arbres*.

DEIKER Carl
Né en 1879 à Düsseldorf. XXe siècle. Allemand.
Peintre de paysages.
Fils de Carl Friedrich Deiker, il fut également écrivain.

Karl Deiker

VENTES PUBLIQUES : COLOGNE, 15 juin 1989 : *Journée chaude en montagne*, h/t (103x140) : **DEM 4 000**.

DEIKER Carl Friedrich
Né le 3 avril 1836 à Wetzlar. Mort le 20 mars 1892 à Düsseldorf. XIXe siècle. Allemand.
Peintre de sujets de chasse, animaux.
Il est le frère du peintre Johannes Deiker. Il fit ses études à Hanau et à Karlsruhe. On cite de lui : *Dans l'embarras, Famille de renards, La Provocation, Le Moulin*.
MUSÉES : COLOGNE : *Chasse au sanglier* – DÜSSELDORF : *Chiens mordant*.
VENTES PUBLIQUES : BERLIN, 19 avr. 1909 : *Cerfs combattant* : **DEM 600** – PARIS, 25 et 26 juin 1923 : *La Chasse au cerf ; Le Chasseur à l'affût*, pendants : **FRF 135** – COLOGNE, 26 mars 1971 : *Cerf dans un paysage* : **DEM 7 500** – MUNICH, 30 nov. 1972 : *Cerf dans un paysage* : **DEM 4 300** – COLOGNE, 12 nov. 1976 : *Natures mortes*, h/t, formant pendants (50,5x40) : **DEM 6 000** – COLOGNE, 16 juin 1977 : *Sept singes*, h/pan. (55x60) : **DEM 3 000** – HANOVRE, 29 sep. 1979 : *Cerfs et biches dans un paysage*, h/t (72x105) : **DEM 16 000** – COLOGNE, 22 oct. 1982 : *Combat de sangliers*, h/t (72,5x60,5) : **DEM 9 000** – DÜSSELDORF, 6 juin 1984 : *Chien de chasse portant un lièvre*, h/pan. (27,5x37,5) : **DEM 6 000** – MUNICH, 29 nov. 1984 : *Lapin défendant ses petits*, aquar. (13x19) : **DEM 2 000** – MUNICH, 23 sep. 1987 : *Cerf et biches dans une clairière* 1860, h/t (49x62) : **DEM 6 500** – COLOGNE, 18 mars 1989 : *La partie de chasse*, h/t (53x42) : **DEM 5 500** – COLOGNE, 29 juin 1990 : *Troupeau dans la région de Berne*, h/t, de forme ovale (30,9x25) : **DEM 1 400** – MUNICH, 25 juin 1992 : *Cerf*, h/bois (45,5x36,5) : **DEM 4 520** – AMSTERDAM, 21 avr. 1993 : *Cerf dans une prairie*, h/t (34,5x43) : **NLG 3 680** – MUNICH, 23 juin 1997 : *Cerfs en rase campagne*, h/t (47x62) : **DEM 18 000**.

DEIKER Friedrich
Né en 1792 à Hanau (Hesse). Mort en 1843 à Wetzlar. XIXe siècle. Allemand.

Peintre de figures, portraits.
Il fut élève de Range, Ruhl et Robert. On cite parmi ses œuvres : *Adam et Ève, Laitières de Hesse,* ainsi que des portraits.
Musées : Wetzlar : *Cléopâtre.*

DEIKER Hans
Né en 1876 à Düsseldorf. XXe siècle. Allemand.
Peintre de paysages.

DEIKER Johannes Christian
Né le 27 mai 1822 à Wetzlar. Mort en 1895 à Düsseldorf. XIXe siècle. Allemand.
Peintre de sujets de chasse, animaux.
Il est le fils du peintre Friedrich Deiker qui dirigea ses premières études. Il fut aussi élève de J. Becker à Francfort. Il étudia enfin à Anvers. Il a débuté vers 1854.

Ventes Publiques : Cologne, 19 oct. 1979 : *Tête d'un chien setter* 1891, h/t (44,5x39,5) : **DEM 5 500** – Vienne, 19 mai 1981 : *Renardeaux jouant,* h/t (40,5x51) : **ATS 100 000** – Londres, 2 juin 1982 : *Chiens dans un paysage escarpé,* h/t (65x75) : **GBP 2 000** – Londres, 8 fév. 1984 : *Portrait d'un setter,* h/t (42,5x38) : **GBP 1 500** – Cologne, 28 juin 1991 : *Trophée de chasse* 1870, h/t (40x32) : **DEM 4 500** – New York, 5 juin 1992 : *Setter rapportant un lièvre dans un paysage hivernal,* h/t (111,8x137,2) : **USD 7 700.**

DEIN
XVIIIe-XIXe siècles. Allemand.
Graveur à l'eau-forte.
Actif à Nuremberg vers 1780-1800, cité par Brulliot et Nagler.

DEINEKA Alexandre Alexandrovitch
Né en 1899 à Kursk. Mort en 1969 à Moscou. XXe siècle. Russe.
Peintre, illustrateur, décorateur, graveur, de compositions à personnages. Réaliste-socialiste.
Il fit ses études à l'École des Beaux-Arts de Kharkov puis à l'Institut Vhutemas de Moscou dans l'atelier de Vladimir Favorsky. Il fut membre de l'OST, la société des peintres de chevalet, au sein de laquelle les jeunes peintres s'étaient donné pour ambition de refléter dans leurs œuvres le processus révolutionnaire en cours d'élaboration. Ils usaient d'images fortes et d'une composition graphique nette, contribuant à l'essor de la peinture de chevalet, de l'art monumental, de l'illustration et de la réalisation de décors de théâtre. En 1928 il fut professeur dans le département lithographie de la faculté d'art graphique des Vhutemas. Il fut membre de l'Académie des arts de l'U.R.S.S. à partir de 1947. En 1928 il réalisa une grande toile intitulée *La défense de Pétrograd en 1917,* dont la mise en page cinématographique n'est pas sans évoquer une certaine forme de futurisme. Cette toile fut exposée à Bruxelles lors de l'Exposition Internationale de 1958, et à Paris en 1968 pour l'exposition d'Art Russe intitulée *Des Scythes à nos jours.* Il fut invité à plusieurs reprises à la Biennale de Venise jusqu'en 1970 où lui fut consacrée une rétrospective ; il figura dans plusieurs expositions en U.R.S.S., en Allemagne de l'Est, en Hongrie, en Autriche, en Tchécoslovaquie et Yougoslavie. En 1935 il séjourna en France, en Italie et en Amérique. Il réalisa plusieurs panneaux pour le pavillon soviétique de l'Exposition Internationale de Paris en 1937, pour l'exposition agricole de Moscou en 1939, ainsi que les plafonds en mosaïque des stations de métro Maïakovskaïa et Novokouznetskaïa de Moscou.
Il s'est intéressé à tous les genres picturaux et à diverses techniques comme la mosaïque et la sculpture. Dès ses débuts il marque une nette prédilection pour les sujets industriels et sportifs avec des toiles qui le rendront rapidement célèbre : *La Défense de Pétrograd – Football* 1924 et *Les Tisseuses* en 1927. Pendant cette période il milite au sein des groupes d'avant-garde *Est* et *Octobre,* tentant d'insérer dans ces tendances un réalisme sobre et expressif. Il a également réalisé de nombreuses affiches et caricatures. En 1935 il séjourna en France, en Italie et aux États-Unis. De cette époque date un portrait féminin assez proche de la peinture mondaine occidentale des mêmes années. Son ralliement aux alentours de 1930, au réalisme socialiste, fit évoluer son style dans le sens de l'emphase en rapport avec les directives officielles du parti. ■ J. B., F. M.

Bibliogr. : In : *Les Muses,* Tome 6, Grange Batelière, Paris, 1970 – in : *Diction. Univ. de la Peinture,* Le Robert, Paris, 1975 – in : S. Khan Magomedov : *Vhutemas,* Editions du Regard, 1990.
Musées : Moscou (Mus. Central des Forces Armées de l'U.R.S.S.) – Moscou (Gal. Tretiakov) : *Sur le chantier des nouvelles fabriques* – Saint-Pétersbourg (Mus. russe) : *Les Ouvrières du textile* 1927 – *Course à pied* 1932-1933 – *L'état-major des blancs. L'arrestation* 1933.
Ventes Publiques : Londres, 26 oct. 1982 : *Donbas, le repos des ouvriers,* h/t (29,2x26) : **GBP 680** – Londres, 23 fév. 1983 : *Ouvriers chargeant du charbon,* encre de Chine et lav. reh. de gche blanche (23,5x35) : **GBP 1 000.**

DEINERT A. von
XIXe siècle. Travaillant vers 1850. Allemand.
Lithographe.

DEININGER Jacob Friedrich
Né en 1836 à Nüremberg. XIXe siècle. Allemand.
Graveur.

DEIRA Ernesto
Né le 26 juillet 1928 à Buenos Aires. Mort en 1985. XXe siècle. Argentin.
Peintre et dessinateur.
Nommé avocat en 1950, il étudie néanmoins la peinture avec Léopold Torres. Entre 1960 et 1966 il a exposé en Amérique, tant au Nord qu'au Sud. Il a notamment participé à l'exposition *Autre Figuration* à Buenos Aires en 1961. Habile dessinateur, il fut surtout connu pour ses caricatures.
Ventes Publiques : New York, 24 nov. 1982 : *Sans titre* 1960-65, h/t (146x112,1) : **USD 1 200.**

DEIS Carl August
Né en 1810 à Stuttgart. Mort en 1884 à Stuttgart. XIXe siècle. Allemand.
Graveur sur métal et sur bois.

DEISCH Matthaeus
Né en 1718 à Augsbourg. Mort vers 1789 à Dantzig. XVIIIe siècle. Allemand.
Graveur.

DEISINGER Lorenz ou **Deysinger, Theisinger**
XVIIIe siècle. Travaillant en Allemagne du Sud, dans la première moitié du XVIIIe siècle. Allemand.
Peintre.

DEITENBECK Ernst
XIXe siècle. Allemand.
Sculpteur et médailleur.

DEITERS Hans
Né en 1868 à Düsseldorf. XIXe siècle. Allemand.
Peintre et dessinateur.
C'est le fils aîné d'Heinrich Deiters.

DEITERS Heinrich
Né le 5 septembre 1840 à Munster. Mort en 1916 à Dusseldorf. XIXe-XXe siècles. Allemand.
Peintre de paysages, paysages d'eau.
Fit ses études à l'Académie de Düsseldorf. Il a exposé en Hollande, en France, en Belgique.
Musées : Berlin : *Daun in der Eifel* – Cologne : *Canal – Paysage* – Dresde : *Ruisseau en forêt* – Mayence : *Grand paysage de forêt.*
Ventes Publiques : New York, 13 oct. 1978 : *Le Vieux Moulin* 1880, h/t (63x96,5) : **USD 1 700** – Cologne, 18 mars 1982 : *Paysage fluvial aux maisons* 1889, h/t (64x95,5) : **DEM 11 000** – Cologne, 21 nov. 1985 : *La mairie de Michelstadt* 1902, aquar. et gche (49,5x35,5) : **DEM 4 500** – Hambourg, 4 déc. 1987 : *Chasseur dans un paysage,* h/t (68x116) : **DEM 6 500** – New York, 19 juil. 1990 : *Paysage d'automne avec un chasseur et son chien* 1898, h/t (66,1x92,9) : **USD 3 410** – Munich, 6 déc. 1994 : *Paysage de marais près de Vollmond,* h/t (58x82,5) : **DEM 6 900.**

DEJANS. Voir **JANS de**

DÉJARDIN Julien Adolphe
Né en 1857 à Valenciennes (Nord). Mort en 1907. XIXe siècle. Travailla à Valenciennes et à Paris. Français.

Peintre de paysages et de marines.
Élève de MM. Chiget et Vayson. Sociétaire des Artistes Français. Il exposa régulièrement aux Salons de cette société. Le Musée d'Arras conserve deux paysages de sa main.

DEJAX Benoît et **Jean**
XVIe siècle. Actifs à Brioude (Haute-Loire). Français.
Peintres.

DEJEAN Jeanne Germaine
Née à Paris. XXe siècle. Française.
Pastelliste.
Elle fut sociétaire du Salon des Artistes Français en 1933.

DEJEAN Louis
Né le 9 juin 1872 à Paris. XIXe-XXe siècles. Français.
Sculpteur.
Sociétaire de la Société Nationale des Beaux-Arts et du Salon d'Automne. Après un an d'études à l'Ecole des Arts Décoratifs, il fut praticien de Carlès et de Rodin, employant à se perfectionner ses rares heures de loisirs. En 1899 il exposa des terres cuites au Salon de la Société Nationale des Beaux-Arts, terres cuites qui demeurent comme un témoignage du style féminin de l'époque et que l'on a comparées à des tanagras modernes. Il élargit ensuite son répertoire avec des compositions telles que *Les passions s'élevant vers les muses* en 1910, des figures de sportifs *Boxeur au repos* - *Jeunes lutteurs* et enfin des bustes tels que ceux de *Théophile Gautier* et de *Léon Bernard*. Il était officier de la Légion d'Honneur.
Musées : Nantes : *Buste de M.-A. Laurens*.
Ventes Publiques : Versailles, 3 déc. 1961 : *Torse d'homme*, bronze : **FRF 1 500** - Paris, 16 juin 1969 : *Le couple*, cire perdue, bronze : **FRF 2 700** - Paris, 23 nov. 1981 : *Phryné*, marbre blanc (H. 69) : **FRF 5 500** - Paris, 7 juil. 1983 : *La Parisienne*, patine brune, bronze (H. 32) : **FRF 5 200** - Paris, 28 mai 1984 : *Corps de femme*, marbre (H. 101) : **FRF 30 000** - Paris, 6 juin 1985 : *Jeune fille se coiffant*, bronze patiné (H. 75) : **FRF 20 000** - Paris, 13 nov. 1986 : *Nu debout*, marbre blanc (H. 71) : **FRF 26 000** - Paris, 19 nov. 1995 : *Tête de femme*, bronze (H. 23, prof. 10) : **FRF 4 800**.

DEJEAN Pierre
Né le 13 décembre 1919 à Bordeaux (Gironde). XXe siècle. Français.
Peintre de paysages.
Il figura au Salon de la Jeune Peinture régulièrement tous les ans entre 1955 et 1958. Il participa aux expositions du Prix Antral et du Prix de l'Île-de-France. Il fut sociétaire de la Société Nationale des Beaux-Arts. Il exposa personnellement en 1958 à Vienne, en 1959-1967-1971 à Paris.
Musées : Narbonne (Mus. d'Art et d'Hist.) : *Hameau cévenol, le soir*, lav. sépia - Paris (Mus. d'Art Mod. de la Ville) - Paris (Mus. Nat. d'Art Mod.).

DEJEZ Aron
Né à Broslow (Pologne). XXe siècle. Polonais.
Peintre de paysages.
Il exposa au Salon d'Automne en 1928 et 1931 *Rue de Jérusalem* et *Paysage au cheval*.
Ventes Publiques : Paris, 19 oct. 1997 : *L'Orchestre*, h/t (54x73) : **FRF 7 000**.

DE JONGHE. Voir **DEDELINC Willem II**

DEJONGHE Bernard
Né en 1942 à Chantilly (Oise). XXe siècle. Français.
Sculpteur céramiste. Minimaliste.
Il étudie le dessin, puis la céramique à l'École des métiers d'art de Paris. Il s'est installé en 1976 dans les Alpes du Sud. Depuis 1980, il présente ses œuvres dans des expositions personnelles ou collectives : 1981, *Terres*, Centre Georges Pompidou à Paris ; 1984, *Matières Signes Silence*, Musée d'Art Moderne de Villeneuve d'Ascq ; 1986, musée d'Arles, cloître Saint-Trophime (premières sculptures de verres) ; 1992, galerie Noella G. la Neuville, Suisse ; 1994, musée d'art moderne et d'art contemporain de Nice ; 1995, *Carte blanche à Bernard Dejonghe*, Musée des Arts Décoratifs, Paris ; 1996, *Venezia Aperto Vetra*, palais des Doges, Venise ; 1997, *Fusions*, musée d'art contemporain de Dunkerque et musée Ariana de Genève.
Ses œuvres en céramique ou en verre sont une réflexion sur la matière minérale, à partir de volumes très simples et informels, d'une tonalité générale blanche, qui pourtant ne sont pas sans faire appel aux sens et à l'émotion.
Bibliogr. : In : *Dialogues céramiques*, neuvième volume, musée d'art contemporain de Dunkerque, 1997 - Catalogue de l'exposition *Bernard Dejonghe*, musée d'Évreux et Musée des Arts Décoratifs, Paris, 1995.
Musées : Annecy - Arles (Mus. Réattu) - Dunkerque (Mus. d'art Contemp.) - Évreux - Faenza (Mus. international de céramique) - Genève (Mus. Ariana) - Lausanne (Mus. des Arts Décoratifs) - Marseille (FRAC) - Nagahama City (Kurokabe Mus.) - Paris (Mus. des Arts Décoratifs) - Rouen (FRAC) - Sapporo (Hokkaïdo Mus.) - Sèvres (Mus. Nat. de Céramique).

DEJOUX Claude
Né le 23 janvier 1732 à Vadans (Jura). Mort le 18 octobre 1816 à Paris. XVIIIe-XIXe siècles. Français.
Sculpteur de groupes, statues, bustes.
Élève de Coustou, il fut agréé à l'Académie le 28 mars 1778, et reçu académicien le 31 juillet 1779, avec un *Saint Sébastien*, statue en marbre. Le 7 juillet 1792, il devint adjoint à professeur. En 1795, il fut nommé membre de l'Institut.
Musées : Paris (Louvre) : *Calinat*, commande de la République - un cippe tumulaire.
Ventes Publiques : Paris, 10 juin 1977 : *Portrait de Madame Marie-Christine Brignole, princesse de Monaco* 1783, terre cuite (H. 54,5) : **FRF 24 000**.

DEJOUX Raoul
Mort en 1889. XIXe siècle. Actif à Paris. Français.
Peintre.
Sociétaire des Artistes Français, il figura aux expositions de cette société.

DEJUINNE François Louis
Né en 1786 à Paris. Mort le 12 mars 1844 à Paris. XIXe siècle. Français.
Peintre.
Élève de Girodet, il eut en 1808 le deuxième prix au concours pour Rome et obtint une médaille de première classe en 1819. En 1825, il fut décoré de la Légion d'honneur. Au Salon, il figura de 1819 à 1840. Ses principaux ouvrages sont : *Jésus-Christ guérissant des aveugles et des boiteux*, à l'église Saint-Vincent-de-Paul, *Saint Fiacre refusant la couronne d'Écosse*, à l'église Saint-Sulpice, *Sainte Geneviève*, à l'église Notre-Dame-de-Lorette, *L'Été, L'Automne, l'Hiver*, au Petit Trianon.
Musées : Orléans : *Saint Aignan* - Roubaix : *La famille de Priam pleurant la mort d'Hector* - Versailles : *Simon, comte de Montfort* - *Guy de Levis, seigneur de Mirepoix* - *Jean IV de Montfort, duc de Bretagne* - *Charles V, dit le Sage* - *Clovis Ier, roi des Francs* - *Baptême de Clovis, à Reims* - *Raoul François, duc de Montmorency*.

DEJUSSIEU Henri Blaise François
Né le 10 janvier 1828 à Mâcon. XIXe siècle. Français.
Peintre.
Entré à l'École des Beaux-Arts le 6 avril 1854, il devint élève de Gleyre. Au Salon de Paris, il figura de 1859 à 1866. Le Musée de Chalon-sur-Saône conserve de lui une *Cléopâtre*.

DEKEN Albert de
Né en 1915 à Schoten. XXe siècle. Belge.
Peintre. Néo-expressionniste.
Il fut élève de l'Académie d'Anvers où il devint professeur et de l'Académie de la Grande Chaumière à Paris où il suivit les cours d'Othon Friesz.
Il s'exprime dans une gamme chromatique vive et franches.
Bibliogr. : In : *Diction. Biogr. illustré des Artistes en Belgique depuis 1830*, Arto, Bruxelles, 1987.
Ventes Publiques : Anvers, 8 avr. 1976 : *Cabines de plage* 1960, h/t (35x45) : **BEF 15 000** - Anvers, 28 avr. 1981 : *Nature morte*, h/t (70x100) : **BEF 50 000** - Lokeren, 20 oct. 1984 : *La mère* 1966, h/t (98x129) : **BEF 44 000** - Londres, 20 oct. 1989 : *Nature morte*, h/t (58,5x78,7) : **GBP 1 430** - Lokeren, 28 mai 1994 : *Nature morte à la cafetière*, h/t (70x80) : **BEF 55 000** - Lokeren, 8 oct. 1994 : *Nature morte*, h/t (80,5x100,5) : **BEF 50 000** - Lokeren, 11 mars 1995 : *Nature morte*, h/t (70x100) : **BEF 48 000**.

DEKEN Marthe de
Née le 3 décembre 1879 à Paris. XXe siècle. Française.
Peintre de sujets divers.
Elle fut sociétaire du Salon des Artistes Français en 1912, figura en 1913 et 1920 au Salon d'Automne et au Salon des Artistes Indépendants en 1926.
Elle a peint des nus, des paysages, des portraits et des natures mortes.

DEKKER Hendrick
Né en 1817 à Rotterdam. XIXe siècle. Hollandais.
Peintre de genre, portraits.
Il travaillait à Rotterdam.

DEKKER Hendrik Adriaan Christian
Né le 28 septembre 1836 à Amsterdam. Mort le 11 mai 1905 à Laag Soeren. XIXe siècle. Hollandais.
Peintre de compositions animées, scènes de genre.
Il fut élève de Ch. Rochussen et de l'Académie d'Amsterdam.
MUSÉES : AMSTERDAM (Rijksmuseum) : *Une Écurie.*

DEKKER Henk
Né en 1897. XXe siècle. Hollandais.
Peintre de marines.
D'entre les peintres de marines, Henk Dekker fait partie de ceux qui sont plutôt des peintres de navires. Hollandais, il a peint aussi bien les navires de haute mer que les embarcations des rivières et canaux.
VENTES PUBLIQUES : AMSTERDAM, 5 juin 1990 : *Le « Katwijk 6 » toutes voiles dehors par mer houleuse*, h/t (40x60,4) : **NLG 1 035** – AMSTERDAM, 11 sep. 1990 : *Voilier hollandais sur une rivière avec un village à l'arrière plan*, h/t (30x40) : **NLG 1 035** – AMSTERDAM, 5-6 fév. 1991 : *Barque à voile sur une rivière avec une ville à l'arrière plan* 1926, h/t (30x40) : **NLG 1 150** – AMSTERDAM, 18 fév. 1992 : *Pêcheur sur une barque accostée*, h/t (80x100) : **NLG 2 530.**

DEKKER Remmert
Né en 1860 à Zaandam. Mort en 1911 à Amsterdam. XIXe-XXe siècles. Hollandais.
Peintre et graveur de paysages.

DEKKERS Adriaan, dit **Ad**
Né en 1938 à Nieuwpoort (Belgique). Mort en 1974 à Gorinchem. XXe siècle. Hollandais.
Sculpteur. Abstrait-minimaliste.
Il fit ses études à l'Académie des Beaux-Arts de Rotterdam dans la section du Design entre 1954 et 1958. De 1960 à 1963, il a enseigné à l'École Technique de Culemberg. Il a figuré dans plusieurs expositions collectives parmi lesquelles : la Biennale de Paris en 1965, la Documenta de Kassel en 1968 et *Aspects historiques du constructivisme et de l'art concret* au Musée d'Art Moderne de la Ville de Paris en 1977. Il exposa personnellement à Amsterdam à partir de 1965, puis, en 1968 au Stedelijk Museum d'Amsterdam, 1972 Gemeenntemuseum de La Haye, expositions posthumes en 1974 au Stedelijk Van Abbemuseum d'Eindhoven, 1982 Stedelijk Museum d'Amsterdam, Kunsthalle de Baden-Baden, Maison de la Culture de Chalon-sur-Saône.
Après avoir subi une influence post-cubiste, depuis 1961, marqué par le néo-plasticisme de Mondrian, Ben Nicholson, Jean Gorin, il travailla avec un répertoire restreint à l'essentiel. Son œuvre se compose de reliefs construits selon de rigoureux schémas. Ils se présentent sous la forme d'assemblages par superposition d'éléments en matière plastique uniquement blanche, découpée ou incisée en creux, selon des formes où reviennent le plus souvent le carré et le cercle. Par la modification d'un élément d'une sculpture à l'autre, Dekkers cherchait à rendre sensible la puissance expressive dont sont dotées les formes de base de la géométrie. Ces travaux l'avaient placé, au moment de son suicide, aux premiers rangs de la sculpture abstraite minimaliste. ■ F. M., J. B.
BIBLIOGR. : In : *Aspects historiques du constructivisme et de l'art concret*, juin-août 1977, Musée d'Art Moderne de la Ville de Paris – in : *Diction. Univ. de la Peinture*, Le Robert, Paris, 1975 – Carel Blotkamp : Ad Dekkers, 1981 – in : *Diction. de la peint. flamande et hollandaise*, Larousse, Paris, 1989.
MUSÉES : AMSTERDAM (Stedelijk Mus.) : *Carré avec sector n°1-4* 1968 – EINDHOVEN – GRONINGEN – LA HAYE – NEW YORK (Mus. of Mod. Art) – ROTTERDAM.
VENTES PUBLIQUES : AMSTERDAM, 5 juin 1984 : *Relief avec segment* 1967, polyester (diam. 180) : **NLG 21 000** – AMSTERDAM, 18 mars 1985 : *Wood-graphix, N° XXV* 1973, h/pan. (60x60) : **NLG 5 000** – AMSTERDAM, 21 mai 1987 : *Composition* 1967, acryl. et relief polyester, de forme hexagonale (152x174) : **NLG 17 000** – AMSTERDAM, 13 déc. 1989 : *Deux cubes* 1971, objet de bois peint en blanc (H. 28) : **NLG 8 050** – AMSTERDAM, 10 avr. 1990 : *Première phase du cercle vers le carré*, alu. (diam. 90) : **NLG 6 900** – AMSTERDAM, 12 déc. 1990 : *Relief avec une ligne* 1970, peint. blanche à la bombe sur un relief de bois (75x75x1,5) : **NLG 9 200** – AMSTERDAM, 11 déc. 1991 : *Première phase d'un carré évoluant vers le cercle*, relief d'alu. (90x90x1) : **NLG 21 850** – AMSTERDAM, 8 déc. 1993 : *Double carré avec des diagonales* 1971, relief de bois peint en blanc (120x240x2) : **NLG 28 750** – AMSTERDAM, 6 déc. 1995 : *Relief avec trois cercles* 1967, polyester blanc (diam. 180) : **NLG 16 100.**

DEKKERT Eugen
Né le 21 août 1865 à Stettin. Mort en 1956 à Garmisch. XIXe-XXe siècles. Allemand.
Peintre de paysages, paysages portuaires, intérieurs.
Il vécut à Glasgow, travailla en Italie, à Munich et à Glasgow.

Eugen Dekkert

MUSÉES : MUNICH : *Village de pêcheurs écossais.*
VENTES PUBLIQUES : NEW YORK, 10-11 jan. 1907 : *Le Village au bord du courant* : **USD 130** – GLASGOW, 27 mars 1931 : *Une ferme* : **GBP 3** – ÉDIMBOURG, 12 avr. 1982 : *Scène de canal*, h/t (45,5x51) : **GBP 550** – QUEENSFERRY, 29 avr. 1986 : *Le Port de Saint-Monans*, h/cart. entoilé (77x75) : **GBP 1 300** – BERNE, 26 oct. 1988 : *Barque de pêche à Venise*, h/cart. (41x33) : **CHF 1 500** – GLASGOW, 7 fév. 1989 : *Près d'un village* 1909, h/t (46x61) : **GBP 968** – PERTH, 28 aout 1989 : *Intérieur bavarois*, h/t (51x46) : **GBP 462** – SOUTH QUEENSFERRY, 1er mai 1990 : *Moisson*, h/t (51x71) : **GBP 2 420.**

DEL suivi d'un patronyme. Voir ce patronyme

DELAAGE Pierre Paul Aug.
Mort en 1898 à Paris. XIXe siècle. Français.
Graveur.
Sociétaire des Artistes Français.

DELABARRE. Voir aussi **BARRE** et **LABARRE**

DELABARRE Eugène Louis Marie
Né le 9 février 1875 à Rouen (Seine-Maritime). Mort en 1935. XIXe-XXe siècles. Français.
Peintre d'histoire, scènes de genre, portraits.
Il fut élève de Jean Gérome et sociétaire du Salon des Artistes Français à partir de 1905. Il avait reçu une mention honorable en 1898 et une autre à l'Exposition Universelle de 1900. En 1922, il présenta un *Portrait de l'auteur*. Il devint professeur à l'École des Beaux-Arts de Tours.
Son goût de l'Orient lui servit à situer ses scènes bibliques ou historiques dans leur contexte.
BIBLIOGR. : Gérald Schurr, in : *Les Petits Maîtres de la peinture 1820-1920, valeur de demain*, Les Éditions de l'Amateur, t. V, Paris, 1981.
MUSÉES : TOURS : *Judith.*
VENTES PUBLIQUES : PARIS, 24-25 avr. 1900 : *Pastorale* : **FRF 410** – ROUEN, 11 mai 1980 : *La danse des nymphes normandes*, h/t (45x81) : **FRF 2 300.**

DELABASSÉ Jean Théodore
Né le 13 avril 1902. XXe siècle. Français.
Sculpteur.
Il fut élève de Jean Injalbert et de Louis Bouchard. Sociétaire du Salon des Artistes Français il reçut une troisième médaille en 1928.
VENTES PUBLIQUES : NEW YORK, 12 déc. 1987 : *Jeune fille debout*, patine verte, bronze (H. 45,7) : **USD 1 600.**

DELABORDE. Voir aussi **LABORDE de**

DELABORDE François
XVIe siècle. Français.
Peintre verrier.
Il travailla en 1535 pour l'église de la Ferté-Bernard.

DELABORDE Henri, vicomte
Né le 2 mai 1811 à Rennes (Ille-et-Vilaine). Mort en 1899 à Paris. XIXe siècle. Français.
Peintre d'histoire, compositions religieuses, paysages animés.
Élève de P. Delaroche, il fut en 1855 nommé conservateur du cabinet des estampes de la Bibliothèque impériale. Il débuta au Salon de Paris en 1836 et continua à y exposer jusqu'en 1853. En 1837, il eut une médaille de deuxième classe ; en 1847, de première classe, et fut décoré de la Légion d'honneur en 1860. Delaborde devint membre libre de l'Institut en 1868. Ses œuvres les plus connues sont : *Conversion de saint Augustin*, à l'église de

Raisme (Pas-de-Calais), *Arrestation du comte Ugolin, Apparition de Béatrix au Dante, Le Christ et la Madeleine*, à la cathédrale d'Amiens, *Dante à la Verna*, anciennement au palais de Saint-Cloud, *L'Agonie de Jésus*, à la cathédrale d'Amiens. L'État possède trois tableaux de cet artiste : *Le Christ acceptant sa passion, Saint Augustin au lit de mort de sa sainte mère Monique, Le Jour des morts*.
Le vicomte Delaborde fut également un critique d'art reconnu. Outre les notices et les discours qu'il composa, en sa qualité de secrétaire perpétuel de l'Académie, il donna des articles qui furent très remarqués, à la *Revue des Deux-Mondes*. Il publia plusieurs ouvrages. Les plus importants sont : *Ingres, sa vie, ses travaux, sa doctrine – Lettres et pensées d'Hippolyte Flandrin, Études sur les beaux-arts*.
Musées : Calais : *Guerrier recouvert d'une armure fleurdelisée* – Orléans : *La Commémoration des morts* – Versailles : *Les Chevaliers de Saint-Jean rétablissant la religion en Arménie – Prise d'Alexandrie en 1366 – Elisabeth Farnèse, reine d'Angleterre – Cosme de Médicis – Jean de Médicis dit Jean des Bandes noires – Prise de Damiette en 1219*.
Ventes Publiques : Paris, 12 oct. 1990 : *Près de la fontaine* 1846, h/pan. (74x58,5) : **FRF 43 000** – New York, 24 mai 1995 : *L'Apparition de Béatrice à Dante*, h/t (101,6x92,7) : **USD 31 050**.

DELABORDE J.
XVIIe siècle. Français.
Peintre.
On sait qu'il fut élève de Mignard. En 1683, il fut agréé à l'Académie avec : *La France pleurant la mort de la Reine*. Trois portraits peints par lui ont été gravés.

DELABORDE J.
XVIIIe siècle. Français.
Dessinateur et graveur.
Auteur d'un Nouveau livre d'ornement.

DELABORDE Jean Benjamin ou **de la Borde**
Né en 1734 à Paris. XVIIIe siècle. Français.
Dessinateur, éditeur et musicien.
Il a dessiné les illustrations d'un certain nombre de livres de voyages : *Tableaux... de la Suisse* (Paris, 1780-86), *Description... de la France, Relation des voyages de Saugnier à la Côte d'Afrique...* (Paris 1791 et 1799).

DELABORDE Mathurin
Originaire de Chartres. XVIe siècle. Français.
Sculpteur et architecte.
Il fut appelé, en 1530, à Dreux, pour y visiter les travaux de l'hôtel de ville. En 1535, il fut nommé maître de l'œuvre de l'église de la Ferté-Bernard, où il fit, de 1535 à 1544, les voûtes, les bas-reliefs sculptés des chapelles absidales et le bas-chœur méridional. On croit qu'il fit la porte-sud du château de Courtevaux et qu'il collabora à l'église de l'abbaye de Solesmes.

DELABRE Marie Louise
XIXe siècle. Active à Paris. Française.
Peintre.
Sociétaire des Artistes Français depuis 1887, elle prit part aux expositions de cette société.

DELABRIÈRE Paul Édouard
Né le 29 mars 1829 à Paris. Mort en 1912. XIXe-XXe siècles. Français.
Sculpteur de statues, animaux.
Il fut élève de Delestre (sans doute le peintre J.-B. Delestre, comme l'indique S. Lami). Il exposa au Salon de 1848 à 1882. On doit à Delabrière, au palais du Louvre, un fronton en pierre : *L'Équitation*.
Musées : Amiens : *Panthère de l'Inde et Héron*.
Ventes Publiques : Paris, 8 oct. 1976 : *Chiens de chasse*, bronze : **FRF 4 300** – Enghien-les-Bains, 5 nov. 1978 : *Mère et Enfant*, bois (H. 68) : **FRF 5 300** – Enghien-les-Bains, 2 mars 1980 : *Cheval, antérieur gauche levé*, bronze (H. 29) : **FRF 35 000** – New York, 17 mai 1983 : *Le pas-perdu*, bronze patine brun foncé (H. 51,1) : **USD 3 200** – Londres, 8 mars 1984 : *Chien de chasse tenant un lièvre* vers 1870, bronze patine brune (H. 31) : **GBP 500** – Enghien-les-Bains, 6 oct. 1985 : *Lion du Sénégal sur une antilope*, bronze patine brun-vert (H. 48) : **GBP 1 600** – Londres, 25 sep. 1986 : *Lion du Sénégal avec une antilope*, bronze patine verdâtre (H. 46) : **GBP 2 500** – Rambouillet, 27 sep. 1987 : *Le Retour de chasse*, bronze patine brune nuancée or (H. 46) : **FRF 41 000** – Reims, 25 oct. 1987 : *Chien de chasse à l'arrêt*, bronze (l. 29) : **FRF 2 500** – Reims, 13 mars 1988 : *Chien de chasse assis*, bronze (l 13) : **FRF 2 900** – Paris, 19 mars 1990 : *Chiens attachés*, bronze (H. 50, L. 57) : **FRF 4 500** – New York, 23 mai 1991 : *Lion attaquant un cerf*, bronze (L. 36,5) : **USD 1 980** – Perth, 30 août 1994 : *Lion rugissant*, bronze (L. 19) : **GBP 2 645** – Paris, 8 nov. 1995 : *Pur-sang anglais avant la course*, bronze (H. 31) : **FRF 50 000** – New York, 18-19 juil. 1996 : *Cerf*, bronze (H. 29,2) : **USD 920** – Perth, 26 août 1996 : *Un Écossais avec un lévrier*, bronze (26,5x17) : **GBP 2 990**.

DELACAZETTE Sophie Clémence
Née en septembre 1774 à Lyon. Morte le 27 octobre 1854 à Paris. XVIIIe-XIXe siècles. Française.
Peintre de miniatures.
Élève de Regnault et d'Augustin. Elle exposa à Paris de 1806 à 1838, des portraits et des miniatures. Elle est représentée au Louvre et au Musée de Lyon par des miniatures (portraits de femmes).
Ventes Publiques : Paris, 1er juin 1928 : *Jeune femme décolletée*, miniat. : **FRF 6 000**.

DELACHAULT Pierre
XVIe siècle. Actif à Salins (Jura) en 1508. Français.
Sculpteur.

DELACHAUSSÉE Jean François
XVIIIe siècle. Français.
Peintre de miniatures.
Il fut reçu à l'Académie de Saint-Luc en 1760.
Ventes Publiques : Paris, 1860 : *Portrait de Mademoiselle Adélaïde, enfant*, miniat. : **FRF 1 020**.

DELACHAUX Gaspard
Né le 24 décembre 1947 à Lausanne. XXe siècle. Suisse.
Sculpteur.
Il commença ses études à la faculté des lettres à l'Université de Lausanne puis entra en 1966 à l'École des Beaux-Arts de Lausanne où il resta jusqu'en 1970. Depuis cette date il vit à Assens dans le canton de Vaux tout en effectuant de nombreux voyages d'études en Angleterre, France, Italie, Pays-Bas et Turquie. Depuis 1969 il participe à de nombreuses expositions collectives en Suisse, dont la 1re Biennale de l'Art Suisse à Zurich. Sa première exposition personnelle se tint en 1975 à Auvernier.
Ses sculptures abstraites sont massives et en étroite relation avec le matériau choisi, pierre, marbre, granit.
Musées : Lausanne (Mus. canton. des Beaux-Arts) : *Freak II*.

DELACHAUX Léon
Né en 1850 aux États-Unis, de parents suisses, ou selon d'autres biographes né en 1854 à Lac-sur-Villers (Doubs). Mort en 1919 à Saint-Amand-Montrond (Cher). XIXe-XXe siècles. Actif en France. Suisse.
Peintre de genre, intérieurs.
Élève de Duez et de Dagnan-Bouveret à Paris en 1884, il obtint une médaille de bronze à l'Exposition Universelle de 1889 et une autre à celle de 1900. Chevalier de la Légion d'honneur.
Il passe des sujets paysans, aux petits métiers, puis aux scènes d'intérieur qui lui permettent de mettre en valeur les couleurs chatoyantes des tissus soyeux.

Leon Delachaux

Bibliogr. : Gérald Schurr, in : *Les Petits Maîtres de la peinture 1820-1920, valeur de demain*, Les Éditions de l'Amateur, t. IV, Paris, 1979.
Musées : Bourges : *Pauline et Isabelle* – Genève (Mus. Rath) : *Intérieur d'une cuisine* – Neuchâtel : *Une jeune fille*.
Ventes Publiques : Paris, 17 mai 1895 : *La fileuse* : **FRF 580** ; *La leçon de couture* : **FRF 300** – New York, 1er-2 déc. 1904 : *Dites toujours la vérité* : **USD 300** – Paris, 23-24 mars 1905 : *Préparatifs pour le bal* : **FRF 95** – New York, 26 oct. 1982 : *Le trousseau de bébé* 1884, h/t (58,5x42,5) : **USD 8 500** – Paris, 13 déc. 1989 : *Femme et enfant au bord d'une rivière*, h/pan. (41x32) : **FRF 20 000** – New York, 16 juil. 1992 : *La douce chaleur du feu de cheminée* 1884, h/t (80x37,5) : **USD 2 310** – New York, 29 oct. 1992 : *Les contes de fées*, h/t (40x56,5) : **USD 7 150** – New York, 3 déc. 1996 : *Sieste* 1881, h/cart. (43,2x29,2) : **USD 32 200** – New York, 5 juin 1997 : *Le Joueur de banjo* 1881, h/pan. (42,5x28,8) : **USD 40 250**.

DELACHAUX Théodore
XIXe siècle. Français.

Peintre de paysages.
Musées : Neuchâtel : *Le Sentier.*
Ventes Publiques : Zurich, 10 déc. 1996 : *Intérieur d'un vieux chalet du pays d'en haut* 1907, h/t (66x60) : **CHF 6 900.**

DELACLUZE Jean Edme Pascal Martin
Né le 25 juillet 1778 à Paris. Mort vers 1858. XIXe siècle. Français.
Peintre de portraits.
Il eut pour maîtres David, Regnault et Aubry. En 1810, il débuta au Salon, obtint une médaille de deuxième classe la même année, et continua à exposer jusqu'en 1852, presque toujours par des portraits, pour la plupart en miniature.
Musées : Chartres : *Portrait de J.-B.-T. Lesage* – Rouen : *Portrait de Hyacinthe Langlois – Portrait de M. Tasselin – Trois portraits d'anonymes.*

DELACOLONGE Nicolas
Né en 1715. Mort en 1757 à Lyon. XVIIIe siècle. Actif à Lyon. Français.
Sculpteur.
La Bibliothèque de Lyon conserve de lui un buste de Boileau.

DELACOMMUNE Charles Eugène
Mort en 1905 à Paris. XIXe siècle. Français.
Peintre.
Sociétaire des Artistes Français.

DELACOUR Clémentine, Mme, née **Buet**
XIXe siècle. Active à Paris vers 1824. Française.
Peintre de genre, miniaturiste et aquarelliste.
Élève de R. Lefevre et de Mme Chardon.

DELACOUR Clovis
Né à Châtillon-sur-Seine (Côte-d'Or). XIXe-XXe siècles. Français.
Sculpteur de bustes.
Élève de Millet, Moreau-Vauthier et Lanteri, il travailla à Paris. Il devint sociétaire des Artistes Français en 1892. Il obtint une mention honorable en 1891 et une autre à l'Exposition Universelle de 1900. Il exposa aussi à la Royal Academy, à Londres. Il était aussi médailleur.
Ventes Publiques : Paris, 3 juil. 1996 : *Dame de qualité,* buste ivoire (H. 17) : **FRF 7 500.**

DELACOUR Denis Albert
Né à Paris. XIXe siècle. Français.
Peintre de paysages.
Élève de L. Davis et Flers. Il exposa au Salon des paysages en 1868 et 1869.

DELACOUR Ginette
Née le 18 novembre 1913 à Asnières (Hauts-de-Seine). XXe siècle. Française.
Peintre de paysages et de natures mortes.
Elle fut élève de l'Ecole des Beaux-Arts de Paris entre 1939 et 1944 et exposa à Paris à partir de 1945. Elle participa au Salon d'Automne à partir de 1940 et fut invitée au Salon des Tuileries et au Salon Comparaisons.

DELACOUR Jean Baptiste
XVIIIe siècle. Français.
Peintre.
Il fut reçu à l'Académie de Saint-Luc en 1752.

DELACOUR Pierre. Voir **LACOUR**

DELACOUR William ou **de la Cour**
D'origine française. XVIIIe siècle. Français.
Peintre de sujets allégoriques, compositions animées, portraits, paysages.
Il vécut en Angleterre. Il est surtout connu pour ses compositions décoratives.
Musées : Édimbourg (Dental Hospice) : compositions décoratives.
Ventes Publiques : Paris, 24 mars 1952 : *Danse dans un parc* : **FRF 300 000** – Londres, 27 mars 1981 : *Capriccio* 1756, h/t (110,5x130,1) : **GBP 4 500.**

DELACOURT Guillaume ou **Delacour, de Lacour**
XVIIe siècle. Français.
Sculpteur sur bois.
Il fit, en 1626, pour l'église Saint-Aspais, de Melun, un retable sur le modèle de celui qui figurait à l'église Saint-Martin des Champs, à Paris, et un jubé pareil à celui des Blancs-Manteaux.

DEL'ACQUA M.
XIXe-XXe siècles. Italien.
Peintre et aquafortiste.

DELACROIX André
Mort en 1934. XXe siècle. Actif en Tunisie. Français.
Peintre de paysages.
Après avoir visité l'Indochine, il s'installa en Tunisie en 1920, exposant au Salon tunisien de 1921 à 1923. Membre de la Société coloniale des Artistes français, il fonda en 1924, le Salon des Artistes tunisiens, dont il fut président jusqu'en 1934. Il organisa des expositions personnelles au Salon de correspondance du Magasin général en 1926, 1928, 1929, 1930 et 1931.
Dans une pâte généreuse et des couleurs vives, gorgées de soleil, il peint des paysages de Tunisie.
Bibliogr. : Catalogue de l'exposition : *Lumières tunisiennes*, Pavillon des Arts, Paris, 1995.
Musées : Tunis (Mus. d'Art Mod.) : *Les mamelons d'Amilcar.*

DELACROIX Auguste
Né le 27 janvier 1809 à Boulogne-sur-Mer. Mort en novembre 1868 à Boulogne-sur-Mer. XIXe siècle. Français.
Peintre de genre, scènes typiques, paysages, marines, aquarelliste, dessinateur.
De 1835 à 1865, il exposa au Salon de Paris. Il obtint une médaille de troisième classe en 1839, de deuxième classe en 1841, de première classe en 1846.
Les compositions de cet artiste sont intéressantes. Frappé de paralysie, il exécuta ses derniers ouvrages de la main gauche.
Musées : Calais : *Vue de Saint-Valéry* – Cologne : *Marine* – Pontoise : *Pêcheur et sa petite fille – Femme et enfant de Boulogne-sur-Mer* – Reims : *Prière à la Madone* – La Rochelle : *Femme juive d'Alger – Femme de pêcheur.*
Ventes Publiques : Paris, 1865 : *Paysage avec figures* : **FRF 250** – Paris, 1868 : *Bretonnes au lavoir,* aquar. : **FRF 250** ; *Prière à la Madone,* aquar. : **FRF 355** ; *Femme du Maroc,* aquar. : **FRF 220** ; *Marchande de fleurs,* aquar. : **FRF 200** ; *Blanchisseuse bretonne,* aquar. : **FRF 115** – Paris, 1875 : *Une noce bretonne* : **FRF 1 030** – New York, 26-27 fév. 1903 : *Paysage côtier* : **USD 210** – Londres, 6 avr. 1923 : *Arabes à un puits* : **GBP 27** – Paris, 15-16 déc. 1924 : *Embarcations sur un fleuve* : **FRF 240** ; *Péniches sur un canal bordé de maisons* : **FRF 230** ; *Vaisseau ancré* : **FRF 105** ; *Les Pins Parasols* : **FRF 250** ; *Embarcations sillonnant des cours d'eau,* deux toiles : **FRF 485** ; *Vues de rivière,* trois toiles : **FRF 150** – Paris, 14 déc. 1925 : *Jeune Algérienne portant une corbeille de fruits* : **FRF 80** – Paris, 18 mars 1926 : *Le Naufrage* : **FRF 2 300** – Paris, 21 nov. 1928 : *Pêcheuse assise sur la grève,* aquar. : **FRF 80** – Paris, 25 oct. 1933 : *Un Apôtre,* aquar. médaillon : **FRF 95** – Paris, 30 juin et 1er juil. 1941 : *Barques de pêche devant un phare* 1868 : **FRF 60** – Paris, 10 déc. 1941 : *Pêcheuse portant un enfant dans ses bras,* aquar. : **FRF 380** – Paris, 6 déc. 1943 : *Filles de pêcheurs sur la grève,* aquar. : **FRF 280** – Paris, 19 déc. 1944 : *Femme de Tanger,* aquar. : **FRF 850** – Paris, 23 mars 1945 : *Indigène de Tanger,* aquar. : **FRF 850** – Paris, 25 juin 1945 : *Femme de Tanger,* aquar. : **FRF 380** – Londres, 20 avr. 1978 : *Personnages sur la plage* 1866, h/t (26,5x39,5) : **GBP 450** – Versailles, 29 nov. 1981 : *Les souks à Tanger* 1850, h/t (51x75,5) : **FRF 16 000** – New York, 28 oct. 1982 : *Pêcheurs au bord de la mer* 1856, h/pan. (30,5x46) : **USD 2 000** – Londres, 21 mars 1984 : *Femmes au puits,* h/t (78,5x130) : **GBP 6 800** – Londres, 21 juin 1984 : *Arabes aux abords d'une ville* 1861, aquar. (25,2x43,9) : **GBP 1 200** – Neuilly, 1er mars 1988 : *La famille du pêcheur,* h/pan. (37,5x45,5) : **FRF 8 200** – Versailles, 18 mars 1990 : *Jeune fille à la robe bleue,* aquar. (21x16,5) : **FRF 6 800** – Amsterdam, 10 avr. 1990 : *Distribution de grain aux canards et aux poussins,* aquar. avec reh. de blanc/pap. (49x37) : **NLG 4 600** – Monaco, 7 déc. 1991 : *Pêcheurs dans une barque et femmes sur le rivage d'une crique* 1860, aquar. (23,5x41,7) : **FRF 44 400** – New York, 29 oct. 1992 : *La pause de l'après-midi* 1835, h/t (38,6x33,2) : **USD 1 650** – Paris, 19 jan. 1994 : *Paysage orientaliste,* aquar. (13x29) : **FRF 4 200** – Londres, 17 nov. 1994 : *Une rue de Tétouan,* h/t (65x55) : **GBP 12 650** – Londres, 31 oct. 1996 : *Scène sur la côte bretonne* 1835, h/t (63x80) : **GBP 1 437.**

DELACROIX Charles F. Voir **LACROIX DE MARSEILLE**

DELACROIX Ferdinand Victor Eugène
Né le 26 avril 1798 à Charenton-Saint-Maurice (Val-de-Marne). Mort le 13 août 1863 à Paris. XIXe siècle. Français.
Peintre d'histoire, sujets religieux, compositions à personnages, batailles, scènes de chasse, sujets typiques, figures, paysages, fleurs, peintre de compositions murales, aquarelliste, graveur, lithographe. Romantique, orientaliste.

Son père qui, sous la République, le Directoire et le Premier Empire, avait été successivement député, ministre des Affaires étrangères à La Haye, préfet de Marseille et de Bordeaux, mourut, laissant sa famille dans une situation peu fortunée. Orphelin de père à sept ans et de mère à seize, Delacroix fit ses études à Paris, au collège Louis-le-Grand. En 1814, il avait fait un essai de gravure à l'eau-forte sur un fond de casserole : un bossu, un profil de Bonaparte, un officier à cheval, dont il existe une seule épreuve. On signale encore, la même année, un burin exécuté sur la plaque de cuivre ayant servi à l'impression des en-têtes de lettres de Charles Delacroix lorsqu'il était préfet de Marseille. Il écrivit à un ami, en 1815, qu'il voulait sortir du lycée, faire de la peinture pour acquérir un petit talent d'amateur ; dès 1815, Delacroix prenait déjà l'habitude, qu'il conserva durant de longues années, de copier des gravures. Mais il songeait plutôt à se consacrer à la musique. En 1816 son choix est fait, motivé, en partie paraît-il, par son admiration d'une peinture de Goya : le *Portrait de M. Guillemardet*, actuellement au Louvre ; il entre dans l'atelier de Pierre Narcisse Guérin, patronné par son oncle Henri François Riesener. La recommandation produisit peu d'effet, semble-t-il ; on prête au classique Guérin ce dédaigneux jugement à propos des essais de son élève : « *Il vaut mieux qu'il fasse ça que des dettes* ». Durant ses premières années d'atelier, Delacroix fit des lithographies, des caricatures ; il collabora au *Nain Jaune* et au *Miroir*, copia Raphaël et Rubens, peignit pour Géricault, que la commande ennuyait, une *Vierge au Sacré-Cœur* destinée à un couvent de Nantes.

Delacroix débuta au Salon de 1822 avec : *Dante et Virgile aux Enfers*. Cette œuvre eut un retentissement mitigé. On peut y voir, avec *Le Radeau de la Méduse*, qui avait été exposé au Salon de 1819, le point de départ du mouvement régénérateur et du romantisme dans la peinture française. Il fut encore aux Salons suivants l'objet de critiques vaines, jusque de la part de l'administration des Beaux-Arts. Pourtant, si son premier envoi au Salon lui avait attiré les foudres de la critique, il lui avait également valu les éloges de Gros ainsi qu'un article élogieux du *Constitutionnel*, signé Thiers, qui, jeune critique, n'avait pas encore débuté dans la politique. *Dante et Virgile aux Enfers* fut finalement acheté par l'État. Si Delacroix eut encore à affronter l'opinion, il faut se départir de la légende de Delacroix artiste maudit. Peu d'artistes connurent un tel retentissement et encore moins une carrière officielle aussi heureuse. Devant l'évidence de protections occultes, des recherches ont émis l'hypothèse, non sans de nombreux fondements, qu'il était le fils naturel de Talleyrand, auquel il ressemblait d'ailleurs étonnamment. En dépit de son art non conformiste, il ne cessa, dès ses débuts, de bénéficier d'achats réguliers de l'État et de commandes officielles. Son *Dante et Virgile aux Enfers* est aussi un témoignage de l'admiration qu'il vouait à Géricault, dont il enviait l'élégance et le génie, et qu'il avait connu dans l'atelier de Guérin aux Beaux-Arts. Lui-même à cette époque connut une période mondaine ; il fréquentait l'atelier de Gros, et, anglomane, était lié avec Bonnington et Thales Fielding. Également admirateur de Byron, au moment de sa mort à Missolonghi, il peignit, en 1824, *Les Massacres de Scio*. L'œuvre reçut le même accueil partagé que *Dante et Virgile*, imprécations et éloges mêlés. Il appliqua encore dans *La Mort de Sardanapale* ce mélange spécifiquement romantique des genres, cruauté et sens de l'épopée. De nouveau l'œuvre fit scandale, et pourtant, à la même époque, la duchesse de Berry lui commandait une *Bataille de Poitiers*, peinte en 1830, et Charles X *La Bataille de Nancy* peinte en 1831, thèmes qu'il reprendra avec *La Bataille de Taillebourg*, de 1837, et la fastueuse *Prise de Constantinople par les Croisés*, de 1840. Dans ces premières années, en tant que graveur, sont citées particulièrement : *Faust*, suite de 17 lithographies (1827), *Hamlet*, suite de 16 lithographies (1834), *Goetz de Berlichingen*, suite de 7 lithographies (1836-1843).

Étant donné le soin qu'apportait Delacroix dans le choix des œuvres qu'il destinait au Salon, il a paru intéressant, en dépit de la longueur de l'énumération, de la reconstituer : 1822 : *Dante et Virgile*. – 1824 : *Massacres de Scio* ; *Tête de vieille femme* (étude) ; *Jeune fille dans un cimetière* (étude). – 1827 : *Portrait du comte Palatiano* ; *Christ au Jardin des Oliviers* ; *Le Doge Marino Faliera* ; *Deux chevaux de ferme anglais* ; *Jeune Turc caressant son cheval* ; *Un pâtre de la campagne de Rome* ; *Tête indienne* (étude) ; *Nature morte* ; *Mort de Sardanapale* ; *Faust dans son cabinet* ; *Milton soigné par ses filles* ; *L'Empereur Justinien dictant ses lois*. – 1831 : *La Liberté* ; *Le Cardinal de Richelieu dans sa chapelle* ; *Indien armé du gourdakrée* ; *Cromwell au château de Windsor* ; *Raphaël dans son atelier*, *Étude de deux figures* ; *Meurtre de l'évêque de Liège* ; *Tour O'Santher* ; *Guinare dans la prison de Conrad* (aquarelle) ; *Une jeune fille près d'un puits* (aquarelle) ; *Ecce Homo* (sépia). – 1933 : *Intérieur d'appartement* ; *Portrait du docteur Desmaisons* ; *Portrait de M. Brown* ; *L'empereur Charles Quint au monastère de Saint-Just* ; *Intérieur d'un corps de garde de soldats Maures* (aquarelle) ; *Costumes de l'Empire du Maroc* (aquarelle). – 1834 : *Bataille de Nancy* ; *Intérieur d'un couvent de Dominicains à Madrid* ; *Une rue à Mekinez* ; *Femme d'Alger* ; *Portrait en pied de Rabelais*. – 1835 : *Le Christ* ; *Le Prisonnier de Chillon* ; *Les Natchez* ; *Arabes d'Oran* ; *Portrait de M. Guillesnardel*. – 1836 : *Saint Sébastien secouru*. – 1837 : *Bataille de Taillebourg*. – 1838 : *Médée furieuse* ; *Les Convulsionnaires de Tanger* ; *Le Kaïd marocain* ; *Intérieur d'une cour : soldats et chevaux marocains* ; *Dernière scène de Don Juan*. – 1839 : *Cléopâtre et le paysan* ; *Hamlet et les fossoyeurs*. – 1840 : *Justice de Trajan*. – 1841 : *Prise de Constantinople par les Croisés* ; *Un naufrage ou la barque de Don Juan* ; *Noce juive dans le Maroc*. – 1845 : *La Madeleine dans le désert* ; *Dernières paroles de Marc-Aurèle* ; *Muley-abd-el-Rhamon et sa garde*. – 1846 : *Rébecca enlevée par le templier Bois-Guilbert* ; *Les adieux de Roméo et Juliette* ; *Marguerite à l'église* ; *Lion couché* (aquarelle). – 1847 : *Le Christ en Croix* ; *Exercices militaires des Marocains* ; *Corps de garde à Mekinez* ; *Musiciens juifs de Mogador* ; *Naufragés abandonnés dans un canot* ; *Une Odalisque couchée*. – 1848 : *Christ au Tombeau* ; *Mort de Valentin* ; *Mort de Lara* ; *Comédiens ou bouffons arabes* ; *Lion dans son antre* ; *Lion dévorant une chèvre*. – 1849 : *Fleurs* ; *Fleurs* ; *Fleurs et Fruits* ; *Fleurs et fruits*, *Femmes d'Alger* (réduction et variante) ; *Othello et Desdemona* ; *Arabe syrien avec son cheval*. – 1850-1851 : *Résurrection de Lazare* ; *Le Lewer* ; *Le Giaour poursuivant les ravisseurs de sa maîtresse* ; *Lady Macbeth* ; *Le Bon Samaritain*. – 1853 : *Martyre de saint Étienne* ; *Les Pèlerins d'Emmaüs* ; *Pirates enlevant une femme*. – 1855 : Exposition Universelle (œuvres inédites) : *Le Roi à la Bataille de Poitiers* ; *Les deux Foscari* ; *Le Tasse en prison* ; *Roméo* ; *La famille arabe* ; *Chasse au lion* ; *Tête de vieille femme* ; *Combat du Giour et du Pacha* ; *Boissy d'Anglas*. – 1859 : *La montée au calvaire* ; *Le Christ descendu du tombeau* ; *Saint Sébastien secouru* ; *Ovide en exil chez les Scythes* ; *Herminie et les Bergers* ; *L'Enlèvement de Rebecca* ; *Hamlet : « Qu'est-ce donc ? un rat »* ; *Bords du fleuve Sebou*. L'Exposition Universelle de 1855 avait été l'occasion d'une manifestation d'admiration officielle. Delacroix y occupait une salle entière, avec 35 toiles choisies parmi ses envois les plus remarquables. Delacroix fut membre du jury du Salon en 1848, 1850, 1852, 1853, 1855, 1857, 1859. Il obtint une médaille de première classe en 1824, médaille première classe 1848, médaille d'honneur en 1855. Chevalier de la légion d'honneur en 1831, officier en 1846, commandeur en 1855. Deux années plus tard, bien que très tardivement, l'Institut l'admettait parmi ses membres.

Depuis sa mort, des expositions rétrospectives ont célébré son œuvre, notamment : en 1963 au Musée du Louvre, pour le centenaire de sa mort ; en 1998, pour le deux centième anniversaire de sa naissance, aux Galeries Nationales du Grand Palais : *Eugène Delacroix, les dernières années (1850-1863)* ; les œuvres du début : *Delacroix ou la naissance d'un nouveau romantisme*, au Musée de Rouen ; deux cent cinquante gravures à la Bibliothèque Nationale ; des dessins et aquarelles au Musée Eugène Delacroix de Paris ; d'autres ensembles d'œuvres au Musée de Chantilly et au Musée de Tours.

Après la révolution de 1830, ses protecteurs, à des titres divers, arrivèrent ensemble au pouvoir : le duc d'Orléans devenant roi, Thiers ministre et Talleyrand ambassadeur. Au Salon de 1831, son envoi, *La Liberté guidant le Peuple*, où il s'est représenté lui-même sous l'aspect d'un jeune étudiant, le fusil à la main, fut de nouveau acheté par l'État, pour la somme de 3000 francs.

À ce moment, survint dans sa vie un événement qui devait avoir la plus grande importance sur l'évolution de son œuvre : le comte de Morny, chargé par le roi de négocier un traité avec le sultan du Maroc, proposa à Delacroix de l'accompagner. Le voyage dura six mois, de janvier à juillet 1832. Delacroix en rapporta sept albums d'aquarelles et de dessins ; il devait ensuite en tirer une centaine de peintures, parmi lesquelles : *Les femmes d'Alger* ; 1834, *Le caïd marocain* ; 1837, *La noce juive au Maroc* ; 1839, *Le sultan du Maroc entouré de sa garde* ; 1845. Les répercussions de ce voyage dans le sud de l'Espagne, au Maroc et en Algérie furent multiples pour Delacroix : on a beaucoup évoqué sa découverte d'un monde coloré : « Le pittoresque ici abonde, écrivait-il, à chaque pas il y a des tableaux qui feraient la gloire et la fortune de vingt générations de peintres... » Il y trouva également un reflet de l'Antiquité en pleine vie, dont l'exubérance s'opposait radicalement à la fausse Antiquité de l'académisme : « Vous vous croiriez à Rome et à Athènes, moins l'Atticisme, poursuivait-il, les manteaux, les toges, mille détails sont des plus antiques... Imagine-toi ce que c'est que de voir, couchés au soleil, se promenant dans les rues, raccommodant des savates, des personnages consulaires, des Catons, des Brutus auxquels il ne manque même pas l'air dédaigneux que devaient avoir les maîtres du monde... » En outre, l'abondance de couleurs donna des éléments supplémentaires à ses recherches chromatiques. Il avait déjà été en contact avec les œuvres des paysagistes anglais, et s'interrogeait sur l'effet de vibration de leurs fonds de verdure, obtenu par la juxtaposition de touches colorées de tonalités légèrement différentes. En Afrique du Nord, l'obligation d'avoir à noter « au vol » toutes sortes d'impressions nouvelles, accentua la liberté de sa facture et la richesse inhérente à sa palette, provoquant des manifestations spontanées de division du ton. Il y comprit pleinement le potentiel expressif, psychologique, symbolique et spirituel de la couleur en elle-même, affranchie de sa seule fonction imitative. Le point ultime de cette recherche devait être *Le Combat de Jacob avec l'Ange* de l'église Saint-Sulpice, qu'il peindra entre 1853 et 1861.

À son retour d'Afrique du Nord, Thiers lui fit confier, au Palais Bourbon, la décoration du *Salon du roi*, exécutée en 1833. Cette œuvre, comme celles qu'il fit à la Bibliothèque du même Palais (1844), à la Bibliothèque du Luxembourg (1845-1847), au plafond de la *Galerie d'Apollon* où Andrieu collabora (1849), au *Salon de la Paix* à l'ancien Hôtel de Ville (1849-1853), permirent à Delacroix de mettre en lumière les ressources de son imagination. Il y reprit, dans une forme renouvelée, la tradition des peintres de compositions de la Renaissance. Ses détracteurs ne désarmaient cependant pas. Il est rapporté que Ingres, voyant au Salon de 1835 *Le Prisonnier de Chillon*, ne cacha pas son estime ; la chaîne que le captif tend d'une façon si tragique lui paraissait admirable ; quand il sut que le tableau était de Delacroix, il serait revenu sur ses éloges. On ne sait quelle foi accorder aux anecdotes qu'aura engendrées l'inépuisable exercice d'école qui consistait, ou consiste encore, à opposer le dessin d'Ingres et la couleur de Delacroix.

Depuis 1833, Delacroix se consacrait entièrement à l'immense travail qui allait l'accaparer et qu'Alfred Robaut, dans *L'Œuvre complet d'Eugène Delacroix* a évalué à 853 peintures et plusieurs milliers de dessins, pastels, aquarelles ou lavis. De cet œuvre gigantesque, il en consacra une part importante à l'exécution des commandes officielles et des envois au Salon. Si c'est par ces réalisations spectaculaires qu'il obtint le plus grand retentissement public, il poursuivit néanmoins la création d'œuvres de dimensions plus modestes et d'une inspiration plus intime, revenant souvent à des thèmes empruntés aux poètes qu'il affectionnait, tantôt Byron : *Le naufrage de don Juan* 1840 ; *La fiancée d'Abydos* 1849 ; *Le combat du Giaour et du Pacha* 1826, 1835, 1856 ; tantôt Shakespeare : *Hamlet et Horatio au cimetière* 1839 ; *Othello et Desdémone* 1847-1849 ; tantôt Dante : *La justice de Trajan* 1840 ; *Les deux Foscari* 1855 ; etc. Enfin, d'innombrables dessins, pastels, lavis, aquarelles, presque toujours saisis sur le vif, des peintures exécutées sur le motif, ou immédiatement d'après les notations préparatoires, constituent un troisième volet à son œuvre. C'est à celui-ci qu'appartiennent les très nombreux travaux inspirés, tout au long de sa carrière, par le voyage en Afrique du Nord, mais aussi les esquisses réduites de ses grandes compositions, les paysages peints lors de quelques déplacements, tout spécialement à Champrosay, dans la forêt de Sénart. C'est également à Champrosay qu'il peignit la plupart de ses somptueux tableaux de fleurs et ses *Chasses aux lions*. C'est presque toujours dans cette troisième partie de son œuvre, mineure au regard des jugements officiels, mais de beaucoup la plus abondante, que l'on trouve le plus de liberté, génératrice d'audaces. C'est en s'y référant que se découvre, occulté par le romantique épique, le Delacroix novateur, vraiment romantique lyrique et annonciateur des impressionnistes.

À partir de 1853, sous l'effet de la fatigue, on voit fréquemment Delacroix reprendre des sujets qu'il a déjà traités. D'ailleurs, il ne se dissimulait pas son état : « Je rêve de grandes choses, disait-il à un ami, mais ma santé ne me les permet plus ; à mon âge il faut s'habituer aux privations. »

Ayant obtenu tous les honneurs, comblé de commandes officielles, célébré et détesté, ayant soulevé des tempêtes, considéré à juste titre, après la mort de Géricault envers qui il reconnut toujours sa dette, comme le héraut de la révolution romantique en peinture, Delacroix avait trouvé les admirateurs qu'il se souhaitait, dans l'élite du pouvoir pour l'accomplissement de son œuvre, dans l'élite de l'esprit pour sa pérennité. Le seul combat dont il se soucia fut celui de lui-même avec son œuvre, tel celui qu'il représenta dans sa dernière décoration murale : *Le Combat de Jacob avec l'ange.* ■ E. Bénézit, J. B.

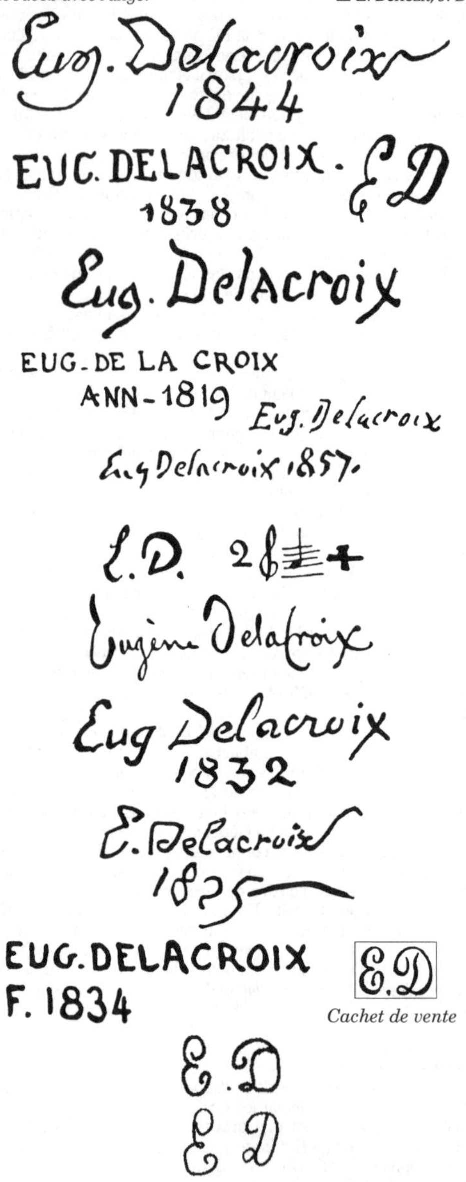

Cachet de vente

Bibliogr. : J. Adhémar et J. Lethève : *Delacroix et la gravure romantique*, catalogue de l'exposition à la Bibliothèque Nationale, Paris, 1963 – R. Bacou : *Delacroix, les dessins*, catalogue de l'exposition à la Bibliothèque Nationale, Paris, 1963 – *Catalogue du Centenaire d'Eugène Delacroix*, Paris, 1963 – Raymond Escholier : *Eugène Delacroix*, Paris, 1963 – P. Jullian : *Delacroix*, Paris, 1963 – Maurice Serullaz : *Les peintures murales de Delacroix*, Paris, 1963 – René Huygue : *Delacroix ou le combat solitaire*, Paris, 1964 – J. J. Spector : *The murals of Eugène Delacroix at Saint-Sulpice*, College art association of America, New York, 1967 – E. Chesneau et A. Robaut : *L'Œuvre complet de Eugène Delacroix, peintures, dessins, gravures, lithographies*, New York,

1969 – Catalogue de l'exposition *Eugène Delacroix à l'Assemblée Nationale : peintures murales, esquisses et dessins*, Assemblée Nationale, Paris, 1995 – in : *Dict. des Beaux-Arts*, Hermann, Paris, 1996 – Peter Rautmann : *Eugène Delacroix*, Citatelles et Mazenod, Paris, 1997 – Arlette et Maurice Sérullaz : *Delacroix : le voyage au Maroc*, Flammarion, Paris, 1998 – Ivan Bergerol, Arlette Sérullaz, Pauline Pons : *Eugène Delacroix : aquarelles et lavis*, Mus. Nat., Édit. du Laquet, Paris, 1998 – Catalogue de l'exposition *Eugène Delacroix, les dernières années*, Gal. Nat. du Grand Palais, Paris, 1998 – Catalogue de l'exposition *Delacroix ou la naissance d'un nouveau romantisme*, Mus. des Beaux-Arts, Rouen, 1998.

Musées : Ajaccio (cathédrale) : *La Vierge du Sacré-Cœur* vers 1820 – Alger (Mus. des Beaux-Arts) : *Le Giaour* 1849 – Amsterdam : *Le Christ à Gethsémanie* – Amsterdam (Mus. mun.) : *Médée – Turcs volant des femmes* – Arras (Mus. mun.) : *La lapidation de saint Étienne* 1853 – Baltimore (Walter's Art Gal.) : *Le Christ en Croix* 1846 – *Marphise* 1852 – *Le Christ sur le lac de Génésareth* – Bayonne : *Trois diables* – Berne (Mus. des Beaux-Arts) : *La décollation de saint Jean Baptiste* – Béziers : *Sainte martyre* – Bordeaux : *Un lion – Un Arabe – La Grèce expirante – La chasse au lion – La Convention nationale* – Boston (Mus. of Fine Arts) : *Mise au tombeau* 1848 – *Chasse aux lions* 1858 – Brême (Kunsthalle) : *La mort de Valentin* 1847 – Brooklyn : *Les pèlerins d'Emmaüs* 1853 – Chantilly : *Prise de Constantinople – Les deux Foscari – Corps de garde – Saint Louis* – Chicago (Art Inst.) : *Chasse au lion* 1861 – Chinon : *Portrait en pied de Rabelais* 1833 – Cologne (Wallraf-Richartz Mus.) : *Nature morte* – Copenhague : *La paix – Deux têtes de lion – Étude de pivoine* – Copenhague (Ordrupgaard Mus.) : *Portrait de George Sand* 1838 – Florence (Mus. des Offices) : *Autoportrait* vers 1842 – Francfort-sur-le-Main (Städelsches Kunstinst) : *Fantasia arabe* 1833 – Fribourg (Mus. d'Art et d'Hist.) : *Héliodore chassé du temple* – Genève (Mus. Rath) : *Étude pour le massacre de Chio* – Grenoble : *Saint Georges* – Hambourg (Kunsthalle) : *Lion et caïman* 1863 – *Tigre effrayé par un serpent* 1858 – Hartford (Wadsworth Atheneum) : *Les baigneuses* 1864 – La Haye (Mus. Mesdag) : *Portrait du peintre par lui-même – Le soir de la bataille de Waterloo – Descente de Croix* – Lille : *Médée* 1938 – deux toiles – *La chaste Suzanne – Fleurs* – Londres (coll. Wallace) : *L'Exécution du Doge Marino Faliero – Faust et Méphistophélès* – Londres (Nat. Gal.) : *Le baron Schwiter* 1826 – *Abel Widmer – Ovide parmi les Scythes* 1859 – Luxembourg : *Jeune Turc caressant son cheval* 1826 – Lyon : *Derniers moments de l'empereur Marc-Aurèle – Odalisque couchée – Mise au tombeau – Le meurtre de l'évêque de Liège – La fiancée d'Abydos* 1849 – Metz : *Le Calvaire* – Montpellier : *Marocains courant la poudre – Fantasia – Michel-Ange – Une mulâtresse – Femmes d'Alger – Daniel dans la fosse aux lions – Orphée et Eurydice – Portrait de M. A. Bruyas – L'éducation d'Achille – Mort de Caton* – Morez : *La femme du matelot* – Moscou (Mus. Pouchkine) : *Naufragés abandonnés sur un canot* – Mulhouse : *Fleurs* – Munich (Alte Pina.) : *Olinde et Sophronie sur le bûcher* 1854 – Nancy : *Mort de Charles le Téméraire – Chef arabe* – Nantes (Mus. des Beaux-Arts) : *Chef marocain* 1837 – New York (Metrop. Mus.) : *Le jardin de George Sand à Nohant – L'enlèvement de Rebecca* 1846 – Nice : *Dernière misère* – Orcemont (église) : *La Vierge des moissons* 1819 – Otterloo (Kröller-Müller Mus.) : *Un Hindou de Calcutta* 1823 – *Étude pour la tête d'un aveugle* – Paris (Mus. du Louvre) : *Le naufrage de Don Juan – Prise de Constantinople – Portrait de Delacroix – Apollon vainqueur du serpent Python – Dante et Virgile – Scène de massacre – Femmes d'Alger – Noce juive – L'Enlèvement de Rébecca – Hamlet et Horatio – Médée – Livine prête à s'élancer – La fiancée d'Abydos – La mort d'Ophélie – Roger délivrant Angélique – Le lion et le sanglier – Le lion au caïman – Le lion au lapin – Le Christ en Croix – Portrait de Chopin* 1838 – *La liberté guidant le peuple* 1830 – *La mort de Sardanapale* 1827 – *Combat de Chevaliers dans la campagne* vers 1830 – *Mademoiselle Rose* vers 1822 – *Tigre attaquant un cheval sauvage – Nature morte au homard – Le roi Jean à la bataille de Poitiers – Jeune tigre jouant avec sa mère – L'appartement du comte de Mornay – Le prisonnier de Chillon – Jardin au crépuscule – Musiciens juifs à Mogador – Puma* 1859 – *Chevaux arabes se battant dans une écurie* 1860 – Philadelphie (Mus. of Art) : *L'amende honorable* 1831 – Poitiers : *Vue d'Afrique – Paysage d'Afrique* – Portland (Art Mus.) : *Le Christ sur le lac de Génésareth* vers 1853 – Le Puy-en-Velay : *Le Christ et la Samaritaine* – Rouen : *Femmes orientales – Lion dévorant une brebis – Tobie et l'ange – Deux personnages – La justice de Trajan – Combat de Saladin et du cavalier noir – Muley-abder-Phanan, sultan du Maroc – Comédiens – Après le naufrage – Bataille de Taillebourg – Tourville (Anne-Hilarion de Costentin) – Prise de Constantinople 1204* – Saint-Pétersbourg (Mus. de l'Ermitage) : *Arabe sellant son cheval* 1855 – Toulouse (Augustins) : *Le Sultan du Maroc sortant de son palais* 1845 – Tours : *Comédiens arabes* 1848 – Vannes : *Christ en Croix* 1835 – Vienne (Kunsthistor. Mus.) : *Fleurs* 1842 – *Lutte de Jacob avec l'ange* – Washington D. C. (Philipps Memor. Gal.) : *Chevaux sortant de la mer* 1860 – Zurich (Kunsthaus) : *Indien armé* vers 1831.

Ventes Publiques : Paris, 1864 : *Attila suivi de ses hordes* : **FRF 1 050** ; *Esquisse du plafond de la galerie d'Apollon au Louvre* : **FRF 5 450** ; *Groupe de marguerites et de dahlias* : **FRF 5 000** ; *Corbeille de fleurs* : **FRF 7 550** ; *Hortensia* : **FRF 6 000** ; *Corbeille de fruits* : **FRF 7 000** ; *Bataille de Taillebourg*, esquisse : **FRF 7 500** ; *Cromwell devant le cercueil de Charles Ier*, aquar. : **FRF 1 010** ; *Le Cheval du pacha vaincu*, aquar. : **FRF 500** ; *Arabe assis sur le bord d'un chemin*, aquar. : **FRF 700** ; *Combat d'un homme et d'une lionne*, dess. : **FRF 1 000** – Paris, 1865 : *Bataille de Taillebourg*, aquar. : **FRF 3 100** – Paris, 1868 : *Lion dévorant un cheval*, aquar. : **FRF 2 230** – Paris, 1868 : *Le Tasse dans la prison des fous* : **FRF 16 500** ; *Saint Sébastien secouru par les saintes femmes* : **FRF 10 000** ; *L'Abreuvoir, souvenir du Maroc* : **FRF 15 000** ; *Massacre de l'évêque de Liège* : **FRF 46 000** ; *Lionne en arrêt* : **FRF 6 700** – Paris, 1868 : *La Bataille de Poitiers* : **FRF 28 000** ; *Desdémone et Othello* : **FRF 12 000** – Paris, 1869 : *Médée* : **FRF 14 500** ; *Mirabeau et le marquis de Dreux-Brézé* : **FRF 22 100** – Paris, 1869 : *Les Convulsionnaires de Tanger* : **FRF 48 500** ; *Chevaux sortant de l'eau* : **FRF 16 000** – Paris, 1870 : *Christoph Colomb au couvent de Sainte-Marie de Robida* : **FRF 38 000** ; *Passage d'un gué au Maroc* : **FRF 14 800** ; *Un fantassin au Maroc* : **FRF 13 900** – Paris, 1870 : *L'Amende honorable* : **FRF 47 000** ; *Les Convulsionnaires de Tanger* : **FRF 49 000** ; *Jésus endormi dans la barque sur le lac de Génézareth* : **FRF 28 000** ; *Enlèvement de Rébecca* : **FRF 27 000** ; *Hamlet et Horatio* : **FRF 21 000** ; *Chevaux sortant de l'abreuvoir* : **FRF 14 500** ; *Combat de Gœtz de Berlichingen* : **FRF 18 500** – Paris, 1872 : *Ophélie* : **FRF 15 000** ; *Intérieur d'une écurie arabe* : **FRF 17 000** – Bruxelles, 1872 : *Arabes en voyage* : **FRF 30 500** ; *Cavaliers arabes attaqués par un lion* : **FRF 17 000** – Bruxelles, 1873 : *La mort de Sardanapale* : **FRF 96 000** – Bruxelles, 20 avr. 1874 : *Grecs combattant pour l'indépendance* : **FRF 25 500** – Bruxelles, 27-28 avr. 1874 : *Lion dévorant un lapin* : **FRF 35 200** – Bruxelles, 1877 : *Lion et serpent* : **FRF 20 000** – Bruxelles, 16 mars 1877 : *Démosthène et la mer* : **FRF 19 400** – Bruxelles, 1878 : *Chevaux sortant de l'eau* : **FRF 16 100** – Bruxelles, 1880 : *Le Christ au tombeau* : **FRF 34 000** – Bruxelles, 1880 : *Assassinat de l'évêque de Liège* : **FRF 45 000** – Bruxelles, 1881 : *Tigre surpris par un serpent* : **FRF 24 100** – Bruxelles, 1881 : *Les Convulsionnaires de Tanger* : **FRF 95 000** – Bruxelles, 1881 : *L'Empereur du Maroc* : **FRF 28 100** – Bruxelles, 1883 : *Enlèvement de Rébecca* : **FRF 51 000** – Bruxelles, 1883 : *Kermesse arabe*, aquar. : **FRF 7 000** – Bruxelles, 23 oct. 1885 : *Tanerède et Herminie*, aquar. : **FRF 1 320** – Bruxelles, 1885 : *Le Christ sur la Croix* : **FRF 29 500** – Bruxelles, 1886 : *Jésus sur le lac de Génézareth* : **FRF 49 000** ; *L'Étang* : **FRF 16 200** – Cologne, 30 oct. 1888 : *Enlèvement des Sabines* : **DEM 1 000** – Paris, 1888 : *Herminie et les bergers* : **FRF 25 400** ; *Les Côtes du Maroc* : **FRF 50 000** ; *Jésus en Croix* : **FRF 15 600** ; *Enlèvement de Rébecca* : **FRF 29 100** – New York, 1888 : *Tigre se désaltérant* : **FRF 30 500** ; *Le Christ au tombeau* : **FRF 53 000** – Paris, 1889 : *Le Retour de Christophe Colomb* : **FRF 36 000** ; *Christophe Colomb au monastère* : **FRF 30 190** ; *Le Giaour* : **FRF 32 815** ; *Rabelais*, aquar. : **FRF 1 350** – Paris, 1890 : *L'Éducation d'Achille* : **FRF 28 500** – Paris, 1890 : *Chasse au tigre* : **FRF 76 000** – Paris, 1892 : *Mort de Sardanapale* : **FRF 35 500** ; *Tigre assis* : **FRF 23 000** – Paris, 1892 : *Jésus sur le lac de Tibériade* : **FRF 27 800** – New York, 1892 : *La Chasse au lion* : **FRF 65 000** ; *Cavalier arabe attaqué par un lion* : **FRF 31 700** – Paris, 1892 : *Ophélie* : **FRF 49 000** – Paris, 1893 : *L'Éducation d'Achille* : **FRF 37 600** ; *Tigre*, aquar. : **FRF 4 100** – Paris, 1894 : *La Mise au tombeau* : **FRF 88 000** ; *Cavaliers arabes sortant de l'eau* : **FRF 21 600** – New York, 1895 : *Un Arabe en prière* : **FRF 14 500** – Anvers, 1898 : *Passage du gué au Maroc* : **FRF 84 000** – Paris, 1898 : *Lion et Caïman* : **FRF 18 000** ; *Les Convulsionnaires de Tanger* : **FRF 36 200** – Paris, 1899 : *Le Christ au tombeau* : **FRF 16 800** – Paris, 1899 : *Médée* : **FRF 40 500** – Paris, 1900 : *Cavalier arabe* : **FRF 750** – Paris, 20-21 mai 1901 : *Un lion dévorant un Arabe* : **FRF 650** – Paris,

1er-2 déc. 1902 : *Lion à la torture* : **FRF 500** – New York, 14 fév. 1902 : *Le Gouvernement de la reine* : **USD 2 700** – New York, 8-9 jan. 1903 : *Combat entre un lion et un tigre*, aquar. : **USD 650** ; *La Flagellation* : **USD 900** ; *Herminie et les bergers* : **USD 7 200** – New York, 10 fév. 1903 : *L'Enlèvement de Rébecca* : **USD 11 100** – New York, 25 mars 1903 : *Dante et Virgile traversant le Styx* : **USD 850** – Paris, 20-21 avr. 1904 : *Assassinat de l'évêque de Liège* : **FRF 20 000** – Paris, 26-29 avr. 1904 : *Chevaux sortant de l'eau* : **FRF 30 200** – Paris, 26 mai 1905 : *Chasse au lion* : **FRF 65 000** – Paris, 5 déc. 1905 : *Hercule et Alceste* : **FRF 17 400** – Paris, 17 déc. 1906 : *Lion dévorant un caïman* : **FRF 7 100** – New York, 25 jan. 1907 : *Lion attaqué* : **USD 4 400** ; *Tigre et Serpent* : **USD 6 700** ; *Arabe montant à cheval* : **USD 7 200** ; *La Délivrance de la princesse Olga* : **USD 11 100** – Londres, 28 nov. 1908 : *Une paysanne* : **GBP 2** – Londres, 6 mars 1909 : *Médée* ; *Un lithographe* : **GBP 18** – Londres, 30 avr. 1909 : *Le sac du harem* : **GBP 231** – New York, 2 avr. 1909 : *Entrée des chrétiens à Jérusalem* : **USD 700** – New York, 26 fév. 1909 : *Le Tigre blessé* : **USD 8 000** – New York, 1909 : *L'Enlèvement* : **USD 175** – Paris, 1910 : *Le Tigre et sa proie* : **FRF 33 500** ; *La Fiancée d'Abydos* : **FRF 20 500** – Paris, 15-16 nov. 1918 : *Étude de costumes*, dess. à la pl. reh. d'aquar. : **FRF 400** ; *Falaises en Normandie, rochers au bord de la mer*, sépia et aquar. : **FRF 450** ; *Effet de soleil*, deux aquar. : **FRF 1 000** ; *Arabe assis et vu de face* ; *Femme juive d'Alger*, dess. à la mine de pb : **FRF 2 300** – Paris, 20 nov. 1918 : *Faust à l'étude*, aquar. : **FRF 1 120** – Paris, 2 déc. 1918 : *Campement arabe dans Alias-Sar-El-Kébir* : **FRF 17 800** – Paris, 26 mars 1919 : *Le Tasse dans la maison des fous* : **FRF 42 000** ; *Le Christ en Croix* : **FRF 51 100** – Paris, 6-7 mai 1920 : *Un pâtre de la campagne de Rome, blessé mortellement, se traîne au bord d'un marais* : **FRF 42 500** ; *Le Duc de Bourgogne montrant sa maîtresse au duc d'Orléans* : **FRF 25 250** – Paris, 4-5 mars 1921 : *Jeunes Turcs au repos sur un divan*, aquar. : **FRF 3 300** ; *Intérieur d'un corps de garde de soldats maures*, aquar. : **FRF 8 250** ; *Chef arabe*, past. : **FRF 4 200** – Paris, 7 juil. 1921 : *Études d'armes orientales* : **FRF 550** ; *Le Chat à la pelote bleue* : **FRF 2 000** ; *Marine*, aquar. : **FRF 410** – Paris, 7 déc. 1922 : *Arabe en prière dans une mosquée*, fus. reh. d'aquar. et de past. : **FRF 5 800** – Paris, 19 mai 1924 : *La Fiancée d'Abydos* : **FRF 60 000** – Paris, 27-28 juin 1924 : *Halte de cavaliers arabes près de Tanger*, aquar. : **FRF 10 500** – Londres, 18 juil. 1924 : *Femme allongée sur un lit* 1823 : **GBP 92** – Paris, 17-18 juin 1925 : *Scène de la rue à Alger*, aquar. : **FRF 13 000** – Paris, 22 juin 1925 : *L'Homme nu, debout et vu de dos*, mine de pb : **FRF 380** ; *Tête d'homme vu de face* ; *Tête d'homme, vu de trois quarts*, deux mine de pb : **FRF 400** ; *Costumes persans et souliotes*, deux mine de pb et une pl. et encre de Chine, trois études : **FRF 2 600** ; *Un portefaix* ; *Femme et Enfant* ; *Jeune Arabe assis* ; *Étude de nu : lutteurs* ; *Étude pour Marc Aurèle mourant*, quatre plume : **FRF 2 600** – Paris, 16-18 nov. 1925 : *Arabe endormi auprès de son cheval*, aquar. : **FRF 6 250** – Paris, 27 nov. 1925 : *Combattants arabes*, aquar. : **FRF 4 950** – Paris, 19-20 mai 1926 : *Apollon vainqueur du serpent Python*, mine de pb : **FRF 2 500** ; *Arabe assis dans un intérieur*, aquar. : **FRF 20 500** ; *Scène marocaine*, aquar. : **FRF 16 500** ; *Portrait de dame grecque*, mine de pb : **FRF 3 900** ; *Trois études de figures d'après l'antique*, mine de pb : **FRF 700** ; *L'ensevelissement du Christ* : **FRF 41 000** – Paris, 18 juin 1926 : *Groupe de personnages arabes assis et debout dans une cour intérieure*, aquar. : **FRF 7 000** ; *Arabe fumant assis dans un intérieur*, aquar. : **FRF 5 100** – Paris, 20 mai 1927 : *Étude de nu*, pl. : **FRF 3 100** ; *Jésus à terre*, sépia : **FRF 3 200** ; *Étude de cavalier pour le Giaour et le Pacha*, dess. : **FRF 8 600** – Paris, 19 nov. 1927 : *Tête de lion dévorant une proie*, aquar. ; *Études de têtes de lion*, mine de pb reh. d'aquar. : **FRF 20 000** – Paris, 25-26 juin 1928 : *Cavalier arabe se chauffant* : **FRF 123 000** – Paris, 12 nov. 1928 : *Études de têtes*, dess. à la pl. et esq. au cr. : **FRF 270** ; *Étude*, cr. : **FRF 220** – Paris, 15 nov. 1928 : *Étude de lions*, dess. à la pl. : **FRF 3 550** ; *Le Petit Cheval arabe*, pl. : **FRF 3 100** ; *Le Christ en Croix : le coup de lance*, pl. : **FRF 56 300** ; *Études pour le Christ en Croix : le coup de lance*, pl. : **FRF 6 000** ; *Tigres et lions*, dess. : **FRF 8 800** ; *Hamlet*, dess. : **FRF 1 700** ; *La Noce juive*, aquar. : **FRF 19 200** – Paris, 3 déc. 1928 : *Paysage avec roches*, dess. : **FRF 23 100** – Londres, 8 mai 1929 : *Jeune Homme* : **GBP 740** – Paris, 17 mai 1929 : *Le doge Marino Faliero condamné à mort* : **FRF 19 600** – New York, 10 avr. 1930 : *Desdémone repoussée par son père* : **USD 4 100** ; *Adam et Ève chassés du Paradis* : **USD 3 500** – Londres, 28 nov. 1930 : *La Captive* 1846 : **GBP 105** – Paris, 9 juin 1932 : *L'Odalisque* : **FRF 100 000** – Paris, 15 déc. 1932 : *Mademoiselle Rose* : **FRF 116 000** ; *Le Christ en Croix* : **FRF 140 000** – Paris, 11 mars 1933 : *Faust dans la chambre de Marguerite*, aquar. : **FRF 6 500** ; *Les Bateaux et la Mer*, quatre aq. sur une même feuille : **FRF 1 200** ; *Jeune Marocaine*, dess. à la mine de pb lavé d'aquar. : **FRF 9 000** ; *Paysage avec cours d'eau*, aquar. : **FRF 1 600** ; *Faust et Méphisto dans la taverne des étudiants*, sépia : **FRF 5 500** ; *Pêcheurs marocains au bord de la mer*, aquar. : **FRF 950** ; *Lion dévorant une proie*, aquar. : **FRF 7 050** ; *Moines chantant l'office des Complies dans une église*, sépia : **FRF 1 600** ; *Feuilles de recherches pour des compositions*, dess. à la pl. : **FRF 4 150** ; *Le Comte Palatiano en costume de Palikare*, étude : **FRF 4 900** ; *Daniel dans la fosse aux lions*, esquisse pour le tableau de 1849 : **FRF 4 000** ; *Le Lion au serpent* : **FRF 10 400** ; *Disciples et saintes femmes relevant le corps de saint Étienne*, étude pour le tableau du Salon de 1853 : **FRF 6 000** ; *Cavalier turc au galop, effet du soir* : **FRF 10 200** ; *Torse de femme* : **FRF 14 600** ; *La Pietà*, esquisse : **FRF 15 600** ; *La Falaise d'Étretat* : **FRF 7 200** ; *Chevaux bai et alezan, harnachés* : **FRF 9 500** ; *La Paix vient consoler les hommes*, esquisse pour le plafond du Salon de la Paix à l'Hôtel de Ville de Paris, 1840 : **FRF 27 000** – Paris, 3 avr. 1933 : *Démosthène sur le bord de la mer* : **FRF 35 000** – Paris, 14 déc. 1933 : *Le Tasse dans la maison des fous* : **FRF 46 000** – Paris, 26 juin 1934 : *Chevaux à l'abreuvoir* : **FRF 200 000** – Paris, 11 déc. 1934 : *Scène Renaissance* : **FRF 41 200** – Paris, 9 mars 1935 : *Marc-Aurèle mourant*, past. : **FRF 5 000** – Paris, 7 juin 1935 : *Un Palikare* : **FRF 10 500** – Paris, 5 juin 1936 : *Hamlet tente de tuer le roi*, dess. à la mine de pb : **FRF 1 500** ; *Arabe à cheval chargeant, le sabre en main*, dess. à la mine de pb : **FRF 1 200** ; *Études de Marocains*, dess. à la mine de pb : **FRF 1 460** ; *La Paix, descendant sur la terre, vient consoler les hommes et ramener l'abondance*, esquisse : **FRF 16 000** – Paris, 28 avr. 1937 : *Arabe étendu par terre dans la campagne*, aquar. : **FRF 3 155** – Londres, 28 mai 1937 : *Lion dévorant un cheval* : **GBP 236** – Paris, 4 juin 1937 : *L'Évêque et Adélaïde jouant aux échecs* ; *Adélaïde congédiant Weislingen*, mine de pb, deux dessins : **FRF 620** – Paris, 19 mai 1938 : *Les Armures* : **FRF 41 000** ; *Paysage des Pyrénées, Eaux-Bonnes* : **FRF 46 000** ; *L'Incrédulité de saint Thomas* 1846 : **FRF 50 000** – Paris, 17 juin 1938 : *Marchand de Fez*, aquar. : **FRF 13 500** – Paris, 15 déc. 1941 : *Bacchante endormie* : **FRF 360 000** – New York, 8-9 jan. 1942 : *L'amende honorable* : **USD 4 600** – Paris, 24 juin 1942 : *L'Arabe au turban*, aquar. : **FRF 15 100** ; *Le Cheval arabe*, cr. aquarellé : **FRF 15 000** ; *Fleurs dans un vase bleu* 1849 : **FRF 1 040 000** – Paris, 29 juin 1942 : *Omnia vanitas*, cr./calque : **FRF 1 600** – Paris, 29 juin 1942 : *L'Embuscade* : **FRF 75 000** – Paris, 14 oct. 1942 : *Tête de femme*, dess. : **FRF 20 100** ; *Lion rongeant un os*, dess. : **FRF 23 000** – Paris, 11 déc. 1942 : *Ovide chez les Scythes* ; *Cicéron accusant Verrès*, deux dess. à la mine de pb : **FRF 56 000** ; *Conversation mauresque sur une terrasse*, dess. à la mine de pb : **FRF 40 100** ; *Études de chiens*, mine de pb, deux dessins : **FRF 15 000** ; *La Force*, pl., étude : **FRF 36 000** ; *Femme nue, le bras gauche levé*, mine de pb, dessin : **FRF 33 100** ; *Bonaparte*, aquar. : **FRF 48 000** ; *Le Cheval blanc*, aquar. : **FRF 150 000** ; *Voyage au Maroc, architecture dans un jardin* ; *Intérieur d'une maison marocaine*, aquar., les deux dans un même cadre : **FRF 55 000** ; *La Fuite de Loth*, copie du tableau de Rubens conservé au Louvre : **FRF 520 000** ; *Chevaux à l'écurie* : **FRF 225 000** ; *Nu, assis de profil à gauche, Mademoiselle Rose* : **FRF 1 500 000** – Paris, 14 déc. 1942 : *Paysans italiens*, aquar. : **FRF 126 000** – Paris, 10 fév. 1943 : *Othello et Desdémone*, aquar. : **FRF 51 000** – Paris, 24 fév. 1943 : *Chevaux arabes*, aquar. : **FRF 31 000** ; *Cavalier en armure*, aquar. : **FRF 62 000** ; *Homme assis drapé à l'antique*, fus. : **FRF 16 000** ; *Trois Chevaux à l'écurie*, aquar. : **FRF 90 000** – Paris, 10 déc. 1943 : *Les Fleuves de France : L'Océan et la Méditerranée, La Garonne et la Saône, La Loire et le Rhin, La Seine et le Rhône*, quatre toiles, études : **FRF 430 000** – Paris, 17 mars 1944 : *Marchand arabe* : **FRF 760 000** – Paris, 20 mars 1944 : *Hippocrate refuse les présents du roi de Perse*, étude pour un pendentif de la bibliothèque du Palais-Bourbon : **FRF 441 000** – New York, 4 mai 1944 : *Cléopâtre et le paysan* : **USD 1 100** – Paris, 23 mars 1945 : *Homme d'armes et cheval* : **FRF 121 000** – Paris, 23 mars 1945 : *Paysage des environs de Champrosay* : **FRF 180 000** – New York, 24 jan. 1946 : *Le Christ sur la mer de Galilée* : **USD 12 500** – New York, 22-23 mars 1946 : *Milton écrivant Le Paradis perdu* : **USD 600** – Londres, 25 mars 1946 : *Paysage* : **GBP 1 800** – Londres, mai 1956 : *Le Martyre de sainte Ursule*, copie d'après Rubens : **GBP 1 400** – Londres, 28 nov. 1956 : *L'Arabe blessé* : **GBP 9 000** – Paris, 4 avr. 1957 : *Le Modèle* : **FRF 2 600 000** – Paris, 23 mai 1957 : *Trois Chevaux à* *l'écurie*, aquar. : **FRF 380 000** – Paris, 14 juin 1957 : *Deux études d'homme asiatique en costume de guerrier* : **FRF 2 500 000** – Paris, 3 déc. 1957 : *Cheval terrassé par une panthère* : **FRF 1 080 000** ; *Marocain assis* : **FRF 1 310 000** ; *Faust et Marguerite lisant* : **FRF 1 300 000** ; *Soldats endormis dans un corps de garde* : **FRF 1 450 000** ; *Le Coursier marocain*, aquar. : **FRF 605 000** ; *Marocain assis sur son divan*, sépia : **FRF 280 000** – Paris, 13 juin 1958 : *L'Idylle interrompue*, pl. et lav. : **FRF 850 000** – Londres, 3 déc. 1958 : *Mort d'Actéon* : **GBP 500** – Paris, 16 déc. 1958 : *Vieux Marchand d'oranges* 1832, past. : **FRF 350 000** – Londres, 25 nov. 1959 : *La Mort d'Ophélie* : **GBP 6 500** – Paris, 3 déc. 1959 : *Don Quichotte dans sa bibliothèque* : **FRF 1 600 000** – New York, 9 déc. 1959 : *Le Lion et le Serpent* : **USD 3 500** – Paris, 17 juin 1960 : *Le Modèle* : **FRF 26 000** – Londres, 13 juil. 1960 : *Le Cheval normand* : **GBP 500** – Londres, 9 déc. 1960 : *Arabe assis*, dess. et aquar. : **GBP 420** – Londres, 22 mars 1961 : *Guerrier indien avec sa lance*, aquar. avec une étude au cr. : **GBP 800** – New York, 23 mars 1961 : *Études de femmes*, cr. : **USD 750** – Paris, 23 juin 1961 : *Le Lion*, pl., dessin : **FRF 4 800** – Londres, 28 juin 1961 : *Evzone grec*, encre et aquar. : **GBP 3 700** ; *Cléopâtre et le paysan* : **GBP 1000** – New York, 29 nov. 1961 : *Julie de la Boutraye, comtesse de Tillet* : **USD 30 000** – Londres, 23 oct. 1963 : *La Chasse au tigre*, gche et aquar. /pan. : **GBP 6 000** – Londres, 25 nov. 1964 : *Attila et les barbares foulant aux pieds l'Italie et les Arts*, h/pap. mar./t., étude pour la bibliothèque du Palais-Bourbon : **GBP 17 000** ; *Orphée vient enseigner aux Grecs les Arts et la Paix*, h/pap. mar./t. : **GBP 18 000** – Londres, 9 juil. 1965 : *L'Adoration des Rois Mages* : **GNS 5 000** – Londres, 4 déc. 1968 : *Lion dévorant un crocodile* : **GBP 6 500** – Paris, 21 mars 1969 : *La Justice de Trajan*, /t., esquisse : **FRF 180 000** – New York, 15 oct. 1969 : *Cavalier grec blessé*, aquar. : **USD 43 000** – New York, 28 oct. 1970 : *Nature morte aux fleurs* : **USD 60 000** – Londres, 1er déc. 1971 : *Cavalier arabe* : **GBP 49 000** – New York, 5 mai 1971 : *Juive d'Alger* 1883 : **USD 50 000** – Londres, 28 juin 1972 : *L'Arabe blessé* 1859 : **GBP 45 000** – Paris, 8 déc. 1972 : *Cavalier arabe se chauffant* 1841 : **FRF 580 000** – Paris, 27 mars 1974 : *Le Drachme du tribut* : **FRF 20 000** – Londres, 4 avr. 1974 : *Cavalier arabe dans une fantasia* : **GBP 26 000** – Paris, 29 nov. 1974 : *Le Christ en Croix* 1853 : **FRF 500 000** – New York, 14 mai 1976 : *Bateaux de pêche* 1854, aquar. (22x35) : **USD 6 500** – New York, 20 oct. 1976 : *L'Arabe au tombeau ou Ben Abou près du tombeau* 1838, h/t (47,3x56,2) : **USD 130 000** – Berne, 8 juin 1977 : *Tigre royal* 1829, litho. : **CHF 34 000** – Zurich, 25 nov. 1977 : *Faust, Mephisto et le Barbet* 1825, h/t (40,5x32) : **CHF 42 000** – Londres, 4 avr. 1978 : *Portrait d'une jeune femme aux yeux bleus* vers 1820-25, aquar. (17,2x12) : **GBP 6 000** – Paris, 24 mai 1978 : *Juive d'Alger* 1833, eau-forte : **FRF 3 800** – Paris, 21 juin 1978 : *Grec à cheval* 1856, h/t (65x81) : **FRF 3 400 000** – Berne, 20 juin 1979 : *Juive d'Alger* 1833, eau-forte : **CHF 4 200** – Londres, 5 juil. 1979 : *Soldat de l'Empire du Maroc* 1832, aquar. et cr. (16,5x14,5) : **GBP 6 500** – Londres, 1er avr. 1981 : *Guetteurs de lion* 1859, h/t (46,5x56) : **GBP 74 000** – Paris, 16 déc. 1981 : *Héliodore chassé du temple*, mine de pb/pap. (39x45) : **FRF 100 000** – Londres, 22 nov. 1982 : *Le Christ sur le lac de Génézareth* vers 1853, h/t (44,5x53) : **GBP 95 000** – Berne, 22 juin 1983 : *Lion d'Atlas, Tigre Royal* 1829, 2 litho. : **CHF 66 000** – Paris, 14 déc. 1983 : *Cavalier arabe*, aquar. (20x30) : **FRF 460 000** ; *Arabe terrassé par un lion*, pl. (21x27) : **FRF 341 000** – Paris, 20 mars 1985 : *Arabes sur un marché ou Costumes de Tanger*, aquar. (12x18) : **FRF 550 000** – New York, 24 avr. 1985 : *Un officier grec* vers 1823-24, h/t (25x18) : **USD 200 000** – Munich, 13 juin 1985 : *Faust et Méphistophélès galopant dans la nuit du Sabbat* vers 1827, pinceau et encre grise et noire (18x33) : **DEM 65 000** – New York, 17 nov. 1986 : *L'éducation d'Achille*, past./pap. (29,5x40,3) : **USD 500 000** – Monaco, 20 fév. 1988 : *Etude d'armures du XVe siècle*, cr. (30x44,5) : **FRF 8 880** – Paris, 11 mars 1988 : *Deux feuilles d'études d'un carnet d'Espagne* 1832, aquar. (15x9,5) : **FRF 4 500** ; *Etude pour une femme d'Alger*, pl. en brun (21,5x13,2) : **FRF 71 000** ; *Etude de chat*, pl. en brun (13,8x21) : **FRF 26 000** ; *Femme nue et un amour* vers 1854, pl. et encre brune (14,5x16,5) : **FRF 11 500** – Paris, 18 mars 1988 : *Le concert*, dess. au lav. de sépia et encre de Chine (17,5x23) : **FRF 95 000** – Londres, 24 mars 1988 : *Couple de lions au repos* 1848, pl. et encre brune : **GBP 41 800** – New York, 24 mai 1988 : *Intérieur d'église*, h/t (41,9x33) : **USD 33 000** – Paris, 2 juin 1988 : *Arabe sur un sofa*, aquar./cr. noir (H. 16,5) : **FRF 310 000** – Paris, 22 juin 1988 : *Nègre nu à mi-corps, les mains sur la tête*, fus., sanguine et craie blanche/pap. gris (54x39) : **FRF 110 000** – Paris, 29 juin 1988 : *Méphistophélès apparaissant à Faust*, aquar. (22,5x13,5) : **FRF 180 000** – Amsterdam, 19 sep. 1988 : *Un marché oriental*, h/t (46x76,5) : **NLG 8 050** – Heidelberg, 14 oct. 1988 : *Marguerite à l'église* 1828, litho., illust. pour Faust (30x22,5) : **DEM 1 150** – Calais, 13 nov. 1988 : *Caricatures*, mine de pb (21x26) : **FRF 18 200** – Paris, 24 nov. 1988 : *Arabe étendu par terre dans la campagne* 1832, aquar. (15x22,5) : **FRF 450 000** – Londres, 29 nov. 1988 : *L'Affût au lion* 1859, h/t (46,5x56) : **GBP 104 500** – Paris, 15 fév. 1989 : *Baigneuses*, cr. noir et estompe (34,6x22) : **FRF 11 000** – Paris, 8 avr. 1989 : *Oriental au fusil*, aquar. (28x17.5) : **FRF 1 550 000** – New York, 24 mai 1989 : *Étude d'un cheval et de son cavalier*, cr. et encre (22x30,5) : **USD 52 800** – Paris, 14 juin 1989 : *Portrait de Charles de Verninac* vers 1829, h/t (61,2x50,2) : **FRF 3 100 000** – New York, 24 oct. 1989 : *Circassien tenant son cheval par la bride*, h/t (32,4x40,6) : **USD 473 000** – New York, 14 nov. 1989 : *Les Natchez*, h/t (90,2x117) : **USD 5 500 000** – Monaco, 3 déc. 1989 : *Cavalier médiéval ou Jeanne d'Arc*, aquar. sur traits de cr. avec reh. d'h/pap./t. (21,5x27,5) : **FRF 333 000** – Paris, 15 déc. 1989 : *Marchand de Fez*, aquar. (25,5x17) : **FRF 800 000** – Londres, 28 mars 1990 : *Etude pour un cavalier arabe*, cr. (31x25) : **GBP 22 000** – Londres, 30 mars 1990 : *Tigre couché*, encre/pap. brun (19x29,2) : **GBP 8 580** – Paris, 15 juin 1990 : *Intérieur d'une palais gothique, au verso Étude de cavalier*, cr. noir, pl., lav. gris et brun (36x55,5) : **FRF 88 000** – Paris, 6 oct. 1990 : *Arabes d'Oran*, mine de pb (13x19) : **FRF 22 000** – New York, 13 nov. 1990 : *Chef maure assis sur un divan et fumant*, aquar. et gche/pap. (16,5x15,9) : **USD 176 000** – Paris, 25 nov. 1990 : *Madeleine* 1843, h/t (55,5x45) : **FRF 10 000 000** – Paris, 6 déc. 1990 : *Portrait d'homme*, pierre noire sur fond de lav. (29x23) : **FRF 150 000** – Monaco, 8 déc. 1990 : *Palikare de dos*, aquar. et gche (134x84) : **FRF 288 600** – Paris, 12 avr. 1991 : *Charles VI et Odette de Champdivers*, h/t (35,5x27,5) : **FRF 1 650 000** – New York, 21 mai 1991 : *Etude de paysage et de personnages d'Afrique du Nord*, cr. et aquar. (30,4x26,8) : **USD 6 050** – Paris, 22 nov. 1991 : *Lionne terrassant un gladiateur*, cr. (24x38,5) : **FRF 490 000** ; *Les quatre saisons* 1821, quatre h/t exécutées pour la salle à manger de l'hôtel du tragédien Talma (chaque 44x84) : **FRF 570 000** – Paris, 27 mars 1992 : *Cavalier mamelouk au galop*, pl. en brun (32,5x21) : **FRF 420 000** – Londres, 27 nov. 1992 : *Tigre couché* 1858, cr., encre noire et lav. brun/pap./pap. (21x31,6) : **GBP 31 900** – Paris, 3 fév. 1993 : *Macbeth consultant les sorcières*, litho. (32,5x25) : **FRF 50 000** – Paris, 2 juin 1993 : *Allée de jardin* 1855, past./pap. bleu (31x41) : **FRF 95 000** – Paris, 16 déc. 1993 : *Procession de musiciens à Tanger*, cr. noir et aquar. (18,3x27,2) : **FRF 520 000** – Paris, 29 mars 1994 : *Botzaris surprend le camp des Turcs au lever du soleil et tombe blessé mortellement*, h/t (60x73) : **FRF 2 400 000** – Lokeren, 28 mai 1994 : *Étude de personnages*, pl. (20,8x15,1) : **BEF 80 000** – Londres, 15 juin 1994 : *Deux Marocains assis dans un paysage montagneux*, aquar. (22,4x28,5) : **GBP 243 500** – Paris, 27 oct. 1994 : *Femme d'Alger assise dans son intérieur* 1848, h/t (33x24,5) : **FRF 2 630 000** – New York, 8 mai 1995 : *Tigre et serpent*, h/t (24,8x32,7) : **USD 189 500** – Paris, 13 juin 1995 : *Juive de Tanger en costume d'apparat* 1835, h/t (35x26) : **FRF 2 800 000** – Paris, 15 mai 1996 : *Champrosay*, aquar. gchée (14,6x20,3) : **FRF 53 000** – Londres, 12 juin 1996 : *Chien mort*, h/t (41x87) : **GBP 28 750** – Paris, 13 juin 1996 : *Arabes d'Oran* 1833, eau-forte (17,5x215) : **FRF 9 000** – Londres, 21 nov. 1996 : *Greyhound*, craie noire, neuf études (19,6x31,8) : **GBP 4 600** – Paris, 11 déc. 1996 : *Homme nu*, cr. (19x11,5) : **FRF 10 000**.

DELACROIX François Joseph Ferdinand
Né à Saint-Lothain (Jura). XXe siècle. Français.
Sculpteur animalier.
Il exposa au Salon de la Société Nationale des Beaux-Arts entre 1933 et 1937 des sculptures de chevaux.

DELACROIX G.
Mort en 1764. XVIIIe siècle. Français.
Peintre de marines.
Le Musée de Neuchâtel conserve de lui : *Port de mer*. Il s'agit peut-être de Lacroix (G. F. de).

DELACROIX Henry Edmond. Voir **CROSS**

DELACROIX Henry Eugène
Né le 16 janvier 1845 à Solesmes (Nord). Mort le 26 avril 1930 à Tonneins. XIXe-XXe siècles. Français.
Peintre de sujets typiques, portraits, paysages.
Élève de Tony Robert-Fleury et Cabanel, il débuta au Salon de

1873 avec *Les Deux Foscari*. Sociétaire des Artistes Français depuis 1888. Il obtint une médaille de troisième classe en 1876, une médaille de deuxième classe en 1886, la médaille d'argent à l'Exposition Universelle de 1889, et fut fait chevalier de la Légion d'honneur en 1894. Après son veuvage, en 1912, il partagea sa vie entre Paris et sa maison de campagne près de Toulouse. Il vécut chez son fils à la fin de sa vie, à Tonneins (Lot-et-Garonne).

Bibliogr. : Peter Rautmann : *Delacroix*, Citadelles, Mazenod, Paris, 1997.

Musées : Cambrai : *Supplice – Prométhée et les Océanides – Salut au soleil*.

Ventes Publiques : Paris, 12 juin 1925 : *Paysage d'hiver* : **FRF 290** – New York, 25 mai 1984 : *Un village arabe*, h/t (45,7x76,2) : **USD 4 200** – Monte-Carlo, 21 juin 1986 : *L'aveugle de Jéricho* 1862-63, h/t (47x38,5) : **FRF 200 000** – New York, 16 fév. 1994 : *Le peintre, le modèle et le garde-champêtre* 1892, h/t (63,5x79,4) : **USD 17 250**.

DELACROIX Joseph

Né à Courtrai. Mort en 1851. XIXe siècle. Belge.

Peintre d'histoire.

Professeur à l'Académie de Courtrai.

DELACROIX Louise, plus tard Mme **Laston**

Née à Boulogne-sur-Mer (Pas-de-Calais). XIXe siècle. Française.

Peintre.

Sœur d'Auguste Delacroix. Le Musée de Cambrai conserve d'elle un paysage à l'aquarelle.

DELACROIX Marthe

Née le 26 septembre 1898 à Paris. XXe siècle. Française.

Peintre de paysages et de fleurs.

Elle fut élève de Jules Adler, Pierre Montezin et Alexandre Very. Elle exposa au Salon des Artistes Français, fut sociétaire du Salon d'Automne et invitée du Salon des Tuileries. Elle reçut une mention honorable en 1936 et une médaille de bronze. Elle a également travaillé avec Maurice Denis et Georges Desvallières. Elle expose depuis aux Salons d'Automne, des Artistes Indépendants et des Femmes Peintres.

Ventes Publiques : Paris, 19 juin 1989 : *Au balcon*, h/t (130x88) : **FRF 53 000**.

DELACROIX P.

Mort en 1783 à La Haye. XVIIIe siècle. Hollandais.

Peintre de portraits et dessinateur.

Il était originaire de France ; sourd-muet de naissance, il travailla sans maîtres et fit surtout des portraits. On cite parmi ses œuvres : *Le Portrait de Guillaume V et de sa sœur Caroline*.

DELACROIX Victor

Né en 1842 à Bruxelles. XIXe siècle. Belge.

Peintre de genre.

Siret cite parmi ses œuvres : *Le Bon Pasteur*.

Ventes Publiques : Paris, 6 et 7 déc. 1944 : *Fillette au piano* : **FRF 2 600** – Londres, 26 nov. 1980 : *Un présent d'amour*, h/pan. (58,5x47) : **GBP 2 800** – Londres, 14 fév. 1990 : *La toilette du matin* 1832, h/t (24x20) : **GBP 3 630**.

DELACROIX-GARNIER Pauline

Née en 1863 à Paris. Morte en février 1912 à Paris. XIXe-XXe siècles. Française.

Peintre de genre, portraits, paysages, aquarelliste.

Sœur de Jules Garnier, qui lui enseigna l'aquarelle, et épouse d'Henry Eugène Delacroix, qui lui apprit le dessin et la peinture, elle participa au Salon des Artistes Français de 1880 à sa mort. En 1895, elle reçut le grand prix à l'Union des Femmes peintres et sculpteurs, dont elle devint vice-présidente ; et en 1909, elle obtint une médaille de troisième classe au Salon de Paris. Officier d'Académie. Elle a publié un *Cours d'aquarelle, en trois états, sans professeur*.

À travers ses toiles, elle célèbre les joies maternelles, la vie au foyer, mais elle peint aussi des portraits et des sujets non féminins, comme *L'heure du repas ou le Mangeur de gaudes*. Citons : *Un auditeur complaisant – Le lion devenu vieux* 1880 – *Marie la jardinière* 1891 – *La plage de Mers* 1893 – *Une liseuse* 1894 – *Deux sourires* 1895 – *Loin de Paris* 1896 – *Quinte et quatorze* 1897 – *Jules Garnier – M. Descombes – M. Monchicourt*.

Bibliogr. : Gérald Schurr, in : *Les Petits Maîtres de la peinture 1820-1920, valeur de demain*, Les Éditions de l'Amateur, t. VI, Paris, 1985.

Musées : Gray (Mus. Baron Martin) : *L'heure du repas ou le Mangeur de gaudes*.

Ventes Publiques : New York, 23 mai 1991 : *Le jardin au soleil*, h/t (46,3x61,3) : **USD 8 250**.

DELADEUILLE Achille

Né en 1838 à Cambrai (Nord). XIXe siècle. Français.

Peintre de portraits.

Élève de MM. Bergeret, Cornu et Cabanel, il débuta au Salon de 1879 avec un *Portrait*. Le Musée de Cambrai conserve de lui : *Une famille malheureuse, La Charité, Saint Jérôme et la sainte Famille*.

DELAFIELD-COOK William

Né en 1936 à Melbourne. XXe siècle. Australien.

Peintre. Nouvelles Figurations.

Il fut élève de l'Université des Beaux-Arts de Melbourne puis partit à Rome en 1959 et à partir de 1963 expose en Europe, fréquemment avec des artistes italiens. En 1970 il retourne à Melbourne, y expose, et présente son travail en 1971 à Londres.

Sa peinture se rattache au courant de la Nouvelle Figuration, attachant un soin particulier au cadrage des sujets dans la toile.

DELAFLEUR Nicolas Guillaume ou **de la Fleur, de Lafleur**

Né au début du XVIIe siècle en Lorraine. Mort vers 1670 à Rome. XVIIe siècle. Français.

Peintre et graveur.

On lui doit notamment deux suites de fleurs, gravées à Rome en 1638 et 1639.

DELAFONS Louis Charles

Né au XIXe siècle à Blérancourt. XIXe siècle. Français.

Graveur.

Élève de MM. Simont, Joliet et Pennemaker. Il débuta au Salon de 1879 avec : *Jeune fille à la fontaine*, d'après Bergers.

DELAFONTAINE Jacques Michel Denis

Mort en 1850 à Paris. XIXe siècle. Français.

Peintre.

Il exposa au Salon de 1806 à 1833. Delafontaine est l'auteur du premier panorama produit à Paris, et sur lequel l'Institut fit un rapport favorable. A comparer avec LA FONTAINE (Jean-Michel-Denis).

DELAFONTAINE Pierre Maximilien

Né en 1774 à Paris. Mort en 1860 à Paris. XVIIIe-XIXe siècles. Français.

Peintre d'histoire, portraits, paysages, dessinateur, ornemaniste. Néoclassique.

Élève de David, il accompagna son maître jusqu'à la prison, signa une pétition pour protester contre cet emprisonnement et demander sa libération auprès de la Convention. Il exposa au Salon de Paris de 1798 à 1802.

Il réalisa le premier panorama exposé à Paris. En tant qu'ornemaniste, il travailla avec l'ébéniste Jacob-Desmalter.

Bibliogr. : Gérald Schurr, in : *Les Petits Maîtres de la peinture 1820-1920, valeur de demain*, Les Éditions de l'Amateur, t. II, Paris, 1982.

Musées : Avignon (Mus. Calvet) : *Effet de soleil* – Gray : *Portraits – Autoportrait*.

Ventes Publiques : New York, 13 jan. 1993 : *Projet pour une médaille célébrant la restauration de l'Église* 1806, craie noire, encre et lav. (32,4x25,7) : **USD 2 420**.

DELAFONTAINE Rosalie

XIXe siècle. Française.

Peintre.

Elle fut élève de Regnault et figura au Salon de Paris de 1806 à 1819, par quelques tableaux de genre et des portraits.

DELAFOREST Jacques

XVe siècle. Français.

Peintre.

Il travailla avec Jean Perréal à Lyon. A rapprocher des FOREST de Lyon.

DELAFORGE Ambroise

Né le 7 octobre 1817 à Paris. XIXe siècle. Français.

Graveur.

Entré à l'École des Beaux-Arts le 7 octobre 1835, il fut élève de Leroux et débuta au Salon en 1852.

DELAFOSSE

Né en 1759. XIXe siècle. Français.

Peintre de figures.

Il peignit sur porcelaine à la Manufacture de Sèvres entre 1800 et 1826.

DELAFOSSE Jean Baptiste
Mort en 1775. XVIIIe siècle. Français.
Graveur.
Il travailla à Paris, où il fut l'élève de Fessard. Il grava surtout d'après Oudry, Gravelot et Eisen.

DELAFOSSE Jean Charles
Né en 1734. Mort en 1789. XVIIIe siècle. Français.
Peintre de compositions religieuses, sujets allégoriques, architectures, paysages, aquarelliste, dessinateur.
Architecte, adjoint à professeur de géométrie et de perspective, il expose en 1774. Il a publié en 1768 une *Iconologie historique*. Des confusions sont à craindre, notemment dans les annuaires de ventes publiques, avec LAFOSSE (Charles de).
Musées : Pontoise : *Groupe de cavaliers* – Rouen : *Lever du soleil – Couronnement de la Vierge.*
Ventes Publiques : Paris, 22 fév. 1901 : *Crypte d'un palais*, dess. : **FRF 100** – Paris, 23 fév. 1903 : *Fontaine dans un temple*, dess. : **FRF 205** – Paris, 7 mai 1919 : *Ruines antiques et figures*, pl. : **FRF 1 700** – Paris, 26 mai 1920 : *Angle et fragment de bordure d'un cadre exécuté pour le Dauphin*, pl. : **FRF 240** ; *Projets de tombeaux*, pl., six dessins : **FRF 310** – Paris, 6-8 déc. 1920 : *Deux vases*, deux dess. : **FRF 950** ; *Moutardier*, pl. : **FRF 1 050** – Paris, 7-8 mai 1923 : *Portrait de Marie-Nicole Delafosse, enfant*, cr. : **FRF 12 500** – Paris, 28-30 mai 1923 : *Titre pour l'Iconologie* ; *Tombeau antique*, pl. et lav., deux dessins : **FRF 230** – Paris, 30 mai 1924 : *Vases décoratifs*, deux lavis : **FRF 750** – Paris, 19 mars 1924 : *Joueurs de mandole*, pierre d'Italie et sanguine : **FRF 120** – Paris, 24 déc. 1924 : *Le Poète Young en méditation*, lav. : **FRF 130** – Paris, 25 avr. 1925 : *Porte de ville maritime*, pl. : **FRF 90** – Paris, 22 mars 1928 : *Porte de ville maritime*, pl. et lav. : **FRF 190** ; *Coupe d'un palais à coupoles, animé de figures et coupe d'une église à coupole animée de figures*, deux plume et lavis : **FRF 1 040** ; *Trois boîtes d'horloges*, pl. et lav. : **FRF 420** – Paris, 28 nov. 1928 : *Deux projets de fontaines*, deux dess. : **FRF 1 050** ; *Trophée guerrier*, dess. : **FRF 1 050** – Paris, 10 et 11 avr. 1929 : *Nymphes et faunes*, pl. et aquar. : **FRF 14 500** ; *Ruines d'un palais avec figures*, pl. et lav. d'encre de Chine : **FRF 1 000** ; *Intérieur de palais*, pl. et lav. d'encre de Chine : **FRF 1 000** ; *Vase où brûle un trophée d'arc et de flèches* ; *Vase orné d'un médaillon*, deux dess. : **FRF 1 200** ; *Deux trophées* : *L'air et l'eau. La terre et le feu*, deux dess. : **FRF 620** ; *Arc-de-Triomphe*, dess. : **FRF 130** ; *Temple*, dess. : **FRF 265** ; *Porte cochère*, dess. : **FRF 180** ; *Projet de moutardier en orfèvrerie*, dess. : **FRF 4 100** – Paris, 14 mai 1936 : *Modèles fantaisistes pour les bronziers et ciseleurs*, pl. et aquar. : **FRF 1 000** – Paris, 14 déc. 1936 : *Trophées d'attributs*, plume et lav. d'encre de Chine ; *L'Opéra et la Tragédie* ; *La Comédie et la Pastorale*, pl. et lav. d'encre de Chine, dessins : **FRF 260** – Paris, 24 nov. 1941 : *Projet de monument funéraire*, dess. reh. de lav. : **FRF 305** ; *Projet de cartouche*, pl., attr. : **FRF 50** – Paris, 30 mars 1942 : *Projet d'église*, pl. et lav. d'encre de Chine, reh. de jaune : **FRF 260** – Paris, 29 mars 1943 : *Feuilles d'études*, pl. et lav. de bistre et d'encre de Chine : **FRF 2 100** – Paris, 19 oct. 1944 : *Intérieur de palais*, lav., attr. : **FRF 460** – Paris, 24 mars 1947 : *Deux projets de vase*, pl. et aquar. : **FRF 3 100** – Paris, 6 déc. 1982 : *Étude de femme d'après l'antique* 1779, sanguine et lav. (51x37,5) : **FRF 2 800** – Fontainebleau, 17 juin 1984 : *Saint Luc*, pierre noire et sanguine (27x41) : **FRF 25 000** – Paris, 16 déc. 1987 : *Projet pour le livre II « Histoire poétique »* 1768, pl. et lav. (34x20) : **FRF 51 000** – Paris, 18 mars 1988 : *Attributs d'église*, pl. et lav. de Chine (35x21) : **FRF 9 000** – New York, 11 jan. 1994 : *Projets pour deux trophées et un cartouche*, craie noire, encre et lav. (35,9x20,2) : **USD 3 220** – New York, 12 jan. 1995 : *Projets pour trois piedestals décorés respectivement de l'allégorie de l'Envie, d'un couple enlacé et d'une Harpie grimaçante*, craie noire, encre et lav. (27x9,9) : **USD 4 025** – Paris, 24 nov. 1995 : *L'Épouse à la mode* ; *Le Mari à la mode*, encre noire et aquar., une paire (21,4x12,3 et 22,2x13,3) : **FRF 27 000.**

DELAFOSSE Louis
Né le 12 mars 1841 à Bazouges-la-Pérouse. Mort le 20 février 1920 à Bazouges-la-Pérouse. XIXe-XXe siècles. Français.
Peintre de paysages, aquarelliste.
Il fut élève d'Harpignies, Lefevre et Boulanger.
Il a figuré, à Paris, au Salon des Artistes Français entre 1882 et 1889. Il s'est plu à représenter des paysages d'Algérie et de Bretagne (Saint-Malo, Quimper).

DELAFOSSE Marie-Thérèse
Née à Rouen (Seine-Maritime). XXe siècle. Française.
Peintre de portraits, paysages.
Elle exposa au Salon des Artistes Français entre 1934 et 1945 dont elle devint sociétaire puis membre d'honneur en 1935. Elle obtint une médaille d'argent en 1937.

DELAFOSSE Martin
XVIe siècle. Français.
Sculpteur et architecte.
Il travailla à la reconstruction de l'église de Lillebonne (Seine-Maritime), endommagée en 1543.

DELAFOSSE Michel
XVIe siècle. Français.
Sculpteur et architecte.
Il travailla en Normandie en collaboration avec Martin sous la direction de Thomas de Caudebec.

DELAGARDETTE Pierre Claude
Né vers 1745 à Paris. Mort en 1792 à Paris. XVIIIe siècle. Français.
Aquarelliste, dessinateur, graveur.
C'était un marchand d'estampes en même temps qu'un artiste. Certaines sources indiquent un Claude Mathieu Delagardette.
Ventes Publiques : Paris, 6 nov. 1986 : *Cénotaphe de Mirabeau* 1791, pl. et aquar. (17,6x39) : **FRF 25 500.**

DELAGE Marcel René Alfred
Né au XXe siècle à Poitiers (Vienne). XXe siècle. Français.
Sculpteur.
Élève de J. Camus. Sociétaire du Salon des Artistes Français en 1934.

DELAGE Marguerite
Née à Tonnay-Charente (Charente). Morte en 1936. XIXe-XXe siècles. Française.
Sculpteur animalier.
En 1913 elle figura au Salon d'Automne. Sociétaire perpétuelle du Salon des Artistes Français où elle exposa régulièrement à partir de 1920. Elle figura au Salon des Femmes Peintres et Sculpteurs.

DELAGE Marie. Voir **LAGE Marie de**

DELAGNEAU Jean-Claude
Né le 23 mars 1933. XXe siècle. Français.
Sculpteur. Abstrait.
Il réalise des sculptures abstraites en soudant des morceaux de ferrailles.
Ventes Publiques : Paris, 5 fév. 1990 : *La Tornade*, fer peint (65x37x23) : **FRF 10 500** – Paris, 21 mai 1990 : *La femme et l'auto rouge* 1989, fer peint (98x60x60) : **FRF 54 000** – Douai, 11 nov. 1990 : *Trinidad*, bronze (H. 27) : **FRF 4 500.**

DELAGRANGE. Voir aussi **LAGRANGE**

DELAGRANGE Jean Louis
Né vers 1729. Mort en 1771. XVIIIe siècle. Français.
Graveur.

DELAGRANGE Léon Noël
Né en 1872 à Orléans. Mort le 4 janvier 1910 à la Croix d'Hins (près de Bordeaux), accidentellement. XIXe-XXe siècles. Français.
Sculpteur.
Il fut élève de Louis Barrias et de Charles Vital-Cornu. Sociétaire du Salon des Artistes Français il reçut une mention honorable en 1901. Cet artiste, qui fut un des pionniers de l'aviation, se tua au cours d'un vol en aéroplane.
Ventes Publiques : Aix-en-Provence, 23 juin 1978 : *Le preux chevalier*, bronze : **FRF 7 600** – New York, 13 juin 1987 : *Danseuse au voile* 1903, bronze doré (H. 42) : **USD 13 000** – Paris, 15 juin 1988 : *La belle endormie*, marbre (H. 60) : **FRF 4 500.**

DELAHAIE Georges
Né le 21 juin 1933 à Saint-Lambert (Maine-et-Loire). XXe siècle. Français.
Sculpteur.
Il fut élève de l'École des Beaux-Arts d'Angers puis de celle de Paris. Ses sculptures, tantôt abstraites tantôt figuratives, accordent une place importante à l'usage du signe et des sym-

boles. Il a fréquemment réalisé l'intégration de son œuvre sculpté dans l'architecture.

DELAHALLE Romain Robert
Né au XXe siècle à Déville-lès-Rouen (Seine-Maritime). XXe siècle. Français.
Peintre de fleurs.
Exposant du Salon de la Société Nationale des beaux-Arts.

DELAHANTE
XVIIIe siècle. Actif à Londres à la fin du XVIIIe siècle. Britannique.
Peintre de miniatures.

DELAHAUT Jo
Né en 1911 à Vottem (Liège). Mort en 1992. XXe siècle. Belge.
Peintre, sculpteur. Abstrait-géométrique.
Il fut élève de l'Académie des Beaux-Arts de Liège, de 1928 à 1934, et titulaire d'un doctorat d'Archéologie et d'Histoire de l'Art en 1939. En 1940 il débute sous le signe du fauvisme puis réalise ses premières toiles abstraites en 1944, il les exposera en 1946 à la Jeune Peinture Belge, et régulièrement aux premiers Salons des Réalités Nouvelles à Paris entre 1947 et 1955. À partir de 1949, il collabora pendant une dizaine d'années à Paris à la revue *Art d'Aujourd'hui*. En 1952 il fonde le groupe *Art Abstrait Belge* auquel appartinrent Pol Bury, Collignon, etc. Il figura à la Biennale de São Paulo en 1953, au Prix Lissone et au Carnegie International de Pittsburgh en 1955. Sa première exposition personnelle se tint à Paris en 1952. Une rétrospective de ses œuvres fut organisée en 1982 par les Musées Royaux des Beaux-Arts de Bruxelles, et une autre par la galerie Michèle Heyraud à Paris en 1990. Il fut professeur à l'Athénée de Shaerbeek.
En 1945, le vocabulaire formel de la peinture de Jo Delahaut se compose de plans de couleurs et de lignes géométriques, elle apparaît comme une réaction à la peinture informelle et gestuelle, codifiée par lui dans des textes théoriques référés à Herbin et Magnelli. Les toiles sont structurées par des formes géométriques, des séries de demi-arcades auxquelles sont associées des figures simples, dominées par la volonté de recherche de l'équilibre. Dans les peintures de 1954, l'équilibre est établi entre des formes vides et pleines, le contraste du blanc et du noir, le jeu optique des surfaces colorées fragmentées, l'alternance des plans horizontaux et verticaux, autant de compositions qui font encore écho à l'alphabet de Herbin. Il publie également en 1954 un manifeste spatialiste, écrit en collaboration avec Pol Bury, et expose en 1956 des mobiles et des reliefs spatiaux. Au cours des années soixante, ses peintures évoluent dans le sens d'un dépouillement formel de plus en plus accusé, proches des œuvres du minimal art. Vers 1976, des surfaces monochromes sur lesquelles se détachent des figures linéaires se généralisent, toujours dominées par la problématique de la géométrie et de la spatialité, la couleur et la forme étant dotées d'une existence autonome. Le travail de Jo Delahaut ne s'est pas limité à son œuvre picturale. En collaboration avec des architectes, il a réalisé des fresques et des reliefs en béton et plusieurs décorations monumentales, dont la décoration d'une station du métro de Bruxelles en 1975. ■ J. B.

Jo Delahaut

Bibliogr. : Séaux : *Delahaut*, De Sikkel, Anvers, 1955 – in : *Diction. Univ. de la Peinture*, Le Robert, Paris, 1975 – in : *Diction. Biogr. illustré des Artistes en Belgique depuis 1830*, Arto, Bruxelles, 1987 – in : *Diction. de la peint. flamande et hollandaise*, Larousse, Paris, 1989.
Musées : Bruxelles (Mus. d'Art Mod.) : *Rythmes n° 6* 1954 – *Infini* 1960.
Ventes Publiques : Bruxelles, 28 oct. 1981 : *Systématique n° 3* 1971, h/pan. (124x100) : **BEF 75 000** – Anvers, 24 avr. 1985 : *Compositions* 1969, h/pan., diptyque (100x100) : **BEF 30 000** – Paris, 16 déc. 1988 : *Composition géométrique* 1955, gche (33,7x48,5) : **FRF 8 000** – Douai, 11 nov. 1990 : *Composition* 1947, encre (72x24,5) : **FRF 13 000** – Lokeren, 21 mars 1992 : *Composition* 1961, h/pan. (27x37) : **BEF 130 000** – Lokeren, 10 oct. 1992 : *Abstraction* 1967, gche (50x35) : **BEF 70 000** ; *Somnolence* 1959, h/t (162x114) : **BEF 330 000** – Paris, 20 avr. 1994 : *Composition* 1947, encre de Chine (32x24,5) : **FRF 6 800** – Lokeren, 8 oct. 1994 : *Contraste n° 1* 1982, h/t (73x92) : **BEF 130 000** – Lokeren, 5 oct. 1996 : *Composition*, encre (48,5x33,5) : **BEF 30 000** – Lokeren, 8 mars 1997 : *Verticalité I* 1975, gche (54x25) : **BEF 44 000**.

DELAHAYE
XVIIIe siècle. Français.
Sculpteur.
Il exposa au Salon de Lille de 1774 à 1776.

DELAHAYE
XIXe siècle. Actif à Paris. Français.
Peintre et dessinateur d'animaux.
Il travailla pour la bibliothèque du Jardin des Plantes.

DELAHAYE Adrienne
Née au XIXe siècle à Lacroix (Aveyron). XIXe siècle. Française.
Peintre de fleurs.
Élève de Laugée. Elle débuta au Salon de 1878 avec : *Fleurs d'orangers*, gouache.

DELAHAYE Antoinette
Née à Bois-Guillaume-les-Rouen (Seine-Maritime). XXe siècle. Française.
Sculpteur de bustes.
Elle eut Alphonse Guilloux pour professeur. En 1930 elle fut sociétaire du Salon des Artistes Français.

DELAHAYE Charles Claude
Né en 1806 à Nantes (Loire-Atlantique). Mort en 1882 à Nantes. XIXe siècle. Français.
Peintre et lithographe.
Le Musée de Narbonne conserve de lui : *Forêt (soleil couchant)*.

DELAHAYE Charles François
Mort en 1775. XVIIIe siècle. Français.
Dessinateur.
Il fit partie de l'Académie Saint-Luc. On le connaît comme dessinateur industriel.

DELAHAYE Claude
XVIIe siècle. Français.
Peintre.
Travailla pour la ville de Nantes entre 1523 et 1625.

DELAHAYE Claude Jacques Robert
Né à Paris. XIXe-XXe siècles. Français.
Peintre.
Le Salon des Indépendants organisa une présentation posthume de ses œuvres en 1928 et 1929.

DELAHAYE Ernest Jean
Né en 1855 à Paris. Mort en 1921. XIXe-XXe siècles. Français.
Peintre de portraits, scènes de genre, paysages urbains.
Élève de Gérome et de Pils, il participa au Salon de Paris entre 1879 et 1920, obtenant une médaille de troisième classe en 1882, de deuxième classe en 1884. À l'Exposition Universelle de 1900, il reçut une médaille d'argent.
Il montre volontiers les quartiers déshérités de Paris, les gares, les rues désertes, sous un éclairage d'hiver, dans le brouillard et la fumée. Citons : *Coup de main au Four de Paris*.

E. JEAN DELAHAYE

Bibliogr. : Gérald Schurr, in : *Les Petits Maîtres de la peinture 1820-1920, valeur de demain*, Les Éditions de l'Amateur, t. III, Paris, 1976.
Ventes Publiques : Paris, 24 jan. 1973 : *La gare* 1891, h/t : **FRF 1 600** – Paris, 30 mai 1984 : *Les blanchisseuses* 1879, h/t (82x65) : **FRF 5 000** – New York, 17 déc. 1990 : *Le colonel Roosevelt à Cuba près de San Juan* 1902, h/t (106,7x76,3) : **USD 13 200** – Paris, 6 mars 1996 : *La Coda* 1897, h/t (89x116) : **FRF 23 000** – Londres, 26 mars 1997 : *La Coda* 1897, h/t (88,9x116,2) : **GBP 2 990**.

DELAHAYE François
Né au XIXe siècle à Paris. XIXe siècle. Français.
Peintre de paysages, marines, aquarelliste.
Élève de Decamps. Il débuta au Salon de 1876 avec : *Vue de la Seine à Valvins*, fusain.
Ventes Publiques : Paris, 5 déc. 1928 : *Petit port de pêche*, aquar. : **FRF 40** – Paris, 14 mars 1932 : *Marine* : **FRF 75** – Londres, 30 nov. 1977 : *La famille de huguenots*, h/pan. (66x82) : **GBP 850**.

DELAHAYE Jacques Charles
Né le 17 juin 1928 à Paris. XXe siècle. Français.
Sculpteur.
Il fut élève de l'École des Arts Appliqués puis de l'École des

Beaux-Arts de Paris. Ses études terminées, il fit la connaisance déterminante d'Etienne Martin et de Stahly. À partir de 1952 il figura au Salon de la Jeune Sculpture, puis à partir de 1958 au Salon de Mai, dont il devint membre du comité en 1965. En 1959 il fut invité à la Documenta de Kassel et en 1965 à la Biennale de Tokyo. Il exposa personnellement à Paris en 1956, 1958, 1960 et à Turin, Stockholm, Francfort, Munich, Cologne.
C'est vers 1950 qu'il sculpta sa première œuvre significative, l'*Oiseau astronomique*. C'est avec ce qu'il nomme le « cycle de la vitesse » qu'il précisa non le mouvement mais l'idée du mouvement, non la vaine description du mouvement mais le signe de sa trajectoire. Ce fut avec la série des *Cavaliers* puis celle des *Aviatiques* qu'il toucha le public. Pour l'exposition du Musée des Arts Décoratifs intitulée *L'objet* en 1960-1961, il réalisa une porte monumentale en bronze. À Francfort il a collaboré à la réalisation de deux écoles. Sa sculpture, toute d'instinct allié au hasard, romantique, échappe à l'analyse. ■ J. B.
Bibliogr. : In : *Diction. de la sculpture moderne*, Hazan, Paris, 1960.
Musées : Buffalo – Paris (Mus. Nat. d'Art Mod.) – Stockholm.

DELAHAYE Louis
XIXe siècle. Français.
Sculpteur.
Il travailla à la restauration de Notre-Dame de Louviers de 1864 à 1869.

DELAHAYE Marcel
Né à Malaunay (Seine-Maritime). XXe siècle. Français.
Peintre.
Il a exposé au Salon d'Automne en 1942.

DELAHAYE Michel
XVIIe siècle. Actif à Tournai en 1686. Éc. flamande.
Peintre.

DELAHAYE Pierard
XVe siècle. Éc. flamande.
Sculpteur et ébéniste d'art.
Ayant reçu d'avance le prix d'un ouvrage pour l'hôpital M. L. V. d'Oudenaarde, en 1438, il laissa le travail inachevé et s'enfuit à Valenciennes.

DELAHAYE Toussaint
XVIIe siècle. Actif à Falaise en 1671. Français.
Peintre.

DELAHAYS Bruno
Né le 13 juin 1956 à Versailles (Yvelines). XXe siècle. Français.
Peintre.
Il a fait ses études à l'École Nationale des Beaux-Arts de Paris. Il a figuré dans plusieurs expositions collectives parmi lesquelles on peut citer la FIAC à Paris en 1984, en 1987 le Salon de Montrouge, le Salon d'Octobre à Brive en 1988. Il a exposé personnellement en 1981 à la galerie Française de Munich, en 1983 à la Foxworth Gallery de New York, en 1986 à la galerie de la Geôle à Versailles, en 1987 à la galerie Poséidon à Zurich, en 1988 à la galerie Lévy de Hambourg, en 1989 à la galerie Jean-Claude Richard à Paris.

DELAHAYS Marie
Née au XIXe siècle à Paris. XIXe siècle. Française.
Peintre.
Élève de Mme de Cool. Elle débuta au Salon de 1874, avec : *La Naissance de Vénus*, d'après Cabanel (aquarelle).

DELAHERCHE Auguste
Né le 27 décembre 1857 à Beauvais (Oise). XIXe siècle. Français.
Céramiste.
Élève de l'École Nationale des Arts Décoratifs où il eut pour maîtres Le Chevalier, Chevignard et de la Rocque. Il a réalisé son rêve d'adolescent éveillé par une lecture de la vie de Bernard Palissy. Sociétaire de la Société Nationale des Beaux-Arts, il a participé aux Expositions Universelles.

DELAHODDE
XIXe siècle. Actif à Vron (Somme). Français.
Céramiste.
Le Musée de Sèvres possède une pièce signée et datée de cet artiste.

DELAHOGUE Alexis Auguste
Né le 6 juillet 1867 à Soissons (Aisne). Mort en 1930 ou 1936, en 1950 selon Yves Guegnon et Patricia Bertholier du Musée municipal de Soissons. XIXe-XXe siècles. Français.
Peintre de sujets typiques, paysages. Orientaliste.
Il voyagea avec son frère jumeau, Eugène, d'Alger à Constantine jusqu'à El Kantara et Biskra. Ils exposaient ensemble étant membres de la Société des Peintres Orientalistes et de la Société des Artistes Algériens et Orientalistes. Alexis Delahogue exposa régulièrement au Salon des Artistes Français dont il fut sociétaire. Il a abondamment décrit la vie algérienne, sous une lumière vibrante.

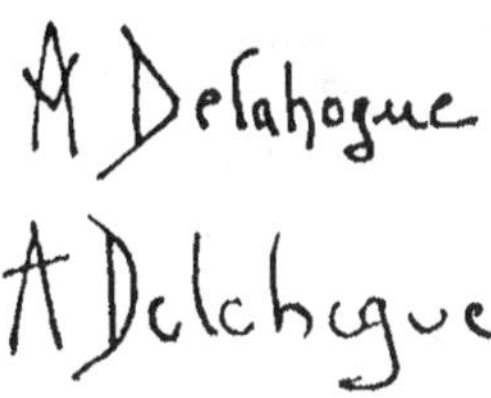

Bibliogr. : Gérald Schurr, in : *Les Petits Maîtres de la peinture 1820-1920, valeur de demain*, Les Éditions de l'Amateur, t. IV, Paris, 1979.
Musées : Louviers : *Vieille Femme*.
Ventes Publiques : Paris, 11 juin 1926 : *L'Oued à Menzel (Gabès)* : **FRF 830** ; *Laveuses à l'Oued de Menzel* : **FRF 240** ; *La rue des teinturiers à Sfax ; Les Soultes*, 2 h/pan. : **FRF 420** ; *La caravane* : **FRF 300** – Paris, oct. 1945-juil. 1946 : *Caravane ; Laveuses au bord d'un oued*, 2 h/t : **FRF 600** – Paris, 7 déc. 1977 : *Les lavandières*, h/t (50x65) : **FRF 2 800** – Vienne, 15 sep. 1981 : *Bords de rivière* 1895, h/t (64,5x91,5) : **ATS 45 000** – Enghien-les-Bains, 16 oct. 1983 : *Jeunes Méharistes sur leurs montures*, h/t (24x19) : **FRF 21 000** – Enghien-les-Bains, 21 oct. 1984 : *Le marché sur la place de Biskra*, h/t (34x42) : **FRF 40 500** – Paris, 7 avr. 1986 : *Village d'Afrique du Nord*, h/pan. (46x38) : **FRF 12 500** – Paris, 16 mai 1988 : *Figuig, Maroc* 1910, h/pan. (23x33) : **FRF 10 000** – Paris, 17 mars 1989 : *La conversation autour d'un plateau*, h/t (33x46) : **FRF 13 000** – Paris, 20 juin 1990 : *Le marché, Maroc*, h/t (27x22) : **FRF 9 000** – Paris, 28 mai 1991 : *Le Marché de Biskra* 1912, h/t (51x65) : **FRF 18 000** – Paris, 2 juin 1992 : *Aux abords de la mosquée*, h/pan. (46x38) : **FRF 13 000** – Londres, 19 mars 1993 : *Au point d'eau*, h/t (55x38) : **GBP 4 600** – Paris, 8 avr. 1993 : *La Seine à Aude* 1895, h/t (48,5x65) : **FRF 3 000** – Londres, 1er oct. 1993 : *Une caravane dans le désert* 1912, h/t (38x55) : **GBP 2 300** – Paris, 8 nov. 1993 : *Caravane et palanquins*, h/t (50x65,6) : **FRF 18 000** – Londres, 17 nov. 1994 : *Campement arabe* 1912, h/t (50,5x65,4) : **GBP 10 350** – Paris, 12 juin 1995 : *Lavandières à Gabes*, h/t (50x65) : **FRF 50 000** – Paris, 21 avr. 1996 : *Caravane* 1913, h/t (65x92) : **FRF 39 000** – Paris, 25 juin 1996 : *Caravane*, h/t (50x65) : **FRF 24 000** – Paris, 17 nov. 1997 : *Scène de marché à Biskra* 1906, h/t (38x55) : **FRF 31 000** – Paris, 10-11 juin 1997 : *Djama Ez Zitouna ou La Grande Mosquée, Tunis*, h/pan. (32x23,5) : **FRF 30 000** ; *Départ du village*, h/t (38x55) : **FRF 23 000**.

DELAHOGUE Eugène Jules
Né le 6 juillet 1867 à Soissons (Aisne). Mort après 1930. XIXe-XXe siècles. Français.
Peintre de sujets typiques, paysages. Orientaliste.
Frère jumeau d'Alexis Auguste Delahogue, il peignit également des paysages et des scènes typiques de la vie algérienne. Il est parfois difficile de distinguer ses œuvres de celles de son frère.
Bibliogr. : Gérald Schurr, in : *Les Petits Maîtres de la peinture 1820-1920, valeur de demain*, Les Éditions de l'Amateur, t. IV, Paris, 1979.
Musées : Langres : *La Seine à Muids* – Louviers (Gal. Roussel) : *La Seine à Muids* – *La Plaine de Muids* – Soissons.
Ventes Publiques : Paris, 5 mai 1928 : *Vue prise à Biskra (Algérie)* : **FRF 160** – Paris, 30 mai 1978 : *Souk à Tunis*, h/t (41x33) : **FRF 2 000** – Versailles, 17 oct. 1982 : *Laveuses à Gabès*, h/pan. (32,5x23,5) : **FRF 4 700** – Paris, 2 déc. 1985 : *Le Marché* 1914, h/t (38x55) : **FRF 6 000** – Le Touquet, 12 nov. 1989 : *Ruelle dans la Kasba* (27x19) : **FRF 7 500** – Le Touquet, 8 nov. 1992 : *Le jardin en fleurs* 1913, h/t (65x50) : **FRF 28 000** – Paris, 7 déc. 1992 : *Mosquée d'Alim* 1931, h/pan. (33x24) : **FRF 6 000** – Calais, 13 déc. 1992 : *Lavandières à Gabes*, h/t (46x33) : **FRF 8 000** – Paris, 23 juin 1993 : *Rue Louis Bekria à Tunis* 1912, h/t (46x33) : **FRF 6 500** – Paris, 5 juil. 1994 : *Rue de village en Afrique du Nord* 1909, h/t (38x55) : **FRF 14 000** – Calais, 11 déc. 1994 : *Le Marché aux fleurs*, h/t (46x33) : **FRF 6 000** – Paris, 25 juin 1996 : *Rue animée à*

Tanger 1909, h/t (38x55) : **FRF 20 000** – PARIS, 9 déc. 1996 : *Porteuse de bois*, h/t (33x24) : **FRF 9 500**.

DELAIGLE Jean-Claude
Né le 5 janvier 1947 à Lunéville (Meurthe-et-Moselle). XXe siècle. Français.
Peintre de portraits.
Il est autodidacte et se définit comme « ouvrier-peintre », réalisant des « portraits psychologiques ».

DELAIGUE Victor Constantin
Né à Gaujac (Lot-et-Garonne). XIXe-XXe siècles. Français.
Sculpteur de figures.
Il fut sociétaire du Salon des Artistes Français à partir de 1909, recevant une mention honorable en 1907 et en 1908 le prix du Palais de Longchamp, fondation Bartholdi. Il exposa encore en 1920.

DELAIRE Joseph
XVIIIe siècle. Français.
Peintre.
Il fut reçu à l'Académie Saint-Luc en 1775.

DELAISE Adrien
Français.
Sculpteur.
Membre de l'Académie Saint-Luc.

DELAISEMENT
XIXe siècle. Actif à Paris. Français.
Graveur au burin.

DELAISSE Frédéric Auguste
Né au XIXe siècle à Saint-Germain-en-Laye. XIXe siècle. Français.
Peintre paysagiste.
Élève de Rey. Il débuta au Salon de 1879 avec : *Dans l'île à Maisons-Laffitte*. Sociétaire des Artistes Français depuis 1889.

DELAISTRE André
Né le 10 septembre 1865 à Paris. XIXe-XXe siècles. Français.
Peintre de paysages.
Il fut élève de Julien Dupré, Georges Laugée, Paul Roux et Paul Boutigny. Sociétaire du Salon des Artistes Français à partir de 1889, il y exposa régulièrement, obtenant une mention honorable en 1890, une médaille de bronze à l'Exposition Universelle de 1900, une troisième médaille en 1905 et une deuxième médaille en 1909. Il exposa jusqu'en 1923.
VENTES PUBLIQUES : PARIS, 27jan. 1943 : *Coucher de soleil sur la mer* : **FRF 500** – PARIS, 23 mars 1988 : *Coucher de soleil sur la rivière*, h/t (82x116) : **FRF 3 500** – MONTRÉAL, 19 nov. 1991 : *Le château entouré de douves*, h/t (51x66) : **CAD 1 100**.

DELAISTRE François Nicolas
Né le 9 mars 1746 à Paris. Mort le 24 avril 1832 à Paris. XVIIIe-XIXe siècles. Français.
Sculpteur de sujets religieux, statues, bustes, bas-reliefs.
Il obtint le prix de Rome en 1772. Agréé à l'Académie, il ne fut jamais reçu académicien. Il a sculpté des bas-reliefs au Panthéon. Il travailla pour un grand nombre d'églises de province à Meung-sur-Loire à Orléans et aussi à l'étranger, en Italie et en Angleterre.
MUSÉES : AMIENS : *Buste de Karel-Dujardin* – ANGERS : *Tête d'enfant* – ANVERS : *La Nef de l'église Saint-Bartholomé* – BESANÇON : *Bacchus – Flore – Minerve – 8 anges couronnant les tours de Sainte-Croix d'Orléans – Saint-Martin* – BORDEAUX : *Phocion* – PARIS (Mus. du Louvre) : *Véronèse – Amour et Psyché* – PARIS (Mus. Marmottan) : *Deux Césars – Deux bustes antiques* – ROUEN : *Le Masson – Lemonier* – VERSAILLES : *Pierre Pujet – Joseph Bonaparte*.
VENTES PUBLIQUES : AIX-EN-PROVENCE, 23 juin 1978 : *Le Preux Chevalier*, bronze et ivoire : **FRF 7 600**.

DELAISTRE Jacques Antoine
Né le 29 octobre 1690 à Livry-en-Laulnois (Seine-et-Marne). Mort le 10 septembre 1765 à Paris. XVIIIe siècle. Français.
Peintre.
En 1712, il eut le deuxième prix au concours pour Rome. Il fut agréé à l'Académie le 31 décembre 1720 et fut nommé académicien le 29 août 1722. On voit de lui au Musée de Gray : *Crépuscule*, et au Musée de Rouen : *Automne*.

DELAISTRE Louis Jean Désiré
Né le 5 avril 1800 à Paris. Mort le 1er mars 1871. XIXe siècle. Français.
Graveur.
Élève de Forster, à l'École des Beaux-Arts, où il entra le 23 avril 1815. Au concours pour Rome en 1820, il eut le deuxième prix. Il eut une médaille de troisième classe en 1833. De 1824 à 1848, il exposa aux Salons de Paris, des paysages. On cite de lui des planches pour des sujets mythologiques, des planches de vignettes pour les *Œuvres de Rousseau et de Voltaire* et des Portraits.

DELAISTRE Nicolas
Mort en 1643. XVIIe siècle. Français.
Peintre.
Il acheta ses lettres de maîtrise à Paris en 1615.

DELAITRE Charles François
XVIIIe siècle. Français.
Peintre.
Reçu à l'Académie Saint-Luc à Paris en 1762.

DELALAIN Henriette
Née le 20 avril 1885 à Paris. XXe siècle. Française.
Peintre de sujets divers.
Elle fut élève de Marcel Baschet et d'Henri Royer. Elle fut sociétaire du Salon des Artistes Français où elle exposa à partir de 1908. Elle reçut une mention honorable en 1922, une troisième médaille en 1923 et une deuxième médaille en 1933. Elle exposa également au Salon d'Automne.
Elle a peint des portraits et des scènes de genre comme *Fin de souper – Après la danse – Rêverie*.

DELALANDE. Voir **LALANDE de**

DELALLEAU Charles Joseph Ernest
Né le 16 août 1826 à Hesdin (Pas-de-Calais). Mort le 27 mars 1864 à Lumbres. XIXe siècle. Français.
Peintre d'histoire.
Le 7 avril 1848 il entra à l'École des Beaux-Arts et devint l'élève de Drolling. Au Salon de Paris, il exposa à partir de 1851. Le Musée de Saint-Omer possède de cet artiste : *Entrée de Thérouanne (Pas-de-Calais)*. Il était aussi écrivain.

DELAMAIN Eugène
Né le 25 janvier 1874 à Vert-le-Petit (Yvelines). Mort pour la France durant la Première Guerre mondiale (1914-1918). XXe siècle. Français.
Lithographe.
Il fut élève de Vincent Chevillard. Il fut sociétaire du Salon des Artistes Français à partir de 1904. Il reçut une médaille de troisième classe en 1906 et une médaille de deuxième classe en 1910.

DELAMAIN Paul
Né en 1821 à Paris. Mort en 1882 à Ornans (Doubs). XIXe siècle. Français.
Peintre de sujets typiques, paysages. Orientaliste.
Élève de Leblanc et Drolling, il débuta au Salon en 1846. Très attiré par le Maghreb, il s'engagea dans les spahis. Plus tard, lorsqu'il est de retour à Paris, il ne manque jamais de faire, au moins une fois par an, un séjour en Afrique du Nord, où il prend de multiples notes qui lui servent ensuite à faire, dans son atelier, des paysages, des scènes de rues, des sujets typiques. Citons : *Chef arabe et son goum en voyage – Un douar des Ouled-Nail – L'hommage, scène de mœurs arabes*.
BIBLIOGR. : Gérald Schurr, in : *Les Petits Maîtres de la peinture 1820-1920, valeur de demain*, Les Éditions de l'Amateur, t. V, Paris, 1981.
VENTES PUBLIQUES : PARIS, 4 avr. 1894 : *Abreuvoir à Alger* : **FRF 410** – PARIS, 1895 : *Pavillon de l'Éventail à Alger* : **FRF 570** – PARIS, 1899 : *Arabes chassant au faucon* : **FRF 1 025** – PARIS, 7 mars 1932 : *Entrée de la Casbah à Alger* : **FRF 450** – ENGHIEN-LES-BAINS, 26 juin 1983 : *Cavaliers dans les ruines* 1869, h/pan. (21x27) : **FRF 33 000** – MONTE-CARLO, 6 mars 1984 : *La chasse au faucon*, h/t (73x59,5) : **FRF 58 000** – ZURICH, 20 nov. 1987 : *Cavaliers arabes*, h/t (65x81) : **CHF 15 000** – PARIS, 12 mai 1989 : *Cavaliers arabes*, fus. (23x28) : **FRF 6 000**.

DELAMARE Camille M.
Né à Romorantin (Loir-et-Cher). XXe siècle. Français.
Peintre de sujets divers.
Il exposa au Salon des Artistes Indépendants, au Salon des Tuileries et au Salon d'Automne.
VENTES PUBLIQUES : PARIS, 14 déc. 1925 : *Marchands marocains*, 2 h/t : **FRF 320**.

DELAMARE David
XVIIe siècle. Français.

Sculpteur.
Il fit, en 1611, dans la chapelle des Trépassés, au cimetière de Saint-Maclou, à Rouen, une statue des Macchabées.

DELAMARE Guillaume
XVIIIe siècle. Travaille à la fin du XVIIIe siècle. Français.
Peintre.
Il fut reçu à l'Académie Saint-Luc à Paris.

DELAMARE L. P. A. Voir **LAMARE L. P. A. de**

DELAMARE Suzanne ou **Delamarre**
Née à Meudon (Hauts-de-Seine). XXe siècle. Française.
Peintre.
Elle expose depuis 1934 au Salon des Artistes Français dont elle est sociétaire.

DELAMARE Pierre
XVIe siècle. Actif à Tours vers 1516. Français.
Enlumineur.

DELAMARRE
XVIIIe-XIXe siècles. Français.
Peintre de compositions religieuses, portraits, miniatures.
On sait qu'il fut actif à Paris et à La Rochelle.

DELAMARRE Henri Louis
Né en 1829 à Olivet (Loiret). XIXe siècle. Français.
Peintre.
Élève de Palizzi, il commença à exposer au Salon de Paris en 1859.
Ventes Publiques : Paris, 23 mars 1948 : *Amazones* : **FRF 1 100.**

DELAMARRE Jacques Barthélémy
XVIIIe siècle. Français.
Peintre animalier.
Travaillant à Paris, il fut reçu à l'Académie Saint-Luc en 1777.
Ventes Publiques : Monaco, 17 juin 1988 : *Chien King Charles assis sur une table près d'un encrier*, h/t (23x30) : **FRF 16 650** – Paris, 31 jan. 1991 : *Portrait du chien Pompon* 1777, h/t (22x27,5) : **FRF 11 000.**

DELAMARRE Madeleine
XIXe-XXe siècles. Française.
Peintre.
Elle fut sociétaire du Salon des Artistes Français à partir de 1901 et exposa également au Salon des Artistes Indépendants.

DELAMARRE Marie
Née à Toulon (Var). XXe siècle. Française.
Peintre de paysages.
Elle exposa au Salon des Artistes Français entre 1935 des vues de Chine et du Tonkin.

DELAMARRE Michel
XVIIIe siècle. Français.
Peintre.
Il fut reçu à l'Académie Saint-Luc à Paris en 1738.

DELAMARRE Raymond
Né le 8 juin 1890 à Paris. XXe siècle. Français.
Sculpteur de sujets allégoriques, médailleur.
Il est issue d'une famille de maraîchers et de graveurs. En 1907, il s'inscrit à l'école des beaux-arts de Paris. Il fut élève de Jules Coutan et Prix de Rome en 1919, résidant quatre années à la Villa Médicis. Sociétaire du Salon des Artistes Français il reçut une troisième médaille en 1922, une première médaille en 1939 puis devint hors-concours. Il exposa également au Salon d'Automne, au Salon des Tuileries et à celui des Artistes Décorateurs. Il reçut la médaille d'or à l'exposition des Arts Décoratifs en 1925. Il fut fait Chevalier de la Légion d'Honneur.
Il a sculpté de nombreux groupes parmi lesquels on peut citer *Aux nations asservies, aux peuples indomptés* de 1945, les figures colossales en granit du *Monument à la défense du Canal de Suez*, des bustes. Il a réalisé de nombreuses médailles, plus de cent cinquante pour la monnaie de Paris. Sculpteur académique, il vécut de commandes publiques, réalisant un art rassurant.
Bibliogr. : Elisabeth Vedrenne : *La Fin d'un atelier*, in : *Beaux-Arts*, n° 121, Paris, mars 1994.
Musées : Paris (Mus. du Petit Palais) : *Suzanne* 1925.
Ventes Publiques : Paris, 6 juin 1984 : *Jeune homme à la lionne et à l'ours*, patine brune, bronze (H. 53) : **FRF 10 100.**

DELAMARRE Suzanne. Voir **DELAMARE**

DELAMARRE Théodore Didier
Né le 8 août 1824 à Paris. Mort en 1883. XIXe siècle. Français.
Peintre.
Élève de G. Bouret et A. Loyer. Il débuta au Salon en 1859. On voit de lui au foyer de l'Odéon : *La leçon de lecture*, au Musée de Mulhouse : *Le marchand de thé*, à celui de Besançon : *Saint Jérôme*. A Lille on conserve : *Un magasin en Chine*.

DELAMARRE Victor
Né le 29 janvier 1811 à Rouen. Mort le 11 juillet 1868 à Vitré (Ille-et-Vilaine). XIXe siècle. Français.
Peintre.
Cet artiste, qui eut pour professeur Langlois, ne prit jamais part aux Salons de Paris. Cependant il a laissé une collection de dessins exécutés d'après nature, fort remarquable. Le Musée de Rouen possède de lui : *Vue de Villerville*.

DELAMARRE DE MONCHAUX Marcel Marie Martin Didier
Né le 18 avril 1876 à Paris. XXe siècle. Français.
Peintre de paysages.
Il exposa au Salon des Artistes Français dont il était sociétaire. Il a peint des vues de Bruges où il vécut.

DELAMBRE Léon Pierre
Né au XIXe siècle à Paris. XIXe siècle. Français.
Peintre paysagiste.
Élève de J.-B. Boulangé. Il débuta au Salon de 1870 avec : *Matinée de printemps en Artois*.
Ventes Publiques : Paris, 20 déc. 1909 : *Chasseur à l'affût, forêt de Fontainebleau* : **FRF 130** – Paris, 11 avr. 1910 : *Petit bras du Loing* : **FRF 170.**

DELAMBRE-JOLY Léon
Né au XIXe siècle à Bresles (Oise). XIXe siècle. Français.
Peintre paysagiste.
Élève de Cornu et Crauck. Il débuta au Salon de 1876 avec : *Un Ruisseau dans la vallée de la Selle*.

DELAMONCE
XVIIe siècle. Français.
Peintre.
Un artiste de ce nom dessina, en 1642, une *Vue de Toulouse* qui a été gravée par Mariette.

DELAMONCE Ferdinand Pierre Joseph Ignace
Né le 30 juin 1678 à Munich. Mort le 30 septembre 1753 à Lyon. XVIIIe siècle. Français.
Peintre d'histoire, sujets mythologiques, compositions religieuses, scènes allégoriques, architectures, dessinateur.
Il fut élève de son père, Jean Delamonce. Il était à Paris en 1710, il séjourna en Italie, revint en France par Marseille, Aix, Avignon, Grenoble, et s'établit vers 1731, à Lyon où il fit d'importants travaux d'architecture et de décoration. Il a peint des sujets religieux, historiques et mythologiques : *L'Apothéose de saint François-Régis* dans l'église du Collège de Lyon (1734), dans la même ville, *L'Invention de la Sainte Croix*, pour l'église de ce nom (1740). On lui attribue *Junon demandant la ceinture de Vénus* (gravé par J. Chaufournier) et *Hector traîné par Achille* (gravé par G. Edelinck). Il a dessiné, à Paris et à Lyon, des frontispices, des détails d'architecture, des vues de monuments qui ont été gravés par J. F. Cars, Scotin, Daudet le père (voir ce nom), Inselin, un *Portrait de J. Cautet, évêque de Grenoble* (1731), gravé par J. Cundier d'Aix, etc.
Des dessins, décorations et œuvres d'architecture sans date certaine peuvent être attribués soit à Ferdinand, soit à Jean Delamonce. L'Académie de Lyon, dont Ferdinand fit partie, possède de lui des mémoires manuscrits sur diverses questions d'art.
Ventes Publiques : Paris, 29 avr. 1926 : *Allégorie champêtre*, encre de Chine : **FRF 480** – Paris, 29 mars 1943 : *La Pêche miraculeuse*, pl. et lav. : **FRF 300** – Paris, 18 juin 1993 : *La Lettre d'amour*, pl. (13x17,5) : **FRF 7 000.**

DELAMONCE Jean
Né en 1635 à Paris. Mort le 14 avril 1708 à Lyon. XVIIe siècle. Actif aussi en Allemagne. Français.
Peintre de compositions religieuses, portraits, dessinateur, décorateur.
On le trouve à Lyon en 1662 ; en 1663, il peint, à Chambéry, le plafond de l'alcôve préparée pour le mariage de Charles-Emmanuel II, duc de Savoie, avec Madeleine-Françoise de Valois ; en 1666, il dirige, à Anneçy, des travaux de décoration

dans l'église de la Visitation, à l'occasion de la canonisation de saint François de Sales. Six ans plus tard, il est à Munich, où, de 1672 à 1684, il remplit l'office de peintre et architecte de l'Électeur de Bavière, exécuta, au Palais Royal, des peintures aujourd'hui détruites et se maria en 1675. Il est de retour à Lyon en 1690; en 1698 les peintres de la ville le nomment maître de métier pour leur corporation.
Quelques-uns de ses dessins ou de ses tableaux sont connus par les gravures qui en ont été faites, par lui-même ou par des contemporains : un dessin (gravé par Audran dans *Description des cérémonies de la béatification de saint François de Sales* (1665), trois planches et un portrait (dessin et gravure) dans *Le Nouvel Astre du Ciel*, appareil dressé (à la Visitation d'Annecy) pour la canonisation de saint François de Sales (1666), *Portrait d'Henriette-Marie-Adélaïde, femme de Ferdinand, électeur de Bavière* (1675), gravé par d'Ambling, *Thèse de mathématique* de J.-B. Thioly et P. Taillandier (1693), gravée par B. Audran, planches pour l'*Histoire consulaire de la ville de Lyon*, par le P. Ménestrier (1696), *Portrait de Jean d'Aranthon d'Alex, évêque de Genève* (gravé par Bouchet). Nagler lui attribue *Religieuse sur un nuage* et *Évêque disant la messe* (gravés par d'Ambling).
Musées : Chambéry (Mus. des Beaux-Arts) : *Moïse présentant les tables de la Loi.*

DELAMONTRE Marie Julie
Née au xixe siècle à Mennecy. xixe siècle. Française.
Peintre de portraits, miniatures.
Élève d'Henriette Dautel et de Mme Basnardet et Delphine de Cool. Elle débuta au Salon de 1875 avec : *S. Em. Mgr le cardinal Guibert*, miniature.

DELAMOTTE
xviiie-xixe siècles. Français.
Peintre sur porcelaine.
Il travailla pour la Manufacture de Sèvres vers 1816.

DELAMOTTE Charles
xviie-xviiie siècles. Actif à Saumur. Français.
Sculpteur.
Il travaillait en 1702 pour l'église de Beaufort-en-Vallée.

DELAMOTTE Claude
xviie siècle. Français.
Sculpteur et architecte.
Il travaillait à Fontevrault entre 1659 et 1683.

DELAMOTTE George O.
xixe siècle. Britannique.
Peintre de paysages.
Il était frère de William.
Ventes Publiques : Londres, 18 mars 1980 : *Corfiotes sur la plage de Corfou*, aquar. (25,5x18,8) : **GBP 1 500.**

DELAMOTTE Jacques
xive siècle. Français.
Sculpteur.
Il travailla pour la cathédrale de Toul.

DELAMOTTE Jean Paul
Né le 2 juillet 1905 à Marly-la-Ville (Yvelines). Mort le 8 juin 1989 à Poissy (Yvelines). xxe siècle. Français.
Peintre de paysages, paysages d'eau.
Il fut élève d'Ernest Romanet. Il participa à Paris au Salon des Artistes Français, de 1929 à 1936, il en devint sociétaire en 1933. Il a surtout peint les bords de Seine et de l'Oise.

DELAMOTTE Philippe Henry
Mort en 1889 à Browley (Kent). xixe siècle. Britannique.
Peintre, dessinateur, aquarelliste.
Il était fils de William Delamotte. De 1861 à 1876, il exposa à la Royal Academy.
Musées : Londres (British Mus.) : deux aquarelles.

DELAMOTTE William
Né le 2 août 1775 à Weymouth (Dorset). Mort le 13 février 1863 près d'Oxford. xixe siècle. Britannique.
Peintre de paysages, aquarelliste, graveur, lithographe.
Il était le descendant d'une famille de protestants français réfugiée en Angleterre. Sous la direction de B. West, il travailla pendant quelque temps dans les classes de l'Académie, où il exposa de 1796 à 1848. Ses œuvres figurèrent à la Société des aquarellistes entre 1806 et 1808. En 1803, il fut nommé professeur de dessin à l'école militaire de Great Marlow. Il fut influencé par Girtin.
Musées : Londres (Victoria and Albert Mus.) : aquarelles et dessins – Manchester : *Église de Beddgebert*, aquarelle.
Ventes Publiques : Londres, 9 déc. 1927 : *Oxford* 1801, dess. : **GBP 47** – Lucerne, 18 nov. 1977 : *Vue de Berne* 1810, h/t (71x90) : **CHF 7 000** – Londres, 22 jan. 1982 : *Pangbourne Berkshire*, aquar. sur trait de cr. (26,5x37,5) : **GBP 220** – Londres, 14 mai 1986 : *Chemin de campagne avec paysans devant une chaumière*, h/t (30,5x40,5) : **GBP 2 400.**

DELANAUX
xixe siècle. Actif à Paris. Français.
Graveur.
On cite de lui : *Kosciusko*, d'après Quenedey.

DELANCE P.
xixe siècle. Français.
Peintre d'animaux.
Le catalogue du Musée de Liège signale une œuvre de cet artiste : *Figure avec chien dans un parc.*

DELANCE Paul Louis
Né le 14 mars 1848 à Paris. Mort le 16 octobre 1924 à Paris. xixe-xxe siècles. Français.
Peintre de compositions religieuses, sujets allégoriques, scènes de genre, paysages. Symboliste.
Il avait des origines belges par son grand père, le comte Joseph Van Roosebeck. Élève de Gérome à l'École des Beaux-Arts de Paris, il débuta au Salon de Paris en 1865. Il s'engagea dans l'armée pour la guerre de 1870 et après la fin des hostilités voyagea en Europe et en France. Il épousa l'une de ses élèves, Julie Feurgard et tous deux poursuivirent leur carrière parallèlement. Sociétaire du Salon des Artistes Français, il y obtint une mention honorable en 1880, une médaille de troisième classe en 1881, de première classe en 1888. Il reçut une médaille de bronze à l'Expositon Universelle de 1889, et une médaille d'argent à celle de 1900. En 1890, il devint Sociétaire de la Société Nationale des Beaux Arts. Chevalier de la Légion d'Honneur en 1908. Il fut professeur dans l'Établissement des Dominicains d'Arcueil.
Il réalisa plusieurs peintures décoratives, dont : *Les mineurs* 1891, pour le ministère des Travaux Publics à Paris, *Étienne Boileau et le Prévost des marchands* 1894, au Tribunal de Commerce de Paris. Il fit également une composition religieuse à Notre-Dame d'Oléron en 1896. Il s'orienta davantage vers une expression symboliste dans ses paysages et peintures comme *Rêverie*, pour lesquels son coloris s'enrichit, tout en devenant moins brillant. Citons également : *Les orphelins du Havre* 1867 – *La Foi, l'Espérance, la Charité* 1878 – *Les Trois Âges* 1897.
Bibliogr. : Gérald Schurr, in : *Les Petits Maîtres de la peinture 1820-1920, valeur de demain*, Les Éditions de l'Amateur, t. II, Paris, 1982.
Musées : Buenos Aires – Douai : *La légende de saint Denis* 1888 – La Flèche : *Louis XVI et Parmentier* 1880 – Liège – Paris (Mus. Carnavalet) : *La Tour Eiffel – Le Champ de mars* 1889 – Paris (Mus. du Petit Palais) : *L'ambulance du Théâtre Français* – Senlis : *Le retour du drapeau* 1881.
Ventes Publiques : Paris, 6 mai 1925 : *La rue Michelet à Vanves* 1902 : **FRF 475** – Paris, 27 mars 1926 : *L'Orne et l'embouchure du canal de Caen à la mer* 1903 : **FRF 330** ; *Agar* : **FRF 390** – Paris, 2 déc. 1976 : *La Vérité* 1906, h/t (90x118) : **FRF 3 100** – Enghien-les-Bains, 29 oct. 1978 : *La Vérité éclairant les enfants et le vieillard* 1906, h/t (90x118) : **FRF 7 000** – Londres, 30 mai 1986 : *Personnages assis sur le pont d'un bateau*, h/pan. (26x15,9) : **GBP 750** – New York, 29 oct. 1992 : *Élégante accoudée à une balustrade* 1882, h/t (72,1x59,1) : **USD 17 600** – Paris, 6 déc. 1993 : *Saint-Valery-sur-Somme le jour des régates*, h/bois (15x23) : **FRF 7 200** – New York, 23 mai 1996 : *Préparatif pour le patinage*, h/pan. (64,8x26,7) : **USD 18 400** – Londres, 21 nov. 1997 : *Le Départ (Gare Austerlitz)* 1883, h/t (211,5x321,9) : **GBP 79 600.**

DELANCE Racet
xvie siècle. Français.
Sculpteur sur bois.
Il décora les voussures et les pendentifs du cabinet du cardinal d'Amboise, au château de Gaillon, en 1507.

DELANCE-FEURGARD Julie
Née le 8 novembre 1859 à Paris. Morte le 11 janvier 1892 à Paris. xixe siècle. Française.
Peintre de genre, paysages.
Elle fut l'élève de Paul-Louis Delance avant de l'épouser et, suivit également les cours de Gérome et de Bonnat. Elle obtint une mention honorable au Salon de 1889 et devint Associée à la

Société Nationale des Beaux-Arts. Avec son époux, elle exposa régulièrement à la galerie Durand-Ruel.
Son style est plus réaliste que celui de son mari. Parmi ses sujets de genre, citons : *À la fenêtre – Dans les champs.*
Musées : Liège : *Novembre.*
Ventes Publiques : Londres, 25 juin 1982 : *Dans l'omnibus* 1887, h/t (100x161) : **GBP 7 500** – Paris, 20 juin 1991 : *Le goûter dans le jardin,* h/t (192x115) : **FRF 160 000** – Paris, 6 déc. 1993 : *Jeune femme dans les fleurs,* h/t (64,5x80,5) : **FRF 19 000** ; *Petite fille en blanc assise sur un escalier,* h/t (70x52) : **FRF 22 000** – New York, 26 mai 1994 : *Rêverie,* h/t (64,8x80,6) : **USD 8 050.**

DELANCRE Gérard
Né le 26 juin 1922 à Tournai. xxe siècle. Belge.
Peintre de paysages animés, paysages urbains, marines, intérieurs, aquarelliste.
Il fut élève de l'Académie Saint-Luc de Tournai. Des réactions allergiques l'empêchèrent de pratiquer la peinture à l'huile, lui faisant adopter l'aquarelle. Il expose relativement peu, à Tournai, Mons, d'autres villes de Belgique, une exposition personnelle à Bruxelles, etc., recevant quelques distinctions.
Dans une première époque, il affectionnait les ciels chargés, les vents pluvieux sur la ville, les passants se reflétant dans les flaques. Puis, sans rien renoncer de ses chères pluies urbaines, il y a guetté le surgissement soudain d'éclaircies éparses, trouant la grisaille généralisée de brefs rais d'un pâle soleil, éclairant comme au théâtre l'élément marquant du décor ou le personnage privilégié de la scène.
Bibliogr. : Divers : *Gérard Delancre,* Tournai, 1992.
Musées : La Louvière (Mus. Janchelevichi) – Mons (Mus. des Beaux-Arts) – Mouscron (Mus. Léon Maes) – Tournai (Mus. des Beaux-Arts) – Tournai (Mus. de la Tour Henry VIII) – Tubize (Mus. de la Porte) – Vresse.

DELANDE Georges Marcel
Né à Montmorency (Val-d'Oise). xxe siècle. Français.
Graveur.
Il exposa des gravures sur bois au Salon des Artistes Français à partir de 1932.

DELANDE Pierre Jean Baptiste
xviiie siècle. Travaille à Paris dans la seconde moitié du xviiie siècle. Français.
Sculpteur.
Marbrier, il fut reçu à l'Académie Saint-Luc en 1762. Il fut syndic, et devint directeur de l'Académie.

DELANDRE Alfred. Voir **LUCIBEL DELANDRE**

DELANDRE Robert Paul
Né le 6 octobre 1879 à Elbeuf (Seine-Maritime). Mort le 2 juillet 1961 à Paris. xxe siècle. Français.
Sculpteur de monuments et de bustes.
Il fut élève de Jean Falguière, Marius Mercié et de Denis Puech. Il exposa au Salon des Artistes Français dont il était sociétaire à partir de 1909, recevant une mention honorable en 1904, une troisième médaille en 1923 et une deuxième médaille en 1928. Il fut fait Chevalier de la Légion d'Honneur en 1930.
Parmi les monuments qu'il a réalisés, citons le Monument aux morts de l'École Militaire de Saint-Hippolyte du Fort, le Monument à la gloire de la Légion Etrangère à Sidi-Bel-Abès. Pour l'Hôtel de Ville de Paris il a sculpté *L'Été.*
Ventes Publiques : Cologne, 13 juin 1980 : *Brigand* 1906, bronze (H. 20) : **DEM 1 600.**

DELANE Solomon
Né en 1727 à Edimbourg. Mort après 1784. xviiie siècle. Britannique.
Peintre de paysages animés, paysages, graveur.
Il vécut surtout à Londres mais séjourna quelque temps à Rome entre 1770 et 1780. Il exposa surtout des paysages, à la Royal Academy et à la Society of Artists de Londres. On lui doit des vues d'Angleterre, d'Italie, de Grèce, d'Allemagne et de France.
Musées : Londres (British Mus.) : *Paysage,* gravure.
Ventes Publiques : Londres, 19 nov. 1976 : *Paysage d'Italie* 1777, h/t (75x99) : **GBP 2 000** – Londres, 9 déc. 1981 : *Voyageurs dans un paysage* 1772, h/t (96x133,5) : **GBP 2 500** – Londres, 11 mars 1987 : *Vue du château de Gandolfo, résidence d'été du Pape et le lac d'Albani,* h/t (95,5x133,5) : **GBP 8 500.**

DELANEY J. E.
xixe siècle. Actif vers 1850. Américain.
Peintre de portraits, paysages, graveur.
Il travailla surtout pour des revues et des journaux.

DELANEY BEAUFORD. Voir **BEAUFORD DELANAY**

DELANGE Charles
xviie siècle. Français.
Peintre.
Il fut reçu à l'Académie Saint-Luc en 1696.

DELANGE Enrico
xixe siècle. Actif à Naples à partir de 1877. Italien.
Céramiste.
Cet artiste d'origine française fonda près de Naples une fabrique de porcelaines qui fut, sa vie durant, florissante.

DELANGE Maurice
Né à Saint-Mars-du-Désert (Mayenne). xxe siècle. Français.
Peintre.
Il exposa à Paris au Salon des paysages au Salon des Indépendants à partir de 1939.

DELANGE Robert
Né en 1932 à Idegem. xxe siècle. Belge.
Peintre de paysages et de figures.
Il peint des scènes villageoises animées sur le mode naïf. Il est professeur à l'académie de Grammont.
Bibliogr. : In : *Diction. Biogr. illustré des Artistes en Belgique depuis 1830,* Arto, Bruxelles, 1987.

DELANGE Sylvain
Né en 1961. Mort en 1996, accidentellement. xxe siècle. Travailla aussi aux États-Unis. Français.
Artiste.
Entre 1984 et 1987, il a vécu et travaillé à New York. À partir de 1989, il a enseigné à l'École des Beaux-Arts de Tourcoing puis à l'École des Beaux-Arts de Paris.
Il a montré plusieurs expositions de ses œuvres, parmi lesquelles : 1983, Bradford Museum, Bradford ; 1984, galerie Paul Fachetti, Zurich ; 1985, Soho Center for Visual Arts, New York ; 1987, galerie Pierre Lescot, Paris ; 1997, Crédac, Centre d'art contemporain d'Ivry.

DELANGHE Jean Jacques
Né le 28 décembre 1800 à Ypres. Mort le 17 mars 1865 à Lille. xixe siècle. Éc. flamande.
Portraitiste.
Élève de Gros et de Kinsoen. Le Musée d'Ypres conserve de lui les *Portraits de Guillaume Ier roi des Pays-Bas, de Louis Vanhoutte, du duc de Brabant et du comte de Flandre.*

DELANGLADE Charles Henri
Né le 26 mai 1870 à Marseille (Bouches-du-Rhône). xixe-xxe siècles. Français.
Sculpteur.
Élève de Barrias. Sociétaire des Artistes Français depuis 1909. Mention honorable en 1910.

DELANGLADE Frédéric Marcou Maurice
Né le 13 mars 1907 à Bordeaux (Gironde). Mort en 1970. xxe siècle. Français.
Peintre, illustrateur.
Il exposa dans différents Salons parisiens puis réalisa en 1935-1936 une peinture murale pour la salle de garde de l'asile Sainte-Anne intitulée *Sujets de rêves,* détruites par l'ennemi pendant l'Occupation et entièrement refaite avec dix collaborateurs. Il a publié *Images de Porto* sur des poèmes de G. de Bellet et A. de Richaud. Il a illustré plusieurs recueils poétiques, parmi lesquels : *Le droit d'asile* poèmes d'A. de Richaud, *Douze poèmes* de W. François. Il est spécialiste des questions concernant le surréalisme et les dessins d'aliénés. Il a illustré plusieurs de ses études dans les revues : *Visages de fous – Animaux fantastiques – Métamorphoses mythologiques – Le rêve dans l'Art et la Littérature.* En 1940 à Marseille, avec de nombreux autres surréalistes, il participa à la création du « jeu de Marseille ». En 1947 il exécuta un des autels de l'exposition internationale du Surréalisme. Il fut aussi écrivain d'art.

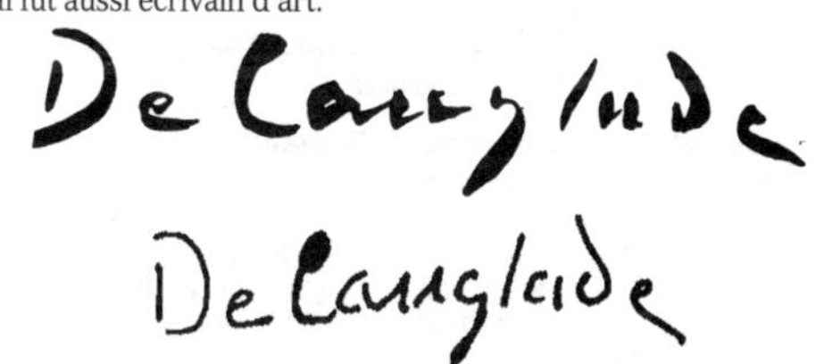

DELANGLE Anatole Alfred Théodore
Né à Paris. Mort en 1901. XIXe siècle. Français.
Peintre et graveur sur bois.
Il exposa des paysages et des gravures de 1869 à 1884. Il fut l'élève de son frère Julien Firmin.

DELANGLE François
XIXe siècle. Français.
Peintre de paysages.
Il exposa au Salon de Paris de 1836 à 1842.

DELANGLE Julien Firmin
Né le 27 novembre 1835 à Chalon-sur-Saône (Saône-et-Loire). Mort le 28 juillet 1905 à Tunis (Tunisie). XIXe siècle. Français.
Peintre, aquarelliste, dessinateur.
Entré à l'École des Beaux-Arts le 9 octobre 1861, il se forma sous la direction de Pils et de P. Girard. Au Salon de Paris, il exposa, entre 1863 et 1882, quelques dessins et des aquarelles. Mention honorable en 1863. Chevalier de la Légion d'honneur en 1878.

DELANGLE Paul
Né au XIXe siècle à Paris. XIXe siècle. Français.
Graveur sur bois.
Il obtint une mention honorable en 1887.

DELANGLE-MAREVERY Yvonne
Née à Rochefort (Charente-Maritime). XXe siècle. Française.
Peintre de paysages.
Elle fut élève de Pierre Franc-Lamy et de Fernand Pelez. Elle exposa à partir de 1920 au Salon des Artistes Français dont elle fut sociétaire puis au Salon d'Automne. Elle fut invitée au Salon des Tuileries à partir de 1942.

DELANGRE Charlotte Jeanne Marie
Née au XXe siècle à Douai (Nord). XXe siècle. Française.
Peintre de fleurs et de natures mortes.
Élève de Sabatté. Sociétaire du Salon des Artistes Français.

DELANGRE François
XIXe siècle. Français.
Peintre de paysages.
Exposa au Salon de Paris de 1836 à 1842.

DELANNOY Aristide
Né en 1874 à Béthune (Pas-de-Calais). Mort en 1911 à Paris. XIXe-XXe siècles. Français.
Peintre de portraits, dessinateur, illustrateur.
Après des études à l'École des Beaux-Arts de Paris, il participa régulièrement au Salon des Indépendants.
En tant qu'illustrateur, il collabora à plusieurs journaux, dont *Le Rire* et *L'Assiette au beurre*.
BIBLIOGR. : Gérald Schurr, in : *Les Petits Maîtres de la peinture 1820-1920, valeur de demain*, Les Éditions de l'Amateur, t. III, Paris, 1976.
VENTES PUBLIQUES : PARIS, 22 oct. 1973 : *Les eléctions approchent*, h/t (53x45) : **FRF 230** – PARIS, 24 mars 1988 : *Profil de Maximilien Luce*, fus./pap. bistre (30x23,5) : **FRF 2 500**.

DELANNOY Juliette
XXe siècle. Française.
Peintre.
Elle réalise des tableaux à partir de divers matériaux, cailloux, racines, écorces, rejetés par la mer.

DELANNOY Maurice
Né le 11 mars 1885 à Paris. XXe siècle. Français.
Sculpteur et graveur de médailles.
Il fut élève de Jules Roiné et de Charles Valton. Sociétaire du Salon des Artistes Français il reçut une première médaille en 1931. Il a réalisé un buste de Maurice Barrès et une médaille pour l'Assistance Publique.
MUSÉES : PARIS (Mus. du Luxembourg) : *René Bazin – Saint-François d'Assise – Diane* – Médailles.

DELANNOY Pierre François Fernand
Né le 6 avril 1897 à Paris. XXe siècle. Français.
Sculpteur.
Il fut élève de Jean Injalbert à l'Ecole Nationale des Beaux-Arts puis exposa au Salon des Artistes Français à partir de 1919 ainsi qu'au Salon d'Automne. Il a réalisé des sculptures et des décorations pour l'Hôtel de Ville de Cambrai.

DELANO Annita
Née le 2 octobre 1894 à Hueneme (Californie). XXe siècle. Américaine.
Peintre.
Professeur d'art à l'Université de Los Angeles (Californie), dont elle fut l'élève.

DELANOË Frédéric
Né vers 1800. Mort vers 1870. XIXe siècle. Français.
Peintre d'histoire, compositions religieuses, portraits, dessinateur.
Il exposa au Salon de Paris de 1822 à 1838. De 1835 à 1846, il fut professeur de dessin au collège de Pontlevoy. Dans la chapelle de cet établissement, il a laissé plusieurs fresques. On voit de lui dans l'église Saint-Jacques-du-Haut-Pas : *La Sainte Famille*,et dans celle de Saint-Germain-l'Auxerrois : *Saint Vincent de Paul prêchant à des villageois*.
MUSÉES : AVIGNON : *La mort du Proscrit* – ÉPINAL : *Sainte Madeleine* – SEMUR-EN-AUXOIS : *Portrait de Louis-Philippe* – VERSAILLES : *Le cardinal d'Amboise – Philippe d'Orléans – Serrurier*.
VENTES PUBLIQUES : MONTE-CARLO, 27 juin 1983 : *La Baignade*, h/t (128x95,5) : **FRF 6 000**.

DELANOÉ Jean Baptiste
XVIIIe-XIXe siècles. Actif à Paris. Français.
Sculpteur.
Il travailla à la décoration du Panthéon.

DELANOUE
Né en 1843. XIXe siècle. Français.
Peintre de paysages.
Cité par Siret.

DELANOY Abraham
XVIIIe siècle. Actif à la fin du XVIIIe siècle. Américain.
Peintre de portraits.
Il travaillait à New York. Il fut l'élève de Benjamin West.

DELANOY Ferdinand
XIXe siècle. Français.
Graveur au burin.
Il travaillait à Paris vers 1850. Beraldi cite de lui diverses vignettes, une *Colonne commémorative de la proclamation du dogme de l'Immaculée-Conception, La Duchesse de Nemours*, et de nombreuses planches pour les Galeries de Versailles.

DELANOY Hippolyte Pierre
Né le 8 octobre 1849 à Glasgow (Écosse), de parents français. Mort en 1899 à Paris. XIXe siècle. Français.
Peintre d'histoire, scènes de genre, portraits, intérieurs, paysages, natures mortes, fleurs et fruits, pastelliste.
Fils du peintre Jacques Delanoy, il fut élève à l'École des Beaux-Arts de Lyon en 1865-1866, puis à celle de Paris, travaillant sous la direction de F. Barrias, Bonnat et Vollon. Il a exposé à Lyon entre 1863 et 1887, et à Paris entre 1868 et 1899.
Dans ses natures mortes, il excelle à faire briller des armures, des épées. Ses paysages sont généralement traités au pastel. Citons : *Chez Don Quichotte – Le Coran* 1879 – *La table du citoyen Carnot* 1881 – *Le goûter dans le parc* 1884 – *Un savant d'autrefois* 1889 – *La guerre* 1890 – *Portrait de ma mère – San Giorio Majore à Venise* 1894, pastel – *Le supplice de Jeanne d'Arc* 1897 – *Siddantha Buddha* 1899.

BIBLIOGR. : Gérald Schurr, in : *Les Petits Maîtres de la peinture 1820-1920, valeur de demain*, Les Éditions de l'Amateur, t. II, Paris, 1982.
MUSÉES : ANVERS – BESANÇON : *Butin de guerre* 1878 – CLAMECY : *Vase de fleurs* – LYON : *Déjeuner sur l'herbe* 1877.
VENTES PUBLIQUES : PARIS, 10 avr. 1884 : *La table de Carnot* : **FRF 670** – PARIS, 10 nov. 1920 : *Fruits* : **FRF 270** – PARIS, 16 mars 1976 : *Débarcadère à Venise*, h/t (48x85) : **FRF 2 800** – LOS ANGELES, 28 juin 1982 : *Nature morte aux fleurs* 1872, h/t (40x32,5) : **USD 750** – NEW YORK, 29 oct. 1986 : *Une réunion dans le cellier* 1886, h/t (70,5x100,4) : **USD 3 500**.

DELANOY Jacques
Né le 4 septembre 1820 à Paris. Mort en 1890. XIXe siècle. Français.
Décorateur et peintre.
Élève d'Aclocque et de Ferrey. Il exposa à Paris, de 1845 à 1883, des natures mortes et des paysages. Il fut le père d'Hippolyte Pierre.

DELANY Mary, née **Granville**
Née le 14 mai 1700 à Coulston (Wiltshire). Morte le 15 avril 1788 à Londres. XVIIIe siècle. Britannique.
Peintre de portraits, animaux, fleurs.
Elle fut l'élève du miniaturiste Bernard Lens et fut avant tout une portraitiste à la mode. Elle exécuta aussi des copies libres d'après des maîtres anciens. La publication de sa correspondance près d'un siècle après sa mort remporta un vif succès.

DELAON Jean Charles
XVIIIe siècle. Actif à Nantes en 1724. Français.
Sculpteur.
Cité par Granges de Surgères dans son ouvrage *Les Artistes Nantais.*

DELAOUTRE Paul Henri Joseph
Né à Douai (Nord). XXe siècle. Français.
Peintre de paysages et de marines.
Il fut élève de Fernand Sabatté et sociétaire du Salon des Artistes Français.

DELAP Tony ou **de Lap**
Né en 1927 à Oakland (Californie). XXe siècle. Américain.
Sculpteur. Minimal art.
Il a exposé à Los Angeles, San Francisco et New York. Il a réalisé des œuvres qui s'inscrivent dans le courant minimaliste apparu sur la scène artistique aux États-Unis dans les années 1960.
Musées : New York (Whitney Mus.) – San Francisco.

DELAPCHIER Louis Marie Jules
Né à Saint-Denis (Seine-Saint-Denis). XIXe-XXe siècles. Français.
Sculpteur de figures, céramiste.
Il fut élève d'Henri Gauquié. Sociétaire du Salon des Artistes Français il reçut une mention honorable en 1904. Il exposa ensuite au Salon de la Société Nationale des Beaux-Arts, en devenant membre du jury en 1929.
Il a réalisé des figures féminines à la cire perdue et des céramiques.
Ventes Publiques : Paris, 10 déc. 1990 : *Baigneuse*, bronze (H. 20) : **FRF 4 000**.

DELAPEINE Charles Samuel ou **de Lapeine**
Né en 1826 à Villette (près de Genève). Mort en 1894. XIXe siècle. Suisse.
Peintre de figures, paysages.
Élève de Diday, il laissa des paysages dont les sujets furent choisis parmi les sites de son pays et de la côte de la Méditerranée. Il exposa à Genève à partir de 1847.
Musées : Genève (Mus. Rath) : *Brise sur le Lac – Mendiant mangeant la soupe – Saint Raphaël – Orage sur la Méditerranée.*
Ventes Publiques : Heidelberg, 13 oct. 1979 : *Lavandières au bord d'une rivière* 1877, h/pap. (35x27) : **DEM 2 300** – Monaco, 17 juin 1988 : *Deux vues de la côte méditerranéenne*, une paire (chaque 40x83) : **FRF 64 380**.

DELAPERCHE Constant
Né en 1790 à Paris. XIXe siècle. Français.
Peintre d'histoire, de portraits et sculpteur.
Élève de David d'Angers, il ne prit jamais part à aucun Salon. Il exécuta un tableau pour la chapelle du marquis de Montmorency et le tombeau du marquis de Mortemart à la Meilleraye. A l'église Saint-Roch à Paris, il exécuta les quatre évangélistes de la chaire et trois bas-reliefs du Chemin de Croix. Il était le frère de Jean Marie.

DELAPERCHE Henri
Né à la Roche-Guyon. XIXe siècle. Français.
Peintre de paysages.
Élève de H. Prou. Le Musée de Troyes conserve de lui une *Vue de Villechétif.*

DELAPERCHE Jean Marie
Né en 1771 à Orléans. Mort le 29 décembre 1843 à Paris. XVIIIe-XIXe siècles. Français.
Peintre de portraits, pastelliste.
Élève de David. Il exposa, au Salon de Paris, des portraits de 1824 à 1842, notamment le portrait de Mgr Affre. En collaboration avec son frère, il exécuta pour l'église de la Madeleine à Rouen : *L'Apparition de Jésus à Madeleine.*
Ventes Publiques : Paris, 19 mars 1924 : *Portrait de la comtesse de Polignac, née Sauguin de Livry ; Portrait de Madame de Morant, née de Livry*, deux past. : **FRF 2 500**.

DELAPIERRE. Voir aussi **LAPIERRE**

DELAPIERRE Alphonse
Né le 11 septembre 1816 à Rouen (Seine-Maritime). XIXe siècle. Français.
Peintre.
Élève de Viger-Duvignau. Il exposa au Salon de Paris de 1851 à 1866. Le Musée de Besançon possède de lui : *Femme en bleu.*

DELAPIERRE André Onésime
Né en 1814 à Neufmarché. XIXe siècle. Français.
Peintre.
On connaît de lui : *Le Christ au tombeau* (église de Neufmarché). Contemporain de Louis Onésime LAPIERRE.

DELAPIERRE Nicolas Benjamin
Né vers 1739, Lapierre, Nicolas Benjamin. Mort après 1788. XVIIIe siècle. Actif en Russie. Français.
Peintre de portraits.
Cet artiste d'origine française, dont on ne connaît pas le lieu de naissance, s'établit à Moscou en 1767, et l'année suivante à Saint-Pétersbourg. En 1770, il est nommé membre de l'Académie Impériale des Beaux-Arts. Il porte le titre de peintre de la cour impériale et exécute les portraits des principaux membres de la famille des tzars : le tzar Paul I, la tzarine Catherine II, etc. Peut-être doit-on l'identifier avec le peintre lyonnais de Lapierre qui vivait à la même époque.
Ventes Publiques : Paris, 15 nov. 1936 : *Portrait de femme* : **FRF 1 900** – Paris, 25 avr. 1989 : *Autoportrait* 1780, h/t, de forme ovale (64x54) : **FRF 50 000**.

DELAPIERRE Roger
Né le 16 août 1935 à Genève. XXe siècle. Suisse.
Peintre de figures, portraits, paysages, paysages urbains animés, natures mortes. Postimpressionniste.
Autodidacte, travaillant dans l'industrie horlogère,il ne commença à peindre, à temps partiel, qu'en 1962. Il ne se consacra entièrement à la peinture qu'en 1978. Il a exposé personnellement, presque annuellement à partir de 1993, dans plusieurs galeries en Suisse, à Bâle et Genève et à Paris à partir de 1978. En 1994, le Musée de Payerne (Vaud) lui a consacré une exposition rétrospective.
Il a décrit les paysages des régions de la Suisse, mais aussi françaises comme la Bretagne, la Provence, et encore d'Italie, de Hollande, de Belgique ou d'Écosse. Il fut surtout peintre des quartiers typiques de Genève, et aussi de nombreuses autres villes où il séjourna et travailla, comme Paris ou Venise. Peintre d'atmosphères, il recherche les effets de pluie, de brume, de neige, d'éclairage nocturne.

Bibliogr. : Divers : *Roger Delapierre – Peintre suisse*, Édit. Girus, Grandvaux, 1994.
Ventes Publiques : Zurich, 8 nov. 1985 : *Marché aux fleurs*, h/t (61x46) : **CHF 1 600** – Zurich, 7 oct. 1987 : *Vieux Venise* 1987, h/t (46x55) : **CHF 3 000** – Genève, 19 jan. 1990 : *Genève : la place Berthelier* 1989, h/t (50x61) : **CHF 3 800** – Zurich, 7-8 déc. 1990 : *La lagune à Venise*, h/t (46x55) : **CHF 4 400** – Zurich, 21 avr. 1993 : *Torella en Espagne* 1992, h/t (27x35) : **CHF 2 500** ; *Vers la Porte Saint-Denis à Paris* 1990, h/t (45x61) : **CHF 5 000**.

DELAPLACE Jacques
Né en 1767 à Vernon. XVIIIe siècle. Français.
Peintre de portraits, miniatures, peintre à la gouache, aquarelliste, dessinateur.
Il fut élève de Chatelain et de Renou.
Ventes Publiques : Paris, 12 mai 1898 : *Portrait de femme*, miniat. : **FRF 860** – Paris, 10 et 11 juin 1925 : *Scène 11 du III acte de Fanchon la Vielleuse*, gche avec reh. d'aquar. : **FRF 4 000** – Paris, 14 nov. 1927 : *Portrait d'homme*, cr. : **FRF 100** – Paris, 6 mars 1996 : *Portrait d'homme en buste de trois-quarts*, miniat. (diam. 5,5) : **FRF 5 500**.

DELAPLACE Marie Joséphine
Née à Paris. XIXe siècle. Française.
Peintre de portraits.
Élève de Bonnat et E. Hébert, elle participa au Salon de 1878 à 1898.
Ses portraits, peints en clair-obscur, s'attachent à rendre la psychologie des personnages.
Bibliogr. : Gérald Schurr, in : *Les Petits Maîtres de la peinture 1820-1920, valeur de demain*, Les Éditions de l'Amateur, t. V, Paris, 1981.
Musées : Beauvais.

DELAPLANCHE Eugène
Né le 28 février 1836 à Belleville. Mort le 10 janvier 1891 à Paris. XIXe siècle. Français.
Sculpteur de sujets religieux, bustes, statues, animaux.
Élève de Deligand, il exposa pour la première fois en 1861 et fut prix de Rome en 1864. Ses envois de Rome, remarquables, attirèrent sur lui l'attention de la critique. En 1878, il obtint la médaille du Salon. La même année, il obtint la médaille de première classe à l'Exposition universelle. Il fut fait chevalier de la Légion d'honneur en 1876. Parmi les meilleures œuvres de cet artiste, il faut citer : *Ève avant le péché, L'Aurore, La Vierge au Lys, Sainte Agnès.*

1874 E. Delaplanche

Musées : Paris (Mus. du Louvre) : *Mme Delaplanche – Ève.*
Ventes Publiques : Paris, 27 juin 1983 : *La Libellule*, bronze patiné (H. 116) : **FRF 14 000** – Lokeren, 21 fév. 1987 : *Fée aux fleurs* 1875, bronze patiné (H. 74,5) : **BEF 85 000** – Lokeren, 18 mai 1996 : *L'Éducation maternelle* 1875, bronze patine brune (63x39) : **BEF 170 000**.

DELAPLANCHE Georges
XXe siècle. Actif aussi en Tunisie. Français.
Peintre de paysages.
Il semble s'être installé en Tunisie en 1911, date à laquelle il participa, pour la première fois, au Salon tunisien à Tunis. De retour en France en 1931, il figura encore à ce Salon durant quatre ans. Ses paysages de France et de Tunisie sont traités avec une sobriété qui les rapprochent de l'art abstrait.
Bibliogr. : Catalogue de l'exposition : *Lumières tunisiennes*, Pavillon des Arts, Paris, 1995.
Musées : Tunis (Mus. d'Art Mod.) : *Paysage.*

DELAPORTE. Voir aussi **DELPORTE, LAPORTE** et **PORTE**

DELAPORTE André
XVIe siècle. Actif à Rennes (?) vers 1562. Français.
Peintre verrier.

DELAPORTE Antoine
XVIIIe siècle. Français.
Peintre.
Il fut reçu en 1700 à l'Académie Saint-Luc. Il fut doyen des Modernes.

DELAPORTE Augustin
Né au XIXe siècle à Paris. XIXe siècle. Français.
Sculpteur.
Élève de Jouffroy. Il débuta au Salon de 1883 avec : *Joueur de pipeau*, statue plâtre. On lui doit les portraits du pape Léon XIII et du compositeur Ambroise Thomas.

DELAPORTE Denis
XVIIe siècle. Actif dans la seconde moitié du XVIIe siècle. Français.
Peintre.
Fit partie de l'Académie Saint-Luc.

DELAPORTE Désiré
Né en 1815 à Arras (Pas-de-Calais). Mort en 1902 à Senlis (Oise). XIXe siècle. Français.
Peintre de paysages, natures mortes, dessinateur.
Il fut élève de Constant Dutilleux à Arras. Dans sa ville natale, il ouvrit un cours de dessin qu'il dirigea jusqu'en 1879. À cette date, il s'établit à Senlis, eut plus de temps pour se consacrer à la peinture, et débuta au Salon de Paris.
Ses paysages dessinés au lavis et à la plume, sont d'une facture nerveuse, dans une manière qui rappelle celle de Daumier. Lorsqu'il peint ensuite des natures mortes, il se rattache à la tradition des maîtres hollandais et flamands du XVIIe siècle.
Bibliogr. : Gérald Schurr, in : *Les Petits Maîtres de la peinture 1820-1920, valeur de demain*, Les Éditions de l'Amateur, t. VII, Paris, 1989.

DELAPORTE Édouard
Né le 14 novembre 1909 à Paris. Mort le 6 juillet 1983 à Saint-Jeannet (Alpes-Maritimes). XXe siècle. Français.
Peintre de paysages, sculpteur de figures.
Il commença à peindre en 1930, puis devient architecte en 1937 et construit des maisons au Maroc. Il se fixe à Antibes à partir de 1956, où il entreprend la culture des roses, tout en poursuivant son œuvre peint.
En 1962, il a été invité au Salon d'Automne de Paris. En 1959, il a exposé au musée Picasso d'Antibes. En 1971, à la Maison de la Culture de Firminy, Prévert a préfacé le catalogue d'une exposition d'un ensemble de ses œuvres. Après sa mort, en 1994, la galerie Mantoux-Gignac a organisé une exposition rétrospective de son œuvre, préfacée par Michel Butor.
Sa peinture figurative révèle un esprit de synthèse dans les formes et dans la construction. Quant aux thèmes, Michel Butor évoque les paysages de vergers méridionaux, les arbres en fleurs d'une première époque, puis : « le thème essentiel de l'épave : barques en ruines sur des rivages crépusculaires ; et c'étaient en même temps des femmes offertes, souvent suppliciées... » ; et encore, dressés : « ... dans les toiles des monuments mélancoliques et prémonitoires, telle une civilisation entièrement pétrifiée... » ; et pour les sculptures de l'ultime période : « Fouineurs et glaneuses..., mères serrant leurs filles dans leurs chapes de plumes, lents conciliabules d'ancêtres drapés dans des couvertures et des peaux..., essaims d'enfants acrobates... »

DELAPORTE Étienne
Né vers 1590. XVIIe siècle. Travaillait à Paris en 1641. Français.
Sculpteur.
Il existait selon Piganiol, à l'église Saint-Eustache de Paris, au XVIIIe siècle, un crucifix dû à cet artiste.

DELAPORTE H.
XIXe siècle. Français.
Lithographe.
Exposa au Salon de Paris de 1831 à 1835.

DELAPORTE Jeanine
XXe siècle. Française.
Peintre de trompe-l'œil, natures mortes.
Elle participe, à Paris, au Salon des Artistes Français, où elle a reçu une médaille d'or. Elle a reçu le prix de l'académie des beaux-arts.
Elle peint avec les techniques d'autrefois, réalisant notamment de faux tableaux de maître.

DELAPORTE Madeleine
Née à Angers (Maine-et-Loire). XXe siècle. Française.
Peintre miniaturiste.
Elle exposa au Salon des Artistes Français à partir de 1926, en devenant sociétaire perpétuelle.

DELAPORTE Maurice Eugène
Né en 1878 à Versailles (Yvelines). XXe siècle. Français.
Peintre de paysages et d'intérieurs.
Il était sociétaire du Salon de la Société Nationale des Beaux-Arts où il exposa à partir de 1918. Il a principalement décrit Versailles, son château et le parc.

Eug. Delaporte

Ventes Publiques : Paris, 6 fév. 1929 : *Le parc de Versailles en hiver* : **FRF 180** – Paris, 19 déc. 1944 : *Parc* : **FRF 1 000** ; *Paysage animé* : **FRF 2 100** – Lokeren, 8 oct. 1988 : *Matinée à Versailles* 1926, h/t (73x92,5) : **BEF 190 000** – Londres, 17 nov. 1995 : *Salon de Madame de Maintenon* 1929, h/t (71x78) : **GBP 4 140**.

DELAPORTE Roger
Né le 10 août 1907 à Méru (Oise). Mort en mai 1969. XXe siècle. Français.
Peintre de paysages, d'architectures.
Il exposa régulièrement au Salon de l'Atelier de la Bûcherie ; il figura également aux Salons de la Société Nationale des Beaux-Arts, d'Hiver, des Artistes Indépendants, aux Salons de Bourges

et de Nevers. En 1962 il exposa au Salon des Peintres Témoins de leur Temps et en 1968 au Salon Comparaisons.
Ferronier d'art dans le XXe arrondissement de Paris, c'est à la suite d'une grave maladie qu'il regagna le pays de son enfance où il commença à peindre vers 1955, sans avoir jamais reçu aucun conseil. Il prit naturellement pour sujets les rives de la Sarthe et du Loir, les beaux chevaux dans les pâtures. Il peignit aussi au cours de quelques excursions des paysages de Dordogne. A la fin de sa vie, il se risqua, très finement, aux paysages de neige. L'ancien ferronier agile peint ce qui le touche avec une minutie et un scrupule égaux à son émotion. Son habileté, sans effets de virtuosité, le sépare des naïfs pour l'apparenter aux honnêtes paysagistes de la campagne hollandaise du XVIIe siècle dont il possède le métier lisse et sans tricheries, et la gravité dans le sentiment contenu. *Le Château d'Anet*, caractéristique de sa façon d'aborder la peinture d'architecture dans ses dernières années, constitue une de ses toiles les plus achevées, avec un rendu quasi-photographique, dont la qualité de la lumière rappelle la gravité silencieuse des architectures de Saenredam.
■ J. B.

MUSÉES : PARIS (Mus. d'Art Mod. de la Ville) – PARIS (Mus. Nat. d'Art Mod.).

DELAPORTE Rosine Antoinette, née **Bessin**
Née le 27 janvier 1807 à Paris. Morte en 1876 à Paris. XIXe siècle. Française.
Peintre.
Elle fut élève de Redouté. Lors de l'incendie du magasin du Grand-Condé, en 1838, tous ses tableaux, ainsi que les médailles d'or qui lui avaient été décernées aux diverses Expositions de peinture, furent détruits. Le Musée de Pontoise conserve d'elle : *Branches de roses*.

DELAPPE Phyllis
Née à San Francisco (Californie). XXe siècle. Américaine.
Peintre et graveur.
Élève de A. Blanch et de Woodstock, elle a participé à l'Exposition Universelle de New York en 1939.

DELAPUENTE Fernando
Né en 1909 à Santander. Mort en 1976. XXe siècle. Espagnol.
Peintre.
Élève à l'École des Beaux-Arts de San Fernando de Madrid, il fait, à plusieurs reprises, des voyages en Italie, notamment en 1933 et en France, entre autres, en 1935. Il expose à Paris en 1957, à Madrid, New York et Toronto.
Il produit une peinture figurative teintée d'expressionnisme.
MUSÉES : MADRID (Mus. d'Art Mod.) – PARIS (Mus. d'Art Mod.).
VENTES PUBLIQUES : MADRID, 20 oct. 1976 : *Fuente Plaza Cruz Verde* 1970, h/t (100x81) : **ESP 125 000** – MADRID, 17 oct. 1979 : *La fontaine d'Apollon*, h/t (73x54) : **ESP 150 000** – MADRID, 20 mars 1984 : *El patio de la calle de la Paloma* 1956, h/t (82x100) : **ESP 180 000**.

DELARAM Francis
Né vers 1590. Mort en 1627 à Londres. XVIIe siècle. Britannique.
Graveur.
Contemporain d'Elstracke et de Van de Passes, il grava plusieurs planches dans le style précis et conventionnel du temps. Il réussit surtout comme portraitiste. On cite de lui 3 frontispices et 28 portraits.

DELARBRE Léon
Né le 30 octobre 1889 à Massevaux (Haut-Rhin). Mort en 1974. XXe siècle. Français.
Peintre de figures, de paysages et de natures mortes.
Élève à l'École Nationale de Beaux-Arts de Paris, il a régulièrement participé au Salon des Artistes Français dont il est devenu sociétaire. Il fut aussi conservateur du Musée de Belfort.

DELARCHE
XVIIIe siècle. Actif dans la seconde moitié du XVIIIe siècle. Français.
Sculpteur et ciseleur.
Il exécuta en 1777 pour Louis XVI, une réduction en bronze de la statue équestre de Louis XV par J.-B. Lemoine.

DELARCHE Bernard
XVIIIe siècle. Actif à Paris vers 1700. Français.
Sculpteur.

DELARESSE Jean Baptiste
Mort peut-être en 1722. XVIIe-XVIIIe siècles. Français.
Faïencier.
Il fonda une fabrique en 1693 à Marseille.

DELARESSE Nicolas
XVIIe-XVIIIe siècles. Français.
Faïencier.
Il dirigea la fabrique fondée par son père Jean-Baptiste à Marseille.

DELARIS Marcel
Né au XXe siècle à Elne (Pyrénées-Orientales). XXe siècle. Français.
Peintre de genre.
Élève de A. Devambez. Sociétaire du Salon des Artistes Français en 1936.

DELARIVA. Voir **LA RIVA**

DELAROCHE Charles Ferdinand. Voir **LA ROCHE Charles Ferdinand de**

DELAROCHE Hippolyte, dit **Paul**
Né le 17 juillet 1797 à Paris. Mort le 2 novembre 1856 à Paris. XIXe siècle. Français.
Peintre d'histoire, compositions religieuses, portraits, paysages, sculpteur.
Son prénom de Paul est en réalité une abréviation du solennel Hippolyte. Neveu de Joly, conservateur du Cabinet des Estampes, fils d'un expert en tableaux, sa vocation allait de soi. Cependant, comme son frère aîné Jules étudiait la peinture chez David, son père ne consentit à le laisser suivre sa vocation qu'à condition qu'il se bornerait à étudier le paysage chez Watelet : il ne fallait pas qu'il fît plus tard concurrence à son frère. Il concourut en conséquence en 1817 pour le prix de paysage qu'il ne remporta pas d'ailleurs. Heureusement, son frère, ayant renoncé à la peinture, Paul entra chez Gros, dont la réputation de peintre d'histoire était déjà bien établie. Dès 1822 il exposait au Salon, avec un *Christ descendu de la Croix*, un grand tableau *Josabeth sauvant Joas* qui attira l'attention de Géricault dont le jeune peintre reçut dès lors les utiles conseils. Deux ans plus tard, sur son lit de mort, Géricault indiquait du bout de sa canne à Delaroche quelques retouches au *Saint Vincent de Paul* destiné au salon de 1824, avec *Jeanne d'Arc interrogée dans sa prison par le cardinal de Winchester*. Pendant près de vingt ans, il va se faire une réputation flatteuse comme peintre d'histoire. Après les *Enfants d'Édouard*, il entre à l'Institut, puis c'est *Richelieu précédant en barque Cinq-Mars et de Thou*, *Cromwell devant le cadavre de Charles Ier*. En 1832, il est nommé professeur à l'École des Beaux-Arts. En 1834, il vend 8000 francs à Demidoff, *Jane Grey exécutée à la Tour de Londres*. En 1835, son *Assassinat du duc de Guise* fut acheté 10000 francs par le duc d'Orléans ; ce tableau atteint 52500 francs à la vente après décès de la duchesse d'Orléans, en 1852. Il cessa d'exposer à partir de 1837, froissé par les critiques adressées à *Jane Grey* et à une *Sainte Cécile*.
Sa production, abondante et remarquable, comprend depuis cette date un grand nombre de portraits et encore plus de sujets religieux : *Lamartine, Le général Bertrand, le Pape Grégoire XVI, La Vierge à la Vigne, Le Christ au jardin des Oliviers, Mise au Tombeau, Portement de Croix, Le Christ Consolateur des affligés*... C'est en 1837 qu'il commença à peindre *l'Hémicycle* du Palais des Beaux-Arts. C'était, sur 27 mètres de long et 3 mètres 90 de haut, une vaste composition où apparaissaient les artistes célèbres, peintres, sculpteurs, architectes, réalisant une sorte d'histoire de l'Art. Cette fresque fut endommagée par un incendie en 1855. Le soin scrupuleux apporté à la réalisation de ses tableaux a été signalé encore par le fait que rien ne lui coûtait quand il voulait être renseigné : estampes, costumes, armures, voyages. Il se rendit trois fois en Italie : en 1834, pour se mettre en état de réaliser la décoration de l'Église de la Madeleine ; en 1838, afin de se documenter pour *Le Baptême de Clovis* et *Le Sacre de Charlemagne* ; en 1843, pour se préparer à la peinture religieuse qui occupa ses dernières années. Il avait épousé en 1835 à Rome la fille d'Horace Vernet, et il vécut dans son entourage très proche lorsqu'ils revinrent à Paris. Il exécuta d'ailleurs plusieurs portraits de son beau-père. Il perdit sa jeune femme en 1845 et le chagrin qu'il en ressentit ne fut sans doute pas étranger au choix de ses sujets à dater de cette époque. Il terminait *La Vierge en contemplation devant la couronne d'épines* quand il mourut.
Quelques plâtres et plusieurs bronzes attestent la conscience

professionnelle de ce peintre qui eut sans doute réussi comme sculpteur, s'il l'avait voulu. Il avait l'habitude, comme le faisait Daumier, de grouper des maquettes en cire pour chercher l'effet d'une composition. Il lui arrivait parfois ensuite de multiplier par moulage, ces essais, quand ils lui plaisaient particulièrement, pour lui-même ou pour des amis. C'est ainsi qu'une reproduction en plâtre fut faite des *Enfants d'Édouard*. La tête de *Charles Ier* du tableau de *Cromwell* fut tirée à plusieurs exemplaires : un plâtre teinté appartint à M. Horace Delaroche-Vernet, un bronze, à Mme Delaroche-Vernet, un autre, à Mme J. de Saint-Maurice.

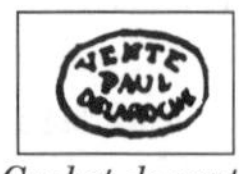

Cachet de vente

Musées : Amsterdam (Mus. mun.) : *Moïse sauvé des eaux* – Chantilly : *Meurtre du duc de Guise* – Cologne : *La fille d'Hérode* – Kaliningrad, ancien. Königsberg : *Sauvetage du jeune Caumont de la Force* – Leipzig : *Napoléon Ier* – Liège : *La Mère des Douleurs* – Liverpool : *Napoléon traversant le Saint-Bernard* – Londres (coll. Wallace) : *Les enfants d'Édouard – La Vierge au lézard – Jeanne d'Arc en prison – La tentation de saint Antoine – Dernière maladie de Mazarin – L'embarcation du cardinal de Richelieu – Une mère et son enfant – Enfant apprenant à lire – Jésus sur les marches du temple – Jeanne d'Arc en prison – L'Alchimiste – La mort du duc de Guise* 1832 – Montréal (Mus. des Beaux-Arts) : *Ludmille Komar, princesse de Beauvau-Craon* 1848 – Nantes : *Enfance de Pic de la Mirandole – Jeune fille – Première pensée de l'hémicycle du Palais des Beaux-Arts à Paris – Figure symbolique – Tête de Léonard de Vinci – Tête de moine – Deux camaldules* – deux toiles – *Un Apôtre – Mazarin mourant – Portrait du comte Alphonse de Feltre* – Paris (Mus. du Louvre) : *Mort d'Élisabeth, reine d'Angleterre – Les Enfants d'Édouard IV : Édouard V, roi mineur et Richard, duc d'York, son frère – La jeune martyre – Scène familiale* 1844-1847 – Pontoise : *Mort d'Élisabeth, reine d'Angleterre* – Rouen : *Enfants* – Troyes : *Joas sauvé par Josabeth* – Versailles : *Charlemagne traversant les Alpes – Prise du Trocadéro – Le duc d'Angoulême – Le prince de Carignan – Grégoire XVI, pape.*

Ventes Publiques : Paris, 1842 : *Galilée* : **FRF 1 600** – Bordeaux, 1843 : *La prédiction de l'astrologue* : **FRF 700** – Paris, 1850 : *L'amour maternel* : **FRF 15 330** – Paris, 1852 : *La mort du duc de Guise* : **FRF 52 500** – Paris, 1857 : *La Vierge chez les saintes femmes* : **FRF 41 600** ; *Une martyre du temps de Dioclétien* : **FRF 36 000** ; *Hémicycle du palais des Beaux-Arts* : **FRF 43 900** ; *Le passage des Alpes par Charlemagne* : **FRF 3 425** ; *Un naufrage* : **FRF 3 600** ; *Le Christ, protecteur des affligés* : **FRF 7 400** ; *Une mendiante* : **FRF 5 275** ; *Mater Dolorosa* : **FRF 4 625** ; *Fragments de l'hémicycle du Palais des Beaux-Arts*, deux dess. : **FRF 4 155** ; *Mme Elisabeth conduite au Temple*, composition au fusain : **FRF 800** ; *La fuite en Égypte*, fus. : **FRF 2 950** – Paris, 1857 : *Le Christ au jardin des Oliviers* : **FRF 10 000** ; *Galilée* : **FRF 9 000** ; *L'amende honorable* : **FRF 5 450** – Paris, 1857 : *La dernière prière de Marie Stuart* : **FRF 10 000** – Paris, 1860 : *Jésus au jardin des Oliviers* : **FRF 8 000** – Paris, 1860 : *La lecture de la Bible*, past. : **FRF 6 900** ; *Henri III et Ambroise Paré, sur le champ de bataille de Metz*, aquar. : **FRF 6 000** – Paris, 1864 : *Arrestation du président Duranti* : **FRF 18 800** – Paris, 1865 : *Jeune fille à la vasque* : **FRF 4 000** ; *Le cardinal de Richelieu* ; *Le cardinal de Mazarin*, les deux : **FRF 80 200** – Paris, 1869 : *Sainte Cécile* : **FRF 21 000** ; *La mort d'Augustin Carrache* : **FRF 7 800** – Paris, 1870 : *Pierre le Grand* : **FRF 20 000** ; *Mort de Jane Gray* : **FRF 110 000** ; *La mort de Jane Gray* : **FRF 27 000** ; *Lord Stafford* : **FRF 30 000** – Paris, 1872 : *La Madeleine chez Simon le Pharisien* : **FRF 9 200** ; *Le retour de la moisson* : **FRF 11 500** – Londres, 1874 : *Portrait de Napoléon Ier* : **FRF 10 750** – Londres, 1875 : *Napoléon passant les Alpes* : **FRF 10 500** ; *Le président Duranti* : **FRF 16 400** – Paris, 1876 : *Hérodiade* : **FRF 15 500** – Paris, 1876 : *Napoléon Ier*, buste ovale : **FRF 31 000** ; *Les enfants d'Édouard* : **FRF 12 800** – Paris, 8-11 fév. 1887 : *Le petit mendiant* : **FRF 5 000** – Londres, 1887 : *Un martyr chrétien* : **FRF 16 275** – La Haye, 1889 : *Hérodiade* : **FRF 4 200** ; *Offrande au dieu Pan* : **FRF 440** – Londres, 1893 : *Napoléon passant les Alpes* : **FRF 19 685** – Londres, 1895 : *Martyre chrétienne* : **FRF 8 125** – Paris, 1897 : *Portrait du chancelier du Pastoret* : **FRF 8 000** ; *Portrait du chancelier du Pastoret* : **FRF 2 000** – Paris, 1900 : *Mater Dolorosa* : **FRF 405** ; *Marie-Antoinette à la Conciergerie* : **FRF 100** ; *La Vierge à l'Enfant*, dess. : **FRF 26** – New York, 15-16 mars 1906 : *Charles Edouard, le prétendant* : **USD 430** – Paris, mai 1911 : *Portrait du marquis de Pastoret* : **FRF 30 000** – Londres, 21 fév. 1927 : *Jeunes acteurs* : **GBP 33** – Paris, 7 avr. 1941 : *Le Prétendant* 1825 : **FRF 6 200** – Paris, 1945-juil. 1946 : *Marine* : **FRF 4 500** ; *Autoportrait*, aquar. : **FRF 1 800** – Paris, 16 juin 1954 : *Charles Ier d'Écosse se reposant au cours de sa fuite* : **FRF 70 000** – Londres, 19 oct. 1978 : *Grand'père et petits-enfants* 1826, h/t (47,6x37) : **GBP 1 800** – Londres, 28 nov. 1979 : *Cromwell contemplant le cadavre de Charles I* 1832, h/t (155x201) : **GBP 5 600** – Londres, 25 nov. 1981 : *Les enfants d'Edouard IV dans la Tour* 1832, h/t (35,5x42,5) : **GBP 12 500** – New York, 24 fév. 1982 : *Le Christ enseignant*, cr. noir (23x15,6) : **FRF 2 200** – Londres, 15 juin 1982 : *Marie-Antoinette au tribunal* 1851, h/t (239x170) : **GBP 10 500** – Londres, 23 mars 1984 : *Bonaparte traversant les Alpes* 1848, h/t (72,5x56) : **GBP 3 800** – Paris, 16 déc. 1985 : *Dessins préparatoires pour l'hémicycle de l'Ecole des Beaux-Arts à Paris* 1837-1841, dess. au cr. noir, trois pièces (64x168,5 et 64x88 et 64x161) : **FRF 185 000** – Paris, 15 avr. 1988 : *Scène champêtre animée de personnages et animaux* 1846, h/pan. (60,5x85) : **FRF 13 000** – Monaco, 17 juin 1989 : *Jeanne d'Arc interrogée par le cardinal de Winchester dans sa prison*, h/t (44,5x36,5) : **FRF 21 090** – Monaco, 2 déc. 1989 : *Cromwell contemplant le cercueil de Charles Ier* 1832, h/t (155x202) : **FRF 222 000** – Monaco, 16 juin 1990 : *Portrait du peintre Horace Vernet*, h/t (47x38) : **FRF 144 300** – New York, 26 oct. 1990 : *Portrait d'une actrice en robe Renaissance*, cr./pap. (19,1x20,3) : **USD 2 750** – New York, 17 fév. 1993 : *Salomé*, h/pan. (14,6x11,4) : **USD 6 325** – Paris, 20 déc. 1994 : *Tête d'ange*, h/t (60x49,5) : **FRF 153 000** – Paris, 25 mars 1994 : *Portrait d'homme*, fus. et estompe (24x19) : **FRF 35 000** – New York, 26 mai 1994 : *L'Empereur Napoléon Ier dans son bureau* 1838, h/t (116,8x90,2) : **USD 431 500**.

DELAROCHE Honoré Gaspard
Né le 30 avril 1804 à Montmorency. XIXe siècle. Français.
Peintre.
Débuta au Salon de Paris en 1836 et exposa jusqu'en 1868. Il peignit surtout des paysages et des animaux.

DELAROCHE Jacques
XVIIe siècle. Actif à Paris à la fin du XVIIe siècle. Français.
Peintre.

DELAROCHE Jules Hippolyte
Né le 7 avril 1795 à Paris. Mort en 1849 à Versailles. XIXe siècle.
Peintre.
Il entra à l'École des Beaux-Arts en 1814 et eut pour professeurs David et Gros. Au Salon il débuta en 1819. Il renonça à la peinture pour entrer dans la carrière administrative. Au Musée de Nantes, on conserve de lui : *Chemin passant devant une chaumière, Entrée d'un bois, Portrait du comte Alphonse de Feltre*. Il était le frère aîné d'Hippolyte Delaroche.

DELAROCHE Marguerite
Née le 1er juin 1873 à Brunoy. Morte le 20 janvier 1963 à Versailles. XXe siècle. Française.
Miniaturiste et peintre sur verre.
Élève de Doucet, Baschet et G. Cain, elle a figuré à l'Exposition Universelle de Paris en 1900 où elle obtint une troisième médaille. Elle a régulièrement participé au Salon des Artistes Français, dont elle était sociétaire depuis 1901.

DELAROCHE Paul. Voir **DELAROCHE Hippolyte**

DELAROCHE Paul Charles
Né en 1886 dans la Sarthe. Mort en 1914. XXe siècle. Français.
Dessinateur, illustrateur.
Il trace, d'un trait aigu, les portraits de ses amis comédiens, auteurs dramatiques. Il fit des illustrations pour *Lecture pour tous, le Monde illustré* et, en 1911, pour *Le Petit Café* de Tristan Bernard. À cette époque, il publia *Le Théâtre à Paris*, pour lequel il fit toute la partie dessinée.
Bibliogr. : Gérald Schurr, in : *Les Petits Maîtres de la peinture 1820-1920, valeur de demain*, Les Éditions de l'Amateur, t. III, Paris, 1976.

DELAROCHE Pierre Paul, abbé
XXe siècle. Français.
Sculpteur.
Il expose des bois à Paris au Salon des Artistes Français, depuis 1940.

DELAROCHE Victor Adolphe
Né au XIXe siècle à Tours. XIXe siècle. Français.
Peintre de genre et aquarelliste.
Élève de M. Gérard. Il débuta au Salon de 1879 avec une aquarelle.

DELAROCHE-UNTERSTELLER Hélène Marie Louise
Née à Étiolles. XXe siècle. Française.
Peintre de compositions religieuses.
Élève de J. P. Laurens et de Roger, elle a tout d'abord exposé sous le nom d'Hélène Delaroche. Elle a pris part au Salon des Artistes Français dont elle est devenue sociétaire en 1932, obtenant en deuxième médaille en 1937. Ayant reçu une bourse de voyage en 1932, elle rapporta des toiles d'Espagne. Elle a surtout peint des sujets religieux, tels *Sainte Véronique essuie la face de Jésus* ou *Jésus rencontre sa mère.*

DELAROCQUE François
Né le 1er avril 1949 à Rouen (Seine-Maritime). XXe siècle. Actif en Belgique. Français.
Peintre de paysages.
Il vit à Thihange en Belgique. Il participe à de nombreuses expositions collectives dans des villes de Belgique et de France. Il expose aussi à titre personnel.
Il affectionne les paysages d'eau, ports ou bords de rivières, qu'il peint dans des harmonies très hautes en couleurs.

DELAROYÈRE Thierry
Né le 4 novembre 1945 à Paris. XXe siècle. Français.
Peintre. Abstrait puis figuratif.
Lauréat de la Bourse d'études de l'Académie de France à Rome, il séjourne à la Villa Médicis de 1976 à 1978. Il a participé à plusieurs expositions de groupe à partir de 1975 en France, aux États-Unis, en Allemagne, en Italie. Il a personnellement exposé à la Villa Médicis à Rome en 1978, au Musée National d'Art Moderne de Paris en 1979, à Barcelone en 1981, en Italie en 1982 et 1983, à Paris en 1983, à Paris en 1998 galerie Pierre Brullé.
Dans les années soixante-dix, il travaillait dans la lignée des artistes abstraits, puis vers 1984-1985, connaissant une période de crise sur le plan personnel, il a évolué vers une figuration qui reste encore proche d'une abstraction lyrique. Ses thèmes de prédilection sont les *Pietà, Descente de Croix, Portement de Croix, Au pied de la Croix.* Ils sont traités à larges coups de pinceau, dans des tonalités de noir et de gris.
Musées : Paris (Mus. Nat. d'Art Mod.).

DELARTIER
XIXe siècle. Actif dans la seconde moitié du XIXe siècle. Français.
Peintre sur faïence.
Il travailla pour la fabrique de Gaby au Mée près de Melun.

DELARUE Charles
Né à Paris. XXe siècle. Français.
Peintre et sculpteur.
Il exposa à Paris au Salon des Indépendants à partir de 1927.

DELARUE Claire
Née à Roubaix. XXe siècle. Française.
Peintre.
Elle expose à Paris au Salon d'Automne depuis 1933.

DELARUE F. R.
Né vers 1751 à Paris. XVIIIe siècle. Français.
Dessinateur et graveur.

DELARUE Fortuné
Né en 1794 à Amiens. XIXe siècle. Français.
Aquarelliste, lithographe.
On cite de lui un recueil de lithographies paru à Paris en 1727 sous le titre *Tableau de Paris, costumes,* etc., *dessinés d'après nature.*
Ventes Publiques : Paris, 23 et 24 mai 1921 : *La Rencontre,* aquar. : **FRF 370** – Paris, 12 et 13 nov. 1928 : *Au piano ; Soirée mondaine,* deux aquar. : **FRF 150** – Paris, 1er juil. 1929 : *Le postillon ; Le roulier,* deux aquar. : **FRF 160** – Paris, 19 juin 1933 : *Les Conseils maternels,* aquar. : **FRF 145** ; *Devant la cheminée,* aquar. : **FRF 255** – Paris, 7 nov. 1934 : *Les Conseils maternels,* aquar. : **FRF 60.**

DELARUE Jean
XVIe siècle. Français.
Sculpteur et architecte.
Fils de Nicolle Delarue. Il travailla à l'église Saint-Laurent, à Rouen, en 1522, puis avec son père, en 1527, aux voûtes de Saint-André et sculpta les meneaux de l'église de Doudeville (Seine-Maritime), en 1536. Il construisit l'église Saint-Martin. On pense qu'il est l'auteur du portail de l'église Saint-André de Rouen (1555). Peut-être le même que le sculpteur du même nom signalé à Nogent-sur-Seine à la même époque.

DELARUE Jean
XIXe siècle. Français.
Peintre.
Exposa au Salon de Paris en 1835, 1836 et 1838, quelques aquarelles. Le Musée de Saintes possède de lui : *Corps de garde à l'entrée d'une ville.*

DELARUE Léo
Née en 1956. XXe siècle. Française.
Sculpteur. Abstrait.
Elle vit et travaille à Paris. Elle participe à des expositions collectives depuis 1984 : 1984 salon de la Jeune Sculpture à Paris, 1986 à 1990 salon de Montrouge. En 1996, elle a participé à la double exposition *In quarto – Paroles d'ateliers,* au Musée Saint-Germain d'Auxerre et à l'Atelier Cantoisel de Joigny. Elle montre ses œuvres dans des expositions personnelles à Paris, à la galerie Alyskewycz.
Elle assemble le bois qui a vite remplacé le plâtre, et surtout le zinc, dans des objets qu'elle voit comme des lieux d'offrande ou de réception, dans lesquels les rapports entre le vide et le plein sont fortement marqués. Dans des œuvres postérieures, ses formes évoquent le corps humain.
Bibliogr. : Catalogue de l'exposition : *Léo Delarue,* DRAC Rhône-Alpes et galerie Domi Nostrae, Lyon, 1991.

DELARUE Lions
Né à Caen. XVIe siècle. Français.
Peintre verrier.

DELARUE Louis Félix. Voir **LA RUE Louis Félix de**

DELARUE Nicolle
XVIe siècle. Français.
Sculpteur et architecte.
Il fit la sculpture décorative des voûtes de l'église Saint-André, à Rouen, de 1520 à 1528. Il fut le père de Jean Delarue.

DELARUE Philibert Benoît. Voir **LA RUE Philibert Benoît de**

DELARUE Sébastien
Né en 1822 à Romorantin (Loir-et-Cher). Mort peu après 1868. XIXe siècle. Français.
Sculpteur.
Élève de F. Rude et de Ch. Bazin, il exposa au Salon de Paris de 1838 à 1853.

DELARUE-LEFEBVRE Cécile, Mme
Née le 1er décembre 1869 à Bouffarik (Algérie). XIXe-XXe siècles. Française.
Peintre.
Sociétaire des Artistes Français depuis 1901.

DELARUE-MARDRUS Lucie
Née le 3 novembre 1884 à Honfleur (Calvados). Morte en 1945. XXe siècle. Française.
Sculpteur, dessinatrice.
Ce n'est qu'à la fin de sa vie qu'elle exposa ses sculptures au Salon de la Société Nationale des Beaux-Arts. Traducteur des *Mille et une Nuits,* elle fut auteur de poèmes et de plus de cinquante romans.
Ventes Publiques : Paris, 11-13 juin 1923 : *Pour des yeux,* aquar. : **FRF 500.**

DELARUE-NOUVELLIÈRE
XXe siècle. Français.
Illustrateur.
A notamment illustré *En rade,* de J.-K. Huysmans.

DELARUELLE Camille Pierre
Né le 12 février 1840 à Montdidier (Somme). XIXe siècle. Français.
Peintre de compositions religieuses, scènes de genre, portraits.
Il étudia sous la direction de Hue et de Gérôme. Il exposa au Salon de Paris en 1864 : *Enfants de chœur* et en 1867 : *Un lutrin.*
Ventes Publiques : Monte-Carlo, 22 juin 1986 : *Deux enfants de chœur,* h/t (54,5x39) : **FRF 14 000.**

DELARUELLE Claude. Voir **LA RUELLE Claude de**

DELASALLE Angèle
Née le 15 février 1867 à Paris. Morte après 1938. XIXe-XXe siècles. Française.
Peintre de compositions religieuses, sujets mythologiques, nus, portraits, paysages.
Élève de J. P. Laurens, Benjamin-Constant et Jules Lefebvre, elle a régulièrement participé au Salon des Artistes Français, dont elle était sociétaire depuis 1894, obtenant une mention honorable en 1895, une troisième médaille en 1897, une deuxième médaille en 1898 et une première médaille en 1900. Elle eut une bourse de voyage en 1900. A partir de 1903, elle a pris part au Salon de la Société Nationale des Beaux-Arts et fut membre fondateur du Salon d'Automne. Chevalier de la Légion d'honneur en 1926.

A.Delasalle
A-Delasalle

Bibliogr. : Gérald Schurr, in : *Les Petits Maîtres de la peinture 1820-1920, valeur de demain,* Les Éditions de l'Amateur, t. IV, Paris, 1979.
Musées : Brême : *Portrait de Benjamin-Constant* – Montpellier : *Vue d'Amsterdam* – Paris (Mus. Carnavalet) : *La Seine vue du Pont-Neuf* – Paris (Mus. du Petit Palais) : *Le terrassier* – *Nu* – Paris (ancien Mus. du Luxembourg) : *Portrait de Benjamin-Constant.*
Ventes Publiques : Paris, 7 fév. 1901 : *Le pont de Courbevoie* : **FRF 850** – Paris, 13 juin 1906 : *Bords du canal à Amsterdam* : **FRF 145** – Paris, 11 déc. 1926 : *La Seine au pont de Neuilly, le soir* : **FRF 115** – Paris, 19 et 20 jan. 1942 : *Le déjeuner du berger* : **FRF 200** – Sceaux, 8 déc. 1985 : *Nu au drapé,* h/t (53,5x38,5) : **FRF 9 200** – Versailles, 13 déc. 1987 : *Jeune femme nue à sa toilette* 1909, h/t (55,5x39,5) : **FRF 12 500.**

DELASPRE Guillaume Claude Henri
Né à Bordeaux. XIXe-XXe siècles. Français.
Sculpteur de statues, sujets typiques, animalier.
Il a pris part au Salon des Artistes Français à Paris dès 1921 et au Salon de la Société Nationale des Beaux-Arts, notamment en 1938.
Ventes Publiques : Paris, 17 déc. 1996 : *La Danseuse berbère,* bronze patine doré, ivoire sculpté et cabochons de turquoise (H. 47) : **FRF 77 000** – Paris, 10-11 juin 1997 : *Danseuse Ouled-Naïl,* bronze patine or, ivoire et turquoises (H. 39) : **FRF 160 000.**

DELATOUCHE Jacques Ignace. Voir **LATOUCHE Jacques Ignace de**

DELATOUR Alexandre. Voir **LATOUR Alexandre de**

DELATOUR E. M. Voir **LATOUR Marie de**

DELATOUR-COULON Andrée
Née à Saint-Denis. XXe siècle. Française.
Peintre de portraits.
Élève de Marcel Baschet, elle a figuré au Salon des Artistes Français, dont elle était sociétaire depuis 1906.

DELATOUSCHE Germain
Né le 24 août 1898 à Châtillon-en-Dunois (Eure-et-Loir). XXe siècle. Français.
Peintre de paysages et graveur sur bois.
Il s'initie tout d'abord, en 1912, à l'art du peintre verrier C. Lorin à Chartres. Bien qu'il soit obligé d'exercer plusieurs métiers pour vivre en province et à Paris, il participe en 1919 au Salon des Jeunes, en 1920 au Salon des Artistes Français et au Salon d'Automne dont il est devenu sociétaire en 1927. Il a pratiqué la gravure sur bois à partir de 1924.
Ses paysages montrent des vues de la banlieue parisienne, des vieux quartiers de Paris, du Quercy, de Normandie et de Bretagne.
Musées : Chalons-sur-Marne – Le Havre – Paris (Mus. Nat. d'Art Mod.) – Paris (Mus. de la Ville de Paris).
Ventes Publiques : Paris, 27 juin 1927 : *Les toits,* aquar. : **FRF 180** – Paris, 3 mai 1928 : *Petite barrière* : **FRF 200** – Paris, 2 juil. 1943 : *Toile* : **FRF 3 300** – Paris, 13 avr. 1992 : *La rue Regnault à Paris* 1946, h/t (38x46) : **FRF 3 800.**

DELÂTRE Auguste
Né en 1822 à Paris. Mort le 26 juillet 1907 à Paris. XIXe-XXe siècles. Actif aussi en Grande-Bretagne. Français.
Graveur.
On a voulu parfois lui donner pour maîtres Charles Jacque et Marvy, mais à la vérité il travailla chez ces deux artistes non comme élève, mais comme ouvrier. Il avait alors à peine vingt-et-un ans et dans l'atelier des deux aquafortistes connus, Auguste Delâtre manœuvrait les presses, portant toute son attention au tirage des épreuves. Auguste Delâtre a possédé le juste sentiment du coloris et de l'effet, participant à la renaissance de l'eau-forte dans la seconde moitié du XIXe siècle. Mais chez l'artisan, un désir naissait de devenir artiste à son tour. Lentement il progressa et un jour vint bientôt où il put voir Jacque et Marvy, les rallier à ses idées, modifier leurs cuivres. Il résolut alors de se lancer et, achetant les deux presses de Jacque, il commença à imprimer pour son propre compte. Sa réputation devint de suite considérable. Il fut bientôt le seul à qui les artistes consentirent à confier leurs eaux-fortes, et dans son atelier de la rue Saint-Jacques, tous les aquafortistes de talent se donnèrent bientôt rendez-vous ; Daubigny, Millet, Villot, Jacquemart, Bracquemond, Meryon, Th. Rousseau, Rops, Whistler, Ch. Jacque, Marvy, Jacquemont, Seymour Haden et tant d'autres. Ses tirages furent connus de certains marchands qui, ayant en leur possession de nombreuses planches anciennes de Rembrandt, Ostade, Waterloo, Paul Potter, Callot, demandèrent à Delâtre d'essayer ces cuivres. Les résultats qu'il obtint en firent vite l'imprimeur quasi officiel des anciens maîtres. En 1862, il vint à Londres, à la demande de M. Cole, directeur du Victoria and Albert Museum, pour y créer une école de gravure et d'imprimerie qui a depuis pris une extrême importance. À son retour à Paris, il fonda, avec l'éditeur Cadart, la Société des Aquafortistes, qui gagna définitivement le public à cet art. Il consacra à cette œuvre le meilleur de son temps, à la fois imprimeur, artiste et professeur. Cependant il étudiait la peinture et faisait recevoir au Salon de 1868 un très beau paysage intitulé : *Soir d'automne.* En peinture, il n'éprouvait pas le besoin de copier fidèlement la nature, travaillant surtout de mémoire. La guerre de 1870 vint l'éprouver cruellement. Son atelier, qui renfermait toute sa fortune, ses tableaux, ses gravures, ses presses, ses meubles d'art fut littéralement éventré par un obus prussien et l'infortuné Delâtre se trouva absolument sans ressources. Ruiné, dégoûté par les événements qui suivirent la guerre, l'artiste partit pour Londres où il retrouva un groupe de peintres et de sculpteurs français, tels que James Tissot et Dalou. Edwin Edwards, le grand graveur anglais, lui fournit des presses ; il reprit courage et se mit de nouveau à former des élèves. Delâtre demeura cinq années à Londres, gravant et peignant, et très en faveur chez les amateurs. Mais Paris lui manquait ; en 1876, il revint en France et se réinstalla à Montmartre avec la même vaillance que trente années plus tôt. Son fils Eugène, qu'il avait formé à son école d'énergie et de conscience artistique, fut dès lors et de plus en plus, pour lui, un collaborateur précieux. ■ M. B. de G., J. B.

DELÂTRE Eugène ou **Dellatre**
Né le 10 décembre 1864 à Paris. XIXe siècle. Français.
Peintre de genre, portraits, paysages, aquarelliste, graveur.
Eugène Delâtre eut deux professeurs ; l'un est John Lewis Brown, avec lequel il travailla quelque peu l'aquarelle, l'autre est son père, l'illustre graveur Auguste Delâtre, ouvrier d'art de génie devenu grand maître par les seules ressources personnelles de son talent et de sa volonté. Eugène Delâtre eut deux professeurs, mais son meilleur maître fut lui-même. Tout jeune, dans l'atelier paternel, il s'efforça de graver sur bois et dès ses premiers essais il donna à son père l'impression de pouvoir être un jour son digne successeur. Il accompagna Auguste Delâtre en Angleterre, de 1871 à 1876, et à son retour à Paris commença à travailler très sérieusement l'art de la gravure. Associé de la Société Nationale des Beaux-Arts, il y exposa chaque année. Il a également participé à de nombreux Salons étrangers et il fut, avec G. Petit, un des premiers membres de la Société de la gravure en couleurs.
Plus ambitieux que son père, Eugène Delâtre n'a pas voulu demeurer exclusivement le traducteur habile, l'auxiliaire précieux des grands maîtres. Il a tenu à faire lui-même œuvre de créateur, et chez lui l'ouvrier d'art s'est doublé d'un artiste remarquablement inspiré. Il est, selon un joli mot fort juste de Marc Stéfane, un « paysagiste poète », et à cet éloge, il faut ajouter aussi qu'il est un portraitiste de valeur. Qu'un sujet retienne son attention, il le croque sur le papier, qu'il s'agisse d'ailleurs de la reproduction d'un visage, d'une scène de genre pittoresque ou d'un coin harmonieux de verdure. Cette esquisse, il la

reprend ensuite, la corrige, la développe, l'améliore, en fait un véritable tableau qu'il grave ensuite sur le cuivre avec toute l'attention, tous les soins dont il peut entourer son œuvre. Personne autre que lui n'y touchera. Ce que le peintre a conçu, le graveur l'exécutera et l'imprimeur enfin lui donnera une réalisation matérielle.
Eugène Delâtre est à la fois le peintre talentueux, le graveur fidèle et l'adroit imprimeur dont la triple collaboration est nécessaire à la production d'une belle épreuve. Il a rénové l'art de la gravure en couleur et par des procédés différents, il est parvenu à évoquer les belles planches du maître Debucourt. Sa méthode est à la fois pratique et simple. Après avoir établi une aquarelle aux trois couleurs fondamentales, jaune, rouge et bleu, il exécute d'abord sur le cuivre un croquis très poussé en se servant de l'eau-forte pure, parfois reprise à la pointe sèche, et en employant parfois le grain, parfois même, bien que rarement, le vernis mou. Il utilise cette première planche pour le tirage du ton le plus foncé. Puis sur le cuivre gravé, il tire en noir une épreuve qu'il décalque sur un cuivre non attaqué. Sur cette nouvelle planche, il fait mordre son second tour et ainsi de suite en descendant jusqu'aux tons les plus clairs. Il effectue ensuite les tirages successifs, en commençant par les moins foncés. Mais cet exposé très bref de sa technique ne saurait exprimer le charme de son coloris, le pittoresque de ses gravures, dont un critique a dit « qu'elles semblaient des petits tableaux d'une admirable et fraîche sobriété dans l'éclat des couleurs ». L'estampe d'Eugène Delâtre conserve toujours le velouté et le moelleux de l'aquarelle dont elle est issue. De toute son œuvre, la part la plus intéressante est peut-être celle en laquelle il s'est révélé « Montmartrois de Montmartre », comme disait Rodolphe Salis. Dans son atelier de la rue Lepic où il a continué les traditions d'art de son père, il se trouve à égale distance du Moulin Rouge et du Moulin de la Galette, à quelques pas de ces vieilles rues tortueuses avoisinant la basilique. Il a connu et dépeint le charme pittoresque, un peu mélancolique, de la rue des Saules, de la place du Tertre, de la rue Saint-Vincent, de la rue de l'Abreuvoir, de l'impasse Traînée et tant d'autres coins tranquilles endormis dans le souvenir du passé et en lesquels il retrouve parfois un écho des joyeusetés d'antan. Il sait en extraire la psychologie derrière le délabrement des vieux murs, dans les effondrements des escaliers de pierres disjointes par l'herbe envahissante. Toute la mélancolie des deux versants de la butte, Eugène Delâtre l'a traduite avec un art exquis, avec un goût très sûr, et c'est un peu le poème du vieux Montmartre qu'il a chanté dans ses belles gravures. Il fut aussi le graveur quasi officiel de la campagne mancelle qu'il a interprétée avec une finesse, un fondu et une douceur tout à fait remarquables. Il a donné une reproduction exacte des matinées embrumées et des crépuscules noyés de brouillards, et là encore son dessin serré, sa technique impeccable se doublent de précieuses qualités d'émotion et d'intimité pénétrante. Il fait partie de cette élite d'artistes chez lesquels domine le sentiment sincère de la poésie et de la lumière.

Eug Delâtre

Ventes Publiques : Paris, 22 oct. 1982 : *La brodeuse* 1893, eau-forte : **FRF 2 200** – Paris, 29 nov. 1991 : *Portrait d'enfant*, aquat. : **FRF 6 300** – Paris, 19 nov. 1992 : *J. K. Huysmans*, aquat. coul. (31,8x23,8) : **FRF 5 500** – Paris, 4 oct. 1994 : *Au théâtre*, eau-forte : **FRF 4 000** – Paris, 8 déc. 1996 : *Bord de Seine, la maison au toit rouge*, h/t (32,5x46) : **FRF 26 000**.

DELATRE Jean Marie ou **Delattre**

Né en 1746 à Abbeville. Mort en 1840 à Fulham (près de Londres). XVIIIe-XIXe siècles. Français.

Graveur.

Il fut l'élève de Bartolozzi. On cite de lui : *Ariane abandonnée*, d'Ang. Kauffmann ; *Pénélope pleurant sur l'arc d'Ulysse*, d'après A. Kauffmann ; *Didon invoquant les dieux* ; *La Mort de Marc-Antoine* ; *La Beauté dirigée par la Raison*, d'après A. Kauffmann ; *la Beauté dirigée par la Prudence* ; *Lear and Cordelia* ; *Jeanne d'Arc*, d'après F.-M. Queverdo ; *Pierre-Augustin Caron de Beaumarchais* ; *Stefano Castriotto* ; *Mlle Colombe l'aînée* ; *J.-J. Cassanea de Mondouville* ; d'après C.-N. Cochin ; *La Tabatière de Yorick*, d'après A. Kauffmann ; *Indiscrétion*, d'après Wheathly ; *Mary Moulines*, d'après Ang. Kauffmann.

DELATRE Luise

XIXe siècle. Active à Berlin au début du XIXe siècle. Allemande.

Peintre.

Elle exposa à l'Académie de Berlin, entre 1808 et 1816 des portraits et des copies d'après les maîtres flamands.

DELATRE Yvonne

Née à Saint-Quentin (Aisne). XXe siècle. Française.

Aquarelliste et dessinatrice.

Exposant du Salon de la Société Nationale en 1923. Membre de l'Union des Femmes Peintres et Sculpteurs.

DELATRÉE

Allemand.

Peintre.

Le musée de Francfort-sur-le-Main possède deux tableaux sur bois de cet artiste.

DELATTRE Adolphe

Né le 10 février 1805 à Tours. XIXe siècle. Français.

Peintre de miniatures.

Il fut l'élève d'Isabey. Il se consacra exclusivement au portrait.

DELATTRE Henri

Né en 1801 à Saint-Omer. Mort en juin 1876. XIXe siècle. Français.

Peintre d'animaux, paysages animés, paysages.

Au Salon de Paris, il figura de 1824 à 1875. Une médaille de troisième classe lui fut décernée.

Musées : Louviers (Gal. Roussel) : *Les Prés Saint-Gervais à Rouen – Le Quai de Paris, à Rouen* – Pontoise : *Les Ânes à l'abreuvoir – Vengeance d'artiste.*

Ventes Publiques : Paris, 1899 : *Aux environs de Rouen* : **FRF 200** – Paris, 3 juin 1927 : *Bords de la Seine* : **FRF 620** – Paris, 3 mai 1930 : *La Péniche* : **FRF 1 050** – New York, 28 avr. 1977 : *Le pur-sang Archy* 1839, h/t (35,5x43,5) : **USD 1 300** – New York, 26 jan. 1979 : *Paysan déchargeant une charrette* 1848, h/t (79x127) : **USD 3 000** – New York, 4 juin 1982 : *Mac and Zachary Taylor* 1850, h/t (70,5x111,1) : **USD 80 000** – New York, 8 juin 1984 : *Percherons à l'écurie* 1853 et 1854, h/t, une paire (30,5x35,6) : **USD 10 000**.

DELATTRE Joseph Marie Louis

Né le 10 août 1858 à Deville-lès-Rouen (Seine-Maritime). Mort le 5 août 1912 à Petit-Couronné (Seine-Maritime). XIXe-XXe siècles. Français.

Peintre de paysages, paysages urbains. Postimpressionniste.

Enthousiasmé par la peinture de Monet, il réunit autour du lui les artistes rouannais désireux de traduire la lumière et l'atmosphère changeantes de leur région, et devient le chef de file de cet école de Rouen, créant une Académie libre en 1895. Il organise en 1907, grâce à Legrip, marchand de couleurs, une exposition à Rouen, où figurent tous ces peintres.
Citons, parmi ses œuvres : *Vue de Rouen – Vue du boulevard à Paris, le soir* 1883 – *Versant de colline* 1885.

Delattre

Bibliogr. : Gérald Schurr : *Les petits maîtres 1820-1920, valeur de demain*, t. I, Les Éditions de l'Amateur, Paris, 1969.

Ventes Publiques : Paris, 26 oct. 1922 : *Cale de Biessard, le soir* : **FRF 1 020** – Paris, 19 jan. 1925 : *La Cale de Biessard le soir* : **FRF 620** – Paris, 18 mai 1934 : *Paysage d'hiver : chemin sous la neige* : **FRF 610** – Rouen, 18 déc. 1970 : *Bords de Seine* : **FRF 11 500** – Honfleur, 14 avr. 1974 : *Les coteaux de Bousecour près de Rouen* : **FRF 21 600** – Rouen, 5 déc. 1976 : *La ferme en automne*, h/t (54x72) : **FRF 19 000** – Rouen, 27 nov. 1977 : *Bateaux dans le port de Rouen*, h/t (33x41) : **FRF 7 100** – Rouen, 18 mars 1979 : *Voilier sur la Seine*, h/t (38x64) : **FRF 11 500** – Enghien-les-Bains, 22 nov. 1981 : *Pêcheurs sur l'étang*, h/t (31,5x58) : **FRF 38 000** – Rouen, 11 déc. 1983 : *Les coteaux de Bonsecours près de Rouen*, h/t (47x62) : **FRF 50 000** – Rouen, 25 mars 1984 : *Rouen, le port maritime*, h/t (43x61) : **FRF 56 000** – Rouen, 24 mars 1985 : *Pêcheur au bord d'un étang en automne*, past. (15x21) : **FRF 6 800** – Clermont-Ferrand, 24 juin 1987 : *Vue de Rouen*, h/t (31x65) : **FRF 116 000** – Paris, 30 nov. 1987 : *Le tombereau, voilier*, deux dess. au cr. noir (8,5x11 et 8x11) : **FRF 2 000** – Paris, 16 mars 1989 : *Bateaux-lavoirs et vapeurs sur la Seine, à Rouen*, h/pan. (28x40.5) : **FRF 40 000** – Paris, 13 juin 1990 : *La Prairie*, h/t (14x33) : **FRF 12 000** – Paris, 30 nov. 1992 : *Une ferme à Deville* 1880, h/pan. (29,5x35) : **FRF 30 000** – Paris, 2 juin 1993 : *Voilier sur la Seine*, h/pan. (33x64) : **FRF 31 000** ; *Gribanes sur la Seine*, h/t (46x55) : **FRF 110 000** – Rouen, 9 déc.

1994 : *Environs de Rouen,* h/t (49x66) : **FRF 150 000** – PARIS, 19 nov. 1995 : *Bords de Seine brumeux,* h/t (33x45) : **FRF 31 000** – PARIS, 27 oct. 1997 : *Embarcations et péniche sur la Seine,* h/t (48x55) : **FRF 20 000**.

DELATTRE Louis
Né en 1815 à Gand. Mort en 1897. XIXe siècle. Belge.
Peintre.
Tour à tour mécanicien, peintre en bâtiment, employé de banque, photographe. En 1865, construisit une machine volante dont les essais échouèrent. Exposait ses peintures dans les salles de cafés, à l'étalage des marchands de gazettes. On cite de lui : *Montée au ciel du prince Baudouin.* Son langage constitue un curieux compromis entre le wagnérisme d'époque, à la Bouguereau, et le style des premières photographies posées et guindées.
BIBLIOGR. : Oto Bihalji-Merin : *Les peintres naïfs,* Delpire, Paris, s. d.

DELATTRE Mathilde Henriette
Née le 10 avril 1871 au Caire. XXe siècle. Française.
Peintre de sujets divers, graveur, dessinatrice, aquarelliste.
Élève de Saintpierre et Delacroix, elle a participé au Salon des Artistes Français dont elle est devenue sociétaire en 1902. Elle obtint une mention honorable en 1902, une troisième médaille en 1905, une deuxième médaille en 1927 et la première médaille en 1930. Elle a surtout peint des aquarelles.
MUSÉES : SEMUR-EN-AUXOIS : *Soleil.*
VENTES PUBLIQUES : PARIS, 22 oct. 1982 : *Coin de jardin,* h/t (68x49) : **FRF 6 000** ; *Fin du jour,* aquar. et gche (130x97) : **FRF 8 000**.

DELATTRE Pierre
XVIIe siècle. Actif à Boulogne-sur-Mer à la fin du XVIIe siècle. Français.
Peintre.
Peut-être faut-il l'identifier avec l'artiste qui signa vers la même époque une peinture au château de Schleissheim.

DELATTRE Renée
XXe siècle. Française.
Peintre.
Elle exposa à Paris au Salon des Tuileries à partir de 1934.

DELATTRE Thérèse
Née au XIXe siècle à Paris. XIXe siècle. Française.
Sculpteur et médailleur.
Élève de Hegel, de Mme Bertaux et de Vasselot. Elle débuta au Salon de 1879 avec un *Portrait* médaillon plâtre et obtint une mention honorable au Salon de 1883.

DELAULNE Étienne ou **Delaune**
Né vers 1518 à Orléans. Mort en 1583 ou 1595 à Strasbourg. XVIe siècle. Français.
Graveur au burin, dessinateur.
Cet intéressant artiste fut d'abord graveur de médailles et travailla avec Benvenuto Cellini durant le séjour à Paris du célèbre sculpteur-ciseleur. On retrouva dans les dessins de Delaulne comme dans ses gravures la précision, le fini du buriniste consommé. Delaulne passa une partie de sa vie à Strasbourg, et ce fait pourrait expliquer sa conception de la forme gravée, évidemment influencée par les petits maîtres allemands du XVIe siècle. Il copia plusieurs estampes de Marc-Antoine. Delaulne signait ses planches *S.,* ou *S. F., ou S. fecit,* ou quelquefois *Stephanus fecit.* On cite parmi ses meilleurs estampes : *Leda,* d'après Michel-Ange, *Le Serpent d'airain,* d'après J. Cousin, *60 feuilles pour l'Ancien Testament, Les Douze mois de l'année.* Il fut lui-même également orfèvre.
VENTES PUBLIQUES : PARIS, 27 mars 1919 : *Grotesques,* dess. à la pl. lavé de sépia : **FRF 76** – PARIS, 31 mai 1921 : *Devant de cuirasse richement orné,* pl. : **FRF 1 000** ; *Devant de cuirasse richement orné,* pl. : **FRF 990** – PARIS, 21 jan. 1924 : *Motifs de décoration avec personnages,* pl. et sanguine, deux dess. : **FRF 300** – PARIS, 20 et 21 avr. 1932 : *Glaucus métamorphosé en triton,* pl., attr. : **FRF 350** – PARIS, 23 avr. 1937 : *Le Jugement dernier ; Le Christ aux limbes,* pl. et lav. d'encre de Chine, deux dessins : **FRF 400**.

DELAULNE Jean ou **Delaune**
XVIe siècle. Français.
Graveur au burin, dessinateur.
Fils et élève d'Étienne Delaulne. Il travailla notamment à Strasbourg avec son père.

DELAULNE L. A., Mme, née **Gérard**
XIXe siècle. Française.
Peintre.
Sociétaire des Artistes Français depuis 1888. Elle figura aux Salons de cette société.

DELAUNAY
XVIIIe siècle. Français.
Peintre de portraits.
Cité par Siret, il fut élève de H. Rigaud.

DELAUNAY Aimable
Mort le 6 juin 1856 à Paris. XIXe siècle. Français.
Peintre.
De 1831 à 1851 il exposa au Salon. Il fit le portrait en pied de Bonaparte, premier consul.

DELAUNAY Alfred Alexandre. Voir **DELAUNEY**

DELAUNAY Arsène Eugène, dit **Duval**
Né au XIXe siècle à Paris. XIXe siècle. Français.
Peintre de natures mortes.
Élève de Émile Richard (?) Haumont et B. Denon (?), il débuta au Salon de 1870.

DELAUNAY Claude
Né le 16 juillet 1915 à La Ferrière (Vendée). XXe siècle. Français.
Peintre, dessinateur, illustrateur.
Il fut élève à l'École des Beaux-Arts de Nantes en 1930, à l'Académie Julian, à l'École Nationale des Arts Décoratifs où il eut pour maîtres Brianchon, Legueult et Oudot, et à l'École Nationale des Beaux-Arts de Paris. Mobilisé en 1939, prisonnier, il fut nommé, à sa libération, professeur de dessin à l'École militaire de Saint-Maixent. De retour à Paris, il participa au Salon des Artistes Indépendants à partir de 1948. Il illustra des textes de F. Villon, T. Gautier, A. Dumas, P. Verlaine.

DELAUNAY Jehan
XVe siècle. Actif à Tours vers 1470. Français.
Enlumineur.

DELAUNAY Jules, dit **Duval**
Né vers 1845 à Paris. Mort en 1906. XIXe-XXe siècles. Français.
Peintre de sujets militaires, portraits, paysages.
Élève de Jean Paul-Laurens et d'Émile Adan, il exposa au Salon de Paris en 1868 et 1905.
Il détache avec précision ses personnages sur fond neutre, et sait donner aux chevaux le mouvement juste.
BIBLIOGR. : Gérald Schurr, in : *Les Petits Maîtres de la peinture 1820-1920, valeur de demain,* Les Éditions de l'Amateur, t. IV, Paris, 1979.
VENTES PUBLIQUES : NEW YORK, 24 fév. 1983 : *Cavaliers,* h/pan. (23,5x18,5) : **USD 1 000** – LONDRES, 15 nov. 1995 : *Dans la galerie,* h/t (54x45) : **GBP 5 750**.

DELAUNAY Jules Élie
Né le 12 juin 1828 à Nantes. Mort le 5 septembre 1891 à Paris. XIXe siècle. Français.
Peintre d'histoire, scènes mythologiques, sujets allégoriques, portraits, paysages, fresquiste.
Il fut élève de H. Flandrin et de Lamothe. Il entra à l'École des Beaux-Arts en 1848, obtint le deuxième prix au concours pour Rome en 1853 et le prix de Rome en 1856. Il débuta au Salon en 1853 avec un paysage : *Les Paludiers de Guérande,* mais de suite se consacra à la peinture d'histoire. Il eut sa première récompense au Salon en 1859. Il a décoré les églises de la Visitation de Sainte-Marie à Nantes, de Saint-François-Xavier, diverses salles du Conseil d'État. Mais son œuvre comme décorateur fut surtout intéressante au Panthéon. La fresque d'*Attila et Sainte Geneviève* est vraiment remarquable. La mort l'empêcha de l'achever et elle fut terminée par Courselle-Dumont. C'est encore à Delaunay que l'on doit le *Parnasse* à l'Opéra et la décoration de l'escalier de l'Hôtel de Ville. En 1879, il fut nommé à l'Institut en remplacement d'Alexandre Hesse.
Elie Delaunay fut un peintre de grand mérite. Sa technique, peut-être un peu trop classique, manque de liberté d'exécution, sauf dans ses lavis et ses petits portraits.

ELIE DELAUNAY–

MUSÉES : BAYONNE : *Moissonneurs dans la campagne romaine – La Communion des Apôtres* – Dessin – *Le jugement de Pâris* – BORDEAUX : *Ophélie* – CHANTILLY : *L'espérance* – LOUVIERS (Gal.

Roussel) : *Artilleurs* – NANTES : *Portrait de l'auteur* – *La justice poursuivant le crime* – *César et sa fortune* – *Portrait de Mme Delaunay* – Série de 200 dessins – *La leçon de flûte* – *Ixion précipité dans les enfers* – *David vainqueur de Goliath* – *Mort du Centaure Nessus* – *Portrait du général Mellinet* – *Portrait de Régnier de la Comédie-Française* – PARIS (Mus. du Louvre) : *La Peste à Rome* – *La Communion des Apôtres* – *Diane* – *Mme Delaunay, mère* – ROUEN : une étude – TOURS : *Le Serment de Brutus*.

VENTES PUBLIQUES : PARIS, 1873 : *Diane* : **FRF 1 550** – PARIS, 1880 : *Dessin* : **FRF 60** ; *Dessin* : **FRF 80** – PARIS, 1881 : *Diane de Poitiers présente à Henri II Philibert de Lorme, Jean Goujon et Cousin*, esquisse : **FRF 1 000** – PARIS, 1889 : *Le printemps* : **FRF 713** – PARIS, 1891 : *La Mort d'Olympe* : **FRF 3 000** – NEW YORK, 9 et 10 fév. 1905 : *Le gardien du bric-à-brac* : **USD 160** – NEW YORK, mai 1909 : *Artillerie à Vincennes* : **USD 165** – PARIS, 13 nov. 1918 : *Scène romaine* : **FRF 115** – PARIS, 24 jan. 1919 : *Portrait de femme*, lav. à la sépia : **FRF 72** – PARIS, 8 mai 1919 : *Pandore* : **FRF 1 300** ; *L'Amour tirant à l'arc* : **FRF 720** – PARIS, 11 et 12 fév. 1921 : *Baigneuse* : **FRF 430** – PARIS, 12 fév. 1921 : *Buste de femme en corsage bleu, tête de trois quarts à droite* : **FRF 110** – PARIS, 14 et 15 déc. 1922 : *La flagellation du Christ*, aquar. gchée, d'après Luca Signorelli : **FRF 800** – PARIS, 7-9 avr. 1924 : *Vénus* : **FRF 350** – PARIS, 3 fév. 1928 : *Étude pour La Mort de Nessus* : **FRF 350** – PARIS, 21 déc. 1928 : *Composition allégorique*, dess. : **FRF 75** – PARIS, 3-4 juin 1929 : *Sappho* : **FRF 1 400** – PARIS, 5-6 juin 1929 : *Esquisses de deux figures mythologiques* : **FRF 280** ; *Judith* : **FRF 105** – PARIS, 11 juil. 1941 : *La Danse Champêtre* 1875 : **FRF 1 000** – PARIS, 31 oct. 1941 : *Scène d'après l'Antique*, mine de pb : **FRF 55** ; *L'Amour* : **FRF 300** – PARIS, 23 nov. 1942 : *Les Baigneuses*, deux pendants : **FRF 1 550** – PARIS, 30 déc. 1942 : *Nature morte* 1862 : **FRF 210** – PARIS, 8 mars 1943 : *La Mort d'Ophélie* : **FRF 500** – LONDRES, 19 mai 1976 : *Le clairon*, h/t (45x37) : **GBP 520** – LINDAU, 8 oct. 1980 : *Chevaux à l'abreuvoir*, h/pan. (31x57,5) : **DEM 9 000** – PARIS, 23 mars 1984 : *Diane, Vénus milita*, h/pan. (60x49) : **FRF 19 500** – COPENHAGUE, 23 nov. 1987 : *Héraclès combattant le centaure Nessus* 1871, h/t (47x78) : **DKK 44 000** – NEW YORK, 16 fév. 1994 : *Orphée et Eurydice quittant les enfers*, cr. et aquar./pap. (75,6x102,2) : **USD 11 500** – NEW YORK, 26 mai 1994 : *La forge militaire*, h/t (115,6x146,7) : **USD 7 475** – LONDRES, 11 avr. 1995 : *Jeune femme enlaçant une statue de Cupidon*, h/t (53,5x44,5) : **GBP 4 025** – NEW YORK, 24 mai 1995 : *Allégorie de la Peinture* 1877, h/t (170,2x114,3) : **USD 8 050** – PARIS, 31 mars 1995 : *Mercure inventant le caducée* 1859, h/t (176x113) : **FRF 65 000**.

DELAUNAY L.
XVIIe siècle. Actif dans la seconde moitié du XVIIe siècle. Français.
Peintre.

DELAUNAY Louis Georges
Né au XIXe siècle à Paris. XIXe siècle. Français.
Peintre de genre, portraits.
Élève de Cabanel et Cot. Il débuta au Salon de 1878 avec : *Comment me trouves-tu ?*

DELAUNAY Loys
XVIe siècle. Actif à Tours vers 1516. Français.
Peintre.
Il était le fils de Jehan Delaunay.

DELAUNAY Marcel
Né en 1876 à Rouen. Mort en 1959 à Tourville (Eure). XXe siècle. Français.
Peintre de paysages, natures mortes, fleurs.
Il a participé au Salon de la Société Nationale des Beaux-Arts, notamment en 1922, et au Salon d'Automne à Paris de 1923 à 1925. Pendant l'occupation allemande, il fonda l'Association des Amis du Musée de Castres, et avec Paul Mascart, la Société des Artistes rouennais.
Il traite dans une pâte généreuse et d'une touche énergique, des paysages de la campagne rouennaise, des natures mortes abondantes. Citons : *L'église de Crestot*.
BIBLIOGR. : Gérald Schurr, in : *Les Petits Maîtres de la peinture 1820-1920, valeur de demain*, Les Éditions de l'Amateur, t. IV, Paris, 1979.
VENTES PUBLIQUES : PARIS, 14 juin 1977 : *Chaumière au bord de l'eau*, h/t (65x81) : **FRF 2 300** – ROUEN, 15 déc. 1985 : *Bouquet d'hortensias*, h/t (80x63) : **FRF 9 500** – ROUEN, 2 mars 1986 : *Panorama de Rouen* 1914, h/t (66x50) : **FRF 7 000**.

DELAUNAY Michèle
Née le 3 juillet 1942 à Elbeuf. XXe siècle. Française.
Peintre de paysages, natures mortes, aquarelliste.
Autodidacte, elle participe, depuis 1979, aux expositions régionales en Normandie et au Salon des Artistes Français à Paris. Personnellement, elle a exposé à Elbeuf en 1986 et 1990, à Rouen en 1986, Paris 1988 et 1990, Cléon 1989, Bernay 1990.
Elle montre une préférence pour les paysages aquatiques fleuris et baignés de lumière.
MUSÉES : ELBEUF.

DELAUNAY Nicolas
Né en 1739 à Paris. Mort le 22 mars 1792 à Paris. XVIIIe siècle. Français.
Graveur.
Élève de L. Lempereur, il fut agréé à l'Académie en 1777 et reçu académicien en 1789. Il exposa au Salon de 1777 à 1791.
Il usa parfois de son anagramme DE VALNAY.
MUSÉES : SAINT-ÉTIENNE : *Marche de Silène*, d'après Rubens.

DELAUNAY Paul
Né le 19 octobre 1883 à Paris. XXe siècle. Américain.
Peintre et sculpteur.
Il fut élève de J. P. Laurens, B. Constant, J. Gérome, L. Bonnat, E. Frémiet et C. David. Membre de l'American Artists Professional League, il fut directeur de l'Académie des Beaux-Arts de Birmingham (Alabama).

DELAUNAY Pierre
Né en 1675. Mort le 14 juin 1774. XVIIe-XVIIIe siècles. Français.
Peintre.
Peintre et marchand à Paris. Il fut reçu à l'Académie Saint-Luc en 1724, dont il devint le doyen des professeurs adjoints, étant mort presque centenaire.

DELAUNAY Pierre
Né le 8 août 1870 à Champtocé (Maine-et-Loire). Mort le 7 juin 1915 à Toutvent (?), au champ d'honneur. XIXe-XXe siècles. Français.
Peintre de paysages, pastelliste.
Élève de Bonnat et Harpignies, il participa au Salon des Artistes Indépendants à Paris et ses œuvres figurèrent, en 1919, à l'Exposition spéciale des Artistes mobilisés.
Sa touche peut-être tournoyante, rapide et énergique, dans des tonalités de mauve et bleu-pastel. Citons : *Vue du Colisée à Rome* – *Menton* – *Jet d'eau dans un jardin de Rome* – *Au parc Monceau*, pastel.
BIBLIOGR. : Gérald Schurr, in : *Les Petits Maîtres de la peinture 1820-1920, valeur de demain*, Les Éditions de l'Amateur, t. III, Paris, 1976.
MUSÉES : ANGERS (Mus. des Beaux-Arts) : *Oliviers à Menton* 1911 – *Vue d'Albano* 1913.
VENTES PUBLIQUES : COLOGNE, 17 mai 1980 : *Villa Borghese* 1912, h/pan. (17x25) : **DEM 2 200**.

DELAUNAY Pierre François ou **Delauney**
Né le 21 décembre 1759 à Bayeux. Mort le 26 août 1789 à Bayeux. XVIIIe siècle. Français.
Peintre.
Cet artiste ne figura qu'à l'Exposition de la Jeunesse, en 1787, 1788 et 1789. Au Musée de Bayeux, on conserve de lui : *Les boudeurs*, et à celui de Sheffield : *L'Abbaye de Westminster*.

DELAUNAY Prosper Louis
XIXe siècle. Français.
Peintre.
Exposa au Salon de Paris de 1840 à 1851.

DELAUNAY Robert
Né en 1749 à Paris. Mort le 20 avril 1814 à Paris. XVIIIe-XIXe siècles. Français.
Graveur.
Frère et élève de Nicolas Delaunay, exposa au Salon de Paris, de 1791 à 1812.
D'entre ses estampes, on cite surtout : *Les Soins mérités*, d'après Lawrence, *Le Malheur imprévu*, d'après Greuze, *Les adieux à la nourrice*, d'après Et. Aubry, *Les Adieux*, d'après Moreau le jeune, *J'y passerai*, d'après Borel, et quantité de portraits, de vignettes, d'ex-libris, toujours traités d'une pointe alerte et spirituelle.

DELAUNAY Robert
Né le 12 avril 1885 à Paris. Mort le 25 octobre 1941 à Montpellier (Hérault). XXe siècle. Français.
Peintre de compositions animées, natures mortes, peintre de décors de théâtre. Cubiste-orphique, abstrait.

Robert Delaunay n'eut pas de formation institutionnelle en art, il ne fréquenta aucune école. Il abandonna tôt ses études pour entrer, en 1902, à dix-sept ans, dans l'atelier de décors de théâtre de Ronsin, à Belleville, qu'il quitta en 1905 pour se consacrer à la peinture. Passant ses vacances à Pont-Aven, il y avait entre-temps, en 1902-1904, reçu les conseils des quelques peintres qui y travaillaient encore sur les traces de Gauguin et des Nabis. À partir de là, il s'intéressa aux néo-impressionnistes, aux expériences et théories du physicien Chevreul sur les « contrastes simultanés de couleurs », et surtout à Seurat, duquel, d'une certaine façon, il poursuivit la réflexion et l'œuvre. En 1906, il commença son service militaire, et fut tôt réformé. Il reprit alors, non pressé, toujours en autodidacte, ses investigations personnelles, poursuivant l'étude de Seurat et des lois de Chevreul sur la couleur, s'informant au Louvre des arts égyptien et chaldéen. C'est le moment de la genèse du cubisme, il s'intéressa à la solution cézanienne de la transcription de l'espace, à la solution instinctive de la transcription du volume proposée par l'art nègre. Il vit les œuvres de Picasso et Braque, connut, en 1907 ou 1908, Metzinger. Dès 1907, il s'est lié d'une grande amitié avec le « douanier » Henri Rousseau. Son propre tempérament, direct et populaire, le portait à comprendre les productions de l'instinct à l'état pur. Il lui fit commander par sa mère *La charmeuse de serpents*, et, à la vente publique de son atelier qui suivit la mort de Rousseau, il acquit encore dix autres peintures. Pendant ce temps et jusqu'en 1909, Delaunay emmagasinait informations et réflexions en vue de constituer ses propres vocabulaire et syntaxe. En 1910, il épousa Sonia Terk, jeune femme peintre russe, qu'il connaissait depuis 1907, et qui menait des recherches sur la couleur parallèles aux siennes.

En 1911, aux côtés de Gleizes, Metzinger, Léger, il exposait dans la salle historique 41 du Salon des Artistes Indépendants, et Kandinsky l'invitait à participer à la première exposition du *Blaue Reiter*, et de nouveau en 1912. En 1912 aussi, il peignit en trois semaines pour le Salon des Artistes Indépendants, la grande composition de *La Ville de Paris*, qui attira aussitôt l'attention sur lui. Dans l'entourage d'Apollinaire, auprès duquel il faisait autorité quant à la peinture, et peu attiré par Picasso, ce fut surtout avec Albert Gleizes qu'il se lia. À la suite de sa participation au *Blaue Reiter*, Klee, August Macke, Franz Marc vinrent le voir à Paris. Klee traduisit un de ses articles en allemand. Par delà les frontières, une grande amitié s'instaura entre lui, Franz Marc et August Macke, tous deux devant bientôt disparaître dans le massacre imminent. Son influence s'étendait rapidement, s'étant certainement exercée, entre autres, sur Fernand Léger, ainsi que sur Franz Marc et Klee. En 1912, au sujet des *Fenêtres*, Paul Klee écrivit : « Delaunay a créé le type d'un tableau se suffisant à lui-même, et qui, n'empruntant rien à la nature, possède sur le plan de la forme une existence entièrement abstraite. »

En 1913, il fit une exposition à la Galerie *Der Sturm* de Berlin, à l'occasion de laquelle Apollinaire vint faire une conférence, très vraisemblablement sur le cubisme et l'orphisme, qui eut un grand retentissement. En 1914, lorsqu'éclata la déclaration de guerre, il était en Espagne, où, ainsi qu'au Portugal, il poursuivit longuement son séjour, puisqu'il était réformé. Il rencontra alors Diaghilev, qui lui commanda les décors pour le ballet *Cléopatre*. Il revint à Paris en 1921, y montrant en 1922 une exposition rétrospective de ses œuvres. La maison des Delaunay fut un lieu de rencontre recherché, où se retrouvaient artistes et écrivains. En 1925, il collabora avec l'architecte Mallet-Stevens pour son Pavillon de l'Exposition des Arts Décoratifs. En 1932-1934, il fut membre du groupe *Abstraction-Création*. De 1932 à 1938, il participa au Salon de l'Art Mural. Après deux années de préparation, il exécuta avec Sonia, à l'occasion de l'Exposition Internationale de Paris en 1937, en un mois et demi, six grands bas-reliefs en couleurs pour le Pavillon des Chemins de Fer de l'architecte Aublet, ainsi qu'une décoration de 780 mètres carrés : *Rythme*, pour le Pavillon de l'Air. Il était alors déjà gravement malade. En 1938, il peignit encore quelques toiles de la série des *Rythmes*, écrivit des notes sur ses travaux et ses idées. En 1939, il se retira à la campagne, près de Montfort-l'Amaury, tout en prenant part à l'organisation des trois expositions des *Réalités Nouvelles* à la Galerie Charpentier, destinées à la promotion de l'art abstrait, dont seules les deux premières eurent lieu avant la déclaration de guerre. Les *Réalités Nouvelles* réapparurent au lendemain de la guerre, institutionnalisées en « salon ». En 1940, lors de l'invasion des troupes hitlériennes, il se réfugia en Auvergne, puis à Mougins, avant d'aller mourir à Montpellier.

Ses premières peintures, autoportraits et natures mortes contemporaines des prémices du fauvisme, d'autant qu'issues des mêmes sources, étaient brossées par larges touches de couleurs violentes, à accord ou dissonance, dominant rouge-vert. À partir de 1906, sous l'influence de Seurat, il décomposait la lumière, non en pointillés de couleurs différentes, mais encore par larges taches, comme dans *Le fiacre* et *Le manège de cochons*. Il est à remarquer que, dès 1906, il composa ce *Manège* en rythmes circulaires, il devait d'ailleurs reprendre le même thème en 1913 et encore en 1922. En 1908, à l'époque de son amitié avec Henri Rousseau, lui-même peignit des études de feuillages d'après nature, mais transposées en couleurs, ainsi qu'une petite étude de paysage, d'atmosphère grise, où l'on remarque la présence de sa première Tour Eiffel, quand Rousseau l'avait déjà représentée. Après ces expérimentations successives, après ces études de gammes, en 1909 Delaunay se situa définitivement dans son œuvre propre : il peignit la série des *Saint-Séverin*. La ligne et la forme y tiennent compte de l'acquis cézannien et donc des données précubistes, mais avec un lyrisme de l'élan vertical et du rythme qui lui était très personnel, d'autant qu'il tenait fortement à se démarquer du cubisme et surtout de Picasso. C'est surtout dans le traitement de la lumière et de la couleur qu'il prenait une position indépendante : observant les phénomènes de réfraction des rayons lumineux réfléchis de pilier en pilier, il étale les faisceaux selon l'éventail de leur décomposition prismatique, celle de l'arc-en-ciel. Il s'en expliqua ultérieurement : « Rien d'horizontal ou de vertical : la lumière déforme tout, brise tout. » De 1910 à 1912, dans la série de ses *Tours de Laon* et dans les deux compositions de *La ville*, il se montra plus sensible à la lettre du cubisme de la période analytique : il en appliqua la décomposition-éclatement de la forme, la division-multiplication de l'espace, et surtout, faisant effort sur sa propension naturelle, il renonçait pour un temps à la fête prismatique de la couleur, jouant seulement sur des tons rabattus et sur les valeurs de lumière et d'ombre. Dans les trois grandes *Tour Eiffel* de 1910, il disloquait la représentation de l'espace, en faisant se télescoper les fragments, et, par le jeu combiné d'une construction tenant compte de la succession des différents angles de vue pour un spectateur en mouvement, et de contrastes simultanés et violents de couleurs renforcées se repoussant réciproquement, il multipliait de façon saisissante la profondeur et surtout l'élévation de l'espace réel de la toile et de la Tour Eiffel incluse, présageant ou rejoignant les proches recherches des futuristes italiens. Si l'on retrouve parfois chez les cubistes orthodoxes un principe similaire de simultanéisme, il est toutefois aisé d'apprécier ce qui sépare sur ce point Delaunay du cubisme analytique : quand les cubistes donnent « simultanément » les différents aspects présentés par un objet selon les angles sous lesquels on pourrait le regarder, c'est dans le souci de le traduire d'un coup globalement et de le soustraire justement à la notion du temps qu'il faudrait pour tourner tout autour et le percevoir sous tous ses angles, il s'agit de le figer dans son « intemporalité » toute classique. Delaunay lui aussi voulait rendre compte de la totalité des aspects des objets, mais « dans le mouvement » qui permet de le contourner sous tous ses angles, dans une perspective « dynamique ». Au cubisme de la forme, il opposait le cubisme du mouvement. Ces œuvres, jusqu'à 1912, appartiennent à une période qui est dite communément « destructive ». Il en va de cette appellation comme de toutes les autres, elle semble répondre à l'aspect éclaté des faits représentés, dans la tentative nouvelle de les faire passer de leur représentation spatiale statique, à leur existence dans la notion d'espace-temps. En fait, Delaunay n'était peut-être pas totalement à l'aise dans cette phase de compromis.

Dans son approche, encore floue, d'une dynamique de la couleur en elle-même, la contingence de l'objet, la contingence de la réalité dans sa représentation, l'entravait. Il pressentait que : « la couleur seule est à la fois forme et sujet ». Il se détacha de la période précédente et pénétra dans l'aventure suivante, avec la grande composition de *La Ville de Paris*, peinte en trois semaines pour le Salon des Indépendants de 1912, où il faisait la somme de tout ce que le cubisme a pu lui apporter, avec tout ce que lui-même a pu apporter au cubisme, et qui empêchait justement qu'il pût s'y fondre totalement : trois grandes figures féminines, ou bien est-ce la même à trois moments différents ? se partagent l'espace et le temps de la toile ou plutôt se partagent les trois moments de l'espace, une des extrémités de la composition baignant dans la chaleur des rouges, orangés, jaunes de l'ardeur du soleil, l'autre noyée dans la fraîcheur des bleus et des violets de

l'ombre. De cette peinture, Apollinaire pressentit bien qu'il s'y passait quelque chose qui dépassait le cubisme : « C'est le tableau le plus important du Salon. »
D'aucuns considèrent que cette peinture marque le début de la période suivante, que l'on est convenu de nommer « constructive », de l'œuvre de Delaunay. Toujours est-il que c'est à partir de là qu'Apollinaire ressentit le besoin de trouver un terme spécifique pour désigner et distinguer, à l'intérieur du cubisme, la démarche propre à Delaunay. Il la nomma « orphisme », variante par rapport au cubisme analytique, dans laquelle il incluait Léger, Picabia, Marcel Duchamp, le Tchèque Kupka, les Américains Patrick Henry Bruce, Stanton Macdonald Wright, et la Russe Sonia Terk, femme de Delaunay. Par opposition au cubisme originel, il définit l'orphisme : « l'art de peindre des ensembles nouveaux avec des éléments empruntés non à la réalité visuelle, mais entièrement créés par l'artiste et doués par lui d'une puissante réalité ». Indépendamment de toute confrontation de dates, on pourrait voir là la définition qui marque historiquement l'origine de l'art abstrait. En 1912, tandis qu'Apollinaire lui dédiait son poème *Fenêtres*, Delaunay peignit la série des *Fenêtres*, avec lesquelles il proposait des constructions de l'espace complètement détachées de la réalité de l'espace concret des choses, et dont la lumière et la couleur sont les seules constituantes. Il définissait ces *Fenêtres* : « des phrases colorées, vivifiant la surface de la toile de sortes de mesures cadencées, se succédant, se dépassant en des mouvements de masses colorées. La couleur agissant cette fois presqu'en fonction d'elle-même », et écartait la représentation des objets « qui viennent interrompre et corrompre l'œuvre colorée ». On le voit, au moins dans le même temps que Kandinsky, Mondrian, Malévitch, et alors qu'il était très sensiblement plus jeune qu'eux, Delaunay eut l'intuition d'une peinture radicalement non figurative. On trouve encore, toujours dans ses *Carnets de Notes* que publia Pierre Francastel, et toujours confusément exprimé, bien que d'intention claire : « À ce moment (1912), j'eus l'idée d'une peinture qui ne tiendrait techniquement que de la couleur – des contrastes de couleurs, se développant dans le temps et se percevant simultanément, d'un seul coup. J'employais le mot scientifique de Chevreul : *les contrastes simultanés*. Je jouais avec les couleurs, comme on pourrait s'exprimer en musique par la fugue, des phrases colorées, fuguées... Les réminiscences d'objets, des déchets, m'apparaissaient comme des éléments nuisibles. J'avais bien l'intention de fondre ces images objectives dans ces rythmes colorés, mais ces images étaient d'une autre nature... donc il y avait dissociation. Dans le cubisme, ces réminiscences des objets ne gênaient pas, puisque le cubisme est graphique, les aménagements de la couleur sont linéaires ; mais dans la couleur, qui est dynamique et d'une autre nature que linéaire, il y avait conflit. Alors m'est venue l'idée de supprimer les images vues dans la réalité. » Comme le remarqua Maurice Raynal, en cette brève époque où, simultanément en plusieurs lieux étrangers, s'éveillait l'idée, à l'exemple de la musique indifférente à l'imitation des sons naturels, d'une peinture libre de toute représentation du réel visuel, on reconnaît l'écho du poème de Mallarmé :

« Mais chez qui du rêve se dore
Tristement dort une mandore
Au creux néant musicien
Telle que vers quelque fenêtre
Selon nul ventre que le sien
Filial on aurait pu naître »

« Dans cette même année 1912, après avoir peint les *Fenêtres simultanées prismatiques*, desquelles il n'est tout de même pas parvenu à éliminer toute référence à des éléments de la réalité extérieure, il peignit les *Disques* et les *Formes circulaires cosmiques*, rigoureusement détachés de toute représentation de la réalité, si ce n'est l'inévitable association d'image avec le disque solaire, mais, et on l'a constaté encore avec l'ascèse minimaliste américaine, quelle forme humainement créée pourrait ne rencontrer aucune ressemblance extérieure ? Alors, les éléments figuratifs sont réapparus et ont subsisté jusqu'en 1930, avec, en 1913 : *L'Équipe de Cardiff*, en 1914 : *l'Hommage à Blériot*, peintures dans lesquelles il est évident que, momentanément et d'ailleurs superbement, la dynamisation de l'espace par l'utilisation systématique des contrastes simultanés, a pris le pas, dans le projet de Delaunay, sur la recherche de l'abstraction pure. Pendant son séjour espagnol et portugais, il peignit des natures mortes, signifiant un retour certain à l'objet et sans doute une régression dans sa démarche ; il ne fut pas le seul à être perturbé par le conflit mondial. Puis, de 1922 à 1926, revenu en France et à ses anciennes préoccupations dynamiques, il peignit la série des *Coureurs*, reprit par séries les thèmes anciens de *L'équipe de Cardiff*, de la *Tour Eiffel*, du *Manège*, et peignit quelques portraits de ses amis : Philippe Soupault, Tristan Tzara, Louis Aragon, la femme du couturier Jacques Heim, de laquelle il exécuta en 1926 vingt-trois études allant de l'étude figurative à des variations presqu'abstraites. En 1930, stimulé par Albert Gleizes, il renoua avec son projet d'abstraction totale de 1912, reprit, en intégrant des reliefs en plâtre et matériaux divers, la série des *Rythmes sans fin*, qu'il développa monumentalement, aidé par sa femme Sonia, Gleizes, Jacques Villon, Survage et Bissière, dans ses décorations des Pavillons des Chemins de Fer et de l'Air pour l'Exposition Universelle de 1937, qui furent suivies de ses dernières œuvres : le *Grand Rythme Circulaire* de 1937 et les trois *Rythmes* de 1938.
Outre, dans leurs successives formulations, la présence et la force de ses œuvres, dans une époque de confrontations exceptionnellement puissantes entre fauvisme, expressionnisme, cubisme, abstraction, dada et surréalisme, Delaunay aura été celui qui approcha de la frontière d'un domaine inconnu, devant lequel il hésita : « Nous sommes à l'A.B.C. de la peinture nouvelle. » Auprès du public dont l'attention ne s'éveilla qu'après la guerre en 1945, pour ses initiateurs alors disparus, Delaunay, Kandinsky, Klee, Mondrian, l'aventure de l'art abstrait aura été une aventure posthume. ■ Jacques Busse

· R. delaunay

Bibliogr. : Jean Cassou : Préface de l'exposition *Delaunay*, Gal. Louis Carré, Paris, 1946 – Michel Seuphor : *L'art abstrait, ses origines, ses premiers maîtres*, Maeght, Paris, 1949 – Gilles de La Tourette : *Robert Delaunay*, Paris, 1950 – Jacques Lassaigne, in : *Diction. de la Peint. Mod.*, Hazan, Paris, 1954 – Michel Seuphor, in : *Diction. de la Peint. Abstraite*, Hazan, Paris, 1957 – Pierre Francastel : *Du cubisme à l'art abstrait, les cahiers inédits de Robert Delaunay*, Sevpen, Paris, 1957 – Jean-Clarence Lambert, in : *Histoire Générale de la Peint.*, t. XXIII, Rencontre, Lausanne, 1967 – Michel Hoog : Catalogue de l'exposition *Robert et Sonia Delaunay*, Mus. Nat. d'Art Mod., Paris, 1967 – Pierre Cabanne, Pierre Restany : *L'avant-garde au xxe siècle*, Balland, Paris, 1969 – in : *Les Muses*, Grange Batelière, Paris, 1971 – Bernard Dorival : *Robert Delaunay, 1885-1941*, Damase, Paris, Bruxelles, 1975 – Michel Hoog : *Robert Delaunay*, Flammarion, Paris, 1976 – divers : Catalogue de l'exposition *Robert et Sonia Delaunay*, Mus. d'Art Mod. de la Ville, Paris, 1984.

Musées : Amsterdam (Stedelijk Mus.) : *Formes circulaires, Soleil Lune* 1913 – Bâle : *La Tour Eiffel* 1910 – Düsseldorf (Kunstsammlung Nordrhein-Westfalen) : *La Tour aux rideaux* 1910 – Eindhoven (Stedelijk Van Abbe Mus.) : *L'équipe de Cardiff* 1913 – Grenoble : *Hommage à Blériot* 1914 – New York (Mus. of Mod. Art) : *Disque simultané* 1913 – New York (Solomon R. Guggenheim Mus.) : *Saint-Séverin* 1909 – *Tour Eiffel aux arbres* 1909 – *La Tour Eiffel* 1910 – *Fenêtre sur la ville* 1910-1911 – *La ville* 1911 – *La Tour Eiffel rouge* 1911-1912 – *Fenêtres, composition simultanée* 1912 – *Formes circulaires* 1912 – *La Tour Eiffel rouge* 1914 – Paris (Mus. Nat. d'Art Mod.) : *Autoportrait (au dos : Paysage au disque)* 1906-1907 – *La ville N°2* 1911 – *La ville de Paris* 1910-1912 – *Le clocher de Laon* 1911-1912 – *Fenêtres* 1912 – *Formes circulaires, soleil N°2* 1912-1913 – Paris (Mus. d'Art Mod. de la Ville) : *L'équipe de Cardiff* 1913 – Philadelphie (Mus. of Art) : *Fenêtres* 1912.

Ventes Publiques : Paris, 1er juil. 1955 : *Arc-en-ciel* : **FRF 475 000** – Londres, 7 juil. 1960 : *Nature morte portugaise*, cr., pl. et encre : **GBP 320** – Milan, 27 mars 1962 : *Nature morte au tapis rouge*, relief ciment coloré : **ITL 6 500 000** – Versailles, 13 mars 1963 : *La Grâce*, bas-relief plâtre coloré : **FRF 19 000** – New York, 11 déc. 1963 : *Formes circulaires (Lune N°2)* : **USD 14 000** – Londres, 23 juin 1965 : *Les coureurs* : **GBP 8 000** – Paris, 8 déc. 1966 : *Vue de Paris et la Tour Eiffel* : **FRF 116 000** – Londres, 26 avr. 1967 : *Fenêtres ouvertes simultanément (1re partie 3e motif)* : **GBP 14 500** – Paris, 12 mars 1970 : *Le Minho pittoresque*, gche : **FRF 20 000** – Genève, 8 déc. 1970 : *Les trois Grâces* : **CHF 84 000** – Londres, 30 nov. 1971 : *La Tour Eiffel* : **GNS 14 000** – Londres, 4 déc. 1974 : *Portugaise au potiron* 1915 : **GBP 15 000** – Paris, 31 mars 1976 : *La Tour Eiffel* 1928, h/t (81x65) : **FRF 85 000** – Versailles, 2 juin 1976 : *Composition aux disques*, plâtre et aggloméré de sable (H. 58, l. 58) : **FRF 19 000** – Londres, 7 déc. 1977 : *Les Coureurs* vers 1924-1926, h/t (65x81) :

GBP 11 000 – VERSAILLES, 7 juin 1978 : *Construction simultanée* 1912, past./pap. calque (28,5x21) : **FRF 27 000** – LONDRES, 6 déc. 1978 : *La Tour Eiffel* 1928, h/t (80x63,5) : **GBP 22 000** – PARIS, 12 déc. 1979 : *Paysage de Bretagne* 1905, h/t (59x63) : **FRF 10 000** – NEW YORK, 22 mai 1981 : *Tour Eiffel* 1928, cr./pap. (62,5x47,7) : **USD 12 000** – NEW YORK, 18 mai 1983 : *La flèche de Notre-Dame* vers 1909-14, aquar. (63,5x45) : **USD 30 000** ; *La Tour Eiffel au rideau* 1910, cr. lithographique noir (39,5x33) : **USD 35 000** – NEW YORK, 15 nov. 1983 : *La verseuse* 1916, h/t (145,5x160,4) : **USD 130 000** – LONDRES, 26 juin 1984 : *La Tour* 1925, litho. (61,2x44,8) : **GBP 17 000** – LONDRES, 5 déc. 1985 : *Étude pour « Les fenêtres »* 1912, aquar. (37x83,5) : **GBP 120 000** – LONDRES, 24 juin 1986 : *La verseuse* 1918, peint. à la colle/t. (115x150) : **GBP 180 000** – LONDRES, 30 nov. 1987 : *La tour Simultanée* 1910, aquar., gche et pl. (63,5x47,5) : **GBP 165 000** – PARIS, 4 mars 1988 : *Crique rocheuse* 1905, h/t (50x61) : **FRF 68 000** – PARIS, 24 mars 1988 : *Portrait d'Henri Rousseau, dit « Le Douanier »* 1910, fus./calque (55x44) : **FRF 60 000** – LONDRES, 28 juin 1988 : *Femme à la pastèque* 1915, craie grasse/t. (91x90,5) : **GBP 176 000** – PARIS, 20 nov. 1988 : *Robe simultanée* 1913, h/cart. (28,5x21,5) : **FRF 1 450 000** – PARIS, 21 nov. 1988 : *Portrait de Madame Heim* vers 1926-1927, h/pan. (45,8x37,8) : **FRF 650 000** – LONDRES, 5 avr. 1989 : *Vue de Paris depuis Notre-Dame* 1914, craie grasse/t. (58x38) : **GBP 286 000** – LONDRES, 27 juin 1989 : *Nature morte aux gants* 1906/07, h/t (100,4x81,3) : **GBP 209 000** – LONDRES, 28 nov. 1989 : *Portrait de Mme Jacques Heim* 1928, h/t (129x96) : **GBP 143 000** – PARIS, 20 mars 1990 : *Les tours de Laon* 1912, aquar. (56x45) : **FRF 850 000** – PARIS, 25 mars 1990 : *Tour Eiffel* 1929, h/t (82x65) : **FRF 6 000 000** – LONDRES, 3 avr. 1990 : *La tour rouge* 1928, h. et temp./t. (169x77) : **GBP 4 290 000** – NEW YORK, 16 mai 1990 : *Nature morte à la nappe rouge* 1937, h/t (120x100) : **USD 550 000** – PARIS, 17 oct. 1990 : *Fleurs*, h/t (53,5x34) : **FRF 125 000** – PARIS, 26 nov. 1990 : *Relief : Rythme*, composition de caseine et liège à fond blanc et saupoudrage de sable (60x60x5) : **FRF 600 000** – NEW YORK, 9 mai 1991 : *Portugaise au potiron*, encaustique/t. (128x96) : **USD 165 000** – LONDRES, 25 juin 1991 : *Formes circulaires – soleil n° 3*, h/t (81,5x65,5) : **GBP 418 000** – NEW YORK, 5 nov. 1991 : *Premier disque* 1912, h/t (134,6) : **USD 5 170 000** – PARIS, 17 nov. 1991 : *Les coureurs* 1924, h/t (81x100) : **FRF 2 100 000** – PARIS, 28 nov. 1991 : *Les coureurs* 1924, aquar. et gche (32,5x37) : **FRF 650 000** – NEW YORK, 13-14 mai 1992 : *Arc-en-ciel* 1913, aquar./pap. (47,6x59,7) : **USD 60 500** – NEW YORK, 11 nov. 1992 : *Air, fer et eau*, gche et cr./pap./pan., étude (49,5x85,1) : **USD 143 000** – PARIS, 24 nov. 1992 : *Rythme*, gche au pochoir (19,5x12) : **FRF 60 000** – PARIS, 12 mai 1993 : *La tour Eiffel* 1910, pointe d'argent (42x30) : **FRF 85 000** – PARIS, 29 avr. 1994 : *Tour Eiffel* 1929, h/t (82x65) : **FRF 2 550 000** – PARIS, 24 nov. 1995 : *Triomphe de Paris* 1929, h/t (60x81) : **FRF 520 000** – NEW YORK, 30 avr. 1996 : *Triomphe de Paris*, h/t (60x81) : **USD 200 500** – PARIS, 20 juin 1996 : *Paysage inachevé* 1909, h/t (38x46) : **FRF 91 500** – LONDRES, 26 juin 1996 : *La Verseuse portugaise* 1916, past./pap./t. (76x105) : **GBP 106 000** – LONDRES, 25 juin 1996 : *Nature morte au perroquet (recto), Portrait du Docteur Piraz (verso)* 1907, h. et cire/t. (62x51) : **GBP 84 000** ; *Bretonne et enfant dans un paysage* 1905, h/t (47x72,5) : **GBP 9 200** – LONDRES, 3 déc. 1996 : *Étude pour l'Équipe de Cardiff n° 8* vers 1913, h/t mar./cart. (45,5x35,6) : **GBP 97 200**.

DELAUNAY Simone

Née à Montargis (Loiret). XXe siècle. Française.

Peintre de portraits, paysages, natures mortes, décoratrice.

Elle a pris part au Salon d'Automne de Paris depuis 1925 et au Salon des Tuileries depuis 1927.

MUSÉES : ÉPINAL (Mus. départ. des Vosges) : *Le Tunisien*.

VENTES PUBLIQUES : VERSAILLES, 29 oct. 1989 : *Personnages à Montmartre*, h/t (73x54) : **FRF 6 000** – VERSAILLES, 21 oct. 1990 : *Rue de Montmartre*, h/t (73x54) : **FRF 3 200**.

DELAUNAY-BELLEVILLE Yvonne Marcelle Suzanne

Née à Quimper (Finistère). XXe siècle. Française.

Peintre.

Elle a régulièrement participé au Salon de la Société Nationale des Beaux-Arts à Paris, au Salon d'Automne, notamment en 1932 et au Salon des Tuileries.

DELAUNAY-TERK Sarah, puis **Sonia**, née **Stern Sarah**

Née le 14 novembre 1885 en Ukraine. Morte le 5 décembre 1979 à Paris. XXe siècle. Depuis 1905 active en France. Russe.

Peintre, décoratrice, affichiste. Abstrait-orphique.

Ses parents, juifs pauvres d'Ukraine, ayant disparu lorsqu'elle n'a que cinq ans, elle est élevée par son oncle maternel, l'avocat aisé Henri Terk, à Saint-Pétersbourg, mais qui ne l'adopte pas. Elle s'intéresse à l'ethnologie, aux mathématiques, à la peinture, passe ses vacances en Finlande, Suisse, Italie et Allemagne. Entre 1903 et 1905, elle obtient l'autorisation d'aller étudier le dessin à Karlsruhe dans l'atelier de Schmidt-Reutter, découvrant la peinture expressionniste allemande. Elle se rend à Paris en 1905, où elle s'installe définitivement, fréquente l'Académie de la Palette où elle rencontre Ozenfant, Segonzac, Boussingault et s'initie à la gravure. Mais le grand choc de Sonia vient de Van Gogh et de Gauguin ; elle est éblouie par les toiles des fauves exposées chez le collectionneur et marchand de tableaux Wilhelm Uhde, qu'elle épouse par passion picturale en 1908. Un an plus tard, elle rencontre Robert Delaunay, divorce et se remarie en 1910. Elle commence alors, en compagnie de Robert, une vie consacrée à la peinture : « La passion de peindre a été notre lien principal », écrit Sonia, cela se confondait avec l'amour de la vie. Leur fils, Charles, naît en 1911. A cette époque, elle fait la connaissance de Picasso, Braque, Derain, Vlaminck, mais se lie d'amitié avec Apollinaire. Les Delaunay soutiennent d'ailleurs très chaleureusement le poète au moment du vol de la Joconde. Une solide amitié s'établit également avec Blaise Cendrars en 1913. A la déclaration de la guerre, Robert étant réformé, tous deux s'en vont en Espagne en 1914, puis s'installent au Portugal en 1915-1916 et s'initie à la poterie. A la suite de la révolution russe, Sonia est privée de revenus, elle rentre avec Robert à Madrid où, soutenue par Diaghilev et ses relations, elle se lance dans la décoration et la mode, exécutant la décoration intérieure du Petit Casino et les costumes pour la première revue. Elle ouvre, à Madrid, un magasin de mode pour lequel elle crée des modèles de robes, manteaux, sacs, ombrelles, fauteuils, canapés, rideaux, trousseaux pour les jeunes filles de l'aristocratie espagnole, dont le succès est si vif qu'elle doit ouvrir des succursales à Barcelone et à Bilbao. En 1918, elle dessine pour Diaghilev les costumes du ballet *Cléopâtre*, dont les décors sont faits par Robert. Les Delaunay rentrent à Paris en 1921, se lient avec les surréalistes : Soupault, Tzara et Breton. Entre son arrivée à Paris et 1930, Sonia déborde d'activités, décore la librairie « Au sans pareil » à Neuilly (1922), réalise des reliures d'ouvrages de Tzara et d'Iliazd, fait ses première écharpes « simultanées », ses premiers tissus pour une maison de Lyon, ses premiers manteaux en tapisserie de laine. En même temps, elle crée des costumes pour *Le Cœur à gaz* de Tzara (1923), pour la présentation au Claridge en 1924 du poème de Delteil : *La mode qui vient*, les costumes et décors des films *Le P'tit Parigot* de Somptier et *Vertige* de Marcel l'Herbier (1926), les costumes pour le Carnaval de Rio (1928), les décors pour le ballet *Les Quatre Saisons* de Massine (1928). Voulant reconduire son expérience de Madrid, elle ouvre à Paris en 1924, avec le couturier Jacques Heim, une maison de couture pour laquelle elle édite elle-même ses tissus. A nouveau, le succès est énorme et n'est interrompu que par la crise de 1929, date à laquelle les commandes américaines sont stoppées ; c'est l'occasion pour Sonia de fermer boutique et de revenir à la peinture pure, dès 1931. Il faudrait à ce sujet éviter tout malentendu. Lorsqu'en 1930, Sonia écrit : « Il faut tout laisser tomber et revenir à la peinture pure », cela ne veut pas dire qu'elle fait une distinction entre un art mineur et un art majeur. Ses projets de tissus, de robes, de décors, etc. enfin tout ce qui touche au quotidien, sont comme ses huiles, ses gouaches, etc. l'expression d'une même recherche, d'une même volonté. D'ailleurs, dans son livre *Nous irons jusqu'au soleil*, elle se félicite de la façon dont Jacques Damase avait compris « qu'il n'y avait aucun hiatus entre sa peinture et ses travaux dits *décoratifs* et que le *genre mineur* n'avait jamais été une frustration artistique, mais une expansion libre, une conquête d'espaces nouveaux, c'était l'application d'une même recherche. » En revanche, importunée par les problèmes d'affaires, elle est, en 1930, libérée de toutes ces contingences et surtout de la comédie des relations mondaines. Elle renie d'autant moins son activité d'artiste décorateur qu'elle continue à avoir des commandes dans ce domaine.

Sonia remporte, en 1936, le premier prix d'affiche lumineuse au concours organisé par la Compagnie parisienne de Distribution d'électricité. Elle obtient la médaille d'or pour ses peintures murales exécutées pour l'exposition de 1937 sur le thème des voyages et de l'aviation : *Voyages lointains – Portugal*, pour le Palais du Chemin de Fer, *Moteur d'avion – Tableau de bord – Hélice*, pour le Palais de l'Air. Elle commence une série de toiles intitulées *Rythme* ou *Rythme coloré* ou *Rythme couleur*. Elle cherche par tous les moyens à défendre l'art abstrait et se joint à

Robert, Nelly Van Doesberg, Fredo Sidès pour organiser en 1939 le premier Salon d'art abstrait : le Groupe des Réalités Nouvelles, à la Galerie Charpentier. Le 25 octobre 1941, Robert meurt et Sonia va vivre à Grasse chez les Arp et les Magnelli, jusqu'en 1944. C'est seulement pendant la guerre et l'occupation allemande que Sonia apprend à son fils, Charles Delaunay, fondateur du *Hot Club de France*, qu'elle est juive et s'en inquiète pour lui, d'autant qu'il s'occupe de musique « nègre ». Elle revient à Paris en 1945 et son principal souci est de sauvegarder l'œuvre de son mari. Elle se bat pour montrer combien Robert marquait une étape décisive de l'art moderne, allant bien au delà du cubisme. En 1946, elle organise avec Louis Carré la première grande rétrospective de Robert et avec Fredo Sidès la seconde manifestation des Réalités Nouvelles, officialisée en tant que Salon. De son côté, elle continue à peindre et aussi à créer des tapisseries, des broderies abstraites chez Colette Allendy (1948), réalise un hommage à Robert à la Galerie Maeght en 1949. Tout au long de sa carrière, Sonia travaille sur plusieurs plans à la fois, ainsi réalise-t-elle une porte monumentale pour Berliet au Salon de l'Automobile en 1957, publie des livres, édite son jeu de cartes simultanées en 1960, illustre des poèmes de Rimbaud, Mallarmé, Cendrars, Delteil, Soupault, Tzara, en 1962. Dans le souci d'empêcher la dispersion de l'œuvre de son mari et d'elle-même, elle fait don, en 1963, au Musée National d'Art Moderne de Paris de cent dix-sept de leurs œuvres et en 1977, fait une autre donation à la Bibliothèque nationale. Infatigable, jusqu'à la fin de sa vie, elle s'intéresse à toutes les branches des Arts Décoratifs, réalisant en 1966 des cartons de vitraux pour l'église de Saux dans le Quercy, des mosaïques à la Fondation Pagani, près de Milan, des cartons de tapisseries pour les Gobelins. Aucun domaine ne lui échappe : elle exécute des tapis à la main, décore une Matra 530 en 1967, fait les décors et costumes pour *Danses concertantes* de Stravinsky en 1968, réalise un Alphabet et des Robes-poèmes en 1969. Et, entre temps, elle peint des toiles aussi importantes que *Rythme syncopé, dit Serpent noir* (1967) ou *Rythme couleur, dit Grand tableau rond* (1967). Malgré un accident en 1978, elle réalise encore cette année-là, avec Patrick Raynaud, les costumes de la pièce *Six Personnages en quête d'auteur* de Pirandello, jouée à la Comédie-Française. Elle participe aussi en 1979 à plusieurs manifestations artistiques avant de mourir, le 5 décembre, dans son atelier. Chevalier des Arts et Lettres en 1958, elle avait reçu la Légion d'Honneur en 1975. Lorsque le président Pompidou se rend en visite aux États-Unis, il offre au président Nixon une toile de Sonia Delaunay.

Elle avait participé à plusieurs expositions collectives, notamment avec Robert, au premier Herbstsalon à Berlin en 1913, au Salon des Artistes Indépendants en 1914, à Bilbao et Madrid en 1919, au Salon d'Automne de 1924, à *Trente ans d'Art Indépendant* au Grand Palais en 1926, à la première exposition de l'Union des Artistes Modernes au Musée des Arts Décoratifs à Paris en 1930. La même année, elle expose avec le groupe Produktion du Kunstsalon Wolsberg à Zurich et participe à une exposition itinérante organisée par les musées américains à Boston, New York, Chicago et Cleveland. En 1932, elle expose à Lodz puis à Paris avec les groupes Abstraction-Création et Peinture Murale. Naturellement, elle figure à l'exposition de 1937 à Paris, à celle d'Art Mural en 1938 et 1949, au Salon des Réalités Nouvelles à partir de 1939. Elle participe à plusieurs manifestations parisiennes, dont celle sur le *Cubisme 1907-1919*, organisée au Musée National d'Art Moderne en 1953, à la Rétrospective des années 1925 au Pavillon Marsan en 1965. A la Fondation Gulbenkian à Lisbonne, elle expose avec Robert et d'autres peintres en 1972. En 1976, elle refusa le Grand et le Petit Palais de Paris, pour une exposition rétrospective conjointe des œuvres de Robert et des siennes, et obtint finalement le Musée de l'Orangerie, s'effaçant pour n'exposer que l'œuvre de Robert, seul. On la retrouve à l'exposition *Tendances des Années 20* à Berlin en 1977, au Salon des Artistes Indépendants, dans le cadre de *l'Or des Années Folles* en 1979, dans celui le *l'Art des années 30* à Saint-Étienne et à la commémoration de l'Exposition de 1937, au Musée National d'Art Moderne à Paris en 1979. Dès 1908, elle avait personnellement exposé à Paris, puis à Munich en 1913, Stockholm 1916, Berlin 1920, Mannheim 1927, avant de revenir exposer à Paris en 1929, 1953, 1962, 1964, 1967 dans le cadre d'une grande réprospective au Musée National d'Art Moderne, 1970, 1972 pour une autre rétrospective de ses tapisseries au Musée d'Art Moderne de la Ville de Paris, 1975 pour un Hommage au Musée National d'Art Moderne, 1978 avec Artcurial, enfin, à titre posthume, en 1985 une grande rétrospective faite au Musée Municipal d'Art Moderne, à l'occasion du centenaire de la naissance de Robert et de Sonia. Une exposition personnelle lui avait été consacrée pour la première fois à New York en 1955, au Kunsthaus de Bielefeld en 1958, avec Robert à Lyon en 1959 et à Ottawa en 1965, à Grenoble en 1974, Cologne 1975, une exposition itinérante est organisée par le Centre Pompidou en 1976, tandis qu'elle expose à Bâle en 1979.

Dès ses débuts, Sonia Delaunay pratique un art marqué par la couleur ; elle laisse transparaitre son admiration pour Van Gogh, par l'intensité de ses couleurs et pour Gauguin, par ses aplats et ses cernes. *La Jeune Finlandaise* et le *Nu jaune* en sont des exemples flagrants : l'une a le visage illuminé par des tons vifs de rouge, rose, orangé, son corps bleuté et orangé est cerné de noir ; tandis que le nu, jaune, comme son titre l'indique, est cerné d'une ombre bleue et d'un trait noir. Sa première œuvre abstraite est la couverture composée de plusieurs bouts de tissus qu'elle réalise en 1911 pour le lit de son fils. Elle s'en explique très simplement : « Les paysannes russes font comme ça. En observant la disposition des fragments d'étoffes, mes amis s'exclamèrent : *Mais c'est cubiste !* Cette mosaïque de tissus, c'était spontané, voilà tout. J'ai continué à appliquer cette constuction à d'autres objets. Des critiques d'art y ont vu une *géométrisation* des formes et un chant de couleurs qui annoncent mes travaux des années suivantes. » Cette première expérience définit déjà la position de Sonia : elle fait des découvertes par l'intermédiaire de l'art décoratif et travaille essentiellemnt d'instinct. Enfin, est mentionnée la notion de cubisme et la question est posée sur ses relations avec le cubisme. Si Robert et Sonia ont été délivrés de la représentation formelle par le cubisme, il se sont eux-mêmes délivrés de cette doctrine par le mouvement et la couleur. La grande nouveauté des Delaunay vient de la découverte de Robert de la théorie de Chevreul (1839) sur le contraste simultané des couleurs. Les premiers collages, les reliures, les premières toiles et tous les objets que Sonia peint dès 1912 sont l'illustration de cette théorie « simultanée ». A la même date, Apollinaire, dans le contexte de son livre sur *Les Peintres Cubistes*, invente (de même qu'il y invente le mot surréalisme), le terme d'orphisme qui est, selon lui, « l'application dans le domaine plastique du simultanéisme littéraire dont la base était la transformation de la poésie... par une sorte de réfraction, dans le poème, de sensations éprouvées simultanément par l'auteur sans établir de hiérarchie entre elles. » Ainsi s'ouvre l'opposition entre les cubistes « orthodoxes » et « le renégat orphique ». Pour sa part, Sonia explique ainsi ce qui caractérise une œuvre simultanée : « Les couleurs pures devenant plans et s'opposant par contrastes simultanés créent pour la première fois la forme nouvelle construite non par le clair-obscur mais par la profondeur des rapports de couleurs mêmes. » *Le Bal Bullier* de 1913 se présente comme une longue frise dont les couleurs posées simultanément donnent un rythme tournoyant aux formes qui s'entremêlent sous une lumière changeante. Selon une même technique, elle illustre le poème de Blaise Cendrars : *La Prose du Transsibérien et la petite Jehanne de France*, réalisé sur une feuille de deux mètres de long, pliée en accordéon et permettant d'appréhender d'un seul regard l'ensemble du poème et de son illustration. Après ce premier livre simultané, Sonia crée des robes simultanées. Elle peint aussi les *Prismes électriques*, 1914, où la lumière devient source de recherche absolue, ainsi l'explique Sonia : « La brisure des objets et des formes par la lumière, et la naissance des plans colorés amenaient une nouvelle structure du tableau. » Robert et Sonia attaquent la lumière en face : « Nous avions retrouvé dans le ciel le principe émotif de toute œuvre d'art : la lumière, le mouvement de la couleur », et Sonia ajoute non sans une pointe d'acidité : « En le négligeant, les cubistes, comme plus tard les surréalistes, ont tout desséché, désincarné, figé. » Elle ajoute ensuite « Cet élément *irraisonné, absurde, lyrique*, nécessaire à la création humaine, et dont Cendrars parle superbement, c'est le chant sensuel de couleur. »

C'est cette lumière, cette couleur que Sonia et Robert devaient retrouver ensemble en Espagne puis au Portugal entre 1915 et 1921. Pour Sonia, la couleur est partout : c'est l'époque des *Chanteurs de Flamenco*, des *Natures mortes portugaises*, du *Marché au Minho* où le rythme des cercles lumineux et colorés s'agence dans des compositions qui deviennent abstraites. Pour mieux rendre la qualité de la lumière, Sonia, comme Robert, utilise la cire à chaud avec l'essence d'aspic comme médium. Cette conquête de la couleur touche non seulement les toiles et les aquarelles, mais aussi tout ce qui l'entoure dans la vie : l'ameublement, la mode, les objets usuels, les livres, les décors, tout ce qui touche à l'existence quotidienne. Sonia reprend toutes ces recherches décoratives lorsqu'elle revient à Paris en 1921 et crée des tissus dont les motifs de base sont géométriques : carrés, cercles, losanges, lignes brisées, dont l'agencement n'est jamais ennuyeux, où l'inattendu vient briser la régularité. Elle juxtapose les couleurs mais aussi les matières : drap, taffetas, tulle, pilou, moire et poult-de-soie, faisant dialoguer le vieux rose avec le tango, le bleu Nattier avec l'écarlate. Ses immenses panneaux décoratifs, comme ceux de Robert, pour l'Exposition de 1937, sont de compositions similaires, comme en rend compte Louis Cheronnet : « Ces cercles irisés, ces prismes et ces diagonales, ces segments multicolores composaient une symphonie picturale victorieuse et dynamique. Tout sifflait, crépitait, grinçait, explosait, tournoyait. C'était le monde de la précision mathématiques, de la vitesse frémissante. » Si l'union terrestre de Robert et de Sonia devait être interrompue par la mort de Robert en 1941, l'union picturale s'est prolongée jusqu'à la mort de Sonia en 1979. Elle a, dans un premier temps, vécu pour mettre en valeur l'œuvre de son mari, puis elle a voulu poursuivre la voie ouverte par celui-ci désirant, avant tout, défendre l'art abstrait. Elle a toujours voulu se mettre en retrait par rapport à lui, expliquant : « Il avait une attitude plus scientifique que moi vis-à-vis de la peinture pure, parce qu'il cherchait la justification des théories. A dater du jour où nous avons vécu ensemble, je me suis mise au second plan et je n'ai jamais paru en premier avant les années 50 » ; et si pour Robert, la couleur est issue d'une recherche scientifique, pour Sonia, cela « sort des tripes », ce que Robert exprimait ainsi : « Sonia a le sens atavique de la couleur ». *Les Rythmes Couleurs* de la fin de sa vie privilégient les formes circulaires, rectangles et carrés, lignes obliques, triangles et demi-cercles. Sa palette, qui s'était éclaircie depuis les années 1946-1947, « éclate peu après en de vibrants contrastes où les bleus profond, les rouges et les noirs dominent ». Son art est total, il concerne tous les domaines, il est dominé par un amour constant pour Robert et, à travers lui, pour la peinture pure. Sonia s'est battue pour l'œuvre de son compagnon et pour l'art abstrait dont elle marque un moment décisif. ■ Annie Pagès

Bibliogr. : Michel Seuphor : *L'art abstrait, ses origines, ses premiers maîtres*, Maeght, Paris 1949 – Michel Ragon : *Les Delaunay, un couple fou de couleurs*, Paris, la Vie des Grands Peintres, Albin-Michel, 1964 – Jacques Damase : *Sonia Delaunay. Vingt-sept tableaux vivants, Robes-poèmes, texte de Guillaume Apollinaire, poème de Blaise Cendrars*, Milan, Ed. del Naviglio, 1969 – Jacques Damase : *Sonia Delaunay, Rythmes et couleurs*, Paris, Hermann, 1971 – Arthur Cohen : *Sonia Delaunay*, Éd. Harry Abrams, New York, 1975 – Sonia Delaunay : *Nous irons jusqu'au soleil*, Robert Laffont, Paris, 1978 – B. Dorival : *Sonia Delaunay, sa vie, son œuvre, 1885-1979*, Paris, J. Damase, 1980 – Dominique Desanti : *Sonia Delaunay, magique, magicienne*, Ramsay.

Musées : Bielefeld (Kunsthalle) : *Le mouvement de foule, prismes électriques* 1914 – Genève (Mus. d'Art et d'Hist.) : *Le marché au Minho* 1915 – Hambourg (Kunsthalle) : *Portrait de Tchouiko* 1908 – Lisbonne (Centre d'Art Mod., fond. Calouste Gulbenkian) : *Le marché au Minho* 1915 – *Chanteur flamenco* 1916 – *Autoportrait* 1916 – Paris (Mus. Nat. d'Art Mod.) : *Philomène* 1907 – *Jeune fille endormie* 1907 – *Jeune Finlandaise* 1907 – *Couverture* 1911, tissus appliqués – *Contrastes simultanés* 1912 – *Études de foule, Boulevard Saint-Michel* 1912-1913 – *La prose du Transsibérien et de la petite Jehanne* 1913 – *Le bal Bullier ou Tango Bal Bullier* 1913 – *Coffret* 1913 – *Projet d'affiche pour la conférence d'A. Smirnov* 1913 – *Prisme solaire simultané* 1914 – *Zénith n° 499* 1913-1914 – *Deux projets de couvertures pour Vogue* 1916 – *Danseuse n° 416* 1916 – *Costume de danse du P'tit Parigot* 1926 – *Voyages lointains* 1937 – *Rythme* 1938 – *Mosaïque horizontale* 1954, exécutée par Hetzel – *Mosaïque verticale* 1955, exécutée par Hetzel – *Composition, rythme* 1958 – *Rythme couleur* 1958 – Paris (Mus. d'Art Mod. de la Ville de Paris) : *La marchande d'oranges* 1915 – *Rythme* 1938 – Paris (BN) : *Exposition de blanc ; Printemps* 1914, études d'affiches – *Costumes d'Amnéris pour l'Aïda de Verdi* 1920 – *Gilet d'homme* 1922, aquar. – *Rideau-poème* 1922, laine brodée sur crêpe de Chine – *Projet d'affiche pour le style Onoto* 1922 – *Robe-poème : le ventilateur tourne* 1923 – *Projets de tissus* 1924 – *Projets d'affiche pour les cosmétiques Oja* 1924 – *Robe spirale* 1928 – *Les Quatre Saisons* 1928-1929, études de décor pour le ballet – *Projet d'affiche Zig-Zag, papier à cigarettes* 1936 – *Projet d'affiche lumineuse pour Mica-tube, un ruban de lumière* 1936 – *Projet d'affiche pour Pernod Fils* 1937 – *Sonia Delaunay et Jean Arp* 1942, litho. en coul. – *Sonia Delaunay et Alberto Magnelli* 1942, litho. en coul. – *Maquette d'affiche pour les Danses concertantes* 1968 – Paris (Mus. de la Mode et du Costume) : *Fond de robe* 1925 – *Maillot de bain* 1930-1935 – *Veston d'Arlequin d'intérieur* 1930-1935.

Ventes Publiques : Paris, 14 juin 1963 : *Composition*, gche : **FRF 3 100** – Versailles, 18 juin 1963 : *Composition aux cercles* : **FRF 3 800** – Paris, 21 juin 1966 : *Composition*, peint. sur soie : **FRF 3 900** – Copenhague, 9 mai 1967 : *Composition abstraite*, gche : **DKK 7 400** – Copenhague, 2 nov. 1967 : *Composition* : **DKK 9 000** – Paris, 18 nov. 1968 : *Portugaise assise* : **FRF 15 000** – Londres, 15 déc. 1969 : *Costume de danseuse*, aquar. et gche /pap. mar./bois : **GBP 750** – Milan, 9 var. 1970 : *Composition*, temp. : **ITL 2 000 000** – New York, 16 déc. 1970 : *Nature morte portugaise* : **USD 7 500** – Paris, 22 juin 1976 : *Portugal* 1916, aquar. (23x22) : **FRF 8 100** – Londres, 1er déc. 1976 : *Rythme couleur* 1964-1966, h/t (116x72) : **GBP 4 000** – New York, 12 mai 1977 : *Trois femmes* 1923, aquar. et gche sur pap. mar./cart. (28,5x28,5) : **USD 4 750** – Paris, 8 déc. 1978 : *Rythme couleurs 251 a* 1942, gche (27x22) : **FRF 10 500** – Zurich, 30 mai 1979 : *Composition n° 1196* 1966, gche (40x30) : **CHF 7 000** – New York, 15 mai 1980 : *Contrastes simultanés* 1913, cr. de coul. et aquar./pap. (26,5x21) : **USD 12 000** – New York, 19 mai 1982 : *Le marché au Minho* 1916, h. et encoustique sur pap. mar./t. (94x128,2) : **USD 90 000** – Munich, 25 nov. 1983 : *Rythmes colorés* 1968, gche et past. (32x31) : **DEM 26 000** – Londres, 5 déc. 1985 : *Marché au Minho* 1915, gche et cr. cire, esquisse (75,5x45,5) : **GBP 70 000** – Londres, 25 juin 1986 : *Composition* 1968, gche et past. (76,8x56,5) : **GBP 8 000** – New York, 12 nov. 1987 : *Portugal, robe simultanée N° 446* 1917, aquar./pap. (35,6x25,2) : **USD 25 000** – Paris, 24 nov. 1987 : *Coquelicots*, gche, projet pour un dessin (21x23) : **FRF 13 500** – New York, 18 fév. 1988 : *Rythme couleur*, gche et cr. (57,5x49) : **USD 25 300** – Londres, 24 fév. 1988 : *Composition*, gche (23x20) : **GBP 3 850** – New York, 12 mai 1988 : *Composition, carrés bleus et rouges* 1972, gche et cr./pap. (53,3x38,1) : **USD 12 100** – Londres, 21 oct. 1988 : *Composition*, gche et encre (64,8x48,2) : **GBP 10 450** – Paris, 16 nov. 1988 : *Jeux d'enfants* 1970, tapisserie (190x160) : **FRF 80 000** – Paris, 20 nov. 1988 : *Rythme-couleur n°1161* 1964, gche et cr. noir (29x42) : **FRF 100 000** – Stockholm, 21 nov. 1988 : *Lettre S – composition* 1971, gche (18,5x11,5) : **SEK 16 500** – Londres, 22 fév. 1989 : *Composition* 1970, gche et cr. (75x56,5) : **GBP 15 400** – Paris, 16 avr. 1989 : *Portugaise assise* 1915-1916, peint. à la cire /t. (96x78) : **FRF 1 750 000** – New York, 5 oct. 1989 : *Costume simultané* 1916, gche/pap. (28x18) : **USD 20 900** – New York, 6 oct. 1989 : *Projet de couverture pour l'album I* 1916, aquar. et gche/pap. (22x23) : **USD 31 900** – Copenhague, 22 nov. 1989 : *Rythme couleur n° 1599* 1969, gche et cr. (25x59) : **DKK 100 000** – Paris, 31 jan. 1990 : *Jeté de fleurs*, gche (22,5x19,5) : **FRF 7 500** – Copenhague, 21-22 mars 1990 : *Composition* 1961, gche (65x50) : **DKK 38 000** – Paris, 25 mars 1990 : *Robe simultanée* 1917, aquar./pap. (35,5x21,5) : **FRF 600 000** – Paris, 28 mars 1990 : *Composition synthochromique* 1962, gche (43x22,5) : **FRF 125 000** – Londres, 4 avr. 1990 : *Rythme-couleur*, gche (34x26) : **GBP 17 050** – New York, 16 mai 1990 : *Rythme-couleur* 1961, gche et cr./pap. (77,2x58) : **USD 40 700** – Paris, 25 juin 1990 : *Projet de tissus* 1966, gche (68x53) : **FRF 140 000** – Zurich, 18 oct. 1990 : *Esquisse* 1954, gche (30x23) : **CHF 30 000** – Paris, 26 nov. 1990 : *Étude de foule boulevard Saint-Michel* 1914, past./pap. de soie (25,5x22) : **FRF 120 000** – New York, 8 mai 1991 : *Composition* 1954, gche et cr./vélin épais (57x76) : **USD 39 600** – Londres, 16 oct. 1991 : *Rythme coloré*, cr. et gche (17,2x15,6) : **GBP 4 400** – Calais, 2 fév. 1992 : *Loïe Fuller*, aquar. (26x20) : **FRF 55 000** – New York, 25 fév. 1992 : *Rythme coloré* 1942, gche, craie grasse et cr./pap. (17,8x22,2) : **USD 36 300** – Copenhague, 4 mars 1992 : *Composition* 1966, gche (57x77) : **DKK 130 000** –

Paris, 24 nov. 1992 : *Robe simultanée* 1917, aquar./pap. (36x22) : **FRF 430 000** – Paris, 14 déc. 1992 : *Hélice*, tapisserie (196x16) : **FRF 81 000** – New York, 13 mai 1993 : *Couleur-rythme* 1962, h/t (194,8x96,8) : **USD 81 700** – Paris, 16 juin 1993 : *Composition sphérique*, eau-forte et aquat. en coul. (49,5x39,5) : **FRF 5 000** – Londres, 21 juin 1993 : *Étude pour boulevard Saint Michel à Paris* 1913, past./pap. de soie/cart. (28x18,4) : **GBP 17 250** – Milan, 22 nov. 1993 : *Rythme coloré n° 233* 1948, gche et cr./pap./t. (28x23,5) : **ITL 15 321 000** – Stockholm, 30 nov. 1993 : *Composition géométrique*, gche (48x35) : **SEK 31 000** – Londres, 30 nov. 1993 : *Autoportrait*, pochoir et craie grasse/deux feuille de pap. jointes (33,8x45) : **GBP 9 775** – Paris, 18 mars 1994 : *Composition sphérique en hauteur*, eau-forte en coul. (49,5x39,6) : **FRF 5 000** – Zurich, 21 avr. 1994 : *Équateur-guépard*, tapisserie (200x164) : **CHF 11 000** – New York, 12 mai 1994 : *Rythmes colorés* 1955, gche/pap. (54,9x74,9) : **USD 29 900** – Paris, 21 juin 1994 : *Projet d'affiche pour la cuisinière à gaz « Le Rêve »* 1922, gche et collage/pap. (25,5x30,5) : **FRF 175 000** – Londres, 28 juin 1994 : *Trois Grâces – Rythme sans fin* 1972, cr. et aquar./pap. (56,3x38,7) : **GBP 14 950** – Heidelberg, 8 avr. 1995 : *Composition en six couleurs*, litho. coul. (69,7x55,6) : **DEM 1 050** – New York, 9 oct. 1996 : *Projet de veste simultanée* 1923, aquar. et encre de Chine/pap. (29,9x23,5) : **USD 6 900** – Zurich, 26 mars 1996 : *Couleurs rythmes* 1962, h/t (194,8x96,8) : **CHF 110 000** – New York, 2 mai 1996 : *Nature morte portugaise*, craie grasse et h/pap./t. (66x92,1) : **USD 75 000** – Calais, 7 juil. 1996 : *Composition*, gche (28x21) : **FRF 22 000** – Paris, 24 nov. 1996 : *Projet de foulard*, aquar./pap. (55x45) : **FRF 18 000** – Paris, 10 déc. 1996 : *Composition aux cercles*, pochoir coul. (50x35,5) : **FRF 14 000** – Londres, 23 oct. 1996 : *Rythme et couleur* 1972, h/t (61x50) : **GBP 19 550** – Londres, 25 juin 1996 : *Étude pour le marché au Minho* 1916, h. et cire/pap. (44x48) : **GBP 28 750** – New York, 14 nov. 1996 : *Rythme couleur n°1600* 1969, gche et fus./pap. (75x57,5) : **USD 27 600** – Lokeren, 8 mars 1997 : *Quatre Balles*, cr. coul. (25,5x20) : **BEF 85 000** – Paris, 20 juin 1997 : *Rythme couleur* 1969, gche et mine de pb/pap. (38x48) : **FRF 69 000** – Londres, 25 juin 1997 : *Automne*, tapisserie (227x167) : **GBP 14 950** – Paris, 27 juin 1997 : *Composition* 1969, gche (75x54,5) : **FRF 78 000**.

DELAUNE
XIXe siècle. Français.
Peintre de paysages urbains, aquarelliste, dessinateur.
Ventes Publiques : Paris, 12 mai 1995 : *La place Maubert en 1866*, cr. et aquar. (22x29) : **FRF 4 000**.

DELAUNE Étienne et **Jean**. Voir **DELAULNE**

DELAUNE Jean Baptiste. Voir **DESLANDES**

DELAUNEY Alfred Alexandre
Né le 13 juillet 1830 à Gouville (Manche). Mort le 2 octobre 1894 à Nanteuil-sur-Marne (Seine-et-Marne). XIXe siècle. Français.
Peintre de paysages, paysages urbains, aquarelliste, graveur.
Il participa régulièrement au Salon de Paris, obtenant des médailles en 1870 et 1872.
Il fut surtout connu pour ses 304 planches de gravures d'ornements, de vues de Paris et ses environs. Il édita de nombreuses planches sous le titre : *Le Vieux Paris* et, entre 1870 et 1878, plusieurs estampes du *Paris pittoresque*. Il publia un ensemble d'eaux-fortes sur les cathédrales de France.
Bibliogr. : Gérald Schurr, in : *Les Petits Maîtres de la peinture 1820-1920, valeur de demain*, Les Éditions de l'Amateur, t. IV, Paris, 1979.
Ventes Publiques : Paris, 18 oct. 1946 : *Maison du Baillage à Vichy* 1873, aquar. : **FRF 1 700** – Berne, 19 nov. 1984 : *Paysage au pont*, h/t (54,5x73,5) : **CHF 5 400**.

DELAUNEY Pierre François. Voir **DELAUNAY**

DELAUNOIS Alfred Napoléon
Né en 1876 à Saint-Josse-ten-Noode. Mort en 1941 à Heverlee. XIXe-XXe siècles. Belge.
Peintre de compositions religieuses, figures, intérieurs d'églises, paysages, aquarelliste, graveur.
Élève à l'Académie des Beaux-Arts de Bruxelles et de C. Meunier, il a participé aux Salons de Bruxelles, Namur, Gand et à l'Exposition Universelle de Paris en 1900, à celle de Bruxelles en 1910. Il a pris régulièrement part au Salon de la Société Nationale des Beaux-Arts de Paris, dont il devint membre associé en 1921. Il fut directeur de l'Académie des Beaux-Arts de Louvain. Il peignait plus particulièrement des intérieurs d'église.

Alfred Delaunois

Musées : Anvers : *Intérieur de l'église Saint-Pierre à Louvain – La nef de l'église Saint-Batholomé* – Bruxelles (Mus. d'Art Mod.) : *Après vêpres* – Buenos Aires : *L'heure vespérale* – Gand : *La tombe du duc Henri I* – Ixelles : *Crépuscule d'église* – Liège : *Coin d'église – L'église Saint-Pierre à Louvain* – Louvain : *Le jour des morts* – Namur : *L'angélus au béguinage* – Paris (Mus. du Louvre) : *L'église Saint-Pierre à Louvain* – Trieste : *Messe basse*.
Ventes Publiques : Bruxelles, 25 mars 1938 : *Coin de l'église Sainte-Catherine* : **BEF 1 300** – Bruxelles, 25 mars 1982 : *L'après-midi à l'église Notre-Dame aux Dominicaines à Louvain*, h/cart. (44x55) : **BEF 45 000** – Bruxelles, 23 oct. 1984 : *Au pays monastique*, h/cart. (67x85) : **BEF 55 000**.

DELAUNOIS Edgar
Né le 24 janvier 1873 à Bruxelles. XXe siècle. Belge.
Peintre de paysages.
Il a surtout travaillé à Louvain.

DELAURE Bernard Joseph
Né au XXe siècle à Aubin (Aveyron). XXe siècle. Français.
Peintre.
Élève de Poughéon et Roger, il exposa aux Artistes Français en 1939 et obtint une deuxième médaille.

DELAUZIÈRES André
Né en 1904 à Paris. Mort en 1941 à Paris. XXe siècle. Français.
Peintre.
Élève de L. Simon, il a participé au Salon des Artistes Français dont il fut sociétaire, obtenant une mention honorable en 1932. Il a également pris part au Salon des Artistes Indépendants, à ceux d'Automne et des Tuileries. Il obtint le Prix de la Savoie en 1932.

DELAVAL Alexandrine. Voir **LAVAL Alexandrine de**

DELAVAL Josse ou **Jost**
XVIe siècle. Actif en 1551. Éc. flamande.
Peintre d'histoire.
L'église Saint-Sauveur à Bruges conserve de lui : *Œuvres de miséricorde*. Cité par Siret.

DELAVAL Pierre Louis ou **de Laval**
Né en 1790. Mort après 1842. XIXe siècle. Français.
Peintre d'histoire, scènes mythologiques, sujets allégoriques, scènes de genre, portraits.
Il fut élève de Girodet. Il prit part à la décoration du Palais de Compiègne et l'on y voit de lui : *La Force, La Justice, Orphée et Eurydice*.
Musées : Bayonne : *Portrait de l'amiral Bergeret* – Château-Gontier : *Orphée et Eurydice* – Louviers (Gal. Roussel) : *Minerve protégeant les Arts* – Tourcoing : *Minerve protégeant les Arts* – Versailles : *J.-B. Philibert Willaumez, vice-amiral – Joseph-Hacinthe du Hous Vioménil*.
Ventes Publiques : Versailles, 5 déc. 1976 : *Portrait d'une dame de qualité* 1813, h/t (81x64) : **FRF 4 000** – Monte-Carlo, 20 juin 1987 : *Portrait de François le Barrois à la Guadeloupe* 1826, h/t (213,5x142,5) : **FRF 62 000** – Amsterdam, 13 nov. 1990 : *Portrait d'une jeune femme en buste vêtue d'une robe blanche et d'une écharpe d'indienne avec un diadème* 1816, h/t (65x54) : **NLG 4 830** – Paris, 16 déc. 1992 : *Henri IV à l'âge de 15 ans*, h/t (130,5x179) : **FRF 22 000** – New York, 5 oct. 1995 : *Portrait d'un jeune garçon, en buste, vêtu d'un habit bleu foncé à col blanc et tenant un bouquet de fleurs sauvages* 1812, h/t (65,4x54,6) : **USD 4 830**.

DELAVALLE Jean Marie
XXe siècle. Canadien.
Sculpteur et peintre. Conceptuel.
Vers 1969-1970, il réalise des sculptures proches du minimal art, puis il a plus ou moins abandonné la sculpture pour une recherche plus proche de l'art conceptuel, utilisant caméra, vidéo et diapositives. Intéressé par le domaine de la perception, comme c'est souvent le cas des artistes conceptuels, il joue à la fois sur les variations de lumière, de lieux, de saisons, et celles, spécifiques de l'outil : filtre, lentille, foyer, etc.

DELAVALLÉE Henri
Né en 1862 à Reims (Marne). Mort en 1943. XIXe-XXe siècles. Français.

Peintre de paysages. Pointilliste.
De 1886 à 1891 il se rendit régulièrement à Pont-Aven où il rencontra Gauguin, Émile Bernard et Seguin. À Paris, où il avait un atelier, il fréquentait également d'autres artistes du cercle de Pont-Aven. En 1891, il partit pour le Moyen-Orient et s'installa à Constantinople, où il resta dix ans, avant de revenir en Bretagne. Il peignit des paysages bretons dans un style pointilliste, des paysages turcs écrasés de soleil, des portraits du grand Vizir et des membres de sa Cour, dans des compositions solidement structurées.

H De lavallée

Bibliogr. : Gérald Schurr, in : *Les Petits Maîtres de la peinture 1820-1920, valeur de demain,* Les Éditions de l'Amateur, t. II, Paris, 1982.
Ventes Publiques : Paris, 22 juin 1971 : *Le Bosphore,* h/t (60x45) : **FRF 1 050** – Brest, 16 déc. 1979 : *Paysage près de Pont-Aven,* h/cart. (41x50) : **FRF 8 700** – Brest, 16 déc. 1979 : *Paysage entre Pont-Aven et Riec* 1887, past. (32x45) : **FRF 5 000** – Brest, 18 mai 1980 : *Bretonne de profil en costume de Pont-Aven,* eau-forte (24x18) : **FRF 4 300** – Paris, 1er déc. 1983 : *Bretonne* 1890, past. (31,5x22,5) : **FRF 35 000** – Brest, 20 mai 1984 : *Bretonne de Pont-Aven sous son ombrelle* 1898, past. (31x23) : **FRF 52 000** – Lorient, 2 juin 1984 : *Bretonne sur la grève,* grav. : **FRF 4 700** – Brest, 15 déc. 1985 : *Chaumière en Bretagne,* h/pan. (45x60) : **FRF 57 000** – Douarnenez, 19 avr. 1987 : *Estuaire de l'Aven,* h/cart. (53x64) : **FRF 71 000** – Londres, 18 mai 1988 : *Paysage au bord de la mer,* h/cart. (60x80) : **GBP 7 480** – Paris, 14 déc. 1988 : *Marée basse à Pont-Aven,* h/t (45x55) : **FRF 35 000** – Londres, 4 avr. 1990 : *La vue du village,* h/t (87x117) : **GBP 38 500** – La Varenne-Saint-Hilaire, 16 juin 1990 : *La voile blanche sur l'Aven,* h/t (46x55) : **FRF 31 000** – Paris, 26 oct. 1993 : *L'Aven à Kerdruc,* h/pan. (45x65) : **FRF 16 500** – Paris, 20 nov. 1994 : *Le moulin à mer,* past. (47x55) : **FRF 35 000** – Paris, 13 déc. 1995 : *Le puits en hiver* 1887, h/t (38x46) : **FRF 300 000** – Londres, 31 oct. 1996 : *Pêcheurs du Croissant d'or* 1909, h/t (32x47) : **GBP 6 900** – Paris, 23 juin 1997 : *Chaumière en Bretagne,* h/t (50,2x62) : **FRF 8 000.**

DELAVALLÉE Jean Gabriel Henri
Né le 22 avril 1887 à Marlotte (Seine-et-Marne). xxe siècle. Français.
Sculpteur animalier.
Élève d'Injalbert, il a participé, à partir de 1912, au Salon des Artistes Français dont il est devenu sociétaire, obtenant une mention honorable en 1921. A partir de cette date, il prend également part au Salon de la Société Nationale des Beaux-Arts à Paris.
Parmi ses statuettes, citons les singes exécutés avec humour.

DELAVALLÉE Jean Sylvain
xviiie siècle. Français.
Peintre.
Il fut reçu à l'Académie Saint-Luc en 1756.

DELAVAQUERIE Jonas
xvie siècle. Français.
Sculpteur.
Il fut nommé maître des œuvres de la ville d'Amiens, en 1510. Il était aussi architecte.

DELAVAUD Germaine
Née le 23 octobre 1903 à Paris. xxe siècle. Française.
Peintre de genre, portraits.
Élève de J.-P. Laurens, Roger et Mlle Hurel. Exposant du Salon des Artistes Français. Sociétaire en 1930.

DELAVAULT Alfred
Né au xixe siècle à Rochefort (Charente-Maritime). xixe siècle. Français.
Peintre de portraits.
Élève de Cabanel. Il débuta au Salon de 1878 avec un *Portrait.* Il exposa également au Salon des Artistes Français, et au Salon d'Automne.

DELAVAULT Benjamin
Né en 1782 à Niort. Mort en 1846 à Niort. xixe siècle. Français.
Peintre.
On lui doit des portraits et des paysages.
Musées : Niort : *Le donjon de Niort – Louis XVIII* – Trois Paysages.

DELAVENTE. Voir **LA VENTE**

DELAVIER Maurice
Né à Paris. xxe siècle. Français.
Peintre de paysages.
Il a participé au Salon des Peintres de montage, au Salon des Artistes Français et à celui d'Automne.
Ses toiles montrent tantôt des vues de montagne, tantôt des paysages orientalistes.

DELAVILLE Henri
Né à Paris. xixe siècle. Français.
Graveur.
Élève de Porret. Il exposa au Salon de 1851 à 1865.

DELAVILLE Louis
Né en 1763 à Jouy-sur-Thelles (Oise). Mort le 1er janvier 1841 à Lens (Pas-de-Calais). xviiie-xixe siècles. Français.
Sculpteur de groupes, bustes.
Il étudia à Paris sous la direction de Boizot et en 1798 remporta le prix de Rome avec *Marcellus faisant embarquer tous les monuments d'art de Syracuse.* Toutefois, il ne partit pas pour l'Académie française de Rome, mais s'installa à Lens où il commença à réaliser des terres cuites qui furent connues comme les *Terres cuites de Lens.*
Il ne reste que très peu de ces œuvres, sur plus de cinquante réalisées.
Bibliogr. : Guilhem Scherf et autres : *Sculptures du Louvre : 89 œuvres du classicisme français 1770-1830,* Wilhelm Lehmbruck Museum, Duisbourg, 1989.
Musées : Troyes : *Bonaparte, premier consul.*
Ventes Publiques : Londres, 13 déc. 1985 : *Satyre et Bacchante,* terre cuite, deux bustes (H. 23) : **GBP 3 500** – New York, 26 mai 1994 : *Prométhée* 1807, terre cuite (H. 28,6 ; L. 63,5) : **USD 10 350.**

DELAVOIPIÈRE Philippe Alfred
Né à Chartres (Eure-et-Loir). xixe-xxe siècles. Français.
Peintre de natures mortes.
Élève de Bergeret, il a régulièrement figuré au Salon des Artistes Français dont il fut sociétaire depuis 1892, obtenant une mention honorable en 1910.

DELAVOT Simon
xvie siècle. Actif dans la région de Loudun. Français.
Sculpteur, architecte.

DELAW Georges
Né en 1874 à Sedan (Ardennes). Mort le 8 décembre 1929. xixe-xxe siècles. Français.
Peintre, dessinateur, décorateur et illustrateur.
En tant que décorateur, il a réalisé douze panneaux pour la salle de jeux des enfants du transatlantique *Paris* et du paquebot *Aramis,* cinq panneaux pour la villa basque d'Edmond Rostand à Arnaga. En tant qu'illustrateur, il a collaboré à plusieurs jounaux et illustré : *Le Roman du Lièvre* de F. Jammes, *La comédie de celui qui épousa une femme muette* d'A. France, *Les Contes* d'Andersen et de Perrault, les *Contes de Nourrices – Histoires de Brigands – Camenbert-sur-Ourq* de M. A. Fischer, ainsi que de nombreux albums personnels, dont : *Sur les chemins de France.* Il s'inspirait tout à la fois de la nature, traduisant son amour pour les paysages français, et du folklore, évoquant les traditions populaires que lui suggéraient les sites ; passant ainsi du réel familier au légendaire. Il signait parfois : *G. Delaw, Ymagier de la Reine.*

DELAY Alexandre
Né le 17 novembre 1941 à Assens près de Lausanne. xxe siècle. Suisse.
Peintre, graveur, dessinateur.
Il a participé à de nombreuses expositions collectives, tout d'abord aux Musées et Cabinets des Estampes de Genève, Lausanne, Vevey, Fribourg, Saintes, Saint-Maximin de 1967 à 1971, puis à Marseille en 1975 et 1981, Paris en 1975-1976-1978-1985, Bordeaux 1976, 1979, Bruxelles 1977, Tours 1978, 1980, à la Fondation Gulbenkian de Lisbonne en 1982 et de nouveau à Lausanne en 1985. Ses expositions personnelles ont eu lieu à Lausanne en 1967, 1986, régulièrement à Bordeaux entre 1969 et 1985, à Paris de 1972 à 1988 avec une exposition à l'A.R.C. au Musée Municipal d'Art Moderne en 1974, à Lyon en 1972, La Rochelle et Genève en 1973, Marseille et Bruxelles en 1976, Essen 1978, Genève 1982, Toulouse 1985, 1986, 1988, Rome 1987, Paris galerie Stadler 1995.

Il utilise dans ses œuvres un vocabulaire de signes que François Pluchart a qualifié de « pure imagination visuelle de l'être, idéogramme de lui-même ». Il a réalisé aussi une série de travaux à partir de photographies et de calques superposés et redessinés.
Ventes Publiques : Paris, 6 avr. 1994 : *Les deux études* 1988, h/pan. (153,5x125) : **FRF 12 000.**

DELAY DE BRELLANIS
XIVe siècle. Italien.
Sculpteur.
Il travailla en 1304 pour l'église San Francesco à Lodi.

DELAYE
XVIe siècle. Actifs à Lyon. Français.
Peintres.
Deux peintres de ce nom ont vécu à Lyon : Sébastien ou Bastien, en 1515 et 1540 ; il travailla en 1540 pour une entrée ; et Sébastien ou Bastien, en 1542 et 1546. Peut-être ne s'agit-il que d'un seul et même artiste.

DELAYE Alice
Née le 22 juin 1884 au Parc-Saint-Maur. Morte le 28 décembre 1963 à Paris. XXe siècle. Française.
Peintre de genre, figures, nus, portraits, créatrice d'affiches.
Élève de J. P. Laurens, Royer et Schommer, elle commença à travailler avec son père, Charles Delaye, à la réalisation d'affiches. Elle a pris part au Salon des Artistes Français depuis 1908, obtenant une mention honorable et le Prix T. Ralli en 1914, une troisième médaille en 1924 et 1938, une deuxième médaille en 1925. Ses sujets de genre mettent en scène de jeunes mères et leurs enfants.
Bibliogr. : Gérald Schurr, in : *Les Petits Maîtres de la peinture 1820-1920, valeur de demain,* Les Éditions de l'Amateur, t. II, Paris, 1982.
Ventes Publiques : Paris, 11 mai 1977 : *Anemiter – Tifout de l'Ouarzazate,* deux aquar. (13x19) : **FRF 550** – Londres, 3 juin 1983 : *Jeune femme promenant son chien,* h/t (183x209,5) : **GBP 1 500.**

DELAYE Charles Claude
Né en 1793 à Paris. XIXe siècle. Français.
Peintre de paysages et de genre.
Exposa au Salon de 1827 à 1848. On mentionne de ses tableaux : *Ancien moulin à eau dans les environs de Beaumont ; Incendie d'une baraque ; Une chasse sous Louis XIV ; L'Institutrice.*
Ventes Publiques : Paris, 1900 : *Fête de village* : **FRF 300** – Paris, 16 mars 1905 : *La diligence* : **FRF 460** – Paris, 4 mars 1925 : *Bestiaux à l'abreuvoir* : **FRF 310** – Paris, 12 mars 1937 : *Bataille d'Arcis-sur-Aube* : **FRF 750.**

DELAYE Louise
Née le 1er janvier 1881 à Adamville (Seine-Maritime). XXe siècle. Française.
Dessinatrice.
Élève de J.-P. Laurens et Roger. A exposé au Salon des Artistes Français de 1909 à 1914.

DELAYE Sébastien. Voir **DELAYE**

DELAYE Théophile Jean
Né à Valence (Drôme). XXe siècle. Français.
Aquarelliste.
Élève de Hudry. Exposant du Salon des Artistes Français en 1930. A peint au Sahara.
Ventes Publiques : Paris, 10-11 avr. 1997 : *Entrée de la casbah de Si Hammadi à Tahourirt du Ouarzazat,* aquar. (28x39) : **FRF 5 000.**

DELBARRE P. J.
XIXe siècle. Français.
Graveur.
Béraldi cite de lui : *Vues lithographiques.*

DELBAUVE Louis Émile
Né le 12 novembre 1854 à Contres (Indre-et-Loire). XIXe siècle. Français.
Sculpteur.
Sociétaire des Artistes Français depuis 1895. Il débuta au Salon de 1881 avec un *Portrait.* Il s'établit par la suite à Limoges.

DELBAUWE J. J.
Né en Belgique. XIXe siècle. Belge.
Peintre.
Le Musée de Tourcoing conserve de lui un portrait.

DELBEKE Léopold Jean Ange
Né le 30 juin 1866 à Paris. XIXe siècle. Français.
Peintre de genre.
Élève de Bouguereau, G. Ferrier, de Richemont et de l'École des Beaux-Arts. Sociétaire des Artistes Français depuis 1901, il figura aux expositions de cette société depuis 1897 jusqu'à 1902.
Ventes Publiques : New York, 1er avr. 1981 : *Élevage de poules* 1870, h/t (34,5x60) : **USD 3 750** – New York, 24 fév. 1983 : *Le Victimaire* 1870, h/t (34x60) : **USD 1 800** – New York, 24 mai 1985 : *La Tombola* 1873-1874, h/t (68,5x101,1) : **USD 11 000** – Lokeren, 10 oct. 1987 : *Les Tastes-vin* 1872, h/t (65,5x101) : **BEF 440 000.**

DELBEKE Louis Auguste Corneille
Né en 1821 à Poperinghe. Mort le 21 février 1891 à Schaerbeck-lès-Bruxelles. XIXe siècle. Belge.
Peintre d'histoire, portraits, peintre de compositions murales.
Il fut élève de l'Académie des Beaux-Arts d'Anvers et obtint, en 1849, le second prix de Rome. Il resta dans cette ville jusqu'en 1854. Revenu à Bruxelles, il se consacra à la décoration. On lui doit notamment les peintures murales de la halle d'Ypres.
Musées : Ypres : *Ezzelino de Romand – Charles le Bon, comte de Flandre – Philippe d'Alsace, comte de Flandre – Portrait de M. le baron Bruno Vanderstichele de Maubus – Portrait de Mgr le comte de Flandre – Portrait du duc de Brabant.*

DELBES Jean-Louis
Né en 1954 à Marseille. XXe siècle. Français.
Peintre. Abstrait lettres et signes.
Élève à l'École des Beaux-Arts de Marseille, il prend part pour la première fois à une exposition de groupe en 1981 à Avignon. Il participe à l'exposition « Identitié Marseille » à la Vieille Charité et expose personnellement à Avignon.
Ses toiles, de grandes dimensions, composées de lettres géantes et de signes, nous conduisent vers un voyage dans l'espace. Il donne peu à peu une plus grande rigueur formelle à ses signes, les articulant dans un rapport forme-couleur-écriture plus solide, se rapprochant de l'abstraction.
Ventes Publiques : Paris, 24 avr. 1988 : *Sans titre* 1985, h. et acryl./t. (190x190) : **FRF 8 500** – Paris, 30 jan. 1989 : *Divergence* 1988, h/t (140x190) : **FRF 10 000.**

DELBET
XIXe siècle. Français.
Peintre de genre.
Musées : Alger : *Danses arabes.*

DELBET Pierre
Né à Paris. XIXe-XXe siècles. Français.
Sculpteur.
Musées : Paris (Mus. du Luxembourg) : *Douleur,* figurine en bronze.

DELBO Romolo
XXe siècle. Actif à Milan. Italien.
Sculpteur.
Participa à l'Exposition Universelle de Bruxelles en 1910.

DELBOETE Joseph
Né le 30 juillet 1825 à Louvain. XIXe siècle. Éc. flamande.
Graveur.
Élève de Matthieu, Navez et Calametta. Il reproduisit de nombreuses peintures de maîtres anciens.

DELBOEUF Lucie
Née le 23 juin 1878 à L'Isle-Adam (Val d'Oise). XXe siècle. Française.
Graveur, lithographe.
Élève de Paul Maurou, elle a participé au Salon des Artistes Français dont elle fut sociétaire en 1900, date à laquelle elle obtint une mention honorable, tandis qu'elle recevait une médaille de troisième classe en 1903.

DELBOOLL Johann
XVIIe-XVIIIe siècles. Actif à Cologne. Allemand.
Peintre, miniaturiste.

DELBOS Claudius Edmund
Né à Londres. XXe siècle. Travaille dans le Michigan. Américain.
Peintre.
A exposé des paysages, à Paris, au Salon des Artistes Français de 1927.

DELBOS Julius
Né le 22 juillet 1879 à Londres. Mort en 1967. XXe siècle. Américain.

Peintre, aquarelliste, graveur.
Il fut membre de l'American Artists Professional League et de la Old Dudley Art Society de Londres. Il a participé au Salon des Artistes Français à Paris à partir de 1921. Aquarelliste, il obtint le prix Obrig à New York en 1935.
Ventes Publiques : Washington D. C., 6 mars 1983 : *Paysage d'été, Massachusetts*, h/t (63,5x76,2) : **USD 550** – New York, 23 jan. 1984 : *Vue d'un port*, h/t (101,6x127) : **USD 1 900** – New York, 16 mars 1990 : *Une ferme dans l'Ohio* 1943, h/t (63,2x76,2) : **USD 2 200** – New York, 31 mars 1994 : *Le jeune berger*, h/t (76,2x101,6) : **USD 1 380**.

DELBRASSINE Élise
XXe siècle. Belge.
Peintre, graveur. Abstrait.
Ses constructions abstraites, faites d'horizontales porteuses et de verticales élancées, sont le reflet des images des temples d'Angkor ou d'Uxmal, des sites de Cuzco ou de Philae. Elle réalise ses œuvres en aquatinte, dans les tonalités de gris, de beiges, de noirs peu soutenus.

DELBRIDGE Thomas James
Né le 16 septembre 1894 à Atlanta (Géorgie). XXe siècle. Américain.
Peintre, dessinateur.

DELBROUCK
Né au XIXe siècle à Paris. XIXe siècle. Français.
Peintre de paysages, sculpteur.
Élève de J. Thomas. Sociétaire des Artistes Français depuis 1891, il figura aux expositions de cette société.
Ventes Publiques : Paris, 20 fév. 1926 : *Rue de village* : **FRF 170** – Paris, 9 et 10 mars 1927 : *Maison à flanc de côteau* : **FRF 180** – Paris, 3 fév. 1928 : *Église de Sainte-Aulde* : **FRF 105**.

DELBUTERO Giovanni
Né en 1769 à Reggio. Mort en 1853 à Reggio. XVIIIe-XIXe siècles. Italien.
Sculpteur sur bois.
Il passa quelques années à Bologne.

DELCAMBRE Élysée
Né en 1930 à Paris. XXe siècle. Français.
Peintre de paysages ruraux. Postimpressionniste.
Il commença à peindre en 1960. Il participe à des expositions collectives, dont à Paris le Salon des Artistes Français, et diverses manifestations régionales, où il obtint plusieurs distinctions.
Il peint essentiellement des paysages de campagne ou de villages, parfois animés de quelques silhouettes, recherchant volontiers les paysages d'eau, mares, rivières ou canaux.
Ventes Publiques : Versailles, 29 oct. 1989 : *Le chemin de Vallangoujard*, h/t (38x46,5) : **FRF 5 000** – Versailles, 10 déc. 1989 : *Verger. Vallée de l'Epte*, h/t (46,5x55) : **FRF 12 000** – Versailles, 10 déc. 1989 : *Verger. Vallée de l'Epte*, h/t (46,5x55) : **FRF 6 500** – Douai, 24 mars 1991 : *Ferme à Saint-Ceneri*, h/t (50x61) : **FRF 4 500** – Reims, 21 avr. 1991 : *Au repos des mariniers*, h/t (60x81) : **FRF 4 800** – Reims, 9 juin 1991 : *L'Eure près de Pacy-sur-Eure*, h/t (65x81) : **FRF 11 000**.

DELCAMBRE Henri
Né le 18 décembre 1911 à Marquise-Ruixent (Pas-de-Calais). XXe siècle. Français.
Sculpteur.
Élève de l'École des Arts Décoratifs de 1937 à 1939, il a participé au Salon d'Automne de Paris à partir de 1941, obtenant le Prix de la Sculpture en 1988, puis au Salon de la Jeune Sculpture et régulièrement au Salon de Mai de 1951 à 1963.
Ses œuvres, figuratives, sont très stylisées, faisant voisiner un classicisme de la construction avec des formes souvent lyriques. Il crée parfois des formes androgynes où il peut, grâce à des rythmes syncopés et à d'audacieuses articulations de plans, harmoniser, en les opposant, formes masculines et féminines.
Ventes Publiques : Paris, 18 oct. 1982 : *L'Aurore debout, bronze*, patine noire (H. 43) : **FRF 9 500**.

DELCLAUX Pierre
Né le 20 mars 1933 à Saint-Chamant (Corrèze). XXe siècle. Français.
Peintre, céramiste, décorateur.
Après des études à l'École des Beaux-Arts de Toulouse, il fut élève de Lurçat de 1954 à 1961 et, sous son influence, réalisa des tapisseries. À partir de 1957, il fit des expositions personnelles dans sa région natale et, en 1963, à Dakar. Il reçut plusieurs commandes des municipalités du Lot et de la Corrèze, dont un Chemin de Croix à l'église de la Fronquière (Lot).

DELCLOCHE Paul Joseph
Né le 20 janvier 1716 à Liège. Mort le 24 mai 1755 à Liège. XVIIIe siècle. Éc. flamande.
Peintre de compositions à personnages, sujets allégoriques, peintre de batailles, scènes de genre, sujets typiques, portraits.
Il étudia le dessin avec son père Pierre Delcloche et son frère Perpète, qu'il vint rejoindre à Paris. Il fut aussi l'élève de Lancret. Il obtint un premier prix de peinture. Il travailla à Paris jusqu'à l'âge de 24 ans et, en 1740, revint s'établir à Liège. D'importants travaux lui furent confiés ; il peignit, notamment dans un hôtel de la ville : *Les Quatre Saisons*, importante décoration qui existe encore et dont les personnages sont grandeur nature. Ces quatre tableaux sont signés et datés de 1741. L'année suivante, il commençait la décoration du château de Colanstu, avec notamment un portrait du prince évêque de Liège, Joseph-Clément de Bavière, et un tableau représentant l'*Enfant prodigue*. On cite également de lui deux grandes toiles très abîmées à l'église Saint-Jacques. Le maréchal de Saxe lui commanda deux tableaux : *La Bataille de Rocour* et la *Bataille de Laufels*. On ignore ce que ces œuvres sont devenues. Il peignit aussi le portrait équestre de Jean-Théodore de Bavière, prince évêque de Liège, qui l'avait nommé son peintre officiel, et un saint Georges pour la chapelle de ce prince.
La vente du château de Colanstu a provoqué la dispersion de la majeure partie des œuvres de ce peintre.
Musées : Liège (Mus. d'Ansanbourg) : *Portraits de la famille de Grady de Horion* – Liège (Palais provincial) : Dessus-de-porte – *Portrait de Mme de Graillet*.
Ventes Publiques : Amsterdam, 18 mai 1981 : *Scène de taverne* 1749, h/t (27x41) : **NLG 3 800** – Liège, 11 déc. 1991 : *Scène orientale*, h/t (117x114) : **BEF 180 000**.

DELCLOCHE Perpète
Né le 20 octobre 1671 à Dinant. Mort au début du XVIIIe siècle à Paris. XVIIe-XVIIIe siècles. Éc. flamande.
Peintre.
Fils aîné de Pierre Delcloche et probablement son élève. Il vint à Paris et fut professeur de peinture à l'Académie. On ne cite pas d'œuvres de lui, mais il est probable que certaines des peintures considérées à l'heure actuelle comme l'œuvre de son jeune frère Paul Delcloche pourraient être l'œuvre de Perpète.

DELCLOCHE Pierre
Né probablement à Dinant. Mort en 1729 à Namur. XVIIIe siècle. Éc. flamande.
Peintre d'histoire.
Père de Perpète et de Paul-Joseph Delcloche. On sait peu de choses sur cet artiste. D'après d'intéressants renseignements qu'a bien voulu nous fournir un distingué amateur d'art liégeois, F. Bindels, qui possède de lui sa seule œuvre connue : *Les noces de Cana*, datée de 1690, c'est-à-dire de la jeunesse du maître, il y a lieu de croire que nombre de peintures attribuées jusqu'ici à Paul Delcloche pourraient être de Pierre, ou même de Perpète, dont on ne signale aucun ouvrage. Le fait d'avoir pu donner au plus connu des trois Delcloche l'œuvre collective de la famille s'expliquerait, ainsi que le fait judicieusement remarquer Bindels, par la similitude de la première lettre de leurs prénoms. De l'avis de plusieurs critiques autorisés, le tableau *Les noces de Cana* serait très supérieur à ceux que l'on donne au fils de Pierre comme composition, comme dessin, comme couleur et comme inspiration. ■ E. B.

DELCOL Roland
Né en 1942 à Bruxelles. XXe siècle. Belge.
Peintre. Figuration narrative.
Il a fait ses études artistiques à l'Académie St-Gilles et à l'Académie des Beaux-Arts de Bruxelles.
Scénariste à l'occasion, il a opté, en peinture, pour une technique inspirée de la photographie ou du cinéma utilisée par certains artistes de ce que G. Gassiot-Talabot appelle la « figuration narrative ». Éliminant systématiquement toute émotion, tout état d'âme, il peint dans un style plus vrai que nature l'envahissement de l'obsession sexuelle et du culte de la femme-objet dans le cadre mécaniste de la vie contemporaine.

Delcol. R

Bibliogr. : In : *Diction. universel de la Peinture*, Le Robert, T. 2, Paris, 1975.

Ventes Publiques : Paris, 9 juil. 1992 : *Sans parole*, h/t (40x60) : **FRF 25 000**.

DELCOUR Jean
Né en 1627 à Hamoir (près de Liège). Mort le 4 avril 1707 à Liège. xviie siècle. Éc. flamande.
Sculpteur.
Tout jeune, il se rendit à Rome où il acquit une grande réputation. A son retour, il vécut à Liège. Delcour était un esprit élevé, une âme tendre, que la virtuosité de son maître Bernin éblouit. S'il sut éviter ses défauts, il y a chez lui d'ordinaire un maniérisme assez douceâtre. Les compositions de Delcour ont beaucoup de caractère et d'expression et les lignes sont élégantes et fermes. On peut admirer un *Christ* en bronze à l'église Saint-Antoine à Liège. On lui doit un *Calvaire* comprenant sept personnages en marbre blanc et grandeur nature, *Apôtre* et *Sainte Scholastique* de l'église Saint-Jacques à Liège, *Anges* de l'autel d'Herkenrode à Notre-Dame-de-Hasselt, *Le Christ au tombeau* du mausolée de Liverso (cathédrale de Liège, 1696). C'est à Saint-Bavon de Gand que se trouve l'une de ses œuvres les plus remarquées : *Le tombeau de Mgr d'Allamont*. Et, une fois au moins, alors qu'il exploitait, selon son habitude, le procédé berninesque des draperies agitées, il rencontra et associa le gracieux, le suave, le pittoresque, dans la *Vierge et l'enfant*, dressée en plein air, rue Vinave-d'Ile à Liège (1695-1696). Cette statue, ainsi que celle de *Saint Jean-Baptiste*, toutes deux en bronze, servent de couronnement à deux fontaines publiques. Il subsiste des œuvres importantes de cet artiste à Liège, à Gand, à Tongres et à Huy.
Ventes Publiques : Paris, 1859 : *Sujet d'architecture pour un autel*, dess. : **FRF 3**.

DELCOUR Jean Gilles ou **de la Cour**
Né en 1632 à Hamoir. Mort le 19 août 1695 à Liège. xviie siècle. Éc. flamande.
Peintre d'histoire.
Élève de Gérard Douffers, à Liège, en 1648 ; de Andrea Sacchi et Carlo Maratta à Rome. Il revint à Liège en 1664, et vécut avec son frère, le sculpteur Jean Delcour. En 1690, il commença le plafond de l'église N.-D. aux Fonds de Liège. La plupart de ses tableaux ont disparu. Le Musée de Liège conserve de lui le *Portrait de Jean Delcour*. Ce fut aussi un copiste réputé de Raphaël.

DELCOUR Pierre
Né en 1884 à Verviers. Mort en 1976 à Spa. xxe siècle. Belge.
Peintre de figures, paysages.
Autodidacte, il a peint des paysages des Ardennes, du Brabant, de la Fagne et de la Provence.
Bibliogr. : In : *Diction. biogr. illustré des Artistes en Belgique depuis 1830*, Arto, Bruxelles, 1987.
Ventes Publiques : New York, 26 mai 1983 : *Élégante compagnie dans un parc*, h/t (55x75) : **USD 1 300**.

DELCOUR-GUIGNARD Marcelle
Née à Cointrain (Canton de Genève). xxe siècle. Française.
Sculpteur.
Élève de Ségoffin, elle a régulièrement participé au Salon des Artistes Français, obtenant une mention honorable en 1925 et une troisième médaille en 1932.

DELCOURT ou **Dellecourt**
Né probablement à Lille. xviiie siècle. Éc. flamande.
Peintre de miniatures.
Ce fut l'élève de Dusilion. En 1789, il appartenait à la gilde de La Haye. Il travailla toute sa vie aux Pays-Bas. Il peut être identique au DELECOURT, élève de Watteau, qui exposa des dessins à Lille, en 1778 et 1780.

DELCOURT André
Né à Livourne (Italie). xxe siècle. Belge.
Peintre de paysages.
Il exposa au Salon des Indépendants, à Paris.

DELCOURT Maurice Léon Jean Jules
Né le 3 mars 1877 à Paris. Mort le 29 décembre 1916 à Chattancourt (Marne). xxe siècle. Français.
Peintre de scènes de genre, natures mortes, illustrateur.
Mort pour la France, il fut sous-lieutenant et fut décoré de la Croix de la Guerre.
Parmi ses illustrations, citons : *En suivant la Seine* de G. Coquiot, *Ballades* de P. Fort, *Les Camelots de la Pensée* de C. Mauclair et *Erythrée* de J. de Tinan.

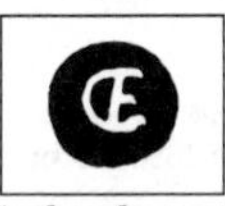

Cachet de vente

Bibliogr. : Luc Monod : *Manuel de l'amateur de livres illustrés modernes 1875-1975*, Ides et Calendes, Neuchâtel, 1992.
Ventes Publiques : Paris, 13 et 14 mars 1919 : *Le départ pour le bal* : **FRF 350** ; *L'escalier du château*, past. : **FRF 310** – Paris, 19 mai 1920 : *Avant la douche* : **FRF 190** – Paris, 3 mars 1927 : *Rue du Croissant*, dess. reh. : **FRF 100** – Paris, 15 juin 1945 : *Avant la douche* : **FRF 120** – Londres, 21 oct. 1988 : *Le départ pour le bal*, h/t (55,5x46,5) : **GBP 1 045** – Paris, 2 avr. 1993 : *La modiste* 1905, bois gravé (35x21) : **FRF 4 800** – Paris, 10 juin 1997 : *Place Saint Georges* 1899, bois gravé (19x32,2) : **FRF 4 500**.

DELCROIS Jacques, l'Ancien
xive siècle. Actif à Tournai. Éc. flamande.
Sculpteur.

DELCROIS Jacques, le Jeune
xive siècle. Actif à Tournai. Éc. flamande.
Sculpteur.
Il était fils de Jacques Delcrois l'Ancien.

DELCROIS Lotart
xive siècle. Actif à Tournai. Éc. flamande.
Sculpteur.
Il était fils de Jacques Delcrois l'Ancien.

DELCROIS Nicaise
xive siècle. Actif à Tournai. Éc. flamande.
Sculpteur.
Il était fils de Jacques Delcrois l'Ancien.

DELCROIX Désiré Louis
Né le 29 mai 1828 à Douai (Nord). xixe siècle. Français.
Peintre, dessinateur.
Il fut élève de l'Académie de dessin de Douai.

DELCROIX Friedrich
Né le 18 juillet 1864 à Munich. xixe siècle. Allemand.
Peintre de paysages.
Il travailla toute sa vie en Bavière.

DELCROIX Reine, appelée aussi **Delcroix-Mouquin**
Née à Pont-de-Veyle (Ain). xxe siècle. Française.
Peintre.
A exposé des figures et des paysages au Salon des Indépendants de 1925 à 1930. À partir de 1928, elle se fait appeler Delcroix-Mouquin.

DELCUS Louis H.
Né au xixe siècle à Lille. xixe siècle. Français.
Peintre.
Sociétaire des Artistes Français depuis 1898. Il a également exposé au Salon des Indépendants.
Ventes Publiques : Paris, 1894 : *Automne à Fontainebleau*, aquar. : **FRF 77** ; *Moulin de Coully*, aquar. : **FRF 50** – Paris, 3 mars 1898 : *Automne à Fontainebleau*, aquar. : **FRF 155** – Paris, 1898 : *Une rue à Anvers*, aquar. : **FRF 55** ; *Les meules : Valmondois*, aquar. : **FRF 52** – Paris, 15 mai 1931 : *Effet de neige* : **FRF 35**.

DELDE Harmanus Van
xviie siècle. Actif à Leyde vers 1675. Hollandais.
Peintre.

DELDE Johannes Van
xviie siècle. Actif à Leyde vers 1686. Hollandais.
Peintre.

DELDEBAT DE GONZALVA Céline
Née à Londres. xixe-xxe siècles. Française.
Peintre.
Elle fut élève de Henner et Carolus-Duran. Elle vécut et travailla à Paris, où elle exposa au Salon des Artistes Français, dont elle devint membre sociétaire à partir de 1894.
Elle a peint des portraits et des figures.

DELDEN J. Van
xixe siècle. Actif au début du xixe siècle. Hollandais.
Graveur.

DELDICQUE
XVIIIe siècle. Actif à Lille. Français.
Sculpteur sur bois.
Exposa à Lille vers 1780.

DELDICQUE Yvonne
Née le 21 septembre 1895 à Annequin (Pas-de-Calais). XXe siècle. Française.
Peintre de paysages, natures mortes, fleurs.
Élève de Capliez, elle a pris part au Salon des Artistes Français à partir de 1936, devenant sociétaire en 1938 et obtenant une mention en 1949. Elle a également figuré au Salon des Artistes Indépendants et à celui d'Automne à Paris. Ses expositions personnelles se sont déroulées dans sa région natale et à Paris en 1959, 1961, 1963, etc. Ses paysages présentent des vues d'Espagne et d'Italie où elle a voyagé.

DELDUC Édouard
Né en 1864. XIXe siècle. Français.
Graveur sur bois.
Débuta en 1883. On cite de lui : *Le Charlatan ; L'Amour berger* et *L'Écrivain public*. Il obtint une mention honorable en 1884. Il était fils de Jean-François Prosper D. et fut élève de Gérôme.

DELDUC Jean François Prosper
Né à Pézenas (Hérault). Mort en 1885 à Paris. XIXe siècle. Français.
Graveur.
Exposa au Salon de Paris de 1861 à 1869. Il grava en particulier d'après Gustave Doré et Flameng.

DELE J. B.
XIXe siècle. Actif vers 1845. Belge.
Peintre de fleurs, fruits.

DELÉAMONT Jean Pierre François
Mort en 1820 à Genève. XIXe siècle. Suisse.
Peintre sur émail.
Il décora en particulier des horloges. Peut-être était-il parent ou faut-il l'identifier avec le peintre sur émail, Jean Antoine Deléamont, son contemporain.

DELEANI Lorenzo
Né en Pologne. XVIIIe siècle. Polonais.
Peintre animalier, de paysages.
Le Musée Revoltella à Trieste conserve de lui un paysage.
Ventes Publiques : Paris, 13 mai 1897 : *Rentrée du troupeau le soir* : **FRF 270**.

DELEAU Émilie Jeanne Alice
Née à Paris. XXe siècle. Française.
Peintre de miniatures.
Sociétaire du Salon des Artistes Français en 1928, elle exposa également au Salon des Indépendants à Paris.

DELEBECQ
XVIIIe siècle. Actif à Lille. Français.
Peintre d'histoire.
Élève de l'École de dessin de Lille, il exposa au Salon de cette ville, en 1776, *Louis, dauphin, à la tête de son régiment*.

DELECHAUX Marcelin ou **Marcellin**
Né à Bordeaux. Mort le 25 octobre 1902 à Colombes (Hauts-de-Seine). XIXe siècle. Français.
Peintre de genre.
Il fut élève de Plassan et de Pottin. Il exposa au Salon de Paris à partir de 1859. On cite de lui : *La Présentation Gil Blas et le fripier* et *Le Péché partagé*.
Ventes Publiques : Paris, 9 mai 1924 : *Réunion de personnages dans un salon* : **FRF 520** – New York, 9 oct. 1974 : *Le Collier de perles* : **USD 1 100** – Londres, 19 mai 1976 : *La Présentation*, h/pan. (40,5x32,5) : **GBP 420** – Londres, 5 juil. 1978 : *Le Collier*, h/pan. (40,5x33) : **GBP 1 000**.

DELECLUSE
XVIIIe siècle. Français.
Dessinateur.
Élève de l'École de dessin de Lille, il exposa au Salon de cette ville, en 1781, un *Portrait de Carle Van Loo*.

DELECLUSE Auguste Joseph ou **Delecluse-Gray**
Né le 23 avril 1855 à Roubaix (Nord). Mort le 13 décembre 1928 à Paris. XIXe-XXe siècles. Français.
Peintre.
Élève de Carolus-Duran. Il débuta au Salon des Artistes Français de 1880 avec une *Nature morte* et obtint une mention honorable en 1899. Il exposa ensuite au Salon de la Société Nationale qui, en 1930, organisa une rétrospective de son œuvre ; trois portraits y figuraient.
Ventes Publiques : New York, 4 mai 1979 : *Fusil au sanglier* 1886, h/t (49,5x65) : **USD 5 750**.

DELÉCLUZE Étienne Jean
Né le 20 février 1781 à Paris. Mort le 12 juillet 1863 à Versailles. XIXe siècle. Français.
Peintre d'histoire, sujets mythologiques, portraits, miniatures, aquarelliste.
Il fut encouragé par David dès le début de sa carrière, mais il renonça de bonne heure à la peinture pour se livrer exclusivement à la littérature. On cite parmi ses tableaux : *Un sacrifice à Cérès ; Auguste et Cinna*.
Il fut l'un des critiques d'art les plus influents et les plus clairvoyants du siècle dernier.
Musées : Gray : *Portrait*.
Ventes Publiques : Paris, 12-13 nov. 1928 : *Homère secouru par les bergers ; Pâtre tressant un panier d'osier*, aquar., une paire : **FRF 170** – Paris, 11 avr. 1945 : *Portrait de femme*, h/t, miniature : **FRF 2 000** – Londres, 20 mars 1981 : *L'Enlèvement d'Hélène* 1807, h/t (116,8x89,5) : **GBP 4 000** – Londres, 8 oct. 1982 : *L'Enlèvement d'Hélène* 1807, h/t (116,8x89,5) : **GBP 3 200**.

DELÉCLUZE Eugène
Né le 5 août 1882 à Paris. XXe siècle. Français.
Peintre, graveur à l'eau-forte.
Élève de Cormon, Delance, E. Renard et Waltner, il participa au Salon des Artistes Français dès 1903, puis au Salon de la Société Nationale des Beaux-Arts en 1915. Il a dirigé une académie à Montparnasse.
Ventes Publiques : Versailles, 25 mai 1986 : *Le port de Douarnenez*, h/t (54x73) : **FRF 6 000**.

DELÉCOLE Louis Auguste
Né le 24 mars 1828 à Troyes (Aube). Mort le 21 mai 1868 à Grenoble (Isère). XIXe siècle. Français.
Sculpteur.
Musées : Troyes (Mus.) : *Buste de Pierre Pithou – Buste de François Pithou*.

DELECOURT. Voir **DELCOURT**

DELECROIX Gustave
Né en 1857 à Tourcoing (Nord). XIXe siècle. Français.
Peintre.
Élève de Chérier. Le Musée de Tourcoing conserve de lui une *Nature morte*.
Ventes Publiques : Paris, 18 mai 1945 : *Nature morte* : **FRF 2 000**.

DELECROIX Wallebain
XVIe siècle. Actif à Lille vers 1509. Français.
Sculpteur sur bois.

DELEDICQUE Antoine Joseph
Né le 5 mai 1747 à Lille. Mort le 23 janvier 1798 à Lille. XVIIIe siècle. Français.
Sculpteur sur bois.
Il travailla surtout à Lille et à Ypres.

DELEGAL James
XVIIIe siècle. Actif à Londres. Britannique.
Graveur.
On cite son portrait de *Benjamin Hopkins*.

DELEGORGUE-CORDIER Jean François Gabriel
Né en 1781 à Abbeville. Mort le 10 janvier 1856 à Pinchefalise (près de Saint-Valéry-sur-Somme). XIXe siècle. Français.
Graveur.
Il a gravé des portraits et des tableaux mythologiques d'après Van Dyck et Albane et les maîtres français du XVIIIe siècle. On cite encore de lui : *Oui, c'en est fait, je me marie !* et *Le Départ des Petits Savoyards*, d'après Lebel.

DELÈGUE Christine
Née à Paris. XXe siècle. Française.
Peintre de paysages urbains. Naïf.
Elle expose à Paris, notamment au Salon International d'Art Naïf. Après des études de langues étrangères, elle s'est consacrée à la peinture. Elle peint surtout des maisons particulières avec leurs habitants et leurs animaux familiers. Elle peint aussi des paysages parisiens. En 1989, elle exposa au Salon d'Art Naïf une vue de la maison de Monet à Giverny, dont elle mit surtout les parterres et arceaux fleuris en valeur.

DELEHAYE F.
Né en 1843. XIXe siècle. Éc. flamande.
Peintre de genre.
Élève d'E. de Block. Siret cite parmi ses œuvres : *L'Amour filial ; Épisode de la Révolution Française.*

DELEIDE Luigi, dit **Nebbia**
Né en 1774 dans la province de Bergame. Mort en 1853 à Bergame. XVIIIe-XIXe siècles. Italien.
Peintre de paysages.
Il exécuta des paysages et des ornements dont le groupement et le coloris sont particulièrement heureux. Il fut à Milan l'élève de Sanquirico.

DELEMER Louis Désiré Joseph
Né le 10 juillet 1814 à Lille (Nord). Mort en novembre 1868 à Lille (Nord). XIXe siècle. Français.
Graveur.
En avril 1834, il entra à l'École des Beaux-Arts et fut élève de Muller. En 1842, il remporta le prix de Rome. On voit de lui au Musée de Lille : *César Borgia*, d'après Raphaël.

DELEMOTTE
XVIIIe siècle. Éc. flamande.
Peintre de marines.
Professeur à l'École de dessin de Tournai, il exposa au Salon de Lille en 1787.

DELEN Dirk Van ou **Deelen, Dalens**
Né vers 1605 à Heusden. Mort le 16 mai 1671 à Arnemuyden. XVIIe siècle. Hollandais.
Peintre de compositions religieuses, sujets allégoriques, intérieurs, intérieurs d'églises, architectures.
Il fut probablement élève de Frans Hals ; il était peut-être à Rome en 1623. En 1626, il était à Arnemuyden, y acquit le droit de cité en 1628, y fut percepteur, bourgmestre, membre du Conseil et du Consistoire, et doyen en 1663. Tout en demeurant à Arnemuyden, il fit partie de la gilde de Middelbourg, en 1639, et y paya sa contribution annuelle jusqu'en 1666. De septembre 1668 à septembre 1669 il habita à Anvers, dans la chambre de rhétorique « Olyftact », et y peignit un tableau avec figures de Th. Boeyermans. Il peignit l'architecture des tableaux de Boeyermans, D. Hals, E. Biset, P. Codde, Wouwerman, J.-A. Duck, A. Palamedes, Van Herp, Th. Van Thulden.

D.D. 1654
D.V.DELEN.1647
D.v.Delen1632
1636.
D.V.DELEN.

MUSÉES : AMSTERDAM : *Mausolée du prince Guillaume Ier* – ANVERS : *Allégorie* – AUGSBOURG : *L'église Saint-Pierre à Rome* – BRUNSWYCK : *Intérieur d'église* – *Réunion dans la cour d'un château* – BRUXELLES : *Salle de Palais* – COLOGNE : *Histoire du fils prodigue* – COPENHAGUE : *Amusement dans la rue* – DUBLIN : *Intérieur d'appartement* – ÉDIMBOURG : *Architecture* – LA FÈRE : *Intérieur de Palais* – *Intérieur d'église* – HELSINKI : *Intérieur d'église* – LILLE : Trois peintures – LONDRES (Nat. Gal.) : *Palais renaissance* – LONDRES (Dulwich Gal.) : *Salle de Palais* – LONDRES (Hampton Court) : *Intérieur de Palais* – PARIS (Louvre) : *Cour de Palais* – ROTTERDAM : *Réunion musicale* – *Suzanne et les vieillards* – SAINT-PÉTERSBOURG (Ermitage) : *Salle de palais* – *Intérieur de temple* – STOCKHOLM : *Neuf personnes dans une salle d'un palais* – VIENNE (Mus. impérial) : *Palais avec figures* – *Salle à colonnes.*

VENTES PUBLIQUES : AMSTERDAM, 12 sep. 1708 : *L'Eau à Bethsaïda* : **FRF 104** – LA HAYE, 1753 : *Un temple* : **FRF 88** – AMSTERDAM, 1755 : *Une église romaine* : **FRF 160** – PARIS, 1771 : *Une église* : **FRF 1 270** – PARIS, 1851 : *Intérieur d'un palais* : **FRF 170** – PARIS, 1861 : *Conversation hollandaise* : **FRF 1 210** – PARIS, 1863 : *Un festin* : **FRF 2 220** – PARIS, 1881 : *Épisode de carnaval* : **FRF 5 150** – GAND, 1887 : *Intérieur de temple* : **FRF 310** ; *Intérieur de temple* : **FRF 210** – PARIS, 1889 : *Intérieur hollandais* : **FRF 5 800** – PARIS, 22 mai 1897 : *La Cour d'un palais* : **FRF 340** – PARIS, 22 déc. 1906 : *Intérieur d'église* : **FRF 95** – PARIS, 23 déc. 1908 : *Entrée du parc avec personnages* : **FRF 150** – LONDRES, 2 juil. 1909 : *L'Entrée d'un palais* : **GBP 11** ; *Intérieur d'une cathédrale* : **GBP 23** – LONDRES, 6 mai 1910 : *Un palais sur la côte et la terrasse du château* : **GBP 81** – LONDRES, 12 mai 1910 : *Intérieur d'un palais* : **GBP 4** – LONDRES, 24 mai 1910 : *Intérieur d'églises animé* : **GBP 4** – LONDRES, 3 déc. 1924 : *Cour d'un palais* 1628 : **GBP 55** – LONDRES, 6 déc. 1926 : *Retour de la chasse* : **GBP 48** – NEW YORK, 20 mars 1930 : *Intérieur de cathédrale* : **USD 225** – LONDRES, 4 juil. 1930 : *La Cour d'un palais* 1627 : **GBP 147** – PARIS, 8 nov. 1940 : *Intérieur hollandais* : **FRF 5 400** – PARIS, 19 juin 1942 : *Péristyle d'un palais* : **FRF 21 500** – LONDRES, 13 mars 1963 : *Intérieur animé* : **GBP 1 900** – LUCERNE, 15-16 juin 1967 : *Intérieur d'église* : **CHF 13 000** – PARIS, 4 déc. 1968 : *Les Arcades* : **FRF 35 000** – COLOGNE, 21 mai 1970 : *Intérieur d'église* : **DEM 25 000** – ROME, 18 mai 1976 : *Intérieur de palais* 1627, h/pan. (50x61,5) : **NLG 11 000** – VIENNE, 13 juin 1978 : *Couple dans la cour d'un palais* 1636, h/pan. (49x55) : **ATS 250 000** – ZURICH, 12 nov. 1982 : *Galerie d'un palais animée de personnages* 1634, h/pan. (61x99) : **CHF 58 000** – PARIS, 5 oct. 1984 : *Intérieur d'église animé* 1629, h/bois (40x61) : **FRF 280 000** – NEW YORK, 4 juin 1987 : *Élégants personnages dans un intérieur*, h/pan. (33,5x43) : **USD 52 500** – NEW YORK, 14 jan. 1988 : *Intérieur d'église* 1629, h/pan. (40x61) : **USD 79 750** – ROME, 10 mai 1988 : *Architecture fantastique et personnages* 1668, h/t (84x56) : **ITL 20 000 000** – MONACO, 5-6 déc. 1991 : *Couple dans un palais* 1643, h/pan. (46,3x47,9) : **FRF 111 000** – NEW YORK, 17 jan. 1992 : *Draperie ouverte sur deux visiteurs devant un tombeau monumental dans une église*, h/pan. (47,6x28,6) : **USD 16 500** – LONDRES, 5 juil. 1993 : *Intérieur d'une église gothique* 1631, h/pan. (32,4x43) : **GBP 43 300** – AMSTERDAM, 16 nov. 1993 : *Figure dans la colonnade d'un palais*, h/pan. (35,5x48) : **NLG 73 600** – NEW YORK, 14 jan. 1994 : *Allégorie de l'oppression des Hollandais sous le commandement du duc d'Albe* 1631, h/pan. (49,5x66,7) : **USD 233 500** – LONDRES, 3 juil. 1996 : *Cour et jardins d'un palais avec des promeneurs et un couple s'embrassant à l'entrée d'une salle* 1631, h/pan. de chêne (48,3x64,2) : **GBP 62 000** – LONDRES, 13 déc. 1996 : *Cour d'un palais classique avec personnages élégants et lévriers*, h/t (80,3x66,6) : **GBP 9 775** – LONDRES, 16 avr. 1997 : *La Circoncision dans une synagogue* 1627, h/pan. (49,5x64,4) : **GBP 4 370** – LONDRES, 31 oct. 1997 : *La Circoncision à l'intérieur d'un temple*, h/pan. (101x153,4) : **GBP 13 800.**

DELEN Jean Van
Né à Malines ou à Bruxelles. Mort le 10 mars 1703 à Bruxelles. XVIIe siècle. Éc. flamande.
Sculpteur.
Élève de Lucas Faydherbe ; maître des « Quatre Couronnés », en 1664, à Bruxelles ; fit les sculptures de la maison du Renard, pour la corporation des Merciers, en 1698. Descamps signale de lui un mausolée de la famille Philippe Jean d'Ennesières (église Sainte-Gudule, Bruxelles).

DELEN Laureys Van ou **Deelen, Dalens**
XVIIe siècle. Éc. flamande.
Enlumineur.
Il était actif à Anvers à la fin du XVIIe siècle.

DELÉOBARDY Michel
Né le 21 octobre 1949 à Limoges (Hte-Vienne). XXe siècle. Français.
Peintre de paysages, paysages urbains, natures mortes.
Il est autodidacte en peinture. Il participe à des expositions collectives, dont : 1979 Paris, *Natures mortes ou le Silence de la Peinture* ; 1982 Paris, *Les Peintres de la Galerie*, galerie Jean Peyrole ; 1983 Limoges, *Limoges vue par ses peintres*, galerie Hubert de Blomac ; 1994 Paris, *Défense de Fumées*, galerie Vallois. Il montre des ensembles de ses peintures dans des expositions personnelles : 1981 Paris ; 1983, 1992, 1993, 1995 Paris, galerie Jean Peyrole ; 1991, 1993 Limoges, galerie Artset ; 1995 Francfort-sur-le-Main, galerie Ulrich Gering.
MUSÉES : LIMOGES (FRAC du Limousin).

DELEPAUL
XVIIIe siècle. Français.
Peintre.
Élève de l'École de dessin de Lille. Il exposa un dessin au Salon de Lille en 1779.

DELÉPINE Émile Alexandre Arsène
Né à Vendôme (Loir-et-Cher). XIXe-XXe siècles. Français.
Sculpteur de figures, groupes.
Il fut élève de Pierre Cavelier, Louis Barrias, Jules Coutan, Léopold Morice à l'École des Beaux-Arts de Paris. Il exposait au Salon des Artistes Français, dont il était sociétaire depuis 1887. En 1892, il obtint le deuxième Grand Prix de Rome.
Il traitait des thèmes traditionnels de la statuaire : *Faune et Dryade.*

DELEPINE Henry
XVIIIe siècle. Travaille à Paris. Français.
Peintre.
Reçu à l'Académie Saint-Luc en 1737, il en devint professeur-adjoint. Expose en 1764.

DELEPOULLE Albert Joseph Augustin
Né à Roubaix (Nord). XXe siècle. Français.
Peintre.
Élève de L. Levert. Sociétaire du Salon des Artistes Français. On cite des intérieurs.

DELEPOUVE H.
Né à Versailles. XIXe-XXe siècles. Français.
Peintre de genre.
Il exposa pour la première fois au Salon de 1896.

DELERIVE Nicolas Louis Albert ou **Delrive**
XVIIIe siècle. Français.
Peintre d'histoire, genre, animaux, paysages animés.
Ancien élève et médailliste de l'École de dessin, agréé à l'Académie des Arts de Lille, il exposa un grand nombre de dessins et de tableaux au Salon de cette ville entre 1773 et 1788. On cite de lui, notamment : *Clémence de Henri IV.*
Ventes Publiques : Paris, 20 mars 1924 : *Le Vieux Buveur,* lav. sépia : **FRF 290** – Paris, 6 mai 1929 : *Musiciens ambulants,* deux peintures : **FRF 580** – Paris, 6 mai 1929 : *Paysage agrémenté d'animaux et d'un personnage,* dess. : **FRF 280** – Paris, 1945-juillet 1946 : *Le Concert dans un parc ; La Danse espagnole,* deux pendants : **FRF 71 000** – Paris, 28 mars 1963 : *L'Arracheur de dents* : **FRF 4 700** – New York, 2 mars 1967 : *Le Marché aux chevaux ; L'école d'équitation,* deux pendants : **USD 800** – Londres, 26 nov. 1976 : *Officier des hussards à cheval* 1805, h/t (137x110) : **GBP 5 000** – Paris, 21 mars 1977 : *La Chasse à courre,* h/pan. (36,5x47,5) : **FRF 21 000** – Londres, 20 mars 1981 : *La jeune musicienne* 1776, h/t (81x66) : **FRF 14 000** – Londres, 9 mars 1983 : *Scènes villageoises,* deux h/pan. (26x19) : **GBP 5 000** – Roubaix, 11 mars 1984 : *Jeune jockey donnant à manger à son cheval,* h/bois (38,5x46,5) : **FRF 62 000** – Paris, 13 déc. 1988 : *Paysage au ponceau* 1777, h/t (73x52,5) : **FRF 12 000** – Paris, 15 déc. 1992 : *Étude de chiens et chats* 1771, h/t (102x135) : **FRF 70 000** – Paris, 2 déc. 1994 : *Fêtes villageoises,* h/t, une paire (chaque 51x67) : **FRF 83 000** – Londres, 9 déc. 1994 : *Un rémouleur devant une grange ; Paysan lutinant une servante dans une grange,* h/pan., une paire (chaque 25,3x20) : **GBP 2 990** – Londres, 5 avr. 1995 : *Scènes de fêtes au village avec des danses paysannes,* h/pan., une paire (26,3x21) : **GBP 4 140.**

DELESALLE Édouard Henri
Né le 21 janvier 1823 à Lille. Mort le 25 février 1851 à Paris. XIXe siècle. Français.
Sculpteur.
Élève de Ramey à l'École des Beaux-Arts en 1847. Le Musée de Lille conserve de lui deux statues en plâtre : *Lyderic* et *Sapho.*

DELESALLE Emmanuel
Né à Paris. XXe siècle. Français.
Peintre de paysages, natures mortes.
Il a participé au Salon d'Automne à Paris à partir de 1923 et au Salon des Tuileries à partir de 1926.

DELESSARD Auguste Joseph
Né le 6 avril 1827 à Paris. Mort après 1890. XIXe siècle. Français.
Peintre de genre, animaux, paysages, aquarelliste, graveur.
Il exposa au Salon de Paris, de 1844 à 1882, nombre de dessins et d'aquarelles.
Ventes Publiques : Paris, 1883 : *La Basse-cour* : **FRF 95** – Paris, 12 fév. 1909 : *La Plage à l'heure du bain* : **FRF 20** – Londres, 26 avr. 1909 : *Paysage des montagnes Rocheuses* : **GBP 9** – New York, 12 mai 1978 : *Poule et Poussins* 1858, h/t (91,5x122) : **USD 1 500** – Berne, 6 mai 1981 : *Idylle* 1859, h/bois (27x23) : **CHF 2 600.**

DELESSERT
Né à Genève. Mort en 1885 à New York. XIXe siècle. Suisse.
Peintre sur émail.
Il décora surtout des horloges.

DELESTRE Eugène
Né le 8 septembre 1862 à Paris. Mort en 1919. XIXe-XXe siècles. Français.
Peintre de paysages, scènes de genre, architecte.
Il fit ses études d'architecture à l'École des Beaux-Arts de Paris. Simultanément il poursuivit une carrière de peintre, exposant régulièrement au Salon de Paris, puis au Salon d'Automne et à celui des Indépendants.
Il peint ses paysages en pleine pâte, avec des couleurs pures, sorties directement du tube, appliquées sans huile ni essence.
Bibliogr. : Gérald Schurr, in : *Les Petits Maîtres de la peinture 1820-1920, valeur de demain,* Les Éditions de l'Amateur, t. V, Paris, 1981.
Musées : Clamecy – Morlaix – Saint-Germain-en-Laye.
Ventes Publiques : Paris, 17 juin 1919 : *Soir d'orage à Herblay* : **FRF 505** ; *Les marais fleuris de Honfleur* : **FRF 650** ; *La Seine à Médan,* aquar. : **FRF 360** – Paris, 10 juin 1942 : *La Seine à Herblay* : **FRF 1 000** – Copenhague, 15 nov. 1993 : *Paysage fluvial* 1909, h/t (112x162) : **DKK 4 000.**

DELESTRE Jean Baptiste
Né le 10 janvier 1800 à Lyon. Mort en janvier 1871 à Paris. XIXe siècle. Français.
Peintre d'histoire, graveur, sculpteur.
Après avoir fait des études d'architecture à l'École des Beaux-Arts de Paris où il fut admis en 1816, il entra dans l'atelier de Gros et exposa à Paris, de 1838 à 1847, des portraits, des tableaux religieux, d'histoire et de genre, parmi lesquels : *Scène de l'éruption du Vésuve* (1838, au Musée de Nantes), *Le repentir de saint Pierre* (1842), *Mort des enfants de Clodomir* et *Le billet* (1843), *Noé maudissant Cham* (1847). Homme politique et écrivain d'art, il a sculpté et gravé.
Ventes Publiques : Paris, 1858 : *La devineresse* : **FRF 330.**

DELESTRE Nicolas
XVIIe siècle. Français.
Peintre.
Il vivait à Lyon en 1677 et fut maître de métier pour les peintres en 1681, 1686 et 1690.

DELESTRES Caroline
XVIIIe-XIXe siècles. Français.
Peintre.
Exposa au Salon de Paris de 1795 à 1802, surtout des portraits.

DELÉTANG Robert Adrien
Né le 24 février 1874 à Preuilly (Indre-et-Loire). Mort le 7 octobre 1951 à Châtellerault (Vienne). XIXe-XXe siècles. Français.
Peintre de genre, illustrateur.
Élève de Boulanger et de J. Lefebvre, il a régulièrement participé au Salon des Artistes Français, dont il fut sociétaire dès 1893, au Salon de la Société Nationale des Beaux-Arts et à celui d'Automne dont il fut également sociétaire. Il prit part à des expositions à Amsterdam, Chicago, Tokyo.
Il a collaboré au *Figaro illustré,* au *Monde illustré* et aux *Annales.* La plupart de ses scènes de genre : *Famille de pêcheurs de Fontarabie, Fête villageoise à Lizurguil,* se situent en Espagne et sont réalisées dans des tonalités contrastées, heurtées qui leur donnent un caractère violent et réaliste.
Bibliogr. : Gérald Schurr, in : *Les Petits Maîtres de la peinture 1820-1920, valeur de demain,* Les Éditions de l'Amateur, t. IV, Paris, 1979.
Musées : Lyon – Nantes – Paris (Mus. du Petit Palais) : *L'Aragonais* – Paris (Mus. Victor Hugo) : *Village d'Hernani* – Pau – Reims : *Muletier à Tolède.*
Ventes Publiques : Paris, 6 mai 1925 : *Le marchand de fruits sur une place à Avila* : **FRF 200** – Paris, 15 mai 1931 : *Irun* : **FRF 32** – Paris, 20 nov. 1942 : *L'Espagnole au châle jaune* : **FRF 10 000** – Paris, 11 déc. 1942 : *Le repasseur,* past. : **FRF 320.**

DELÉTANG-TARDIF Yanette
Née le 18 juin 1908 à Roubaix (Nord). XXe siècle. Française.

Peintre, dessinateur, illustrateur, poète.
Élève de L. Simon, elle a participé au Salon d'Automne en 1928-1929. Si elle a cessé de peindre depuis la publication de ses premiers poèmes, elle n'en a pas moins illustré plusieurs articles consacrés au cirque et accompagné ses vers de dessins.

DELÉTREZ Louis Alexis Joseph
Né le 17 novembre 1841 à Orchies (Nord). Mort le 1er septembre 1892 à Orchies. XIXe siècle. Français.
Sculpteur.
Entré à l'École des Beaux-Arts en 1857, il fut élève de Lemaire et de Jouffroy, et exposa au Salon de Paris en 1866, 1867 et 1868.
Musées : Douai : *Fondation de Marseille - Œdipe et Antigone - Un fermier - Monsieur C... - Deux figures académiques - Dix-sept esquisses de bas-reliefs.*

DELETTRÉ
XIXe siècle. Français.
Peintre d'histoire.
Le Musée de Nice conserve de lui la *Tentation de saint Antoine.*

DELETTREZ Anne
XXe siècle. Active à Paris. Française.
Peintre.
Sociétaire des Artistes Français depuis 1900.

DELEU François
XIXe siècle. Actif à Bruxelles vers 1846. Belge.
Graveur.
Il grava les portraits de nombreuses personnalités anglaises d'après Dounman.

DELEU Thomas
Né en 1562 à Paris. Mort vers 1620. XVIe-XVIIe siècles. Français.
Dessinateur, graveur.
Il travailla à Paris et à Amsterdam.

DELEURY Laure
Née à Luynes. XIXe siècle. Française.
Peintre de fleurs.
Élève de Lesourd-Beauregard. Elle exposa, dès 1876, des aquarelles et des gouaches.

DELEUSE Pierre
Mort en octobre 1775. XVIIIe siècle. Français.
Peintre.
Il fut reçu à l'Académie Saint-Luc à Paris en 1726.

DELEUSE R. H. Voir **LEUZE**

DELEVAL Alphonse Alexandre
Né à Lille (Nord). XXe siècle. Français.
Peintre.
De 1931 à 1933, a exposé des portraits, des paysages et des natures mortes au Salon de la Société Nationale et au Salon des Indépendants.

DÊ LÊ-VAN
Né à Mocay vers 1905. XXe siècle. Vietnamien.
Peintre de scènes de genre, figures.
Il fut élève et diplômé en 1930 de l'École des Beaux-Arts de Saigon, et de Paul Laurens, certainement à Paris, où il exposa au Salon des Artistes Français, obtenant une mention honorable en 1932 pour *Diseuse de bonne aventure à la gare Montparnasse.* En 1931, à Paris, il participa à la décoration du pavillon d'Indochine de l'Exposition Coloniale, sous la direction de Victor Tardieu.
Musées : Paris (Mus. d'Art Mod. de la Ville) : *En famille.*

DELEVANTE Sidney
XXe siècle. Travaillant à New York. Américain.
Peintre.
Élève de G. Luks, de R. Henri et de G. Bellows. Professeur à la Cooper Union School of Art, à New York.

DELEY
XIXe siècle. Français.
Sculpteur.
Exposa des bustes au Salon de Paris de 1808 à 1817.

DELEY Jane
Née au Creusot (Saône-et-Loire). XXe siècle. Française.
Peintre.
Elle a pris part au Salon des Artistes Indépendants, notamment en 1925, au Salon d'Automne et à celui des Tuileries.

DELEY Jean Jos.
Né au XVIIIe siècle à Anvers. XVIIIe siècle. Éc. flamande.
Peintre.
Cité par Siret.
Élève de l'Académie d'Anvers en 1797.

DELF Coppin
XVe siècle. Travaillant de 1456 à 1482. Français.
Peintre.
Cet artiste, qui était peut-être d'origine hollandaise, travailla pour le roi René d'Anjou et les rois de France Louis XI et Charles VIII. On cite des œuvres de ce peintre dans plusieurs villes du centre de la France. En 1456, cet artiste exécuta un tableau pour Jeanne de Laval, femme du roi René d'Anjou. Il fut chargé, en 1472, par le roi de Sicile à Angers, de la peinture du reliquaire de l'église Saint-Maurice d'Angers. Il fit la décoration de la chapelle du dauphin, dans l'église Saint-Martin de Tours.

DELF Ernoul
XVe siècle. Actif à Delft. Hollandais.
Sculpteur.
Il travailla pour différentes églises d'Abbeville entre 1462 et 1472.

DELFAU André
Né à Paris. XXe siècle. Français.
Peintre, décorateur.
Peintre de la danse et du spectacle, il a réalisé plusieurs décors et costumes pour le théâtre, notamment pour l'Opéra de Paris et le théâtre de l'Odéon. Il a également travaillé au Maroc, en Inde, en Birmanie, au Japon.
Ses *Arlequins,* dansant, acrobates ou cabriolant, évoluent selon des mouvements en arabesques.

Ventes Publiques : Paris, 22 mars 1982 : *La Belle au bois dormant* (44x54) : **FRF 8 000** ; *Hammam marocain,* gche (44x54) : **FRF 5 000.**

DELFER Johann Georg
XVIIIe siècle. Actif à Zurich. Suisse.
Peintre.
Il semble qu'il se spécialisa dans le portrait.

DELFF Adriaen Cornelisz
XVIIe siècle. Hollandais.
Peintre.
Actif à Delft, il était fils de Cornelis Jacobsz.

DELFF Cornelis Jacobsz ou **Delft**
Né en 1571 à Delft. Enterré le 15 août 1643 à Delft. XVIe-XVIIe siècles. Hollandais.
Peintre de sujets religieux, scènes de genre, natures mortes, fleurs et fruits.
Il fut élève de son père Jacob Willemsz l'Ancien et de Cornelis Cornelisz à Haarlem. En 1596, il entra dans la garde civile à Haarlem.
En 1637, il peignit un tableau de fruits pour le prince Frédéric-Henri, à Ryswyck, pour 250 gulden. Comme sujet biblique, on cite de lui : le *Rêve de Jacob.*

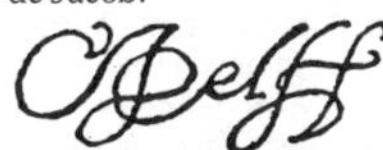

Bibliogr. : In : *Diction. de la peinture flamande et hollandaise,* coll. Essentiels, Larousse, Paris, 1989.
Musées : Amsterdam (Rijksmuseum) : *Marchand de coqs et une femme* - Haarlem : *Nature morte et cuisinière.*
Ventes Publiques : Londres, 27 mai 1927 : *Une cuisine* : **GBP 50** - Cologne, 12 déc. 1934 : *Nature morte* : **DEM 500** - Lucerne, 23-26 nov. 1962 : *Nature morte aux bougeoirs et cuivres* : **CHF 3 500** - Cologne, 11 juin 1979 : *Nature morte,* h/t (63,5x76) : **DEM 10 000** - New York, 4 juin 1980 : *Le rêve de Jacob,* h/t (94x155,5) : **USD 10 500** - Londres, 16 fév. 1983 : *Nature morte aux ustensiles de cuisine et un homme tenant un verre,* h/t (99x149) : **GBP 7 800** - New York, 11 jan. 1989 : *Nature morte avec un panier de gibier et de légumes, de poissons dans une assiette, un bol d'olives, une cruche de grès et autres objets sur une table,* h/pan. (69,2x92,7) : **USD 30 800** - Paris, 9 avr. 1990 : *Nature morte de victuailles et d'ustensiles disposés sur un entablement,* h/pan. (89x113,5) : **FRF 190 000** - Stockholm, 16 mai

1990 : *Jeune fille près d'une table préparant des poissons*, h/pan. (72x101) : **SEK 45 000** – LONDRES, 17 avr. 1991 : *Nature morte de fruits et de coquillages*, h/pan. (54,5x75,5) : **GBP 18 700** – LONDRES, 13 déc. 1991 : *Nature morte d'un chaudron de cuivre près de choux rouges, d'un melon et d'une morue sur une table de cuisine avec des meules de fromage sur un tabouret*, h/t (57x93,5) : **GBP 3 520** – AMSTERDAM, 12 mai 1992 : *Nature morte de victuailles dans une cuisine avec un homme tenant un roemer*, h/pan. (99x149) : **NLG 75 900** – LONDRES, 28 oct. 1992 : *Nature morte de fruits et de coquillages*, h/pan. (54,5x75,5) : **GBP 12 100** – BOURG-EN-BRESSE, 1994 : *Nature morte aux fruits et aux coquillages* (53x74) : **FRF 348 000** – AMSTERDAM, 13 nov. 1995 : *Un vieux paysan tenant un panier d'œufs, avec un chien près de lui et un pot à lait derrière*, h/pan. (60,6x81) : **NLG 7 475**.

DELFF Jacob Willemsz, l'Ancien ou **Delft**

Né vers 1550 sans doute à Gouda. Mort le 5 mai 1601 à Delft. XVIe siècle. Hollandais.

Peintre de compositions religieuses, portraits, graveur.

Actif à Delft depuis le 7 mai 1582, il eut trois fils qui furent peintres : Cornelis Jacobsz, Rochus Jacobsz et Willem Jacobsz. Il fut à la tête des portraitistes de la Hollande du Sud à la fin du XVIe siècle, et le maître de P. Cornelisz Van Ryck.

On lui attribue les *Arquebusiers* à l'Hôtel-de-Ville de Delft.

MUSÉES : AMSTERDAM (Rijksmuseum) : *L'artiste et sa famille* – *Paulus Cornelisz* – *Portrait d'enfants* – ROTTERDAM : *Mme Baertje Van Adrichem* – VIENNE (Mus. Nat.) : *La réconciliation d'Esaü et de Jacob*.

DELFF Jacob Willemsz, le Jeune, appelé aussi **Jacobus Delfius II**

Né le 24 mai 1619 à Delft. Enterré le 12 juin 1661 à Delft. XVIIe siècle. Hollandais.

Peintre de portraits.

Il fut élève de son père le graveur Willem Jacobsz et de Michiel Janszoon Van Mierevelt, son grand-père. Il entra le 15 octobre 1641 dans la gilde de Delft. Il épousa en 1642 Anna Van Hoogenhouck, et fut conseiller et maître du port. Quoiqu'il subsiste un assez grand nombre d'œuvres de cet artiste, sa vie nous est presque totalement inconnue. On a attribué à lui aussi le tableau intitulé les *Arquebusiers*, à l'Hôtel-de-Ville de Delft, mais qui est plus vraisemblablement de Jacob Willemsz l'Ancien et de son fils Rochus Jacobsz.

Jacobus Delfius.

A° 1642 Jacobus Delfius Delfius

fecit.

MUSÉES : AMSTERDAM (Rijksmuseum) : *Jeune homme* – BRUXELLES (Mus. des Beaux-Arts) : *Homme* – DUBLIN : *Gentilhomme hollandais* – FRANCFORT-SUR-LE-MAIN (Städel Inst.) : *Dame hollandaise* – LA HAYE : *Maes Jacob va der Graeff* – *Magdalena Van der Graeff* – *La femme du peintre* – LILLE : *Homme* – ROTTERDAM : *Homme* – VIENNE (Liechtenstein) : *Gentilhomme hollandais*.

VENTES PUBLIQUES : VIENNE, 30 mai 1967 : *Portrait d'un gentilhomme* : **ATS 14 000** – LONDRES, 19 déc. 1985 : *Portrait d'une dame de qualité* 1646, h/pan. (70,5x59) : **GBP 4 000** – LONDRES, 8 juil. 1987 : *Portrait d'un gentilhomme* 1647 ; *Portrait d'une dame de qualité* 1647, deux h/pan. (72x60,5) : **GBP 20 000** – AMSTERDAM, 10 nov. 1992 : *Portrait de Cornelis Briell en buste vêtu d'un habit sombre avec un col brodé et des manches à crevés*, h/pan. (71,3x59,8) : **NLG 29 900**.

DELFF Nicolas ou **Claes Cornelisz**

Né peut-être vers 1571 à Delft. Mort avant 1620. XVIe-XVIIe siècles. Hollandais.

Peintre verrier.

Un Claes Cornelisz était, en 1593, à Harlem. Étant donné l'incertitude de sa date de naissance, on peut émettre deux hypothèses : soit cet artiste est le même que Cornelis Jacobsz Delft, né en 1571 et mort en août 1643, soit il est son fils ; dans ce dernier cas, il a probablement été élève de Michiel Janszoon Van Mierevelt.

DELFF Rochus Jacobsz ou **Delft**

Né entre 1572 et 1579. Enterré le 3 avril 1617 à Delft. XVIe-XVIIe siècles. Hollandais.

Peintre de portraits.

Fils de Jacob Willemsz Delft l'ancien, il fut maître à Delft entre 1613 environ et 1649. On lui attribue les *Arquebusiers*, à l'Hôtel-de-Ville de Delft, qu'il aurait peut-être peint en collaboration avec son père.

VENTES PUBLIQUES : PARIS, 1864 : *Portrait de Jean Pieterz Hooft* : **FRF 120** – PARIS, 1897 : *Portrait de dame* : **FRF 1 386** – PARIS, 1900 : *Portrait de bébé* : **FRF 472** ; *Portrait de Corneille jeune* : **FRF 6 930** – PARIS, 10-11 avr. 1902 : *Portrait de femme* : **FRF 2 500** – PARIS, 16 mai 1904 : *Portrait de jeune femme* : **FRF 660** ; *Portrait de femme* : **FRF 830**.

DELFF Willem Jacobsz

Né à Delft, le 15 septembre 1580 ou en 1590 selon certains biographes. Mort le 11 avril 1638 à Delft. XVIIe siècle. Hollandais.

Peintre de portraits, graveur, dessinateur.

Il est le frère de Cornelis Jacobsz et de Rochus Jacobsz Delff. Il fut élève de son père Jacob Willemsz Delft l'ancien pour la peinture, peut-être de Hendrick Goltzius pour la gravure. Il était, en 1613, dans la gilde de Delft et épousa, en 1618, la fille de M.-J. Mierevelt. Il eut un fils peintre, Jacob Willemsz le jeune, en 1619, et une fille en 1620. Il travailla vingt ans avec son beau-père Mierevelt et reçut, en 1622, la permission de publier tous ses travaux, sous condition d'en présenter un exemplaire aux états généraux ; cette faveur était tout à fait exceptionnelle. Il fut graveur du Roi d'Angleterre. Il peignit des portraits de groupe, mais il est surtout connu pour ses gravures qui représentent les personnalités de son époque.

fecit W Delff

BIBLIOGR. : In : *Diction. de la peinture flamande et hollandaise*, coll. Essentiels, Larousse, Paris, 1989.

VENTES PUBLIQUES : LONDRES, 27 juin 1930 : *Portrait d'un jeune homme* : **GBP 52** – NEWCASTLE (Angleterre), 16-17 juil. 1934 : *Une dame* 1646 : **GBP 36** – NEW YORK, 9 oct. 1991 : *Portrait de Maria Jacob Van de Woot, vêtue d'une robe de brocard avec une fraise blanche*, h/pan. (48,9x38,1) : **USD 7 700**.

DELFFS Jorigen Van

Peut-être originaire de Bruxelles. XVIe siècle. Éc. flamande.

Peintre.

En 1500 à Augsbourg. Il travailla pour l'empereur Maximilien.

DELFGAAUW Gerardus Johannes

Né en 1882. Mort en 1947. XIXe-XXe siècles. Hollandais.

Peintre de paysages, marines.

Plus que véritablement peintre de marines, il s'attacha surtout aux paysages si particuliers des terres reprises sur la mer, des plaines des polders plantées de moulins à vent, avançant jusqu'aux digues interrompues de petits ports et de grèves.

VENTES PUBLIQUES : NEW YORK, 25 jan. 1980 : *Vue d'Amsterdam*, h/t (56x74) : **USD 1 500** – AMSTERDAM, 19 jan. 1982 : *Le Port de Rotterdam*, h/t (59x98) : **NLG 2 500** – BRUXELLES, 3 oct. 1985 : *Village sous la neige*, h/t (60x80) : **BEF 28 000** – AMSTERDAM, 23 avr. 1988 : *Le village de Baukelen en hiver* (60x100) : **NLG 3 910** – AMSTERDAM, 3 sep. 1988 : *L'Aken amarré dans un port à côté de cargos*, h/t (60x100) : **NLG 3 220** – LOKEREN, 8 oct. 1988 : *Une plage*, h/t (27x43) : **BEF 24 000** – AMSTERDAM, 16 nov. 1988 : *Nootdorp en été avec une barque amarrée*, h/t (60x100) : **NLG 2 300** – AMSTERDAM, 28 fév. 1989 : *Paysage de polder avec une barque amarrée et un moulin à vent au loin*, h/t (60x100) : **NLG 2 990** – AMSTERDAM, 19 sep. 1989 : *Paysage de polder avec des moulins à vent et un bateau à aube le long de la digue*, h/t (40x60,5) : **NLG 1 725** – AMSTERDAM, 11 sep. 1990 : *Paysage fluvial avec des moulins à vent et un pêcheur dans sa barque*, h/t (30x40) : **NLG 2 760** – AMSTERDAM, 14-15 avr. 1992 : *Pilotage de croiseurs sortant du port*, h/t (59x99) : **NLG 5 520** – LOKEREN, 15 mai 1993 : *Moulin*, h/t (60x45) : **BEF 48 000** – AMSTERDAM, 8 fév. 1994 : *Cargos et péniches dans le port de Rotterdam* 1937, h/t (60x100) : **NLG 3 450** – LONDRES, 30 mai 1996 : *Au port*, h/t (60x100,5) : **GBP 4 830** – AMSTERDAM, 18 juin 1996 : *Vue de Enk-*

huizen, h/t (40x60) : **NLG 2 875** – Amsterdam, 5 nov. 1996 : *Le Port de Enkuizen*, h/t (60x81) : **NLG 4 248** – Amsterdam, 19-20 fév. 1997 : *Bébé et jeune chèvre dans un jardin*, h/t (40,5x30,5) : **NLG 3 228** – Amsterdam, 2 juil. 1997 : *Péniches sur le canal, Amsterdam, avec Lutherse kerk au loin*, h/t (60x100) : **NLG 6 342**.

DELFICO Melchiorre

Né en 1825 à Teramo. Mort en 1895 à Naples. XIXe siècle. Italien.

Peintre.

Dessinateur de talent, musicien apprécié, cet artiste est passé maître dans l'art de la caricature, dont il a fait plusieurs albums des principaux personnages de son époque.

DELFIEU Anne

Née le 15 octobre 1947 à Boulogne-Billancourt (Hauts-de-Seine). XXe siècle. Française.

Peintre, sculpteur, dessinateur, illustrateur. Abstrait.

Fille de Raoul Ubac, elle fut dès l'enfance en contact avec l'art et les artistes. Ayant commencé à créer des tissages, elle fut élève de l'École des Beaux-Arts d'Aubusson.

Depuis 1985, elle participe à des expositions collectives, dont : 1985 Vence ; 1987, 1990, 1992, 1993 Paris, galerie Arlette Gimaray ; 1989 Brive ; 1989-90 exposition circulante, *Livres peints, livres uniques* ; 1991 New York ; 1993 Salon de Montrouge ; 1994 Paris, Grands et Jeunes d'Aujourd'hui ; 1996 Strasbourg ; 1997 Frankfurt-am-Main ; etc. Elle montre ses travaux dans des expositions personnelles, d'entre lesquelles : 1982, 1985, 1988 Paris ; 1983 Bâle ; 1989 Paris, galerie Arlette Gimaray ; 1990 Paris, sculptures-signes réalisées en aggloméré de carton recouvert de pigment ; 1991 Angers, le Nouveau Théâtre ; 1992 Paris, galerie Arlette Gimaray ; 1994 Paris, galerie Arlette Gimaray ; 1995 Tokyo ; 1996 Paris, galerie Arlette Gimaray, choix de peintures et reliefs, à l'occasion de la présentation de ses illustrations pour *Toutes Voix Confondues* de Gérard Noiret, édition Monique Mathieu ; 1997 Paris, galerie Arlette Gimaray une importante exposition de ses réalisations en techniques diverses ; etc.

« Elle appartient à la génération d'artistes, comme Richard Long, Robert Smithson, Carl André, qui ont une nouvelle vision de l'ethnologie en opposition à la société technologique moderne, se basant sur des théories structuralistes et anthropologiques. Sans intervenir sur l'environnement naturel, elle se rebelle *contre tous les idéaux de l'expressionnisme et du réalisme*nne Delfieu n'utilise pas l'objet dans sa nudité brutale, mais *dénature* un matériau ou plutôt elle *naturalise* un matériau parfaitement artificiel pour engendrer le primitivisme », explique Claude Bouyeure. Son œuvre imite, à s'y méprendre, le bois, la fibre de bois, l'élément naturel, en accord avec ses titres évocateurs : *Écorce, Palissade, Écorce Séquoia*. Ses coloris imitent également ceux de la réalité. Il en est ainsi de ses volumes architecturés, rectangles à l'intérieur de rectangles qui semblent avoir été tracés par une scie dans du bois, et de ses sculptures en fibre de verre imitant la matière végétale. Anne Delfieu devient maître de l'illusion, dans une conception tout à fait différente de celle du trompe-l'œil, en conservant un caractère abstrait. ■ J. B.

Bibliogr. : Pierre Brisset, in : *L'Œil*, n° 393, Paris, 1988 – Patrick-Gilles Persin, in : *Cimaise*, n° 202, Paris, automne 1989 – Claude Bouyeure : *Anne Delfieu, Désir de déserts*, Cimaise n° 206-207, Paris, été 1990, – Marielle Ernoult-Gandouët, in : *L'Œil*, N°481, Paris, été 1996.

Musées : Paris (FNAC) – Paris (FRAC).

DELFIM Maya

Née à Porto (Portugal). XXe siècle. Portugaise.

Sculpteur.

Elle exposa à Paris au Salon d'Automne en 1932.

DELFINI Delfino

Né le 10 avril 1802 à Rivarola di Bozzolo. Mort le 27 septembre 1843. XIXe siècle. Italien.

Graveur.

Il fut l'élève de Toschi, et s'établit à Parme où il grava un grand nombre de portraits.

DELFINO Leonardo

Né le 10 décembre 1928 à Turin. XXe siècle. Actif en France. Italien.

Sculpteur, peintre, dessinateur. Abstrait baroque à tendance fantastique.

Il fit ses études d'arts plastiques en Argentine où il avait émigré, avec sa famille, en 1936. Il commença d'y exposer en groupe et seul, comme dessinateur et peintre. Arrivé à Paris en 1959, il ne commença à sculpter qu'en 1961.

Il a participé à de nombreuses expositions de groupe, parmi lesquelles : Salon de la Jeune Sculpture depuis 1962 ; Salon Comparaisons depuis 1963 ; Salon de la Jeune Peinture en 1964 ; Salon des Réalités Nouvelles depuis 1965 ; *Artistes Latino-Américains* au Musée d'Art Moderne de la Ville de Paris en 1965 ; Symposium du métal soudé au Musée d'Art Contemporain à Montréal en 1966 ; Salon de Mai à Paris depuis 1966 ; Biennale de Carrare en 1967 ; Biennale d'Anvers-Middelheim en 1969 ; *Tendances de la Jeune sculpture actuelle* Musée du Havre en 1969 ; Salon des Grands et Jeunes d'Aujourd'hui à Paris en 1970 et 1971 ; *Sculptures monumentales* organisée par le Centre National d'Art Contemporain (C.N.A.C.) au Parc Floral de Vincennes en 1971. Il a personnellement exposé à Paris à partir de 1972, a obtenu le Prix Susse de la Jeune Sculpture en 1969 et le Prix de la Chimie Plastique à Paris en 1970.

Ses premières sculptures étaient réalisées à partir de plaques de métal soudé, ensuite, de 1962 à 1967, ses sculptures sont passées du plan au volume, faisant alterner, non sans baroquisme en dépit de leur abstraction complète, formes arrondies et pleines avec des formes verticales se terminant en pointes. Plus tard, travaillant les résines synthétiques, selon la technique des coques moulées, il a d'abord créé des formes à caractère organique ou anthropomorphique peu défini sinon par le viscéral, puis est arrivé à une figuration franche d'un univers relevant plus du cauchemar de la science-fiction que du fantastique surréaliste. Des êtres mystérieux et inquiétants règnent sur un univers de ruines en décomposition lente ; leur traitement uniformément poli et noir ne fait qu'ajouter au malaise qu'ils communiquent. Autour de 1980, il est revenu à une abstraction plus sobre, mettant l'accent sur les formes élémentaires et sur les matériaux des constituants.

Bibliogr. : Denys Chevalier, in : *Nouveau Diction. de la Sculpture Mod.*, Hazan, Paris, 1970 – Notice de l'exposition *Delfino*, Gal. D. Speyer, Paris, 1972.

Musées : La Havane (Mus. d'Art Mod.) – Montréal (Mus. d'Art Contemp.) – Ostende – Paris (Mus. Nat. d'Art Mod.) – Paris (Mus. d'Art Mod. de la Ville).

DELFO

Né en 1927 à Rome. XXe siècle. Italien.

Sculpteur. Abstrait.

La sphère évoquant, pour lui, le mouvement et la liberté, il assemble des boules en acier inoxydable, non selon les lois de la géométrie gravitionnelle, à la manière de Max Bill, mais selon sa fantaisie créatrice.

DELFORTRIE Thérèse

Née à Croix (Nord). XXe siècle. Française.

Peintre.

Élève de H. Pailler. A exposé des toiles et un panneau décoratif : *Jeunes femmes*, au Salon des Artistes Français depuis 1934.

DELFOS Abraham

Né le 8 mars 1731 à Leyde, ou en 1729 à La Haye. Mort le 13 juillet 1820 à Leyde. XVIIIe-XIXe siècles. Hollandais.

Dessinateur, graveur.

Il descendait d'une famille de libraires et fut lui-même marchand d'œuvres d'art. C'est dans l'atelier de Jan Wandelaar qu'il apprit son métier.

On cite de lui les gravures suivantes : *Alexandre VII* ; *Souvenir de Ehren Boerhaves* ; *Le Fumeur* d'après A. Brouwer ; *Le Fumeur* d'après Teniers ; *Un homme fumant et une femme* d'après Metzu ; *Les Saisons* d'après Teniers ; *Deux paysages* d'après Berghem ; *Die Vryery Van Saertje Jansz met Renier Adriaensz* d'après C. Troost ; *Paysan riant* d'après F. Hals ; *Les Abusées* d'après A. Troost.

A Dfecit

Ventes Publiques : Paris, 1er déc. 1857 : *Le Porte-drapeau*, dess. : **FRF 8** – Paris, 10 mars 1902 : *Vue des Tuileries sous le Premier Empire* : **FRF 760** – Amsterdam, 15 juin 1982 : *Scène d'hiver*, aquar. et craie noire (38x51,5) : **NLG 2 700**.

DELFOS Pieter Leonard

Né vers 1706 à Leyde. Mort en 1782 à Leyde. XVIIIe siècle. Hollandais.

Peintre.

DELFOSSE Auguste

Né en 1832. Mort en 1899. XIXe siècle. Éc. flamande.

Peintre d'histoire, scènes de genre, paysages.
Ventes Publiques : New York, 13 fév. 1985 : *Paolo et Francesca*, h/pan. (63,5x51,5) : **USD 2 200** – Amsterdam, 18 fév. 1992 : *Voyageurs bavardant près d'un pont près de fortifications en ruines dans un paysage boisé*, h/pan. (26x33,5) : **NLG 2 760**.

DELFOSSE Eugène
Né en 1825 à Bruxelles. Mort en 1865 à Bruxelles. XIXe siècle. Belge.
Peintre de genre, portraits.
Il a exposé en Belgique et, de 1849 à 1861, à la Royal Academy de Londres.
Ses scènes de genre se situent généralement au Moyen-Âge et évoquent les toiles d'Henry Leys, par leur maniérisme et leur préciosité.
Bibliogr. : Gérald Schurr, in : *Les Petits Maîtres de la peinture 1820-1920, valeur de demain*, Les Éditions de l'Amateur, t. VI, Paris, 1985.
Musées : Blois : *L'aumône* 1858 – Bruxelles : *L'estafette* – Liège : *Rabelais au château de Saint-Maur-les-Fossés*.
Ventes Publiques : Londres, 20 juin 1980 : *Le vieillard et la fillette* 1859, h/t (71,6x57,8) : **GBP 1 000** – Vienne, 5 déc. 1984 : *Fillette avec un chien et un chat* 1855, h/t (57x66) : **ATS 40 000**.

DELFOSSE Georges Marie Joseph
Né en 1869. Mort en 1939. XIXe-XXe siècles. Canadien.
Peintre de paysages urbains.
Il a peint des aspects des villes du Québec, notamment à Montréal.
Ventes Publiques : Montréal, 21 oct. 1987 : *Alexis Contan à l'orgue et sa famille*, h/t (61x51) : **CAD 6 000** – Montréal, 25 avr. 1988 : *Église de Bonsecours*, h/pan. (26x34) : **CAD 900** – Montréal, 17 oct. 1988 : *Marché Bonsecours*, h/t (25x36) : **CAD 1 500** – Montréal, 23-24 nov. 1993 : *Maison de P. du Calvet à Montréal*, h/t (28x35,5) : **CAD 1 200**.

DELFOSSE Jean Baptiste
XVIIIe siècle. Français.
Peintre.
Il fut reçu à l'Académie Saint-Luc à Paris en 1743.

DELFOSSE Jules
Né à Rouen. XIXe-XXe siècles. Français.
Peintre de paysages, natures mortes, fleurs.

DELFOSSE Louis Marie Lucien
Né le 30 juillet 1863 à Bayonne (Basses-Pyrénées). XIXe siècle. Français.
Peintre de paysages, lithographe.
La rétrospective des Indépendants de 1926 présentait de cet artiste des fleurs et des paysages. Il vécut à Paris, où il fut l'élève de Cormon et de Rops.
Ventes Publiques : Paris, 10 avr. 1922 : *Les Bords de la Seine à Meudon* : **FRF 110**.

DELFS Moritz
Né en 1823 à Segeberg. Mort le 28 décembre 1906 à Hambourg. XIXe siècle. Allemand.
Peintre de sujets militaires, batailles, animaux.
Il fit ses études à l'Académie d'Anvers et à Paris. On cite de lui : *La Bataille de Waterloo* ; *Les Négociations* ; *Le Bétail*.
Ventes Publiques : Cologne, 18 nov. 1965 : *La Réquisition* : **DEM 4 000** – Cologne, 28 juin 1991 : *Deux enfants gardant des vaches dans un pré au bord de la mer*, h/t (91,5x129,5) : **DEM 6 000** – New York, 19 jan. 1994 : *Les Ramasseurs de varech*, aquar./pap./soie (52,1x73,7) : **USD 2 070**.

DELFT. Voir aussi **DELFF**

DELFT Eugène Van
Né en 1815. Mort en 1877. XIXe siècle. Éc. flamande.
Peintre de paysages.
Il est cité par Siret en 1845.
Ventes Publiques : Bruxelles, 21 mai 1981 : *Paysage lacustre* 1857, h/pan. (57x75) : **BEF 50 000**.

DELFT Jan Van
XVIe siècle. Actif à Anvers au début du XVIe siècle. Éc. flamande.
Sculpteur.

DELFT Jan Van
XVIIe siècle. Actif à Anvers au début du XVIIe siècle. Éc. flamande.
Peintre.

DELFT Jorg Van ou **Delffs**. Voir **DELFFS Jorigen Van**

DELFT D'EYSSEL Eugène Louis Van, baron
Né en 1815. Mort en 1877. XIXe siècle. Éc. flamande.
Peintre de paysages.
Il travailla à Anvers et peignit des paysages de Suisse et d'Allemagne.

DELFUENS Rinaldus
Mort le 17 avril 1592 à Rome. XVIe siècle. Hollandais.
Sculpteur sur bois.

DELGADILLO Pedro
XVIe siècle. Actif à Séville en 1527. Espagnol.
Enlumineur.

DELGADO Carolina
XIXe siècle. Espagnole.
Peintre d'histoire.
Elle exposa à Cadix en 1862.
Ventes Publiques : New York, 21 mars 1906 : *Princesse espagnole* : **USD 180**.

DELGADO Francisco
XVIIe siècle. Actif à Séville. Espagnol.
Peintre.

DELGADO José Ignacio
Né à Quito. XIXe siècle. Équatorien.
Peintre de sujets religieux.
Participa à l'Exposition Universelle de Paris en 1900.

DELGADO Juan
XVIIIe siècle. Vivant à Madrid au commencement du XVIIIe siècle. Espagnol.
Peintre.
Il peignit, dans l'Ermitage de Notre-Dame, près du pont de Ségovie, un *Saint François-Xavier* qui est bien coloré, mais trop maniéré.

DELGADO Lorenzo
XVIe siècle. Actif à Séville en 1520. Espagnol.
Peintre.

DELGADO Manuel
XVIIe siècle. Actif à Madrid. Espagnol.
Sculpteur.
Il fut l'élève de Manuel Pereyra.

DELGADO Pedro
XVIe siècle. Actif à Séville. Espagnol.
Sculpteur.

DELGADO Pedro
Né à Orgaz. XVIe siècle. Espagnol.
Peintre de compositions religieuses.
Il peignit, pour l'Ermitage de la Conception de sa ville natale, deux grands tableaux du style du XVe siècle, représentant l'un *La Vierge entourée de saints*, l'autre la *Descente de Croix*.

·P Delgado

DELGADO Pedro
XIXe siècle. Actif à Malaga en 1881. Espagnol.
Peintre.

DELGADO Y MENESES José
XIXe siècle. Actif à Madrid au début du XIXe siècle. Espagnol.
Peintre de portraits.

DELGADO-RAMOS Alvaro
Né en 1922. XXe siècle. Espagnol.
Peintre de figures, paysages, natures mortes.
Ventes Publiques : Madrid, 22 avr. 1980 : *Nature morte*, h/isor. (37x45) : **ESP 75 000** – Madrid, 4 jan. 1983 : *Christ*, h/pan. (102x73) : **ESP 250 000** – Madrid, 14 mars 1985 : *Paysage*, h/t (73x73) : **ESP 360 000** – Madrid, 16 déc. 1987 : *Era* 1976, h/pan. (64x88) : **ESP 700 000** – Londres, 15 fév. 1990 : *Musicien triste* 1948, h/t (99,7x85) : **GBP 5 280** – Madrid, 27 juin 1991 : *Poule*, h/t (60x73,5) : **ESP 672 000** – New York, 27 fév. 1992 : *Joueur de cartes*, h/t (91,4x73,5) : **USD 2 200**.

DELGADO Y RODRIGUEZ Felipe
Né à Séville. XIXe siècle. Espagnol.
Peintre.
Élève de Manuel Rodriguez de Guzman. Il exposa à Madrid en 1858.

DELGLEIZE Henri François
XVIIIe siècle. Actif à Liège vers 1751. Éc. flamande.
Peintre.

DELGOBE-DENIKER Marguerite
Née à Paris. XXe siècle. Française.
Peintre de scènes de genre.
Elle participe pour la première fois en 1914 au Salon de la Société Nationale des Beaux-Arts dont elle devient associée. Elle figure ensuite aux Salons des Artistes Indépendants, des Tuileries et d'Automne, prenant également part à des expositions à Gand et à Tolède.
Musées : Paris (Mus. Guimet) : *Enterrement chinois.*

DELGOT Émile
XVIIIe-XIXe siècles. Actif à Caen entre 1793 et 1820. Français.
Peintre de miniatures.
Élève d'Aubry. Le Musée de Caen conserve de lui une miniature d'après Aubry.

DELHAES Istvan
Né en 1848 à Budapest. Mort le 18 avril 1901 à Vienne. XIXe siècle. Hongrois.
Peintre.
Il se spécialisa dans la peinture historique.

DELHALLEN Ysbrand
XVIe siècle. Actif à Anvers. Éc. flamande.
Sculpteur.

DELHAYE Joseph ou **José**
Né en 1921 à Namur. XXe siècle. Belge.
Peintre, dessinateur. Polymorphe.
Élève à l'Académie des Beaux-Arts de Namur, il a participé au Salon d'Art Moderne et Contemporain à Liège en 1948. En 1950, il fut lauréat du Prix de la Jeune Peinture Belge. En 1991, une exposition importante lui fut consacrée à la galerie Liehrmann de Liège. Il fut professeur à l'Académie des Beaux-Arts de Liège. Il réalisa ses premiers collages surréalistes en 1942. ses œuvres, surtout des collages, sont dans une période suivante marquées d'humour folklorique, évoquant un univers ludique. Ensuite, ses compositions ont repris un caractère surréaliste, basé sur l'érotisme de ses montages précédents. Esprit libre, il ne se laisse pas classer, passant indifféremment par les territoires du post-cubisme, du surréalisme, de l'abstraction. Dans ses paysages et natures mortes montrés en 1991, aux formes nettement découpées et juxtaposées, il apparaît apaisé, soucieux surtout de beaux accords de couleurs vives, encore tenté de concilier la rigueur cubiste et la grâce matisséenne.

José Delhaye

Bibliogr. : In : *Diction. biogr. illustré des Artistes en Belgique depuis 1830,* Arto, Bruxelles, 1987.

DELHAZE J. B.
XVIIIe siècle. Éc. flamande.
Peintre.

DELHESKAMP Friedrich Wilhelm
Né en 1794 à Bielefeld. Mort le 5 août 1872 à Bochenheim (près de Francfort-sur-le-Main). XIXe siècle. Allemand.
Dessinateur, graveur.
Auteur d'un *Panorama du Rhin,* publié en 1825, et d'une série de neuf planches représentant des *Vues des Alpes,* 1830-1835. On cite également une suite de dix planches entières et trois demi-planches, partie d'une série de vingt-cinq, qu'il compta composer pour un relief des Alpes suisses.

DELHÈZ Victor
Né en 1902 à Anvers. Mort en 1985 à Mendoza. XXe siècle. Actif en Argentine. Belge.
Dessinateur, graveur, architecte. Expressionniste, puis abstrait, puis tendance surréaliste.
Après des études d'agronomie – il obtint son diplôme d'ingénieur agronome –, il s'orienta vers les arts plastiques et fut élève à l'Académie des Beaux-Arts d'Anvers. Il a quitté la Belgique en 1925 pour se fixer en Argentine où il devint professeur à l'Universidad Nacional de Cuyo à Mendoza. Il a réalisé des illustrations d'œuvres littéraires, dont *Casaere des Aries.*
Après un langage de forme expressionniste, il fut l'un des premiers abstraits belges. Il évolua ensuite vers une vision plus surréaliste et proche de ce qu'on nomme le réalisme magique.
Bibliogr. : In : *Diction. biogr. illustré des Artistes en Belgique depuis 1830,* Arto, Bruxelles, 1987.

DELHOFF J.
XVIIIe siècle. Actif à Amsterdam vers 1760. Hollandais.
Dessinateur.

DELHOMME Albert
Né à Paris. XXe siècle. Français.
Peintre.
Expose des paysages depuis 1924 au Salon des Indépendants.

DELHOMME Georges Eugène
Né le 10 février 1904 à Meaux. Mort le 28 janvier 1989. XXe siècle. Français.
Peintre, graveur de paysages, portraits, natures mortes, de genre.
Il fut élève à l'École des Beaux-Arts et à l'École Supérieure Nationale des Arts Décoratifs de Paris. Il travailla avec le décorateur Maurice Dufrène, puis avec Émile Jacques Rulhmann. Directeur artistique de chez Lancôme, il réalisa des modèles de flacons de parfum de 1935 à 1965. Il a participé à plusieurs expositions collectives, notamment au Salon d'Automne à partir de 1927, au Salon des Tuileries à partir de 1928 et à celui des Artistes Indépendants. Il figure à l'Exposition Universelle de Paris en 1937. Sa première exposition personnelle se déroule à Paris dès 1927, elle sera suivie de beaucoup d'autres jusqu'à sa mort, avec un interruption entre 1938 et 1972.
Il montre une prédilection pour les scènes de cirque, de music-hall, d'Opéra, de cabarets, de guinguettes et de bords de Marne qu'il rend dans un réalisme expressionniste assez classique.

DELHOMME Jean Philippe
XXe siècle. Français.
Peintre. Figuratif.
Ses acryliques et gouaches évoquent des couvertures de faux magazines, des vitrines de vrais magasins, des atmosphères, des paysages, des scènes prises sur le vif, des pans de mur. Il plante ausssi des portraits non sans ironie.

DELHOMME Léon Alexandre
Né le 20 juillet 1841 à Tournon-sur-Rhône (Ardèche). Mort le 16 mars 1895 à Paris. XIXe siècle. Français.
Sculpteur de statues.
Il entra à l'École des Beaux-Arts en mars 1868, où il fut élève de Dumont et de Fabisch. Il débuta au Salon de Paris en 1867 et eut une médaille cette même année. A partir de 1884, il fit partie du Conseil municipal de Paris. Parmi ses œuvres, on cite : *Gaulois blessé ; Martyre de Jeanne d'Arc ; Le Défi.* On lui doit la statue de Louis Blanc, en bronze, érigée sur la place Monge, à Paris.
Musées : Lyon : *Démocrite.*
Ventes Publiques : New York, 20 mars 1981 : *Un Gaulois* 1878, bronze (H. 56) : **USD 2 000.**

DELHOMME Serge
Né en 1933. XXe siècle. Français.
Peintre. Abstrait.
Il participe régulièrement au Salon des Réalités Nouvelles, notamment en 1986, 1988, 1989.
Sur ses toiles, les lignes se croisent et s'entrecroisent à la manière de signes graphiques.

DELHOMMEAU Charles ou **Delhomau**
Né le 21 mars 1883 à Paris. Mort en décembre 1970. XXe siècle. Français.
Sculpteur animalier.
Il a régulièrement participé au Salon de la Société Nationale des Beaux-Arts, devenant associé en 1913 et sociétaire en 1932. Chevalier de la Légion d'honneur.
Après avoir sculpté, dans un premier temps, des bustes, il s'est spécialisé dans le domaine animalier, sculptant *Panthère, Gazelle, Serval.* etc.
Ventes Publiques : Paris, 17 avr. 1989 : *Le petit chat,* bronze patiné (H. 16) : **FRF 10 500** – Paris, 4 juin 1993 : *Panthère en marche,* bronze (H. 31) : **FRF 28 000.**

DELHOYE Jean ou **Delloye**
Né en 1673 ou 1674 à Huy. Mort le 12 novembre 1739 à Huy. XVIIe-XVIIIe siècles. Éc. flamande.
Peintre de paysages, compositions religieuses peintre de cartons de tapisseries.
Élève d'Engelbert Eisen à Liège. Il alla à Venise et à Rome, où il épousa, le 25 janvier 1689, Lucia Habilé. Sa sœur Marguerite, morte le 8 juillet 1731, fut peintre.

DELHUMEAU Gustave Henri Eugène
Né le 1er novembre 1839 à Moutiers-les-Mauxfaits (Vendée). XIXe siècle. Français.
Peintre d'histoire, de genre.
Il fut élève de Cogniet et de Cabanel à l'École des Beaux-Arts. Débuta au Salon en 1863 et exposa surtout des portraits : *Marquis de Saint-Hermine, Baron de Gaulmin, Mme Simon-Girard, Mme T. Chaumont, Comte Alfred Werle, Général Février, Mme Santerre, M. de la Bassetière.* Autres œuvres : *Mort d'Adonis, Nymphe*, etc., mention honorable au Salon et à l'Exposition Universelle de 1889, médailles d'or à Londres (1888), etc.
Musées : La Roche-sur-Yon : *La nymphe Salmacis – Hercule – Portrait de jeune fille.*
Ventes Publiques : Paris, 25 et 26 oct. 1920 : *Baigneuses* : FRF 200.

DELHUMEAU René Camille
Né à Cholet (Maine-et-Loire). XXe siècle. Français.
Peintre de paysages.
Exposant du Salon des Indépendants dès 1924.

DELIAN Isaac
XVIIe siècle. Français.
Sculpteur.
Il fut reçu à l'Académie Saint-Luc en 1688.

DELIBERATORE Nicolas ou **di Liberatore**. Voir **NICCOLO de Foligno**

DELIBRO Johann
Mort le 27 septembre 1707 à Brno. XVIIe siècle. Tchécoslovaque.
Peintre.

DELIE Joos
XVIe siècle. Actif à Anvers. Éc. flamande.
Peintre.

DELIÈGE, Mme
XIXe siècle. Française.
Peintre.
Le Musée de Versailles conserve d'elle le *Portrait du général de Billy.*

DELIEN Jean François ou **Jacques François** ou **Jans**. Voir **DELYEN**

DELIERRE Auguste
Né en 1829 à Paris. XIXe siècle. Français.
Peintre d'histoire, scènes de genre, paysages animés, natures mortes, illustrateur.
Élève d'Eugène Ciceri, il participa au Salon de Paris entre 1852 et 1889.
Ses compositions de paysages animés de chiens de chasse montrent l'influence des œuvres de Desportes et d'Oudry, qu'il a longtemps copiées. Il marque, par ailleurs, une prédilection pour les natures mortes. Il a également illustré les *Fables* de La Fontaine.
Bibliogr. : Gérald Schurr, in : *Les Petits Maîtres de la peinture 1820-1920, valeur de demain*, Les Éditions de l'Amateur, t. V, Paris, 1981.
Musées : Pontoise : *Vieille paysanne assise.*
Ventes Publiques : Paris, 27-28 nov. 1922 : *Chien et gibier – Gibier, fruits et fleurs*, deux h/t décoratives, d'après Desportes : **FRF 3 000** – Paris, 29 déc. 1924 : *Chiens de chasse*, deux h/t, dessus-de-portes : **FRF 180** – Paris, 10 mai 1943 : *Parc animé de personnages*, cr. reh. de gche : **FRF 90** – Londres, 30 nov. 1977 : *Louis XV chassant dans la forêt de Compiègne* 1872, h/t, d'après Jean-Baptiste Oudry (240x389) : **GBP 6 500** – Paris, 7-12 déc. 1988 : *L'hallali au temps de Louis XV*, aquar. (59x48) : **FRF 37 200.**

DELIGAND Louis Auguste
Né le 8 novembre 1815 à Sens (Yonne). Mort le 29 décembre 1874 à Coutances (Manche). XIXe siècle. Français.
Sculpteur.
Entré à l'École des Beaux-Arts en 1841, il eut pour professeurs Ramey et A. Dumont. Il obtint une médaille de troisième classe en 1857. Au Salon de Paris, il exposa de 1846 à 1857. A l'église de la Madeleine de Paris, on voit de lui la statue en pierre de *Saint Martin*, évêque de Tours. On lui doit aussi la statue de mathématicien *Poisson*, à Pithiviers. Deligand entra dans les ordres et devint chanoine titulaire de la cathédrale de Coutances. Au Musée d'Alger on a de lui : *Napoléon Ier* et à celui de Sens un projet de monument à *Jean Cousin.*

DELIGNE Adolphe Julien
Né le 12 juin 1818 à Cambrai (Nord). XIXe siècle. Français.
Peintre de genre, portraits.
En 1838, il entra à l'École des Beaux-Arts et eut pour professeur Delaroche et Drolling. Il exposa au Salon de Paris de 1846 à 1866. Pendant longtemps il exerça la charge de directeur de l'École des Beaux-Arts de Saint-Quentin. Le Musée de Cambrai possède de cet artiste : *Portrait de Fénelon ; Le Christ au tombeau ; Descente de croix ; Saint Paul prêchant à Éphèse.*

DELIGNE Aline
XIXe siècle. Active en 1845. Éc. flamande.
Peintre de genre.
Citée par Siret.

DELIGNON Jean Louis
Né en 1755 à Paris. Mort vers 1804. XVIIIe siècle. Français.
Graveur.
Élève de N. Delaunay. Au Musée du Puy, on voit de cet artiste : *Capitulation de Cornwalis*, d'après de Martinet. Il a gravé pour l'illustration de plusieurs ouvrages, notamment d'après des dessins de Moreau le jeune. Il fournit aussi des planches pour la Galerie du Palais Royal. On cite de lui : *L'Amour armé du foudre de Jupiter*, d'après Le Roi ; *Renaud et Armide*, d'après Lod Leoni ; *La Nourriture d'Hercule*, d'après Giul. Pippi ; *La Gaieté Bachique*, d'après J.-B. Weenix ; *La Galante surprise*, d'après Lawrence.

DELIGNY Claude Félix Théodore ou **de Ligny**
Né le 10 octobre 1798 à Paris. Mort en mai 1863 à Meaux. XIXe siècle. Français.
Peintre de paysages.
Élève de Guérin et de Fleury. Entré à l'École des Beaux-Arts, le 11 novembre 1819. Exposa au Salon de 1831 à 1845. Médaille de deuxième classe en 1831.

DELIGNY Jean ou **de Ligny**
XVIIe siècle. Français.
Peintre.
Il fut reçu à l'Académie Saint-Luc en 1693.

DELIGNY Paul Édouard
Né au XIXe siècle à Lisbonne. XIXe siècle. Français.
Peintre de natures mortes.
Élève de J. Triquet. Sociétaire des Artistes Français depuis 1907, il figura aux expositions de cette société. Mention honorable en 1907.

DELILLE François
Né le 8 mai 1817 à Marseille (Bouches-du-Rhône). XIXe siècle. Français.
Peintre de paysages, paysages urbains.
Élève de Lapito et Allongé, il exposa au Salon de Paris de 1865 à 1868.
Ventes Publiques : Monte-Carlo, 8 déc. 1984 : *Le Pont de Billancourt*, h/t (109x164) : **FRF 40 000** – Calais, 13 nov. 1988 : *Paysage de montagne animé* 1863, h/t (63,5x100) : **FRF 8 000.**

DELIN Johannes Josephus Nicolaus ou **de Lin, de Lein**
Né le 12 janvier 1776 à Anvers. Mort le 11 novembre 1811 à Paris. XIXe siècle. Éc. flamande.
Peintre de portraits, histoire.
A Paris depuis 1804, élève de Herreyns, Quertenmont et Vincent, après avoir commencé ses études à l'Académie d'Anvers. L'église Saint-Charles-Borromée d'Anvers conserve son *Simon au temple*, l'église des Jésuites de la même ville sa *Purification de Marie.*

DELIN Joseph
Né le 6 juillet 1821 à Anvers. Mort le 13 décembre 1892 à Anvers. XIXe siècle. Éc. flamande.
Peintre.
Il fut l'élève de Wappers et se spécialisa dans le portrait. Le Musée d'Anvers possède son portrait par lui-même.

DELIN N. J. ou **de Lein**
XVIIIe siècle. Éc. flamande.
Peintre de portraits.
Il peignit, en 1782, les directeurs de la gilde, pour 400 florins, à Rotterdam.

Musées : La Haye : *Le Prince Guillaume-Georges-Frédéric à neuf ans.*
Ventes Publiques : Amsterdam, 13 nov. 1990 : *Portrait de Adriana Johanna de Pineda assise de trois-quarts vêtue d'une robe bleue et d'un bonnet de dentelle* 1792, h/t (87,3x76,5) : **NLG 3 220** – Amsterdam, 11 nov. 1997 : *Portrait d'une fillette assise sur un coussin, vêtue de blanc, portant sur la tête un chapeau de paille et sur les genoux un petit chien* 1794, h/t (62,4x50,8) : **NLG 4 382.**

DELION
xixe siècle. Français.
Graveur.
On connaît de lui un portrait du Tzar Alexandre Ier.

DELIONS Alphonse
xixe siècle. Français.
Peintre.
De 1833 à 1848, il exposa au Salon de Paris des sujets de chasse.

DELIOUX DE SAVIGNAC. Voir **LIOUX de Savignac**

DELIQUET Raymond
Né le 11 mars 1908 à Saint-Denis. xxe siècle. Français.
Peintre. Postimpressionniste puis abstrait.
Il ne commence à peindre qu'en 1936 et devient l'élève de Suzanne Valadon, puis d'Othon Friesz. Depuis 1938, il prend part au Salon des Artistes Indépendants dont il devient sociétaire en 1950. Il participe également au Salon d'Automne.
Ayant tout d'abord travaillé dans un style postimpressionniste, il cesse brusquement de peindre durant plusieurs années, à la suite du choc provoqué par l'exposition Nicolas de Staël, et change tout à fait de genre.

DELISI Benedetto
Mort vers 1875. xixe siècle. Actif à Palerme. Italien.
Sculpteur.
Il exposa en 1861 à Florence deux statues de marbre.

DELISI Luigi
Mort en 1875 à Palerme. xixe siècle. Italien.
Sculpteur.

DELISI Stefano
Né en 1865 à Palerme. Mort le 20 mars 1886 à Palerme. xixe siècle. Italien.
Sculpteur.
Il était fils de Benedetto et montra dès son plus jeune âge un rare talent.

DELISLE Philippe
Né le 8 mars 1795 à Étampes. xixe siècle. Français.
Peintre, graveur.
Il fut l'élève de Boichard de Bourges pour la peinture et de Fielding Newton pour la gravure. On possède de lui, au Musée d'Étampes : *Vue d'Étampes* ; *Portrait de Mme Memaret* ; *Portrait de Mme de Lort.*

DELISLE Robin
xve siècle. Travaillant à Angers en 1419 et 1420. Français.
Peintre.
Il était peintre ordinaire du roi Charles VI.

DELISSA Joseph Lily, Mme
Née au xixe siècle en Angleterre. xixe siècle. Britannique.
Peintre.
Elle obtint une mention honorable au Salon de 1898.

DELITIO Andrea, l'Ancien ou **Delisio**
xive siècle. Actif à Venise vers 1312. Italien.
Peintre.
Il signa une fresque de la cathédrale de Venise.

DELITIO Andrea, le Jeune
xve siècle. Italien.
Peintre de compositions religieuses, fresquiste.
Il se forma sur des exemples de style gothique tardif, puis il effectua un voyage à Florence. Il fut actif dans les Abruzzes, dans la seconde moitié du xve siècle.
Il reçut la commande de fresques pour l'église San Francesco à Sulmona, aujourd'hui disparues. On cite de lui : un *Saint Christophe* 1473, sur la façade de Santa Maria Maggiore à Guardiagrele, à partir duquel on a pu lui attribuer diverses œuvres, dont : le cycle de la *Vie de la Vierge*, dans la cathédrale d'Atri ; une *Vierge à l'Enfant*, dans l'église de L'Aquila. Son séjour florentin modifia les éléments de style hérités de la tradition gothique, les orientant dans le sens d'une recherche des effets plastiques où se reconnaissent l'influence de Masaccio et de Domenico Veneziano (qui fut présent en Toscane), puis de Filippo Lippi, de Domenico di Bartolo et de Paolo Uccello.
Bibliogr. : In : *Diction. de la peinture italienne*, coll. Essentiels, Larousse, Paris, 1989.
Musées : L'Aquila (Mus. des Abruzzes) : *Nativité – Crucifixion – Vierge à l'Enfant*, attr. – Baltimore (Walters Art Gal.) : *Vierge à l'Enfant*, attr. – New York (Metropolitan Mus.) : *Annonciation*, attr. – Providence : *Rencontre de saint Benoît et Totila.*

DELITIO Bartolomeo, l'Ancien
xiie siècle. Actif à Venise. Italien.
Sculpteur.

DELITIO Bartolomeo, le Jeune
xiiie siècle. Actif à Venise. Italien.
Sculpteur.

DELITIO Francesco
xvie siècle. Actif à Rome et Aquilée. Italien.
Peintre.

DELKESKAMP Friedrich Wilhelm
Né le 20 septembre 1794 à Bielefeld. Mort le 5 août 1872 à Bockhenheim (près de Francfort-sur-le-Main). xixe siècle. Allemand.
Graveur.
Il grava des illustrations, mais surtout des Panoramas de villes. On lui doit également quelques aquarelles.

DELL' suivi d'un patronyme. Voir aussi ce patronyme

DELL Eveline Etheline
xixe siècle. Britannique.
Peintre de scènes animées, sujets d'imagination, peintre à la gouache, aquarelliste, dessinatrice.
Active de 1885 à 1891, elle peignit des sujets domestiques ou féeriques, et exposa à la Royal Academy, à la New Watercolour Society. Elle vivait à New Malden dans le Surrey.
Ventes Publiques : Londres, 30 mai 1985 : *A conversation at the cottage gate*, aquar. reh. de gche (21x24) : **GBP 600** – Londres, 28 oct. 1986 : *Misummer fairies*, gche (19,4x16,2) : **GBP 4 200** – Londres, 26 sep. 1990 : *Sous les arbres en fleurs*, aquar. avec reh. de gche (27x42) : **GBP 660** – Londres, 12 juin 1992 : *Les fées et le rat des champs*, cr., aquar. et gche (21,6x19) : **GBP 5 500** – Londres, 10 mars 1995 : *Les Contes de l'été*, cr., aquar. et gche (19,4x16,2) : **GBP 3 220** – Londres, 5 juin 1996 : *Lutins*, aquar. et gche (15,5x11) : **GBP 2 530.**

DELL G.
xixe siècle. Britannique.
Peintre de marines.
Ventes Publiques : New York, 3 juin 1994 : *Un trois-mâts* 1861, h/t (50,8x76,2) : **USD 8 050.**

DELL J.
xviiie siècle. Britannique.
Sculpteur.
Il était actif à Londres à la fin du xviiie siècle. Il exposa des bustes à la Royal Academy de 1793 à 1797.

DELL John Henry
Né vers 1836. Mort en 1888. xixe siècle. Britannique.
Peintre de scènes de genre, paysages, animalier, enlumineur.
Il travailla à Londres et exposa régulièrement à la British Institution et à la Royal Academy. On lui doit des paysages, des scènes de genre et des peintures d'animaux.
Ventes Publiques : Londres, 6 mars 1931 : *Sur le Tamar* : **GBP 3** – Londres, 24 oct. 1978 : *Enfants jouant dans un cour de ferme* 1854, 2 h/pan. (15x24) : **GBP 900** – Londres, 17 juin 1980 : *Firing a canon*, h/pan. (23x19) : **GBP 550** – Londres, 18 fév. 1983 : *Feeding the calf* 1863, h/cart. (28x22,8) : **GBP 500** – Londres, 6 fév. 1985 : *La petite ramasseuse de fagots – Moutons dans un paysage*, deux h/t (34x28) : **GBP 620** – Londres, 16 avr. 1986 : *Les animaux de la ferme* 1863, h/pan. (35x45,5) : **GBP 1 800** – Londres, 21 mars 1990 : *La distribution de fourrage* 1860, h/pan. (35x48) : **GBP 3 300.**

DELL Juan
xxe siècle.
Sculpteur animalier.
Ventes Publiques : New York, 17 déc. 1990 : *Cheval se cabrant* 1982, cuivre et bronze (H. 58,4) : **USD 770.**

DELL Peter, l'Ancien
Né en 1501 à Würzburg. XVIe siècle. Allemand.
Sculpteur.
Il fut l'élève de Til Riemenschneider. On lui doit plusieurs monuments funéraires.

DELL Peter, le Jeune
XVIe siècle. Allemand.
Sculpteur.
Il était le fils de Peter l'Ancien et travailla avec lui. Il était actif à Würzburg.

DELLA suivi d'un patronyme. Voir ce patronyme

DELLA Caspar
Né vers 1583 en Bavière. Mort le 9 mars 1661 à Vienne. XVIIe siècle. Autrichien.
Peintre.
Il travailla toute sa vie pour la cour impériale.

DELL'ABATE Niccolo. Voir **DELL'ABBATE Niccolo**

DELL'ABBATE Christoforo
Né à Modène. XVIe siècle. Actif aussi en France. Italien.
Peintre.
Deuxième fils de Niccolo dell'Abbate, qu'il vint rejoindre en France en 1552. Comme ses deux frères, il collabora aux travaux paternels. ■ J. B.

DELL'ABBATE Ercole
Né dans la deuxième moitié du XVIe siècle probablement en France, vers 1563 à Modène selon d'autres biographes. Mort le 20 janvier 1613 à Modène. XVIe-XVIIe siècles. Actif aussi en France. Italien.
Peintre.
Fils de Giulio et petit-fils de Niccolo dell Abbate. Malgré leur succès en France, il paraît certain que Niccolo dell Abbate et ses fils songèrent toujours à un retour possible à Modène. Les temps difficiles que firent aux artistes les guerres de religion, sous les derniers Valois, contribuèrent peut-être à ramener les descendants du collaborateur de Primatice dans la mère-patrie. L'indication de la naissance d'Ercole à Modène paraît erronée : Giulio Camillo, son père, travaillait à Fontainebleau de 1561 à 1577 ; en 1582, on le trouve encore mentionné comme surveillant des peintures du château. Il semble plausible que ce ne serait qu'après la mort de Giulio Camillo que sa veuve serait retournée en Italie. Nous retrouvons Ercole Abbate à Modène à la fin du XVIe siècle. Son fils Pietro Paolo, le jeune, y naît en 1592. Ercole n'avait pas hérité du caractère aimable et bienveillant qui se devine chez Niccolo. Nature sauvage et passionnée, il mena une vie de désordre et de ce fait laissa nombre d'œuvres exécutées avec trop de hâte ou inachevées.
Ercole était, suivant Vedriani, le mieux doué des descendants de Niccolo, et de nombreux travaux lui furent confiés. On cite plusieurs madones de lui dans les églises de Modène ; ainsi que *Hercule combattant le lion de Némée*, pour le chevalier Marino. En collaboration avec B. Schedone, il décora la grande salle du palais municipal de Modène, peintures représentant des scènes de la vie d'Hercule et qui existent encore. *Les Noces de Cana*, tableau conservé à la Pinacothèque de Modène, sont considérées comme son chef-d'œuvre. On voit de lui, dans la même galerie, une *Annonciation*, une *Présentation au Temple* et la *Naissance de Saint Jean-Baptiste*. *Le mariage de la Vierge*, que possède le même musée, est attribué par certains critiques à Ercole et par d'autres à son fils Pietro Paolo, le jeune. ■ E. B.
Musées : Modène (Pina.) : *Les Noces de Cana – Annonciation – Présentation au Temple – Naissance de Saint Jean-Baptiste*.

DELL'ABBATE Giovanni
Né à Modène. Mort le 1er janvier 1559 à Modène. XVIe siècle. Italien.
Peintre, sculpteur, stucateur.
Il devait son nom à son origine d'*Abbate Regiano*. D'après Lanzi, il possédait une grande renommée pour ses crucifix en stuc. Giovanni fut le premier maître de son fils Niccolo Dell'Abbate.

DELL'ABBATE Giulio Camillo
Né à Modène. Mort probablement à Fontainebleau, après 1582 ou 1579 selon certains biographes. XVIe siècle. Italien.
Peintre.
Fils aîné, selon d'autres sources troisième fils, de Niccolo dell'Abbate, il vint en France avec son père, en 1552, et fut un de ses principaux collaborateurs. Son nom est cité dans les comptes royaux comme peintre à Fontainebleau, de 1561 à 1577. Il était surveillant des peintures du château en 1582. Giulio Camillo aida son père dans la décoration des arcs de triomphe élevés en l'honneur de Charles IX lors de son entrée à Paris, les 5 et 23 mars 1571, et à la confection des seize grands tableaux d'histoire qui, à cette occasion, décoraient la grande salle de l'Évêché.

DELL'ABBATE Niccolo ou **Abate, Abbato**, dit **Messer Niccolo** ou **Niccolino**
Né vers 1509, ou 1512 à Modène. Mort en 1571 à Fontainebleau. XVIe siècle. Actif aussi en France. Italien.
Peintre de compositions religieuses, sujets mythologiques, portraits, paysages, compositions murales, fresquiste, décorateur, dessinateur. Maniériste. Ecole de Fontainebleau.
Il fut l'élève et l'aide de son père, Giovanni dell'Abbate, puis se perfectionna sous la direction du sculpteur Antonio Begarelli. Certains biographes ajoutent qu'il fut le disciple du Corrège ; il semble avoir subi son influence. Suivant une tradition, Niccolo fut soldat, mais le métier militaire ne le retint pas longtemps : en 1537, il avait repris ses pinceaux et aidait Alberto Fontana, son camarade d'atelier chez Begarelli, à la décoration des boucheries de Modène. En 1546, il travaillait encore en compagnie de Fontana au palais public, seulement les rôles étaient intervertis : Fontana peignait les ornements et Niccolo, passé au premier rang, exécutait des tableaux qui avaient pour sujet : *Brutus faisant approvisionner Modène* ; *Le Triumvirat* ; *Les Travaux d'Hercule*. Tiraboschi cite plusieurs autres peintures exécutées par Niccolo à Modène et qui n'existaient plus de son temps ; on mentionne également d'importantes décorations dans sa ville natale et dans diverses localités du duché de Modène. Les fresques dont il orna le château de Scondiano sont les plus célèbres. Sous un portique il avait peint des sujets tirés des poèmes de l'Arioste, et dans un cabinet douze tableaux correspondant aux douze chants de l'Énéide. Neuf de ces derniers sont conservés au musée de Modène, où ils ont été transportés. Trois ont péri, en 1815, dans un incendie. Ils ont été gravés au trait en 1821. En 1547, il peignit pour le maître-autel de l'église Saint-Pierre un tableau représentant *Le Martyre de Saint Pierre et de Saint Paul*, œuvre qui consacra sa renommée. Niccolo fut appelé à Bologne et les travaux qu'il y exécuta accrurent encore sa réputation. Les fresques du palais Torfanini, malheureusement détruites, faisaient l'admiration des Carrache. Celles que Dell' Abbate peignit au palais Poggi, devenu depuis palais de l'Institut, n'étaient pas d'un mérite moindre. Une frise représentant des jeunes gens et des jeunes femmes permet encore de juger les qualités de grâce, la profonde étude de la nature possédées par cet artiste. Agostino Carrache célébra le mérite de cette composition dans un sonnet où il dit « qu'on y trouve l'ordonnance de Raphaël, le sublime de Michel-Ange, la vérité de Titien et la grâce de Corrège ». Une fresque représentant la *Nativité de Jésus-Christ* fut peinte par Dell' Abbate sous le portique du palais Leoni avec autant de succès. On en possède la gravure par Ag. Mitelli. La peinture existe encore, mais dans un triste état de conservation. Niccolo dell' Abbate fut appelé à la cour de France par Henri II, sur le conseil du Primatice. Il y arriva au commencement de l'année 1552. Au mois de mai, les portraits qu'il avait faits du roi et de la reine lui valurent une pension, et l'artiste appelait près de lui sa femme et ses trois fils : Giulio, Christoforo et Camillo. Pendant les dix-neuf années qu'il vécut en France, Dell' Abbate, devenu le bras droit de Primatice, exécuta, particulièrement à Fontainebleau, d'immenses travaux, généralement sur des dessins que lui donnait celui-ci, entre autres : huit grands tableaux dans la Chambre de Saint Louis, mentionnés par le père Dan et décrits par l'abbé Guilbert (ils n'existent plus aujourd'hui ou sont en cours de restauration) ; la décoration de la salle de Bal, dite aussi salle des Cent-Suisses et salle de Henri II. Cette œuvre eut un tel retentissement que Vasari, bien qu'il ne l'eût pas vue, en fait le plus grand éloge. Elle a été gravée en 67 pièces au XVIIe siècle par Alexandre Betou. Toussaint Dubreuil, sous Henri IV, répara ces peintures et, de nos jours, Alaux leur fit une restauration complète. Dans la galerie d'Ulysse, Niccolo peignit des tableaux sur des sujets empruntés à l'Odyssée. La voûte de cette galerie, formant quinze travées, représentait les dieux de l'Olympe. On y remarquait notamment deux grandes compositions : *Le Parnasse* et le *Festin des Dieux*. La démolition de cette galerie, en 1738, causa d'unanimes regrets. Mariette s'en fit l'écho dans ses notes. Les travaux d'Ulysse ont été gravés en 58 pièces par Théodore Van Tulden. Dans la chambre d'Alexandre, dite aussi chambre de Mme d'Étampes, transformée sous Louis XV en cage d'escalier, Dell' Abbate peignit, en 1570, suivant

Mariette, des fresques dont huit subsistent. Il décora également, en 1561, la laiterie construite par ordre de Catherine de Médicis, et depuis longtemps disparue.
Outre ces grands travaux consacrés à l'embellissement du Palais de Fontainebleau, Niccolo dell' Abbate, seul ou en collaboration avec Primatice, peignit encore à l'ancien pavillon de Meudon, qui fut détruit sous Louis XIV ; dans la chapelle de l'Hôtel de Guise, depuis Hôtel de Soubise et Archives Nationales, à l'Hôtel de Toulouse, à l'Hôtel de Montmorency, à Chantilly, dans la maison du Conseiller Le Tellier ; au château de Beauregard, près de Blois. Ces peintures sont détruites. Par contre, on lui attribue toujours, en collaboration avec le Primatice, la décoration intérieure du château d'Ancy-le-Franc, bâti sur les plans de Serlio. Il en est de même de la plupart de ses tableaux de chevalet. Sauval nous fournit la cause de leur disparition en rapportant que les tableaux qui *suivaient la Cour* et dont les sujets empruntés au paganisme étaient souvent un peu libres, furent brûlés en 1643 par ordre de la régente Anne d'Autriche. Pour plus de cent mille écus de peintures furent anéantis dans cet autodafé, et les vandales qui s'y livrèrent n'épargnèrent même pas la *Léda* peinte par Michel-Ange durant le siège de Florence. Niccolo Dell'Abbate mérite d'être mentionné comme habile paysagiste. Les comptes royaux de l'époque parlent de nombreux tableaux de ce genre exécutés pour le cabinet du roi et la décoration du Palais de Fontainebleau. Il jouissait, du reste, d'une grande réputation. Ce fut à lui que s'adressa la Ville de Paris pour les travaux de peinture des arcs de triomphe élevés à la Porte Saint-Denis, à la Fontaine du Ponceau, à la Porte aux Peintres, à la Fontaine des Innocents et au Pont Notre-Dame, à l'occasion de l'entrée solennelle de Charles IX et de la reine Elisabeth d'Autriche, sa femme, les 5 et 23 mars 1571. Onze cents livres tournois lui furent allouées pour ce travail, Germain Pilon était chargé de la sculpture. Pour la seconde journée de cette grande fête, Dell' Abbate, avec l'aide de son fils Giulio Camillo, avait peint dans la grande salle de l'évêché seize grands tableaux d'histoire et figures poétiques, sur des sujets fournis par les poètes Ronsard et Dorat. Il reçut sept cents livres tournois pour ce travail. Il y a lieu de supposer que ce furent ses derniers ouvrages, car il mourut la même année. Parmi les tableaux de Niccolo existant encore, on cite l'*Enlèvement de Proserpine*, qui fit partie de la collection du Régent, qui appartient au duc de Sutherland, et une *Sainte Famille*, dans la collection de Lord Scarsdale. ■ E. B., J. B.

Musées : Blois : *Christ mort soutenu par les Anges* – Dresde : *L'exécution de Saint Pierre et de Saint Paul* – Lille – Modène – Montpellier : *Léda* – Orléans : Dessins – Paris (Mus. du Louvre) : *Moïse sauvé des eaux – L'Enlèvement de Proserpine – Continence de Scipion*, attr. – *La toilette de Vénus*, attr. – 77 dessins – Rennes – Vienne : *Vierge à l'Enfant.*
Ventes Publiques : Paris, 1741 : *Cinquante-six dessins* : **FRF 950** – Paris, 1858 : *L'Annonciation*, dess. au pinceau, lavé de bistre : **FRF 11** – Paris, 1859 : *Étude de draperies*, sanguine : **FRF 15** – Londres, 1860 : *Jupiter et Junon*, dess. : **FRF 63** – Paris, 1865 : *Jésus au jardin des Oliviers*, dess. à la pl., lavé de bistre : **FRF 57** ; *La Vierge et l'Enfant Jésus entouré des saints*, dess. à la pl. et au bistre : **FRF 30** – Paris, 1882 : *L'Annonciation*, pl. et sépia : **FRF 20** – Paris, 13 mai 1904 : *Le roi Midas*, peint. : **FRF 6 100** – Paris, 25 fév. 1924 : *Vénus, Minerve, Mercure et des amours*, pierre noire et sanguine, reh. : **FRF 1 100** – Paris, 17 et 18 mars 1927 : *Une sainte délivrant un enfant du démon*, pl. et lav. : **FRF 310** – Paris, 28 nov. 1928 : *Le Sacre d'un roi*, pl. : **FRF 850** ; *Sujet allégorique : Figures au bas d'un talus*, pl. : **FRF 860** – Paris, mai 1951 : *Prédication de saint Paul à Éphèse*, pl. et lav. : **FRF 12 500** – Lucerne, 20 juin 1964 : *L'arrestation de Jésus, Jésus portant sa croix, La crucifixion*, triptyque : **CHF 4 000** – Milan, 31 mai 1966 : *Minerve et Junon*, deux pendants : **ITL 450 000** – Londres, 6 juil. 1976 : *L'enlèvement de Ganymède*, dess. (39x29) : **GBP 5 500** – Londres, 8 avr. 1986 : *Le mariage d'un couple de patriciens*, h/pap. mar./t. (38,9x46,6) : **GBP 38 000** – New York, 1er juin 1989 : *Portrait d'une noble dame*, h/t (11,5x94,5) : **USD 297 000** – Londres, 7 juil. 1992 : *Un adolescent jouant du luth sous les yeux de trois jeunes femmes*, craie noire et encre/deux feuilles de pap., projet de plafond (35x47) : **GBP 26 400** – Monaco, 20 juin 1994 : *Mars et Vénus*, craie noire et encre (27x38) : **FRF 244 200** – Londres, 3 juil. 1995 : *Tête et épaules d'un évêque les mains jointes pour la prière*, brosse et lav. de brun sur traces de craie noire (71,8x40,8) : **GBP 11 270**.

DELL'ABBATE Pietro Paolo, l'Ancien
Né à Modène. Mort en 1575 à Modène. XVIe siècle. Italien.
Peintre de batailles.
Fils aîné de Giovanni et frère de Niccolo Dell'Abbate. Il avait adopté le genre militaire et peignait des batailles avec un grand mérite, mais d'un coloris monochrome. ■ J. B.

DELL'ABBATE Pietro Paolo, le Jeune
Né en 1592 à Modène. Mort en 1630 à Modène. XVIIe siècle. Italien.
Peintre de sujets religieux.
Il fut le dernier représentant artistique de la famille des Dell'Abbate. Il était fils d'Ercole, dont il fut l'élève. Il mourut pauvre, comme son père. Pourtant les travaux ne lui manquèrent pas. Il exécuta plusieurs tableaux d'autel et diverses décorations dans les églises de Modène, tantôt dans le style de son aïeul Niccolo, mitigé par la conception des Vénitiens, tantôt en imitant son père, notamment à San Bartolommeo, à San Giorgio. On cite encore de lui des scènes de l'histoire des Jésuites. ■ J. B.

DELL'ABBATO Niccolo. Voir **DELL'ABBATE**

DELL'ACERRA Domenico
XVIIIe siècle. Italien.
Peintre, graveur de portraits, vues de villes.
Il était actif dans la deuxième moitié du XVIIIe siècle, et travailla à Naples.
On connaît surtout cet artiste par ses gravures, portraits, vues et cartes géographiques.

DELL'ACQUA Bernardino ou **del Agua**
XVIe siècle. Italien.
Peintre.
Vénitien, il se rendit en Espagne, en 1587, en compagnie de Pellegrino Tibaldi, sous la direction duquel il exécuta des fresques dans le couvent de l'Escurial.

DELL'ACQUA Cesare Félix Georges
Né le 22 juillet 1821 à Pirano près de Trieste. Mort en 1904 à Bruxelles. XIXe siècle. Autrichien.
Peintre d'histoire, scènes de genre, portraits, compositions murales, aquarelliste.
Dell Acqua se forma à l'Académie de Venise, où il entra à l'âge de 21 ans, et se consacra à la peinture d'histoire et au portrait. Un de ses premiers tableaux, *Cimabué rencontrant le jeune Giotto* (1847), fut remarqué et acheté par l'archiduc Jean d'Autriche. Ce fut le point de départ de la réputation du jeune artiste. Il vint à Paris, puis se rendit à Bruxelles, où résidait un de ses frères. A partir de cette époque, dell'Acqua obtint un légitime succès avec les tableaux historiques qu'il envoya aux expositions d'Anvers, de Bruxelles, de Gand, de Liège, de Paris, de Rotterdam. Il fut également chargé par l'Empereur Maximilien d'une importante décoration dans le palais de Miramar (1858-1866). Dell'Acqua se fit également une place distinguée parmi les aquarellistes.

Musées : Anvers : *Les bijoux d'une Vénitienne du XIVe siècle* – Bruxelles : *Dalila* – Trieste : *Proclamation de la franchise du port de Trieste – Portrait de l'auteur – La reddition de Trieste à l'Autriche.*
Ventes Publiques : New York, 15 oct. 1976 : *Les croisés* 1863, h/t (125x183) : **USD 1 600** – Londres, 5 juil. 1978 : *En automne* 1869, h/pan. (91,5x71,5) : **GBP 800** – Londres, 23 juin 1981 : *Allumeur de réverbères assis sous un portique* 1868, aquar. (54,5x42,5) : **GBP 550** – Zurich, 29 nov. 1984 : *Femme à l'ombrelle*, h/t (185x121) : **CHF 3 800** – New York, 23 mai 1985 : *Le guide japonais*, h/t (120,5x83,8) : **USD 4 750** – Monaco, 20 fév. 1988 : *Scène de famille* 1854, aquar. (35x25) : **FRF 7 770** – New York, 26 oct. 1990 : *L'échange des chevaux* 1845, h/t (67,3x97,8) : **USD 17 600** – Londres, 17 juin 1994 : *Mère grecque* 1860, h/t (85,7x66) : **GBP 34 500**.

DELL'ACQUA Christoforo ou **Aqua**
Né en 1734 à Vienne. Mort en 1787 à Vienne. XVIIIe siècle. Autrichien.
Dessinateur, graveur.
Cet artiste s'assimila la forme des graveurs français du XVIIIe siècle, et produisit dans ce goût un grand nombre d'estampes d'après les maîtres. Il grava aussi pour les libraires un nombre important de planches sur les sujets les plus variés.

DELL'ACQUA Giovanni Baptista
XIXe siècle. Italien.
Peintre de paysages animés, paysages.
Il est cité comme élève de Migliara. En 1824, il prit part à l'Exposition de Milan, avec deux petits tableaux dans la mode de l'époque et représentant *Le souterrain d'un couvent* et *L'intérieur d'une grotte d'ermite*.
Ses paysages au clair de lune eurent un certain succès, bien qu'on leur reprochât de la raideur et de la dureté.
Ventes Publiques : Lucerne, 20 mai 1980 : *Place animée de personnages, Italie* 1833, h/t (59x74) : **CHF 14 000**.

DELL'AGATA Antonio
XVIIIe siècle. Actif probablement à Venise. Italien.
Aquafortiste.
Il fut l'élève de Bâlestras. On cite de lui deux eaux-fortes : *La Charité*, d'après Bâlestras, et *Vénus et Cupidon*.

DELL'AGATA Bonaventura
XVIIe siècle. Travaillait à Arezzo. Italien.
Peintre.
Mentionné par Zani comme peintre et comme abbé de Saint-Clément.

DELL'ALTISSIMO CHRISTOFANO DI PAPI. Voir **CHRISTOFANO**

DELL'AMOR Jacob
Mort en 1717 à Würzburg. XVIIIe siècle. Italien.
Stucateur.
Il travailla, en 1701, à la décoration de la cathédrale de Würzburg.

DELL'ANGELO Antonio
XIXe siècle. Actif aussi en France. Italien.
Peintre de paysages urbains, graveur, lithographe, copiste, dessinateur.
Professeur de dessin au collège de Saintes de 1881 à 1886.
Musées : Saintes : *Vue de Saintes en octobre* 1885, dess. – *Manon Lescaut*, d'après Maillart.

DELL'AQUILA Giacomo. Voir **GIACOMO dell'Aquila**

DELL'ARCA Leonardo
XVIIe siècle. Italien.
Graveur.
Vers 1600, il grava quelques planches d'ornements.

DELL'ASTA Andrea
Né en 1673 à Bagnoli (près de Naples). Mort en 1721 à Naples. XVIIe-XVIIIe siècles. Italien.
Peintre.
Comme il passa de l'École de Francesco Solimena, son premier maître, à Rome, il mêla à sa première manière une certaine imitation de Raphaël et de l'antique. Il faut citer parmi ses meilleurs ouvrages deux grands tableaux de la *Naissance de J.-C.* et de l'*Épiphanie*, qu'il exécuta pour l'église Saint-Augustin des Carmes déchaussés à Naples.

DELL'AVOGARO Marco di Giovanni
Né à Ferrare. XVe siècle. Italien.
Peintre de miniatures.
Cet artiste appartient à la vieille école de Ferrare. Il travailla pour les ducs d'Este de 1449 à 1476. Il collabora à l'illustration de la Bible conservée au Musée de Vienne.

DELLE suivi d'un patronyme. Voir ce patronyme

DELLE Biruta
Née en 1946. XXe siècle. Russe-Lettone.
Peintre de compositions animées, paysages.
De 1963 à 1967, elle fréquenta l'Académie des Beaux-Arts de Lettonie. Elle expose dans les pays occidentaux : U.S.A., Canada et Suède dès 1969.
Dans la mesure des possibilités tolérées, ses peintures, assez sommaires dans leur exécution, comportent une contestation sociale : les parents d'une famille dont les enfants sont encore enfants d'humains, ne sont plus, eux, que des pingouins domestiqués. À peine émergés d'un brouillard épais, d'innombrables personnages, semblablement hagards, tous coiffés d'un même bonnet rouge, illustrent, par l'absurde et le néant dans leur regard fixe, le titre de la composition : *La démonstration*.
■ M. M., J. B.
Ventes Publiques : Paris, 11 juil. 1990 : *La démonstration* 1989, h/t (100x100) : **FRF 3 800**.

DELLE Jan Van
XVIe siècle. Éc. flamande.
Sculpteur.
Il était actif à Anvers vers 1561.

DELLE Fiorentino. Voir **DELLO Fiorentino**

DELLEANI Celestino
Né en 1850 à Pollone. Mort en 1873 à Nervi. XIXe siècle. Italien.
Peintre.
Il était le frère de Lorenzo. Il exposa surtout à Turin.

DELLEANI Lorenzo
Né le 17 janvier 1840 à Pollone (Piémont). Mort le 14 novembre 1908 à Turin. XIXe siècle. Italien.
Peintre d'histoire, scènes de genre, animaux, paysages animés, paysages, paysages d'eau.
Ses premières études s'accomplirent en France, à Saint-Jean-de-Maurienne, où ses parents l'avaient envoyé. Il s'était tout d'abord adonné à la musique, mais délaissa bientôt cet art pour la peinture ; de retour en Italie, il suivit les cours de l'Académie Albertina. Sa première toile exposée fut un *Épisode du siège d'Ancone* (1863).

Musées : Bologne : *La Route* – Milan : *Le Passage de l'Arno* – *Le Vainqueur de Lépante* – *Les Dépouilles opimes* – Rome (Mus. d'Art Mod.) : *Biellese* – *Les Ombres séculaires* – *La Lune* – Turin : *Venise*.
Ventes Publiques : Londres, 17 juil. 1925 : *Bergère au clair de lune* 1881 : **GBP 36** – Milan, 3 mars 1966 : *L'Étable* : **ITL 2 000 000** – Milan, 4 juin 1968 : *Le Cheval bai* : **ITL 1 800 000** – Milan, 21 oct. 1969 : *Le Paysan* : **ITL 1 600 000** – Milan, 4 juin 1970 : *La ferme* : **ITL 2 400 000** – Milan, 16 mars 1971 : *Paysage* : **ITL 3 800 000** – Milan, 28 mai 1974 : *Le Camp en haute montagne* : **ITL 6 500 000** – Milan, 28 oct. 1976 : *Tête d'homme barbu*, h/pan. (45x31) : **ITL 2 400 000** – Milan, 26 mai 1977 : *Cour de ferme* 1882, h/pan. (25x37) : **ITL 1 900 000** – Vienne, 20 mai 1981 : *Soleil d'automne* 1891, h/pan. (36x50) : **ITL 15 000 000** – Milan, 15 juin 1983 : *Les Travaux des champs* 1899, h/t (142,5x112) : **ITL 45 000 000** – Milan, 27 mars 1984 : *Travaux des champs* 1899, h/t (142,5x112) : **ITL 44 000 000** – Milan, 28 oct. 1986 : *Scène de port* 1888, h/pan. (31x45) : **ITL 43 000 000** – Milan, 23 mars 1988 : *Le Torrent Oropa* 1898, h/pan. (45x31) : **ITL 20 500 000** – Milan, 19 avr. 1988 : *Hangars autour du clocher* 1895, h/pan. (30x44) : **ITL 16 000 000** – Milan, 1er juin 1988 : *Près de Morozzo* 1901, h/pan. (31,5x44,5) : **ITL 17 500 000** – Milan, 14 mars 1989 : *Paysanne* 1908, h/pan. (32x44,5) : **ITL 27 500 000** – Londres, 7 juin 1989 : *Jeune Italienne*, h/t (circ. diam. 36) : **GBP 1 650** – Milan, 14 juin 1989 : *Maisons et voiliers, lac de Neuchâtel* 1883, h/t (99x144) : **ITL 44 000 000** – Milan, 6 déc. 1989 : *Abri de chaume* 1898, h/pan. (45x31) : **ITL 30 000 000** – Milan, 18 oct. 1990 : *La Maison près du torrent* 1893, h/pan. (42x32) : **ITL 30 000 000** – Milan, 5 déc. 1990 : *Intense lumière d'été aux environs de Pollone* 1885, h/pan. (37x25,5) : **ITL 31 000 000** – Rome, 14 nov. 1991 : *Paysans binant un champ* 1906, h/pan. (45x31) : **ITL 34 500 000** – Milan, 19 mars 1992 : *La Route de Pollone* 1885, h/pan. (25x37,5) : **ITL 27 000 000** – Milan, 16 mars 1993 : *Automne doré* 1903, h/pan. (45x31,5) : **ITL 24 000 000** – Milan, 25 oct. 1994 : *Octobre à Fubine* 1886, h/pan. (45x31,5) : **ITL 50 600 000** – Rome, 5 déc. 1995 : *Cascade* 1893, h/pan. (45x31) : **ITL 21 213 000** – Rome, 23 mai 1996 : *Courmayer et les Grandes Jorasses* 1900, h/pan. (31,3x44,8) : **ITL 23 000 000** – Milan, 23 oct. 1996 : *Sous-bois* 1899, h/t (32x45) : **ITL 17 475 000** – Milan, 18 déc. 1996 : *Laghetto sotto la Serra* 1899, h/pan. (31,5x45) : **ITL 20 970 000**.

DELLEANI Nina
XIXe-XXe siècles. Italienne.
Peintre.
Elle était la nièce et fut l'élève de Lorenzo.

DELLEKER George
XIXe siècle. Actif à Philadelphie au début du XIXe siècle. Américain.
Graveur.

DELLENBAUGH Frederik Samuel
Né le 13 septembre 1853. Mort en 1935. XIXe-XXe siècles. Américain.
Peintre, illustrateur.

Il fut à Paris l'élève de Carolus-Duran. Il s'établit à New York où il collabora à de nombreux périodiques.
Ventes Publiques : New York, 24 avr. 1985 : *Au bureau* 1877, h/t (45,7x35,5) : **USD 6 000** – New York, 4 déc. 1986 : *La Forge* 1886, h/t (45,8x61) : **USD 19 000**.

DELLENEY Marie
XXe siècle. Travaille à Denton (Texas). Américain.
Peintre.
A participé à l'Exposition Universelle de New York en 1939.

DELLEPIANE David
Né en 1866 à Gênes (Italie). Mort en 1925 ou 1932 à Marseille (Bouches-du-Rhône). XIXe-XXe siècles. Français.
Peintre de compositions animées, affichiste.
Il s'établit très jeune à Marseille.
Tout d'abord peintre de santons, il fut surtout connu pour ses affiches. Il cerne d'un trait sombre, les couleurs vives posées en aplats sur un fond dont les couleurs claires sont posées en petites touches.

Bibliogr. : Gérald Schurr, in : *Les Petits Maîtres de la peinture 1820-1920, valeur de demain*, Les Éditions de l'Amateur, t. VII, Paris, 1989.
Musées : Marseille (Mus. du Vieux Marseille) : *Chez Brégaillon et Basso* 1890.
Ventes Publiques : Paris, 10 juil. 1983 : *L'embarquement*, h/t (140x190) : **FRF 170 000** – Londres, 18 juin 1985 : *Jeune fille et tourterelles*, h/t (93,5x178) : **GBP 18 000** – Paris, 13 déc. 1985 : *Anier en Afrique du Nord*, aquar. et gche (30x24) : **FRF 4 200** – Londres, 4 oct. 1989 : *Personnage sur la montagne à la tombée de la nuit*, h/t (54x72,5) : **GBP 9 350** – Paris, 12 oct. 1990 : *Navire*, h/t (42x25) : **FRF 8 000** – New York, 17 fév. 1993 : *L'embarquement*, h/t (139,7x189,9) : **USD 34 500**.

DELLER David Ludwig
XVIIIe siècle. Actif à Nuremberg. Allemand.
Peintre.

DELL'ERA Giovanni Battista ou **Dellera**
Né en 1765 à Trévise. Mort en 1798 à Florence. XVIIIe siècle. Italien.
Peintre d'histoire.
Fils d'un chaudronnier, des dispositions et un goût prononcé pour la peinture le poussèrent à aller à Bergame où il devint élève de Francesco Dagiu (dit Capella). Il se lia intimement et collabora avec Angelica Kauffman qu'il rencontra à Rome lorsqu'il s'y rendit en 1785. *L'Évanouissement d'Esther*, que l'on voit dans l'église d'Alzano Maggiore, près de Bergame, passe pour son chef-d'œuvre.
Ventes Publiques : Milan, 27 nov. 1984 : *Course de chars*, pl. (42x56) : **ITL 2 800 000**.

DELL'ERBA Francesco
XIXe siècle. Italien.
Peintre.
Originaire de la Pouille, il est établi à Bari. Exposa à Milan, en 1881 : *Paix domestique*. En 1883, *Coucher de soleil sur la villa Corsini de Rome* était fort remarqué. Ces toiles ont été jugées avec beaucoup d'éloges par la critique.

DELLEZIGNE Louis Aignan
Né le 23 mai 1803 (3 prairial an XI) à Orléans. Mort le 17 avril 1861 à Orléans. XIXe siècle. Français.
Peintre de portraits, miniatures.
Il exposa au Salon de 1834 sous son nom et sous le pseudonyme d'Aignan.

DELLIKOFER Rudolph ou **Detigkofer**
XVIe siècle. Vivant à Lucerne dans la première moitié du XVIe siècle. Suisse.
Peintre verrier.
Il fut admis dans la confrérie Saint-Luc à Lucerne, où il travaillait entre 1520 et 1556.

DELL'IMPERATORE Vincenzo
XVIIe siècle. Actif à Livourne. Italien.
Sculpteur sur bois.
Il exécuta vers 1610 le riche plafond de bois de la cathédrale.

DELL'INDACO Francesco, de son vrai nom : **Torni Francesco,** appelé aussi **Francesco Fiorentino**
Né en 1492 à Florence. Mort en 1560 à Rome. XVIe siècle. Italien.
Peintre d'histoire, portraits, stucateur.
Frère de Jacopo Dell'Indaco. Il travailla à Arezzo et à Rome, où il est cité en 1558. Son talent paraît avoir été inférieur à celui de son frère. Siret le fait naître en 1536, c'est-à-dire cinquante ans après son frère ; cette date nous paraît moins probable que celle donnée ici.
Musées : Arezzo (Pina.) : *Annonciation*.

DELL'INDACO Jacopo ou **Jacobo**, de son vrai nom : **Torni Jacopo,** appelé aussi **Jacopo da Firenze** ou **Jacobo Fiorentin**
Né en 1476 à Florence. Mort en 1526. XVIe siècle. Italien.
Peintre d'histoire.
Élève de Dominique Ghirlandaïo ; travailla à Rome avec Pinturicchio. Il était très lié avec Michel-Ange, qui lui apprit l'art de la peinture à fresque. Vasari cite ses ouvrages avec éloges, mais tous ceux-ci paraissent avoir disparu.

DELLIO Caterina ou **Dello**
XVIIe siècle. Actif à Venise au début du XVIIe siècle. Italien.
Graveur.

DELLION Joseph
Mort le 21 janvier 1795. XVIIIe siècle. Actif à La Joux (canton actif à Fribourg). Suisse.
Sculpteur, doreur.
Dellion fut l'auteur du maître-autel de Gruyère (1747) du tabernacle et d'une partie de l'autel de Vuisternens, aujourd'hui dans la chapelle de La Joux, et de l'autel de l'église de la Tour-de-Trême.

DELLIUS F. T.
XVIIIe siècle. Actif à Zell vers 1700.
Dessinateur.
Böcklin grava une planche d'après cet artiste.

DELLO Fiorentino ou **delle, Delli,** diminutif de **Daniello**
Né en 1372. Mort vers 1421. XIVe-XVe siècles. Italien.
Peintre d'histoire, portraits, ornements, sculpteur.
On admet le plus généralement que Dello mourut vers l'année 1421. Si l'on adopte, d'après Vasari, l'âge de 49 ans comme celui de son décès, sa naissance se placerait aux environs de 1372. Il serait donc l'aîné de Donatello d'une dizaine d'années et celui de Paolo Uccello de dix-sept ans. D'après une autre évaluation, il serait mort en 1455, ce qui conduirait à situer sa naissance vers 1406, en le faisant de vingt-trois et dix-sept ans, respectivement, le cadet de ses deux grands contemporains ; cette seconde hypothèse concorde moins bien avec les faits. Dans une autre version, il serait né à Florence, vers 1404 et aurait encore été en vie en Espagne en 1466. Voici cette version : fils de Niccolo Delli, tailleur, qui fut condamné en 1424 à la peine de mort pour crime de haute trahison et s'enfuit à Sienne avec ses fils. Ceux-ci se rendirent, vers 1427, à Venise où ils demeurèrent quelque temps. Le registre de la Gilde des peintres florentins porte le nom de Dello en l'an 1433. C'est cette année-là qu'il se rendit en Espagne où l'attendaient la gloire et la renommée qu'il sut acquérir grâce à ses œuvres de peinture et de sculpture. L'année 1446 le ramena à Florence où il obtint la reconnaissance de son titre de chevalier. En 1447, il peignit dans le cloître de Santa Maria Novella quelques tableaux représentant des sujets tirés de la Genèse. L'année suivante, il retourna en Espagne, où il vivait encore entre 1464 et 1466. Paolo Uccello fut un de ses amis personnels et exécuta son portrait. Dello fut d'abord sculpteur. Il exécuta, dans l'église Santa-Maria-Novella en terre cuite, les douze Apôtres et, au-dessus de la porte d'entrée, un *Couronnement de la Vierge*, composé de deux figures en haut-relief, représentant l'une, le Père éternel et l'autre la Vierge. Les deux figures, dorées, se sont conservées pendant longtemps en parfait état. Il sculpta encore, parmi beaucoup d'autres ouvrages, un *Christ mort sur les genoux de Marie*, dans l'église des Servites. Ce Christ ainsi que les Apôtres précités n'existent plus. Mais soit par goût, soit, comme le dit Vasari parce qu'il jugeait la sculpture insuffisamment rémunératrice, il se consacra à la peinture, pour laquelle il devait avoir une réelle inclination, car il y connut bientôt la réussite. Précisément à cette époque, il était de mode de couvrir de peintures les intérieurs de palais : plafonds, murs,

corniches, aussi bien que les meubles, sièges, lits, surtout les grands coffres en bois sculptés, dont l'intérieur était tendu de soie ou de toile. Les sujets étaient empruntés à l'histoire, à la mythologie, ou consistaient en armoiries et autres motifs analogues. Les plus grands artistes ne dédaignaient pas de s'employer à ces travaux, ce qui s'explique aisément si l'on considère quelle était leur situation dans la société du temps, en particulier la nature des rapports qui les liaient aux familles patriciennes et surtout à la maison du prince. Donatello et Paolo Uccello ont apporté largement leur contribution à la décoration du palais et de l'ancienne habitation des Médicis. Bien qu'il n'en soit pas demeuré trace il apparaît comme certain que Dello sut conquérir assez vite une grande réputation dans ce genre de peinture. Il peignit, pour Jean de Médicis, un ameublement complet qui fut beaucoup admiré ; avec le concours, dit-on, de Donatello qui moula en plâtre, stucs et brique pilée, divers sujets en bas-relief qui furent ensuite dorés. Vasari, qui était en possession de quelques-uns des dessins de Dello, nous apprend que, sans avoir été un excellent dessinateur, il fut cependant l'un des premiers qui commencèrent à indiquer les muscles sur le nu avec assez de précision. Il faut sans doute admettre que son succès même implique l'existence de mérites propres, dont il ne nous est pas donné de nous rendre compte par nous-mêmes. D'autre part, Dello peignit à fresque, en terre verte, dans le premier cloître de Santa-Maria-Novella, des scènes de l'histoire d'Isaac et d'Ésaü ; bien que très endommagé, cet ouvrage laisse apparaître, par deux ou trois compartiments un peu mieux conservés, des qualités certaines dont il est difficile, d'ailleurs, de pénétrer le caractère. On admet que Dello dut exécuter encore d'autres peintures dans le même cloître. Appelé par le roi d'Espagne, il connut à cette cour un accueil qui dépassa toutes ses espérances. Après l'avoir comblé d'honneurs et de richesses, le roi alla jusqu'à lui conférer la chevalerie. Dans l'ancienne cathédrale de Salamanque, il peignit le grand retable consacré à la *Vie du Christ et de la Vierge*, et la fresque du *Jugement Dernier* (1445). Certains lui ont attribué la peinture d'une bataille gagnée sur les Maures en 1431, sur un rouleau long de 150 pieds, découvert sous Philippe II dans la tour de Ségovie. Étant revenu à Florence, Dello dut recourir à son protecteur pour obtenir de sa propre patrie la confirmation des privilèges qui lui avaient été octroyés. Mais il se trouva bientôt en butte à la jalousie de ceux qui l'avaient connu dans sa jeunesse. Un jour qu'il passait, à cheval et vêtu de brocard, par un quartier d'orfèvres, il dut essuyer l'affront de moqueries grossières. Il résolut de retourner en Espagne, où il acheva sa vie dans la faveur royale, et toute l'opulence d'un grand seigneur. Il est à remarquer que Paolo Uccello reproduisit les traits de Dello dans la figure de Cham tournant en dérision son père Noé ivre, dans sa composition de l'Arche de Noé, à l'église de Santa-Maria-Novella.

DELLON R.
XVIIIe siècle. Actif en Angleterre vers 1722. Britannique.
Peintre de portraits.
Cité dans le *Art Prices Current*.
VENTES PUBLIQUES : LONDRES, 20 déc. 1909 : *Portrait d'un homme en costume brun* : **GBP 2.**

DELL'ORTO Uberto
Né le 6 janvier 1848 à Milan. Mort le 29 novembre 1895 à Milan. XIXe siècle. Italien.
Peintre de portraits, paysages, graveur.
Il commença dès son plus jeune âge à peindre. Il exposa à Turin, en 1880 : *Sur les Alpes, Plage de Luiono* (sur le lac Majeur), *Portrait*. A Milan, en 1886, on admira de lui : *Crépuscule à Ladesimo* et plusieurs portraits dont un profil.
Cet artiste sait donner à sa peinture une grâce impressionnante d'où émane un sentiment de force et d'énergie. Ses portraits firent l'admiration de la critique et assurèrent définitivement sa renommée.
VENTES PUBLIQUES : MILAN, 19 déc. 1995 : *Paysage fluvial avec une maisonnette*, h/pan. (25x16) : **ITL 3 795 000.**

DELLOW R.
XVIIIe siècle. Actif au début du XVIIIe siècle. Britannique.
Peintre de portraits.
On possède les gravures de quelques portraits peints par cet artiste, dont la vie ne nous est pas connue.

DELLOYE Jean. Voir **DELHOYE**

DELMANHORST Salomon
XVIIe siècle. Éc. flamande.
Peintre.
Actif à Delft, il était le neveu de Salomon Davidsz I.

DELMANHORST Salomon Davidsz I
XVIIe siècle. Actif à Delft vers 1600. Éc. flamande.
Peintre verrier.

DELMANHORST Salomon Davidsz II
XVIIe siècle. Actif à Leyde vers 1600. Éc. flamande.
Graveur.

DELMAR Henriette
Née au XIXe siècle à Lille (Nord). XIXe siècle. Française.
Peintre.
Élève de son père, elle débuta au Salon de 1869 avec : *Clair de lune sur les côtes d'Espagne*, marine.

DELMAR William
XIXe siècle. Actif à Canterbury. Britannique.
Peintre de paysages.
Il exposa à Londres, à la Royal Academy, la British Institution et Suffolk Street Gallery.

DELMAS Michel
Né en 1924 à Limoges. XXe siècle. Français.
Peintre de paysages, décorateur.
Élève de l'École Nationale Supérieure des Arts Appliqués, il a régulièrement participé au Salon des Artistes Français, dont il est devenu sociétaire et où il a obtenu une médaille d'or. Il a également pris part au Salon des Artistes Indépendants dont il est sociétaire depuis 1948, aux Salons d'Automne, de la Marine, du dessin et de la peinture à l'eau. Personnellement, il a exposé à Auvers-sur-Oise, Auxerre, Aix-en-Provence, Nantes, Montbard, Paris, Provins, Sens, Versailles et Bernau en Allemagne.
Paysagiste, il pratique essentiellement la peinture à l'huile et l'aquarelle, mais il a aussi réalisé plusieurs compositions murales, dont une céramique pour un lycée de Sens.
MUSÉES : BERNAU (Mus. Hans Thoma) – MONTBARD.

DELMONT Félix
Né le 31 août 1794 à Paris. Mort en octobre 1867 à Paris. XIXe siècle. Français.
Peintre.
De 1831 à 1838, il exposa au Salon de Paris des portraits en miniature. En 1860, il exécuta le portrait de l'Impératrice.

DELMONT Deodat, de son vrai nom : **Dieudonné Van der Mont**
Baptisé le 24 septembre 1582 à Saint-Trond. Mort le 24 novembre 1644 à Anvers. XVIIe siècle. Éc. flamande.
Peintre de compositions religieuses.
Dans *Les Annales Anversoises* de Papebroeck, et dans une attestation de Rubens, nous apprenons son véritable nom : Van der Mont. Le *Liggere* l'appelle : Deodati Van Dermonde. Cornille de Bie et Houbraken le nomme : Deodatus del Mont, mêlant ainsi le latin, l'italien et le flamand. Campo Weyerman écrit : Déodaat del Mont. De son séjour en Italie, il donne une forme italienne à son nom : Déodati del Monte. Toutefois, il signe son propre testament : Deodatus Van der Mont.
Il fut baptisé le 24 septembre 1582 à Saint-Trond, fils de l'orfèvre Guillaume et de Marguerite Pruynen. À l'âge de cinq ans, il suivit ses parents à Anvers, où sa mère mourut le 11 mars 1590. Son père, membre de la gilde des orfèvres mourut à Anvers le 30 octobre 1641. Très intelligent Déodat, outre la brillante éducation qu'il reçut, se passionna pour les beaux-arts, l'architecture, la géométrie et même l'astronomie. En 1608, après un séjour en Italie, en compagnie de Pierre-Paul Rubens, dont il était l'élève et l'ami, il rentra à Anvers, où l'année suivante en 1609, il est nommé « Franc-Maître » de l'académie de Saint-Luc. De 1612 à 1620, le duc de Pfalz-Neubourg le prit à son château en qualité de peintre et architecte, et lui donna des lettres de noblesse en remerciement de ses travaux. Le roi d'Espagne Philippe IV l'employa comme ingénieur militaire et lui fit servir une pension en témoignage de reconnaissance. Un portrait de Déodat, peint par Conraet Waumans le représente portant la dague, en signe de noblesse. Nous connaissons également un portrait de Delmont peint par van Dyck. Les archiducs Albert et Isabelle, gouverneurs des Pays-Bas et protecteurs des arts, lui accordèrent une rente viagère assez importante. Le 31 mars 1620, il épousa Gertrude van den Berghe, et quittant la maison de Rubens, dans laquelle il vivait avec le maître, il acheta la « Rosenhoed » spacieuse maison de la rue des Princes, à Anvers, où il vécut avec sa femme. Il eut trois enfants ; la première femme de Rubens, Isa-

belle Brandt fut la marraine de son premier fils, et une fille de Déodat épousa Albert Rubens, le fils aîné de Pierre-Paul. Cette union resserra davantage encore l'amitié des deux artistes. Malheureusement, ce mariage eut une fin tragique ; leur jeune fils ayant été mordu par une petite chienne enragée, mourut prématurément, suivi de peu par son père Albert, et par sa mère Clara, qui mourut un mois seulement après le décès de son mari. Ils furent enterrés près du grand Rubens, dans l'église Saint-Jacques. Déodat Delmont mourut le 24 novembre 1644, et non en 1634, comme on l'a souvent prétendu. Le plus beau témoignage d'amitié, autant que de consécration artistique de ce maître est dû à Rubens lui-même qui, dans un acte notarié en 1629 déclare : « affirme connaître parfaitement la vie, les mœurs, les sentiments religieux, le nom et la réputation du sieur Déodat, attendu qu'il l'a installé chez lui et reçu à sa table, il y a de longues années, pour lui apprendre la peinture. Le sieur Déodat y réussit tellement bien, à partir des principes, qu'il fit en peu de temps des progrès merveilleux, tandis que son maître parcourait diverses contrées, notamment l'Italie, où le sieur Déodat l'a suivi en tous lieux et sur toutes les routes. Or, il s'est montré si constamment docile, intègre, véridique, adroit, zélé pour l'étude de son art et des autres arts libéraux, probe, honnête et humain, il a spécialement révélé tant de ferveur à l'égard de la vraie religion catholique, apostolique et romaine qu'il a non seulement contenté tout à fait son maître et lui est devenu cher, mais a charmé tous ceux qui l'ont connu. Enfin, le temps convenu étant écoulé, le dit sieur Déodat, en présence de ses parents réunis, a honorablement et affectueusement pris congé du sieur Rubens qui lui a donné de grands éloges ; ensuite, s'étant marié, il a mené dans cette ville une conduite si honnête, si louable et si digne, qu'il s'est acquis la bienveillance et l'amitié de tous ceux qui ont eu affaire à lui ».

On ne retient que peu de tableaux de Delmont, car travaillant en collaboration constante avec Rubens, on présume que beaucoup de ses œuvres furent signées par Rubens lui-même. Outre les tableaux de Déodat qui répandent sa gloire à l'étranger, dit Houbraken, on voit à Anvers, chez les religieuses Falcontines, une « Adoration des Mages » et à la cathédrale une « Transfiguration », ainsi qu'un « Portement de Croix » dans l'église des jésuites, qui témoignent de son habileté, de sa belle ordonnance et de sa facile exécution. En 1610, il eut un élève du nom de Thomas Morren.

Musées : Anvers : *La Transfiguration – Le Christ chargé de sa croix (Église des Jésuites).*

DELMOTTE Henry
Né à Liège. xxe siècle. Belge.
Peintre, pastelliste de paysages.
Il a régulièrement participé au Salon des Artistes Indépendants, au Salon des Tuileries, notamment en 1926, et à celui des Artistes Français.

DELMOTTE Huchin. Voir **HUES de la Motte**

DELMOTTE Jean, l'Ancien
xviie siècle. Actif à Tournai au début du xviie siècle. Éc. flamande.
Peintre.

DELMOTTE Jean, le Jeune
xviie siècle. Actif à Tournai au milieu du xviie siècle. Éc. flamande.
Peintre.

DELMOTTE Jean Baptiste
xviiie siècle. Actif à Tournai vers 1795. Éc. flamande.
Peintre.

DELMOTTE Jean François
xviie siècle. Actif à Tournai dans la seconde moitié du xviie siècle. Éc. flamande.
Peintre.
Il était sans doute le fils de Jean l'Ancien.

DELMOTTE Jean François Joseph
xviiie siècle. Actif à Tournai vers 1755. Éc. flamande.
Peintre.

DELMOTTE Jules Adolphe
Né en 1840 à Senlis. xixe siècle. Français.
Peintre.
Débuta au Salon de Paris en 1866.

DELMOTTE Marcel
Né en 1901 à Charleroi. Mort en 1984 ou 1987. xxe siècle. Belge.
Peintre, dessinateur de compositions à personnages. Tendance surréaliste, expressionniste.
Autodidacte, fils d'un verrier, il débuta dans la vie en tant que peintre en bâtiment, y gagnant un métier scrupuleux et l'art de reproduire la texture des matériaux, notamment celle du faux marbre. Pénétré de classicisme, ses maîtres spirituels sont les artistes de la Renaissance italienne, Paolo Ucello et Poussin. À la suite de ses deux expositions en 1969 à Paris et à Bruxelles, la critique lui a accordé une place plus importante au sein de la peinture belge. En 1998, la galerie de la Ferme de Ver, à Lavoir, a présenté une rétrospective d'un ensemble de ses œuvres.
Il traite des sujets ambitieux : *L'Humanité en marche ; le Cataclysme, l'Apocaplypse ; le Jugement dernier ; le Destin suit sa route* en grandes compositions où l'on retrouve à la fois l'écho de Piero della Francesca et de Dali. Les sols de dallages en damiers et les paysages miniers sont caractéristiques de son œuvre. A travers ses paysages figés de forêts, de cavernes, de ruines ou de constructions inachevées où prennent place des femmes aux regards vides, il évoque « les lois inconnues... qui régissent le monde en perpétuel devenir ». Dans un coloris raffiné, une mise en page savante et un ordonnancement complexe du mouvement et du geste, il peint des scènes où il introduit toujours mystères et symboles.

M-DELMOTTE-

Bibliogr. : M. Fryns : *Delmotte*, Paris, Bruxelles, 1963.
Ventes Publiques : Bruxelles, 25 mars 1966 : *La rue* : **BEF 70 000** – Bruxelles, 26-27-28 mars 1968 : *L'Annonce à Marie* : **BEF 48 000** – Bruxelles, 13 mai 1969 : *La muraille des préjugés* : **BEF 75 000** – Bruxelles, 23 mars 1974 : *Paysage fantastique* 1964 : **BEF 65 000** – Lokeren, 13 mars 1976 : *Hiver*, h/pan. (9x14) : **BEF 22 000** – Bruxelles, 4 oct. 1977 : *Grand nu* 1951, h/pan. (144x100) : **BEF 36 000** – Bruxelles, 28 mars 1979 : *Nature morte* 1939, h/t (59x76) : **BEF 65 000** – Versailles, 22 mars 1981 : *Polymnie* 1962, h/isor. (122x93) : **FRF 11 500** – Bruxelles, 15 déc. 1983 : *Christ en Croix*, h/pan. (89x58) : **BEF 36 000** – Bruxelles, 17 mai 1984 : *La terre est verte et le ciel est rouge d'espérance rouge* 1963, h/pan. (120x90) : **BEF 130 000** – Paris, 29 oct. 1986 : *Les oisives III* 1982, techn. mixte/pan. (50x70) : **FRF 5 500** – Lokeren, 12 déc. 1987 : *Les hommes attendent* 1957, h/pan. (122x183) : **BEF 280 000** – Paris, 22 nov. 1988 : *La nature reprend ses droits* 1973, h/isor. (91x122) : **FRF 30 000** – Bruxelles, 27 mars 1990 : *Paysage animé*, h/pan. (30x42) : **BEF 60 000** – Paris, 11 juin 1991 : *Mère et enfant*, h/pan. (91x122) : **FRF 36 000** – Bruxelles, 7 oct. 1991 : *Arbres et ruines dans un paysage*, h/pan. (80x60) : **BEF 90 000** – Paris, 5 nov. 1992 : *Solitude* 1969, h/isor. (70x90) : **FRF 18 000** – Amsterdam, 1er juin 1994 : *Nature morte de pêches* 1961, h/cart. (70x90) : **NLG 3 910** – Lokeren, 8 oct. 1994 : *Nu assis* 1946, fus. (41,5x33) : **BEF 55 000** ; *Pénélope* 1942, h/t (142x114) : **BEF 300 000** – Lokeren, 10 déc. 1994 : *L'homme du xxie siècle* 1947, h/pan. (108x93) : **BEF 350 000** – Lokeren, 9 déc. 1995 : *La petite fille à la pomme* 1947, h/t (100x80) : **BEF 280 000** – Paris, 19 juin 1996 : *Vase de fleurs* 1965, h/pan. (80,2x60,2) : **FRF 11 000**.

DELMOTTE Michel
Mort en 1665 à Tournai. xviie siècle. Éc. flamande.
Peintre.
Son père s'appelait Jean. Il fut reçu maître en 1633.

DELMOTTE Théodore François
xviiie siècle. Actif à Tournai. Éc. flamande.
Peintre.
Il fut le père de Théodore Romain et de Jean François Joseph. Le Musée de Courtrai possède un portrait attribué à cet artiste.

DELMOTTE Théodore Romain
xviiie siècle. Actif à Tournai à la fin du xviiie siècle. Éc. flamande.
Peintre.
On lui doit des portraits de Joseph II et de Léopold II d'Autriche.

DELNEST Robert
Né en 1904 à Mons. Mort en 1979. xxe siècle. Belge.
Sculpteur de bas-reliefs, bustes.
La plupart de ses œuvres sont intégrées à des monuments publics, notamment aux Hôtels de Villes de Charleroi, Quaregnon, Binche, aux gares du Nord et du Midi et au Coovi à Bruxelles.
Bibliogr. : In : *Diction. biogr. illustré des Artistes en Belgique depuis 1830*, Arto, bruxelles, 1987.

DELNOCE Luigi
Né en Italie. Mort en 1888 à New York. XIXe siècle. Italien.
Graveur.
On lui doit surtout des illustrations de livres.

DELOBBE François Alfred
Né le 13 octobre 1835 à Paris. Mort le 10 février 1920 à Paris. XIXe-XXe siècles. Français.
Peintre de genre, portraits, paysages.
Élève de Thomas Couture et de Bouguereau à l'École des Beaux-Arts de Paris, il prit part au Salon des Artistes Français à partir de 1861, obtenant une médaille en 1874 et en 1875.
La Bretagne lui a inspiré des paysages, scènes de genre, travaux des champs, aux formes amples, aux volumes bien définis, sous une lumière blonde. Il est également l'auteur de portraits de personnages connus dans la société parisienne, mais aussi de sujets orientalistes.

A. Delobbe. 1885.

Bibliogr. : Gérald Schurr, in : *Les Petits Maîtres de la peinture 1820-1920, valeur de demain*, Les Éditions de l'Amateur, t. V, Paris, 1981.
Musées : Bernay : *Pyrame et Thisbé* – Brême : *Baptème à Venise* – Breslau, nom all. de Wroclaw : *Filles de l'Océan* – Dijon : *N'Fissa, femme d'Alger* – Liverpool : *Repos des faucheurs* – Rochefort : *Le retour des champs*.
Ventes Publiques : Paris, 1890 : *La cruche cassée* : **FRF 180** – Paris, 1898 : *Tête de jeune fille* : **FRF 400** – New York, 1er-2 fév. 1904 : *La jeune mère* : **USD 260** – New York, 6-7 mai 1908 : *Fillette avec jeunes chiens* : **USD 110** – New York, 26 jan. 1979 : *La jeune fille sage* 1870, h/t (96,5x71) : **USD 4 000** – New York, 29 oct. 1986 : *Couseuses au bord de la mer*, h/t (37,8x46,4) : **USD 4 000** – Paris, 12 oct. 1990 : *Le goûter*, h/t (93x61) : **FRF 32 000** – New York, 24 oct. 1990 : *Le cadeau* 1892, h/t (130,8x97,2) : **USD 24 200** – New York, 28 fév. 1991 : *L'éveil du cœur*, h/t (61x73,7) : **USD 16 500** – New York, 20 fév. 1992 : *La petite jardinière*, h/t (81,9x64,8) : **USD 18 700** – New York, 18 fév. 1993 : *Petite fille donnant la becquée aux poussins* 1879, h/t (65x54) : **USD 8 800** – Londres, 17 mars 1995 : *Moment de repos* 1871, h/t (90,8x127) : **GBP 6 325** – New York, 12 fév. 1997 : *Les Lavandières* 1875, h/t (55,9x81,3) : **USD 25 875**.

DELOBEL
XVIIe siècle. Actif à Paris vers 1693. Français.
Sculpteur.
Il s'agit sans doute d'un parent de Nicolas.

DELOBEL Nicolas
Né en 1693 à Paris. Mort le 18 mars 1763 à Paris. XVIIIe siècle. Français.
Peintre d'histoire, de genre, portraits.
Élève de Louis de Boullongne, il eut le deuxième prix au concours pour Rome en 1717. En 1734, il fut reçu académicien. De 1737 à 1753, il exposa au Salon de Paris.

D L pinx.

Ventes Publiques : Londres, 12 déc. 1996 : *Vue du Palatin* 1724, pl. et encre brune, aquar./deux feuilles de pap. attachées (25x40,3) : **GBP 1 265**.

DELOBEL-FARALICQ Laurence
Née le 24 septembre 1882 à Châteauroux (Indre). Morte le 16 juin 1973 à Neuilly-sur-Seine. XXe siècle. Française.
Peintre de miniatures.
Élève de Baschet, Shommer et H. Royer, elle a régulièrement participé au Salon des Artistes Français dont elle fut sociétaire, obtenant une mention honorable en 1905, une médaille d'argent en 1943, médaille d'or en 1950 et le prix Rowlald en 1964.

DELOBELLE
XVIIIe siècle. Français.
Sculpteur sur bois.
Exposa à Lille en 1776.

DELOBELLE Françoise
Née le 19 août 1942 à Paris. XXe siècle. Française.
Peintre.
Vivant à Paris, elle fait partie du groupe des Indépendants. Elle a exposé de 1966 à 1968 au Salon de l'Art libre.

DELOBRE Émile Victor Augustin
Né le 20 février 1873 à Paris. Mort en 1956. XXe siècle. Français.
Peintre de scènes de genre, portraits, cartons de tapisseries.
Élève de Delaunay, Gustave Moreau et Cormon, il a pris part au Salon des Artistes Français dont il fut membre, obtenant une troisième médaille en 1929.
Imitant la manière de Cormon, il a travaillé avec lui à l'élaboration de cartons de tapisserie au Luxembourg. Il a également effectué des copies d'après des maîtres anciens.
Ventes Publiques : Paris, 8 mars 1943 : *La mort du Poète* : **FRF 700** – New York, 27 fév. 1992 : *Village près de la mer*, h/cart. (40,6x33) : **USD 4 950** – New York, 9 mai 1992 : *Vue de Menton* 1930, h/pan. (33,3x41) : **USD 5 280** – New York, 22 fév. 1993 : *Vue du golfe*, h/cart. (34,6x26,7) : **USD 6 820** – Paris, 10 fév. 1993 : *Le petit Chaperon Rouge*, h/t : **FRF 25 000** – New York, 26 fév. 1993 : *Pins parasols au bord de la mer*, h/t (41,3x32,4) : **USD 7 475** – New York, 10 mai 1993 : *Les environs d'El Pardo en Espagne*, h/pan. (32x40,5) : **USD 6 900** – New York, 23 fév. 1994 : *Paysage méditerranéen* 1932, h/cart. (33x40,7) : **USD 6 325** – New York, 16 fév. 1995 : *Nymphe à la rivière*, h/t (54,9x100) : **USD 9 200** – New York, 12 nov. 1996 : *Venise*, h/cart. (26,6x35) : **USD 5 520**.

DEL'OCA Michelangelo
XVIIe siècle. Actif à Naples vers 1637. Italien.
Peintre.

DELOCHE Ernest Pierre
Né le 7 juillet 1861 à Paris. XIXe siècle. Français.
Graveur sur bois.
Sociétaire des Artistes Français, il obtint une mention honorable en 1885, une médaille de troisième classe en 1894 et une médaille de première classe en 1909.

DELOGE
XVIIIe siècle. Français.
Sculpteur, médailleur.

DELOISON Robert
Né à Paris. XXe siècle. Français.
Peintre de portraits, de genre.
Élève de Renard et Bain, il a participé au Salon des Artistes Français dont il est devenu sociétaire, recevant une mention honorable en 1934.

DELOLME Annet
XVIIe siècle. Vivant au Puy-en-Velay en 1678. Français.
Sculpteur.

DELON Alexandrine Adélaide
XIXe siècle. Française.
Peintre.
Élève de Mme Benoist. Elle figura au Salon de Paris de 1802 à 1812.

DELON Jacques Frédéric
Né le 22 novembre 1778 à Montpellier. Mort en décembre 1838 à Paris. XIXe siècle. Français.
Peintre de paysages.
Exposa au Salon de Paris de 1835 à 1838. Le Musée de Montpellier possède un paysage de cet artiste.

DELON Jules
XIXe siècle. Français.
Peintre de paysages.
Exposa au Salon de Paris de 1835 à 1846.

DELON Marcel
Né en 1860 à Paris. XIXe siècle. Français.
Peintre, peintre verrier.
Élève de l'École des Arts décoratifs et de la Rocque, L. O. Merson et Oudinot. Le Musée de Limoges conserve de lui treize vitraux.

DELONDRE Maurice
XIXe siècle. Français.
Peintre de genre.
En 1885, il a participé à des expositions collectives à Dijon. Il a traité des scènes familières de la vie quotidienne des grandes villes du XIXe siècle, possiblement Paris.
Musées : Paris (Mus. Carnavalet) : *L'intérieur d'un omnibus*.
Ventes Publiques : Paris, 8 fév. 1984 : *L'intérieur d'un omnibus*, h/t (94x66) : **FRF 55 000** – Paris, 14 mars 1988 : *Le prêteur sur gage*, h/t (55x73) : **FRF 10 000**.

DELONGCHAMP Henriette. Voir **LONGCHAMP Henriette de**

DELOOSE Basile ou **Loose Basile de**
Né en 1809 à Zele. Mort en 1885 à Bruxelles. XIXe siècle. Belge.
Peintre de genre.
Fils de Jean-Joseph Deloose. Il fut élève de Philippe Van Bree à l'Académie des Beaux-Arts d'Anvers. Il vécut à Paris en 1835, séjourna quelque temps en Allemagne, où ses œuvres ont été bien accueillies et où il fit des expositions, puis revint se fixer à Bruxelles.
Auteur de scènes de famille, aimables, techniquement bien traitées, sous une lumière tamisée, il reste dans une tradition flamande bourgeoise.
Bibliogr. : Ignace De Wilde : *De Loose : peintre de genre du XIXe siècle*, 1985 – in : *Diction. biograph. illustré des artistes en Belgique depuis 1830*, Arto, Bruxelles, 1987.
Musées : Berlin : *Réunion à l'auberge* – Leipzig : *Danse d'enfants – Dentellière et enfant.*
Ventes Publiques : Paris, 16-17 déc. 1903 : *La leçon de musique* : **FRF 150** – Paris, 28-29 nov. 1923 : *Coquetterie* : **FRF 330** – Londres, 25 oct. 1940 : *Joie maternelle* 1886 : **GBP 14** – Bruxelles, 13 mai 1950 : *Le tambour* : **BEF 11 000** – Londres, 12 mai 1972 : *La leçon de guitare* : **GNS 400** – Anvers, 3 déc. 1974 : *La lecture du journal* : **BEF 100 000** – Londres, 15 fév. 1978 : *Écoliers volant des pommes à une jeune fille* 1838, h/t (52x44,5) : **GBP 3 000** – Londres, 5 oct 1979 : *La dernière bouchée* 1852, h/pan. (59x49,5) : **GBP 11 500** – Londres, 25 mars 1981 : *La Récréation* 1864, h/t (67,5x79,5) : **GBP 5 000** – New York, 24 fév. 1983 : *Scène de taverne* 1874, h/pan. (50x68,5) : **USD 8 500** – Anvers, 3 déc. 1985 : *Le cadeau pour maman* 1860, h/pan. (65x48) : **BEF 400 000** – Amsterdam, 15 avr. 1985 : *Tendresse maternelle*, h/pan. (58,5x46,7) : **NLG 19 000** – Londres, 26 juin 1987 : *Les Rivales* 1840, h/pan. (73,5x59) : **GBP 6 000** – New York, 25 oct. 1989 : *Une studieuse salle de classe* 1862, h/cart. (78,1x60,3) : **USD 8 800** – Londres, 22 juin 1990 : *La salle de classe* 1862, h/t (72,4x57) : **GBP 15 400** – Londres, 5 oct. 1990 : *Le cadeau d'amitié* 1874, h/t (70,5x85,3) : **GBP 4 950** – New York, 24 oct. 1990 : *« C'est mon biscuit ! »* 1845, h/pan. (57,1x47,6) : **USD 12 100** – Lokeren, 20 mars 1993 : *L'enfant turbulent* 1862, h/t (46x54) : **BEF 360 000** – Lokeren, 9 oct. 1993 : *L'enfant turbulent* 1862, h/t (46x54) : **BEF 280 000** – Londres, 18 mars 1994 : *La salle de classe* 1847, h/pan. (70x85) : **GBP 53 200** – Amsterdam, 21 avr. 1994 : *Le voyageur* 1850, h/pan. (25x21,5) : **NLG 3 220** – New York, 12 oct. 1994 : *La salle de classe*, h/t (82,6x71,1) : **USD 23 000** – Londres, 13 mars 1996 : *Scène de cour de ferme*, h/t (77x92) : **GBP 6 900** – Lokeren, 11 oct. 1997 : *Un heureux ménage* 1856, h/t (84x70) : **BEF 950 000** – Lokeren, 6 déc. 1997 : *Portrait d'une dame* 1854, h/t (65x54) : **BEF 75 000.**

DELOOSE Eugène
XIXe siècle. Éc. flamande.
Peintre de genre.
Cité par Siret. Il s'agit peut-être de LOOSE (Basile de).

DELOOSE Jean Joseph
Né le 22 novembre 1770 à Zele. Mort le 4 février 1849 à St-Nicolas-Waas. XVIIIe-XIXe siècles. Belge.
Peintre de sujets religieux, portraits.
Il fut élève de Willem Herreÿns à Malines. En 1815, il séjourna en Hollande, où il réalisa des œuvres importantes. Père du peintre Basile Deloose.
Bibliogr. : In : *Diction. biograph. illustré des artistes en Belgique depuis 1830*, Arto, Bruxelles, 1987.
Ventes Publiques : Gand, 1856 : *Intérieur rustique* : **FRF 325.**

DELOR Jean Marie
XIXe siècle. Français.
Peintre de paysages.
Débuta au Salon de Paris en 1836.

DELORAS Henriette
Née le 7 juin 1901 à Grenoble (Isère). Morte le 4 mars 1941. XXe siècle. Française.
Peintre pastelliste de figures, de paysages, de natures mortes, de fleurs et de nus.
Élève à l'École des Arts Décoratifs de Grenoble dès l'âge de seize ans, elle suivit ensuite les conseils de Jules Flandrin, qu'elle épousa en 1931. Dès 1927, elle figure au Salon d'Automne à Paris, puis au Salon de la Société Nationale des Beaux-Arts, à ceux des Tuileries et des Artistes Indépendants.
La technique du pastel aux couleurs éclatantes s'accorde avec sa sensibilité, sa spontanéité et sa vivacité. Elle a croqué sur le vif tous les personnages marginaux du Paris de l'entre deux guerres, mais aussi, en de nombreux pastels explosant de couleurs, des bouquets, son village de Corenc ou des scènes familiales avec son mari J. Flandrin et son fils.
Bibliogr. : Maurice Wantellet : *Deux siècles de peinture dauphinoise*, Grenoble, 1987.
Musées : Grenoble : *Coin d'atelier*, dess.
Ventes Publiques : Paris, 30 avr. 1945 : *Le goûter*, esquisse : **FRF 300** ; *Fillette endormie*, past. : **FRF 250** – Grenoble, 15 déc. 1980 : *Paris en hiver* 1927, past. (30x36) : **FRF 6 500** – Grenoble, 8 déc. 1982 : *Paris, fin décembre 1928*, past. (30x40) : **FRF 5 800** – Lyon, 17 déc. 1985 : *L'estampe*, past. et gche (28x28) : **FRF 5 500.**

DELORGE Jacques ou **de Lorge**
XVIIIe siècle. Actif à Paris. Français.
Peintre.
Il travailla beaucoup pour Louis XVI et Marie-Antoinette et porta même le titre de peintre du dauphin et de la dauphine avant qu'ils ne montent sur le trône.

DELORGE Joseph
XVIIIe siècle. Français.
Peintre.
Il travaillait à Lyon en 1759 et quitta cette ville en 1761. Il s'intitulait « académicien ».
Ventes Publiques : Paris, 7 et 8 mai 1923 : *Paysage*, lav. sépia : **FRF 720.**

DELORIÈRE Marie Amélie, née **Specht de Bubenheim**
Née à Paris. XIXe-XXe siècles. Française.
Peintre.
Élève de son père, le peintre W. E. de Specht, de J. Lefebvre et Boulanger. Elle exposa, à Paris, à partir de 1876, à Lyon à partir de 1888, des paysages et des portraits à l'huile et au pastel.

DELORME Anthonie ou **de Lorme**
Né en 1610 à Tournai ou à Doornik. Mort en 1673 à Rotterdam. XVIIe siècle. Hollandais.
Peintre d'intérieurs, architectures.
Il fut élève de Jan Van Vucht à Rotterdam, puis il séjourna quelque temps à Delft et à Anvers.
Il peignit exclusivement des paysages, des vues de monuments et des intérieurs d'églises.
Musées : Hambourg (Kunsthalle) – Rennes – Saint-Pétersbourg (Mus. de l'Ermitage) : *Intérieur de la Grande Église à Rotterdam* – Schwerin.
Ventes Publiques : Londres, 16 mars 1908 : *L'intérieur d'une cathédrale* : **GBP 75** – Londres, 3 déc. 1924 : *Intérieur d'église* : **GBP 64** – Londres, 17 mai 1935 : *Intérieur de cathédrale* 1640 : **GBP 11** – Londres, 2 juil. 1941 : *Grotte Kirche (Rotterdam)* : **GBP 220** – Paris, 8 juil. 1949 : *Intérieur d'église* : **FRF 62 000** – Londres, 29 mars 1974 : *Intérieur d'église* 1674 : **GNS 4 200** – Amsterdam, 18 mai 1976 : *Intérieur d'église* 1647, h/pan. (119x154) : **NLG 14 000** – Amsterdam, 23 avr 1979 : *Intérieur d'église* 1647, h/pan. (118x153) : **NLG 5 000** – New York, 20 jan. 1983 : *Intérieur d'église* 1646, h/pan. (19x23,5) : **USD 2 600** – Amsterdam, 26 nov. 1984 : *Intérieur d'une église gothique*, h/pan. (87x120) : **NLG 46 000** – Bruxelles, 17 juin 1987 : *Intérieur d'église* 1659, h/t (80x62) : **BEF 900 000** – New York, 7 avr. 1988 : *Intérieur d'église avec personnages* 1640, h/pan. (91x122,5) : **USD 4 400** – Paris, 12 avr. 1989 : *Intérieur d'église Renaissance*, h/pan. (82,5x101,5) : **FRF 180 000** – Enghien-les-Bains, 12 nov. 1995 : *Intérieur d'église* 1639, h/pan. (58x83) : **FRF 70 000** – Paris, 18 déc. 1995 : *La Cérémonie du baptême*, h/pan. (71x91) : **FRF 65 000** – Londres, 3 juil. 1997 : *Capriccio d'intérieur d'église classique la nuit* 1645, h/pan. (117,3x151,5) : **GBP 106 000.**

DELORME Antoine
Né en 1653 à Paris. Mort en 1723. XVIIe-XVIIIe siècles. Français.
Graveur à l'eau-forte.
Il a surtout gravé des sujets libres.

DELORME Berthe
Originaire de Genève. XIXe-XXe siècles. Active puis naturalisée en France. Suisse.
Peintre, graveur à l'eau-forte.
Élève de Charles Chaplin et d'Edmond Hedouin, elle s'établit à Paris. Son nom figure dans les catalogues du Salon de Paris depuis 1870, et elle a exposé des portraits à Genève. Le Victoria and Albert Museum possède d'elle : *Elle dort.*

DELORME Émilie, née **Raige**
Née à Paris. XIXe siècle. Française.

Peintre.
Élève de Girodet. Elle exposa au Salon en 1827 : *Les feuilles de saule.*

DELORME Eugénie
XIXe siècle. Active à Paris. Française.
Graveur sur bois.
Elle obtint une mention honorable en 1882.

DELORME François
XVIIe siècle. Français.
Peintre.
En 1686 il fut agréé à l'Académie. On sait qu'il mourut en Poméranie. Un tableau de lui est conservé au Musée de Grenoble.

DELORME J.
XIXe siècle. Active à Paris à la fin du XIXe siècle. Française.
Sculpteur.
Elle exposa au Salon quelques bustes de 1888 à 1897.

DELORME Jean André
Né le 31 janvier 1829 à Sainte-Agathe-en-Donzy (Loire). Mort le 27 août 1905 à Sainte-Agathe-en-Donzy (Loire). XIXe siècle. Français.
Sculpteur de statues.
Élève de Bonassieux, il reçut le second grand prix de Rome en 1857. On cite de ce statuaire : *Flûteur* (1861), plâtre, deuxième médaille, la version en marbre fut acquis par l'État en 1863 ; *Sainte Anne et la sainte Vierge* (église Saint-Gervais) ; *Boileau* (Hôtel de Ville) ; *Saint Joseph* (Notre-Dame des Champs) ; *Le Commerce*, statue en marbre (ministère du Commerce) ; *Monument de l'amiral de Varenne* (Besançon) ; *Saint Joseph en prière* (église Saint-Bonaventure à Lyon) ; *Aubry Vitet*, buste en marbre (Trocadéro) ; *La Douleur* (1870), monument élevé aux mobiles (Privas) ; *La Vérité railleuse* (Théâtre des Célestins à Lyon).
Musées : Lyon (Mus.) : *Psyché*, statue en marbre – *Mecure* – Roanne (Mus.) : *Benjamin*, marbre.

DELORME Jean Jacques
XVIIe siècle. Actif à la fin du XVIIe siècle. Hollandais.
Peintre.
Basan grava deux paysages d'après cet artiste : *Porte d'Utrecht* et *Porte d'Amsterdam.*

DELORME Jean Joseph
Né en 1815 à Avignon. Mort en 1884 à Avignon. XIXe siècle. Français.
Peintre.
Élève de Reynes. Le Musée d'Avignon conserve de lui : *Une Avignonnaise, Une Provençale, Neuf panneaux sur meuble d'acajou.* Il peignit surtout des portraits.

DELORME Jehan
XVIe-XVIIe siècles. Actif à Paris. Français.
Sculpteur.
En 1604 il travaillait au Louvre.

DELORME Julien Paul
Né le 1er avril 1788 à Versailles. XIXe siècle. Français.
Peintre de miniatures.
Il se forma sous la conduite de Saint et exposa ses miniatures au Salon de Paris, de 1801 à 1833. En 1831, il eut une médaille de deuxième classe.

DELORME Louise
Née en 1928 en Haute-Loire. XXe siècle. Française.
Peintre de natures mortes.
Fille de cultivateur, elle-même a cultivé la terre avant d'en venir à la peinture. Arrivée à Paris en 1948, elle entre dans l'atelier d'Henri Goetz et fait de nombreuses expositions.
Elle traite ses natures mortes dans une matière granuleuse aux couleurs sourdes. Ses recherches se situent dans un esprit proche de celles de Fautrier ou de Bouche.
Bibliogr. : *Quarante-neuf reproductions de l'œuvre de Louise Delorme*, éditions de la Borne, Le Puy-en-Velay, 1990.
Musées : Épinal – Villeneuve-sur-Lot.

DELORME Lucie
Née à Paris. XIXe-XXe siècles. Travaillant à Genève. Française.
Aquarelliste.
A pris part au Salon de Paris de 1877 à 1880. Elle a exposé en 1896, des aquarelles : *Iris* et *Anémones* et travaillait aussi sur porcelaine. Elle était la sœur de Berthe Delorme. Le Musée d'Alais conserve d'elle : *Panier de roses.*

DELORME Marguerite Anne Rose
Née le 10 septembre 1876 à Lunéville (Meurthe-et-Moselle). Morte le 26 juillet 1946 à Lille. XXe siècle. Française.
Peintre. Orientaliste.
Élève de Luc-Olivier Merson, Raphaël Collin et Paul Leroy, elle participa au Salon des Artistes Français dont elle devint sociétaire en 1897, date à laquelle elle obtint une mention honorable, tandis qu'elle recevait une médaille de troisième classe en 1901.
Ventes Publiques : New York, 9 déc. 1982 : *Jeune fille au bocal de poissons*, h/t (81,5x109,5) : **USD 1 200** – Neuilly, 11 juin 1991 : *Ville marocaine*, h/pan. (36,5x45,5) : **FRF 11 000.**

DELORME Mathurin
Né à Chartres. XVIe siècle. Français.
Sculpteur.
Il aida Pierre Desanbeaux à sculpter à Gisors, le groupe du Trépassement de la Vierge en 1511 et se chargea, en 1521, d'exécuter une Trinité en pierre pour l'église de Saint-Sauveur-Leraville, près de Dreux. On pense que quelques groupes du pourtour du chœur de la cathédrale de Chartres, qui datent de 1521 à 1530, sont de lui.

DELORME Pierre
XVIe siècle. Français.
Sculpteur, architecte.
Sans doute parent de Toussaint Delorme. Il travailla au palais archiépiscopal de Rouen, en 1502. Il devint, en 1506, un des architectes du château de Gaillon et y fit d'importants travaux. Il y sculpta en pierre, les armoiries du cardinal d'Amboise.

DELORME Pierre. Voir aussi **LORME Pierre de**

DELORME Pierre Claude François
Né le 28 juillet 1783 à Paris. Mort le 7 novembre 1859 à Paris. XIXe siècle. Français.
Peintre d'histoire, compositions religieuses, compositions murales, portraits.
Élève de Girodet, il participa au Salon de Paris, entre 1810 et 1851, obtenant une médaille de deuxième classe en 1814, de première classe en 1817. En 1841, il fut décoré de la Légion d'honneur.
Parmi ses tableaux, on cite : *La mort d'Abel – Descente de Jésus-Christ dans les limbes*, à Notre-Dame de Paris ; *La Vierge au pied de la croix* et *Hero et Léandre*, au Palais de Compiègne. On lui doit aussi la décoration de la chapelle de la Vierge dans l'église Saint-Gervais, les peintures murales dans l'église Saint-Eustache, la coupole de Notre-Dame-de-Lorette, à Paris ; des décorations murales dans la chapelle d'Épernon. Ses grandes compositions, aux contours rendus imprécis par un « sfumato », sont peintes dans des tons froids.

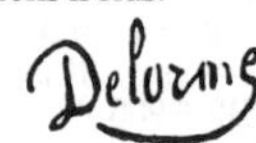

Bibliogr. : Gérald Schurr, in : *Les Petits Maîtres de la peinture 1820-1920, valeur de demain*, Les Éditions de l'Amateur, t. IV, Paris, 1979.
Musées : Brest – Montpellier : *Ève tentée par le serpent – Portrait d'une jeune dame – Mort d'Abel* – Semur-en-Auxois : *Saint Marc* – Sens : *Céphale enlevé par l'Aurore* – Troyes : *Tête d'étude – Enlèvement de Céphale* – Versailles : *Saint Jacques – Fondation du Collège royal par François Ier.*
Ventes Publiques : Paris, 1819 : *Intérieur d'un temple protestant* : **FRF 220** – Paris, 1844 : *Intérieur d'église* : **FRF 630** – Paris, 1861 : *Intérieur d'église* : **FRF 460** – Paris, 3 mai 1925 : *Fillette assise tenant des fleurs* : **FRF 430** – Londres, 25 mars 1927 : *Intérieur d'église* : **GBP 11** – Londres, 22 mars 1929 : *Intérieur d'église* : **GBP 157** – Enghien-les-Bains, 20 nov. 1977 : *Chaumières dans la campagne*, lav. d'aquar. (22x34) : **FRF 900.**

DELORME Raphaël
Né en 1890 à Bordeaux (Gironde). Mort en 1962. XXe siècle. Français.
Peintre de sujets divers.
Sociétaire du Salon de la Société Nationale des Beaux-Arts, il a exposé : *Au bord de la mer, La piscine* ; au Salon d'Automne il a figuré en 1920 et 1923 avec *Danseuse* et *Cirque*. Il a été invité au Salon des Tuileries.
Ventes Publiques : Paris, 2 juin 1943 : *Les Figurantes* : **FRF 2 000** – Paris, 25 nov. 1974 : *La garçonne* : **FRF 4 400** – Monte-Carlo, 10 fév. 1981 : *Le départ en croisière* vers 1925, h/t (135x145) : **FRF 110 000** – Monte-Carlo, 6 mars 1983 : *Fantaisie néo-classique* vers 1925, h/t (145x97) : **FRF 85 000** – Monte-Carlo, 8 déc. 1985 : *Flamant rose*, h/cart. (42x33) : **FRF 60 000** – Paris, 23 nov. 1987 : *Le harem*, h/t (154x137) : **FRF 310 000** –

Paris, 10 déc. 1987 : *L'Europe et l'Afrique*, h/pan. (40x32) : **FRF 73 500** – Paris, 27 mai 1987 : *Baigneuse au drap*, cr. noir, aquar. et sanguine (56x45) : **FRF 20 000** – Londres, 24 fév. 1988 : *Comédie italienne*, h/t (65x81) : **GBP 4 400** – Paris, 22 mars 1988 : *Divinités grecques au temple*, h/cart. (59x83) : **FRF 80 000** – Paris, 22 avr. 1988 : *Adoration*, h/t (81x54) : **FRF 75 000** – Paris, 23 juin 1988 : *Galères au port*, h/pan. (62x113) : **FRF 90 000** – Paris, 24 juin 1988 : *Composition à la bouteille et au journal*, h/isor. (41x27) : **FRF 13 000** – Paris, 21 nov. 1989 : *Nu aux armures*, h/cart. (61x45,5) : **FRF 65 000** – Versailles, 26 nov. 1989 : *Carnaval*, h/isor. (61x46) : **FRF 73 000** – Versailles, 29 oct. 1989 : *Jeune femme et biche*, h/isor. (54,5x33) : **FRF 30 000** – Paris, 13 déc. 1989 : *La cité des femmes*, h/t (61x100) : **FRF 200 000** – Zurich, 22 juin 1990 : *Femme au flamant rose*, gche (50x30,8) : **CHF 4 000** – Paris, 12 juil. 1995 : *Trois femmes au jardin*, h/pan. (46x61) : **FRF 15 000**.

DELORME René

Né à Lyon. xixe siècle. Français.

Peintre.

Il fut l'élève de Sibuet. Il peignit surtout des fleurs.

DELORME Toussaint

xvie siècle. Rouennais, vivant au xvie siècle. Français.

Sculpteur.

Il collabora, en 1508, avec Michellet Loir, à l'ornementation de la grande galerie du château de Gaillon, qu'ils garnirent de piliers de marbre, dont les bases et les chapiteaux portaient des motifs sculptés.

DELORME-CORNET Louise

Née à Lyon (Rhône). xxe siècle. Française.

Peintre de scènes de genre, de fleurs.

Élève de B. Constant, J. Lefebvre et T. Robert-Fleury, il a participé au Salon des Artistes Français et au Salon d'Automne, notamment de 1920 à 1930.

DELORME-RONCERAY Marguerite Louise Amélie

xviiie siècle. Active à Paris. Française.

Dessinateur, graveur amateur.

On cite d'elle : *Tête de Saint Paul*, d'après J.-B.-M. Pierre ; *L'Amour décochant une flèche*, d'après Edme Bouchardon.

DELORMOZ Paul Joseph

Né en 1895 à Paris. Mort en 1980 à Vincennes (Val-de-Marne). xxe siècle. Français.

Peintre de compositions religieuses, compositions murales, paysages, marines, aquarelliste.

Élève de l'École Nationale Supérieure des Arts Décoratifs de Paris, il a participé au Salon de la Société Nationale des Beaux-Arts, au Salon d'Automne, au Salon des Artistes Indépendants dont il devint sociétaire en 1920, et à celui de la Marine également à partir de 1920. Il a exposé personnellement en France, Suisse et Italie de 1921 à 1965, à Québec à partir de 1974. Une exposition rétrospective de son œuvre a été présentée à la Mairie de Vincennes en 1993. Il était chevalier de la Légion d'honneur.

La texture assez sèche de ses huiles, aquarelles et gouaches fait penser à celle de la fresque. Il a d'ailleurs réalisé plusieurs fresques pour des églises, notamment à Vincennes, au Drancy, en Mayenne, au Tremblay. Ses paysages montrent des plages de Bretagne, du Midi, de Corse, de l'Île-de-France, de Paris et de Vincennes où il a vécu.

Bibliogr. : Divers : Catalogue de l'exposition *Paul Delormoz*, Hôtel-de-Ville, Vincennes, 1993.

Musées : Annecy : *Les vieux oliviers* 1921 – Laval – Paris (Mus. d'Art Mod. de la Ville) : *Paysage provençal* 1922 – *Port de Cannes* 1922 – *Après-midi à Saint-Tropez* 1930 – *La Favière* 1933 – *Matin à Saint-Tropez* 1933 – *Saint-Jean-Pied-de-Port* 1934 – Québec (Mus. du Séminaire) – Troyes (Mus. des Beaux-Arts).

Ventes Publiques : Montréal, 24 avr. 1991 : *Soleil et baignade sur la plage de Saint-Clair* vers 1930, h./masonite (30,5x45) : **USD 1 036** ; *Sous le bois, Grand Coudray* vers 1945, h/t (27x41) : **USD 604** ; *Le port des Sables d'Olonne, France* vers 1946, h./masonite (26,5x42) : **USD 691** – La Varenne-Saint-Hilaire, 6 oct. 1991 : *Jeux dans les jardins à Vincennes*, h/cart. (21x50) : **FRF 6 200** ; *La fontaine à Sixt*, h/cart. (38x46) : **FRF 6 000** ; *La Seine à l'île Saint-Louis à Paris*, h/cart. (27x41) : **FRF 5 600** ; *Village en Corse*, h/cart. (33x46) : **FRF 5 000** ; *Île Tudy en Bretagne*, h/cart. (27x42) : **FRF 5 000**.

DELORT Charles Édouard ou **Charles Édouard Edmond**

Né le 4 février 1841 à Nîmes (Gard). Mort le 5 mars 1895 à Saint-Eugène (Algérie). xixe siècle. Français.

Peintre d'histoire, sujets typiques, scènes de genre, peintre à la gouache, aquarelliste, dessinateur, illustrateur. Orientaliste.

Il suivit, tout d'abord, des cours à l'école navale de Lorient, puis décida de devenir peintre. Entré à l'école des Beaux-Arts en 1864, il fut élève de Gleyre et de Gérome. La même année, il débuta au Salon de Paris, obtenant une seconde médaille en 1882. Il partit en Égypte avec Gérome et revint en France en passant par le Maghreb, d'où il rapporta des sujets de grandes compositions sur des thèmes orientalistes, qui eurent beaucoup de succès. C'est la raison pour laquelle il eut une activité extrêmement intense qui, sans doute, lui provoqua une attaque cérébrale, suivie d'une paralysie de la main droite. Il apprit alors à peindre de la main gauche jusqu'à la paralysie complète.

Durant toute une période de sa vie, il a peint des pastiches du xviiie siècle et ses tableaux ont atteint une côte élevée. Mais il fut surtout connu pour ses sujets africains. En tant qu'illustrateur, il a collaboré au *Figaro illustré*, à la revue *Les Lettres et les Arts*, et produisit des dessins pour des œuvres de Froissart, Walter Scott, Xavier de Maistre, Théophile Gauthier, Edmond About.

C. DELORT

Bibliogr. : Gérald Schurr, in : *Les Petits Maîtres de la peinture 1820-1920, valeur de demain*, Les Éditions de l'Amateur, t. VI, Paris, 1985.

Ventes Publiques : Paris, 23 mars 1877 : *La Revue* : **FRF 890** – Paris, 1885 : *Richelieu et le père Joseph* : **FRF 6 125** – New York, 25-26 jan. 1900 : *Bon morceau pour un jour de jeûne* : **USD 2 000** – Paris, 25-26 juin 1925 : *Hallali dans le marché* : **FRF 2 000** – Paris, 22 jan. 1927 : *Cavalier à la tunique bleue*, aquar. : **FRF 220** – Londres, 17 déc. 1928 : *Au bord de la Seine* : **GBP 14** 14s – Paris, 18 fév. 1942 : *Femme nue sur des nuées* : **FRF 260** – New York, 18 oct. 1944 : *La Noce* : **USD 1 000** – Londres, 13 oct. 1967 : *Le maquignon* : **GNS 260** – New York, 14 mai 1969 : *La Sortie de la messe* : **USD 900** – Londres, 14 juin 1974 : *La Rebuffade* 1872 : **GNS 850** – New York, 14 mai 1976 : *La Capture de la flotte allemande par l'armée française en 1794*, h/t (154x231) : **USD 4 250** – New York, 7 oct. 1977 : *Volupté* 1867, h/pan. (27,5x21,5) : **USD 3 500** – New York, 27 mai 1982 : *Le Galant cavalier*, h/pan. (66x45) : **USD 3 200** – New York, 17 mai 1984 : *Le Galant militaire*, aquar. (80x61) : **USD 1 500** – Londres, 19 mars 1985 : *L'Arrivée à l'auberge*, h/t (85,5x66) : **GBP 6 000** – Madrid, 21 oct. 1986 : *La Proclamation de l'Édit* 1871, h/t (66x126) : **ESP 2 000 000** – New York, 24 mai 1988 : *Le Page*, h/t (52x33,6) : **USD 5 500** – Calais, 13 nov. 1988 : *Le Jardinier indiscret*, h/pan. (36x25) : **FRF 10 000** – Londres, 17 mai 1991 : *Sur le chemin du marché*, h/pan. (31,8x21) : **GBP 3 520** – New York, 23 mai 1991 : *Le Parapluie rouge*, h/t (74x64,8) : **USD 16 500** – New York, 19 fév. 1992 : *Le long de la Seine*, h/t (41,3x32) : **USD 6 600** – Londres, 1er oct. 1993 : *Le Marchandage* 1894, h/t (36x28) : **GBP 2 300** – New York, 13 oct. 1993 : *La Capture de la flotte hollandaise par l'armée française en 1794*, h/t (153,7x231,1) : **USD 42 550** – New York, 16 fév. 1995 : *La Sortie de la messe*, h/t (86,4x66) : **USD 23 000** – Calais, 15 déc. 1996 : *Promenade en barque*, aquar. et gche (20x12) : **FRF 3 500** – New York, 23 mai 1997 : *La Marchande de fleurs*, h/t (51,4x39,4) : **USD 12 650** – New York, 23 oct. 1997 : *La Fête des vendanges*, h/t (69,8x101,6) : **USD 57 500**.

DELORT Joseph

Né le 17 novembre 1789 à Mirande (Gers). xixe siècle. Français.

Peintre de portraits, écrivain.

Élève de David. Il exposa au Salon de Paris en 1812 plusieurs portraits. Cet artiste renonça de bonne heure à la peinture. En 1832, il fut nommé sous-chef de la division des sciences, belles-lettres et arts au ministère de l'Intérieur.

DELOS ou **Delose**

xviiie-xixe siècles. Actif à Manheim. Allemand.

Peintre de portraits, de miniatures.

On connaît une gravure par Verhelst de son *Portrait du botaniste F. C. Medicus*.

DELOS, pseudonyme de **los Reyes Merino Julio de**

Né en Espagne. xxe siècle. Mexicain.

Peintre de compositions à personnages.

Il fut élève de l'Art Student's League de New-York. Une galerie parisienne a montré un ensemble de ses peintures en 1991.

Dans des scintillements de couleurs, il peint les personnages de son univers personnel, jeunes femmes dans leur intimité, picador dans son costume flamboyant.
Ventes Publiques : Paris, 9 déc. 1991 : *Les sœurs*, techn. mixte/t. (81x65) : **FRF 15 000**.

DELOTZ G. G.
XIXe siècle. Actif à Londres au milieu du XIXe siècle. Britannique.
Peintre.
Il exposa des paysages et des natures mortes à Londres entre 1850 et 1864.

DELOUCHE-GUEORGUIEFF Hélène
Née à Dobroudja-Foultcha (Bulgarie). XXe siècle. Française.
Sculpteur.
Elle a participé au Salon d'Automne de Paris, notamment en 1923 et au Salon des Artistes Français dont elle était sociétaire, y obtenant une mention honorable en 1924.

DELOY Georges
Né le 25 juin 1856 à Paris. Mort après 1930. XIXe-XXe siècles. Français.
Peintre de marines.
Il fut élève de Collin. Il exposa des marines au Salon des Artistes Français dont il était sociétaire, et reçut une mention honorable en 1914.
Ventes Publiques : Paris, 18 fév. 1981 : *Retour de pêche*, h/t (129x81) : **FRF 3 800**.

DELOYE Jean Baptiste Gustave
Né le 30 avril 1848 à Sedan (Ardennes). Mort en février 1899 à Paris. XIXe siècle. Français.
Peintre de monuments, groupes, statues, bustes.
Il fut élève de Jouffroy et Dantan jeune et obtint le second Prix de Rome. Il reçut la médaille de bronze à Exposition universelle de 1889. Il fut fait chevalier de la Légion d'honneur, commandeur de l'ordre de la Couronne d'Italie et chevalier de l'ordre de François-Joseph.
Il a réalisé de nombreux bustes, parmi lesquels : *Buste de Frédérick Lemaître, Littré, Ribot, Roybet, comte Andrassy, prince de Liechtenstein, comte Levachoff, Cavalotti* ; il créa aussi cinq prix de la Coupe pour le Jockey-Club et plus de deux cents médailles (Carrier-Belleuse, Gobert, baron de Bourgoing, princesse de Galles, etc.) ; il réalisa également l'escalier de la maison Krieger à l'Exposition universelle de 1889, des statues et des groupes en marbre pour le commandant Hériot, et un monument de Garibaldi à Nice.
Musées : Le Havre : *Frédérick Lemaître* – Nice : *Maquette du monument à Vanloo – Vanloo – Maquettes pour la décoration de fontaines – Maquette pour une grotte – Maquette du monument du Centenaire – Vénus se coiffant* – Tourcoing : *Saint Marc*.
Ventes Publiques : Paris, 28 oct. 1985 : *Frédérick Lemaître*, bronze patine noire (H. 47) : **FRF 6 600** – Paris, 13 mai 1997 : *Le peintre Roybet* 1891, bronze patiné, épreuve (H. 65) : **FRF 45 000**.

DELPANE Jérôme. Voir **PANE Girolamo dal**

DELPARD Gaston
Né à Paris. XXe siècle. Français.
Peintre de genre.
Élève de P.-A. Laurens, Royer et G. Alaux. Exposant du Salon des Artistes Français, et des Indépendants.

DELPECH Alain
Né en 1956 à Montauban (Tarn-et-Garonne). XXe siècle. Français.
Graveur, dessinateur, lithographe. Tendance abstraite.
Alain Delpech a obtenu le diplôme de l'École Nationale Supérieure des Beaux-Arts de Paris en 1979, complété en 1981 par l'obtention d'une bourse pour l'étude de la gravure sur bois à Oslo. Le Centre National des Arts Plastiques lui a attribué une bourse en 1984 pour travailler à l'atelier de lithographie Frank Bordas à Paris.
Il participe à des expositions collectives : aux Biennales de Sarcelles et Biella ; aux Rencontres d'Art du Musée Ingres, à Montauban ; au Salon de la Jeune Peinture, à Paris (sélection de la Critique 1992). Il montre ses œuvres dans des expositions personnelles : 1983 à l'Institut Français de Munich ; 1982, 1986 à la Galerie du Haut-Pavé à Paris ; 1986 à la Galerie Art 119 à Montauban ; 1987 à l'Artothèque de Toulouse ; 1990 à la Galerie Municipale de Villeneuve-Tolosane ; 1991 à la Galerie Checura-Forestier à Paris.
À son propos, Françoise Monin écrit : « Terre d'asile ou champs de grands bouleversements, les espaces sont déterminés par un jeu d'esprit calligraphique. Plus suggérées que limitées, les formes végétales, minérales et humaines s'accordent et se complètent, se répondent. Les valeurs forment un concert noir ou blanc, chaque élément est positif ».
Bibliogr. : Marie-Odile Andrade : *Alain Delpech. De subtils et silencieux jeux de lignes*, in : *Artension*, Rouen, mars-avril 1990 – Marianne Grivel, in : *Les Nouvelles de l'Estampe*, Paris, jul. 1991.

DELPECH Daisy
Née à St-Germain-en-Laye. XXe siècle. Française.
Peintre, illustrateur.
A publié en 1920 : *Croix-Rouge s'en va-t-en guerre* ou *l'album de l'infirmière*. Expose aux Salons des Indépendants et de la Société Nationale des Beaux-Arts.

DELPECH François Séraphin
Né en 1778 à Paris. Mort le 25 avril 1825 à Paris. XIXe siècle. Français.
Lithographe.
Il grava surtout des séries de portraits et de costumes d'après les peintres contemporains.

DELPECH Hermann
Né vers 1865 à Bordeaux (Gironde). XIXe-XXe siècles. Français.
Peintre de genre, paysages.
Il participa régulièrement au Salon des Artistes Français, dont il devint sociétaire, obtenant une troisième médaille en 1914.
Le graphisme de ses sujets d'intérieurs et paysages est dur, froid et précis.
Bibliogr. : Gérald Schurr, in : *Les Petits Maîtres de la peinture 1820-1920, valeur de demain*, Les Éditions de l'Amateur, t. IV, Paris, 1979.
Musées : Cognac : *Une ménagère* 1892.
Ventes Publiques : Londres, 23 fév. 1983 : *La femme et la fille de l'artiste prenant le thé*, h/t (66x50,5) : **GBP 480** – Paris, 14 nov. 1990 : *Baigneuses*, h/t (78,5x98) : **FRF 9 500** – Paris, 2 déc. 1991 : *Femme à sa toilette* 1917, h/t (92x73) : **FRF 9 500**.

DELPECH Jean
Né le 1er mai 1916 à Hanoï (région du Tonkin). XXe siècle. Français.
Peintre. Figuratif réaliste.
Après des études à l'École des Beaux-Arts d'Hanoï en 1935, il vient à Paris l'année suivante pour étudier à l'École Nationale des Beaux-Arts de 1936 à 1938. Dès 1938, il participe au Salon des Artistes Français, et au Salon des Artistes Indépendants à partir de 1946. Personnellement il expose régulièrement, en particulier à Paris à partir de 1952.
Musées : Paris (Mus. d'Art Mod. de la Ville) – Paris (Mus. de la Marine) – Sceaux (Mus. de l'Île-de-France).

DELPECH Louis Marie
Né le 23 avril 1904 à La Guerche-de-Bretagne. XXe siècle. Français.
Peintre.
Élève de L. Simon de 1921 à 1930, il a pris part au Salon des Artistes Français, dont il est sociétaire, au Salon d'Automne et au Salon des Tuileries.
Musées : Paris (Mus. Nat. d'Art Mod.) – Paris (Mus. d'Art Mod. de la Ville).

DELPECH Pierre Charles Eugène
Né à Clairac (Lot-et-Garonne). XXe siècle. Français.
Sculpteur de sujets de genre.
Élève de A. Carlès, il a figuré au Salon des Artistes Français, obtenant une mention honorable en 1912.
Il montre une prédilection pour des sujets paysans : *Semeur, Bœuf au labour*.

DELPECH-DETURCK Augusta Henriette
Née dans la dernière moitié du XIXe siècle à Paris. XIXe siècle. Française.
Lithographe.
Élève de son père, de J. Deturck, Léandre et Humbert. Sociétaire du Salon des Artistes Français.

DELPEREE Emile
Né le 15 septembre 1850 à Huy (près de Liège). Mort le 9 novembre 1896 à Lesneux (près de Liège). XIXe siècle. Belge.
Peintre d'histoire.
Cet artiste fut l'élève de Chauvin et de Charles Soubre avant de

devenir lui-même professeur à l'Académie de Liège. Spécialiste de la grande peinture historique, il ne négligea cependant ni le portrait, ni la peinture de genre.
Musées : Courtrai : *Charles assistant à ses funérailles* – Liège : *Les députés gantois* – *Portrait de M. Julien d'Andremont* – *Interdiction des processions jubilaires* – *Visite des dames Belges* – Louvain : *Luther à la diète de Worms* – Middelburg : *Pour ceux du pays* – Namur : *L'homme à la canne*.

DELPÉRIER Ferdinand
Né à Paris. xxe siècle. Français.
Peintre de paysages.
Exposant du Salon des Indépendants. A pratiqué le pastel et la tempera.

DELPÉRIER Georges
Né le 20 novembre 1865 à Paris. xixe siècle. Français.
Sculpteur.
Élève de Thomas et Falguière. A débuté au Salon des Artistes Français en 1885. Médaille d'honneur en 1925. Il est l'auteur du monument de *Ronsard*, à Tours et de plusieurs monuments aux morts. Chevalier de la Légion d'honneur. Des œuvres de cet artiste sont conservées au Musée de Tours.

DELPEUCH Marcel Pierre
Né le 12 juillet 1894 à Paris. xxe siècle. Français.
Peintre de paysages, de natures mortes, portraits.
Élève à l'École des Beaux-Arts de Paris, il a pris part au Salon des Artistes Français à partir de 1935.
Sa peinture figurative n'est pas sans rappeler celle de Marquet.

DELPEY André
Né le 16 septembre 1880 à Paris. Mort en 1964. xxe siècle. Français.
Peintre de genre, de figures, d'intérieurs, paysages.
Élève de J. P. Laurens et de l'École Nationale des Beaux-Arts, il a régulièrement participé au Salon des Artistes Français dont il est devenu sociétaire, obtenant une médaille d'argent en 1937. Il a figuré à l'Exposition Spéciale des Artistes mobilisés en 1919 et au Salon d'Automne à Paris. Ayant voyagé en Grèce et au Maroc, il a peint des scènes de genre comme *Prière au harem*, il a également présenté des paysages d'Ile-de-France, du Pays Basque, de la Corse.
Musées : Nancy.

DELPEY-MAISNE Marguerite
Née à Paris. xxe siècle. Française.
Peintre de paysages.
Élève de Humbert, Roger et Adler, elle a débuté au Salon d'Automne en 1912. Elle a participé au Salon des Artistes Français à partir de 1927, obtenant une mention honorable en 1930 et une troisième médaille en 1934. Elle a aussi pris part au Salon des Tuileries, notamment en 1939. Ses œuvres montrent des paysages vus au cours de ses voyages en Italie, Espagne, Grèce, Syrie, Palestine et Maroc.

DELPHIUS G. Jacques
Né au xixe siècle à Vienne. xixe siècle. Autrichien.
Graveur.
Cité par Mireur.

DELPIERRE H.
xixe siècle. Français.
Peintre de portraits, lithographe.
On connaît de lui un portrait de Marie-Antoinette.
Ventes Publiques : Paris, 10 déc. 1993 : *Portrait d'Emmanuel Joseph Siéyès* 1830, cr. de coul. (62,5x51) : **FRF 11 500**.

DELPINO. Voir aussi **PINO del**

DELPINO Giuseppe
xixe siècle. Français.
Peintre de paysages, peintre à la gouache.
Musées : Dunkerque.
Ventes Publiques : Londres, 21 mars 1986 : *Capri*, gche (30,5x36,7) : **GBP 700**.

DELPLANQUE Georges-Émile
Né le 13 juillet 1903 à Douai (Nord). xxe siècle. Français.
Peintre de paysages, nus, décorateur.
Élève de Biloul et L. Simon, il a participé au Salon des Artistes Français, obtenant une mention honorable et une bourse de voyage en 1930. Il a également pris part au Salon de la Société Nationale des Beaux-Arts, au Salon d'Automne et à celui des Tuileries. Après la guerre, il a figuré aux Salons Comparaisons et des Artistes Indépendants. Depuis 1926, il a personnellement exposé dans le Nord de la France.
Ses premiers paysages, dès 1923, évoquent le souvenir de l'art de Corot. À côté de ses peintures de chevalet, il a réalisé de grandes compositions murales dont la figuration est tout à fait réaliste.
Musées : Cambrai – Douai – Lille – Paris – Saint-Brieuc.
Ventes Publiques : Paris, 27 avr. 1992 : *Les bords de la Marne à Nogent* 1961, h/t (65x81) : **FRF 3 800**.

DELPORTE
xviiie siècle. Français.
Peintre.
Il fut reçu à l'Académie Saint-Luc à Paris en 1754 et devint conseiller en 1763.

DELPORTE Antoine Louis
xviiie siècle. Français.
Peintre.
Il fut reçu à l'Académie Saint-Luc à Paris en 1785.

DELPORTE Charles
Né le 4 décembre 1928 à Marcinelle. xxe siècle. Belge.
Peintre, sculpteur, musicien, poète. Tendance surréaliste.
Autodidacte en peinture, il a exposé en Belgique à partir de 1959 et en France en 1971, 1972.
C'est avec spontanéité, surtout sensible dans sa façon d'appliquer la couleur, qu'il est parti sur les traces d'un surréalisme à la fois cosmique et fantastique, produisant des toiles aux effets volontairement soutenus. Pour deux séries, l'une en hommage à Van Gogh, l'autre inspirée par le *Bateau Ivre* de Rimbaud, il a abandonné les pinceaux pour tracer directement avec les doigts dans une matière épaisse, des arabesques souvent lyriques.
Musées : Antibes – Beyrouth – Bruxelles (Mus. roy. des Beaux-Arts) : *Le cerf-volant du géomètre* – Charleroi – Charleville-Mézières (Mus. Rimbaud) – Cordoba – Montevideo – Ostende – Rio de Janeiro – São Paulo – Victoria.
Ventes Publiques : Anvers, 22 oct. 1974 : *Ébats* 1969 : **BEF 80 000** – Bruxelles, 17 déc. 1980 : *Van Gogh*, h/pan. (90x70) : **BEF 15 000** – Bruxelles, 12 juin 1990 : *L'angoisse métaphysique* 1970, h/pan. (80x100) : **BEF 40 000** – Lokeren, 9 oct. 1993 : *Sphére mediumnique* 1969, h/pan. (100x80) : **BEF 44 000**.

DELPORTE Jean Baptiste ou **Delaporte**
xviiie siècle. Actif à Paris vers 1750. Français.
Sculpteur.

DELPOZZO Isabella. Voir **POZZO**

DELPRAT
xixe siècle. Actif à Paris. Français.
Graveur.
Travaillait pour l'éditeur Cadart vers 1865. On cite notamment de lui : *Toledo* (1864) et *Défilé de la flotte anglaise à Cherbourg le 14 août 1865*.

DELPRAT Hélène
Née en 1957 à Amiens (Somme). xxe siècle. Française.
Peintre, graveur. Primitif.
Elle a fait ses études à l'École des Beaux-Arts d'Amiens et à celle de Paris. Elle a été pensionnaire de l'Académie de France à Rome entre 1982 et 1984. Elle a figuré dans plusieurs expositions collectives parmi lesquelles on peut citer : en 1984-1985 *Rites, Rock, Rêves* au musée cantonal des Beaux-Arts de Lausanne ; en 1985 *Bestiaires et légendes* à l'American Center à Paris et *À propos de dessin I* à la galerie Maeght à Paris ; en 1985-1986 *Depuis Matisse, la couleur* exposition itinérante au musée des beaux-Arts de Nantes, à la Royal Scottish Academy d'Édimbourg et au Louisiana Museum d'Humlebaek ; en 1986 *Pictura Loquens* à la villa Arson à Nice et à la Biennale de Venise ; en 1989 *Nos années 80* à la fondation Cartier à Paris ; en 1988 au palais des Beaux-Arts de Toulouse ; en 1989 *Les Peintres des années 80* au musée national de Bogota, au musée d'Art contemporain de Cali et au musée des Arts plastiques et visuels ; en 1991 au musée Ingres de Montauban et à la Galerie nationale slovaque à Bratislava ; en 1992 à la foire de Bâle ; en 1993 à l'Institut français de Londres et d'Édimbourg. Elle a exposé personnellement en 1984 *Jungles et Loups* à la villa Médicis à Rome ; en 1985 *Jungles* au Nord-jyllands Kunstmuseum d'Aalborg, à la galerie Gisèle Linder à Bâle ; à la Fondation Cartier à Jouy-en-Josas ; en 1985-1986 à la galerie Brandt Parkus à Copenhague ; en 1986 à la galerie Daane à Amsterdam, au centre culturel français de Yaoundé au Came-

roun ; à partir de 1987 régulièrement à la galerie Maeght à Paris ; en 1991 au musée du château de Montbéliard et au musée d'Art et d'Histoire du château de Belfort ; en 1993 à l'Institut culturel français à Vienne et au musée de l'Évéché de Limoges. Entre 1982 et 1984, les toiles d'Hélène Delprat étaient imprégnées de références à l'art africain, peuplées de figures graciles, de graffitis maladroits, de signes tremblés. Des guerriers, des animaux en troupeaux étaient disséminés sur des fonds noirs ou très foncés, les objets blancs ou ocres se détachant avec précision. Ces figures n'étaient pas apparues à la suite d'un voyage ou d'une étude approfondie de la culture africaine, mais plutôt de manière instinctive, Hélène Delprat pensant que « l'on porte en soi des figures archétypales dont l'émergence simultanée et collective me fascine ». L'Afrique qu'elle invente est une Afrique enchantée, littéraire, intemporelle. L'africanité disparaît ensuite, mais le phénomène d'apparition du motif demeure ; elle emprunte à des langages étrangers à l'art leurs signes, introduisant dans ses toiles des équations mathématiques, des cotes de géomètre, des formes géométriques, des bribes de calligraphie dans un arabe fantaisiste ; certains examinent les rapports existants entre l'héraldique et la symbolique. Hélène Delprat explore ainsi le fonctionnement du langage pictural, l'apparition des figures sur la toile. Elle pratique également la gravure sur bois et sur linoléum, exercice dans lequel apparaissent de nouvelles formes qui seront plus tard introduites dans les peintures. Elle a réalisé de nombreux décors et costumes. ■ F. M.

Bibliogr. : Catalogue de l'exposition : *Hélène Delprat*, Galerie Maeght, Paris, 1990 – Catalalogue de l'exposition : *Hélène Delprat*, musées de Montbéliard, de Belfort et Théâtre Granit, Maeght Éditeur, Paris, 1991 – Martine Arnault : *Hélène Delprat – Un Peintre entre en scène*, Cimaise, Paris, avr.-mai 1992.

Musées : Amiens (FRAC) – Amsterdam (Stedelijk Mus.) – Belfort – Chamalières (FRAC) – Cologne (Mus. Ludwig) – Paris (Centre Nat. d'Art Plastiques) – Sélestat (FRAC) – Strasbourg.

Ventes Publiques : Paris, 8 oct. 1989 : *Rituel guerrier* 1986, acryl. et pigments/t. (135x135) : **FRF 35 000** – Paris, 27 jan. 1992 : *Sans titre* 1985, gche/pap. kraft (65x100) : **FRF 6 500** – Amsterdam, 9 déc. 1993 : *Initiés Massaï* 1986, acryl./pap./t. (100x66,5) : **NLG 2 070**.

DELPY C. A.
XIXe-XXe siècles. Français.
Peintre de paysages.
Fils de Camille-Hippolyte Delpy, il fut son élève et imita sa manière.

DELPY Hippolyte Camille
Né en 1842 à Joigny (Yonne). Mort le 4 juin 1910 à Paris.
XIXe-XXe siècles. Français.
Peintre de paysages animés, paysages, paysages d'eau, graveur.
Il fut élève de Daubigny, et figura à l'Exposition Universelle de 1900, à Paris. Il débuta au Salon de 1869, et reçut une mention honorable en 1881 ; une médaille de troisième classe en 1884 ; une mention honorable en 1889 ; une médaille de deuxième classe en 1900. Il fut sociétaire des Artistes Français à partir de 1886.
On pourrait reprocher à Delpy d'avoir plutôt cherché à continuer l'œuvre de son maître qu'à se créer une forme particulière. C'est néanmoins un artiste intéressant qui a sa place parmi les paysagistes de la fin du XIXe siècle. Il peignit principalement les mêmes sujets que Daubigny.

H.C. Delpy. 1880

Bibliogr. : Michèle Lannoy-Duputal : *Hippolyte-Camille Delpy*, Le Havre, 1988.

Musées : Béziers : *La Grande Rue du village d'Auvers* – Chambéry (Mus. des Beaux-Arts) : *Paysage* – *Cour de ferme* – Louviers : *Forêt de Fontainebleau*.

Ventes Publiques : Paris, 8 nov. 1918 : *Marée basse à Villerville* : **FRF 125** – Paris, 20 nov. 1918 : *Coucher de soleil sur l'Oise* : **FRF 210** – Paris, 4-5 déc. 1918 : *L'Hiver* : **FRF 450** ; *Lever de soleil* : **FRF 400** ; *Les Bords de la Seine* : **FRF 550** ; *Mélancolie. La Seine à Pont de l'Arche* : **FRF 320** ; *Bords de l'Oise* : **FRF 250** – Paris, 12 mai 1919 : *La Seine près Vernon, soleil couchant* : **FRF 200** – Paris, 16 mai 1919 : *Coucher de soleil, bord de rivière* : **FRF 250** ; *Laveuse au bord d'une rivière* : **FRF 330** – Paris, 22 mai 1919 : *Inondations à Argenteuil* : **FRF 600** – Paris, 29 mai 1919 : *Bords de l'Oise* : **FRF 230** – Paris, 21 juin 1919 : *Soir d'automne* : **FRF 810** ; *Soleil couchant* : **FRF 190** ; *Femmes lavant du linge près du vieux pont de Mantes* : **FRF 160** – Paris, 8-11 déc. 1920 : *La Seine à Limay, près de Mantes* : **FRF 600** – Paris, 10 déc. 1920 : *Les bords de la Seine, en été* : **FRF 800** ; *Bords de rivière* : **FRF 820** ; *La Seine à Portijoie* : **FRF 1 040** ; *Coucher de soleil* : **FRF 1 380** ; *La Cour du Père Lambin à Brolles (Seine-et-Marne)* : **FRF 1 120** – Paris, 13 avr. 1921 : *Bords de l'Oise* : **FRF 610** – Paris, 18 avr. 1921 : *La Rivière : laveuses* : **FRF 1 200** – Paris, 29 avr. 1921 : *Bords de rivière au matin* : **FRF 900** – Paris, 17 juin 1921 : *Bords de la Seine à Port-Mort, au printemps* : **FRF 2 705** ; *L'Inondation à Argenteuil* : **FRF 560** – Paris, 18 déc. 1922 : *Bords de rivière : ciel couvert* : **FRF 950** – Paris, 5 et 6 mars 1923 : *Paysage : la route montante* : **FRF 550** – Paris, 30 mai 1923 : *Paysage* : **FRF 190** – Paris, 28 nov. 1924 : *Coucher de soleil sur la Seine à Port-Mort* : **FRF 2 100** – Paris, 22 déc. 1924 : *Bords de la Seine près de Vernon* : **FRF 105** – Paris, 29-30 déc. 1924 : *L'Yonne à Saint-Denis près de Sens (Yonne)* : **FRF 750** – Londres, 6 fév. 1925 : *Rivière au coucher du soleil* : **GBP 8** – Paris, 27 fév. 1929 : *Matin à Tournedos-sur-Seine* : **FRF 2 750** ; *Paysage de l'Oise avec lavandières* : **FRF 3 200** – Paris, 24-26 avr. 1929 : *Soleil couchant sur l'Yonne à Joigny* : **FRF 550** – Paris, 17 mai 1929 : *Après-midi d'été à Saint-Pierre-de-la-Garenne* : **FRF 2 850** ; *Coucher de soleil sur la Seine* : **FRF 850** – Paris, 8 mai 1936 : *Coucher de soleil sur la Seine* : **FRF 4 000** – Paris, 23 déc. 1942 : *La Chasse au canard* : **FRF 5 000** – Paris, 28 déc. 1942 : *Les Lavandières* 1908 : **FRF 750** – Paris, 25 jan. 1943 : *Bord de rivière* : **FRF 11 000** – Paris, 22 fév. 1943 : *Bord de rivière* : **FRF 1 600** – Paris, 22 fév. 1943 : *La Rivière* : **FRF 1 000** – Paris, 5 mars 1943 : *Bords de la Seine* 1826 : **FRF 8 200** – Paris, 28 fév. 1944 : *Les Pêcheurs* : **FRF 7 000** ; *Bords de rivière, clair de lune* : **FRF 3 700** – Paris, 28 mai 1945 : *Bord de rivière au crépuscule* : **FRF 850** – Paris, 1945-juil. 1946 : *Soleil levant à Mantes* : **FRF 8 000** – New York, 25-27 avr. 1946 : *Les Bords de la Seine* 1898 : **USD 130** – Paris, 24 sep. 1946 : *Bords de rivière au soleil couchant* : **FRF 1 250** – Paris, 23 déc. 1946 : *Paysage* : **FRF 29 900** – Paris, 14 fév. 1947 : *Les lavandières au soleil couchant* : **FRF 11 000** ; *Barque échouée* 1875 : **FRF 4 200** – Paris, 24 mars 1947 : *Roses dans un vase de verre* : **FRF 530** – Paris, 27 mars 1947 : *Bords de rivière au soleil couchant* : **FRF 2 000** – Paris, 23 avr. 1947 : *Paysage* : **FRF 3 600** – Paris, 13 juin 1947 : *Paysage* : **FRF 4 700** – Paris, le 15 juin 1954 : *Rue de village* : **FRF 110 000** – Londres, 5 juil. 1961 : *Bac sur la Seine* : **GBP 260** – Londres, 15 juil. 1966 : *Bord de rivière avec lavandière* : **GNS 420** – New York, 31 oct. 1968 : *Paysage fluvial* : **USD 850** – Lucerne, 27 juin 1969 : *Paysage fluvial* : **CHF 5 800** – Londres, 6 mars 1974 : *Le Champ aux coquelicots* : **GBP 2 000** – Paris, 13 mars 1974 : *Bords de rivière* : **FRF 11 500** – Paris, 26 oct. 1976 : *Bords de rivière* 1901, h/pan. (41x71) : **FRF 8 500** – Londres, 1er avr. 1977 : *Lavandières au bord de la rivière*, h/pan. (30x54) : **FRF 5 000** – Londres, 6 avr. 1979 : *Péniches sur la rivière*, h/t (30,5x51) : **GBP 1 800** – New York, 28 oct. 1982 : *Le Pont des Arts, Paris* 1881, h/t (58,5x98) : **USD 11 000** – Londres, 29 nov. 1984 : *Paysage d'été*, h/t (44,5x73,5) : **GBP 6 100** – New York, 24 fév. 1987 : *Le Boulevard Rochechouart en hiver* 1874, h/t (34,9x61,6) : **USD 25 000** – New York, 25 fév. 1988 : *Lavandières au bord de la rivière*, h/pan. (26,7x49,8) : **USD 4 950** – Paris, 28 mars 1988 : *Gardienne de vaches en bordure de village* 1889, h/pan. (32,5x60) : **FRF 40 000** – New York, 25 mai 1988 : *Coucher de soleil au bord de la rivière* 1904, h/pan. (40,3x71,2) : **USD 9 350** – Paris, 24 juin 1988 : *Bord de rivière*, h/pan. (29x54,5) : **FRF 12 000** – Versailles, 6 nov. 1988 : *Fin du jour au bord de l'eau* 1906, h/t (46x61) : **FRF 22 000** – Paris, 22 nov. 1988 : *Bord de mer*, h/t (39x74) : **FRF 35 000** – Paris, 19 déc. 1988 : *Bord de rivière*, h/t (46x61) : **FRF 19 000** – New York, 23 fév. 1989 : *L'Oise*, h/pan. (40,6x71) : **USD 11 000** – Paris, 5 juin 1989 : *Port normand*, h/pan. (30x44) : **FRF 22 000** – Paris, 19 juin 1989 : *Paris en hiver*, h/t (48,8x61,7) : **FRF 67 000** – Londres, 6 oct. 1989 : *Paysage fluvial avec des arbres se reflétant dans l'eau*, h/t (38x61) : **GBP 1 870** – New York, 25 oct. 1989 : *Les Docks de Dieppe*, h/t (125x200) : **USD 55 000** – Paris, 27 nov. 1989 : *Promenade en barque*, h/pan. (31,5x41) : **FRF 26 000** – Paris, 1er déc. 1989 : *La Vieille Ferme* 1877, h/t (48,8x61,7) : **FRF 48 000** – Londres, 16 fév. 1990 : *Au bord de la rivière*, h/pan. (29,2x52,7) : **GBP 7 150** – New York, 1er mars 1990 : *Lavandières au bord de la rivière*, h/pan. (24,8x45) : **USD 7 150** – Calais, 4 mars 1990 : *Jeune femme en barque*, h/t (54x74) : **FRF 23 000** – New York, 22 mai 1990 : *Une* *barque sur une rivière au couchant*, h/pan. (22,9x40) : **USD 9 900** – New York, 23 mai 1990 : *La Seine à Portijaie*, h/pan. (32,7x60) : **USD 8 250** – Provins, 1er juil. 1990 : *Le pêcheur*, h/t : **FRF 100 000** – Paris, 6 juil. 1990 : *Lavandières*, h/pan. (29x35) : **FRF 5 100** – Paris, 24 mai 1991 : *Bord de rivière*, h/pan. (34,5x62) : **FRF 43 000** – Monaco, 21 juin 1991 : *Marine*, h/pan. (27x46) : **FRF 5 550** – Paris, 18 déc. 1991 : *Les Saules près de la rivière*, h/pan. (29x53) : **FRF 64 000** – Amsterdam, 22 avr. 1992 : *Vallée encaissée au crépuscule*, h/pan. (24x35) : **NLG 3 450** – New York, 28 mai 1992 : *Chaumière à Berneval* 1885, h/t (45,7x55,2) : **USD 27 500** – New York, 30 oct. 1992 : *Paysage fluvial au crépuscule* 1900, h/pan. (40x71,1) : **USD 17 600** – Londres, 17 mars 1993 : *Vue d'un village de campagne* 1890, h/pan. (51x81) : **GBP 14 375** – Paris, 6 avr. 1993 : *Bord de rivière animé* 1898, h/pan. (50x80) : **FRF 66 500** – New York, 13 oct. 1993 : *Pêcheur au bord d'une rivière* 1898, h/pan. (50,5x79,4) : **USD 28 750** – Montréal, 23-24 nov. 1993 : *Rivière au coucher du soleil*, h/t (26,5x35) : **CAD 1 200** – Boulogne-sur-Seine, 20 mars 1994 : *Bord de rivière* 1904, h/pan. (41x71) : **FRF 46 000** – New York, 16 fév. 1995 : *Le Port de Dieppe*, h/t (125,1x200,7) : **USD 57 500** – New York, 24 mai 1995 : *Le Marché aux fleurs à Dieppe* 1906, h/t (54x74) : **USD 10 350** – Londres, 17 nov. 1995 : *Lavandières et pêcheurs sur les berges d'une rivière* 1903, h/pan. (40,6x66,6) : **GBP 9 775** – Paris, 17 nov. 1995 : *Paysage de rivière*, h/pan. (40x75) : **FRF 31 000** – Londres, 15 mars 1996 : *Lavandières au bord de la rivière* 1902, h/pan. (40,5x71) : **GBP 17 825** – Paris, 21 juin 1996 : *Soir au bord de la rivière* 1900, h/pan. (40x70) : **FRF 34 000** – New York, 23 mai 1996 : *Paris, un coin de la rue des Martyrs, effet de neige*, h/t (76,2x127) : **USD 26 450** – Londres, 21 nov. 1996 : *Les Bords de l'Oise* 1900, h/pan. (47,5x80,5) : **GBP 8 970** – Londres, 10 oct. 1996 : *Paysage d'une rivière paisible*, h/pan. (36,8x55,9) : **GBP 2 300** – Paris, 20 jan. 1997 : *Silhouette sur le bord d'une rivière*, h/pan. (17x27) : **FRF 9 000** – Paris, 10 mars 1997 : *Coucher de soleil sur la rivière à Joigny*, h/t (80x125) : **FRF 58 000** – Londres, 13 juin 1997 : *Les Bords de l'étang* 1900, h/t (39,4x45) : **GBP 12 650** – New York, 26 fév. 1997 : *Bords de la Seine* 1889, h/pan. (28,6x53) : **USD 9 775** – Paris, 5 juin 1997 : *Les Lavandières*, h/t (62x81) : **FRF 48 000** – New York, 22 oct. 1997 : *Péniche au soleil couchant*, h/pan. (28,9x52,7) : **USD 10 350**.

DELPY Jacques Henry ou **Henry Jacques**

Né le 28 juin 1877 à Bois-le-Roi (Seine-et-Marne). Mort le 24 novembre 1957 à Paris. xxe siècle. Français.

Peintre de paysages.

Élève de son père Hippolyte Camille Delpy, il a participé au Salon des Artistes Français, dont il était sociétaire, et au Salon des Artistes Indépendants.

Ses vues de sous-bois sous un ciel triste, ses couchers de soleil, dégagent une certaine mélancolie.

Bibliogr. : Gérald Schurr, in : *Les Petits Maîtres de la peinture 1820-1920, valeur de demain*, Les Éditions de l'Amateur, t. III, Paris, 1976.

Ventes Publiques : Paris, 25 mars 1927 : *Une rue à Montmartre par la neige* : **FRF 250** – Paris, 4 déc. 1944 : *L'arche du pont* : **FRF 3 300** – Paris, oct. 1945-juil. 1946 : *Coucher de soleil sur la rivière* : **FRF 4 900** – Versailles, 1er juin 1975 : *Marine au coucher de soleil*, h/pan. (33x55) : **FRF 2 100** – Versailles, 15 juin 1976 : *Coucher de soleil sur la rivière*, h/pan. (19x26) : **FRF 4 000** – Zurich, 25 mai 1979 : *Lavandière au coucher de soleil*, h/pan. (48,5x65) : **CHF 9 000** – Paris, 27 mars 1981 : *Les lavandières*, h/t (33x55) : **FRF 6 000** – Berne, 21 oct. 1983 : *Paysage fluvial au crépuscule*, h/pan. (37,5x62) : **CHF 4 800** – Zurich, 30 nov. 1984 : *Paysage fluvial au crépuscule*, h/t (38x61) : **CHF 4 400** – Paris, 18 mai 1986 : *Paysage*, h/t (40x80) : **FRF 8 800** – Versailles, 18 mars 1990 : *Bouquet de fleurs*, h/pan. (41x27) : **FRF 11 000** – Paris, 21 mars 1990 : *Soleil couchant*, h/t (60x92) : **FRF 13 000** – Paris, 12 oct. 1990 : *Paysage*, h/pan. (33x55) : **FRF 9 000** – New York, 15 oct. 1991 : *Paysage fluvial avec des lavandières*, h/pan. (41,9x64,5) : **USD 1 540** – Neuilly, 17 juin 1992 : *Village au bord de l'eau* 1927, h/pan. (16x27) : **FRF 6 000** – New York, 29 oct. 1992 : *Repos au bord de la rivière*, h/pan. (38,1x61) : **USD 3 300** – New York, 16 fév. 1993 : *Un homme dans une barque à fond plat*, h/pan. (44,4x81,2) : **USD 3 080** – Paris, 22 mars 1993 : *Embarcation sur un fleuve le soir*, h/pan. (50x101) : **FRF 14 000** – Paris, 10 mars 1997 : *Lavandières au bord de l'Oise*, h/pan. (37,1x61) : **DKK 8 000** – Paris, 20 oct. 1997 : *Bord de Seine, le soir*, h/pan. (33,5x55,5) : **FRF 8 000** – Paris, 17 oct. 1997 : *Embarcation sur une rivière*, h/pan. (50x102) : **FRF 8 000**.

DELPY Lucien Victor Félix

Né le 2 novembre 1898 à Paris. Mort en 1966. xxe siècle. Français.

Peintre de marines, paysages.

Élève de Cormon, E. Renard et P. Laurens, il a débuté au Salon des Artistes Français en 1922. Il obtint le Prix Dumoulin au Salon de la Société Coloniale des Artistes Français en 1928 et le Prix de Raigecourt-Goyon en 1933.

Ventes Publiques : Brest, 6 juin 1976 : *Concarneau, thoniers sous voiles*, h/t (80x100) : **FRF 3 800** – Paris, 27 mars 1981 : *Scène de port*, h/pan. (50x65) : **CHF 3 200** – Enghien-les-Bains, 23 sep. 1984 : *Le colisée d'El Djem*, h/t (100x129) : **FRF 26 000** – Douarnenez, 2 août 1986 : *Thoniers à quai à Concarneau* 1938, h/t (63x92) : **FRF 9 200** – La Varenne-Saint-Hilaire, 6 mars 1988 : *Bal de 14 juillet*, h/t (61x50) : **FRF 4 800** – Paris, 16 jan. 1989 : *Thonier devant la grève*, h/cart. (22x27) : **FRF 4 200** – Paris, 3 mars 1989 : *Les bateaux dans le port* 1936, aquar. et gche (37x44) : **FRF 3 600** – Paris, 6 juil. 1990 : *Marine près d'Aden* 1925, h/cart. (49,5x64) : **FRF 8 500** – Paris, 28 mars 1996 : *Silhouette sur un port du midi* 1927, h/t (51x61) : **FRF 6 500**.

DELREZ Sylvie

Née en 1958 en Italie. xxe siècle. Active en France. Italienne.

Peintre. Abstrait.

Elle a participé au Salon des Réalités Nouvelles à Paris, notamment en 1988, 1989.

DELRIEU Alicia

xixe siècle. Actif à Madrid vers 1880. Espagnol.

Peintre de genre.

DELRIEU Bernadette

xxe siècle.

Peintre de paysages urbains, technique mixte.

Elle a montré ses œuvres dans une exposition personnelle à l'Espace Paul Ricard à Paris, en 1996.

Elle associe à de grands cibachromes des peintures.

DELRIEUX Étienne

Né au xixe siècle à Toul. xixe siècle. Français.

Peintre de genre.

Ce peintre militaire débuta au Salon de 1870 avec : *Naufragés sur un écueil.*

Ventes Publiques : Paris, 6-9 fév. 1922 : *Les deux percherons* : **FRF 380**.

DELRIVE Albert. Voir **DELERIVE Nicolas Louis Albert**

DELRUE Ernest

xixe siècle. Actif à Arras. Français.

Sculpteur.

Sociétaire des Artistes Français depuis 1891, il figura aux expositions de cette société.

DELSA Edmond

Né en 1875 à Liège. Mort en 1957. xxe siècle. Belge.

Peintre, graveur de figures, portraits, paysages, écrivain d'art.

Élève de A. de Witte à l'Académie des Beaux-Arts de Liège et, à Paris, de Cormon. Il a participé au Salon des Artistes Indépendants à Paris et fut membre de la Société de la Gravure originale belge. Il a pratiqué l'art monumental, mais il a surtout gravé au burin les charmes du paysage wallon avec beaucoup de sensibilité. Parmi ses écrits, citons : *Initiation à l'œuvre d'art*, 1924.

Bibliogr. : In : *Diction. biogr. illustré des Artistes en Belgique depuis 1830*, Arto, Bruxelles, 1987.

DELSAERT Stephanus ou **Delsardt**

xviiie siècle. Éc. flamande.

Sculpteur.

Actif à Gand au début du xviiie siècle, il ne doit pas être confondu avec Stephan Delsardt.

DELSARDT Stephan

xviiie siècle. Éc. flamande.

Sculpteur.

Actif à Gand au début du xviiie siècle, il ne s'agit pas du même artiste que Stephanus. L'un de ces deux sculpteurs travailla pour l'église Saint-Pierre à Gand.

DELSART Philippe Joseph

xviiie siècle. Français.

Peintre de genre.

Exposa des dessins à Lille en 1782. Reçu à l'Académie Saint-Luc.

DELSAULT Claude

Né en 1939 à Paris. xxe siècle. Français.

Peintre, technique mixte. Figuratif, puis tendance abstraite.

Il participe à des expositions collectives, dont à Paris : depuis 1971 Salon des Artistes Français ; depuis 1972 Salon d'Automne ; en 1982, 1983 Salon de la Jeune Peinture ; ainsi qu'à des groupes locaux et régionaux. Il expose individuellement dans des lieux alternatifs, et en 1984 à Paris, galerie Omorfos ; 1992 Limoges, Espace Canon.
Dans une première période, il peignait des paysages urbains, notamment les vues des rues des 13e et 14e arrondissements de Paris. Il a évolué à une expression abstraite, dont la structure formelle est constituée de multiples petites cellules hexagonales, ensembles chromatiques aux harmonies variées, que parfois perturbe l'indication sommaire d'une forme humaine, d'un lion ou d'un oiseau.
Musées : Lausanne (Mus. canton.) – Paris (Mus. d'Art Mod. de la Ville) – Paris (Mus. Carnavalet) – Paris (Bibl. Histor. de la Ville).

DELSAULT Claude, pseudonyme de **Jacquet**
Né le 20 septembre 1941 à Paris. XXe siècle. Français.
Peintre, graveur. Réaliste.
Il a participé au Salon des Artistes Français et à celui des Artistes Indépendants à Paris.

DELSAUX Madeleine
Née le 29 mars 1903 à Villemomble (Seine-et-Oise). XXe siècle. Française.
Peintre de genre, de nus, paysages, natures mortes.
Élève de Zo et de Geoffroy, elle a participé, dès 1925, au Salon des Artistes Français dont elle est devenue sociétaire, obtenant une mention honorable en 1937.

DELSAUX Willem Charles Lievin
Né le 4 mai 1862 à Ixelles (près de Bruxelles). Mort en 1945. XXe siècle. Belge.
Peintre de paysages, sculpteur, graveur.
Après des études à Paris et à Bruxelles, il voyagea à travers l'Europe avant de se fixer définitivement à Bruxelles. Il fonda à Bouffioulx (Hainaut) la poterie de l'Escarboucle en 1911.
Ses paysages sont essentiellement des marines et des vues de villes.

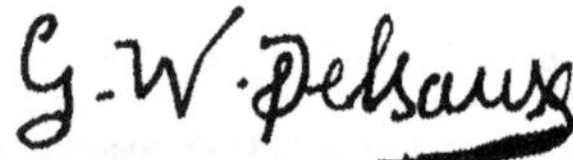

Bibliogr. : In : *Diction. Biogr. illustré des Artistes en Belgique depuis 1830*, Arto, Bruxelles, 1987.
Musées : Malines : *Les bouleaux* – Mons : *Les barques à marée d'équinoxe* – Tournai.
Ventes Publiques : Bruxelles, 27 mars 1990 : *Paysage*, h/t (80x120) : **BEF 75 000** – Bruxelles, 9 oct. 1990 : *Marine* 1887, h/t (20x52) : **BEF 28 000**.

DELSENBACH Johann Adam
Né en 1687 à Nuremberg. Mort en 1765. XVIIIe siècle. Allemand.
Peintre, graveur au burin.
On cite de lui des planches pour la *Bible de Shenchzer, des Portraits*, quarante-neuf *Vues de Nuremberg*, vingt-huit *Vues de Vienne*. Il fut l'élève de Eimmart et de Preisler.

DELSER Johann
Né en 1725. Mort en février 1801 à Salzbourg. XVIIIe siècle. Autrichien.
Peintre.
Peut-être faut-il l'identifier avec le peintre suisse Delfer.

DELSESCAUX Charles
Né au XIXe siècle à Mâcon. XIXe siècle. Français.
Peintre de fleurs.
Il débuta au Salon de 1876 avec : *Roses*.

DELSOL Théodore
Né en 1819 à Paris. XIXe siècle. Français.
Peintre de paysages.
Exposa au Salon de Paris de 1838 à 1870.

DELSON Robert
Né le 30 décembre 1909. XXe siècle. Américain.
Peintre de portraits, sculpteur sur bois.
Élève de W. P. Welsh, O. Gross et de H. von Schroetter, il est membre de l'Artist Union de Chicago.

DELSOPPE Gaspard
XVIIIe siècle. Actif à Nancy en 1777. Français.
Peintre.

DELSTANCHE Albert
Né en 1870 à Bruxelles. Mort en 1941 à Ohain. XIXe-XXe siècles. Belge.
Peintre de paysages, natures mortes, dessinateur, graveur, illustrateur.
Docteur en Droit, il fut élève d'Alexandre Robert et de Joseph Stallaert à l'Académie des Beaux-Arts de Bruxelles, puis se perfectionna à l'Académie des Beaux-Arts de Düsseldorf. Une galerie de Lasne a organisé une exposition personnelle de ses œuvres en 1992.
Il fut surtout l'interprète de son milieu du Brabant Wallon, et illustra plusieurs œuvres littéraires, dont la *Légende d'Yperdamme* d'Eugène Demolder et *La Chanson d'Eve* de Van Lerberghe.
Bibliogr. : In : *Diction. Biogr. illustré des Artistes en Belgique depuis 1830*, Arto, Bruxelles, 1987.
Musées : Bruxelles (Cab. des Estampes).

DELSUME Jules
Mort en 1897. XIXe siècle. Français.
Sculpteur.
Sociétaire des Artistes Français, il figura aux Salons de cette société.

DELTEIL Loys Henri
Né en 1869 à Paris. Mort en 1927 à Paris. XIXe-XXe siècles. Français.
Graveur.
Élève de Delvaux et de A. Mougin, il fut tout d'abord aquafortiste, exposant notamment à Paris en 1900, avant de devenir écrivain d'art traitant de la gravure et expert. Il a entrepris un grand ouvrage, dont il est aussi l'éditeur : *Le Peintre-Graveur illustré (XIXe et XXe siècles).*

DELTEIL Maïté
Née le 8 mai 1933. XXe siècle. Française.
Peintre. Réaliste poétique.
Élève à l'École des Beaux-Arts de Paris à partir de 1953, elle travailla sous la direction de Chapelain-Midy de 1956 à 1959. Elle a participé depuis 1954 au Salon d'Automne, au Salon de la Société Nationale des Beaux-Arts, au Salon des Artistes Français, au Salon de la Jeune Peinture et au Salon Comparaisons. Figurative, sa peinture fait référence à un réalisme poétique.

DELTHOW Eric Otto
Né dans la dernière moitié du XIXe siècle à Vanesborg. XIXe siècle. Suédois.
Peintre.
En 1920, il exposait au Salon d'Automne des portraits de femmes et un paysage.

DELTIL Jean Julien
Né le 28 avril 1791 à Paris. Mort le 12 novembre 1863 à Fontainebleau. XIXe siècle. Français.
Peintre.
En 1813, il entra à l'École des Beaux-Arts et fut élève de Debret. Il exposa au Salon de Paris de 1812 à 1824. Le Musée de Compiègne conserve deux œuvres de lui : son *Portrait* et un *Paysage*.

DELTING Heinrich
XVIe siècle. Actif à Bâle en 1522. Suisse.
Peintre.

DELTOMBE Paul
Né le 6 avril 1878 à Catillon (Nord). Mort le 8 août 1971 à Nantes. XXe siècle. Français.
Peintre de genre, paysages, natures mortes, cartons de tapisseries.
Élève de Pharaon de Winter à l'Académie des Beaux-Arts de Lille, il alla poursuivre ses études à l'École des Beaux-Arts de Paris en 1900, puis travailla sous la direction de Bonnat et de Robert-Fleury. Il fréquenta également l'Académie de la Grande Chaumière où il rencontra Signac, Matisse et Luce. Dès 1902, il participa au Salon des Artistes Indépendants qu'il contribua à organiser avec Signac. À partir de 1908, il prit part au Salon des Artistes Indépendants où il eut une rétrospective en 1926 et dont il fut élu vice-président d'honneur en 1931. Il fut sociétaire du Salon d'Automne auquel il participa dès le début et figura régulièrement au Salon des Tuileries à partir de 1927. Une vaste rétrospective lui fut consacrée en 1970, peu avant sa mort, au Musée de Nantes.

Durant la guerre de 1914-1918, il exécuta plusieurs cartons de tapisseries et fit breveter le « point de Nantes ». Après la guerre, il s'installa sur les bords de la Loire, devint directeur de l'École des Beaux-Arts de Nantes, ayant une influence certaine sur l'activité artistique de sa région. Il revint s'installer à Paris en 1946. Paul Deltombe rend, non sans émotion, la nature en ses formes apaisées, utilisant une palette délicatement chatoyante.

Musées : Douai : *Paysage* – Le Havre : *Nature morte aux fruits* – Lille : *Nature morte* – Nantes : *Paysage* – *Jeune homme au violoncelle* – *Vue de Drain* – *Wargnies* – *Fruits* – *Jeune homme à la corbeille* – *Le pré aux pommiers* – *Nature morte* – *Fleurs* – *Rue à Wargnies-Le-Petit* – Paris (Mus. d'Art Mod.) : *Bouquet de fleurs* – Valenciennes : *Nature morte.*
Ventes Publiques : Paris, 21 déc. 1925 : *Fruits* : **FRF 190** – Los Angeles, 21 sep. 1976 : *Villefranche-sur-Mer* 1946, h/t (65x81,2) : **USD 2 200** – Versailles, 8 fév. 1981 : *Petit port en Méditerranée*, h/t (60x81) : **FRF 2 000** – Versailles, 13 déc. 1987 : *Nature morte aux fruits et aux fleurs à Nice*, h/t (64,5x53,5) : **FRF 9 800** – Versailles, 20 mars 1988 : *Le remblai à Pornichet*, h/t (33x55) : **FRF 8 000** – Paris, 23 juin 1988 : *Campagne de Nice et le Mont Chauve*, h/t (50x65) : **FRF 13 500** – Paris, 16 oct. 1988 : *La baie de Villefranche*, h/isor. (38x46) : **FRF 10 000** – Versailles, 6 nov. 1988 : *Vallée de la Loire à Champtoceaux*, h/t (54x65) : **FRF 12 000** – Versailles, 7 juin 1990 : *Port du Midi*, h/t (65x81) : **FRF 49 000**.

DELTOUR Louis
Né en 1927. xxe siècle. Travaille à Tournai. Belge.
Peintre de cartons de tapisseries.
Fait partie des groupements de jeune peinture belge.

DELTOUR Maurice
Né à Coulommiers (Seine-et-Marne). xxe siècle. Français.
Peintre.
Il exposa à partir de 1942 à Paris aux Salons d'Automne et des Indépendants.

DELUC Gabriel
Né à Saint-Jean-de-Luz (Basses-Pyrénées). Mort le 15 septembre 1916 à Souain. xxe siècle. Français.
Peintre de portraits, de figures.
Élève de Bonnat et Jolyet, il a participé au Salon des Artistes Français, obtenant une mention honorable en 1906 et une médaille d'argent en 1913. Il a également figuré au Salon des Artistes Indépendants.
Ventes Publiques : Paris, 5 et 6 juin 1925 : *Femme nue respirant des fleurs*, gche : **FRF 110** – Paris, 15 jan. 1943 : *Étude pour Jeunesse*, dess. : **FRF 100** – Brest, 25 mai 1986 : *Bacchanale au bord du lac* 1911, h/t (160x250) : **FRF 20 000**.

DELUEN Marie Pascale
Née le 25 février 1955 à Versailles. xxe siècle. Française.
Sculpteur.
Elle a fait ses études à l'École des Arts Appliqués à Paris en 1975 et à l'École des Arts Décoratifs à Paris en 1977. Elle expose à Toulouse, au Haut-de-Cagnes, à Paris, en Espagne et en Allemagne. Elle a obtenu le Prix Paul Louis Weiller à l'Académie des Beaux-Arts en 1986.
Dans un premier temps, à partir de 1975, elle a travaillé des bustes d'adultes, d'enfants et de nouveaux-nés en terre cuite et en bronze. Depuis 1983, elle préfère les animaux lovés, tortue, tatou, pangolin en terre cuite. Parallèlement, elle taille le marbre, exécutant des animaux, objets et surtout drapés dont la sobriété classique mène presque à l'abstraction.

DELUERMOZ Henri
Né le 9 décembre 1876 à Paris. Mort en 1943. xxe siècle. Français.
Peintre de genre, animalier, paysages, dessinateur, graveur, illustrateur.
Élève de G. Moreau et A. P. Roll, il participa au Salon de la Société Nationale des Beaux-Arts dont il fut membre du conseil d'administration. Il exposa personnellement à Paris en 1913, 1919 et 1927.
Peintre animalier, il a peint et gravé des fauves, des chevaux, mais aussi des figures de cavaliers et des scènes de guerre. Il a particulièrement bien su faire passer l'atmosphère et l'esprit des livres tels que le *Livre de la Jungle* de R. Kipling, les *Histoires de bêtes* de L. Pergaud, *Les Bestiaires* de Montherlant, à travers ses illustrations. Son dessin large, puissant, saisit au moment propice les phases marquantes de ses modèles sauvages. La stylisation de sa facture s'allie à un sens aigu d'une observation réaliste.

Bibliogr. : Gérald Schurr, in : *Les Petits Maîtres de la peinture 1820-1920, valeur de demain*, Les Éditions de l'Amateur, t. III, Paris, 1976.
Musées : New York – Oran – Paris (Mus. d'Art Mod.).
Ventes Publiques : Paris, 16 mars 1925 : *Tigre marchant* : **FRF 150** – Paris, 5-7 nov. 1941 : *Tigre couché*, dess. : **FRF 500** – Paris, 15 jan. 1943 : *Panthère dévorant un perroquet* : **FRF 1 700** – Paris, 30 avr. 1945 : *Éléphant* : **FRF 1 500** – Paris, 10 déc. 1975 : *L'enlèvement d'Europe*, h/t (306x378) : **FRF 2 100** – Paris, 20 nov. 1981 : *Chat assis*, h/t (60x40) : **FRF 4 100** – Paris, 11 juin 1986 : *Gardeuses d'oies en Bretagne*, h/t (67x231) : **FRF 7 800** – Paris, 26 fév. 1990 : *Lévrier à l'arret*, dess. au fus. : **FRF 3 500** – Paris, 28 oct. 1990 : *Tête de lion*, h/pap./t. (46x38) : **FRF 7 000** – Paris, 10 mars 1994 : *La panthère noire et la louve*, h/t/pan. (55x106) : **FRF 15 000**.

DELUG Alois
Né le 25 mai 1859 à Bozen (Tyrol). xixe siècle. Éc. tyrolienne.
Peintre d'histoire.
Il figura à l'Exposition Universelle de 1900, à Paris, avec *Les Nornes* et obtint une médaille d'argent. Il fit ses études à Vienne où il fut l'élève de L. C. Müllers. Il parcourut l'Europe avant de se fixer à Munich puis à Vienne. On lui doit plusieurs importantes peintures religieuses comme la *Pietà* du Mémorial de l'Empereur Maximilien à Queretaro (Mexique).
Ventes Publiques : Londres, 23 nov. 1923 : *Le Calvaire* 1888 : **GBP 13**.

DELUIGI Mario. Voir **LUIGI Mario de**

DELUOL André
Né le 27 août 1909 à Valence (Drôme). xxe siècle. Français.
Sculpteur.
Il fit tout d'abord des études de peinture à l'École des Beaux-Arts de Paris où il travailla dans l'atelier de Ernest Laurent. Il n'aborda la sculpture qu'en 1930, débutant aux Salons des Tuileries et des Artistes Décorateurs en 1933. Il participa régulièrement au Salon d'Automne dont il devint sociétaire.
Son art, d'un classicisme sage, s'inspire de la statuaire antique, de celle des temples Khmer et, parfois, des bas-reliefs égyptiens.
Musées : Alger – Amsterdam – Cagnes – Nîmes – Paris (Mus. mun. d'Art Mod.) – Paris (Mus. Nat. d'Art Mod.) – Poitiers – Valence.
Ventes Publiques : Paris, 21 mai 1990 : *Sérénité* 1942, marbre de Sienne (40x30x19) : **FRF 14 500** – Paris, 4 mars 1991 : *Baigneuses*, pierre taille directe (H. 70,5) : **FRF 9 000**.

DELUOL Jean-François
Né le 1er février 1939. xxe siècle. Français.
Peintre de compositions d'imagination. Tendance fantastique.
Autodidacte en art. Il expose à Paris, aux Salons de la Société Nationale des Beaux-Arts et des Artistes Indépendants.

DELUSSE Jean Jacques Thereza
xixe siècle. Français.
Peintre, graveur.
Élève de Vien. Il fut nommé directeur de l'École de la ville d'Angers en 1805 et fut professeur de Pierre-Jean David. Il prit sa retraite de conservateur en 1829.

DELUTEL Jérémie
xviie siècle. Actif vers 1692. Français.
Peintre.
Le Musée de Versailles conserve de lui le portrait du *Grand Dauphin et de sa famille*.

DELVAL
xixe siècle. Actif à Cambrai au début du xixe siècle. Français.
Peintre de portraits, d'histoire.

DELVAL François ou **Delvaux**
XVIIe siècle. Actif à Malines au début du XVIIe siècle. Éc. flamande.
Sculpteur.

DELVAL Raymond
Né à Paris. XXe siècle. Français.
Peintre de paysages, nus.
Il a régulièrement participé au Salon des Artistes Indépendants et, depuis 1928, au Salon d'Automne dont il est devenu sociétaire.

DELVAL Robert
Né le 24 avril 1934 à Paris. XXe siècle. Français.
Peintre de paysages, lithographe. Tendance abstrait.
Il expose à partir de 1964 et peint souvent à l'aquarelle des paysages rencontrés au cours de ses nombreux voyages.
S'il travaille dans la tradition issue de Bonnard, il se rapproche de l'abstraction par ses grands aplats.

Delval

Ventes Publiques : Paris, 12 déc. 1983 : *Le petit nuage* 1981, h/t (92x73) : **FRF 9 500** – Paris, 18 juin 1984 : *Animaux dans un paysage*, h/t (50x50) : **FRF 6 000** – Paris, 18 mars 1985 : *Grand bouquet fond bleu* 1978, h/t (65x54) : **FRF 14 500** – Paris, 25 nov. 1987 : *Le nu jaune*, h/t (46x55) : **FRF 7 000** – Paris, 15 fév. 1988 : *Les truites* 1984, h/t (33x41) : **FRF 2 600** – Paris, 20 juin 1988 : *Les coings sur fond bleu* 1986, h/t (50x61) : **FRF 3 200** – Montréal, 30 oct. 1989 : *Goutenay-sur-Cure*, h/t (51x61) : **CAD 2 090** – Paris, 27 nov. 1989 : *Port Haliguen, Morbihan* 1889, h/t (38x46) : **FRF 25 000** – Paris, 2 avr. 1990 : *La Seine, l'Île Saint-Louis*, h/t (60x73) : **FRF 59 000** – Paris, 28 jan. 1991 : *Le bain de soleil*, aquar. (17x33) : **FRF 26 000.**

DELVAUX Auguste
Né en 1786 à Paris. XIXe siècle. Français.
Graveur.
Il a gravé des portraits et des planches pour les *Fables* de La Fontaine.
Ventes Publiques : Paris, 29 avr. 1926 : *Portrait de la baronne Isabelle de Montolieu*, mine de pb et lav. : **FRF 300.**

DELVAUX Édouard
Né le 6 février 1806 à Bruxelles. Mort le 25 septembre 1862 à Charleroi. XIXe siècle. Belge.
Peintre de paysages animés, paysages.
Petit-fils du sculpteur Laurent Delvaux, il fut élève de Van Assche ; en 1829, il visita la France, la Suisse, l'Italie et l'Allemagne.
Musées : Amsterdam : *Vue des bords de la Sambre* – Berlin : *Maurice, comte de Saxe* – Douai : *Paysage* – Hanovre : *Bord de l'Ourt.*
Ventes Publiques : Londres, 11 avr. 1908 : *Scène forestière* : **GBP 3** – Munich, 18 juil. 1980 : *Troupeau à l'abreuvoir*, h/t (50x85) : **DEM 3 200** – Lokeren, 11 mars 1995 : *Paysage de montagnes avec un gardien de chèvres et son troupeau* 1840, h/t (114x151,5) : **BEF 440 000.**

DELVAUX Ferdinand Marie
Né le 13 juin 1782 à Bruxelles. Mort le 28 septembre 1815 à Bologne. XIXe siècle. Belge.
Peintre d'histoire, genre, intérieurs.
Fils de Laurent Delvaux, il fut élève de Lens à l'Académie de Gand. Il séjourna une grande partie de sa vie en Italie, et en particulier à Rome.
Ventes Publiques : Paris, 1834 : *Intérieur de la prison de Venise* : **FRF 125** – Paris, 1849 : *Intérieur de la prison de Venise* : **FRF 111** – Bruxelles, 19 sep. 1983 : *Scène d'intérieur*, h/pan. : **BEF 42 000.**

DELVAUX Hélène
Née en 1933 à Shanghai. XXe siècle. Belge.
Sculpteur de portraits, céramiste.
Elle fut élève du peintre Ransy à l'Académie des Beaux-Arts de Bruxelles, du sculpteur d'Alméida et du céramiste Fossez au Portugal. En 1977, elle reçut le Prix Triennal de sculpture de la commune d'Ixelles.
A travers ses portraits, aux formes à la fois pleines et fluides, elle cherche à rendre la densité de l'âme.
Bibliogr. : In : *Diction. Biogr. illustré des Artistes en Belgique depuis 1830*, Arto, Bruxelles, 1987.

DELVAUX Henri
XIXe siècle. Actif à Gand au début du XIXe siècle. Éc. flamande.
Sculpteur.
Il était le neveu de Laurent.

DELVAUX Laurent
Né probablement le 17 janvier 1696 à Gand. Mort le 24 février 1778 à Nivelles. XVIIIe siècle. Éc. flamande.
Sculpteur de groupes, statues, bustes.
Élève de Gerg Helderenberg et de Dieudonné Plumer à Bruxelles, il subit fortement l'influence de F. Duquesnoy. Il travailla, en 1717, à Londres, à l'abbaye de Westminster ; en 1727, en Italie, il copiait les antiques pour le roi de Portugal ; il revint en Angleterre, puis fut sculpteur de la Cour de Charles VI d'Espagne, en 1734 ; il passa quelque temps à Nivelles, et réalisa, pour le prince Charles de Lorraine, un buste de Marie-Thérèse, qui lui valut de son modèle le titre de sculpteur impérial avec 400 florius. de traitement.
On lui doit un grand nombre de sculptures religieuses dont certaines subsistent encore dans des églises de Wallonie. Partagé entre le goût classique et l'art du Bernin, il crée des ensembles quelquefois hétéroclites, mêlant marbre et boiserie, comme à la collégiale de Nivelles pour la *Sainte Gertrude.*
Ventes Publiques : Londres, 9 avr. 1981 : *Salmacis et Hermaphrodite*, bronze (H. 32,5) : **GBP 2 100** – Londres, 13 déc. 1984 : *Moïse tenant les Tables de la Loi*, terre cuite (H. 51) : **GBP 5 000.**

DELVAUX Laurent Bernard
Né à Tournai. XVIIIe siècle. Éc. flamande.
Peintre.
Il peignit en 1750 un portrait de l'archiduc Albert.

DELVAUX Léon
Né en 1845. XIXe siècle. Français.
Peintre d'histoire.

DELVAUX Marie Augustine
Née en 1786 à Paris. XIXe siècle. Française.
Graveur au burin.
Fille et élève de Rémi-Henri-Joseph Delvaux. Elle fit surtout des illustrations de livres d'après des maîtres anciens.

DELVAUX Paul
Né le 23 septembre 1897 à Antheit (près de Huy, province de Liège). Mort le 20 juillet 1994 à Furnes. XXe siècle. Belge.
Peintre de compositions à personnages, figures, nus, marines, peintre à la gouache, aquarelliste, peintre de compositions murales, lithographe, dessinateur. Surréaliste-onirique ou réaliste-magique.
Fils d'un avocat à la Cour d'appel de Bruxelles, il étudie tout d'abord l'architecture, puis la peinture à l'Académie des Beaux-Arts de Bruxelles entre 1920 et 1924. Il avait reçu une formation de peinture classique, nourrie en outre de la lecture de l'Odyssée et d'une double admiration pour Ingres et David. Ses premières œuvres de 1920 sont des marines postimpressionnistes, elles ont presque toutes disparu à la suite de leur destruction par Delvaux lui-même, qui ne gardera encore que quelques-unes de ses œuvres immédiatement postérieures (à partir de 1924), influencées par l'expressionnisme de Permeke et de de Smet. Au début des années trente, on peut noter aussi l'intérêt qu'il trouva, puisqu'il en fit des croquis sur place, dans le Grand musée anatomique ethnologique du Dr Spitzner, une baraque foraine exhibant, conservés dans du formol, des squelettes divers, dont certains de prétendus monstres, ainsi qu'une « Vénus au repos, modelée d'après nature ». En 1934, Delvaux découvre l'art de Chirico au cours de son exposition à Bruxelles et c'est un nouveau point de départ déterminant : il devient surréaliste presque malgré lui, sans bien le savoir ni bien le vouloir, le surréalisme est endémique en terrain flamand, et sans jamais faire partie du groupe d'André Breton avec lequel il expose cependant. Il entre également en contact avec l'œuvre de Magritte, qui lui a révélé la puissance de choc du déplacement insolite des objets et des êtres de leur contexte logique.
Delvaux est présent à l'Exposition Internationale du Surréalisme à Paris en 1938, puis à Mexico en 1940. Ce fut en 1945 qu'une première grande rétrospective au Palais de Beaux-Arts de Bruxelles révéla l'œuvre de Delvaux au public. Il est invité à la Biennale de Venise en 1948, puis en 1954. En 1969, le Musée des Arts Décoratifs de la Ville de Paris lui consacre une vaste rétrospective. En 1991, un important *Hommage* lui est consacré dans le cadre du Salon des Indépendants au Grand Palais à Paris. En 1997, le Musée des Beaux-Arts de Bruxelles a célébré le cen-

tième anniversaire de sa naissance avec l'exposition *Rétrospective Paul Delvaux 1897-1994*.
Dès ses premières œuvres personnalisées : *L'Harmonie* ou *Les filles de la forêt* ou *Femmes devant la mer*, on constate un goût pour les poses hiératiques et les gestes suspendus qu'il avait peut-être remarqués dans les œuvres des symbolistes Munch et Hodler. Sa première peinture dite surréaliste est *La femme la rose* (1936) : la rose pousse du plancher d'un long couloir dont la perspective débouche sur un impossible azur, deux femmes vont s'y croiser sans jamais se rencontrer. À partir de là, tout est en place pour la comédie surréaliste, cette « photographie du rêve » pour répondre au précepte d'André Breton. Mais Delvaux n'adhère pas à proprement parler à la doctrine orthodoxe, il n'est qu'influencé par cette « révolution culturelle » et, selon Henri François Rey, il s'en éloigne « n'ayant retenu de cette formidable explosion que cette manière de peindre l'irréalisme, l'inconscient et l'onirique avec la plus extrême précision ». Dans cette première période, de 1936 à 1939, se définit le monde de Delvaux, monde angoissant où des jeunes femmes, souvent nues, marchent sans but dans un décor aux perspectives quelquefois closes ; elles se croisent sans jamais se voir, les yeux fixes. L'angoisse naît de cette répétition des lieux, souvent des gares d'où ne partiront jamais ces trains ou ces tramways dont personne ne descend, et surtout des personnages mêmes : femmes hiératiques, petits hommes étriqués en habit noir, le lorgnon sur le nez, dont certains sont prélevés des premières illustrations des romans de Jules Verne. Delvaux a même donné le nom du héros du *Voyage au centre de la Terre*, Otto Lindenbrock souvent accompagné de son neveu Axel, à l'un de ses personnages que l'on retrouve dans *Les Phases de la lune I, L'École des savants, Les Astronomes* et *L'éveil de la forêt* de 1939. Dans *L'Éveil de la forêt*, Delvaux s'est représenté lui-même, comme dans quelques autres compositions, à la place d'Axel derrière le minéralogiste Lindenbrock, pour l'accompagner dans son voyage initiatique, non plus au centre de la terre, mais à l'aube édénique de l'humanité, quand, au cœur d'une forêt de l'ère tertiaire (comme dans le voyage au centre de la terre), s'ébattent des jeunes gens et des jeunes femmes nus, dont certains sont parés de feuillages et de fleurs comme dans *Le Printemps* de Botticelli. Ce thème du voyage initiatique, qui jalonne tout l'œuvre, a pu être interprété comme une quête de paradis perdu, catharsis de désirs sourds et inassouvis, plongée dans les profondeurs de l'inconscient personnel et collectif.
Claude Spaak nomme « période italienne », celle des œuvres de 1939 à 1944. À la suite de deux voyages en Italie, Delvaux situe résolument la représentation de ses rêves éveillés dans des décors antiques : *La ville inquiète ; L'Aube, Le Temple ; La Vénus endormie ; Le Jardin nocturne ; La Rencontre ; Les Courtisanes ; Le Chemin de la ville*. C'est aussi dans les années quarante qu'il est influencé par Ensor et ses squelettes, mais si les squelettes d'Ensor semblent de terrifiants vampires, ceux de Delvaux n'ont l'air que de personnages affligés.
Durant la période 1945-1946, l'influence de l'École de Paris se fait ressentir sur la peinture de Delvaux et, dans son dessin cassé, dans ses aplats de couleurs audacieuses, on reconnaît plus volontiers l'influence d'André Marchand que celles de Pignon ou de Fougeron comme le suggère Claude Spaak.
À partir de 1947, il s'installe dans sa permanence, avec : *Le train de nuit ; L'Éloge de la mélancolie ; Le mirage ; La ville oubliée ; La gare forestière*. Invité à la Biennale de Venise en 1948, puis en 1954, à chaque fois le clergé italien censure ses toiles, alors que pourtant ces nudités féminines, froides, ont la sensualité du marbre, et si un homme habillé y apparaît, aucun sourire, aucun regard ne vient troubler leurs relations tout à fait nulles, et leur désir, s'il existe, reste muet. Si les femmes de Delvaux peuvent paraître provocantes, elles restent intouchées et intouchables. Cette attitude vis-à-vis des femmes s'explique, selon Otto Hahn et André Fermigier, par le rôle de la mère de Delvaux à son égard : « Une enfance protégée par l'autorité d'une mère admirée et respectée, une jeunesse réservée, à l'écart des femmes. La découverte du surréalisme se confond avec la mort de sa mère. » (Hahn) ; « Ce que l'on fait de mieux dans le genre abusif et castrateur. » (Fermigier). En 1950, Delvaux est professeur à l'École des Beaux-Arts de Bruxelles, puis titulaire de la chaire des Beaux-Arts à l'Académie Royale de Bruxelles. Il exécute des décorations murales pour la maison de Gilbert Perier à Bruxelles en 1954 ; il y introduit des matrones antiques et des femmes de la Belle Époque dans un décor de fausses perspectives à la manière pompéienne.
Toutes les œuvres de Delvaux reprennent le même thème obsédant : un homme vêtu de façon désuète à force de correction guindée, le regard tourné à l'intérieur, erre, croisant une belle fille nue, la même répétée à l'identique et à plusieurs exemplaires, sans regard pour lui qui ne les voit pas. Cette femme, « toujours la même », écrit André Breton, évolue « dans une lumière de minerai ». Tous ces personnages, dont les regards ne se croisent jamais, personnifient « l'incommunicabilité » permanente dans l'œuvre de Delvaux. Otto Hahn remarque qu'« il suffirait que les regards se croisent, qu'une main se tende pour que l'univers de Delvaux bascule dans une mascarade dérisoire ». Selon les époques, ces « non-rencontres » se passent soit dans un paysage à l'Antique construit de temples, soit dans une gare de province fin de siècle. Au début, elles se font sous des ciels lourds, dans un monde fermé, puis après 1947, les ciels s'éclaircissent, les perspectives s'élargissent, les visages s'apaisent, on a l'impression que ces femmes pourraient s'échapper mais ne le désirent plus. Malgré cette « antiquité de faux marbre et de Jocastes aux yeux béants » que Fermigier qualifie de « providence, entre les deux guerres, des artistes de formation académique », le malaise persiste, témoignant de l'authenticité de la confidence de Delvaux : « L'érotisme m'a posé pas mal de problèmes ». ■ Jacques Busse, A. P.

P. DELVAUX

P. Delvaux

P DELVAUX

Bibliogr. : Claude Spaak : *Paul Delvaux*, De Sikkel, Anvers, 1948 – André Fermigier : *Les femmes nues de Paul Delvaux*, le Nouvel Observateur, Paris, 3 juin 1969 – Catalogue de l'Exposition *Paul Delvaux*, Musée des Arts Décoratifs, Paris, 1969 – in : *Diction. universel de la Peinture*, Le Robert, Paris, 1975 – Houbart-Wikin, Butor et Clair : *Catalogue de l'œuvre peint*, Bruxelles, 1975 – Adam Biro et René Passeron : *Dictionnaire Général du Surréalisme et de ses environs*, Presses Universitaires de France, Paris, 1982.

Musées : Anvers (Mus. roy. des Beaux-Arts) : *Les Nœuds roses* 1937 – Bruxelles (Mus. roy. des Beaux-Arts) : *Pygmalion* 1939 – *Trains du soir* 1957 – Chicago (Art Inst.) : *L'Éveil de la forêt* 1939 – Knokke-le-Zoute – Liège – Londres (Tate Gal.) – New York (Mus. of Mod. Art) – Ostende – Paris (Mus. Nat. d'Art Mod.) – Saint-Idesbald (Mus. Paul Delvaux).

Ventes Publiques : Bruxelles, 25 avr. 1959 : *L'éveil de la forêt* : **BEF 60 000** – New York, 9 déc. 1959 : *Les dunes à Middelberke*, aquar. : **USD 450** – New York, 25 jan. 1961 : *Légende égyptienne* : **USD 1 100** – Londres, 10 mars 1961 : *Squelettes dans une librairie* : **GBP 273** – Anvers, 30 et 31 mars 1965 : *Le petit chemin* : **BEF 330 000** – New York, 6 avr. 1967 : *Pénélope* : **USD 9 250** – Bruxelles, 27-28-29 fév. 1968 : *La vallée*, aquar. : **BEF 44 000** – Anvers, 14 oct. 1969 : *Dames en violet* : **BEF 620 000** – Londres, 14 avr. 1970 : *La Ville rouge* : **GNS 18 000** – Anvers, 21 avr. 1970 : *Vue de Saint-Idelsbald*, aquar. : **BEF 200 000** – New York, 10 mars 1971 : *Femme au miroir* : **USD 36 000** – Londres, 2 déc. 1971 : *La sirène*, aquar. et encre de Chine : **GBP 9 200** – Paris, 13 mars 1974 : *Le cloître* : **FRF 540 000** ; *La Grande Allée* : **FRF 950 000** – Londres, 4 avr. 1974 : *La Vénus endormie*, dess. à la pl. et encre de Chine : **GBP 2 000** – Paris, 11 juin 1974 : *La légende égyptienne* : **FRF 450 000** – New York, 5 fév. 1976 : *Le secret*, litho. (65x49,5) : **USD 1 400** – Londres, 7 avr. 1976 : *Faubourg* 1960, h/t (122x183) : **GBP 50 000** – Breda, 25 avr. 1976 : *Vue à Spa* 1931, aquar. (53x72) : **NLG 8 800** – Breda, 27 avr. 1977 : *Le silence*, eau-forte : **NLG 7 000** – Paris, 20 avr. 1978 : *L'Éventail*, litho. : **BEF 55 000** – New York, 9 mai 1979 : *Miroirs* 1966, litho. (58x78) : **USD 2 100** – Bruxelles, 16 mai 1979 : *Bord de mer*, aquar. (47x65) : **BEF 110 000** – Londres, 2 déc. 1980 : *Femme et temple* 1949, pl./pap. (24x33) : **GBP 3 500** – New York, 20 mai 1982 : *Les Adieux* 1964, h/cart. (122x198) : **USD 220 000** – Londres, 22 mars 1983 : *Les Sœurs* 1971, pinceau et encre noire/pap. (102x70) : **GBP 22 000** – New York, 4 mai 1983 : *La fin de la terre* 1968, litho. en coul. (52,5x75) : **USD 4 500** – Londres, 6 déc. 1983 : *Deux Dryades* 1966, aquar. et pl. (60x47,5) : **GBP 31 000** – Londres, 3-4 déc. 1984 : *L'éloge de la Mélancolie* 1948, h/pan. (153x255) : **GBP 275 000** ; *Trois nus sur la plage* 1947, aquar. et pl. (59x79) : **GBP 28 000** – LONDRES, 24 juin 1985 : *La Pensée* 1975, aquar. et pl. (32,7x24,2) : **GBP 4 500** – PARIS, 10 déc. 1986 : *Grand nu rose*, h/t (170x150) : **FRF 515 000** – LONDRES, 25 juin 1986 : *La Famille* 1964, pl. et lav. (55,5x76,8) : **GBP 30 000** – PARIS, 25 juin 1987 : *La statue ou Bacchanale* 1967, aquar. gchée (71x106) : **FRF 780 000** – PARIS, 29 nov. 1987 : *Figures dans un grenier* 1981, h/pap. (68x50) : **FRF 715 000** – LONDRES, 1er déc. 1987 : *L'heure du sommeil* 1946, h/t (140x211) : **GBP 410 000** – LONDRES, 24 fév. 1988 : *Dessin de décor pour le ballet « Adame Miroir »*, encre de Chine (38x30,6) : **GBP 5 500** – LONDRES, 29 mars 1988 : *Le port de Cannes : la belle Anna* 1930, aquar./pap. (40x65) : **GBP 11 000** – LONDRES, 18 mai 1988 : *Mère et fille*, encre de Chine (32,7x38) : **GBP 5 500** – PARIS, 24 juin 1988 : *Antheit* 1935, aquar. (60x78) : **FRF 70 000** – LONDRES, 28 juin 1988 : *Sappho* 1957, h/pan. (90x140) : **GBP 363 000** – LOKEREN, 8 oct. 1988 : *Deux Femmes dans un intérieur* 1954, lav. (35x42,5) : **BEF 850 000** – NEW YORK, 6 oct. 1988 : *La Comédie du soir ou Les Belles de nuit* 1936, h/t (100x100) : **USD 605 000** – LONDRES, 19 oct. 1988 : *Pénélope*, cr./pap. (17x25,3) : **GBP 2 200** – LONDRES, 29 nov. 1988 : *Le Train bleu* 1946, h/cart. (122x244) : **GBP 924 000** – LONDRES, 22 fév. 1989 : *Homme et deux nus* 1947, encre (33,5x25,5) : **GBP 11 000** – PARIS, 3 mars 1989 : *L'Esplanade*, pl., encre et lav. (16x24) : **FRF 20 000** – PARIS, 16 avr. 1989 : *Étude pour les deux amies* 1946 (36x27,5) : **FRF 130 000** – LONDRES, 27 juin 1989 : *La Ville oubliée* 1964, h/t (140x180) : **GBP 836 000** – NEW YORK, 13 nov. 1989 : *Les Demoiselles du téléphone* 1951, h/pan. (76,5x112) : **USD 770 000** – LONDRES, 28 nov. 1989 : *Jeune Fille devant un temple* 1949, h/t (97x130) : **GBP 616 000** – LONDRES, 4 déc. 1990 : *La tentation de Saint Antoine* 1945, h/t (114x147) : **GBP 715 000** – AMSTERDAM, 13 déc. 1990 : *Les Dunes à Middelkerke* 1936, aquar./pap. (60,3x79,3) : **NLG 32 200** – LONDRES, 20 mars 1991 : *Femme assise* 1960, encre et aquar. (36x54) : **GBP 55 000** – NEW YORK, 8 mai 1991 : *La Ville endormie* 1938, h/t (159x176) : **USD 1 375 000** – PARIS, 15 juin 1991 : *Aphrodite* 1969, h/t (150x130) : **FRF 3 600 000** – LONDRES, 24 juin 1991 : *L'Éveil de la forêt* 1939, h/t (171x225,5) : **GBP 715 000** – LIÈGE, 11 déc. 1991 : *La Robe du dimanche* 1967, litho. (75,5x54) : **BEF 240 000** – LOKEREN, 21 mars 1992 : *La Voyante*, litho. (79x59,5) : **BEF 280 000** – NEW YORK, 13 mai 1992 : *Le Salut (la Rencontre)* 1938, h/t (90,5x120,7) : **USD 1 265 000** – NEW YORK, 13-14 mai 1992 : *Femme et Homme au chapeau*, encre/pap. (17,8x12,7) : **USD 13 200** – LOKEREN, 23 mai 1992 : *Nu assis*, cr. (25,8x17) : **BEF 300 000** – MILAN, 23 juin 1992 : *L'Inondation* 1966, gche/pap. (77x56) : **ITL 46 000 000** – LOKEREN, 10 oct. 1992 : *Antinoüs* 1958, fus. (30,5x43) : **BEF 440 000** ; *Romaine* 1976, aquar. et encre (42x46) : **BEF 1 900 000** – MILAN, 9 nov. 1992 : *La Robe du dimanche* 1967, litho. coul. (63,5x51) : **ITL 4 200 000** – MUNICH, 1er-2 déc. 1992 : *Le Reine de Saba* 1982, sérig. coul. (60x43) : **DEM 4 830** – LOKEREN, 20 mars 1993 : *Nu et Squelette* 1958, encre et stylo-bille (15,8x19,4) : **BEF 550 000** – LONDRES, 22 juin 1993 : *La Joie de vivre* 1938, h/t (101,5x120) : **GBP 1 013 500** – PARIS, 18 mars 1994 : *Les Deux Amies* 1966, litho. (65,5x50,5) : **FRF 29 000** – LONDRES, 23-24 mars 1994 : *Vue de Saint-Idesbald* 1946, aquar. et encre (51,5x70,5) : **GBP 5 980** – LOKEREN, 12 mars 1994 : *La Visite* 1964, aquar. (23,5x17,5) : **BEF 950 000** – LOKEREN, 8 oct. 1994 : *Nu dans un atelier* 1931, h/t (113,5x89) : **BEF 4 400 000** – PARIS, 2 déc. 1994 : *Modèle assis* 1962, lav. (37x42) : **FRF 90 000** – ZURICH, 2 déc. 1994 : *La Sirène*, litho. coul. (35,5x25) : **CHF 2 800** – LOKEREN, 11 mars 1995 : *L'Attente* 1967, aquar. et cr. (49,5x31) : **BEF 2 000 000** – LONDRES, 14 mars 1995 : *Femme couchée* 1948, encre et lav. (30x37) : **GBP 10 925** – LOKEREN, 9 mars 1996 : *L'Impératrice* 1974, litho./pap. Arches (79x58,5) : **BEF 120 000** – NEW YORK, 1er mai 1996 : *Miroirs (Jacob 10)*, litho. (50x66) : **USD 6 325** – PARIS, 7 juin 1996 : *La Gare* 1971, litho. (57x78) : **FRF 19 000** – LONDRES, 25 juin 1996 : *Femme drapée à l'antique* 1968, h/pan. (197x97,5) : **GBP 216 000** – NEW YORK, 12 nov. 1996 : *Les Deux Ages (Tous les âges)* 1912-1941, h/t (142,9x174,9) : **USD 772 500** – PARIS, 22 nov. 1996 : *Jeune Femme à la lampe*, pl. et lav. d'encre de Chine (26,5x17) : **FRF 67 000** – LONDRES, 2-3 déc. 1996 : *Nus au jardin* 1945, encre, cr. et aquar./pap. (55x73) : **GBP 122 500** ; *Jeune Fille* 1976, h., encre et aquar./pan. préparé (90,5x64,2) : **GBP 150 000** – LOKEREN, 7 déc. 1996 : *Femme de profil* 1975, aquar. (36x27) : **BEF 1 600 000** – LOKEREN, 8 mars 1997 : *Nu devant un miroir* 1969, aquar. (33,5x24) : **BEF 700 000** – AMSTERDAM, 2-3 juin 1997 : *Paysage Mosan* 1925, h/t (80x100) : **NLG 40 120** – PARIS, 28 avr. 1997 : *L'Idole* 1982, sérig. coul./pap. Japon (75,5x55,6) : **FRF 16 000** – AMSTERDAM, 1er déc. 1997 : *Femmes près de la mer* 1953, h/pan. (52,5x77) : **NLG 218 300** – LONDRES, 10 déc. 1997 : *Les Nœuds violets* 1948, aquar., pl. et encre noire et cr./pap. (58,5x78,8) : **GBP 287 500**.

DELVAUX Rémi Henri Joseph

Né en 1748 à Paris, à Lille en 1750 selon certains biographes. Mort le 21 septembre 1823 à Paris. XVIIIe-XIXe siècles. Français.

Graveur.

Eut pour maître N. Lemire et exposa au Salon de Paris de 1802 à 1810. Il fut un des graveurs du « Cabinet Choiseul » et de la « Galerie du Palais-Royal ». On cite de lui 14 portraits. *La Pêche miraculeuse*, d'après P.-P. Rubens, *Héro et Léandre*. d'après Harriet, *Le Chasseur*, d'après Gabr. Metzu.

DELVEAU

XIXe siècle. Actif à Paris en 1824. Français.

Graveur au burin.

DELVENAAR Ugaart

XVIIe siècle. Hollandais.

Peintre de paysages.

DELVIGNE Gérard

XVIIe-XVIIIe siècles. Actif à Tournai. Éc. flamande.

Peintre.

DELVIGNE Jean Joseph

XVIIIe siècle. Actif à Tournai vers 1770. Éc. flamande.

Peintre.

DELVIGNE Julien

Né à Garches (Hauts-de-Seine). XXe siècle. Français.

Peintre de paysages.

Il a participé au Salon des Artistes Indépendants à Paris de 1925 à 1929 et au Salon des Artistes Français de 1931 à 1934.

VENTES PUBLIQUES : PARIS, 10 déc. 1996 : *Marly sous la neige, péniches à quai*, h/pan. isor. (43x43) : **FRF 8 000**.

DELVILLE Jean

Né le 19 janvier 1867 à Louvain. Mort en 1953 à Bruxelles. XIXe-XXe siècles. Belge.

Peintre de compositions à personnages, compositions murales, figures, dessinateur, illustrateur, écrivain. Symboliste.

Élève de Portaels à l'Académie des Beaux-Arts de Bruxelles, il débuta en 1885 en exposant avec le groupe de l'Essor. En 1892, il fut l'un des fondateurs du cercle artistique « Pour l'Art » et participa à Bruxelles aux Salons du *Groupe des XX*. Ayant fait la connaissance de Péladan – *Le Sâr* (le mage en persan) –, il s'installa à Paris où il participa aux quatre Salons de La Rose-Croix de 1893 à 1895. Ce Salon fondé par Péladan fut inauguré en 1893 au son d'une musique d'Éric Satie, regroupant tout ce que l'Europe comptait de symbolistes, mis à part quelques grands noms : Rodin, Moreau, Gauguin et Redon qui en redoutaient les outrances. Jean Delville continua d'appliquer les préceptes de Péladan, même après 1898, date à laquelle Péladan renonça à sa croisade et se retira de la scène. Delville obtint en 1895, le Grand Prix de Rome. De retour à Bruxelles, de 1895 à 1904, il collabora à la revue *La ligue artistique*, et il créa en 1896, le premier Salon d'Art Idéaliste, voulant rassembler tous ceux qui croient en la beauté, en tant que « manifestation de l'être absolu ». Il eut, dans le mouvement des idées autour du symbolisme, une activité importante d'écrivain : 1895 *Le Dialogue entre nous* ; 1897 *La Grande Hiérarchie de l'occulte* et *Frisson du Sphinx*, 1900 *La Mission de l'art*, Contre le scepticisme scientiste, il se donnait, en tant qu'initié aux traditions ésotériques, mission de convaincre de l'existence des mystères, et, en tant que peintre, de contribuer à convaincre de la nécessité de la spiritualité en art, contre toutes les formes de « l'art pour l'art ». Professeur à la School of Art de Glasgow de 1898 à 1905, il fut ensuite professeur à l'Académie des Beaux-Arts de Bruxelles, directeur de l'École des Beaux-Arts de Mons et membre de l'Académie Royale de Belgique.

Le nom de Jean Delville est lié à l'histoire du symbolisme, mouvement où l'on décèle, pêle-mêle et entre autres, les influences de Fra Angelico, de William Blake et des Préraphaélites, de Dante, Wagner et Edgar Poë. Après avoir été l'un des principaux représentants du symbolisme en Belgique et Hollande, avec Fernand Khnopff, William Degouve de Nunques, Jan Toorop, il fut quelque peu oublié, jusqu'à l'exposition *Le sacré et le profane dans l'art des Symbolistes* à la Galerie d'Art Moderne de Turin en 1969, dont il fut la révélation, puis la grande exposition *Peintres de l'Imaginaire*, en 1972 à Paris, qui réactualisa le mouvement symboliste et permit d'en redécouvrir les nombreux participants, et d'entre nombreux autres dont Lévy-Dhurmer, encore Delville sur lequel Philippe Julian écrit : « Delville est inégal : d'immenses idées le perdent dans d'immenses compositions ; il est brumeux comme la métaphysique des Théosophes qu'il adopta, mais c'est un admirable dessinateur et, dans sa jeunesse, sous l'influence de Moreau et de Wagner, il peignit des toiles d'une grande étrangeté. Son *Orphée* (1893), très proche de Gustave Moreau, fidèle à l'idéal androgyne de Péladan, possède l'étrangeté, la richesse symbolique d'une page de Villiers de l'Isle-Adam ». Cette redécouverte du mouvement symboliste en peinture fut de nouveau confirmée par l'exposition *Le Symbolisme Européen* qui circula, en 1976, à Rotterdam, Bruxelles, Baden-Baden et Paris. Concernant un autre aspect de l'art de Delville, *L'École de Platon* (1898), peinture décorative destinée à la Sorbonne, qui ne fut jamais mise en place, rend compte de son idéal esthétique, traité dans un style « fin de siècle ». Il fut aussi l'auteur de cinq panneaux pour la Cour d'Assise de Bruxelles et fit plusieurs illustrations, notamment pour *Les Grands Initiés* d'Édouard Schuré, livre qui lui fut, avec ceux des poètes symbolistes, une référence constante. Comme ce fut souvent le cas pour d'autres artistes symbolistes, et non sans raisons tant le symbole et le rêve se rejoignent, les peintures les plus étranges de Jean Delville semblent annoncer et préfigurer certains aspects du surréalisme. ■ Jacques Busse

Bibliogr. : In : *Diction. universel de la Peinture*, Le Robert, T. 2, Paris, 1975 – Robert L. Delevoy : *Symbolistes et Symbolisme*, New York, 1978 – L. M. Frongia : *Le symbolisme de Jean Delville*, Bologne, 1978 – Jean Cassou : *Encyclopédie du Symbolisme*, Paris, 1979 – in : *Diction. de la peint. flamande et hollandaise*, Larousse, Paris, 1989.

Musées : Bruges : *L'Homme-Dieu* 1901-1903 – Bruxelles (Mus. roy. des Beaux-Arts) : *Trésors de Satan* 1895 – Paris (Mus. d'Orsay) : *L'École de Platon* 1898.

Ventes Publiques : Anvers, 19 oct. 1976 : *Le Christ au jardin des Oliviers*, h/t (43x46) : **BEF 50 000** – Anvers, 18 avr. 1978 : *Sur la tombe des martyrs* 1920, h/t (110x143) : **BEF 80 000** – Enghien-les-Bains, 28 oct. 1979 : *Les Kramoros*, past. et cr. noir/pap. beige (109x57) : **FRF 18 000** – Paris, 28 mai 1980 : *Régénération*, fus., sanguine et cr. de coul./pap. (71x52) : **FRF 10 000** – Anvers, 26 avr. 1983 : *Paysage de montagne* 1935, h/t (62x76) : **BEF 4 500** – Londres, 22 nov. 1983 : *La Méduse* 1893, aquar., pl., cr. bleu, past. et or (14,5x35,5) : **GBP 19 000** – Londres, 4 déc. 1984 : *Les peuples latins se rejoignent par les ondes*, gche et past. (63x30) : **GBP 220** – New York, 30 oct. 1985 : *Dante* 1919, h/t (142,2x177,8) : **USD 45 000** – Lokeren, 22 fév. 1986 : *Portrait de jeune femme* 1893, dess. coul. (27x18) : **BEF 1 000 000** – New York, 9 mai 1989 : *Portrait de Madame Stuart Merrill* 1892, craies de coul. et graphite/pap. (39,4x31,7) : **USD 440 000** – Londres, 1er déc. 1989 : *Les nuées* 1941, h/t, esquisse (43,2x55,2) : **GBP 1 320** – New York, 18 fév. 1993 : *Ascension* 1934, h/t (34,9x46,4) : **USD 2 070** – Londres, 16 juin 1993 : *Orphée aux enfers* 1896, h/t (246x92) : **GBP 56 500** – Paris, 30 juin 1993 : *Saintes résistant à la luxure*, h/t (90x78) : **FRF 48 500** – Londres, 11 avr. 1995 : *L'école du silence* 1929, h/t (180x153) : **GBP 65 300**.

DELVILLE-CORDIER Aimée Eugénie
Née à Paris. Morte en 1899 à Paris. XIXe siècle. Française.
Peintre de miniatures.
Exposa au Salon de 1853 à 1882.

DELVIN Jean Joseph
Né en 1853 à Gand. Mort en 1922. XIXe-XXe siècles. Belge.
Peintre de genre, figures, animaux, paysages.
Il fut élève de l'Académie des beaux-arts de Gand, où il eut pour professeur Th. Caneel, et de celle de Bruxelles, où il eut pour professeurs J. Portaels et Cluysenaar. Il fit un voyage d'étude en Espagne. Il obtint une médaille d'argent à l'Exposition universelle de 1900 avec *Matinée d'été*. Il enseigna à l'Académie des beaux-arts de Bruxelles, dont il devint directeur.
Ses tauromachies rappellent l'œuvre de Goya.

Bibliogr. : Gérald Schurr, in : *Les Petits Maîtres de la peinture 1820-1920, valeur de demain*, Les Éditions de l'Amateur, t. II, Paris, 1982 – in : *Dict. biogr. illustré des artistes en Belgique depuis 1830*, Arto, Bruxelles, 1987.

Musées : Bruxelles : *La Victime* – Gand : *Les Grands Chevaux* – *Combat de chevaux* – *L'Abreuvoir* – *Pêcheurs de crevettes* – Liège : *En danger* – *Incendie d'écurie* – Paris (Mus. d'Art Mod.) : *Charroi* – Venise : *Halage en hiver*.

Ventes Publiques : Londres, 11 oct. 1985 : *Baigneurs au bord de la plage*, h/t (131x96,5) : **GBP 2 200** – Lokeren, 10 oct. 1987 : *Pêcheur sur la plage* 1886, h/t (230x170) : **BEF 300 000** – Paris, 22 fév. 1995 : *Paysage de montagne* 1864, h/t (93,5x77) : **FRF 4 000** – Calais, 25 juin 1995 : *Chalet en montagne* 1864, h/t (93x78) : **FRF 7 000** – Lokeren, 11 oct. 1997 : *Pêcheurs de crevettes sur la plage*, h/t (83x64) : **BEF 110 000**.

DELVOLVÉ Laure
XXe siècle. Française.
Peintre, dessinateur animalier.
A partir de 1928, elle a participé au Salon de la Société Nationale des Beaux-Arts, puis aux Salons d'Automne et des Tuileries.
Intéressée par le monde animal, et plus particulièrement par les animaux sauvages qu'elle réussissait à charmer par un don singulier, elle a étudié les animaux au Museum d'Histoire naturelle, au Zoo de Vincennes, en Kabylie et au Maroc. Elle reçut également les conseils de Pompon. Elle est aussi l'auteur de quelques portraits.

DELVOLVÉ-CARRIÈRE Lisbeth
Née à Paris. Morte en 1934. XXe siècle. Française.
Peintre de figures, paysages animés, paysages, natures mortes, fleurs.
Fille d'Eugène Carrière, elle participa au Salon de la Société Nationale des Beaux-Arts de 1901 à 1933, devenant membre associé en 1901. A partir de 1919, elle prit part au Salon d'Automne dont elle devint sociétaire, puis au Salon des Tuileries de 1924 à 1928. Elle fut nommée chevalier de la Légion d'honneur.
Lorsqu'elle peint des paysages, elle s'attache surtout à rendre des effets de neige.

Ventes Publiques : Paris, 7 avr. 1987 : *Azalée blanc*, h/t (55,5x46) : **FRF 12 000** – Paris, 20 mars 1989 : *Paysage aux cygnes*, h/t (100x49,5) : **FRF 3 800**.

DELVOYE Wim
Né en 1965. XXe siècle. Belge.
Sculpteur, peintre, technique mixte.
Il a commencé à se manifester en 1986. Il participe à des expositions collectives, dont : 1989 New York, *Six artistes flamands* ; 1990 Biennale de Venise ; 1991 Turin, *Altrove* au Musée d'Art Contemporain ; 1992 Documenta de Kassel ; etc. Il fait de nombreuses expositions personnelles : 1986 Bruxelles ; 1988-89 Amsterdam, Rotterdam, Milan ; 1990-91 New York galerie Sonnabend, Sydney, Turin, Genève ; 1994 Paris galerie Ghislaine Hussenot ; 1995, Musée départemental d'art contemporain, Rochechouart, etc.
Son art est tout particulièrement inclassable. Apparemment il sait tout faire, comme un restaurateur d'œuvres d'art. Il sait imiter des faïences de Delft, mais sur des bonbonnes de gaz ; il sait réaliser un vitrail représentant un intérieur flamand du XVIIe siècle, mais au fond d'une cage de but de handball ; il sait sculpter des nus grandeur nature dans l'attitude de personnages légèrement penchés pour observer le ciel, mais il les transperce de l'anus à la bouche d'un télescope, l'observateur devenant voyeur ; etc. La seule unité repérable à travers la diversité de ses fabrications étant dans le déplacement soit de l'œuvre par rapport à son support, soit d'un objet d'utilité par rapport à l'œuvre qui devient support ; les œuvres impliquées dans ces déplacements n'étant d'ailleurs que des subterfuges, des imitations à la manière de. À l'encontre de ces réalisations, le jugement flotte entre travail artisanal, falsifications ironiques, kitsch. ■ J. B.

Ventes Publiques : Amsterdam, 31 mai 1994 : *Advienne que pourra II*, construction en forme d'éventail de bois, tapisserie, acryl. et techn. mixte (120x220) : **NLG 8 050**.

DELYEN Jean François ou **Jacques François** ou **Jans** ou **Delien, Deslyens** ou **Lyen**
Né vers 1684 à Gand. Mort le 4 mars 1761 à Paris. XVIIIe siècle. Français.
Peintre de portraits, graveur.
Certains biographes disent Jacques François, ou Jans. Il étudia sous la direction de Largillière. En 1725 il fut reçu académicien. De 1737 à 1747, il exposa au Salon.

Musées : Orléans : *Portrait de la marquise de Pompadour* – *Portrait de Mme Ménars de Marigny*.

Ventes Publiques : Paris, 29 mai 1908 : *Portrait d'un officier* : **FRF 420** – Paris, 14 juin 1951 : *Portrait d'homme en habit de soie gris perle* : **FRF 165 000** – Paris, 11 avr. 1962 : *Portrait de François La Goille de Courtagnon ; Portrait de Catherine Le Franc de Courtagnon* : **FRF 10 000** – New York, 7 juin 1984 : *Portrait de Madame de La Haye* 1739, h/t (134x101,5) : **USD 3 500** – Paris, 26 sep. 1986 : *Portrait d'une femme de qualité*, h/t, de forme ovale (74x60) : **FRF 26 800** – Paris, 15 déc. 1992 : *Joueurs de boules dans un paysage*, h/pan. (27,5x38) : **FRF 19 000** – New York, 14 jan. 1993 : *Portrait de l'artiste assis devant son chevalet et tenant sa palette et ses pinceaux*, h/t (91,4x72,4) : **USD 44 000**.

DELZANT Alidor
XIXe siècle. Actif à Paris. Français.
Graveur.
Cité par Mireur.

DELZANT Andrée Marie, plus tard **Belin-Delzaut**
Née le 7 février 1877 à Paris. XXe siècle. Française.
Peintre.
Élève de J. Lefebvre et T.-R. Fleury. A débuté au Salon de 1897.

DELZERS André
Né à Paris. XXe siècle. Français.
Graveur.
Élève de Buland et P. A. Laurens, il expose depuis 1922 aux Artistes Français, dont il est sociétaire.

DELZERS Antonin Jean
Né le 17 août 1873 à Castelsarrazin (Tarn-et-Garonne). Mort le 6 juin 1956 à Coron (Maine-et-Loire). XXe siècle. Français.
Graveur au burin et à l'eau-forte.
Il a régulièrement figuré au Salon des Artistes Français où il obtint une mention honorable en 1898 et dont il fut membre en 1899. En 1900, il reçut une bourse de voyage, une médaille de troisième classe et le grand Prix de Rome. Médaille de deuxième classe en 1906, hors-concours en 1923, il fut chevalier de la Légion d'honneur.
Musées : Montauban (Mus. Ingres) – Paris (BN, Cab. des Estampes).

DELZERS Marie Henriette Jacqueline
Née à Paris. XXe siècle. Française.
Peintre de paysages, de fleurs et de natures mortes.
Élève de A. Delzers et de R. Dupont. Sociétaire du Salon des Artistes Français en 1936. A peint au Maroc.

DEM
Née à Kiev (Russie). Morte en 1943 à Auschwitz (Allemagne), au camp de concentration. XXe siècle. Active en France. Russe.
Peintre, céramiste.
Établie en France, elle était attachée à la Manufacture Nationale de Sèvres où elle avait son atelier. Elle était également auteur de gouaches.

DEMACHY Pierre Antoine
Né en 1723 à Paris. Mort le 10 septembre 1807 au palais du Louvre à Paris. XVIIIe siècle. Français.
Peintre d'histoire, paysages urbains, architectures, graveur, dessinateur.
Élève de Servandoni il fut agréé à l'Académie en 1755, devint académicien en 1758, conseiller en 1775 et professeur de perspectives en 1786. Il exposa au Salon de 1793 une *Fédération des Français* et plusieurs vues de Paris ; en 1795, *Sarcophage de J.-J. Rousseau* au Panthéon. On cite de sa main une gravure en couleur *Enfant endormi*, datée de Madrid en 1787. Toutes ses productions sont des scènes d'histoire ou des sujets d'architectures. De lui, également : *Pose de la statue équestre de Louis XV* et *Cérémonie de la pose de la première pierre de la nouvelle église de Sainte-Geneviève*. Demachy fut un excellent dessinateur et un des rivaux les plus heureux de Hubert Robert. Ses vues de Paris sont un témoignage pittoresque de la vie de la capitale au XVIIIe siècle, et, par certains côtés modernes, elles préfigurent les études de Jongkind.
Musées : Angers : *Arc de Triomphe* – Budapest : *L'abreuvoir* – Épinal : *Ruines d'un temple* – Moscou (Roumiantzeff) : *Intérieur d'église* – Paris (Louvre) : *Un temple en ruines* – Paris (Carnavalet) : *Hôtel de Salm – Sainte Geneviève – Palais-Royal – Foire Saint-Germain – Feu d'artifice à l'ambassade d'Espagne – Fête de l'Unité – Fête de l'Être suprême – L'église Saint-Jean – L'église des saints Innocents – L'église Saint-Roch – L'arsenal et l'île Louviers – Dégagement du Louvre – Le Collège des Quatre nations* – Rouen : *Ruines et personnages – Monuments – Plusieurs édifices – Intérieur d'église* – Valenciennes : *Ruines d'un temple, vue intérieure* – Versailles : *Vue de Paris, prise du Pont-Royal – Vue de Paris prise du Pont-Neuf.*
Ventes Publiques : Paris, 1787 : *Intérieur de la nouvelle église de la Ville-l'Évêque* : **FRF 300** – Paris, 1899 : *Une salle de ventes publiques* : **FRF 4 000** – Paris, 17 mars 1919 : *Les dégagements de la Colonnade du Louvre*, trois dess. à l'encre de Chine : **FRF 1 650** – Paris, 22 déc. 1920 : *Les blanchisseuses, environs de Rome* : **FRF 3 500** – Paris, 27 avr. 1921 : *Le Temple de Vesta à Tivoli* : **FRF 2 800** – Paris, 26 fév. 1923 : *Personnages près d'un temple en ruines* : **FRF 6 300** – Paris, 22 nov. 1923 : *La Foire Saint-Germain, après l'incendie de 1763* : **FRF 11 000** – Paris, 31 mars-1er avr. 1924 : *Intérieur de ruines avec personnages*, deux aquar. : **FRF 8 100** ; *Intérieur de monument*, aquar. : **FRF 6 000** – Paris, 8 juin 1925 : *La Parade du marchand d'orviétan*, gche : **FRF 26 100** – Paris, 20-24 oct. 1927 : *Vue de Paris au XVIIIe siècle* : **FRF 16 500** – Paris, 13-15 mai 1929 : *Le marchand d'orviétan sur le Pont-Neuf*, dess. : **FRF 61 500** – Paris, 18 déc. 1942 : *Un Port fluvial* : **FRF 22 000** – Paris, 17 mars 1943 : *La Fontaine devant le temple* : **FRF 60 000** – Paris, 1er juin 1956 : *Le péristyle de Louvre et la démolition de l'Hôtel de Rouillé* : **FRF 1 000 000** – Paris, 27 juin 1957 : *Paysage avec arcs-de-triomphe en ruine* : **FRF 270 000** – New York, 16 oct. 1959 : *Ruines romaines*, gche : **USD 175** – Londres, 17 mai 1961 : *Personnages élégants sur fond de maisons de campagne* : **GBP 2 100** – Londres, 23 nov. 1962 : *La démolition des maisons du Pont-Neuf* : **GNS 3 800** – Londres, 16 oct. 1963 : *Marchand d'orviétans sur le Pont-Neuf*, aquar. et gche : **GBP 750** – Paris, 23 mars 1968 : *Vue présumée de l'église Saint-Roch* : **FRF 12 000** – Deauville, 29 août 1969 : *La grange* : **FRF 19 000** – Paris, 2 mars 1970 : *La Place de la Concorde* : **FRF 44 000** – Paris, 23 fév. 1978 : *La Colonnade du Louvre et la démolition de l'hôtel Rouillé* 1767, h/t (88,5x122,5) : **FRF 190 000** – New York, 13 jan. 1978 : *Vue d'une ville au bord d'un fleuve*, métal (68x124,5) : **USD 15 000** – Paris, 7 déc. 1979 : *La porte Saint-Martin*, h/pan. (10x65) : **FRF 20 500** – Paris, 29 avr. 1982 : *Paysage de fantaisie*, h/t (64x80) : **FRF 30 000** – Paris, 17 nov. 1983 : *Porte monumentale et colonnade*, pl. et lav. de sépia (17x23,5) : **FRF 7 000** – Monte-Carlo, 8 déc. 1984 : *Vue du Palais de l'Élysée et ses jardins* 1773, h/t (59x98) : **FRF 550 000** – New York, 4 juin 1987 : *Vue du Colisée parmi des ruines fantastiques*, h/t (150x180) : **USD 50 000** – Monaco, 20 fév. 1988 : *Personnages dans des ruines*, gche, une paire (chaque 26,4x18,2) : **FRF 38 850** – Nantes, 30 sep. 1989 : *Vue du Forum romain*, h/pan. (34,5x50,5) : **FRF 105 000** – Louviers, 18 fév. 1990 : *La démolition d'une église parisienne*, h/pan. (25x32,5) : **FRF 108 000** – Paris, 9 avr. 1990 : *Les Marchands d'estampes sous les galeries du Louvre*, h/pan. (39,5x50) : **FRF 220 000** – Paris, 22 mars 1991 : *Vue des écuries du Pape Jules II*, pl., lav. et sanguine (26,5x17,5) : **FRF 22 000** – Monaco, 18-19 juin 1992 : *Personnages devant un temple dans un paysage*, h/t (31,5x41) : **FRF 42 180** – New York, 7 oct. 1993 : *Capriccio de ruines avec un chemin passant sous une arche ; Capriccio avec une statue devant un temple en ruines et des personnages* 1756, h/pan., une paire (33x26,1) : **USD 48 300** – Paris, 31 jan. 1994 : *Cour d'auberge*, h/pan. de noyer (22,5x18,5) : **FRF 23 000** – Paris, 24 juin 1994 : *Vue du Louvre et de l'Hôtel de la Monnaie*, h/t (33x51) : **FRF 200 000** – Paris, 21 juin 1995 : *Ruines animées de personnages*, gche, une paire (19,5x13,2) : **FRF 20 000** – Vienne, 29-30 oct. 1996 : *Démolition de l'église Saint-Jean-en-Grève à Paris*, h/pan. (38x45) : **ATS 92 000** – Paris, 30 oct. 1996 : *L'Arrivée de l'enfant royal* 1772, h/t (55,5x73) : **FRF 100 000** – Paris, 22 nov. 1996 : *Intérieur d'une prison*, h/t (38x25,5) : **FRF 14 500** – Paris, 19 déc. 1997 : *Vue du grand escalier de Versailles*, pl. et lav. encre grise, de forme ovale (24,5x30) : **FRF 7 100**.

DEMADIÈRES Joséphine
XIXe siècle. Français.
Peintre.
Figura au Salon de Paris de 1837 à 1839.

DEMADIÈRES Juliette
XIXe siècle. Actif à Orléans au début du XIXe siècle. Français.
Lithographe.

DEMAERE Bernard
XIXe-XXe siècles. Actif à Anvers. Belge.
Peintre de genre.
Participa à l'Exposition Universelle de Paris en 1900 avec : *Rêverie*.

DEMAESTRI Lazzaro
Né à Savone. Mort en 1911 à Savone. XXe siècle. Italien.
Peintre.
Il fit ses études à Gênes et à Florence. Il se consacra surtout à la peinture religieuse et fut un bon fresquiste.

DEMAGNEZ Marie Antoinette
Née au XIXe siècle à Paris. XIXe siècle. Française.
Sculpteur.
Élève de Mercié ; sociétaire des Artistes Français depuis 1897, elle figura aux Salons de cette société et obtint une mention honorable en 1897 et une médaille de bronze à l'Exposition Universelle de 1900. Elle passe ensuite au Salon de la Société Nationale.

DEMAHIS Étienne Achille
Né le 17 novembre 1801 à Paris. Mort en 1843. XIXe siècle. Français.
Peintre d'histoire, portraits.
Entré à l'École des Beaux-Arts en 1821, il devint l'élève d'Abel de Pujol. De 1834 à 1837, il exposa au Salon. On a de cet artiste au Musée de Versailles les portraits d'Elizabeth et de Charlotte de Lorraine, et *La Bataille de Lutzelberg*.

DEMAILLE Louis Cosme
Né le 21 mars 1837 à Gigondas (Vaucluse). Mort le 10 décembre 1906 à Paris. XIXe siècle. Français.
Sculpteur.
Élève d'Émile Lecomte à l'École des Beaux-Arts, où il entra en 1862, il débuta au Salon de Paris en 1863 et obtint une troisième médaille en 1866, une deuxième médaille en 1885 et une mention honorable en 1900 à l'Exposition Universelle à Paris. Le Musée d'Avignon possède de lui : *Hercule enfant, étouffant les serpents*, le Musée Galliéra à Paris : *Amour*.

DEMAILLY Henri Aimé Charles
Né en 1790 à Lille. XIXe siècle. Français.
Peintre d'histoire.
C'était un amateur qui vécut quelque temps à Paris. On lui doit des tableaux religieux dont l'un orne encore le couvent des Carmélites à Paris.

DEMAILLY Jean Baptiste
XVIIIe siècle. Actif à Besançon en 1775. Français.
Graveur.

DEMAILLY Louis Hector François
Né le 10 septembre 1879 à Maroeuil (Pas-de-Calais). Mort en 1942. XXe siècle. Français.
Peintre de portraits, scènes de genre, paysages.
Élève de Pharaon et Winter, il a régulièrement participé au Salon des Artistes Français dès 1903, obtenant une mention honorable en 1927, une troisième médaille en 1928, une deuxième médaille en 1930. Il reçut le Prix John Henning-Fry en 1934 et le Prix Claverie en 1937.

DEMAISON
XVIIIe siècle. Actif à Paris. Français.
Graveur au burin.
Peut-être s'agit-il d'un DESMAISONS.

DEMAN Albert
Né le 15 janvier 1927 ou 1929 à Bousbecque (Nord). XXe siècle. Français.
Peintre de compositions à personnages, figures, paysages, fleurs, animalier, aquarelliste, pastelliste, dessinateur, graveur.
En 1945, il fut élève en sculpture de l'Ecole des Beaux-Arts de Lille, puis en 1946 de celle de Nantes. Il s'établit en Vendée jusqu'en 1971 et commença à exposer en 1946 au Salon de La Roche-sur-Yon. Après 1971, il se fixa à La Rochelle. Il a figuré à Paris, au Salon des Peintres Témoins de leur Temps, de 1957 à 1960.
Il divise son œuvre en périodes : de 1956-57 période dite de Chicago, de 1971-72 période des poiriers, 1978 période « mobiliste », 1979 à 1983 période des pastels, 1984 période des gravures sur cuivre, 1984-85 période du Maghreb... En fait, la production d'Albert Deman peut se diviser stylistiquement. Dans une période englobant à peu près ses années cinquante, il fut influencé par le maniérisme griffu de Carzou et même dans le choix des scènes : *Bruges – La Rochelle*. Dans la période suivante, environ les années soixante et soixante-dix, l'écriture est plus tempérée, encore que la manière précédente réapparaisse parfois, de même que les thèmes se retrouvent aussi d'une période à l'autre. Enfin, dans les années quatre-vingt, et tout particulièrement dans la période du Maghreb, son habileté naturelle se déchaîne dans des aquarelles très colorées, dont les sujets se fondent à la limite de l'abstraction lyrique.

Deman

BIBLIOGR. : Robert Pinson : *Deman*, J.C.R. Productions, La Roche-sur-Yon, 1985.
MUSÉES : PARIS (Mus. Nat. d'Art Mod.) – PARIS (BN, Cab. des Estampes) : – Poitiers – SABLES D'OLONNE.
VENTES PUBLIQUES : VERSAILLES, 20 mars 1988 : *Clown à la pipe*, h/t (92,5x73) : **FRF 7 000** – VERSAILLES, 17 avr. 1988 : *Meules près de la ferme* 1955, h/t (46x55) : **FRF 6 000** ; *Barque près de la mer*, h/t (73x92) : **FRF 6 100** – VERSAILLES, 15 mai 1988 : *Clown*, h/t (116x89) : **FRF 5 200** – VERSAILLES, 6 nov. 1988 : *Fleurs aquatiques*, h/t (92x73) : **FRF 5 000** – VERSAILLES, 18 déc. 1988 : *Grand bouquet au vase blanc*, h/t (92x73) : **FRF 5 000** – VERSAILLES, 11 jan. 1989 : *Nature morte à la poire*, h/t (46x55) : **FRF 4 000** – PARIS, 3 mars 1989 : *Fleurs au pichet*, h/t (100x65) : **FRF 12 000** – VERSAILLES, 24 sep. 1989 : *La calèche abandonnée* 1957, h/t (63x91) : **FRF 8 000** – CALAIS, 4 mars 1990 : *Vase de fleurs*, h/t (92x73) : **FRF 14 500** – CALAIS, 14 mars 1993 : *Petite hollandaise sur le port*, h/t (46x55) : **FRF 16 800** – PARIS, 3 déc. 1993 : *La Carriole* 1956, h/t (46x65) : **FRF 6 200** – PARIS, 27 mars 1996 : *Alambic dans une cour de ferme* 1955, h/pap. (49,5x92) : **FRF 6 100** – CALAIS, 7 juil. 1996 : *Marine*, h/t (74x92) : **FRF 6 100**.

DEMAN Paule
Née le 3 février 1886 à Bruxelles. Morte le 18 novembre 1966. XXe siècle. Belge.
Peintre.

DEMAN Théophile
Né au XIXe siècle à Stennvoorde (Nord). XIXe siècle. Français.
Peintre.
Il obtint une mention honorable au Salon de 1898.

DEMANCHE Blanche Marguerite
Née le 17 décembre 1968 à Douai (Nord). XXe siècle. Française.
Peintre de genre.
Élève de Benjamin Constant, J. P. Laurens et Victor Marec, elle a participé au Salon des Artistes Français où elle a obtenu une mention honorable en 1903 et dont elle est devenue sociétaire en 1905, recevant une médaille de troisième classe en 1911.

DEMANCHE Georges Jules
Né le 12 juin 1870 à Bellevue-Meudon. XXe siècle. Français.
Peintre de nus, d'animaux, paysages.
Élève de J. P. Laurens et de B. Constant, il a pris part au Salon des Artistes Français dont il est devenu sociétaire.

DEMANDRÉ Antoine. Voir **DUMANDRÉ**

DEMANET A.
Né en 1842. XIXe siècle. Éc. flamande.
Peintre de paysages.

DEMANET Irène
Née en 1891 à Ixelles. Morte à Gand. XXe siècle. Belge.
Peintre de portraits, natures mortes.
Elle fut élève de J. Delvin à l'Académie des Beaux-Arts de Gand.

DEMANET Victor Joseph Ghislain
Né en 1895 à Givet (Ardennes). Mort le 7 février 1964 à Ixelles. XXe siècle. Belge.
Sculpteur.
Élève de D. Hurbin et de C. Meunier, il a régulièrement participé au Salon des Artistes Français dont il devint sociétaire, obtenant une troisième médaille en 1935. Il est l'auteur de la statue de Léopold II érigée à Namur, des bustes du roi Albert Ier et de la reine Astrid, ainsi que du masque du peintre J. Ensor.
VENTES PUBLIQUES : NEW YORK, 7 mai 1983 : *L'archer*, bronze patine verte (H. 63,5) : **USD 1 200** – BRUXELLES, 8 mai 1985 : *La rescousse*, bronze (H. 49) : **BEF 66 000** – LOKEREN, 21 fév. 1987 : *La rescousse – Les hâleurs de la Meuse* 1925, bronze patine vert noir (H. 33) : **BEF 160 000** – LOKEREN, 28 mai 1988 : *Le laboureur*, bronze (H. 29) : **BEF 44 000** – LOKEREN, 21 mars 1992 : *Le forgeron*, bronze patine verte (H. 32, l 10,5) : **BEF 28 000** – LOKEREN, 23 mai 1992 : *Bûcheron*, bronze à patine verte (H. 42,5x56,5) : **BEF 36 000** – NEW YORK, 19 jan. 1994 : *Le marteleur*, bronze (H. 66) : **USD 2 415** – LOKEREN, 12 mars 1994 : *L'archer*, bronze (H. 61, l.70) : **BEF 100 000** – LOKEREN, 8 oct. 1994 : *Coupeur de bois*, bronze (H. 42,5, l. 56,5) : **BEF 36 000** – LOKEREN, 7 oct. 1995 : *Tête d'un homme jeune*, bronze (H. 37,5, l. 20) : **BEF 33 000** – ZURICH, 8 avr. 1997 : *Arcs*, bronze (63x70x13) : **CHF 2 400**.

DEMANGE Adolphe
Né le 10 septembre 1857 à Mignéville (Meurthe-et-Moselle). Mort après 1927. XIXe-XXe siècles. Français.
Peintre de nus, portraits.
Il fut élève du pastelliste Gratia à Nancy et, de 1896 à 1926, figura au Salon des Artistes Français, dont il devint sociétaire en 1901. Si ses portraits restent d'une froideur classique, les objets, natures mortes du second plan, attirent davantage l'attention.
BIBLIOGR. : Gérald Schurr, in : *Les Petits Maîtres de la peinture*

1820-1920, valeur de demain, Les Éditions de l'Amateur, t. IV, Paris, 1979.
Musées : Paris (Mus. de la Comédie-Française) : *Portrait de Mme Allan*.
Ventes Publiques : Charleville-Mézières, 2 mars 1986 : *Modèle examinant l'œuvre du peintre* 1905, h/t (130x100) : **FRF 8 000**.

DEMANGE Jean
xviiie siècle. Français.
Peintre.
Il fut reçu à l'Académie Saint-Luc à Paris en 1752.

DEMANGE Marguerite
Née à Boulogne-sur-Seine. xxe siècle. Française.
Sculpteur de bustes, d'animaux.
Élève de J. G. Achard, elle a participé au Salon des Artistes Français à partir de 1930 et au Salon d'Hiver dont elle devint sociétaire.

DEMANGE Pierre Aimé
Né en 1802 à Nancy (Meurthe-et-Moselle). Mort en 1853 à Paris. xixe siècle. Français.
Peintre de miniatures.
Exposa au Salon de Paris de 1823 à 1842. Il fit aussi de la caricature. Dans ce genre, on lui doit notamment une suite de six planches pleines de verve : *Les mésaventures*.

DEMANGEL Andrée
Née le 20 mai 1889 à Besançon (Doubs). xxe siècle. Française.
Sculpteur, pastelliste.
Élève de Franceschi, elle a participé, dès 1921, au Salon des Artistes Français dont elle était sociétaire. Elle a travaillé le bois en taille directe, comme le montre sa *Diseuse de bonne aventure*.

DEMANGEL Gustave Henry
Né à Xertigny (Vosges). xxe siècle. Français.
Peintre de paysages.
Il participa au Salon des Artistes Français de 1924 à 1936. Ses paysages présentent surtout des vues du pays vosgien.

DEMANGEON Louis Albert ou **Demanjeon**
Né à Lille (Nord). xxe siècle. Français.
Peintre, graveur.
À partir de 1933, il a participé au Salon des Artistes Indépendants dont il est devenu sociétaire. Il a également fait de nombreuses expositions personnelles.

DEMANGEOT. Voir aussi **MANGEOT**

DEMANGEOT C.
xixe siècle. Actif à la fin du xixe siècle. Français.
Graveur.
On lui doit quelques ex-libris.

DEMANGEOT Nicolas
xviie siècle. Actif à Nancy en 1687. Éc. lorraine.
Peintre.

DEMANNEZ Joseph Arnold
Né le 19 août 1826 à Anvers. Mort en 1902 à Bruxelles. xixe siècle. Belge.
Graveur.
Élève de Calametta. Il travailla à Bruxelles. Il grava de nombreux portraits et collabora aussi à plusieurs périodiques.

DEMANT-HANSEN Émilie
Née en 1873. xixe-xxe siècles. Danoise.
Peintre.
Elle exposa des paysages à Copenhague de 1903 à 1907.

DEMARCAY Camille
Née au xixe siècle à Paris. xixe siècle. Française.
Peintre de fleurs, portraits.
Élève d'Eugénie Hautier. Elle débuta au Salon de 1869 avec : *Fleurs d'automne*.
Ventes Publiques : Paris, 1881 : *Groupe de fleurs* : **FRF 56**.

DEMARCHI V.
xixe siècle. Actif au début du xixe siècle. Russe.
Dessinateur de portraits.
On sait qu'il exécuta un portrait du Tzar Nicolas i^er qui fut gravé par Longhi.

DEMARCO Hugo Rodolfo
Né le 13 juillet 1932 à Buenos-Aires. Mort le 28 novembre 1995 à Paris. xxe siècle. Depuis 1959 actif en France. Argentin.
Sculpteur. Lumino-cinétique.
Élève de l'École des Beaux-Arts de Buenos Aires, il devint maître de dessin, puis professeur de dessin et de gravure à cette même École, en 1957. En France à partir de 1959, où il arriva peu aprés Julio Le Parc et avant Carlos Cruz-Diez, il figura aux expositions d'Art Latino-Américain à Paris en 1963 et 1965, à *The Responsive Eye* au Museum of Modern Art de New York ; il participa à l'exposition *Lumière et mouvement* au Musée d'Art Moderne de la Ville de Paris en 1967, date à laquelle il fut invité au Salon de Mai. Il fut présent à la Triennale de Milan en 1968 et figura dans les principales expositions consacrées au lumino-cinétisme, notamment en Allemagne. Avant d'arriver en France, il avait fait quelques expositions personnelles en Amérique Latine à partir de 1956, puis exposa à Paris, entre autres, en 1961 et 1968 à la galerie Denise René, qui l'a ensuite soutenu tout au long de sa carrière.
Sculpteur de l'espace, metteur en scène de la lumière, il s'est aussi préoccupé de la couleur. Dans les années soixante, qui furent la grande époque de l'art lumino-cinétique, avec une première série d'œuvres, utilisant l'acier inoxydable, des miroirs, des trames, intitulées : *Réflexions changeantes ; Dynamisations ; Superpositions spatiales*, il utilise les possibilités vibratoires des complémentaires, placées de telle sorte qu'elles produisent des effets cinétiques, statiques en soi, mais obtenus par le déplacement du spectateur. Dans une seconde période des années soixante-dix, il recourt aux mouvements réels, aux moteurs, qui animent des tiges d'acier, et à la lumière artificielle, notamment à l'ultra-violet et à la lumière noire aux effets si spectaculaires. Il fait ainsi apparaître et disparaître des formes géométriques simples, réparties dans des cubes d'espace défini. Dans les années quatre-vingt, sans renoncer aux principes fondamentaux de l'opposition du matériel et de l'immatériel, il était revenu à des données plastiques plus traditionnelles. ■ J. B.
Bibliogr. : Frank Popper, in : *Nouveau Diction. de la Sculpt. mod.*, Hazan, Paris, 1970 – Frank Popper : *L'Art Cinétique*, Gauthier-Villars, Paris, 1970.

DEMARCY Antoinette Louise
Née le 25 décembre 1788 à Paris. Morte en 1859 à Nice. xixe siècle. Française.
Peintre de miniatures.
Elle exposa au Salon de 1824 à 1841.
Ventes Publiques : Paris, 28 fév. 1939 : *Portrait de jeune femme*, dess. aquarellé : **FRF 110**.

DEMARE Henri
Né le 3 mai 1846. Mort en janvier 1888 à Paris. xixe siècle. Français.
Caricaturiste.
Ancien élève de l'École des Beaux-Arts, communard en 1871, il dut se réfugier quelques années à Vienne. À son retour, il collabora avec Gill aux *Hommes d'Aujourd'hui*.

DEMAREST
Mort en 1759. xviiie siècle. Français.
Peintre.
Il était membre de l'Académie Saint-Luc à Paris.

DEMAREST Albert Guillaume
Né le 7 mars 1848 à Rouen (Seine-Maritime). Mort le 18 novembre 1906 à Paris. xixe siècle. Français.
Peintre de genre, natures mortes, dessinateur.
Ses études d'architecture furent interrompues par la guerre de 1870 et il s'orienta vers l'art industriel et le dessin d'impression, dessinant des fleurs d'ornements. Il suivit les cours de J. P. Laurens et J. Lavée qui l'encouragèrent à peindre des sujets de genre et des natures mortes. Il débuta en 1879 au Salon de Paris, où il obtint une troisième médaille en 1893 et une deuxième médaille en 1894.
On cite de lui : *À l'atelier – Le Soir – Le Vœu*.
Bibliogr. : Gérald Schurr, in : *Les Petits Maîtres de la peinture 1820-1920, valeur de demain*, Les Éditions de l'Amateur, t. IV, Paris, 1979.
Musées : Nantes : *Le vœu*.
Ventes Publiques : New York, 19 oct. 1984 : *La halte de l'auberge*, h/t (54,5x73) : **USD 3 500**.

DEMAREST Eda Lord, Mrs **Benjamin G. Demarest**
Née le 20 mars 1881 à Blue Earth (Minnesota). xxe siècle. Américaine.
Sculpteur de bustes, de groupes.
Élève de G. Lober, A. Finta et Archipenko, elle obtint le premier prix à l'exposition de New Jersey à l'Art Association de Montclair en 1932.

DEMAREST Louis Adolphe
Né le 21 novembre 1842 à Sainte-Austreberthe (Pas-de-Calais). XIXe siècle. Français.
Peintre, aquarelliste.
Figura au Salon de Paris de 1864 à 1872. À Rouen on voit de lui au musée : *In extremis* et *Péril en mer.*

DEMARETZ Guillaume Barnabé
XVIIIe siècle. Français.
Sculpteur.
Il fut reçu à l'Académie Saint-Luc à Paris en 1750.

DEMARIA Pierre Jean ou **de Maria**
Né le 24 juin 1896 à Paris. Mort le 23 janvier 1984. XXe siècle. Français.
Peintre de paysages, scènes de genre, décorateur, illustrateur.
De 1923 à 1929, il participa aux Salons des Artistes Indépendants et d'Automne. Plus tard, il a pris part à plusieurs expositions collectives dont le Salon Comparaisons à partir de 1964, Grands et Jeunes d'Aujourd'hui, Salon de Mai, etc. Personnellement, il exposa en Allemagne, en Suède, à Téhéran, en Belgique, à Nice 1969, Bruxelles 1971, Genève 1972.
Il exécutait volontiers des études de boxeurs et de danseurs nègres. La découverte d'œuvres de Marcel Duchamp et de Brancusi, chez le collectionneur Henri-Pierre Roché, a déterminé un changement dans l'art de Demaria après 1926. Il invente des machines extrêmement complexes, dont les éléments les plus mécaniques sont néanmoins doués d'une certaine souplesse qui leur permet des attitudes quasi-humaines, et qui sont exécutées dans une technique et un modelé très traditionnels tels que les pratiquent souvent les surréalistes.
Bibliogr. : Catalogue de l'exposition : *Pierre Demaria,* Galerie des Ponchettes, Nice, 1969.
Ventes Publiques : Paris, 7 nov. 1986 : *Deux oiseaux posés,* h/t (50x65) : **FRF 8 000.**

DEMARLE. Voir **ARMEILLE**

DEMARLE A.
XIXe siècle. Actif à Strasbourg vers 1868. Français.
Dessinateur.
Il collabora à différents journaux.

DEMARLE Alexis
Né en 1872 à Paris. XIXe-XXe siècles. Français.
Peintre, graveur.
Exposant du Salon de la Société Nationale et du Salon des Indépendants.

DEMARLE Gustave Alphonse
Né au XIXe siècle à Paris. XIXe siècle. Français.
Aquarelliste, dessinateur.
Élève de son père, il débuta au Salon de 1879 avec : *Panier de fleurs,* aquarelle.

DEMARLES Jeanne
Née à Roquetoire (Pas-de-Calais). XXe siècle. Française.
Peintre.
Élève de Désiré Lucas, expose aux Artistes Français en 1936.

DEMARNE Jean Louis ou **Demarnette**
Né le 7 mars 1744 ou 1752 ou 1754 à Bruxelles. Mort le 24 mars 1829 à Paris. XVIIIe-XIXe siècles. Français.
Peintre d'histoire, scènes de genre, animaux, paysages animés, marines, paysages d'eau, intérieurs, peintre à la gouache, aquarelliste, pastelliste, graveur, dessinateur.
Par son origine, Demarne appartient à l'école flamande, par sa carrière à l'école française et par sa peinture à l'école hollandaise ancienne. Venu très jeune à Paris, il y fut élève de Briard et débuta au Salon de 1783. Cette même année, il fut agréé à l'Académie, mais ne devint jamais académicien. Il commença par s'adonner à la peinture d'histoire, mais ne tarda pas à se consacrer exclusivement à la peinture de genre et aux tableaux d'animaux. En cette dernière manière, il fut le très habile disciple de Karel Dujardin et de Berchem. Parmi ses meilleures toiles, indépendamment de ses paysages avec animaux, il faut citer : *La Bataille de Nazareth ; Une Foire à l'auberge ; Les Grandes Routes.* Demarne obtint deux médailles de première classe en 1806 et 1819 et fut décoré de la Légion d'honneur en 1828. Ce fut aussi un graveur à l'eau-forte. De Marne, dit Demarnette, peut vraiment être dit parisien, puisqu'il vécut toute sa vie à Paris, ne quittant la grande ville que pour passer quelques heures à la campagne, dans une maisonnette qu'il avait achetée du côté de Saint-Denis. C'est d'ailleurs, paraît-il, en s'y rendant à pied qu'il eut l'idée des *Grandes Routes,* dont l'une est mentionnée plus haut et qu'il exposa aux Salons de l'An IX et de l'an X (1801, 1802). Faire d'une grand-route le sujet d'une série de tableaux était certes une idée originale et l'on pouvait craindre que ces tableaux soient trop dénués d'intérêt. Demarne réussit à les varier en y ajoutant tout ce qu'on peut voir soit à droite et à gauche d'une grand-route : voyageurs, diligences, chariots de moisson, rivières, ponts, bergers avec leurs troupeaux, enfants, édifices, fermes... La formule, on le voit, était excellente et la mine abondante. Il l'exploita avec bonheur. Sa production fut par ailleurs considérable ; jusqu'à l'âge de quatre-vingt-cinq ans, il vécut littéralement pour peindre. Levé à sept heures, il travaillait sans arrêt jusqu'à quatre heures, ayant mangé au saut du lit, sortait faire un tour de promenade et finissait sa journée au café Caveau au Palais-Royal, où il donnait audience aux marchands de tableaux.
On l'a accusé de monotonie ; il a pu en donner l'impression, sans qu'elle soit exacte. Répétant un grand nombre de fois un même sujet, il s'attachait cependant à le varier en renouvelant les personnages, les situations ou le point de vue. Ses *Routes* en sont un exemple typique, nous l'avons dit, et aussi ses *Foires,* dont plusieurs furent exposées aux Salons de l'Empire. Il s'agit toujours de foires aux bestiaux, mais acheteurs et vendeurs s'y reconnaissent au premier coup d'œil, tellement l'observation a été fine et la reproduction exacte. Le berger de moutons y est différent du porcher, aussi bien que du marchand de bœufs ; un peu à l'écart, des femmes et des enfants, plus loin un cabaret, des chanteurs, un charlatan, complètent le tableau d'une foire vivante et vraie. Ses nombreux paysages sont variés par le même procédé : *Le Petit Poucet* lui donne l'occasion de peindre une forêt obscure, une maison gothique – il excellait dans la peinture de l'architecture – habitation de l'ogre. *Robinson dans son île* avec Vendredi, épouvanté par le coup de fusil abattant un oiseau, nous montre des plantes exotiques et, au loin, la mer. On a aussi de lui des *Marines,* des *Plages* surtout. Des pêcheurs aux attitudes diverses varient ses *Plages* comme ses *Routes.* C'est, par exemple, un port de mer, littéralement empli de marchands asiatiques et européens. Une simple énumération de sujets pris au hasard dans la foule de ses œuvres, suffira à montrer la variété réelle de son talent. C'est, outre l'importante *Bataille de Nazareth* que nous avons citée, une *Petite Bataille,* un *Champ de blé,* une *Ferme ombragée d'arbres,* un *Intérieur de ferme* représentant le retour d'un soldat après Austerlitz, un *Moulin à eau, Danse de villageois, Conversation, Maîtres d'école, Cincinnatus de retour à sa charrue, Intérieur de corps de garde, La Réprimande du Curé, La Mort de Turenne, Procession sur une route, La Charlatane, Une Voiture publique, Intérieurs russes, Cascades, Passage de gué...* En 1783, à quarante ans, un *Paysage avec animaux,* le fit recevoir à l'Académie de peinture. Largement à l'abri du besoin lorsque ses tableaux se vendirent et furent recherchés, surtout par les étrangers, spécialement les Russes, il fut, à une certaine période de sa vie, obligé de travailler à la Manufacture de Sèvres et à celle de Dihl, à la décoration de la porcelaine, ainsi que de peindre en série en quelque sorte pour un marchand de tableaux, Meunier. Parmi ces eaux-fortes, on cite comme tout à fait remarquable un *Troupeau sur le pont.*

De Marne

Musées : Cherbourg : *Goûter champêtre – Bords de mer – Déjeuner de faneurs* – Dijon : *Départ pour le marché – Le coup de vent* – Paris (Louvre) : *Route avec une diligence – Foire à la porte d'une auberge – Départ pour une noce de village* – Paris (Marmottan) : *Route* – Stockholm (Mus. Nat.) : *La Famille heureuse.*
Ventes Publiques : Paris, 1804 : *Le Retour du militaire* : **FRF 201** – Paris, 1814 : *Grand prêtre évoquant des ombres,* pl. : **FRF 16** – Paris, 1841 : *La Réprimande du curé* : **FRF 800** – Marseille, 1852 : *Le Champ de blé* : **FRF 200** – Paris, 1860 : *Paysage avec figures* : **FRF 1 200** ; *Troupeau au pâturage* : **FRF 3 000** – Paris, 1862 : *Paysages animés,* deux dessins fixés : **FRF 180** – Paris, 1865 : *La Route du marché* : **FRF 3 100** ; *La Consolation* : **FRF 275** – Paris, 1870 : *La Sortie des bestiaux* : **FRF 16 500** ; *Le Retour des bestiaux* : **FRF 20 000** ; *La Foire de Makarieff* : **FRF 5 600** ; *Une foire aux bestiaux en Normandie* : **FRF 4 600** ; *Paysage avec animaux* : **FRF 3 300** ; *Un canal* : **FRF 10 000** – Auxerre, 1875 : *La Sortie de*

ferme : **FRF 400** – PARIS, 1879 : *Une foire* : **FRF 1 820** – PARIS, 1881 : *Grande fête patronale* : **FRF 8 100** – PARIS, 1890 : *Le Marché aux bestiaux de Poissy* : **FRF 7 100** ; *Les Pêcheurs* : **FRF 810** – PARIS, 7 avr. 1894 : *L'Auberge* : **FRF 130** – PARIS, 1900 : *Une grand-route* : **FRF 3 250** ; *Un canal* : **FRF 3 250** – PARIS, 14 déc. 1900 : *La Route du marché* : **FRF 3 600** – PARIS, 5 mars 1903 : *Paysage animé de figures* : **FRF 350** – PARIS, 26-29 avr. 1904 : *Le Retour du marché* : **FRF 6 000** – PARIS, 30 nov. 1908 : *La Foire aux bestiaux* : **FRF 21 000** – PARIS, 8 déc. 1908 : *Le Retour du marché* : **FRF 10 200** – PARIS, 3 fév.1919 : *Le Retour du marché devant la ferme* : **FRF 4 000** – PARIS, 25 nov. 1924 : *Le Marché* : **FRF 56 000** – PARIS, 8 juin 1925 : *La Bascule* : **FRF 15 300** – PARIS, 16-18 nov. 1925 : *Bergers et Animaux*, deux panneaux : **FRF 8 000** – PARIS, 24 fév. 1926 : *Le Bac* : **FRF 16 650** – LONDRES, 19 avr. 1926 : *Joueurs ambulants* : **GBP 69** – LONDRES, 16 déc. 1927 : *Jour de marché* : **GBP 220** – PARIS, 6 juin 1928 : *L'Arrêt de la diligence*, toile : **FRF 30 000** – PARIS, 22 juin 1928 : *L'Arrêt de la diligence*, panneau : **FRF 41 000** – PARIS, 27-29 mai 1929 : *La Quenouille dérobée* : **FRF 17 500** ; *La Fontaine gothique* : **FRF 20 000** – PARIS, 12 mai 1939 : *Le Canal* : **FRF 26 000** ; *La Diligence* : **FRF 22 000** – PARIS, 30 mars 1942 : *La Danse* : **FRF 34 000** – PARIS, 6 juil.1942 : *Fête de village* : **FRF 79 000** – PARIS, 17 mars 1943 : *Le Paysage du gué* : **FRF 80 000** ; *La Bascule* : **FRF 88 000** – PARIS, 7 avr. 1943 : *L'Abreuvoir* : **FRF 120 000** – PARIS, 15 avr. 1943 : *Le Retour du soldat* : **FRF 67 000** – LONDRES, 18 juin 1943 : *L'Artiste dans la campagne* : **GBP 21** – PARIS, 12 juin 1947 : *La Foire* : **FRF 302 000** – PARIS, 29 juin 1947 : *La Procession de la Fête-Dieu* : **FRF 80 000** ; *Une route dans la campagne* : **FRF 45 000** – PARIS, 6 avr. 1957 : *Arrivée de la diligence* : **FRF 960 000** – PARIS, 16 mai 1958 : *Arrivée à l'auberge* : **FRF 435 000** – PARIS, 4 fév. 1959 : *Paysans et leur troupeau* : **FRF 126 000** – PARIS, 6 avr. 1960 : *L'Arrivée à l'auberge* : **FRF 7 000** – PARIS, 9 mars 1961 : *Assemblée musicale* : **FRF 1 600** – PARIS, 13 déc. 1965 : *La Chaussée pavée* : **FRF 16 500** – PARIS, 24 oct. 1968 : *Le Marché* : **FRF 50 000** – PARIS, 27 mars 1971 : *La Route* : **FRF 27 000** – VERSAILLES, 17 mars 1974 : *Couple de paysans montés sur un cheval blanc* : **FRF 27 000** – NEW YORK, 18 juin 1974 : *Paysages animés*, deux toiles formant pendants : **USD 7 250** – LONDRES, 6 mai 1977 : *Le Marché au bétail*, pan. (49,3x71,1) : **GBP 4 500** – AMSTERDAM, 30 mai 1978 : *Scène de foire aux abords d'une ville*, h/pan. (50x71) : **NLG 30 000** – PARIS, 14 déc. 1979 : *Repas des moissonneurs ou la Collation champêtre*, h/t (50x61) : **FRF 65 000** – HONFLEUR, 19 avr. 1981 : *La Darse à Villefranche*, h/t (50x61) : **FRF 5 100** – PARIS, 25 mars 1983 : *Fête foraine au bord de la Seine*, h/t (32x47) : **FRF 170 000** – PARIS, 4 mai 1984 : *La ferme dans un paysage*, aquar. et gche/pap. bleu (22x31,8) : **FRF 16 000** – PARIS, 5 déc. 1985 : *Le Messager fidèle*, h/t (96x118) : **FRF 190 000** – LONDRES, 1er avr. 1987 : *Paysage fluvial*, aquar. (13x28,6) : **GBP 420** – MONTE-CARLO, 20 juin 1987 : *Le Passage du gué*, h/t (32x39) : **FRF 65 000** – PARIS, 18 mars 1988 : *Le Passage du gué*, h/t (48x75) : **FRF 69 000** – PARIS, 14 avr. 1988 : *Le Canal*, h/t (72x89) : **FRF 480 000** – SAINT-DIÉ, 7 mai 1988 : *Bergers dans un paysage* 1791, h/t (58x46) : **FRF 29 000** – MONACO, 17 juin 1988 : *Marchands de poissons sous une arcade*, h/t (37x45) : **FRF 44 400** – PARIS, 28 juin 1988 : *La Famille du berger*, h/t (133x162) : **FRF 130 000** – NEW YORK, 21 oct. 1988 : *Le coche s'arrêtant devant une auberge fortifiée*, h/pan. (39x55,5) : **USD 22 000** – MONACO, 2 déc. 1988 : *Chèvres et Berger dans un paysage de montagnes* 1794, encre avec reh. blancs (44,2x54,2) : **FRF 11 100** – PARIS, 7-12 déc. 1988 : *Scène pastorale : la gardienne de chévres*, h/t (28x37,5) : **FRF 31 000** – PARIS, 30 juin 1989 : *Paysage champêtre*, h/t (50x61) : **FRF 62 000** – TROYES, 19 nov. 1989 : *La Traversée du ruisseau au retour du marché* 1819, h/t (29,5x47,5) : **FRF 48 000** – PARIS, 21 mars 1990 : *Le Repos des bergers*, lav. (41x58) : **FRF 13 000** – PARIS, 9 avr. 1991 : *La Foire au village ou le Taureau furieux*, h/pan. (47x67,5) : **FRF 240 000** – NEW YORK, 10 oct. 1991 : *Vaste paysage avec des paysans et des animaux près d'une ferme avec un ruisseau et un torrent au fond*, h/t (34,9x48,9) : **USD 7 150** – PARIS, 18 déc. 1991 : *Comment un militaire paie le prix d'un baiser*, h/pan. (25x29,5) : **FRF 150 000** – PARIS, 11 déc. 1992 : *Une foire en Franche-Comté*, h/pan. (48,5x62) : **FRF 180 000** – LONDRES, 9 juil. 1993 : *Bouviers près d'une fontaine et un cavalier parlant avec des conducteurs de charrette*, h/t (46,5x56) : **GBP 10 350** – NEW YORK, 8 oct. 1993 : *Port méditerranéen en pleine activité*, h/pan. (48,9x67,3) : **USD 23 000** – LOKEREN, 4 déc. 1993 : *La Foire annuelle*, h/pan. (49x71) : **BEF 700 000** – COUTANCES, 26 fév. 1994 : *Paysage animé au moulin*, h/pan. (72x95) : **FRF 75 000** – PARIS, 4 mai 1994 : *La Mère de famille avec la marchande de cerises*, h/pan. (14x16,5) : **FRF 27 000** – NEW YORK, 24 avr. 1995 : *Paysans et leur troupeau sur le chemin d'un village*, h/t (37,5x45,4) : **USD 8 625** – PARIS, 13 déc. 1995 : *Bergers et troupeau dans un paysage près d'une rivière*, h/t (50x61) : **FRF 46 000** – PARIS, 25 juin 1996 : *Comment un militaire paie le prix d'un baiser*, h/pan. (25x29,5) : **FRF 80 000** – PARIS, 20 déc. 1996 : *Halte de troupeau*, cr. noir (28x42,5) : **FRF 4 600** – MONACO, 14 juin 1996 : *La Visite à la nourrice*, h/pan. (27,5x23) : **FRF 17 550** – NEW YORK, 4 oct. 1996 : *Vaste paysage avec famille paysanne et son bétail se reposant près d'un arbre et, cavalier et voyageurs se désaltérant à une fontaine dans le voisinage*, h/t (30,4x38) : **USD 6 325** – NEW YORK, 31 jan. 1997 : *Place d'une ville un jour de marché avec de nombreux citadins et marchands*, h/t (60,5x79,4) : **USD 57 500** – NEW YORK, 30 jan. 1997 : *La Foire villageoise*, h/pan. (54,6x81,9) : **USD 123 500**.

DEMARNE Michel

XVIIIe siècle. Actif à Paris dans la première moitié du XVIIIe siècle. Français.

Graveur.

Il semble qu'il se soit spécialisé dans la gravure d'ornement.

DEMARQUAY Barthélemy Eugène

Né le 19 mars 1818 à Paris. XIXe siècle. Français.

Peintre de portraits, paysages animés.

Élève de Charlet, il exposa au Salon de 1844 à 1851. Il est vraisemblablement celui dont J. Troubat parle dans son *Sainte-Beuve. Souvenirs et Indiscrétions*, publié par son dernier secrétaire. J. Troubat conte qu'au moment même de la mort du critique, un de ses amis de la dernière heure, M. Demarquay, commissaire de police aux délégations judiciaires « retrouva ses pinceaux et son talent dans ce souvenir d'une grande amitié ». Il fit un portrait posthume « peint en déshabillé, comme il avait toujours vu M. Sainte-Beuve, en robe de chambre brune, un mouchoir blanc sur la tête ». Le jury du Salon de 1870 ne crut pas devoir accepter « pour des raisons de convenance » le portrait d'un sénateur en robe de chambre.

VENTES PUBLIQUES : LONDRES, 20 juin 1979 : *Berger, vache et son veau au bord d'un étang*, h/t (27x37,5) : **GBP 750** – VERSAILLES, 4 oct. 1981 : *Paysanne dans la clairière*, h/t (32,5x24,5) : **FRF 8 100**.

DEMARQUET Pierre

Mort en 1904 à Paris. XIXe siècle. Français.

Peintre.

Sociétaire des Artistes Français, il figura aux Salons de cette société.

DEMARQUET-CRAUCK Irma

Née à Paris. XIXe siècle. Française.

Peintre de portraits.

Elle était la fille et fut l'élève du peintre Charles Crauck ; elle épousa N. D. Démarquet. On lui doit quelques peintures religieuses.

DEMARQUET-CRAUCK Narcisse Désiré

Né au XIXe siècle à Amiens (Somme). XIXe siècle. Français.

Paysagiste.

Élève de M. Ségé et Ch. Crauck. Il débuta au Salon de 1880 avec : *Une entrée de village en Picardie*.

DEMARTEAU Gilles

Né en 1729 à Liège. Mort en 1776 à Paris. XVIIIe siècle. Éc. flamande.

Graveur.

Pensionné par Louis XV, il devint membre de l'Académie de Paris en 1764. Il travailla surtout d'après Cochin, Huet, et Boucher. Ses œuvres ont atteint, avant 1914, des prix très élevés.

Il inventa un mode nouveau de gravure, imitant le dessin à la sanguine. Ce procédé, appelé « la roulette », consiste à rendre l'aspect du crayon de couleur en utilisant des roulettes de différentes largeurs, aux aspérités variables selon la dureté du crayon dont on reproduit le trait. Comme Eugène Rouir le précise, « on dessinait sur le cuivre vernis avec ces roulettes, puis on faisait mordre normalement la planche ».

VENTES PUBLIQUES : PARIS, 1769 : *L'Œuvre de Demarteau*, 182 pièces : **FRF 130** – PARIS, 21 mai 1860 : *Bacchante prête à manger le raisin que lui présente l'Amour* : **FRF 40** ; *Vénus parée par l'Amour* : **FRF 27** – PARIS, 1877 : *Les Trois Bacchantes ivres*, sanguine : **FRF 75** ; *Les Quatre Saisons*, épreuve en couleurs : **FRF 300** ; *Vénus désarmée par les Amours* : **FRF 75** – PARIS, 11 et

14 mars 1889 : *La Bergère ; La Chasse aux papillons*, épreuve en coul., deux pendants : **FRF 200** – Paris, 1897 : *Jeune femme assise lisant* : **FRF 160** ; *Jeune femme brodant*, sanguine : **FRF 50** – Paris, 1898 : *Les deux amies*, reh. de past. : **FRF 610** – Paris, 1899 : *Jeune femme, vue de face* : **FRF 180** – Paris, 20 mars 1899 : *Têtes de femmes*, deux pendants : **FRF 400** – Paris, 1899 : *Costumes russes, dame, femme de chambre, paysanne de Moravie, etc.*, cinq pièces : **FRF 200** – Paris, 1899 : *Buste de jeune fille*, épreuve en couleurs : **FRF 26** – Paris, 6 fév. 1904 : *Jeune femme en buste* : **FRF 170** – Paris, 17-18 avr. 1905 : *Tête de jeune femme* : **FRF 170** ; *Le Dessinateur* : **FRF 170** ; *Petite pastorale* : **FRF 90** – Paris, 19-21 mars 1906 : *Baigneuse et Amours* : **FRF 100** ; *Les Grâces et l'Amour* : **FRF 100** – Paris, 28 fév. 1908 : *Buste de jeune fille* : **FRF 360** ; *Buste de jeune fille* : **FRF 310** – Paris, 20 déc. 1908 : *La laitière* : **FRF 225** ; *Femme jouant du chalumeau* : **FRF 2 105** – Paris, 20 déc. 1909 : *Jeune paysanne et deux enfants*, sanguine : **FRF 75** ; *Le Sommeil*, sanguine : **FRF 61** ; *Jupiter et Léda*, sanguine : **FRF 35** ; *Têtes de femmes*, 2 sanguines : **FRF 32** ; *Bergère russe*, sanguine : **FRF 30** ; *Femme en costume oriental, tenant un petit oiseau*, sanguine : **FRF 79** ; *Tête de Vierge* : **FRF 23** – Paris, 8 et 9 avr. 1910 : *La marchande de légumes* : **FRF 111** ; *La Bergère assise* : **FRF 820** ; *Le Repos du chasseur* : **FRF 825** ; *Tête de femme* : **FRF 145** – Paris, 23 avr. 1910 : *La Laitière* : **FRF 380** ; *Jeune pâtre gardant un troupeau* : **FRF 205** – Berlin, 25 mars 1965 : *Portrait de jeune femme en robe bleue* : **DEM 1 700** – Paris, 22 oct. 1979 : *Le Repos du chasseur ; Le chasseur*, grav./bois, une paire : **FRF 9 500** – Paris, 17 déc. 1980 : *Jeune berger assis faisant faire le beau à son chien, d'après J. B. Huet*, grav. : **FRF 2 350** – Paris, 20 avr. 1983 : *Villageoise donnant du grain dans une basse-cour*, grav. à la manière du dess. en trois cr. : **FRF 5 800** – Paris, 2 avr. 1993 : *Jeune femme de face au petit chapeau plat*, grav. en trois coul. (24,4x16,5) : **FRF 19 000** – Paris, 21 déc. 1993 : *Jeune femme en buste penchée à droite ; Jeune femme en buste tournée à gauche*, grav. manière du cr., impression en sanguine et noir, d'après Watteau une paire : **FRF 22 000** – Paris, 18 mars 1994 : *Tête de jeune femme de profil ; Tête de femme de face*, grav., une paire (chaque 19,5x14) : **FRF 8 500** – Paris, 3 fév. 1995 : *Le Satyre amoureux ; Le Satyre repoussé*, grav. coul., une paire : **FRF 4 400** – Paris, 10 mai 1995 : *Celle qui lit Héloïse*, grav. à la manière du dess. en trois coul. (22x16,8) : **FRF 12 000** – Paris, 17 nov. 1995 : *Tête de femme*, grav./fond bleu : **FRF 18 000**.

DEMARTEAU Gilles Antoine, le Jeune
Né en 1750 à Liège. Mort le 8 septembre 1802 à Paris. xviiie siècle. Éc. flamande.
Graveur.
Élève de son oncle Gilles Demarteau, travailla dans sa manière. On cite de lui : *L'Amour couché pleurant*, d'après Huet, deux planches de *Chasses*, d'après Huet, *Le Mouton chéri* et le *Plaisir innocent*, d'après Huet. Avec son oncle, il fit un ensemble de 729 estampes numérotées, d'après Boucher, Cochin, Eisen, Le Prince, Monnet, Watteau, etc.
Ventes Publiques : Paris, 1898 : *Les deux amies*, dess. reh. de past. : **FRF 610** – Paris, 10 et 11 avr. 1929 : *Fontaine*, pl. : **FRF 205** ; *Trépied sur un socle*, pl. : **FRF 90**.

DEMARTINÉCOURT
Mort en 1849 à Dijon. xixe siècle. Français.
Peintre.
Le Musée de Dijon possède un paysage de cet artiste.

DEMARTINÉCOURT Claire
Née à Melun (Seine-et-Marne). xxe siècle. Française.
Peintre.
Elle exposa à Paris au Salon des Indépendants en 1931.

DEMARTINES Jean Pierre Alexandre
Né le 6 novembre 1785 à Rolle. xixe siècle. Suisse.
Peintre.
Il se rendit en Espagne au début du xixe siècle.

DEMARTINI Hugo
Né le 11 juillet 1931 à Prague. xxe siècle. Tchécoslovaque.
Sculpteur. Figuratif puis abstrait.
Il fut élève à l'Académie des Beaux-Arts de Prague entre 1949 et 1954. Durant une période de transition, vers 1950, il réalisa quelques portraits et œuvres figuratives, puis la sculpture monumentale en plaques de cuivre pour la nouvelle gare de Cheb, ainsi que d'autres objets soudés. Il est donc très vite passé de l'art figuratif à l'abstraction. Dès 1963, il fut membre du mouvement *Carrefour*, participant à ses premières expositions d'art abstrait. A partir de là, les problèmes de l'environnement ne cessèrent plus d'être au cœur de ses préoccupations : la sculpture ne consiste plus, pour lui, à exprimer des sentiments quels qu'ils soient, mais à proposer à l'homme social des formes nouvelles, aptes à faire évoluer ses critères de jugement et de sensibilité. Ses compositions montrent une préférence pour les volumes géométriques simples, parmi lesquels a toujours dominé la demi-sphère, assemblés souvent en colonnes ou en étagements de casiers contenant des assemblages divers de ces demi-sphères, le plus souvent en métal poli ce qui donne un effet de miroirs convexes multipliant et déformant l'image que le spectateur reçoit de lui-même ou du monde dans lequel il se meut.
Bibliogr. : Raoul-Jean Moulin, in : *Nouveau Diction. de la sculpture mod.*, Hazan, Paris, 1970.

DEMARY L.
xixe siècle. Actif vers 1844. Russe.
Graveur.
Il grava le portrait du chancelier d'empire russe Nesselrode.

DEMASSIEUX François
Né en 1932 à Uccle. xxe siècle. Belge.
Sculpteur, peintre, dessinateur, décorateur.
Ses sculptures figuratives en bronze, terre cuite, polyester et argent ont un caractère dépouillé dans la manière de noter le mouvement de l'être humain dans l'espace. Il fut aussi joaillier.
Bibliogr. : In : *Diction. Biogr. illustré des Artistes en Belgique depuis 1830*, Arto, Bruxelles, 1987.

DEMASSO Jean
xviie siècle. Actif à Lyon vers 1651. Français.
Graveur.

DEMASSO Michel François
Né le 8 août 1654 à Lyon. xviie siècle. Français.
Graveur et peintre.
Il était le frère de Simon. On lui doit quelques portraits et l'illustration d'un livre religieux.

DEMASSO Simon
Né le 7 juillet 1658 à Lyon. Mort le 6 janvier 1738 à Lyon. xviie-xviiie siècles. Français.
Graveur et peintre.
Il illustra les œuvres de Virgile.

DEMASUR Marie Mathilde Virginie
Née au xixe siècle à Strasbourg. xixe siècle. Française.
Miniaturiste et portraitiste.
Élève de Faure. Elle débuta au Salon de 1869 avec un *Portrait*.

DEMAT Ch.
xixe siècle. Français.
Graveur.
Il grava un portrait de Géricault.

DEMAUTORT
xviiie siècle. Actif à Paris dans la seconde moitié du xviiie siècle. Français.
Graveur.
On connaît de cet artiste un portrait de Voltaire d'après Largillière.

DEMAY Germain
Né dans la première moitié du xixe siècle. xixe siècle. Français.
Sculpteur.
Cité par S. Lami. Il abandonna ses études de médecine pour devenir élève de Barye qu'il assista dans la préparation de ses modèles. Il figura aux Salons de 1844 et 1848, exposant des figures d'animaux, puis devint chef de section aux Archives Nationales où il créa une collection de sceaux.

DEMAY Jean François Louis
Né en 1798 à Mirecourt (Meurthe-et-Moselle). Mort en 1850 à Paris. xixe siècle. Français.
Peintre de genre, paysages, peintre à la gouache.
Autodidacte, il participa au Salon de Paris de 1827 à 1846.
Il traite avec vivacité les scènes de marchés, foires, kermesses, de la vie paysanne, à l'époque de la Restauration. On cite de lui : *Une fête de village – Le charlatan*.
Bibliogr. : Gérald Schurr, in : *Les Petits Maîtres de la peinture 1820-1920, valeur de demain*, Les Éditions de l'Amateur, t. V, Paris, 1981.
Musées : Bordeaux : *Paysage* – Cherbourg : *Intérieur d'un village*.
Ventes Publiques : Marseille, 1852 : *Vue prise à Belleville* :

FRF 221 – Paris, 1865 : *Fête de village* : **FRF 330** – Paris, 4 déc. 1922 : *Les grottes – Les naufragés*, deux gches : **FRF 1 700** – Paris, 27-29 mai 1929 : *Halte d'un convoi militaire* : **FRF 8 000** – Paris, 28 mai 1941 : *Kermesse de village* 1832 : **FRF 26 000** – Paris, 4 déc. 1946 : *Paysages animés*, h/t, deux pendants : **FRF 30 000** – Paris, 11 déc. 1963 : *La foule à la foire* : **FRF 10 000** – Londres, 21 jan. 1970 : *Scènes champêtres*, deux h/t : **GBP 1 000** – Versailles, 24 nov. 1974 : *La promenade en calèche* 1878 : **FRF 27 000** – Paris, 30 nov. 1978 : *La foire de Guibray en Normandie* 1838 (35x52) : **FRF 62 500** – Paris, 30 nov. 1978 : *La Foire de Guibray (Normandie)* 1838, h/pan. (35x52) : **FRF 62 500** – Saint-Germain-en-Laye, 23 mars 1980 : *Sur la route du marché*, h/pan. (36x46) : **FRF 7 500** – Lille, 28 fév. 1982 : *Fête villageoise* 1832, h/t (23,5x32,5) : **FRF 78 000** – Paris, 16 oct. 1985 : *La halte au village – Le déjeuner de chasse*, h/t, deux pendants (37,5x46) : **FRF 270 000** – Monte-Carlo, 15 juin 1986 : *Soldats se rafraîchissant dans un village* 1835, h/t (27,3x35,6) : **FRF 50 000** – Paris, 4 déc. 1987 : *Une foire de village*, h/t (24,5x32,5) : **FRF 102 000** – Paris, 28 juin 1988 : *Spectacle de jongleurs sur la place d'un village*, h/t (24x32,5) : **FRF 80 000** – Paris, 13 déc. 1988 : *La foire de village*, h/t (33x41) : **FRF 110 000** – Paris, 14 déc. 1989 : *Paysage animé*, pan. (23x31) : **FRF 25 000** – Londres, 4 oct. 1991 : *Berger et son troupeau croisant un voyageur sur un chemin forestier*, h/pap./t. (31,6x38,6) : **GBP 1 430** – Paris, 14 déc. 1992 : *Le pique-nique avec une scène d'escarpolette*, h/t (32x40,5) : **FRF 23 000** – Paris, 5 nov. 1993 : *Le pont de Charenton* 1835, h/t (24,5x32,5) : **FRF 65 000** – Monaco, 4 déc. 1993 : *Officier haranguant la foule d'une fête foraine depuis sa calèche* 1839, h/pan. (32,8x46) : **FRF 99 900** – Paris, 16 déc. 1994 : *La halte au village ; Le déjeuner de chasse*, h/t, une paire (chaque 37,5x46) : **FRF 190 000**.

DEMAY Paul
Né au XIXe siècle à Briquebec (Manche). XIXe siècle. Français.
Peintre de paysages.
Élève de Cormon. Sociétaire des Artistes Français depuis 1890, il figura aux expositions de cette société.

DEMAY Toussaint
XVIIIe siècle. Français.
Peintre.
Il fut reçu à l'Académie Saint-Luc à Paris en 1761.

DEMBICKI
XVIIIe siècle. Actif à Lwow vers 1735. Polonais.
Peintre.
Il travailla pour l'église d'Opole, près de Lublin.

DEMBOUR Jean
Né en 1774 à Metz. Mort le 13 février 1814 à Metz. XVIIIe-XIXe siècles. Français.
Graveur.
Il fut aussi médailleur.

DEMBOWSKA Wanda
Née en 1820 à Hornaik. Morte en 1858 à Hornaik. XIXe siècle. Polonaise.
Peintre.
On connaît de cette artiste deux portraits à l'aquarelle.

DEMBOWSKI Joseph
Né en 1780 à Ruda (près de Varsovie). Mort vers 1830 à Varsovie. XIXe siècle. Polonais.
Peintre.
Il fut l'élève de Pink et de Vogel. On lui doit surtout des dessins et des aquarelles.

DEMBOWSKI Léon
Né en 1823. Mort le 21 février 1904 à Cracovie. XIXe siècle. Polonais.
Peintre de paysages animés, paysages.
Il fut professeur de peinture à Cracovie.
Ventes Publiques : Lucerne, 8 nov. 1984 : *Charrette attaquée par des loups dans un paysage d'hiver*, h/t (31,5x47,5) : **CHF 2 800**.

DEMBSKI Valentin
XVIIIe siècle. Actif à Varsovie au milieu du XVIIIe siècle. Polonais.
Peintre.

DEMÉ Émile
XIXe-XXe siècles. Actif à Tarbes aux XIXe et XXe siècles. Français.
Peintre.
Sociétaire des Artistes Français depuis 1907.

DEMEESTER Renée Marie Jeanne Clara
Née en 1927 à Bibonga (Zaïre). XXe siècle. Belge.
Peintre, dessinateur, fresquiste. Postcubiste.
Autodidacte, elle montre son travail dans des expositions personnelles, notamment à Bruxelles en 1992.
Elle utilise souvent les crayons de couleurs dont elle obtient des tons délicats et surtout des dégradés raffinés. Elle peint un monde spatial, très géométrisé, aux évocations poétiques, dans lequel on retrouve suggérés et entremêlés les lignes droites et les angles durs des immeubles et des rues de la ville moderne, avec les courbes des collines voisines ou du corps de la femme peut-être allongée sur la plage du proche rivage.
Bibliogr. : In : *Diction. Biogr. illustré des Artistes en Belgique depuis 1830*, Arto, Bruxelles, 1987.
Musées : Ixelles.

DEMELAIS Séraphin
XVIIe siècle. Actif à La Rochelle vers 1600. Français.
Graveur sur bois.

DEMÉLÉ. Voir **MELE Mathäus de**

DEMENAGE Nicolas
XVIIIe siècle. Français.
Peintre.
Il fut reçu à l'Académie Saint-Luc à Paris en 1734.

DEMENGE DE ROSIÈRES
XIIIe-XIVe siècles. Actif à Bar. Français.
Sculpteur.

DEMENTHON Claude
XVIIIe siècle. Français.
Graveur.
Marié à Lyon le 23 janvier 1757.

DEMENTJEFF Alexander I
XVIIIe siècle. Actif à Saint-Pétersbourg vers 1770. Russe.
Graveur.

DEMENTJEFF Alexander III Petrowitch
XVIIIe siècle. Actif à Saint-Pétersbourg à la fin du XVIIIe siècle. Russe.
Graveur.

DEMENTJEFF Alexander II Semenowitsch
XVIIIe siècle. Actif à Saint-Pétersbourg dans les dernières années du XVIIIe siècle. Russe.
Graveur.

DEMENTJEFF Ilja
XVIIIe siècle. Actif à Saint-Pétersbourg à la fin du XVIIIe siècle. Russe.
Graveur.

DEMENTJEFF Leontij
XVIIIe siècle. Russe.
Graveur.

DEMER Jean ou **Dumer**. Voir **MER Johann de**

DEMERS Denis
Né en 1948 à Montréal. Mort le 1er février 1987 à Montréal. XXe siècle. Canadien.
Peintre, dessinateur, sculpteur d'assemblages, d'installations.
Il fut élève de l'Université du Québec à Montréal de 1967 à 1972, de l'École des Beaux-Arts de Paris de 1973 à 1975, de la Concordia University de 1976 à 1978. Âgé d'environ vingt-six ans, la découverte de la culture marocaine à Marrakech eut une influence décisive sur sa propre production. Il participait à des expositions collectives depuis 1975, à Montréal, dans les villes du Canada, à New York, Bâle, etc. Il exposa seul en 1980 et 1981 à la galerie Articule de Montréal, dont il était l'un des membres fondateurs, puis régulièrement dans d'autres galeries de Montréal. Il a fait aussi des expositions personnelles fréquentes dans d'autres villes du Québec, ainsi qu'à Mayence 1985, à Paris 1986, Bruxelles 1987. En 1972, il fut lauréat de *Jeunes créateurs du Québec*, en 1981 du troisème Concours de Dessin et d'Estampe. Il reçut le Grand Prix de la Biennale d'Estampe et de Dessin du Québec en 1983.
En 1980, il exposa une installation *Moussem des Fiançailles* à la galerie Articule. Le domaine de son inspiration permanente était celui de la mémoire, d'ordre archéologique ou personnel. En témoigne encore le titre générique d'une série de boîtes d'assemblages : *De courts moments*. Dans ses années ultimes, il revint à la peinture. ■ J. B.

DEMESMAY Camille
Né le 23 août 1815 à Besançon (Doubs). Mort le 4 avril 1890 à Besançon. XIXe siècle. Français.

Sculpteur et peintre.
De 1838 à 1882, il exposa au Salon de Paris. Médaille d'argent en 1848. Il travailla, indique S. Lami, pour le palais du Louvre, l'ancien Hôtel de Ville de Paris et diverses églises. Sa statue de *Mlle de Montpensier* est au Jardin du Luxembourg.
Musées : Besançon : *La mare de Cery*, peint. – *Moncey* – *Jeune faune* – *Mlle de Montpensier* – *Naïs*.

DEMETRIADE Lucie
Née à Bucarest (Roumanie). xxe siècle. Roumaine.
Peintre.
Élève de Stoenesco et, à Paris, de P.-A. Laurens. A exposé un *Portrait* au Salon des Artistes Français de 1921.

DEMETRIADES Georges
Né à Athènes. xxe siècle. Grec.
Sculpteur.
A exposé une *Tête de Christ* au Salon de la Société Nationale de 1932.

DEMETRIADES Polyxène, Mlle
Née à Paris. xxe siècle. Grecque.
Peintre.
A exposé au Salon de la Société Nationale de 1934 à 1936, et au Salon d'Automne.

DEMETRIO. Voir aussi **DIMITTIRE**

DEMETRIO di Pera
Né à Byzance. xive siècle. Vivait à Gênes en 1371. Éc. byzantine.
Peintre.
Son père Johannes fut également peintre.

DEMETRIOS
v^e-ive siècles avant J.-C. Antiquité grecque.
Sculpteur.
Pline l'indique comme un des habiles artistes du siècle de Périclès ; Quintilien dit qu'il s'efforçait de se rapprocher du modèle, poursuivant la vérité, et ayant plus souci de la ressemblance exacte, que de la beauté. Surnommé le « faiseur d'hommes », il était spécialiste de portraits.

DEMETRIOS
iie siècle avant J.-C. Antiquité grecque.
Peintre.
Son père s'appelait Sélencos. Il vécut à Alexandrie où Ptolémée Philomète lui témoigna une grande amitié : lorsqu'il s'exila à Rome, il partit avec l'artiste (vers 165 avant Jésus-Christ). Demetrios fut, semble-t-il, peintre de paysages et l'un des premiers à pratiquer cet art. Il eut, sans doute, également une influence importante sur la peinture romaine naissante.

DEMETRIOS
i^er siècle avant J.-C. Actif à Athènes. Antiquité grecque.
Sculpteur.
Son père s'appelait Philon. Il travailla au théâtre de Dionysos. On lui attribue également la statue du médecin Argaïos.

DEMETRIOS
Né à Rhodes. i^er siècle avant J.-C. Antiquité grecque.
Sculpteur.
Son nom nous est connu par une signature à la base d'un édifice dédié à Zeus et Athéna, à l'acropole de Lindos. Son père, Heliodoros, et son frère, Plutarchos, étaient également sculpteurs.

DEMETRIOS
Né à Rhodes. i^er siècle avant J.-C. Antiquité grecque.
Sculpteur.
Il semble que cet artiste, dont on a retrouvé deux fois la signature, travailla à Alexandrie et peut-être également à Magnésie. Son père, sculpteur du même nom, est peut-être l'artiste qui travailla à Lindos.

DEMETRIOS
iie siècle. Actif à Sparte après J.-C. Antiquité grecque.
Sculpteur.
On a retrouvé plusieurs fois le nom de cet artiste sur le socle de statues du iie siècle à Sparte. Son père s'appelait Demetrios.

DEMETRIOS
Né le 20 mars 1932 à Paris. xxe siècle. Français.
Peintre de paysages, aquarelliste, pastelliste, dessinateur. Postimpressionniste.
Il fut élève de O. Friesz et Y. Brayer à l'Académie de la Grande Chaumière à Paris en 1946-1947, puis à l'École des Beaux Arts de Paris en 1948 et à l'École des Arts Appliqués, également à Paris en 1950. Il présente régulièrement ses œuvres aux Salons de San Francisco, Los Angeles, Montréal et New York. Il a exposé personnellement, pour la première fois, à Paris en 1947. Dans ses paysages, souvent campagnards, il privilégie le rendu de la luminosité.

DEMETRIOS George
Né le 1er avril 1896 à Naoussa (Grèce). xxe siècle. Actif aux États-Unis. Grec.
Sculpteur.
Élève de C. Grafly et de A. Bourdelle, il a participé au Salon des Artistes Français en 1921-1922. Il avait un atelier à Lanesville (Massachusetts), dirigea une école à Boston, fut professeur de l'Académie de Milton (Massachusetts) et à l'Académie des Beaux-Arts de Pennsylvanie.
Ventes Publiques : New York, 21 sep. 1984 : *The swimming hole* 1923, bronze, haut-relief (81,9x105,4) : **USD 7 500**.

DEMETRIUS
xive siècle. Actif au début du xive siècle. Hongrois.
Sculpteur.

DEMETRIUS Jean
xviie siècle. Actif à Middelbourg vers 1660. Hollandais.
Peintre.

DEMETZ Ferdinand
xixe siècle. Actif à Saint-Ulrich (Tyrol) à la fin du xixe siècle. Autrichien.
Sculpteur.
Il travailla pour plusieurs églises de sa province.

DEMEUFVRE DE VILLEPARC Jacques, l'Ancien
Né en Picardie, probablement à Salis vers 1700. xviiie siècle. Actif à Grenoble. Français.
Graveur.

DEMEUFVRE DE VILLEPARC Jacques, le Jeune
Né le 17 mai 1734. Mort le 12 février 1781. xviiie siècle. Actif à Grenoble. Français.
Graveur, dessinateur.
Fils de Jacques Demeufvre de Villeparc, graveur. Se maria le 22 septembre 1756.

DEMEULEMEESTER Armand
Né le 26 octobre 1926 à Renaix. xxe siècle. Belge.
Peintre de sujets religieux, portraits, figures, paysages. Expressionniste puis abstrait-lyrique.
Autodidacte, il commence à peindre vers 1950 sur les conseils de Georges Chabot, président des amis du Musée de Gand. Dès 1954 il participe au salon d'art en ce Musée, puis expose dans diverses galeries à Gand, Bruxelles et à Paris en 1969.
La découverte des fauves et des expressionnistes allemands l'ayant incité à peindre, ses premières œuvres se ressentent tout naturellement de cette influence. Lorsqu'il passe à l'abstraction, il ne néglige toutefois pas les références figuratives, et ses couleurs sombres mais éclatantes donnent un caractère émotionnel à son œuvre cosmique évoquant parfois l'esprit de l'art de Rouault et l'univers d'Atlan. Il a aussi contribué à renouveler l'art religieux en Belgique en réalisant, par exemple, le *Chemin de Croix* de l'Abbaye des Trappistes à Westvleteren.
Bibliogr. : In : *Diction. Biogr. illustré des Artistes en Belgique depuis 1830*, Arto, Bruxelles, 1987.
Ventes Publiques : Anvers, 8 avr. 1976 : *Le fils prodigue*, h/t (62x60) : **BEF 16 000**.

DEMEURE Jean-François
Né le 10 janvier 1946 à Civray (Vienne). xxe siècle. Français.
Sculpteur. Conceptuel.
Après ses propres études, ayant obtenu son diplôme de sculpture en 1968 à l'École Nationale d'Art de Nice, il devint professeur à l'École des Arts Décoratifs de Limoges, d'abord en tant que professeur de culture générale, puis en tant que sculpteur. Il participe à des expositions collectives à Limoges et Vassivière, Nice et autres villes de Provence, Caen, etc. En 1987, il fut parmi les six artistes sélectionnés pour la Bourse d'art monumental du Salon d'Ivry. Après son exposition personnelle à la Halle aux Blés de Clermont-Ferrand en 1984, une importante exposition personnelle lui fut organisée au château de Nontron-Périgueux, en 1988.
Jusqu'en 1982, Demeure intervenait dans des lieux qui lui étaient proposés, par des installations et des actions à caractère éphémère, telle celle du château Saint-Jean de Ligoure qui fut sans doute la dernière de ce type. Dans la suite de son travail, il s'est

attaqué, et attaché, à des matériaux au contraire particulièrement résistants : marbres, granits ou bien particulièrement lourds : plomb, ou précieux : or, ou encore cassants : verre. Toutefois, dans la mise en évidence, au moins métaphorique, du concept projeté, il oppose très souvent les objets maintenant sculptés, en taille directe traditionnelle, dans ces matériaux durs, à des éléments ressortissant encore aux catégories anciennes du fragile, de l'éphémère : sel, plumes, sang, brindille, etc. Pour une série de ces sculptures fondées sur l'opposition durable-éphémère, il a poussé l'expression de la notion d'immatériel jusqu'à y intégrer, en tant qu'élément constitutif, des éclairages de néons teintés. Matériaux et problématiques se retrouvent, mais perturbés par le changement d'échelle, dans les œuvres monumentales qu'il a réalisées pour : l'Hôtel des Impôts d'Aubusson, la Caisse d'Épargne de la Haute-Vienne à Limoges, le Collège de La Coquille en Dordogne...
Dans le conflit provoqué entre travail et matériaux « classiques » et ajouts dérisoires prélevés de pratiques conceptuelles, entre dur et mou, se retrouve peut-être la métaphore du couple masculin-féminin, d'autant que, au cours des diverses époques et dans les divers travaux de Demeure, se développent volontiers des colonnes et rondeurs associables aux attributs érogènes de l'un et l'autre. ■ J. B.
Bibliogr. : Giovanni Joppolo, in : *La sculpture comme intuition du matériau*, in : *Opus International*, Paris, automne 1986 – divers : Catalogue de l'exposition *Jean-François Demeure*, château de Nontron-Périgueux, 1988.

DEMEURE Youri
Né en 1927. xxe siècle.
Peintre.
Un des jeunes peintres belges. Travaille à Anvers. A subi l'influence de Jean Dubuffet.

DEMEURISSE René
Né le 16 août 1894 à Paris. Mort en 1962. xxe siècle. Français.
Peintre de portraits, figures, nus, paysages, natures mortes et fleurs.
Il a participé à la plupart des grands Salons parisiens, dont ceux de la Société Nationale des Beaux-Arts, des Artistes Indépendants, d'Automne, des Tuileries dont il fut membre fondateur. Il fut fait chevalier de la Légion d'Honneur.
Parmi ses portraits, on cite celui du sculpteur animalier *Pompon*, duquel il fut l'exécuteur testamentaire, et parmi ses paysages : *Paysage Pyrénéen – Jardin catalan – Paysage d'Ile-de-France*. Il fit également des croquis de guerre. Ses peintures de fleurs étaient réputés.
Ventes Publiques : Paris, 14 nov. 1927 : *Paysage de Nemours* : **FRF 310** – Paris, 18 mai 1945 (vente au profit des Enfants sinistrés de Londres) : *Sous-bois*, dess. : **FRF 1 750** – Paris, oct. 1945-juil. 1946 : *Effet de neige* : **FRF 3 600** – New York, 16 fév. 1961 : *Roses blanches*, encre de Chine : **USD 275** – Paris, 28 nov. 1987 : *Portrait de Bernard Lortat-Jacob* 1946, encre de Chine (72x62) : **FRF 24 000** ; *Le Saut du Cerf, lieu-dit* 1942, h/t (115x165) : **FRF 45 000.**

DEMEUSE. Voir aussi **MEUSE de**

DEMEUSE Jean
xvie siècle. Éc. flamande.
Peintre.
Maître de Lambert Lombard, à Liège, en 1520-1525.

DEMEUSE Laurent
Né à Liège. Mort vers 1776 en Suisse. xviiie siècle. Éc. flamande.
Graveur.
On lui doit des portraits, ainsi que des sujets allégoriques et mythologiques.

DEMEY Gaston Victor Julien
Né en 1933 à Kaprijke. xxe siècle. Belge.
Peintre, dessinateur. Surréaliste, puis lettres et signes.
Il a montré ses œuvres dans une exposition personnelle en 1991 à Alost.
Les lettres se succèdent sur la toile, sans ordre apparent, ayant perdu leur fonction de former des mots, donc du sens. Seule leur aspect est retenu, pour générer des séries : verticales (comme les a, c, e...), horizontales (b, d, f...) ou reproduire une forme, un arc en ogive, une croix. Il a aussi réalisé des logos.
Bibliogr. : In : *Diction. Biogr. illustré des Artistes en Belgique depuis 1830*, Arto, Bruxelles, 1987.
Musées : Bruges – Bruxelles – Dunkerque – Gand – New York – Rio de Janeiro.

DE MEYER Maurice
Né en 1911 à Bruxelles (Brabant). xxe siècle. Belge.
Peintre. Postimpressionniste.
Élève d'Alfred Bastien et de Henri Logelain, il a exposé à Londres, aux États-Unis et au Canada.
Ventes Publiques : Bruxelles, 19 déc. 1989 : *Scène de plage*, h/t (60x93) : **BEF 115 000** – Bruxelles, 12 juin 1990 : *Scène de plage*, h/t (68x95) : **BEF 240 000** – Bruxelles, 9 oct. 1990 : *Les courses*, h/t (60x50) : **BEF 75 000** – Bruxelles, 7 oct. 1991 : *Scène de plage*, h/t (40x60) : **BEF 50 000** – Liège, 11 déc. 1991 : *Plage à Étretat*, h/t (50,5x60) : **BEF 110 000.**

DEMEZIANOS Théodore
Peintre.
Cité par Mireur.
Ventes Publiques : Paris, 1889 : *Le tombeau de Saint-Spiridion* : **FRF 620.**

DEMI Paolo Emilio
Né en 1797 à Livourne. Mort le 8 mars 1863 à Livourne. xixe siècle. Italien.
Sculpteur.
Il travailla à Pise, à Florence et à Rome, sous la direction de Canova. Il retourna ensuite dans sa ville natale où il édifia quelques statues importantes, comme la statue colossale de Léopold II.

DEMI-FIGURES, Maître des. Voir **MAÎTRE des bustes de femmes**

DEMIANY Carl Friedrich
Né le 10 janvier 1768 à Breslau. Mort le 8 août 1823 à Dresde. xviiie-xixe siècles. Allemand.
Peintre de portraits et d'histoire.
Le Musée de Dantzig possède plusieurs peintures de cet artiste.

DEMIANY Carl Theodor
Né le 21 août 1801 à Dresde. Mort vers 1840 à Hambourg. xixe siècle. Allemand.
Peintre de portraits et de genre.
Il était fils de Carl Friedrich.

DEMIAUX Bernard
Né en 1947. xxe siècle. Français.
Sculpteur, créateur d'installations.
Il a exposé notamment à la Galerie du Génie à Paris en 1991 dans le cadre de l'exposition *Objets informationnels*.
Un *projet d'objet informationnel* illustre parfaitement le travail de l'artiste. Les quatre éléments qui constituent la nature : la terre, l'air, l'eau, et le feu vont être capturés dans leur visualisation numérique. Chaque concentré d'éléments sera l'objet d'une sculpture « informationnelle » : elle se composera de ces images binaires (images numériques) visualisées par écran, et donc aussi d'un ordinateur. Chaque ordinateur sera désossé de manière à montrer leurs mémoires au spectateur. Ce dernier participe à l'opération en pouvant modifier en temps réel le programme (interaction). La nature exposée selon ce mode est artificielle, elle ne correspond pas à une substance directe mais bien plutôt à une image idéale pour notre imaginaire. ■ C. D.
Bibliogr. : Bernard Demiaux : *Projet objet informationnel*, in : *Art Press n° Spécial, Nouvelles Technologies, un Art sans Modèle ?*, Paris, 1991.

DEMICHELIS Giovanni
Né le 13 février 1849 à Turin. Mort en 1888. xixe siècle. Italien.
Peintre.
Il se spécialisa dans la peinture historique.

DEMIMUID Nicolas
xviiie siècle. Français.
Peintre.
Il fut reçu à l'Académie Saint-Luc à Paris en 1763.

DEMIN Giovanni
Né le 24 octobre 1786 près de Belluno. Mort le 25 novembre 1859 à Tarzo (près de Cedena). xixe siècle. Italien.
Peintre d'histoire et graveur.
Il fut l'élève, puis le collaborateur, de Canova.
Ventes Publiques : Milan, 29 mars 1969 : *Bacchante* : **ITL 750 000** – Milan, 27 nov. 1984 : *Socrate surprenant Alcibiade au lupanar*, pl. et reh. de blanc (20x29) : **ITL 2 100 000.**

DEMING Adélaide
Née le 12 décembre 1864 à Litchfield (Connecticut). xixe siècle. Américaine.

Peintre de paysages.
Elle fut, à Brooklyn, l'élève de Chase et s'établit à New York.

DEMING Edwin Williard ou **Willard**
Né le 26 août 1860 à Ashland (Ohio). Mort en 1943. XIXe-XXe siècles. Américain.
Peintre de sujets typiques, figures, portraits, paysages animés, peintre de compositions murales, sculpteur, dessinateur, illustrateur.
Il fut, à Paris, l'élève de Boulanger et de Lefebvre avant de s'établir à New York. En 1887 il commença à peindre les Indiens et les animaux de l'Ouest. Il visita plusieurs tribus indiennes, réalisant de nombreux portraits. Il était également écrivain. En 1893, il se joignit à Decost Smith pour écrire et illustrer des articles pour des magazines. Il voyagea aussi en Amérique latine et en rapporta des peintures décrivant la vie des indigènes.
Musées : New York (Metropolitan Mus. of Art) : deux bronzes.
Ventes Publiques : New York, 28 mars 1942 : *Paysage* : **USD 25** – New York, 22 et 23 mars 1946 : *Chasseur indien* : **USD 130** ; *Vers la ville* : **USD 170** – New York, 27 oct. 1977 : *Le Tir à l'arc* vers 1932, h/isor. (49,5x122) : **USD 2 000** – New York, 29 oct. 1977 : *Brebis noire cornue*, bronze (H. 33) : **USD 1 500** – New York, 21 avr. 1978 : *Brebis* 1905, bronze : **USD 1 700** – New York, 20 avr. 1979 : *Campement indien*, h/t (77,5x190,5) : **USD 7 000** – New York, 10 oct. 1979 : *La Vieille Squaw* 1906, bronze (H. 29,2) : **USD 1 200** – New York, 20 avr. 1979 : *Campement indien*, h/t (77,5x190,5) : **USD 7 000** – New York, 23 avr. 1982 : *Cheval de race indien* 1900, h/t (51x91,5) : **USD 30 000** – New York, 26 oct. 1984 : *Indiens en fuite*, h/t (53,9x69,2) : **USD 6 000** – New York, 20 juin 1985 : *Indiens au camp*, gche/pap. (34,3x26) : **USD 1 700** – Californie, 3 fév. 1988 : *La Chasse*, h/pan. (40,5x22,5) : **USD 7 150** – New York, 21 mai 1991 : *Le Lac Fremont à Windriver dans le Wyoming*, h/cart. (24,7x34,3) : **USD 1 320** – New York, 31 mars 1993 : *Retour à la maison après une bonne chasse*, h/rés. synth. (61x121,9) : **USD 1 610** – New York, 9 sep. 1993 : *Indiens père et fils*, h/t (71,8x56,5) : **USD 2 760** – New York, 16 nov. 1994 : *Village noir sur la côte près de l'embouchure du fleuve San Juan*, h/t/cart. (25,4x35,2) : **USD 1 150** – New York, 9 mars 1996 : *Paysage de l'Ouest avec des Indiens*, h/t (51x61) : **USD 11 500** – New York, 23 avr. 1997 : *Cheval broutant*, h/t (22,8x30) : **USD 8 625**.

DEMING Eleanor
Née le 2 août 1879 à Brooklyn. XXe siècle. Américaine.
Peintre de paysages.

DEMING Stephen Pogutz
Né en 1795. Mort en 1864. XIXe siècle. Britannique.
Miniaturiste et portraitiste.
Élève de John Wright, il exposa à la Royal Academy de 1814 à 1851, et fut nommé, en 1821, conservateur de la galerie de Dulwich. Il résida dans le collège jusqu'à sa mort. Il fit de nombreuses copies des œuvres de différents artistes. On lui doit les portraits d'Isaac Disraeli et de Sir Maltheno Wood, Lord Maire de Londres.

DEMINNE Maurice
Né à Bruxelles. XXe siècle. Belge.
Peintre.
Élève de L. Broquet, il a participé au Salon des Artistes Français et à celui de la Société Nationale des Beaux-Arts en 1920-1921. Il obtint le prix de l'Yser en 1924.
Ventes Publiques : Paris, 5 mars 1945 : *Nu* : **FRF 850** – Rennes, 24 avr. 1988 : *La sonate au piano*, h/t (81x100) : **FRF 7 200**.

DEMIZEL Augustin Louis Joseph
Né le 24 février 1878 à Audincthun (Pas-de-Calais). Mort le 18 septembre 1967 à Boulogne-sur-Mer. XXe siècle. Français.
Sculpteur et peintre.
Élève de L. Bonnat. Mention honorable en 1929.
Ventes Publiques : Paris, 13 juin 1922 : *Le Pont du Cheval (Bruges)* : **FRF 110**.

DEMJAN Boldizar
Né en 1808 à Tiszole. Mort en 1852 à Also-Kubin. XIXe siècle. Hongrois.
Peintre.
On lui doit des portraits, des natures mortes et des peintures religieuses.

DEMLEUTNER Johann Peter
XVIIIe siècle. Allemand.
Graveur.
On lui doit plusieurs séries d'illustrations.

DEMLLE VAN MUXDEN Léon
Né en 1875 à Genève. Mort en 1946 à Genève. XXe siècle. Suisse.
Peintre, aquarelliste, dessinateur.
Il montra ses œuvres dans des expositions personnelles plusieurs fois à Genève, notamment en 1960 au musée d'art et d'histoire de Genève, ainsi qu'à Vevey.

DEMMÉ Paul Ascan
Né le 16 décembre 1965 à Berne. XIXe-XXe siècles. Suisse.
Peintre, aquarelliste.
Il travailla à l'Académie des Beaux-Arts de Munich sous la direction de Gabriel Hackl jusqu'en 1891, puis à Paris, fut élève de Luc-Olivier Merson. De retour en Suisse en 1894, il étudia avec P. Robert et plus tard, en Italie, il s'adonna à l'aquarelle, guidé par Giovanni Battista Filosa. Il figurait au Salon de Paris en 1945.

DEMMEL Augustin Joseph
Né en 1724 à Munich. Mort le 12 mai 1789 à Munich. XVIIIe siècle. Allemand.
Peintre de décorations.
Son œuvre principale fut la décoration de l'Hôtel de Ville de Munich. Il fit également des décors de théâtre.

DEMMER Georges
Né à Saint-Denis (Seine-Saint-Denis). XXe siècle. Français.
Peintre de portraits.
Il exposa à Paris au Salon des Indépendants à partir de 1923.

DEMMLER Anton
Né près de Bautzen. Mort le 4 octobre 1863 à Dresde. XIXe siècle. Allemand.
Sculpteur.
Il vécut quelque temps à Prague avant de s'établir à Dresde où il se consacra à la sculpture monumentale.

DEMNATI Amine
Né en 1942 à Marrakech. Mort en 1971, accidentellement. XXe siècle. Marocain.
Peintre de paysages urbains animés.
Alors que la génération de peintres marocains à laquelle il appartient, s'est souvent détournée de la figuration, considérée comme une séquelle de la culture coloniale, Demnati, après une période de formation pendant laquelle il pratiquait un paysagisme urbain « typique », a su éliminer les éléments de l'anecdote pour ne conserver que le traitement des éléments structurels des vues des ruelles, des places et des foules de Marrakech, à « l'envoûtement féerique » desquelles il est resté fidèle.
Bibliogr. : Khalil M'rabet : *Peinture et identité – L'expérience marocaine*, L'Harmattan, Rabat, après 1986.

DEMOCRITE
IIIe siècle avant J.-C. Antiquité grecque.
Sculpteur.
On trouve son nom sur la base de la statue d'une nommée Lysis, habitante de Milet, qui fut retrouvée à Rome. Antigonos de Karystos parlait de lui dans son *Histoire de l'Art.*

DEMOLE J.
Peintre et dessinateur.
Le Musée Ariana, à Genève, conserve de cet artiste : *Jeune femme en robe de velours violet.*

DEMONCHY André
Né en 1914 à Paris. XXe siècle. Français.
Peintre de paysages. Naïf.
Orphelin de guerre, il fut élevé dans une ferme de l'Yonne, endroit auquel il resta attaché, comme le montrent ses paysages. Plus tard, chauffeur de locomotives, il découvrit d'autres régions dont il se souvint sur ses toiles. André Breton préfaça sa première exposition à Paris en 1949, sans que l'on sache pourquoi ce théoricien du surréalisme s'est intéressé à ce modeste peintre naïf.
Le climat poétique de ses paysages montre sa sensibilité aux sites et même à la grandeur architecturale d'un site, comme le prouve son *Enterrement à Semur-en-Auxois.*

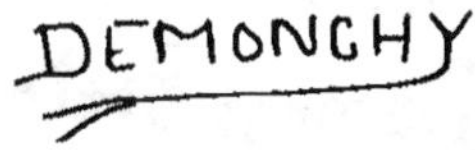

Bibliogr. : Oto Bihalji-Merin : *Les peintres naïfs*, Delpire, Paris.
Ventes Publiques : Paris, 8 juil. 1993 : *Les deux ponts à Pierre-Perthuis* 1958, h/t (49,5x61,5) : **FRF 3 500**.

DEMONPETIT Vincent
XVIIIe siècle. Français.
Peintre.
Reçu à l'Académie Saint-Luc à Paris en 1763, il s'agit peut-être de MONPETIT (Arnaud Vincent de).

DEMONT
XIXe siècle. Français.
Dessinateur, illustrateur.
Il dessina les illustrations de l'ouvrage « *Recueil de divers tombeaux dans les cimetières de Paris* » qui parut en 1852.

DEMONT Adrien Louis
Né le 25 octobre 1851 à Douai (Nord). Mort le 25 octobre 1928 à Wissant (Pas-de-Calais). XIXe-XXe siècles. Français.
Peintre de compositions religieuses, sujets mythologiques, scènes de genre, animaux, paysages. Tendance symboliste, fantastique.
Il se destinait d'abord à la magistrature et fit des études de droit à Douai, puis s'adonna à la peinture. Élève d'Émile Breton, puis de Jules Breton, dont il épousa la fille, il participa au Salon de Paris, où il obtint une médaille de troisième classe en 1879, une deuxième médaille en 1882. Il reçut une médaille d'or à l'Exposition Universelle de 1889 à Paris, une autre à Munich en 1892, et à Anvers en 1894. Officier de la Légion d'honneur.
Une grande rétrospective au musée de Saint-Omer, en 1974, fit redécouvrir son œuvre. Installé à Wissant, dans une nature sauvage et dure, il peint des paysages dramatiques, fantastiques, où les éléments semblent déchaînés. Sa touche est grasse, ses coloris violents font penser au fauvisme. Parmi ses œuvres, citons : *Les Jacinthes* – *Les Abeilles* – *L'Hiver en Flandre* – *Les Lys, les Marguerites* – *Première Annonciation* – *Don Quichotte* – *Eurydice* – *Le Moulin* – *Le Déluge*.

adrien Demont

Bibliogr. : Gérald Schurr, in : *Les Petits Maîtres de la peinture 1820-1920, valeur de demain*, Les Éditions de l'Amateur, t. III, Paris, 1976.
Musées : Amiens : *Le Moulin* – *Ferme en Dauphiné* – Arras : *Le Déluge* – Douai : *La Briqueterie* – Dunkerque : *Les Côtes du Finistère* – Le Havre : *Août dans le Nord* – *L'hiver à Douai* – Lille : *Les fiançailles* – Melbourne : *Don Quichotte* – New York (Metropolitain Mus. of Art) : *Le Jardin du vieux* – Paris (Mus. d'Art Mod.) : *La Nuit* - *Abel* – Paris (Mus. du Petit Palais) : *Plage du Nord* – *Le Square Cluny*.
Ventes Publiques : Londres, 30 mars 1928 : *La Lande au crépuscule* 1883 : **GBP 10** – New York, 30-31 oct. 1929 : *Le Jardin du vieil homme* : **USD 110** – Paris, 13 mars 1942 : *Coucher de soleil sur la mer* : **FRF 1 450** – Paris, 8 mars 1943 : *Bateaux au Havre* : **FRF 2 900** – Paris, 5 mars 1989 : *Troupeau dans la prairie*, h/pan. (32x60) : **FRF 10 500**.

DEMONT-BRETON Virginie
Née le 26 juillet 1859 à Courrières (Pas-de-Calais). Morte en 1935 à Wissant (Pas-de-Calais). XIXe-XXe siècles. Française.
Peintre d'histoire, compositions religieuses, scènes de genre, paysages.
Fille et élève de Jules Breton, elle devint la femme du peintre Adrien Demont. Elle participa au Salon de Paris jusqu'en 1934, obtenant une mention honorable en 1880, une troisième médaille en 1881, une deuxième médaille en 1883. Elle reçut une médaille d'or à l'Exposition Universelle d'Amsterdam en 1883, une médaille d'honneur à celle d'Anvers en 1894. Présidente de l'Union des femmes peintres et sculpteurs, elle fut nommée Officier de la Légion d'honneur.
Elle est, plus particulièrement, le peintre de la vie des familles de pêcheurs. Parmi ses œuvres, citons : *Le pain* – *Les jumeaux* – *L'homme est en mer* – *Le Messie* – *La Tremdée* – *Le foyer* – *Fils de pêcheurs* – *Stella Maris* – *Le colombier d'Iza*.

Virginie Demont-Breton

Demont Breton

Bibliogr. : Gérald Schurr, in : *Les Petits Maîtres de la peinture 1820-1920, valeur de demain*, Les Éditions de l'Amateur, t. III, Paris, 1976.
Musées : Amiens : *Les pêcheurs* – *Moulins* – Amsterdam : *La femme du pêcheur* – Anvers : *À l'eau* – Boulogne-sur-Mer – Calais – Douai : *Les premiers pas* – *La famille* – Dunkerque : *Jean Bart* – Gand : *Loup de mer* – Lille : *Jeanne d'Arc* – Paris (Mus. d'Art Mod.) : *Sur la plage* – *Abel* – *Le bain* – Paris (Mus. du Petit Palais) : *Dans l'eau bleue*.
Ventes Publiques : Paris, 1890 : *Bord de mer* : **FRF 290** – New York, 9-10 mars 1900 : *Le départ* : **USD 900** – Londres, 30 avr. 1909 : *Le retour du bain (pêcheuse et ses enfants)* : **GBP 57** – Paris, 4-5 mars 1920 : *Dans l'air pur* : **FRF 1 450** – Paris, 8 fév. 1924 : *La Vierge aux colombes* : **FRF 470** – Paris, 16-17 mai 1927 : *Nomades sous la tente* : **FRF 100** – Amsterdam, 18 sep. 1979 : *Deux garçons se baignant au bord de la mer*, h/t (69x111) : **NLG 3 400** – New York, 25 fév. 1982 : *La femme du pêcheur*, h/t (160x134) : **USD 7 000** – New York, 13 fév. 1985 : *La surprise* 1879, h/t (162,5x137) : **USD 8 000** – New York, 22 mai 1991 : *Jeune femme racommodant des filets sur une plage* 1899, h/t (32,1x41,9) : **USD 28 600** – Paris, 6 nov. 1992 : *Près de la fontaine*, h/pan. (21,5x33) : **FRF 4 000** – New York, 13 oct. 1993 : *Jeux dans les vagues*, h/t (77,5x105,4) : **USD 10 350** – Paris, 22 nov. 1995 : *La fontaine*, h/pan. (21,5x33) : **FRF 4 000**.

DEMONT JUER Alexander
XVIIe siècle. Actif à Middelbourg vers 1656. Hollandais.
Peintre.

DEMONTIGNY Pierre
Français.
Peintre.
Reçu à l'Académie Saint-Luc.

DEMONTREUIL Hortense
Née à Ars-sur-Moselle. XIXe-XXe siècles. Française.
Sculpteur.
Élève de Louis Noël. Sociétaire du Salon des Artistes Français où elle exposait en 1924 un buste en terre cuite : *E. Manet*. Mention honorable en 1933.

DEMONTREUIL Jean, appelé aussi **Montreuil**
Né à Bordeaux. XVIIIe siècle. Français.
Sculpteur.
Il eut pour maître Cabirole. De 1791 à 1798 il exposa au Salon de Paris. Il fut professeur de l'Académie de Bordeaux.

DEMONTROND Jeanne Félicie Françoise
Née dans la seconde moitié du XIXe siècle à Charenton (Seine). XIXe siècle. Française.
Peintre de portraits.
Élève de R. Colin, Biloul et P. Legrand. Exposant du Salon des Artistes Français.

DEMONTS Maurice
Né au XIXe siècle à Paris. XIXe siècle. Français.
Peintre de portraits.
Élève de Hector Leroux. Sociétaire des Artistes Français depuis 1890, il figura aux expositions de cette société et obtint une mention honorable en 1896, une médaille de troisième classe en 1897, médaille de deuxième classe en 1899.

DEMOPHILOS
Né à Himère (Sicile). IIe siècle avant J.-C. Antiquité grecque.
Peintre.
Pline l'Ancien affirme qu'il fut le maître de Zeuxis. Peut-être écrivit-il un ouvrage sur le problème des proportions.

DEMORAINE Louis Pierre René
Né en avril 1816 à Paris. XIXe siècle. Français.
Peintre et lithographe.
Élève de Charlot. Le Musée de Sens conserve de lui une aquarelle.

DEMORIANE Benoist
XXe siècle. Français.
Peintre.
Élève de l'École des Beaux-Arts de Paris en 1977, il expose au Salon de Montrouge en 1977, 1978, à la Mairie de Paris 1982, à la Fondation Taylor 1987. Il a réalisé des décors et des costumes pour le théâtre de Gennevilliers en 1978 et a reçu une commande de peintures pour le Ministère des Finances de Paris en 1979.
Ventes Publiques : Paris, 13 avr. 1988 : *Sans titre*, h/t (146x100) : **FRF 6 500** ; *Sans titre*, acryl./pap. froissé (97x68) : **FRF 5 000** – Paris, 12 fév. 1989 : *Plage*, h/t (92x73) : **FRF 5 000**.

DEMORT-DUGOURC ou **Dugoure**
XVIIIe siècle. Français.

Peintre et dessinateur.
Peut-être le même artiste que Jean Démosthène Dugoure ou Dugourc ?
Ventes Publiques : Paris, 28 juin 1910 : *Montant d'ornement* : **FRF 300.**

DEMORY Charles Théophile
Né le 7 octobre 1833 à Arras (Pas-de-Calais). Mort le 11 décembre 1895 à Arras. XIXe siècle. Français.
Peintre d'histoire, scènes de genre.
Élève, tout d'abord, de son père Louis Théophile Auguste Demory, il suivit ensuite les cours de Léon Cogniet à l'École des Beaux-Arts de Paris. Il participa au Salon de Paris de 1868 à 1884.
Après avoir peint des œuvres dans un genre pseudo-historique, comme *Garde suisse du pape à la fin du XVIe siècle*, il se spécialisa rapidement dans la peinture des paysans et pêcheurs de la Normandie maritime, comme le montre *La récolte du varech.*

Bibliogr. : Gérald Schurr, in : *Les Petits Maîtres de la peinture 1820-1920, valeur de demain*, Les Éditions de l'Amateur, t. V, Paris, 1981.

DEMORY Louis Théophile Auguste
Né en 1802 à Arras. Mort le 22 février 1872. XIXe siècle. Français.
Peintre.
Élève de Hersent, il fut plus tard professeur à l'École de dessin d'Arras.

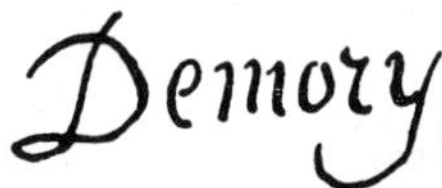

DEMOSTRATOS
D'origine athénienne. IIe siècle avant J.-C. Travaillant vers l'an 100 avant Jésus-Christ. Antiquité grecque.
Sculpteur.
Son père, qui portait le même nom, était également sculpteur. On a retrouvé à Delos deux socles avec la signature de l'artiste. L'un est celui d'une effigie de L. Cornelius Lentulus, l'autre d'une statue du grand prêtre d'Apollon Ammonios.

DEMOTYER Victor
XIXe siècle. Actif à Cambrai. Français.
Aquarelliste.
Le Musée de Calais conserve de lui deux aquarelles.

DEMOU Dimitrios
Né le 7 octobre 1920 à Kumaria (Macédoine). XXe siècle. Actif au Venezuela. Roumain.
Sculpteur. Figuratif puis abstrait-cinétique.
Ses parents s'étant installés en Roumanie en 1928, il fit ses études à l'Académie des Beaux-Arts de Bucarest dont il sortit diplômé en 1944. Il fut lauréat du Prix Paciurea en 1948 et remporta en 1949 le premier Prix au concours pour le *Buste de Pouchkine* et pour le monument de *Staline* à Bucarest. Il fit de nombreuses expositions collectives et personnelles en Roumanie, France, Grèce, Pologne, Hongrie, Finlande, U.R.S.S., États-Unis, Japon, Venezuela. Il reçut le Grand Prix de l'État en 1951. Il quitta définitivement la Roumanie en 1964 et, après avoir fait un séjour en Grèce et en France, il s'établit au Venezuela en 1966. A partir de cette date, il abandonne la représentation figurative pour aboutir à la création de sortes de *Mobiles* élégants, requérant l'impulsion du spectateur pour se mettre en mouvement. Ses sculptures aériennes : *Écritures dans l'espace*, constituées de rubans de métal, assurent une circulation de l'air et de la lumière à travers des formes à claire-voie. « Des tiges d'acier inoxydable se courbent, se plient, se lovent, se déroulent en spirales, deviennent souples et aériennes, prennent leur essor et s'élancent pour décrire des arabesques autour de volumes d'espace », ainsi I. Jianou décrit-il l'art de Demou. La plupart de ses œuvres ont été exécutées au Venezuela, notamment *La Fontaine de la Genèse* – *Heptaèdre du ciel* – *La Fontaine des oiseaux* – *Soleil tropical* – *La Fontaine de Narcisse* – *Mariposa* et une grand sculpture habitable en acier inoxydable, haute de 200 mètres, édifiée sur la péninsule El Morro. Ses *O.M.N.I.*, série de sculptures qui n'ont plus ni poids, ni volume, mais un équilibre mouvant, tournent autour de leur axe sous le souffle du vent. Dynamisme, conquête de l'espace, joie de la libération sont les caractéristiques de la sculpture de Demou, une fois installé au Venezuela.
Bibliogr. : Waldemar George et Ionel Jianou : *Dimitrios Demou*, Arted, Paris, 1970 – Ionel Jianou, in : *Nouveau Diction. de la sculpt. mod.*, Hazan, Paris, 1970.

DEMOUCHY Martin, père
XIXe siècle. Actif à Paris. Français.
Graveur.
Il a gravé des paysages et des allégories. Certainement confusion avec MONCHY (Martin de).

DEMOUGE Lucien
Né le 22 mars 1926 à Villeneuve-Saint-Georges. XXe siècle. Français.
Peintre de paysages et de fleurs, illustrateur.
Élève de l'École des Arts Appliqués et de l'École Nationale des Beaux-Arts, dans l'atelier d'Untersteller, il a participé aux principaux Salons parisiens. Il a personnellement exposé à Paris, Pont-Aven, Quiberon, Brest, Saint-Brieuc, Lanester. Second prix de la Jeune Peinture en 1955, il obtint le Prix de l'Art Libre en 1971.

DEMOULIER Jules Joseph Honoré
Né le 30 avril 1812 à Douai. Mort le 15 juin 1835 à Paris. XIXe siècle. Français.
Sculpteur.
Élève de David d'Angers. Le Musée de Douai conserve trois de ses œuvres.

DEMOULIN Émile A.
XIXe siècle. Actif à Paris. Français.
Sculpteur.
Sociétaire des Artistes Français depuis 1896, il figura aux Salons de cette société.

DEMOULIN Georges Charles
XXe siècle. Français.
Graveur sur bois.
Élève de Lagrange. Sociétaire du Salon des Artistes Français.

DÉMOULIN Henri Émile Jacques
Né en 1905 à Bohain (Aisne). XXe siècle. Français.
Peintre de genre, portraits, paysages, natures mortes et fleurs. Postimpressionniste, puis postcubiste, expressionniste et tendance abstrait.
Il fut élève des Écoles des Arts Appliqués et des Arts Décoratifs à Paris, ainsi que de Bernard Naudin et de Jules Adler. A partir de 1925, il a participé aux Salons des Artistes Indépendants et d'Automne. Il a également pris part aux Salons des Surindépendants, des Réalités Nouvelles, Comparaisons, ainsi que dans divers groupes, à Bruxelles, en Amérique latine et en province au Musée du Havre, à Rouen, Dieppe, etc.
Dans une première période, ses sujets étaient empruntés au music-hall, au cirque, au bal public ou à la rue ; la technique était alors influencée par le postimpressionnisme. Dans une seconde période, de 1933 à 1939, il reçut la leçon du cubisme à travers l'œuvre de Cézanne. Puis, de 1942 à 1951, il reprit les thèmes les plus variés, même des compositions religieuse, dans un style expressionniste avant d'abandonner, à partir de 1953, toute formulation conventionnelle de l'image, aboutissant à une sorte d'abstraction par un graphisme symbolique issu de l'observation des inscriptions mégalithiques.

DEMOULIN Jérôme René
Né en 1758 à Montpellier. Mort en 1799 à Augusta en Sicile. XVIIIe siècle. Français.
Peintre de paysages.
Le Musée de Montpellier possède de lui un paysage.

DEMOUMEROT Marguerite ou **Demonnerot**
Née à Thizy (Rhône). XXe siècle. Française.

Sculpteur.
Élève de Benneteau, elle participa régulièrement au Salon des Artistes Français dont elle devint sociétaire, obtenant une mention honorable en 1930.

DEMOUSSY Augustin Luc ou **Louis**
Né le 5 octobre 1809 à Paris. Mort en janvier 1880 à Paris. XIXe siècle. Français.
Peintre de figures, lithographe.
Entré à l'École des Beaux-Arts, en 1829, il eut pour professeurs Hersent et Abel de Pujol. Il débuta au Salon de Paris de 1833 et obtint une médaille de troisième classe en 1837.
Ventes Publiques : Paris, 22 nov. 1984 : *Femme à la perruche* 1832, h/t (101x81) : **FRF 6 000**.

DEMOUSTIER Philibert, dit **de Colongi**
Né en 1714. Mort le 10 août 1784 à Besançon. XVIIIe siècle. Français.
Dessinateur.

DEMOUTIER Pierre
Mort en 1942. XXe siècle. Actif aussi en Tunisie. Français.
Peintre de paysages, aquarelliste.
En 1911, il fut sociétaire de la section Arts de l'Institut de Carthage qui organisa le Salon tunisien, auquel il figura de 1911 à 1934. Il fit plusieurs expositions personnelles à Tunis, entre 1925 et 1931.
Ses paysages sont traités à grands aplats de couleurs sobres.
Bibliogr. : Catalogue de l'exposition : *Lumières tunisiennes*, Pavillon des Arts, Paris, 1995.
Musées : Tunis (Mus. d'Art Mod.) : *Médina*.

DEMPICH Anton
XVIIIe siècle. Allemand.
Peintre.
Il travailla pour la cathédrale de Breslau.

DEMPRIN Henriette
XVIe siècle. Active à Annecy (Savoie) à la fin du XVIe siècle. Française.
Peintre.

DEMURAT Antoine Albert
Né au XIXe siècle à Paris. XIXe siècle. Français.
Peintre de fleurs et aquarelliste.
Élève de Numa. Il débuta au Salon de 1880 avec : *Fleurs d'automne*.

DEMUTH Anni von
Née le 22 mars 1866 à Taus (Bohème). XIXe siècle. Tchécoslovaque.
Peintre de paysages.
Elle fut l'élève de Darnauts à Vienne. Elle se spécialisa dans le paysage.
Ventes Publiques : Brême, 21 juin 1986 : *La Promenade en barque*, h/t (154x173) : **DEM 5 000**.

DEMUTH Charles
Né en 1883 à Lancaster (Pennsylvanie). Mort en 1935 à Lancaster. XXe siècle. Américain.
Peintre de scènes de genre, paysages industriels, paysages, natures mortes, aquarelliste, illustrateur. Précisionniste.
Après des études à l'Académie des Beaux-Arts de Pennsylvanie, il fait un premier voyage en Europe en 1907-1908, visitant Londres, Berlin, Paris où il s'installe entre 1912 et 1914. Il suit alors des cours à l'Académie Julian et est influencé par les fauves, plus particulièrement par Matisse. A son retour aux États-Unis en 1915, il entre dans le cercle de peintres qui gravitent autour du photographe Alfred Stieglitz et rencontre Marcel Duchamp dont l'influence sur son art sera capitale. Parmi ses rétrospectives, citons celles de 1937-1938 au Whitney Museum of American Art de New York ; 1941 et 1948 à Lancaster, Pennsylvanie ; 1942 à la Phillips Memorial Gallery de Washington ; 1950 au Museum of Modern Art de New York, à la Winnipeg Art Gallery, etc. ; 1971-1972 au Musée d'Art de la Nouvelle-Orléans.
Il adapte volontiers son style aux types d'œuvres qu'il peint et si ses premiers paysages à l'aquarelle font la synthèse de la liberté de touche des expressionnistes de l'Europe centrale et de l'analyse de la forme des cubistes, ses paysages peints lors de son voyage aux Iles Bermudes avec Mardsen Hartley en 1917, simplifient et stylisent les formes sans briser les plans. C'est, d'autre part, avec beaucoup de liberté, de grâce et de délicatesse qu'il illustre *Nana* et *L'Assomoir* d'Émile Zola, *Tour d'écrou* et *La Bête dans la jungle* de Henry James, *L'Esprit de la Terre* de Wedekind. Il sait également faire vibrer les couleurs d'aquarelles délicatement enlevées de fleurs, de danseurs et d'acrobates (1919).
A partir de 1920, Demuth s'oriente vers le paysage urbain, industriel et même les enseignes publicitaires, il reprend les formes mécaniques aux contours précis des œuvres de Duchamp. Il devient « précisionniste » ou « cubiste réaliste », interprétant des sujets peints dans une manière réaliste mais assujettis à des compositions où la construction géométrique est essentielle. Ce sont *Machinerie*, 1920, *Mon Égypte*, 1927, constructions aux angles vifs, où les zones de couleurs sont définies par des lignes de force obliques, anguleuses. Le titre de l'un de ses tableaux exprime parfaitement sa démarche : *Abstraction d'après des édifices, Lancaster* (1931), il y rend avec précision des édifices plus ou moins inventés, soutenus par des couleurs et des lignes de construction venues du cubisme, mais sans aucun rappel de la troisième dimension, ce qui mène à une certaine abstraction. Demuth a réalisé une série de portraits, dont le plus caractéristique est celui de son ami poète William Carlos Williams, intitulé *J'ai vu le chiffre 5 en or* (1928) et inspiré de l'un de ses poèmes. Le peintre cherche à évoquer le poète par des associations d'images, on retrouve par exemple les initiales du poète dans le tableau, il évoque également le poème *Le grand chiffre* qui décrit la vision d'un camion de pompiers au chiffre 5, traversant la ville à toute allure. Le chiffre 5 est effectivement comme projeté de l'arrière vers l'avant par sa répétition du plus petit au plus grand, les faisceaux lumineux des phares sont évoqués par des constructions de lignes obliques qui s'opposent aux formes rectilignes du camion rouge. Si son style reste précisionniste, il évite une trop grande sècheresse grâce à un halo de mystère et un certain humour. ■ A. P.
Bibliogr. : A. C. Ritchie : *Charles Demuth*, New York, 1950 – Jules David Prown et Barbara Rose : *La peinture américaine, de la période coloniale à nos jours*, Skira, Genève, 1969 – in : *Les Muses*, t. VI, Paris, 1971 – in : *Dictionnaire universel de la Peinture*, t. II, Le Robert, Paris, 1975 – in : *Arts des États-Unis*, par les Conservateurs du Metropolitan Museum of Art, Gründ, 1989.
Musées : Columbus : *L'encens d'une nouvelle église* 1921 – Detroit (Inst. of Arts) : *Abstraction d'après des édifices, Lancaster* 1931 – New York (Metropolitan Mus. of Art) : *Bermude n° 2 – Le Schooner – Machinerie* – New York (Mus. of Mod. Art) : *J'ai vu le chiffre 5 en or* 1928 – New York (Whitney Mus.) : *My Egypt* 1927 – Williamstown (Williams Coll. Mus. of Art) : *Arbres et granges, Bermudes* 1917.
Ventes Publiques : New York, 16 oct. 1957 : *Aubergines et tomates*, aquar. : **USD 3 000** – New York, 6 mai 1959 : *Chaîne de montagne*, aquar. : **USD 500** – New York, 16 mars 1960 : *Marine*, aquar. : **USD 800** – New York, 16 fév. 1961 : *Intérieur de café*, cr. et aquar. : **USD 4 800** – New York, 27 jan. 1965 : *Maisons*, past. : **USD 1 500** – New York, 19 oct. 1967 : *Scène de rue*, aquar. : **USD 4 500** – New York, 14 oct. 1970 : *Marins dansant dans un bar*, aquar. : **USD 7 000** – New York, 28 oct. 1976 : *Fleurs*, aquar. (45x29,2) : **USD 4 500** – New York, 21 avr. 1977 : *From the garden of the castle* 1921-1925, h/t (63,5x51,4) : **USD 55 000** – New York, 21 avr. 1978 : *Voiles* 1921, gche (50,2x60,3) : **USD 57 500** – New York, 20 avr. 1979 : *Paysage n° 4* vers 1912/1915, h/cart. (30,5x40,6) : **USD 5 250** – New York, 25 oct 1979 : *Acrobates n° 5* vers 1918, cr. (20,3x33) : **USD 3 250** – New York, 24 sep. 1981 : *La conversation*, cr./pap. (28x21,6) : **USD 1 500** – New York, 4 juin 1982 : *Tiger lilies* 1920, aquar. et cr./pap. mar./cart. (46,4x30,5) : **USD 100 000** – New York, 30 mai 1984 : *Vaudeville soldier and girlfriend* 1915, aquar./pap. (27,3x21) : **USD 45 000** – New York, 29 mai 1986 : *Tulipes* 1923, aquar./pap. (35,5x25,4) : **USD 72 500** – New York, 1er déc. 1988 : *Zinnias* 1926, aquar./pap. (34,2x48,9) : **USD 275 000** ; *Trois marins sur une plage* 1930, aquar./pap. (34,3x41,9) : **USD 71 500** – New York, 24 mai 1989 : *American Gothic*, cr./pap., étude (12,1x8,9) : **USD 55 000** – New York, 24 mai 1990 : *Femme sur la plage de Provincetown* 1934, aquar. et cr./pap. (22,3x25,4) : **USD 16 500** – New York, 29 nov. 1990 : *Voilier en deux mouvements* 1919, temp./cart. (40,6x50,8) : **USD 473 000** – New York, 30 nov. 1990 : *Jeté de fleurs*, aquar./pap. (46x30,4) : **USD 38 500** – New York, 5 déc. 1991 : *Sept prunes dans un compotier de porcelaine de Chine* 1923, aquar./pap. (25,4x35,6) : **USD 181 500** – New York, 3 déc. 1992 : *Trois Pots de tulipes* 1917, aquar./pap. (35,6x25,4) : **USD 27 500** ; *Bienvenue dans notre ville* 1921, h/t (63,5x50,8) : **USD 825 000** – New York, 3 déc. 1993 : *Les Toits de Provincetown*, aquar. et cr./pap. (35,6x25,5) : **USD 112 500** – New York, 1er déc. 1994 : *La Chanteuse de jazz* 1916, aquar. et cr./pap. (32,4x19,7) : **USD 68 500** –

New York, 14 sep. 1995 : *La Femme aux perroquets* 1912, aquar. et cr./pap. (27,9x21,6) : **USD 41 400** – New York, 22 mai 1996 : *Aubergines et Tomates* vers 1927, aquar./pap. (35,2x50,5) : **USD 398 500** – New York, 26 sep. 1996 : *Deux Marins* 1930, cr./pap. (27,3x20,3) : **USD 9 200** – New York, 27 sep. 1996 : *Sur le départ*, aquar. et cr./pan. (27x19) : **USD 11 500** – New York, 5 juin 1997 : *Lys Rothschild*, aquar. et cr./pap. (27,9x36,9) : **USD 27 500**.

DEMUTH-MALINOWSKY Wassilij Iwanowitch
Né le 2 mars 1779 à Saint-Pétersbourg. Mort le 16 juillet 1846 à Saint-Pétersbourg. xixe siècle. Russe.
Sculpteur.
Il termina ses études à Rome sous la direction de Canova. A son retour en Russie, il devint professeur, puis recteur de l'Académie de Saint-Pétersbourg. On lui doit nombre de monuments importants, comme le tombeau du Maréchal Barclay de Tolly. Il fit le portrait des membres de la famille impériale russe et de toute la haute noblesse de son temps.

DEN Peter Van
Né en Flandre. xvie siècle. Depuis 1563 actif en Angleterre. Éc. flamande.
Peintre.
Il s'établit en Angleterre en 1563 et vécut à Londres.

DENANT Louis Pierre
Né en 1796. Mort le 4 septembre 1880 à Paris. xixe siècle. Français.
Peintre.

DENANTO Francesco
Né en Savoie. xve siècle. Actif à Venise. Italien.
Peintre et graveur sur bois.
On dit qu'il fut un élève du Titien et qu'il travailla à Venise de 1440 à 1450. Parmi ses gravures sur bois, une des plus grandes représente *Le Christ guérissant le paralytique*.

Ventes Publiques : Paris, 21 déc. 1942 : *Adoration*, École de F. D. : **FRF 10 800**.

DENARDOU Jeanne
Née à Périgueux (Dordogne). xxe siècle. Française.
Peintre.
Élève de E. Renard. Exposant du Salon des Artistes Français, dont elle est sociétaire.

DENARI Antonio di Ambrozio de
xvie siècle. Actif à Arezzo. Italien.
Peintre.

DENARIE Paul, pseudonyme : **Sorlain J.**
Né en 1859 à Paris. Mort le 25 février 1942 à Paris. xixe-xxe siècles. Français.
Peintre de scènes animées.
Il exposait à Paris, au Salon des Indépendants.
Il fut surtout connu pour ses scènes de foire, de kermesse, de marché, ses reconstitutions historiques d'épisodes quotidiens, ses vues de villes de Normandie.
Ventes Publiques : Paris, 13 oct. 1943 : *La parade foraine* : **FRF 1 500** – Paris, 29-30 nov. 1943 : *Le Marché de Rouen* : **FRF 5 000** – Paris, 26 mars 1945 : *La foule au marché* : **FRF 11 000** – Paris, 27 mars 1947 : *Une rue de Paris au xviiie siècle* : **FRF 3 250** – Paris, 24 mars 1950 : *La Kermesse* : **FRF 7 300** – Pontoise, 11 nov. 1976 : *Le lâcher de ballon « Le Petit Parisien » à Pontoise* 1925, aquar. (26x39) : **FRF 3 100** – Paris, 26 mars 1984 : *Rues de Rouen, le marché des antiquités*, h/t (116x81) : **FRF 18 000** – Paris, 15 mars 1989 : *Fête foraine*, ht (50x61) : **FRF 32 000** – Calais, 4 juil. 1993 : *Marché animé à Rouen*, h/t (73x60) : **FRF 18 000**.

DENASCH Paul
xviie siècle. Actif à Hermannstadt (Sibiu, Roumanie). Allemand.
Peintre.

DENAUT Jérôme. Voir **DENNEAU**

DENAYER Félix
Né le 13 janvier 1875 à Ixelles (Bruxelles). Mort en 1934 à Paris. xxe siècle. Actif aussi en France. Belge.
Peintre de scènes typiques, paysages animés.
Il fut élève de J. Portaels à l'Académie de Bruxelles. Il exposait aux manifestations officielles de Bruxelles, Anvers, Gand, Liège. Il exposa aussi à Paris, aux Salons de la Société Nationale des Beaux-Arts, d'Automne, des Artistes Indépendants où il figura à la rétrospective de 1927.
Musées : Anvers.

DENBY
xviiie siècle. Britannique.
Peintre sur porcelaine.

DENBY Edwin H.
Né au xixe siècle à Philadelphie (Pennsylvanie). xixe siècle. Américain.
Sculpteur.
À Paris, il obtint une mention honorable en 1898.

DENBY J. W.
xviiie-xixe siècles. Britannique.
Peintre de paysages.
Il exposa à la Royal Academy de Londres, de 1812 à 1818.
Ventes Publiques : Londres, 3 avr. 1922 : *Vue de Castleton*, dess. : **GBP 2**.

DENBY William
Né en 1819 à Great Bookham (Angleterre). Mort le 15 janvier 1875 à Londres. xixe siècle. Britannique.
Peintre d'histoire et de genre.
À Londres, il fut élève de Dyce à l'École de dessin de Somerset House, où, plus tard, il fut professeur assistant. Il exposa à différentes reprises à la Royal Academy et fut nommé conservateur des statues antiques au Victoria and Albert Museum.

DENCK C.
xixe siècle. Norvégien.
Peintre de genre.
Le Musée d'Oslo conserve de cet artiste un tableau : *Vieille femme dans sa cuisine*.

DENCKEL Georg
xve siècle. Actif à Nuremberg en 1442. Allemand.
Peintre.

DENCKER Jochim
xviie siècle. Allemand.
Peintre.
Il travailla pour l'église Sainte-Marie de Lübeck à la fin du xviie siècle.

DENDAL André
Né en 1901 à Bruxelles. Mort en 1979 à Tourette-sur-Loup (Alpes-Maritimes). xxe siècle. Belge.
Peintre. Expressionniste puis surréaliste.
En 1918, il fréquente l'Académie Libre *Le Labor*. Puis il adhère, vers 1926, au groupe surréaliste. Son œuvre semble avoir subi deux grandes influences : l'expressionnisme et le surréalisme.

DENDEVILLE Raymond Auguste
Né en 1901 à Rouen (Seine-Maritime). Mort le 29 juin 1968 à Elbeuf (Seine-Maritime). xxe siècle. Français.
Peintre de figures, natures mortes, fleurs.
Il exposait à Paris, au Salon des Artistes Indépendants depuis 1929, et fut invité au Salon des Tuileries en 1930.
Musées : Elbeuf.

DENDL
xixe siècle. Actif à Regensburg vers 1884. Allemand.
Peintre.

DEN DOOP T. W.
xixe siècle. Actif vers 1845. Hollandais.
Lithographe.

DEN DUYTS Bertelmeus a Petra
xviie siècle. Éc. flamande.
Peintre.

DEN DUYTS Gustave ou **Gustaav**
Né en 1850 à Gand. Mort en 1897 à Bruxelles. xixe siècle. Belge.
Peintre de paysages animés, paysages, aquarelliste. Postimpressionniste.
Pratiquement autodidacte, il suivit quelques cours à l'Académie de sa ville natale, puis alla travailler à Afsnee, en Flandre orientale. Il participa, avec Meyers et Boulenger, à la lutte contre l'enseignement officiel.

Ses vues des Flandres prises dans les brumes, l'hiver ou l'automne, en fin de journées, sous des lumières indécises, troubles, sont peintes d'une touche légère et montrent l'influence de l'école de Barbizon et des impressionnistes.

Gustave Den Duyts

Bibliogr. : Gérald Schurr, in : *Les Petits Maîtres de la peinture 1820-1920, valeur de demain*, Les Éditions de l'Amateur, t. VII, Paris, 1978.
Musées : Anvers : *Le Soir – Arbres abattus* – Bruxelles : *La Campine – Route d'Afsué – Le Dégel – Paysage* – Gand : *Panorama de Gand – Paysage de neige* – Liège – Paris (Art Mod.) : *Les Bûcherons* – Paris (Mus. d'Art Mod.) – Roulers.
Ventes Publiques : Bruxelles, 12 mai 1934 : *Les Chasseurs dans la forêt* : **BEF 1 800** – Bruxelles, 11 déc. 1937 : *Retour au village* : **BEF 1 100** – Bruxelles, 20 juin 1938 : *Village flamand* : **BEF 1 550** – Anvers, 12 oct. 1971 : *Rue de village* 1892 : **BEF 40 000** – Lokeren, 11 mars 1978 : *L'Orée du bois* 1895, aquar. et gche (72x54) : **BEF 65 000** – Anvers, 27 avr. 1982 : *Sous-bois*, h/t (47x60) : **BEF 90 000** – Bruxelles, 15 déc. 1983 : *Paysage de neige* 1892, aquar. (43x53) : **BEF 170 000** – Bruxelles, 28 mars 1984 : *Couple campagnard et jardin potager*, aquar. (40x52) : **BEF 42 000** – Lokeren, 19 oct. 1985 : *Crépuscule d'hiver* 1876, h/t (46x81) : **BEF 200 000** – Lokeren, 21 fév. 1987 : *Paysage boisé*, h/t (30x43) : **BEF 70 000** – Lokeren, 10 oct. 1987 : *Paysage d'automne* 1888, aquar. (44x54) : **BEF 140 000** – Lokeren, 28 mai 1988 : *La Plage* 1889, past. (21x31) : **BEF 48 000** – Lokeren, 8 oct. 1988 : *Paysage d'hiver avec une ferme* 1877, h/t (33x46) : **BEF 200 000** – Amsterdam, 16 nov. 1988 : *Vue d'un port au clair de lune* 1876, h/t/cart. (76x115) : **NLG 27 600** – Lokeren, 21 mars 1992 : *Printemps* 1879, h/t (122x102) : **BEF 260 000** – Lokeren, 15 mai 1993 : *Sous-bois* 1894, h/t (80x45) : **BEF 70 000** – Lokeren, 12 mars 1994 : *Paysage avec un moulin à eau* 1878, h/pan. (24,5x32,5) : **BEF 70 000** – Lokeren, 10 déc. 1994 : *Ostende au clair de lune* 1876, h/pan. (76x116) : **BEF 550 000** – Lokeren, 8 mars 1997 : *Vue d'un village*, past. (26,5x33) : **BEF 50 000**.

DEN DUYTS Jan ou **Truyts**
XVIe siècle. Éc. flamande.
Peintre.
En 1588 il peignit à Malines le maître-autel de l'église Saint-Jean. Il fut le maître de Martin Van der Veune, en 1619, à Bruxelles.

DEN DUYTS Joannes. Voir **MILDER Joannes Van**

DEN DUYTSCH Renier
XVIe siècle. Éc. flamande.
Peintre.
Il travailla à Gand pour l'entrée du duc d'Anjou, qui eut lieu le 20 août 1582.

DENDY Vera Ellen
Née en Australie. XXe siècle. Britannique.
Peintre.

DENDY W.
XIXe siècle. Actif à Londres vers 1850. Britannique.
Peintre de portraits, miniatures.
On lui doit surtout des portraits.

DENDY Walter Cooper
XIXe siècle. Britannique.
Peintre de paysages.
Il exposa à la Royal Academy de Londres en 1842 et 1843.

DENEC Erol
Né en 1941 à Istamboul. XXe siècle. Actif en Autriche. Turc.
Graveur de compositions d'imagination. Tendance fantastique.
Musicien, il se consacre à la musique électronique, tout en étudiant à l'Académie des Beaux-Arts de Vienne, où il vit. Il expose en Turquie et à Vienne.
Ses gravures évoquent un univers fantastique.
Musées : Vienne (Albertina) : gravures.

DENÉCHEAU Élisabeth Félicité
Née au XIXe siècle à Nîmes (Gard). XIXe siècle. Française.
Sculpteur.
Elle débuta au Salon de 1868 avec : *Faunesse*, buste en marbre. Il n'est plus fait mention d'elle après 1873. Elle était la femme de Séraphin Denécheau.

DENÉCHEAU Séraphin
Né le 21 octobre 1831 à Vihiers (Maine-et-Loire). Mort en 1912. XIXe-XXe siècles. Français.
Sculpteur de statues, bustes.
Élève de P. Rude et de David d'Angers, il exposa au Salon de Paris de 1859 à 1868 et obtint une mention honorable en 1877. On doit à cet artiste, à l'église de la Trinité, une statue de *Saint Mathias*, au Tribunal de première instance de la Seine, le buste en marbre de *M. Try*, président, à la nouvelle gare du Nord, les médaillons en pierre de *James Watt* et de *Denis Papin*.
Musées : Angers : *Femme caressant une chimère* – Langres : *Diderot*, copie d'après Houdon – Paris (coll. de la Faculté de Médecine) : *Dubois*.
Ventes Publiques : New York, 21 sep. 1981 : *Luna*, bronze (H. 97,2) : **USD 8 000** – Londres, 7 nov. 1985 : *Vénus* vers 1880, bronze patine brune (H. 68) : **GBP 7 500** – Londres, 22 jan. 1986 : *Diane couchée sur un croissant de lune*, bronze (H. 99) : **GBP 12 000** – New York, 27 mai 1993 : *Diane sur un croissant de lune*, bronze (H. 96n,5) : **USD 9 200**.

DENEL C.
XIXe siècle. Allemand.
Graveur.
On connaît de lui un *Christ bénissant*, d'après Dolci.

DENENS Jan
Né avant 1671. XVIIe siècle. Éc. flamande.
Peintre de portraits.
Il était à Middelbourg vers 1671. On connaît de cet artiste un *Portrait de Cornelis Huybuegtsen*.
Ventes Publiques : New York, 10 jan. 1990 : *Portrait de Pieter Duvelaar tenant un document dans sa bibliothèque ; Portrait de son épouse près d'un fontaine dans un parc*, h/t, une paire (122x101,6) : **USD 9 900** – Amsterdam, 14 nov. 1991 : *Portrait de Pieter Duvelaar tenant un document dans sa bilbiothèque ; Portrait de son épouse près d'une fontaine dans un parc*, h/t, une paire (122x101,6) : **NLG 14 950**.

DÉNERVAUX François Pierre
XVIIe siècle. Suisse.
Sculpteur.
Actif à Romoni, Dénervaux fit partie de la confrérie de Saint-Luc et devint bourgeois de Fribourg le 2 octobre 1679.

DÉNES Valéria ou **Valy**, plus tard Mme **Galimberti**
Née en 1866 ou 1885 à Budapest. Morte en 1915 à Pécs. XIXe-XXe siècles. Hongroise.
Peintre de figures, paysages. Cubo-expressionniste.
Elle fit ses études artistiques à Budapest, Amsterdam, Nagybanya et Paris, où elle fut élève d'Henri Matisse de 1910 à 1912. En 1911 elle épousa Sandor Galimberti. Elle a figuré, à Paris, aux Salons d'automne et des Indépendants. Elle exposa ses peintures en 1914 à Budapest, où fut organisée une exposition rétrospective de l'ensemble de son œuvre en 1918.
Malgré l'enseignement de Matisse, elle subit surtout l'influence cubiste, dans la construction des volumes et de l'espace, auxquels elle imposait des déformations dynamisantes et expressionnistes.
Bibliogr. : In : Catalogue de l'exposition *L'Art en Hongrie 1905-1930, Art et Révolution*, Mus. d'Art et d'Industrie, Saint-Étienne, 1980.
Musées : Pécs (Mus. Janus Pannonius) : *Rue* 1913 – *Tzigane* 1914.

DENES William
XVIIIe siècle. Actif à Londres. Britannique.
Peintre d'histoire et de paysages.
Il exposa à la Free Society de Londres en 1778.

DENET Charles ou **Denet-Clément**
Né le 10 février 1853 à Évreux (Eure). Mort en avril 1939 à Paris. XIXe-XXe siècles. Français.
Peintre de genre, portraits, compositions murales.
Élève de Cormon et de Bonnat à l'École des Beaux-Arts de Paris, il débuta au Salon de Paris en 1877. Sociétaire du Salon des Artistes Français depuis 1887, il obtint une mention honorable au Salon de 1900. Hors-concours en 1912.
Il montre une prédilection pour les toiles de grandes dimensions, ce qui lui a permis de réaliser plusieurs commandes de peintures décoratives, notamment à Évreux, où il décore le plafond de la salle des mariages à l'Hôtel de Ville en 1893, peint *Hamlet* et *Le médecin malgré lui* pour le foyer du théâtre en 1903, décore également la salle de la Correctionnelle dans le Palais de

Justice. En 1909, on lui commande la décoration du plafond de la salle des mariages de l'Hôtel de Ville de Vernon et les murs de la Salle des Fêtes de la même ville. Ces grandes compositions décoratives, comme ses tableaux de dimensions plus modestes, sont traités avec ampleur, dans des coloris clairs issus à la fois de l'impressionnisme et des fauves.
Bibliogr. : Gérald Schurr, in : *Les Petits Maîtres de la peinture 1820-1920, valeur de demain*, Les Éditions de l'Amateur, t. VI, Paris, 1985.
Musées : Bernay – Caen – Évreux : *Ruth et Booz* – Fécamp – Rouen : *Retour des champs* – Vernon : *Le fils du pêcheur* 1882.

DENEUMOULIN Jean
Né le 29 octobre 1783 à Tongres. Mort en Amérique du Nord. xixe siècle. Belge.
Aquarelliste et architecte.
Le Musée d'Asembourg, à Liège, conserve dix-neuf aquarelles de cet artiste.

DENEUVILLE Alphonse Marie
Né en 1859. xixe siècle. Français.
Peintre d'histoire.
Cet artiste, indiqué par erreur par Siret, est évidemment Alphonse Marie de Neuville, le célèbre peintre d'histoire, né à Saint-Omer en 1835 (voir Neuville).

DENEUVILLE Henry Edmond
Né à Paris. xxe siècle. Français.
Peintre et sculpteur.
Exposant du Salon des Indépendants de 1925 à 1928.

DENEUVRE Pierre de
xve siècle. Français.
Sculpteur.
Il travailla vers 1449 pour le château de Châtel.

DENEUX Charles Auguste
xixe siècle. Français.
Peintre de portraits.
De 1836 à 1849, il exposa au Salon de Paris. Au Musée de Sète, on conserve de cet artiste une aquarelle : *Café maure à Tlemcen*. On lui doit un grand nombre de portraits.

DENEUX Gabriel Charles
Né le 8 septembre 1856 à Paris. xixe siècle. Français.
Peintre de scènes de genre, portraits, compositions murales.
Élève de Gérome et de Cabanel à l'École des Beaux-Arts de Paris, il participa au Salon de Paris à partir de 1880, obtenant une mention honorable en 1897.
Il parcourut la Grèce et la Sicile à la recherche des anciennes techniques picturales à la cire, à l'œuf, à l'encaustique. C'est cette dernière technique qu'il employa pour exécuter les peintures murales de Tlemcen et les décorations du Palais d'Hiver à Alger. Sa peinture cherche plus à rendre le fondu des valeurs que la précision de la ligne. En 1890, il publia : *Une peinture inaltérable*. Parmi ses œuvres, citons : *Enterrement de jeune fille* 1897 – *Le Pardon de Notre-Dame de la Clarté*, peint à l'encaustique – *Le retour du Mont Saint-Michel* – *Portrait de Mme Nina Pack*.
Bibliogr. : Gérald Schurr, in : *Les Petits Maîtres de la peinture 1820-1920, valeur de demain*, Les Éditions de l'Amateur, t. IV, Paris, 1979.
Musées : Chambéry (Mus. des Beaux-Arts) : *Batteur de beurre à Pont-Aven* – Nantes : *La remise des décorations par le général Forgemol* – Versailles : *Portrait de Boucher*.
Ventes Publiques : Paris, 1887 : *Le sommeil du berger* – *La leçon d'amour* – *Scène russe* – *Bergère jouant de la flûte*, quatre pan. décoratifs : **FRF 1 850** – Paris, 5 mars 1903 : *Le Viatique par un temps de neige* : **FRF 115** – Paris, 12 mars 1919 : *Les vieux remparts de Tlemcen*, peint. à l'encaustique : **FRF 45** – New York, 26 mai 1983 : *Sacré et profane*, h/t (58,5x49) : **USD 8 000** – Paris, 26 mars 1985 : *Le retour du troupeau*, peint. à l'encaustique/cart. (38x55) : **FRF 9 000** – New York, 29 oct. 1992 : *Le mariage*, h/t (139,7x177,8) : **USD 35 750**.

DENEUX Jean Dieudonné
Né en 1749 à Liège. Mort le 4 novembre 1786 à Liège. xviiie siècle. Éc. flamande.
Peintre.
Il fut l'élève de Christian Coclers et peignit surtout des fleurs et des ornements.

DENEUX Jules
Né en 1868 ou 1869 à Arras (Pas-de-Calais). Mort en 1895 à Paris. xixe siècle. Français.
Peintre de paysages. Postimpressionniste.
Très jeune, il suivit les cours de Xavier Dourlens et commença à participer aux expositions organisées par l'Union Artistique du Pas-de-Calais.
Bien qu'il ait fait des études de médecine à Paris, il continua, pendant sa courte vie, à peindre des paysages vus au cours de ses voyages dans le Nord, en Auvergne, aux environs de Paris. Sa touche légère et impressionniste rend la mobilité des ciels changeants.
Bibliogr. : Gérald Schurr, in : *Les Petits Maîtres de la peinture 1820-1920, valeur de demain*, Les Éditions de l'Amateur, t. VII, Paris, 1989.
Musées : Arras : *Dans la vallée de Ville-d'Avray*.
Ventes Publiques : Paris, 20 jan. 1991 : *Le Tréport* 1886, h/t (38x55) : **FRF 4 500**.

DENEW Richard
xixe siècle. Actif à Londres. Britannique.
Peintre de portraits, paysages.
Ventes Publiques : Londres, 24 sep. 1980 : *Scène de port*, h/t (35x44,5) : **FRF 3 200**.

DENEWET Clément
Mort en 1708 à Bruges. xviie siècle. Éc. flamande.
Peintre.
Il fut élève d'Alexander Ruwel.

DENEYN Pieter. Voir **NEYN Pieter de**

DENFFER Dietrich Peter, appelé **Jansen**
xviiie siècle. Actif en Courlande vers le milieu du xviiie siècle. Allemand.
Peintre.
Le Musée de Mittau conserve de cet artiste le *Portrait du Conte Hermann Keyserling*.

DENG CHUN ou **Teng Tch'ouen** ou **Teng Ch'un**
xiie siècle. Chinois.
Peintre.
Fonctionnaire, il se familiarise jeune avec la peinture grâce aux riches collections de sa famille.
Il est l'auteur de la plus importante histoire de l'art de l'époque des Song du Sud : le *Hua Ji*, 1167. Il veut continuer le grand ouvrage de Zhang Yanyuan (810-880 ?) et surtout celui de Guo Ruoxu, le *Tuhua Jianwenzhi* de 1074. Il ne parvient pourtant pas à atteindre la profondeur de ses illustres devanciers. Son ouvrage est moins tourné vers l'esthétique que vers l'histoire de l'art proprement dite, sur environ un siècle (1074-1167). Les deux dernières parties exposent certaines notions esthétiques proches de Guo Ruoxu et de ses conceptions aristocratiques de la peinture : celle-ci n'est plus que « l'expression suprême des élans intérieurs de l'homme de qualité et la valeur de l'œuvre est donc directement fonction de la culture et de l'élévation spirituelle de son auteur ». Cet ouvrage a une grande valeur documentaire et donne des informations intéressantes sur les diverses pratiques de l'Académie de Peinture sous le règne de l'empereur Song Huizong (1101-1126).

DENG FEN
Né en 1892. Mort en 1968. xxe siècle. Chinois.
Peintre de figures, paysages, fleurs. Traditionnel.
Ventes Publiques : Hong Kong, 16 jan. 1989 : *Fleurs de pêcher*, encres/pap. (55,9x35,6) : **HKD 18 700** – New York, 4 déc. 1989 : *Portrait de l'immortel Dong Fangshuo*, encre et pigments/pap., kakémono (91,5x35) : **USD 2 090** – Hong Kong, 15 nov. 1990 : *La falaise lunaire* 1922, encre et pigments/pap., kakémono (132,7x58) : **HKD 77 000** – Hong Kong, 31 oct. 1991 : *Jeune femme portant une jarre de vin* 1943, encre et pigments/pap., kakémono (83,5x33,4) : **HKD 26 400** – Hong Kong, 30 mars 1992 : *Lotus*, encre et pigments/pap., makémono encadré, d'après le maître Yuan (30,7x94,8) : **HKD 19 800** – Hong Kong, 30 avr. 1992 : *Jeune femme dans un paysage* 1952, encre et pigments/pap., kakémono (94,5x36) : **HKD 26 400** – New York, 1er juin 1992 : *Femme filant* 1949, encre et pigments/pap., kakémono (32,4x27,3) : **USD 2 475** – Hong Kong, 28 sep. 1992 : *Dames jouant de la musique*, encre et pigments/pap. (33,8x123,8) : **HKD 60 500** – Hong Kong, 22 mars 1993 : *Dames jouant de la musique*, encre et pigments/pap., kakémono (124,5x23) : **HKD 51 750** – Hong Kong, 5 mai 1994 : *Guanyin* 1958, encre et pigments/pap., kakémono (82x32) : **HKD 34 500**.

DENGLER Frank
Né en 1853 à Cincinnati, d'origine allemande. Mort le 17 janvier 1879 à Convington (Kentucky). xixe siècle. Américain.

Sculpteur.
Il fit ses études à Munich, puis, de retour en Amérique, il se spécialisa dans le portrait.

DENGLER Theodor
Né le 20 juillet 1867 à Karlsruhe. Mort en 1903 à Erfurt. XIXe siècle. Allemand.
Peintre de genre, portraits.
Musées : Erfurt : *Tête de femme.*
Ventes Publiques : Londres, 21 oct. 1983 : *Scène de rue arabe*, h/t (58,5x49) : **GBP 1 000**.

DENG SHIRU
Né en 1739. Mort en 1805. XVIIIe-XIXe siècles. Chinois.
Calligraphe. Traditionnel.
Ventes Publiques : New York, 26 nov. 1990 : *Calligraphie en écriture courante*, encre/pap., kakémono (133,3x59) : **USD 1 980** – New York, 1er juin 1993 : *Calligraphie en écriture religieuse*, encre/pap., kakémono (127x52,1) : **USD 3 163** – New York, 31 mai 1994 : *Calligraphie en écriture mandarin* 1781, ensemble de quatre kakémonos (chaque 121,6x32,1) : **USD 34 500** – Hong Kong, 4 mai 1995 : *Deux strophes en calligraphie Li shu* 1793, encre/pap. doré (chaque 140,3x22,8) : **HKD 161 000**.

DENGYEL Tibor
Né en 1913 à Kolozsvar. XXe siècle. Depuis 1948 actif en Belgique. Hongrois.
Peintre de figures, portraits, aquarelliste.
Il fut élève de l'Académie de Budapest. Il poursuivit sa formation en Italie et en France. Il devint professeur à l'Académie de Budapest.
Il pratique une technique généreuse. Il voit volontiers ses thèmes sous leurs aspects insolites.
Bibliogr. : In : *Diction. Biogr. illustré des Artistes en Belgique depuis 1830*, Arto, Bruxelles, 1987.

DENHAM John Charles
XVIIIe-XIXe siècles. Britannique.
Peintre de paysages.
Il exposa à la Royal Academy à Londres de 1796 à 1858.

DENHAM, Mrs
Morte en 1782 à Londres. XVIIIe siècle. Britannique.
Peintre de portraits, miniatures.

DEN HENGST Jan
Né en 1904. Mort en 1982. XXe siècle. Hollandais.
Peintre de fleurs.
Ventes Publiques : Amsterdam, 5-6 fév. 1991 : *Bouquet de fleurs d'été dans un vase*, h/t (60,5x50) : **NLG 1 035** – Amsterdam, 14 sep. 1993 : *Violettes dans un vase*, h/t (50x60) : **NLG 1 495**.

DENIAU
Né sans doute au début du XIXe siècle. XIXe siècle. Français.
Sculpteur.
S. Lami cite un sculpteur de ce nom ayant exposé *Une jeune fille couchée* et deux bustes au Salon de 1833.

DENIAU Pierre
XVIIe siècle. Actif à Angers vers 1680. Français.
Peintre.

DENIC Dujam
Né à Split (Yougoslavie). XXe siècle. Yougoslave.
Sculpteur.

DENICE Nisette
XXe siècle. Française.
Peintre de compositions à personnages, figures, aquarelliste, dessinatrice.
Elle fut élève de l'École des Beaux-Arts d'Alger dans les années soixante, et commença à exposer au Salon des Arts et des Lettres d'Algérie à Alger. Elle vit à Nice et ne reprit son activité de peintre qu'après 1980. Elle participe à de nombreux Salons et expositions collectives régionaux et à l'étranger, obtenant de nombreuses distinctions. À Paris, elle participe à de nombreux groupements, parmi lesquels : les Salons des Artistes Français, d'Automne (sociétaire), des Artistes Indépendants (sociétaire), du Dessin et de la Peinture à l'eau, etc. Elle montre aussi ses travaux dans les villes de la Côte-d'Azur, au Musée municipal de Mougins en 1994, à la Brasserie *La Coupole* de Paris en 1998, ainsi qu'au Canada en 1987, 1989, 1991, 1994.

DENICH Johann Josef
Mort le 5 mai 1737 à Glogau (Silésie). XVIIIe siècle. Tchécoslovaque.
Sculpteur.
Il vécut la plus grande partie de sa vie à Prague.

DENIER Jacques
Né le 10 juin 1894 à Paris. XXe siècle. Français.
Peintre de paysages animés, scènes typiques. Orientaliste.
Il fut élève à Paris de l'Académie de la Grande Chaumière, de Lucien Simon. Il exposait à Paris, au Salon des Tuileries dont il fut l'un des fondateurs, aux Salons des Artistes Indépendants, d'Automne dont il fut sociétaire à partir de 1921.
On cite surtout ses peintures rapportées du Sud-Oranais.
Musées : Alger – Belfort – Menton – Oran.

DENIER Wallerand
XVIIe siècle. Actif à Tournai vers 1629. Éc. flamande.
Peintre.

DENIES François
Né au XIXe siècle à Bruxelles. XIXe siècle. Éc. flamande.
Peintre de genre, d'histoire et de portraits.
On cite de lui : *L'Astronome, Judith et Holopherne.*

DENIES Isaac ou **Denis, de Niese**
Né en 1647. Mort en 1690. XVIIe siècle. Éc. flamande.
Peintre d'animaux, natures mortes, fleurs et fruits.
Il travailla, semble-t-il, à Delft et Amsterdam et se spécialisa dans la peinture d'oiseaux, imitant la manière de Willem Van Aelst. Les tableaux de ce peintre sont rares et souvent confondus avec ceux de son maître Willem van Aelst.
Bibliogr. : R. Warner – *Peintres hollandais et flamands de fruits et de fleurs des XVII et XVIIIe siècle*, 1928.
Ventes Publiques : Paris, 26 nov. 1967 : *Nature morte aux fruits* : **FRF 11 000** – Monaco, 20 juin 1992 : *Bouquet de fleurs avec un escargot et un papillon*, h/t (60x47) : **FRF 310 800** – Londres, 7 déc. 1994 : *Nature morte de fleurs comprenant des roses, des tulipes, etc. dans un vase de verre sur un entablement de marbre*, h/t (51,2x43) : **GBP 29 900**.

DENIFLE Franz Xaver
Mort le 18 mai 1723 à Innsbruck. XVIIIe siècle. Autrichien.
Peintre.

DENIFLE Johann Peter
Né le 22 février 1739 à Vulpmes (Tyrol). Mort le 26 juin 1808 à Innsbruck. XVIIIe siècle. Autrichien.
Peintre.
Il fut, à Augsbourg, l'élève de Mathias Günther. On lui doit surtout des peintures religieuses. Il décora, entre autres, les églises de Milland près de Brixen et de Toblach.

DENIFLE Joseph
XVIIIe-XIXe siècles. Actif à Innsbruck. Autrichien.
Peintre d'architectures.
Il était fils de Johann Peter.

DENIFLE Léopold
Mort en 1826. XIXe siècle. Actif à Innsbruck. Autrichien.
Peintre de portraits.
Il était fils de Johann Peter.

DENIKER Georges Jean
Né le 17 janvier 1889 à Paris. XXe siècle. Français.
Sculpteur, dessinateur. Postcubiste.
Il fut élève de Manolo (Manuel Ugne). Il préparait en même temps la carrière consulaire. Il fut mêlé au mouvement cubiste. Probablement durant la guerre de 1914-1918, il fut sapeur-aérostier. A ce moment, il inventa la « sculpture en ficelle ». Ensuite, il exposa à Paris, aux Salons d'Automne et des Tuileries. En poste en Chine, il étudia les anciens maîtres et en rapporta des dessins personnels.

DENIS
XIIIe siècle. Actif à Tournai vers 1213. Éc. flamande.
Sculpteur.

DENIS
XVe siècle. Actif à Lusignan au début du XVe siècle. Français.
Peintre.

DENIS, dit **le Vitrier**
XVe siècle. Actif à Tours vers 1435. Français.
Peintre.
Siret mentionne un Denis, peintre miniaturiste, qui aurait travaillé au XVe siècle pour le cardinal d'Amboise et qu'il faut peut-être identifier avec cet artiste.

DENIS
XVIe siècle. Russe.

Peintre.

Il est connu pour avoir décoré vers 1500, l'église de la Nativité de la Vierge, au couvent de Théraponte. Ses figures allongées ont une allure aérienne soutenue par un coloris léger.

Bibliogr. : K. Papaioannou : *La peinture Byzantine et Russe*, Rencontre, Lausanne, 1965.

DENIS

xxe siècle. Travaillant près de Toulouse, dans les années 1960. Uruguayen.

Peintre.

Peintre abstrait et même informel, avec peu de moyens, il crée des taches évocatrices de nébuleuses ou de galaxies hors du temps. Exposition personnelle à Toulouse en 1970.

DENIS Alain

Né le 10 septembre 1947 à Verviers. xxe siècle. Belge.

Peintre, peintre de compositions murales. Tendance pop art abstrait.

Il fut élève de l'Académie des Beaux-Arts de Liège de 1964 à 1970. Il obtint divers Prix, Watteau et Marie, entre 1967 et 1970. Il participe à de nombreuses expositions collectives, dans les principales villes de Belgique et en Allemagne. Il montre aussi ses productions dans de très nombreuses expositions personnelles, depuis 1971, dans diverses villes de Belgique, notamment fréquemment à Verviers, ainsi qu'à New York en 1991. Il est devenu professeur dans son Académie de formation. Il a collaboré à la peinture murale *Le voyage légendaire* de Paul Delvaux. Il a réalisé des peintures murales personnelles, au Home hospitalier de Spa, à l'Université de Liège.

Dans une première période, située par rapport au courant pop art, dans un graphisme inspiré de celui d'Adami, il figurait des détails agrandis de l'environnement mécanique quotidien. Ensuite, dans des sonorités plus colorées, il associe dans ses peintures des éléments graphiques apparentés à l'abstrait géométrique et d'autres apparentés au gestuel. Ces signes graphiques, taches et tracés, semblent évoquer métaphoriquement encore des moments de conscience ou de mémoire, réels ou imaginaires.

Bibliogr. : Lucien Rama : *Les Mythologies nouvelles d'Alain Denis*, Arts Antiques Auctions, Bruxelles, 198 ? – in : *Diction. Biogr. illustré des Artistes en Belgique depuis 1830*, Arto, Bruxelles, 1987.

Musées : Liège (Cab. des Estampes) : Trente dessins.

DENIS Albert

Né au xixe siècle à Mehoudin (Orne). xixe siècle. Français.

Peintre de portraits.

Il débuta au Salon de 1881.

DENIS André François

Mort en août 1782. xviiie siècle. Français.

Ciseleur.

Membre de l'Académie Saint-Luc. Il pratiqua la ciselure sur or et argent.

DENIS Antoine

xviie siècle. Français.

Sculpteur.

Il fut reçu à l'Académie Saint-Luc en 1692.

DENIS Claude, dit **Claudius**

Né le 18 avril 1878 à Lyon (Rhône). xxe siècle. Français.

Peintre de natures mortes, fleurs et fruits, graveur, décorateur.

Il exposait à Paris, aux Salons d'Automne et des Artistes Décorateurs.

On cite ses planches gravées concernant les camps de prisonniers de la guerre de 1914-1918. Il a créé des tissus d'art.

Ventes Publiques : Paris, 19 déc. 1923 : *Nature morte – Fruits* : **FRF 300** – Paris, 9 fév. 1927 : *Le bouquet de roses* : **FRF 160** – Paris, 5 mai 1986 : *Fête du Trône* 1906, h/t (36x104) : **FRF 6 800** – New York, 20 juil. 1994 : *Les jardins du Luxembourg*, h/cart. (29,8x56,5) : **USD 3 105**.

DENIS Clément

Né au xixe siècle à Paris. Mort fin 1870. xixe siècle. Français.

Sculpteur.

Élève de Jouffroy, il débuta au Salon de 1868, avec : *Le Giotto*, statue plâtre. Engagé en 1870, il mourut d'épuisement et de misère.

DENIS Édouard Auguste

Né au xixe siècle à Chateauroux (Indre). xixe siècle. Français.

Peintre de fleurs, aquarelliste.

Il débuta au Salon de 1877.

DENIS Épiphane

Né le 17 décembre 1823 à Liège. Mort le 18 février 1891 à Liège. xixe siècle. Belge.

Peintre.

Il était frère de Louis. On lui doit surtout des paysages.

DENIS Ernest

Né en 1917 à Anvers. Mort en 1976 à Anvers. xxe siècle. Belge.

Peintre. Figuratif.

Il fut élève de Franz Courtens et Opsomer à l'Académie et à l'Institut Supérieur des Beaux-Arts d'Anvers. Il remporta le Prix de Rome en 1943, le Prix de la Jeune Peinture Belge en 1950.

Bibliogr. : In : *Diction. Biogr. illustré des Artistes en Belgique depuis 1830*, Arto, Bruxelles, 1987.

DENIS François Eugène

Né le 5 septembre 1828 à Nantes (Loire-Atlantique). Mort le 3 septembre 1878 à Nantes. xixe siècle. Français.

Peintre verrier.

Élève de Picou et de Marchand. Il travailla pour plusieurs églises de sa région natale.

DENIS François Joseph

xviiie siècle. Actif à Namur à la fin du xviiie siècle. Éc. flamande.

Sculpteur et architecte.

DENIS Geneviève

Née à Paris. xxe siècle. Française.

Peintre de figures et de fleurs.

Elle exposa au Salon des Tuileries, à Paris, en 1928 et 1930.

DENIS Gervais

Français.

Peintre.

Il était membre de l'Académie Saint-Luc à Paris.

DENIS Géry

xviiie siècle. Actif à Cambrai au début du xviiie siècle. Français.

Sculpteur.

DENIS J.

xviiie siècle. Actif à Paris vers 1725. Français.

Graveur au burin.

On cite de lui : Planches pour *Le Maître à danser*, par Rameau.

DENIS J.

xixe siècle. Actif au début du xixe siècle. Hollandais.

Lithographe.

On connaît de lui un portrait du peintre Odevaere.

DENIS Jean

xviie siècle. Travaillant vers 1680. Français.

Peintre.

Cité par M. Louis Lampe.

DENIS Jean

Né à Champniers-Reillac (Dordogne). xxe siècle. Français.

Peintre.

A exposé : *Murailles de Fez* (Maroc) au Salon des Indépendants de 1927.

DENIS Jean Adrien

Mort en 1765 à Paris. xviiie siècle. Français.

Peintre.

Il faisait partie de l'Académie Saint-Luc.

DENIS José

Né à Malaga. xixe siècle. Espagnol.

Peintre de genre, portraits.

Il fut élève de l'École des Beaux-Arts à Rome. Revenu en Espagne, il participa, à partir de 1872, aux expositions de Malaga. On cite de lui : *Déclaration d'amour* et le *Portrait de Mercédès d'Orléans*.

Ventes Publiques : Londres, 8 oct. 1982 : *Interlude musical, Malaga* 1904, h/t (94x66) : **GBP 1 700** – New York, 26 mai 1993 : *L'Après-midi dans le patio* 1873, h/t (51,4x69,9) : **USD 4 600**.

DENIS Louis

xixe siècle. Belge.

Peintre d'histoire, genre.
Vers 1850, il se rendit en Italie.

DENIS Louis
Né le 10 juin 1821 à Liège. Mort le 30 mars 1843 à Liège. XIXe siècle. Belge.
Peintre de portraits, natures mortes.
Il était frère d'Épiphane.
Musées : Liège : *Portrait.*
Ventes Publiques : New York, 24 mai 1988 : *Nature morte aux chrysanthèmes dans des vases japonais,* h/t (101,7x72,3) : **USD 13 200** – New York, 16 fév. 1993 : *Nature morte de coquelicots et de marguerites dans un panier,* h/t (68,6x102,9) : **USD 4 180.**

DENIS Manuel
Né au Portugal. XVIe-XVIIe siècles. Espagnol.
Peintre.
Il semble qu'il travailla surtout pour le roi Philippe III, en Espagne.

DENIS Marguerite
Née le 28 août 1905 à Paris. XXe siècle. Française.
Peintre de paysages, natures mortes.
Elle fut élève de Jean Picart-Ledoux et d'Édouard Mac Avoy. Elle exposait à Paris, depuis 1957, aux Salons d'Automne et des Femmes Peintres et Sculpteurs.
Elle a beaucoup peint en Grèce et en Crète.

DENIS Maurice
Né le 25 novembre 1870 à Granville (Manche). Mort le 13 novembre 1943 à Saint-Germain-en-Laye (Yvelines). XIXe-XXe siècles. Français.
Peintre de sujets religieux, compositions à personnages, paysages, natures mortes, décorations murales, aquarelliste, graveur, lithographe, dessinateur, illustrateur. Symboliste. Groupe des Nabis.
Après de brillantes études au Lycée Condorcet de Paris, en 1888 il entra à l'Académie Julian, où il eut, entre autres, pour condisciples Pierre Bonnard, Édouard Vuillard, Ker-Xavier Roussel, Paul Ranson, René Piot, et surtout Paul Sérusier qui, au retour d'un séjour à Pont-Aven, initia le groupe à l'art de Paul Gauguin, rapportant le petit tableau qu'il avait peint sous les directives directes de Gauguin, et qui deviendra le « talisman » du groupe. Autour de cette admiration et des préceptes qui en découlaient, fut créé le groupe des « Nabis », du nom des adeptes d'une secte initiatique orientale. Ensuite, il fut élève de l'École des Beaux-Arts. Ce fut en 1890 qu'il rédigea le manifeste des Nabis dans la revue *Art et Critique.* Depuis 1889, il était l'un des animateurs de ce groupe issu des amitiés de l'Académie Julian et de la commune admiration pour Gauguin, parmi lesquels il était nommé « le Nabi aux belles icônes ». Sa personnalité commença de se manifester pleinement lors de son séjour à Pont-Aven, emmené par Paul Sérusier auprès de Paul Gauguin, lors de son dernier séjour en 1893-1894. Il voyagea en Italie, de 1895 à 1898, et de nouveau en 1904, s'intéressant surtout aux primitifs. En France, il étudiait Ingres et Poussin. Cultivé, amateur de musique, en relation avec les milieux intellectuels, le jeune Maurice Denis commençait à écrire, publiant des études dans des revues, avant d'entreprendre d'importants ouvrages, d'entre lesquels : *Théories* 1890-1910, dont une des formules doctrinales fut abondamment, et est encore, citée : « Se rappeler qu'un tableau – avant d'être un cheval de bataille, une femme nue ou une quelconque anecdote – est essentiellement une surface plane recouverte de couleurs en un certain ordre assemblées. » Il publiera *Nouvelles Théories* en 1922 ; et encore des ouvrages consacrés à l'art religieux, à Rome, Ingres, au symbolisme, à Gauguin et à Sérusier, etc. Avec le vingtième siècle s'est ouverte pour lui sa période de grande production. En 1903, il fit un voyage à l'abbaye de Beuron dans le Haut-Danube, où les Bénédictins élaboraient les principes d'un art religieux fondé sur les « saintes mesures ». En 1903, il devint professeur à l'Académie Ranson. Avec Georges Desvallières, il ouvrit en 1919 les *Ateliers d'Art Sacré,* où fréquentèrent de nombreux élèves. Il fut élu membre de l'Institut, et nommé commandeur de la Légion d'Honneur. Il était encore en pleine activité lorsqu'il fut accidenté dans les circonstances que dit André Salmon : « Un affreux soir de pluie et de vent, sur l'obscurité totale, pendant l'occupation de Paris, le vieil artiste fut renversé par un camion lourd dont les feux troubles l'aveuglèrent. Il fut, selon son vœu, enseveli dans sa blanche robe de tertiaire de l'Ordre de saint Dominique. »
En 1890, âgé de vingt ans, il exposa un pastel, *L'Enfant de chœur,* au Salon des Artistes Français ; il y fut remarqué dès cette première participation. En 1903, il fut l'un des fondateurs du Salon d'Automne, où ce fut lui qui fit ouvrir une section d'art religieux. Il exposa aussi au Salon de la Société Nationale des Beaux-Arts, fondée depuis 1890. En 1937, lors de l'Exposition du Petit Palais de la Ville de Paris, des *Maîtres de l'Art Indépendant,* il y figura avec une quarantaine d'œuvres. De son vivant, deux rétrospectives importantes lui furent consacrées : en 1922 à Venise, et en 1924 au Musée des Arts Décoratifs de Paris. Depuis sa mort ont eu lieu de nombreuses expositions rétrospectives de son œuvre, d'entre lesquelles : 1945 Musée d'Art Moderne de Paris, 1963 Musée Toulouse-Lautrec d'Albi, 1967 Musée de Munich, etc. Une grande exposition rétrospective fut organisée en 1970, pour le centenaire de sa naissance, au Musée de l'Orangerie des Tuileries à Paris. Suivirent encore, de 1971 à 1978, les expositions des Musées de Brême, Zurich, Copenhague, Honfleur, Pont-Aven. En 1980 fut inauguré au Prieuré de Saint-Germain-en-Laye, où il vécut, le Musée Départemental, consacré à Maurice Denis et son temps ; en 1996 le musée Rolin d'Autun présenta une soixantaine de ses œuvres.
Il exécuta une grande décoration murale dans l'église Sainte-Croix du Vésinet en 1901-1903. D'entre ses peintures du moment : *Hommage à Cézanne, Notre Dame à l'école, Portrait de famille, La plage.* Maurice Denis fut un des rares grands décorateurs de sa génération, capable d'assumer de vastes surfaces. En 1912, il peignit le plafond et des frises du Théâtre des Champs-Élysées, construit par Auguste Perret. Il réalisa encore de vastes compositions pour l'église Saint-Paul et le Palais de la Société des Nations à Genève. Il a illustré des ouvrages littéraires, entre autres : Paul Verlaine *Sagesse* 1891-1911, André Gide le *Voyage d'Urien* 1893, l'*Imitation de Jésus-Christ* 1903, Dante la *Vita Nuova* 1907, François d'Assise les *Fioretti* 1913, Paul Claudel *Sainte-Thérèse* 1916, Alfred de Vigny *Éloa* 1917, *Vie de Saint-Dominique* 1919, le *Livre de l'Eucharistie* 1920, etc. L'artiste et le théoricien de l'art qu'il fut, exerça une influence certaine lors de la première partie de sa carrière, c'est-à-dire celle qui précéda l'apparition du fauvisme en 1905 et du cubisme en 1907. Sur la fin du XIXe siècle, il fut de ceux qui proposèrent un exemple révolutionnaire. S'il rompait avec tout académisme, aussi résolument que l'avaient pu faire avant lui les impressionnistes, son ambition était, du premier jour, de ne nier cet académisme que pour retrouver, réimposer, les vertus d'un classicisme. Dès le pastel qu'il exposa en 1890, *L'enfant de chœur,* était donné le signe des intentions spirituelles qui devaient fonder une part très importante de sa production à venir, et contribuer à la rénovation de l'art religieux. Il fut un temps classé, non sans raison, parmi les artistes symbolistes. Peintre mystique, il n'en renia pas pour autant la terre. Ses anges bienfaisants descendent volontiers du ciel pour visiter les humains. Il peignait aussi de larges compositions rien qu'humaines, des scènes de plage où ses baigneuses, exemptes de l'érotisme sournois sous prétexte turc, de celles d'Ingres, n'expriment qu'une sereine plénitude de vie. Concernant sa considérable activité de peintre de compositions décoratives murales, Adrien Mithouard, qui fut président du Conseil Municipal de Paris, directeur de la revue *L'Occident,* si largement ouverte au Maurice Denis théoricien, a écrit : « La peinture décorative de Maurice Denis s'impose par la joie profonde qui est en elle ; elle est si bienfaisante ; elle est généreuse. Un mur lui est-il offert, son imagination claire et tendre est incroyablement prompte à élire des motifs d'une suprême convenance. Cette entente des arabesques les plus expressives où il excelle lui fait un jeu de triompher dans l'agencement des motifs et des personnages. Son dessin si apte à ne retenir de chaque chose que le caractère essentiel dans la formule la plus brève donne à tous les incidents une portée particulièrement juste. La luminosité de sa palette achève le miracle. Et cette aisance même avec laquelle l'œuvre a été exécutée y laisse une indicible fleur de grâce qui en est l'achèvement. » Constituant son importante participation d'une quarantaine de peintures à l'exposition des *Maîtres de l'Art Indépendant* de 1937, on y remarquait une bonne vingtaine de ses œuvres de jeunesse, datées d'avant 1900, de 1890 à 1899, parmi lesquelles : *Annonciation ; Les anémones ; Baigneuses ; La princesse dans la tour ; Pélerins d'Emmaüs ; Les communiantes ; Sœurs de charité,* comme s'il était lui-même conscient, pourtant parvenu à la célébrité, de ce que la postérité lui ferait surtout honneur de ses enthousiasmes de jeunesse.
Après des débuts où il pratiquait un discret divisionnisme pointilliste, dans la période du groupe Nabi, Maurice Denis a contri-

bué à la prise en compte de la peinture en tant que « fait plastique » en lui-même, libéré de l'anecdote. Alors, sans évacuer la pensée de la forme, il se créa une écriture particulière, synthétisant la forme sans modelé ni profondeur en aplats de tons sourds et mats, et, en concordance avec le principe du « cloisonnisme » revendiqué à la fois par Gauguin et Émile Bernard, en accusant le contour d'un cerne : « Le pouvoir de suggérer certains rapports entre les idées et les choses a toujours été l'essentiel de l'art. Encore faut-il réaliser selon ses lois propres l'objet qui traduit et transmet cette émotion. » Ainsi, même si dans sa production plus proche de l'officialité de Puvis de Chavannes que de la révolte de Gauguin, en théorie et dans son art, il posait l'un des principes fondateurs de l'art du xxe siècle. À son souci généralisé de modernité correspond dès cette époque le choix de représenter en contemporains les personnages de l'antiquité ou des évangiles : en 1893, avec *Les Muses*, les divinités de la Grèce antique sont campées par quelques promeneuses des allées du Bois de Boulogne. Après 1895, il se détacha progressivement de la lettre du synthétisme, notamment à la suite de ses voyages italiens, renouant avec une réalité plus présente, associant dans une construction plus concrète de la forme le Quattrocento et Cézanne, concevant à son usage définitif une gamme extrêmement claire, un peu « farineuse » qui sera une des caractéristiques de l'ensemble de son œuvre, archaïsant et post-symboliste. En tant que peintre de sujets religieux, il eut aussi un rôle novateur, conciliant mysticisme et intimisme afin de rendre, comme il le faisait pour la mythologie, les personnages du Livre proches de ses contemporains, non dans un contexte dramatique ainsi que l'avait avant lui fait le Caravage, mais ici dans un climat délicatement bucolique, ainsi de l'*Après-midi dans un parc* de 1900, où l'on comprend que ces personnes attentives autour ou penchées au-dessus d'un petit enfant, sur une pelouse accueillante au bord d'un lac citadin, rejouent au présent familier le mystère de la Nativité. ■ Jacques Busse

Bibliogr. : François Fosca : *Maurice Denis*, Paris, 1924 – M. Brillant : *Maurice Denis, peintre, lithographe*, Paris, 1926 – René Huyghe : *Maurice Denis et l'Italie*, in : *L'Amour de l'Art*, Paris, 1933 – Paul Jamot : *Maurice Denis*, Paris, 1945 – Agnès Humbert : *Les Nabis et leur époque*, Genève, 1954 – in : *Les Muses*, Grange Batelière, Paris, 1971 – G. L. Mauner in : *Les Nabis : leur histoire et leur art, 1888-1896*, New York, 1978 – Marcus Osterwalder : *Diction. des illustrateurs 1800-1914*, Hubschmid et Bouret, Paris, 1983 – Jean-Paul Bouillon : *Maurice Denis*, Skira, Genève, 1993 – in : Catalogue de l'exposition *Les Nabis*, Gal. Nat. du Grand-Palais, Paris, 1993 – Brigitte Maurice-Chabard, divers : Catalogue de l'exposition : *Un nouveau regard sur Maurice Denis*, Musée Rolin, Autun, Adam Biro, Paris, 1996.

Musées : Albi (Mus. Toulouse-Lautrec) : *Esquisses du plafond du Théâtre des Champs-Élysées* – Autun (Mus. Rolin) : *Portrait d'enfant au panier* – Bayonne (Mus. Bonnat) : *Crépuscule* – Beauvais (Mus. des Beaux-Arts) : *La Colonie de vacances* – Dijon (Mus. des Beaux-Arts) : *Pétrarque* – Nantes (Mus. des Beaux-Arts) : *Annonciation – Soir de Septembre – La Balançoire* – Neuss (Clemens Sels Mus.) : *Sinite parvulos* 1900 – Paris (Mus. d'Orsay) : *Les Muses* 1893 – *Degas et son modèle* vers 1904 – Paris (Mus. d'Art Mod.) : *La Famille Mellerio* 1897 – *L'Hommage à Paul Cézanne* 1900 – *Maternité à la fenêtre* 1901 – *Le Forum* 1904 – *Portrait de dom Verkade* 1906 – *Bretonne sous la tonnelle* 1906 – *Au balcon, à Venise* 1907 – *Le Paradis* 1912 – *L'Annonciation* 1913 – *Portrait de l'artiste* 1923 – Paris (BN) : *Tendresse* 1883 – *Les Pélerins d'Emmaüs* 1895 – Paris (Mus. des Arts Déco.) : *Sujet poétique, septembre* – Quimper (Mus. des Beaux-Arts) : *Bretonne dans une barque* vers 1891-1892 – Saint Germain-en-Laye (Mus. départ. du Prieuré) : *Jeune Fille au lilas – Triple portrait de Marthe la fiancée – L'Échelle dans le feuillage – Saintes Femmes au tombeau.*

Ventes Publiques : Paris, 29 avr. 1899 : *Five o'clok* : **FRF 720** – Paris, 25 mai 1909 : *Adoration à la Vierge* : **FRF 1 650** – Paris, 21 nov. 1918 : *Jésus bénissant une récolte* : **FRF 1 500** – Paris, 24 fév. 1919 : *Vue de Spolète* : **FRF 2 400** – Paris, 21 fév. 1920 : *Dans la forêt* : **FRF 3 000** – Paris, 16 mars 1921 : *Les Porteuses d'eau* : **FRF 5 200** – Paris, 22 juin 1922 : *Les Pélerins d'Emmaüs* : **FRF 11 100** ; *Vierge au trône* : **FRF 6 000** – Paris, 7 avr. 1924 : *La Procession*, past. : **FRF 550** ; *Torcello par le soleil* : **FRF 3 000** ; *Ariane à Naxos* : **FRF 18 500** ; *Intérieur au Prieuré* : **FRF 6 000** ; *Tobie et l'ange* : **FRF 9 000** – Paris, 8 déc. 1928 : *Fleurs et Fruits* : **FRF 10 100** ; *Le Goûter* : **FRF 12 500** ; *Le Lys des champs* : **FRF 18 000** – Paris, 24 nov. 1941 : *La Visite au couvent* : **FRF 21 000** – Paris, 30 nov. 1942 : *Maternité* : **FRF 80 000** – Paris, 23 déc. 1942 : *La Baignade* : **FRF 15 000** ; *L'escalier* : **FRF 20 500** ; *Les Poires* : **FRF 4 500** – Paris, 27 jan. 1943 : *Le Sacre de Charles VII* : **FRF 30 000** ; *Femmes et enfants devant la mer* : **FRF 28 000** – Paris, 24 fév. 1943 : *Chœur de religieuses* : **FRF 45 000** ; *Portrait de Madame Denis* : **FRF 23 000** – Paris, 12 avr. 1943 : *Nu étendu*, fus. : **FRF 1 200** – Paris, 16 juin 1943 : *Portrait de la famille André Mellerio* : **FRF 45 500** – Paris, 10 mars 1944 : *La plage* : **FRF 131 000** – Paris, oct. 1945-juil. 1946 : *Les hortensias* : **FRF 40 000** ; *La Visitation* : **FRF 120 000** ; *Le Pardon de Folgoët* : **FRF 61 000** – Paris, 23 avr. 1947 : *Paysage de Saint-Émilion* : **FRF 22 000** – Paris, 16 fév. 1951 : *Nausicaa* : **FRF 130 000** – Paris, 23 nov. 1953 : *Portrait d'Edgard Degas* : **FRF 138 000** – Paris, 14 juin 1957 : *La source* 1941 : **FRF 320 000** – New York, 11 nov. 1959 : *L'arrivée à New York* : **USD 1 000** – Londres, 4 mai 1960 : *L'Été* : **GBP 400** – Paris, 18 juin 1962 : *Plage de Perros-Guirec* : **FRF 9 000** – Berne, 28 mai 1964 : *A la plage*, aquar. et encre de Chine : **CHF 3 100** – Versailles, 2 juin 1965 : *Nausicaa* : **FRF 16 000** – Londres, 4 déc. 1968 : *Saint Sébastien* : **GBP 3 300** – Zurich, 21 oct. 1969 : *Femme nue au coussin rouge*, past. : **CHF 9 000** – Tokyo, 3 oct. 1969 : *Le Tub* : **JPY 1 800 000** – Berne, 18 juin 1970 : *Groupe de jeunes filles et cavaliers sur la plage* : **CHF 56 000** – Londres, 4 avr. 1974 : *Maternité* : **GBP 3 600** – Paris, 11 juin 1974 : *Maternité* : **FRF 60 000** – New York, 5 fév. 1976 : *Les Pèlerins d'Emmaüs* 1895, litho. (30,5x45,5) : **USD 1 250** – Versailles, 24 oct. 1976 : *Les Baigneurs (la famille Denis)* 1924, h/t (97x125) : **FRF 40 000** – Munich, 23 mai 1977 : *Les Enfants sur la plage* 1892, h/pan. (20,5x25) : **DEM 20 500** – Londres, 4 oct. 1977 : *Le Reflet dans la fontaine* 1897, litho. coul. sur Chine (40,2x25,2) : **GBP 1 100** – Berne, 7 juin 1978 : *Le Reflet dans la fontaine* 1897, litho. coul. : **CHF 5 400** – Paris, 1er avr. 1979 : *Baigneuses sous les arbres* 1906, h/pan. (32x41) : **FRF 19 000** – Londres, 26 nov. 1979 : *Tendresse* 1893, litho. coul. (30x25) : **GBP 1 400** – Versailles, 10 oct. 1981 : *Les Porteuses d'eau*, fus. reh. de craie blanche/pap. (88x58,5) : **FRF 7 000** – Paris, 19 mars 1983 : *Au pont du Nord, un bal était donné* 1894, aquar., projet d'éventail (17x72) : **FRF 36 000** – New York, 1er nov. 1983 : *Sur le canapé d'argent pâle* 1898, litho. coul. (42x29,2) : **USD 1 500** – Paris, 15 déc. 1983 : *Régates à Ploumanach* 1920, h/t (90x65) : **FRF 300 000** – Londres, 26 mars 1985 : *Bretonne, son enfant et canards* 1893, h/t (27x21) : **GBP 40 000** – Paris, 12 juin 1985 : *Le Sermon dans la campagne*, gche (41,8x35,2) : **FRF 20 000** – Rambouillet, 20 oct. 1985 : *Allégorie des Vendanges*, fus. (80x70) : **FRF 14 000** – Paris, 18 mars 1986 : *Le Goûter à Trestraou* 1914, h/t (80x123) : **FRF 605 000** – Enghien-les-Bains, 19 juin 1986 : *Jeunes Filles dans un jardin* 1894, gche aquarellée mar./t. (133x73) : **FRF 680 000** – Enghien-les-Bains, 25 juin 1987 : *Jeunes filles cueillant des fleurs devant la mer* 1893-94, h/cart. (45x38) : **FRF 2 020 000** – Paris, 24 nov. 1987 : *La Renommée* 1924, cr. gras et past., étude pour la coupole du Petit

Palais (80x39,5) : **FRF 44 000** – Paris, 10 déc. 1987 : *C'est la fête du blé (ramassage du raisin)*, h/cart. (74x50,5) : **FRF 1 131 000** ; *Tendresse maternelle* 1902, h/t (74x48) : **FRF 422 000** – Paris, 21 mars 1988 : *La Source*, h/t (55x42) : **FRF 65 000** ; *Apparition* 1894, gche (16,5x9,5) : **FRF 49 000** – Paris, 22 mars 1988 : *Bretonnes au reposoir de Perros-Guirec*, h/t (35x24) : **FRF 280 000** – New York, 13 mai 1988 : *L'Annonciation* 1930, h/t (53,3x74) : **USD 12 100** – Londres, 18 mai 1988 : *Place d'Espagne à Rome, le soir* 1928, h/t (75x49,5) : **GBP 11 550** – New York, 18 fév. 1988 : *Le Perroquet orange ; Le Perroquet vert ; Deux Petits Oiseaux*, h/t, trois parties de la bacchanale du Tigre Royal (91,5x34,6 ; 48,9x78,4 ; 91,4x35,3) : **USD 12 100** – Paris, 9 mai 1988 : *Les Baigneurs*, h/t (37,5x27) : **FRF 75 000** – Paris, 12 juin 1988 : *Le Triomphe de la Vierge, d'Enguerrand Quarton*, h/cart. (22x26,8) : **FRF 58 000** ; *La Communion*, gche (16x8) : **FRF 8 000** ; *Le Suquet* 1932, h/cart. (38,5x53,5) : **FRF 59 000** – Lyon, 13 juin 1988 : *Anne-Marie et Françoise sur la plage* 1917, h/t (81x66) : **FRF 290 000** – Paris, 15 juin 1988 : *Zerline enlacée par Don Juan*, à la pierre noire et craie blanche et rose/pap. chamois, étude (49,5x39) : **FRF 12 000** – Paris, 22 juin 1988 : *Procession pascale* 1894, h/cart. (60x46) : **FRF 2 300 000** – Paris, 23 juin 1988 : *Jeune Femme au bord de l'eau, étude pour le Bain dans la forêt* vers 1907 (23,5x16,5) : **FRF 57 000** – Paris, 1er juil. 1988 : *Sur le canapé d'argent pâle* 1898, litho. (50x37) : **FRF 30 100** – Paris, 5 juil. 1988 : *Nu agenouillé le bras gauche ramené sur le front* vers 1906-07, h/cart. parqueté (42x29,5) : **FRF 64 000** – New York, 6 oct. 1988 : *Le Viaducq des Fonds Saint-Léger à Saint-Germain-en-Laye*, h/cart. (28,6x23,2) : **USD 10 450** – Londres, 21 oct. 1988 : *Jeune Femme assise*, h/pan. (22,6x26,1) : **GBP 6 600** – Paris, 27 oct. 1988 : *La Chapelle Saint-Guirée* 1916, h/pan. (37x39) : **FRF 30 000** – Paris, 22 nov. 1988 : *Jeu de balle sur la plage* 1922, h/t (106x125) : **FRF 1 110 000** – Paris, 12 déc. 1988 : *Port-Blanc* 1915, h/t (85x56) : **FRF 500 000** – Paris, 16 déc. 1988 : *L'Arno à Florence* 1933, peint./cart. (51,5x35) : **FRF 180 000** – New York, 16 fév. 1989 : *Le Balcon (les filles de l'artiste)* 1913, h/t (72,7x44,4) : **USD 46 200** – Londres, 22 fév. 1989 : *La Rivière de Landerneau* 1924, h/t (84,5x64,5) : **GBP 23 100** – Paris, 15 mars 1989 : *Portrait de bébé*, dess. à la mine de pb (30x49) : **FRF 17 000** – Paris, 11 avr. 1989 : *La Conversation sacrée* 1923, h/t (100x129) : **FRF 22 100** – Paris, 17 juin 1989 : *Jésus chez Marthe et Marie* 1909, h/cart. (34x54) : **FRF 300 000** – Londres, 27 juin 1989 : *Conversation sacrée (Le Peintre et sa famille à Perros-Guirec)* 1923, h/t (100x125) : **GBP 33 000** – Londres, 28 juin 1989 : *Laissez venir à moi...*, h. et fus./cart. (29x32) : **GBP 59 400** – New York, 5 oct. 1989 : *Deux Jeunes Filles sur le balcon de Silencio*, h/t (33,3x25,1) : **USD 26 400** – Paris, 21 nov. 1989 : *Maternité*, lav. de bistre (155x125) : **FRF 8 600** – Paris, 23 nov. 1989 : *Dormeur au balcon noir*, h/pan. (43x48,5) : **FRF 2 440 000** – Paris, 9 déc. 1989 : *Religieuses et fillettes en rose, sur la terrasse de Saint-Germain*, h/cart. (26x37,5) : **FRF 535 000** – Paris, 23 mars 1990 : *Étude pour le geste de saint Paul*, trois cr./pap. chamois (79x33) : **FRF 6 000** – Paris, 1er avr. 1990 : *Marthe Denis et le petit François dans le jardin ensoleillé à Silencio* 1916, h/cart. (40x50) : **FRF 850 000** – Paris, 10 avr. 1990 : *Route de la Villa Sienne*, aquar. (26x20) : **FRF 14 000** – Paris, 15 juin 1990 : *Les Deux Colombes* 1894, h/t (62x26) : **FRF 1 250 000** – Paris, 17 oct. 1990 : *Étude pour la piazetta à Venise* 1907, h/cart. (22x17) : **FRF 290 000** – New York, 13 fév. 1991 : *Intérieur de l'église de la Clarté en Bretagne*, h/t (51,4x36,2) : **USD 6 820** – Paris, 17 mars 1991 : *Arbre de vie*, h/t (158x133) : **FRF 180 000** – Londres, 20 mars 1991 : *Village des Pyrénées*, h/cart. (33,5x24) : **GBP 15 400** – Auxerre, 7 avr. 1991 : *Au Bois d'Amour* 1894, h/t (32x58) : **FRF 1 420 000** – Amsterdam, 11 déc. 1991 : *Marthe et Noëlle à la porte verte* 1898, h/pap./t. (45,5x39) : **NLG 310 500** – Paris, 19 mai 1992 : *Femme en rose devant la fenêtre à Loctudy le soir*, h/t (57x39) : **FRF 400 000** – Londres, 30 juin 1992 : *Port de Ploumanach* 1933, h/cart. (37,2x49,5) : **GBP 66 000** – Paris, 24 fév. 1993 : *Le reflet dans la fontaine* 1897, litho. coul. : **FRF 35 000** – New York, 12 mai 1993 : *Souvenir du soir I* 1890, h/t (58,1x46) : **USD 156 500** – New York, 13 mai 1993 : *Jeune mère allaitant son enfant*, h/pap./t. (51x45,7) : **USD 74 000** – Paris, 16 juin 1993 : *Bretonne au balcon*, h/cart. (21x23) : **FRF 300 000** – Londres, 30 nov. 1993 : *Crucifixion*, aquar. (13x7,8) : **GBP 8 050** – Paris, 4 mai 1994 : *Arbres à la vasque*, h/pan. (41x32) : **FRF 69 000** – Paris, 25 nov. 1994 : *Les Pélerins d'Emmaüs* 1896, h/cart. (34x48) : **FRF 970 000** – Paris, 14 fév. 1996 : *Maternité devant la mer ou Maternité au Pouldu* 1900, litho. trois coul. (34,5x25) : **FRF 4 600** – Milan, 19 mars 1996 : *Béatrice sur la terrasse aux cyprès* 1904, h/t (28x47,5) : **ITL 36 800 000** – New York, 2 mai 1996 : *Les Premiers Pas de Noëlle* 1897, h/cart. (46x61) : **USD 79 500** – Paris, 24 mai 1996 : *La Femme aux fleurs*, aquar., projet de vitrail (147x67) : **FRF 68 000** ; *Le Jardin de Goethe à Weimar* vers 1909, h/pan. (35x27) : **FRF 62 000** – Paris, 13 juin 1996 : *La Visitation à la Villa Montrouge* 1896, litho. (46,7x31,3) : **FRF 15 500** – Paris, 29 nov. 1996 : *Nymphe couronnée de pâquerettes* 1901, litho. trois coul. (55,7x44) : **FRF 41 000** – New York, 13 nov. 1996 : *L'Assomption de la sainte Vierge* 1925, h/t (99,1x65,4) : **USD 19 550** – New York, 9 oct. 1996 : *Florence, Ponte Alle Grazie* 1933, h/pan. (49,5x34,3) : **USD 18 400** – Londres, 25 juin 1996 : *Saint Sacrement à l'autel bleu* vers 1898-1899, h/t (37x30,7) : **GBP 25 300** – Londres, 2 déc. 1996 : *Mère et Enfant aux iris* vers 1903-1905, h/cart./pan. (35x53) : **GBP 12 500** – Paris, 14 mars 1997 : *Nature morte aux faïences bretonnes et aux cinq pommes* vers 1920, h/t (33x45,5) : **FRF 45 000** – Paris, 20 mars 1997 : *La Fête au jardin au drap épinglé de roses* vers 1913, h/cart. (30x34,5) : **FRF 95 000** – Paris, 16 juin 1997 : *La Plage de Trébeurden, jeu de balle* 1922, h/t (105x125) : **FRF 500 000** – Londres, 25 juin 1997 : *Nature morte, faïences bretonnes et pommes* vers 1920, h/t (33x45,5) : **GBP 10 350**.

DENIS Pierre

xviiie siècle. Actif à Lierre. Éc. flamande.

Peintre.

Il fit ses études à l'Académie d'Anvers. Le Musée de Dijon conserve un tableau de fleurs dû à cet artiste.

DENIS Pierre

xviiie siècle. Actif à Huillécourt vers 1770. Français.

Sculpteur.

DENIS Pierre Eugène

Né le 5 avril 1832 à Gray (Haute-Saône). xixe siècle. Français.

Peintre de portraits.

Il entra à l'École des Beaux-Arts en 1853 et fut élève de Gleyre. Il figura au Salon entre 1852 et 1880.

DENIS Pierre Louis François Alexandre

Né le 28 décembre 1811 à Liège. Mort le 10 juin 1847 à Ixelles (près de Bruxelles). xixe siècle. Éc. flamande.

Peintre.

Le Musée d'Asembourg, à Liège, possède deux aquarelles dues à cet artiste.

DENIS Remy Jean

xviiie siècle. Actif à Paris vers 1737. Français.

Sculpteur.

DENIS Simon Joseph Alexander Clément ou **Denys**, dit **le Louche,** appelé aussi **Chevalier Denys**

Né le 14 avril 1755 à Anvers. Mort le 1er janvier 1813 à Naples. xviiie-xixe siècles. Éc. flamande.

Peintre de scènes de genre, paysages animés, paysages urbains, paysages.

Élève de H.-J. Antonissen à Anvers. Il alla en Italie en 1786, resta plusieurs années à Rome où il se maria ; puis il s'installa à Naples où il prit le nom de chevalier Denys. Il fut l'ami de B. P. Ommeganck.

D. 1793. Denis.

Musées : Abbeville : Peinture – Anvers : Trois paysages – Chantilly : *Panorama de Naples – Éruption du Vésuve* – Grenoble : Peinture – Montpellier : *Vue de Civita Castellana* – Paris (Mus. du Louvre) : *Vue d'Arpino*.

Ventes Publiques : Paris, 3 nov. 1923 : *Paysage italien* : **FRF 140** – Paris, 28 oct. 1942 : *Bergers et leur troupeau le long d'une rivière torrentueuse ; Bergers et troupeau de moutons sur les pentes d'une colline dominant une cascade*, h/t, deux pendants : **FRF 9 200** – Paris, 24 mai 1943 : *Le Retour du troupeau ; Les Bergers dans la campagne*, deux pendants : **FRF 5 600** – Londres, 23 fév. 1968 : *Vue de Naples* : **GNS 550** – New York, 17 jan. 1986 : *Bords de rivière animés de personnages* 1790, h/t (47,5x61,5) : **USD 7 250** – Monaco, 18-19 juin 1992 : *Grande vue du port de Naples*, encre noire et lav. gris (51,6x66,8) : **FRF 38 850** ; *Restes de la villa de Mécène à Tivoli*, h/pap. (21,5x29,8) : **FRF 94 350** – Amsterdam, 8 nov. 1994 : *Pêcheurs dans la baie de Naples*, h/t/pan. (50x61) : **NLG 5 750** – Paris, 19 déc. 1994 : *Étude de ciel au coucher de soleil dans la campagne romaine*, h/pap. (17x23,5) : **FRF 87 000** – Paris, 16 juin 1995 : *Le passage du gué*, h/t (56,5x57,5) : **FRF 30 000** – Paris, 20 déc. 1996 : *Coucher de soleil sur une ville de Toscane*, h/pap. (20x26) : **FRF 270 000** – Londres, 17 oct. 1997 : *Paysage turc avec des personnages fumant sur les berges d'une rivière* 1790, h/t (47,5x62) : **GBP 13 800**.

DENIS Th. Ferdinand
XVIIIe-XIXe siècles. Actif à Mannheim. Allemand.
Dessinateur.
On lui doit entre autres une vue de Mannheim.

DENIS-BRUNAUD Auguste
Né le 13 janvier 1903. XXe siècle. Actif à Cancale (Ille-et-Vilaine). Français.
Peintre.
Il expose surtout en Bretagne ainsi qu'au Salon des Beaux-Arts à Paris.

DENIS CORRALES José
Né à Malaga. XIXe siècle. Espagnol.
Peintre de genre.
Il fit ses études à Rome.

DENIS-VALVERANE Louis Jean-Marie
Né le 20 septembre 1870 à Manosque (Alpes-de-Haute-Provence). Mort en 1943. XIXe-XXe siècles. Français.
Peintre de paysages animés, illustrateur.
Il vécut et travailla à Nice. Il fut élève de Benjamin-Constant et de Jean-Paul Laurens. Il exposait à Paris, régulièrement au Salon des Artistes Indépendants, figura aussi au Salon d'Automne et, surtout, au Salon des Artistes Français, dont il devint sociétaire en 1904, mention honorable 1910, deuxième médaille 1925.
Il collabora aux *Lectures pour tous* et aux illustrés Fayard, publia, en 1936, ses souvenirs sur Gabriel Mistral. L'aisance de son graphisme donne une certaine sobriété à ses dessins.
Bibliogr. : Gérald Schurr, in : *Les Petits Maîtres de la peinture 1820-1920, valeur de demain*, Les Éditions de l'Amateur, t. VI, Paris, 1985.
Musées : Digne : *En Arles* – Gap : *Bergers de Provence* – Tulle : *Les Mobiles de la Corrèze en 1870.*

DENISANNE Raoul
Mort en 1902. XIXe siècle. Français.
Peintre.
Sociétaire des Artistes Français.

DENISCH Frl.
XVIIIe siècle. Actif en Alsace vers 1750. Français.
Peintre.

DENISE Alexandre ou **Alexander**
Né à La Haye-Descartes (Indre-et-Loire). XIXe siècle. Français.
Peintre de natures mortes, fleurs.
Élève de Jeannin, il débuta au Salon de Paris en 1879 avec *Roses.*
Ventes Publiques : Londres, 30 mai 1986 : *Vase de fleurs*, h/t (73x59,5) : **GBP 800.**

DENISE Jacques
XVIIe siècle. Français.
Sculpteur.
Il fut reçu à l'Académie Saint-Luc à Paris en 1673.

DENISE Jean ou **Denisse**
Né en 1680. XVIIIe siècle. Français.
Peintre d'histoire, fleurs, fruits.
Cité dans les vieux catalogues.

DENISOT
XIVe siècle. Français.
Peintre.
Il travailla à la cathédrale de Troyes de 1376 à 1382 et à l'église Saint-Urbain de 1386 à 1389.

DENISOT N.
XVIIIe siècle. Français.
Sculpteur de statues, bustes.
Il travailla au château de Saint-Cloud pour le duc Louis-Philippe d'Orléans.
Musées : Versailles : *Buste du duc Louis-Philippe d'Orléans*, marbre.

DENISOT Nicolas. Voir **DENIZOT**

DENISOT de Mantes
XIVe siècle. Français.
Sculpteur.
Il travaillait pour la cathédrale de Mantes vers 1350.

DENISOVSKY Nikolaï Fedorovich
Né en 1901. XXe siècle. Russe.
Peintre de compositions à personnages, peintre à la gouache, aquarelliste. Réaliste-socialiste.
De 1911 à 1917, il fut élève de l'École Stroganov d'Arts Appliqués, et de G. Jacouloff (Yakulov) à l'Atelier d'Art Libre d'État. Il fut un des membres fondateurs de l'Union de la Jeunesse et un des organisateurs du groupe *Ost* (Est).
Ayant été élève du peintre abstrait Jacouloff, on peut lui supposer des débuts progressistes. Toutefois, dans les années vingt, il peignait des sujets en accord avec les consignes du réalisme socialiste : vues d'usines, ouvriers au travail.

DENISSE Jean. Voir **DENISE**

DENISSE Jean Julien
Né en 1866 à Bordeaux. XIXe siècle. Français.
Peintre de portraits, paysages animés, paysages, paysages d'eau, natures mortes.
Il s'établit assez jeune à Paris où il exposa régulièrement au Salon de la Société Nationale des Beaux-Arts.
Ventes Publiques : Lucerne, 7 nov. 1985 : *Troupeau dans un paysage fluvial*, h/t (38x55) : **CHF 1 800.**

DENISSOFF Nicolas
Né à Pétrograd. XXe siècle. Russe.
Sculpteur.

DENISSOFF Wassilij Iwanowitch
Né en 1862 à Zamosc (Pologne). XIXe siècle. Russe.
Peintre.
Cet artiste fit ses études à Varsovie, puis s'établit à Moscou où, après avoir débuté comme musicien, il se consacra à la peinture décorative et au paysage.

DENISSOV Alexandre Gavrilovitch
Né en 1811. Mort en 1834. XIXe siècle. Russe.
Peintre de genre.
Il fut l'un des premiers élèves d'Alexeï Venetsianov, entre 1827 et 1833. À cette date, il reçut le titre d'artiste libre et fut envoyé à Berlin chez le peintre Krüger.
On connait peu d'œuvres de ce peintre qui mourut très jeune.
Bibliogr. : In : Catalogue de l'exposition : *La peinture russe à l'époque romantique*, Galeries nationales du Grand Palais, Paris, 1976-1977.
Musées : Saint-Pétersbourg (Mus. Russe) : *L'Érection de la colonne Alexandre à Saint-Pétersbourg* 1832 – *Matelot dans une cordonnerie* 1832.

DENIZARD Adolphe
Né à Paris. Mort en 1908. XIXe-XXe siècles. Français.
Peintre, graveur et lithographe.
Il obtint comme graveur une mention honorable en 1900 et comme lithographe une mention honorable en 1887.

DENIZARD Charles Jacques
Né le 30 décembre 1816 à Paris. XIXe siècle. Français.
Peintre d'histoire.
Entré à l'École des Beaux-Arts le 1er octobre 1840, il fut élève de P. Delaroche et de H. Lehmann. Il exposa au Salon de Paris de 1848 à 1866. Le Musée de Troyes a de lui un paysage composé.

DENIZARD Jacques
XVIIe siècle. Français.
Peintre de paysages animés.
Il fut reçu à l'Académie Saint-Luc à Paris en 1660.
Ventes Publiques : Amsterdam, 12 juin 1990 : *Une ferme dans un paysage animé ; Voyageurs sur un sentier forestier*, h/t (61,2x84,1) : **NLG 29 900.**

DENIZARD Orens
Né le 8 mai 1879 à Pontru (Aisne). XXe siècle. Français.
Peintre de portraits, aquarelliste, graveur, lithographe, dessinateur.
Une bourse, obtenue en 1896, lui permit l'inscription à l'École des Beaux-Arts de Paris, où il fut élève de Fernand Cormon, Aimé Morot, peut-être Léon Bonnat, et Jules Jacquet pour la gravure. Il a exposé à Paris, aux Salons des Artistes Indépendants, d'Automne, et surtout des Artistes Français depuis 1898 avec un portrait de Meissonnier, dont il devint sociétaire en 1927, ayant obtenu médailles de bronze et d'argent.
En 1902, il décida de se consacrer à la caricature politique, en utilisant le nouveau support qu'est alors la carte postale. En 1903, il lança sa première grande publication : *Le burin satirique* (eaux-fortes en six couleurs tirées à 250 exemplaires), qui se poursuivit en 125 estampes jusqu'en 1907. En 1904, il publia *L'actualiste* (lithographies relevées à l'aquarelle et tirées à 75, puis 100 et 150 exemplaires), qui se termina en 1914 avec près de 540 estampes. Parmi ses autres séries : *Le Panthéon Orens* eaux-

fortes 1904-1906, *Les grandes figures de l'affaire Dreyfus* eaux-fortes aquarellées 1903-1904, *Orens théâtre* aquatintes 1905-1906, *Leurs silhouettes* lithographies aquarellées 1908-1909. Ses estampes les plus recherchées sont celles sur la première révolution russe de 1905, la guerre russo-japonaise, la séparation de l'église et de l'État, l'affaire Dreyfus, le jeu des alliances, la question du Maroc.
Bibliogr. : Bruno de Perthuis : *Les cartes postales gravées et lithographiées à sujets satiriques et politiques 1902-1914*, thèse de l'Université de Paris X-Nanterre, 1983.

DENIZE
XIXe siècle. Actif à Rouen vers 1841. Français.
Peintre et dessinateur.
Le Musée de Louviers possède de lui un dessin.

DENIZE-GAUTIER Marguerite
Née à Chaumont (Haute-Marne). XXe siècle. Française.
Peintre de paysages.
Elle exposait à Paris, en 1938 au Salon d'Automne, ensuite au Salon des Artistes Français.

DENIZEL Auguste Louis
Né le 24 février 1878 à Audincthun (Pas-de-Calais). XXe siècle. Français.
Peintre de portraits, paysages urbains.
Il fut élève de Léon Bonnat. Il débuta à Paris, au Salon des Artistes Français en 1900.
Ventes Publiques : Paris, 10 mars 1926 : *Vieux pont à Bruges* : **FRF 300**.

DENIZET Jean
XXe siècle. Français.
Peintre.
Exposant aux Artistes Français depuis 1940, il obtint une mention en 1943.

DENIZHAN Namik Rüstem
Né en 1937 à Istamboul. XXe siècle. Turc.
Sculpteur. Expressionniste.
Il fut élève de l'Académie des Beaux-Arts d'Istamboul en 1959. Tôt il participa à l'exposition officielle de peinture et sculpture de l'État Turc. En 1966, il fut invité à l'Exposition Internationale de Sculpture du Musée Rodin à Paris.
Influencée par Germaine Richier, sa sculpture se rattache au courant de l'expressionnisme figuratif.

DENIZOT Nicolas ou **Denisot**
Né en 1515 à Nogent-le-Rotrou. Mort vers 1559 à Paris. XVIe siècle. Français.
Peintre, graveur.
On lui doit surtout des portraits. Il fut également écrivain.

DENK Joseph Lambert
Né le 22 juillet 1783 à Vienne. Mort le 11 février 1860 à Vienne. XIXe siècle. Actif aussi en Russie. Autrichien.
Peintre de portraits, miniatures.
Élève de Lampi l'Ancien. Il alla travailler quelque temps en Russie.

DENKENS Herman
Né en 1926. XXe siècle. Belge.
Peintre.
Représentant de la jeune peinture belge. Travaille à Anvers et expose au groupe *Apport*.

DENKER
Mort à Hambourg. XVIIIe siècle. Allemand.
Peintre de portraits et d'histoire.
On lui doit surtout des miniatures et des peintures sur émail.

DENKI, de son vrai nom **Yasuda,** nom de pinceau : **Tôgaku**
Né en 1784 à Sukagawa (Iwashiro). Mort en 1827. XIXe siècle. Japonais.
Peintre.
Élève de Aôdô (1747-1822), il étudie la peinture occidentale et la peinture de lettré. C'est le peintre du seigneur Matsudaira.

DENMAN Herbert A.
Né le 20 juin 1855 à Brooklyn. Mort le 3 octobre 1903 à Idylwild (Californie). XIXe siècle. Américain.
Peintre.
Il fut, à Paris, l'élève de Carolus-Duran. Le Musée de Brooklyn possède de lui une toile intitulée *Le Trio*. Il obtint une mention honorable à l'Exposition de 1889.
Ventes Publiques : New York, 1897 : *Tentation* : **FRF 130** – New York, 31 jan. et 1er et 2 fév. 1900 : *Psyché* : **USD 150**.

DENMAN Lucien
Né au Texas. XXe siècle. Américain.
Peintre de paysages.
A exposé au Salon de la Société Nationale et au Salon d'Automne en 1928 et 1929. Ed. Joseph cite de cet artiste : *Lumière, L'approche du brouillard et lumière du matin*.

DENMAN Thomas
XVIIIe-XIXe siècles. Britannique.
Sculpteur.
Il fut l'élève de John Flaxman. A la mort de celui-ci, il reprit son atelier et poursuivit son œuvre ; c'est lui qui fut chargé de terminer les œuvres que Flaxman avait laissées inachevées.

DENMARK, pseudonyme de **Robbroeckx Marc**
Né en 1950. XXe siècle. Belge.
Sculpteur d'assemblages, d'installations, technique mixte. Tendance art conceptuel et Nouveaux Réalistes.
Il vit et travaille à Anvers. Il a participé, en 1994, à l'exposition *Comme rien d'autre que des rencontres* au Mukha d'Anvers. En 1990, il a exposé *Archives recyclées – Sculptures et Installations*, au Centre Nicolas de Staël de Braine-l'Alleud (Brabant). La galerie *Ubi et Orbi* de Paris lui a consacré une exposition personnelle en 1992.
Sur le champ de bataille de Waterloo, il a exposé, à la suite de César ou de Spoerri, des destructions-détournements d'objets quotidiens, des sortes de compressions de documents imprimés, des collections d'objets au rebut. Son matériau de base est le papier imprimé, souvent des revues traitant de l'art, qu'il transforme, en le pliant, le collant, le découpant, le déchiquetant. Son objectif de base est de symboliser le néant de la chose imprimée par rapport à la réalité dont elle traite.
Ventes Publiques : Lokeren, 11 mars 1995 : *Livre* 1982, objet en bois et pap. (32x21) : **BEF 28 000**.

DENNE Charlotte
XXe siècle. Britannique.
Graveur.

DENNÉ Rosa
Née à Paris. XIXe siècle. Française.
Peintre miniaturiste.
Élève d'Aubry. Elle exposa au Salon de 1831 à 1845.

DENNE-BARON, Mme
Née le 4 avril 1785 à Paris. Morte le 23 octobre 1861 à Paris. XIXe siècle. Française.
Peintre.
Femme de lettres et musicienne, elle pratiqua la peinture et fut l'élève d'Augustin.

DENNEAU Jacques
XVIIe siècle. Actif à Tournai au début du XVIIe siècle. Éc. flamande.
Sculpteur.
Il était frère de Jérôme.

DENNEAU Jérôme ou **Dénaut**
Mort avant 1776. XVIIIe siècle. Actif à Tournai. Éc. flamande.
Sculpteur.

DENNEAU Olivier
XVIIe siècle. Actif à Tournai dans la première moitié du XVIIe siècle. Éc. flamande.
Sculpteur.

DENNEAU Philippe
XVIIe siècle. Actif à Tournai dans les premières années du XVIIe siècle. Éc. flamande.
Sculpteur.

DENNEL Antoine François
Né à Abbeville. XVIIIe-XIXe siècles. Travaillant à Paris de 1760 à 1815. Français.
Graveur.
Peut-être frère de Louis Dennel. On cite de lui : *Le Bénédicité*, d'après Le Brun, *Le Christ mort*, d'après Carrache, *La Chasteté de Joseph*, d'après Spada, *Le Repos de la Sainte Famille*, d'après Sim. Cantarini, *La Décollation de saint Christophe*, d'après Spada, *La Leçon de chant*, d'après Gabr. Netscher.

DENNEL Louis
Né en 1741 à Abbeville. Mort en 1806 à Paris. XVIIIe siècle. Français.

Graveur.
Il eut pour maîtres Beauvarlet dont il fut l'imitateur et J.-G. Wille. Il grava des sujets galants. On cite de lui : *L'Essai du corset*, d'après Wille ; *Les Appas multipliés*, d'après Challe ; *Le Concert*, d'après Van Loo ; *Le Triomphe de la peinture*, d'après Lagrenée ; *La Sainte Famille*, d'après le Guide ; *Jésus parmi les docteurs*, d'après Caravage ; neuf planches pour l'*Ancien et le Nouveau Testaments* ; *Saint Jérôme dans le désert* et *Saint Pierre martyr*, d'après Tiz. Vecelli ; *Le Départ pour le Sabbat*, d'après D. Teniers ; *La Chasse au sanglier*, d'après Snyders ; *Le grand Taureau*, d'après P. Potter ; *Deux lions et une lionne*, d'après Quado ; *La Calomnie*, d'après Raff. Sanzio ; *La Conjuration de Catilina*, d'après S. Rosa ; 64 planches de *Portraits* ; *Femme jouant aux échecs*, d'après Soph. Anguisciola ; onze planches de *Costumes français* et deux *Paysages*.
Ventes Publiques : Paris, sep. 1858 : *Vieillard*, dess. : **FRF 7** – Paris, 1882 : *Portrait d'homme*, dess. aux cr. de coul. : **FRF 45**.

DENNER Balthazar
Né le 15 décembre 1685 à Hambourg. Mort le 14 avril 1749 à Rostock. XVIIIe siècle. Allemand.
Peintre de portraits, miniatures.
Fils d'un pasteur il se forma d'abord à Altona, puis à Dantzig. En 1707, il était élève de l'Académie de Berlin. Balthazar Denner fut d'abord miniaturiste. Ses deux premières œuvres en ce genre furent les portraits du gouverneur de Gottorp, Christian-Auguste, et de sa sœur. Le succès qu'il obtint avec ces deux miniatures lui valut d'être appelé à la cour de Danemark, en 1712, par le roi Frederick IV. Il passa ensuite en Angleterre où il fut d'ailleurs assez peu goûté. Il revint en Allemagne, retourna en Angleterre vers 1722 et, enfin, se fixa définitivement à Hambourg. Il opposa une fin de non-recevoir très formelle à toutes les avances de l'impératrice de Russie qui voulait l'attirer à Saint-Pétersbourg. En revanche il accepta de venir portraiturer le duc de Brunswick et la façon dont il fut accueilli par celui-ci le décida à demeurer à la cour ducale jusqu'à sa mort.
Sa vogue fut considérable de son vivant et ses qualités de réalisme, la sincérité de sa composition lui ont valu une estime toute particulière de la part des amateurs contemporains. Nul peut-être n'a poussé aussi loin l'imitation de la nature. Ce fut un artiste d'une exactitude méticuleuse ; même dans ses tableaux de genre, on sent chez lui le souci de fini que révèle le miniaturiste qu'il fut à ses débuts. Son art n'est pas empreint de charme ni d'émotion, mais il surprend, déconcerte un peu et force l'admiration par la précision des détails.

Denner feci D.
1724

Musées : Amsterdam : *Portrait d'une dame* – Berlin : *Portrait d'un homme* – Brême : *Portrait d'homme* – Budapest : *Portrait du comte Nicolas Zinzendorf* – Caen : *Tête de vieillard* – Dresde : *Portrait d'homme âgé en pelisse* – Florence (Gal. Nat.) : *Buste d'homme* – Hambourg : *Portrait des neuf enfants du conseiller* – *Le Poète, Brokes* – *Tête* – *Nature morte* – *Fruits* – Hanovre : *Portrait d'un vieux juif* – *Portrait de Peter von Richlingen* – Lille : *Portrait de femme* – Mayence : *Portrait d'homme* – *Portrait de femme* – Munich : *Portrait d'un vieillard* – *Portrait buste d'une vieille femme* – Nantes : *La Sainte Famille* – Nuremberg : *Portrait d'un vieillard* – Oslo : *Le portrait du peintre* – *Portrait du roi Frédéric IV de Danemark* – Paris (Mus. du Louvre) : *Portrait de femme* – *Portrait de vieille femme* – Rouen : *Portrait de vieillard* – Saint-Pétersbourg : *Portrait d'un vieillard* – *Portrait d'une vieille femme* – deux toiles – *Portrait d'un vieillard* – *Portrait d'une vieille femme* – Stockholm : *Portrait d'un vieillard* – *Portrait d'une vieille femme* – Stuttgart : *Vieille femme se coiffant* – *Vieille femme* – Tours : *Tête de vieille femme* – Vienne : *Vieille femme* – *Vieil homme*.
Ventes Publiques : Cologne, 8-9 mars 1904 : *Portrait d'un vieillard* : **DEM 1 700** – Londres, 14 déc. 1907 : *Tête de vieillard* : **GBP 10** – New York, 15-16 avr. 1909 : *Tête de vieille femme* : **USD 625** – Paris, 16 avr. 1910 : *Portrait de vieille femme* : **FRF 20 000** – Paris, 14 juin 1919 : *Jupiter et Danaë* : **FRF 1 050** – Londres, 16 déc. 1927 : *Vieillard* : **GBP 84** – Paris, 19 déc. 1928 : *Vieillard en buste* : **FRF 1 800** – New York, 11 avr. 1929 : *Le Philosophe* : **USD 75** – Paris, 11 juin 1954 : *Pêches et grappes de raisins* ; *Pêches, prunes et melon* : **FRF 41 500** – Londres, 14 mai 1965 : *Portrait d'une dame de qualité* : **GNS 220** – Copenhague, 30 août 1977 : *Portrait d'un jeune garçon*, h/t (25x19) : **DKK 11 000** – Vienne, 13 mars 1979 : *Portrait de femme au col de fourrure*, h/cuivre (43x34) : **ATS 40 000** – Versailles, 7 juil. 1981 : *Le Philosophe*, h/pap. (17x21,5) : **FRF 3 300** – Londres, 11 mars 1983 : *Portrait de vieillard*, peint./métal (38x29,8) : **GBP 1 300** – New York, 13 oct. 1989 : *Portrait d'une femme âgée portant un manteau de fourrure*, h/pan. (40,5x32) : **USD 7 700** – Copenhague, 1er mai 1991 : *Tête d'un vieillard avec un bonnet de fourrure*, h/t (32x25) : **DKK 9 000** – Amsterdam, 14 nov. 1991 : *Portrait en buste d'un vieillard aveugle*, h/pan. (41,8x33,2) : **NLG 4 600** – Londres, 3 avr. 1992 : *Buste d'un vieillard vêtu d'une chemise rouge et d'un manteau bordé de fourrure*, h/t (51,5x41,2) : **GBP 1 320** – Londres, 28 oct. 1992 : *Portrait d'un homme âgé*, h/pan. (38,7x32,3) : **GBP 1 375** – Paris, 15 déc. 1992 : *Tête masculine d'expression*, h/cuivre (36x31) : **FRF 18 000** – Londres, 25 fév. 1994 : *Buste de jeune fille en robe rose et écharpe bleue avec des fleurs dans les cheveux* 1736, h/cuivre (37,8x31,2) : **USD 4 025** – New York, 12 jan. 1995 : *Portrait de femme en robe rose et mantelet bleu*, h/t (84,5x68,6) : **USD 10 925** – Paris, 6 déc. 1995 : *Portrait du duc de Brunswick* 1730, h/t (84x69) : **FRF 43 000** – Amsterdam, 7 mai 1996 : *Portrait d'un vieillard aveugle*, h/pan. (41,8x33,2) : **NLG 2 875** – Londres, 3 juil. 1996 : *Famille de musiciens avec un violoncelle, une flûte et un violon (présumée la famille de Jean-Sébastien Bach)*, h/t (67,6x87,4) : **GBP 11 500** – Vienne, 29-30 oct. 1996 : *Portrait d'un gentleman en veste verte, jabot et cape pourpre*, h/t, de forme ovale (75x61,5) : **ATS 57 500**.

DENNER Catharina
Née vers 1723 à Hambourg. Morte le 26 août 1744 à Hambourg. XVIIIe siècle. Allemande.
Peintre de miniatures.
Elle était la fille et fut l'élève de Balthazar Denner.

DENNER Esther
XVIIIe siècle. Active à Hambourg. Allemande.
Peintre.
Elle était la fille et fut l'élève de Balthazar Denner.

DENNER Jacob
Né vers 1720 à Hambourg. Mort vers 1750. XVIIIe siècle. Allemand.
Peintre de portraits.
Il était le fils et fut l'élève de Balthazar Denner. Encore très jeune, il exécuta un portrait de groupe de sa famille. Il travailla parfois à des tableaux signés de son père.

DENNER Maria
XVIIIe siècle. Active à Hambourg. Allemande.
Peintre.
Fille de Balthazar Denner, elle fut son élève puis sa collaboratrice.

DENNERT Max
Né le 13 mars 1861 à Friedeberg. XIXe siècle. Allemand.
Sculpteur.
Il travailla à Berlin et Hanovre durant sa jeunesse. On cite de lui le *Monument aux empereurs Guillaume et Frédéric* à Friedeberg.

DENNERY Gustave Lucien
Né le 6 mars 1863 à Paris. XIXe-XXe siècles. Français.
Peintre de genre, portraits, pastelliste.
Élève de Cormon, il participa au Salon de Paris depuis 1887, obtenant une mention honorable en 1890, une deuxième médaille en 1913, une première médaille en 1914. Mention honorable à l'Exposition Universelle de 1900. Il fut sociétaire du Salon d'Hiver.
Ses compositions montrent des scènes de la vie parisienne, des foires animées de personnages, des glaneurs de plage, exécutés à l'huile ou au pastel, dans un style qui rappelle parfois celui de Gustave Caillebotte.
Bibliogr. : Gérald Schurr, in : *Les Petits Maîtres de la peinture 1820-1920, valeur de demain*, Les Éditions de l'Amateur, t. II, Paris, 1982.
Musées : Lorient : *Glaneur de grève* – Paris (Mus. du Petit Palais) : *Vieille cour à Château-Gontier*.
Ventes Publiques : Paris, 4 déc. 1894 : *Tête de vieux paysan*, past. : **FRF 115** – Paris, 26 sep. 1984 : *La fête foraine*, past. (33x48) : **FRF 1 200** – Paris, 26 nov. 1985 : *Paris, l'Arc de Triomphe du Carrousel*, h/t (33x46) : **FRF 1 500**.

DENNEULIN Jules
Né en 1835 à Lille (Nord). Mort en 1904. XIXe siècle. Français.
Peintre de genre, paysages.
Élève de François Souchon et d'Alphonse Colas à l'École des Beaux-Arts de Lille, il participa au Salon de Paris à partir de 1865, obtenant une troisième médaille en 1875.

Ses scènes de genre, tels : *Les musiciens ambulants – Le dîner de noce – Le vin d'honneur – Le départ – Le retour – Une partie de plaisir – Jamais bredouille – Le photographe de village – L'attente* sont presque toutes reproduites par la gravure et la photographie. Ses toiles, notamment ses paysages, peuvent garder la fraîcheur de l'ébauche, tandis que certains sujets, comme *L'enterrement de Monsieur le Maire* tombent dans un perfectionnisme exagéré.

J. Denneulin

Bibliogr. : Gérald Schurr, in : *Les Petits Maîtres de la peinture 1820-1920, valeur de demain,* Les Éditions de l'Amateur, t. VI, Paris, 1985.
Musées : Arras : *Après vêpres* – Lille : *Les gorges d'Orchimont.*
Ventes Publiques : Paris, 22 avr. 1895 : *Le chasseur (paysage avec figure et animaux)* : **FRF 850** – Paris, 14-15 nov. 1921 : *À la chasse* : **FRF 250** – Enghien-les-Bains, 25 fév. 1979 : *Guiguette à Dilbeek,* h/t (80x70) : **BEF 18 000** – Paris, 12 mars 1984 : *La plage au soleil couchant,* h/t (88x115) : **FRF 38 000** – New York, 24 mai 1988 : *Le réprouvé,* h/t (88x114) : **USD 8 250.**

DENNEVILLE Eugène
Né à Paris. XIXe siècle. Français.
Peintre de portraits et aquarelliste.
Élève de Gleyre. Il débuta au Salon de 1875.

DENNEY Henri
Né le 16 juin 1887 à Paris. XXe siècle. Français.
Sculpteur, graveur.
Il a gravé de nombreuses médailles consacrées aux sports.

DENNING Stephen Poyntz
Né vers 1795. Mort le 18 juin 1864 à Dulwich. XIXe siècle. Britannique.
Peintre de portraits et miniaturiste.
Il exposa entre 1814 et 1852 à la Royal Academy, à la British Institution et à Suffolk Street.
Musées : Londres (Nat. Portrait Gal.).
Ventes Publiques : Londres, 9 avr. 1934 : *Les enfants Bicknell* 1841, dess. : **GBP 5** – New York, 3 nov. 1967 : *Cinq enfants dans un parc* : **USD 4 250** – Londres, 22 nov. 1974 : *Portrait d'un chasseur* : **GNS 800** – Londres, 18 mars 1980 : *Enfants sur une terrasse,* aquar. (17,2x22,3) : **GBP 480** – Toronto, 13 avr. 1983 : *Gentilhomme et ses chiens dans un paysage,* h/pan. (64,1x53,3) : **CAD 6 200.**

DENNIS Charles W.
Né en 1898. Mort après 1941. XXe siècle. Américain.
Peintre de scènes typiques, paysages.
Il semble avoir été surtout actif au Canada.
Bibliogr. : Mantle Fielding, in : *Diction. des Peintres, Sculpteurs et Graveurs américains.*
Ventes Publiques : Montréal, 19 nov. 1991 : *Vue du pont de pierre,* h/t (50,8x73,6) : **CAD 1 100** – Montréal, 5 déc. 1995 : *Cow-boy faisant boire son cheval dans un ruisseau* 1941, h/t (33x48,2) : **CAD 750.**

DENNIS F. Madeline
XXe siècle. Travaillant à Londres. Britannique.
Peintre de paysages et miniaturiste.

DENNIS John
XIXe siècle. Britannique.
Peintre de paysages.
Il exposa à Londres de 1800 à 1832.

DENNIS W. T.
XIXe siècle. Actif à Londres vers 1850. Britannique.
Peintre de portraits.

DENNIS William
XIXe siècle. Actif à Londres vers 1850. Britannique.
Peintre de portraits et de natures mortes.
Il exposa à la Royal Academy.

DENNISON Christabal
Née dans la seconde moitié du XIXe siècle à Bushey Herts (Angleterre). XIXe siècle. Britannique.
Peintre.

DENNISTOUN William
Né en 1838. Mort en 1884. XIXe siècle. Britannique.
Peintre de paysages et d'architectures.
On lui doit aussi des aquarelles.

DENNY J. C.
XIXe-XXe siècles. Actif en Amérique. Américain.
Peintre de genre.
Cité par Florence Levy.
Ventes Publiques : New York, 8 fév. 1906 : *L'Abandon* : **USD 100.**

DENNY Robyn
Né le 3 octobre 1930 à Abinger (Surrey). XXe siècle. Britannique.
Peintre, peintre de collages, peintre de compositions murales, mosaïste. Abstrait-géométrique.
Il fut élève à Londres, de 1951 à 1954 de la Saint-Martin's School of Art, puis de 1954 à 1957 du Royal College of Art. En 1957, il obtint une bourse du gouvernement italien. Il participe à des expositions collectives, notamment : 1959 Biennale de Paris, 1964 Documenta de Kassel, 1966 Biennale de Venise. Il expose individuellement à Londres depuis 1957, en 1962 à Milan, en 1965 à New York. En 1973, la Tate Gallery de Londres lui organisa une exposition rétrospective. Il a obtenu des Prix en 1966 à Liverpool, en 1967 à Édimbourg. En 1957-1959, il fut professeur au Hammersmith College of Art de Londres. En 1959-1966, il fut conférencier à la Bath Academy of Art de Corsham, en 1965-1966 à la Slade School of Fine Arts de Londres. En 1967, il intervint comme artiste-visiteur à la Minneapolis School of Art.
Dans ses œuvres, il fait parfois intervenir la technique du collage. Il affectionne les rythmes verticaux. Les lignes qui sinuent, se brisent, s'interrompent, établissent à travers la toile des sortes de labyrinthes, apparentés à l'abstraction géométrique, au hard edge américain. Il juxtapose d'une part des aplats de couleurs très proches les unes des autres, provoquant des effets optiques de contrastes tempérés, opposés d'autre part aux contrastes simultanés violents obtenus par une deuxième juxtaposition d'aplats de couleurs fortes. ■ J. B.
Bibliogr. : David Thompson : *Robyn Denny,* Penguin, Londres, 1971 – Jacques Lassaigne : Catalogue de l'exposition *La Peinture Anglaise Aujourd'hui,* Mus. d'Art Mod. de la Ville de Paris, 1973 – in : *Diction. Univers. de la Peint.,* Le Robert, Paris, 1975.
Musées : Londres (Tate Gal.) : *Ligne de vie I* 1963.
Ventes Publiques : Londres, 2 juil. 1981 : *When* 1968-1969, h/t (244x198) : **GBP 1 800** – Rome, 20 mai 1986 : *C. P. 6 A.* 1968, h/t (61x54) : **ITL 3 800 000** – Londres, 12 mai 1989 : *Contours 1* 1962, h/t (150x120) : **GBP 1 045.**

DENOEU L. Gustave
Mort vers 1889. XIXe siècle. Français.
Peintre de nus, portraits, dessinateur.
Il exposa au Salon de Paris des portraits et des études.
Ventes Publiques : Londres, 20 mars 1985 : *Nu couché* 1883, h/t (35x65) : **GBP 2 200.**

DENOIS Lucile
XIXe siècle. Française.
Peintre.
Exposa au Salon de Paris, de 1831 à 1838, des tableaux de fleurs.

DENON François
XIXe siècle. Actif vers 1860. Français.
Peintre d'histoire et de paysages.
Cité par Ris-Paquot.

DENON Vivant Dominique, baron. Voir **VIVANT-DENON**

DENONNE Alex
Né en 1879 à Saint-Josse-ten-Noode. Mort en 1953. XXe siècle. Belge.
Peintre de genre, intérieurs, nus, paysages urbains.
Il fut élève de Constant Montald à l'Académie des Beaux-Arts de Bruxelles, de Jean Henri Luyten à celle d'Anvers.
Il peignit des intérieurs campagnards, des vues de villes et de parcs.

ADenonne

Bibliogr. : In : *Diction. Biogr. illustré des Artistes en Belgique depuis 1830,* Arto, Bruxelles, 1987.
Musées : Anvers.
Ventes Publiques : Paris, 26 fév. 1979 : *La cueillette des moules,* h/t (81x113) : **FRF 9 200** – Bruxelles, 21 mai 1980 : *La marchande de fleurs,* h/t (49x59) : **BEF 18 000** – Bruxelles, 30 nov. 1983 : *Église Sainte-Catherine et le marché* 1934, h/t (80x70) : **BEF 42 000** – Bruxelles, 19 déc. 1989 : *Vue d'une ville animée,* h/t

(60x80) : **BEF 105 000** – BRUXELLES, 27 mars 1990 : *Au parc*, h/t (50x60) : **BEF 42 000** – BRUXELLES, 12 juin 1990 : *Nu au miroir*, h/t (100x70) : **BEF 270 000** – BRUXELLES, 7 oct. 1991 : *Musée de Bruxelles*, h/t (80x70) : **BEF 50 000** – LOKEREN, 15 mai 1993 : *Femme dans un fauteuil de plage*, h/pan. (45x38) : **BEF 75 000**.

DENOTER. Voir **NOTER de**

DENOTH Alois
Né en 1851 à Nauders (Tyrol). Mort le 24 décembre 1896 à Hambourg. XIXe siècle. Allemand.
Sculpteur, graveur.
Le Musée de Hambourg conserve de lui : *Le bourgmestre Dr Petersen*. Il édifia pour cette ville plusieurs statues et, en même temps, grava des médailles.

DENOTKIN Wassily
XIXe siècle. Actif à Saint-Pétersbourg vers 1850. Russe.
Graveur.

DENOUS-DUBOIS Louise
Née à Bois-Colombes (Hauts-de-Seine). XIXe siècle. Française.
Miniaturiste.
Élève de Latruffe-Colomb, Bougleux et Delattre et Cuyer.

DENOVAL Marylène, pseudonyme de **David**
Née en 1909. XXe siècle. Française.
Peintre. Abstrait-géométrique.
Elle participe à des expositions collectives, d'entre lesquelles, à Paris, le Salon Grands et Jeunes d'Aujourd'hui, dont elle fut en 1959 la présidente-fondatrice et le resta jusqu'en 1990. Elle montre aussi ses peintures dans des expositions personnelles, notamment à Paris et Londres. Chevalier de l'Ordre des Arts et Lettres.
Elle pratique une abstraction géométrique rigoureuse, avec une prédilection personnelle pour les formes courbes, parfois ovoïdes. Elle joue habilement des effets de contrastes simultanés de Chevreul, par exemple en induisant, par la juxtaposition contrastée d'une couleur violente de tous les côtés de formes teintées de gris neutres, sur ceux-ci une coloration inverse (complémentaire) de la couleur violente : un rouge violent induisant une coloration verte sur les gris, un jaune violent induisant une coloration bleue, etc.

DENOVAN Adam. Voir **ADAM Joseph Denovan**

DENOYELLE Alexandre Joseph
XVIIIe siècle. Actif à Lille. Français.
Peintre de genre et de paysages et médailleur.
Élève de l'École de dessin et médailliste de la Classe de la Bosse, à Lille. Il exposa au Salon de cette ville en 1784, 1785, 1786, 1787 et 1788.

DENOYELLE Paul Léonard
Né au XIXe siècle à Mouy (Oise). XIXe siècle. Français.
Peintre de fleurs et de natures mortes.
Élève de Bonnat. Il débuta au Salon de 1873.

DENS Christian
XVIIIe siècle. Actif à Cologne au début du XVIIIe siècle. Allemand.
Peintre de portraits.
On cite de cet artiste un autoportrait.

DENS Joseph
Né le 8 juin 1808. Mort le 1er mars 1883. XIXe siècle. Belge.
Peintre de genre, paysages.
Il fut élève de F. de Brakeleer.
VENTES PUBLIQUES : BRUXELLES, 13 déc. 1984 : *Scène romantique*, h/t (53x44) : **BEF 55 000**.

DENSLOW William Wallace
Né le 5 mai 1856 à Philadelphie. XIXe siècle. Américain.
Peintre et illustrateur.
Il collabora à différents périodiques.

DENT
XVIIIe siècle. Actif à Londres à la fin du XVIIIe siècle. Britannique.
Graveur.
On lui doit des ex-libris.

DENT Ferdinand
Né à Gammertingen (Hohenzollern). XVIIIe siècle. Allemand.
Peintre à la fresque.
Il décora de nombreuses églises dans sa région natale et du Wurtemberg.

DENT Robert Stanley Gonell
Né le 1er juillet 1909. XXe siècle. Britannique.
Peintre, aquarelliste, graveur.
Il fut élève des graveurs Malcolm Osborne et Robert Austin. Il exposait à Londres, à la Royal Academy, ainsi qu'aux États-Unis. Il fut professeur à l'École d'Art de Cheltenham, à partir de 1935.

DENT Rupert Artur
XIXe-XXe siècles. Britannique.
Peintre animalier et de paysages.
Il exposa à la Royal Academy de Londres, de 1884 à 1909.

DENTAN Samuel Georges
Né le 11 septembre 1869 à Marseille (Bouches-du-Rhône). XIXe-XXe siècles. Français.
Peintre de portraits.
Il fut élève de Fernand Cormon. Il exposait à Paris, au Salon des Artistes Français, dont il devint sociétaire en 1904, et où il figura jusqu'en 1919.

DENTE Girolamo, dit **Girolamo di Tiziano**
Né vers 1510 à Venise. Mort après 1568. XVIe siècle. Italien.
Peintre.
Cet artiste fut élève du Titien, puis l'un de ses plus proches collaborateurs. Il aida certainement le maître dans l'achèvement de plusieurs peintures. Il existait encore, au XIXe siècle, à l'église San Giovanni-Nuovo de Venise, un retable qui, de tout temps, avait passé pour être de la main de cet artiste.

DENTE Marco ou **Dante**, appelé aussi **Marco da Ravenna**
Né à Ravenne. Mort en 1527 à Rome. XVIe siècle. Italien.
Graveur.
On le considère comme un des plus éminents disciples de Marco Antonio. Son exécution puissante et correcte, la sûreté de son dessin lui ont permis de reproduire avec leur caractère les œuvres de Baccio Bandinelli, de Giulio Romano et de Marco Antonio lui-même.

VENTES PUBLIQUES : MILAN, 24 mars 1981 : *Vénus et Amour*, burin (26,7x17,3) : **ITL 700 000** – LONDRES, 18 juin 1982 : *L'Enlèvement d'Hélène de Troie*, grav./cuivre, d'après Raphaël (29,6x43) : **GBP 750**.

DENTICE Domenico
XVIIe siècle. Actif à Naples. Italien.
Peintre de paysages.
Il fut l'élève de Salvator Rosa.

DENTIGNY Henriette, née **Nolet**
Née en 1824 à Paris. XIXe siècle. Française.
Peintre d'intérieurs.
Élève de L. Cogniet. Elle débuta au Salon de 1849.

DENTIS Girolamo
Né à Venise. XVIe siècle. Travaillait à Rome vers 1561. Italien.
Peintre.

DENTIS Sabaoth
Né à Venise. XVIe siècle. Italien.
Peintre.
En 1561, il travaillait à Rome, aux loges du Vatican, avec son frère Girolamo.

DENTON W.
XVIIIe siècle. Actif à Londres à la fin du XVIIIe siècle. Britannique.
Peintre de miniatures.

DENTONE Domenico
XVIIIe siècle. Actif à Gènes à la fin du XVIIIe siècle. Italien.
Peintre.

DENTONE Giovanni, appelé aussi **Zuan da Milano**
XVIe siècle. Actif à Padoue. Italien.
Sculpteur.
Il fut élève à Milan de Cristoforo Solari il Gobbo.

DENTRESQUE Henri. Voir **HENRI d'Entresque**

DEN TYN Lambrecht ou **Dentyn**
Né en 1770 à Anvers. Mort en 1816. XVIIIe-XIXe siècles. Belge.
Peintre de genre, d'intérieurs.
Élève de J. Van Regemorter. Il aimait à peindre les intérieurs

éclairés par une chandelle, et les effets de lumière, comme les paysages au clair de lune.

DENTZEL Johann
Originaire d'Ulm. XVIe siècle. Actif vers 1597. Allemand.
Miniaturiste.
Il peignit, avec grand talent, des ornements formés de fleurs, d'insectes et d'oiseaux, sur un livre de chœur du couvent de Salem (près de Constance). Cet ouvrage est conservé à Heidelberg, dans la Bibliothèque de l'Université.

DENUELLE Alexandre Dominique
Né le 18 mars 1818 à Paris. Mort le 4 décembre 1879 à Florence. XIXe siècle. Français.
Peintre décorateur.
Denuelle fut élève de P. Delaroche et de M. Duban. Le gouvernement le nomma, en qualité de peintre, membre de la commission des monuments historiques. Il envoya, pendant vingt ans, à presque tous les salons, les dessins où sont reconstituées les curiosités les plus intéressantes de la décoration antique : médaille de troisième classe, 1844 ; deuxième classe, 1849 et 1855 ; rappel 1859 ; chevalier de la Légion d'honneur, 1859. Il étudia les restes d'Herculanum et de Pompéi, en reconstitua les peintures rustiques, copia les peintures religieuses du XIIIe et XIVe siècles, en particulier celles de Cimabué, de Giotto, de Frederico Zuccari ; les peintures de la Renaissance du XVIe siècle : Raphaël ; les peintures murales des édifices religieux jusqu'au XVIe siècle. Il a reconstitué les mosaïques, entre autres celle qui décore le cul-de-four de San Miniato, à Florence ; le plafond de la sacristie de l'église Saint-Marc, à Venise. Il a fait d'excellentes décorations, celles de la cathédrale d'Auxerre, de Saint-Jean de Poitiers, de l'église de Saint-Paul à Nîmes, de Saint-Germain-des-Prés, de la chapelle de la Vierge (Saint-Eustache) à Paris, des tympans de l'église de Notre-Dame-des-Doms à Avignon, de l'oratoire de Birmingham, des cathédrales d'Autun, de Limoges, de Bayonne, de Carcassonne, de Grenoble, d'Orléans, de Beauvais, d'Amiens, de Seez, de Fréjus, du château de Meudon, de l'Hôtel de Cluny, de la galerie des cerfs du Palais de Fontainebleau. On doit à Denuelle la décoration de plusieurs salons du Louvre et des résidences modernes : Hôtel de Ville de Lyon, Préfecture du Rhône, Chambre des Députés, salons de la Préfecture de Grenoble, de l'Hôtel Schneider.

DENVIL Angèle Blanche
Née le 16 septembre 1874 à Levallois-Perret (Hauts-de-Seine). Morte le 1er janvier 1934. XIXe-XXe siècles. Française.
Peintre de miniatures.
Elle fut élève de Fernand Humbert. Elle exposait à Paris, au Salon des Artistes Français depuis 1895, sociétaire en 1906.

DENVIL-LUPIN Alice
Née le 12 septembre 1881 à Levallois-Perret (Hauts-de-Seine). Morte le 23 août 1960. XXe siècle. Française.
Peintre, aquarelliste.
Sans doute sœur d'Angèle Denvil. Elle débuta à Paris, au Salon des Artistes Français en 1910.

DENY
Né en 1790. Mort le 22 janvier 1844. XIXe siècle. Français.
Sculpteur et architecte.
Cet artiste a construit la chapelle ogivale de Marivaux, à Metz. Le Musée de cette ville conserve de lui son portrait et le *Profil de Louis-Philippe*.

DENY Jeanne
Née en 1749 à Paris. XVIIIe siècle. Française.
Graveur.
Les œuvres de cette artiste sont fort recherchées par les amateurs. Elle illustra Voltaire et La Fontaine.

DENY Martial
Né en 1745 à Paris. XVIIIe siècle. Français.
Graveur au burin.
On cite de lui des planches pour : *La Nature expliquée par le raisonnement et l'expérience*. Il fut ainsi que sa sœur Jeanne, l'élève de J.-J. de Veau.

DENYAU
XVIIIe siècle. Actif à Lille. Français.
Portraitiste, dessinateur et miniaturiste.
Élève de Dusillion. Il exposa au Salon de Lille en 1775 et 1777.

DENYAU Julien
XVIe siècle. Actif à Tours vers 1539. Français.
Sculpteur sur bois.

DENYS Adrien
XVIe siècle. Actif à Tournai vers 1530. Éc. flamande.
Sculpteur.

DENYS Anthony
XVIIe siècle. Actif à Alkmaar vers 1631. Hollandais.
Sculpteur.

DENYS Frans
Né vers 1610 à Anvers. Mort le 12 septembre 1670 à Mantoue. XVIIe siècle. Éc. flamande.
Portraitiste.
Maître à Anvers en 1632, il épousa, le 8 février 1632, Martina Veekhamer, dont il eut sept enfants, et, en 1648, Marie Plaquet, dont il eut trois filles. Il fut le maître de Jan Den Duyts, en 1641.
Musées : Naples : *Le duc Ranuccio II – Son épouse, Isabelle d'Este* – Versailles : *F.-T. de Brouchoven.*

DENYS Glaudi Georgie
XVIIe siècle. Actif à Amsterdam vers 1670. Hollandais.
Peintre.

DENYS Jacob ou **de Nys**
Baptisé le 29 juillet 1644 à Anvers. Mort peut-être en 1708. XVIIe siècle. Éc. flamande.
Peintre de compositions à personnages, sujets allégoriques, portraits, natures mortes, dessinateur.
Il alla, en 1666, en Italie, à Venise, à Rome et à Naples. Isabelle-Claire d'Autriche l'appela à Mantoue pour peindre le chœur de l'église Saint-Maurice et l'envoya à Florence faire le portrait du grand duc et sa famille. En 1674, il était à Venise et y décorait le palais ducal. De retour à Anvers, il fut reçu maître en 1680, épousa Isabelle Librechts en 1691, et, pour devenir doyen, peignit, en 1693, l'allégorie de l'*Étude près d'un modèle nu*. En 1695, abandonnant sa femme et ses enfants, il partit pour l'étranger et l'on n'en eut plus de nouvelles.
Musées : Anvers : *Gregorius Martens, bourgmestre d'Anvers – L'Étude près du modèle nu.*
Ventes Publiques : Londres, 18 fév. 1929 : *Paul et Barnabas à Lystra* : **GBP 6** – New York, 15 jan. 1937 : *Portrait d'une dame* : **USD 60** – Londres, 13 mai 1988 : *Nature morte aux pêches, raisins et noix sur un tapis drapé sur une console de marché*, h/t (60x47) : **GBP 44 000**.

DENYS Jacob. Voir aussi **DEYNS**

DENYS Van Utrecht
XVIe siècle. Actif à Paris en 1566. Hollandais.
Peintre.
Signalé par Van Mander.

DENYSZ Jan
XVIIe siècle. Actif à Delft, vers 1643. Hollandais.
Peintre.

DENZA Ciro
Né le 8 février 1844 à Castellamare di Stabia. XIXe siècle. Italien.
Peintre.
Fit ses études en admirant la nature et, sans aucun maître, essaya des paysages tels que : *Près du précipice, Paysage de Naples, Destruction, Reliquerunt omnia, Le dernier rayon*. Ciro Denza obtint quelques distinctions honorifiques, en 1886, à l'Exposition de Liverpool, où les éloges furent largement prodigués à son talent.

DENZEL Anton
Mort en 1593 à Ulm. XVIe siècle. Allemand.
Peintre.
Il était frère de Johann, Franz et Melchior, et peut-être de Daniel.

DENZEL Daniel
XVIe-XVIIe siècles. Actif à Ulm. Allemand.
Peintre.
Il était sans doute frère d'Anton Melchior et Johann.

DENZEL Franz
XIXe siècle. Actif à Graz. Autrichien.
Peintre et dessinateur.

DENZEL Johann
XVIe-XVIIe siècles. Actif à Ulm. Allemand.
Peintre.
C'est sans doute lui qui est nommé aussi Hans.

DENZEL Melchior
XVIe-XVIIe siècles. Actif à Ulm. Allemand.
Peintre.

DENZEL V.
XVIIIe siècle. Actif à Oberdettingen (Wurtemberg). Allemand.
Peintre.
Il décora l'église de cette ville d'une *Assomption de la Vierge*, à la fresque.

DENZLER Ferdy
XXe siècle. Autrichien.
Sculpteur.
Il expose depuis 1932, fréquemment à Paris, aux Salons des Artistes Indépendants, d'Automne, invité au Salon des Tuileries en 1938.

DENZLER Hans Rudolf
Né en 1801 à Zurich. Mort le 24 mai 1857 à Zurich. XIXe siècle. Suisse.
Graveur, illustrateur.
Il fit ses études à Paris. On lui doit surtout des illustrations et quelques planches d'après des contemporains.

DEODATO, fra
XVIe siècle. Actif à Bologne vers 1521. Italien.
Peintre de miniatures.

DEODATO Giovanello
Né à Imolo. XIVe siècle. Actif dans la première moitié du XIVe siècle. Italien.
Peintre.
Il travailla sans doute à Bologne.

DEODATUS ou **Adeodatus**
XIIIe-XIVe siècles. Actif à Rome. Italien.
Sculpteur.
Nous ignorons tout de la vie de cet artiste qui descendait de la famille des Mellini. On ne peut juger de l'art de cet artiste que par un ciboire signé et quelques décorations sculptées, également signées, à l'église Santa Maria à Civita Castellana.

DEODATUS Orlandi
XIIIe-XIVe siècles. Actif à Lucques vers 1300. Italien.
Peintre.
On connaît cet artiste par deux œuvres signées : l'une, un *Christ en Croix*, est conservée au Musée de Lucques. Elle est datée de 1288. L'autre, datée de 1301, est une *Vierge à l'Enfant*, conservée au Musée de Pise.

DEOM Louis
Né à Paris. XXe siècle. Français.
Peintre.
A exposé aux Indépendants avant 1914.

DEON Georges
Né à Montargis (Loiret). XXe siècle. Français.
Peintre.
Depuis 1920, expose au Salon d'Automne et aux Indépendants.

DEONNA Jacques Louis
Né le 3 août 1741. Mort le 11 août 1764. XVIIIe siècle. Actif à Genève. Suisse.
Peintre.

DEOPIK Valentina Palovna
Née en 1907 à Sébastopol. XXe siècle. Russe.
Peintre, dessinatrice.
Elle a étudié en 1930 à l'École d'Art et Technique de Moscou où elle travaille depuis.

DEPAQUIT Jules
Né en 1872 à Sedan (Ardennes). Mort en juillet 1924. XIXe-XXe siècles. Français.
Peintre, aquarelliste, dessinateur, illustrateur.
Il fut le premier maire de la Commune Libre de Montmartre, qui servit ensuite souvent de modèle. Il servit intelligemment sa commune.
Avant la guerre de 1914, il collabora à de nombreuses publications destinées à la jeunesse. Pendant la guerre de 1914-1918, il fit des illustrations pour des journaux satiriques. Son dessin, volontairement gauche et enfantin, ne manquait ni de souplesse, ni surtout de fantaisie.
Ventes Publiques : Paris, 7 juil. 1932 : *Compliments sincères – Démobilisation*, 2 aquar. : **FRF 65** – Paris, 6 avr. 1936 : *Le locataire désignant son propriétaire*, aquar. : **FRF 60** – Paris, 29 jan. 1947 : *Conversation entre deux pauvres hères*, dess. reh., avec un dessin d'Abel Faivre : **FRF 400**.

DEPARDIEU Joes
XVIIe siècle. Actif à Bruges vers 1670. Éc. flamande.
Sculpteur.

DEPARIS Daniel Gustave Jean
Né à Paris. XXe siècle. Français.
Peintre.
Il fut élève de Paul Albert Laurens. Il exposait à Paris, au Salon des Artistes Français depuis 1931, mention honorable 1932, deuxième médaille et Prix Marie Bashkirtseff 1935, Prix E. R. Thirion 1936, médaille d'or et Prix Lukinovic 1939.

DEPARIS Régis
Né en 1948 à Lille (Nord). XXe siècle. Français.
Peintre. Nouvelles Figurations.
Artiste très secret, il expose peu. Toutefois, en 1990, le Musée d'Art Moderne de Villeneuve-d'Ascq lui a consacré une exposition personnelle, en montrant l'ensemble de peintures et dessins aux crayons de couleur intitulé *Retour d'Égypte*, exécutés à la suite du séjour à Karnak effectué grâce à une bourse de recherche.
Il choisit ses thèmes successifs, non sans humour, non sans amour ?, dans le vaste patrimoine culturel de l'humanité. Ce furent : une célèbre villa Renaissance, les pyramides mexicaines, l'Egypte. Son exposition à Paris en 1989, fut consacrée à des monuments contemporains, dont le principal était l'œuvre de Picasso représentée par quelques peintures célèbres : *Femme qui pleure* ou *Portrait de Dora Maar*. Après avoir recopié ces tableaux, il leur peint grossièrement autour un encadrement grotesquement pompeux. Faut-il y lire une dérision ? Mais ici, qui est dérisoire ? La présentation de l'exposition ne dissipe pas l'ambiguïté : « C'est l'histoire de quelqu'un qui s'identifie à quelqu'un de grand. La doublure se prend pour l'original. L'encadrement se prend pour le tableau. » Dans la série des grandes peintures inspirées par l'Égypte, sur des fonds noirs, il a peint des colonnes de temples entre lesquelles circulent, sous des ciels à la manière des paysages de Tolède du Gréco, ensemble oiseaux sacrés, pharaons et dieux antiques, autant d'évocations du passé au présent qui reposent la question des apparences. ■ J. B.
Ventes Publiques : Paris, 6 juin 1985 : *Pendule*, h/t (97x129) : **FRF 5 800**.

DEPAROY Jacques. Voir **PAROY Jacques de**

DEPATTE Paul
Né à Courteron (Aube). XXe siècle. Français.
Peintre de paysages.
Il a exposé à Paris depuis 1935, au Salon des Artistes Indépendants.

DEPAU Mikiel
XVe siècle. Actif à Bruges vers 1470. Éc. flamande.
Sculpteur.

DEPAULIS Alexis Joseph
Né le 30 août 1792 à Paris. Mort le 15 septembre 1867 à Paris. XIXe siècle. Français.
Sculpteur et médailleur.
Élève d'Adrien et de Cartirer. Il entra, en 1813, à l'École des Beaux-Arts et exposa au Salon de 1815 à 1855. Il fut fait chevalier de la Légion d'honneur en 1834. Le Musée de Chartres conserve de lui un médaillon en marbre représentant Louis-Philippe.

DEPAY Hans. Voir **PAY Jan Van**

DEPÉE Johann Heinrich
XVIIIe siècle. Actif en Silésie. Allemand.
Peintre d'histoire.

DEPEIGE Sylvain
Né en 1850. Mort en 1937. XIXe-XXe siècles. Français.
Peintre de paysages.
Élève à l'École des Arts Décoratifs et à l'École des Beaux-Arts de Paris, où il suivit les cours de Charles Lehmann et de Pils, il fut l'un des derniers peintres à travailler avec Corot. Il rencontra Gauguin en Bretagne et ses œuvres figurèrent, en 1961, dans une exposition à Pont-Aven, intitulée : *Autour de Paul Gauguin*. Il travailla à la Manufacture de Sèvres et devint directeur de l'École des Beaux-Arts de Calais.
Bibliogr. : Gérald Schurr, in : *Les Petits Maîtres de la peinture 1820-1920, valeur de demain*, Les Éditions de l'Amateur, t. V, Paris, 1981.

DEPELCHIN ou **Despelchin**
Né à Courtrai. XVIIIe siècle. Éc. flamande.
Peintre d'intérieurs, architectures, aquarelliste.
Il exposa au Salon de Lille en 1788 et prit part aux expositions de Paris en 1793 et 1795.

Musées : Courtrai : *Intérieur de Notre-Dame de Paris* – Lille : *Paysage*, aquar. – Paris (Mus. Carnavalet) : *Les Tuileries et le Pont-Royal – Intérieur de Notre-Dame.*
Ventes Publiques : Paris, 1892 : *Intérieur de Notre-Dame en 1792* : **FRF 900.**

DEPELCHIN M. F.
Né en 1804 à Lille. Mort en 1835. xixe siècle. Français.
Peintre.
Le Musée de Lille conserve de lui *Rochers avec Cascade.*

DEPERO Fortunato
Né en 1892 à Fondo (Val-di-Non, Trentin). Mort en 1960 à Rovereto. xxe siècle. Actif aussi en France. Italien.
Peintre, aquarelliste, peintre de décors de théâtre, cartons de tapisseries, affiches publicitaires. Futuriste.
Il fut élève de l'École Royale de Rovereto. Il commença à exposer des dessins et aquarelles réalistes et symbolistes en 1911. En 1914, à Rome, il fréquentait Balla, Cangiullo, Marinetti, encouragé par Balla il y participa à l'Exposition Internationale Libre Futuriste. En 1915, encore avec Balla, il signa le manifeste *Reconstruction futuriste de l'Univers.* Il s'agissait de favoriser les matériaux pauvres, carton, ficelle, tissu, d'en confectionner des sculptures mobiles et sonores : les « ensembles plastiques ». En 1917, il commença à travailler pour le théâtre, pour différentes troupes de ballets, dont ceux de Diaghilev. Il concevait des costumes de scène transformables, inspirés des « ensembles plastiques ». En 1918 à Rome, il fit représenter les *Ballets plastiques,* spectacle de marionnettes en bois, en relation avec ses recherches mécaniques. À partir de 1919, il reprit une place importante dans la seconde vague du futurisme, provoquant une production artistique collective, affiches publicitaires, livres, meubles, constructions en bois, faisant tisser notamment dans cet esprit de nombreuses tapisseries. En 1924 à Milan, Depero exprima le malaise de l'homme envers la machine dans le ballet *Anihcamm,* où une locomotive tombait amoureuse du chef de gare. En 1927 il fait paraître un livre relié par des boulons, *Depero futurista* (Dinamo Azari). De 1928 à 1930, il fit des travaux de décoration à New York, notamment la création des costumes d'un ballet de Massine *The New Babel.* Dans les années trente et quarante, il se fixa à Rovereto, y installant un atelier de tissage des tapisseries, participant aux expositions organisées par le Syndicat Fasciste des Beaux-Arts. En 1948, il alla de nouveau à New York, pour le lancement d'un nouveau matériau de sa conception. Peu avant sa mort, de 1957 à 1960, il fonda, dans l'ancien local de tissage de Rovereto, un Musée Depero.
Presque tout au long de son œuvre, Depero consacra au théâtre une part importante de son activité de créateur, imaginant, inventant des costumes dans l'esprit futuriste : rigides, mécaniques, transformables. Dans ses peintures, la conception de l'espace fut marquée par sa pratique de l'espace scénique. Une des constantes de son œuvre, au long de son évolution, réside dans la fraîcheur décorative et presque enfantine de son inspiration, référée souvent à la magie du cirque, avec ses clowns et acrobates : *Danseur et perroquets* 1917. Dans ses premières œuvres futuristes, il tendait à une abstraction presque totale. Après 1919, ayant renoué avec le futurisme, notamment dans ses tapisseries, il retrouva la veine quasi naïve de ses débuts, mêlée de fantastique. ■ J. B.

F. Depero

F. Depero

Bibliogr. : José Pierre : *Le Futurisme et le Dadaïsme*, in : *Hist. Gle de la Peint.*, t. XX, Rencontre, Lausanne, 1966 – Présentation de l'exposition *Teatro Magico de Fortunato Depero*, Institut Culturel Italien, Paris, 1990.
Musées : Brescia (Mus. d'Art Mod.) : *Le Bain* – Milan (Gal. d'Arte Mod.) : *Portrait de Gilbert Clavel* – Milan (Fond. Gianni Mattioli) : *Moi et ma femme* 1919 – *Hennissement et rapidité* 1921 – Rovereto (Mus. Depero) : Nombreuses œuvres.
Ventes Publiques : Milan, 1er déc. 1964 : *Marin ivre* : **ITL 700 000** – Londres, 7 juil. 1971 : *Futurista* : **GBP 2 800** – Milan, 28 oct. 1971 : *Le marin*, temp./isor. : **ITL 1 400 000** – Milan, 9 nov. 1976 : *Robot* 1920, temp. (68x52,5) : **ITL 4 800 000** – Rome, 9 déc. 1976 : *Il signor B.*, h/t (100x80) : **ITL 9 000 000** – Milan, 11 avr. 1978 : *Danseuse* 1915, temp. (65x69) : **ITL 2 800 000** – Milan, 26 avr. 1979 : *Quatre Figures* 1948, temp. (75x75) : **ITL 3 300 000** – Milan, 26 juin 1979 : *Macchinismo babelico* 1930, h/isor. (70x95) : **ITL 300 000** – Milan, 14 avr. 1981 : *Nature morte aux bouteilles (recto) et Homme-atome et cheval (verso)*, pl. et cr./pap. (81,2x53) : **ITL 2 000 000** – Rome, 1er mars 1983 : *Chevaux à l'abreuvoir* vers 1942, cr., temp. et encre de Chine/pap. mar./t. (144x87) : **ITL 9 500 000** – Milan, 14 juin 1983 : *La femme de pierre* 1917, h/t (84x47,5) : **ITL 34 000 000** – Milan, 11 juin 1985 : *Nitrito in velocita*, temp./cart. entoilé (76,5x97) : **ITL 14 000 000** – Munich, 25 nov. 1985 : *Nitrito in velocita* vers 1928, h/t (105x189,5) : **DEM 79 500** – Milan, 28 oct. 1986 : *Vortice di danza* 1918, h/t (80x110) : **ITL 27 000 000** – Milan, 16 déc. 1987 : *Folla, auto, strada*, temp./cart. entoilé (83x102) : **ITL 22 500 000** – Milan, 24 mars 1988 : *Pénétration des esprits*, détrempe/cart. (71x87) : **ITL 23 000 000** ; *Vibrations de profils dans l'espace*, détrempe/pap. (82x79,5) : **ITL 17 000** – Rome, 7 avr. 1988 : *Fantaisie indienne* 1948-1950, détrempe/pap. (100x70) : **ITL 14 500 000** – Milan, 8 juin 1988 : *Cinq crayons* 1929, collage/pap. de coul. (47x67) : **ITL 14 000 000** ; *Nature morte* 1938, h/pan. (34,5x28,5) : **ITL 12 500 000** – Milan, 14 déc. 1988 : *Nègres dans le métro*, détrempe/pap./t. (79,5x87) : **ITL 9 500 000** ; *Mannequin* 1924, h/t (76x61) : **ITL 18 000 000** – Milan, 20 mars 1989 : *L'enceinte de Folgaria*, détrempe/cart. (67,5x74) : **ITL 24 000 000** – Rome, 21 mars 1989 : *Les buveurs*, h/t (81,5x71,5) : **ITL 30 000 000** – New York, 3 mai 1989 : *Maison illuminée avec une flèche*, gche/pap. (33,5x24,5) : **USD 42 180** – Milan, 7 nov. 1989 : *Personnage*, temp./pap. entoilé (76x78) : **ITL 32 000 000** – Rome, 28 nov. 1989 : *Deux personnages*, h/t (100x50) : **ITL 33 000 000** – Milan, 19 déc. 1989 : *L'Homme-crayon moustachu*, temp./t. (130x80) : **ITL 34 000 000** – Milan, 27 mars 1990 : *Automates*, h/t (99x57) : **ITL 380 000 000** – Monaco, 17 juin 1990 : *Marcialottare* 1915, encre coul./pap. (31x22) : **FRF 88 800** – Milan, 26 mars 1991 : *Figure*, temp./pap. entoilé (76x78) : **ITL 46 000 000** – Milan, 20 juin 1991 : *Positano*, h./contre-plaqué (70x62,5) : **ITL 50 000 000** – New York, 25-26 fév. 1992 : *Nitrito in velocita*, temp./cart. (40x50,5) : **USD 38 500** – Milan, 23 juin 1992 : *Figure* 1948, encre/pap. (21x18) : **ITL 3 500 000** – Lugano, 10 oct. 1992 : *Établissement des suicides* 1917, fus./pap. (62x42) : **CHF 41 000** – New York, 11 nov. 1992 : *Le Motocycliste*, h/pan. (71,1x9.,8) : **USD 55 000** – Rome, 14 déc. 1992 : *Feuilles*, cr./pap. (22x16) : **ITL 3 680 000** – Milan, 16 nov. 1993 : *La Navette*, cr., temp. et aquar./pap. (92x145) : **ITL 13 800 000** – Milan, 27 avr. 1995 : *Peintre et Brideuse* 1922, h/pan. (32x54,5) : **ITL 71 300 000** – Venise, 12 mai 1996 : *Quatre Oisillons* 1941-1942, cr., encre et temp./pap. (47x108) : **ITL 18 000 000** – Milan, 20 mai 1996 : *Sbornia monumentale* 1945, fus. et temp./pap. (70x63) : **ITL 36 800 000** ; *L'Ape* 1953, pl. et cr./pap. (26,5x17,5) : **ITL 3 795 000** – Paris, 8 déc. 1996 : *Allegoria Trentina, Polenta a fuoco duro* 1946, h/t (70x60) : **FRF 42 000** – Milan, 10 déc. 1996 : *Apparition métropolitaine* 1951, encre et h/pap. (50x68) : **ITL 11 650 000** – Milan, 18 mars 1997 : *Carretti capresi*, temp./cart. (70x100) : **ITL 25 630 000.**

DEPERTHES Jean Baptiste
Né le 25 octobre 1761 à Reims. Mort le 25 octobre 1833 à Paris. xviiie-xixe siècles. Français.
Peintre de paysages.
Fils d'un jurisconsulte et avocat distingué. Au lieu d'étudier le droit comme son père, Deperthes s'appliqua à l'étude du dessin, ensuite à celle de la peinture, et spécialement à celle du paysage. Il vint à Paris et travailla avec Valenciennes. Des circonstances particulières l'obligèrent à entrer dans l'Administration préfectorale. Il ne se servit plus de son pinceau que pour son agrément. Deperthes avait fait une étude approfondie des grands maîtres, ce qui lui permettait d'être un expert remarquable. Musicien, il jouait fort bien de l'alto et se produisait dans les grands concerts de la capitale. Écrivain, il fit représenter un mélodrame en trois actes. Il a laissé deux ouvrages sur les Beaux-Arts. La *Théorie du paysage* (1818), *Histoire de l'art du paysage depuis la renaissance des Beaux Arts jusqu'au xviie siècle.* Il fit hommage de ces deux ouvrages à l'Académie des Beaux-Arts. Quatremère de Quincy en a fait de grands éloges. On a de lui une centaine de petits tableaux, presque tous copiés d'après Valenciennes et d'autres paysagistes. L'Hôtel de Ville de Paris possède de lui un paysage.

DEPERTHES Roger Édouard
Né à Paris. xxe siècle. Français.
Architecte et dessinateur.
Élève de Eustache et de André, il expose au Salon des Artistes Français. Mention en 1926, troisième médaille en 1928.

DEPETASSE Hippolyte Armand Albert
Né le 26 novembre 1877 à Asnières (Hauts-de-Seine). Mort le 19 mars 1966 à Mortain (Manche). XXe siècle. Français.
Peintre de paysages urbains.
Il exposait à Paris, au Salon des Artistes Indépendants. Il peignait surtout des vues pittoresques du Vieux Paris.

DEPEUILLE François Jules Gabriel
XVIIIe siècle. Français.
Peintre.
Il fut reçu en 1775 à l'Académie Saint-Luc à Paris.

DEPI Henri Albert
Né à Bruxelles. XXe siècle. Belge.
Peintre.

DEPIERREUX. Voir **PIERREUX Jean Joseph de**

DEPIREUX Jean
Né le 26 mars 1708 à Liège. Mort le 27 février 1749 à Liège. XVIIIe siècle. Éc. flamande.
Peintre, dessinateur.
Le Musée d'Asembourg à Liège possède une série de dessins.

DEPLANCHE Gabrielle Marguerite
Née le 21 juillet 1875 à Rânes (Orne). Morte le 8 octobre 1945 à Rennes (Ille-et-Vilaine). XXe siècle. Française.
Peintre de paysages, fleurs.
Elle exposait à Paris, depuis 1914 au Salon des Artistes Français.
Ventes Publiques : Londres, 27 oct. 1993 : *Nature morte de roses dans un vase de verre*, h/t (44,5x90,5) : **GBP 2 530.**

DEPLANQUE Marguerite
XVIIIe siècle. Française.
Peintre ?
Elle fut reçue le 5 mai 1747 à l'Académie Saint-Luc à Paris.

DEPLANTE Berthe
Née le 19 janvier 1869 à Paris. XIXe siècle. Française.
Peintre et sculpteur.
Élève de Carrière, B. Laurent, Moreau-Vauthier, Max Blondat. A débuté en 1908 au Salon des Artistes Français.

DEPLECHIN Valentin Eugène
Né le 27 mai 1852 à Roubaix (Pas-de-Calais). XIXe siècle. Français.
Sculpteur de nus, statues.
Il suivit les cours de l'École des Beaux-Arts de Lille et fut élève de Delaplanche. Il figura au Salon des Artistes Français où il obtint une mention honorable en 1893, une médaille de troisième classe en 1893 avec *Amphitrite* et une médaille de bronze à l'Exposition universelle de 1900. Il réalisa en 1884 *l'Ivresse*, groupe, pour le château d'Engrain. De ses œuvres on peut citer : *Faune et Bacchante* (1881), *Jeune Nubien* (1882), *Fellah* (1890), *La Fontaine de Bacchus* (1894), New York, *Peine de cœur* (1896), *Monument de Desrousseaux à Lille*.
Musées : Barcelone : *Charmeuse* 1886.
Ventes Publiques : Londres, 5 nov. 1980 : *Nu au panier de pommes* 1887, bronze (H. 69,5) : **GBP 750** – Londres, 23 fév. 1981 : *Amphitrite*, bronze (H. 51) : **GBP 620.**

DEPLYN ou **de Plyn**. Voir **PLYN de**

DEPLYN Eugène ou **de Pleyn**. Voir **PLYN Eugène de**

DEPOIS François Joseph
XVIIIe siècle. Actif à Tournai vers 1768. Éc. flamande.
Peintre.

DEPONCE Étienne
Mort avant 1714. XVIIIe siècle. Actif à Nantes. Français.
Peintre.

DEPONT Marius
Né en 1926. XXe siècle. Français.
Sculpteur. Abstrait.
Il figure régulièrement à Paris, dans les années quatre-vingt, au Salon des Réalités Nouvelles, avec des sculptures métalliques aux formes planes très découpées.

DEPORTES Francisque. Voir **DESPORTES Francisque**

DEPPE
XIXe siècle. Actif à Berlin au début du XIXe siècle. Allemand.
Peintre de paysages.
Il exposa à l'Académie de Berlin en 1820.

DEPPERMANN
XIXe siècle. Actif à Hambourg vers 1840. Allemand.
Lithographe.

DEPPERMANN Henriette
Née le 26 mai 1860 à Bergedorf (près de Hambourg). XIXe siècle. Allemande.
Peintre de paysages.
Elle exposa à Munich et à Berlin et se fixa dans cette dernière ville.

DEPRAETERE. Voir **PRAETERE Jules de**

DEPRÉ Albert
Né le 11 mars 1861 à Paris. Mort en 1937. XIXe-XXe siècles. Français.
Peintre de paysages.
Il fut élève de Jules Lefebvre, François Flameng, Gabriel Ferrier, à l'École des Beaux-Arts de Paris, où il exposa au Salon des Artistes Français, et dont il devint sociétaire en 1887.
Il a souvent peint les paysages de la lande bretonne.

DEPRÉ Marcel
Né le 11 juillet 1919 à Rochefort-sur-Mer (Charente-Maritime). XXe siècle. Français.
Peintre de marines.
Il expose à Paris, au Salon des Artistes Français, médaille d'argent 1967. Il a été agréé Peintre de la Marine.
Ventes Publiques : Douai, 24 mars 1991 : *Le port* 1961, h/t (100x73) : **FRF 10 200** – Paris, 27 avr. 1992 : *Le tambourineur*, h/t (100x73) : **FRF 7 000.**

DEPREAUX
XVIIe siècle. Français.
Peintre.
Il porte, de 1645 à 1648, le titre de peintre ordinaire du roi.

DEPRÉAUX
XVIIIe siècle. Actif à la fin du XVIIIe siècle. Français.
Peintre.

DEPREAUX Albert Marie Louis
Né à Columbus (Ohio). XXe siècle. Actif en France. Américain.
Sculpteur de nus.
Il fut élève d'Antoine Injalbert et de Paul Wayland Bartlett. Depuis 1924, il exposait à Paris, aux Salons des Artistes Indépendants et des Artistes Français.
Il travaillait la terre cuite et sculptait des statuettes de nus féminins.

DEPREZ
Né à Marseille (Bouches-du-Rhône). XIXe siècle. Français.
Sculpteur sur bois.
Il représenta des animaux.

DEPREZ Georges
Né à Mittelbronn (près de Phalsbourg). XVIIIe siècle. Français.
Sculpteur.
Il travailla en Lorraine.
Ventes Publiques : Paris, 9 oct. 1997 : *Willy et Claudine*, plâtre polychrome, épreuve (H. 46) : **FRF 5 000.**

DEPREZ Henri
Né le 11 décembre 1727 à Liège. Mort le 28 octobre 1797 à Liège. XVIIIe siècle. Éc. flamande.
Peintre de portraits et d'histoire.
Élève de Renier Panhay de Rendeux, puis, en 1746, à Rome, de H. Corrado. Revenu à Liège en 1751, il travailla pour les églises et eut pour élèves Henri Collinet, J.-F. Saint, F. Racle et Jos. Wiart.

DEPREZ Mia
Née en 1942 à Izegem. XXe siècle. Belge.
Peintre.
Elle fut élève de l'académie d'Izegem.
Bibliogr. : In : *Dict. biogr. illustré des artistes en Belgique depuis 1830*, Arto, Bruxelles, 1987.

DEPREZ Paul Gaston
XIXe-XXe siècles. Actif à Paris. Français.
Sculpteur.
Il débuta au Salon de 1895 avec une *Andromède*.

DEPROIT Jean Baptiste
Mort le 29 septembre 1739 à Lyon. XVIIIe siècle. Français.
Peintre.
Il peignait des paysages et des tableaux religieux.

DEPRUN Léonard Auguste
Né à Genève (Suisse). XXe siècle. Français.

Peintre de nus, d'intérieurs.
Depuis 1925, il exposait à Paris, aux Salons des Artistes Indépendants et des Artistes Français.

DEPUNDER Jakob. Voir **PONDER Jacob de**

DEPUYDT Stefaan. Voir **PUYDT Stefaan de**

DEPYPERE Michel
Né le 23 juillet 1923 à Kuurne (près de Courtrai). Mort le 19 mars 1978. XXe siècle. Belge.
Peintre de paysages.
Il fut élève de l'Académie des Beaux-Arts de Courtrai. En 1943, il fonda le Cercle Artistique Évariste Carpentier, qu'il présida pendant trente-cinq ans. Dans un esprit post-romantique, il a peint les paysages de la Lys et de la campagne environnante.

DEQUÈGE Étienne
XVIIe siècle. Français.
Peintre.
En 1639, il peignit un retable pour l'église Saint-Maurice d'Annecy.

DEQUÈGE Michel
XVIe-XVIIe siècles. Actif à Annecy. Français.
Peintre.

DEQUENE Jean-Pierre
Né le 20 mai 1905 à Mons. Mort le 26 novembre 1954 à Saint-Gilles-lez-Bruxelles. XXe siècle. Belge.
Peintre de figures, portraits, nus, natures mortes, graveur, peintre de compositions murales. Maniériste.
Il fut élève d'Émile Motte à l'Académie des Beaux-Arts de Mons. Il a exposé à Paris, aux Salons d'Automne et des Artistes Indépendants.
Il a exécuté une décoration murale à l'Université du Travail à Charleroi. Un certain maniérisme est évoqué au sujet de ses nus.

P Dequène

Musées : Bruxelles – Mons – Tournai.
Ventes Publiques : Lokeren, 21 fév. 1987 : *Nu dans un intérieur*, h/t (150x120) : **BEF 90 000**.

DEQUENNE Albert Charles
Né le 27 décembre 1897 à Lille (Nord). Mort le 15 mai 1973 à Lille. XXe siècle. Français.
Peintre de portraits.
Il fut élève de Pharaon Abdon Léon de Winter, Fernand Cormon et Jules Adler. Il exposait à Paris, au Salon des Artistes Français, deuxième médaille 1920, médailles d'or 1931, 1937 (Exposition Universelle).

DEQUENNE Jean-Pierre
Né le 20 mai 1905 à Mons. Mort le 26 novembre 1954 à Saint-Gilles-lez-Bruxelles. XXe siècle. Belge.
Peintre de compositions murales, de nus, graveur.
Il fut élève d'Émile Motte à l'Académie des Beaux-Arts de Mons. Il a aussi exposé à Paris, aux Salons d'Automne et des Artistes Indépendants. Il a réalisé une décoration murale à l'Université du Travail de Charleroi.
Musées : Bruxelles – Mons – Tournai.

DEQUET Alain
Né le 28 novembre 1920 à Paris. XXe siècle. Français.
Peintre de compositions animées, paysages, natures mortes.
Il fut élève de Jean Souverbie à l'École des Beaux-Arts de Paris. Il expose régulièrement à Paris, aux Salons d'Automne, des Artistes Français, des Artistes Indépendants, Comparaisons.
Dans ses paysages surtout, il joue d'effets de plein soleil ou de clair-obscur.
Ventes Publiques : Paris, 13 juin 1983 : *La collection de timbres : trompe-l'œil*, h/pan. (34x46) : **FRF 4 700** – Paris, 26 sep. 1984 : *Trompe-l'œil, collection de timbres*, h/pan. (33x46) : **FRF 13 000**.

DEQUEVAUVILLER François Jacques
Né vers 1783 à Paris. Mort vers 1848. XIXe siècle. Français.
Graveur.
Fils et élève de François Dequevauviller. Il étudia plus tard avec Boucher Desnoyers. On cite de lui des portraits.

DEQUEVAUVILLER François Nicolas Barthélemy
Né en 1745 à Abbeville. Mort vers 1807 à Paris. XVIIIe siècle. Français.
Graveur.
Il fut élève de J. Daullé. Dequevauviller voyagea beaucoup de 1781 à 1786. Il alla d'abord en Italie puis en Palestine et explora les côtes de la Méditerranée. Son talent spirituel et délicat le classa rapidement parmi les bons graveurs de la fin du XVIIIe siècle. On apprécie particulièrement l'art avec lequel il a su traiter les effets de lumière. Les estampes de Dequevauviller sont très recherchées. On cite de lui : *Suzanne au bain*, d'après Ch. Allori, *La Tentation de saint Antoine*, d'après S. Rosa, *L'Assemblée au Salon*, d'après N. Lawreince, *L'École de danse*, d'après N. Lawreince, *L'Indiscret*, d'après Borel, *Le lever des ouvrières en mode*, d'après N. Lawreince, trois planches de vues, deux planches pour des vues de salles de monuments français de Reville et de Lavallée, huit planches de *paysages*, planche pour *Voyages pittoresques de Constantinople*, d'après Melling, planches pour *Les Ponts de Paris*.

DEQUIN Auguste
Né à Châlons-sur-Marne (Marne). XIXe siècle. Français.
Peintre de paysages.
Élève de Joseph Varin. Le catalogue du Musée de Châlons-sur-Marne en mentionnant les deux œuvres de cet artiste, conservées au Musée, *Torrent sous bois* et *Allée d'arbres et rivière dans un parc*, indique la date de 1840, sans spécifier s'il s'agit de celle de la naissance du peintre.

DEQUINNE Lambert Joseph
Mort le 6 novembre 1757 à Liège. XVIIIe siècle. Éc. flamande.
Sculpteur.

DEQUOY Nicolas
Né vers 1684. Mort le 29 décembre 1750 à Paris. XVIIIe siècle. Français.
Peintre.
Il était fils de Simon et travailla avec lui.

DEQUOY Pierre Simon
Né vers 1698. Mort le 31 décembre 1764 à Paris aux Gobelins. XVIIIe siècle. Français.
Peintre.
Il était frère de Nicolas et fils de Simon. Il travailla avec eux, comme peintre du roi aux Gobelins. Reçu à l'Académie Saint-Luc en 1737, il y exposa des portraits en 1751, 1752, 1753 et 1756.

DEQUOY Simon
Né vers 1655. Mort le 11 septembre 1727 à Paris. XVIIe-XVIIIe siècles. Français.
Peintre.
Peintre aux Gobelins, membre de l'Académie Saint-Luc, il prit part aux expositions de cette société en 1751, 1752 et 1753. Mentionnons parmi ses œuvres : *Un buveur* et *Une récureuse*. Le Musée de Versailles conserve de cet artiste, le *Portrait de Anne de Souvré, marquise de Louvois*.
Ventes Publiques : Paris, 3 mai 1902 : *Portrait de gentilhomme* : **FRF 200** – Paris, 7 et 8 juin 1920 : *Portrait de Louis XV enfant* : **FRF 1 230** – Paris, 13 mai 1925 : *Portrait de Marc-Antoine d'Hallebout, capitaine de cavalerie, en cuirasse et manteau rouge* : **FRF 720**.

DER HAROOTIAN. Voir **DERHAROOTIAN**

DER KEVORKIAN. Voir **DERKEVORKIAN**

DERACHE Gustave Victor
Né au XIXe siècle à Lille (Nord). XIXe siècle. Français.
Lithographe.
A obtenu une troisième médaille à l'Exposition Universelle de 1889.

DERAIN André
Né le 10 juin 1880 à Chatou (Yvelines). Mort le 10 septembre 1954 à Garches (Hauts-de-Seine), accidentellement. XXe siècle. Français.
Peintre de figures, portraits, nus, paysages, marines, natures mortes, peintre à la gouache, aquarelliste, pastelliste, peintre de décors de théâtre, sculpteur, graveur, illustrateur. Fauve.
Après avoir, pour satisfaire au vœu de ses parents, préparé le concours de l'École Centrale d'ingénieurs, il décida de se consacrer totalement à la peinture. Il reçut ses premiers conseils d'un peintre local, Jacomin, qui avait connu Cézanne. En 1896-1898, il fréquenta l'Académie Carrière, où il connut Matisse. En 1901, de une à deux années avant son départ pour le régiment, il se lia d'amitié avec son aîné de quelques années, Vlaminck, qui venait d'être libéré du service militaire. Bientôt, tous deux peignirent

ensemble dans un même atelier de Chatou, cabane en planches près du pont de Chatou, non sans fréquenter les bords de Seine, les guinguettes à canotiers, le restaurant *Fournaise*, où étaient passés les impressionnistes, qu'alors ils affectionnaient, et Guy de Maupassant. En 1901 aussi, ensemble, ils furent bouleversés par l'exposition Van Gogh. Bien qu'accusant déjà de notables différences, les œuvres des deux amis, exposées encore modestement et ayant commencé d'attirer l'attention des critiques, suscitèrent l'appellation d'une *École de Chatou*, dont ils ne furent jamais que les deux seuls représentants. Revenu du service militaire, pendant lequel il put continuer à peindre, et même à illustrer deux livres de Vlaminck, Derain ne renoua ni avec l'École de Chatou, ni trop avec Vlaminck. Il s'inscrivit à l'Académie Julian, ce qui choquait Vlaminck qui préconisait le recours au seul instinct, il fréquentait le musée que Vlaminck appelait « ce cimetière ». Quand Derain se mit à copier au Louvre, en l'interprétant, *Le Portement de Croix* de Ghirlandajo, ce fut la fin de tout. Derain quitta Chatou pour Montmartre. Son atelier de la rue Tourlaque fut, autour de 1905, l'un des lieux où soufflait l'esprit, tout autant qu'au Bateau Lavoir de la place Ravignan, où siégeait Picasso. En 1905, il passa l'été à Collioure en compagnie de Matisse, avec lequel s'étaient révélées des affinités. Ce fut au retour de Collioure qu'eut lieu le Salon d'Automne où fut consacrée la création du fauvisme. Ambroise Vollard, qui le soutenait, lui conseilla des séjours à Londres, en 1905 et 1906, d'où il rapporta des peintures parmi les plus fortes de sa période fauve. De retour à Paris, il fit la connaissance de Georges Braque, alors dans sa propre période fauve, avec qui il alla à l'Estaque en 1906, et de Picasso, avec qui il ira à Cadaquès en 1910. En 1907, il entra, le premier avec Vlaminck, à la Galerie de D.-H. Kahnweiler. En 1908, il passa sept mois à Martigues. La déclaration de guerre le surprit à Montfavet, où il passait l'été avec Braque et Picasso. Derain fit la guerre de 1914-1918 comme artilleur du début à la fin, en Champagne et dans la Somme. Guillaume Apollinaire préfaça sa première exposition personnelle en 1916 à la Galerie Paul Guillaume, qui le soutiendra pendant toute sa vie. Il est assez étonnant de remarquer qu'il n'eut ensuite, de son vivant, que trois autres expositions personnelles dans Paris, en 1931, 1937, 1949. Après la guerre, il eut de nombreux ateliers dans Paris. Il séjourna à Rome en 1921, passa de nombreux étés dans le Midi : 1921 Sanary, La Ciotat, 1922 et 1925 aux Lecques, 1930 Saint-Maximin, 1931, 1932, 1933 Saint-Rémy-de-Provence. Les participations de Derain aux divers Salons furent extrêmement rares. En 1928 lui fut décerné le Prix Carnegie de Pittsburgh. Dans ses dernières années, il ne consentait d'exposer que sur l'insistance de ses plus jeunes camarades. Bien qu'étant fort sollicité, peu auront moins abusé que lui des expositions personnelles. Toutefois, en 1937, à l'occasion de l'Exposition Universelle de Paris, il participa à l'exposition au Petit Palais des *Maîtres de l'Art Contemporain*, avec trente peintures représentatives de la diversité de ses thèmes, parmi lesquelles : *Portrait de Vlaminck, Table à la nappe, Femme nue jusqu'aux épaules, Les Buveurs, Le Bain, Une rue de Londres, Les Raisins, Autoportrait à la pipe, Paysage du Midi, Femme aux fruits, Nu de dos, Le Mont Olympe, La table de cuisine*. De 1935 à sa mort, il résida à Chambourcy, où il est enterré. Des expositions rétrospectives posthumes lui furent consacrées : à Paris en 1977 et 1980-1981, à Marcq-en-Baroeul en 1981-1982, au Musée d'Art Moderne de Troyes : *André Derain et le retour à la tradition* pendant l'été 1991, au Musée de l'Orangerie de Paris : *Un certain Derain* à l'automne 1991, en 1994 au Musée d'Art Moderne de la Ville de Paris : *André Derain, le peintre du trouble moderne*, en 1995 au musée Despiau-Wlérick à Mont-de-Marsan.

En 1919, il réalisa pour les Ballets Russes de Diaghilev les décors et costumes de *La Boutique Fantasque* sur des thèmes de Rossini. Il revint au décor de théâtre, en 1953 et 1956, pour *L'Enlèvement au sérail* de Mozart et *Le barbier de Séville* de Rossini, au Festival d'Aix-en-Provence. Il a illustré, le plus souvent de bois, lithographies, et aussi burins, de nombreux ouvrages littéraires, parmi lesquels : André Salmon *Archives du club des Onze* 1902, Vlaminck : *D'un lit dans l'autre* 1902 – Vlaminck : *Tout pour ça* 1903 – Guillaume Apollinaire *L'Enchanteur pourrissant* 1909, Max Jacob *Les Œuvres Burlesques et Mystiques du Frère Matorel* 1912, André Breton *Mont de Piété* 1916, Pierre Reverdy *Étoiles peintes* 1921, Antonin Artaud *Héliogabale* 1934, Pétrone le *Satyricon* 1934, Ovide *Les Héroïdes* 1938, Rabelais *Pantagruel* 1946, La Fontaine *Contes et Nouvelles* 1950, Antoine de Saint-Exupéry *Œuvres* 1950 – Anacréon *Odes anacréontiques* 1953, etc. Derain a également pratiqué la sculpture. Il a notamment taillé des masques dans le cuivre de douilles d'obus, au lendemain de la guerre de 1914-1918. À partir de 1939, il se remit, et avec abondance, à la sculpture.

À la suite des œuvres de jeunesse, de l'époque de la dite *École de Chatou*, quand, ayant renoncé à la carrière d'ingénieur, il commença, vers vingt ans, à peindre d'instinct avec Vlaminck, la rencontre avec l'œuvre de Van Gogh en 1901 les incita à peindre par larges aplats de couleurs pures, sans ombres, ni arrière-plans, utilisant aussi les touches ponctuées et isolées des néoimpressionnistes. Ainsi furent-ils naturellement des premiers initiateurs du fauvisme, avec bientôt Matisse, Friesz, Braque, Van Dongen, Rouault, Camoin et quelques autres. À son origine, le fauvisme n'existait pas. Il ne dut d'exister en tant que tel qu'au dérisoire qualificatif de « fauves » qu'un critique, Louis Vauxcelles, qui ne doit son renom qu'à ses erreurs, appliqua aux peintres qui, par affinités, avaient regroupé leurs œuvres dans une même salle du Salon d'Automne de 1905. On peut penser que le fauvisme, au moins pour partie, est issu de l'*École de Chatou* des deux copains et de leur admiration pour Van Gogh, qui leur fit exploiter les couleurs à leur violence optimale. Avant qu'ils n'eussent décidé de s'approprier le qualificatif qui se voulait cinglant, de doctrine du fauvisme il n'y avait nulle. Il fallut bien ensuite donner un programme au titre. Cela n'alla jamais bien loin, le goût du manifeste, si répandu ailleurs, n'est apparemment guère dans le caractère français. On s'accorda sur le rejet de l'académisme et les déliquescences de l'impressionnisme finissant, l'illusionnisme du modelé, du clair-obscur et de la perspective, et inversement sur l'admiration pour l'expression par la couleur chez Van Gogh et pour le dessin en arabesques solidement charpentées, cernant les aplats colorés, du « cloisonnisme » de Gauguin. À partir de ces quelques principes, chacun les appliqua à son propre usage. Quant à lui, Derain, dans son époque fauve, sans doute la plus forte de son œuvre, il sut en concilier la radicalité avec le raffinement qui lui était naturel et qui a caractérisé tout son œuvre. Il y montra un souci, à la vérité peu instinctif donc peu fauve, de composition du motif dans son format. Il savait avec sûreté quelles couleurs fortes pouvaient être juxtaposées sans cacophonie. Comme Friesz, s'il appliquait les couleurs pures, telles que sorties du tube, il les posait très délavées, désaturées par l'essence, le blanc de la préparation de la toile par transparence en tempérant la vigueur. Dessinateur vigoureux, le principe du cerne en arabesque lui convenait sans effort.

Dans les années qui firent immédiatement suite au fauvisme, le cubisme ne fut certainement pas sans tourmenter Derain, qui s'est passionné toujours pour les bonnes rencontres de la pratique artistique et de l'intellectualité. Dès 1907, il commença à douter de l'universalité du fauvisme. On doit rappeler qu'il fut le premier à s'intéresser à l'art nègre, qu'il fit connaître à Picasso, et aux arts populaires. Ce fut cet intérêt et, après Van Gogh et Gauguin, le retour au classicisme des règles constructives de Cézanne, qui le menèrent à la frange du cubisme. A ce propos, Guillaume Apollinaire a pu écrire, faisant allusion aux séjours prolongés de Derain dans les musées et à ses interprétations des maîtres anciens, que : « l'archaïsme fut son cubisme », et, poussant plus loin son analyse : « Après les truculences juvéniles, Derain s'est tourné vers la sobriété et la mesure. De ces efforts sont sortis des ouvrages dont la grandeur confine parfois au caractère religieux... L'art de Derain est maintenant empreint de cette grandeur expressive que l'on pourrait dire antique. »

Il est de fait qu'après la détermination et l'audace de sa période fauve, Derain ne cessa d'ambitionner de rejoindre en la renouvelant la tradition classique. Le poète Roger Allard, entre autres nombreux, remarque : « André Derain procède souvent par allusions. Sans qu'on y puisse reprendre aucune imitation directe, ses figures et ses paysages évoquent toujours le style des maîtres. Raphaël, Léonard, Corot, sont ceux dont Derain se souvient le plus à propos et toujours avec autant de goût que de sensibilité. » Sa connaissance à la fois instinctivement très sûre et culturelle des productions artistiques d'autres civilisations, si elle lui permit d'être le premier à s'intéresser à l'art nègre et aux arts populaires, l'incita d'autre part, tout au long de son œuvre propre, à se rassurer de références au passé. Ce furent ainsi, au sortir de son époque fauve aux couleurs éclatantes, le retour à des accords de tons sobres, qu'on a pu dire « pain d'épices », avec le retour à Cézanne vers 1908, à Poussin vers 1912, aux primitifs italiens en 1913, aux portraits du Fayoum en 1914, au Quattrocento et même aux artistes de Pompéi à partir de 1920 en cette période qui a pu être dite « gothique », puis, à partir de

1939, pour ses œuvres sculptées, se référant de nouveau aux nègres, aux romans, aux arts archaïques, tandis qu'exactement dans le même temps ses peintures s'inspiraient du Caravage ou même des Bolonais ou de Raphaël. Il a été peintre de figures, de nus, de paysages et, surtout à partir de 1920 de natures mortes fortement charpentées et composées, et d'une série désormais ininterrompue de nus.

Son but fut de réaliser la synthèse des grands styles du passé avec sa propre sensibilité. Celui qu'André Salmon salua comme « le régulateur », s'il fut souvent décrié pour ce « retour à l'ordre », eut pourtant par ses périodes « classiques » une forte influence sur de nombreux artistes plus jeunes, au nombre desquels sont cités Balthus et Alberto Giacometti. En Derain, l'artiste, le créateur, malgré son grand talent, s'est pris au piège de l'homme épris de culture. Le critique Frank Elgar a résumé, un peu succinctement, le cas Derain : « Il laisse le souvenir d'un grand peintre qui a voulu dominer son siècle, alors qu'il était lui-même dominé par les siècles écoulés. » ■ Jacques Busse

Bibliogr. : Élie Faure : *André Derain*, Paris, 1923 – André Salmon : *André Derain*, Paris, 1924 – Carlo Carra : *André Derain*, Édit. Valori Plastici, 1924 – Jean Leymarie : *A. Derain ou le Retour à l'ontologie*, Genève, 1948 – Jean Adhémar : *L'œuvre gravé de Derain*, Paris, 1955 – A. Derain, J. Perrin : *A. Derain, œuvre sculpté*, Paris, 1962 – Gaston Diehl : *A. Derain*, Paris, 1964 – Bernard Dorival : *Derain*, P. Cailler, Genève, 1969 – in : *Diction. Univers. de la Peint.*, Le Robert, Paris, 1975 – Marcus Osterwalder : *Diction. des illustrateurs – 1800-1914*, Hubschmid et Bouret, Paris, 1983 – Patrice Bachelard : *Derain – Un fauve pas ordinaire*, Découvertes, n° 231, Gallimard, Paris, 1994 – Catalogue de l'exposition *André Derain, le peintre du trouble moderne*, Mus. d'Art Mod. de la Ville de Paris, 1994.

Musées : Bâle (Kunstmus.) : *Les Vignes au printemps* 1906 – *Cagnes* vers 1908 – *Forêt à Martigues* 1909 – *Cadaquès* 1910 – *Le Calvaire* 1912 – *La Fenêtre* 1913 – Berne : *La Route* 1907 – Chicago (Art Inst.) : *La Cène* 1913 – *Fleurs dans un vase* 1932 – *La Chasse aux cerfs* 1938 – Cologne (Wallraf-Richartz Mus.) : *Vue de Cagnes* 1910-1911 – Copenhague (Statens Mus. for Kunst) : *La Danseuse* 1906 – *Les deux sœurs* 1914 – Düsseldorf (Nordrhein-Westphalen Mus.) – Glasgow (Art Gal.) : *Blackfriars Bridge* 1908-07 – Grenoble : *Cyprès à Cassis* 1911 – *Portrait de Paul Poiret* 1915 – Houston : *Route à l'Estaque* – Leeds (City Art Gal.) : *Barques sur la Tamise* vers 1906 – Liverpool (The Walker Art Gal.) : *La Femme italienne* 1921-1922 – Londres (Tate Gal.) : *Le Bassin de Londres* 1906 – Marseille (Mus. Cantini) : *Pinède, Cassis* 1907 – *Paysage de Saint-Maximin* 1930 – Moscou (Mus. Pouchkine) : *Le château de Cagnes* 1910 – *Samedi* vers 1913 – New York (Mus. of Mod. Art) : *London Bridge* 1906 – *Alice à la robe verte* 1907 – *Les baigneuses* 1907 – *Paysage près de Cassis* 1907 – Ottawa (Nat. Gal. of Canada) : *La Côte d'Azur près d'Agay* 1905-1906 – Paris (Mus. Nat. d'Art Mod.) : *Le vieil arbre* 1904-1905 – *Le pont de Chatou* 1904-1905 – *La Seine au Pecq* 1905 – *Trois personnages assis sur l'herbe* 1906-1907 – *Nature morte sur une table* 1910 – *Nu au rideau vert* 1923 – *Paysage* vers 1925 – *La forêt de Fontainebleau* 1927-1928 – *La Blonde* 1928 – *Figure de femme* 1929 – *Vue de Saint-Maximin* 1930 – *Nature morte aux oranges* 1931 – *Crakelines* 1934 – *La tasse de thé* 1935 – *Barques échouées à Camaret* 1937 – Paris (Mus. d'Art Mod. de la Ville) : *Trois personnages assis sur l'herbe* 1906 – *Nature morte à la table* 1910 – *La rivière* 1911 – *Nature morte champêtre* 1922 – *La table de cuisine* 1924 – *Arlequin et Pierrot* 1924 – *Nu à la cruche* 1924 – *Le modèle blond* vers 1925 – *Nature morte au panier* 1926-1927 – *Grand nu couché* 1928 – *Portrait de Madame Guillaume au grand chapeau* 1929 – *Poires et cruches* 1930 – *Le gros arbre* 1930 – *Paysage de Provence* 1930 – *Paysage du Midi, les Angles* 1931 – *La route* 1931 – *Arbres et village* 1932-1933 – Pittsburgh (Carnegie Inst.) : *La chasse* 1928 – Prague (Mus. Nat.) : *Les baigneuses* vers 1908-1909 – *Cadaquès* 1910 – Saint Louis (City Art Mus.) : *Le bal à Suresnes* 1903 – Saint-Pétersbourg (Mus. de l'Ermitage) : *Le port du Havre* 1906 – *La route dans la montagne* 1907-08 – *L'homme au journal* 1911 – *Le château* 1912 – *Martigues* 1913 – *Les arbres verts* 1913 – *Portrait du Chevalier X* 1914 – Saint-Tropez (Mus. de l'Annonciade) : *Westminster* 1905 – *Effet de soleil sur l'eau* 1905 – *Pont sur la Tamise* 1906 – *Coucher de soleil sur la Tamise* 1906 – Téhéran : *L'âge d'or* 1905 – Troyes (Mus. d'Art Mod., coll. P. Lévy) : *Un coin de Hyde Park* 1903 – *Le port de Collioure* 1905 – *Vue de Cassis* 1907 – une salle entière – Washington D. C. (Nat. Gal.) : *Le Vieux Pont* 1910 – Zurich : *Vue de Martigues* 1908.

Ventes Publiques : Paris, 28 mars 1919 : *Portrait de femme* : **FRF 410** ; *Vision* : **FRF 1 850** – Paris, 9 juin 1920 : *Portrait d'homme* : **FRF 5 100** – Paris, 25 mars 1921 : *Femme nue debout* : **FRF 985** ; *Figure* : **FRF 1 390** – Paris, 13-14 juin 1921 : *Maison aux Martigues* : **FRF 1 250** ; *Le compotier de gâteaux* : **FRF 10 800** ; *Les Arbres* : **FRF 6 800** ; *Vue sur Martigues* : **FRF 6 200** ; *Portrait de Madame K.* : **FRF 18 000** ; *La Gibecière* : **FRF 11 200** – Paris, 4 juil. 1922 : *Le Joueur de cornemuse* : **FRF 15 500** – Paris, 24-25 nov. 1924 : *Paysage à Martigues* : **FRF 3 300** ; *Le panier* : **FRF 6 000** ; *Le Pecq* : **FRF 12 000** – Paris, 2 juin 1926 : *Nu* : **FRF 25 000** ; *La Femme au châle noir* : **FRF 13 000** – Paris, 28 oct. 1926 : *Nature morte* : **FRF 25 500** ; *Portrait de femme* : **FRF 30 000** – Paris, 29 oct. 1927 : *Roses* : **FRF 14 100** ; *Femme dans un fauteuil* : **FRF 75 100** – Deauville, 8 déc. 1928 : *Buste de femme* : **FRF 46 500** ; *Le Vieux Pont* : **FRF 87 000** – Paris, 19 mars 1932 : *Cinq pêches sur une assiette* : **FRF 6 000** ; *Torse de jeune femme nue* : **FRF 4 200** – New York, 24 mars 1932 : *Panier de fleurs* : **USD 110** ; *Tête brune* : **USD 460** – Paris, 16 juin 1933 : *Paysage en Provence* : **FRF 35 000** – Londres, 15 juil. 1938 : *Chemin dans la forêt* : **GBP 50** – Londres, 3 mars 1939 : *L'Écharpe jaune* : **GBP 67** – Paris, 22 déc. 1941 : *Le modèle* : **FRF 33 000** – Paris, 9 mars 1942 : *Nu au fauteuil rouge* : **FRF 19 000** ; *Iris et anémones* : **FRF 88 500** – Paris, 30 nov. 1942 : *Nu au fauteuil rouge* : **FRF 36 000** ; *Tête de jeune femme aux cheveux blonds* : **FRF 54 000** – New York, 29 avr. 1943 : *Au bal de Suresnes* : **USD 5 700** – Paris, 22 oct. 1943 : *Paysage* : **FRF 80 000** – New York, 30 mars 1944 : *Paysage* : **USD 1 600** ; *Nature morte* : **USD 1 150** – Paris, 26 avr. 1944 : *Le Modèle assis* : **FRF 70 000** – Paris, 8 déc. 1944 : *Les Champs* : **FRF 250 000** – New York, 7 nov. 1957 : *Arbre dans le chemin creux* : **USD 22 000** – Paris, 5 déc. 1957 : *Sous-bois* : **FRF 1 320 000** – Paris, 19 mars 1958 : *Corbeille de fruits*, temp./t. : **FRF 2 100 000** – New York, 14 jan. 1959 : *Westminster bleu et gris* : **USD 9 000** – Londres, 4 mai 1960 : *La Forêt à Saint-Cyr* : **GBP 2 200** – Stuttgart, 20 mai 1960 : *Nature morte aux poires et cerises* : **DEM 15 600** – Paris, 24 fév. 1961 : *Baigneurs* : **FRF 4 500** – Stuttgart, 3 mai 1961 : *Le Gosse assis* : **DEM 13 600** ; *Nature morte avec verre, bouteille et pots* : **DEM 32 000** – Genève, 18 nov. 1961 : *Sous-bois à Saint-Maximin* : **CHF 84 000** – Paris, 10 juin 1963 : *La Basilique de Saint-Maximin* : **FRF 105 000** – Genève, 23 mai 1964 : *Bateaux sur la Tamise* : **CHF 214 000** – Londres, 22 juin 1965 : *La Tamise* vers 1905-06, h/t (65x75) : **GBP 30 000** – Paris, 29 nov. 1966 : *Le Faubourg de Collioure* : **FRF 500 000** – Londres, 3 juil. 1968 : *Bords de la Tamise* : **GBP 60 000** – New York, 28 oct. 1970 : *Port de pêche, Collioure* : **USD 225 000** – Paris, 13 mars 1974 : *Nativité* vers 1908 : **FRF 160 000** – Londres, 4 avr. 1974 : *Buste de jeune femme* : **GBP 4 000** – Paris, 11 juin 1974 : *Les Pins* : **FRF 63 000** – Zurich, 8 nov. 1974 : *Vue à travers les pins* 1913 : **CHF 105 000** – Londres, 1er juil. 1975 : *Arbre, paysage au bord d'une rivière* 1905, h/t (60x81) : **GBP 77 000** – Berne, 9 juin 1976 : *Femme à la coiffe* 1938, bronze patiné (H. 28,5) : **CHF 5 200** – Versailles, 17 oct. 1976 : *Collioure* 1905, aquar. (32x24) : **FRF 48 500** – New York, 21 oct. 1977 : *Tête*, bronze (H. 37) : **USD 4 250** – New York, 2 nov. 1978 : *Nature morte*, aquar. et cr. (48,2x62,5) : **USD 6 500** – Zurich, 24 oct. 1979 : *Bouquet de fleurs* 1909, h/t (55x46) : **CHF 90 000** – New York, 8 nov. 1979 : *La Chasse* vers 1948, gche et aquar. (48x62,2) : **USD 8 000** – Versailles, 28 oct 1979 : *Panorama à la route* 1942-1943, lav. (46,5x61,5) : **FRF 7 800** – Londres, 2 avr. 1981 : *Paysage*, cr. et lav./pap. (46x61) : **GBP 1 400** – Londres, 30 juin 1982 : *La Danse* vers 1907-1908, aquar. et cr. (45x61) : **GBP 11 000** – New York, 18 mai 1983 : *Étude de femme nue assise*, craie rouge (62,5x48) :

USD 2 400 – New York, 15 nov. 1983 : *Paysage dans le goût italien* vers 1913-1919, h/t (29,1x36) : **USD 1 800** – New York, 16 nov. 1983 : *Paysage provençal* 1908, h/t (92x73) : **USD 150 000** – New York, 16 mai 1984 : *Musique* 1904-05, aquar. et cr. (49,7x64,7) : **USD 66 000** – Versailles, 27 juin 1984 : *Masque*, bronze patine brun clair (H. 16,5) : **FRF 12 200** – Londres, 4 déc. 1984 : *Arbre, paysage au bord d'une rivière* 1905, h/t (60x81) : **GBP 610 000** – Londres, 2 déc. 1986 : *La Tamise* vers 1905-06, h/t (65x75) : **GBP 760 000** – Zurich, 16 avr. 1986 : *Nu*, sanguine (60x46) : **CHF 6 000** – Londres, 30 mars 1987 : *Collioure, le port de pêche* 1905, h/t (81,5x100) : **GBP 2 000 000** – New York, 12 nov. 1987 : *Musique* 1904-05, aquar. et cr./pap. (49,7x65,7) : **USD 150 000** – New York, 18 fév. 1988 : *Femme nue allongée*, cr./pap. (26x33) : **USD 1 320**; *Portrait de Eve Curie*, h/t (46,3x38,7) : **USD 28 600** – Londres, 24 fév. 1988 : *Portrait de femme*, h/t (34x27) : **GBP 6 600** – Paris, 19 mars 1988 : *Portrait d'homme*, past. (26x18,5) : **FRF 12 000** – Paris, 20 mars 1988 : *Nature morte au pichet* vers 1946-48, h/t (22x27) : **FRF 51 000** – Versailles, 20 mars 1988 : *Femme en buste* vers 1928-1930, h/t (42x36) : **FRF 40 000** – Paris, 22 mars 1988 : *Modèle assis*, sanguine (65x50) : **FRF 11 000** – Paris, 28 mars 1988 : *L'Étonné*, bronze patiné, bas-relief (16,5x12,5) : **FRF 6 500** – New York, 12 mai 1988 : *Vase de fleurs*, h/t (62,2x47) : **USD 66 000** – L'Isle-Adam, 11 juin 1988 : *Femme nue*, sanguine (61,5x49) : **FRF 28 000** – Paris, 12 juin 1988 : *Paysage du Midi*, h/t (46x55) : **FRF 175 000** – Paris, 22 juin 1988 : *Village en automne*, h/t (33x41) : **FRF 190 000** – Paris, 23 juin 1988 : *Paysage*, h/t (24x30) : **FRF 35 000** – Londres, 29 juin 1988 : *Nature morte à la lampe*, h/t (63,7x91,9) : **GBP 93 500** – Paris, 22 nov. 1988 : *Bouquet au vase de grès*, h/t (55x46) : **FRF 330 000** – Londres, 29 nov. 1988 : *Arlequin à la guitare*, h/t (27x35) : **GBP 39 600** – Paris, 12 fév. 1989 : *Baigneuses*, h/t (22x33) : **FRF 130 000** – New York, 9 mai 1989 : *Le Boa de plumes noires*, h/t (163x97,5) : **USD 467 500** – Stockholm, 22 mai 1989 : *Portrait de la nièce du peintre enfant*, h/t (57x47) : **SEK 135 000** – Londres, 26 juin 1989 : *Bateaux dans le port, Collioure* 1905, h/t (72,2x91,5) : **GBP 6 160 000** – Londres, 27 juin 1989 : *Portrait de femme*, h/t (45,5x37,5) : **GBP 57 200** – New York, 5 oct. 1989 : *Paysage de Provence*, h/pan. (53,5x65,4) : **USD 110 000** – Paris, 11 oct. 1989 : *Portrait de femme*, h/t (33x26) : **FRF 155 000** – Londres, 25 oct. 1989 : *Paysage aux oliviers*, h/t (47,5x53) : **GBP 52 800** – New York, 15 nov. 1989 : *Le Mas provençal*, h/pan. (65,1x94,6) : **USD 385 000** – New York, 26 fév. 1990 : *Nature morte aux fruits* 1928, h/t (64,8x89,5) : **USD 220 000** – Paris, 25 mars 1990 : *Le Pont de Chatou* 1905, h/t (81x100) : **FRF 46 000 000** – Paris, 26 mars 1990 : *Les Boules*, bronze (H. 19) : **FRF 80 000** – Londres, 3 avr. 1990 : *Paysage de mer*, h/t (116x168) : **GBP 198 000** – Paris, 10 mai 1990 : *Nu debout* (60x44) : **FRF 23 000** – Berne, 12 mai 1990 : *Nature morte de fruits*, h/t (22x31) : **CHF 15 000** – Paris, 19 juin 1990 : *Nu agenouillé*, sanguine/pap. (46x55) : **FRF 25 000** – New York, 10 oct. 1990 : *La Grande Demoiselle*, bronze patine brune (H. 34,4) : **USD 28 600** – Londres, 4 déc. 1990 : *Paysage de Chambourcy*, h/t (73x92) : **GBP 55 000** – Paris, 14 jan. 1991 : *Village au bord de la mer* 1900, cr. et encre (38x51,5) : **FRF 190 000** – Paris, 20 jan. 1991 : *Masque*, bronze patiné (17x13,5x6) : **FRF 40 000** – New York, 15 fév. 1991 : *Le Costume bleu*, h/t (73x40) : **USD 30 800** – Monaco, 11 oct. 1991 : *Étude pour une urne de céramique*, gche/pap. écru (37,8x29,2) : **FRF 77 700** – New York, 6 nov. 1991 : *Vue de Cagnes* 1910, h/t (65,5x81,3) : **USD 231 000** – New York, 14 mai 1992 : *Nature morte à la bouteille*, h/t (22,5x24,4) : **USD 20 900** – Paris, 24 mai 1992 : *Nature morte*, gche (38,5x55) : **FRF 44 000** – Londres, 30 juin 1992 : *Petit Port méditerranéen, Collioure*, h/t (35,7x46) : **GBP 154 000** – Paris, 24 nov. 1992 : *Collioure* 1905, aquar. (32x24) : **FRF 800 000** – Paris, 2 avr. 1993 : *Bateaux sur la grève*, peint./t. (31,5x34,3) : **FRF 50 000** – New York, 2 nov. 1993 : *Barques dans le port de Collioure*, h/t (60x73) : **USD 2 642 500** – Paris, 26 mai 1993 : *Portrait*, past. (48x34) : **FRF 14 500** – Paris, 26 nov. 1993 : *Paysage à Sanary*, h/t (46x55) : **FRF 155 000** – Londres, 29 nov. 1993 : *Village campagnard*, h/t (33x41,3) : **GBP 62 000** – Londres, 23-24 mars 1994 : *Bouquet de fleurs*, h/t (73,5x92,5) : **GBP 58 700** – Deauville, 19 août 1994 : *Le Phare de Collioure* 1905, h/t (22x35) : **FRF 1 550 000** – Paris, 3 avr. 1995 : *Barques échouées à Collioure* 1905, h/t (38x46) : **FRF 5 700 000** – New York, 14 juin 1995 : *Portrait de femme*, h/t (46,4x38,7) : **USD 12 650** – New York, 2 mai 1996 : *Nature morte*, h/t (55,9x60,3) : **USD 48 875** – Paris, 13 juin 1996 : *Nu* vers 1900, burin (17,8x9,3) : **FRF 10 000** – Paris, 19 juin 1996 : *Village de campagne* vers 1930, fus./pap. (31,2x39,7) : **FRF 7 500** – Paris, 14 oct. 1996 : *Les Coursiers dans un paysage*, gche/pap. (45x60) : **FRF 20 000** – Paris, 28 oct. 1996 : *Femme à la broche*, bronze patiné (H. 13,5) : **FRF 11 500** – New York, 12 nov. 1996 : *Tête de femme*, h/t (33,3x25,4) : **USD 17 825** – Paris, 24 nov. 1996 : *Le Guitariste* vers 1920-1930, mine de pb/pap. (62x46,5) : **FRF 18 500** – Londres, 3 déc. 1996 : *Le Phare de Collioure* 1905, h/t (22x35) : **GBP 309 500** – Londres, 4 déc. 1996 : *Boutons de roses*, h/t (27x22) : **GBP 6 900** – Paris, 9 déc. 1996 : *Scène de chasse* vers 1938-1940, encre de Chine/pap./t. (95x145) : **FRF 60 000** – Paris, 12 déc. 1996 : *Nature morte aux poires et raisins*, h/t (26x45) : **FRF 68 000** – Londres, 25 juin 1996 : *Portrait de Geneviève assise dans un fauteuil* vers 1926, h/t (58x48) : **GBP 18 400** – Paris, 20 jan. 1997 : *Trois Baigneuses*, aquar. (25x33,5) : **FRF 29 000** – Paris, 16 mars 1997 : *Nu penché*, sanguine (60x46) : **FRF 23 000** – Londres, 25 juin 1997 : *Sous-bois aux Lecques* 1925, h/t (65x81) : **GBP 23 000**.

DERAISME Georges Pierre
Né le 24 mai 1865 à Paris. XIXe siècle. Français.
Sculpteur ciseleur.
Exposant du Salon des Artistes Français ; deuxième médaille. Hors concours au Salon des Artistes Décorateurs. Des œuvres de l'artiste figurent au Musée d'Art Décoratif.

DERAMM Christopher
Né vers 1752 en Norvège. Mort en 1789 à Naples. XVIIIe siècle. Norvégien.
Peintre de miniatures.
Venu à Copenhague pour faire ses études à l'Académie, il partit les achever à l'étranger. Mais il mourut à Naples en pleine floraison de son activité artistique. Ses tableaux sont très estimés. Il laissa surtout des portraits dont certains à l'huile ou au pastel.

DERANCOURT
XIXe siècle. Français.
Lithographe.
Beraldi cite de lui : *Galerie des Artistes contemporains* de 1849 et *Les Étoiles*.

DERAND François ou **Durand**
Né en 1588 près de Metz. Mort le 26 octobre 1644 à Agde. XVIIe siècle. Français.
Dessinateur.
Jésuite depuis 1611, il fut chargé en tant qu'architecte des plans et de la construction de l'église Saint-Louis et Saint-Paul, en 1641. Il publia deux ans plus tard un traité d'architecture. Son nom véritable nous paraît être *Durand* que l'on trouve sur toutes les pièces ayant trait à sa carrière, plutôt que *Derand*, nom sous lequel il est désigné par Auvray.
Ventes Publiques : Paris, 1896 : *Détails d'ordres modelés*, dess. : **FRF 80**.

DERAY Odette
XXe siècle. Française.
Peintre de figures, compositions à personnages, nus, paysages.
Elle fut élève des Ecoles des Beaux-Arts de Dijon et de Paris. Elle est professeur de peinture dans les Ateliers de la Ville de Paris. Figure dans certains Salons annuels de Paris, au Portugal et aux États-Unis.
Ventes Publiques : Paris, 27 jan. 1989 : *Nu à la cheminée*, h/t (81x65) : **FRF 5 000**.

DERBAGE Claude
XVIIe siècle. Français.
Graveur au burin.
D'après Le Blanc, qui cite de lui un *Saint Michel*, ce graveur travaillait à Lyon, en 1675. Il illustra l'*Histoire et Voyage de la Terre Sainte*, du père Jacques Goujon ouvrage paru à Lyon en 1671.

DERBAIS Jérome ou **Hiérosme**
XVIIe-XVIIIe siècles. Français.
Ornemaniste, sculpteur sur marbre.
Derbais travailla aux ouvrages de marbrerie des châteaux de Versailles, de Trianon, de Marly, de Saint-Germain-en-Laye, de Fontainebleau et des églises des Invalides et de Notre-Dame à Paris. En 1673 et 1674, il travailla avec Jean Ligure et Hubert Misson à la grande cuve en marbre du cabinet de bains de Versailles. Cette cuve de forme octogonale, fut cédée en 1750, à la marquise de Pompadour qui l'utilisa comme bassin dans le jardin de l'Ermitage. Le 14 février 1676, il est nommé membre de l'Académie Saint-Luc. En 1688, il sculpta deux bénitiers pour l'église des Capucines de la place Vendôme. On doit à Derbais un groupe de marbre représentant le *Temps qui élève la vertu et*

les arts. Ce groupe était placé, au XVIIIe siècle, dans le Bosquet de Marly. Le Musée de Chantilly possède de lui deux bustes : celui du grand *Condé* et celui de *Turenne*. On attribue à Derbais un buste en bronze de Louis XIV, fait d'après celui du Cavalier Bernin, buste qui fut érigé le 10 novembre 1686 sur la place publique de Québec dans la Nouvelle-France.

DERBECQ Germaine
Née à Paris. XXe siècle. Française.
Peintre.
Exposant du Salon des Indépendants du Salon d'Automne dès 1920.

DERBENJEFF Ivan
XIXe siècle. Russe.
Sculpteur.
Il travailla pour la cour impériale à Saint-Pétersbourg vers 1810.

DERBIER Émile Louis
Né au XIXe siècle à Saint-Satur. XIXe-XXe siècles. Français.
Graveur sur bois.
Élève de Barbaut. Sociétaire des Artistes Français depuis 1894. Il obtint une médaille de troisième classe en 1890, de deuxième classe 1893, médaille de bronze à l'Exposition Universelle de 1900.

DERBIZOVA Praskovia
Née en 1920 à Riazan. XXe siècle. Russe.
Peintre de natures mortes, fleurs.
Elle commença ses études artistiques à l'École des Beaux-Arts de Riazan et fut admise à l'institut Répine de Leningrad où elle travailla sous la direction de Osmerkine et de Avilov. Elle devint Membre de l'Union des Peintres d'URSS. Elle pratique une technique indifférente appliquée à des sujets indifférents.
Musées : Moscou (min. de la Culture) – Riazan (Gal. des Arts) – Saint-Pétersbourg (Mus. de la Ville) – Saint-Pétersbourg (Mus. d'Hist.).
Ventes Publiques : Paris, 26 avr. 1991 : *Le vase bleu* 1957, h/t (57,5x72,5) : **FRF 8 100** – Paris, 27 jan. 1992 : *Les fruits du jardin*, h/t (65,4x83,3) : **FRF 5 200** – Paris, 7 oct. 1992 : *Nature morte*, h/t (50x70) : **FRF 5 000**.

DERBRÉ Louis
Né en 1925 dans la Mayenne. XXe siècle. Français.
Sculpteur de nus, bustes, animalier.
Autodidacte en art, il commença à sculpter en 1947. Il reçut le Prix Fénéon en 1951.
Il travaille la glaise, le bois, le fer, le granit, le marbre. Essentiellement sculpteur du corps féminin, qu'il aime à saisir dans des postures acrobatiques ou bien comme dans des mouvements suspendus en l'air.
Bibliogr. : André Parinaud : *Derbré*, Paris, 1971.
Ventes Publiques : Paris, 25 mai 1976 : *Homme sur la défensive*, cire perdue, bronze (H. 37) : **GBP 350** – Paris, 7 nov. 1979 : *L'humilié*, bronze (70x40) : **FRF 35 000** – Paris, 25 fév. 1980 : *Le soleil*, bronze (H. 30) : **FRF 11 000** – Paris, 5 mai 1982 : *Terre III*, bronze (45x30x54) : **FRF 16 000** – Versailles, 2 déc. 1984 : *Jeune femme nue debout*, bronze patiné (H. 140) : **FRF 60 000** – Paris, 7 avr. 1987 : *La roche*, patine verte, bronze (H. 152) : **FRF 160 000** – Paris, 1er fév. 1988 : *La vie (6/8)*, bronze patine bleue émeraude (55x12x20) : **FRF 35 000** – Paris, 21 mai 1990 : *Tête de femme* 1960 (33x17x24) : **FRF 10 000** – Paris, 15 avr. 1991 : *La gorge*, bronze doré (H. 35) : **FRF 12 000** – Paris, 16 nov. 1995 : *La plongeuse*, bronze (54x77) : **FRF 13 500** – Paris, 30 sep. 1996 : *Couple debout*, bronze patiné noir (H. 69) : **FRF 40 000**.

DERBY Alfred Thomas
Né le 21 janvier 1821 à Londres. Mort le 19 avril 1873 à Londres. XIXe siècle. Britannique.
Peintre d'histoire, portraits, aquarelliste, illustrateur.
Après avoir travaillé à la Royal Academy, il exécuta plusieurs œuvres à l'huile, puis fit de l'aquarelle et aida aussi son père, le miniaturiste William Derby, dans ses copies des artistes modernes connus. Il exposa de nombreux portraits à la Royal Academy de Londres. Il illustra des nouvelles de Walter Scott.
Musées : Édimbourg – Londres (Victoria and Albert Mus.).
Ventes Publiques : Londres, 25 avr. 1940 : *Lord Edward Stanley et sa sœur Lady Charlotte Stanley*, dess. : **GBP 23** – Ludlow (Shropshire), 29 sep. 1994 : *Portrait de l'artiste tenant un livre*, aquar. (45,5x32) : **GBP 1 495**.

DERBY Joseph Wright of. Voir **WRIGHT OF DERBY Joseph**

DERBY William
Né le 10 janvier 1786 à Birmingham. Mort le 1er janvier 1847 à Londres. XIXe siècle. Britannique.
Peintre de portraits, miniatures, aquarelliste, dessinateur.
Élève de Joseph Barker ; il fit des dessins pour la galerie Stafford. En 1883, il fut atteint de paralysie, mais put malgré cela continuer à exercer son art. Lord Derby le chargea d'exécuter des copies des portraits de ses ancêtres.
Musées : Birmingham : *Philippe Herbert, comte de Pembroke et de Montgomery* – *Robert Rich, Comte de Warwich* ; *Lord Goring* – Londres (Water-Colours) : *Pêcheurs* – *Homme levant un livre*.
Ventes Publiques : Londres, 4-5 mai 1922 : *Portrait du sculpteur John Flaxman* : **GBP 8** – Londres, 7 août 1942 : *Edward Smith Stanley, treizième comte de Derby*, dess. : **GBP 10** – Londres, 2 nov. 1994 : *Islay et Tilco avec un perroquet rouge et deux petits oiseaux*, aquar., d'après Sir Edwin H. Landseer (77,5x42,5) : **GBP 2 300**.

DERCANIA P.
XIVe siècle. Actif à Barcelone au milieu du XIVe siècle. Espagnol.
Peintre.

DERCHE Charles Édouard
Né au XIXe siècle à Paris. XIXe siècle. Français.
Peintre et dessinateur.
Élève de l'École Nationale de dessin. Il débuta au Salon de 1877.

DERCHEU Jules Alfred Alexandre
Né en 1864 à Paris. Mort en 1912 à Paris. XIXe-XXe siècles. Français.
Sculpteur de sujets mythologiques, figures.
Élève d'Aimé Millet, il obtint une médaille de deuxième classe en 1896, une bourse de voyage la même année, et une médaille d'argent à l'Exposition Universelle de 1900.
Musées : Limoges : *Diane au repos* – *Daphné poursuivie par Apollon*.
Ventes Publiques : New York, 14 nov. 1980 : *Vénus et Cupidon*, bronze (H. 83,7) : **USD 2 600**.

DERCOURT Andrée Suzanne Marie
Née à Paris. XXe siècle. Française.
Peintre de paysages, marines.
Elle était membre de l'Union des Femmes Peintres et Sculpteurs à Paris. Elle y exposait aussi au Salon des Artistes Indépendants depuis 1931.
Ventes Publiques : Paris, juil. 1936 : *Barques de pêche au port* : **FRF 100**.

DERDZAKIAN Eugénie
Née au XXe siècle à Istamboul. XXe siècle. Turque.
Peintre.

DEREDIA Jimenez
Né en 1954 au Costa Rica. XXe siècle. Actif en Italie. Costaricain.
Sculpteur de natures mortes, figures, monuments.
Il participe à la Biennale de Venise et a montré ses œuvres en 1993, à Paris dans une exposition personnelle à la FIAC (Foire Internationale d'Art Contemporain). Il a réalisé une sculpture monumentale place Champerret, à Paris.
Sa sculpture, aux références précolombiennes affirmées, est une mise en relief de volumes.

DEREHUS Mikhail Gordeyevich
Né en 1904 en Ukraine. XXe siècle. Russe.
Peintre de figures, portraits, nus, graveur, lithographe.
Né en Ukraine dans un milieu rural, il fit ses études, de 1925 à 1931, à l'Institut des Beaux-Arts de Kharkov. Sa première exposition eut lieu en 1932 et son œuvre fut très rapidement distinguée. Appelé à Moscou en 1942, il fut nommé Conservateur du Musée des Beaux Arts de Kiev après la guerre. Membre correspondant de l'Académie des Beaux-Arts d'URSS en 1958, il fut élu membre du Parlement d'Ukraine en 1959. Il fit un voyage en France en 1964. Il a participé à de nombreuses expositions nationales, internationales et personnelles à Moscou et à Kiev. Il vit et travaillle à Kiev.
Musées : Kiev (Mus. des Beaux-Arts) – Moscou (Gal. Tretiakov) – Saint-Pétersbourg (Mus. Russe).
Ventes Publiques : Paris, 19 jun.1991 : *Femme dans une robe rouge* 1970, litho. (33x44) : **FRF 3 500**.

DEREIGE Alexis, le Jeune
Mort en 1748. XVIIIe siècle. Actif à Paris. Français.

Peintre, sculpteur et doreur.
Membre de l'Académie Saint-Luc.

DEREIGE André
Mort le 13 septembre 1757. XVIIIe siècle. Français.
Peintre et doreur.
Membre de l'Académie Saint-Luc à Paris.

DEREKER
XIXe siècle. Actif à Saint-Pétersbourg vers 1842. Russe.
Graveur sur bois.
On cite de lui des illustrations.

DERELI Cevat
Né en 1900 à Rize. Mort en 1990. XXe siècle. Turc.
Peintre de compositions animées. Postcubiste.
Il fit ses études artistiques à Istanbul, puis à Paris, de 1924 à 1928. Revenu en Turquie, il fut professeur à l'Académie des Beaux-Arts d'Istanbul, où il fonda le Groupe des Peintres et Sculpteurs Indépendants.
Il a exposé à Paris, Bruxelles, Amsterdam, Édimbourg. Il a participé à la Biennale de Venise en 1956, à l'Exposition Universelle de Bruxelles en 1958.
A ses débuts, il fut, dans de vastes compositions peintes à l'huile, influencé par les primitifs d'Europe et les miniaturistes turcs. Il évolua ensuite à un postcubisme expressionniste.

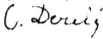

C. Dereli

DEREMAUX
XVIIIe siècle. Français.
Peintre d'histoire.
Exposa au Salon de Lille en 1782.

DERENTZ Pierre Aimé
XIXe siècle. Actif à Dieppe. Français.
Sculpteur-ivoirier.
Musées : Dieppe : *Napoléon chevauchant un aigle*, bas-relief.

DERESARZ Stanislaus ou **Derysarz**
Né vers 1763 à Iwkowa (Galicie). Mort le 20 septembre 1830 à Varsovie. XVIIIe-XIXe siècles. Polonais.
Peintre de compositions religieuses, portraits.
Il travailla à Cracovie et à Varsovie où il peignit des fresques et des portraits. Il avait été à Cracovie l'élève du peintre Peter Molitor.

DEREUME Amélie
Née à Liège. XXe siècle. Belge.
Peintre.
Elle a exposé des paysages et des fleurs aux Indépendants depuis 1940.

DEREUSE-POURBAIX Hélène
Née à Wachtebeke (Belgique). XXe siècle. Belge.
Peintre.
Exposa d'abord au Salon de 1920, puis aux Artistes Français.

DEREUX Philippe
Né le 14 juillet 1918 à Lyon (Rhône). XXe siècle. Français.
Peintre de figures, peintre de collages, technique mixte. Art brut.
Il est totalement autodidacte de formation, fit une sorte d'« apprentissage involontaire » auprès de Dubuffet, de 1955 à 1963. Il n'apprit à dessiner que vers 1968. Il a exposé à Paris en 1963, Lyon 1964. Il a participé à l'exposition *50 ans de collages* au Musée de Saint-Étienne et au Musée des Arts Décoratifs de Paris. En 1968, il a participé à l'exposition *L'Art Vivant* à la Fondation Maeght de Saint-Paul-de-Vence. Il a publié un *Traité des Épluchures.*
Il est un représentant typique de ce que Dubuffet a nommé l'art brut, et promu. Il réalisa de nombreux tableaux, de dimensions modestes ou plus importantes, au moyen d'épluchures séchées, qu'il mêlait à diverses techniques de couleur, et qu'il assemblait en sortes de reliquaires. Ces tableaux d'épluchures représentent souvent des foules de personnages alignés, qui donnent une impression à la fois de beauté et d'angoisse.

DEREY Huguette
Née en 1939 à Alger. XXe siècle. Française.
Sculpteur de figures, groupes.
Elle expose depuis 1974, a participé à Paris aux Salons des Femmes Peintres et Sculpteurs, de la Jeune Sculpture, participe à des expositions collectives à Paris, Lausanne, Bruxelles, Chicago. Elle a fait une exposition personnelle à Paris en 1986.

DEREZ Alain
Né vers 1940. XXe siècle. Belge.
Peintre de compositions d'imagination. Tendance fantastique.
Il fut un des plus jeunes membres du groupe *Fantasmagie*, dont l'appellation indique bien ses références au courant de l'art fantastique, qui est une ancienne tradition en Belgique.
On a écrit de Derez qu'en dépit de son jeune âge, il « allie au sens le plus authentique du fantastique, une solidité, une rigueur d'expression qui renforce la vraisemblance des images qu'il propose ».

DERFORDT Johann von
XVIIe siècle. Tchécoslovaque.
Sculpteur.
Il exécuta des statues de saints pour l'église de Turas près de Brno vers 1675.

DERGNY, abbé
Né le 11 avril 1809 à Cayeux-sur-Mer (Somme). Mort le 18 juillet 1880 à Abbeville. XIXe siècle. Français.
Peintre de genre.
Le Musée d'Abbeville conserve plusieurs peintures de cet artiste.

DER HAROOTIAN Khoren
Né en 1909 à Ashodavan (Arménie turque). XXe siècle. Depuis 1921 actif aux États-Unis. Arménien.
Sculpteur, peintre. Polymorphe.
Après avoir, très jeune, échappé au génocide des Arméniens par les Turcs, il séjourna aux Antilles, dont il a alors peint les paysages et les habitants. Après un passage à Londres, il retourna à la Jamaïque, où il commença à sculpter les bois exotiques. Il exposa alors à New York, à la Royal Academy de Londres et, en 1971, à Paris.
On trouve dans l'œuvre sculpté de Der Harootian la marque de très nombreuses influences : Zadkine, Marino Marini, Moore, Matteo Hernandez, influences souvent antagonistes, qu'il a su techniquement maîtriser, mais qui, plastiquement, empêchent sa vraie personnalité de se manifester.

DERHODÉ
Né en 1581. XVIIe siècle. Français.
Peintre d'histoire.
Son nom est cité par Siret comme se trouvant sur un des vitraux de la cathédrale de Reims.

DERI Kalman
Né le 24 avril 1859 à Bacs. XIXe siècle. Hongrois.
Peintre de genre, sujets typiques, figures.
Il fit ses études à Vienne, puis s'établit près de Munich. Il peignit des scènes de genre illustrant la vie de la paysannerie hongroise.
Ventes Publiques : Paris, 11 déc. 1995 : *Danseuse au harem*, h/t (171x80) : **FRF 115 000.**

DERIANCOURT Jean
XVIIe siècle. Actif à Paris. Français.
Graveur au burin.
On cite de lui : *Le Christ en croix entre la sainte Vierge et saint Jean.*

DÉRIAZ Jean Jacques
Né le 4 mai 1814 à Genève. Mort le 25 novembre 1890 à Genève. XIXe siècle. Suisse.
Peintre, aquarelliste, décorateur, lithographe, dessinateur.
Dériaz a étudié d'abord avec Constantin et Durelli, dans sa ville natale, puis à l'École des Beaux-Arts à Milan, avec Cinnati, Spamponi et d'autres. De retour en Suisse, après un séjour en Italie pendant lequel il travailla comme peintre décorateur à Florence, il s'adonne à la peinture sur émail. Parmi ses œuvres, on cite des paysages à l'huile, des aquarelles, des dessins exposés en 1890, ainsi que des vues lithographiées. On lui doit les décorations dans la grande salle de l'Athénée, dans la salle de l'ancien théâtre, dans la villa Barthololomy à Sécheron. On mentionne ses travaux sur la façade de l'Hôtel de Ville à Lausanne et de « remarquables décors » pour l'ancien théâtre de Genève.

DERICHS Bartholomäus
XVIIIe siècle. Actif à Cologne. Allemand.
Sculpteur.
Il décora le château de Falkenlust et celui de Cologne.

DERICHS Jakob
XVIe siècle. Actif à Clèves au début du XVIe siècle. Allemand.
Sculpteur.

DERICHS Johann
XVIIe siècle. Actif à Cologne au début du XVIIe siècle. Allemand.
Peintre.

DERICHS Sophonias de
Né en 1712 à Stockholm. Mort en 1773 à Saint-Pétersbourg. XVIIIe siècle. Suédois.
Peintre d'histoire, portraits.
Fils du pasteur de la colonie hollandaise à Stockholm, il fut remarqué par son compatriote Martin von Meytens, qui l'emmena à Vienne en 1731 où il fit le portrait de l'empereur Joseph II. Il devint son plus habile élève et resta longtemps avec lui. Il séjourna alors comme portraitiste à Berlin et à Augsbourg. En 1772, il se rendit à Saint-Pétersbourg.

DERICHSWEILER Eugénie, plus tard Mme **Bonnuit**
XIXe siècle. Française.
Peintre sur émail et sur porcelaine.
Fille et élève d'un peintre de la Manufacture de Sèvres. A exposé des portraits au Salon entre 1864 et 1866.

DERICHSWEILER Jean Charles Gérard
Né en 1822. XIXe siècle. Français.
Peintre sur porcelaine.
Il travailla pour la Manufacture de Sèvres.

DERICKX Lodewijk ou **Louis**
Né en 1835. Mort le 21 mars 1895 à Anvers. XIXe siècle. Belge.
Peintre de genre, paysages animés.

Musées : Anvers : *Orage*.
Ventes Publiques : Paris, 4 juin 1984 : *La Lecture sous les arbres*, h/t (37,5x60,5) : **FRF 15 000** – New York, 22 fév. 1989 : *Deux Femmes dans une clairière*, h/t (80,99) : **USD 60 500**.

DERIDDER Monique
Née en 1944 à Bruxelles. XXe siècle. Belge.
Peintre de paysages, intérieurs, natures mortes.
Elle fut élève de l'Académie des Beaux-Arts de Bruxelles.
Bibliogr. : In : *Diction. Biogr. illustré des Artistes en Belgique depuis 1830*, Arto, Bruxelles, 1987.

DERIETHAIN Dorothea. Voir **DOROTHEA von Riethain**

DERIEU Paul Jean Noël
Né à Mondon (Haute-Loire). Français.
Peintre ?
Il exposa à Paris au Salon des Indépendants.

DERIEUX Claude
XVIIIe siècle. Français.
Sculpteur.
Il était membre de l'Académie Saint-Luc à Paris, en 1736.

DÉRIEUX Roger
Né le 28 janvier 1922 à Paris. XXe siècle. Français.
Peintre, peintre de collages, aquarelliste, lithographe. Tendance abstraite.
Il fut élève de l'Académie de la Grande Chaumière et de l'Ecole des Arts Décoratifs, il eut aussi le privilège de recevoir des conseils de Francis Picabia. Il commença à exposer au Salon des Moins de Trente Ans. Il figura ensuite aux Salons d'Octobre, de Mai, des Tuileries, de l'Ecole de Paris à la Galerie Charpentier en 1963, Grands et Jeunes d'Aujourd'hui en 1963, 1966, d'Automne en 1967, etc. Outre les Salons institutionnels, il participe à de très nombreuses expositions collectives, parmi lesquelles : 1955 Prix Lissone à Milan, 1958 *Peintres d'Aujourd'hui* au Musée de Grenoble, 1964 *Cinquante ans de collages* Musée de Saint-Etienne et Musée des Arts Décoratifs de Paris, 1966 *Peintres français contemporains* à Prague, Bratislava, Budapest, Bucarest et Jassy, 1977 *Autour d'André Frénaud* Maison de la Culture d'Amiens et Centre Georges Pompidou à Paris, 1987 *Hommage à Francis Ponge* La cour de Varenne à Paris, etc. Ses peintures ont fait l'objet de nombreuses expositions personnelles : à Copenhague 1951, 1956, 1961, 1962, 1978, 1979, 1980, à Paris 1952, 1961, 1963, 1965, 1967, 1982, 1985, 1986, 1989, 1992, 1993, ainsi qu'à Lausanne, Houston, Marseille, Oslo, New York, Göteborg et autres villes suédoises, Lyon notamment en 1987 pour une exposition rétrospective de 55 peintures, Salzbourg, Tokyo, Bordeaux, San Francisco, Luxembourg, Vienne, etc. Soit manuellement pour un nombre d'exemplaires très réduit, soit de dessins à la plume reproduits, soit de lithographies originales, il a illustré des poètes amis ou admirés : André Frénaud, Pierre-Jean Jouve, Francis Ponge, Charles Baudelaire, Georg Trakl. Il a encore réalisé des « tentures incrustées », et une décoration murale pour l'Observatoire de Saint-Genis-Laval dans le Rhône.
Ayant fait partie de l'éphémère Salon d'Octobre porté par Charles Estienne, on se doute que sa peinture frôlait alors déjà l'abstraction. Jusqu'en 1983 se poursuivit pour lui ce jeu d'une rigoureuse construction plastique sous-tendant son thème et ayant son origine dans le cubisme et ses références dans l'abstraction, et d'une relation sans complexe avec la réalité familière, où reconnaître paysages, intérieurs, natures mortes, nus, où retrouver climats personnels et odeurs des heures. Si, depuis 1983, il a radicalement rompu avec toute figuration, rejoint, non pas l'abstraction tempérée qui ne renie pas la sensation originelle, mais l'abstraction sans racines des Poliakoff ou Dubuis, c'est pourtant toujours la même poésie intimiste qui s'exprime dans les nouvelles « peintures-collages », plus libre dans la forme spontanée, la couleur à sa plénitude, la matière sensuelle, et poétiquement plus ressemblante peut-être de n'être plus assignée à ressemblance. ■ Jacques Busse
Bibliogr. : Haavard Rostrup : Catalogue de l'exposition *Roger Dérieux*, Gal. Athenaeum, Copenhague, 1951 – Guy Weelen : Catalogue de l'exposition *Roger Dérieux*, Gal. Athenaeum, Copenhague, 1956 – Frank Elgar : Catalogue de l'exposition *Roger Dérieux*, Gal. Cinq-Mars, Paris, 1965 – Francis Ponge : Catalogue de l'exposition *Roger Dérieux*, Gal. Jacob, Paris, 1967 – Imre Pan : *Roger Dérieux – Huiles sur papier*, Morphèmes, collect. Signe n° 70, Paris, 1967 – Haavard Rostrup : *Roger Dérieux*, I.D.R., Paris, 1978.
Musées : Grenoble (Mus. des Beaux-Arts) – Narbonne (Mus. d'Art et d'Hist.) : *Trois nus dans la forêt* 1972 – Perpignan – Rehovot (Centre d'Art Contemp. et expérimental) – Salzbourg (Carol.-August.) – Sète.
Ventes Publiques : Copenhague, 6 avr. 1976 : *Paysage*, h/t (58,5x47) : **DKK 1 300** – Copenhague, 6 mai 1986 : *Paysage*, h/t (60x72) : **DKK 15 000** – Copenhague, 4 mai 1988 : *Vue par dessus les toits* (21x27) : **DKK 6 500** – Paris, 21 nov. 1989 : *Conversation au jardin*, h/t (100x81) : **FRF 8 000** – Copenhague, 21-22 mars 1990 : *Paysage*, h/t (60x72) : **DKK 10 000** – Copenhague, 4 mars 1992 : *Modèle dans un intérieur*, h/t (81x100) : **DKK 12 000** – Paris, 10 juin 1993 : *Cachet*, gche et collage/pap. (20,5x20) : **FRF 4 500**.

DERIGNY Auguste Alexandre
Né le 22 décembre 1816 à Paris. XIXe siècle. Français.
Peintre.
Entré à l'École des Beaux-Arts en 1837, il fut élève de Blondel. Il exposa au Salon de 1841 à 1846.

DERIKSEN Felipe. Voir **DIRKSZEN**

DERING Arthur B.
XIXe-XXe siècles. Actif à Londres. Britannique.
Peintre de paysages.
Il exposa à partir de 1886.

DERISTO
XVIIIe siècle. Italien.
Sculpteur.
Il exécuta une statue pour l'église Saint-Martino d'Asti.

DERIVERY François
XXe siècle. Français.
Peintre de compositions à personnages, peintre de collages. Nouvelles figurations.
En 1971, il fut un des fondateurs du groupe *DDP*, constitué de lui-même, Michel Dupré et Raymond Perrot. En 1992, tous trois ont exposé ensemble au *Bateau-Lavoir*, avec des œuvres individuelles et des peintures collectives, dont *Les représentants*, pour laquelle ils ont travaillé pendant un an.
Si chacun poursuit son travail personnel, ensemble ils réalisent, sur le mode du collage avec inclusions de lettres, publication d'écrits, des tableaux à contenus sémantiques, travaux sur thèmes discutés et choisis collectivement en rapport avec leurs engagements sociaux et politiques.
Bibliogr. : Divers : *Écritures dans la peinture*, vol.2, Villa Arson, Nice, 1984.

DERJABIN Gawryl Grigorjevitch
XVIIIe siècle. Actif à Saint-Pétersbourg vers 1750. Russe.
Peintre.

DERKAUTZAN Adrienne
Née à Nantes. XXe siècle. Française.
Peintre.
Elle exposa à Paris au Salon des Indépendants.

DERKERT Siri
Née en 1888 à Stockholm. Morte en 1973. XXe siècle. Suédoise.
Peintre de compositions à personnages, sculpteur de monuments, technique mixte. Cubiste, puis expressionniste.
En 1912-1913, elle fut élève de l'Académie des Beaux-Arts de Stockholm. Elle poursuivit ses études artistiques à Paris, en 1913-1914. De 1915 à 1918 en Italie, elle peignit dans un strict esprit cubiste. De 1916 à 1924, elle cessa toute activité artistique. En 1936-1937, elle revint à Paris. Ce ne fut que tardivement, à partir de 1944, qu'elle se fit connaître à Stockholm. Les musées d'art moderne de Stockholm et de Louisiana lui ont consacré des expositions rétrospectives en 1960, ainsi que le Stedelijk Museum d'Amsterdam en 1962, année où elle figura à la Biennale de Venise.
Ayant évolué dans un sens expressionniste, elle avait recours à des techniques différenciées : collages, sculptures en terre cuite et en béton. Elle a réalisé des sculptures monumentales en béton pour le Métro de Stockholm. Sa peinture, volontiers dramatique, met souvent en situation des femmes et des enfants.
Bibliogr. : In : *Peintres contemporains*, Mazenod, Paris, 1964.
Musées : Göteborg – Stockholm.
Ventes Publiques : Stockholm, 23 avr. 1968 : *Portrait de jeune fille* : **SEK 10 100** – Göteborg, 31 mars 1982 : *Jeune fille couchée*, h/pap. (31x44) : **SEK 4 700** – Stockholm, 16 mai 1984 : *Paysage*, h/pan. (27x42) : **SEK 8 200** – Stockholm, 20 avr. 1985 : *Jeune fille* 1961, craies de coul. (58x45) : **SEK 7 200** – Stockholm, 22 mai 1989 : *Composition*, ciment, marbre et ruban métallique, décor mural (30x16) : **SEK 4 200** – Stockholm, 6 déc. 1989 : *Jeune fille avec la colombe de la paix*, ciment (H. 100, L. 68) : **SEK 7 200** – Stockholm, 5-6 déc. 1990 : *Personnage nourrissant des oiseaux*, collage et peint. (98x84) : **SEK 24 000** – Stockholm, 30 mai 1991 : *Oiseaux au-dessus de la ville*, collage et peint. (46x117) : **SEK 9 000**.

DER KEVORKIAN Gabriel
Né en 1932 à Paris. XXe siècle. Français.
Peintre, pastelliste. Tendance surréaliste.
Il utilisa d'abord les pastels, avant d'aborder la peinture à l'huile à partir de 1964.
Il était en liaison avec le groupe surréaliste, pour un de ses aspects les moins convaincants. En effet, il met en œuvre, dans la genèse de ses peintures, les méthodes des processus médiumniques qui lui ouvrent l'accès à l'univers fantastique des profondeurs.
Bibliogr. : José Pierre, in : *Le Surréalisme*, in : *Hist. Gle de la Peint.*, tome 21, Rencontre, Lausanne, 1966.
Ventes Publiques : Paris, 19 mars 1980 : *Les chemins hasardeux* 1964, h/t (89x130,5) : **FRF 2 200**.

DERKINDEREN Antonius Johannes ou **Antoon** ou **Kinderen Antonius Johannes der**
Né le 20 décembre 1859 à Bois-le-Duc. Mort en 1935 à Amsterdam. XIXe-XXe siècles. Hollandais.
Peintre de compositions à personnages, décorations murales, illustrateur. Tendance symboliste.
Il fut élève de Johannes Theodorus Stracke à l'École des Beaux-Arts de Bois-le-Duc, puis des Académies des Beaux-Arts de La Haye et Bruxelles. En 1887, il voyagea en Italie et fut impressionné par l'œuvre de Giotto. Voyageant en France, ce furent les peintures de Puvis de Chavannes au Panthéon qui le marquèrent. De 1893 à 1901, il travailla à l'édition du *Gijsbrecht Van Amstel* de Vondel. De 1907 à sa mort, il fut directeur de l'Académie Royale d'Amsterdam, où l'enseignement lui fut le moyen de transmission de ses idées sur l'art.
Ses peintures de jeunesse étaient influencées par l'impressionnisme. Ses découvertes de Giotto et de Puvis de Chavannes lui firent adopter un style monumental dans un esprit symboliste. Dessin et composition sont clairement exprimés par des lignes et des masses aérées dans les peintures murales de l'Hôtel-de-Ville de Bois-le-Duc, exécutées de 1889 à 1896. Il décora aussi des bâtiments universitaires de la ville. Pour la Bourse d'Amsterdam, en 1903, il utilisa la technique de la peinture sur verre.
■ J. B.
Bibliogr. : In : *Diction. de la peint. flamande et hollandaise*, Larousse, Paris, 1989.
Musées : Amsterdam (Stedelijk Mus.) : *La procession du miracle d'Amsterdam* – La Haye – Otterlo (Mus. Kröller-Müller) : *Portrait de Mallarmé* – Rotterdam.
Ventes Publiques : Cologne, 4 juin 1985 : *Nu vu de dos*, h/t (47x40) : **DEM 2 000** – Amsterdam, 30 oct. 1990 : *Saint Jean Baptiste dans les montagnes*, h/t (112x170) : **NLG 2 990**.

DERKOVITS Gyula
Né en 1894 à Szombathely. Mort en 1934. XXe siècle. Hongrois.
Peintre, graveur. Expressionniste.
Fils d'un menuisier, il exerça lui-même d'abord ce métier. Il commença à dessiner sans aucune formation. Engagé volontaire dans la Première Guerre mondiale, après avoir été blessé plusieurs fois, il fut réformé en 1917, et suivit alors les cours de l'école libre du peintre Karoly Kernstok, considéré comme le rénovateur de la peinture hongroise. En 1918, il adhéra au parti communiste. Il n'exposa pour la première fois qu'en 1922. De 1923 à 1926, ayant fui la Hongrie à cause de son engagement communiste, il alla travailler à Vienne, où l'appelaient à la fois son activité politique et le bouillonnement artistique. En 1934, il reçut le Prix de la Société Szinyei Merse. On dit qu'il mourut de misère, il avait quarante ans. Le Prix Kossuth lui fut décerné bien plus tard, à titre posthume, en 1948.
L'influence prépondérante qu'il ressentit fut celle de l'expressionnisme allemand, teinté, comme ce fut souvent le cas dans le centre de l'Europe, d'éléments issus du cubisme. D'ailleurs, pour lui, les problèmes formels n'avaient pas grande importance. Profondément prolétaire, il voulait exprimer sa conscience de classe par sa peinture. D'où : les scènes de la vie des faubourgs ouvriers, l'illustration de la misère, où il vivait lui-même, mais aussi la célébration de la noblesse du travail de l'homme. De cette période, les œuvres les plus citées sont : *Le repas du soir* 1922, *La célébration des morts* 1924, *Les pourchassés* 1925-1926. En 1929, il exécuta une série de gravures sur bois, intitulée *1514*, destinées aux banderoles des manifestations ouvrières et célébrant la révolte paysanne qui avait été conduite par György Dozsa. Dans son œuvre, l'émotion est toujours exprimée et portée par un dessin, simplifié, synthétique, mais tourmenté et violent et par un sens intense du pathétique. ■ J. B.
Bibliogr. : Lajos Németh : *Moderne ungarische Kunst*, Corvina, Budapest, 1969 – in : *Dict. Univers. de la Peint.*, Le Robert, Paris, 1975.
Musées : Budapest (Gal. Nat.) : *Générations* 1934 – *Les constructeurs de navires* 1934.

DERKYLIDES
Antiquité grecque.
Sculpteur.
Il y avait à Rome, dans les jardins de Servilius, une statue représentant des boxeurs qui, selon Pline l'Ancien, était de sa main.

DERKZEN VAN ANGEREN Antoon Philippus
Né le 21 avril 1878 à Delft. XXe siècle. Hollandais.
Peintre de paysages, portraits, graveur.
Il s'établit à Rotterdam. Il a participé à l'Exposition Universelle de Bruxelles, en 1910. Il a peint les paysages typiques hollandais.
Musées : Rotterdam (Mus. Boymans) : *Portraits* – *Paysages* – Des gravures.
Ventes Publiques : Amsterdam, 17 déc. 1901 : *Marécage dans lequel un paysan coupe les roseaux* : **NLG 48** ; *Champs couverts de neige, moulin en bois et village vus en arrière-plan* : **NLG 22** – Amsterdam, 9-10 fév. 1909 : *Route ensablée bordée de fermes en chaume* : **NLG 75**.

DERLET Wilhelm
XVIIIe siècle. Allemand.
Peintre.
Il travailla à Dehelbach en Bavière ; il décora l'église de Rittershausen et l'Hôtel de Ville de Marktbreit.

DERLY
XIXe siècle. Actif à Paris vers 1824. Français.
Graveur.
Il grava d'après Chasselat un *Portrait du Tzar Pierre le Grand*.

DERMENGHEM Henriette
Née le 3 avril 1898 à Paris. XXe siècle. Française.
Pastelliste.
A exposé au Salon des Artistes Français.

DERMONDE Henrick Van
XVIe siècle. Actif à Saint-Trond (près de Liège) vers 1573. Éc. flamande.
Peintre.

DERMONDE J. A.
XVIIe siècle. Actif vers 1617. Éc. flamande.
Graveur.
On cite de lui : *La Ville de Tirlemont à vol d'oiseau.*

DERMOT
XVIIIe siècle. Actif à Londres vers 1765. Britannique.
Peintre.

DERO André
Né à Herenthals. XXe siècle. Belge.
Peintre. Tendance surréaliste.
Il a d'abord séjourné en Argentine, puis revint en Belgique en 1960.
Sa peinture s'est orientée vers un surréalisme, influencé surtout par Magritte.
Ventes Publiques : Anvers, 2 avr. 1974 : *Celui qui prend la garde d'équinoxe* : **BEF 45 000** – Anvers, 19 oct. 1976 : *Le fauconnier*, h/pan. (60x80) : **BEF 40 000** – Breda, 25 avr. 1977 : *Le Rideau rouge*, h/t (70x90) : **NLG 3 000** – Bruxelles, 21 mai 1981 : *L'épave* 1980, h/t (69x90) : **BEF 28 000** – Anvers, 26 avr. 1983 : *L'orée du désert*, h/pan. (65x50) : **BEF 34 000** – Londres, 17 avr. 1996 : *Autoportrait au petit pot de cuir*, h/cart. (90x70) : **GBP 828.**

DERO-GROSOS Marcelle
Née au Havre (Seine-Maritime). XXe siècle. Française.
Peintre de paysages, paysages animés.
Elle fut élève de L.-F. Biloul. Elle a exposé à Paris, au Salon des Artistes Français depuis 1927. Outre les paysages, elle a peint des scènes de chasse.

DE'ROBERTI Ercole Grandi d'Antonio. Voir **ROBERTI Ercole Grandi d'Antonio de**

DEROC Pierre
Mort avant 1785. XVIIIe siècle. Actif à Nantes. Français.
Peintre.

DEROCHE Nicolas
Né vers 1645 à Angoulême. Mort le 2 juillet 1710. XVIIe-XVIIIe siècles. Français.
Sculpteur.
Il travailla pour l'église Saint-François à Angoulême.

DEROCHE Victor
Né vers 1824 à Lyon (Rhône). Mort en 1886 à Paris. XIXe siècle. Français.
Peintre de paysages.
Cet artiste fut un des peintres des bords de la Seine. Établi à Montigny près de Vernon. Il trouva autour de lui les motifs les plus intéressants. Il débuta au Salon de 1876 avec : *Le Parc de Montigny* et continua à y exposer jusqu'à sa mort.

DERODÉ Jean Baptiste
Mort en 1646 à Paris. XVIIe siècle. Français.
Sculpteur.

DERODÉ Nicolas, l'Ancien ou **Derodez**
Mort vers 1607 à Reims. XVIe siècle. Français.
Peintre verrier.
Il travailla aux rosaces de la cathédrale et de l'église Saint-Nicaise.

DERODÉ Nicolas, le Jeune
XVIe-XVIIe siècles. Actif à Reims. Français.
Peintre de portraits.
Le Musée de Reims conserve trois portraits de cet artiste.

DEROGES
XIXe siècle. Français.
Peintre.
Le Musée de Poitiers conserve de cet artiste sur lequel on n'a pas de renseignements : *Église de campagne.*

DEROIN Gilles
XVIe siècle. Vivant à Tours. Français.
Sculpteur.
Il fut chargé, en 1591, par l'architecte Androuet du Cerceau, de faire en petit le modèle en relief d'un bastion pour servir à l'édification des nouvelles fortifications ordonnées par Henri IV.

DERONS T. J.
XVIIIe siècle. Actif vers 1742. Éc. flamande.
Dessinateur.
Habita Bruxelles.

DEROO André
Né en 1933 à Menin. XXe siècle. Belge.
Peintre de compositions à personnages. Nouvelles figurations.
Il fut élève de l'Académie des Beaux-Arts de Gand.
Il oppose des personnages statiques à un arrière-plan dynamique.
Bibliogr. : In : *Diction. Biogr. illustré des Artistes en Belgique depuis 1830*, Arto, Bruxelles, 1987.
Ventes Publiques : Lokeren, 20 mai 1995 : *Terugkeer naar het vertrouwde ; Uitvoerig over allerlei*, h/t, une paire (chaque 150x135) : **BEF 70 000.**

DEROUARD François
Mort le 2 janvier 1769 à Paris. XVIIIe siècle. Français.
Sculpteur.
Membre de l'Académie Saint-Luc, officier emballeur à la douane.

DEROUBAIX A.
XVIIIe siècle. Actif à Lille. Français.
Dessinateur.
Élève de l'École de dessin de Lille, il exposa une *Marine* au Salon de cette ville en 1785.

DEROUBAIX Henri
Né en 1768. Mort en 1822. XVIIIe-XIXe siècles. Français.
Peintre de portraits.
Élève de Louis Watteau à l'École de dessin de Lille. Médaillé en 1788, il exposa au Salon de cette ville de 1784 à 1788.
Le Musée de Lille conserve de lui le *Portrait de Wicar.*

DEROUBAIX Lucien
Né à Paris. XXe siècle. Français.
Peintre.
Expose aux Indépendants depuis 1937. Invité au Salon des Tuileries en 1938.

DEROUTIN Émile
XIXe siècle. Actif à Paris vers 1800. Français.
Peintre de miniatures.

DEROUX Charles ou **Carl**
Né le 14 novembre 1932 à Anderlecht. XXe siècle. Belge.
Peintre, graveur. Polymorphe.
Il fut élève de l'Institut de La Cambre. Il a évolué en fonction d'influences très diverses : à celle de Paul Delvaux, succéda l'influence du pop art, tout en utilisant les procédés du mec art (reproduction mécanique).
Bibliogr. : In : *Diction. Biogr. illustré des Artistes en Belgique depuis 1830*, Arto, Bruxelles, 1987.
Musées : Bruxelles (Cab. des Estampes) – Paris (BN, Cab. des Estampes) – Utrecht.
Ventes Publiques : Paris, 2 avr. 1990 : *La voix* 1974, h/t (60x200) : **FRF 18 000** – Paris, 29 juin 1990 : *Un nuage traverse deux tableaux* 1969, deux h. sur t. (chaque 40x30) : **FRF 3 300.**

DEROY Auguste Victor
Né à Paris. Mort en 1906. XIXe siècle. Français.
Lithographe.
Il obtint une mention honorable en 1888. Le Musée de Dieppe conserve de lui une *Vue du portrait de Saint-Remy*. Deroy, comme beaucoup d'autres artistes, prenait plaisir à exécuter de nombreux croquis au cours de ses promenades ; on en connaît un nombre considérable et qui ne sont pas dénués d'intérêt. Il était fils d'Isidore Laurent Deroy.
Ventes Publiques : Paris, 8 déc. 1941 : *Dieppe : l'église Saint-Jacques*, aquar. : **FRF 2 400** – Paris, 2 déc. 1946 : *L'église Saint-Vincent-de-Paul*, aquar. : **FRF 1 300.**

DEROY Émile
Né en 1825 ou 1820 à Paris. Mort en 1848 ou 1846 à Paris, précocement. XIXe siècle. Français.
Peintre, lithographe.
On cite parmi ses rares œuvres les *Portraits du père de Th. de Banville, de Privat d'Anglemont, de Ch. Baudelaire (1844)*, actuellement au Musée de Versailles et les portraits de P. Dupont, d'une jeune fille (la Petite Chanteuse des rues ou la Mendiante rousse), actuellement au Musée du Louvre. Sa touche rapide évoque la peinture de Frans Hals, ses portraits font parfois penser à ceux de Gainsborough.

DEROY François
Français.

Graveur à l'eau-forte.
On cite de lui : *La Sainte Famille ; Saint Joseph ; Sainte Thérèse*, gravures d'après P.-P. Rubens.

DEROY Isidore Laurent
Né le 14 avril 1797 à Paris. Mort le 25 novembre 1886 à Paris. XIXe siècle. Français.
Peintre de paysages animés, paysages, aquarelliste, lithographe.
Élève de Cassas et de Félix, il obtint une médaille de troisième classe pour la lithographie en 1836 et un rappel en 1861. De 1822 à 1866, il figura au Salon de Paris.
Musées : Dieppe : *Vue*, deux lithographies – Louviers : *Vue de l'église de Louviers*, lithographie – Orléans : *Paysage*, deux peintures – Rochefort : un dessin.
Ventes Publiques : Paris, 1817 : *Bestiaux dans une prairie* : **FRF 30** – Paris, 1859 : *Paysage avec animaux* : **FRF 194** – Lille, 1864 : *Un pâturage* : **FRF 300** – Paris, 1885 : *Le Retour à l'étable* : **FRF 600** – Paris, 30 mars 1894 : *L'orage, grand paysage, avec figures et animaux* : **FRF 100** – Paris, 1895 : *Façade des Arts libéraux*, dess. : **FRF 21** – Paris, 9 fév. 1928 : *Paysage italien*, sépia : **FRF 330** – Paris, 29 déc. 1944 : *Vieux château au bord d'une rivière*, aquar. : **FRF 720** – Paris, 16 avr. 1945 : *Enfant effrayé par un cygne*, aquar. : **FRF 1 400** – Zurich, 8 nov. 1982 : *Berne, vue du nouveau pont de Nydeck*, litho. (18,4x27,7) : **CHF 1 000**.

DERPIN Jacques
Né à la fin du XVe siècle à Douai. XVe-XVIe siècles. Français.
Sculpteur.
En 1516 il travaillait à l'église Saint-Pierre à Lille sous la direction de Jehan Richard.

DERPOWICZ Wojciech
XVIIIe siècle. Actif au début du XVIIIe siècle. Polonais.
Graveur.
Il vécut à Posen et exécuta différentes illustrations de livres.

DERRÉ Émile
Né le 22 octobre 1867 à Paris. Mort en 1938 à Nice (Alpes-Maritimes), par suicide. XIXe-XXe siècles. Français.
Sculpteur de scènes de genre, statues, bustes, ornemaniste.
Il débuta à Paris, au Salon de 1895, y obtenant une mention honorable pour *L'âme des pierres*, puis médaille de troisième classe et bourse de voyage 1898, puis médaille de deuxième classe, enfin médaille d'or en 1900 à l'occasion de l'Exposition Universelle. Il exposa aussi au Salon des Tuileries dans les années vingt.
Il sculpta en pierre des caryatides pour des immeubles fin de siècle, qui furent détruits ultérieurement lors d'opérations immobilières. Sa statue *Le chapiteau des baisers* est au jardin du Luxembourg. On cite encore de lui : *La petite fontaine des Innocents, Moloch, Le tronc des pauvres*, la *Statue de Fourier*, détruite par les Allemands pendant l'Occupation et dont il ne reste que le socle rue Caulaincourt.
Ventes Publiques : Paris, 17 oct. 1980 : *Couple enlacé s'embrassant*, bronze (62x84) : **FRF 5 000** – Paris, 27 juin 1983 : *Le baiser*, cire perdue (H. 57), bronze, patine brune : **FRF 5 200**.

DERRÉ François
Né à Bruges. Mort le 7 août 1888 à Paris. XIXe siècle. Belge.
Sculpteur.
Il exposa à Paris, à Londres et à Bruxelles. A Paris il travailla pour l'église Saint-Vincent-de-Paul et pour la fontaine Saint-Sulpice.

DERREY Jacques Charles
Né le 22 septembre 1907 à Toulouse (Haute-Garonne). Mort en 1975. XXe siècle. Français.
Peintre de paysages, graveur, illustrateur.
Il fut élève de Lucien Simon en 1930 et de Louis Roger. Il exposait à Paris, au Salon des Artistes Français, en devint sociétaire, médaille d'or 1936. Il a obtenu le Prix de Rome de gravure, en 1936. Il fut professeur à l'École Polytechnique. Une rétrospective de son œuvre est présentée en 1992 à la Fondation Taylor, à Paris.
Il a surtout peint des paysages de la Loire-Atlantique. Il a également illustré plusieurs livres, en particulier *La promenade du Roi*, sur un texte de Louis XIV, qu'il a réalisé à l'eau-forte et au burin.
Musées : Nantes – Pau.

DERREY Jean Baptiste
Né vers 1753 à Rouen. Mort vers 1778 à Paris. XVIIIe siècle. Français.
Peintre et graveur.
Il eut pour maître Descamps.

DERRICK William Rowell
Né en 1857 à San Francisco (Californie). Mort en 1941. XIXe-XXe siècles. Américain.
Peintre de paysages, marines, aquarelliste, pastelliste.
Il fut à Paris l'élève de Léon Bonnat. Il exposa à Paris à partir de 1885, puis à Philadelphie, des marines et des paysages le plus souvent à l'aquarelle ou au pastel.
Ventes Publiques : Raleigh (Caroline du Nord), 5 nov. 1985 : *Paysage du Vermont*, h/t (56x76,2) : **USD 1 600**.

DERRUAU Léon Auguste
Né à Paris. XXe siècle. Français.
Peintre et sculpteur.
Exposant du Salon de la Société Nationale. On cite ses nus.

DERSHANOWSKY A.
XIXe siècle. Russe.
Peintre.
Le Musée Russe à Leningrad possède de lui un portrait à l'aquarelle du *Général Ruediger*.

DERSHAWINA Jakaterina Jakovlevna, née **Bastidon**
Née en 1760. Morte en 1794 à Saint-Pétersbourg. XVIIIe siècle. Russe.
Dessinatrice.
Sœur de lait du Tzar Paul Ier, elle était à la fois poète, dessinatrice et décoratrice et fut fort appréciée de la cour impériale.

DERSIEB Jacob
XVIIIe siècle. Allemand.
Sculpteur.
Il travailla pour différentes églises de Dresde.

DERSIGNY Valentin
XVIIe siècle. Actif à Paris en 1671. Français.
Peintre.

DERSON N.
XVIIe siècle. Actif probablement à Reims. Français.
Graveur.
On suppose que cet artiste habitait la Champagne, car on a de lui une estampe de la cathédrale de Reims, datée de 1625. La forme fait penser à Callot.

DERSSON
XVIIe siècle. Actif à Moscou vers 1666. Suédois.
Peintre.

DERTELLE André
Né à Charleville (Ardennes). XXe siècle. Français.
Peintre.
Élève de J. Lefebvre, exposant et sociétaire du Salon des Artistes Français.

DERTINGER Ernst
Né en 1816. Mort en 1865 à Stuttgart. XIXe siècle. Allemand.
Graveur.
Il a gravé d'après von der Emble, Kaulbach et Schutz.

DERUD Charles François
Né à Besançon (Doubs). Mort en 1905. XIXe siècle. Français.
Peintre miniaturiste.
Élève de Matout. Participa à l'Exposition Universelle de Paris en 1900 avec deux miniatures.

DERUET Charles
Né le 24 décembre 1635 à Nancy. Mort le 12 décembre 1660 à Nancy. XVIIe siècle. Français.
Peintre d'histoire et de portraits.
Il était fils de Claude Deruet. Il collabora sans doute aux travaux de l'atelier dirigé par son père.

DERUET Claude ou **Dervet, Drevet, de Ruet, des Ruets**
Né en 1588 à Nancy. Mort le 20 octobre 1662 à Nancy. XVIIe siècle. Français.
Peintre d'histoire, compositions religieuses, scènes de genre, portraits, paysages, décorateur, graveur.
Quand il fut élève de Claude Israël Henriot de Chalons, il était le condisciple de Callot et de Bellange. On sait qu'il fit le voyage d'Italie avant 1621, et qu'il y travailla chez Tempesta, chez Stradanus, et peut-être chez le Chevalier d'Arpin. En 1621, il était de retour à Nancy, où il joua par la suite un rôle de premier plan. Courtisan, il prit, contrairement à Jacques Callot, le parti des Français. Il devint le peintre favori du duc Henri II. Protégé éga-

lement par Louis de Lorraine, prince de Phalsbourg, il eut la commande, en 1626, des peintures de l'église des Carmes, aujourd'hui détruites. Dans ce travail, il se fit aider par le jeune peintre Claude Gellée, plus connu par la suite sous le nom de Claude Lorrain. En 1627, il exécuta, avec Callot, la décoration d'un célèbre carrousel, donné à Nancy par le duc Charles III (dessin concernant cette fête au Louvre). Riche, anobli, il se rendit à Paris, où il plut au roi Louis XIII qui, le 11 juillet 1634, fit de lui un portrait maladroit au crayon (Musée Lorrain de Nancy). Le nouveau chevalier de l'Ordre de Saint-Michel travailla pour de nombreux personnages importants de la cour et en particulier pour Richelieu.
Ses tableaux conservés sont pour le moment assez rares. Des découvertes sont possibles, car l'on sait que l'inventaire de ses biens fait lors de sa mort, en 1662, compte plus de mille œuvres. Si l'école des graveurs lorrains et surtout son ami Callot, lui ont donné le goût des grandes réunions de personnages, dans des fêtes de toutes sortes, mascarades, chasses, triomphes, si l'influence des Vénitiens l'a peu marqué, si les Flamands lui ont appris l'observation réaliste du paysage, c'est son honnêteté de peintre finalement qui fait son charme. Il ne travaille pas dans le génie, il rend compte du mieux qu'il peut de la vie de la société frivole de son temps. Ce chroniqueur mondain et charmant est assez seul de sa sorte dans le XVIIe siècle, établissant un pont entre Antoine Caron et l'entourage de Pietro Longhi, annonçant aussi les portraits mythologiques de l'époque de Mignard. ■ J. B.

Musées : Chartres : *L'Air ou la Chasse de la duchesse de Lorraine* – Mayence : *Le Christ en Croix* – Nancy (Mus. lorrain) : *Portrait de Charles IV – Portrait de la fille de l'artiste – L'Archange Saint Michel – Banquet des Amazones – Madame de Saint-Balmont à cheval – Sainte Elisabeth de Hongrie* – Orléans : *La Terre – L'Air – Le Feu – L'Eau – Le triomphe de Henri IV* – Strasbourg : *Portrait.*
Ventes Publiques : Londres, 28 mai 1965 : *Le Triomphe de Louis XIII et la reine* : **GNS 7 800** – Paris, 28 juin 1982 : *Les Pèlerins d'Emmaüs (recto) ; Homme assis les bras élevés (verso)*, dess. (21x28) : **FRF 18 000** – Londres, 13 déc. 1985 : *Portrait équestre d'un général*, h/t (71,8x62,5) : **GBP 6 500** – Neuilly, 1er déc. 1991 : *Portrait de Gaspard de Rieux*, h/t (74x58) : **FRF 100 000** – Paris, 27 mars 1996 : *Sainte Oraison*, h/t (79x60) : **FRF 35 000.**

DERUJINSKY Gleb W.
Né en 1888 à Smolensk. Mort en 1975. XXe siècle. Depuis 1919 actif aux États-Unis. Russe.
Sculpteur de sujets de genre, groupes, animaux, graveur.
Ses premiers travaux en Amérique furent des représentations de danseurs : Adolph Bolm et Ruth Page dans les rôles d'Arlequin et Colombine du ballet *Carnaval*, qu'il exposa en 1921. Il sculptait, dans des dimensions modestes, des sujets décoratifs traditionnels.
Musées : Chicago (Inst. of Art) : *Colombine*, bronze.
Ventes Publiques : New York, 5 oct. 1983 : *Femme à la coiffure égyptienne* 1925, bois polychrome (H. 54,5) : **USD 1 500** – New York, 30 mai 1986 : *Torso*, marbre blanc (H. 33) : **USD 6 000** – New York, 1er déc. 1988 : *Dauphin et putto* 1929, bronze (H. 86,3) : **USD 23 100** – New York, 28 sep. 1989 : *Diane chasseresse avec son chien et une biche* 1922, bronze (H. 36,2) : **USD 9 900** – New York, 7 nov. 1991 : *Portrait de Adolph Bolm dans le ballet « Carnaval »*, plâtre peint (H. 36,8) : **USD 1 100** – New York, 10 juin 1992 : *Poseidon et Aphrodite*, bronze, serre-livres (20,3 et 17,8) : **USD 3 520** – New York, 4 déc. 1996 : *Le Rapt d'Europe*, marbre et argent (L. 54,6) : **USD 16 100.**

DERULLE Marcel
Né le 14 août 1902 à Nancy (Meurthe-et-Moselle). XXe siècle. Français.
Peintre de compositions à personnages, paysages.
Il a exposé à Paris, depuis 1924 au Salon des Artistes Indépendants, dont il était sociétaire. De 1930 à 1950, il a aussi figuré aux Salons des Artistes Français et d'Hiver. Il semble ne plus exposer depuis 1968.
Il a peint des compositions de style néoclassique, des scènes de cirque, des paysages du Montmartre pittoresque et de la Sarthe.

Ventes Publiques : Paris, oct. 1943 : *Bord de rivière* : **FRF 4 000** – Paris, juil. 1946 : *Peinture* : **FRF 1 850.**

DERUNTON
XVIIIe siècle. Actif vers 1790. Français.
Peintre de miniatures.
Il fit les portraits de nombre de personnages de l'époque révolutionnaire.

DERUTA Cesare Tolomeo da
XVIe siècle. Actif à Pérouse vers 1540. Italien.
Peintre.

DERUTA Viscardo da
XVIe siècle. Actif à Pérouse vers 1540. Italien.
Peintre.

DERVAL Jean
XIXe siècle. Français.
Peintre.
Il fut sociétaire des Artistes Français à partir de 1884.

DERVAUX Adolphe
Né le 4 février 1825 à Charleville (Ardennes). XIXe siècle. Français.
Peintre.
Il étudia avec Glaize et débuta au Salon de Paris en 1863.

DERVAUX Georges Victor
Né le 25 juillet 1888 à Tourcoing (Nord). Mort le 16 août 1958 à Tourcoing. XXe siècle. Français.
Peintre de portraits.
Il fut élève de Fernand Cormon. Il exposait à Paris, depuis 1912 au Salon des Artistes Français, mention honorable 1914, deuxième médaille 1921, première médaille 1923, hors-concours. A partir de 1935, il a également figuré au Salon des Artistes Indépendants.

DERVAUX Paul J. J.
Né à Launay (Nord). XXe siècle. Français.
Peintre de paysages, portraits.
Il exposait à Paris, depuis 1921 au Salon des Artistes Indépendants, ensuite au Salon des Artistes Français. Il fut encouragé et conseillé par Van Dongen.

DER'VEN, pseudonyme de **Derrien Claude**
Né le 12 mars 1948 à Boulogne-Billancourt (Hauts-de-Seine). XXe siècle. Français.
Peintre d'objets, natures mortes.
Il fut élève de l'École des Beaux-Arts de Paris, de 1964 à 1966. Avec une technique proche du pop art et du dessin industriel, il peint, non sans une certaine poésie, des ustensiles industriels de l'environnement quotidien : cuisinières, disjoncteurs, bidets, compteurs électriques.

DERVILLEZ-KOENL Marie Cécile
Née à Paris. XXe siècle. Française.
Peintre de portraits.
Elle a exposé à Paris, à partir de 1930 au Salon des Artistes Français, dont elle devint sociétaire.

DERWENT
XXe siècle. Britannique.
Peintre de paysages.
Il a figuré au Musée du Jeu de Paume de Paris, en juin 1946, à l'exposition de l'École Anglaise, avec *Poirier en fleurs*, qui fut remarqué par la critique pour son coloris plus que pour son dessin. *Voir aussi LEES Derwent.*

DERY Béla
Né le 16 mai 1868 à Budapest. XIXe siècle. Hongrois.
Peintre.
Il fut l'élève de Székély et de Mesterhazy à Budapest. Il se spécialisa dans les marines et les paysages.

DERY Koloman ou **Kalman**
Né en 1859 à Bacs. XIXe siècle. Hongrois.
Peintre de genre.
Il fut l'élève de Löfftz à Munich. On cite de lui : *La Confession, Le Voyage autour de la terre.*
Ventes Publiques : Francfort-sur-le-Main, 1894 : *Voyage autour de la terre* : **FRF 2 500** – Düsseldorf, 27 mars 1965 : *Scène de cabaret hongrois* : **DEM 5 200** – New York, 7 oct. 1977 : *La Réconciliation* 1887, h/t (105,5x150,5) : **USD 6 000** – Brême, 22 mai 1982 : *Grand-père faisant boire son petit-fils* 1885, h/t (105x65,5) : **DEM 18 000.**

DERYCKE Henri Paul
Né en 1928 à Roncq (Nord). XXe siècle. Français.

Sculpteur.
Il fut élève d'Alfred Janniot à l'École des Beaux-Arts de Paris. En 1952, il reçut le Grand Prix de Rome de Sculpture. Il fit des séjours en Italie, Espagne, au Portugal. En 1966, il participa à l'exposition de sculpture du Musée Rodin.

DERYKE William ou **Willem** ou **de Reyck, de Ryke**
Né en 1635 à Anvers. Mort vers 1699 en Angleterre. XVIIe siècle. Éc. flamande.
Peintre, orfèvre.
Il eut une fille, Catharina, qui fut peintre.

DERYSARZ. Voir **DERESARZ Stanislaus**

DES PRIEURS Louis. Voir **LUDOVICUS DE PRIORIBUS**

DESACHY Henri. Voir **SACHY Henri Émile de**

DESACQUESNÉES Jean
XVIIIe siècle. Actif à Paris en 1725. Français.
Peintre.

DESACRES François Urbain Exupère
Né le 1er août 1779 à Caen. Mort le 5 avril 1804 à Caen. XVIIIe siècle. Français.
Peintre.
Le Musée de Caen conserve de lui deux tableaux.

DESAILLE Antoinette
Née en 1878 à Troyes (Aube). XXe siècle. Française.
Peintre de genre, figures, portraits, intérieurs, graveur.
Elle a participé à l'Exposition Universelle de Paris, en 1900, avec *Femme à sa toilette*.

DESAILLY Kristian
Né en 1955 à Paris. XXe siècle. Français.
Peintre. Abstrait-lyrique.
Sa famille était en relation avec les artistes de la galerie Denise René. Pendant ses études artistiques à Paris, il acquit une technique graphique sûre comme collaborateur de Vasarely. En 1973-1975, il fut élève de l'École Supérieure d'Art Graphique ; de 1975 à 1985, de l'École des Beaux-Arts, où il eut Amor comme professeur ; en 1985-86 de l'École des Arts Décoratifs. Il participe à des expositions collectives nombreuses depuis 1983, notamment : 1986, 1989, 1990 Vitry-sur-Seine *Novembre à Vitry* ; 1992, 1993, 1994 Madrid *ARCO* ; 1995 Paris, Salon de Mai ; etc. Il montre des ensembles de ses œuvres dans des expositions personnelles, dont : 1986 Paris, galerie de la Maison des Beaux-Arts ; 1988 New York, Faculty House of Rockfeller University, et Bonn, Kulturzentrum Hardtberg ; 1990 Vitry-sur-Seine, Galerie Municipale ; 1992 Gordes, galerie Pascal Lainé, et Fondation Vasarely ; 1995 Dammarie-les-Lys, invité d'honneur au Salon d'Art Contemporain ; 1996 Paris, M.B. Création. En 1989, il obtint le Prix de Peinture de la Ville de Vitry.
Ce fut auprès d'Amor qu'il évolua à une abstraction gestuelle et lyrique, évolution que la rencontre de Jean Miotte, en 1989, ne fit que conforter.
Bibliogr. : In : Catalogue du *Salon d'Art Contemporain 1995*, Dammarie-les-Lys, 1995 – Hans-Dieter Sommer : *Kristian Desailly*, galerie Keeser, Chapel Art Center, Hambourg, Cologne, 1996, documentation.

DESAINS Charles Porphyre Alexandre
Né en 1789 à Lille. XIXe siècle. Français.
Peintre d'histoire, de genre, de paysages et de portraits.
Élève de David et de Watelet. Il se consacra surtout à l'enseignement. Au Salon de Paris, il exposa de 1819 à 1827. On cite de lui : *Une femme asphyxiée, Un guerrier mourant pour la croix.*
Ventes Publiques : Paris, 1844 : *Le départ pour la guerre* : **FRF 379.**

DESAINT Alfred
Né à Paris. XIXe siècle. Français.
Peintre de compositions animées, marines.
Élève de Yvon, il devint sociétaire des Artistes Français en 1889, et figura aux expositions de cette société.
Musées : Cherbourg : *Le Combat du Formidable.*
Ventes Publiques : Versailles, 24 fév. 1980 : *Les Pêcheurs* 1880, h/t (44x61) : **FRF 6 000.**

DESALINGUES
Né vers 1550 à Auch. XVIe siècle. Français.
Peintre d'histoire.
Il fit des tableaux pour la cathédrale d'Auch.

DESALLIER-D'ARGENVILLE Antoine Joseph
Né le 1er juillet 1680 à Paris. Mort le 29 novembre 1765 à Paris. XVIIIe siècle. Français.
Écrivain et graveur amateur.
Connu surtout par son ouvrage : *Abrégé de la vie des plus fameux peintres*. On cite cependant de lui plusieurs eaux-fortes de paysages, d'après ses propres compositions.

DESAMBRAGES Joseph
Né en 1803 à Lyon. Mort en 1873. XIXe siècle.
Peintre de scènes de genre, paysages.
Artiste typiquement lyonnais. Il fit ses études à l'École des Beaux-Arts de Lyon de 1819 à 1827. Il a exposé dans cette ville à partir de 1833.
Ventes Publiques : Lyon, 19-20 mars 1996 : *L'ancienne passerelle de Saint-Jean* 1832, h/t (49x60) : **FRF 42 000.**

DESAMEAUX Charles ou **Deameaux, de Heaulme**
XVIIe siècle. Actif à Paris vers 1680. Français.
Peintre d'éventails.

DESAN Karel ou **Charles**
XIXe siècle. Éc. flamande.
Peintre de paysages animés.
Actif à Malines depuis 1829. Siret cite de lui des *Vues de Louvain*.
Ventes Publiques : Paris, 6 déc. 1944 : *L'Abreuvoir* : **FRF 6 000** – Bruxelles, 15 juin 1976 : *Paysages avec bétail et moutons*, h/t, deux pendants (24x33) : **BEF 50 000** – Lokeren, 28 mai 1994 : *Bétail dans un paysage* 1845, h/pan. (31x42) : **BEF 70 000.**

DESANDRE Jules Marie
Né vers 1845 à Paris. XIXe siècle. Français.
Peintre de genre, portraits, paysages, aquarelliste, illustrateur. Symboliste.
Élève de Girardet, il participa au Salon de Paris entre 1869 et 1881.
Il peint à l'aquarelle des paysages de Bretagne. Ses compositions allégoriques présentent des personnages fantomatiques dans des paysages irréels, bien que peints de manière naturaliste.
Bibliogr. : Gérald Schurr, in : *Les Petits Maîtres de la peinture 1820-1920, valeur de demain*, Les Éditions de l'Amateur, t. IV, Paris, 1979.
Ventes Publiques : Paris, 1880 : *Jeune femme montée sur un cheval et tenant un faucon*, aquar. : **FRF 15** – Paris, 9 mai 1977 : *La chevauchée fantastique*, h/t (86x117) : **FRF 7 600** – Paris, 30 nov. 1981 : *Caravane à l'oasis* 1869, h/t (48x82) : **FRF 12 000** – New York, 26 mai 1983 : *Chaumière près d'un lac alpestre*, h/t (91,5x170) : **USD 2 700.**

DES ANGES Charles
XIXe-XXe siècles.
Peintre de paysages.
Il était actif de 1870 à 1910.
Ventes Publiques : Londres, 17 nov. 1995 : *Villa de la Duchesse de Pommar à Nice*, cr. et aquar. (38,3x27,3) : **GBP 1 035.**

DESANGES Louis William
Né en 1822 à Londres. XIXe siècle. Britannique.
Peintre d'histoire, portraits.
Il descendait d'une famille d'émigrés français et retourna en France pour faire ses études à Lyon dans l'atelier de Michel Groban. Il séjourna ensuite quelque temps en Italie. Les tableaux qui le rendirent célèbre sont un *Portrait équestre du roi Victor-Emmanuel* et une grande peinture historique *L'Excommunication du roi de France Robert et de sa femme Berthe.*
Musées : Nice (Mus. Masséna) : *Victor-Emmanuel II.*
Ventes Publiques : New York, 17 jan. 1990 : *Cavalier sabre au clair*, h/t (258,5x231,1) : **USD 2 200** – Londres, 15 nov. 1991 : *Portrait de groupe de William Thomas et de Henry Robert Orde-Powlett de trois-quarts et vêtus de velours noir et bordeaux*, h/t (91,8x74,3) : **GBP 4 620** – Londres, 20 nov. 1992 : *Portrait de Frederick et Jean Orde-Powlett assis sur un lit et jouant avec un chaton avec un panier de fleurs renversé*, h/t (91,5x74,9) : **GBP 6 050** – Londres, 5 sep. 1996 : *Portrait de lady Charlotte Glamis en robe sombre assise à son bureau*, h/t (181,6x109,3) : **FRF 1 610.**

DESANGIVES Nicolas
XVIe siècle. Actif à Paris. Français.
Peintre verrier.

Il exécuta plusieurs vitraux pour des églises de Paris, notamment pour Sainte-Geneviève et Saint-Paul.

DES ANGLES Matthaüs
Né en 1667. Mort en 1741 à Amsterdam. XVIIe-XVIIIe siècles. Français.
Peintre et pastelliste.
On cite de lui un pastel : *Hercule et Déjanire*, qui fut vendu à Amsterdam en 1738. On a gravé, d'après lui, le portrait de *Bernard Picart* et le portrait de *J. Van Effen*.
Ventes Publiques : Paris, 1878 : *Portrait de Préaille et de sa femme*, deux pastels formant pendants : **FRF 790** – Paris, 1883 : *Portrait de jeune femme* : **FRF 2 690**.

DES ANGLES Thomas ou **Désangles**
XVIIIe siècle.
Peintre.
Il était fils d'un avocat établi à Dijon. Des Angles protégé par Cochin vint à Paris au mois d'avril 1767 pour entrer à l'École de l'Académie Royale, dans l'atelier de Du Rameau.

DESANI Pietro
Né le 18 novembre 1595 à Bologne. Mort le 14 septembre 1657 à Reggio. XVIIe siècle. Italien.
Peintre d'histoire.
Élève de Lionello Spada, qu'il suivit à Reggio. Il devint un excellent peintre d'histoire. La ville de Reggio possède une quantité considérable d'œuvres de cet artiste, tant dans les édifices publics que dans les églises ; œuvres remarquables pour le dessin, mais dont le coloris est cru et dur. On cite *Le Crucifiement*, dans la chiesa del Corpo di Christo, et *saint François recevant les stigmates*, dans l'église de Padri Zoccolanti.

DESANIAUX Esther J.
XIXe siècle. Actif à Alfortville. Français.
Peintre.
Il devint sociétaire des Artistes Français en 1893.

DES ARGUES Pierre. Voir **SARGUES Pierre de**

DESARNOD Auguste Joseph, l'Ancien
Né en 1788. Mort le 15 avril 1840 à Saint-Pétersbourg. XIXe siècle. Russe.
Peintre.
Officier dans la Grande Armée de Napoléon et élève du baron Gros. Il se spécialisa dans la peinture militaire.

DESARNOD Auguste Joseph, le Jeune
Né vers 1812 en Pologne. Mort en 1849 à Saint-Pétersbourg. XIXe siècle. Russe.
Peintre et dessinateur.
Il était fils du précédent et comme lui officier. A Saint-Pétersbourg il fonda un atelier de daguerréotypie et de portraits lithographiés. Il pratiqua également le paysage et la peinture d'animaux.

DESASSE Marc
XVIIe siècle. Actif à Lyon vers 1680. Français.
Sculpteur.

DES AUBEAUX Pierre
XVIe siècle. Français.
Sculpteur.
Actif à Rouen, sa première œuvre fut *La mort de la Vierge*, qui fut mise dans l'église de la Trinité, en 1500. Dans l'intervalle, de 1508 à 1512, il travailla au grand portail de la cathédrale, pour lequel il sculpta, à lui seul, la moitié des statues, soit cent cinquante-quatre. En 1520, Des Aubeaux travailla aussi au tombeau du cardinal d'Amboise, toujours dans la même cathédrale. Des autres œuvres de cet artiste, il convient de mentionner, à Gisors : *Les souffrances de l'enfantement de la Vierge*.

DESAUBEAUX Raymond et non **Guillaume**
XVe siècle. Actif à Rouen. Français.
Sculpteur.
Il était peut-être originaire d'une petite localité voisine de Lille, nommée Les Aubeaux. Il travailla, sous la direction de l'architecte Guillaume Pontifz, à la cathédrale de Rouen et y acheva, en 1642, pour le porche de la cour des Libraires, les statues de saint Jacques et de sainte Catherine.

DESAUBLIAUX Simon Antoine Prosper
XVIIIe siècle. Français.
Sculpteur.
Il fut reçu à l'Académie Saint-Luc à Paris en 1750.

DESAUGIERS Eugénie, née **Duboys**
XIXe siècle. Française.
Peintre.
Exposa des portraits au Salon de Paris de 1840 à 1851.

DESAULX Jean
XIXe siècle. Actif à Paris. Français.
Graveur au burin.
On cite de lui quarante-quatre planches pour le Musée Royal de Filhol, quatre planches pour les *Campagnes d'Italie*, quatre planches pour : *Voyage pittoresque de Constantinople*, de Melling.

DESAUTY Henriette
Née à Paris. XIXe siècle. Française.
Peintre de genre, pastelliste.
Elle fut l'élève de Jules Lefebvre et T. Robert-Fleury, et devint sociétaire des Artistes Français en 1890.
Musées : Calais : *Jeunesse*, pastel – Draguignan : *La Brodeuse*.
Ventes Publiques : Paris, 27 fév. 1986 : *Enfants devant l'âtre*, h/t (102x73) : **FRF 12 000**.

DESAVARY Charles Paul
Né le 6 février 1837 à Arras (Pas-de-Calais). Mort le 8 juin 1885 à Arras. XIXe siècle. Français.
Peintre de paysages, fleurs, dessinateur, illustrateur, lithographe.
Élève de Dutilleux, Thomas Couture et surtout de Corot, dont il copia de nombreuses toiles, il participa au Salon de Paris à partir de 1868 avec *Bouquet champêtre*.
Il collabora au *Monde illustré* et, très intéressé par la photographie, il publia un recueil de reproductions photographiques de dessins de Corot. Cette passion pour la photographie explique, sans doute, la précision de son dessin, tandis que son admiration pour Corot se retrouve dans ses gris et bleus délicats.

CD DESAVARY 1872

Bibliogr. : Gérald Schurr, in : *Les Petits Maîtres de la peinture 1820-1920, valeur de demain*, Les Éditions de l'Amateur, t. II, Paris, 1982.
Ventes Publiques : Paris, 1919 : *Le Jour du marché à Arras* : **FRF 210** – Paris, 18 déc. 1946 : *Vue panoramique sur une vallée* : **FRF 4 200** – Paris, 1er juil. 1981 : *Bords de rivière*, h/t (45x65) : **FRF 2 000** – Paris, 29 nov. 1989 : *Les Remparts d'Arras* 1879, h/t (49x65) : **FRF 31 000** – New York, 16 fév. 1995 : *Fleurs de serre* 1863, h/t (146,1x111,1) : **USD 13 225** – Paris, 14 fév. 1996 : *Cavaliers dans la clairière, souvenir de Fontainebleau*, cliché-verre (15,2x19) : **FRF 6 500** – Calais, 23 mars 1997 : *Jeune Paysanne près de la ferme*, h/t (50x61) : **FRF 8 000**.

DES AYETTES J.
XIXe-XXe siècles. Française.
Sculpteur.
Elle exposa au Salon de Paris, de 1889 à 1893, des portraits-médaillons et des têtes d'études.

DESBANS René Jean
XVIIIe siècle. Français.
Peintre.
Il fut reçu à l'Académie Saint-Luc à Paris en 1779.

DESBAPTISTES
XVIIIe siècle. Français.
Sculpteur et peintre.
Professeur adjoint à l'Académie Saint-Luc, il participa à trois des Expositions organisées par cette société, en 1751, 1752 et 1753.

DESBAROLLES Adolphe
Né le 22 août 1801 à Paris. Mort le 11 février 1886 à Paris. XIXe siècle. Français.
Peintre de genre, paysagiste et lithographe.
Élève de Picot. Il figura au Salon de 1836 à 1853. Le Musée de Bagnères conserve de lui : *Une rue de Rome* (esquisse).

DESBARRES Paule Marie, née **Courbe**. Voir **COURBE Marie Paule**

DESBASTIDES Michel
Né en 1940 à Paris. XXe siècle. Français.
Peintre.
Il expose à Paris depuis 1982. Il a notamment figuré au Salon d'Automne en 1989.

DESBATISSE Claude
Mort le 23 septembre 1761 en Touraine. XVIIIe siècle. Actif à Paris. Français.
Sculpteur.
Il exposa au Salon de 1751 à 1753. On cite de lui : *L'enlèvement d'Hélène* et *Le coucher du soleil.* Il travailla pour le comte d'Argenson à son palais de Neuilly et à son château de Touraine. Il était membre de l'Académie Saint-Luc, et professeur.

DESBEAUX Suzanne Émilie, née **Coutan**
Née au XIXe siècle à Paris. XIXe siècle. Française.
Peintre de portraits et dessinateur.
Élève de A. Bricka. Elle débuta au Salon de 1877 avec *Portrait du docteur Lorain.*

DESBLACHES Joseph
XVIIIe siècle. Actif à Grenoble entre 1762 et 1781. Français.
Peintre et dessinateur.

DESBLANCMONS Jacques
XIVe siècle. Actif à Valenciennes à la fin du XIVe siècle. Français.
Sculpteur.

DESBLÈME François
XVIIIe siècle. Actif à Cambrai en 1754. Français.
Sculpteur.

DESBOEUFS André Charles
Né à Boulogne-sur-Seine (Hauts-de-Seine). XXe siècle. Français.
Peintre de figures.
Il fut élève d'Édouard Navelier. Il exposait à Paris, au Salon d'Automne, dont il était sociétaire, depuis 1931 également au Salon des Artistes Indépendants. On cite ses *Maternités.*
Ventes Publiques : Paris, 19 oct. 1983 : *L'Amour maternel* 1835, bronze, patine médaille (H. 42) : **FRF 12 000.**

DESBŒUFS Antoine
Né le 13 octobre 1793 à Paris. Mort le 12 juillet 1862 à Passy. XIXe siècle. Français.
Sculpteur et graveur en médailles.
Il s'occupa d'abord de gravure en médailles et ne commença à faire de la sculpture qu'à partir de 1830. On cite de lui : *Madeleine pleurant le Christ* et *Le Christ évangélisant sainte Anne* à l'église de la Madeleine.
Musées : Paris (Comédie-Française) : *Lesage* – Versailles : *Charles, duc d'Orléans – Gassion (Jean, comte de), maréchal de France – Saint Bernard, abbé de Clairvaux – Lesage (Alain) – Marie-Thérèse d'Autriche.*

DESBOIS Jean Charles
XVIIIe siècle. Français.
Peintre.
Il était membre de l'Académie Saint-Luc à Paris en 1778.

DESBOIS Jules
Né le 20 décembre 1851 à Parcay-les-Pins (Maine-et-Loire). Mort le 2 octobre 1935 à Paris. XIXe-XXe siècles. Français.
Sculpteur de groupes, statues. Postromantique.
Élève de Cavelier, il débuta au Salon de 1875 avec : *Orphée*, buste de plâtre et obtint une mention honorable en 1875, une médaille de deuxième classe en 1877, une de première classe en 1887, et une médaille d'or à l'Exposition universelle de 1889. Il fut fait officier de la Légion d'honneur et fit partie du jury pour l'Exposition universelle de 1900. Il fut vice-président de la Société Nationale des Beaux-Arts.
Musées : Angers : *Atryades* – Lausanne (Mus. canton. des Beaux-Arts) : *Salomé (Danseuse)* – Lyon : *La Mort et le Bûcheron* – Nancy : *La Misère* – Paris (Mus. d'Art Mod.) : *La Source – Léda – Sisyphe* – Paris (Petit Palais) : *Femme à l'arc – Femme* – Paris (Mus. du Louvre) : *L'Hiver.*
Ventes Publiques : Paris, 27 mars 1931 : *Masque d'enfant,* terre cuite : **FRF 1 150** – Paris, 27 nov. 1937 : *La Bique,* bronze : **FRF 430** – Paris, 15 déc. 1965 : *Baigneuse sur un rocher,* bronze patiné : **FRF 2 400** – Paris, 18 mars 1969 : *La Source,* bronze : **FRF 13 500** – Londres, 23 juin 1976 : *Léda et le Cygne* vers 1900, bronze cire perdue (H. 37) : **GBP 350** – Monte-Carlo, 8 oct. 1977 : *Adam et Ève* vers 1900, bronze patine (H. 15) : **FRF 15 000** – Monte-Carlo, 16 déc. 1978 : *Le Jour* (H. 32,5) : **FRF 6 500** – Rouen, 18 mars 1979 : *La Source,* bronze patine verte : **FRF 38 000** – Versailles, 17 oct. 1982 : *Baigneuses sur un rocher,* bronze patine brune (H. 24,5) : **FRF 23 500** – Paris, 26 juin 1986 : *La Femme et l'Ange,* sculpt. (H. 31) : **FRF 36 000** – Paris, 13 déc. 1989 : *Buste d'homme incliné* (H. 145) : **FRF 380 000** – Paris, 27 nov. 1992 : *Cruche aux deux profils,* étain décoré de lierre et de profil féminin (H. 18,5) : **FRF 4 000** – Paris, 23 juin 1995 : *Satyre et Nymphe* 1886, terre cuite (H. 71,5) : **FRF 20 000.**

DESBOIS Louis
Né le 5 décembre 1878 à Orléans (Loiret). XXe siècle. Français.
Peintre et dessinateur.
Élève de Collin. Figura au Salon des Artistes Français où il obtint une mention honorable en 1908.

DESBOIS Martial
Né en 1630 à Paris. Mort en 1700 à Paris. XVIIe siècle. Français.
Graveur.
Il travailla en Italie et revint en France en 1696. Il a gravé des portraits, des vignettes et des sujets religieux.

DESBOIS Pierre François Alexandre
Né en 1873 à Paris. Mort en 1939 à Paris. XIXe-XXe siècles. Français.
Graveur de paysages urbains, illustrateur.
Il exposait à Paris, au Salon des Artistes Français, médaille de bronze 1926, médaille d'argent 1928, médaille d'or 1938. En 1938 également, il remporta un 2e Prix du Salon de Brantôme. Il était membre de la Société des Aquafortistes et de la Gravure Originale en Noir.
Il fut l'auteur de séries d'eaux-fortes : *Aspects de nos vieilles provinces,* de dessins et illustrations d'ouvrages : *Aspects du Vieux Paris, L'École Militaire, Hôpitaux et Dispensaires de Paris.*

DESBONNETS Albert
Né à Roubaix (Nord). XXe siècle.
Peintre de natures mortes.
Il exposa au Salon des Artistes Français de Paris.

DESBONNETS Jehan, l'Ancien ou **Desbometz**
XVe siècle. Actif à Lille de 1453 à 1460. Éc. flamande.
Peintre.
On cite de lui : *Crucifiement – Jugement dernier pour la salle des Échevins – Christ à la colonne.*

DESBONNETS Jehan, le Jeune
XVe siècle. Actif à Valenciennes vers 1480. Éc. flamande.
Peintre de décorations.

DESBORDES
XVe siècle. Actif à Gray (Haute-Saône) vers 1456. Français.
Peintre.

DESBORDES André Alexandre
Né à Saint-Maur-des-Fossés (Val-de-Marne). XXe siècle. Français.
Peintre.
Il exposa au Salon d'Automne de Paris.

DESBORDES Constant Joseph
Né en 1761 à Douai. Mort en 1827 à Paris. XVIIIe-XIXe siècles. Français.
Peintre de genre, portraits, paysages.
Cet artiste fut élève de Caullet et de Brenet. Plus tard il fut souvent employé par Girodet et Gérard. Entre 1819 et 1827, il exposa irrégulièrement au Salon de Paris. Il obtint une médaille d'or en 1809. On cite de lui : *Le Chariot brisé.*
Musées : Dieppe : *L'Avocat Lemoyne* – Douai : *A. F. Desbordes – Autoportrait – A. F. Desbordes – Marceline Desbordes-Valmore – Autoportrait – Vaccine* – Paris (Comédie-Française) : *Armand Dailly.*
Ventes Publiques : Paris, 1897 : *Portrait d'Hervé de Rougé* : **FRF 310** – Paris, 3 et 4 mai 1922 : *La Leçon de peinture* : **FRF 550** – New York, 4 juin 1987 : *Portrait de l'artiste avec sa femme,* h/pan. (29x37) : **USD 10 500** – Paris, 15 déc. 1995 : *Portrait présumé de Mr Auguste Barre de Sainte-Fare en uniforme de lieutenant aux Lanciers de la garde royale* 1818, h/t (65x54) : **FRF 22 000.**

DESBORDES Pierre
XXe siècle. Français.
Peintre.
Il exposa à Paris en 1943.

DESBORDES-JONAS Louise Alexandra
Née vers 1855 à Angers (Maine-et-Loire). XIXe siècle. Française.
Peintre de genre, paysages, fleurs. Tendance symboliste.
Élève d'Alfred Stevens, elle débuta au Salon de Paris en 1876, obtenant une mention honorable en 1880 et 1889. Sociétaire du Salon des Artistes Français à partir de 1883.
Ses toiles, comme *Le songe de l'eau qui veille* ou *Méduse ou la légende des algues*, ont un caractère symboliste, tandis que ses tableaux de fleurs montrent une audace et une préciosité dans leur tonalité qui font penser à l'œuvre d'Odilon Redon.
Bibliogr. : Gérald Schurr, in : *Les Petits Maîtres de la peinture 1820-1920, valeur de demain*, Les Éditions de l'Amateur, t. III, Paris, 1976.
Musées : Gray : *Méduse ou la légende des algues.*
Ventes Publiques : Paris, 1881 : *Fleurs* : **FRF 360** – Paris, 5-6 fév. 1920 : *Poissons, fleurs et asphodèles* : **FRF 620** – Paris, 11-13 juin 1923 : *Le songe de l'eau qui sommeille* : **FRF 320** – Paris, 26 sep. 1941 : *Portrait de jeune femme* : **FRF 800** – Paris, 2 fév. 1943 : *Anémone de mer* : **FRF 600** – Düsseldorf, 6 juin 1984 : *Nature morte aux fleurs*, h/t (51,5x36,5) : **DEM 2 200** – Paris, 25 juin 1993 : *Portrait de jeune femme*, h/t (40x58) : **FRF 4 000**.

DESBOUES Charles ou **Desboutz**
XVIe siècle. Actif à Fontainebleau vers 1572. Français.
Peintre.

DESBOUES Gabriel
XVIe siècle. Français.
Peintre.

DESBOUES Louis
XVIe siècle. Français.
Peintre.

DESBOUIGES Joël
Né le 13 novembre 1950 à Mailhac-sur-Benaize (Haute-Vienne). XXe siècle. Français.
Peintre de compositions à personnages, fleurs, graveur, illustrateur.
Il fut élève de l'École des Arts Décoratifs de Limoges, notamment dans l'atelier de Claude Viallat. Depuis 1970, il expose dans de nombreux et divers groupements, entre autres le Salon de la Jeune Peinture en 1970, le Salon des Réalités Nouvelles et les Rencontres Internationales d'Art Contemporain de La Rochelle en 1973, le groupe *Marginales* à Marseille en 1974, de nouveau le Salon des Réalités Nouvelles en 1975, *Nouveaux langages* Limoges 1978, Salon Grands et Jeunes d'Aujourd'hui à Paris 1980, Salon de Montrouge 1984, *Le temps du regard* à Bordeaux et dans plusieurs villes 1985, *Arts en France* à Tokyo 1988.
Depuis 1970 également, il montre les diverses époques de son travail dans des expositions personnelles : 1970 dans de nombreux Centres Culturels, 1975 Chateauroux, 1976 Limoges, depuis 1980 dans plusieurs villes de France, 1985 Amsterdam, 1988 Paris, 1989 *Bons baisers d'artistes* au Centre Beaubourg, 1990 Centre d'art contemporain de Besançon, 1991 *Albarello 200* Nef des Cordeliers à Chateauroux, 1994 Musée d'Art et d'Histoire de Belfort, 1995 musée d'Art moderne de Céret, musée de Guéret, galerie B. Jordan de Paris, 1997 Centre Culturel de Saint-Yrieix-la-Perche...
Dans ses premières années de peinture, il a su allier certains éléments de la pratique du groupe *Support-Surface*, surtout l'usage de la toile non tendue ni préparée et son imprégnation par des colorants naturels, avec la violence expressive et la spontanéité expérimentale des artistes du groupe *Cobra*. Dans cette période, environ 1972-1977, il peignait des grandes compositions de personnages autour de thèmes sociaux, largement dessinés et bariolés de couleurs expressionnistes. Puis, dans les périodes qui suivirent, il revint à des matériaux plus traditionnels, couleurs acryliques, toiles tendues, bien qu'il continue d'affectionner les formats inusités. Il réalisa aussi des linogravures. Les périodes se sont succédé, rythmées par les thèmes, parmi lesquels très nombreux, quelques-uns : 1978-80 *Peintures siamoises*, 1981-84 *Losanges/Peintures*, 1987 *Maldonnes*, 1988 *Vies Coyes*... Assez tôt est apparue, récurrente de thème en thème, la constante du décor de fleurs ou de fleurs dans un vase, non pour le motif dérisoire en lui-même, mais, précisément parce que dérisoire, motif neutre, presque nul : simple prétexte à peinture, support de peinture, peinture qui d'ailleurs progressivement est passée de la sécheresse de l'acrylique aux épaisseurs grasses et sensuelles de l'huile. À cause de cette récurrence du motif floral, la peinture de Desbouiges a pu être dite répétitive, ce sur quoi il s'est expliqué : « Je sais que toute ma vie je vais peindre la même toile et que la surprise est encore plus appréciable quand elle naît d'un sujet pour la centième fois traité dans un même format. » Cependant, et surtout depuis le thème du *Déjeuner sur l'herbe* de 1989, le motif floral a disparu, au profit de peintures strictement abstraites, qu'il nomme ses « brouillons constructivistes », où l'on retrouve un écho des puzzles de formes colorées emboîtées les unes dans les autres de Poliakoff, d'autant aussi que traitées en matières savoureuses et en heurts osés ou accords heureux. Et puis, dans son incessante mutation, lors de l'exposition de Châteauroux, en 1991, la peinture de Desbouiges a semblé renouer avec la nature, les reflets sur l'eau, comme du côté de Monet. Dans la suite des années quatre-vingt-dix, à travers l'effusion florale retrouvée, quelques lignes, droites et régulières, courbes et fermes, indiquent-elles quelque chose de construit, une véranda, un pont ou simplement le contour silhouetté de l'« albarello », modeste pot à pharmacie, ailleurs d'autres lignes, courbes et diffuses, suggèrent-elles une présence, un passage, un corps ou simplement une pensée furtive, insignifiée ? Puis, à partir de 1995 exactement avec la série des *Anacoluthes*, changement de point de vue, puisque sur ces grandes toiles effusives s'inscrit, grandeur nature, on devrait dire petitesse nature, quasiment en trompe l'œil, un modeste et malicieux passereau ; et ce nouveau venu, que veut-il nous dire ? De toute façon, il n'est pas temps de conclure, tout peut encore changer. ■ J. B.
Bibliogr. : J. C. Hauc : *La peinture et son voile*, A. Robinet : *Decorum*, in : Catalogue de l'exposition *Desbouiges*, Montluçn, Toulouse, 1983 – Catalogue de l'exposition *Joël Desbouiges*, Chamalières, 1985 – Geneviève Jude : *In glycerae memoriam*, Kanal, 1988 – divers : *Desbouiges, 1969-1989*, Tarabuste, Saint-Benoît-du-Sault, 1989 – Christian Prigent : *La cruche cassée*, in : *Desbouiges – Passeport*, Édit. Fragments, Paris, 1992 – Patrick Beurard : *Joël Desbouiges*, Édit. Fragments, Paris, 1994, bonne documentation – François de Villandry : *Incandescente orgie*, Bruno Duborgel : *Entretien avec Joël Desbouiges*, Édit. gal. Bernard Jordan, Paris, 1994.

DESBOUT Rosa
XIXe siècle. Vivait en Russie au début du XIXe siècle. Française.
Peintre.
Seelman grava d'après cette artiste un portrait de son père le médecin Louis Desbout.

DESBOUTIN Marcelin Gilbert
Né en 1823 à Cérilly. Mort le 18 février 1902 à Nice. XIXe siècle. Français.
Peintre de genre, figures, portraits, aquarelliste, graveur, dessinateur.
Élève de Couture, il travailla beaucoup en Italie. Il fut aussi écrivain, mais son talent de littérateur est assez médiocre. Il débuta en 1878 au Salon de Paris et se consacra d'abord à la gravure. Il fut un des promoteurs de la pointe sèche et s'acquit dans ce genre une juste renommée en exécutant les portraits des plus célèbres de ses contemporains. Il obtint une médaille de troisième classe en 1879 et une médaille d'argent en 1889. Comme peintre, il a également fait de nombreux portraits qui lui valurent une mention honorable en 1883. Il fut décoré de la Légion d'honneur en 1895.
Il faisait partie du groupe du Café Guerbois, qui se transféra par la suite au Café de la Nouvelle-Athènes. C'est lui qui est représenté, avec l'actrice Ellen André, dans le tableau connu de Degas, sous le titre : *L'Absinthe*, de 1876. Manet fit aussi son portrait, sous le titre : *L'Artiste*, tableau refusé par le jury du Salon de 1876, aujourd'hui au Musée d'Art Moderne de São Paulo.

Bibliogr. : Clément-Janin : *La Curieuse Vie de Marcelin Desboutin*, Paris, 1922.
Musées : Amiens : *M. Cassioli* – Liège : *Enfant et Polichinelle – Tête de fillette – Raggazino* – Moulins : *Portrait de femme* 1882 – *Le Violonneux – Portrait de Mme Desboutin* – Nice : *Mme Desboutin – La Jacquouna – Autoportrait* – Paris (Mus. du Louvre) : *Portrait de l'auteur – Mme C...* – Paris (Mus. du Petit Palais) : *La Bonne Bête.*

Ventes Publiques : Paris, 1894 : *La Femme au chien* : **FRF 210** – Paris, 1898 : *Portraits divers* : **FRF 102** ; *Portrait* : **FRF 98** – Paris, 1900 : *La Femme au chien* : **FRF 150** – Paris, 28 nov. 1904 : *Le 14-Juillet* : **FRF 160** – Paris, 13 mars 1905 : *Enfants à l'asile* : **FRF 160** – Paris, 15 avr. 1907 : *Étude d'enfants* : **FRF 255** – Paris, 13-14 mars 1919 : *Retour des prix* : **FRF 525** – Paris, 14 mars 1919 : *Portrait de l'artiste* : **FRF 80** – Paris, 28 mars 1919 : *Enfant au sablier* : **FRF 410** – Paris, 6-7 mai 1920 : *Fais le beau !* : **FRF 340** ; *Portrait de Mlle Haffner, enfant* : **FRF 200** ; *Jeune Garçon et son chien* : **FRF 1 100** – Paris, 30 nov.-1er-2 déc. 1920 : *Le Capitan, portrait de l'artiste par lui-même*, lav. : **FRF 200** – Paris, 13 mai 1921 : *L'Enfant au sablier* : **FRF 420** – Paris, 21 mars 1922 : *L'Enfant au masque* : **FRF 350** – Paris, 16 mai 1923 : *Charles Bonnaffé*, esquisse peinte : **FRF 100** – Paris, 5 juin 1923 : *Un Petit Garçon* : **FRF 400** – Paris, 28-29 déc. 1923 : *La Vieille Niçoise* : **FRF 67** ; *Enfants à la poupée* : **FRF 175** – Paris, 2 mars 1925 : *Le bain des enfants*, aquar. : **FRF 30** – Paris, 12 juin 1926 : *La femme au chien* : **FRF 480** – Paris, 29 juin 1927 : *Retour des prix* : **FRF 1 550** – Paris, 24-26 avr. 1929 : *Le portrait de l'artiste* : **FRF 400** – Paris, 25 mai 1932 : *Les deux frères* : **FRF 155** – Paris, 2 avr. 1941 : *Paysanne coiffant son enfant* : **FRF 1 200** – Paris, 5 déc. 1941 : *Desboutin à la pipe* : **FRF 1 750** – Paris, 15 déc. 1941 : *Portrait d'une vieille dame* : **FRF 200** – Paris, 3 fév. 1943 : *Portrait de Desboutin par lui-même* : **FRF 2 300** ; *La Femme au chat blanc* : **FRF 2 500** – Paris, 12 avr. 1943 : *La Femme au chat* : **FRF 3 100** – Paris, 1945-juil. 1946 : *Tête de femme âgée, coiffée d'une toque fleurie d'une rose artificielle* : **FRF 3 500** – New York, 16 mai 1962 : *Fillette et sa poupée* : **USD 1 500** – Londres, 7 juin 1979 : *Autoportrait* vers 1892-98, h/t (40x26) : **USD 4 200** – Paris, 2 déc. 1981 : *Le Petit Suisse*, h/t (102x64) : **FRF 6 800** – Paris, 5 mai 1982 : *La Marguerite*, h/t (41,5x32,5) : **FRF 4 500** – Paris, 10 fév. 1984 : *Autoportrait*, h/cart. (49x33) : **FRF 5 500** – Paris, 8 déc. 1986 : *Portrait d'enfant* 1876, h/t (41x33) : **FRF 5 200** – Paris, 4 avr. 1989 : *La Femme au chien*, h/t (38x55) : **FRF 6 100** – Paris, 11 juin 1993 : *L'Homme au grand chapeau* 1888, pointe sèche (24,5x18,9) : **FRF 3 200** – Paris, 4 mars 1994 : *La Jeune Mère*, h/t (27x41) : **FRF 4 800** – Paris, 17 juin 1994 : *Deux enfants assis jouant* 1876, h/t (16x21) : **FRF 5 200** – Paris, 20 nov. 1994 : *Autoportrait*, h/cart. (46x38) : **FRF 4 000** – Paris, 26 juin 1995 : *Deux Enfants*, h/t (16x25) : **FRF 4 200**.

DESBOUVRIES Michel

Né en 1932 à Tourcoing (Nord). xxe siècle. Français.

Peintre, pastelliste. Abstrait.

Totalement autodidacte en peinture, bien qu'il eût fréquenté l'École des Beaux-Arts de Lille à l'âge de treize ans. Ayant fait une carrière dans le commerce, il ne dessinait au pastel que pour son plaisir personnel. Il n'a commencé à exposer qu'à partir de 1985, une exposition sans lendemain à Bruxelles, puis fut remarqué en 1989, d'abord à Paris et au Japon, et en 1991 à la Galerie Marcel Bernheim à Paris.

Ses pastels sont d'une facture très soignée. Il assemble, articule entre elles des formes abstraites très diversifiées, comme des pièces mécaniques, des surfaces géométriques angulaires ou courbes, des cocardes, dont l'ensemble global est fortement décoratif, d'autant que Desbouvries a un sens très sûr des couleurs, de leurs heurts et surtout de leurs modulations.

DESBROCHERS Adolphe

Né à Paris. Mort en 1902. xixe siècle. Français.

Peintre de paysages.

Il débuta au Salon de 1880 avec : *Falaises d'Houlgate*.

DESBROSSES Jean Alfred

Né le 28 mai 1835 à Paris. Mort le 7 mars 1906 à Paris. xixe siècle. Français.

Peintre de genre, paysages.

Élève de Ary Scheffer et de Chintreuil, il débuta au Salon de Paris en 1861, obtenant une médaille de troisième classe en 1882, une médaille de deuxième classe en 1887. Médaille de bronze à l'Exposition Universelle de 1900. Décoré de la Légion d'honneur en 1905.

Il fit d'abord des tableaux de scènes champêtres, parmi lesquels : *La paysanne au rouet* et la *Porteuse d'herbes*. Puis, à partir de 1868, il se consacra surtout au paysage de montagne : les Alpes, le Jura, les Ardennes et surtout l'Auvergne.

JEAN DESBROSSES.

Bibliogr. : Gérald Schurr, in : *Les Petits Maîtres de la peinture 1820-1920, valeur de demain*, Les Éditions de l'Amateur, t. V, Paris, 1981.

Musées : Château-Thierry : *Le moulin de la Seigneurie*.

Ventes Publiques : Paris, 1888 : *Vue prise dans les Alpes* : **FRF 800** – Paris, 29 mai 1895 : *Intérieur de ferme* : **FRF 210** – Paris, 24 jan. 1903 : *Ruisseau sous bois à Mortain* : **FRF 175** – Paris, 6 mars 1920 : *Jeune garçon et son chien* : **FRF 1 100** – Paris, 4 nov. 1924 : *Vue de rivière* : **FRF 250** – Paris, 12-13 jan. 1942 : *La mer de glace* : **FRF 450** – Paris, 1er fév. 1943 : *Le chemin de Murols en Auvergne* : **FRF 2 400** – Saint-Brieuc, 7 avr. 1980 : *Promeneur sur le chemin de Fréjus*, h/t (35x57) : **FRF 3 500** – Paris, 4 juil. 1995 : *La vallée de Pralognan en Savoie*, h/t (57x84) : **FRF 5 000**.

DESBROSSES Joseph Gabriel

Né le 22 décembre 1819 à Bouchain. Mort en 1846. xixe siècle. Français.

Sculpteur.

Il était le frère de Jean Alfred et de Léopold Desbrosses. Le Musée de Compiègne conserve de lui : *L'Hiver*.

DESBROSSES Léopold

Né le 22 juillet 1821 à Bouchain (Nord). Mort en 1908 à Arcueil (Val-de-Marne). xixe siècle. Français.

Peintre de paysages, graveur.

Frère de Joseph Desbrosses, le sculpteur, et de Jean Desbrosses, le peintre, il fut élève de Delaroche et de Corot. Il débuta au Salon de Paris en 1848, où il obtint, en tant que graveur, une médaille de troisième classe en 1885, une médaille de deuxième classe en 1895. Il figura, en 1863, au premier Salon des Refusés, dont il fut membre du comité avec Chintreuil. Médaille d'argent à l'Exposition Universelle de 1900.

Sensible à l'art de Corot, il peint des paysage de Normandie, de l'Ile-de-France, sous des lumières crépusculaires, montrant son intérêt pour les rendus atmosphériques, à la manière des impressionnistes.

Bibliogr. : Gérald Schurr, in : *Les Petits Maîtres de la peinture 1820-1920, valeur de demain*, Les Éditions de l'Amateur, t. VII, Paris, 1989.

Ventes Publiques : Paris, 1895 : *La Seine (près d'Épône)* : **FRF 100**.

DESBROUSSES Charles

Né en 1664. Mort le 30 mars 1687 à Paris. xviie siècle. Français.

Sculpteur.

DES BRULOTS Germain

Né le 2 novembre 1902 à Ham (Somme). Mort le 20 mars 1932 à Marseille. xxe siècle. Français.

Peintre.

Il exposa à Paris au Salon des Indépendants.

DES BRULOTS Paul Henry

Né à Cambrai (Nord). xxe siècle. Français.

Sculpteur de statuettes, bustes.

Il exposait à Paris depuis 1930, aux Salons de la Société Nationale des Beaux-Arts et des Artistes Indépendants.

DESBRUN André, l'Ancien

Mort le 8 décembre 1756 à Montbrison (Loire). xviiie siècle. Français.

Sculpteur et peintre.

DESBRUN André, le Jeune

xviiie siècle. Actif à Montbrison (Loire). Français.

Sculpteur et peintre.

Il était fils d'André l'Ancien.

DESBRUN Jean

xviiie siècle. Actif à Montbrison. Français.

Sculpteur et peintre.

Il était fils d'André l'Ancien.

DESBRUNS Jacques

Mort le 1er juillet 1787 à Paris. xviiie siècle. Français.

Sculpteur sur bois.

DESBRY

xviiie siècle. Actif à Lille. Français.

Sculpteur.

Élève de l'École de dessin de Lille. Il exposa des sujets mythologiques au Salon de cette ville en 1779.

DESBUISSONS François Hippolyte

Français.

Miniaturiste.

Il fut membre de l'Académie Saint-Luc à Paris.

DESBUISSONS Léon Auguste Jules
Né au XIXe siècle à Paris. XIXe siècle. Français.
Peintre et graveur.
Élève de Saint-Pierre, L.-O. Merson, Humbert et Delâtre. Il obtint une mention honorable en 1895. Membre du Comité de la Société des aquafortistes français ; Sociétaire des Artistes Français et du Salon des Indépendants. On cite ses gravures originales. Officier de la Légion d'honneur.

DESCA Alice
Née à Paris. Morte en 1933. XXe siècle. Française.
Sculpteur, lithographe.
Sociétaire du Salon des Artistes Français, elle obtint une mention honorable en 1924.
Ventes Publiques : Londres, 20 juin 1979 : *Le Matador* 1886, bronze, patine brune (H. 67,5) : **GBP 820**.

DESCA Edmond
Né le 26 novembre 1855 à Vic-en-Bigorre (Hautes-Pyrénées). Mort le 22 juin 1918. XIXe-XXe siècles. Français.
Sculpteur.
D'abord apprenti marbrier, puis élève de Jouffroy à l'École des Beaux-Arts. Ses œuvres principales sont : *Le Chasseur d'aigles*, bronze (1883, deuxième médaille, Buttes-Chaumont), *L'Ouragan*, bronze (1883, deuxième médaille. Jardin Massey), *On veille*, marbre (1885, première médaille, Musée de Nancy), *Monument Danton*, première prime au concours de la Ville de Paris (1889) ; Bas-reliefs : *Le Départ des Volontaires, Danton harangant les Femmes des Halles*, plâtre (esquisse et modèle au tiers, Musée de la Ville de Paris), *Revanche*, bronze (1888, Vic-Bigorre), *Fontaine monumentale*, sculpture et personnage en pierre de Lorraine, animaux en bronze, vasques et piédestal en marbre (Tarbes, 1896). Médaille d'or à l'Exposition Universelle de 1898. Il était chevalier de la Légion d'honneur.

DESCALLAR Y SUREDA Joaquin
Né vers 1810 à Palma de Majorque. XIXe siècle. Espagnol.
Peintre d'histoire et de paysages.
Élève à Madrid de Vicente Lopez.

DESCAMINO Marcos
XVIe siècle. Actif à Séville vers 1570. Espagnol.
Peintre.

DESCAMPS
XVIIIe siècle. Actif à Lille. Français.
Sculpteur.
Élève de l'École de dessin de Lille. Il exposa au Salon de cette ville, en 1773 et 1774, des terres cuites (portraits et bas-reliefs).

DESCAMPS Albert
Né à Merbes-le-Château (Belgique). XXe siècle. Belge.
Peintre.

DESCAMPS Gaston Alfred
Né à Mouscron (Belgique). XXe siècle. Belge.
Peintre.
Élève de Léty et Cracco. Exposant des Artistes Français.

DESCAMPS Guillaume Désiré Joseph
Né le 15 juillet 1779 à Lille. Mort le 25 décembre 1858 à Paris. XIXe siècle. Français.
Peintre d'histoire et graveur.
Cet artiste eut pour maître Vincent. En 1802, il remporta le second prix au concours pour Rome et fut peintre ordinaire de Murat, roi de Naples. Le Musée de Lille conserve de lui : *L'héroïsme des femmes de Sparte*.

G. DESCAMPS

Ventes Publiques : New York, 26 oct. 1990 : *Vaste paysage*, cr. et aquar./pap. (16,5x21,6) : **USD 990**.

DESCAMPS Henri
Né en 1898 à Bruxelles. Mort en 1990. XXe siècle. Belge.
Peintre de figures, portraits, paysages ruraux, natures mortes.
Il fut élève de l'académie des beaux-arts d'Ixelles. Il aimait peindre les paysages de forêts. Sa technique était spontanée et ses harmonies colorées assourdies.

H. Descamps

Bibliogr. : In : *Dict. biogr. illustré des artistes en Belgique depuis 1830*, Arto, Bruxelles, 1987.

DESCAMPS Jean Baptiste
Né le 28 août 1706 à Dunkerque. Mort le 30 juillet 1791 à Rouen. XVIIIe siècle. Français.
Peintre d'intérieurs et écrivain.
Il semble bien qu'on en ait fait à tort un élève de Louis Coypel, son oncle. Il étudia avec Ulin et Largillière. Le 7 avril 1764, il fut reçu académicien. Descamps, outre ses œuvres, travailla avec de Largillière aux tableaux exécutés pour le sacre de Louis XV et fut aussi chargé de reproduire les principales circonstances de l'arrivée de Louis XV au Havre, ainsi que de diriger les fêtes données à cette occasion. De plus, il dirigea à Rouen où il était fixé, plusieurs travaux de décoration, appliqués à des monuments publics. Descamps a écrit un ouvrage intéressant : *Vie des peintres flamands, allemands et hollandais*, pour lequel il dessina un certain nombre de portraits dont quelques-uns furent gravés par Fiquet.
Musées : Dunkerque : *L'Europe – L'Asie – L'Afrique – L'Amérique – La ville de Dunkerque livrée à l'Angleterre par la France – La mer soulevée par la tempête, rompt le batardeau qui fermait le port de Dunkerque – Le roi fait annoncer aux habitants de Dunkerque que son port est rétabli*.
Ventes Publiques : Paris, 8-9 et 10 juin 1920 : *Dame de qualité*, cr. : **FRF 380** ; *Tête de femme*, cr. : **FRF 190** – Paris, 23 nov. 1927 : *Étude de jeune homme assis* ; *Jeune homme et trois jeunes filles autour d'une table*, deux sanguines rehaussées : **FRF 380**.

DESCAMPS Jean Baptiste Marc Antoine
Né le 24 juin 1742 à Rouen. Mort en 1836 à Rouen. XVIIIe-XIXe siècles. Français.
Peintre.
En 1791, il succéda à son père Jean Baptiste avec le titre de directeur général de dessin et de peinture de Rouen et du département de la Seine-Maritime. En 1793, il fut incarcéré et l'école supprimée. Nommé conservateur du Musée de peinture en 1809, il en publia la même année le premier catalogue.
Musées : Rouen : *Portrait de l'artiste par lui-même* – Dessins à la sanguine – *La galerie Albane – La lecture – Seigneur sous Louis XV* – Un croquis.
Ventes Publiques : Paris, 20 mars 1924 : *Étude de jeune garçon, tourné à droite*, sanguine et reh. de blanc : **FRF 180** – Paris, 20 et 21 avr. 1932 : *L'oiseau envolé*, sanguine et reh. de blanc, attr. : **FRF 55** – Londres, 27-29 mai 1935 : *Gardes-chasse et chiens*, aquar. : **GBP 11**.

DESCAMPS Jehan ou **Decamps**
XVe siècle. Éc. flamande.
Peintre.
Actif à Tournai vers 1430 ; c'est peut-être le même artiste qui, portant les mêmes noms, travailla à la même époque à Valenciennes.

DESCAMPS Joseph
XVIIIe siècle. Actif à Valenciennes vers 1754. Français.
Sculpteur.

DESCAMPS Roger
Né en 1922 à Havré. XXe siècle. Belge.
Peintre de portraits, paysages, dessinateur.
Il fut élève de L. Buisseret à l'académie des beaux-arts de Mont. Il enseigna le dessin à Bastogne.

DESCAMPS-SABOURET Louise Cécile
Née le 3 octobre 1855 à Paris. XIXe siècle. Française.
Peintre de natures mortes, fleurs, aquarelliste, pastelliste.
Élève de Tony Robert-Fleury, elle débuta au Salon de Paris en 1879 et fut sociétaire du Salon des Artistes Français à partir de 1883.
Elle fit des illustrations pour *La Revue horticole*, le *Journal des Roses*, et réalisa un panneau décoratif de chrysanthèmes pour une salle de la Société d'Horticulture à Paris. Outre les représentations de fleurs très appliquées, elle peignit des natures mortes, dont les compositions étaient plus libre et les coloris plus recherchés. Citons : *La pêche au vin*.
Bibliogr. : Gérald Schurr, in : *Les Petits Maîtres de la peinture 1820-1920, valeur de demain*, Les Éditions de l'Amateur, t. IV, Paris, 1979.
Ventes Publiques : Paris, 15 mai 1933 : *Fleurs coupées* : **FRF 55** – Paris, 15 fév. 1985 : *Nature morte aux fruits*, h/t (67x92) : **FRF 13 500** – Paris, 24 juin 1988 : *Composition* 1984, h/t (97x130) : **FRF 5 000**.

DESCARRIÈRE Pierre Antoine
XVIIIe siècle. Français.

Peintre.
Il fut reçu à l'Académie Saint-Luc à Paris en 1754.

DESCARSIN Rémi Furcy
XVIIIe siècle. Actif à Paris. Français.
Peintre de portraits.
Il exécuta vers 1783 un portrait du maréchal d'Harcourt pour l'Hôtel de Ville de Caen.

DESCARTES Léon
Né au XIXe siècle à Paris. XIXe siècle. Français.
Peintre de paysages.
Élève de Corot et de Th. Rousseau. Il débuta au Salon de 1868 avec : *La route de Nau.*

DESCAT Achille
Mort en 1897. XIXe siècle. Français.
Sculpteur.
Sociétaire des Artistes Français, il figura aux Salons de cette Société.

DESCAT Henriette
Née au XIXe siècle à Carnières (Nord). XIXe siècle. Française.
Sculpteur.
Élève de Frère. Elle débuta au Salon de 1881 avec : *Ninon, chienne terrier*, groupe plâtre, *Portrait*, buste plâtre, et obtint des mentions honorables en 1883 et 1885, ainsi qu'à l'Exposition Universelle de 1889.

DESCATOIRE Alexandre ou **Decatoire**
Né le 22 mai 1874 à Douai (Pas-de-Calais). Mort le 17 mars 1949 à Marquette-les-Lille (Pas-de-Calais). XIXe-XXe siècles. Français.
Sculpteur de bustes.
Il fut élève d'Émile Thomas. Il a exposé régulièrement à Paris au Salon des Artistes Français, où il fut mention honorable en 1899, médaille de troisième classe en 1904, médaille de deuxième classe en 1911, médaille d'honneur en 1927. Il reçut une bourse de voyage en 1905. Il fut fait officier de la Légion d'Honneur et, en 1939, membre de l'Institut des Beaux-Arts.
Il travailla souvent en technique de cire perdue.

DESCAU Jean
XVIIe siècle. Actif à Tournai vers 1644. Éc. flamande.
Sculpteur.

DESCAU Noël François
Né vers 1630 à Tournai. Mort le 2 janvier 1701. XVIIe siècle. Éc. flamande.
Sculpteur.
Il était sans doute fils de Jean Descau. En 1697 il exécutait une pierre tombale pour une certaine Elisabeth Vranx.

DESCAVES Alphonse
Né le 15 juin 1830 à Château-Thierry (Aisne). XIXe siècle. Français.
Graveur.
Béraldi cite de lui : nombreuses vignettes, sujets religieux et divers portraits.

DESCELERS Marie-Madeleine
Née à Tourcoing (Nord). XXe siècle. Française.
Peintre.
Elle fut élève de Fernand Sabatté. Elle exposait à Paris, au Salon des Artistes Français depuis 1927, Prix Marie Bashkirtseff 1932, deuxième médaille 1936.

DESCELLES Paul
Né le 22 mars 1851 à Raon-l'Étape (Vosges). Mort en 1915 à Saint-Dié (Vosges). XIXe-XXe siècles. Français.
Peintre de genre, portraits, illustrateur.
Élève de Louis Gratia, portraitiste de sa région, il débuta au Salon de Paris en 1880 et devint sociétaire du Salon des Artistes Français en 1883, obtenant une mention honorable en 1907.
Il fit de nombreux portraits, dont ceux de *Mgr Samois – Le comte de Chambrun – Mgr de Briey – Mme de Mirbeck – Mlle Pulpin – M. de Lesseux*, puis s'orienta vers la scène de genre, comme le montrent les titres de ses tableaux : *Un jour de marché à Saint-Dié – Nourrices improvisées – La lessive à l'Hospice de Saint-Dié – La potée – La veuve – Une exécution.* Il éclairait généralement ses compositions d'une lumière violente. Il fit, d'autre part, une carrière d'illustrateur, collaborant à plusieurs journaux illustrés.
Bibliogr. : Gérald Schurr, in : *Les Petits Maîtres de la peinture 1820-1920, valeur de demain*, Les Éditions de l'Amateur, t. IV, Paris, 1979.
Musées : Épinal : *Cri maternel* – Langres (Mus. Saint-Didier) : *La lessive à l'hospice* 1888 – Toul : *Le dévideur – La veille d'une fête – Une jeune fille.*

DESCENTE DE CROIX DE FIGDOR, Maître de la. Voir **MAÎTRES ANONYMES**

DESCH Auguste Théodore
Né le 18 février 1877 à Nancy (Meurthe-et-Moselle). Mort en 1924. XXe siècle. Français.
Peintre de genre, portraits, paysages. Tendance fauve.
Il exposait à Paris, au Salon des Artistes Français, dont il devint sociétaire en 1901, obtenant une médaille de troisième classe 1906 et une bourse de voyage 1909.
Ses coloris violents apparentent son œuvre au fauvisme.

Bibliogr. : Gérald Schurr, in : *Les Petits Maîtres de la peinture 1820-1920, valeur de demain*, Les Éditions de l'Amateur, t. II, Paris, 1982.
Musées : Épinal (Mus. départ. des Vosges) : *Le Ponton* – Nancy (Mus. des Beaux-Arts) : *Mère et enfant* 1906 – *Plages* – Nancy (Mus. de l'École) : *Préparatifs du bal* – Rouen : *Après-midi d'octobre.*
Ventes Publiques : Paris, 1970 : *Les deux enfants*, h/t (39x47) : **FRF 700** – Paris, 29 juin 1981 : *Jeux d'enfants*, h/t (38x46) : **FRF 4 200** – Paris, 23 mai 1986 : *Le goûter* 1912, h/t mar./cart. (73x92) : **FRF 25 000** – Nancy, 20 mai 1990 : *Deux femmes et un bébé*, past./pap. fort (67x79) : **FRF 9 000** – Paris, 12 déc. 1990 : *La loge*, h/t (104,5x112) : **FRF 55 000** – Paris, 28 avr. 1994 : *Jeune fille à la robe rouge*, h/t (80,5x63) : **FRF 27 500** – New York, 20 juil. 1995 : *Au soleil* 1904, h/t (80,6x64,8) : **USD 10 350.**

DESCH Franck H.
Né en 1873 à Philadelphie. Mort en 1934. XXe siècle. Américain.
Peintre.
Ventes Publiques : New York, 26 sep. 1996 : *Kimono bleu*, h/t (81,3x66) : **USD 82 250** – New York, 7 oct. 1997 : *Peignoir rouge*, h/pan. (45,7x37,8) : **USD 19 550.**

DESCHAMP Philippe
XVIIe siècle. Actif à Gand vers 1664. Éc. flamande.
Sculpteur.

DESCHAMPS
Mort vers 1836 à Bordeaux. XIXe siècle. Français.
Sculpteur.
Il fut professeur à l'Académie de Bordeaux et dut avoir une assez grande importance locale. Le Musée de Bordeaux possédait au XIXe siècle deux œuvres de cet artiste.

DESCHAMPS A.
XIXe siècle. Suisse.
Peintre de genre, portraits, natures mortes.
Il exposa au Salon de Paris, où il travaillait, de 1879 à 1886.

DESCHAMPS Amélie
Née à Rouen (Seine-Maritime). XIXe siècle. Française.
Peintre de genre, natures mortes.
Élève de Genty, elle débuta au Salon de 1878 avec : *Nature morte.*

DESCHAMPS Antoinette
Née à Castelnau (Gironde). XXe siècle. Française.
Peintre de paysages, aquarelliste.
Elle a exposé, surtout des aquarelles, à Paris, au Salon des Femmes Peintres et Sculpteurs.

DESCHAMPS Augustin François
XIXe siècle. Actif à Tours. Français.
Sculpteur.
Le Musée de Tours possède de lui un buste d'Avisseau, son grand-père.

DESCHAMPS Camille
Née au XIXe siècle à New York, de parents français. XIXe siècle. Française.
Peintre de portraits.
Élève de Robert-Fleury et C. Muller. Elle débuta au Salon de 1877 avec un *Portrait.*

DESCHAMPS Claude
XVIe siècle. Actif à Bourg vers 1533. Français.
Peintre.

DESCHAMPS Claude
XVIIe siècle. Actif à Paris vers 1668. Français.
Peintre de miniatures.

DESCHAMPS Émile
XIXe siècle. Français.
Graveur.
Il fut élève de Brévière. Beraldi cite de lui un bois pour l'*Almanach des Fumeurs et Priseurs*.

DESCHAMPS Émile Marie Benjamin
Né à Paris. XIXe siècle. Français.
Peintre de figures, portraits, pastelliste.
Il fut élève de Picot et Cœdès. Il débuta au Salon de 1868 avec un *Portrait*.
Ventes Publiques : Paris, 28 oct. 1942 : *La Mendiante* : **FRF 300** – Paris, 10 nov. 1943 : *Infortune* : **FRF 1 100** – Paris, 23 déc. 1943 : *Infortune* : **FRF 350**.

DESCHAMPS François Auguste Anatole
Né au XIXe siècle à Tours (Indre-et-Loire). XIXe siècle. Français.
Peintre de portraits.
Élève de Daverne, Lobin et Yvon. Il débuta au Salon de 1872 avec un *Portrait*.

DESCHAMPS Frédéric
Né à Saint-Erblon. XIXe siècle. Français.
Peintre de paysages animés, aquarelliste, sculpteur.
Il obtint comme sculpteur au Salon de Paris de 1893 une mention honorable.
Musées : Bourges : *La Garde*, aquarelle.
Ventes Publiques : Londres, 20 mars 1984 : *Cocorico* 1894, bronze (H. 64) : **GBP 750** – Paris, 7 déc. 1992 : *Vue de Zaghouan (Tunisie)*, aquar. (32x50,5) : **FRF 4 000**.

DESCHAMPS Gabriel
Né le 20 juillet 1919 à Bonneville (Haute-Savoie). XXe siècle. Français.
Peintre de paysages animés.
Il fut élève de l'École des Beaux-Arts de Paris, d'abord en 1939-1940, puis avec Eugène Narbonne. Il expose à Paris, depuis 1944 au Salon d'Automne, dont il est devenu sociétaire, des Artistes Indépendants en 1953 et 1954, de la Société Nationale des Beaux-Arts de 1960 à 1964, Comparaisons de 1962 à 1968.
Sa peinture, figurative, se veut subjective. Il cherche à « recréer la nature sans en être victime ».
Ventes Publiques : Londres, 15 jan. 1981 : *Nice*, h/t (31,7x39,7) : **GBP 410** – New York, 12 juin 1991 : *Village d'Eze et son jardin exotique avec au fond le Cap Ferrat*, h/t (45,7x54,9) : **USD 825** – New York, 9 mai 1992 : *Vue de Cap Ferrat*, h/t (45,7x54,6) : **USD 1 320** – Paris, 29 oct. 1993 : *Vue de Saint-Tropez*, h/t (60x72) : **FRF 4 000** – St. Asaph (Angleterre), 2 juin 1994 : *Vue de l'Eze*, h/t (46x56) : **GBP 4 140** – Londres, 26 oct. 1994 : *Panorama d'Eze*, h/t (65,5x100) : **GBP 4 140** – Londres, 14 mars 1995 : *Menton*, h/t (65,3x81) : **GBP 5 750** – Londres, 25 oct. 1995 : *Le Midi*, h/t (50x61) : **GBP 2 875** – New York, 7 nov. 1995 : *La Turbie*, h/t (46x55) : **USD 2 300** – Londres, 2 déc. 1996 : *Monaco*, h/t (45,7x56) : **GBP 4 000**.

DESCHAMPS Gérard
Né en 1937 à Lyon (Rhône). XXe siècle. Français.
Sculpteur d'accumulations d'objets. Nouveau réaliste.
Il participa à de nombreuses expositions collectives, notamment : depuis 1961 le Salon Comparaisons à Paris, 1962 *Nouvelle aventure de l'objet*, 1963 *Festival des Nouveaux Réalistes* à Munich, et Biennale des Jeunes Artistes de Paris, 1964 exposition des Nouveaux Réalistes à La Haye, 1965 *Pop art et Nouveau Réalisme* au Musée d'Art Moderne de Bruxelles, et de nouveau Biennale de Paris. Il fit aussi de nombreuses expositions personnelles : à Paris 1956 à la Galerie du Haut-Pavé, 1957, 1962, Milan 1963, Venise 1964. Suivit une très longue interruption, avant sa réapparition, en 1990, sur ce qu'il convient d'appeler le marché de l'art, éventuellement encore exploitable. Il s'était retiré de la scène artistique, prétendant ne plus s'intéresser qu'à la pêche à la ligne.
Après des premières expérimentations apparentées à l'art informel tachiste et à l'art brut, où le travail des matières en épaisseurs était prépondérant, il rallia, à partir de 1962, les rangs du groupe des Nouveaux Réalistes, coordonné par Pierre Restany. Celui-ci en disait alors qu'il s'était « spécialisé dans la lingerie féminine ». Dans une démarche d'appropriation d'objets préexistants, dérivée des ready-made de Duchamp, caractéristique principale du Nouveau Réalisme, il réalisait des accumulations de pièces de lingerie féminine : soutiens-gorge, corsets, gaines, culottes, mettant en évidence le potentiel évocateur de l'objet-même, sans autre intervention de l'artiste que les actes, semblables à ceux d'Arman, du choix et de l'accumulation d'un même objet, qui, par un effet répétitif, en multiplie l'impact psychologique. Ensuite, il renonça, après quelques démêlés consécutifs à des accumulations agressives envers les convenances, entre autres : de faux seins, pour ne citer qu'un exemple anodin, à l'anecdote attachée à des objets trop individualisés, et recourut à des objets psychologiquement neutres et pour leur seule valeur plastique, de matières et couleurs : en général chiffons de rebut. Puis, renouant avec sa tendance agressive, il s'attaqua à des objets symboliques de la chose militaire, mais dénués de tout panache : bâches-balises d'aérodrome, originellement fluorescentes mais depuis décolorées et moisies par un long usage, vieux treillis, trames métalliques dont les effets d'interférences l'intéressaient pourtant, blindages perforés. A la Biennale de Paris de 1965, il exposa des sortes d'énormes et dérisoires barrettes de décorations militaires.
Lors de sa réapparition de 1990, il est resté attaché au principe de l'accumulation, mais ses objectifs ont changé. Loin des anciennes intentions sarcastiques, ses nouvelles réalisations se veulent résolument décoratives ou ironiquement amusantes. Ses choix se portent essentiellement sur des objets du monde de l'enfance, souvent en matières plastiques violemment colorées : emmêlements de cordes à sauter, encagements de ballons multicolores, tous jouets de qualité supermarché, et aussi toujours en plastique et toujours dans les couleurs les plus artificielles, criardes, fluorescentes, des fleurs, des nappes, etc.
■ Jacques Busse
Bibliogr. : Pierre Restany, in : *Les Nouveaux Réalistes*, Planète, Paris, 1968 – in : *Diction. Univers. de la Peint.*, Le Robert, Paris, 1975 – Jacques Soulillou : *Gérard Deschamps*, Art Press N° 153, Paris, déc. 1990.
Ventes Publiques : Rome, 4 avr. 1974 : *Tableau-chiffon* 1963 : **ITL 2 000 000** – Paris, 27 oct. 1980 : *Assemblage* 1963, techn. mixte (45x55x10) : **FRF 3 200** – Paris, 6 déc. 1985 : *Lunch craker* 1961, assemblage de chiffons japonais (34x13x43) : **FRF 13 000** – Versailles, 16 nov. 1986 : *Mouchoir 18* 1962, mouchoirs/pan. dans une boîte de Plexiglas (H. 55, long. 45) : **FRF 17 000** – Paris, 5 avr. 1987 : *New Dakota Airfield, chiffons belges* 1962, assemblage de chiffons et tissus/t. (50x60x8) : **FRF 20 000** – Paris, 20 mars 1988 : *Sans titre* 1963, assemblage de tissus/t. (29x36) : **FRF 15 000** ; *Slips n° 28* 1962, assemblage de tissus/t. (39x46) : **FRF 40 000** – Paris, 7 oct. 1989 : *Mitzubichi boogie, chiffons japonais* 1961, assemblage de chiffons/t. sous boîte Plexiglas (76x95) : **FRF 180 000** – Douai, 11 nov. 1990 : *Lingerie*, accumulation de vêtements (55x64) : **FRF 110 000** – Paris, 30 mai 1991 : *Un jour à Amsterdam* 1964, assemblage de chiffons/t. dans une boîte de Plexiglas (85x105x10) : **FRF 120 000** – Paris, 14 avr. 1992 : *Modèle déposé* 1987, emballage de tissu et objet sous Plexiglas (42x42) : **FRF 5 000** – Paris, 10 juin 1993 : *Dessous féminins au plastique bleu* 1961, montage (H. 128, l. 128, prof. 28) : **FRF 23 000** – Paris, 13 juin 1995 : *Corsets roses ou Chiffons de La Châtre*, accumulation de corsets et dentelles collés sur t. (130x143) : **FRF 140 000** – Paris, 29 nov. 1996 : *Chiffons* 1963, chiffons collés, agrafés et épinglés/t. sous cube en Plexiglas (52x58x13,8) : **FRF 20 000**.

DESCHAMPS Gilles
XVe siècle. Français.
Écrivain et miniaturiste.
Il était au service du duc de Bourgogne vers 1427.

DESCHAMPS Guillaume ou **des Champs**
Mort en 1524. XVIe siècle. Français.
Peintre.
Il travaillait à Lyon, pour des entrées, en 1515 et 1516.

DESCHAMPS Guillemin
XIVe siècle. Français.
Peintre.
Il travaillait vers 1375 pour le duc Jean de Berry.

DESCHAMPS Henry
Français.
Peintre.
Il travailla à l'Académie Saint-Luc.

DESCHAMPS Jean
XVIIIe siècle. Français.
Peintre.
Il fut reçu à l'Académie Saint-Luc en 1781.

DESCHAMPS Jean Baptiste
Né le 1er novembre 1841 à Tournus (Saône-et-Loire). Mort le 20 juillet 1867 à Naples. XIXe siècle. Français.

Sculpteur.
Dans sa ville natale, il commença par étudier avec l'abbé Garnier, entra ensuite à l'École des Beaux-Arts de Lyon en 1859, puis vint finalement à Paris, où il entra à l'École des Beaux-Arts en 1863 et eut pour professeur Truphème. En 1864, il remporta le prix de Rome. De cette ville il envoya en 1865 : *Offrande à Hermès*, bas-relief en plâtre, et en 1866, un *Buste en marbre de Tanaquil, Joueur de disque*, figure ronde bosse en plâtre. Au Salon de 1868, on fit une Exposition posthume de sa statue en bronze : *Discobole*, œuvre qui est au Musée de Lyon. Deschamps mourut du typhus en revenant d'une excursion à Pompéi.

DESCHAMPS Jean Julien, l'Ancien
XVIIIe-XIXe siècles. Actif à Paris. Français.
Sculpteur.
Il fut le père de Jean Julien le Jeune.

DESCHAMPS Jean Julien, le Jeune
Né le 14 juillet 1817 à Paris. Mort le 12 septembre 1889 à Soissons. XIXe siècle. Français.
Peintre d'intérieurs.
Élève de Flers et Vollon. Il débuta au Salon de 1877. Le Musée de Soissons conserve de lui : *Petit manoir normand du XVIIe siècle.*

DESCHAMPS Jean Pascal
Né à Paris. XXe siècle. Français.
Peintre.
Il exposa à Paris au Salon des Artistes Français avant 1939.

DESCHAMPS Jehan
XVIe siècle. Actif à Rouen au début du XVIe siècle. Français.
Sculpteur d'ornements.

DESCHAMPS Joseph
Né vers 1743 à Paris. Mort en 1788 à Saint-Cloud. XVIIIe siècle. Français.
Sculpteur.
Il travailla pour Marie-Antoinette à la décoration du Petit Trianon. Il était membre de l'Académie Saint-Luc.

DESCHAMPS Léon Julien
Né le 26 mai 1860 à Paris. XIXe-XXe siècles. Français.
Sculpteur.
Élève de Dumont, de Delhomme et de J. Thomas et Hippolyte Moreau. Sociétaire des Artistes Français depuis 1896. Il obtint une médaille de troisième classe en 1891, médaille de deuxième classe 1897, médaille d'argent à l'Exposition Universelle de 1900, la médaille de première classe en 1903.

DESCHAMPS Louis Henri
Né le 25 mai 1846 à Montélimar (Drôme). Mort le 8 août 1902. XIXe siècle. Français.
Peintre d'histoire, scènes de genre, portraits, pastelliste.
Tout d'abord élève à l'École des Beaux-Arts de Lyon, puis à celle de Paris, où il travailla sous la direction d'Alexandre Cabanel entre 1870 et 1876, il participa au Salon de Paris à partir de 1873. Il obtint une médaille d'or à l'Exposition Universelle de 1900.
Il passe des tableaux historiques à des scènes de la vie rustique, et, à partir de 1883, à des sujets misérabilistes, mettant en scène des filles séduites, des enfants abandonnés. Son coloris lumineux et doux convient à la sensiblerie de ses sujets. Citons parmi ses œuvres : *Enfant et poussins* 1873 – *Portrait du général Chareton* – *La pauvrette* 1877 – *Mort de Mireille* 1879 – *Résignation* 1882 – *Fille-mère* 1883 – *Vu par un jour de printemps* – *Recherche de la paternité* 1884 – *Folle* 1886 – *Pitié* 1889 – *Faneuse endormie* 1892 – *La fille au coq* 1893 – *Portrait de Louis Descamps* 1895 – *Tricoteuse* 1896 – *À la table sainte* 1902.

Louis Deschamps

Louis Deschamps

Bibliogr. : Gérald Schurr, in : *Les Petits Maîtres de la peinture 1820-1920, valeur de demain*, Les Éditions de l'Amateur, t. III, Paris, 1976.
Musées : Avignon : *Vincent blessé* – Carcassonne : *Vu par un jour de printemps* – Marseille : *Pauvreté* – *La mort de Mireille* – Montélimar : *Cribleuse* – Mulhouse : *Ballerine* – *Jeune fille* – *Enfant* – Paris (Mus. du Louvre) : *Le premier pas* – *Le plus heureux des trois* – *L'abandonnée* – Rochefort : *Froid et faim* – *Le sommeil de Jésus* – *Portrait de Mme Deschamps* – *Consolatrice* – La Rochelle : *Les jumeaux* – *Folle.*
Ventes Publiques : Paris, 1891 : *La jeune mère* : **FRF 1 045** – Paris, 22 déc. 1902 : *Harpagon* : **FRF 260** – New York, 23 jan. 1903 : *Un appel* : **USD 175** – Paris, 16 déc. 1905 : *La veuve* : **FRF 430** – Paris, 26-27 mars 1920 : *Le joueur de contrebasse* : **FRF 500** – Paris, 10 mai 1926 : *Mignon* : **FRF 300** – Paris, oct. 1945-juil. 1946 : *Buste de jeune fille* : **FRF 1 500** – Paris, 25 nov. 1974 : *La jeune tricoteuse* : **FRF 6 000** – Paris, 12 juin 1980 : *Paysage montagneux*, h/t (54x65) : **FRF 3 800** – Londres, 27 jan. 1983 : *L'Impatient*, h/t (68,5x48) : **GBP 1 000** – New York, 24 mai 1984 : *Maternité*, h/t (69x49,5) : **USD 3 000** – Calais, 7 juil. 1991 : *Jeune fille au tambourin*, h/t (55x38) : **FRF 20 000.**

DESCHAMPS Marguerite
Née à Paris. XXe siècle. Française.
Sculpteur.
Élève de Marqueste, exposante et sociétaire du Salon des Artistes Français depuis 1913.

DESCHAMPS Nicolas
XVIIe siècle. Actif à Dijon. Français.
Sculpteur et architecte.
Il fit, en 1666, quatre statues ornant le retable du maître-autel de l'église de la Visitation d'Annecy. Entré en 1670 au service du duc de Savoie, à Chambéry, il travailla, de 1677 à 1684, à la décoration de la chapelle d'Amédée de Savoie dans l'église des Franciscains aujourd'hui cathédrale de Chambéry.

DESCHAMPS Philippe
XVIIIe siècle. Français.
Peintre.
Il fut reçu à l'Académie Saint-Luc à Paris en 1756.

DESCHAMPS Pierre Hilaire André
Né le 28 novembre 1784 à Poitiers. Mort le 15 janvier 1867 à Poitiers. XIXe siècle. Français.
Peintre de portraits.
Artiste amateur, il ne prit jamais part aux Salons officiels. On lui doit les portraits de plusieurs évêques placés dans la salle des Prélats, à la sacristie de la cathédrale de Poitiers. On a de lui au Musée de Poitiers, un portrait de femme, et à celui de Versailles, le portrait en pied du duc *Jacques de Felhe.*

DESCHAMPS Raphaël
Né le 5 avril 1904 à Sanvic (Seine-Maritime). XXe siècle. Français.
Sculpteur.
Il exposait à Paris, au Salon des Artistes Français, exposant et sociétaire depuis 1930 jusqu'en 1965, médaille d'argent 1938, médaille d'or 1947.

DESCHAMPS-AVISSEAU Léon Édouard
Né au XIXe siècle à Tours (Indre-et-Loire). XIXe siècle. Français.
Sculpteur.
Élève d'Avisseau. Prit part à l'Exposition de Londres de 1871. Il débuta au Salon de 1875 avec : *Portrait de Mlle Frébault*, médaillon terre cuite.

DESCHAMPS-CORNIC Marie-Louise
Née à Rennes (Ille-et-Vilaine). XXe siècle. Française.
Peintre, pastelliste.
Elle fut élève de Louis Biloul et Fernand Humbert. Elle exposait à Paris, au Salon des Artistes Français depuis 1926.

DESCHAMPS-FAVERAIS Jeanne
Née à Étigny (Yonne). XXe siècle. Française.
Sculpteur de bustes.
Elle a exposé à Paris, au Salon des Artistes Français depuis 1929.

DESCHAU A.
XVIIe siècle. Actif à la fin du XVIIe siècle. Français.
Peintre ou dessinateur.
Thurneysen grava d'après lui un portrait d'Anne-Louise d'Orléans.

DESCHAUFFOUR Firmin
XVIe siècle. Français.
Sculpteur sur bois.
De 1540 à 1550, il fit différents travaux pour la chapelle du château de Fontainebleau, concurremment avec Pierre Loisonnier, autre sculpteur.

DESCHELIERS
XVIe siècle. Actif à Ferrare vers 1543. Français.
Enlumineur.

DESCHELLES
XVIIIe siècle. Actif à la fin du XVIIIe siècle. Français.
Sculpteur.
Il travailla pour la Manufacture de Sèvres.

DESCHÊNES François
Né le 24 octobre 1938 à Neuilly-sur-Seine (Hauts-de-Seine). XXe siècle. Français.
Peintre, mosaïste.
Il a exposé au Salon d'Automne en 1962, au Salon de la Jeune Peinture en 1963, à celui de la Société Nationale des Beaux-Arts en 1964.
Parti d'un réalisme strict, il a évolué vers une interprétation plus nuancée et allusive de l'espace et de l'atmosphère.
Ventes Publiques : Paris, 27 avr. 1991 : *Reflets bleus*, h/t (46x62) : **FRF 8 000** – Paris, 14 déc. 1991 : *Reflets II*, h/t (90x117) : **FRF 5 500** – Paris, 27 jan. 1992 : *Reflets*, h/t (115x148) : **FRF 3 500**.

DESCHEWOS Ivan Arssenjevitch
Né vers 1817. Mort le 28 février 1873 à Nijni-Novgorod. XIXe siècle. Russe.
Graveur et dessinateur.
Il termina ses études à Saint-Pétersbourg, puis se spécialisa dans la lithographie et l'illustration.

DESCHIENS-ASTRUC Pauline Hélène
Née le 25 août 1861 à Angers (Maine-et-Loire). XIXe siècle. Française.
Peintre de fleurs et de marines.
Élève de Pierre Bourgogne et de Thurner. Sociétaire des Artistes Français depuis 1889, elle figura aux Salons de cette société.

DESCHKOVITCH Branko
Né à Poutchischtche. XXe siècle. Yougoslave.
Sculpteur animalier.
Il a exposé en France autour de 1920.

DESCHLY Irène
Née au XIXe siècle à Bucarest. XIXe siècle. Roumaine.
Portraitiste.
Élève de Bouguereau et de Ferrier. Participa à l'Exposition Universelle de 1900 avec : *Chanson*, et obtint une médaille de bronze. Expose au Salon des Indépendants.

DESCHMACKER Paul Alex
Né en 1889 à Roubaix (Nord). Mort en 1973. XXe siècle. Français.
Peintre de compositions à personnages, paysages animés. Néoclassique.
Il exposait à Paris, au Salon des Tuileries depuis 1927, et aussi au Salon d'Automne dont il était sociétaire. Le Musée de Roubaix organisa une exposition rétrospective posthume de l'ensemble de son œuvre en 1986.
Dans des paysages harmonieux et paisibles, situant des groupes de personnages conversant, à peine voilés de sortes de toges, il s'inspirait du classicisme néo-antique du poussin.

Deschmaker

Musées : Roubaix.
Ventes Publiques : Versailles, 1er juin 1980 : *Le vase de mimosas et de pivoines*, h/t (65x46) : **FRF 2 000** – Paris, 26 oct. 1983 : *Les deux baigneuses*, h/t (92x73) : **FRF 5 000** – Paris, 19 juin 1989 : *Paysage animé*, h/t (71,5x90,5) : **FRF 9 000** – Paris, 14 mars 1990 : *Paysage*, h/t (65x80) : **FRF 1 500** – Calais, 10 mars 1991 : *Jeune femme sur la plage*, h/pan. (33x42) : **FRF 6 500** – Calais, 26 mai 1991 : *Nu en buste*, past. (42x31) : **FRF 4 800** – Paris, 5 avr. 1992 : *La table chinoise*, aquar. (38,5x33) : **FRF 4 800** – Calais, 14 mars 1993 : *Paysage de bord de mer*, h/t (81x54) : **FRF 4 000** – Le Touquet, 30 mai 1993 : *Vue de Saint-Benoit du Sault*, h/t (54x65) : **FRF 5 500**.

DESCHWANDEN Melchior Paul von
Né le 19 janvier 1811 à Stans (Suisse). Mort le 25 février 1881 à Rome. XIXe siècle. Suisse.
Peintre d'histoire, compositions religieuses, lithographe.
Deschwanden étudia chez Kaspar Moos à Zug, Johann Kaspar Schinz à Zurich, Hees, Schnorr et Zimmermann, à Munich. Vers 1838, il partit pour l'Italie, travailla à Florence, puis se fixa quelque temps à Rome, se liant avec les disciples d'Overbeck ; il reçut probablement des conseils de ce maître. Deschwanden, plus tard, voyagea en Allemagne, en France et en Belgique, et s'adonna entièrement à la peinture historique, vers 1850, abandonnant le portrait. Il travailla pour nombre d'églises de son pays et eut une influence importante sur l'art religieux en Suisse. On cite de lui, notamment, deux tableaux du Christ à l'église de Saint-Augustin à Zurich, quatre du même sujet représentant des scènes de la Vie de Jésus dans la chapelle de Lucerne, une *Sainte Anne et la Vierge*, à l'église de Saint-Nicolas à Fribourg. On signale aussi trois planches lithographiées intitulées *Die Erlösung* (La Rédemption) et des groupes d'anges.
Ventes Publiques : Londres, 27 jan. 1922 : *L'Enfant Jésus* 1854 : **GBP 17** – Cologne, 21 mars 1980 : *L'Adoration des bergers*, h/pan. (20x29,5) : **DEM 1 500** – Lucerne, 19 mai 1983 : *Orphée à la lyre*, h/t (90x75) : **CHF 4 200**.

DESCHWANDEN Theodor von
Né le 26 février 1826 à Stans. Mort le 19 décembre 1861. XIXe siècle. Suisse.
Peintre d'histoire.
Deschwanden commença ses études chez son cousin Melchior Paul von Deschwanden, travailla à Zurich et fit de nombreux voyages d'études, notamment à Paris, en 1849, en Allemagne, en Hollande en compagnie de son cousin ; il parcourut les principales villes de la Belgique. Lors de son second voyage en France, il fit la connaissance d'Horace Vernet dont il copia de nombreux ouvrages. Après un séjour à Stans, il visita l'Italie. Il prit part à l'Exposition suisse en 1846 et en 1848. De cette époque date également son premier ouvrage historique : *Struthan Winkelried*, dont l'étude originale est conservée au Musée historique de Stans. On cite aussi : *L'Adieu de Winkelried*. Vers la fin de sa vie, il se consacra à la peinture de genre.

DESCLABISSAC Alexander
Né le 23 juin 1868 à Aix-la-Chapelle. XIXe-XXe siècles. Allemand.
Peintre, dessinateur.
Il vivait à Munich, où il exposait, ainsi qu'à Berlin.

DESCLABISSAC Felice, née **Kurzbauer**
Née le 19 novembre 1876 à Vienne. XIXe-XXe siècles. Active en Allemagne. Autrichienne.
Peintre.
Elle était l'épouse d'Alexander Desclabissac.

DESCLAUX Théophile Victor
Né à Bordeaux. XIXe siècle. Français.
Graveur.
Figura au Salon de Paris de 1838 à 1865.

DES CLAYES Berthe
Née en 1877. Morte en 1968. XXe siècle. Canadienne.
Peintre de paysages, paysages urbains, pastelliste.
Elle peignait les aspects typiques et saisonniers du Québec.

B Des Clayes

Ventes Publiques : Montréal, 20 oct. 1987 : *Un sentier en Automne*, past. (26x26) : **CAD 1 000** – Montréal, 25 avr. 1988 : *Printemps à Melbourne-Québec*, past. (19x26) : **CAD 1 200** ; *Rivière à l'automne*, past. (24x29) : **CAD 1 200** ; *Le village*, past. (20x25) : **CAD 2 500** – Montréal, 5 nov. 1990 : *L'automne dans les cantons de l'est*, past. (29x31) : **CAD 1 430** ; *Hiver précoce à St Sauveur*, past. (36x36) : **CAD 3 740** – Montréal, 4 juin 1991 : *La sucrerie Maple à Rougement*, h/t (46,3x61) : **CAD 10 000** – Montréal, 23-24 nov. 1993 : *L'automne à la ferme*, past. (29,1x34,2) : **CAD 1 800**.

DES CLAYES Gertrude
Née en 1879 à Aberdeen (Écosse). Morte en 1949. XXe siècle. Britannique.
Peintre.
Elle exposa à Paris, notamment en 1909 au Salon des Artistes Français, où elle obtint une troisième médaille et aussi à l'Exposition de Printemps, en 1916, au Musée des Beaux-Arts de Montréal.
Ventes Publiques : Montréal, 5 déc. 1995 : *Sally Gertrude*, past. (63,5x50,8) : **CAD 1 200**.

DES CLOCHES
XVIIIe siècle. Français.

Peintre.
Membre de l'Académie Saint-Luc, il y expose en 1715.

DESCLOS François Auguste
Né au XIXe siècle à Bruyères (Vosges). XIXe siècle. Français.
Sculpteur.
Élève de Boyer et Poyatier. Il débuta au Salon de 1869 avec : *Portrait*, médaillon marbre.

DESCLOS Jacques Joseph
Né le 11 avril 1829 à Mortagne (Orne). XIXe siècle. Français.
Peintre de paysages urbains.
Il fut l'élève de Ferri.
Ventes Publiques : Mayenne, 25 oct. 1992 : *Vue animée de la ville de Turin en 1885*, h/t (46x63) : **FRF 88 000**.

DESCLOZEAUX Guy
Né le 16 avril 1909 à Paris. Mort le 22 mars 1989 à Sernhac (Gard). XXe siècle. Français.
Peintre de scènes animées, paysages, paysages urbains, aquarelliste.
Il fut élève de Paul-Albert Laurens à Paris. Tôt, il vécut et travailla en Provence, où, entre 1930 et 1933, il allait peindre souvent en compagnie d'Auguste Chabaud, Louis Montagné et Alfred Bergier.
Il exposait à Paris, de 1927 à 1936 au Salon des Artistes Français, 1931 sociétaire, 1932 mention honorable. Il montrait aussi des ensembles de ses peintures dans des expositions personnelles, depuis la première, en 1931 à Paris, galerie Simonson.
L'œuvre de Desclozeaux consiste essentiellement en paysages et vues de villages, en Provence et dans le Gard, souvent animés de quelques présences. Toutefois, dans son choix du paysage comme thème fondamental de son œuvre, il a su en diversifier les aspects. Du point de vue de la technique, on remarque qu'il lui arrivait de travailler par larges empâtements au couteau, soit pour tout le sujet, un massif d'arbres entre ciel et garrigue par exemple, soit pour un des éléments de la composition, une coulée de neige en forêt, ou, au contraire, en aquarelliste éprouvé qu'il était, de garder la fraîcheur d'une esquisse très fluide, pour saisir la présence d'une jeune femme au jardin. Du point de vue du sujet, on remarque aussi qu'il passait facilement de la liesse d'une fête villageoise à la grisaille de quelques piétons frileux se hâtant sous la pluie dans une rue de la ville.
Musées : Avignon (Mus. Calvet) – Bagnols-sur-Cèze – Nîmes – Paris (Fonds de la Ville).

DESCOINS, Mme
XVIIIe siècle. Française.
Peintre.
Elle peignait sur porcelaine à la Manufacture de Sèvres à la fin du XVIIIe siècle.

DESCOINS M.
XVIIIe-XIXe siècles. Français.
Peintre.
Fils de la précédente, il travailla à la Manufacture de Sèvres.

DESCOMBERT Michel
XVIe siècle. Actif à Rouen. Français.
Sculpteur.
Il fut appelé, en 1507, au château de Gaillon, que faisait construire le cardinal d'Amboise, et y fit différents travaux avec un autre sculpteur rouennais nommé Pierre Le Masurier.

DESCOMBES
XIXe siècle. Français.
Peintre de paysages.
Cité par Mireur. Probablement DUMAS-DESCOMBES (Joseph Marie).
Ventes Publiques : Paris, 1872 : *Le ruisseau* : **FRF 195**.

DESCOMBES Jean
XVIIIe siècle. Français.
Peintre de portraits.
Élève de Largillière. On cite de cet artiste un portrait de son maître, gravé par Petit.

DESCOMBES Roger
Né le 4 avril 1915 à La Chaux-de-Fonds. XXe siècle. Actif aussi en France. Suisse.
Peintre, graveur, illustrateur.
Arrivé très tôt en France, il eut une activité particulièrement précoce, dessinant pour divers journaux parisiens, dès l'âge de quinze ans. À vingt ans, il alla en Angleterre, suivit les cours de l'École des Beaux-Arts de Glasgow, enseigna le dessin de 1940 à 1943, collabora au magazine de mode *Vogue*. Rentré en France, il travailla pour l'édition française de ce même magazine. Il commença d'exposer à ce moment-là, surtout en Suisse.
Tantôt abstraites, tantôt figuratives, ses peintures se veulent avant tout subtiles et poétiques.

DESCOMBIN Maxime
Né le 5 décembre 1909 à Le Paley (Saône-et-Loire). XXe siècle. Français.
Sculpteur. Réaliste, puis abstrait-néoplasticiste.
Dès l'âge de douze ans, il commença à apprendre le métier de tailleur de pierre. Vers dix-huit ans, il entreprit des travaux d'ornementation décorative. Il fit alors le Tour de France des Compagnons. À partir du métier de tailleur de pierre, il devint sculpteur. Il devint membre du groupe *Espace*. Il a exposé à Paris, régulièrement au Salon de la Jeune Sculpture, de 1956 à 1964 au Salon des Réalités Nouvelles, a figuré au Salon de Mai. Il a été professeur à l'École de Dessin de Mâcon.
Quasi insensiblement, devenu sculpteur à partir du métier de tailleur de pierre, il passa par tous les stades de la création figurative : « académies », bustes, groupes. Il est remarquable que, issu d'une formation artisanale, il ait abouti, vers 1946, à l'abstraction. Son admiration pour la peinture de Mondrian lui fit adapter le néoplasticisme à la sculpture. Il abandonna progressivement la pierre pour des matériaux plus contemporains et mieux adaptés à sa nouvelle conception esthétique : bois, fer, acier inoxydable, béton, aluminium, Plexiglas, verres de couleurs animant la lumière. ■ J. B.
Bibliogr. : In : *Diction. de la Sculpt. Mod.*, Hazan, Paris, 1960.
Musées : Mâcon (Atelier Descombin).

DESCOMPS Jean Bernard
Né le 14 mai 1872 à Agen (Lot-et-Garonne). Mort le 11 août 1948 à Paris. XIXe-XXe siècles. Français.
Sculpteur de sujets de genre, statues, monuments.
Il fut élève d'Alexandre Falguière. Il vécut et exposait à Paris, au Salon des Artistes Français, mention honorable 1901, médaille de troisième classe 1903, chevalier de la Légion d'Honneur.
D'entre ses œuvres, on cite des sujets de genre : *La grisette*, *L'enfance de Bacchus* et le *Monument à Charles Floquet*.
Ventes Publiques : Nancy, 9 mai 1982 : *La danse du masque*, bronze et ivoire (H. 45) : **FRF 11 200** – Paris, 24 nov. 1989 : *Jeune femme nue à la draperie*, sculpt. en ivoire taille directe (H. 17) : **FRF 4 000**.

DESCOMPS Joseph J. Emmanuel ou **Joé**. Voir **CORMIER Joseph J. Emmanuel**

DES CORDES Jacques-Chalom
XXe siècle. Français.
Peintre de figures, portraits, animaux, paysages, natures mortes, fleurs, peintre à la gouache, aquarelliste, pastelliste, sculpteur, graveur, dessinateur.
Fils d'un antiquaire expert en objets d'art des XVIIe et XVIIIe siècles, il tient de 1960 à 1975 une galerie rue du Faubourg-Saint-Honoré. Il crée dans les années soixante-dix l'école d'Arles pour la promotion des jeunes dessinateurs.
Il puise son inspiration dans le foisonnement de la faune et de la flore méditerranéenne.
Ventes Publiques : Paris, 16 avr. 1989 : *Le Chandelier*, h/t (65x46) : **FRF 16 000** – Paris, 17 mai 1992 : *Composition au vase et à la terrine*, h/t (50x61) : **FRF 15 000** – Paris, 3 déc. 1992 : *Le Guépard*, h/t (90x146) : **FRF 9 000** – Paris, 26 juin 1996 : *Diane s'endort*, h/pan. entoilé (45x58) : **FRF 16 500**.

DESCOSSY Camille René Ferréol
Né le 24 mai 1904 à Céret (Pyrénées-Orientales). Mort le 20 août 1980 à Castelnou (Pyrénées-Orientales). XXe siècle. Français.
Peintre de compositions à personnages, figures, nus, paysages, natures mortes, graveur.
Il était un homme très grand, de beaucoup de prestance, ressemblant à l'acteur Gary Cooper dans ses rôles de westerns. Il exposait à Paris, aux Salons des Artistes Indépendants dont il était sociétaire, d'Automne et de la Société Nationale des Beaux-Arts. Il fut longtemps directeur et professeur de l'École des Beaux-Arts de Montpellier, où il eut, entre autres, pour élèves : Pierre Soulages et Vincent Bioulès. Le Musée Rigaud de Perpignan, organisa une exposition d'ensemble de son œuvre, en avril-juin 1980, très peu avant sa mort.
Comme ce fut souvent le cas de ces peintres du plaisir visuel, Descossy fut un peintre de sujets divers, de compositions à per-

sonnages : *Les tentations de saint Antoine*, de nus : *Nu à la pomme*. Il fut surtout peintre des paysages de l'arrière-pays de Montpellier, qu'il traitait d'un dessin simplifié énergiquement, dans des gammes de bruns, exploitant des effets de contre-jour de troncs d'oliviers presque noirs devant la lande éclatante de soleil.
Musées : Montpellier (Mus. Fabre) – Narbonne (Mus. d'Art et d'Hist.) : *La route de Montaud*.

DES COSTES Simon
XVIe siècle. Actif à Fontainebleau, entre 1540 et 1550. Français.
Peintre.

DESCOSTILS Gustave Charles
Né à Paris. XIXe siècle. Français.
Peintre de sujets religieux.
Élève de Hersent, il exposa au Salon de Paris de 1839 à 1852. On doit à Descostils dans l'église Saint-Étienne de Caen, douze tableaux religieux.

DES COUDRES Adolf
Né le 2 juin 1862 à Karlsruhe. XIXe siècle. Allemand.
Peintre de paysages.
Il était fils de Ludwig Des coudres et vécut dans sa ville natale.
Ventes Publiques : Heidelberg, 15 oct. 1994 : *Près de St. Märgen*, h/cart. (28,5x42) : **DEM 2 500**.

DES COUDRES Ludwig
Né le 10 mai 1820 à Kassel. Mort le 23 décembre 1878 à Karlsruhe. XIXe siècle. Allemand.
Peintre d'histoire et de genre.
Il travailla d'abord en Italie vers 1844, puis revint en Allemagne où il fut élève de Franz Schnorr et de Sohn. Sa réputation naquit avec son tableau de Francesca de Rimini. En 1854, il fut nommé professeur à l'École des Beaux-Arts de Karlsruhe. On cite de lui : *Le Repos pendant la fuite en Égypte, L'Adoration des Bergers, Madeleine repentante*. Le Musée de Kassel conserve de lui : *Christ en Croix*.

DESCOURGEATS DE LA CHÈZE Ogier
XVIIIe siècle. Français.
Peintre de paysages.
Travaillant à Bordeaux à la fin du XVIIIe siècle, il fut directeur de l'Académie.

DESCOURS Auguste Eugène
Né en 1835 au Puy (Haute-Loire). Mort en 1860, Lieutenant, il fut tué pendant l'expédition de Chine. XIXe siècle. Français.
Peintre.
Musées : Le Puy : *Autoportrait*.

DESCOURS Georges
Né à Lyon (Rhône). XXe siècle. Français.
Peintre de paysages.
Il a vécu et travaillé à Lyon. Il exposait à Paris, au Salon d'Automne de 1928 à 1938.

DESCOURS Michel Hubert
Né le 12 septembre 1707 à Bernay (Eure). Mort le 17 novembre 1775 à Bernay. XVIIIe siècle. Français.
Peintre de compositions religieuses, portraits.
Le nom patronymique de ce peintre était Hubert ; ses parents avaient ajouté celui des Descours pour distinguer la branche à laquelle ils appartenaient. Son père s'appelait Michel Hubert, sa mère, Françoise Devaux. Bourgeois aisés, ils firent donner à leur fils une éducation soignée, et eurent le bon esprit de le laisser suivre son goût pour la peinture. En 1731, Descours se rendit à Paris et entra dans l'atelier d'Hyacinthe Rigaud. Après quatre ans de séjour à Paris, il revint à Bernay où il passa huit mois, puis retourna à Paris où il épousa, le 15 octobre 1737, Marie-Jacqueline Fabre, sœur de l'un de ses camarades d'atelier. En 1755, Descours habitait à Bernay une maison située rue Grand-Bourg, aujourd'hui rue d'Alençon ; il la décora lui-même, et pour couvrir les murs d'une vaste salle, il peignit huit grands panneaux au camaïeu bleu, représentant d'amusantes scènes paysannes. Ces « bergeries » sont hardiment brossées, elles ont de l'entrain et l'air circule à travers les arbres au feuillage léger et les horizons fantaisistes.
Son œuvre présente une certaine inégalité. À côté de tableaux exécutés avec quelque dureté de touche, il en est beaucoup d'autres comme le portrait de sa femme en 1746, celui de Mme de Ticheville, fondatrice de l'hospice de Bernay, peint en 1747, la Notre-Dame de Pitié, de 1769, les portraits de M. et Mme Viel et plusieurs autres, dont le dessin est aisé, le coloris vif et harmonieux, l'expression pleine de vie.
Descours signait en noir, au bas de ses tableaux, tantôt *Descours pinxit*, tantôt *Descours père* ; parfois il signait au dos de la toile.
Outre ses œuvres conservées dans des lieux publics, répertoriées en muséographie, certaines autres sont citées, dont de nombreuses demeurées à Bernay : *Portrait de Michel-Hubert Descours, par lui-même*, 1727 ; *Portrait de Marie-Jacqueline Fabre, femme de l'artiste*, 1746 ; *Portrait de la Camargo et scènes paysannes*, au camaïeu bleu, 1755 ; *Portrait de M. et de Mme Lehure*, 1768 ; *Portraits de M. et de Mme de la Flèche ; La Peinture, la Sculpture, l'Architecture et la Musique*, d'après Carle Van Loo, dessus-de-porte en camaïeu bleu, 1770 ; *L'Enfant au carton ; Portrait de fillette en robe bleue ; Portrait de Mlle Paysant de la Fosse*, 1770. ■ Chanoine Porée

Descours.

Bibliogr. : Chanoine Porée : *Un peintre bernayen, Michel-Hubert Descours*, Paris, Plon, 1889.
Musées : Bernay : *Notre-Dame de Pitié* 1732 – Bernay (Église Sainte-Croix) : *La Prédication de saint Jean Baptiste, saint François d'Assise, sainte Élisabeth de Hongrie* 1757 – Bernay (Hospice) : *Portrait de Mme Ticheville* 1747 – Bernay (Chapelle de l'Hospice) : *Notre-Dame de Pitié* 1769 – Évreux (Cathédrale) : *Sainte Anne instruisant la Sainte Vierge* – Harcourt (Chapelle des Augustines) : *L'Assomption* – Noyer-en-Ouche (Église) : *Saint Nicolas – Saint Sébastien* – Plasnes (Église) : *La Résurrection de Notre-Seigneur* 1763 – Romau (Église) : *Les Pèlerins d'Emmaüs* – Thevray : *(Église) : L'Annonciation*.
Ventes Publiques : Paris, 7 mars 1908 : *Portrait de femme* : **FRF 370** – New York, 14 et 15 jan. 1909 : *Portrait d'une dame noble* : **USD 200** – Paris, 17 mars 1923 : *Portrait de femme, une rose au corsage*, attr. : **FRF 1 050** – Paris, 12 déc. 1925 : *Portrait de jeune femme en robe bleue, tenant une rose* : **FRF 2 000** – Paris, 10 mars 1926 : *Portrait d'un officier en cuirasse et écharpe blanche* : **FRF 1 455** – Paris, 26 jan. 1927 : *Fillette et sa poupée* : **FRF 700** – Paris, 4 mai 1927 : *Portrait d'un gentilhomme* : **FRF 780** – Paris, 2 déc. 1927 : *Portrait d'homme tenant une lettre de la main gauche* : **FRF 3 300** – Londres, 3 mai 1940 : *Dame en robe verte* : **GBP 6** – Paris, 18 juin 1941 : *Dame de qualité accompagnée d'un serviteur nègre et de son chien* : **FRF 13 000** – Nice, 31 jan. 1979 : *Portrait de jeune femme*, h/t (77x67) : **FRF 7 900** – Versailles, 22 fév. 1981 : *Portrait d'un musicien* 1734, h/t (83x65) : **FRF 12 500** – Paris, 26 juin 1990 : *Autoportrait*, h/t (59x49,5) : **FRF 55 000**.

DESCOURS Michel Pierre Hubert
Né le 27 février 1741 à Paris, dans la paroisse de Saint-Germain-l'Auxerrois. Mort le 19 mai 1814 à Bernay. XVIIIe-XIXe siècles. Français.
Peintre de compositions religieuses, portraits.
Michel Pierre Hubert Descours, fils de Michel Hubert Descours, reçut de bonne heure les leçons de son père, puis il suivit à l'École royale de dessin de Rouen celles du peintre Deshays. Le 31 janvier 1769, il épousait à Bernay sa cousine, Marie-Françoise Hubert-Descours. Dans la séance publique de l'Académie de Rouen, le 5 août 1772, Descours obtint le prix de la classe de dessin. Quant la Révolution éclata, Descours en adopta les idées. Le 23 juillet 1791, il s'enrôla pour aller aux frontières à la défense de la patrie ; il ne paraît pas cependant avoir quitté Bernay. Il fut reçu, le 7 juillet 1793, dans la Société des Amis de la Constitution. De même que son père, il fut surtout peintre de portraits. Parmi ses tableaux d'église, il faut retenir le *Saint Joachim, sainte Anne et la Sainte Vierge*, peint en 1779, dont la composition est bonne et le coloris juste. Plusieurs portraits méritent d'être mentionnés : *M. Quesnel*, 1768, *Mlle de la Mare avec une religieuse de Sainte-Elisabeth*, 1767, *Mlle Saussaye*. Descours fit encore les portraits du *Maréchal de Broglie*, de *Condorcet, évêque de Lisieux*, des *ducs de Charost et de Bouillon*. Il signait ordinairement : *Descours fils pinxit* ; ou encore *Descours fils*. Ses tableaux sont quelquefois signés au dos de la toile.
Outre ses œuvres conservées dans des lieux publics, répertoriées en muséographie, certaines autres sont citées, dont de nombreuses demeurées à Bernay : *Le Petit Déjeuner*, 1759 ; *Portrait de Mlle de la Mare avec une religieuse de Sainte-Elisabeth*, 1767 ; *Portrait de M. Quesnel, négociant à Bernay*, 1768 ; *Saint Joachim, sainte Anne et la Sainte Vierge*, 1779.
■ Chanoine Porée

Musées : Bazoques (Église) : *La Résurrection de Notre-Seigneur* 1803 – Bernay (Église de Sainte-Croix) : *Sainte Madeleine* 1806 – Conches (Église) : *L'Annonciation* 1772 – *Sainte Anne* 1779 – Drucourt (Église) : *Le Saint Rosaire* 1773 – Launay (Église) : *L'Immaculée Conception* – Neuville-sur-Arton (Église) : *Saint Sébastien* 1787.
Ventes Publiques : Compiègne, 11 nov. 1984 : *Portrait du jeune baron de Ponçay* 1762, h/t (61,5x50,5) : **FRF 41 000** – Paris, 12 juin 1985 : *Portrait de Nicolas Lecène de Ménil en habit de chasseur* 1768, h/t (165x120) : **FRF 50 000** – Monte-Carlo, 7 déc. 1987 : *Portrait d'une dame de qualité, assise, portant une robe rouge* 1746, h/t (144,5x112) : **FRF 270 000** – Paris, 20 mars 1992 : *Portrait présumé de Madame de Polestron* 1787, h/t (117x88) : **FRF 68 000.**

DESCOURTILS Colin
xve siècle. Français.
Peintre.
On le trouve à la cour du roi René d'Anjou.

DESCOURTILS Panthaléon
xvie siècle. Actif à Angers. Français.
Peintre.

DESCOURTILZ Jean Théodore
Mort le 13 janvier 1855 à Riacho (Brésil). xixe siècle. Français.
Peintre d'oiseaux.
Travailla pour le Musée National de Rio de Janeiro. Il est l'auteur de deux magnifiques recueils de lithographies coloriées à la main : *Ornithologie Brésilienne* et *Oiseaux brillants et remarquables du Brésil* (60 planches).

DESCOURTIS Charles Melchior
Né en 1753 à Paris. Mort en 1820 à Paris. xviiie-xixe siècles. Français.
Graveur.
Il fut l'élève de Janinet. Ses estampes furent très prisées par les amateurs de son temps. Il exploita le procédé de tirage en couleurs au moyen de plusieurs planches. On cite de lui : *Don Quichotte*, de Schall, *L'Amant surpris*, d'après Schall, *Les Espiègles*, d'après Schall, *La Foire de village*, d'après Taunay, *La Noce de village*, d'après Taunay, *Vue de la Porte Saint-Bernard*, d'après de Machy, *Deux vues des environs de Rome*, d'après de Machy.
Ventes Publiques : Londres, 27 avr. 1977 : *L'amant surpris*, aquat. en coul., d'après J.F. Schall (55,8x42,9) : **GBP 750** – Berne, 20 juin 1980 : *Foire de village* – *Noce de village* – *La Rixe* – *Le tambourin*, eau-forte, suite de quatre œuvres : **CHF 3 100** – Berne, 24 juin 1983 : *Château et village de Worb* 1785, grav./cuivre coloriée (31,2x42,3) : **CHF 4 200** – Paris, 2 déc. 1987 : *Environs de Rome*, 2 estampes coul., formant pendants, d'après de Machy (chaque 30x25,5) : **FRF 29 000** – Paris, 3 fév. 1993 : *Histoire de Paul et Virginie*, grav. en teinte, suite complète de six œuvres : **FRF 29 000** – Paris, 16 juin 1997 : *Vues de Suisse*, grav. aquarellée, seize pièces (22,5x32,5) : **FRF 27 500.**

DESCOURTIS Noël
xviiie siècle. Français.
Peintre.
Il fut reçu à l'Académie Saint-Luc à Paris en 1746.

DESCOUST Charles Eugène
Né le 24 avril 1882 à La Rochelle (Charente-Maritime). xxe siècle. Français.
Peintre de paysages, portraits.
Il fut élève de Léon Bonnat et Fernand Humbert. Il exposait à Paris, au Salon des Artistes Français, dont il était devenu sociétaire.

DESCUDE Cyprien
Né le 30 janvier 1881 à Bordeaux (Gironde). xxe siècle. Français.
Peintre de genre.
Il fut élève de Gabriel Ferrier. Il s'établit tôt à Paris, où il exposait au Salon des Artistes Français, mention honorable 1910, médaille de troisième classe 1911.

DESDOUITS Jean
xvie siècle. Actif à Caen vers 1580. Français.
Peintre.

DESDOUITS Léon
Né au xixe siècle à Paris. xixe siècle. Français.
Peintre de paysages.
Élève de Levasseur. Il débuta au Salon de 1879 avec : *Près du bois d'Oingt.*

DESDOUS Bernardo
xive siècle. Actif à Palma de Majorque. Espagnol.
Peintre.
Il travailla pour la cathédrale de cette ville de 1327 à 1339.

DESEBBE François
xxe siècle. Français.
Peintre.
Peintre des paysages de la Savoie.

DESEINE Claude André
Né le 12 avril 1740 à Paris. Mort le 30 décembre 1823 au Petit-Gentilly (près de Paris). xviiie-xixe siècles. Français.
Sculpteur de statues, bustes.
Il était sourd-muet de naissance. Il fut élève de Pajou. Il exposa au Salon de Paris en 1791 et 1793. On lui doit notamment les bustes de : *Mirabeau* ; *Jean-Jacques Rousseau*, *l'Abbé de l'Épée* ; *Lepeletier de Saint-Fargeau* ; *Comte de Ségur*, la statue de *Voltaire*.
Musées : Troyes : *Portrait de la citoyenne Danton*, moulé sept jours après sa mort.
Ventes Publiques : Londres, 17 juil. 1984 : *Buste de Mirabeau*, plâtre teinté (H 83) : **GBP 3 000.**

DESEINE Louis Pierre
Né le 20 juillet 1749 à Paris. Mort le 11 octobre 1822 à Paris. xviiie-xixe siècles. Français.
Sculpteur de monuments, statues, bustes.
Sculpteur du prince de Condé, il obtint le prix de Rome en 1780 ; il fut agréé à l'Académie en 1785, reçu académicien en 1791. Resté fidèle à la monarchie, il ne dissimula jamais ses opinions ; il fit, sous la Restauration, les bustes des principaux membres de la famille royale, des mausolées, des statues pour un grand nombre d'églises. Deseine a emprunté aussi des sujets à l'antiquité et à la mythologie. Parmi ses nombreux écrits, il convient de citer : *Considérations sur les académies* ; *Lettre sur la sculpture destinée à orner les temples catholiques* ; *Mémoire sur la nécessité du rétablissement des maîtrises et corporations.*
Musées : Aix : *L'Abbé Pouillard* – Paris (Mus. du Louvre) : *Mucius Scævola* – *M A. Thouret* – *Jeune Fille en Flore* – *J. G. Thouret* – Versailles : *Winckelmans* – *de Luynes* – *J. L. Lagrange* – *La Fontaine.*
Ventes Publiques : Versailles, 12 mai 1985 : *Louis VII* 1797, plâtre (H. 48) : **FRF 58 000** – New York, 22-23 juil. 1993 : *Deux nymphes supportant un putto*, terre cuite (H. 39,4) : **USD 2 300.**

DESEINE Madeleine Anne
Née en 1758 à Paris. Morte en 1839. xviiie-xixe siècles. Française.
Peintre, dessinateur et sculpteur.
Elle était la sœur de Claude André et de Louis Pierre Deseine et fut parfois leur collaboratrice. Le Musée Carnavalet, à Paris, possède un *Buste de Louis Pierre Deseine* par cette artiste.

DESELER Wouter
xve siècle. Hollandais.
Sculpteur.
Travailla à Herzogenbosch pour l'église Saint-Jan de 1478 à 1494.

DESELIN Georg
xviie siècle. Actif à Marbourg-sur-Drau vers 1620. Allemand.
Sculpteur sur bois.

DESEMERY Jean
xviiie siècle. Actif à Aix-en-Provence vers 1724. Français.
Sculpteur sur bois.

DESENCLOS Caroline Eugénie
Née au xixe siècle à Paris. xixe siècle. Française.
Peintre de portraits.
Élève de Pommayrac. Elle débuta au Salon de 1869 avec deux portraits miniatures.

DESENFANS Albrecht Constant
Né en 1845 à Genappe. xixe siècle. Actif à Bruxelles. Belge.
Sculpteur.
Le Musée d'Anvers conserve de lui : *La Résurrection.*

DESENNE Alexandre Joseph
Né le 1er janvier 1785 à Paris. Mort le 30 janvier 1827 à Paris. xixe siècle. Français.
Peintre d'histoire, scènes de genre, dessinateur, illustrateur.
Autodidacte, il se forma à la peinture en copiant de nombreuses

œuvres des musées de Paris. Il participa au Salon de Paris de 1812 à 1817. Il est surtout connu comme illustrateur, fournissant des vignettes aux œuvres de plusieurs auteurs classiques, dont Jean-Jacques Rousseau, Molière, Chateaubriand et Walter Scott. Il a tendance à allonger exagérément ses personnages.

Bibliogr. : Gérald Schurr, in : *Les Petits Maîtres de la peinture 1820-1920, valeur de demain*, Les Éditions de l'Amateur, t. IV, Paris, 1979.

Ventes Publiques : Paris, 1830 : *Mort de l'empereur*, dess. : **FRF 128** – Paris, 1879 : *Paul et Virginie*, quatre dess. : **FRF 800** – Paris, 12-13 mars 1926 : *Dessin pour une médaille*, pl. : **FRF 150** – Versailles, 30 mai 1976 : *Au bœuf à la mode*, lav. (36x44) : **FRF 3 000** – Londres, 21 oct. 1994 : *Artiste peignant dans une mansarde*, h/pan. (18,5x24,5) : **GBP 13 800**.

DESENNE Émile

XIXe siècle. Actif à Saint-Pétersbourg vers 1850. Français.

Peintre.

Cet artiste français fut chargé à la cour du Tzar Nicoles Ier d'exécuter les portraits des membres de la famille impériale.

DESERT Jean ou **Desaix**

XVIe siècle. Français.

Peintre.

Il vivait à Lyon en 1529 et 1561 et travaillait, en 1533, pour une entrée.

DÉSERTEUR Le. Voir **BRUN Charles Frédéric**

DES ESSARDS Jacques Émile

Né au XIXe siècle à Saint-Amand (?). XIXe siècle. Français.

Peintre de paysages, aquarelliste.

Élève de Wachsmuth. Il figura au Salon de Paris de 1875 avec une aquarelle : *Sur les falaises, le soir.*

DES ESSARS Joseph

Né le 12 avril 1861 à Toulouse (Haute-Garonne). Mort le 16 octobre 1937 à Pinsaguel (Haute-Garonne). XIXe-XXe siècles. Français.

Peintre de portraits, paysages, décorateur, ornemaniste. Art Nouveau.

En juin 1908 avait lieu à Toulouse une exposition de six artistes dans la « Salle des Dépêches » du journal *Le Télégramme*. De ces six artistes, on relève les noms de Tristan Klingsor, Émile Roustan, Louis Sue et...Picasso. Y figuraient aussi un certain H. Lafaige de Gaillard et Joseph Des Essars, celui-ci ami personnel d'Henri Bégouen, rédacteur en chef du journal. Des Essars était abondamment représenté par dix-sept peintures, vingt-neuf dessins, seize travaux d'arts décoratifs.

Professionnellement, Des Essars s'est surtout fait connaître comme décorateur et relieur d'art. Si Des Essars a peint les paysages de son Sud-Ouest, ses séjours en Algérie et en Tunisie l'ont révélé en tant qu'orientaliste séduit par la lumière et les couleurs de l'Afrique du Nord.

DES ESSARTS Daniel

XVIIe siècle. Français.

Peintre.

Il fut reçu à l'Académie de Saint-Luc en 1672.

DESÈVE. Voir **SÈVE, de**

DESÈVRE Maurice

Né le 26 avril 1887 à Boucconville (Aisne). Mort le 25 janvier 1937. XXe siècle. Français.

Peintre de portraits, paysages, graveur, illustrateur.

Il fut élève de Jean-Paul Laurens. Il exposait à Paris, aux Salons des Artistes Français, dont il était sociétaire, d'Automne et des Tuileries.

Surtout peintre de portrait, on cite celui du compositeur et musicologue Georges Migot. Il a illustré *Dieux d'Égypte* d'A. Lebey.

DESFARGES Serge

XXe siècle. Français.

Peintre, sculpteur, technique mixte.

Ventes Publiques : Paris, 9 déc. 1986 : *Ensemble de huit sculptures exécutées à partir des débris du Rainbow Warrior* 1986, métal peint. : **FRF 5 100** – Paris, 8 oct. 1989 : *Les Tags dans la ville*, techn. mixte /t. (92x63) : **FRF 5 500** – Les Andelys, 19 nov. 1989 : *Les pirates bretons* 1989, techn. mixte (120x160) : **FRF 14 000** – Paris, 26 avr. 1990 : *Tabou 1989*, techn. mixte (100x100) : **FRF 12 000**.

DESFAULSÉS Jean ou **des Faulsés**

XVIe siècle. Français.

Peintre.

Il vivait à Lyon en 1516 et 1520 ; il fut le serviteur du peintre Liévin Vandermère.

DESFEU Raimondo ou **Ramon**. Voir **DUFEU Ramon**

DESFLOQUES Jacques

XVIe siècle. Français.

Sculpteur.

Il fit, en 1572, avec un autre sculpteur, Jean Gauthier, un crucifix destiné à une église voisine de Pontoise.

DES FONTAINES André

Né le 20 novembre 1869 à la Martinique. XIXe-XXe siècles. Français.

Peintre de paysages animés, paysages urbains, marines, pastelliste.

Il fut élève de Jules Lefebvre, Tony Robert-Fleury, Désiré Lucas. Il exposait à Paris, au Salon des Artistes Français, dont il était sociétaire depuis 1908, mention honorable 1909.

Il fut surtout pastelliste. Il a peint des scènes champêtres, mais aussi des vues de Paris. Il a peint en Normandie et sur la côte.

Ventes Publiques : Paris, 7 déc. 1931 : *Les moissonneurs*, past. : **FRF 210** – New York, 15-16 jan. 1932 : *Quai d'Austerlitz*, past. : **USD 30** – Paris, 20 fév. 1942 : *La Mare aux trois arbres*, past. : **FRF 650** ; *Moutons au bord de la rivière et Bords de rivière*, 2 past. : **FRF 2 800** – Paris, 15 oct. 1942 : *Paysage* : **FRF 2 200** – Paris, oct. 1945 : *Vue de Paris et Le jardin public*, 2 past. : **FRF 4 800** – Versailles, 21 fév. 1982 : *Vaches au bord de la rivière*, h/pan. (60x73) : **FRF 4 500** – Paris, 13 nov. 1985 : *Chemin dans les blés*, past. (72x100) : **FRF 14 000** – New York, 24 mai 1989 : *La plage de Trouville*, past. (24,3x35) : **USD 6 600** – Paris, 27 oct. 1997 : *Bords de Seine*, past. (17x26) : **FRF 3 000**.

DESFONTAINES Armand Louis

Mort en juin 1783. XVIIIe siècle. Français.

Peintre.

Reçu à l'Académie Saint-Luc de Paris en 1718. Il en devint directeur en 1736.

DESFONTAINES Charles

XIXe siècle. Actif à Paris. Français.

Peintre.

Sociétaire des Artistes Français depuis 1884, il figura aux Salons de cette Société.

DESFONTAINES Henri

Né à Paris. XXe siècle. Français.

Peintre de genre.

Il fut élève de Léon Glaize. Il exposait à Paris, au Salon des Artistes Français, dont il était sociétaire depuis 1904.

DESFONTAINES Michel Claude Philippe

Mort le 26 avril 1785 à Paris. XVIIIe siècle. Français.

Peintre.

Ancien maître peintre et doreur, à Paris.

Ventes Publiques : Paris, 5 juil. 1928 : *Paysages animés*, deux lav., attr. : **FRF 250** – Paris, 28 mai 1931 : *La chasse à courre*, gche : **FRF 3 200** ; *La Pêche en rivière*, gche : **FRF 2 300**.

DESFONTAINES S. W.

XVIIIe siècle. Actif à la fin du XVIIIe siècle.

Peintre.

Il existe une peinture signée de ce nom et datée de 1792 à la Galerie Liechtenstein à Vienne.

DESFONTS-GENSOUL Antoinette. Voir **GENSOUL-DESFONTS**

DESFORETS Charles

XVIIe siècle. Français.

Peintre d'histoire.

En 1680, il remporte le prix de Rome avec son tableau : *Fratricide de Caïn.*

DESFORGES Henri

Né à Écommoy (Sarthe). XXe siècle. Français.

Peintre.

Il fut élève de William Bouguereau. Il exposait à Paris, aux Salons des Artistes Français, dont il était sociétaire, et des Artistes Indépendants.

DESFOSSÉS François

Mort en 1650 à Paris. XVIIe siècle. Français.

Peintre.

DESFOSSES Germaine

XIXe-XXe siècles. Active à Paris. Française.

Peintre.
Sociétaire des Artistes Français depuis 1901, elle figura aux Salons de cette société.

DESFOSSES Guillaume
XVe siècle. Actif à Rodez au milieu du XVe siècle. Français.
Sculpteur.
Il collabora à l'achèvement de la décoration sculpturale du portail méridional de la cathédrale de Rodez.

DESFOSSES Pierre Romain
Né en 1887. Mort en 1954. XXe siècle. Actif au Congo. Français.
Peintre.
Officier de marine à la retraite et peintre amateur, il créa, en 1947, l'Académie de l'art populaire congolais. Il donnait à ses « élèves » les rudiments de la technique picturale, les laissant ensuite s'exprimer à leur guise. Il s'occupait ensuite de commercialiser avec succès leurs œuvres en Europe. Il fit peindre, entre autres, Pili-Pili, son laveur de voitures.

DESFOSSEZ Charles Henri
Né le 7 mars 1764 au château de Cappy (Oise). Mort vers 1809. XVIIIe siècle. Français.
Peintre et miniaturiste.
Élève d'Augustin Hall et de Greuze. Membre de l'Académie des Beaux-Arts de Florence en 1808 et du Val d'Arno, en 1809.

DESFOURNEAUX Jean ou **des Fourneaux**
XVIIe-XVIIIe siècles. Français.
Peintre.
Ce peintre fut six fois maître de métier à Lyon, de 1710 à 1738.

DESFRICHES Aignan Thomas
Né le 7 mars 1715 à Orléans. Mort le 25 décembre 1800 à Orléans. XVIIIe siècle. Français.
Peintre de portraits, paysages, dessinateur, graveur.
Élève de Dominé, peintre à Orléans, en 1732, Desfriches part l'année suivante à Paris où il reçoit l'enseignement de Bertin, puis de Natoire. Il fait la connaissance de Cochin et de Perronneau qui devient son ami et fera son portrait au pastel en 1751, ainsi que, plus tard, celui de toute sa famille. Revenu à Orléans, Desfriches s'occupe du commerce d'épices et de denrées coloniales qu'il tient de son père. De 1740 à 1742 il voyage à travers la France, dans le Val de Loire, et jusqu'à La Rochelle en passant par Angoulême et Limoges. Ce n'est qu'en 1745 qu'il commence à dessiner les rues du vieil Orléans. Collectionneur il est en contact avec les marchands flamands, et, à deux reprises, en 1753 et 1766, se rend lui-même en Flandres et en Hollande. En 1767, il invente un procédé de dessin sur papier plâtré, dit « papier à tablettes ». C'est également Desfriches qui a fondé, le 28 janvier 1786 l'École de Peinture, de Sculpture et d'Architecture d'Orléans. De 1791 à sa mort, il fut atteint de paralysie.
Peintre régionaliste, mais aussi dessinateur et graveur, Desfriches aimait travailler d'après nature : excellent observateur, il dessine des paysages animés de personnages, dans la campagne orléanaise et sur les bords du Loiret où il se plaît à décrire les moulins à eau. Il a observé tout le petit peuple des travailleurs et des artisans qui, à l'époque de l'Encyclopédie, était à l'honneur, et il a également montré son propre milieu de bourgeois aisé. Un sentiment mélancolique de dégradation se dégage de ses œuvres qui, contemporaines de Rousseau, sont déjà romantiques. Échappant à l'italianisme, ses goûts le portaient plutôt, sa collection le prouve, vers les maîtres flamands, et il a dressé le tableau complet de la vie en Orléans au XVIIIe siècle. On cite parmi ses gravures une suite de 6 paysages.

Desfriches 1768

Musées : Chambéry (Mus. des Beaux-Arts) : *Paysage* – Orléans : *Isaac béni par Jacob* – *Vue de l'église Saint-Marc, près d'Orléans* – *Portrait de Charles Lenormand Ducoudray* – Trois Paysages.
Ventes Publiques : Paris, 1893 : *Paysage*, dess. au cr. noir et au bistre : **FRF 6** – Paris, 1899 : *Paysage avec rivière*, dess. : **FRF 95** ; *Cour de ferme*, dess. : **FRF 155** ; *Chemin creux*, dess. : **FRF 60** – Paris, 1900 : *Vue de la propriété du Caillou*, dess. à la pierre noire : **FRF 149** – Paris, 17 déc. 1900 : *Paysage*, dess. à la sépia : **FRF 150** – Paris, 3 et 4 avr. 1905 : *Paysages avec cours d'eau et figures*, dess., deux pendants : **FRF 125** – Paris, 13-14 et 15 mars 1905 : *Voyage à Orléans*, dess. : **FRF 170** ; *La Vendange*, dess. : **FRF 95** – Paris, 27 mars 1919 : *La villa*, cr. : **FRF 480** ; *Le jardin*, cr. : **FRF 925** – Paris, 4 fév. 1924 : *Village au bord d'un cours d'eau*, pierre d'Italie : **FRF 510** ; *La Cascade*, lav. et reh. : **FRF 1 000** – Paris, 8 juin 1925 : *Paysages de Touraine*, deux dess. : **FRF 5 100** – Paris, 10 et 11 juin 1925 : *Paysages des environs d'Orléans*, deux crayons, rehauts de gouache : **FRF 9 200** – Paris, 12 déc. 1925 : *Le Moulin Joly* ; *Le chemin de la vallée*, deux gouaches et crayon : **FRF 3 400** – Paris, 3 mars 1926 : *Paysage des bords du Loiret, animé de personnages*, dess. : **FRF 2 300** ; *Ferme au bord du Loiret* ; *Moulin au bord du Loiret*, deux dess. : **FRF 7 000** ; *Le Moulin*, pierre noire : **FRF 1 400** – Paris, 10 mars 1926 : *La place du village*, cr. : **FRF 1 450** ; *Le grand chêne*, pierre d'Italie : **FRF 300** ; *L'église en ruines*, mine de pb : **FRF 120** – Paris, 5 mai 1926 : *Paysage animé* ; *Le pont rustique*, deux dess. : **FRF 850** – Paris, 14 juin 1926 : *Château de la Motte* ; *Château de Plissay*, pierre noire reh., deux dessins : **FRF 7 100** – Paris, 7 et 8 juin 1928 : *Le muletier*, pierre noire reh. : **FRF 5 000** ; *La pêche sur la passerelle*, pl. et lav. : **FRF 5 000** ; *Paysage avec château* ; *Village avec moulin*, cray. gouach., deux dessins : **FRF 8 200** – Paris, 13-15 mai 1929 : *Le pêcheur* ; *La charrette*, deux dess. : **FRF 16 000** – Paris, 16 et 17 mai 1929 : *Village au bord d'une rivière avec barques et pêcheurs*, dess. : **FRF 500** – Paris, 1er juil. 1929 : *En route pour le marché*, dess. : **FRF 2 105** ; *Village avec petit pont*, dess. : **FRF 1 405** – Paris, 14 fév. 1931 : *Le repas sous la pergola* : **FRF 800** ; *Le moulin à eau* ; *Les maisons au bord de la rivière* : **FRF 2 600** – Paris, 28 nov. 1941 : *Le Moulin*, pierre noire et blanc : **FRF 5 900** ; *Le Hameau au bord du fleuve*, pierre noire, blanc et lav. : **FRF 2 250** ; *La Prairie et le pont d'Olivet*, pierre noire et blanc : **FRF 3 000** ; *La Route au bord de l'eau*, pierre noire et blanc : **FRF 2 100** ; *Vue de la maison de l'artiste* : **FRF 2 000** ; *Vue de la cour de la maison*, pierre noire, pendant du précédent : **FRF 3 000** – Paris, 4 déc. 1941 : *La Métairie*, pierre noire : **FRF 2 500** – Londres, 9 juin 1944 : *Scène de village*, cr. et lav. : **GBP 17** – Paris, 24 déc. 1944 : *Paysage*, dess. : **FRF 2 500** – Paris, 12 fév. 1945 : *Le Moulin* ; *Le Passeur*, deux dess. : **FRF 4 000** – Paris, 10 nov. 1948 : *Laveuse au bord d'une rivière*, lav. reh. de blanc : **FRF 27 000** – Paris, 18 avr. 1980 : *Paysage animé* 1774, gche (9x14,8) : **FRF 7 100** – Paris, 19 mars 1982 : *Village animé de personnages*, cr. reh. : **FRF 4 200** – Paris, 15 juin 1983 : *Paysage* 1776, lav. d'encre de Chine, reh. de blanc (8,4x14,5) : **FRF 5 400** – Paris, 17 oct. 1984 : *Le moulin à eau*, aquar. (26x34,5) : **FRF 5 000** – Paris, 16 mars 1990 : *Personnages au bord d'une rivière traversant un pont*, cr. noir/pap. (9x14,5) : **FRF 8 000** – Paris, 12 déc. 1990 : *Paysage animé de personnages*, pl. et lav. gris (16x21) : **FRF 33 000** – Paris, 22 nov. 1991 : *Paysage avec un moulin à eau*, cr. noir avec reh. de blanc (8,8x14,6) : **FRF 8 200** – Paris, 18 juin 1993 : *Étude de personnages dans une grotte*, cr. noir (21,5x21,5) : **FRF 15 000** – New York, 12 jan. 1994 : *Paysage avec un homme dans un bateau* ; *Paysage avec des paysans devant un auberge*, craie noire et lav. (chaque 8,2x13,5) : **USD 3 450** – Paris, 11 mars 1994 : *Bord de rivière*, cr., lav. et gche blanche (13,3x20) : **FRF 13 000** – Paris, 13 mars 1995 : *Étude de personnages : un couple, femme et enfants*, cr. noir (22,4x29,5) : **FRF 7 000** – Paris, 12 avr. 1996 : *La leçon de dessin* 1781, cr. lav. et gche blanche/pap. (8,5x14) : **FRF 16 500** – Londres, 3 juil. 1996 : *Vue d'un parc avec des personnages au bord d'un lac* 1779, cr., lav. gris avec reh. de blanc/pap. apprêté gris (8x14,3) : **GBP 2 645** – Paris, 30 oct. 1996 : *Paysage avec pêcheurs et personnages se promenant près d'un étang* 1779, pierre noire (16x20) : **FRF 9 000** – Paris, 19 déc. 1997 : *Paysage montagneux avec une chute d'eau*, pl. et lav. encre grise (9x14,6) : **FRF 3 700**.

DES GACHONS André Stanislas Albert
Né le 15 mars 1871 à Ardentes (Indre). XIXe-XXe siècles. Français.
Peintre, illustrateur.
Il fut élève de William Bouguereau et Tony Robert-Fleury. Il exposa à Paris, au Salon de la Société Nationale des Beaux-Arts à partir de 1892.

DESGARDES Antoine
Né au XVIIe siècle à Châtillon-sur-Loing (Loiret). XVIIe siècle. Français.
Peintre.
Il travailla pour les églises de cette ville.

DESGARETS Odette
Née le 13 décembre 1891 à Paris. XXe siècle. Française.
Peintre de figures, paysages, natures mortes, dessinateur.
Elle exposait dans les Salons traditionnels de Paris.
Elle fut longtemps considérée, de même que Simon Lévy,

comme une disciple servile de Cézanne. Elle put toutefois se libérer de cette emprise.

Ventes Publiques : Londres, 30 nov. 1928 : *Le modèle* : **GBP 14** – Paris, 8 mai 1942 : *Fruits* : **FRF 150** – Paris, 4 mars 1943 : *Femme assise* : **FRF 300** – Paris, 16 juin 1943 : *Nature morte à l'idole noire* : **FRF 350** – Paris, 12 déc. 1946 : *Paysage* : **FRF 2 100** – Versailles, 22 avr. 1990 : *La couture devant la fenêtre*, h/t (72,5x50) : **FRF 7 000**.

DESGODETS Antoine

Né en 1653 à Paris. Mort le 20 mai 1728 à Paris. xviie-xviiie siècles. Français.

Dessinateur, graveur et architecte.

On cite de lui un recueil : *Les Édifices antiques de Rome*, gravé d'après ses dessins.

DESGODETS Gabriel

xviie siècle. Actif à Paris vers 1650. Français.

Peintre.

DESGODETS Roboam

xviie siècle. Actif à Paris. Français.

Peintre.

DESGOFFE Alexandre

Né le 12 mars 1805 à Paris. Mort le 25 juillet 1882 à Paris. xixe siècle. Français.

Peintre d'histoire, paysages.

Après des études classiques au Lycée Henri IV, il entra en 1826 dans les ateliers de Louis Watelet et de Jean Rémond, puis en 1828, dans celui d'Ingres.

Dès 1830, il fut l'un des premiers à fonder le fameux rendez-vous de Barbizon, où se rencontrèrent les peintres de paysages, voulant travailler sur le motif. Il fit également des voyages en Suisse, en Auvergne, mais surtout en Italie de 1834 à 1837 et de 1839 à 1842. Dans ce dernier séjour, il se lia avec Charles Gounod, qui l'accompagnait dans une pittoresque tournée d'étude à Capri, et qui conçut alors la première idée de son *Faust*. Par ailleurs, Alexandre Desgoffe fit preuve de dévouement au cours de la guerre de 1870, alors qu'il était âgé de 65 ans, il soigna les blessés dans une ambulance d'Angers.

Il participa au Salon de Paris à partir de 1834 et reçut, en 1857, la croix de chevalier de la Légion d'honneur.

Il réalisa plusieurs travaux de décorations dans des églises de Paris : aux églises du Gros-Caillou et de Saint-Nicolas, et dans des édifices publics, notamment à l'Hôtel de Ville de Paris et à la Bibliothèque Saint-Geneviève. Ingres, qui faisait de lui un cas particulier, le prit quelquefois pour collaborateur, ce fut lui, par exemple, qui peignit les rochers sur lesquels se détache la célèbre *Source*. Mais, à côté de ce caractère austère, Desgoffe montre une prédilection pour le paysage qui se dégage du paysage historique classique pour aborder les sous-bois poétiques chers au groupe de Barbizon, comme le montre son *Ruisseau sous bois*, conservé au musée de Montauban.

Bibliogr. : Gérald Schurr, in : *Les Petits Maîtres de la peinture 1820-1920, valeur de demain*, Les Éditions de l'Amateur, t. III, Paris, 1976.

Musées : Montauban : *Ruisseau sous bois*.

Ventes Publiques : Paris, 9 déc. 1985 : *L'orée du bois*, h/t (23x30) : **FRF 6 800** – New York, 22 mai 1990 : *Paysage boisé avec des laboureurs*, h/cart. (23,6x29,1) : **USD 8 800**.

DESGOFFE Blaise Alexandre

Né le 17 janvier 1830 à Paris. Mort le 2 mai 1901. xixe siècle. Français.

Peintre de portraits, natures mortes.

Entré à l'École des Beaux-Arts en 1852, il fut l'élève de Flandrin. Au Salon de Paris, il exposa de 1857 à 1868. Il obtint la Légion d'honneur en 1878.

Il excella surtout en la peinture des bijoux, des armes et des draperies de la Renaissance. Peintre de talent, il excellait dans les coloris.

Blaise-Desgoffe
1863
Blaise-Desgoffe

Musées : Anvers : *Au Louvre* – Baltimore – Brooklyn – Chantilly : *Olifant de Saint-Hubert* – Liège : *Coquillage sur un livre* – New York – La Rochelle : *Nature morte au vase de porcelaine de Chine* – autres natures mortes – Tours.

Ventes Publiques : Paris, 20-21 mai 1873 : *Objets de curiosité* : **FRF 3 500** – Paris, 1875 : *Fruits et bijoux* : **FRF 5 550** – Paris, 1887 : *Nature morte* : **FRF 3 400** – Paris, 1894 : *Nature morte, statuette* : **FRF 245** – Paris, 1895 : *Nature morte, collection d'objets d'art* : **FRF 2 610** ; *Nature morte, armures* : **FRF 500** – Paris, 1895 : *Nature morte* : **FRF 2 100** – Paris, 1896 : *Chez l'antiquaire* : **FRF 1 500** – New York, 1899 : *Objet d'art au Louvre* : **FRF 1 250** – Paris, 22-23 et 24 avr. 1901 : *Objets d'art* : **FRF 450** – New York, 1902 : *Nature morte* : **USD 175** – New York, 23 jan. 1903 : *Nature morte* : **USD 85** – Paris, 5 mars 1904 : *Nature morte* : **FRF 90** – Paris, 26 au 29 avr. 1904 : *Cabinet d'antiquaire* : **FRF 1 550** – Paris, 28 nov. 1904 : *Fleurs et objets d'art* : **FRF 700** – New York, 29 et 30 mars 1905 : *Nature morte* : **USD 550** – Paris, 17 déc. 1906 : *Chez l'antiquaire* : **FRF 620** – New York, 5 jan. 1907 : *Nature morte* : **USD 245** – Paris, 12 nov. 1908 : *Nature morte* : **FRF 900** – New York, 1er avr. 1909 : *Nature morte* : **USD 290** – Paris, 22 déc. 1920 : *L'ostensoir d'émail* : **FRF 450** – Londres, 27 jan. 1922 : *Nature morte* 1861 : **GBP 25** – Paris, 13 avr. 1923 : *Hercule aux pieds d'Omphale* : **FRF 260** – Paris, 28 nov. 1924 : *Nature morte* : **FRF 500** – Paris, 11 déc. 1926 : *Nature morte : Etendard, casque, épée et poignard* : **FRF 250** – New York, 22 oct. 1936 : *Pêches et cerises* : **USD 110** – Paris, 16 et 17 mai 1939 : *Nature morte à l'aiguière* : **FRF 400** – New York, 25 et 26 fév. 1944 : *Nature morte* 1868 : **USD 410** – Paris, 23 mars 1945 : *Nature morte* : **FRF 2 000** – New York, 18 et 19 avr. 1945 : *Fleurs et objets d'art* 1870 : **USD 225** – Paris, 1945-juil. 1946 : *Pipe ornée de pierres de couleur* : **FRF 5 800** – New York, 31 jan. 1946 : *Nature morte* 1868 : **USD 180** – Paris, 21 mars 1947 : *Nature morte* : **FRF 3 600** – Paris, 4 et 5 mai 1955 : *Nature morte à la mandoline* : **FRF 33 000** – New York, 25 avr. 1968 : *Nature morte* : **USD 1 000** – Londres, 14 mars 1969 : *Le buveur ; Le jeune Lord* : **GNS 550** – New York, 2 avr. 1976 : *Nature morte*, h/pan. (30x33) : **USD 900** – New York, 27 oct. 1982 : *Nature morte* 1869, h/pan. (81,3x63,5) : **USD 9 000** – Bolton, 26 nov. 1985 : *Nature morte aux objets d'art* 1886, h/pan. (59,5x74,6) : **USD 13 000** – New York, 29 oct. 1986 : *Nature morte au nautile et fleurs*, h/t (100,3x82) : **USD 9 000** – New York, 24 mai 1988 : *Nature morte avec un iris et de l'orfèvrerie sur un tapis rouge* 1868, h/t (55,9x62,2) : **USD 11 550** – New York, 25 oct. 1989 : *Nature morte de fruits avec un verre de vin et de la vaisselle de bronze* 1863, h/pan. (54x61) : **USD 16 500** – New York, 22 mai 1990 : *Nature morte de fruits, objets d'art et un camélia blanc sur une table drapée*, h/t (67,3x92,8) : **USD 11 000** – Monaco, 21 juin 1991 : *Porcelaines de Saxe, calice, tapis de Smyrne et autres objets de la collection du Comte Welles de la Vallette* 1873, h/t (123,5x100) : **FRF 155 400** – New York, 17 oct. 1991 : *Nature morte avec bibelots et fruits*, h/t (99,1x81,3) : **USD 6 600** – Monaco, 20 juin 1992 : *Nature morte dite aux objets Wallace* 1880, h/t (99,5x150) : **FRF 299 700** – New York, 16 fév. 1995 : *Nature morte avec des objets d'art et iris* 1868, h/t (55,9x62,2) : **USD 19 550** – Londres, 11 avr. 1995 : *Nature morte avec des pièces d'argenterie* 1895, h/pan. (46x38) : **GBP 3 450** – Paris, 27 oct. 1995 : *Le bureau de Louis XV par les ébénistes Oeben et Riesener*, h/t (110x135) : **FRF 41 000**.

DESGOFFE Jules

Né le 3 mars 1864 à Paris. xixe siècle. Français.

Peintre d'histoire, scènes de genre, paysages, natures mortes.

Fils de Blaise Alexandre Desgoffe, il fut l'élève de Bouguereau et de Tony Robert-Fleury. Il exposa au Salon de Paris pour la première fois en 1886.

Ventes Publiques : Londres, 25 mars 1981 : *Nature morte aux armes*, h/t (49x77) : **GBP 600**.

DESGOUX Joachim

xviiie siècle. Français.

Sculpteur.

Il fut reçu à l'Académie Saint-Luc à Paris en 1749.

DESGRAIS Andrée

Née au xxe siècle à Paris. xxe siècle. Française.

Peintre de paysages.

Elle exposa à Paris au Salon des Indépendants.

DESGRANDCHAMPS Marc

Né en 1960 à Sallanches (Haute-Savoie). xxe siècle. Français.

Peintre de figures, nus, paysages.

Il vit et travaille à Lyon. Il fit ses études à l'École des Beaux-Arts de Paris. Il a exposé en 1985 à Saint-Étienne avec Vincent Corpet

et Pierre Moignard, en 1986 aux Ateliers de l'ARC au Musée d'Art Moderne de la Ville de Paris et à nouveau avec Corpet et Moignard dans les galeries contemporaines du Musée National d'Art Moderne de Paris, en 1995 à la FIAC (Foire internationale d'Art contemporain) à Paris, présenté par la galerie Zürcher. En 1987 il a exposé personnellement à Esslingen, en 1998 à Paris, galerie Zürcher.
Il peint de grandes figures aux contours cernés, dont les mains et les pieds massifs évoquent immédiatement certaines œuvres de Picasso dans les années trente. Il fait subir à ses œuvres figuratives un traitement abstrait privilégiant la lumière. Au sujet de ses peintures montrées en 1998, Philippe Dagen insiste sur le caractère d'étrangeté mal explicable qui s'en dégage : « Les corps se défont dans le paysage... Comme des brouillards, ils se dissipent en lambeaux qui flottent dans l'air... Spectres, tentures, nuées : qu'est-ce qui glisse de la sorte ? Ces couleurs délavées seraient-elles celles de vieux vêtements élimés ou naissent-elles de la décomposition de la lumière ? ».
Bibliogr. : Catal. de l'exposition *Vincent Corpet, Marc Desgrandchamps, Jérome Moignard*, galeries contemporaines, Musée National d'Art Moderne, sep.-nov. 1987, Paris – Philippe Dagen : *Desgrandchamps, peintre des spectres*, in : Le Monde, Paris, 3 juin 1998.
Musées : Paris (FNAC) : *Nu* 1994 – Toulouse (FRAC, Espace d'art Mod. et Contemp.) : *Sans titre* 1993.

DESGRANGE Charles. Voir **DESGRANGES Jean Baptiste Charles**

DESGRANGE Jean Baptiste Charles
Né le 25 octobre 1821 à Paris. xixe siècle. Français.
Peintre de genre, animaux.
En 1844, il entra à l'École des Beaux-Arts et eut pour professeurs Drolling et Coignet. Il débuta au Salon en 1840 avec : *Le Maraudeur surpris*.
Ventes Publiques : Paris, 29 juin 1988 : *Trophées de chasse* 1857, h/pan., une paire, trompe-l'œil (85x59) : **FRF 14 500** – Monaco, 19 juin 1994 : *Bacchante* 1849, h/t, trompe-l'œil (46x37,5) : **FRF 8 880.**

DES GRANGES David. Voir **GRANGER**

DESGRANGES Félix Léopold
xxe siècle. Français.
Peintre de paysages.
A exposé au Salon des Tuileries des vues de la campagne toulonnaise.

DESGRANGES Gérard Alain Guillaume
Né à Coutances (Manche). xxe siècle. Français.
Peintre, sculpteur.
Fils et élève de Guillaume Desgranges. Il exposait à Paris, au Salon des Artistes Français, mention honorable 1936, sociétaire, hors-concours.
Ventes Publiques : Paris, 17 déc. 1993 : *Vase de fleurs*, h/t (73x54) : **FRF 4 800.**

DESGRANGES Guillaume Jacques François
Né le 10 février 1886 à Avranches (Manche). Mort le 1er février 1967 à Coutances (Manche). xxe siècle. Français.
Peintre, graveur.
Il fut élève à Paris, de Fernand Cormon en peinture, du graveur Charles Albert Waltner, des lithographes Charles Léandre et Étienne Bouisset, à l'Académie Julian et à l'École des Beaux-Arts. Il exposait à Paris, au Salon des Artistes Français depuis 1906, obtenant, entre autres distinctions, la médaille d'or en 1925.
Musées : Avranches – Coutances – Nantes.

DESGRES Henri
xive siècle. Parisien, actif entre 1387 et 1397. Français.
Peignier-ivoirier.
Il a réalisé des peignes en ivoire.

DESGREY Georges Ernest
Né à Paris. xxe siècle. Français.
Sculpteur, graveur en médailles.
Il exposait à Paris, au Salon des Artistes Français, sociétaire, médaille d'argent à l'Exposition Universelle de 1937.

DESGUERROIS ou **Desquerroix**
xixe siècle. Actif à Amsterdam dans la première moitié du xixe siècle. Hollandais.
Dessinateur, lithographe.

DESGUIN Mireille
xxe siècle. Belge.
Artiste, créateur d'installations.
Elle a exposé en 1994 à Lausanne.
Archéologue de formation, elle travaille sur la mémoire et le temps.

DESHAIES Marie
Née à Paris. xxe siècle. Française.
Peintre.
Elle exposa au Salon des Indépendants, à Paris.

DESHAIS Olivier
xviie siècle. Actif à Rennes à la fin du xviie siècle. Français.
Sculpteur et architecte.
Il exécuta plusieurs sculptures pour l'église de Cossé-le-Vivien (Mayenne).

DES HAUVENTS W. J. J.
xviiie siècle. Français.
Graveur.
On cite son *Portrait de l'acteur Lekain*.

DESHAYES Célestin
Né le 8 janvier 1817 à Saint-Malo (Ille-et-Vilaine). xixe siècle. Français.
Peintre de paysages animés, paysages, paysages d'eau.
Il fut l'élève de Galetti. Il s'établit à Paris et travailla beaucoup dans la forêt de Fontainebleau.
Ventes Publiques : Nice, 14-15 fév. 1945 : *La Promenade des Anglais à Nice en 1879* : **FRF 2 750** – Londres, 27 fév. 1985 : *Paysage fluvial*, h/t (56x90) : **GBP 1 500** – Versailles, 18 mars 1990 : *Bosquet près de la rivière* 1880, h/pan. (25x33,5) : **FRF 8 000.**

DESHAYES Charles Félix Edouard
Né le 9 novembre 1831 à Toulon (Var). xixe siècle. Français.
Peintre de paysages, natures mortes, pastelliste.
Élève de F. L. Français et de Sénéquier, il débuta au Salon de Paris en 1864.
Il rend, d'une touche fondue, les effets d'éclairage, à différents moments de la journée, sur les paysages de l'Ile-de-France et de Paris.
Bibliogr. : Gérald Schurr, in : *Les Petits Maîtres de la peinture 1820-1920, valeur de demain*, Les Éditions de l'Amateur, t. III, Paris, 1976.
Musées : Langres : *Intérieur de forêt* – Rouen : *Figures de bergers*.
Ventes Publiques : New York, 1909 : *Paysage* : **USD 75** – Paris, 20 nov. 1918 : *Soir d'été au bord d'un étang* : **FRF 180** – Paris, 26-27 mai 1924 : *La barque en mer*, past. : **FRF 140** – Paris, 5 juin 1931 : *Coucher de soleil* : **FRF 150** – Paris, 12 mai 1944 : *La plaine de Billancourt* : **FRF 1 200** – Paris, 4 déc. 1944 : *La promenade au Bas-Meudon* : **FRF 2 500** – Paris, 27 mars 1947 : *En promenade* : **FRF 500** – Berne, 7 mai 1982 : *Berger et troupeau, avec pêcheur à l'arrière-plan* 1870, h/pan. (30x49,5) : **CHF 8 000** – Paris, 25 fév. 1985 : *Paysage au moulin*, h/t (46x33) : **FRF 7 500** – Paris, 24 oct. 1986 : *Personnages dans les sous-bois*, h/pan. (27x35) : **FRF 9 800** – Reims, 16 déc. 1990 : *Le lac Saint-James à Paris*, h/t, une paire (chaque 38x61) : **FRF 32 000** – Londres, 15 fév. 1991 : *Chevaux se désaltérant dans une mare* 1890, h/t (130x90) : **GBP 3 080** – Amsterdam, 30 oct. 1991 : *Vaste paysage fluvial avec des personnages dans des barques* 1872, h/t (31,5x58) : **NLG 3 680** – New York, 20 juil. 1994 : *Jetée dans la rivière* 1870, h/pan. (22,2x40) : **USD 1 725.**

DESHAYES Eugène
Né le 1er janvier 1828 à Paris. Mort en 1890. xixe siècle. Français.
Peintre de paysages animés, paysages, aquarelliste, dessinateur. Orientaliste.
Il figura au Salon de 1848 à 1867. Il fut l'élève de son père, Jean Éléazar Deshayes.
Certaines de ses petites études révèlent une sensibilité proche de celles de Boudin ou de Corot.

Eug Deshayes

Musées : Chartres : cinq paysages – Mulhouse : *Paysage* – La Rochelle : *Paysage et Fabriques* – Rouen : *Paysage*.
Ventes Publiques : Paris, 1897 : *Maison de pêcheurs* : **FRF 27** – Paris, 14 avr. 1908 : *Rocher sur mer* : **FRF 100** – Paris, 8 nov. 1918 : *Vieille Carrière* : **FRF 115** – Paris, 13 nov. 1918 : *Vieilles Halles en Normandie* : **FRF 500** – Paris, 20 nov. 1918 : *Le Moulin*

près de la passerelle : FRF 250 – Paris, 23 déc. 1918 : *Moulin près d'un pont de pierre* : FRF 150 – Paris, 16 mai 1919 : *Ferme normande* : FRF 230 – Paris, 4-5 mars 1920 : *Le Lac de Garde* : FRF 145 – Paris, 20 mars 1920 : *Bateau de pêche échoué sur la grève ; Paysage forestier*, deux peint. : FRF 370 – Paris, 10 nov. 1920 : *Paysage en Normandie* : FRF 180 – Paris, 22 déc. 1920 : *La Ferme au bord de l'étang* : FRF 160 – Paris, 23-24 mai 1921 : *Cour d'échouage à marée basse*, aquar. : FRF 62 ; *Vieilles Maisons au bord d'une plage à marée basse*, fus. : FRF 80 ; *Deux Grosses Barques dans un chenal, à marée basse*, aquar. : FRF 80 ; *Barques à sec, au bord d'un étang*, aquar. : FRF 85 ; *Chantier de pierres de taille*, aquar. : FRF 170 – Paris, 15 déc. 1922 : *La Coupe de bois* : FRF 90 ; *Le Chemin du village* : FRF 185 – Paris, 18 déc. 1922 : *Maison de paysans au bord d'une mare* : FRF 220 – Paris, 27 juin 1923 : *La Passerelle* : FRF 160 – Paris, 20-22 oct. 1924 : *Moulins à vent dans les marais*, fus., reh. blancs : FRF 50 – Paris, 8 déc. 1924 : *Le Moulin* : FRF 170 – Paris, 25 avr. 1925 : *Le Moulin*, aquar. : FRF 60 ; *Bateaux*, cr. : FRF 110 – Paris, 8 mai 1925 : *Bords de rivière dans un paysage montagneux* : FRF 430 – Londres, 12 avr. 1926 : *Passerelle* : GBP 10 – Paris, 10 mai 1926 : *Le Village au bord de la rivière, ciel orageux* : FRF 320 – Paris, 12 juin 1926 : *L'Entrée de la ferme*, aquar. : FRF 200 – Paris, 18 mars 1929 : *Le Lac dans les montagnes* : FRF 480 – Paris, 21 mars 1929 : *Paysage avec moulin*, dess. : FRF 95 – Édimbourg, 20 avr. 1929 : *La Bretagne* : GBP 6 – Paris, 14 mars 1931 : *Bords de rivière* : FRF 145 – Paris, 26-27 fév. 1934 : *Moulins à vent en plaine, soleil voilé* : FRF 110 – Londres, 4 mars 1938 : *Cour de ferme* : GBP 6 – Paris, 5 déc. 1938 : *Vue d'un port de pêche* : FRF 300 – Paris, 2 juin 1943 : *La Caravane dans le défilé* : FRF 1 000 – Paris, 25 juin 1943 : *Paysage*, peint. sur céramique : FRF 180 – Paris, 23 déc. 1943 : *Navires sur la grève au bord de la falaise* : FRF 2 700 – Paris, 31 déc. 1944 : *Paysage* : FRF 14 500 – Paris, 30 mai 1945 : *Bateau dans une crique*, aquar. : FRF 500 – Paris, 2 juil. 1945 : *La Caravane* : FRF 500 – Paris, 18 oct. 1946 : *Paysage (recto), Vue d'une place (verso)*, dess. au fus. : FRF 120 – Paris, 10 fév. 1947 : *Les Moulins* : FRF 1 650 – Paris, 24 mars 1947 : *Paysage rocheux*, aquar. gchée : FRF 320 – Vienne, 17 juin 1969 : *Moulins en Hollande* : ATS 28 000 – Paris, 25 nov. 1974 : *Château d'Hydra : le jardin des femmes* : FRF 6 000 ; *Peinture*, h/t (41,5x71) : FRF 8 000 – Vienne, 16 mars 1976 : *Lac Alpestre*, h/t (28x44) : ATS 30 000 – Vienne, 14 mars 1978 : *Le pont de pierre*, h/pan. (43x63) : ATS 25 000 – New York, 28 oct. 1982 : *Chalet au bord d'un lac, Suisse*, h/t (31x53) : USD 4 500 – Berne, 11 mai 1984 : *Paysage montagneux, Ardennes*, h/t (41x71) : CHF 8 000 – Londres, 3 juin 1987 : *Vue d'un village au bord d'une rivière*, h/pan. (24x33) : CHF 4 000 – Versailles, 21 fév. 1988 : *Le Lavoir près du village*, h/t (46x55,5) : FRF 10 000 – Paris, 18 avr. 1988 : *Au bord de l'Oued*, h/t (58x73) : FRF 12 000 – Berne, 26 oct. 1988 : *Village de pêcheurs en Normandie*, h/t (41x71) : CHF 2 800 – Paris, 14 fév. 1990 : *Bord de rivière animé de personnages*, h/t (92x65) : FRF 10 200 – Versailles, 18 mars 1990 : *Le Marché près du canal*, h/t (49x81) : FRF 18 000 – Stockholm, 16 mai 1990 : *Le Travail des pêcheurs sur la grève*, h/t (40x70) : SEK 23 000 – Paris, 20 nov. 1990 : *Femmes au campement*, h/cart. (35x100) : FRF 12 000 – Paris, 6 déc. 1990 : *Barques échouées sur le rivage*, cr. noir avec reh. de craie (40x30) : FRF 4 800 – Neuilly, 3 fév. 1991 : *Bord de rivière*, h/t (73x100) : FRF 25 000 – Calais, 14 mars 1993 : *Barques de pêche à l'entrée du port*, h/t (25x32) : FRF 9 500 – Paris, 27 mai 1994 : *Bord de rivière*, h/pan. (23,5x35,5) : FRF 12 000 – Paris, 19 juin 1996 : *Caravane passant le gué*, h/t (32,5x40,5) : FRF 8 800.

DESHAYES Eugène François A.

Né en 1868. Mort en 1939. XIXe-XXe siècles. Français.

Peintre de genre, paysages. Orientaliste.

Il participa au Salon de Paris entre 1894 et 1907.

Ses voyages en Afrique du Nord, en Corse, aux Baléares lui ont inspiré des paysages aux teintes lumineuses, des campements, des caravanes, des jardins très fleuris, des *Vues d'Alger*. Il a également représenté des paysages de l'Ile-de-France et de Provence.

Bibliogr. : Gérald Schurr, in : *Les Petits Maîtres de la peinture 1820-1920, valeur de demain*, Les Éditions de l'Amateur, t. V, Paris, 1981.

Ventes Publiques : Paris, 22 juin 1990 : *La caravane*, h/t (45,5x130,5) : FRF 42 000 – Paris, 12 oct. 1990 : *Repos sur la terrasse* 1901, h/t (39x78,5) : FRF 12 000 – Paris, 28 oct. 1990 : *Marine*, h/t (32x40) : FRF 7 500 – Paris, 11 déc. 1991 : *Algériennes sur leur terrasse*, h/t (39x78) : FRF 25 000 – Paris, 13 avr. 1992 : *Bou-Saada*, h/pan. (45x54) : FRF 10 000 – Paris, 2 juin 1992 : *Cèdres au col de Chréa*, h/t (100x65) : FRF 22 000 – Paris, 7 déc. 1992 : *Caravane traversant la Djurdjura*, h/t (131x195) : FRF 80 000 – Paris, 23 avr. 1993 : *Lavandières à El Oued*, h/pan. (32x40) : FRF 7 800 – Paris, 14 juin 1995 : *Sud algérois*, h/pan. (23x55) : FRF 10 500 – Paris, 4 déc. 1995 : *Jardin à Alger*, h/t/pan. (59x80) : FRF 20 000 – Paris, 20 déc. 1995 : *Caravane traversant le Djurdjura*, h/t (135x195) : FRF 60 000 – Paris, 22 avr. 1996 : *Jardin à Alger*, h/t/pan. (60x80) : FRF 41 000 – Paris, 9 déc. 1996 : *Calanques, côte algérienne*, h/t (73x100) : FRF 27 000.

DESHAYES Frédéric Léon

Né le 30 décembre 1883 à Paris. Mort en 1970. XXe siècle. Français.

Peintre de nus, paysages, marines, natures mortes.

Il a exposé au Salon des Indépendants à partir de 1911, au Salon d'Automne, dont il est devenu sociétaire depuis 1919, invité aux Tuileries depuis 1926. Il a également figuré au Salon des Indépendants bordelais.

Ses toiles sont composées de lignes franches qui délimitent des couleurs vives, donnant aux formes une simplification synthétique.

Bibliogr. : Gérald Schurr, in : *Les Petits Maîtres de la peinture 1820-1920, valeur de demain*, Les Éditions de l'Amateur, t. III, Paris, 1976.

Musées : Alger – Boston – Chicago – Cincinnati – Constantine – Le Havre – New York – Paris (ancien Mus. du Luxembourg) – La Rochelle – Tunis.

Ventes Publiques : Paris, 7 juin 1923 : *Dans le port de Bayonne*, aquar. : FRF 30 ; *Femme se coiffant* : FRF 50 – Paris, 16 juin 1923 : *Femme à sa toilette* : FRF 500 – Paris, 26-27 avr. 1929 : *La table au jardin* : FRF 580 – Paris, 19 déc. 1941 : *Jardin à Alger*, aquar. : FRF 210 ; *L'oasis de Bou-Saada* : FRF 1 000 – Paris, 19 déc. 1944 : *La vallée de Gorbio* : FRF 2 500 – Paris, 7 déc. 1981 : *Bord de rivière*, h/t (38x61) : FRF 3 000 – Paris, 5 juin 1989 : *Bouquet de fleurs au chapeau de paille*, h/t (73x92) : FRF 12 000 – Paris, 30 nov. 1994 : *Route de Toulon*, h/t (38x61) : FRF 5 000.

DESHAYES Gustave

Né au XIXe siècle à Coutances (Manche). Mort à Alger. XIXe siècle. Français.

Paysagiste et peintre de marines.

Élève de Quesnel et Bazile. Sa famille s'opposant à sa vocation artistique, il s'engagea dans l'armée et mourut très jeune, de la fièvre, à Alger. Le Musée de Coutances conserve de lui : *La baie de Streliska*.

DESHAYES Henri

XVIe siècle. Français.

Sculpteur et architecte.

Sur les plans de l'architecte Thomas de Caudebec, il travailla, avec son frère Jean et avec Martin et Michel Delafosse, au portail de l'église de Lillebonne (Seine-Maritime) qui, commencé en 1547, fut terminé en 1553.

DESHAYES Jean ou **des Hayes**

Né en 1483 en Provence. Mort le 24 août 1572 à Lyon. XVIe siècle. Français.

Peintre d'histoire.

Établi à Lyon, il travailla en 1548, pour l'entrée d'Henri II. Il était protestant et fut massacré lors de la Saint-Barthélémy.

DESHAYES Jean

XVIIe siècle. Travaillant à Paris dans la première moitié du XVIIe siècle. Français.

Graveur.

On cite de lui des planches représentant des *Sujets religieux*.

DESHAYES Jean Éleazar

Né à Paris. Mort le 27 juillet 1848 à Paris. XIXe siècle. Français.

Peintre de paysages et lithographe.

Exposa au Salon de 1793 à 1841. On doit à cet artiste : l'*Herbier forestier*, un *Traité du feuillage en général* et plusieurs ouvrages lithographiés.

DESHAYES Juliette

Née au XXe siècle à Pontoise (Seine-et-Oise). XXe siècle. Française.

Peintre.

Elle exposa à Paris au Salon des Indépendants et au Salon d'Automne, invitée aux Tuileries à partir de 1933.

DESHAYES Marcelle
Née à Saint-Étienne (Loire). xxe siècle. Française.
Peintre.
Elle exposa à Paris au Salon des Indépendants et au Salon d'Automne à partir de 1930.

DESHAYES Monique
Née à Paris. xxe siècle. Française.
Dessinatrice.
Elle exposa à Paris au Salon des illustrations et des paysages d'imagination au Salon d'Automne à partir de 1941.

DESHAYES Nicolas
xviie siècle. Actif entre 1642 et 1671. Français.
Graveur.
Une eau-forte représentant saint Benoît est conservée à la Bibliothèque Municipale de Lyon.

DESHAYES Philippe
Né à Paris. Mort vers 1665. xviie siècle. Français.
Peintre.
Il s'établit à Bordeaux où il reçut le titre de « peintre de la ville ». Il travailla pour le duc d'Épernon et en 1660 à la décoration de la ville pour l'entrée de Louis XIV et de l'infante Marie-Thérèse, future reine de France. Il reçut également vers la même époque, commande d'une série de portraits.

DESHAYS de Colleville Jean Baptiste Henri ou **Deshayes**, dit **le Romain**
Né en décembre 1729 à Colleville près de Rouen (Haute-Normandie). Mort le 10 février 1765 à Paris. xviiie siècle. Français.
Peintre d'histoire, scènes mythologiques, sujets religieux, compositions allégoriques, scènes de genre, portraits, paysages, peintre à la gouache, peintre de cartons de tapisseries, dessinateur.
C'est à Rouen que Deshays reçut de son père les premières notions de peinture, puis il vint à Paris pour se perfectionner dans cet art, et grâce aux recommandations de l'académicien Colin de Vermont, il put entrer dans l'atelier de Restout le Rouennais. Boucher en fit bientôt son élève (il épousa sa fille aînée en avril 1758). Avec *Vénus jetant des fleurs sur le corps d'Hector*, aujourd'hui au Musée de Montpellier, il obtint le premier prix de Rome en 1751. Durant trois ans, il travailla à l'École des élèves protégés par le roi, que dirigeait Carle Van Loo. En 1754, nous le retrouvons à Rome, où il ne reste que quatre ans environ, puis il revient à Paris. Le 30 septembre 1758, il est agréé à l'Académie, est nommé académicien le 26 mai 1759, puis en 1760, il reçoit le titre de professeur-adjoint. Il fit surtout de la peinture religieuse et l'on cite de lui son tableau d'autel à l'église du Plessis-Piquet. Deshays, cependant, n'échappa pas à l'influence du milieu dans lequel il vivait et on lui doit aussi des sujets galants et des cartons de tapisseries.
Dans certains grands tableaux d'église, sa manière était vigoureuse, parfois même violente, mais elle ne déplaisait pas, au contraire, car aux Salons de 1759, 1761 et 1763, il récolta un grand succès. Au Musée de la ville de Rouen, est conservée une peinture de Deshays représentant le *Martyre de saint André*, exécuté pour une église de Rouen, de laquelle Diderot parle avec beaucoup de ferveur. Le goût exagéré des artistes italiens de la décadence y est manifeste et on ne comprend pas pourquoi Diderot voit en cet artiste un élève de Lesueur ! Au contraire, on retrouve dans la facture de Deshays, tout le style, toutes les façons dont peignait Boucher, soit en de gracieuses esquisses, soit dans les caravanes, à l'imitation de Benedette. Plus clairvoyant, Mariette notait : « Deshays... est un des meilleurs élèves qu'ait faits M. Boucher... il composait bien, inventait facilement et peignait à plein pinceau ; mais dans tout cela, il mettait de la manière et je doute qu'il fut devenu avec le temps plus habile qu'il n'était. » (Abecedario II.) Cochin et Diderot font un grand éloge du *Mariage de la Vierge* dont le sort nous est inconnu, et d'une *Mort de saint Benoît* que nous retrouvons au Musée d'Orléans. Le Louvre possède *Achille protégé par Vulcain et Junon*, composition assez curieuse et d'un pinceau dur, où le style italien est effacé par une réunion des styles de Boucher et de Van Loo. Le graveur Ph. Parizeau a reproduit des tableaux de Deshays en trois grandes eaux-fortes.

Musées : Angers : *Sainte Anne instruisant la Sainte Vierge* – Besançon : *Saint Sébastien* – *Le Bon Samaritain* – *Jeunes chiens* – Montpellier : *Vénus répand des fleurs sur le corps d'Hector* – Orléans : *Saint Benoît recevant le viatique* – Paris (Mus. du Louvre) : *Achille protégé par Vulcain et Junon* – Rouen : *La Charité romaine* – *Martyre de saint André* – *Jeanne de France* – *Saint André* – *Saint André mis au tombeau.*
Ventes Publiques : Paris, 1767 : *Une femme assise sur un cheval qui marche dans l'eau* : **FRF 310** – Paris, 1859 : *Le Fidèle Gardien*, dess. : **FRF 520** – Paris, 1883 : *L'Amant empressé*, dess. au cr. noir et blanc reh. de sanguine : **FRF 52** – Paris, 1884 : *Coquetterie* : **FRF 2 080** – Paris, 1886 : *Le Lever* : **FRF 820** – Paris, 1890 : *La balançoire* : **FRF 3 250** – Paris, 1890 : *Cent quarante-quatre dessins* : **FRF 1 299** – Paris, 4 mai 1909 : *Portrait présumé de Mlle Lespinasse*, dess. : **FRF 300** – Paris, 12 et 13 mai 1919 : *Jeune Femme nue les mains croisées*, sanguine : **FRF 5 250** – Paris, 22-23 mai 1919 : *La Femme à la colombe*, attr. : **FRF 10 000** – Paris, 4-6 déc. 1919 : *Portrait d'un gentilhomme* : **FRF 1 350** – Paris, 6-7 mai 1920 : *La Jeune Femme à l'œillet* : **FRF 36 000** – Paris, 21-22 juin 1920 : *Portrait de femme* : **FRF 31 000** – Paris, 27-28 mai 1921 : *Portrait de femme coiffée de roses* : **FRF 5 100** – Paris, 3-4 mai 1922 : *Jeune femme en bleu, des fleurs au corsage* : **FRF 2 000** – Paris, 6-7 déc. 1928 : *Le Repos des bergers* ; *La Lavandière*, deux h/t : **FRF 80 000** – Paris, 24 mai 1929 : *La Fontaine* : **FRF 28 500** – Paris, 4 juil. 1929 : *Le Mariage de la Vierge*, pl. : **FRF 480** – New York, 11 déc. 1930 : *La Mésaventure de village* : **USD 800** – Paris, oct. 1945-juil. 1946 : *La Paix ramenant l'Abondance*, peint. en camaïeu : **FRF 53 000** – Paris, 6 déc. 1946 : *Jeunes femmes et Amours*, deux pendants : **FRF 8 000** – Paris, 12 déc. 1959 : *Erigone* : **FRF 1 000 000** – Londres, 22 juin 1960 : *Portrait de Mme Deshayes*, tondo : **GBP 420** – Londres, 23 nov. 1962 : *La Toilette du soir* : **GNS 2 400** – Londres, 9 mars 1966 : *Jeune femme dans un boudoir* : **GBP 1 700** – Paris, 21 mars 1968 : *Portrait d'un architecte* : **FRF 31 000** – Paris, 17 juin 1977 : *La Lavandière* ; *Le Repos des bergers*, 2 toiles, de forme ovale, formant pendants (chaque 49,5x41,5) : **FRF 72 000** – Paris, 23 jan. 1980 : *Hercule sur le bûcher, assisté par Philoctètes* 1762, sanguine et estompe à la sanguine/pap. : **FRF 8 200** – Monte-Carlo, 14 fév. 1983 : *L'Enfance de Bacchus*, œuvre sur pap. collé/pan., esquisse (37x26,5) : **FRF 10 000** – Versailles, 27 nov. 1983 : *Portrait d'un chasseur*, h/t (58x47,5) : **FRF 35 000** – Paris, 12 juin 1987 : *Vue d'un château au bord de la rivière*, gche (57x102) : **FRF 6 000** – New York, 14 jan. 1988 : *La Résurrection*, h/t (54,5x44,5) : **USD 6 600** – Paris, 14 juin 1989 : *La Vierge, Sainte Anne, Saint Joachim*, camaïeu/pap., esquisse (39x31) : **FRF 500 000** – Monaco, 16 juin 1989 : *La Festin de Balthazar*, h/t (55x46) : **FRF 111 000** – New York, 12 jan. 1990 : *Tête de guerrier casqué*, craies (51,6x41,3) : **USD 1 925** – New York, 18 mai 1994 : *Portrait d'une jeune femme lisant un livre*, h/t, de forme ovale (61x49,7) : **USD 46 000** – Monaco, 19 juin 1994 : *Philémon et Baucis*, h/t (63,5x52,5) : **FRF 42 180** – Londres, 24 fév. 1995 : *L'Adoration des Rois Mages*, h/t (49,5x32) : **GBP 3 450** – Paris, 21 mars 1995 : *Mars et Vénus*, pierre noire et sanguine/pap. beige (37x47,5) : **FRF 14 000** – New York, 19 mai 1995 : *Personnification féminine de la Peinture (dit aussi le Dessin)*, h/t (61x111,1) : **USD 200 500** – Paris, 21 juin 1996 : *Saint François mourant recevant le Viatique*, h/t, esquisse (37,5x28,5) : **FRF 29 000** – New York, 31 jan. 1997 : *Minerve proclamant l'arrivée des Puto et la victoire de Méduse*, h/t (53,3x65,4) : **USD 63 000**.

DESHAYS de Colleville François Bruno
Né à Rouen. xviiie siècle. Français.
Peintre de portraits.
Frère de Jean Baptiste Deshays ; n'arriva jamais à la réputation de celui-ci.

Ventes Publiques : Paris, 28 mars 1895 : *Portrait d'un musicien à mi-corps* : **FRF 205** ; *Portrait d'une musicienne à mi-corps, jouant de la guitare* : **FRF 725** – Paris, 11 et 12 mai 1921 : *Jeune femme en corsage bleu, décolleté*, attr. : **FRF 300** ; *Portrait de femme en buste*, attr. : **FRF 450** – Paris, 30 janvier-3 fév. 1922 : *Jeune femme pinçant de la guitare* : **FRF 1 820**.

DESHINGTON Johan
Né à Bergen. xixe siècle. Norvégien.
Peintre de portraits.
Il fit ses études à l'Académie de Stockholm. En 1837 il fut chargé de peindre les portraits des fils du prince héritier de Suède, Oscar.

DESHOCHES Jacques René
xviiie siècle. Français.
Peintre.
Il fut reçu à l'Académie Saint-Luc à Paris en 1746.

DESHOUCHES Robert Bernard
xviiie siècle. Français.
Sculpteur.
Il fut reçu à l'Académie Saint-Luc à Paris en 1733.

DESHOURMES Nicolas
Né à Fougères. xvie siècle. Français.
Peintre et sculpteur sur bois.
Il vint à Rennes, en 1505 pour prendre part à l'organisation des fêtes en l'honneur de l'entrée de la reine Anne de Bretagne.

DES HOZIERS Guillaume
xviie siècle. Français.
Peintre.
Il fut reçu à l'Académie Saint-Luc en 1669.

DESI HUBER Istvan
Né en 1895. Mort en 1944. xxe siècle. Hongrois.
Peintre de compositions à personnages. Postcubiste, puis expressionniste.
Il était fondeur d'or. Exerçant son métier à Milan, de 1924 à 1927, il commença à dessiner et se forma seul à la peinture.
Après des débuts sagement académiques, il comprit qu'il devait adapter sa technique à l'expression de convictions sociales importantes dans sa vie. Il a surtout illustré des scènes de la vie des ouvriers. Dans une première période, il travailla dans l'esprit d'une construction formelle postcubiste. À partir de 1930, il évolua à un style expressionniste plus apte à son propos. Cette évolution se confirma à partir de 1936, confortée de quelque influence de l'œuvre de Van Gogh.
Bibliogr. : Lajos Németh, in : *Moderne ungarische Kunst*, Corvina, Budapest, 1969.

DESIDERI Benedetto
xviie siècle. Actif à Pistoia. Italien.
Sculpteur.
Il travailla le bois et l'ivoire.

DESIDERI Giovanni di Jacopo
xvie siècle. Actif à Pistoia vers 1581. Italien.
Sculpteur.

DESIDERII Giovanni Domenico
Né vers 1623 à Rome. Mort le 29 août 1667 à Rome. xviie siècle. Italien.
Peintre.
Ce paysagiste fut l'élève et même l'hôte de Claude Lorrain mais c'est à tort qu'on a cru reconnaître la main de cet artiste dans plusieurs toiles du maître.

DESIDERIO, monsù. Voir **NOME François de,** et **BARRA Didier**

DESIDERIO Costantino
xviiie siècle. Travaillant sans doute à Naples, à la fin du xviiie siècle. Italien.
Peintre.

DESIDERIO Cristina
xviie siècle. Italienne.
Peintre.
Il subsiste des peintures de cette artiste dans différentes églises de la région de Castellamare.

DESIDERIO da Firenze
xvie siècle. Actif à Venise. Italien.
Sculpteur, fondeur.
Ventes Publiques : Londres, 30 mai 1977 : *Aiguière*, bronze (H. 38,5) : **GBP 12 000**.

DESIDERIO da Settignano
Né en 1428 à Settignano près de Florence. Mort le 16 janvier 1464 à Florence. xve siècle. Italien.
Sculpteur de monuments, bustes, bas-reliefs.
On admet généralement que ce sculpteur naquit, en 1428, à Settignano ; toutefois Vasari n'exclut pas l'hypothèse qu'il ait pu naître à Florence même. Settignano est une bourgade près de Florence, qui était habitée principalement par des tailleurs de pierre ; Michel-Ange y aurait possédé une habitation. Il semble bien qu'il fut l'élève de Donatello ; en tout cas, il travailla avec lui et s'inspira de ses principes, tout en manifestant un tempérament et une manière sensiblement différents de ceux de son maître. Ce fut lui, d'ailleurs, dans sa jeunesse, qui exécuta le socle de la statue du David de Donatello ; d'après Vasari ce socle était orné de harpies de marbre et de tigettes de bronze. Nous savons qu'en 1443, Desiderio, alors âgé de quinze ans, n'accompagna pas le maître à son départ pour Padoue. Il mourut à 36 ans seulement, alors que son talent avait pu s'affirmer déjà dans nombre d'œuvres. Vasari, qui par erreur le fait mourir à 28 ans, nous dit que ses funérailles furent célébrées avec magnificence à l'église des Servites.
Desiderio a exécuté beaucoup de monuments funéraires, ainsi que de travaux pour les églises. On lui doit surtout des bustes et des bas-reliefs d'enfants qui demeurent ses grands chefs-d'œuvre ; il exécuta aussi des bustes de jeunes femmes, très vivants et laissant présumer une ressemblance parfaite. On s'accorde pour lui reconnaître le don d'une grâce exquise, indéfinissable, une expression toujours fine et élégante, que l'on oppose à la manière vigoureuse et tourmentée de son maître. On loue le charme prenant de ses enfants candides, sages, doux, si différents des « putti » animés et bruyants de Donatello.
Son monument le plus célèbre est le Mausolée de Carlo Marzuppino, dans l'église Santa-Croce, achevé vers 1455. Il convient de remarquer que les monuments funéraires étaient avant tout une œuvre de sculpture, alors que dans l'antiquité ils relevaient à peu près exclusivement de l'architecture et se distinguaient soit par l'ampleur des proportions, soit par le caractère des lignes. Ces monuments, placés ordinairement dans les églises, comportaient des statues, des bas ou haut-reliefs, parfois un grand nombre de motifs en ornements divers. Celui de Marzuppino est conçu dans la forme qu'avait innovée Bernardo Rossellino. Le catafalque est placé dans une niche ouverte, arrondie en haut ; le visage du mort est tourné vers les spectateurs. Une figure de la Vierge avec l'Enfant et des anges est placée dans la lunette, tandis qu'au pied du monument, de petits anges s'appuient sur des boucliers. Vasari admirait la finesse du duvet des ailes qui servent d'ornement à une niche située au bas du catafalque, rendue avec une « exactitude que l'on n'aurait osé attendre du ciseau ». Les ornements sont pleins de délicatesse. Le père du défunt, Messer Gregorio, est représenté en habit de docteur, au bas du monument, en bas-relief. Desiderio exécuta le Tabernacle de la Chapelle del Sacramento, à San Lorenzo. Cet ensemble élégant présente une arche en perspective, avec des anges dans une attitude gracieuse d'adoration. Il comportait encore un enfant en marbre, qui fut enlevé pour être placé sur l'autel pendant les fêtes de la Nativité. Le tombeau de la bienheureuse Villana, à Santa Maria Novella, que Vasari attribue par erreur à Desiderio, est de Rossellino. On cite encore un tabernacle à San Piètro Maggiore ; un Enfant Jésus, debout sur un calice, en haut du petit tabernacle, à Santa Maria Novella ; un ange en bois dans la chapelle des Brancacci, à l'église del Carmine ; une frise d'enfants, dans la chapelle Pazzi, à Santa-Croce, œuvre d'un effet particulièrement aimable : les enfants expriment leur gentillesse par de petites moues, ou rient en montrant leurs dents et en gonflant leurs joues. Desiderio entreprit l'exécution, pour l'église de la Santa Trinita, d'une statue en bois de sainte Marie-Madeleine, conçue peut-être d'après l'impression que l'œuvre de Donatello, si étrangement hallucinante, n'avait dû manquer de produire sur lui. L'œuvre demeura d'ailleurs inachevée : l'artiste la laissa aux soins de Benedetto de Maiano qui la termina. Vasari signale un buste de Mariette Strozzi, qui « dénote une belle et ravissante manière ». Ce buste, qui est au Musée de Berlin et dont l'attribution à Desiderio n'avait auparavant fait l'objet d'aucune contestation, a été considéré au début de ce siècle, dans une certaine opinion, comme l'œuvre du sculpteur dalmate contemporain de Desiderio, Francesco da Laurana. Un débat a été institué, qui dépassait d'ailleurs la question particulière de l'œuvre considérée ; des opinions très différentes ont été avancées et il ne semble pas qu'aucun résultat certain soit acquis. Il ressort néan-

moins de la controverse qu'il existe une certaine parenté de manière et de talent entre Laurana et Desiderio ; il résulte au surplus de l'examen des œuvres que le charme de ces figures, leur délicatesse, leur grâce élégante, constituent comme un patrimoine commun qui déborde la personnalité des deux artistes, aussi bien que celle de beaucoup d'autres, qui déborde le cadre des écoles elles-mêmes et qui caractérise une époque, un certain état de la civilisation et de la culture artistique. Il existe encore un certain nombre d'œuvres, qui comptent d'ailleurs parmi les plus intéressantes, bustes en bas-reliefs, et d'après lesquelles il est plus aisé d'acquérir une notion assez précise de la manière du maître florentin. En premier lieu, quelques figures de saint Jean Baptiste enfant : notamment un médaillon circulaire en marbre représentant le Christ et saint Jean. Ce très beau groupe appartenait, d'après Vasari, à Cosme de Medicis. Il faisait partie, en dernier état, de la collection de la marquise Arconati-Visconti qui, en 1914, en fit don au Louvre. Un buste en marbre de saint Jean Baptiste se trouve au Musée civique (Pinacothèque communale) de Faenza. Ce buste a été aussi attribué à Donatello, ou à Antonio Rossellino, ou encore à Benedetto da Maiano. Ces divergences témoignent d'une certaine analogie entre les manières de tous ces artistes, incitant à ne pas enfermer Desiderio dans une manière trop particulière, en l'opposant systématiquement à d'autres, notamment à Donatello. Un autre buste de saint Jean attribué à Desiderio et qui rappelle par certains côtés le précédent, est celui de la confrérie des Vanchetoni. Enfin un bas-relief de pierre, qui est conservé au Bargello et que l'on a également attribué à Donatello, se rapproche beaucoup, par l'expression et par les traits, du saint Jean sculpté dans le médaillon circulaire du Louvre. Un bas-relief de marbre, la Vierge et l'Enfant, se trouve à Turin, à la Galleria Sabauda, qui l'a acquis à Florence en 1850, la Vierge, de profil, serre l'Enfant de ses deux bras, penchant la tête vers lui en souriant légèrement, les yeux baissés. Le Louvre possède une épreuve ancienne en stuc de cette œuvre, dont une copie de date assez postérieure figure dans la collection Fortnum à Oxford. Un autre bas-relief de marbre, représentant le même sujet fait partie de la Collection Foulc, provenant de Santa Maria Nuova à Florence. La Vierge est de trois quarts, tenant l'Enfant Jésus debout, une main repliée sur la taille de l'enfant, l'autre tenant son petit pied entre l'index et le médius. Le mouvement est tout à fait ravissant de naturel. L'expression du visage est douce et recueillie, la bouche entr'ouverte : la grâce qui s'en dégage n'exclut pas un fond de méditation et de mélancolie, comme si la tendresse de l'instant laissait transparaître le souci de l'avenir. Cette Vierge, sans lui ressembler expressément, rappelle celle de Lucca della Robbia, dont la mélancolie est cependant plus marquée et se nuance d'inquiétude. Le Musée Calvet d'Avignon possède un buste d'enfant, en marbre, attribué soit à Desiderio, soit à Francesco de Laurana. Un autre buste d'enfant, en marbre, qui se trouve à New York (Duveen Brothers), avait été d'abord attribué à Donatello. On a attribué de même à Desiderio l'Enfant au collier de la Collection Benda à Vienne.

Desiderio est l'interprète de la grâce enfantine. Il a imité parfois Donatello, au point de dérouter la critique dans quelques-unes de ses œuvres, pourtant, en témoignant d'une élégance et d'une qualité d'expression qui lui demeurent propres. Quant à ses figures de saint Jean Baptiste, peu importe que la question d'attribution demeure pendante pour quelques-unes, ces œuvres présentent des analogies incontestables et l'on peut prendre comme centre de référence le médaillon du Louvre, qui reste hors de discussion. Les deux enfants du médaillon sourient peut-être, mais ce sourire contraint, volontaire, ne vient-il pas accentuer la note de tristesse qui constitue la marque de Desiderio ? Les bustes de saint Jean dans une note un peu différente de celle qui caractérise le bas-relief du Louvre et celui du Bargello, confirment l'impression dégagée par ceux-ci ; c'est la même mélancolie, le même sentiment austère de prédestination.

■ revu par J. B.

DESIDERIO da Verona

XVe siècle. Actif à Vérone en 1482. Italien.

Peintre.

DESIDERIUS

XVIe siècle. Italien.

Peintre.

Il travailla à la cour du roi de Hongrie Louis II, pendant son règne (1516-1526).

DESIGNE Lily, née **Rosalia Genovese**

Née le 5 septembre 1930 à Ferryville. XXe siècle. Depuis 1954 active en France. Tunisienne.

Peintre, peintre à la gouache, de collages, décors de théâtre, cartons de tapisseries.

Elle vit et travaille en France, où elle s'est mariée. En tant que peintre, elle expose surtout depuis 1974, en général à Paris, notamment à la Maison de la Radio avec les artistes du spectacle, mais aussi en 1983 aux Salons des Artistes Indépendants et d'Automne, où elle figura de nouveau en 1986. Depuis 1963, elle eut une intense activité de peintre de décors de théâtre, en Corse, à Paris et dans les théâtres de la périphérie, à Avignon, au Festival de Châteauvallon, à la Maison de la Culture d'Amiens. Elle décora quantité de spectacles, de Calderon, Molière, Racine, Musset, Hugo, Tchekov, à Courteline, Obaldia, Arrabal, etc.

Ses peintures, en technique mixte, parfois à partir de collages, se réfèrent souvent à ce merveilleux, qui appartient en propre aux artifices du théâtre, et qui chez elle penche plus vers le féerique que vers le fantastique.

DESIGNOLLE Ernest G.

Né à Beauvoir (Yonne). XIXe-XXe siècles. Français.

Peintre de paysages, aquarelliste.

Il fut élève de Harpignies. Il exposait à Paris, au Salon des Artistes Français, dont il devint sociétaire en 1906.

Musées : La Rochelle : *Paysage*.

Ventes Publiques : Versailles, 27 jan. 1980 : *Le grand arbre près du fleuve* 1929, aquar. (26,5x37,5) : **FRF 2 200** – Paris, 10 juin 1992 : *Coucher de soleil sur la campagne*, aquar. (27,5x36) : **FRF 3 000**.

DESIGNOLLE P.

XIXe siècle. Actif à Paris. Français.

Sculpteur.

Il exposa au Salon de 1883.

DESINDES Claude ou **des Indes**

Né en 1659 à Paris. Mort le 12 août 1729 à Nancy. XVIIe-XVIIIe siècles. Français.

Sculpteur.

Il exécuta des sculptures religieuses en bois.

DESIRE Simon Claude

Né vers 1625. Mort en 1708 à Saint-Étienne. XVIIe siècle. Français.

Sculpteur.

Il travailla pour les châteaux et les églises de la région de Saint-Étienne et forma un grand nombre d'élèves.

DÉSIRÉ-LUCAS Louis Marie

Né en 1869 à Fort-de-France (Martinique). Mort le 29 septembre 1949 à Ploaré (Finistère). XIXe-XXe siècles. Français.

Peintre de scènes typiques, portraits, paysages, lithographe. Populiste.

Il fut élève à Paris de William Bouguereau, Tony Robert-Fleury, Jules Lefebvre. Il débuta au Salon de 1893, et y figura ensuite régulièrement, bientôt remarqué. Il y obtint de nombreuses distinctions, entre autres : 1901 une bourse de voyage, 1910 le Prix Rosa Bonheur et chevalier de la Légion d'honneur, 1937 Diplôme d'Honneur à l'occasion de l'Exposition Universelle, 1943 membre de l'Institut.

Dans ses tout débuts, il semblait vouloir prendre rang parmi les peintres de portraits de femmes. Très vite, il choisit de reproduire les scènes de la vie bretonne, dont il se fit une spécialité à succès. En 1897, il envoya au Salon : *La tricoteuse*, en 1898 : *Conte de la grand'mère*, en 1900 : *Le vœu du petit mousse*. Il peignait alors dans des tons sombres, qui lui furent reprochés. Il éclaircit ensuite sensiblement sa palette. Lithographe, il reproduisit certains de ses tableaux les plus populaires.

Ventes Publiques : Paris, 19 déc. 1923 : *La becquée* : **FRF 780** – Paris, 29 nov. 1925 : *Le repas du soir* : **FRF 1 500** – Paris, 16 déc. 1927 : *Le bénédicité* : **FRF 1 150** ; *La forge* : **FRF 320** – Paris, 1er avr. 1942 : *Vue de la Roque-Gajac (Dordogne)* : **FRF 1 400** – Paris, 2 juin 1943 : *Le village au bord de l'eau* 1927 : **FRF 3 500** – Paris, 23 mars 1945 : *Le port de Quimperlé* 1925 : **FRF 5 600** – Paris, juil. 1946 : *Paysage au bord de la mer* : **FRF 15 000** – Paris, 18 juin 1947 : *Ville au bord de l'eau* : **FRF 5 200** – Brest, 19 déc. 1976 : *Marine, presqu'île de Crozon*, h/t (46x54) : **FRF 8 500** – Brest, 18 déc. 1977 : *Femmes bretonnes au village*, h/t (73x60) : **FRF 5 200** – Brest, 13 mai 1979 : *Procession sur le port en Bretagne*, h/t (45x55) : **FRF 19 000** – Reims, 22 mars 1981 : *Vue de*

Douarnenez, h/pan. (40x30) : **FRF 6 200** – Brest, 15 mai 1983 : *Port d'Alyse*, gche (25x32) : **FRF 5 200** – Brest, 15 déc. 1985 : *Quimperlé, la Laïta* 1924, h/t (45x38) : **FRF 11 900** – Douarnenez, 25 juil. 1987 : *Baie de Douarnenez, le clocher de Plomodiern*, h/t (81x100) : **FRF 27 500** – Calais, 8 nov. 1987 : *Paysage du bord de Loire*, h/t (55x65) : **FRF 15 000** – Paris, 21 déc. 1987 : *L'homme à la pipe*, fus. et past. (42x53) : **FRF 10 500** – Paris, 17 fév. 1988 : *Intérieur breton* 1912, h/t (81x65) : **FRF 16 000** – Grandville, 16-17 juil. 1988 : *Côte rocheuse*, h/t (60x73) : **FRF 17 000** – Paris, 27 oct. 1988 : *Le Pardon de Saint-Cado*, h/t (60x96) : **FRF 53 000** – Reims, 23 avr. 1989 : *Côte rocheuse à Ouessant*, h/t (60x73) : **FRF 25 000** – Reims, 11 juin 1989 : *Village du Midi*, h/t (73x60) : **FRF 44 000** – Paris, 22 jan. 1990 : *Les Bateaux*, h/pap. (86x70) : **FRF 25 000** – Neuilly, 27 mars 1990 : *Le Ponte Vecchio*, h/t (54x65) : **FRF 30 000** – Paris, 26 avr. 1991 : *Sur la route de Talavera en Espagne*, h/t (62x80) : **FRF 35 000** – Reims, 20 oct. 1991 : *L'automne à Espalion (Aveyron)*, h/t (54x65) : **FRF 25 000** – Paris, 22 juin 1992 : *Remailleuses de filets* 1914, h/t (55x44) : **FRF 15 000** – Paris, 11 mai 1993 : *La maison de campagne*, h/cart. (40x33) : **FRF 11 000** – Reims, 29 oct. 1995 : *Le pont vieux d'Espalion*, h/t (38x46) : **FRF 10 000**.

DÉSIRO Jean-Pol, pseudonyme de **Désirotte**
Né en 1949. xxe siècle. Belge.
Peintre, graveur, lithographe. Expressionniste, puis abstrait-géométrique.
Il eut une période expressionniste forte. Sa *Crucifixion en rouge* montre le peintre, dans le désordre de son atelier encombré de peintures, en train de peindre ou crucifier, un Christ de douleur plus grand que nature. Ayant évolué, il confère à ses compositions abstraites un dynamisme circulaire.
Bibliogr. : In : *Diction. Biogr. illustré des Artistes en Belgique depuis 1830*, Arto, Bruxelles, 1987.

DES ISNARD Louis, marquis
Né en 1805 à Avignon (Vaucluse). Mort en 1888 à Avignon. xixe siècle. Français.
Peintre d'architectures.
Musées : Avignon : *Vue du beffroi d'Avignon – Vue de l'ancien Hôtel de Ville d'Avignon* – Carpentras : *A Propiac-les-Bains*.
Ventes Publiques : New York, 29 mai 1981 : *Jeune paysanne nourrissant des lapins*, h/t (46,5x33) : **USD 1 200**.

DESJARDINS
xviiie siècle. Français.
Dessinateur et graveur.
Cité par Mireur.
Ventes Publiques : Paris, 1896 : *Quatre dessins*, sanguine sur la même feuille : **FRF 8**.

DESJARDINS A.
xixe siècle. Actif à Orléans. Français.
Lithographe.
Il copia les maîtres italiens.

DESJARDINS Charles Jules
Né le 10 décembre 1818 au Havre (Seine-Maritime). Mort le 23 janvier 1884 au Havre. xixe siècle. Français.
Dessinateur.
Le Musée du Havre conserve de lui un dessin et une aquarelle.

DESJARDINS G.
xviiie siècle. Actif à Neufchâteau. Français.
Sculpteur.
Travailla en 1786 à l'église de Pexonnes.

DESJARDINS Jacques
Né en 1671 à Bréda. xviie-xviiie siècles. Français.
Sculpteur.
Il était neveu de Martin Desjardins et s'établit tout jeune en France où il reçut le titre de « sculpteur du Roi ». Il travailla pour Versailles, Meudon et Marly.

DESJARDINS Jean Louis
xviiie siècle. Français.
Sculpteur.
Il était membre de l'Académie Saint-Luc à Paris en 1752.

DESJARDINS Joseph Isnard Louis
Né le 14 janvier 1814 à Paris. Mort le 16 novembre 1894 à Paris. xixe siècle. Français.
Graveur.
Élève de Gros et de Fauchery à l'École des Beaux-Arts. On cite de lui : *Le Billet de logement* et *La déclaration soufflée*, 2 planches, d'après Guillemin. Il obtint une mention honorable en 1861.

DESJARDINS Louis
Mort avant 1732. xviie-xviiie siècles. Actif à Nantes vers 1680. Français.
Peintre.
Granges de Surgères lui attribue une *Résurrection* à l'église Saint-Sulpice-sur-Loire.

DESJARDINS Louis Léon
Né en 1823 à Amiens (Somme). Mort en 1914. xixe-xxe siècles. Français.
Peintre de portraits, paysages. Postimpressionniste.
Élève d'Horace Vernet, il participa au Salon de Paris à partir de 1857.
Même s'il a peint, à ses débuts, quelques portraits, il fut surtout l'interprète des paysages de sous-bois, bords de rivière de la Creuse, notamment autour de Guéret, traités par petites touches de couleurs.
Bibliogr. : Gérald Schurr, in : *Les Petits Maîtres de la peinture 1820-1920, valeur de demain*, Les Éditions de l'Amateur, t. II, Paris, 1982.
Musées : Guéret : *Les tilleuls de Chateauvieux – Un coin du village de Colombier*.
Ventes Publiques : Paris, 27 mai 1972 : *La halte dans le chemin ombragé*, h/cart. (26x21) : **FRF 2 300** – Paris, 2 juin 1972 : *Chaumières près de Guéret*, h/cart. (20x27) : **FRF 2 000** – Grenoble, 26 avr. 1976 : *Paysage de la Creuse*, h/cart. (14x27,5) : **FRF 3 000** – Grenoble, 18 mai 1981 : *Bœufs au labour*, h/cart. (13x29) : **FRF 2 500**.

DESJARDINS Marin
Né en 1652 à Nantes. Mort après 1686. xviie siècle. Français.
Peintre verrier.

DESJARDINS Martin, appelé aussi **Van Bogaert, Bogaerts,** ou **Boomgaards Martin**
Né vers 1640 à Bréda. Mort le 4 mai 1694 à Paris. xviie siècle. Hollandais.
Sculpteur de groupes, statues, bas-reliefs.
Il étudia d'abord à Anvers, puis vint se fixer à Paris, en prenant le nom de Desjardins (traduction du hollandais Van den Bogaerts). Élève de Buirette, Houzeau, Van Obstal, il débute en 1660 par l'ornementation des hôtels Salé et de Beauvais, et travaille ensuite dans différentes églises : Carmes, Saint-Sauveur, Oratoire, Minimes, etc. Devenu sculpteur ordinaire du roi, il commença en 1670 à participer à la décoration du Parc et du château de Versailles. En 1671, il fut admis à l'Académie royale, sur un bas-relief de marbre : *Hercule couronné par la Gloire* (Musée du Louvre). Occupé encore au Collège des Quatre Nations (Palais de l'Institut), il prit part au Salon de 1673 avec deux bas-reliefs et collabora à la décoration de la Porte Saint-Martin. Il travaille entre 1675 et 1679 aux châteaux de Clagny, Saint-Germain-en-Laye et l'Isle-Adam. Nommé professeur à l'Académie en 1675, il en devint recteur en 1686 (Coysevox lui succédera à sa mort).
Cette année 1686 marque l'achèvement de l'œuvre principale de Desjardins, le monument de Louis XIV de la place des Victoires. Celui-ci comportait un groupe en bronze, Louis couronné par la Victoire, avec aux angles du piédestal quatre esclaves (maintenant sur la façade des Invalides) et six bas-reliefs en bronze (au Louvre). Des colonnes avec fanaux et médaillons de bronze décoraient la place. Le groupe fut détruit à la Révolution ; les colonnes sont aujourd'hui à la cathédrale de Sens et leurs médaillons à Windsor. Desjardins exécuta une autre statue équestre de Louis XIV, en bronze, érigée sur la place Bellecour à Lyon ; détruite également, elle a été remplacée en 1826 par l'œuvre de Lemot. Il existe enfin un modèle d'une dernière statue équestre de Louis XIV destinée à la ville d'Aix ; le sculpteur mourut avant d'avoir entrepris la fonte. Le buste de Mignard par Desjardins a été, pour un temps, attribué à tort à Coysevox.
La plus grande partie de l'œuvre de Desjardins a disparu à la Révolution. Il existe au Louvre un portrait de Desjardins, par Hyacinthe Rigaud, gravé par Edelinck, provenant de l'ancienne Académie.
Musées : Lyon (Place Bellecour) : *Louis XIV*, bronze équestre – Paris (Porte Saint-Antoine) : *Groupe de captifs* 1670 – Paris (Porte Saint-Martin) : *Prise de Besançon en 1674*, bas-relief – Paris (Bibl. Mazarine) : fronton 1674 – Paris (Collège des Quatre Nations) : *Saint Jean et Saint Luc* 1674 – *Huit Béatitudes*, bas-reliefs – *Les Douze Apôtres*, médaillons – Paris (Église Saint-Sauveur) : *Tombeau de Poisson* – Paris (Église des Carmes) : *Saint François de Paule*, pierre – Paris (Église de la Sorbonne) :

Vierge, marbre – Paris (Église Saint-Thomas-d'Aquin) : *Vierge colossale*, pierre – *Prudence, Force, Tempérance et Charité*, pierre – Paris (Mus. du Louvre) : *Hercule* 1671, bas-relief, marbre – *Édouard Colbert* 1693, buste marbre – *Pierre Mignard*, buste marbre – Paris (Orangerie) : *Louis XIV* 1683, marbre – Tonnerre : *Tombeau de Louvois*, en collaboration avec Girardon – Troyes : *Marie-Thérèse, reine de France*, buste marbre – Versailles : *Statue équestre de Louis XIV*, modèle en zinc – *Tombeau d'Offémont*, bas-relief et médaillon – Versailles (Château et Parc) : *Galatée – Echo – Thétys* 1670, pierre – *Junon* 1672 – *Diane* 1680, marbre – *Artémise*, marbre équestre.
Ventes Publiques : New York, 19 nov. 1977 : *Édouard Colbert, marquis de Villacerf* 1670, marbre (H. 104) : **USD 22 000** – Monte-Carlo, 27 mai 1980 : *Louis XIV recevant les ambassadeurs du Siam* vers 1685, bronze (diam. 78,8) : **FRF 1 700 000** – New York, 13 mars 1984 : *Portrait équestre de Louis XIV*, bronze doré (H. 42) : **USD 1 500** – Paris, 22 nov. 1987 : *Portrait équestre de Louis XIV*, bronze patiné (H. 58) : **FRF 410 000.**

DESJARDINS Nicolas ou **Jardin**
XVIIIe siècle. Actif à Nantes vers 1775. Français.
Sculpteur.
Ventes Publiques : Londres, 25 juin 1981 : *La Machine de 1747*, pl. et lav. (37,5x47,5) : **GBP 1 900.**

DESJARDINS Pasquier
XVIe siècle. Actif à Paris vers 1561. Français.
Peintre.

DESJARDINS Pierre
Né en 1700 à Nantes. Mort en 1774 à Nantes. XVIIIe siècle. Français.
Peintre.
Cité par Granges de Surgères dans son ouvrage sur les Artistes Nantais.

DESJEUX Émilie
Née le 9 octobre 1861 à Joigny (Yonne). XIXe siècle. Française.
Peintre de genre, portraits.
Élève de Bouguereau, elle devint sociétaire des Artistes Français en 1884, et figura aux Salons de cette société où elle obtint une mention honorable en 1898 et une autre à l'Exposition universelle de 1900. Elle fut membre de l'Union des Femmes Peintres et Sculpteurs.
Ventes Publiques : Londres, 12 fév. 1986 : *L'Heure du déjeuner* 1887, h/t (80x64,5) : **GBP 1 200.**

DESJOBERT Louis Remy Eugène
Né le 16 avril 1817 à Châteauroux (Indre). Mort le 26 octobre 1863 à Paris. XIXe siècle. Français.
Peintre de genre, paysages, aquarelliste.
Il fut élève de Jolivard et de d'Aligny. De 1842 à 1863, il exposa au Salon de Paris. En 1855, il obtint une médaille de troisième classe et un rappel en 1857, une médaille de deuxième classe en 1861. En 1863, il fut décoré de la Légion d'honneur.
On cite de ses œuvres : *Promenade de Louis XIV dans la forêt de Fontainebleau, Saules inondés, Un herbage au bord de la mer.*
Musées : Alger : *Paysage* – Besançon : *L'automne dans les bois* – Bourges : deux paysages et une aquarelle – Guéret : *Paysage* – Moulins : *Intérieur de forêt* – Mulhouse : *Paysage* – La Rochelle : *Deux paysages.*
Ventes Publiques : Paris, 1881 : *Vue de la Creuse* : **FRF 720** – Paris, 28 fév. 1894 : *La récolte des pommes* : **FRF 110** – Paris, 17 au 21 mai 1904 : *La Ferme* : **FRF 57** – Paris, 5 et 6 fév. 1920 : *Prairie en avant du bois* : **FRF 45** ; *Chemin au bord d'une rivière* : **FRF 140** – Paris, 31 mars 1920 : *Rue de la Vieille lanterne* : **FRF 90** – Paris, 21 oct. 1936 : *Le Palais de l'Élysée* : **FRF 1 350** – Paris, 20 nov. 1942 : *Le Vieux Puits* : **FRF 4 800** – Paris, 20 oct. 1980 : *Paysage*, h/pan. (41x32) : **FRF 5 000** – Berne, 6 mai 1983 : *Vaches au pâturage dans un paysage fluvial*, h/t (54x78) : **CHF 4 200** – Paris, 15 déc. 1994 : *Liseuse au bord de l'eau* 1858, h/t (79x55) : **FRF 9 000.**

DESKEY Donald
Né à Blue Earth (Minnesota). XXe siècle. Américain.
Peintre.

DESKIEN Bauduwyn
Mort en 1589. XVIe siècle. Actif à Gand. Éc. flamande.
Sculpteur.
Il était fils de Mathys.

DESKIEN Mathys ou **des Chiens**
XVIe siècle. Éc. flamande.
Sculpteur.
Il fut reçu maître à Gand en 1517.

DESKUR Joseph
Né en 1861 à Varsovie. XIXe siècle. Polonais.
Peintre.
Il fut à Prague l'élève de Czermak et à Paris celui de Lefèbvre et Boulanger. Il se consacra à la grande peinture décorative ou d'histoire.

DESLANDES, de son vrai nom : **Jean Baptiste Delaune**
XVIIIe siècle. Actif à Paris. Français.
Sculpteur.
Membre de l'Académie de Saint-Luc en 1762, il figure comme l'un des directeurs de la Communauté (avec Cietti et Coliati, peintres, et Jean-André Pichon, sculpteur), à l'apposition des scellés au bureau de la Communauté, lors de la suppression des Corporations en 1776.

DESLANDES E. A., baron
XIXe siècle. Actif à Paris. Français.
Peintre.
Sociétaire des Artistes Français depuis 1894, il figura aux Salons de cette société.
Ventes Publiques : Paris, 5 nov. 1926 : *La plage à Saint-Malo* : **FRF 170.**

DESLANDES Élisabeth
Morte en 1896. XIXe siècle. Française.
Peintre.
Sociétaire des Artistes Français, elle figura aux Salons de cette société.

DESLANDES Katy
Née en 1950. XXe siècle. Française.
Peintre. Abstrait.
Comédienne, elle fit sa première exposition personnelle en mars 1970 au Théâtre de l'Est Parisien.
Elle pratique la peinture sur soie, dans un style abstrait qui se caractérise par la simplicité des formes, en nébuleuses ou en strates, et par le raffinement subtil des couleurs.

DESLANDRE Camille
Née à Châlons-sur-Marne. XXe siècle. Française.
Peintre.
Elle exposa à Paris au Salon des Indépendants avant 1914.

DESLAURIERS
XVIIIe siècle. Actif à Saint-Pierre du Lorouer près de Laval. Français.
Sculpteur sur bois.

DESLAVIEZ Nicolas ou **Deslaviers**
XVIIIe siècle. Travailla en Suède. Français.
Peintre.
Il collabora avec Taraval.

DESLER Johann
XVIIe siècle. Actif à Altdorf près de Nuremberg dans la seconde moitié du XVIIe siècle. Allemand.
Peintre de portraits.
On cite de lui les portraits du théologien Reinhart, gravé par Böner, et du mathématicien Sturm.

DESLIENS Cécile
Née en 1853 à Chavenon (Allier). Morte en 1937. XIXe-XXe siècles. Française.
Peintre de portraits, natures mortes, fleurs.
Élève d'Hector Leroux, Cécile ne se distingue pratiquement pas de sa sœur Marie Desliens.
Toutes deux travaillent, dans une étroite collaboration, comme peintres de natures mortes et fleurs. Leurs compositions florales se développent amplement sur un fond généralement neutre. Elles sont également auteur de portraits.
Bibliogr. : Gérald Schurr, in : *Les Petits Maîtres de la peinture 1820-1920, valeur de demain*, Les Éditions de l'Amateur, t. VI, Paris, 1985.
Musées : Saint-Brieuc : *Bouquet d'œillets* – Tulle (Mus. du Cloître) : *Lilas blanc sur un guéridon – Vendange au presbytère – Les cloîtres du Tulle.*
Ventes Publiques : New York, 16 fév. 1994 : *Nature morte avec un vase de lilas et un violon*, h/t (99,7x65,4) : **USD 10 350.**

DESLIENS Marie
Née en 1856 à Chavenon (Allier). Morte en 1938. XIXe-XXe siècles. Française.

Peintre de portraits, natures mortes, fleurs.
Sœur de Cécile Desliens, elle collabora très étroitement avec elle, si bien qu'il est difficile de distinguer la participation et de l'une et de l'autre, notamment dans la réalisation de leurs bouquets. Voir Cécile Desliens.

DESLIGNIÈRES André
Né le 25 septembre 1880 à Nevers (Nièvre). Mort le 18 décembre 1968 à Marines (Val-d'Oise). XXe siècle. Français.
Peintre de paysages, figures, compositions animées, graveur, illustrateur.
Il fut élève de l'École Germain Pilon à Paris, où il a exposé aux Salons des Artistes Français, de la Société Nationale des Beaux-Arts, des Artistes Indépendants, des Tuileries, d'Automne, dont il était sociétaire. Il a participé à des expositions collectives internationales, en 1914 à Amsterdam, 1930-1931 Chicago, 1933 et 1936 Varsovie, 1946 Milan et Vienne.
Graveur sur bois renommé, il a illustré un grand nombre d'ouvrages littéraires, parmi lesquels : *Le Père Perdrix* de Charles-Louis Philippe, *Rémi des Rauches* de Maurice Genevoix, *Colas Breugnon* de Romain Rolland, *Les aventures de Gordon Pym* d'Edgar Allan Poë, *Les amours jaunes* de Tristan Corbière, *La maison de Claudine* de Colette, *Maman Petit-Doigt* de Francis Carco, etc. Il a illustré et édité lui-même son *Monologue du bon vigneron*.
Musées : Le Havre – Milan – Paris (Mus. d'Art Mod. de la Ville).
Ventes Publiques : Paris, 27 nov. 1943 : *Paysage de Paris*, dess. au cr. bleu : **FRF 140** ; *Le modèle* : **FRF 600** ; *Femme et faune* : **FRF 300**.

DESLIGNIÈRES Marcel
Né en 1847 à Paris. Mort vers 1915. XIXe-XXe siècles. Actif à Pontoise. Français.
Peintre, architecte et aquarelliste.
Sociétaire des Artistes Français depuis 1884, et du Salon d'Automne, il figura aux Salons de ces sociétés. Le Musée de Pontoise conserve de lui : *Coin de verdure à l'île Saint-Martin* (aquarelle). – *L'abbaye de Jumièges*, aquarelle. Deslignières a obtenu des médailles en 1879 et 1880.

DESLOGES J.
XVIIe siècle. Français.
Peintre.
Il signa une *Vierge* à la chapelle Notre-Dame de Monplacé à Jarzé, près d'Angers.

DESLOGES Pierre
XVIIe siècle. Actif à Paris vers 1610. Français.
Sculpteur.

DESLONDES François
Français.
Sculpteur.
De l'Académie de Saint-Luc.

DESLOOVERE Georges
XIXe-XXe siècles. Belge.
Peintre de paysages, marines.
Il vivait et travaillait à Bruges. Il figura à l'Exposition de Bruxelles de 1910, avec le paysage *Dans les dunes*.

DESLYENS Jean François ou **Jacques François** ou **Jans**. Voir **DELYEN**

DESMADRYL Narcisse Edmond Joseph
Né le 25 novembre 1801 à Lille (Nord). XIXe siècle. Français.
Peintre, graveur et lithographe.
Élève de Lethière à l'École des Beaux-Arts où il entra en 1829. De 1831 à 1849, il exposa au Salon de Paris. On cite parmi ses gravures : *Jehan de Saintré et la dame des Belles Cousines* et *Phœbus et Esméralda* : deux planches d'après Guet.

DESMAIRE Corneille
XVIIe siècle. Actif à Nancy. Français.
Sculpteur.
Cité par A. Jacquot dans son *Essai de Répertoire des Artistes Lorrains*.

DESMAISONS
XVIIIe-XIXe siècles. Travaillant à Paris de 1780 à 1834. Français.
Peintre, graveur et lithographe.
On cite parmi ses gravures : le *Tombeau d'Harcourt*, cinq planches pour le *Voyage pittoresque de Constantinople*, d'après Melling, et de nombreux portraits lithographiés. Sans doute identique à Saint-Ange-Desmaison (Louis).

DESMAISONS, Mme
XVIIIe siècle. Française.
Graveur.
Citée par Mireur. Peut-être Thérèse Chenu ?

DESMAISONS Émile ou **Pierre Émile**
Né le 19 décembre 1812 à Paris. Mort le 28 janvier 1880 à Montlignon. XIXe siècle. Français.
Lithographe.
Élève de Guillon et Lethière. Entre 1830 et 1860, il a produit de nombreuses lithographies de scènes amusantes et des portraits. Médaille en 1848. Légion d'honneur en 1863. Peut-être descendant de Saint-Ange-Desmaison.

DESMARAIS François
XVIIIe siècle. Actif à Nantes vers 1729. Français.
Peintre.

DESMARAIS Frédéric Jean Baptiste
Né en 1756 à Paris. Mort le 29 avril 1813 à Carrare. XVIIIe-XIXe siècles. Français.
Peintre d'histoire.
En 1785, il eut le prix de Rome. Il forma en Italie et surtout à Florence plusieurs élèves qui atteignirent à la notoriété. On fit, au Salon de Paris de 1814, une exposition posthume de son tableau : *Œdipe et Antigone*.
Musées : Montpellier : *Horace tue sa sœur* – *Briséis enlevée à Achille* – *La Mort de Lucrèce* – *L'Assomption*.
Ventes Publiques : Londres, 2 déc. 1977 : *Les Horaces* 1792, h/t (86,3x158,7) : **GBP 6 500**.

DESMARAIS Jean
XVIe siècle. Vivant à Angers. Français.
Sculpteur.
Il fit, en 1531, à Angers, deux grands écussons pour la cheminée de l'hôtel de ville. En 1534, il visita comme expert, à Nantes, dans l'église des Carmes, un retable que la mort de Michel Colombe avait interrompu (ou ne serait-ce pas plutôt le tombeau transféré depuis dans la cathédrale ?). En 1536, il fit un crucifix pour l'église de l'Hôtel-Dieu d'Angers. L'année suivante Jean Giffard et lui furent chargés de huit statues représentant saint Maurice et ses compagnons, qui sont encore aujourd'hui au fronton de la cathédrale d'Angers. En 1549, avec la collaboration de Giffard et de Jean Lespine architecte il décora la chapelle nord de l'église de Solesmes, d'après Lami.

DES MARAIS Jean
Né vers 1768. XVIIIe-XIXe siècles. Français.
Graveur de sujets mythologiques, portraits.
Il travaillait à Paris aux XVIIIe-XIXe siècles. Il a gravé, au burin, des portraits et des sujets mythologiques, particulièrement d'après les maîtres italiens. Collabora aux reproductions de la Galerie de Florence.

DESMARE Jacqueline
Née en 1930 à Ixelles/Bruxelles. XXe siècle. Belge.
Peintre de figures, portraits. Expressionniste.
Elle fut élève de Léon Devos à l'Académie des Beaux-Arts de Bruxelles. Elle obtint le Prix Louis Schmidt et, en 1957, le Prix Godecharle. Elle a été nommée professeur à l'Académie de Saint-Gilles.
Bibliogr. : In : *Diction. Biogr. illustré des Artistes en Belgique depuis 1830*, Arto, Bruxelles, 1987.

DESMARÉ Lucien
Né en 1905 à Schaerbeek. Mort en 1961 à Bruxelles. XXe siècle. Belge.
Peintre de compositions à personnages, figures, paysages, illustrateur, décorateur.
Il obtint le Grand Prix d'Art Décoratif de la Province de Brabant en 1935.
Bibliogr. : In : *Diction. Biogr. illustré des Artistes en Belgique depuis 1830*, Arto, Bruxelles, 1987.
Musées : Schaerbeek.
Ventes Publiques : Amsterdam, 2 mai 1990 : *Dans un café en Belgique* 1938, h/t (95x200) : **NLG 9 200** – Amsterdam, 18 fév. 1992 : *Fermier menant son attelage de bœufs le long d'une rivière* 1939, h/t (58x68) : **NLG 1 380**.

DESMARE Mathieu
Né le 1er avril 1877 à Laeken (près de Bruxelles). XXe siècle. Belge.
Sculpteur de monuments. Tendance symboliste.
Il fut élève de Charles Van der Stappen et de Constantin Meu-

nier. A l'Exposition Universelle de Bruxelles de 1910, il exposait *Épanouissements*. Il a aussi réalisé le monument commémoratif de la guerre de 1914-1918 à Schaerbeek.
Bibliogr. : In : *Diction. Biogr. illustré des Artistes en Belgique depuis 1830*, Arto, Bruxelles, 1987.

DESMARÉES Georg ou **Marées Georges de**
Né en 1697 à Stockholm. Mort en 1776 à Munich. XVIIIe siècle. Suédois.
Portraitiste.
Élève de Peter Martin Van Meytens, dont il devint plus tard l'aide et le collaborateur, il partit, en 1724 pour Amsterdam, mais il y séjourna peu ; de là il se rendit à Nuremberg, puis à Venise, où il reçut des leçons de Piazetta. En 1731, il se fixa à Munich et devint peintre de la cour. Il résida dans cette ville jusqu'à sa mort. Il a été gravé notamment par Vogel et par Weiss.
Musées : Hanovre : *Joseph, empereur d'Autriche – Marie-Thérèse, impératrice d'Autriche* – Nuremberg : *La duchesse Marie-Anne de Bavière – Maximilien III Joseph, électeur de Bavière*.
Ventes Publiques : Paris, 29 et 30 avr. 1920 : *Portrait d'un artiste* : **FRF 9 000** – Londres, 13 nov. 1934 : *Prince allemand* : **GBP 5** – Stockholm, 11 et 12 avr. 1935 : *L'empereur Joseph II* : **SEK 1 000** ; *L'impératrice Marie-Thérèse* : **SEK 1 700** – Stockholm, 25-27 sep. 1935 : *Portrait d'un jeune homme* : **SEK 500** ; *La princesse Edwige Sophie de Born* : **SEK 660** – Londres, 22 déc. 1937 : *Louis de Visme* : **GBP 10** – Londres, 29 avr. 1938 : *Le roi Stanislas de Pologne* : **GBP 16** – Lucerne, 4 déc. 1965 : *Portrait d'une dame de qualité* : **CHF 3 800** – Munich, 5 et 7 avr. 1967 : *Portrait de Felix Oefele* : **DEM 10 000** – Copenhague, 24 avr. 1979 : *Portrait de Brita Sophia Horn*, h/t (82x65) : **DKK 19 000** – Stockholm, 24 avr. 1984 : *Portrait d'un violoncelliste*, h/t (132x110) : **SEK 23 000** – Stockholm, 21 oct. 1987 : *Portrait de Maximilien Josef III de Bavière* 1767, h/t (235x144) : **SEK 100 000** – Stockholm, 15 nov. 1988 : *Portrait d'une dame avec une veste de dentelle*, h/t (80x64) : **SEK 10 000** – Cologne, 28 juin 1991 : *Portrait de Maria Amalia*, h/t (85x71) : **DEM 21 000** – Londres, 5 juil. 1995 : *Portrait de Josef Ignatz, Graf von Torring zu Jettenbach, en buste, portant une cuirrasse et le collier de l'ordre de Saint George de Bavière*, h/t (83x62,5) : **GBP 4 600** – New York, 3 oct. 1996 : *Autoportrait de l'artiste à son chevalet*, h/t (96,5x78,1) : **USD 40 250**.

DESMARES
XVe siècle. Français.
Sculpteur sur bois.
Sous les ordres de Philippot Viart, il travailla, en 1467, aux stalles du chœur de la cathédrale de Rouen.

DESMARES Charles
XVe siècle. Actif à Tournai au milieu du XVe siècle. Éc. flamande.
Peintre.

DESMARES Guillaume Barnabé
XVIIIe siècle. Actif à Paris vers 1750. Français.
Sculpteur.

DESMARES Jean
XVIIIe siècle. Français.
Sculpteur.
Reçu à l'Académie Saint-Luc à Paris en 1755, il devint expert en 1764.

DESMARES Michel
XVIIe siècle. Actif à Rouen vers 1660. Français.
Sculpteur.

DES MARES Pierre, l'Ancien
XVIe siècle. Actif au début du XVIe siècle. Allemand.
Peintre.
Son style se rapproche de celui du maître de Saint-Sippe. La pinacothèque de Munich conserve de lui *Crucifiement* ; *La Trinité* ; *Vierge glorieuse*. Les Musées d'État de Berlin, *Sainte Catherine refusant de sacrifier aux dieux* et *la Décapitation de sainte Catherine*.

DES MARES·PIERE·1517

DES MARES Pierre, le Jeune
Mort le 31 décembre 1661 à Malines. XVIIe siècle. Éc. flamande.
Peintre.
En 1619, il était de la gilde de Malines.

DESMARES Suzanne
Née à Blainville (Seine-Maritime). XXe siècle. Française.
Peintre.
Elle exposa au Salon des Indépendants en 1912.

DESMAREST Henry
Né au Tréport (Seine-Maritime). XXe siècle. Français.
Peintre de paysages.
Exposant du Salon des Indépendants depuis 1931.

DESMAREST Louis
Né au XXe siècle à Paris. XXe siècle. Français.
Peintre de portraits.
Élève de Gosse, Barrias, Cambon, J. Blanc et Jules Breton. Il débuta au Salon de 1873 avec un *Portrait*.

DESMAREST Martin
XVIIe siècle. Français.
Peintre de portraits et d'histoire.
On connaît des gravures nombreuses d'après ses œuvres.

DESMARETS
XVIIe siècle. Actif à Dieppe avant 1670.
Sculpteur.
Il sculptait l'ivoire.

DESMARETS
XIXe siècle. Français.
Lithographe.

DESMARETS Armand
XVIIe siècle. Travaillant vers la fin du XVIIe siècle. Français.
Miniaturiste et dessinateur.
Un ouvrage de la Bibliothèque Nationale de Paris, intitulé : *Horoscope astrologique des Rois de l'Europe vers la fin du XVIIe siècle*, contient des dessins à l'encre de Chine, exécutés par cet artiste. On cite également de lui un *Livre de toutes sortes de chiffres*, paru en 1664.

DESMARETS François Adrien
Né à Paris. XIXe siècle. Français.
Sculpteur.
Il eut pour maître Fauconnier et exposa au Salon de 1848 à 1852 date après laquelle il n'est plus fait mention de lui. On cite de cet artiste : *Les Souvenirs du peuple*, d'après Horace Vernet. Le Musée de Lille possède de lui : *Une figure d'enfant*.

DESMARETS J.
XVIIe siècle. Actif dans la première moitié du XVIIe siècle. Français.
Dessinateur et graveur.
Il exécuta des illustrations pour l'*Ane d'or* d'Apulée.

DESMARETS Laurent ou **Florent**
XVIIe siècle. Actif à Lyon. Français.
Graveur.
Il vivait à Lyon en 1666-1667, était marié et gravait au burin.

DESMARETS Pierre
Né à Pont-à-Mousson. XVIe siècle. Français.
Sculpteur.
Il orna, en 1541, une fontaine placée dans l'échansonnerie du palais ducal de Nancy. En 1543, il prit part à la décoration de la chapelle du couvent Sainte-Claire, dans sa ville natale.

DESMARETS Pierre Claude
Mort le 27 décembre 1812 à Paris. XVIIIe-XIXe siècles. Français.
Peintre.

DESMARETS Sébastien
XVIIIe siècle. Actif à la fin du XVIIIe siècle. Français.
Graveur.
Il grava un portrait du tzar Alexandre Ier d'après Nigri.

DESMARETZ Joseph ou **Desmarais**
XVIIIe siècle. Travaille à Paris. Français.
Peintre.
Peintre d'histoire, il était membre de l'Académie Saint-Luc à Paris, dont il devint professeur en 1748. Il participa aux Expositions de cette communauté en 1751 et 1752.

DESMARQUAIS Charles
XXe siècle. Actif à Paris. Français.
Peintre.
Élève de son frère. Médaille de troisième classe, 1893. Participa à l'Exposition Universelle de Paris en 1900 avec : *Mare aux biches, Automne*.

DESMARQUAIS Charles Hippolyte
Né le 1er juillet 1823 à Bouray (Seine-et-Oise). XIXe siècle. Français.

Peintre de paysages animés, paysages.
Il débuta au Salon de Paris en 1848.
Musées : Liège : Paysage.
Ventes Publiques : Zurich, 16 mai 1980 : *Sous-bois avec personnages*, h/t (46,5x65) : **CHF 1 600** – Barbizon, 2 mai 1982 : *Promenade en forêt*, h/t (39x61) : **FRF 5 100** – Paris, 20 fév. 1985 : *Paysage à la mare* 1858, h/pan. (47,5x86) : **FRF 20 000** – Vienne, 19 mars 1986 : *Paysage boisé à la rivière*, h/pan. (26x40) : **ATS 50 000** – Paris, 27 nov. 1991 : *Abords de ferme*, h/t (27x46) : **FRF 4 500** – Paris, 22 mars 1993 : *Bord de rivière* 1858, h/pan. (47,5x86) : **FRF 10 500**.

DESMARQUOY Andrée
Née à Paris. xxe siècle. Française.
Peintre.
Elle exposa au Salon de l'Union des Femmes Peintres et Sculpteurs.

DESMARTIN Pierre
xviie siècle. Français.
Peintre.
Cité par de Marolles comme habitant au Louvre. Il fut également un négociant.

DESMARZ Nicolo
Né à Rome. xive siècle. Italien.
Peintre.
Il travailla en France et était en 1309 à la solde du roi Philippe le Bel.

DESMAZES
xvie siècle. Actif à Gabriac (Aveyron). Français.
Sculpteur.
Il mourut avant 1572.

DESMAZES Bernard
xve siècle. Actif à Montpellier. Français.
Sculpteur et architecte.
Il travailla, en 1479, à l'église Notre-Dame-des-Tables à Montpellier ; il collabora à la fontaine Saint-Berthomieu et aux fortifications de la ville et fut huit fois consul, de 1485 à 1498.

DESMAZIÈRES Érik
Né en 1948 à Rabat (Maroc). xxe siècle. Français.
Graveur, dessinateur. Tendance fantastique.
Après avoir été diplômé de l'Institut des Études Politiques de Paris, il se tourna vers la gravure. Le Grand Prix des Arts de la Ville de Paris lui fut décerné en 1978. Il est présenté par l'atelier René Tazé en 1992 dans le cadre du Salon des Arts Graphiques Actuels au Grand Palais à Paris. « Son regard sur le monde extérieur est celui d'une caméra poétique qui focalise nettement des scènes et des objets qui sinon ne seraient pas perçus dans la vision floue de nos expériences quotidiennes. » Son travail « évoque également le réalisme acéré d'artistes espagnols du xviie siècle tels que Zurbaran ou Menendez. »
Bibliogr. : Catalogue raisonné *Erik Desmazières*, Andrew Fith, New York, 1992.
Musées : Paris (BN, Cab. des Estampes).

DESMEDT Lucien
Né le 17 octobre 1919 à Roubaix (Nord). xxe siècle. Français.
Peintre.
Il a fait ses études artistiques à l'École des Beaux-Arts en 1942, puis, avec Othon Friesz, à l'Académie de la Grande-Chaumière en 1943 et 1944. Depuis 1945, il est sociétaire du Salon des Artistes Français et du Salon des Indépendants.

DESMEDT Th.
Né en 1842. xixe siècle. Belge.
Peintre de genre.
Siret cite de lui : *L'Aumône* et *L'atelier Rubens*.
Ventes Publiques : Anvers, 4 et 5 avr. 1938 : *L'atelier de Rubens* : **BEF 3 150**.

DES MEILLERAIS R. J.
xixe siècle. Français.
Miniaturiste.
Actif au début du xixe siècle, il voyagea en Suède vers 1806.

DES MELOIZES Henri
xixe siècle. Français.
Peintre et aquarelliste.
Le Musée de Bourges conserve deux aquarelles de cet artiste.

DESMERGER Louis
Né à Châtillon-en-Bazois (Nièvre). xxe siècle. Français.
Peintre.
Il exposa à Paris au Salon des Indépendants à partir de 1935.

DESMET Étienne
Né le 23 septembre 1943 à Gand. xxe siècle. Belge.
Sculpteur. Abstrait.
Il fut élève, de 1958 à 1966, de Servaes, Heylbroeck, Coolens, à l'Académie des Beaux-Arts de Gand, il semble aussi qu'il ait fréquenté celle d'Anvers. Depuis 1962, il expose à Gand, Bruxelles et à Carrare, où il travaille souvent. Il a obtenu le Prix Bugatti. Dans une première période, ses sculptures agrandissaient considérablement leur sujet, souvent simple : fruits, mains, etc. D'après le dictionnaire cité en référence, il aurait ensuite évolué à l'abstraction.
Bibliogr. : In : *Diction. Biogr. illustré des Artistes en Belgique depuis 1830*, Arto, Bruxelles, 1987.
Musées : Anvers (Middelheim Mus.).

DESMET Fredy
Né en 1890 ou 1891 à Bruxelles. Mort le 24 janvier 1968 à Uccle. xxe siècle. Belge.
Peintre de paysages.
Autodidacte en art.
Bibliogr. : In : *Diction. Biogr. illustré des Artistes en Belgique depuis 1830*, Arto, Bruxelles, 1987.

DESMET Jean Léon
Né en 1943 à Uccle. xxe siècle. Belge.
Peintre.
Il fut élève de l'Académie des Beaux-Arts de Bruxelles. Il obtint le Prix Toutenel en 1977. Dans des tonalités fortes, il entremêle des formes anthropomorphiques.
Bibliogr. : In : *Diction. Biogr. illustré des Artistes en Belgique depuis 1830*, Arto, Bruxelles, 1987.

DESMETTRE Jules Louis
Né à Tourcoing. xxe siècle. Français.
Peintre de compositions animées, sujets typiques. Post-impressionniste.
Il obtint un diplôme en architecture à l'École des Beaux-Arts de Paris, mais c'est en tant que peintre qu'il exposa au Salon d'Automne en 1921 et au Salon des Artistes Français en 1933. Il exposa également en Tunisie, où il dut vivre un certain temps, comme le prouvent ses scènes de la vie tunisienne, traitées dans un manière postimpressionniste.
Bibliogr. : Catalogue de l'exposition : *Lumières tunisiennes*, Pavillon des Arts, Paris, 1995.
Musées : Tunis (Mus. d'Art Mod.) : *Au café* 1917.

DESMEURES Victor Jean
Né le 18 mars 1895 à Lyon (Rhône). xxe siècle. Français.
Peintre de paysages, compositions murales.
Il fut élève de l'École des Beaux-Arts de Lyon. À Paris, il fut ensuite élève de Bissière à l'Académie Ranson. À Paris, il exposait régulièrement depuis 1924 au Salon d'Automne, dont il était sociétaire. Il figura aussi au Salon des Tuileries. Il fut un des membres-fondateurs du Salon du Sud-Est. Il reçut une médaille d'or à l'occasion de l'Exposition Universelle de 1937.
Paysagiste, il a surtout peint les environs de sa région natale, qu'il traite avec des nuances subtiles, en demi-teintes et voilés des brumes qui caractérisent le climat lyonnais. Il a réalisé des fresques à l'Hôtel-des-Postes de Lyon, à l'église de la Porte des Ternes à Paris, dans une école de Limoges.

DESMIMIEUX Joseph, dit **Genet**
xviiie siècle. Actif à Nancy en 1717. Français.
Sculpteur.

DESMIT Alexandre Louis Benjamin
Né le 27 novembre 1812 à Dunkerque (Nord). Mort le 3 mai 1885 à Dunkerque (Nord). xixe siècle. Français.
Peintre d'histoire.
Élève de Van Brée. Il débuta au Salon de Paris en 1839. On cite de lui au Musée de Dunkerque : *Un mariage sous Louis XV* ; *Jean Bart capturant une frégate* ; *Religieux du mont Saint-Bernard rappelant à la vie un jeune Savoyard sauvé des neiges*.
Ventes Publiques : Paris, 1844 : *Le départ pour la guerre* : **FRF 379**.

DESMOLES Arnaud
xvie siècle. Travaillant à Auch. Français.
Peintre d'histoire et peintre verrier.
Cet artiste, qui a droit à une mention spéciale parmi les plus habiles verriers de son époque, fut appelé à Auch par le cardinal

François de Sourdis, pour travailler à la cathédrale, de 1509 à 1513. Il y exécuta notamment de remarquables vitraux.

DESMOND Creswell Hartley
Née en 1877 à Londres. XXe siècle. Britannique.
Peintre, sculpteur.
Elle fut élève de Navelier. Elle exposa, à Paris au Salon des Artistes Français ; on cite de cette artiste : *Les Léopards de Bacchus.*
Ventes Publiques : Londres, 6 déc. 1977 : *Make Friends,* h/t (90x136) : **GBP 750.**

DESMONS Paul-Ghislain
Né le 11 novembre 1928 à Lille (Nord). XXe siècle. Français.
Peintre de compositions à personnages, figures, paysages animés, natures mortes, illustrateur. Cubo-expressionniste.
Sa famille comporte des origines belges. De 1944 à 1951, il fut élève de Joseph Speybrouck à l'Académie Saint-Luc de Tournai. À partir de 1952, il a exercé une activité d'enseignant en histoire de l'art.
Il participe à de nombreuses expositions collectives, notamment : 1963 à Lille, *Treize artistes du Nord,* galerie Mischkind ; de 1966 à 1974 à Lille, nombreuses expositions thématiques, galerie Mischkind ; à Paris, Salons des Artistes Français, d'Automne. Il montre des ensembles de ses peintures dans des expositions personnelles, dont : 1959, 1960 Lille ; 1974, 1993, 1997 Lille, galerie Mischkind ; 1984 Ronchin, *Rétrospective 1944-1984,* Hôtel de Ville ; 1985 à 1991, plusieurs expositions à Lille, galerie François et galerie Gontier, notamment en 1991, *Flandres* ; ainsi qu'à Anvers, Paris, Londres...
Il a une activité d'illustrateur, pour des journaux et magazines, pour des ouvrages littéraires. En tant que peintre, dès ses débuts, dans une gamme très colorée en accord avec la tradition expressionniste flamande, une construction solidement structurée issue du cubisme postcézannien, il s'est attaché à traduire la spécificité des personnages et paysages de Flandre.
Musées : Dunkerque (Mus. d'Art Contemp.) – Moscou (Inst. Plekhanov) – Tournai.

DESMONT
XVIIIe siècle. Actif à Laon au milieu du XVIIIe siècle. Français.
Sculpteur.
Le Musée de Laon possède de cet artiste un *Portrait du cardinal Rochechouart.*

DESMONT Jean
XVIIe siècle. Actif à Nantes en 1681. Français.
Sculpteur.

DESMONTS Philippe
Né en 1953. XXe siècle. Français.
Peintre. Abstrait.
Il figure régulièrement au Salon des Réalités Nouvelles, à Paris dans les années quatre-vingts.
Il pratique une abstraction non géométrique, aux effets de matières savoureux.
Ventes Publiques : Paris, 26 mars 1990 : *Composition jaune et bleue,* h. et collage/t. (92x73) : **FRF 5 700.**

DESMORTINS Savinien
XVIIIe siècle. Français.
Peintre.
Il fut reçu à l'Académie Saint-Luc à Paris en 1722.

DESMOULIN Fernand
Né le 5 juin 1853 à Javerlhac (Dordogne). Mort le 14 juillet 1914 à Venise (Italie). XIXe-XXe siècles. Français.
Peintre de portraits, compositions d'imagination, dessinateur, graveur. Tendance fantastique.
Alors qu'il se destinait à la médecine, Fernand Desmoulin se découvrit une vocation de peintre, puis, lorsque ses débuts dans la vie artistique furent difficiles, il abandonna à nouveau pour se consacrer à une activité commerciale, avant de reprendre des études artistiques avec Bouguereau, Luc-Olivier Merson, et Félix Bracquemond qui l'orienta vers la gravure. Il participa au Salon, obtenant une mention honorable en 1885, une médaille de deuxième classe en 1889, une médaille de bronze à l'Exposition Universelle de 1889 et à celle de 1900. Chevalier de la Légion d'honneur en 1898.
À partir de 1892, il fit des portraits d'hommes célèbres, tels Pasteur, Ferdinand de Lesseps, Théodore de Banville, Émile Zola, avec lequel il se lia d'amitié. Mais la partie la plus singulière de son œuvre apparaît au moment où il est pris par le spiritisme, alors à la mode. C'est, selon ses dires, sous l'emprise des esprits, qu'il laisse aller sa main qui trace au crayon des cercles enchevêtrés au milieu desquels se distinguent des visages fantasmagoriques. Ce sont les apparitions inquiétantes de *La famille de l'Esprit* ou de *La suppliciée* ou encore de *L'effroi douloureux.*
Bibliogr. : Gérald Schurr, in : *Les Petits Maîtres de la peinture 1820-1920, valeur de demain,* Les Éditions de l'Amateur, t. VI, Paris, 1985.
Musées : Brantôme.

DESMOULINS Amédée Auguste
Né dans la seconde moitié du XIXe siècle à Paris. XIXe siècle. Français.
Graveur sur bois.
Il exposa à Paris au Salon des Artistes Français.

DESMOULINS Charles Claudius
Né à Paris. XXe siècle. Français.
Peintre et architecte.
Élève de Weerts, il expose régulièrement aux Artistes Français depuis 1933. Sociétaire.

DESMOULINS Charles Émile
Né au XIXe siècle à Mure. XIXe siècle. Français.
Paysagiste.
Élève de Diaz. Il débuta au Salon de 1878 avec : *Fond des Gorges de Franchard.*

DESMOULINS E.
XIXe siècle. Actif à Paris en 1824. Français.
Graveur au burin.
On cite de lui : *Mausolée de Henri II, duc de Montmorency,* d'après Dufour.

DESMOULINS François
XVIIe siècle. Actif à Lyon au milieu du XVIIe siècle. Français.
Graveur.

DESMOULINS François Antoine
XVIIIe siècle. Français.
Peintre de miniatures.
Il fut reçu à l'Académie Saint-Luc à Paris en 1777.

DESMOULINS François Barthélémy Augustin
Né en 1788 à Paris. Mort le 2 janvier 1856 à Paris. XIXe siècle. Français.
Peintre d'histoire, portraits.
Il débuta au Salon en 1819 et continua à exposer jusqu'en 1845. Il eut une médaille de deuxième classe en 1822. On cite également de cet artiste de nombreux portraits.
Musées : Le Puy-en-Velay : *La Fuite de Marie-Henriette de France, reine d'Angleterre* – Versailles : *Combat de Saalfeld – Prise de Lisbonne.*
Ventes Publiques : Paris, 14 déc. 1989 : *Léonard de Vinci peignant François Ier et sa maîtresse,* h/pan. (32,2x23,8) : **FRF 31 000.**

DESMOULINS J. B. S. F.
Né en 1740. XVIIIe siècle. Travaillant à Paris. Français.
Graveur au burin.
On cite de lui des planches pour le *Voyage de Naples et de Sicile de l'abbé de Saint-Non.*

DESMOULINS Jean Emmanuel
Né le 17 août 1793 à Amiens. XIXe siècle. Français.
Peintre d'histoire et de portraits et graveur.
Entré à l'École des Beaux-Arts en 1819, il fut élève de Gros. Il exposa au Salon de Paris en 1821, 1822 et 1824. On cite de lui : *Oreste au tombeau d'Agamemnon.*

DESMOULINS Michel
XVIIe siècle.
Sculpteur sur ivoire.
Il se maria à Dieppe en 1682.

DESMOULINS Nicolas
XVIIe siècle. Actif à Saumur. Français.
Peintre.
Il travailla pour l'église Saint-Pierre à Saumur et au château de Lorière (Sarthe).

DESMOULINS Pierre
Français.

Peintre.
Il fut membre de l'Académie Saint-Luc à Paris.

DESMOULINS Thérèse
Née à Douai (Nord). XXe siècle. Française.
Aquarelliste.
Elle exposa au Salon de l'Union des Femmes Peintres et Sculpteurs, et elle fut sociétaire du Salon des Artistes Français, à Paris.

DESMOUSSEAUX Guillaume
XVIIIe-XIXe siècles. Actif à Paris. Français.
Peintre.
Il était parent de Noël. Membre de l'Académie Saint-Luc à Paris.

DESMOUSSEAUX Noël
Mort le 20 janvier 1783 à Paris. XVIIIe siècle. Français.
Peintre.
Dit l'aîné. Membre de l'Académie Saint-Luc à Paris.

DESMURAILLE Jean Baptiste
XVIIIe siècle. Français.
Peintre sur porcelaine.

DESMURGET François
XVIIe siècle. Français.
Peintre.
Il était au service de Louis XIV vers 1650.

DESMURS
XVIIIe siècle. Actif à Paris à la fin du XVIIIe siècle. Français.
Sculpteur.
On cite de lui des bustes et des bas-reliefs.

DES NAGEOIRES Jean. Voir **VINNE Jan Van der**

DESNAULT Jacques
XVIIe siècle. Actif à Paris à la fin du XVIIe siècle. Français.
Sculpteur.
Il était membre de l'Académie Saint-Luc à Paris, reçu en 1674.

DESNEIGES Pierre
Né vers 1677 à Paris. Mort le 5 juin 1738. XVIIIe siècle. Français.
Peintre de portraits.
Habita à Grenoble où il fut peintre de l'hôtel de ville. En 1725, il fut chargé de faire les portraits du procureur du roi, de son secrétaire, et ceux de quatre consuls de la ville, à raison de deux portraits par an, et moyennant une pension de 80 livres. Son père, PIERRE DESNEIGES fut également peintre.

DESNEUX Henri
XVIe siècle. Actif à Liège. Éc. flamande.
Peintre de portraits.
Fit, en 1593, le portrait de l'évêque Ernest de Bavière.

DESNITSKAYA Alexandra
Née en 1920 à Léningrad. XXe siècle. Russe.
Peintre de portraits, paysages.
Elle fit ses études à l'Institut Répine de l'Académie des Beaux-Arts de Léningrad. Elle devint membre de l'Union des Peintres d'URSS.
MUSÉES : KIEV (Mus. des Beaux-Arts) – SAINT-PÉTERSBOURG (Mus. de la Marine).
VENTES PUBLIQUES : PARIS, 24 sep. 1991 : *La belle robe rouge*, h/t (60x80) : **FRF 6 000**.

DESNITSKAYA Olga
Née en 1922 à Léningrad. XXe siècle. Russe.
Peintre de compositions à personnages, compositions religieuses. Symboliste.
À l'Institut Répine de Léningrad, elle fut élève de Osmerkine et de Avilov. Elle devint membre de l'Union des Artistes de Léningrad.
Elle ne suit pas les consignes officielles de se conformer à la technique réaliste et académique du XIXe siècle. Son écriture picturale est originale, synthétique, quant au dessin, volontariste, quant à la couleur où elle oppose les bleus froids du ciel aux ocres et bruns chauds du décor et des personnages.
MUSÉES : MOSCOU (min. de la Culture) – SAINT-PÉTERSBOURG (Mus. d'Hist.) – SAINT-PÉTERSBOURG (Mus. du Théâtre).
VENTES PUBLIQUES : PARIS, 26 avr. 1991 : *Le jardin de Gethsemani I*, h/t (79,5x59) : **FRF 6 000**.

DESNŒUDS Anne Étienne
Français.
Peintre.
Membre de l'Académie Saint-Luc à Paris, il était le petit-fils du peintre Antoine-Étienne Boussingault.

DESNOIRETERRES Pierre Philippe
Né en 1703. Mort le 5 mars 1790. XVIIIe siècle. Français.
Verrier.
Membre de l'Académie Saint-Luc à Paris. Maître des Verreries d'Orléans, à Paris.

DESNOS Ferdinand
Né le 29 juillet 1901 à Pontlevoy près de Blois (Loir-et-Cher). Mort le 16 novembre 1958 à Paris. XXe siècle. Français.
Peintre de compositions à personnages, compositions d'imagination, figures, paysages, animaux. Naïf.
Ferdinand Desnos a peint environ huit cents toiles. Sauf quelques rares exceptions, personne ne songeait à les lui acheter ; il continua cependant à peindre, souvent dans le dénuement. Dans ces cas, on est assuré de la profonde authenticité de l'acte de peindre, pour rien, pour personne. C'est là que l'on retrouve les sources fraîches de la création, jamais aussi pures que chez ceux qui peignent ignorés dans leur solitude, chez ces peintres que l'on dit naïfs alors qu'ils sont simplement innocents. Son père tenait la boulangerie de Pont-Levoy, puis acheta une propriété située à deux kilomètres du bourg. C'est là que sa mère lui rapporta, quand il avait une dizaine d'années, une boîte de couleurs qui confirma son goût déjà prononcé pour le dessin et la peinture. C'est après son mariage, installé dans une petite ville près de Montrichard, qu'il peignit pour la première fois à l'huile. En 1927, il vint tenter sa chance à Paris, visitant les musées, les galeries d'art, hantant les jardins publics où il cherche un reflet de sa Touraine. Alors qu'il est électricien au journal *Le Petit Parisien*, le critique du journal, Vanderpyl, le découvre et le fait exposer au Salon des Artistes Indépendants. En 1943 une galerie parisienne organise une exposition de ses œuvres qui sera ensuite présentée à Blois, au musée de Tours puis à la mairie de Pont-Levoy. Après sa mort, les expositions se sont succédées, à Paris en 1962 et de nouveau au musée de Tours en 1963.
Ces bouleversements soudains eurent une incidence sur la sérénité de ce gentil peintre dont l'instinct faisait toute la force. Il abandonna ainsi pendant un temps les sujets rustiques et poétiques racontés avec une charmante verve simple et raffinée, pour une conception plus convenue des paysages, tandis que techniquement il se poliçait et s'efforçait à une habileté qui fasse « sérieux ». Atteint de tuberculose, le climat parisien lui fut défavorable ; il se fixa à Blois, changeant toujours de métier mais poursuivant inlassablement son œuvre. En 1948, il rejoignit sa femme à Paris, n'en supporta toujours pas l'atmosphère, fut hospitalisé puis envoyé dans un sanatorium. En 1950, après une dispute avec son protecteur Vanderpyl, il commença à peindre ce qui constituera sa dernière époque : renonçant à vouloir peindre selon la tradition et s'en tenant à sa seule fantaisie. On peut rassembler ces œuvres sous l'appellation de compositions fantastiques. La description minutieuse des objets subsiste, mais tout y est transmué, y compris les portraits et les animaux familiers du jardin des Plantes. Il ne s'agit plus que de dire le secret de l'humaine condition, l'approche fatale de la mort. Il met en scène l'arche de Noé sur de grands formats, premier symbole d'un seul survivant dans l'universelle dévastation ; *L'épouvantail*, où ce faux mort planté dans le champ joue les vrais vivants ; il peint encore sa propre mort, où il gît sereinement, entouré de la figuration de tous ses rêves matériels et de ses aspirations spirituelles, réunissant autour de lui son panthéon personnel, comptant Léonard de Vinci, Guillaume Apollinaire, Paul Léautaud, le Douannier Rousseau, le cardinal de Richelieu, le Mahatma Gandhi, Verlaine. L'année 1954 marque un tournant important dans la reconnaissance de son œuvre, malheureusement trop tard. Son envoi au Salon des Artistes Indépendants, *Les goélands*, est remarqué par des critiques et des collectionneurs. On parle un peu de lui, il vend quelques toiles, des galeries lui proposent des expositions. À la fin de l'année 1958, il est opéré d'une mauvaise occlusion et ne peut reprendre le dessus. Depuis sa mort, des études lui ont été consacrées et ses œuvres figurent dans les musées aux côtés de celles des Bombois, Vivin, Bauchant. Sa mort a changé les choses, mais en mourant, le pauvre peintre acharné a-t-il pressenti qu'il allait commencer à vivre ?
■ Jacques Busse

BIBLIOGR. : Bernard Dorival et Jacques Busse : *Ferdinand Desnos*, Documents, Cailler, Genève, 1963 – Jacques Busse : *L'acte* *de peindre*, L'Écho de Touraine, 28 juin 1963 – in : *Diction. Univers. de la Peint.*, Le Robert, Paris, 1975.

Musées : Paris (Mus. Nat. d'Art Mod.) : *Le Pont des Arts ou la Cène sur la Seine* – *La Fin du jour* – Tours (Mus. de Peinture) : *Le Faucheur.*

Ventes Publiques : Paris, oct. 1945-juil. 1946 : *Paysage, la petite église* : **FRF 13 000** – Genève, 7 nov. 1969 : *Fenêtre ouverte en Normandie* : **CHF 11 500** – Versailles, 26 mai 1974 : *Paysage tourangeau* : **FRF 13 000** – Versailles, 18 jan. 1976 : *Les Maisons*, h/t (44x59) : **FRF 2 200** – Zurich, 6 juin 1980 : *Paysage impressionniste* 1928, h/t (65x92) : **CHF 6 000** – Zurich, 29 oct. 1982 : *Les ibis noirs*, h/t (35x27) : **CHF 4 800** ; *Léautaud surveillant l'Institut, son manuscrit entre les mains* 1953, gche (65x50) : **CHF 5 000** – Lyon, 4 déc. 1985 : *Le laboureur et l'âne* 1929, h/t (33x46) : **FRF 25 000** – Lyon, 27 mai 1986 : *Paysage*, h/t (73x100) : **FRF 30 000** – Paris, 17 fév. 1988 : *Bouquet de fleurs*, h/pan. (35x26) : **FRF 7 900** – Paris, 5 mai 1988 : *Léda à l'ombrelle rouge*, h/pan. (24x35) : **FRF 7 000** – Paris, 5 juil. 1988 : *L'Épouvantail*, h/cart. (31,5x43) : **FRF 2 200** – Paris, 11 oct 1988 : *Vase de fleurs*, h/t (45x38) : **FRF 7 000** – Calais, 10 déc. 1989 : *Bouquet de pivoines*, h/pan. (32x24) : **FRF 12 000** – Paris, 9 juil. 1992 : *Clair de lune*, h/t (24x33) : **FRF 9 000** – Paris, 8 avr. 1993 : *Papillon*, h/pan. de bois (17x22,5) : **FRF 4 800** – Paris, 13 déc. 1993 : *Vase de fleurs*, h/isor. (28x26) : **FRF 11 200** – Paris, 24 juin 1994 : *Retour de chasse*, h/t (32x46) : **FRF 13 000** – Paris, 13 oct. 1995 : *Conversation dans un champ*, h/pan. (15,5x20) : **FRF 5 000** – Paris, 28 oct. 1996 : *Cigogne*, h/cart. (64x49) : **FRF 4 800** – Paris, 23 fév. 1997 : *Les Chèvres et les Corbeaux*, h/cart. (21x26,5) : **FRF 6 200.**

DESNOS Louise Adélaide, née **Robin**

Née le 25 août 1807 à Paris. XIXe siècle. Française.

Peintre d'histoire, scènes de genre, portraits.

Elle fut l'élève de Hersent et exposa au Salon de Paris de 1831 à 1853. Entre autres portraits que cette artiste exécuta, on cite celui du roi Louis-Philippe.

Musées : Chalon-sur-Saône : *Le Déjeuner à la ferme* – Versailles : *Frédéric-Sigismont, baron de Berckeim* – *Vicomte Pierre de Castex* – *Comte Mathieu Dumas* – *Baron Delonne-Franceschi* – *Comte Jean-Léonard-François de Semarois* – *Baron Mouton-Duvernet* – *Baron Jean-Louis de Bonneuil* – *Comte Tasse Barthelemot Sorbier* – *Pierre-François Delorme* – *Xavier Bichat* – *Casimir Périer* – *Comte A. Charles Guilleminot* – *Pompone de Bellièvre.*

Ventes Publiques : New York, 16 fév. 1994 : *La Toilette* 1839, h/t (100x81) : **USD 5 463.**

DESNOS Robert

Né en 1900 à Paris. Mort en 1945 à Terezin (Tchécoslovaquie), en déportation. XXe siècle. Français.

Peintre, dessinateur. Surréaliste.

Le poète, écrivain, essayiste fit partie du groupe surréaliste jusqu'en 1929. Dès 1922, il se prêta aux expériences de sommeil hypnotique, réalisant des dessins entremêlés d'écritures. Il transféra ensuite en peintures ces messages de l'inconscient, indépendants de toute technique et du goût : *Ci-gît Breton* 1923.

Bibliogr. : In : *Diction. de l'Art Mod. et Contemp.*, Hazan, Paris, 1992.

DESNOUCKPOL ou **Snouckpol de**, pseudonyme de **Desnouck Paul**

Né le 10 février 1943 à Tournai. XXe siècle. Belge.

Sculpteur de monuments, figures, peintre. Expressionniste.

Il fut élève et diplômé, pour la sculpture, de l'Académie des Beaux-Arts de Tournai, et travailla aussi avec le directeur de l'Académie de Saint-Gilles. Il vit et travaille à Péronnes-lez-Antoing (Hainaut). Il participe à des expositions collectives, dont : depuis 1984 à Tournai, Ostende. Il montre ses réalisations dans des expositions personnelles : 1982 Maison des Arts à Villers-la-Ville ; 1985 et 1987 à Tournai ; 1987 Musée de la pierre à Sprimont (Liège) ; 1990 galerie Contrast à Bruxelles ; 1991 Académie Royale des Beaux-Arts à Bruxelles ; 1996 Fondation John Cluysenaar, Noville-sur-Mehaigne. Il a été distingué par l'Académie Royale des Sciences, Lettres et Beaux-Arts de Belgique, au Concours de Sculpture Auguste Vermeylen à Ostende, et obtint le Prix Constant Permeke de la Province de Flandre-Occidentale. En 1993, invité par l'Académie Royale, il prépare le concours de la XIe Biennale Dantesque de Ravenne, sur le thème de la Porte de l'Enfer.

Il travaille essentiellement le bronze, en épreuves uniques selon la technique de la cire perdue. Ses figures, personnages suggérés plus que définis, semblent procéder d'un envol, qui plus qu'au courant expressionniste flamand les apparente encore au romantisme de Rodin. Dans ses nombreux projets de monuments : à Constant le grenadier de l'empereur ; à l'eau symbole de la pureté *(S.EAU.S.)*, réalisé au Musée de l'Eau à Genval (Bruxelles) ; au roi Clovis en cours de réalisation à Tournai ; au jeune David affrontant Goliath ; il diversifie et associe les matériaux, bronze encore, mais aussi pierre, bois, marbre noir, tous les matériaux et éléments façonnés des projets non encore réalisés étant prêts chez l'artiste.

Bibliogr. : Divers : *De Snouckpol*, s.l. ni d., 1994 ?

Musées : Charleroi (Mus. des Beaux-Arts) : *Éloge à la Résurrection*, bronze – La Louvière (Mus. Ianchevelici) : *Oiseau de Bon Augure*, bronze – Mons (Mus. des Beaux-Arts) : *Éloge à l'Illustre*, bronze – Tournai (Mus. des Beaux-Arts) : *Éloge des Pères*, bronze – Tournai (Cathédrale) : *Lutrin*, bronze – *Peste vaincue*, bronze.

DESNOUETTES

XVIIe siècle. Français.

Peintre.

Cité par de Marolle.

DESNOYER François

Né le 30 septembre 1894 à Montauban (Tarn-et-Garonne). Mort le 21 juillet 1972. XXe siècle. Français.

Peintre de scènes de genre, paysages animés, peintre à la gouache, pastelliste, lithographe, sculpteur. Cubo-expressionniste.

Il fit des études classiques au lycée de sa ville natale, où il reçut déjà les conseils de Bourdelle, puis, à dix-neuf ans, vint à Paris et s'inscrivit à l'École Nationale des Arts Décoratifs. Au cours de ses voyages, il copiait les maîtres anciens. Mobilisé dans l'infanterie durant la Première Guerre mondiale et blessé à plusieurs reprises, il ne reprend ses études qu'en 1919. Depuis 1945 il vivait à Sète et peignait principalement les ports de la région. En 1936 il fut nommé professeur à l'Ecole des Arts Décoratifs. Il fut nommé peintre officiel de la marine en 1949.

À partir de 1922 il exposa régulièrement au Salon des Artistes Indépendants, au Salon d'Automne dont il était membre du comité, au Salon des Artistes de ce Temps dans le groupe Gromaire-Lipchitz. En 1946 ses amis et les jeunes peintres du Salon de Mai le désignent comme invité d'honneur, et il y présente à cette occasion un important ensemble de son œuvre. Ami de Dufy, c'est lui ainsi que Léger, Bourdelle, Lipchitz qui le firent inviter à la Biennale de Venise en 1952. Il a figuré dans de nombreuses expositions à l'étranger. Entre 1950 et 1953 une vaste exposition de ses œuvres sillona les musées de France : Mulhouse, Marseille, Avignon, Montpellier, Montauban, Albi, Bordeaux, Perpignan et Lille. En 1924 il reçut le prix Blumenthal, en 1949 le grand prix de la peinture contemporaine, en 1955 le Grand Prix International de la IIIe Biennale de Menton et en 1958 la médaille d'or à l'Exposition universelle de Bruxelles.

François Desnoyer a hérité les leçons de rigueur du cubisme, qu'il réduit à une stylisation géométrique des formes, et du lyrisme chromatique des fauves. Par le choix de ses sujets, il s'inscrit dans la mouvance la plus expressionniste du courant figuratif français de l'entre-deux-guerres, aux côtés de Gromaire, Goerg et Walch. Ses sujets témoignent d'une vision populaire et réaliste de la vie moderne, décrivant l'activité grouillante de la vie des ports, des fêtes foraines : *La Foire du Trône* 1936, des exploits sportifs ou des jeux collectifs, traités dans des tons vifs et francs. Il a réalisé un panneau décoratif au pavillon du Languedoc à l'Exposition Universelle de 1937 à Paris, en 1942 a décoré avec un groupe d'élèves la salle des fêtes de la mairie de Cachan et fait exécuter une tapisserie à Aubusson intitulée *La plage*. Il a illustré de nombreux ouvrages parmi lesquels on peut citer le *Dies Irae* de La Fontaine et créé plusieurs lithographies. Il aura été un peintre du plaisir de peindre, juste effleuré par les bouleversements du langage artistique du début de siècle, et qui resta indifférent aux révolutions plastiques qui en découlèrent pourtant de son temps. ■ J. B.

DESNOYER

Fr DESNOYER

Bibliogr. : In : *Les Muses*, Tome 6, Grange-Batelière, Paris, 1971 – in : *Diction. Univ. de la Peinture*, Le Robert, Paris, 1975.

Musées : Narbonne (Mus. d'Art et d'Hist.) : *Portrait du docteur Girou*, dess. au fus. – *Paysage d'Ortafa* 1970 – Paris (Mus. Nat. d'Art Mod.) : *La Foire du Trône* 1936 – *Le Port de Marseille* 1940 – *Escales* 1940 – Paris (Mus. d'Art Mod. de la Ville).

Ventes Publiques : Paris, 27 jan. 1943 : *Fleurs au vase bleu* : **FRF 5 200** – Paris, 18 nov. 1946 : *La lecture*, dess. : **FRF 3 500** – Paris, 26 mai 1950 : *Nu debout devant un arbre* : **FRF 25 000** – Paris, 10 nov. 1954 : *Nu couché* : **FRF 281 000** – Paris, 31 mars 1960 : *Paysage. Pont fleuri* : **FRF 4 800** – Paris, 2 juin 1965 : *Bateau de canal* : **FRF 9 000** – Paris, 5 juin 1974 : *Femme attablée* : **FRF 7 000** – Toulouse, 14 juin 1976 : *Le port de Sète*, aquar. (45x60) : **FRF 5 200** – Paris, 22 nov. 1977 : *La Frette*, h/pan. (41x33) : **FRF 7 000** – Zurich, 26 mai 1978 : *Village dans les montagnes*, aquar. (25x32,5) : **CHF 1 600** – Paris, 25 avr. 1980 : *Paysage*, h/pan. (54x65) : **FRF 14 500** – Paris, 8 déc. 1982 : *Un port*, h/t (50x73) : **FRF 28 000** – Paris, 29 nov. 1984 : *Venise*, h/t (50x73) : **FRF 30 000** – Paris, 27 nov. 1986 : *Animation sur la plage*, h/t (65x81) : **FRF 130 000** – Versailles, 20 mars 1988 : *Le port de Toulon*, h/pan. (19x27) : **FRF 12 000** – Paris, 12 juin 1988 : *Le port de Toulon*, h/pan. (19x27) : **FRF 20 000** – Versailles, 15 juin 1988 : *Port de Sète – quai rouge*, h/t (60x92) : **FRF 42 000** – Paris, 29 juin 1988 : *Vue de Prague* 1938, h/pan. (81x61) : **FRF 55 000** – Paris, 11 oct 1988 : *Port de Sète* 1943, h/t (60x92) : **FRF 250 000** – Versailles, 6 nov. 1988 : *Dax, le passage à niveau* 1960, aquar. (26x35) : **FRF 5 500** – Paris, 20 nov. 1988 : *Dans le jardin*, h/pan. (54,5x45,5) : **FRF 38 000** – Paris, 22 juin 1989 : *Tanker blanc*, h/t (33x55,5) : **FRF 27 000** – Versailles, 29 oct. 1989 : *Femme nue dans un intérieur*, h/pan. (38x55) : **FRF 37 500** – Le Touquet, 12 nov. 1989 : *Village méditerranéen*, h/pan. (25x42) : **FRF 51 000** – Calais, 10 déc. 1989 : *Rivage méditerranéen*, past. (24x19) : **FRF 19 500** – Paris, 20 fév. 1990 : *Deux Femmes dans un intérieur*, h/t (73x115) : **FRF 150 000** – Calais, 4 mars 1990 : *Rue animée*, h/pan. (33x40) : **FRF 55 000** – Paris, 6 juin 1990 : *La Ville* 1926, h/t (46x55) : **FRF 41 000** – Calais, 20 oct. 1991 : *Jeunes Enfants sur le quai*, aquar. fus. et cr. coul. (26x20) : **FRF 3 900** – Paris, 5 fév. 1992 : *Le Village de Montagnac*, aquar. et encre de Chine (24,5x39) : **FRF 6 500** – Paris, 4 mars 1992 : *Le Marché*, h/t/pan. (33x40) : **FRF 18 000** – New York, 22 fév. 1993 : *Femme nue devant un miroir* 1961, h. et craie noire/pap. (60,5x44) : **USD 880** – Paris, 8 avr. 1993 : *Port de pêche*, h/pan. de bois (27x41) : **FRF 12 000** – Paris, 23 juin 1993 : *Le Village*, encre de Chine, past. et gche (24,5x31) : **FRF 3 000** – New York, 9 mai 1994 : *La Mosquée de la Pacherie à Alger*, h/t (60x72,7) : **USD 3 450** – Paris, 16 déc. 1994 : *Portrait de Gigi*, h/t (55x33) : **FRF 7 000** – Paris, 24 mars 1996 : *Femme nue au drapé rouge*, h/pan. (73,5x50) : **FRF 14 500** – Calais, 23 mars 1997 : *Le Meeting aérien*, h/t (55x33) : **FRF 15 000**.

DESNOYERS Auguste Gaspard Louis, baron, de son vrai nom : **Boucher-Desnoyers**

Né le 19 décembre 1779 à Paris. Mort le 16 février 1857 à Paris. XIXe siècle. Français.

Graveur.

Premier graveur du roi (1825), conseiller des Musées royaux (1825), chevalier de saint Michel (1822), il fut membre de l'Institut, en 1816, lors de la création du quatrième fauteuil de la classe de gravure à l'Académie des Beaux-Arts, il fut nommé baron en 1828.

Ventes Publiques : Paris, 14 nov. 1927 (sans indication de prénom) : *Bélisaire*, cr. et estompe : **FRF 130**.

DESNOYERS Jean François Langin. Voir **LANGIN-DESNOYERS**

DESNOYERS Jean Marin

XVIIIe siècle. Actif à Valognes (Manche). Français.

Peintre.

DESNOYERS Pierre Hubert

Né en 1767 à Caen. XVIIIe siècle. Français.

Graveur.

Élève de Girard. Il exposa au Salon de Paris de 1814 à 1834. Le duc d'Angoulême l'attacha à son service.

DESNOYERS-CHAPONNET, l'Ancien

XVIIIe siècle. Français.

Peintre sur porcelaine.

Il travailla à la manufacture de Sèvres, de 1768 à 1795.

DESNOYERS-CHAPONNET, le Jeune

XVIIIe-XIXe siècles. Français.

Peintre de fleurs sur porcelaine.

Il travailla à la manufacture de Sèvres, de 1776 à 1800.

DESOCHES René Gabriel

Mort le 15 juillet 1758. XVIIIe siècle. Actif à Paris. Français.

Peintre vernisseur.

Membre de l'Académie Saint-Luc à Paris. Ses deux fils, Jean-Baptiste-Gabriel, et Jacques-René, ainsi que son gendre Jean Demanque, exercèrent le même métier.

DES OLIVES Francisco. Voir **SOLIBES F.**

DESOLME de Los Desemparados Maria

Née à Valence. XIXe siècle. Espagnole.

Peintre.

Élève de Placido Francés. Médaillée à l'Exposition de Valence en 1867.

DESOMBERG Philippe

Né en 1945 à Charleroi. XXe siècle. Belge.

Sculpteur, peintre. Tendance abstraite.

Il fut élève des Académies de Bruxelles et de Watemael-Boitsfort. Depuis 1976 il est professeur à l'Académie de Braine-l'Alleud. En 1992, lors d'une exposition à quatre à la Fondation Veranneman de Kruishoutem, il montra un ensemble de sculptures. En 1995 la Fein Arts Gallery de Bruxelles lui a consacré une exposition d'ensemble.

Il a travaillé le plâtre, le bois, le bronze en cire perdue, la terre cuite, avant d'adopter le marbre et la pierre. Ses sculptures de rythme vertical, développent des formes et volumes entre abstraction et anthropomorphisme. Certaines parties polies suggèrent la douceur du corps, tandis que d'autres à peine équarries lui portent blessures et cicatrices.

Bibliogr. : In : *Diction. Biogr. ill. des Artistes en Belgique depuis 1830*, Arto, Bruxelles, 1987 – ? : *La sculpture chez Veranneman*, Arts Antiques Auction, Belgique, mars 1992.

DÉSOMBRAGES Joseph Vezien

Né le 4 novembre 1804 à Lyon (Rhône). Mort en 1873 à Lyon (Rhône). XIXe siècle. Français.

Peintre.

Élève de l'École des Beaux-Arts de Lyon, où il suivit les classes de Berjon et de Revoil (1819-1827). Il exposa à Lyon en 1833, et au Salon annuel de cette ville, de 1836 à 1866, des paysages, quelques figures ou tableaux de genre (huile, fusain et aquarelle). Il était représenté au Musée de Lyon par deux toiles qui ne sont plus exposées : *Bateau à vapeur pris par les glaces de la Saône* et *L'entrée de la rue de la Barre à Lyon*.

DESORIA François

XVIIIe siècle. Français.

Peintre.

Il fut reçu à l'Académie Saint-Luc à Paris en 1750.

DESORIA Jean Baptiste François

Né en 1758 à Paris. Mort le 21 septembre 1832 à Cambrai. XVIIIe-XIXe siècles. Français.

Peintre d'histoire, portraits.

Élève de Restout fils. Il visita l'Italie et fut professeur à Rouen, à Évreux et à Metz. Il débuta au Salon de 1791 et obtint une médaille en 1810.

Musées : Bayeux : *Le sacrifice d'Iphigénie* – Cambrai : *Ulysse et Pénélope* – Paris (Comédie Française) : *Grandmesnil dans Harpagon* – Rouen : *Pierre Corneille dans son cabinet* – Versailles : *Ch.-Louis-François-Honoré Letourneur*.

Ventes Publiques : Paris, 27-28 mai 1921 : *Le Sacrifice d'Iphigénie* : **FRF 520** – Paris, 24 mai 1943 : *Le Mariage de Campaspe et d'Apelle*, attr. : **FRF 800** – Paris, 19 juin 1986 : *Portrait de Charles Louis François Letourneur* 1796, h/t (130x98) : **FRF 34 000**.

DESORMAUX

Français.

Dessinateur.

Cité par Mireur. Nous n'avons trouvé aucun renseignement sur Desormaux. Peut-être faut-il voir un nom tronqué, soit le peintre Desormeaix, soit un des artistes lillois Desreumeaux ou Desrumeaux.

Ventes Publiques : Paris, 12 déc. 1898 : *Vingt-deux fleurons et culs de lampes pour l'Histoire de la Maison de Bourbon* 1779-1788 : **FRF 410**.

DESORMEAUX Jean Baptiste

XVIIe-XVIIIe siècles. Français.

Peintre d'histoire.

Élève de Michel Corneille le jeune.

DESORMEAUX Odile

Née vers 1940 à Nantes (Loire-Atlantique). XXe siècle. Française.

Peintre.
Elle fit des études à l'École des Beaux-Arts de Nantes, puis à celle du Mans. Elle enseigne le dessin et la décoration à Nantes.
Son œuvre appartient à la fois au figuratif et à l'abstrait ; elle se caractérise par l'éclatement du dessin, la transparence des teintes et la fluidité des atmosphères.

DESOSIER
XVIIe-XVIIIe siècles. Français.
Peintre, peintre sur verre, peintre d'histoire et de portraits.
Siret cite de lui : *Vitraux à Versailles.*

DESOUBLEAY Michel. Voir **DESUBLEO Michele**

DESOUCHES Charles
Né à Paris. Mort en 1905. XIXe siècle. Français.
Sculpteur.
Élève de Geoffroy Dechaumes. Il débuta au Salon de 1868 avec : *Portrait d'enfant,* buste plâtre, et obtint une mention honorable en 1901.

DESOUCHES Léonie, Mme, née **Blondel**
Née au XIXe siècle à Paris. XIXe siècle. Française.
Peintre de fleurs et miniaturiste.
Elle débuta au Salon en 1870 avec une nature morte. Elle appartient à la Société des miniaturistes de France.

DESOULCHES Nicolas
XVIe siècle. Actif à Bourges. Français.
Sculpteur.
Il travailla, en 1513, à la décoration de la cathédrale de Bourges.

DESOUSLEVRÈS Samuel
XVIIIe siècle. Vivant à Genève dans la dernière moitié du XVIIIe siècle. Suisse.
Peintre sur émail.
D'après le Dr Brun, il fut l'associé de Daniel Schmid en 1798.

DESOZIER Guillaume
XVIIe siècle. Actif à Paris. Français.
Peintre.
Il était membre de l'Académie Saint-Luc à Paris.

DESPAGNAT Georges. Voir **ESPAGNAT**

DESPAGNAT Victor
Né à Paris. Mort en 1901. XIXe siècle. Français.
Peintre de genre, portraits.
Il fut élève de T. Robert-Fleury et Jules et Lefebvre. Sociétaire des Artistes Français, il figura au Salon de cette société.
Ventes Publiques : Paris, 12 mars 1984 : *Autoportrait de l'artiste dans son atelier* 1896, h/t (92x80) : **FRF 78 000**.

DESPAGNE Artus
XIXe siècle. Actif dans la première moitié du XIXe siècle. Français.
Peintre et sculpteur.
Giraudet fut son maître. Il exposa au Salon de Paris de 1824 à 1835.

DESPARCIES
XVIIe siècle. Actif à Montroland (Franche-Comté). Français.
Sculpteur sur bois.

DESPARMET-FITZ-GÉRALD Xavier
Né le 13 janvier 1861 à Bégney (près de Bordeaux). XIXe-XXe siècles. Français.
Peintre de paysages, marines.
Il débuta au Salon de 1880 avec : *Dunes de Sestats.*
Ventes Publiques : Paris, 1899 : *La maison du Cid à Burgos* : **FRF 60** – Paris, 12 mai 1923 : *Bords de ruisseau en automne* : **FRF 130** – Paris, 23 fév. 1996 : *L'Atlas vu de Blida, effet de neige en décembre*, h/pan. d'acajou (32x40) : **FRF 4 000**.

DESPAX Jean Baptiste
Né en 1709 à Toulouse. Mort en 1773 à Toulouse. XVIIIe siècle. Français.
Peintre d'histoire.
Despax était professeur de l'Académie de peinture de Toulouse et sa carrière s'est écoulée dans cette ville. Il fut élève et gendre d'Antoine Rivalz.
Musées : Toulouse : *Le roi David – La Sibylle – Le repas chez Simon le Pharisien – L'Assomption.*
Ventes Publiques : Paris, 16 déc. 1992 : *Le Sacrifice d'Isaac,* h/t (71x57,5) : **FRF 23 000**.

DESPEAUX Guillaume Fidel
XVIIIe siècle. Français.
Peintre.
Il fut reçu à l'Académie Saint-Luc à Paris en 1781.

DESPECHE Pierre
Né à Til-Châtel (Bourgogne). XVIIe siècle. Actif à Grenoble dans la première moitié du XVIIe siècle. Français.
Peintre.
Fils de Florent Despesche, peintre du marquis de Créqui, exécuta diverses œuvres dans la demeure du connétable de Lesdiguières à Grenoble, de 1628 à 1633.

DESPECHES Claude
XVIIIe siècle. Actif à Marseille vers 1760. Français.
Peintre de paysages.

DESPÈCHES Florent
XVIIe siècle.
Graveur.
Il a gravé d'après les maîtres de la Renaissance italienne.

DESPECHES Hugues
XVIIe siècle. Actif à Paris. Français.
Peintre.
Il était fils de Luc.

DESPECHES Jean
Mort en 1672 à Paris. XVIIe siècle. Français.
Peintre.
Il était fils de Luc.

DESPECHES Luc
Mort avant 1670. XVIIe siècle. Actif à Paris. Français.
Peintre.
Il travaillait en 1644 pour le prince de Condé.

DESPELCHIN. Voir **DEPELCHIN**

DESPERAIS Claude Antoine
XVIIIe siècle. Français.
Peintre d'ornements.

DESPERAIS Julie Françoise
Née en 1777. XIXe siècle. Française.
Peintre de fleurs.

DESPERRET
Né à Lyon. Mort en 1865 à Paris. XIXe siècle. Français.
Graveur.
Il alla jeune à Paris où il travailla dans l'atelier de Lethière. Il grava sur bois une partie des dessins de Gavarni. Il fut ensuite employé à la chalcographie du Louvre. Il a dessiné des portraits et gravé à l'eau-forte. *Cf. Desperet,* dessinateur-lithographe, cité par Grand-Carteret (*Hist. de la Caricature en France,* page 638), comme ayant collaboré à *La Caricature* sous Philipon.

DES PERRIERS, Mme
Née en 1787 à Paris. XIXe siècle. Française.
Peintre de portraits et de genre.
Élève de Grenet. Exposa au Salon de Paris de 1812 à 1819. Le Musée d'Avignon conserve d'elle un *Portrait de Louis XVIII.*

DES PERTS Antonio
XIVe siècle. Catalan, actif vers 1356. Espagnol.
Peintre.

DESPEUT
XIXe siècle. Actif vers 1826. Français.
Dessinateur.
Le Musée Wicar, à Lille, conserve une sépia de cet artiste, datée de 1826 et représentant : *La façade de l'ancien Musée de Lille (primitivement École centrale des Arts).*

DESPEYROUX Louis Alexandre
Né à Cahors. XXe siècle. Français.
Peintre.
Il exposa à Paris au Salon des Indépendants avant 1914.

DESPEYROUX Made
Née à Lyon. XXe siècle. Française.
Peintre.
Élève de Bonnaud. Sociétaire des Artistes Français.

DESPIAU Charles Albert
Né le 4 novembre 1874 à Mont-de-Marsan (Landes). Mort le 28 octobre 1946 à Paris. XIXe-XXe siècles. Français.
Sculpteur de monuments, groupes, statues, nus, bustes, dessinateur.
Petit-fils et fils de maîtres-plâtriers, c'est en 1891, âgé de dix-sept ans, qu'il quitte sa ville natale pour gagner Paris. À l'École des

Arts Décoratifs il suit les cours d'Hector Lemaire, ancien élève de Carpeaux, et sculpteur, notamment, d'une *Immortalité* qui figura aux funérailles de Victor Hugo. Il entre ensuite dans l'atelier de Louis-Ernest Barrias à l'École Nationale des Beaux-Arts et rejoint, sous l'égide de Rodin, Dalou et Constantin Meunier, les Jeunes Sculpteurs Indépendants qui s'appellent alors Bourdelle, Niederhausen-Rodo, Louis Dejean, Carries, Camille Claudel et Lucien Schnegg. C'est au Salon de la Société Nationale des Beaux-Arts de 1907 qu'il fut remarqué par Rodin, qui le prit comme praticien dans son atelier du dépôt des marbres jusqu'en 1914.

En 1898 il expose pour la première fois au Salon des Artistes Français avec un buste, l'année suivante il présente le buste du sculpteur Léon Drivier, alors élève de Rodin, et en 1900 le *Buste de Mademoiselle Rudel*, qui devait devenir Madame Charles Despiau. Associé au Salon des Jeunes Sculpteurs Indépendants en 1902, il en devint sociétaire en 1904 et y figura jusqu'en 1923. Il exposa également au Salon d'Automne, au Salon de la Société Nationale des Beaux-Arts ainsi qu'au Salon des Tuileries qu'il avait contribué à fonder. Au Salon de la Société Nationale des Beaux-Arts de 1907, il exposait : *Jeune fille lisant, Petite fille des Landes, Paulette*. En 1930 une exposition personnelle de ses œuvres le consacrait à la XVIIIe Biennale de Venise. En 1911 il fut fait chevalier de la Légion d'Honneur. En 1923 il enseigna à l'Académie de la Grande Chaumière et en 1927 il fut engagé comme professeur à l'Académie Scandinave. En 1936 il fut fait commandeur de la Légion d'Honneur. Il fut le maître d'Arno Brecker, le sculpteur officiel du régime nazi.

Au Salon des Sculpteurs Indépendants de 1899, il y eut une telle abondance de drapés à l'Antique que fut surnommé « le coin des robes de chambre » tout un secteur de l'exposition. Comme Dalou et quelques autres, Despiau s'intéressa à ce problème, alors très discuté, du vêtement moderne dans la statuaire. Il entreprit de le restituer dans sa sculpture de portrait. Il se tint toute sa vie à ce parti. Plusieurs de ses premières œuvres étaient des figurines costumées à la mode du temps, entre autres : *Au départ* qui est un portrait de Madame Despiau aux cheveux bouffants et avec un col Médicis, et *Portrait du peintre Byais* en chapeau et pardessus. Dans la suite, il sacrifia le plus souvent le détail vestimentaire à la plénitude sculpturale, mais y revint chaque fois que le sujet lui paraissait exiger une indication de ce genre, notamment pour le groupe des *Enfants* de 1905, la *Jeune fille lisant* du Monument de Victor Duruy de 1907, les deux figures du *Monument aux Morts de Mont-de-Marsan* de 1920-1922. L'influence de Rodin qu'il admire profondément est lisible dans certaines œuvres comme *L'Homme assis* de 1929, qui évoque le *Penseur*, mais Despiau préfère aux formes tourmentées de Rodin un sens de l'équilibre et une harmonie formelle rappelant les œuvres de la Grèce antique.

Despiau s'est principalement illustré dans l'art du portrait, s'attachant à rester avant tout fidèle au modèle et à traduire toutes les nuances passant sur le visage humain, en privilégiant la sérénité. Il a sculpté ainsi, d'entre nombreux autres, les bustes de *Mme André Derain – Mme Othon Friesz – Le Docteur Sabouraud – Dunoyer de Segonzac – Mademoiselle Bianchini – Madame Lindbergh*. Il aborde le corps humain avec les mêmes préceptes, équilibre des formes, fidélité au modèle, dans une attitude que l'on a souvent opposée à celle de Maillol, son contemporain qui inscrit le corps dans des formes élémentaires et pleines. En 1920, il exécute le monument aux morts de sa ville natale. Pendant dix ans, il exécuta de multiples états pour aboutir à son *Apollon*. Il a également laissé de nombreux dessins qui comme son œuvre sculpté sont empreints d'une rigueur toute classique, évitant l'académisme. ■ F. M., J. B.

C. Despiau

C. Despiau

Bibliogr. : L. Deshairs, *Charles Despiau*, Crès, Paris, 1930 – Waldemar George : *Despiau*, Amsterdam, 1954 – in : catalogue de l'exposition *Dessins de sculpteurs de Rodin à nos jours*, Musée des Beaux-Arts, Château des Rohan, Strasbourg, 1966 – in : *Les Muses*, Tome 6, Grange Batelière, Paris, 1970.

Musées : Lausanne (Mus. canton. des Beaux-Arts) : *Buste de Mme André Derain* 1926 – Paris (Mus. Nat. d'Art Mod.) : *Mme Faure* 1927 – *Mme Berthe Simon* 1928 – *Mme Agnès Meyer* 1929 – *Mme Jean-Arthur Fontaine* 1933 – *Nu couché* 1922 – *Ève* 1925 – *Assia figure nue* 1927.

Ventes Publiques : Paris, 29 et 30 mai 1929 : *Femme nue couchée*, dess. : **FRF 1 850** – Paris, 1er juin 1933 : *Nu couché, de dos*, mine de pb : **FRF 210** – Paris, 2 déc. 1936 : *Nu aux genoux pliés*, sanguine : **FRF 1 000** – Paris, 28 juin 1939 : *Bacchante*, bronze : **FRF 6 400** – Paris, 17 et 18 fév. 1944 : *Buste de Paulette*, plâtre : **FRF 7 000** – Paris, 14 déc. 1960 : *Nu couché, tourné à droite*, sanguine : **FRF 760** – Paris, 1er avr. 1968 : *Buste de femme*, bronze : **FRF 12 500** – Paris, 13 mai 1971 : *Buste de femme*, bronze : **FRF 16 000** – Berne, 9 juin 1976 : *Jeune femme nue allongée sur un divan* vers 1930, bronze patiné (H. 16,5, L. 27,5) : **CHF 12 000** – New York, 13 mai 1977 : *Tête de Lulu*, bronze patiné : **USD 1 300** – Londres, 26 juin 1978 : *Madame André Derain* 1923 (H. 30,2) : **GBP 4 000** – Monte-Carlo, 25 nov. 1979 : *Assia* 1937 : **FRF 8 500** – Hambourg, 8 juin 1979 : *Nu assis*, mine de pb et cr. de coul. (27x20,1) : **DEM 1 500** – Paris, 16 déc. 1981 : *Nu allongé de face*, sanguine/pap. (35x36) : **FRF 6 000** – Lyon, 8 juin 1982 : *Jeune femme nue allongée*, bronze patiné (H. 16,5, L. 27,5) : **FRF 41 000** – New York, 15 déc. 1983 : *Nu assis* 1923, craie rouge (38,6x29,2) : **USD 850** – Londres, 3 déc. 1985 : *Cra Cra* 1916, bronze, patine vert foncé (H. 43) : **GBP 480** – New York, 20 nov. 1986 : *Tête de l'artiste Maria Lani* 1929, bronze, patine brun or (H. 38,1) : **USD 12 000** – Paris, 25 nov. 1987 : *Nu endormi*, sanguine (29x21) : **FRF 2 700** – Londres, 24 fév. 1988 : *Madame Charles Pomaret*, bronze (H.33,5) : **GBP 6 600** – Paris, 3 oct. 1988 : *Le modèle de profil*, fus. (41x29) : **FRF 52 000** – Londres, 24 mai 1989 : *Jacquot*, bronze (H. 28) : **GBP 5 500** – New York, 27 oct. 1989 : *Dionysos* 1939, bronze cire perdue (H. 54) : **USD 19 800** – Paris, 18 déc. 1989 : *Portrait de Cra-Cra, jeune femme* (H. 30,5) : **FRF 30 000** – Paris, 20 nov. 1990 : *Nu debout*, sanguine (46x31) : **FRF 10 000** – Monaco, 11 oct. 1991 : *Homme nu assis et accoudé*, sanguine (35x23) : **FRF 13 320** – New York, 5 nov. 1991 : *Mademoiselle Bianchini*, bronze cire perdue (H. 37) : **USD 6 050** – New York, 25 fév. 1992 : *La Bacchante*, bronze à patine noire (H. 57,2) : **USD 18 700** – Londres, 24 mars 1992 : *La jeune femme (buste de Mme Paul-Louis Weiller)*, bronze cire perdue à patine or (H. 63) : **GBP 7 700** – New York, 22 fév. 1993 : *Femme nue allongée*, craie rouge/pap. (20,3x31) : **USD 770** – New York, 23-25 fév. 1993 : *Tête de jeune garçon*, bronze cire perdue à patine noire (H. 35,9) : **USD 7 475** – Paris, 6 avr. 1993 : *Le modèle nu assis*, cr. noir (35x21) : **FRF 7 500** – Paris, 11 juin 1993 : *Buste de Madame Othon Friesz* 1924, plâtre (H. 34) : **FRF 17 000** – Paris, 25 mars 1994 : *Nu couché*, cr./pap. (22,5x34,5) : **FRF 5 500** – Londres, 28 juin 1994 : *Odette assise* 1918, plâtre (H. 44) : **GBP 9 200** – New York, 10 nov. 1994 : *Femme debout*, bronze cire perdue (H. 63,5) : **USD 10 350** – Paris, 5 avr. 1995 : *Nu couché*, sanguine (25,2x37,8) : **FRF 9 000** – Londres, 28 juin 1995 : *Adolescence*, bronze (H. 118) : **GBP 29 900** – Paris, 18 déc. 1996 : *Modèle accoudé et endormi*, dess. à la sanguine et à l'estompe (36x25,5) : **FRF 4 600** – Londres, 23 oct. 1996 : *Femme couchée*, sanguine/pap. (23x36) : **GBP 575**.

DESPIENNE

XVIe siècle (?). Français (?).

Graveur au burin.

Relevé par Heineken. On cite de lui : le *Portrait d'Emmanuel Tesauro*.

DESPIERRE Jacques, pseudonyme de **Céria**

Né le 7 mars 1912 à Saint-Étienne (Loire). Mort le 5 décembre 1995 à Paris. XXe siècle. Français.

Peintre de sujets divers, aquarelliste, graveur, illustrateur, peintre de cartons de tapisseries, mosaïques, vitraux, médailleur. Postcubiste.

Il entra en 1930 à l'École nationale supérieure des Beaux-Arts de Paris dans l'atelier de Lucien Simon, recevant également les conseils de Charles Dufresne et de son propre père, Céria. En 1938 il fut lauréat du prix Paul Guillaume. À partir de 1948 il enseigna à l'Académie Montparnasse et en 1950 fut nommé professeur à l'École des Arts Décoratifs. En 1958 il fut fait Chevalier de la Légion d'Honneur et en 1963 Officier des Arts et Lettres. En 1969 il fut élu membre de l'Académie des Beaux-Arts.

Il figura dans de nombreuses expositions collectives, parmi lesquelles : le Salon de Mai dont il fut l'un des membres fondateurs et membre du comité, le Salon d'Automne dont il était sociétaire ; le Salon des Tuileries ; en 1944 *Peintres subjectifs* à la Galerie de France de Paris, en 1961 à Nice au Palais de la Méditerranée *Dix peintres autour de Jacques Villon*. Il a exposé dans d'autres manifestations collectives aux États-Unis, à la Biennale de São Paulo en 1951 ; à Tokyo, Santiago du Chili, Belgrade en 1952 ; à Melbourne en 1953 ; à Helsinki en 1955 ; à Mexico *Art Français Contemporain* en 1956 ; à New Dehli en 1957 ; à Mexico en 1959 ; à Londres au Victoria and Albert Museum en 1960 ; à Tokyo en 1962. Il a exposé personnellement à partir de 1938 dans des galeries parisiennes ainsi qu'en province et à l'étranger et notamment : 1965 États-Unis, exposition itinérante ; 1987 Saint-Denis, rétrospective au Musée ; etc.

Il a réalisé de nombreuses peintures et décorations murales, notamment celles de la Faculté de Pharmacie de Paris et du lycée d'Enghien, pour de nombreux paquebots, des mosaïques, des tapisseries et tapis, des vitraux pour la basilique Notre-Dame-de-Liesse. Il a créé plusieurs dizaines de médailles pour la Monnaie de Paris. Il a illustré : en 1930, *Promenades et Souvenirs* de Gérard de Nerval ; en 1944, *Milady* de Paul Morand ; en 1946, *Journal florentin* de Rainer Maria Rilke ; en 1957, *L'Éperon d'argent* de P. Vialar ; en 1969, *Carnet de Grèce* ; et *Deux Nouvelles* de Stendhal, *La Cité de Dieu* de saint Augustin, des participations aux éditions complètes de Giraudoux, Mauriac, Genevoix.

Sa peinture se situe dans la tradition française de reconstruction réaliste utilisant quelques procédés dérivés du cubisme, parcellisation des volumes et de l'espace par une géométrisation des facettes résultantes. Toutefois, à l'exemple de Jacques Villon, qui fut toujours sa principale référence, il préserve l'apparence des sujets de ses peintures, paysages animés, compositions à personnages, etc., et il pratique une palette colorée diversifiée et tonique. ■ F. M., J. B.

Bibliogr. : In : *Diction. Univ. de la Peinture*, Le Robert, Paris, 1975 – Luc Monod, in : *Manuel de l'amateur de Livres Illustrés Modernes 1875-1975*, Ides et Calendes, Neuchâtel, 1992.

Musées : Castres – Fontainebleau – Honfleur – Limoges (Mus. d'Art Mod.) – Lyon (Mus. de la Soierie) – Narbonne – Orléans – Paris (Mus. Nat. d'Art Mod.) – Paris (Mus. d'Art Mod. de la Ville) – Saint-Denis (Mus. d'Art et d'Hist.).

Ventes Publiques : Paris, 18 mai 1945 : *Icare* : **FRF 7 500** – Versailles, 19 mai 1976 : *Nature morte aux fruits* 1946, h/t (80x64,5) : **FRF 2 350** – Versailles, 17 fév. 1980 : *Le château d'Amboise* 1941, h/t (46x55) : **FRF 2 400** – Paris, 10 juil. 1983 : *Nature morte*, h/pan. (120x200) : **FRF 32 000** – Paris, 10 fév. 1984 : *Monsoreau*, h/t (54x65) : **FRF 15 000** – Paris, 25 mars 1985 : *Terrasse de café sur le port*, h/t (22x48) : **FRF 8 200** – Versailles, 25 mai 1986 : *Paysage à La Ciotat*, h/t (65x81) : **FRF 7 200** – Paris, 8 déc. 1987 : *Femmes* 1944, h/pan. (20x38,5) : **FRF 2 800** – Paris, 8 juin 1988 : *Le plongeur*, h/pan. (21x61) : **FRF 3 800** – Paris, 12 oct. 1988 : *Baigneuses*, h/t (33x41) : **FRF 7 500** – Paris, 14 déc. 1988 : *Les quais*, h/t (33x41) : **FRF 14 000** – Paris, 9 oct. 1989 : *Le port*, h/t (22x27) : **FRF 4 000** – Versailles, 26 nov. 1989 : *Nature morte des champs*, h/t (130x97) : **FRF 35 000** – Paris, 20 fév. 1990 : *Nature morte des champs*, h/t (130x97) : **FRF 62 000** – Paris, 11 mai 1990 : *Londres*, aquar. (22x35,5) : **FRF 8 500** – Le Touquet, 11 nov. 1990 : *Vase d'anémones et coupe de fruits*, h/t (81x65) : **FRF 32 000** – Paris, 8 avr. 1991 : *Le printemps* 1985, h/t (130x130) : **FRF 29 000** – Paris, 8 nov. 1991 : *La Salute à Venise*, aquar. (22x33,5) : **FRF 3 600** – Paris, 23 mars 1992 : *Au soleil*, h/t (114x195,5) : **FRF 91 000** – Lucerne, 26 nov. 1994 : *Tobic* 1943, h/t (80x115) : **CHF 3 000** – Paris, 19 nov. 1995 : *Personnages aux lances*, h/t (22x48) : **FRF 5 000**.

DESPIERRES Adèle, Mme
Née en 1837 à Paris. XIXe siècle. Française.
Peintre de paysages.
Élève de Dominique (?) Grenet. Elle figura au Salon de Paris, de 1861 à 1865.

DESPIERRES Henri
Mort en 1667 à Alençon. XVIIe siècle. Français.
Sculpteur sur bois.

DESPIERRES Jacques
XVIIe siècle. Français.
Sculpteur.
Il était fils d'Henri Despierres. Il fut actif à Sées et Argentan.

DESPIN Jacques
XVIe siècle. Actif à Lille. Français.
Sculpteur.
Il sculpta, en 1519, trente statues en pierre d'Avesnes pour le jubé de l'église Saint-Pierre. L'année suivante, il en fournit dix-sept autres. Il travailla aux sculptures des portes et des clôtures du chœur à la cathédrale, en 1524 ; enfin il fit un *Saint Martin* en albâtre, en 1539.

DESPLA Jaime Alberto
XVe siècle. Actif à Barcelone. Espagnol.
Peintre.

DESPLA Luis
XVe siècle. Actif à Barcelone à la fin du XVe siècle. Espagnol.
Peintre.
Il était peut-être fils de Jaime Alberto.

DESPLA Pedro
XVe siècle. Actif à Valence en 1411. Espagnol.
Peintre.

DESPLACES Louis
Né en 1682 à Paris. Mort en 1739 à Paris. XVIIIe siècle. Français.
Peintre de paysages animés, peintre à la gouache, graveur.
Il s'inspira de la manière de Gérard Audran et se fit une place honorable aux côtés du célèbre graveur. On estime particulièrement les estampes qu'il fit d'après Jouvenet.
Ventes Publiques : New York, 9 jan. 1996 : *Paysage avec des personnages et du bétail près d'une rivière*, gche (17,1x26) : **USD 2 070**.

DESPLANCHES Étienne, dit **de Rouen**
XVIe siècle. Français.
Sculpteur.
Il travailla, en 1554, au buffet des orgues de l'église Saint-Jean, à Rouen. En 1563, il refit, pour le chœur de la cathédrale, un jubé pareil à celui que les guerres de religion avaient détruit. En 1564, il fournit trois statues de la Vierge, deux pour le maître-autel et une pour l'autel de la chapelle Notre-Dame. En 1566, il travailla à l'église Saint-Maclou et fit, en 1577, le retable de l'autel de l'église Saint-Michel. A la cathédrale, dans la chapelle de la Belle-Verrière, il fit, en 1591, une statue de Notre-Dame-de-Pitié. Les églises paroissiales de Saint-Jean, de Saint-Laurent, de Saint-Étienne-la-Grande-Église et de Saint-Candé-Le-Vieux reçurent ses œuvres jusqu'en 1602.

DESPLANCHES Madeleine
Née à Soissons (Aisne). XXe siècle. Française.
Peintre.
Élève de Montézin. Expose depuis 1936 aux Artistes Français.

DESPLANDS Antoine Mercier
XVIIIe siècle. Français.
Sculpteur.
Il fut reçu à l'Académie Saint-Luc à Paris en 1751.

DESPLANQUES Alfred
Né à Tourcoing (Pas-de-Calais). XIXe-XXe siècles. Français.
Peintre de genre.
Il fut élève de Weerts et Carolus-Duran. Il exposa au Salon de Paris en 1905.
Musées : Tourcoing : *Derniers Bonheurs*.
Ventes Publiques : Lilles, 11 déc. 1983 : *Le Fumeur de pipe* ; *La Gourmande*, 2 toiles (30x22) : **FRF 10 000**.

DESPLANQUES Roger
Né à Bordeaux (Gironde). XXe siècle. Français.
Peintre.
Il exposa au Salon des Indépendants, à Paris.

DESPLÉCHIN Édouard Désiré Joseph
Né le 12 avril 1802 à Lille. Mort le 13 mars 1870 à Paris. XIXe siècle. Français.
Peintre décorateur.
Décorateur de l'Opéra, il débuta au Salon de 1844. Chevalier de la Légion d'honneur en 1854.

DESPLOIX Jehan
XVe siècle. Actif à Bruges et à Tournai au milieu du XVe siècle. Éc. flamande.
Enlumineur.

DESPOIS, Mme
Née en novembre 1795 à Paris. XIXe siècle. Française.
Peintre de portraits et miniaturiste.
Exposa des miniatures au Salon, en 1819 et en 1824.

DESPOIS André Jean Antoine

Né le 23 juillet 1787 à Foissy (Yonne). XIXe siècle. Français.

Peintre d'histoire, de portraits et paysagiste.

En 1807, il entra à l'École des Beaux-Arts où il fut élève de David et de Gros. Au Salon de Paris il exposa de 1812 à 1834. Le Musée de Saint-Omer possède de cet artiste : *Vue de la Tour de Voga* et le Musée de Soissons : *Portrait d'un conseiller à la cour de cassation*.

DESPOIS DE FOLLEVILLE Jules Hector

Né le 26 janvier 1848 à Rouen. Mort en 1929 à Sèvres. XIXe-XXe siècles. Français.

Sculpteur ornemaniste.

Fils de peintre, Despois de Folleville étudia à l'École des Beaux-Arts de Rouen. Ornemaniste, il collabora dès 1876 à la restauration de monuments à Rouen. Pour accomplir ces travaux dont il avait la charge, il fut amené à étudier la structure même des plantes, ce qui lui permit, en 1882, de publier un album de 100 planches lithographiques : *L'Ornement par la nature, botanique de l'ornemaniste*. Il prouva également sa science de l'archéologie dans une étude particulière sur l'*Art décoratif à Rouen de Louis XII à Henri II dans la pierre et le bois de construction*. En 1895 il remporta un diplôme d'honneur à l'Exposition internationale du Travail à Paris, et, en 1899 collabora aux sculptures du Grand-Palais. A la même époque il fut chargé d'enseignement à Paris.

DESPORTE

XVIIIe siècle. Français.

Pastelliste.

Le Musée de Reims conserve de lui le portrait de l'abbé Povillon-Pierard, daté de 1786, à Reims.

DESPORTES Alexandre François

Né en 1661 à Champigneulle (Champagne). Mort le 20 avril 1743 à Paris. XVIIe-XVIIIe siècles. Français.

Peintre de portraits, scènes de chasse.

C'est à l'âge de 12 ans, pendant une maladie survenue peu après son arrivée à Paris chez son oncle, qu'il manifesta, dit-on, son talent précoce. Il s'ennuyait au lit, on lui donna une estampe qu'il s'amusa à dessiner. Le résultat révéla des dispositions remarquables. Il fut mis alors chez Nicasius Bernaert, élève de Snyders, le peintre flamand de chasses et d'animaux. Cette circonstance décida sans doute de sa vocation : on a pu dire d'Alexandre-François Desportes qu'il fut le premier peintre français à prendre pour sujets principaux de ses tableaux des animaux et des chasses. Bien que son père fut qualifié par d'Argenville de « riche laboureur », le jeune champenois, avant son départ pour la cour de Pologne, traversa une période assez dure. Il accepta alors toutes sortes d'ouvrages pour des entrepreneurs, décoration de plafonds ou de théâtres, ornements divers. C'est ainsi qu'il fut occupé au château d'Anet, une des résidences de Louis XIV, et à Versailles. Vers 1695, il partit pour la Pologne où il devint peintre de la cour du roi Jean Sobieski dont il exécuta le portrait ainsi que ceux des autres membres de la famille royale. A la mort du roi de Pologne (1696), il rentra en France et se consacra dès lors à peu près exclusivement à la reproduction des scènes de chasse. Louis XIV le nomma peintre de sa vénerie et il fut reçu à l'Académie en 1699. En 1704, il fut nommé conseiller de l'Académie. Il décora un grand nombre des résidences royales et princières, notamment le château d'Anet, le château de Chantilly, l'hôtel de Bouillon, et le château de la Muette. Il travailla également au château de Compiègne. En 1712, il alla en Angleterre où son succès fut des plus vifs. Revenu en France, il fut chargé d'exécuter pour les Gobelins huit grandes compositions de sujets de chasse.

Peintre de chiens de chasse, on peut dire qu'il ne laissa pas pour autant d'être portraitiste. En effet, ses chiens sont les chiens du roi, tels de ses tableaux portent les noms des personnages principaux, les chiens dont le peintre a vraiment fait le portrait : *Diane et Blonde chassant le faisan* (1702), *Bonne, Nonne et Donne chassant la perdrix* ; *Folle et Mites, chiennes de Louis XIV, chassant le faisan* ; *Tane, chienne de Louis XIV, arrêtant deux perdrix* ; *Zette arrêtant deux perdrix* (1714), *Pompée et Florissant, chiens de la meute de Louis XIV* (1739). Pour réaliser ses tableaux de chasse, chasse au cerf, chasse au sanglier, chasse au loup, le peintre y prenait part effectivement. Pensionné par le roi, logé au Louvre, il était de toutes les chasses dont il observait, à cheval, les diverses péripéties. Il se rendait ensuite au chenil pour y dessiner d'après nature les plus beaux chiens, avant de montrer son travail à Louis XIV. Selon le témoignage de son fils, il peignait ses paysages d'après nature et lorsqu'il allait à la campagne, il ne manquait pas de « porter aux champs ses pinceaux et sa palette toute chargée dans des boîtes de fer blanc ». Son tableau de réception à l'Académie royale de peinture n'est autre que son propre portrait en habit de chasseur, avec un lévrier, un chien d'arrêt et plusieurs pièces de gibier à ses pieds. Pendant qu'il travaillait en 1735 aux tableaux de chasse pour les Gobelins, il exécuta cinq grandes pièces pour Compiègne, dont la plus remarquable est *Le cerf aux abois*. Il laissa en Angleterre une foule de tableaux, dont *Les Saisons*. Mort à 82 ans, il peignit jusqu'à cet âge sans arrêt ; ses peintures se voyaient en Pologne, en Angleterre, à Turin, à Saint-Pétersbourg, à Stockholm, à Brunswick, à Prague, aussi bien qu'à Paris.

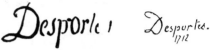

Musées : Abbeville : *Nature morte* – Alais : *Portrait du maréchal de Castries* – *Portrait du cardinal de Beausset* – *Portrait de M. D'hombre* – Angers : *Chasse au renard* – *Animaux, fleurs et fruits* – Besançon : *Cerf lancé* – *Dame Louis XVI* – Bordeaux : *Porc-épic* – *Loutres, renards et marmottes* – *Échassiers* – Budapest : *Nature morte* – Calais : *Paons* – *Aigle volant* – *Perroquets* – Châlons-sur-Marne : *Intérieur d'office* – Chantilly : *Briador* – *Balthazar* – *Fanfarant* – Compiègne : *Apelle peignant Campaspe* – Draguignan : *Lièvre, canards sauvages, gibecière et fusil* – Épinal : *Faisans, canard sauvage et perdrix* – La Fère : *Nature morte* – Fontainebleau : *Merlusine et Coco, chiens de Louis XV* 1739 – *Gibier, fruits, légumes* 1733 – *Vase et fruits* – *Hermine et Muscade, chiennes de Louis XV* – Genève : *Animaux divers* – Grenoble : *Chasse au cerf* – *Fleurs, fruits et animaux* – Guéret : *Le cheval rayé* – Hanovre : *le combat autour de la proie* – Le Havre : *Gibier et fruits* – Lille : *Fruits, raisins* – *Lions* – *Canards étrangers* – *Hérons* – Limoges : *Flamants* – *Blaireaux* – Londres (coll. Wallace) : *Chiens, gibier et fruits* – *Ruines, fleurs et gibier* 1715 – Lyon : *Chien de chasse* – *Gibier et fruits avec fusil* – *Paon et raisin* – *Canards, bécasses et fruits* – *Chasse au sanglier* – *Lièvre, perdrix et fruits* – *Fruits dans un plat d'argent* – Montpellier : *Étude d'ours* – *Étude : Tête de bouc* – Moscou (Roumiantzeff) : *Le Gibier* – Mulhouse : *Nature morte* – Munich : *Nature morte* – Nancy : *L'Automne, fruits et attributs de chasse* – *Étude de faucons* – Nice : *Chats sauvages* – *Chameaux* – *Vase décoratif en argent* – Orléans : *Fruits* – Paris (Louvre) : *Tane, chienne de Louis XIV* – *Zette, chienne de la meute de Louis XIV* – *Une chienne et deux perdrix* – *Poupée et Florissant, chiens de la meute de Louis XV* – *Chiens, lapins, cochons d'Inde et fruits* – *Volaille, gibier et légumes* – *Gibier gardé par un chien brun et un chien blanc* – *Portrait d'un chasseur* – *Chasse au loup* – *Chasse au sanglier* – *Chasse au cerf* – *Chasse aux renards* – *Diane et Blonde, chiennes de la meute du roi Louis XIV* – *Bonne, Nonne et Ponne, chiennes de la meute de Louis XIV* – *Folle et Misse, chiennes de Louis XIV* – *Deux chiens gardant du gibier* – *Petit chien épagneul* – *Portrait de l'artiste* – *Gibier*, deux oeuvres – *Gibier, fleurs et fruits*, deux oeuvres – *Fleurs, fruits et raisins* – *Fruits et gibier* – *Lévrier gardant deux lièvres morts* – Paris (Mus. Jacquemart-André) : *Homme* – Reims : *Portrait de femme* – *Combat d'animaux* – Rennes : *Chasse au loup* – Rouen : *Chasse au cerf* – *Chasse au sanglier* – *Chats sauvages* – *Têtes de chevaux* – *Chats et deux canards* – *Aigle terrassant un coq* – Sète : *Un homard* – *Sept oiseaux de proie* – Stockholm : *Lapins en liberté* – *Déjeuner*, trois oeuvres – *Chien blanc* – Trianon : *Fleurs et fruits d'Afrique* – *Fleurs et fruits d'Amérique* – Versailles : *Un ananas*.

Ventes Publiques : Paris, 1788 : *Cerf aux abois* ; *Le sanglier forcé* : **FRF 460** – Paris, 1851 : *Paysage avec gibier* : **FRF 1 225** – Paris, 1857 : *Deux sujets de chasses* : **FRF 10 500** – Marseille, 1859 : *Gibier, fruits et légumes*, Retiré des enchères : **FRF 2 301** – Paris, 1869 : *Nature morte et objets d'art* : **FRF 3 600** – Paris, 1875 : *Nature morte* : **FRF 12 000** – Paris, 1884 : *Chiens et chats* : **FRF 10 200** ; *Le buisson de roses* : **FRF 12 700** – Marseille, 1894 : *Chien attaquant un loup* : **FRF 450** – Paris, 1898 : *Chasse au cerf* : **FRF 6 000** ; *Chiens attaquant un loup* : **FRF 2 800** ; *Chien et faisan* : **FRF 2 000** – Paris, 6 juin 1903 : *Chiens et gibiers* : **FRF 3 700** ; *Famille de faisans* : **FRF 850** – Paris, 11 juin 1904 : *Fleurs, fruits et gibier* : **FRF 3 100** – Paris, 22 et 23 fév. 1905 : *Nature morte* : **FRF 520** – Paris, 21 et 22 mars 1905 : *Quatre oiseaux* : **FRF 480** – Paris, 29 oct. 1908 : *Fruits et gibier sous la garde d'un chien* : **FRF 1 500** – Paris, 8 déc. 1908 : *Vase de fleurs* : **FRF 2 550** – Paris, 14 déc. 1908 : *Chasse au cerf* : **FRF 420** –

LONDRES, 27 mai 1909 : *Fruits, fleurs, légumes et gibier mort* : **GBP 28** – LONDRES, 12 mars 1910 : *Un petit chien et un oiseau dans un paysage* : **GBP 43** – PARIS, 25 nov. 1918 : *Portrait du comte d'Armagnac* : **FRF 30 000** ; *Chiens flairant un chevreuil suspendu à un arbre* : **FRF 10 500** ; *Fruits, légumes et gibiers* : **FRF 10 500** – PARIS, 17 et 18 déc. 1918 : *Corbeille de fleurs et perroquets* : **FRF 4 000** – PARIS, 31 mai 1919 : *Trophée de chasse* : **FRF 2 150** ; *Paon et Ara* : **FRF 1 500** ; *Gibier mort* : **FRF 3 000** – PARIS, 26-28 juin 1919 : *Nature morte* : **FRF 14 100** – LONDRES, 24 nov. 1922 : *Fleurs et basse-cour* : **GBP 54** – PARIS, 21 et 22 mai 1928 : *Trophée de chasse* : **FRF 18 000** – LONDRES, 28 juin 1929 : *Nature morte* : **GBP 68** – NEW YORK, 1er mai 1930 : *Portrait de l'artiste en chasseur* : **USD 450** – NEW YORK, 11 déc. 1930 : *Diane chasseresse* : **USD 200** – PARIS, 31 mars 1938 : *Le Buffet* : **FRF 23 500** – PARIS, 1er juin 1939 : *Le déjeuner d'huîtres* : **FRF 9 000** – PARIS, 20 mars 1941 : *Fruits et gibier* 1733 : **FRF 10 000** – PARIS, 21 mai 1941 : *Nature morte* 1736 : **FRF 31 000** – PARIS, 3 mars 1944 : *Sanglier coiffé par des chiens* : **FRF 121 000** ; *Canard, perdrix et coupe de prunes* : **FRF 135 000** – PARIS, 26 déc. 1944 : *Melons, raisins et prunes* : **FRF 23 000** – PARIS, 5 et 6 mars 1945 : *Chiens et gibier* : **FRF 73 000** – LONDRES, 15 août 1945 : *Vase de fleurs* : **GBP 94** – PARIS, 28 avr. 1947 : *Chien en arrêt devant un couple de faisans* ; *Chien en arrêt devant un faisan doré*, deux pendants : **FRF 85 000** – PARIS, le 17 déc. 1949 : *Portrait d'un chasseur* : **FRF 520 000** – PARIS, 7 juin 1955 : *Nature morte aux instruments de musique* : **FRF 1 550 000** – PARIS, 25 fév. 1957 : *Portrait présumé de la duchesse de Nevers* : **FRF 580 000** – LONDRES, 11 nov. 1959 : *Paysage étendu* : **GBP 680** – PARIS, 31 mars 1960 : *Le chien favori* : **FRF 2 800** – PARIS, 23 juin 1961 : *Trophée de chasse* : **FRF 6 500** – LONDRES, 27 juin 1962 : *Chien chassant un faisan* : **GBP 3 000** – PARIS, 13 déc. 1965 : *Le chasseur* : **FRF 83 000** – LONDRES, 26 mars 1969 : *Nature morte aux fleurs et aux fruits* : **GBP 4 000** – VERSAILLES, 8 juin 1974 : *Nature morte aux pièces d'orfèvrerie, fruits et roses* 1736 : **FRF 280 000** – PARIS, 15 juin 1979 : *Trophées de chasse*, h/t (75,5x60) : **FRF 50 000** – PARIS, 15 déc. 1980 : *Gibier mort sur la garde des chiens* 1730, h/t (99x132) : **FRF 150 000** – LONDRES, 23 avr. 1982 : *Oiseaux dans un paysage exotique*, h/t (113x133,4) : **GBP 45 000** – PARIS, 25 mars 1985 : *Nature morte au grand buffet avec pièces d'orfèvrerie* 1720, h/t (158x209) : **FRF 2 000 000** – PARIS, 15 déc. 1986 : *Natures mortes* 1742, h/t, une paire (chaque 50x60) : **FRF 1 800 000** – NEW YORK, 15 jan. 1987 : *Nature morte aux tasses de porcelaine, chocolatière, viole de gambe, panier d'oranges, cartes, livre de musique et autres objets dans un parc*, h/t (164x129) : **USD 310 000** – NEW YORK, 15 jan. 1988 : *Nature morte de fruits et gibier avec de l'argenterie sur un entablement dans une niche* 1717, h/t (111,7x92,5) : **USD 79 200** – STOCKHOLM, 29 avr. 1988 : *Nature morte avec des légumes au premier plan*, h/t (95x114) : **SEK 20 000** – PARIS, 28 juin 1988 : *Épagneul devant un trophée de chasse*, h/t (65x82) : **FRF 650 000** – NEW YORK, 1er juin 1989 : *Portrait du Comte d'Armagnac* 1706, h/t (169x190,5) : **USD 286 000** – NEW YORK, 22-23 mars 1991 : *Nature morte d'une importante composition florale dans une urne sculptée avec une coupe de fraises des bois et un lièvre sur un entablement* 1715, h/t (101,5x80) : **USD 170 500** – LE TOUQUET, 10 nov. 1991 : *Chien à l'arrêt devant un faisan* 1709, h/t (81x100) : **FRF 155 000** – MONACO, 5-6 déc. 1991 : *Composition avec chat et gibier*, h/t (89,5x71) : **FRF 333 000** – NEW YORK, 17 jan. 1992 : *Épagneul noir et blanc débusquant deux perdrix* ; *Chien de meute blanc et brun menaçant un faisan* 1724, h/t, une paire (chaque 95,3x127,6) : **USD 231 000** – MONACO, 20 juin 1992 : *Un écureuil tenant une balle bleue, de profil gauche*, craie noire et h/pap. (21,1x18,5) : **FRF 28 860** – PARIS, 29 sep. 1992 : *Chien saisissant un colvert*, h/t (87x118) : **FRF 100 000** – PARIS, 26 avr. 1993 : *Nature morte aux perdrix avec des cerises et une rose*, h/t (64x64) : **FRF 160 000** – SAINT-GERMAIN-EN-LAYE, 4 déc. 1994 : *Le chat jouant avec la perdrix pendue* 1711, h/t (94x74) : **FRF 290 000** – LONDRES, 7 déc. 1994 : *Nature morte avec un lièvre, des oiseaux, des abricots et des pommes dans une coupe de porcelaine blanche et bleue sur un entablement de pierre*, h/t (diam. 95) : **GBP 36 700** – NEW YORK, 12 jan. 1995 : *Oiseaux exotiques et plantes avec un tapir* ; *Oiseaux et plantes exotiques avec un singe et une tortue*, h/t, une paire de forme ovale (chaque 113x132,7) : **USD 937 500** – PARIS, 11 avr. 1995 : *L'automne : nature morte aux trophées de chasse, légumes et brûle-parfum au pied d'un escalier* 1711, h/t (141,5x110) : **FRF 1 200 000** – LONDRES, 5 juil. 1995 : *Chiens de chasse surveillant le gibier et une huppe s'envolant au-dessus avec les chasseurs à l'arrière-plan*, h/t (96x130) : **GBP 298 500** – PARIS, 9 déc. 1996 : *Nature morte de gibiers, légumes, fruits et deux chiens sur fond de paysage* ; *Nature morte de gibiers, fruits et un chien sur fond de paysage*, h/t, une paire (161x147) : **FRF 1 900 000** – NEW YORK, 22 mai 1997 : *Nature morte de prunes dans une corbeille, de pêches dans une coupe décorée, de figues et d'un melon sur une table en marbre avec du gibier suspendu sur la droite*, h/t (71,1x88,9) : **USD 34 500** – LONDRES, 3 juil. 1997 : *Paysage avec Lise, la chienne de la meute royale, tombant en arrêt devant une perdrix*, h/t (92x135,5) : **GBP 36 700** – PARIS, 17 déc. 1997 : *L'Automne : nature morte aux trophées de chasse, légumes et brûle-parfum au pied d'un escalier* 1711, t. (141,5x110) : **FRF 900 000**.

DESPORTES Claude François
Né en 1695 à Paris. Mort le 31 mai 1774 à Paris. XVIIIe siècle. Français.
Peintre d'animaux, natures mortes.

Élève de son père Alexandre-François Desportes. Il fut reçu académicien en 1723 avec une importante nature morte.
Sa manière rappelle celle de son père, à qui ses œuvres ont souvent dû être attribuées.

MUSÉES : HELSINKI : *Deux chiens et gibier tué* – TROYES : *Gibier gardé par des chiens* – *Chiens, gibier et fruits*.

VENTES PUBLIQUES : PARIS, 1805 : *Un tigre* ; *Un sanglier* ; *Un renard*, quatre études d'animaux : **FRF 50** – PARIS, 19 déc. 1941 : *Nature morte* : **FRF 34 000** – PARIS, 2 oct. 1942 : *Chiens de chasse et gibier* : **FRF 34 500** – PARIS, 17 déc. 1962 : *Le larron en bonne fortune* : **FRF 6 300** – LONDRES, 10 mai 1967 : *Natures mortes*, deux pendants : **GBP 5 000** – VERSAILLES, 20 juin 1982 : *Nature morte à la bourriche de fruits, au gibier sur un entablement de marbre*, h/t (74x92) : **FRF 200 000** – LONDRES, 22 mai 1985 : *Nature morte au gibier et fruits*, h/t (92,7x122,5) : **GBP 14 000** – PARIS, 27 mars 1992 : *Chiens et gibier dans un paysage*, h/t (135x208) : **FRF 152 000** – PARIS, 23 juin 1993 : *Le déjeuner gras* ; *Le déjeuner maigre* 1764, h/t, une paire (chaque 71,5x90,5) : **FRF 620 000** – PARIS, 25 juin 1996 : *Les Préparatifs du repas devant la cheminée*, h/t (147,5x114) : **FRF 130 000**.

DESPORTES Constant ?
Né en 1778. XIXe siècle. Français.
Peintre.

Le Musée de Douai conserve de lui : *Gibier et fleurs*.

DESPORTES Francisque ou **Deportes**
Né le 12 février 1849 à Lyon (Rhône). XIXe siècle. Français.
Peintre d'histoire, compositions religieuses, scènes de genre, portraits, pastelliste, aquarelliste.

Élève de Pils, Robert-Fleury et Vollon, il participa régulièrement au Salon de Paris à partir de 1865, et exposa également au Salon de Lyon en 1867. Il s'installa à Paris, où il fut réputé comme restaurateur de tableaux anciens, ce qui lui permit de bien connaître les techniques et de pratiquer aussi bien l'huile que le pastel ou l'aquarelle.
Citons, parmi ses œuvres : *Don César de Bazan* 1869 – *Scène de la Saint-Barthélémy* 1872 – *Sainte Madeleine repentante* 1879 – *La nymphe des fontaines* 1886 – *Le Printemps* 1887, panneau décoratif – *Sous-bois au Bas-Bréau* 1891, pastel. À partir de 1874, il signa Desportes, au lieu de Deportes.

BIBLIOGR. : Gérald Schurr, in : *Les Petits Maîtres de la peinture 1820-1920, valeur de demain*, Les Éditions de l'Amateur, t. II, Paris, 1982.

VENTES PUBLIQUES : PARIS, 28 nov. 1985 : *Vénus dévoilée* 1888, h/t (123x205) : **FRF 58 000** – PARIS, 16 jan. 1989 : *Jeune Espagnole à la mantille et à l'éventail* 1896, h/pan. (65x53,5) : **FRF 7 000**.

DESPORTES Henriette
Née à Paris. XIXe-XXe siècles. Française.
Peintre de genre.

Elle fut élève de Marcel André Baschet et de François Schommer. Sociétaire du Salon des Artistes Français à partir de 1901, elle reçut une mention honorable en 1901, une médaille de troisième classe en 1903 et en 1908 une médaille de deuxième classe et une bourse de voyage.

DES PORTES Jean
Né à Lille. XVIe siècle. Actif vers 1596. Français.
Peintre d'histoire.

DESPORTES Mélanie
XIXe siècle. Française.
Portraitiste.

Elle débuta au Salon de 1837 avec un *Portrait*.

DESPORTES Nicolas, dit **le Neveu**
Né le 17 juillet 1718 à Busancy (Ardennes). Mort le 26 septembre 1787 à Paris. XVIIIe siècle. Français.

Peintre d'animaux, natures mortes.
Élève et neveu de Fr. Desportes et de Rigaud, il débuta au Salon de Paris en 1755 et fut agréé membre de l'Académie le 30 juillet 1757.
Ventes Publiques : Paris, 22 nov. 1987 : *Nature morte aux pièces d'argenterie, au panier de prunes et au jambon*, h/t (77x91) : **FRF 120 000** – Paris, 10 avr. 1992 : *Nature morte au jambon*, h/t (77x91) : **FRF 160 000** – Paris, 17 déc. 1997 : *Le Déjeuner rustique*, t. (73x91) : **FRF 100 000.**

DESPORTES Yvonne Berthe Melitta
xxe siècle. Français.
Peintre.
Il exposa au Salon des Indépendants, à Paris.

DESPORTES DE LA FOSSE Andrée Emma Félicité, née **Beuselin**
Née en 1810 à Paris. Morte le 19 mai 1869 à Paris. xixe siècle. Française.
Peintre de fleurs et fruits, aquarelliste.
Élève de Vinchon, elle exposa ses aquarelles au Salon de Paris de 1835 à 1868. Elle obtint une médaille de troisième classe en 1840 et de deuxième classe en 1842.
Bibliogr. : Gérald Schurr, in : *Les Petits Maîtres de la peinture 1820-1920, valeur de demain*, Les Éditions de l'Amateur, t. II, Paris, 1982.
Musées : Amiens : *Fleurs et Fruits.*
Ventes Publiques : Paris, 4 déc. 1924 : *Fleurs et fruits*, past. : **FRF 450** – Paris, 23 jan. 1984 : *Roses, lys, pivoines et iris* 1836 ; *Tulipes, roses trémières et dahlias* 1838, deux aquar./velin (82x64,5) : **FRF 350 000** – Paris, 13 nov. 1986 : *Roses* 1839, aquar. (27,5x21) : **FRF 5 000.**

DESPRAT-PODROVZKOVA Françoise
Née le 7 août 1902 à Teplice. xxe siècle. Depuis 1923 active en France. Tchécoslovaque.
Sculpteur de nus, bustes, peintre, peintre de cartons de mosaïques.
Elle vit en France depuis 1923 et étudia à Paris dans différentes académies, à Ranson, Julian et à la Grande Chaumière notamment en tant qu'élève de Charles Despiau. Elle exposa au Salon d'Automne entre 1933 et 1963, et au Salon des Artistes Indépendants.
Elle a sculpté principalement des nus féminins et des bustes où apparaît un sens du rythme linéaire et du galbe, et où elle cherche à atteindre une grande vérité psychologique. Elle a également réalisé des mosaïques et des peintures.

DESPREAUX Marin
Né vers 1655. Mort le 12 avril 1685 à Paris. xviie siècle. Français.
Peintre.

DES PRÉS. Voir aussi **DESPREZ**

DESPRÉS Jean
Né le 15 juin 1889 à Souvigny-sur-Allier. xxe siècle. Français.
Peintre de figures. Orfèvre.
Il a figuré dans plusieurs expositions collectives en France et à l'étranger, au Musée National d'Art Occidental de Tokyo en 1960, à Londres au Victoria and Albert Museum en 1961. Entre 1927 et 1930 il figura au Salon des Artistes Indépendants, entre 1928 et 1966 au Salon d'Automne, entre 1928 et 1967 au Salon des Artistes Décorateurs et depuis 1930 au Salon des Tuileries. Il reçut le diplôme d'honneur de l'Exposition Universelle de Paris en 1937, le Grand Prix des Arts Décoratifs la même année et la médaille d'or de l'Exposition Universelle de Bruxelles en 1958.

DES PRÉS Josquin
xve-xvie siècles. Français.
Miniaturiste.
La première miniature du Missel Bavarium, conservé à la Bibliothèque de Wolfenbüttel, fut exécutée par lui. Il est probable que cet artiste est identique à Josquin des Prez ou Desprez né à Condé (Hainaut) vers 1450, mort dans la même ville vers 1531 qui fut considéré comme l'un des plus grands musiciens de la fin du xve et du début du xvie siècle. Quantité de poèmes inspirés par sa mort prouvent en quelle estime l'Europe entière le tenait.

DESPREST J. B.
Mort en 1821. xixe siècle. Éc. flamande.
Peintre de fleurs et de fruits.

DESPRET Georges ou **Desprey Georges Ernest** ?
Né à Paris. xxe siècle. Français.
Sculpteur de bustes, graveur.
Il fut élève d'Antonin Mercié et débuta en 1907 à Paris, au Salon des Artistes Français. Il grava également des médailles.
Ventes Publiques : Paris, 5 fév. 1990 : *Lénine*, bronze à patine noire (30x7x8,5) : **FRF 4 500** – Paris, 21 nov. 1990 : *Cléo de Mérode*, pâte de verre rose et brune (H. 30) : **FRF 325 000.**

DESPREY Benoit
Né à Arras (Pas-de-Calais). xxe siècle. Français.
Peintre et graveur.
Il fut élève de Lucien Jonas. Il fut membre du Salon d'Automne et sociétaire du Salon des Artistes Français. E. Joseph mentionne de cet artiste *L'arbre de Sully.*
Ventes Publiques : Calais, 10 mars 1991 : *Vue de l'église d'Hénocq* 1963, h/t (54x65) : **FRF 8 000** – Le Touquet, 14 nov. 1993 : *L'église du village* 1963, h/t : **FRF 6 000.**

DESPREY Georges Ernest. Voir **DESPRET**

DESPREY Louis Antoine Prudent
Né le 22 mars 1832 à Châtillon-sur-Seine (Côte-d'Or). Mort en 1892. xixe siècle. Français.
Sculpteur.
Entré à l'École des Beaux-Arts en 1851, il y fut élève de Petitot et de Jouffroy. Il débuta au Salon, de Paris en 1853.

DESPREZ, appelé aussi **Ballon**
xviie siècle. Français.
Sculpteur.
Il travaillait en 1669 pour l'église de La Ferté-Bernard.

DESPREZ
xviiie siècle. Français.
Sculpteur.
Il travailla pour la Manufacture de porcelaine de Sèvres.

DESPREZ Auguste
xixe siècle. Actif dans la première moitié du xixe siècle. Français.
Peintre de paysages et de vues.
Exposa au Salon de Paris de 1834 à 1836.

DESPREZ Charles Louis Émilien
Né le 17 septembre 1818 à Maisons-Alfort (Seine). xixe siècle. Français.
Peintre de paysages.
Élève de Cogniet et de Calame. Il exposa au Salon de Paris de 1848 à 1852.

DES PREZ F.
xvie siècle. Travaillant à Paris vers 1573. Français.
Graveur sur bois.

DESPREZ Georges
Né à Mittelbronn. xviie siècle. Français.
Sculpteur.

DESPREZ H. M.
xixe siècle. Actif en 1845. Éc. flamande.
Paysagiste.
Élève de l'École de Spa.

DESPREZ Louis
Né le 7 juillet 1799 à Paris. Mort en 1870 ou 1872 à Paris. xixe siècle. Français.
Sculpteur.
En 1813, il entra à l'École des Beaux-Arts et fut élève du baron Bosio. En 1822, il obtint le deuxième prix au concours pour Rome, et remporta le grand prix en 1826 avec *Mort d'Orion*. Il eut une médaille de deuxième classe en 1831 et de première classe en 1843. En 1851 il fut décoré de la Légion d'honneur. Il exposa de 1824 à 1865. Ses plus importants ouvrages sont à Paris : *Statue de marbre du général Foy* à la Chambre des députés ; *Buste en marbre de Beautemps-Beaupré* ; statue colossale de *Saint Mathieu* à l'église de la Madeleine ; *Saint Jean prêchant* bas-relief dans la chapelle Saint-Jean de Saint-Gervais ; seize statues au portail de Saint-Germain-l'Auxerrois ; la statue de *Saint Roch* à la Tour-Saint-Jacques-la-Boucherie ; les statues de la façade de la caserne des Petits-Pères ; les statues de *Saint Athanase* et de *Saint Basile* à l'église Saint-Augustin ; les statues en pierre de *Bossuet*, de *Bourdaloue*, de *Germain Pilon* au palais du Louvre ; la statue de *Fléchier* à la fontaine de la place Saint-Sulpice.
Musées : Aix : *Milon de Crotone* – Bagnères-de-Bigorre : *L'amour maternel* – Bordeaux : *Raymond Brascassat* – Douai : *Innocence* – Versailles : *Simon-François Bras-de-Fer* – *Le Grand Dauphin* – *Amiral Bernard de La Valette* – *Buste de Talleyrand.*

DESPREZ Louis Jean
Né en mai 1743 à Auxerre (Yonne). Mort le 17 mars 1804 à Stockholm. XVIIIe siècle. Français.
Peintre d'histoire, de compositions religieuses, sujets militaires, intérieurs, paysages animés, paysages, aquarelliste, graveur, dessinateur, caricaturiste, décorateur.
Élève de François Blondel et de Desmaisons, il était en 1771, professeur à l'École militaire de Paris ; il obtint en 1777 le grand prix d'Architecture avec *Un château pour un grand seigneur.* Il séjourna en Italie de 1777 à 1784, et connut à Rome le roi de Suède, Gustave III, qui se l'attacha comme architecte et peintre de la cour et l'emmena à Stockholm. Il fit, en Suède, de nombreux travaux, décora notamment l'Opéra, donna les plans d'un château pour Haga, peignit des tableaux d'histoire et des scènes de la guerre de 1788 entre la Suède et la Russie, dessina des costumes qui ont été gravés par Elie Martin, et des caricatures.
Musées : Stockholm : *Gustave III assistant à la messe à Saint-Pierre-de-Rome – Besançon (Mus.) : Reconstitutions de monuments de Pompéi,* aquar. – *Voyage pittoresque à Naples et en Sicile, de l'abbé de Saint-Non,* dess.
Ventes Publiques : Paris, 1814 : *Rétablissement du temple d'Isis à Pompéi,* dess. à la pl. et colorié : **FRF 17** – Paris, 1898 : *Vue de Stockholm,* aquar. : **FRF 500** ; *Place du marché à Catane,* aquar. : **FRF 470** – Paris, 5 déc. 1900 : *Vue de la ville de Nicastro ; Vue du Museum à Naples,* aquar., deux pendants : **FRF 180** – Paris, 13-15 nov. 1922 : *Galerie de palais ; Intérieur d'un temple,* pl. et aquar., deux pendants : **FRF 1 600** – Paris, 7 et 8 mai 1923 : *Les Deux Ponts,* pl. et aquar. : **FRF 1 120** ; *Vue de Messine,* pl. et aquar. : **FRF 850** – Londres, 25 juin 1923 : *Sacre des évêques,* dess. : **GBP 31** – Paris, 6 déc. 1923 : *L'Ancien Château de Tours,* aquar. : **FRF 340** – Paris, 19 mars 1924 : *Intérieur de Saint-Pierre de Rome,* encre de Chine, reh. : **FRF 140** ; *La girande du Château Saint-Ange,* aquar. gchée sur trait gravé : **FRF 600** – Paris, 31 mars et 1er avr. 1924 : *Intérieur de Saint-Pierre de Rome,* aquar. sur trait gravé : **FRF 1 350** ; *Transport au Musée de Naples des antiquités d'Herculanum,* dess. reh. : **FRF 750** – Paris, 30 mai 1924 : *Intérieurs de la Basilique de Saint-Pierre, à Rome,* deux lav. sépia, reh. : **FRF 1 100** – Paris, 17 nov. 1924 : *Place Saint-Pierre à Rome, animé de personnages,* pl. reh., gche et aquar. : **FRF 1 300** – Paris, 26 juin 1925 : *Intérieur de temple antique et Scène de sacrifice,* aquar. et pl. : **FRF 570** ; *Vue générale du Temple de la Concorde à Agrigente,* aquar. sur trait gravé : **FRF 500** ; *Éruption du Vésuve ; Grotte du Pausilippe,* plume aquarellée, deux oeuvres : **FRF 210** ; *Vue d'une ville du Nord de l'Europe animée de personnages,* aquar. sur trait gravé : **FRF 520** – Paris, 22 nov. 1926 : *Deux vues de Saint-Pierre de Rome,* dess. reh. : **FRF 670** – Paris, 11 mai 1927 : *Le Capitole, à Rome, illuminé,* dess. aquarellé : **FRF 130** ; *Vue de l'Adoration de la Sainte Croix, illuminée le Vendredi-Saint,* lav. : **FRF 230** – Londres, 13 juil. 1927 : *Jardin italien,* aquar. : **GBP 16** – Paris, 20 fév. 1929 : *Campement de romanichels dans une grotte,* aquar. : **FRF 700** – Londres, 21 fév. 1930 : *Une vieille ville,* dess. : **GBP 17** – Paris, 20 et 21 avr. 1932 : *Prise d'un palais en flammes,* pl. et lav. d'aquar. : **FRF 500** – Paris, 3 mars 1934 : *Caravane passant un défilé montagneux,* pl. et encre de Chine : **FRF 100** – Londres, 4 déc. 1935 : *La Villa d'Este à Tivoli,* aquar. : **GBP 13** – Paris, 23 avr. 1937 : *Projet d'un autel de Saint Barthélémy à élever place du Châtelet pour une procession,* pl. : **FRF 500** – Paris, 30 mars 1942 : *Vue d'une ville d'Italie,* aquar. sur trait de pl. : **FRF 1 600** ; *Le Transport des antiquités d'Herculanum au Musée de Naples,* aquar. sur trait de pl. ; *Brigands dans une carrière de Syracuse,* pl. et aquar., ensemble : **FRF 1 500** – Paris, 29 mars 1943 : *Un port,* pl. et lav. d'aquar. : **FRF 480** – Paris, oct. 1945-juillet 1946 : *Les deux ponts,* pl. et aquar. : **FRF 12 000** – Paris, 4 mai 1951 : *Le carnaval à Rome : course de chevaux libres,* aquar. : **FRF 35 000** – Londres, 23 mars 1960 : *Vue de la Tamise,* lav. de coul. : **GBP 800** – Londres, 4 juil. 1977 : *Vue du Palais royal de Naples,* aquar. et pl. (23,7x24,3) : **GBP 1 600** – Londres, 11 juin 1981 : *Soldats romains dans un paysage,* pl. et lav. de coul./pap. (35,3x49,3) : **GBP 420** – Londres, 1er avr. 1985 : *Château Saint-Ange avec la girandole – La grotte de Pausilippe à Naples,* deux eaux-fortes coloriées reh. de gche (68x46,5) : **GBP 1 200** – Paris, 29 nov. 1985 : *Théâtre vu d'une arcade avec personnages et sculptures,* pl. encre de Chine et lav. brun/esq. au cr. (17,5x24,5) : **FRF 55 000** – Paris, 27 mars 1992 : *Scène de combat antique,* pl. et aquar. (45x71) : **FRF 58 000** – New York, 13 jan. 1993 : *Énée aux enfers,* encre et aquar. avec reh. de gche blanche, rouge, jaune et bleue sur craie noire, projet de décor (52,5x82,5) : **USD 37 950** – Paris, 11 mars 1994 : *Paysage de ruines en Italie,* pl. et lav. gris, une paire (chaque 18x32) : **FRF 5 000** – New York, 12 jan. 1995 : *Torchère funéraire suppportée par des squelettes et décorée de chauves-souris, avec des squelettes cachés par un drap et l'ange de la mort et du temps volant au fond,* craies noire et blanche et encre (33,5x22,8) : **USD 32 200** – Paris, 23 jan. 1995 : *Vue de la place San Filippo Neri à Naples animée de nombreux personnages,* encre de Chine (21,5x35) : **FRF 36 000** – New York, 10 jan. 1996 : *Vue des Appenins et de la vallée Basilicata avec un groupe de personnes dessinant,* craie noire, encre et aquar. (20,8x34,4) : **USD 11 500** – Londres, 2 juil. 1996 : *Vue du port de Palerme,* craie noire, encre et aquar. (21,3x34,8) : **GBP 8 050** – Paris, 20 déc. 1996 : *L'Adoration du Saint-Sacrement au Vatican,* grav., trait aquarellée (69,2x47,4) : **FRF 6 200** – New York, 29 jan. 1997 : *Vue du Temple de Fortunus près de Santa Maria, avec une procession,* pl. et encre grise et lav. gris, rouge et brun (36,5x59) : **USD 32 200.**

DESPREZ Marguerite
Née au XIXe siècle à Paris. XIXe siècle. Française.
Peintre de fleurs.
Élève de Mme Trebuchet. Elle débuta au Salon de 1878.

DESPREZ Michel
XVIe siècle. Actif à Tours vers 1560. Français.
Peintre.

DESPREZ Pierre
XIVe siècle. Actif à Valenciennes à la fin du XIVe siècle. Français.
Peintre.

DESPREZ Simone
Née le 15 octobre 1882 à Amiens (Somme). Morte le 23 mai 1970 à Paris. XXe siècle. Française.
Peintre de sujets divers.
Elle fut élève de René François Xavier Prinet et d'André Lhote et exposa pour la première fois en 1913 au Salon de la Société Nationale des Beaux-Arts ; elle figura également aux Salons d'Automne et des Artistes Indépendants. Elle fut régulièrement invitée au Salon des Tuileries à partir de 1933.
Elle a peint des paysages, natures mortes, et des portraits, dont celui du romancier Édouard Estaunié de l'Académie Française.

DES PREZ de la Ville Tual Édouard
Né le 11 mars 1869 à Reims (Marne). XIXe siècle. Français.
Sculpteur et graveur en médailles.
Élève de Dubois et de Barrias. Il figura au Salon des Artistes Français ; mention honorable en 1899.

DESPREZ-BOURDON Jeanne Claire Antoinette
Née le 24 juin 1876 à Toulon (Var). XXe siècle. Française.
Peintre de scènes de genre.
Elle fut élève de Jules Lefebvre, de Tony Robert-Fleury, de Jean Bastet. Sociétaire du Salon des Artistes Français à partir de 1903, elle reçut une mention honorable en 1903.

DES PRIEURS Louis. Voir **LUDOVICUS DE PRIORIBUS**

DESPUIG Antonio
XVIIIe siècle. Actif à Rome. Espagnol.
Peintre.

DESPUIX Bartolomé
XIVe siècle. Espagnol.
Sculpteur.
Il travaillait à la cathédrale de Barcelone en 1382.

DESPUJOLS Jean
Né le 19 mars 1886 à Salles (Gironde). Mort en 1965 à Shreveport (Louisiane). XXe siècle. Français.
Peintre de figures, nus, décorateur, écrivain.
Il fit ses études à Bordeaux, puis à Paris, obtenant le Prix de Rome en 1914, il travailla dans cette ville entre 1919 et 1923. Il exposa au Salon des Tuileries et à celui des Artistes Indépendants. Il se veut continuateur moderne de Raphaël, comme le montrait l'exposition *Raphaël et l'art français,* au Grand Palais à Paris en 1983-84, à laquelle il figurait. Ses formes pleines, sa ligne pure prouvent son attachement au classicisme. Il est l'auteur de deux ouvrages : *Les bases réorganisatrices de l'enseignement de la peinture* et *L'Épitinikaire ou introduction à la jouissance intégrale.*

Bibliogr. : Gérald Schurr, in : *Les Petits Maîtres de la peinture 1820-1920, valeur de demain*, Les Éditions de l'Amateur, t. VI, Paris, 1985.
Musées : Paris (Mus. d'Orsay) : *La pensée*.
Ventes Publiques : Paris, 24 mai 1976 : *L'été*, h/t (194x131,5) : **FRF 5 500** – Paris, 19 mars 1982 : *Femme nue allongée de dos*, fus. et cr. (62x88) : **FRF 3 400** – Chicago, 10 mai 1987 : *Le muguet*, h/t (100x83) : **USD 15 000** – Paris, 18 nov. 1993 : *Femmes à la corbeille de fruits* 1921, h/t (195x132) : **FRF 70 000**.

DESQUES Enguerrand
XVe siècle. Français.
Peintre de décorations.
Il travaillait à la cathédrale de Noyon vers 1461.

DESQUINES Isabelle
Née le 24 février 1964 à Rennes (Ille-et-Vilaine). XXe siècle. Française.
Peintre.
Elle commença ses études artistiques à l'École des Beaux-Arts de Rennes puis installée à Paris elle s'inscrivit à l'École Nationale Supérieure des Beaux-Arts.
Elle oriente ses recherches vers l'étude de procédés picturaux classiques comme le glacis. Son œuvre, d'abord abstraite, a peu à peu laissé émerger la figure.

DESRAIS
XVIIIe siècle. Français.
Sculpteur.
Il travaillait à la Manufacture de porcelaine de Sèvres vers 1750.

DESRAIS Claude Louis
Né en 1746 à Paris. Mort le 25 février 1816 à Paris. XVIIIe-XIXe siècles. Français.
Peintre d'histoire, figures, paysages, peintre à la gouache, aquarelliste, dessinateur.
Il fut élève de Casanova. A l'Exposition de la Jeunesse, il figura de 1768 à 1799.
Desrais appartient à la catégorie de ces dessinateurs du XVIIIe siècle dont les œuvres spirituelles et sans prétentions sont recherchées avec raison par les amateurs. Il mérite également une mention pour ses compositions historiques et militaires de la Révolution et de l'Empire, comme celles gravées par Alix, telles *Capitulation de Paris* (30 mars 1814) et *Les Maréchaux de France au château de Compiègne* (3 mai 1814).
Musées : Besançon : *Une volée d'amours*.
Ventes Publiques : Paris, 1880 : *Couronnement de Voltaire* : **FRF 800** – Paris, 21 mai 1884 : *Le roman interrompu* : **FRF 250** – Paris, 1887 : *Vue de Paris, prise du quai d'Orsay* : **FRF 410** ; *Le Pont-Neuf* : **FRF 440** ; *Vue du palais de l'Institut* : **FRF 270** ; *Napoléon recevant les députés au Champ-de-Mars* : **FRF 240** – Paris, 1896 : *La promenade du Palais-Royal, en 1789* : **FRF 4 300** – Paris, 1898 : *Six compositions pour les fables de La Fontaine* : **FRF 1 150** – Paris, 6 mars 1899 : *Offrande à l'Amour*, pl. et aquar. : **FRF 660** – Paris, 26 fév. 1900 : *La surprise* : **FRF 205** ; *La prise de la Bastille*, dess. : **FRF 400** – Paris, 3 avr. 1909 : *Jeune femme au perroquet* : **FRF 165** – Paris, 27-29 avr. 1909 : *Enseigne des grands jardins Tivoli* : **FRF 600** – Paris, 27 mars 1919 : *Louis XVIII recevant le duc d'Orléans*, sépia : **FRF 35** – Paris, 20-22 mai 1920 : *Pastorale*, encre de Chine : **FRF 800** – Paris, 29 juin 1920 : *Projet pour une vignette*, pl. : **FRF 360** – Paris, 29 et 30 nov. 1920 : *Femme en robe à la polonaise* ; *Les Délassements du Bois de Boulogne* ; *Cuisinière nouvellement arrivée de Province* ; *Cauchoise élégante, vue par derrière*, sépia, quatre dessins : **FRF 3 600** ; *Jeune dame en couches, coiffée d'un bonnet rond en linon broché* ; *Femme en caraco plissé* ; *Robe à l'anglaise de pékin vert-pomme* ; *Femme en déshabillé du matin, couchée négligemment sur un sopha*, sépias, quatre dessins : **FRF 3 100** ; *Acteur bourgeois étudiant son rôle à la promenade* ; *Gouvernante d'enfants chez des gens de qualité* ; *Femme de qualité en déshabillé se promenant le matin* ; *Jeune dame de Lyon, vêtue d'un costume à la piémontaise*, sépias, quatre dessins : **FRF 3 000** ; *La distraite, jeune femme avec sa servante* ; *Petite maîtresse en robe de lilas tendre au Palais-Royal* ; *Marchande de Modes* ; *Femme en robe à la polonaise*, sépias, quatre dessins : **FRF 4 200** – Paris, 29 avr. 1921 : *Trois dessins pour l'illustration d'un traité sur l'escrime*, sépias : **FRF 300** – Paris, 23 mai 1923 : *Étude de femme pour le Monument du costume*, cr. : **FRF 90** – Paris, 6 déc. 1923 : *Chapeau à la Théodore* ; *Chapeau au Palais-Royal*, deux pl. et lav. : **FRF 450** – Paris, 20 mars 1924 : *Le repos des chasseurs*, pl. et lav. : **FRF 400** ; *La boutique de la modiste*, pl. et lav. : **FRF 310** – Paris, 28 nov. 1924 : *Le Jeu de Cendrillon*, pl. et lav. : **FRF 80** – Paris, 26 juin 1925 : *L'Alternative*, aquar., reh. de gche : **FRF 3 000** – Paris, 24 fév. 1926 : *L'Alternative*, aquar. gchée : **FRF 2 230** – Paris, 12 et 13 mars 1926 : *Le concert dans le parc*, pl. et lav. : **FRF 480** ; *Jeux d'amours et d'un jeune fauve*, pl. et lav. : **FRF 135** ; *Frontispice offrant le buste de Pierre Lescot sur un socle*, pl. et lav. : **FRF 620** ; *Berger, son chien et deux moutons*, pl. et lav. : **FRF 205** – Paris, 10 déc. 1926 : *Scènes de mœurs sous Louis XVI*, deux dess. : **FRF 2 800** – Paris, 27 déc. 1926 : *Scène allégorique de la Révolution*, sépia : **FRF 110** – Paris, 9 et 10 mars 1927 : *Femme tenant un éventail*, mine de pb : **FRF 230** – Paris, 30 nov. 1927 : *La Fête de l'Être Suprême*, lav. de bistre, attr. : **FRF 700** – Paris, 22 mars 1928 : *Composition allégorique*, pl. et lav. : **FRF 180** – Paris, 18 juin 1928 : *Le café*, pl. : **FRF 190** – Paris, 3 juil. 1928 : *L'oiseau mort*, pl. et lav., attr. : **FRF 220** – Paris, 30 oct. 1928 : *Seigneur et son valet*, pl. : **FRF 150** ; *L'oiseau mort*, pl. : **FRF 1 700** – Paris, 15 nov. 1928 : *Artémise*, pl. reh. d'aquar. : **FRF 4 000** – Paris, 2 mars 1929 : *Les jeunes couturières* ; *Musique en famille*, deux dess. : **FRF 170** – Paris, 16 et 17 mai 1929 : *La réparation de la mansarde*, dess. : **FRF 400** ; *Ici l'on danse*, dess. : **FRF 750** – Paris, 4 juil. 1929 : *Le galant entreprenant*, pl. : **FRF 650** – Paris, 22 fév. 1932 : *Les ouvrières en mode*, pl. et bistre, attr. : **FRF 40** – Paris, 27 fév. 1933 : *Les ouvrières en mode* ; *Les blanchisseuses*, deux pl. et lav. d'aquar., attr. : **FRF 40** – Paris, 3 juin 1935 : *Jeune femme en robe coiffée d'une charlotte*, pl. et lav. de sépia : **FRF 220** – Paris, 22 fév. 1936 : *Le vieux galant*, aquar. gchée : **FRF 100** – Paris, 14 déc. 1936 : *La Loge*, pl. et lav. de bistre : **FRF 250** ; *Un concert d'harmonica*, pl. et lav. d'encre de Chine : **FRF 400** – Paris, 19 mars 1937 : *Vue de la décoration au feu d'artifice, prise entre le pont de la Concorde et celui-ci devant Royal, moment où le sieur Farissa danse sur une partie de la grande corde raide*, pl. reh. d'aquar. ; *Réjouissance donnée sur la rivière de Seine à l'occasion de la paix avec la Russie et la Prusse et de la fête anniversaire du victorieux empereur des Français Napoléon Ier* : **FRF 950** – Londres, 22 juil. 1937 : *Blaise et Bebert*, dess. : **GBP 95** – Paris, 17 et 18 déc. 1941 : *L'Abbé chasse*, sanguine et lav. : **FRF 580** – Paris, 30 nov. 1942 : *Costumes de théâtre*, deux aquar., formant pendants : **FRF 3 400** – Paris, 18 déc. 1944 : *Buste d'homme de profil vers la gauche*, pl. et lav. : **FRF 320** – Paris, 24 mars 1947 : *Le Panthéon* ; *Quatre vues de châteaux anglais*, pl. et lav., suite de cinq dessins : **FRF 600** – Paris, 4 juin 1947 : *Deux têtes de femmes*, sanguine, deux pendants : **FRF 1 700** ; *Jeune Fille au ruban bleu*, cr. coul., attr. : **FRF 2 000** – Londres, 8 juil. 1980 : *Musiciens dans une galerie*, pierre noire, pl. et lav. d'encre de Chine/pap. (15,7x17,8) : **GBP 850** – New York, 20 jan. 1982 : *Les Généraux Dupond et Demonceau, commandants en chef de l'armée française à Boulogne-sur-Mer*, dess., une paire (31,2x22,3) : **USD 1 100** – New York, 21 jan. 1983 : *Études de costumes* 1778, pl. et lav., une paire (24,5x17 et 25,5x18,6) : **USD 1 300** – Monaco, 15 juin 1990 : *La Prise de la Bastille le 14 Juillet 1789*, encre et lav. sépia (35x49) : **FRF 133 200** – Londres, 2 juil. 1990 : *Dame élégante tenant un manchon*, encre et aquar. (22,7x15,9) : **GBP 660** – Paris, 31 mars 1993 : *La Marchande d'œufs*, encre et lav. avec reh. de blanc (17x25,5) : **FRF 4 000** – Paris, 25 nov. 1993 : *Henri IV chez les fermiers*, pl. et traces de cr./pap. (20x29) : **FRF 3 500** – Paris, 22 mars 1995 : *Groupe d'Amours*, encre brune, lav. et gche (7x14,5) : **FRF 14 500**.

DESRAIS Étienne
Mort en 1740 à Paris. XVIIIe siècle. Français.
Peintre.
Il fut directeur de l'Académie Saint-Luc à Paris.

DESRAIS Jean
XVIIIe siècle. Actif à Paris. Français.
Peintre.
Il était neveu d'Étienne.

DESRAIS Louis André
XVIIIe siècle. Actif à Paris. Français.
Peintre.
Il était neveu d'Étienne.

DES REMAUX
Né à Ypres. XVIIe siècle. Actif à la fin du XVIIe siècle. Éc. flamande.
Peintre d'histoire.
On cite une *Sainte Famille* de lui dans l'église Saint-Bertin, à Poperinghe.

DESREUMEAUX
Né à Paris. XVIIIe siècle. Français.
Peintre de miniatures.
Exposa deux miniatures au Salon de Lille en 1785.

DESRIGNIER
XVIIe siècle. Actif à la fin du XVIIe siècle. Français.
Sculpteur sur bois.
Il travailla pour le château de Versailles.

DESRIVIÈRES Élisa, née **Leroy**
Née à Niort. Morte en 1891. XIXe siècle. Française.
Peintre de portraits.
Élève de L. Cogniet et de Winterhalter. Elle figura au Salon de Paris à partir de 1848. Au Musée de Niort, on voit d'elle le *Portrait de René Caillé* et celui du *comte de Fontanes*.

DESRIVIÈRES Gabriel
Né le 12 février 1857 à Paris. XIXe siècle. Français.
Peintre de genre.
Élève de Gérôme. Il débuta au Salon de 1879. Sociétaire des Artistes Français depuis 1884. Le Musée de Louviers conserve de lui : *Dormeuse*.

DESROCHERS, de son vrai nom : **Urbain Brien**
XIXe siècle. Québécois, actif au début du XIXe siècle. Canadien.
Sculpteur.
La Galerie Nationale du Canada à Ottawa possède un Saint Luc qu'on attribue à Desrochers, puisqu'il provient de la chaire de Varenne sculptée par Desrochers entre 1813 et 1819.

DESROCHERS Étienne Jehandier ou **Desroches**
Né le 6 février 1668 à Lyon. Mort le 8 mai 1741 à Paris. XVIIe-XVIIIe siècles. Français.
Graveur au burin et éditeur d'estampes.
Après avoir longtemps travaillé à Lyon, il alla s'établir à Paris, et fut reçu à l'Académie, le 3 avril 1723, sur un *Portrait du peintre François Verdier* (d'après Ranc). Il n'a gravé que des portraits ; le catalogue de son œuvre comprend 124 numéros dans le Manuel de Le Blanc. La galerie iconographique qu'il édita (près de 600 pièces), conserve les effigies de la plupart des personnages historiques du règne de Louis XIV.

DESROCHES
XVIIIe siècle. Actif à Paris en 1783. Français.
Peintre.

DESROCHES Étienne
XVIIIe siècle. Actif à Dijon au début du XVIIIe siècle. Français.
Sculpteur.
Il travailla pour l'église des Ursulines de Dijon sur des dessins de J.-B. Bouchardon.

DESROLLES Michel ou **Derolle**
XVIIe siècle. Français.
Peintre.
Il vivait à Lyon en 1666 et fut maître de métier pour les peintres en 1676.

DESROUSSEAUX. Voir **LAURENT-DESROUSSEAUX**

DES ROUSSEAUX Jacques. Voir **ROUSSEAU Jacques I**

DESROZIERS Nicolas
Mort le 25 février 1665 à Paris. XVIIe siècle. Français.
Peintre.

DESRUELLES
XVIIe siècle. Français.
Sculpteur.
Il exécuta en 1680 un *Crucifix* pour le couvent des Récollets de Cambrai.

DESRUELLES Félix Alfred
Né le 7 juin 1865 à Valenciennes (Nord). XIXe-XXe siècles. Français.
Sculpteur.
Il fut élève de René Fache et de Jean Falguière et reçut le second Prix de Rome. Desruelles a obtenu le Grand Prix National en 1897 et une médaille d'or à l'Exposition Universelle de 1900, à Paris. Il reçut une médaille d'honneur à l'exposition des Arts Décoratifs de 1925. Il fut fait officier de la Légion d'Honneur.
Musées : Valenciennes : *Buste de Rémy Duquesnois – Buste de Julien Déjardin – Pastorale – Job.*
Ventes Publiques : Paris, 24 avr. 1988 : *La Paix armée*, bronze patine brune (H 94) : **FRF 10 000**.

DES RUELLES P. F.
XVIIIe siècle. Actif à Cologne. Allemand.
Graveur au burin.

DES RUELLES Pieter
Né vers 1630 à Amsterdam. Enterré à Amsterdam le 6 avril 1658. XVIIe siècle. Hollandais.
Peintre de paysages.
On cite son mariage à Amsterdam en 1654. Il peignit le cloître de Sainte-Agnès, à Utrecht. Il fut également poète.

Rüelles

Musées : Amsterdam : *Vue du cloître Sainte-Agnès à Utrecht* – Barnard Castle : *Paysage.*

DESRUELLES Rémine Camille
Née le 16 août 1904 à Paris. XXe siècle. Française.
Peintre de paysages.
Fille du statuaire Félix Desruelles, elle fut élève de Le Sidaner. Elle débuta en 1926 au Salon des Artistes Français.

DESRUISSEAU Rose-Marie
Née en 1933. Morte en 1988. XXe siècle. Haïtienne.
Peintre d'histoire, de sujets divers. Naïf.
Elle était de souche indienne caraïbe, vivait dans la société haïtienne métissée par l'arrivée des noirs d'Afrique, et fut élevée dans un milieu social bourgeois catholique issu des colonisateurs, trois mondes qui constituaient sa propre identité, et dont la rencontre a fermenté l'ensemble de son œuvre. Cultivée, elle connaissait les courants picturaux modernes, depuis l'impressionnisme jusqu'aux fauvisme, cubisme, surréalisme. Au cours d'un séjour à Paris, elle fut particulièrement sensible à la sculpture de Maillol. Rongée par un cancer, elle poursuivit son œuvre malgré la souffrance, jusqu'à l'achèvement de l'épopée qui occupa ses dernières années.
Son style personnel résulte d'une synthèse de ses acquis culturels et de la tradition populaire haïtienne. Elle a d'abord traité préférentiellement les thèmes de la musique et de la danse, des mythes autour du Vaudou, des légendes et des héros illustrant l'histoire de l'origine de l'île, de la condition sociale de la femme et de la prise de conscience de son corps et de la sexualité. Dans ses quinze dernières années, elle a constitué, en une suite de trente-quatre tableaux, une histoire en images de la première colonie noire qui réussit à affranchir son pays, Haïti : *La Rencontre des trois mondes.*
Bibliogr. : *Rose-Marie Desruisseau*, Édit. Henri Deschamps, 1992 – divers : Catalogue de la vente *Rose-Marie Desruisseau*, Ader Tajan, Paris, 1992.
Ventes Publiques : Paris, 12 oct. 1992 : *Le cacique Henri* 1981, h/t (82x72) : **FRF 45 000** ; *La cérémonie du bois caïman* 1986, h/t (143x214) : **FRF 35 000** – Paris, 13 juin 1994 : *Erzulie Freda et les anges*, h/t (72x80) : **FRF 6 500**.

DESRUMAUX Pierre Paul
Né le 23 mars 1889 à Lille (Nord). XXe siècle. Français.
Peintre de compositions à personnages et de figures.
Il fut élève de Jules Adler, de Fernand Sabatté et de Pharaon de Winter. Il fut sociétaire du Salon des Artistes Français.

DESRUMEAUX
XVIIIe siècle. Actif à Lille. Français.
Peintre d'histoire.
Exposa un sujet religieux au Salon de Lille en 1774.
Ventes Publiques : Paris, 13 déc. 1996 : *L'Assemblée des dieux ; La Chute de Phaëton ; Vénus et Mars*, h/t, suite de trois toiles (95x111 ; 96x110 et 78x106) : **FRF 190 000**.

DESSAIGNE Jean
Né le 31 janvier 1939 à Paris. XXe siècle. Français.
Peintre de compositions monumentales, décorations murales, cartons de vitraux, artiste plasticien d'animation, d'installations.
Après des études à l'Académie de la Grande Chaumière, à l'Académie Julian et au cours du soir de la Ville de Paris, il se tourne vers l'animation de l'environnement par la plasticité. En 1970 il expose à la troisième Biennale de Gennevilliers. En 1971, il participe au 25e Salon des Réalités Nouvelles. Il figure ensuite au Salon Grands et Jeunes d'Aujourd'hui, dans plusieurs galeries parisiennes et d'Évian, de Toulouse, à la Maison de la Culture du Havre, au Château de Loches, etc. En 1998, la Société *Habitat Pont Neuf* à Paris a présenté son exposition *13 peintures pour un appartement.*
Dans des techniques diverses, il présente des projets pour des concours d'animation architecturale. Ses peintures de format standard semblent souvent référées à l'écriture graphique sur fonds colorés de Matisse.
Bibliogr. : Catalogue *Jean Dessaigne – 13 peintures pour un appartement*, Association Ventilation, Paris, 1997.

DESSAIN Émile François
Né le 2 juin 1808 à Valenciennes (Nord). Mort en octobre 1882 à Valenciennes (Nord). XIXe siècle. Français.
Peintre de portraits, de genre et de paysages, graveur et lithographe.
Il eut pour maître Boisselier et exposa au Salon de Paris de 1831 à 1844. En 1852, il peignit à Saint-Pétersbourg toute la famille impériale et celle du prince Woronzof. Le Musée de Douai conserve de lui : *Animaux dans un pâturage*.

DESSAIN Pierre
XVIIe siècle. Actif à Nantes entre 1685 et 1690. Français.
Sculpteur.
Cité par Granges de Surgères dans son ouvrage sur les Artistes Nantais.

DESSAINTE René
XXe siècle. Belge.
Peintre de figures. Expressionniste.
Il a montré ses peintures dans une exposition personnelle à Waremme en 1992.
Dans ses figures de personnages robustes l'humour n'en est pas absent, l'influence de Permeke discernable.

DESSALES-QUENTIN Robert
Né le 25 août 1885 à Brantôme (Dordogne). Mort le 17 mai 1958 à Périgueux (Loire). XXe siècle. Français.
Peintre.
Il fut élève de Jean-Paul Laurens et sociétaire du Salon des Artistes Français à Paris. Il fut fait Chevalier de la Légion d'Honneur.

DESSALLES Étienne, dit **Liévain**
Mort vers 1530. XVIe siècle. Actif à Paris vers 1500. Français.
Peintre et peintre verrier.
Il travaillait pour la Cour royale. Peintre ordinaire du roi en 1502.

DESSAR Louis Paul
Né le 22 janvier 1867 à Indianapolis. Mort en 1952. XIXe-XXe siècles. Américain.
Peintre de paysages, paysages animés, animalier.
Il fut élève de William Bouguereau et de Tony Robert-Fleury. Il fut formé et influencé par la conception picturale française. Il exposa à Paris, obtenant une médaille de troisième classe au Salon des Artistes Français de 1891. Sa carrière se déroula avec succès aux États-Unis.
Ventes Publiques : New York, 8 fév. 1901 : *Clair de lune* : **USD 290** – New York, 23 et 24 fév. 1905 : *Colline gazonnée* : **USD 105** – New York, 8 jan. 1930 : *Le repas de midi* : **USD 70** ; *Retour à la maison* : **USD 320** – New York, 7 nov. 1935 : *Bœufs à l'abreuvoir* : **USD 100** – New York, 13 nov. 1943 : *Troupeau de moutons* : **USD 90** – New York, 30 jan. 1980 : *Paysanne au râteau et meule de foin* 1892, h/t (46,3x33) : **USD 11 500** – Bolton, 17 nov. 1983 : *Le bûcheron* 1906, h/t (71,2x91,5) : **USD 1 800** – New York, 22 juin 1984 : *Paysage boisé avec troupeau de moutons* 1921, h/t (64,8x74,3) : **USD 2 100**.

DESSART, l'Ancien
XVIIIe siècle. Actif à Paris à la fin du XVIIIe siècle. Français.
Sculpteur d'ornements.
Il travailla pour l'église Sainte-Geneviève.

DESSART, le Jeune
XVIIIe siècle. Actif à Paris à la fin du XVIIIe siècle. Français.
Sculpteur d'ornements.
Il était fils du précédent et collabora avec son père.

DESSART Claude Henry
Né le 27 décembre 1832 à Paris. XIXe siècle. Français.
Peintre sur porcelaine.
En 1852, il entra à l'École des Beaux-Arts et eut pour professeurs Gréhant, Lequien et Liénard. De 1855 à 1867, il figura au Salon.

DESSART Edmond Éloi
Né le 1er décembre 1862 à Combles (Somme). XIXe siècle. Français.
Sculpteur.
Débuta au Salon en 1890.

DESSART Joseph ou **Desat**
XVIIIe siècle. Actif à Lyon vers 1750. Français.
Sculpteur.
Il travailla à la décoration du grand séminaire de Lyon.

DESSAU Colette
Née le 20 septembre 1930 à Paris. XXe siècle. Française.
Peintre. Tendance fantastique.
Elle exposa entre 1960 et 1970 au Salon de la Jeune Peinture, au Salon des Artistes Français et au Salon des Artistes Indépendants. A partir de 1959 elle a exposé personnellement à Paris.
Sa peinture décrit un monde irréel, peuplé d'oiseaux et d'animaux issus de contes de fées, traité avec une volonté marquée de stylisation expressive mais non expressionniste, opposant des couleurs fluorescentes et faisant subir des déformations aux figures et objets.

DESSAU Paul Lucien
Né en 1909. XXe siècle. Britannique.
Peintre.
Il exposa à la Royal Academy, aux États-Unis et au Canada.

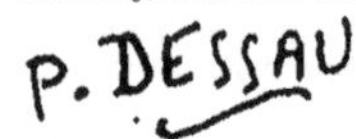

Musées : Toronto (Canadian War Mus.).
Ventes Publiques : New York, 3 juin 1959 : *Le petit général* : **USD 300**.

DESSAUR
XIXe siècle.
Lithographe.
On connaît de lui un paysage et un portrait. Peut-être était-il Hollandais.

DESSAUX Berthe Augustine Aimée
Née au XIXe siècle à Castres (Tarn). XIXe siècle. Française.
Pastelliste.
Élève de Signol. Elle débuta au Salon de 1879 avec : *Jeune Bretonne*.

DESSAVE
XVIIIe siècle. Actif à Paris à la fin du XVIIIe siècle. Français.
Peintre de portraits.

DESSEAUX Edith
Née en 1899 à Royat (Puy-de-Dôme). XXe siècle. Française.
Peintre de sujets divers.
À partir de 1920 elle vécut à New York et étudia à l'Art Student League pendant deux ans. En 1931 elle revint en France, se fixa à Bordeaux et exposa au Salon des Artistes Français à Paris et au Salon des Artistes Indépendants Bordelais. Elle figura également dans de nombreuses expositions de groupe régionales et présenta personellement ses travaux à la galerie Nieudan à Bordeaux. A partir de 1977, fixée à Clermont Ferrand, elle figure au Salon des Artistes d'Auvergne. Elle pratique le monotype.

DESSENIS Alfons
Né en 1874 à Gand. Mort en 1952 à Wemmel. XIXe-XXe siècles. Belge.
Peintre de portraits, paysages. Postimpressionniste.
Élève à l'Académie, puis à l'École Industrielle de Gand, il fit partie du premier groupe de Laethem-Saint-Martin entre 1901 et 1922.
Ses paysages et portraits sont traités avec une certaine nervosité du trait et une touche impressionniste aux tonalités claires. Certains critiques lui reprochent d'être inégal dans son art, devenant parfois confus par son graphisme et criard dans ses couleurs discordantes.
Bibliogr. : In : *Diction. Biogr. Ill. des Artistes en Belgique depuis 1830*, Arto, Bruxelles, 1987 – Gérald Schurr, in : *Les Petits Maîtres de la peinture 1820-1920, valeur de demain*, Les Éditions de l'Amateur, t. VII, Paris, 1989.
Ventes Publiques : Anvers, 23 avr. 1985 : *Mouettes sur la Lys à Latem*, h/t (88x172) : **BEF 44 000** – Lokeren, 28 mai 1994 : *Vue de Woluwe* 1941, h/t (50,5x65,5) : **BEF 44 000**.

DESSERPRIT Roger
Né le 9 mars 1923 à Buxy (Saône-et-Loire). Mort le 4 novembre 1985 à Paris. XXe siècle. Français.
Peintre, sculpteur. Abstrait-constructiviste.
Dès l'âge de seize ans, il suivit des cours de peinture à Chalon-sur-Saône, puis fut élève de l'École des Beaux-Arts de Paris de 1941 à 1943. Ce fut vers 1948 qu'il décida de laisser la peinture pour la sculpture, traitant d'ailleurs souvent celle-ci en bas-reliefs colorés présentés comme des tableaux. En 1951, il signa, avec, entre autres, Béothy, Gorin, Jacobsen, Schöffer, Vasarely, le manifeste du *Groupe Espace*, préconisant « un art dont la conception et l'exécution s'appuient sur la simultanéité des aspects dans les trois dimensions non suggérées, mais tan-

gibles ». Il était l'ami de Vieira da Silva, Szénès, et encouragé par Ubac, Bazaine, ayant connu ces quatre premiers par le poète André Frénaud, bourguignon comme lui. Il fut aussi apprécié par Arp, Herbin, Marcelle Cahn, Seuphor, Pevsner, Kupka, Sonia Delaunay, Closon. Ce fut par Vieira da Silva qu'il avait connu Arden Quin, qui l'intégra dans le groupe *Madi*.
Il commença à participer au Salon des Réalités Nouvelles en 1950 avec le groupe *Madi*, continuant d'y figurer régulièrement et, en 1956, il devint membre du comité du Salon des Réalités Nouvelles. Depuis 1961, il participa aussi aux Salons de la Jeune Sculpture et épisodiquement Comparaisons, Art Sacré, Surindépendants. En 1967, en référence à ses premières sculptures lumineuses, il fut invité à l'exposition *Lumière et Mouvement* au Musée d'Art Moderne de la Ville de Paris, ainsi qu'à l'exposition *Sculpture 1947-1967* au Musée de Grenoble. En 1951, sa première exposition personnelle à Paris, Galerie Colette Allendy, était présentée sous le titre *Structures et Reliefs lumineux*. En 1957, il fit une exposition personnelle à Milan, qui fut suivie de plusieurs autres, notamment en 1983 au Musée des Ursulines de Mâcon. En 1957, il reçut le Premier Prix de la Biennale de Bordeaux et en 1958 une distinction à la Triennale de Milan.
Presqu'à ses tout débuts, il eut pour objectif d'établir une synthèse de la peinture et de la sculpture, en tout cas de la sculpture avec la couleur, dans un esprit proche du Bauhaus, alors très peu connu en France, sauf des participants des expositions et activités de *Cercle et Carré*, puis de *Abstraction-Création*. Au long de sa carrière, son style s'est affirmé dans la sobriété, les formes ressortissent à une géométrie libre, la ligne pure et élancée est en général totalement abstraite, sauf parfois à résonances figuratives allusives. Il commença par travailler le bois, puis poursuivit ses recherches sur d'autres matériaux très différenciés : fer, cuivre, ciment, béton. La sévérité de ses formes se résout dans une élégante modestie, dont il s'est expliqué : « L'humilité que nécessite le bien-faire, ne condamne pas les prouesses de l'esprit, mais plutôt les alimente, les exalte. » En 1957, il avait réalisé la décoration sculptée, un chemin de croix abstrait, de l'église Saint-Jacques d'Amiens. Il a également réalisé une sculpture pour la Crypte des Déportés dans l'Ile Saint-Louis de Paris. ■ Jacques Busse

Bibliogr. : Michel Seuphor, in : *La sculpture de ce siècle*, Griffon, Neuchâtel, 1959 – in : *Diction. de la Sculpt. Mod.*, Hazan, Paris, 1960 – Michel Ragon, in : *L'art abstrait*, Maeght, Paris, 1974 – Jean-François Garmier, Marie Lapalus : Catalogue de l'exposition *Desserprit*, Musée des Ursulines, Mâcon, 1983 – Marie Lapalus, Alain Anceau : Catalogue de l'exposition *Desserprit*, Gal. Franka Berndt, Paris, 1989.

Musées : Grenoble – Paris (Mus. d'Art Mod. de la Ville).

Ventes Publiques : Londres, 20 fév. 1990 : *Relief bois* vers 1950 : **FRF 31 300** – Paris, 25 juin 1990 : *Relief bois* vers 1950 : **FRF 35 000** – Paris, 12 mai 1993 : *Relief* 1950, h/bois (85,5x53) : **FRF 12 500** – Paris, 8 juil. 1993 : *Hommage à Kupka* 1958, plaque en acier martelé (54x79) : **FRF 3 800**.

DESSERTENNE Jacques Henri
Né le 11 janvier 1906 à Paris. xxe siècle. Français.
Dessinateur et peintre.
Elève de son père Jacques Maurice Dessertenne.

Musées : Autun.

DESSERTENNE Jacques Maurice
Né le 28 décembre 1867 à Roussillon (Isère ?). xixe-xxe siècles. Français.
Peintre, dessinateur d'architectures.
Il fut élève d'un des frères Étex. Il exposait à Paris, au Salon des Artistes Français, jusqu'en 1914.

Musées : Limoges : *La grille de la Logietta d'Antonio Gay à Venise*.

DESSESAS Daniel
Mort le 24 février 1680 à Paris. xviie siècle. Français.
Peintre et sculpteur.

DESSI Giani
Né en 1955 à Rome. xxe siècle. Italien.
Peintre. Abstrait.
Il résida trois ans à New York. Il appartient dans les années soixante-dix au groupe des Sept, nommé aussi la Nouvelle École romaine, avec Bianchi, Ceccobelli, Gallo, Nunzio, Pizzi-Canella et Tirelli. Il a participé aux expositions du groupe, ainsi qu'à la Biennale de Venise en 1993, à la Foire internationale d'Art contemporain à Paris en 1995. Il montre ses œuvres dans des expositions personnelles depuis 1980 à Amsterdam, New York, à Paris notamment au Centre culturel italien en 1994 et régulièrement à Rome.
Alors que la Trans-avant-garde domine sur la scène de l'art, Dessi pratique une peinture exempte de toute narration. La couleur apparaît progressivement, les formes se superposent, jouent des effets de vides et de pleins, invitent à la méditation.

Bibliogr. : Elisabeth Vedrenne : *Gianni Dessi*, Beaux-Arts, n° 121, Paris, mars 1994.

Musées : Paris (FNAC) : *Rosso* 1994.

Ventes Publiques : Stockholm, 5-6 déc. 1990 : *Couronne* 1983, h. et craie/pap. Japon (32x22) : **SEK 5 500** – Milan, 26 mars 1991 : *Du côté de Mars* 1983, collage et h/t (40x35) : **ITL 3 000 000** – Londres, 25 mars 1993 : *Écho sensible* 1983, collage de pap. ciré peint. et de mélange/t. d'emballage (204,5x151,9) : **GBP 3 105** – Paris, 17 mars 1994 : *Masque* 1980, aquar. et gche/pap. (31,5x22) : **FRF 6 200** – Milan, 25 nov. 1996 : *Sans titre* 1990, h/cart. (64x44) : **ITL 2 070 000**.

DESSIATOFF Powel Alexeievitch
Né en 1820. Mort en 1888. xixe siècle. Russe.
Peintre de portraits.
Cet artiste vécut surtout à Moscou, mais fut cependant élève de l'Académie de Saint-Pétersbourg. Le Musée Tretiakoff à Moscou conserve un *Portrait* par cet artiste.

DESSIER M.
xviiie siècle. Actif à Amsterdam vers 1716. Hollandais.
Graveur.
Il grava le portrait du médecin J. Curvus Semmedo.

DESSINS-FOURDANCHON
Français.
Sculpteur.
Le Musée de Bourges conserve de cet artiste un buste plâtre : *Le Pelletier de Saint-Fargeau*.

DESSISTE Jean Mathieu
xviiie siècle. Français.
Peintre.
Il fut reçu à l'Académie Saint-Luc à Paris en 1753.

DESSONS Pierre
Né le 26 août 1936 à Villiers-le-Bel (Seine-Saint-Denis). xxe siècle. Français.
Peintre de compositions animées, figures, dessinateur, technique mixte. Figuration narrative.
De 1951 à 1956, il fut élève de l'École des Beaux-Arts de Genève, dans la section sculpture. Il abandonne quelque temps la peinture pour se tourner vers la publicité, la télévision, le dessin animé et le cinéma d'animation. À partir de 1965, il participe à des expositions collectives à Paris notamment : 1979 à 1981, 1983, 1984, 1987 Figuration Critique ; 1987 Salon d'Automne ; depuis 1987 Salon de Mai ; 1988 et 1991 Mac 2000 ; dans les années quatre-vingt-dix Groupe 109 ; ainsi que : 1981 Salon de Montrouge ; 1989 première Biennale internationale de la Jeune Peinture à Cannes ; 1990 Salon International de Barcelone. Il montre ses œuvres dans des expositions personnelles régulièrement à Paris, ainsi qu'à Marseille (1980), Toulouse (1986), Bruxelles (1991), Lille (1991), Lyon (1991), Metz (1992).
Ses tableaux racontent des histoires de famille et d'amour, non pas celles des contes de fées, mais plutôt celles de la vie de tous les jours, avec ses crises, où la tendresse répond aux cris, où les rires succèdent aux disputes. Dans cette peinture du familier, au graphisme dynamique, aux tons pastel, les personnages aux allures de pantins évoluent au sein d'un monde clos, disent un univers angoissant qu'un humour certain vient contrebalancer.

Bibliogr. : Michale Lecomte : *Dessons – Huis clos*, Kanal Magazine, n° 12-13, Paris, été 1985 – Xavier Xuriguera : *Les Figurations de 1960 à nos jours*, Mayer, Paris, 1985 – Françoise Bataillon : *Dessons – Peintures, dessins 1987, 1989*, 1989 – Éliane Bernard : *Dessons*, Artension, n° 17, Rouen, oct. 1990.

Ventes Publiques : Paris, 8 oct. 1989 : *Les oreilles d'or*, h/t (89x116) : **FRF 4 000** – Paris, 8 nov. 1989 : *Sur la table*, acryl./t. (114x145) : **FRF 9 000** – Paris, 31 oct. 1990 : *Les rencontres* 1986, h/t (141x114) : **FRF 10 000**.

DESSORINS-JEUNE L. L.
Né au xixe siècle à Paris. xixe siècle. Français.
Peintre et dessinateur.

Élève de Ed. Delvau. Il débuta au Salon de 1870 avec : *Vue prise à Pont-Audemer.*

DESSOUDEIX
XXe siècle. Français.
Peintre.
En 1948, il exposait des *Fleurs* au Salon d'Hiver.

DESSOUDEIX Simonne
Née à Paris. XXe siècle. Française.
Pastelliste.
Elle exposa au Salon de l'Union des Femmes Peintres et Sculpteurs.

DESSOULAVY Thomas
XIXe siècle. Britannique.
Peintre de paysages.
Actif entre 1829 et 1848 à Londres, il vécut longtemps à Rome.
MUSÉES : HANOVRE : deux paysages.
VENTES PUBLIQUES : NEW YORK, 25 jan. 1980 : *Paysage d'Italie* 1853, h/t (82,5x121) : **USD 6 000** – LONDRES, 6 juil. 1983 : *La Campagne Romaine* 1841, h/t (52x71,5) : **GBP 1 000** – LONDRES, 13 mars 1985 : *Paysage d'Italie* 1844, h/t (82x117,5) : **GBP 3 800** – LONDRES, 28 nov. 1986 : *Vue de Rome* 1841, h/t (85x118,5) : **GBP 15 000** – LONDRES, 5 mai 1989 : *Pozzuoli dans le golfe de Baia*, h/t (22x35) : **GBP 2 860** – LONDRES, 17 mai 1991 : *Vue de Rome depuis la villa Madama* 1846, h/t (53x79) : **GBP 11 000** – NEW YORK, 22 mai 1991 : *La campagne romaine* 1842, h/t (76,2x114,3) : **USD 22 000** – LONDRES, 19 nov. 1993 : *Le golfe de Naples ; Pozzuoli depuis le couvent des Camaldolesi* 1841, h/t, une paire (chaque 41,3x61,5) : **GBP 10 350** – LONDRES, 21 nov. 1997 : *Pozzuoli depuis le couvent des Camaldolesi* 1841, h/t (41x61) : **GBP 4 600.**

DESSUARGUES Jean
Mort à Romenay (Saône-et-Loire), et inhumé au lieu-dit le 14 novembre 1693. XVIIe siècle. Français.
Graveur sur bois.
Fils d'un marchand de Marsac (Puy-de-Dôme), il fut maître graveur sur bois à Lyon, où il se maria le 12 avril 1676.

DESSURNE Mark
Né en 1825 en Angleterre. Mort le 4 mai 1885. XIXe siècle. Britannique.
Peintre de genre, paysages.
Élève de l'Académie Royale de Londres, il y exposa souvent ; il figura fréquemment aussi aux expositions de Suffolk Street et de la British Institution, entre 1840 et 1870.
VENTES PUBLIQUES : VIENNE, 17 mars 1981 : *Dimanche à la campagne* 1858, h/t (50x70) : **ATS 38 000** – LONDRES, 13 déc. 1989 : *Fillette aux oranges* 1861, h/t (diam. 36) : **GBP 1 650.**

DESSUS-LAMARD Jean Baptiste
XVIIIe siècle. Français.
Peintre.
Il fut reçu à l'Académie Saint-Luc à Paris en 1750.

DESSUS LA MARE François Edune, dit **Lamare**
Né le 25 janvier 1750 à Paris. XVIIIe siècle. Français.
Sculpteur.
Il vécut à Angers où il travailla à la restauration de la cathédrale.

DESSVARGUES Claude
XVIIe siècle. Actif à Lyon. Français.
Graveur sur bois.

DESSVARGUES Jean
XVIIe siècle. Actif à Lyon. Français.
Graveur sur bois.

DESTABLES Jules
Né à Bouconville (Aisne). Mort en 1897. XIXe siècle. Français.
Sculpteur.
Il débuta au Salon de 1869 avec un *Portrait*, buste en plâtre.

DESTAILLEUR Henri Prosper Alfred, pseudonyme : **Henri Prosper**
Né le 17 avril 1816 à Paris. XIXe siècle. Français.
Peintre de compositions religieuses, portraits, paysages animés, paysages, paysages urbains, dessinateur.
Entré à l'École des Beaux-Arts le 9 octobre 1839, il fut élève de L. Cogniet et de Signol. Sous le pseudonyme de Henri Prosper, il exposa au Salon en 1863 : *Le Chasseur de marais*. Il peignit sous ce nom des portraits, des tableaux religieux, en Belgique, en Hollande, en Italie, en Allemagne, en Afrique, en Espagne, aux États-Unis, en Suisse. A Lucerne, il exécuta une peinture pour l'église collégiale de la ville, et deux grands tableaux pour l'hospice des aliénés de Soleure. Destailleur fut nommé, en 1867, conservateur du musée de Chalon-sur-Saône, et directeur des écoles communales de dessin de la même ville.
VENTES PUBLIQUES : PARIS, 1881 : *Une rue à Tunis* : **FRF 345** – LUCERNE, 15 mai 1986 : *Jour d'été à Lucerne* 1865, h/t (59x126,5) : **CHF 22 000** – PARIS, 5 avr. 1993 : *Constantinople ; Maisons près de Bouyouk Déré* 1835, lav., une paire (chaque 18,5x27) : **FRF 5 000.**

DESTAILLEUR-SÉVERIN Jeanne
XXe siècle. Française.
Graveur.
Sociétaire du Salon des Artistes Français, elle obtint une médaille de troisième classe en 1904 et une médaille de deuxième classe en 1908 et une bourse de voyage.

DESTAIN André François
Né le 1er janvier 1732 à Liège. Mort avant 1783. XVIIIe siècle. Éc. flamande.
Peintre d'histoire, paysages.
Il peignit pour le Palais de l'Évêché de Liège une *Histoire de Vertumne et de Pomone.*

DESTAPE Louis Alexandre
Né à Paris. XIXe siècle. Français.
Peintre de marines.
Le Musée de Caen possède de lui : *La Plage de Berneval.*

DESTAPPE François Jacques Marie Maurice
Né au XIXe siècle à Paris. XIXe siècle. Français.
Peintre de marines et graveur.
Élève de J. Noël, Victor Dupré et Beir. Il débuta au Salon en 1868 avec : *En mer, le matin*. Beraldi cite de lui : *Cahier de six marines*. Le Victoria and Albert Museum de Londres conserve de lui : *Cabanes de pêcheurs au bord de la mer.*

DESTARAC Michèle
Née le 1er septembre 1943 à Paris. XXe siècle. Française.
Peintre. Abstrait.
Après ses études secondaires, elle entreprit un voyage à travers l'Europe, séjournant notamment en Allemagne où elle s'intéressa à la peinture expressionniste. Elle pratique la peinture depuis 1958 et exposa pour la première fois en 1964 à la 4e Biennale de Paris. En 1973 elle a figuré au Salon des Réalités Nouvelles. Elle expose personnellement à Paris, régulièrement depuis 1972 à la Galerie Ariel, qui a présenté ses œuvres en 1993 à la FIAC (Foire Internationale d'Art Contemporain) à Paris.
Sa peinture, abstraite, est imprégnée d'une poésie naturelle, traduite dans ses débuts par des tons d'une délicatesse d'aquarelle, puis, au contraire, par des oppositions et des épaisseurs de terres et de noirs robustes. Elle réalise également des œuvres à partir de cartons récupérés, introduisant des inscriptions dans ses œuvres.
VENTES PUBLIQUES : PARIS, 22 nov. 1995 : *Sans titre* 1974, h/t (113x89) : **FRF 5 000.**

DESTERBECQ François, orthographe erronée pour **Destrebecq Jean-François**

DESTERBEKE Jan Baptista
XVIIe siècle. Actif à Anvers. Éc. flamande.
Enlumineur.

DESTERE Louis de
XVIIe siècle. Actif à Gand, à la fin du XVIIe siècle. Éc. flamande.
Peintre.

DESTERNES Édith
Né à Paris. XXe siècle. Français.
Peintre.
Expose au Salon d'Automne depuis 1932. Invitée également aux Tuileries.

DESTEZ Paul Louis Constant
Né au XIXe siècle à Paris. XIXe siècle. Français.
Peintre de genre et pastelliste.
Élève de Bonnat. Il débuta au Salon de 1876 avec : *Une salle du Musée de Cluny*. Le Musée de Nantes conserve de lui cinq pastels d'intérieurs Louis XVI d'une jolie couleur et traités avec brio.

DESTICKER
Né en 1764. XVIIIe siècle. Actif à Lille. Français.
Peintre.
Élève de Jacquerye. Il exposa deux dessins (têtes de saints) au Salon de Lille en 1778, à l'âge de 14 ans.

DESTIELLE
XIXe siècle. Français.
Graveur.
Le Musée de La Roche-sur-Yon conserve de lui : *Le Pain bénit*, d'après Dagnan-Bouveret.

DESTIGNY Lucie
Née à Paris. XIXe siècle. Française.
Peintre de portraits.
Élève de Lazerges et d'Yvon. Elle débuta au Salon en 1865.

DESTORRENT Ramon ou **Destorrents**, dit **le Maître d'Iravalls**
XIVe siècle. Catalan, travaillant vers 1358. Espagnol.
Peintre.
Des recherches faites aux alentours de 1952, ont permis de préciser la place de Ramon Destorrent dans la peinture catalane de la fin du XIVe siècle. Il semble faire la liaison entre Ferrer Bassa et Martorell, en passant par les Serra. En effet, à la mort de Bassa, Destorrent le remplace et prend son titre de peintre du roi Pierre le Cérémonieux, à la cour d'Aragon. Il s'identifie avec le Maître d'Iravalls, auquel on attribuait le *Retable dédié à Marthe et Marie* (Tour de Carol dans les Pyrénées-Orientales). Ce retable présente sainte Marthe dans une attitude majestueuse, hiératique, de chaque côté, dans les volets sont peintes des petites scènes disposées en trois zones superposées. Les caractéristiques siennoises : yeux bridés, nez pointus, petites bouches se retrouvent particulièrement chez les personnages des petites scènes. Ce genre de peinture anecdotique et narrative, d'inspiration siennoise, a été transmis à Jaime et Pedro Serra qui étaient des élèves de Ramon Destorrent. Ainsi, comme le précise M. Durliat, Destorrent « a contribué à cristalliser les influences siennoises de Simone Martini et Lorenzetti en Catalogne dans des formules industrielles qui seront recueillies par les frères Serra ». On a attribué à Destorrent, deux panneaux d'un grand retable de la chapelle royale de Palma de Majorque. Le message de Bassa et des Siennois, par l'intermédiaire de Destorrent, serait arrivé jusqu'en Aragon et à Majorque, qui était en contact avec Valence.
Bibliogr. : J. Lassaigne : *La peinture espagnole, des fresques romanes au Greco*, Skira, Genève, 1952 – Catalogue de l'exposition *Les Primitifs Méditerranéens*, Bordeaux, 1952 – J. Dupont et Césare Gnudi : *La peinture gothique*, Skira, 1954.

DESTOUCHES Jean
XVIe siècle. Parisien, actif au XVIe siècle. Français.
Sculpteur.
Il collabora, en 1565, à la décoration du tombeau de Henri II.

DESTOUCHES Jean Michel
XVIIIe siècle. Français.
Peintre.
Il fut reçu à l'Académie Saint-Luc à Paris en 1748.

DESTOUCHES Johanna von
Née en 1869 à Münich. Morte en 1956 à Münich. XIXe-XXe siècles. Allemande.
Peintre de fleurs.
Ventes Publiques : Munich, 12 sep. 1984 : *Nature morte aux fleurs*, h/cart. mar./pan. (105x75) : **DEM 4 500** – Amsterdam, 2 mai 1990 : *Nature morte de fleurs dans un pot sur un entablement*, h/t (32x51) : **NLG 9 200** – Munich, 12 juin 1991 : *Lis blancs et delphiniums*, h/t (69,5x83) : **DEM 16 500** – Amsterdam, 21 avr. 1993 : *Roses dans un panier*, h/t (72x92) : **NLG 10 350** – New York, 28 mai 1993 : *Pensées dans une corbeille près d'un pot à eau*, h/cart. (67,3x92,7) : **USD 3 450** – New York, 22-23 juil. 1993 : *Chrysanthèmes*, h/cart. (50,2x38,1) : **USD 2 300**.

DESTOUCHES Paul Émile. Voir **DETOUCHE**

DESTOUESSE André Maurice
Né le 18 janvier 1894 à Bordeaux (Gironde). Mort le 23 juillet 1968 à Crain (Yonne). XXe siècle. Français.
Sculpteur et peintre.
Il fut élève de l'École des Beaux-Arts de Bordeaux et figura au Salon des Artistes Indépendants.

DESTOURBET Gabriel, dit **Bourgeois**
XVIIe siècle. Actif à Lyon. Français.
Peintre.
Il vivait à Lyon en 1658 et 1679, et fut maître de métier pour les peintres en 1672. On trouve son nom écrit « de Tourbé » et « Duturbet » ; il signait *Destourbet*.

DESTOURS, Mlle. Voir **DUCHATEAU** Mme

DESTRABOURG Jean Nicolas
XVIIIe siècle. Actif à Besançon entre 1737 et 1744. Français.
Peintre.

DESTRE Jacomo dalle, dit **Jacomo da Treviso**
XVIe siècle. Actif au milieu du XVIe siècle. Italien.
Peintre.
Il était fils de Vincenzo.

DESTRE Vincenzo dalle, dit **Vincenzo da Treviso**
Né à Trévise. XIVe-XVe siècles. Actif à Vérone et à Venise. Italien.
Peintre.
Il fut élève de Giovanni Bellini et imita toujours la manière de son maître dont il copia plusieurs œuvres. Il peignit, en 1503, un retable pour l'église Saint-Michel à Trévise.
Ventes Publiques : New York, 15 et 16 mai 1946 : *La Vierge et l'Enfant* : **USD 275**.

DESTREBECQ Jean François
Né le 28 octobre 1707 à Ath-en-Henegau. Mort en 1896 à Schaerbeek. XVIIIe siècle. Hollandais.
Peintre de paysages, dessinateur, graveur de cartes géographiques et aquafortiste.
Élève de L.-A. Paulmier. Ingénieur à Bruxelles, il fut graveur au bureau de topographie militaire à Gand en 1826 et fonda l'Institut géographique de La Haye en 1840. On cite de lui une *Descente de Croix*.
Bibliogr. : In : *Diction. Biogr. Ill. des Artistes en Belgique depuis 1830*, Arto, Bruxelles, 1987.

DESTREBECQ Monique
Née en 1936 à Basècles. XXe siècle. Belge.
Sculpteur, céramiste, animalier.
Elle fut élève des Académies de Tournai et de La Cambre. En 1960 elle reçut la médaille d'or de Monza.
Bibliogr. : In : *Diction. Biogr. Ill. des Artistes en Belgique depuis 1830*, Arto, Bruxelles, 1987.
Musées : Bruxelles (Mus. d'Art et d'Hist.).

DESTREE Johannes Joseph ou **Josephus**
Né le 27 mars 1827 à Laeken (près de Bruxelles). Mort le 17 mars 1888 à La Haye. XIXe siècle. Belge.
Peintre de paysages.
Il fut élève de Andreas Schelfhout.
Musées : La Haye (Mus. comm.) : *Le Bois de La Haye en automne – Près de la mare.*
Ventes Publiques : Rotterdam, 1891 : *Bois* : **FRF 615** ; *Paysage* : **FRF 360** – Amsterdam, 17 déc. 1901 : *Village et son église* : **NLG 22** – Amsterdam, 27 avr. 1976 : *Scène de plage* 1881, h/pan. (33x52) : **NLG 13 000** – Berne, 20 oct. 1977 : *Vue d'une ville traversée par un canal* 1866, h/pan. (34x50,5) : **CHF 7 000** – Amsterdam, 1er oct. 1981 : *Aan de Vaart*, h/pan. (43,5x78) : **NLG 18 000** – Amsterdam, 15 avr. 1985 : *La plage au crépuscule* 1881, h/pan. (32,2x52) : **NLG 10 000** – Londres, 21 mars 1986 : *Paysage au pont* 1870, h/t (68,5x97,7) : **GBP 6 500** – Amsterdam, 23 avr. 1991 : *Paysans dans une barque près de la ferme en été*, h/pan. (22x32) : **NLG 5 750** – Amsterdam, 22 avr. 1992 : *Vue de la Spaarne à Haarlem avec des barques amarrées au rivage et des personnages et la « Bakenessekerk » à l'arrière plan*, h/t (63,5x84,5) : **NLG 8 050** – Amsterdam, 11 avr. 1995 : *Personnages dans des barques près d'une tour*, h/pan. (25,5x35) : **NLG 4 956** – Amsterdam, 22 avr. 1997 : *Paysage d'été avec un chasseur, une ville dans le lointain* 1867, h/t (70x100) : **NLG 10 620**.

DESTRÉE Marie
XIXe-XXe siècles. Belge.
Portraitiste.
Participa à l'Exposition Universelle de Bruxelles en 1910 avec : *Portrait de Velasquez*.

DESTRÉE Pierre
XVIIIe siècle. Actif à Paris en 1714. Français.
Peintre.

DESTREEZ Jules Constant
Né le 5 avril 1831 à Gisors (Eure). XIXe siècle. Français.
Sculpteur.
Élève de Triqueti. Il exposa au Salon de Paris de 1855 à 1882. Pour le ministère des Beaux-Arts il exécuta le buste en marbre de Rameau. On doit à cet artiste la statue de saint Luc, dans l'église de Charenton. Au Musée de Rouen, on a de lui une statue : *Prisonnier*. Il obtint une mention honorable en 1886.

DESTREM Antoinette
Née à Paris. Morte en 1941. XXe siècle. Française.
Peintre de paysages et de natures mortes.
Depuis 1923 elle a figuré au Salon d'Automne de Paris.

DESTREM Casimir
Né le 24 mars 1844 à Toulouse (Haute-Garonne). XIXe siècle. Français.
Peintre d'histoire et de genre.
Élève de Bonnat. Sociétaire des Artistes Français depuis 1885, il figura aux expositions de cette société et obtint une médaille de troisième classe en 1879, une de deuxième classe en 1886 et une médaille d'argent à l'Exposition Universelle de 1889.
Musées : Reims : *Rebecca* – Rochefort : *Ruth et Booz* – Toulouse : *Saint Roch* – *Coup de vent.*
Ventes Publiques : Paris, 10 avr. 1884 : *Feux d'automne* : **FRF 50.**

DESTREM Jean
Mort le 28 septembre 1914 à Saint-Mihiel (Meuse), au champ d'honneur. XXe siècle. Français.
Peintre.
Il exposa à Paris au Salon des Indépendants.

DESTREMAU Yolaine
Née en 1955. XXe siècle. Française.
Dessinateur d'intérieurs.
Elle vit et travaille à Paris. Elle participe à diverses expositions depuis 1982.
Ses dessins évoquent l'espace clos de la maison : lits défaits, pièces désertées, vêtements suspendus, retenant l'instant avec une grande économie de moyens.

DESTRENE Violette Antoinette
Née à Paris. XXe siècle. Française.
Peintre.
Elle figura au Salon d'Automne de 1922.

DESTREU Jean
XVIe siècle. Actif à Namur vers 1520. Éc. flamande.
Sculpteur sur bois.

DESTREZ Guillaume
XVIe siècle. Français.
Sculpteur.
Il prit part, en 1513, aux travaux de décoration de la cathédrale de Bourges.

DESUBLEO Michele, de son vrai nom : **Michel Desoubleay,** dit **Michele di Giovanni, Michele Fiammingo**
Né vers 1601 ou 1602 à Maubeuge. Mort sans doute en 1676 à Parme. XVIIe siècle. Éc. flamande.
Peintre de compositions religieuses.
Il fut l'ami et le collaborateur de Guido Reni, dont il reprit à sa mort l'atelier. Il vécut surtout, semble-t-il, à Bologne et à Parme, et travailla pour différentes églises de cette région.
Bibliogr. : C. Valone – *Michele Desubleo : un nouveau regard et un nouveau travail,* Arte Veneta, 1984 – D. Benati et L. Peruzzi – *Les peintres antiques dans la collection de la Banca Populare del-l'Emilia,* Modene, 1987.
Musées : Chambéry (Mus. des Beaux-Arts) : *Sibylle.*
Ventes Publiques : New York, 8 jan. 1981 : *Saint Jean Baptiste,* h/t (96,5x79) : **USD 7 000** – Rome, 24 mai 1988 : *David au repos,* h/t (136x170) : **ITL 30 000 000** – Rome, 8 mars 1990 : *Sophonisbé recevant le message de Massinissa ; Sophonisbé buvant le poison,* h/t, une paire (96x148,5) : **ITL 160 000 000** – New York, 16 jan. 1992 : *L'enlèvement d'Europe,* h/t (157,5x199,4) : **USD 50 600** – Londres, 11 déc. 1992 : *Saint Jean Baptiste dans le désert,* h/t (153x110,5) : **GBP 5 500** – Londres, 9 juil. 1993 : *Le Rêve de Jacob,* h/t (154x210,5) : **GBP 52 100** – Monaco, 2 déc. 1994 : *Portrait de David,* h/t (58x47,5) : **FRF 61 050** – Londres, 8 juil. 1994 : *Sophonisbée recevant la coupe de poison,* h/t (130x98) : **GBP 45 500.**

DESUINE
XIXe siècle. Français.
Peintre.
Le Musée de Rochefort conserve de lui : *Génie portant des armes.*

DESURMONT Ernest
Né le 15 novembre 1870 à Tourcoing (Nord). XIXe-XXe siècles. Français.
Peintre de scènes de genre.
Il fut élève d'Evariste Carpentier. Sociétaire du Salon des Artistes Français à partir de 1898, il reçut une mention honorable en 1903.

DESURMONT Gil D.
Née à Tourcoing (Nord). XXe siècle. Française.
Peintre ?
Elle fut sociétaire du Salon des Artistes Français de Paris.

DESVACHEZ David Joseph
Né en 1822 à Valenciennes. Mort en 1902 à Bruxelles. XIXe siècle. Belge.
Graveur.
Ses maîtres furent Calamatta et Picot. De 1849 à 1878, il exposa au Salon de Paris. Il obtint des médailles en 1861 et en 1864.
Ventes Publiques : Paris, 1871 : *La Tentation d'Ève,* dess. d'après le tableau de Calamatta : **FRF 75.**

DESVAL Gustave
Né à Saint-Vaast-La-Hougue (Manche). XXe siècle. Français.
Peintre.
Il exposa à Paris au Salon des Indépendants.

DESVALLIÈRES Georges
Né le 14 mars 1861 à Paris. Mort en 1950. XIXe-XXe siècles. Français.
Peintre de sujets religieux, compositions à personnages, peintre de compositions murales.
Parisien de Paris, il était l'arrière petit-fils de Gabriel Legouvé, l'académicien auteur du *Mérite des Femmes.* Il reçut les conseils d'Élie Delaunay et de Gustave Moreau et étudia de près les maîtres italiens. Il peignait dans l'atelier d'une vieille maison de famille, rue Saint-Marc, loin des quartiers réputés artistiques. À aucune époque, on ne le vit fréquenter les cénacles, ni aucune brasserie d'artistes. Il fut soldat, pendant la guerre de 1914-1918, cité à l'ordre de l'armée comme chef d'un bataillon de chasseurs. Au cours de cette guerre, il perdit un fils, tombé au combat. Avec son ami Maurice Denis, il ouvrirent ensemble, en 1919, « L'Atelier d'Art Sacré », où ils reçurent et conseillèrent un grand nombre d'élèves.
En 1883, il débuta au Salon des Artistes Français, avec un *Portrait de jeune-fille,* et, dès l'année suivante, fut reçu sociétaire, il obtint une mention honorable en 1890, une troisième médaille en 1893, une deuxième médaille en 1894, ainsi qu'à l'Exposition Universelle de 1900. Il continua de participer au « Salon », désormais indifférent aux distinctions, classé hors-concours. Il participa aussi aux premières années du Salon des Artistes Indépendants, fondé en 1884. La mort de son fils, tombé au combat, lui inspira : *Le drapeau du Sacré-Cœur, L'Église Douloureuse et la Glorification du Soldat Inconnu.* Ce fut à lui que l'État commanda les vitraux de la chapelle de l'Ossuaire de Douaumont, où sont déposés les restes des héros de Verdun. Il réalisa aussi les décorations de l'église de Pawtucket, aux États-Unis. Il a illustré diverses œuvres littéraires, dont le *Rolla* d'Alfred de Musset.
Georges Desvallières peut être considéré à juste titre comme un des rénovateurs de la peinture religieuse au vingtième siècle. Il connut le succès dès 1906 avec des œuvres telles que *Le Sacré-Cœur de Notre Seigneur Jésus Christ – Le Bon Larron – Le Christ flagellé – Kyrie eleison.* Il y a dans la peinture de Georges Desvallières, soutenue d'un dessin de pure inspiration classique, quelque chose de déchiré, comme si le peintre, profondément religieux, exactement dévôt plus que réellement mystique, songeait toujours au cilice, voire à la couronne d'épines. Il fut parfois tenté par la mythologie, interprétant, pour des décorations d'intérieurs opulents, traitant des thèmes comme *Hercule au jardin des Hespérides – La vigne – Eros – La Grèce.* Ce fut pour revenir vite à *La Nativité* ou à *L'Annonciation.* Si Georges Desvallières eut de nombreux élèves reconnaissants, il n'eut pas de disciple. Gouverné qu'il était d'un sens religieux, si aigu en sa personnalité, nul n'en put rien recevoir de trop direct.
■ André Salmon, J. B.

Musées : Helsinki : *La Sainte Marie* – Nîmes : *Condottiere* – Paris (Mus. d'Art Mod.) : *Joueurs de balle – Narcisse – Tête d'étude – Portrait de Mme D.* – Tourcoing : *Un pain bénit.*
Ventes Publiques : Paris, 22 jan. 1919 : *Le vase d'albâtre,* past. : **FRF 67** – Paris, 6 déc. 1924 : *La Guerre Anglo-Boer,* cr. aquar. et gche : **FRF 420** – Paris, 10 fév. 1932 : *Le retour de l'enfant prodigue,* aquar. : **FRF 380** – Paris, 30 oct. 1940 : *Coin d'église* : **FRF 370** – Paris, 10 nov. 1943 : *Etude de nu* : **FRF 750** – Paris, 12 déc. 1946 : *L'ange,* aquar. : **FRF 5 500** – Paris, 23 nov. 1953 :

Femme lisant dans un intérieur : **FRF 53 000** – PARIS, 20 nov. 1981 : *Pieta*, gche (107x140) : **FRF 3 500** – LONDRES, 24 juin 1988 : *Aphrodite* 1899, h/pan. (41x22,5) : **GBP 28 600** – PARIS, 9 déc. 1989 : *Ganymède et l'aigle*, h/t (132x68,5) : **FRF 95 000** – PARIS, 18 mai 1992 : *Odalisque*, aquar. (18x25) : **FRF 10 000** – PARIS, 5 nov. 1993 : *« À mes chers cousins... »* 1900, mine de pb et gche (29x18) : **FRF 3 800** – PARIS, 29 nov. 1994 : *Christ aux rameaux*, h/t (45,5x37,5) : **FRF 10 000** – PARIS, 28 mars 1995 : *Le modèle* 1914, h/t (161x140) : **FRF 60 000** – PARIS, 30 oct. 1996 : *Narcisse* 1897, h/t (207x110) : **FRF 59 000**.

DESVALLIÈRES Richard Georges
Né le 4 janvier 1893 à Paris. XXe siècle. Français.
Ferronnier.
Exposant du Salon d'Automne. Chevalier de la Légion d'honneur.

DESVALLIÈRES Sabine Claire, appelée aussi **Sœur Marie de la Grâce**
Née le 22 février 1891 à Paris. XXe siècle. Française.
Décorateur.
Vraisemblablement fille de Georges Desvallières. Poursuivant au cloître son œuvre d'artiste, elle a exposé des broderies au Salon d'Automne ainsi qu'aux expositions de l'Atelier d'Art Sacré, fondé par Maurice Denis et Georges Desvallières.

DESVARENNES Charles Léopold. Voir **SARRA Charles-Léopold**

DES VARENNES Jean
XVIe-XVIIe siècles. Travaillant à Dijon de 1582 à 1636. Français.
Médailleur et orfèvre.

DESVARREUX Raymond
Né le 26 juin 1876 à Pau (Basses-Pyrénées). Mort le 17 décembre 1961 à Paris. XXe siècle. Français.
Peintre de scènes de genre, paysages animés, animalier.
Fils de James Desvarreux-Larpenteur, il fut élève de Gérôme et de Jean-Baptiste Detaille. Il exposait à Paris, au Salon des Artistes Français, dont il fut sociétaire à partir de 1902.
Il a surtout peint des paysages avec des moutons.

Raymond Desvarreux

VENTES PUBLIQUES : PARIS, 1880 : *Animaux* : **FRF 3 800** – PARIS, 28 oct. 1898 : *Troupeaux de moutons sous bois* : **FRF 150** – NEW YORK, 29 et 30 mars 1905 : *Troupeau de moutons* : **USD 60** – PARIS, 18 mars 1920 : *Cuirassiers de l'escorte d'un général à la porte d'un château* : **FRF 200** – PARIS, 21 fév. 1924 : *Le rendez-vous de chasse en forêt* : **FRF 510** – PARIS, 16 fév. 1927 : *Moutons à la lisière d'un bois* : **FRF 1 450** – PARIS, 15 jan. 1943 : *Moutons* : **FRF 3 000** – NEW YORK, 12 mai 1978 : *La Charge* 1904, h/t (87,5x68) : **USD 1 500** – NEW YORK, 18 juin 1982 : *La charge de cavalerie* 1904, h/t (88x68) : **USD 2 200** – ZURICH, 30 nov. 1984 : *Cavaliers dans un paysage boisé*, h/t (45,5x55,5) : **CHF 3 500** – VERSAILLES, 5 mars 1989 : *Les hussards*, h/t (22x33) : **FRF 6 600** – PARIS, 9 mars 1990 : *Paysage de printemps*, h/t (37,5x46) : **FRF 4 800** – VERSAILLES, 25 nov. 1990 : *La chasse à courre*, h/pan. (38x45,5) : **FRF 20 000** – PARIS, 22 mars 1996 : *La route des bois des Gombault*, h/t (47x55) : **FRF 4 200**.

DESVARREUX-LARPENTEUR James
Né le 20 octobre 1847 à Baltimore. Mort en 1937. XIXe siècle. Américain.
Peintre de paysages animés, paysages.
Il fut élève de l'École des Beaux-Arts de Paris et eut pour maîtres Pils et Yvon. Il exposa par la suite au Salon de Paris en 1879. De retour en Amérique, il peignit surtout des paysages.
VENTES PUBLIQUES : PARIS, 29 oct. 1919 : *Moutons sous bois (Fontainebleau)* : **FRF 540** – PARIS, 19 déc. 1923 : *Troupeau de moutons près d'une mare* : **FRF 280** – PARIS, 21 mars 1938 : *Le berger et son troupeau* : **FRF 300** ; *Berger et son troupeau à la lisière du bois* : **FRF 300** – LE TOUQUET, 10 nov. 1991 : *Le Retour du troupeau*, h/t (40x32) : **FRF 12 000** – PARIS, 20 oct. 1997 : *La Forêt de Fontainebleau*, h/t (38x55) : **FRF 5 500**.

DESVAUX
D'origine poitevine. Français.
Peintre d'histoire.
Le Musée de Poitiers conserve de cet artiste : *Saint Jean-Baptiste enfant*.

DESVAUX Auguste
Né le 15 mai 1813 à Avranches (Manche). XIXe siècle. Français.
Peintre.
L'église Saint-Gervais, à Avranches, possède une *Crucifixion* de cet artiste.

DESVAUX Charles Benoit
Mort le 17 juin 1764 à Paris. XVIIIe siècle. Français.
Sculpteur.

DESVERGNES Charles Jean Cléophas
Né le 19 août 1860 à Bellegarde (Loiret). XIXe siècle. Français.
Sculpteur de sujets allégoriques, bustes.
Élève de Jouffroy et Chapu, il débuta au Salon de 1880 avec *Portrait*, buste en plâtre. Il fut prix de Rome en 1889 et obtint une mention honorable en 1892, une médaille de troisième classe en 1895, une médaille d'argent à l'Exposition universelle de 1900. Il fut fait Chevalier de la Légion d'honneur en 1903.
MUSÉES : ANGERS : *Gaston Thys* – ORLÉANS : *Le Courage* – PARIS (Louvre) : *Thomy-Thierry*.
VENTES PUBLIQUES : PARIS, 15 déc. 1994 : *Scènes allégoriques* 1885, plâtre, trois bas-reliefs (chaque 38x30) : **FRF 7 500**.

DESVERNOIS J.
XIXe siècle. Actif vers 1800. Allemand.
Peintre de portraits, miniatures.
Il travailla en Allemagne du Sud, en Suisse et en Alsace.

DESVERNOIS Joseph Eugène
Né le 10 mars 1790 à Lausanne. Mort le 12 janvier 1872 à Lausanne. XIXe siècle. Suisse.
Peintre, dessinateur.
Il visita Paris vers 1814. Il enseigna le dessin. D'après le Dr. C. Brun, il produisit peu d'œuvres originales.

DESVIGNES Gabrielle Marie Thérèse
Née à Paris. XIXe siècle. Française.
Peintre de fleurs et de paysages.
Élève de F. Besson. Elle exposa au Salon de 1876 à 1880.

DES VIGNES Geoffroy
XVe siècle. Travaillant en 1467. Français.
Sculpteur.
Assistant de Pierre Lesvignières.

DESVIGNES Herbert Clayton
XIXe siècle. Britannique.
Peintre de scènes de chasse, animaux.
Il exposa à Londres, notamment à la Royal Academy, de 1833 à 1863.
VENTES PUBLIQUES : LONDRES, 12 mars 1910 : *Portrait de Sweemetat avec le jockey et l'entraîneur* : **GBP 8** – LONDRES, 4 déc. 1922 : *Scène de chasse* : **GBP 10** – LONDRES, 27 mai 1927 : *Le London Coach à Brighton* 1833 : **GBP 44** – LONDRES, 17 jan. 1929 : *Scène de chasse* : **GBP 105** – LONDRES, 26 juil. 1929 : *Le London Coach à Brighton* : **GBP 84** – LONDRES, 9 juin 1938 : *Chasse au renard* : **GBP 5** – LONDRES, 8 mars 1977 : *Le Départ pour le marché* 1860, h/t (90x69) : **GBP 850** – LONDRES, 13 oct. 1978 : *Le retour du marché* 1860, h/t (90x68,5) : **GBP 1 600** – LONDRES, 12 juil. 1995 : *Phases de la chasse à courre*, h/t, ensemble de quatre scènes (chaque 24,5x30) : **GBP 4 830**.

DESVIGNES Louis
XIXe siècle. Actif à Paris. Français.
Peintre.
Il obtint une mention honorable en 1907 et une médaille de troisième classe en 1909.

DESVIGNES Louis
Né au Creusot (Saône-et-Loire). XXe siècle. Français.
Sculpteur et graveur en médailles.
Élève de R. Verlet, P. Auban et H. Dubois. Sociétaire du Salon des Artistes Français.

DESY Pauline
Née le 7 septembre 1905 à Montréal. XXe siècle. Canadienne.
Sculpteur.
Élève de l'atelier Delamare. Expose à Montréal.

DETAILLE Jean Baptiste Charles
XIXe siècle. Français.
Peintre de scènes de chasse, animalier, peintre à la gouache, aquarelliste, dessinateur.
Peut-être parent, il fut élève d'Édouard Detaille et exposa au Salon de Paris de 1876 à 1880. Il travaillait à Saint-Germain-en-Laye.
VENTES PUBLIQUES : NEW YORK, 12-13 mars 1903 : *Le Tir aux pigeons au bois de Boulogne* : **USD 95** – PARIS, 27-30 nov. 1918 :

Chevaux de courses : Augure ; Le Torpilleur ; Saint Claude ; Porto, aquar., série de quatre : **FRF 710** – Paris, 6 mai 1925 : *Cavalier et Amazone*, aquar. gchée : **FRF 170** – Uzès, 7-8 juil. 1933 : *Le Rendez-vous de chasse*, aquar. gchée : **FRF 750** – Mortagne, 9 nov. 1938 : *Départ pour la chasse* : **FRF 1 050** ; *Le Cheval Mondeville* : **FRF 230** – Paris, 18 jan. 1943 : *Jockey à cheval* 1889, cr. : **FRF 110** – Paris, 18 oct. 1946 : *Promenade au bois*, aquar. : **FRF 750** – Paris, 6 juin 1947 : *Trompette d'un régiment de ligne*, pl. : **FRF 550** – Paris, 17 nov. 1948 : *Les Équipages*, aquar. gchée : **FRF 40 000** – Paris, 18 juin 1993 : *Jockeys au rond de présentation* 1873, aquar. gchée (17x26,5) : **FRF 18 000**.

DETAILLE Jean Baptiste Édouard

Né le 5 octobre 1848 à Paris. Mort le 23 décembre 1912 à Paris. XIXe-XXe siècles. Français.

Peintre d'histoire, sujets militaires, scènes de genre.

Dès 17 ans, il entra dans l'atelier de Meissonier. Il partit ensuite pour l'Espagne et l'Algérie et rentra à Paris au moment de la déclaration de guerre avec l'Allemagne. Il fit toute la campagne aux environs de Paris, comme mobile.

Il débuta au Salon de Paris en 1867 avec : *Un coin de l'atelier de Meissonier*, et continua d'exposer au Salon jusqu'en 1884, obtenant une troisième médaille en 1870, une deuxième en 1872, et la médaille du Salon en 1888 avec son tableau : *Rêve*, popularisé par la gravure. Il fut nommé chevalier de la Légion d'honneur en 1872, officier en 1881 et commandeur en 1897. Il devint membre de l'Institut en 1892.

À ses débuts, il travailla avec Alphonse de Neuville, peignant avec lui le *Panorama de Champigny* et le *Panorama de Rezonville*. il fut rapidement connu pour ses scènes de la vie militaire, traitées avec une précision extrême, proche du trompe-l'œil. Parmi les peintures décoratives qu'il réalisa au Panthéon et à l'Hôtel de Ville de Paris : *Les Vainqueurs – Le Salut aux blessés – Les Victimes du devoir*.

EDOUARD DETAILLE

EDOUARD DETAILLE

Bibliogr. : Jean Marcel Humbert : *Édouard Detaille : l'héroïsme d'un siècle*, Paris, 1979 – Gérald Schurr, in : *Les Petits Maîtres de la peinture 1820-1920, valeur de demain*, Les Éditions de l'Amateur, t. V, Paris, 1981.

Musées : Paris (Mus. Carnavalet) : *Distribution des drapeaux* – Paris (Mus. du Petit-Palais) : *Les Enrôlements volontaires – Retour de la campagne de 1807*.

Ventes Publiques : Paris, 23 mars 1877 : *Un dragon* : **FRF 4 860** – Paris, 1886 : *Le porte-drapeau* : **FRF 35 750** – Paris, 1891 : *Bonaparte en Égypte* : **FRF 50 000** – Paris, 1900 : *Aux manœuvres*, dess. gché : **FRF 9 800** – New York, 1er fév. 1901 : *La prise d'un drapeau français à Waterloo* : **USD 1 425** – New York, 1er-2 avr. 1902 : *Officier donnant l'ordre d'avancer* : **USD 7 100** – Paris, avr. 1910 : *Le retraite* : **FRF 31 000** – Londres, 21 juin 1929 : *Deux grenadiers français* : **GBP 84** – New York, 15 fév. 1934 : *Dragons au repos* : **USD 320** – Paris, 10 nov. 1943 : *Général d'Empire passant ses troupes en revue* 1893, aquar. : **FRF 6 200** – New York, 18-19 avr. 1945 : *Corps ambulancier* 1878 : **USD 1 200** – New York, 6 oct. 1966 : *Le cavalier et son cheval* : **USD 900** – New York, 14 mai 1969 : *La bataille d'Iéna* : **USD 3 000** – Paris, 13 fév. 1974 : *Homme à cheval en armure* 1906 : **FRF 5 500** – Paris, 14 juin 1976 : *Sapeur chargeant* 1901, gche (88x61) : **FRF 4 500** – New York, 28 avr. 1977 : *L'Attaque de la cavalerie prussienne* 1882, h/t (81x131,5) : **USD 12 000** – Londres, 20 avr. 1978 : *Le joueur de cornemuse* 1879 (82,5x54) : **GBP 2 400** – New York, 3 mai 1979 : *Le régiment qui passe (porte Saint-Martin)* 1874-1875 : **USD 30 000** – New York, 7 juin 1979 : *Étude de soldats*, pl. (22,3x16,8) : **USD 1 400** – Paris, 8 déc. 1980 : *Hugues Capet couronne son fils Robert à Orléans en 987*, h/t (200x146) : **FRF 30 000** – New York, 7 jan. 1981 : *La Revue*, cr., pl., lav. et craies coul. reh. de blanc/pap. (21,9x17,7) : **USD 800** – New York, 26 fév. 1982 : *Un cuirassier français à cheval* 1878, h/t (20,5x24,8) : **USD 4 800** – New York, 12 juin 1982 : *Cuirassiers français ramenant des prisonniers bavarois* 1875, gche/pap. (44,8x57,5) : **USD 5 500** – Londres, 29 nov. 1984 : *Cavalier étudiant une carte* 1876, aquar. reh. de blanc (33x25,4) : **GBP 1 400** – Londres, 29 nov. 1984 : *Scène de guerre* 1887 cr. pl. et lav. (20,2x22,5) : **GBP 3 500** – Paris, 25 nov. 1985 : *Vers la gloire* 1904, h., gche, aquar. et cr./t., triptyque (109x102) : **FRF 400 000** – Paris, 10 juin 1987 : *Militaire et son cheval*, aquar. gchée (34x30,5) : **FRF 4 500** – New York, 28 oct. 1987 : *Souvenir de grandes manœuvres* 1879, h/t (80,6x130,8) : **USD 50 000** – Paris, 7 mars 1988 : *Le général Larmes et son état-major*, h/t (100x79) : **FRF 75 000** – Versailles, 5 mars 1989 : *Cuirassier et son cheval sous la neige*, aquar. gchée (30,5x22,5) : **FRF 5 000** – Paris, 12 mai 1989 : *Incroyable* 1870, aquar. (24,5x17) : **FRF 22 000** – Versailles, 5 mars 1989 : *Militaire à cheval* 1875, h/pan. (22x15,5) : **FRF 20 000** – New York, 17 jan. 1990 : *Soldats à cheval* 1860, aquar./pap. (40,4x30,5) : **USD 1 430** – New York, 1er mars 1990 : *Le général d'Hautpoul à cheval* 1912, h/t (124,5x116,8) : **USD 52 800** – Paris, 21 mars 1990 : *Ecole spéciale militaire* 1884, encre, aquar. et gche/pap. (54x43) : **FRF 22 000** – New York, 23 mai 1990 : *La charge d'un cavalier polonais*, aquar./pap. (66,7x48,3) : **USD 11 000** – Monaco, 15 juin 1990 : *Militaires devant les Invalides* 1887, encre et reh. de blanc (31x23,5) : **FRF 19 980** – New York, 19 juil. 1990 : *Le Dandy* 1870, gche/pap. gris (24,2x17,1) : **USD 3 575** – Londres, 5 oct. 1990 : *Les Cuirassiers français en ordre de bataille* 1900, cr. et aquar. (33x22,9) : **GBP 1 980** – New York, 26 oct. 1990 : *La Charge des dragons de l'Impératrice – garde impériale (1806)* 1893, gche/pap. (66,7x47) : **USD 8 800** – Neuilly, 7 avr. 1991 : *Scène de guerre* 1885, h/t (140x112) : **FRF 43 000** – New York, 17 oct. 1991 : *Soldats se désaltérant à une pompe (Panorama de Rezonville)*, h/t (209,6x281,9) : **USD 33 000** – Paris, 29 nov. 1991 : *Napoléon III passant les troupes en revue* 1897, h/t (80,5x70,5) : **FRF 72 000** – New York, 27 mai 1992 : *Les Éclaireurs* 1893, aquar./pap. (36,5x51) : **USD 8 800** – New York, 28 mai 1992 : *Cosaques attaqués par la garde royale* 1870, h/t (100,3x81,3) : **USD 27 500** – Paris, 2 avr. 1993 : *Après la fusillade* 1870, h/t (38x56) : **FRF 6 200** – Amsterdam, 20 avr. 1993 : *Hussard à cheval*, h/t (46,5x37) : **NLG 2 645** – New York, 13 oct. 1993 : *Hugues Capet couronnant son fils Robert à Orléans en 987*, h/t (200x146,1) : **USD 37 375** – New York, 26 mai 1994 : *Carabiniers revenant de la charge* 1906, h/t (92,7x77,5) : **USD 48 875** – Paris, 13 juin 1994 : *Revue militaire* 1878, h/t (46,5x38) : **FRF 21 000** – Paris, 13 oct. 1995 : *Un officier sabre au côté*, cr. de coul. (29,5x19) : **FRF 5 000** – Paris, 14 juin 1996 : *Les Dernières Cartouches*, h/t, étude (32,5x41) : **FRF 6 000** – New York, 12 déc. 1996 : *Soldat s'appuyant sur son sabre* 1878, h/pan. (33x22,2) : **USD 6 325** – Paris, 30 oct. 1996 : *Soldats endormis sur un champ de bataille* 1891, h/t (21,5x30) : **FRF 10 000** – New York, 23 mai 1997 : *Vers la gloire* 1904-1905, h. et or/t., étude (101,6x109,2) : **USD 20 700**.

DETALLA David

Né en 1761 à Genève. Mort en 1836 à Genève. XVIIIe-XIXe siècles. Suisse.

Graveur, dessinateur et ciseleur.

Fils de Marc Détalla. Il devint membre de la Société des Arts en 1798. Il fut directeur de l'École de modelage jusqu'en 1832.

DETANG Étienne Benjamin

XVIIIe siècle. Actif à Paris vers 1750. Français.

Peintre.

DETANGER Germain

Né le 27 juillet 1846 à Lyon. Mort le 25 janvier 1902 à Lyon. XIXe siècle. Français.

Peintre et décorateur.

Élève de Guichard, à l'École des Beaux-Arts de Lyon, où il fut admis en 1860. Il a exposé, à Lyon, depuis 1865 des natures mortes, des figures, des tableaux religieux et de genre et quelques paysages (peintures, aquarelles, fusains), notamment : *Le fauconnier* (1884), *Premier bal* (1892), *Nymphe* (1899), *Portrait d'enfant* (1901). Il a décoré de nombreuses églises (Yssingeaux, Saint-Pierre de Saint-Chamond, Anse, Saint-Étienne-des-Ollières, La Louvesc, etc.), des chapelles, des hôtels particuliers, la salle à manger et la chambre à coucher du Président de la République à la Préfecture du Rhône. Il signait « Germain Détanger ».

DETANGER Pierre

XIXe siècle. Actif à Lyon. Français.

Peintre.

Il fut l'élève de Guichard à l'École des Beaux-Arts de Lyon et exposa au Salon de cette ville de 1873 à 1883.

DÉTANGER-NERMORD Reine Anne Louise, née **Détanger**

Née au XIXe siècle à Lyon. XIXe siècle. Française.

Peintre.

Élève, à Lyon, de son père, Germain Détanger, à Paris de J.-P.

Laurens et Benj. Constant. Elle a exposé, à Lyon, depuis 1892, à Paris depuis 1896 (sous son nom de jeune fille, jusqu'en 1899), des natures mortes, des intérieurs, et des portraits et têtes d'études au crayon. Elle a obtenu, à Paris, une mention honorable en 1898.

DÉTCHEV Danaïl
Né le 20 août 1891 à Razgrad. Mort le 5 août 1962 à Sofia. XXe siècle. Bulgare.
Peintre de paysages animés, illustrateur.
Peintre autodidacte, il vécut à Plovdiv jusqu'en 1919 et se fixa définitivement à Sofia en 1939. Il figura à la Biennale de Venise en 1942 et 1946. Il figura dans des manifestations collectives bulgares à Paris, Moscou, Varsovie, Prague, Stockholm etc. de 1946 à 1966. Il a obtenu de nombreuses décorations officielles, notamment le titre d'« artiste du peuple », en 1969 à titre posthume.
Usant d'une pâte picturale généreuse au service d'une vision tendant à l'expressionnisme, il s'est montré l'interprète ému du paysage et des activités humaines de la campagne bulgare.
Bibliogr. : Vania Detcheva : *Danaïl Détchev*, Balgarski Handojnik, Sofia, 1972.
Musées : Berkovitza – Choumen – Karlovo – Plovdiv – Sofia.

DETCHEVA Dania
Née à Plovdiv (Bulgarie). XXe siècle. Active en France. Bulgare.
Peintre, peintre de cartons de tapisseries, de vitraux. Abstrait.
Elle fut guidée dans ses études artistiques par son père Danaïl Detchev. Elle fut étudiante à l'Académie des Beaux-Arts de Sofia. Entre 1973 et 1977 elle se spécialisa dans l'art du vitrail à l'École Nationale des Beaux-Arts à Paris. Depuis 1959 elle expose dans les principales expositions collectives d'art contemporain bulgare, en Bulgarie et à l'étranger. A Paris elle a figuré au Salon d'Automne en 1976, 1977 et 1978. Elle a présenté personnellement ses travaux en 1962 à la galerie du Comité des Relations Culturelles avec l'Étranger, à Varsovie au Centre Culturel Bulgare, en 1963 à Prague à la galerie Prâchna Brâna, à Berlin à la galerie Deutsche Bücher Srübe, à Budapest au centre culturel Bulgare, en 1966 à Sofia, en 1968 à la galerie Rakovski 125, en 1975 à Paris dans la salle d'expositions de l'Ambassade de Bulgarie, en 1979 à l'Hôtel de Ville de Châteauroux.
Musées : Sofia (Gal. Nat.) – Sofia (Mus. d'Art Mod.) – Varsovie (Mus. Nat.).

DETE Eugène
Né le 7 novembre 1848 à Valenciennes (Nord). Mort en 1922. XIXe-XXe siècles. Français.
Graveur sur bois.
Élève de Smeeton et Tilly. Il débuta au Salon de 1879. Sociétaire des Artistes Français depuis 1884. Il obtint une mention honorable en 1884, une médaille de troisième classe en 1899, une médaille de bronze à l'Exposition universelle de 1900 et une médaille de deuxième classe en 1903.

DETÉ Jeanne Flore
Née dans la seconde moitié du XIXe siècle à Paris. XIXe siècle. Française.
Graveur sur bois.
Sœur d'Eugène et son élève, elle fut sociétaire du Salon des Artistes Français de Paris.

DETEIX Adolphe
Né le 7 juillet 1892 à Amplepuis (Rhône). XXe siècle. Français.
Peintre.
Il exposa au Salon des Artistes Français et à celui des Artistes Indépendants ; il a réalisé des fresques et des mosaïques pour l'église de Barcelonnette.

DETERIVE ?
Artiste.
Artiste cité par Mireur sans aucun détail. Nous pensons qu'une erreur orthographique a fait créer cet artiste et qu'il s'agit du peintre dessinateur lillois Albert Delerive.

DETERRE Eugène Napoléon
Né le 30 octobre 1810 à Bruges. Mort le 28 août 1842 à Bruxelles. XIXe siècle. Belge.
Peintre de paysages.
Travailla à Bruxelles.
Ventes Publiques : Gand, 1847 : *Paysage* : **FRF 14.**

DETH Lubertus Teunis Van
Né le 27 mars 1814 à Gouda. XIXe siècle. Hollandais.
Graveur.
Il fut élève de l'Académie d'Amsterdam.

DETHAN-ROULLET Marie Thérèse
Née en 1870. Morte en 1940. XXe siècle. Française.
Peintre de fleurs, paysages animés, paysages.
Elle est la nièce de Gaston Rouillet dont elle fut l'élève. Elle peignit des paysages, ceux de la Normandie, en rapporta aussi de ses voyages en Hollande. Elle s'exprima surtout dans la représentation de sujets floraux.
Ventes Publiques : Versailles, 21 jan. 1990 : *Nature morte aux fraises et aux pêches*, aquar. (53x76) : **FRF 8 000.**

DETHERNINX Gaston
Né à Bruxelles. XXe siècle. Belge.
Peintre.

DETHIER Hendrik ou **de Thier**
XVIIe siècle. Hollandais.
Peintre et graveur.
En 1631 (12 avril), dans la gilde de Dordrecht et très probablement élève de Rembrandt vers 1633.

DETHOMAS Maxime
Né le 13 octobre 1867 à Garges-les-Gonesse (Val-d'Oise). Mort en 1929 à Paris. XXe siècle. Français.
Peintre, dessinateur, pastelliste, lithographe, illustrateur, décorateur de théâtre.
Il fit ses études à l'école des Arts Décoratifs de Paris et chez Eugène Carrière. Il fut influencé par Toulouse-Lautrec. Il créa des décors pour le Théâtre des Arts et l'Opéra à Paris et exposa au Salon d'Automne dont il était l'un des fondateurs. En 1930, il fit une importante exposition d'ensemble de ses œuvres. Il a illustré de nombreux ouvrages parmi lesquels : *La plus belle histoire du monde* de R. Kipling en 1919, *La nuit du bourreau de soi-même* de François Mauriac en 1929, le *Théâtre complet* de Molière, ainsi que pour : *Esquisses vénitiennes* d'Henri de Régnier, *Les mauvais bergers* d'Octave Mirbeau, etc.
Bibliogr. : In : Marcus Osterwalder, *Dictionnaire des illustrateurs, 1800-1914*, Hubschmid & Bouret, Paris, 1983.
Ventes Publiques : Paris, 28 nov. 1918 : *Femme à Venise*, dess. reh. d'aquar. : **FRF 30** ; *Vénitienne en costume de carnaval*, fus. : **FRF 50** – Paris, 30 mai 1923 : *La Mère Machin*, dess. : **FRF 40** ; *Une jeune fille bien gardée*, dess. : **FRF 100** – Paris, 26 jan. 1929 : *Le corsaire*, aquar. : **FRF 185** – Paris, 19 juin 1934 : *Homme assis*, fus. reh. : **FRF 50** – Paris, 12 et 13 oct. 1943 : *Femme au châle* : **FRF 400** – Paris, 22 juin 1945 : *Portrait de Suzanne Desprès*, past. : **FRF 1 500** – Paris, oct. 1945-Jul. 1946 : *Portrait de Mademoiselle Diéterle, Variétés*, fus. reh. : **FRF 1 250** – Londres, 20 mai 1987 : *La rencontre*, past. (60x47) : **GBP 1 000** – Paris, 22 mars 1990 : *L'Homme à la cigarette*, aquar. (65x52) : **FRF 25 000** – Paris, 10 juin 1990 : *Affiche pour la XVIe. exposition, juin 97 chez Le Barq de Boutteville* : **FRF 15 000** – Paris, 3 fév. 1992 : *Coin de la place Navone à Rome* 1903, fus. et past. (46x31,5) : **FRF 4 100** – Paris, 25 mars 1993 : *Étude pour « La plus belle histoire du monde » de Rudyard Kipling*, fus. (53,5x39) : **FRF 3 500** – Paris, 13 oct. 1995 : *Les élégantes*, dess. au lav. (30x50) : **FRF 11 000** – Paris, 11 avr. 1996 : *Le modèle assis*, fus. (68x43) : **FRF 3 800.**

DETIERLE Charles
Né dans la première moitié du XIXe siècle à Paris. XIXe siècle. Français.
Peintre.
Mention honorable au Salon de 1878.

DETILLEUX Servais Joseph
Né le 10 septembre 1874 à Stembert-lez-Verviers. Mort en 1940. XXe siècle. Belge.
Peintre, sculpteur d'histoire, figures, portraits. Orientaliste.
Élève de Jean-François Portaels à l'Académie de Bruxelles, il figura à l'Exposition universelle de Bruxelles en 1910. Il fit le portrait du roi Léopold II.
Bibliogr. : In : *Diction. Biogr. Ill. des Artistes en Belgique depuis 1830*, Arto, Bruxelles, 1987.
Ventes Publiques : Paris, 12 juin 1995 : *Bédouin devant l'entrée d'une ville* 1894, h/t (94x53,5) : **FRF 20 000.**

DETL Sylvester
XVIIe siècle. Actif à Gratz. Autrichien.
Graveur.

DETLEFS Johan
XVIIe siècle. Allemand.
Sculpteur.
Travailla au château de Gottorp (Schleswig-Holstein) en 1652.

DETMERS Julius
XIXe siècle. Actif à Berlin. Allemand.
Peintre d'histoire et de genre.
Cet artiste se fit surtout une renommée avec des tableaux de genre conçus dans une pensée morale et que popularisa la gravure. On cite notamment : *La Prière* et *La Consolation des Affligés*. Il peignit des toiles telles que *Faust* et *Marguerite* et collabora avec Kaulbach au tableau : *La Réforme*. Il exposa à l'Académie Royale de Berlin en 1876 et 1878.

DETMOLD Charles Maurice et **Edward Julius**
Nés le 21 novembre ou décembre 1883, près de Londres. Charles Maurice mort le 9 avril 1908 par suicide et Edward Julius en 1957. XXe siècle. Britanniques.
Graveurs, aquarellistes, illustrateurs.
Ces artistes cherchèrent à trouver la formule d'un art décoratif naïf, prenant souvent leurs sources dans l'art des estampes japonaises. Leurs œuvres remportèrent un vif succès et furent publiées dans de nombreux périodiques. Ils illustrèrent les *Fables d'Esope*, les *Mille et une Nuits*, et les *Souvenirs entomologiques* de J. H. Fabre, Kipling et Maeterlink.

Ventes Publiques : Londres, 8 mars 1935 : *Roses*, dess. : **GBP 11** 11s – Londres, 19 déc. 1945 : *Fleurs*, dess. : **GBP 15** – Londres, 19 juil. 1977 : *Perroquets sur une branche* 1929, aquar. (71,5x50,7) : **GBP 1 300** – Londres, 27 avr. 1982 : *Perroquets*, aquar. et gche (71x51,5) : **GBP 2 600** – Londres, 15 mai 1984 : *Cape grass finches*, aquar. et pl. (34,5x18,8) : **GBP 7 500** – Londres, 20 juin 1986 : *The seventh voyage of Sindbad the sailor*, aquar. (20,4x19,3) : **GBP 21 000** – Londres, 14 juin 1991 : *Mésange bleue et roitelet*, cr. et aquar. (17,7x21,6) : **GBP 880** – New York, 15 oct. 1991 : *Les martins pêcheurs*, aquar./pap. (41,6x30,5) : **USD 2 200** – New York, 20 juil. 1994 : *Chaffinch*, aquar./cart. (53x11,1) : **USD 1 380**.

DETMOLD Henry E.
Né en 1854 à Thames Ditton. XIXe siècle. Britannique.
Peintre de paysages.
Il fit ses études d'art à Düsseldorf, à Bruxelles, à Munich et surtout à Paris dans l'atelier de Carolus Duran. Il exposa au Salon en 1882.
Cet artiste s'est créé une place importante dans l'école anglaise.
Musées : Leeds : *Un soir paisible*.
Ventes Publiques : Londres, 4 avr. 1908 : *Petits garçons prenant du poisson* : **GBP 31** – Londres, 10 nov. 1926 : *Cavaliers se reposant* : **GBP 5** – Londres, 11 déc. 1929 : *Le départ des bateaux de pêche* : **GBP 12** – Londres, 20 avr. 1932 : *Bateaux de pêche* : **GBP 6** – Londres, 17 juil. 1939 : *Une soirée paisible* : **GBP 5** – Los Angeles, 23 juin 1980 : *Le Retour des pêcheurs*, h/t (86,4x145) : **USD 2 750** – Londres, 20 juil. 1983 : *Scène de rue arabe*, h/t (54,5x31,5) : **GBP 700** – Londres, 9 juin 1988 : *Chargement des filets dans une charrette*, h/t (90x142,5) : **GBP 9 350**.

DETONI Marijanvier
Né en 1905 à Krizevci. XXe siècle. Yougoslave.
Peintre et graveur.
Il fit ses études à l'Académie de Zagreb où il devint professeur en 1945. Ses premières œuvres, proches de l'expressionnisme exprimaient une angoisse profonde et une violente satire sociale. Au lendemain de la Seconde Guerre mondiale, il adhéra à la doctrine du réalisme socialiste ; il s'est ensuite tourné vers une peinture que l'on peut qualifier de semi-abstraite, évoquant des mondes imaginaires complexes.
Bibliogr. : In : *Diction. Univ. de la Peinture*, Le Robert, Paris, 1975.
Musées : Belgrade (Mus. d'Art Mod.) : *Carosse ivre*.

DETOUCHE Henry Julien
Né le 10 janvier 1854 à Paris. Mort en 1913. XIXe-XXe siècles. Français.
Peintre de figures, paysages, dessinateur, illustrateur, lithographe, aquarelliste, pastelliste.
Tout d'abord élève de son père, le peintre d'histoire Laurent Detouche, il suivit ensuite l'enseignement d'Ulysse Butin. Il figura au Salon des Artistes Français, dont il devint sociétaire en 1889, et où il obtint une mention honorable en 1908. Il exposa à Bruxelles, en 1896, invité par la Société des Aquarellistes belges, tandis qu'il visita l'Espagne, l'année suivante. Il participa régulièrement au Salon des Humoristes.
Il apprit de son maître, Butin, la manière de mettre ses dessins en volume.
Le thème de la femme l'a beaucoup inspiré, il le traite à travers ses aquarelles, pastels, eaux-fortes. Parmi ses paysages, on cite notamment ses vues de montagnes. Il est l'auteur de plusieurs illustrations, ayant collaboré aux journaux : *La Plume – Le Courrier Français – L'Art moderne – Panurge*, ayant illustré des ouvrages, dont : *Les clés de Saint-Pierre*, de Rebell ; *Entrée de clown* et *les comédiens*, de Champsaur. Enfin, il est l'auteur et l'illustrateur de *Propos d'un peintre* 1895 ; *Les cinq sens, Souvenirs d'Espagne et Les sept péchés capitaux* 1900 ; *Les peintres de la femme intégrale, Rops et Willette* 1906.
Bibliogr. : Gérald Schurr, in : *Les Petits Maîtres de la peinture 1820-1920, valeur de demain*, Les Éditions de l'Amateur, t. VI, Paris, 1985.

DETOUCHE Laurent Didier
Né le 29 juillet 1815 à Reims (Marne). Mort le 28 avril 1882 à Paris. XIXe siècle. Français.
Peintre de genre et d'histoire.
Élève de Paul Delaroche et de Robert-Fleury. On cite parmi ses œuvres : *Le cabinet de Richelieu* et *La Danse aux écus*. Il exposa aux Salons de 1841 à 1875. Ce fut un admirateur des maîtres vénitiens ; il publia, en 1852 une notice sur la vie et les ouvrages de P. Véronèse. Detouche a eu une troisième médaille en 1841.
Musées : Châlons-sur-Marne : *Portrait du général Émile Herbillon* – Dunkerque : *Derniers moments de Charles IX* – Orléans : *Le supplice de Jeanne d'Arc* – Pontoise : *Bernard de Palissy, brûlant ses meubles* – Reims : *Les petits amateurs – Christophe Colomb endormi et menacé de mort par ses compagnons – Pellisson à la Bastille – Une dernière soirée de garçon – La mort de Coligny – Le Bain – Sully enfant échappe à la Saint-Barthélemy – La bataille de Reims – Les noces de Cana*.
Ventes Publiques : Paris, 18 fév. 1926 : *La consultation* : **FRF 510** – Paris, 4 mai 1928 : *Scène orientale* : **FRF 300**.

DETOUCHE Paul Émile ou **Destouches**
Né le 16 décembre 1794 à Dampierre. Mort le 11 juillet 1874 à Paris. XIXe siècle. Français.
Peintre d'histoire, scènes de genre, dessinateur.
Entré à l'École des Beaux-Arts en 1815, il fut élève de David, de Guérin, de Gros et de Girodet. Il exposa au Salon de Paris, de 1817 à 1841. En 1819 et 1827, il obtint des médailles de première classe.
Si ses peintures d'histoire sont froides, ses scènes de genre sont plus vigoureuses.
Musées : Cherbourg : *Schéhérazade* – Leipzig : *Le convalescent – Jeune fille au lit* – Nantes : *Le départ pour la ville – L'attente du bal masqué* – Rouen : *La croisée*.
Ventes Publiques : Paris, 1834 : *Scène du mariage de Figaro* : **FRF 2 000** – Paris, 1861 : *Chérubin et la comtesse Almaviva* : **FRF 155** – Paris, 1872 : *L'Amour médecin* : **FRF 9 300** – Paris, 15 et 16 nov. 1918 : *Jeune fille* : **FRF 450** – Paris, 1920 : *Le Galant Hussard* : **FRF 520** – Paris, 23 fév. 1921 : *Anne d'Autriche et Buckingham* : **FRF 240** – Paris, 23 et 24 mai 1921 : *Portrait de femme assise*, mine de pb : **FRF 110** – Paris, 27 nov. 1922 : *Le curieux pris en flagrant délit* : **FRF 610** – Paris, 16 mai 1924 : *Le Pigeon messager* : **FRF 480** ; *La Fille grondée* : **FRF 660** – Paris, 24 juin 1942 : *Le Temple de la Sibylle*, lav. et sépia : **FRF 550** – Paris, 29 mars 1943 : *La Correspondance* : **FRF 8 000** – Londres, 11 fév. 1976 : *Le Conscrit*, h/t (72x58,5) : **GBP 1 600**.

DETOURNY
Né à Tours. XVe-XVIe siècles. Français.
Peintre.

DETRAIT Jacques
Né le 15 février 1948 à Châteaurenard (Loiret). XXe siècle. Français.
Peintre de figures. Tendance hyperréaliste.
Il a exposé au Salon Figuration Critique à Paris en 1979-1980-1981-1983-1984-1985, au Salon Grands et Jeunes d'Aujourd'hui en 1980, au Salon Comparaisons en 1986 et 1988. Une impor-

tante exposition personnelle lui a été consacrée à l'Espace Cardin de Paris en 1989.
Les peintures de Jacques Detrait mettent en scène de jeunes figures féminines, parfois subtilement dénudées, dans des environnements géométrisés. Souvent vues de dos ou le visage caché par un livre ou un journal, elles s'offrent au regard tout en s'en préservant.

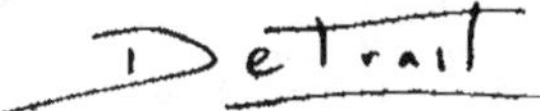

Ventes Publiques : Paris, 14 mars 1988 : *Sainte Blandine* 1982, h/isor. (103x83) : **FRF 3 300**.

DETRAUX Charles
Français.
Dessinateur.
Cité par Mireur. Peut-être s'agit-il de Karl Anton de Traux ?
Ventes Publiques : Paris, 1816 : *Deux paysages*, dess. à la pl. : **FRF 12**.

DETRAUX Yvonne Marcelle
Née à Saint-Aubin-sur-Mer (Calvados). xxe siècle. Française.
Peintre.
En 1926, elle figurait à la rétrospective du Salon des Indépendants avec des paysages bretons et un *Coin d'atelier.*

DETRE Constant ou **Roland**
Né le 2 janvier 1891 à Budapest. Mort le 10 avril 1945 à Moulins (Allier). xxe siècle. Depuis 1925 actif et depuis 1936 naturalisé en France. Hongrois.
Peintre de sujets divers.
Il fit ses études secondaires à Budapest. Il étudia sous la direction du professeur hongrois Simon Hollosy à Munich. Il vint à Paris avant 1914 et se familiarisa avec la peinture française contemporaine. Après l'armistice de 1918 il devint à Budapest conseiller artistique de Bela Kun. Il partit ensuite à Munich où il fut metteur en scène d'une troupe de pantomimes, puis à Paris pour l'exposition des Arts Décoratifs ; il y fit la connaissance de Henri Matisse, Raoul Dufy, Foujita et Pascin, qui le fera naturaliser français en 1936.
Il admirait surtout Toulouse-Lautrec, et il a décrit la vie parisienne et ses personnages typiques.

DETRE-BOCQUET Berthe
Morte en 1905. xixe siècle. Française.
Peintre.
Sociétaire des Artistes Français, elle figura au Salon de ce groupement.

DETREY Narcisse Alexandre
Né le 28 juin 1793 à Breurey-les-Favernay (Haute-Saône). Mort le 27 avril 1881 à Reims. xixe siècle. Français.
Sculpteur.
Le Musée de Reims possède une statuette de cet artiste.

DETREZ
xviiie siècle. Actif à Paris en 1756. Français.
Peintre.

DETREZ Ambroise
Né en 1811 à Paris. Mort le 28 juillet 1863 à Valenciennes. xixe siècle. Français.
Peintre.
Élève de l'Académie de Lille. Il exposa au Salon de Paris en 1842, 1844, 1848. Au Musée de Lille, on voit de lui deux paysages et un tableau représentant : *La Vierge au temple* et au Musée de Douai : *Salvator Rosa peignant la femme d'un chef de brigands.* Il fut aussi élève de L. Cogniet et, dans la suite, devint professeur de peinture à l'École des Beaux-Arts de Valenciennes.

Ventes Publiques : Paris, 16 mai 1924 : *Portrait d'homme à cheveux blonds, vêtu d'un habit noir* : **FRF 120**.

DETREZ Jules Henri
Né à Valenciennes (Nord). xxe siècle. Français.
Peintre.
A exposé des paysages de la Loire au Salon des Artistes Français.

DÉTREZ Yann
Né en 1927. xxe siècle. Français.
Sculpteur, peintre. Abstrait.
Il vit et travaille en Bretagne, dans le Morbihan. En 1972, il rencontra Henry Moore, qui l'encouragea. Après 1973, il rencontra Pierre Tal-Coat, Diégo Giacometti. En 1973 à Paris, il a exposé au Centre américain, au Salon Grands et Jeunes d'Aujourd'hui, et à la galerie de l'Abbaye, puis n'a plus exposé qu'en Bretagne jusqu'à son exposition de peintures et sculptures de 1993, de nouveau à Paris, ainsi qu'à la galerie Henri Bénézit.
Il travaille préférentiellement le bois, matière vivante, mais traite aussi la pierre, le marbre, les résines synthétiques. Après une première période figurative de têtes monumentales, son évolution l'a amené à se situer dans le courant de l'abstraction internationale issue de Brancusi, Henri Laurens, Arp. Progressivement, sa sculpture s'est allégée, s'est creusée en vides intérieurs, a conquis de l'envol.
Bibliogr. : Patrick Maury : *Yann Détrez,* Obsidiane – Le Temps qu'il fait, Cognac, 1993 – *Yann Detrez – Peintures/Sculptures,* chez l'artiste, s.d., 1995.

DÉTRIER Pierre Louis
Né le 25 juillet 1822 à Vougécourt (Haute-Saône). Mort en 1897. xixe siècle. Français.
Sculpteur de bustes.
Élève de Gayrard, il débuta au Salon de Paris en 1866.
Musées : Langres : *Le Matin,* bas-relief en terre cuite – *E. de Massey,* médaillon.
Ventes Publiques : New York, 27 mai 1992 : *Mère et Enfant,* bronze (H. 41,2) : **USD 1 870**.

DETRIXHE. Voir **WOOT DE TRIXHE Tilman**

DETROIS Alba
Née le 15 août 1863 à Paris. xixe siècle. Française.
Aquarelliste.
Élève de Mme Faux-Froidure. On cite les natures mortes de cette artiste, exposant du Salon des Artistes Français.

DETROY Léon
Né en 1857. Mort en 1955. xixe-xxe siècles. Français.
Peintre de paysages, natures mortes, fleurs et fruits, pastelliste, dessinateur. Postimpressionniste.
Il a vécu dans la Creuse, qu'il peignait de Fresselines à Crozant où, écrivit H. Lapaire, il avait loué « une baraque qui lui sert d'atelier ». C'est aussi là que venait le retrouver son ami Maurice Rollinat. L'amitié du poète a donné son premier renom au peintre, qui s'abstenait de paraître suffisamment à Paris.
Artiste sensible, sa facture est assez proche de celle de Guillaumin. Outre la Creuse, il voyagea dans diverses régions de France, sur les côtes de la Manche, en Provence, en Corse, ainsi qu'en Italie, dans les Flandres, etc. Son œuvre nombreux compte aussi des peintures de fleurs.

Ventes Publiques : Paris, 14 avr. 1923 : *Maisons flamandes au bord du canal* : **FRF 200** – Paris, 4 déc. 1925 : *Gargilesse,* sanguine : **FRF 1 020** ; *Paysage en Corse,* past. : **FRF 780** – Paris, 22 mars 1926 : *Paysage de Gargilesse* : **FRF 5 300** – Versailles, 27 nov. 1961 : *Lévrier aux arbres rouges* : **FRF 5 000** – Milan, 9 avr. 1968 : *Paysage d'Agay* : **ITL 1 400 000** – Paris, 11 fév. 1974 : *Paysage d'Automne* : **FRF 9 500** – Versailles, 27 mars 1977 : *Les grands arbres au bord de l'eau dans la Creuse,* h/t (73x100) : **FRF 5 100** – Tours, 15 déc. 1980 : *Barque construite par une paysanne,* h/t : **FRF 11 500** – Paris, 14 nov. 1983 : *Nature morte aux fruits,* h/t (48x61) : **FRF 8 200** – Paris, 17 fév. 1984 : *Le souk,* past. (42x55) : **FRF 5 200** – Cannes, 17 juil. 1984 : *Nature morte aux fruits,* h/t (46x61) : **FRF 12 000** – Paris, 3 déc. 1987 : *Paysage à l'étang,* h/t (60x73) : **FRF 64 000** – Paris, 16 juin 1987 : *Femmes arabes au lavoir,* past. (44,5x58) : **FRF 11 500** – Paris, 25 nov. 1987 : *Paysage au chemin,* h/t (60x73) : **FRF 16 000** – Versailles, 21 fév. 1988 : *Village en hiver,* h/t (59,5x72,5) : **FRF 7 500** – Paris, 28 mars 1988 : *Nature morte aux fleurs,* h/t (66x66) : **FRF 8 000** – Rome, 7 avr. 1988 : *Les maisons sur la plage,* h/t (48,5x60) : **ITL 4 200 000** – Paris, 16 mai 1988 : *Nature morte,* h/t (38x61) : **FRF 4 500** – Paris, 15 juin 1988 : *Bouquet devant la fenêtre,* h/t (61x51) : **FRF 9 000** – Paris, 23 juin 1988 : *Voiliers au port,* aquar. (49x82,5) : **FRF 15 000** – Versailles, 6 nov. 1988 : *Quai animé à Boulogne* 1927, aquar. (46x61) : **FRF 5 000** ; *Nature morte au panier de fruits,* h/t (60,5x51,5) : **FRF 10 500** – Versailles, 11 jan. 1989 : *Le village provençal,* h/t (19,3x33) : **FRF 5 000** – Paris, 15 fév. 1989 : *Fenêtre ouverte sur l'hiver,* h/t (65x46) : **FRF 6 200** – La

Varenne-Saint-Hilaire, 12 mars 1989 : *La côte rocheuse surplombant la mer*, h/t (47x57) : **FRF 16 000** – Paris, 11 avr. 1989 : *Les pins au bord de la mer*, aquar. (61x47) : **FRF 7 500** – New York, 9 mai 1989 : *Paysage de neige*, h/t/rés. synth. (53,4x64,8) : **USD 1 760** – Paris, 8 nov. 1989 : *Marine méditerrannéenne, les roches rouges*, h/t (73x100) : **FRF 60 000** – Paris, 19 jan. 1990 : *Venise, bateaux à Quai*, h/t (67x115) : **FRF 28 000** – Versailles, 28 jan. 1990 : *Vase de roses*, h/pap. (50x65) : **FRF 8 800** – Paris, 3 avr. 1990 : *Le Port de Boulogne* 1927, aquar. gchée (43x57) : **FRF 12 000** – Paris, 24 avr. 1990 : *Une scène bucolique sur le rivage varois* 1905-1906, h/t (50x65,5) : **FRF 55 000** – Milan, 30 mai 1990 : *Le palais Donn'Anna à Naples*, h/t (31,5x58) : **ITL 10 000 000** – Paris, 25 nov. 1990 : *L'atelier de poterie*, past. (45x59) : **FRF 4 500** – Paris, 12 déc. 1990 : *Golfe de Saint-Tropez*, h/t (60x93) : **FRF 20 000** – Douai, 24 mars 1991 : *Paysage de la Creuse*, h/t (61x73) : **FRF 16 500** – Neuilly, 20 oct. 1991 : *Paysage de la Creuse*, h/cart. (32x46) : **FRF 8 000** – Paris, 9 déc. 1991 : *Jardin à Villefranche*, aquar. gchée (46,5x61) : **FRF 24 000** – Paris, 4 mars 1992 : *La Crique*, h/t (65x81) : **FRF 37 000** – Paris, 5 juil. 1993 : *Bord de mer*, h/t (70x112) : **FRF 4 800** – Paris, 13 mars 1995 : *Musiciens et danseuses à Kairouan*, past. et cr. (33x26) : **FRF 5 000** – Amsterdam, 10 déc. 1996 : *La Gargillesse*, h/t (54x73) : **NLG 4 612** – Paris, 27 oct. 1997 : *Le Vallon*, h/t (73x100) : **FRF 4 500**.

DÉTROYAT Hélène

xxe siècle. Française.

Peintre.

Invitée au Salon des Tuileries en 1933, sociétaire du Salon d'Automne, elle exposa également au Salon des Artistes Indépendants.

DETROYAT Louis Hippolyte

Né à Lorient (Morbihan). xixe siècle. Français.

Peintre de paysages.

Élève de L. Loir. Il débuta au Salon de 1880.

Ventes Publiques : Paris, 22 juin 1945 : *Le village*, aquar. : FRF 400.

DETROYENNES Edmond

Né en 1896 à Kain. Mort en 1976 à Tournai. xxe siècle. Belge.

Peintre de natures mortes, fleurs.

Bibliogr. : In : *Dict. biogr. illustré des artistes en Belgique depuis 1830*, Arto, Bruxelles, 1987.

DETRY Arsène

Né en 1897 à Koekelberg. Mort en 1981. xxe siècle. Belge.

Peintre de paysages.

Il reçut le prix Montald à l'Académie de Bruxelles. Il s'est spécialisé dans les vues du Borinage.

Bibliogr. : In : *Diction. Biogr. Ill. des Artistes en Belgique depuis 1830*, Arto, 1987.

Musées : Mons.

Ventes Publiques : Lokeren, 9 mars 1996 : *Gare de charbonnage*, h/t (80x100) : **BEF 40 000**.

DETSCH Alexander

xviie siècle. Actif à Nuremberg. Allemand.

Graveur.

Il était fils de Samuel.

DETSCH Samuel

xviie siècle. Actif à Nuremberg. Allemand.

Graveur.

DETTERSON Johan

Mort en 1655 à Moscou. xviie siècle. Russe.

Peintre.

Cet artiste d'origine hollandaise ou allemande travailla toute sa vie à la Cour de Russie, où il exécuta principalement des portraits. Il fut un des premiers artistes étrangers invités ainsi à la Cour des Tzars.

DETTHOW Erik

Né en 1888 ou 1893. Mort en 1952 à Paris. xxe siècle. Suédois.

Peintre et graveur de sujets divers.

Il exposa à partir de 1920, au Salon des Tuileries et figura en 1929 à l'exposition d'art suédois organisée à Paris au musée du Jeu de Paume. Il peignit des nus et surtout des paysages animés de la vie des campagnes suédoises et françaises.

Detthow

Ventes Publiques : Paris, 29 oct. 1927 : *Les falaises* : **FRF 920** – Paris, 27 juin 1929 : *Torse nu* : **FRF 1 000** – Paris, 7 juil. 1932 : *Cheminées d'usines* : **FRF 32** – Paris, 7 nov. 1934 : *Vases de roses* : **FRF 37** – Paris, 11 mai 1942 : *Arbres en fleurs à Antony* : **FRF 1 800** – Paris, 30 avr. 1945 : *Paysage* : **FRF 1 600** – Paris, 24 fév. 1947 : *Paysage (environ de Gaillon, Eure)* : **FRF 13 000** – Versailles, 20 déc. 1981 : *Les chênes-lièges*, h/t (60x73) : **FRF 5 500** – Stockholm, 26 avr. 1983 : *Paysage de France*, h/t (70x98) : **SEK 4 400** – Versailles, 17 nov. 1985 : *Pêcheur au bord de la rivière*, h/t (80x100) : **FRF 6 700** – Paris, 11 oct. 1988 : *Les vignes, Grimaud*, h/t (46x60) : **FRF 4 000** – Göteborg, 18 oct. 1988 : *Notre-Dame de Paris*, h/t (31x39) : **SEK 4 200** – Stockholm, 22 mai 1989 : *Paysage de Picardie*, h/pan. (21x26) : **SEK 4 700** – Göteborg, 17 oct. 1989 : *Village en France*, h/t (38x46) : **SEK 8 000** – Stockholm, 6 déc. 1989 : *Paysage avec des arbres et une maison en France*, h/t (72x90) : **SEK 33 000** – Stockholm, 13 avr. 1992 : *Dahlias dans un vase bleu*, h/t (79x64) : **SEK 4 000**.

DETTI Cesare Auguste

Né le 28 décembre 1847 à Spolete. Mort le 19 mai 1914 à Paris. xixe-xxe siècles. Italien.

Peintre de compositions mythologiques, scènes de genre.

Après des études artistiques dans sa ville natale, il travailla à l'Académie de Saint-Luc à Rome, sous la direction de Fortuny et de Francesco Podesti. Il exposa à Naples en 1872, Rome en 1873, au Salon de Paris à partir de 1876 et jusqu'à sa mort. Il figura également au Salon des Artistes Français, à l'Exposition Universelle de 1889, où il obtint une médaille de bronze, à celle de 1900, obtenant une médaille d'argent. Ayant acquis une très grande notoriété, il prit part à plusieurs expositions dans le monde.

S'il a peint des sujets mythologiques, il est surtout connu pour ses scènes anecdotiques des xvie, xviie, xviiie siècles, mettant en valeur des costumes chatoyants.

C. Detti

C. Detti

Bibliogr. : Gérald Schurr, in : *Les Petits Maîtres de la peinture 1820-1920, valeur de demain*, Les Éditions de l'Amateur, t. IV, Paris, 1979.

Musées : Sydney : *L'amoureux endormi*.

Ventes Publiques : Paris, 1892 : *Les jeunes virtuoses* : **FRF 580** – New York, 26-27 mars 1902 : *Repos* : **USD 1 500** – New York, 1908 : *Un troubadour* : **USD 1 350** – Londres, 13 juin 1910 : *Une rixe* : **GBP 49** – Londres, 1er déc. 1925 : *Étalage de légumes* 1882 : **GBP 52** – New York, 3 déc. 1936 : *Le concert* : **USD 600** – New York, 18-19 avr. 1945 : *Les noces d'or* 1880, aquar. : **USD 1 200** – Glasgow, 8 mars 1946 : *Le nouveau poème* : **GBP 74** – New York, 28 oct. 1960 : *Au salon* : **USD 1 250** – Londres, 23 juin 1961 : *La reine et son chancelier* : **GBP 294** – Londres, 14 nov. 1969 : *Paysage en Hongrie* : **GNS 480** – New York, 17 avr. 1974 : *Le couple d'amoureux* : **USD 4 300** – New York, 14 mai 1976 : *Jeune femme lisant*, h/t (36x28) : **USD 4 000** – New York, 28 avr. 1977 : *Le Bouquet de fleurs* 1875, h/pan. (32,5x40,5) : **USD 4 250** – Londres, 16 fév. 1979 : *Le galant entretien*, h/t (73x53) : **GBP 1 500** – New York, 24 fév. 1982 : *Un geste chevaleresque*, aquar. et cr. (43,7x60,3) : **USD 1 400** – Londres, 26 mars 1982 : *L'accorte serveuse* 1883, h/pan. (50,8x61) : **GBP 6 000** – New York, 29 fév. 1984 : *Les mariés sur la terrasse d'une villa romaine*, h/t (125x185) : **USD 12 000** – Vienne, 18 mars 1987 : *La lecture* 1887, h/t (56x40,5) : **ATS 100 000** – Londres, 25 juin 1987 : *Travaux domestiques*, aquar. et cr. (41,9x29,2) : **GBP 800** – Rome, 25 mai 1988 : *Jeune paysanne*, h/t (62x49,5) : **ITL 3 400 000** – Paris, 29 juin 1988 : *Mariage sous Henri II*, h/pan. (22,5x27) : **FRF 21 500** – New York, 24 oct. 1989 : *Procession de confirmation* 1889, h/t (122x88,9) : **USD 39 600** – New York, 1er mars 1990 : *Des fleurs pour Madame* 1875, h/pan. (31,1x40,9) : **USD 12 100** – Stockholm, 16 mai 1990 : *Elégante société pendant une réunion musicale*, h/t (40x55) : **SEK 44 000** – New York, 23 mai 1990 : *La leçon de chant*, h/t (68x54,6) : **USD 19 800** – Rome, 11 déc. 1990 : *Le concert* 1873, h/pan. (46x60) : **ITL 12 075 000** – New York, 22 mai 1991 : *Le départ*, h/t (83,8x67,3) : **USD 22 000** – New York, 16 oct. 1991 : *Le jeune maître*, h/t (33x41) : **USD 7 150** – Londres, 22 mai 1992 : *Le rassemblement*, h/pan. (24,8x17,8) : **GBP 4 950** – New York, 29 oct. 1992 : *Dans le jardin* 1882, h/pan. (27,3x21,6) : **USD 22 000** – Londres, 25 nov. 1992 : *Le récital* 1882, h/pan. (37x49,5) : **GBP 11 800** – New York, 18 fév. 1993 : *Le récital*, h/t

(72,5x53,5) : **USD 5 500** – New York, 27 mai 1993 : *Galilée à la cour* 1878, h/t (49x71,6) : **USD 51 750** – Monaco, 2 juil. 1993 : *Scène de bal* 1872, h/pan. (39,5x59) : **FRF 44 400** – Rome, 31 mai 1994 : *Fillette de buste*, h/t (55x46) : **ITL 2 357 000** – Londres, 17 juin 1994 : *Les hommages* 1888, h/t (65,4x86,2) : **GBP 23 000** – New York, 16 fév. 1995 : *Le jugement de Pâris*, h/pan. (66,7x90,2) : **USD 25 875** – Paris, 12 juil. 1995 : *Italienne et son fils*, aquar. gchée (41x28) : **FRF 10 000** – Londres, 21 mars 1997 : *Au marché* 1882, h/t (81,3x116,8) : **GBP 40 000** – Paris, 25 juin 1997 : *Concert champêtre*, h/t (74x126) : **FRF 10 000** – New York, 22 oct. 1997 : *Amoureux dans un jardin*, h/t (76,2x64,1) : **USD 10 350**.

DETTI Gonzale
xixe siècle. Italien.
Peintre.
Cité par Miss Florence Levy.
Ventes Publiques : New York, 12-13 et 14 mars 1906 : *Vélasquez dans son atelier* : **USD 100**.

DETTLING Hans
Né le 27 août 1604 à Schwyz. Mort le 20 décembre 1677 à Schwyz. xviie siècle. Suisse.
Peintre verrier.
Dettling travailla surtout pour des églises et des particuliers dans sa ville natale. On cite deux vitraux fournis en 1648 pour la nouvelle église de Greppen. Il fut membre de la confrérie de Saint-Luc à Lucerne.

DETTLING Heinrich
xvie siècle. Vivant à Schwyz. Suisse.
Peintre.
Peignit une bannière pour la chapelle d'Ingenbohl, en 1563.

DETTLOFF
xixe siècle. Actif en Allemagne septentrionale. Allemand.
Peintre.
Il exposa en 1857 à Kiel. Le Musée de Dantzig possède une *Marine* de cet artiste.

DETTMANN Ludwig Julius Christian
Né le 25 juillet 1865 à Adelbye (Flensburg). Mort en 1944. xixe siècle. Allemand.
Peintre de compositions religieuses, genre, paysages.
Il fut élève à l'Académie de Berlin de Bracht et de Frédéric-A. de Werner entre 1884 et 1890. Il fit des voyages d'études en Allemagne, et visita Paris en 1889, Anvers, Londres et Berlin. Il fut enfin nommé directeur de l'Académie de Königsberg. Il obtint une médaille d'argent à l'Exposition universelle de 1900.

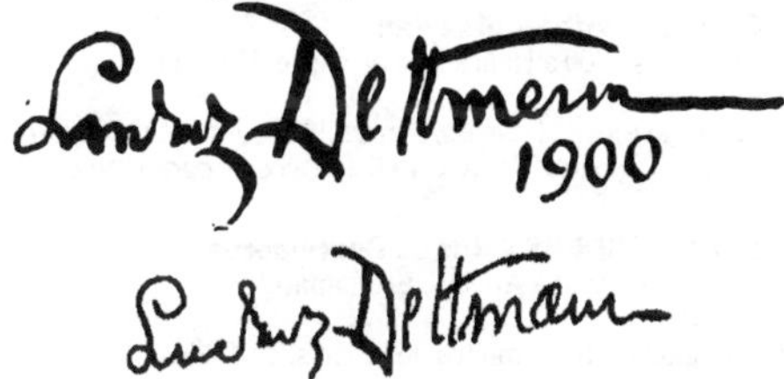

Musées : Berlin : *Cimetière de pêcheurs* – Kaliningrad, ancien. Königsberg : *La Cène* – Leipzig : *Aspect d'un village*.
Ventes Publiques : New York, 27 jan. 1905 : *La Récolte des pommes de terre* : **USD 150** – Vienne, 11 fév. 1976 : *Sous-bois*, h/t (57x73) : **ATS 5 000** – Londres, 26 nov. 1986 : *Les Dilettantes*, h/t (57x48) : **GBP 12 500**.

DETTMANN Paul
Né le 17 avril 1860 à Hambourg. xixe siècle. Allemand.
Sculpteur.
Il fut l'élève de Hahnel à Dresde, puis se consacra à la sculpture funéraire. Le Musée d'Altona conserve une œuvre de cet artiste.

DETURCK Julien Jules Alphonse
Né le 23 février 1862 à Bailleul (Nord). xixe siècle. Français.
Peintre de genre et graveur.
Élève d'Achille Jacquet et Levasseur. Sociétaire des Artistes Français depuis 1895, il figura au Salon de cette société et obtint une mention honorable en 1894, médaille de troisième classe en 1899, médaille d'argent, Exposition Universelle de 1900, médaille de deuxième classe en 1901. En 1927, il se voyait décerner le grand prix de l'Institut. Des œuvres de cet artiste sont conservées au musée du Petit-Palais de la Ville de Paris ainsi qu'aux musées de Lille, Anvers et de Bailleul, sa ville natale.

DEU Jordi de. Voir **JORDI de Deu**

DEUBERGUE Ida Louise
Née le 7 novembre 1857 à Paris. Morte en 1934. xixe-xxe siècles. Française.
Peintre de portraits, fleurs et fruits, pastelliste.
Élève de Henner et de Carolus-Duran, elle débuta au Salon de Paris en 1879 et participa au Salon des Artistes Français, dont elle devint sociétaire en 1888.
Elle cerne ses volumes et fait jouer ses modelés sous la lumière.
Bibliogr. : Gérald Schurr, in : *Les Petits Maîtres de la peinture 1820-1920, valeur de demain*, Les Éditions de l'Amateur, t. VI, Paris, 1985.

DEUBLER Johann
Mort en 1582 à Munich. xvie siècle. Allemand.
Sculpteur.
Il travailla, semble-t-il, également à Vienne.

DEUBOY Louis
Né en Avignon. xve siècle. Français.
Peintre.
En 1420, il travaillait à Marseille.

DEUCHAR David
xviiie siècle. Actif à Édimbourg dans la seconde moitié du xviiie siècle. Britannique.
Graveur.
Il publia un recueil de reproductions de tableaux de maîtres.

DEUCHARS Louis Reid
Né en 1871 en Écosse. xxe siècle. Britannique.
Peintre et sculpteur.
Il débuta ses études à l'Athénée de Glasgow puis les poursuivit à Londres. Il exposa plusieurs fois à la Royal Academy et à la Modern Gallery de Londres. Il prit part en 1900 au concours Alinari, avec la peinture *Madame et son enfant*.

DEUCHARS Phyllis
Née à Haywardt Heath (Sussex). xxe siècle. Britannique.
Peintre.
A exposé à Paris au Salon de la Société Nationale.

DEUCHERT Heinrich
Né le 25 février 1840 à Darmstadt. xixe siècle. Allemand.
Peintre.
Il fut élève de l'Académie de Munich et passa dans cette ville la plus grande partie de sa vie.

DEUCKER Georg Heinrich Karl
Né le 23 juin 1801 à Niederzündorf (près de Cologne). Mort le 2 décembre 1863 à Francfort-sur-le-Main. xixe siècle. Allemand.
Graveur au burin.
Il fut l'élève de Hess à Munich et de Longhi à Milan. On cite de lui : Planche pour *Ruhl's outlines to Shakespeare – Frédéric le Grand à la bataille de Leuthen*.

DEUELL N. C.
xviie siècle. Actif en Rhénanie. Allemand.
Peintre.

DEUELLE-LUSKI Aïm
Né en 1951. xxe siècle. Israélien.
Artiste, multimédia.
Théoricien et critique de philosophie et art, il est également éditeur et artiste.
Il participe à des expositions collectives : 1997 *Connexions implicites* à l'école des Beaux-Arts de Paris.

DEUENT J.
xixe siècle. Actif à Londres. Britannique.
Peintre de miniatures.
Il exposa à la Royal Academy en 1908.

DEUERLEIN Johann Hieronymus
xviie siècle. Actif à Würzburg. Allemand.
Peintre d'histoire.
En 1619, il était élève de Buler. En 1622, il entra dans la Confrérie de Saint-Luc. Il travailla pour diverses églises de Würzburg.

DEULHERGUE Auguste Vra
xixe siècle. Actif en 1826.
Peintre de portraits.
Le Musée de la Roche-sur-Yon conserve un portrait de femme portant ce nom et cette date.

DEULLY Auguste Désiré Louis
Né en février 1829 à Armentières (Pas-de-Calais). Mort le 29 juillet 1885. xixe siècle. Français.

Peintre de genre, portraits, pastelliste.
Élève de Léon Cogniet, il débuta au Salon de 1875.
Musées : Lille : *Portrait de sa fille.*
Ventes Publiques : Paris, 23 mars 1981 : *La Jeune Fille aux cerises*, past. (72x95) : **FRF 2 000.**

DEULLY Eugène Auguste François ou **Deuly**
Né le 16 novembre 1860 à Lille (Pas-de-Calais). XIXe siècle. Français.
Peintre de genre, figures.
Élève de Gérome, d'Auguste Glaize et de Léon Glaize. Il exposa au Salon de Paris, obtint une mention honorable en 1888, une médaille de troisième classe en 1889 et de première classe en 1892. Il reçut une bourse de voyage en 1892. Il participa à l'Exposition Universelle de Paris en 1900, où il obtint une médaille de bronze.

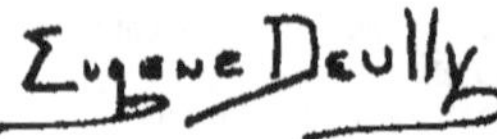

Ventes Publiques : Paris, 15 juin 1894 : *À la fontaine* : **FRF 360** – Paris, 6 mars 1920 : *Premier Baiser* : **FRF 900** – Paris, 25 mars 1922 : *Le Bon Exemple* : **FRF 500** – Paris, 12 mars 1942 : *Le Bon Exemple* : **FRF 450** – Paris, oct. 1945-juil. 1946 : *Scènes de genre*, h/t, une paire : **FRF 11 000** – New York, 2 mai 1979 : *Le Galant Entretien*, h/t (46x60) : **USD 2 000** – Londres, 19 mars 1980 : *Couple d'amoureux dans une clairière*, h/t (46x61) : **GBP 1 400** – Paris, 14 nov. 1983 : *Jeune Fille au bouquet*, h/t (75x61) : **FRF 9 800** – New York, 1er mars 1984 : *Le Marché aux fleurs*, h/t (55,8x80,6) : **USD 8 500** – Paris, 11 déc. 1987 : *La Terrasse de café*, h/t (51,5x81) : **FRF 75 000** – Calais, 13 nov. 1988 : *La Lettre de rupture*, h/t (54x74) : **FRF 43 000** – Versailles, 19 nov. 1989 : *La biche en forêt à Rosebois* 1894 (46x61) : **FRF 8 500** – Paris, 15 avr. 1992 : *Les Deux Enfants à l'escarpolette*, h/t (46,5x33,5) : **FRF 8 000** – Amsterdam, 19 oct. 1993 : *Un morceau de sucre*, h/t (62x38) : **NLG 12 650** – Paris, 5 nov. 1993 : *La mariée contemplant l'Amour*, h/t (65,5x81) : **FRF 3 500** – Calais, 12 déc. 1993 : *Ascenseur des Fontinettes près d'Arques dans le Pas-de-Calais*, h/t (71x89) : **FRF 24 000** – Calais, 3 juil. 1994 : *La Cueillette des oranges*, h/t (119x180) : **FRF 26 500.**

DEUMBERGUES Alexandre
Né à Paris. XIXe siècle. Français.
Peintre.
Il obtint une mention honorable en 1859.

DEUMONT Martin
XVIIIe siècle. Français.
Peintre.
Il fut reçu à l'Académie Saint-Luc à Paris en 1780.

DEUQUET Gérard
Né en 1936 à Charleville (Ardennes). XXe siècle. Belge.
Peintre.
Il fut élève de l'Académie de la Cambre et devint professeur à l'Académie de Charleroi. Ses compositions oniriques accordent une large place à la nature telle que la métamorphose son imaginaire.
Bibliogr. : In : *Diction. Biogr. Ill. des Artistes en Belgique depuis 1830*, Arto, Bruxelles, 1987.

DEUR Abraham Jansz
XVIIe siècle. Actif à Amsterdam. Hollandais.
Graveur.
En 1666, il était citoyen d'Amsterdam. On connaît de lui des vignettes.

DEUR J. Van der
XVIIe siècle. Actif à la fin du XVIIe siècle. Éc. flamande.
Peintre paysagiste.
Il travailla à Anvers.

DEUR Jacob
XVIIe-XVIIIe siècles. Actif à Amsterdam. Hollandais.
Graveur.
Il était fils d'Abraham.

DEUR Johannes
XVIIe-XVIIIe siècles. Actif à Amsterdam. Hollandais.
Graveur.
Il était fils d'Abraham et frère de Jacob Deur.

DEUR Joris
XVIIe siècle. Hollandais.
Sculpteur et architecte.

DEUREM Claes
XVe siècle. Français.
Sculpteur.
Il était au service du duc de Bourgogne en 1468.

DEUREN O. Van
XVIIe siècle. Hollandais.
Peintre de portraits.
Cet artiste ne doit pas être confondu avec Olivier Van Deuren, car il travaillait déjà en 1624, époque à laquelle il signa et data un tableau : *Ermite.*

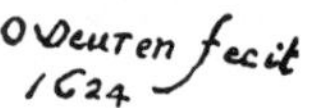

Musées : Dresde : *Ermite.*

DEUREN Olivier Van ou **Durren**
Baptisé à Rotterdam le 21 décembre 1666. Mort en 1714 à Rotterdam. XVIIe-XVIIIe siècles. Hollandais.
Peintre d'histoire, portraits.
Probablement élève de Pieter Lély, Fr. Mieris et K. Netscher, *Hoofdman* de la gilde de Rotterdam en 1697, 1705, 1709 et 1713.
Ventes Publiques : Londres, 17 fév. 1939 : *Étudiant* 1685 : **GBP 120.**

DEURER Ludwig
Né le 16 juillet 1806 à Mannheim. Mort le 30 décembre 1848 à Mannheim. XIXe siècle. Allemand.
Peintre d'histoire.
Il est le fils du peintre d'histoire et portraitiste Peter-Ferdinand Deurer. Il fit ses études à l'Académie de Nuremberg. On cite de lui : *Partie de Tivoli.*

DEURER Peter Ferdinand
Né en 1777 ou 1779 à Mannheim. Mort le 9 janvier 1884 à Munich. XIXe siècle. Allemand.
Peintre d'histoire et portraitiste.
Il était inspecteur de la Galerie d'Augsbourg. On cite de lui : *Portrait de Maximilien-Joseph Ier de Bavière.*

DEURINC Claes. Voir **DEVRINC**

DEURS Caroline Van
Née en 1860. XIXe siècle. Danoise.
Peintre.
Elle fit ses études à Paris et exposa au Salon des Artistes Français en 1892. Elle vécut surtout à Copenhague où elle peignit des tableaux de genre et des portraits.

DEURS Gerrit Arentsz Van
Mort vers 1700 à Haarlem. XVIIe siècle. Hollandais.
Peintre.
Ventes Publiques : Londres, 6 mars 1925 : *Joyeuse compagnie* : **GBP 31** – Londres, 12 avr. 1937 : *Joyeuse compagnie* 1663 : **GBP 30.**

DEURWERDERS Artus ou **Deurwaerder**
XVIIe siècle. Actif à Anvers. Éc. flamande.
Peintre.
Dans la gilde en 1632, maître de P. Thys, en 1635.

DEURWERDERS Bernaert
XVIIe siècle. Actif à Anvers. Éc. flamande.
Peintre.
Il était fils d'Artus.

DEURWERDERS Martin
Mort en 1690 à Anvers. XVIIe siècle. Éc. flamande.
Peintre d'histoire.
Élève d'Artus Quellyn, en 1644-1645, il fut reçu franc-maître en 1646. Il fut doyen de la gilde.

DEUSCH Mathieu
Né à Augsbourg. Allemand.
Peintre et graveur à la manière noire.
On cite de lui : *Mathœus Deusch*, d'après J. Wessel, *Vues de Dantzig.*

DEUSE Pierre
Né en 1940 à Argenteau (Liège). XXe siècle. Belge.
Peintre de paysages. Figuratif et abstrait.
Il a fait ses études à l'Académie de Saint-Luc à Liège où il est devenu professeur. Il a bénéficié d'une bourse de l'état belge et d'une autre de la fondation Darchis à Rome.
Il pratique conjointement la figuration et l'abstraction, utilisant une gamme chromatique puissante et contrastée.

Bibliogr. : In : *Diction. Biogr. Ill. des Artistes en Belgique depuis 1830*, Arto, Bruxelles, 1987.
Musées : Liège.

DEUSSER August
Né le 15 février 1870 à Cologne. xixe-xxe siècles. Allemand.
Peintre d'histoire.
À Düsseldorf il fut l'élève de Peter Janssen. Il se spécialisa dans la peinture historique et illustra souvent les thèmes de Shakespeare.
Musées : Cologne – La Haye – Magdebourg – Zurich.
Ventes Publiques : Cologne, 9 déc. 1986 : *Vue d'Elteville*, h/t (52x65) : **DEM 8 500**.

DEUTECHUM ou **Deutekum**. Voir **DOETECHUM**

DEUTMAN Frans
Né en 1867 à Zwolle. xixe siècle. Hollandais.
Peintre de genre, figures, portraits.
Il fut élève de Karel Verlat à l'Académie d'Anvers.
Musées : La Haye (Mus. comm.) : *Été*.
Ventes Publiques : New York, 11 mars 1909 : *La Jeune Mère* : **USD 260** – Amsterdam, 19 sep. 1989 : *Paysanne tricotant à l'intérieur de sa maison* 1910, h/cart. (24x16) : **NLG 2 300** – Amsterdam, 28 oct. 1992 : *Fillette à la poupée*, h/t (32,5x24,5) : **NLG 4 025** – Amsterdam, 11 fév. 1993 : *Portrait d'une dame assise avec un chien près d'elle*, h/t (32x24) : **NLG 1 092** – Amsterdam, 19 avr. 1994 : *Nature morte aux tournesols*, h/pan. (38x38) : **NLG 1 840**.

DEUTSCH
xixe siècle. Actif au début du xixe siècle. Français.
Peintre sur porcelaine.
Il travailla pour la Manufacture de Sèvres.

DEUTSCH Boris
Né en 1892. Mort en 1978. xxe siècle. Américain.
Peintre de compositions animées, figures. Expressionniste.
Il participa à l'exposition du Carnegie Institute de Pittsburgh *Painting in the United States, 1947*, en octobre-décembre 1947. Il fut considéré comme un peintre figuratif important en Californie du sud, pendant les années 1930-1940.
Sa manière rappelle celle des expressionnistes d'Europe centrale du début du siècle, autour de Kirchner, d'Otto Dix, et peut-être aussi influencée par les muralistes mexicains, autour de Siqueiros, Orozco.
Ventes Publiques : New York, 23 sep. 1993 : *Un seul monde ou rien* 1947, h/t (152,4x114,3) : **USD 6 325** – New York, 28 sep. 1995 : *Un seul monde ou rien* 1947, h/t (152,4x114,3) : **USD 3 450**.

DEUTSCH Carol
Né à Anvers. xxe siècle. Belge.
Peintre.

DEUTSCH Ernst
Né le 3 août 1883 à Vienne. xxe siècle. Autrichien.
Dessinateur et illustrateur.
Cet autodidacte fut d'abord dessinateur de mode à Berlin, à Vienne et à Paris. Il collabora ensuite à plusieurs revues, se consacrant aux sujets les plus divers.
Ventes Publiques : New York, 13 mars 1982 : *Asta Nielsen* vers 1910, litho. (184,9x108,6) : **USD 950**.

DEUTSCH François Joseph
Né le 12 mars 1784 à Niderviller (Meurthe). Mort le 18 février 1860 à La Flèche. xixe siècle. Français.
Peintre de genre et lithographe.
Élève de Girodet. Il exposa au Salon de Paris de 1822 à 1837. En septembre 1818, il fut nommé professeur de dessin au collège de La Flèche. Le Musée d'Angers conserve de lui une *Marine*.

DEUTSCH Hans Rudolf. Voir **MANUEL-DEUTSCH Hans Rudolf**

DEUTSCH Karl Ferdinand
Né en 1806 à Riga. Mort le 23 juin 1881 à Riga. xixe siècle. Russe.
Lithographe.
Il se spécialisa dans la lithographie de reproduction.

DEUTSCH Ludwig
Né le 13 mai 1855 à Vienne. Mort en 1930 ou 1935. xixe-xxe siècles. Actif puis naturalisé en France. Autrichien.
Peintre d'histoire, scènes de genre, sujets typiques, paysages, illustrateur. Orientaliste.
Il fit ses études à l'Académie des Beaux-Arts de Vienne, puis fut élève de Jean-Paul Laurens à Paris. Il participa au Salon des Artistes Français de 1879 à 1925, obtenant une mention honorable en 1898. Médaille d'or à l'Exposition Universelle de 1900 à Paris. Il fit plusieurs séjours en Égypte entre 1880 et 1904.
Il traite les architectures, vêtements et objets orientaux dans des harmonies colorées très riches et avec une précision extrême. On cite : *Le tombeau du Khalife* 1884 – *La jeune favorite* 1888 – *L'université au Caire* 1890 – *Garde du Palais* 1896 – *Le tribut* 1897. Toutefois, à partir de 1909, il lui arrive de peindre de grandes toiles, telle *La procession du Mahmal au Caire*, traitées largement à la brosse.

Bibliogr. : L.Thornton : *The Orientalists painters-travellers, 1828-1908*, Paris, 1983.
Ventes Publiques : New York, 15 mars 1907 : *La porte du palais* : **USD 925** – Londres, 29 juin 1908 : *La garde*, aquar. : **GBP 147** – Londres, 26 juil. 1926 : *Le coffre au trésor* 1920 : **GBP 157** – New York, 22 oct. 1936 : *Le retour de la mosquée* 1904 : **USD 150** – New York, 18 oct. 1945 : *Intérieur de mosquée* 1901 : **USD 160** – Londres, 15 jan. 1946 : *Garde maure* : **GBP 37** – Londres, 2 avr. 1969 : *La pétition* : **GNS 950** – New York, 14 mai 1976 : *Un garde marocain*, h/pan. (41x27) : **USD 2 800** – Londres, 3 nov. 1977 : *L'Entrée du palais*, h/pan. (69,8x96,5) : **GBP 17 500** – Londres, 16 mars 1979 : *Danse nubienne* 1889, h/pan. (40,5x36) : **GBP 2 800** – Londres, 27 nov. 1981 : *L'Ébéniste arabe* 1900, h/pan. (57x44,5) : **GBP 32 000** – New York, 26 mai 1983 : *Le diseur de bonne aventure* 1906, h/pan. (64x80,5) : **USD 155 000** – Londres, 19 juin 1984 : *Les charmeurs de serpents* 1888, h/pan. (70x92) : **GBP 170 000** – Londres, 20 juin 1986 : *L'émir*, h/t (127x80) : **GBP 60 000** – Londres, 21 nov. 1989 : *Un garde nubien* 1895, h/pan. (50,5x33) : **GBP 104 500** – Paris, 20 fév. 1990 : *Marché arabe*, h/t (30x34) : **FRF 45 000** – Londres, 22 juin 1990 : *Les Fumeurs de narguile*, h/pan. (23,8x28,6) : **GBP 26 400** – Londres, 5 oct. 1990 : *La Toilette* 1918, h/pan. (46x36,5) : **GBP 6 050** – Londres, 30 nov. 1990 : *Vendeur de lait au Caire* 1886, h/pan. (53,2x45,8) : **GBP 66 000** – Paris, 11 déc. 1991 : *Le Guérisseur* 1891, h/pan. (49x61) : **FRF 100 000** – Londres, 16 juin 1993 : *Le Garde nubien*, h/pan. (31x24) : **GBP 24 150** – Paris, 18 juin 1993 : *Prêtre à l'entrée d'un temple égyptien* 1892, h/pan. (46x34) : **FRF 22 000** – Londres, 15 juin 1994 : *Deux Arabes jouant aux échecs* 1931, h/t (84x66) : **GBP 53 200** – Londres, 17 mars 1995 : *L'étudiant* 1895, h/pan. (34,3x23,8) : **GBP 45 500** – Paris, 11 déc. 1995 : *Le Guérisseur* 1891, h/pan. (49x61) : **FRF 305 000** – Londres, 12 juin 1996 : *Marchandage antique*, h/pan. (73x84) : **GBP 76 300** – Londres, 11 juin 1997 : *Le Musicien*, h/pan. (39x55) : **GBP 106 000**.

DEUTSCH Michel
Né en 1837 à Vianden. Mort en 1905 à Esch-sur-Alzette. xixe siècle. Luxembourgeois.
Sculpteur de monuments, statues.
Il fit ses études à Munich et fit des séjours à Florence, Marseille et Metz.
Au cours d'un séjour aux États-Unis en 1894-95, il exécuta la sculpture monumentale de Nicolas Gonner à Dubuque dans l'Iowa. Sur le pont d'Echternach, il a sculpté la statue de l'abbé Bertels.
Bibliogr. : In : Catalogue de l'exposition *150 ans d'art luxembourgeois*, Mus. Nat. d'Hist. et d'Art, Luxembourg, 1989.
Musées : Luxembourg (Mus. Nat. d'Hist. et d'Art) : *Princesse Henri des Pays-Bas*, plâtre, médaillon – *Buste de Monsieur André X.*, plâtre.

DEUTSCH Moritz
xixe siècle. Actif à Vienne. Autrichien.
Peintre.

DEUTSCH Niklaus Manuel. Voir **MANUEL-DEUTSCH Niklaus**

DEUTSCH Rudolf Friedrich von
Né le 27 octobre 1835 à Moscou. xixe siècle. Russe.
Peintre de sujets mythologiques, compositions religieuses, portraits.
Il fit ses études à l'Académie de Dresde à partir de 1855. Il voyagea en Italie entre 1863 et 1866 pour s'établir ensuite à Berlin. On le voit prendre part aux Expositions de l'Académie Royale de Berlin à partir de 1860.
Ventes Publiques : Londres, 17 nov. 1995 : *Le Triomphe de Vénus* 1888, h/t (175,3x152,4) : **GBP 8 970**.

DEUTSCHER
XVIIIe siècle. Actif à Bayreuth. Allemand.
Peintre sur faïence.

DEUTSCHER Hubert
XVIIIe-XIXe siècles. Actif à Holitsch (Hongrie). Hongrois.
Peintre sur faïence.
Son père Alois eut sans doute le même métier que lui.

DEUTSCHER N.
Né à Holics. XVIIIe-XIXe siècles. Hongrois.
Peintre de portraits.
Samuel Nagy grava un portrait d'après cet artiste.

DEUTSCHLANDER B. Van
XVIIIe siècle. Suédois.
Peintre de portraits.
Le Musée de Stockholm possède de cet artiste un *Portrait du roi Charles XII*, signé et daté.

DEUTSCHLANDER Johann Gottfried
Né le 24 novembre 1684. Mort le 26 avril 1776 à Smälteryd (près de Boras). XVIIIe siècle. Suédois.
Peintre de miniatures.
Le Musée de Göteborg possède plusieurs œuvres de cet artiste, qui était officier dans l'armée suédoise.

DEUTSCHMANN Christian
XVIIe siècle. Actif à Breslau vers 1650. Allemand.
Peintre.

DEUTSCHMANN Joseph
Né à Imst. Mort à Passau. XVIIe-XVIIIe siècles. Allemand.
Sculpteur.
On lui doit de nombreuses sculptures religieuses dans les couvents et les églises de Passau.

DEUTZMANN Willi
Né en 1897 à Wald-bei-Solingen. Mort en 1958. XXe siècle. Allemand.
Peintre.
De 1908 à 1928, il suivit des cours de dessin à l'École Spéciale de Solingen. En 1928, il se joignit au Cercle Artistique local et participa aux expositions du groupe. En 1937, une exposition de ses œuvres au Musée de Remscheid fut décrétée « art dégénéré » et fermée par les autorités nazies. Deux ans plus tard, il émigra à Paris. En 1940, il revint à Solingen, où il produisit une peinture « alimentaire » jusqu'en 1945. En 1946, il put renouer avec la partie progressiste de son œuvre. En 1949, il figurait à Cologne à l'exposition *Peinture et Sculpture allemandes contemporaines*, auprès de Baumeister, Beckmann, Dix, Nay, etc. En 1957 eut lieu au Musée de Solingen une exposition rétrospective de l'ensemble de son œuvre.
La peinture de Willi Deutzmann *Oiseaux noirs* de 1948, qui fut montrée dès 1949 à l'exposition de Cologne, eut une grande importance, car, après la terreur artistique imposée par le national-socialisme, cette peinture proposait une voie moyenne entre une figuration très synthétique, pouvant rappeler les débuts de Dubuffet, et l'abstraction alors encore peu présente en Allemagne.

DEUX Fred
Né en 1924 à Boulogne-Billancourt (Hauts-de-Seine). XXe siècle. Français.
Dessinateur et écrivain. Surréaliste puis figuration-onirique.
Fred Deux est à peu près autodidacte. Il fut élève de l'École des Arts et Métiers, puis travailla en usine en tant qu'ouvrier spécialisé (O.S.). Il participa ensuite à la Résistance et fut intégré dans une formation de « Goums marocains ». Revenu à Marseille, il y devint libraire en 1947. S'éveillant à la littérature, il découvrit d'abord Cendrars, puis Breton, Sade, René Guénon, Michaux, Daumal, Artaud et Bataille. Un client ayant commandé un catalogue sur Paul Klee, « Ce fut le feu dans ma tête. J'ai compris que là c'était ma vraie vie. » Tuberculeux, il séjourne en sanatorium, écrit, peint et dessine intensément. En 1951 il est à Paris et ce fut la rencontre avec Breton. Il devient membre du groupe surréaliste et fait la connaissance de Cécile Reims, alors la collaboratrice de Hans Bellmer, qui deviendra sa propre épouse et gravera toutes ses planches à partir de 1968. En 1954 il expose à la galerie de l'Étoile Scellée et quitte le groupe surréaliste peu après son admission. Il fut animateur de jeux éducatifs dans un Centre pour Enfants.
Des expositions de ses œuvres se sont ensuite tenues régulièrement à Paris en 1959, 1963, 1965, 1969, 1972, en 1993 *Le Temps magique* à la galerie Lambert-Rouland ; en 1997 à la galerie Thessa Hérold ; ainsi qu'à Berlin et Hanovre en 1964 ; à Vence en 1974 ; d'importantes rétrospectives de son œuvre ont eu lieu à Paris au CNAC (Centre National d'Art Contemporain) en 1972, à Marseille au Musée Cantini en 1989, à l'École des Beaux-Arts de Paris en 1990, au musée-hôtel Bertrand et à la médiathèque de Châteauroux en 1995.
Ses premiers essais plastiques remontaient à 1948. Il réalisait des taches, d'abord à l'aide de produits alimentaires, de la moutarde, de la sauce tomate, des petits pois écrasés puis avec de la peinture laquée pour vélo. Alors, l'influence de Paul Klee était déterminante sur lui, au point qu'il en parlera ultérieurement comme de sa « Kleepathologie ». Dès lors, il place son œuvre sous le double signe du dessin et de l'écriture, signant ses romans du pseudonyme de Jean Douassot. C'est en 1958 que paraît son premier livre *La Gana*, fantastique récit de son enfance où il habitait une cave avec ses parents, en proie aux crues de la Seine et envahie par les rats. Suivront *Sens inverse* en 1960, *La perruque* en 1969 qui décrit la vie en usine, *Nœud coulant* en 1971, *Gris* en 1978, *Lettre à mon double* en 1983.
Après les taches des années cinquante, c'est vers 1962 qu'il fait ses premiers dessins au crayon, très légers, quasiment immatériels. En 1964-1965, il dessine sur un fond aquarellé, et vers 1968-1969 s'essaye à des formes plus précises, explorant le domaine anthropomorphique à l'aide de la plume et de l'encre de Chine. Apparaissent vers 1973-1974 la série des spermes colorés. Des recueils de gravures ont été édités par Pierre Chave entre 1972 et 1975 : *Copeaux – Extroit – Parade interne – Memorandum – Miroir du papier.* Depuis 1972 il déploie sur la surface précieuse du papier Japon des guirlandes moléculaires : les *Transparents* d'un monde biologique insondable. En 1981-1982, il réalise la série des autoportraits. Obstinément, Fred Deux s'assoit chaque jour devant une feuille blanche, avec un crayon qui « est une lance qui entre en chair lorsqu'il touche le papier. Il pousse hors de soi, hors de lui, celui qui écrit. Il est ce qui touche, saigne ma passion ». Pour Fred Deux il s'agit de « dessiner, pelleter le plus loin possible, sans tenir compte des forces, jusqu'à ne plus recevoir la lumière et descendre jusqu'aux plateaux des fonds ». Le monde qu'il décrit est peuplé de figures oniriques, un monde cellulaire baignant dans une atmosphère fluide où les choses semblent prêtes à se métamorphoser dans l'instant.

■ Jacques Busse, F. M.

Bibliogr. : In : *Diction. Univ. de la Peinture*, Le Robert, 1975, Paris – in : Catal. de l'exposition *L'Art Moderne à Marseille, La Collection du Musée Cantini*, Musée Cantini, Centre de la Vieille Charité, Marseille, juil-sep. 1988 – Fred Deux, Alain Jouffroy, Olivier Cousinou, in : Catal. de l'expositon *Fred Deux*, Musée Cantini, Marseille, 1989, coédition Actes-Sud et Musées de Marseille – Bernard Noël, Fred Deux : *Fred Deux*, Cercle d'Art, Paris, 1997.

Musées : Marseille (Mus. Cantini) : *Fonds important* – Paris (Mus. Nat. d'Art Mod.).

Ventes Publiques : Paris, 20-21 juin 1988 : *Composition* 1963, past. et cr. (22x24,5) : **FRF 2 500** – Douai, 1er avr. 1990 : *Composition* 1972, encre et lav./pap. Japon (51x65) : **FRF 11 000** – Paris, 19 mars 1992 : *Composition* 1964, dess. au cr. (30x23) : **FRF 4 500** – Paris, 24 mars 1996 : *Sans titre* 1970, techn. mixte/pap. (86x64) : **FRF 10 000**.

DEUZLER Hans Rudolf
Né en 1801 à Zurich. Mort le 24 mai 1857 à Zurich. XIXe siècle. Suisse.
Graveur.
Deuzler étudia à Paris, puis retourna se fixer dans son pays natal où il exposa des gravures et des dessins entre 1829 et 1844. Parmi ses œuvres, on cite notamment : *Les Moissonneurs*, d'après Léopold Robert, et *La Prière au cimetière*, d'après Ludwig Vogel. On mentionne également des aquarelles et des dessins de l'artiste. Il fut à l'École des Beaux-Arts élève de Guillemin, puis exposa au Salon de Paris. On a de cet artiste au Musée de Dunkerque : *La leçon de lecture*, et à celui de Tournai : *Portrait de B. Bernard ; En Campine* et *Tête d'étude*.

DEV, pseudonyme de **Baldev Singh**
Né en 1947 en Inde. XXe siècle. Indien.
Peintre. Lettres et signes.
Il a exposé personnellement en 1979 à Nairobi et depuis 1981 montre régulièrement ses travaux à Berne, Zurich, Bâle, Cologne et Nuremberg dans des galeries.

DEVADE Marc
Né en 1943 à Paris. Mort le 31 octobre 1983 à Paris. xxe siècle. Français.
Peintre. Groupe Support-Surface, 1968-1971.
Dès ses débuts, Marc Devade partageait son activité entre l'écriture et la peinture. Membre de Support-Surface, il expose avec le groupe dès 1969. En 1964 il publie pour la première fois des poèmes dans la revue *Tel Quel*, alors dirigée par Philippe Sollers. En 1971 il entre au comité de rédaction de la revue, puis, avec Bioulès, Cane et Dezeuze, fonde la revue *Peinture – cahiers théoriques*. Il a participé aux nombreuses manifestations collectives du groupe. Il a exposé personnellement en 1970 à la Galerie du Haut-pavé à Paris, en 1972 à la galerie Templon à Paris, en 1973 à la galerie Templon de Milan, en 1974 à la Maison de la Culture de Rennes, en 1975 à la galerie Templon à Milan, à la galerie Via Rumma à Naples, à la galerie D. à Bruxelles, à la galerie Le Flux à Perpignan, à la galerie Gérard Piltzer à Paris, en 1976 à la galerie Via Rumma à Rome, à la galerie Templon de Milan, à la galerie Quadrum de Lisbonne, en 1977 à la galerie Gérard Piltzer de Paris, à la galerie La Bertesca de Gênes, à la galerie Mantra de Turin, à la galerie la Bertesca de Düsseldorf, à la galerie Arnesen de Copenhague, au Centre International de Création Artistique de Senanque, à la galerie Lavuum de Gand et à la galerie N.R.A. de Paris, en 1978 à la galerie *Le dépôt* à Bourges, à la galerie Piltzer à Paris, à l'ARC au Musée d'Art Moderne de la Ville de Paris, en 1979 à la galerie Lavuum de Gand, à la galerie Quadrum de Lisbonne, en 1981 à la galerie des Blancs-Manteaux à Paris, en 1982 à la galerie Girard de Toulouse, en 1983 à la galerie Regards à Paris, en 1984 au musée des Beaux-Arts du Havre, en 1986 à la galerie Regards à Paris et au musée Ziem de Martigues.
Le mouvement Support-Surface fut considérable en France, dans les années soixante-dix, ne débordant toutefois pas les frontières, mais se situant en parallèle du minimalisme américain. Son apport consista en un retour – et renouveau – de la peinture, dans sa matérialité souvent délaissée pour l'objet depuis la domination temporaire du Pop Art. Au sein du mouvement Support-Surface, l'œuvre de Devade comme celle de Vincent Bioulès est singulière, demeurant relativement traditionnelle dans la mesure où ils travaillent sur une toile « encore » montée sur chassis. Leur priorité n'est pas celle de l'émancipation de la toile libre, mais plutôt celle de la couleur. Sa pratique picturale, fondée sur le matérialisme dialectique et la psychanalyse, est avant tout une remise en cause de la peinture en tant que porteuse de sens. Au départ proche de l'« Hard Edge » américain, la peinture de Devade a laissé de plus en plus de liberté aux variantes chromatiques. Il poursuit ses recherches dans le domaine d'une abstraction matérialiste, dépouillée de toute signification extra-visuelle, ne s'attachant qu'au seul signifiant de la peinture : support, couleurs. Ses premiers tableaux sont exécutés à la peinture acrylique. Entre 1966 et 1968, ses travaux explorent les relations entre l'écriture et la peinture, telles qu'elles existent dans la culture chinoise. Si ces toiles présentant des bandes verticales tracées dans trois couleurs différentes, évoquent des travaux de Buren ou de Parmentier, c'est du côté de la calligraphie qu'il faut en chercher la clef. Certaines sont montées sur des rouleaux, d'autres portent inscrits des idéogrammes ou portent des titres explicites quant à leur référence : *Ch'i – Paysages chinois*. A partir de 1971 il abandonne l'acrylique pour utiliser une encre très fluide qu'il dépose sur le tableau posé horizontalement, la laissant ensuite se répandre en soulevant alternativement les extrémités de la toile. ■ F. M., J. B.
Bibliogr. : In : Catherine Millet, *L'art contemporain en France*, Flammarion, Paris, 1987 – Camille Saint-Jacques : *Marc Devade l'entre-vue de la peinture*, in Art Press, N° 154, Paris, jan. 1991, pp 21-22 – Catal. de l'exposition *Abstraction analytique*, Arc, Musée d'art Moderne de la Ville de Paris, 1978, bibliographie complète.
Ventes Publiques : Paris, 23 avr. 1980 : *Composition en bleu* 1975, acryl./t. (200x200) : **FRF 3 000** – Paris, 9 déc. 1985 : *Violet* 1976, encre/t. (100x100) : **FRF 15 500** – Paris, 17 juin 1985 : *Composition* 1976, lav. d'encre de Chine/t. (200x200) : **FRF 30 000** – Versailles, 21 déc. 1986 : *Composition* 1976, h/t (50x50) : **FRF 6 500** – Paris, 5 avr. 1987 : *Octobre 76 n° 2* 1976, encre/t. (100x100) : **FRF 13 500** – Paris, 27 juin 1988 : *Composition* 1974, h/t (150x150) : **FRF 16 000** – Paris, 17 déc. 1989 : *Avril 1976, n°1* 1976, h/t (150x150) : **FRF 83 000** – Paris, 18 juin 1990 : *Vert et blanc* 1975, encre/t. (200x200) : **FRF 70 000** – Paris, 23 oct. 1990 : *Composition* 1974, h/t (150x150) : **FRF 42 000** – Paris, 19 jan. 1992 : *Sans titre* 1974, acryl./t. (150x150) : **FRF 30 000** – Paris, 14 mars 1993 : *Sans titre* 1976, encre de Chine/t. (150x150) : **FRF 16 500** – Paris, 29 juin 1994 : *Peinture*, acryl./t. (149,5x198) : **FRF 24 000** – Paris, 19 juin 1996 : *Dyptique* 1976, h/t (200x200) : **FRF 23 000**.

DEVAEKE Lucie V.
xixe siècle. Active à Paris. Française.
Peintre.
Sociétaire des Artistes Français depuis 1892, elle figura au Salon de ce groupement.

DEVAJANI Krishna
Né à Calcutta. xxe siècle. Indien.
Peintre de figures et de paysages.
Il figura en 1946 dans l'exposition ouverte à Paris au Musée d'Art Moderne par l'Organisation des Nations Unies. Il y montrait *Portrait du Dalaï Lama* et *Village du Cachemire*.

DEVAL Pierre
Né le 20 août 1897 à Lyon (Rhône). Mort en 1993. xxe siècle. Français.
Peintre de figures, nus, portraits, paysages, natures mortes, aquarelliste, pastelliste, illustrateur. Post-impressionniste.
Après un bref passage dans l'atelier de Fernand Cormon à l'École des Beaux-Arts de Paris, en 1916 et 1917, il fit ses études à l'Académie de la Grande Chaumière dans l'atelier de Lucien Simon. Titulaire de la bourse de la Villa Abd-El-Tif à Alger, il séjourna dans cette ville entre 1922 et 1924. Sociétaire du Salon d'Automne de Paris et du Salon du Sud-Est, il y exposa régulièrement, figurant également à Paris au Salon des Artistes Indépendants et à celui des Tuileries. Entre 1929 et 1947, il exposa personnellement à Paris, Lyon, Mulhouse, Genève et Bruxelles. Il a illustré *L'École des Indifférents* de Jean Giraudoux.
Largement influencé par le postimpressionnisme, il travaille essentiellement le pastel. Peintre de figures, il a surtout traité la femme et l'enfant.

deval

Musées : Alger – Lyon (Mus. Saint-Pierre) – Mulhouse : *Vue de La Valette* 1944-1945 – Narbonne (Mus. d'Art et d'Hist.) : *Le repos*, past. – Paris (Mus. Nat. d'Art Mod.) – Tokyo (Mus. Nat. d'Art Occ.) – Toulon.
Ventes Publiques : Versailles, 17 mars 1985 : *Odalisque en buste*, h/t (46x38) : **FRF 9 000** – Versailles, 18 juin 1986 : *Nu allongé*, h/isor. (50x61) : **FRF 6 800** – Versailles, 16 nov. 1986 : *Fillette à la poupée*, past. (48,5x31,5) : **FRF 5 300** – Versailles, 20 mars 1988 : *Jeune fille nue étendue*, past. (48,5x66) : **FRF 7 200** – Versailles, 6 nov. 1988 : *Jeune fille nue assise*, past. (62,5x39) : **FRF 7 000** – Paris, 23 juin 1988 : *Ballerine près du piano*, past. (60x47) : **FRF 11 500** – Paris, 26 mai 1989 : *Le cours de piano*, h/t (61x50) : **FRF 6 000** – Toulon, 20 sep. 1989 : *Nu féminin allongé*, past. (48x62) : **FRF 38 000** – Paris, 22 oct. 1989 : *Jeune Fille assise*, past. (45x60) : **FRF 23 000** – La Varenne-Saint-Hilaire, 3 déc. 1989 : *Portrait d'Aurélie*, past. (33x23) : **FRF 8 000** – Versailles, 10 déc. 1989 : *Nu devant la glace*, aquar. (27x43,5) : **FRF 7 000** – Neuilly, 5 déc. 1989 : *Jeune Fille endormie*, past. (44x62) : **FRF 27 000** – Paris, 4 mai 1990 : *Nature morte au vase fleuri à la tasse*, h/isor. (46x38) : **FRF 12 500** – La Varenne-Saint-Hilaire, 20 mai 1990 : *Jeune fille près du bassin*, aquar. (30x15,5) : **FRF 4 400** – Paris, 27 juin 1990 : *Femme lisant*, h/cart. (46x55) : **FRF 14 000** – Versailles, 23 sep. 1990 : *Jeune femme nue aux cheveux blonds*, past. (43,5x33) : **FRF 24 000** – Neuilly, 7 avr. 1991 : *Nu endormi*, past. (33x48) : **FRF 31 500** – Doullens, 12 avr. 1992 : *Femme se coiffant*, past. (61x47) : **FRF 35 000** – Neuilly, 19 mars 1994 : *Nu dans l'herbe*, past. (40x64) : **FRF 54 500** – Calais, 11 déc. 1994 : *Nu allongé dans la prairie*, past. (40x65) : **FRF 26 000** – Copenhague, 17 mai 1995 : *Nu féminin assis* 1928, h/t (75x65) : **DKK 17 000** – Paris, 5 juin 1996 : *Deux Nus sur les rochers*, aquar./pap. (10x16) : **FRF 6 000** ; *Nus assis sur un banc*, gche, aquar. et fus./pap. (46x38) : **FRF 11 000** – Paris, 20 mars 1997 : *Jeune Fille à sa lecture*, h/t (33x41) : **FRF 6 800**.

DEVALENCIENNES Pierre Henri. Voir **VALENCIENNES**

DEVALLE Beppe
Né le 8 avril 1940 à Turin. xxe siècle. Italien.
Peintre.
Il a figuré à la Biennale de Tokyo en 1963, à la Biennale de Venise en 1966 et 1972, au Salon International des Jeunes de Milan en

1967, à la Quadriennale de Rome en 1972. Il a exposé personnellement à Turin, Milan, Rome et Bologne.
Il travaille à partir de photographies, souvent des portraits, qu'il décompose pour en analyser et mettre en évidence la structure.

DEVALLÉE Jean Baptiste
XVIIIe siècle. Actif à Cranne (Mayenne) vers 1700. Français.
Sculpteur.
Il travailla pour l'église de cette ville.

DEVALVEZ Félix
Né à Voiron (Isère). XXe siècle. Français.
Peintre.
Il exposa à Paris au Salon des Indépendants.

DEVAMBEZ
XIXe siècle. Actif à Paris. Français.
Graveur d'ex-libris.

DEVAMBEZ André Victor Édouard
Né en 1867 à Paris. Mort en 1943 à Paris. XIXe-XXe siècles. Français.
Peintre de genre, dessinateur, illustrateur.
Il étudia chez le portraitiste Benjamin Constant et reçut les conseils de Gabriel Guay et de Jules Lefebvre. Il obtint le prix de Rome en 1890 et exposa au Salon des Artistes Français, dont il fut sociétaire à partir de 1889, recevant une deuxième médaille en 1898, pour une *Conversion de Marie-Madeleine*. Il fut chef d'atelier à l'École des Beaux-Arts de Paris, et fut fait officier de la Légion d'honneur. Une rétrospective de son œuvre s'est tenue au musée de Beauvais en août 1988.
Il fit preuve dans ses tableaux et ses dessins d'illustration d'une verve caustique finement railleuse. Il se plaisait à concilier dans ses tableaux un format restreint et le grouillement désordonné d'une foule dans des compositions telles que *La manifestation – Gulliver reçu par les lilliputiens – Une première au théatre Montmartre*. En 1910 il reçut la commande de douze panneaux décoratifs destinés à la future ambassade de France à Vienne. Son sujet : *La vie et les inventions modernes*, mettant en scène métro, omnibus, dirigeables et aéroplanes ne fut pas retenu. L'ambition première et singulière de Devambez était de représenter le quotidien avec les moyens habituels de la peinture, quotidien des inventions et des progrès les plus récents. Il est l'auteur-illustrateur de *Auguste a mauvais caractère* et illustra de nombreux ouvrages parmi lesquels : *La fête à Coqueville* d'Émile Zola, *Les condamnés à mort* de Claude Farrère en 1920, *La misère sociale de la femme* d'Émile Zola ; ses dessins sont parus dans des revues telles que *Le Rire*, *Le Figaro illustré* et *L'Illustration*.

Bibliogr. : In : Marcus Osterwalder, *Dictionnaire des illustrateurs, 1800-1914*, Hubschmid & Bouret, Paris, 1983.
Musées : Paris (Mus. Nat. d'Art Mod.) : *Au concert Colonne* – Paris (Mus. d'Orsay) : *La charge* 1908.
Ventes Publiques : Paris, 1er avr. 1920 : *L'Île inconnue* : **FRF 715** – Paris, 30 nov. 1925 : *Les Huguenots* : **FRF 330** ; *La récréation* : **FRF 650** – Paris, 24-26 avr. 1929 : *Le banquet*, aquar. : **FRF 900** – Paris, 20 avr. 1932 : *Campement dans une ferme* : **FRF 210** – Paris, 8 et 9 mai 1941 : *La halte des nains* : **FRF 800** – Paris, 12 nov. 1946 : *Le marchand de reliques*, aquar. : **FRF 1 500** – Paris, 24 juin 1974 : *Enfants jouant près du bassin des Tuileries* : **FRF 4 200** – Paris, 29 avr. 1983 : *La parade des militaires*, h/pan. (22,5x14,5) : **FRF 5 500** – Paris, 28 oct. 1985 : *Queue pour le charbon* 1917, h/t (28x40) : **FRF 8 500** – Paris, 11 fév. 1986 : *L'acrobate sur les boulevards*, h/pan. (21x27) : **FRF 16 000** – Reims, 20 déc. 1987 : *Charettes progressant sur un chemin de montagne*, h/pan. (21x16) : **FRF 2 800** – Versailles, 20 mars 1988 : *Animation dans le jardin du Luxembourg*, h/cart. (15,5x21) : **FRF 4 800** – Paris, 30 mai 1988 : *Le duel*, h/cart. (16x22) : **FRF 5 000** – Strasbourg, 29 nov. 1989 : *Mendiants dans la neige*, gche (13,5x10,5) : **FRF 11 500** – Paris, 22 jan. 1990 : *La Sortie de la messe*, aquar. (21,5x30) : **FRF 13 000** – Londres, 16 fév. 1990 : *Le chat botté*, h/cart. (10x13) : **GBP 1 100** – Versailles, 18 mars 1990 : *Souilly* 1917, h/cart. (31,5x40) : **FRF 22 000** – Paris, 4 mars 1991 : *L'arracheur de dents*, aquar. (25x14) : **FRF 8 800** – Paris, 24 juin 1991 : *La ville endormie*, h/cart. (18x21) : **FRF 25 000** – Paris, 12 déc. 1991 : *Le réveil de Gulliver*, h/t (110x130) : **FRF 150 100** – Paris, 2 avr. 1993 : *Le village*, peint./cart. (14,5x11) : **FRF 8 800** – Paris, 25 mai 1994 : *Scène de cabaret*, h/pan. (27x32) : **FRF 21 000** – Saint-Germain-en-Laye, 13 juin 1995 : *L'homme orchestre*, h/pan. (20x9) : **FRF 45 000** – Paris, 26 juin 1995 : *La rixe*, h/pan. (20x13,5) : **FRF 28 000** – Paris, 13 déc. 1996 : *Sans douleur*, gche et aquar./pap. (25x14) : **FRF 11 500**.

DEVARENNE Anatole
Né le 25 juillet 1880 à Andeville (Oise). Mort le 25 mai 1954 à Andeville. XXe siècle. Français.
Graveur et aquarelliste.
Sociétaire du Salon d'Automne, il obtint une mention honorable au Salon des Artistes Français en 1923. Il fut invité au Salon des Tuileries.

DEVARENNE Gabriel
XVIIIe siècle. Actif à Lyon à la fin du XVIIIe siècle. Français.
Dessinateur.
Il travailla pour le garde-meuble royal de Lyon.

DEVARENNE Jean
Né vers 1743 à Lyon (Rhône). Mort le 6 octobre 1809 à Oullins (Rhône). XVIIIe siècle. Français.
Peintre et dessinateur de fleurs.
Dessinateur de fabrique à Lyon, il fut dans cette ville, de 1799 à 1806, professeur de la classe de fleur à l'École spéciale de dessin pour la fleur, puis à l'École provisoire qui fut remplacée par l'École des Beaux-Arts.

DEVARENNE Nicolas Alexandre
XVIIIe siècle. Actif à Nantes en 1744. Français.
Sculpteur.

DEVARENNES Pierre
Mort en 1670 à Paris. XVIIe siècle. Français.
Peintre.

DEVAS Anthony
Né en 1911. Mort en 1958. XXe siècle. Britannique.
Peintre de paysages, figures, portraits, fleurs.
Élève de la Slade School de Londres entre 1927 et 1930, il fit sa première exposition en 1936. À partir de 1940, il participa aux expositions de la Royal Academy dont il devint membre en 1953. En 1943 il fut membre du New English Art Club et en 1945 de la Royal Society of Portraits Painters.
Il fut surtout peintre de portraits de groupes. En 1957, il peignit le *Portrait de la reine Elizabeth*. Il peignait dans une technique assez caractéristique des peintres à la mode du début du siècle, on peut penser à Boldini, Jacques-Émile Blanche.
Musées : Londres (Tate Gal.) : *Portrait de Mrs Wilson – Portrait de Dylan Thomas*.
Ventes Publiques : Londres, 17 oct. 1980 : *Jeune fille assise par terre*, h/t (61x46) : **GBP 280** – Londres, 4 mars 1983 : *Nu sur une chaise longue*, h/t (48,3x61) : **GBP 450** – Londres, 7 juin 1985 : *Nu couché et vase de fleurs* 1953, h/t (63,5x76,2) : **GBP 3 200** – Orchardleigh Park (Somerset), 21 sep. 1987 : *Famille dansant dans un intérieur*, h/t (75,5x50,2) : **GBP 2 800** – Londres, 9 juin 1988 : *Ombre et lumière*, h/t (35x45,8) : **GBP 3 300** – Londres, 8 juin 1989 : *Mélange de fleurs sauvages dans un vase*, h/t (49,8x39,1) : **GBP 2 090** – Londres, 3 mai 1990 : *La famille sur la pelouse*, h/t (49,5x39,5) : **GBP 1 870** – Londres, 20 sep. 1990 : *Camilla et Mark Sykes* 1947, h/t (49x58,5) : **GBP 8 800** – Londres, 14 mai 1992 : *Portrait de Camilla Sykes assise vêtue d'une robe rouge et rose*, h/t (81x67,5) : **GBP 1 375**.

DEVAUCHELLE Jean Armand
Né le 7 février 1829 à Puilly (Ardennes). XIXe siècle. Français.
Peintre de paysages.
Élève de Honoré Delaroche. Il exposa au Salon de Paris de 1838 à 1864.

DEVAULX Edmond Georges Augustin
Né au XIXe siècle à Paris. XIXe siècle. Français.
Sculpteur.
Élève de son père et de Hébert. Il débuta au Salon de 1880 avec : *Portrait*, médaillon en bronze.

DEVAULX Ernest Théophile
Né au XIXe siècle à Paris. XIXe siècle. Français.
Sculpteur.
Élève de son père. Il débuta au Salon de 1872 avec : *Portrait de Devaulx, statuaire*, buste en plâtre.

DEVAULX François Théodore
Né le 15 septembre 1808 à Paris. Mort en 1870. XIXe siècle. Français.
Sculpteur.
Élève de Ramey fils à l'École des Beaux-Arts, où il entra en 1823, il remporta le second Grand Prix de Rome en 1833. Il exposa au Salon de Paris de 1845 à 1872, obtenant en 1849 une médaille de deuxième classe.
Ventes Publiques : Londres, 21 mars 1985 : *La Signature de Magna Carta* vers 1860, bronze patine brune (H. 43) : **GBP 480**.

DEVAULX Henry Alexandre ou **Alexandre Henry**
Né à Paris. XIXe siècle. Français.
Sculpteur de bustes.
Élève de E. Devaulx, il débuta au Salon de Paris de 1876 avec un *Portrait*, médaillon en plâtre. Il devint sociétaire des Artistes Français en 1888, obtenant une mention honorable cette année-là.

DEVAULX P.
XVIIe siècle. Actif à Paris. Français.
Graveur au burin.
On cite de lui : *La Cène*, d'après P.-P. Rubens, 9 pièces.

DEVAUVERAIN Jean Charles
XVIIIe siècle. Français.
Peintre.
Il fut reçu à l'Académie de Saint-Luc à Paris en 1785.

DEVAUX
XVIIe siècle. Français.
Sculpteur et fondeur.
Il travailla dans l'atelier de Girardon à Paris à la fin du XVIIe siècle.

DEVAUX André Thibaut
XVIIIe siècle. Actif à Paris vers 1700. Français.
Peintre.

DEVAUX Eugène. Voir **VAUX**

DEVAUX François Alexandre
Né le 24 février 1840 à Fécamp (Seine-Maritime). Mort en août 1904 à Rouen (Seine-Maritime). XIXe siècle. Français.
Sculpteur.
On cite de lui de nombreux bustes. Élève de l'École municipale de Rouen, puis professeur de sculpture de cette même école, il débuta au Salon de Paris en 1870.

DEVAUX Frédérique
Née en 1956 à Paris. XXe siècle. Française.
Artiste. Lettriste.
C'est en 1980, alors qu'elle achève des études en lettres, psychologie, esthétique et cinéma qu'elle rencontre le groupe lettriste et participe dès lors aux activités et manifestations diverses du mouvement. Elle a notamment figuré dans les expositions suivantes : *Letterism and hypergraphic, The Unknown avant-garde 1945-1985* à New York en 1985, *Le lettrisme à travers les publications Psi 1963-1986* à Berlin en 1986, *La photographie lettriste 1951-1988* au SAGA au Grand-Palais en 1988, *Introduction au lettrisme et à l'hypergraphie* à la galerie La Chanjour à Nice en 1988, *Letterism the continuing french avant-garde* en 1989 à la galerie Viena à Chicago. Elle réalise des films d'art qu'elle montre à travers le monde, en Italie, en Angleterre et aux États-Unis.

DEVAUX Jean
XVIIIe siècle. Actif à Paris vers 1745. Français.
Graveur.
On cite de lui : *Bossuet*, d'après H. Rigaud, *Gerarddelinck*, d'après Tortebat.

DEVAUX Jeanne
Née à Lille (Nord). XXe siècle. Française.
Peintre.
Élève de J.-P. Laurens et Pougheon, exposant au Salon des Artistes Français depuis 1934 dont elle est sociétaire.

DEVAUX Jules Ernest
Né le 8 mai 1837 à Melun (Seine-et-Marne). XIXe siècle. Français.
Peintre de genre, figures, paysages.
Il fut élève de l'École des Beaux-Arts de Paris.
Musées : Dunkerque : *La Leçon de lecture.*
Ventes Publiques : Paris, 6-7 fév. 1930 : *Le Petit Horloger* : **FRF 400** – Paris, 19 mars 1943 : *Lisière de bois en contre-jour* : **FRF 900** – Londres, 7 juin 1989 : *Le Coin des pêcheurs dans l'île Saint-Louis à Paris*, h/t (59,5x44,5) : **GBP 2 750**.

DEVAUX Martin
XVIe siècle. Actif à Troyes. Français.
Sculpteur et architecte.
Élève de Gailde, il travailla avec son maître à la construction de l'église Sainte-Madeleine à Troyes et à sa décoration sculpturale.

DEVAUX Paul
Né au XIXe siècle à Bruère-Allichamps (Cher). Mort en 1907. XIXe siècle. Français.
Aquafortiste et graveur au burin.
Élève de Jules Jacquet, L.-O. Merson et Cormon. Il obtint une mention honorable au Salon de Paris en 1900.

DEVAUX Paul
Né à Bellerive (Allier). XXe siècle. Français.
Graveur.
Il exposa à Paris au Salon des Indépendants.

DEVAUX Pierre
Né au XIXe siècle à Tassin (Rhône). XIXe siècle. Français.
Sculpteur.
Figura au Salon des Artistes Français où il obtint une mention honorable en 1890. Le Musée de Lyon possède de lui le *Buste du peintre Chenavard.*

DEVAUX Roger Paul
Né à Samer (Pas-de-Calais). XXe siècle. Français.
Peintre de paysages.
À partir de 1927, il exposa à Paris, au Salon des Artistes Français, ainsi qu'à celui des Artistes Indépendants. Il s'est attaché à décrire les sites typiques de sa région natale.

DEVAUX Thérèse
XVIIIe siècle. Active à Paris. Française.
Graveur.

DEVAUX-RAILLON Anna
XXe siècle. Française.
Peintre.
Ed. Joseph cite ses portraits, ses paysages et ses décorations panoramiques. Elle a figuré au Salon de Paris.

DEVÉ Agathe
Née au XIXe siècle à Paris. XIXe siècle. Française.
Peintre de portraits.
Elle débuta au Salon de Paris en 1877 avec le *Portrait du docteur Piermé de Forceville*. Elle est la femme d'Eugène DEVÉ.

DEVÉ Émile Jean
Né le 26 novembre 1866 à Paris. XIXe siècle. Français.
Peintre de marines.
Élève de J. Lefebvre et Tony Robert-Fleury. Exposant du Salon des Artistes Français et du Salon d'Hiver. Fils de Eugène et Agathe DEVÉ.

DEVÉ Eugène
Né le 22 septembre 1826 à Rouen (Seine-Maritime). Mort en avril 1887. XIXe siècle. Français.
Peintre de paysages animés.
Après avoir commencé une carrière administrative qui le conduisit en Crimée, où il fut trésorier-payeur, il abandonna les Finances, à son retour en France, et s'orienta vers l'apprentissage artistique sous la direction de Camille Flers. Il débuta au Salon de Paris en 1861.
Ses paysages animés de troupeaux, bergers, montrent tout d'abord une influence de Camille Flers, puis se rapprochent de la poésie des paysages de Corot.
Bibliogr. : Gérald Schurr, in : *Les Petits Maîtres de la peinture 1820-1920, valeur de demain*, Les Éditions de l'Amateur, t. VI, Paris, 1985.
Musées : Amiens : *La rentrée du troupeau* – Rouen : *Intérieur de forêt à Fontainebleau – Crépuscule.*
Ventes Publiques : Paris, 25 juin 1923 : *Vaches au pâturage* : **FRF 200** ; *Vaches au bord d'une mare dans un paysage* : **FRF 400** – Paris, 24 mai 1943 : *Moutons dans la prairie* : **FRF 550** – Paris, 20 déc. 1976 : *Paysage*, h/t (150x200) : **FRF 3 500** – Rouen, 12 juin 1983 : *Paysage*, h/t (71x98) : **FRF 7 000** – Paris, 4 mars 1990 : *Le retour des foins*, h/t (120x180) : **FRF 25 500** – New York, 19 jan. 1995 : *La gardeuse de vaches*, h/t (54,6x77,2) : **USD 3 737**.

DEVÉ Jean. Voir **DEVÉ Émile Jean**

DEVÉ Philippe Émile
Né en 1937. XXe siècle. Français.
Peintre, aquarelliste. Abstrait-lyrique.
Il privilégie l'usage de l'aquarelle, qui lui facilite de nombreux effets de transparence.

Ventes Publiques : Le Touquet, 12 nov. 1989 : *Composition*, aquar. (52x77) : **FRF 11 000** – Calais, 8 juil. 1990 : *Composition* 1989, aquar. (73x83) : **FRF 7 000** – Calais, 14 mars 1993 : *Vue d'Amenucourt* 1965, h/t (60x72) : **FRF 6 000**.

DEVEAUD-FABRE Henriette
Née le 6 septembre 1866 à Paris. xixe siècle. Française.
Peintre et miniaturiste.
Élève de Mme Cool. Sociétaire des Artistes Français à partir de 1906. Figura au Salon de cette société à partir de 1881.

DEVEAUX Jacques Martial
Né le 18 juillet 1825 à Paris. xixe siècle. Français.
Graveur au burin.
Il entra à l'École des Beaux-Arts en 1846 et eut pour professeur A. Martinet. En 1848, il remporta le prix de Rome, une médaille en 1864, médaille de deuxième classe en 1878, première classe 1889, médaille d'argent à l'Exposition Universelle de 1889.

J. Deveau

DEVEDEUX Louis
Né le 8 juillet 1820 à Clermont-Ferrand (Puy-de-Dôme). Mort en 1874 à Passy. xixe siècle. Français.
Peintre d'histoire, scènes de genre, sujets typiques, figures, portraits, dessinateur.
Entré à l'École des Beaux-Arts en 1836, il fut élève de P. Delaroche et de Decamps. En 1838, il débuta au Salon de Paris. On mentionne parmi ses œuvres : *Une chanteuse espagnole, Baigneuses orientales, La Toilette de la favorite, Femmes dans les jardins du sérail.*

L. Devedeux

Musées : Mulhouse : *Femmes turques* – Paris (Mus. d'Art Mod.) : *Portrait de Mme D.*
Ventes Publiques : Paris, 20 jan. 1858 : *L'Art et la Nature* : **FRF 1 100** ; *Deux jeunes filles maures* : **FRF 1 200** – Paris, 1880 : *Femme au perroquet* : **FRF 480** – Paris, 1900 : *Une fête dans un parc* : **FRF 250** – Paris, 7 déc. 1918 : *Jeunes Orientales se parant de fleurs* : **FRF 1 000** – Paris, 23 déc. 1918 : *Baigneuses au bord d'un étang*, deux panneaux : **FRF 550** – Paris, 27 mai 1920 : *Cavaliers arabes franchissant un gué* : **FRF 600** – Paris, 28 nov. 1924 : *Idylle champêtre* : **FRF 950** ; *Les Amoureux* : **FRF 700** – Paris, 16 fév. 1927 : *Le Bain* ; *Maternité turque*, deux toiles : **FRF 2 000** ; *Les Bijoux* : **FRF 3 600** – Paris, 26 jan. 1929 : *Les amoureux* : **FRF 320** – Paris, 27 fév. 1929 : *L'enfant chéri* : **FRF 1 250** – Paris, 9 mars 1942 : *Orientales* : **FRF 2 000** – Paris, 22 mai 1942 : *Femme et fillette au perroquet* : **FRF 1 000** – Paris, 10 nov. 1943 : *Deux enfants en costumes chinois* : **FRF 5 600** – Paris, oct. 1945-juil. 1946 : *Femme et enfant*, h/t, deux pendants : **FRF 6 600** – Paris, 13 nov. 1946 : *Nu* : **FRF 4 000** – Rouen, 3 mars 1976 : *Jeune Femme et enfants*, h/pan. (34x26) : **FRF 3 300** – Paris, 20 oct. 1979 : *Les Moissoneurs des marais Pontins*, h/t (57,5x82) : **FRF 17 000** – Nîmes, 15 oct. 1981 : *La Parure de la mariée*, h/t (54x66) : **FRF 15 200** – Versailles, 20 nov. 1983 : *Adolescentes jouant dans un parc*, h/t (32,5x24) : **FRF 10 000** – Reims, 28 oct. 1984 : *Jeune Orientale et ses enfants*, h/pan. (33x26) : **FRF 7 500** – Londres, 30 mars 1990 : *Jeune Orientale au perroquet* 1855, h/t (55,7x34,9) : **GBP 3 300** – Londres, 5 oct. 1990 : *La Fête champêtre*, h/t/pan. (55,6x42,6) : **GBP 4 400** – Paris, 20 nov. 1990 : *Les Amoureux*, h/t (56x36) : **FRF 50 000** – Paris, 19 jan. 1992 : *Marchandage*, h/t (60,5x41,5) : **FRF 12 000** – Londres, 2 oct. 1992 : *Une mère orientale*, h/cart. (34,3x55,3) : **GBP 3 300** – New York, 16 fév. 1993 : *Jeunes filles admirant un perroquet*, h/t (61x50,8) : **USD 7 700** – Paris, 22 mars 1994 : *Le gardien des échoppes*, h/t (60x50) : **FRF 35 000** – Paris, 25 oct. 1994 : *Bonaparte traversant le désert pour se rendre en Syrie*, pl. avec reh. coul. (24,5x29,5) : **FRF 8 000** – Paris, 13 mars 1995 : *Jeune Orientale à la perruche*, h/cart. (65x34) : **FRF 16 000**.

DEVEL Pieter
xviiie siècle. Actif à Bruxelles au début du xviiie siècle. Éc. flamande.
Graveur.
Il illustra l'ouvrage de Fr. Foppens : *Délices des Pays-Bas* paru à Bruxelles en 1711.

DEVELLY Jean Charles ou **Devély**
Né en 1783. Mort sans doute en 1849. xixe siècle. Français.
Peintre sur porcelaine.
Il travailla pour la Manufacture de Sèvres et fut un de ses peintres les plus renommés au début du xixe siècle. Le Musée Céramique de Sèvres possède plusieurs œuvres de cet artiste.
Ventes Publiques : Paris, 1898 : *La fête de Saint-Cloud*, dess. à la sépia et au cr. blanc : **FRF 1 600** ; *Le bassin de la Villette*, dess. à la sépia et au cr. blanc : **FRF 1 120** – Paris, 23 mai 1929 : *La place Louis XVI et l'entrée des Champs-Élysées, 1er novembre 1827* ; *Le marchand de gaufres du parc de Saint-Cloud* ; *La boutique de M. Hulot*, trois dess. : **FRF 460** ; *Le Mai des amoureux* ; *L'auberge un jour de foire*, deux dess. : **FRF 220** ; *Chaulage des blés, octobre 1832* ; *Taille et labour des vignes* ; *Le pressoir* ; *La meule*, quatre dessins : **FRF 235** – Paris, 26 fév. 1931 : *Entrée des Champs-Élysées en 1827*, lav. de sépia et gche blanche : **FRF 200** – Paris, 25 mai 1945 : *Les ateliers de la Monnaie de Paris en 1840*, deux aquarelles gouachées : **FRF 3 200**.

DEVÉMY Lonis Joseph
Né le 5 août 1808 à Lille (Nord). Mort le 14 décembre 1874 à Paris. xixe siècle. Français.
Peintre.
Il travailla successivement à Lille et à Paris ; il avait été avocat jusqu'en 1845. Le Musée de Lille conserve de lui une *Nature morte*.

L DEVEMY

DEVENET Claude Marie
Né le 28 octobre 1851 à Uchizy (près de Tournus, Saône-et-Loire). xixe siècle. Français.
Sculpteur.
Élève de A. Dumont et de l'École de Lyon. Il débuta au Salon de Paris en 1879 avec *Portrait*, médaillon en plâtre, et obtint une médaille de troisième classe en 1822 et une médaille de bronze à l'Exposition Universelle de 1900.

DEVENTER Eduard
Né le 12 juillet 1864 à Hamm (Westphalie). xixe siècle. Allemand.
Peintre.
Il fit ses études à Düsseldorf et à Munich, puis s'établit près de Berlin. On lui doit des paysages et des portraits.

DEVENTER Jacob Van
Né à Deventer. Mort en 1575 à Cologne. xvie siècle. Hollandais.
Dessinateur de cartes.
Il sillonna l'Allemagne et les Pays-Bas et reçut le titre de géographe du roi d'Espagne.

DEVENTER Jan Frederik Van
Né le 17 novembre 1822 à Bruxelles. Mort le 29 novembre 1886 à Amsterdam. xixe siècle. Hollandais.
Peintre de paysages, graveur.
Il fut l'élève de son oncle Hendrik Van de Sande Bakhuyzen.
Musées : Amsterdam : *Katwijk-sur-Mer* – La Haye (Mus. comm.) : *L'Y devant Amsterdam* – *Vue sur un fleuve* – *Paysage* – Leipzig : *Paysage*.
Ventes Publiques : La Haye, 9 avr. 1902 : *Le Moulin à eau, effet de soleil* : **FRF 250** – Paris, 7 fév. 1921 : *Entrée d'un port en Hollande* : **FRF 750** – Bruxelles, 17 déc. 1969 : *Paysage marécageux avec bétail* : **BEF 55 000** – New York, 7 oct. 1977 : *Troupeau dans un paysage*, h/t (53,5x86) : **USD 7 000** – Londres, 9 mai 1979 : *Paysage fluvial à la chaumière*, h/pan. (44,5x56) : **GBP 4 100** – Zurich, 13 mai 1983 : *Ruines dans un paysage vallonné*, aquar. (18x26) : **CHF 1 400** – New York, 22 mai 1986 : *Paysage fluvial*, h/pan. (44x55,5) : **USD 8 500** – Amsterdam, 2 nov. 1992 : *Femme avec une vache sur un chemin*, h/pan. (51,5x44) : **NLG 11 500**.

DEVENTER Willem Antonie Van
Né le 30 juin 1824 à La Haye. Mort en 1893 à La Haye. xixe siècle. Hollandais.
Peintre de paysages, marines.
Il fut élève de H. Van de Sande Backhuyzen.
Ses œuvres sont traitées avec autant de sincérité que de sentiment.
Musées : Amsterdam – La Haye.
Ventes Publiques : Amsterdam, 1872 : *Marine par un temps orageux* : **FRF 567** – Paris, 1881 : *Vue du Oster-Dock à Amsterdam* : **FRF 230** ; *Le coup de canon* : **FRF 250** – Rotterdam, 1891 : *Vue d'une plage* : **FRF 120** – La Haye, 9 avr. 1902 : *Marine, côtes de France* : **FRF 200** – Amsterdam, 9-10 fév. 1909 : *Rivière et*

bateaux, aquar. : **NLG 62** – Londres, 23 juil. 1976 : *Bateaux à l'encre* 1959, h/t (46x62,5) : **GBP 1 100** – New York, 7 oct. 1977 : *Barques de pêche le long d'une jetée*, h/pan. (28x42,5) : **USD 5 000** – Londres, 26 nov. 1982 : *Scène de plage avec voiliers*, h/pan. (17,1x24,2) : **GBP 1 000** – Londres, 21 juin 1984 : *Bateaux sur le Zuiderzee*, h/pan. (38,1x51,5) : **GBP 3 200** – Amsterdam, 2 mai 1990 : *Paysage côtier au crépuscule avec une frégate tirant une salve*, h/pan. (29,5x38) : **NLG 3 220** – Amsterdam, 5-6 fév. 1991 : *Paysage côtier avec des pêcheurs sur la grève et les barques de pêche à l'ancrage par temps calme*, h/pan. (29,5x37,5) : **NLG 5 520** – Amsterdam, 20 avr. 1993 : *Pêcheurs sur une côte observant un naufrage* 1869, aquar. (33,5x57) : **NLG 3 220** – Amsterdam, 9 nov. 1993 : *Un village dans les dunes*, h/cart. (44,5x60) : **NLG 5 750** – Amsterdam, 19 avr. 1994 : *Voilier et steamer au large de la côte*, h/t (70x95) : **NLG 8 050** – Amsterdam, 16 avr. 1996 : *Barque de pêche ancrée au crépuscule*, h/pan. (23x30) : **NLG 2 950** – Londres, 21 nov. 1996 : *Voiliers dans un estuaire avec des personnages sur la jetée*, h/pan. (38x54,5) : **GBP 17 825**.

DEVER Alfred

XIXe siècle. Britannique.

Peintre de genre.

Il exposa à la Royal Academy à Londres de 1859 à 1876.

Ventes Publiques : Londres, 9 fév. 1923 : *A drop of bitter in the cup of joy* 1860 : **GBP 21** – Londres, 31 oct. 1986 : *A woodland idyll* 1865, h/t (51,5x23) : **GBP 1 900** – Londres, 13 fév. 1991 : *Un trait d'amertume dans la coupe du bonheur* 1860, h/t (18x14) : **GBP 5 720**.

DEVERE

XVIIIe siècle. Actif à Paris à la fin du XVIIIe siècle. Français.

Peintre et graveur.

On cite parmi ses gravures : *Suite de tous les essais aérostatiques et des endroits où on les a faits* et des *Costumes espagnols*.

DEVERE Giovanni Paolo

Né en 1732 à Vérone. Mort le 4 mai 1760 à Vérone. XVIIIe siècle. Italien.

Sculpteur.

Il fut élève de Giovanni Angelo Finali.

DEVERELL Walter Howell

Né le 1er octobre 1827 à Charlottesville (Virginie). Mort le 3 février 1854 à Londres. XIXe siècle. Américain.

Peintre.

Artiste d'avenir, habile, populaire et fort bien doué, arrêté en pleine carrière par la mort. Fils du secrétaire des Écoles de dessin, il faisait partie de l'Association des Pré-Raphaélites. Grand ami de Rossetti, c'est lui qui mit ce dernier en rapport avec Miss Siddal qui posait pour lui comme *Viola* et qui devint Mme Rossetti. Ses œuvres principales sont : Une scène du *Songe d'une nuit d'été*, une scène de *Comme il vous plaira* (terminé par Rossetti après la mort de l'artiste) et *La dernière visite du docteur* qu'il eut le temps d'achever.

DEVERELLE, Mlle

XVIIIe siècle. Française.

Peintre.

Elle fut reçue à l'Académie de Saint-Luc à Paris en 1750.

DEVÉRIA Achille Jacques Jean Marie

Né le 6 février 1800 à Paris. Mort le 23 décembre 1857 à Paris. XIXe siècle. Français.

Peintre de genre, portraits, peintre de cartons de vitraux, aquarelliste, dessinateur, graveur, lithographe.

Frère d'Eugène Devéria, il fut élève de Laffitte et de Girodet. Il devint le gendre du lithographe Motte dont la technique ne fut pas sans influence sur lui. En 1848, il fut nommé conservateur adjoint du Cabinet des Estampes, puis titulaire en avril 1857.

Son œuvre comme dessinateur est assez peu important. Le meilleur en est les cartons de vitraux qui figurent au musée de Versailles. Comme graveur il s'est surtout attaché à reproduire à l'eau-forte les tableaux de son frère. Mais ce fut surtout un lithographe de talent. Son œuvre est considérable : il faut signaler la série des portraits de ses contemporains et ses sujets badins qu'il traita d'un crayon élégant et spirituel. D'entre cette suite de 450 portraits, qui constituent la plus précieuse galerie de portraits de la société romantique, on peut citer : *Victor Hugo*, de qui il était le familier, *Rachel, la Malibran, Marie Dorval, Lamartine, Vigny, Dumas, Liszt*, etc.

AD Devéria

Musées : Avignon : *La Fuite en Égypte* – Dieppe : *Portrait de Liszt* – Montpellier : *Le Fils du garde-chasse* – *L'Aumône* – Reims : *Voltaire* – Saint-Brieuc : *Saint Michel archange* – Versailles : *François Alexandre Frédéric, duc de La Rochefoucauld-Liancourt* – Versailles (Trianon) : *Les Nouvelles de la reine de Navarre*.

Ventes Publiques : Paris, 1858 : *Projets de vitraux*, dess. coloriés : **FRF 22** ; *Hommage à Voltaire*, cr. : **FRF 4** ; *Le Pater Noster*, cr. gris, reh. de blanc : **FRF 10**,50 ; *Psyché au bain*, estompe, reh. de blanc : **FRF 33** ; *Les amours de Psyché et de Cupidon*, cinquante-six dessins : **FRF 200** – Paris, 1862 : *Douze dessins*, à la sépia pour les œuvres de Detouche : **FRF 530** – Paris, 14 mars 1919 : *Portrait d'homme*, cr. coul. : **FRF 30** – Paris, 30 nov.-2 déc. 1920 : *Portrait de Samson, de la Comédie-Française*, cr. : **FRF 155** – Paris, 9 déc. 1920 : *Le lever des étudiants* : **FRF 100** – Paris, 20 jan. 1921 : *La toilette pour le carnaval*, aquar. : **FRF 95** – Paris, 23-25 juin 1921 : *La jeune mère*, aquar. : **FRF 480** – Paris, 21 avr. 1923 : *L'Orage* : **FRF 60** – Paris, 15 avr. 1924 : *Charles IX et l'amiral de Coligny*, aquar. : **FRF 180** – Paris, 16 mai 1924 : *Le Rendez-vous* : **FRF 1 500** – Paris, 6 juin 1924 : *Naissance de Henri IV* : **FRF 900** – Paris, 20 juin 1924 : *Embarquement*, aquar. : **FRF 520** – Paris, 17 déc. 1924 : *Alsacienne* ; *Bressane*, deux mines de plomb : **FRF 130** – Paris, 12 fév. 1926 : *Jeune femme en manchon* : **FRF 2 100** – Paris, 28-29 juin 1926 : *Mousquetaire et soubrette*, cr. : **FRF 100** – Paris, 4 nov. 1927 : *Groupe près d'une cascade*, aquar. : **FRF 610** – Paris, 19 nov. 1927 : *Le Traversin* : **FRF 2 720** ; *Le Verrou* : **FRF 2 920** – Paris, 28 avr. 1928 : *Les jeunes espiègles*, aquar. : **FRF 580** – Paris, 4 mai 1928 : *Bal masqué*, aquar. : **FRF 1 450** – Paris, 17 déc. 1928 : *Miss Plumkett*, aquar. : **FRF 50** – Paris, 21 déc. 1928 : *Étude de femme*, pl. : **FRF 180** – Paris, 25 jan. 1929 : *La mort de Henri III*, aquar. : **FRF 500** ; *Visite de Charles IX à l'amiral de Coligny*, aquar. : **FRF 1 200** – Paris, 26 jan. 1929 : *La toilette* : **FRF 275** – Paris, 9 mars 1929 : *Portrait de femme*, dess. : **FRF 360** – Paris, 10 et 11 avr. 1929 : *Grande coupe à deux anses*, dess. : **FRF 370** – Paris, 12 juin 1929 : *La courtisane*, aquar. : **FRF 2 000** – Paris, 4 mars 1932 : *La mauvaise nouvelle*, aquar. : **FRF 400** – Paris, 19 juin 1933 : *Agréable interruption*, aquar. : **FRF 1 700** ; *La petite coquette*, lav. de sépia : **FRF 370** – Paris, 26 fév. 1934 : *A la Fontaine* : **FRF 3 100** – Paris, 17 et 18 déc. 1941 : *Confidence*, dess. aquarellé : **FRF 180** ; *Fermier normand*, dess. : **FRF 70** ; *La Mère de famille*, cr. : **FRF 125** ; *Le Messager*, cr. : **FRF 100** ; *La Musicienne*, sépia : **FRF 90** – Paris, 18 mars 1942 : *L'aïeule endormie*, aquar. : **FRF 1 250** – Paris, 4 mars 1943 : *Le poète et la princesse hindoue*, mine de pb : **FRF 650** – New York, 2 mars 1967 : *Odalisque couchée* : **USD 2 400** – Londres, 20 juin 1979 : *Jeune femme regardant un album*, h/t (34x26) : **GBP 800** – New York, 7 juin 1979 : *Jeune femme à la mantille*, cr. reh. de sanguine (54x44) : **USD 3 200** – Londres, 26 mars 1981 : *Portrait d'homme dans un intérieur*, cr./pap. (19,5x14,5) : **GBP 420** – Paris, 26 nov. 1982 : *L'enfant au polichinelle*, h/t (100x81) : **FRF 5 200** – Paris, 22 fév. 1984 : *A. Deveria par lui-même*, grav. : **FRF 7 500** – Paris, 22 fév. 1985 : *Raphaël et son modèle* 1837, aquar. (30,5x23) : **FRF 17 000** – Paris, 3 mai 1988 : *Scène d'adieux*, pl. (19x29) : **FRF 9 000** – Paris, 17 mars 1989 : *La partie de campagne*, cr. et aquar. (20,5x29,5) : **FRF 32 000** – Londres, 4 oct. 1989 : *Dans l'atelier de l'artiste*, h/t (58x71) : **GBP 3 080** – Paris, 15 juin 1990 : *Jeune femme se préparant pour le bal*, aquar. (19x17,5) : **FRF 30 000** – Paris, 23 oct. 1992 : *Jeune femme assise* 1850, cr. noir (40,5x32) : **FRF 4 200** – Paris, 8 mars 1993 : *Les deux amies*, aquar. (22x16,3) : **FRF 9 000** – Paris, 17 juin 1994 : *La partie de campagne avec un chasseur au faucon*, pierre noire et aquar. (21x30) : **FRF 20 000** – Paris, 23 juin 1995 : *La bataille de Trafalgar* 1818, lav. brun (32x48,5) : **FRF 7 500** – Paris, 23 juin 1997 : *Portrait de famille*, aquar. (19,5x22,5) : **FRF 9 500**.

DEVÉRIA Eugène François Marie Joseph

Né le 22 avril 1808 à Paris. Mort le 3 février 1865 à Pau (Pyrénées-Orientales). XIXe siècle. Français.

Peintre d'histoire, compositions religieuses, genre, portraits, aquarelliste, dessinateur.

Élève de Girodet, il débuta en 1827 par son tableau : *La Nais-*

sance de Henri IV qui est peut-être sa meilleure toile. Le succès remporté par cet envoi put faire croire qu'une nouvelle étoile était née au firmament du groupe romantique. Mais Devéria ne réalisa jamais les espérances qu'il avait fait naître. Ses tableaux suivants : *La Fuite en Égypte, La Bataille de la Marsaille* causèrent quelques déceptions chez ses plus fervents admirateurs. Les critiques assez acerbes qui accueillirent en 1844 : *La Résurrection du Christ*, et en 1847 : *La Mort de Jane Seymour*, le détournèrent du Salon pendant plus de dix ans. Il n'y reparut que vers 1860 et y exposa assez peu.
Parmi ses œuvres, il faut citer les quelques peintures qu'il effectua pour les plafonds de diverses salles au musée du Louvre. Artiste peu original, Eugène Devéria n'a guère survécu que par son tableau du Louvre.
Musées : Angers : *Naissance de Henri IV* – Avignon : *Tête vue de trois quarts – Famille bretonne – deux portraits d'Espiret Calvet* – Bernay : *Embouchure de la Touques (Trouville)* – Béziers : *Femme lisant – Portrait d'homme – Femme et enfant* – Florence (Offices) : *Portrait de l'artiste* – Le Havre : *Divorce de Henri VIII d'Angleterre* – Montpellier : *Naissance de Henri IV – Portrait de M. François Sabatier* – Neuchâtel : *Portrait d'une dame* – Orléans : *Pigeon ramier* – Paris (Louvre) : *La naissance de Henri IV – Le Puget présentant le groupe du Milon de Crotone à Louis XIV dans les Jardins de Versailles*, troisième salle céramique antique, plafond – *quatre épisodes du règne de Louis XIV*, Voussures – Paris (Comédie Française) : *Mme Paradol* – Rouen : *Portrait de Mme X – Jeune femme* – Valence : *Mort de Jane Seymour, reine d'Angleterre* – Versailles : *Serment du roi de maintenir la Charte de 1830 – Bataille de la Marsaille – Prise de Saverne – Levée du siège de Metz – Combat de Fontaine-Française – Philippe le Bon, duc de Bourgogne – Des Querdes, Philippe de Crèvecœur – Brissac.*
Ventes Publiques : Paris, 1850 : *Les sœurs de charité et le curé de la ville de Nogent devant Napoléon*, dess. : **FRF 39** ; *Napoléon à Sainte-Hélène, rencontrant des esclaves chargés*, dess. : **FRF 63** – Paris, 1863 : *Mort de Monadelschi*, aquar. : **FRF 560** – Paris, 1891 : *Sujet de genre* : **FRF 525** – Paris, 8 jan. 1894 : *Supplice de Jeanne d'Arc*, dess. à la mine de pb, lavé de bistre : **FRF 26** – Paris, 1895 : *Tête de femme* : **FRF 100** – Paris, 9 mai 1901 : *Scène d'inondation dans le Midi*, aquar. : **FRF 260** – Paris, le 26 mars 1902 : *La naissance de Henri IV*, aquar. : **FRF 115** – Paris, 20 mai 1906 : *Scène de harem*, aquar. : **FRF 250** – Paris, 5 avr. 1909 : *Femme nue au bord de l'eau*, aquar. : **FRF 120** – Paris, 22 mai 1919 : *La visite au peintre* : **FRF 500** – Paris, 30 nov.-1er et 2 déc. 1920 : *Portrait de Mlle Laure Devéria*, aquar. : **FRF 700** – Paris, 13 déc. 1920 : *La visite au peintre* : **FRF 380** – Paris, 15 fév. 1923 : *Le Duel* : **FRF 560** – Paris, 9 et 10 mars 1923 : *Sous la tonnelle à Sèvres*, pl. et lav. sépia : **FRF 600** – Paris, 21 et 22 juin 1923 : *Musique de chambre*, aquar. : **FRF 2 650** – Paris, 3 mars 1926 : *La femme à l'ombrelle*, aquar. : **FRF 1 450** ; *Jeune femme en promenade*, aquar. : **FRF 1 050** ; *La femme au mouchoir*, aquar. : **FRF 1 450** ; *La femme au manteau*, aquar. : **FRF 1 550** ; *Danseuse travestie*, aquar. : **FRF 1 300** ; *Costumes travestis*, deux aquar. : **FRF 900** ; *Costumes travestis*, deux aquar. : **FRF 1 800** – Paris, 26 avr. 1929 : *Intérieur Louis XIII* : **FRF 450** – Paris, 11 et 12 mai 1931 : *Épisode de Don Juan* : **FRF 1 600** – Londres, 15 juil. 1931 : *Fête aux lanternes*, aquar. : **GBP 10** – Paris, 25 mai 1932 : *L'arrivée des paysans au marché de Pau* : **FRF 950** – Paris, 19 juin 1933 : *Marie Stuart quittant la France*, aquar. : **FRF 660** – Paris, 5 fév. 1934 : *La jeunesse compatissante* : **FRF 220** – Paris, 5 mars 1937 : *Le tailleur et la fée*, deux toiles se faisant pendant et représentant le premier et le dernier couplet de la chanson de Béranger : **FRF 2 300** ; *Portrait de la famille Tamburini* : **FRF 2 100** – Paris, 1er fév. 1943 (sans indication de prénom) : *Les Enfants et l'Aïeule*, aquar. : **FRF 4 500** – Paris, 2 juin 1943 (sans indication de prénom) : *Portrait de la marquise de Mérian* ; *Autoportrait* 1845 : **FRF 5 100** – Londres, 25 avr. 1945 : *Lady Princess Marie of Baden*, dess. : **GBP 26** – Paris, 18 oct. 1946 : *Les enfants d'Edouard séparés de leur mère*, croquis à la plume au recto et au verso de la même feuille : **FRF 600** – Paris, 5 déc. 1946 : *Portrait de femme assise*, cr. noir, reh. de past. : **FRF 3 500** – Paris, 24 jan. 1947 : *Jeune femme assise cousant*, dess., reh. de blanc : **FRF 4 000** – Paris, 17 mars 1947 : *Jeune femme assise devant une caisse de fleurs* : **FRF 1 900** – Paris, 24 mars 1947 : *Femme à l'éventail*, aquar. gchée : **FRF 2 400** – Paris, 2 juil. 1947 : *Portrait de femme assise* : **FRF 3 700** ; *Femme en toilette debout dans un intérieur* 1831, aquar., reh. de gche : **FRF 7 000** – Paris, 24 mars 1955 : *La jeune femme au corsage rouge* : **FRF 72 000** – Paris, 18 juin 1974 : *Le banquet oriental*, camaïeu : **FRF 4 200** – Londres, 25 juin 1982 : *La Loge de théâtre*, h/t (81,9x65,4) : **GBP 3 500** – New York, 21 jan. 1983 : *Étude pour Puget présentant le groupe de Milon de Crotone à Louis XIV, dans les jardins de Versailles*, gche et encre noire/trait de cr. reh. de blanc et or (42x34,3) : **USD 1 800** – Reims, 28 oct. 1984 : *La jeunesse d'Henri IV*, h/t (43x37) : **FRF 16 000** – Paris, 11 oct. 1985 : *Femme assise accoudée à des coussins*, cr. Conté et estompe (53x42,5) : **FRF 44 000** – Monte-Carlo, 20 juin 1987 : *Portrait du comte Henri de Cambis d'Orsan* 1839, h/t (101x81,5) : **FRF 50 000** – Paris, 5 juil. 1988 : *La Conversation après le bal*, aquar. (21x18,5) : **FRF 4 200** – Paris, 27 juin 1989 : *Le Christ en Croix*, h/t (38x25) : **FRF 3 800** – Paris, 21 nov. 1989 : *Un artiste et sa femme* ; *Femme cousant* 1862, mine de pb, deux dessins (11x18,5 et 19,4x12,8) : **FRF 3 500** – Paris, 29 nov. 1989 : *Les Chouans*, aquar. (31x23,5) : **FRF 10 000** – Londres, 14 fév. 1990 : *Portrait d'une dame élégante*, h/t (81x64) : **GBP 6 600** – Paris, 12 juin 1990 : *Le Glorieux*, pl. et lav./pap. (11,5x8,5) : **FRF 7 000** – Paris, 22 mars 1991 : *Portrait d'une jeune femme portant un châle* 1856, past. (59x48) : **FRF 22 000** – Paris, 14 juin 1991 : *Le curieux impertinent* 1828, pl. et lav./pap. (11,5x8,5) : **FRF 5 500** – Paris, 22 nov. 1991 : *Réunion musicale*, lav. de sépia (26x21) : **FRF 25 000** – Londres, 25 nov. 1992 : *Scène pastorale*, aquar. (53x42) : **GBP 770** – Paris, 16 déc. 1992 : *Portraits du Général et de Madame de Tournemine* 1829, h/t, une paire (chaque 66x54) : **FRF 35 000** – Paris, 26 avr. 1993 : *Portrait de jeune femme en robe de dentelle*, h/t (80,5x65) : **FRF 55 000** – New York, 26 mai 1994 : *Le Cardinal Wolsey et Catherine d'Aragon* 1858, h/t (146,1x118,1) : **USD 11 500**.

DEVÉRIA Henri Victor
Né en 1829 à Paris. Mort en juillet 1897 à Paris. XIXe siècle. Français.
Peintre de genre.
Élève d'Eugène et d'Achille Devéria. Il débuta au Salon de 1859 avec : *Les joueurs d'échecs*.
Ventes Publiques : Paris, 28 et 29 juin 1929 : *Combat de cavaliers* : **FRF 270**.

DEVÉRIA Laure
Née le 9 octobre 1813 à Paris. Morte le 11 mai 1838 à Paris. XIXe siècle. Française.
Peintre de fleurs.
Sœur d'Eugène et d'Achille Devéria. Elle débuta au Salon de 1836, et obtint une troisième médaille l'année suivante. Le Musée du Louvre conserve trois dessins de cette artiste et l'on voit d'elle une aquarelle au palais de Compiègne.
Ventes Publiques : Paris, 19 mars 1937 : *Vase de fleurs*, deux toiles : **FRF 900**.

DÉVERIN Édouard Georges Eugène
Né le 6 juin 1881 à Paris. XXe siècle. Français.
Dessinateur, illustrateur.
Frère du peintre Roger Déverin, il participa au Salon des Humoristes en 1914 et 1923. Il est parfois confondu avec le caricaturiste Mayor Édouard Déverin.
Lui-même caricaturiste, il collabora à *L'œuvre* et au *Music-hall illustré*. Également poète, il illustra ses textes parus sous le titre : *Flânes*, en 1911. Ses dessins montrent un trait de crayon rapide, nerveux.
Bibliogr. : Gérald Schurr, in : *Les Petits Maîtres de la peinture 1820-1920, valeur de demain*, Les Éditions de l'Amateur, t. VI, Paris, 1985.
Ventes Publiques : Paris, 22 mai 1985 : *recueil de 160 pages, comportant plus de trois cents portraits d'écrivains*, dess. aux cr. de coul. (22x17) : **FRF 102 000**.

DÉVERIN Mayor Edouard, dit **Tiburce**
Né le 24 septembre 1854 à Lausanne, originaire de Bottens. Mort en juillet 1894. XIXe siècle. Suisse.
Dessinateur, architecte.
Déverin fut surtout caricaturiste. On cite de lui : *Favey et Grognuz à l'Exposition de* 1878. Pendant trois ans, il dirigea un journal politique satirique, dont le premier numéro parut en 1884, pour lequel il exécuta des dessins, fournissant également en grande partie le texte, étant aussi écrivain.

DEVERIN Roger
Né le 14 mai 1884 à Paris. XXe siècle. Français.
Peintre de paysages, aquarelliste, illustrateur, céramiste, décorateur.
Il exposa au Salon d'Automne et au Salon des Tuileries. Il illustra *Le latin mystique* de R. de Gourmont.
Il a peint des paysages dans de nombreuses régions de France,

notamment dans le Puy-de-Dôme, sur la Côte Atlantique et sur la Côte méditerranéenne.
Musées : Épinal (Mus. départ. des Vosges) : *La rue du Moulin du beurre*.
Ventes Publiques : Amsterdam, 24 mai 1989 : *Fleurs*, h/t (55x46,5) : **NLG 1 955** – Paris, 8 avr. 1991 : *Vallée du Var*, h/pan. (19x24) : **FRF 3 500**.

DEVERNE Michel
Né le 8 août 1927 à Villeneuve-la-Garenne (Hauts-de-Seine). xxe siècle. Français.
Sculpteur. Abstrait-géométrique.
Il fut élève de Marcel Gimond, Marcel Gromaire et Emmanuel Auricoste à l'École des Beaux-Arts de Paris. Il a exposé à Paris, régulièrement au Salon Grands et Jeunes d'Aujourd'hui dans les années quatre-vingt, au Salon des Réalités Nouvelles et à celui de l'Automne.
Il travaille surtout le métal, souvent en sorte de technique de découpage-pliage, réalisant aussi des reliefs muraux constitués d'éléments rythmiques répétitifs, la polychromie étant obtenue par émaillage.

DEVERS Giuseppe
Né le 24 août 1823 à Turin. Mort le 10 juin 1882 à Turin. xixe siècle. Italien.
Peintre et céramiste.
Passa une partie de sa vie à l'étranger et se consacra à la peinture sur émail. Obtint cinq médailles d'or et de nombreuses médailles d'argent dans les expositions où il présenta ses œuvres. En 1872, il exposa un *Portrait de Vélasquez de Silva*, sur porcelaine ; une *Madone avec l'Enfant* ; une porte de tabernacle, où était peint le *Sauveur* avec des ornements du ixe siècle. A Turin, en 1884, il exposa un buste : *Italie* (sculpture en imitation de celles de della Robbia) ; et des peintures telles que : *Une renommée, L'Apocalypse, Benedettino, Madone, Sainte Cécile, Vénus se baignant, Ange, Jésus au jardin des Oliviers* et quelques terres cuites. Élève d'Ary Scheffer pour la peinture, de Rude pour la sculpture, et de Jollivet pour la décoration émaillée.
Musées : Avignon : *Uranie* – Limoges : *Luca della Robbia* – Saintes : *Buste de Palissy*, faïence – Toulon : *Dante et Virgile*, émail, d'après E. Delacroix.

DEVERTE Gaston E.
Né dans la deuxième moitié du xixe siècle à Saint-Ouen (Seine). xixe siècle. Français.
Graveur sur bois.
Mention honorable au Salon de 1911.

DEVEVEY Charles
Né au xixe siècle à Demigny (Saône-et-Loire). xixe siècle. Français.
Peintre d'intérieurs.
Élève de J. Lefebvre et G. Boulanger. Il débuta au Salon de Paris en 1879 avec : *Coin de cuisine*.

DEVÈZE Miguel
Né en 1909 à Arles (Bouches-du-Rhône). xxe siècle. Français.
Peintre de sujets divers, sculpteur.
Il est autodidacte. Il a exposé au Salon des Surindépendants à partir de 1946, en devenant membre du comité en 1948, puis président. Il a figuré dans plusieurs expositions collectives et présenté ses œuvres lors d'expositions particulières à Paris, Arles, Biarritz, Bandol, etc.
Il s'est particulièrement attaché à décrire le folklore provençal, la tauromachie et a réalisé un chemin de croix dans l'église Saint-Pierre de Trinquetaille.
Musées : Arles (Mus. Reattu) : *Arlésienne sortant de St-Trophime* – *La cocarde*.

DEVICQUE Julien Hippolyte
Né en 1821 à Paris. xixe siècle. Français.
Peintre de compositions animées, lithographe.
Élève de François Dubois, il exposa au Salon de Paris entre 1859 et 1866.
Ventes Publiques : Paris, 10 fév. 1984 : *Marché aux bestiaux* 1867, h/t : **FRF 44 000**.

DEVIENNE Adolphe
xixe siècle. Français.
Peintre de paysages.
Exposa au Salon de 1840 à 1848.

DEVIENNE Georges
Né le 25 août 1881 à Calais (Pas-de-Calais). Mort au champ d'honneur durant la Première Guerre mondiale (1914-1918). xxe siècle. Français.
Graveur.
Ed. Joseph cite ses eaux-fortes en couleurs.

DEVIENNE Solange
Née à Rochefort-sur-Mer (Charente-Maritime). xxe siècle. Française.
Peintre ?
Elle exposa à Paris au Salon des Artistes Français, dont elle fut membre sociétaire.

DEVIGE Bernard
Né le 8 mai 1787 à Angoulême (Charente). Mort le 23 janvier 1862 à Angoulême. xixe siècle. Français.
Dessinateur.
Il fut élève de Nicollet.

DEVIGNE Paul. Voir **VIGNE de**

DEVIGNES
xixe siècle. Actif vers 1807. Français.
Peintre sur porcelaine.
Il travailla pour la Manufacture de Sèvres.

DEVIGNON
Né à Paris. xviiie siècle. Français.
Peintre.
Il exécuta, en Lorraine, en 1740, des travaux pour le duc François III. Peut-être identique à un VIGNON.

DEVILLARIO René Marie Léon
Né le 2 avril 1874 à Saint-Didier-les-Bains (Vaucluse). Mort en 1942. xxe siècle. Français.
Peintre de scènes de genre.
Il fut élève de Jean-Paul Laurens, Tony Robert-Fleury et de Jean-Jacques Henner. À Paris, sociétaire du Salon des Artistes Français à partir de 1902, il y exposa régulièrement, recevant une mention honorable en 1901 et une médaille d'or en 1925.
Musées : Avignon : *Eglogue*.
Ventes Publiques : Paris, 20 oct. 1997 : *Quiétude*, h/pan. (46x55) : **FRF 6 200**.

DEVILLE
xviie siècle. Actif à Paris à la fin du xviie siècle. Français.
Sculpteur sur bois.
Il travailla au Trianon.

DEVILLE
xviiie siècle. Actif vers 1760. Français.
Peintre sur porcelaine.
Il travailla à la Manufacture de Sèvres.

DEVILLE Henry Wilfrid
Né le 24 juillet 1871 à Nantes (Loire-Atlantique). xixe-xxe siècles. Français.
Graveur à l'eau-forte.
Il commença ses études aux États-Unis avec Henry Winslow, les poursuivant avec Auguste Lepère. Demeurant aux États-Unis il revint en France pour se battre en 1914. Ayant ensuite contribué comme architecte à la reconstruction, il grava des aspects de la zône meurtrie.

DEVILLE J. S.
xixe siècle. Actif à Londres au début du xixe siècle. Britannique.
Sculpteur.
La National Portrait Gallery, à Londres, conserve de lui le buste de *William Makepeare Thackeray*.

DEVILLE Jean
Né le 27 novembre 1872 à Lyon (Rhône). xxe siècle. Français.
Peintre et graveur de sujets divers.
Il se fixa à Paris et se lia avec Maximilien Luce qu'il devait toujours tenir pour son maître. À Paris, sociétaire du Salon d'Automne, il y exposa à partir de 1907, figurant également au Salon des Artistes Indépendants entre 1902 et 1910. Il fut invité au Salon des Tuileries et exposa en 1908 au Salon de la Société Nationale des Beaux-Arts, avec une gravure sur bois *Portrait de Nietszche*, qui fut remarquée. En 1926, à l'exposition rétrospective du Salon des Artistes Indépendants, il présentait : *Nature morte à l'éventail, Japonaiseries, Vue sur Morangle, Le plateau de Fresnoy, Journée orageuse*.
Musées : Honfleur : *Effet de neige* 1920 – Lyon : Gravures sur bois.
Ventes Publiques : Paris, 9 fév. 1925 : *Le Gave de Pau* : **FRF 145**

– Paris, 21 nov. 1928 : *Fleurs* : **FRF 100** – Paris, 15 juin 1945 : *Effet de neige* : **FRF 250** – Paris, 11 juin 1987 : *Le jardin du Luxembourg* 1900, h/t (100x73) : **FRF 95 000**.

DEVILLE Jean

Né le 23 juin 1901 à Charleville (Ardennes). xxe siècle. Français.

Peintre, graveur.

Elève de Maurice Denis et de Georges Desvallières, il exposa à Paris, au Salon des Artistes Indépendants et au Salon d'Automne dont il était sociétaire. Il fut président de l'Union Artistique des Ardennes.

Musées : Belfort – Boston – Philadelphie – Tokyo – Vienne (Albertina).

DEVILLE Joseph Henri

Né en 1803 à Genève. Mort le 20 novembre 1857 à Genève. xixe siècle. Suisse.

Peintre de genre et de portraits et lithographe.

Deville étudia le dessin dans l'École d'art de sa ville natale et la gravure chez Schenker. A Paris, il fut dirigé par le peintre Grosclaude, Mme Munier, puis par Gros. Ce ne fut qu'en 1846, qu'il visita l'Italie, étant professeur de dessin au Musée Rath à Genève. De retour en Suisse, il reprit son poste qu'il abandonna définitivement après cinq ans pour devenir le conservateur de l'Exposition permanente de la Société des Amis des Beaux-Arts. On cite de lui : *Jeune fille conduisant un vieillard aveugle*, et des portraits de M. et Mme Jaubert, ces deux derniers au Musée Ariana à Genève. Parmi ses lithographies, on signale notamment des planches dans l'*Album de la Suisse romane, les portraits du colonel Pinons* et de *Charles Bonnet* (d'après Juel), de *J.-J. Rousseau* (d'après La Tour), d'*Arlaud* (d'après Largilière), de *P.-L. de la Rive* le peintre (d'après Saint-Ours de), de *Liotard* (d'après lui-même), *Jeune fille de Montreux, Jeune paysanne des environs de Genève, Jeune chevrière, Reproduction du retable des Macchabées.* Deville a aussi exposé des aquarelles.

DEVILLE Maurice

Né au xixe siècle à Bayonne (Basses-Pyrénées). xixe siècle. Français.

Graveur.

Il obtint une mention honorable en 1889 et une médaille de troisième classe en 1892.

DEVILLE Pierre Gustave

Né le 13 février 1815 à Chinon (Indre-et-Loire). xixe siècle. Français.

Peintre de figures, animaux.

Il étudia avec A. Scheffer. Il exposa au Salon de Paris de 1851 à 1859, et travailla cinq années en Espagne.

Ventes Publiques : Calais, 8 nov. 1987 : *Toilette d'une femme de qualité au dix-huitième siècle*, h/pan. (34x27) : **FRF 20 000**.

DEVILLE Vickers

Né à Wolverhampton. xixe-xxe siècles. Britannique.

Peintre de paysages et de genre.

DEVILLE-CHABROLLE Marie-Paule

Née en 1952. xxe siècle. Française.

Peintre, sculpteur de figures, nus, dessinatrice.

Ventes Publiques : Calais, 12 déc. 1993 : *Femme assise*, bronze (H. 19) : **FRF 12 500** – Neuilly, 12 déc. 1993 : *Femme allongée*, bronze cire perdue (8x27x11) : **FRF 8 200** – Neuilly, 19 mars 1994 : *La Femme fœtale*, bronze cire perdue (7,5x17,5x9,5) : **FRF 12 000** – Provins, 29 oct. 1995 : *Justine*, bronze cire perdue (H. 26) : **FRF 25 500** – Provins, 26 nov. 1995 : *Après le bain*, bronze (H. 47) : **FRF 29 300** – Calais, 7 juil. 1996 : *Mélancolie*, bronze patine brun foncé (H. 46) : **FRF 33 500** ; *Nu en buste*, sanguine (76x42) : **FRF 8 000** – Paris, 13 déc. 1996 : *La Pause*, bronze à patine brune (29x20) : **FRF 14 500** – Paris, 10 mars 1997 : *La Maternité*, bronze à patine bleue : **FRF 29 000** – Calais, 23 mars 1997 : *La Sensuelle*, bronze à patine bleue (H.11, l. 23) : **FRF 12 000** – Paris, 25 mai 1997 : *La Sensuelle* 1997, bronze patine bleue (11x24x13) : **FRF 13 000** – Paris, 20 juin 1997 : *Mélancolie*, bronze patine brune (48x33x36) : **FRF 35 000**.

DEVILLEBICHOT Jean Auguste

Né le 8 novembre 1804 à Talant (Côte d'Or). Mort le 16 novembre 1862 à Dijon (Côte-d'Or). xixe siècle. Français.

Peintre de portraits, dessinateur.

Il fut élève de Devosge et de Cogniet.

Le graphisme élégant et le modelé soigné de ses portraits, font penser à l'art d'Ingres.

Bibliogr. : Gérald Schurr, in : *Les Petits Maîtres de la peinture 1820-1920, valeur de demain*, Les Éditions de l'Amateur, t. II, Paris, 1982.

Musées : Dijon : *Autoportrait – Portrait de la femme du sculpteur Rude.*

DEVILLENEUVE

xviiie siècle. Français.

Peintre.

Actif à Lyon, il alla vers 1754 peindre dans l'église de Saint-Trivien (Ain) un livre et des armoiries.

DEVILLERS Georges

xixe siècle. Français.

Peintre d'histoire.

Élève de David. Il débuta au Salon de Paris en 1804 et obtint la même année la grande médaille d'or.

DEVILLEZ Louis Henry

Né le 19 juillet 1855 à Mons. xixe siècle. Belge.

Sculpteur.

Il participa à la décoration du Jardin Botannique, et du Palais des Beaux-Arts, à Bruxelles. Mais, plus esthète que créateur, il n'a que peu produit. Il exposa aux Artistes Français où il obtint une médaille de troisième classe en 1897, puis au Salon de la Société Nationale des Beaux-Arts dont il fut sociétaire depuis 1893. Il obtint encore une médaille d'or à l'Exposition de 1889. Grand ami d'Eugène Carrière, qui fit son portrait, Devillez a légué au Louvre une très importante collection d'œuvres de ce peintre.

DEVILLIÉ Charles

Né en 1850 à Roanne (Loire). Mort en 1905. xixe siècle. Français.

Peintre de portraits, paysages. Postimpressionniste.

Son père, étant à la tête d'une entreprise de peinture-décoration, l'envoie à Paris pour apprendre le métier de peintre-plâtrier. Il en profite pour fréquenter les milieux artistiques et suivre les cours de l'Académie Suisse. Il essaie d'exposer au Salon de Paris, mais sa toile est refusée. De retour à Roanne, il continue à peindre tout en exerçant son métier.

Peu à peu ses paysages, peints en légères touches impressionnistes de verts pâles et ocres clairs, montrent des formes estompées, à la limite de l'abstraction.

Bibliogr. : Gérald Schurr, in : *Les Petits Maîtres de la peinture 1820-1920, valeur de demain*, Les Éditions de l'Amateur, t. III, Paris, 1976.

Ventes Publiques : Saint-Étienne, 25 mars 1979 : *Portrait de jeune femme*, h/t (41x32) : **FRF 7 000**.

DEVILLIERS Hyacinthe Rose

Né en 1794, à Paris selon Siret. xixe siècle. Français.

Peintre d'histoire et de portraits.

Il fut élève de Gros et de Guérin à l'École des Beaux-Arts où il entra en 1815. Il exposa de 1831 à 1846.

DEVILLIERS Jack ou **Jacques**

Né en 1944 à Levier (Doubs). xxe siècle. Français.

Sculpteur de figures.

Il expose régulièrement à Paris, au Salon des Artistes Indépendants dont il est sociétaire depuis 1978 ; il a figuré au Salon d'Automne entre 1978 et 1982, au Salon du Bilan d'Art Contemporain à Québec en 1980. Il a reçu plusieurs récompenses. En 1995, la galerie Drouant de Paris a montré un ensemble de ses sculptures.

Il fut d'abord ébéniste. Sa sculpture figurative privilégie la sensualité du corps humain.

Musées : Fontainebleau (Mus. d'Art Contemp.).

DEVILLY Louis Théodore

Né le 28 octobre 1818 à Metz (Moselle). Mort le 24 décembre 1886 à Nancy (Meurthe-et-Moselle). xixe siècle. Français.

Peintre d'histoire, scènes de genre, aquarelliste.

Tout d'abord élève de Paul Delaroche à l'École des Beaux-Arts de Paris, il retourna dans sa ville natale, où il suivit les cours de Charles Maréchal, avec lequel il collabora à la réalisation de vitraux peints. Il participa au Salon de Paris à partir de 1840, obtenant une deuxième médaille en 1852. Nommé directeur de l'École des Beaux-Arts de Metz en 1864, il prit, en 1871, la direction de celle de Nancy, ayant opté pour la France, au moment de l'annexion de Metz par l'Allemagne.

Il est surtout connu pour ses sujets militaires, peints sous de puissants effets de lumière. Citons : *Mazeppa – La bataille de Ras-Satah – La fin de Solférino.*

T. Devilly 1882.

T. Devilly

Bibliogr. : Gérald Schurr, in : *Les Petits Maîtres de la peinture 1820-1920, valeur de demain*, Les Éditions de l'Amateur, t. V, Paris, 1981.
Musées : Bordeaux : *Le Marabout de Sidi-Brahim.*
Ventes Publiques : Nancy, 11 mai 1981 : *Scène de cabaret : soldat endormi sur un tonneau*, h/t (46x38) : **FRF 2 000** – Paris, 9 déc. 1988 : *La retraite*, h/t (71,5x147) : **FRF 30 000** – Paris, 16 déc. 1994 : *Nature morte aux souris*, h/t (46x55) : **FRF 4 000**.

DEVIN
xxe siècle. Français.
Sculpteur.
Élève de Gaumont, à l'École Nationale des Beaux-Arts.

DEVIN F.
xviie siècle. Français.
Graveur.
A travaillé notamment d'après Louis de Silvestre. On peut sans doute l'identifier avec le graveur François Devin qui travaillait à Paris vers 1700.

DEVINA Jeanne
Née le 4 avril 1863 à Folkestone, de parents français. xixe siècle. Française.
Peintre de portraits, miniaturiste.
Élève de Bouguereau, T. Robert-Fleury et Leloir. Sociétaire des Artistes Français depuis 1892, elle figura au Salon de cette société.

DEVINAT F.
xixe siècle. Actif à Paris. Français.
Peintre.
Sociétaire des Artistes Français depuis 1888, il figura au Salon de cette société.

DEVINIERS Robert
xviie siècle. Actif à Paris vers 1669. Français.
Sculpteur.

DEVIS Arthur
Né en 1711 à Preston (Lancashire). Mort le 24 juillet 1787 à Londres. xviiie siècle. Britannique.
Peintre de portraits.
Élève de Peter Tillemans, il exposa à Londres en 1761. Il s'exerça surtout au portrait. On lui doit l'importante restauration du *Painted Hall* de l'Hôpital de Greenwich. On le trouve installé à Londres, dès 1742. En 1768, il fut élu président de la Free Society of Artists, mais les riches amateurs lui préférèrent le peintre Zoffany, et c'est alors qu'il se consacra à la restauration de tableaux. Réputé pour ses portraits de la bourgeoisie londonienne aisée, il situait ses personnages dans le cadre qui leur était familier, ce qui rapprochait sa peinture de portraits de la peinture de genre. Toutefois, ces personnages sempiternellement plantés dans leur décor de parcs, manquent d'invention.
Ventes Publiques : Londres, 29 juin 1928 : *M. et Mrs Van Harthal et leur fils dans un paysage* 1749 : **GBP 735** – Londres, 14 déc. 1928 : *Sir Peter et Lady Leicester* : **GBP 682** – Londres, 11 mars 1932 : *Chanson d'amour* 1749 : **GBP 2 415** – Londres, 25 avr. 1934 : *The Nepean Family* : **GBP 480** – Londres, 4 juin 1937 : *Enfants dans un parc* 1750 : **GBP 672** – Londres, 31 mars 1939 : *Le comte de Lincoln, sa femme et son fils* : **GBP 504** – Londres, 14 juil. 1939 : *Gentilhomme en gris* : **GBP 157** – Londres, 25 avr. 1940 : *Famille de pêcheurs* 1749 : **GBP 1 207** ; *Lady Caroline Leigh* : **GBP 577** – Londres, 12 juil. 1946 : *Gentilhommes dans un jardin* : **GBP 3 150** – Londres, 6 nov. 1959 : *Portrait de trois messieurs dans un paysage* : **GBP 4 725** – Londres, 18 mars 1960 : *Portrait d'un homme* : **GBP 336** – Londres, 16 juin 1961 : *Portrait d'un jeune homme* : **GBP 5 460** – Londres, 29 mai 1963 : *Henry Duke of Newcastle, sa femme Katherine et leur fils aîné dans un paysage* : **GBP 5 200** – Londres, 20 nov. 1964 : *Portrait de Georges Ier Lord Lyttelton of Frankley, son frère et sa femme Rachel* : **GNS 18 000** – Londres, 23 mars 1966 : *La famille Clavey dans leur jardin à Hampstead* : **GBP 21 000** – Londres, 17 nov. 1967 : *Portrait du 3e duc de Rutland* : **GNS 7 500** – Londres, 18 juin 1969 : *Sir George et Lady Strickland dans un paysage* : **GBP 48 000** – Londres, 21 juin 1974 : *Le Colonel John Sabine, sa femme et ses enfants dans un parc* : **GNS 19 000** – Londres, 17 juil. 1974 : *Les enfants Cholmondeley* : **GBP 32 000** – Londres, 28 avr. 1976 : *Portrait of Sir Robert Burdett* 1750, h/t (73,5x61) : **GBP 12 500** – Londres, 6 juil. 1977 : *Portraits of Alician and Jane, daughters of Richard Clarke Esquire*, h/t (91,5x71) : **GBP 26 000** – Londres, 23 juin 1978 : *Portrait of Richard Bodicott*, h/t (49,4x34,2) : **GBP 8 000** – Londres, 18 juil. 1979 : *Portrait of Major-General Julius Caesar*, h/t (76x61) : **GBP 20 000** – Londres, 18 mars 1981 : *Portrait of Mr and Mrs Bonner* 1750, h/t (75,5x78) : **GBP 85 000** – Londres, 15 juil. 1983 : *Portrait of the Rev. H. Say, and his wife in an apartment* 1752, h/t (82,5x68,5) : **GBP 95 000** – Londres, 20 nov. 1985 : *Portrait of a gentleman*, h/t (59x40,5) : **GBP 8 000** – Londres, 12 mars 1986 : *Portrait of Wills, 1st Marquess of Devonshire with his wife Margareta and their two children, Lord Arthur and Lady Amelia*, h/t (61x75) : **GBP 130 000** – Londres, 10 juil. 1986 : *Étude pour le portrait de Wills, 1er Marquis de Downshire*, cr. et touches de blanc/pap. bleu (40x18) : **GBP 8 200** – Londres, 15 juil. 1988 : *Portrait d'un gentleman assis, portant un habit brun et un gilet rouge*, h/t (76,5x64) : **GBP 20 900** – Londres, 12 juil. 1989 : *Portraits de Edward Travers et de son épouse Mrs Travers avec des paysages au fond, deux pendants*, h/t (chaque 75,5x63) : **GBP 169 400** – Londres, 14 mars 1990 : *Portrait de Lascelles Raymond Iremonger portant un uniforme bleu à galons dorés et accoudé à une colonne* 1748, h/t (61x40,5) : **GBP 20 900** – Londres, 20 nov. 1992 : *Portrait d'un gentilhomme de la famille Manners debout au pied d'un arbre, vêtu d'un habit blanc à revers bleus avec le château de Belvoir au fond* 1763, h/t (76,2x63,5) : **GBP 104 500** – Londres, 6 avr. 1993 : *Portrait de Miss Warden de Cuckfield Park dans le Sussex, en robe bleue et tenant un chapeau de paille* 1751, h/t (75x62) : **GBP 55 400** – Londres, 10 nov. 1993 : *Portrait de Frederick Montagu portant un habit brodé et tenant un chapeau à plumet* 1749, h/t (60x41) : **GBP 95 000** – Londres, 27 sep. 1994 : *Portrait d'une dame vêtue d'une robe bleue et tenant son enfant dans ses bras*, h/t (58,5x38) : **GBP 4 830** – Londres, 12 avr. 1995 : *Portrait de Miss Vincent vêtue d'une robe bleue et assise dans un parc* 1748, h/t (59x40) : **GBP 12 650** – Londres, 12 nov. 1997 : *Portrait de Mr et Mrs John Broadhurst de Foston Hall, Derbyshire*, h/t (111x99,5) : **GBP 17 250**.

DEVIS Arthur William
Né le 10 août 1763 à Londres. Mort en 1822. xviiie-xixe siècles. Britannique.
Peintre d'histoire, portraits.
Arthur Devis, son père, fut son premier maître ; il fit de si rapides progrès qu'il remporta très jeune une médaille d'argent à l'Académie royale et, plus intéressant, l'approbation de Sir Joshua Reynolds. Lorsqu'il eut atteint sa vingtième année, il partit avec le capitaine Wilson sur l'*Antilope* pour accomplir un voyage autour du monde. Faisant escale au Bengale, il fit de la peinture et rentra en Angleterre en 1795. Il y exécuta quelques tableaux historiques pour M. Alexandre Davison. Sa vie, difficile, ne lui offrit ni le loisir ni les circonstances voulues pour développer ses dispositions artistiques qui furent certainement égales, si ce n'est supérieures, à celles des peintres d'histoire ses contemporains. Comme preuve de cette affirmation, il convient de rappeler qu'il concourut avec West, Northcote, Copley, Smirke, Wilkie et d'autres, tous membres éminents de l'Académie royale, et que son tableau *La Découverte de la conspiration de Babington* fut de beaucoup le plus intéressant.
Musées : Londres (Nat. Portrait Gal.) : *Sir Mathew Wood – Portrait de John Herbert de Totnes.*
Ventes Publiques : Londres, 14 déc. 1907 : *Portrait d'Isaac Osborne* : **GBP 64** – Londres, 28 mars 1908 : *Portrait d'Isaac Osborne* : **GBP 44** – Londres, 27 fév. 1909 : *Portrait d'Isaac Osborne* : **GBP 31** – Londres, 15 avr. 1909 : *Portrait d'un jeune garçon* : **S 6** – Londres, 1913 : *Les frères de Tipoo-Saïb sont reçus comme otages par le marquis de Cornwallis* : **FRF 10 500** – Londres, 28 juil. 1922 : *Portrait de Thomas Taylor* : **GBP 31** – Londres, 28 mars 1923 : *Dame en robe jaune* : **GBP 13** – Londres, 11 juin 1926 : *Adam Atkinson* 1789 : **GBP 110** – Londres, 8 mars 1929 : *Jeune Gentilhomme et son chien* : **GBP 71** – New York, 17 et 18 mai 1934 : *Sir Horace David Chotwell Saint Paul* : **USD 140** – Londres, 16 juin 1961 : *Portrait du capitaine Robert Frith* : **GBP 2 310** – Londres, 18 mars 1964 : *Portrait de Mrs Leith* : **GBP 400** – Londres, 21 juin 1974 : *Portrait de William Henry, Duc*

de Gloucester : **GNS 700** – LONDRES, 21 mars 1979 : *Tisseurs hindous*, h/t (45x60) : **GBP 6 200** – LONDRES, 9 juil. 1980 : *Le forgeron hindou*, h/pan. (44,5x60,5) : **GBP 1 600** – LONDRES, 23 nov. 1984 : *Group portrait of William Dent of Tamluk with his brother Captain John Dent*, h/t (153x186) : **GBP 90 000** – LONDRES, 26 mai 1989 : *Portrait de John Anderson de l'honorable Compagnie des Indes Occidentales, portant un manteau bleu avec un gilet rose et une cravate blanche*, h/t (76,1x62,3) : **GBP 4 620** – LONDRES, 12 juil. 1989 : *Portrait de Charles Russell Crommelin vêtu d'un habit brun sur un gilet jaune appuyé contre un tronc d'arbre avec son setter irlandais à ses pieds*, h/t (82,5x57,5) : **GBP 46 200** – LONDRES, 9 fév. 1990 : *Le Major Général David Baird et le Colonel Arthur Wellesley découvrant le corps du Sultan Tippoo à Seringapatam le 4 mai 1799*, h/t (75x99) : **GBP 6 820** – NEW YORK, 9 oct. 1991 : *Portrait de Peter Denys tenant son cheval avec sa femme, Lady Charlotte, et leurs deux enfants*, h/t (198x228,5) : **USD 11 000** – LONDRES, 14 juil. 1993 : *Le visage de Rampersaud*, h/t (43x36) : **GBP 8 625** – LONDRES, 10 juil. 1996 : *Portrait du Lt. general Alexander Beatson en uniforne, en buste*, h/t (76x63,5) : **GBP 3 680**.

DEVIS Thomas Anthony
Né sans doute 18 mars 1729 à Preslon (Lancashire). Mort en 1816. XVIIIe-XIXe siècles. Britannique.
Peintre de portraits, paysages, aquarelliste.
C'était le frère d'Arthur Devis. Il n'exposa que peu à la Société des Arts et à la Royal Academy de Londres.
Ses œuvres sont faites à la manière des premiers aquarellistes.
MUSÉES : DUBLIN : *Watermouth (Devonshire)* – LONDRES (Water-Colours) : *Paysage – Même sujet – Vue des environs de Nottingham – Londres (Victoria and Albert Museum) : Paysage* 1772.
VENTES PUBLIQUES : LONDRES, 16 fév. 1922 : *Le Pont et l'abbaye de Whatley*, pl. et lav. : **GBP 25** – LONDRES, 4 avr. 1924 : *Le Pont et l'abbaye de Whatley*, dess. : **GBP 7** – LONDRES, 21 nov. 1927 : *Chasseurs et leurs chiens*, dess. : **GBP 7** – LONDRES, 21 déc. 1928 : *Portrait de l'artiste* : **GBP 42** ; *Paysage* : **GBP 15** – LONDRES, 9 avr. 1934 : *Vue de la Tamise* : **GBP 26** – LONDRES, 17 mai 1934 : *Buckhurst Park* : **GBP 11** – LONDRES, 2 nov. 1934 : *Kidbrooke Park* : **GBP 31** – PARIS, 20 juin 1939 : *Chaumière sous les arbres*, pl. et lav. : **FRF 100** – LONDRES, 19 nov. 1981 : *Fountains Abbey from the banks of the river Skell, Yorshire*, pl. et aquar./trait de cr./pap. (30,5x43) : **GBP 420** – LONDRES, 15 juil. 1987 : *Portrait d'un gentleman*, h/t (73,5x61) : **GBP 48 000**.

DEVISME G.
XIXe siècle. Actif à Paris vers 1800. Français.
Graveur.
Il grava à la suite de Monsaldy les *Vues des Salons*.

DEVISSE Jean Baptiste
XVIIIe siècle. Français.
Graveur.
Il a travaillé d'après Casanova, Greuze et autres maîtres.

DEVITA Sebastiano. Voir **VITA**

DEVITTE Joseph
XVIIe siècle. Actif à Lyon. Français.
Peintre.
Il fut, à Lyon, maître de métier pour les peintres en 1680 et 1689.

DEVLIN John
Né en 1950 à Dublin. XXe siècle. Irlandais.
Peintre.
Il fit ses études au National College of Art de Dublin. En 1971 il reçut le prix Carroll, destiné aux artistes de moins de quarante ans, à l'Exposition Irlandaise d'Art Vivant. En 1972 il fut lauréat de la bourse *Alice Berger* qui lui permit de voyager en Allemagne, en Italie et en France. Il figura en 1973 à l'exposition d'art irlandais à Paris. Sa première exposition personnelle se tint à Dublin en 1971. Il fut décorateur à l'Abbey Theatre.
Sa peinture a des accents de fantastique, perçus à travers une esthétique issue du pop art.

DEVO Luigi
D'origine française. XVIIIe siècle. Travaillait à Rome à la fin du XVIIIe siècle. Italien.
Peintre.
Il fut l'élève de Corvi.

DEVOIR Louis Lucien Victor
Né le 24 mars 1808 à Paris. Mort le 13 juillet 1869 à Lyon (Rhône). XIXe siècle. Français.
Peintre décorateur.
Il peignit des décors pour des théâtres parisiens et vint s'établir à Lyon où il fut peintre décorateur du Grand Théâtre.

DEVOIS Ary. Voir **VOIS de**

DEVOLDER Eddy
Né en 1952 à Bruxelles. XXe siècle. Belge.
Peintre. Abstrait.
Il est agrégé de philosophie et enseigne à l'Université Libre de Bruxelles. Il est professeur d'histoire de l'écriture à l'Académie des Beaux-Arts de Tournai et vit et travaille à Sirault. Il a figuré dans plusieurs expositions collectives parmi lesquelles : en 1982 *Arteder 82* à Bilbao, à Villeparisis *Travaux sur papier*, à Barcelone à la Fondation Joan Miro ; en 1983 sélection de dessins de la Fondation Miro, la Biennale Internationale de Villapareda en Espagne ; en 1984 la première *Triennale de la petite céramique* à Zagreb, la troisième Biennale de gravure à Séoul ; en 1985 à Paris au Grand-Palais *Signes-Ecritures*, à Bruxelles *Céramistes et graveurs en Hainaut*, à Dunkerque *Graveurs du Nord*. Il a présenté personnellement ses œuvres en 1982 à Mons, Charleroi, La Louvière ; en 1983 à Namur et Mons ; en 1984 à Bruxelles au Palais des Beaux-Arts ; en 1985 à Bruxelles à la Maison des Artistes *Signes et écritures*, à Saint-Brieuc aux Ateliers Contemporains d'Art Plastique *Ecritures, Signes et Terres*, et à la bibliothèque municipale *L'Écriture et la peinture, indissociablement*.

DEVOLDER Piet
Né en 1937 à Meulebeke. XXe siècle. Actif au Zaïre. Belge.
Peintre, céramiste.
Il fut élève de l'Académie et de l'Institut Supérieur d'Anvers. Il vit et travaille au Zaïre et a réalisé de nombreux travaux monumentaux à Kinshasa.
BIBLIOGR. : In : *Diction. Biogr. Ill. des Artistes en Belgique depuis 1830*, Arto, Bruxelles, 1987.

DEVOLDER Roland
Né en 1938 à Ostende. XXe siècle. Belge.
Peintre, graveur, sculpteur. Tendance surréaliste.
Il fut élève de l'Académie des Beaux-Arts de Gand. Il est devenu professeur à celle d'Ostende.
C'est dans les années soixante-dix qu'il abandonna la sculpture pour aborder le dessin et la peinture. Il met en scène des personnages perdus dans un monde inhospitalier, écrasés par les velléités de la vie.
BIBLIOGR. : In : *Diction. Biogr. Ill. des Artistes en Belgique depuis 1830*, Arto, Bruxelles, 1987.
MUSÉES : BRUXELLES (Palais des Beaux-Arts) – OSTENDE (Mus. des Beaux-Arts).
VENTES PUBLIQUES : LOKEREN, 5 déc. 1992 : *Le cirque*, h/t (100x130) : **BEF 70 000**.

DEVOLL F. Usher
Né le 15 décembre 1873 à Providence (Rhode Island). XIXe-XXe siècles. Américain.
Peintre.
Il fit ses études à New York puis à Paris sous la direction de Jean-Paul Laurens. De retour dans sa ville natale il acquit une réputation comme peintre de paysage.
MUSÉES : PROVIDENCE.

DEVOLUY John
Né le 16 novembre 1903 à New York. XXe siècle. Américain.
Peintre. Abstrait.
Il fit ses étude à l'Art Student's League dans l'atelier de Bridgeman et exposa pour la première fois à New York en 1926. A partir de 1932, après un voyage en France, il rentre aux États-Unis et devient critique d'art pour différents périodiques américains. Parrallèlement il continue à peindre des œuvres abstraites.

DEVOLVÉ-CARRIÈRE Lisbeth, Mme. Voir **DELVOLVÉ CARRIÈRE**

DEVORDE
XVe siècle. Actif à Valenciennes vers 1453. Français.
Peintre d'ornements.

DEVORE-CHIRADE M., Mme
XIXe-XXe siècles. Française.
Peintre de fleurs.

Sociétaire des Artistes Français depuis 1887, elle figura au Salon de cette société jusqu'en 1899.

DEVOS. Voir aussi **VOS de**

DEVOS Albert Isidore

Né en 1868. Mort en 1950. XIXe-XXe siècles. Belge.

Peintre de paysages, marines.

Il a peint les paysages typiques des côtes de la Mer du Nord.

VENTES PUBLIQUES : BRUXELLES, 19 déc. 1989 : *Barque de pêche échouée*, h/t (50x70) : **BEF 68 000** – LOKEREN, 21 mars 1992 : *La maison dans les dunes*, h/t (60x80) : **BEF 38 000** – LOKEREN, 23 mai 1992 : *Moulin au coucher du soleil*, h/t (70x55) : **BEF 33 000** – LOKEREN, 10 oct. 1992 : *Embarcations dans une baie*, h/pan. (40x50) : **BEF 24 000**.

DEVOS Georges Louis

Né à Valdampierre (Oise), de parents étrangers. XIXe siècle. Français.

Graveur sur bois.

Élève de Ch. Barbaut. Il débuta au Salon de Paris en 1881, avec : *Patala* (palais du daby d'Alama) et obtint une mention honorable en 1888.

DEVOS Ghis

Né en 1941 à Waregem. XXe siècle. Belge.

Peintre de figures, intérieurs. Postsymboliste.

Il fit ses études artistiques à Bruxelles, de 1956 à 1961. Il participe depuis 1965 à des expositions collectives dans de nombreuses villes de Belgique. Il a été sélectionné pour de nombreux concours régionaux. Il a montré un ensemble de ses œuvres à Tielt en 1991.

Sa peinture est considérée comme ayant un caractère littéraire. Dans une technique vaporeuse, voilée, il figure des personnages aux attitudes énigmatiques.

DEVOS Léon ou **de Vos**

Né en 1897 au Petit-Enghien. Mort en 1974. XXe siècle. Belge.

Peintre, graveur de sujets divers. Postimpressionniste.

Il fut élève des Académies de Mons et de Bruxelles. Il reçut le Prix du Hainaut en 1937 et le Prix du Carnegie Garden Club en 1950. Il est membre fondateur du groupe *Nervia*. Il fut professeur à l'Académie de Bruxelles en 1939 et directeur en 1948.

BIBLIOGR. : In : *Diction. Biogr. Ill. des Artistes en Belgique depuis 1830*, Arto, Bruxelles, 1987.

VENTES PUBLIQUES : BRUXELLES, 24 mars 1976 : *Paysage d'été*, h/t (64x80) : **BEF 50 000** – BRUXELLES, 28 oct. 1981 : *Portrait de fillette*, h/t (80x65) : **BEF 36 000** – LOKEREN, 21 fév. 1987 : *Nature morte devant le bassin d'Honfleur*, h/t (80x130) : **BEF 70 000** – LONDRES, 19 oct. 1988 : *Nu assis*, h/t (79,8x65) : **GBP 2 310** – BRUXELLES, 19 déc. 1989 : *Nature morte*, h/t (50x40) : **BEF 110 000** – BRUXELLES, 12 juin 1990 : *Nature morte aux oignons*, h/t (73x50) : **BEF 50 000** – LOKEREN, 21 mars 1992 : *Nature morte*, h/t (72x93) : **BEF 140 000** – LOKEREN, 10 oct. 1992 : *Nu assis*, h/t (98x79) : **BEF 130 000** – LOKEREN, 15 mai 1993 : *Couple* 1926, h/t (65x50) : **BEF 220 000** – AMSTERDAM, 27-28 mai 1993 : *Nu assis* 1931, h/t (99x100) : **NLG 12 650** – LOKEREN, 4 déc. 1993 : *Bouquet de juin* 1949, h/t (80x65) : **BEF 60 000** – LOKEREN, 12 mars 1994 : *Vase de fleurs*, h/t (92x70) : **BEF 90 000** – AMSTERDAM, 31 mai 1995 : *Nature morte*, h/t (50x60) : **NLG 5 192** – LOKEREN, 9 mars 1996 : *Femme assise*, h/t (65x50) : **BEF 33 000** – AMSTERDAM, 2-3 juin 1997 : *Nature morte*, h/t (50x65) : **NLG 7 080**.

DEVOS Pierre

Né en 1917 à Audenarde. Mort en 1972 à Mater. XXe siècle. Belge.

Peintre de figures, nus, intérieurs, sculpteur, céramiste.

Il fut élève des Académies de Tournai et de La Cambre à Bruxells. Il pratiqua l'art monumental.

BIBLIOGR. : In : *Diction. Biogr. Ill. des Artistes en Belgique depuis 1830*, Arto, Bruxelles, 1987.

VENTES PUBLIQUES : BRUXELLES, 30 nov. 1983 : *Les rails* 1963, h/t (60x90) : **BEF 50 000** – BRUXELLES, 17 mai 1984 : *Poires, mandarine et pommes*, h/t (60x90) : **BEF 34 000** – BRUXELLES, 27 mars 1990 : *Nu*, h/t (100x80) : **BEF 55 000**.

DEVOSGE Anatole

Né le 13 janvier 1770 à Dijon (Côte-d'Or). Mort le 8 décembre 1850 à Dijon. XVIIIe-XIXe siècles. Français.

Peintre d'histoire.

Fils de François Devosge III, dont il fut l'élève, il suivit également l'enseignement de David. Il obtint une médaille d'or de première classe avec le *Dévouement de Cimon*. Il succèda à sa père comme directeur de l'École des Beaux-Arts de Dijon. Chevalier de la Légion d'honneur.

Ses sujets historiques sont teintés d'un certain réalisme qui leur donne un caractère plus familier, tel : *Le dévouement de Cimon*.

BIBLIOGR. : Gérald Schurr, in : *Les Petits Maîtres de la peinture 1820-1920, valeur de demain*, Les Éditions de l'Amateur, t. III, Paris, 1976.

MUSÉES : SEMUR-EN-AUXOIS : Deux études académiques.

VENTES PUBLIQUES : DIJON, 1894 : *Allégorie*, esquisse : **FRF 10** ; *Hercule et Philo*, esquisse : **FRF 20**.

DEVOSGE Benoit

XVIIe siècle. Actif à Grenoble vers 1666. Français.

Graveur sur bois.

Il fut le père de François I.

DEVOSGE Claude François I

Né le 16 janvier 1675 à Chambéry (Savoie). Mort le 25 janvier 1726 à Gray (Haute-Saône). XVIIIe siècle. Français.

Graveur sur bois.

Il était fils de François I et fut le père de Claude François II, Michel et Philippe Devosge.

DEVOSGE Claude François II

Né en 1697 à Gray (Haute-Saône). Mort le 5 décembre 1777 à Dijon (Côte-d'Or). XVIIIe siècle. Français.

Sculpteur.

Il était fils de Claude François I et fut le père de François III. Il était aussi architecte.

DEVOSGE Eugénie

XIXe siècle. Française.

Peintre de paysages.

Elle débuta au Salon de Paris en 1837 avec *Vue de la porte du hameau à Trianon, effet du matin.*

VENTES PUBLIQUES : COLOGNE, 21 mars 1980 : *Paysage boisé animé de personnages* 1857, h/t (42x57) : **DEM 2 400**.

DEVOSGE François I

Né à Grenoble (Isère). XVIIe siècle. Français.

Sculpteur.

Il était le fils de Benoit Devosge. Il travailla à Grenoble et à Chambéry. Il fut le père de Claude François I.

DEVOSGE François II

XVIIIe siècle. Français.

Sculpteur.

Il était le fils de Philippe Devosge. Il travaillait à Gray.

DEVOSGE François III, ou **Claude François III**

Né le 25 janvier 1732 à Gray (Haute-Saône). Mort le 22 décembre 1811 à Dijon (Côte-d'Or). XVIIIe-XIXe siècles. Français.

Peintre d'histoire, compositions religieuses, portraits, peintre à la gouache, dessinateur.

Élève de Perrache, de G. Coustou et de Deshayes, Devosge fut un portraitiste de talent et un peintre d'histoire aux compositions un peu sévères mais non exemptes de grandeur. Cependant, son rôle de protecteur des arts est plus intéressant que sa carrière artistique personnelle. En 1765, il fonda à Dijon une école de dessin qu'il soutint longtemps de ses propres deniers. Ses ressources financières et le revenu de ses tableaux étaient à peu près uniquement employés à améliorer le fonctionnement de cette école. Les États de Bourgogne dotèrent assez richement la fondation de Devosge et le prince de Condé, gouverneur de la province, s'en déclara officiellement le protecteur. En 1770, il fut décidé que chaque année l'École de Dijon, imitant en cela l'École des Beaux-Arts de Paris, enverrait à Rome et entretiendrait à ses frais deux élèves choisis par voie de concours. En, 1774 Mgr Moreau, évêque de Mâcon, adressait à Devosge le jeune Prud'hon, alors âgé de 16 ans, que les moines de Cluny lui avaient recommandé, frappés des dispositions de leur élève. L'initiative du concours de Rome, qui permit notamment à Prud'hon, en 1784, d'aller étudier les chefs-d'œuvre de l'art classique, dura de 1770 à 1792. Un instant désorganisée sous la Révolution, l'école fut rétablie vers 1800 par Devosge, qui obtint du gouvernement impérial qu'elle fût classée parmi les écoles spéciales.

Artiste consciencieux et sincère, Devosge fut aussi un homme généreux et bon, ainsi que l'attestent les lettres de Prud'hon à son sujet. En 1800, à la distribution des prix de l'École, sauvée de la tourmente par son infatigable créateur, Rude décida de son avenir. Le Musée de Dijon, dont la fondation se rattache également à l'initiative de Devosge, faisait lui-même partie intégrante de l'école, institué qu'il était « pour les progrès de l'art et l'utilité des élèves », recevant en particulier les ouvrages des jeunes artistes pensionnés à Rome. Claude Hoin, qui fut l'un des élèves de l'École, devint Conservateur du Musée en 1811. On peut voir au Musée un beau portrait de *François Devosge*, en habit de velours noir, avec manchettes et jabot, les cheveux poudrés, par Prud'hon ; un buste en marbre du même par Rude, un buste en marbre d'*Anatole Devosge*, fils de François, par Darbois, un portrait au pastel de *Cl. Hoin*, par lui-même, ainsi qu'un buste du même, par Ch. Renaud, qui fut le premier des élèves de Devosge à mériter le grand prix de Rome, une copie d'un portrait de *Gagneraux*, peint par lui-même, dont l'original est à Florence (Gagneraux fut pensionné à Rome en même temps que Ch. Renaud), etc. ■ E. C. Bénézit, J. B.

f Devosges.

Ventes Publiques : Dijon, 1894 : *Saint Pierre en prière*, gche/vélin : **FRF 7** ; *L'Assomption de la Vierge*, pl. et encre de Chine : **FRF 32** ; *Frontispice : La Justice*, pl., cr. et encre de Chine : **FRF 32** ; *Oudot en prison* : **FRF 143** ; *Oudot en prison faisant des miracles*, pl. légèrement teintée d'encre de Chine : **FRF 105** – Dijon, 18 nov. 1926 : *Figure symbolisant la République*, mine de pb : **FRF 55** – Dijon, 22 et 23 fév. 1929 : *Portrait d'un homme de guerre entre Minerve et la Victoire*, dess. : **FRF 290** – Saint-Dié, 16 oct. 1988 : *Scènes galantes dans un cadre champêtre*, h/t, deux pendants (chaque 162x130) : **FRF 150 000**.

DEVOSGE Michel
Né le 3 janvier 1711 à Gray (Haute-Saône). Mort en 1800. XVIIIe siècle. Français.
Sculpteur.
Exécuta le buste de Belon en 1758. Il était fils de Claude François I.

DEVOSGE Philippe
XVIIIe siècle. Actif à Gray. Français.
Sculpteur.
Il était fils de Claude François I et père de François II.

DEVOTO Francesco
XVIe siècle. Actif à Gênes. Français.
Peintre.
Il travailla pour l'église Sant'Agostino.

DEVOTO James
XVIIIe siècle. Actif vers 1730. Britannique.
Dessinateur.
Le British Museum de Londres possède deux œuvres de cet artiste.

DEVOTO John
XVIIIe siècle. Actif à Londres. Britannique.
Dessinateur.
Il exposa à la Society of Artists de Londres en 1776.
Ventes Publiques : Londres, 17 nov. 1970 : *Projet de rideau de théâtre*, aquar. sur trait de pl. : **GNS 1 150**.

DEVOUCOUX Robert
Né le 24 août 1911 à Biarritz (Basses-Pyrénées). XXe siècle. Français.
Peintre.
Élève de l'École Nationale des Arts Décoratifs de Paris, à Paris également il figura au Salon de Mai entre 1940 et 1952, et de 1955 à 1958 au Salon des Peintres Témoins de leur temps. Il a exposé personnellement à Paris, Milan, New York et Stockholm. En 1962 il a reçu le prix Comparaisons.

DEVOUGES Louis Benjamin Marie
Né en 1770 à Paris. Mort le 19 juillet 1842 à Paris. XVIIIe-XIXe siècles. Français.
Peintre de figures, portraits.
Il fut élève de Regnault, de David et de De Marne. Il exposa au Salon de Paris de 1793 à 1839 et se plut à représenter des sujets pastoraux. On lui doit plusieurs portraits. Durant un séjour qu'il fit en Russie, il peignit un grand nombre de tableaux pour la galerie du prince Narischkine.
Musées : Stockholm : *Satyre et Bacchante dans une grotte – Nymphe nourrie par une chèvre*.

Ventes Publiques : Paris, 29 mars 1922 : *Portrait d'homme* : **FRF 300** – Londres, 6 mars 1974 : *Autoportrait* 1810 : **GBP 650** – Paris, 23 mars 1982 : *Portrait d'homme* 1810, h/t (90x61) : **FRF 16 000** – Paris, 15 juin 1984 : *Portrait de l'empereur en habit de colonel des chasseurs* 1814, h/t (76x57) : **FRF 13 500**.

DEVOUX Georges Raymond
Né le 27 septembre 1876 à Sèvres (Hauts-de-Seine). Mort le 27 décembre 1964 à Fontainebleau (Seine-et-Marne). XXe siècle. Français.
Peintre de sujets mythologiques, scènes de genre, nus, portraits, paysages, illustrateur, architecte, décorateur.
Il fut élève de Tony-Robert Fleury, Jules Lefebvre et Fernand Cormon. Il a voyagé en proche Europe. De 1914 à sa mort, il a vécu à Fontainebleau.
De 1911 à 1930 à Paris, il exposait au Salon des Artistes Français. En 1914, il reçut la mention honorable pour *L'Adieu*, acheté par l'État.
Il a peint des scènes mythologiques, des scènes familiales, des études de nus, des portraits, des paysages de Seine-et-Marne. Artiste pluridisciplinaire, dans les années 1920, il a construit sept maisons à Fontainebleau. Son architecture est inspirée par ses séjours en Italie, en Angleterre et en Suisse. Il a également créé des jardins, du mobilier et a réalisé des illustrations dans des revues pour enfants.
Musées : Paris (Mus. Nat. d'Art Mod.) : *L'Adieu vers 1914*.

DEVREESE Godefroid ou **Godefroid** ou **Godfried de Vreese**
Né le 19 août 1861 à Courtrai. Mort en 1941 à Bruxelles. XXe siècle. Belge.
Sculpteur de monuments, figures, statuettes, animaux, médailleur.
Fils et élève de Constant de Vreese, il fut élève des Académies de Courtrai et de Bruxelles où il eut pour professeurs Simonis et Van der Stappen. Il débuta à Paris en 1895 au Salon de la Société Nationale des Beaux-Arts, auquel il participa ensuite régulièrement.
Sculpteur, il réalisa plusieurs monuments importants parmi lesquels celui de la Bataille des Éperons d'or à Courtrai. On lui doit également plusieurs centaines de médailles.
Bibliogr. : In : *Diction. Biogr. Ill. des Artistes en Belgique depuis 1830*, Arto, Bruxelles, 1987 – J. Van Lennep : *Catalogue de Sculpture*, Bruxelles, 1992, p. 148.
Musées : Bruxelles (Musées roy. des Beaux-Arts) – Courtrai : *Petit Philosophe – Mort de César*, bas-relief – *Statuette d'un enfant* – Paris (Mus. d'Art Mod.) : *Le Pêcheur*.
Ventes Publiques : Bruxelles, 10 déc. 1976 : *Femme de pêcheur chevauchant un mulet*, bronze : **BEF 28 000** – Bruxelles, 27 mars 1990 : *Cheval*, bronze (H. 46) : **BEF 55 000** – Lokeren, 20 mai 1995 : *Bacchanale* 1908, bronze/socle de marbre, vase (H. 47,5, l. 25) : **BEF 65 000** – Londres, 13 nov. 1996 : *Étalon*, bronze (L. 55, H.47,5) : **GBP 2 070**.

DEVRIENDT. Voir aussi **FLORIS**

DEVRIENDT Baptist, Claudius, Cornelis, Frans, Jacob, Jan ou **Giovanni, Jan-Baptista**. Voir **FLORIS**

DEVRIENDT Samuel. Voir **VRIENDT Samuel de**

DEVRIENT Wilhelm
Né en 1799 à Berlin. XIXe siècle. Allemand.
Peintre de genre, portraits, graveur.
Il fit ses études à l'Académie de Berlin. Il peignit, entre autres, un portrait de Frédéric Guillaume III. On cite parmi ses gravures : *Der Kalmuch König*, d'après Zimmermann.
Ventes Publiques : New York, 16 fév. 1993 : *La Toilette du chien de la maison* 1864, h/t (31,7x42,5) : **USD 4 400**.

DEVRIES. Voir **VRIES de**

DEVRIESE Louise
Née le 31 mars 1880 à Audenhove-Sainte-Marie. XXe siècle. Belge.
Peintre de paysages.
Elle débuta au Salon de Bruxelles en 1903.

DEVRIM Néjad. Voir **NÉJAD**

DEVRINC Claes ou **Deurinc**
XVe siècle. Actif à Bruges en 1467. Éc. flamande.
Sculpteur.

DEVRINE
XVIIIe-XIXe siècles. Actif à La Rochelle. Français.

Peintre.
Il fit ses études à Paris et fut l'élève de Calet.

DEVRITS Charles
XIXe siècle. Français.
Graveur.
Béraldi cite de lui : *Poètes normands.*

DEVROEY Jozef
Né en 1908 à Louvain. XXe siècle. Belge.
Peintre. Expressionniste, puis réaliste-socialiste.
Il fut élève des Académies de Louvain et de Bruxelles. Son œuvre est en accord avec ses convictions politiques ; il réalisa de nombreux croquis lors de ses voyages dans les pays anciennement du bloc de l'Est.
Bibliogr. : In : *Diction. Biogr. Ill. des Artistes en Belgique depuis 1830*, Arto, Bruxelles, 1987.

DEVROY Georges
Né en 1930 à Louvain. XXe siècle. Belge.
Peintre, graveur.
Passionné par les icônes orientales, il s'est employé à en maîtriser la technique traditionnelle pour en réaliser.
Bibliogr. : In : *Diction. Biogr. Ill. des Artistes en Belgique depuis 1830*, Arto, Bruxelles, 1987.

DEVUEZ Arnould. Voir **VUEZ de**

DEVY Helen
Née à Londres, de parents français. XIXe siècle. Française.
Peintre de portraits.
Élève de B. Vautier, G. de Bochmann, de Mlle Vauthier et de F. Willems. Elle débuta au Salon de 1876 avec une étude.

DEWAEL Geo
Né le 29 novembre 1937 à Bruxelles. XXe siècle. Belge.
Peintre de fleurs.
Autodidacte de formation, il a reçu les conseils de Jean Milo et Gaston Bogaert. Il participe à des expositions collectives, notamment en Belgique. Ses fleurs sont le plus souvent stylisées.
Ventes Publiques : New York, 10 oct. 1991 : *La conscience*, h/t (50x60) : **USD 2 700** ; *Murmure*, h/t (50x60) : **USD 2 650**.

DEWALE Lewis
D'origine flamande. XVIe siècle. Travaillait à Londres en 1552. Britannique.
Peintre.

DEWALSE Godefroy
XVIIe siècle. Actif au milieu du XVIIe siècle. Allemand.
Peintre de paysages et de figures.
Cité par Mireur. Peut-être identique à WALS (Gottfried).
Ventes Publiques : Bruxelles, 1847 : *Paysage* : **FRF 14**.

DEWANDRE François Joseph
Né le 4 septembre 1758 à Liège. Mort le 29 juin 1835. XVIIIe-XIXe siècles. Éc. flamande.
Sculpteur.
Élève de Jan Latour et à Rome (où il alla de 1778 à 1784, sur les conseils de son protecteur, l'évêque Velbruck) de Battoni et Thomas Conca. Il fut professeur de l'Académie de Liège en 1817 et membre de la Commission réunie pour rechercher les œuvres d'art dispersées pendant la Révolution. Le Musée de Liège conserve de lui un *Buste romain.*

DEWASME-PLETINCKX
XIXe siècle. Actif à Bruxelles. Belge.
Graveur et lithographe.
Il illustra Walter Scott. De son atelier sortirent de nombreuses planches lithographiées, finement exécutées, et recherchées comme documents, sur les débuts de ce procédé nouvellement introduit à Bruxelles par Charles Senefelder, frère de l'inventeur. Peut-être parent de PLETINCKX (Daniel).

DEWASNE Jean
Né le 21 mai 1921 à Hellemmes-Lille (Nord). XXe siècle. Français.
Peintre, sculpteur, lithographe. Abstrait-géométrique.
Après avoir fait des études classiques et musicales, il entre à l'École des Beaux-Arts et suit des cours d'architecture, dans l'unique dessein de se consacrer à la peinture. On sait d'autre part, par Bernard Dorival, que Dewasne vers dix-huit ans peignit des tableaux pointillistes et qu'il dessina tous les matins d'après le plâtre et le nu. En 1946 il reçut le prix Kandinsky. Il participa à la fondation du Salon des Réalités Nouvelles dont le premier eut lieu en 1946. En 1954, il partit pour l'Amérique Latine, faisant des conférences dans les Écoles d'Architecture. À son retour, il participa à des expositions collectives internationales et exposait régulièrement à titre individuel à Bruxelles, Copenhague, Milan. En 1968, avec une salle entière, il occupait une place importante de la représentation française à la Biennale de Venise, en 1969 il fut désigné pour exposer à la Biennale de São Paulo mais récusa ce privilège en fonction de la situation intérieure de ce pays. En 1972 une exposition rétrospective se déroula au Musée de Peinture de Grenoble. Il a été élu membre de l'Institut des Beaux-Arts.
C'est vers 1942 ou 1943 qu'il réalise ses premiers tableaux abstraits, fait difficile à vérifier, bien qu'à travers les toiles subsistant de cette époque on puisse reconstituer les tentatives du jeune peintre pressentant que la peinture pouvait se détacher de la réalité et exprimer par ses propres moyens. En 1945, avec des peintres tels que Hartung, De Staël, Schneider, Poliakoff et Deyrolle, il défend une abstraction où l'on note encore les références postcubistes. Jusqu'en 1947, on ne peut encore, en ce qui le concerne et pour les peintres qui lui sont le plus proches, parler que d'abstraction à tendance géométrique. Ses peintures se présentent comme des assemblages de formes découpées et encore très déchiquetées. Gérard Murail, dans un *Dictionnaire des Artistes Contemporains* en écrit : « Dewasne s'exprimait à ce moment dans une manière post-cubiste, en harmonies sombres, utilisant encore quelques prestiges de matière et de clair-obscur. Ses formes, inscrites dans le brun, le noir et le bleu foncé, n'étaient pas encore tout à fait détachées de ressources figuratives telles que certains effets de profondeur. » A partir de 1947, en accord avec la démarche de son ami Pierre Courtin, il écarte tout ce qui pourrait créer l'illusion de la troisième dimension et s'efforce de faire « monter » à la surface de la toile tous les éléments qui la composent. Il travaille avec les matériaux nouveaux les plus divers, le Ripolin et le métal, le contreplaqué, l'émail à froid et les laques. Il adopte la technique de la peinture au pistolet, résolument mécaniste. En 1950 il fonde avec le peintre Edgard Pillet, également secrétaire général de rédaction de la revue *Art d'Aujourd'hui*, *L'Atelier d'Art Abstrait* à l'Académie de la Grande Chaumière, où ils donnent un cours de « technologie de la peinture », répondant à leurs détracteurs qu'ils y professaient des techniques et non une esthétique. D'enseigner permit à Dewasne d'approfondir ses connaissances dans le domaine de la physique et de la chimie des couleurs. Cet atelier ne fonctionna que jusqu'en 1953, y recevant, entre autres, Agam et Kalinowski. C'est en 1951 qu'il commence à réaliser des œuvres qu'il nomme les « antisculptures » ; utilisant des fragments de carosseries d'automobiles ou de motos de course qu'il galbe et peint, il n'en accepte les formes que pour les dissocier par le jeu des contrastes violemment colorés, tout en mettant l'accent sur la beauté fonctionnelle de la production industrielle. Il a théorisé dans le *Manifeste de 1949* ses préceptes artistiques : « A tels forme, rythme ou couleur que Kandinsky, par exemple, jugeait isolément, se marient pour moi, du fait de leur simple existence, d'autres formes, rythmes et couleurs et d'autres appels structurels. L'élément initial se dilue et se répand dans ce qui émane de lui. » L'art de Dewasne se veut synthétique et dialectique : « ... Je veux une peinture qui fera du tableau, enfin, un objet agissant... Le tableau n'est pas une représentation ou une réduction de l'homme, c'est à dire un homme avec quelque chose en moins. Il est un objet doué d'une vie propre et indépendante, qui concentre le meilleur de l'homme uni au meilleur d'un matériau de la nature... » En 1954 il se rendit en Amérique Latine, peut-être en raison d'une éclipse de l'intérêt du public pour l'abstraction géométrique. À son retour à Paris, il assista d'ailleurs au triomphe de l'abstraction lyrique. Il ne s'écarta cependant pas de son projet initial, dont il avait développé les principes dans ses conférences américaines. À l'occasion d'une importante exposition de ses œuvres à Paris dans les années soixante, alors que le renouveau d'intérêt pour l'abstraction géométrique n'était pas encore amorcé, Daniel Cordier jugea nécessaire de présenter l'exposition à un public alors peu disposé, par un texte très important, auquel Michel Ragon a raison de se référer : « ... ses recherches et son évolution se développent en sens contraire de son tempérament, vers la maîtrise inconditionnelle de ses intentions et de sa technique. Avec persévérance, il exalte la couleur, simplifie les formes, enrichit ses compositions ; visiblement cet esprit tourmenté travaille à pétrifier ses émotions... À l'inverse de Malévitch, qui montrait la *sensibilité de l'absence de l'objet*, la peinture de Jean Dewasne exprime la *sensibilité de la présence de l'objet* et des forces de la vie moderne. Cette œuvre... est un

démenti à la théorie de Mondrian, selon laquelle *la peinture géométrique doit être une réalité constante, soustraite aux variations de la sensibilité individuelle*. Les formes et les structures qui se lisent sur ces bannières laïques sont les archétypes de la vie industrielle et de la civilisation scientifique : courbes ovoïdes de la fusée ou de l'avion, masses pleines, compartimentées, de la machine. » Ces préceptes ont été matérialisés dans les œuvres monumentales qu'il a créées à partir de 1948, parmi lesquelles on peut citer : les peintures *La joie de vivre* – *Prométhée* – *L'apothéose de Marat*, la peinture murale composée de dix panneaux destinée au stade de glace de Grenoble en 1967, en 1968-1969 *La longue marche* pour l'Université de Lille, présentée auparavant par Pierre Gaudibert au Musée d'Art Moderne de la Ville de Paris ; cette peinture, à la façon des fresques romanes de Saint-Savin ou de Tavant, subordonne la composition statique des parties au dynamisme de la marche du spectateur qui la parcourt, et encore : la décoration murale de 300 mètres pour le Métro de Hanovre, enfin en 1988, les quatre peintures murales de 100 mètres de haut dans la Grande Arche de La Défense.
La fortune de l'œuvre de Dewasne fut liée à la vogue qui, partie des États-Unis, s'empara des œuvres de Vasarely et redécouvrit avec lui, non sans quelque confusion dissipée ensuite, tout ce qui se rattachait de près ou de loin à l'abstraction géométrique, au néo-plasticisme, au cinétisme, pour en restituer, sous l'appellation d'*Op'Art*, une version aménagée. L'exposition de 1972 à Grenoble marqua le début du retour au premier plan mondial de Jean Dewasne, qui, pendant une période de pénitence, avait été traité par dérision de maître du Ripolin ou de la peinture au pistolet, et duquel on s'aperçut alors qu'à la suite de Fernand Léger, il était le célébrateur tonique du monde moderne.

■ Jacques Busse

Bibliogr. : Pierre Descargues, *Jean Dewasne*, Paris, 1952 – Léon Degand, *Dewasne*, in : Art d'Aujourd'hui, Paris, déc. 1953 – Michel Ragon, *Jean Dewasne, peintre de l'âge industriel*, in : Jardin des Arts, Paris, nov. 1969 – in : *Les Muses*, Grange-Batelière, Paris, 1969-1974 – in : *Diction. Univ. de la Peinture*, Le Robert, Paris, 1975.

Ventes Publiques : Milan, 4 juin 1974 : *Composition 7G 1962* : **ITL 4 400 000** – Milan, 6 avr. 1976 : *Europe Clash*, émail sur bois (97x130) : **ITL 6 500 000** – Milan, 25 oct. 1977 : *Formes continues* 1961, cellulose sur isor. (50x65) : **ITL 1 600 000** – Paris, 22 nov. 1979 : *Dionisis*, h./acryl. (52x57) : **FRF 40 000** – New York, 17 juil. 1981 : *Abstraction* 1965, gche (50,8x68) : **USD 2 400** – Paris, 6 nov. 1983 : *Composition*, h/t (46x27) : **FRF 11 000** – Paris, 12 mars 1984 : *Composition sur fond rose* 1945, gche (37x54) : **FRF 13 500** – Paris, 9 déc. 1985 : *Le plus vaste monde*, h/pan. (97x130) : **FRF 58 000** – Copenhague, 26 fév. 1986 : *Aux amis danois* 1949, h/t (65x92) : **DKK 70 000** – Versailles, 15 juin 1986 : *Composition* 1956, gche/pap. (50x65) : **FRF 17 600** – Paris, 16 nov. 1988 : *Composition N°5* 1953 (145x220) : **FRF 45 000** – Paris, 20 nov. 1988 : *Composition* vers 1969, peint. à l'émail/pan. d'isor. (50x65) : **FRF 50 000** – Paris, 16 avr. 1989 : *Vent d'Est*, peint. à l'émail/ pan. d'isor. (96x129) : **FRF 120 000** – Copenhague, 10 mai 1989 : *L'invasion noire* 1947, h/pap. (50x65) : **DKK 50 000** – Copenhague, 22 nov. 1989 : *Composition*, gche (48x63) : **DKK 41 000** – Paris, 21 juin 1990 : *Composition géométrique* 1960, gche/pap. (49,5x64,5) : **FRF 33 000** – Paris, 23 oct. 1990 : *Composition* 1956, gche/pap. (50x65) : **FRF 80 000** – Paris, 17 nov. 1993 : *Danse du feu*, peint. vernie sur pan. (50x60) : **FRF 24 000** – Amsterdam, 8 déc. 1993 : *L'Amour la mourre*, vernis/rés. synth. (50x65) : **NLG 9 200** – Copenhague, 14 juin 1994 : *Seigneur des vents* 1948, h/pan. (50x65) : **DKK 19 000** – Paris, 2 juin 1995 : *Labyrinthe rouge*, peint. émail/pan. d'isor. (50x65) : **FRF 23 000** – Paris, 1er juil. 1996 : *Composition* vers 1970, gche/ pap. (55x74) : **FRF 20 000**.

DEWEERDT Armand
Né en 1890 à Niel. Mort en 1982 à Deurne. xxe siècle. Belge.
Peintre de paysages et de natures mortes.
Il fut élève de l'Académie et de l'Institut Supérieur d'Anvers ainsi que de l'Académie de Bruxelles.
Bibliogr. : In : *Diction. Biogr. Ill. des Artistes en Belgique depuis 1830*, Arto, Bruxelles, 1987.
Musées : Anvers.

DEWEHRT Friedrich
Né en 1808 à Ploen (Holstein). xixe siècle. Allemand.
Lithographe.
Il fut élève de l'Académie de Vienne.

DEWEIRDT Fr. Charles
Né en 1799 à Bruges. Mort le 18 février 1855 à Bruxelles. xixe siècle. Belge.
Peintre d'histoire.
Élève de Frans Simoneau et Jos. Duck. Il visita la France, fonda une école de dessin à Bruges en 1830 et vécut à Bruxelles à partir de 1840. Fut le maître de Albert Verwée.
Ventes Publiques : Bruxelles, 1833 : *L'Adoration des Mages* : **FRF 21** – Gand, 1838 : *Guerrier conduit devant une déesse infernale* : **FRF 32**.

DEWELLE Pierre François
xviiie siècle. Actif à Tournai vers 1790. Éc. flamande.
Sculpteur.

DEWES Maria Anna
Née en 1955 à Bonn. xxe siècle. Allemande.
Sculpteur de figures.
Elle fut élève de l'Académie des Beaux-Arts de Düsseldorf. Elle a montré en 1992 à Bruxelles et à la Biennale de Sydney un groupe de six figures féminines grandeur nature, en fibre de verre, issues du maniérisme d'un Jean de Bologne, mais que dévie du côté de l'humour la translucidité du matériau.

DEWEVER-POULET Madeleine
Née à Lille (Nord). xxe siècle. Française.
Graveur.
Elle fut élève de Raoul Serres et exposa à Paris, au Salon des Artistes Français à partir de 1934, recevant une troisième médaille en 1941 ainsi que le prix Suzanne Jonas.

DEWEY Charles Melville
Né le 16 juillet 1859 à Lowville (New York). Mort en 1947. xixe-xxe siècles. Américain.
Peintre de genre, paysages animés, paysages.
Il fit ses études à Paris sous la direction de Carolus Duran.
Musées : Brooklyn – Buffalo – Philadelphie – Washington D. C. (Nat. Gal.).
Ventes Publiques : New York, 31 janv.-2 fév. 1900 : *La Moisson* : **USD 230** ; *Pastorale d'automne* : **USD 300** ; *Ombres du soir* : **USD 400** ; *Au retour de la fenaison* : **USD 375** – New York, 23-24 jan. 1901 : *Le Raccommodage du filet* : **USD 190** – New York, 3 mars 1904 : *Fin d'après-midi* : **USD 105** – New York, 25-26 mars 1909 : *Les Charbonniers* : **USD 70** ; *Crépuscule* : **USD 70** – New York, 30-31 oct. 1929 : *Paysage printanier* : **USD 100** – Philadelphie, 20 avr. 1931 : *Après la pluie* : **USD 65** – New York, 1er juil. 1982 : *Après l'orage*, h/t (30,5x47) : **USD 2 200** – New York, 15 mars 1985 : *Printemps*, h/t (94x91,5) : **USD 2 200** – New York, 29 mai 1987 : *Voilier à l'ancre* 1871, aquar. (13,7x24,7) : **USD 6 500** – New York, 24 jan. 1989 : *Bergère avec son troupeau*, h/t (51,2x40,7) : **USD 1 430** – New York, 28 sep. 1995 : *Paysage*, h/t (84,5x106,7) : **USD 1 495**.

DEWHURST Wynford
Né le 26 janvier 1864 à Manchester. xixe-xxe siècles. Britannique.
Peintre de paysages, écrivain d'art. Postimpressionniste.
Il fit ses études artistiques à Paris, auprès de Gérome, Gabriel Ferrier, Bouguereau et Benjamin Constant. Il exposa à Londres, Berlin, Cologne, au Salon de Paris à partir de 1897 et chez Durand-Ruel en 1912.
Ses paysages cherchent à rendre les jeux de lumière, les transparences atmosphériques et montrent clairement son admiration pour Claude Monet. Également écrivain d'art, il publia en 1904 : *Impressionnist Painting, its Genesis and Development*, dans lequel il réunit de nombreux témoignages de Pissarro, et en 1913 : *On demande un ministre des Beaux-Arts*.
Bibliogr. : Gérald Schurr, in : *Les Petits Maîtres de la peinture 1820-1920, valeur de demain*, Les Éditions de l'Amateur, t. IV, Paris, 1979.
Musées : Cardiff : *Paysage en France* – *Le temps des fleurs* – *Le parc de Versailles*.
Ventes Publiques : Londres, 30 avr. 1910 : *Paysage avec rivière* : **GBP 5** – Londres, 28 nov. 1924 : *Le temps des fleurs* : **GBP 10** – Londres, 5 mars 1926 : *La fontaine* : **GBP 5** – Londres, 1er août 1935 : *Le parc de Versailles* : **GBP 4** – Londres, 30 nov. 1982 : *La promenade au bord de la Seine* 1920, h/t (80x98) : **GBP 480** – Londres, 30 avr. 1986 : *Pommier en fleurs*, h/t (40,5x61) : **GBP 1 350** – Londres, 29 juil. 1988 : *Arbres en fleurs dans une vallée*, h/t (85x60) : **GBP 1 430** – Londres, 8 mars 1990 : *Branches d'arbres en fleurs*, h/t (81,4x59,7) : **GBP 11 000** – Londres, 3 mai 1990 : *Promenade dans le parc de Versailles*, h/t (71x58,5) : **GBP 1 650** – Londres, 6 juin 1991 : *Gerbes mises en tas dans un chaume* 1898, h/t (33x46) : **GBP 2 640** – Glasgow, 16 avr. 1996 : *Glen Falloch*, h/t (54x73) : **GBP 1 725**.

DEWIATOFF Jakov Michailovitch
XIXe siècle. Russe.
Sculpteur.
Il fut l'élève de J. J. Podoseroff. On lui doit un *Buste du Tzar Alexandre III.*

DEWICK William Graham
Né vers 1827. Mort en août 1898 à Londres. XIXe siècle. Britannique.
Sculpteur.
Ce fut surtout un portraitiste.

DEWILDE Samuel. Voir **WILDE Samuel de**

DEWIME P.
XVIIIe siècle. Actif à la fin du XVIIIe siècle.
Peintre de miniatures.

DEWING Francis
Né à Londres. XVIIIe siècle. Vivait à Boston en 1716. Britannique.
Graveur.
Il grava en 1722 un plan de la ville de Boston.

DEWING Maria R., née **Oakey**
Née le 27 octobre 1857 à New York. XIXe siècle. Américaine.
Peintre.
Elle fut à Paris l'élève de Couture. De retour à New York elle épousa Th. W. Dewing. On lui doit des portraits et des tableaux de fleurs.

DEWING Thomas Wilmer
Né le 4 mai 1851 à Boston (Massachusetts). Mort en 1938. XIXe-XXe siècles. Américain.
Peintre de scènes de genre, figures, nus, portraits, paysages animés, pastelliste, dessinateur, lithographe. Impressionniste.
Il commença par étudier la lithographie et le dessin chez Dominique Fabronius, puis il s'inscrivit à l'Académie Julian à Paris. Il y fut élève de Gustave Boulanger, Jules Lefebvre, Charles Gleyre et Jean Léon Gérome, et découvrit les peintres impressionnistes. En 1878, il retourna à Boston, enseignant alors à l'école du Museum of Fine Arts, puis il fut professeur de l'Art Students' League de New York. Il fut également membre de la Society of American Artists et du *Groupe des Dix* (Ten American Painters). Plus tard, il vécut dans la colonie d'artistes de Cornich, dans le New Hampshire.
Il exposa au Salon des Artistes Français de Paris, obtenant une médaille d'argent à l'Exposition Universelle de 1889. Plusieurs de ses œuvres ont figuré à l'exposition *Impressionnistes Américains*, au Musée du Petit Palais, à Paris, en 1982.
Ses œuvres sont prétextes à y figurer la beauté féminine avec une prédilection pour les jeunes femmes raffinées de l'aristocratie de l'époque. Qu'il les représente dans un intérieur sobre, animé de quelques objets anciens rendus avec précision ou dans un vaste paysage brumeux, traité plus librement, peu importe l'histoire ou le sens profond de la scène ; Thomas Wilmer Dewing ne cherche qu'à représenter l'élégance et la beauté délicate de ses modèles. L'artiste fait évoluer ses figures féminines dans un royaume qu'il décrit comme « le monde poétique et imaginaire où vivent quelques esprits élus ». Il les traite avec sensibilité et raffinement, obscurcissant souvent leur visage de petites touches de couleurs, à la manière des maîtres impressionnistes français, et allongeant parfois leur corps selon les besoins de la composition. ■ Sandrine Vézinat
Bibliogr. : Charles H. Caffin : *The Art of Thomas W. Dewing*, in : Harper's, N°116, avr. 1908 – Ezra Tharp : *T. W. Dewing*, in : Art and Progress, N°5, mars 1914 – Gérald Schurr, in : *Les Petits Maîtres de la peinture 1820-1920, valeur de demain*, Les Éditions de l'Amateur, t. V, Paris, 1981 – Susan Hobbs : *Thomas Wilmer Dewing : The Early Years, 1851-1885*, in : American Art Journal, N°13, printemps 1981 – Catalogue de l'exposition : *Impressionnistes américains*, musée du Petit-Palais, Paris, 1982.
Musées : Buffalo – Chicago – New York – Tolède – Washington D. C. (Smithsonian Inst.) : *Paysage avec personnages* 1890 – *La lecture* 1897.
Ventes Publiques : New York, 1er-2 fév. 1900 : *Une dame en bleu* : **USD 410** – New York, 7-8 avr. 1904 : *La Sorcière* : **USD 290** – New York, 11-12 avr. 1907 : *Passe-temps* : **USD 1 550** – New York, 9 avr. 1929 : *Portrait de Frances Houston* : **USD 100** – New York, 29 avr. 1943 : *La robe blanche* : **USD 325** – New York, 18 fév. 1960 : *La pêche* : **USD 425** – New York, 10 déc. 1970 : *Jeune femme à la lyre* : **USD 6 250** – New York, 21 avr. 1977 : *Jeune fille au livre*, h/pan. (30,5x20,3) : **USD 2 600** – New York, 7 avr. 1982 : *Femme en bleu*, past. (36,6x28,4) : **USD 8 200** – New York, 1er juil. 1982 : *Portrait of Joseph Morrill Wells* 1884, h/t (27,3x16,5) : **USD 6 000** – New York, 31 mai 1984 : *Femme assise vue de profil* vers 1900, past./pap. brun mar./cart. (26x21) : **USD 20 000** – New York, 4 déc. 1987 : *An elegant lady* 1922, past./pap. brun mar./cart. (26,7x18) : **USD 42 000** – New York, 30 nov. 1990 : *Juin*, h/t (51,3x23,2) : **USD 63 800** – New York, 14 mars 1991 : *L'écharpe rose*, past./pap. brun/cart. (36,2x27,9) : **USD 8 250** – New York, 22 mai 1991 : *Antoinette*, h/pan. (30,5x20,3) : **USD 7 700** – New York, 26 sep. 1991 : *Femme assise*, past./cart. (27x18,2) : **USD 4 400** – New York, 22 sep. 1993 : *Femme en bleu*, past./pap. brun/cart. (36,7x28,4) : **USD 10 350** – New York, 25 mai 1994 : *Jeune femme avec un violoncelle*, h/t (53,3x40,6) : **USD 96 000**.

DEWING-WOODWARD
Née à Williamsport (Pennsylvanie). XIXe-XXe siècles. Active aussi en France. Américaine.
Peintre.
Elle fut élève à Paris de William Bouguereau et de Jules Lefebvre. Peu après 1900 elle vécut à Paris et Marseille puis retourna aux États-Unis, à New York et Philadelphie.

DEWINNE Liévin. Voir **WINNE Liévin de**

DEWINTER Pierre
Né le 27 mars 1935 à Forest. XXe siècle. Belge.
Peintre, sculpteur, lithographe, copiste, décorateur.
Il fut élève des cours du soir de l'Académie des Beaux-Arts de Bruxelles.

DEWIS Louis
Né à Liège (Wallonie). XXe siècle. Belge.
Peintre de paysages.
Exposant du Salon des Artistes Français. Ed. Joseph cite ses paysages brabançons.

DEWIT. Voir **WIT de**

DEWREE Jean Baptiste. Voir **VRÉ Jean Baptiste de**

DEWS John Steven
Né en 1949. XXe siècle. Britannique.
Peintre de marines.
En fait, John Steven Dews est un des très nombreux peintres anglais qui se sont fait une spécialité non pas de peintures de marines proprement dites, mais de « portraits » de bateaux, spécialité dont on peut penser qu'elle avait, et a peut-être encore, ses amateurs, férus de navigation.
Ventes Publiques : Londres, 31 mai 1989 : *Le New Zealand et le Stars and Stripes au large de Freemantle* 1987, h/t (61x91,5) : **GBP 16 500** – Londres, 30 mai 1990 : *Le yacht Britannia en compétition au large de Dowes* 1923, h/t (76x107) : **GBP 37 400** – Londres, 18 oct. 1990 : *Les yachts Shamrock V et Velsheda en compétition dans le Solent de 1934*, h/t (61x61,5) : **GBP 11 550** – Londres, 22 mai 1991 : *Le Stars and stripes et le Kookaburra dans la troisième America's Cup*, h/t (61x91,5) : **GBP 16 500** – Londres, 20 mai 1992 : *Les yachts de classe J : Shamrock V, White Heather, Britannia et Westward dans la course de Solent en 1932*, h/t (76x152) : **GBP 51 700** – Londres, 20 jan. 1993 : *Combat entre la frégate américaine Constitution et la frégate anglaise Java le 29 décembre 1812*, h/t (71x122) : **GBP 13 800** – New York, 4 juin 1993 : *Ranger et Endeavour II faisant une course au large de l'île de Rhode*, h/t (50,8x76,2) : **USD 68 500** – Londres, 3 mai 1995 : *Engagement entre les batiments Constitution et Guerrière le 19 août 1812*, h/t (91x132) : **GBP 16 675** – Londres, 29 mai 1997 : *Le White Weather en compétition avec le Waterwitch au large d'Egypt Point, Cowes, 1911*, h/t (61x91) : **GBP 17 250**.

DEXARCIN Rémy Farcy
XVIIIe siècle. Français.
Peintre.

DEXEL Walter
Né en 1890 à Munich. Mort en 1973 à Brunswick. XXe siècle. Actif aussi en France. Allemand.
Peintre, peintre de décors de théâtre, d'affiches, graphiste. Fauve, puis abstrait-géométrique.
Entre 1910 et 1914, à Munich, il suivit d'abord des études d'histoire de l'art, et commença à peindre en 1912, au retour d'un voyage à Florence. Sa première exposition personnelle se tint en 1914 à Munich, alors qu'il rentrait de Paris. Les toiles qu'il montrait ont été peintes en France et furent influencées par l'art français. En 1916, il devint directeur de l'Association Artistique de Iéna et le resta jusqu'en 1928. Il fut exposé régulièrement à la

galerie *Sturm* de Berlin, en 1917, 1918, 1920, 1925. En 1927, El Lissitzky fit figurer une de ses peintures dans le Cabinet des Abstraits qu'il avait installé au Musée de l'État de Hanovre. Dexel pratiqua la technique du fixé sous verre, très anciennement en faveur dans les pays d'Europe centrale et jusqu'en Lorraine française, surtout dans les productions populaires, mais que ne dédaignèrent pas de bons artistes. Parallèlement à son activité de peintre, il avait créé des décors de théâtre pour la ville de Iéna avant 1928, et surtout il fut graphiste, renommé dans le domaine de la publicité, et enseigna cette discipline à l'École d'Art de Magdebourg, jusqu'en 1933, date à laquelle il fut décrété « artiste dégénéré » par le régime nazi, et destitué de son poste. En 1928, il avait adhéré à l'Association des Typographes Publicitaires, qu'avait créée Kurt Schwitters. Dans cette technique, il créa des affiches uniquement constituées de caractères typographiques, dans le sens de la *Nouvelle Typographie*. Il s'intéressa aussi à la signalétique urbaine et fut parmi les créateurs des annonces lumineuses. Après la guerre, il reprit son poste d'enseignant.
Au bois de Saint-Cloud de 1914, est une toile typiquement fauve, mais déjà la même année *Grenade explosant* est constituée de formes commençant à se disloquer. Il s'orienta progressivement vers le cubisme, mais, au cours des années vingt, amorça le passage à l'abstraction, avec des toiles telles que : *Le grand viaduc – Ancienne usine – Voilier*. La figuration a tendance à disparaître au profit de la ligne. À cette époque, entre 1919 et 1925, il fut en contact étroit avec le Bauhaus et particulièrment avec Théo Van Doesburg. En raison de cette influence, vers 1923, comme on le voit par exemple dans une peinture intitulée *Immeuble*, il aboutit à une abstraction totalement géométrique, de plans vivement colorés en aplats, verticaux et horizontaux, sans profondeur, style dont il ne se départira plus, sauf à y adjoindre plus tard des obliques. Toutefois, de 1930 à 1933, peut-être en relation avec son activité de publicitaire, il appliqua sa technique constructiviste aux têtes stylisées de personnalités. La guerre et le nazisme passés, après 1961, il reprit son activité de peintre dans le même esprit constructiviste. ■ Jacques Busse

Bibliogr. : Catal. de l'exposition *Aspects historiques du constructivisme et de l'art concret*, Musée d'Art Moderne de la Ville de Paris, juin-août 1977 – in : *Diction. de la peint. allemande et d'Europe centrale*, Larousse, Paris, 1990.
Ventes Publiques : Hambourg, 2 juin 1976 : *Construction verticale* 1922, aquar./traits de cr. (31,9x17,8) : **DEM 5 300** – Hambourg, 3 juin 1977 : *Composition* 1927, gche (43,7x32,8) : **DEM 7 000** – Hambourg, 11 juin 1982 : *Das Tor* 1920, h/t (72x60) : **DEM 25 000** – Hambourg, 9 juin 1983 : *Apollotheater* 1917, grav./bois : **DEM 800** – Hambourg, 12 juin 1987 : *Composition* 1927, gche et collage (40x28) : **DEM 13 000** ; *Composition au carré rouge* 1926, h/t (45,8x49,5) : **DEM 28 000** – Heidelberg, 12 oct. 1991 : *Mosquée* 1916, bois gravé (15,2x10,2) : **DEM 1 500** – Heidelberg, 11 avr. 1992 : *Le soleil par la fenêtre* 1918, bois gravé (30,2x19,9) : **DEM 2 300** – Heidelberg, 9 oct. 1992 : *Pont étoilé* 1919, bois gravé (26,5x20) : **DEM 2 600** – Amsterdam, 10 déc. 1992 : *Sans titre* 1923, cr., encre et h/pap. (43x33) : **NLG 18 400** – Paris, 3 déc. 1993 : *Mosquée* 1916, grav. sur bois (28x21) : **FRF 3 500**.

DEXING Gu
Né en 1962 à Pékin. XXe siècle. Chinois.
Sculpteur.
Il réalise des compositions abstraites avec des morceaux de plastique de récupération, agglutinés en masses plus ou moins compactes ou étirés en filaments, l'ensemble évoquant un système digestif mis à nu.

DEXTER Henry
Né le 11 octobre 1806 à Nelson (New York). Mort le 23 juin 1876 à Cambridge (Massachusetts). XIXe siècle. Américain.
Peintre de portraits, sculpteur de bustes.
Cet autodidacte eut quelque difficulté à parvenir à une grande notoriété, mais quand il s'établit à Boston il connut les plus brillants succès. Il fit les bustes de la plupart des Américains célèbres de son temps et projeta de sculpter les bustes des gouverneurs de tous les États d'Amérique.
Ventes Publiques : New York, 14 nov. 1991 : *Portrait d'homme en buste*, marbre blanc (H. 69,3) : **USD 1 650**.

DEXTER Walter
XIXe siècle. Britannique.
Peintre de genre, animaux.
Il exposa entre 1840 et 1855 à la Royal Academy, à Suffolk Street à Londres et à différentes expositions.
Musées : Norwich : *Un atelier*.

DEXTER Walter ou **William**
Né le 12 juin 1876. Mort en 1958. XXe siècle. Britannique.
Peintre, peintre à la gouache, aquarelliste.
Il fut élève d'Edwards Harper et d'Edward R. Taylor à l'École d'Art de Birmingham, puis poursuivit ses études en Belgique et en Hollande. Il exposa à la Royal Academy et dans les principaux Salons britanniques. Entre 1941 et 1944 il fut professeur d'art à la Grammar School de King's Lynn.
Ventes Publiques : Sydney, 6 oct. 1976 : *Nature morte*, aquar. et reh. de gche/pap. teinté (29,5x46) : **AUD 1 600** – Londres, 6 fév. 1980 : *Nature morte aux fleurs*, h/cart. (27x27,5) : **GBP 550** – Londres, 1er juin 1983 : *Nature morte aux fleurs*, aquar. reh. de blanc/trait de cr. (36,5x46,5) : **GBP 1 100** – Londres, 4 nov. 1994 : *Nature morte d'un vase de fleurs avec des pigeons et des fruits sur une table à dessus de marbre*, h/t (63,8x76,5) : **GBP 1 380**.

DEY Christoffer
XVIIIe siècle. Danois.
Peintre.
Il exécuta en 1761 le portrait du roi Frédéric V.

DEY Hendric
XVIe siècle. Actif à Bruges vers 1516. Éc. flamande.
Peintre.

DEYA Juan
XVIIIe siècle. Actif aux Baléares en 1728. Espagnol.
Sculpteur.

DEYDIER René
Né le 28 octobre 1882 à Avignon. Mort le 4 juillet 1942. XXe siècle. Français.
Peintre de genre, compositions animées.
Il exposa à Paris au Salon des Indépendants.
Ventes Publiques : Reims, 15 mars 1992 : *Le Bal de la marine*, h/t (73x60) : **FRF 11 500**.

DEYER I. Reyers
XVIIe siècle. Actif à Amsterdam. Hollandais.
Peintre.
On connaît de lui un portrait du pasteur Jacob Tiras.

DEYGAS Régis Jean François
Né le 8 janvier 1876 à Lyon (Rhône). XXe siècle. Français.
Peintre d'histoire, scènes de genre.
Il fut élève de l'École des Beaux-Arts de Lyon où il eut pour professeur Tony Tollet, puis de celle de Paris où il fut l'élève de Fernand Cormon. Il exposa à Lyon à partir de 1894, obtenant une troisième médaille en 1900 pour *Éliézer et Rébecca*, et à Paris à partir de 1903 avec *Arrivée de Sigurd en Irlande*, exposant *Le quartier des Gitanes à Grenade* en 1906, obtenant la mention honorable en 1909 avec un sujet typique *Les bugadières de Provence* en 1909.

DEYHUM Guillaume Van
Éc. flamande.
Peintre.
Le Musée d'Orléans conserve de lui un tableau : *Fruits*.

DEYM Maerten Pietersz
Né vers 1566. Mort vers 1626. XVIe-XVIIe siècles. Hollandais.
Peintre de portraits.
Il vécut à Amsterdam et à Leyde.
Ventes Publiques : Londres, 1er mars 1991 : *Portrait d'une femme de soixante-neuf ans, vêtue de noir et d'une fraise et d'une coiffe de dentelle blanche* 1634, h/pan. (60,7x49,5) : **GBP 5 280**.

DEYMAN Gérard
XVIe siècle. Actif à Haarlem vers 1594. Hollandais.
Peintre.

DEYMAN Jacob
XVIIe siècle. Éc. flamande.
Peintre.
Élève de Salomon de Bray à Haarlem en 1643.

DEYMAN Thierry
XVIIe siècle. Actif à Haarlem vers 1649. Hollandais.
Peintre.

DEYMANS P. ou **Vandeymans**
XVIIe siècle. Hollandais.

Peintre de natures mortes.
Le Musée de La Fère conserve une toile de cet artiste.

DEYME Jacqueline
Née le 22 septembre 1936 à Boulogne (Hauts-de-Seine). XXe siècle. Française.
Sculpteur. Abstrait.
Elle fut étudiante à l'Académie Julian et à l'École des Beaux-Arts de Paris. Elle figura au Salon de la Jeune Sculpture à partir de 1958, et au Salon Comparaisons en 1958, 1959 et 1962. Elle exposa également à Paris, Bruxelles, Rome, Florence et Nice. En 1960 elle a été invitée à la Biennale de Paris et en 1963 a reçu le Prix de Rome.
Elle réalise des sculptures, souvent abstraites, en bronze, aluminium ou en matière plastique souvent polychrome.

DEYMÈS Camille
Née à Montauban (Tarn-et-Garonne). XXe siècle. Française.
Peintre.
Elève de Sérusier et Maurice Denis. Elle exposa des paysages au Salon des Indépendants à Paris.

DEYMONAZ André
Né en 1946 à Casablanca (Maroc). XXe siècle. Français.
Peintre de paysages animés.
Il est autodidacte en peinture. Il expose dans des galeries privées de villes de la province française, notamment à Grenoble, Marseille, Toulon, Saint-Étienne, Lyon, etc. et en Suisse.
Il travaille par aplats au couteau et traite de scènes de la vie quotidienne.
Ventes Publiques : Lyon, 11 déc. 1991 : *Le marché de Provence*, h/t (65x54) : **FRF 10 500**.

DEYNEN Anton Van ou **Deynum**
XVIIe siècle. Éc. flamande.
Peintre.
Coloria, en 1643, avec P. Schut, un exemplaire de l'*Entrée triomphale de Ferdinand*, pour la cour à Anvers.

DEYNS Jakob ou **Denys**
Né en 1645 à Anvers. Mort en 1704. XVIIe siècle. Éc. flamande.
Peintre.
Élève d'Erasme Quellyn. Peut-être le même que Jacob Denys, d'après Siret.

DEYNUM Abraham Van ou **Dynen**
XVIIe siècle. Actif à Anvers vers 1648. Éc. flamande.
Peintre de miniatures.
Probablement lié à Anton Van DEYNEN.

DEYNUM Guilliam Van ou **Dyenen**
XVIIe siècle. Éc. flamande.
Peintre de portraits, miniatures, natures mortes.
Depuis 1614, au service d'Albert et Isabelle à la cour de Bruxelles et dispensé pendant qu'il travaillait pour la Cour d'acquitter ses droits à la Gilde, il refusa de payer quand il travailla pour des particuliers. Poursuivi sévèrement, son affaire alla jusque devant le Conseil privé de Brabant, qui le délia en 1618 de ses obligations envers la Gilde.
Ventes Publiques : Londres, 5 juil. 1991 : *Nature morte avec un citron, du raisin, des abricots, des cerises, etc., et un verre à pied sur un entablement*, h/pan. (27,8x23,2) : **GBP 21 450** – Londres, 11 déc. 1992 : *Nature morte avec du raisin, des prunes, un citron pelé et une pipe d'écume sur un plat d'étain, un crabe et un verre sur une table*, h/t (32,2x43,8) : **GBP 19 800** – Londres, 7 juil. 1993 : *Nature morte avec un panier de fruits et une bouteille, un coquillage, des poisons et des oignons dans une assiette et une langouste sur table recouverte d'une nappe blanche et bleue*, h/t (57,5x73,5) : **GBP 15 525**.

DEYNUM Jean Baptista Van ou **Duinen**
Né en 1620 à Anvers. Mort le 2 mai 1668. XVIIe siècle. Éc. flamande.
Peintre et miniaturiste.
Capitaine de la garde d'Anvers en 1651, peignit des portraits et des paysages.
Ventes Publiques : Cologne, 1862 : *La fenêtre d'une cabine de pêcheur* : **FRF 154** – Paris, 1881 : *Nature morte* : **FRF 1 010**.

DEYNUM Maria Van ou **Dynen**
XVIIe siècle. Active à Anvers vers 1670. Éc. flamande.
Peintre de miniatures.

DEYRER Johann
XVIIIe siècle. Actif à Munich au début du XVIIIe siècle. Allemand.
Peintre.
Il était fils de Johann-Baptist.

DEYRER Johann Baptist
Né en 1738 à Ingolstadt. Mort en 1789 à Freising. XVIIIe siècle. Allemand.
Peintre.
Il travailla particulièrement pour la cathédrale de Freising vers 1772.

DEYRES
XIXe siècle. Actif à Paris vers 1815. Français.
Dessinateur et graveur au burin et au pointillé.
On cite parmi ses gravures : *Noël Lacroix*.

DEYRIEUX Georges
Né le 27 décembre 1820 à Millery (Rhône). Mort le 11 juillet 1868 à Montagny (Rhône). XIXe siècle. Français.
Peintre.
Élève de Saint-Jean. Il exposa au Salon de Lyon, de 1842-1843 à 1858-1859, des fleurs, des fruits, et quelques toiles représentant des oiseaux. Il était représenté à Paris à l'Exposition Universelle de 1855, par *Branche d'oranger* et *Fleurs et raisins*. Il a laissé des gouaches et des aquarelles. Il signait : *Georges Deyrieux*.

G·DEYRIEUX·1849

DEYROLLE Jean Jacques
Né le 20 août 1911 à Nogent-sur-Marne (Val-de-Marne). Mort le 30 août 1967 à Toulon (Var). XXe siècle. Français.
Peintre de genre, natures mortes, peintre de cartons de tapisseries, lithographe, dessinateur, illustrateur. Abstrait.
Son arrière-grand-père créa les parcs à huîtres de Concarneau, son grand-père Théophile Deyrolle qui prit la suite de l'exploitation était aussi peintre, le père de Jean Deyrolle était médecin militaire. Après diverses affectations du père, la famille s'installa à Quimper. À la suite de la mort du père en 1923, Jean Deyrolle alla vivre chez sa grand-mère à Concarneau. En 1928, il fut élève de l'École d'Art et Publicité à Paris, où il s'initie à la gravure. À partir de 1932, il commença à peindre en autodidacte. En 1933, son envoi *Les brûleurs de goémon* fut admis au Salon des Artistes Français. Durant l'été 1934, il rencontra Jean Souverbie, qui lui donna quelques conseils. À la suite de l'obtention d'une bourse, il séjourna au Maroc de 1935 à 1938, y faisant de nombreuses expositions. C'est au Maroc qu'il fit la connaissance de Nicolas de Staël, compagnon de sa cousine Jeannine Guillou, faisant alors avec eux un voyage en Algérie. À leur retour en France, ils se retrouvèrent tous les trois à Concarneau. Atteint d'albuminurie, il ne fut mobilisé qu'en avril 1940. Démobilisé en septembre, il retourna à Concarneau, où il disposait de l'atelier de son grand-père dans la maison familiale. Les années d'occupation furent capitales dans son évolution. Il se lia avec Charles Estienne, professeur d'histoire et géographie à Brest ; ils découvrirent ensemble l'œuvre et les écrits de Paul Sérusier, ce qui aura une grande répercussion sur la peinture de Deyrolle, et qui contribua à susciter la vocation de Charles Estienne commme critique d'art. Puis Deyrolle se fixa à Paris, rencontra César Doméla qui l'intéressa à ses propres recherches, se lia avec Lanskoy, Atlan, Magnelli. Après une brève période où il déformait progressivement l'aspect de la réalité, il passa à l'abstraction et exposa, en 1944, en tant que peintre abstrait au Salon d'Automne de la Libération. Il participe alors à d'autres expositions collectives. Jeanne Bucher, de la galerie éponyme, le critique Wilhelm Uhde lui achètent des peintures. À partir de 1946, il fait partie du groupe d'artistes abstraits de la nouvelle Galerie Denise René, ainsi que du *Centre de Recherche* de Doméla. En cette même année 1946 lui fut décerné le Prix Kandinsky. Il commence à participer aux Salons de Mai et des Réalités Nouvelles, ainsi qu'aux principales expositions collectives d'art abstrait en France et à l'étranger. En 1947, il découvre Gordes, où il séjournera et travaillera désormais régulièrement. En 1948 eut lieu sa première exposition personnelle d'œuvres abstraites. En 1951, il abandonna la technique à l'huile pour la tempera. En 1953, il enseigna pendant un an à l'Académie privée de Fernand Léger et fut invité à la Biennale de Menton, dont il reçut le Premier Prix en 1955. En 1956 eut lieu sa première exposition rétrospective au Palais des Beaux-Arts de Bruxelles. En 1957, il fut invité à la Biennale de São-Paulo et à la Triennale de Milan. En 1958, il reçut une médaille d'argent à l'Exposition Internationale

de Bruxelles. En 1959, il fut nommé professeur à l'Académie des Beaux-Arts de Munich, où il se rendit régulièrement, y passant une semaine six ou sept fois par an. Il prit alors aussi la décision de quitter Paris pour le calme de Gordes, ne participant plus qu'aux expositions collectives des Salons de Mai et des Réalités Nouvelles. En 1960, il fut sélectionné pour la Biennale de Venise, en 1961 à celles de São-Paulo de nouveau et de Tokyo. En 1964, il fut l'invité d'honneur de la Biennale de Menton. En 1967, son état de santé s'aggrava, il dut s'installer à Toulon pour y subir une dialyse du sang deux fois par semaine. Depuis son séjour au Maroc et sa première exposition personnelle en 1934, les suivantes se sont multipliées, à partir de 1937 dans les grandes villes de Bretagne, dans lesquelles il continua à exposer fidèlement durant toute sa vie, en 1942 à Bourges, à Paris : Galerie Denise René 1947, 1948, 1951, 1953, puis Galerie de France 1959, Galerie Georges Bongers 1965, 1966 la rétrospective de la Galerie Denise René, et aussi à Copenhague 1949, 1954, 1956, 1960, 1962, 1965, à Bruxelles, Milan, Zurich, Malmö, Amsterdam, Luxembourg, etc. L'exposition rétrospective qu'il préparait à Toulon pour le Musée Municipal de Saint-Paul-de-Vence devint, au cours de l'été 1968, sa première exposition posthume. Elle fut suivie de nombreuses autres, d'entre lesquelles : 1968 Copenhague, 1969 La Rochelle, Rennes, Munich, 1971 Milan, 1972 Genève, 1975 Musée d'Art Moderne de la Ville de Paris, Kunstmuseum du Nord-Jutland à Aalborg, 1976 Musée des Beaux-Arts de Brest, 1977 Abbaye de Senanque à Gordes, 1979 Musée des Beaux-Arts de Quimper, 1984 Musée des Beaux-Arts de Rennes, 1987 Musée des Jacobins de Morlaix, 1991 au Centre Art et Culture de l'Hôtel Donadeï de Campredon à L'Isle-sur-la-Sorgue, 1992 au Château de Gordes et à la Fondation Vasarely d'Aix-en-Provence...

Son œuvre a été subdivisé en périodes. Les quelques peintures de Bretagne datant de la première jeunesse, les paysages et figures du Maroc jusqu'en 1938, ne présentent guère d'autre intérêt que celui de l'apprentissage des techniques. Dès les nouveaux paysages du retour en Bretagne, en 1940, l'écriture, la composition se sont affirmées, ce que confirme brillamment l'*Autoportrait* de 1941, qui marque le début de la période influencée par les Nabis et qui se poursuivit jusqu'en 1943. Suivit une période « cubisante », surtout des natures mortes, de 1943 à 1946, où s'identifient les influences de Juan Gris et Braque, et qui menèrent Jean Deyrolle directement et définitivement à l'abstraction. Dans l'abstraction, les périodes de l'œuvre se définissent d'une autre façon : Une première époque comprend la série Uhde en 1945 (du nom de son premier acheteur important), et la série gordienne (datant de la découverte de Gordes en 1947). Une deuxième période, de 1948 à 1953, est caractérisée par une architecture interne du tableau beaucoup plus construite. Deyrolle distingue des formes positives et des formes négatives, les unes paraissant tantôt avancer, tantôt reculer, dans une sorte de va-et-vient, par rapport aux autres, multipliant les sensations. Dans cette deuxième période sont incluses : les séries *Imbrications géométriques, Les pierres, Les rois du lino*, et deux tapisseries tissées à Aubusson. La série des *Chats dans le placard* annonce une nouvelle période, dans laquelle la notion d'espace mouvant s'estompe. Cette troisième période dura de 1954 à 1962. À l'abstraction austère précédente a succédé une facture plus souple, plus sensuelle dans laquelle a reparu la touche gestuelle, dans les séries : *Les quatre-quarts, Les lames, Les processions*. Après 1957, il conçoit ses compositions abstraites à partir des émotions qu'il ressentait devant la réalité, la nature, un paysage. En cela il était en accord total avec ce qu'il est convenu d'appeler l'abstraction française, pour laquelle l'abstraction consiste à « abstraire » de la diversité confuse du donné extérieur, des formes fondamentales, que l'artiste épure et dont il compose la réalité nouvelle de son œuvre. De 1957 à 1962-63 se succédèrent les séries : *Les queues de chats, Orages, Nature animée*. À l'occasion de ses cours à Munich, il fut séduit par le style baroque bavarois, qui influença la série intitulée *Barroco*. En 1962, Jean Deyrolle fit, sous contrôle médical, une expérience de rêve éveillé, ce qui introduisit dans les peintures du moment des suggestions anthropomorphiques. La quatrième période a duré de 1963 à la fin. Il y réalisa la synthèse de ses parcours précédents. Dans une série de 1965, il réutilisa des formes circulaires, délaissées depuis longtemps. En 1966, dans les *Cercles transpersés*, il coupa ces formes circulaires d'une oblique. Dans son séjour forcé à Toulon, il peignit encore la série des *Voilures* et travailla au projet d'un livre, *Séjour*, avec Samuel Beckett.

Jean Deyrolle fut du tout premier groupe de peintres abstraits français de l'après-guerre. Il s'y singularisa en conservant les matériaux traditionnels de la peinture à l'huile, et jusqu'à la technique archaïque de la tempera, considérant que la révolution abstraite devait se situer dans le domaine de la syntaxe formelle, de la sémantique plastique, et non dans celui des procédés matériels. En outre, cet homme secret, mais sans hauteur affectée, subordonna le projet révolutionnaire de son discours abstrait à la réserve d'une composition nourrie de culture classique ainsi qu'à la pudeur d'une gamme de tons bruns tempérés. Perçant la réserve de ces peintures volontairement peu loquaces, Georges Boudaille comprend que : « Le thème de ces peintures, c'est une lumière, lumière de l'Ile-de-France ou de la Bretagne, lumière de la Haute-Provence et du Midi... Il n'y a aucune monotonie dans la longue suite de compositions que nous a laissée Jean Deyrolle : elles constituent, pour qui sait y voir, une sorte de journal intime, à la fois discret et éloquent. » Atteint depuis longtemps d'une fatale maladie qui le tint enchaîné à un cruel traitement hospitalier, la veille de sa mort il n'était occupé qu'à des projets où l'amour de la vie et de la peinture qui l'exprime, occupait tout son horizon. ■ Jacques Busse

Deyrolle

Bibliogr. : Julien Alvard : *Propos de Deyrolle*, in : *Témoignages pour l'art abstrait*, Paris, 1952 – Michel Seuphor : *Diction. de la Peint. Abstraite*, Hazan, Paris, 1957 – Michel Seuphor : *La Peinture Abstraite*, Flammarion, Paris, 1962 – Jean Grenier : *Entretiens avec dix-sept peintres non-figuratifs*, Calmann-Lévy, Paris, 1963 – Jean-Clarence Lambert : *La Peinture abstraite*, Rencontre, Lausanne, 1967 – Robert Pinget, Jean Deyrolle : *Cette chose*, Denise René, Paris, 1967 – Magnelli, Georges Boudaille, Georges Richar : Catalogue de l'exposition rétrospective *Jean Deyrolle*, Musée Municipal de Saint-Paul-de-Vence, 1968 – Samuel Beckett, Jean Deeyrolle : *Séjour*, Georges Richar, Paris, 1970 – in : *Les Muses*, Grange Batelière, Paris, 1971 – Michel Seuphor, Michel Ragon : *L'art abstrait*, Maeght, Paris, 1973-74 – Léon Degand, Georges Richar : *Deyrolle*, Mus. de Poche, Paris, 1974 – in : *Diction. Univers. de la Peint.*, Le Robert, Paris, 1975 – George Richar : *Deyrolle, l'œuvre gravé*, A.J.D., Paris, 1976 – Georges Richar : *Jean Deyrolle ou le Nabi abstrait*, Catalogue de l'exposition du Musée de Morlaix, 1987 – Georges Richar : *Jean Deyrolle*, Porte du Sud – Galarté, Paris, 1987, avec documentations abondantes – Ignace Meyerson : *Forme, couleur, mouvement*, Adam Biro, Paris, 1991 – Georges Richar-Rivier : *Jean Deyrolle – Catalogue raisonné – œuvre peint 1944-1967*, Cercle d'Art, Paris, 1992, très abondant appareil documentaire.

Musées : Aalborg (Nordjyllands Kunstmus.) : *Composition, opus 16 – Esprit mystique, opus 25 – Dutilleul gris, opus 72bis – Jaune et noir, opus 121 – Rencontre avec le mur, opus 167 – Nithaud, opus 787 – Parthem, opus 868* – Aarhus (Kunstmus.) : *Nérée, opus 779* – Beaulieu-en-Rouergue (Centre d'Art Contemp. de l'Abbaye) : *Dominique, opus 522* – Brest – Bruxelles (Mus. des Beaux-Arts) : *Amadeus, opus 442* – Budapest (Mus. des Beaux-Arts) : *Arcadius, opus 296* – Copenhague (Ny Carlsberg Glyptotek) : *Olive, opus 26 – Juste milieu, opus 82 – Composition jaune, opus 153 – Tilleul, opus 154 – L'envol, opus 157 – Mai, opus 182 – Élévation, opus 191 – La grande haleine, opus 245 – Érep, opus 309 – Olier, opus 369 – Floxel, opus 570 – Mériadec, opus 782 – Maïwen, opus 752 – Jean ou Lyngby*, tapisserie – Copenhague (Statens Mus. for Kunst) : *Manfred, opus 762* – Copenhague (Danske Kunstindustrimus.) : *Erwan*, tapisserie – Dunkerque (Mus. des Beaux-Arts) : *Hervezenne, opus 643* – Gordes (Mairie) : *Philibert, opus 881* – Gordes (Postes) : *Nicostrate*, tapisserie – Grenoble (Mus. de Peinture et de Sculpture) : *Christoly, opus 293* – Liège (Mus. des Beaux-Arts) : *L'Amante, opus 145* – Luxembourg (Mus. d'Art et d'Hist.) : *Nicarelle, opus 809* – Menton (Mus. Municip.) : *Géraud, opus 317* – Morlaix (Mus. des Jacobins) : *La cafetière rouge* – Nantes (Mus. des Beaux-Arts) : *Bathilde, opus 289 – Deenis, opus 526* – New York (Solomon R. Guggenheim Mus.) : *Pabu, opus 305* – Oslo (Mus. d'Art Mod.) : *3 lithographies* – Paris (Mus. Nat. d'Art Mod.) : *Périple, opus 50* – Paris (Mus. Nat. d'Art Mod., Cab. d'Art Graphique) : *80 œuvres/pp* – Paris (FNAC) : *Gohier, opus 596 – Irénée, opus 660* – Paris (BN) : tout l'œuvre gravé, 137 planches – Paris (Mus. d'Art Mod. de la Ville) : *Alpinien, opus 457 – Frediano, opus 582 – Jouane, opus 716* – Pecs

(Mus. de la Ville) : *Obéron, opus 825* – Quimper (Mus. des Beaux-Arts) : *Nœuds de miroirs*, tapisserie – Rennes (FRAC de Bretagne) : *Herta, opus 64* – Rennes (Mus. des Beaux-Arts) : *Trois cercles, opus 283*, deux œuvres/pap. et 1 dess. fus. et gche – Saint-Germain-en-Laye (Mus. Départem. du Prieuré) : *Femme à la coiffe – Paysage* – São Paulo (Mus. d'Art Mod.) : *L'épée de Millot, opus 225* – Skopje (Mus. d'Art Contemp.) : *Étienne, opus 558* – Turin (Mus. Civici) : *Torino orange, opus 254.*

Ventes Publiques : Paris, 12 déc. 1969 : *Jouin, opus 714*, temp./t. : **FRF 4 700** – Paris, 5 déc. 1974 : *Convel, opus 512* 1957 : **FRF 16 000** – Copenhague, 6 avr. 1976 : *Mene*, h/t (97x59) : **DKK 8 200** – Copenhague, 25 nov. 1981 : *Composition*, temp. (88x62) : **DKK 3 000** – Paris, 6 nov. 1983 : *Blaise* 1951, h/t (120x60) : **FRF 13 500** – Copenhague, 25 sep. 1985 : *Beatrix, opus n° 480* 1956, h/t (65x92) : **DKK 57 000** – Copenhague, 27 nov. 1985 : *Composition* 1960, temp./pap. (63x88) : **DKK 20 000** – Copenhague, 24 sep. 1986 : *Lyphard opus 343*, temp. (33x41) : **DKK 60 000** – Paris, 6 déc. 1986 : *Jouin né 714*, h/t (120x60) : **FRF 55 000** – Paris, 11 déc. 1987 : *Echange (cordes 1950 – opus 232)*, h/cart. (27x35) : **FRF 10 600** – Paris, 17 fév. 1988 : *Hagedom strasse*, h/t (50x100) : **FRF 35 000** – Londres, 24 fév. 1988 : *Composition*, h/pan. (46x37,5) : **GBP 2 860** – Paris, 24 mars 1988 : *Le bain*, h/t (54x74) : **FRF 14 500** – Copenhague, 4 mai 1988 : *Guilhem, opus N° 612* (50x50) : **DKK 24 000** – Copenhague, 30 nov. 1988 : *Composition, opus n° 12*, h/t (60x120) : **DKK 55 000** – Stockholm, 6 juin 1988 : *Composition*, détrempe (54x72) : **SEK 34 000** – Copenhague, 8 fév. 1989 : *Poisson d'or* 1950, h/t (28x36) : **DKK 51 000** – Londres, 23 fév. 1989 : *Hathwidis* 1955, h/t (50x100) : **GBP 2 750** – Paris, 16 avr. 1989 : *Convel, opus 512* 1957, h/t (92x65) : **FRF 110 000** – Paris, 30 mars. 1989 : *Composition* 1960, temp./pap. (63x44) : **FRF 15 000** – Paris, 7 oct. 1989 : *Frégant (opus 324)* nov. 1952 (92x65) : **FRF 100 000** – Zurich, 25 oct. 1989 : *Composition*, lav. (31,5x23,7) : **CHF 1 500** – Douai, 3 déc. 1989 : *Composition*, fus. (73,5x55) : **FRF 21 500** – Copenhague, 21-22 mars 1990 : *Beatrix* 1956, h/t (65x92) : **DKK 135 000** – Douai, 11 nov. 1990 : *Composition* 1965, techn. mixte/t. (56x59) : **FRF 40 500** – Paris, 12 mai 1993 : *Composition*, gche et collage/pap. (33x30) : **FRF 5 000** – Paris, 25 juin 1993 : *Elzaer – opus 536* 1958, temp./t. (65x54) : **FRF 10 500** – Copenhague, 2 mars 1994 : *Jonas – opus 707*, temp. (73x92) : **DKK 45 000** – Amsterdam, 31 mai 1994 : *Composition abstraite*, h/t (50x100) : **NLG 6 900** – Copenhague, 8-9 mars 1995 : *Mélisande* 1964, h/t (73x51) : **DKK 19 000** – Paris, 15 déc. 1995 : *Anthelme, opus 432* 1955, temp./t. (80x40) : **FRF 10 600** – Paris, 3 mai 1996 : *Composition*, h/pan. (27x21) : **FRF 6 000** – Paris, 16 déc. 1996 : *Eloy, opus 552* 1958, temp./t. (60x73) : **FRF 12 000** – Paris, 23 fév. 1997 : *Cosme opus* 1956-1957, temp./t. (100x81) : **FRF 26 000.**

DEYROLLE Lucien François

Né le 25 novembre 1809 à Paris. XIXe siècle. Français.

Peintre de fleurs.

En 1832 il entra à l'École des Beaux-Arts. Il exposa au Salon de 1840 à 1867. Il obtint une médaille de troisième classe en 1847 ; il fut nommé professeur de dessin du collège et des écoles communales de Beauvais. Citons des œuvres de cet artiste : *Un aveugle donnant sa bénédiction à une jeune fille qui vient de lui faire l'aumône, Une dernière tentative.* Deyrolle, qui fut professeur à l'École de tapisserie des Gobelins, écrivit une notice sur l'art de la tapisserie dans ses rapports avec la peinture.

DEYROLLE Théophile Louis

Né en 1844 à Paris. Mort en 1923 à Concarneau (Finistère). XIXe-XXe siècles. Français.

Peintre de genre, portraits.

Il fut l'élève, à Paris, d'Alexandre Cabanel et de William Bouguereau. Il se lia d'amitié avec un autre élève de Cabanel, Alfred Guillou, duquel il épousa la sœur Suzanne. Il s'installa à Concarneau, continuant à exploiter avec son épouse les parcs à huîtres créés par son beau-père Étienne Guillou, dit « le pilote ». À Concarneau, pris par son entreprise le matin, il peignait tous les après-midis. Il débuta à Paris, au Salon des Artistes Français en 1876, avec *Après la pêche.* Il y obtint une mention honorable en 1881, devint sociétaire en 1884, médaille de troisième classe 1887, de deuxième classe 1889, médaille de bronze à l'Exposition Universelle de 1900.

On connait de lui les portraits de son fils Étienne et de sa belle-fille Jeanne, les parents de Jean Deyrolle, ainsi qu'un charmant portrait de Jean Deyrolle enfant. Il peignait surtout des scènes pittoresques de la vie des paysans et marins bretons, ainsi que quelques paysages typiques d'Afrique du Nord.

TH Deyrolle

Th Deyrolle

Bibliogr. : Léon Degand, Georges Richar : *Deyrolle*, Musée de Poche, Paris, 1974 – Gérald Schurr, in : *Les Petits Maîtres de la peinture 1820-1920, valeur de demain*, Les Éditions de l'Amateur, t. III, Paris, 1976.

Musées : Bourges : *Retour de foire – Chemin de Saint-Jean à Concarneau* – Brest – Dieppe : *Les joueurs de boules* – Lille : *Leçon de musette* – Rochefort : *Pêcheuse* – Toul : *Retour de pêche.*

Ventes Publiques : New York, 23-24 jan. 1902 : *Une jolie Bretonne* : **USD 200** – New York, 23-24 avr. 1903 : *Jour de fête en Bretagne* : **USD 280** – Paris, 3-4 mars 1923 : *La fin de la journée au lavoir de Keraorec-en-Beuzec* : **FRF 220** – Paris, 20 nov. 1942 : *La femme du pêcheur* : **FRF 2 000** – Paris, 5 avr. 1943 : *Jeune Algérienne* : **FRF 1 500** – New York, 15 oct. 1976 : *Lavandières bretonnes* 1901, h/t (74x103) : **USD 1 500** – Versailles, 2 juin 1982 : *Jeune femme et fillette près de l'âtre* 1877, h/t (95x69,5) : **FRF 20 000** – Douarnenez, 10 août 1984 : *La leçon d'aviron*, h/pan. (33x45) : **FRF 19 500** – Brest, 17 mai 1987 : *Le retour du potager – La brouette sur le chemin* 1919, deux h/t (140x232) : **FRF 43 000** – Amsterdam, 3 mai 1988 : *La pêche à la ligne*, h/t (100x71) : **NLG 17 250** – New York, 17 oct. 1991 : *Printemps en Bretagne*, h/t (90,2x129,9) : **USD 31 900** – Stockholm, 19 mai 1992 : *Jeune gardeuse d'oies dans un verger*, h/t (26x40) : **SEK 11 000** – Paris, 6 avr. 1993 : *La gardienne d'oies* 1875, h/t (53x64) : **FRF 15 000** – New York, 27 mai 1993 : *Lavandières au bord d'un ruisseau dans un vaste paysage*, h/t (65,4x92) : **USD 8 050** – Paris, 20 nov. 1994 : *Sur le sentier de la grève* 1919, h/t (141x235,5) : **FRF 65 000** – Paris, 16 fév. 1996 : *Le Joueur de flûte et la petite laitière* 1875, h/t (115,6x80,6) : **FRF 66 000** – Londres, 26 mars 1997 : *Le Printemps*, h/t (203x147) : **GBP 4 025** – Amsterdam, 27 oct. 1997 : *Pêche sur la côte bretonne*, h/t (100x70) : **NLG 25 960.**

DEYS Jan Van

XVIe siècle. Actif à Culemborg. Hollandais.

Peintre.

Il travailla de 1560 à 1570 à la décoration de l'Orphelinat de Culemborg.

DEYSART A.

XVIIIe siècle. Actif à Halle vers 1710. Allemand.

Graveur.

DEYSINGER Lorenz. Voir **DEISINGER**

DEYSSAC Charles

XVIIe siècle. Actif à Toulouse en 1678. Français.

Peintre.

DEYSSELHOF Gerrit Willem. Voir **DIJSSELHOF GERRIT WILLEM**

DEYSTER Anna Louise de

Née le 29 août 1690 à Bruges. Morte le 14 septembre 1747. XVIIIe siècle. Éc. flamande.

Peintre de paysages, de compositions religieuses, brodeur d'art.

Elle copia les œuvres de son père Lodewyk avec une habileté telle, que ses copies ne peuvent être distinguées de l'original ; elle écrivit une biographie de lui. Peintre de paysages, elle réalisa des tableaux d'église, des broderies. Elle fut aussi musicienne.

DEYSTER Lodewyck de

Né vers 1656 à Bruges. Mort le 20 décembre 1711 à Bruges. XVIIe-XVIIIe siècles. Éc. flamande.

Peintre d'histoire, compositions religieuses, paysages animés, paysages, graveur, dessinateur.

Élève de Jan Maes, compagnon de Anton Van Eeckhout à Rome et à Venise, maître dans la Gilde de Bruges le 4 mars 1688, il épousa la sœur de A. van Eeckhout, en 1688, et eut quatre enfants. Il délaissa la peinture pour la musique et la fabrication

de violons et d'orgues, perdit ses élèves, dut vendre ses dessins et mourut dans la misère.
Musées : Bruges (Église Sainte-Anne) : *Élévation de la Croix* – Bruges (Acad.) : *Berger luttant*, esquisse – Courtrai (Notre-Dame) : *Vision de sainte Claire* – Furnes : *Martyre de sainte Barbe* – Vienne (Mus. Liechtenstein) : *Paysage* – *Descente de Croix*.
Ventes Publiques : Paris, 21-22 fév. 1919 : *Buste de jeune homme*, sanguine : **FRF 30** – Londres, 17 avr. 1936 : *Chasseur dans un paysage* : **GBP 13** – Londres, 14 juin 1984 : *Hagar dans le désert*, eau-forte (17x12,7) : **GBP 450**.

DEYTARD de Grandson Marie, née **Duvoisin**
Née en 1825 à Paris. Morte en 1891 à Pully (Suisse). xixe siècle. Française.
Peintre de fleurs.
Elle fut élève de Mme Hegg, à Lausanne, et étudia aussi chez Gilbaut, à Nice, et à Paris. Elle exposa des peintures sur porcelaine, des peintures à l'huile et à l'aquarelle, à la Société Suisse des Beaux-Arts. Un portrait d'elle, probablement par Morel-Fatio, est cité par le Dr C. Brun.

DÉZALLIER d'ARGENVILLE Antoine
Né le 1er juillet 1680 à Paris. Mort le 29 novembre 1765 à Paris. xviiie siècle. Français.
Graveur.
Il grava d'après le Caravage et Watteau, mais aussi d'après quelques-uns de ses croquis originaux. Il était aussi critique d'art.

DEZARROIS Antoine François
Né le 11 septembre 1864 à Mâcon. xixe siècle. Français.
Graveur au burin et à l'eau-forte.
Élève de Henriquel-Dupont, Gérôme, Allar et Levasseur. Il a gravé d'après le Titien, Andrea del Sarto, et Dagnan-Bouveret. Obtint le Prix de Rome en 1892, le prix Velasquez et une médaille de première classe en 1896. Chevalier de la Légion d'honneur.

DEZAUNAY Émile Alfred
Né le 25 février 1854 à Nantes (Loire-Atlantique). Mort en 1940 ou 1950. xixe-xxe siècles. Français.
Peintre de scènes et de figures typiques, peintre à la gouache, aquarelliste. Postimpressionniste.
Il fut élève d'Élie Delaunay et de Puvis-de-Chavannes. Il fut un des membres-fondateurs du Salon d'Automne à Paris, où il figura régulièrement. Il exposa aussi au Salon des Tuileries.
Il s'est spécialisé dans la peinture des figures typiques de Bretagne et de leurs occupations folkloriques. Il peignit aussi souvent le port et les quais de sa ville natale.
Musées : Nantes : *Le braconnier* – *Le port de Nantes* – Saint-Nazaire : *Entrée du port de Nantes*.
Ventes Publiques : Paris, 1898 : *Le marché de Pont-Croix*, gche : **FRF 23** – Paris, 21 jan. 1924 : *Deux Bretons assis et leurs fillettes*, aquar. : **FRF 30** – Paris, 23 mars 1945 : *Jeune Bretonne*, aquar. : **FRF 60** – Brest, 18 mai 1980 : *Jeune Bretonne en costume de fête*, aquat. (41x31) : **FRF 2 100** – Douarnenez, 12 août 1983 : *La Guinguette*, h/t (37x44) : **FRF 6 500** – Douarnenez, 10 août 1984 : *Maquignon*, aquar. (32x24) : **FRF 5 800** – Brest, 15 déc. 1985 : *Femme à la capeline et attelage sous les frondaisons*, h/t (46x55) : **FRF 44 000** – Lorient, 27 juin 1987 : *Jeune fille de l'île de Sein*, h/t (54x65) : **FRF 72 000** – Douarnenez, 25 juil. 1987 : *Sortie d'église à Saint-Anne*, aquar. (31x39,5) : **FRF 10 000** ; *Paysage au bord de mer*, h/t (65x73) : **FRF 15 100** – Paris, 15 fév. 1989 : *Musiciens et danseurs bretons*, aquar. (32,5x44,5) : **FRF 15 000** – Paris, 4 avr. 1989 : *Scène bretonne*, aquar. (32x40) : **FRF 13 500** – Paris, 22 nov. 1989 : *Enfants jouant près du fleuve. La Charité-sur-Loire*, h/t (50x65) : **FRF 66 000** – Paris, 23 nov. 1989 : *L'attente au port*, aquar. (24,5x31,5) : **FRF 30 000** – Londres, 29 nov. 1989 : *Jeune Bretonne à l'Île-aux-Moines*, h/t (92x73,5) : **GBP 18 700** – La Varenne-Saint-Hilaire, 16 juin 1990 : *La lecture au pied de l'arbre*, h/pan. (27x35) : **FRF 15 500** – Paris, 29 oct. 1990 : *Bretonnes à la voile rouge*, aquar. (30x38) : **FRF 50 000** ; *Bretons devant l'église*, aquar. (31x39,5) : **FRF 18 000**.

DEZAUNAY Guy
Né le 16 novembre 1896 à Nantes (Loire-Atlantique). xxe siècle. Français.
Peintre de portraits et de paysages.
Élève d'Emile Dezaunay, il était sociétaire du Salon d'Automne et exposait au Salon des Artistes Français.
Ventes Publiques : Douarnenez, 25 juil. 1987 : *Paysage au bord de mer*, h/t (65x73) : **FRF 15 100**.

DEZÈGRE Gabriel
xviie siècle. Actif à Versailles. Français.
Sculpteur.
Il fut reçu à l'Académie de Saint-Luc en 1675.

DEZÈGRE Jean
xviiie siècle. Actif à Paris vers 1744. Français.
Sculpteur.
Il était fils de Nicolas l'Ancien.

DEZÈGRE Nicolas, l'Ancien
Mort le 22 septembre 1726. xviiie siècle. Français.
Sculpteur.
Sculpteur marbrier à Versailles. Il était au service du duc d'Orléans, et fut reçu à l'Académie de Saint-Luc en 1675.

DEZÈGRE Nicolas, le Jeune
xviiie siècle. Actif à Paris. Français.
Sculpteur.
Il était fils de Nicolas l'Ancien.

DEZÈGRE Philippe
xviie siècle. Actif à Versailles. Français.
Sculpteur.
Il fut reçu à l'Académie de Saint-Luc en 1661. Il fut sans doute le père de Gabriel et de Nicolas l'Ancien.

DÉZERT Camille Félix
Né à Puteaux (Seine). xxe siècle. Français.
Peintre.
Il exposa à Paris au Salon des Indépendants.

DEZEUZE Daniel
Né en 1942 à Alès (Gard). xxe siècle. Français.
Peintre, sculpteur, technique mixte. Abstrait. Groupe Support-Surface, 1968-71.
Il a figuré dans plusieurs manifestations collectives parmi lesquelles : en 1969 *100 artistes dans la ville* au musée de la ville du Havre ; en 1970 *12 expositions en plein air dans le Sud de la France* ; *Supports-surfaces* à l'ARC au musée d'Art Moderne de la Ville de Paris ; *Aux arts citoyens !, environs 2* à Tours ; en 1971, *Été 70* à la galerie Jean Fournier à Paris ; la 7e Biennale de Paris ; en 1972, *les idées et les arts* à Strasbourg ; *Yvon Lambert, actualité d'un bilan* rue de Paradis à Paris ; en 1974 *Nouvelle peinture en France* et *Nouvelle peinture, onze peintres actuels* dans la salle des Jacobins à Dijon ; en 1975 *Dezeuse, Dolla, Jaccard, Pincemin* à la galerie Piltzer à Paris ; *Europalia 12x1* à Bruxelles au Palais des Beaux-Arts ; en 1977 *Trois villes, trois collections* au musée Cantini à Marseille ; Musée de Peinture et de Sculpture de Grenoble ; Musée d'Art et d'Industrie de Saint-Étienne ; *Unstreched surfaces* à l'Institute of Contemporary Arts de Los Angeles ; en 1978 *Disséminations* au musée de Varèse ; *D'hier à demain, 68-78-88* galerie de la Marine à Nice ; *Focus 78* à Paris ; *Croisées* fondation Jeanneret à Boissano en Italie ; en 1979 *Œuvres contemporaines des collections nationales : Accrochage 2* au Centre Georges Pompidou ; *Le tondo de Monet à nos jours* au musée de l'Abbaye Sainte-Croix aux Sables-d'Olonne ; *Tendance de l'art en France 1968-1978* à l'ARC au musée d'Art Moderne de la Ville de Paris ; en 1980 *Une idée en l'air* à l'Alternative Museum à New York ; *Exposition d'art contemporain dans les collections privées liégeoises* APIAW Liège ; en 1981 *Blickfelder 81* à la Kunsthalle de Bielefeld ; *Nature du dessin* au Centre Georges Pompidou à Paris ; *Futurs corps passés* au musée Fabre à Montpellier ; en 1982 *The subject of Painting* au Museum of Modern Art d'Oxford ; *Muro Torto* à l'espace culturel Graslin de Nantes ; en 1983 *Forme vivante* exposition itinérante au Taidemuseo Björneborgs Konstmuseum à Pori (Finlande) et à Helsinki au Taidehalli Helsingfors Konsthall, à Malmö en Suède à la Konsthall ; en 1984 *Art contemporain à Nîmes* au Musée des Beaux-Arts ; *Écritures dans la peinture* à la villa Arson à Nice ; *Sagas* Palau Meca à Barcelone ; en 1986 *Pictura loquens* à la Villa Arson à Nice ; *Arte in Francia* au Palazzo Reale à Milan ; en 1988 *Éloge du tableau* à Joigny ; *Le prisme brisé* à la galerie Gill Favre à Lyon ; en 1989 *Art en France, un siècle d'inventions* à Moscou ; *TXT / Muro Torto* au centre d'art contemporain de la communauté française de Belgique, Maison des artistes à Bruxelles ;... Il a exposé personnellement à partir de 1971, notamment depuis 1980 : 1980 au Musée d'Art et d'Industrie de Saint-Étienne et au Musée de l'Abbaye Sainte-Croix des Sables d'Olonne, en 1981-1983-1985-1987 à la galerie Yvon Lambert à Paris, en 1982 à la galerie Artra Studio à Milan, en 1984 à la galerie l'Ollave à Lyon, en 1985 à la galerie l'Hermitte de Coutances, en 1986 à la galerie des Arènes de Nîmes, en 1987 au Gemeentemuseum de La Haye et à l'École d'Art du Sichuan en Chine, en 1988 à la galerie Athanor à Marseille et à l'Arthotèque de Marseille, en 1989 au Musée

d'Art Moderne de Villeneuve d'Ascq et au Centre National des Arts Plastiques, en 1990 au Musée des Beaux-Arts de Nantes, en 1998 au Carré d'Art de Nîmes. Il est professeur à l'École des Beaux-Arts de Montpellier.
Dezeuze appartient à la génération des jeunes peintres qui au milieu des années soixante désiraient retrouver plus de rigueur face à l'abstraction lyrique virant à l'académisme. Membre fondateur et théoricien du groupe Support/Surface, (comptant par ailleurs Claude Viallat, Vincent Bioulès, Louis Cane et Marc Devade, puis rejoint par André Pierre Arnal, Noël Dolla, Toni Grand et Pincemin) il s'en détache en 1972. Il écrit de nombreux articles dans la revue *Peinture : Cahiers théoriques*. Privilégiant le signifiant sur le signifié, comme on disait alors, il s'attache à une connaissance matérialiste de la peinture, non susceptible d'interprétations autres que celle qu'elle se veut : objet d'analyse. Si l'œuvre de Dezeuze participe à l'entreprise de déconstruction de la matérialité de la peinture menée par Support/ Surface, elle apparaît comme celle qui prend le plus de libertés face à des lois strictes. Régie par les principes de Support-Surface, la volonté de faire table rase, de simplifier les éléments employés, de ne laisser au subjectif qu'une part réduite, l'œuvre de Daniel Dezeuze trouve sa spécificité dans sa capacité à se renouveler, à rebondir, à élargir le champ de ses zones d'exploration.
Le travail dans son ensemble est une réflexion sur les pleins et les vides, la transparence et l'opacité, l'assemblage. Dirigée par les « principes communs » Dezeuze choisit d'emblée le châssis nu comme le sujet de son travail, à l'inverse ou en réponse à Claude Viallat qui utilise la toile libre, débarrassée du châssis. Recouverts d'une feuille de plastique transparent, enduits de brou de noix, les châssis ne sont jamais laissés bruts, il y a toujours une intervention dessus. Ils sont posés au sol, appuyés sur le mur. Il ne s'agit pas ici d'un geste dadaïste, mais d'une volonté d'ouvrir de nouvelles possibilités à la peinture : « Ainsi envisagée, la pratique picturale peut, sans forcément se réduire, se dérouler autrement », notait Dezeuze en 1969. Le châssis donne naissance à une série de variantes, des déclinaisons dont le point commun peut être la souplesse, quand la fonction première du châssis est de rigidifier : de fragiles échelles de tarlatanes, des claies imprégnées de vert ou d'orangé, des rouleaux de canisses déployés sur le sol, des échelles de lamelles de bois souple, des filets. La couleur chez Dezeuze intervient comme une teinture monochrome. Ces travaux se déploient sur le mur, au sol, accrochés au plafond, épousent la forme de leur support ou s'enroulent sur eux-mêmes, mettant en scène le vide et l'espace. Les aléas de leur présentation mettent en question la mise en scène perspectiviste. La gaze est parfois associée à des lattes de bois ; elle est découpée selon des formes incertaines, volontairement maladroites, recouverte partiellement de bitume ou barrée de ruban adhésif. Elle est teintée dans des bruns, des gris, des roses, des verts irisés. Découper cette matière évanescente et transparente, c'est presque tailler à même l'espace. Le rôle dévolu au châssis consiste à enrouler, délimiter, soutenir et jusqu'à définir l'espace pictural proprement dit. Parallèlement à ce travail, l'écriture prend une place de plus en plus importante. Des noms, des mots, des fragments de phrases composent une calligraphie abstraite. Inscrite sur des tablettes de terre cuite, l'ensemble évoque l'écriture cunéiforme des tablettes sumériennes. En 1983 apparaît la série des portes, assorties d'objets articulés ; portes désarticulées, matériaux de rebuts, objets sciés, brûlés, cassés, sont présentés posés sur le sol des lieux d'exposition. A partir de 1984 il réalise des dessins abstraits, proches de ceux de Cy Twombly, composés de lignes incertaines enchevêtrées. Ils sont exécutés à la mine de plomb sur papier ou à la craie de couleur et au lavis. À partir de 1985 Dezeuze crée ce qu'il appelle des « armes ». Ce sont des objets nés de l'assemblages de matériaux trouvés épars. « Ce sont des armes sans pouvoir réel. Les exhiber, c'est montrer qu'elles sont inoffensives. C'est parce qu'elles appartiennent à une époque révolue de l'arme, qu'il m'est possible, en toute liberté, de les traiter. Elles contiennent un nœud, une énergie ramassée, à la portée de tout le monde ». Les œuvres évoquent des armes réelles, mais n'en retiennent que le potentiel actif ; concentration d'énergie, elles sont en même temps très poétiques. Le travail se présente ainsi divisé en séries mais selon Daniel Dezeuze : « ... Finalement, l'œuvre ce n'est pas ces choses constituées, mais cette espèce de traversée qui peut être rapide ou avoir un rythme très lent. Ce sont des moments de survol de différents types d'expression ». L'apport de Dezeuze, et du mouvement pictural auquel il a largement participé, fut déterminant en France dans les années soixante-dix et provoqua une brutale renaissance de la peinture et du tableau, alors en partie abandonnés, sous l'impulsion du Pop'Art, au profit d'objets et d'assemblages. ■ Florence Maillet, J. B.

Bibliogr. : In : Catal. de l'exposition *L'Art Moderne à Marseille – La Collection du Musée Cantini*, Musée Cantini, Centre de la Vieille Charité, 1988 – *Écritures dans la peinture*, Villa Arson, Nice, avril-juin 1984 – Catal. de l'exposition *Daniel Dezeuze*, Centre National des Arts Plastiques, Paris, 1989, documentation complète – Gérard-Georges Lemaire, *Daniel Dezeuze, vingt ans après*, in Opus International, N° 117, jan.-fév. 1990, pp 56-57.

Musées : Chamalières (FRAC Auvergne) : *Sans Titre* 1979 – *Sans Titre* 1992 – *Sans Titre* 1993 – Épinal (Mus. départ. des Vosges) : *Dessin* 1976 – Marseille (Mus. Cantini) : *Sans titre* 1976, dess. – *Le char des lions* 1986, past. – *Sans titre* 1985, bois – *Cible N° 1* 1985.

Ventes Publiques : Paris, 12 avr. 1989 : *Sans titre* 1976, craie de coul./pan. (65x50) : **FRF 7 000** – Paris, 8 oct. 1989 : *Sans titre* 1986, past./pap. (52,5x50) : **FRF 7 500** – Paris, 12 fév. 1989 : *Tarlatane* 1981 (96x174) : **FRF 14 500** – Paris, 9 déc. 1990 : *Sans titre* 1982, mine de pb et cr. gras/pap. (48x34) : **FRF 4 000** – Paris, 24 oct. 1991 : *Étude*, past. et cr./pap. (51x49) : **FRF 3 500** – Paris, 22 déc. 1992 : *Échelle*, techn. mixte (41x5,5) : **FRF 5 500**.

DEZEUZE Georges

Né le 28 décembre 1905 à Montpellier (Hérault). XXe siècle. Français.

Peintre.

Il a commencé ses études à l'École des Beaux-Arts de Montpellier et les a poursuivies à celle de Paris. Il a figuré dans plusieurs Salons parisiens parmi lesquels le Salon d'Automne, puis est retourné dans le Languedoc où il a travaillé avec d'autres artistes languedociens, en particulier Sarthou et Jean Desnoyer, et participé à ce qu'il nomme la Réalité poétique. Professeur à l'École des Beaux-Arts de Montpellier, il a également réalisé des fresques.Il est le père de Daniel Dezeuze.

Musées : Castres (Mus. Goya) – Montpellier (Mus. Fabre) – Sète (Mus. Valéry).

DÉZIRÉ Henri ou **Désiré**

Né le 6 février 1878 à Libourne (Gironde). Mort le 31 août 1965 à Paris. XIXe-XXe siècles. Français.

Peintre de figures, portraits, paysages, natures mortes.

Il fut élève de William Bouguereau et de Gabriel Ferrier. Il vécut à Paris, participa au Salon des Artistes Français, où il obtint une mention honorable en 1903.
Après avoir montré l'influence de Manet à travers ses natures mortes peu colorées, il éclaircit sa palette à partir de 1905 et enveloppe ses formes d'un halo atmosphérique, à la manière des impressionnistes.

Bibliogr. : Gérald Schurr, in : *Les Petits Maîtres de la peinture 1820-1920, valeur de demain*, Les Éditions de l'Amateur, t. II, Paris, 1982.

Musées : Paris (Mus. d'Art Mod. de la Ville) : *La Baigneuse* – *Portrait de Mlle D.*

Ventes Publiques : Paris, 19 mai 1920 : *Nature morte* : **FRF 480** – Paris, 4 juin 1925 : *Le berger* : **FRF 320** – Paris, 3 mai 1930 : *Jeux* : **FRF 420** – Paris, 5 mai 1937 : *Le pont sur la rivière* : **FRF 100** ; *Paysage* : **FRF 265** – Paris, 20 fév. 1942 : *La route de campagne* 1928 : **FRF 1 800** – Paris, 7 nov. 1946 : *Pommes et bananes* 1908 : **FRF 600** – Paris, 20 juin 1985 : *L'âge d'or* 1926, h/t (170x220) : **FRF 40 000** – Neuilly, 22 nov. 1988 : *Nature morte au vase bleu*, h/t : **FRF 3 000** – Paris, 26 avr. 1991 : *Les baigneurs* 1953, h/t (37x43) : **FRF 6 500** – Paris, 21 déc. 1992 : *Vase de fleurs*, h/t (82x66) : **FRF 3 500**.

DEZOBRY Arthur Henry Louis

Né le 15 décembre 1854 à Montmorency (Seine-et-Oise). Mort le 11 octobre 1930 à Montmorency. XIXe-XXe siècles. Français.

Peintre.

Élève de Boulanger et Lefebvre. Sociétaire des Artistes Français depuis 1883, il figura au Salon de cette société jusqu'à 1914. On lui doit des paysages.

DEZSI-EGYED. Voir **EGIDIUS de Des**

D'HAESE Roel. Voir **HAESE Roel D'**

DHAR K. M.

XXe siècle. Indien.

Peintre de scènes de genre.

Il figura en 1946 à l'Exposition organisée au Musée d'Art

moderne de la Ville de Paris par l'Organisation des Nations Unies. Il y présentait une œuvre intitulée *La naissance de Laksmi*.

DHARLINGUES Gustave. Voir **HARLINGUE Gustave d'**

DHARMENON Eugène Scipion. Voir **HARMENON**

DHAWAN Rajendra K.

Né en 1936 à New Delhi. xxe siècle. Depuis 1970 actif en France. Indien.

Peintre, graveur. Abstrait.

Il fit ses études à l'École des Beaux-Arts de New Delhi de 1953 à 1958. Grâce à une bourse, il a travaillé en Yougoslavie de 1964 à 1966 puis s'est installé de nouveau en Inde. Depuis 1970, il vit et travaille à Paris.

Il participe à des expositions collectives : 1960 et 1964 à New Dehli avec le groupe Unknown dont il fut l'un des membres fondateurs ; 1965 Belgrade ; entre 1965 et 1967 en Yougoslavie, URSS et Scandinavie ; 1972 festival international de Cagnes-sur-Mer ; 1974 Salon des Réalités Nouvelles à Paris ; 1975 Triennale internationale de New Delhi ; 1978 Salon Comparaisons à Paris ; 1981 Trinationale d'Art de New Dehli ; 1985 Centre national des arts plastiques à Paris. Il a obtenu le prix de la gravure à New Dehli en 1975 et à Chandigarh en 1979. Il montre ses œuvres dans des expositions personnelles en Inde et Europe depuis 1962 ; en 1972, 1974, 1977 et 1983 à la galerie du Haut-Pavé à Paris.

Son vocabulaire plastique se compose essentiellement de taches et de signes violemment cernés. Abstraits, ses tableaux, par les couleurs et certains motifs évoquent les impressions des tissus indiens.

Bibliogr. : Catalogue de l'exposition : *Artistes indiens en France*, Centre National des Arts Plastiques, Paris, 1985.

Musées : New Delhi (Nat. Gal. of Mod. Art) – Paris (FNAC).

Ventes Publiques : Paris, 18 oct. 1990 : *Sans titre* 1990, h/t (89x116) : **FRF 20 000**.

DHEULLAND Guillaume. Voir **HEULLAND**

DHONDT. Voir **HONDT de**

DHOTEL Jules

Né le 16 novembre 1879 à Neufchâteau (Vosges). Mort le 16 juin 1967 à Paris. xxe siècle. Français.

Sculpteur et graveur en médailles.

Sociétaire du Salon des Artistes Français. Il a réalisé de nombreux bustes de personnalités du monde médical et gravé de nombreuses plaquettes et médailles.

DHRAMI Lumturi

Né en 1936. xxe siècle. Albanais.

Graveur. Réaliste-socialiste.

Il est un des représentants du réalisme socialiste, dont son triptyque *La voie*, éloge de l'héroïsme, du travail et de la patrie socialiste, est un parfait exemple.

Musées : Tirana (Gal. des Arts) : *L'élève – Notre voie*.

DHRAMI Mumtas

Né en 1936. xxe siècle. Albanais.

Sculpteur. Réaliste-socialiste.

Le titre seul de l'œuvre citée ci-dessous en évoque à la fois la forme et le contenu.

Musées : Tirana (Gal. des Arts) : *Portons l'esprit révolutionnaire*.

DHUIN Charles Eugène Léon

Né à Arras (Pas-de-Calais). xxe siècle. Français.

Peintre de portraits.

Il exposa à Paris au Salon des Artistes Français à partir de 1933.

DHUMEZ Danielle

Née le 11 mars 1910 à Cannes (Alpes-Maritimes). xxe siècle. Française.

Peintre.

Autodidacte en peinture. Elle expose depuis 1951 à Paris, notamment aux Salons Comparaisons et des Peintres Témoins de leur Temps, puis en Suède, au Danemark, en Italie, Allemagne, Suisse et à New York.

Elle fait des peintures figuratives plaisantes et élégantes, dans l'esprit de l'École de Paris. Spécialiste de la technique du gemmail, industrialisée à Tours, elle reçut le Prix des Gemmaux en 1957.

DI suivi d'un patronyme. Voir ce patronyme

DIA Félix

xviiie siècle. Actif à Huesca en 1706. Espagnol.

Peintre.

Il exécuta le portrait de Dona Josefa Borride.

DIA Francesco della

xviiie siècle. Actif à Belluno au début du xviiie siècle. Italien.

Sculpteur.

Il fut l'élève d'Andrea Brustolon.

DIACETTO Dionigi da ou **Giovanni Francesco**

Né en 1480 à Florence. xvie siècle. Italien.

Dessinateur et orfèvre.

DIACONESCO Aurelio

Né en Roumanie. xxe siècle. Actif au Pérou. Vénézuélien.

Peintre et sculpteur. Figuratif.

Il commença ses études dans son pays natal à l'Académie des Beaux-Arts où il travailla avec un spécialiste des fresques byzantines. Il fut professeur d'art et d'esthétique dans plusieurs collèges de son pays. Il obtint ensuite deux bourses d'études, une pour la France et une pour Rome où il étudia l'architecture. D'Italie il partit pour le Pérou, soutenir un projet pour le pavillon de la foire de Lima en 1949. Il reçut le diplôme d'honneur et s'installa définitivement au Pérou. Il a figuré dans plusieurs expositions collectives à Montréal, Tokyo, New York, Madrid, Rome, Munich et Caracas. Il a présenté personnellement ses œuvres dans des galeries à Lima, à Caracas et à New York.

Son œuvre accorde une large place à la figure, isolée ou en groupe, pour décrire la vie des paysans sud-américains ou illustrer des sentiments humains universels.

DIACRE Jacques

xviie siècle. Actif à Nantes. Français.

Sculpteur.

DIACRE Jean ou **Jean Dominique**

Né à Turin. xviie-xviiie siècles. Italien.

Peintre de miniatures et graveur.

Il s'établit à Paris où il se consacra au commerce des objets d'art.

DIACRE Rémy

Né le 9 janvier 1654 à Nantes. xviie siècle. Français.

Sculpteur.

Il était le fils de Jacques.

DIADUMENUS

Antiquité romaine.

Sculpteur.

Le nom de cet artiste grec de l'époque romaine figure sur un cippe, au Musée du Vatican à Rome, et sur un beau bas-relief du Musée du Louvre à Paris, représentant *Jupiter, Junon et Thétis*.

DIADYNIUK Vasyl

Né en Ukraine. xxe siècle. Russe.

Peintre.

DIAGO Roberto

Né en 1920 à La Havane. Mort en 1957. xxe siècle. Cubain.

Peintre, illustrateur.

En 1934, il fut élève de l'académie nationale des Beaux-Arts de La Havane, puis séjourna aux États-Unis et à Mexico, où il travailla comme illustrateur. En dehors de Cuba et de Haïti, il a exposé à New York en 1945, à La Pan-American Union en 1952. Il figurait également en 1992 à l'Exposition *Lam et ses contemporains : 1938-1952* au Studio Museum de Harlem.

Ventes Publiques : New York, 30 mai 1984 : *Directrices* 1953, gche (27x59,8) : **USD 850** – New York, 19-20 mai 1992 : *Leda* 1948, encre/pap. (72,1x55,9) : **USD 5 500** – New York, 24 nov. 1992 : *Abstraction* 1948, encre/pap. (28,6x36,8) : **USD 4 400** – New York, 25 nov. 1992 : *Deux Musiciens* 1945, gche/pap. fort (24,6x25,1) : **USD 2 750** – New York, 18-19 mai 1993 : *Sans titre* 1942, aquar. et encre/pap. (31,4x44,8) : **USD 1 380** – New York, 18 mai 1995 : *Musiciens antillais ; Sans titre*, encre et aquar./cart., feutre et lav./pap., une paire (28,9x34 et 36x27,5) : **USD 2 300** – New York, 14-15 mai 1996 : *Instrument de musique (Variations sur des images connues)* 1948, gche/cart. gratté (27,9x35,6) : **USD 1 610** – New York, 28 mai 1997 : *Fleuri* 1946, h/t (75,5x55,8) : **USD 9 200**.

DIAGONA Spiridone

xviiie-xixe siècles. Actif à Venise. Italien.

Peintre.

DIALER Joseph Alois

Né le 3 mars 1797 à Imst (Tyrol). Mort le 5 décembre 1846 à Vienne. xixe siècle. Autrichien.

Sculpteur.

On lui doit un *Buste de Schubert* et plusieurs décorations de théâtre.

DIAMANDI Lola
Née au XXe siècle à Bucarest. XXe siècle. Roumaine.
Peintre.
En 1928 elle envoyait un portrait et une nature morte au Salon des Artistes Français.

DIAMANDOPOULOS
Né en Grèce. XXe siècle. Grec.
Peintre.

DIAMANTE, fra
Né vers 1430 à Terranova (Val d'Arno). Mort vers 1498. XVe siècle. Italien.
Peintre d'histoire et de portraits.
Élève et aide de fra Filippo Lippi, appartenant à l'ordre des Carmes de Florence, il survécut à son maître et devint le gardien de Filippino Lippi. Il accompagna fra Filippo à Prato. On dit qu'il l'aida à décorer le chœur de la cathédrale. Comme il avait été confiné dans son couvent de Florence par ordre de son supérieur, la commune de Prato écrivit des lettres (qui existent encore) réclamant sa mise en liberté. Il se rendit alors à Spolète où il collabora avec fra Filippo aux fresques du Dôme, ouvrage qu'il termina seul après la mort du maître et pour lequel il reçut deux cents ducats. De là, il retourna à Prato et il exécuta, en 1470, le portrait de Cesare Petrucci dans le portique du palais, seule œuvre qu'il produisit sans aide. Comme cette peinture a été détruite, il est fort difficile de se rendre un compte exact de son art : dans les autres ouvrages, on ignore quelle fut la partie exécutée par lui.

DIAMANTINI Giuseppe, il cavaliere
Né en 1621 à Fossombrone. Mort le 11 novembre 1705 à Fossombrone. XVIIe siècle. Italien.
Peintre de scènes mythologiques, compositions religieuses, graveur.
Il résida souvent à Venise. Il travailla peu dans les églises, davantage dans les galeries. On voit à Vérone, dans la maison Bevilacqua, quelques têtes de philosophes exécutées d'une manière originale. On cite parmi ses gravures : sept planches pour l'*Ancien et le Nouveau Testaments, L'Olympe, Saturne et Rhéa, Saturne, Vénus et l'Amour, Saturne, l'Amour et une femme, Diane et Endymion, Vénus et l'Amour, Vénus et Adonis, Flore et une déesse qui tient le caducée, Flore et Mercure, Mercure enlevant une jeune femme, Mercure endormant Argus, Mercure et Argus, Vulcain, Hercule et Omphale, Bacchus, Cérès et Vénus, Zéphir transportant une jeune femme, Boréas et Orithye, Cinq muses près d'un fleuve, La Nymphe assise, La Nymphe marchant, Danaé, Didon au désespoir, assise près d'un bûcher voulant se donner la mort, La Nuit*, allégorie, *La Nuit assise sur des nuées, La Fortune, La Justice et la Paix, La Femme au taureau, La Renommée planant sur un nuage, La République de Venise sous la forme d'une femme, La République de Venise sous la forme d'une princesse.* Il semble avoir emprunté son genre de peinture à Salvator Rosa. Plus apprécié comme graveur, il exécuta une suite de planches à l'eau-forte sur ses propres dessins dont le style est assez libre Mariette dit de lui : « A sa façon de composer, je serais assez porté à croire qu'il était disciple du cavalier Liberi. Il cherchait du moins à imiter sa manière. »

FQ DIANA

MUSÉES : DRESDE : *David tenant la tête de Goliath* – VENISE (Église Saint-Moïse) : *Épiphanie.*
VENTES PUBLIQUES : LONDRES, 7 juil. 1980 : *Allégorie de la République de Venise*, eau-forte (37,1x22,5) : **GBP 250** – MILAN, 30 nov. 1982 : *Saint Jean baptisant les néophytes*, cr., pl. et lav. (25,4x21,2) : **ITL 500 000** – ROME, 24 mai 1988 : *David vainqueur*, h/t (102x95) : **ITL 6 000 000**.

DIAMANTINO. Voir **RIERA Diamantino**

DIAMAR Hendrik Frans ou **Diamaer**
Né en 1685 à Anvers. XVIIIe siècle. Éc. flamande.
Graveur.
On cite de lui : *Cornelis de Bril, P. de Carpentier*, d'après M. Balen, *Aub. Miraeus*, d'après Van Dyck, *H. Zœsius*, d'après une gravure de Clouwet d'après A. van Diepenbecke.

DIAMOND Jessica
XXe siècle. Américaine.
Peintre.
Elle a montré une exposition personnelle de ses œuvres en France en 1997 au Centre d'art contemporain Le Consortium à Dijon.
Elle utilise dans son travail des mots, « Art », « Sex », « Belief », « Pumpkin », qu'elle peint sur les murs d'exposition, réalisant une correspondance entre leur sens et l'architecture du lieu. Depuis 1991, elle rend souvent hommage, dans son travail, à l'œuvre de l'artiste Yayoi Kusama émigrée aux États-Unis, en ayant notamment introduit des fonds de couleur.

DIANA Benedetto
XVe-XVIe siècles. Vivant à Venise. Italien.
Peintre d'histoire et de portraits.
Il fut le compagnon de Carpaccio et de Mansuetti. Cet artiste exécuta des fresques et des peintures à l'huile dans lesquelles il cherche à imiter le style de Giorgione. Il peignit à Venise à San Giovanni Evangelista, *Les Frères distribuant des aumônes.* Il assista Lazzaro Bastiani dans la décoration des étendards sur la Piazza de San Marco. L'église de Santa Maria della Croce, Crema, possède un tableau d'autel représentant *Saint Thomas recevant la ceinture miraculeuse.*
MUSÉES : VENISE (Gal. Nat.) : *La Vierge sur le trône – La Vierge et l'Enfant – Madone et saints – La Vierge sur le trône avec l'Enfant et saint Jean Baptiste – Miracle de la Croix.*
VENTES PUBLIQUES : LONDRES, 11 mai 1923 : *La Vierge et l'Enfant* : **GBP 336** – PARIS, 27 juin 1951 : *La Vierge aux cerises* : **FRF 130 000**.

DIANA Benito
XIXe siècle. Actif à Oviedo. Espagnol.
Peintre.
Il décora des monuments à Oviedo.

DIANA Bernardino
XVIe siècle. Actif à Udine. Italien.
Peintre et sculpteur.
Il fut l'élève puis le collaborateur de Pelligreno.

DIANA Cristoforo
Né en 1553 à San Vito. XVIe siècle. Italien.
Peintre d'histoire et de portraits, et graveur.
Élève de Pomponio Amaltéo. Siret cite parmi ses œuvres : *Jésus-Christ crucifié entouré de la Vierge et saint Jean*, San Vito.

DIANA François
Né le 6 novembre 1903 à Marseille (Bouches-du-Rhône). XXe siècle. Français.
Peintre.
Il fut élève de l'École des Beaux-Arts de Marseille entre 1920 et 1923. Il exposa pour la première fois à l'Union des Artistes de Provence en 1935, recevant un prix d'encouragement de la ville de Marseille en 1939. Il a été nommé professeur à l'École des Beaux-Arts de Marseille en 1946. Il a exposé personnellement à Marseille en 1953, 1956 et en 1970. Il a bénéficié de plusieurs achats de peintures de la part du Conseil Général, de la Ville et du Musée Cantini.
Promeneur aux yeux toujours neufs, amoureux non exclusif de sa Provence, il communique son émotion devant la nature dans des paysages sincères aux tonalités tendres.
MUSÉES : MARSEILLE (Mus. Cantini).

DIANA Giacinto
Né en 1731 à Pozzuoli. Mort en 1804 à Naples. XVIIIe siècle. Italien.
Peintre de compositions religieuses, mythologiques, portraits.
VENTES PUBLIQUES : ROME, 26 oct. 1983 : *Le jugement de Salomon ; L'offrande aux dieux*, 2 toiles (54x73) : **ITL 7 500 000** – ROME, 21 nov. 1989 : *Portrait de Dame*, h/t (100x75,5) : **ITL 21 000 000** – AMELIA, 18 mai 1990 : *Le couronnement de la Vierge*, h/t (61,5x43) : **ITL 4 500 000** – ROME, 19 nov. 1990 : *L'Adoration des bergers*, h/t (130x76) : **ITL 19 550 000** – LONDRES, 8 juil. 1992 : *Le tribut à César*, h/t (112,5x149,5) : **GBP 9 900** – LONDRES, 23 avr. 1993 : *L'Annonciation*, h/t, ébauche pour un retable (60x41,3) : **GBP 5 175** – NEW YORK, 30 jan. 1997 : *La Chute de la manne*, h/t (106,7x74,9) : **USD 68 500**.

DIANA Giovanni Battista
XVIe siècle. Actif à Pordenone vers 1575. Italien.
Peintre.

DIANA Pietro Antonio
XVIe siècle. Actif à San Vito. Italien.
Peintre.
Il fut l'élève de Pompeo Amalteo.

DIAN DAOREN ou **Tien Tao-Jen**, son vrai nom est probablement **Hu**

Né à Jiangning. XVIIe-XXe siècles. Chinois.

Peintre de paysages, fleurs.

Ce peintre de la dynastie Qing (1644-1911), qui vit à Yangzhou, ne peut travailler que quand il est ivre. Il refuse de répondre à son nom quand on l'appelle, d'où son sobriquet de « taoïste fou » (Dian Daoren).

DIANE Thibaut

XVIIe siècle. Actif à Fontainebleau entre 1617 et 1641. Français.

Peintre.

DIANO Bartolomeo

XVIIIe siècle. Actif à Naples dans la seconde moitié du XVIIIe siècle. Italien.

Peintre.

Il travailla pour la Manufacture de porcelaine de Naples.

DIANTI Giovanni Francesco. Voir **DALL'ARGENTO**

DIAO David

Né en 1943 en Chine. XXe siècle. Actif aux États-Unis. Chinois.

Peintre. Abstrait-géométrique.

Il a émigré à New York à l'âge de douze ans et y vit et travaille. Il a figuré dans de nombreuses expositions collectives réunissant des peintres abstraits-géométriques. En 1969 il expose personnellement chez Léo Castelli à New York. Au cours des années quatre-vingt, il a exposé à la Postmasters Gallery de New York, entre 1985 et 1989 à la galerie Westersingel 8 de Rotterdam, au Rotterdam Arts Council en 1988, en 1989 au Musée d'Art Moderne de Paris et à la galerie Joseph Dutertre à Rennes, en 1990 au Provinciaal Museum voor Moderne Kunst d'Ostende, et au Het Kruithuis de Hertogenbush aux Pays-Bas, à la galerie Claire Burrus à Paris, en 1997 à la galerie du Tnb et à la Criée à Rennes.

Revisitant les monstres sacrés de l'abstraction, David Diao les cite, les met en scène dans des compositions qui sont autant d'hommages aux grands maîtres.

VENTES PUBLIQUES : NEW YORK, 21 oct. 1976 : *Palette* 1972, acryl./t. (213x167,5) : **USD 1 000** – PARIS, 16 déc. 1990 : *Sieg über die sonne Hanover 1923* 1990, acryl./t. (53x45) : **FRF 17 500**.

DIAO GUANGYIN ou **Tiao Kouang-Yin** ou **Tiao Kuang-Yin**, appelé aussi **Diao Guang**

Xe siècle. Actif à Changan au début du Xe siècle. Chinois.

Peintre.

Il s'installe à Shu pendant l'ère Tianfu (901-903) et y travaille pendant trente ans. Il meurt à l'âge de 80 ans. Spécialiste d'oiseaux et animaux, il sera le maître du peintre Huang Quan (vers 900-965).

DIAQUE Ricardo. Voir **CORCHON Y DIAQUE Federico**

DIARD Charles

XVIIe siècle. Actif à Nantes en 1616. Français.

Peintre.

Travailla aux décorations de la ville, nécessitées en 1616 par l'entrée de Louis XIII à Nantes.

DIART Eduardo

XIXe siècle. Espagnol.

Peintre.

Il exposa à Ténérife en 1862.

DIART Jules Édouard

Né à Berry-au-Bac (Aisne). XIXe siècle. Français.

Peintre de natures mortes, fleurs et fruits.

Il exposa au Salon de Paris de 1864 à 1868 des natures mortes et des fleurs.

MUSÉES : BOURGES : *Fruits, pêches et raisins*.

VENTES PUBLIQUES : PARIS, 16 fév. 1927 : *Fleurs et fruits* : **FRF 960** – PARIS, 7 juil. 1927 : *Fleurs et fruits ; Fleurs, vase et fruits*, deux panneaux : **FRF 2 500** – PARIS, 13 juin 1932 : *Fleurs dans un vase*, deux toiles : **FRF 520** – LONDRES, 12 fév. 1937 : *Fleurs dans un vase* 1862 : **GBP 9** – LONDRES, 14 mars 1980 : *Nature morte aux fruits et aux fleurs*, h/pan. (80x63,5) : **GBP 520**.

DIAS Antonio

Né en 1944 à Paraiba (Brésil). XXe siècle. Depuis 1968 actif en Italie. Brésilien.

Peintre. Abstrait.

Il a figuré dans de nombreuses expositions collectives parmi lesquelles : en 1965 le Salon de la Jeune Peinture à Paris, *Jeune peinture* au Musée d'Art Contemporain de São Paulo, *Opinion 65* au Musée d'Art Moderne de Rio de Janeiro, la Biennale de Paris, *Figuration Narrative* organisée par Gérald Gassiot-Talabot, en 1966 au Salon de la Jeune Peinture à Paris, *Art Contemporain Brésilien* au Musée d'Art Moderne de Buenos Aires, en 1967 au Salon de Mai à Paris, *Le monde en question* au Musée d'Art Moderne de la Ville de Paris, en 1968 le Salon de Mai et le Salon Comparaisons à Paris, *Resumo JB* au Musée d'Art Moderne à Rio de Janeiro, en 1969 au Salon de Mai à Paris, *Dialogue entre l'Est et l'Ouest* au Musée d'Art Moderne de Tokyo, en 1970 *Comportement, projets, médiations* au Musée civique de Bologne, en 1971 la 6e exposition internationale au Guggenheim Museum de New York, *L'image aujourd'hui en Italie* à Lecco en Italie, *Italian painting* à l'Arts Council Gallery de Belfast, en 1972 l'*Exposition internationale de dessins originaux* à la Moderna Galerija de Rijeka en Yougoslavie, *Arts Systems* au Musée d'Art Moderne de Buenos Aires, en 1973 à Zagreb. Depuis 1968 il vit et travaille à Milan.

Ses premiers travaux étaient inspirés de l'abstraction géométrique de Torrès-Garcia. Entre 1965 et 1968 il réalise des peintures et des montages exaltant la violence dans une écriture plastique influencée par le Pop'art, et après 1968, accorde une place particulière aux mots et aux phrases stratégiquement placés dans les compositions.

BIBLIOGR. : In : Catal. de la *8e Biennale de Paris*, sep.-oct. 1973 – in : Damian Bayon, Roberto Pontual *La peinture de l'Amérique Latine au XXe siècle*, Mengès, 1990.

DIAS Cicero

Né en 1908 à Recife (État de Pernambouc). XXe siècle. Actif aussi en France. Brésilien.

Aquarelliste. Abstrait-géométrique.

Il travailla tant au Brésil qu'à Paris. Il fut élève de l'École d'architecture de Rio de Janeiro et enseigna ensuite le dessin et la peinture à Pernambouc. Il fit sa première exposition en 1927-1928. En 1937 il se fixa à Paris. Il figurait dans l'exposition organisée au Musée d'Art Moderne de la Ville de Paris par l'Unesco, à la Biennale de Venise en 1950 et 1952, à l'exposition *Amérique Latine* à Beaubourg à Paris en 1992. Il exposa personnellement à Paris en 1938. Il peignit ses premières œuvres abstraites en 1943, exposant à Lisbonne et à Londres. En 1952 il présenta ses travaux à Rio de Janeiro et São Paulo. Il fut membre du groupe Espace.

Ses compositions aux formes très pures sont exécutées dans l'esprit d'une stricte géométrisation des formes, dominée par une gamme chromatique très vive.

BIBLIOGR. : In : *Art d'Aujourd'hui*, Paris, sep. 1954.

VENTES PUBLIQUES : RIO DE JANEIRO, 11 juil. 1983 : *Menina*, h/t (64x53) : **BRL 6 000 000**.

DIAS Gaspar

Mort en 1571 à Lisbonne. XVIe siècle. Actif à Lisbonne. Portugais.

Peintre.

Il travailla à Rome comme élève de Raphaël et de Michelangelo. Rentré dans sa patrie, il se consacra à la production de tableaux religieux.

DIAS Luis

Né à Rome. XIXe siècle. Actif en Espagne. Espagnol.

Peintre.

Exposa à Madrid en 1856.

DIAS Manuel

Mort le 20 mars 1754 à Lisbonne. XVIIIe siècle. Portugais.

Sculpteur.

Il fut l'élève d'Emmanuel de Andrade et décora des églises à Lisbonne et la cathédrale d'Évora.

DIAS Nelson

Né dans la deuxième moitié du XIXe siècle à Bordeaux (Gironde). XIXe siècle. Français.

Peintre.

Élève de G. Moreau et H. Lévy. Sociétaire du Salon des Artistes Français. Prix Marie Bashkirtseff en 1920.

VENTES PUBLIQUES : PARIS, 14 déc. 1931 : *Femme et Amour* : **FRF 1 920**.

DIAS DE ARAGON Joseph

XVIIe siècle. Actif à Valladolid en 1661. Espagnol.

Peintre de genre.

DIAS de ARAGON Pierre

XVIIe siècle. Espagnol.

Peintre.
C'est le fils de Joseph Diaz de Aragon. Il était actif vers 1681.

DIAS de Oliveira Manuel
Né à Saint-Sébastien (Brésil). XVIIIe-XIXe siècles. Brésilien.
Peintre d'histoire et de genre.
Il fit ses études au Portugal et à Rome, où il fut l'élève de Cavalucci. Il fut par la suite professeur de dessin à Rio de Janeiro.

DIATCHENKO Tamara
Née en 1933 à Liège. XXe siècle. Belge.
Peintre, sculpteur, de portraits et de paysages.
Elle fit ses études à Liège puis à l'Ecole des Arts et Métiers d'Etterbeek.
Bibliogr. : In : *Diction. Biogr. Ill. des Artistes en Belgique depuis 1830*, Arto, Bruxelles, 1987.

DIATO Albert
Né le 23 janvier 1927 à Monaco. Mort le 12 août 1985 à Nice (Alpes-Maritimes). XXe siècle. Monégasque.
Céramiste, peintre, graveur, sculpteur.
En 1947-1948 il fut étudiant à l'Académie de la Grande Chaumière et commença à travailler la céramique. En 1948 il partit à Vallauris où il fonda un atelier, *Le Triptyque*. À partir de 1949, il fit des expositions personnelles à Paris, en province et à l'étranger, notamment, entre 1949 et 1954, à Vallauris. En 1950 il ouvre un atelier de céramique à Paris dans le 13e arrondisseement. En 1954 il part pour Faenza en Italie où il travaillera comme assistant de technologie à L'institut d'art pour la céramique. Il a participé à plusieurs expositions collectives parmi lesquelles : en 1952 une exposition d'art français à Sarrebruck, en 1954 *L'objet français* au musée d'Hilversum au Pays-Bas, en 1956-1957 la XIe Triennale de Milan où il obtint une médaille d'argent, en 1958 *Jeune Peinture* au musée de Baden-Baden et la *Mostra della Ceramica* à Faenza dont le jury lui décerne le prix Faenza, en 1959 l'Exposition Internationale de la Céramique à Ostende où il reçut une médaille d'or, en 1966 la Dokumenta à Kassel, *Schemes* au Musée d'Art Moderne de la Ville de Paris. En 1959 il décore de bas-reliefs et de céramiques la Bibliothèque Publique Caroline de Monaco à Monaco. Il part travailler en Afghanistan en 1967, réalisant un grand bas-relief en céramique et lapislazuli pour l'Ambassade de France à Kabul, et un panneau mural de soixante-dix mètres carrés pour le roi d'Afghanistan et son gouvernement.
Musées : Chicago – Faenza (Mus. International de la Céramique) – Hilversum (Mus. de la Ville) – Londres (Victoria and Albert Mus.) – New York (Mus. of Mod. Art) – Saint-Étienne – Strasbourg.

DIAU Jean, dit **Saint-Amant**
XVIIe siècle. Actif à Paris vers 1650. Français.
Peintre.
Il travailla pour la cour de France.

DIAULT Félix Louis
Né le 21 avril 1879. XXe siècle. Français.
Peintre, graveur, lithographe, de sujets divers.
Sociétaire du Salon des Artistes Français, il y exposa des lithographies. Il figura également au Salon des Artistes Indépendants entre 1911 et 1913, où il présenta des paysages.

DIAZ Alfonso
XVe siècle. Actif à Tolède vers 1418. Espagnol.
Sculpteur.

DIAZ Ancheta
XVIe siècle. Actif à Valladolid dans la première moitié du XVIe siècle. Espagnol.
Peintre.
Il y a de fortes raisons pour croire que Ancheta et Juan Diaz, celui qui était actif à Valladolid, sont un seul et même artiste.

DIAZ Bartolome
XVIe siècle. Actif à Séville. Espagnol.
Peintre.
Ce peintre accepta l'héritage de ses frères, en 1553, et demeura à San Lorenzo.

DIAZ Clemente
XVIe siècle. Espagnol.
Peintre.
Actif à Séville, il travailla avec le peintre Guerrero de Léon Francisco.

DIAZ Cristobal
Mort avant 1506. XVe siècle. Actif à Séville. Espagnol.
Peintre.

DIAZ Cristobal
XVIe siècle. Actif à Séville vers 1555. Espagnol.
Peintre.
Cet artiste portait le même prénom que son père ; aussi est-il souvent confondu avec lui.

DIAZ Daniel Vasquez
Né en 1882 à Aldea de Rio Tinto (Huelva). Mort en 1969 à Madrid. XXe siècle. Espagnol.
Peintre de portraits, paysages, marines, scènes typiques.
Musées : Mulhouse : *Portrait de Charles Oulmont.*
Ventes Publiques : Londres, 17 fév. 1989 : *Dans l'arène*, aquar. (33x49) : **GBP 880** – Londres, 21 fév. 1989 : *Les maisons du canal*, h/t (40,7x33) : **GBP 15 400** – Madrid, 24 jan. 1991 : *Marine*, h/t (29x34) : **ESP 672 000** – Paris, 22 nov. 1991 : *La promenade* vers 1904, h/t (50x65) : **FRF 500 000**.

DIAZ Diego
Mort en 1526, ou avant. XVe-XVIe siècles. Espagnol.
Peintre.
Il était actif à Séville.

DIAZ Diego
XVIe siècle. Espagnol.
Peintre verrier.
Actif dans la seconde moitié du XVIe siècle, il travailla au Palais de l'Escurial.

DIAZ Diego
XVIe siècle. Espagnol.
Sculpteur.
Il était actif à Séville en 1570.

DIAZ Diego Valentin
Né vers 1585 à Valladolid. Mort en décembre 1660 à Valladolid. XVIIe siècle. Espagnol.
Peintre d'histoire.
Il était familier du Saint-Office et peignit un grand nombre de tableaux importants pour les églises et les monastères, entre autres pour l'église San Benito, et les couvents de Saint-Jérôme et de Saint-François. Ce dernier possède *Le Jubilé de la Portioncule*, une des meilleures peut-être la meilleure œuvre du peintre avec *L'Annonciation de la Vierge*, exécutée pour l'hôpital des orphelins que l'artiste fonda dans sa ville natale. Il lui légua la plus grande partie de sa fortune et y fut enterré. On y conserve encore les portraits du bienfaiteur et de sa femme. Il était fils de Pedro Minaya Diaz.

DIAZ Émile
Né en 1835 à Paris. Mort en 1860 à Paris. XIXe siècle. Français.
Peintre de paysages.
Ventes Publiques : Paris, 28-29 mars 1905 : *Cascade dans la forêt* : **FRF 105** – Paris, 6 fév. 1929 : *La Rivière* : **FRF 500** – Berne, 26 oct. 1988 : *Paysanne gardant trois vaches dans une prairie boisée*, h/t (32,5x45) : **CHF 4 200**.

DIAZ Francisco
XVe siècle. Actif à Tolède. Espagnol.
Sculpteur.
Il était frère d'Alfonso.

DIAZ Francisco
XVIe siècle. Actif à Séville en 1571. Espagnol.
Sculpteur.

DIAZ Francisco
XVIIIe siècle. Actif à Madrid. Espagnol.
Peintre de genre.
Élève de l'Académie de San-Fernando. On cite de lui : *L'Enlèvement de Déjanire* (1753).

DIAZ Gabriel
XVIIIe siècle. Travaillant à Séville dans la seconde partie du XVIIIe siècle. Espagnol.
Graveur en taille-douce.
Une gravure signée de cet artiste et représentant *Saint Joseph* porte la mention suivante : *L'Évêque de Gadar a concédé 40 jours d'indulgence à toute personne qui récitera un Pater et un Ave devant cette image*, 1751 D'autres estampes de dévotion portent sa signature.

DIAZ Gérard. Voir **GÉRARDDIAZ**

DIAZ Ginès, fray
Né à Villena. XVIIIe siècle. Espagnol.

Peintre d'histoire.
Il était religieux de la Chartreuse de Porto Cœli.

DIAZ Gonzalo
Mort après 1508. XVe siècle. Actif à Séville aux XVe et XVIe siècles. Espagnol.
Peintre.
Cet artiste fit d'importantes peintures pour le duc Catalina de Ribera en 1501, et, de moitié avec un collègue, la peinture d'un retable pour la confrérie de San Bartolomé de Alcalée de Guadaira, 1508. Il travailla en 1499 à la cathédrale de Séville. Il était élève de Sanchez Castro.

G Diaz.

DIAZ Gonzalo
XVe siècle. Actif à Séville vers 1480. Espagnol.
Peintre de cartes.

DIAZ Gumersindo
Né en 1841 à Oviedo. Mort en 1891. XIXe siècle. Espagnol.
Peintre de paysages.
Élève à Séville de Joaquin Dominguez Becquer. Exposa à Cadix en 1862 (médaille d'argent) et à Barcelone en 1870.

DIAZ Hernando
XVIe siècle. Actif à Séville vers 1550. Espagnol.
Peintre de cartes.

DIAZ Jacopo Valentin
Mort en 1660 à Valladolid. XVIIe siècle. Espagnol.
Peintre de perspectives.
Cet artiste fut le fondateur de l'Hospice de la Miséricorde à Valladolid. On cite de ses ouvrages dans cette ville.

DIAZ José, l'Ancien
XVIIe siècle. Actif à Valladolid en 1661. Espagnol.
Peintre.
Il était père de José, le Jeune.

DIAZ José, le Jeune
XVIIe siècle. Actif à Valladolid en 1661. Espagnol.
Peintre.

DIAZ José
Né en 1930 à Cindad (Mancha). XXe siècle. Espagnol.
Peintre.
Sa peinture tire sa puissance de sa gamme chromatique. Mêlant les influences et les références, des *Ménines* de Vélasquez dont il a repris le sujet, à Francis Bacon, duquel il est l'ami, et aussi de Braque, voire de De Staël dans la manière de fractionner l'espace, il n'en conserve pas moins son esprit et sa touche personnels.

DIAZ José Maria
Né à Séville. XIXe siècle. Espagnol.
Peintre.

DIAZ Juan
XVIe siècle. Actif à Séville de 1520 à 1576. Espagnol.
Peintre.

DIAZ Juan
XVIe siècle. Actif à Valladolid vers 1567. Espagnol.
Peintre.
On ignore si ce peintre, qui précéda Pedro Diaz, était de la même famille ; ce qu'on sait de ses œuvres ne permet pas de le juger.

DIAZ Juan
XVIe siècle. Actif à Séville en 1503. Espagnol.
Peintre.
Il était originaire des Pays-Bas.

DIAZ Pablo
XVIe siècle. Actif à Séville en 1532. Espagnol.
Peintre.

DIAZ Pedro
XVIe siècle. Actif à Valladolid en 1589. Espagnol.
Sculpteur.

DIAZ Pedro
XVIe siècle. Actif à Séville en 1519. Espagnol.
Peintre.

DIAZ Pedro Minaya
Né vers 1555 à Valladolid. Mort le 16 novembre 1624 à Valladolid. XVIe-XVIIe siècles. Espagnol.
Peintre.
A la fin du XVIe siècle, vivait à Valladolid, où il jouissait d'une certaine renommée, l'artiste dont nous parlons et dont il n'est que juste de faire revivre la mémoire. Son talent était indiscutablement au-dessus de l'ordinaire, caractérisé par la pureté du dessin et la sincérité d'interprétation. Le 5 février 1615, l'évêque de Valladolid, Juan Vigil de Guinônes, le chargea de peindre un grand retable pour la chapelle de Vetella. Il avait le titre de peintre du Saint-Office, la réputation d'être un artiste consciencieux et de nombreux travaux à exécuter. Marié, en 1584, avec Juliana del Castillo, il en eut plusieurs enfants, parmi lesquels Diego Valentin Diaz, avec lequel du reste il travailla souvent. Voir aussi MINAYA (Manuel de).

DIAZ Rodrigo
XVIe siècle. Actif à Séville. Espagnol.
Sculpteur.
Fit des sculptures importantes pour divers palais en particulier pour la salle basse du chapitre, en 1539.

DIAZ Rui
XVe siècle. Actif à Séville vers la fin du XVe siècle. Espagnol.
Sculpteur.
Un document de 1495 le qualifie de taillador (graveur), terme employé parfois à cette époque pour désigner un sculpteur et un graveur à la monnaie.

DIAZ DEL CORRAL Ruy
XVIe siècle. Actif à Tolède vers 1561. Espagnol.
Sculpteur.
Il travailla pour la cathédrale de Tolède.

DIAZ DE FERRERAS Diego
XVIIe siècle. Actif à Valladolid. Espagnol.
Peintre.

DIAZ DE LA CUEVA Gonzalo
Mort avant 1545. XVIe siècle. Espagnol.
Peintre.
Peut-être le même que le Diaz (Gonzalo) qui travailla vers la même époque à Séville.

DIAZ de LA CUEVA Juan
Mort en 1547. XVIe siècle. Actif à Séville. Espagnol.
Peintre.

DIAZ de LA PEÑA Narcisse Virgile
Né le 20 août 1807 à Bordeaux (Gironde). Mort le 18 novembre 1876 à Menton (Alpes-Maritimes). XIXe siècle. Français.
Peintre de genre, paysages.
Thomas Diaz de la Peña, bourgeois de Salamanque, proscrit par le roi Joseph à la suite d'une conspiration politique, était venu s'établir à Bordeaux avec sa femme Maria Manuela Belasco. Un fils naquit, le 20 août 1807, Narcisse Virgile. Croyant y trouver un asile plus sûr, la famille passa en Angleterre où le père mourut après trois ans de séjour. La mère de Diaz demeura seule avec la charge de l'éducation de l'enfant. Après avoir séjourné successivement à Bordeaux, Montpellier, Lyon, elle se fixa enfin à Paris, assurant l'existence de son fils et la sienne par les leçons qu'elle donnait. L'enfant avait à peine dix ans lorsqu'il perdit sa mère ; un pasteur protestant, retiré à Bellevue, le recueillit. Diaz se réfugia dans la solitude, parcourant les bois de Fleury, de Meudon, de Sèvres et de Saint-Cloud. Au cours de ces promenades, une vipère le mord et on dut l'amputer. Placé tout d'abord chez un imprimeur, dans des conditions particulièrement pénibles, il travaille ensuite dans une fabrique de porcelaine à Paris. Il étudie quelque temps avec le peintre Souchon, ancien élève de David, mais se forma pltôt en autodidacte.
Il expose pour la première fois au Salon de Paris en 1831. Diaz figura au Salon presque chaque année, de 1834 à 1859, parfois avec trois, ou même quatre tableaux. En 1831, il présentait : *Scène d'amour* ; en 1834 : *Fuite de Turcs, Un Turc, Vue prise aux environs de Saragosse, Archers poursuivant de mauvais garçons* ; en 1835 : *Bataille de Medina-Cœli, Baigneuses espagnoles sur le bord d'une rivière, Parc du château de Stirling* ; en 1836 : *L'Adoration des bergers* ; en 1837 : *Passage du bac, effet de soleil couchant, Un moulin, effet de soleil couchant, Vue prise dans les gorges d'Apremont* ; en 1838 : *Le Vieux Ben-Emeck, retiré dans une riche campagne, raconte à ses femmes les aventures extraordinaires de sa vie de pirate* ; en 1840 : *Les Nymphes dans la grotte de Calypso chantent les combats d'Ulysse, Femmes d'Alger* ; en 1841 : *Le Rêve, Une fuite dans le désert* ; en 1844 :

Vue du Bas-Bréau, Bohémiens se rendant à une fête, Le Maléfice, Orientale ; en 1845 : *Portraits de Mme A., de Mme L. L., de Mme de T.* ; en 1846 : *Les Délaissées, Jardin des amours, Intérieur de forêt, Une magicienne, Léda, Orientale, L'Abandon, La Sagesse* ; en 1847 : *Le bas-Bréau, Intérieur de forêt, Chiens dans une forêt, Le Repos oriental, Le Rêve, Orientale, Femmes d'Alger, La Causerie, L'Amour réveillant une nymphe, Baigneuse* ; en 1848 : *Départ de Diane pour la chasse, Vénus et Adonis, Bohémiens écoutant les prédictions d'une jeune fille, La Promenade, Meute dans la forêt de Fontainebleau* ; en 1855 : *Les Dernières Larmes, Nymphe tourmentée par l'Amour, La Rivale, Nymphe endormie, La Fin d'un beau jour* ; en 1859 : *Galathée, L'Éducation de l'Amour, Vénus et Adonis, L'Amour puni, N'entrez pas, La Fée aux joujoux, La Mare aux vipères, Portraits de Mme A. F. et de Mme S.*

Diaz a été avant tout un indépendant. On peut marquer la différence essentielle qui caractérise sa manière par rapport à celle de Théodore Rousseau. Diaz poursuit ce qui fuit : il observait dans les bois sur un très petit espace les mouvements de l'ombre et de la lumière, quand Rousseau faisait exactement le contraire : ses paysages sont étendus et ils possèdent la permanence qui correspond à leurs dimensions, les variations d'éclairage, de nuance, n'affecteront pas trop sensiblement l'ensemble du sujet. Diaz est essentiellement un peintre de l'instant, contrairement à Rousseau, Dupré ou Millet, qui peignent lentement. Son « instantanéisme » peut faire considérer Diaz comme un pré-impressionniste. Monticelli a subi l'influence de Diaz. Monticelli, par l'utilisation du couteau ou l'imprécision des formes, a transmis l'influence qu'il avait lui-même subie d'autres peintres. Fantin-Latour, dans ses compositions de fantaisie, adoptait les mêmes principes : pas de modèle, disposition de taches colorées. Fantin-Latour fut un grand ami de Renoir et il n'est pas surprenant de retrouver parfois Diaz chez Renoir. Dans ses féeries vénitiennes et surtout orientales, Ziem emprunte à Diaz sa couleur, son dessin, jusqu'à sa touche. ■ E. C. Bénézit, J. B.

VENTE DIAZ

Cachet de vente

Bibliogr. : Pierre Miquel, in : *Le paysage français au XIXe siècle 1800-1900, l'école de la nature*, Éditions de La Martinelle, vol. II-III, Maurs-la-Jolie, 1985.

Musées : Amsterdam : *Idylle – Fleurs* – Amsterdam (Mus. mun.) : *Fleurs – Le Bois – Eurydice blessée* – Bayonne : *Paysage* – Berlin : *Intérieur de forêt* – Béziers : *Paysage* – Bordeaux : *Forêt de Fontainebleau* – Chantilly : *Plafond de la chambre de Mme la duchesse d'Aumale* – Clamecy : *Étude de forêt* – Glasgow : *Dans la forêt – Fleurs – Fleurs* – Grenoble : *L'Amour désarmé – Portrait de Mme de S. – Les Bohémiens – Soleil couchant – Le Tombeau de l'Amour – Les Présents de l'Amour – Baigneuse tourmentée par des amours – Baigneuses et Amours* – La Haye (Mus. Mesdag) : *La Mare – Forêt de Fontainebleau – Nu – Tempête – Passage des Pyrénées – Nudité* – Helsinki : *Jeune fille* – Liège : *Paysage* – Lille : *l'amour désarmé* – Londres (coll. Wallace) : *Vénus désarmant Cupidon – L'éducation de l'amour – Une fontaine à Constantinople – Soleil dans la forêt* – Louviers : *Enfants dans les bois* – Montpellier : *Les rendez-vous d'amour – Le Moine – Jeune fille – Fleurs – Même sujet* – Montréal : *Derniers rayons – Allée de forêt* – Moscou (Roumianzeff) : *Vénus avec l'Amour – Jeune fille pensive* – Moscou (Tretiakoff) : *L'Automne à Fontainebleau – Vénus avec l'Amour* – Mulhouse : *Idylle* – Nancy : *La Clairière* – Nantes : *Déroute de cavaliers turcs* – Paris (Louvre) : *Les Pyrénées – Sous bois – A la reine Blanche – Les bohémiens – La fée aux perles – N'entrez pas – Chiens dans la forêt – Nymphes sous bois – Baigneuses – Le valet de chiens – La clairière – Vénus et Adonis – Vénus désarmant l'amour – Les deux rivales – Sous bois – Sous bois – La Charité – L'Éplorée* – Le Puy-en-Velay : *La lecture du roman – Scène d'enfants turcs* – Reims : *Sous bois – Paysage – Mare dans une lande – Femme orientale – Forêt de Fontainebleau – Ciel d'orage – Petite mare en forêt – Mauvais conseil – La femme perruche – La consolation de l'amour* – La Rochelle : *Narcisse – Virgile – Enfants égarés* – Rouen : *Enfants turcs* – Stockholm : *Vénus et Amour* – Toulouse : *Nymphes et amours.*

Ventes Publiques : Paris, 1857 : *L'Oiseau de proie* : **FRF 2 650** ; *L'éducation de l'Amour* : **FRF 3 500** ; *Le Bas-Bréau* ; *forêt de Fontainebleau* : **FRF 4 650** – Paris, 1861 : *L'Anneau enchanté* : **FRF 1 180** ; *Marché en Normandie* : **FRF 580** – Paris, 1868 : *Forêt de Fontainebleau* : **FRF 7 800** ; *Descente de Bohémiens* : **FRF 3 000** ; *Le sommeil* : **FRF 1 000** – Paris, 22 jan. 1872 : *Trois enfants turcs jouant avec des chiens* : **FRF 2 400** – Londres, 1873 : *Orientales* : **FRF 15 505** ; *Orage* : **FRF 10 000** ; *Clairière dans la forêt de Fontainebleau* : **FRF 3 000** – Paris, 1877 : *Les dernières larmes* : **FRF 12 100** ; *Femme juive mauresque* : **FRF 3 200** ; *Portrait de femme* : **FRF 750** ; *Mère et enfants, esquisse* : **FRF 380** ; *Paysage ; effet d'orage* : **FRF 1 720** ; *Chêne mort* : **FRF 900** ; *Fleurs, peint./soie* : **FRF 1 020** ; *Mare dans la forêt, aquar.* : **FRF 360** ; *Paysage, dess.* : **FRF 72** ; *Paysage, dess./* : **FRF 45** ; *Tronc de hêtre, pl.* : **FRF 47** – Londres, 1878 : *Route en forêt, effet d'automne* : **FRF 1 900** ; *Les deux amis* : **FRF 4 400** – Vienne, 1878 : *Nymphes endormies* : **FRF 7 650** ; *La sultane favorite* : **FRF 8 100** – New York, 1879 : *Le chien de l'aveugle* : **FRF 24 500** ; *La forêt de Fontainebleau* : **FRF 12 000** – Paris, 1880 : *L'Île des Amours* : **FRF 25 500** – Paris, 14 déc. 1883 : *Arabes avec leurs femmes et leurs enfants* : **FRF 22 500** – Amsterdam, 1884 : *Un tableau sans désignation de sujet* : **FRF 8 085** ; *La cueillette des pommes* : **FRF 11 080** – New York, 1885 : *La diseuse de bonne aventure* : **FRF 17 250** ; *Forêt de Fontainebleau* : **FRF 30 500** – Paris, 1885 : *La maison turque* : **FRF 15 500** – Paris, 1886 : *Sainte Famille* : **FRF 20 500** ; *Persane et son enfant* : **FRF 17 500** ; *Coucher de soleil après l'orage* : **FRF 43 250** ; *Enfants et chiens de chasse* : **FRF 22 500** ; *La toilette de Vénus* : **FRF 16 500** ; *L'île des Amours* : **FRF 19 500** – Paris, 1886 : *La Forêt de Fontainebleau au Gros-Fonteau* : **FRF 43 000** – Paris, 1886 : *Descente de Bohémiens* : **FRF 21 700** – New York, 1888 : *Après l'orage* : **FRF 20 500** ; *Une clairière dans la forêt de Fontainebleau* : **FRF 23 500** – Paris, 1889 : *Diane chasseresse* : **FRF 71 000** ; *La descente de bohémiens* : **FRF 33 000** ; *Vénus et Adonis* : **FRF 36 000** – Paris, 1890 : *La meute sous bois* : **FRF 27 500** – Paris, 1891 : *Sous bois* : **FRF 24 500** – Paris, 11 mai 1892 : *Les caresses de l'Amour* : **FRF 22 000** ; *Le Bas-Bréau, forêt de Fontainebleau* : **FRF 23 000** – Berlin, 1895 : *Orage* : **FRF 4 506** – Londres, 1895 : *Vénus et Cupidon* : **FRF 13 939** – Paris, 1896 : *L'Abandonnée* : **FRF 19 000** – Paris, 1898 : *Mare à Fontainebleau* : **FRF 20 500** – Paris, 1898 : *Clairière* : **FRF 37 100** – Anvers, 1898 : *L'Horoscope* : **FRF 14 000** ; *Le maléfice* : **FRF 14 000** ; *Les gorges d'Apremont* : **FRF 12 500** – Boston, 1899 : *Bohémiennes* : **FRF 4 325** – La Haye, 1899 : *Sous-bois* : **FRF 3 937** – Londres, 1899 : *Vénus et les Amours* : **FRF 10 750** – New York, 1899 : *Automne dans la forêt de Fontainebleau* : **FRF 38 000** – New York, 5 fév. 1900 : *Femme persane* : **USD 1 150** ; *Dans la forêt de Fontainebleau* : **USD 3 825** – New York, 1er fév. 1901 : *La Vierge et l'Enfant* : **USD 700** ; *Les Gorges d'Apremont* : **USD 2 500** – New York, 30 jan. 1902 : *Dans le harem* : **USD 4 400** – New York, 26-28 fév. 1902 : *Jeune Fille et Amours* : **USD 1 750** ; *Dans la forêt de Fontainebleau* : **USD 950** ; *Coupeurs de fougères* : **USD 1 750** ; *La Route sablonneuse* : **USD 7 800** ; *Vénus et Cupidon* : **USD 3 000** – New York, 1er-2 avr. 1902 : *Le Réveil de l'amour* : **USD 10 000** ; *La Forêt de Fontainebleau* : **USD 4 500** – Paris, 7 avr. 1902 : *Petites Filles aux chiens* : **FRF 5 000** – New York, 8-9 jan. 1903 : *Le Favori* : **USD 1 525** ; *Chiens de chasse* : **USD 2 100** ; *Bohémiens* : **USD 2 250** ; *Descente de Bohémiens* : **USD 12 700** – Londres, 29 juin 1908 : *Les Baigneuses* : **GBP 3 907** ; *Paysage boisé* : **GBP 682**

– Londres, 10 juil. 1908 : *Clairière dans une forêt* : **GBP 325** – New York, 26 fév. 1909 : *La Mare* : **USD 3 000** ; *Fontainebleau* : **USD 4 200** ; *Femmes orientales* : **USD 2 100** ; *Les Baigneurs* : **USD 2 600** ; *Dans la forêt* : **USD 4 100** ; *Lisière de forêt* : **USD 13 000** – New York, 11-12 mars 1909 : *Jeune Fille et son chien* : **USD 9 000** – New York, 1er avr. 1909 : *La Terre du rêve* : **USD 1 600** – New York, 2 avr. 1909 : *Forêt de Fontainebleau* : **USD 3 400** – Londres, 21 mai 1909 : *Dans la forêt* : **GBP 1 890** ; *Forêt de Fontainebleau* : **GBP 1 627** ; *Paysages avec trois dames en costume oriental* : **GBP 1 732** – Paris, 22 mai 1909 : *Andromède* : **FRF 6 650** – Paris, avr. 1910 : *Environs de Fontainebleau* : **FRF 40 000** ; *L'Amour désarmé* : **FRF 15 500** ; *Gorge dans la forêt de Fontainebleau* : **FRF 28 000** ; *Les Ramasseurs de bois* : **FRF 150 500** – Paris, 18 avr. 1921 : *Réunion dans un parc* : **FRF 10 000** – Paris, 29 avr. 1921 : *Famille de Bohémiens sous bois* : **FRF 4 100** ; *Sous-bois* : **FRF 10 100** – Paris, 20 mai 1921 : *La Mare en forêt, homme, chien* : **FRF 19 000** – Londres, 27 jan. 1922 : *La Châtelaine* : **GBP 115** – Londres, 11 mai 1923 : *Diane après la chasse* : **GBP 819** – Paris, 3-4 déc. 1923 : *Le Gros Chêne* : **FRF 33 500** ; *Vénus et Amours* : **FRF 26 500** – Londres, 9 mai 1924 : *La Bûcheronne* : **GBP 1 102** ; *Chemins sous bois* : **GBP 388** – Paris, 19 mai 1924 : *Le Pêcheur* : **FRF 38 000** ; *Les Pivoines* : **FRF 17 500** – Paris, 15 mars 1926 : *L'Amour* : **FRF 32 100** ; *Les Larmes* : **FRF 13 500** ; *Pivoines* : **FRF 15 200** – New York, 9 avr. 1929 : *Nymphe et Amour* 1862 : **USD 1 100** – Londres, 19 avr. 1929 : *La Forêt de Fontainebleau* : **GBP 588** – New York, 15 nov. 1929 : *La Forêt de Fontainebleau* : **USD 900** – New York, 30 jan. 1930 : *Bain des Nymphes* : **USD 1 600** – New York, 4-5 fév. 1931 : *La Forêt de Fontainebleau* : **USD 3 400** – Paris, 3-4 déc. 1934 : *Vénus et l'Amour* : **FRF 7 600** ; *Les Pivoines* : **FRF 10 800** – Paris, 11 déc. 1934 : *La Dame au papillon* : **FRF 11 500** – Paris, 9 mars 1935 : *Dames turques dans le parc* : **FRF 13 000** – Paris, 29 nov. 1935 : *Paysage* : **FRF 5 850** ; *Nymphe et Amours* : **FRF 4 500** – Paris, 20 fév. 1942 : *La Ramasseuse de bois* : **FRF 70 000** – Paris, 6 mai 1943 : *Fleurs*, deux panneaux : **FRF 55 000** – Paris, 13-14 déc. 1943 : *La Cueillette des pommes* : **FRF 31 000** ; *Nymphes et Amours* 1853 : **FRF 66 000** – New York, 15 jan. 1944 : *Enfant et Chien* : **USD 900** ; *Fontainebleau* 1866 : **USD 475** ; *L'Orage menaçant* 1870 : **USD 2 100** – Paris, 17 mars 1944 : *Scène du Décaméron* 1865 : **FRF 100 000** – Paris, 20 mars 1944 : *La Lecture en plein air* : **FRF 10 000** ; *Femme et Amour* 1851 : **FRF 37 500** – Paris, 26 fév. 1945 : *Sous-bois* : **FRF 82 000** – New York, 15 mars 1945 : *Personnages dans un bois* 1852 : **USD 775** – Paris, 19 mars 1945 : *Sous-bois* : **FRF 17 000** – New York, 18-19 avr. 1945 : *Colin-Maillard* 1852 : **USD 1 250** ; *Forêt de Fontainebleau* 1868 : **USD 2 500** – Paris, 16-17 mai 1945 : *La Fin d'un beau jour* : **FRF 44 000** – New York, 25 oct. 1945 : *La Forêt de Fontainebleau* 1870 : **USD 1 300** – Paris, oct. 1945-juil. 1946 : *Sous-bois avec une paysanne au premier plan* : **FRF 23 500** ; *Chevaux dans une prairie* : **FRF 20 500** ; *Mère et Enfant* : **FRF 41 500** ; *Rochers dans la forêt de Fontainebleau* : **FRF 37 200** ; *Cinq Baigneuses* : **FRF 52 000** ; *Clairière dans la forêt*, dess. : **FRF 3 500** – New York, 31 jan. 1946 : *Confidences d'amour* : **USD 1 000** – New York, 28 mars 1946 : *Scène orientale* : **USD 900** – New York, 22-25 mai 1946 : *La Fille du sultan* 1854 : **USD 1 000** – Paris, 18 oct. 1946 : *Paysage, une lande*, aquar. : **FRF 2 300** – Paris, 6 déc. 1946 : *Sous-bois* : **FRF 8 300** – Paris, 16 déc. 1946 : *Sous-bois*, pl. et cr., reh. d'aquar. : **FRF 3 800** – Lille, 16-20 déc. 1946 : *Fleurs* : **FRF 10 000** – Paris, 18 déc. 1946 : *Clairière en forêt avec porteuse de fagots* : **FRF 15 000** – Paris, 26 fév. 1947 : *Portrait de femme* : **FRF 5 200** – Paris, 17 avr. 1947 : *Sous-bois* : **FRF 15 000** – Paris, 24 avr. 1947 : *La Clairière*, dess. : **FRF 5 000** – Paris, 18 juin 1947 : *L'Ondée* : **FRF 45 000** – Paris, 30 juin 1947 : *Le Déjeuner champêtre de femmes orientales* : **FRF 35 000** ; *L'Amour désarmé* : **FRF 47 000** – Paris, 3 juil. 1947 : *Nymphes* : **FRF 7 500** – Paris, 15 juin 1954 : *Scène orientale* : **FRF 200 000** – Lucerne, 3 déc. 1955 : *Dans les bois* : **CHF 1 800** – Londres, 9 juil. 1958 : *Une mare à la vallée de la Sole* : **GBP 550** – Paris, 10 mars 1959 : *La Mare en forêt* : **FRF 205 000** – New York, 13 mars 1959 : *Forêt de Fontainebleau* : **GBP 700** – Londres, 11 nov. 1959 : *Paysage boisé au soleil couchant* : **GBP 200** – Paris, 1er juil. 1960 : *Paysage* : **FRF 1 800** – New York, 29 nov. 1961 : *Paysage à Fontainebleau* : **USD 2 100** – Paris, 8 déc. 1961 : *Les Orientales* : **FRF 4 000** – Londres, 7 nov. 1962 : *L'Orage* : **GBP 1 600** – New York, 6 nov. 1963 : *Paysage boisé* : **USD 2 100** – Londres, 30 avr. 1964 : *Clairière dans la forêt* : **GBP 1 550** – Munich, 23-25 juin 1965 : *Clairière animée de personnages, Fontainebleau* : **DEM 18 500** – Londres, 3 juil. 1968 : *Scène d'Afrique du Nord* : **GBP 2 600** – New York, 12 nov. 1970 : *Clairière* : **USD 4 500** – New York, 17 avr. 1974 : *Chien dans un paysage* : **USD 5 200** – Londres, 11 fév. 1976 : *Baigneuses au bord d'une rivière* 1866, h/t (48x66,5) : **GBP 5 200** – Paris, 21 mars 1977 : *Environs de Fontainebleau* 1863, h/pan. (28x39) : **FRF 14 000** – New York, 2 mai 1979 : *Forêt de Fontainebleau*, h/pan. (33x43) : **USD 3 500** – Londres, 30 mars 1982 : *Personnages assis près d'une grotte*, past./trait de fus. (10,3x9,5) : **GBP 1 100** – New York, 25 fév. 1983 : *Ramasseurs de fagots dans un bois* 1864, h/t (71,1x94) : **USD 18 000** – New York, 13 fév. 1985 : *L'automne*, h/t (22x146) : **USD 14 000** – Paris, 22 nov. 1985 : *Étude de fleurs*, aquar., suite de quatre œuvres : **FRF 6 300** – New York, 21 mai 1986 : *Fillettes et chien dans un paysage boisé* 1876, h/t (107,3x83,3) : **USD 35 000** – Calais, 8 nov. 1987 : *Les Orientales*, h/pan. (40x32) : **FRF 68 500** – Paris, 25 nov. 1987 : *Scène champêtre idyllique, nymphe et amours* 1954, h/t (57x47) : **FRF 115 000** – Saint-Dié, 20 déc. 1987 : *Jeunes filles tressant des guirlandes de fleurs*, h/pan. (30x46) : **FRF 22 500** – Californie, 3 fév. 1988 : *Dans la forêt*, h/t (84,5x110) : **USD 14 300** – New York, 25 fév. 1988 : *Ramassage de fagots dans un bois*, h/t (34,3x29,8) : **USD 4 950** – Paris, 22 mars 1988 : *Réunion dans la campagne*, gche (16x12) : **FRF 11 000** ; *Sous-bois* 1856, h/cart. (34x47) : **FRF 14 000** – Londres, 24 mars 1988 : *Enfants observant des lapins* 1934, h/t (53x44) : **GBP 8 250** – New York, 24 mai 1988 : *Jeune Fille sur une balancelle*, h/t (55,3x45,7) : **USD 14 300** – Paris, 23 juin 1988 : *La châtelaine*, h/t (33x24) : **FRF 30 000** – Berne, 26 oct. 1988 : *Idylle de bergers dans un paysage antique*, h/t (33x41) : **CHF 2 500** – Toronto, 30 nov. 1988 : *Vénus et deux putti* 1857, h/t (52x38) : **CAD 9 000** – New York, 23 fév. 1989 : *Personnage dans une clairière* 1872, h/pan. (41,9x54,6) : **USD 30 800** – Versailles, 5 mars 1989 : *Paysanne dans un champ*, h/pan. (25x32,5) : **FRF 43 000** – Londres, 7 juin 1989 : *Nature morte de fleurs dans un vase*, h/t (97x66) : **GBP 9 350** – Paris, 19 juin 1989 : *Bouquet de fleurs*, h/pan. : **FRF 25 500** – New York, 24 oct. 1989 : *Les femmes du sérail* 1860, h/t (43,2x63,5) : **USD 37 400** – New York, 28 fév. 1990 : *Les petits pêcheurs* 1857, h/t (73x60) : **USD 55 000** – Paris, 9 mars 1990 : *Personnages dans une clairière*, h/pan. (24x33) : **FRF 105 000** – Cologne, 23 mars 1990 : *Paysage boisé avec un ruisseau*, h/t (33x41) : **DEM 3 000** – Amsterdam, 25 avr. 1990 : *La forêt de Fontainebleau*, h/t (56x76) : **NLG 36 800** – New York, 22 mai 1990 : *Jetée de fleurs*, h/pap./t. (33x24) : **USD 36 300** – Monaco, 16 juin 1990 : *Sous bois à la fagoteuse* 1861, h/pan. (36,8x50) : **FRF 85 470** – Londres, 19 juin 1990 : *Paysage près de Fontainebleau* 1875, h/pan. (55x74) : **GBP 59 400** – New York, 24 oct. 1990 : *Le rageur* 1862, h/t (71,4x93,5) : **USD 24 200** – Stockholm, 14 nov. 1990 : *Chaumière dans un sous-bois*, h/t (102x76) : **SEK 19 000** – Barbizon, 14 avr. 1991 : *Forêt de Fontainebleau, paysage animé* 1857, h/pan. (45x53,5) : **FRF 145 000** – New York, 22 mai 1991 : *La Favorite du sultan* 1864, h/t (61x74,3) : **USD 20 900** – New York, 19 fév. 1992 : *Étude pour les Dernières Larmes*, h/pan. (46x25,7) : **USD 12 100** – Barbizon, 12 avr. 1992 : *La Promenade de la châtelaine* 1864, h/pan. (65x47,5) : **FRF 160 000** – New York, 28 mai 1992 : *Vénus et Cupidon* 1856, h/t (61x42,5) : **USD 33 000** – New York, 30 oct. 1992 : *Les Ramasseurs de fagots dans un bois* 1867, h/t (40,9x60,7) : **USD 19 800** – Londres, 25 nov. 1992 : *Femmes arabes lavant au bord du fleuve*, h/t (26,5x39) : **GBP 2 750** – New York, 17 fév. 1993 : *Deux bûcherons dans une clairière sous un ciel de fin d'orage* 1869, h/t (61,9x82,6) : **USD 23 000** – Paris, 18 nov. 1994 : *Jeune Mauresque*, cr. (23x15) : **FRF 4 800** – Londres, 18 nov. 1994 : *Dernières Larmes*, h/pan. (46x25,7) : **GBP 10 350** – Paris, 26 juin 1995 : *Paysage au clair de lune*, h/pan. (54,5x66,5) : **FRF 55 000** – New York, 17 jan. 1996 : *Sous-bois*, h/pan. (16,2x22,2) : **USD 5 750** – Londres, 12 juin 1996 : *Clairière dans un bois* 1853, h/t (59x48) : **GBP 7 475** – New York, 23-24 mai 1996 : *Bohémiennes sur un terrain boisé*, h/cart. (43,2x25,6) : **USD 10 350** – Vienne, 29-30 oct. 1996 : *Jeunes Femmes au bain*, h/t (33x24) : **ATS 132 250** – Londres, 20 nov. 1996 : *Famille en groupe* 1854, h/pan. (63,5x47) : **GBP 6 325** – New York, 24 oct. 1996 : *Dans la forêt de Fontainebleau* 1856, h/t (52,1x73) : **USD 51 750** – Paris, 17 nov. 1997 : *La Lecture*, h/pan. (25,5x31,5) : **FRF 30 000** – New York, 9 jan. 1997 : *Nourrissant les oiseaux*, h/t (33,7x50,8) : **USD 7 475** – New York, 12 fév. 1997 : *Ramasseuse de bois près d'un étang* 1862, h/t (45,7x64,8) : **USD 37 375** – Londres, 13 mars 1997 : *Nymphe assise et putti dans un paysage*, h/cart./t. (27,3x19,5) : **GBP 2 300** – Paris, 18 juin 1997 : *Paysage montagneux*, h/pan. (19x27) : **FRF 26 500**.

DIAZ DE NAVARRETE Martin

xvie siècle. Actif à Grenade à la fin du xvie siècle. Espagnol.
Sculpteur.

DIAZ DE OVIEDO Pedro
XVe-XVIe siècles. Actif en Castille et en Navarre. Espagnol.
Peintre.
Il était originaire d'Oviedo et fut sans doute influencé par l'art des Pays-Bas. On lui attribue en toute certitude des retables de la cathédrale de Tudela et celui de la chapelle de la Purification à la cathédrale de Tarragone. Le Musée du Louvre possède une toile attribuée à cet artiste : *La Sainte Vierge et saint Ildefonse.*

DIAZ DE PALACIOS Pedro
XVIe-XVIIe siècles. Actif à Séville. Espagnol.
Sculpteur.
Il fut l'élève de Gaspar Nunez Delgado.

DIAZ DEL RIVERO Francisco
XVIIe siècle. Actif à Grenade au début du XVIIe siècle. Espagnol.
Sculpteur.
Il appartenait à l'ordre des Jésuites.

DIAZ DE SORIA Robert
Né en 1883 à Bordeaux (Gironde). Mort en 1971. XXe siècle. Français.
Peintre de sujets divers.
Il exposa à partir de 1913 au Salon d'Automne dont il fut membre, ainsi qu'au Salon des Tuileries et à celui des Artistes Indépendants.

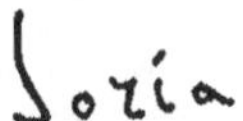

Bibliogr. : Catal. de la vente de l'atelier *Diaz De Soria*, Étude Binoche, Paris, fév. 1972.

DIAZ DE VILLANUEVA Pedro
XVIIe siècle. Actif à Séville au début du XVIIe siècle. Espagnol.
Peintre.
Il fut, dit-on, le maître de Zurbaran.

DIAZ ACHETA Pedro
Né vers 1557 à Valladolid. XVIe siècle. Espagnol.
Peintre.

DIAZ BENITO José
XIXe siècle. Actif à Murcie. Espagnol.
Sculpteur.
Il travailla pour la cathédrale de cette ville.

DIAZ Y BRESCA Antonio
Né à Malaga. XIXe siècle. Espagnol.
Peintre.
Élève de Emilio Ocon. Exposa à Madrid en 1881.

DIAZ CARRASCO Fernando
XVIIIe siècle. Actif à Séville en 1775. Espagnol.
Graveur.

DIAZ CARRENO Francisco ou **Diaz y Carreno**
Né vers 1840 à Séville. Mort le 16 novembre 1903 à Madrid. XIXe siècle. Espagnol.
Peintre d'histoire, nus, portraits.
Élève à Madrid de Federico Madrazo, il fut pensionnaire à Rome en 1862 de la reine d'Espagne. Il exposa à Madrid à partir de 1856. On cite de lui un *Portrait de Pie IX* et des toiles d'histoire.
Musées : Madrid : *Ciociara – Paolo et Francesca da Rimini – Éloignement – Le triomphe de l'Église catholique* – Rouen : *La fontaine d'amour.*
Ventes Publiques : Versailles, 19 juil. 1981 : *Le Peintre et son modèle : jeune femme nue*, h/bois (46,5x37,5) : **FRF 10 500**.

DIAZ Y COVENA Julian
Né en 1842 à Madrid. Mort en 1872 à Madrid. XIXe siècle. Espagnol.
Peintre.
Il fut élève de l'Académie de Madrid et remporta de nombreuses distinctions.

DIAZ FALCON Y VEGA Juan
XVIIe siècle. Actif à Séville. Espagnol.
Peintre.
On peut voir dans la sacristie de l'église de Santiago de Carmona, une grande toile représentant *le Christ en Croix, Madeleine à ses pieds et à ses côtés saint François et saint Paul,* avec cette inscription : *S. D. H. et G. Joanes Diaz Falcon et Vega me Faciebat A. de 1680.* Ce tableau semble être copié sur une œuvre beaucoup plus ancienne.

DIAZ Y GARCIA Andres
XIXe siècle. Espagnol.
Sculpteur.
Exposa à Cadix en 1879.

DIAZ-HUERTAS Angel
Né à Cordoue. XXe siècle. Espagnol.
Peintre de genre, paysages, illustrateur.
Il fut élève de l'École des Beaux-Arts de Cordoue. Il a participé à diverses expositions collectives, notamment l'Exposition Nationale des Beaux-Arts en 1899 et 1901, obtenant des médailles.
Il a collaboré comme dessinateur à diverses parutions, dont le *Blanco y Negro*. Surtout peintre de scènes de genre : *Jour de régates, Jésus ! Quelle barbarie !*, il a aussi traité le paysage. Il pratiquait une technique simple, directe, narrative.
Bibliogr. : In : *Cent ans de peinture en Espagne et au Portugal, 1830-1930*, Antiquaria, Madrid, 1988.

DIAZ Y MOLINA José
XIXe siècle. Actif à Madrid. Espagnol.
Portraitiste.
Il obtint une mention honorable à l'Exposition Universelle de 1900.

DIAZ Y MORANTE Pedro
XVIIe siècle. Actif à Madrid vers 1630. Espagnol.
Peintre de genre.
Auteur d'un ouvrage intitulé : *Instruccion de los principios.*

DIAZ-OLANO Ignacio
Né en 1860 à Vitoria (Pays Basque). Mort en 1936 ou 1937 à Vitoria. XIXe-XXe siècles. Espagnol.
Peintre de compositions à personnages, figures, paysages animés. Réaliste.
Pensionné par sa ville natale, il fut élève de Gustavo Bacarisas à l'École des Beaux-Arts de Barcelone. Il put se perfectionner pendant quatre ans à Paris, de 1881 à 1885. À son retour, il collabora à un hebdomadaire illustré de Vitoria. Lors d'un séjour à Paris, il étudia l'anatomie et collabora à des scénographies pour le théâtre de l'Opéra. Il reçut ensuite une bourse de voyage pour Rome et visita aussi Venise. Il fut professeur de dessin à l'Académie de Vitoria. Il participa à l'Exposition Nationale des Beaux-Arts de Madrid en 1890, 1892, 1895 avec médaille de bronze, 1899 avec une deuxième médaille, 1904, et pour la dernière fois en 1917. Il se consacra à la mise en scène. En 1925 eut lieu à Vitoria une exposition en son honneur. En 1963 fut organisée une grande exposition rétrospective posthume de l'ensemble de son œuvre.
Dans un style réaliste, qui parfois rappelle le synthétisme robuste de Courbet, il peint des scènes familières de la vie des paysans, au travail dans la campagne : *La sieste* qui est son tableau le plus connu, représentant une belle fille saine allongée sur l'herbe, *Le repas aux champs* traitant aussi des moments de halte dans l'effort. ■ J. B.
Bibliogr. : In : *Cent ans de peint. en Espagne et au Portugal, 1830-1930*, Antiquaria, Madrid, 1988.
Musées : Alava (Mus. prov.).
Ventes Publiques : Londres, 14 fév. 1990 : *La sieste des moissonneurs*, h/t (147,5x250) : **GBP 61 600** ; *A la manufacture de tissage de la laine* 1917, h/t (196x242) : **GBP 94 600**.

DIAZ Y PACHON Vicente
XIXe siècle. Espagnol.
Sculpteur.
Exposa en 1880 une statue de Christophe Colomb.

DIAZ Y PINES Angel
Né le 22 mars 1825 à Mançanarès. Mort le 24 novembre 1869 à Madrid. XIXe siècle. Espagnol.
Peintre.
Élève, à Madrid, de Antonio-Maria Esquivel.

DIAZ Y ROBAYO Juan
XVIe siècle. Actif à Séville de 1550 à 1566. Espagnol.
Sculpteur.

DIAZ Y ROCAFULL Angeles
XIXe siècle. Actif à Cadix en 1870. Espagnol.
Peintre d'histoire.
Frère de Camilla et Pilar Diaz y Rocafull.

DIAZ Y ROCAFULL Camilla
XIXe siècle. Active à Cadix en 1870. Espagnole.
Peintre de genre.

DIAZ Y ROCAFULL Pilar
XIXe siècle. Active à Cadix en 1870. Espagnole.
Peintre d'histoire.

DIAZ Y SAMPIETRO Juan
XIXe siècle. Espagnol.
Peintre.
Exposa au Cercle des Beaux-Arts à Madrid en 1881.

DIAZ Y SANCHEZ Angel
Né à Madrid. XIXe siècle. Espagnol.
Sculpteur.
Exposa à Madrid en 1878 et 1881. Le Musée de Madrid conserve de lui : *Les filles du Cid.*

DIAZ Y SANCHEZ Eduardo
Né à Madrid. XIXe siècle. Espagnol.
Peintre.
Exposa à Madrid en 1881.

DIAZ Y SANCHEZ Fernando
XIXe siècle. Espagnol.
Peintre d'histoire et de portraits.
Exposa à Madrid (1866) et à Séville (1868).

DIAZ Y TORRIENTE Francisco
Né à Cuba. XIXe siècle. Espagnol.
Peintre.
Élève de F. Badillo. Exposa à Madrid en 1881.

DIAZ Y VALDES Tomas
Né à Aranjuez. XIXe siècle. Espagnol.
Peintre.
Élève de Vicente Lopez. Il fit surtout des miniatures. Il participa aux Expositions de Madrid à partir de 1856 et à celles de Londres (1862) et Paris (1878).

DIAZ Y VALERA José
Né en 1827 à Séville. Mort le 12 mai 1903 à Paris. XIXe siècle. Espagnol.
Peintre.
Élève de José-Maria Romero à Séville. Il travailla aussi à Paris. Débuta à Madrid en 1860 avec une toile : *La Première entrevue* achetée pour le Musée National. Il exposa ensuite régulièrement à Madrid et à Paris en 1878.

DIAZAR Adamo
D'origine française. XVIe siècle. Italien.
Peintre de miniatures.
Il travaillait à Rome vers 1563.

DIB Kenaan
Né à Dlebta (Kesrouan). Mort en 1873. XIXe siècle. Libanais.
Peintre de compositions religieuses, portraits. Archaïque.
Il était le neveu de Moussa Dib et apprit à peindre auprès de son oncle, et surtout avec le peintre italien Constantin Giusti.
Ses œuvres figurent encore dans de nombreux édifices religieux, dont, entre autres : *Saint Pierre et Saint Paul* de 1850, *Saint Georges et le dragon* de 1856, et *Saint Estéphan* de 1856 se trouvent toutes trois à l'église Notre-Dame de l'Assomption à Dar'oun, *Saint Georges et le dragon* de 1854 à l'église Sainte-Marie d'Aïn el Rihaniyeh. Son style est un compromis entre l'exemple de la Renaissance italienne tardive et une sorte de néobyzantinisme naïf.
Bibliogr. : Divers, in : Catalogue de l'exposition *Liban – Le regard des peintres – 200 ans de peinture libanaise*, Institut du Monde Arabe, Paris, 1989.

DIB Moussa
Né à Dlebta (Kesrouan). Mort en 1826. XVIIIe-XIXe siècles. Libanais.
Peintre de compositions religieuses, portraits. Archaïque.
En 1777, il devint Supérieur du couvent Notre-Dame-des-Champs (Dayr Saydat al Haqlé). Il était l'oncle de Kenaan Dib. Dans une peinture de la chapelle du Couvent du Sauveur, il illustra un miracle qui eut lieu en 1777. En 1787, il peignit le *Portrait de l'archevêque Mikhayil Harbel-Khazen*, en 1795 le *Portrait du Patriarche Mikhayil Fadel.* Son style était empreint de byzantinisme.
Bibliogr. : Divers, in : Catalogue de l'exposition *Liban – Le regard des peintres – 200 ans de peinture libanaise*, Institut du Monde Arabe, Paris, 1989.

DIBARD
XIXe siècle. Français.
Graveur.
Beraldi cite de lui : *Empire et Restauration, Le Plaisir des bois, La leçon de botanique, Sujets divers pour* le Mérite des femmes.

DIBBETS Jan
Né le 9 mai 1941 à Weert (Pays-Bas). XXe siècle. Hollandais.
Peintre, puis photographe. Conceptuel, land-art.
Entre 1961 et 1963, il suivit les cours de peinture de Jan Gregoor à Eindhoven. En 1967, il est étudiant en Angleterre, à la St Martin's School of Art et vit ensuite à Amsterdam. À partir de 1968 il est professeur à Haarlem à l'*Ateliers'63*. Depuis 1984, il est professeur à la Kunstakademie de Düsseldorf. Il vit et travaille à Amsterdam.
Il figure dans de multiples expositions collectives, parmi lesquelles : en 1967, *Tout ce petit cœur t'appartiendra une fois*, à la galerie Loehr à Francfort ; en 1969, *July/August/September*, chez Seth Siegelaub à New York ; *Prospect'69*, à la Kunsthalle de Düsseldorf ; *Quand les Attitudes Deviennent Forme*, à la Kunsthalle de Berne ; en 1970, *Information*, au Museum of Modern Art de New York ; en 1971, *Guggenheim International Exhibition*, au Solomon R. Guggenheim Museum à New York ; en 1972, la *Dokumenta V* à Kassel et la Biennale de Venise, lors de laquelle il représente les Pays-Bas ; en 1973, *Art dans l'espace : Quelques points Décisifs*, à l'Institut d'Arts de Détroit ; en 1973-1974, *Contemporanea* à Rome ; en 1974, *8 artistes contemporains*, au Museum of Modern Art de New York ; en 1977, *L'Europe dans les années soixante-dix : Aspects de l'art actuel*, à l'Institut d'Art de Chicago ; en 1979, *Dialogue européen : La troisième Biennale de Sydney*, à l'Art Gallery of New South Wales de Sydney ; en 1980, *Explorations dans les années soixante-dix*, à Pittsburgh ; en 1982, *Documenta VII* à Kassel ; en 1983, la 17e Biennale de São Paulo ; en 1984-1985, *La Grande Parade*, au Stedelijk Museum d'Amsterdam ; en 1985, *Ouverture*, au Castello di Rivoli à Turin ; *Carnegie International*, au Museum of Art du Carnegie Institute de Pittsburgh ; en 1994, il figure à l'exposition *Art – Pays-Bas – XXe siècle – Du concept à l'image*, à l'ARC, Musée d'Art Moderne de la Ville de Paris ; etc.
De nombreuses expositions personnelles se sont succédées, parmi lesquelles : celles qui se sont tenues en 1965 à la galerie 845 à Amsterdam, en 1967 à la galerie Swart à Amsterdam, en 1968 à la galerie Konrad Fischer à Düsseldorf, en 1969 chez Seth Siegelaub à New York, en 1970 à la galerie Yvon Lambert à Paris, en 1971 à la galerie Sperone à Turin, en 1971-1972 au Stedelijk Van Abbemuseum d'Eindhoven, à la galerie MTL de Bruxelles, en 1972 à l'Israël Museum de Jérusalem, en 1973 à la galerie Leo Castelli à New York, en 1975 à la galerie MTL de Bruxelles et au Kunstmuseum de Lucerne, en 1976 au Scottish Arts Council d'Édimbourg, en 1977 au Museum of Modern Art d'Oxford, en 1980 au Stedelijk Van Abbemuseum d'Eindhoven, à la Kunsthalle de Berne, à l'ARC (Art Recherche Confrontation) au Musée d'Art Moderne de la Ville de Paris, au Bonnefantenmuseum de Maastricht, en 1982 à la galerie Anthony d'Offay de Londres, à l'Abbaye de Sénanque à Gordes, à la Kamakura Gallery de Tokyo, en 1984 aux Waddington Galleries de Londres, en 1985 à la galerie Maeght Lelong à Paris, au Muzej Savremene Umetnosti de Belgrade et à la Galerija Suvremene Sumjetnosti de Zagreb, en 1989 à la galerie Lelong à Paris, en 1994 au Musée d'Art Moderne de la Ville de Paris, en 1996 à la galerie Lelong à Paris.
Dibbets pratique jusqu'en 1968 une peinture abstraite monochrome, de petites toiles roses ou bleues, dans la mouvance du minimalisme américain. Au cours de la même période, il réalise des objets, une table dont le dessus est recouvert d'herbe, une installation constituée de fagots, de néons et d'eau. En 1967, à la St.-Martin's School of Art de Londres, il rencontre Barry Flanagan et Richard Long. Il commence à s'intéresser au médium photographique et travaille dans un registre essentiellement conceptuel. Par ses interventions sur la nature, il se rapproche alors du Land' Art, ce courant brusquement apparu au cours des années soixante-dix. Il modifie le paysage en l'affectant de traces éphémères, une ligne blanche barrant la mer, des traces dans la neige, des compositions de brins d'herbe, des empreintes sur le sable, transformations dont il réalise le constat par une photographie qu'il prend lui-même ou fait réaliser. « Mes œuvres ne sont pas faites pour être vues, mais pour faire sentir que quelque chose ne va pas dans le paysage » notait-il. Il aborde ensuite directement la photographie et plus particulièrement un travail sur la séquence photographique. L'œuvre est constitué de séries successives, qui développent chaque fois un aspect de l'analyse menée dans l'ensemble. La problématique majeure et dominante du travail est la mise en cause des systèmes de perception

qui régissent notre vision, dont il met en évidence la relativité et la subjectivité du point de vue. Dibbets est désireux de travailler dans la tradition des arts visuels en général et celle de la peinture hollandaise en particulier. L'abstraction de Mondrian, la peinture des maîtres hollandais tels que Vermeer et Saenredam, sont autant de références pour lui. Explorant les possibilités multiples de la photographie, Dibbets tente d'appréhender et d'offrir une vision plus large de la réalité, plus globale, plus réelle que celle que le regard peut embrasser. Les premiers travaux détournent l'attention de l'objet photographié pour mettre en valeur les propriétés de l'appareil photographique. Jusqu'en 1973, les œuvres sont construites à partir d'une combinaison entre le sujet et la manipulation de l'appareil. Dans la série *Perspective Corrections* (1967-1979), la place de l'appareil est fonction de calculs précis. Dans la série des *Panoramas* (1970-1973), *Dutch Mountains* et *Comets*, il se déclenche à intervalles réguliers. D'autres ensembles sont basés sur l'utilisation de différentes ouvertures de diaphragme, de vitesse d'obturation croissante, de la fixation de changements de lumière naturels ou artificiels. La réflexion sur la perspective est au cœur de l'œuvre, depuis *Perspective Corrections* jusqu'aux *Constructions (Saenredam Ink, Saenredam Van-Abbe)* où, à la manière du peintre du XVIIe siècle, il truque la perspective pour construire une vision impossible. Travaillant sur la perception de l'horizon au travers du viseur de l'appareil, il étudie l'ambiguité de l'illusion de profondeur. Un de ses motifs de prédilection, la mer et les plaines côtières, qui apparaissent comme quasiment bi-dimensionnelles à nos yeux. Renforçant cet aspect, le viseur convertit la mer, l'air, la plaine, en abstraction, à deux dimensions, tout en préservant l'aspect infini du paysage. Dans la série intitulée *Comet*, des photographies prises selon des angles différents sont insérées dans une composition qui intègre un mouvement, une progression dynamique. Les séries intitulées *Structures Studies* et *Water Structures* (1974-75) sont composées de photos prises en gros plans d'eau ou de feuilles. Les photographies ont été prises au hasard, sélectionnées puis disposées les unes à côté des autres. Une subtile interaction entre les photographies met en valeur l'extraordinaire diversité présente dans la nature. Toutes les photographies apparaissent semblables, mais chacune diffère d'une autre, par d'infimes détails. Curieusement, la photo en gros plan ne donne pas lieu à une image descriptive de la réalité, mais aboutit à une abstraction du paysage selon un fonctionnement très pictural. *Water Structures – Study for Monet's Dream* est révélateur : la matérialité du sujet disparaît pour se dissoudre dans un miroitement coloré, pour devenir un espace illusoire, une « plaque sensible » où la nature est devenue scintillement, fluidité, frémissements, proche de ce que Monet révélait dans les *Nymphéas*. Les *Colors-studies* (1976-1979) sont aussi des photos couleur, au format variable mais toujours carré, qui représentent des couleurs (brun, vert, beige, jaune, orangé, jaune, rouge, bleu) et dans le même temps des objets, des carrosseries de voitures. Seule une partie restreinte des objets est dévoilée, de même qu'une parcelle de couleur. Ces photos sont des agrandissements : il s'agit d'une vision rapprochée, de « myope volontaire ». Cette série peut être lue comme la réminiscence de l'artiste qui se souvient avoir été peintre abstrait, qui utilise la photographie comme un médium abstrait, qui pense la couleur comme une forme en tant que telle. Les grands formats seront plus nombreux dans l'œuvre après cette série. Les *Structures Panoramas* (1976-1979) sont des prises de vue d'un même sujet effectuées à intervalles réguliers et en rotation autour d'un axe. Il s'agit de parquets ou de pavés. Les photos sont ensuite disposées selon un ordre qui n'est pas celui d'une reconstitution logique de l'ensemble. Les perspectives sont corrigées à chaque fois par un trait de crayon cerclant la photo. Pour explorer l'espace en général, Dibbets observe un espace fortement structuré, celui d'une surface constituée par la multiplicité d'éléments adjoints les uns aux autres. À la fin des années quatre-vingt les photographies se développent dans un espace peint. Des fragments d'architecture sont spectaculairement mis en valeur par une prise de vue en contre-plongée, qui ménage une ouverture vers le ciel, cylindrique ou octogonale ; autour de ce motif se développent des zones sphériques colorées, à l'aquarelle et au crayon. Ces grandes compositions ne sont plus des démonstrations didactiques, mais à la fois l'expression d'une compréhension aiguë de l'architecture et un hommage rendu à la perfection des édifices choisis, par la mise en évidence du dialogue qu'ils entretiennent avec la lumière. Travaillant ainsi sur la vision, Dibbets cherche à éduquer le regard, à l'aiguiser, à le rendre plus perçant sur le monde. En 1994, pour son *Hommage à Arago*, objet d'une commande publique de l'État et de la Ville de Paris, Dibbets a recouru à une toute autre stratégie : ayant fait confectionner cent-quarante-cinq médaillons coulés en bronze et frappés du nom d'Arago en relief et des lettres N et S pour Nord et Sud, il les a fait insérer au sol dans le revêtement des trottoirs au long des dix-huit kilomètres traversant Paris selon son méridien, ligne idéale à la définition de laquelle œuvra Arago, traversant évidemment l'Observatoire de Paris dont il fut directeur, et passant par le socle de son monument, nu désormais de sa statue en bronze fondue par l'occupant allemand en 1942. Dans cette procédure, on retrouve la stratégie du land'art, qui consiste à « marquer » un lieu, afin d'obliger l'attention des usagers à transgresser leur indifférence blasée habituelle, tout en retrouvant aussi une démarche conceptuelle dans la constitution d'un « monument virtuel » à Arago, représentatif non de sa personne physique mais d'un aspect du fonctionnement de son esprit.

■ Florence Maillet, J. B.

Bibliogr. : Catal. de l'exposition *Jan Dibbets*, ARC, Musée d'Art Moderne de la Ville de Paris, avr.-juin 1980 – in : *Diction. Biogr. Ill. des Artistes en Belgique depuis 1830*, Arto, 1987 – R. Fuchs, M. M. M. Vos, M. Friedman in : Catal. de l'exposition *Jan Dibbets*, Walker Art Center, Minneapolis, Rizzoli, New York, 1987 – in : Catal. de l'exposition *L'Art Moderne à Marseille – La Collection du Musée Cantini*, Musée Cantini, Centre de la Vieille Charité, juil.-sept. 1988 – Rudi Fuchs, *Jan Dibbets*, Repères n° 57, Maeght-Lelong, 1989 – Vincent Baudoux, *Les trois temps de Jan Dibbets*, Artstudio, *Images du Nord*, N°18, automne 1990, pp. 132 à 139 – Catal. de l'exposition *L'art conceptuel, une perspective*, Musée d'Art Moderne de la Ville de Paris, nov.-fév. 1990 – in : Catalogue de l'exposition *Art – Pays-Bas – XXe siècle. Du concept à l'image*, Musée d'Art Moderne de la Ville de Paris, 1994 – Frédéric Chaleil : *Virtuellement vôtre*, in : Télérama, Paris, 9 nov. 1994.

Musées : Amsterdam (Stedelijk Mus.).

Ventes Publiques : Anvers, 27 oct. 1987 : *Composition* 1966, h/t (140x120) : **BEF 32 000** – New York, 5 mai 1987 : *Structure Piece* 1974, 12 photos en coul. et pap. avec dess. à la mine de pb/pap. (44,8x255,3) : **USD 11 000** – Amsterdam, 9 déc. 1988 : *Prototype de robinet n°2, Montage d'un seau sur une clayette sous le robinet d'arrivée d'eau* (62x45x68) : **NLG 8 050** – Paris, 25 avr. 1990 : *Sans titre* 1973, deux photos, collage (75x103) : **FRF 55 000** – New York, 9 mai 1990 : *Orvieto* 1983, graphite et photo. coul./cart. plastifié (182,9x184,1) : **USD 33 000** – New York, 4 oct. 1990 : *Sans titre* 1968, bois et néon (20x45x130) : **USD 22 000** – Milan, 23 oct. 1990 : *Structure d'eau* 1975, montage de photo./pap. (45,5x45,5) : **ITL 15 000 000** – Amsterdam, 12 déc. 1990 : *Composition abstraite*, cr. de coul./pap. (25x32,3) : **NLG 1 150** – New York, 7 mai 1992 : *Triangle « mer (et terre) » 9° – 81°* 1973, photo. en coul., cr. et encre/pap. (69,9x100) : **USD 6 600** – Amsterdam, 19 mai 1992 : *Figures et animal*, encre/pap. (22x30) : **NLG 1 380** – Amsterdam, 9 déc. 1992 : *Structure d'eau* 1975, collage de photo. et cr./pap. (72,5x102) : **NLG 10 925** – New York, 24 fév. 1995 : *Guinness Hopstore à Dublin* 1983, cr. et collage de photo./cart. (72,4x100,3) : **USD 8 050**.

DIBBS

XIXe siècle. Britannique.

Peintre de marines.

Le Musée de Cape-Town conserve une aquarelle de lui : *Bateau indien échoué*.

DIBDIN Charles

Né en 1745 à Southampton. Mort le 25 juillet 1814 à Londres. XVIIIe-XIXe siècles. Britannique.

Peintre amateur.

Il exerça l'art de la peinture en amateur à ses moments perdus. On lui doit quelques paysages animés. John Hill grava à l'eau-forte, d'après lui, quelques vues de lacs.

DIBDIN Thomas Colman

Né le 22 octobre 1810 à Londres. Mort le 26 décembre 1893 à Londres. XIXe siècle. Britannique.

Peintre de paysages, architectures, aquarelliste, dessinateur.

Il exposa entre 1831 et 1883 à la British Institution, à Suffolk Street, et entre 1832 et 1874 à la Royal Academy, ainsi qu'à différentes autres expositions.

Musées : Londres (Water-Colours) : *Nef de Saint-Sauveur – Paysage, maisons, pont rustique* – Sydney : *La Tour de Beurre de la cathédrale de Rouen*.

Ventes Publiques : Londres, 12 mai 1922 : *Vues de Rouen*, deux dess. : **GBP 27** – Londres, 5 et 6 nov. 1924 : *La Tamise à Chelsea* : **GBP 15** – Londres, 19 juil. 1979 : *La Cathédrale de Winchester*, aquar. (47x34) : **GBP 480** – Londres, 10 avr. 1980 : *Le Beffroi de Calais* 1870, aquar. (54,5x37) : **GBP 380** – Londres, 16 nov. 1982 : *Vue de Limerick*, aquar. et cr. (18,5x25,3) : **GBP 1 700** – Chester, 4 oct. 1985 : *Vue d'une ville de France* 1873, aquar. reh. de gche (77x54,5) : **GBP 580** – Londres, 4 fév. 1986 : *Un artiste assis dessinant sur une place d'une petite ville* 1870, aquar. et cr. reh. de blanc (54x37) : **GBP 900** – Londres, 25 jan. 1988 : *Vieilles maisons dans une ville française* 1876, aquar. (53,5x37,5) : **GBP 462** – Londres, 25 jan. 1989 : *L'Hôtel de Ville à Abbeville en France* 1875, aquar. et gche (37x26) : **GBP 660** – Amsterdam, 10 avr. 1990 : *Place de marché avec une cathédrale en France* 1884, cr. et aquar. avec reh. de blanc/pap. (37,5x55) : **NLG 1 610** – Monaco, 15 juin 1990 : *Scène de courses dans une grande plaine* 1863, aquar. et gche/pap. beige (52x74) : **FRF 28 860** – Londres, 30 jan. 1991 : *Voyageurs sur un sentier* ; *Travailleurs se reposant dans un champ* 1876, aquar. avec reh. de gche (chaque 18,5x13) : **GBP 1 650** – Londres, 3 juin 1994 : *Une noce à St Ouen près de Rouen* 1883, encre, aquar. et gche (38,1x55,9) : **GBP 690**.

DICENT George
XVIIe siècle. Actif à Breslau vers 1653. Allemand.
Sculpteur.

DICEY Frank
Né en Angleterre. Mort en mai 1888. XIXe siècle. Britannique.
Portraitiste.
Il peignit des portraits et des sujets de genre. Il exposa à la Royal Academy et à Suffolk Street entre 1865 et 1880. Il exécuta un portrait du prince de Galles qui fut gravé par Scott.
Ventes Publiques : Londres, 23 mai 1910 : *Préparatifs pour le départ* : **GBP 3**.

DICH Anton
Né à Copenhague. XXe siècle. Danois.
Peintre de portraits, de nus et d'intérieurs.
Entre 1922 et 1924, il a pris part au Salon d'Automne et à celui des Artistes Indépendants à Paris.

DICH David
Né le 23 décembre 1655 à Berne. Mort en 1701 ou 1702 à Berne. XVIIe siècle. Suisse.
Peintre de paysages et d'histoire.
On cite de lui une grande toile au Musée historique de Berne, intitulée : *On paie les maçons*, signée et datée de 1687. D'autres tableaux de lui ont été exposés à Berne au commencement du XIXe siècle.

DICHS
XVIIIe siècle. Éc. flamande.
Peintre et dessinateur.
Cité par Mireur.
Ventes Publiques : Paris, 1864 : *Le goûter aux champs*, dess. au pinceau lavé de bistre ; *Mendiants au repos*, dess. à la pierre noire : **FRF 6**,50.

DICHT Jean
XVIIe siècle. Hollandais.
Peintre de genre et de natures mortes.
Peut-être est-ce le même que T. Dicht, élève de Guillaume Kalff.
Ventes Publiques : Paris, 1814 : *Accessoires de cuisine* : **FRF 30**.

DICHT T.
Travaillant en Hollande. Hollandais.
Peintre de natures mortes.
Cité par Gault de Saint-Germain.

DICHTEL Martin ou **Dichtl** ou **Duchtl**
XVIe siècle. Actif à Nuremberg. Allemand.
Peintre et graveur à la manière noire.
On cite parmi ses gravures : *Martin Dichtel, Vieille tenant une lanterne et une grappe de raisin, Vieille tenant une lanterne et une lumière, Cuisinière récurant un chaudron, Paysan assis tenant un pot*. Le Musée de Gratz conserve de lui une *Nature morte*.

DICHTL Franz Joseph
XVIIIe siècle. Actif à Regensburg vers 1750. Allemand.
Peintre de fleurs.

DICK Alexander L.
Né vers 1805 en Écosse. Mort en 1865 à New York. XIXe siècle. Américain.
Graveur.

DICK Archibald
Américain.
Graveur.
On cite de lui le *Portrait de John Tyler*.

DICK David
Né vers 1655 à Berne. Mort en 1701 à Berne. XVIIe siècle. Suisse.
Peintre.
Le Musée de Berne possède une peinture de cet artiste. *Voir aussi DICH David.*

DICK Franz Anton
Né à Isny (Wurtemberg). XVIIIe siècle. Allemand.
Peintre de paysages animés, peintre à la gouache, fresquiste.
Dans la seconde moitié du XVIIIe siècle, il travailla à la restauration des peintures de l'église du monastère de Saint-Gall pour laquelle il exécuta un tableau d'autel. Il réalisa aussi des peintures à fresque aux églises de Saint-Fiden et Waldskirch.
Ventes Publiques : Monte-Carlo, 5 mars 1984 : *Paysans sur une charrette* ; *Voyageurs sur un chemin*, gche, une paire (11,5x15,8) : **FRF 7 000**.

DICK Herman
Né à Düsseldorf (Rhénanie). XXe siècle. Allemand.
Peintre de paysages.
Il exposa à Paris au Salon d'Automne en 1913.

DICK Johann Franz
Baptisé à Berne le 29 mai 1687. Mort probablement en février 1762 à Berne. XVIIIe siècle. Suisse.
Peintre.

DICK Karl
Né le 16 avril 1884 à Niedereggen (Bade). Mort en 1967 à Bâle. XXe siècle. Allemand.
Peintre de genre, portraits, paysages.
Il fut l'élève de Balmers à Florence et de J.-P. Laurens à Paris. Il a surtout vécu à Bâle.
Musées : Bâle : sept tableaux.
Ventes Publiques : Zurich, 6 juin 1980 : *Jeune Fille* 1950, h/t (46x37) : **CHF 1 100** – Berne, 24 juin 1983 : *Birsigtal* 1910, h/t (40x65) : **CHF 1 500** – Lucerne, 30 sep. 1988 : *Danseuse de cabaret à Paris*, h/rés. synth. (35x27) : **CHF 500** – Amsterdam, 25 avr. 1990 : *Paysage montagneux en hiver*, h/pan. (26x40) : **NLG 1 150**.

DICK Peter Rudolf
Né le 7 janvier 1704 à Kassel. Mort le 26 février 1763 à Berne. XVIIIe siècle. Allemand.
Peintre.
Dick devint bourgeois de Berne, où il vint s'établir en 1721. On mentionne parmi ses œuvres une copie des peintures sur la façade d'une maison près de la cathédrale de Berne.

DICK Thomas
XIXe siècle. Britannique.
Graveur.
Il copia entre autres des tableaux de Rubens et de Raphaël.

DICK William-Reid, Sir
Né le 13 janvier 1879. Mort le 1er octobre 1961 à Londres. XXe siècle. Britannique.
Sculpteur de portraits et de monuments.
Élève de l'École d'Art de Glasgow en 1907, il devint, en 1915, membre de la Royal Society of British Sculptors, dont il fut président de 1933 à 1938. Membre du Royal Fine Art Committee, il fut également administrateur de la Tate Gallery de 1934 à 1941 et membre de la Royal Scottish Academy à partir de 1939. Il est commandeur de l'Ordre Royal de Victoria.
Sculpteur très officiel, puisqu'il fut sculpteur Ordinaire du Roi de 1938 à 1952, puis sculpteur de la Reine à partir de 1952, il a surtout exécuté des portraits et des monuments. On cite de lui : le *Mémorial de Kitchener* à Saint-Paul, le *Mémorial du roi George V* à Westminster. Il est également l'auteur d'un monument à la *Royal Air Force*, d'un buste du roi *George V* à Mansion House, d'une statue de *Livingston* à Victoria Falls, en Afrique, de la statue du *Maréchal Kitchener*, des bustes du roi *George VI* et de *Winston Churchill*, d'une statue de *Lady Godiva* à Coventry, ainsi que de la statue du *Président Roosevelt* pour Grosvenor Square à Londres.

Musées : Londres (Tate Gal.).
Ventes Publiques : Londres, 8 nov. 1978 : *The Gooseboy* 1936, bronze (H. 86,3) : **GBP 1 300** – Londres, 30 mars 1983 : *Androdus*, bronze (H. 37) : **GBP 650** – Londres, 3 avr. 1985 : *Femme nue luttant avec un python*, bronze (H. 41) : **GBP 3 500** – Londres, 1er oct. 1986 : *Kelpi* 1920, bronze patine brun foncé (H. 28) : **GBP 1 600** – Londres, 21 nov. 1989 : *Le jeune garçon à la fronde*, bronze à patine brune (H. 35) : **GBP 4 400**.

DICKELE Baudoin Van
xviie siècle. Actif à Gand dans la seconde moitié du xviie siècle. Éc. flamande.
Sculpteur.

DICKELE Gillis Van I
Mort vers 1513 à Gand. xvie siècle. Éc. flamande.
Sculpteur.
Il travailla entre 1480 et sa mort pour différents couvents et églises de Gand.

DICKELE Gillis Van II
xvie siècle. Actif à Gand. Éc. flamande.
Sculpteur.
Il était à Valenciennes en 1548.

DICKELE Jacques Van
xvie siècle. Actif à Douai vers 1510. Français.
Sculpteur.
Il travailla pour l'église Saint-Amé de Douai.

DICKELE Jan Van
xvie siècle. Actif à Gand au début du xvie siècle. Éc. flamande.
Sculpteur.
Il travaillait en 1503 à l'église Saint-Jan à Gand. Il était fils de Gillis I.

DICKELE Lieven Van
xvie siècle. Actif à Gand au début du xvie siècle. Éc. flamande.
Sculpteur.
Il était fils de Gillis I.

DICKELE Olivier Van
Mort vers 1502 à Gand. xve siècle. Éc. flamande.
Sculpteur.
Il était fils de Gillis I.

DICKELE Pieter Van
xvie siècle. Actif à Gand entre 1500 et 1520. Éc. flamande.
Sculpteur.
Il était fils de Gillis I.

DICKENMANN Anna
Née probablement à Zurich. xixe siècle. Active dans la seconde moitié du xixe siècle. Suisse.
Aquarelliste.
Anna collabora avec son frère Rudolf Dickenmann, dans l'atelier d'art à Zurich, fondé par leur père Johann-Rudolf Dickenmann.

DICKENMANN Johann Kaspar
Né en 1823 à Zurich. Mort le 23 mars 1861 probablement à Lausanne. xixe siècle. Suisse.
Peintre de paysages, aquarelliste, graveur et dessinateur.
Dickenmann reçut ses premières leçons chez J. J. Ulrich dans sa ville natale. Vers 1843, il se rendit à Lausanne avec l'intention d'y compléter son éducation artistique. Mais une maladie cérébrale survenue à la suite d'un refroidissement lui dérobant toute force, il dut abandonner son métier dès son début. Il était fils de Johann-Rudolf Dickenmann.
Ventes Publiques : Paris, 27 fév. 1929 : *Paysage animé*, aquar. : **FRF 320**.

DICKENMANN Johann Rudolf
Né en 1793 à Zurich. Mort en 1884 à Zurich. xixe siècle. Suisse.
Dessinateur, graveur et éditeur d'art.
Fils de l'éditeur Johann-Rudolf Dickenmann, cet artiste succéda à son père comme directeur de l'atelier, et fournit une série de planches à l'aquatinte, pour une série des vues et des panoramas suisses. Plusieurs planches furent coloriées à l'aquarelle par sa sœur Anna.

DICKENS Kate. Voir l'article **PERUGINI Kate**

DICKENSON F.
xixe siècle. Britannique.
Peintre de paysages.
Musées : Le Cap : *Auberge à Mangy – Baie de Naples – Bonneville – Thoune – Le Lac Majeur – Paysage suisse.*

DICKERSON Robert Henry
Né en 1924. xxe siècle. Australien.
Peintre de portraits.
Il montre une prédilection pour les portraits de jeunes filles.

DICKERSON

Ventes Publiques : Sydney, 6 oct. 1976 : *Soir d'été*, h/cart. (91,5x121,9) : **AUD 1 500** ; *Sydney, sur la plage*, h/cart. (11x136) : **AUD 1 500** – Melbourne, 11 mars 1977 : *Homme dans un parc*, h/cart. (182x121) : **AUD 1 480** – Armadale (Australie), 11 avr. 1984 : *Two girls*, past. (55x75) : **AUD 1 200** – Sydney, 24 nov. 1986 : *Young lady*, h/cart. (91x60) : **AUD 1 900** – Sydney, 17 avr. 1988 : *Portrait de Camille Gheysens*, h/cart. (153x122) : **AUD 4 500** – Sydney, 16 oct. 1989 : *Petite fille*, past. (76x56) : **AUD 950** – Londres, 30 nov. 1989 : *Jeune fille sur la terrasse*, h/cart. (121,8x181,6) : **GBP 3 850** – Sydney, 15 oct. 1990 : *Pensive*, past. (56x37) : **AUD 1 200** – Londres, 28 nov. 1991 : *Jeune fille*, fus., craies et aquar. (36,8x28,6) : **GBP 440** – Sydney, 2 déc. 1991 : *Garçonnet avec un jeune chiot*, past. (54x36) : **AUD 1 200** – Sydney, 29-30 mars 1992 : *Mère et fille*, past. (77x57) : **AUD 2 200**.

DICKERT Georg
Né le 10 mai 1855 à Königsberg. Mort le 29 août 1904 à Partenkirchen. xixe siècle. Allemand.
Peintre de genre.
Travailla à Königsberg, Karlsruhe et à Munich. Le Musée de Munich conserve de lui : *Repos de l'après-midi.*

DICKHART Nikolaus
Mort en 1624 à Mayence. xviie siècle. Allemand.
Sculpteur.
Il exécuta à Darmstadt entre 1610 et 1614 le monument funéraire de la princesse Marie de Brunschwig.

DICKINS Frank
xixe siècle. Actif à Putney vers 1886. Britannique.
Peintre de genre et de fruits.
Il exposa à Suffolk Street. Le Musée de Liverpool conserve de lui : *Rêverie.*

DICKINSON B.
Britannique.
Graveur.
On cite de lui un *Portrait de Gay.*

DICKINSON Edwin
Né en 1891 à Seneca Falls. Mort en 1979. xxe siècle. Américain.
Peintre. Réaliste naturaliste.
Il fit ses études au Pratt Institute de New York en 1910, puis à partir de 1911, à l'Art Student's League où il travailla sous la direction de William Merritt Chase. Après un voyage en France, en Italie et en Espagne en 1918, il se fixa à Princetown et fit des expositions un peu partout aux États-Unis.
L'organisation baroque de ses compositions, sous des effets de clair-obscur, donne une impression d'angoisse, de morbidité et de décadence. Il crée une version personnelle de la réalité, dans un style qui a les apparences du réalisme tout en se rapprochant du surréalisme académique. Ses figures brumeuses, comme couvertes d'une toile d'araignée, sont une évocation d'un sentiment exacerbé de l'esprit romantique en plein xxe siècle.
Bibliogr. : In : *Diction. Univ. de la Peinture*, tome 2, Le Robert, Paris, 1975.
Musées : New York (Whitney Mus.) : *Les chasseurs fossiles* 1926-1928 – Springfield (Mus. of Fine Arts) : *Naufrage d'un brick* 1934.
Ventes Publiques : New York, 24 oct 1979 : *Jon à 2 1/2 ans* 1937, cr. (28x33) : **USD 1 100** – New York, 11 mars 1982 : *Watertower, Sheldrake* 1948, h/pan. (25,4x20,3) : **USD 3 750** – New York, 5 déc. 1985 : *Provincetown Town Wharf* 1932, h/t (56,5x76,2) : **USD 14 000** – New York, 4 déc. 1987 : *White boat* 1941, h/t (40,6x53,5) : **USD 22 000** – New York, 26 mai 1988 : *Paysage* 1936, h/t (66x76,5) : **USD 26 400** – New York, 24 jan. 1990 : *Le Dr. Fred J. Hammett* 1934, cr./pap. (15,5x24) : **USD 2 200** – New York, 30 mai 1990 : *Nu féminin* 1933, cr./pap. (23,8x17,1) : **USD 2 640** – New York, 27 sep. 1990 : *Marécages de Blackfish Creek* 1941, h/t (40,3x50,3) : **USD 11 000** – New York, 25 sep.

1992 : *La maison des Vuillet* 1946, h/rés. synth. (20,3x25,4) : **USD 8 250** – New York, 31 mars 1993 : *Judith* 1937, h/t (66x76,2) : **USD 1 380** – New York, 28 sep. 1995 : *Le pont des Arts* 1920, cr./pap. (12,1x20) : **USD 920** – New York, 5 déc. 1996 : *Deux Amis* 1917, h/cart. (39,4x39,4) : **USD 7 475** – New York, 26 sep. 1996 : *House, Nantucket Sound* 1941, h/t (40,6x53,3) : **USD 13 800**.

DICKINSON J. Reed
XIXe siècle. Actif à Londres. Britannique.
Peintre.
Il exposa à la Royal Academy des tableaux de genre et des paysages de 1870 à 1881.

DICKINSON Lowes Cato
Né en 1819 à Londres. Mort en 1908. XIXe-XXe siècles. Britannique.
Peintre de portraits.
Il exposa régulièrement entre 1848 et 1891 à la Royal Academy de Londres.
Musées : Londres (Nat. Portrait Gal.) : *Richard Cobden – Sir Charles Lyell – Arthur Stanley.*
Ventes Publiques : Londres, 22 juil. 1986 : *Portrait of Sir Spencer Ponsoby-Fane founder of the I Zingari Cricket Club*, h/t (132x96,5) : **GBP 3 600** – Londres, 26 jan. 1987 : *Henley Reach*, aquar. reh. de gche (25,5x58,5) : **GBP 1 000** – Londres, 4 nov. 1994 : *Le livre de contes* 1876, past. (59,1x44,5) : **GBP 1 610** – Londres, 12 nov. 1997 : *La Cage d'oiseau à Newmarket*, h/t (152,5x289,5) : **GBP 78 500**.

DICKINSON Mary
Née à Liverpool. XXe siècle. Travaillant à Londres. Britannique.
Peintre.
Élève de Spenlove-Spenlove. En 1933 elle exposait une nature morte au Salon des Artistes Français.

DICKINSON Preston ou **Dickenson**
Né en 1891 à New York. Mort en 1930. XXe siècle. Américain.
Peintre, aquarelliste, pastelliste. Tendance précisionniste.
Après avoir fait des études à l'Art Students' League de New York, il s'installa à Paris de 1910 à 1915 et, à cette occasion, participa au Salon des Artistes Indépendants et à celui des Artistes Français, notamment en 1912. En 1980, l'université et le Museum of Art de Géorgie à Athens (Géorgie) ont organisé une exposition personnelle de ses œuvres.
À ses débuts, sous l'influence de son séjour en France, il peint des compositions dans lesquelles se retrouvent la technique de Cézanne et les coloris des Fauves. Vers 1920, il se rattache au mouvement des Précisionnistes, traitant des sujets typiquement américains, appartenant à la réalité industrielle et aux grandes cités modernes, dans un style cubiste dont les formes sont ramenées à l'état d'épure. À la fin de sa vie, il associe des compositions de type cubiste à des aplats de couleurs mis à côté de modelés plus traditionnels, ce qui crée un espace nouveau très personnel.
Bibliogr. : In : *Diction. Univ. de la Peinture*, tome 2, Le Robert, Paris, 1975.
Musées : New York (Whitney Mus.) : *Industrie.*
Ventes Publiques : New York, 10 fév. 1944 : *Paysage* : **USD 140** – New York, 14 mars 1946 : *Vase de lys* 1922 : **USD 180** – New York, 7 juin 1962 : *Village près de la mer* : **USD 475** – New York, 19 oct. 1967 : *Nature morte*, past. : **USD 1 500** – New York, 14 mars 1968 : *Nature morte aux fruits et poterie*, past. : **USD 3 600** – New York, 21 avr. 1977 : *Vase de fleurs* vers 1923-1924, h/t (51x61) : **USD 4 250** – New York, 22 mars 1978 : *Nature morte au compotier* vers 1922, past. (39,4x47) : **USD 3 250** – New York, 23 mai 1979 : *Paysage* vers 1910, h/cart. (25,5x35,5) : **USD 3 500** – New York, 4 juin 1982 : *Nature morte*, h/t (50,7x40,6) : **USD 5 000** – New York, 28 sep. 1983 : *Baigneuses*, fus. (38x29,5) : **USD 1 500** – New York, 30 sep. 1985 : *The artist's table*, h/cart. (57,2x36,7) : **USD 17 000** – New York, 30 mai 1986 : *Nature morte*, past. et cr. recto et cr. et mine de pb verso (34,5x44,5 et 44,5x34,5) : **USD 6 500** – New York, 28 mai 1987 : *Scène de village*, aquar. (58,4x41,4) : **USD 5 000** – New York, 3 déc. 1987 : *Nature morte n° 1* 1924, h/t (61x50,8) : **USD 340 000** – New York, 26 mai 1988 : *Château d'eau de High Bridge*, past., gche et fus./cart. (60x44,4) : **USD 28 600** – New York, 24 mai 1989 : *Paysage d'une île* 1930, past./pap. (30,5x47) : **USD 18 700** – New York, 1er déc. 1989 : *Nature morte aux fruits devant une estampe japonaise* 1922, h/t (50,8x60,9) : **USD 71 500** – New York, 16 mars 1990 : *Maison à flanc de côteau* 1914, fus., encre et cr./pap. (33x24) : **USD 14 300** – New York, 27 sep. 1990 : *Village*, aquar. et cr./pap./cart. (61,2x43,2) : **USD 11 000** – New York, 26 sep. 1991 : *Village au printemps* 1920, h., fus. et aquar./pap. (38,1x55,2) : **USD 11 550** – New York, 23 sep. 1992 : *Nature morte* 1924, h/cart. (14x9,2) : **USD 12 100** – New York, 1er déc. 1994 : *Paysage avec un pont* 1922, h/t (76,2x61) : **USD 28 750** – New York, 14 mars 1996 : *Maisons dans un paysage* 1921, aquar. et fus./pap. (53,3x38,1) : **USD 8 050** – New York, 22 mai 1996 : *Le monde dans lequel je vis* 1920, h/t (50,8x40,5) : **USD 40 250** – New York, 7 oct. 1997 : *La Tour d'Or* 1915, h. et feuille or/pan. toilé (25,4x35,6) : **USD 17 250**.

DICKINSON William
Né en 1746 à Londres. Mort en 1823 à Paris. XVIIIe-XIXe siècles. Britannique.
Dessinateur et graveur à la manière noire et au pointillé.
En 1767 il obtint un prix de la Société des arts. Il passa les dernières années de sa vie à Paris, continuant à exercer sa profession et dans cette ville. Ses œuvres furent publiées par une Société dont il était membre.
On cite parmi ses gravures : *La Sainte Famille*, d'après A. Allegri, *Une jeune personne portant une croix*, d'après A. Allegri, *Jeune enfant enlevé par un ange*, d'après W. Pether, *Vertumne et Pomone*, d'après R. E. Pine, *Aristide écrivant son nom sur les tablettes de l'ostracisme*, d'après A. Kauffmann, *Madness la Rage*, d'après E. R. Pine, 41 planches de *Portraits*, *Adélaïde déguisée au couvent de la Trappe*, d'après H. W. Bunbury, *L'Affliction*, d'après H. W. Bunbury, *L'Amitié*, d'après C. Knight, *Le Billet doux*, d'après C. Knight, *Bohémien diseur de bonne aventure*, d'après R. E. Pine, *Enfants jouant*, *Dame et un gentilhomme du XVIe siècle*, d'après C. Knight, *Le Déserteur*, d'après H. W. Bunbury, *L'Éducation*, d'après Emma Crew, *L'Ermite*, d'après Emma Crew, *Les Faneurs*, d'après Emma Crew, *Le Maréchal Ferrant*, d'après Wheatley, *Fille de la campagne*, d'après Will. Pether, *Le jeune Berger*, *Leonoro*, *Lidie*, d'après Will. Pether, *Le Menuet*, d'après C. Knight, *La Villageoise*, d'après Will. Pether, *The Gardens of Charlestons house.*
Ventes Publiques : Londres, 13 nov. 1997 : *Satires* 1787 et 1788, grav. au point et eau-forte, quatre pièces : **GBP 6 210**.

DICKMANN Aegidius
XVIIe siècle. Actif à Dantzig vers 1617. Allemand.
Graveur.
Il publia en 1617 un recueil de *Vues de Dantzig.*

DICKMEN Halil. Voir **DIKMEN**

DICKSEE Frank Bernard, Sir
Né le 27 novembre 1853 à Londres. Mort le 17 octobre 1928 à Londres. XIXe-XXe siècles. Britannique.
Peintre de compositions à personnages, portraits, paysages, aquarelliste, dessinateur.
Fils de Thomas Francis Dicksee, il fut élève de la Royal Academy vers 1871. Il en fut membre en 1891 et président de 1924 jusqu'à sa mort. Il exposa régulièrement au Salon de cette société à partir de 1876, et, dès 1877, il obtint un grand succès avec *Harmony*, allégorie à la musique, la poésie et la peinture, traitée dans le goût des préraphaélites. Il exposa également à Suffolk Street à partir de 1872. Il obtint une médaille d'argent à l'Exposition Universelle de 1900.
Grand opposant de l'art moderne, il fut un des chefs de file de l'école classique anglaise. Il a surtout peint des portraits et des compositions romantiques aux sujets littéraires ou historiques.
Musées : Cardiff : *Paysage du Surrey* – Leicester : *Les Vierges folles* – Londres (Tate Gal.) : *Harmonie – Les Deux Couronnes* – Melbourne : *La Crise.*
Ventes Publiques : Londres, 7 mars 1908 : *Mémoires*, dess. : **GBP 141** ; *Dans le boudoir*, aquar. : **GBP 12** – Londres, 25 juin 1908 : *Histoire d'amour* : **GBP 378** ; *Le Passage d'Arthur* : **GBP 420** – Londres, 13 juin 1910 : *The knight and the squire* : **GBP 40** – Londres, 18 nov. 1921 : *Antoine et Cléopâtre*, dess. : **GBP 84** ; *Marchand de fruits* 1889, dess. : **GBP 52** – Londres, 17 mars 1922 : *Roméo et Juliette* 1884 : **GBP 357** – Londres, 27 nov. 1922 : *La prière silencieuse*, dess. : **GBP 39** – Londres, 21 mars 1924 : *Hesperia* 1887 : **GBP 147** – Londres, 15 mai 1925 : *Souvenirs* 1886 : **GBP 157** – Londres, 19 juin 1925 : *Roméo et Juliette*, dess. : **GBP 33** – Londres, 24 nov. 1926 : *Portrait de Jack Stern* 1911 : **GBP 199** – Londres, 2 déc. 1927 : *Évangeline*, d'après l'œuvre de Longfellow : **GBP 73** – Londres, 3 mai 1935 : *Othello et Desdémone* 1885, dess. : **GBP 6** ; *Chevalerie* 1885 : **GBP 94** ; *Leila* 1892 : **GBP 152** – Londres, 21-24 fév. 1936 : *César et Calpurnia*, dess. : **GBP 5** – Londres, 1er mai 1936 : *Jeanne d'Arc* 1915 :

GBP 17 – LONDRES, 21 mai 1937 : *À l'ombre de l'église* 1888 : **GBP 37** – LONDRES, 16 juil. 1976 : *La Confession*, h/t (114x158) : **GBP 1 100** – LONDRES, 13 mai 1977 : *La Confession*, h/t (114x158) : **GBP 2 000** – LONDRES, 25 mars 1980 : *Harmony*, aquar. (26,5x15) : **GBP 300** – LONDRES, 6 mai 1983 : *A Fair Beauty (recto) ; Sketch of Drapery (verso)*, h/pan. (30,5x22,8) : **GBP 1 700** – LONDRES, 26 mai 1983 : *Old songs*, aquar. (28x21,5) : **GBP 1 700** – LONDRES, 5 juin 1984 : *The sensitive plant*, aquar. et gche (19,5x12) : **GBP 2 000** – LONDRES, 26 nov. 1985 : *Elsa, daughter of William Hall* 1927, esq., h/t (108x81) : **GBP 38 000** – LONDRES, 26 nov. 1986 : *Dorothy, fille de Herbert Dicksee* 1917, h/t (145x106,5) : **GBP 28 000** – LONDRES, 23 sep. 1988 : *Tête de femme* 1921, h/t (61x46) : **GBP 3 300** – LONDRES, 19 juin 1990 : *Elsa, fille de William Hall* 1927, h/t (108x81) : **GBP 77 000** – LONDRES, 25 oct. 1991 : *Le cadeau* 1898, h/t (97,1x130,8) : **GBP 88 000** – NEW YORK, 17 fév. 1993 : *Le miroir* 1896, h/t (95,3x118,1) : **USD 800 000** – LONDRES, 8-9 juin 1993 : *Leila* 1892, h/t (101,5x127) : **GBP 793 500** – LONDRES, 5 nov. 1993 : *Au commencement – étude d'une tête de petit garçon*, cr. et aquar. (diam. 18,2) : **GBP 1 840** – LONDRES, 25 mars 1994 : *Le visage dans l'ombre*, h/t (154,9x90,2) : **GBP 56 500** – NEW YORK, 1er nov. 1995 : *Le visage de l'ombre* 1909, h/t (154,9x90,5) : **USD 57 500** – LONDRES, 29 mars 1996 : *La Rivière Weveney avant Beccles* 1920, h/cart. (36,8x53,3) : **GBP 2 300** – LONDRES, 5 nov. 1997 : *Jeune fille printanière* 1884, h/t (40,5x30,5) : **GBP 21 850** ; *Portrait de Agnes Mallam (Mrs Edward Foster)* 1921, h/pan. (31x25,5) : **GBP 19 550**.

DICKSEE Herbert Thomas

Né en 1862 à Londres. XIXe siècle. Britannique.

Peintre d'animaux, peintre à la gouache, aquarelliste, graveur.

Il était le fils de Thomas Francis Dicksee.

VENTES PUBLIQUES : LONDRES, 16 fév. 1982 : *Combat de lions*, h/t (61x91,5) : **GBP 450** – NEW YORK, 9 juin 1988 : *Tête de lion*, aquar./pap. (23,5x22,5) : **USD 660** ; *Lion et lionne se désaltérant*, gche et aquar./pap. (38,7x55,2) : **USD 1 320**.

DICKSEE John Robert

Né en 1817 à Londres. Mort le 20 septembre 1905 à Londres. XIXe siècle. Britannique.

Peintre de genre, figures, portraits.

Il était frère de Thomas Francis Dicksee. Il exposa à partir de 1850 à la Royal Academy, à Suffolk Street, et à la British Institution.

MUSÉES : CARDIFF : *Le Correspondant extraordinaire* – DUBLIN : *Portrait de Sir Henry Montgomery Lawrence*.

VENTES PUBLIQUES : LONDRES, 27 fév. 1909 : *Catherine Seyton* : **GBP 2** – LONDRES, 4 mai 1977 : *La Favorite du harem*, h/t (81,5x104) : **GBP 2 700** – LONDRES, 9 jan. 1979 : *Portrait de jeune femme*, h/t, à vue ovale (31x26) : **GBP 900** – LONDRES, 18 fév. 1983 : *Fortune telling* 1876, h/t (61,5x50,8) : **GBP 1 800** – LONDRES, 29 mars 1984 : *Jeune femme, retour de l'église*, h/t (35,5x30,5) : **GBP 1 100** – LONDRES, 11 mars 1986 : *An Indian princess and her servant girl in a Howdah* 1872, h/t (51x71) : **GBP 3 700** – AMSTERDAM, 25 avr. 1990 : *Le Soir*, h/t (35x30) : **NLG 7 475** – LONDRES, 13 nov. 1992 : *Florine*, h/t (38,8x32,5) : **GBP 3 520**.

DICKSEE Margaret Isabel

Née en 1858 à Londres. Morte le 6 juin 1903 à Londres. XIXe siècle. Britannique.

Peintre de genre, paysages.

Elle était la fille de Thomas Francis Dicksee.

VENTES PUBLIQUES : LONDRES, 29 juin 1976 : *La Première Lecture* 1894, h/t (89,5x120) : **GBP 800** – LONDRES, 24 mars 1981 : *Le Village de Blacksmith* 1886, h/t (77,5x119,5) : **GBP 1 300** – CHESTER, 18 avr. 1986 : *The early days of Swift and Stella* 1896, h/t (91,5x122) : **GBP 3 200** – LONDRES, 29 mars 1996 : *Miss Angel : Lady Wentworth présente Angelica Kauffmann à Mr Reynolds* 1892, h/t (112x86,5) : **GBP 25 300**.

DICKSEE Thomas Francis

Né le 13 décembre 1819 à Londres. Mort le 6 novembre 1895 à Londres. XIXe siècle. Britannique.

Peintre de genre, figures, portraits, aquarelliste.

Cet artiste, dès son jeune âge, fit preuve de dispositions extraordinaires. En 1838, il entra dans l'atelier de Briggs et peu après s'établit comme peintre de portraits. Il fit aussi de nombreuses figures, souvent empruntées à Shakespeare. Il exposa à partir de 1841 à la Royal Academy, à Suffolk Street et à la British Institution.

MUSÉES : LIVERPOOL : *Portrait idéal de Lady Macbeth*.

VENTES PUBLIQUES : LONDRES, 25 juin 1908 : *Desdémone* : **GBP 9** – LONDRES, 10 juil. 1908 : *Ophelia* : **GBP 50** – LONDRES, 2 fév. 1923 : *Prêt pour l'Opéra* 1863 : **GBP 6** – LONDRES, 25 jan. 1924 : *Miranda* 1878 : **GBP 5** – LONDRES, 19 juin 1925 : *Ophélie* : **GBP 12** – LONDRES, 29 jan. 1926 : *It is, be not afraid* : **GBP 10** – LONDRES, 11 avr. 1929 : *Douces violettes*, aquar. : **GBP 13** – LONDRES, 16 mai 1929 : *Othello et Desdémone* : **GBP 12** – LONDRES, 6 déc. 1929 : *Mary Andersen en Juliette* : **GBP 54** – LONDRES, 18 avr. 1932 : *Cordelia* : **GBP 22** – LONDRES, 20 avr. 1932 : *Desdémone plaidant pour Cassio* 1864 : **GBP 12** – LONDRES, 25 oct. 1977 : *Marguerite* 1891, h/t (60x50) : **GBP 2 700** – LONDRES, 5 nov. 1982 : *Portrait d'une dame de qualité* 1862, h/t (38,1x30,5) : **GBP 1 100** – LONDRES, 12 avr. 1985 : *Cleopatra's last hour* 1868, h/t (76x63) : **GBP 8 000** – LONDRES, 17 juin 1987 : *Portrait de jeune fille* 1886, h/t (55x40,5) : **GBP 8 000** – LONDRES, 9 fév. 1990 : *Cléopâtre* 1862, h/t (35,6x30,5) : **GBP 7 480** – LONDRES, 13 juin 1990 : *Portrait de Ann Page*, h/pan. (52x42) : **GBP 11 550** – NEW YORK, 16 oct. 1991 : *L'Attente* 1860, h/t (76,7x63,5) : **USD 26 400** – NEW YORK, 20 fév. 1992 : *Miranda* 1881, h/t (151,1x83,8) : **USD 27 500** – LONDRES, 3 juin 1992 : *Les deux gentilhommes de Vérone* 1867, h/t (109x84) : **GBP 11 000** – LUDLOW (Shropshire), 29 sep. 1994 : *Portrait de Mrs John Derby Allcroft debout de trois-quarts près d'une table*, h/t (142x103) : **GBP 4 370** – LONDRES, 7 juin 1995 : *Kate*, h/t, de forme ovale (74x63) : **GBP 6 325**.

DICKSON

XVIIIe siècle. Britannique.

Peintre de miniatures.

DICKSON A.

XVIIe siècle. Actif vers 1690. Britannique.

Peintre de portraits.

Il imita l'art de Lely et de Kneller.

DICKSON Frank

Né en 1862 près de Chester. XIXe siècle. Britannique.

Peintre.

Il participa aux Expositions de la Royal Academy à partir de 1890. On lui doit surtout des paysages.

DICKSON J.

XVIIe siècle. Britannique.

Graveur.

Cet artiste résidait à Oxford vers 1660. Il grava le portrait d'Edward Parry, évêque de Killaloe, qu'il plaça en tête de son volume : *Antidote contre la prospérité des méchants et les afflictions des justes*, paru en 1660.

DICKSON J.

XIXe siècle. Actif à Londres au milieu du XIXe siècle. Britannique.

Peintre de miniatures.

Sans doute doit-on l'identifier avec le miniaturiste J. H. Dickson qui vivait à Londres à la même époque.

DICKSON J., S.

XIXe siècle. Actif vers 1800. Britannique.

Graveur.

On lui doit un portrait du mathématicien W. Davis.

DICKSON Jennifer

Née en 1936 en Afrique du Sud. XXe siècle. Depuis 1969 active au Canada. Sud-Africaine.

Graveur à l'eau-forte, aquatinte, sérigraphe, aquarelliste.

Elle fit des études à Londres et fut élève en gravure de l'*Atelier 17* de S.W. Hayter à Paris, de 1961 à 1965. Ensuite, elle séjourna à la Jamaïque et aux États-Unis. Au Canada, elle a une double activité, en tant qu'artiste et en tant qu'enseignante.

Usant de procédés diversifiés, report photographique, collage, décomposition-recomposition, elle réalise des gravures d'une grande précision de détail. Ses thèmes, référés à des épisodes bibliques, mythologiques, historiques, littéraires, actuels, lui sont les supports d'une expression personnelle, onirique, métaphorique, érotique, de la condition humaine, expression personnelle dans laquelle la représentation du corps, reflété, dissocié, fragmenté, d'autant plus prégnant, prend valeur de « leitmotiv ».

BIBLIOGR. : In : *Les vingt ans du musée à travers sa collection*, Mus. d'Art Contemp., Montréal, 1985.

MUSÉES : MONTRÉAL (Mus. d'Art Contemp.) : *Le second miroir : Réflexions* 1978.

DICKSON M. T.

Né au XIXe siècle à Saint-Louis. XIXe-XXe siècles. Américain.

Peintre de portraits.
Élève de Tony Robert-Fleury et Jules Lefebvre. Il obtint une mention honorable en 1896 ; médaille de bronze à l'Exposition Universelle de 1900 et une médaille de troisième classe en 1902.

DICQ Abraham
XVIIIe siècle. Français.
Sculpteur.
Il fut reçu à l'Académie de Saint-Luc à Paris en 1715.

DICROLA Gerardo
Né en 1943 en Italie. XXe siècle. Actif aussi en France. Italien.
Peintre, dessinateur, créateur d'installations.
Dicrola participe à des expositions collectives, dont : 1971, VIIe Biennale de Paris ; 1972, Salon de Mai, Paris ; 1973, VIIIe Biennale de Paris ; 1981, *Transitif intransigeant*, Galerie Trans/Form, Paris ; 1981, Institut Culturel italien, Paris ; 1983, *Avant-garde historique et nouvelle avant-garde*, Galerie Trans/Form, Paris ; 1985, *Arte Povera et les anachronistes*, Galerie Antiope, Paris ; 1989, *Saturnus*, Palais des Beaux-Arts, Toulouse ; 1989, *Les Cafés Littéraires*, Centre Culturel de Montrouge ; 1989, *Hommage à Giorgio de Chirico*, Galerie l'Aire du Verseau, Nice ; 1990, *Confrontation Européenne*, Galerie Lacourière-Félaut, Paris ; 1991, Salon Découvertes, Paris (Galerie Ariadne), 1992.
Dicrola montre ses œuvres dans des expositions personnelles : 1979, première exposition personnelle, Galerie l'Artiglio, Bologne ; 1986, 1988, Galerie Ariane, Vienne ; 1987, Galerie Antiope, Paris ; 1989, Galerie Lacourière Frélaut, Paris ; 1991, 1993, Galerie Thorigny, Paris.
C'est à Paris, en 1968, qu'il débute son activité artistique, aux confluents de l'Art Conceptuel, de l'Art Minimal et de la Performance. « Quand je suis arrivé à Paris en 1968, j'ai succombé au cynisme de la démarche de Marcel Duchamp. Duchamp et De Chirico étaient à mes yeux les deux hommes les plus intelligents et les plus provocateurs de notre siècle. Ils demeurent mes deux maîtres et l'un ne peut vivre en moi sans l'autre ». Il réalise à cette époque, entre autres, la copie d'un autoportrait de De Chirico (approuvé par le Maître), la mise en situation d'un énorme cube de glace qui fond lors d'une exposition ou bien encore cette autre œuvre intitulée *L'urine de l'artiste fondant la glace*. Cette première période s'achève en 1976. La remise en cause de sa personne et de son art l'entraîne vers l'abandon des « matériaux » du langage conceptuel pour des moyens plastiques plus traditionnels : toiles, œuvres sur papier, plaques métalliques... Une seconde période (1977-1984) est dite de citation, une troisième (1985-1987) correspond à celle de l'« alchimie », une quatrième (1987-1990) s'élabore autour des archéologies urbaines des palais anciens. La cohérence de la production de Dicrola s'éveille à la lecture de son principe de création qu'il nomme « stratégie du caméléon », et qui « consiste à faire apparaître une figure illusoire, artifice de l'artifice, l'imitation ne relevant plus de la réalité transposée mais d'un imaginaire plastique où s'impriment les signes persistants de la mémoire picturale ». Gérard-Georges Lemaire écrit à son propos : « Dicrola joue un style contre un autre et procède par une série de contaminations formelles ». En cela, l'œuvre de Dicrola semble être, avant tout, la manifestation du possible, une invitation au pluriel et à la liberté d'une expression qui se pense elle-même : une approche symptomatique des années quatre-vingt. ■ C. D.
Bibliogr. : Jean Luc Chalumeau, Catherine Flohic in : *Eighty Magazine*, n° 15, Paris, 1987 – Claude Bouyeure in : *New Art International*, n° 8, Paris, 1990 – Gérard-Georges Lemaire : *Gerardo Dicrola ou la Stratégie du Caméléon*, Éditions Trans/Form, Paris, 1991 – Gérard Georges Lemaire : *Le tableau volé par les Parques*, œuvres originales de Gerardo Dicrola et Tony Soulié, Galerie Thorigny, Paris, 1991 – Gérard-Georges Lemaire, Jean-François Bory : Dossier spécial *Gerardo Dicrola*, Opus International n° 131, Paris, mai 1993.
Ventes Publiques : Paris, 20 mai 1989 : *Mémoire remuée* 1989, techn. mixte /t. (130x97) : **FRF 13 000** – Paris, 4 mars 1994 : *« Pourquoi me persécuter ? »* 1983, h/t (200x100) : **FRF 3 500**.

DICUELT
XVIIe siècle. Actif à Paris. Français.
Dessinateur, graveur au burin.
On cite parmi ses gravures : *Les divertissements de l'hiver*. Il était également éditeur.

DIDAMA Domenico
XVIe siècle. Actif en Sicile vers 1514. Italien.
Sculpteur.
Il exécuta un *Crucifix* pour le couvent Santa Maria di Gesu à Alcamo en 1514.

DIDAY François
Né le 12 février 1802 à Genève. Mort le 28 novembre 1877 à Genève. XIXe siècle. Suisse.
Peintre de paysages.
Il reçut d'abord des leçons de Constantin Hierzler, puis entra à l'École de dessin des Beaux-Arts à Genève et étudia aussi en Italie. En 1830, on le voit à Paris, où il peignit chez Gros et copia des œuvres au Louvre. Diday exposa à Turin, Vienne, Paris et en Suisse, et fut souvent récompensé par des médailles et des décorations. Il reçut la croix de la Légion d'honneur en 1842 pour son tableau : *Lac de Brientz* (ou *Les Baigneuses*), conservé au Musée de Bâle. Une composition : *Le Soir dans la vallée*, achetée par Louis-Philippe en 1840, fut brûlée en 1848 à Neuilly. On cite aussi des sépias et des aquarelles de cet artiste. D'après le Dr Brun, son livre de commande mentionnait deux cent soixante-dix œuvres, au prix de deux cent soixante-dix mille francs. Diday laissa une forte somme à la ville de Genève, avec laquelle fut créée la Fondation Diday dans le but d'encourager le culte des Beaux-Arts. Les arrérages de ce don servent à acheter des tableaux d'artistes suisses pour le Musée Rath. Il a aussi fondé un prix de la Société des Arts, pour un concours de peinture, qui a lieu tous les deux ans. La ville de Genève a fait graver une médaille en son honneur après sa mort.

F. Diday

Musées : Amsterdam (Mus. mun.) : *La Vallée de Lauterbrunnen* – Bâle : *Les Baigneuses* – Bâle (Mus. Rath) : *Le chêne et le roseau* – *La Cascade de Pissevache* – *La Cascade de Giessbach* – *Le Lac de Lucerne* – *Chemin du Grimsel à la Handeck* – *Bords du lac, près de Saint-Gingolph*, œuvre inachevée – Bâle (Mus. Ariana) : *Étude, orage* – *Projet de tableau représentant le Matin, Midi, le Soir et la Nuit* – *Blocs erratiques dans les Hautes Alpes* – *Paysage dans les Alpes bernoises* – Bucarest (Mus. Simu) : *Ruines de l'aqueduc de Claudius* – Munich : *Le Wetterhorn en Suisse* – Zurich : *Trois paysages*.
Ventes Publiques : Paris, 9 avr. 1897 : *Paysage avec cours d'eau* : **FRF 450** ; *Entrée de forêt* : **FRF 980** – Paris, 15 fév. 1907 : *Paysage suisse* : **FRF 300** – Londres, 11 mars 1938 : *Lacs suisses*, deux pendants : **GBP 42** – Lucerne, 21-27 nov. 1961 : *Paysage montagneux* : **CHF 3 600** – Berne, 27 nov. 1963 : *Paysage alpestre* : **CHF 5 000** – Berne, 23 nov. 1968 : *Paysage aux environs de Genève* : **CHF 9 000** – Berne, 27 nov. 1970 : *Vue du lac des Quatre-Cantons* : **CHF 13 000** – Zurich, 16 mai 1974 : *Paysage Unspunnen* : **CHF 26 000** – Genève, 9 juin 1976 : *Les lavandières* 1862, h/t (47x66,5) : **CHF 3 600** – Lucerne, 17 juin 1977 : *Paysage de Savoie* 1835, h/t (74,5x100) : **CHF 15 000** – Zurich, 19 mai 1979 : *Lac au crépuscule* 1852, h/t (90x122,5) : **CHF 22 000** – Lucerne, 13 nov. 1982 : *Paysage montagneux enneigé* 1843, h/t (122x161,5) : **CHF 44 000** – Lucerne, 8 nov. 1984 : *Berger et moutons dans un paysage alpestre* 1851, h/t (71,5x100,5) : **CHF 40 000** – Copenhague, 16 avr. 1986 : *Paysage alpestre* 1859, h/t (120x175) : **DKK 170 000** – Berne, 12 mai 1990 : *Coucher de soleil au Mont Vorrassay*, h/cart. apprêté (42x55) : **CHF 6 500** – Londres, 19 juin 1991 : *Le lac de Genève avec La-Tour-de-Peilz et Vevey*, h/t (93,5x119) : **GBP 16 500** – Londres, 18 mars 1992 : *Vue du lac de Genève avec La-Tour-de Peilz et Vevey*, h/t (93,5x119) : **GBP 18 150** – Zurich, 9 juin 1993 : *Deux pêcheurs* 1851, cr. et encre/pap. (57x81) : **CHF 2 530** – Zurich, 25 mars 1996 : *Marine*, h/t (39,5x26,5) : **CHF 5 520** – Zurich, 10 déc. 1996 : *Paysage de montagne*, h/t (92x76) : **CHF 17 250** – Zurich, 14 avr. 1997 : *Moulin près d'un torrent de montagne* 1860, h/t (98x130) : **CHF 23 000**.

DIDAY Jean Louis. Voir **DIDEY**

DIDDAERT Henri
XIXe siècle. Belge.
Peintre de genre, intérieurs.
Actif vers 1845, il fut l'élève de E. de Block.
Ventes Publiques : Paris, 8 mai 1925 : *Scène de cabaret* : **FRF 300** – New York, 20-21 fév. 1946 : *Intérieur* 1838 : **USD 175** – New York, 26 jan. 1979 : *La Halte des cavaliers* 1860, h/pan. (26,5x34) : **USD 2 200**.

DIDERICHSEN Christian Julius
Né le 8 novembre 1823 à Copenhague. Mort le 19 décembre 1896. XIXe siècle. Danois.
Sculpteur et orfèvre.

Il fréquenta l'École de dessin de l'Académie et étudia le modelage avec le ciseleur Lodberg et le médailleur Chr. Christensen. Jusqu'en 1864 il fut surtout orfèvre. A partir de cette date il se consacra à la sculpture. Il exposa, en 1874 et 1879, un *Judas* et un *Prométhée*, statues en plâtre. A Aarhus où il se fixa en 1882, il exécuta une série de reliefs pour une villa près de Fredensborg et un groupe en marbre : *La lutte de l'homme pour la Liberté*, qu'il fit en collaboration avec sa fille. Cette œuvre fut vendue en Amérique.

DIDERICHSEN Henny
Née le 27 septembre 1855 à Copenhague. XIXe siècle. Danoise.
Sculpteur.
Élève de Christian Julius Diderichsen, son père adoptif, elle a fait avec lui un voyage d'étude en Italie et en France. Elle exposa, de 1873 à 1879, des statues : *L'Enfant prodigue* et *Il rêve*, ainsi que des portraits en buste et en médaillon. Pendant un séjour à Aarhus, elle a fait également plusieurs bustes et médaillons. *Au bord du ruisseau*, qui figura à l'Exposition nordique en 1888, fut exposé en 1889 à Paris, où l'artiste reçut une mention honorable. Un assez grand nombre de ses œuvres ont été exécutées en marbre.

DIDERIK. Voir **DIRCK**

DIDERON Louis Jules
Né le 16 avril 1901 à Marseille (Bouches-du-Rhône). XXe siècle. Français.
Sculpteur de figures, bustes.
Élève de J. Coutan, il a participé au Salon d'Automne, dont il est devenu membre, au Salon des Artistes Français, où il obtint une médaille de bronze en 1937 et au Salon des Tuileries. Il était présent à l'Exposition Internationale de Sculpture au Musée Rodin à Paris en 1966.
Sa sculpture, figurative, réaliste est représentative d'un certain classicisme de l'entre-deux-guerres, où Despiau a imposé des formes massives et robustes. Il s'est plus particulièrement spécialisé dans la représentation de figures d'enfants et de jeunes filles.
Ventes Publiques : Paris, 7 nov. 1979 : *La pose*, bronze (H. 47) : **FRF 4 300** – Paris, 19 juin 1987 : *Nu debout*, bronze patiné (H. 41) : **FRF 9 500** – Paris, 22 avr. 1988 : *Nu assis*, bronze patiné (H. 32,5) : **FRF 7 100** – Paris, 11 mai 1990 : *Baigneuse s'essuyant*, dess. à la sanguine et à la craie (49,5x32) : **FRF 8 500** – Paris, 19 nov. 1995 : *Baigneuse au repos*, bronze (H. 22, prof. 19) : **FRF 7 000** – Paris, 19 oct. 1997 : *Nu assis*, terre patine beige rosé (22x16x17,5) : **FRF 4 800**.

DIDEROT Guyot
XVe siècle. Actif à Salins (Franche-Comté) en 1499. Français.
Peintre verrier.

DIDES Pierre-Régis
Né le 17 août 1961 à Montpellier (Hérault). XXe siècle. Français.
Peintre, dessinateur. Abstrait-paysagiste.
Il participe à des expositions collectives, d'entre lesquelles : 1988 *Partenaire Art Sud* au Musée d'Albi, 1990 Biennale de Barcelone, 1991 à la Chapelle de la Sorbonne et *Artistes du Grand Sud* au Musée d'Albi, 1992 à Paris Salon des Réalités Nouvelles, etc. Il montre aussi son travail dans des expositions personnelles depuis 1988 à Prades, dans plusieurs galeries privées de Paris, à Montpellier, Mazamet, Narbonne, Barcelone, etc.
Il a gardé la fascination fréquente chez les enfants pour les cartes de géographie, susceptibles de rêveries de voyages, et s'inspire des cartes de géologie et des reliefs pour créer des dessins modulés et contrastés et des peintures hautes et riches en couleur et en matière qui recréent des sortes de paysages accidentés et comme vus d'avion. En symbiose avec la terre, non la terre abstraite pour dire notre planète, mais la terre-matière, la terre de la géologie, le sol réel que foulent les pieds, Dides a préféré nommer lui-même la catégorie à laquelle ressortit sa peinture : la *Topo-figuration*. ■ J. B.
Bibliogr. : Catalogue de l'exposition *P.-R. Dides*, Barcelone, 1991.

DIDEY Jean Louis ou **Diday**
Né en 1727 à Genève. XVIIIe siècle. Suisse.
Graveur sur bois.
Il fut reçu bourgeois de sa ville natale en 1790. Son fils Jean-Louis est le père du paysagiste François Diday.

DIDEZIO Gaspare di Giovanni
XVIe siècle. Actif à Rome vers 1544. Italien.
Peintre.

DIDI, dit **Maestre Didi**
Né en 1917 à Salvador de Bahia (Brésil). XXe siècle. Brésilien.
Sculpteur.
Étant à la fois artiste et prêtre, il crée des objets rituels, utilisant des nervures de feuilles de palmier, du cuir, du raphia, des coquillages. Ses œuvres sont faites pour représenter les forces de la nature.
Bibliogr. : Catalogue de l'Exposition : *Magiciens de la terre*, Centre Georges Pompidou et la Grande Halle La Villette, Paris, 1989.

DIDI Marcel
Né le 15 novembre 1920 à Gabès (Tunisie). XXe siècle. Français.
Peintre. Tendance fantastique.
Autodidacte, il n'a reçu d'autres conseils que ceux de son ami Asger Jorn et a commencé à peindre vers 1947. Il a participé au Salon Grands et Jeunes d'Aujourd'hui en 1956-1957, au Salon des Artistes Indépendants de 1959 à 1961. Il a également pris part à l'exposition : *La Figuration depuis la Guerre*, organisée par le Musée de Saint-Étienne en 1968. Personnellement, il a exposé à partir de 1949 à Saint-Étienne, Paris, Perpignan.
Sa peinture, quoique figurative, décrit un monde irréel, volontiers fantastique, voire expressionniste, qui a certainement été influencé par Jorn et le groupe COBRA.

DIDIER, dit **le Woirier**
XVe siècle. Actif à Metz et à Besançon à la fin du XVe siècle. Français.
Peintre verrier.
Sans doute est-ce le même artiste qui est nommé parfois Didier de Munster.

DIDIER
Né à Vic (Lorraine). XVIe siècle. Français.
Peintre.
Il travailla au château ducal de Nancy en 1561.

DIDIER
XVIIIe siècle. Travaillant à Paris. Français.
Peintre d'histoire, portraits.
Adjoint à professeur à l'Académie de Saint-Luc, il participa aux Expositions de cette société en 1751, 1752 et 1762.

DIDIER, dame
XVIIIe siècle. Active à la fin du XVIIIe siècle. Française.
Peintre de fleurs.

DIDIER
XVIIIe-XIXe siècles. Actif à Paris. Français.
Peintre de figures et d'animaux.
Il travailla pour la Manufacture de porcelaine de Sèvres.

DIDIER
XIXe siècle. Actif vers 1830. Français.
Peintre décorateur.

DIDIER Adrien
Né le 19 janvier 1838 à Gigors (Drôme). Mort en mars 1924 à Paris. XIXe-XXe siècles. Français.
Graveur au burin.
Élève de Vibert à l'École des Beaux-Arts de Lyon, où il entra en 1856, il fut admis, en octobre 1860 à l'École des Beaux-Arts de Paris, où il travailla avec Hippolyte Flandrin et Henriquel-Dupont. Au Salon de Paris, où il débuta en 1865, il a exposé quelques dessins (Portraits et copies) et de nombreuses gravures au burin. Parmi ces dernières : *Le jugement de Midas* (d'après Raphaël), 1865, *Femmes romaines* (d'après Alma-Tadema), 1866, *Portrait d'Anne de Clèves* (d'après Holbein) et *Françoise de Rimini* (d'après Ingres), 1869, *Constantia* (d'après Le Chevallier-Chevignard), 1870, *Pastorella* (d'après Hébert), 1872, *L'Abondance* (d'après Raphaël), 1873 ; médaille de première classe, *L'âme* (Prud'hon), 1874, *Portraits* (D. Fiorentino, Raphaël), 1876, *Portrait de J.-P. Laurens*, (par lui-même), 1877, *La Poésie* (d'après Raphaël), 1878 ; médaille de première classe (E. U.), *Madeleine* (d'après Henner), 1879, *La Vierge à l'églantine* (d'après Ghirlandajo), 1882, *La justice* (d'après Raphaël), 1883, *Les trois grâces* (d'après Raphaël), *Lady Godiva* et *L'orpheline* (d'après J. Lefebvre), 1891, *Portrait de Gounod* (d'après Delaunay), 1895, *Vestale endormie* (d'après J. Lefebvre), 1903, *Portrait* (Maillart), 1904, *Ève* (d'après E. Faure), 1906. Il a encore gravé *La Justice* et *La Vigilance* (d'après les compositions d'H. Flandrin pour le berceau du prince impérial), *La Vierge au coussin vert* (d'après Sola-

rio et d'après Véronèse) ; puis des portraits : *Jeune homme* (au Musée de Montpellier), *Gentilhomme* (d'après Bronzino), *Andrea Salai* (d'après Vinci), *Scriverius* et *La femme de Scriverius* (d'après Fr. Hals), *H. Lebas* (d'après un dessin de Cabanel), *Montalembert* et *Saint-Ève* (par lui-même), à l'eau-forte. Il a gravé des planches pour l'*Artiste*, la *Gazette des Beaux-Arts*, le *Musée Universel*, l'édition nationale de Victor Hugo, les *Costumes historiques* de Duplessis et Le Chevallier Chevignard. Il a dessiné et gravé d'après ses dessins une série de portraits originaux. Il a été décoré en 1880 et a obtenu une médaille d'or à l'Exposition de 1900.

DIDIER Albert
XVIIe siècle. Actif à Limoges au début du XVIIe siècle. Français.
Peintre émailleur.
Il était fils de Martin.

DIDIER Albert
Né au XIXe siècle à Orléans (Loiret). XIXe siècle. Français.
Sculpteur.
Élève de Vital-Dubray. Il débuta au Salon de 1877 avec un *Portrait*, buste plâtre. Sociétaire des Artistes Français depuis 1887.

DIDIER Alfred
Né le 19 octobre 1840 à Paris. Mort le 18 octobre 1892 à Tours (Indre-et-Loire). XIXe siècle. Français.
Peintre de sujets militaires, scènes de genre, paysages.
Élève de Barrias à l'École des Beaux-Arts de Paris, il exposa au Salon de la capitale, de 1864 à 1879.
Il a peint des épisodes de la Révolution et de la guerre de 1870, mais aussi des sujets de genre, pour lesquels il se laisse parfois aller à une profusion de détails anecdotiques et au goût du misérabilisme. Ses vues de la campagne normande ne manquent pas de fraîcheur.
Bibliogr. : Gérald Schurr, in : *Les Petits Maîtres de la peinture 1820-1920, valeur de demain*, Les Éditions de l'Amateur, t. VI, Paris, 1985.
Musées : Avignon : *Bataille de fleurs* – Blois : *Châteauneuf-sur-Loire* – Nantes : *Prise d'une barricade* – Rouen : *Les Normands envahissant la côte*.
Ventes Publiques : Paris, 11 juil. 1945 : *Scènes de chasse*, deux pendants : **FRF 6 000**.

DIDIER Charles Antoine
XVIIIe-XIXe siècles. Français.
Peintre sur porcelaine.
Il travailla pour la Manufacture de Sèvres.

DIDIER Charles Henri
Né à Souvigny (Allier). XXe siècle. Français.
Peintre.
Élève de P. Vignal. Il figure en 1922 au Salon des Indépendants où il présente des paysages. En 1930 et 1931, on le retrouve au Salon des Artistes Français.

DIDIER Clovis François Auguste
Né le 31 décembre 1858 à Neuilly-sur-Seine (Hauts-de-Seine). XIXe siècle. Français.
Peintre de genre, portraits, paysages.
Élève de Gérôme, puis de Glaize et d'Emmanuel Lansyer, il débuta au Salon de Paris en 1880. Il participa au Salon des Artistes Français, dont il devint sociétaire en 1899.
Peintre de scènes de la vie domestique bourgeoise, comme le montre *Jeunes femmes à la perruche*, il peignit également des vues de montagnes prises dans les Alpes.
Bibliogr. : Gérald Schurr, in : *Les Petits Maîtres de la peinture 1820-1920, valeur de demain*, Les Éditions de l'Amateur, t. V, Paris, 1981.
Ventes Publiques : Paris, 10 et 11 déc. 1926 : *Repos au bord de la route* : **FRF 75** – Paris, 21 mars 1980 : *Dentellière à l'ouvrage* 1895, h/t (64x54) : **FRF 1 000** – New York, 27 oct. 1983 : *Deux jeunes femmes à une fenêtre* 1899, h/t (92x59,6) : **USD 7 000** – New York, 29 fév. 1984 : *L'Orientale* 1889, h/t (54,5x81) : **USD 6 750** – New York, 27 fév. 1986 : *L'Orientale* 1889, h/t (54,5x81) : **USD 5 000** – New York, 23 oct. 1997 : *La Rêverie à la fenêtre* 1900, h/t (100,3x66) : **USD 19 550**.

DIDIER Colas
XVIe siècle. Actif à Troyes. Français.
Sculpteur.
Il exécuta en 1501, pour la nef de la cathédrale de Troyes, les armes de l'ancien doyen de Saint-Urbain et chanoine de Saint-Pierre, Oudard Hennequin, soutenues par des anges.

DIDIER Denise
Née à Paris. XXe siècle. Française.
Peintre de portraits, paysages.
Elle exposa à Paris au Salon des Indépendants de 1939 à 1943.

DIDIER Élisabeth ou **Didiez**, née **Bignet**
Née le 11 septembre 1807 à Paris. Morte en 1877. XIXe siècle. Française.
Peintre de natures mortes.
Elle fut l'élève d'Abel de Pujol. Elle obtint une médaille de deuxième classe en 1824.
Ventes Publiques : Monaco, 16 juin 1990 : *Nature morte à la grenade*, h/pan. (28x35) : **FRF 17 760**.

DIDIER Étienne
XVIIe siècle. Actif à Limoges. Français.
Peintre.

DIDIER François Nicolas ou **Disdier**
Né en 1708. Mort en 1751. XVIIIe siècle. Français.
Peintre d'histoire, sujets mythologiques, compositions religieuses, portraits.
Reçu en 1733 à l'Académie de Saint-Luc à Paris, il fut nommé adjoint à professeur. Il exposa en 1751, 1752 et 1762.

DIDIER Georges Henri
Né à Lille (Nord). XXe siècle. Français.
Peintre de paysages.
Élève de P. M. Dupuy ; exposant du Salon des Artistes Français en 1939.

DIDIER Hippolyte Marguerite ou **Didiée**
Né à Paris. XIXe siècle. Français.
Peintre de portraits.
Élève de Monvoisin. Il exposa au Salon dès 1876 des dessins, des pastels.

DIDIER Jeanne
Née dans la seconde moitié du XIXe siècle à Rouen. XIXe-XXe siècles. Française.
Peintre de paysages.
Elle fut élève de E. Genty. Elle exposa au Salon des Artistes Français jusqu'en 1914.

DIDIER Jules
Né le 26 mai 1831 à Paris. Mort en 1892. XIXe siècle. Français.
Peintre de compositions religieuses, animaux, paysages animés, paysages.
Entré à l'École des Beaux-Arts de Paris en 1852, il fut élève de L. Cogniet et de Jules Laurens ; il remporta le prix de Rome en 1857 avec : *Jésus et la Samaritaine*. Il participa au Salon de Paris, obtenant une médaille en 1866 et en 1869.
Surtout connu pour ses paysages historiques, il étendit son registre aux vues de la forêt de Compiègne.

JULES DIDIER

JULES DIDIER

Bibliogr. : Gérald Schurr, in : *Les Petits Maîtres de la peinture 1820-1920, valeur de demain*, Les Éditions de l'Amateur, t. II, Paris, 1982.
Musées : Amiens : *Picadors romains* – Autun : *Pâturage dans une campagne de Rome* – *Vue de l'ancien abattoir* – Montpellier : *Forêt de pins* – *Femmes de Terracine* – *Falaises normandes* – *Paysage d'Italie* – Mulhouse : *Bœufs dans la campagne de Rome* – *Le lac de Trasimène* – *La guerre des six deniers à Mulhouse* – Niort : *Souvenir de la campagne romaine* – Valenciennes : *Pâturage*.
Ventes Publiques : Paris, 9 mars 1888 : *Vaches au pâturage* : **FRF 130** – Paris, 26 nov. 1919 : *Le retour du marché*, aquar. : **FRF 55** – Paris, 6 mars 1920 : *Un abreuvoir, environs de Rome* : **FRF 235** – Paris, 18 jan. 1924 : *Bœufs à la charrue*, aquar. : **FRF 105** – Paris, 15-17 mai 1927 : *Chevaux dans la prairie* : **FRF 110** – Vienne, 12 mars 1974 : *Troupeau au pâturage* : **ATS 22 000** – New York, 15 oct. 1976 : *Le gardien du troupeau*, h/t (38x45,5) : **USD 1 100** – Paris, 16 oct. 1981 : *Chevaux en Camargue*, h/t (100x156) : **FRF 17 500** – Copenhague, 22 avr. 1982 : *Paysage animé*, h/t (46x55) : **DKK 7 500** – Copenhague, 12 nov. 1985 : *Troupeau dans un sous-bois*, h/t (100x150) : **DKK 15 000** – Londres, 21 mars 1986 : *Environs d'Autun*, h/t (44,4x53,3) : **GBP 900** – Copenhague, 25 oct. 1989 : *Paysage lacustre*, h/t (25x41) : **DKK 8 500** – New York, 17 jan. 1990 : *Buffles se désaltérant dans un ruisseau*, h/t (45,5x69,9) : **USD 2 200** – Paris, 21 mars 1990 : *Baccarat*, h/t (27x36,5) :

FRF 13 000 – New York, 22 mai 1990 : *Un visiteur exotique* 1857, h/t (81,3x65,4) : **USD 8 250** – Amsterdam, 28 oct. 1992 : *Promenade à cheval l'après-midi*, h/pan. (32,5x24) : **NLG 2 070** – Londres, 28 oct. 1992 : *Pur-sang emmené par son lad*, h/pan. (19,5x39) : **GBP 2 420** – Copenhague, 15 nov. 1993 : *Vaches sur un chemin ombragé*, h/t (85x61) : **DKK 14 000** – Paris, 18 nov. 1994 : *Costumes d'Ischia*, aquar. (22,5x27,5) : **FRF 4 900** – New York, 23 mai 1996 : *Au bois de Boulogne* 1890, h/t (80,6x120,7) : **USD 28 750**.

DIDIER Luc
Né en 1954. xxe siècle. Français.
Peintre de paysages.
Parmi ses paysages, il marque une prédilection pour la région vendéenne.

Ventes Publiques : Grenoble, 12 déc. 1983 : *La vallée de l'Ibie au matin*, h/t (55x65) : **FRF 4 000** – Grenoble, 10 déc. 1984 : *Bords de l'étang de Croissy à Beaubourg*, h/t (46,5x55) : **FRF 4 200** – Versailles, 13 déc. 1987 : *Bords d'étang à Beauvais*, h/t (50x65) : **FRF 8 200** – La Varenne-Saint-Hilaire, 6 mars 1988 : *Le port de Camaret*, h/t (38x55) : **FRF 7 200** – Versailles, 15 mai 1988 : *Maisons au bord de la Somme*, h/t (50x65) : **FRF 8 100** – La Varenne-Saint-Hilaire, 29 mai 1988 : *Les nymphéas sur la rivière*, h/t (60x73) : **FRF 15 500** – Paris, 8 juin 1988 : *Jardin à Guérande* 1954, h/t (50x65) : **FRF 6 800** – La Varenne-Saint-Hilaire, 23 oct. 1988 : *Effet de soleil à Camaret*, h/t (46x60) : **FRF 6 000** – Calais, 13 nov. 1988 : *Maisons en Brière*, h/t (46x62) : **FRF 55 000** – Versailles, 18 déc. 1988 : *Le Lay à Port-la-Claye (Vendée)*, h/t (50x65) : **FRF 10 000** – Paris, 3 mars 1989 : *Village du Loiret sous la neige*, h/t (50x65) : **FRF 8 200** – Douai, 23 avr. 1989 : *Contre-jour à Trignac*, h/t (46x61) : **FRF 13 000** – Paris, 27 avr. 1989 : *Ferme aux environs de Bourges*, h/t (38x55) : **FRF 5 500** – Versailles, 24 sep. 1989 : *Chemin à Mareuil-sur-Lay*, h/t (33x46) : **FRF 11 000** – Versailles, 26 nov. 1989 : *Contre-jour au marais de Paluel (Nord)*, h/t (38x55) : **FRF 18 000** – Calais, 10 déc. 1989 : *Champ de coquelicots*, h/t (46x61) : **FRF 8 000** – Versailles, 21 jan. 1990 : *L'envigne à Cunay (Vienne)*, h/t (50x65) : **FRF 15 000** – Versailles, 25 mars 1990 : *L'écluse de Bazoin (Vendée)*, h/t (27x41) : **FRF 18 000** – Calais, 26 mai 1991 : *Barque dans les roseaux*, h/t (50x66) : **FRF 15 000**.

DIDIER Lucienne
xxe siècle. Française.
Sculpteur.
Elle exposait des bustes au Salon des Artistes Français de Paris, en 1944.

DIDIER Martin Pape. Voir **PAPE Martin Didier**

DIDIER Maxime
Né le 26 mai 1876 à Orléans. Mort pour la France durant la Première Guerre mondiale. xxe siècle. Français.
Sculpteur.
Il avait exposé des bustes au Salon des Artistes Français depuis 1911.

DIDIER Pierre
Né le 1er mai 1929 près de Cambrai. xxe siècle. Français.
Peintre. Tendance surréaliste.
Élève à l'École des Beaux-Arts de Paris en 1945 et 1946, il a également travaillé sous la direction de Fernand Léger en 1949. Il a régulièrement participé au Salon de la Société Nationale des Beaux-Arts dont il est devenu sociétaire, au Salon Comparaisons et au Salon Terres Latines. Des expositions personnelles de ses œuvres se sont déroulées à Paris en 1956 et 1962, mais elles se tiennent surtout en Lorraine où il vit.
Par sa vision, il tend à donner un caractère surréaliste à sa peinture qui, pourtant, se réfère à la réalité.
Musées : Épinal (Mus. départ. des Vosges) : *Nature morte*.
Ventes Publiques : Paris, 28 avr. 1981 : *Canada*, h/pan. (80x65) : **FRF 3 800**.

DIDIER Pierre
xviie siècle. Actif à Paris vers 1612. Français.
Peintre.

DIDIER de Neuchâtel. Voir **NEUFCHATEL**

DIDIER DE ROUSSET Henri
Né le 1er mai 1851 à Bonne (près de Gap, Hautes-Alpes). Mort le 15 avril 1909 à Gap (Hautes-Alpes). xixe-xxe siècles. Français.
Peintre de genre, figures, portraits, fleurs.
Autodidacte, il suivit, toutefois, les conseils de Joseph Blanc et débuta au Salon de Paris en 1878. Installé à Lyon en 1890, il participa au Salon de cette ville, obtenant une deuxième médaille en 1897.
L'enfant tient une place privilégiée dans son art, comme le montre son tableau : *Mes enfants*, mais il peint aussi des fleurs et des sujets de genre, comme : *Le repos des laveuses* 1894 – *Rêve d'été* 1897 – *Paysanne sous le voile* 1898 – *Réveil* 1903, dans des tonalités dorées.
Bibliogr. : Gérald Schurr, in : *Les Petits Maîtres de la peinture 1820-1920, valeur de demain*, Les Éditions de l'Amateur, t. IV, Paris, 1979.
Musées : Lyon (Mus. des Beaux-Arts) : *Portrait de jeune fille*.
Ventes Publiques : Paris, 21 déc. 1908 : *La cueillette* : **FRF 70**.

DIDIER DE VIC. Voir **RICHIER Didier**

DIDIER-POUGET William
Né le 14 novembre 1864 à Toulouse (Haute-Garonne). Mort en 1959. xixe-xxe siècles. Français.
Peintre de paysages.
Élève de A. Baudit, Auguin et Maxime Lalanne, il fut lauréat de l'Institut au concours Troyon.
Ses œuvres : *L'Étang de Cernay* 1886, *Marée basse* 1889, *Landes de Gascogne* 1890, *Giboulée de printemps – Matinée dans la vallée de la Nivelle* 1894, s'attachent surtout à rendre la qualité atmosphérique des paysages. Il s'est plus particulièrement rendu célèbre pour ses tableaux de bruyères dans la brume, qu'il a peints en grande quantité.

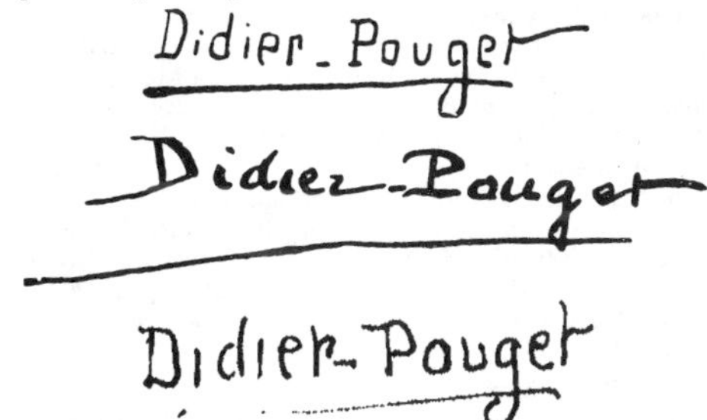

Musées : Boston : *Le matin* – Leipzig : *Le soir* – *L'Aude aux bruyères* – Lyon : *Bruyères dans la lande* – Macon : *Crépuscule* – Montpellier : *Brume du matin* – Orléans : *Bruyères – Soleil couchant* – Paris (Mus. du Petit Palais) : *Landes aux bruyères* – Toulouse : *Environs de Tarbes – Bruyères et fleurs*.
Ventes Publiques : New York, 26-27 mars 1902 : *Effets du matin sur la bruyère* : **USD 650** – Paris, 28 nov. 1904 : *Dans la brume du matin* : **FRF 480** – New York, 3 fév. 1906 : *Bruyères en fleurs dans la vallée de la Creuse* : **USD 1 030** – Paris, 20 nov. 1920 : *Les bruyères* : **FRF 1 550** – New York, 25-26 mars 1931 : *La vallée de la Nivelle* 1894 : **USD 350** – Paris, 25 jan. 1943 : *La vallée de la Dordogne* : **FRF 23 000** – New York, 7-9 juin 1944 : *Bruyères en fleurs* : **USD 220** – Paris, 23 mars 1945 : *Bruyères en fleurs, le matin, vallée de l'Aumance* : **FRF 17 000** – Paris, 7 mai 1945 : *Les moutons dans la bruyère* : **FRF 39 000** – Londres, 30 avr. 1964 : *La vallée de la Corrèze* : **GBP 100** – Paris, 27 fév. 1976 : *Bruyères en fleurs*, h/t (61x50) : **FRF 2 200** – Versailles, 4 oct. 1981 : *Le matin, vallée du Doubs et les rochers de Buin*, h/t (46x55) : **FRF 5 000** – Reims, 29 mai 1983 : *Le matin, la vallée du Doubs près de Baume-les-Dames*, h/t (55x47) : **FRF 4 500** – New York, 2 déc. 1986 : *Le matin, bruyères en fleurs*, h/t (55,5x47) : **USD 2 300** – Versailles, 15 mai 1988 : *Le matin : lac de Chambly, Jura*, h/t (50x99,5) : **FRF 9 800** – Versailles, 18 déc. 1988 : *Bergère sur la lande* 1893, h/t (54x92,5) : **FRF 14 500** – Versailles, 5 mars 1989 : *vallée de la Vézère, bruyères en fleurs le matin*, h/t (73x92) : **FRF 15 000** – Versailles, 11 jan. 1989 : *Les bruyères sur le coteau dominant la vallée*, h/t (54x100) : **FRF 10 000** – Versailles, 21 jan. 1990 : *Bruyères en fleurs dans la vallée du Lot*, h/t (46x38) : **FRF 6 800** – Versailles, 18 mars 1990 : *Bruyères sous la rosée : paysage du Limousin*, h/t (54,5x65,5) : **FRF 24 000** – Calais, 8 juil. 1990 : *Lande de bruyères dominant la rivière*, h/t (27x41) : **FRF 8 500** – Paris, 12 déc. 1991 : *Haute vallée de la Dordogne : bruyères en fleurs*, h/t (36x28) : **FRF 5 800** – Munich, 26 mai

1992 : *Vallée de la Creuse un matin*, h/t (54x64,5) : **DEM 5 175** – Paris, 5 avr. 1992 : *Vallée de la Creuse dans la région du Pin*, h/t (54x65) : **FRF 19 000** – New York, 13 oct. 1993 : *Les ruines de Crozant (Creuse)*, h/t (182,9x251,8) : **USD 24 150** – New York, 19 jan. 1994 : *Bruyère en fleurs dans la vallée de la Dordogne le matin*, h/t (60,3x80,6) : **USD 1 725**.

DIDIER-TOURNE Jean
Né le 1er mai 1882 à Agen (Lot-et-Garonne). xxe siècle. Français.
Peintre de genre, de portraits, de paysages et de fleurs, décorateur.
Élève de Cormon, il a participé au Salon des Artistes Français, obtenant une médaille d'or en 1931. Il reçut le Prix J. Bertrand en 1920, le Prix J. Peccord en 1930, le Prix F. Cormon en 1935. Médaille d'argent à l'Exposition Universelle de 1937 à Paris. Il a réalisé la décoration du théâtre d'Agen et de l'hôtel de ville de Sceaux.

DIDIEZ Euphémie Thérèse. Voir **DAVID Euphémie Thérèse**

DIDILLON Maurice
Né au xxe siècle à Saint-Maur. xxe siècle. Français.
Peintre.
Il peint surtout des portraits ; exposant du Salon des Artistes Français et du Salon d'Automne en 1942 et 1944.

DIDINI Giacomo
xviie siècle. Actif à Bologne. Italien.
Peintre et sculpteur.

DIDIONI Francesco
Né en 1859 à Milan. Mort en 1895 à Stresa. xixe siècle. Italien.
Peintre de genre, portraits, nus.
Il privilégia le portrait, mais il s'essaya à tous les genres de peinture. Il exposa à Parme, en 1870 : *L'Artiste* ; à Milan, en 1872, *Femme peintre, Amour et Liberté* ; à Turin, en 1880 : *Attraction, Nègre* ; enfin à Milan, 1881, figura son tableau de genre : *Premières impressions.*
Ses portraits, très nombreux, sont fort appréciés.
Ventes Publiques : Milan, 10 juin 1981 : *Ciociara*, aquar. (45x35) : **ITL 900 000** – Milan, 30 oct. 1984 : *Nu assis*, h/t (46x34) : **ITL 2 600 000** – Milan, 2 avr. 1985 : *Maternité*, aquar. (36x24) : **ITL 1 700 000** – Vienne, 14 oct. 1987 : *Mignon*, h/t (112x85) : **ATS 22 000**.

DIDLON Hubert
Né à Nancy (Meurthe-et-Moselle). xixe siècle. Français.
Graveur de vignettes.
Il travailla à Paris.

DIDONET Henri, pseudonyme de **Bournet**
Né le 26 mai 1932 à Saint-Étienne (Loire). xxe siècle. Actif en Suisse. Français.
Peintre, sculpteur et décorateur. Tendance abstrait.
S'il n'est resté qu'une demi-journée à l'École des Beaux-Arts de Saint-Étienne, il a étudié, dès 1944, dans l'atelier de l'un des professeurs de cette école : le sculpteur Philiday. Après un voyage d'études en Italie, il travaille comme décorateur à Lyon puis à Marseille de 1948 à 1952. Il fonde une école de dessin à La Seyne, Toulon en 1960, puis quitte la France pour la Suisse où il devient professeur de dessin à l'École Française de Zurich de 1962 à 1965. Après des séjours en Afrique du Sud et en Espagne, il revient en Suisse en 1977 et réalise des travaux de décoration pour des banques, crée des sculptures « permutables » en bronze doré chromé, fait des « créations d'ambiance » où il associe l'œuvre d'art à la décoration intérieure, notamment à Miami et crée aussi des bijoux.
Depuis 1955, il fait de nombreuses expositions tant collectives que personnelles, notamment au Musée d'Arles en 1955, à Grasse 1957, Toulon 1957, 1961, 1975, Antibes 1958, où il expose avec Picasso en 1959 et 1961. Il expose pour la première fois à Genève en 1959, à Paris en 1971, à Johannesburg en 1973, dans une exposition intitulée : *Didonet et les Surréalistes* et à Zürich en 1982. Ces premières expositions sont suivies d'une bonne centaine d'autres en Europe et aux États-Unis.
A travers ses travaux au pastel, à la gouache, à la craie, au fusain, il évoque l'univers poétique de Klee. Ses toiles son peuplées de signes minuscules et enchevêtrés qui, bien qu'évoquant parfois une lointaine figuration, empruntent toujours l'essentiel de leur vocabulaire à l'esthétique abstraite. Noël Lorent a bien défini la peinture de Didonet lorsqu'il parle de : « cette descente involontaire dans le dédale du subconscient, d'où Didonet a rapporté ses jardins sauvages, ses palais, ses villes et ses paysages fantastiques, tout un monde nouveau : un monde de rêve et de poésie qui n'a pas perdu tout contact avec celui des êtres et des objets au milieu desquels il vit ».
Bibliogr. : Didonet : *Poèmes et couleurs*, Bellerive New Art, Zurich, 1991.
Ventes Publiques : Paris, 16 oct. 1992 : *La maison de Lorca* 1986, past./pap. (34x34) : **FRF 31 500** – Paris, 14 oct. 1993 : *Chantons sous la pluie* 1984, past. (33x33) : **FRF 32 000** – Lucerne, 20 nov. 1993 : *La ville haute* 1971, h/t (50x50) : **CHF 4 800**.

DIDOU ISSIAKHEM Ahmed
Né le 24 janvier 1971 à Alger. xxe siècle. Algérien.
Peintre de figures.
À Paris, il a été élève de l'École des Beaux-Arts. Il participe à des expositions, depuis 1992 à Alger, depuis 1997 à Paris, notamment en 1998 au Centre Culturel Algérien.
Bien que suggérant des figures, ses peintures sont surtout constituées d'un réseau de lignes et signes décoratifs.

DIDRIK
xviie siècle. Suédois.
Peintre de portraits.
Le peintre Didrik fut pensionné en 1618, par Christian IV, pour quelques portraits, peints en Suède.

DIDRON Adolphe Napoléon, l'Aîné
Né le 13 mars 1806 à Hautvillers (Marne). Mort le 13 novembre 1867 à Paris. xixe siècle. Français.
Archéologue et peintre verrier.
Il exposa au Salon de 1852. Il est surtout connu comme fondateur des *Annales Archéologiques.*

DIDRON Édouard Amédée
Né le 13 octobre 1836 à Paris. Mort le 15 avril 1902 à Paris. xixe siècle. Français.
Peintre verrier, dessinateur, architecte.
Il a publié de nombreux ouvrages sur le vitrail. Il a exposé aux Salons de 1857 et 1859. Il était le neveu et le fils adoptif d'Adolphe Napoléon Didron.

DIEBEL Elias
xvie siècle. Actif à Lübeck vers 1550. Allemand.
Enlumineur et graveur sur bois.

DIEBEL Hans
xviie siècle. Actif à Vienne. Autrichien.
Enlumineur.

DIEBEN H. J.
Mort en 1838 à Utrecht. xixe siècle. Hollandais.
Peintre de paysages.

DIEBENKORN Richard
Né le 22 avril 1922 à Portland (Oregon). Mort en 1993. xxe siècle. Américain.
Peintre. Abstrait, puis figuratif expressionniste, et à nouveau abstrait.
Élève de la Stanford University de 1940 à 1943 et de l'Université de Californie de 1943 à 1944, il fut aussi élève de la California School of Fine Arts en 1946. Installé à Washington pour effectuer son service militaire, il va souvent admirer les œuvres de Matisse et Picasso à la Phillips Collection. De 1947 à 1950, il fut enseignant à la California School of Fine Arts de San Francisco et fut aussi un temps professeur de l'Université de l'Illinois. Il obtient en 1952 son Master of Art à l'Université de New Mexico. Ses participations aux expositions collectives dépendaient de son évolution : lorsqu'il était abstrait lyrique, il figurait à des expositions telles que celle des « Younger American Painters » au Guggenheim Museum de New York et à l'exposition itinérante de 1955, aux musées d'Art Moderne de Paris, Rome et Bruxelles. Lorsqu'il était revenu à la figuration, on le retrouvait, par exemple, à l'exposition *Nouvelles Images de l'Homme*, au Museum of Modern Art de New York en 1960. Il fit plusieurs expositions particulières à partir de 1948 en Californie, au Los Angeles County Museum en 1952 et 1957, au San Francisco Museum en 1953, 1959, à l'Oakland Museum en 1957, etc. Deux expositions rétrospectives sont à signaler : l'une en 1976 à Buffalo (Albright-Knox Art Gall.), l'autre en 1983 à San Francisco, au Museum of Modern Art. La première grande exposition rétrospective européenne de Diebenkorn a été organisée simultanément en 1991-1992 par la Fondation Juan March de Madrid, la Whitechapel art gallery de Londres et le Frankfurter Kunstverein.

Après une courte période géométrique abstraite à ses débuts, il passe, entre 1946 et 1950, à un expressionnisme dérivé de William de Koonig et sous l'influence de David Park. Il évolue, dans les années 1950-1955 vers une abstraction lyrique, à l'exemple de Motherwell et de Hans Hofmann, avant de retourner vers une figuration nouvelle qui tend, dans les années soixante, vers l'expression d'un climat oppressant, insolite et même parfois tragique. En Californie, en 1967, il commence la série des *Ocean Park*, œuvres abstraites qui montrent ses qualités de grand coloriste, donnant une beauté sensuelle aux couleurs disposées en bandes, scandées de quelques lignes droites, à travers lesquelles transparaissent l'air et la lumière. ■ A. P.

Bibliogr. : In : *Peintres contemporains*, Mazenod, Paris, 1967 – in *Diction. Universel de la Peinture*, t.2, Le Robert, Paris 1975 – in : *Arts des États-Unis* par les conservateurs du Metropolitan Mus. of Art, Gründ, Paris, 1989.

Musées : Baltimore (Mus) : *Sink* 1967 – Los Angeles – New York (Met. Mus.) – New York (Whitney Mus.) – Oakland (Art Mus.) – Pasadeno – Phoenix (Art Mus.) – San Francisco – Toronto (Art Gal.).

Ventes Publiques : New York, 22 jan. 1960 : *Homme dans l'encadrement de la porte* : **USD 850** – New York, 13 mai 1964 : *Berkeley n° 65* : **USD 1 000** – New York, 25 avr. 1969 : *Nature morte* : **USD 3 300** – Los Angeles, 27 nov. 1974 : *Albuquerque* 1951 : **USD 4 000** – New York, 16 oct. 1981 : *Nu couché* 1961, lav./pap. (47x34,5) : **USD 3 700** – New York, 10 nov. 1982 : *Nu assis, fond noir* 1961, h/t (213,5x137,5) : **USD 180 000** – New York, 2 mai 1983 : *Large Bright Blue* 1980, aquat. et eau-forte coul. (61x36,5) : **USD 8 000** – New York, 9 nov. 1983 : *Sans titre* 1976, techn. mixte/pap. (63x48) : **USD 37 000** – New York, 8 mai 1984 : *Yellow Porch* 1961, h/t (177,5x169,2) : **USD 400 000** – New York, 2 nov. 1984 : *Sans titre* 1970, fus. (55,3x48,3) : **USD 8 000** – New York, 2 mai 1985 : *Sans titre N° 30* 1981, gche et cr. (64,8x63,5) : **USD 45 000** – New York, 19 nov. 1985 : *Ocre* 1983, grav./bois en coul./Japon (63,5x90,8) : **USD 5 000** – New York, 8 fév. 1986 : *Sans titre* 1979, fus. (76,2x56,2) : **USD 18 000** – New York, 4 nov. 1987 : *Berkeley N° 39* 1955, h/t (149,7x149,7) : **USD 370 000** – New York, 3 mai 1988 : *sans titre* 1989, gche et cr./pap. (63,6x96,6) : **USD 99 000** ; *Ocean Park 120* 1977-79, fus. et h/t (139,5x236,2) : **USD 308 000** ; *Ocean Park 7* 1968, fus. et h/t (233,8x202,8) : **USD 330 000** – New York, 8 oct. 1988 : *Jeune Fille au soleil* 1957, h/pan. (29,3x18) : **USD 30 800** – New York, 4 mai 1989 : *Sans titre – Ocean Park* 1971, gche et cr. de coul./pap. (63,5x45,7) : **USD 77 000** – New York, 5 oct. 1989 : *Sans titre*, fus. et gche/pap. (73,7x58,5) : **USD 126 500** – New York, 7 nov. 1989 : *Table ronde* 1962, h/t (177,8x162,6) : **USD 792 000** – New York, 8 nov. 1989 : *Femme avec un chapeau et des gants* 1963, h/t (85,7x91,5) : **USD 880 000** – New York, 27 fév. 1990 : *Sans titre* 1972, fus. et gche/pap. (71,1x58,4) : **USD 198 000** – New York, 8 mai 1990 : *Ocean Park 40* 1971, h/t (236,3x205) : **USD 1 760 000** – New York, 6 mai 1992 : *Ocean Park N°42* 1971, h/t (236,2x205,7) : **USD 473 000** – New York, 6 oct. 1992 : *Sans titre* 1964, encre/pap. (40x33) : **USD 45 100** – New York, 18 nov. 1992 : *Nu allongé, moulure rose* 1962, h/t (78,7x63,5) : **USD 82 500** – New York, 4 mai 1993 : *Sans titre* 1984, gche et collage (95,3x63,5) : **USD 101 500** – New York, 3 mai 1994 : *Berkeley 37* 1955, h/t (177,2x177,2) : **USD 662 500** – New York, 14 nov. 1995 : *Ocean Park 26* 1970, h/t (225,4x205,7) : **USD 607 500** – New York, 5 mai 1996 : *Bleu* 1984, bois gravé coul. (102x63) : **USD 20 700** – New York, 9 nov. 1996 : *Bleu* 1984, bois gravé coul. (102x63) : **USD 24 150** – New York, 19 nov. 1996 : *Coquelicots* 1963, h/t (101,6x76,2) : **USD 497 500** – New York, 7 mai 1997 : *O. P. 85 8* 1985, acryl., gche et cr./pap. (70,8x60) : **USD 57 500** – New York, 8 mai 1997 : *Sans titre* 1965, fus./pap. (59,8x48,2) : **USD 70 700** – New York, 6 mai 1997 : *Ocean Park n° 88* 1975, h/t (254x205,7) : **USD 1 267 500.**

DIEBOLD D.
XVIIe siècle. Actif à Zurich. Suisse.
Peintre et graveur.
On cite parmi ses gravures son portrait. Sans doute faut-il l'identifier avec Hans Caspar qui fut également peintre verrier.

DIEBOLDT
Mort en 1821 ou 1822 à Paris. XVIIIe-XIXe siècles. Français.
Peintre de paysages animés, paysages.
Il exposa au Salon de Paris de 1793 à 1822. Il fut le père de Jean Michel.
Musées : Troyes : *Le Passage du gué.*
Ventes Publiques : Paris, 23 déc. 1908 : *Débarquement dans un port* : **FRF 160.**

DIEBOLDT Jean Michel
Né en 1779. Mort en 1824. XIXe siècle. Français.
Peintre d'animaux, paysages, marines.
Fils du prédédent. Il fut élève de Suvé et de Demarn et figura au Salon de Paris en 1824.
Ventes Publiques : Paris, 23 jan. 1928 : *Pâtre gardant son troupeau* : **FRF 1 550** – Le Touquet, 10 nov. 1991 : *Marine au soleil couchant*, h/t (37x52) : **FRF 30 000.**

DIEBOLDT Melchior
Mort vers 1693 à Gratz. XVIIe siècle. Autrichien.
Peintre de paysages.

DIEBOLDT Melchior
Mort en 1718. XVIIIe siècle. Autrichien.
Peintre de marines.
Il était peut-être fils du précédent.

DIEBOLT
XVe siècle. Actif à Colmar au début du XVe siècle. Français.
Peintre.

DIEBOLT Georges
Né le 6 mai 1816 à Dijon. Mort le 7 novembre 1861 à Paris. XIXe siècle. Français.
Sculpteur.
Il fut élève de Ramey, Darbois et Dumont. Il entra à l'École des Beaux-Arts le 2 avril 1835. En 1841, il remporta le prix de Rome avec sa statue : *La mort de Demosthène.* De Rome il envoya au Salon des œuvres fort intéressantes et qui commencèrent sa réputation, notamment : *L'Enlèvement de Déjanire* et *La Méditation.* En 1848, il obtint une deuxième médaille et en 1852 une première médaille. L'année suivante, il fut décoré de la Légion d'honneur. Revenu d'Italie, il fut chargé de divers travaux de décoration à l'Hôtel de Ville de Paris. En 1851, il sculpta pour la fête du 4 mai sa statue de *La France rémunératrice*, exposée au rond-point des Champs-Élysées et qui lui valut une grande médaille d'or offerte par la Ville de Paris. On doit encore à Diebolt la décoration du Pavillon de Rohan, le *Zouave* et le *Grenadier* au pont de l'Alma. Une de ses meilleures œuvres, *Héro et Léandre*, exposée après sa mort, au Salon de 1863, et réexposée en 1867, lui valut un succès posthume. Il restera parmi les meilleurs statuaires du XIXe siècle.
Musées : Besançon : *La Science, L'Industrie, Le Génie de l'Architecture* – Carcassonne : *La Méditation* – Dijon : *Sapho – La Force – La Loi.*

DIECHMANN A.
XVIIIe siècle. Danois.
Graveur amateur.

DIECK August. Voir **TOM DIECK Auguste**

DIECK Jacob von
Né le 30 juin 1805 à Altona. Mort le 7 septembre 1852. XIXe siècle. Allemand.
Peintre de portraits.
Il fut aussi professeur de dessin à Altona.

DIECK Richard
Né le 9 novembre 1862 à Oldenburg. XIXe siècle. Allemand.
Peintre.
Il fut à Berlin l'élève de Schaller. On lui doit surtout des paysages.

DIECKMANN Georg
Né le 19 avril 1863 à Hanovre. XIXe siècle. Allemand.
Peintre et graveur.
Il fut à Munich l'élève de Löfftz. Par la suite il termina ses études à Dresde, à Vienne et à Francfort-sur-le-Main. Il travailla surtout dans sa ville natale. Le Musée de Hanovre possède plusieurs de ses œuvres.

DIECKS Harald
Né le 19 mars 1863 à Hambourg. Mort le 24 avril 1889 à Gries (près de Bozen). XIXe siècle. Allemand.
Paysagiste.
Il fit ses études à l'Académie de Dresde et sous la direction du professeur Dücker à Düsseldorf. On cite de lui : *La tempête* et *Capri.*

DIEDAR Pierre
XVIIIe siècle. Actif à Eename. Éc. flamande.
Sculpteur.
En 1720 il travaillait pour une église d'Oudenaarde.

DIEDE Jean
XVIIe siècle. Français.

Peintre sur émail.
Il s'agit peut-être d'une erreur d'orthographe pour Didier. Il travaillait pour le roi vers 1650.

DIEDEREN Jef
Né en 1920 à Heerlen. XXe siècle. Hollandais.
Peintre. Abstrait-lyrique puis figuratif.
Élève de l'Académie de Maestricht entre 1939 et 1943, il fut professeur à l'Académie des Beaux-Arts d'Amsterdam de 1947 à 1951. Il a participé à plusieurs expositions collectives internationales, notamment aux Biennales de Sao Paulo et de Tokyo en 1957, à l'Exposition Internationale de la Fondation Carnegie de Pittsburgh en 1958. Sa première exposition personnelle à Amsterdam date de 1957, elle a été suivie de beaucoup d'autres et d'une rétrospective au Stedelijk Museum d'Eindhoven en 1961.
Tout d'abord influencé par le cubisme, il n'a pu ignorer le courant révolutionnaire du groupe COBRA en Hollande. Il donne une vision abstraite lyrique du monde environnant par des effets de flou onirique. Ses grandes compositions murales imposées sont faites de couleurs tout aussi fraiches que celles de ses petites compositions. Lorsqu'il s'oriente vers une peinture plus figurative, il évoque des souvenirs qu'il stylise et simplifie, sur des formats très en hauteur ou très en largeur, à la manière des formats de certaines estampes japonaises.
Bibliogr. : In : *Peintres Contemporains*, Mazenod, Paris, 1967 – in : *Dictionnaire universel de la Peinture*, t. 2, Le Robert, Paris, 1975.
Musées : Amsterdam (Stedelijk Mus.) : *Haute maison* 1971 – Schiedam (Stedelijk Mus.) : *Région minière* 1956.
Ventes Publiques : Amsterdam, 18 mars 1985 : *Dedans et dehors* 1968, gche (148x130) : **NLG 5 200** – Amsterdam, 12 déc. 1990 : *Sans titre* 1981, aquar./pap. (75x53) : **NLG 1 495** – Amsterdam, 12 déc. 1991 : *Sans titre* 1957, h/cart. (44,5x50) : **NLG 5 980** – Amsterdam, 19 mai 1992 : *Composition abstraite* 1957, h/t (75x158) : **NLG 9 200** – Amsterdam, 21 mai 1992 : *Sans titre* 1987, gche et encre/pap. (55,5x75) : **NLG 2 070** – Amsterdam, 9 déc. 1992 : *« Haussa »* 1988, acryl./t. (209x24) : **NLG 2 990** – Amsterdam, 9 déc. 1993 : *Paysage* 1958, h/cart. (40x46) : **NLG 4 600** – Amsterdam, 5 juin 1996 : *Albert Ayler* 1985, h/t (135x66) : **NLG 5 750** – Amsterdam, 17-18 déc. 1996 : *Chartres III* 1989-1990, acryl./t. (135x135) : **NLG 7 080**.

DIEDERICH Fritz
Né le 20 mai 1869 à Hanovre. XIXe siècle. Allemand.
Sculpteur.
Il travailla surtout à Berlin.

DIEDERICH Hunt
Né en 1884. Mort en 1953. XXe siècle. Actif aux États-Unis. Hongrois.
Sculpteur de sujets mythologiques, groupes, bustes, animaux, sculpteur de décorations, peintre. Groupe de Woodstock.
Il était le fils d'un entraîneur de chevaux, par contre sa mère, issue d'un milieu artistique, comptait parmi ses parents le peintre William Morris Hunt et l'architecte Richard Morris Hunt. Après un début d'études en Suisse, il fréquenta la Milton Academy de Boston, puis l'Académie des Beaux Arts de Pennsylvanie, où il rencontra son fidèle ami Paul Manship. Ensemble il firent un voyage en Espagne. Ensuite, pendant dix ans, Diederich voyagea en Europe et en Afrique. À Paris il travailla avec le sculpteur animalier E. Frémiet. De retour aux États-Unis, il rejoignit la colonie de Woodstock.
À Paris, de 1911 à 1924, il a participé au Salon des Artistes Français et à celui d'Automne dont il était sociétaire. En 1920, il exposa individuellement pour la première fois aux États-Unis, à la Kingore Gallery, avec des animaux et des sujets de chasse.
Il travaillait aussi bien en deux ou trois dimensions. Il a montré une prédilection pour les représentations de chiens. On cite aussi ses motifs décoratifs.
Ventes Publiques : Paris, 17 oct. 1980 : *Cavalier indien*, bronze (H. 25) : **FRF 3 750** – New York, 14 mars 1991 : *Satyre pourchassant une nymphe* 1914, marbre de Brescia (H. 28,9) : **USD 6 600** – New York, 28 nov. 1995 : *Diane avec son chien*, groupe en bronze (63,5) : **USD 16 100**.

DIEDERICH Johann August
Né en 1768. Mort le 29 janvier 1830 à Copenhague. XVIIIe-XIXe siècles. Danois.
Peintre.
Cet artiste a exposé de 1809 à 1820 plusieurs tableaux de fleurs et de fruits.

DIEDERIX Pieter
XIVe siècle. Actif à Gand vers 1372. Éc. flamande.
Peintre.

DIEDES François
XVIIe siècle. Actif à Nevers en 1628. Français.
Peintre sur émail.

DIEDON Nicolas
XVIIe siècle. Actif à Bruxelles vers 1621. Éc. flamande.
Sculpteur.

DIEDONNE CEDOR
Né en 1925 à l'Anse-à-Veau (Haïti). XXe siècle. Haïtien.
Peintre de fleurs.

DIEDOU Jean
XVIIe siècle. Actif vers 1680. Français.
Peintre sur émail.

DIEDRICH
Né vers 1791 à Biberach. XIXe siècle. Allemand.
Peintre d'histoire.
On cite de lui une fresque : *Le Triomphe de Bacchus*. Probablement le même que Joh. Fr. Dietrich.

DIEDRICHS Fritz
Né le 10 janvier 1817 à Oldenburg. Mort le 19 avril 1893 à Oldenburg. XIXe siècle. Allemand.
Peintre.
Après un séjour à Hambourg il fut l'élève puis le collaborateur de son compatriote Jerndorff. A la mort de celui-ci il reçut sa charge de Conservateur du Musée d'Oldenburg. Il se consacra surtout au portrait et au paysage.

DIEDRICHS Johann Christian Detlev
Mort en 1823 à Altona. XIXe siècle. Allemand.
Peintre.
Il fut le père de Fritz Diedrichs.

DIEDRICKSEN Theodore
XIXe-XXe siècles. Actif aux États-Unis. Français (?).
Peintre de genre.
Il fit ses études à Paris en 1911-12. Il devint professeur de dessin et art graphique à l'Université de Yale.
Ventes Publiques : New York, 31 mars 1993 : *Fantaisie égyptienne* 1912, h/t (111,8x96,5) : **USD 10 925**.

DIEF Jorg, dit **Schwab**
XVIe siècle. Vivait à Schaffhouse dans la première moitié du XVIe siècle, mentionné encore en 1532. Suisse.
Sculpteur.
Dief exécuta de nombreuses statues et colonnes pour des fontaines publiques. On cite surtout des figures de hallebardiers sur la *Metzgerbrunnen* (Fontaine des Bouchers) sur la Frontwagplatz à Schaffhouse.

DIEFENBACH Karl Wilhelm
Né le 21 février 1851 à Hadamar (Nassau). Mort en 1931. XIXe-XXe siècles. Allemand.
Peintre de paysages animés, paysages.
Il vivait en ermite à Höllrigelskreuth dans la vallée de l'Isar, où il reçut des élèves. Il eut la réputation d'un maître original refusant toute renommée.
Musées : Kaliningrad, ancien. Königsberg : *La Fontaine dans la montagne*.
Ventes Publiques : Zurich, 8 nov. 1985 : *Paysage aux sphinx, au crépuscule* 1897, h/t (48x95) : **CHF 5 500** – Vienne, 20 mai 1987 : *Capri au clair de lune* 1902, h/t (36x122) : **ATS 30 000**.

DIEFENBACH Leonhard
Né le 8 septembre 1814 à Hadamar (Nassau). Mort le 13 août 1875 près de Tölz (Bavière). XIXe siècle. Allemand.
Peintre.
Il fut le père de Karl Wilhelm. Les musées de Wiesbaden et de Linz possèdent des œuvres de cet artiste.

DIEFFENBACH Anton
Né le 4 février 1831 à Wiesbaden. Mort en 1914 à Hohenwald. XIXe-XXe siècles. Allemand.
Peintre de genre, sculpteur.
Il commença ses études de peinture à Strasbourg, puis vint étudier la sculpture à Paris sous la direction de Pradier ; il ne tarda pas cependant à abandonner cette branche artistique et continua ses études de peinture à Düsseldorf dans l'atelier de Jordan. Il revint ensuite à Paris où il demeura jusqu'en 1870. La guerre franco-allemande le fit revenir à Berlin où il a, depuis cette date, régulièrement exposé.

Il s'est surtout consacré à la peinture des scènes familiales et des jeux d'enfants. On cite parmi les meilleures toiles de cet artiste : *L'Arbre de Noël, La Première Sortie, La Veille du mariage.*
Musées : Brême : *Rafraîchissement* – Strasbourg : *Une partie en forêt.*
Ventes Publiques : New York, 23-24 avr. 1903 : *L'Amour maternel* : **USD 100** – New York, 18-20 avr. 1906 : *La Fête du père* : **USD 240** – New York, 10-11 jan. 1907 : *La Maison du chasseur* : **USD 185** – Londres, 23 juin 1922 : *Repas* 1878 : **GBP 2** – Paris, 18 mars 1945 : *Paysage au sapin* 1904 : **FRF 6 000** – Vienne, 19 et 22 sep. 1961 : *Schwarzwalddirndl* : **ATS 16 000** – New York, 12 mars 1969 : *Jeune paysanne* : **USD 700** – Copenhague, 1er juin 1978 : *Le Repas de bébé,* h/t (59,5x39) : **DEM 8 000** – Paris, 19 déc. 1980 : *Jeune Fille dans un champ de blé* 1878, h/t (57x46) : **FRF 6 200** – New York, 1er mars 1984 : *Le retour des barques,* h/t (80x108) : **USD 1 500** – Londres, 26 nov. 1986 : *Fillette aux fleurs des champs* 1889, h/t (52x42,6) : **GBP 2 700** – Munich, 29 nov. 1989 : *Le rendez-vous d'amour* 1859, h/t (93x123) : **DEM 16 500** – Cologne, 29 juin 1990 : *Colporteur entouré de jeunes curieux,* h/t (40x32) : **DEM 3 000** – New York, 20 jan. 1993 : *La jeune bergère,* h/t (50,8x38,1) : **USD 8 050** – Londres, 20 mai 1993 : *« Il court, il court le furet... »,* h/t (94x136) : **GBP 18 400.**

DIEFFENBACHER August Wilhelm
Né le 14 août 1858 à Mannheim. Mort en 1940. XIXe-XXe siècles. Allemand.
Peintre de genre, portraits, paysages animés.
Il a exposé à Munich en 1888 et en 1889. On cite de lui : *La Poursuite* et *Prière du soir.*
Musées : Mannheim – Schwerin.
Ventes Publiques : Londres, 8 mars 1937 : *Le Départ du héros* : **GBP 15** – Londres, 20 déc. 1940 : *Le Départ du héros* : **GBP 14** – Londres, 21 mars 1941 : *Le Départ du héros* : **GBP 10** – Cologne, 20 mars 1981 : *La Mare aux canards,* h/t (46x56,5) : **DEM 1 800** – Munich, 14 mars 1985 : *Arrestation d'un voleur,* h/t (65x119) : **DEM 6 500** – New York, 28 oct. 1987 : *Mère et enfant au bord de l'eau,* h/t (54,5x79,4) : **USD 4 000.**

DIEFFENBRUNNER Johann Georg
Né en 1718 à Mittenwald. Mort en 1786 à Augsbourg. XVIIIe siècle. Allemand.
Peintre et graveur à l'eau-forte.
Élève de J.-A. Schopf et de F. J. Roth. Il se spécialisa comme fresquiste et peintre de sujets religieux. Il vécut surtout à Augsbourg.

DIEFFENBRUNNER Joseph. Voir **TIEFENBRUNNER**

DIEFFOLT Heinrich ou **Dieffholt**
XVIe siècle. Vivant à Feldkirch dans la dernière moitié du XVIe siècle. Suisse.
Sculpteur sur bois.
Dieffolt fit pour l'abbé Hieronymus de Muri, en 1580 et 1582, des tablettes sculptées pour des autels de l'église paroissiale de Sursee, et travailla pour la chapelle de Notre-Dame, à Muri.

DIEFSTETTER Caspar
XVIIe siècle. Actif à Passau en 1613. Allemand.
Peintre.

DIEGHEM A. Van
XIXe siècle. Hollandais.
Peintre d'animaux, paysages animés.
Ventes Publiques : Londres, 6 fév. 1909 : *Brebis et agneau* 1864 : **GBP 7** – New York, 29 mai 1981 : *Moutons dans un paysage,* deux h/pan. (16,5x24) : **USD 1 600** – Londres, 16 mars 1983 : *Moutons au pâturage* 1882, h/pan. (17x24) : **GBP 800** – Amsterdam, 20 avr. 1993 : *Bergère et son troupeau,* h/pan. (81x58) : **NLG 9 200** – New York, 28 mai 1993 : *Chèvre et poules devant une grange ; Moutons dans une prairie* 1883, h/pan., une paire (chaque 16,5x24,2) : **USD 2 875** – New York, 20 jan. 1993 : *Moutons paissant* 1876, h/pan. (17,1x26) : **USD 2 300** – Paris, 10 juil. 1995 : *Moutons à la bergerie ; Moutons au pré* 1876, h/pan., une paire (chaque 17,5x24,5) : **FRF 6 850.**

DIEGO
XVe siècle. Actif à Valladolid. Espagnol.
Sculpteur.
En 1480, cet artiste sculpta, pour la chapelle qui a été remplacée par l'église du Monastère de San Beneto à Valladolid, un magnifique retable qui comportait dix statues et un bas-relief.

DIEGO
XVIe siècle. Espagnol.
Graveur.
Il exécuta, à Saragosse, un frontispice qui fut gravé en 1562.

DIEGO
XVIIe siècle. Actif à Salamanque en 1625. Espagnol.
Sculpteur.

DIEGO, fra
XVIIIe siècle. Italien.
Graveur sur bois.
Membre de l'ordre de Saint-Benoît. Il exécuta un *Crucifix* pour la chapelle de San Francesco à Ripa à Rome en 1763.

DIEGO Julio de
Né le 9 mai 1900 à Madrid. Mort le 22 août 1979 en Floride. XXe siècle. Actif aux États-Unis. Espagnol.
Peintre de compositions murales, graveur, décorateur. Groupe de Woodstock.
Il fit des études d'art graphique à Madrid. Avant de se consacrer exclusivement à la peinture en 1926, il avait exercé plusieurs métiers : décorateur de théâtre, costumier, créateur de tissus, joaillier, illustrateur, etc. Il devint membre de la Société d'Art de Chicago, obtenant une médaille d'or de cette Société en 1938. Au cours des années quarante, il travailla à New York aux côtés de Man Ray, Duchamp et Max Ernst. Il acheta une maison à Woodstock vers 1950 et s'y installa de façon permanente en 1961. Il a réalisé plusieurs décorations murales, notamment celles de l'église Saint-Grégoire à Chicago.
Ventes Publiques : New York, 28 nov. 1995 : *Masques de ballet,* h/pap. (44,5x59) : **USD 3 450** – New York, 25 mars 1997 : *Hommage à la République Espagnole* 1938, h/pan. (91,4x75,6) : **USD 5 750.**

DIEGO de Aranda. Voir **ARANDA**

DIEGO de Arroyo. Voir **ARROYO**

DIEGO de Burgos. Voir **BURGOS**

DIEGO de Carça ou **Carta**
XVIe siècle. Travaillant à Lisbonne, vers 1550. Portugais.
Sculpteur.

DIEGO de Cordoba
Mort en 1514. XVIe siècle. Actif à Séville. Espagnol.
Peintre.

DIEGO de Guadalupe
XVIe siècle. Actif à Tolède. Espagnol.
Sculpteur sur bois.
Il travailla, vers 1500 au maître-autel de la cathédrale de Tolède. Peut-être est-il identique à Diego da Toledo.

DIEGO de San Martin. Voir **SAN MARTIN**

DIEGO de San Roman y Codina. Voir **SAN ROMAN Y CODINA**

DIEGO de Toledo. Voir **DIEGO da Guadalupe**

DIEGO de Urbina ou **Diego Ampuero de Urbina**
Mort en 1594. XVIe siècle. Actif à Valladolid. Espagnol.
Peintre.
En 1524, on le cite peignant et dorant un retable en collaboration avec Gregorio Martinez à la cathédrale de Burgos. En 1570, il fut employé avec A. Sanchez Coello aux peintures de l'Arc de Triomphe en l'honneur d'Anne d'Autriche, femme de Philippe II. Diego fut nommé peintre de cette princesse. En 1572, il exécuta pour le monastère Royal de Santa Cruz six tableaux sur l'*Histoire de la Vierge et du Christ.*

DIEGOLI Angiolo
XIXe siècle. Italien.
Peintre.
Il prit part en 1900 au concours Alinari avec son tableau : *Maternité de Marie.* Il fut professeur à Ferrare.

DIEGUEZ Conception
XIXe siècle. Espagnol.
Paysagiste.
Exposa à Santiago en 1875.

DIEHL Gustave
Né à Wiborg. XXe siècle. Finlandais.
Peintre de portraits, de nus, de paysages et de compositions.
De 1925 à 1928, il a pris part au Salon d'Automne et en 1929-1930, il a figuré au Salon des Tuileries à Paris.

DIEHL Hans Jürgen
Né en 1940 à Hanau (Hesse). XXe siècle. Allemand.

Peintre. Tendance nouvelles figurations.
Il a fait ses études à Munich, Paris, Berlin entre 1959 et 1966. Il a été invité, en 1971, à la Biennale de Paris, dans la section consacrée au renouveau du réalisme, et, en 1972, il participait avec d'autres peintres berlinois à une exposition sur le même thème à Salzbourg. Dès 1964, il avait fait des expositions personnelles à Berlin, Hambourg et Düsseldorf.
Influencée par le pop art et par un graphisme publicitaire, sa peinture tend à se rattacher à un courant pour qui le réalisme est vu en tant qu'interrogation plutôt que moyen.

DIEHL Hugo von
Né le 21 décembre 1821 à Munich. Mort le 18 mars 1883 à Munich. XIXe siècle. Allemand.
Peintre d'histoire.
On cite de lui : *La Capitulation de Paris, La bataille de Szvereg, le 5 août 1849*. A exposé à Munich en 1853.

DIEHL J. M.
XVIIIe siècle. Actif à Francfort-sur-le-Main, au milieu du XVIIIe siècle. Allemand.
Peintre et dessinateur.

DIEHL Johann Friedrich Heinrich
Né vers 1770 près de Francfort-sur-le-Main. XVIIIe siècle. Allemand.
Peintre de genre, animaux, paysages.
Il fut élève de Nothnagel.

DIEHL-WALLENDORF Hans
Né le 13 mars 1877 à Primasens. XXe siècle. Allemand.
Peintre, graveur et architecte.
Il fut l'élève de Th. Hagens à Weimar.

DIEHLE Alwin
Né le 26 mars 1854 à Berlin. XIXe siècle. Allemand.
Peintre de paysages, illustrateur.
Il fut à Weimar l'élève de Thedy et de Hagen.
Ventes Publiques : Londres, 4 oct. 1991 : *En barque au milieu des roseaux* 1895, h/t (107x66) : **GBP 4 620**.

DIEKE Max
Né le 26 janvier 1872 à Leipzig. XXe siècle. Allemand.
Peintre de portraits et miniaturiste.
Élève de Ludwig Nieper à Leipzig, il dut commencer par pratiquer la peinture sur faïence pour gagner sa vie. Il s'est ensuite spécialisé dans l'art du portrait et de la miniature.

DIEKMANN Johannes
Né le 3 septembre 1860 à Werden. XIXe siècle. Allemand.
Peintre.
Il fut à Düsseldorf l'élève de Müller et Janssen. Il voyagea par la suite en Italie et en Angleterre. De retour dans son pays il s'établit à Cologne où il pratiqua surtout le portrait et la peinture religieuse.

DIELAERT Ch. Van
XVIIe siècle. Actif dans la seconde moitié du XVIIe siècle. Hollandais.
Peintre.
Le Musée d'Amsterdam possède une *Nature morte* de cet artiste.

DIELEN Adrian Jacob Willem Van
Né le 2 septembre 1772 à Utrecht. Mort le 7 février 1812 à Utrecht. XVIIIe-XIXe siècles. Hollandais.
Paysagiste et aquafortiste.
Élève de C. Van Gealen. Bourgmestre d'Utrecht en 1811.
Ventes Publiques : Paris, 2 mars 1928 : *Le Pâtre dans la campagne ; La Rencontre du guerrier*, deux lav. : **FRF 650**.

DIELEN Helena Margaretha Van, plus tard Mme **Van Romondt**
Née le 14 mars 1774 à Utrecht. Morte le 23 janvier 1841 à Utrecht. XVIIIe-XIXe siècles. Hollandaise.
Peintre de fleurs.
Elle était sœur d'Adrian Jacob Willem Van Dielen.

DIELEN Willem Mathias Jan Van
Né le 27 octobre 1805 à Utrecht. Mort vers 1864. XIXe siècle. Hollandais.
Paysagiste.
Il était fils d'Adrian.

DIELITZ Konrad Wilhelm
Né le 20 janvier 1845 à Berlin. Mort en 1933. XIXe siècle. Allemand.
Peintre de genre, portraits, paysages.
Il fit des études sur la vie du peuple dans les montagnes de la Bavière. On cite de lui : *Le Fumeur, Le Trésor de la maison, L'Empereur Guillaume I.*
Ventes Publiques : Munich, 6 nov. 1981 : *Paysage du Valais* 1897, h/t (87x109) : **DEM 3 000**.

DIELMAN Ch.
XIXe siècle. Actif vers 1860. Belge.
Peintre animalier.
Il était fils de Pierre Emmanuel Dielman.

DIELMAN Ernest
Né le 24 avril 1893 à New York. XXe siècle. Américain.
Sculpteur animalier et de figures.
De 1928 à 1933, il a figuré au Salon des Tuileries et au Salon d'Automne à Paris. Il marque une prédilection pour les figures exotiques et les groupes d'animaux.
Ventes Publiques : New York, 22 mai 1980 : *Crépuscule*, h/cart. (56,2x43,7) : **USD 1 100**.

DIELMAN Frederick
Né le 25 décembre 1847 à Hanovre. XIXe siècle. Allemand.
Peintre de sujets allégoriques, scènes de genre, paysages animés, peintre à la gouache, aquarelliste, graveur, illustrateur.
Il arriva très jeune en Amérique, mais retourna en Allemagne faire ses études artistiques. Il fut à Munich l'élève de Diez. Une fois établi à New York, ses tableaux de genre, puis ses illustrations pour des ouvrages de Longfellow, George Elliot, etc., remportèrent un vif succès.
Ventes Publiques : New York, 1er juin 1984 : *Jeune fille se promenant dans les champs* 1899, aquar. et gche (45,4x31,4) : **USD 5 000** – New York, 24 jan. 1989 : *Jeune femme dans une prairie fleurie* 1899, aquar. et gche/cart. (45x31) : **USD 6 600** – New York, 31 mars 1993 : *L'étudiant*, h/t (91,4x40,6) : **USD 1 150** – New York, 28 mai 1993 : *La pitance du chien*, h/t (40,6x27) : **USD 4 025** – New York, 21 sep. 1994 : *Allégorie de la Paix* 1902, aquar. et gche/pap. (36,8x31,8) : **USD 6 612**.

DIELMAN Marguerite
XXe siècle. Active à Bruxelles. Belge.
Peintre de natures mortes.
Elle participa à l'Exposition Universelle de Bruxelles en 1910.
Ventes Publiques : Lokeren, 5 oct. 1996 : *Vase de fleurs*, h/t (71,5x50) : **BEF 75 000**.

DIELMAN Pierre Emmanuel
Né le 29 juillet 1800 à Gand. Mort le 18 février 1858 à Bois-le-Duc. XIXe siècle. Belge.
Peintre de genre, paysages animés.
Il suivit les cours de l'Académie de sa ville natale. Il alla en France en 1829, en Italie et en Suisse. Il devint directeur de l'Académie de Bois-le-Duc en 1841.

P. D.
P. E. D.

Ventes Publiques : Paris, 28-29 nov. 1923 : *Brebis et agneau dans un pré* 1831 : **FRF 520** – Londres, 29 jan. 1926 : *Le troupeau* : **GBP 8** – Paris, 10 mars 1926 : *Fais le beau* : **FRF 395** – Rouen, 13 juin 1982 : *Jeune berger et son troupeau* 1846, h/pan. (50x62) : **FRF 21 500** – Stockholm, 29 avr. 1988 : *Moutons dans un paysage*, h/t (54x68) : **SEK 18 500** – New York, 17 jan. 1990 : *Gardien de troupeau avec ses bêtes dans un paysage*, h/pan. (57,8x72,5) : **USD 3 080**.

DIELMANN Jakob ou **Johann Furchtegott**
Né le 9 septembre 1809 à Sacksenhausen. Mort le 30 mai 1885 à Francfort-sur-le-Main. XIXe siècle. Allemand.
Peintre de genre, paysages animés, paysages, aquarelliste.
Il fit ses études à l'Institut de Francfort-sur-le-Main et à l'Académie de Düsseldorf. Au cours d'un voyage sur le Rhin, il fit des dessins pour un album.
Musées : Berlin : *Métairie de paysans du Rhin* – Francfort-sur-le-Main : *Motif de Assmannshausen – Porte de la ruine d'Eppstein – Chemin de village – Porte à Münzenberg – Petite ville du Rhin.*
Ventes Publiques : New York, 31 janv.-2 fév. 1900 : *La châtelaine* : **USD 140** ; *Madame* : **USD 210** – Londres, 26 mai 1922 : *Cour de ferme* 1871 ; *Ferme italienne*, ensemble : **GBP 18** – New York, 18 oct. 1945 : *Cour de ferme* 1852 : **USD 200** – New York, 27 juin 1979 : *Le Forgeron*, h/pan. (16,5x22) : **USD 4 750** – Munich,

25 nov. 1982 : *Le repos des charretiers* 1867, aquar./trait de cr. (15x21) : **DEM 8 000** – Cologne, 18 mars 1983 : *Le mariage*, h/t mar./pan. (14,5x18,5) : **DEM 12 000** – San Francisco, 21 juin 1984 : *Enfants devant un calvaire*, deux aquar. (14x19) : **USD 3 250** – Munich, 23 sep. 1987 : *Enfants devant une chapelle*, h/t (25x32) : **DEM 11 000**.

DIELMANN Johannes Christian
Né le 26 octobre 1819 à Sachsenhausen. Mort le 24 octobre 1886 à Francfort-sur-le-Main. xixe siècle. Allemand.
Sculpteur.
Il fut à Francfort l'élève de Krampz et de Zwerger. Il se spécialisa dans la sculpture décorative religieuse et profane.

DIELS Herman Jos August
Né en 1903 à Turnhout. Mort en 1986. xxe siècle. Belge.
Peintre de figures et de portraits. Néo-expressionniste.
Élève de E. Van Mieghem et de I. Opsomer à l'Académie des Beaux-Arts et à l'Institut Supérieur d'Anvers, il fut membre de l'Académie Royale de Belgique.
Bibliogr. : In : *Diction. biogr. illustré des Artistes en Belgique depuis 1830*, Arto, Bruxelles, 1987.
Musées : Anvers – Turnhout.

DIEM Léopold
xixe siècle. Actif à Prague vers 1830. Tchécoslovaque.
Peintre de miniatures.

DIEMANECKH Gregorius
xviie siècle. Actif à Eibelstadt vers 1660. Allemand.
Sculpteur.

DIEMAR Benjamin
Né en 1741 à Berlin. Mort en 1790 à Birmingham. xviiie siècle. Allemand.
Peintre.
On lui doit des peintures historiques et des paysages. Il était frère de Nathanael et d'Emmanuel Mathias.

DIEMAR Emmanuel Mathias
Né vers 1720 à Berlin. xviiie siècle. Allemand.
Graveur au burin.
Il était frère de Benjamin et de Nathanael.

DIEMAR John M.
xviiie siècle. Actif à Londres à la fin du xviiie siècle. Britannique.
Sculpteur.

DIEMAR Nathanael
Né en 1735 à Berlin. Mort en 1784 à Berlin. xviiie siècle. Allemand.
Peintre de miniatures et graveur à l'eau-forte.
Élève de Zing et de A. Muller.

DIEME J. Van
Peintre de paysages.
Deux tableaux de cet artiste se trouveraient au château de Schwerin.

DIEMEN C. Van
xviie siècle. Actif à Gouda à la fin du xviie siècle. Hollandais.
Peintre de miniatures.

DIEMER Martine
Née en 1948 à Paris. xxe siècle. Française.
Peintre.
Elle a figuré dans plusieurs expositions collectives parmi lesquelles : en 1982 *Pour un lieu de création* à la galerie Avant-Première à Paris, en 1983 *Il n'y a pas à proprement parler une histoire* à la Maison de la Culture de Rennes, en 1984 à la Galerie Il Navile à Bologne, en 1985 *Art au sens propre* au musée d'art moderne-musée du xxe siècle à Vienne, en 1986 *Résonnances* à Belfort, en 1987 au CREDAC d'Ivry, en 1988 à Tokyo et Carcassone. Elle a exposé personnellement en 1981 *Paradis-Radis-Suite* à la galerie Avant-Première à Paris, en 1982 *Jaune scie, bleu brique* à la galerie Christian Laune à Montpellier, en 1983 *Aberrations* à la galerie Déclinaisons de Rouen, en 1984 *Le voyage immobile* à la galerie Lhermitte de Coutances, en 1985 à la galerie Bernard Jordan à Paris, *Mezzanine series* à Halifax au Canada et au Musée des Beaux-Arts du Havre, en 1986 *Les Tableaux de l'installation* à la galerie Christian Laune de Montpellier.
Les premiers travaux qu'elle présenta étaient des assemblages d'éléments fabriqués en pâte à papier ou découpés dans des cartons violemment colorés. Ces « fragments » picturaux se développaient sur le mur, générant un jeu de relations et de tensions chromatiques. Vers 1983-1984, elle réalise des tableaux, en utilisant toujours le papier kraft comme support. Sur un fond uni bleu, jaune, vert d'eau, marron ou rouge vif, elle peint un petit objet, un animal, un fragment d'architecture, un paysage, perdu dans cet espace auquel il n'appartient pas vraiment. ■ F. M.
Bibliogr. : Michel Nuridsany, in : *Art Press*, Paris, fév. 1991.

DIEMER Michael Zeno
Né le 8 février 1867 à Munich. Mort en 1939 à Oberammergau. xixe-xxe siècles. Allemand.
Peintre de batailles, paysages, marines, aquarelliste.
Le nom de Z. Diemer figure dans le catalogue du Musée historique de Lucerne, où il est représenté par un diorama intitulé : *Soir après la Bataille* et un tableau à l'huile : *Bataille navale de Saint-Iago*. Il a exposé à Munich en 1909, une toile : *Orage sur le lac de Garde* et les aquarelles : *Près d'Édimbourg, Au Cap du Nord, Au Loppiopass, Entrée par temps orageux au havre de Lindau*.
Ventes Publiques : Londres, 21 oct. 1983 : *Bateaux de guerre sous la brise* 1922, h/t (188x164,2) : **GBP 3 000** – Madrid, 21 mars 1984 : *Voilier en mer* 1922, h/t (188x264) : **ESP 1 100 000** – Zurich, 15 mars 1985 : *Marine*, h/t (99x144) : **CHF 2 800** – Heidelberg, 12 oct. 1985 : *Vue de l'Acropole, Athènes*, aquar. (34x72) : **DEM 2 700** – Londres, 26 juin 1987 : *Vue de Constantinople*, h/t (98,5x143,5) : **GBP 34 000** – Neuilly, 20 mai 1992 : *Vue du Bosphore* 1909, aquar. gchée (32x70) : **FRF 41 000** – Munich, 21 juin 1994 : *Deux frégates en pleine mer*, h/t (115x152,5) : **DEM 6 900** – Londres, 31 oct. 1996 : *Voilier en plein mer* 1919, h/t (99x145) : **GBP 34 500** – Londres, 11 oct. 1996 : *La Corne d'Or vue du Bosphore, Istambul*, h/t (90x130) : **GBP 32 200** – Londres, 29 mai 1997 : *Bâtiments de guerre au large du littoral*, h/t (78x123) : **GBP 10 925**.

DIEMER Philipp
xvie siècle. Actif à Brixen vers 1500. Autrichien.
Peintre.
Il exécuta des peintures pour l'église cathédrale de Brixen.

DIEMERBROECK Gervan
xvie siècle. Actif à Utrecht vers 1597. Hollandais.
Peintre verrier.

DIEM PHUNG THI
Née en 1920. xxe siècle. Active aussi en France. Vietnamienne.
Sculpteur.
Après des études à Hanoi et à Paris, elle abandonne son métier de dentiste pour se consacrer à la sculpture. Entre 1959 et 1961, elle fréquente diverses Académies de Paris, puis, de 1961 à 1963, travaille sous la direction du sculpteur Volti. Depuis 1961, elle participe à de nombreux Salons, notamment à celui d'Automne, à Comparaisons et au Salon de Mai. Elle a personnellement exposé à Paris en 1966 et à Copenhague en 1967.
Après avoir travaillé la terre et le bois selon des préceptes de l'expressionnisme figuratif, elle a utilisé la pierre, réalisant des sculptures, souvent composées d'éléments modifiables, dont le caractère est incontestablement asiatique. Elle sculpte des sortes de stèles où les volumes rappellent la calligraphie extrême-orientale.

DIEN Achille
Né dans la seconde moitié du xixe siècle à Paris. xixe siècle. Français.
Peintre.
Sociétaire du Salon des Artistes Français ; médaille de bronze en 1889 et en 1900 (Exposition Universelle).

DIEN Claude Marie François
Né le 11 novembre 1787 à Paris. Mort le 20 août 1865 à Paris. xixe siècle. Français.
Graveur et peintre.
Il eut pour maîtres Reboul et Audoin. En 1809, une Académie gravée lui valut le premier grand prix de gravure. Il obtint une médaille de première classe en 1838 et 1848. En 1853, la Légion d'honneur. De 1822 à 1861, il figura au Salon soit par ses gravures, soit par ses aquarelles exécutées d'après les maîtres. Il a gravé des planches pour différentes éditions de sujets religieux, des sujets de genre et des portraits.
Ventes Publiques : Paris, 1879 : *Portrait de Mme de Staël et de Daguesseau*, dess. à la mine de pb : **FRF 30** ; *Journiac de Saint-Méard*, dess. à l'encre de Chine et au bistre : **FRF 10**.

DIEN Louis Félix Achille
Né le 24 décembre 1832 à Paris. xixe siècle. Français.

Peintre de figures, paysages, pastelliste, dessinateur.
Il exposa au Salon de Paris de 1867 à 1882 des paysages, dont quelques-uns au fusain.
Musées : Bagnères-de-Bigorre : *Paysage* – Dieppe : *Paysage*, deux fusains – trois peintures – *Nature morte*.
Ventes Publiques : Paris, 23 mai 1929 : *Paysage*, past. : **FRF 300** – Paris, 12 fév. 1947 : *Ruisseau en forêt* : **FRF 1 600** – Versailles, 19 oct. 1980 : *Odalisque allongée*, aquar. gchée (25x31) : **FRF 2 500.**

DIEN Louis Jean Claude
Né le 26 novembre 1817 à Paris. XIXe siècle. Français.
Peintre d'histoire et de portraits.
Il était fils de Claude Marie François Dien, et fut l'élève de Blondel. De 1844 à 1859, il exposa au Salon. Dans l'église de Montlouet, on voit de cet artiste : *Le Ravissement de saint Paul*.

DIENER Henry
Né à Paris. XXe siècle. Français.
Peintre de portraits, de nus, de compositions, de paysages et de natures mortes.
De 1921 et 1932, il a participé au Salon des Artistes Indépendants, au Salon d'Automne et à celui des Tuileries.

DIENER-DENOS Rudolph
Né à Budapest (Hongrie). XXe siècle. Hongrois.
Peintre.
Il a exposé des paysages au Salon d'Automne de 1926.

DIENIS François
XVIe siècle. Actif à Fresnay-sur-Sarthe. Français.
Peintre verrier.
Il travailla de 1563 à 1580 à la restauration des vitraux de l'église de Fresnay.

DIENIS Jacques
XVIe siècle. Actif à Fresnay-sur-Sarthe. Français.
Peintre verrier.
Travailla à l'église d'Assé-le-Boisne.

DIENIS Julien
XVIe siècle. Actif à Fresnay-sur-Sarthe. Français.
Peintre verrier.
Travailla à l'église d'Assé-le-Boisne.

DIENIS Michel
XVIe siècle. Actif à Fresnay-sur-Sarthe. Français.
Peintre verrier.
Travailla aux églises de Fresnay et d'Assé-le-Boisne en 1585.

DIENST Rolf Günter
Né en 1942 à Kiel. XXe siècle. Allemand.
Peintre. Abstrait.
Après avoir fait des études artistiques à Baden-Baden, il a poursuivi sa carrière d'écrivain parallèlement à celle de peintre, animant, par exemple, la revue *Das Kunstwerk* depuis 1964. Il a personnellement exposé à partir de 1963 en Allemagne, à Hambourg, Cologne, en 1969 au Musée de Baden-Baden et, la même année à celui de Wuppertal, en 1994, 1996 galerie Appel et Fertsch de Francfort-sur-le-Main. En 1966-1967, il a enseigné à la New York University.
À ses débuts, il a pratiqué une peinture abstraite informelle, en larges aplats, paradoxalement influencée par l'esthétique du pop'art. Il compose ensuite ses toiles plus rigoureusement, à partir d'un signe graphique volontairement dénué de signification, ni plastique ni fonctionnelle, libre de toute convention, qu'il écrit minutieusement sur des fonds bicolores, laissant éventuellement une plage vierge de toute inscription qui est là comme témoin. Évitant toute intervention lyrique, il laisse à la toile son rôle concret d'espace qui tend à n'exister que par lui-même et ne renvoie qu'à sa propre existence.
Bibliogr. : Divers : Catalogue de l'exposition *Rolf-Gunter Dienst : Gemälde und Zeichnungen 1962-1988*, Kiel, Ludwigshafen, Berlin, Bottrop, 1988-1989.

DIENZ Herm
XXe siècle. Allemand.
Peintre. Abstrait.
Il travaille à Bonn, mais ne semble pas beaucoup exposer en Allemagne. Il a figuré au Salon des Réalités Nouvelles à Paris, notamment en 1953 et 1955.
Il recherche essentiellement à exprérimenter des effets de matières.

DIEPEN Hubert
Né en 1818. XIXe siècle. Actif à Tilbourg. Éc. flamande.
Peintre paysagiste.

DIEPEN Johannes Van
Né en 1662. XVIIe siècle. Actif à Amsterdam. Hollandais.
Peintre.

DIEPENBEECK Abraham Van
Né en 1596 à Bois-le-Duc, selon Siret en 1599. Mort en 1675 à Anvers. XVIIe siècle. Éc. flamande.
Peintre d'histoire, compositions religieuses, peintre à la gouache, aquarelliste, dessinateur.
Fils du peintre verrier Jan Roelofsz Van Diepenbeeck, il devint son élève. En 1623, il est membre de la Gilde des peintres-verriers d'Anvers. En 1636, il est reçu bourgeois de la ville d'Anvers. En juin 1637, il épouse Catherine Heuvick, fille de maître Luc, notaire à Anvers ; de ce mariage, qu'il regrettait déjà quinze mois plus tard, naquirent toutefois huit enfants. Étant devenu veuf en 1648, il épouse en seconde noce, le 13 mai 1652, Anna van der Dort, veuve de Daniel de Brouwer, âgée de 32 ans, qui lui donna quatre enfants. En 1624, il fait différents travaux de peinture sur verre pour la chambre des milices de la ville, ainsi que plusieurs vitraux pour l'église Saint-Paul (17 vitraux qui lui furent payés 400 gulden et furent ensuite vendus en Angleterre). La ville, les églises, les communautés religieuses ne cessent de lui commander des travaux de vitrerie, et lui décernent des titres honorifiques, tant la beauté de ses images transparentes est grande ; sa réputation grandit sans cesse. Cependant il constate la fragilité de ses œuvres et se détache peu à peu du travail du verre, pour entrer dans l'atelier de Pierre Paul Rubens, le grand maître de l'École flamande, dont il devint l'élève et l'ami. Son habileté et la finesse de ses travaux le placèrent parmi ses meilleurs élèves, qui se fit aider souvent par lui lorsqu'il entreprenait de grandes toiles. En 1627 et 1638, il visita l'Italie en compagnie de Jan Thomas van Ypern. Revenu à Anvers, il exécute encore quelques travaux sur verre, notamment pour la cathédrale, où durant l'année 1635 il travaille à la confection d'un vitrail, que l'on peut encore admirer de nos jours. En 1642, ayant pris à son service le graveur H. Snyeders jeune, ils reproduisirent de concert plusieurs œuvres de Rubens sur cuivre. Nous ne découvrons aucune trace de son passage en France ; mais le roi Charles Ier le fit mander en Angleterre, pour dessiner et travailler pour un ouvrage concernant la fameuse expédition de William Cavendish, lord de New castle pour lequel il fit plusieurs portraits ainsi que des paysages. Ses travaux aussitôt terminés, Diepenbeeck regagna la Belgique, où il termina ses jours.
Très attaché à la Compagnie de Jésus, dont il était membre, ses œuvres prennent peu à peu un aspect étranger aux travaux qu'il exécutait avec son maître. Son art tourne à une forme mystico-superstitieuse, pourrait-on dire car ses conceptions sont fort étranges. Il dessine ou peint tout ce qu'on lui demande et l'industrie nuit à son art. Ses estampes sont fortement influencées par les amis et la société qu'il fréquente dans le monde religieux. Martyres, miracles, symboles, apparitions, figures de saints et d'apôtres, imagerie pour enfants, il travaille servilement. Une danse macabre, en trente scènes est toutefois un travail très curieux, et témoigne bien cette sorte de mysticisme qui le possède. Son art est devenu captif et dans les œuvres qu'il produit, son maître Rubens ne reconnaîtrait bientôt plus le fin pinceau qu'il aimait avoir à ses côtés, lorsqu'ils travaillaient ensemble. On retient de lui : *Le Berceau de Jésus, Ecce Homo, Descente de croix*.
Le livre de Cornille de Bie renferme un portrait d'Abraham van Diepenbeeck, et gravé d'après une peinture faite par lui-même. Il a le front un peu fuyant, un visage fin, aux yeux scrutateurs, au nez questionneur. De longs cheveux bouclés garnissent ses épaules, son pourpoint, son rabat, son manteau, lui donnent quelque peu l'air d'un ecclésiastique. Les plus grands graveurs de l'époque, tels : Pierre de Jode, Waumans, Pierre de Balliu, Paul Pontius, Cornille Galle et Bolswert reproduisirent sur le cuivre des tableaux de Diepenbeeck.

Musées : Abbeville : *Hyacinthe et Apollon* – Anvers : *Saint Bonaventure* – Berlin : *Clélie et Porsenna – La Vierge à l'Enfant – Le Mariage de sainte Catherine* – Béziers : *Mendiants* – Bordeaux :

Enlèvement de Ganymède - Bruxelles : *Saint François à genoux* - Deurne : *Saint Norbert* - Dresde : *Neptune et Amphitrite* - *La fuite de Clélie* - Mayence : *La Flagellation du Christ* - Munich : *Distribution du pain* - *Abraham hospitalisant les trois anges* - Orléans : *Le Christ mort* - Paris (Louvre) : *Clélie passant le Tibre* - *Portraits d'homme et de femme* - Saint-Omer : *Léda et Jupiter* - Stockholm : *Nymphes chassant* - Strasbourg : *Entrée dans les ordres de saint Norbert* - *Prise de voile d'une abbesse.*

Ventes Publiques : Amsterdam, 1765 : *Diane et ses Nymphes* : **FRF 735** - Bruxelles, 1833 : *Le massacre de saint Charles Borromée* : **FRF 26** - Gand, 1838 : *Le Christ faisant son entrée à Jérusalem* : **FRF 13** - Paris, 1859 : *Une dame avec un enfant endormi* : **FRF 477** - Paris, 1869 : *L'enfance de Bacchus* : **FRF 116** - Paris, 1900 : *Un jeune seigneur* : **FRF 420** - Cologne, 8 et 9 mars 1904 : *Charité* : **DEM 115** - Paris, 29 mars 1905 : *Sainte Famille* : **FRF 131** - Paris, 10 mars 1905 : *La Résurrection de Lazare* ; *La Cène* : **FRF 190** - Londres, 7 déc. 1908 : *Le repos en Égypte* : **GBP 2** - Paris, 8-10 juin 1920 : *Un jeune Seigneur*, cr. : **FRF 2 200** - Londres, 28 avr. 1922 : *Dame en robe noire* 1620 : **GBP 157** - Paris, 15 déc. 1922 : *Étude pour un monument funéraire*, pl. et lav. : **FRF 160** - Paris, 26 avr. 1923 : *La Sainte Famille et saint Jean*, pierre noire : **FRF 115** - Paris, 17 et 18 mars 1927 : *Sujets religieux*, pl. et lav., neuf dess. : **FRF 620** - Paris, 9 fév. 1928 : *Clélie passant le Tibre et emmenant avec elle ses compagnes* : **FRF 10 000** - Paris, 23 mai 1928 : *Sainte conversation*, pl. pierre noire et lav. : **FRF 820** - Paris, 30 oct. 1928 : *Vierge et Enfant*, pierre et sanguine : **FRF 360** - Paris, 1er mars 1929 : *Scène à plusieurs personnages*, dess. : **FRF 120** - Paris, 17 mai 1929 : *Scène de cabaret* : **FRF 3 400** - Bruxelles, 28 et 29 mars 1938 : *Les noces de Neptune et d'Amphitrite* : **BEF 2 600** - Londres, 9 juin 1939 : *La chute de Phaéton* : **GBP 34** - Paris, 15 déc. 1941 : *La Vierge et les Évangélistes*, lav. de bistre et gche : **FRF 150** - Londres, 4 oct. 1944 : *Sainte Famille* : **GBP 52** - New York, 21 fév. 1945 : *La mort du Christ* : **USD 150** - Londres, 27 juil. 1945 : *Tête de guerrier* : **GBP 136** - Paris, oct. 1945 et juil. 1946 : *Le tableau de chasse* : **FRF 22 000** - Versailles, 13 juin 1976 : *La justice*, h/t (125x188) : **FRF 10 000** - Londres, 24 juin 1980 : *Saint-Paul à Éphèse, craie noire*, pl. et lav./pap. (21,8x17,2) : **GBP 550** - Londres, 11 juin 1981 : *Dessin pour un frontispice comprenant les Armes d'Autriche et l'Aigle du Saint-Empire Romain Germanique* 1697, pl. et lav./trait de craie noire, reh. de blanc/pap. (44,6x35,8) : **GBP 1 450** - New York, 3 juin 1988 : *Cheval gris à la longue crinière*, h/t (155x179) : **USD 77 000** - Amsterdam, 14 nov. 1988 : *Dessin d'un frontispice aux armes de l'Autriche avec l'aigle du Saint-Empire Romain* 1697, encre et craie (44,6x35,8) : **NLG 26 450** - Amsterdam, 16 nov. 1994 : *Crucifixion*, h/pan. (21x13,5) : **NLG 3 680** - Paris, 18 nov. 1994 : *La Vierge et le Christ apparaissant à un moine*, pl., cr. noir et gche blanche (35x22,5) : **FRF 24 000** - Paris, 13 mars 1995 : *Projet pour un frontispice*, sanguine et lav. (33,5x20) : **FRF 6 500** - Amsterdam, 15 nov. 1995 : *Étude pour un tableau d'autel avec saint François d'Assise agenouillé devant une apparition du Christ et de la Vierge et accompagné d'un ange*, craie noire, encre et lav. (35,6x23,4) : **NLG 14 160** - Amsterdam, 12 nov. 1996 : *Allégorie de la Musique*, cr., encre brune et lav. (11,3x15,5) : **NLG 1 062** - Londres, 16-17 avr. 1997 : *La Madone et l'Enfant triomphants*, craie noire avec quadrillage (30,8x23,1) : **GBP 1 150.**

DIEPENBEECK Abraham Gerritsz
Né le 12 octobre 1602. XVIIe siècle. Hollandais.
Peintre.
Il était fils de Gerrit Gysbertsz Van Diepenbeeck.

DIEPENBEECK Gerrit Gysbertsz Van
Mort le 18 octobre 1603 à Breda. XVIe siècle. Hollandais.
Peintre verrier.
Il était fils de Gysbert Roelofsz Van Diepenbeeck.

DIEPENBEECK Gysbert Jansz Van
XVIIe siècle. Actif à Hertogenbosch. Hollandais.
Peintre verrier.
Il était fils de Jan Roelofsz Van Diepenbeeck.

DIEPENBEECK Gysbert Roelofsz Van
XVIe siècle. Actif à Hertogenbosch à la fin du XVIe siècle. Hollandais.
Peintre verrier.

DIEPENBEECK Jan Roelofsz Van
XVIe-XVIIe siècles. Actif à Bois-le-Duc. Éc. flamande.
Peintre verrier, dessinateur et graveur.
En 1616, il fit huit vitraux de la vie de Marie à Roermond, détruits par le feu en 1665. Il était le père d'Abraham Van Diepenbeeck et le fils de Roelof Gysbertsz van Diepenbeeck.

DIEPENBEECK Roelof Gysbertsz Van
XVIe siècle. Actif à Bois-le-Duc. Hollandais.
Peintre verrier.
Peut-être y a-t-il confusion avec Gysbert Roelofsz Van Diepenbeeck.

DIEPENDAEL Arnould Van ou **Diependale**
XVIe siècle. Actif à Louvain en 1531. Éc. flamande.
Peintre verrier.

DIEPENDALE Adriaen Van ou **Diependael**
XVIe siècle. Actif à Louvain entre 1529 et 1573. Hollandais.
Peintre verrier.
Il vécut à Wavre en 1534, eut un procès par suite de sa brutalité et vécut à Bruxelles en 1538.

DIEPENDALE Conrad
XVIe siècle. Actif à Louvain. Éc. flamande.
Peintre verrier.
Il était fils de Jan Van Diependale.

DIEPENDALE Henri Van ou **Diependael**
Mort le 3 décembre 1509. XVe-XVIe siècles. Actif à Louvain. Éc. flamande.
Peintre verrier.
Élève en 1466, de Rombout Keldermaus, dont il épousa la fille. Il fit, en 1502, les fenêtres de l'église des Chartreux, détruite depuis 1806.

DIEPENDALE Jan Van ou **Diependael**
XVIe siècle. Actif à Louvain. Éc. flamande.
Peintre verrier.
Il épousa, en 1511, Gertrude Van den Putte. Il exécuta les vitraux de la Chartreuse de Louvain de 1517 à 1532, réputés pour les plus beaux du Brabant. Il travailla pour les Célestines de Heverlé, les Augustines de Louvain et d'autres couvents. Ses fils, Arnoult, Adriaen et Conrad, furent aussi peintres verriers.

DIEPENDALE Prudentia ou **Profondavalle**
XVIe siècle. Active à Milan vers 1590. Éc. flamande.
Peintre.
Fille de Valerius Diependale.

DIEPENDALE Valerius ou **Profondavalle**
Mort avant 1593. XVIe siècle. Actif à Louvain. Éc. flamande.
Peintre verrier.
Travailla à Milan peut-être pour la cour, y prit le nom de Profondavalle et fut peut-être aussi peintre d'histoire.

DIEPENHUYSEN J. Van
XIXe siècle. Actif vers 1800. Hollandais.
Dessinateur de vues de villes.

DIEPERINCK Joannes
Mort en 1761 à Bruges. XVIIIe siècle. Éc. flamande.
Peintre.
Il fut reçu maître en 1734.

DIEP MINH CHAU
Né en 1919 dans la province de Ben Tre (sud du Viêt-Nam). XXe siècle. Vietnamien.
Sculpteur de statues, bustes, peintre.
Élève de l'École des Beaux-Arts de l'Indochine de 1940 à 1944, il est également diplômé de l'École des Beaux-Arts de Prague.
Son œuvre reflète son engagement politique. Il est surtout connu pour sa sculpture du président Ho Chi Minh entouré de ses enfants.
Bibliogr. : In : Catalogue de l'exposition *Paris-Hanoi-Saigon, l'aventure de l'art au Viêt-Nam*, Pavillon des Arts, Paris, 1998.

DIEPOLD Manfred von
Né le 23 septembre 1926 à Norderney. XXe siècle. Actif aussi en France. Allemand.
Sculpteur.
Après des études à l'École des Beaux-Arts de Düsseldorf de 1947 à 1951, il vient à Paris où il est élève de Marcel Gimond de 1951 à 1953. Il a participé à une exposition collective au Musée Boymans à Rotterdam en 1960, date à laquelle il a figuré au Salon de la Jeune Sculpture au Musée Rodin à Paris. Il vit et travaille en Normandie.

DIEPPE Jean
XVIe siècle. Français.
Peintre.
Il était au service du roi entre 1540 et 1550.

DIEPRAEM Abraham ou **Arend** ou **Diepraam**
Né en 1621 ou 1622 à Rotterdam, où il fut sans doute baptisé le 23 janvier 1622. Mort en juillet 1670 à Rotterdam. XVIIe siècle. Hollandais.
Peintre de scènes de genre, intérieurs, dessinateur.
Il eut peut-être pour maître H. M. Rokes et le peintre verrier W.-J. Stoop, il fut en tout cas disciple de A. Brouwer. Il entra, en 1648, dans la gilde de Dordrecht, et alla probablement en France. Il eut pour élève Matthys Wulfraat. Alcoolique, il vécut dans la misère et mourut à l'hôpital.

Musées : Amsterdam (Rijksmuseum) : *Paysans buvant* – Berlin : *Paysan assis sur un tonneau* – Douai : *Vieillard se chauffant* – Londres (Nat. Gal.) : *Fumeur assis* – Mayence : *Les fumeurs* – Saint-Omer : *Fumeur* – Stockholm : *Musicien buvant.*
Ventes Publiques : Paris, 1763 : *Fête villageoise* : **FRF 298** – Paris, 1869 : *Charlatan entouré de villageois* : **FRF 515** – Londres, 24 fév. 1922 : *Intérieur de taverne* 1577 : **GBP 50** – Paris, 27-28 mai 1926 : *Couple d'amoureux* : **FRF 18 500** – Londres, 16 fév. 1940 : *Paysans* : **GBP 29** – Paris, 21 mai 1941 : *Couple d'amoureux* : **FRF 45 000** – Paris, 25 nov. 1946 : *Scènes de cabaret*, deux dess. à la pl., reh. de lav. : **FRF 1 950** – Londres, 14 mai 1965 : *Scène de cabaret* : **GNS 380** – New York, 5 juin 1979 : *Paysan riant*, pl./parchemin (14,5x12) : **USD 1 400** – Nice, 29 sep. 1982 : *Le Joueur de tambour*, h/pan. (48x50) : **FRF 51 000** – Paris, 10 juin 1987 : *Scène de cabaret*, h/pan. (26x22) : **FRF 27 500** – Paris, 27 mars 1992 : *Couple dans un intérieur*, h/pan. (26,5x23,5) : **FRF 25 000** – Paris, 18 déc. 1996 : *La Collation*, h/pan. (20x16,5) : **FRF 35 000**.

DIER Erhard Amadeus
Né en 1892 à Vienne. Mort en 1969. XXe siècle. Autrichien.
Peintre de genre, aquarelliste, dessinateur.
Ventes Publiques : Heidelberg, 21 oct. 1977 : *Le Repas de noce*, h/cart. (60x70,5) : **DEM 3 200** – Vienne, 18 mars 1986 : *Mille et une nuits* 1956, h/t (90x120) : **ATS 35 000** – Londres, 6 mai 1987 : *Les quatre saisons* 1925, aquar. et cr., suite de quatre dessins (18x16) : **GBP 6 000** – Berne, 26 oct. 1988 : *Jardin avec des parterres de mauves*, h/cart. (29,5x35) : **CHF 650**.

DIERCKX Matheus Ignatius
Né le 6 mai 1807 à Anvers. Mort le 17 juillet 1832 à Anvers. XIXe siècle. Belge.
Peintre d'histoire.
Élève de Van Bree.

DIERCKX Pierre Jacques
Né en 1855 à Anvers. Mort en 1947. XIXe-XXe siècles. Belge.
Peintre de genre, sujets allégoriques, figures typiques, aquarelliste.
Il fut élève de Charles Verlat et de l'École des Beaux-Arts de Paris. Il travaillait à Anvers et à Mol. Il exposa régulièrement à Paris, au Salon des Artistes Français, 1895 médaille de troisième classe, 1900 médaille de bronze pour l'Exposition Universelle, 1902 médaille de deuxième classe.

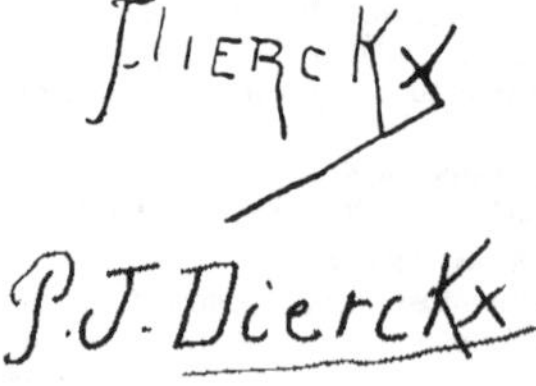

Musées : Anvers : *Douleur* – *Méditation* – Bruxelles : *Les Fileuses* – Leipzig : *Dans l'écurie.*
Ventes Publiques : Anvers, 22 avr. 1980 : *Berger*, h/t (54x72) : **BEF 20 000** – Londres, 26 fév. 1988 : *Les petits aides*, h/t (58,5x73,7) : **GBP 3 850** – Londres, 25 nov. 1992 : *Famille de fileuses dans les Flandres* 1898, h/t (90,5x103,5) : **GBP 2 860** – Lokeren, 9 déc. 1995 : *Mère et enfant*, h/t (60x51) : **BEF 70 000**.

DIERCXENS Jacques Nicolas
Né en 1744. Mort en 1829. XVIIIe-XIXe siècles. Actif à Anvers. Éc. flamande.
Peintre.
D'abord négociant à Séville, il retourna à Anvers et fit de la peinture en amateur. Il voyagea ensuite en Espagne, en Italie, en Autriche.

DIÉRÉ Myriam
Née à Saint-Servan (Ille-et-Vilaine). XXe siècle. Française.
Peintre de portraits, de paysages, de fleurs et de natures mortes.
Elle a régulièrement participé, de 1924 à 1938, au Salon d'Automne et à celui des Tuileries.
Ventes Publiques : Paris, 27 mars 1930 : *Fenêtre ouverte sur le port*, gche : **FRF 600**.

DIEREN Bernardus Van
Mort en 1754 ou 1755 à Amsterdam. XVIIIe siècle. Hollandais.
Peintre.

DIEREN Jan Van
Né à Groningue. XVIIe-XVIIIe siècles. Hollandais.
Peintre.

DIERHOUT Robbrecht
XVe siècle. Actif à Gand à la fin du XVe siècle. Éc. flamande.
Enlumineur.

DIERIC ZONE. Voir **DIRCKSZ Jehan**

DIERICKX Adriaen. Voir **RODRIGUEZ Adriano**

DIERICKX Désiré
Né le 5 novembre 1826 à Lille. Mort en 1906 à Paris. XIXe siècle. Français.
Peintre de paysages.
Élève de Th. Rousseau et de Corot. Il débuta au Salon de Paris avec des paysages en 1851.

DIERICKX Joseph Henri ou **José**
Né le 14 octobre 1865 à Bruxelles. Mort en 1959. XIXe-XXe siècles. Belge.
Peintre de compositions religieuses, scènes de genre, figures, portraits, paysages, marines, décorateur, sculpteur, et architecte.
Élève de Jean Portaels et de Joseph Stallaert, il obtint, en 1887, le Prix Godecharle qui lui permit de faire le voyage en Italie. Il participa régulièrement aux manifestations du Cercle Pour l'Art, fondé en 1892. Il fut professeur à l'École des Arts Décoratifs et Industriels d'Ixelles.
Ses scènes de genre, paysages, marines, montrent toujours une recherche des effets de lumière. On cite de lui : *Amour déçu* – *Résurrection de Lazare*. Il est aussi l'auteur d'œuvres décoratives pour des expositions temporaires et de décorations de façades réalisées avec le sculpteur Jeff Lambeaux.
Bibliogr. : In : *Diction. biogr. illustré des Artistes en Belgique depuis 1830*, Arto, Bruxelles, 1987 – Gérald Schurr, in : *Les Petits Maîtres de la peinture 1820-1920, valeur de demain*, Les Éditions de l'Amateur, t. V, Paris, 1981.
Musées : Bruxelles (Mus. Charlier) : *La loge.*
Ventes Publiques : New York, 29 oct. 1987 : *Le lavoir au gymnase* 1884, h/t mar./isor. (92,7x115,9) : **USD 11 000**.

DIERICKX Karel
Né le 19 avril 1940 à Gand. XXe siècle. Belge.
Peintre. Expressionniste, puis expressionniste-abstrait.
Élève d'O. Landuyt à l'Académie Royale de Gand où il étudie entre 1960 et 1962, il a remporté le Prix de la Jeune Peinture Belge à Bruxelles en 1961 et le Prix Godecharle en 1964. Il participe à des expositions collectives nombreuses, dont : 1963 Biennale de Paris, 1983 *15 peintres de Belgique* à La Haye, 1984 Biennale de Venise, etc. En 1963, il a exposé à Bruxelles, ainsi qu'en 1972, puis 1986, etc., ainsi qu'à Gand, Ostende, et Hambourg, Bâle, Berne, Luxembourg, Galerie Clivages de Paris en 1992, 1994, etc.
Dépouillée, allusive et parfois morbide, sa peinture figurative, use parfois de déformations proches de celles de Bacon. Il a évolué ensuite à un expressionnisme abstrait ou paysagisme abstrait, proche de l'informel et du matiérisme.
Bibliogr. : Jean-Pascal Léger, Stefan Hertmans : *Cahier Clivages N°5, spécial Karel Dierickx*, Paris, 1992.
Ventes Publiques : Lokeren, 9 oct. 1993 : *Personnage*, h/pan. (121x44) : **BEF 75 000** – Lokeren, 4 déc. 1993 : *Ploumanach 2* 1985, h/t (70x60) : **BEF 28 000**.

DIERICKX Omer
Né le 2 avril 1862 à Bruxelles. Mort en 1939. XIXe-XXe siècles. Belge.

Peintre de figures, portraits, paysages.
Il obtint une mention honorable à l'Exposition Universelle de 1889. Il enseigna à l'Académie des Beaux-Arts de Louvain.
On lui doit des portraits et des décorations.
Bibliogr. : In : *Diction. biogr. illustré des Artistes en Belgique depuis 1830,* Arto, Bruxelles, 1987.
Musées : Tournai.
Ventes Publiques : Bruxelles, 21 mai 1980 : *Jeune Fille assise dans un sous-bois* 1887, h/t (90x115) : **BEF 22 000.**

DIERICXSEN Pieter. Voir **DIRCKSZ**

DIERICXSENS Michel
XVIIIe siècle. Actif à Anvers vers 1792. Éc. flamande.
Peintre.

DIERIKX Gust
Né en 1924 à Malines. XXe siècle. Belge.
Peintre. Néo-expressionniste.
Il fit ses études aux Académies des Beaux-Arts de Malines, Bruxelles et à l'Institut supérieur d'Anvers.
Bibliogr. : In : *Diction. biogr. illustré des Artistes en Belgique depuis 1830,* Arto, Bruxelles, 1987.
Ventes Publiques : Lokeren, 15 mai 1993 : *Cyprès et oliviers en Provence* 1972, h/t (50x60) : **BEF 26 000.**

DIERIPE Nicolas
XVe siècle.
Peintre.
Ce fut l'élève de Philippot Truffin à Haarlem.

DIERKINS Heynderic
XVe siècle. Actif à Bruges à la fin du XVe siècle. Éc. flamande.
Peintre.

DIERKS C. F.
XIXe siècle. Actif à Oldenburg. Allemand.
Lithographe.

DIERNSCHWAMB Simon
XVIIe siècle. Actif à Vienne en 1606. Autrichien.
Peintre.

DIERSCHING
XIXe siècle. Actif au début du XIXe siècle. Allemand.
Peintre de miniatures.
On connaît fort peu d'œuvres de cet artiste dont la biographie nous échappe.

DIERTAC Joos
XVe siècle. Actif à Bruges vers 1405. Éc. flamande.
Peintre verrier.

DIERVORT Louis Van. Voir **VANDIERVORT**

DIERX Léon
Né en 1838 ou 1841 à La Réunion. Mort en 1912 à Paris. XIXe-XXe siècles. Français.
Peintre de paysages.
Connu pour sa poésie, il était ami de Vollard et du docteur Gachet et, même s'il fréquentait le cercle des impressionnistes, il peignit des paysages dans un style proche de celui de l'École de Barbizon. Tous ses paysages se distinguent par la délicatesse de leur harmonie, ses premiers, rappelant ceux de Dupré, et ses derniers, ceux de Corot.
Bibliogr. : Gérald Schurr, in : *Les Petits Maîtres de la peinture 1820-1920, valeur de demain,* Les Éditions de l'Amateur, t. V, Paris, 1981.
Musées : La Réunion (Mus. Léon Dierx) – Troyes.
Ventes Publiques : Paris, 13 jan. 1943 : *Le village* : **FRF 650.**

DIËS
Né au IIe siècle avant J.-C. sans doute à Athènes. IIe siècle avant J.-C. Antiquité grecque.
Sculpteur.
Nous savons que le père de cet artiste s'appelait Apollanides et son frère aîné Cakoisthenes. On a retrouvé sa signature sur plusieurs socles des statues à l'Acropole et au théâtre de Dionysos à Athènes.

DIES Albert Christophe
Né en 1755 à Hanovre. Mort le 28 décembre 1822 à Vienne. XVIIIe-XIXe siècles. Autrichien.
Peintre de paysages, aquarelliste, graveur, dessinateur.
Il fit des voyages en Italie, vers 1797 et s'établit définitivement à Vienne. On cite parmi ses gravures : *Renaud et Armide, Médée.*
Ventes Publiques : Vienne, 1823 : *Vue de Guttenstein et de la montagne de neige ; Autre vue de ces environs du côté opposé,* aquar., deux dessins : **FRF 16,75** – Zurich, 25 nov. 1977 : *Paysage d'Arcadie* 1800, h/t (69,5x92) : **CHF 5 300** – Vienne, 13 juin 1978 : *Paysage d'Italie* 1800, h/t (69,5x92) : **ATS 100 000** – Munich, 10 déc. 1992 : *Castel Gandolfo* 1778, encre et lav./pap. (33,2x44,9) : **DEM 8 475** – Munich, 27 juin 1995 : *Tivoli, la chute d'eau et le ruisseau près de San Rocco,* encre noire et gche/pap. (69,5x49) : **DEM 18 400.**

DIES Cesare
Né en 1830 à Rome. XIXe siècle. Italien.
Peintre d'histoire et sculpteur.
Étudia l'architecture et commença à se consacrer au dessin à l'âge de 11 ans avec les conseils de Stefano Poggi. Ce dernier étant mort, le jeune Cesare devint élève à l'Académie de France, puis à l'Académie de Saint-Luc, et s'adonna à la sculpture jusqu'à ce que le professeur Minardi le ramenât à la peinture en l'acceptant dans son atelier.

DIES Emilio
Né en 1841 à Rome. XIXe siècle. Italien.
Sculpteur.
Étudia le dessin, à partir de 10 ans, avec les conseils de son frère Cesare Dies, et entra à l'Académie San Luca où il fut élève de Minardi et de Tenenari. Il commença à faire de petits travaux en style religieux dont on cite la statue de *Pie IX bénissant.* Il voyagea ensuite en Italie et se fixa quelque temps dans chaque ville pour se perfectionner. En 1870, il sculpta un marbre représentant *Saint Pierre en prison* (pour une église de Nancy).

DIES Jörg
XVIe siècle. Suisse.
Sculpteur.
Il travaillait à Schaffhouse entre 1522 et 1524.

DIESA Joan de
XVIe siècle. Actif à Madrid. Espagnol.
Dessinateur et graveur.
Il grava le titre d'un ouvrage de Blas Robles en 1524.

DIESBACH Alphonse de, comte
Né en 1809 à Saint-Germain-en-Laye. Mort le 4 février 1888 près Fribourg. XIXe siècle. Français.
Peintre.
Diesbach fit partie de la garde suisse à Paris sous Charles X. Il laissa des peintures à l'huile, nombre d'aquarelles et d'autres études réunies pendant ses voyages en Grèce, en Angleterre et en Écosse. On cite aussi une toile : *L'Acropole d'Athènes,* conservée au Musée de Fribourg. Il figura à une Exposition à Berne en 1836.

DIESBACH DE BELLEROCHE Valentine
Née le 12 juillet 1839 à Fribourg. XIXe siècle. Suisse.
Peintre décorateur et portraitiste.
Cette artiste étudia chez Joseph Auguste Dietrich, à Fribourg, puis se rendit à Paris où elle reçut des conseils de Bonnet, de Chaplain et de Courtois. Mlle Diesbach a figuré à plusieurs Expositions en Suisse et à Angers en 1890, 1900, etc. On cite notamment un *Portrait de jeune fille,* des portraits d'enfants et une toile représentant une *Japonaise.* L'artiste décora aussi la villa Diesbach, aux environs de Fribourg, dans la manière de Grasset.

DIESEN A. E.
Né au XIXe siècle à Modum. XIXe siècle. Norvégien.
Peintre.
Il obtint une mention honorable à l'Exposition Universelle de 1889.

DIESEN H. F.
XVIIIe siècle.
Peintre de paysages.
Cité par Mireur.
Ventes Publiques : Paris, 1816 : *Quelques masures, près d'une mare* : **FRF 40.**

DIEST Adriaen Van
Né en 1655 à La Haye. Mort en 1704 à Londres. XVIIe siècle. Hollandais.
Peintre d'animaux, paysages, marines, graveur, dessinateur.
Élève de son père Willem, il alla en Angleterre vers 1672 ou 1673,

travailla pour le duc Granville de Bath et mourut tandis qu'il faisait une série d'eaux-fortes d'après ses dessins.

Musées : Augsbourg : *Côte avec ruines romaines – Port de mer italien* – Brunswick : *Paysage arcadien* – Londres (Hampton Court) : *Quatre paysages de montagne et de mer.*

Ventes Publiques : Paris, 17 jan. 1865 : *Paysage avec animaux*, dess. à la pierre noire légèrement lavé : **FRF 2,50** – Londres, 12 mars 1926 : *Bateaux de pêche par tempête* : **GBP 25** – Londres, 18 juil. 1930 : *Le sac d'un village* : **GBP 29** – Londres, 22 oct. 1943 : *Embouchure de rivière* : **GBP 36** – Paris, 22 avr. 1946 : *Rivière dans un paysage montagneux* : **FRF 500** – Londres, 3 nov. 1965 : *Paysage fluvial* : **GBP 300** – Londres, 23 nov. 1977 : *Bateaux en mer*, h/t (32x109) : **GBP 2 800** – Amsterdam, 28 nov. 1978 : *Paysage d'Italie*, h/t (98,5x86,2) : **NLG 9 500** – Londres, 22 juin 1979 : *Scène de bord de mer*, h/t (95,8x169,4) : **GBP 2 000** – Amsterdam, 8 juin 1982 : *Marine*, h/pan. (51x67) : **NLG 16 000** – Londres, 24 mai 1985 : *Vue d'un port méditerranéen*, h/t (11x149,8) : **GBP 9 000** – Londres, 10 nov. 1987 : *Scène de bord de mer*, h/t (96,5x170,5) : **GBP 11 000** – Londres, 20 avr. 1988 : *Voiliers dans un estuaire*, h/t (60x71,5) : **GBP 5 280** – Londres, 13 mai 1988 : *Paysan et son chien près d'une cascade*, h/t (124,5x101) : **GBP 3 850** – Londres, 19 mai 1989 : *Paysage fluvial italien avec du bétail sous un arbre près d'une auberge*, h/t (41,3x140,3) : **GBP 4 620** – Londres, 1er mars 1991 : *Côte méditerranéenne au lever du jour avec des pêcheurs relevant leurs filets et des embarcations naviguant*, h/t (40,9x149,2) : **GBP 11 000** – Amsterdam, 14 nov. 1991 : *Taureau avec un berger et son troupeau dans un paysage italien avec des ruines sur une colline au fond*, h/t (39,8x39,8) : **NLG 9 775** – Rome, 29 avr. 1993 : *Paysage italien avec des bergers et un troupeau*, h/t (84x106) : **ITL 9 000 000** – Londres, 20 avr. 1994 : *Paysage fluvial avec des bergers et du bétail*, h/t (72x112) : **GBP 4 600** – Londres, 12 avr. 1995 : *Vaisseau de guerre anglais amarré au large d'une côte*, h/t (84,5x146) : **GBP 16 100** – New York, 12 jan. 1996 : *Paysage classique avec un cavalier et des bergers veillant sur leur troupeau près d'une villa*, h/t (150x119,4) : **USD 11 500** – Londres, 13 nov. 1996 : *La Flotte hollandaise commandée par Cornelis Tromp contre le marquis Duquesne* 1675, h/t (46,5x65,5) : **GBP 14 375** – Londres, 30 oct. 1997 : *Paysage de littoral rocheux avec des bâtiments de guerre battant pavillon anglais et des personnages en premier plan*, h/t/pan. (100x124) : **GBP 5 750**.

DIEST Hendrick Van
xviiie siècle. Actif à Middelbourg vers 1750. Hollandais.
Sculpteur.

DIEST Hendryck Van
xviiie siècle. Actif à Delft en 1711. Hollandais.
Sculpteur.

DIEST Herman de. Voir **HERMAN de Diest**

DIEST Jan Van
xve siècle. Actif à Anvers vers 1474. Éc. flamande.
Peintre.

DIEST Jan Van
xvie siècle. Actif à Anvers vers 1517. Éc. flamande.
Peintre.

DIEST Jan Van
xviie siècle. Actif à Amsterdam vers 1600. Hollandais.
Peintre.

DIEST Jan Baptist Van
xviiie siècle. Actif à Bruxelles vers 1700. Éc. flamande.
Peintre.
Il travailla à la décoration du Palais de Bruxelles. Il exécuta également un portrait du roi Philippe V. Un Jan Baptist Van Diest fut « peintre de cour » de 1702 à 1730.

DIEST Jeronymus Van
xviie siècle. Actif à Delft vers 1600. Hollandais.
Peintre.
Selon Houbraken, ce fut le maître de Adr. Van der Venne. Un autre peintre de grisailles du même nom était dans la gilde de La Haye en 1664.

DIEST Jeronymus Van ou **Hieronymus**
Né peut-être en 1631. Mort en 1673. xviie siècle. Hollandais.
Peintre de marines.
Il était fils de Willem Van Diest. Actif à La Haye, il se spécialisa dans les marines.

Musées : Orléans : *Camp hollandais.*

Ventes Publiques : Londres, 4 fév. 1977 : *Bateaux dans un estuaire*, h/pan. (45x63,4) : **GBP 14 000** – Versailles, 8 mars 1981 : *Vaisseaux et barques de pêche au large de la côte hollandaise*, h/t (88x77) : **FRF 86 000** – New York, 18 jan. 1984 : *Bataille navale*, h/t (108x167,7) : **USD 28 000** – Londres, 11 déc. 1992 : *Barques de pêche et autres embarcations dans un estuaire*, h/t (68x78,8) : **GBP 7 150**.

DIEST Johan Van
Mort à Londres, jeune. xviie-xviiie siècles. Hollandais.
Peintre de portraits.
Peut être fils d'Adriaen Van Diest, il fut actif de 1695 à 1757.

Ventes Publiques : Londres, 12 avr. 1991 : *Portrait de Anthony Browne, vicomte Montague en habit bleu et chapeau à plumes*, h/t (119,5x101,5) : **GBP 4 400**.

DIEST Willem Van
Né avant 1610 à La Haye. Mort après 1663, en 1673 d'après Siret. xviie siècle. Actif à La Haye. Hollandais.
Peintre de marines.
Il vécut à la Haye, y était déjà marié en 1631, y fut bourgeois en 1634 et y fonda la gilde de Saint-Luc en 1656. Terwesten dit qu'il peignit des grisailles et eut un fils, Jeronymus Van Diest.

Musées : Aix-la-Chapelle : *Tempête* – Amsterdam : *Schweningue* – Boulogne : une peinture – Genève : une peinture – Schleissheim : *Tempête.*

Ventes Publiques : Anvers, 1764 : *Marine* : **FRF 31** – Amsterdam, 1892 : *Paysage avec rivière* : **FRF 630** – Paris, 4 mai 1921 : *Navires en rade par gros temps* : **FRF 1 100** – Paris, 13 nov. 1933 : *Marine* : **FRF 1 550** – Londres, 17 fév. 1960 : *Bateaux de pêche à l'ancre dans un estuaire* : **GBP 900** – Londres, 30 juil. 1965 : *Voiliers et barques de pêche par gros temps* : **GNS 360** – Vienne, 3 déc. 1968 : *Pêcheurs sur la plage de Scheveningen* : **ATS 45 000** – Londres, 30 juin 1971 : *Marine* : **GBP 1 800** – Londres, 29 mars 1974 : *La plage de Scheveningen* 1641 : **GNS 8 000** – Paris, 7 avr. 1976 : *Voiliers sur une mer houleuse* 1650, h/bois (46,5x66) : **FRF 15 000** – Londres, 13 juil. 1977 : *Bateaux de pêche par mer calme ; Mer démontée*, deux peint./métal (chaque 12x15,2) : **GBP 13 000** – Amsterdam, 15 mai 1979 : *Voiliers par grosse mer*, h/pan. (40x55) : **NLG 19 000** – Paris, 15 déc. 1980 : *Le coup de vent*, h/t (49x69) : **FRF 45 000** – Paris, 23 juin 1983 : *Marine en vue de Dordrecht*, h/bois parqueté (43,5x78,5) : **FRF 40 000** – Londres, 20 juil. 1984 : *Voiliers et barques au large de la côte*, h/pan. (45,7x67,3) : **GBP 6 000** – Amsterdam, 28 nov. 1989 : *Navigation dans l'estuaire d'un fleuve à l'approche d'une tempête*, h/pan. (27,7x42,2) : **NLG 40 250** – Amsterdam, 6 mai 1993 : *Vaisseau de guerre hollandais tirant une salve près d'une forteresse*, h/pan. (38x59,8) : **NLG 36 800** – Paris, 29 mars 1994 : *Vaisseau de guerre sur une mer agitée*, h/pan. de chêne (40,5x53) : **FRF 150 000** – New York, 18 mai 1994 : *Navigation d'un vaisseau hollandais par mer houleuse avec des villageois sur la grève*, h/t (91,5x130,7) : **USD 16 100** – Paris, 12 déc. 1995 : *Marine devant la ville de Dordrecht*, h/pan. (40,5x67,5) : **FRF 130 000** – Amsterdam, 7 mai 1996 : *Navigation dans l'estuaire d'une rivière*, h/pan. (43,1x49,7) : **NLG 11 500** – Amsterdam, 10 nov. 1997 : *Un smalschip, un navire marchand et autres embarcations sur la rivière Merwede près de Dordrecht*, h/pan. (59,2x95) : **NLG 55 353** – Amsterdam, 11 nov. 1997 : *Un bac sur une rivière avec des pêcheurs halant leurs filets près d'un village* vers 1664, h/t (64,2x96,8) : **NLG 27 676**.

DIEST Willem Van
Né le 11 mars 1885 à Oudshoorn. xxe siècle. Hollandais.
Dessinateur d'ex-libris.
Il fut à Leyde l'élève de Lampe.

DIESTRE Jean
xve siècle. Actif à Nevers. Français.
Sculpteur, architecte.
Il sculpta, en 1460, un ange tenant d'une main une bannière aux armes du comte de Nevers et de l'autre un écusson portant les armoiries de la ville, sur une des portes de l'Hôtel de Ville. Il construisit la chapelle du marché au blé, en 1470.

DIET Leo
Né le 12 septembre 1857 à Prague. xixe siècle. Tchécoslovaque.

Peintre.
La National Portrait Gallery à Londres conserve de lui le *Portrait de Ch. Geo Gordosi*. On lui doit des tableaux de genre et d'histoire ainsi que des paysages. Il se nommait de son véritable nom Leopold Dietmann.

DIETEKEN C.
XVIIe siècle. Actif de 1620 à 1630. Hollandais.
Peintre de batailles.
On cite de lui : *Siège d'une ville par les troupes néerlandaises, Troupes néerlandaises en marche* (Berlin, cabinet impérial), *Siège d'un fort espagnol dans les Pays-Bas* (Musée de Berlin).

DIETEL Christoph
XVIIIe siècle. Actif au début du XVIIIe siècle. Allemand.
Graveur.
Exécuta, avec son frère Franz Ambros Dietel, une suite de planches représentant les principales fontaines de Rome.

DIETEL Franz Ambros
Né en Allemagne. Mort en 1730 à Vienne. XVIIIe siècle. Allemand.
Graveur.
Il était frère de Christoph Dietel.

DIETELBACH Rudolph
Né le 22 décembre 1847 à Stuttgart. XIXe siècle. Allemand.
Sculpteur.
Il fut l'élève de Th. von Wagner à Stuttgart et voyagea par la suite en France, en Italie et en Angleterre. On cite de lui plusieurs monuments et un buste de l'empereur Guillaume Ier.

DIETERICH Hans L. Michael
Né en 1771 à Francfort-sur-le-Main (Hesse). XVIIIe-XIXe siècles. Allemand.
Peintre.
Il peignit des paysages.

DIETERICH Johann Friedrich
Né le 21 septembre 1787 à Biberach (Wurtemberg). Mort le 17 janvier 1846 à Stuttgart. XIXe siècle. Allemand.
Peintre d'histoire.
Il fut élève à Stuttgart de Heideloff et de Seele. Un voyage en Italie suscita en lui une admiration profonde pour les préraphaélites qu'il s'efforça d'imiter dans de nombreuses peintures décoratives qu'il exécuta pour le roi Guillaume Ier de Wurtemberg au château de Stuttgart.

DIETERLE Carl
Né le 29 septembre 1848 à Stuttgart. XIXe siècle. Allemand.
Graveur sur bois.
Il fut élève d'Adolf Closs.

DIÉTERLE Charles
Né en 1847 à Paris. XIXe siècle. Français.
Peintre.
Élève de Baudry et Gérôme. Il débuta au Salon de 1874 et devint portraitiste. Il est le second fils de Jules Pierre Michel Diéterle.

DIÉTERLE Jules Pierre Michel
Né le 9 février 1811 à Paris. Mort le 22 avril 1889 à Paris. XIXe siècle. Français.
Peintre décorateur.
Élève de Cicéri, exécuta avec son beau-père Séchan les intérieurs des théâtres de Dresde, de Bruxelles et de la Galerie d'Apollon au Louvre. Il fut nommé Chef des Peintures de la Manufacture de Sèvres en 1846 et se lia avec Corot qu'il reçut dans sa maison d'Yport, sa famille possède encore des tableaux qu'il exécuta avec lui sur les plages Normandes. En 1856 il exécuta avec Séchan toute la décoration et les peintures du Palais du Sultan Abdul Medjid à Constantinople. Promu officier de la Légion d'honneur en 1867, il fut nommé Administrateur de la Manufacture Nationale de Beauvais en 1876, puis Président de l'Union Centrale des Arts Décoratifs. On lui doit l'exécution du tapis du Salon du Roi au Palais de Fontainebleau, les tapisseries du Grand Salon du Palais des Tuileries et la série des *Cinq Sens* pour l'Impératrice dont les figures furent peintes par son vieil ami Paul Baudry.

DIETERLE Marie, née **Van Marcke de Lummen**
Née le 19 avril 1856 à Sèvres (Hauts-de-Seine). Morte en 1935 à Paris. XIXe-XXe siècles. Française.
Peintre de paysages animés, animalier.
Fille d'Émile Van Marcke de Lummen, elle fut son élève. Elle exposa régulièrement à Paris, au Salon des Artistes Français depuis 1876 ; 1883 mention honorable ; 1884 médaille de troisième classe ; 1889 médaille de bronze à l'occasion de l'Exposition Universelle ; 1890 nommée sociétaire ; 1900 médaille de bronze à l'occasion de l'Exposition Universelle ; Hors-concours, et 1930 chevalier de la Légion d'honneur.
Surtout peintre d'animaux, elle a souvent pris les bœufs pour thème.
Musées : Mulhouse : *Le Repos* – La Rochelle : *Vaches au pâturage* – Rouen : *Le Sommeil*.
Ventes Publiques : New York, 1er fév. 1901 : *Vache blanche* : **USD 1 410** – New York, 1er-2 déc. 1904 : *Bétail près d'une mare* : **USD 3 700** – New York, 15-16 fév. 1908 : *Paysage avec bétail* : **USD 3 600** – New York, 11 mars 1909 : *Bétail près d'une mare* : **USD 5 400** – Paris, 8-9 avr. 1919 : *Vache au pâturage* : **FRF 900** – Paris, 29-30 déc. 1924 : *Vaches au pâturage au bord de la mer*, aquar. : **FRF 700** – Paris, 2-3 déc. 1926 : *L'Abreuvoir des vaches* : **FRF 11 600** – New York, 4-5 fév. 1931 : *Pâturage aux vaches* : **USD 150** – New York, 16 avr. 1931 : *Troupeau* : **USD 1 600** – New York, 23 jan. 1936 : *Retour du troupeau* : **USD 125** – Paris, 18 mai 1938 : *Les Prés de Blangy* : **FRF 2 000** – Paris, 8 fév. 1945 : *Les Prés de l'Abbaye* : **FRF 35 000** – New York, 14-16 mai 1946 : *Troupeau* : **USD 525** – Paris, 27 fév. 1976 : *Vaches au pâturage*, h/t (76x63) : **FRF 4 500** – New York, 7 oct. 1977 : *Troupeau à l'abreuvoir*, h/t (80,5x69) : **USD 1 600** – Versailles, 14 oct. 1979 : *Le ruisseau*, h/t (48x61,5) : **FRF 8 300** – Londres, 28 nov. 1980 : *Troupeau au bord d'un estuaire*, h/t (109,8x149,3) : **GBP 1 400** – New York, 27 mai 1983 : *Troupeau à l'abreuvoir dans un paysage fluvial boisé*, h/t (81,2x66) : **USD 1 700** – San Francisco, 28 fév. 1985 : *Troupeau au pâturage*, h/t (84x104) : **USD 3 000** – Londres, 10 oct. 1986 : *Troupeau dans un paysage*, h/t (63,5x80) : **GBP 1 600** – New York, 23 mai 1990 : *Troupeau de vaches*, h/t (130,8x165,1) : **USD 17 600** – Amsterdam, 14-15 avr. 1992 : *Troupeau de vaches dans une prairie au printemps*, h/t (64x80) : **NLG 7 130** – New York, 16 juil. 1992 : *Vaches dans un paysage*, h/t (54,6x45,7) : **USD 3 850** – New York, 17 fév. 1993 : *Le troupeau de vaches*, h/t (81,9x66) : **USD 9 200** – New York, 17 fév. 1994 : *Bétail au bord d'un ruisseau*, h/t (54x69) : **USD 3 680** – Lokeren, 28 mai 1994 : *Un taureau*, h/t (45x32,5) : **BEF 44 000**.

DIETERLE Martin
Né le 14 août 1935 à Paris. XXe siècle. Français.
Peintre.
Arrière-petit-fils de Charles et Marie Dieterle, il a tout d'abord suivi des cours à l'École Boulle, puis s'est orienté vers la peinture.
Son art cherche à réintroduire l'esprit traditionnel classique dans l'art contemporain. Sa figuration non libre, ne se veut pas séduisante, elle simplifie seulement les formes et les couleurs.

DIÉTERLE Pierre Georges
Né le 25 mars 1844 à Paris. Mort le 30 juillet 1937 à Paris. XIXe-XXe siècles. Français.
Peintre de paysages animés, paysages.
Premier fils de Jules Pierre Michel Diéterle, il fut élève de Corot. Il débuta au Salon de Paris en 1874 et obtint une médaille de troisième classe en 1884 et deux médailles de bronze aux Expositions universelles de 1889 et 1900. Il devint sociétaire des Artistes Français en 1883. Il fut décoré de la Légion d'honneur.
Il a surtout choisi ses sujets parmi les paysages du bassin de la Seine et plus particulièrement dans la campagne normande. On cite parmi ses meilleures toiles : *La Grande Mare à Criquebœuf, Menace d'orage*.
Musées : Clamecy : *Après l'orage* – Rouen : *La Val-Illeuse – Le Calvaire de Criquebœuf – Devant les reliques de Saint Georges*.
Ventes Publiques : New York, 22-23 fév. 1907 : *Lever de lune* : **USD 425** – Paris, 16 mai 1924 : *Vaches s'abreuvant à un ruisseau* : **FRF 1 100** ; *L'Abreuvoir* : **FRF 1 150** – Honfleur, 19 avr. 1981 : *Paysage au chemin*, h/t (93,5x66) : **FRF 8 500** – Copenhague, 12 juin 1985 : *Paysage*, h/t (38x54) : **DKK 13 000**.

DIÉTERLE Yvonne Emma
Née le 7 mars 1882 à Paris. XXe siècle. Française.
Sculpteur.
Élève de E. Hannaux, elle participa régulièrement au Salon des Artistes Français où elle obtint une mention honorable en 1900 et dont elle devint sociétaire en 1903. Elle épousa H. Laurens.

DIETERS
XIXe siècle.
Peintre de paysages.
Ventes Publiques : Paris, 19 au 29 déc. 1904 : *Paysage de Westphalie au printemps* : **FRF 450**.

DIETHE Alfred Richard
Né le 13 février 1836 à Dresde. XIXe siècle. Allemand.
Peintre d'histoire, figures.
Il fut élève de l'Académie de Dresde et de Jules Hübner. Il a également travaillé en Italie. Il fut nommé professeur à l'Académie de Dresde. Il a exposé presque exclusivement dans cette ville à partir de 1860.
VENTES PUBLIQUES : MUNICH, 6 déc. 1994 : *Jeune Fille de la Forêt noire* 1886, aquar./pap. (36,5x24) : **DEM 1 725**.

DIETHER
XIVe siècle. Actif à Francfort-sur-le-Main. Allemand.
Peintre.

DIETLER Johann Friedrich
Né le 4 février 1804 à Soleure. Mort le 4 mai 1874 à Berne. XIXe siècle. Suisse.
Peintre de genre, portraits, paysages, aquarelliste.
Élève de Charles Germann dans sa ville natale, il entra ensuite dans l'atelier de Gros à Paris. En 1834, il partit pour l'Italie, visita Venise, Florence et Rome, et copia les modèles de Titien et de Paolo Véronèse. Il habita quelque temps à Fribourg, puis se fixa à Berne, où il exposa dès 1836. Il devint professeur de l'École d'art de cette ville et compta parmi ses élèves, Ernest Stückelberg.
Outre ses nombreux portraits, dont celui du *Prévot Wenge*, placé dans la salle du Conseil communal à Soleure, il laissa des paysages à l'huile, des scènes de genre et des aquarelles. Il semble avoir porté beaucoup d'intérêt au paysage, même pour ses portraits qu'il place presque toujours devant un paysage poétique et vaporeux.
BIBLIOGR. : Gérald Schurr, in : *Les Petits Maîtres de la peinture 1820-1920, valeur de demain*, Les Éditions de l'Amateur, t. V, Paris, 1981.
MUSÉES : BÂLE : *Portrait du peintre H. Hess de Bâle* – BERNE : *Portrait de Rudolphe d'Effinger – Portrait de Widegg, fondateur de la Société des Beaux-Arts de Berne – Enfants d'Istewald, lac de Brienz – Enfants de la vallée d'Oberhasle – Portrait du peintre R. Durheim* – SOLEURE : *Un soulier perdu*, aquar.
VENTES PUBLIQUES : BERNE, 27 avr. 1978 : *Deux enfants* 1847, aquar. (27,8x21,2) : **CHF 3 200** – BERNE, 21 juin 1979 : *Deux jeunes filles en costumes bernois agitent leur mouchoir en direction d'un soldat qui s'éloigne* 1846, gche et aquar. (34x27) : **CHF 4 600** – ZURICH, 20 mars 1981 : *Ma fille Theresa* 1835, gche (17,6x15,2) : **CHF 2 300** – BERNE, 21 oct. 1983 : *Enfant jouant avec des soldats de plomb* 1867, aquar. (46x31) : **CHF 5 000** – BERNE, 3 mai 1985 : *Portrait d'homme – Portrait de femme* 1838, deux aquar. reh. de blanc (23x31) : **CHF 2 200** – BERNE, 17 juin 1987 : *Deux jeunes filles en costume bernois agitant leurs mouchoirs à des soldats dans une barque* 1846, aquar. (33,8x27) : **CHF 14 500** – BERNE, 26 oct. 1988 : *Portrait de jeune homme en buste*, aquar. (22,5x18) : **CHF 850** – ZURICH, 24 nov. 1993 : *Mère et ses enfants* 1865, aquar./pap. (28x22,5) : **CHF 5 175** – PARIS, 11 avr. 1995 : *Portrait d'homme*, aquar. (39x30,5) : **FRF 15 000**.

DIETLER Joseph Félix
Né en 1750 à Soleure. Mort le 5 février 1835 à Soleure. XVIIIe-XIXe siècles. Suisse.
Peintre portraitiste et peintre décorateur.
Dietler, père du portraitiste Johann Friedrich, apprit le dessin à Paris, où il servit quelque temps comme soldat. De retour chez lui, il commença à donner des leçons, peignit des portraits et des aquarelles et ouvrit un magasin d'œuvres d'art.

DIETMAN Erik
Né en 1937 à Jönkoping. XXe siècle. Depuis 1960 actif en France. Suédois.
Peintre, sculpteur, dessinateur. Tendance nouveau réaliste, figuration libre.
Après des études à l'Académie des Beaux-Arts de Malmö, il vient à Paris en 1959 et, de là, voyage en Europe pour y exposer ses peintures, assemblages, sculptures et dessins. À son arrivée en France, il se lie d'amitié avec Daniel Spoerri et Robert Filliou qui appartiennent au groupe « Fluxus ». Lui-même ne ralliera ni Fluxus, ni les Nouveaux Réalistes.
Il expose pour la première fois dans les galeries parisiennes en 1966, puis en 1978, 1980, 1989, trois expositions simultanées en 1992. En 1975, il montre un vaste ensemble rétrospectif de son travail au Musée d'Art Moderne de la Ville de Paris. Le Nordjyllands Kunstmuseum d'Aalborg (Danemark) lui consacre une exposition en 1979, tandis qu'il expose à Bruxelles en 1981, au Musée de Jönkoping (Suède) en 1982, à Londres en 1985 et 1990, à Toulouse en 1986, à Rennes en 1986 et 1990, en 1987 il montre une rétrospective au Moderna Museet de Stockholm et au Nordic Arts Center d'Helsinki, en 1988 au Musée Stedelijk d'Amsterdam, au Musée Saint-Pierre de Lyon et au Musée Louisiana de Copenhague, Tours 1990, Nîmes 1991, Nice et Saint-Paul-de-Vence 1992, Paris Centre Beaubourg *Sans titre. Pas un mot. Silence !* en 1994, au Musée d'Art Moderne de Saint-Étienne en 1997...
Dans un premier temps, il s'est placé dans une optique d'expression de l'objet, dont le pop'art, à la même époque, allait largement user. Ses premiers *Objets littéraires*, assemblages d'objets quotidiens, visaient à provoquer des prolongements psychologiques dans le fait de les avoir ainsi juxtaposés. Puis, à partir de 1964 environ, son nom a été associé au sparadrap dont il se servait pour recouvrir intégralement toutes sortes d'objets, livres, chaises, fleurs plastifiées, tables, etc, se référant à l'une des idées des représentants du Nouveau Réalisme : il faut cacher pour révéler. Si ses réalisations ne sont pas sans évoquer le Nouveau Réalisme, elles sont toujours teintées d'une certaine irréalité, issue sans doute du surréalisme.
Lorsqu'il rompt avec le passé pour s'orienter vers un travail plus confidentiel, il garde ce caractère quelque peu surréaliste. Entre 1977 et 1980, il revint à la peinture (encore que ce fut plutôt à la « bad painting »), de même qu'en sculpture il passa au bronze et au marbre. *Les vacances de Mr Pableau (matin)* en est un exemple : Dietman évoque à grands traits de pinceau, un paysage baigné d'une lumière brumeuse ; dans le ciel flottent deux œufs sur le plat, collage venu d'une revue ; en bas à gauche, un bateau en papier est comme suspendu à une chaînette, tandis qu'un bouquet artificiel est placé à côté. Le titre enfin évoque inévitablement Pablo Picasso. Ainsi, jouant sur les mots, usant de calembours, juxtaposant dans un associationnisme assez anarchique les diverses langues qu'il possède, Dietman a tenu, sous forme de tableaux reliés les uns aux autres, une sorte de journal de sa vie personnelle. Presque totalement ésotériques, renvoyant à des événements vécus mais qu'il se garde bien de révéler, ces textes-objets dégagent une forme de poésie très insolente et volontairement obscure, mais souvent déchirée. Selon Dietman, « C'est le monde qui est une sculpture, et dans le monde il y a les mots qui sont insuffisants et que j'aide en fabriquant des objets ». Lui-même commence par les mots : il écrit un poème et cherche à lui donner une existence matérielle à travers ses dessins, tableaux et sculptures, désormais en bronze, le sparadrap, selon lui, n'ayant jamais été que « le bronze du pauvre ». Concernant l'attitude éventuelle de Dietman envers sa propre production, on ne peut oublier que, après 1960, il a réalisé des actions et objets dont le sens était d'ironiser sur les avant-gardes du moment : Body-art, Art conceptuel, « Support sur fesse », « Transe (à Van Garde)... » L'attitude de ce rabelaisien, militant et aigri, pourrait-elle aller jusqu'à l'auto-dérision, ce que n'exclut pas une certaine agressivité qu'il peut manifester envers ses propres réalisations ? ■ A. P., J. B.
BIBLIOGR. : Bernard Lamarche-Vadel : *Erik Dietman*, Édition La Criée, Rennes – Nicolas Bourriaud, interview de *Erik Dietman, le frère de Dieu*, in *Artpress*, Paris, n° 169, mai 1992.
MUSÉES : HELSINKI (Mus. d'Art Contemp.) : *Le ballet des concierges* 1989 – MONTPELLIER (FRAC Languedoc-Roussillon) : *La Prothèse noire* 1990 – PARIS (FNAC) : *La coiffeuse* 1963 – *Les gardiens de fûts* 1987-89 – REIMS (FRAC Champagne-Ardenne) : *Radio-Sparadrap* 1964 – SÉOUL (Parc Olympique de Sculpture) : *Yesterday and the day before, today and tomorrow* 1988.
VENTES PUBLIQUES : PARIS, 15 fév. 1986 : *Étude pour un monde moins chiant, hold up au printemps : le butin de la Chlorophyle* 1979, collage, techn. mixte et gche/pap. (53x74) : **FRF 3 800** – PARIS, 23 mars 1988 : *Gefangener Franzose* 1976-77, collage/pap. (26x35) : **FRF 19 000** – MILAN, 27 mars 1990 : *Pierre d'ici* 1967, cadre polychrome enchâssé dans de la pierre (45x60) : **ITL 3 500 000** – PARIS, 10 juin 1990 : *Stone of here*, techn. mixte (45x60) : **FRF 50 000** – COPENHAGUE, 14-15 nov. 1990 : *Vacances à Laessoe*, peint./fer (59x74) : **DKK 22 000** – COPENHAGUE, 1er déc. 1993 : *Composition* 1978, collage et techn. mixte (50x65) : **DKK 6 000** – PARIS, 17 oct. 1994 : *« Loi de l'artgo à gogo »* 1974, collage assemblage : pâtes, fleurs, photo., cart., dess. à la pl., pap. (66x51) : **FRF 8 000**.

DIETMANN Caspar
XVIIe siècle. Actif à Würzburg au début du XVIIe siècle. Allemand.
Peintre verrier.
Il était frère de Christian.

DIETMANN Christian
XVIIe siècle. Actif à Würzburg au début du XVIIe siècle. Allemand.
Peintre verrier.
Il était fils de Johann et frère de Caspar.

DIETMANN Hans, l'Ancien
Mort en 1604 à Würzburg. XVIe siècle. Allemand.
Peintre verrier.

DIETMANN Hans, le Jeune
XVIIe siècle. Actif à Würzburg vers 1606. Allemand.
Peintre verrier.

DIETMANN Johann
Né à Würzburg. Mort en 1646 à Vienne. XVIIe siècle. Allemand.
Peintre verrier.
On sait que cet artiste pratiqua également la peinture à l'huile. En 1613 il exécuta une peinture représentant *Saint Norbert*.

DIETMANN Leopold. Voir **DIET Leo**

DIETMANN Paulus
Mort vers 1622. XVIIe siècle. Actif à Würzburg. Allemand.
Peintre et peintre verrier.

DIETMAR Johann Wilhelm
XVIIIe siècle. Actif à Augustenburg en 1716. Allemand.
Peintre sur porcelaine.

DIETMAR Philipp
XVIe siècle. Actif à Würzburg vers 1525. Allemand.
Peintre.

DIETMAR Stephan
XVIe siècle. Actif à Würzburg vers 1500. Allemand.
Peintre.

DIETRICH
XVe siècle. Actif en Bavière vers 1410. Allemand.
Peintre.
Il exécuta une peinture pour le couvent de Niederviehbach.

DIETRICH
XVIIe siècle. Actif à Augsbourg vers 1614. Allemand.
Peintre de miniatures.

DIETRICH Adèle
Née en 1853 à Greifensee. XIXe siècle. Travaillant à Berne depuis 1892. Suisse.
Peintre de fleurs.
Elle fut élève de Mlle Gay à Vevey, de Luxaro, à Gênes et de Ch. Baumgartner à Berne, à partir de 1873. L'artiste se fixa à Zurich comme professeur de dessin et de peinture. Exposait à Berne et à Genève.

DIETRICH Adelheid
Née en 1827 à Wittenberg. XIXe siècle. Allemande.
Peintre de natures mortes, fleurs et fruits.
Elle était fille d'Eduard et fut son élève.
Ventes Publiques : Londres, 20 juil. 1977 : *Vase de fleurs* 1864, h/t (56x46,5) : **GBP 3 300** – Los Angeles, 9 fév. 1982 : *Fleurs d'été* 1876, h/t (63x53,5) : **USD 57 500** – New York, 30 mai 1985 : *Nature morte aux fleurs* 1868, h/pan. (26x19) : **USD 50 000** – New York, 4 déc. 1986 : *Nature morte aux fruits et aux fleurs* 1869, h/t (33x42,5) : **USD 72 500** – New York, 5 déc. 1991 : *Volubilis* 1867, h/t (31,8x24,8) : **USD 30 800** – New York, 27 mai 1992 : *Nature morte de fleurs dans un vase* 1864, h/pan. (15,9x13,3) : **USD 14 850** – New York, 3 déc. 1992 : *Nature morte avec du raisin, des pêches et des fleurs* 1867, h/t (37,5x43,2) : **USD 46 750** – New York, 25 mai 1994 : *Nature morte de fleurs* 1869, h/t (33,7x26) : **USD 33 350** – New York, 21 sep. 1994 : *Nature morte de fleurs* 1869, h/t (34,3x29,2) : **USD 29 900** – New York, 25 mai 1995 : *Nature morte de fleurs*, h/t (57,2x47) : **USD 46 000** – New York, 13 sep. 1995 : *Nature morte de fleurs*, h/t (67,4x55,8) : **USD 29 900** – Munich, 23 juin 1997 : *Bouquet de fleurs des champs* 1883, h/t (30,5x25) : **DEM 57 600**.

DIETRICH Adolf
Né le 9 novembre 1877 à Berlingen (Thurgovie). Mort le 4 juin 1957 à Berlingen. XXe siècle. Suisse.
Peintre de portraits, paysages, animaux, fleurs. Naïf.
Issu d'une famille de modestes paysans, il doit exercer plusieurs métiers : forestier, chemineau, bûcheron, etc., avant de reprendre la ferme familiale, à la mort de son père en 1918. Il avait fait son premier carnet de dessin dès 1896 et, en 1903, ses premiers essais étaient remarqués par le peintre bâlois Voelmy, de passage à Berlingen, qui l'a encouragé. Il expose pour la première fois à Zurich en 1909. Il collabore, en 1916 au *Livre du Lac de Constance*. Ce n'est qu'à partir de 1926 qu'il pourra se consacrer à l'art pictural. En 1937, il est représenté, avec quatorze œuvres, à l'exposition des *Maîtres populaires de la réalité*, organisée à Paris par le Musée de Grenoble.
Adolf Dietrich fait partie de ces naïfs qui ont du style et chez lesquels la naïveté du sentiment ou du langage ne tient pas lieu de seul talent. La naïveté est le fait d'une conjoncture : certains génies ou plus simplement talents n'ont pas eu l'occasion d'apprendre la syntaxe du langage pictural, ils s'expriment avec une certaine naïveté dans les moyens, qui constitue certes un charme, mais qui ne doit être qu'un charme en plus. Son œuvre fortement construite repose sur une observation rigoureuse des choses et un sens aigu des matières. Dans sa peinture : *La ménagerie* (1927), l'on retrouve quelque chose de la profondeur d'accent du douanier Rousseau.

Ad. Dietrich 1923

Bibliogr. : Maximilien Gauthier : catalogue de l'exposition *Les Maîtres populaires de la réalité*, Paris, 1937 – Oto Bihalji-Mérin : *Les peintres naïfs*, Delpire, Paris – in : *Diction. universel de la peint.*, t. 2, Le Robert, Paris, 1975 – Heinrich Ammann : *Adolf Dietrich*, Frauenfeld, 1977.
Ventes Publiques : Stuttgart, 3 et 4 mai 1962 : *Jardin à Untersee* : **DEM 9 100** – Lucerne, 3 déc. 1966 : *Nature morte aux fleurs* : **CHF 8 600** – Berne, 10 juin 1971 : *Autoportrait* : **CHF 13 000** – Zurich, 16 mai 1974 : *Village au Bodensee* 1931 : **CHF 26 000** – Zurich, 25 nov. 1977 : *Papillons et chenilles sur des orties* 1936, h/t (39,5x33,5) : **CHF 40 000** – Zurich, 25 mai 1979 : *Vue de Bodensee* 1950, h/pan. (28,5x43,8) : **CHF 14 500** – Zurich, 3 nov. 1979 : *Paysage de printemps*, aquar. (31,5x25) : **CHF 3 800** – Berne, 18 juin 1980 : *Nature morte* 1922, h/cart. (27x36) : **CHF 28 000** – Zurich, 27 mai 1982 : *Tournesols dans un paysage* 1943, h/pan. (78x54) : **CHF 80 000** – Berne, 26 juin 1982 : *Oiseaux sur une branche* 1948, temp. et h/cart. (23,8x17,8) : **CHF 12 500** – Zurich, 28 nov. 1985 : *Martre dans un paysage d'hiver* 1939, h/pan. (79x53) : **CHF 65 000** – Zurich, 4 juin 1992 : *Idylle dans la bergerie* 1917, h/cart. (31,5x36) : **CHF 51 980** – Zurich, 24 juin 1993 : *Ceps de vigne au bord d'un lac*, h/pan. (81x54) : **CHF 100 000** – Zurich, 2 juin 1994 : *Vase avec des branches de sapin et de houx* 1946, h/cart. (47,5x39) : **CHF 74 750** – Zurich, 8 déc. 1994 : *Paysage d'hiver avec des cygnes*, h./contre plaqué (40x61,5) : **CHF 142 650** – Zurich, 25 mars 1996 : *Deux écureuils* 1902, cr./pap. (45,5x28,5) : **CHF 18 400** – Zurich, 10 déc. 1996 : *Bouquet de fleurs des champs et échassier* 1945, h/cart. (74x64) : **CHF 80 500** – Zurich, 4 juin 1997 : *Autoportrait* 1918, h/t (52x37) : **CHF 97 450**.

DIETRICH Adolf Friedrich
Né le 4 juin 1817 à Amsterdam. Mort le 20 mars 1860 à Varsovie. XIXe siècle. Polonais.
Graveur.
Fils de F. C. Dietrich, il fut également son élève à l'école des Beaux-Arts de Varsovie. Il exécuta d'abord des illustrations d'ouvrages, puis surtout des portraits et des paysages.

DIETRICH Anton
Né en 1799 à Vienne. Mort le 27 avril 1872 à Vienne. XIXe siècle. Autrichien.
Sculpteur de sujets religieux, bustes.
Après avoir été l'élève de Kléber, il se consacra à la sculpture religieuse, mais il exécuta en même temps nombre de bustes d'hommes célèbres.
Ventes Publiques : Paris, 4 fév. 1983 : *Fillette* 1860, bronze patiné et argenté : **FRF 7 000**.

DIETRICH Anton
Né le 27 mai 1833 à Meissen (Saxe-Anhalt). Mort le 4 août 1904 à Leipzig. XIXe siècle. Allemand.
Peintre de genre et d'histoire.
Il décora la salle des fêtes de l'École de la Croix à Dresde. On cite de lui : *Rodolphe de Habsbourg, Faust et Marguerite*.

DIETRICH August Ferdinand
XVIIIe siècle. Actif vers 1780. Allemand.
Peintre de fleurs.
Il travailla pour la Manufacture de porcelaine de Meissen.

DIETRICH C. M.
XVIIIe siècle. Allemand.

Graveur.

Travaillant à Dresde à la fin du XVIIIe siècle, il fut également architecte.

DIETRICH Carl

Né en 1821 à Gratz. Mort le 20 juin 1888 à Vienne. XIXe siècle. Allemand.

Peintre.

Il exécuta une série de tableaux religieux pour l'église Saint-Leonhardt à Gratz.

DIETRICH Christian Wilhelm Ernst ou **Dietricy**

Né le 30 octobre 1712 à Weimar. Mort le 23 avril 1774 à Dresde. XVIIIe siècle. Allemand.

Peintre de compositions religieuses, sujets allégoriques, scènes de genre, portraits, paysages animés, paysages, graveur.

Cet artiste qui a joui dans son temps d'une renommée exceptionnelle, demeure encore estimé aujourd'hui. Fort intelligent et extrêmement habile, il ne manque certainement pas de qualités qui lui soient propres ; mais il demeure avant tout un pasticheur ; à la vérité, un pasticheur de grande classe et, pourrait-on même dire, de génie. Il a su exercer le don prodigieux d'imitation qui le caractérise dans les genres les plus divers, parvenant à saisir l'aspect et à restituer la manière des principales écoles qui se partageaient la faveur du public. Ses œuvres ont été très goûtées des amateurs de peinture : il est juste de reconnaître qu'il a pu de la sorte mettre à leur portée le reflet séduisant du talent des maîtres disparus, dont les peintures originales se trouvaient hors des possibilités de déplacement et d'acquisition du plus grand nombre. En cela, le talent de l'artiste se double du mérite qui revient au vulgarisateur.

Dietrich, né à Weimar, était fils d'un peintre. Après avoir reçu de son père les premiers principes, il devint à l'âge de 15 ans l'élève d'un paysagiste de Dresde, Alexandre Thiele, peintre du roi de Pologne et artiste estimé. Au cours des trois années qu'il passa à cette école, il révéla par la manière même dont il imitait les peintures de son maître, le don très particulier qu'il tenait de la nature. Après avoir vécu quatre années au service d'un grand seigneur de Dresde, il partit pour la Hollande, désireux d'étudier les œuvres des maîtres illustres de ce pays : Elzheimer, Van Ostade, Karel Dujardin et surtout Rembrandt, dont il ambitionnait de pénétrer l'art merveilleux de jouer des effets de lumière. Revenu à Dresde en 1735, après un séjour d'environ un an en Hollande, Dietrich ne tarda pas à s'y créer une véritable célébrité, qui lui valut à son tour le titre de peintre du roi de Pologne. Ne se contentant pas de réaliser une évocation générique de la manière hollandaise, il excellait à exprimer ce qu'il existe de caractéristique dans le tempérament de chaque maître, à rendre avec un pareil bonheur les tendances apparemment les plus opposées. Il lui arrivait de réunir dans un même tableau les éléments empruntés à des factures très différentes les unes des autres. Mais il ne suffisait pas à ce peintre allemand de ressusciter au XVIIIe siècle la peinture hollandaise du XVIIe ; en 1743, à l'âge de 31 ans, il partait pour l'Italie, en partie, semble-t-il, pour échapper à la besogne accablante que lui valait la célébrité. Il était de retour à Dresde vers 1744, peut-être un peu plus tard, après un second voyage en Hollande. A la manière de Berghem ou d'Everdingen, il était à présent en mesure d'ajouter celles de Claude Lorrain, de Lucatelli ou de Salvator Rosa. Restait encore l'École française ; Dietrich ne quitta cependant plus Dresde jusqu'à sa mort, survenue en 1774. Ce fut la France qui vint à lui, en la survivance de Watteau, mort en 1721, de Watteau, le plus admiré de nos peintres dans les cours allemandes, si friandes de tableaux, plus en faveur encore auprès d'elles qu'il ne le fut jamais à Paris. Et Dietrich s'efforça de continuer Watteau.

On a fait à l'artiste des éloges enthousiastes et aussi des critiques parfois acerbes ; à la vérité, pas plus partisans que détracteurs ne se sont souciés d'adopter un point de vue réglé sur la réalité psychologique. Les uns, constituant le clan des « amateurs de tableaux », ne se préoccupent guère de discerner le caractère original, l'inspiration qui peuvent individualiser une œuvre ; ils s'arrêtent aux qualités matérielles de l'exécution, à l'habileté de l'ordonnance, à l'adresse de la main qui manie le pinceau. Les autres sont les critiques d'art : on ne saurait les accuser de sévérité excessive, mais leur tort est de raisonner dans l'abstrait et de faire en réalité le procès du pastiche plutôt que celui du pasticheur. Ils oublient que l'œuvre inspirée originale, et l'œuvre de vulgarisation ne se situent pas sur le même plan. Elles ne se gouvernent pas plus par les mêmes règles qu'elles ne répondent aux mêmes besoins. Le pastiche tend à donner l'impression d'une certaine manière, mais non pas vraiment en la copiant. Le pasticheur évoque, mais ne reproduit pas ; sans cela il lui faudrait le génie de son modèle, alors que sa tâche n'exige nullement le génie, mais l'exclurait plutôt. Mis à côté d'un Rembrandt authentique, Dietrich ne fera évidemment pas pâlir celui-ci : on trouvera que les ombres n'ont pas la même profondeur, que le coloris est lourd, que les empâtements dans les lumières sont rudes sans être gras. On dira que le pasticheur de Van Ostade n'a pas saisi pleinement l'intention de son modèle ; qu'il a fait du Watteau sans le comprendre, que ses pastorales n'ont qu'une grâce d'emprunt, que ses bergères sont sans esprit, que ses amoureux ne sont que transis. En tout cela on aura raison ; mais le jugement d'ensemble n'en sera pas moins inadéquat. Les reproches pourraient être multipliés et ils seraient d'autant plus fondés matériellement que le génie du modèle serait lui-même plus profond et plus insaisissable dans sa spiritualité. N'est-il pas plus équitable de considérer avant tout la souplesse d'un talent qui, s'attachant à reproduire la manière des maîtres les plus dissemblables, comme on peut s'en rendre compte sur les nombreux tableaux réunis dans la galerie de Dresde, est parvenu à donner au spectateur une impression aussi voisine de la réalité pour chacun d'eux. En cela consiste la tâche du vulgarisateur et nul ne contestera que Dietrich ne l'ait remarquablement remplie. Il convient, d'ailleurs, de tenir également compte de son œuvre gravé, plus habile peut-être encore que sa peinture, ses paysages dans le goût d'Everdingen, de Ruisdaël, de Salvator, et encore d'Ostade et de Berghem méritent plus que l'estime que l'on concède d'ordinaire aux imitations. Il n'est pas impossible, au surplus, de discerner ce qui procède du propre fonds de l'artiste et peut nous renseigner sur sa nature et sa personnalité, car même l'imitation comporte son originalité relative. On s'en rend surtout compte dans les œuvres qui procèdent de sa conception propre, telles que *Le Christ et la femme adultère* dans lesquelles se révèlent des qualités et des défauts qui suffisent à individualiser un caractère. C'est là plus qu'il n'en faut pour ne pas contester à Dietrich l'estime dont il jouit encore.

On cite parmi ses gravures 18 planches pour l'*Ancien et le Nouveau Testament, Saint Jacques, Saint Jérôme, Saint Philippe, Saint Pierre guérissant le paralytique, Jupiter et Antiope, Vénus mettant un masque à l'Amour, Le Satyre chez le paysan, Une tête d'homme à barbe fournie, Tête de femme les yeux levés, Deux têtes de femmes, Têtes de moutons ; têtes de béliers, La Disette et la Peste, La Sépulture*, allégorie, *La Peinture*, allégorie, *Néron tourmenté par les furies, Bélisaire assis*, 12 planches de *Portraits, Le Chirurgien, La Jardinière, Le Dessinateur, Le Peintre, Le Marchand de mort aux rats, Le Concert, Une femme avec ses enfants à la croisée, Le Chanteur en foire, Les Baigneuses, Le Rémouleur, Le Marchand de tabletterie, Les Musiciens, Le mendiant aveugle, L'Arracheur de dents, Le Vieillard et sa famille, Les Musiciens ambulants, L'Auberge des muletiers, La Faiseuse de koucks, La Marchande de modes, Les armes de Dietrich*, 2 planches pour des *Vues de Hollande et de Tivoli*, 31 planches de *Paysages*.

MUSÉES : ANVERS : *Portrait d'homme* – BAGNÈRES-DE-BIGORRE : *Le Festin de Balthazar* – BESANÇON : *Saint Pierre repentant* – BORDEAUX : *Sainte Famille* – BRÊME : *Paysage – Famille de bergers* – BRUXELLES : *Portrait de l'artiste* – BUDAPEST : *Paysage – La Cascade* – CHERBOURG : *Portrait d'homme* – GENÈVE : *Deux Ermites* – GRAT :

Portrait d'un vieillard – Nuit de Noël – Helsinki : *Alchimiste – Même sujet – Paysage* – Kassel : *A l'entrée d'une caverne – Village en ruines – Tout près de la mer – Scène de rivage – Même sujet* – Königsberg : *Château dans les rochers – Paysage – Tête d'étude – Charlatan* – Leipzig : *Fermeture du temple de Janus – L'ensevelissement du Christ – Décapitation de saint Jean-Baptiste – Résurrection de Lazare – Loth et ses filles – Paysage – Même sujet – Mêlée de paysans – Paysanne des Pays-Bas et son enfant – La Présentation au Temple – La Circoncision de Jésus* – Londres (Gal. Nat.) : *Les musiciens ambulants* – Londres (coll. Wallace) : *La Circoncision* – Montpellier : *Le couronnement d'épines – Deux paysages – Temple de la Sibylle à Tivoli – Les Cascatelles de Tivoli* – Moscou (Roumiantzeff) : *Vieillard – Abraham et Isaac* – Nancy : *Le Philosophe* – Nantes : *Paysage* – Narbonne : *Paysage* – Nuremberg : *Extase de sainte Thérèse – Portrait d'un jeune homme* – Orléans : *Le martyre de saint Étienne* – Oslo : *Ermite dans une caverne de roche* – Paris (Louvre) : *La femme adultère* – Saint-Pétersbourg : *Repos en Égypte – La mise au tombeau* – Saint-Pétersbourg (Ermitage) : *L'écureuil – L'Optique – Site de la campagne de Rome – Site d'Italie – Fuite en Égypte* – Stockholm : *Vue sur la ville Meissen* – Stuttgart : *Musiciens de village – Joueurs de violon et de cornemuse – Paysage d'hiver – Paysage d'automne – Le Christ et les disciples d'Emmaüs* – Venise (Gal. Nat.) : *Un buveur* – Vienne : *L'ange annonce aux bergers la naissance de Jésus – L'Adoration des bergers* – Vienne (Czernin) : *Paysage – Même sujet – Tête d'homme* – Weimar : *Buste d'un vieillard – Tête d'un Oriental – Un vieux – Tobie et sa femme – Un Oriental.*

Ventes Publiques : Paris, 1881 : *L'Indifférence* : **FRF 1 250** – Paris, 12 fév. 1894 : *Jeune femme faisant un bouquet de fleurs* : **FRF 361** – Paris, 1898 : *Vue d'Italie, effet de soleil couchant* : **FRF 580** – Paris, 1900 : *Agar et Ismaël* : **FRF 270** – Chicago, 1903 : *Bulles de savon* : **USD 800** – Paris, 9 fév. 1904 : *Portrait d'homme* : **FRF 445** – Cologne, 8-9 mars 1904 : *Loth et ses filles* : **DEM 850** – Paris, 12 nov. 1904 : *Les Oiseaux privés* : **FRF 591** – Paris, 25 fév. 1905 : *Tête de moine* : **FRF 280** – New York, 15-16 mars 1906 : *Un écolier juif* : **USD 125** – Paris, 28-29 mars 1908 : *Paysage* : **FRF 1 120** ; *Paysage* : **FRF 1 430** ; *Les Baigneuses* : **FRF 1 600** – New York, 14-15 jan. 1909 : *La Cueillette du chanvre* : **USD 115** – Londres, 5 avr. 1909 : *Vue d'une côte rocheuse* : **GBP 16** – Londres, 2 juil. 1909 : *Paysage* : **GBP 18** – Paris, 14-15 juin 1920 : *Assemblée dans un parc* : **FRF 30 000** – Londres, 4 déc. 1922 : *Paysage* : **GBP 9** – Londres, 16 mars 1923 : *Une dame chez le médecin* : **GBP 21** – Londres, 7 mai 1926 : *Fête champêtre* : **GBP 110** – Londres, 12 juil. 1929 : *La Forge* : **GBP 252** – New York, 11 déc. 1930 : *Tête d'un prophète* : **USD 140** – New York, 25-26 mars 1931 : *Bergères* : **USD 475** – Paris, 22 nov. 1940 : *L'Offrande des œufs* ; *La Danse*, deux pendants : **FRF 10 000** – Paris, 30 juin-1er juil.1941 : *Tête de vieillard barbu coiffé d'un turban* : **FRF 1 950** ; *Tête de femme âgée* : **FRF 1 410** – Paris, 22-23 déc. 1941 : *Figures d'apôtres*, deux peintures dans un même cadre : **FRF 380** – Paris, 1er juil.1942 : *Vieillard en buste* : **FRF 3 700** – Paris, 17 mars 1943 : *Assemblée dans un parc* : **FRF 255 000** – Paris, 18 juin 1943 : *Tête d'homme*, attr. : **FRF 1 550** – Paris, 25 juin 1943 : *Oriental* : **FRF 3 300** – Paris, 25 juin 1943 : *Vieillard en buste* : **FRF 3 800** – Londres, 10 déc. 1943 : *La Mise au tombeau* 1646 : **GBP 52** – Paris, 26 déc. 1944 : *Divertissement dans un parc* : **FRF 320 000** – Paris, 12 fév. 1945 : *Le Petit Pont*, gche : **FRF 3 300** – Paris, 19 mars 1945 : *Renaud endormi dans les jardins d'Armide* 1758 : **FRF 42 000** – Paris, 30 avr. 1945 : *Portraits d'hommes coiffés de bonnets fourrés*, deux pendants : **FRF 3 000** – Paris, 14 mai 1945 : *Le Repos du pèlerin* : **FRF 4 500** – Paris, 5 déc. 1950 : *Leçon de danse dans un parc* : **FRF 500 000** – Paris, 9 mars 1954 : *La Collation* ; *La Danse*, deux pendants : **FRF 2 000 000** – Paris, 5 déc. 1962 : *Divertissement dans un parc* : **FRF 16 000** – Londres, 25 fév. 1966 : *Diane et ses nymphes se reposent dans un paysage* : **GNS 2 000** – Londres, 2 avr. 1976 : *Paysage montagneux*, h/t (80x100,3) : **GBP 5 000** – Vienne, 14 juin 1977 : *Vénus et Cupidon*, h/pan. (39x28) : **ATS 200 000** – Versailles, 5 mars 1978 : *La route des muletiers*, h/t (80x63) : **FRF 24 000** – Vienne, 17 nov. 1981 : *Vénus et Cupidon* 1751, h/t (72,5x53,5) : **ATS 100 000** – Londres, 11 mars 1983 : *Soldats devant le temple de Vesta à Tivoli*, h/t (64,9x61,5) : **GBP 3 000** – Monte-Carlo, 25 juin 1984 : *Un barbaresque*, h/t (49x41) : **FRF 22 000** – Monte-Carlo, 21 juin 1986 : *Scènes galantes dans un parc*, deux h/t (88x67,5) : **FRF 320 000** – Paris, 15 avr. 1988 : *Scènes pastorales*, h/t, une paire (28x20,5) : **FRF 30 000** – New York, 28 oct. 1988 : *Scènes de harem*, h/t, une paire (chaque 51,5x42) : **USD 31 900** – Rome, 23 mai 1989 : *Portrait d'homme*, h/t (56x43) : **ITL 4 400 000** – Londres, 5 juil. 1989 : *Scène de harem avec des Turcs buvant du café* 1760, h/t (52,5x41,5) : **GBP 19 250** – New York, 13 oct. 1989 : *Renaud et Armide* 1758, h/t (68,5x56) : **USD 27 500** – Londres, 28 fév. 1990 : *Paysans attroupés autour du dentiste devant une maison* ; *Un homme enseignant la lecture à un groupe de paysans devant une maison*, h/cuivre, une paire (chaque 15x50,5) : **GBP 12 100** – Cologne, 29 juin 1990 : *Portraits d'hommes barbus coiffés de turbans*, h/bois (32x25,5) : **DEM 2 000** – Londres, 20 juil. 1990 : *La Circoncision*, h/t (79x66) : **GBP 5 280** – Stockholm, 14 nov. 1990 : *Paysage boisé avec du bétail à l'orée de la forêt*, h/t (53x65) : **SEK 40 000** – Le Touquet, 19 mai 1991 : *Le musicien galant*, h/pan. (33x29) : **FRF 25 000** – Stockholm, 29 mai 1991 : *Berger et son bétail dans une clairière à l'orée d'un bois près d'une borne*, h/t (53x65) : **SEK 27 000** – Londres, 3 juil. 1991 : *Les amoureux surpris*, h/t (79x61) : **GBP 20 900** – Londres, 1er nov. 1991 : *Vénus et Cupidon avec deux servantes sur un talus rocheux* 1751, h/t (72x53,5) : **GBP 10 450** – Paris, 13 déc. 1991 : *Conversation dans le parc*, h/t (79x69) : **FRF 60 000** – Paris, 26 juin 1992 : *Scène galante dans un paysage*, h/pan., une paire (22,5x16,5) : **FRF 25 000** – Londres, 20 mai 1993 : *La Parabole de l'agneau égaré* 1757, h/pan. (36x27,6) : **GBP 8 050** – Amsterdam, 17 nov. 1993 : *Homme portant la barbe*, h/t/cart. (25x16,5) : **NLG 1 955** – Paris, 18 nov. 1994 : *Portrait d'un rabbin*, h/t (80x60) : **FRF 19 500** – New York, 11 jan. 1995 : *Agar et Ismaël chassés*, h/cuivre (39x31,7) : **USD 44 850** – Londres, 5 avr. 1995 : *Deux moines dans un paysage boisé près d'une cascade*, h/t (54,5x66) : **GBP 3 105** – Paris, 6 juil. 1995 : *Scène galante*, h/t (67x78) : **FRF 65 000** – Amsterdam, 6 mai 1996 : *Portrait d'un vieil homme barbu*, h/pan. (56x40) : **NLG 9 440** – Londres, 11 déc. 1996 : *Le Jugement de Pâris* ; *Apollon et Daphnée* 1757, h/t, une paire (49,5x59,3) : **GBP 23 000** – Amsterdam, 10 nov. 1997 : *Portrait d'une dame de trois quarts en Flore*, h/pan. (44,7x32,7) : **NLG 20 757** – New York, 26 fév. 1997 : *Le Christ aux outrages*, h/t (42,5x31,8) : **USD 3 680** – Paris, 22 oct. 1997 : *Bohémienne en prière* 1763, pan. (23x17,5) : **FRF 7 000**.

DIETRICH Eduard

Né en 1803 à Stremberg. xixe siècle. Allemand.

Peintre.

Il fut professeur de dessin à Erfurt et peignit des paysages et des tableaux d'histoire.

DIETRICH Erdmann Julius

Né le 16 décembre 1808 à Eisenberg. Mort le 28 novembre 1878 à Altenburg. xixe siècle. Allemand.

Peintre.

Il exécuta un *Baptême du Christ* pour l'église d'Eisenberg.

DIETRICH Ernst Sebastian

Mort en juin 1796 à Salzbourg. xviiie siècle. Autrichien.

Peintre.

DIETRICH Franz

Né le 2 avril 1838 à Meissen (Saxe-Anhalt). xixe siècle. Allemand.

Peintre d'histoire.

Frère cadet d'Anton Dietrich. Il travailla à l'Académie de Dresde, puis fut élève de Kreling à Nuremberg. Il débuta vers 1869 à Dresde.

DIETRICH Franz Xavier

Né en 1882 à Bernhardsweiler (Alsace). xxe siècle. Allemand.

Peintre.

Il commença ses études picturales à Strasbourg, mais les termina à Munich où il s'établit.

DIETRICH Friedrich August Theodor

Né le 23 octobre 1817 à Bojanovo. xixe siècle. Allemand.

Sculpteur.

Il fut à Berlin l'élève de Drake. Il exécuta des portraits du tzar Nicolas Ier et du roi Frédéric Guillaume IV.

DIETRICH Friedrich Christian

xixe siècle. Actif à Amsterdam vers 1817. Hollandais.

Graveur à l'aquatinte.

On cite de lui : cinq planches des *Remparts d'Utrecht, La Rapenburg de Leyde*, d'après F.-A. Melatz.

DIETRICH Friedrich Christoph

Né le 3 avril 1779 à Oehringen (Wurtemberg). Mort le 25 mai 1847 à Lodz. xixe siècle. Allemand.

Graveur.

Il fut à Augsbourg l'élève de J. D. Herz. Il grava surtout des paysages d'Allemagne, de Hollande et à la fin de sa vie, de Pologne.

DIETRICH Gotthold
Né le 5 février 1843 près de Dresde. Mort le 31 décembre 1868 à Dresde. XIXe siècle. Allemand.
Dessinateur.
Il fut élève de Bürkner. Il exécuta des illustrations de livres et travailla pour des périodiques.

DIETRICH Gustav Otto
Né le 26 novembre 1860 à Leipzig. XIXe siècle. Allemand.
Graveur.
Il fut élève d'Alfred Krausse. On lui doit des portraits, des paysages et des illustrations de livres.

DIETRICH H. W.
XVIIe siècle. Allemand.
Peintre.
Sandrart cite de lui un portrait.

DIETRICH Hans
Né le 30 juin 1868 à Zauchte. XIXe siècle. Autrichien.
Sculpteur.
On lui doit un buste de Beethoven.

DIETRICH Hilarius
XVIIIe siècle. Actif à Strasbourg vers 1794. Français.
Peintre.

DIETRICH J. D.
XVIIIe siècle. Allemand.
Peintre.
L'Université de Göttingen possède une copie de cet artiste d'après Ter Borch.

DIETRICH J. F.
XIXe siècle. Allemand.
Peintre de natures mortes.

DIETRICH Joachim
Mort le 14 juin 1753 à Munich. XVIIIe siècle. Allemand.
Sculpteur sur bois.
Il travailla à la décoration de plusieurs demeures seigneuriales et églises de Munich.
Ventes Publiques : Vienne, 19 mars 1971 : *Évêque en buste (bois de tilleul)* : **ATS 50 000**.

DIETRICH Johann Christian
Né en 1705. Mort en 1779 à Meissen. XVIIIe siècle. Allemand.
Peintre.
Il travailla pour la Manufacture de porcelaine de Meissen.

DIETRICH Johann Friedrich
Né le 21 septembre 1787 à Biberach. Mort le 17 janvier 1846 à Stuttgart. XIXe siècle. Allemand.
Peintre d'histoire.
D'abord élève de Seele et Heideloff à Stuttgart, il partit pour Rome en 1820. Il y étudia les œuvres des grands maîtres et produisit des originaux et des copies d'une grande valeur. De retour dans son pays, il fut employé à la décoration de la salle des États à Rosenstein et peignit à fresque dans plusieurs églises. Il fut jusqu'à sa mort professeur de l'Académie de Stuttgart. Le musée de cette ville conserve de lui : *Le Christ et les disciples d'Emmaüs.*

DIETRICH Johann Georg
Né en 1684 à Wiessensee. Mort en 1752 à Dresde. XVIIIe siècle. Allemand.
Peintre et graveur.
Imitateur des Teniers. Le Musée de Christiania (Oslo) conserve de lui : *Un vieillard regardant une jeune fille endormie.*

DIETRICH Johann Paul
Né en 1768 à Nuremberg. Mort en 1823 à Nuremberg. XVIIIe-XIXe siècles. Allemand.
Graveur.
Il fut membre de l'Académie de Peinture de Nuremberg.

DIETRICH Johannes Karl
Né le 10 mars 1863 à Altenburg. XIXe siècle. Allemand.
Peintre d'histoire et de portraits.
Le Musée d'Altenburg possède de cet artiste : *Agar et Ismaël.*

DIETRICH Joseph
XVIIIe siècle. Actif à Nenötting vers 1750. Allemand.
Sculpteur.
Il travailla pour l'église de Altötting.

DIETRICH Joseph Auguste
Né le 18 décembre 1821 à Estavayer-le-Lac (Suisse). Mort le 16 mai 1863 à Fribourg. XIXe siècle. Suisse.
Dessinateur et peintre.
Dietrich étudia à Genève avec François Diday et Hornung (1840) et reçut des leçons à Berne. Professeur comme maître de dessin à l'école moyenne d'Estavayer vers 1842. Il remplit les mêmes fonctions au collège Saint-Michel de Fribourg entre 1848 et 1861. Il figura aux Expositions suisses (Lausanne surtout) de 1852 à 1859. Parmi ses œuvres, on cite *son portrait* par lui-même, *Mendiants, Vieille Fribourgeoise*, et en outre *l'Enfant Jésus donnant le scapulaire à saint Simon Stock*, à l'église de Villarepos, ainsi que des vues de rues, d'églises et des sujets de genre.

DIETRICH Klaus
Né le 20 septembre 1940 à Trbnitz. XXe siècle. De 1964 à 1987 actif en France. Allemand.
Peintre de paysages.
De 1955 à 1957, il étudia à l'École des Beaux-Arts de Halle, puis de 1959 à 1961, il fut élève d'une École publicitaire à Munich. Il a participé à plusieurs expositions.
Il présente des visions tumultueuses, saisissantes.
Ventes Publiques : Neuilly, 16 juin 1987 : *Paysage à la feuille*, h/t (27x19) : **FRF 6 200** – Paris, 14 oct. 1989 : *La ville dans la mer*, h/t (46x55) : **FRF 23 000**.

DIETRICH Léopold
Né le 10 juin 1873 à Paris. XIXe-XXe siècles. Français.
Peintre de genre et de portraits.
Élève de Chigot. Sociétaire du Salon des Artistes Français. On cite de cet artiste : *L'Expertise.*

DIETRICH Matthias
Né vers 1645 à Vienne. XVIIe siècle. Autrichien.
Peintre.

DIETRICH Moritz
XIXe siècle. Allemand.
Graveur.
Il était frère d'Adolf Friedrich.

DIETRICH Vladislaw
XIXe-XXe siècles. Polonais.
Peintre de paysages.
Il travailla à Vienne, à Cracovie et à Varsovie.

DIETRICH-MOHR
Né en 1924 à Düsseldorf. XXe siècle. Depuis 1951 actif en France. Allemand.
Sculpteur. Abstrait.
Il vit et travaille en France depuis 1951. Il a participé à plusieurs Salons parisiens, notamment aux Salons Grands et Jeunes d'Aujourd'hui, Comparaisons, Jeune Sculpture, des Réalités Nouvelles, de Mai, etc. Personnellement, il a exposé dans les musées d'Arras, Bar-le-Duc, Metz, et dans une galerie de Paris. Il a réalisé de nombreuses sculptures monumentales pour des municipalités : Saint-Quentin-en-Yvelines, Guegnon, des collèges d'enseignement secondaire : Bordeaux, Bègles, Mayet, Lemberg, Maizières-les-Metz, des lycées techniques, des entreprises privées : Airbus Industrie, des villes : Karlsruhe, à l'Université de Freiburg, dans une caserne de Pamiers, à la gendarmerie d'Orange, etc.
Ses sculptures, qui peuvent être de véritables constructions, sont faites de formes abstraites anguleuses qui, le plus souvent, s'interpénètrent, s'escaladent à la façon des notes d'un chant.
Musées : Châteauroux (Mus. de Sculpture en plein air) – Metz (Mus. de Sculpture en plein air) – Paris (Fonds. Nat. d'Art Contemp.) – Sénart (Mus. de Sculpture en plein air) – Siegen (Mus. de Sculpture en plein air).
Ventes Publiques : Paris, 8 juin 1994 : *Sans titre*, bronze cire perdue (H. 29) : **FRF 6 500** – Paris, 19 juin 1996 : *Personnage*, sculpt. plaques de laiton soudées (146x66x28) : **FRF 7 000**.

DIETRICHS Hermann
Né le 10 mai 1852 à Beetzendorf près de Magdebourg. XIXe siècle. Allemand.
Peintre d'architectures et de paysages.
Il fut l'élève de Wilberg et de Hertel et exposa à Berlin à partir de 1881.

DIETRICHSEN Dirk. Voir **DIRICKS**

DIETRICHSEN Hans
XVIIe siècle. Actif à Eckernförde vers 1610. Allemand.
Sculpteur.

DIETRICHSON Johanne Mathilde, née **Bonnevie**
Née le 12 juillet 1837 à Christiania. XIXe siècle. Norvégienne.
Peintre de genre.
Elle épousa en 1862, L. Dietrichson, professeur d'histoire d'art à l'Université de Christiania et auteur de plusieurs ouvrages traitant la question des arts. Après avoir étudié de 1857 à 1861, à Düsseldorf sous la direction du peintre historique O. Mengelberg, elle visita Rome de 1862 à 1865 ; elle fréquenta l'Académie de Stockholm de 1886 à 1889 et accompagnait en 1869-1870 son mari pendant son voyage dans l'Europe orientale et en Asie Mineure. Ses œuvres principales sont : *Vieillard qui fume avec un enfant* (1868), *La visite de la jeune mère* (1869), *Une servante civilisée* (1872), *Scène de famille* (1873), *La fille du patron* (1877), *Jeunes garçons qui fument* (1877).

DIETRICHSTEIN Joseph de, comte
XVIIIe siècle. Actif à Vienne à la fin du XVIIIe siècle. Autrichien.
Peintre et dessinateur.
C'était un artiste amateur qu'on doit peut-être identifier avec le comte Joseph Franz Karl, né en 1763, mort en 1825.
VENTES PUBLIQUES : PARIS, 1823 : *Paysage avec animaux*, dess. au bistre : **FRF 12** ; *Paysage, avec figures et animaux dans un champ de blé*, dess. à la pierre noire : **FRF 14**.

DIETRICHSTEIN Marie Christine Joséphine von, née comtesse **von Thum Hohnstein**
Née le 25 avril 1738. Morte le 4 mars 1788 à Vienne. XVIIIe siècle. Autrichienne.
Dessinatrice et peintre amateur.

DIETRICY Christian Wilhelm Ernst. Voir **DIETRICH**

DIETRING Anton
XVIIIe siècle. Actif à Grafenröth. Autrichien.
Sculpteur.
Il travailla en 1765 à l'église de Schönberg.

DIETS C. F., dit **Agricola**
XVIIIe siècle. Actif vers 1750. Hollandais.
Dessinateur.

DIETSCH Marie Anne
Née à Haguenau (Bas-Rhin). XXe siècle. Française.
Peintre de portraits.
Elle exposa à Paris au Salon d'Automne en 1938.

DIETSCHE Fridolin
Né le 31 décembre 1861 à Schönau (Bade). Mort le 25 juin 1908 à Hambourg. XIXe-XXe siècles. Allemand.
Sculpteur, céramiste.
Il fit ses études à Munich et à Karlsruhe, puis à Berlin et à Rome. Il fut, par la suite, professeur à Karlsruhe.

DIETSCHI ou **Tietschi**
XVIe siècle. Travaillait à Fribourg vers 1563. Suisse.
Sculpteur.
Il sculpta les armoiries fribourgeoises au pont de Marly en 1563 et travailla aussi pour la chapelle de Saint-Jost, dans cette ville.

DIETTE Jean-Paul
XXe siècle. Français.
Peintre de paysages et sculpteur.
Il participe à des Salons régionaux de l'Ile-de-France. Sa peinture est redevable des écoles de Barbizon et de Fontainebleau. Sa sculpture reste classique et est souvent réalisée en bois.

DIETTERLIN Bartholomaeus ou **Dieterlein**
Né vers 1590 à Strasbourg. Mort après 1623 à Strasbourg. XVIIe siècle. Français.
Peintre de compositions religieuses, sujets allégoriques, paysages, graveur.
Fils de Hilarius Dietterlin et père de Johannes Dietterlin.
On connaît de lui deux estampes : une *Ascension du Christ* et un *Paysages*.
VENTES PUBLIQUES : PARIS, 22 fév. 1937 : *Deux gches se faisant pendants* : **FRF 820**.

DIETTERLIN Hilarius
XVIIe siècle. Actif à Strasbourg du début du XVIIe siècle. Français.
Peintre.
Il était fils de Wendel Dietterlin.

DIETTERLIN Johannes
XVIIe siècle. Actif à Strasbourg, travaillant à Soleure, dans la seconde moitié du XVIIe siècle. Suisse.
Peintre.
Dietterlin devint bourgeois de Soleure en 1650. Reçu dans la confrérie de Saint-Luc dans la même année il peignit ses armoiries et sa devise dans le registre de la corporation. D'après le Dr C. Brun, il serait le fils de Bartholomaeus Dietterlin, le peintre et graveur.

DIETTERLIN Peter
XVIIe siècle. Actif à Strasbourg. Français.
Dessinateur de costumes.

DIETTERLIN Wendel ou **Dieterlin Wendling Grapp**
Né vers 1550 ou 1551 à Pallendorf. Mort en 1599 à Strasbourg. XVIe siècle. Actif en France. Autrichien.
Peintre de compositions religieuses, compositions murales, graveur.
On sait qu'en 1571, il était bourgeois de Strasbourg, où il accomplit presque toute sa carrière.
Auteur de peintures murales, il travailla à Strasbourg en 1575 ; à Haguenau en 1583 ; à Oberkirch, en Forêt Noire, en 1589 ; à Stuttgart, où il fut appelé pour y exécuter des peintures au plafond de la Lusthaus en 1590-1592. Ses nombreuses gravures à l'eau-forte, nous permettent d'avoir une idée de ce que furent ses tableaux, aujourd'hui disparus, à l'exception d'une *Résurrection de Lazare*. On cite parmi ses gravures : *Architectura und Austheilung*, dont l'intérêt réside surtout dans l'inspiration fantastique ou à tout le moins bizarre, des ornementations encore gothiques. Il est également l'auteur de douze planches de *Sujets grotesques*, deux *Portraits* et d'une *Architecture avec l'appel de saint Mathieu à l'apostolat*.

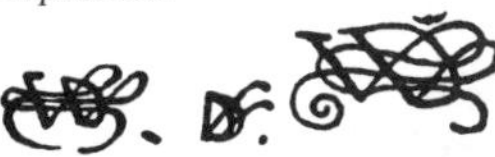

BIBLIOGR. : In : *Diction. de la peinture allemande et d'Europe centrale*, coll. Essentiels, Larousse, Paris, 1990.
MUSÉES : KARLSRUHE : *Résurrection de Lazare* – VIENNE : *Architecture avec l'appel de saint Mathieu à l'apostolat*.
VENTES PUBLIQUES : PARIS, 1896 : *Décoration d'une façade de palais à deux étages*, deux dess. à la pl. avec reh. d'aquar. et de gche : **FRF 420**.

DIETZ ou **Dietschen,** le Vieux. Voir **DIETZSCH Johann Israel**

DIETZ Amelia Mary
XVIIIe siècle. Active à Londres à la fin du XVIIIe siècle. Britannique.
Peintre de miniatures.

DIETZ B. W.
XIXe siècle. Actif à Arnhem vers 1835. Hollandais.
Graveur et lithographe.
On lui doit surtout des illustrations de livres.

DIETZ Cornelius
XVIIIe siècle. Actif à Cologne au début du XVIIIe siècle. Allemand.
Peintre verrier.
Il travailla pour le couvent des Carmélites de Francfort-sur-le-Main vers 1711.

DIETZ Diana
XVIIIe siècle. Active à Londres à la fin du XVIIIe siècle. Britannique.
Peintre de miniatures.
Peut-être était-elle la sœur d'Amelia Mary.

DIETZ Feodor
Né le 29 mai 1813 à Neunstetten. Mort le 18 décembre 1870 à Graz. XIXe siècle. Allemand.
Peintre d'histoire, scènes de batailles, dessinateur.
Il était professeur à l'Académie de sa ville natale lorsque la guerre franco-allemande éclata. Dietz entra dans le service des ambulances et mourut au cours de la campagne. Il avait exposé au Salon de Paris à partir de 1838 et obtenu une médaille de troisième classe en 1839.
MUSÉES : MAYENCE : *Mort de Pappenheim* – MUNICH : *Assaut de Belgrade* – STUTTGART : *Épisode de la guerre de Leipzig* 1813.
VENTES PUBLIQUES : PARIS, 26 juin 1990 : *La Charge de Wallenstein, duc de Friedlan*, h/t (97,5x130) : **FRF 60 000** – MUNICH, 3 déc. 1996 : *Le Général von Wrangel et le Comte von Noer*, cr. coul. et encre brune/pap. (19x24) : **DEM 1 920**.

DIETZ Ferdinand
Mort vers 1780. XVIIIe siècle. Allemand.

Sculpteur.
Il travailla surtout à Würzburg et à Bamberg où il fut sculpteur de la cour.
Ventes Publiques : Munich, 1er et 3 déc. 1965 : *Six bustes symbolisant les races* : **DEM 27 500.**

DIETZ H. Wilhelm
XVIIIe siècle. Actif vers 1760. Allemand.
Peintre de portraits.

DIETZ Hans
XVIe siècle. Actif à Francfort-sur-le-Main dans la première moitié du XVIe siècle. Allemand.
Peintre.

DIETZ J. C. Ditsingh, Dützing
XVIIIe siècle. Actif en Hollande au milieu du XVIIIe siècle. Hollandais.
Dessinateur de paysages.
Il s'agit peut-être de Johann Christoph Dietzsch.
Ventes Publiques : Paris, 11 et 12 juin 1928 : *Les Cavaliers ; La Rentrée du troupeau,* deux dessins à l'encre de Chine : **FRF 1 100.**

DIETZ Johann Benedict
XVIIe siècle. Actif à Steiermarck à la fin du XVIIe siècle. Allemand.
Peintre de paysages.

DIETZ Sebastian
XVIe siècle. Actif à Nuremberg dans la première moitié du XVIe siècle. Allemand.
Peintre.

DIETZE August
XVIIIe siècle. Allemand.
Peintre sur porcelaine.
Il travailla pour la Manufacture de Meissen.

DIETZE August
XIXe siècle. Actif à Leipzig. Allemand.
Peintre.
Il fut l'élève de J. A. Dietze dont il n'était pas parent. Il exécuta des peintures religieuses, des tableaux d'histoire et de genre.

DIETZE Ernst Richard
Né le 29 février 1880 à Obermeisa (près de Meissen). XXe siècle. Allemand.
Peintre.
Il fut au début de sa carrière, l'un des membres les plus représentatifs de l'école impressionniste allemande.

DIETZE Julius Athanasius
Né vers 1770 à Leipzig. XVIIIe siècle. Allemand.
Peintre et graveur.
Son père était peintre d'intérieurs à Leipzig ; lui-même pratiqua tous les genres, l'aquarelle, le dessin, la miniature, etc.

DIETZE Marcus Conrad
Né à Ulm. Mort vers 1703 à Ulm. XVIIe siècle. Allemand.
Sculpteur et architecte.
Il travailla surtout à Ulm.

DIETZER August
XIXe siècle. Hollandais.
Peintre.
On ne connaît de lui qu'un portrait.

DIETZI Hans
Né le 5 juin 1864 à Berne. Mort en 1929. XIXe siècle. Suisse.
Peintre de portraits, natures mortes, pastelliste, graveur.
Dietzi étudia la gravure chez Th. Meister dans sa ville natale, avec Kloss à Stuttgart et Rose à Paris. Élève de Jakobites à Munich pour le dessin, il travailla également avec Karl Stauffer à l'Académie de Berlin, et suivit les cours de l'École d'art à Weimar. Il travailla aussi à Rome, retourna à Berne et se consacra à la peinture de portraits. Il exposa à partir de 1890.
Musées : Berne : *Le Réveil.*
Ventes Publiques : Berne, 22 oct. 1980 : *Vase de fleurs,* h/t (55x43) : **CHF 1 200.**

DIETZLER Johann Joseph
XVIIIe siècle. Actif à Prague. Tchécoslovaque.
Dessinateur.
Il exécuta des vues de Prague qui furent gravées.

DIETZSCH Barbara Regina
Née le 22 septembre 1706 à Nuremberg. Morte le 1er mai 1783 à Nuremberg. XVIIIe siècle. Allemande.
Peintre d'animaux, natures mortes, fleurs et fruits, peintre à la gouache.
Elle était fille de Johann Israel Dietzsch.
Ventes Publiques : Londres, 27 mars 1946 : *Chardons et Insectes,* gche, deux pendants : **GBP 30** ; *Fleurs et insectes,* gche, quatre pendants : **GBP 50** – Londres, 29 nov. 1977 : *Nature morte et papillon,* gche (28x21) : **GBP 1 100** – Londres, 26 nov. 1981 : *Fleur blanche et papillon,* gche (28,5x20,5) : **GBP 800** – Londres, 5 juil. 1983 : *Deux poires sur une branche,* gche (27,2x19) : **GBP 4 200** – Londres, 30 mars 1987 : *Étude de chardon et papillon,* gche/parchemin (28,7x21) : **GBP 5 500** – Londres, 4 juil. 1994 : *Rose avec des insectes,* gche/vélin (28,2x20) : **GBP 3 220** – Amsterdam, 15 nov. 1994 : *Fleurs dans un vase de verre sur un entablement,* gche/vélin (27,5x19,5) : **NLG 12 420** – Paris, 20 juin 1997 : *Tulipe et insecte,* gche/parchemin (28,5x20,5) : **FRF 22 000.**

DIETZSCH Georg Friedrich
Né le 24 août 1717. Mort le 28 septembre 1755. XVIIIe siècle. Actif à Nuremberg. Allemand.
Peintre.
Il était fils de Johann Israel Dietzsch. On lui doit, semble-t-il, des tableaux de genre et des portraits.

DIETZSCH Johann Albrecht
Né le 2 janvier 1720. Mort le 12 novembre 1782. XVIIIe siècle. Actif à Nuremberg. Allemand.
Peintre de batailles, portraits, paysages, graveur.
Il travailla à Nuremberg et pratiqua avec succès tous les genres. Il était fils de Johann Israel Dietzsch.
Ventes Publiques : Paris, 1776 : *Petits Paysages : barques et figures,* pierre noire, quatre dessins : **FRF 29** – Paris, 8 juin 1994 : *La Fritillaire ; L'Œillet ; La Jacinthe ; La Tulipe,* aquar./parchemin, série de quatre (chaque 28x20) : **FRF 60 000.**

DIETZSCH Johann Christoph
Né le 9 mars 1710 à Nuremberg. Mort le 11 décembre 1769 à Nuremberg. XVIIIe siècle. Allemand.
Peintre de portraits, paysages, graveur.
Frère aîné de Johann Albrecht et fils de Johann Israel Dietzsch, il s'adonna surtout au paysage et réussit à se classer parmi les bons peintres de ce genre en Allemagne. Le graveur Wille en parle avec éloges dans ses mémoires.
Ventes Publiques : Bruxelles, 1833 : *Deux dessins en couleur* : **FRF 14** – Paris, 1851 : *Paysage ; effet d'hiver,* gche/velin : **FRF 19** – Paris, 1888 : *Deux paysages,* dess. à la gche : **FRF 27** – Munich, 5 juin 1899 : *Paysage* : **FRF 375** – Paris, 21 et 22 fév. 1919 : *La Halte au bord de l'eau,* cr. et encre de Chine : **FRF 55** – Paris, 14 mars 1919 : *Tête de vieillard* : **FRF 57** – Paris, 21 mars 1925 : *Paysage avec personnages,* pierre noire : **FRF 120** – Amsterdam, 14 nov. 1983 : *Paysans dans un paysage d'hiver aux abords d'un village,* gche (16,9x22,2) : **NLG 4 200** – New York, 18 jan. 1984 : *Paysage animé de personnages,* gche/parchemin (17,4x22,7) : **USD 1 600** – Londres, 7 déc. 1987 : *Paysage animé de personnages,* gche/parchemin (14,4x22,2) : **GBP 1 400** – New York, 13 jan. 1993 : *Paysage d'hiver avec des patineurs sur une rivière,* gche/vélin (16,9x22,3) : **USD 2 300** – New York, 12 jan. 1994 : *Paysage avec deux personnages sur un chemin ; Paysage avec un cavalier,* gche/vélin, une paire (chaque 17,5x23) : **USD 4 025.**

DIETZSCH Johann Israel
Né le 25 septembre 1681. Mort le 22 octobre 1754. XVIIIe siècle. Allemand.
Peintre.
Le Cabinet des Estampes de Nuremberg possède des paysages de cet artiste dont 7 enfants furent peintres.

DIETZSCH Johann Jakob
Né le 26 janvier 1713. Mort le 16 septembre 1776. XVIIIe siècle. Actif à Nuremberg. Allemand.
Peintre de batailles, paysages, marines, natures mortes, dessinateur.
Il était fils de Johann Israel Dietzsch.
Ventes Publiques : Amsterdam, 14 nov. 1983 : *Bataille navale,* gche/parchemin (17,4x22,7) : **NLG 7 300** – New York, 18 jan. 1984 : *Batailles navales,* gche/parchemin, une paire (14,4x22,5) : **USD 2 500** – New York, 12 jan. 1994 : *Nature morte de corail et de coquillages sur un entablement,* gche/vélin (18,9x26,5) : **USD 18 400.**

DIETZSCH Johann Siegmund
Né le 26 octobre 1707. Mort le 3 mai 1775. XVIIIe siècle. Actif à Nuremberg. Allemand.

Peintre de paysages et de marines.
On lui doit également des tableaux, des natures mortes ; il pratiqua aussi la gravure.

DIETZSCH Margaretha Barbara
Née le 8 novembre 1716 à Nuremberg. Morte en 1795 à Nuremberg. XVIIIe siècle. Allemande.
Peintre d'animaux, natures mortes, fleurs et fruits, peintre à la gouache, graveur.
Sœur de Johann Albrecht et de Johann Christoph Dietzsch, fille de Johann Israel, elle peignit également des miniatures.
Ventes Publiques : Paris, 12 avr. 1954 : *Oiseaux sur fond de paysage*, gche/vélin, deux pendants : **FRF 68 000** – New York, 18 jan. 1984 : *Fleurs*, gche, série de quatre (33x26 ; 29x19,7 ; 29x21,5 ; 29x21) : **USD 15 000** – Paris, 16 nov. 1993 : *Mésange charbonnière*, gche (19,5x14,5) : **FRF 6 200** – New York, 12 jan. 1994 : *Un chardon avec une grosse chenille et des papillons*, gche/vélin (28,6x20,9) : **USD 13 800** – Paris, 20 oct. 1994 : *Chardon et papillon*, gche/fond noir (25x19) : **FRF 13 000** – Londres, 3 juil. 1996 : *Fleurs, papillons et insectes*, gche/vélin, une paire (chaque 28x20) : **GBP 4 830**.

DIEU
XVIIIe siècle. Français.
Peintre de paysages, marines.
Il exposait à l'Académie de Saint-Luc vers 1752.

DIEU Antoine
Né vers 1662 à Paris. Mort le 12 avril 1727 à Paris. XVIIe-XVIIIe siècles. Français.
Peintre d'histoire, compositions religieuses, dessinateur.
Élève de Lebrun, il remporta le premier prix pour Rome en 1686. En 1722, il fut reçu académicien. Il fut adjoint à professeur en 1724. On cite de cet artiste un remarquable tableau, reproduit en gravure par Jean Arnold : *Louis XIV sur son trône*.
Musées : Rouen : *Esther devant Assuérus* – Troyes : *Départ de Jacob* – Versailles : *Naissance de Louis de France, duc de Bourgogne* – *Mariage de Louis de France, duc de Bourgogne, et de Marie-Adélaïde de Savoie*.
Ventes Publiques : Paris, 1780 : *La Résurrection de Lazare* : **FRF 700** ; *Le baptême du Christ* : **FRF 600** ; *Seize sujets de la vie de Jésus-Christ*, dess. : **FRF 33** – Paris, 29 oct. 1980 : *L'Arrestation*, pl. et lav. d'encre de Chine/pap. (19,5x28,2) : **FRF 8 200** – Londres, 12 avr. 1983 : *La Continence de Scipion*, sanguine, pl. et lav. (37,3x50,7) : **GBP 900** – Paris, 27 mai 1987 : *Scène de la vie de Moïse : le châtiment des fils de Lévi*, pl., encre brune et lav. brun (22,5x30) : **FRF 15 000** – New York, 12 jan. 1988 : *Le Culte du Veau d'or*, sanguine et encre (29,5x43,9) : **USD 2 860**.

DIEU Édouard
Né en 1637 à Paris. Mort le 7 décembre 1703 à Paris. XVIIe siècle. Français.
Graveur et médailleur.
Il fut le père du graveur Jean et du peintre Antoine.

DIEU François, veuve
XVIIIe siècle.
Peintre.
Elle fut membre de l'Académie de Saint-Luc à Paris.

DIEU Jean
Né vers 1658 à Paris. Mort le 11 juillet 1714 à Paris. XVIIe-XVIIIe siècles. Français.
Graveur.
Il était fils d'Édouard.

DIEU Jean de, dit **Saint Jean**
XVIIe siècle. Français.
Peintre, dessinateur.
Agréé à l'Académie de Paris le 25 avril 1671, il fut rayé le 2 mars 1709, pour n'avoir pas fourni son morceau de réception. Il a gravé des figurines de mode.
Ventes Publiques : Paris, 1897 : *Femme de qualité, en déshabillé pour le bain*, cr. noir et lav. d'encre de Chine : **FRF 400**.

DIEU Jean de
Né en 1652 à Arles. Mort en 1727. XVIIe-XVIIIe siècles. Français.
Sculpteur.
Travailla d'abord dans sa ville natale, qui lui doit quelques œuvres intéressantes, qui se placent entre 1673 et 1677. Après un passage à Chartres, où il exécuta l'un des groupes du pourtour du chœur de la cathédrale, achevé en 1681, il vint se fixer à Paris. Devenu sculpteur du roi, il entreprit de nombreux ouvrages, principalement pour la décoration du parc et du château de Versailles, ainsi que de ceux de Marly ; pour l'église des Invalides et pour les bâtiments de la Place Vendôme. En 1684, le Service des Bâtiments du roi le chargea d'aller chercher à Arles, pour la transporter à Versailles, la célèbre Vénus antique. On voit d'après les comptes des Bâtiments du roi qu'il reçut à cet effet 480 livres, dont 200 payées par anticipation. Une mission analogue lui échut l'année suivante : aller prendre livraison au Havre, pour la conduire à Sèvres, de la statue équestre en marbre de Louis XIV exécutée par le Bernin et qui avait été expédiée de Rome. Ce qui lui valut 280 livres. Il conclut en 1697 un marché avec la comtesse de Feuquières, pour l'exécution d'un projet de tombeau pour le père de celle-ci, le peintre Pierre Mignard. Stanislas Lami pose, sans la résoudre, la question de savoir si ce projet servit au Mausolée érigé 45 ans plus tard, dans l'église des Jacobins de la rue Saint-Honoré, par Girardon et Jean-Baptiste Lemoyne. Jean de Dieu avait beaucoup connu Pierre Puget et il a laissé des mémoires contenant des faits fort intéressants pour la biographie du grand sculpteur. D'après d'Argenville, il aurait même été son élève, mais Stan. Lami conteste ce point. L'Académie Royale de peinture et de sculpture, qui avait agréé Jean de Dieu en 1687 sur le modèle d'un médaillon représentant *Saint Philippe*, ne l'admit cependant pas parmi ses membres.
Musées : Arles (Hôtel de Ville) : *Armoiries du roi* 1673 – *Louis XIV* 1675, statue marbre équestre – *Deux lions* – *Un Soleil doré ayant le visage du roi* 1676 – Chartres (Cathédrale) : *La femme adultère* 1681, groupe en pierre – Invalides (Église) : *Une figure sculptée* 1698 – *Projet de tombeau de Pierre Mignard* 1697 – *Statues autrefois aux Invalides* 1709 – *Saint Eutrope* – *Sainte Eustachie* – Marly (anciennement à) : *Vase* 1697, en marbre – *Deux monstres marins* 1697, en plomb – *Deux groupes de Tritons* 1703, en plomb – *Compagne de Diane* 1710, statue marbre – Versailles : *Décorations du Parc : Bacchante* 1684, marbre – *Lysias* 1685, marbre – Versailles (Chapelle du Château) : *Enfants portant des attributs* – *Trophées de musique* 1708 – Versailles (Écuries) : *Deux hommes et deux chevaux*.

DIEU Jean Baptiste
XVIIe-XVIIIe siècles. Actif à Paris. Français.
Graveur.
Il était fils d'Édouard.

DIEU Jean Pierre
XVIIe-XVIIIe siècles. Actif à Paris. Français.
Graveur.
Il était fils du graveur Jean Dieu.

DIEU Ronald
Né en 1945 à Ghlin. XXe siècle. Belge.
Peintre, aquarelliste, dessinateur de figures et de compositions, illustrateur.
Élève de Camus et de Dubrunfaut à l'Académie des Beaux-Arts de Mons, il devint professeur de peinture à Ghlin.
Son art évoque un univers insolite, parfois inquiétant et nostalgique, dans un esprit teinté de symbolisme.

DIEU-AIDE Yolande
Née à Ancenis (Loire-Atlantique). XXe siècle. Française.
Peintre de paysages.
Elle a participé au Salon des Artistes Indépendants dont elle est devenue membre, étant également membre de l'Union des Femmes Peintres et Sculpteurs. Elle a surtout peint des paysages sous la neige.

DIEUDONNÉ Emmanuel de
Né à Genève. XIXe siècle. Actif puis naturalisé en France. Suisse.
Peintre de genre, sujets typiques.
Élève de Cabanel, il débuta au Salon de Paris de 1876 et obtint une médaille de troisième classe en 1881.
Ventes Publiques : Bruxelles, 19 mars 1980 : *La Jolie Soubrette*, h/pan. (44x27) : **BEF 30 000** – New York, 14 oct. 1993 : *Beauté du harem avec un Narguilé*, h/t (46,5x38,5) : **USD 13 800** – New York, 18-19 juil. 1996 : *Beauté dans un harem avec un narguilé*, h/t (46x38,4) : **USD 4 600**.

DIEUDONNÉ Eugène Paul
Né le 26 avril 1825 à Ourscamp (près de Noyon, Oise). XIXe siècle. Français.
Peintre de portraits, dessinateur.
Il eut pour maître H. Delaborde et figura au Salon de Paris de 1848 à 1880, avec des portraits et des études.

Musées : Versailles : *Portrait du vicomte de Fussy – Portrait du marquis de Fontenay.*
Ventes Publiques : New York, 30 oct. 1992 : *Jeune Femme vêtue d'une robe de dentelle blanche*, h/t (105,5x66,5) : **USD 8 800**.

DIEUDONNÉ Georges
XXe siècle. Français.
Peintre.
Il exposa à Paris au Salon des Tuileries en 1937.

DIEUDONNÉ Guillaume Marius
Né le 9 janvier 1827 à Arles (Bouches-du-Rhône). Mort en 1897. XIXe siècle. Français.
Sculpteur.
En 1851, il entra à l'École des Beaux-Arts et fut élève de Bonnassieux. De 1853 à 1882 il figura au Salon de Paris. Au Musée de Clamecy on a de cet artiste une figure en plâtre : *Le jeu du sabot.*

DIEUDONNÉ Jacques Augustin
Né le 17 mai 1795 à Paris. Mort le 2 mars 1873 à Paris. XIXe siècle. Français.
Sculpteur de statues, bustes.
Entré à l'École des Beaux-Arts en 1816, il fut élève de Gros et de Bosio. En 1819, il eut le deuxième prix au concours pour Rome. Il obtint une médaille de troisième classe en 1843, de deuxième classe en 1844, de première classe en 1845. Il fut décoré de la croix de la Légion d'honneur en 1867. Il figura de 1819 à 1868 au Salon de Paris.
Musées : Bourges : *Buste de Charles X* – Cambrai : *Buste du duc d'Angoulême* – Nantes : *Jésus au jardin des Oliviers* – Sens : *Buste d'Alfred Lorne – La Jeune Mère* – Troyes : *Buste de Marc-Antoine Julien* – Versailles : *Gaston de Foix, comte de Nemours – Charles, comte de Blois – Antoine Arnaud, théologien.*

DIEUDONNÉ Jean ou **Joseph**
XVIIIe siècle. Actif à Nancy. Éc. lorraine.
Sculpteur.
Cité par A. Jacquot dans son *Essai de répertoire des Artistes Lorrains* pour avoir travaillé à l'église Notre-Dame de Nancy en 1720.

DIEUDONNÉ-LAMBERT Marguerite
Née à Paris. XXe siècle. Française.
Peintre.
Elle exposa à Paris au Salon des Artistes Français de 1934 à 1936.

DIEUL
XVIIIe siècle. Actif à Rouen vers 1757. Français.
Peintre sur porcelaine.

DIEULAFE Yvon
Né le 24 novembre 1903 à Béziers (Hérault). XXe siècle. Français.
Peintre de paysages.
Élève de Pierre Laurens et de Paul Albert Laurens à l'Académie Julian à Paris, il débuta au Salon des Artistes Indépendants en 1922. Plus tard, il a personnellement exposé à Alger jusqu'en 1936.
Il a tout d'abord peint des ports, notamment en Corse, puis des paysages relatant son voyage d'exploration fait au Sahara de 1925 à 1930. Sa peinture se réfère à un paysagisme classique.
Ventes Publiques : Paris, 6 juil. 1929 : *Le port de Bastia* : **FRF 120** – Paris, 23 oct. 1944 : *Le Golfe de Porto (la Tour Sarrazine)* : **FRF 4 000** – Paris, 23 mai 1945 : *Vue du port* : **FRF 1 900** – Paris, 20 nov. 1984 : *La ronde des baigneuses*, h/t (138x388) : **FRF 14 000** – Paris, 8 déc. 1993 : *Bouquet de fleurs dans un vase*, h/pan. (60x50) : **FRF 4 000**.

DIEUPART Henri Germain Étienne
Né le 30 juillet 1888 à Paris. XXe siècle. Français.
Sculpteur de bustes, bas-reliefs, scènes de genre.
Élève d'Injalbert, il prit régulièrement part au Salon des Artistes Français dont il fut sociétaire. Parmi ses scènes de genre, citons : *Jeune fille à la vigne.*

DIEUSSART Charles Philippe
Mort sans doute au début de 1696 à Bayreuth. XVIIe siècle. Allemand.
Sculpteur et architecte.
Il travailla surtout à Güstrow, à Potsdam et à Bayreuth.

DIEUSSORT Frans ou **François,** ou **Francisco** ou **Dusart Francisco** ou **Frans, Dysaart**, dit **de Vaal, Wallon** ou **Walloni**
Né à Hennegan. Mort en 1661. XVIIe siècle. Hollandais.
Sculpteur.
Il travailla à Rome, puis à Londres au service du roi Charles Ier, pour lequel il restaura les anciennes statues. En 1646, fuyant la guerre civile, il était revenu à La Haye et travaillait pour le prince d'Orange. Il fit la statue du prince Frédéric-Guillaume de Brandebourg, en 1651, et en 1656, il fit un buste de l'archiduc Léopold-Guillaume. Il fut aussi médailleur. Un sculpteur *François Du Sarth* fut élève de Vincent Anthoni, en 1656, et maître à Bruxelles, en 1656.

DIEVENBACH Hendricus Anthonius
Né en 1872. Mort en 1946. XIXe-XXe siècles. Hollandais.
Peintre de genre, intérieurs.
Ventes Publiques : Amsterdam, 12 fév. 1980 : *Couple jouant aux cartes*, h/t (59,5x48,5) : **NLG 5 600** – Cologne, 22 mars 1985 : *Scène d'intérieur*, h/t (51x44) : **DEM 4 400** – Amsterdam, 6 nov. 1990 : *Taquinant le bébé*, h/t (39x49) : **NLG 4 600** – Amsterdam, 14 sep. 1993 : *Le peintre sur porcelaine*, h/t (31x37,5) : **NLG 1 840** – Montréal, 6 déc. 1994 : *L'heure des jeux*, h/t (50,1x60,2) : **CAD 900** – Amsterdam, 7 nov. 1995 : *Intérieur avec une mère et un enfant jouant à la poupée* 1919, h/t (22,5x28,5) : **NLG 3 068** – Amsterdam, 18 juin 1996 : *Homme lisant les nouvelles du soir*, h/t (28,5x33) : **NLG 1 150**.

DIEVORT Louis Charles Van
Né le 4 février 1875 à Anvers. Mort le 13 mai 1963 à Watermael. XXe siècle. Belge.
Peintre.

DIEVOT ou **Dievoort**
Mort en 1715 à Malines. XVIIIe siècle. Actif à Bruxelles. Éc. flamande.
Sculpteur.
Élève de Gibbons en Angleterre. Il était à La Haye en 1707. Sans doute faut-il l'identifier avec le sculpteur bruxellois Pierre Dievoet.

DIEWAS Philipp
XVIe siècle. Actif à Innsbruck vers 1563. Éc. flamande.
Sculpteur.
Il était sans doute originaire de Tournai.

DIEY Yves
Né en 1892 à Paris. XXe siècle. Français.
Peintre de nus, scènes de genre.
Il a participé au Salon des Artistes Français dont il était sociétaire, obtenant une deuxième médaille en 1942. Il s'est spécialisé dans la représentation de scènes d'intimité galante et de scènes typiques espagnoles.
Ventes Publiques : Paris, 21 déc. 1942 : *Tableau de fleurs* : **FRF 800** – Paris, oct. 1945-jul. 1946 : *Jeune fille en robe d'été coiffée d'un chapeau bergère à ruban bleu, assise, au sein découvert* : **FRF 8 500** – Paris, mars 1947 : *Femme nue étendue* : **FRF 350** – Grenoble, 18 mai 1981 : *Monique, nu*, h/t (50x73) : **FRF 3 000** – Paris, 26 jan. 1983 : *Femme aux boucles d'oreilles*, past. (33x26) : **FRF 6 500** – Montluçon, 13 mai 1984 : *Nu allongé*, h/t : **FRF 5 000** – Douai, 15 nov. 1987 : *Le sommeil*, past. (48x61) : **FRF 4 000** – Paris, 17 juin 1988 : *Danseuse aux castagnettes*, h/t (81x60) : **FRF 6 000** – Paris, 23 mars 1990 : *Les mules en Espagne*, h/t (46x61) : **FRF 3 700** – Bruxelles, 27 mars 1990 : *Espagnole*, h/t (100x80) : **BEF 25 000** – Paris, 17 mars 1991 : *Nu à l'ombrelle*, h/t (54x65) : **FRF 5 500**.

DIEZ Adolphe
Né en 1801 à Malines. Mort en 1844. XIXe siècle. Travaillant à Bruxelles vers 1830. Belge.
Peintre.
Élève de Odevaere. Le Musée d'Amsterdam conserve de lui : *Hébé.* A exécuté des décorations au château de Tervueren en collaboration avec son maître.

DIEZ Anton ou **Anto-Diez**
Né en 1914 à Bruxelles. Mort en 1992. XXe siècle. Belge.
Peintre et dessinateur de figures et de nus. Expressionniste.
Il fit ses études à l'Académie des Beaux-Arts de Bruxelles où il devint professeur. Il a exposé à Paris, en 1954, au Salon de l'Art Libre.
C'est avec sobriété qu'il traite des maternités et des nus, non sans un sentiment presque religieux de la vie.
Bibliogr. : In : *Diction. biogr. illustré des Artistes en Belgique depuis 1830*, Arto, Bruxelles, 1987.

Ventes Publiques : Anvers, 30 avr. 1981 : *Tête d'homme* 1944, h/pan. (50x23) : **BEF 5 500** – Lokeren, 23 mai 1992 : *Amour maternel* 1983, past. et craie noire (99x68,5) : **BEF 65 000** – Lokeren, 9 mars 1996 : *Deux petites sœurs*, h/t (50x40) : **BEF 48 000**.

DIEZ Gisela
XXe siècle. Allemande.
Peintre.
Entre 1970 et 1975, elle a exposé en Allemagne, Italie, France et à New York.

DIEZ Hugo
Né le 3 janvier 1863 à Rossfeld. XIXe-XXe siècles. Allemand.
Peintre d'intérieurs et de paysages.
Il fut élève à l'Académie des Beaux-Arts de Stuttgart, puis professeur à l'Académie de Munich.

DIEZ Joaquin
Né vers 1840 à Séville. Mort en octobre 1879 à Séville. XIXe siècle. Espagnol.
Peintre.
Élève à Séville de José Roldan. Il exposa à Madrid à partir de 1860 des toiles d'histoire, des vues et des portraits.

DIEZ Juan
Né à Cordoue. XVIIIe siècle. Espagnol.
Graveur.
Il fut l'élève de J.-B. Palomino.

DIEZ Juan Miguel
XIXe siècle. Espagnol.
Sculpteur.

DIEZ Julius
Né le 8 ou 18 septembre 1870 à Nuremberg. Mort le 13 mars 1957 à Munich. XXe siècle. Allemand.
Peintre d'histoire, graveur.
Neveu du peintre Wilhelm von Diez, il fit ses études à la Kunstgewerbe Schule de Munich et chez Hackl et Seitz à l'Académie de Munich, entre 1888 et 1892. A partir de 1907, il collabora à la revue Jugend et devint professeur à la Kunstgewerbe Schule. Il décora les hôtels de ville d'Essen, de Duisburg, de Remscheid, d'Essen et de Leipzig et fit quelques illustrations.
Bibliogr. : Marcus Osterwalder : *Diction. des Illustrateurs, 1800-1914*, Hubschmid & Bouret, Paris, 1983.
Musées : Constance : *Faune* – Londres (Albert and Victoria Museum) : *Sainte Cécile* – Munich : *Saint Georges*.
Ventes Publiques : Munich, 28 nov. 1974 : *Scène allégorique* 1917 : **DEM 3 000**.

DIEZ Martin
XVIe siècle. Actif à Barcelone au début du XVIe siècle. Espagnol.
Sculpteur.

DIEZ Robert
Né le 20 avril 1844 à Pössneck. XIXe siècle. Allemand.
Sculpteur.
Cet artiste, qui tient une place marquante dans l'école allemande, fit ses études à l'Académie de Dresde, où il fut élève à partir de 1863, puis avec Schilling. Son premier groupe : *Vénus consolant l'Amour*, lui valut un premier prix. A partir de 1873, il fonda un atelier et y exécuta d'importants travaux, notamment pour le nouveau théâtre de Dresde. Il obtint un grand Prix à l'Exposition Universelle de 1900 avec un bronze : *La Tempête*.

DIEZ Samuel Friedrich
Né le 19 décembre 1803 à Neuhaus. Mort le 11 mars 1873 à Meiningen. XIXe siècle. Allemand.
Portraitiste et peintre de genre.
Il fut peintre de la cour du duc de Meiningen.

DIEZ Wilhelm von
Né le 17 janvier 1839 à Bayreuth. Mort le 25 février 1907 à Munich. XIXe siècle. Allemand.
Peintre de scènes de genre, animaux, paysages animés, illustrateur.
Élève de Piloty. Il a collaboré à de nombreux journaux humoristiques allemands. Il fut nommé en 1871 professeur à l'Académie des Beaux-Arts de Munich. On cite de lui : *Marché aux chevaux*, *Le Pique-Nique*. Il a exposé à Paris en 1878. Il a transposé la technique des Hollandais, dans ses peintures de genre, qui illustrent des épisodes de la vie populaire bavaroise.

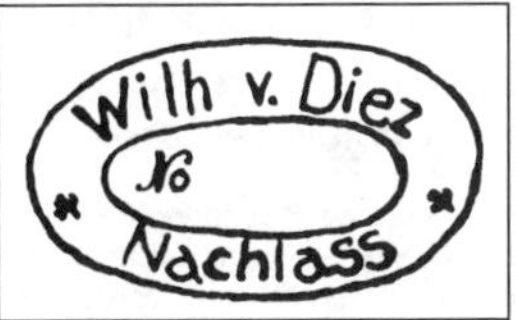

Cachet de vente

Musées : Berlin : *Saint Georges* – *Fête en forêt* – *Chevreuil mort* – Hambourg : *Le Maraudeur* – Kaliningrad, ancien. Königsberg : *L'Interrogatoire* – Leipzig : *Marche d'une armée* – Munich : *Excellence en voyage* – *Au bon vieux temps* – *Saint Georges* – *Croates*.
Ventes Publiques : Cologne, 14 juin 1976 : *Chevaux à l'abreuvoir* 1868, h/t (42x58) : **DEM 9 500** – New York, 29 mai 1980 : *Le Repos du chasseur* 1871, h/t (81x56) : **USD 11 000** – Londres, 3 fév. 1984 : *Cavaliers à la parade*, h/pan. (14x18,5) : **GBP 6 500** – Cologne, 22 mai 1986 : *Le repos au bord de la route* 1902, h/pan. (18x24) : **DEM 5 400** – Amsterdam, 2 mai 1990 : *Paysanne plaisantant avec un soldat à cheval dans un paysage* 1885, h/pan. (23x30) : **NLG 16 100** – Munich, 26 mai 1992 : *Une grand'mère torchant les fesses de son bambin* 1885, h/bois (20x14,5) : **DEM 11 500** – Vienne, 29-30 oct. 1996 : *Conversation devant la taverne*, h/pan. (39x30,7) : **ATS 34 500**.

DIEZ Y PALMA José
Né au XIXe siècle à Séville. XIXe siècle. Espagnol.
Peintre d'histoire et de portraits.
Exposa à Madrid à partir de 1858.

DIEZE
XVIIIe-XIXe siècles.
Graveur.
On ne connaît qu'une seule planche de cet artiste.

DIEZLER Jakob
Né en 1789. Mort en 1855. XIXe siècle. Allemand.
Peintre de paysages animés, paysages d'eau.
Il travaillait à Berlin au début du XIXe siècle.
Ventes Publiques : Cologne, 11 mai 1977 : *Bords du Rhin* 1845, h/pan. (35,5x59) : **DEM 4 300** – Cologne, 11 juin 1979 : *Le Rhin à Saint-Goar* 1819, h/t (58,5x79) : **DEM 38 000** – Cologne, 19 nov. 1981 : *Vue de Coblence* 1820, h/t (32,5x54,5) : **DEM 24 000** – Cologne, 9 mai 1983 : *Bords du Rhin* 1847, h/t (59x83) : **DEM 15 000** – Hambourg, 10 juin 1987 : *Vue de Remagen* 1822, h/pan. (23,5x39,5) : **DEM 15 000** – Amsterdam, 5-6 nov. 1991 : *Paysage rhénan avec des voyageurs près d'un château* 1850, h/t (63x88,5) : **NLG 4 830**.

DIFFE Anne
Née au XIXe siècle à Paris. XIXe siècle. Française.
Peintre de portraits.
Élève de Lejeune. Elle débuta au Salon de 1869.

DIFFETOT Jacques
XVIIIe siècle. Actif à Paris vers 1776. Français.
Peintre.

DIFFLOTH Émile
Né le 28 janvier 1856 à Couleuvres. Mort en 1933. XIXe-XXe siècles. Français.
Céramiste.
Élève à l'École des Arts Décoratifs de Paris. Il avait débuté chez son père, Albert Diffloth, sculpteur en porcelaine, puis travailla à Sèvres. En 1892, directeur de l'usine Boch-frères, à La Louvrière (Belgique), il découvrit un émail cristallisé avec irisation sur grès et sur porcelaine. A l'Exposition Universelle de 1900 il obtint une médaille de bronze. Il fut professeur de technique céramique à l'Université de Saint Louis (Missouri). Il exposa au Salon des Artistes Décorateurs, à Galliera, au Salon National, et aux Artistes Français, où il eut une médaille d'or en 1929 et devint membre du jury. Le Musée National de céramique de Sèvres conserve de lui deux vases. On lui doit la décoration murale du Palais des comtes de Flandre, à Bruxelles. Chevalier de la Légion d'honneur.

DIFFRE Jean
Né en 1864 à Toulouse (Haute-Garonne). Mort en 1921. XIXe-XXe siècles. Français.
Peintre de compositions animées, scènes de genre, illustrateur, sculpteur.

Influencé par son maître Raphaël Collin, il s'orienta vers la peinture décorative et l'illustration de livres. Mais il peignit également des scènes de la vie populaire espagnole dans de riches coloris clairs.
Bibliogr. : Gérald Schurr, in : *Les Petits Maîtres de la peinture 1820-1920, valeur de demain*, Les Éditions de l'Amateur, t. II, Paris, 1982.
Musées : Carcassonne : *Le Triomphe de l'Espada* – Narbonne : *Mendiant espagnol* – Saint-Sébastien : *Chef de pièce de siège*.
Ventes Publiques : Paris, 22 juin 1970 : *L'Atelier* 1895, h/t (100x73) : **FRF 500**.

DIGARD Francine
xxe siècle. Française.
Peintre. Abstrait.
En 1968, Philippe Soupault a préfacé sa première exposition à Paris, où elle a de nouveau exposé en 1970.
D'un côté, elle a peint des toiles abstraites dans un style assez classique, décrivant un monde solitaire, fragile et fantastique. D'autre part, elle a peint à l'aquarelle des graffitis où la forme a parfois des accents ludiques.

DIGBY Simon
Mort en 1720 en Irlande. xviiie siècle. Irlandais.
Peintre de miniatures.
Il exécuta un grand nombre de portraits. Le Musée de Dublin possède de lui un *Portrait de l'archevêque Tillotson*.

DIGENI Xeno
Né à Mocchlio. xve siècle. Grec.
Peintre.
On connaît des fresques de cet artiste à l'église d'Apano Flori en Crète.

DIGENIN Georg Willim
xviie siècle. Actif à Moscou à la fin du xviie siècle. Russe.
Sculpteur sur bois et architecte.

DIGEON Antoine René
Né le 15 mai 1844 à Paris. xixe siècle. Français.
Graveur.
Élève de Cl. Sauvageot. Il exposa au Salon de 1868 à 1881, des tableaux représentant pour la plupart des sujets d'architectures.

DIGEON François
xviiie siècle. Français.
Peintre.
Il fut reçu à l'Académie de Saint-Luc à Paris en 1739.

DIGEON René Henri
Né à Paris. xixe siècle. Français.
Graveur.
Élève de Claude Sauvageot. Il figura au Salon de 1866 à 1875.

DIGERINI Giovanni Battista
xviie siècle. Actif à Bologne à la fin du xviie siècle. Italien.
Peintre.
Il fut élève de Cesare Gennari.

DIGGLE Jane C.
Née à Londres. xxe siècle. Britannique.
Peintre.
Elle exposa à Paris au Salon des Artistes Français de 1928 à 1931.

DIGHTON, Mrs
xixe siècle. Britannique.
Peintre de natures mortes, fleurs et fruits.
Femme de Denis Dighton, elle fut attachée à la reine Adélaïde, et exposa entre 1824 et 1835 à la Royal Academy.

DIGHTON Denis
Né en 1792 à Londres. Mort le 8 août 1827 à Saint-Servan. xixe siècle. Britannique.
Peintre de sujets militaires, batailles, graveur.
Fils de Dighton, le peintre caricaturiste, il étudia à la Royal Academy de Londres. Ayant obtenu, par l'intermédiaire du prince de Galles une charge dans l'armée, il s'en démit et une fois marié se fixa à Londres, puis s'adonna à l'art. Il fit, entre 1811 et 1825, des envois à la Royal Academy. La perte de la faveur royale jointe à d'autres causes affectèrent sa raison ; il se retira à Saint-Servan.
Musées : Londres (Victoria and Albert Mus.) : *Une troupe – Combat de cavaliers et de fantassins*.
Ventes Publiques : Paris, 9-10 mars 1927 : *Bivouac de grenadiers*, aquar. : **FRF 200** – Paris, 19 mars 1937 : *Grenadiers au bivouac*, aquar. : **FRF 50** – Londres, 17 nov. 1981 : *Le Jeune Joueur de badminton*, aquar. et cr. (30x23) : **GBP 550** – Londres, 14 mars 1990 : *La Bataille de Klissura entre les Grecs et les Turcs, Epire*, h/t (180x244) : **GBP 187 000**.

DIGHTON George
xixe siècle. Actif à Barnet. Britannique.
Peintre de paysages et de genre.
Il exposa à Londres entre 1857 et 1871.

DIGHTON Richard
Né en 1785 à Londres. Mort le 13 avril 1880 à Londres. xixe siècle. Britannique.
Peintre de batailles, scènes de genre.
Fils de Robert Dighton, il pratiqua également la caricature.
Musées : Londres (Nat. Portrait Gal.) : *John Moore, David Dundes, John Keats*, trois caricatures.
Ventes Publiques : Londres, 21 mai 1981 : *Gentleman se reposant à Worcester*, aquar./trait de cr. (29x40) : **GBP 320**.

DIGHTON Robert
Né en 1752. Mort en 1814 à Londres. xviiie-xixe siècles. Britannique.
Peintre de portraits, peintre à la gouache, aquarelliste, dessinateur.
Il fit de temps en temps des envois à la Société des artistes libres et à l'Académie royale. Mais dès qu'il eut fait paraître, en 1799, un *Livre de Tête*, il s'adonna surtout à la caricature.
Ventes Publiques : Londres, 14 mars 1924 : *George IV à cheval* 1804, dess. : **GBP 33** – Londres, 13 fév. 1925 : *Carlton House, Pall Mall*, dess. : **GBP 12** – New York, 2 avr. 1931 : *Jeune fille avec un chien* : **USD 140** – Londres, 7 mai 1931 : *Officier à l'attaque* 1807, aquar. : **GBP 8** – Londres, 25 juil. 1934 : *Officier* 1807, dess. : **GBP 6** – Londres, 25 mai 1936 : *Carlton House, Pall Mall*, dess. : **GBP 7** – Londres, 23 fév. 1978 : *The Lottery Contrast*, aquar. et pl. (28x21,5) : **GBP 850** – Londres, 19 mars 1981 : *Industry produceth Wealth*, pl. et lav. (47x34,5) : **GBP 200** – Londres, 12 juil. 1984 : *L'étang du village – Cerf-volant au dessus du village*, deux aquar. et cr. : **GBP 1 900** – Londres, 13 mars 1986 : *A Master Parson with a good living ; A journeyman Parson with a bare existence*, deux aquar. avec touches de gche (33x25,5) : **GBP 650** – Londres, 25 jan. 1988 : *Portrait d'un couple avec un enfant dans un jardin* 1811, aquar. (29x36,5) : **GBP 682**.

DIGHTON Thomas
xixe siècle. Britannique.
Dessinateur et graveur.

DIGHTON William Edward
Né en 1822. Mort en septembre 1853 à Hampstead. xixe siècle. Britannique.
Peintre de paysages, aquarelliste, dessinateur.
Il fut élève de William Müller, puis de Frederick Goodall. De 1844 à 1851, il exposa des scènes champêtres anglaises à la British Institution et à la Royal Academy. Puis il partit pour l'Orient et envoya en 1853, deux tableaux à l'Académie Royale : *Les Ruines du Temple de Louqsor* et *Béthanie*. Il mourut fort jeune. Les collections privées de Liverpool se sont partagées la plupart des œuvres qu'il laissa après lui.
Ventes Publiques : Londres, 24 oct. 1980 : *Bord de la Medway* 1845, h/t (89x134,6) : **GBP 5 000** – Londres, 14 mars 1985 : *Le Mur du Temple et le Mont des Oliviers*, aquar. et cr. (26,5x37) : **GBP 1 800**.

DIGKH Jakob
xviie siècle. Travaillant à Lucerne. Suisse.
Sculpteur sur bois.
Il exécuta en collaboration avec Wolfang Stahel des sculptures, des confessionaux à l'église de Lucerne en 1618. Il fut membre de la confrérie de Saint-Luc dans cette ville.

DIGMAN
xvie siècle. Actif à Amsterdam vers 1555. Hollandais.
Peintre verrier.
Il fit, à Amsterdam, les vitraux de Oudekerk : *Annonciation, Visite à Elisabeth, Saint Paul, Saint Pierre, Le chœur des anges se réjouissant de la Naissance du Christ, L'Adoration des mages et des bergers, La Circoncision, Les armes de la ville, Mort de Marie* (restauré au xviiie siècle).

DIGNAM Michael
xixe-xxe siècles. Britannique.
Peintre.
Il fit ses études à l'École des Beaux-Arts de Paris.

DIGNAT Élie

Né à Limoges. XIXe siècle. Actif au début du XIXe siècle. Français.

Peintre en miniatures.

Il peignit les canons d'autel, qui servirent à la cérémonie du sacre de Charles X, à Reims.

DIGNEY René

Né à Giromagny. XXe siècle. Français.

Peintre de paysages, de portraits et de natures mortes.

Autodidacte, il était tout d'abord pâtissier, puis, au cours de son séjour en Afrique noire en 1960, il commence par dessiner des motifs sur tissus avant de se consacrer à la peinture à son retour en France. Il a participé au Salon de la Société Nationale des Beaux-Arts obtenant une médaille en 1988.

Il montre une prédilection pour les paysages urbains, notamment ceux de Belfort.

DIGNIMONT André

Né le 22 août 1891 à Paris. Mort le 4 février 1965 à Paris. XXe siècle. Français.

Peintre de scènes de genre, figures, portraits, nus, paysages, fleurs, peintre à la gouache, aquarelliste, graveur, dessinateur, illustrateur.

S'il a participé, comme bien d'autres, au Salon d'Automne dont il était sociétaire et au Salon des Tuileries, c'est au Salon de l'Araignée fondé par Gus Bofa qu'il se manifesta pleinement, cherchant à renouveler l'art de l'illustration. Parmi ses illustrations les plus fameuses, citons : *Amants et Voleurs* de T. Bernard, *Un nouvel amour* de A. Beucler, *Mes amis, un soir chez Blutel* de E. Bove, *Ces messieurs-dames ou Dignimont commenté par Carco – L'Équipe – L'Homme traqué – Nuits de Paris – Perversité* de F. Carco, *L'Ingénue libertine – Mitsou – La Vagabonde* de Colette, *Le train de 8h 47* de G. Courteline, *La bonne vie* de Galtier-Boissière, *Marthe* de J. K. Huysmans, *L'Annonciation* de G. Isarlov, *Le tresseur de fil de fer* de P. Istrati, *Le cachemire écarlate* de J. de Lacretelle, *La maison de Philibert* de J. Lorrain, *Quatorze images* de P. Louÿs, *Le chant de l'équipage* de P. Mac Orlan, *Les Contes* de Perrault, *Bonne fille* de J. Viollis, *Mimi Pinson* de A. de Musset, *Autant en emporte le vent* de M. Mitchell, etc.

Étroitement mêlé aux milieux littéraires de son époque, il s'est complu à l'évocation du « milieu », celui des mauvais garçons et des filles, donnant un art très proche de celui de F. Carco. Ses nus sensuels sont recherchés. Il était chevalier de la Légion d'honneur.

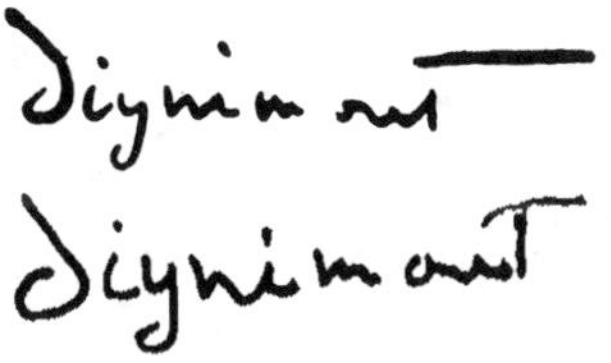

Ventes Publiques : Paris, 11 juin 1927 : *Le modèle*, dess. aquar. : **FRF 320** – Paris, 27 juin 1929 : *Le petit port*, aquar. : **FRF 2 900** – Paris, 2 mars 1939 : *Buste de femme nue*, past. : **FRF 1 000** – Paris, 16 juin 1943 : *Filles et accordéoniste*, aquar. : **FRF 3 000** – Paris, 10 mars 1944 : *Cabaret-dancing* 1919, aquar. : **FRF 3 500** – Paris, 20 juin 1944 : *Le colombier*, aquar. : **FRF 12 000** – Paris, oct. 1945-juil. 1946 : *Jeune femme assise*, aquar. : **FRF 19 000** – Paris, 23 mars 1950 : *La boîte à matelots*, camaïeu bleu : **FRF 23 000** – Paris, 14 fév. 1951 : *Nu allongé, de dos*, aquar. : **FRF 33 500** – Zurich, 2 nov 1979 : *Nu allongé*, pl. (60x45) : **CHF 2 200** – Enghien-les-Bains, 14 fév. 1982 : *Danse*, h/t mar./pan. (193x153) : **FRF 13 000** – Paris, 18 déc. 1982 : *Jeune femme assise, à la jupe rayée*, aquar. (47x39) : **FRF 4 200** – Paris, 29 nov. 1984 : *Le modèle*, gche (65x50) : **FRF 22 500** – Paris, 19 déc. 1984 : *Rue du Vieux-Port à Marseille*, h/t (62x50) : **FRF 26 000** – Versailles, 17 juin 1987 : *Vase de fleurs*, h/t (64,5x54) : **FRF 55 000** – Rambouillet, 11 oct. 1987 : *Le bar* 1927, gche et cr. noir (53x46) : **FRF 31 500** – La Varenne-Saint-Hilaire, 6 mars 1988 : *Nu assis au chapeau à plumes*, aquar. et encre de Chine (64x49) : **FRF 13 500** – Paris, 22 avr. 1988 : *Scène de bar sur le port*, aquar. et gche : **FRF 30 000** – Paris, 4 mai 1988 : *Vue de jardin*, aquar. (48x62) : **FRF 18 000** – New York, 13 mai 1988 : *Femme sur la terrasse*, aquar. et gche sur cr./pap. (38,7x46,3) : **USD 1 320** – Paris, 15 juin 1988 : *Port de la Trinité-sur-Mer* (48x63) : **FRF 9 500** – Versailles, 16 oct. 1988 : *Jeune femme au canapé bleu* : **FRF 6 600** – Londres, 21 oct. 1988 : *Scène de bar*, gche/pap. (60x53,7) : **GBP 2 090** – Paris, 22 nov. 1988 : *Nu debout*, gche (46x31) : **FRF 9 000** – Paris, 12 déc. 1988 : *Vase de fleurs*, aquar. (67x52) : **FRF 9 800** – Versailles, 12 fév. 1989 : *Accordéoniste, marin et filles au bar* 1926 (34x34,5) : **FRF 38 000** – Paris, 4 avr. 1989 : *Femme assise à l'éventail*, aquar. (49x65) : **FRF 15 500** – La Varenne-Saint-Hilaire, 21 mai 1989 : *Le Modèle assis*, aquar. (59x47) : **FRF 10 000** – Paris, 19 juin 1989 : *Jeune fille*, aquar./pap. (63,5x44,8) : **FRF 10 000** – Paris, 11 juil. 1989 : *La Rotonde*, cr. coul. (20x15) : **FRF 6 800** – Versailles, 5 nov. 1989 : *Orientale à l'éventail*, aquar. (49x64) : **FRF 25 500** – Paris, 20 fév. 1990 : *Marins sur le port*, aquar. (35x53) : **FRF 13 000** – Versailles, 25 mars 1990 : *Portrait de jeune femme*, aquar. (26,5x22,5) : **FRF 8 500** – Paris, 9 avr. 1990 : *Lascive Ornella*, aquar. (32x61) : **FRF 33 000** – Sceaux, 10 juin 1990 : *Jeune femme au chapeau*, aquar. (35x42) : **FRF 10 000** – Paris, 22 oct. 1990 : *La Belle Ursula* 1957, aquar. et gche (50x65) : **FRF 12 000** ; *Mireille au chapeau fleuri*, aquar. et gche (50x65) : **FRF 10 500** – Paris, 10 fév. 1993 : *Portrait de femme* 1935, past. (62,5x48) : **FRF 5 500** – Paris, 10 oct. 1994 : *Femme assoupie*, aquar. (50x63) : **FRF 6 000** – Amsterdam, 7 déc. 1995 : *Jeune femme*, aquar. et encre/pap. (49x64) : **NLG 1 416** – Paris, 24 jan. 1996 : *La Coiffure de dos*, aquar. (63,5x49) : **FRF 5 000** – Paris, 19 juin 1996 : *Scène de maison close* 1926, aquar., encre et fus./pap. (34x34) : **FRF 17 000** – Paris, 20 mars 1997 : *Marins dans un cabaret*, encre et aquar. (22x17) : **FRF 4 000** – Paris, 23 juin 1997 : *Hôtel du Port*, aquar. gchée (53x43) : **FRF 7 200**.

DIGONNET Melchior

XIXe siècle. Français.

Peintre de paysages.

Exposa au Salon en 1843 et en 1844.

DIGOUT Louis Joseph

Né le 20 juillet 1821 à Bourges (Cher). XIXe siècle. Français.

Peintre de portraits.

En 1841 il entra à l'École des Beaux-Arts et fut l'élève de R. Cazes. La même année il exposa au Salon de Paris : *Une mansarde*. Il exposa jusqu'en 1868.

Ventes Publiques : Versailles, 4 oct. 1981 : *Portrait de jeune garçon* 1879, h/t (24x19) : **FRF 2 100**.

DIHL. Voir **BAUP Henri Louis**

DIJCKMANS Josephus Laurentius. Voir **DYCKMANS**

DIJK Abraham Van. Voir **DYCK Abraham Van**

DIJK Floris Van. Voir **DYCK Floris Van**

DIJK Philip Van. Voir **DYK Philip Van**

DIJK Willem Cornelis Van. Voir **DYK**

DIJKSTRA Johan

Né en 1896 à Groningue. Mort en 1978. XXe siècle. Hollandais.

Peintre de paysages animés et de scènes de genre, peintre à la gouache, graveur. Expressionniste.

Outre quelques nus, rares dans son œuvre, ses peintures présentent des paysages typiques et des scènes de la vie paysanne des provinces septentrionales des Pays-Bas, dans un style fortement expressionniste, influencé par le mouvement COBRA.

Bibliogr. : In : *Diction. Universel de la Peint.*, t.2, Le Robert, Paris, 1975.

Ventes Publiques : Amsterdam, 20 mars 1978 : *Paysage*, h/t (84,5x110) : **NLG 8 800** – Amsterdam, 29 oct. 1980 : *Paysage*, gche (57x77,5) : **NLG 1 100** – Amsterdam, 8 déc. 1987 : *La Ferme au toit bleu parmi les arbres*, h/t (60x100) : **NLG 3 800** – Amsterdam, 8 déc. 1988 : *Nu agenouillé*, h/t (70x60) : **NLG 3 450** – Amsterdam, 10 avr. 1989 : *La Forêt pourpre*, h/t (69,5x54) : **NLG 46 000** – Amsterdam, 13 déc. 1989 : *Vue du Stadspark de Groningen*, h/pan. (29x40) : **NLG 9 775** – Amsterdam, 10 avr. 1990 : *Le Blawborgje*, h/t (59x79) : **NLG 12 650** – Amsterdam, 12 déc. 1990 : *Les Moissons près de Groningen*, h/t (60x90) : **NLG 16 100** – Amsterdam, 13 déc. 1990 : *Paysage*, h/t (50x71) : **NLG 24 150** – Amsterdam, 22 mai 1991 : *Petit Village en Groningue*, cr. de coul./pap. (28,5x47,5) : **NLG 3 450** – Amsterdam, 17 sep. 1991 : *Fermiers faisant la fenaison*, h/t (52x69) : **NLG 14 950** – Amsterdam, 11 déc. 1991 : *Paysage avec l'église d'Oostum à distance*, h/t (60x80) : **NLG 21 850** – Amsterdam, 9 déc. 1993 : *Paysage (recto) ; Nu féminin (verso)*, h/t (80,5x153) : **NLG 43 700** – Amsterdam, 8 déc. 1994 : *La Charrette bleue* 1927, h/cart. (70,5x90,5) : **NLG 17 250** – Amsterdam, 7 déc. 1995 : *Vue de Spilsluizen à partir de Ebbingebrug à Gronongen (recto) ; Vue d'un canal (verso)*, h/t (51x64,5) :

NLG 47 200 – AMSTERDAM, 4 juin 1996 : *La Moisson* 1922, h/t (70x90) : **NLG 33 040** – AMSTERDAM, 3 sep. 1996 : *Jeune Fille aux tresses avec un chapeau,* aquar./pap. (51x42,5) : **NLG 1 614** – AMSTERDAM, 17-18 déc. 1996 : *Blauwborgje,* h/t (50,5x70,5) : **NLG 18 880** ; *Une ferme,* h/t (57x70) : **NLG 17 700**.

DIJON, de. Voir au prénom

DIJSSELHOF Gerrit Willem ou **Deysselhof, Dysselhof**
Né le 8 février 1866 à Zwollerkerspel. Mort en 1924. XIXe-XXe siècles. Hollandais.
Peintre d'animaux, natures mortes, fleurs et fruits.
Il fut élève de Van Jhr. E. Heemskerk van Beest, et étudia à l'Académie de La Haye. Il participa à l'Exposition Universelle de Bruxelles en 1910.
MUSÉES : AMSTERDAM (Mus. mun.) : *Orchidées.*
VENTES PUBLIQUES : AMSTERDAM, 27 avr. 1976 : *Nature morte,* h/pan. (21x30) : **NLG 3 400** – NEW YORK, 5 juin 1981 : *La Tortue,* h/t (22x27) : **USD 450** – AMSTERDAM, 10 avr. 1989 : *Rode ponen,* h/t (37x30,7) : **NLG 1 380** – AMSTERDAM, 24 avr. 1991 : *Poissons rouges,* h/t (154x111) : **NLG 6 900** – AMSTERDAM, 5-6 nov. 1991 : *Aquarium,* h/t/pan. (12x20) : **NLG 2 070** – AMSTERDAM, 22 avr. 1992 : *Banc de morues,* h/t (89x126) : **NLG 10 925** – AMSTERDAM, 9 nov. 1993 : *Poisson dans un aquarium,* h/t (25x19,5) : **NLG 1 495** – AMSTERDAM, 8 nov. 1994 : *Esturgeons,* h/t (75x103) : **NLG 6 325** – AMSTERDAM, 7 nov. 1995 : *Aquarium avec des poissons,* h/t (81x120,5) : **NLG 7 316** – AMSTERDAM, 27 oct. 1997 : *Homard dans un aquarium,* h/t (41,5x51) : **NLG 5 310**.

DIKAIOGENES
IVe siècle avant J.-C. Antiquité grecque.
Peintre.
On ne sait rien de cet artiste mentionné seulement par Pline l'Ancien et qui devait travailler à la cour du roi Demetrios Poliorcete vers 300 avant Jésus-Christ.

DIKMEN Halil
Né en 1906 à Istanbul. Mort en 1964. XXe siècle. Turc.
Peintre. Figuratif et abstrait.
Il fit ses études à Istanbul, puis à Paris, à l'Académie Julian et dans l'atelier d'André Lhote. Il a participé au Salon d'Automne de Paris et à plusieurs expositions collectives à Édimbourg, Athènes, à la Biennale de Venise, aux manifestations plastique d'Ankara, en accord avec le peintre L. Lévi, professeur de peinture à l'Académie des Beaux-Arts d'Istanbul. Il a également pris part à l'Exposition internationale d'Art Moderne ouverte à Paris en 1946, au Musée d'Art Moderne, par l'Organisation des Nations Unies. Il fut directeur des Beaux-Arts en Turquie.
Partagé entre deux tendances : l'une réaliste, l'autre abstraite, il a mené de front ces deux styles. Influencé par le cubisme, passionné par les Primitifs aussi bien que par les grands maîtres italiens, il chercha aussi à assimiler la technique de la Renaissance. C'est sans doute pour cette raison qu'il passa des coloris clairs impressionnistes pour adopter une palette foncée plus classique.

DIKMEN Sukriye
Née en 1918 à Istanbul. XXe siècle. Turque.
Peintre.
Après des études à Istanbul, elle est venue à Paris, travailler sous la direction de Singier, Chastel et Fernand Léger. Elle a participé à la Biennale de Sao Paulo en 1962 et a exposé en France, Allemagne et Grande-Bretagne.

DIKRAN, pseudonyme de **Khoubesserian Dikran**
Né le 25 avril 1913 à Mersine. Mort le 21 avril 1991 à Grisy-les-Plâtres (Val-d'Oise). XXe siècle. Depuis 1945 actif, puis naturalisé en France. Turc.
Sculpteur.
Il fut élève d'une école d'architecture, puis, en 1945, débuta dans la sculpture à l'Académie de la Grande Chaumière à Paris. Il a participé au Salon d'Automne depuis 1963, au Salon des Artistes Indépendants depuis 1965 et au Salon des Artistes Français.
À la limite de la figuration et de l'abstraction, sa sculpture évoque dans leurs rythmes et la rondeur des formes, une sensualité charnelle.
VENTES PUBLIQUES : PARIS, 21 mars 1990 : *Modèle agenouillé,* bronze doré (H. 33) : **FRF 4 500**.

DILASSER François
Né le 5 mars 1926 à Lesneven (Finistère). XXe siècle. Français.
Peintre. Tendance abstraite.
Sans formation classique, il a participé à Paris au Salon d'Automne de 1972 à 1976 et à celui des Réalités Nouvelles de 1973 à 1984. Il a également pris part depuis 1975 à de nombreuses expositions collectives, souvent en Bretagne, où il a son atelier à Lesneven. Sa première exposition personnelle eut lieu à Paris en 1970, elle fut suivie de beaucoup d'autres à Quimper 1973, 1987, de nouveau à Paris Galerie *La Roue* en 1975, Galerie Jacob en 1977, 1980, 1984, première exposition Galerie *Clivages* 1987, en 1988 Galerie *Clivages* en galerie et à la FIAC (Foire Internationale d'Art Contemporain), 1992 Galerie *Clivages* à la fois en galerie et au Salon de Mars. D'autres expositions en France : 1979 Perpignan, 1981 Rennes, 1983 Musée des Jacobins de Morlaix, 1986 Saint-Brieuc, 1986-1987 Musées de Rennes et Quimper, 1990 Bordeaux, 1990, 1992 Brest, 1992 aussi le Château de Ratilly le présente pour son exposition d'été, 1993 Bordeaux Galerie Le Troisième Œil, 1993-1994 au château de Kerjean, 1995 galerie Montenay, 1996-1997 musée des Beaux-Arts de Valenciennes, musée de l'Abbaye-Sainte-Croix des Sables-d'Olonne, artothèque de Caen ; 1997 musée des Beaux-Arts de Saint-Lô... Il a exposé individuellement à l'étranger : Mannheim et Institut Français de Cologne en 1976, Hattingen, Schwelm 1979, Oslo, Göteborg 1983, Washington 1987, etc.
Les coloris qu'exploite Dilasser, très diversifiés restent pourtant sobres, passant du gris bleu au vieux rose, de la grisaille marine au granit rose. Ses compositions ont souvent reposé sur un jeu de damiers, sur des variations de lignes horizontales et verticales qui déterminent des cases, où sont répétées des formes à tendance plus ou moins abstraite, des variations sur un même signe-module. Toutefois, en 1989-1990, les formes s'échappent de ses grilles pour s'étendre jusqu'au bord de la toile, peintes dans des tonalités austères, le signe noir de la croix, présent et répété dans toutes les peintures de la série, induit l'idée d'enclos des morts. Cette série des *Jardins,* où une forme octogonale occupe toute la surface de la peinture, échappe à la disposition en damier. En fait, ces signes, singuliers ou multipliés, ont une valeur d'idéogrammes, signifiant selon les séries, par exemple en 1990 : des signes-bateaux qui occupent les cases de *La mer rouge,* en 1991 : des *Veilleurs,* qui sont peut-être des pierres tombales d'un enclos paroissial ou des rangées de menhirs, des *Figures* ou *Têtes* qu'il précise *silencieuses* ou *de fantaisie,* sans oublier les *sans titre* dont la lecture ad libitum est laissée à l'initiative du regardeur. Les peintures de Dilasser sont ainsi fortement rythmées par la répétition d'un même signe à peine différencié, comme dans une bande dessinée où il ne se passerait rien, dans un esprit proche de celui de l'écriture, mais d'une écriture qui répéterait les mêmes mots, les mêmes séquences, d'une écriture qui rumine, à la manière des périodes de la poésie de Péguy. Sauf, entre autres disparités, qu'étrangère à la houle des blés de la Beauce, il est perceptible que dans sa peinture se projette la douce-amère nostalgie de la terre bretonne. ■ Jacques Busse
BIBLIOGR. : Jean-Marc Huitorel : *Dilasser,* Édit. de la Différence, Collection L'État des lieux, Paris, 1990 – Jean-Marc Huitorel, *François Dilasser, Brest, galerie Le Navire,* in : *Opus International,* N° 121, sep.-oct. 1990, p 44 – Daniel Dobbels : *Carnets de dessin de François Dilasser,* Calligrammes, Quimper, 1991 – divers : Catalogue de l'exposition *François Dilasser,* château de Ratilly, Treigny, 1992 – Catalogue de l'exposition *François Dilasser,* château de Ratilly, 1992 – Catalogue de l'exposition *François Dilasser,* château de Kerjean, 1993-94.
MUSÉES : BREST – BRETAGNE (FRAC) : trois œuvres – CAEN (Mus. des Beaux-Arts) – MORLAIX (Mus. des Jacobins) – PARIS (FNAC) – QUIMPER (Mus. des Beaux-Arts) : *La Mer rouge III* 1990 – RENNES (Mus. des Beaux-Arts).

DILBERS A.
XIXe siècle. Actif au début du XIXe siècle.
Dessinateur.
Il imita la manière de Callot.

DILCHER H.
XIXe siècle.
Lithographe.

DILG Lory
XIXe siècle. Actif au début du XIXe siècle. Autrichien.
Peintre de miniatures.
On connaît plusieurs portraits de cet artiste. Comparer avec Auegg-Dilg.

DILGER Johann Baptist
XIXe siècle. Actif à Munich vers 1840. Allemand.
Dessinateur et lithographe.

DILHAC Emmanuel
XXe siècle. Français.

Peintre, graveur. Abstrait, lettres et signes.
Parmi ses nombreuses activités, dont celles de poète et chanteur, la peinture tient la place principale. Il a exposé pour la première fois à Paris en 1958, ensuite, il a exposé dans plusieurs villes de province et notamment à Rouen où il a été animateur culturel pendant douze ans, à Alès en 1992. Graveur sur timbres et sur bijoux, il a également fait des recherches scientifiques sur les correspondances entre les sons, les formes et les couleurs.
Scrutant les infimes détails d'un fragment d'écorce, de la tige d'une graminée, d'une élytre d'insecte, d'un galet poli par le courant, par l'intermédiaire de signes, il essaie de nous livrer le secret du règne végétal, animal, minéral, hors toute hiérarchie. Il crée des *Longitudinales*, véritables signaux dans l'espace, peints sur format panoramique très allongé, les *Indépendantes* généralement noires aux profondeurs différentes, dont le but est de faire apparaître la lumière de l'ombre et enfin, *Les Messagères*, parties de grandes aquarelles coupées où le peintre cherche à rendre l'esprit des montagnes, des nuages en s'adonnant à la couleur.

DILHOFF J.
XVIIIe siècle. Actif à Amsterdam vers 1760. Hollandais.
Dessinateur.

DILICH Johann Wilhelm
Né en 1600 à Cassel. Mort vers 1660 à Francfort-sur-le-Main. XVIIe siècle. Allemand.
Graveur et architecte.
Il illustra un ouvrage sur l'œuvre de son père le célèbre architecte Wilhelm Dilich.

DILIGENT Raphaël Louis Charles
Né en 1885 à Flize (Ardennes). XXe siècle. Français.
Sculpteur de bustes et de figurines.
Il a vécu parmi les artistes de Montmartre avant de devenir une figure pittoresque de Montparnasse. Il a participé au Salon d'Automne et à celui des Artistes Indépendants à Paris.

DILIGEON Charles Alfred
Né le 2 mai 1825 à Rouen ou à Saint-Georges (Loir-et-Cher). Mort en 1897. XIXe siècle. Français.
Peintre paysagiste.
Élève de Morin, Daubigny et Guillemet. Il débuta au Salon de 1880. On cite de lui : *Falaise du Pollet à Dieppe* (1880).

DILIGEON Émile
Né à Rouen (Seine-Maritime). XXe siècle. Français.
Peintre de portraits, paysages.
Il exposa à Paris au Salon des Indépendants de 1920 à 1928.

DILIP DAS GUPTA
Né aux Indes. XXe siècle. Indien.
Peintre.
Il a travaillé aux Indes. Il a figuré en 1946 à l'Exposition ouverte à Paris, au Musée d'Art Moderne, par l'Organisation des Nations unies ; il y présentait : *Lion Marg (Cachemire).*

DILL Emil
Né en 1861 à Liestal. XIXe siècle. Suisse.
Peintre.
Dill étudia à Bâle et à Stuttgart, suivit les conseils du Prof. Ferd. Keller à Karlsruhe et ceux de Bouguereau et de Fleury à Paris. Il compléta son éducation artistique à l'Académie de Munich avec Löfftz. Professeur de dessin à l'école cantonale de Zug. Fournit des dessins pour le journal illustré : *Der Nebelspalter.* Exposa au premier Salon suisse à Berne. Parmi ses œuvres on cite : *L'aïeule et l'enfant, Lansquenet blessé,* etc. Il a aussi décoré une salle de l'hôtel de ville à Radofszell.

DILL Johann D.
Né vers 1769 à Traustadt (Bavière). Mort le 29 août 1848 à Berne. XVIIIe-XIXe siècles. Allemand.
Peintre et musicien.
Père de Johann Rudolf, ce peintre se fixa à Berne dès 1804, et exécuta avec l'aide de son fils des tableaux qu'ils vendaient aux enchères. Il vivait d'abord à Plenjouse.

DILL Johann Rudolf
Né le 8 mars 1808 à Berne, de parents bavarois. Mort le 19 juin 1875 à Berne. XIXe siècle. Suisse.
Peintre de paysages montagneux, dessinateur.
Il enseigna le dessin à l'Institut Fellenberg à Hofwil, et à Berne où il travailla entre 1844-1855. Il collabora souvent avec son père.
Ventes Publiques : Berne, 2 mai 1979 : *Paysages alpestres* 1837, h/t, deux pendants (46,5x35 et 45,5x35) : **CHF 3 400.**

DILL Ludwig
Né le 2 février 1848 à Gernsbach (Bade-Wurtemberg). Mort en 1940 à Karlsruhe (Bade-Wurtemberg). XIXe-XXe siècles. Allemand.
Peintre de paysages, marines. Postimpressionniste.
Élève de Piloty et de Seitz à l'Académie de Munich, il voyagea en Italie, France, Suisse, puis revint s'établir à Munich. Il a exposé à Berlin, Munich et Dresde. En France, il obtint un grand prix à l'Exposition Universelle de 1900 à Paris. Il figurait à l'exposition : *Post-impressionnism,* à la Royal Academy de Londres en 1979-1980.
Il s'inspira du groupe de Barbizon pour créer, vers 1895, l'École de Dachau avec Adolf Hötzel et Arthur Langhammer.
Ses paysages de Provence, d'Italie, vues de Venise, sont composés suivant de solides lignes de force, dans des coloris contrastés.

L. DILL

Bibliogr. : Gérald Schurr, in : *Les Petits Maîtres de la peinture 1820-1920, valeur de demain,* Les Éditions de l'Amateur, t. V, Paris, 1981.
Musées : Berlin : *Canal hollandais* – Brême : *Près de la rivière* – Mannheim : *Siroco* – Mayence : *Marine* – Munich (Mus. des Arts Décoratifs) : *Les Peupliers* – Stuttgart : *Canal à Venise.*
Ventes Publiques : Francfort-sur-le-Main, 12 déc. 1892 : *Bateaux de pêche vénitiens* : **FRF 2 625** – Londres, 24 juil. 1931 : *Bateaux de pêche près de Venise* : **GBP 3** – Cologne, 30 oct. 1937 : *Matin à Venise* : **DEM 5 000** – Cologne, 30 oct. 1937 : *Matin à Venise* : **DEM 5 000** – Lucerne, 3 déc. 1965 : *Vue de Venise* : **CHF 3 800** – Munich, 24 mai 1976 : *Paysage de Dachau,* h/cart. (33,5x47,3) : **DEM 2 700** – Munich, 30 nov. 1978 : *Voiliers à Chioggia,* h/cart. (93,5x74) : **DEM 10 500** – Heidelberg, 5 mai 1979 : *Paysage boisé aux environs de Dachau,* h/t (60,5x80,5) : **DEM 13 000** – New York, 29 mai 1980 : *Paysage à la rivière* 1915, past./pap. mar./isor. (76x65) : **USD 1 600** – Hambourg, 4 juin 1980 : *Voiliers en mer* 1891, h/t (80,3x122) : **DEM 16 000** – Cologne, 26 mars 1982 : *Bord de lac aux peupliers,* h/t (74,5x92,5) : **DEM 17 000** – Brême, 10 nov. 1984 : *Paysage fluvial d'automne,* h/t (71,5x92) : **DEM 19 000** – Munich, 29 nov. 1985 : *Paysage aux peupliers,* temp. : **DEM 13 000** – Zurich, 13 juin 1986 : *Barques et voiliers sur la lagune au large de Venise,* h/t (112x191) : **CHF 19 000** – Londres, 26 fév. 1988 : *Bateaux de pêche vénitiens,* h/t (70x89) : **GBP 1 650** – Paris, 7 juin 1988 : *Paysage à la rivière,* h/cart. (36x50) : **FRF 11 500** ; *Retour de pêche,* h/cart. (38x52) : **FRF 18 000** – Cologne, 18 mars 1989 : *Bateaux de pêche à San Pietro,* h/pap. (19x27,5) : **DEM 1 700** – Cologne, 20 oct. 1989 : *Bateaux de pêche en Adriatique,* h/t (88x80) : **DEM 3 000** – Amsterdam, 2 mai 1990 : *La maison du vieux pêcheur au bord de l'eau,* h/cart. (53x42) : **NLG 3 450** – Berne, 12 mai 1990 : *Barques de pêches au soleil levant,* h/cart. (12,5x27,5) : **CHF 2 200** – Munich, 26 mai 1992 : *Les Genèvriers,* temp./cart. (35,5x52) : **DEM 9 200** – Munich, 10 déc. 1992 : *Le port de pêche de Chioggia,* h/t (64x51,5) : **DEM 14 690** – Heidelberg, 15 oct. 1994 : *Bouleaux le long d'un ruisseau,* past. avec reh. d'aquar. (65x49) : **DEM 9 800** – New York, 24 fév. 1995 : *Paysage avec une rivière* 1915, temp./cart. (64,1x75,6) : **USD 4 312** – Paris, 22 nov. 1995 : *Marché aux poissons sur la lagune de Venise,* h/pan. (27,2x18,3) : **FRF 6 000** – Heidelberg, 11-12 avr. 1997 : *Atmosphère du soir près de Dachau,* h/t/cart. (35x50) : **DEM 6 800.**

DILL Otto
Né en 1884 à Neustadt. Mort en 1956 ou 1957 à Bad Dürkheim. XXe siècle. Allemand.
Peintre de paysages. Postimpressionniste.
Élève de Zügel à l'Académie des Beaux-Arts de Munich entre 1908 et 1913, il fut professeur à cette même Académie en 1924. Après des voyages en Italie, Afrique et Espagne à partir de 1924, il quitta Munich pour Neustadt en 1930, puis s'installa à Bad Dürkheim en 1941.

Otto Dill pratiquait encore un impressionnisme soutenu par un dessin assuré et un emploi réaliste des couleurs.

Bibliogr. : H. J. Imiela : *Eine Monographie von Otto Dill*, G. Braun, Karlsruhe, 1960.

Ventes Publiques : Munich, 26 nov. 1976 : *Amazone et cheval dans un parc*, aquar. (41x59) : **DEM 3 300** – Stuttgart, 15 déc. 1977 : *La cage aux tigres*, h/t (60x80) : **DEM 20 000** – Cologne, 30 mars 1979 : *Vaches dans un paysage*, h/cart. (44x58,5) : **DEM 15 000** – Heidelberg, 13 oct 1979 : *Le champ de course* 1921, pl. (30,9x22,7) : **DEM 2 400** – Cologne, 26 juin 1981 : *L'attaque des lions*, pl. et aquar./pap. (31x45) : **DEM 1 800** – Munich, 28 oct. 1982 : *Lion et sa proie* 1922, aquar. (48x59) : **DEM 6 500** – Munich, 28 nov. 1983 : *Sattelplatz mit Restaurant*, h/t (70x100) : **DEM 35 000** – Munich, 30 nov. 1984 : *Le tournoi devant le dôme de Worms* 1925, h/t (50,5x70,5) : **DEM 35 000** – Munich, 25 nov. 1985 : *Paysage montagneux* 1952, aquar. (27,5x35) : **DEM 2 000** – Munich, 17 sep. 1986 : *Locarno* 1955, aquar. (47,5x36) : **DEM 7 500** – Cologne, 29 mai 1987 : *Chevaux*, pl. et lav. et craie noire (37x49,5) : **DEM 2 400** – Munich, 18 mai 1988 : *Paysan avec ses chevaux*, h/t (38,5x48,5) : **DEM 7 700** – Heidelberg, 14 oct. 1988 : *Panorama de Palma* 1931, aquar. (30x39,7) : **DEM 3 800** – Stockholm, 19 avr. 1989 : *Allée de parc avec des cavaliers et un attelage à Baden-Baden* 1946, h/pan. (60x80) : **SEK 160 000** – Munich, 12 déc. 1990 : *Course de chevaux* 1923, h/t (58,5x78) : **DEM 22 000** – Heidelberg, 12 oct. 1991 : *La Curée : deux tigres dépeçant une proie* 1926, h/t (50x70,5) : **DEM 16 600** – Lucerne, 23 mai 1992 : *Le Pesage*, h/t (50x70) : **CHF 16 000** – Munich, 26 mai 1992 : *Le Marché aux saucisses de Dürkheimer* 1954, encre et aquar. (26x8,5) : **DEM 2 530** – New York, 27 mai 1993 : *Fin de course disputée* 1925, h/t (70,5x100,4) : **USD 23 000** – Munich, 7 déc. 1993 : *Paysage enneigé avec un traîneau et des bois de sapins*, aquar. et cr./pap. (32,5x45) : **DEM 4 600** – Munich, 6 déc. 1994 : *Couple de lions* 1917, h/t (47,5x65) : **DEM 13 800** – Heidelberg, 8 avr. 1995 : *Paysanne avec des chèvres et des vaches* 1921, encre (24x32) : **DEM 1 800** – Munich, 3 déc. 1996 : *Idylle dans le jardin*, h/cart. (38,5x35) : **DEM 8 400**.

DILLAYE Blanche

Née à Syracuse (New York). XIXe-XXe siècles. Américaine.

Peintre et graveur.

Elle poursuivit ses études à Philadelphie, puis à Paris et se spécialisa dans la peinture de paysages.

DILLE Frans

Né en 1909 à Anvers. Mort en 1983. XXe siècle. Belge.

Peintre de portraits, graveur, décorateur.

Après des études à l'Académie des Beaux-Arts et à l'École des Arts et Métiers d'Anvers, il réalisa plusieurs costumes et décors pour le théâtre.

Bibliogr. : In : *Diction. biogr. illustré des Artistes en Belgique depuis 1830*, Arto, Bruxelles, 1987.

Musées : Anvers (Cab. des Estampes) – Bruxelles (Cab. des Estampes) – Cincinnati – Paris (BN) – Varsovie.

DILLE Heyndrick

XVIe siècle. Actif à Gand vers 1540. Éc. flamande.

Peintre.

DILLEMANN Danielle

Née le 12 août 1930 à Paris. Morte en 1986 à Paris. XXe siècle. Française.

Graveur et peintre.

Élève de Narbonne et Goerg à l'École des Beaux-Arts de Paris, elle a exposé à partir de 1957 à Paris.

Sa peinture, sans être vraiment d'un style naïf, reprend néanmoins certaines formes assimilées au langage plastique des enfants.

DILLENBURG Henri

Né en 1926 à Diekirch. XXe siècle. Luxembourgeois.

Peintre de figures, paysages, marines.

En 1954 à Luxembourg, il fut l'un des cofondateurs du Salon des Iconomaques.

Entre figuration poétique et abstraction, sa peinture semble se référer à Paul Klee.

Bibliogr. : In : Catalogue de l'exposition *150 ans d'art luxembourgeois*, Mus. Nat. d'Hist. et d'Art, Luxembourg, 1989.

Musées : Luxembourg (Mus. Nat. d'Hist. et d'Art) : *Vue maritime* 1954 – *Le grand chef jaune* 1973.

DILLENIUS Johann Kaspar Anton

Né en 1791 à Mayence. Mort en 1869 à Mayence. XIXe siècle. Allemand.

Peintre de fleurs.

Le Musée de Mayence conserve de lui : deux tableaux de fleurs.

DILLENS Adolf Alexander

Né le 2 janvier 1821 à Gand. Mort le 1er janvier 1877 à Bruxelles. XIXe siècle. Belge.

Peintre de genre, aquarelliste, dessinateur, aquafortiste.

Il fut élève de son frère Hendrick Joseph Dillens.

Musées : Bruges : *Chef d'une tribu africaine* – Bruxelles : *Patineurs zélandais* – *Le Pont d'Amour* – *L'enrôlement dans les Pays-Bas autrichiens*.

Ventes Publiques : Bruxelles, 1873 : *Le Cordonnier-barbier ; scène zélandaise* : **FRF 5 100** – Bruxelles, 1875 : *Pour avoir chaud* : **FRF 3 200** – Paris, 1877 : *Le Jeu de la bague* : **FRF 2 400** – Paris, 1891 : *Bonheur domestique* : **FRF 1 050** – Paris, 13 mars 1893 : *Les musiciens*, aquar. : **FRF 70** – Paris, 15 mai 1902 : *Tête de Frisonne* : **FRF 100** – Paris, 16 jan. 1927 : *Après la rixe au cabaret* : **FRF 1 300** – Londres, 4 nov. 1977 : *Le Baiser sur le pont*, h/pan. (51x43) : **GBP 1 000** – Bruxelles, 24 mars 1982 : *Deux couples conversant dans un intérieur* 1857, h/bois (60x78) : **BEF 150 000** – Bruxelles, 19 déc. 1985 : *Le Chat et la Souris* 1866, h/t (69x88) : **BEF 100 000** – Londres, 5 mai 1989 : *Groupe familial en costume XVIIe siècle* 1844, h/pan. (76,2x59,7) : **GBP 2 640** – New York, 23 mai 1989 : *Famille parmi des gerbes de blé dans un champs*, h/t (101x125,5) : **USD 16 500** – Londres, 17 mars 1993 : *Réception de mariage en Zélande*, h/t (113x168) : **GBP 16 675** – Amsterdam, 21 avr. 1993 : *Villageois faisant la fête devant De Zoete Inval* 1840, h/pan. (52x63) : **NLG 10 925** – New York, 20 juil. 1995 : *Rafraîchissement pour un soldat* 1849, h/pan. (44,1x34) : **USD 3 680** – Lokeren, 5 oct. 1996 : *Les Adieux*, h/t (73x54) : **BEF 150 000** – Londres, 21 nov. 1996 : *Amoureux patinant*, h/pan. (82x63,3) : **GBP 17 250**.

DILLENS Albert

Né en 1844 à Anvers. XIXe siècle. Belge.

Peintre de genre, portraits.

Il était fils d'Hendrick Joseph Dillens et fut son élève. On lui doit des portraits officiels des rois de Belgique, Léopold Ier et Léopold II.

Ventes Publiques : Londres, 15 oct. 1969 : *Mauvaises Nouvelles* : **GBP 240** – Lokeren, 14 avr. 1984 : *Jour d'été* 1877, h/t (73x60) : **BEF 45 000** – Londres, 17 nov. 1993 : *Intérieur de cuisine avec une femme épluchant des légumes et un garçonnet jouant avec un chien* 1883, h/pan. (62x48) : **GBP 3 450**.

DILLENS Hendrick Joseph

Né le 20 décembre 1812 à Gand. Mort le 4 décembre 1872 à Bruxelles. XIXe siècle. Belge.

Peintre de genre, figures, intérieurs, graveur.

Il fut élève de Maes Casimi.

Musées : Liège : *Cavalier devant une hôtellerie* – Ypres : *La Lecture*.

Ventes Publiques : Gand, 1856 : *Scène tirée de Quentin Durward de Walter Scott* : **FRF 60** ; *La Kermesse de Trouchiennes, aux environs de Gand* : **FRF 275** ; *Épisode de la Révolution de 1830* : **FRF 17** – Londres, 20 avr. 1932 : *Le Jeune Artiste* 1857 : **GBP 5** – Paris, 20 mai 1942 : *Soldats trinquant à l'auberge* 1859 : **FRF 1 900** – Londres, 10 mai 1946 : *La Maison familiale* 1857 : **GBP 71** – Londres, 26 juil. 1946 : *En jouant aux soldats* 1859 : **GBP 31** – Paris, 11 déc. 1969 : *Le Jeu de la pantoufle* : **FRF 21 500** – Londres, 24 nov. 1976 : *Jeune Femme dans sa cuisine*, h/pan. (22x30) : **GBP 950** – Londres, 20 oct. 1978 : *Fillette et son chien* 1861, h/t (94x74,2) : **GBP 850** – Bruxelles, 25 mars 1981 : *La cruche cassée* 1857, h/bois (56x46) : **BEF 140 000** – Munich, 18 sep. 1985 : *Le Temps des moissons* 1855, h/pan. (23x31) : **DEM 5 500** – Amsterdam, 2 mai 1990 : *Un chasseur et son jeune valet dans un intérieur après la chasse* 1844, h/pan. (35x44) : **NLG 8 050** – Londres, 22 nov. 1990 : *Retour du marché* 1862, h/t (97,3x78,7) : **GBP 2 090** – New York, 28 mai 1993 : *Jeune fille faisant un bouquet devant un cottage* 1850, h/pan. (44,5x36,3) : **USD 4 830** – Amsterdam, 19 oct. 1993 : *Défilé de carnaval*, h/t/pan. (25,5x35,5) : **NLG 2 300** – Londres, 18 mars 1994 : *Le Centre d'intérêt* 1850, h/pan. (72,5x105) : **GBP 14 375**.

DILLENS Julien ou **Jules**
Né le 8 juin 1849 à Anvers. Mort le 24 décembre 1904 à Saint-Gilles (Bruxelles). XIXe siècle. Belge.
Peintre de genre, portraits, aquarelliste, sculpteur, médailleur.
Fils du peintre Hendrick Joseph Dillens, il travailla d'abord avec son père puis avec le sculpteur Simonis. Il débuta avec une peinture au Salon de Bruxelles en 1874. Prix de Rome en 1877, il fut médaillé à Anvers, Amsterdam et Paris pour son groupe sculpté : *La Justice*.
Même si ses œuvres décorent plusieurs monuments publics de Belgique, il ne fut pas tellement encouragé par les autorités publiques qui ne lui ont pas fait beaucoup de commandes. Il lui était peut-être reproché de rompre avec le bric-à-brac académique de divinités de pacotille et préférer l'observation d'après nature. Parmi ses œuvres, citons *Un gamin – Énigme – Jean de Nivelle – Le Char de la Paix*. D'autre part, ses aquarelles sont traitées avec raffinement.
Bibliogr. : Gérald Schurr, in : *Les Petits Maîtres de la peinture 1820-1920, valeur de demain*, Les Éditions de l'Amateur, t. II, Paris, 1982.
Musées : Bruxelles (monument Anspach) : deux figures féminines – Bruxelles : *Mémorial T'Serclaes* – Uccle (Hospice des Deux Alices) : frontons.
Ventes Publiques : Bruxelles, 10 déc. 1976 : *La Walkyrie*, bronze : **BEF 44 000** – Nice, 7 juin 1978 : *Groupe d'enfants* 1893, bronze (46x50) : **FRF 17 500** – Paris, 15 avr. 1988 : *Frère et Sœur* 1893, bronze à patine verte (47x27) : **FRF 25 000** – Lokeren, 28 mai 1994 : *Tête de jeune fille*, bronze (H. 27,5, l. 11) : **BEF 48 000** ; *Minerve*, bronze (H. 50, l. 36) : **BEF 110 000**.

DILLENS Paul
Né en 1874. Mort en 1965 à Ixelles. XIXe-XXe siècles. Belge.
Peintre de genre.
Ventes Publiques : Amsterdam, 9 nov. 1994 : *Égrenage des haricots* 1914, h/t (70,5x56) : **NLG 3 220**.

DILLENTHALER Michaël
XVIIIe-XIXe siècles. Actif à Vienne. Autrichien.
Peintre sur porcelaine.

DILLENZ Richard
Né à Vienne (Autriche). XIXe siècle. Actif dans la seconde moitié du XIXe siècle. Autrichien.
Peintre.
En 1913, il exposait des paysages au Salon d'Automne.

DILLER Burgoyne
Né en 1906 à New York. Mort en 1965 à New York. XXe siècle. Américain.
Peintre et sculpteur. Abstrait néo-plasticiste. Groupe American Abstract Artist.
Après des études à la Michigan State University, il alla à New York suivre des cours à l'Art Students' League à partir de 1928, puis travailla sous la direction de Georges Grosz et de Hans Hofmann qui, en 1933, le considérait comme le peintre le plus prometteur d'Amérique. En même temps, il exerça diverses activités professionnelles, étant, entre autres, professeur de dessin industriel. Dès 1934, il fit partie, avec Fritz Glarner, du petit cercle d'amis et d'admirateurs de Mondrian, qui passa les quatre dernières années de sa vie à New York. De 1935 à 1940 il fut chargé de la section des Décorations murales pour le « New York Federal Arts Project », destiné à procurer aux artistes des commandes de décorations murales, pendant les années de grande crise économique. Il en profita alors pour aider de jeunes artistes comme Pollock, Rothko ou Ad Reinhardt. Suivant la logique de l'art contemporain, il passa de l'impressionnisme à Cézanne, aux cubistes et finalement au néo-plasticisme. A ce titre, il participa aux expositions des *American Abstract Artists*, groupe dont il est membre de 1937 à 1939, et à la célèbre exposition du Musée d'Art Moderne de New York, en 1951 : *Abstract Painting and Sculpture in America*. En 1960, il figura à l'exposition *Construction et Géométrie en peinture* à New York et à l'exposition *Konkrete Kunst* à Zurich. En 1977, il figurait à l'exposition du Musée d'Art Moderne de la Ville de Paris *Aspects historiques du constructivisme et de l'art concret*. Personnellement, il a fait des expositions à New York à partir de 1946. Une rétrospective de son œuvre a eu lieu en 1990 à New York au Whitney Museum.
Continuateur de l'œuvre de Mondrian, il applique avec orthodoxie les principes du néo-plasticisme, peignant des compositions strictement géométriques, à base de rectangles de couleurs primaires, sur fond blanc ou noir, et de lignes noires, en une époque matérialisées par des tiges minces, horizontales et verticales. Il divise lui-même son œuvres en trois séquences sous les appellations de « Premier », « Deuxième » et « Troisième thème ». Au cours des dix dernières années de sa vie, il réalise certaines sculptures composées de volumes à la découpe sobre, superposés et colorés, qui reprennent dans la troisième dimension les principes du néo-plasticisme. L'importance qu'a prise depuis, aux États-Unis, le néo-constructivisme, continué dans les recherches optiques et dans le minimal art, montre, par ricochet, l'importance rétrospective de Diller. ■ J. B.
Bibliogr. : Richtie : *Abstract Painting and Sculpture in America*, New York, 1951 – in : *Diction. de la Peinture Abstraite*, Hazan, Paris, 1957 – in : *Diction. Universel de la peint.*, t.2, Le Robert, Paris, 1975.
Musées : New York (Met. Mus. of Art) : *Second Theme* – New York (Mus. of Mod. Art) : *Construction* 1938 – New York (Whitney Mus. of Art) : *Third Theme* 1946-48.
Ventes Publiques : New York, 24 oct. 1974 : *44 First Time* 1964 : **USD 9 500** – New York, 5 déc. 1980 : *Sans titre* 1940-1945, h/t (51x51) : **USD 17 000** – New York, 2 nov. 1984 : *Study for first theme* 1963, cart., mine de pb en coul. (28x21,5) : **USD 4 200** – New York, 31 mai 1985 : *Third theme* 1952, gche, encre et cr. (30,2x30,2) : **USD 5 800** ; *First theme* 1933-34, h/t (76,5x76,5) : **USD 32 000** – New York, 4 déc. 1987 : *First theme* 1958-60, h/t (127,5x127,3) : **USD 32 000** – New York, 5 oct. 1989 : *Construction* 1938, construction de bois peint (37,5x31,7x6,4) : **USD 99 000** – New York, 27 fév. 1990 : *Plan pour mur de soutien, graphite*, cr. rouge et encre/pap. (26,6x31) : **USD 18 700** – New York, 7 nov. 1990 : *Second thème*, past. et cr./vélin (26,7x26,7) : **USD 13 200** – New York, 10 nov. 1993 : *Thème premier n° 46*, h/t (121,9x91,4) : **USD 79 500** – New York, 3 mai 1995 : *Second thème*, cr./pap. (47x27,3) : **USD 7 475** – New York, 16 nov. 1995 : *Premier thème*, h/t (108x107) : **USD 107 000** – New York, 20 nov. 1996 : *Premier thème* 1961, h/t (127,6x128) : **USD 46 000**.

DILLEY Ramon, pseudonyme de **Gomez Ramon y Romero**
Né en 1933 à Madrid. XXe siècle. Espagnol.
Peintre.
Descendant des Pissare y Trujillo, conquérants du Pérou il y a longtemps vécu. Dilley fait revivre le charme des années trente. On rencontre ses œuvres de façon permanente dans les galeries internationales.

Dilley-Ramon

Ventes Publiques : La Varenne-Saint-Hilaire, 20 juin 1987 : *La belle Agathe à Bois le Vent* 1979, h/t (97x130) : **FRF 27 000** – La Varenne-Saint-Hilaire, 6 mars 1988 : *La jolie Mitsuko* 1963, h/t (61x50) : **FRF 8 600** – La Varenne-Saint-Hilaire, 29 mai 1988 : *Nu étendu* ; *Nu au bas rouge* 1979, h/t, une paire (30.90) : **FRF 15 000** – Paris, 21 juin 1989 : *La belle Yoshiko à Deauville* 1983, h/t (97x97) : **FRF 41 000** – Paris, 22 oct. 1989 : *Nu du XVIe arrondissement*, h/t (90x30) : **FRF 10 000** – Paris, 20 fév. 1990 : *La belle Agathe au bois levant* 1973, h/t (97x130) : **FRF 35 000** – Paris, 28 oct. 1990 : *La troïka à Crans-Montana* 1987, h/t (38x55) : **FRF 7 000** – Paris, 8 avr. 1991 : *Celle des cures marines* 1987, h/t (46x55) : **FRF 54 000** – Paris, 14 juin 1991 : *Les trois élégantes sur la plage* 1972, h/cart. (38x55,5) : **FRF 25 000** – Calais, 20 oct. 1991 : *Jeune femme et marin sur le port* 1975, h/pan. (60x60) : **FRF 15 000** – Paris, 8 juil. 1993 : *Creux d'Étretat*, h/t (46x38) : **FRF 23 000** – Paris, 19 fév. 1996 : *Venise*, gche (20x25) : **FRF 5 000**.

DILLIS Cantius von
Né en 1779 à Giebing, d'après Siret en 1785. Mort en 1856 à Munich. XIXe siècle. Allemand.
Peintre de paysages, graveur.
On cite parmi ses eaux-fortes des *Vues et Paysages*.

Cantius D.

Musées : Munich : *Paysage*.
Ventes Publiques : Munich, 5 déc. 1985 : *Bey Ruhpolding* 1818-20, h/pan. (24,5x32) : **DEM 16 000** – Munich, 23 juin 1997 : *Intérieur de forêt*, h/pap./cart. (24x29) : **DEM 9 844**.

DILLIS Georg von ou **Johann Georg**
Né le 26 décembre 1759 à Grüngiebing. Mort le 28 septembre 1841 à Munich. XVIIIe-XIXe siècles. Allemand.

Peintre de portraits, paysages, paysages d'eau, aquarelliste, graveur à l'eau-forte.

Frère d'Ignaz et de Cantius, il fut élève de Dorner. Il travailla en Allemagne, en France et en Italie. Il fit une carrière administrative brillante, protégé de l'Électeur Maximilien-Joseph III de Bavière, puis de l'Électeur Charles-Théodore. En 1790, il était inspecteur de la galerie de peinture de la cour à Munich. Il contribua à l'acquisition de la collection Boisserée, l'une des plus importantes collections de primitifs allemands et flamands. En 1836, il organisa et donna le premier catalogue de la Pinacothèque.

Il laissa des dessins spirituels et des petites vues d'Italie, dans la manière de Corot. On cite parmi ses gravures des *Paysages* et des *Vues de Giebing*.

Musées : Munich : *Vue du lac de Tegern – Grotte de Ferrata, près de Rome – Partie de Schwabing – Vallée de l'Isar, près de Munich.*

Ventes Publiques : Paris, 1860 : *Chalets sur le bord d'une grande route : effet d'hiver*, aquar. : **FRF 8** – Munich, 17 mai 1966 : *Jeune femme assise dans un parc*, aquar. : **DEM 7 400** – Munich, 5 déc. 1967 : *Paysage du parc de Munich* : **DEM 9 000** – Vienne, 1er déc. 1970 : *Lac de montagne* : **ATS 110 000** – Munich, 21 mars 1974 : *Paysage boisé* : **DEM 4 100** – Munich, 25 nov. 1976 : *Deux jeunes filles assises*, aquar. (16x11) : **DEM 1 100** – Munich, 29 mai 1980 : *Paysage alpestre*, craie/pap. (26x34,5) : **DEM 2 000** – Munich, 29 juin 1982 : *Étude de nuages*, aquar./trait de cr. (16x20,5) : **DEM 4 400** – Munich, 24 nov. 1983 : *Chemin boisé* 1835, aquar./trait de cr. (13,5x17) : **DEM 2 600** – Cologne, 1er nov. 1984 : *Paysage montagneux à la cascade*, h/t (80x68) : **DEM 17 000** – Munich, 13 juin 1985 : *Paysage orageux*, dess. à la pl. aquar. (28x31,5) : **DEM 6 000** – Munich, 17 sep. 1986 : *Paysage boisé*, h/pan. (26x33) : **DEM 3 300** – Heidelberg, 12 oct. 1991 : *Rue d'un village bavarois en hiver* 1790, encre au pinceau et lav. (10,3x15,9) : **DEM 4 000** – Munich, 10 déc. 1991 : *Vue du Palais Prinz Carl à Munich*, h/pap./cart. (19x24,5) : **DEM 51 750** – Londres, 25 nov. 1992 : *Portrait de Frances Temple avec son jeune frère William* 1794, aquar. (33x23) : **GBP 4 950** – Munich, 10 déc. 1992 : *Deux paysannes bavardant sur le chemin* 1833, cr., encre et aquar./pap. (26,2x35) : **DEM 45 200** – Heidelberg, 15-16 oct. 1993 : *Berger et son troupeau dans un paysage montagneux* 1827, encre brune, cr. et craie noire (20,8x27,5) : **DEM 2 900** – Munich, 27 juin 1995 : *Le superintendant G. von Dietz*, cr., encre noire et aquar./pap. (29,5x21,5) : **DEM 5 175** – Munich, 3 déc. 1996 : *Vue sur le Tegersee*, fus. avec reh. de blanc/pap. bleu (22x30,5) : **DEM 4 080** – Heidelberg, 11-12 avr. 1997 : *Paysage vallonné près de Ruhpolding*, craie noire, reh. de blanc, cr. (21,4x27,4) : **DEM 5 300.**

DILLIS Ignaz

Né en 1772 à Grüngiebing. Mort en 1808 à Munich. XVIIIe-XIXe siècles. Allemand.

Dessinateur et graveur.

Frère et élève de Georg von Dillis. On cite parmi ses gravures des *Paysages ornés de figures et d'animaux*.

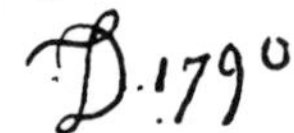

DILLON Frank

Né le 24 février 1823 à Londres. Mort le 2 mai 1909 à Londres. XIXe siècle. Britannique.

Peintre de sujets typiques, intérieurs, paysages. Orientaliste.

Élève de James Holland et de la Royal Academy de Londres, il fit de nombreux voyages en Espagne, Norvège, Italie, Japon et surtout en Égypte, où il se rendit à plusieurs reprises, en 1854-55, 1861-62, 1869-70 et 1873-74. Il exposa à la Royal Academy et dans des sociétés londoniennes, comme la British Institution, il prit également part aux Expositions Universelles de 1862 et 1878. Il fit une exposition d'aquarelles sur les scènes de la vie japonaise, en 1877.

Défenseur de l'art islamique, il s'opposa à la destruction de certains monuments et exécuta des aquarelles représentant d'anciennes demeures mamelouks, dans un esprit d'inventaire. Il a également peint des vues du Nil, du Sphinx, des Colosses de Memnon, etc. Il lutta contre la construction du barrage d'Assouan.

Bibliogr. : Lynne Thornton, in : *Les Orientalistes, peintres voyageurs*, ACR Édition, Paris, 1993-1994.

Musées : Hambourg : *Coucher de soleil* – Londres (Victoria and Albert Mus.) : six aquarelles représentant diverses habitations de riches musulmans égyptiens, dont : *Loggia de la salle de réception d'été (la makad) chez le Mamelouk Radouane Bey au Caire.*

Ventes Publiques : Londres, 16 déc. 1931 : *Coucher de soleil sur le Nil* : **GBP 7** – Londres, 3 nov. 1977 : *Scène de rue au Caire*, h/t (38x29,3) : **GBP 900** – Londres, 26 nov. 1982 : *Oiseaux migrateurs au bord du Nil*, h/t (58,4x108) : **GBP 1 200** – Paris, 2 déc. 1985 : *The tombs of Shekhs at Assouan, Upper Egypt*, h/t (71x121) : **FRF 7 000** – Göteborg, 18 mai 1989 : *Le dernier voyage*, h/t (52x108) : **SEK 6 300** – Londres, 22 juin 1990 : *Servante écoutant à la porte*, h/t (69,9x94,6) : **GBP 24 200** – Londres, 19 déc. 1991 : *Portique au temple de Karnac à Thèbes*, h/t (88,9x156,2) : **GBP 3 300** – Londres, 11 juin 1993 : *Les Pyramides*, h/t (66x118) : **GBP 13 800** – Londres, 25 mars 1994 : *L'île de Philae sur le Nil*, h/t (50,8x107) : **GBP 8 970** – New York, 12 fév. 1997 : *Les Pyramides vues de l'Île de Rodah*, h/t (66x118,1) : **USD 20 700.**

DILLON Gérard

Né en 1916. Mort en 1971. XXe siècle. Irlandais.

Peintre de compositions animées, intérieurs, animalier, aquarelliste. Naïf.

Il fit, en 1944, un séjour à Drogheda et, à cette occasion, visita l'abbaye cistercienne de Mellifont. L'imagerie celtique qu'il y découvrit lui permit de s'ouvrir à un art qui ne soit plus uniquement inspiré de l'identité irlandaise. Il réalisa à la fin des années 1940 une série d'ouvrages inspirés de la vie communautaire des moines.

Bien qu'il ne se soit pas figé dans une manière stéréotypée, et même qu'il change de technique selon les thèmes traités, sa facture reste empreinte d'une gaucherie naïve.

Ventes Publiques : Meath (Comté de), 12 mai 1981 : *Scène villageoise, Irlande*, h/pan. (28x39,5) : **GBP 460** – Belfast, 28 oct. 1988 : *Un peintre et une composition*, h/cart. (102,8x153) : **GBP 3 520** ; *Oiseau et peinture d'oiseau*, h/cart. (49,5x61) : **GBP 1 100** ; *Trois hommes dans un marécage*, h/cart. (51,5x60,8) : **GBP 9 350** – Belfast, 30 mai 1990 : *La Pause pour le thé*, h/cart. (50,8x61) : **GBP 9 350** – Dublin, 12 déc. 1990 : *Chat*, aquar. (15,5x26) : **IEP 700** ; *Dun Aengus sur le bateau d'Aran*, h/cart. (40,7x50,2) : **IEP 12 000** – Londres, 25 sep. 1992 : *Dans le cœur, dans la tête*, h/cart. (46x58,5) : **GBP 770** – Dublin, 26 mai 1993 : *Personnage dans une chambre à coucher*, h/t. cartonnée (28x38,1) : **IEP 1 870** – Londres, 2 juin 1995 : *Habitants de l'île d'Aran dans leurs habits du dimanche*, h/cart. (57x77,5) : **GBP 23 000** – Londres, 9 mai 1996 : *Autoportrait (recto)* ; *Paysage de Connemara animé (verso)*, h/t (71,1x54) : **GBP 18 400** – Londres, 16 mai 1996 : *La fenaison*, h/cart. (46x61) : **GBP 12 650.**

DILLON Henri Patrice

Né en 1851 à San Francisco (Californie), de parents français. Mort en mai 1909 à Paris. XIXe siècle. Français.

Peintre d'histoire, scènes de genre, graveur.

Il fut, dans sa jeunesse, attaché au Consulat de France à New York, avant de venir étudier la peinture, à l'École des Beaux-Arts de Paris. Élève de H. Lehmann, José Frappa et Carolus Duran, il exposa au Salon de Paris à partir de 1876, obtenant une médaille de troisième classe en 1892. Il participa à l'Exposition Universelle de 1900 à Paris. Il prit part aux expositions de la Société des Peintres-Graveurs chez Durand-Ruel, puis à la Société des Lithographes, dont il fut plus tard vice-président. Chevalier de la Légion d'honneur.

À ses débuts, il peint de grandes compositions, comme *Les funérailles de Paul Bert* ou *La fondation de l'Ordre des Jésuites dans l'église de Montmartre*, puis il s'adonne à des sujets moins solennels, des compositions plus intimes, d'un esprit plus léger, tels : *Le cirque Fernando – Guignol – Le ponton des bateaux-mouches sur le quai du Carrousel*, et surtout *Une répétition au Théâtre libre, rue Blanche*, où sont regroupés plusieurs artistes et écrivains autour du nouveau directeur, Antoine. Il s'est beaucoup intéressé à la lithographie, dont il maîtrise la technique vers

1890. Il est l'auteur de plusieurs illustrations, réalisées notamment pour les Éditions Arthème Fayard. Plusieurs de ses dessins ont été publiés par *L'Artiste* et par *la Revue de l'Art*. Enfin, il a composé de nombreuses affiches, des dessins pour des almanachs et des menus.

Bibliogr. : Gérald Schurr, in : *Les Petits Maîtres de la peinture 1820-1920, valeur de demain*, Les Éditions de l'Amateur, t. VI, Paris, 1985.

Musées : Chambéry (Mus. des Beaux-Arts) : *Scène d'intérieur* – Louviers : *La politique* – Paris (Mus. Renan-Scheffer) : *Une répétition au théâtre libre*.

Ventes Publiques : Paris, 14 nov. 1990 : *Les fumeurs*, h/pan. (23,5x32,5) : **FRF 4 200**.

DILLON Maria Lwowna

Née en 1858 à Poneviesh. XIXe siècle. Russe.

Sculpteur et graveur.

Elle fit ses études à Saint-Pétersbourg, puis à Paris et à Rome. On lui doit un grand nombre de bustes et des sculptures décoratives commandées pour le palais impérial de Saint-Pétersbourg. On cite d'elle également un paysage gravé.

DILLON Nicole

Née à Nancy (Meurthe-et-Moselle). XXe siècle. Française.

Pastelliste.

Elle exposa à Paris au Salon des Artistes Français en 1931 et 1932.

DILLY Anna

Née le 21 janvier 1849 à Lille. XIXe siècle. Française.

Sculpteur.

Elle exécuta des portraits et des sculptures de genre.

DILLY Georges Hippolyte

Né le 16 juin 1876 à Lille. XXe siècle. Français.

Peintre.

Élève de Bonnat, Gervais et de Winter, il figura au Salon des Artistes Français dont il devint sociétaire en 1903, date à laquelle il obtint une mention honorable. En 1904, il reçut une médaille de troisième classe, puis de deuxième clase en 1906 et une bourse de voyage la même année.

Musées : Tourcoing : *Dernière heure en Flandre*.

Ventes Publiques : Paris, 12 mars 1921 : *Rue à Bruges* : **FRF 210** – Paris, 4 nov. 1943 : *Vue d'un canal à Bruges* : **FRF 550** – Paris, 17 mars 1947 : *Intérieur flamand et Maison flamande*, deux toiles : **FRF 800** – Paris, 14 nov. 1980 : *Les commères* 1926, h/t (140x142) : **FRF 5 200**.

DILLY J.

XXe siècle. Français.

Sculpteur.

Il exposa à Paris au Salon des Artistes Français en 1912.

DILMANN Eugénie

Née à Kiel. XIXe-XXe siècles. Allemande.

Peintre et graveur.

Elle fut l'élève de J. Jacob à Berlin.

DILONSKY

XIXe siècle. Russe.

Lithographe.

DIMAS MACEDO

Né en 1929. XXe siècle. Actif en France. Portugais.

Sculpteur. Abstrait.

Il a pris part au Salon Grands et Jeunes d'Aujourd'hui, notamment en 1987 et 1988. Il réalise des sculptures et hauts-reliefs où les formes arrondies tiennent une grande place.

DIMÉ Moustapha

Né en 1952 à Louga. XXe siècle. Sénégalais.

Sculpteur d'assemblages, créateur d'installations.

En 1966, il s'établit à Dakar pour y apprendre la sculpture. À partir de 1973, il séjourne au Burkina, en Côte d'Ivoire, au Gana, au Togo et en Gambie, il y découvre diverses formes d'art traditionnel et se passionne pour la dimension mystique et spirituelle des œuvres. Il rentre à l'École des Beaux-Arts de Dakar en 1977. En 1980, il part en voyage au Mali pour y étudier l'art Dogon. Il vit et travaille à l'île de Gorée, dans la baie de Dakar.

Il figure dans des expositions collectives en Belgique, au Musée d'Art Moderne de Tokyo, à Genève, Liverpool, Londres, Marseille et Paris ; il prend part notamment à l'exposition *Suites africaines*, organisée au Couvent des Cordeliers à Paris. Il montre aussi ses œuvres dans des expositions personnelles : 1993 Museum of African Art, New York ; 1993, 1996 rétrospective à la galerie 89 de Dakar.

L'artiste sculpte, transforme et assemble des objets de rebut oubliés par l'homme que la mer a façonnés et que l'océan dépose régulièrement sur la plage qui se trouve au pied de son atelier. Dans des œuvres telles que : *Danse contemporaine I, Danse contemporaine II, Les Amis*, il cherche, par la sobriété de l'assemblage et de l'imbrication, un équilibre entre le travail d'abord fait par la nature et celui de son propre geste. ■ S. D.

DIMENCHE Claude, dit **le Lombart**

XVe siècle. Actif à Tournai vers 1484. Éc. flamande.

Miniaturiste.

DIMES Frederick

XIXe siècle. Actif à Londres. Britannique.

Peintre de paysages.

Il exposa à la British Institution et à Suffolk Street Gallery de 1837 à 1866.

DIMICHELLE David

XXe siècle. Américain.

Peintre. Abstrait.

Il a figuré à l'exposition *Smoggy Abstraction : Recent Los Angeles Painting* au Haggerty Museum of Art, Marquette University, en 1996.

Ses peintures se remarquent par des figurines de couleur noire sur le bord inférieur des toiles, qui sont comme écrasées par un ciel chargé.

DIMIER Abel

Né en septembre 1794 à Paris. Mort en 1864 à Paris. XIXe siècle. Français.

Sculpteur.

D'abord élève de son père et de Cartellier, il entra à l'École des Beaux-Arts en 1810, remporta le prix de Rome en 1819. Au Salon il exposa, en 1827, *Sainte Cécile*. Cette statue avait été commandée par le préfet de la Seine pour l'église Saint-Nicolas-des-Champs.

DIMIER Clémence

Née à Paris. XIXe siècle. Française.

Peintre de portraits.

Elle eut pour maître Cogniet et exposa au Salon de 1842 à 1852, presque toujours des portraits.

DIMIER Henri

Né le 30 octobre 1899 à Valenciennes (Nord). Mort le 12 décembre 1986 à Eaubonne (Val-d'Oise). XXe siècle. Français.

Peintre, dessinateur. Figuratif, puis abstrait tendance lettres et signes.

Il est né à Valenciennes, où son père, qui deviendra le célèbre historien d'art Louis Dimier, était encore professeur de philosophie. La famille revint dès 1902 à Paris, où il fit ses études. En 1916, il s'engagea dans les chasseurs alpins. Après la guerre, il s'inscrivit en 1919 à l'Ecole des Beaux-Arts de Paris, où il ne resta qu'un an. Il traversa alors une période mondaine, fréquentant le milieu des ballets russes, l'entourage de Cocteau, les fêtes de Marie-Laure de Noailles. A partir de 1935, il renonça à ces relations et mena ensuite une vie quasi ascétique, interrompue de 1940 à 1945 par son engagement dans les forces françaises libres. Il avait commencé à montrer son travail en 1930, un peu plus sérieusement à partir de 1933, puis de nouveau en 1955 et surtout régulièrement au Salon *Comparaisons* depuis 1957 jusqu'en 1978, en 1973 au Musée des Sables d'Olonne, 1984-1985 Galerie des Ponchettes à Nice. Il eut quelques expositions personnelles, notamment à Paris : 1960 Galerie Furstemberg et Galerie Le Sillon, 1967 Galerie Jacques Desbrière, et Galerie des Ponchettes à Nice 1984-85. De ses anciennes fréquentations, il resta lié avec l'étrange personnage qu'était le sculpteur Anton Prinner, le graveur Lars Bo, et noua amitié avec le mime Marcel Marceau. Dans la dernière période de sa vie, il séjourna souvent dans la maison familiale savoyarde de Saint-Paul-sur-Isère.

Dans une longue première période, il dessina et peignit surtout des personnages. Il dessinait très souvent aux crayons de couleurs ou aux pastels. Croquis ou dessins plus achevés et peintures, tout en manifestant des qualités certaines de dynamisme dans l'écriture, restaient du domaine des études préliminaires à l'abord d'une création aboutie. Puis, il s'essaya à des dessins et pastels abstraits, qui, dans un premier temps, se situaient timidement en marge de probables influences diverses, Klee ou Miro entre autres. Enfin, dans une ultime période, Henri Dimier parvint à lui-même. Sa productivité s'accéléra dans la fièvre de l'épanouissement tardif. Dessins en noir, en couleurs, peintures se multiplièrent. Il groupa toutes les œuvres de cette période de 1983 à 1986 sous l'appellation générique de *Borborygmes*, mais dont on trouve les prémices à partir du début des années soixante. Ce sont des signes, disséminés sur le papier ou la toile, se répandant en courbes capricieuses, à la manière de chaînes de chromosomes et comme tendant à devenir lettres, idéogrammes ou calligrammes à la frange de l'image ou plutôt caractères arabes, arabesques. Quand ce sont des peintures, ces mêmes signes se développent sur une préparation précieuse de la toile, selon des recettes qui lui étaient personnelles, ressemblant à quelque pierre marbrière rare à dominante rose. Cet homme, cet artiste, décrit comme un clochard grand seigneur, un pardessus râpé serré d'une corde à la ceinture, a voué plus de cinquante ans de sa vie à la seule peinture. Rien que ceci forcerait l'attention. ■ Jacques Busse

Bibliogr. : Catalogue de l'exposition *Henri Dimier*, Galerie Jacques Desbrière, Paris, 1967 – C. Fournet : *Henri Dimier ou l'Artisan Métaphysique*, Cahier de l'Abbaye Ste-Croix, Les Sables d'Olonnes, avr. 1973 – C. Fournet, H. Dimier et divers : Catalogue de l'exposition *Henri Dimier*, Galerie des Ponchettes, Nice, 1984-85 – divers : *Henri Dimier*, numéro spécial des Cahiers Bleus, Troyes, été 1989.

Musées : Nice (Mus. des Ponchettes) : une salle Henri Dimier.

Ventes Publiques : Paris, 27 oct. 1988 : *Grinaline* 1959, h/t (60x44,5) : **FRF 4 000.**

DIMITRI-ORENBOURGSK. Voir **DMITRIEFF-ORENBURGSKY**

DIMITRIADIS Constantin

Né en 1879 à Stenimachos. xxe siècle. Grec.

Sculpteur.

Après avoir fait des études à Athènes, il alla à Paris travailler sous la direction de Barras et Coutan. Il exposa pour la première fois au Salon des Artistes Français à Paris en 1906.

DIMITRIJEVIC Braco

Né en 1948 à Sarajevo. xxe siècle. Actif en France et Angleterre. Yougoslave.

Artiste, artiste d'installations, technique mixte. Conceptuel.

Fils d'un peintre, il peignit lui-même des œuvres expressionnistes dès l'âge de dix ans. Puis il se consacra à la compétition de ski. Il fut élève de l'Académie des Beaux-Arts de Zagreb, de 1968 à 1971. Une bourse du British Council lui permit un 3e cycle d'études à la St-Martin School of Art de Londres. Il participe à de nombreuses expositions collectives internationales : 1972, 1982 Documenta V et VII, 1982 Biennale de Venise. D'importantes expositions personnelles lui ont été organisées : 1975 Mönchengladbach ; 1977 Nationalgalerie Berlin ; 1978 Musée de Gand, Musée Municipal de Mönchengladbach, Kunsthalle de Düsseldorf ; 1979 Stedelijk Van Abbemuseum Eindhoven, Kunstverein Karlsruhe, Institut d'Art Contemporain à Londres ; 1981 Centre Beaubourg à Paris ; 1982 Tate Gallery à Londres ; 1984, Bâle et Musée Ludwig de Cologne ; 1985 Musée de Ludwigshafen, Tate Gallery à Londres ; 1987 Galerie de Paris à Paris, Dijon, Atlanta, Ludwigshafen ; 1988 Rennes, Nantes, Londres, Tübingen, le Solomon R. Guggenheim Museum de New York ; 1989 Francfort, Bruxelles, Paris, Brisbane, 1993 Biennale de Venise ; 1994 Musée d'Art Moderne de la Ville de Paris *La peinture ou fresque. La vérité ou presque* à propos de *La fée Électricité* de Raoul Dufy et musée d'Art moderne de Sarajevo ; etc. En 1974, il publia son *Tractatus post-historicus*, dans lequel il développe ses idées sur l'histoire et le temps, rassemblées dans le concept de « post-histoire », affirmant la primauté « anhistorique » du moment présent, en tant que seul existant concrètement entre le passé qui n'est plus rien et le futur qui n'est encore pas.

Il utilise des témoignages du passé, des œuvres d'art, portraits photographiques, des affiches, et des objets ordinaires prélevés de l'usage quotidien au présent, à partir desquels il établit des relations, induisant des associations d'idées, dans le but déclaré de perturber l'attitude passive du spectateur, principalement en ce qui concerne la perception et lecture des faits et choses historiques, notamment des œuvres de l'histoire de l'art, habituellement expliquées, exposées en fonction d'une idéologie, au moins latente, et qu'il réinjecte dans la perception instantanée, immédiate, dégagée de la gangue muséale. Il procède dans son œuvre par époques ou séries qui peuvent se recouper : à partir de 1969 série des *Monuments au passant anonyme*, chaque passant photographié au hasard de la foule dès son arrivée dans une ville nouvelle et dont il affichait l'agrandissement sur un monument public, représentant la foule indifférenciée qui constitue l'instant présent, neutre encore. À partir de 1975, il s'appropriait dans une œuvre de lui une œuvre du musée où il exposait, réintégrant dans le présent de son œuvre propre un prélèvement du passé. Dans la série des *Triptycos post-historicus*, dont les prémisses existent dès 1953 sous la forme du « tableau dans le tableau », mais qui se développa pleinement à partir de 1976, chacun de ses triptyques comporte un tableau célèbre du musée, un objet appartenant à une personne précise et un produit de la nature, par exemple : un Malévitch, un vélo hollandais et un melon. Ses gestes créateurs se réfèrent souvent en partie au processus d'appropriation de Duchamp, et par delà Dada et les surréalistes à la définition du beau selon Lautréamont. Le propos exact de chaque œuvre de Dimitrijevic n'est pas toujours évident, si ce n'est que, de toute façon, il provoque dans la perception du spectateur un phénomène de déstabilisation en regard de la réalité extérieure. L'œuvre n'est plus une œuvre en soi, mais un objet psychologique provocateur. ■ Jacques Busse

Bibliogr. : Olivier Zahm : *Braco Dimitrijevic, la beauté sera contemporaine*, Art Press, Paris, 1989 – in : *Diction. de la peint. allemande et d'Europe centrale*, Larousse, Paris, 1990.

Musées : Metz (FRAC Lorraine) : *Triptychos post Historicus* 1992 – Paris (Mus. Nat. d'Art Mod.) : *Il y a toujours du courage derrière les vraies œuvres d'art* 1981.

DIMITRIU-BERLAD Jean

Né à Berlad (Roumanie). xxe siècle. Roumain.

Sculpteur et graveur en médailles.

Élève de Landowski et Bouchard. A exposé au Salon des Artistes Français, notamment un bas-relief.

DIMITROV Vladimir, dit **le Maître**

Né le 1er février 1882 à Froloche (région de Doupnitsa). Mort le 29 septembre 1960 à Sofia. xxe siècle. Bulgare.

Peintre de compositions animées, scènes de genre, scènes typiques, portraits.

Il fait ses études de peinture (1903-1910) à l'École d'État des Beaux-Arts et de l'Industrie dans la classe du professeur Ivan Mrkvicka. En 1924, il se rend à New York pour signer un contrat avec l'amateur d'art américain D. Krein et travaille pour lui au cours de quatre ans.

Il participe à des expositions collectives bulgares en Allemagne, en Italie, en Tchécoslovaquie, en URSS, en Chine, en Inde, en Pologne et en Roumanie.

Il a huit expositions personnelles : 1919 Sofia, Galerie permanente ; 1922 Sofia, au Manège ; 1926 Sofia, à l'Académie des Beaux-Arts, et à Istanbul ; 1927 Sofia, exposition organisée dans son atelier et à l'Académie des Beaux-Arts ; en 1935 et en 1938 Sofia, à l'Académie des Beaux-Arts ; en 1958 a lieu la dernière exposition de son vivant, comprenant ses œuvres et celles de Tsanko Lavrenov. En 1973, à Paris, le Musée d'Art Moderne de la Ville a organisé une exposition rétrospective de l'ensemble de son œuvre.

Vladimir Dimitrov, dit Le Maître, est le peintre bulgare le plus original, qui a su créer et faire connaître son propre style d'expression et son propre coloris. Il se réalise surtout dans le domaine des scènes de vie et du portrait, en présentant toute une série d'images poétiques de la vie quotidienne campagnarde, des mœurs et des coutumes, ainsi que des portraits fortement stylisés. Son œuvre s'avère une idéalisation du travail campagnard et du rapport de l'homme avec la nature. Il met en pratique son propre système de coloris dont les principes fondamentaux ont leurs racines dans l'art décoratif populaire.

La majeure partie des toiles de Dimitrov est constituée de portraits de paysans, en particulier de femmes, peintes de couleurs pâles, alors que le fond est généralement de couleurs vives. Leur immobilité ou la symétrie de leurs gestes, par exemple dans la position des mains, et leur regard de Madone, cette atmosphère de sérénité qu'elles sucitent, tout cela exprime l'amour et la fascination du peintre pour ces paysans qu'il transcende en leur restituant une sorte d'éternité, une âme. Ce ne sont pas les travaux de l'homme qui intéressent le peintre mais l'homme lui-même dans tout ce qu'il a d'éternel ; ainsi la vie quotidienne peut-elle être traitée comme une œuvre d'art. Les fêtes sont innombrables où les paysans dépassent leur condition paysanne. Le peintre traduit la solennité de ces fêtes par celle des hommes ; la splen-

deur du décor n'est d'ailleurs suscitée que par leurs gestes, comme le montre *La table de noces*, dont il a repris plusieurs fois, pour d'autres tableaux, un détail : Le baise-main à la belle-mère, notamment dans *Hommage à la belle-mère, Révérence pour un baiser*. Cette exaltation humaniste s'accompagne d'une description assez panthéiste de l'environnement de l'homme. Si la femme est décrite avec sagesse et respect, la nature l'est d'une manière plus ivre et délirante, traduite par des traits violents de couleurs chaudes, tout en gardant une extrême symétrie dans ces effusions de couleurs, rayonnant comme de multiples petits arcs-en-ciel autour de la figure humaine.
La peinture de Dimitrov se pose en Bulgarie comme une véritable « Renaissance », bien qu'elle n'ait pas entraîné une école ou un mouvement artistique. La peinture bulgare était très imprégnée d'art byzantin, d'un formalisme un peu strict, généralement religieux, d'où ce désir de revenir aux sources, qui devaient être, par opposition, la vie quotidienne rurale. Cela, Dimitrov l'exprime par deux notions typiques de notre Renaissance du XVe siècle : l'humanisme et le panthéisme. Mais il ne s'agit pas ici d'un véritable panthéisme, car, si la nature est fictive, elle obéit pourtant dans sa symétrie à un esthétisme humain ; apparemment folle, elle n'en est pas moins une création humaine, maîtrisée et dirigée.

■ Catherine Firmin-Didot, Boris Danaïlov, J. B.

Bibliogr. : In : Catalogue de la Galerie Nationale des Beaux-Arts, Sofia, 1970 – Catalogue de l'exposition : *Vladimir Dimitrov*, Mus. d'Art Mod. de la Ville de Paris, 1973 – Prof. Dimitar Avramov : *Vladimir Dimitrov-Le Maître*, Sofia, 1994.
Musées : Kustendil (Gal. région. des Beaux-Arts) – Sofia (Gal. Nat. des Beaux-Arts).

DIMITRY
XVIIIe siècle. Actif à Kiev. Russe.
Graveur sur bois.
On connaît de lui des planches illustrant des scènes des évangiles.

DIMITTIRE ou **Demetrio**
XVIIe siècle. Actif à Malte vers 1690. Italien.
Peintre.
Il fut élève de Mattia Preti.

DIMO Giovanni
XVIIe siècle. Actif à Venise vers 1660. Italien.
Peintre.

DIMO Zita, Mlle
Née au XXe siècle à Pétrograd. XXe siècle. Russe.
Sculpteur.
Élève de Ségoffin et Carli. Elle a exposé des bustes au Salon des Artistes Français ; invitée au Salon des Tuileries de 1933 à 1935.

DIMOND Henry
Né à York. XVIIe-XVIIIe siècles. Britannique.
Peintre de portraits.
En 1600 il était à Oxford.

DIMORE
Ve siècle avant J.-C. Vivait en 416 avant Jésus-Christ. Antiquité grecque.
Sculpteur.
Il était élève de Polyclète d'Argos.

DIMOURO Joseph
Né à La Ciotat (Bouches-du-Rhône). XXe siècle. Français.
Peintre.
Il exposa au Salon d'Automne, à Paris.

DIMPRE Oswald
Né le 25 mars 1819 à Abbeville (Somme). XIXe siècle. Français.
Sculpteur.
Le Musée d'Abbeville possède de cet artiste un *Buste de l'amiral Courbet*.

DINA Elisa
XIXe siècle. Italienne.
Peintre paysagiste.
Vénitienne, elle a participé à un grand nombre d'Expositions en Italie. À Venise, en 1881 : *La chaufferette de l'aïeule*, à Milan, la même année : *De retour de l'église*, furent appréciés. Enfin elle exposa, en 1884, à Turin, un profil d'un intérêt particulier, étude d'après nature sous le nom de *Popolana*.

DINAHET Marcel
Né en 1943. XXe siècle. Français.
Sculpteur.
Il montre ses œuvres dans des expositions personnelles : 1991 Centre culturel Triangle à Rennes, 1992 piscine de l'écluse à Dinard dans le cadre des Arts au soleil, 1994 Centre d'art contemporain de l'île de Vassivière.
Il réalise de petites sculptures – ciment mêlé à des coquillages, argile compressée – et les place non dans une galerie, mais dans l'eau, au fond de la mer, d'un lac. Il enregistre l'évolution de l'œuvre sur laquelle se fixent des algues, qui subissent les marées et le ressac, au moyen de la vidéo ou de photographies. Pour voir les vidéos, le spectateur doit s'enfermer dans un caisson de tôle galvanisé.
Bibliogr. : Jean-Marc Huitorel : *Marcel Dinahet*, Artpress, n° 190, avr. 1994, Paris.
Musées : Châteaugiron (FRAC Bretagne) : *Caisson vidéo : latitude nord 48°21'*, cornières et tôle galvanisée.

DINANT Dirck
XVIIe siècle. Actif à La Haye vers 1671. Hollandais.
Peintre.
Fils et élève de Paulus Dinant, de La Haye.

DINANT Ev. de
XVIIe-XVIIIe siècles. Hollandais.
Peintre de miniatures.

DINANT Gilles de. Voir **GILLES de Dinant**

DINANT Hendrick
XVIIIe siècle. Actif à Amsterdam vers 1716. Hollandais.
Peintre.

DINANT Jean de. Voir **JEAN de Dinant**

DINANT Paulus I
Mort vers 1658 à La Haye. XVIIe siècle. Hollandais.
Peintre.
Sa femme, Machteld Monincx, fut peintre de fleurs.

DINANT Paulus II
Mort peu avant 1717. XVIIIe siècle. Hollandais.
Peintre.
Il était sans doute le fils de Paulus I et fut le père d'Hendrick. Vers 1675 il vivait à La Haye.

DINARELLI Giuliano
Né en 1629. Mort en 1671. XVIIe siècle. Actif à Bologne. Bolivien.
Peintre d'histoire.
Il fut élève du Guide.

DINAS
IXe siècle avant J.-C. Actif en Grèce 850 ans avant J.-C. Antiquité grecque.
Peintre ornemaniste.

DINAUMARE Antony
Mort en 1901. XIXe siècle. Français.
Peintre.
Sociétaire des Artistes Français, il figura aux Salons de ce groupement.

DINDE Henri
XIVe siècle. Français.
Sculpteur.
Il travailla au château d'Escaudœuvres (Nord), vers 1356.

DINDOF
XVIIe siècle.
Peintre.
On connaît de cet artiste un *Portrait du comte Palatin du Rhin Frédéric*, qui fut roi de Bohême.

DINE Jim
Né en 1935 à Cincinnati (Ohio). XXe siècle. Américain.
Peintre à la gouache, aquarelliste, créateur d'assemblages, réalisateur d'« happenings », dessinateur.
Il passe sa jeunesse dans un magasin d'outillage pour peintres et plombiers, tenu par son père. Il étudie à l'université de Cincinnati puis à celle de l'Ohio, dont il sort Bachelor en 1957, il suit également des cours à la Boston Museum School. En 1958, il s'installe à New York et participe à la naissance du Pop'Art mais surtout du Happening en prenant part aux expositions collectives d'avant-garde. Toutefois, il faut nuancer cette appartenance au Pop'Art, même si historiquement il a vécu cette expérience, il y a toujours mis une nuance en quelque sorte poétique, sentimentale et a gardé un attachement aux problèmes pictu-

raux, ce qui le rapproche d'un autre artiste isolé de cette époque : Cy Twombly.
Influencé par Allan Kaprow, il s'intéresse à l'environnement et expose en 1959, à la Galerie Judson, *La Maison*, ensemble d'objets accumulés, neufs, usuels, que l'usage et la possession sortent de l'anonymat. Il met ainsi en évidence les relations psychologiques existant entre l'homme et les objets. Il invente, avec Allan Kaprow, les « Happenings », manifestations qui tendent à éliminer l'élément pictural : « C'était, explique Jim Dine, des évènements visuels – danser autour de la toile et utiliser des vieilles ficelles – mais sans la toile ». Ces évènements impromptus représentaient une sorte de « cérémonie organisée, version modernisée d'on ne sait quel culte panthéiste », selon l'analyse de Pierre Restany. Il organise en 1960 trois « Happenings » : un *Vaudeville, The Shining Bed* et *The Car-Crash* ou collision de voitures. Il ouvre en 1961 son atelier-magasin ou *Store*, véritable boutique pleine d'objets quotidiens, de gâteaux américains, viennois, italiens, anglais, français, de hamburgers, mais aussi de souliers, robes, chaises, etc. Mais Jim Dine préfère ne pas renoncer aux matériaux traditionnels de la peinture et lorsqu'il garde des objets tels que scies, briques, pots de peinture, chaussures, il les fixe sur des toiles peintes. Il fait ainsi référence au dadaïsme et au surréalisme, dont il est redevable, notamment lorsqu'il ajoute de véritables boutons à un costume peint ou qu'il peint des gouttes d'eau sous un véritable pommeau de douche ou qu'il met des chaussettes aux pieds d'un banc. Il avoue, en quelque sorte, sa filiation à Magritte en remplaçant l'image du chapeau melon de Magritte, par un vrai chapeau. Il semble pris entre deux fascinations : celle des beaux-arts et celle des objets banals dont il ressent la poésie.
Mais, à partir de 1964, Dine évolue vers un art plus intimiste, il commence sa série d'autoportraits, représentés toujours sans tête, dont le *Double portrait isométrique*, qui ressemble davantage à une publicité pour robe de chambre, à laquelle il a toutefois attaché l'un de ses objets familiers. En 1967, il s'installe à Londres et s'oriente vers un art encore plus autobiographique et, comme bien des peintres de sa génération, Rauschenberg, Warhol, Jasper Johns, Klasen, etc, il associe l'écriture à sa peinture. Ce sont les *Name-Paintings* à l'intérieur desquelles il introduit les noms de ses amis. Il prend aussi pour thème le cœur, symbole de l'amour, qu'il traite en aquarelles et sculptures en carton. Ses œuvres sont alors le reflet de ses états d'âme, d'évènements de sa vie, comme le montrent les titres de ses toiles : *Nancy and I at Ithaca*. En 1969, une exposition de ses œuvres londoniennes s'est déroulée à Paris, tandis qu'une rétrospective lui a été consacrée en 1971 au Withney Museum de New York, alors qu'il était de retour aux États-Unis. Dans les années 80, il s'interroge sur la condition humaine, à travers une série d'aquarelles intitulées *Athéisme*. Pour illustrer ses réflexions, il emploie des symboles chrétiens, la croix et le poisson ou profanes, le crâne et le cœur. Il réalise en 1986 une exposition à Paris à la Galerie Beaudoin Lebon où il expose une série de dessins intitulée également *Athéisme*.
L'art de Jim Dine a toujours été en perpétuel devenir. Parti de la froide impersonnalité du Pop'art, qu'il tempère de lyrisme, de sensualité et même de sentimentalité, il devient l'instigateur du nouveau réalisme poétique. Son œuvre se divise en deux temps : celui de sa participation à la naissance du Pop'Art et surtout des « Happenings » et, à partir de 1967, celui de l'intimisme, de la confidentialité. Mais à travers son travail deux constantes semblent revenir : le goût pour l'objet et l'ironie présente tout au long de sa carrière. ■ Annie Pagès

Bibliogr. : Pierre Restany : *Les nouveaux réalistes*, Planète, Paris, 1968 – Pierre Cabanne et Pierre Restany : *L'avant-garde au xxe siècle*, André Balland, Paris, 1969 – in : *Les Muses*, t. VI, Grange Batelière, Paris, 1971 – in : *Diction. universel de la Peint.*, t. II, Le Robert, Paris, 1975 – Bernard Noël, *Jim Dine*, cahier Repères, n° 4, 1983, Maeght-Lelong, Paris.

Musées : Cologne (Wallraf-Richartz Mus.) : *Six grandes scies* 1962 – *Palette de plaisir* 1969 – Montréal (Mus. d'Art Contemp.) : *Rimbaud (Histoire)* 1971, litho. et eau-forte reh. à l'aquar. – New York (Whitney Mus.) : *The Toiaster* 1962 – Paris (Mus. Nat. d'Art Mod.) : *Putney Winter-Heart* 1971-1972.

Ventes Publiques : New York, 14 avr. 1965 : *Chain nose pliers*, collage : **USD 2 200** – New York, 18 nov. 1970 : *Shovel* : **USD 12 000** – New York, 17 nov. 1971 : *Flesh bathroom*, objets/t. peinte : **USD 11 500** – New York, 14 oct. 1974 : *Étude pour une chambre d'enfant* : **USD 14 000** – Londres, 13 déc. 1974 : *Putney winter heart* 1971 : **GNS 6 000** – New York, 18 mars 1976 : *Cravates* 1961, gche et cr. noir (45,7x61) : **USD 2 600** – Milan, 6 avr. 1976 : *Things in their natural setting, 2e version* 1973, h/t et objets (182,5x153) : **ITL 15 000 000** – Londres, 1er juil. 1976 : *Night portrait* 1969, litho. (135x96) : **GBP 480** – New York, 12 mai 1977 : *Study for a color chart* 1963, émail /pap. (137,2x119,4) : **USD 16 500** – Londres, 13 juil. 1978 : *Autoportrait : paysage* 1969, litho. en coul. : **GBP 1 000** – Cologne, 6 mai 1978 : *Lips number 4* 1966, gche (58x43,5) : **DEM 2 800** – New York, 18 mai 1979 : *Étude pour une salle de bain* 1962, h/t avec trois brosses à dent, support métal et verre en plastique (61,5x51) : **USD 22 000** – New York, 19 oct. 1979 : *A nurse*, eau-forte coloriée de Eight sheets from an undefined novel (60x50,3) : **USD 2 000** – New York, 18 mai 1979 : *Sans titre* 1962, mine de pb (60x47,5) : **USD 2 500** – Paris, 27 oct. 1980 : *La main* 1965-1967, métal peint : **FRF 4 800** – New York, 4 mai 1982 : *Song* 1966, h/t et objets (152,5x119,5) : **USD 36 000** – New York, 10 mai 1983 : *Toothbrush* 1962, gche et vis en plastique/cart. (73,5x58,5) : **USD 3 200** – New York, 2 mai 1983 : *Yellow robe* 1980, litho. en coul. (125,2x88,9) : **USD 5 500** – New York, 9 nov. 1983 : *Yes* 1959, craies de coul. et fus. (53,5x40,5) : **USD 2 200** – New York, 1er nov. 1984 : *Torch*, h/cart. et éléments de torche/t. (152,5x127,5) : **USD 52 000** – New York, 9 mai 1984 : *Mr. Blitz (N° 2)* 1978, fus. (127x97,2) : **USD 9 000** – New York, 1er mai 1985 : *The red, dripping* 1981, aquar. et craie noire/pap. (157,5x149) : **USD 35 000** – New York, 5 nov. 1985 : *Window with axe and objects* vers 1961-62, bois, peint. sur verre et métal (209,5x101,5x90,2) : **USD 40 000** – New York, 7 nov. 1985 : *Pitchfork* 1975, craies de coul. fus. et acryl./pap. (131,5x54) : **USD 28 000** – Paris, 5 avr. 1987 : *Arthaud at the Rodez sanitorium* 1966, aquar. et collage d'objets : cuir, os, coquillage, cuillère, outil en métal et plastique, quatre pan. (62x46) : **FRF 180 000** – New York, 4 mai 1987 : *Ruby Robe* 1976, h/t (213,4x137,2) : **USD 125 000** – Londres, 3 déc. 1987 : *Desire* 1981, aquar., encre noire et craie sur trois feuilles (99x210,8) : **GBP 16 000** – New York, 20 fév. 1988 : *L'arche* 1983, bronze (254x211,5x89) : **USD 52 800** – Londres, 25 fév. 1988 : *Cœurs dessinés* 1970, vernis et cr./pap. (59x90) : **GBP 6 600** – New York, 3 mai 1988 : *Jessie au coquillage XI* 1982, past., aquar. et fus./pap. (109,3x77,5) : **USD 46 750** ; *Petits outils noirs* 1962, outils et h/t (91x61) : **USD 82 500** – Paris, 15 juin 1988 : *Blue haircut* 1972, pointe sèche (62x56) : **FRF 7 000** – New York, 8 oct. 1988 : *Kandinsky* 1957, techn. mixte/cart. (128,7x87,6) : **USD 8 800** – New York, 10 Nov. 1988 : *Brosse à dents et gobelet* 1962-1963, gche et graphite/pap. (73,6x58) : **USD 12 100** – New York, 14 fév. 1989 : *Jessie assise en 1979*, fus. et cr./pap. (127x97,2) : **USD 20 900** – Londres, 23 fév. 1989 : *Cœurs* 1970, gche et peint. argent/pap. (77x91,5) : **GBP 30 800** – New York, 2 mai 1989 : *Chaussure de tennis* 1962, collage sur bois peint. (44,5x50,8) : **USD 52 250** – New York, 3 mai 1989 : *Vénus en noir et gris* 1983, bronze (162,5x58,5x63,5) : **USD 132 000** – Milan, 6 juin 1989 : *Le couteau rouge* 1962, h. et objet/t. (60x50) : **ITL 360 000 000** – New York, 7 nov. 1989 : *La robe rouge – étude pour un autoportrait* 1964, aquar., fus., collage et ceinture avec bouche de métal/cart. (122x87,6) : **USD 154 000** – New York, 8 nov. 1989 : *Cœurs* 1969, acryl./t., 57 toiles destinées à être accrochées sur un mur côte-à-côte (chacune 20,4x15,3) : **USD 660 000** – New York, 27 fév. 1990 : *Dans le harem – Abu Tor* 1979, h/t (183x109,2) : **USD 242 000** – Paris, 30 mars 1990 : *Robin* 1980, techn. mixte (150x90) : **FRF 285 000** – New York, 9 mai 1990 : *La peinture de mars* 1981, acryl./t. (244x214) : **USD 275 000** – Milan, 23 oct. 1990 : *Sans titre* 1988, techn. mixte/cart., deux feuilles (76x114,5) : **ITL 44 000 000** – New York, 14 fév. 1991 : *Sans titre*, h/t (101,3x96,5) : **USD 16 500** – New York, 15 fév. 1991 : *Vénus en noir et gris* 1983, bronze (162,5x58,5x63,5) : **USD 77 000** – New York, 1er mai 1991 : *Double Vénus* 1983, bronze (162,5x58,4x63,5) : **USD 159 500** – New York, 13 nov. 1991 : *Double Vénus*, bronze (162,5x46x58,4) : **USD 110 000** – New York, 27 fév. 1992 : *Sans titre* 1972, aquar. et collage de pap./pap. (68,2x65,1) : **USD 24 200** – New York, 7 mai 1992 : *Souriant et se promenant dans la rue de Seine* 1973, acryl./t. avec des objets accrochés (241,9x146,1) : **USD 44 000** – New York, 18 nov. 1992 : *Vêtement blanc #2 (autoportrait)* 1964, h. et fusain/t. avec une chaîne de métal et un cadenas, du fil électrique et des prises, une ampoule, etc. (181,6x182,9x8,8) : **USD 88 000** – Londres, 25 mars 1993 : *Quatre gros cœurs* 1970, pulvérisation de peint. sur pap.

ciré monté sur pap./cart. (75x70,2) : **GBP 25 300** – Zurich, 21 avr. 1993 : *Le poète assassiné* 1971, eau-forte aquar. (89x70,5) : **CHF 1 500** – New York, 4 mai 1993 : *Un cœur nommé Rancho Pastel* 1982, acryl. rés., bois, t. d'emballage, paille et collage céramique/t. (262,9x244) : **USD 178 500** – New York, 3 mai 1994 : *Objets sur un paysage en forme de palette* 1963, poignée de porte, trou de serrure, lunette, nécessaire à couture, monocle, rasoir mécanique, ciseaux et h/t (213,4x152,4) : **USD 145 500** – Lokeren, 10 déc. 1994 : *Légumes*, collage/litho. (46x41) : **BEF 26 000** – New York, 3 mai 1995 : *Quatre cœurs (dans la nuit)* 1981, aquar., gche et fus./pap. (59,1x204,8) : **USD 60 250** – Amsterdam, 30 mai 1995 : *Tomate*, eau-forte coul. (59,9x74,6) : **NLG 2 375** – Londres, 26 oct. 1995 : *Une brosse à dents orange* 1962, aquar., cr. et brosse à dents/pap. (49,5x74) : **GBP 12 075** – New York, 8 mai 1996 : *Petits outils noirs* 1962, outils métalliques et h/t (90,8x61) : **USD 74 000** – Paris, 4 déc. 1996 : *Tulipes* 1974, eau-forte (66x51) : **FRF 4 200** – Londres, 5 déc. 1996 : *Cœurs* 1970, aquar./pap. (48x73) : **GBP 12 650** – Londres, 6 déc. 1996 : *Monotype at Sydney close VI* 1983, acryl., pigment, collage et h./monotype en deux morceaux (64x108) : **GBP 12 650** – New York, 21 nov. 1996 : *Quatre brosses à dents* 1963, aquar. et mine de pb/cart. (78,7x56,2) : **USD 13 800** – New York, 19 nov. 1996 : *Cœurs* 1969, acryl./t., série de cinquante-sept (chaque 20,3x15,2) : **USD 508 500** – New York, 7-8 mai 1997 : *Colonne au rocher et à la hache* 1983, bronze (256,5x71,1x71,1) : **USD 101 500** – Paris, 29 avr. 1997 : *Deux fourches* 1974, techn. mixte/pap. (142,5x90) : **FRF 65 000** – Copenhague, 22-24 oct. 1997 : *Boîte à outils*, techn. mixte : **DKK 17 000** – Paris, 3 oct. 1997 : *Cheer* 1971, collage aquarellé/litho. (137x92) : **FRF 10 000**.

DINEL Roland

Né en 1919 à Montréal. XXe siècle. Canadien.

Sculpteur.

Avant d'aborder la sculpture et de s'y consacrer, il a appris l'ébénisterie, le dessin industriel et a réalisé des décors de théâtre. En 1966, il a participé à l'Exposition Internationale de Sculpture au Musée Rodin à Paris.

DINER

XVIIIe siècle. Actif à la fin du XVIIIe siècle. Français.

Graveur.

On cite de lui : *Le Marquis de Favras*. Il privilégia la technique de l'eau-forte.

DINÈS Madeleine, pseudonyme de **Follain**, née **Denis**

Née à Saint-Germain-en-Laye (Yvelines). XXe siècle. Française.

Peintre.

Fille de Maurice Denis et épouse du poète Jean Follain, elle a suivi les cours de l'Académie de la Grande Chaumière, de l'Académie Ranson et des Ateliers d'Art Sacré fondés par son père. Elle a débuté au Salon des Tuileries en 1930, prenant ensuite part au Salon d'Automne et au Salon des Femmes Artistes Modernes. Elle a participé à la décoration de l'Exposition Universelle de Paris en 1937 et a réalisé des fresques et un vitrail pour l'église de Saint-Delis-sur-Sarthon : *Annonciation – Pietà – Assomption*.

DINESEN Jorgen

Né en 1742 probablement à Copenhague. Mort le 10 septembre 1797 à Copenhague. XVIIIe siècle. Danois.

Peintre.

Élève de l'Académie de 1761 à 1768, il fut nommé en 1785 professeur de dessin à l'Académie. Il était en même temps peintre décorateur.

DINET Étienne Alphonse

Né le 28 mars 1861 à Paris. Mort en 1929 à Paris. XIXe-XXe siècles. Français.

Peintre de genre, portraits, paysages, aquarelliste, graveur, dessinateur. Orientaliste.

Élève de Bouguereau et de Tony Robert-Fleury à l'Académie Julian, il figura régulièrement au Salon, obtenant une mention honorable en 1883, une troisième médaille en 1884 et une médaille d'argent à l'Exposition Universelle de Paris en 1889. Membre de la Société des peintres orientalistes français, il participa aux Expositions Coloniales de 1906 à 1922 et prit une part active au Salon d'Alger. Officier de la Légion d'honneur en 1905. Le gouvernement algérien lui a consacré un musée, à Bou-Saâda, inauguré en 1993.

Son voyage en Algérie en 1882 fut déterminant pour son art, il y retourna ensuite tous les ans et se laissa imprégner par les paysages, les habitants, les mœurs et coutumes de la civilisation arabe. Lui-même se convertit à l'Islam, prit le nom de Hadj Nasr Ed Dine Dini et illustra plusieurs livres arabes, dont : *Rabia El Koulomb ou le Printemps des cœurs*, 1902 ; *Mirages, scènes de la vie arabe*, 1906 ; *El Fiafi oua El Kifar ou le Désert*, 1911 ; *Khadra, danseuse Ouled-Nail*, 1926.

E DINET

E. DINET.

Bibliogr. : Lynne Thornton, in : *Les Orientalistes, peintres voyageurs*, ACR Édition, Paris, 1993-1994.

Musées : Alger : *Vieilles femmes arabes* – Bou-Saâda (Mus. Nat. Nasr Eddine Dinet) – Mulhouse : *La Dispute* – Nice : *Le Calvaire* – Paris (Mus. d'Orsay) : *Terrasse de Laghouat* – *Esclave d'amour et lumière des yeux* – Paris (Mus. du Petit Palais) : *Un forcené* – Pau (Mus. des Beaux-Arts) : *L'Oued M'sila après l'orage* – Reims (Mus. Saint-Denis) : *Clair de lune à Laghouat* 1897 – Sydney (Art Gal. of New South Wales) : *Charmeurs de serpents*.

Ventes Publiques : Londres, 26 nov. 1926 : *Saint Julien l'Hospitalier* 1883 : **GBP 22** – Paris, 11 déc. 1926 : *Fillettes arabes jouant aux osselets* : **FRF 8 200** – Paris, 18-21 mars 1931 : *L'oasis de Laghouat, femmes arabes lavant leur linge* : **FRF 10 000** – Philadelphie, 30-31 mars 1932 : *Printemps* : **USD 20** – New York, 25 jan. 1935 : *Femmes et enfants arabes* : **USD 80** – Paris, 29 juin 1942 : *Deux Ouled Naïl* 1904 : **FRF 14 000** – Paris, oct. 1945-juil. 1946 : *Le feu de bivouac* 1890 : **FRF 36 000** ; *L'oasis* : **FRF 38 000** – Paris, 19 avr. 1951 : *Sous le burnous* : **FRF 67 000** – Paris, 26 juin 1974 : *Sur la plage de Bou Saada* 1894 : **FRF 22 000** – Paris, 14 déc. 1976 : *La mosquée*, h/cart. (29x22) : **FRF 10 000** – Paris, 4 nov. 1977 : *Contemplation amoureuse* 1890, h/t (65x81) : **FRF 8 500** – Paris, 4 déc. 1978 : *Femme répudiée*, h/t (65x81,5) : **FRF 132 000** – Paris, 1er avr. 1979 : *Sibi Bel Abbes*, h/cart. (46x36) : **FRF 7 800** – Paris, 27 juin 1979 : *Jeu de fillettes*, gche (24x33) : **FRF 19 000** – Paris, 13 juin 1980 : *Exposition coloniale de Marseille* 1906, litho. (140x100) : **FRF 2 100** – Enghien-les-Bains, 26 juin 1983 : *Les amoureux*, gche (12x10) : **FRF 75 500** – Enghien-les-Bains, 16 oct. 1983 : *La Lutte des baigneuses* vers 1909, h/t (80x65) : **FRF 520 000** – Enghien-les-Bains, 28 avr. 1985 : *Enfants s'amusant*, aquar. et encre de Chine (29x22) : **FRF 61 000** – Paris, 18 juin 1985 : *Meddah aveugle chantant l'Épopée du Prophète*, h/t (130x163) : **FRF 805 000** – Paris, 27 juin 1986 : *La corvée*, h/t (98x91) : **FRF 265 000** – Argenteuil, 20 nov. 1987 : *Les Pleureuses*, h/t (28x37,5) : **FRF 92 000** – L'Isle-Adam, 25 jan. 1987 : *Tête de pèlerin*, dess. reh. de gche (31x23) : **FRF 9 100** – Versailles, 21 fév. 1988 : *Portrait de Madame Bossuat* 1896, h/t (92x104) : **FRF 8 000** – Paris, 7 mars 1988 : *Femme sortant du bain*, aquar. (24x16) : **FRF 18 000** – Paris, 25 mars 1988 : *Confidences*, h/t (70x61) : **FRF 270 000** – Paris, 21 juin 1988 : *Jeux d'enfants*, h/t (66x28) : **FRF 180 000** – La Varenne-Saint-Hilaire, 12 mars 1989 : *Courtisane parée de ses bijoux*, mine de pb, aquar. et gche (29,5x21) : **FRF 3 300** – La Varenne-Saint-Hilaire, 12 mars 1989 : *Jeune femme parée de ses bijoux*, h./vélin (27x27) : **FRF 40 000** – Stockholm, 19 avr. 1989 : *Jeunes baigneuses dans un lac en été*, h/t (80x70) : **SEK 610 000** – Paris, 8 déc. 1989 : *Dans l'oued, les petites laveuses* 1888, h/t (65x81,5) : **FRF 590 000** – Paris, 17 déc. 1989 : *Les Bédouins*, h/t : **FRF 75 000** – Aubagne, 28 jan. 1990 : *Deux fillettes arabes se coiffant*, h/t (68x81) : **FRF 365 000** – Paris, 6 avr. 1990 : *La Sortie de l'école coranique*, h/t (81x100) : **FRF 580 000** – New York, 24 oct. 1990 : *Femmes et enfants arabes dans une oasis*, h/t (66x101,6) : **USD 44 000** – Paris, 20 nov. 1990 : *Costumes de fête* 1907, h/t (81x100) : **FRF 490 000** – Paris, 11 déc. 1991 : *Petite fille à la poupée*, h/t (58x50) : **FRF 340 000** – Aubagne, 15 mars 1992 : *Fillettes arabes dans un arbre*, h/t (85x64) : **FRF 245 000** – Londres, 27 nov. 1992 : *Gamines sautant à la corde* 1888, h/t (50,8x64,2) : **GBP 14 300** – Paris, 4 juin 1993 : *Danseuse Ouled-Naïl au clair de lune*, h/t (81x65) : **FRF 190 000** – Paris, 22 mars 1994 : *Le retour du goum victorieux*, h/t (102x146) : **FRF 260 000** – Londres, 17 nov. 1994 : *Première phrase de la prière de l'aube* 1913, h/t (85x115,2) : **GBP 51 000** – Paris, 5 déc. 1994 : *Le Bourricot aux enfants* 1905, h/t (59x48) : **FRF 300 000** – Aubagne, 26 fév. 1995 : *Enfants de Bou Saada* 1907, h/t (63x73) : **FRF 265 000** – Paris, 12 juin 1995 : *Costume de fête* 1907, h/t (81x100) : **FRF 600 000** ; *La Danse des foulards* 1910, h/t (63x82) : **FRF 750 000** – Paris, 11 déc. 1995 : *Sortie de l'école coranique* 1923, h/t (81x100) : **FRF 850 000** – Paris, 24 mars 1996 : *Tête de femme*, aquar./pap.

(18x12) : **FRF 8 900** – PARIS, 25 juin 1996 : *Baigneuse dans l'oasis*, h/t (70,5x58,5) : **FRF 200 000** ; *Tête d'Arabe* 1913, h/t (39x33,5) : **FRF 105 000** – PARIS, 30 oct. 1996 : *Portrait d'homme en djellaba*, aquar. (23,5x17) : **FRF 8 500** – PARIS, 9 déc. 1996 : *Études de bras et de mains avec des bracelets*, mine de pb (16,5x20,5) : **FRF 8 200** – PARIS, 17 nov. 1997 : *Le Char* 1907, h/t (62x72) : **FRF 370 000**.

DING Henri Marius
Né en 1844 à Grenoble (Isère). Mort en 1898 à Grenoble. XIXe siècle. Français.
Sculpteur de monuments, bustes.
Il fut élève d'Irvoy et de E. Hébert. Il figura au Salon de Paris de 1876 à 1878. Il obtint une médaille de troisième classe en 1877. On lui doit le monument inauguré à Vizille en 1888, en commémoration de la Révolution à Grenoble.
BIBLIOGR. : Pierre Kjellberg : Les bronzes du XIXe siècle – Dictionnaire des sculpteurs – Paris 1987.
MUSÉES : GRENOBLE : *La Muse de Berlioz*.
VENTES PUBLIQUES : PARIS, 3 fév. 1986 : *La Harpiste*, bronze patine brun foncé (H. 94) : **FRF 69 500** – NEW YORK, 1er mars 1990 : *La Muse de Berlioz (Femme nue jouant de la harpe)*, bronze patine brune (H. 46) : **USD 2 860**.

DING Cong ou **Ting Tch'ong** ou **Ting Ch'ung** ou **Xiao Ding**
XXe siècle. Chinois.
Peintre et caricaturiste.
Fils du peintre traditionnel Ding Song, il fait partie de l'école moderne et est surtout actif dans l'ouest de la Chine pendant la seconde guerre mondiale. Peu après le début de la guerre, les principaux centres culturels commencent à bouger vers l'ouest, le cœur de la Chine, les Japonais occupant dès 1939 les points stratégiques de la côte. C'est donc l'une des caractéristiques les plus remarquables des sombres années de guerre, que la découverte de l'ouest chinois. Écrivains et artistes tombent sous le charme de la beauté sauvage des plateaux tibétains de Mongolie et du Xinjiang et sont fascinés par les nombreuses tribus dont les cultures particulières continuent de se développer dans les vallées reculées. C'est ainsi que Ding Cong voyage dans le Sikang parmi les tribus primitives des territoires frontaliers d'où il rapporte nombre de dessins et de peintures, notamment des tribus Lolo. En 1944, avec un groupe d'autres artistes indépendants, il fonde une société d'art à Chengdu. L'année suivante, leur seconde exposition est consacrée au réalisme, réalisme impitoyablement imprégné de satire sociale. On doit à Ding Cong quelques décors de théâtre et les illustrations de *L'Histoire d'Ah Q* de l'écrivain Lu Xun, série d'estampes sur bois dont le caractère violent est bien en accord avec l'aspect tragique de ce récit. Techniquement, sa contribution la plus importante est le nouvel emploi qu'il fait du pinceau chinois : tout en travaillant sur de longs rouleaux horizontaux, support traditionnel, sa technique narrative donne un sentiment de profondeur à trois dimensions. Ding Cong compte parmi les caricaturistes chinois qui, au sortir de la guerre, tournent leur satire contre les envahisseurs japonais. Refusant tout compromis, ses tableaux vigoureux contiennent peu d'allusions ou d'allégories mais la souffrance et la cruauté ambiantes, constituant le réquisitoire social le plus puissant de la Chine moderne. Ses œuvres d'après-guerre font preuve d'une richesse de formes et d'un grand talent de dessinateur qui évoquent les styles d'Orozco et de Siqueiros.
BIBLIOGR. : Michael Sullivan : *Chinese Art in the twentieth Century*, Londres, 1959.

DINGEMANS Waalko Jans
Né le 16 juin 1873 à Lochem. XIXe-XXe siècles. Hollandais.
Graveur et peintre.
Il fit ses études à Groningue puis à La Haye.

DINGER Fritz
Né le 22 janvier 1827 à Wald (près de Solingen). Mort le 11 août 1904 à Düsseldorf. XIXe siècle. Allemand.
Graveur.
On lui doit un grand nombre de reproductions de tableaux de maîtres.

DINGER Otto
Né le 25 août 1860 à Düsseldorf. XIXe siècle. Allemand.
Peintre de genre, portraits, paysages, graveur, illustrateur.
Il exposa pour la première fois à Berlin en 1891.
VENTES PUBLIQUES : COLOGNE, 18 mars 1989 : *Paysage rhénan*, h/pan. (38,5x64) : **DEM 1 200**.

DINGERTZ Marie
Née dans la seconde moitié du XIXe siècle en Suède. XIXe siècle. Suédoise.
Peintre.
Elle figura au Salon des Indépendants en 1911 et 1912.

DING Fuzhi
Né en 1879. Mort en 1949. XXe siècle. Chinois.
Peintre de natures mortes, fleurs et fruits, calligraphe. Traditionnel.
VENTES PUBLIQUES : HONG KONG, 16 jan. 1989 : *Fleurs de prunier*, encre et pigments/pap., kakémono (132x33) : **HKD 26 400** – HONG KONG, 18 mai 1989 : *Nature morte*, encre et pigments/pap., kakémono (96,8x36,5) : **HKD 44 000** – HONG KONG, 15 nov. 1989 : *Prunus*, encre et pigments/pap., kakémono (81,5x37) : **HKD 37 400** – HONG KONG, 15 nov. 1990 : *Nature morte au lingzhi* 1935, encre et pigments/pap., kakémono (115,8x31,9) : **HKD 39 600** – HONG KONG, 30 mars 1992 : *Litchi*, encre et pigments/pap. saupoudré d'or, éventail (18,5x51,5) : **HKD 46 200** – HONG KONG, 30 avr. 1992 : *Prunus*, encre et pigments/pap. (81,6x37) : **HKD 49 500** – HONG KONG, 28 sep. 1992 : *Litchies*, encre et pigments/pap. (28,8x38) : **HKD 35 200** – HONG KONG, 22 mars 1993 : *Lotus et melon*, encre et pigments/pap., kakémono (66x33,2) : **HKD 23 000** – HONG KONG, 5 mai 1994 : *Un pin* 1942, encre et pigments/pap., kakémono (136x68) : **HKD 51 750** – HONG KONG, 29 avr. 1996 : *Calligraphie en Jiaguwen* 1934, encre/pap., deux strophes (chaque 147x18,7) : **HKD 23 000**.

DING GUANPENG ou **Ting Kouan-P'eng** ou **Ting Kuan-P'êng**
XVIIIe siècle. Chinois.
Peintre.
Il travailla sous le règne de l'empereur Qing Qianlong (1736-1796). C'est surtout un peintre de personnages bouddhistes et taoïstes, dans le style de Ding Yunpeng (actif vers 1584-1638). Il fait aussi d'élégantes copies des maîtres anciens.
Son emploi très large de la couleur fait penser qu'il a dû recevoir une influence occidentale, sans doute de la part de certains artistes jésuites de la cour impériale.
MUSÉES : TAIPEI (Nat. Palace Mus.) : *L'empereur Ming Huang jouant au polo* daté 1746, d'après Li Gonglin, signé – *Pêcheurs sous la neige* daté 1747, d'après un maître de Song, signé – *Réunion de lettrés dans le jardin de l'Ouest* daté 1748, inscription d'un courtisan – *Matin de printemps dans le Palais des Han*, rouleau en longueur.
VENTES PUBLIQUES : NEW YORK, 4 déc. 1989 : *Seize Luohans*, encre et pigments, makémono (27x648,5) : **USD 605 000**.

DINGHELSCHE Jacob
Mort avant 1540. XVIe siècle. Éc. flamande.
Peintre.
C'était le père de Jan. Il travaillait à Gand.

DINGHELSCHE Jan
XVIe siècle. Éc. flamande.
Peintre.
Fils de Jacob. Il travailla pour l'église Saint-Nicolas à Gand.

DINGLE Adrian John Darley
Né en 1911. Mort en 1974. XXe siècle. Canadien.
Peintre de figures, paysages.
VENTES PUBLIQUES : TORONTO, 17 mai 1976 : *Sally at suppertime*, acryl./cart. (38x61) : **CAD 625** – TORONTO, 27 mai 1980 : *Paysage*, h/cart. (70x120) : **CAD 2 800** – TORONTO, 20 mars 1982 : *Harbour pattern*, h/cart. (50x85) : **CAD 1 100** – TORONTO, 18 mai 1985 : *Elemental mood*, acryl./cart. (70x120,6) : **CAD 2 800**.

DINGLE Kim
Née en 1951 à Pomona (Californie). XXe siècle. Américaine.
Peintre de compositions animées, figures, dessinateur. Expressionniste.
Elle vit et travaille à Los Angeles.
Il montre ses œuvres dans des expositions collectives et personnelles aux États-Unis.
Dans des peintures et fusains, traités de manière gestuelle, dans une gamme de tons réduite, elle met en scène le monde de l'enfance et de l'adolescence, et en particulier l'univers féminin. De gros bébés joufflus (souvent une petite fille noire et une blanche), se livrent à des jeux..., innocents ou cruels ? au spectateur de choisir ; des jeunes filles s'apprêtent à affronter le monde de demain. Description sociologique ou vision personnelle, quoi qu'il en soit, ses œuvres sont pleines de vitalité.
BIBLIOGR. : Bonnie Clearwater : *Arrêt sur enfance*, Art Press, n° 197, Paris, déc. 1994.

DINGLE Thomas, l'Ancien
XIXe siècle. Britannique.
Peintre de paysages.
Il était actif à Londres.

DINGLE Thomas, le Jeune
XIXe siècle. Britannique.
Peintre de paysages.
Fils du précédent, il était actif à Londres.

DINGLINGER Georg Friedrich
Né le 17 mai 1666 à Biberach. Mort le 24 décembre 1720 à Dresde. XVIIe-XVIIIe siècles. Allemand.
Peintre d'émaux et orfèvre.
Travailla à la cour de Dresde. Le Musée de Berlin conserve de lui un *Portrait de femme* (miniature).

DINGLINGER Sophie Friederike
Née vers 1739 à Dresde. Morte le 10 mars 1791 à Dresde. XVIIIe siècle. Allemande.
Peintre de miniatures.
Élève d'Oeser à Leipzig. Le Musée de Dresde conserve d'elle sept portraits de membres de la famille Dinglinger.

DINGMANS Adam I
Né le 20 octobre 1637 à Haarlem. Mort le 24 octobre 1704 à Haarlem. XVIIe siècle. Hollandais.
Peintre.
Élève de S. de Bray. Épousa, en 1669, Grietje Jacobs Van d. Voorde.

DINGMANS Adam II
Baptisé à Haarlem le 2 août 1640. Enterré à Haarlem le 1er octobre 1678. XVIIe siècle. Hollandais.
Peintre.
Fils d'un certain Jan Dingmans.

DING QINGJI ou **Ting Ts'ing-K'i** ou **Ting Ch'ing-Ch'i**
Originaire de Qiantang, province du Zhejiang. XIVe siècle. Chinois.
Moine peintre.
Moine taoïste, il fait des portraits de personnages bouddhistes et taoïstes d'après les styles de Li Song et Ma Lin.

DING Shao Guang ou **Ting Shao Guang, Ting Shao Kuang**
Né en 1939 dans la province de Shanxi (Chine). XXe siècle. Chinois.
Peintre de compositions animées, compositions murales, créateur de timbres. Figuratif.
La République Populaire de Chine lui commanda la décoration murale de la Maison du Peuple de Pékin. En 1989, il eut une exposition personnelle au AA Museum Ginza de Tokyo et eut l'honneur d'une rétrospective au Musée Historique de Pékin et au Musée de Shanghai. Il crée également des timbres pour des organismes officiels tels que l'ONU.
Ventes Publiques : Hong Kong, 30 mars 1992 : *Blanche nuit* 1991, encre et pigments/pap. (197x120) : **HKD 2 200 000** – Singapour, 5 oct. 1996 : *Sentiments amoureux de Bali* 1994, techn. mixte/pap. (107x107,5) : **SGD 135 750**.

DING Song ou **Ting Song** ou **Tin Sung**
Né en 1891. XXe siècle. Chinois.
Peintre.
Père de Ding Cong, élève de Zhou Xiang, il fut peintre traditionnel à ses débuts, puis devint caricaturiste plus tard, comme son fils.

DING Xiong Quan. Voir **TING Wallace**

DING Yanyong ou **Ting Yen-Yong** ou **Ting Yen-Yung**
Né en 1902 ou 1904 dans la province du Guangdong. Mort en 1978. XXe siècle. Chinois.
Peintre et graveur. Traditionnel et moderne.
Parmi les peintres chinois contemporains, certains séduits par la peinture à l'huile, se placent définitivement dans l'orbite des écoles de Paris, Londres ou New York, tandis que d'autres s'accrochent à la tradition chinoise. Beaucoup croient pouvoir cultiver les deux genres parallèlement, ce qui s'avère le plus souvent médiocre. Toutefois parmi ces derniers artistes, Ding Yanyong fait exception, ayant su animer sa double démarche d'une même spiritualité. Le Guangdong, sa province natale, a joui traditionnellement d'une certaine autonomie et d'une large ouverture sur le monde extérieur : elle a donc été un berceau de révolutionnaires et de non-conformistes. Ding, après un séjour de sept ans au Japon où, comme beaucoup d'intellectuels chinois de ses contemporains, il étudie la peinture à l'huile à l'Académie de Tôkyô, puis rentre en Chine en 1927. Jusqu'à la guerre, il enseigne la peinture dans les Académies de Shangai et de Canton. Il passe la guerre à Chongping, dans la province du Sichuan : pour cet homme imprégné d'un certain cosmopolitisme, la plongée soudaine dans le pays marque un tournant décisif qui engendre une volonté patriotique et le besoin d'affirmer son identité de Chinois. Pour des raisons pratiques, ce tournant vécu par nombre d'artistes contemporains est encore plus net chez les peintres de formation occidentale qui se trouvent brusquement coupés des supports coutumiers de leur travail : toiles et couleurs à l'huile sont évidemment introuvables dans les régions reculées du pays. Ils n'ont plus à leur disposition que les instruments de la peinture chinoise traditionnelle : le pinceau, l'encre, le papier qui, dans le contexte de la guerre de résistance, semblent désormais auréolés du prestige de la culture nationale. En copiant les anciens, Ding s'initie donc en autodidacte à cet art classique ; après la victoire, il gardera les deux techniques, alors qu'il s'installe à Canton comme directeur de l'École des Beaux-Arts de la province. En 1949, il gagne Hong-Kong où il est professeur de peinture à l'huile et de peinture chinoise dans la section des beaux-arts de l'université chinoise.
Dans le domaine de la peinture à l'huile, Ding a suivi une voie moyenne, à égale distance de Xu Beihong (Jupéon) et de Wu Zuoren (ou Sogène) qui, ignorant tout de la peinture à l'huile, n'ont pas su dépasser un certain académisme du XIXe siècle, et de la jeune peinture de Taiwan et de Hong-Kong, tout à fait coupée de ses assises chinoises. Ding prend comme point de départ l'art de Matisse, en renchérissant sur l'aspect calligraphique de ce style, travaillant avec une matière mince, parfois même monochrome et accordant au pinceau la fonction et l'autorité suprême que seul un artiste chinois peut concevoir. Les œuvres de Ding sont bien en effet sous-tendues par ce qui est l'essence même de la discipline picturale chinoise. Il dispose d'une virtuosité peu commune : il emploie exclusivement le gros pinceau à poils doux, instrument hyper-sensible et difficile à contrôler, qu'il manie à main levée. Son excès de facilité et d'assurance fait que son œuvre n'est pas sans faiblesse et parfois trop abondante. Cela est racheté par sa rigoureuse discipline du pinceau et son dynamisme créateur. Ses audaces formelles peuvent évoquer celles du peintre japonais Tessai Tomioka (1836-1924). Il faut évoquer le domaine de la gravure de sceaux où Ding s'est également illustré. Maniant le burin de façon hétérodoxe dans un grand irrespect des règles de cet art particulier, il arrive à projeter toute son expérience de peintre d'où il résulte un style de gravure singulièrement original. ■ Marie Mathelin
Bibliogr. : Michael Sullivan, in : *Chinese Art in the Twentieth Century*, Londres, 1959.
Ventes Publiques : Hong Kong, 17 nov. 1988 : *Aigle*, kakémono, encre/pap. (179x47,5) : **HKD 30 800** ; *Album de 12 doubles pages de sujets différents* 1978, encre et pigments/pap. (chaque 40,5x60,3) : **HKD 132 000** – Hong Kong, 15 nov. 1989 : *Album de 14 doubles pages de sujets variés* 1978, encre et pigments/pap. (chaque 33,3x46,4) : **HKD 121 000** – Hong Kong, 15 nov. 1990 : *Vers à soie dans un panier* 1975, encre et pigments/pap. (69,2x46,2) : **HKD 49 500** – New York, 26 nov. 1990 : *Oiseaux sous un arbre fleuri*, kakémono, encre/pap. (222,2x37,5) : **USD 1 870** – Hong Kong, 2 mai 1991 : *Un artiste et son modèle* 1971, h/cart. (60,9x45,1) : **HKD 220 000** – New York, 29 mai 1991 : *Mulan, l'héroïne*, kakémono, encre et pigments/pap. (139x34,3) : **USD 1 320** – Hong Kong, 31 oct. 1991 : *Portrait d'une femme* 1971, h/cart. (61x45) : **HKD 121 000** – New York, 25 nov. 1991 : *Bodhidharma*, encre et pigments/pap. (94x34,3) : **USD 3 300** – Taipeh, 22 mars 1992 : *Un oiseau, une grenouille et deux poissons rouges* 1965, h/cart. (60,6x46) : **TWD 396 000** – Hong Kong, 30 avr. 1992 : *Paysage animé* 1974, kakémono, encre et pigments/pap. (82,5x55,6) : **HKD 19 800** – Hong Kong, 28 sep. 1992 : *Personnages de « Voyage à l'ouest »*, kakémono, encre et pigments/pap. (136,5x68,5) : **HKD 44 000** – Taipeh, 18 oct. 1992 : *Nature morte* 1970, h/pan. (60,5x45,5) : **TWD 286 000** – Hong Kong, 29 avr. 1993 : *Portrait de femme* 1965, h/t (60,3x50,5) : **HKD 322 000** – New York, 1er juin 1993 : *Oiseau et lotus*, kakémono, encre/pap. (141,6x34,3) : **USD 2 588** – Taipeh, 10 avr. 1994 : *Bouddha* 1971, h/cart. (181x120) : **TWD 1 590 000** – New York, 21 mars 1995 : *Oiseaux et fleurs*, encre/pap., h/t, ensemble de trois peintures (dimensions diverses, la plus grande : 94,6x34,6) : **USD 2 300** – Taipei, 15 oct. 1995 : *Femme au chat* 1971, h/t (91x60,5) : **TWD 230 000** – Hong Kong, 30 oct. 1995 :

Canards mandarins et lotus, kakémono, encre et pigments/pap. (179x93,8) : **HKD 66 700** – Taipei, 14 avr. 1996 : *Nature morte de fleurs (recto) ; Triangles abstraits (verso)*, h/cart. (92x61) : **TWD 598 000** – Hong Kong, 29 avr. 1996 : *Bouddha*, kakémono, encre et pigments/pap. (138x69) : **HKD 115 000** – Taipei, 13 avr. 1997 : *Signe abstrait (recto)* 1965 ; *Fleurs (verso)* 1968, h/pan. (46x30,5) : **TWD 437 000** ; *Nu assis (recto) ; Moine bouddhiste (verso)* 1968, h/pan. (91,5x61) : **TWD 529 000** – Taipei, 19 oct. 1997 : *Sérénade au clair de lune* 1972, h/t (50x50) : **TWD 1 092 500**.

DING YUANGONG ou **Ting Yuan-Kong** ou **Ting Yüan-Kung**, nom de religion : **Jingyi,** surnom : **Yuangong,** nom de pinceau : **Yuanan**
Originaire de Jiaxing, province du Zhejiang. xviie siècle. Chinois.
Peintre de figures, paysages.
Actif au début de la dynastie Qing (1644-1911), il devient moine bouddhiste sur le tard.
Musées : Londres (British Mus.) : *Ermite en robe rouge assis sur un terre-plein de montagne*, feuille d'album, signée.
Ventes Publiques : New York, 25 nov. 1991 : *Calligraphie en Cao Shu*, encre/pap., kakémono (157,1x43,8) : **USD 7 700**.

DING YUNPENG ou **Ting Yun-P'eng**, surnom : **Nanyu,** nom de pinceau : **Shenghua Jushi**
Né en 1547, originaire de Xiuning, province du Anhui. Mort après 1628. xvie-xviie siècles. Chinois.
Peintre de figures, paysages.
On lui doit surtout des personnages bouddhistes et taoïstes dans les styles des peintres Tang, Wu Daozi (actif vers 720-760) et Li Longmian, notamment dans son travail de contour au pinceau. Il fut lié avec le peintre Dong Qichang (1555-1636).
Musées : Amsterdam (Mus. d'Art Asiatique) : *Sakyamuni dans les montagnes* signé – Boston (Mus. of Fine Arts) : *Bouddha assis sur un rocher émergeant d'un tourbillon au milieu d'une rivière*, rouleau en hauteur signé, extrait de sûtra inscrit en haut de la peinture – Honolulu (Acad. of Art) : *Les dix-huit ahrats*, encre et coul. d'or sur soie pourpre – Kansas City (Nelson Gal. of Art) : *Cinq aspects de Guanyin*, rouleau en longueur, signé – Londres (British Mus.) : *Deux fées près d'un ruisseau*, feuille d'album signée – New York (Metropolitan Mus.) : *Paysage de rivière avec des bateaux – illustration du chant du luth du poète Bo Juyi* daté 1585, encre et coul. sur pap., rouleau en hauteur, signé, poème calligraphié par Liu Ran daté 1586, deux sceaux de l'artiste – Pékin (Palais Impérial) : *Personnage lavant un éléphant*, coul. sur pap. – Taipei (Nat. Palace Mus.) : *Dix-huit ahrats*, rouleau en longueur, encre sur pap. – *Cheval blanc chargé de sûtras*.
Ventes Publiques : New York, 2 juin 1988 : *Toilettage de l'éléphant blanc*, encre/pap. coul., kakémono (136x51,5) : **USD 44 000** – New York, 31 mai 1994 : *Orchidées*, encre/pap., éventail (18,4x56,5) : **USD 1 725**.

DING Zhang. Voir **ZHANG Ding**

DING ZHENGXIAN ou **Ting Tcheng-Hien** ou **Ting Cheng-Hsian**
Né dans la première moitié du xxe siècle à Zhengxian (province du Zhejiang). xxe siècle. Chinois.
Graveur sur bois.

DINHAM Joseph
xixe siècle. Actif à Londres dans la première moitié du xixe siècle. Britannique.
Sculpteur.
Il exécuta surtout des bustes.

DINH RU
Né en 1937 à Phuoc Son (près de Phan-Rang, Vietnam). xxe siècle. Vietnamien.
Peintre, sculpteur de monuments, figures, bas-reliefs.
Il figure dans des expositions nationales et à l'étranger : Malaisie, Singapour, Japon, France, Italie, Suisse, Canada. En 1996, il prend part à l'exposition *Vietnam. 30 ans de peinture de la guerre à la paix*, Paris. Il a obtenu diverses récompenses, dont : 1967 lauréat au concours national ; 1980, 1985 médaille d'argent ; 1990 médaille de troisième classe ; 1993 lauréat.
On lui doit surtout des sculptures sur bois, rehaussées parfois de polychromie, son thème de prédilection étant la figure féminine. Certaines œuvres, très abruptes d'aspect, proviennent de l'influence de l'art des minorités ethniques, d'autres, plus soignées dans les détails, renouent avec l'art de la civilisation Champa. Il a exécuté de nombreuses commandes, parmi lesquelles : 1963 Monument de la Résistance ; 1964 Monument historique de *Ho Chi Minh*, à Hai Hung ; 1980 Monument de la condition féminine ; 1995 Monument en pierre du *Gardien de la Terre*, à Tay Ninh.
Musées : Hanoi (Mus. Nat.) : *Monument de la Condition féminine*.

DINI Bernardino, dit **il Sordo**
Né vers 1615 à Citta di Castello. xviie siècle. Italien.
Peintre.
Il fut élève de Rinaldo Rinaldi et, plus tard, de Pietro da Cortona. Il exécuta surtout des peintures religieuses.

DINI Dario
xixe siècle. Piémontais, actif au xixe siècle. Italien.
Sculpteur.
Exposa à Turin, en 1880, et à Milan, en 1881, une statue de marbre : *La Prisonnière*, qu'un critique a défini « une étude de sculpture ne laissant rien à désirer ». On cite encore de cet artiste : *La Rencontre inattendue* et *Le jeune Pâtre*, qui furent remarquées à juste titre à l'Exposition de Milan.

DINI Giuseppe
Né en septembre 1820 à Novare. Mort le 13 mai 1890 à Turin. xixe siècle. Italien.
Sculpteur.
Il exécuta le monument *Cavour* à Novare. *Alfieri* à Asti, *Barbaroux* à Cuneo et de nombreux bustes.

DINI di Biagio G. B.
Né sans doute à Venise. xviie siècle. Italien.
Peintre.
En 1618 il vivait à Rome.

DINKEL Ernest
Né le 24 octobre 1894 à Huddersfield. xxe siècle. Britannique.
Peintre de paysages et d'histoire.
Après avoir fait la guerre de 14-18 en France, il commença ses études artistiques à Hudderfield, puis, de 1921 à 1925, au Royal College of Art. Ayant obtenu une bourse, il voyagea en Italie, commença à exposer au New English Art Club et à la Royal Academy en 1927. Il a également exposé à la Royal Society of watercolour dont il est devenu membre en 1939. Il fut professeur au Royal College of Art de 1927 à 1940.
À côté de ses paysages, il a souvent peint des sujets bibliques.
Musées : Londres (Tate Gal.) : *Le Déluge*.

DINKEL Joseph
Originaire de Munich. xixe siècle. Travaillant dans la première moitié du xixe siècle. Allemand.
Dessinateur.
Il fournit des dessins pour l'ouvrage d'Agassiz sur les poissons fossiles et les poissons d'eau douce, et l'accompagna dans ses voyages aux Alpes, en Normandie et en Angleterre. On cite de lui deux aquarelles exposées en 1844 à la Société des Amis des Arts à Neuchâtel.

DINKEL Markus
Né le 12 février 1762 à Eiken en Friktal (Suisse). Mort le 5 février 1832 près de Berne, on le trouva mort dans l'Aar. xviiie-xixe siècles. Suisse.
Peintre de portraits.
Vers 1793, il travaillait chez Lori l'Ancien. Il exposa à Berne entre 1810 et 1830.
Ventes Publiques : Londres, 24 nov. 1983 : *Panier de fruits* 1808, aquar. (29,2x38,2) : **GBP 900** – Zurich, 24 nov. 1993 : *Jeune femme en costume traditionnel de Berne*, aquar./pap. (15x11) : **CHF 1 035**.

DINKESPILER Suzanne ou **Dinkes**
Née à Paris. xxe siècle. Française.
Peintre de genre, portraits, nus, paysages, intérieurs.
Élève d'Imbert, elle a participé, à partir de 1920, au Salon d'Automne, au Salon des Artistes Français et à celui des Artistes Indépendants à Paris.

DINNSEN Edlef Karsten
Né le 8 mai 1853 à Ellhöft. xixe siècle. Allemand.
Sculpteur.
Il fit ses études à Hambourg et travailla par la suite à Dresde, Hanovre et Berlin.

DINO di Benivieni
xiiie siècle. Actif à Florence vers 1294. Italien.
Peintre.

DINO di Puccio
XIVe siècle. Actif à Florence vers 1392. Italien.
Peintre.

DINOMÉNÉS
Ve siècle avant J.-C. Vivant en 416 avant Jésus-Christ. Antiquité grecque.
Sculpteur.
On a retrouvé son nom sur la base d'une statue offerte à la ville d'Athènes par un nommé Métrotime, du bourg d'Oé. Dinoménès travailla au monument élevé en mémoire de la victoire d'Ægos Potamos et fit les statues d'Io, de Callisto et de Bésantis, reine des Pœoniens.

DINOU Julien. Voir **NEUWEILER Arnold**

DINSDALE George
XIXe siècle. Actif à Londres au début du XIXe siècle. Britannique.
Peintre.
Il exposa des paysages à la Royal Academy et à la British Institution entre 1808 et 1829.

DINTER Gérardus
Né en 1745 à Bois-le-Duc. Mort le 26 mars 1829 à Bois-le-Duc. XVIIIe-XIXe siècles. Éc. flamande.
Peintre de paysages animés.
Il fut élève de S.-J. Antonissen. Il épousa, en 1771, une veuve de Leyde et vécut à Bruxelles jusqu'en 1810.
Ventes Publiques : Londres, 30 mai 1984 : *Paysans avec leur troupeau* 1783, h/pan. (52x69) : **GBP 1 800**.

DINTILHAC Raymonde
Née au XXe siècle à Hanoi (région du Tonkin). XXe siècle. Française.
Lithographe.
Élève de M. Neumont. Exposant du Salon des Artistes Français.

DINTZEL François
XVIIe siècle. Actif au début du XVIIe siècle. Allemand.
Peintre et graveur.
Cité par Mireur.
Ventes Publiques : Paris, 1823 : *Une femme assise près d'une ruine avec des enfants*, dess. au bistre relevé de blanc : **FRF 7**.

DINWIDDIE John Ekin
Né à Chicago (Illinois). XXe siècle. Américain.
Graveur.
Élève de E. Léon. A exposé une eau-forte au Salon des Artistes Français de 1928.

DINZL Ignaz Andreas
XVIIIe siècle. Actif à Tittmoning (Bavière) dans la première moitié du XVIIIe siècle. Allemand.
Peintre.
Il décora l'église cathédrale de Tittmoning.

DIODATI Francesco Paolo ou **Diodati-Onofri**
Né en 1864 à Campobasso. Mort en 1940 à Naples. XIXe-XXe siècles. Italien.
Peintre de compositions religieuses, scènes de genre, paysages, aquarelliste, pastelliste.
Il fut à Naples élève de Toma et Morelli.

DIODATI_F-P

Ventes Publiques : Rome, 29 mars 1976 : *Vue de Capri*, h/pan. (53x81) : **CHF 6 900** – Milan, 17 juin 1982 : *Ingénuité* 1898, h/t (65,5x48) : **ITL 1 600 000** – Londres, 30 mai 1984 : *Posilippo*, h/t (22x32,5) : **GBP 1 200** – Milan, 10 déc. 1987 : *Jeune paysanne au panier de fleurs*, h/t (80,5x46,5) : **ITL 3 000 000** – Rome, 29 mai 1990 : *Buste d'une jeune fille souriante*, past./cart. (60x34) : **ITL 6 900 000** – Rome, 13 déc. 1994 : *Jeune fille en bleu*, aquar./pap. (26,5x20) : **ITL 1 840 000** – New York, 20 juil. 1995 : *La Baie de Naples depuis Posilippo*, h/pan. (22,2x32,7) : **USD 1 840** – Rome, 23 mai 1996 : *Maisons*, h/t (32x55) : **ITL 1 725 000**.

DIODATI François
Baptisé le 20 mai 1647 à Genève. Mort le 1er mai 1690 à Genève. XVIIe siècle. Suisse.
Peintre sur émail et graveur.
On cite de cet artiste qui naquit sourd-muet, des planches d'après Goltzius, des illustrations de livres, notamment pour les ouvrages de Gregorio Leti et de Selleysel, une *Vraie représentation de l'Escalade*, des vues et des portraits. Parmi ces derniers, il faut mentionner ceux de *Turquet de Mayence*, de *J. Raimond Fortis*, médecin de Vérone, *Th. Bonet*. Pour la peinture sur émail, il fut élève de Jean André.

DIODATO de Luca
XIIIe siècle. Actif à Lucques vers 1228. Italien.
Peintre.
Ce primitif italien est mentionné par Lanzi comme l'auteur d'un crucifix peint à Saint-Cerbone, près de Lucques, avec cette inscription : *Deodatus filius Orlandi de Luca me pinxit.*

DIODOROS I
Ve siècle avant J.-C. Actif au milieu du Ve siècle avant Jésus-Christ. Antiquité grecque.
Sculpteur.
Il fut l'élève de Kritios.

DIODOROS II
IIe-Ier siècles avant J.-C. Actif à Athènes. Antiquité grecque.
Sculpteur.
Son père se nommait Hermattios. On a retrouvé la signature de cet artiste sur deux socles de statue à Argos et à Thelpusa (Arcadie).

DIODOROS III
Ier siècle. Antiquité grecque.
Peintre.
Il vivait au temps de Néron.

DIODOTOS
IIe siècle avant J.-C. Actif à Nicodémie. Antiquité grecque.
Sculpteur.
Frère de Ménodotos. Il fit peut-être avec lui une statue d'Hercule qui figurait encore à Rome au XVIe siècle, et à Gaëte, une statue de Mercure.

DIODOTOS I
Actif à Rhamnos. Antiquité grecque.
Sculpteur.
Strabon attribue à cet artiste la statue de Némésis à Rhamnos donnée généralement à Agorakritos.

DIOFEBI Francesco
XIXe siècle. Actif à Rome dans la première moitié du XIXe siècle. Italien.
Peintre.
Il exécuta des *Vues de Rome* dont plusieurs sont au Musée de Copenhague.

DIOG Félix Maria ou **Diogg**
Né en 1764. Mort en 1834 à Rapperswil. XVIIIe-XIXe siècles. Suisse.
Peintre de compositions religieuses, portraits.
Diog étudia à l'Académie dirigée par Wyrsch à Besançon, et à Rome. Protégé par la faveur de l'archevêque d'Urfurt, il peignit pour les personnages de marque, exécutant, entre autres, le *Portrait de l'Impératrice de Russie* à Karlsruhe où il fut appelé en 1814. Il travailla à Andermatt, Berne, Saint-Gall, Mulhouse, Zurich, Strasbourg et d'autres villes et devint bourgeois de Rapperswill.
On cite parmi ses premières œuvres : *Couronnement de la Vierge* à Brigels, et un *Saint Georges* dans la tour de l'église de Sedrun.
Ventes Publiques : Berne, 24 nov. 1976 : *Portrait de Robespierre* 1794, h/pan. (67x51) : **CHF 6 900** – Berne, 30 avr. 1980 : *Portrait de monsieur von Steiger* 1800, h/pan. (26x22) : **CHF 1 500** – Genève, 24 nov. 1985 : *Portrait d'une jeune élégante* 1803, h/t (37,5x28) : **CHF 2 800**.

DIOGENES I
Né à Athènes. Ier siècle avant J.-C. Antiquité romaine.
Sculpteur.
Il travailla au Panthéon d'Agrippa à Rome et y exécuta des groupes de cariatides.

DIOGENES II
IIe siècle. Antiquité romaine.
Sculpteur.
Le British Museum possède de cet artiste une statuette d'*Hercule assis* qui est signée.

DIOGNETOS
IIe siècle. Antiquité romaine.
Peintre.
Il fut le maître de l'empereur Marc-Aurèle. Il fut aussi philosophe.

DIOL Giacomo
Né vers 1690 à Rome. Mort le 5 août 1759 à Rome. XVIIIe siècle. Italien.
Peintre et graveur.
Il décora plusieurs églises à Rome.

DIOMEDE Miguel
Né en 1902 à Buenos Aires. Mort en 1974. XXe siècle. Argentin.
Peintre.
Autodidacte, il obtint un prix d'encouragement au Salon National de Buenos Aires en 1944 et figura au Prix Palanza en 1949, 1951, 1957. Il participa, en 1958, à l'Exposition Internationale de Bruxelles, où il reçut une médaille de bronze, puis en 1959 à celle de Punta del Este et à Washington. En 1960, il fit un voyage en Italie. Il a pris part à plusieurs expositions collectives à Buenos Aires, notamment à l'Exposition Internationale d'Art moderne en 1960 et à l'exposition : « 150 ans d'Art Argentin » en 1961. Ses expositions personnelles se sont surtout déroulées en Argentine.
Bibliogr. : In : *Peintres contemporains*, Mazenod, Paris, 1967.
Ventes Publiques : New York, 24 fév. 1995 : *Femme assise près d'une fenêtre* ; *Nu de face*, h/t et h/t/rés. synth., une paire (92,7x73 et 63,8x49,2) : **USD 2 185**.

DION
Originaire d'Argos. Ier siècle avant J.-C. Antiquité grecque.
Sculpteur.
On a retrouvé à Épidaure un socle signé du nom de cet artiste dont le père se nommait Damophilos.

DION Auguste Louis
Né en 1827 à Paris. XIXe siècle. Français.
Sculpteur.
Élève de Heizler. Il exposa au Salon, de 1865 à 1870, des sujets en plâtre ou en bronze représentant des animaux.

DION Léon
Né en 1839. Mort en 1920. XIXe-XXe siècles. Français.
Peintre de paysages.
Militaire de carrière, il n'exposait pas et, une fois à la retraite, se consacra entièrement au paysage.
Il représente, dans des compositions bien structurées selon des plans simples, des vues de la garrigue, animées de bastides, cyprès, plans d'eau, sous une lumière méridionale, où le ciel bleu est teinté de gris et les couleurs dominantes sont les ocres et les verts.
Bibliogr. : Gérald Schurr, in : *Les Petits Maîtres de la peinture 1820-1920, valeur de demain*, Les Éditions de l'Amateur, t. VI, Paris, 1985.

DION Louis
XVIIe siècle. Français.
Peintre.
Il fut reçu à l'Académie de Saint-Luc en 1692.

DION Marc
Né en 1961. XXe siècle. Américain.
Auteur d'installations.
Il vit et travaille à New York.
Il participe à des expositions collectives, parmi lesquelles : 1997, *Skulptur. Projekte in Münster 1997*. Il montre ses œuvres dans des expositions personnelles : 1997 galerie des Archives à Paris.
Il travaille sur la nature, soucieux notamment de sensibiliser le public avec la protection de la faune. De la taupe géante au nécrophore (coléoptère géant), il a mis en scène l'extinction des races animales dans des installations.
Bibliogr. : Catherine Francblin : *Mark Dion*, Art Press, n° 224, Paris, mai 1997.
Ventes Publiques : Paris, 10 déc. 1995 : *Marsupilami (extinction)* 1990, peluche et bocal de verre (21x15) : **FRF 3 500**.

DIONIGI Mariana, née **Candidi**
Née en 1756 à Rome. Morte en 1826 à Rome. XVIIIe-XIXe siècles. Italienne.
Peintre de paysages.
Cette artiste était également écrivain.

DIONIGI d'Andrea di Bernardo di Lottino, dit **Danni**
XVe siècle. Actif à Florence en 1455. Italien.
Peintre.
Il fut élève de Neri di Bicci.

DIONIGI da Averara
XVe-XVIe siècles. Italien.
Peintre.
Lombard, il exécuta des peintures en 1493, dans l'église Sant' Antonio Abate, qui sont encore bien conservées. En 1507, il peignit l'abside de l'église paroissiale à Lodrone (Tyrol italien).

DIONIGI da Diacetto. Voir **DIACETTO**

DIONIGI da Galiano
XVe siècle. Actif à Milan. Italien.
Peintre.
Il travailla dans la maison du peintre Cristoforo da Figino.

DIONIS Manuel
XVIe siècle. Actif à Valladolid. Espagnol.
Peintre.
Il ne reste pas d'œuvre qu'on puisse avec certitude attribuer à cet artiste, mais on sait qu'il fut un ami de Berruguete, qui l'employa souvent. Il était sans doute d'origine italienne.

DIONIS du SÉJOUR Marie Thérèse
Née à Neuville-aux-Bois (Loiret). XXe siècle. Française.
Peintre miniaturiste.
Depuis 1923, elle a régulièrement participé au Salon des Artistes Français, où elle obtint une mention honorable en 1939 et dont elle devint sociétaire.

DIONISE Étienne
Mort en 1628 au Mans. XVIIe siècle. Français.
Sculpteur.
Il travaillait en 1621 à l'église du Puy Notre-Dame en Anjou.

DIONISE François
XVIe-XVIIe siècles. Actif à Paris. Français.
Sculpteur.
Il travailla vers 1608 à la décoration du couvent des Feuillants, rue Saint-Honoré.

DIONISE Mathieu
XVIIe siècle. Actif au Mans. Français.
Sculpteur et peintre.
Il fit, en 1613, pour la paroisse de Parigné-l'Évêque, une image de Notre-Dame. Son neveu, De La Barre, y travailla avec lui.

DIONISE Pierre
XVIIe siècle. Français.
Sculpteur sur bois.
Il fut chargé, en 1656, d'exécuter la sculpture des boiseries décorant la grande chambre du Palais de Justice de Rennes.

DIONISI Pierre
Né le 21 mars 1904 à Paris. XXe siècle. Français.
Peintre, sculpteur.
Élève de Cormon à l'École des Beaux-Arts de Paris, il est Premier Grand Prix de Rome en 1923. À partir de cette date, il participe régulièrement au Salon des Artistes Français, obtient un diplôme d'honneur à l'Exposition Universelle de Paris en 1937, date à laquelle il expose des sculptures aux « Artistes de ce Temps », au Musée du Petit Palais. Il a également pris part à l'exposition : « Sculpteurs actuels » en 1946. Personnellement, il a exposé des peintures sur la Corse, à Paris en 1924. Parmi ses œuvres monumentales, citons : les fresques de la salle des Mariages de l'Hôtel de Ville de Puteaux ; fresques de la Porte monumentale Delessert à l'exposition Arts et Techniques en 1937 ; fresques de l'église Saint Ferdinand-des-Ternes, 1944 ; fronton de l'Hôtel de Ville de Neuilly, 1944 ; Monument aux Morts de la Direction des Téléphones, Paris 1946 ; Monument du général Fieschi en Corse.

DIONISSII
XVe-XVIe siècles. Russe.
Peintre.
Cet artiste fut un des premiers peintres religieux russes. Il introduisit dans son pays quelques-unes des traditions picturales de la décadence byzantine. Les importantes peintures qu'il exécuta à la cathédrale de Moscou ont presque complètement disparu de même que celles des couvents Borovski et Volokolamski. Il ne subsiste de cet artiste que quelques icônes.

DIONISSII, dit **Gluschitzky**
Né vers 1440. Mort vers 1510 à Moscou. XVe siècle. Russe.
Peintre d'icônes et sculpteur sur bois.
Cet artiste mourut archimandrite du couvent Troitzky à Moscou.

DIONISSII
XVIIIe siècle. Actif à Lwow vers 1700. Polonais.
Graveur sur bois.
On connaît de cet artiste des titres et des vignettes.

DIONISY Jan Michiel
Né en 1794 à Roermond. XIXe siècle. Belge.
Peintre de portraits, peintre de miniatures.
Il fit ses études à Anvers et à Bruxelles et voyagea en France et en Allemagne.

DIONYSE Carmen
Née en 1921 à Gand. XXe siècle. Belge.
Sculpteur, céramiste. Tendance abstraite.
Épouse du peintre et critique Fons de Vogelaere, elle avait fait ses études à l'Académie Royale des Beaux-Arts de Gand, où elle est devenue professeur. Elle fut également professeur à l'Institut provincial des Arts Appliqués de Hasselt. Elle participe à des expositions collectives et montre son travail dans des expositions personnelles, d'entre lesquelles : 1992 œuvres de 1957 à 1991 à la Galerie William Wauters à Oosteeklo. Grand Prix de l'Exposition universelle de Bruxelles en 1958, elle obtint une médaille d'or à Prague en 1962, le Grand Prix de Ceramics International de Calgarie (Canada) en 1973 et elle fut membre de l'Académie internationale de la céramique à Genève.
Carmen Dionyse réalise l'union de la céramique et de la sculpture. Ses œuvres, figuratives ou non, souvent inquiétantes, d'une puissance presque barbare, accentuée par la présence de matières calcinées, affirment un sens de l'espace, un équilibre entre les pleins et les bosses.
BIBLIOGR. : In : *Diction. biogr. illustré des Artistes en Belgique depuis 1830*, Arto, Bruxelles, 1987.
MUSÉES : BACHYNÉ – BRUXELLES – DÜSSELDORF – FAENZA – GAND – OSTENDE – PRAGUE – ROTTERDAM – ZURICH – ZWOLLE.

DIONYSICLES
Actif à Milet. Antiquité grecque.
Sculpteur.
Il fit la statue d'un nommé Démocrate de Ténédos.

DIONYSIOS I
Ve siècle avant J.-C. Argien, vivant en 476 avant Jésus-Christ. Antiquité grecque.
Sculpteur.
Il fit, à Olympie, une série de statues de bronze consacrées par le tyran de Rhégium, Sincythus, tuteur des enfants d'Anaxilas.

DIONYSIOS II
IVe siècle avant J.-C. Actif vers le IVe siècle avant Jésus-Christ. Antiquité grecque.
Sculpteur.
Son père se nommait Astios. On a retrouvé la signature de cet artiste sur un socle de statue à Chios.

DIONYSIOS III
Né en Béotie. IIIe siècle avant J.-C. Antiquité grecque.
Sculpteur.
Il était le fils d'un certain Ariston et fut sans doute le père des sculpteurs Agatharcos et Ariston. On a retrouvé à Amphiarion, près d'Oropos, les socles signés de deux statues qu'il exécuta et qui étaient des portraits.

DIONYSIOS IV
IIe siècle avant J.-C. Actif à Athènes. Antiquité grecque.
Sculpteur.
Il était fils de Timarchides et frère du sculpteur Polykles. Avec son frère il collabora aux constructions romaines de Metellus Macedonicus comme le temple de Juno Regina où il exécuta une statue de la déesse.

DIONYSIOS V
Né à Athènes. Ier siècle. Antiquité grecque.
Sculpteur.
Il exécuta à Olympie une statue représentant sans doute Agrippine et dont le socle est signé.

DIONYSIOS VI ou **Dyonisius**
Né à Colophon d'Ionie. Ve siècle avant J.-C. Actif à Colophon en 412 avant J.-C. Antiquité grecque.
Peintre d'histoire.
Il passait dans l'antiquité pour l'un des premiers grands peintres grecques par la qualité de sa production. Malheureusement nous ne connaissons aujourd'hui rien de sa vie ni de son œuvre qu'il est même difficile de caractériser à travers les témoignages contradictoires des historiens antiques.

DIONYSIOS VII Thrax
IIIe siècle avant J.-C. Actif vers 200 avant Jésus-Christ. Antiquité grecque.
Peintre.
Il exécuta un portrait de son maître le grammairien Aristarque. Il était un grammairien célèbre.

DIONYSIOS VIII
Ier siècle avant J.-C. Actif à Rome. Antiquité romaine.
Peintre de portraits.
Peut-être cet artiste était-il d'origine grecque.

DIONYSIOS de Phurna
XVIIIe siècle. Grec.
Peintre.
Il était moine et décora le couvent du Mont Athos.

DIONYSODOROS I
Ve siècle avant J.-C. Antiquité grecque.
Sculpteur et orfèvre.
Pline l'indique comme élève de Critios.

DIONYSODOROS II
IIe siècle avant J.-C. Athénien, vivant au IIe siècle avant Jésus-Christ. Antiquité grecque.
Sculpteur.
Il fit, avec ses frères Adamas et Moschion, une statue d'Isis, à Délos, qui, actuellement, fait partie d'une collection à Venise.

DIONYSODOROS III
Né à Colophon. Antiquité grecque.
Peintre.
Pline cite son nom sans indiquer l'époque à laquelle il vécut.

DIONYSOS
XVe-XVIe siècles. Travaillant à la fin du XVe et au début du XVIe siècle. Grec.
Peintre.
Bien qu'il soit d'origine grecque, il a surtout peint en Russie, en compagnie de ses fils Feodossi et Vladimir. Ensemble, ils ont travaillé à la décoration de l'église du couvent du *Bienheureux Thérapon*. Leurs fresques présentent des figures allongées, des architectures d'un rose soutenu, qui se détachent sur des fonds bleu canard.

DIOPEITHES
Ve siècle avant J.-C. Antiquité grecque.
Sculpteur.
On a retrouvé un socle signé de ce nom à l'Acropole d'Athènes.

DIORD Jean François
Né en 1955 à Bruxelles. XXe siècle. Belge.
Sculpteur. Abstrait.
Il a fait ses études sous la direction de M. Guyaux et de J. Moeschal à l'Académie Royale des Beaux-Arts de Bruxelles. À côté de ses sculptures, il a également réalisé des bijoux.
Il pratique un art abstrait, pur, rigoureux et oriente ses recherches dans le domaine des matières plastiques.
BIBLIOGR. : In : *Diction. biogr. illustré des Artistes en Belgique depuis 1830*, Arto, Bruxelles, 1987.

DIORES
Antiquité grecque.
Peintre.
Cet artiste cité par Varron doit peut-être être identifié avec Dionysius de Colophon.

DIORI del Spadino
XVIe siècle. Italien.
Peintre.
Le Musée de Rochefort conserve de lui : *Petit saladier rempli de fleurs*.

DIOS, de. Voir au prénom

DIOSCORO
Peintre de genre.
Le Musée de Cardiff conserve de lui : *La danse*.

DIOSCOURIDÈS DE SAMOS
Ier siècle avant J.-C. Actif à la fin de la période hellénistique, sans doute vers le Ier siècle avant J.-C. Antiquité gréco-romaine.
Mosaïste.
Cet artiste a signé deux mosaïques dans la maison dite de Cicéron à Pompéi : *Les musiciens ambulants* et *La consultation de la magicienne*. Le raffinement de ces deux petites œuvres, et surtout de la première, fait penser soit que l'artiste était grec, soit qu'il était campanien, mais qu'il avait copié une peinture grecque très célèbre. On penche plutôt pour la seconde solution

puisque une peinture, beaucoup moins habile, découverte à Stabies, reproduit ce thème des musiciens. Dioscouridès a réussi une gradation savante des tons, permettant de rapprocher son œuvre de celle du mosaïste qui exécuta la *Bataille d'Alexandre*.

DIOSEBIO. Voir **EUSEBIO da San Giorgio**

DIOSI Ernest Charles
Né le 4 avril 1881 à Paris. xxe siècle. Français.
Sculpteur de bustes et de monuments.
Élève de Barrias et de J. Coutan, il a participé au Salon des Artistes Français depuis 1908, obtenant une médaille d'or en 1926. A l'Exposition Universelle de Paris en 1937, il obtint la médaille d'argent.
Ventes Publiques : Paris, 17 fév. 1980 : *Trophée motocycliste du Tourist Trophy français gagné par Bernard*, bronze : **FRF 11 000** – Paris, 14 nov. 1982 : *Trophée Gilardoni* 1926, plaque de bronze (59x110) : **FRF 20 000**.

DIOSZEGI Petrus
xviie siècle. Actif à Klausenburg. Allemand.
Sculpteur.
Le Musée de Klausenburg possède de cet artiste un tombeau qui se trouvait originellement à l'église de Grossteremi et fut exécuté en 1632.

DIOT
xviie-xviiie siècles. Français.
Sculpteur sur bois.
Il travailla à la chapelle du château de Versailles entre 1604 et 1610.

DIOT Alain
Né en 1945 à Epinac-les-Mines (Saône-et-Loire). xxe siècle. Français.
Peintre.
Il participe à des expositions collectives : 1988 musée Cantini de Marseille ; 1993 Piermont (New York) ; 1994 artothèque d'Antonin Artaud à Marseille ; 1996 Villa Tamaris à La Seyne. Il montre ses œuvres dans des expositions personnelles : 1980 musée de Toulon ; 1989, 1997 fondation Cartier pour l'art contemporain à Jouy-en-Josas ; 1992 galerie municipale de Fréjus ; 1993 Blue Hill Cultural Center de New York ; 1997 fondation Cartier pour l'art contemporain à Paris.
Entre 1977 et 1979, il s'est astreint à dessiner et à peindre un tas de pommes de terre posé sur une table ; pour ce faire, il utilisa diverses techniques, la mine de plomb, le lavis, la pierre noire, puis la sanguine, le pastel, la gouache. Par la suite, la démarche d'Alain Diot devient plus gestuelle ; il utilise également le découpage et le collage, privilégiant les compositions complexes. Dans les années quatre-vingt-dix, il impose au spectateur un travail visuel pour appréhender son œuvre minutieuse : dans l'espace en apparence abstrait du tableau (de grand format), entre le blanc et le gris, rythmé de formes organiques, émergent des figures anonymes enlacées.
Bibliogr. : In : Catal de l'exposition *L'art moderne à Marseille : la collection du Musée Cantini*, juil.-sep. 1988.
Musées : Marseille (Mus. Cantini) : *Sans titre* 1985, acryl. noir et blanc/pap. (157x117).

DIOT Charles Marie François
Né le 25 septembre 1766 à Orléans. Mort le 5 août 1832 à Paris. xviiie-xixe siècles. Français.
Peintre et dessinateur.

DIOTALLEVI Marcello
Né en 1942 à Fano (province d'Ancône). xxe siècle. Italien.
Peintre, aquarelliste, pastelliste, dessinateur, créateur de livres-objets, technique mixte, multimédia. Polymorphe, lettres et signes, « mail art ».
Jusqu'à l'âge de vingt ans, il suivit une formation d'électronicien. En 1965, il entra dans la section de restauration des mosaïques au Vatican, avant de se consacrer totalement à la peinture.
Il participe à de nombreuses expositions collectives et expose surtout individuellement.
Ses premières peintures par petites touches se référaient au néo-impressionnisme ; elles privilégièrent ensuite la ligne et la déformation dans un esprit expressionniste. À partir de 1974, il a une activité extrêmement protéiforme et extravertie, dont les différents aspects restent en général liés à la création d'images, figuratives, d'une lecture simple et quasi naïves ou abstraites, sortes de cerfs-volants aux tendres couleurs. Toute cette activité débordante se résoud en une production de témoignages visuels, teintés de conceptuel, porteurs d'intentions parfois énigmatiques plus souvent simplistes.

DIOTALLEVI di Angeluccio da Esanatoglia
xive siècle. Italien.
Peintre.
Il exécuta des fresques en 1372 à la cathédrale de Saint-Severino.

DIOTALLEVO d'Urbino
xvie siècle. Actif à Urbin et à Turin. Italien.
Sculpteur.
Il travailla, en particulier, au Palais ducal d'Urbin.

DIOTISALVI di Speme
xiiie siècle. Italien.
Peintre de miniatures.
Contemporain de Duccio, il peignit des miniatures à Sienne, à partir de 1259, dont plusieurs sont conservées dans l'académie de cette ville. Il exécuta aussi des peintures plus importantes, parmi lesquelles une *Madone* qui se trouve à Servi et porte la date de 1281. Il est cité dans une charte de 1227 sous le nom de Diotisalvi del Maester Guido, ce qui l'a fait donner pour élève à Guido de Sienna. En 1256, il était un des vingt-quatre magistrats de la ville de Sienne. Il vivait encore en 1291 à Sienne.

DIOTTI Giuseppe
Né en 1779 à Casalmaggiore. Mort le 30 janvier 1846 à Bergame. xviiie-xixe siècles. Italien.
Peintre d'histoire, scènes religieuses, portraits, fresquiste.
Élève de l'Académie de Parme, il eut, à Rome, Cammuccini comme maître. Peintre d'histoire, il exécuta des œuvres à l'huile aussi bien qu'à fresques. Il fut professeur à l'Académie de Carrare et à celle de Bergame, dans cette ville.
Musées : Bergame (Acad. Carrara) : *La Condamnation d'Antigone – La Bénédiction de Jacob* – Florence (Gal. Nat.) : *Portrait du peintre* – Vienne : *Le Baiser de Judas*.
Ventes Publiques : Milan, 26 mai 1977 : *La Fuite en Égypte*, h/t (30,5x38) : **ITL 1 600 000** – Milan, 12 déc. 1985 : *La Fuite en Égypte*, h/t (30,5x38,5) : **ITL 4 000 000** – Milan, 16-21 nov. 1996 : *Portrait d'une dame de qualité*, h/t (46x37) : **ITL 9 902 000**.

DI PINGZI ou **Ti P'ing-Tseu,** ou **Ti P'ing-Tzu**
xxe siècle. Chinois.
Peintre. Traditionnel.
Dans les années 1930-40, il travaillait dans la région de Shangai, Suzhou, Hangzhou.
Disciple de Wu Changshi, il fait une peinture traditionnelle, délibérément archaïque.

DIPOINOS
vie siècle avant J.-C. Crétois, vivant sans doute en 580 avant Jésus-Christ. Antiquité grecque.
Sculpteur.
Selon Pline, lui et Scyllis, également crétois, furent les premiers sculpteurs de marbre. Partis à Sicyone, ils y firent les statues d'Hercule, de Minerve, de Diane et d'Apollon. Dipoinos faisait aussi des œuvres d'or et d'ivoire. Il y en avait à Cléonès, Argos et Ambracie.

DIPOLINI Francesco d'Antonio
Né à Salo (sur le lac de Garde). xvie siècle. Italien.
Peintre.
En 1568, il vivait à Venise.

DIPPELL Harriet
Née à Wiborg (Finlande). xxe siècle. Finlandaise.
Peintre de scènes de genre.
Elle a participé au Salon des Artistes Français et à celui des Artistes Indépendants à Paris, de 1928 à 1932.
Elle a peint des scènes de la vie paysanne en Finlande.

DIPRE. Voir **NICOLAS d'Ypres**

DIRANIAN Sarkis ou **Diraniny**
Né vers 1860 à Constantinople, de parents arméniens. xixe-xxe siècles. Actif en France. Turc.
Peintre de genre, portraits, paysages.
Élève de Guillemet à Istanbul, puis de Gérome à Paris, il obtint une mention honorable au Salon de Paris en 1892 et une autre, à l'Exposition Universelle de 1900. Il se fixa à Paris.
Ses élégants portraits, comme ses paysages sont peints avec sobriété et économie de tons.
Bibliogr. : Gérald Schurr, in : *Les Petits Maîtres de la peinture 1820-1920, valeur de demain*, Les Éditions de l'Amateur, t. IV, Paris, 1979.

Ventes Publiques : New York, 12-13 mars 1903 : *Tête idéalisée* : **USD 180** – New York, 18-19 fév. 1904 : *Arrangement de fleurs* : **USD 160** – New York, 12-13 jan. 1905 : *Tête idéale* : **USD 380** – Paris, 29 jan. 1931 : *Bords de rivière, matinée d'été* : **FRF 80** – Bruxelles, 25 fév. 1981 : *Nu couché* 1890, h/t (50x80) : **BEF 26 000** – New York, 26 fév. 1982 : *Jeune fille aux lilas*, h/t (73,7x56) : **USD 2 200** – Londres, 27 nov. 1984 : *Le Bain turc*, h/t (125x186) : **GBP 20 000** – Monte-Carlo, 21 juin 1987 : *Nu couché*, h/t (49x80) : **FRF 20 000** – Bruxelles, 19 déc. 1989 : *Vue d'une plage*, h/t (39x49) : **BEF 230 000** – Londres, 11 mai 1990 : *Le café devant la cheminée*, h/pan. (66x47) : **GBP 3 080** – Londres, 27 oct. 1993 : *Bergère dans un champ*, h/t (31,5x46) : **GBP 1 150** – Londres, 14 juin 1995 : *Jolie jeune femme aux coquelicots*, h/t (61,5x50,5) : **GBP 4 830**.

DIRAT Gustave
XIXe siècle. Français.
Peintre de portraits.
Il exposa au Salon de Paris en 1831 et 1848.

DIRCK ou **Diderik**
XVe siècle. Actif à Delft. Hollandais.
Peintre.
Il exécuta une peinture pour l'église Sainte-Ursule en 1428 représentant *Saint Christophe*.

DIRCK
XVe siècle. Actif à Anvers vers 1453. Éc. flamande.
Enlumineur.

DIRCK
XVe siècle. Actif à Amsterdam vers 1408. Hollandais.
Peintre.

DIRCK ou **Dyrick** ou **Deryck de Saint-Omer**
XVIe siècle. Éc. flamande.
Peintre.
Il est mentionné sur les livres de comptes de l'abbaye de Saint-Omer, en 1528 et 1530.

DIRCK Van den
XVIIe siècle. Actif à la fin du XVIIe siècle. Hollandais.
Peintre paysagiste.
Cité par Mireur.
Ventes Publiques : Paris, 1821 : *Une paysanne trayant une vache*, d'après Berghem : **FRF 71**.

DIRCK Van Haerlem. Voir **HAERLEM**

DIRCK JACOBSZ Van Amsterdam. Voir **JACOBSZ Dirck**

DIRCKINCK-HOLMFELD Helmuth Emanuel Edwin Bernhard
Né le 7 juillet 1835 à Schwarzenbeck (duché de Lauenbourg). XIXe siècle. Danois.
Peintre de genre, paysages.
Élève en Danemark, en partie à Roskilde, où habitait son père, en partie à l'Académie de Soro, il étudia à l'Académie des Beaux-Arts de Copenhague de 1855 à 1860, travaillant parallèlement la peinture de figures avec Marstens. Il séjourna de 1863 à 1874 à l'étranger, où il travailla à Karlsruhe sous la direction du paysagiste norvégien Gude. Il débuta comme exposant en 1858, et fut lauréat du prix Neuhausen en 1861 avec *Jeune fille jouant du tambourin*, et en 1877 avec *Paysage près de Svendborgsund*. Sa dernière exposition eut lieu à Copenhague en 1886.
Après s'être consacré principalement à la peinture de genre, il privilégia la peinture de paysages.
Ventes Publiques : Copenhague, 25-26 avr. 1990 : *Paysage hollandais avec un fleuve* 1873, h/t (42x69) : **DKK 5 800**.

DIRCKK Anton
XIXe siècle. Hollandais.
Peintre de paysages, de genre et de marines.
Ventes Publiques : Amsterdam, 15-16 oct. 1907 : *Deux figures et une charrette à côté d'un bateau de pêche sur la plage* : **NLG 50**.

DIRCKS Auguste
Né le 10 décembre 1806 à Emden. Mort le 25 novembre 1871 à Düsseldorf. XIXe siècle. Allemand.
Peintre de genre, lithographe.
Il fut élève de l'Académie de Düsseldorf.
Ventes Publiques : New York, 21 mai 1986 : *Pouvoir de la musique*, h/t (49,5x66,7) : **USD 4 500**.

DIRCKSZ Adriaen ou **Diercx**
XVIe siècle. Actif à Anvers dans la première moitié du XVIe siècle. Éc. flamande.
Peintre.

DIRCKSZ Adriaen ou **Diercx**
XVIIe siècle. Actif à Anvers vers 1630. Éc. flamande.
Peintre.
Il fut élève de Gabriel Franken.

DIRCKSZ Angela Maria
XVIIe siècle. Active à Anvers vers 1632. Éc. flamande.
Peintre.
Elle mourut, semble-t-il, vers 1678.

DIRCKSZ Antonius
XVIIe siècle. Actif à Anvers vers 1660. Éc. flamande.
Sculpteur.

DIRCKSZ Barend, dit **Doove Barend**
XVIe siècle. Actif à Amsterdam. Hollandais.
Peintre.
Van Mander le considérait au début du XVIIe siècle comme un « assez bon peintre ». Comparer avec les BARENDSZ (Dirk) d'Amsterdam.
Ventes Publiques : Londres, 27 mars 1946 : *Projets pour les bas-côtés d'un autel*, cr. et lav. : **GBP 16**.

DIRCKSZ David
XVIIe siècle. Actif à Amsterdam vers 1609. Hollandais.
Peintre.
Il fut élève de Cornelis Ketel.

DIRCKSZ Huybrecht
XVIe-XVIIe siècles. Actif à Anvers. Éc. flamande.
Peintre.

DIRCKSZ Jan
XVIIe siècle. Actif à Anvers à partir de 1651. Éc. flamande.
Sculpteur.

DIRCKSZ Jan
XVIIe siècle. Actif à Anvers vers 1650. Éc. flamande.
Peintre.

DIRCKSZ Jehan, appelé aussi **Dieric Zone**
XVe siècle. Actif à Zierikzee vers 1426. Hollandais.
Peintre.

DIRCKSZ Laurent
XVe siècle. Actif à Malines en 1479. Éc. flamande.
Peintre.

DIRCKSZ Lucas
XVIIIe siècle. Actif à Amsterdam en 1713. Hollandais.
Peintre.

DIRCKSZ Pauwels ou **Diericxsen**
Mort vers 1658 à Anvers. XVIIe siècle. Éc. flamande.
Sculpteur.
Il était dès 1612 élève d'Adriaen Dembri.

DIRCKSZ Peeter ou **Diricxsen**
XVIIe siècle. Actif à Anvers à la fin du XVIIe siècle. Éc. flamande.
Peintre.

DIRCKSZ Pieter ou **Dyrkes**
XVIe siècle. Hollandais.
Sculpteur.
Il exécuta en 1574 un tombeau à la cathédrale de Brême.

DIRCKSZ Pieter ou **Diericxsen**
XVIIe siècle. Hollandais.
Peintre.
Il fut élève de M. Mierevelt ; en 1610, il appartenait à la gilde de Dordrecht.

DIRCKSZ Ulrich ou **Dierckzoon**
Né à Woerden. XVIIe siècle. Hollandais.
Peintre.
En 1618, il vivait à Leuwarden.

DIRCKSZ Willem
XVIe siècle. Actif à Haarlem au début du XVIe siècle. Hollandais.
Peintre verrier.
Il travailla en 1522 pour une église à Enkhuysen.

DIRCKX Antonius Bernardus
Né en 1878 à Rotterdam. Mort en 1927 à La Haye. XXe siècle. Hollandais.
Peintre de paysages.
Il a peint surtout en Hollande, des paysages ruraux et des vues de villes. Il a aussi travaillé sur la côte méditerranéenne italienne.

Ventes Publiques : Amsterdam, 28 fév. 1989 : *Rotterdam avec l'église St Laurent au fond*, h/t (72x101) : **NLG 1 840** – Amsterdam, 2 mai 1990 : *Paysage de rivière*, h/t (75x125) : **NLG 2 760** – Amsterdam, 5-6 fév. 1991 : *Vue d'Alassion sur la riviera italienne*, h/t (60,5x80,5) : **NLG 1 035** – Amsterdam, 23 avr. 1991 : *Paysage hollandais*, h/t (73x99) : **NLG 2 415** – Amsterdam, 14-15 avr. 1992 : *Vue de la « tour des pleureuses » à Amsterdam depuis le Y*, h/t (46,5x69) : **NLG 2 300** – Amsterdam, 24 sep. 1992 : *Paysans dans un champ de tulipes*, h/t (23,5x33) : **NLG 2 300** – Amsterdam, 19 oct. 1993 : *Un cargo amarré dans le port de Rotterdam parmi d'autres embarcations*, h/t (45,5x60,5) : **NLG 1 380** – Amsterdam, 7 nov. 1995 : *Troupeau de moutons*, aquar. (32x49) : **NLG 3 304**.

DIRCSKIN
XVe siècle. Actif vers 1408.
Peintre.

DIRICKS
Mort le 29 avril 1710 à Hambourg. XVIIe-XVIIIe siècles. Allemand.
Peintre.
Il était maître peintre depuis 1681.

DIRICKS Christian ou **Dirickse**n
XVIIe siècle. Actif à Hambourg vers 1670. Allemand.
Peintre et graveur.
On connaît de lui une estampe datée de 1672.

DIRICKS Dirk ou **Dietrichsen**
Né en 1613 à Hambourg. Mort le 11 mai 1653 à Hambourg. XVIIe siècle. Allemand.
Graveur.
Il était le fils de Jan et fut son élève. Établi d'abord près de son père à Copenhague, il retourna par la suite dans sa ville natale. Il grava surtout des portraits.

DIRICKS Jan ou **Derkcsen Van Campen**
XVIIe siècle. Danois.
Peintre et graveur en taille-douce.
Il vécut en partie à Hambourg, en partie à Copenhague. Il a gravé en 1611 une grande vue de Copenhague en deux feuilles, d'après une peinture de Jah. Van Wick. Drugulin mentionne un portrait du médecin et alchimiste Henri Khunrath (1560-1605), fait en 1602. Il fut le père de Dirk.

DIRICKSZ Symond
XVIe-XVIIe siècles. Actif à Dordrecht. Hollandais.
Peintre verrier.
Il travailla pour l'église d'Edam en 1616.

DIRICXSEN. Voir **DIRCKSZ**

DIRIGY Ulrich
XVIIe siècle. Actif à Brno en 1668. Tchécoslovaque.
Peintre.

DIRIKS Carl Edvard
Né le 9 juin 1855 à Oslo. Mort le 17 mars 1930 à Oslo. XIXe-XXe siècles. Norvégien.
Peintre de portraits, paysages animés, paysages, marines, intérieurs.
Après des études d'architecture, il devint élève à Weimar de Th. Hagen. Il vécut à Paris dans les premières années du vingtième siècle, mêlé de très près à la vie des plus jeunes artistes autant qu'à celle des poètes. Sociétaire du Salon d'Automne, il exposait aussi régulièrement au Salon des Indépendants ; il fut invité au Salon des Tuileries. À la Rétrospective des Indépendants il présentait : *Jardin du Luxembourg, Gretz-sur-Loing, Paysage d'Ile-de-France, Collioure, Intérieur.* On cite un curieux portrait du philosophe *Mecistas Golberg*. Il fut fait officier de la Légion d'honneur. Il était parent d'Edvard Munch. Sa femme, Anna Diriks, composa une imagerie inspirée des *Ballades françaises* de Paul Fort.
Prolongeant en quelque sorte l'impressionnisme dans le temps du fauvisme, il a peint surtout des paysages d'Ile-de-France et du Roussillon.

Ventes Publiques : Paris, 27 nov. 1919 : *Sur la falaise* : **FRF 320** – Paris, 14 avr. 1923 : *Femme arrosant des fleurs* : **FRF 110** – Paris, 30 mai 1923 : *Iles Lofoden* : **FRF 40** – Paris, 5 juin 1923 : *Le Chalet au bord de la mer* : **FRF 380** – Paris, 14 mai 1925 : *Paysage de Norvège, en été* : **FRF 85** ; *Les Iles Lofoden* : **FRF 80** – Paris, 7 mai 1926 : *Le Fjord en hiver* : **FRF 60** ; *Les Pins sous la neige* : **FRF 220** – Paris, 9 juin 1927 : *L'Entrée du port par gros temps* : **FRF 800** – Paris, 3 mai 1930 : *Voilier en pleine mer* : **FRF 510** ; *La Tempête* : **FRF 420** – Paris, 23 avr. 1937 : *L'ancêtre* ; *Neige et sapins dans les montagnes en Norvège* : **FRF 350** – Paris, 14 mai 1943 : *Marine* : **FRF 1 000** – Paris, 15 juin 1945 : *Aux champs* 1906 : **FRF 2 100** – Paris, 14 fév. 1947 : *Barques de pêche* : **FRF 1 800** – Paris, 28 juin 1968 : *Paysage fauve* : **FRF 10 000** – Paris, 24 nov. 1974 : *La Plaine* 1900 : **FRF 6 100** – Versailles, 25 oct. 1976 : *Ruelle animée à Collioure*, h/t : **FRF 5 000** – Zurich, 12 mai 1977 : *Voilier en Norvège* 1912, h/cart. (80x120) : **CHF 13 000** – Zurich, 24 oct. 1979 : *Après l'orage*, h/t (40x53) : **CHF 4 200** – Paris, 7 nov. 1982 : *Bord de mer*, h/t (78x126) : **FRF 13 000** – Londres, 23 oct. 1985 : *Le Jour de l'Armistice* 1918, h/t (60x72,5) : **GBP 3 500** – Versailles, 25 sep. 1988 : *Automne en Ile-de-France* 1913, h/cart. (20x45) : **FRF 6 200** – Paris, 19 juin 1989 : *Le Ponton de Droebak, Norvège*, h/t (80x125) : **FRF 38 000** – Copenhague, 8 fév. 1995 : *Scène de moisson*, h/t (60x73) : **DKK 7 500** – Paris, 13 nov. 1996 : *Après l'orage* 1904, h/t (60x73) : **FRF 86 000**.

DIRIKS Dyre
Né le 7 janvier 1894 à Oslo. Mort le 1er août 1976 à Antibes. XXe siècle. Actif en France. Norvégien.
Peintre. Tendance fantastique.
Fils du peintre Edvard Diriks, il vécut à Paris de 1903 à 1970, étant médecin des Ambassades des Pays scandinaves de 1925 à 1970. A cette date il quitta Paris pour Antibes où il mourut. Il ne se mit à peindre qu'en 1932, participant au Salon d'Automne dont il devint sociétaire, au Salon des Tuileries et à divers autres groupements. Il était chevalier de la Légion d'honneur depuis 1952.
Sa peinture est souvent imprégnée d'un caractère onirique, ce qui l'a fait dénommer : « peintre figuratif de l'irréel ». Sa parenté avec Edvard Munch, dont il était cousin germain, n'est peut-être pas étrangère à son style.
Ventes Publiques : Paris, oct. 1945-jul.1946 : *La Vierge gothique* : **FRF 2 500**.

DIRIKS Jan. Voir **DIRICKS**

DIRINGER Eugène Henri
Né au XXe siècle à Strasbourg (Bas-Rhin). XXe siècle. Français.
Sculpteur.
On cite de cet artiste une *Tête de Christ* ; il a aussi sculpté des animaux. Exposant du Salon des Artistes Français.

DIRKS Andreas
Né le 17 juin 1866 dans l'île de Sylt. Mort en 1922 à Düsseldorf. XIXe-XXe siècles. Allemand.
Peintre de marines.
Ce peintre, très fortement influencé par l'école impressionniste française, fut à Weimar l'élève de Th. Hagen. Il travailla à Düsseldorf.
Musées : Weimar : *Marine.*
Ventes Publiques : Cologne, 12 nov. 1976 : *Barques de pêche au soleil couchant*, h/t (78x95) : **DEM 6 500** – Paris, 21 mars 1980 : *Village de pêcheurs*, h/t (65x95) : **DEM 9 000** – Cologne, 18 mars 1983 : *Retour de pêche*, h/t (77x95,5) : **DEM 6 000** – Cologne, 20 oct. 1989 : *Marine*, h/t (64,5x100) : **DEM 5 000** – Cologne, 28 juin 1991 : *Marine*, h/t (45,5x67) : **DEM 2 400** – Munich, 6 déc. 1994 : *Voilier sur la mer agitée*, h/t (80x120,5) : **DEM 4 830**.

DIRKSEN D.
XIXe siècle. Hollandais.
Graveur.

DIRKSZEN Felipe ou **Deriksen**
XVIIe siècle. Éc. flamande.
Peintre.
Élève d'Otto Venius ; travailla probablement à Tolède et, en 1627, à Madrid, où il succéda, comme peintre de la cour, à B. Gonzales. On cite de lui, notamment, un portrait de l'Infante Marie, sœur de Philippe IV, plus tard impératrice d'Allemagne.

DIRKX Arthur Théo
Né en 1896 à Berchem (Anvers). Mort le 11 septembre 1967 à Ixelles. XXe siècle. Belge.
Peintre de portraits, paysages, natures mortes, aquarelliste.
Il fut élève de H. Ottervaere à l'École des Beaux-Arts de St-Josse-Ten-Noode. Il était aussi musicien.
Bibliogr. : In : *Diction. biogr. illustré des Artistes en Belgique depuis 1830*, Arto, Bruxelles, 1987.
Musées : Schaerbeek.

DIRMER-SEVRIN Jeanne
Née à Chatou (Yvelines). XXe siècle. Française.
Graveur à l'eau-forte.
Elle a participé au Salon des Artistes Français dont elle est devenue sociétaire, obtenant une troisième médaille en 1904 et une deuxième médaille en 1908.

DIRNBACHER Franz
XIXe siècle. Actif à Vienne au début du XIXe siècle. Autrichien.
Peintre de miniatures et graveur.
On lui doit surtout des reproductions de tableaux de maîtres et des portraits.

DIRR Anton Johann Georg
Né en 1723. Mort en 1779. XVIIIe siècle. Suisse.
Sculpteur.
Il fournit des figures pour l'église du monastère de Saint-Gall entre 1770 et 1772, et un dessin pour un ouvrage de Joseph Mayer, en 1772. Il travailla également à Ueberlingen.
Ventes Publiques : Munich, 4 juin 1981 : *Projets d'autels*, pl. et aquar./pap., deux dessins (46x16 et 46x17,5) : **DEM 6 000**.

DIRR Caspar
XVIIe siècle. Actif à Weilheim (Wurtemberg) vers 1620. Allemand.
Sculpteur.

DIRR Philipp
XVIIe siècle. Actif à Weilheim (Wurtemberg) vers 1620. Allemand.
Sculpteur.

DIRVEN Jan
Mort en 1653 à Anvers. XVIIe siècle. Éc. flamande.
Peintre.
Cet artiste fut l'élève de Rombout Meesens vers 1632. On lui doit surtout des paysages et des natures mortes.
Musées : Düsseldorf : *Deux études de poissons* – Stockholm : *Poissons morts*.

DIRY Léonard ou **Thiry**. Voir **THIRY**

DIS Manoel
Né à San Sébastien (Brésil). XIXe siècle. Actif à Rio de Janeiro au début du XIXe siècle. Argentin.
Peintre d'histoire.
Élève de Cavalucci à Rome jusqu'à la fin du XVIIIe siècle. Rentré dans l'Amérique du Sud, il devint professeur de dessin à Rio de Janeiro.

DIS Pierrat de Jean
XIVe siècle. Actif à Tournai vers 1366. Éc. flamande.
Peintre.

DISBECQ Julien
Né au XVIIIe siècle à Ath. XVIIIe siècle. Éc. flamande.
Peintre de portraits.
Il vint s'établir à Bruxelles vers 1734 et fut reçu à cette date membre de la gilde des peintres.

DISCALZI
XVIe siècle. Active à Modène. Italienne.
Sculpteur.
Elle était la fille de Pellegrina.

DISCALZI Pellegrina
Morte vers 1515 en France. XVIe siècle. Active à Modène. Italienne.
Sculpteur.
Elle était la femme de Guido Mazzoni.

DISCANNO Geremia
Né le 20 mai 1840 à Barletta (Pouilles). Mort le 14 janvier 1907 à Naples. XIXe siècle. Italien.
Peintre de genre.
Vint à Naples en 1860 et y fit ses études à l'Instituto di Belle Arti. Se perfectionna à Florence avec l'aide d'une pension de sa province. Se consacra à la peinture de scènes de la Rome antique.

DISCART Jean B.
XIXe siècle. Français.
Peintre de genre, figures.
Cet artiste a peint des sujets de genre empruntés au Maroc. Il exposa au Salon de Paris à partir de 1884.
Ventes Publiques : Londres, 12 fév. 1910 : *Le Marchand* : **GBP 27** – Londres, 5 mars 1910 : *Un cordonnier* : **GBP 60** – Londres, 11 mai 1925 : *Buveurs de café à Tanger* : **GBP 48** – Londres, 3 mai 1935 : *Marché à Tanger* : **GBP 50** – Londres, 24 mai 1946 : *Peintre de poteries à Tanger* : **GBP 141** – New York, 25 avr. 1968 : *Berbère faisant la cuisine* : **USD 1 400** – Londres, 3 nov. 1977 : *Le Marchand d'eau aveugle*, h/pan. (21x15,2) : **GBP 750** – Londres, 26 nov. 1985 : *Le Marchand de café*, h/pan. (26x35,5) : **GBP 20 000** – New York, 24 oct. 1989 : *Dans le harem*, h/t (115x61) : **USD 18 700**.

DISCEPOLI Giovanni Battista, dit **il Zoppo da Lugano**
Né en 1590 à Castagnola. Mort en 1660 à Milan. XVIIe siècle. Éc. milanaise.
Peintre de compositions religieuses.
On l'appelait Zoppo di Lugano parce qu'il était boiteux. Imitateur et élève de C. Procaccini, il mêla plusieurs styles à celui de son maître.
Son coloris est vigoureux et vrai. Ce fut un peintre naturaliste, car il chercha plutôt à imiter la nature que de créer le beau idéal.
Musées : Côme (église de Sainte-Thérèse) : *Sainte Thérèse* – Milan (église de San Carlo) : *Un Purgatoire*.
Ventes Publiques : Cologne, 5-6 oct. 1894 : *Golgotha* : **DEM 30** – Rome, 13 déc. 1988 : *L'Adoration des bergers*, h/t (59x45,5) : **FRF 3 000 000** – Milan, 4 avr. 1989 : *Sainte Mathilde de Saxe offrant sa couronne à la Vierge*, h/t (111x87) : **ITL 32 000 000** – New York, 11 avr. 1991 : *Sainte Catherine*, h/t (80x65,5) : **USD 7 150**.

DISCHLER Hermann
Né le 25 septembre 1866 à Fribourg-en-Brisgau (Bade-Wurtemberg). Mort en 1935 à Hinterzarten. XIXe-XXe siècles. Suisse.
Peintre de paysages.
Il fit ses études à Karlsruhe, puis retourna dans sa ville natale où il peignit particulièrement des paysages de neige.
Ventes Publiques : Heidelberg, 3 avr. 1993 : *Pigeonnier* 1903, h/t (33x45) : **DEM 3 700** – Heidelberg, 5-13 avr. 1994 : *Belle maison rustique près de Hinterzarten* 1917, h/t (40,5x50,5) : **DEM 5 200** – Heidelberg, 8 avr. 1995 : *Ferme isolée en Suisse* 1925, h/t (63x104) : **DEM 9 200**.

DISCOVOLO Antonio
Né en 1876 à Bologne. XXe siècle. Italien.
Peintre de paysages et de marines. Néo-impressionniste.
Il fit ses études à Rome, puis s'établit à Manarola.
Il fut l'un des représentants de l'école divisionniste italienne.
Ventes Publiques : Milan, 10 nov. 1982 : *La Cour de ferme*, h/isor. (95x98) : **ITL 4 800 000** – Milan, 23 oct. 1996 : *Nocturne* 1938, h./contre-plaqué (164x132) : **ITL 30 290 000**.

DISEGNA Angelo
XVIe siècle. Actif à Bologne à la fin du XVIe siècle. Italien.
Peintre.

DISEN Andreas Edvard
Né le 4 août 1845 à Modum. XIXe siècle. Norvégien.
Peintre de paysages.
Il fit ses études successivement à Oslo et à Karlsruhe, puis il retourna dans son pays dont il représenta les différentes régions dans un grand nombre de tableaux. Il exposa dans tous les pays scandinaves, à Vienne et à Paris.

DISKA Patricia
Née le 27 mai 1924 à New York. XXe siècle. Américaine.
Sculpteur. Abstrait.
C'est au cours d'un séjour à Paris en 1947 qu'elle s'est sentie attirée par l'expression plastique et est entrée à l'Académie Julian. Elle a ensuite appris la taille directe avec le sculpteur Marek-Szwarc. Elle a participé à de nombreuses expositions de groupe, notamment au Salon de la Jeune Sculpture depuis 1955, au Salon des Réalités Nouvelles entre 1963 et 1989. Personnellement, elle a exposé à Paris en 1961, 1965, 1966, etc.
Après avoir travaillé la pierre, qu'elle usait comme sous l'effet de l'érosion naturelle, elle a montré des fontes de bronze ou d'aluminium, à partir de formes en polystyrène, puis des bois. Ses productions ont gagné en liberté par leur technique.
Bibliogr. : *Nouveau Diction. de la Sculpture Moderne*, Hazan, Paris, 1970.
Ventes Publiques : Paris, 28 oct. 1990 : *Candélabre n° 33*, fonte de fer poli sur socle d'ardoise (H. 60) : **FRF 6 500**.

DISLER Martin
Né en 1949 à Seewen (Solothurne). Mort le 27 août 1996 à Genève. XXe siècle. Suisse.

Peintre de compositions animées, dessinateur, sculpteur. Néo-expressionniste.
Autodidacte, il fut d'abord infirmier puis vendit des poèmes dans la rue avant de s'adonner à la peinture. Il voyagea à travers l'Europe et les États-Unis.
Il a participé à des expositions collectives, notamment à partir de 1972 à Bâle et Genève ; 1980 Biennale de Venise ; 1982 Documenta de Kassel. Il a montré ses œuvres dans des expositions personnelles : 1971, 1973 Olten ; 1972 Vienne ; 1973 Dulliken ; 1974 Dübendorf et Lucerne ; 1975 Karlsruhe et Bâle ; 1985 Arc, musée d'Art moderne de la Ville de Paris ; 1987 Kunsthaus de Munich qui lui décerne le prix du meilleur artiste suisse, etc.
Les œuvres de Martin Disler montrent des personnages à la fois hommes et femmes, sans être androgynes, corps écartelés, paysages, objets, anges et insectes dans une lumière sourde. Il recherche avant tout à donner une unité à toutes ces ambivalences, à abolir le schéma intérieur/extérieur pour faire apparaître cette même unité. Si l'image est utopie, les images de Disler sont inquiétantes par leur violence, révélée par les empâtements, les traces de brosse mais aussi les empreintes de son corps. Il a également réalisé des sculptures en bois ou à partir d'objets de récupération (bouteille, Polaroïd), d'où se dégage une certaine sensualité.

Bibliogr. : Catalogue de l'exposition : *Martin Disler*, Arc, Musée d'Art Moderne de la Ville, Paris, 1985 – Hervé Gauville : *Mort de l'artiste Disler*, Libération, Paris, 29 août 1996 – Geneviève Breerette : *Martin Disler – L'Univers expressif d'un peintre suisse*, Le Monde, Paris, 30 août 1996.
Musées : Lucerne (Kunstmuseum) – Soleure.
Ventes Publiques : New York, 9 mai 1984 : *Lever de soleil* 1982, acryl./t. (254x199,7) : **USD 9 000** – New York, 1er oct. 1985 : *Sans titre* 1982, pinceau et encre/pap. (152,4x187,9) : **USD 1 600** – New York, 8 oct. 1986 : *Sans titre* 1982, temp./pap. (157,5x152,4) : **USD 2 600** – New York, 8 oct. 1988 : *Sans titre* 1982, acryl./pap. (152,4x304,8) : **USD 6 325** – Paris, 16 oct. 1988 : *Sans titre* 1984, aquar. (31x41) : **FRF 7 500** – New York, 10 oct. 1990 : *Deux visages* 1984, fus. et gche/pap. (75x109,2) : **USD 4 675** – Paris, 26 oct. 1990 : *Sans titre*, h/t (162x292) : **FRF 80 000** – Stockholm, 5-6 déc. 1990 : *Sans titre*, acryl./pap. (160x160) : **SEK 19 000** – Amsterdam, 22 mai 1991 : *Une tête*, gche/pap. (27,5x37) : **NLG 3 220** – New York, 13 nov. 1991 : *Sans titre* 1984, acryl./t. (134,6x207) : **USD 14 300** – New York, 27 fév. 1992 : *Sans titre* 1983, h/t (205,2x346) : **USD 17 600** – Zurich, 29 avr. 1992 : *Sans titre* 1984, acryl./t. (135x207) : **CHF 33 000** – Londres, 15 oct. 1992 : *Sans titre* 1987, gche et cr. noir et encre/pap. (78,8x139,8) : **GBP 2 200** – New York, 19 nov. 1992 : *Les Masques*, h/t (259,1x195,6) : **USD 12 100** – Lucerne, 21 nov. 1992 : *Sans titre* 1984, h. (75x108) : **CHF 6 800** – Lucerne, 15 mai 1993 : *Sans titre* 1984, h/pap. (75x108) : **CHF 13 000** – Stockholm, 10-12 mai 1993 : *Sans titre*, acryl./pap. (160x160) : **SEK 21 000** – New York, 10 nov. 1993 : *Sans titre* 1984, h/t/ pan., trois parties (98x219) : **USD 9 775** – Zurich, 13 oct. 1994 : *Composition* 1980, gche/cart. (23x31,5) : **CHF 1 500** – Lucerne, 20 mai 1995 : *Tête* 1984, techn. mixte/pap. (65x50) : **CHF 3 400** – Zurich, 30 nov. 1995 : *Sans titre* 1990, bois gravé coul. (170x100) : **CHF 7 475** – Zurich, 12 nov. 1996 : *Sans titre* 1983, temp./pap. (70x50) : **CHF 1 800** ; *Mama Grottino* 1979, acryl. et encre de Chine/pap. (379x157) : **CHF 5 000** – Lucerne, 23 nov. 1996 : *Sans titre* 1981, gche/pap. (140x100) : **CHF 2 700** – Zurich, 8 avr. 1997 : *Pyramide de têtes* 1992, monotype/pap. Japon (68x49) : **CHF 3 000** – Zurich, 14 avr. 1997 : *Sans titre* 1983, h/t (125x97) : **CHF 18 975**.

DISMORR Jessica Stewart
Née en 1885 à Gravesend (Angleterre). Morte en 1939. xxe siècle. Britannique.
Peintre de figures, paysages, aquarelliste.
Elle a exposé des paysages au Salon d'Automne en 1913 et à celui des Indépendants en 1927.
Ventes Publiques : Londres, 15 mars 1985 : *Cassis* 1925, aquar. (36,3x27) : **GBP 600** – Londres, 12 juin 1987 : *La Famille* vers 1931, h/cart. (61x47) : **GBP 3 000** – Londres, 9 juin 1988 : *Conversation à Cagnes*, h./gesso (61,3x46) : **GBP 3 300** – Londres, 9 juin 1989 : *Saint Ives* 1925, aquar. et cr. (37,5x26,7) : **GBP 1 320** – Londres, 9 mars 1990 : *Mrs Ody*, cr. et h/cart. (60,3x45,2) : **GBP 3 300** – Londres, 27 sep. 1991 : *Le Café à Cassis* 1925, aquar. (38x26,5) : **GBP 1 210**.

DISNEY Walt
Né le 5 décembre 1901 à Chicago. Mort le 15 décembre 1966 à Burbank. xxe siècle. Américain.
Dessinateur de cinéma.
Il s'adonne à la caricature et au dessin publicitaire jusqu'au jour où il compose un dessin animé qui connaît immédiatement le succès : *Les quatre musiciens de Brême*, 1922. Dès lors il se consacre entièrement à cette technique. D'abord il invente des personnages ou améliore des héros déjà populaires. Puis il commence à constituer une équipe et, comme ses qualités d'organisateur et de businessman sont plus évidentes que son talent de dessinateur, il se consacre à animer, conseiller, superviser les centaines d'artistes et de techniciens qui travaillent dans ses studios d'Hollywood. On doit considérer Walt Disney moins comme un artiste que comme le maître d'œuvre d'une vaste entreprise. Le premier personnage qu'il lance est *Oswald* le lapin, dont l'idée première serait de Walter Lantz. Mais c'est avec *Mickey* la souris que lui vient la grande vogue. Ce n'est pas sans tâtonnements qu'il met au point ce malicieux personnage qui se nommait, à l'origine, *Mortimer* et qui était loin de posséder la fantaisie qui permettra, pendant de longues années, à Mickey de nous divertir. Le premier film dont il est le protagoniste est *Steamboat Willie*, 1928. L'année suivante, avec le concours de Ub Iwerks, qui semble avoir été en fait l'inventeur de Mickey, il lance les *Silly Symphonies*. Parmi ses films, citons les principaux longs métrages : *Blanche-Neige et les sept nains*, 1938 – *Pinocchio*, 1939 – *Fantasia*, 1940, sur des musiques de Bach Beethoven, Tchaïkovsky, Ponchelli, Dikas, Stravinsky et Schubert – *Dumbo*, 1941 – *Les secrets de Walt Disney*, 1941 – *Saludos amigos*, 1942 – *Bambi*, 1942. Après avoir travaillé pour l'armée américaine avec *Victory through air Power*, il est revenu à des films groupant des sketches autour d'un thème central : *Les trois Caballeros – Make mine music*, 1946 – *Melody Time*, 1948 – *Cendrillon – Peter Pan – Lady – La Belle au bois dormant – Les 101 Dalmatiens – Merlin l'enchanteur*, 1964 – *Mary Poppins*, 1965, et d'autres films ne relevant plus de l'animation dessinée.
Il a apporté au dessin animé deux perfectionnements considérables qui ont contribué à en faire un moyen d'expression intéressant : l'utilisation de la musique comme support du dessin, *La Danse macabre*, 1931 et l'emploi de la couleur, *Flowers and trees*, 1932. C'est également lui qui réalisa les premiers dessins animés d'une durée qui excède quinze minutes. Il réussit aussi à mêler sur un même film dessins animés et personnages en chair et en os.
Ventes Publiques : New York, 30 sep. 1982 : *Blanche neige*, gche/celluloïd (20,5x19) : **USD 1 100** – Londres, 20 juin 1986 : *Mickey Mouse, Donald Duck and Goofy*, aquar. et pl. (24,3x35,7) : **GBP 5 500** – Zurich, 13 oct. 1994 : *Petit éléphant pour « Le Livre de la jungle »*, gche/celluloïde (21x39) : **CHF 1 400**.

DISO Giacomo
Né à Galatina. xviie siècle. Italien.
Peintre.
Il exécuta une peinture pour l'église Saint-François à Gallipoli.

DISSARD Clémentine
Née le 30 mars 1890 à Alfortville (Val-de-Marne). xxe siècle. Française.
Sculpteur.
Élève de Marqueste et Ségoffin. Sociétaire du Salon des Artistes Français. Médaille de bronze en 1923. On cite ses bustes et, d'entre ses envois au Salon : *Paysan*.

DISSARD Michel
Mort en 1837. xixe siècle. Actif à Paris. Français.
Graveur.
Élève de Godefroy. Il exposa un portrait au Salon de Paris en 1804. Il fut professeur de dessin au collège de Roanne. Le Musée de Saint-Étienne conserve de lui : *Apollon et les muses*, d'après J. Romain, et le Musée de Roanne : *Amour au repos*.

DISSEVELT Antonie Gerardus
Né le 24 février 1881 à Leyde. Mort le 19 septembre 1903 à Leyde. xixe siècle. Hollandais.
Peintre de natures mortes et de genre.
Le Musée Lakenhal, à Leyde conserve de lui : *Nature morte*, *Ferme*.

DISSIUS Abraham
xviie siècle. Éc. flamande.
Peintre de natures mortes.
Musées : Gotha : *Nature morte*.

Ventes Publiques : Londres, 20 fév. 1980 : *Nature morte aux fleurs et aux fruits*, h/t (69x98,5) : **GBP 9 500**.

DISSON Georges
Mort en 1639 à Malines. xviie siècle. Éc. flamande.
Peintre.

DIST Jan Van
xve siècle. Actif à Bruges. Éc. flamande.
Peintre.
On cite cet artiste comme ayant aidé Daniel de Rycke pour les fêtes données à Bruges en 1468 par Charles le Téméraire.

DISTEL Herbert
Né en 1942 à Berne. xxe siècle. Suisse.
Sculpteur. Conceptuel.
Il fut élève de l'École des Métiers d'Art de Biel et de l'École des Beaux-Arts de Paris. Il vit et travaille à Berne. Il a participé à la Biennale de São Paulo en 1969 et fut invité à la Documenta de Kassel en 1972, où il présentait son *Musée dans le tiroir*, sorte de compilation de l'activité artistique dans les années 70 présentée sous forme de fichier-reliquaire ou micro-musée où était conservé un échantillon significatif du travail des artistes répertoriés.
En général, ses réalisations procèdent, comme premier principe, d'un considérable agrandissement d'objets usuels ou tout au moins courants : *Gouttes géantes* de 1968, en polyester de couleur, 440 centimètres de hauteur, *Miroiterie dans le coquetier* de 1970, le coquetier en bois contenant un œuf de métal brillant, le tout mesurant 170 centimètres de hauteur, *Les trois Marguerites* de 1970, trois quilles en polyester de couleur de 230, 270 et 300 centimètres, *Valise diplomatique pour deux personnes* de 1971, en technique mixte et de 255 centimètres de longueur, etc. D'autres réalisations se réfèrent plutôt à l'humour « dada » (parfois noir) : *Hommage à René Magritte* de 1970, est un cercueil en bois fabriqué en trois parties assemblées et ajustées comme pour contenir un mort en position assise, *220 Volts* de 1971 consiste en un cadre doré présentant en son milieu une luminaire spéciale pour éclairer les peintures.
Bibliogr. : Théo Kneubühler : Catalogue de la Galerie Bernard, Solothurn, mai 1971 – Théo Kneubühler : *Kunst : 28 Schweizer*, Édit. Gal. Raeber, Lucerne, 1972.

DISTEL Johann Joseph
xixe siècle. Actif vers 1800. Allemand.
Peintre sur porcelaine.
Il travaillait à la Manufacture de Ludwigsburg.

DISTELBARTH Friedrich
Né en 1768 à Ludwigsburg. Mort en 1836 à Stuttgart. xviiie-xixe siècles. Allemand.
Sculpteur.
Il fut l'élève de Dannecker et Scheffauer avant d'entreprendre un voyage d'études à Rome et à Paris. De retour à Stuttgart il fut sculpteur de la cour et se spécialisa dans la sculpture décorative.

DISTELI Martin
Né le 28 mai 1802 à Olen (canton de Soleure). Mort le 18 mars 1844 à Soleure. xixe siècle. Suisse.
Peintre et caricaturiste.
Disteli étudia peu de temps à Munich, mais semble être arrivé sans beaucoup d'instruction, dessinant dès sa jeunesse avec une grande facilité. Il se spécialisa dans l'illustration, fournit des dessins pour le journal illustré *Alpenrosen*, des fables de A.-C. Fröhlich, *Faust*, de Goethe, et des esquisses pour la décoration d'une salle du conseil municipal à Liestal. Il exécuta une foule de portraits, mais reproduisit aussi des scènes de la vie militaire et des événements politiques de l'époque 1830 en Suisse. Distelli habitait Soleure, devint professeur de dessin à l'école cantonale et publia en 1839 un *Calendrier illustré* renfermant des scènes de l'histoire suisse. On conserve ses œuvres à Soleure, à Zurich et dans sa ville natale.

DISTELROIDE Peter von
xve siècle. Actif à Cologne vers 1435. Allemand.
Peintre.

DISTON J. S.
Britannique.
Paysagiste.
Le Musée de Sydney conserve de lui : *Mines d'argent à Broken Hill*.

DITCHFIELD Arthur
Né en 1842 à Londres. Mort en 1888 à Londres. xixe siècle. Britannique.
Peintre et graveur.
Fit ses études à l'École de Leigh et à la Royal Academy. Exposa entre 1864 et 1866 à la Royal Academy, British Institution, Suffolk Street et au Royal Institute. Il voyagea en Espagne, Italie, Algérie et en Égypte.
Musées : Londres (Water-Colours) : *Vallon rocheux, ruisseau et daim – La côte à Saint-Raphaël – La Cava près de Salerne – Taormina près de Messine* – Londres (Victoria and Albert Mus.) : *Le Nil près du Caire – Rocher près d'Alger – Elche près d'Alicante – Vieilles murailles et vieux bâtiments à Alger – La Casbah et le ravin du Centaure. Alger.*
Ventes Publiques : Londres, 25 jan. 1924 : *Iles Sandwich* 1870, dess. : **GBP 2**.

DITE Emmanuel
Né en 1862 à Prague. xixe siècle. Tchécoslovaque.
Peintre.
Il fut à Munich l'élève de Gysis et de Seitz. Ensuite il séjourna à Rome avant de retourner à Prague où il prit une chaire de professeur de peinture. Il exécuta beaucoup de tableaux religieux.

DITHURBIDE Alice
Née à Belvèze (Aude). xxe siècle. Française.
Peintre de portraits, paysages, fleurs.
Elle exposa à Paris au Salon des Indépendants de 1935 à 1937.

DITMAR J.
xviiie siècle. Hollandais.
Graveur.
Il grava l'autoportrait de Dionys Van Nymegen.

DITMAR Jan Ditmaer, Ditmer
Né probablement en 1558. Mort en 1603 à Anvers. xvie siècle. Éc. flamande.
Graveur.
En 1574, dans la gilde, et maître de Thomas de Leu la même année. On cite de lui : *Le Christ dans un nuage*, d'après M. Coxie, *Christ aux limbes*, d'après C. v. d. Broeck.

DITMAR Valentin
Né à Erfurt. xviie siècle. Allemand.
Sculpteur sur bois.
En 1700 il travaillait pour l'église d'Ollendorf (Saxe-Weimar).

DITMARUS
xiiie siècle. Actif à Lübeck vers 1290. Allemand.
Peintre.

DITMER Hans
xvie siècle. Actif à Königsberg vers 1587. Allemand.
Sculpteur.

DITRALDI Giacomo Filippo di Paolo Ditealti
Né à Ferrare. xve siècle. Italien.
Peintre.
En 1474, il exécuta une fresque à l'église Saint-Salvatore à Bologne.

DITRICH Balthasar
xviie siècle. Actif à Prague en 1643. Tchécoslovaque.
Peintre.

DITSCHEINER Adolf Gustav
Né le 29 juin 1846 à Vienne. Mort le 12 janvier 1904 à Vienne. xixe siècle. Autrichien.
Peintre de paysages animés, paysages urbains, paysages.
Élève de l'Académie des Beaux-Arts à Vienne sous le professeur Albert Zimmermann. Travaille à Vienne et à Munich.
Musées : Vienne : *Partie de rivage sur l'île de Frauen (Bavière) – Persenberg sur le Danube.*
Ventes Publiques : Vienne, 28 nov. 1967 : *Printemps* : **ATS 25 000** – Vienne, 14 mars 1978 : *Paysage orageux*, h/t (31x56) : **ATS 25 000** – Lucerne, 12 nov. 1982 : *La Moisson* 1873, h/t (76x114) : **CHF 6 000** – Lucerne, 8 nov. 1984 : *Couple de bergers et troupeau dans un paysage boisé* 1869, h/t (79x63,5) : **CHF 9 000** – Vienne, 29-30 oct. 1996 : *Braunau-am-Inn* 1896, h/t (62,7x80) : **ATS 161 000**.

DITSINGH J. C. Voir **DIETZ**

DITTENBERGER Gustav
Né en 1794 à Neuenweg. Mort le 15 octobre 1879 à Moscou. xixe siècle. Allemand.
Peintre de genre, d'histoire, miniaturiste et graveur.

Élève de Rottmann et de Roux. On cite parmi ses gravures des planches pour les *Poésies* de Schiller.

DITTERICH Bernhard Diterich
Né vers 1585. Mort vers 1640. XVIIe siècle. Actif à Freiberg. Allemand.
Sculpteur.
Il travailla pour des églises de Freiberg.

DITTERICH Bernhard, l'Ancien
XVIe siècle. Actif à Freiberg vers 1565. Allemand.
Peintre.

DITTERICH Bernhard, le Jeune
XVIIe siècle. Actif à Freiberg au début du XVIIe siècle. Allemand.
Peintre.
Il était fils de Lorenz le Jeune.

DITTERICH Franz, l'Ancien
Né le 28 décembre 1557. Mort en 1607. XVIe siècle. Actif à Freiberg. Allemand.
Peintre.
Il était fils de Lorenz l'Ancien.

DITTERICH Franz, le Jeune
Né le 1er août 1581. Mort en 1624. XVIIe siècle. Actif à Freiberg. Allemand.
Peintre et graveur.
Il était fils de Franz l'Ancien.

DITTERICH Lorenz, l'Ancien
XVIe siècle. Actif à Freiberg. Allemand.
Peintre et sculpteur.
Il fut le père de Franz l'Ancien et Lorenz le Jeune.

DITTERICH Lorenz, le Jeune
Mort en 1625. XVIIe siècle. Actif à Freiberg. Allemand.
Peintre.
Il était fils de Lorenz l'Ancien.

DITTERICH Salomon
Né en décembre 1591. Mort le 12 juin 1614. XVIIe siècle. Actif à Freiberg. Allemand.
Peintre et sculpteur.
Il était fils de Franz l'Ancien.

DITTERICH Wolf
XVIe-XVIIe siècles. Actif à Freiberg. Allemand.
Sculpteur.
Il était fils de Franz l'Ancien.

DITTERL Daniel
XVIIe siècle. Actif à Vienne vers 1625. Autrichien.
Peintre.

DITTLER Emil
Né le 14 avril 1868 à Pforzheim. Mort le 18 janvier 1902 à Munich. XIXe siècle. Allemand.
Peintre de genre.
Fit ses études d'art à Pforzheim avec le professeur Köflein et à l'Académie de Munich, sous Eberle. Continua ses études à Florence. Vécut à partir de 1896 à Munich. Le Musée de Brême conserve de lui : *L'Archer, Mélusine.*

DITTMANN Andreas Christian
XVIIIe siècle. Actif à Dantzig dans la seconde moitié du XVIIIe siècle. Allemand.
Graveur.

DITTMANN Bruno
Né le 3 octobre 1870 à Nienhagen. XXe siècle. Allemand.
Peintre de portraits et de paysages.
Il fut élève de Wrage à Hambourg, puis de Lefèvre à Paris.
Musées : Hambourg.

DITTMANN Christian
Né à Lauenstein. Mort vers 1700 à Prague. XVIIe siècle. Tchécoslovaque.
Peintre de portraits et d'histoire.
Il exécuta pour l'église Saint-Nicolas, à Laun une peinture qui se trouve aujourd'hui dans le musée de cette ville.

DITTMANN Edmund
XIXe siècle. Allemand.
Peintre de paysages animés, paysages, natures mortes.
Il travailla à Berlin de 1856 à 1876.
Ventes Publiques : Copenhague, 29 avr. 1980 : *Le Retour du troupeau* 1857, h/t (48x63) : **DKK 19 000** – Cologne, 28 juin 1985 : *Vue de Rothenburg*, h/t (47x37) : **DEM 4 500** – Cologne, 23 mars 1990 : *Temps difficiles*, h/t (42x58) : **DEM 2 400**.

DITTMANN Johann
Mort en 1847 à Zwittau. XIXe siècle. Tchécoslovaque.
Peintre.
Il décora l'église Saint-Jean-Baptiste à Bistrau. Le Musée de Brno possède un portrait de cet artiste.

DITTMANN Johann Ludwig
XVIIIe siècle. Actif à Prague vers 1717. Tchécoslovaque.
Peintre.
Peut-être était-il le fils de Christian.

DITTMANN Johannes
XVIIIe siècle. Actif à Dantzig dans la seconde moitié du XVIIIe siècle. Allemand.
Graveur.
Il grava des portraits et des tableaux religieux.

DITTMAR
XVIIIe siècle. Actif à Berlin à la fin du XVIIIe siècle. Allemand.
Peintre de miniatures.
Il travailla également pour des manufactures de porcelaine.

DITTMAR Friedrich
Né le 30 novembre 1800 à Gera. XIXe siècle. Allemand.
Peintre de portraits et lithographe.
Il fut à Dresde l'élève de Retzsch.

DITTMER Willy
Né en 1866 à Hambourg. Mort le 19 juin 1909 à Hambourg. XIXe siècle. Allemand.
Peintre.
Il fit ses études à Hambourg, Munich et Paris, puis alla s'établir en Nouvelle-Zélande. En 1905 il revenait cependant à Hambourg. On lui doit des paysages d'un primitivisme conscient.

DITTMERS Abraham
Mort le 24 février 1763 à Hambourg. XVIIIe siècle. Allemand.
Peintre.
Il travaillait déjà à Hambourg en 1719.

DITTMERS Berndt
XVIIe siècle. Actif à Hambourg. Allemand.
Peintre d'histoire.
Il travailla pour l'église Sainte-Catherine d'Hambourg.

DITTMERS Gerd
Mort en 1671 à Hambourg. XVIIe siècle. Allemand.
Peintre de portraits.
L'église Saint-Pierre à Hambourg possède de cet artiste une série de portraits d'ecclésiastiques et l'église Sainte-Catherine, plusieurs peintures.

DITTMERS Gerhard Jacob
Né à Hambourg. Mort le 31 mai 1707 à Hambourg. XVIIe siècle. Allemand.
Peintre d'histoire.
Le Musée de Hambourg possède, de cet artiste une *Adoration des bergers.*

DITTMERS Henrich Dittmars, Ditmars
Né à Hambourg. Mort en 1677 au Danemark. XVIIe siècle. Danois.
Peintre et graveur.
Dittmers a travaillé pour le roi de Danemark au moins depuis 1670. Sa première grande œuvre en Danemark fut *Le cadavre de Frédéric III sur le lit de parade*, conservé jusqu'à ce jour à la cathédrale de Roskilde. Ses autres œuvres se bornent en grande partie à des portraits, qui semblent le rattacher à l'école hollandaise. Ses deux tableaux peints à Hambourg en 1658 et 1660 : *Jésus-Christ outragé* et l'*Adoration des bergers*, dénotent par contre l'influence de Tintoretto et de Carlo Maratta.
Musées : Copenhague : *Portrait de l'artiste par lui-même – Saint Jérôme – Le modeleur Simon – L'orfèvre Weiskoff* – La Haye : *Portrait d'homme.*

DITTMERS W. M.
XVIIe siècle. Actif à Hambourg vers 1660. Allemand.
Peintre.
On lui doit des natures mortes.

DITTRICH Christian Gottlieb
Né le 28 août 1738. Mort le 10 avril 1798. XVIIIe siècle. Actif à Landeshut en Silésie. Allemand.

Peintre.
Il était originaire de Brieg et fut à Breslau en 1748 l'élève de Christian Strenger.

DITTWEILER Ludwig
XIXe siècle. Actif à Karlsruhe. Allemand.
Peintre d'architectures.
Il débuta à Munich vers 1879.
Ventes Publiques : Londres, 12 juin 1997 : *Santa Fosca, Torcello* 1880, h/t (87,8x52,2) : **GBP 5 175**.

DITZER Christoph
XVIIe siècle. Actif à Prague à la fin du XVIIe siècle. Tchécoslovaque.
Peintre.

DITZINGER Ludwig
Né vers 1589. XVIIe siècle. Allemand.
Graveur au burin.
Il travailla à Tübingen et fut également orfèvre.

DITZLER Anton
Né le 5 mai 1811 près de Coblence. Mort le 26 avril 1845 à Cologne. XIXe siècle. Allemand.
Peintre de paysages.
Il était fils du peintre Jakob Dietzler. Eisen grava d'après lui.
Ventes Publiques : Lucerne, 25 mai 1982 : *Vue de Rüdesheim*, h/t (34x53,5) : **CHF 3 400** – New York, 19 juil. 1990 : *La Fuite*, h/cart. (31,8x37,1) : **USD 1 100**.

DIULGHEROFF Nicolas
Né en 1901 à Kustendil. Mort en 1982 à Turin. XXe siècle. Actif en Italie. Bulgare.
Peintre puis architecte. Futuriste.
Vivant à Turin depuis 1901, il adhéra au mouvement futuriste en 1926 et exposa avec le groupe jusqu'en 1938.
Dans un premier temps, il adopta les thèmes définis par Carra et Boccioni, dans des œuvres aux titres révélateurs : *Composition-Espace-Force* de 1927, dont la technique post-cubiste tend à l'abstraction géométrique. Nicolas Diulgheroff, comme beaucoup d'autres artistes de l'Europe de l'Est, partagea avec les futuristes, la même volonté de découper le mouvement, de créer un rythme dynamique inspiré de la vitesse. Avec les œuvres suivantes, comme *L'homme rationnel* de 1928, il tenta de traduire picturalement des états psychologiques. Enfin, il participa au mouvement tardif de l'aéro-peinture, dernière manifestation du futurisme épuisé. Après 1930, date à laquelle on peut encore citer de lui : *Le marinier – Le poids de la solitude*, il se consacra à l'architecture.

Bibliogr. : José Pierre : *Le Futurisme et le Dadaïsme*, in *Histoire gén. de la Peint.*, t. XX, Rencontre, Lausanne, 1966.
Musées : Turin (Mus. comm. Pino Falco) : *Les sœurs* 1922 – *Composition-Espace-Force* 1927.
Ventes Publiques : Milan, 25 oct. 1977 : *Santa Sofia* vers 1928, temp./cart. (50,5x35) : **ITL 1 500 000** – Milan, 13 juin 1978 : *Composition* 1928, temp. (49,5x34) : **ITL 1 000 000** – Milan, 9 nov. 1982 : *Aurore surréaliste* 1927, temp. (38x57) : **ITL 1 800 000** – Milan, 15 mars 1983 : *Paysage cosmique* 1971, h/cart. (35x50) : **ITL 900 000** – New York, 26 mars 1983 : *« Medea »*, temp./cart. (49x35,5) : **USD 2 500** – Lyon, 23 oct. 1984 : *Le sémaphore des nuages* 1930, gche/pap. mar./cart. (49,5x35) : **FRF 35 000** – Milan, 26 mars 1985 : *Abstraction* 1924, h/t (71x85) : **ITL 17 000 000** – Milan, 16 oct. 1986 : *Femme à la fenêtre* 1928-30, h/t (65x80) : **ITL 34 000 000** – Rome, 24 nov. 1987 : *Marine*, temp./pap. (35x50) : **ITL 4 400 000** – Milan, 8 juin 1988 : *Aereo* 1926, techn. mixte (19,5x19,5) : **ITL 2 400 000** ; *Du cycle « La mère »*, détrempe/cart. (50x35) : **ITL 3 000 000** – Milan, 14 déc. 1988 : *Quand le soleil joue avec les satellites*, détrempe/cart. (34x49) : **ITL 2 600 000** – Milan, 7 juin 1989 : *Du cycle « Aurore Surréelle »* 1927, détrempe/cart. (35x50) : **ITL 6 000 000** – Milan, 24 mai 1994 : *Composition* 1924, cr. et past./pap. (16x16) : **ITL 4 370 000**.

DIUMER Pedro
XVIe siècle. Actif à Barcelone au début du XVIe siècle. Espagnol.
Peintre.

DIVERLY Eliane Eugénie Marie-France
Née le 27 août 1914 à Grasse (Alpes-Maritimes). XXe siècle. Française.
Peintre de sujets divers, aquarelliste, illustrateur.
Après des études à L'Académie de la Grande Chaumière, elle fut découverte et encouragée par Dunoyer de Segonzac. Elle a participé à des expositions collectives comme le Salon du Dessin et de la Peinture à l'eau, et L'Union des Femmes Peintres et Sculpteurs en 1967 ; ainsi qu'à divers Salons dont elle devint sociétaire : les Salons des Artistes Français, des Artistes Indépendants et d'Automne. Elle a également réalisé plusieurs expositions personnelles.
Son art, fait de portraits et de figures, a souvent pour cadre les paysages de Haute-Provence. Eliane Diverly a produit de nombreuses illustrations pour différentes revues.
Musées : Grasse (Mus. Fragonard) : plusieurs œuvres.

DIVERNESSE François
XVIIIe siècle. Actif à Paris en 1777. Français.
Peintre et sculpteur.

DIVERNESSE Pierre
XVIIIe siècle. Actif à Paris en 1786. Français.
Peintre et sculpteur.

DIVIANI Riccardo
Mort en 1909 à Sulsano. XIXe siècle. Actif à Milan. Italien.
Peintre de genre et paysagiste.
Exposa à Milan, en 1872 : *L'Élève délicat* et en 1886, dans la même ville : *Une Vue de Lecco*.

DIVINI Cipriano
Né le 16 septembre 1603 à San Severino. Mort en 1686 à San Severino. XVIIe siècle. Italien.
Peintre d'histoire et de sujets religieux.
Il subsiste de cet artiste à l'église Sainte-Catherine de San Severino une peinture représentant *Les Fiançailles mystiques de sainte Catherine*.

DIVIS Stanislas
XXe siècle. Tchécoslovaque.
Peintre. Abstrait tendance géométrique.
Il est un des membres fondateurs d'un groupe d'artistes tchécoslovaques, les *Têtes dures*, créé quelques années avant l'effondrement en 1989, des régimes politiques des pays de l'Est européen. Si le groupe n'a pas de programme esthétique défini, si ce n'est le concept flou de modernité, Divis lui, a choisi l'abstraction contre les images du réalisme socialiste officiel. À partir d'éléments et d'idées, puisés dans cette société en mutation, l'artiste les met en scène, le plus souvent sur des grands formats, par des découpages géométriques et à l'aide de couleurs vives.

DIVITIIS Émilia de
Née en 1898 à Rome. Morte en 1979. XXe siècle. Italienne.
Peintre de genre, figures.
Ventes Publiques : Milan, 10 mars 1982 : *Il corriere dei Piccoli* 1931, h/t (74x54) : **ITL 1 900 000** – Rome, 15 mai 1984 : *La jupe rouge* 1929, h/t (158x87) : **ITL 2 100 000** – Rome, 29 avr. 1987 : *Pineta di Fiumetto (Versilia)* 1969, h/t (60x75) : **ITL 850 000** – Rome, 7 avr. 1988 : *Enfant au pompon rouge* 1942, h/t (62x48) : **ITL 1 000 000**.

DIVOV Alexandre
Né à Saint-Pétersbourg (aujourd'hui Leningrad). XXe siècle. Russe.
Miniaturiste.
Élève de P.-A. Laurens. Il a exposé en 1933 au Salon des Artistes Français.

DIVRANDE Jean
Né en 1677. Mort en 1739 à Lunéville. XVIIIe siècle. Français.
Sculpteur.

DIVRY Denise Hélène
Née au XXe siècle à Saint-Quentin (Aisne). XXe siècle. Française.
Peintre.
Élève de d'Espagnat. Elle a exposé au Salon des Artistes Français et au Salon d'Automne depuis 1939.

DIX Charles Temple
Né le 28 février 1838 à Albany (New York). Mort vers 1872 à Rome. XIXe siècle. Américain.
Peintre de paysages.
On lui doit des paysages d'Italie.

DIX Harry

Né au XXe siècle aux États-Unis. XXe siècle. Américain.

Peintre.

Il a pris part en 1945 à l'Exposition des Peintres Soldats américains où il présentait des *Scènes de l'arrière*.

DIX John

Né en 1935 à Louvain. XXe siècle. Belge.

Peintre, dessinateur, graveur de paysages et figures, illustrateur. Expressionniste.

Après des études aux Académies des Beaux-Arts de Gand et de Bruxelles, sous la direction de Léon Devos et de Claude Lyr, il alla se perfectionner en Angleterre. Il pratiqua le pastel, l'aquarelle et la gravure sur bois. Certaines de ses œuvres prennent un caractère surréaliste.

BIBLIOGR. : In : *Diction. biogr. illustré des Artistes en Belgique depuis 1830*, Arto, Bruxelles, 1987.

DIX Otto

Né le 2 décembre 1891 à Untermhaus (près de Gera, Thuringe). Mort le 25 juillet 1969 à Oehningen (lac de Constance). XXe siècle. Allemand.

Peintre de compositions à personnages, figures, portraits, paysages, peintre à la gouache, aquarelliste, pastelliste, graveur, lithographe, illustrateur. Expressionniste. Groupe de la Neue Sachlichkeit (Nouvelle Objectivité).

Il était fils d'un ouvrier des chemins-de-fer, fut apprenti chez un peintre-décorateur, de 1905 à 1909. De quatorze à seize ans, il suivit les cours de dessin de l'École des Arts Décoratifs de Gera, puis suivit les cours de l'École des Beaux-Arts de Dresde et de celle de Düsseldorf, de 1910 à 1914, période pendant laquelle il fit un séjour à Berlin. Il fut mobilisé pendant la guerre de 1914-1918, et deux fois blessé. En 1919, il fut nommé assistant à l'Académie de Dresde et participa à la fondation du *Groupe 1919* de la Sécession de Dresde. Il noua des contacts avec le groupe dadaïste de Berlin. De 1920 à 1925, il vécut à Düsseldorf, y ralliant les mouvements d'avant-garde, aussi bien en art qu'en politique. En 1923, il fut nommé professeur à l'Académie des Beaux-Arts de Düsseldorf. En 1924, il adhéra à la Sécession berlinoise. Vers 1924 se constitua, d'ailleurs de façon informelle et qui le resta, le groupe de la *Neue Sachlichkeit* (Nouvelle Objectivité), dont il fut, avec George Grosz et Max Beckmann, le principal animateur. En 1925 aussi, il fit un voyage en Italie et se fixa à Berlin. Malgré les violentes attaques contre la société bourgeoise évidentes dans son œuvre, on lui confia un poste de professeur à l'Académie des Beaux-Arts de Dresde en 1927, qu'il conserva jusqu'en 1933. Il fut reçu, en 1931, à l'Académie de Prusse. En 1933, à l'avènement institutionnel du nazisme, il fut évidemment chassé de ses postes. En 1934 lui fut notifiée l'interdiction d'exposition. Ce fut en 1934 qu'il commença ses peintures de paysages, sans doute moins compromettants que ses compositions accusatrices. En 1937, huit de ses peintures, des aquarelles et dessins, figurèrent en « bonne » place à l'exposition de *L'art dégénéré*, montrée d'abord à Munich, puis dans plusieurs villes d'Allemagne. En 1938 furent saisis 260 de ses travaux figurant dans les musées d'Allemagne, dont une partie fut vendue aux enchères en 1939 par le Ministère national-socialiste de la Propagande à Lucerne. En 1939 aussi, de passage à Dresde, il y fut arrêté, soupçonné de complicité dans l'attentat contre Hitler. Pendant la guerre, il resta en Allemagne, y fit quelques voyages, en Bohème, dans le Massif des Géants. Enrôlé dans les services de sécurité civile, il fut fait prisonnier par les Français à Colmar, où il peignit un triptyque pour la chapelle du camp. En 1945, il fut réintégré à l'Académie des Beaux-Arts de Berlin-Charlottenburg. En 1946, il s'établit sur la rive du Lac de Constance.

Il a participé à des expositions collectives, d'entre lesquelles : 1919, expositions du *Groupe 1919* de la Sécession de Dresde, notamment à Berlin ; 1920, participation à la Grande Foire Internationale Dada ; 1922, exposition de la *November Gruppe* de Berlin ; 1925, avec le groupe de la *Neue Sachlichkeit*, à Mannheim ; en 1929, il était représenté à l'exposition des *Peintres-Graveurs Contemporains* de la Bibliothèque Nationale de Paris. En 1929, il était représenté à l'exposition des *Peintres-Graveurs Contemporains* de la Bibliothèque Nationale de Paris ; en 1934, il figurait à l'exposition *Nouvelle Peinture Allemande* à Zurich ; en 1935, à *Œuvres d'Art Moderne* au Musée d'Art Moderne de New York, et à l'exposition internationale de l'Institut Carnegie à Pittsburgh.

Il fit de nombreuses expositions personnelles, dont : en 1916, il exposa à Dresde des dessins, d'entre les six cents dessins, aquarelles, gouaches, qu'il consacra à la guerre, accusateurs, pamphlétaires, qui préfiguraient les peintures qui allaient suivre, et même une grande part de l'œuvre à venir ; en 1926 fut présentée à Berlin et Munich une exposition rétrospective de son œuvre ; après la guerre, désormais les hommages et les expositions se multiplièrent, de son vivant et posthumes, dans de nombreuses villes d'Allemagne jusqu'aux rétrospectives de la Galerie Municipale de Stuttgart et de la Nouvelle Galerie Nationale de Berlin en 1991 ; ainsi qu'à l'étranger : Saint-Gall 1962, Zurich et Milan 1964, au Musée d'Art Moderne de la Ville de Paris 1972, Utrecht 1982-83, Salzbourg 1984, au Palais des Beaux-Arts de Bruxelles 1985, au musée-galerie de la Seita à Paris 1993, au musée Unterlinden de Colmar en 1996 *Otto Dix et les maîtres anciens*,...

Avant la première guerre mondiale, Otto Dix fut d'abord influencé par les séquelles de l'impressionnisme. L'initiation aux expressions contemporaines qui résulta de son premier séjour à Berlin, se traduisit dans sa peinture par une influence, floue mais violente, du cubo-futurisme ambiant. À la suite, l'œuvre d'Otto Dix est multiple, parfois déroutante dans ses options divergentes, mais peut se diviser en périodes distinctes. Cette multiplicité divergente de périodes distinctes apparenterait l'œuvre de Dix à celui de Picasso, d'autant que la richesse inventive, la qualité plastique et la puissance expressive n'en sont pas indignes. Si ces deux œuvres se rencontrent parfois formellement dans leurs moments les plus expressionnistes, surtout entre les peintures de guerre et jusqu'à celles de Dix en 1920 et celles de l'époque de la *Femme qui pleure* de Picasso, donc autour de la guerre civile de 1937, par ailleurs les divergences sont évidentes : l'expressionnisme de Dix est un expressionnisme prussien, inflexible et cruel, sado-masochiste, l'expressionnisme picassien est un expressionnisme hispanique, d'attitudes, théâtral, superbement glorieux.

Après les peintures vaguement postimpressionnistes de ses tout débuts, l'œuvre complet de Dix sera ici subdivisé en cinq périodes. Il convient de préciser ce qui, du point de vue des techniques, sera valable dans toutes : Otto Dix a toujours simultanément travaillé à l'huile, gouache, aquarelle et pastel, dessiné, gravé sur bois et à l'eau-forte, publié des lithographies, et ce qui, du point de vue des thèmes, le sera aussi dans les cinq périodes : avec la même permanence que chez, pour exemples, Rembrandt ou Van Gogh, la répétition au fil des âges de l'autoportrait.

La première période bien caractérisée dans l'œuvre de Dix, et non la moins convaincante, est celle des peintures de guerre, période qui se prolongea jusqu'en 1919 environ. L'écriture de ces peintures, aquarelles, dessins, etc., est celle, cubo-futuriste ou cubo-expressionniste, acquise lors de son premier séjour de découvertes à Berlin, à la veille de la guerre. Ces peintures sont des interprétations plastiques d'explosions de toutes sortes. La force des œuvres de cette période de guerre vient de l'adéquation entre l'écriture et ce qu'elle décrit. L'écriture graphique et chromatique parvient à être aussi violente que les explosions, les éclairs, le fracas.

Au lendemain de la guerre, en 1920, George Grosz, duquel il partageait les opinions politiques et sociales et le violent antimilitarisme, l'introduisit dans le groupe Dada de Berlin, mais Dix ne participa qu'à une seule exposition du groupe. Rien d'autre ne le rattachait à l'esprit Dada que son violent anti-militarisme se déchaînant contre l'imbécillité revancharde des survivants de l'après-massacre, et sa hargne polémique s'exerçant contre le spectacle des monstruosités de la société berlinoise de bourgeois enrichis à la faveur du naufrage. 1919-1920, c'est donc l'époque Dada, la deuxième époque distincte de l'œuvre de Dix, qui serait peut-être mieux dite dans un premier temps « cubo-expressionniste », puis « réaliste-caricaturale », l'époque des œuvres violentes : *Les crétins de la guerre*, qui figura à l'exposition Dada, *Lustmörder* (Meurtrier par plaisir), et les scènes de bordel qui firent scandale, au point qu'il fut même poursuivi pour indécence, alors qu'il considérait les scènes de prostitution qu'il dénonçait en les illustrant, comme étant l'antidote de la misère et son comble à la fois. C'est peut-être ici le moment de mentionner, dans l'œuvre de Dix constante et fréquente en tout cas jusqu'aux périodes des paysages et des sujets religieux, la dimension érotique sans ambiguïté, non exempte de cruauté, d'un sadisme sans mauvaise conscience, ouvertement assumé comme dans *Le rêve d'une sadique* de 1922, contrairement à celui, sournoisement esthétisé, de Degas.

En 1921, il peignit *L'ouvrier*, puis *Le matelot Fritz Müller de Pieschen* et *Souvenir de Hambourg*. Pendant cette transition entre le cubo-expressionnisme Dada et la « Nouvelle Objectivité », les œuvres d'Otto Dix et de George Grosz sont proches, et par les thèmes traités des débauches de bourgeois repus et des scènes de bordel, et par l'écriture « réaliste-caricaturale ». C'est dans l'année 1922, donc pendant ce moment de transition, que Fritz Löffler a remarqué que se situe l'une des rarissimes peintures de Dix manifestant de l'humour non macabre ni sadique, pas trop méchant. Dans *La promenade du Dimanche*, on voit parents et enfants d'une famille petit-bourgeoise type, en promenade devant un paysage affectueusement caricatural de la Suisse saxonne.

À partir de la création en 1923-1924, par eux deux, du groupe informel de la Nouvelle Objectivité, si George Grosz ne changea pas d'écriture, de thèmes non plus d'ailleurs, Otto Dix au contraire modifia totalement sa facture. Dans cette troisième période, il adopta une technique très typée, qui n'appartint jamais qu'à lui et le fait si singulier dans l'histoire de la peinture au XXe siècle : une facture qu'on aurait été tenté de dire, en 1980, « hyper-réaliste », mais appliquée à une représentation caricaturale, donc opposée à tout réalisme. Cette technique à l'ancienne, à la détrempe et en glacis, correspondait chez lui à une volonté d'impersonnalité de la facture, donc d'objectivité, mais aussi à une référence avouée à des maîtres du passé. Otto Dix revendiquait lui-même ce type de références : « Mon idéal était de peindre comme les maîtres du début de la Renaissance », à quoi il convient d'ajouter : de la Renaissance des pays du Nord et de l'Est. Ces références se retrouveront ponctuellement au cours de son œuvre, à Grünewald, mais aussi à Hans Baldung Grien, ce qui le faisait surnommer par son ami George Grosz « Hans Baldung Dix », et encore à Lucas Cranach, Peter Brueghel, Jérôme Bosch, Albrecht Dürer. Dans cette période, qui dura de 1924 jusqu'à l'arrivée au pouvoir des nazis en 1933, furent peintes ses œuvres les plus célèbres, parmi lesquelles surtout des portraits, mais aussi des sujets polémiques débordant de la période précédente : *Les parents de l'artiste* qui, en 1921, précédait la Nouvelle Objectivité, le *Portrait du Docteur en médecine Heinrich Stadelmann* de 1922, *Nelly avec des fleurs* de 1924, l'*Autoportrait avec muse* de 1924, la *Nature morte dans l'atelier* de 1924, qui représente en fait une femme infirme, mutilée, et un mannequin d'étoffe en piteux état, le *Portrait de la danseuse Anita Berber* de 1925, *La journaliste Sylvia von Harden* de 1926, le *Portrait du philosophe Max Scheler* 1926, le *Portrait du poète Ivar von Lücken* 1926, dans lequel on peut voir une prémonition des portraits que peindra Francis Grüber quelques années plus tard, le *Nouveau-né tenu dans les mains* de 1927, *Les noctambules* de 1927 aussi, peinture dont le sujet prolonge l'esprit de la période précédente, en effet on y voit des fêtards enrichis dans la guerre côtoyant dans la vie nocturne berlinoise des infirmes de guerre réduits à l'état de clochards, de même que c'était encore les horreurs de la guerre qu'il peignait dans les trois immenses panneaux avec prédelle inférieure de *La guerre* de 1929 à 1932, déployant des scènes apocalyptiques, l'*Autoportrait avec Jan* de 1930, le *Portrait de l'acteur Heinrich George* de 1932. Au sujet de *La guerre* et par delà le thème contemporain, il n'est pas possible de ne pas rapprocher son polyptyque du retable d'Isenheim de Grünewald. Faisant suite aux eaux-fortes de 1922 sur les *Filles* et les *Artistes du Cirque*, et préludant à toute la période de la Nouvelle Objectivité, dès 1923-1924 il avait gravé une suite de cinquante estampes sous le titre de *Guerre*, éditée en 1924 à Berlin, mais rendue publique en 1961 seulement. Autant que la satire sociale à l'encontre des classes possédantes donc dirigeantes, et l'anti-militarisme militant inclus dans la peinture de Dix, ce fut son expressionnisme exacerbé jusqu'à la frontière de la caricature, qui la firent assimiler à l'« art dégénéré ». Dans tout régime dans lequel l'information passe sous le contrôle de la propagande, l'art ne doit plus qu'exalter la beauté d'un monde qui bénéficie d'un gouvernement décrété idéal.

À part de rares exceptions, tous les paysages que peignit Dix l'ont été dans la période du pouvoir nazi, sa quatrième période de 1933 à 1945, alors que son activité picturale était sous surveillance. Toutefois, entre 1933 et 1935, il peignit encore : *Les sept péchés capitaux*, suivi par *Le triomphe de la mort*, dans lesquels il transposa, avec une outrance parodique qui a pu faire évoquer Jérôme Bosch à leur propos, ces allégories traditionnelles dans le contexte contemporain du nazisme. Contrairement à la brutalité expressionniste de la période précédente, encore présente dans ces deux dernières compositions, cause d'ailleurs des sanctions qui le frappaient, les paysages de cette quatrième période expriment le calme, la méditation. Il faut bien reconnaître qu'ils ne sont pas d'un intérêt puissant, mais non dénués de charme. Ils ne sont pas reliés entre eux par une unité stylistique évidente. Peut-être Dix avait-il alors en mémoire les décors de paysages des scènes campagnardes de Peter Brueghel, bien que les siens soient totalement dénués de personnages. Il y a montré une prédilection pour les paysages de neige, qu'il détaillait avec une minutie de peintre naïf : *Le cimetière juif de Randegg en hiver, Randegg sous la neige avec corbeaux.* De son passage dans le Massif des Géants, quelques paysages se réfèrent aux romantiques paysages du *Riesengebirge* de Caspar David Friedrich. Outre les paysages, il peignit alors aussi quelques compositions dans la technique réaliste des portraits précédents, mais sur des sujets prudemment bibliques : en 1939 plusieurs versions de *Saint Christophe, Loth et ses filles.* En 1945, prisonnier des Français à Colmar, il peignit un triptyque pour la chapelle du camp, la *Madone aux barbelés*, avec les saints Pierre et Paul sur les volets latéraux, où l'on reconnaît de nouveau l'influence de Grünewald ou de Martin Schongauer, triptyque qui prélude aux œuvres religieuses de la cinquième période.

Enfin, la cinquième et dernière période de son œuvre, qui correspond à son installation sur le Lac de Constance, est presque entièrement dévolue aux compositions religieuses. L'examen attentif de l'œuvre dans son ensemble montre que les périodes qui le composent ne sont pas étanches, mais se réitèrent ou se superposent parfois. Ainsi Dix a-t-il déjà traité quelques scènes religieuses pendant la période des paysages. Il avait d'ailleurs déjà peint ou dessiné des Pietàs et Crucifixions en 1912-1914. Cependant, malgré ces quelques exceptions, il est remarquable à quel point à chacune des cinq périodes stylistiques caractérisées correspond un thème précis : à l'écriture cubo-futuriste : la guerre, au cubo-expressionnisme : Dada et satire antimilitariste et sociale, au réalisme caricatural de la Nouvelle Objectivité : les portraits, à la méticulosité naïviste : les paysages. Quant à la cinquième période, celle des thèmes religieux, Dix a complètement abandonné tout souci de réalisme détaillé, ni caricatural, ni naïviste, pour une écriture apparentée au cubo-futurisme de ses débuts, mais moins explosive. Le *Christ en croix* de 1946 a quelque chose encore du tragique d'un Grünewald. Cette expression tragique s'édulcora dans la suite, avec la *Grande crucifixion* de 1948, les versions de la *Grande résurrection* et celles de l'*Ecce homo* de 1949, presque décoratives, et jusqu'aux intentions apaisantes et moralisatrices de *Guerre et Paix* de 1960, année où il publia trente-trois lithographies illustrant *L'Évangile selon saint Mathieu.* Cette dernière période des thèmes religieux termina la carrière d'un homme éprouvé dans sa chair et dans sa conscience, épuisé, mais dont certains moments ont valu à la peinture du XXe siècle quelques-unes de ses œuvres les plus puissantes en même temps que les plus originales, tant le style plastique et psychologique de la période de la Nouvelle Objectivité, issu d'un regard implaccable et désabusé sur la condition humaine, ne ressemble à rien d'autre. ■ Jacques Busse

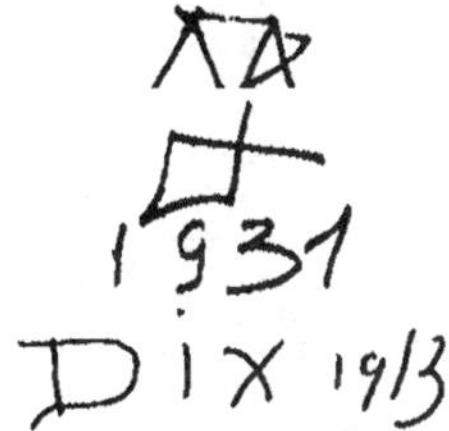

Bibliogr. : Marcel Brion : *La peinture allemande*, Tisné, Paris, 1959 – José Pierre : *Le futurisme et le dadaïsme*, Rencontre, Lausanne, 1966 – Michel Ragon : *L'expressionnisme*, Rencontre, Lausanne, 1966 – in : *Les Muses*, Grange Batelière, Paris, 1971 – divers : Catalogue de l'exposition *Otto Dix – peintures, aquarelles, gouaches, dessins et gravures du cycle de « La guerre »*, Mus. d'Art Mod. de la Ville, Paris, 1972 – in : *Diction. Univers. de la Peint.*, Le Robert, Paris, 1975 – Diether Schmidt : *Otto Dix – Maler und Werk*, Dresde, 1977 – Fritz Löffler : *Otto Dix – Vie et Œuvre*, 4e édit., Dresde, 1977 – Lothar Fischer : *Otto Dix, ein Malerleben in Deutschland*, Berlin, 1981 – divers : Catalogue de l'exposition *Otto Dix*, Musée Villa Stuck, Munich, 1985, abondantes documentations – in : *Diction. de la peint. allemande et d'Europe centrale*, Larousse, Paris, 1990 – in : Catalogue de l'exposition *Nouvelle Objectivité/Réalisme Magique*, Kunsthalle de Bielefeld, 1991 – Marc Dachy : *La Nouvelle Objectivité mise à nu*, in : Beaux-Arts, Paris, avr. 1991.

Musées : Aix-la-Chapelle (Suermondt Mus.) : *Loth et ses filles* 1939 – Bâle (Kunstmus.) : *Les parents de l'artiste* 1921 – Chicago (Richard Feigen Gal.) : *Portrait de Uzarski* – Cologne (Walraff-Richartz Mus.) : *L'urologue-dermatologue Koch* 1921 – Dresde (Staatl. Kunstsamml., Gemäldegal.) : *La guerre* 1929-1932, Quatre panneaux peints – Düsseldorf (Kunstmus.) : *La guerre* – Essen (Folkwang Mus.) : *Les noctambules* 1927 – Hanovre (Landesmus.) : *Portrait des parents de l'artiste* 1924 – Liège (Mus. des Beaux-Arts) : *Les deux enfants* 1921 – Mannheim (Städtische Kunsthalle) : *Le vendeur d'allumettes* 1927 – New York (Mus. of Mod. Art) : *Portrait du docteur Mayer-Hermann* 1926 – *Enfant avec sa poupée* 1928 – Paris (Mus. Nat. d'Art Mod.) : *La journaliste Sylvia von Harden* 1926 – Philadelphie (Mus. of Art) : *Le bombardement de Lens* 1924, eau-forte – Stuttgart (Staatsgal.) : *Le vendeur d'allumettes* 1920 – *L'historien d'art Paul Ferdinand Schmidt* 1921 – Stuttgart (Städt. Gal.) : *La rue de Prague à Dresde* environ 1920 – *La grande ville* 1927.

Ventes Publiques : Stuttgart, 21 nov. 1958 : *Trois personnages en buste* : **DEM 8 000** – New York, 3 juin 1959 : *Cirque*, pl. et aquar. : **USD 120** – Cologne, 1er fév. 1961 : *Saint Christophe*, h. et temp./pan. : **DEM 4 200** – Stuttgart, 3 et 4 mai 1962 : *La famille Félixmuller* : **DEM 8 800** – Cologne, 20 mai 1963 : *Portrait du photographe Hugo Erfurth* : **DEM 19 950** – Milan, 27 avr. 1967 : *La dernière rose* : **ITL 1 000 000** – Vienne, 20 mars 1968 : *Scène de plage*, aquar. : **ATS 45 000** – Munich, 3 déc. 1971 : *Paysage alpestre* : **DEM 22 000** – Munich, 27 mai 1974 : *La carrière* 1943 : **DEM 60 500** – Munich, 28 mai 1976 : *Constellation* 1920, grav./bois : **DEM 2 000** – Hambourg, 3 juin 1976 : *Femme au manteau de fourrure* 1923, gche/trait de pl. et cr. (77,6x55,2) : **DEM 22 000** – Vienne, 18 mars 1977 : *Tête d'homme* 1919, aquar. (41x30,5) : **ATS 80 000** – Hambourg, 3 juin 1977 : *Marin et fille* 1923, litho. en coul. : **DEM 6 200** – Munich, 22 mai 1978 : *Fillette aux fleurs* 1944, h/t (81x49) : **DEM 6 700** – Cologne, 2 déc. 1978 : *Le Cabaret des pêcheurs* 1918, aquar. et encre de Chine (36x46) : **DEM 7 500** – Munich, 28 mai 1979 : *Marin et fille* 1920, eau-forte (30x24,8) : **DEM 4 400** – Hambourg, 8 juin 1979 : *Tête de femme* vers 1925, aquar. et pl. (39,8x30,1) : **DEM 30 000** – Cologne, 19 mai 1979 : *Crucifixion* 1946, h/t (118x78) : **DEM 35 000** – Hambourg, 8 juin 1979 : *L'Annonciation* vers 1921, cr. (36,8x55,8) : **DEM 9 000** – Hambourg, 12 juin 1981 : *Autoportrait avec nu* 1921, cr./pap. (42,3x32,8) : **DEM 17 000** – Londres, 29 juin 1983 : *Autoportrait et modèle* 1923, h/t (105x90) : **USD 200 000** ; *Kupplerin* 1923, litho. en coul. : **DEM 29 000** – Munich, 28 nov. 1983 : *Descente de croix* 1960-1962, fus. et cr. (153x211) : **DEM 23 000** – Munich, 26 nov. 1984 : *Vase de fleurs* 1955, h/isor. (81x65) : **DEM 47 000** – Londres, 3 et 10 déc. 1985 : *Elegantes Paar*, aquar. (49x37) : **GBP 29 000** ; *Kupplerin* 1923, litho. en coul. (48x36,5) : **GBP 5 500** – Londres, 23 juin 1986 : *Der Salon I* 1921, h/t (86x120,5) : **GBP 520 000** – Munich, 2 juin 1986 : *Enfant couché* 1926, fus. et sanguine reh. de blanc (58,5x78,2) : **DEM 28 500** – Cologne, 27 nov. 1987 : *La Vierge et l'Enfant (panneau central) ; Saint Paul et Saint Pierre (panneaux latéraux)* 1945, triptyque, temp./pan. (centre : 110,8x82 ; côtés : 110,8x41) : **DEM 500 000** – New York, 12 mai 1988 : *Le Viol*, gche, aquar. et encre noire à la brosse/cr./pap. (56,5x38,3) : **USD 79 200** ; *Meurtre*, aquar., encre noire à la brosse /esq. cr./pap. (47x35,6) : **USD 85 800** – Munich, 8 juin 1988 : *Promenade du dimanche* 1922, h/t (75x60) : **DEM 495 000** ; *Hanna*, aquar. et cr. (38x28) : **DEM 143 000** – Munich, 26 oct. 1988 : *Portrait d'une jeune fille* 1927, cr. (55,6x42,5) : **DEM 5 500** – Rome, 21 mars 1989 : *Portrait de J. B. Neumann* 1922, eau-forte (29,5x23,5) : **ITL 2 500 000** ; *Portrait de Madame Erfurth* 1931, h/pan. (84x58) : **ITL 140 000 000** – New York, 6 oct. 1989 : « *Madame* », gche, aquar. et peint. argent/pap. (39,7x30) : **USD 23 100** – Rome, 6 déc. 1989 : *Cirque* 1922, aquar., h. et cr./pap. (50x33) : **ITL 80 500 000** – Paris, 16 mai 1990 : *Paysage alsacien* 1945, h/pan. (70,5x90) : **FRF 370 000** – New York, 14 fév. 1991 : *Portrait de la danseuse Marianne Vogelsang* 1931, gche, sanguine et craie blanche/pap. (61x47) : **USD 18 700** – New York, 15 fév. 1991 : *Deux fillettes* 1922, aquar. et cr./pap. (48x40) : **USD 37 400** – Berlin, 30 mai 1991 : *Paysage avec un camion de bois* 1946, h/t (54,5x73) : **DEM 72 150** – Zurich, 16 oct. 1991 : *Aveugle* 1923, litho. (62,2x47,6) : **CHF 4 800** – Lugano, 28 mars 1992 : *Nu féminin* 1931, sanguine/pap. (63,5x47) : **CHF 24 000** – Berlin, 29 mai 1992 : *Autoportrait avec un béret*, h/pap. (51x49) : **DEM 372 900** ; *L'homme d'affaires Mac Roesberg de Dresde* 1922, h/t (94x63,5) : **USD 1 017 000** – Milan, 21 mai 1992 : *Écrevisse et profil*, cr. (45,5x36) : **ITL 7 000 000** – Londres, 29 juin 1992 : *Hommage au sadisme* 1922, aquar. cr. et encre/pap. (49,8x37,5) : **GBP 110 000** – Heidelberg, 9 oct. 1992 : *Portrait de Otto Klemperer* 1923, litho. (45x43) : **DEM 2 900** – Munich, 1er-2 déc. 1992 : *Léonie* 1923, litho. en coul. (47,5x37,5) : **DEM 74 750** – New York, 23-25 fév. 1993 : *Vieille femme* 1923, encre et aquar./pap. (51,4x38,4) : **USD 70 700** – Heidelberg, 15-16 oct. 1993 : *Les notables* 1920, bois gravé (5,2x19,9) : **DEM 22 000** – New York, 3 nov. 1993 : *Portrait de femme : Valérie* 1919, gche et h/pap./t. (41,3x31,1) : **USD 101 500** – Zurich, 3 déc. 1993 : *Petite fille aux nattes*, fus. (40,7x29,6) : **CHF 8 000** – Londres, 1er déc. 1993 : *Fenaison* 1949, h/cart. (54,5x74) : **GBP 34 500** – Londres, 29 juin 1994 : *Village français* 1918, gche et aquar./pap./t. (41,5x33,5) : **GBP 56 500** – Londres, 13 oct. 1994 : *Le choc de l'exotisme* 1922, aquar., cr. et encre/pap. (49,3x39,7) : **GBP 122 500** – New York, 10 nov. 1994 : *Prostituée (la femme aux cheveux verts)* 1922, aquar., gche et cr./pap. (48,9x36,8) : **USD 43 700** – Lucerne, 20 mai 1995 : *Paysage des Alpes* 1934, pointe d'argent/pap. teinté vert (12,5x15,3) : **CHF 3 500** – Londres, 11 oct. 1995 : *La Mare d'un village (La Flaque)* 1917, gche, aquar. et h/pap./t. (39,5x42) : **GBP 43 300** – Londres, 9 oct. 1996 : *Deux amazones* 1922, aquar. et cr./pap. (51x41) : **GBP 58 700** – Heidelberg, 11-12 avr. 1997 : *Maud Arizona (Suleika, le miracle tatoué)* 1922, eau-forte (30x19,7) : **DEM 23 500** – Amsterdam, 18 juin 1997 : *Chat dans un champ de coquelicots (K. 328)* 1968, litho. coul. (56,5x45,5) : **NLG 12 685**.

DIX-BECKER Eulalie

Née à New York. xxe siècle. Américaine.

Miniaturiste.

Médaille d'argent au Salon des Artistes Français en 1927.

DIXCEE T.

xixe siècle. Actif à Hounslow au milieu du xixe siècle. Britannique.

Peintre de paysages.

DIXEY Frederick Charles

xixe siècle. Britannique.

Peintre de marines, aquarelliste.

Actif de 1877 à 1920, il exposa à la Royal Academy de Londres.

Ventes Publiques : York (Angleterre), 12 nov. 1991 : *Flottille de pêche se hâtant vers le port avant l'orage*, aquar. avec reh. de blanc (38x74,5) : **GBP 1 430**.

DIXEY John

Né à Dublin. Mort en 1820 aux États-Unis. xixe siècle. Américain.

Sculpteur.

Il vécut surtout à New York où il se spécialisa dans la peinture décorative.

DIXON, Miss

xviiie siècle. Active à Londres à la fin du xviiie siècle. Britannique.

Peintre de miniatures.

DIXON Alfred

xixe siècle. Britannique.

Peintre de compositions religieuses, scènes de genre, marines.

Il exposa à la Royal Academy et à Suffolk Street, à Londres, entre 1864 et 1891.

Musées : Sunderland : *Dépouillé* – *Abandonné* – *Bourgmestre*.

Ventes Publiques : Londres, 6 fév. 1981 : *La Tentation de saint Kevin* 1875, h/t (50,2x59,6) : **GBP 280** – Londres, 12 juin 1992 : *Le Lendemain matin* 1870, h/t (61x106,7) : **GBP 3 850**.

DIXON Anna

Morte en 1959. xixe-xxe siècles. Britannique.

Peintre de genre, paysages animés, aquarelliste.

Ventes Publiques : South Queensferry (Écosse), 23 avr. 1991 : *Les charrettes à ânes*, h/t (30x41) : **GBP 2 640** – Glasgow, 1er fév. 1994 : *Jours d'été* 1893, h/t (30,5x44) : **GBP 1 610** – Édimbourg, 9 juin 1994 : *Ânes sur la plage de Portobello* 1905, h/t (33x43,2) : **GBP 4 600** – Glasgow, 16 avr. 1996 : *Canards au bord de la rivière*, aquar. (34x49,5) : **GBP 1 207**.

DIXON Annie

Née à Horncastle (Lincolnshire). Morte en février 1901. xixe siècle. Britannique.

Peintre de portraits, miniatures.

Elle fut l'une des portraitistes préférées de l'aristocratie anglaise à l'époque victorienne.

DIXON Arthur Percy

xixe siècle. Britannique.

Peintre de genre, paysages animés, paysages, aquarelliste.

Il exposa à Londres, à partir de 1886, particulièrement à Suffolk Street et à la New Water-Colours Society. Il visita la colonie du Cap.
Musées : Le Cap : *Près de Worcester, colonie du Cap*, une aquarelle.
Ventes Publiques : Londres, 1er avr. 1980 : *L'Après-midi au bord de la rivière* 1897, h/t (48x67) : **GBP 650** – Londres, 29 nov. 1985 : *Le Jardin du roi* 1900, h/t (11,2x152,4) : **GBP 9 000** – Glasgow, 5 fév. 1991 : *La Fille du jardinier*, h/t (34x25,5) : **GBP 1 760** – Londres, 3 juin 1992 : *Contemplation*, h/t (126x85,5) : **GBP 3 300** – Glasgow, 1er fév. 1994 : *La Leçon de lecture*, h/t (35,5x45,5) : **GBP 3 450** – Londres, 6 nov. 1995 : *Marché aux fleurs à Édimbourg*, h/t (101x151,7) : **GBP 16 100**.

DIXON Charles
Né le 8 décembre 1872 à Goring. Mort en 1934. xixe-xxe siècles. Britannique.
Peintre d'histoire militaire, marines, paysages d'eau, paysages urbains, peintre à la gouache, aquarelliste.
Il exposa à Londres, à la Royal Academy à partir de 1889.

Charles Dixon

Bibliogr. : H. L. Mallalieu, in : *Le Dictionnaire des artistes aquarellistes anglais*.
Ventes Publiques : Londres, 25 jan. 1924 : *Départ d'un paquebot américain* 1898, dess. : **GBP 10** 10s – Londres, 20 dec. 1926 : *Le port de Portsmouth* 1910, dess. : **GBP 18** 18s – Londres, 20 fév. 1931 : *New Brienton* 1904, dess. : **GBP 8** 8s – Newcastle (Angleterre), 10 juil. 1939 : *L'Armada d'Espagne*, dess. : **GBP 20** – New York, 12 jan. 1974 : *Bateaux en mer* 1917 : **USD 1 300** – Londres, 8 mars 1977 : *Les régates* 1905, reh. de gche (74x99) : **GBP 1 200** – Londres, 9 mai 1979 : *Bateaux au large de la côte* 1905, gche (75x100) : **GBP 600** – Chester, 24 sep. 1981 : *Le port de Londres* 1905, aquar. reh. de gche (26,5x39) : **GBP 780** – New York, 23 fév. 1983 : *Off the Battery, New York* 1899, aquar. reh. de blanc (57x40,4) : **USD 1 000** – Londres, 5 juin 1985 : *L'estuaire de la Tamise* 1919, aquar. reh. de gche (44x74) : **GBP 2 400** – Londres, 3 juin 1986 : *The Golden Hind* 1929, h/cart. (113x162) : **GBP 3 000** – Londres, 29 avr. 1987 : *Off Custom House* 1927, aquar. reh. de gche (44x76) : **GBP 5 600** – Londres, 22 sep. 1988 : *Formation de combat* 1914, h/t (50x73,5) : **GBP 1 870** – Londres, 25 jan. 1989 : *Au large de Tilbury* 1903, aquar. (28x78) : **GBP 4 180** – Londres, 31 jan. 1990 : *Yacht à Cowes (peut-être « Le Saphir »)* 1898, aquar. et gche (34x69) : **GBP 4 400** – Londres, 25-26 avr. 1990 : *Navigation sur la Tamise* 1890, aquar. avec reh. de blanc (49,5x115) : **GBP 4 950** – Londres, 30 mai 1990 : *La Bataille de Jutland le 31 mai 1916* 1916, h/t (51x92) : **GBP 6 050** – Londres, 30 jan. 1991 : *La Cathédrale Saint-Paul vue de la Tamise* 1928, aquar. et gche (36,5x52) : **GBP 2 530** – Londres, 22 mai 1991 : *Le Bassin de Londres* 1903, aquar. avec reh. de gche (70x126) : **GBP 9 350** – Londres, 29 oct. 1991 : *En amont de Woolwich* 1906, cr. et aquar. (28x78,2) : **GBP 3 080** – Montréal, 19 nov. 1991 : *Fiddlers reach* 1913, aquar. (26,5x76,8) : **CAD 2 750** – Londres, 12 juin 1992 : *Vent et marée au large de Greenwich* 1898, cr. et aquar. (46,3x76,9) : **GBP 4 400** – Londres, 5 mars 1993 : *En aval de Greenwich* 1900, cr. et aquar. (55,3x37,5) : **GBP 2 070** – Londres, 11 mai 1994 : *La Bataille de Camperdown* 1909, aquar. et gche (76,5x127,5) : **GBP 10 580** – Londres, 10 mars 1995 : *Navigation dans le port de Portsmouth* 1908, cr. et aquar. avec reh. de blanc (37,5x27,9) : **GBP 2 185** – Londres, 30 mai 1996 : *Le Riser* 1899, aquar. avec reh. de blanc (38x54) : **GBP 1 150**.

DIXON Charles Thomas
xixe siècle. Britannique.
Peintre de genre, paysages.
Il exposa à Londres entre 1846 et 1857, à la Royal Academy, à la British Institution et à Suffolk Street.
Musées : Sheffield : *Débit de journaux – Harshead – À la mort.*

DIXON Charlotte Grace, née **Cowell**
Née à Londres. xixe siècle. Britannique.
Peintre de miniatures.
On lui doit un portrait du Lord Chancelier Sir Richard Bethell.

DIXON Deighton Joyce
Né à Lowfell (Angleterre). xxe siècle. Britannique.
Peintre de fleurs.
Élève de Spenlove-Spenlove. Il a figuré au Salon des Artistes Français de 1928 à 1934.

DIXON Dudley
Né à Lowfell (Angleterre). xxe siècle. Britannique.
Peintre.
Élève de Spenlove-Spenlove. Il a exposé au Salon des Artistes Français de 1927 à 1934.

DIXON E.
xixe siècle. Actif à Londres vers 1835. Britannique.
Peintre de portraits.

DIXON E. H.
xixe siècle. Actif à Londres vers 1850. Britannique.
Peintre de paysages.

DIXON F. H.
xixe siècle. Actif à Londres vers 1840. Britannique.
Peintre de miniatures.
Il exposait à la Royal Academy.

DIXON Francis
Né en 1879. Mort en 1967. xxe siècle. Américain.
Peintre de paysages.

FRANCIS DIXON

Ventes Publiques : New York, 18 mars 1983 : *Nuit d'été*, h/t (63,8x76,5) : **USD 1 100** – New York, 22 sep. 1987 : *Paysage nuageux*, h/t (61x74,1) : **USD 2 100** – New York, 28 sep. 1995 : *Paysage*, h/t (51,1x66,4) : **USD 1 265**.

DIXON Harry
Né le 21 juin 1861 à Watford (Hertfordshire). Mort le 1er janvier 1942 à Finchley (Londres). xixe-xxe siècles. Britannique.
Peintre et sculpteur.
Il fit d'abord ses études en Angleterre, avant de venir à Paris, entre 1883 et 1887, où il travailla à l'Académie Julian dans les ateliers de Bouguereau et de Lefèbvre. Il a exposé régulièrement à la Royal Academy depuis 1881, ainsi qu'à Suffolk Street. Il a été membre de la Royal Society of British Sculptors en 1904. Peintre et sculpteur d'animaux, il a sculpté deux lions à l'entrée de l'Imperial Institute en 1892. Il a également réalisé sur le même thème des gravures et aquarelles. La Tate Gallery en conserve une : *Lions*, datée de 1891. Le Musée de Cardiff possède également de lui : *Tête de lion* ; et *Tête de tigre*.

DIXON J.
xixe siècle. Actif à Londres vers 1800. Britannique.
Peintre de paysages.

DIXON John
Né vers 1720 à Dublin. Mort vers 1804 à Londres. xviiie siècle. Britannique.
Graveur à l'eau-forte.
Dans sa ville natale, il fut élève de West et devint membre de la Société des artistes en 1766. Il grava plusieurs portraits, d'après Sir Joshua Reynolds et d'autres maîtres. On cite de lui : *Une tigresse*, d'après Stubbs ; *Ugolin enfermé dans la prison avec ses enfants*, d'après J. Reynolds ; *L'Oracle*, allégorie ; 24 planches de *Portraits* ; *Jeune homme* ; *Incantation*, d'après J. Hamilton Mortimer ; *Une marchande de pommes et de cerises*, d'après F. Falconnet.

DIXON John
Mort en mars 1721 à Thwaite (Norfolk). xviiie siècle. Britannique.
Peintre.
Portraitiste à l'huile et au pastel il avait été l'élève de Lely. Il excella également à peindre des sujets mythologiques.

DIXON John
Né à Seaton Burn (Angleterre). xxe siècle. Britannique.
Miniaturiste.

DIXON John Moore
Né en Colombie. xxe siècle. Britannique.
Peintre de portraits.

DIXON Lafayette Maynard
Né en 1875. Mort en 1946. xixe-xxe siècles. Américain.
Peintre de scènes typiques, figures, paysages, dessinateur.
Après un périple de quatre mois à travers l'État du Nevada en 1927, Maynard Dixon traduisit en une cinquantaine de tableaux l'âpre beauté et le silence particulier du désert qu'il avait traversé, tableaux parmi lesquels il faut citer *Eagle's Roost*.
Le succès fut immédiat, et l'on put lire dès décembre 1927 dans la revue *The Argus* : « (Dixon) reconnut qu'il y avait là quelque chose de plus grand que l'*ego*, quelque chose d'impérieux, et se

laissant guider, il essaya de rendre cet état, et non de l'interpréter. » Son grand ciel couvert de nuages du *Monde de nuage*, 1925, est un pas vers un art expressionniste abstrait.

Bibliogr. : W. M. Burnside : *Maynard Dixon, Artist of the West*, Provo, Utah, 1974 - D. J. Hagerty : *Desert Dreams : The Art and Life of Maynard Dixon*, Layton, Utah, 1993.

Ventes Publiques : Los Angeles, 8 mars 1976 : *Tête d'indien* 1923, techn. mixte (35,5x30) : **USD 1 100** - New York, 19 avr. 1977 : *Paysage*, h/t (46x61) : **USD 1 500** - Los Angeles, 8 nov. 1977 : *Cowboys* 1946, aquar. (32x28) : **USD 4 300** - Londres, 25 oct. 1979 : *La grand-mère peau-rouge* 1917, h/t (51,5x40,7) : **USD 15 500** - Los Angeles, 12 mars 1979 : *Cloud Castles, n°20* 1918 (45,7x56) : **USD 4 000** - Los Angeles, 12 mars 1979 : *Cowbow*, pl. et lav. (51x25,4) : **USD 1 400** - Los Angeles, 16 mars 1981 : *Paysage du Nevada* 1927, mine de pb et fus./pap. (31,5x35,5) : **USD 900** - New York, 3 déc. 1982 : *Cabane dans la forêt* 1906, fus. et craie blanche (23,6x29) : **USD 1 000** - San Francisco, 28 fév. 1985 : *On the range*, aquar. et fus. (29x49,5) : **USD 4 250** - New York, 30 mai 1985 : *Two Indians on the plain* 1912, h/cart. (50,8x76,2) : **USD 19 000** - New York, 4 déc. 1986 : *Mountain Juniper* 1921, h/cart. (34,9x24,8) : **USD 1 900** - Los Angeles, 9 juin 1988 : *Le ranch d'Adobe*, h/t (32x25) : **USD 7 700** ; *Le Navajo*, h/t (107x160) : **USD 192 500** ; *En direction du village*, aquar./pap. (32,5x35,7) : **USD 6 050** - New York, 30 nov. 1989 : *Les tentes indiennes* 1919, h/t (50,8x76,2) : **USD 49 500** - Los Angeles-San Francisco, 7 fév. 1990 : *Les champs à Toquerville* 1933, h/t (41x51) : **USD 30 250** - Los Angeles-San Francisco, 12 juil. 1990 : *Désert dans les montagnes proches du Mont Carmel* 1922, h/t (41x49) : **USD 7 700** - New York, 5 déc. 1991 : *Sur le chemin du ranch* 1945, h/cart. (55,9x114,3) : **USD 63 250** - New York, 31 mars 1993 : *Campement indien* 1940, gche et cr./pap. (62,2x34,9) : **USD 9 775** - New York, 2 déc. 1993 : *Chevaux sauvages paîssant* 1922, h/t (50,8x188) : **USD 90 500** - New York, 12 sep. 1994 : *Maison de campagne*, aquar. et cr./pap. (35,6x25,4) : **USD 1 380** - New York, 20 mars 1996 : *Dresseur de bronco*, encre et lav./pap. (50,8x25,4) : **USD 5 175** - New York, 23 mai 1996 : *Le Navajo* 1914, h/t (51x76,5) : **USD 140 000** - New York, 4 déc. 1996 : *Nid d'aigle*, h/t (76,2x63,5) : **USD 167 500**.

DIXON Martin

Né à Dublin (Irlande). xxe siècle. Irlandais.

Sculpteur.

En 1933 il exposait un buste au Salon des Artistes Français.

DIXON Matthew

Mort en octobre 1710 à Thwaite (Norfolk). xviiie siècle. Britannique.

Peintre.

Il était, semble-t-il, le frère du portraitiste John Dixon et fut, comme lui, élève de sir Peter Lely.

DIXON Nicholas ou à tort **Nathaniel**

xviie-xviiie siècles. Britannique.

Peintre.

Cet artiste a donné lieu à de nombreuses controverses. Irlandais, il vécut au xviie et xviiie siècles, sous le règne de Jacques II et de Guillaume III. Certains écrivains prétendent qu'il fut le frère de John Dixon. Les œuvres de ce peintre sont d'une identification assez difficile. On les trouve généralement signées d'un *D.* D'autres, notamment des miniatures, portent *N. D.* Ces œuvres sont fortes, bien colorées, présentant une certaine analogie avec le portrait de Cooper. On trouve de ses portraits à Montagu House, à Ham, et quelques-uns parmi les plus importants dans la collection Madresfield.

DIXON Robert

Né en 1780 à Norwich. Mort le 1er octobre 1815 à Norwich. xixe siècle. Britannique.

Peintre de paysages, architectures, aquarelliste.

Quelques-unes de ses œuvres figurèrent dans les expositions norvégiennes. Il publia, en 1810 et 1811, trente-six vues ou *Scènes de Norfolk*. Après ses études à la Royal Academy, il s'installa en Norvège et participa aux expositions de la Société de Norvège à partir de 1805. Il en devint président en 1809. Il a également gravé.

Il a souvent représenté des sujets d'architectures.

Musées : Londres (Victoria and Albert Mus.) : *Cour de ferme*, aquarelle - Norwich : *Murs de la ville - Porte Madeleine - L'Abbaye Saint-Léonard*.

Ventes Publiques : Londres, 18 mars 1982 : *La Cour de ferme*, aquar./trait de cr. (21x28) : **GBP 400** - Londres, 30 mars 1983 : *Cottage à Diss, Norfolk*, aquar./trait de cr. (17x21,5) : **GBP 480**.

DIXON William

xviiie-xixe siècles. Actif à Londres. Britannique.

Peintre de genre, portraits, marines.

Ventes Publiques : New York, 11 avr. 1929 : *Bateau de guerre* 1797 : **USD 500** - Londres, 22 juin 1979 : *Voiliers en mer* 1797, h/t (75x123,2) : **GBP 5 200** - Londres, 22 oct. 1981 : *Tintern Abbey* 1851, aquar. sur trait de cr. (51,5x65,5) : **GBP 380** - Londres, 11 nov. 1983 : *Bateaux au port, Harwich*, h/t (25,4x38,1) : **GBP 3 000** - Londres, 12 mars 1987 : *Un pêcheur*, aquar. et cr. (16,5x16,5) : **GBP 800**.

DIXON William Francis

xixe siècle. Actif à Londres à la fin du xixe siècle. Britannique.

Peintre verrier.

Il travailla aussi en Hollande et en Allemagne.

DIZIANI Antonio

Né en 1737 à Belluno (Vénétie). Mort après 1797 à Venise (Vénétie). xviiie siècle. Italien.

Peintre d'histoire, paysages animés, paysages, paysages d'eau, graveur.

Il est le fils de Gaspare Diziani. Il travailla pour l'Académie des Beaux-Arts de Venise.

Bibliogr. : In : Dizionario Enciclopedido Bolaffi dei Pittori e Deglincisori Italiani, Giulio Bolaffi Editore, 1973.

Musées : Venise (Acad. des Beaux-Arts) : *Paysage*.

Ventes Publiques : Paris, 2 avr. 1981 : *Vue de la Piazzetta vers S. Giorgio Maggiore*, h/t (44x65) : **FRF 92 000** - Paris, 15 juin 1983 : *Paysans et troupeau dans un paysage montagneux*, h/t (73x111,5) : **FRF 33 000** - Monaco, 17 juin 1988 : *Paysage avec rivière*, h/t (105x81) : **FRF 66 600** - New York, 3 juin 1988 : *Personnages et animaux au bord d'un lac boisé*, h/t (70x90) : **USD 19 800** - Londres, 5 juil. 1989 : *Paysage de rivière avec des ruines classiques*, h/t (61,5x77,5) : **GBP 10 450** - New York, 5 avr. 1990 : *Paysage fluvial avec des paysans près d'une fontaine*, h/t (32,5x47) : **USD 11 000** - New York, 11 oct. 1990 : *Scènes de l'histoire de Bertoldino*, h/t, une paire (53,5x70) : **USD 40 700** ; *Balaam et l'ânesse dans un paysage*, h/t (94x134) : **USD 44 000** - Rome, 14 nov. 1995 : *Paysage fluvial*, h/t (63x113) : **ITL 71 300 000** - Londres, 8 déc. 1995 : *Embuscade dans un paysage boisé*, h/t (68,9x102) : **GBP 16 100** - Paris, 29 mars 1996 : *Paysage idéal de la campagne vénitienne : rivière, chaumière, pêcheur et paysan*, h/t (65x167) : **FRF 114 000** - Venise, 22 juin 1997 : *Paysage avec un arc, une maison campagnarde et des personnages* ; *Paysage avec un pont sur la gauche et un bourg*, h/t, une paire (54,3x82,2) : **ITL 77 500 000**.

DIZIANI Gaspare

Né le 24 novembre 1689 à Bellune (Vénétie). Mort en 1767 à Venise (Vénétie). xviiie siècle. Italien.

Peintre de compositions religieuses, sujets mythologiques, fresquiste, dessinateur, caricaturiste.

Il eut pour maîtres Gregorio Lazzarini et indirectement Sebastiano Ricci. Après un séjour à Rome, puis en Allemagne entre 1717 et 1720, il se fixa à Venise, où il travailla le restant de sa vie. Il réalisa surtout des peintures religieuses traitées dans des tonalités vives ; on cite notamment : *Saint François en extase* 1727, à l'église San Rocco à Belluno ; *Martyre* 1734-1735, à la cathédrale de Chioggia ; *Aumône de Angelo Paoli*, à la Carmine de Venise. Il peignit également des fresques, dont un *San Bartolomeo* 1750, à Bergame.

Bibliogr. : In : Dizionario Enciclopedido Bolaffi dei Pittori e Deglincisori Italiani, Giulio Bolaffi Editore, 1973 - in : *Diction. de la peinture italienne*, coll. Essentiels, Larousse, Paris, 1989.

Musées : Bergame (Acad. Carrara) : Croquis de la voûte à fresque dans l'église Saint-Barthélémy, à Bergame - Dresde : *Scène d'atelier* - Udine (Mus. Civique) : *Putti jouant avec l'hermès de Pan à la présence d'un satyre*, dess. - Venise (Gal. Nat.) : *Paysage - Moïse devant le buisson ardent - Moïse reçoit les tables de la Loi*.

Ventes Publiques : Paris, 1775 : *La chaste Suzanne* ; *Loth enivré*, deux dess. à la pl. et à l'encre de Chine : **FRF 46** ; *Le bon Samaritain* ; *Joseph dans la prison*, dess. à la pl. et à l'encre de Chine : **FRF 29** ; *Jupiter du haut de l'Olympe, foudroie les rebelles*, dess. à la pl. et au bistre : **FRF 9** - Paris, 1872 : *Venise, l'île Saint-Georges Majeur*, dess. : **FRF 185** - Londres, 7 mai 1926 : *Une île près de Venise* : **GBP 54** - Londres, 29 juin 1962 : *Le Triomphe de Joseph* : **GNS 600** - Londres, 5 juil. 1967 : *Alexandre et la famille de Darius* : **GBP 1 250** - Londres, 10 avr. 1970 : *Hercule, Déjanire et le centaure Nessus* : **GNS 3 400** - Londres, 8 déc. 1976 : *Glorification de St. Ambroise* vers 1755-1760, h/t (71x57) : **GBP 10 000**

– Londres, 14 déc. 1977 : *L'Assomption de la Vierge*, h/t (69,5x39,5) : **GBP 5 000** – Londres, 7 juil. 1981 : *L'Assomption de la Vierge*, pl. et lav./pap., pierre noire (28,7x17,5) : **GBP 550** – Londres, 9 juil. 1982 : *L'Apothéose de la Guerre*, h/t (18,5x54,5) : **GBP 5 000** – Londres, 5 juil. 1983 : *Déesse et dauphin*, sanguine, pl. et lav./pap. bis : **GBP 950** – Paris, 28 nov. 1984 : *Le passage de la mer Rouge ou Moïse séparant les eaux*, h/t (82,5x121) : **FRF 150 000** – Milan, 3 mars 1987 : *Jésus dans le jardin des oliviers*, h/t (89x179) : **ITL 70 000 000** – Paris, 27 mai 1987 : *Le Christ en croix entre la Vierge, Madeleine et saint Jean* 1740, pl. et encre brune (34,5x23) : **FRF 23 500** – New York, 15 jan. 1988 : *L'Adoration des bergers*, h/t (57,7x29,8) : **USD 33 000** – Rome, 10 mai 1988 : *Le Chemin de Croix*, h/t (56,5x74,5) : **ITL 8 500 000** – Rome, 24 mai 1988 : *Dignitaires de l'antiquité veillant à la construction d'un temple*, cr. encre marron reh. d'aquar. grise et brune (30,3x47,4) : **ITL 2 200 000** – New York, 21 oct. 1988 : *Le martyr de saint Étienne*, h/t (66,5x42,5) : **USD 24 200** – Stockholm, 15 nov. 1988 : *Alexandre et Bache*, h. (61x79) : **SEK 43 000** – Londres, 7 déc. 1988 : *La glorification de l'ordre des Dominicains*, h/t (57x74) : **GBP 9 350** – New York, 12 jan. 1990 : *Le martyr de saint Bartholomée*, sanguine et lav. (38,8x27,9) : **USD 2 200** – Londres, 2 juil. 1990 : *Mercure dans un char (recto) ; Mars dans un char (verso)*, encre et lav., une paire (chaque 22,2x34) : **GBP 7 700** – New York, 11 jan. 1991 : *Hercule, Déjanire et le centaure Nessus*, h/t (78,7x97,1) : **USD 110 000** – Londres, 19 avr. 1991 : *Repos pendant la fuite en Égypte*, h/t (17,8x127,6) : **GBP 26 400** – Londres, 3 juil. 1991 : *L'Adoration des Mages*, h/t (95,5x77,5) : **GBP 24 200** – Rome, 19 nov. 1991 : *L'ébriété ; La bagarre*, h/t, une paire (38,5x54,5) : **ITL 50 000 000** – Paris, 1er avr. 1993 : *La libération de saint Pierre*, encre et lav., sanguine (20x28,2) : **FRF 12 000** – Rome, 11 mai 1993 : *L'Adoration des Mages*, h/t (95x77) : **ITL 60 000 000** – New York, 14 jan. 1994 : *La tentation de saint Antoine*, h/t (87,9x74) : **USD 51 750** – Paris, 21 mars 1994 : *Vision d'un saint*, h/t (40,5x25,5) : **FRF 28 000** – New York, 10 jan. 1995 : *Trois putti jouant avec des trophées de guerre*, encre et lav. sur traces de sanguine (10,1x29,6) : **USD 6 900** – Paris, 30 juin 1995 : *Études d'armures*, encre et lav., une paire (20,5x14,5) : **FRF 13 000** – New York, 30 jan. 1997 : *Un saint évêque (saint Ambroise ou saint Augustin ?) en béatitude entouré de putti et d'anges, l'Hérésie étant repoussée en bas* vers 1755-1760, h/t (71,1x57,2) : **USD 85 000** – Londres, 4 juil. 1997 : *Moïse sauvé des eaux*, h/t (123x152,4) : **GBP 150 000** – New York, 16 oct. 1997 : *Un banquet dans un intérieur de palais*, h/t (42x35,5) : **USD 68 500**.

DIZIANI Giuseppe ou **Ditziani**
XVIIIe siècle. Italien.
Peintre de compositions animées.
Il était fils de Gasparo.
Ventes Publiques : New York, 4 juin 1980 : *Le Retour d'Alexandre le Grand*, h/t (47x61,5) : **USD 12 500**.

DIZÖG F.
XVIIIe siècle. Autrichien.
Graveur.

DJADEL Marc
Né le 16 mai 1938 à Paris. XXe siècle. Français.
Peintre. Tendance abstraite.
Autodidacte de formation et encouragé par Pignon, il fait sa première exposition en 1963 et une seconde en 1966. Depuis on a pu remarquer ses œuvres dans diverses expositions de groupes, notamment en 1974. C'est une peinture violemment colorée, intense, aux touches larges et dynamiques.

DJAKONOFF Nikolaï
XVIIIe siècle. Actif à Moscou à la fin du XVIIIe siècle. Russe.
Graveur.
Le Musée Russe à Saint-Pétersbourg possède des œuvres de cet artiste.

DJANIRA
XXe siècle. Brésilienne.
Peintre de paysages.
Elle figura à l'*Exposition brésilienne* 1944-45, au British Council de Londres.
Ventes Publiques : New York, 15 nov. 1994 : *L'église de Congonhas do Campo*, h/t (61x58,7) : **USD 5 175**.

DJANIRA, de son vrai nom : **Djanira de Mota E Silva**
Née en 1914. Morte en 1979. XXe siècle. Brésilienne.
Peintre de scènes et paysages animés.
Ventes Publiques : Rio de Janeiro, 30 juil. 1984 : *Scène de marché* 1960, h/t (65x92) : **BRL 20 000 000** – Rio de Janeiro, 15 juil. 1986 : *Cavalinhos de Pau* 1968, h/t (130x196) : **BRL 460 000**.

DJIAN Alice
XXe siècle. Française.
Peintre. Nouvelles figurations.
Issue des Écoles Nationales Supérieures des Arts-Appliqués et des Beaux-Arts de Paris, elle a participé à de nombreuses expositions collectives depuis le milieu des années soixante, dont le Salon des Artistes Indépendants en 1988, celles de la Figuration Critique au Grand Palais en 1989, 1990 et 1991, à la Galerie Vendôme en 1989, 1990 et 1991, à la Biennale des Femmes au Grand Palais en 1990. Elle fait également des expositions personnelles à Paris, en 1985, à la Galerie Vendôme en 1990, à Washington en 1991.
La peinture de Djian évoque souvent la femme, son corps, la matérialité éphémère de son être, les idéaux qui y sont projetés, dans une ambiance de finitude et de recherche d'éternité.

DJIAN Jean-Pierre
Né le 6 mai 1948 à Paris. XXe siècle. Français.
Peintre. Abstrait-géométrique, tendance conceptuelle.
Sa formation initiale fut celle d'architecte, ensuite il s'orienta vers la peinture. Il produit et expose dans divers Salons, on peut citer le Salon de Mai et le Salon des Grands et Jeunes d'Aujourd'hui en 1970. S'opposant à tout idéalisme de l'art et aux interprétations de type platonicien, sa démarche est pensée et organisée, à partir de l'idée de refus. Voulant se limiter au fait matériel, le résultat pictural ainsi obtenu ne peut néanmoins qu'engendrer les éléments d'une signification d'un autre ordre formel.
C'est ainsi que Djian a exposé au Salon des Grands et Jeunes d'Aujourd'hui des toiles scrupuleusement identiques, constituées de carrés de couleurs de dix-huit centimètres de côté, répétés, horizontalement et verticalement, d'une manière régulière. Son activité est à rapprocher bien qu'il n'en fit pas partie du groupe B.M.P.T., de celle de Buren, Mosset, Parmentier et Toroni.
Musées : Skopje : deux peintures.

DJO-BOURGEOIS, de son vrai nom : **Georges Bourgeois**
Né dans la seconde moitié du XIXe siècle à Bezons (Val-d'Oise). XIXe siècle. Français.
Peintre et décorateur.
Outre ses décorations on lui doit d'agréables paysages. Sociétaire du Salon des Artistes Français.

DJOIDJADZE Basile
Né à Tiflis (Georgie). XXe siècle. Russe.
Peintre de portraits.
Il exposa à Paris au Salon des Indépendants en 1926.

DJONOVIC Alek Aleksandar
Né en 1931 à Arandjelovac. XXe siècle. Yougoslave.
Peintre. Fantastique.
Il fit ses études à l'Académie des Beaux-Arts de Belgrade jusqu'en 1956. Il est directeur du musée de sa ville natale et du Festival de l'art yougoslave qui s'y déroule. Il a participé à des expositions collectives à Belgrade en 1956, à Como en 1971, à Lipovac en 1974, etc. Il a fait de nombreuses expositions personnelles dont celles à Arandjelovac en 1955, 1958, 1963, 1964, 1967, 1970, et 1975, à Belgrade en 1959, 1962, 1969, 1972, 1973, et 1975, à Kragujevac en 1963, 1973, et 1975.
Alek Djonovic vit au cœur de la nature tant dans sa vie de tous les jours que dans la dimension cosmique de ses tableaux. Ceux-ci manifestent avec force les régulations de l'Univers, des aubes jusqu'aux soirs, des éruptions solaires jusqu'aux failles inguérissables des hommes. Ses tableaux de couleurs uniquement rouges et jaunes créent la matière et l'anti-matière dans un mouvement informel et semblent inlassablement rayonner vers le centre de cette cosmologie.

DJORDJEVIC Goran
Né en 1950 à Dragas. XXe siècle. Depuis 1991 actif aux États-Unis. Yougoslave.
Peintre. Abstrait, tendance conceptuelle.
Sa formation fut celle d'un étudiant en électronique et plus spécialement en physique nucléaire. Il vécut à partir de 1971 à Belgrade. En 1991, il s'installe à New York et met fin à son activité artistique, travaillant à l'accueil du Salon de Fleurus.
Il s'est intéressé aux processus mentaux de l'homme et à ses développements possibles, par le moyen de méthodes condi-

tionnées par l'histoire, donc non définies. Parallèlement au langage et aux mathématiques, Goran Djordjevic tenta d'élargir le degré de liberté de l'esprit en explorant une méthode visuelle représentative d'un processus mental. Il l'élabora à partir de séries de dessins au géométrisme répétitif et dépouillé.

DJOUNAYD. Voir **JUNAYD**

DJURIC Miodrag. Voir **DADO**

DJUROVIC Zeljko

Né le 12 décembre 1956 à Danilovgrad (Monténégro). XXe siècle. Monténégrin.

Peintre de compositions animées, graveur. Fantastique.

Il est diplômé de l'Institut des Arts Appliqués de Belgrade. Ses peintures se situent dans un courant des années quatre-vingt qui a trouvé un public pour une imagerie fantastique cautionnée par une technique artisanale du détail.

Musées : Gruyères (Mus. du Centre Internat. de l'Art Fantastique) : *L'Arc suave du désir.*

DLOUHY Bedrich

Né en 1932 à Pilzen. XXe siècle. Tchécoslovaque.

Peintre et graveur.

Il fit ses études à l'Académie des Beaux-Arts de Prague. En 1954, il devint membre du groupe néo-dadaïste « Smidrové ». Il exposa (dans son atelier) en 1962, mais il participa également à plusieurs expositions officielles en Tchécoslovaquie et à l'étranger : à l'Europahaus de Vienne en 1964, à l'exposition du groupe « Smidrové » en 1965. Cette même année il obtint un prix important à la Biennale de Paris. Il fit parti des représentants importants de l'école tchécoslovaque qui résistèrent au réalisme-socialiste prôné par les instances culturelles du régime.

DLUSKI A.

XVIIIe siècle. Actif à Varsovie. Polonais.

Peintre et graveur.

On lui doit un portrait du général Arnold Byszewski.

DLUSKI Boleslaw

Né vers 1840 en Lithuanie. XIXe siècle. Polonais.

Peintre.

Après avoir été membre de l'Académie de Saint-Pétersbourg, il dut s'expatrier et vécut en France, en Angleterre et en Suisse, avant de retourner à Cracovie.

DMITREWSKI Nikolai

Né le 18 novembre 1890 à Chankov. Mort le 2 janvier 1938, en déportation. XXe siècle. Russe.

Dessinateur.

Après ses études au Lycée de Saint-Pétersbourg, il apprend le dessin, en 1910 avec Kardowski. De 1911 à 1914, il est à l'Ecole d'Art de Moscou avec Krieg. En 1923 et 1924 il devient directeur d'une école d'art, puis en 1928, il part pour Moscou où il travaille jusqu'en 1937 comme ouvrier typographe. En octobre 1937 il est arrêté. En 1922 il fait paraître un recueil de 21 lithographies *À la mémoire d'A. Bloch.* Ses dessins s'inscrivent dans l'optique d'un art réaliste. Nikolai Dmitrewski a été réhabilité en 1957.

DMITRIEFF Nicolaï Ivanovitch

Né en 1847 à Saint-Pétersbourg. Mort en 1875 à Nieshin. XIXe siècle. Russe.

Peintre.

Il fit ses études à Saint-Pétersbourg et fut professeur de dessin à Tchernigoff.

DMITRIEFF Timofeï

Né le 3 mai 1825. Mort le 2 décembre 1872. XIXe siècle. Russe.

Graveur.

Il fut à Saint-Pétersbourg l'élève de Tschesky et de Utkin.

DMITRIEFF Vassilii

Mort vers 1870. XIXe siècle. Russe.

Graveur.

Il fut élève de l'Académie de Saint-Pétersbourg.

DMITRIEFF-KAWKASKY Léon Jevgrafovitch

Né en février 1849 au Caucase. XIXe siècle. Russe.

Graveur.

Il fit ses études à Stavropol, puis à Saint-Pétersbourg. Il pratiqua les genres les plus divers, paysages, portraits, croquis d'actualité, et collabora à de nombreux journaux.

DMITRIEFF-MAMONOFF Emmanuil Alexandrovitch

Né en 1823. Mort en 1883. XIXe siècle. Russe.

Peintre.

Son père était général. Il fut un portraitiste à la mode dans la haute société russe.

DMITRIEFF-ORENBURGSKY Nikolaï Dmitrievitch

Né en novembre 1838 à Nijni-Novgorod. Mort en 1898 à Saint-Pétersbourg. XIXe siècle. Russe.

Peintre de sujets militaires, portraits, illustrateur.

Il fit ses études à Saint-Pétersbourg sous la direction de F. A. Bruni, puis à Düsseldorf. Il séjourna ensuite plusieurs années à Paris où il exposa au Salon des paysages et des portraits. Le tzar Alexandre II lui commanda de nombreuses peintures.
Il est surtout connu comme peintre de batailles.

Musées : Saint-Pétersbourg (Mus. Russe) : *L'inauguration du drapeau d'une troupe Bulgare en 1877 – Un noyé dans le village – La bénédiction de l'eau sur la rivière le jour de l'Épiphanie – Un noyé – Au gorol.*

Ventes Publiques : Paris, 12 avr. 1943 : *Portrait de femme* : **FRF 850** – New York, 26 mai 1983 : *Soldats dans les tranchées* 1883, h/pan. (32,5x45,7) : **USD 3 000** – Londres, 20 fév. 1985 : *Soldats au puits du village* 1877, h/pan. (46x32) : **GBP 2 500.**

DMITRIENKO Pierre

Né le 20 avril 1925 à Paris. Mort le 15 avril 1974 à Paris. XXe siècle. Français.

Peintre de paysages, marines, peintre à la gouache, aquarelliste, sculpteur, graveur. Abstrait-lyrique, puis abstrait-paysagiste, puis expressionniste-abstrait.

Il était fils d'un père russe, d'une mère grecque et fut élevé aussi dans la langue russe. Il fut élève du Lycée Pasteur. Après l'obtention de son baccalauréat de philosophie, il fut élève en architecture de l'École des Beaux-Arts de Paris, de 1944 à 1946. Ayant commencé à peindre dès 1944 sous les conseils de Conrad Kickert, portraits, paysages, marines, s'étant dans le même moment lié avec les jeunes peintres François Arnal, Serge Rezvani, il renonça finalement à l'architecture. D'entre quelques activités alimentaires, il fut décorateur-étalagiste d'un Grand Magasin parisien, de 1951 à 1954. En 1960, il acheta une presse à gravure, d'où sortirent environ deux cents pièces. Il commença à sculpter en 1965. Il a participé à de très nombreuses expositions collectives : ses vrais débuts furent en 1948 et 1949 dans le groupe des *Mains éblouies*, à la Galerie Maeght, qui réunissait alors la plupart des jeunes artistes abstraits de Paris, de la génération qui venait d'avoir vingt ans. Encore à Paris, il a figuré au Salon de Mai à partir de 1950, au Salon des Réalités Nouvelles à partir de 1957. On se réfèrera aux catalogues de ses expositions personnelles pour l'ensemble des participations aux expositions collectives nationales et internationales, ajoutons toutefois qu'il y récolta une impressionnante moisson de distinctions et consécrations : 1954 second Prix Pacquement, 1959 Premier Prix de la première Biennale des Jeunes Peintres de Paris, 1960 deuxième Prix Marzotto, et sélections à la Biennale de Venise et au Prix Guggenheim, 1961 sélection à la Biennale de São Paulo, 1964 Premier Prix de la Biennale des Jeunes Artistes de Tokyo. Ses premières expositions personnelles furent : 1950 Lausanne, 1952 Bruxelles, à partir de 1953 très nombreuses à Paris, 1961 Londres, 1962 Copenhague, 1963 Milan, 1967 Madrid et Institut d'Art Contemporain de Lima, 1968 Lucerne et surtout Palais des Beaux-Arts de Bruxelles, etc., jusqu'aux expositions posthumes, dont en 1984 les importantes rétrospectives du Musée de Toulon et du CNAC (Centre National d'Art Contemporain) de Paris, en 1986 à la Foire de Bâle, en 1995 au Théâtre du Vieux Colombier à Paris, etc. Pierre Dmitrienko, que tous appelaient Piotr, a voyagé en Europe, aux États-Unis, au Pérou, au Japon, au Maroc, il a travaillé successivement dans des ateliers situés à Asnières et Paris de 1947 à 1953, à Nerville (Oise) de 1954 à 1956, à Dieudonne (Oise) de 1956 à 1960 et où il est enterré, à Nivillers (Oise) de 1960 à 1962, à Ibiza et Bois-Ricard (Eure) de 1962 à 1964, à Ibiza et Paris de 1964 à 1971, à Paris de 1971 à 1974.

L'œuvre de Dmitrienko se subdivise en trois périodes principales. En 1945, il subit quelque influence d'Albert Gleizes et à travers lui du cubisme, puis il découvrit Paul Klee. Après cette première période d'inspiration cubiste-abstraite, lui-même se référait volontiers au *Nu descendant l'escalier*, d'une construction sévère de droites et obliques entrecroisées souvent contenues dans un ovale, et d'harmonies sobres de gris teintés et de noirs que peut percer un rouge, la peinture de Dmitrienko, dans la deuxième période de 1950 à 1960 environ, exprima, dans une grande diversité des thèmes, une joie de peindre toute romantique. S'il s'inspirait, durant cette période, des paysages où il vivait ou bien qu'il avait traversés, et d'où il rapportait dans sa mémoire ce qu'il appelait des « flashs », il faut préciser qu'il n'en recherchait pas la représentation, mais à en capturer la qualité de la lumière, la traduction du climat psychologique du lieu.

D'entre les très nombreux thèmes qui le retinrent, quelques-uns principaux : *Gennevilliers, Crucifixions* en 1953, *Inondations* 1954, *Forêts, Ports* 1956, puis de 1956 à 1960 des *Labours, Paysages d'Espagne, Pluies*. Chacun de ces thèmes se manifestait dans un graphisme et un chromatisme particuliers, par exemple les *Labours* de la période de Dieudonne se matérialisèrent dans une écriture sobrement horizontale et des harmonies de gris et de terres, mais dans de nombreux thèmes le tempérament personnel de Dmitrienko s'exprimait volontiers dans un dessin haché, entrecroisé, acéré, et dans le contraste heurté de hampes noires et de bannières rouges. C'est dans ce registre, et bien à l'écart d'aucun souci de représentation, que peuvent se confondre les deux thèmes des *Ports*, souvenir de celui d'Anvers, et des *Crucifixions*, les mâtures du port dressées noires comme les croix du calvaire sous des ciels pourpres de crépuscule. Le pouvoir de séduction, jusque dans le tragique, de cette peinture provenait en partie de sa spontanéité et de ce qu'elle ne s'embarrassait pas de questions concernant son orthodoxie abstraite ou son péché de figuration.
Enfin, dans une période qui commença peu avant 1962, de l'extrême lyrisme il revint à une extrême austérité : sur un fond sombre, parfois partagé de rouge, se détache une large forme claire, en général ovoïdale, à peine animée de quelques modulations de blanc crémeux ou bleuté, parfois aussi de quelque signe qui ne livre pas son sens ou encore au contraire violemment barrée d'agressions noires, comme par les pièces mobiles métalliques d'un haume ou comme de blessures portées et subies en tournoi. Douglas Cooper en a écrit : « Des mondes planétaires prennent forme dans un espace nocturne. Des têtes, des visages informes surgissent en s'éveillant pour nous regarder... D'autres, les yeux bandés, se cachent... Des corps sans tête, cherchent à se mouvoir dans le vide noirâtre environnant... Le silence règne dans ses tableaux où rien n'est entièrement dévoilé et chaque apparition renferme en elle des secrets mystérieux. » Depuis leur apparition insolite, inattendue, dans la peinture de Pierre Dmitrienko qui jusqu'alors célébrait la vie dans tous ses aspects, ces masses blanchâtres inquiétaient. Lui-même, pourtant jusque là rarement enclin au funeste, ni à l'écriture des mots, en savait et disait le tragique, reprenant les titres de ces peintures : « Violence, Fusillés, Massacrés, Torturés, Baillonnés, Troués, Faces déchirées, Prisonniers, Bourreaux, Victimes, vous, moi, vivants en sursis et d'un jour à l'autre, morts sans raison... » Avec les peintures de cette série, Pierre Dmitrienko a manifesté le devoir de témoigner de son horreur devant les atrocités d'un monde que, de toute sa nature, il aurait voulu heureux. Dans la dernière série des *Blasons*, de 1972 à 1974, apaisé d'avoir porté ce témoignage qui lui pesait, les formes encore apparentées à celles de la série de « L'homme est un loup pour l'homme », ne portent plus les stigmates de la violence, mais annonçaient au contraire l'espoir de l'accomplissement de son œuvre et de sa résolution dans la plénitude, d'où son souhait : « Provoquer en vous un désir profond de rédemption et de grâce ». ■ Jacques Busse

Bibliogr. : Catalogue de l'exposition *Dmitrienko* du Palais des Beaux-Arts, Bruxelles, 1968 – in : *Diction. Univers. de la Peint.*, Le Robert, Paris, 1975 – D. Dobbels : *Dmitrienko : « Couples »*, in : Catalogue de l'exposition, gal. Arlette Gimaray, Paris, 1988.

Musées : Bruxelles (Mus. roy. des Beaux-Arts) – Dijon (Donation Granville au Mus. des Beaux-Arts) – Londres (Tate Gal.) – Marseille (Mus. Cantini) – Melbourne (Mus. of Mod. Art of Australia) – Mexico (Mus. d'Art Mod.) – Nantes (Donation Gildas Fardell au Mus. des Beaux-Arts) – New York (Mus. of Mod. Art) – Paris (Mus. Nat. d'Art Mod.) – Paris (BN) – Paris (FNAC) – Paris (Mus. d'Art Mod. de la Ville) – Saint-Paul-de-Vence (Fond. Maeght) – Santiago du Chili (Mus. du Peuple) – Skopje (Mus. d'Art Contemp.) – Tel-Aviv (Mus. of Art).

Ventes Publiques : Paris, 15 déc. 1961 : *Espagne* : **FRF 4 000** – Paris, 22 juin 1962 : *Bretagne* : **FRF 3 700** – Paris, 14 juin 1963 : *Composition* : **FRF 4 000** – Versailles, 2 juin 1976 : *Composition* 1948, h/t (140x64) : **FRF 12 500** – Paris, 9 juin 1977 : *Le Champ en friche* 1959, h/t (200x120) : **FRF 10 000** – Versailles, 26 fév. 1978 : *La Barricade* 1957, h/t (81x100) : **FRF 10 000** – Paris, 15 juin 1981 : *Onde* 1961, aquar. (33x40) : **FRF 2 000** – Paris, 6 nov. 1983 : *La forêt en feu* 1958, h/t (196x97) : **FRF 22 000** – Paris, 21 nov. 1983 : *Pluie* 1955, gche (44x53) : **FRF 10 100** – Paris, 19 mars 1984 : *Voyant* 1968, gche (74,5x55,5) : **FRF 23 000** – Enghien-les-Bains, 25 nov. 1984 : *Composition* 1948, h/t (143x250) : **FRF 45 000** – Paris, 14 oct. 1987 : *Présence-Paroles* 1966, h/pap. mar./t. (69x57) : **FRF 82 000** – Paris, 25 nov. 1987 : *Schiste IV* 1958, h/t (47x20) : **FRF 10 500** – Paris, 15 fév. 1988 : *Les deux amies, n° 23/50*, double sculpt. bronze doré : **FRF 5 500** – Paris, 24 avr. 1988 : *Composition* 1948, h/t (143x250) : **FRF 85 000** – Versailles, 15 juin 1988 : *Carrière de marbre IV* 1958, h/t (114x146) : **FRF 58 000** – Paris, 23 juin 1988 : *Conversation* 1963, h/t (130x161) : **FRF 218 000** – Paris, 27 juin 1988 : *Empreinte*, bronze (H. 8,5) : **FRF 4 500** – Neuilly, 22 nov. 1988 : *Sans titre* 1965, acryl./pap. (75x56) : **FRF 49 000** – Paris, 6 avr. 1989 : *Couple d'hommes* 1967, sculpt. en pierre de Paris (H 21xL 24) : **FRF 26 000** – Paris, 13 avr. 1989 : *Composition* 1950, gche (36x22,5) : **FRF 25 000** – Paris, 12 juin 1989 : *Fusillé* 1969, h/t (74x60) : **FRF 340 000** – Douai, 2 juil. 1989 : *Fusillés*, h/t (104,5x86) : **FRF 285 000** – Copenhague, 20 sep. 1989 : *Glacque* 1958, h/t (81x100) : **DKK 85 000** – Saint-Dié, 15 oct. 1989 : *Composition* 1948, h/t (27x41) : **FRF 42 000** – Paris, 22 nov. 1989 : *Composition* 1957, h/t (81x55) : **FRF 105 000** – Paris, 23 nov. 1989 : *Composition*, h/t (97x130) : **FRF 78 000** – Paris, 25 mars 1990 : *Composition abstraite*, h/pap. mar./t. (32x46) : **FRF 22 000** – Neuilly, 10 mai 1990 : *Présence* 1969, h/t (46x38) : **FRF 275 000** – Paris, 30 mai 1990 : *Les Mines de bauxite* 1954, h/t (53x80) : **FRF 150 000** – Paris, 11 juin 1990 : *Composition au poisson* 1948, h/isor. (46x61) : **FRF 100 000** – Bruxelles, 13 déc. 1990 : *Composition* 1954, h/t (65,5x81) : **BEF 456 000** – Paris, 17 mars 1991 : *Auvergne I* 1958, h/t (130x97) : **FRF 112 000** – Paris, 23 juin 1993 : *Composition* 1954, h/t (45,8x54,8) : **FRF 50 000** – Paris, 21 mars 1994 : *Mines de bauxite de Brignoles* 1954, h/t (53x80) : **FRF 48 000** – Paris, 25 nov. 1994 : *Le Fusillé* 1967, h/pap./t. (76x56) : **FRF 45 000** – Paris, 15 déc. 1995 : *Fleurs* 1957, h/t (92x73) : **FRF 21 000** – Paris, 24 mars 1996 : *Composition* 1950, h/t (120x60) : **FRF 19 000** – Paris, 14 juin 1996 : *Otage* 1973, aquar. (28,5x19,5) : **FRF 5 500** – Paris, 16 déc. 1996 : *Carrière de Marne III* 1958, h/t (81x100) : **FRF 12 000**.

DMOCHOWSKI Heinrich, dit **Saunders** ou **Saudners-Dmochowski**

Mort en 1863. xixe siècle. Actif à Vilna en 1810. Polonais.

Sculpteur.

En 1830, il vint en France, mais il y séjourna peu de temps, puis il alla en Amérique, s'établit à Philadelphie où il devint bientôt très populaire. On cite de lui de nombreux bustes au Capitole de Washington et un de *Pulawski* à Savannah.

DMOCHOWSKI Vincenz

Né vers 1805 en Lithuanie. xixe siècle. Polonais.

Peintre de paysages.

Il vécut à Vilna après avoir voyagé plusieurs années en Europe. Le Musée de Cracovie possède des œuvres de cet artiste.

DMOCHOWSKI Vladislav

D'origine lithuanienne. xixe siècle. Polonais.

Peintre de genre.

Il exposa des œuvres à Varsovie et à Cracovie.

DO Giovanni

Né à Naples. Mort en 1656. xviie siècle. Italien.

Peintre de compositions religieuses, portraits, paysages. Classique.

Élève de Ribera, dont il imita le style au point que certaines de ses œuvres pourraient être attribuées à L'Espagnolet. Dans la suite, Do adoucit sa manière pour se rapprocher de la forme des Bolonais. Il a fait beaucoup de portraits.

JD o-p-.

Musées : Naples (Mus. Capodimonte) : *Nativité – Paysage*.

DO suivi d'un patronyme. Voir ce patronyme

DOAIS Girard

xiiie siècle. Actif à Montpellier vers 1260. Français.

Sculpteur.

DÔAN I et DÔAN II

xvie siècle. Japonais.

Peintres. Traditionnel.

Respectivement : Dôan I actif au mi-xvie siècle et Dôan II à la fin xvie siècle. Samuraïs, ils furent aussi connus comme artistes pratiquant la peinture à l'encre.

DÔAN, de son vrai nom **Yamada Junsei**, surnom **Tarôzaemon**, nom de pinceau : **Dôan**

Mort en 1751. xviiie siècle. Japonais.

Peintre de figures, animalier, fleurs. Traditionnel.

Il fait partie de l'école de peintures à l'encre de l'époque Muromache. Il était seigneur de Yamada dans la plaine du Yamato.

On lui doit des tableaux de fleurs et d'oiseaux ainsi que de personnages.

DOANE C.
XIXe siècle. Britannique.
Peintre de portraits.
Il était actif à Londres au milieu du XIXe siècle.

DÔAN JUNCHI
Mort vers 1610. XVIe-XVIIe siècles. Japonais.
Peintre. Traditionnel.
Il était fils de Junteï. Actif dans la province de Yamato.

DÔAN JUNSEÏ
Né vers 1500, originaire de la province de Yamato. XVIe siècle. Japonais.
Peintre. Traditionnel.
Il fut le père de Junteï.

DÔAN JUNTEÏ
Originaire de la province de Yamato. Mort le 15 novembre 1573. XVIe siècle. Japonais.
Peintre. Traditionnel.
Il était fils de Junseï.

DOAR M. Wilson
Né le 24 juin 1898 en Écosse. XXe siècle. Britannique.
Sculpteur, peintre, pastelliste, animalier.
Fut élève de Frederic Whiting à la Heatherly's Art School. Exposait à la Royal Scottish Society, à la Royal Society of British Artists, à la Cambrian Academy, à la Pastel Society.
Sculpteur, il travaillait surtout le bois. Il a surtout pris des chiens pour modèles.

DOARÉ Yves
Né en 1943 à la Roche-Bernard (Morbihan). XXe siècle. Français.
Peintre et graveur. Figuration-fantastique.
Entre 1969 et 1970, il fréquente les cours du soir de l'atelier Jean Delpech. Il obtient, en 1984, le Prix Florence Gould pour la gravure et le Jurors Award and Purchase Prize. De 1976 à 1978, il séjourne à la Casa de Velasquez à Madrid. Il vit en Bretagne.
Il participe à des expositions de groupe : 1974, Jeune Gravure Contemporaine, Paris ; 1974, Musée de Nantes ; 1975, Galerie Michèle Broutta, Paris ; 1977, Centre Culturel Français, Rome ; 1979, Biennale de Heidelberg ; 1982, *Art fantastique*, Château de Vascoeuil. Il réalise des expositions personnelles : 1975, New York ; Galerie M. Broutta, Paris ; 1985, Concarneau ; 1989, Quimper.
L'irrésistible élan de l'imaginaire artistique transforme la matière en formes. Ce chemin chez Doaré n'est pas sans détours, sans labeur, sans remises en causes, ainsi que le montrent les étapes de ses gravures, qu'il nomme « états », et qu'il expose parfois. Cette suite fait écho à une alchimie, proche du fantastique. C'est une traduction chez ce graveur et peintre, d'un univers d'inquiétude : *Angoisse*, d'une métaphysique : *Symbiose*, d'une matérialité : *Le cri de la terre*. Ces agrégats de formes en mouvement, de matières, sont exprimés par un perpétuel jeu en noir et blanc, d'ombre et de lumière, pour les gravures, et par des séries de couleurs denses pour ses peintures. Ébauche ou finitude, il y a parfois un retour à un paysage plus tranquille mais toujours menacé par les irrigations d'un nouveau bouleversement. ■ C. D.
MUSÉES : ANNECY – MULHOUSE (Arthothèque) – SAN FRANCISCO.

DOAT Taxile
Né dans la seconde moitié du XIXe siècle à Albi (Tarn). XIXe siècle. Français.
Peintre et céramiste.
Sociétaire de la Société Nationale des Beaux-Arts. Il avait débuté au Salon des Artistes Français ; mention honorable en 1890, hors concours. Chevalier de la Légion d'honneur.

DOBASHI Jun
Né en 1910 à Tokyo. Mort en 1975. XXe siècle. Actif aussi en France. Japonais.
Peintre. Abstrait-informel.
Après des études secondaires, il entra en 1933 à l'École des Beaux-Arts de Tokyo. Il vint une première fois à Paris en 1938. Il revint s'y fixer en 1953. Il y participa aux Salons d'Automne, de l'École de Paris, de Mai. Il participait aussi à des expositions collectives en France, Allemagne, aux États-Unis. Il a fait des expositions personnelles à Paris en 1954, 1969.
Il pratique une abstraction décorative, reposant sur des effets de matières renforçant un tachage de couleurs vives.

VENTES PUBLIQUES : PARIS, 27 oct. 1985 : *Composition en vert et blanc* 1960, h/t (73x100) : **FRF 12 100** – COLOGNE, 31 mai 1986 : *Fête du printemps* 1960, temp./cart. jaunâtre (35,3x54,7) : **DEM 4 200** – PARIS, 25 oct. 1987 : *Sans titre* 1961, h/t (116x81) : **FRF 30 000** – PARIS, 29 avr. 1988 : *Composition*, gche (55x36) : **FRF 7 100** – LOKEREN, 28 mai 1988 : *Composition* 1963, gche (62x47,5) : **BEF 75 000** – PARIS, 15 juin 1988 : *Composition*, aquar. (57x37) : **FRF 6 500** – LONDRES, 29 juin 1989 : *Sans titre* 1959, h/t (91,4x59,2) : **GBP 1 100** – PARIS, 7 oct. 1989 : *Poussières des étoiles* 1962, h/t (89x146) : **FRF 102 000** – PARIS, 8 oct. 1989 : *Composition*, gche (54x35) : **FRF 18 000** – DOUAI, 3 déc. 1989 : *Composition*, techn. mixte (49x32) : **FRF 6 700** – PARIS, 10 fév. 1991 : *Nébuleuse* 1964, gche (21x26) : **FRF 6 000** – CALAIS, 14 mars 1993 : *Composition rouge*, gche (21x25) : **FRF 3 700** – LOKEREN, 10 déc. 1994 : *Costa Brava* 1963, gche (47x62) : **BEF 70 000** – PARIS, 27 mars 1995 : *Ciel changeant* 1960, h/t (162x97) : **FRF 13 000** – LOKEREN, 9 déc. 1995 : *Composition* 1959, h/t (100x50) : **BEF 50 000**.

DOBBE Pieter Van ou **Dobben**
XVIIe siècle. Actif à La Haye. Hollandais.
Sculpteur.

DOBBELAERE Henri
Mort en janvier 1885. XIXe siècle. Actif à Bruges. Belge.
Peintre verrier.
On cite de lui les fenêtres des Salles d'Ypres, de l'Hôtel de Ville de Bruges, de l'Hôtel de Ville de Cureghem, de l'église Saint-Bavon à Gand, de l'église d'Assche et la restauration du monument polychrome de Ferry de Gros (église Saint-Sauveur de Bruges).

DOBBELER
XVIIIe siècle. Actif à Thorn. Polonais.
Peintre.
On connaît un portrait gravé d'après cet artiste.

DOBBELMANN Théo
Né en 1906 à Nimègue. XXe siècle. Hollandais.
Sculpteur de décorations murales, céramiste.
Il travaillait à Amsterdam. Il participa à des expositions collectives, notamment à celle des Galeries Pilotes du Monde, au Musée Cantonal de Lausanne en 1963. Il eut des expositions personnelles : 1957 Musée Boymans de Rotterdam, 1959 Institut Néerlandais de Paris, 1961 Amsterdam.
Il réalise exclusivement des œuvres murales, par exemple : dix reliefs pour une École Polytechnique de Hoofddorp.
VENTES PUBLIQUES : AMSTERDAM, 20 fév. 1980 : *Couple debout*, bronze (H. 55) : **NLG 1 350**.

DOBBELS Georges Gérard
Né le 18 janvier 1910 à Menin (Flandre-Occidentale). Mort le 26 juillet 1989 à Bruxelles. XXe siècle. Belge.
Sculpteur. Abstrait.
Il fut élève de Clamagirand. De 1930 à 1932, il figura à Paris au Salon des Artistes Français, d'où l'on peut supposer des débuts figuratifs.
Il a évolué à une abstraction symbolique dans des sculptures en pierre, bois, terre cuite, accordant les formes à la capacité propre à chacun des matériaux. Il a réalisé des œuvres monumentales figurant dans des lieux publics de Bruxelles, et notamment sur des campus d'Universités.
BIBLIOGR. : In : *Diction. Biograph. illustré des Artistes en Belgique depuis 1830*, Arto, Bruxelles, 1987.

DOBBERTIN Otto
Né le 29 septembre 1862 à Hambourg. XIXe siècle. Allemand.
Sculpteur.
Il fit ses études à Dresde.

DOBBIN John
XIXe siècle. Britannique.
Peintre de paysages, architectures, aquarelliste.
Il exposa entre 1842 et 1884 à la Royal Academy et à la Society of British Artists. Il a peint des paysages d'Écosse, de France et d'Espagne.
MUSÉES : LONDRES (Victoria and Albert Mus.) : *La Cour des lions, Alhambra*, deux aquarelles.

Ventes Publiques : Londres, 15 juin 1945 : *Vue de Greenwich Hospital* 1851, dess. : **GBP 57** – Londres, 27 juil. 1976 : *Vue de Lausanne avec l'aqueduc* 1874, aquar. avec reh. de blanc (68,5x102) : **GBP 620** – Londres, 31 jan. 1990 : *La Cathédrale de Durham* 1875, aquar. avec reh. de gche (42x57,5) : **USD 1 045.**

DOBEAU. Voir **DEAUBO**

DOBELL Clarence M.
XIXe siècle. Active à Londres vers 1860. Britannique.
Peintre de genre.

DOBELL William
Né en 1899 à Newcastle (New South Wales). Mort en 1970. XXe siècle. Australien.
Peintre de portraits, paysages, paysages urbains animés. Postimpressionniste.

Il fit ses études à la Julian Ashton School of Art de Sydney et, ayant reçu une bourse en 1929, à la Slade School de Londres, où il se fixa. En 1933, il exposa à la Royal Academy. Il passa aussi une année à La Haye pour étudier la peinture hollandaise. Revenu en Australie en 1939, il y devint professeur. Il remporta le Prix Archibald pour le *Portrait de Joshua Smith*, en 1944, peinture, pourtant bien anodine, qui fut violemment contestée.

Il s'inspire des maîtres anciens. Quelque écho de la touche de Renoir est dans son œuvre le comble de l'audace, et ses contacts avec l'art moderne paraissent extrêmement mesurés. Toutefois, avec une certaine spontanéité de la touche colorée, il a peint, non sans humour ni tendresse, des personnages typiques de la vie quotidienne et contemporaine. L'heureux procès à la suite du Prix Archibald, où il était accusé d'avoir livré une caricature au lieu du portrait commandé, attira l'attention sur lui. Outre les portraits, il a peint aussi quelques paysages, et des scènes de la vie mondaine et élégante à la ville.

Bibliogr. : In : *Diction. Univers. de la Peint.*, Le Robert, Paris, 1975.

Musées : Canberra (Australian War Memorial) : *Ouvrier cimentier des Docks de Sydney* 1944.

Ventes Publiques : Londres, 17 juil. 1963 : *Le Derby* : **GBP 900** – Melbourne, 11-12 mars 1971 : *Park Lane* : **AUD 10 000** – Sydney, 3 oct. 1974 : *La femme en rouge* 1937 : **AUD 35 000** – Rosebery (Australie), 29 juin 1976 : *Man in a T-Shirt*, h/cart. (29x27) : **AUD 5 000** – Melbourne, 11 mars 1977 : *La femme en rose*, h/cart. (51x65) : **AUD 3 500** – Melbourne, 19 juin 1978 : *La femme en rose*, h/cart. (51x65) : **AUD 4 100** – Sydney, 21 mars 1979 : *Characters of Kings Cross*, bulle et gche (22,5x29) : **AUD 4 400** ; *Étude pour le portrait de Scotty Allen*, gche (25x21,5) : **AUD 3 000** – Sydney, 28 juin 1982 : *Beach carnival*, h/cart. (60x76) : **AUD 7 000** – Londres, 18 avr. 1984 : *Les travailleurs*, cr. reh. de blanc (33x20) : **GBP 1 500** – Sydney, 23 sep. 1985 : *Étude pour Les Buveurs de vin*, h/cart. (13,6x23) : **AUD 7 500** – Melbourne, 26 juil. 1987 : *Wangi Boy*, h/cart. (53x43) : **AUD 240 000** – Sydney, 17 avr. 1988 : *Portrait de Camille Gheysen*, dess. cr. (27x37) : **AUD 1 400.**

DOBER Zacharias
XVIIe siècle. Actif à Freiberg vers 1600. Allemand.
Peintre.

Il travailla pour le château et pour des églises de cette ville.

DOBES Milan
Né le 29 juillet 1929 à Prerov (Moravie). XXe siècle. Tchécoslovaque.
Peintre, sculpteur. Lumino-cinétique.

De 1951 à 1956, il fut élève de l'Académie des Beaux-Arts de Bratislava, où il vit. Il figure dans des expositions collectives, notamment, en 1966, à l'exposition du Stedelijk Museum d'Eindhoven *Art et Lumière*, au Salon de Mai de Paris en 1969, etc. Il a montré ses travaux dans des expositions personnelles : Bratislava 1958, 1965, Prague 1966.

Il construit, dans des techniques très au point, des assemblages mettant en œuvre des phénomènes optiques et cinétiques.

DOBIASCHOFSKY Frantz ou **Dobyaschofsky**
Né le 23 novembre 1818 à Vienne. Mort le 7 décembre 1867 à Vienne. XIXe siècle. Autrichien.
Peintre d'histoire, portraits, aquarelliste, graveur, dessinateur.

Élève de Führich et de Kuppelwieser, il devint professeur à l'Académie de Vienne.

Il excella surtout dans l'exécution des sujets d'histoire et des portraits qu'on a beaucoup loués à cause de l'excellence du dessin et de l'expression poétique qu'on y rencontre.

Musées : Vienne (Belvédère) : *Faust et Marguerite – La Fille du duc Cimburgis sauvée d'un ours par Jean de Fer* 1850.

Ventes Publiques : Lindau, 6 mai 1981 : *Trois jeunes filles dans un paysage*, h/t (136x87) : **DEM 11 000** – Lindau, 7 oct. 1987 : *Portrait d'homme barbu* 1860, h/t, de forme ovale (114x88) : **DEM 3 500** – Milan, 14 nov. 1990 : *Portrait de deux enfants dans un paysage* 1849, h/t (147x118,5) : **ITL 58 000 000** – Munich, 10 déc. 1992 : *Portrait de l'homme de lettres Zwanziger*, cr., encre et aquar./cart. (18,3x13,2) : **DEM 1 469.**

DOBIE James
Né le 11 avril 1849 à Édimbourg. XIXe siècle. Britannique.
Graveur à l'eau-forte.

Il exposa des eaux-fortes à la Royal Academy à partir de 1885. Il signe parfois *J. D.*

Musées : Londres (Victoria and Albert Mus.) : *Bateaux pêcheurs à Hasting.*

DOBIE T.
Britannique.
Peintre de portraits.

Le Musée de Salford conserve de lui : *Marie, reine d'Écosse, Sir Elkanah Armitage.*

DOBKOWSKI Jan
Né en 1942 à Lomza. XXe siècle. Polonais.
Peintre de compositions à personnages. Tendance Pop'art.

Après avoir terminé ses études à l'Académie des Beaux-Arts de Varsovie, Dobkowski put s'opposer vigoureusement au post-impressionnisme vague, ainsi désigné officiellement pour éviter le terme d'académisme, qui prévalait encore auprès de nombreux artistes de sa génération, soucieux d'une carrière reconnue. Il est le plus jeune des artistes qui figuraient, en 1969, à l'exposition du Musée Galliera de Paris *Peinture Moderne Polonaise – Sources et Recherches*, exposition qui montra, à point nommé, d'une part le rôle important, bien que négligé, que jouèrent les artistes polonais dans les recherches du début du siècle, d'autre part que le régime socialiste polonais, s'il dut dans les décennies de la fin de la guerre de 1939-1945 encourager le réalisme-socialiste prôné par les instances de la propagande, sut en même temps ne pas brimer les jeunes artistes engagés dans des recherches formelles prospectives.

Il crée des compositions figuratives, des silhouettes de personnages, qui s'inspirent ouvertement de l'esthétique véhiculée par les mass-médias des années soixante, soixante-dix, affiches « Pop », « posters psychédéliques ». Avec son camarade d'École Jerzy Zielinski, il poursuivait alors son activité sous le sigle ironique *Néo*, dans la recherche de moyens d'expression simples et directement transmissibles. ■ J. B.

Bibliogr. : Catalogue de l'exposition *Peinture Moderne Polonaise*, Musée Galliera, Paris, 1969.

DOBLE Frank Sellar
Né le 27 janvier 1898 à Liverpool. XXe siècle. Britannique.
Peintre.

Élève de l'École d'Art de Liverpool. Expose à la Liverpool Academy of Arts.

DOBLER André
XIXe siècle. Actif à Prague. Tchécoslovaque.
Graveur au burin.

Il fut le père de Georg et collabora avec lui.

DOBLER Anton
Né à Mindelheim (Souabe). XVIIe siècle. Allemand.
Peintre et graveur.

Il fit ses études à Augsbourg avant de voyager en Italie.

DOBLER Georg
XIXe siècle. Actif à Prague. Tchécoslovaque.
Graveur au burin.

On cite de lui des planches pour la *Galerie du Belvédère* et pour la traduction allemande des *Voyages de Forbin.*

DOBLHOFF Robert von
Né le 1er avril 1880 à Vienne. XXe siècle. Autrichien.
Peintre de portraits.

Il fut élève de Siegmund L'Allemand à l'Académie des Beaux-Arts de Vienne. Il vécut quelque temps à Paris.

Portraitiste spécialisé, on cite son *Portrait de l'empereur François-Joseph*.

DOBO Martin Jean Baptiste
XVIIIe siècle. Actif à Paris en 1760. Français.
Sculpteur et peintre.

DOBOUJINSKY Mstislav. Voir **DOBUZINSKI**

DOBRAJA Inta
Né en 1940. XXe siècle. Russe-Lettone.
Peintre de portraits, de natures mortes.
Elle termine ses études à l'Académie des Beaux-Arts de Lettonie en 1967. À partir de 1968 elle participe à des expositions collectives en Lettonie et en URSS. Des expositions particulières lui sont également consacrées dans son pays.
MUSÉES : COLOGNE (Mus. Art Mod.) – MOSCOU (min. de la Culture) – MOSCOU (Gal. Tretiakov) – RIGA (Mus. Nat.) – RIGA (Fonds des B. A.).
VENTES PUBLIQUES : PARIS, 11 juil. 1990 : *Autoportrait* 1989, h/t (60,5x55,5) : **FRF 10 000** – PARIS, 14 jan. 1991 : *Asters*, h/t (73x73) : **FRF 4 800**.

DOBRÉE Frédéric
XIXe siècle. Français.
Dessinateur et aquarelliste.
Le Musée Dobrée, à Nantes, possède un portrait dû à cet artiste.

DOBRÉE Valentine
Née à la fin du XIXe siècle à Cannamore (Indes). XIXe-XXe siècles. Britannique.
Peintre de portraits et de nus.
Elle a exposé au Salon des Indépendants de 1921 à 1923.

DOBREV Boyan
Né le 15 juin 1957 à Prague. XXe siècle. Actif en Bulgarie. Tchécoslovaque.
Peintre, peintre de compositions monumentales, mosaïste.
Entre 1972 et 1976, il fait ses études scolaires à l'École secondaire des Beaux-Arts de Sofia. Entre 1978 et 1984, il reçoit sa formation à l'Académie nationale des Beaux-Arts de Sofia, dans la classe de fresques murales du professeur Ilia Iliev. Boyan Dobrev est maître de conférences pour les fresques murales, à l'Académie nationale des Beaux-Arts à Sofia.
Il participe à des expositions collectives : 1988 Varna, *Rencontre internationale sur holographie*, présentation du projet *Esprit et Matière* ; 1991 Sofia, *Crème-art*, Galerie de l'Union des Peintres bulgares ; 1993 Francfort, Allemagne, *Art Fair*, présentation faite par la Galerie Matuscek ; 1994 Plovdiv, *À la recherche de mon image reflétée*, salles d'exposition de l'ancienne Plovdiv.
Il montre des ensembles de ses œuvres dans des expositions personnelles, dont : 1991 Sofia, Galerie Rouski 6 ; 1993 Sofia, Parlement ; Sofia, Galerie Vitocha ; 1995 Sofia, Galerie Vitocha.
Les œuvres de Boyan Dobrev se situent hors du périmètre de la peinture traditionnelle narrative. Dans la plupart, ce sont des objets qui ont subi un traitement soigneux portant sur la forme, la tonalité des couleurs et la facture. Dobrev crée une sorte de débris artistiques, impressionnante par son apparence simple et laconique.
Le peintre a fait aussi une série d'œuvres monumentales : des fresques murales et des mosaïques pour les intérieurs de quelques bâtiments publics : pour deux succursales de la Première banque privée à Pernik (1990) et à Kustendil (1994) ; et pour une école à Zlatitsa. ■ Boris Danaïlov
BIBLIOGR. : Boris Danaïlov, in : Catalogue : Expositions d'automne nationales *Plovdiv'95*, publié par le Département de la Culture de la Mairie de Plovdiv, 1995.

DOBRIAKOFF Alexander Gavrilovitsch
Né le 29 août 1768. Mort le 27 juin 1802. XVIIIe siècle. Russe.
Graveur et peintre.
Il travailla à Saint-Pétersbourg.

DOBRINSKY Isaac
Né en 1891 à Vilna (Vilnius). Mort en 1973. XXe siècle. Depuis 1912 actif en France. Lituanien.
Peintre de figures, portraits, paysages.
Il exposait à Paris, aux Salons d'Automne et des Tuileries. Il a fait peu d'expositions personnelles.
MUSÉES : PARIS (Mus. Nat. d'Art Mod.).
VENTES PUBLIQUES : VERSAILLES, 19 oct. 1986 : *Femme assise dans l'atelier*, h/pan. (81x53,5) : **FRF 7 100** – PARIS, 16 avr. 1989 : *Portrait d'une adolescente*, h/t (73x54) : **FRF 21 000** – TEL-AVIV, 1er jan. 1991 : *Nu*, h/t (38x61) : **USD 2 530** – PARIS, 14 avr. 1991 : *Garçonnet en bleu*, h/t (35x27,5) : **FRF 9 000** – PARIS, 17 juin 1991 : *La petite fille en robe d'été*, h/pap./t. (65x46) : **FRF 35 000** – PARIS, 17 mai 1992 : *Portrait d'adolescente*, h/t (73x54) : **FRF 10 000** – PARIS, 6 juil. 1992 : *Portrait d'enfant*, cr. de coul. (27x22) : **FRF 6 000**.

DOBRODZICKI Adam
Né en 1881 en Galicie. XXe siècle. Polonais.
Peintre.
Il fit ses études picturales à Cracovie.

DOBROKO Peter
XIVe siècle. Actif à Schweidnitz vers 1379. Allemand.
Peintre.

DOBROVIC Juraj
Né en 1928 à Jelsa. XXe siècle. Yougoslave.
Peintre, graveur, sculpteur, technique mixte. Abstrait, tendance conceptuelle.
Sa formation ne le destinait pas à l'art. Après des études de philosophie, il en entreprit en sciences économiques. Peintre, il fait partie des « Nouvelles tendances » qui s'affirment en Yougoslavie. Il y participe à de nombreuses expositions collectives. A titre individuel, il expose régulièrement à Zagreb depuis 1962, à Belgrade depuis 1965.
Dès ses premières expérimentations, il œuvra, à partir de l'abstraction, dans le sens d'une redéfinition de l'espace, en gravure par un travail ou une technique de poinçonnage de la planche. Il a ensuite utilisé le plâtre, qu'il disposait en quadrillage sur le support. Ensuite, il a empilé des cartons façonnés en carrés ou rectangles de dimensions décroissantes, modulant ainsi un espace pyramidal.

DOBROVIC Peter
Né en 1850 à Pecuj. XIXe siècle. Yougoslave.
Peintre.
On put voir à Paris, au Musée d'Art Moderne : *La femme de l'artiste et son enfant* et *Paysage des environs de Dubrovnik*, lors de l'exposition ouverte en 1946 par l'Organisation des Nations unies.

DOBROVOLSKI Alexeï Stefanovitch
Né en 1791. Mort le 22 avril 1844 à Moscou. XIXe siècle. Russe.
Peintre.
Il fit ses études à Saint-Pétersbourg, puis enseigna la peinture à Moscou. Il fut surtout apprécié comme portraitiste.

DOBROVOLSKI Nicolai Florianovitch
Né en 1837. XIXe siècle. Russe.
Peintre.
Tout d'abord officier, il se consacra encore jeune à la peinture de genre et de paysages.

DOBROVOLSKI Vasili Stefanovitch
Né en 1786. Mort en 1855 à Moscou. XIXe siècle. Russe.
Peintre.
Membre de l'Académie des arts, il fut un des fondateurs de l'École de peinture et de sculpture de Moscou, dans cette ville.

DOBROW Matwej Alexejewitch
Né en 1877 à Moscou. Mort en 1958 à Moscou. XXe siècle. Russe.
Peintre, dessinateur.
Il a étudié à l'École de Peinture de Moscou de 1901 à 1905. Il a vécu à Paris en 1908 et 1909.

DOBROWOLSKI Waclaw
Né en 1890. Mort en 1969. XXe siècle. Polonais.
Peintre de compositions à personnages.
Il commença ses études à l'Académie d'Art Plastique de Varsovie dont il sortit diplômé en 1912, puis entra à l'Académie des Beaux-Arts où il fut élève de Cieglinski jusqu'en 1924. De 1945 à 1962, il appartint au groupe *Niezalezni* (indépendants) à Varsovie.
Alors que les directives esthétiques étaient beaucoup moins impératives en Pologne qu'en URSS, Dobrowolski fit le choix du réalisme-socialiste, aussi bien par un style académique hérité du XIXe siècle que par les thèmes moralisateurs et édifiants.
MUSÉES : SAINT-PÉTERSBOURG (Mus. d'Hist.) – VARSOVIE (Mus. Nat.).
VENTES PUBLIQUES : PARIS, 29 mai 1991 : *Guerre contre l'analphabètisme* 1949, h/t (92x130) : **FRF 7 500**.

DOBROWSKY Josef ou **Joseph**
Né en 1889. Mort en 1964. XXe siècle. Actif en Autriche. Russe.

Peintre de portraits, paysages animés, fleurs, peintre à la gouache, aquarelliste, pastelliste. Expressionniste.
Il a poussé l'étude et l'expression de la psychologie de ses modèles à force de réalisme jusqu'aux limites de la caricature.
Ventes Publiques : Vienne, 3 déc. 1976 : *Jeune Fille en robe jaune*, h/isor. (54x43) : **ATS 11 000** – Vienne, 14 mars 1980 : *Vase de fleurs*, techn. mixte (60x45,5) : **ATS 16 000** – Vienne, 13 sep. 1983 : *Paysage d'hiver* 1924, h/cart. (59x74) : **ATS 90 000** – Vienne, 4 déc. 1984 : *La Moisson* 1924, h/t (34x32,4) : **ATS 65 000** – Vienne, 10 déc. 1985 : *Roses blanches*, past. (57x47) : **ATS 28 000** – Vienne, 3 déc. 1986 : *Fleurs* 1942, gche et aquar./pap. (57x44) : **ATS 55 000** ; *Vue d'Ybbs* 1935, h/cart. (59x69) : **ATS 140 000** – Paris, 15 mai 1996 : *Portrait de jeune femme* 1945, past. (à vue 49,5x38,5) : **FRF 6 200** – Munich, 23 juin 1997 : *Ferme* 1927, h/cart. (47x60,5) : **DEM 16 800**.

DOBRZENIEVSKI Marcell Anton
Né en 1731. Mort le 7 août 1784 à Vlodava. XVIIIe siècle. Polonais.
Peintre.
On lui doit des peintures religieuses.

DOBRZYCKI Zygmunt
Né le 20 avril 1896 à Oleksin (Wolynie). Mort le 9 mars 1970 à Beauvallon (Var). XXe siècle. Depuis 1930 actif et en 1951 naturalisé en Belgique. Polonais.
Peintre, sculpteur, peintre de fresques, cartons de tapisseries, céramiste. Postcubiste.
À partir de 1915, il fut élève des Écoles des Beaux-Arts de Kiev, Moscou et Saint-Pétersbourg. Il subit alors l'influence mystique de Chourlianis, peintre expressionniste russe empreint d'une profonde spiritualité. En 1923, il partit pour Varsovie, terminant ses études de peinture à l'Académie des Beaux-Arts, étudiant parallèlement la philosophie à l'Université. De 1924 à 1928, il fit un premier séjour à Paris, exposant à partir de ce moment aux Salons d'Automne, des Artistes Indépendants, des Surindépendants. Il participait aussi à de nombreuses expositions collectives, parmi lesquelles : en 1935 Biennale de Venise, 1937 l'Exposition Internationale de Paris, où il obtint une médaille d'or. À partir de 1930, il se fixa à Damme, dans les Flandres belges. Après 1958, il vécut surtout en France. Il a montré de nombreuses expositions personnelles de ses œuvres : 1929 Palais des Beaux-Arts de Bruxelles, 1929, 1931 Anvers, 1931, 1933, 1934, 1936 Bruxelles, 1940 Cannes, 1947, 1949 Paris, 1949 Bruges, Bruxelles, 1950 Bruges, Musée des Arts Décoratifs de Gand, 1951 Bruges, 1953 Uccle, 1954 Bruxelles, 1959 Paris, 1960 Le Puy-en-Velay, 1961 Lyon, 1965 Le Puy.
Lors de son premier séjour à Paris, ses œuvres de cette première période de production évoluèrent de l'influence fauviste à l'influence cubiste, surtout à l'occasion de son premier séjour dans le Midi, à Saint-Paul-de-Vence. Ce fut à partir de 1931 qu'il exécuta des sculptures en bois polychrome. En 1950, il prit part à la décoration de plusieurs églises en Belgique. À partir de 1961, il collabora à la décoration d'églises en France. En 1965, il exécuta le *Monument aux Héros Polonais* à Saint-Nicolas en Belgique. La même année, il exécuta une façade de vingt-huit mètres pour la Cité Administrative de Bruxelles. Marquée avec modération par les divers courants du début du siècle, son œuvre appartient à ce qui fut appelé l'École de Paris de l'entre-deux-guerres, s'imposant avec une sérénité toute classique dans sa description d'un monde enchanté, peuplé d'êtres harmonieux – des femmes et des chevaux – se mouvant dans un décor à la fois noble et féerique. ■ J. B.

DOBSON Annie
XIXe siècle. Britannique.
Sculpteur.
Musées : Sydney : *Portrait*, buste – *Le seigneur Amivitti* – *Le docteur Leichhardt, explorateur*.

DOBSON Cowan
XXe siècle. Britannique.
Peintre de figures.
Il a aussi exposé à Paris, en 1930 et 1935, au Salon des Artistes Français.
Ventes Publiques : Glasgow, 27 mars 1931 : *Mon modèle* : **GBP 5** – Londres, 17 sep. 1980 : *Wonderment* 1912, h/t (75x60) : **GBP 280** – Auchterarder (Écosse), 1er sep. 1987 : *Jeune fille au turban vert* 1932, h/t (52x41) : **GBP 2 800**.

DOBSON Edmund A.
Né à Petworth. XIXe siècle. Britannique.
Peintre.
Il exposa à Londres.

DOBSON Frank
Né le 18 novembre 1888 à Londres. Mort le 22 juillet 1963 à Londres. XXe siècle. Français.
Sculpteur de statues, peintre de figures, aquarelliste, dessinateur.
Il était fils d'un illustrateur, qui lui enseigna les premiers rudiments de la peinture. À l'âge de dix-huit ans, il alla travailler dans l'atelier de sir William Reynolds. Il fut d'abord peintre, et ne commença à sculpter le bois qu'à partir de 1913. En 1914, il fit sa première exposition de peintures et sculptures. En 1920, il fit la connaissance de Wyndham Lewis, promoteur avec Ezra Pound du mouvement « vorticiste », et exposa avec les artistes du groupe X. À partir de 1921, il ne fit plus que de la sculpture. En 1922, il devint membre du London Group, dont il fut le président de 1923 à 1927. En 1932, il fut invité à la Biennale de Venise. En 1942, il fut nommé membre de la Royal Academy. Il enseigna la sculpture au Royal College of Art de 1946 à 1953.
Son œuvre sculpté propose des œuvres très stylisées. On peut y reconnaître l'influence de Maillol.
Musées : Londres (Tate Gal.) : *Tête de jeune-fille* – *La Vérité*.
Ventes Publiques : Londres, 4 mars 1932 : *Par la fenêtre* 1926, dess. : **GBP 4** – Londres, 9 oct. 1942 : *Nu*, dess. : **GBP 10** – Londres, 5 mars 1980 : *Les vignes* 1931, aquar. et cr. (33,5x49,5) : **GBP 260** – Londres, 5 juil. 1983 : *Torso*, terre cuite (H. 20) : **GBP 500** – Londres, 21 sep. 1983 : *Portrait d'un homme* 1921, aquar./trait de cr. (42x33) : **GBP 480** – Londres, 13 nov. 1985 : *Study for London pride*, past. et craie noire/pap. gris (56x38) : **GBP 850** ; *The ration party, dans les tranchées* 1919, h/t (75x62,5) : **GBP 46 000** – Londres, 22 juil. 1986 : *Drawing for fisher girls*, gche et pl. (51x58) : **GBP 1 700** – Londres, 21 mai 1986 : *Ruins of war*, pl. et lav. de coul./traits cr. (61x58) : **GBP 4 500** – Londres, 6 mars 1987 : *Mary* 1926, bronze, patine brune (H. 32,5) : **GBP 4 200** – Londres, 3-4 mars 1988 : *Tête de jeune-fille* 1919, aquar., past., cr. noir (30x22,5) : **GBP 1 320** – Londres, 25 jan. 1991 : *Kinsley dans le Hampshire*, cr., encre et gche (24x34) : **GBP 715** – Londres, 25 sep. 1992 : *Étude de sculpture* 1947, craies noire et blanche/pap. brun (54,5x36) : **GBP 880** – Londres, 26 mars 1993 : *Buste de jeune fille*, terre-cuite (H. 16,5) : **GBP 1 610** – Sonning (Angleterre), 22 juin 1994 : *Nu debout* 1928, cr./pap. (50,8x35,5) : **GBP 3 220**.

DOBSON Henry John
Né en 1858 à Innerleithen. Mort en 1928. XIXe-XXe siècles. Britannique.
Peintre de genre, intérieurs.
On lui doit des scènes tirées de la vie écossaise. Il eut surtout du succès à Edimbourg.
Ventes Publiques : Édimbourg, 25 avr. 1931 : *Intérieur d'un palais* : **GBP 2** – Newcastle (Angleterre), 30 mai 1932 : *Scène de genre* : **GBP 4** – Glasgow, 18 déc. 1980 : *La Visite du docteur*, aquar. (57x76) : **GBP 240** – Édimbourg, 30 avr. 1985 : *L'Heure du dîner*, h/t (29x24) : **GBP 1 000** – Auchterarder (Écosse), 1er sep. 1987 : *Fileuse assise près de la fenêtre*, h/t (35,5x46) : **GBP 1 000** – Toronto, 30 nov. 1988 : *Le lecture d'une lettre dans la cuisine du cottage*, h/t (38,5x50,5) : **CAD 2 600** – Stockholm, 19 avr. 1989 : *Vieil homme devant la cheminée entretenant le feu*, h/t (63x76) : **SEK 6 000** – Perth, 29 août 1989 : *Le Bénédicité*, h/t (40,5x51) : **GBP 2 860** – Glasgow, 22 nov. 1990 : *Grand'mère épluchant les pommes de terre*, h/t (35,6x45,8) : **GBP 1 045** – Édimbourg, 23 mars 1993 : *Groupe familial*, h/t (108,5x139) : **GBP 1 035** – Édimbourg, 9 juin 1994 : *Le bébé de Bonnie* 1905, h/t (50,8x61) : **GBP 1 955** – Perth, 30 août 1994 : *Le dévidage de l'écheveau de laine*, h/t (35,5x46) : **GBP 1 725** – Glasgow, 14 fév. 1995 : *La Lettre*, h/t (30,5x41) : **GBP 862** – Perth, 20 août 1996 : *Dans la chaumière*, h/t (41x51) : **GBP 2 300** – Glasgow, 11 déc. 1996 : *De mauvaises nouvelles*, h/t (71,5x92) : **GBP 1 265**.

DOBSON Raeburn
XXe siècle. Britannique.
Peintre.
Il fut membre associé du Royal College of Art.
Ventes Publiques : Édimbourg, 16 nov. 1929 : *Enfilage de l'aiguille* : **GBP 5** – Glasgow, 11 déc. 1996 : *Une rivière tranquille*, aquar. (23x33) : **GBP 402**.

DOBSON Robert
XIXe siècle. Actif à Berkenhead. Britannique.
Peintre de paysages.
Cet artiste appartient à l'École de Liverpool et il a souvent repro-

duit les sites pittoresques du grand port anglais. Il a exposé à Londres en 1881. On voit de lui au Musée de Norwich : *Le temps de la marée, Crossens, près Southport, Nouvelle auberge*, (deux tableaux), *Château Pennard Gower*, (deux tableaux), *Moulin de Bidston, près Liverpool, Trois lieues de partout, East Cliff Whitby*.

DOBSON William

Né en 1611 à Londres. Mort en octobre 1646 à Londres. XVIIe siècle. Britannique.

Peintre de portraits, paysages, graveur.

Son premier maître fut Robert Peake, portraitiste et marchand de tableaux. Il a sans doute été également l'élève de Francis Cleyn. Dans sa période d'apprentissage, il apprit à copier des maîtres tels que Titien et Van Dyck, ce qui lui donna d'excellents principes de coloris. Van Dyck remarqua l'un de ses tableaux et le recommanda au roi Charles Ier : Dobson fut nommé « serjeant-painter » du roi. Il accompagna le souverain à Oxford, et peignit son portrait, ceux des princes ses fils et de plusieurs grands personnages.

Ses portraits sont d'excellentes reproductions de la nature. Quant à ses tableaux d'histoire, ils ne laissent pas de posséder des qualités appréciables. Dans ce genre il faut citer comme une de ses meilleures œuvres : *La Décollation de saint Jean*, qui laisse paraître son intérêt passager pour l'École d'Utrecht. On cite parmi ses gravures : *Autoportrait*.

Musées : Dublin : *Groupe – Portrait* – Édimbourg (Scottish Nat. Portrait Gal.) : *Portrait de Charles II* – Liverpool (Walker Art Gal.) : *Bourreau à la tête de St Jean-Baptiste* – Londres (Nat. Gal.) : *Portrait d'Endymion Porter – L'Artiste – Thomas, 3e baron Fairfax, et Anne Vere, sa femme – Mountjoy Blount, comte de Newport, et George, Lord Garing – Phineas Pett – Francis Quarles – Philipp Herbert, 1er comte de Montgomery et comte de Pembroke – Sir Henry Vane le Jeune* – Londres (Victoria and Albert Mus.) : *Tête de jeune fille* – Londres (Hampton Court) – Saint-Pétersbourg (Ermitage) : *Portrait d'Abraham Van der Dort*.

Ventes Publiques : Paris, 1863 : *Les enfants de Judas* : **FRF 8 000** ; *L'admiration* : **FRF 6 037** – Paris, 1875 : *Abraham et Agar* : **FRF 12 630** – Paris, 1877 : *Tobie et Raphaël* : **FRF 6 560** ; *La Nativité* : **FRF 6 560** ; *Abraham et Agar* : **FRF 9 180** ; *Druide* : **FRF 10 765** – Paris, 1888 : *Portrait d'Endymion Porter* : **FRF 10 500** – Paris, 1900 : *Portrait de femme* : **FRF 1 300** – New York, 9 et 10 mars 1900 : *Thomas Wentworth, comte de Strafford* : **USD 390** – New York, 10 et 11 avr. 1902 : *Portrait de Charles II* : **USD 575** ; *Henry Clifford, comte de Cumberland* : **USD 125** – New York, 28 et 29 avr. 1904 : *L'amiral Robert Blake* : **USD 360** – New York, 6 et 7 avr. 1905 : *Portrait de Charles Ier* : **USD 160** ; *Le comte Dauby* : **USD 270** – New York, 24 mars 1905 : *Portrait de lord Cavendish* : **USD 550** – New York, 21 mars 1906 : *Portrait d'une jeune fille* : **USD 410** – New York, 22 et 23 fév. 1907 : *Henriette-Marie sur la tombe de Charles Ier* : **USD 260** – New York, 12 mars 1908 : *Portrait de Milton jeune* : **USD 575** – New York, 9 et 10 avr. 1908 : *Portrait de Van Dyck* : **USD 200** ; *Le marquis d'Humlly* : **USD 650** ; *Henriette-Marie d'Angleterre* : **USD 650** ; *Elisabeth, fille de Charles Ier* : **USD 475** – Londres, 12 déc. 1908 : *Une jeune paysanne* : **GBP 15** – Londres, 30 jan. 1909 : *Portrait d'un homme* : **GBP 37** – Londres, 12 mai 1910 : *Portrait de John Hampton* : **GBP 50** – Londres, 28 avr. 1922 : *Dame en gris* : **GBP 29** – Londres, 23 juin 1922 : *Gentilhomme en noir* : **GBP 12** – Londres, 15 déc. 1922 : *La princesse Maria Henrietta* : **GBP 241** – Londres, 1er fév. 1924 : *Deux nobles* : **GBP 152** – Londres, 28 et 29 juil. 1926 : *Gentilhomme et son chien* : **GBP 84** – Londres, 8 juil. 1927 : *Robert Stapylton* : **GBP 283** – Londres, 17 et 18 mai 1928 : *James, premier duc de Hamilton* 1643 : **GBP 1 417** – Londres, 29 nov. 1929 : *Sir Robert Phelips* 1632 : **GBP 294** – New York, 4 et 5 fév. 1931 : *Peter, earl of Pembroke* : **USD 250** – New York, 24 mars 1932 : *Lady Digby et son fils* : **USD 420** – Londres, 29 juil. 1937 : *Charles Ier* : **GBP 110** – Londres, 7 juil. 1939 : *James, premier duc de Hamilton* 1643 : **GBP 378** – Londres, 15 mai 1942 : *James, premier duc de Hamilton* 1643 : **GBP 126** – New York, 5 avr. 1944 : *La princesse Mary en Diane* : **USD 550** – Londres, 9 juin 1944 : *James, premier duc de Hamilton* : **GBP 294** – Londres, 1er juin 1945 : *Le premier comte de Inchiquin, gouverneur de Munster* 1642 : **GBP 110** – Londres, 27 oct. 1961 : *Portrait d'un musicien* : **GNS 1 150** – Londres, 19 nov. 1965 : *Portrait de famille* : **GNS 700** – Londres, 22 sep. 1981 : *Faith* 1868, aquar. (49x39) : **GBP 480** – Londres, 16 mars 1984 : *Portrait of a lady, c. 1643*, h/t (39x31,5) : **GBP 13 000** – Londres, 21 nov. 1986 : *Portrait of a gentleman*, h/t (99x82,5) : **GBP 6 500** – Londres, 17 nov. 1989 : *Portrait en buste du roi Charles 1er en armure et portant le collier de l'Ordre de la Jarretière*, h/t (54,5x50,8) : **GBP 165 000** – Londres, 10 avr. 1992 : *Portrait de Sir Thomas Chicheley portant une cuirasse sur un pourpoint chamois avec sa main droite caressant la tête d'un chien*, h/t (101,5x80) : **GBP 101 200**.

DOBSON William Charles Thomas

Né le 8 décembre 1817 à Hambourg. Mort le 30 janvier 1898 à Ventnor. XIXe siècle. Allemand.

Peintre de sujets religieux, figures, paysages, aquarelliste, dessinateur.

Son père, marchand à Hambourg, se fixa à Londres en 1825. En 1836, William entra aux écoles de l'Académie Royale et reçut, en 1843, le prix de dessin à l'école du gouvernement, alors à Somerset House. Nommé directeur de l'école de dessin de Birmingham en 1843, il se démit de son poste et partit, deux ans plus tard, pour l'Italie. De là, il se rendit en Allemagne où il séjourna pendant plusieurs années. De retour en Angleterre, il exposa d'abord des tableaux à l'huile, puis à l'aquarelle. Nommé associé de l'Académie Royale en 1867, il devint académicien en 1872. En 1870, il fut élu associé, et en 1875, membre de la Société Royale des aquarellistes.

Il convient de citer parmi ses œuvres : *Tobie et l'Ange* (1853), *La Lecture des psaumes* (1857), *Jeune Vénitienne* (1879), *Contes pour les petits* (1874).

Musées : Sheffield : *Le bon berger* – Sydney : *Una Fascina di Olive – La Paix soit dans cette maison.*

Ventes Publiques : Londres, 18 nov. 1921 : *Kate Kearney* 1873, dess. : **GBP 15** – Londres, 4 et 5 mai 1922 : *La lecture de la Bible* 1857 : **GBP 25** – Londres, 2 juin 1922 : *Roses de Noël* 1881, dess. : **GBP 6** – Londres, 28 nov. 1924 : *Contemplation* 1873, dess. : **GBP 6** – Londres, 3 avr. 1925 : *Animal* 1895 : **GBP 21** – Londres, 3 mai 1926 : *Jeune veau* 1866 : **GBP 27** – Londres, 28 fév. 1930 : *L'anniversaire de Maman* 1862 : **GBP 33** – Londres, 12 mai 1932 : *Le repos dans le chemin* 1861 : **GBP 6** – Londres, 16 mars 1934 : *Pensées joyeuses* 1867 : **GBP 10** – Londres, 6 mai 1938 : *Fête de Inigo Jones* : **GBP 33** – Londres, 25 oct. 1977 : *La Sainte Famille dans un paysage boisé* 1856, h/t haut arrondi (104x86) : **GBP 1 700** – Londres, 27 juin 1978 : *Fillette avec fagots* 1865, h/pan. (30x25) : **GBP 950** – New York, 26 fév. 1982 : *La porteuse d'eau* 1862, h/pan. (60,5x46,7) : **USD 1 500** – Londres, 16 fév. 1984 : *Méditation* 1873, aquar. (53,5x42,5) : **GBP 1 100** – Chester, 8 oct. 1987 : *La jeune porteuse d'eau* 1878, aquar. (56x45) : **GBP 1 450** – New York, 25 mai 1988 : *Nu de petite fille tenant une cruche* 1882, craie noire (73x50,3) : **USD 4 400** – Londres, 24 juin 1988 : *Le bel âge* 1882, h/t (144,8x91,4) : **GBP 13 200** – New York, 17 jan. 1990 : *Le miracle de l'huile*, h/t (91,6x81,4) : **USD 4 400** – Londres, 25 mars 1994 : *Roses de Noël* 1881, cra. et aquar. (45,7x35,5) : **GBP 8 625** – Londres, 9 juin 1994 : *La fontaine d'eau potable* 1861, h/t (92,5x74,5) : **GBP 18 400** – Londres, 10 mars 1995 : *La petite jardinière* 1865, h/pan. (33x29,2) : **GBP 5 520**.

DOBUJINSKI Mstislav

Né à Saint-Pétersbourg. XXe siècle. Lituanien.

Peintre de portraits, paysages.

Il exposa aussi à Paris, au Salon d'Automne en 1926 et 1927. Malgré l'indication d'un autre lieu de naissance et d'une autre nationalité, sans doute identique à DOBUZINSKI Mstislav.

DOBUZINSKI Mstislav Valerianovitch ou **Dobujinsky, Dobujinski, Dobuzinsky, Dobuzhinsky**

Né le 2 août 1875 à Novgorod. Mort le 20 novembre 1957 à New York. XIXe-XXe siècles. Depuis 1920 actif à travers l'Europe et aux États-Unis. Russe.

Peintre, aquarelliste, dessinateur, graveur, illustrateur, peintre de décors de théâtre.

Il fut élève de Anton Azbé et Simon Hollosy à Munich, de 1899 à 1901. Il compléta ses études à Vilna (Vilnius) et à l'Académie des Beaux-Arts de Saint-Pétersbourg. Il participa à l'Exposition Russe de Paris en 1906, à l'Exposition Universelle de Bruxelles de 1910. Il fut président de la Société russe d'art *Mir Iskonstvo*. Après 1920, il quitta la Russie et vécut en Angleterre, en France, aux États-Unis. À Paris, il exposa au Salon d'Automne. En 1967-1968, il était représenté à l'exposition du Grand-Palais de Paris *L'Art Russe des Scythes à nos jours*.

Lorsqu'il était en Russie, il a travaillé à Moscou et Saint-Pétersbourg. Il pratiqua surtout le dessin et l'aquarelle. De ses peintures, on cite : *Visions de ville, La Dame de Pique*. Il fut aussi graveur et a illustré : *Les nuits blanches* de Dostoïewsky, les œuvres de Pouchkine, Leskow, Andersen. Il a surtout trouvé sa vocation dans la réalisation de maquettes de théâtre, dans le style féerique caractéristique des célèbres *Ballets Russes* de Diaghilev, dont il a créé certains.

Ventes Publiques : Londres, 18 juil. 1968 : *Décor pour « Les Brigands » de Schiller*, gche sur traits de pl. : **GBP 180** – New York, 10 déc. 1982 : *Projet de décor pour la « Khovanchina »*, aquar., cr. et pl. (29,2x42,1) : **USD 1 700** – New York, 22 juin 1983 : *Projet de décor pour « Eugen Onegin »* 1923, gche et cr. (35,5x54) : **USD 2 200** – Londres, 9 mai 1984 : *« Fêtes avec le Concours des Ballets russes de Serge de Diaghilev »* 1928, litho. en bleu et noir (117,3x84,5) : **GBP 1 400** – Londres, 1er mai 1987 : *Metropolitan Opera Ballet Theatre, New York* 1942, h/t (50x57,5) : **GBP 3 000** – Londres, 22 oct. 1987 : *Deux costumes de cosaques*, deux aquar. et pl. (31,8x24,3) : **GBP 2 200** – New York, 24 fév. 1994 : *Projet de décors pour la scène II du ballet « La poupée merveilleuse »* 1914, gche et aquar./pap./cart. (47x59,1) : **USD 805** – Paris, 30 jan. 1995 : *Coppélia – costume de Poupée*, gche/pap. bistre (34x24) : **FRF 10 000** – Londres, 14 déc. 1995 : *L'alphabet du monde de l'Art : 21 caricatures des membres du Groupe du Monde de l'Art*, aquar. et encre (chaque 27x22) : **GBP 12 075** – Londres, 17 juil. 1996 : *Décoration du salon du Comte Kotzelei à Paris* 1915, gche (38,5x51) : **GBP 4 830** – New York, 10 oct. 1996 : *Khovanchina, projet pour la Place Rouge, acte I* 1948-1949, aquar., cr. et encre/pap./pan. (29,2x41,9) : **USD 1 495** – Londres, 19 déc. 1996 : *Projet de costume pour le Chinois de Coppélia* 1956, gche et cr. noir/cr. reh. d'or et d'argent (37x24) : **GBP 3 220**.

DOBY Jeno

Né le 4 septembre 1834 à Kassa. Mort le 1er juillet 1907 près de Fiume. xixe siècle. Hongrois.

Graveur au burin.

Il obtint une mention honorable en 1895 et une médaille de bronze à l'Exposition Universelle de 1900.

DOBY Philippe

Mort le 19 août 1686. xviie siècle. Actif à Besançon. Français.

Sculpteur.

Il fit, en 1663, pour l'abbaye de Saint-Vincent, une statue de saint Benoît et sculpta, sur la porte de la forteresse de Sainte-Anne, les armoiries du roi d'Espagne, en 1671.

DOCAIGNE Louis François ou **Docquaine**

xviiie siècle. Français.

Peintre.

Il fut reçu à l'Académie de Saint-Luc à Paris en 1772.

DOCHARTY Alexander Brownlie

Né en 1862 à Glasgow. Mort en 1940. xixe-xxe siècles. Britannique.

Peintre de paysages.

Il travailla à Glasgow, et exposa à partir de 1882 à la Royal Academy à Londres.

Musées : Glasgow : *Septembre – Glen Falloch*.

Ventes Publiques : Glasgow, 26 mars 1929 : *Rivière en automne* : **GBP 7** – Glasgow, 18 juin 1929 : *Rivière en automne* : **GBP 16** – Édimbourg, 8 fév. 1930 : *Éclaircie après la pluie* : **GBP 17** – Édimbourg, 25 avr. 1931 : *Scène de village* : **GBP 4** – Londres, 12 mai 1932 : *Torrent de montagne* 1871 : **GBP 9** – Londres, 13 avr. 1934 : *Loch Garry* : **GBP 8** – Glasgow, 10 juin 1935 : *Glen Falloch* : **GBP 27** – Glasgow, 4 juin 1936 : *Ben Lui* : **GBP 17** – Glasgow, 5 oct. 1942 : *Les chutes de Spean* : **GBP 12** – Glasgow, 7 avr. 1943 : *Le début de l'été à Glen Mor Iston* : **GBP 20** – Los Angeles, 28 juin 1982 : *Paysage d'automne*, h/t (66x81) : **USD 2 200** – Glasgow, 30 jan. 1985 : *Autumn's golden glow, Loch Garry*, h/t (102x127) : **GBP 3 600** – Glasgow, 4 fév. 1987 : *Lochaber*, h/t (86x127) : **GBP 2 600** – Glasgow, 7 fév. 1989 : *Vue sur la vallée*, h/t (46x76,5) : **GBP 506** – Perth, 29 août 1989 : *Glen Falloch en juin*, h/t (72x107) : **GBP 935** – Perth, 27 août 1990 : *Commencement de l'été dans les Highlands*, h/t (61x91,5) : **GBP 1 430** – Glasgow, 4 déc. 1991 : *Loch Morar en hiver*, h/t (44,5x62,5) : **GBP 1 320** – Glasgow, 1er fév. 1994 : *Après la pluie*, h/t (46x66) : **GBP 632** – Glasgow, 14 fév. 1995 : *Une rivière en automne*, h/t (75x100) : **GBP 1 495** – Perth, 29 août 1995 : *Une rivière en crue*, h/t (51x66) : **GBP 1 035** – Édimbourg, 23 mai 1996 : *Les chutes de Dochart dans le Perthshire*, h/t (76,2x108,2) : **GBP 4 025** – Glasgow, 11 déc. 1996 : *Automne*, h/t (51x68,5) : **GBP 1 725**.

DOCHARTY James

Né en 1829 à Bonhill (près de Dumbarton). Mort en 1878 à Glasgow. xixe siècle. Britannique.

Peintre de paysages, paysages d'eau.

Son père l'ayant fait entrer dans une manufacture de calicot, il ne commença la peinture qu'à partir de 1862, au moment où la guerre d'Amérique arrêta le commerce. Il fit des envois à l'Académie d'Edimbourg, à l'Institution de Glasgow et à l'Académie Royale. Obligé par sa santé à aller sur le continent et en Orient, il quitta l'Angleterre en 1876 pour n'y rentrer qu'en 1878, l'année de sa mort. Il avait été élu associé de l'Académie Royale écossaise en 1877.

Il subit l'influence de Milne Donald dans ses scènes d'Écosse. Parmi ses œuvres, il faut retenir *Le Lac Lomond* (1873) et *La Rivière Achray* (1876).

Musées : Birmingham : *Glen Lni Deer Forest* – Glasgow : *Le Loch Holy – Chemin dans le nord Wist – Chemin près d'un bois – Fleuve avec pêcheur – Au milieu des Trossachs*.

Ventes Publiques : Londres, 15 fév. 1908 : *Château de Kilchurn, Loch Avre* : **GBP 94** – Londres, 12 juin 1908 : *La fin du Jour, Mar deer Forest* : **GBP 78** – Londres, 11 juin 1909 : *Un étang d'Écosse* : **GBP 273** – Londres, 27 jan. 1922 : *Marine* : **GBP 18** – Londres, 21 juil. 1922 : *Une route* : **GBP 44** – Glasgow, 27 nov. 1930 : *Paysage* : **GBP 25** – Glasgow, 28 juin 1931 : *Paysage des Highlands* : **GBP 23** – Londres, 13 avr. 1934 : *Une vallée* : **GBP 12** – Londres, 13 mai 1935 : *Kilchurn Castle* 1870 : **GBP 10** – Glasgow, 9 oct. 1942 : *Marine* : **GBP 12** – Glasgow, 13 oct. 1943 : *Paysage* : **GBP 20** – Édimbourg, 10 nov. 1980 : *Loch Ranza* 1849, h/t (38x56) : **GBP 400** – Écosse, 1er sep. 1981 : *Vallée des Highlands* 1864, h/t (30,5x46) : **GBP 280** – Édimbourg, 28 avr. 1992 : *Le Château de Kilchurn et Loch Awe* 1866, h/t (50x76) : **GBP 825** – Perth, 31 août 1993 : *La rivière Dochart en crue* 1874, h/t (46x62) : **GBP 2 875** – Perth, 30 août 1994 : *La forêt de Caszow en automne* 1866, h/t (50,5x69,5) : **GBP 460** – Glasgow, 14 fév. 1995 : *La Pêche près d'un pont* 1866, h/t (46x61) : **GBP 517** – Édimbourg, 15 mai 1997 : *La Dochart en crue, Killin, Pertshire* 1875, h/t (119,3x177,8) : **GBP 7 475**.

DOCHE Georges

Né en 1940 au Caire. xxe siècle. Actif au Liban. Égyptien.

Peintre, aquarelliste, peintre de décors et costumes de théâtre, illustrateur.

Il fut élève de l'Académie Julian, des Écoles des Arts Décoratifs et des Beaux-Arts à Paris. Il participe à de nombreuses expositions collectives, notamment le Salon des Artistes Indépendants à Paris, et diverses galeries privées, à Genève, Tokyo, Londres, etc. Il fait des expositions personnelles : 1961 Paris, 1965, 1967, 1971 Beyrouth, 1968 Paris, Bienne, 1970, 1971, 1973 Paris, 1974 Aspen (États-Unis)...

Sa peinture est décorative, inspirée d'éléments floraux stylisés. En 1963, 1964, il a conçu les décors et costumes pour les Ballets Européens de Léonide Massine. En 1966, 1967, il a collaboré aux Éditions *Planète*. Depuis 1980, il crée des dessins de bijoux.

Bibliogr. : Divers, in : Catalogue de l'exposition *Liban – Le regard des peintres – 200 ans de peinture libanaise*, Institut du Monde Arabe, Paris, 1989.

DOCHIS Johann

Mort en 1879 en Allemagne. xixe siècle. Allemand.

Peintre d'histoire.

DOCHY Henri

Né à Lille (Nord). xixe siècle. Français.

Graveur sur bois.

Élève de C. Barbant. Il exposa au Salon de Paris en 1879, une gravure sur bois : *Assassinat de Marat*. Sociétaire des Artistes Français depuis 1886, il obtint une mention honorable en 1885, médaille de troisième classe 1891 et une médaille d'argent à l'Exposition Universelle de 1900.

DOCK Eugen

Né en 1827 à Strasbourg. Mort le 19 avril 1890 à Strasbourg. xixe siècle. Français.

Sculpteur.

Le Musée de Mulhouse conserve de lui le médaillon de *Nicolas Kœchlin* et le buste de *Daniel Kœchlin*. Il fut élève de l'École des Beaux-Arts de Paris.

DOCK Huibrecht

xvie siècle. Actif à Anvers vers 1572. Éc. flamande.

Peintre.

DOCK Marianne

Née en 1950 à Bruxelles. xxe siècle. Belge.

Peintre, graveur, sculpteur, décorateur. Tendance pop art.

Elle fut élève des Académies des Beaux-Arts de Bruxelles et de

Watermael-Boitsfort. Elle a séjourné au Brésil et en Grande-Bretagne. Elle est devenue professeur de dessin à l'Académie de Bruxelles.
Dans ses travaux très divers, elle montre un intérêt pour certaines caractéristiques du courant pop art. Elle a réalisé des peintures murales.
Bibliogr. : In : *Diction. Biograph. illustré des Artistes en Belgique depuis 1830*, Arto, Bruxelles, 1987.

DOCKE
xviiie siècle. Actif à Londres vers 1765. Britannique.
Peintre de miniatures.

DOCKER Edward
xixe siècle. Britannique.
Peintre de genre.
Il travaillait à Londres à la fin du xixe siècle.
Ventes Publiques : Londres, 14 nov. 1984 : *Jeune Femme au puits*, h/t (91,5x71) : **GBP 1 600**.

DOCKREE Mark Edwin
xixe siècle. Britannique.
Peintre de genre, paysages.
Musées : Sydney : *Le Vieux Moulin à Pembroke*.
Ventes Publiques : Londres, 9 déc. 1980 : *Paysage* 1876, h/t (61x122) : **GBP 950** – Londres, 22 fév. 1985 : *The Vale of Neath*, h/t (140,3x109,8) : **GBP 1 300**.

DODAN G.
xviiie siècle. Actif à Paris en 1764. Français.
Peintre.

DODANE Jérôme
Né à Dasle. Mort le 28 janvier 1738 à Besançon. xviiie siècle. Français.
Sculpteur.

DODD Arthur Charles
xixe siècle. Britannique.
Peintre de genre, scènes de chasse, animaux.
Il exposa à Londres, à la Suffolk Street Gallery de 1878 à 1890.
Ventes Publiques : Philadelphie, 30-31 mars 1932 : *Sur la piste* : **USD 100** ; *Parti* : **USD 100** – Londres, 21 mars 1983 : *La Maison de maître* 1887, h/pan. (41x61) : **GBP 3 000** – Londres, 26 sep. 1984 : *Sporting and dramatic life* 1887, h/pan. (41x61) : **GBP 1 100** – Londres, 13 juin 1990 : *Un jouet*, h/t (46x61) : **GBP 4 400** – Londres, 7 oct. 1992 : *Chasse au renard*, h/t (41x61) : **GBP 935** – Londres, 12 mars 1997 : *Ratiers* 1891, h/cart. (22,5x16,5) : **GBP 4 600**.

DODD Charles Tattershall, l'Ancien
Né le 11 janvier 1815 à Tonbridge. Mort le 27 novembre 1878 à Turnbridge Wells. xixe siècle. Britannique.
Peintre de paysages, architectures, aquarelliste.
Il se spécialisa dans les vues de monuments.
Musées : Londres (Victoria and Albert Mus.) : deux aquarelles.
Ventes Publiques : Londres, 15 oct. 1976 : *Paysage du Sussex* 1851, h/cart. (16x39) : **GBP 300** – Londres, 14 juin 1977 : *Southborough Common, près de Tunbridge, Kent* 1865, h/pan. (53,5x70) : **GBP 1 500** – Londres, 6 mai 1981 : *Llanberis Lake et Snowdon North Wales* 1870, aquar. et cr. (22,8x56) : **GBP 140** – Londres, 23 mai 1985 : *Hever Castle, Kent* 1845, aquar. et cr. reh. de blanc (44x64) : **GBP 500** – Londres, 11 oct. 1991 : *Un manoir ; L'Église du village ; Maison paysanne*, h/t, ensemble de trois (chaque 33x47,6) : **GBP 6 600** – Londres, 17 juil. 1992 : *Vue de Ightam Mote*, h/cart. (22,8x17,8) : **GBP 990** – Londres, 20 juil. 1994 : *Southborough Common* 1865, h/pan. (55x71) : **GBP 3 220**.

DODD Charles Tattershall, le Jeune
xixe-xxe siècles. Britannique.
Peintre de paysages, architectures.
Il était fils du précédent. Il exposa régulièrement à la Royal Academy de Londres des paysages et des vues de monuments.
Ventes Publiques : Londres, 19 juil. 1935 : *Vieux Moulin à Anglesey* : **GBP 5**.

DODD Daniel
Mort en 1780. xviiie siècle. Britannique.
Peintre de portraits, miniatures, paysages, intérieurs, pastelliste, graveur.
Il fit des envois à la Société des Artistes libres, dont il fut nommé membre en 1763.
Musées : Nottingham : *Château de Coraway – Intérieur avec personnages*.
Ventes Publiques : Londres, 12 déc. 1928 : *Portrait de l'artiste*, past. : **GBP 4** ; *Les enfants de l'artiste*, past. : **GBP 4** – Londres, 14 mars 1990 : *Portrait de la famille Ashby de Isleworth et Bromley* 1782, h/t (97x116) : **GBP 29 700**.

DODD Francis
Né le 29 novembre 1874 à Holyhead. Mort le 7 mars 1949 à Blackheath (Surrey). xixe-xxe siècles. Britannique.
Peintre de portraits, paysages urbains, aquarelliste, graveur, dessinateur.
Il fut élève de la Glasgow School of Art. En 1893, il obtint une bourse qui lui permit un voyage en France, Italie et plus tard Espagne. À partir de 1894, il a exposé au New English Art Club. En 1895, il se fixa à Manchester et en 1904 à Londres. La même année 1904, il devint membre du New English Art Club. En 1927, il devint associé de la Royal Academy, puis membre en 1935. De 1928 à 1935, il fut conservateur de la Tate Gallery.
Peintre, il eut surtout une carrière de portraitiste de personnalités de son temps. Il dessina aussi des vues de Londres.
Musées : Londres (Tate Gal.) : *Femme souriante – La comtesse Beauchamp – Edward Garnett*.
Ventes Publiques : Londres, 23 avr. 1928 : *Trafalgar Square* 1922, dess. : **GBP 11** ; *Waterloo Place*, dess. : **GBP 11** – Londres, 27 nov. 1931 : *Mrs Large* : **GBP 4** – Londres, 7 juil. 1939 : *L'ennemi du peuple*, dess. : **GBP 5** – New York, 9 juin 1979 : *Miss Virginia Stephen* 1908, fus./pap. gris (36,5x28) : **USD 6 500** – Londres, 4 mars 1980 : *Muirhead bone at the press* 1908, pointe-sèche (30,4x26,6) : **GBP 260** – Londres, 11 juin 1982 : *Riva Schiavone, Venezia* 1925, h/t (48,3x67,5) : **GBP 700** – Londres, 12 juin 1986 : *Portrait de fillette en costume équestre* 1905, h/t (90x70) : **GBP 1 200** – Londres, 20 sep. 1990 : *Samedi après-midi*, h/t (70x84) : **GBP 1 100**.

DODD G. J.
xixe siècle. Actif en Belgique vers 1842. Éc. flamande.
Peintre de genre.

DODD J.
xixe siècle. Actif au début du xixe siècle. Américain.
Graveur.
Il grava des portraits et des ornements.

DODD J. J.
xixe siècle. Actif vers 1835. Britannique.
Peintre de paysages.
Il exposa à Londres des vues de Paris.

DODD Loïs
Née en 1927 à Montclair (New-Jersey). xxe siècle. Américaine.
Peintre.
Elle fut élève de la Cooper Union, puis poursuivit sa formation à Rome en 1949-1950. Elle bénéficia d'une nouvelle bourse à Rome en 1959-1960. Vit et travaille à New-York. Elle participe à des expositions collectives : aux Stable Annuals, en 1960 au New York Coliseum et à *Américains à Rome*.
Musées : New York (Whitney Mus.).

DODD Louis
Né en 1943. xxe siècle. Britannique.
Peintre de marines.
Il est surtout peintre de navires et bateaux qu'il situe dans leur contexte maritime.
Ventes Publiques : Chester, 24 juin 1982 : *A ship launching on the Thames below London*, h/pan. (51x81) : **GBP 1 600** – Londres, 5 juin 1985 : *Bateaux sur la Tamise, Greenwich*, h/pan. (37x49,5) : **GBP 1 600** – Londres, 16 oct. 1987 : *La Frégate Constitution au large de Rio de Janeiro en 1820*, h/pan. (54,6x103,8) : **GBP 6 800** – Londres, 31 mai 1989 : *La frégate armée de 44 canons « Brandywine » dans les eaux territoriales de Washington*, h/pan. (61x91,5) : **GBP 4 950** – Londres, 30 mai 1990 : *Perspective de Hobart Town en Tasmanie*, h/pan. (51x84) : **GBP 9 900** – Londres, 22 mai 1991 : *Navire marchand américain tirant une salve devant le château St Georges à Lisbonne*, h/pan. (48x79) : **GBP 4 620** – Londres, 22 nov. 1991 : *Vue de English Harbour dans l'île d'Antigua depuis le chantier de construction Sta Helena 1788*, h/pan. (54,6x90,3) : **GBP 6 050** – Londres, 20 mai 1992 : *Le transporteur de thé Sir Lancelot quittant Macao*, h/pan. (41,5x61) : **GBP 3 520** – Londres, 17 juil. 1992 : *Les baleiniers de New Bedford dans la baie de Plenty au large de l'île de Whale*, h/pan. (39,4x59,6) : **GBP 4 180** – Londres, 20 jan. 1993 : *La remontée de la rivière Tuwpan par l'expédition navale U.S. au Mexique*, h/pan. (33x43) : **GBP 2 530** – New York, 4 juin 1993 : *L'occupation de l'île de Rhodes par les forces britanniques sous le commandement de*

Sir Peter Parker le 6 déc. 1776, h/pan. (45,7x74,9) : **USD 8 625** – Londres, 16 juil. 1993 : *Le clipper Young America quittant Honolulu pour New York lors de son voyage inaugural en 1853,* h/pan. (40,5x61) : **GBP 4 140** – Londres, 3 mai 1995 : *Le commerce américain de la glace, un cargo de la Cie Frederick Tudor déchargeant à Calcutta en 1840,* h/pan. (45x65) : **GBP 5 520** – Londres, 30 mai 1996 : *Le H. M. S. Dido et le Jolly Bachelor préparant une expédition punitive à Bornéo contre les pirates dyak, 1843,* h/pan. (41x61) : **GBP 3 450** – Londres, 29 mai 1997 : *Le Boreas de Sa Majesté sous le commandement de Nelson arrivant à St Kitts pour empêcher le commerce entre les Antilles et les colonies américaines rebelles,* h/pan. (54,5x79,5) : **GBP 6 670.**

DODD M., Miss

XIXe siècle. Active à Bristol vers 1830. Britannique.

Peintre de miniatures.

DODD Margaret

Née en 1941. XXe siècle. Australienne.

Sculpteur-céramiste.

C'est en 1968 que Margaret Dodd commençe la réalisation de ses sculptures en céramique, ayant pour thème la voiture appelée la *Holden*. Celle-ci fut un des signes extérieurs de la croissance économique australienne à partir des années cinquante. Voiture inscrite dans la mythologie, la *Holden* le fut à plusieurs titres. Symbole d'une liberté de circuler pour le plus grand nombre et succès populaire considérable. Symbole d'une identité nationale revendicatrice : cette voiture fut au départ, une copie de la Chevrolet américaine adaptée aux conditions australiennes, puis finalement redessinée et produite par le pays. Tout le travail de l'artiste consiste à traiter cet objet de consommation, pratiquemment comme un fait de civilisation, à induire ses effets dans les relations sociales des hommes et des femmes ou à y déceler ses significations symboliques. Ainsi, les sculptures de M. Dodd sont des modèles réduits de la *Holden* et, comme l'originale, elles sont produites en séries. D'une longueur de cinquante centimètres, l'artiste les habille, les colorie, les façonne, leur imprime tel ou tel caractère, les immergeant pleinement dans la vie de la société qu'elles ont, en partie, contribuée à façonner. Pour exemple, *Les Noces de la Holden* est une métaphore du mariage, de la naissance des enfants, de la femme mûre et du regard de l'homme sur elle. La voiture de couleur blanche est enveloppée dans un voile incrusté de plusieurs roses. De nombreux détails, tels les roues ou la carosserie, traduisent l'état d'esprit de l'épouse. Cette machine qui est objet de désir masculin est ici féminisée « corps et âme ». Objet utilitaire, symbole d'une identité nationale, mais aussi recueil de toutes sortes de projections d'ordre phantasmagorique, la *Holden* devient une icône, source d'une intense relation passionnelle.

■ C. D.

Bibliogr. : In : *Creating Australia, 200 years of art 1788-1988,* Daniel Thomas, Melbourne, 1988.

DODD P. G.

XIXe siècle. Actif à Londres vers 1825. Britannique.

Peintre de miniatures.

Il exposa des portraits.

DODD Ralph

XVIIIe siècle. Britannique.

Peintre de sujets militaires, portraits, marines.

Actif à Londres, il peignit les faits d'armes de la flotte anglaise à la fin du XVIIIe siècle.

Ventes Publiques : Londres, 23 mai 1980 : *Portrait du capitaine Walmsley* 1781, h/t (89x70,5) : **GBP 750.**

DODD Robert

Né en 1748. Mort en 1815 ou 1816. XVIIIe-XIXe siècles. Britannique.

Peintre de sujets militaires, paysages, marines, graveur, dessinateur.

Ses tableaux représentent souvent des exploits de la marine britannique, ainsi que des tempêtes sur mer. Redgrave n'a plus trouvé trace de cet artiste dans les livres de l'Académie Royale, après 1809. *La Victoire de l'amiral Parker* (1781) et *Commencement de la bataille de Trafalgar* (1806) comptent parmi ses ouvrages les plus goûtés. On cite parmi ses gravures quinze vues.

Ventes Publiques : Londres, 5 déc. 1908 : *Vue de la Tamise* : **GBP 5** – Londres, 31 mai 1927 : *Marine* : **GBP 15** – Londres, 15 mars 1928 : *Scène de port,* dess. : **GBP 24** – Londres, 7 déc. 1928 : *Premier engagement naval de la guerre d'Indépendance* 1811 : **GBP 152** – Londres, 13 déc. 1928 : *La bataille de Trafalgar* : **GBP 60** – Londres, 20 nov. 1931 : *Quatre baleinières de l'Océan Arctique* : **GBP 16** – Londres, 15 juil. 1932 : *La bataille de Trafalgar* : **GBP 14** – Londres, 15 déc. 1933 : *La bataille du Nil* : **GBP 10** – Londres, 20 avr. 1936 : *La bataille de Trafalgar* : **GBP 7** – Londres, 15 juin 1938 : *Marine* 1780 : **GBP 11** – Londres, 27 oct. 1961 : *Une rencontre entre soldats anglais et français* : **GBP 504** – Londres, 20 oct. 1967 : *La bataille navale de Cuddalore* : **GNS 500** – Londres, 15 nov. 1968 : *Vue de Gravesend vers* 1790 : **GNS 5 500** – Londres, 19 nov. 1976 : *La Bataille navale de Cuddalore,* h/t (81x144,3) : **GBP 900** – Londres, 24 juin 1977 : *Le trois-mâts The Cuffnells* 1797, h/t (80x141) : **GBP 4 000** – Londres, 24 nov. 1978 : *Le Superbe au large de Bombay* 1787, h/t (107,3x181) : **GBP 15 000** – Paris, 24 nov. 1979 : *La Pêche à la baleine* 1783, h/t (66x91) : **FRF 48 000** – Londres, 20 mai 1980 : *La Bataille de Trafalgar,* aquat., suite de quatre (52,5x76,7) : **GBP 700** – New York, 18 juin 1982 : *Bataille navale* 1781, h/t (61x88,5) : **USD 8 500** – Londres, 20 nov. 1985 : *An english brig in three positions off Dover* 1787, h/t (72,5x122,5) : **GBP 20 000** – Londres, 15 juil. 1987 : *Le Dutton en trois positions au large de Douvres* 1786, h/t (88x149) : **GBP 50 000** – Londres, 15 avr. 1988 : *Le voilier Amity Hall sortant de Greenwich Reach,* h/t (73,3x109,2) : **GBP 24 200** – Londres, 26 mai 1989 : *Le Maria et d'autres navires marchands près du phare de Eddystone* 1780, h/t (74,2x109,7) : **GBP 9 350** – Londres, 28 fév. 1990 : *Capture de la frégate française Réunion par le Crescent le 20 octobre 1793,* h/t (39,5x64,5) : **GBP 6 600** – Londres, 13 avr. 1994 : *Les mutins débarquant du Bounty le lieutenant Bligh et d'autres officiers dans une chaloupe,* h/t (49x61,5) : **GBP 34 500** – Londres, 13 nov. 1997 : *Scènes historiques* 1791 et 1796, aquat. et grav. au point, série de neuf : **GBP 4 830** – Londres, 29 mai 1997 : *Le William Pitt des Indes Orientales, vu sous trois angles, prenant un pilote à Douvres* 1787, h/t (81,5x144) : **GBP 33 350.**

DODD W.

XIXe siècle. Actif à Londres vers 1830. Britannique.

Peintre de portraits.

DODD William

Né le 14 avril 1908 en Angleterre. XXe siècle. Britannique.

Aquarelliste.

DODDRELL

XVIIIe siècle. Actif à la fin du XVIIIe siècle. Britannique.

Graveur d'ex-libris.

DODDS Peggy

Née en 1900. XXe siècle. Américaine.

Peintre de genre.

Elle étudia à l'Art Students League de New York et gardait un atelier à Woodstock pendant l'été. Elle était également membre de l'Association Nationale des Femmes artistes.

Ventes Publiques : New York, 28 nov. 1995 : *Carnaval,* h/t (76,2x63,5) : **USD 2 300.**

DODEIGNE Eugène

Né le 27 juillet 1923 à Rouvreux (Belgique). XXe siècle. Français.

Sculpteur de monuments, statues. Tendance expressionniste-abstraite.

Son père était tailleur de pierre, Eugène fit son apprentissage primordial dans l'atelier paternel. Plus tard, en 1950, il tint à construire lui-même, à Bondues, au lieu-dit *Le Pot de fer,* ses deux maisons successives. Il fut élève des Écoles des Beaux-Arts de Tourcoing, puis de Paris, où il séjourna de 1943 à 1946, découvrant l'art contemporain. En 1948, il vécut une année à Vézelay. Il participe à de nombreuses expositions collectives, d'entre lesquelles : au Musée de Tourcoing à partir de 1957, à Paris : le Salon de Mai, dont il fut membre du comité, les Salons de la Jeune Sculpture et des Réalités Nouvelles, et encore l'exposition *Dessins de sculpteurs de Rodin à nos jours* au Musée des Beaux-Arts de Strasbourg en 1966, la Biennale de Tokyo en 1967. Sa première exposition personnelle eut lieu dans une galerie de Lille, en 1953. Suivirent celles de Paris en 1958, 1961, 1964, au Musée Galliéra en 1971..., au Palais des Beaux-Arts de Bruxelles 1957, Kunsthalle de Bâle 1964, Palais des Beaux-Arts de Charleroi 1966, Vézelay 1983, Kruishoutem 1993, Paris avec un ensemble impressionnant à la FIAC (Foire Internationale d'Art Contemporain) de 1995, etc. En 1959, il fut lauréat de la première Biennale de Paris.

Ce fut dans le bois qu'il tailla ses premières sculptures, tirant un parti expressif des nodosités et autres accidents naturels du matériau. Il commença à sculpter la pierre à partir de 1965, préférant la pierre bleue, durement granitique, de Soignies, dont il respecte également les caractéristiques et la rugosité fruste, soit qu'il en tende les formes jusqu'à la limite du polissage, soit, au contraire et le plus souvent, qu'il la taille brutalement en cassures brutes, en facettes éclatées. Plus rarement il travaille la fonte de bronze pour des torses féminins aux courbes presque sensuelles. Son échelle minimale est l'échelle humaine, mais il préfère se colleter avec d'énormes masses de trois, quatre mètres de hauteur. Se préoccupant assez peu des fragiles problèmes formels posés par l'éphémère va-et-vient des modes, il passe alternativement d'œuvres dont la ressemblance à la forme humaine est évidente, même si elle n'est qu'allusive, et même si à l'échelle titanesque, à des sculptures dont le projet monumental s'accommode mieux d'une assez stricte abstraction de la forme. Le style de Dodeigne, c'est-à-dire les formes qu'il crée ainsi que sa facture, l'apparentent, par delà le Rodin du *Balzac* ou des *Bourgeois de Calais*, les baroques tchèques Braun, Brokoff et Pacak, aux Indiens du Mexique et aux primitifs tailleurs de mégalithes. Pour ce qu'ils nous concernent, des mégalithes les titans de Dodeigne partagent le mystère, colosses à peine ébauchés, marqués de l'attaque des outils, éclats, cannelures profondes, stries blanches, à moins que rongés de plaies internes par l'antique érosion, ils se contorsionnent pétrifiés dans un vain effort de leurs épaules puissantes, ne parvenant pas à dégager leurs membres de la gangue originelle. ■ Jacques Busse

Dodeigne

Bibliogr. : In : *Nouveau diction. de la sculpt. mod.*, Hazan, Paris, 1970 – in : *Les Muses*, Grange Batelière, Paris, 1971 – A.M. Hammacher : *Chant de pierre de Dodeigne*, Lannoo, Tielt, 1980.

Musées : Anvers-Middelheim – Bruxelles (Mus. roy. des Beaux-Arts) – Duisburg – Grenoble (Parc de sculptures du Mus. d'Art Mod.) : *Couple* 1993 – Hannover – Knokke-le-Zoute (Mus. roy. des Beaux-Arts) – Kruishoutem (Mus. roy. des Beaux-Arts) – Lille (Mus. des Beaux-Arts) – Münchengladbach – Otterlo (Rijksmus. Kröller-Müller) – Paris (École Nat. des Beaux-Arts) – Rotterdam (Mus. Boymans-Van Beuningen) – Saint-Paul-de-Vence (Fond. Maeght) – Veranneman (Mus. roy. des Beaux-Arts) – Vienne (Mus. du XXe siècle) – Washington D. C. (Smithsonian Inst.).

Ventes Publiques : Paris, 28 oct. 1988 : *Personnage*, fus. (108x75) : **FRF 5 500** – Bruxelles, 13 déc. 1990 : *Élégante assise*, fus./pap. (75x55) : **BEF 57 000** ; *Tête de femme*, pierre de Soignies (H. 36,5) : **BEF 444 600** – Amsterdam, 12 déc. 1991 : *Sans titre* 1982, craies de coul./pap. (64x49,5) : **NLG 1 840** – Lokeren, 10 oct. 1992 : *Nu allongé*, fus. (107x75) : **BEF 80 000** – Lokeren, 9 oct. 1993 : *Trois personnages* 1965, fus. (110x75) : **BEF 50 000** – Lokeren, 4 déc. 1993 : *Nu* 1965, fus. (107x74) : **BEF 75 000** – Lokeren, 20 mai 1995 : *Figure* 1965, fus. (107x74) : **BEF 48 000** – Amsterdam, 7 déc. 1995 : *Sans titre*, craie noire/pap. (62,5x49) : **NLG 1 180** – Paris, 10 juin 1996 : *Le Couple*, pierre de Soignies, deux statues (H. 198 et 168) : **FRF 165 000** – Paris, 4 déc. 1996 : *Sans titre* 1971, fus. (65x50) : **FRF 3 500**.

DODEL-FAURE Élisabeth

Née à Issoire (Puy-de-Dôme). XXe siècle. Française.

Peintre de paysages.

Elle est membre du Salon des Artistes Indépendants. Ne paraît pas identique à FAURE Élisabeth.

Elle peint surtout des paysages du Puy-de-Dôme. Elle peint aussi des jardins, des études de feuillages.

DODÉMONT Louise

Née au XXe siècle en Belgique. XXe siècle. Française.

Peintre de sujets religieux, figures, intérieurs, paysages, natures mortes.

Élève de Maurice Denis de 1940 à 1943. Elle exposa régulièrement au Salon d'Automne à Paris, à partir de 1944. Sociétaire des Indépendants.

DÖDERHULTAREN Axel Petersson

Né en 1868. Mort en 1925 ou 1952. XIXe-XXe siècles. Suédois.

Sculpteur de statuettes, groupes. Populiste.

Il sculpte des petites figurines polychromées, qu'il dispose par groupes en relation avec un thème narratif, par exemples : un conseil de révision, une adjudication de serviteurs, etc. On peut penser aux petites statuettes façonnées par Daumier pour préciser une silhouette, une attitude. La technique de taille du bois est sommaire, rustique, mais efficace. L'utilisation de la couleur est remarquablement judicieuse : presque tous les personnages et leurs vêtements sont peints de gris neutres, seuls les personnages importants et les accessoires signifiants reçoivent des couleurs plus fortes. Plus que d'un art naïf, il s'agit ici d'un art populaire.

Ventes Publiques : Stockholm, 26 oct. 1982 : *Le mariage* 1918, bois polychrome, cinq personnages (H. 27-30) : **SEK 40 000** – Stockholm, 20 avr. 1983 : *Le joueur d'accordéon*, bois polychrome (H. 33) : **SEK 8 800** – Stockholm, 1er nov. 1983 : *Paysan et troupeau*, bois peint., suite de neuf figurines (H. 9 à 21 et L. 31 à 34) : **SEK 46 000** – Stockholm, 29 oct. 1985 : *Vaches à la mangeoire et paysan*, bois peint., six pièces (H. 24) : **SEK 28 000** – Stockholm, 13 nov. 1986 : *Vache couchée*, bois polychrome (H. 13,5) : **SEK 14 500** – Stockholm, 4 nov. 1986 : *Le Conseil de révision* 1919, bois peint., groupe de sept figurines (H. 24 à 40) : **SEK 56 000** – Stockholm, 15 nov. 1988 : *Deux personnages près d'une table*, bois (H. 29) : **SEK 21 000** – Stockholm, 14 nov. 1990 : *Conseil de révision*, bois, huit figurines (chaque env. 17) : **SEK 59 000** – Stockholm, 29 mai 1991 : *L'épreuve des « doigts de fer »*, bois (L. 42) : **SEK 20 000** – Stockholm, 10-12 mai 1993 : *Vieux cheval debout*, bois (H. 22) : **SEK 12 000**.

DODG John W.

Né en 1807. Mort en 1893. XIXe siècle. Américain.

Peintre.

Ventes Publiques : New York, 4 jan. 1945 : *Anchew Jackson* : USD 2 300.

DODGE George Ernest

Né le 26 août 1863 à Winchington. Mort le 23 août 1898 à Mitterndorf. XIXe siècle. Américain.

Peintre, dessinateur et graveur.

Cet artiste d'origine américaine vint faire ses études à Munich et s'établit dans la région de Dachau.

DODGE Ozias

Né le 14 février 1868 à Morristown. XIXe siècle. Américain.

Peintre et graveur.

Il fut, à Paris, l'élève de Gérôme.

DODGE William de Leftwich

Né le 9 mars 1867 à Bedford (Virginie). Mort en 1935 à New York. XIXe-XXe siècles. Américain.

Peintre d'histoire, de genre, portraits, compositions murales. Postimpressionniste.

Il partit en Europe à un âge assez jeune étudier à Munich et à l'École des Beaux-Arts de Paris où il fut élève de Gérôme et obtint le Prix d'Atelier, la plus haute distinction décernée à un élève étranger. Il fut membre de la Société des Beaux-Arts et d'autres organisations ou clubs aux Etats-Unis.

Il a participé à de nombreuses expositions collectives, telles que : l'Exposition de l'Association de l'Art Américain à New York où fut exposé son premier important tableau *La mort de Minnehaha*, au Salon des Artistes Français, à Paris, à partir de 1888 et à l'Exposition universelle de 1889 où il obtint une médaille de bronze. Il a figuré dans plusieurs galeries, notamment Durand-Ruel à Paris et New York et à l'American Art Gallery.

Si la formation et la vie de Dodge ont été influencées par la France, et bien qu'ayant vécu à Giverny, la plupart de ses tableaux reflètent des thèmes américains. Sa peinture, inspirée par l'impressionnisme et le postimpressionnisme, utilise la technique des touches divisées et cherche à rester dans le « vivant » même si les sujets choisis sont assez classiques. Féru de recherches archéologiques, il traita des scènes historiques comme *La conquête de Mexico*, ou, plus contemporaines, *La signature du Traité de Versailles* en 1919. Dodge fut également un portraitiste très en vogue, réalisa les portraits de notables et de personnes célèbres et influentes dont celui du Roi Fayçal de Syrie. Il faut insister sur ses compositions murales qu'il n'a cessé de réaliser tout au long de sa vie pour des bâtiments publics ou privés, comme le pavillon nord-ouest de la bibliothèque du Congrès à Washington en 1895, l'Académie de Musique de Brooklyn en 1908, l'hotel King Edward à Toronto au Canada, la Salle du Drapeau du Capitole d'Albany dans l'Etat de New York et le bâtiment de l'Union Exchange Bank à New York. ■ C. D.

Ventes Publiques : New York, 3 fév. 1906 : *Partie de plaisir (le soir à Newport)* : **USD 230** – New York, 5 déc. 1980 : *Jeune fille à la guirlande de fleurs* 1886, h/t (36x38,5) : **USD 5 500** – New York, 11 mars 1982 : *Paysage aux pins*, h/t (77x66,5) : **USD 850** – Raleigh (North Carolina), 5 nov. 1985 : *Un jour d'été*, h/t (101,6x60,5) : **USD 8 500** – New York, 14 nov. 1991 : *Crépuscule* *près de Paris* 1888, h/t (38x54,6) : **USD 2 860** – New York, 27 mai 1992 : *Femme au bord de la mer* 1925, h/t (119,4x81,3) : **USD 12 100** – Londres, 12 mai 1993 : *Élizabeth et Sir Walter Raleigh*, h/t (118x148) : **GBP 529** – Paris, 19 mai 1995 : *Jeune femme en robe rose* 1896, h/t (55x38) : **FRF 18 000**.

DODGSON George Haydock
Né le 6 août 1811 à Liverpool. Mort le 4 juin 1880 à Londres. XIXe siècle. Britannique.
Peintre de compositions animées, paysages, aquarelliste, dessinateur.
Il commença par être attaché à George Stephenson, l'ingénieur. Joignant l'amour de la peinture à ses aptitudes scientifiques, il illustra un volume traitant du chemin de fer. Puis, abandonnant sa carrière, il se rendit à Londres, où il fut employé temporairement chez des architectes et dans des journaux pour faire des dessins. En 1846, il fut élu associé exposant, et en 1852, membre de la société des aquarellistes.
Ses envois consistaient surtout en paysages où l'on retrouve presque toujours le hêtre, son arbre favori.
Musées : Cardiff : *Canal au clair de lune* – Leicester : *La terrasse du lac* – Liverpool : *Cathédrale de Saint-Paul* – Londres (Victoria and Albert Mus.) : *Intérieur d'une cathédrale* – *Solitude* – *Paysage* – *Le Snowdon* – *Knole Park* – *Côte de Yorkshire* – *Château de Richmond* – *Deux garçons pêchant* – *Le passage du pont* – *Côtes de Gower, Pays de Galles* – *Champ de blé* – Norwich : *Tombeau de Martham Rockeby.*
Ventes Publiques : Londres, 18 avr. 1910 : *Le bac*, dess. : **GBP 5** – Londres, 13 avr. 1928 : *Cortège de noce* 1862, dess. : **GBP 7** – Londres, 23 avr. 1928 : *La Tamise à Kew*, dess. : **GBP 9** – New York, 27 fév. 1982 : *A country fair*, aquar./trait de cr. (57x100,2) : **USD 1 200** – Londres, 16 juil. 1987 : *The Regent's Dock viaduct on the London and Blackwall railway* 1840, aq.et cr. (50x84,5) : **GBP 2 200**.

DODGSON John
Né le 3 juin 1890 à Murree (Penjab, Inde). XXe siècle. Britannique.
Peintre de paysages. Postimpressionniste.
Il fut d'abord étudiant à Oxford. De 1913 à 1915, il fut élève de la Slade School. Dès 1923, il a participé aux expositions du New English Art Club. Il fit sa première exposition personnelle en 1928. En 1947, il fit partie du London Group, dont il fut président en 1950 et 1951. Il a enseigné à Chelsea de 1951 à 1958.
Il fut influencé par le postimpressionnisme, teinté de symbolisme.
Musées : Londres (Tate Gal.) : *Giant Skull.*

DODIN
XVIIIe siècle. Français.
Peintre, aquarelliste.
Le Musée de Perpignan a, de cet artiste, qui travailla également à la Manufacture de Sèvres, une étude d'architecture en aquarelle.

K

Ventes Publiques : Paris, 1881 : *La Peinture entourée par les Grâces d'après Lagrenée*, boîte ronde : **FRF 5 050**.

DODIN Marie Ginette
XXe siècle. Française.
Sculpteur de bustes.
Elle exposa à Paris au Salon des Artistes Français en 1945.

DODINH HUONG
Née le 21 septembre 1945 au Vietnam. XXe siècle. Active en France. Vietnamienne.
Peintre, technique mixte. Polymorphe.
Elle vit et travaille à Paris. De 1965 à 1969, elle a étudié à l'École des Arts Décoratifs et à l'École des Beaux-Arts de Paris. Elle obtint des Prix aux festivals régionaux de peinture de Deauville et de Cannes (1980-1981). Elle a participé au Salon d'Octobre de Brives (1989), à Art Jonction International de Nice (1991). En 1995, à Paris, la galerie Callu-Mérite a montré une exposition d'ensemble de ses peintures récentes.
Elle a peint jusqu'en 1987 dans le style « hyper-réaliste » qu'elle a abandonné pour réaliser des œuvres plus intériorisées, abstraites, tendant au gris monochrome.
Ventes Publiques : Versailles, 22 avr. 1990 : *Les amies* 1989, h/t (65x100) : **FRF 8 000** – Paris, 14 oct. 1991 : *Sans titre* 1991, h., past. gras et mine de pb/pap. enduit/pan. (97x66) : **FRF 15 000** – Paris, 21 mars 1992 : *Sans titre* 1991, h., past. et mine de pb/pap. (61x97,5) : **FRF 18 000**.

DODS-WITHERS Isabella A.
Née le 5 février 1876 à North Berwick (Écosse). XXe siècle. Britannique.
Peintre de genre, paysages.
Musées : Düsseldorf : *La maison blanche.*

DODSON George
XIXe siècle. Actif à Londres vers 1820. Britannique.
Peintre.

DODSON Richard W.
Né le 5 février 1812 à Cambridge (Md). Mort le 25 juillet 1867 à Cape Nay (New Jersey). XIXe siècle. Américain.
Graveur.
Il fut élève, à Philadelphie, de James B. Longacre.

DODSON Sarah
Morte le 8 janvier 1906 à Brighton. XIXe siècle. Américaine.
Peintre.
Elle vécut quelque temps à Paris où elle fut l'élève de Jules Lefebvre.

DODT Frants Martin
Né le 10 mai 1775 à Heilsingör. Mort le 13 décembre 1819 à Fredensborg. XIXe siècle. Danois.
Graveur en taille-douce.
Ses seuls travaux connus sont deux gravures en taille-douce, représentant le *Combat naval de Saint-Thomas*, auquel il participa comme lieutenant.

DODUN Cyr
XVIIIe siècle. Actif à Paris en 1770. Français.
Peintre.

DODWELL Edward
Né en 1767 à Dublin. Mort en 1832 à Rome. XVIIIe-XIXe siècles. Britannique.
Peintre de paysages, architectures, aquarelliste, dessinateur, illustrateur.
Archéologue lui-même, il illustra plusieurs ouvrages d'archéologie grecque.
Ventes Publiques : Londres, 29 avr. 1982 : *L'Île de Lesbos* 1801, aquar./trait de cr. (25,5x44,5) : **GBP 700**.

DOE Martin
XVIIe siècle. Actif dans la seconde moitié du XVIIe siècle. Français.
Portraitiste.
Cité par Mireur.
Ventes Publiques : Marseille, 1864 : *Portrait d'une jeune femme dans un jardin* : **FRF 410**.

DOEBBEKE Christoph
Né le 14 juillet 1883 à Hanovre. XXe siècle. Allemand.
Sculpteur.
Il fut l'élève de Fischer, à Berlin.

DOEBEL Michaël, l'Ancien
XVIIe siècle. Allemand.
Sculpteur.
Il était sans doute d'origine silésienne et fut le père de Michaël le jeune. Il travailla à Königsberg.

DOEBEL Michaël, le Jeune
Né le 25 décembre 1635 à Schweinitz. Mort en 1702 à Berlin. XVIIe siècle. Allemand.
Sculpteur et architecte.
Après avoir travaillé avec son père à Königsberg, il voyagea à travers l'Europe et apprit le métier d'architecte. De retour en Allemagne, il fut choisi comme sculpteur et architecte de la cour de Prusse.

DOEBELI Othmars
Né le 1er novembre 1874 à Menziken-Reinach. XXe siècle. Suisse.
Peintre de paysages.
Il peignit surtout des paysages de son pays.

DOEBLER Georg
Né le 20 avril 1788 à Prague. Mort en 1845. XIXe siècle. Tchèque.
Graveur.
Il fit ses études à Prague et à Dresde.

DOECK Cornelis
Né en 1613. Mort en 1664 à Amsterdam. XVIIe siècle. Hollandais.

Peintre.
Il fut aussi marchand de tableaux.

DOECKMANN Abraham Hendrick
XVIIe siècle. Actif à Amsterdam en 1619. Hollandais.
Graveur.

DOEFF A.
XVIIe siècle. Actif au milieu du XVIIe siècle. Hollandais.
Peintre.
Le Musée d'Amsterdam possède de cet artiste une peinture : *Poissons.*

DOEHAERD Arthur
XXe siècle. Belge.
Graveur-lithographe de paysages.
Il se consacra uniquement à ce procédé. Il sait jouer de toutes ses ressources pour traduire sa vision des campagnes brabançonnes, qu'il préfère, comme nombre de ses compatriotes, sous les ciels plombés qui les coiffent fréquemment.

DOEHLER C. Gotz
Né le 31 mars 1867 à Glauchau. XIXe siècle. Allemand.
Peintre et graveur.
Il fit ses études à Leipzig où il exécuta de grandes peintures décoratives.

DOEL A. Van. Voir **VERDOEL Adriaen**

DOELEMAN Johan Hendrik
Né en 1848 à Rotterdam. Mort en 1913 à Voorburg. XIXe-XXe siècles. Hollandais.
Peintre de paysages.
Professeur à l'Académie d'Amsterdam.
Il fit des représentations d'arbres, de végétation, dans un esprit d'analyse scrupuleuse des diverses essences.
BIBLIOGR. : Gérald Schurr, in : *Les Petits Maîtres de la peinture 1820-1920, valeur de demain*, Les Éditions de l'Amateur, t. III, Paris, 1976.
VENTES PUBLIQUES : AMSTERDAM, 19 oct. 1993 : *Jeunes femmes élégantes se promenant dans le parc de Sonsbeek à Arnhem*, h/pan. (32x48) : **NLG 3 680** – AMSTERDAM, 19 avr. 1994 : *Personnages avec du bétail sur une route de campagne*, h/pan. (12,5x23) : **NLG 1 265** – AMSTERDAM, 18 juin 1996 : *Paysage fluvial avec une paysanne marchant sur un chemin ; Paysage fluvial avec un pêcheur dans sa barque*, h/pan., une paire (19,5x29,5) : **NLG 3 680.**

DOELEN David von
XVIIe siècle. Actif à Kremsegg vers 1620. Allemand.
Peintre.

DOELEN Jacob ou **J. H. Van**
XVIIIe siècle. Hollandais.
Peintre.
Directeur de la gilde d'Utrecht en 1778.

DOELL
XVIIIe siècle. Allemand.
Peintre sur porcelaine.
Il travaillait à Kloster-Veilsdorf à la fin du XVIIIe siècle.

DOELL Auguste
Né le 21 juillet 1871 à Vienne. XIXe-XXe siècles. Autrichien.
Peintre de paysages, natures mortes.

DOELL Frederik Wilhelm Eugène
Né le 8 octobre 1750 près d'Hildburghausen. Mort le 30 mars 1816 à Gotha. XVIIIe-XIXe siècles. Allemand.
Sculpteur de groupes, statues.
Il fut, à Paris, élève de Houdon en 1770, puis habita Rome où il fut pensionné par le duc de Saxe-Gotha. Revenu en Allemagne, il fut nommé directeur du Musée de Gotha. Il fut le créateur dans cette ville d'une École des Beaux-Arts.
Ce fut l'un des artistes les plus remarquables de l'école allemande du XVIIIe siècle.
MUSÉES : LÜNEBOURG (Église) : *La Foi, l'Espérance et la Charité*, groupe.

DOELL Léopold Friedrich
Mort le 3 novembre 1856 à Gotha. XIXe siècle. Allemand.
Sculpteur.
Il était fils de Frederik Wilhelm Eugène.

DOELL Ludwig Friedrich
Né le 10 février 1789 à Gotha. Mort le 29 juillet 1863 à Altenbourg. XIXe siècle. Allemand.
Peintre d'histoire, portraits.
Il est le fils du statuaire Frederik Wilh Eugene Doell. On cite de lui : *L'Amour et Psyché* et *La Mort d'Abel*. Il a exposé à l'Académie Royale de Berlin en 1828 et en 1834.
VENTES PUBLIQUES : LONDRES, 12 fév. 1926 : *Francis Frederick, duc de Saxe-Cobourg, en uniforme* 1817 : **GBP 14** – LONDRES, 11 avr. 1995 : *Portrait du duc de Saxe-Cobourg* 1817, h/t (123x96) : **GBP 10 925.**

DOENICKE L. G.
XVIIIe siècle. Allemand.
Peintre.
Cet artiste grava un portrait du secrétaire du roi Auguste III.

DOENING Johann Lorenz
XVIIIe siècle. Actif à Nuremberg vers 1700. Allemand.
Graveur.

DOENS Joos
XVIe siècle. Actif à Anvers. Hollandais.
Peintre.
Il fut élève de Peter Van Dorne.

DOEPFER Franz
Allemand.
Peintre.
On cite à Bamberg deux vues à l'aquarelle des châteaux de Stauffen et Zahringen, près de Fribourg en Brisgau.

DOEPLER Gottlieb
XVIIIe siècle. Actif à Berlin. Allemand.
Peintre et graveur.
On lui doit des tableaux d'histoire et des portraits à l'huile et au pastel.

DOEPLER Karl Emil, l'Ancien
Né le 8 mars 1824 à Varsovie. Mort le 20 avril 1905 à Berlin. XIXe siècle. Allemand.
Peintre d'histoire et de genre.
Il fit ses études sous la direction de von Piloty à Munich. On cite de lui : *La Veuve de Sadowa, Un secret, Les Quatre fêtes capitales de l'année.* Il a exposé à l'Académie Royale de Berlin entre 1868 et 1874. On le signale travaillant à Weimar à partir de 1850. Ses œuvres remarquées à Berlin l'incitèrent à aller s'établir dans cette ville et il y fut nommé professeur.

DOEPLER Karl Emil, le Jeune
Né le 29 octobre 1855 à Munich. XIXe siècle. Allemand.
Peintre et dessinateur.
Il fit des études sous la direction de son père et de K. Gussow. Professeur à l'École des Arts et Métiers, à Berlin. On cite de lui : *Titre d'une adresse* présentée à l'occasion des noces d'or au couple impérial de l'Allemagne. Il a exposé à l'Académie Royale de Berlin à partir de 1878. Karl Emil Doepler, bénéficiant de la situation artistique de son père, se créa une place distinguée parmi les artistes allemands.

DOERBECK Franz Burchard
Né le 10 février 1799 à Fellin. Mort en 1835 à Fellin. XIXe siècle. Allemand.
Graveur.
Cet artiste, originaire des pays baltes, travailla tout d'abord à Riga et en Russie avant de s'établir à Berlin.

DOERELL E. G.
Né à Freiberg. XIXe siècle. Allemand.
Peintre.

DOERENDAHL
XVIIIe siècle. Allemand.
Sculpteur.
Il travaillait en 1749 pour l'église de Pelkum, en Westphalie.

DOERER Heinrich
Né à Frauenbreitungen. XVIIe siècle. Allemand.
Sculpteur.
Il travailla à Sülsfeld.

DOERFFLING
XVIIIe siècle. Actif à Gotha en 1731. Allemand.
Peintre.

DOERFFLING Augusta
Née en 1813 à Leipzig. Morte le 15 mai 1868 à Zerbst. XIXe siècle. Allemande.

Peintre.
Elle était fille du graveur Böhme.

DOERFLEIN Bertha
Née le 1er février 1875 à Altona. XXe siècle. Allemande.
Peintre, lithographe.
Elle fit ses études artistiques à Munich et Paris.

DOERFLER Carl
XVIe siècle. Actif à Nuremberg vers 1522. Allemand.
Graveur.

DOERFLINGER Wilhelm Franz Xaver ou **Dorflinger**
Né en 1746 à Fulenbach (près de Soleure). Mort en 1799. XVIIIe siècle. Suisse.
Peintre, dessinateur, illustrateur.
Dorflinger, qui fut pasteur, peignit et dessina avec talent, mais ne reçut aucune instruction artistique. Il copia et illustra de ses peintures un ancien ouvrage sur la guerre, de Sempach.

DOERING Achilles von
Né le 7 février 1820 à Sellingstadt. XIXe siècle. Allemand.
Peintre de paysages.
Après des études à Dresde et à Munich, il émigra en Amérique et s'établit dans le Wisconsin.

DOERING Adolf
Né à Bernburg. XIXe siècle. Allemand.
Peintre de paysages.
Il travailla à Düsseldorf et à Berlin.

DOERING Adolf Gustav
XIXe-XXe siècles. Actif à Berlin. Allemand.
Peintre et graveur.
Il exposa pour la première fois à l'Académie de Berlin en 1888.

DOERING Hans
XVIIe siècle. Actif à Schweidnitz au début du XVIIe siècle. Allemand.
Sculpteur.

DOERING Heinrich
Né à Burgdorf. XVIIe siècle. Allemand.
Peintre.
Il exécuta en 1691 à Breslau une *Mise en Croix*.

DOERING Julius
Né en 1818 à Dresde. Mort en 1898 à Mitau (nom allemand de Ielgava, Lettonie). XIXe siècle. Allemand.
Peintre.
Après avoir été à Dresde l'élève de Bendemann, il s'établit en Courlande. Il exécuta surtout des portraits, mais aussi des décorations d'inspiration religieuse pour des églises de cette région et des tableaux historiques.

DOERING Michaël Anton
XVIIe siècle. Actif à Schweidnitz à la fin du XVIIe siècle. Hollandais.
Peintre.

DOERINGER Wilhelm
Né le 2 janvier 1862 à Oestrich. XIXe siècle. Allemand.
Peintre.
Il fut, à Düsseldorf, l'élève de Gebhardt et de Schill. Il exécuta des peintures décoratives pour la cathédrale de Munster et nombre d'autres importants monuments religieux.

DOERNBERG
Originaire d'Arnstadt. XVIIIe siècle. Allemand.
Sculpteur.
Il travailla en 1752 pour l'église de Gera.

DOERNBERG Emma Freün von
Née le 15 décembre 1864 à Siegen. XIXe siècle. Allemande.
Peintre de portraits.
Elle vécut surtout à Königsberg.

DOERNBERG Heinrich von
Né en 1831 à Siegen. Mort le 8 janvier 1905 à Dresde. XIXe siècle. Allemand.
Peintre.
Il exposa à Berlin à partir de 1860.

DOERNBERGER Karl Johannes Andreas Adam
Né le 23 août 1864 près de Tonsberg. XIXe siècle. Norvégien.
Peintre.
Il fut, à Paris, l'élève de Bouguereau et de Tony Robert-Fleury. Il vécut surtout à Christiania.

DOERNE Robbrecht Van den
XVe siècle. Actif à Gand vers 1460. Éc. flamande.
Sculpteur.
Son père se prénommait Matthys.

DOERNENBURG J. P.
XIXe siècle. Actif vers 1850. Hollandais.
Lithographe.

DOERR Carl
Né en 1777 à Tübingen. Mort en février 1842 à Heilbronn. XIXe siècle. Allemand.
Peintre de paysages.
La vocation de la peinture lui vint relativement tard, lors d'un séjour à Burgdorf en Suisse. Il peignit surtout des paysages de Suisse et de Rhénanie.

DOERR Charles Augustin Victor
Né le 22 avril 1815 à Paris. Mort le 17 mars 1894 à Paris. XIXe siècle. Français.
Peintre d'histoire, scènes de genre, portraits.
Les parents de cet artiste étaient allemands. Il se fit naturaliser français en 1846. Il était entré à l'École des Beaux-Arts en 1842, et fut élève de Cogniet. Au Salon de Paris, il exposa de 1846 à 1880.
Musées : La Rochelle : *Virgile lisant l'Énéide à Auguste* – Versailles : *Le Grand Condé à Versailles*.
Ventes Publiques : Paris, 27 mars 1991 : *Le Chien d'Alcibiade*, h/t (97x130) : **FRF 87 000** – Paris, 5 avr. 1992 : *Voilà l'ennemi* 1884, h/t (116x81) : **FRF 9 500** – Paris, 25 nov. 1994 : *Le Chien d'Alcibiade*, h/t (97x130) : **FRF 61 000**.

DOERR Friedrich
Né en 1783 à Tübingen. Mort le 29 janvier 1841 à Tübingen. XIXe siècle. Allemand.
Peintre.
Le Musée de Stuttgart possède de cet artiste une peinture intitulée : *Eliezer et Rebecca*.

DOERR J. F.
XVIIIe siècle. Actif à Tübingen. Allemand.
Peintre.

DOERR Otto Erich Friedrich August
Né le 3 décembre 1831 à Ludwigshust. Mort le 18 novembre 1868 à Dresde. XIXe siècle. Allemand.
Peintre de paysages et de portraits.
Le Musée de Berlin possède de lui *L'Elbe*, le Musée de Hambourg, le *Portrait de la sœur de l'artiste*, et le Musée de Dresde, *Un atelier parisien*.

DOERRE Tivadar
Né le 23 août 1858 à Nemes-Pecsely. XIXe siècle. Hongrois.
Peintre et illustrateur.
Il fut, à Budapest, l'élève de Karl Lotz.

DOERRIES Johann Christian
XVIIIe siècle. Actif à Dresde au milieu du XVIIIe siècle. Allemand.
Graveur.

DOERSCHLAG Carl
Né le 15 novembre 1832 à Hohenluckow. XIXe siècle. Allemand.
Peintre.
Il fut, à Munich, l'élève de Schrader. On lui doit des peintures religieuses, des paysages, des natures mortes et des portraits.

DOERSTLING Emil
Né le 29 août 1859 à Stettin. XIXe siècle. Allemand.
Peintre de portraits et de paysages.
Il vécut surtout à Königsberg.

DOERTSCHACHER
XVIe siècle. Actif en 1508.
Peintre.
On connaît de cet artiste une toile signée et datée de 1508, représentant *Jésus au temple*.

DOES Antony Van der
Baptisé à Anvers le 10 mars 1609. Mort en 1680 à Anvers. XVIIe siècle. Éc. flamande.
Graveur.
Élève de Hans Collaert en 1627, maître à Anvers en 1633, marié

avec Anna du Tout le 2 avril 1634, il travailla pour les *Portraits des hommes illustres du* XVII*e siècle.*

DOES Daniel Van der

XVIIe siècle. Actif à Leyde au début du XVIIe siècle. Hollandais.

Peintre.

DOES Jacob Van der, l'Ancien, dit **Tambour**

Né le 4 mars 1623 à Amsterdam. Mort le 7 novembre 1673 à Sloten (près d'Amsterdam). XVIIe siècle. Éc. flamande.

Peintre de paysages animés, paysages, graveur, dessinateur.

Il fut élève de Claes Moeyart. Il visita la France, alla en Italie en 1644 et voulut se faire engager dans les troupes du pape. Il vécut aussi à La Haye et fut un des fondateurs de la Confrérie, en 1656. Ayant, en 1661, perdu sa femme, Margareth Boordens, épousée en 1650, il abandonna la peinture pour la charge d'écrivain à Sloten, mais y revint sur les conseils de Karel Dujardin. Il eut pour élèves ses fils Simon et Jacob II.

Il traite ses paysages à larges traits d'ombre et de lumière. Il les agrémente d'animaux, à la manière du Bamboche, qu'il avait apprécié lors de son voyage en Italie.

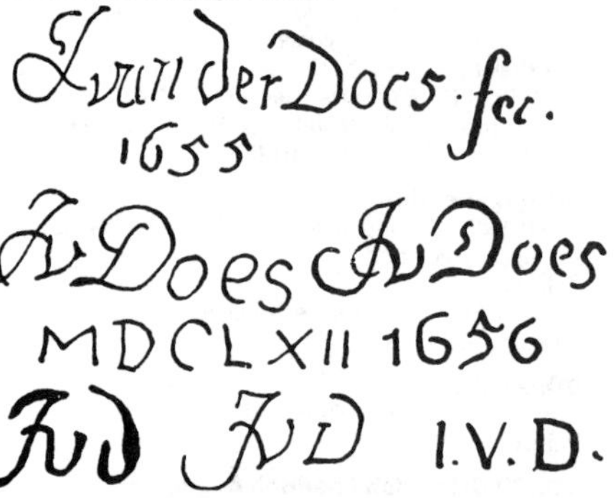

Musées : Aix : *Troupeau de moutons* – Béziers : *Paysage avec animaux* – Bordeaux : *Paysage* – *Paysage* – Brunswich : *Paysage montagneux* – Bruxelles : *Paysage et troupeau* – Carlsruhe : *Paysage avec bœufs* – *Paysage avec bœufs et bergers* – Copenhague : *Paysage avec troupeau* – *Paysage* – Liège : *Paysage et animaux* – Munich : *Paysage avec chèvres et brebis* – Rotterdam (Boymans) : *Paysage montagneux* – Saint-Pétersbourg (Ermitage) : *Bœufs et brebis dans une tempête* – *Paysage italien* – Schleisheim : *Bœufs dans un paysage* – Schwerin : *Berger et troupeau* – Stuttgart : *Brebis et chien* – Vienne (Belvédère) : *Paysage avec bergère* – *Paysage avec brebis et âne.*

Ventes Publiques : Amsterdam, 1702 : *Un paysage italien avec moutons* : **FRF 130** – Amsterdam, 18 mai 1706 : *Animaux dans un paysage* : **FRF 40** – Amsterdam, 7 juin 1708 : *Paysage avec animaux* : **FRF 110** ; *Paysage avec animaux*, deux h/t : **FRF 620** – Paris, 1773 : *Troupeau de bœufs et de moutons*, dess. : **FRF 85** – Paris, 1777 : *Homme assis, vu de dos* : **FRF 800** – Londres, 1844 : *Paysage avec ruines, troupeaux et figures*, dess. : **FRF 12** – Paris, 1861 : *Paysage pastoral* : **FRF 430** – Paris, 13 mai 1873 : *Paysage avec animaux* : **FRF 910** – Paris, 1882 : *Paysage avec berger et animaux*, dess. : **FRF 51** – Paris, 1899 : *Paysage avec troupeau* : **FRF 680** – Paris, 1900 : *Troupeau en marche* : **FRF 150** – Londres, 17 fév. 1908 : *Paysans et animaux* ; *Un jeune berger* ; *Un port de mer* : **GBP 7** – Londres, 3 avr. 1909 : *Scène de rivière* : **GBP 17** – Paris, 8-10 juin 1920 : *Troupeau en marche*, pl. : **FRF 850** – Paris, 18 nov. 1927 : *Petits pâtres et leurs bestiaux* : **FRF 400** – Paris, 27 avr. 1928 : *Moutons au pâturage* : **FRF 400** – Paris, 28 nov. 1934 : *Paysage montagneux*, lav. de bistre : **FRF 360** – Paris, 10 et 11 mars 1941 : *Bergers conduisant leurs troupeaux* : **FRF 1 300** – Paris, 28 fév. 1945 : *Groupe de brebis dans un paysage*, lav. d'encre de Chine, reh. de gche blanche : **FRF 1 000** – Paris, 29 jan. 1947 : *Bergère et ses moutons* : **FRF 16 000** – Londres, 29 jan. 1965 : *Paysages boisés*, deux h/t, formant pendants : **GNS 330** – Munich, 29 juin 1982 : *Berger et troupeau dans un paysage* 1654, encre noire et brune (31,5x41) : **DEM 4 200** – Londres, 21 avr. 1993 : *Bergers et animaux dans un paysage italien* 1667, h/t (82x69) : **GBP 8 050**.

DOES Jacob Van der, le Jeune

Né vers 1654. Mort en 1699 à Paris. XVIIe siècle. Hollandais.

Peintre.

Fils de Jacob le vieux. Élève de Karel Dujardin, G. Netscher et Gérard de Lairesse. Il alla en France, en 1698, avec Conraed de Heemskerk.

DOES Philipp Van der, dit **Orpheus**

XVIIe siècle. Actif à Anvers. Hollandais.

Peintre.

DOES Simon Van der

Né en 1653 à Amsterdam. Mort vers 1717 à Anvers. XVIIe-XVIIIe siècles. Éc. flamande.

Peintre de sujets religieux, portraits, animaux, paysages animés, paysages, graveur, dessinateur.

Élève de son père Jacob l'Ancien ; dans la Confrérie de La Haye en 1683 ; il se maria en 1689 ; après la mort de sa femme, il passa deux ans à l'hôpital, alla à Bruxelles, à Anvers et un an en Angleterre. Il fut le maître de J. Van Gool.

Musées : Amsterdam : *Bergère lisant* – *Bergère avec enfant* – *Amour maternel* – *Paysage avec bétail* – Cologne : *Paysage et bétail* – Copenhague : *Bergère et son troupeau* – Douai : *Paysage avec figures* – Francfort-sur-le-Main : *Fillette et garçon avec leur troupeau* – *Bergère et bétail au puits* – Hanovre : *Paysage* – La Haye : *Berger et bergère avec troupeau* – Leipzig : *Troupeau* – Mayence : *Animaux* – Moscou (Roumianzeff) : *Esphire* – Mulhouse : *Moutons* – Munich : *Paysage italien* – Rouen : *Paysage avec figures* – Schwerin : *Paysage avec troupeau* – Stockholm : *Paysage avec animaux* – Vienne (Acad.) : *Retour du troupeau* – *Troupeau.*

Ventes Publiques : La Haye, 1763 : *Deux enfants avec animaux dans un paysage* : **FRF 338** – Amsterdam, 1766 : *Paysage avec bergère et troupeaux* : **FRF 434** – Paris, 1808 : *L'Amour maternel* : **FRF 682** – Paris, 1811 : *Jeune Pâtre dans une prairie gardant une vache et quatre moutons*, dess. au bistre légèrement colorié : **FRF 20** – Bruxelles, 1847 : *Site sauvage de l'Italie* : **FRF 180** – Paris, 1858 : *L'Annonciation aux bergers*, dess. à la sépia relevé de blanc : **FRF 7** ; *Moutons près d'une fontaine, paysage*, dess. : **FRF 36** – Cologne, 1862 : *Dame assise dans un jardin* : **FRF 335** – Paris, 1863 : *Bergère* : **FRF 225** – Paris, 1874 : *Les Bergers* : **FRF 1 000** – Paris, 1891 : *Pâturage en Hollande* : **FRF 80** – Paris, 19 déc. 1941 : *Le Retour du troupeau* : **FRF 1 300** – Londres, 4 juin 1943 : *La Foire aux chevaux* : **GBP 42** – Londres, 16 juil. 1943 : *Paysans sur un pont* : **GBP 21** – Copenhague, 30 avr. 1974 : *Le Galant Entretien* : **DKK 18 000** – Londres, 15 juil. 1977 : *Paysanne et enfant dans un paysage boisé* 1707, h/t (80x141) : **GBP 4 000** – Londres, 28 mars 1979 : *Paysans et animaux autour d'un puits*, h/pan. (63,8x82) : **GBP 3 200** – Londres, 8 avr. 1981 : *Bergère et son troupeau dans un paysage* 1709, h/t (123x87) : **GBP 2 400** – Londres, 1er fév. 1985 : *Paysages d'Italie avec bergères et troupeaux*, deux h/t (109x94) : **GBP 8 500** – Londres, 21 avr. 1988 : *Village italien, avec une paysanne, son enfant et le bétail* 1717 (41,6x48,2) : **GBP 770** – Stockholm, 19 avr. 1989 : *Paysage boisé et vallonné avec du bétail*, h/t (40x48) : **SEK 25 000** – Paris, 16 fév. 1989 : *le chat sur le mur*, dess. aux cr. coul. (44x58) : **FRF 5 500** – Stockholm, 16 mai 1990 : *Paysanne gardant ses bêtes dans un paysage montagneux* 1705, h/t (40x48) : **SEK 30 000** – Amsterdam, 25 nov. 1992 : *Paysage boisé et montagneux avec un bouvier et ses bêtes dans la barque du passeur* 1677, craie noire et encre (20,2x30,8) : **NLG 3 680** – Londres, 11 déc. 1992 : *Jeune berger et bergère lisant un lettre dans un paysage* ; *Bergère et son fils dans un paysage* 1710, h/t, une paire (109x94) : **GBP 12 100** – Londres, 8 déc. 1993 : *Portrait d'une dame* 1679, h/t (69x55,3) : **GBP 4 600** – Amsterdam, 15 nov. 1995 : *Famille de paysans avec des moutons et une mule*, encre et lav. (12,6x15,2) : **NLG 2 596** – Vienne, 29-30 oct. 1996 : *Petit Paysan avec chèvres et brebis dans un paysage*, h/t (42,5x37,5) : **ATS 120 750**.

DOESBURG Theo Van, pseudonyme, le plus usité entre autres, de **Küpper Christian Emil Marie**

Né le 30 août 1883 à Utrecht, de père allemand. Mort le 7 mars 1931 à Davos (Suisse). XXe siècle. Hollandais.

Peintre, architecte. Abstrait-néo-plasticiste. Groupe De Stijl.

Il se destinait tout d'abord à une carrière théâtrale, écrivant poèmes, fables, pièces de théâtre, et commençant aussi une activité d'essayiste par la publication d'articles. Il aurait commencé à peindre dès 1899. Dès 1913, il songeait à une intégration des arts et de l'architecture, et se destina spécialement à la peinture. Pendant la première guerre mondiale, il passa deux ans à l'armée, tout en continuant de s'intéresser aux tendances artistiques nouvelles, notamment à Kandinsky. En 1915, à l'occasion d'un article qu'il consacrait à Mondrian, dans lequel il montrait qu'il comprenait le sens de ses recherches, il se lia avec lui. D'esprit plus entreprenant, Van Doesburg incitait même Mondrian à approfondir ses propres intuitions. En 1917 à Leyde, tous deux, avec Huszar, Van der Leck, Vantongerloo et des architectes hollandais, fondèrent le groupe et la revue *De Stijl*, qui paraîtra jusqu'en 1932, dont l'influence allait devenir considérable sur l'évolution des arts et de l'architecture, particulièrement en Allemagne, et dont les répercussions sont encore sensibles, par exemple dans le minimalisme américain. Le Docteur Jaffé, dans une très complète étude sur ce mouvement, a montré tout ce qu'il devait au philosophe hollandais, néo-platonicien et appartenant aussi à la Société Théosophique, Schoenmaekers, que fréquentait Mondrian. Le Docteur Jaffé a montré que de nombreux détails des mathématiques plastiques de Schoenmaekers peuvent être appliqués à la description analytique des constructions plastiques de Mondrian, qui, quant à sa propre position théorique, définissait le Néo-Plasticisme comme le moyen grâce auquel la versatilité de la nature peut être réduite à une expression plastique de relations définies. On remarque au passage qu'il est fait grief à la nature de sa versatilité et qu'il appartient à l'homme de la remettre dans le droit chemin. Il est vrai que Mondrian détestait la nature et la couleur verte qui en était le symbole, au point d'avoir peint en blanc un malheureux pot de fleurs artificielles. Van Doesburg fut l'animateur intellectuel du mouvement De Stijl. En 1919, il publiait *Principes du néo-plasticisme* à Amsterdam. Son zèle se donnait pour but d'établir de nouvelles relations de communication entre l'artiste et la société. Il opérait une synthèse pragmatique entre la rigueur calviniste et théosophique des principes de Mondrian et d'autre part ceux exprimés par Kandinsky dans *Du spirituel dans l'art*. Toutefois le Néo-Plasticisme se distinguait de l'abstraction kandinskyenne par son irréductible volonté anti-individualiste, par son refus de toute expression de la sensibilité, expression au contraire toujours présente chez Kandinsky, même dans ses œuvres les plus calculées.

En 1920, Van Doesburg fit un voyage à Paris. Il rencontra Gropius, Mies van der Rohe et Le Corbusier. En 1921, au cours d'un séjour à Berlin où il aurait enseigné, il fit aussi à Weimar une tentative d'enseignement au Bauhaus, qui resta sans suite, ses propres conceptions s'étant heurtées avec celles des animateurs. En 1922, il se lia avec le groupe Dada et publia, dans le cadre des éditions de De Stijl, en collaboration avec Arp, Tzara, Schwitters, entre autres, quatre fascicules du magazine Dada *Mécano*, qu'il signa I.K. Bonset. Il s'employa alors à amener les dadaïstes à l'abstraction. Avec Schwitters, il entreprit une tournée Dada en Hollande et à Hanovre, et collabora à sa revue *Merz*. En 1924, il publia *Les principes fondamentaux du nouvel art plastique*. En 1924-1925, il collabora à la revue *L'Architecture vivante* pour tout ce qui consernait *De Stijl*. En 1926, il publia, dans la revue De Stijl, le manifeste de *L'élémentarisme*. En 1927-1928, il mit en application les principes de l'Élémentarisme dans sa collaboration, envahissante au dire des collaborateurs, avec Arp et Sophie Taeuber à la décoration du cabaret-dancing *L'Aubette* à Strasbourg. En 1930-1931, à la veille de sa mort, à Paris où il était fixé, construisant son propre atelier à Meudon en collaboration avec van Eesteren, cet infatigable prospecteur d'idées publia, avec Hélion, Carlsund, Tutundjian, la revue *Art concret*, qui n'eut qu'un seul numéro du fait de sa disparition. La nouveauté qu'introduisait cet unique numéro était le concept d'art concret, en complémentarité de celui d'art abstrait, seul en usage jusqu'alors. D'entre ses très nombreux écrits, qui constituent finalement une part importante de son apport, on cite surtout : *Classique, baroque, moderne* à Paris 1921, *Wat is Dada ?* à La Haye 1923, *Grundbegriffe der neuen gestaltenden Kunst* (Principes fondamentaux de l'art plastique nouveau) à Munich 1924 dans les publications du Bauhaus, *L'architecture vivante* à Paris 1925. En 1932, un an après sa mort, sa veuve fit publier un dernier numéro de la revue *De Stijl* en hommage au fondateur et animateur du groupe.

En 1923 à Paris, Van Doesburg, malgré ses divergences, participa à l'exposition du groupe néo-plasticiste, à la Galerie de *L'Effort Moderne*. En 1977, il était représenté à l'exposition *Aspects historiques du constructivisme et de l'art concret* au Musée d'Art Moderne de la Ville de Paris ; en 1978, à l'exposition *Abstraction-Création 1931-1936*, au Westfälisches Landesmuseum für Kunst und Kulturgeschichte de Münster, et au Musée d'Art moderne de la Ville de Paris. Son œuvre était représenté en 1979 à l'exposition : *Paris Moscou*, au Centre Georges Pompidou de Paris.

Il montrait aussi des ensembles de ses réalisations dans des expositions personnelles. Il eut une première exposition à La Haye en 1908. En 1925, une rétrospective fut montrée à New York. En 1968-1969, une exposition rétrospective de son œuvre a pu être réunie et présentée successivement au Stedelijk Van Abbe Museum d'Eindhoven, au Gemeentemuseum de La Haye, à la Kunsthalle de Bâle. En 1989, fut présentée à Strasbourg une exposition des dessins préparatoires de Van Doesburg pour ses décorations de L'Aubette, en 1994, le musée Kröller Müller d'Otterlo présenta une centaine de ses œuvres.

Dans les conceptions du groupe, Van Doesburg se singularisait aussi en ce qu'il ne faisait aucune différence entre l'architecture et les autres formes de la création artistique, lui-même concevant de nombreux projets architecturaux ou collaborant avec les architectes du groupe, Oud et Wils. En 1916, il fonda avec Oud le groupe *Sphinx*, dont l'existence fut éphémère. Van Doesburg dessina le hall de la villa que se construisait Oud. Bruno Zevi situe même l'essentiel de l'importance historique de Van Doesburg dans son action architecturale. Il en dit qu'il a opéré « peut-être la seule tentative cohérente qui ait jamais été faite pour donner à l'architecture moderne une grammaire et une syntaxe ». Il s'agissait pour lui avant tout d'en finir avec la « boîte » qui constituait jusqu'ici l'habitat traditionnel, boîte close derrière une façade trompeuse, en dépit de la tentative d'Alberti, soulignée naguère par Pierre Francastel, de faire participer, notamment par les facettes des coupoles, l'espace intérieur de l'espace extérieur ou encore de la tentative des Baroques d'ouvrir le volume intérieur vers un extérieur d'illusion par des décors et mises-en-scène en trompe-l'œil (par exemple : San-Pantaleon à Venise). Dans ce domaine, l'idée de Van Doesburg et de Cor van Eesteren était, en résumé, de ramener le projet architectural à un plan en deux dimensions, la troisième, celle de la profondeur, de la fatale « boîte », n'étant matérialisée que par des articulations souples, constituant bien sûr cloisons et couverture, mais jouant librement à partir du plan : en avant, en arrière ou en élévation, créant ainsi une dynamique de l'espace que Van Doesburg nommait « la quatrième dimension », ayant rompu ses chaînes de la sujétion aux deux murs façade et arrière. Il considérait la maison comme un ensemble qui devait être « approché de chaque direction ». Van Doesburg, en collaboration avec van Eesteren et Rietveld, élabora des maquettes d'architectures polychromes. Aussi, les animateurs de De Stijl en ce qui concernait l'architecture, reprochèrent aux créateurs du *Bauhaus* d'être revenus, bien que s'étant inspirés de leurs idées, à la maison-boîte, au building, même si leur troisième dimension, entièrement vitrée, semblait participer de l'espace extérieur. De même, ils reprochaient aux Wright ou Le Corbusier d'imposer, toujours quant à cette troisième dimension, les impératifs de leurs conceptions personnelles, relevant de l'esthétique, alors que c'était d'urbanisme social qu'il s'agissait, et par là de nier la dimension individuelle de l'homme et la nécessité de préserver sa relation avec son cadre de vie naturel.

Quant à son œuvre de plasticien-peintre, avant 1916 et sa rencontre avec Mondrian, il avait peint, lors de sa première exposition, dans une gamme de couleurs violemment contrastées, des compositions expressionnistes ou néo-fauves, puis ensuite quelques natures mortes, une certaine *Vache broutant*, des *Joueurs de cartes*, etc., géométriquement simplifiés dans la manière du cubisme ambiant, sujets qu'il eut tôt fait d'écarter, évoluant à l'abstraction en 1917. L'activité de Van Doesburg ayant été polymorphe, son œuvre pictural n'est pas très abondant. Dans la première période abstraite, il suivit à la lettre les principes fondamentaux du Néo-Plasticisme, jusqu'à l'exposition collective du groupe en 1923 à Paris. Puis, en prolongement de sa recherche permanente d'une dynamique de l'espace, Van Doesburg osa

introduire dans ses propres *Contre-compositions* de 1924, des obliques, notamment les diagonales du format, totalement en infraction avec les « rigides » principes de Mondrian, qui n'admettait que les virtualités des seules horizontales, verticales et de ce qu'il croyait être les trois couleurs primaires, jaune, rouge, bleu qui ne sont guère que les couleurs primaires à l'usage de l'école maternelle, auxquelles sa magnanimité ajoutait les blanc, noir et gris. À la suite d'un tel esclandre, Van Doesburg se sépara du groupe.
Les obliques incriminées lui paraissaient ouvrir à l'œil et à l'esprit le chemin d'une quatrième dimension dynamique, apparentée à la notion moderne d'espace-temps, et ce sont ces obliques qui ont continué de caractériser le plus son apport personnel dans le courant pictural abstrait issu du Néo-Plasticisme de Mondrian. Toutefois, ce furent son activité infatigable d'animateur à l'origine de l'art abstrait et surtout son rôle dans la conception active d'une intégration organique, et non plaquée, des arts plastiques dans l'architecture, qui contribuent le plus à reconnaitre son importance dans l'histoire de l'art de ce temps.

■ Jacques Busse

Bibliogr. : Michel Seuphor : *L'art abstrait, ses origines, ses premiers maîtres*, Maeght, Paris, 1949 – Maurice Raynal : *De Picasso au Surréalisme*, Skira, Genève, 1950 – in : Catalogue de l'exposition *De Stijl*, Musée d'Amsterdam, 1951 – Maurice Raynal : *Peinture Moderne*, Skira, Genève, 1953 – Bruno Zevi : *Poétique de l'architecture néo-plastique*, Milan, 1953 – H.L.C. Jaffé : *De Stijl 1917-1931. La contribution hollandaise à l'art moderne*, Amsterdam, 1956 – Herbert Read : *Histoire de la Peinture Moderne*, Somogy, Paris, 1960 – Michel Seuphor : *Le style et le cri*, Seuil, Paris, 1965 – Michel Seuphor, in : *Diction. de l'Art et des Artistes*, Hazan, Paris, 1967 – Bruno Zevi, in : *xxe Siècle* N° 32, Paris, juin 1969 – Bruno Zevi : *De Stijl*, Cimaise N° 99, Paris, 1970 – Michel Seuphor, Michel Ragon, in : *L'art abstrait*, Maeght, Paris, 1974 – in : *Les Muses*, Grange Batelière, Paris, 1974 – J. Baljeu : *Théo Van Doesburg*, Studio Vista, Londres, 1974 – in : *Diction. Univers. de la Peint.*, Le Robert, Paris, 1975 – in : Catalogue de l'exposition *Abstraction-Création 1931-1936*, Westfälisches Landesmus. für Kunst und Kulturgeschichte, Münster, Musée d'Art moderne de la Ville, Paris, 1978 – in : Catalogue de l'exposition : *Paris Moscou*, Centre Georges Pompidou, Paris, 1979 – in : Catalogue de l'exposition *Art, Pays-Bas, xxe Siècle – La Beauté exacte, de Van Gogh à Mondrian*, Musée d'Art Moderne de la Ville de Paris, 1994.
Musées : Amsterdam (Stedelijk Mus.) : *Contre-composition* 1924 – Bâle (Kunsthalle) – Grenoble (Mus. de Peinture et de Sculpture) : *Composition* 1924 – La Haye (Gemeente Mus.) : *Abstraction des joueurs de cartes* 1917 – New York (Mus. of Mod. Art) : *Rythme d'une danse russe* 1918 – New York (Solomon R. Guggenheim Mus.) – New York (Living art Mus.) – Otterlo (Kröller-Müller Mus.) – Paris (Mus. Nat. d'Art Mod.) : *Composition* 1920 – Venise (coll. Peggy Gugenheim) : *Triangles* 1928.
Ventes Publiques : Berne, 24 mai 1962 : *Composition*, gche : **CHF 14 500** – New York, 3 nov. 1978 : *Projet de couverture pour le numéro spécial de L'Architecture Vivante* 1923 : **USD 20 000** – Anvers, 23 oct. 1979 : *Composition* 1925, aquar. (19x25) : **BEF 50 000** – New York, 5 nov. 1979 : *Jeune Fille en fleur* 1914, h/t (80x80) : **USD 40 000** – Londres, 2 juil. 1980 : *Composition* 1924, gche (6x5,7) : **GBP 1 200** – Londres, 28 juin 1983 : *Composition en rouge, bleu et jaune* 1920, vitrail (32x32) : **GBP 3 000** – Munich, 14 juin 1985 : *Aubette 140* 1926-28, gche (21,5x15,5) : **DEM 12 000** – Londres, 3 déc. 1985 : *Contra-composition IV* 1924, h/t (52x52) : **GBP 155 000** – New York, 16 mai 1990 : *Nature morte*, h/t encadrée par l'artiste (35,3x40,3) : **USD 165 000** – New York, 18 mai 1990 : *Paysage* 1916, h/t. cartonnée (31,6x26,6) : **USD 88 000** – New York, 5 nov. 1991 : *Construction de l'espace – Temps III* 1924, gche, encre et cr./pap. (44,5x37,5) : **USD 60 500** – Amsterdam, 10 déc. 1992 : *Tête d'enfant*, past./pap. (23x30) : **NLG 23 000** – Berne, 20-21 juin 1996 : *Autoportrait* 1905, fus. avec reh. de craie blanche (25x19,7) : **CHF 9 500**.

DOESBURGH Thomas
xviiie siècle. Actif vers 1714. Hollandais.
Graveur.
Il travailla à la grande carte du pays de Delft.

DOESER Jacobus
Né en 1884. Mort en 1914. xxe siècle. Hollandais.
Peintre de genre, paysages, natures mortes, fleurs.
Ventes Publiques : Amsterdam, 10 fév. 1988 : *Un ramasseur de coquillages*, h/t (86x116) : **NLG 1 035** – Amsterdam, 17 sep. 1991 : *Nature morte de tournesols et de livres sur une table*, h/t (93x131) : **NLG 1 495** – Amsterdam, 9 déc. 1992 : *Paysage*, h/t (61,5x69,5) : **NLG 1 265** – Lokeren, 12 mars 1994 : *Tournesols*, h/t (80x100) : **BEF 140 000** – Amsterdam, 1er juin 1994 : *Les ramasseuses de pommes*, h/t (100x90) : **NLG 8 280** – Amsterdam, 7 déc. 1995 : *Verger*, h/t (40,5x61) : **NLG 1 534**.

DOESJEAN Adriaan ou **Doesjan**
Né en 1740 à Hoorn. Mort en 1817 à Hoorn. xviiie-xixe siècles. Hollandais.
Peintre de natures mortes, aquarelliste, dessinateur.
Ventes Publiques : New York, 11 jan. 1989 : *Trompe-l'œil de pages de livres, cartes à jouer, affiches et carte géographique sur une nappe* 1767, encre et aquar. (40,8x32,1) : **USD 4 400**.

DOESS Louis
Né en 1859 à Genève. xixe siècle. Vivant à Paris. Suisse.
Dessinateur.
Doës a fourni des dessins, dont beaucoup de caricatures, pour des revues et journaux illustrés à Paris, à Londres, à Berlin et à New York. On cite notamment des illustrations pour le *Chat noir*, *Figaro illustré* et *le Rire*, ainsi que pour *Lustige Blätter* (Berlin) et *Scribner's magazine* (New York).

DOESSBURGH Elsa Van. Voir **WOUTERSEN VAN DOESBURGH**

DOETEBER Christian Julius
xviie siècle. Actif à Leipzig. Allemand.
Sculpteur.
Il était fils de Franz Julius.

DOETEBER Franz Julius ou **Toettenber, Doetbier**
xvie-xviie siècles. Actif à Leipzig. Allemand.
Sculpteur.
Cet artiste eut une influence considérable sur la sculpture de son temps. Il travailla pendant la première moitié du xviie siècle pour les différentes églises de Leipzig. On cite de lui : *Le tombeau de Daniel Leicher* à l'église Saint-Thomas, celui de Wolf Perger et de sa femme à l'église Saint-Jean.

DOETECHUM Baptista Van ou **Deutekum, Deutechum**
xvie siècle. Hollandais.
Graveur et imprimeur.
Vécut à Haarlem, où il épousa, en 1596, Hendrixe Roeloft Van Meerlem ; puis, en 1606, à Deventer. Il travailla avec son frère Lucas au convoi funèbre de Charles-Quint, d'après H. Coek.

DOETECHUM Joannes Van, l'Ancien
xvie-xviie siècles. Hollandais.
Graveur et éditeur.
Il fut le père de Baptista et Joannes le Jeune.

DOETECHUM Joannes Van, le Jeune
Né à Deventer. Mort en 1630 à Rotterdam. xviie siècle. Hollandais.
Graveur et éditeur.
Il était fils de Joannes l'Ancien. Il épousa à Haarlem, en 1592, Magdalena Ariensdr.

DOETECHUM Lucas A. ou **Doetekum**
xvie siècle. Hollandais.
Graveur.
Frère de Joannes l'Ancien, il travailla à partir de 1558.

DOFFO di BALDINO
xive siècle. Actif à Florence en 1381. Italien.
Peintre.

DOFFY Hieronymus
xviiie siècle. Hollandais.
Peintre.
Descamps signale un portrait de Marie-Thérèse à l'Hôtel de Ville de Bruxelles.

DOGGELER
xviiie siècle. Allemand.
Peintre.
Cité par Siret.

DOGHENS Hennen
xvie siècle. Éc. flamande.
Peintre verrier.
Élève de Dierick Jacobszoon. En 1514, dans la gilde d'Anvers.

DOGIMONT François
xviie siècle. Actif à Tournai en 1699. Éc. flamande.
Peintre.

DOGLIANI Bartolomeo
XVIe siècle. Actif à Rome en 1584. Italien.
Peintre.

DOGLIOSI Agostino
Hollandais.
Peintre.
Cité dans le Art Prices Current.
Ventes Publiques : Londres, 26 avr. 1909 : *La Madone et l'Enfant d'après Perugino* : **GBP 22.**

DOGOZ Claude
XVIIe siècle. Actif à Vic. Éc. lorraine.
Peintre.
Il peignit un *Saint Étienne*.

DOGUENNIER Jean
XVIIe siècle. Actif à La Ferté-Bernard (Sarthe) en 1631. Français.
Peintre.

DOGUET Pierre ou **Pierre Léonard**
Mort le 15 septembre 1781 à Paris. XVIIIe siècle. Français.
Peintre et sculpteur.
Il était membre de l'Académie de Saint-Luc à Paris en 1779.

DOHANOS Stevan
Né en 1907. Mort en 1994. XXe siècle. Américain.
Peintre de genre, peintre à la gouache.

Stevan Dohanos

Ventes Publiques : New York, 1er oct. 1986 : *Morning farewells*, h/cart. (43x39,5) : **USD 4 200** – New York, 1er oct. 1987 : *No Passing*, gche (66,3x50,8) : **USD 8 000** – New York, 4 mai 1993 : *Bûches en hiver* 1948, h/rés. synth. (50,8x61) : **USD 805** – New York, 21 sep. 1994 : *Au musée, les pieds fatigués*, h/rés. synth. (73x60,3) : **USD 28 750** – New York, 1er déc. 1994 : *La boutique d'outillage*, h/rés. synth. (96,5x91,4) : **USD 23 000** – New York, 28 sep. 1995 : *Maison sous quarantaine*, h/cart. (55,9x73) : **USD 2 070.**

DOHERTY D.
XIXe siècle. Britannique.
Peintre de fruits.
Le Musée de Salford conserve de lui : *Fruits*.

DO HIEN
Né en 1943 à Hanoi (région du Tonkin). XXe siècle. Vietnamien.
Peintre d'histoire, compositions animées, figures, aquarelliste, dessinateur. Occidental.
Il est diplômé de l'École des Beaux-Arts de Hanoi. Il a participé à de nombreuses expositions nationales et internationales, dont : 1996 exposition *Vietnam. 30 ans de peinture de la guerre à la paix*, Paris.
On cite de lui diverses peintures de la guerre et une grande peinture de paix.
Musées : Hanoi.

DOHIN Léonce
Né à la fin du XIXe siècle au Mans (Sarthe). XIXe-XXe siècles. Français.
Sculpteur.
Il a exposé des médaillons au Salon des Indépendants de 1913.

DOHLEMAN Augusta Johanne Henriette ou **Dohlmann**
Née le 9 mai 1847 à Svanenmosegaard (canton de Frederiksberg). Morte en 1914. XIXe-XXe siècles. Danoise.
Peintre de natures mortes, fleurs et fruits.
Venue à Paris en 1878 pour se perfectionner dans la langue française, elle s'adonna à l'étude de la peinture, sous la direction de différents professeurs. Elle exposa pour la première fois en 1880 : *Nature morte*. En 1884, elle commença à exposer des tableaux de fleurs et de fruits, qui furent remarqués : elle reçut dès 1885 le legs Ancher et en 1886 une subvention ministérielle pour la continuation de ses études à Paris. Boursière de l'Académie en 1889, 1890 et 1894, elle a exposé un grand nombre de tableaux à l'étranger.
Musées : Aarhus.
Ventes Publiques : Copenhague, 18 août 1981 : *Vase de fleurs*, h/t (70x49) : **DKK 2 800** – Copenhague, 25 oct. 1989 : *Vase avec des pivoines, des iris, des tulipes et autres fleurs* 1880, h/t (75x61) : **DKK 46 000** – Londres, 11 mai 1990 : *Composition florale sur un entablement* 1884, h/t (45,7x56,5) : **GBP 3 300** – Copenhague, 28 août 1991 : *Nature morte avec des roses* 1888, h/t (31x39) : **DKK 5 000** – New York, 20 fév. 1992 : *Roses trémières* 1896, h/t (101,6x68,6) : **USD 10 450.**

DOHLMANN Helen
Née en 1870. XIXe-XXe siècles. Danoise.
Sculpteur.
Elle fut élève de Stephan Sinding. Elle a vécu à Copenhague. Elle exposa aussi à Paris, au Salon des Artistes Français, mention honorable 1907.

DOHM Heinrich
Né en 1875. XXe siècle. Danois.
Peintre de portraits.
À partir de 1896, il participa aux expositions du château de Charlottenburg.

DOHMANN Heinrich
Né en 1893. XXe siècle. Allemand.
Peintre. Expressionniste.
Dans ses compositions, il atteignit parfois au tragique.

DOHNA Wilhelm Van
XIXe siècle. Actif au début du XIXe siècle. Allemand.
Lithographe amateur.
C'est sans doute l'une de ses parentes qui signa, vers la même époque une lithographie : Gräfin von Dohna.

DOHNER S.
XIXe siècle. Actif à Rome en 1878. Allemand.
Peintre.

DOHR Günter
Né en 1936. XXe siècle. Allemand.
Sculpteur. Abstrait.
Il expose à Düsseldorf. Dans les années soixante, il a exposé des volumes aux formes très complexes, réalisés en plexiglas par une technique perfectionnée.
Ventes Publiques : Lucerne, 20 nov. 1993 : *Cylindrogramm S5* 1968, objet cinétique, plexiglas, tube fluo. et moteur (49x49x13) : **CHF 1 400.**

DOIDALSES
Né au milieu du IIe siècle après J.-C., originaire de Bithynie. IIe siècle. Antiquité romaine.
Sculpteur.
Pline cite de cet artiste un *Bain d'Aphrodite* qui se trouvait de son temps dans le temple de Junon, à Rome.

DOIDEAU Annick
Née en 1942 à Orthez (Pyrénées-Atlantiques). XXe siècle. Française.
Peintre, peintre de collages. Abstrait.
Elle vit et travaille dans la région parisienne. Elle est licenciée en Arts Plastiques de la Faculté de Paris VIII. Elle fut aussi élève de l'École des Arts Décoratifs. Elle participe à de nombreuses expositions collectives, d'entre lesquelles, à Paris : 1974 Salon des Réalités Nouvelles, 1981, 1982, 1983 Salon Grands et Jeunes d'Aujourd'hui, 1982 à 1987 Galerie Breteau, 1983, 1984 Salon de Montrouge, 1985 Salon de Mai, ainsi qu'en 1977 à Francfort-sur-le-Main, Munich, 1984 au Creusot *Papier et Arts Plastiques*, etc. Elle montre aussi ses travaux dans des expositions personnelles : 1976 Wiesbaden, 1979 Lund en Suède, 1981, 1984, 1987 Paris, 1988 au Musée des Beaux-Arts de Pau et à la Mairie de Trouville, 1990 Paris... Elle réalise aussi des décors de théâtre et des peintures murales.
Elle peint ses toiles aux couleurs acryliques, elle peint aussi à la gouache, ses collages sont constitués de couleurs acryliques ou d'encre de Chine, sur papier, souvent papier de soie ou sur tarlatane. Elle peint selon un processus d'accumulation de trames, grises, noires ou colorées, constituées de traits, traces, signes, gris, noirs ou colorés, qui occupent entièrement la surface de la toile ou du support. Toutefois, sa pratique ne peut être assimilée au « all over », ces trames de traces alternées étant souvent organisées, dirigées, de façon à signifier visuellement une sorte de cadre intérieur au tableau. ■ J. B.
Bibliogr. : Catherine Millet : Catalogue de l'exposition *Annick Doideau*, Gal. Breteau, Paris, 1984 – J.A. Brutaru : Catalogue de l'exposition *Annick Doideau*, Mairie de Trouville, 1988 – Philippe Comte, Robert Aribaut : Catalogue de l'exposition *Annick Doideau – Peintures 1978-87*, Musée des Beaux-Arts, Pau, 1988.
Musées : Paris (FNAC) – Pau (Mus. des Beaux-Arts).

DOIDGE Sarah
XIXe siècle. Active à Richmond. Britannique.
Peintre de paysages.
Elle exposa à Londres, à partir de 1859.

DOIG Peter
XXe siècle. Britannique.
Peintre de compositions animées.
Il participe à des expositions collectives : 1996-1997 *New British Painting in the 1990s* au Museum of Modern Art d'Oxford.
Il propose une vision disloquée du réel.

DOIGNEAU Edouard Edmond
Né en 1865 à Nemours (Seine-et-Marne). Mort en 1954. XIXe-XXe siècles. Français.
Peintre d'animaux, paysages, peintre à la gouache, aquarelliste, dessinateur. Orientaliste.
Polytechnicien, il commença une carrière militaire, qu'il abandonna en 1900. Élève de Jules Lefebvre et Tony Robert-Fleury, il participa au Salon des Artistes Français, dont il devint sociétaire en 1901, obtenant une médaille de troisième classe en 1904 et une de deuxième classe en 1909. Il exposa souvent au Salon des Orientalistes.
Surtout aquarelliste, il montre des vues de Camargue, Bretagne, Afrique du Nord, dans des compositions paisibles, où l'animal est souvent présent.
Bibliogr. : Gérald Schurr, in : *Les Petits Maîtres de la peinture 1820-1920, valeur de demain*, Les Éditions de l'Amateur, t. V, Paris, 1981.
Ventes Publiques : Paris, 1910 : *Paysage breton* : **FRF 95** – Paris, 20-22 mai 1920 : *Petite Bretonne jouant avec un poulain, dans un pré, au bord de la mer*, aquar. : **FRF 400** – Paris, 19 juin 1920 : *Jument et son poulain*, aquar. : **FRF 710** – Paris, 3-4 déc. 1923 : *Cirque ambulant*, aquar. : **FRF 700** – Paris, 2 fév. 1929 : *Paysan et chevaux* : **FRF 300** – Paris, 13 juin 1980 : *Marchande de fruits au Maroc*, gche : **FRF 400** – Versailles, 16 oct. 1983 : *Barques sur l'étang*, h/t (61x50) : **FRF 3 900** – Brest, 14 déc. 1986 : *Moutons près du rivage*, h/pan. (46x61) : **FRF 8 000** – New York, 4 juin 1987 : *Après la chasse*, deux aquar. et gche (30,5x30,5) : **USD 2 000** – Paris, 22 juin 1992 : *Cavaliers devant Boghari*, h/cart. (39x51) : **FRF 11 000** – Paris, 7 déc. 1992 : *Berbères avec attatichs*, aquar. et gche/pap. bistre (46,5x42,5) : **FRF 15 000** – New York, 13 oct. 1993 : *Jeune Femme sur une terrasse* 1900, aquar./pap. (47x26) : **USD 2 990** – Paris, 8 nov. 1993 : *Halte à la fontaine*, aquar. (50x36) : **FRF 5 000** – Paris, 11 déc. 1995 : *Fauconniers marocains*, fus., aquar. et gche/pap. bistre (45x33) : **FRF 17 500** – Paris, 9 déc. 1996 : *Cavaliers marocains devant la casbah*, aquar., gche et fus. (33x45) : **FRF 11 000** – Paris, 10-11 juin 1997 : *Fantasia*, h/pan. (33x36) : **FRF 12 000**.

DOIGNEAU Magde
Née à Orléans (Loiret). XXe siècle. Française.
Peintre de paysages, intérieurs.
Elle fut élève de William Laparra et Henri Royer. Elle exposait régulièrement à Paris, au Salon des Artistes Français, dont elle devint sociétaire en 1925, mention honorable 1926.

DOILLON-TOULOUSE Madeleine
Née en 1889 à Vesoul (Haute-Saône). Morte en 1967. XXe siècle. Française.
Peintre de paysages. Tendance fauve.
Elle était la petite-fille de François Victor Jeanneney, le peintre des vues de Besançon sous le Second Empire. Elle a exposé à Paris, au Salon des Tuileries à partir de 1927.
Elle même, s'est consacrée depuis 1925, aux paysages de la Franche-Comté, qu'elle peint dans des tonalités fauves posées en grands aplats.
Bibliogr. : Gérald Schurr, in : *Les Petits Maîtres de la peinture 1820-1920, valeur de demain*, Les Éditions de l'Amateur, t. VII, Paris, 1989.

DOIN Gaston
Né dans la seconde moitié du XIXe siècle à Paris. XIXe siècle. Français.
Peintre de scènes rustiques.
Il exposa à Paris au Salon de la Société Nationale des Beaux-Arts à partir de 1910.

DOINO Catarino
XVIIIe siècle. Italien.
Graveur.
Il travailla à Venise et fut surtout éditeur.

DOISNEL Pierre
XVIIIe siècle. Actif à Paris en 1788. Français.
Peintre et sculpteur.

DOISY C. J. V.
Né à Lisieux (Calvados). XIXe-XXe siècles. Français.
Sculpteur.
Sociétaire du Salon des Artistes Français. Il y a exposé des bustes ; troisième médaille en 1914.

DOISY Charles
XVIIe siècle. Actif à Paris en 1687. Français.
Sculpteur.

DOISY Frans
XVIIe siècle. Actif à Amsterdam en 1683. Hollandais.
Graveur.

DOISY Robert
XVIIe siècle. Actif à Paris. Français.
Sculpteur.
Il travailla en 1691 à la décoration de l'Hôtel des Invalides.

DOITSU SAKAI. Voir **HÔITSU**

DOIX François Joseph Aloyse
Né en 1777 à Paris. XIXe siècle. Français.
Peintre.
Cet artiste exposa ses paysages au Salon, de 1798 à 1801. On a de lui, au Musée de Tours, un effet de soleil couchant sur un lac et des rochers.
Ventes Publiques : Paris, 12 juin 1933 : *Le Tir à l'arc* : **FRF 300**.

DOK Willem Van
Né en 1892 à Overveen. XXe siècle. Hollandais.
Peintre de scènes typiques. Naïf.
Ce ne fut qu'une fois à la retraite qu'il se mit à peindre, avec le sens poétique si fréquent chez les vrais artistes naïfs, des scènes de la vie dans la campagne hollandaise.
Bibliogr. : Dr. L. Gans, in : *Catalogue de la Collection de Peinture Naïve Albert Dorne*, Pays-Bas, s. d.

DOKOUPIL Jiri Georg
Né en 1954 à Krno. XXe siècle. Tchécoslovaque.
Peintre de sujets divers, aquarelliste, technique mixte. Polymorphe.
En 1968, il s'échappa de Tchécoslovaquie, s'installa à Vienne, puis en Allemagne de l'Ouest. De 1976 à 1978, il fréquenta plusieurs Écoles d'Art, Cologne, Francfort, la Cooper Union de New York, où il était allé surtout dans l'intention de rencontrer Hans Haacke et Joseph Kosuth. En 1980, il fit à Cologne sa première exposition avec trois autres peintres. En 1981, avec les mêmes et sous le titre de *Liberté à Mülheim*, du nom de la rue où ils travaillaient, il exposa à Groningue, Fribourg, Wilhelmshafen, Wolsburg. Il participe ensuite à des expositions collectives : 1982 Documenta 7, Biennale de Venise, l'exposition *Zeitgeist* (L'Esprit de l'Heure) à Berlin, 1984 *Survol de la peinture et de la sculpture internationales récentes* au Musée d'Art Moderne de New York, 1985 Biennales de Paris et de São Paulo, puis des expositions collectives de plus en plus nombreuses à Amsterdam, Arnheim, Francfort, Séoul, etc. En 1982, une galerie de Cologne l'exposa individuellement sous l'intitulé *Jiri Georg Dokoupil, La nouvelle École de Cologne* et il exposa aussi dans une galerie parisienne, dans des galeries de Rotterdam et Amsterdam. D'autres expositions individuelles suivirent et se multiplièrent : en 1983 Cologne, Munich, Hambourg, New York, Paris, 1984 Stuttgart, Cologne et Musée de Groningen, Folkwang Museum d'Essen, 1985 à l'Espace Lyonnais d'Art Contemporain et à la Galerie Léo Castelli de New York, 1989 une exposition rétrospective à Madrid, 1990 Paris... En 1984, il fut chargé de cours à l'Académie de Düsseldorf.
À l'origine, Dokoupil ne voulait pas peindre, il se proclamait inventeur. Avec ses premiers comparses, ils voulaient « faire de l'art conceptuel avec les moyens de la peinture ». Ensuite, il n'a plus cessé de changer d'options stylistiques : en 1982 une période d'autoportraits, comme apprêtés et déguisés pour des rôles différents, série en accord avec son polymorphisme fondamental, 1984 la série *Peintures d'enfants*, sortes de natures mortes d'objets sans intérêt, sommairement mises en scène et en éclairage, suivies en 1985 de quelques paysages kitsch. Invité à la Nouvelle Biennale de Paris en 1985, il montrait d'une part une peinture représentant, tant bien que mal, au centre d'une guirlande de fleurs, un enfant tenant, devant son ventre et sur sa

tête, deux globes terrestres, tandis que, d'autre part, en guise d'éléments biographiques pour le catalogue, il décrivait avec précision le jeu du football américain. Suivirent en 1986-1987 la série *Jésus*, constituée d'énormes paires d'yeux équarquillés, comme pour chercher à voir où il n'y a pas à voir, 1987 au contraire la série photographique des *Madones en extase* montre des actrices de cinéma pornographique mimant l'extase les yeux fermés, comme s'il n'y avait à voir qu'en soi-même. En 1988, à Ténérife, il se passionna pour les impressionnistes et Renoir, et peignit des sous-bois sur nature. Suivit le *Nu remontant l'escalier*, non pas peint sur un support, mais brûlé à la bougie. Encore peinte au noir de fumée de bougie en 1990, iconiquement conventionnelle et de nouveau référée à l'impressionnisme, la série *Auction at Christie's* présente des images de ventes publiques, semblant vouloir mettre en accusation la relation entre l'art et l'argent, position ambiguë de la part d'un jeune artiste non ignoré du marché de l'art, dont il ne néglige aucun des artifices. Le plus souvent, avec ces séries sans lien entre elles, Dokoupil revisite l'histoire de l'art, dont il va jusqu'à habiter certains de ses chapitres : surréalisme, expressionnisme, réalisme photographique, concept, onirisme, etc. Il ne semble pas prêt à jeter l'ancre en quelque havre. Insituable dans aucun courant de la modernité, à moins que dans tous, le polymorphisme de Dokoupil l'apparenterait plutôt au concept, au citationnisme, au post-moderne. Son scepticisme tacite, qui lui interdit de se déterminer par rapport à un choix, à des certitudes, est peut-être, dans sa fragilité, le fondement le plus consistant de cet œuvre en gestation permanente et hétéroclyte, dont n'attirent d'emblée ni les images, ni les techniques, mais qui sait attirer, avec un cynisme revendiqué à juste titre puisqu'efficace, l'attention de ce qu'on appelle le marché de l'art. ■ J. B.

Bibliogr. : In : Catalogue de la *Nouvelle Biennale de Paris*, 1985 – Caroline Smulders : *Jiri-Georg Dokoupil*, Art Press, Paris, automne 1989 – Maïten Bouisset : *Jiri Georg Dokoupil*, Beaux-Arts, automne 1989.

Ventes Publiques : Londres, 26 fév. 1986 : *Sans titre* 1980, temp. (33x48) : **GBP 500** – Londres, 22 oct. 1987 : *Andreas Schultze* 1983, techn. mixte/feutre (250x150) : **GBP 7 000** – Paris, 16 oct. 1988 : *Coca-cola* 1984, aquar. (26x33) : **FRF 9 000** – New York, 10 Nov. 1988 : *Le débutant* 1983, acryl./t. (68,5x59) : **USD 2 640** – New York, 4 mai 1989 : *L'alpiniste et la montagne* 1983, acryl./t. (99,7x99,7) : **USD 7 700** – New York, 5 oct. 1989 : *Sans titre* 1983, h/t (152,5x152,5) : **USD 5 775** – New York, 4 oct. 1990 : *Sans titre* 1983, acryl./t. (216,5x251,5) : **USD 13 200** – New York, 6 nov. 1990 : *Sans titre* 1987, acryl./t. (61x50,2) : **USD 7 700** – Stockholm, 5-6 déc. 1990 : *Série « Lait maternel »* (76x56,5) : **SEK 15 000** – New York, 14 fév. 1991 : *Sans titre* 1985, craies coul./pap. (68x50,3) : **USD 4 620** – New York, 13 nov. 1991 : *Homme mangeant une orange* 1985, acryl./tissu (102,2x102,2) : **USD 9 900** – New York, 27 fév. 1992 : *Chansons d'amour bleues* 1982, h/t et sculpt. de bronze peint. (toile 220,5x220,5, bronze 25,4x24,1x22,3) : **USD 18 700** – New York, 7 mai 1992 : *Les portraits théoriques* 1983, h/t en trois parties (en tout 205,7x617,2) : **USD 45 100** – Copenhague, 2-3 déc. 1992 : *Parapluies* 1990, h/t (116x89) : **DKK 27 000** – Londres, 20 mai 1993 : *Whitney* 1986, bronze (18,4x50,8x8,9) : **GBP 2 760** – Londres, 3 déc. 1993 : *La Reine du carnaval II* 1990, suie de chandelle/t. (116x89) : **GBP 6 325** – Paris, 21 mars 1994 : *Vente chez Christies : Les Tournesols de van Gogh* 1989, noir de fumée/t. (200x200) : **FRF 42 000** – New York, 3 nov. 1994 : *Enchères pour Manet, 11 millions de dollars* 1989, suie/t. (250,2x200) : **USD 14 950** – Amsterdam, 7 déc. 1994 : *Sans titre*, past./pap. (67,5x49) : **NLG 6 900** – Londres, 30 nov. 1995 : *La Reine du carnaval IV* 1990, cire à bougie et vernis/t. (92x73) : **GBP 1 840** – Londres, 24 oct. 1996 : *Sexe, Drogue et Rock'n Roll*, aquar./pap. (75x56) : **GBP 2 185** – New York, 19 nov. 1996 : *Guggenheim* 1986, bronze (24,8x42x11,2) : **USD 3 680**.

DOKTER Jan
Né le 1er septembre 1944 à Kampen. XXe siècle. Hollandais.
Sculpteur. Expressionniste.
De 1965 à 1967, il fut élève de l'Académie des Beaux-Arts de Haarlem. Depuis 1969, il expose principalement en Hollande.
Sa sculpture, volontiers expressionniste, fait appel à une figuration très stylisée, qu'il répartit en plans et volumes massifs.

DOL René Léon
Né à Marseille (Bouches-du-Rhône). XXe siècle. Français.
Peintre de fleurs.
Il exposa au Salon d'Automne, à Paris, depuis 1938.

DOL-PANSERON L. A., Mme
XIXe-XXe siècles. Active à Paris. Française.
Peintre.
Sociétaire des Artistes Français, depuis 1901, elle figura au Salon de cette société.

DOLA
XIXe siècle. Actif à Venise. Italien.
Graveur.
Cité par Nagler.

DOLA Georges, pseudonyme de **Vernier Edmond**
Né le 2 novembre 1872 à Dôle (Jura). Mort le 9 juillet 1950 à Bricquebec (Manche). XIXe-XXe siècles. Français.
Peintre de portraits, paysages, affichiste, lithographe.
Il exposait à Paris, au Salon des Artistes Français, mention honorable en 1909. Il a également exposé à Berlin, Vienne et à Paris, au Cercle International des Arts, où il fut professeur.
Il fut surtout réputé pour ses portraits d'artistes, ses affiches de théâtre et de cinéma, ce qui était un genre nouveau. Il a utilisé la technique du collage et ses œuvres montrent une grande sobriété dans leurs tonalités et la façon d'indiquer les volumes. Parmi ses plus célèbres affiches, citons celles pour : *La Damnation de Faust – La Veuve joyeuse – La femme et le pantin*.

Bibliogr. : Gérald Schurr, in : *Les Petits Maîtres de la peinture 1820-1920, valeur de demain*, Les Éditions de l'Amateur, t. II, Paris, 1982.

Ventes Publiques : Paris, 19 mai 1972 : *Portrait de Damia* 1913, past. rond : **FRF 130**.

DOLABELLA Antonio
Né à Belluno. XVIe-XVIIe siècles. Italien.
Peintre.
Il travailla à Venise.

DOLABELLA Domenico
XVe siècle. Italien.
Sculpteur.
Il vécut à Venise.

DOLABELLA Francesco
Mort en 1677. XVIIe siècle. Actif à Belluno. Italien.
Peintre.

DOLABELLA Girolamo
Né en 1653 à Belluno. XVIIe siècle. Italien.
Sculpteur sur bois.

DOLABELLA Tomaso
Né vers 1570 à Belluno. Mort le 27 janvier 1650 à Cracovie. XVIe-XVIIe siècles. Italien.
Peintre et graveur.
Cet artiste, qui fut peintre de la cour des rois de Pologne travailla surtout dans ce pays où il exécuta des portraits et des décorations. D'après Ridolfi, il était élève d'Antonio Vassilacchi (appelé l'Aliense), avec lequel il travailla à l'église de Saint-Pierre de Pérouse. Bien qu'il ait exécuté quelques tableaux d'histoire, cet artiste est surtout connu comme portraitiste. Le roi Sigismond III le fit venir en Pologne. Il exécuta le portrait du monarque et des grands personnages de la cour. Dans la Sala del Senato du Palais Ducal de Venise, on voit : *Le doge et des Procurateurs adorant l'hostie*.

DOLAN Christine, dite **Chris**
Née en 1949 à Bryn Mawr (Pennsylvanie). XXe siècle. Américaine.
Peintre de nus. Expressionniste.
Elle fut élève du Maryland Institute of Art en 1969-1970, du Corcoran College of Art de Leeds (Angleterre) de 1970 à 1972, de l'École des Beaux-Arts de Grenoble dans la même période, et de l'École des Beaux-Arts d'Aix-en-Provence de 1972 à 1975. Après des participations à des expositions collectives, depuis 1970, et quelques expositions personnelles aux États-Unis, où elle continue de se manifester régulièrement, elle a commencé aussi à exposer en France à partir de 1973, à Aix, Paris, Cannes, ainsi qu'en Italie, Angleterre, Suède, elle a fait sa première exposition à Paris en 1989.
En polyptyques et le plus souvent diptyques, sur des fonds de décor neutres et vacants, elle peint des nus, seuls ou en couples, apparemment uniquement masculins mais d'autres yeux les voient féminins, dans des attitudes musclées saisies au cours de mouvements, d'élans. Sa technique picturale est sobre en couleurs, limitées aux bruns, mais généreuse en matière, appliquée sensuellement par larges et rapides brossages. On ne peut pas

ne pas faire le rapprochement avec Velickovic, donc avec les chronophotographies françaises et américaines dont il s'est servi lui-même.

DOLAN Philip
XIXe siècle. Actif à Londres vers 1870. Britannique.
Peintre.

DOLARA Anna Vittoria
Née en 1754 à Rome. Morte le 11 janvier 1827. XVIIIe-XIXe siècles. Italienne.
Peintre de miniatures.
Elle était supérieure d'un couvent de Dominicaines. On lui doit plusieurs portraits des papes Pie VII et Léon XII.

DOLARA Giuseppe
Né le 18 juillet 1797 à Crémone. Mort le 3 juin 1825. XIXe siècle. Italien.
Graveur.

DOLARD Camille, le Jeune ou **Dollard**
Né le 1er décembre 1810 à Lons-le-Saunier (Jura). Mort le 9 août 1884 à Lyon (Rhône). XIXe siècle. Français.
Peintre de genre, figures, portraits.
Il fut élève de Revoil à l'École des Beaux-Arts de Lyon de 1826 à 1833. Il exposa au Salon de Lyon, de 1855-1856 à 1884, des portraits, des figures et des tableaux de genre.

DOLARD Juvénal ou **Dollard**
Né le 25 août 1827 à Lyon (Rhône). XIXe siècle. Français.
Peintre.
Admis à l'École des Beaux-Arts de Lyon en novembre 1845. Élève de Bonnefond. Ancien professeur à l'École des Beaux-Arts de Saint-Étienne. Expose à Lyon des portraits, de 1888 à 1897.

DOLARD Pierre ou **Dollard**
XIXe siècle. Français.
Peintre.
Fixé à Lyon, il exposa au Salon de cette ville, de 1831 ou 1840 à 1852-1853, des portraits, des natures mortes et quelques tableaux de genre.

DOLBEAU Antoine François
Né le 16 novembre 1864 à Lyon (Rhône). XIXe siècle. Français.
Peintre.
Élève de l'École des Beaux-Arts de Lyon, où il entra en 1880, et de Castex Desgranges. Il a exposé, à Paris et à Lyon, depuis 1888, des fleurs et des fruits (huile et aquarelle).

DOLBEAU Gaston
Né en 1897 à Linas (Essonne). Mort en 1976 à Linas (Essonne). XXe siècle. Français.
Peintre de paysages, natures mortes.
Il a exposé à Paris, au Salon d'Automne en 1942. D'abord peintre de paysages, il aborda ensuite la nature-morte.

DOLBY Edwin Thomas
XIXe siècle. Britannique.
Peintre d'architectures.
Il travaillait à Londres. On lui doit surtout des vues d'églises.
Ventes Publiques : Londres, 15 juin 1945 : *Anvers* 1860, dess. : **GBP 22** – Londres, 28 mai 1980 : *La Cathédrale de Wells*, aquar. (65x87) : **GBP 550**.

DOLCEBUONO Giovanni Giacomo
Né vers 1440 à Milan. Mort le 19 février 1506 à Milan. XVe siècle. Italien.
Sculpteur et architecte.
Il travailla à la construction et à la décoration des cathédrales de Milan et de Pavie.

DOLCETTI Ignazio
Né à Ferrare. Mort le 21 décembre 1847 à Ferrare. XIXe siècle. Italien.
Graveur.

DOLCI Agnese
Morte en 1686. XVIIe siècle. Italienne.
Peintre d'histoire.
Fille de Carlo Dolci, elle fit de bonnes copies des œuvres de son père qu'elle ne parvint jamais à égaler. Elle exécuta aussi des tableaux de sa propre composition.
Musées : Besançon : *Vierge avec l'Enfant* – Paris (Louvre) : *La Consécration*.
Ventes Publiques : Paris, 1864 : *Cour d'un palais vénitien* : **FRF 290**.

DOLCI Bernardino
XVe siècle. Actif à Castel Durante. Italien.
Peintre.

DOLCI Carlo ou **Carlino**
Né le 25 mai 1616 à Florence. Mort le 17 janvier 1686 à Florence. XVIIe siècle. Italien.
Peintre de compositions religieuses, portraits.
Élève de Jacopo Vignali, il est l'auteur de nombreux portraits mais aussi de scènes religieuses. Ses élèves, Loma Mancini et sa fille Agnese, copièrent une grande quantité de ses tableaux. On trouve en Angleterre beaucoup de ses œuvres. Les autres sont disséminées dans les différents musées.
Il s'attache à reproduire tous les détails, donnant des attitudes quelque peu affectées à ses figures religieuses dont la physionomie veut trop faire ressortir la piété. Ses coloris tendres et doux ajoutent à la sensiblerie de ses tableaux, en particulier des *Madones*, dont le sentiment maternel est très prononcé.

C Dolci.

Musées : Avignon : *La Vierge* – Berne : *Tête de Madone* – Budapest : *La Vierge* – Copenhague : *Tête de Christ – Tête de Madone* – Darmstadt : *Ange apportant des fleurs et des fruits à sainte Dorothée* – Dresde : *Fille d'Hérode – Sainte Cécile à l'orgue – Christ bénissant le vin et le pain* – Florence (Gal. des Offices) : *Portrait de l'artiste – La Vierge – Un Ange – La Vierge dite Madonna del dito – Tête de Jésus couronnée d'épines – La Vierge – Jésus et sainte Salomé – Sainte Marie-Madeleine – Sainte Galla Placidita – Jésus assis – Sainte Lucie – Tête de saint Pierre – Saint Simon – Tête seule* – Florence (Palais Pitti) : *Diogène – Saint Pierre en pleurs – Saint Jean endormi – Sainte Rose – Saint Jean Évangéliste – Moïse – Sainte Marguerite – Martyre de saint André – Saint Charles Borromée – Saint Nicolas de Tolentino – Le Christ au Jardin des Oliviers – La Vierge et Jésus – Portrait de jeune homme – Ecce homo – Sainte Lucie – Saint Casimir, prince de Pologne – Saint Jean Évangéliste – Saint Dominique – Vision de Saint Jean à Pathmos – Portrait de jeune homme* – Gênes : *Jésus ressuscité* – Glasgow : *Salomé – Adoration des anges – Tête de jeune fille* – Hanovre : *Buste d'un jeune garçon* – Londres (Nat. Gal.) : *La Vierge et l'Enfant* – Milan (Ambrosiana) : *Sainte Famille* – Milan (Brera) : *Sainte Cécile – David avec la tête de Goliath* – Montpellier : *Le sauveur du monde – La Vierge au lis* – Moscou (Roumianzeff) : *La Vierge – Sainte Cécile* – Munich : *Vierge et l'Enfant – Jésus Enfant – Madeleine à genoux – Ecce homo – Sainte Agnès avec la palme – Sainte Agnès avec l'agneau* – Nancy : *Christ au tombeau* – Nice : *La Vierge* – Prato : *Portrait de Fra Angelico – Dieu le Père* – Rome : *La Vierge et l'Enfant – La Vierge des douleurs – La Rédemption – Sainte Madeleine – Sainte Apollonie* – Rouen : *La Charité* – Saint-Pétersbourg : *La mère des douleurs – Madeleine – Saint Antoine – Sainte Catherine – Sainte Cécile – Saint Jean l'Évangéliste – Tobie et l'Ange* – Sens : *Ecce homo – Vierge* – Stockholm : *Sainte Madeleine*, Même sujet ; – Vienne : *Mater Dolorosa*, deux tableaux – *Portrait de la duchesse Claudia Felicitas – La Franchise – Sainte Vierge et l'Enfant – Le Christ et la Croix*, étude – *Sainte Catherine* – Vienne (Czernin) : *Arthémise*.
Ventes Publiques : Paris, 1770 : *La Vierge avec l'Enfant debout sur un coussin* : **FRF 1 000** – Paris, 1825 : *L'Ange Gabriel* : **FRF 14 220** – Londres, 1844 : *La Madeleine contemplant la Croix* : **FRF 17 250** – Londres, 1849 : *La Fille d'Hérodiade* : **FRF 18 370** – Paris, 1859 : *Saint Jean écrivant l'Apocalypse* : **FRF 52 260** – Paris, 1859 : *Jeune Fille dans l'attitude d'une sainte*, cr. noir et rouge : **FRF 50** – Paris, 1870 : *Hérodiade* : **FRF 6 100** – Paris, 1882 : *Jésus enfant jouant avec saint Jean*, pl., sanguine et encre de Chine : **FRF 19** – Londres, 1883 : *La Fille d'Hérodiade* : **FRF 12 875** – Londres, 1886 : *La Madone et les huit étoiles* : **FRF 173 250** ; *Adoration des Mages* : **FRF 24 650** – Paris, 1892 : *Tête de Vierge* : **FRF 9 825** – New York, 7 et 8 avr. 1904 : *La Vierge avec l'enfant endormi* : **USD 125** – New York, 24 mars 1905 : *Madonna Adolorata* : **USD 2 500** – Paris, 8-10 juin 1920 : *Tête d'enfant*, cr. : **FRF 1 450** – Londres, 15 juil. 1927 : *La Madone* : **GBP 131** – New York, 8 jan. 1930 : *Mater dolorosa* : **USD 125** – New York, 26 mai 1943 : *Madona della rosa* : **USD 225** – Londres, 13 juil. 1945 : *La Vierge et l'Enfant* : **GBP 115** – Londres, 23 nov. 1962 : *Salomé avec la tête de saint Jean-Baptiste* : **GNS 450** – Londres, 8 juil. 1964 : *La Vierge et l'Enfant* : **GBP 2 000** – Vienne, 12 sep. 1967 : *Salomé tenant la tête de saint Jean-Baptiste* : **ATS 45 000** – Londres, 2 avr. 1976 : *St Philippe Benizi renonçant à la triple couronne papale*, h/t, de forme octogonale (118x92,5) : **GBP 3 200** – New York, 25 mars 1982 : *Christ*

aux Limbes, h/pan. (19x66,5) : **USD 17 000** – Londres, 2 juil. 1984 : *Tête d'enfant*, craies noire et rouge (25,5x19,1) : **GBP 2 600** – Londres, 10 déc. 1986 : *l'Adoration des bergers*, h/cart. (27x20) : **GBP 23 000** – Stockholm, 15 nov. 1988 : *Sainte Cécile jouant de l'orgue*, h. (97x80) : **SEK 8 000** – New York, 1er juin 1989 : *Saint Joseph et l'Enfant Jésus*, h/t (146,1x118,1) : **USD 121 000** – New York, 2 juin 1989 : *L'adoration des Mages* 1649, h/t (117x92) : **USD 1 760 000** – Londres, 27 oct. 1989 : *David avec la tête de Goliath*, h/t (96x77) : **GBP 6 820** – Londres, 11 avr. 1990 : *Saint Jean Baptiste*, h/t (134x97) : **GBP 24 200** – Londres, 24 mai 1991 : *Saint Mathieu* 1643, h/pan. (40x27) : **GBP 24 200** – Londres, 5 juil. 1991 : *Vierge de l'Annonciation*, h/t, de forme ovale (65,5x53,7) : **GBP 12 100** – Paris, 26 juin 1992 : *Saint Jean l'Évangéliste*, h/t., de forme octogonale (93x76) : **FRF 45 000** – New York, 14 jan. 1994 : *Saint Jérôme en prière* 1655, h/pan. (43,2x54) : **USD 178 500** – Londres, 9 déc. 1994 : *Le Songe de Jacob*, h/pan., de forme octogonale (27x33,2) : **GBP 36 700** – New York, 11 jan. 1995 : *Saint Jean l'Évangéliste*, h/t, de forme octogonale (102,2x82,5) : **USD 398 500** – Londres, 8 déc. 1995 : *Saint Marc*, h/t, de forme octogonale (101,5x83) : **GBP 287 500** – Londres, 3 juil. 1997 : *Portrait d'un homme portant un chapeau rouge et un manteau noir*, h/t (53,5x40) : **GBP 41 100** – Londres, 3-4 déc. 1997 : *Le Christ dans la maison des pharisiens*, h/t (176,5x224,5) : **GBP 463 500**.

DOLCI Giovanni di Pietro de
Né à Florence. Mort vers 1486 à Rome. xve siècle. Italien.
Sculpteur sur bois et architecte.
Il travailla pour les papes Nicolas V, Pie II et Paul II.

DOLCI Luzio ou **Dolce**
xvie siècle. Actif à Castel Durante, dans l'État d'Urbin en 1589. Italien.
Peintre.
Connu par ses tableaux d'autel et autres qu'il exécuta pour sa ville natale. On possède de lui une peinture très faible qu'il fit dans une petite église de village, à Cagli, en 1536. Il travailla beaucoup à Rome, où il résida pendant quelque temps.

DOLCI Michele Arcangelo
Né en 1724. Mort en 1803 à Urbino. xviiie siècle. Italien.
Peintre et écrivain.
Il fut professeur à l'Académie d'Urbino, après avoir fait ses études à Florence et à Bologne sous la direction d'Alli et Zanotti.

DOLCI Ottaviano
xvie siècle. Actif au milieu du xvie siècle. Italien.
Peintre et peintre sur majolique.
Il était fils de Bernardino et fut père de Luzio.

DOLCI Pietro Francesco
xvie siècle. Actif à Castel Durante. Italien.
Peintre sur majolique.

DOLCIBENI Vicenzo
xixe siècle. Actif à Rome. Italien.
Peintre et graveur au burin.

DOLDER Andreas
Né le 3 janvier 1743 près de Lunéville. Mort le 5 octobre 1823. xviiie-xixe siècles. Français.
Peintre sur faïence.
Il créa une fabrique près de Beromünster.

DOLDER Ludwig
xviiie-xixe siècles. Français.
Peintre sur faïence.
Il était fils d'Andreas.

DOLE
xviie siècle. Français.
Sculpteur.
Il était actif au Havre à la fin du xviie siècle.

DOLE Margaret Fernald
Née à Helrose (États-Unis). xxe siècle. Américaine.
Peintre de portraits.
Elle exposait au Salon des Artistes Français en 1934.

DOLE William
xxe siècle. Américain.
Peintre, aquarelliste, peintre de collages.
Il travaille depuis les années soixante.
Ventes Publiques : New York, 27 fév. 1980 : *Protocol* 1976, collage (44,5x64,2) : **USD 2 400** – New York, 2 nov. 1984 : *Haiku* 1963, collage pap., aquar. et h/pan. (20,3x31,7) : **USD 750** – New York, 21 fév. 1990 : « *Post audit* » 1968, collage/pap. (29,9x41,3) : **USD 2 475** – New York, 24 fév. 1995 : *Nuit étoilée* ; *Tendre souvenir* 1961, techn. mixte/pap./pap., une paire (22,9x58,1 et 28,1x40,2) : **USD 920**.

DOLENDO Bartholomeus Willemsz
Né vers 1571 à Leyde. xvie-xviie siècles. Hollandais.
Dessinateur et graveur.
Frère de Zacharias Dolendo, probablement élève de H. Goltzius ou de Jacob de Gheyn. Il eut pour élève Gérard Dou, en 1622, et travailla pour la « Perspective » de Jan Bredeman de Vries.

DOLENDO Zacharias
Mort vers 1604 à Leyde. xvie siècle. Hollandais.
Dessinateur et graveur.
Frère de Bartholomeus, élève de Jacob de Gheyn, mort jeune, des suites d'une vie désordonnée.

DOLEZAL Johann
Né le 28 novembre 1874 à Vienne. xxe siècle. Autrichien.
Peintre de genre, figures, paysages.
Paysagiste, il a surtout peint des vues d'Autriche et de Bohême.

DOLFINO Giacomo
xviie siècle. Actif à Bergame vers 1650. Italien.
Peintre.

DOLGI Andrea
xviie siècle. Actif à Naples en 1640. Italien.
Sculpteur.

DOLGOFF Jegor Nikitioch
Né vers 1800. Mort en 1847. xixe siècle. Russe.
Graveur.
On cite de lui : *Les Noces de Cana*.

DOLHEN Yvonne Jeanne
Née à Vendeuil (Aisne). xxe siècle. Française.
Peintre.
En 1934, elle exposait une nature morte au Salon des Artistes Français.

DOLIGER Paul
Né au xixe siècle au Havre (Seine-Maritime). xixe siècle. Français.
Peintre de portraits.
Élève de Lhuillier, il débuta au Salon de 1879 avec : *Une mendiante*.

DOLINAR Louis
Né en Yougoslavie. xxe siècle. Yougoslave.
Sculpteur.
Ed. Joseph cite son *Moïse* (bronze), exposé au Salon d'Automne en 1928.

DOLININA Antonia
Née en 1925 à Léningrad. xxe siècle. Russe.
Peintre de compositions à personnages.
Elle fut élève de Frentz à l'Institut Répine de Léningrad. Elle devint Membre de l'Union des Peintres de Léningrad.
Elle peint d'une manière classique des scènes d'intérieur bourgeois.
Musées : Jitomir (Mus. des Beaux-Arts) – Saint-Pétersbourg (Mus. de la défense).
Ventes Publiques : Paris, 29 mai 1991 : *Sur le tapis*, h/t (52x62,5) : **FRF 10 000**.

DOLINSKI Lucas
Né en 1750 à Lemberg. Mort en 1830 à Lemberg. xviiie-xixe siècles. Polonais.
Peintre.
Il fit ses études à Vienne. Il revint à Lemberg, et travailla les tableaux pour l'église Saint-Georges. Cette église conserve de lui : *Les apôtres, Saint Nicolas, Sainte Vierge, Jésus-Christ*. Il fit aussi les tableaux pour l'église de Saint-Pierre-al-fresco. On trouve aussi ses ouvrages chez les pères Bernardins à Lemberg. Il fut connu également comme peintre de portraits.

DOLIOT Valentin
xviie siècle. Français.
Peintre.
Il travailla pour le duc d'Orléans en 1663.

DOLIVAR Juan
Né en 1641 à Saragosse. Mort en 1692 à Paris. xviie siècle. Espagnol.

Graveur.
Il fit ses études à Paris et y travailla. On sait qu'il grava quelques planches représentant des sujets d'ornement et de décoration. Il collabora à la garniture de la suite des *Petites conquêtes de Louis XIV*. Ses œuvres sont inférieures à celles de Le Pautre et de Chauveau.
Ventes Publiques : Paris, 10 et 11 avr. 1929 : *Portiques en treillage*, pl. et lav. d'encre de Chine : **FRF 550.**

DOLIVET Emmanuel
Né à Rennes (Ille-et-Vilaine). Mort en 1911 à Paris. XIXe-XXe siècles. Français.
Sculpteur.
Élève de Cavelier, il débuta au Salon de 1877 avec : *Portrait*, buste en plâtre et obtint une médaille de troisième classe, 1886 ; deuxième classe, 1890. Mention honorable, 1882, bourse de voyage, 1886, et médaille d'argent au Salon de 1900. Le Musée de Rennes conserve de lui : *Mignon* et *La Madeleine*.

DOLIVET Georges Edmond
Né en janvier 1843 à Paris. XIXe siècle. Français.
Peintre et aquarelliste.
Exposa au Salon en 1869 et 1870.

DOLL Anton
Né le 3 mars 1826 à Munich. Mort le 2 mai 1887 à Munich. XIXe siècle. Allemand.
Peintre de compositions animées, paysages, aquarelliste, dessinateur.
Il a exposé à différentes expositions, notamment à Dresde, à Vienne et à Munich entre 1854 et 1886. On cite de lui : *Paysage d'hiver, Le Moulin, La Cathédrale de Bâle*.
Musées : Nantes : *Patineurs*.
Ventes Publiques : New York, 21-22 jan. 1909 : *Scène d'hiver* : **USD 60** – Munich, 24-26 juin 1964 : *Retour du marché* : **DEM 3 200** – Munich, 11 déc. 1968 : *Les Joies du patinage* : **DEM 6 000** – Lucerne, 29 nov. 1969 : *Paysage d'hiver* : **CHF 6 500** – Cologne, 26 mars 1971 : *Les joies de l'hiver* : **DEM 3 700** – New York, 9 oct. 1974 : *Paysage d'hiver* : **USD 5 250** – Londres, 11 fév. 1976 : *Paysage d'hiver*, h/t (57x85) : **GBP 3 600** – Munich, 25 nov. 1976 : *La ferme*, aquar. (19x13) : **DEM 1 750** – Munich, 26 oct. 1977 : *Paysage d'hiver*, h/t (71x92) : **DEM 25 000** – Munich, 9 mars 1978 : *Paysage du Tyrol*, h/t (40x63,5) : **DEM 7 000** – New York, 12 oct. 1979 : *Patineurs dans un paysage d'hiver*, h/t (79x119) : **USD 16 000** – Munich, 4 mai 1983 : *Village de montagne en hiver*, h/t : **DEM 37 000** – Berne, 21 oct. 1983 : *Rue dans la vieille ville, animée de personnages*, aquar. (20x27) : **CHF 2 700** – Munich, 5 juin 1984 : *Scène champêtre*, aquar. et cr. (12x19) : **DEM 1 800** – New York, 19 oct. 1984 : *Patineurs sur l'étang du village*, h/t (58,5x87) : **USD 12 000** – Munich, 18 sep. 1985 : *Paysage alpestre*, aquar. et mine de pb (25,5x37) : **DEM 3 700** – Munich, 11 mars 1987 : *Les Joies du patinage*, h/t (42x66) : **DEM 18 000** – Munich, 18 mai 1988 : *Entrée du couvent des Augustines à Munich*, aquar. (30x23,5) : **DEM 6 050** – New York, 24 mai 1989 : *Patineurs et lavandières sur une rivière gelée*, h/t (30,5x55,8) : **USD 17 600** – Munich, 29 nov. 1989 : *Personnages sur une rivière gelée dans un village de montagne*, h/t (68x90,5) : **DEM 60 500** – Munich, 12 déc. 1990 : *Personnages sur une rivière gelée dans un village de montagne*, h/t (71x107) : **DEM 18 700** – New York, 29 oct. 1992 : *Paysans sur une mare gelée*, h/t (26,7x40,6) : **USD 9 900** – Dijon, 24 oct. 1993 : *Paysage de neige*, h/t (73x133) : **FRF 100 000** – Munich, 7 déc. 1993 : *Hiver d'antan en Bavière ; Moulin à eau en Bavière*, h/pan., une paire (chaque 23,5x34,5) : **DEM 51 750** – New York, 15 fév. 1994 : *Paysage d'hiver avec une rivière gelée*, h/t (36,2x69,8) : **USD 21 850** – Londres, 18 mars 1994 : *Personnages patinant sur un lac sous les murs d'un village*, h/t (41,2x65,8) : **GBP 13 800** – New York, 16 fév. 1995 : *Village alpin en hiver*, h/t (53,3x78,7) : **USD 12 650** – Londres, 15 mars 1996 : *Villageois dans un paysage alpin en hiver*, h/t (64,8x85,5) : **GBP 12 075.**

DOLL Mathias
Né le 2 décembre 1804 à Munster. XIXe siècle. Français.
Peintre.
Fils d'un graveur prénommé Jean-Jacques, il fut élève de Therriat à l'École des Beaux-Arts de Lyon (1826-1828). Il exposa à Lyon, en 1828, des natures mortes.

DOLLA Noël
Né le 5 mai 1945 à Nice. XXe siècle. Français.
Peintre, sculpteur. Abstrait. Groupe Support-Surface, 1968-71.
Il fut élève, de 1962 à 1966, de l'École des Arts Décoratifs de Nice, où il vit. C'était l'époque de « l'École de Nice », dont Martial Raysse et Arman furent les initiateurs, mais déjà deux artistes y « dépassaient » les définitions par Pierre Restany du « Nouveau Réalisme », d'une part Ben qui débutait son activité d'animateur toutes directions, d'autre part Claude Viallat, qui y enseigna un temps court avant d'enseigner à La Seyne, à Limoges, à Marseille, puis à Nîmes, et qui, avec Dolla, Saytour et Pagès, constituait la première équipe de « Support/Surface ».
Dolla fit sa première exposition dans le local-galerie de Ben. Une fois dans le contexte de Support/Surface, il participa à de nombreuses expositions collectives, souvent en province : 1970 Céret et Montpellier, 1971 Cité Universitaire de Paris, 1972 l'exposition *72/72* au Grand-Palais de Paris, qui avait pour but de retracer l'activité artistique en France des dix années précédentes. À partir de 1972, en relation avec une évolution de sa pratique, il a commencé à exposer plus régulièrement en France, à Paris, en Italie et en Suisse..., notamment à l'occasion d'expositions personnelles, d'entre lesquelles : 1990 à la Villa Arson de Nice, Galerie Favre de Lyon, 1991 au Centre de Création Contemporaine de Tours, 1992 de nouveau Villa Arson de Nice, 1993 Galerie Météo à Paris, 1998 *Cinq Silences* au Centre d'Art Contemporain de Vassivière-en-Limousin...
L'œuvre de Dolla se situa d'emblée dans un renouveau de l'École de Nice, c'est-à-dire de la définition d'origine du Nouveau Réalisme. Vers 1970, il produisait des œuvres vraiment caractéristiques. Sous le signe de la perforation et des pointillés, il envisageait la surface de la toile, plutôt pour lui la tarlatane, ou de tout autre support : lattes de bois, chevrons, comme un espace non clos, un cheminement arbitrairement délimité, où une activité scriptatrice et prégnante s'inscrivait dans sa linéarité : répétitions de trous ou de pointillés sur une toile flottante, mais aussi perforation de lattes de bois et laçage entre elles qui les détermine comme une sorte de fil d'Ariane. Il ponctuait de gros points tout ce qu'il rencontrait, non seulement les toiles libres, mais la vallée de la Tinée, jusqu'aux montagnes de l'arrière-pays. Cette activité, qui, déjà dans le contexte de Support/Surface, apparaissait comme un fait matériel qu'il fallait considérer, a eu dans la suite de nombreux développements. Puis, Dolla, qui ne s'était jamais trop livré au discours sur la spécificité picturale et la planéité du support, a renoué avec la peinture, s'attachant surtout à des phénomènes d'application et de diffusion de la couleur à la surface ou dans l'épaisseur, et à des problématiques concernant le format, en particulier par des reports en couture des bords au centre de la toile. Il démontait également les châssis, les réassemblant en forme de sortes de croix. En 1972, rompant avec ses pratiques antérieures, il fabriqua, avec des « plumes de coq gris chinchilla N°3 », des « mouches » pour la pêche. Toujours inattendues, les manifestations de Dolla sont souvent motivées par une distanciation humoristique, dans la manière de Duchamp. Depuis les « mouches » de pêche, Dolla procède en général par séries, chaque série correspondant à un thème et étant attribuée à l'un de ses nombreux anagrammes : Della Nolo, Allen Dool, Aldo Ollen, O Del Llano, etc. La confection des peintures de ces séries reste conforme aux principes de Support/Surface : l'application des couleurs ou de toutes autres matières, par exemple du noir de fumée, sur les supports, totalement en dehors de toute intention signifiante ou imageante, n'a d'autre but que de mettre en évidence « matérielle, concrète » les composantes de l'œuvre et le déroulement du travail. Cependant, les thèmes de ces séries portent des titres dont le sens souvent dramatique (comme *Tchernobyl* évoquant une catastrophe nucléaire en Russie ou encore *Les trois du Cap* dont l'aspect des plumes de coq engluées dans le matériau acrylique se veut en relation avec la pendaison de trois noirs d'Afrique-du-Sud), est peut-être en contradiction, en tout cas en disproportion avec l'impassibilité des œuvres, participant avant tout du monochrome.
L'époque « historique » de Support/Surface étant révolue, Noël Dolla travaille désormais en technique mixte, créant des œuvres totalement narratives, comme la série des *Chinese Ghost* de 1994, et il s'exprime de plus en plus par l'écrit, pratiquant une langue familière et imagée. ■ J. B., P. F.
Bibliogr. : Xavier Girard : *Noël Dolla*, Art Press, Paris, mars 1990 – Luc Vezin : *Noël Dolla, ça tourne rond*, Beaux-Arts, Paris, janv. 1991.
Ventes Publiques : Paris, 25 oct. 1987 : *Quatre rectangles cousus* 1973, h/t (238x140) : **FRF 9 000** – Paris, 20 mars 1988 : *Croix* 1974, 3/8, t., 4 carrés cousus (105x105) : **FRF 8 000** – Paris, 16 oct. 1988 : *4 carrés bruns* 1973, t. cousue (93x93) : **FRF 6 000** – Paris, 7

mars 1990 : *Sans titre* 1974, bâche et quatre morceaux assemblés (103x106,5) : **FRF 50 000** – Paris, 10 juil. 1990 : *Croix* 1974, techn. mixte/pap. buvard (49x64) : **FRF 6 000** – Paris, 23 oct. 1990 : *Composition* 1974, h/t (231x225) : **FRF 55 000** – Paris, 22 déc. 1992 : *61 n° 7* 1974, techn. mixte sur t. libre (184,5x192) : **FRF 12 000** – Paris, 28 sep. 1993 : *Croix* 1975, teinture sur t. libre (148x109) : **FRF 11 500** – Paris, 28 juin 1994 : *Croix* 1973, h. sur 4 rectangles assemblés et cousus (240x140) : **FRF 12 000** – Paris, 12 oct. 1994 : *Croix* 1974, brou de noix, h. de lin et carbonyle/t. (220x220) : **FRF 11 000** – Paris, 19 juin 1996 : *Composition* 1974, peint./t. libre (193,5x191,5) : **FRF 9 500**.

DOLLAND William Anstey ou **Dollond**
xixe siècle. Britannique.
Peintre de genre, figures, portraits, aquarelliste, dessinateur.
Il exposa entre 1879 et 1889 à la Royal Academy et à Suffolk Street, à Londres.
Ventes Publiques : Londres, 24 mai 1910 : *Anstey*, dess. : **GBP 13** – Londres, 30 juin 1922 : *Offrande à Neptune*, dess. : **GBP 11** – Londres, 17 mai 1923 : *Une peinture* : **GBP 5** – Londres, 15 mars 1925 : *Le temps des roses*, dess. : **GBP 18** – Londres, 22 déc. 1926 : *Bavardages*, dess. : **GBP 10** – Londres, 21 nov. 1927 : *Le Bouquet*, dess. : **GBP 6** – Londres, 23 avr. 1928 : *Fleurs pour l'autel*, dess. : **GBP 4** – Londres, 29 juil. 1932 : *L'Offrande* : **GBP 3** – Londres, 1er août 1935 : *Roses d'été*, dess. : **GBP 4** – Londres, 3 avr. 1936 : *Guirlandes*, dess. : **GBP 11** – Londres, 20 mars 1979 : *Jeune Fille au panier de fruits*, h/t (90x60) : **GBP 800** – Londres, 21 oct. 1980 : *À la fontaine*, aquar. (46x20) : **GBP 350** – Londres, 19 juil. 1983 : *À la fontaine*, aquar. (32,5x50,5) : **GBP 500** – Chester, 12 juil. 1985 : *Jeune Grecque*, aquar. reh. de gche (60,5x16) : **GBP 1 500** – Londres, 2 oct. 1985 : *Jeune Paysanne au panier de pommes*, h/t (92x61) : **GBP 750** – Londres, 1er oct. 1986 : *Matrona superba* 1883, h/t (53,5x43) : **GBP 2 300** – Londres, 28 oct. 1986 : *Jeunes filles cueillant des oranges sur une terrasse*, aquar. (53x34,7) : **GBP 1 200** – Londres, 13 fév. 1987 : *Touches of Sweet Harmony*, h/t (50,7x66) : **GBP 1 700** – Londres, 26 sep. 1990 : *Vendanges*, aquar. (51x33) : **GBP 3 080** – New York, 21 mai 1991 : *L'Offrande*, aquar./pap. fort (51,5x35,5) : **USD 1 980** – New York, 20 jan. 1993 : *Rêverie*, aquar./cart. (46,4x21) : **USD 2 990** – Londres, 5 nov. 1993 : *Rêverie*, cr. et aquar. (47x21,5) : **GBP 2 760** – Londres, 25 mars 1994 : *Figures classiques sur une terrasse surplombant un lac*, cr. et aquar. (50,8x33) : **GBP 1 610** – Londres, 30 mars 1994 : *La Marchande de roses*, aquar. (44,5x19) : **GBP 2 070** – New York, 20 juil. 1994 : *Jeunes femmes tressant des guirlandes*, aquar./cart. (53,3x35,6) : **USD 1 725** – Londres, 29 mars 1995 : *Sur la terrasse*, aquar. (51,5x33,5) : **GBP 3 105** – Londres, 14 mars 1997 : *La Conversation*; *La Lettre*, cr. et aquar., une paire (chaque 61x25,4) : **GBP 7 130**.

DOLLAR Georg
xviiie siècle. Actif à Munster et à Essen vers 1700. Allemand.
Sculpteur sur bois.

DOLLARD. Voir **DOLARD**

DOLLE
xviie siècle. Actif à Toulon. Français.
Sculpteur.
Il travailla à la décoration des bateaux.

DOLLÉ Jacques
Né le 18 janvier 1926 à Paris. xxe siècle. Français.
Peintre de paysages, paysages animés, de cartons de tapisseries, mosaïques, lithographe, illustrateur.
Il fut élève de l'École des Arts Décoratifs de Paris. Il expose à Paris depuis 1955, et depuis 1957 aux Salons des Artistes Indépendants, dont il devint membre du comité en 1978, d'Automne, Comparaisons depuis 1966, il figure également aux Salons de la Société Nationale des Beaux-Arts, des Artistes Français dont il obtint la médaille d'or et hors-concours en 1975, membre du jury 1976, du Salon du Dessin et de la Peinture à l'eau, de la Marine. Il est devenu sociétaire des principaux Salons annuels de Paris. Il obtint de nombreuses autres distinctions au cours d'expositions collectives dans des villes de France. Depuis la première à Paris en 1964, qui y fut suivie d'autres en 1969, 1972, 1980, au Centre Culturel de Vincennes en 1991, galerie Ror Volmar de Paris en 1993, il montre ses peintures dans des expositions personnelles, fréquemment dans diverses villes de France, et en 1972, 1974 à New York, etc. Il a illustré des œuvres de Maurice Genevoix, et réalisé des commandes de décorations.
Il peint les paysages, souvent animés de quelques passants, de Sologne, des bords de Loire, des falaises bretonnes. Il situe aussi parfois des figures dans un décor naturel. Parti d'un post-cézannisme alors traditionnel, il s'est créé une manière personnelle : dans des gammes d'ocres, de terres, de bruns, il procède par larges taches appliquées presque en aplats, souvent au couteau, situant les masses générales plus que les détails.

J. Dollé

Bibliogr. : Roger Bouillot : *Jacques Dollé*, Cahiers d'Art – Documents, Pierre Cailler, Genève, N°236 – Claude Magnan : *Les paysages heureux de Jacques Dollé*, in : Catalogue de l'exposition, Gal. Artialis, Rennes, 1989.
Ventes Publiques : Paris, 8 avr. 1991 : *Soir en Bretagne*, h/t (47x61) : **FRF 3 800**.

DOLLÉ Jeanne. Voir **AUBRY-DOLLÉ**

DOLLE William
Né vers 1600 à Londres. xviie siècle. Britannique.
Graveur.
Cet artiste exécuta souvent pour les libraires, des portraits très recherchés de nos jours à cause de leur rareté et de leur perfection. On cite parmi ses portraits : *Georges Villiers, duc de Buckingham, John Cosin, Robert Essex, Mark Franck, Jean Milton, Sir Henri Wootton*.

DOLLÉ-LACOUR Monique
Née en 1946. xxe siècle. Française.
Peintre. Abstrait-matiériste.
Elle a commencé à exposer en 1982, notamment jusqu'en 1989 au Salon de la Jeune Peinture à Paris, en 1983 au Groupe 109 du Grand-Palais, en 1985 Mac 2.000, et à partir de 1985 Salon Grands et Jeunes d'Aujourd'hui, tous deux au Grand-Palais, puis, à partir de 1986 dans des expositions collectives, parmi lesquelles : 1986 *Novembre à Vitry*, 1987 à Paris Salons des Réalités Nouvelles, et de Mai jusqu'en 1989, 1990 Salon de Bagneux, et à Paris Institut du Monde Arabe, Palais de l'UNESCO...
Elle montre aussi ses peintures dans des expositions personnelles, entre autres : 1988, 1990, 1991 à *Mac 2.000* au Grand-Palais de Paris, 1989, 1991, 1993 Galerie du Fleuve à Paris, 1992 Galerie Médiart à Paris, 1994 Galerie du Fleuve, 1996 Galerie du Fleuve...
Ses peintures consistent d'abord en un travail de la matière, par collages superposés, peints et repeints de couleurs sobres mais efficaces, blanc, gris-bleu, brun, grattés et regrattés, matière sur laquelle se tracent en noir ou se gravent des signes forts et comme primitifs ou des combinaisons de formes rudimentaires et d'une totale disponibilité, en ce sens que sur ces fonds travaillés en épaisseurs, par couches, comportant souvent une sorte d'encadrement peint dans la masse, sur ces fonds concrétisés selon un processus quasi rituel, peuvent au contraire se situer, s'intégrer aisément et avec fantaisie les variations graphiques et plastiques les plus diversifiées. ■ J. B.
Bibliogr. : Frank Petit : *Une lecture*, in : Présentation de l'exposition *Monique Dollé-Lacour*, Gal. du Fleuve, Paris, 1991 – Dominique Grandmont : *Peindre comme on respire autrement*, in : Présentation de l'exposition *Monique Dollé-Lacour*, Gal. du Fleuve, Paris, 1993.
Musées : Paris (FNAC).

DOLLEBEAU
xviie siècle. Actif à Breslau. Français.
Sculpteur sur bois.
Il travailla à la décoration d'églises.

DOLLER Simon
xviiie siècle. Actif à Prague en 1730. Tchèque.
Graveur.

DOLLERON Guy
Mort en 1733 à Paris. xviiie siècle. Français.
Peintre.
Il était membre de l'Académie de Saint-Luc à Paris.

DOLLERON Guy François
xviiie siècle. Français.
Peintre.
Fils de Guy et beau-père du peintre Claude Billet (?), il fut membre de l'Académie de Saint-Luc à Paris.

DOLLERSCHELL Eduard
Né le 12 mai 1887 à Elberfeld. xxe siècle. Allemand.

Peintre de scènes typiques.
On lui doit surtout des scènes folkloriques hollandaises et normandes.

DOLLET Jean François Victor
Né le 21 décembre 1815 à Paris. XIXe siècle. Français.
Peintre de portraits et lithographe.
Entré à l'École des Beaux-Arts en 1852, il fut élève de Devilliers. Il figura au Salon de 1839 à 1847. En cette dernière année il obtint une médaille de troisième classe.

DOLLEY Pierre
Né le 28 janvier 1877 à Pauillac (Gironde). Mort le 29 août 1955 à Paris. XXe siècle. Français.
Peintre de compositions à personnages, figures, portraits, paysages, natures mortes. Postcézannien.
Il descendait d'une lignée de Bretons de Saint-Malo, où subsiste l'Hôtel Dolley. Ayant dû renoncer à une carrière de marin, à partir de 1896 il fut élève de Fernand Cormon à l'École des Beaux-Arts de Paris et fréquenta aussi pendant plusieurs années l'atelier de Jean-Paul Laurens. Il séjournait très souvent en Bretagne et fit de nombreux voyages, notamment, en 1903, un voyage autour du monde. Il fut mobilisé pendant la guerre de 1914-1918. À partir de 1923, il séjourna aussi beaucoup dans le Midi, où il avait acheté un mas. Il avait commencé à exposer en 1905, au Salon des Artistes Indépendants, auquel il resta fidèle jusqu'en 1914, puis y présentant un ensemble de peintures lors de l'exposition rétrospective de 1926. Il n'exposa plus jusqu'à la fondation du Salon des Tuileries, où il envoya deux peintures chaque année, celles de 1934 ayant été remarquées par Charles Dufresne. Il a figuré aussi au Salon d'Automne en 1938. En 1927, lors d'une exposition des anciens élèves de Jean-Paul Laurens, sa participation fut remarquée, aux côtés de Segonzac, Luc-Albert Moreau, Boussaingault. De 1932 à 1939, il participa volontiers à des manifestations locales autour de Toulon. En 1935, il fit une exposition personnelle (sa première !) à Paris, suivie d'autres en 1936, 1937 et 1938, et encore en 1940, 1943, 1944, 1947, puis tous les deux ans jusqu'à sa mort.
Il peignit ses première études surtout en Bretagne. À Paris, dans les années qui précédèrent la guerre, il peignit des vues, souvent des quais de la Seine. Après la guerre, fixé de nouveau à Paris, il peignit de nombreux paysages : les quais et les berges de la Seine, l'église Saint-Gervais, Notre-Dame. Il poursuivit son apprentisage assez longtemps, étudiant l'histoire de la peinture, faisant des copies dans les musées visités, peignant des esquisses au cours de ses voyages. Ce ne fut qu'à partir de la guerre qu'il se détermina dans une manière personnelle. Du point de vue des couleurs, il se fixa définitivement à la vaste gamme des ocres, terres et bruns. Quant à la structure dessinée, il adopta la robuste construction cézannienne des plans et des volumes, influence très évidente dans l'ensemble de son œuvre, tout particulièrement dans les natures mortes de poteries et d'écuelles, et dans les grandes compositions de personnages nus : *La Bacchanale*, peinte de 1922 à 1935, *Le vin des chiffonniers* de 1935, *Le Golgotha* de 1945, *Le pressoir dehors* de 1946, ainsi que dans ses rares compositions mythologiques et bibliques : *La femme adultère* de 1947, *Jacob et l'ange* de 1949, *La mise au tombeau* de 1950, *Les noces de Cana* de 1953-54. Passant plusieurs mois de l'année dans son mas dans l'arrière-pays de Toulon, il en peignait les paysages, et surtout le Coudon sous tous les angles, ce massif qui domine Toulon comme la Sainte-Victoire domine Aix. Là, il peignait aussi à la saison les scènes de vendange et de pressoir. En conclusion, dans cette constellation de peintures, issues de l'exemple de Cézanne et qui n'osèrent franchir le pas du cubisme, caractéristiques d'une partie importante de la peinture française de l'entre-deux-guerres, l'œuvre de Pierre Dolley pourrait occuper un rang moins discret. ■ J. B.
Bibliogr. : M.Th. Leclerc-Dolley : *Dolley, l'homme, le peintre*, Édit. Roudil, Paris, 1977.
Ventes Publiques : Reims, 9 juin 1991 : *Les vendanges*, h/t (146x184) : **FRF 20 000**.

DOLLFUS Jean
Né le 15 septembre 1891 à Paris. Mort le 18 novembre 1983 à Lyons-la-Forêt (Eure). XXe siècle. Français.
Peintre-aquarelliste de paysages.
Après de brillantes études supérieures, il devint président de l'Institut Cartographique de Paris. Parallèlement, il a peint des milliers d'aquarelles, où sa minutie de cartographe s'associe à son goût de la nature. À ce titre, il a exposé : de 1925 à 1929 au Musée des Beaux-Arts de Mulhouse, en 1929 au Salon des Aquarellistes Français à Paris, en 1984-85 au Musée des Andelys.
Musées : Les Andelys – Lyons-la-Forêt.

DOLLFUS Johann Heinrich
Né le 19 mars 1724 à Mulhouse. Mort le 16 février 1802 à Mulhouse. XVIIIe siècle. Français.
Peintre.
Le Musée de Mulhouse possède une œuvre de cet artiste.

DOLLFUS Josué
Né en 1796 à Luterbach. Mort le 15 mai 1887 à Mulhouse. XIXe siècle. Français.
Peintre et miniaturiste.
Le Musée de Mulhouse conserve de lui cinq portraits.

DOLLFUS Yvonne
XXe siècle. Française.
Peintre de paysages.
Elle séjourna en Suisse, où elle connut Auberjonois, qui eut quelque influence sur sa peinture.

DOLLHOPF Elias
Né le 13 janvier 1703 à Tachau. Mort le 12 décembre 1773 à Schlaggenwald. XVIIIe siècle. Tchécoslovaque.
Peintre de portraits et fresquiste.
On lui doit des décorations d'églises à Schlaggenwald, Mies, Pistau, Waldassen, Kulm, etc.

DOLLIAC Henri
Né à Paris. XXe siècle. Français.
Peintre et sculpteur.
Exposant du Salon des Indépendants et du Salon des Humoristes depuis 1931.

DOLLIAN Guy
Né le 22 février 1887 à Paris. XXe siècle. Français.
Peintre de compositions à personnages, figures, intérieurs, graveur, dessinateur, illustrateur, décorateur de théâtre.
Il fut élève de Charles Valton et Fernand Humbert. Il ne fit pas d'expositions personnelles. Depuis 1919, il participa régulièrement à Paris, aux Salons des Artistes Indépendants et d'Automne. En outre, il participa à l'Exposition des Arts Décoratifs de 1925 et, depuis 1940, au Salon de l'Imagerie.
En peinture, il traita des sujets divers, souvent en rapport avec le folklore parisien : *La loge, Le manège de cochons, Le Moulin de la Galette, Le Café Cyrano, La rue Pigalle* ou des scènes intimistes : *La douceur de vivre, Nu à la fenêtre*. Illustrateur, il eut une importante activité : *Histoires de Boches* d'André Salmon, *La légende de saint Julien l'hospitalier* de Gustave Flaubert, *Le bal du comte d'Orgel* de Raymond Radiguet, *Le journal de Salavin, Scènes de la vie future* de Georges Duhamel, *Marguerite de la nuit* de Pierre Mac Orlan, *Destins* de François Mauriac, *Huon de Bordeaux* d'Alexandre Arnoux. Il a conçu les décors et costumes pour : *La vie est un songe* de Calderon, *La volupté de l'honneur* de Pirandello, et, représenté au théâtre de l'Atelier, *Huon de Bordeaux*. Il a édifié le Théâtre de Verdure de Rio de Janeiro, en tant qu'architecte et décorateur en peinture et sculpture.
Musées : Boston – Édimbourg – Grenoble – Le Havre – Londres – Melbourne – New York – San Francisco.

DOLLINER Stephan
Né en 1784 à Bischoflack (Illyrie). XIXe siècle. Allemand.
Peintre d'histoire et d'architectures.
Il travailla pour des théâtres à Vienne.

DOLLINGEN Hans
XVIe siècle. Actif en Allemagne vers 1530. Allemand.
Sculpteur.
Cité par Ris-Paquot.

DOLLINGER
XVIIIe siècle. Actif à Linz en 1781. Autrichien.
Peintre.
Il travailla pour l'église Saint-Florian.

DOLLMAN Herbert P.
Né en 1856 à Brighton. XIXe siècle. Britannique.
Peintre.
Il exposa à Londres des peintures militaires à partir de 1880.

DOLLMAN John Charles
Né le 6 mai 1851 à Hove (Sussex). Mort en 1934. XIXe-XXe siècles. Britannique.
Peintre de scènes de chasse, animaux, peintre à la gouache, aquarelliste, dessinateur, illustrateur.
Il fit ses études à South-Kensington et à la Royal Academy. Il débuta en 1872. Il exposa à Paris en 1900. Il fut membre du Royal Institut. Il a collaboré longtemps au *Graphic*.

J.C. Dollman

Musées : Notthingham : *Amis dans l'adversité* – Sydney : *Table d'hôte au Chenil*.
Ventes Publiques : Londres, 21 juil. 1922 : *La Fin du jour* : **GBP 3** – Londres, 17 mai 1923 : *Scène de chasse* 1873 : **GBP 5** – Londres, 19 déc. 1924 : *Mort ou vif* 1890 : **GBP 19** – Londres, 28 mai 1925 : *Dessin* 1890 : **GBP 31** – Londres, 30 mars 1928 : *Les misérables* 1924, dess. : **GBP 6** ; *La Tentation de saint Antoine*, dess. : **GBP 8** – Londres, 30 juil. 1928 : *Le Pain quotidien* 1893 : **GBP 9** – Londres, 20 fév. 1931 : *Tentation de saint Antoine*, dess. : **GBP 3** – Londres, 17 déc. 1937 : *Am I my brother's Keeper*, dess. : **GBP 13** – Leeds, 24 fév. 1942 : *Chasseurs dans une auberge* 1900 : **GBP 16** – New York, 12 mai 1978 : *La Station des fiacres* 1894, h/t (38x62,5) : **USD 2 500** – Londres, 20 nov. 1979 : *The enchantress* 1925, aquar. et reh. de gche (34x56) : **GBP 1 400** – Chester, 5 mai 1983 : *Chien setter* 1876, h/t (40,5x51) : **GBP 750** – Londres, 29 mars 1984 : *Gold* 1894, h/t (106,5x175) : **GBP 9 500** – Londres, 27 fév. 1985 : *Chariot du soleil* 1909, aquar. (28x44) : **GBP 400** – Londres, 26 jan. 1987 : *Deux tigres*, aquar. reh. de gche (22,5x61) : **GBP 2 800** – New York, 1er juin 1989 : *L'Enchanteresse* 1922, h/t (111,7x183,5) : **USD 40 700** – Londres, 2 nov. 1989 : *Nymphes célébrant Pan dans un verger au printemps*, h/t (76,2x127) : **GBP 1 650** – Londres, 5 juin 1991 : *Retour au terrier* 1901, h/t (51x61) : **GBP 2 750** – Londres, 3 juin 1992 : *« Comme la brindille est pliée l'arbre s'incline »*, h/t (51x76) : **GBP 1 210** – New York, 14 oct. 1993 : *Tunisien avec une chéchia*, h/t (30,5x26,7) : **USD 1 610** – Londres, 5 nov. 1993 : *Le tigre*, cr. et aquar. (48,9x73,6) : **GBP 3 680** – Londres, 25 mars 1994 : *Robinson Crusoë et son serviteur Vendredi*, h/t (102,9x127) : **GBP 11 500** – Londres, 6 nov. 1995 : *Nouveaux amis*, h/t (51x76) : **GBP 3 220** – New York, 11 avr. 1997 : *L'Heure du thé, le Bell Inn*, h/t (61x50,8) : **USD 5 175**.

DOLLY
XIXe siècle. Française.
Peintre de portraits.
Au Salon de Paris en 1812 elle exposa quelques portraits. Elle est vraisemblablement identique à Sophie Dolly.

DOLLY Sophie
Née à Paris. XIXe siècle. Française.
Peintre de portraits.
Exposa au Salon des portraits en miniatures de 1845 à 1849. En 1846 elle obtint une médaille de troisième classe.

DOLOT Conrad Étienne Gabriel
Né à Premery (Nièvre). XXe siècle. Français.
Sculpteur de figures, de médaillons.
Il a exposé à Paris, au Salon des Artistes Français depuis 1912.

DOLPH John Henry
Né le 18 avril 1835 à Fort Ann (États-Unis). Mort en 1903. XIXe siècle. Américain.
Peintre de genre, animaux, paysages.
Il fut élève de Louis Van Kuyck, à Anvers. Il vécut surtout à New York où, s'étant établi, il fut nommé membre de l'Académie nationale et membre de la Société des Artistes Américains. Il exposa régulièrement à l'Académie nationale et occupa une place importante parmi ses contemporains.
Ventes Publiques : New York, 1er fév. 1900 : *Le Droit de possession* : **USD 120** ; *Après dîner* : **USD 200** – New York, 23-24 jan. 1901 : *Jeunes Chats* : **USD 230** – New York, 15-16 fév. 1904 : *Familles de chats* : **USD 115** ; *La Première Famille* : **USD 110** ; *Une mère attentive* : **USD 105** ; *Sports dans les marais* : **USD 145** ; *Alexandre et Diogène* : **USD 135** ; *La Forge* : **USD 120** ; *Travaux d'hiver* : **USD 135** – New York, 1er-2 fév. 1905 : *Le poste avancé* : **USD 145** – New York, 9-10 fév. 1905 : *Jeunes Chats jouant* : **USD 225** – New York, 4 mars 1937 : *L'Antichambre* : **USD 120** – Washington D. C., 19 déc. 1976 : *Trois Chatons*, h/cart. (24x34,5) : **USD 1 650** – Los Angeles, 17 mars 1980 : *Scène de moisson*, h/t (75x120) : **USD 4 250** – New York, 21 oct. 1983 : *Companions*, h/t (35,6x55,9) : **USD 3 250** – New York, 27 jan. 1984 : *Fillette au chat*, h/t (61x35,6) : **USD 5 000** – New York, 26 sep. 1986 : *Intérieur d'étable* 1875, h/t (40,7x61,3) : **USD 7 000** – New York, 17 mars 1988 : *Coq dans la basse-cour* 1871, h/t (30x40) : **USD 3 850** – New York, 24 juin 1988 : *Une couvée de poussins* ; *Une couvée de canards*, h/t, deux pendants (chaque 16,5x25,8) : **USD 6 600** – New York, 25 mai 1989 : *Les Environs du village* 1865, h/t (51,1x76,2) : **USD 9 350** – New York, 14 fév. 1990 : *Les animaux favoris*, h/t (45,7x35,6) : **USD 3 850** – New York, 30 mai 1990 : *Petit garçon noir portant un jeune chiot* 1901, h/t (61,6x46,1) : **USD 11 000** – New York, 2 déc. 1992 : *Endormi près de la cheminée*, h/t (22,9x30,5) : **USD 1 870** – New York, 4 mai 1993 : *Bébé jouant avec des petits chats*, h/t (55,9x76,8) : **USD 6 900** – New York, 12 sep. 1994 : *Étude de chat* 1881, h/cart. (24,8x23,5) : **GBP 3 737** – New York, 13 sep. 1995 : *L'adopté*, h/t (35,5x28) : **USD 5 175** – New York, 20 mars 1996 : *Chatons*, h/pan. (34,9x50,8) : **USD 9 775** – New York, 25 mars 1997 : *Porcelets sommeillant dans une grange*, h/t (26x43,2) : **USD 7 475** ; *Une chatte et ses chatons*, h/t (50,8x35,9) : **USD 11 500**.

DOLPHYN Denis
Né en octobre 1902 à Diest (Brabant). Mort en 1992. XXe siècle. Belge.
Peintre de paysages, marines, aquarelliste, pastelliste.
Il est le frère ainé de Victor Dolphyn. Il fit ses études artistiques à Louvain et Bruxelles. Il devint professeur de dessin à Anvers. Participant à des expositions collectives, il obtint diverses distinctions, notamment à New York en 1971.
Surtout peintre de la mer, des paysages de l'Escaut, des Flandres et d'Anvers. Il travaillait souvent dans des tonalités brunes.

D. DOLPHYN

Bibliogr. : In : *Diction. Biograph. illustré des Artistes en Belgique depuis 1830*, Arto, Bruxelles, 1987.

DOLPHYN Victor
Né en 1909 à Diest (Brabant). Mort en 1992. XXe siècle. Belge.
Peintre de genre, figures, intérieurs, paysages, natures mortes. Naturaliste.
Frère de Denis et père de Willem Dolphyn. Il fut élève d'Opsomer à l'Académie des Beaux-Arts d'Anvers, où il revint comme professeur.
Il est resté fidèle à l'interprétation naturaliste de la réalité.
Bibliogr. : In : *Diction. Biograph. illustré des Artistes en Belgique depuis 1830*, Arto, Bruxelles, 1987.
Musées : Anvers.
Ventes Publiques : Anvers, 22 oct. 1974 : *Nature morte* 1974 : **BEF 55 000** – Anvers, 26 oct. 1983 : *Paysage d'hiver* 1977, h/pan. (30x40) : **BEF 36 000** – Anvers, 26 oct. 1983 : *Nature morte aux homards* 1975, h/t (60x50) : **BEF 30 000** – Lokeren, 28 mai 1994 : *Nature morte avec des moules* 1984, h/pan. (50x60) : **BEF 36 000** – Lokeren, 20 mai 1995 : *Nature morte* 1959, h/t (47x65) : **BEF 55 000** – Lokeren, 6 déc. 1997 : *Nature morte au jambon*, h/t (59x73) : **BEF 50 000**.

DOLPHYN Willem
Né en 1935 à Anvers. XXe siècle. Belge.
Peintre de portraits, natures mortes, miniaturiste, illustrateur.
Fils de Victor Dolphyn. Il expose surtout en Hollande et en Angleterre. Il n'avait plus exposé à Anvers depuis quinze ans lors de son exposition de décembre 1991.
Il est également dessinateur, illustrateur de « bandes dessinées ». Il doit surtout son succès aux natures mortes qu'il peint avec la minutie des artistes des XVIIe et XVIIIe siècles. Il choisit ses sujets parmi les plus précieux quant à la matière, les plus chargés quant au décor, de manière à mettre en valeur l'habileté de son talent et la justesse de son œil.
Bibliogr. : In : *Diction. Biograph. illustré des Artistes en Belgique depuis 1830*, Arto, Bruxelles, 1987.
Ventes Publiques : Anvers, 29 mai 1979 : *Nature morte* 1974, h/pan. (25x20) : **BEF 50 000** – Anvers, 28 oct. 1980 : *Nature morte* 1980, h/bois (30x39) : **BEF 65 000** – Anvers, 24 oct. 1984 : *Nature morte* 1976, h/pan. (57x46) : **BEF 120 000** – Lokeren, 28 mai 1994 : *Nature morte avec un compotier et une cruche* 1988, h/pan. (39x49) : **BEF 65 000** – Lokeren, 9 déc. 1995 : *Nature morte* 1988, h/pan. (39,5x49,5) : **BEF 65 000**.

DOLS Dominique
Née le 3 décembre 1940 à Marseille (Bouches-du-Rhône). XXe siècle. Française.

Peintre de nus, natures mortes, paysages.
En 1963, elle fut élève d'Édouard Mac-Avoy à l'Académie Julian. Elle travailla aussi à Prague. Elle expose à Paris, au Salon des Femmes Peintres et Sculpteurs, et au Salon d'Automne.

DOLS Jean
Né en 1909 à Liège. Mort en 1993. XXe siècle. Belge.
Graveur de compositions d'imagination, dessinateur, peintre, créateur d'affiches. Tendance fantastique.
Il fut élève de Jean Donnay à l'Académie des Beaux-Arts de Liège. Il a montré un ensemble de ses gravures au Pavillon des Expositions de Wégimont en 1992.
Surtout graveur aquafortiste, il prend pour thèmes le carnaval, les fêtes populaires, les histoires bibliques, qu'il traite avec humour sur un mode fantastique, le mélange des deux étant de tradition en Belgique et dans les Flandres.
Bibliogr. : In : *Diction. Biograph. illustré des Artistes en Belgique depuis 1830*, Arto, Bruxelles, 1987.

DOLST Christian
Né en 1740 à Dresde. Mort le 3 juillet 1814 à Dresde. XVIIIe-XIXe siècles. Allemand.
Peintre de miniatures.
On lui doit surtout des portraits. On cite de lui : *Catherine II de Russie* et *Le Prince Maximilien de Saxe*.

DOLTER
XIXe siècle. Français.
Graveur et lithographe.
Le Musée de Dieppe conserve de lui une *Vue du Château de Dieppe*.

DOLZ F. M.
XVIIIe siècle. Actif à Castelli. Éc. flamande.
Peintre sur faïence.
Le Musée de Berlin possède une œuvre de cet artiste.

DOLZAN Primo
Né à Tezzé di Bassano (Italie). XXe siècle. Italien.
Peintre de paysages et de natures mortes.
Il exposa au Salon des Artistes Français de Paris, entre 1933 et 1935.

DOLZANI Pietro Antonio
XVIe siècle. Actif à Parme vers 1568. Italien.
Peintre.

DOM Paul
Né le 4 juin 1885 à Anvers. XXe siècle. Belge.
Peintre de paysages urbains, portraits, natures mortes, graveur, illustrateur, caricaturiste.
Il fut élève de l'Académie des Beaux-Arts d'Anvers. Il fut d'abord connu en tant que caricaturiste. Il a gravé des sites de la ville et du port d'Anvers.
Bibliogr. : In : *Diction. Biograph. illustré des Artistes en Belgique depuis 1830*, Arto, Bruxelles, 1987.
Ventes Publiques : Amsterdam, 19 jan. 1982 : *Mère et enfants dans un intérieur*, h/t (69,5x58) : **NLG 4 000** – Lokeren, 23 mai 1992 : *Le jugement de Pâris* 1910, gche (33x42) : **BEF 90 000** – Amsterdam, 24 sep. 1992 : *Vue de Delft* 1919, h/t (65,5x60,5) : **NLG 3 220** – Amsterdam, 19 oct. 1993 : *Mère et enfant dans un intérieur*, h/t (60,5x50,5) : **NLG 2 070**.

DOMACHNIKOV Boris
Né en 1924 à Ufa. XXe siècle. Russe.
Peintre. Postimpressionniste.
En 1967-68, il figurait, au Grand-Palais de Paris, à l'exposition *L'Art Russe, des Scythes à nos jours*.
Sa peinture se rattache plus à un postimpressionnisme très attardé qu'au réalisme-socialiste de rigueur.

DOMAILLE André
XVIIIe siècle. Français.
Peintre et sculpteur.
Il était actif à Paris en 1759. Il y avait peut-être un autre André Domaille, uniquement sculpteur et actif à Paris dans la seconde moitié du XVIIIe siècle.

DOMAILLE Henri Gilles
XVIIIe siècle. Actif à Paris vers 1778. Français.
Sculpteur sur bois.

DOMAIN Edmé François
XVIIIe siècle. Français.
Peintre et sculpteur.
Il était actif à Paris en 1769.

DOMALLE Bernard
XVIe siècle. Actif à Angers en 1586. Français.
Peintre.

DOMAN Charles L.J.
Né à Nottingham. XXe siècle. Britannique.
Sculpteur.
Il fut élève des frère et sœur Oliver et Else Sheppard. Il figura aussi, en 1939, au Salon des Artistes Français à Paris.

DOMANCHIN
XIVe siècle. Actif à Troyes. Français.
Peintre verrier.
Il travailla pour la cathédrale de cette ville.

DO MANH CUONG
Né en 1940 à Hanoi (région du Tonkin). XXe siècle. Vietnamien.
Peintre d'histoire, scènes de genre, peintre à la gouache, aquarelliste, pastelliste, affichiste. Occidental.
Il a étudié à l'École des Beaux-Arts de Hanoi, obtenant son diplôme en 1971. Il prend part à diverses expositions collectives en Asie et à l'étranger, parmi lesquelles : 1994 exposition sur l'Art Vietnamien, *The Art of Vietnam*, Londres ; 1996 exposition *Vietnam. 30 ans de peinture de la guerre à la paix*, Paris. Il a été primé au concours national des Affiches en 1977 ; a reçu un 3e prix au concours de l'École des Beaux-Arts de Hanoi en 1983.
Il a peint à la gouache sur soie et sur papier. Peintre de guerre, il se servait des gazes de pansements de blessés comme support pictural. On mentionne de lui : *Femmes de minorités au front* 1968, *Échange soldat-montagnard* 1971, *Jour de marché* 1989.
Musées : Hanoi – Ho Chi Minh Ville (Université).

DOMANIEWSKI Eduard
Né en 1830 à Lahodynce. Mort en 1877. XIXe siècle. Polonais.
Peintre.
Il fut élève de Kossah à Cracovie.

DOMANOECK Anton Matthias Joseph
Né le 21 avril 1713 à Vienne. Mort le 7 mars 1779 à Vienne. XVIIIe siècle. Autrichien.
Orfèvre et sculpteur.
Il travailla surtout pour l'impératrice Marie-Thérèse.

DOMANOVSZKY Endre
Né en 1907 à Budapest. XXe siècle. Hongrois.
Peintre de compositions à personnages, compositions murales, peintre de cartons de tapisseries. Cubo-expressionniste.
Il fut élève de l'École des Beaux-Arts de Budapest, puis, en 1928, fit partie du Collège Hongrois de Rome. Il commença à exposer en 1929. À partir de 1931, il fut professeur, à Budapest, à l'École des Arts Décoratifs, puis, en 1948, à l'École des Beaux-Arts, dont il devint directeur. Il a participé à de nombreuses expositions, parmi lesquelles : 1936 au Musée Ernst de Budapest, 1937 Exposition Universelle de Paris, où il obtint un Diplôme d'Honneur, 1938 de nouveau au Musée Ernst, 1958 Biennale de Venise, 1959 Galerie d'Art de Budapest. Il fut lauréat des Prix Kossuth et Munkacsy et fut président de la Fédération hongroise des Beaux-Arts.
À la suite de son séjour à Rome, il fut influencé par le néo-classicisme italien, qui devait marquer ses œuvres jusqu'en 1940. Il évolua ensuite sous l'influence du cubisme et de l'expressionnisme, et peignit alors de grandes compositions monumentales, parfois à fresque, et des cartons de tapisseries : fresque de Dunaujvaros en 1955-56, panneau d'aluminium du Pavillon Hongrois de l'Exposition de Bruxelles de 1958, gare de Debrecen en 1961. ■ J. B.
Bibliogr. : Lajos Nemeth, in : *Moderne hungarische Kunst*, Corvina, Budapest, 1969 – Géza, Csorba, in : Catalogue de l'exposition *L'art hongrois contemporain*, Musée Galliéra, Paris, 1970.
Musées : Budapest (Gal. Nat.).

DOMANSKI Adalbert
XVIIIe siècle. Polonais.
Peintre de miniatures.

DOMANSKI Gaëtan Antoine
Né à Paris. XXe siècle. Français.
Peintre.
Il exposa à Paris au Salon des Indépendants à partir de 1928.

DOMAS Louis Théodore
Né au XIXe siècle à Paris. XIXe siècle. Français.
Sculpteur, graveur et peintre.

Élève de Justin Lequien et Henri François. Sociétaire des Artistes Français depuis 1896, il figura au Salon de cette Société et obtint une mention honorable en 1899.

DOMAS Michel
Né le 28 décembre 1937 à Arnouville-les-Gonesse (Val-d'Oise). XXe siècle. Français.
Peintre.
Il expose à Paris, depuis 1957 au Salon d'Automne.
Il pratique une figuration très allusive, parfois à la limite de l'abstraction, qui n'est pas sans évoquer Nicolas de Staël.

DOMBALLE Didier
XVIIIe siècle. Actif à Paris en 1780. Français.
Peintre.

DOMBECK Philipp
XIXe siècle. Actif à Wasserburg. Allemand.
Peintre de paysages.
Il travailla en Bavière et en Hongrie.

DOMBET Guillaume
Né vers 1380 près de Dijon, originaire de Cuisery. Mort en 1460 à Avignon. XVe siècle. Français.
Peintre et peintre verrier.
En 1414, il était déjà établi à Avignon, mais on sait qu'il continua de conserver un domaine en Bourgogne. Il fut actif à Avignon, Aix, Arles, Tarascon et Marseille, comme peintre de vitraux et de retables. On a établi que les vitraux de la chapelle Saint-Mitre, dans la cathédrale d'Aix, lui furent commandés en 1442. En 1958, Jean Boyer se basa sur la parenté entre ces vitraux et la célèbre *Annonciation* dite d'Aix, autrefois dans la cathédrale, aujourd'hui dans l'église Sainte-Madeleine, pour la lui attribuer. Il aurait peut-être peint cette œuvre en collaboration avec le peintre avignonnais Jean Chapus, auquel le Chanoine Requin l'attribuait en propre et en totalité. Cette *Annonciation* fut longtemps l'objet de nombreuses autres attributions, parmi lesquelles une attribution à Jean Perréal et l'attribution probablement définitive à Barthélémy d'Eyck.
Cette œuvre retient l'attention, en dehors de ses qualités poétiques et picturales, par le fait qu'elle est une des premières en France, où l'on constate un début de synthèse entre l'apport siennois, l'apport flamand et quelque chose de spécifiquement provençal et français, constituant ainsi l'une des pièces de l'acte de naissance de la peinture française. ■ J. B.
Bibliogr. : Jean Boyer : *Le Maître d'Aix enfin identifié*, Connaissance des Arts, N° 72, Paris, février 1958.

DOMBETTI. Voir **DUMBETTI**

DOMBROWKI Ernst von
XXe siècle. Allemand.
Graveur, dessinateur, illustrateur.

DOMBROWSKA Lucia
Née au XIXe siècle à Wilna, de parents français. XIXe siècle. Française.
Sculpteur.
Élève de Berthaux et de Frémiet. Elle débuta au Salon de 1881 avec : *Portrait*, buste plâtre.

DOMBROWSKI Antoine Samuel
Né le 10 juin 1774 à Tourovice. Mort le 22 juin 1838 à Varsovie. XVIIIe-XIXe siècles. Polonais.
Peintre de fresques et de paysages.
Il fit ses études avec Antoine Smonglevitch, ensuite avec Plerche et Tombari. Il travailla chez Oginski comme peintre des décors pour le théâtre du château. Après la mort d'Oginski, il travailla à Varsovie.

DOMBROWSKI D. A.
XVIIIe siècle. Actif à Cracovie vers 1770. Polonais.
Peintre.
On connaît de cet artiste deux peintures illustrant des sujets bibliques.

DOMEC Andres
XIXe siècle. Espagnol.
Peintre et aquarelliste.

DOMEC Claude
Né en 1902 à Paris. Mort le 4 décembre 1981. XXe siècle. Français.
Peintre de paysages animés, dessinateur. Figuration onirique.
Tôt, il se fixa dans le pays d'origine de sa mère, la Champagne dite « verte », à Marnay-sur-Seine. Il exposa à Paris, au Salon des Tuileries de 1934 à 1939. Peu avant 1939, il avait réactualisé un procédé de peinture à la cire. Comme il s'était exilé aux États-Unis durant les années de guerre, le Metropolitan Museum de New York lui confia la restauration par son procédé de ses peintures coptes. Il fut l'ami du poète Robert Desnos, qui s'inspira de la peinture de Claude Domec dans son poème *Pégase*. Il adhéra pour peu de temps à un groupe surréaliste. En 1980, une exposition itinérante dans plusieurs villes françaises contribua à faire connaitre cet artiste discret.
La technique qu'il avait mise au point conditionna fortement l'aspect de son œuvre. On est frappé par les tonalités de gris-pâles peu colorés qui la caractérisent et qui sont dues à un liant qui éclaircit les pigments. Claude Domec a adapté son domaine poétique à la technique et ses paysages de clairières, les présences qui les hantent et qui semblent surgies de terre, les montagnes lointaines, sont comme noyés des brumes du rêve. Ce sont ses *Géogonies*. ■ J. B.
Musées : Dijon (Mus. des Beaux-Arts, Donation Grandville) : un ensemble de peintures.

DOMEK
XIXe siècle. Actif à Olmutz. Allemand.
Graveur et lithographe.

DOMÉLA César, pseudonyme de **Doméla-Nieuwenhuis César**
Né le 15 janvier 1900 à Amsterdam. Mort en décembre 1992. XXe siècle. Depuis 1933 actif en France. Hollandais.
Peintre de paysages, natures mortes, peintre à la gouache, peintre de technique mixte, sculpteur, graveur.
Il était fils du fondateur du mouvement socialiste hollandais. Il ne commença à peindre, en autodidacte, qu'après la mort de son père, quand il eut lui-même dix-neuf ans, des paysages et des natures mortes dans une manière d'abord expressionniste, puis bientôt très stylisée. En 1922-1923, il fit un séjour en Suisse. Dès 1923, à Ascona et à Berne, ce fut avec des paysages et natures mortes réduits à leurs seules composantes géométriques abstraites, élaborées en solitaire hors de toute influence doctrinale, qu'il participa à la Novembergruppe de Berlin. En 1924 à Paris, il fut sensible au cubisme d'Henri Laurens et de Braque, puis il se lia avec Mondrian, Van Doesburg, et se joignit au mouvement *De Stijl* dont il fut le plus jeune membre. En 1926, il exposa avec la *Société Anonyme* de New York. En 1927, il travailla à Berlin et y resta jusqu'en 1933, y créant ses premiers reliefs « néo-plastiques ». À Berlin, il fut membre des « Abstraits de Hanovre », noua des contacts avec le Bauhaus, se lia avec Moholy-Nagy et Kandinsky. À partir de 1933, il se fixa à Paris, devenant membre du groupe *Abstraction-Création*. En 1937, avec Arp et Sophie Taeuber, il participa à l'édition de la revue *Plastica*. En 1939, il fut l'un des participants de l'exposition *Réalités Nouvelles*, entièrement consacrée à l'art abstrait, qui n'eut que deux volets sur les trois prévus, la guerre ayant été déclarée, l'exposition devant trouver sa continuité à la Libération dans la fondation en 1946 du Salon des Réalités Nouvelles, auquel Doméla participa régulièrement. En 1946 également, il fonda le *Centre de Recherche*. Il a participé alors à de nombreuses expositions internationales, notamment en 1957 à Saint-Étienne *Art Abstrait, premières générations 1910-1939* ; 1960 Saint-Étienne *Cent sculptures de Daumier à nos jours* ; ainsi qu'à Londres, Amsterdam, Stockholm, etc. Il fit sa première exposition personnelle à La Haye en 1924 ou 1925, sa première exposition personnelle à Paris en 1934 à la Galerie Pierre (Loeb). En 1947, il fut parmi les premiers exposants de la Galerie Denise René, qui eut l'audace précoce de se consacrer exclusivement à l'abstraction géométrique. Doméla y exerça une influence certaine sur des peintres plus jeunes, notamment sur Jean Deyrolle. D'autres expositions à Paris en 1949 et 1951. Voyage au Brésil et exposition rétrospective au Musée d'Art Moderne de Rio de Janeiro en 1954. Entre 1955 et 1960, il eut l'occasion de réaliser des bas-reliefs pour des édifices à Rotterdam et La Haye. Outre d'autres expositions personnelles dans des galeries privées, des organismes officiels lui ont consacré des rétrospectives : 1954 le Musée d'Art Moderne de São Paulo, 1955 Stedelijk Museum d'Amsterdam, 1960 Gemeente Museum de La Haye, 1972 Kunstverein de Düsseldorf, 1987 *Domela, 65 ans d'abstraction* au Musée d'Art Moderne de la Ville de Paris, 1990 *Domela, œuvres en relief* en la Chapelle de la Sorbonne. En 1990 aussi, pour son quatre-vingt-dixième anniversaire, le Van Reekum Museum d'Apeldoorn et l'Institut Néerlandais de Paris organisèrent une

importante exposition rétrospective de l'ensemble de son œuvre, de 1965 à 1990 : peintures, reliefs, gravures.
Après ses premières compositions, peintes d'abord fidèles à la lettre du néo-plasticisme, à la suite de son installation à Berlin il s'écarta du dogmatisme de Mondrian, expérimenta divers moyens d'expression : typographie, photomontage, et, abandonnant la peinture plane, a surtout produit, à partir de 1929, des reliefs (en fait : bas-reliefs) ou « tableaux-objets », composés de matériaux très divers superposés, ; choisis en fonction de leurs possibilités expressives : cuivre, divers métaux, bois, verre, Plexiglas, jouant brillamment avec les fonds peints, leur association étant fondée encore sur un des grands principes du Stijl : l'harmonisation des contraires. À ce moment, l'art de Doméla répondait encore à la définition qu'en a donnée Michel Seuphor : « un constructivisme enrichi ». Ce fut après son retour à Paris, qu'il abandonna radicalement et définitivement le néo-plasticisme et ses verticalité, horizontalité, orthogonalité et planéité de lignes droites et de couleurs prétenduement primaires. À partir de 1950, jouant sur la perception différentielle des couleurs, sur leurs diversités potentielles et surtout sur l'extension des formes à la troisième dimension, il créa de véritables constructions spatiales, par exemple : une charpente métallique supportant dans l'espace des éléments divers, dont les formes courbes, libérées de tout géométrisme strict, se répondent plastiquement et se renvoient la lumière par réflexions simultanées et réciproques. Son œuvre, singulièrement cohérent dans son ensemble et depuis ses débuts, à travers ces nouveaux jeux de courbes en arabesques, hautement relevés par la richesse des matériaux et des couleurs, qui n'apparaîtront pas sans lien avec le style dit « Art-Déco » de l'époque 1930, a souvent développé le thème de la germination, dans lequel son esprit d'artiste, pour lequel l'art consiste en une projection dans l'œuvre de sa réalité intérieure, enclin à la méditation et aux philosophies extrême-orientales, voit le symbole de la condition spirituelle de l'homme : l'œuvre est « la projection d'une résonance de l'âme au rythme des choses. » Quant à l'apparente liberté de sa dernière manière, il a tenu à devancer la possible critique qui l'aurait opposée au rigorisme constructiviste : « En dépit de l'arbitraire apparent du jeu des lignes et des formes qui caractérisent certains reliefs, leur ordonnancement est (en réalité) rigoureusement déterminé à l'avance. » ■ Jacques Busse

Bibliogr. : Divers, in : *Diction. de la Peint. Abstraite*, Hazan, Paris, 1957 – Marcel Brion : *Doméla*, Musée de Poche, Paris, 1961 – in : *Nouveau diction. de la Sculpture Moderne*, Hazan, Paris, 1970 – Catalogue de l'exposition *C. Domela. Werke 1922-1972*, Kunstverein de Düsseldorf, 1972 – in : *Diction. Univers. de la Peint.*, Le Robert, Paris, 1975 – Catalogue de l'exposition *Doméla, 65 ans d'abstraction*, Mus. d'Art Mod. de la Ville de Paris, 1987.

Musées : Amsterdam (Stedelijk Mus.) – Haïfa (Mus. mun.) – Hartford (Wadsworth Atheneum) – La Haye (Gemeentemus.) : *Composition néo-plastique* 1930 – Jérusalem (Nat. Mus. Bezalel) – New York (Solomon Guggenheim Mus.) : *Relief* 1937 – Paris (Mus. Nat. d'Art Mod.) : *Composition néo-plastique* 1926-1927 – *Relief* 1946 – Paris (Mus. d'Art Mod. de la Ville) : un ensemble de photographies et de photomontages – Philadelphie (Mus. of Art) – Rio de Janeiro (Mus. d'Arte Mod.) – São Paulo (Mus. d'Arte Mod.).

Ventes Publiques : New York, 20 oct. 1971 : *Construction bleu, marron*, cuivre, plastique et bois monté/bois recouvert de velours marron : **USD 6 500** – Paris, 2 déc. 1976 : *Composition*, gche (71x51) : **FRF 9 800** – Paris, 25 avr. 1978 : *Composition* 1963, gche/pap. Japon (62x46) : **FRF 6 000** – Paris, 6 déc. 1979 : *Visage*, altuglass et laiton (53x29,5x26) : **FRF 5 000** – Paris, 27 oct. 1980 : *Visage*, altuglass et laiton (59x23x26) : **FRF 7 000** – Paris, 24 avr. 1983 : *Relief n°53* 1956, bois et métal/pan. (100x60) : **FRF 68 000** – Paris, 21 nov. 1983 : *Composition* 1950, gche (61x46) : **FRF 20 000** – Hambourg, 6 juin 1985 : *Composition* 1949, gche (56x40,6) : **DEM 2 000** – Londres, 24 juin 1986 : *Néo-plastic composition n°5 A* 1925-1926, h/t avec la baguette peinte en gris (82x67,5) : **GBP 40 000** – Paris, 24 juin 1987 : *Composition* 1957, gche (98x98) : **FRF 72 000** – New York, 12 mai 1988 : *Composition* 1956, gche/cr./cart. (74x44,1) : **USD 7 700** ; *Relief N°74* 1961, cuivre, alu. et bois de construction/pan. peint. (122,5x80,3) : **USD 13 200** – Versailles, 15 juin 1988 : *Composition* 1936, relief de peau de crocodile, de requin, d'altuglass et de laiton chromé (42x36) : **FRF 160 000** – Paris, 3 oct. 1988 : *Sans titre* 1969-70, lucite et métal (H. 52) : **FRF 30 000** – Paris, 9 oct. 1989 : *Variatino* 1953, gche (50x65) : **FRF 97 000** – Amsterdam, 13 déc. 1989 : *Composition abstraite* 1949, gche/pap. (67x52,5) : **NLG 13 800** – Douai, 3 déc. 1989 : *composition* 1957, gche (62,5x48) : **FRF 55 000** – Paris, 10 juin 1990 : *Relief* 1980, h/bois, cuir, laiton et Plexiglas (110x75) : **FRF 180 000** – Paris, 25 juin 1990 : *Composition* 1955, gche (65x50) : **FRF 40 000** – Paris, 20 nov. 1990 : *Sculpture de résine et acier doré* (58x30) : **FRF 45 000** – Amsterdam, 22 mai 1991 : *Composition abstraite*, gche/pap. (27x21) : **NLG 5 750** – Amsterdam, 11 déc. 1991 : *Composition abstraite* 1957, gche/pap. (63x48) : **NLG 7 475** – Paris, 21 nov. 1992 : *Composition* 1956, gche et past./pap. brun (66x52) : **FRF 21 000** – Amsterdam, 26 mai 1993 : *Composition abstraite*, gche/pap. de riz (45x60) : **NLG 4 600** – Londres, 23 juin 1993 : *Relief, construction en brun et bleu n°13B* 1937, cuivre, laiton, Plexiglas et bois/cart. (73x73) : **GBP 16 100** – Paris, 3 nov. 1994 : *Sans titre* 1949, gche et past./pap. (55x38) : **FRF 22 000** – Amsterdam, 31 mai 1995 : *Relief 22A* 1946, Plexiglass, cuivre et peau/pan. (65x60) : **NLG 41 515** – Paris, 19 déc. 1996 : *Relief, composition Fabian n° 68* 1960, Macassar et laiton/pan. (130x146) : **FRF 54 500** – Paris, 28 avr. 1997 : *Composition abstraite* 1942, temp. et collage/pap. teinté (60x44) : **FRF 10 000**.

DOMENCHIN de CHAVANNE Pierre Salomon

Né en 1672 à Paris. Mort le 23 décembre 1744 à Paris. xviie-xviiie siècles. Français.

Peintre de compositions animées, paysages, dessinateur.

Peintre ordinaire du roi, il fut reçu académicien en 1709. Il figura au Salon en 1737 et 1738 avec des tableaux représentant des paysages et des scènes champêtres.

Musées : Caen : *Paysages*, quatre œuvres – Paris (Louvre) : *Les Pasteurs* – Versailles (Trianon) : Trois paysages.

Ventes Publiques : Paris, 1757 : *Paysages variés*, série de huit dessins : **FRF 144**,30 – Paris, 1772 : *Paysage montagneux* : **FRF 24** – Paris, 1779 : *Paysage avec figures et animaux*, dess., une paire : **FRF 10** – Paris, 1857 : *Vue de l'Hôtel des Invalides en 1760* : **FRF 166** – L'Isle-Adam, 21 oct. 1984 : *Couple de cavaliers près d'un berger*, h/t, de forme ronde (diam. 70,5) : **FRF 30 000** – Londres, 19 avr. 1991 : *Les Quatre Saisons*, h/t, ensemble de quatre peintures (chaque 72,5x89) : **GBP 33 000** – Paris, 31 mars 1994 : *Paysage de ruines au bord d'une rivière*, h/t (64x78) : **FRF 40 000** – Paris, 10 avr. 1995 : *Le Repos des bergers près d'une cascade*, h/t (55x64,5) : **FRF 18 000**.

DOMENECH Clemente

xvie siècle. Actif à Barcelone vers 1500. Espagnol.

Peintre.

DOMENECH Francesco

Né le 23 mai 1559 à Cocentaina. Mort vers 1632. xvie-xviie siècles. Italien.

Peintre.

Élève de Nicolas Borras, il imita de si près la manière de son maître, qu'il aida aussi dans différentes œuvres, que, même à Valence où l'on connaît les peintures de Borras, les ouvrages de Domenech lui sont souvent attribués. Il traita presque exclusivement des sujets de l'Écriture Sainte.

DOMENECH Francisco, fray

xve siècle. Actif à Valence. Espagnol.

Graveur.

Il signait *Fl. Francisco Domeneci*.

DOMENECH Joaquin

Né à Morella. Espagnol.

Sculpteur.

Il fut à Valence l'élève de José Estève.

DOMENECH José Maria

Né à Murcie. xixe siècle. Espagnol.

Peintre.

Travailla à Madrid et à Paris. Exposa à Madrid, à partir de 1860. On cite de lui : *La mort de Colomb, Le Christ en croix, Un religieux priant* (Musée de Madrid) et des portraits.

DOMENECH Juan

xve siècle. Actif à Barcelone vers 1480. Espagnol.

Peintre.

DOMENECH Rafael

Né à Murcie. xixe siècle. Espagnol.

Peintre.

Frère de José-Maria Domenech. Il exposa à Madrid en 1864 et 1866.

DOMENECH Y NAVARETTE Dionisio

xixe siècle. Espagnol.

Peintre.
Exposa à Valence en 1879.

DOMENECH Y VICENTE Luis
Né à Barcelone (Catalogne). XIXe-XXe siècles. Espagnol.
Sculpteur.
Il figura aussi au Salon des Artistes Français, à Paris, obtenant une mention honorable en 1904, médaille de troisième classe 1905.
Ventes Publiques : New York, 18-19 juil. 1996 : *Le char de la victoire*, bronze (H. 55,9) : **USD 3 162**.

DOMENGE Jaime
XVIIIe siècle. Actif à Majorque. Espagnol.
Peintre.
Il existe des peintures de cet artiste dans plusieurs églises à Palma de Majorque.

DOMENGE Joseph Aristide Michel
Né à Bordeaux (Gironde). XXe siècle. Français.
Graveur à l'eau-forte.
Sociétaire du Salon des Artistes Français ; mention honorable en 1926.

DOMENGE Y ANTIGA Melchor
Né en 1871 à Olot. Mort en 1939. XIXe-XXe siècles. Espagnol.
Peintre de portraits, compositions religieuses, paysages, marines.
Il fut élève de l'École des Beaux-Arts d'Olot. Plus tard, une pension du gouvernement de Gérone lui permit d'étudier à Barcelone. Il voyagea en Italie, en France, dans d'autres pays, mais passa la majeure partie de sa vie à Olot. Il participa à des expositions collectives, notamment l'Exposition Générale des Beaux-Arts de Barcelone en 1894, dans la même ville l'Exposition Internationale d'Art où il reçut une médaille. En 1923, il était représenté au Salon du Cercle des Beaux-Arts de Madrid.
Il peint par larges touches grasses, dans la manière des réalistes du XIXe siècle, autour de Courbet.
Bibliogr. : In : *Cent ans de peinture en Espagne et Portugal, 1830-1930*, Antiquaria, Madrid, 1988.
Musées : Barcelone (Mus. d'Art Mod.) – Madrid (Mus. d'Art Mod.) – Olot.
Ventes Publiques : Barcelone, 29 oct. 1986 : *Paysage d'Olot* 1888, h/t (69x104) : **ESP 330 000**.

DOMENICHI Cesare
XVIIe siècle. Actif à Rome vers 1600. Italien.
Graveur.
Il grava d'après Lodovico Salzi.

DOMÉNICHINI Claude
XXe siècle. Français.
Peintre de paysages, peintre à la gouache.
Il fut élève de l'École Municipale de Dessin de Chaumont et d'une école privée de Paris. Il expose à Paris, aux Salons des Artistes Français, d'Automne. En 1996, la galerie Françoise Charpentier à Paris a présenté une exposition personnelle de ses paysages.

DOMENICHINI Gaetano
XVIIIe siècle. Italien.
Peintre.
Il fut le père de Girolamo.

DOMENICHINI Girolamo
XIXe siècle. Actif à Ferrare. Italien.
Peintre.
Le Musée de Ferrare possède une œuvre de cet artiste : *Scène tirée du Roland furieux*.

DOMENICHINO. Voir **DOMINIQUIN le**

DOMENICHO da Schio
XVIe siècle. Actif à Bassano vers 1575. Italien.
Peintre.
Il mourut peut-être en 1585.

DOMENICI Carlo
Né en 1898 à Livourne. Mort en 1981 à Portoferrario. XXe siècle. Italien.
Peintre de paysages animés, ruraux, urbains, portuaires.
Ventes Publiques : Milan, 26 mai 1977 : *Cavaliers dans un paysage*, h/pan. (104x60) : **ITL 1 400 000** – Milan, 24 mars 1982 : *Pâturages*, isor. (50x69,5) : **ITL 1 900 000** – Milan, 2 avr. 1985 : *Berger dans un paysage marécageux*, h/pan. (35x99) : **ITL 2 400 000** – Rome, 16 mai 1986 : *Cavaliers dans la campagne toscane*, h/isor. (50x70) : **ITL 3 500 000** – Rome, 24 mai 1988 : *Au mouillage*, h/pan. synth. (34x96) : **ITL 3 000 000** – Rome, 14 déc. 1988 : *Le vieux Livourne*, h/pan. (33,5x50) : **ITL 2 200 000** – Milan, 6 déc. 1989 : *La moisson*, h/pan. (49,5x69,5) : **ITL 3 000 000** – Rome, 12 déc. 1989 : *Paysage*, h/t (22,5x33) : **ITL 750 000** – Rome, 31 mai 1990 : *Vache*, h/pan. (50x79,5) : **ITL 1 500 000** – Rome, 24 mars 1992 : *Barque renversée dans l'écume*, h./contre-plaqué (48,5x53) : **ITL 2 760 000** – Bologne, 8-9 juin 1992 : *Cheval blanc*, h/cart. (34x49) : **ITL 2 990 000** – Milan, 29 oct. 1992 : *Paysage de Toscane avec des paysans et des chevaux*, h/cart. (50x69) : **ITL 2 400 000** – Milan, 22 mars 1994 : *La route de Collinaia ensoleillée*, h/pan. (39,5x72,5) : **ITL 3 565 000** – Rome, 5 déc. 1995 : *Dans le parc*, h/rés. synth. (50x70) : **ITL 4 714 000**.

DOMENICO
XVe siècle. Actif à Bologne en 1488. Italien.
Peintre.

DOMENICO Cesare
XVIe-XVIIe siècles. Actif à Rome de 1598 à 1614. Italien.
Graveur au burin.
On cite de lui : *Vase d'ornements*, d'après Lod. Scalzi et 19 planches pour : *Alphabet Romain*.

DOMENICO Francesco
Né en 1488 à Trévise. XVIe siècle. Italien.
Peintre.
Élève de Giorgione. Son propre portrait, daté de 1512, est au Musée de l'Ermitage, à Saint-Pétersbourg.

DOMENICO Francesco di. Voir **MONCIATTO** et **VALDAMBRINO**

DOMENICO Mario di
Né à Alfedena (Aquila). XXe siècle. Italien.
Peintre de nus, sculpteur de bustes, animaux.
Il a participé au Salon des Artistes Indépendants et à celui des Artistes Français à partir de 1928, date à laquelle il obtint une mention honorable. Il a également pris part au Salon d'Automne à Paris de 1930 à 1935.

DOMENICO di Agostino
XIVe siècle. Actif à Sienne. Italien.
Sculpteur et architecte.
Il travaillait en 1350 à la construction de la cathédrale de Sienne.

DOMENICO d'Ambrogio
XVIe siècle. Actif à la fin du XVIe siècle. Italien.
Sculpteur.
Il travaillait à Naples et il édifia des tableaux dans les églises Domenico Maggiore et Giacomo.

DOMENICO d'Andrea
XVe siècle. Actif à Florence vers 1464. Italien.
Peintre de miniatures.

DOMENICO di Andrea
XVe siècle. Italien.
Sculpteur.
Actif à Bologne vers 1430, il était le fils du sculpteur Andrea di Guido da Fiesole.

DOMENICO di Antonio da Fiesole
XVe siècle. Actif en Toscane. Italien.
Sculpteur.
Il travaillait en 1424 à Bologne sous la direction de Jacopo della Quercia.

DOMENICO di Antonio da Milano
XVe siècle. Actif à Florence vers 1460. Italien.
Sculpteur.
Il collabora avec Pagno di Lapo et Antonio Rusconi.

DOMENICO di Antonio da Vicenza
XIVe siècle. Actif à Padoue vers 1390. Italien.
Peintre.

DOMENICO di BARTOLO
Né vers 1400 à Asciano. Mort en 1447 à Sienne (Toscane). XVe siècle. Italien.
Peintre d'histoire, compositions religieuses, fresquiste.
Quelques dates permettent de situer la place de son œuvre dans la peinture italienne et particulièrement siennoise. En 1428, il est inscrit comme peintre à Sienne.
Il a peint une *Vierge à l'Enfant entourés de Saints*, en 1433 ; et un

Polyptyque, à Pérouse, en 1438. Il a imaginé et dessiné le pavement de marbre de la cathédrale de Sienne qui illustre *l'Empereur Sigismond sur un trône*. Entre 1440 et 1444, il a participé à la décoration du Pellegrinaio à l'hôpital Santa Maria della Scala à Sienne. Bien qu'il soit siennois, il montre une bonne compréhension des nouveautés de la peinture florentine, en particulier de l'œuvre de Masaccio et de Donatello, mais parfois revient à des solutions plus gothiques, comme en témoignent les fresques de l'hôpital de Sienne.

Bibliogr. : In : *Diction. de la peinture italienne*, coll. Essentiels, Larousse, Paris, 1989.

Musées : Pérouse (Gal. Nat.) : *Polyptyque* – Sienne (Pina. Nat.) : *Madone et l'Enfant entourés d'anges* – Washington D. C. (Nat. Gal.) : *Vierge entre saint Paul et saint Pierre*.

DOMENICO DI BARTOLOMEO UBALDINI. Voir **PULIGO Domenico**

DOMENICO Bologna. Voir **BOLOGNA**

DOMENICO Bolognese
xvie siècle. Actif à Bologne en 1537. Italien.
Peintre d'histoire.
Cité par Mireur.

Ventes Publiques : Amsterdam, 1706 : *Le baptême du Christ* : **FRF 320**.

DOMENICO da Brescia
xve siècle. Actif à Rome en 1475. Italien.
Sculpteur.

DOMENICO di Buona Corso
xive siècle. Actif à Sienne en 1392. Italien.
Peintre.

DOMENICO da Carpi
xve siècle. Actif à Bologne en 1482. Italien.
Peintre.

DOMENICO da Carrara
Né à Carrare. xvie siècle. Italien.
Sculpteur et architecte.
Il travailla à Messine en 1535.

DOMENICO da Castelfranco
xvie siècle. Actif à Venise. Italien.
Peintre.
Le Musée de Breslau possède une *Vierge* attribuée à cet artiste.

DOMENICO di Cecco di Baldo
Mort en 1488. xve siècle. Actif à Gubbio. Italien.
Peintre.
Il fut élève d'Ottaviano Nelli. En 1448 il peignait une *Crucifixion*.

DOMENICO da Como
xve siècle. Actif à Ferrare vers 1470. Italien.
Sculpteur.

DOMENICO de Cori. Voir **CORI**

DOMENICO di Cristofano di Nuccio de Ponsi
xve siècle. Actif à Sienne. Italien.
Peintre.
Il travailla aux plafonds de la chapelle Saint-Thomas à la cathédrale de Sienne vers 1442. En 1444, il peignait une *Vierge*. Père de PONSI (Girolamo di Domenico de').

DOMENICO di Cristofo
xve siècle. Actif à Florence vers 1456. Italien.
Peintre miniaturiste.

DOMENICO da Cuesa
xve siècle. Actif à Bologne. Italien.
Sculpteur.
Il travaillait en 1439 et réalisa de nombreuses terres cuites.

DOMENICO di Daniello di Leonarda, dit **il Poccia**
Mort en 1475 à Sienne. xve siècle. Italien.
Peintre.
Il était frère de Cristoforo di Daniello.

DOMENICO da Firenze
xvie siècle. Actif à Pise vers 1537. Italien.
Sculpteur.
Il s'agit probablement de DOMINIQUE FLORENTIN.

DOMENICO di Francesco Bissoni. Voir **BISSONI**

DOMENICO di Giorgio
Actif à Rome. Italien.
Miniaturiste.

DOMENICO di Giovanni Matteo
D'origine allemande. xvie siècle. Actif à Trévise en 1527. Italien.
Peintre.
Fils de Giovanni Matteo di Giorgio.

DOMENICO di Giovanni
xve siècle. Italien.
Sculpteur.
Il aida Ghiberti dans la sculpture de la seconde porte de bronze du baptistère de Florence.

DOMENICO di Giovanni da Milano
xve siècle. Italien.
Sculpteur.
En 1465 il travaillait à la cathédrale de Pise. En 1473 il travaillait à un tombeau à Lucques.

DOMENICO di Giunta. Voir **GIUNTALODI**

DOMENICO da Leonessa
xve siècle. Italien.
Peintre.
Il existe quatre fresques de cet artiste dans un couvent à Cascia.

DOMENICO da Lugano
xvie siècle. Suisse.
Peintre.
Il existe un retable de cet artiste dans une église près de Bellinzona.

DOMENICO da Lugo
xve siècle. Actif à Vérone à la fin du xve siècle. Italien.
Sculpteur.
Il travailla pour la cathédrale de Vérone et pour l'église de Rovera di Velo près de cette même ville.

DOMENICO da Mantova
xve siècle. Actif à Venise à la fin du xve siècle. Italien.
Sculpteur.

DOMENICO della Marca d'Ancona
xve siècle. Actif au Piémont. Italien.
Peintre.
Adi Venturi lui attribue plusieurs fresques.

DOMENICO di Marco
xve siècle. Italien.
Peintre.
Il travailla à Pistoïa pour l'église Saint-Léonard en 1497.

DOMENICO di Matano
xve siècle. Actif à Sienne en 1462. Italien.
Peintre miniaturiste.

DOMENICO di Meo
xive siècle. Actif à Orvieto en 1357. Italien.
Peintre.
On lui doit des fresques de la cathédrale d'Orvieto.

DOMENICO di Michele
xvie siècle. Actif à Florence. Italien.
Peintre.
Il fut, à Florence, et à Rome, l'élève puis le collaborateur de Federico Zuccari. Il travailla à la décoration des plafonds de la cathédrale de Florence et à un *Christ couronné d'épines*, pour l'église Saint-Jean des Florentins à Rome.

DOMENICO di Michelino
Né en 1417 peut-être à Toscano ou à Florence. Mort le 18 avril 1491. xve siècle. Italien.
Peintre de sujets religieux, portraits.
Élève de Fra Angelico. Il peignit un portrait de Dante d'après un dessin de Baldovinetti, dans l'église de Santa Maria dei Fiore, à Florence.

Musées : Bergame (Acad. Carrara) : *Saint Bonaventure* – Chambéry (Mus. des Beaux-Arts) : *Triptyque de la Passion*.

Ventes Publiques : Londres, 1er nov. 1978 : *La Vierge et l'Enfant avec quatre saints*, h/pan., fond or, fronton cintré (98x65) : **GBP 75 000** – Londres, 27 oct. 1989 : *Vierge à l'Enfant*, h/pan. à fond d'or (67x45,5) : **GBP 13 750** – Rome, 19 nov. 1990 : *La Vierge et l'Enfant sur un trône adorés par deux anges*, h/pan. (102x60) : **ITL 57 500 000** – New York, 21 mai 1992 : *Le Triomphe de l'éternité, panneau de coffre*, temp./pan. (20,3x49) : **USD 44 000** – New York, 22 mai 1992 : *Vierge à l'Enfant avec deux anges musiciens*, temp./pan., avec le sommet ogival (1417x1491) : **USD 88 000** –

New York, 19 mai 1995 : *Le triomphe de l'éternité*, temp./pan. d'un coffre (20,3x49,5) : **USD 68 500** – Londres, 4 juil. 1997 : *La Madone et l'Enfant*, temp./pan. fond or (44,2x33) : **GBP 47 700**.

DOMENICO di Miranda
XIVe siècle. Actif à Rome en 1369. Italien.
Peintre.

DOMENICO da Montemignano
XVe siècle. Actif à Naples en 1455. Italien.
Sculpteur.
Il travailla à l'Arc de Triomphe édifié en l'honneur d'Alphonse Ier à Castelnuovo.

DOMENICO de Montepulciano. Voir **PIETRO di Domenico da Montepulciano**

DOMENICO dal Montesansavino
Mort vers 1529. XVIe siècle. Italien.
Sculpteur.
Il fut l'élève de Sansovino.

DOMENICO di Nanni
XVe siècle. Actif à Pistoïa en 1463. Italien.
Peintre miniaturiste.

DOMENICO di Pace. Voir **BECCAFUMI**

DOMENICO da Panaghia
XVIe siècle. Actif à Palerme en 1569. Italien.
Sculpteur.
Il travailla à la décoration du Palazzo Bologna.

DOMENICO di Paris, dit **Domenico dal Cavallo**
Né à Padoue. XVe siècle. Italien.
Sculpteur.
Il travailla à Ferrare où il fut le collaborateur de Niccolo Baroncelli.

DOMENICO Perugino. Voir **PERUGINO**

DOMENICO da Piacenza
XVe siècle. Actif à Padoue. Italien.
Sculpteur sur bois.
Il travailla de 1467 à 1477 pour l'église Santa Giustina à Padoue.

DOMENICO di Piero, dit **il Pisano**
XVIe siècle. Actif à Pérouse vers 1516. Italien.
Peintre.

DOMENICO di Piero da Pisa
XVe siècle. Actif à Florence en 1439. Italien.
Peintre verrier.

DOMENICO da Roma ou **Romano**
XVIe siècle. Actif à Rome vers 1568. Italien.
Peintre d'histoire.
Élève de Salviati, à Florence, en 1550.

DOMENICO di Sandro da Fiesole
XVe siècle. Actif à Bologne vers 1430. Italien.
Sculpteur.

DOMENICO di Stefano
XVe siècle. Actif à Florence vers 1400. Italien.
Peintre.

DOMENICO delle Tarsie
Né à Fiesole. XVe-XVIe siècles. Italien.
Sculpteur sur bois.
Il travaillait en 1502 dans la région de Viterbe.

DOMENICO da Udine, dit **Lu Domine**
Mort vers 1447. XVe siècle. Italien.
Peintre.
Il travailla à Trieste en collaboration avec Antonio Baietti, vers 1425.

DOMENICO Veneto. Voir **BISSONI Domenico di Francesco**

DOMENICO da Venezia
XVe siècle. Italien.
Peintre de miniatures.
Il travaillait avec Mariano de Siena à Rome en 1473.

DOMENICO Veneziano, dit **Domenico di Bartolomeo**
Né entre 1400 et 1410 à Venise (Vénétie). Mort en 1461 à Florence (Toscane). XVe siècle. Italien.
Peintre de compositions religieuses, fresquiste.
Roberto Longhi émet l'hypothèse d'un séjour de l'artiste à Florence, et C. Brandi suggère un voyage à Rome, avant 1438, où il aurait travaillé aux côtés de Masolino. Avec certitude, nous savons que Domenico Veneziano a écrit en 1438 une lettre à Pierre de Médicis pour se recommander auprès de son père Cosme. Il cite alors comme meilleurs peintres : Fra Angelico et Filippo Lippi, qu'il prétend égaler.
En 1439, il est payé pour les fresques du *Chœur de Sant'Egidio* à l'hôpital de Santa Maria Novella à Florence, où il a travaillé avec le jeune Piero della Francesca. Ces fresques ont aujourd'hui disparu. Ensuite, les datations de ses œuvres sont approximatives. Il a dû faire vers 1440 le *Tabernacle de Carnesecchi* à Florence (fresque détachée et mise sur toile). C'est entre 1445 et 1448 que l'on date la *Madone de sainte Lucie de Magnoli*, et vers 1460 ont été exécutées les fresques du retable de *La vie de saint François et de saint Jean-Baptiste* (aujourd'hui dispersées). On mentionne encore des œuvres dont l'attribution n'est pas certaine : une *Adoration des Mages*, et quelques portraits identifiés d'après leur ressemblance avec leurs personnages de la *Madone de sainte Lucie*. Vasari pense qu'il a introduit la peinture à l'huile à Florence ; ce qui, même inexact, prouve la nouveauté du style de Domenico Veneziano. Celui-ci a su allier la perspective à la couleur, donnant un effet lumineux qui peut faire effectivement penser à l'emploi d'un médium nouveau. Dans la *Madone de sainte Lucie*, en particulier, il a fait jouer habilement des zones de couleurs qui délimitent et définissent l'espace avec vigueur : l'architecture est une marqueterie de rose, de vert et de blanc sur laquelle se détachent des figures traitées dans des tonalités de rouge, de gris et de bleu ciel. C'est bien de cet art que procède celui de Piero della Francesca, qui fut son disciple le plus direct.
Bibliogr. : In : *Diction. de la peinture italienne*, coll. Essentiels, Larousse, Paris, 1989.
Musées : Berlin : *Adoration des Mages – Martyre de sainte Lucie*, tondo, attr. – Budapest : *Vierge* – Cambridge (Fitzwilliam Mus.) : *Annonciation – Miracle de saint Zanobie* – Florence (Mus. des Offices) : *Madone de sainte Lucie* – Florence (Mus. de l'Œuvre) : *Saint François et saint Jean-Baptiste* – Londres (Nat. Gal.) : *Tabernacle de Carnesecchi* – Washington D. C. (Nat. Gal.) : *Vierge à l'Enfant – Stigmatisation de Saint François – Saint Jean au désert.*

DOMENICO da Vercelli
XVIe siècle. Actif à Rome vers 1558. Italien.
Peintre.

DOMENICO da Vernio
XVe siècle. Actif à Gênes vers 1430. Italien.
Peintre.
Il exécuta un retable pour l'église Saint-François.

DOMENIGHINI Francesco
Né en 1860 à Breno. XIXe siècle. Italien.
Peintre de paysages.
L'Académie de Bergame possède de lui : *Vue de Bergame* et *Chutes de neige*.

DOMENIKA
Née en 1954 à Biberach. XXe siècle. Depuis 1973 active en France. Allemande.
Peintre, créateur de costumes de théâtre, technique mixte. Tendance conceptuelle.
Elle entretint une longue correspondance avec Josef Beuys à partir de 1968. En 1975, elle rencontra Rüdiger. Elle a exposé : en 1974 à Milan, 1979 Cologne, 1980 Liège, 1987, avec Sarkis, à la Maison de la Culture de La Rochelle, etc. Elle a réalisé des costumes pour les films de ou d'après Peter Handke : en 1978 *La femme gauchère*, 1982 *Par les villages*.
Elle crée des habits, qu'elle peint éventuellement et complète d'additions de documents et surtout de mots et de phrases écrits : « Il arrive le moment où je me sens comme occupée par des mots – cela devient insupportable. C'est le moment où je ne peux faire autre chose qu'un vêtement : il faut que les mots se métamorphosent en une matière, une couleur, une forme. Faire un vêtement correspond alors à l'écriture. »
Bibliogr. : In : Catalogue de l'exposition *Écritures dans la peinture*, Villa Arson, Nice, 1984.

DOMENINGO de Treviso
XVIe siècle. Italien.
Sculpteur sur bois.
Il sculpta le buffet d'orgues dans l'église Saint-Sébastien de Venise en 1558.

DOMENIQUE Jean
D'origine française. Mort en 1684 à Rome. XVIIe siècle. Français.

Peintre de paysages.
Élève de Claude Lorrain dont il copia nombre de tableaux.

DOMENJOZ Raoul
Né le 26 janvier 1896 à Lausanne (Vaud). xxe siècle. Suisse.
Peintre de paysages, natures mortes, peintre à la gouache, de décorations murales.
Il fut élève des écoles préparatoires de Lausanne et Genève, puis, dès 1912, poursuivit sa formation dans les Académies libres de Paris. Il fit de nombreux séjours en France, dans le Midi, sur les côtes de l'Atlantique, ainsi qu'en Italie. Compté au nombre des artistes de l'École de Paris, il y exposait, aux Salons d'Automne, des Artistes Indépendants et des Tuileries. Il fit aussi des expositions personnelles, à Paris, Lausanne, Genève, Bâle, Berne. Il est l'auteur de décorations murales à Vevey et à Lausanne.
Bibliogr. : In : *Peintres contemporains*, Mazenod, Paris, 1964.
Musées : Lausanne – Paris (Mus. Nat. d'Art Mod.) – Zurich.
Ventes Publiques : Paris, 25 juin 1927 : *Nature morte*, gche : **FRF 130** – Paris, 8 mars 1929 : *Paysage* : **FRF 125** – Paris, 29 déc. 1944 : *Vue de la Seine à Paris* : **FRF 450** – Berne, 6 mai 1976 : *Paysage de Provence*, h/t (33x41) : **CHF 1 500** – Lausanne, 3 mai 1980 : *Paysage*, aquar. (36x28) : **CHF 800** – Genève, 25 nov. 1983 : *Paysage aux fruits* vers 1930, h/t (60x75) : **CHF 2 000** – Berne, 26 oct. 1984 : *Nu debout* 1944, h/t (41x24) : **CHF 1 700**.

DOMER Jean Barthélemy, dit **Joanny**
Né le 8 août 1833 à Lyon. Mort le 1er juillet 1896 à Lyon. xixe siècle. Français.
Peintre d'histoire, sujets mythologiques, compositions religieuses, paysages, natures mortes, fresquiste, peintre de cartons de vitraux, graveur, dessinateur.
Il fut élève de l'École des Beaux-Arts de Lyon, mais travailla surtout seul. Il visita l'Italie et exposa, à Lyon à partir de 1860, à Paris à partir de 1869. Parmi ces œuvres, il faut citer : *Les Funérailles de la Vierge* (Lyon, 1861), *Les Juifs emmenés captifs à Babylone* et *Voyage de faunes, satyres et hamadryades*, dessin (Lyon, 1864), *Une bacchanale* (Paris, 1869), *Polyphème* et *Un secret*, dessins (Paris, 1870), *Roméo et Juliette*, dessin (Lyon, 1873), *Bouffons et Courtisanes* et *Torrent à Bordighera*, dessin (Lyon, 1877). Domer cessa alors d'exposer, absorbé par ses travaux de décorations. Il a donné des lithographies à la *Revue du Lyonnais*. Il a fait de l'eau-forte et il a gravé notamment *Bacchanale* d'après un de ses tableaux. Il signait « *J. Domer* » ou « *Jr Domer* ».
Son œuvre de décorateur est considérable. Ses fresques et ses plafonds sont d'un dessin élégant, d'une couleur vive et harmonieuse, où l'effet est obtenu par d'adroites oppositions.
Musées : Aix-les-Bains (Grand Casino) : décorations 1884 – Astros (Château d') : décorations 1864 – Lyon (Villa Ombrosa) : décorations – Lyon (Théâtre Bellecour) : plafonds 1880 – Lyon (Casino) : plafonds 1882 – Lyon (Palais du Commerce) : escalier des Prudhommes 1882 – Lyon (Brasserie Dupuy à la Croix Rousse) : plafonds 1889 – Lyon (Préfecture du Rhône) : plafond du salon Bleu 1893 – Lyon (Hôtel de Ville) : panneaux – Lyon (basilique de Fourvière) : vitraux – La Souche (Église de Saint-François-Régis).
Ventes Publiques : Paris, 14 oct. 1983 : *La Poésie*, h/t (120x181) : **FRF 5 000** – Paris, 2 juin 1997 : *Fruits, roses et bijoux sur une nappe bleue*, h/t (40x32,5) : **FRF 6 500**.

DOMÈRE Alberte Colette
Née à Avignon (Vaucluse). xxe siècle. Française.
Peintre.
Élève de P.-G. Rigaud. En 1935 et 1936 on remarquait ses intérieurs au Salon des Artistes Français.

DOMÈRGUE Edmond
Né à Marseille (Bouches-du-Rhône). xxe siècle. Français.
Lithographe.

DOMERGUE Émile Jean
Né le 16 juillet 1879 à Paris. xxe siècle. Français.
Peintre de figures, nus, paysages, natures mortes.
Il fut élève de Fernand Cormon. Il a débuté en 1908 à Paris, au Salon des Artistes Français, médaille d'or en 1930, hors-concours, médaille d'argent à l'occasion de l'Exposition Universelle de 1937, titulaire du Prix Cormon.

DOMERGUE François Auguste
xxe siècle. Français.
Peintre de paysages, natures mortes.
Il exposa à Paris au Salon des Indépendants en 1923 et 1924.

DOMERGUE Gaston
Né en 1855. Mort en 1927. xixe-xxe siècles. Français.
Peintre de paysages. Postimpressionniste.
Doté d'une belle fortune, il vivait de ses rentes et n'exposait pratiquement pas.
Ses paysages, peints d'une touche légère, montrent l'influence de Pissarro ou de Sisley.
Bibliogr. : Gérald Schurr, in : *Les Petits Maîtres de la peinture 1820-1920, valeur de demain*, Les Éditions de l'Amateur, t. V, Paris, 1981.
Ventes Publiques : Paris, 2 juil. 1981 : *Le chemin de halage*, h/t (33x55) : **FRF 3 800** ; *L'écluse*, h/t (45x55) : **FRF 4 000** – Versailles, 27 mars 1983 : *Étretat*, h/t (56x65) : **FRF 9 000** – Douarnenez, 10 août 1984 : *Bord de rivière*, h/cart. (16x23) : **FRF 5 600**.

DOMERGUE Jean Gabriel
Né le 4 mars 1889 à Bordeaux (Gironde). Mort en 1962 à Paris. xxe siècle. Français.
Peintre de figures, nus, portraits, paysages, fleurs, peintre à la gouache, aquarelliste, dessinateur, affichiste.
Il fut élève, à l'école des Beaux-Arts de Paris, d'une quantité impressionnante de sommités professorales de l'époque : Jules Lefebvre, Tony Robert-Fleury, Jules Adler, Fernand Humbert, François Flameng. Il débuta au Salon des Artistes Français en 1906, à l'âge de dix-sept ans, ce qui laisse supposer une grande habileté précoce, que l'œuvre à venir n'a pas démentie. Il obtint une mention honorable en 1908, finalement une médaille d'or en 1920, déclaré hors-concours. En 1927, il s'installa dans une villa de Cannes, la Villa Fiesole, que la rumeur a dite fastueuse et qu'il légua à la ville. On a dit aussi qu'il y possédait de bonnes peintures. Il fut élu membre de l'Institut et, en 1955, nommé conservateur du musée Jacquemart-André, propriété de l'Institut, où, jusqu'en 1962, il sut organiser de très importantes expositions, comme pour dissiper tout malentendu quant à son goût et son jugement personnels en art : Toulouse-Lautrec, Baudelaire, Van Gogh, Berthe Morisot, Goya.
Quant à son œuvre propre, il sembla dans ses débuts promis à une carrière de paysagiste. Or, il devint tôt le peintre de nus et demi-nus, d'une agressivité modérée, d'une coquetterie malicieuse, qui firent sa réputation et sa fortune auprès d'une clientèle bourgeoise plus polissonne que libérée, dont l'audace ultime consistait à y dépêcher l'épouse à fin de portrait. Quelle qu'elle fût, le portrait exécuté avec une virtuosité suspecte la révélait mince comme si étirée, le buste élancé en avant dans un mouvement d'offre, la poitrine saillante légèrement dévoilée par inadvertance, les reins cambrés dans une toilette moulante, un cou de cygne surmonté d'un même visage fardé, au nez mutin, de Parisienne passe-partout, entre élégance voyante et vulgarité cachée.
Si les périodiques, et surtout le numéro spécial de *L'Illustration*, qui relataient, entre les deux guerres, longuement et comme si la peinture se fût encore passée là, les fastes nostalgiques du « Salon » (des Artistes Français), lui faisaient annuellement une place enviable dans leurs colonnes et leurs clichés, la reproduction de sa « petite femme » de l'année ornant souvent la couverture, depuis lors en revanche, les livres d'art restent singulièrement muets à son endroit. Qu'importe aujourd'hui, puisqu'alors le sujet se vendait et qu'il était justement façonné à cet effet.
■ J. B.

Jean Gabriel Domergue

Jean Gabriel Domergue

Ventes Publiques : Paris, 21 fév. 1921 : *Ève* : **FRF 205** – Paris, 2-3 juin 1926 : *Le Bonnet de fourrure* : **FRF 520** – Paris, 6 avr.

1936 : *Jeune Parisienne* : **FRF 610** – Paris, 16-17 mai 1939 : *Le Chapeau glycine* : **FRF 1 600** – Paris, 22 juin 1942 : *Femme à la boule de cristal* : **FRF 4 900** – Paris, 7-8 fév. 1944 : *La Parisienne* : **FRF 12 500** – Paris, 23 déc. 1949 : *Nu couché* : **FRF 80 000** – Paris, 27 fév. 1957 : *Jolie Brune au chapeau rouge* : **FRF 82 000** – Paris, 25 nov. 1959 : *Le Chapeau aux plumes* : **FRF 380 000** – Paris, 21 juin 1960 : *La Femme à la fourrure* : **FRF 4 000** – Versailles, 5 juin 1962 : *Parisienne à l'ombrelle* : **FRF 4 300** – Genève, 8 nov. 1969 : *Portrait de jeune femme* : **CHF 9 500** – Paris, 5 juin 1974 : *Jeune Femme en gondole à Venise* : **FRF 17 000** – Paris, 18 juin 1976 : *Madame Yvonne Sambon*, aquar. gchée (47x31) : **FRF 4 000** – Versailles, 5 déc. 1976 : *Nu enfilant son bas*, h/pan. (73x60) : **FRF 15 000** – Paris, 4 nov. 1977 : *Élégante au chapeau à plumes* 1933, h/t (92x73) : **FRF 12 800** – Lyon, 26 nov. 1978 : *Artiste dans sa loge*, aquar. et fus. (42x30) : **FRF 8 000** – Enghien-les-Bains, 9 déc. 1979 : *Retour de fête vénitienne* 1920, gche, aquar. et fus. (36x31,5) : **FRF 12 000** – Versailles, 4 mars 1979 : *Vénus*, h/pan. (65x54) : **FRF 14 000** – Londres, 6 avr 1979 : *Jeune fille à l'écharpe*, cr. et craies de coul. (67x54,5) : **GBP 400** – New York, 12 juin 1980 : *Emmy Magliani* 1923, affiche (160,3x119,3) : **USD 1 100** – Versailles, 8 juin 1983 : *La Course de lévriers*, h/t (80,5x64,5) : **FRF 80 000** – Enghien-les-Bains, 26 juin 1983 : *Élégante* 1920, aquar. (102x78) : **FRF 38 000** – Paris, 18 fév. 1985 : *Monsieur et Madame Winton au jardin de Jean-Gabriel Domergue* vers 1955, h/t (81x65) : **FRF 75 000** – Rambouillet, 28 juil. 1985 : *Portrait d'une élégante* 1934, gche (63x49) : **FRF 27 000** – Paris, 18 nov. 1987 : *Aux courses*, h/isor. (73x60) : **FRF 88 000** – Paris, 10 déc. 1987 : *La Jeune Baigneuse*, h/t (81x65) : **FRF 71 000** – Paris, 17 fév. 1988 : *Élégante au bois*, h/t (81x65) : **FRF 120 000** – Paris, 19 mars 1988 : *Élégant* 1922, fus. et lav. d'encre reh. de gche blanche (47x29) : **FRF 16 200** – Versailles, 20 mars 1988 : *Vase de fleurs*, h/t (100x81) : **FRF 45 000** – Paris, 21 mars 1988 : *Portrait de la comtesse de Forges*, h/t (73x60) : **FRF 85 000** – Paris, 11 avr. 1988 : *Nu féminin*, h/t (46x38) : **FRF 35 000** – Paris, 6 mai 1988 : *Danseuse espagnole* 1920, aquar. (47x31) : **FRF 21 000** – Paris, 9 mai 1988 : *Elégantes aux courses*, h/pan. (33x41) : **FRF 39 000** – Paris, 12 juin 1988 : *L'Homme à la cape* 1922 (37x32) : **FRF 28 000** ; *Scène de pont* 1922 (31x40) : **FRF 27 000** – Versailles, 15 juin 1988 : *L'entracte*, h/t (81x65) : **FRF 330 000** – Paris, 23 juin 1988 : *Annie*, h/isor. (33x41) : **FRF 40 000** – Londres, 21 oct. 1988 : *Jeune Gitane nue assise*, h/cart. (55x45,7) : **GBP 4 180** – Versailles, 23 oct. 1988 : *La Loge*, h/isor. (33x24) : **FRF 69 000** ; *Elégante à sa coiffeuse* 1921, h/t (116x116) : **FRF 57 000** – Versailles, 6 nov. 1988 : *Le Parc du château de Versailles* 1924, past. (30,5x45,5) : **FRF 5 500** – Calais, 13 nov. 1988 : *La Douane*, h/t (46x55) : **FRF 127 000** – Paris, 28 nov. 1988 : *Riri*, h/isor. (24x19) : **FRF 48 000** – Paris, 14 déc. 1988 : *Portrait d'élégante* 1930, h/t (82x66) : **FRF 56 000** – L'Isle-Adam, 29 jan. 1989 : *Début de soirée*, aquar. gchée (32x48) : **FRF 39 600** – Monaco, 3 mai 1989 : *Nu accroupi*, h/t (116x89) : **FRF 310 800** – Paris, 18 mai 1989 : *La Dame au café*, h/cart. (33x24) : **FRF 44 000** – Paris, 18 juin 1989 : *La Blonde espagnole* 1945, h/t (81x65) : **FRF 165 000** – Paris, 11 oct. 1989 : *Nu à sa toilette*, h/cart. (80x64) : **FRF 130 000** – Le Havre, 10 déc. 1989 : *La Loge*, h/cart. (46x38) : **FRF 206 500** – New York, 21 fév. 1990 : *Au jardin public*, h/t (81,4x64,8) : **USD 52 250** – Paris, 29 mars 1990 : *Portrait de Gaby Castel* 1922, fus., gche, aquar. et encre de Chine (35x20) : **FRF 26 000** – Paris, 10 avr. 1990 : *La Loge*, h/pan. (73x60) : **FRF 210 000** – Paris, 13 juin 1990 : *Girl Gethny Dressel ou l'Habilleuse*, h/t (95x77) : **FRF 285 000** – Amsterdam, 6 nov. 1990 : *Nu allongé*, h/t (57x117) : **NLG 49 450** – Paris, 29 nov. 1990 : *Le Parasol vert ou le Nu à l'ombrelle* 1931, h/t (160x130) : **FRF 400 000** – Paris, 24 avr. 1991 : *Femme allongée sur la branche d'un eucalyptus*, h/t (178,5x199,5) : **FRF 250 000** – New York, 7 mai 1991 : *Nu allongé*, h/t (96,5x129,5) : **USD 60 500** – Paris, 13 déc. 1991 : *Nu féminin en buste*, h/isor. (67x46,5) : **FRF 18 000** – Stockholm, 21 mai 1992 : *Jeune Fille*, h/pan. (41x33) : **SEK 19 500** – Amsterdam, 2 nov. 1992 : *Nu assis*, h/cart. (54x65) : **NLG 18 400** – New York, 26 fév. 1993 : *Portrait de Jenny Dolly* 1928, h/t (116,8x88,9) : **USD 17 250** – Calais, 14 mars 1993 : *La Loge aux Ambassadeurs*, h/t (81x100) : **FRF 270 000** – Lokeren, 15 mai 1993 : *Nu au chapeau*, h/t (60x45) : **BEF 240 000** – Lokeren, 12 mars 1994 : *Olana*, h/t (55x46,5) : **BEF 360 000** – Paris, 22 juin 1994 : *Les Danseuses de French-Cancan*, h/t (140x140) : **FRF 490 000** – Paris, 24 jan. 1996 : *Le Dos d'Isabelle*, h/cart. (73x60) : **FRF 79 500** – Neuilly, 9 mai 1996 : *Ludmilla*, h/pan. (24x19) : **FRF 19 500** – Paris, 14 oct. 1996 : *La Loge de l'Opéra*, h/t (92x73) : **FRF 142 000** – Paris, 29 nov. 1996 : *Ève* 1916, h/t (128,5x68,5) : **FRF 38 000** – Paris, 12 déc. 1996 : *Femme du monde assise*, gche vernissée/pap./t. (73x54) : **FRF 16 500** – Paris, 25 fév. 1997 : *Portrait de Madame Odette L. R.*, h/t (92x73) : **FRF 63 000** – Calais, 23 mars 1997 : *Nu debout*, h/t (92x73) : **FRF 53 000** – Londres, 19 mars 1997 : *Portrait de femme*, h./masonite (46x38) : **GBP 7 130** – Paris, 16 juin 1997 : *Jeune femme au bord de l'eau*, h/isor. (65x81) : **FRF 66 000** – Calais, 6 juil. 1997 : *Jeune femme au bibi rose*, h/pan. (24x19) : **FRF 30 000**.

DOMERGUE-LAGARDE Édouard

Né à Valence-d'Agen (Tarn-et-Garonne). xxe siècle. Français.

Peintre de portraits, paysages, natures mortes, fleurs.

Il exposait à Paris, au Salon d'Automne dont il est devenu sociétaire en 1918, chevalier de la Légion d'Honneur en 1925.

Ventes Publiques : Paris, 27 nov. 1942 : *Lavoir à Valence* 1907 : **FRF 200**.

DOMETTI Jean

Né en 1950 à Tunis. xxe siècle. Français.

Peintre, graveur. Abstrait.

Il fut élève, à Paris, de l'École des Arts appliqués et de l'École des Beaux-Arts. Il vit et travaille à Paris depuis 1970.

Il participe à des expositions de groupe, parmi lesquelles : 1985, Centre culturel, Conflans Sainte-Honorine ; 1986, *Projets*, l'Avant-Musée, Paris ; 1987, 1989, Musée des Beaux-Arts André Malraux, Le Havre ; 1987, Centre culturel des Ulis, Rouen ; 1988, 2e Forum des Arts plastiques d'Île-de-France ; 1988, galerie La Ferronnerie, Paris ; 1988, National Gallery, Londres ; 1989, Musée de l'Estampe, Mexico ; 1990, Musée Eugène Boudin, Honfleur ; 1991, *La Gravure dans tous ses états*, galerie Médiart ; 1993, Centre culturel Hamel Bruneau, Saint-Foy (Québec) ; 1993, Centre d'art contemporain, Troyes. Il participe régulièrement à des Salons parisiens, tels que : Salon de Mai, Salon des Réalités Nouvelles, Salon Grands et Jeunes d'Aujourd'hui, Salon des arts graphiques actuels (Saga). Il montre ses œuvres dans des expositions personnelles : 1985, galerie Anna Paterno, Paris ; 1986, Espace Pierre Cardin, Paris ; 1987, Collégiale Saint-André, Chartres ; 1989, 1992, galerie Anne Blanc, Paris ; 1990, 1993, 1994, galerie Médiart, Paris.

Jean Dometti pratique une abstraction qui fait émerger formes et matières d'un tout complexe composé de signes (traces de pinceaux, de pigments épars, traits dessinés...) se gardant de toute ostentation dans le contenu. La gamme chromatique discrète, aux tons froids, parfois presque ton sur ton, donne l'intensité visuelle à cette peinture. Dometti grave et peint également sur ardoises.

Bibliogr. : Lucien Curzi : *Jean Dometti*, s.e., s.d.

DOMICENT Martin

Né le 3 février 1823 à Ypres. xixe siècle. Éc. flamande.

Peintre de genre.

Cet artiste étudia à Ypres et à Anvers.

Musées : Ypres : *Étude de moine – Les Saltimbanques*.

Ventes Publiques : Paris, 3 et 4 mai 1928 : *Jeune femme lisant* : **FRF 290** – Paris, 19 juil. 1984 : *Le banquet des pillards*, h/pan. (20x37) : **FRF 4 000** – Calais, 5 juil. 1987 : *Scène familiale*, h/pan. (32x40) : **FRF 26 000** – New York, 21 mai 1991 : *Partie d'échecs*, h/pan. (22,2x26,7) : **USD 990**.

DOMIN Albert

xviiie siècle. Actif à Paris en 1788. Français.

Peintre.

DOMIN-LOTH Françoise Marie Anne, née **Loth**

Née le 25 juin 1878 à Louviers (Eure). Morte le 14 juin 1962 à Aunay-sur-Odon (Calvados). xxe siècle. Française.

Peintre de portraits, paysages, natures mortes, fleurs.

Sa grand-mère maternelle, Pauline Guibert, était portraitiste et pastelliste. En 1893, elle reçut ses premières leçons de dessin de Gaston Morel à l'École des Beaux-Arts de Rouen, puis elle fut conseillée par Émile Minet, peintre et conservateur du musée de la ville. En 1902 à Paris, à l'Académie Julian, elle fut élève de William Bouguereau, Gabriel Ferrier, puis de Jules Lefebvre et Tony Robert-Fleury. Après son mariage, elle s'établit à Caen en 1906, conciliant peinture, professorat et vie familiale avec neuf enfants. Elle s'occupait aussi activement de la Société des Artistes Bas-Normands, dont elle fut vice-présidente en 1940.

À partir de 1904, elle exposa à Paris, d'abord au Salon des Artistes Français, puis à celui des Femmes Peintres et Sculpteurs, enfin à la Société Nationale des Beaux-Arts. En 1996 à Caen, son œuvre était représentée à l'exposition des fondateurs de la Société des Artistes Bas-Normands.

En 1944, un grand nombre de ses peintures disparaissaient dans l'incendie de son atelier suite aux bombardements de Caen. Avant son retour en Normandie, elle se remit à peindre à Paris, à Montmartre et sur les quais de la Seine. Outre des paysages et des tableaux de fleurs agréables, elle traitait, dans une technique éprouvée, aussi bien des portraits de jeunes femmes élégantes que d'émouvantes figures de femmes vieillies et usées.

DOMINE

Mort en 1750. XVIIIe siècle. Actif à Orléans dans la première moitié du XVIIIe siècle. Français.

Peintre.

Il fut le premier professeur de A.-T. Desfriches.

DOMINE Iu. Voir **DOMENICO DA UDINE**

DOMINGO Francesco ou **Domingo-Segura**

Né en 1893 à Barcelone (Catalogne). XXe siècle. Actif aussi en France. Espagnol.

Peintre de compositions animées. Polymorphe.

Il fit sa première exposition en 1917. Il fit plusieurs séjours en France : à Paris en 1919, et de nouveau entre 1924 et 1927, en Bretagne de 1927 à 1929. En 1950, il quitta Barcelone pour São Paulo.

Lors de son deuxième séjour parisien, il fut nettement marqué par le cubisme. Ensuite, il se partagea entre le thème réaliste du monde ouvrier et le thème très différent du monde du music-hall. Au Brésil, il produisit une peinture plus symboliste.

Ventes Publiques : Barcelone, 28 jan. 1981 : *Nu* 1939, h/t (73x60) : **ESP 80 000**.

DOMINGO Jean

Né à Barcelone (Catalogne). XXe siècle. Espagnol.

Peintre de genre.

Il exposa au Salon des Artistes Français de Paris en 1939.

DOMINGO Luis

Né en 1718 à Valence. Mort le 1er novembre 1767 à Valence. XVIIIe siècle. Espagnol.

Peintre d'histoire et sculpteur.

Élève d'Hipolito Rovira y Brocandel pour la peinture et de Bautista Balaguer pour la sculpture. Il exécuta, entre autres, quelques tableaux qui se trouvent dans le couvent des Dominicains de Valence, dont un représente saint Louis Bertran. Plusieurs églises de cette ville possèdent des œuvres de sculpture de Domingo.

DOMINGO de LA RAMBLA

Mort entre le 9 janvier 1407 et le 18 janvier 1409. XIVe siècle. Actif à Valence. Espagnol.

Peintre.

Il travailla à Valence dès 1373.

DOMINGO del Port. Voir **PORT**

DOMINGO Y FALLOLA Roberto

Né en 1883 à Paris. Mort en 1958. XXe siècle. Espagnol.

Peintre de sujets de sport, peintre à la gouache.

Il était fils de Francisco Domingo y Marques, qui l'encouragea à dessiner dès son plus jeune âge. Dès 1908, il obtint une troisième médaille à l'Exposition Nationale des Beaux-Arts de Madrid. Ensuite, il participa à de nombreuses expositions collectives internationales. De la même année 1908 date sa première exposition personnelle, qui fut suivie de nombreuses autres, dans les grandes villes d'Espagne, à Londres, Munich, toutes conclues dans le plus grand succès commercial.

Il peignit presque uniquement à la gouache, et presque uniquement des sujets taurins. Doué d'une considérable habileté, il peignait par touches épaisses, jouant des effets de matières et des effets d'éclats de lumières colorées, technique maniériste qu'il tenait de son père. De cette même facture virtuose, il peignit aussi quelques sujets de batailles et de courses de chevaux.

Bibliogr. : In : *Cent ans de peinture en Espagne et Portugal, 1830-1930*, Antiquaria, Madrid, 1988.

Musées : Grenade (Mus. des Beaux-Arts) : *El coleo*.

Ventes Publiques : Paris, 20-22 mai 1920 : *Picador renversé*, gche : **FRF 500** ; *Picador contre la barrière*, gche : **FRF 1 000** – New York, 25-26 fév. 1930 : *L'entrée de l'arène*, aquar. : **USD 135** – Londres, 27 nov. 1935 : *Course de taureaux* : **GBP 11** – Paris, 1er juil. 1943 : *La corrida*, gche : **FRF 5 200** – Paris, 5 mai 1944 : *La corrida*, gche : **FRF 11 500** – New York, 28 mars 1946 : *Course de taureaux* : **USD 675** ; *Bohémiens* : **USD 700** – New York, 16 fév. 1977 : *Course de taureau*, techn. mixte/cart. (22x25,4) : **USD 1 400** – Madrid, 26 mars 1981 : *Tauromachie*, gche (39x50) : **ESP 300 000** – Madrid, 24 fév. 1983 : *La diligence*, h/pan. (38x55) : **ESP 350 000** – Madrid, 24 oct. 1983 : *Le port de pêche*, gche/t. (83x115) : **ESP 350 000** – Madrid, 10 oct. 1985 : *Scène de tauromachie*, gche (62x45) : **ESP 320 000** – Madrid, 20 mai 1986 : *La estocada*, gche (21x37,5) : **ESP 160 000** – Barcelone, 2 avr. 1987 : *Napoléon à la tête de ses troupes*, h. et gche/pan. (38x66) : **ESP 310 000** – Paris, 13 avr. 1988 : *La corrida*, h/cart. (33x40) : **FRF 26 000** – Londres, 17 fév. 1989 : *Manœuvres militaires*, gche/pap./cart. (49x66,5) : **GBP 2 750** – Paris, 19 juin 1989 : *Espontaneos en la corrida*, h/t (36,5x41) : **FRF 16 500** – Londres, 22 nov. 1989 : *Jour de féria*, gche (40x53) : **GBP 12 100** – Madrid, 24 jan. 1991 : *La forge*, aquar./cart. (19,5x47) : **ESP 425 600** – New York, 15 oct. 1993 : *La corrida*, h/t (55,8x66) : **USD 2 530** – Londres, 17 nov. 1993 : *Dans l'arène* 1913, h/t (74x104) : **GBP 5 750** – Paris, 25 fév. 1996 : *Scène de tauromachie*, h/cart. (22x29) : **FRF 16 000** – New York, 12 fév. 1997 : *Sol de tarde (Valencia)*, h/t (76,2x90,2) : **USD 54 625**.

DOMINGO Y MARQUES Francisco

Né le 2 mars 1842 à Valence. Mort en 1920 à Madrid. XIXe-XXe siècles. Espagnol.

Peintre d'histoire, scènes de genre, portraits.

Prix de Rome en 1867, il fut professeur à l'Académie de Saint-Charles à Valence en 1868 et membre agrégé de l'Académie Royale d'Anvers en 1889.

Il eut plusieurs manières, selon qu'il traite la grande peinture d'histoire, dans un style fougueux, d'un réalisme expressionniste, soit qu'il traite avec minutie des petites scènes de genre très colorées, comme *La vie de cabaret* – *Le rendez-vous de chasse* – *Le prince s'amuse* – *Le mariage* – *Les joueurs de cartes* – *Les trois buveurs*, soit qu'il peigne des portraits, dont celui d'Alphonse XIII et divers personnages du monde officiel espagnol.

F. Domingo

Bibliogr. : Gérald Schurr, in : *Les Petits Maîtres de la peinture 1820-1920, valeur de demain*, Les Éditions de l'Amateur, t. V, Paris, 1981.

Musées : Madrid : *La querelle* – Valence : *Sainte Claire* – *Le dernier jour de Sagonte*.

Ventes Publiques : Paris, 1892 : *À votre santé* : **FRF 7 000** – Paris, 12 juin 1900 : *Jeune garçon jouant du violon* : **FRF 1 450** – New York, 10-11 jan. 1907 : *Repos* : **USD 190** – Paris, 3 mars 1919 : *Roses dans un vase* : **FRF 1 500** – Londres, 15 juil. 1938 : *Comédie et tragédie* : **GBP 262** – New York, 17 fév. 1944 : *Homme âgé* 1882 : **USD 130** – Paris, 15 avr. 1944 : *Personnages* : **FRF 2 500** – Londres, 11 oct. 1968 : *L'escrimeur* : **GNS 260** – New York, 12 jan. 1974 : *La partie de cartes* : **USD 21 000** – New York, 14 mai 1976 : *De vieux amis*, h/pan. (14,5x11) : **USD 1 300** – Madrid, 17 mai 1976 : *Le Général* 1907, h/pan. (20x14) : **ESP 100 000** – New York, 28 avr. 1977 : *Le Guitariste et son chien*, h/pan. (32x23,5) : **USD 11 000** – Madrid, 22 mai 1978 : *Le lac aux cygnes*, h/t (21,5x27) : **ESP 150 000** – New York, 4 mai 1979 : *Goya et Maja* 1905, past. (58,5x94) : **USD 3 500** – Madrid, 18 déc. 1979 : *Fête champêtre*, h/pan. (20,5x37) : **ESP 800 000** – Londres, 23 fév. 1983 : *Cavaliers près d'un mur* 1895, h/pan. (11,5x25,5) : **GBP 550** – New York, 24 mai 1984 : *La partie de quilles* 1891, h/pan. parqueté (65x53) : **USD 12 500** – Madrid, 6 mars 1986 : *Le mousquetaire à l'auberge*, h/pan. (37x25) : **ESP 1 250 000** – Madrid, 17 mars 1987 : *Étude pour Garden Party* 1897, fus. et sanguine/cart. (24x35) : **ESP 320 000** – Rome, 24 mai 1988 : *Pastorale* 1870, h/t (63x54) : **ITL 5 000 000** – Londres, 22 juin 1988 : *Portrait d'un homme* 1901, h/t (15x12) : **GBP 1 320** – Londres, 17 fév. 1989 : *Un âne et un chien attendant leur maître*, h/t (25,5x35,5) : **GBP 1 980** – Londres, 21 juin 1989 : *Dans la grange*, h/t (33,5x47) : **GBP 6 050** – Londres, 22 nov. 1989 : *Etude d'une foule*, fus. et craies de coul. (49x78) : **GBP 13 200** – Londres, 15 fév. 1990 : *A l'auberge*, h/pan. (61x50) : **GBP 22 000** – New York, 17 oct. 1991 : *Groupe de figures du XVIIIe s* 1902, past./cart. (37,5x49,5) : **USD 6 600** – New York, 19 fév. 1992 : *Un après-midi de plein air* 1891, h/pan. (65,4x53,3) : **USD 49 500** – Londres, 27 oct. 1993 : *Homme buvant dans une taverne* 1878, h/pan. (17x12,5) : **GBP 3 105** – New York, 19 jan. 1995 : *Une dame et son escorte de cavaliers* 1900, h/pan. (233,8x34,9) : **USD 24 150**.

DOMINGO Y MUNOZ José

XIXe siècle.

Peintre de genre.

Ventes Publiques : New York, 25 oct. 1934 : *Gentilhomme et moine* : **USD 140** – New York, 18 et 19 avr. 1945 : *Écuries* 1898 : **USD 850** ; *Joueurs de cartes* 1878 : **USD 500** ; *La salle de garde* 1877 : **USD 400** ; *Halte à l'auberge* : **USD 2 550** – New York, 20 et 21 fév. 1946 : *Chasseur à cheval* : **USD 270** – New York, 30 oct. 1969 : *La sénérade* : **USD 3 000** – New York, 28 mai 1980 : *Le moine et la sentinelle*, h/t (100x70) : **USD 2 500** – New York, 28 oct. 1983 : *La sentinelle et le moine*, h/t (99x70) : **USD 3 500**.

DOMINGUES Joseph
Né en 1845 à Paris. xixe siècle. Français.
Peintre.
Il exposa au Salon à partir de 1879.

DOMINGUES de Campos Dias Joao, appelé aussi **Joao da Belida**
Né en 1763. Mort en 1826. xviiie-xixe siècles. Portugais.
Sculpteur sur bois et peintre de compositions religieuses.
Élève d'un sculpteur napolitain nommé Padua, il s'est spécialisé dans les images de dévotion. Il travailla pour des images qui sont au couvent de *San-Francisco da Cida*. Il enlumina encore des ouvrages en bois cités dans le dictionnaire des artistes Portugais.

DOMINGUEZ Eloy
xixe siècle. Actif à Ténériffe vers 1862. Espagnol.
Peintre.

DOMINGUEZ Francisco
xviiie siècle. Espagnol.
Peintre.
Peintre à Séville, il travailla avec Guerrero de Léon (Cristobal).

DOMINGUEZ Hernan
xviie siècle. Actif à Séville en 1602. Espagnol.
Peintre.

DOMINGUEZ Irène
Née en 1928. xxe siècle. Française (?).
Peintre de compositions animées. Populiste.
Elle a surtout peint le monde des cafés et les danseurs de tangos.

DOMINGUEZ Manuel
xviiie siècle. Actif à Mexico. Mexicain.
Peintre.
Il fonda en 1753 à Mexico une Académie de peinture.

DOMINGUEZ Nelson
Né en 1947 à Jiguani (Granma). xxe siècle. Cubain.
Peintre, graveur.
Il fut élève de l'École Nationale d'Art de La Havane, de 1965 à 1970. En 1973, il obtint un Prix au Festival de Peinture de Cagnes-sur-Mer, 1974 Premier Prix de Peinture au Salon des Jeunes à La Havane, 1946 Prix à la 2e Triennale d'art réaliste en Bulgarie, 1977 Grand Prix à la 4e Biennale de Gravure sur Bois en Tchécoslovaquie. Il est devenu professeur à l'École Nationale d'Art de La Havane.
Bibliogr. : In : Catalogue de l'exposition *Cuba, Peintres d'Aujourd'hui*, Mus. d'Art Mod. de la Ville, Paris, 1977-1978.
Ventes Publiques : New York, 17 nov. 1994 : *Un homme et son chien* 1992, h/t (101x158,8) : **USD 5 175** – New York, 21 nov. 1995 : *La dernière tranche* 1982, h. et fus./t. (129x135) : **USD 5 175**.

DOMINGUEZ Oscar Manuel ou **Dominguez-Palazon**
Né le 7 janvier 1906 à Laguna (île de Ténériffe, Canaries). Mort le 1er janvier 1958 à Paris. xxe siècle. Actif en France. Espagnol.
Peintre de portraits, paysages, natures mortes, peintre à la gouache, peintre de cartons de tapisseries, sculpteur, graveur, dessinateur. Surréaliste.
S'il naquit dans la ville de Laguna, ce fut dans celle de Taraconte, où ses parents se fixèrent, qu'il passa son enfance, dans les vignobles, les cultures d'arbres fruitiers, les sommets volcaniques, sur les plages de sable noir qu'il évoquait souvent devant les incrédules. Sa mère mourut peu après sa naissance ; il fut élevé par sa grand-mère, ses deux sœurs et une servante. Le père, négociant, accaparé par ses affaires, joua cependant son rôle dans la formation de l'enfant, car il possédait une collection de momies d'aborigènes et une collection de papillons, deux choses fort diverses mais bien aptes à intriguer et à exciter l'imagination. En outre, il peignait en amateur et encouragea son fils à suivre son exemple. Le jeune Oscar Dominguez, qui semble s'être fait remarquer de bonne heure par de multiples extravagances, ne se calmait que lorsqu'il plantait son chevalet pour peindre des paysages. Une grave maladie, mal définie, avait perturbé sa croissance, maladie à laquelle sera attribuée ensuite l'acromégalie qui déforma l'ossature de son visage et de ses membres. Lorsqu'il fut sauvé, la population féminine qui l'entourait dans la maison de la plage le laissa jouir d'une liberté totale de jeune Minautore. Quand il eut vingt-et-un ans, en 1928, son père l'envoya à Paris, où il devait surveiller aux Halles l'arrivée des fruits et bananes produits dans la propriété. Tout en menant une vie nocturne intense, d'où il conserva toujours le besoin d'alcool et d'imprévus, il travaillait dans les Académies libres, visitait des expositions et s'exerçait à des copies dans les musées. Il fut rapidement attiré par les expressions modernes : Dali, Tanguy et Picasso retinrent son attention. Il semble qu'il retourna à ce moment aux Canaries et qu'en 1929 il fut à l'origine de la publication à Ténériffe d'un numéro du *Bulletin International du Surréalisme*. Deux années après son arrivée à Paris, il produisait ses premières peintures surréalistes. Quand il avait à peu près vingt-cinq ans, il peignit un *Autoportrait*, qui peut être taxé de prémonition, selon un mode de connaissance en honneur chez les surréalistes : en effet, la main au bout du bras qui traverse la toile en diagonale, d'une part est atteinte d'acromégalie, cette maladie qui va lentement désormais déformer son visage et ses extrémités, d'autre part exhibe ses veines coupées, ce qui sera le mode de mort qu'il se choisira. À partir de 1933, fixé définitivement à Paris, il rencontra régulièrement André Breton et se lia avec Paul Éluard, avec lequel il entretint une amitié étroite et qui écrivit plusieurs textes sur sa peinture. André Breton considéra qu'il « apparut » en 1934, ce qui signifiait dans son langage codé que Dominguez fut intronisé dans le groupe surréaliste à cette date. Il figura à l'Exposition Surréaliste de Copenhague en 1935, puis à celles de Londres et Ténériffe en 1936. Avec Eduardo Westerdahl et sa *Gazette des Arts*, Dominguez fut l'un des organisateurs de l'exposition de Ténériffe. À cette époque, André Breton louait Dominguez d'avoir fait circuler dans l'art surréaliste « le plus beau sang espagnol, le souffle ardent et parfumé des Îles Canaries ». En 1936, il participa avec des « objets surréalistes » à l'exposition *Art fantastique, Dada et Surréalisme* au Musée d'Art Moderne de New York. Il participa encore à de nombreuses expositions surréalistes : 1936 Prague, 1937 Japon, 1938 Oslo, Paris, Amsterdam, 1940 Mexico, 1942 New York. S'il participa encore aux expositions de 1947 Paris, 1948 Prague, Santiago-du-Chili, 1959 Paris, 1960 New York, 1961 Milan, Paris, cependant, depuis 1945, il avait rompu (violemment) avec Breton. À leur tour Brauner et Matta devaient être « exclus » du groupe en 1948, et jusqu'à Max Ernst en 1954. De nouveau, à l'exposition du Musée des Arts Décoratifs de Paris qu'organisa Patrick Waldberg en 1972, figuraient tous les exclus, et parmi eux Dominguez avec quinze peintures. En 1955 eut lieu une des plus importantes expositions d'ensemble d'Oscar Dominguez, au Palais des Beaux-Arts de Bruxelles. Deux autres expositions suivirent à Paris, avant son suicide. Sa biographie du quotidien s'achève ainsi, sans liste de distinctions.
Ses premiers paysages des Canaries sont apparemment restés inédits. Cependant, de sa vingtième année, donc un an avant son départ pour Paris, datent un *Autoportrait*, où il s'est représenté en « artiste » avec un chapeau à larges bords, ainsi qu'un *Christ*. À Paris, vers 1930, il peignit de nouveau un *Autoportrait*, celui-là même déjà décrit dans la biographie, à cause de son caractère prémonitoire d'évènements factuels. Ses premières peintures parisiennes, entre 1930 et 1934, ont un charme naïf et exotique, dû aux réminiscences du paysage canarien. Après son arrivée dans le groupe surréaliste, ce fut une période d'intense activité pour Dominguez : dans ses peintures, l'influence du Dali des formes molles y est évidente. L'exécution s'en est affinée progressivement, l'imagination s'en est nourrie de plusieurs obsessions : le corps féminin, le sang des bêtes, la fusion des formes des êtres les unes dans les autres par une sorte de décomposition organique. Souvent ces êtres qui naissaient de ses pinceaux devaient résulter d'une pratique personnelle d'écriture automatique, à la façon des « cadavres exquis » chaque forme en se précisant peu à peu amenait la suivante. Parallèlement aux peintures, il a créé une série d'objets surréalistes des plus importants : 1934 *Le calculateur automate*, 1935 *La dactylo, Exacte sensibilité*, 1936 *Arrivée de la Belle Époque*, 1937 *Arrivée de Lucien Lelong dans la charrette de Dominguez*, 1938 *Jamais ou Le phonographe*, phonographe dont les éléments mécaniques sont remplacés par les diverses parties d'un corps de femme, et qu'il

offrit à Picasso, etc. (ici dans son sens de : et autres choses semblables). Dans le même temps, il inventa le procédé de la « décalcomanie », technique de monotype par laquelle on applique une feuille de papier sur une autre sur laquelle on a étalé irrégulièrement de la couleur. Dominguez en tirait soit : des « décalcomanies sans objet », c'est-à-dire qu'il acceptait la gratuité parfois surprenante des tachages obtenus en décollant avec précaution la feuille apposée, soit : des « décalcomanies du désir », s'il dirigeait le hasard de façon à susciter du tachage l'apparition d'images oniriques, animaux inconnus, châteaux fantastiques et surtout ce qu'il devait appeler plus tard les « paysages cosmiques ». Ce fut bientôt Max Ernst qui devait donner la plus grande extension à ce procédé de la décalcomanie, inventé par Dominguez, et dont le fonctionnement se trouvait en accord avec les principes fondamentaux de l'écriture automatique, du recours au hasard et à l'inconscient. Dès les premiers paysages cosmiques, apparurent dans ses peintures, insolites rencontres du parapluie et de la machine à coudre, des machines à écrire, des boîtes à œufs, des boîtes de sardines, des révolvers, des phonographes, accessoires de théâtre, que Dominguez s'est appropriés et qui ponctueront ensuite son œuvre à travers toutes les périodes. À cette époque, il revenait régulièrement aux Canaries, qui lui étaient encore une source d'inspirations fantastiques, d'où proviennent quelques-unes de ses peintures les plus fortes : *Le Descredit de la chambre noire, Paysage des Canaries, Papillons perdus dans la montagne, Grottes aux Canaries.* Dans celles qu'il peignit à Paris, toujours dans cette période autour de 1935, il y eut *Le Dimanche,* dans laquelle apparurent les « chevaux d'introversion », dont les moitiés de corps, situées de part et d'autre d'un mur (miroir ?), n'appartiennent pas au même animal, et encore *La Pérégrination de Georges Hugnet,* dans laquelle un cheval-jouet traverse une bicyclette-jouet, *Les Cruchons de terre,* dans laquelle le corps d'une femme est constitué de boîtes de sardines ouvertes avec leur clé incluse, *La Machine à coudre électro-sexuelle, Quelques mouvements du désir.*

Dès l'époque du groupe surréaliste, le goût des femmes et la passion de la tauromachie avaient rapproché Picasso et Dominguez. Dominguez fut fasciné par Picasso et, à la faveur de sa séparation d'avec l'officialité du surréalisme, il subit indéniablement son influence, subordonnant progressivement le tableau à des raisonnements d'ordre plastique, et non plus livrant sa réalisation à la seule imagination d'ordre irrationnel, onirique. Cette influence n'est pas encore décelable dans la série des peintures « cosmiques » de 1937, 1938, 1939, apparentées à l'abstraction, parmi lesquelles : *Les Quatre Stations, Le Souvenir de l'avenir,* série dans laquelle les formes et les mouvements sphériques non figuratifs évoquent la mécanique des astres, tandis que la pérennité de l'humour poétique de Dominguez est assurée par la présence dans le ciel d'une bouche dont les dents sont figurées par un collier de perles ou par la présence de boîtes à œufs, de réveils aux formes végétales dans un nuage. À la série des peintures cosmiques succéda celle des *Calculs,* grandes figures penchées, telle *La voyante* de la Galerie Nationale de Prague, construites en lignes droites, tendues comme des cordages, et où, alors, l'influence de Picasso apparaît clairement. Vers 1940, 1942, ces personnages se transformèrent en sortes de sculptures articulées et démontables, dont les visages sont atteints d'acromégalie. Autour de 1943, dans des peintures dont l'espace est toujours comme tissé d'un foisonnement de segments droits entrecroisés, drisses de navires, cordages d'acrobates, rais de soleil dans la poussière de l'air, apparurent les thèmes obsessionnels du révolver et du téléphone, puis une jeune-fille coiffée en queue de cheval et sautant à la corde, en 1944 : *Le taureau-fantôme.* Ces sujets, il les réalisa plus tard en sculptures métalliques : *Femme en train de courir, Le Chat, Le Pirate.* L'année 1949 fut celle des *Compotiers mange-fruits,* dont le graphisme s'était simplifié à l'extrême : un mince trait noir à l'encre de Chine entourant les quelques plans constituant les objets, les surfaces ainsi délimitées étant couvertes en aplats de légères couleurs claires des plus suaves, laissant toutefois subsister de part et d'autre des lignes noires un mince liséré de la toile blanche. Cette technique aérée se retrouva dans les *Ateliers* de 1950 : *La Table noire, La Table et le Vase de fleurs, Les Métiers, L'Oiseau à roues.* C'est à ce moment qu'il peignit les cartons de tapisseries *Hélice, Cérès, L'Enlèvement d'Europe, Le Chat bleu.* Ce fut une époque de peintures heureuses, correspondant à une époque apaisée de sa vie, s'étant marié avec Maud, une femme remarquablement intelligente et attentive, qui, plus tard, se remaria avec Eduardo Westerdahl, l'ami de jeunesse de Dominguez, et alla vivre avec lui aux Canaries. Alors, dans la peinture de Dominguez, des fenêtres ouvrent sur un ciel clair, des oiseaux géométriques munis de roues se conjuguent avec des flèches qui ne leur veulent nul mal. Ce temps relativement paisible ne dura guère. Recommencèrent les errances artistico-mondaines, reparut le revolver aux tirs imprévisibles, jusqu'au dénouement dans son atelier de la rue Campagne-Première.

José Pierre a établi l'inventaire résumé de l'action de Dominguez : « Une imagination débordante, en dépit d'une feinte nonchalance, l'entraîne à une multiplicité d'expériences dont le répertoire reste à dresser. En peu d'années, il aura apporté la contribution la plus brillante à l'*objet surréaliste,* posé les bases d'une description lyrique de l'univers mécanique, réinventé la technique de la *décalcomanie sans objet préconçu,* expérimenté le procédé pictural qui donnera naissance à sa période *cosmique,* etc. Après 1940, il succombe à la tentation... qui le porte non seulement vers Chirico, mais vers la série des *Ateliers* (1927-1928) de Picasso. Il y perd, non sans quelques fulgurances tardives, la souplesse frémissante et même désordonnée qui faisait tout le prix de sa démarche. » Le surréalisme avait apporté à Oscar Dominguez des sujets d'admiration : Dali, Tanguy en particulier, un climat poétique qui convenait à sa nature qu'on a pu dire « innocente et féroce ». Il fut le larron que fit l'occasion de transgresser pas mal d'interdits, pendant le règne dominateur du cubisme rationaliste. En retour, qu'apporta Dominguez au surréalisme ? Ses facultés d'invention dans les objets surréalistes, les féeries de la technique de la décalcomanie, son propre personnage, surréaliste de naissance, dont les outrances appartenaient encore à Dada. Ce colosse insupportable et tendre, montrueux et beau, avait fait du « sourriéalisme » son critère de jugement, sa règle de vie. Tristement, tragiquement s'acheva la trajectoire de celui qu'André Breton appelait le « dragonnier des Canaries », ses amis le « caïman de Montparnasse » et Patrick Waldberg « caïman sentimental, archéologue de l'inconscient ». Il prêtait sans compter à la légende, légendaire il perdure, au détriment de sa vérité. ■ Jacques Busse

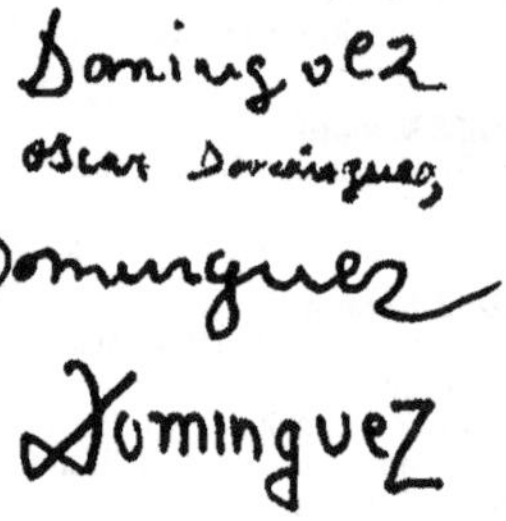

Bibliogr. : José Pierre, in : *Le Surréalisme,* Rencontre, Lausanne, 1966 – Eduardo Westerdahl : *Oscar Dominguez,* Gili, Barcelone, 1968 – E. Westerdahl : *Oscar Dominguez,* Édit. de la Dir. Génér. de Bellas Artes, Minist. de Éducat. y Ciencia, Madrid, s.d – E. Westerdahl : Catalogue de l'exposition *Oscar Dominguez,* Galerie Biosca, Madrid, 1973 – in : *Diction. Univers. de la Peint.,* Le Robert, Paris, 1975.

Ventes Publiques : Paris, 30 avr. 1945 : *Époque cosmique* : **FRF 2 000** – Versailles, 20 mars 1966 : *Composition* : **FRF 4 000** – Versailles, 7 déc. 1969 : *Composition* : **FRF 10 300** – Milan, 28 oct. 1971 : *Composition* : **ITL 2 800 000** – Paris, 12 juin 1974 : *Composition surréaliste* : **FRF 72 000** ; *Nature morte* : **FRF 91 000** – New York, 2 mai 1974 : *Le Chasseur* 1933 : **USD 28 000** – Versailles, 14 mars 1976 : *Composition,* h/cart. (80,5x65) : **FRF 26 500** – Londres, 30 mars 1977 : *Composition* 1940, monotype reh. de gche verte (31x47,5) : **GBP 620** – Zurich, 23 nov. 1977 : *Les Chats,* gche (46x61) : **CHF 15 000** – New York, 16 déc. 1977 : *Figures surréalistes* 1939, h/t (33,6x23,5) : **USD 3 400** – Hambourg, 2 juin 1978 : *Décalcomania* 1935, gche noire (26,9x20,8) : **DEM 6 000** – Anvers, 8 mai 1979 : *La Charette de fleurs* 1946, h/t (50x50) : **BEF 120 000** – Paris, 11 juin 1979 : *Saint-Pierre,* fer forgé (235x115x50) : **FRF 12 500** – Londres, 25 mars 1980 : *Femme accroupie,* pl. et lav./pap. (45,5x61) : **GBP 550** – Paris, 15 avr. 1983 : *Picador et Taureau* 1951, encre/pap. (76x56) : **FRF 5 400** – Paris, 15 nov. 1983 : *Les Pirates,* h/t (115x72) : **FRF 100 000** – Bruxelles, 9 jan. 1984 : *Femme au vélo,* litho. coul. : **BEF 38 000** – Londres, 27 mars 1984 : *Tableau-assemblage,* h/pan., composé de vingt toiles (83x143) : **GBP 11 000** – Cologne, 1er juin 1984 : *Composition,* aquar. et gche (65x78) : **DEM 6 000** – PARIS, 21 juin 1987 : *Tauromachie*, h/t (100x81) : **FRF 310 000** – MADRID, 5 nov. 1987 : *Oiseaux en vol* 1952, gche (49,5x65) : **ESP 700 000** – PARIS, 30 nov. 1987 : *Nature morte à la pastèque*, h/pan. (54x65) : **FRF 52 000** – PARIS, 7 déc. 1987 : *Composition*, h/t (40,4x26,5) : **FRF 20 000** – NEW YORK, 18 fév. 1988 : *Sans titre* 1943, h/t (64x49,5) : **USD 44 000** – PARIS, 23 mars 1988 : *Sans titre* 1944, h/pan. (115x97,5) : **FRF 215 000** – LOKEREN, 28 mai 1988 : *Les fleurs* 1946, h/t (49x49) : **BEF 190 000** – PARIS, 23 juin 1988 : *Tauromachie* 1950, pl., cr. noir et bleu (49x50) : **FRF 27 000** – LONDRES, 29 juin 1988 : *Femme au bord de la mer* 1943, h/t (71,1x45,1) : **GBP 31 900** – LONDRES, 19 oct. 1988 : *Tauromachie* 1943, h/t (60,5x73) : **GBP 44 000** – PARIS, 27 oct. 1988 : *Le Bateau*, h/t (50x65) : **FRF 50 000** – PARIS, 28 oct. 1988 : *Minotaure archer* 1948, h/t (22x16) : **FRF 111 000** – PARIS, 21 nov. 1988 : *Trois femmes attablées* 1946, aquar. (48x63) : **FRF 120 000** – LONDRES, 22 fév. 1989 : *Nature morte* 1943, h/t (64x53) : **GBP 143 000** – LYON, 9 mars 1989 : *Trois Femmes attablées* 1946, aquar. (48x63) : **FRF 200 000** – LONDRES, 5 avr. 1989 : *Tauromachie* 1951, h/t (100x81) : **GBP 137 500** – MILAN, 6 juin 1989 : *Téléphone* 1950, techn. mixte/pap. entoilé (33x42) : **ITL 42 000 000** – PARIS, 19 juin 1989 : *Saint Pierre* vers 1940, sculpt. (190x114) : **FRF 230 000** – PARIS, 8 oct. 1989 : *Combat de coqs dans la ville* 1955, h/bois (94x122) : **FRF 1 422 085** – L'ISLE-ADAM, 26 nov. 1989 : *Tout va bien* 1955-56, h/t et décalcomanie (92x65) : **FRF 1 200 000** – LONDRES, 28 nov. 1989 : *Hommage à Manolete* 1954, h/t (129,5x155) : **GBP 143 000** – AMSTERDAM, 13 déc. 1989 : *Composition abstraite* 1951, h/t (40x30) : **NLG 86 250** – PARIS, 18 fév. 1990 : *Le craben, autoportrait* 1948, h/t (103x123) : **FRF 1 100 000** – CALAIS, 4 mars 1990 : *Tête à la collerette*, dess. à l'encre de Chine (48x30) : **FRF 92 000** – PARIS, 26 mars 1990 : *Los porrones* 1935, h/t (115x85) : **FRF 2 900 000** – MILAN, 27 mars 1990 : *L'auditeur silencieux* 1943, h/t (60x92) : **ITL 250 000 000** – LONDRES, 3 avr. 1990 : *L'Ouvre-boîtes* 1936, h/t avec une clé à sardines fixée au cadre (61x45,7) : **GBP 286 000** – PARIS, 8 avr. 1990 : *Oiseau*, gche (48x36) : **FRF 100 000** – NEUILLY, 10 mai 1990 : *Musiciennes*, gche, aquar. et encre/cart. (43x33,5) : **FRF 55 000** – NEW YORK, 16 mai 1990 : *Composition*, montage de 28 toiles dans un encadrement de bois (ensemble : 63,8x166,4) : **USD 176 000** – PARIS, 2 juil. 1990 : *Femme au dessin*, h/isor. (61x50) : **FRF 130 000** – GIEN, 10 nov. 1990 : *Femme au téléphone* 1943, h/t (102x74) : **FRF 850 000** – PARIS, 13 déc. 1991 : *Trois Personnages nus devant un poêle et une colonne rose*, h/t (73x50) : **FRF 220 000** – MADRID, 26 nov. 1992 : *Mars* 1954, h. et décalcomanie/cart. léger/rés. synth. (67x97,5) : **ESP 3 360 000** – MONACO, 6 déc. 1992 : *Le Chat* 1957, h/t (49,5x73) : **FRF 133 200** – LONDRES, 21 juin 1993 : *Le Clown*, h/t (81,4x59,7) : **GBP 21 850** – NEW YORK, 3 nov. 1993 : *L'Étoile de mer*, h/pan. montée dans un cadre de l'artiste (5,1x7) : **USD 36 800** – PARIS, 25 mars 1994 : *Composition abstraite* 1957, h/t (37,5x55) : **FRF 38 000** – PARIS, 20 mai 1994 : *Ouverture ou objet* 1936, bois, montre de gousset, clés de boîte à sardines (15x26,5x16,5) : **FRF 600 000** – LONDRES, 28 juin 1994 : *La Fuite d'un taureau*, h/t (64,7x91,5) : **GBP 54 300** – AMSTERDAM, 31 mai 1995 : *Sans titre*, h/cart. (65x53,5) : **NLG 22 420** – LONDRES, 29 nov. 1995 : *L'Atelier* 1950, h/t (80,7x99,8) : **GBP 28 000** – PARIS, 19 nov. 1995 : *Deux Minotaures* 1951, h/t et encre de Chine (43,5x36) : **FRF 27 000** – PARIS, 3 mai 1996 : *Tauromachie*, encre de Chine (14x21) : **FRF 5 000** – PARIS, 5 juin 1996 : *Nature morte à la coupe de fruits*, aquar. et encre de Chine/pap. (30x32,5) : **FRF 43 000** – PARIS, 19-20 juin 1996 : *Jeune Fille au dinosaure*, aquar. et collage/pap. (27,5x39,5) : **FRF 13 000** ; *Les Amants* 1949, h/pan. (120x180) : **FRF 190 000** – PARIS, 19 déc. 1996 : *Nature morte à la boîte aux papillons*, h/t (48x33,5) : **FRF 55 000** – PARIS, 5 juin 1997 : *Composition surréaliste aux animaux* 1949, h. et encre/pan. (19x27) : **FRF 44 000** – PARIS, 18 juin 1997 : *Composition aux boîtes d'allumettes* 1943, h/isor. (14x17,5) : **FRF 115 000** ; *Personnage surréaliste allongé* 1941, cr./pap. (25x32) : **FRF 38 000** – PARIS, 19 juin 1997 : *Le Guéridon* 1944, h/t (92x64) : **FRF 152 000** – LONDRES, 25 juin 1997 : *Composition cosmique* 1938, h/pan. (60x73) : **GBP 41 100** – COPENHAGUE, 22-24 oct. 1997 : *Oiseau* 1937, h/t (19x27) : **DKK 12 000**.

DOMINGUEZ Serafin

XIXe siècle. Actif à Ténériffe. Espagnol.

Peintre.

Il exposa deux toiles à Palma en 1862.

DOMINGUEZ Y ALVARADO Narcis

Né à Ocana. XIXe siècle. Espagnol.

Paysagiste.

Il exposa en 1881 à Madrid.

DOMINGUEZ-BECQUER Joaquin

Né en 1817 ou 1819 à Séville. Mort le 25 juillet 1879 à Séville. XIXe siècle. Espagnol.

Peintre d'histoire, scènes de genre, portraits.

Élève de son frère José Dominguez, il est l'oncle de Valeriano, qu'il éleva. Il fit ses études à l'École des Beaux Arts de Séville, où il devint professeur. Il fut membre de l'Académie Sévillane en 1874 et l'un des fondateurs du Lycée artistique de Séville. Il fut également professeur de dessin du duc de Montpensier.

Il exposa à Séville, Madrid, Paris.

Parmi ses œuvres liées au « costumbrismo », c'est à dire aux mœurs et coutumes de la vie espagnole, citons *La fête de Séville – Intérieur de la cathédrale de Séville – Scène de carnaval à Séville près de la Lonja – Fête populaire*. Il est aussi l'auteur de portraits, dont celui de *Murillo*, un *Autoportrait en chasseur*, et des portraits du duc et de la duchesse de Montpensier. Il a également peint : *La paix avec le Maroc* pour la mairie de Séville.

BIBLIOGR. : In : *Dictionnaire de la peinture espagnole et portugaise du Moyen-Âge à nos jours*, coll. Essentiels, Larousse, Paris, 1989.

MUSÉES : MADRID (Mus. romantico) : *Scène de carnaval à Séville près de la Lonja* – SAN SEBASTIAN (Mus. de San Telmo) : *La Cruz del Campo en Sevilla* – SÉVILLE : *Portrait de D. Miguel de Carvajal y Mendiela*.

VENTES PUBLIQUES : LONDRES, 29 mai 1992 : *Scène de rue animée ; Personnages dans un intérieur* 1841, h/t, une paire (68, 5x47) : **GBP 11 000** – MADRID, 16 juin 1992 : *Jeune femme avec un panier de fleurs*, h/t (94x73) : **ESP 480 000**.

DOMINGUEZ BECQUER José

Né vers 1810 à Séville. Mort le 26 janvier 1841 à Séville. XIXe siècle. Espagnol.

Peintre de genre, portraits, illustrateur, graveur.

Père de Valeriano Dominguez, il fut professeur au Lycée de Séville.

Il est l'auteur de scènes populaires de marchés, d'églises, de fêtes, dans l'esprit du « costumbrismo » sévillan, comme le montrent *La fête de Santiponce – Deux femmes à la porte d'une église*. Il fut également portraitiste et réalisa une série de lithographies et de gravures pour son *Album Sevillano* et *Espana artistica*.

BIBLIOGR. : In : *Dictionnaire de la peinture espagnole et portugaise du Moyen-Âge à nos jours*, coll. Essentiels, Larousse, Paris, 1989.

VENTES PUBLIQUES : NEW YORK, 7 fév. 1901 : *Le duel* : **USD 800** – NEW YORK, 8 et 9 jan. 1903 : *Les joueurs de cartes* : **USD 2 125** – NEW YORK, 15-16 fév. 1906 : *La reconnaissance* : **USD 1 000** – NEW YORK, 1er-2 mars 1906 : *La chanson d'amour* : **USD 1 500** – MADRID, 30 juin 1986 : *Danseuse aux castagnettes*, h/t (54x35) : **ESP 250 000**.

DOMINGUEZ BECQUER Valeriano

Né en 1834 à Séville. Mort le 23 septembre 1870 à Madrid. XIXe siècle. Espagnol.

Peintre de genre, portraits, paysages, illustrateur. Romantique.

Fils et élève de José Dominguez Becquer, il fut élevé, à la mort de son père, par son oncle, Joaquim Dominguez. À Madrid en 1861, il participa à la décoration du palais du marquis de Remisa. En 1870, année de sa mort, il fut nommé dessinateur à la *Illustracion de Madrid*.

Il teinte de romantisme ses sujets de genre, encore dans l'esprit du « costumbrismo », mais surtout ses portraits. Dans le genre étude de mœurs et de coutumes, il a réalisé, sur commande du gouvernement, des dessins représentant des *Types, costumes et coutumes* d'Aragon et de Castille.

BIBLIOGR. : In : *Dictionnaire de la peinture espagnole et portugaise du Moyen-Âge à nos jours*, coll. Essentiels, Larousse, Paris, 1989.

MUSÉES : CADIZ : *Intérieur Isablin* – MADRID (Mus. Romantico) : *Fontaine de l'ermitage de Sonsoles* 1867 – SÉVILLE : *Portrait de son père*.

DOMINGUEZ-BELLO A.

Né dans la seconde moitié du XIXe siècle en Espagne. XIXe-XXe siècles. Espagnol.

Sculpteur.

Il exposa à Paris au Salon des Artistes Français en 1911.

DOMINGUEZ Y MEUNIER Manuel

XIXe siècle. Espagnol.

Peintre de scènes de genre.
Il fut élève de l'École des Beaux-Arts de San Fernando à Madrid. Il résida pendant de nombreuses années à Rome. Il participa à de nombreuses expositions collectives et à des concours, obtenant une troisième médaille à l'Exposition Nationale des Beaux-Arts de 1899. Il exposa au Salon de Paris, obtenant dès 1878 une médaille de deuxième classe, et de nouveau une médaille de bronze pour l'Exposition Universelle de 1900.
Ventes Publiques : New York, 18 et 19 fév. 1904 : *Jeu de cartes* : **USD 100** – New York, 1er et 2 déc. 1904 : *Jeu de cartes* : **USD 130** – New York, 10 et 11 jan. 1907 : *Beuverie* : **USD 140** – Madrid, 24 fév. 1987 : *Italiana*, h/t (58x50) : **ESP 120 000**.

DOMINGUEZ Y SANCHEZ Manuel
Né vers 1839 à Madrid. Mort en 1906 à Cuenca. XIXe siècle. Espagnol.
Peintre d'histoire et de portraits.
Élève de l'Académie Royale de San Fernando. On cite de lui : *La résurrection de la fille de Jaïre, Sylvain, dieu des bois, Venise*, et des portraits. Ce fut un artiste très brillant quant à la facture. Il exposa à Madrid, Vienne (1873), Paris (1878). Le Musée de Madrid conserve de lui : *Marguerite devant le miroir* et *La mort de Sénèque*.

DOMINGUEZ Y SUAREZ Angel
XIXe siècle. Espagnol.
Sculpteur.
Élève de l'École des Beaux-Arts de Séville. Il exposa dans cette ville en 1867.

DOMINICE Guy
Né à Genève (Suisse). XXe siècle. Suisse.
Peintre.
Sociétaire du Salon d'Automne. On cite ses *Chevaux de course*.

DOMINICI Antonio de ou **Domenici**
Né vers 1730 à Palerme. Mort vers 1794 à Naples. XVIIIe siècle. Italien.
Peintre de sujets mythologiques, peintre de cartons de tapisseries.
Il brigua longtemps mais en vain le poste de directeur de l'Académie de dessin de Naples dont il était membre. Son œuvre la plus retentissante fut des cartons de tapisseries illustrant *l'Histoire de Don Quichotte* et commandés par Charles III.
Ventes Publiques : Milan, 21 mai 1991 : *L'Enlèvement d'Europe*, h/pan. (60x76) : **ITL 13 560 000**.

DOMINICI Bernardo
Né en 1684 à Naples. Mort vers 1750 à Naples. XVIIIe siècle. Italien.
Peintre.
Joachim-Franz Beisch, artiste allemand de passage à Naples, l'éduqua dans l'art du paysage. Dominici fut un fort bon élève qui profita pleinement des principes donnés par son maître dont il copia le style précis et minutieux. Il peignit aussi des « bambochades ». En 1742 et 1743, cet artiste publia, à Naples, en deux volumes, *Vite de Pittori, Scultori ed Architetti Napolitani*.

DOMINICI Francesco
Né en 1530 à Trévise peut-être. Mort vers 1563. XVIe siècle. Italien.
Peintre de portraits.
Élève de Paris Bordone, d'après certains biographes, du Titien, il fut le rival de Louis Fiumicelli et excella surtout dans le portrait. Rodolfi parle d'un ouvrage exécuté par Dominici dans le dôme de la Banca della Compania della Madonna à Trévise, représentant *Une procession d'un évêque et de plusieurs chanoines*, daté de 1752.
Ventes Publiques : Londres, 9 nov. 1945 : *L'artiste* : **GBP 47**.

DOMINICI Gian Paolo de
XVIIIe siècle. Actif en Italie du Sud. Italien.
Peintre.
Il était fils de Raimondo.

DOMINICI Maria de
Née vers 1650 à Malte. Morte en 1703 à Rome. XVIIe siècle. Italienne.
Peintre et sculpteur.
Elle fut élève de Mattia Preti.

DOMINICI Raimondo de
Né en 1645 à Malte. Mort le 31 août 1705 à Naples. XVIIe siècle. Italien.
Peintre.
Cet artiste fut l'élève de Mattia Preti, puis à Naples celui de Luca Giordano, dont il imita toujours le style. Il décora plusieurs églises à Naples comme Saint-Dominique Majeure et le Gesu Nuovo, puis de retour à Malte, en 1701, il exécuta un plafond pour l'église des Carmélites.

DOMINICIS Achille de
Né à Tivoli. XIXe siècle. Italien.
Peintre de genre, figures, aquarelliste.
C'est un peintre de genre et d'aquarelles très estimé qui exposa à Milan, en 1881 : *Les Colombes* et *Les Gourmands* ; à Turin, en 1884 : *Oliviers dans la rue Cassiana*. On cite encore de lui : *Le bersaglier et la cantinière*, toile qui a obtenu beaucoup de succès et fut reproduite plusieurs fois.
Ventes Publiques : Londres, 17 mars 1983 : *Le garde arabe*, aquar. (40,5x26,5) : **GBP 1 800** – Londres, 27 nov. 1985 : *Pêcheurs vénitiens* 1887, h/t (89x166) : **GBP 4 500** – Rome, 10 déc. 1991 : *Pêcheurs sur le fleuve*, h/t (60x98) : **ITL 2 000 000** – New York, 20 jan. 1993 : *Jeune fille ramassant de l'herbe*, h/t (102,9x74,9) : **USD 4 600**.

DOMINICIS Gino de
Né en 1947 à Ancône. XXe siècle. Italien.
Peintre, sculpteur, dessinateur. Conceptuel.
Après des débuts lointains : Biennale de Paris en 1971, Documenta de Kassel en 1972, alors qu'il utilisait souvent des circuits télévisés en tant que médias d'une recherche d'un espace à la fois magique et rationnel, dont la transparence suggérait l'existence d'une réalité autre, on le retrouva beaucoup plus tard, ne se livrant plus, entretenant au contraire le mystère sur tout ce qui le concerne, exposant peu. En 1985, il a participé à la Biennale de Paris, dont il reçut le Prix International, en 1989 à l'exposition de la Royal Academy de Londres *Art Italien du XXe Siècle*, en 1990 au Pavillon Italien de la Biennale de Venise. Ses expositions personnelles eurent lieu : la première en 1965 à Ancône, puis plus tard en 1980 au Centre Pompidou de Paris, 1986 Musée Capodimonte de Naples, 1989 Fondation Rayburn de New York, 1990 au *Magasin* de Grenoble.
Se voulant inclassable, l'œuvre se dérobe à toute définition globalisante. Son foisonnement dispersé admet l'énumération et la description. Il faudrait énumérer et décrire : un squelette géant au nez en bec d'oiseau allongé sur le sol, un dessin académique, l'installation d'un fauteuil fixé au mur à trois métres du sol, les silhouettes affrontées du héros sumérien Gilgamesh et de la déesse hindoue Urvasi... Ses interventions les plus significatives sont de l'ordre de celle qui définit un carré tracé par terre comme étant un cube invisible ou de celle qui atteste que la balle qu'on voit au sol a été saisie à l'instant précis de son rebond figé. Les commentaires de son œuvre arguent d'une réflexion sur le temps, l'espace, l'identité, la mort, l'éternité, etc. ■ J. B.
Bibliogr. : Maïten Bouisset : *À Grenoble, l'homme masqué et le promeneur*, Beaux-Arts, Paris, printemps 1990 – Olivier Zahm : *Gino De Dominicis, le sourire crépusculaire*, Art Press, Paris, été 1990.
Ventes Publiques : Milan, 15 mars 1994 : *Sans titre (Figure transparente debout)* 1985, cr./pan. (39,5x29,5) : **ITL 46 000 000**.

DOMINICIS Giuseppe
Né en 1765 à Citta Saint Angelo (Abruzzes). Mort le 25 octobre 1840 à Citta Saint Angelo (Abruzzes). XVIIIe-XIXe siècles. Italien.
Peintre.
Il décora les églises et les palais de sa ville natale.

DOMINICUS
XVIe siècle. Actif à Siebenbürger au début du XVIe siècle. Hongrois.
Peintre.
En 1512 il travaillait pour la chapelle du château de Toresvar.

DOMINICUS, fra
XVIIe siècle. Actif à Prague. Tchécoslovaque.
Graveur au burin.
On lui doit une vue de la ville de Brno.

DOMINICUS, fra. Voir aussi **RICHTER Franciscus**

DOMINIK Tadeusz
Né en 1928 à Szymanow. XXe siècle. Polonais.
Peintre, graveur, céramiste, peintre de cartons de tapisseries. Tendance abstraite-paysagiste.
Il fut élève de l'Académie des Beaux-Arts de Varsovie, de 1946 à 1951. Il figure régulièrement au Salon de Mars de Zakopane,

dans de nombreuses expositions internationales d'art polonais contemporain. En 1956, il fut invité à la Biennale de Venise, ainsi qu'au groupe *Roter Reiter* (Cheval rouge), en 1957 à l'exposition d'art graphique de Ljubljana, en 1958 à la Guggenheim International Award de New York, en 1961 à la IIe Biennale des Jeunes Artistes de Paris.

Il réalisa un cycle de gravures sur bois sur le thème de *La mère et l'enfant*.

Ensuite, il tend ensuite, dans une gamme de couleurs vives et un graphisme dynamique, à une non-figuration, toutefois fondée sur la perception de paysages.

Bibliogr. : In : *Les Contemporains*, Mazenod, Paris, 1964.

Ventes Publiques : Paris, 26 mars 1995 : *Composition abstraite* 1958, h/t (81x65) : **FRF 5 000**.

DOMINIONE Giovanni Battista

XVIIIe siècle. Actif à Milan. Italien.

Sculpteur.

Il sculpta un autel pour l'église Saint-Angelo en 1708.

DOMINIQUE

XVe siècle. Italien.

Peintre.

Ce peintre, qui était italien, vivait à Lyon en 1495-96.

DOMINIQUE André

XVIIe siècle. Actif à Poitiers vers 1600. Français.

Sculpteur.

Il travailla pour la chapelle du couvent dominicain de cette ville.

DOMINIQUE W.

XVIIIe siècle. Actif dans la seconde moitié du XVIIIe siècle. Français.

Peintre et dessinateur.

Cité par le Dr Mireur comme paysagiste et peintre de genre.

Ventes Publiques : Avignon, 1779 : *Paysages*, deux dess. : **FRF 12** – Paris, 1831 : *La dentellière* : **FRF 560** – Paris, 17 mai 1894 : *Paysage*, dess. : **FRF 15**.

DOMINIQUE FLORENTIN, de son vrai nom : **Dominique Rinucci,** appelé aussi **Dominique del Barbiere**

Né vers 1506 à Florence. Mort sans doute entre 1565 et 1575. XVIe siècle. Italien.

Peintre, sculpteur de statues, monuments, graveur, architecte.

Italien, venu en France à la suite du Rosso et du Primatice, il fit, de 1537 à 1540, des mosaïques au château de Fontainebleau ; en 1541, il fit, à Troyes, dans les églises, de nombreuses œuvres qui, toutes, ont disparu. En 1548, il fut chargé d'organiser la réception faite à Henri II et à Catherine de Médicis. On commanda à lui et à François Gentil les modèles des présents que les échevins voulaient offrir au roi et à la reine et qui furent fondus en argent par Henriet Boulanger, orfèvre. Avec son gendre, Gabriel Favereau, il remplaça, de 1549 à 1555, le jubé de bois de l'église collégiale Saint-Étienne, de Troyes, par un jubé en pierre sculptée orné de statues. Démoli pendant la Révolution, il ne reste, à Troyes, que les statues de *La Foi* et de *La Charité*, aujourd'hui, dans le chœur de l'église Saint-Pantaléon ; une colonne avec un chapiteau corinthien, dans la cour de l'église Sainte-Madeleine ; les bas-reliefs (*Vie de saint Étienne*) furent transportés dans l'église de Bar-sur-Seine. Son œuvre capitale fut le tombeau de Claude de Lorraine, duc de Guise, et de sa femme, Antoinette de Bourbon, dans l'église collégiale de Saint-Laurent, dépendant du château de Joinville (Haute-Marne), fait avec Jean Leroux. Ce monument remarquable fut détruit en 1793 : les statues de *la Tempérance* et de *La Justice* sont aujourd'hui dans la salle de la mairie de Joinville ; quatre figures de marbre ; *L'Abondance, La Charité, La Foi* et *la Religion*, sont au Musée de Chaumont ; un écusson aux armes de Lorraine et deux génies funéraires sont au Louvre ; quelques bas-reliefs du sarcophage sont, depuis 1884, dans la collection Émile Peyre. En 1565, Dominique Florentin fut chargé par Catherine de Médicis de la statue du tombeau de Henri II. Le modèle proposé ne fut pas employé ; l'œuvre aujourd'hui à Saint-Denis est de Germain Pilon. Il fit un grand nombre de gravures : la Bibliothèque Nationale en possède 16, signées *Domenico Fiorentino, Domenico del Barbiere*, et *D. F.*

·D·F· DB

Musées : Paris (BN) : seize gravures.

Ventes Publiques : Londres, 29 juin 1977 : *Squelettes et écorchés*, eau-forte (23,7x33,4) : **GBP 620** – Londres, 18 juin 1982 : *Squelettes et hommes écorchés*, cuivre (23,8x33,4) : **GBP 4 000** – Londres, 5 déc. 1985 : *Gloria* vers 1540-1545, grav./cuivre (28,8x21,8) : **GBP 6 000**.

DOMINIQUIN, Le ou **il Domenichino**, de son vrai nom : **Domenico Zampieri**

Né le 21 octobre 1581 à Bologne (Emilie-Romagne). Mort le 6 avril 1641 à Naples (Campanie). XVIIe siècle. Italien.

Peintre de scènes mythologiques, compositions religieuses, sujets allégoriques, scènes de genre, portraits, paysages animés, fresques, dessinateur.

Bien qu'il soit un élève de Dionysos Calvaert, il est attiré par l'art des Carrache et entre dans l'atelier de Ludovic. À ce moment, Annibal est à Rome, travaillant à la Galerie Farnèse. Le Dominiquin est envoyé là-bas pour compléter sa formation et collaborer à la décoration de la Galerie. Annibal Carrache était aidé par plusieurs élèves, dont Lanfranco qui devait jouer un rôle étrange et plutôt désagréable dans la vie du Dominiquin.

Dès 1602, Le Dominiquin peint avec maîtrise la *Jeune fille à la licorne*, fresque sûrement faite de sa main à la Farnésine. Cette composition est surtout remarquable par la fraîcheur, la simplicité et l'équilibre d'un paysage qui rappelle assez la dernière manière d'Annibal Carrache. On ne peut, sans parti pris, dire que ce paysage manque de naturel, reproche plus justifié pour ses dernières compositions décoratives. Le Dominiquin a tout de suite été un grand fresquiste, que ce soit à San Gregorio de Rome, où il exécute, entre 1605 et 1608, *La Flagellation de saint André*, ou à l'abbaye de Grottaferrata, *La vie des saints Nilo et Bartholomé* (1608-1610), ou encore à Saint-Louis-des-Français, *L'Apothéose de sainte Cécile* (1611-1614). À travers ces premières œuvres, il montre une profonde culture classique et une grande connaissance des Stances de Raphaël. Son célèbre tableau, *La Communion de saint Jérôme*, peint en 1614, lui permet de mettre en application ses principes de représentation psychologique : les passions, sentiments les plus forts, se peignent sur le visage et se manifestent dans le geste. Évidemment, il en résulte une peinture quelque peu théâtrale, dans un style très étudié, intellectuel, tout à fait classique. Toutefois, l'art du Dominiquin n'est pas toujours aussi froid et de temps en temps, on retrouve son goût, hérité d'Annibal Carrache, pour le paysage. Il crée même un type de paysage où la sensibilité à la nature existe, mais est tempérée par une recherche équilibrée d'un idéal. *La Diane chasseresse* de la Galerie Borghèse (1617), donne un exemple de ce genre qui sera repris par Poussin. Entre 1616 et 1618, il termine les fresques de la villa Aldobrandini à Frascati (aujourd'hui à la National Gallery de Londres) sur le thème de la *Légende d'Apollon*. Une commande lui vient en 1623, de Francesco Peretti, pour la décoration de Sant'Andrea della Valle. Afin de terminer les travaux pour le jubilé de 1625, on propose au Dominiquin de faire la décoration des pendentifs qui soutiennent la coupole qui serait exécutée par Lanfranco. De ces travaux date la rivalité entre les deux artistes qui, par leurs chamailles, terminent, non en 1625, mais en 1628. Pour cette décoration, Le Dominiquin est partagé entre un idéal classique et le goût baroque du moment. Il se veut rassurant en soulignant la structure architecturale des pendentifs, mais il fait venir en avant les *Évangélistes* qui reposent sur des nuages. Le Dominiquin recherche surtout un équilibre stable, celui de chaque figure dans son pendentif, et celui des quatre pendentifs, faisant répondre les figures entre elles. Tout est composé suivant un strict réseau d'horizontales, de verticales et d'obliques. Il réalise ainsi un travail parfait, mais forcément un peu froid. Le Dominiquin est un artiste qui ne néglige ni les règles de composition, ni celles de l'iconographie. Ces dernières étaient dictées par des religieux très soucieux de leur respect ; et pour Sant'Andrea della Valle, Le Dominiquin a dû suivre les directives de Monseigneur Agucchi. Il existait même une sorte de dictionnaire des symboles : *L'Iconologie* du Cavalier Ripa dans lequel Le Dominiquin a souvent puisé des idées. Après avoir commencé la décoration de San Carlo ai Catinari en 1630, et exécuté *Le Martyre de saint Sébastien*, à Sainte-Marie-des-Anges de Rome, il est appelé à Naples pour faire des fresques à la chapelle du Trésor-de-Saint-Janvier à la cathédrale. Il ne connaît dans cette ville que des déboires ; il y retrouve son ennemi légendaire, Lanfranco, avec lequel il est en concurrence. Ce dernier remporte finalement un gros succès, au contraire du Dominiquin, dont la peinture ne plaît pas en raison de l'admiration que les Napolitains avaient eu pour Le Caravage. Le Dominiquin étant un émule des Carrache, opposés de façon tout aussi légendaire au Caravage, ne pouvait être apprécié à Naples, d'autant qu'il avait assimilé la leçon des Carrache dans un sens académique. Après s'être enfui de cette ville, il y revient pour y mourir soi-disant empoisonné par Lanfranco.

Le Dominiquin avait un tempérament classique, fait de mesure, comme le montre sa façon d'éclairer uniformément les parties saillantes et d'accuser peu les ombres. Il peint les ombres en pointillé, de telle sorte qu'il dégrade le ton sans affaiblir la couleur ni détruire le volume de la partie dans l'ombre. Il est attaché à des règles d'iconographie, d'expression et de composition, à un travail sérieux parfois laborieux. Il mêle réalité et fantaisie dans ses paysages qui, comme celui d'*Hercule et Cacus* ou de *La Fuite en Égypte*, sont baignés d'une lumière diffuse, dans un style proche de celui de Carrache. Il annonce également les paysages tout aussi élaborés de Poussin.

Bibliogr. : L. Serra : *Domenico Zampieri detto il Domenichino*, Rome, 1909 – C. Gnudi in : Catalogue de l'exposition *Le Caravage et la peinture italienne du xviie siècle*, Louvre, 1965.

Musées : Ajaccio : *Jésus ordonne à saint Pierre de marcher sur les eaux* – *Narcisse* – Angers : *Saint Charles Borromée* – Bergame (Carrara) : *Le bain de Diane – Saint Grégoire le Grand – Hérodiade* – Berlin : *Saint Jérôme*, deux œuvres – *L'architecte Vinc-Scamozzi* – Besançon : *Saint Jean-Baptiste enfant – Paysage* – Béziers : *Le pape Grégoire XV et le cardinal Ludovico Ludovisi* – Bologne : *Madone du Rosaire – Martyre de sainte Anne – Martyre de saint Pierre* – Darmstadt : *L'artiste par lui-même – Le 12 avril 1603 à Rome* – Dresde : *Une mère et trois enfants, amour ou charité* – Dunkerque : *Martyre de saint André* – Édimbourg : *Baigneur – Martyre de saint André* – Florence (Gal. Nat.) : *L'artiste – Le cardinal Agucchio* – Florence (Pitti) : *Sainte Marie-Madeleine – Paysage avec Diane et Actéon* – Fontainebleau : *Paysage avec Hercule et Cacus* – Gênes : *Saint Roch priant pour les pestiférés* – Genève (Rath) : *Triomphe de David* – Glasgow : *Saint Jérôme dans le désert* – Grenoble : *Adam et Ève chassés du paradis terrestre* – Hanovre : *Saint Jean-Baptiste* – Lille : *L'Amour vainqueur – Diogène – Saint Étienne et saint Nicolas de Tolentino* – Londres (Nat. Gal.) : *Paysage avec l'histoire de Tobie et de l'ange, du livre apocryphe de Tobie – Paysage avec saint Georges et le dragon – Lapidation de saint Étienne – Saint Jérôme et l'ange* – Londres (coll. Wallace) : *Sibylle* – Lyon : *Angélique et Médor* – Madrid (Prado) : *Saint Jérôme, écrivant dans le désert, est interrompu par l'apparition de deux anges – Sacrifice d'Abraham – Paysage avec baigneurs* – Le Mans : *Paysage avec figures* – Mayence : *Sainte Apolline* – Milan (Brera) : *Vierge, enfant Jésus, saints et anges* – Montauban : *Vierge et anges* – Montpellier : *Sainte Agnès – Portraits d'un jeune homme et d'un cardinal*, contestés – Moscou (Roumianzeff) : *Sibylle* – Munich : *Judith avec la tête d'Holopherne – Saint Jérôme assis – Paysage avec enlèvement d'Europe* – Naples : *L'ange gardien* – Nice : *Moine en extase* – Paris (Louvre) : *Le roi David – Repos de la Sainte Famille – Ravissement de saint Paul – Sainte Cécile – Combat d'Hercule et d'Achelaus – Alexandre et Timoclée – Le triomphe de l'Amour – Renaud et Armide – Herminie chez les bergers – Paysage* – Rome (Borghèse) : *La chasse de Diane* – Rome (Doria-Pamphili) : *Paysage – Le vieux Tobie aveugle – Le jeune Tobie et l'ange – Paysage avec mendiant – Passage d'un gué* – Rome (Vatican) : *Communion de saint Jérôme* – Saint-Pétersbourg (Ermitage) : *Saint Jean l'Évangéliste – La Madeleine portée au ciel – Allégresse des Juives après le passage de la Mer Rouge – L'Amour* – Schleissheim : *Suzanne au bain* – Stockholm : *Saint Jean l'Évangéliste – Saint Jean l'Évangéliste avec un ange* – Toul : *Saint Antoine de Padoue* – Vienne (Czernin) : *Esther devant Assuérus* – Vienne (Harrach) : *Saint Jérôme – Jeune fille – Jeune fille* – Vienne (Schonborn-Buchheim) : *Militaire*.

Ventes Publiques : Paris, 1742 : *Saint Pierre dans sa prison ; Loth et ses filles* : **FRF 1 701** – Paris, 1753 : *Tête de femme*, pierre noire : **FRF 90** – Paris, 1756 : *L'ange brise les fers de saint Pierre* : **FRF 3 420** – Paris, 1776 : *Assomption de la Vierge*, pierre noire : **FRF 300** – Paris, 18 avr. 1803 : *Jésus Christ portant sa croix*, pl. et encre de Chine, reh. de blanc : **FRF 561** – Londres, 1804 : *Madeleine à genoux* : **FRF 13 905** – Londres, 1810 : *Sainte Cécile* : **FRF 45 930** – Londres, 1816 : *Paysage* : **FRF 26 250** – Paris, 1820 : *Paysage avec saint Georges et le dragon* : **FRF 10 762** – Londres, 1840 : *Madeleine en contemplation* : **FRF 17 450** – Londres, 1848 : *Sibylla persica* : **FRF 18 120** – Paris, 1865 : *Une sibylle* : **FRF 5 100** – Londres, 1884 : *Saint Jean l'Évangéliste, un aigle à ses pieds, et deux anges* : **FRF 18 375** – Londres, 12 déc. 1908 : *Musique* : **GBP 15** – Londres, 21 fév. 1910 : *Portrait de Catherine de Médicis* : **GBP 22** – Paris, 8-10 juin 1920 : *Le buisson ardent*, lav. : **FRF 785** – Paris, 10 fév. 1926 : *Barbares enlevant une femme*, pl. et bistre : **FRF 240** – Londres, 2 mars 1945 : *Gentilhomme tenant son fils dans ses bras* : **GBP 105** – Londres, 5 déc. 1977 : *Paysage avec Atalante rentrant de la chasse (recto) ; Figures devant le mur d'une ville (verso)*, pl. (16,6x22,3) : **GBP 5 000** – Vienne, 13 mars 1979 : *Persée et Andromède*, h/cuivre (45,5x38,7) : **ATS 65 000** – L'Isle-Adam, 14 mars 1982 : *Sainte Cécile*, h/t (39x33) : **FRF 24 000** – Milan, 27 nov. 1984 : *Paysage*, pl. (19x14) : **ITL 6 000 000** – New York, 4 juin 1987 : *Adam et Ève chassés du Paradis*, h/t (122x172) : **USD 1 400 000** – Londres, 2 juil. 1991 : *Groupe de quatre enfants musiciens avec un enfant isolé dans le coin droit*, craie rouge, encre et lav. (11,5x16,6) : **GBP 19 800** – New York, 11 jan. 1994 : *Vaste paysage boisé avec une ferme fortifiée et des voyageurs (recto) ; Étude de Christ en croix (verso)* : **USD 4 830** – Londres, 2 juil. 1996 : *Tête de Saint Jérôme (recto) ; Saint Jérôme agenouillé (verso)*, craies blanche et noire/pap. beige (39,5x35,2) : **GBP 21 850**.

DOMINOV Rachid

Né en 1946. xxe siècle. Russe.

Peintre de compositions animées. Figuration onirique.

Il fut élève de l'Institut Répine des Beaux-Arts de Leningrad. Il est membre de l'Association des Peintres de Leningrad. Il participe à des expositions collectives, d'entre lesquelles : 1982 à Osaka *L'Art de la Révolution d'Octobre*, 1988 Tokyo *Art Soviétique*, 1990 Toronto *L'Art Contemporain* et Moscou *Les Œuvres des Peintres de l'URSS*, etc. Il montre aussi ses œuvres dans des expositions personnelles : 1979 Léningrad, 1983 Moscou...

Il peint à l'huile, paraît toutefois plus à l'aise avec la tempéra et la gouache. Dans une technique très saine et simple – il pose les couleurs à leurs places – il raconte les histoires qui lui viennent selon le jour et l'heure ou encore le rêve de la nuit : une sérénade sous un balcon ou bien simplement le plaisir d'un jour d'été. C'est un style narratif, proche parfois d'une imagerie presque naïve, tandis que ailleurs se remarquent des traces stylistiques issues lointainement du cubisme. ■ J. B.

Bibliogr. : In : Catalogue de la vente *L'École de Leningrad*, Drouot, Paris, 19 nov. 1990.

Musées : Astrakhan – Bratislava (Gal. d'Art Guekosso) – Dresde (Gal. Nat.) – Irkoutsk (Mus. des Beaux-Arts) – Kalinine – Khabarovsk (Mus. des Beaux-Arts) – Kharkov (Mus. des Beaux-Arts) – Kirv (Mus. d'Art Russe) – Krasnodar (Gal. de Peinture) – Krasnoiarsk (Mus. des Beaux-Arts) – Moscou (min. de la Culture de l'URSS) – Saint-Pétersbourg (Mus. des Beaux-Arts de l'Inst. Répine) – Saint-Pétersbourg (Mus. Russe) – Tbilissi.

Ventes Publiques : Paris, 27 nov. 1989 : *Juin 1988*, temp. et gche/cart. (84x53) : **FRF 3 200** – Paris, 19 nov. 1990 : *À la maison*, gche/pap. (59x71) : **FRF 3 000**.

DOMJAN Joseph

Né en 1907. xxe siècle. Actif aussi aux États-Unis. Hongrois.

Peintre, graveur, dessinateur.

En 1948, il reçut le Prix Kossuth, puis quitta la Hongrie quelques années plus tard. En 1956, il s'installa à Genève, où il exposa plus de 150 gravures sur bois au Musée d'Art et d'Histoire. Il s'établit ensuite aux États-Unis, où il exposait, continuant d'exposer aussi en Europe.

Son art est très décoratif, empruntant pour ses fleurs et ses oiseaux, les thèmes et la technique de l'art populaire.

Musées : Paris (Mus. Nat. d'Art Mod.) : nombreux dessins.

DOMMA Hans Jakob ou Thoma

xvie-xviie siècles. Actif à Schaffhouse. Suisse.

Peintre sur verre et décorateur.

Mentionné en 1608, il fut élève de Hieronymus Lang.

DOMMELSHUIZEN Pieter Christiaan Cornelis ou Dommelshuijzen, Dommershuizen, Dommersen ou Dommerson

Né en 1834 ou 1842. Mort en 1908 ou 1928. xixe-xxe siècles. Actif à Londres. Hollandais.

Peintre de genre, paysages animés, paysages urbains, marines.

Il exposa entre 1865 et 1878 à la Royal Academy, à Suffolk Street et à la British Institution. Il a traité des scènes animées, de rue ou de la navigation de bord de mer, mais avant tout des vues typiques d'Amsterdam. Il s'est aventuré jusque dans l'extrême nord de la France.

Ventes Publiques : Londres, 22 fév. 1908 : *Bruges* : **GBP 9** – Londres, 19 juil. 1909 : *Naviguant dans la Frise au-delà d'Amsterdam* : **GBP 2** – Londres, 5 mars 1910 : *West Kapelle ; Près de Mid-*

delharnis (Hollande) : **GBP 6** – Londres, 17 fév. 1922 : *Deux paysages de Hollande* 1895 : **GBP 9** – Londres, 15 mai 1931 : *Amsterdam* 1873 : **GBP 4** – Londres, 13 mai 1935 : *Marine* 1866 : **GBP 6** – Amsterdam, 10 nov. 1970 : *Le naufrage* : **NLG 9 200** – New York, 2 avr. 1976 : *Scène de marché, Bruges* 1886, h/pan. (50x40) : **USD 2 600** – Londres, 23 juil. 1976 : *Scène de rue, Turnhout* 1887, h/t (32x28) : **GBP 1 500** – Londres, 22 juil. 1977 : *Vue de Coblence* 1891, h/pan. (24x20) : **GBP 1 400** – Londres, 20 avr. 1979 : *Les Sauveteurs* 1868, h/t (48,2x78,7) : **GBP 3 200** – New York, 25 jan. 1980 : *Scène de bord de mer* 1885, h/pan. (38,5x60) : **USD 9 000** – New York, 11 fév. 1981 : *La Rivière Schie à Overschie* 1897, h/t (53x79) : **USD 12 000** – Los Angeles, 28 juin 1982 : *Vue d'un port près du château d'Édimbourg* 1862, h/t (51x82) : **USD 7 000** – Londres, 21 oct. 1983 : *Personnages et voiliers dans un estuaire* 1865, h/t (49,5x80) : **GBP 5 500** – Londres, 5 juin 1985 : *Amsterdam, il y a 40 ans* 1890, h/pan. (50x76) : **GBP 6 000** – New York, 31 oct. 1985 : *Vue d'Amiens* 1880, h/pan. (38x45,7) : **USD 8 000** – Londres, 29 mai 1987 : *Scène de bord de mer* 1884, h/t (76x127) : **GBP 3 500** – Londres, 31 juil. 1987 : *Le port de Londres* 1861, h/t (81,5x129,5) : **GBP 10 000** – Amsterdam, 28 fév. 1989 : *Marine animée avec un voilier doublant la pointe de la jetée et le village de Goes à l'arrière-plan* 1875, h/t (41x61) : **NLG 11 500** – Londres, 21 juin 1989 : *Capriccio d'une vue d'Amsterdam* 1875, h/t (59x74,5) : **GBP 14 300** ; *Doesburg-sur-Waal* 1885, h/t (38x61) : **GBP 6 050** – Londres, 6 oct. 1989 : *L'Attente du passeur* 1868, h/pan. (30x40) : **GBP 5 280** – Londres, 14 fév. 1990 : *Vue de Dordrecht* 1860, h/t (49x80) : **GBP 6 600** – Amsterdam, 25 avr. 1990 : *Paysage estival avec des embarcations sur une rivière* 1869, h/t (50x80) : **NLG 19 550** ; *Rue de Deventer* 1898, h/t (37,5x30,5) : **NLG 8 050** – Londres, 30 mai 1990 : *Barques de pêche dans la tempête sur les côtes de l'île de Texel en Hollande* 1901, h/t (51x76) : **GBP 7 700** – Amsterdam, 24 avr. 1991 : *Marins dans un canot près d'un caboteur dans une mer houleuse en vue des côtes* 1868, h/t (51,5x81,5) : **NLG 12 650** ; *Le Quartier juif d'Amsterdam* 1884, h/t : **NLG 10 120** – New York, 22 mai 1991 : *Vue d'Amiens* 1880, h/pan. (37,5x45,7) : **USD 17 600** – Londres, 19 juin 1991 : *Chaussée longeant un canal* 1874, h/t (49x39) : **GBP 8 800** – Londres, 20 mars 1992 : *Au large de Monnikkedam* ; *Le village de Blokzyl au lointain* 1901, h/pan., une paire (30x40,7) : **GBP 6 820** – Amsterdam, 14-15 avr. 1992 : *Vue de la Tour des pleureuses à Amsterdam*, h/t (80x131) : **NLG 37 950** – New York, 28 mai 1992 : *Rue de Haarlem* 1894, h/t (38,1x30,5) : **USD 4 400** – Londres, 19 juin 1992 : *Amsterdam* 1896, h/t (101,5x76,2) : **GBP 9 350** – Amsterdam, 28 oct. 1992 : *Doesburg sur le Waal* 1885, h/pan. (39,5x60,5) : **NLG 27 600** – Amsterdam, 2 nov. 1992 : *Vue du pont basculant de Enkhuizen* 1902, h/t (28,5x39) : **NLG 7 475** – Londres, 20 jan. 1993 : *Le débarquement de la pêche* 1868, h/t (51x81) : **GBP 16 100** – Amsterdam, 21 avr. 1993 : *Paysage fluvial avec des pêcheurs et des barques à l'ancrage* 1867, h/t (38,5x57,5) : **NLG 17 250** – Londres, 27 oct. 1993 : *Le Marché au poisson de Harling* 1876, h/t (37x29) : **GBP 3 105** – Amsterdam, 21 avr. 1994 : *Vue du port de Boulogne en France avec des navire à l'ancre et l'Hôtel des Bains au fond* 1880, h/t (77x127,5) : **NLG 29 900** – New York, 19 jan. 1995 : *Le vieux Amsterdam avec la Tour des douanes vue depuis les docks de l'est* 1893, h/t (50,8x78,7) : **USD 6 900** – Londres, 22 fév. 1995 : *Dans l'île de Wieringen dans la Zuiderzee en Hollande* 1911, h/pan. (30x41) : **GBP 1 380** – Lokeren, 11 mars 1995 : *Vue de l'île de Voorne* 1886, h/pan. (27x38,5) : **BEF 130 000** – Amsterdam, 7 nov. 1995 : *Vue de Enkhuizen avec Dromedaris* 1904, h/t (52x80) : **NLG 9 440** – Londres, 31 oct. 1996 : *Deux Scènes du Zuiderzee* 1892, h/pan., une paire (chaque 16x21) : **GBP 3 910** – Londres, 21 nov. 1996 : *Enkhuizen, Zuiderzee* 1887, h/pan. (28,5x39,5) : **GBP 4 830** – Londres, 22 nov. 1996 : *Ville côtière hollandaise : Le Zndhoek, Amsterdam* 1892, h/pan. (25,4x36,8) : **GBP 6 325** – Amsterdam, 22 avr. 1997 : *Le port de Delfzijl* 1890, h/pan. (27,5x38) : **NLG 18 880** ; *Hissage des voiles sur mer calme à l'est de Scheldt*, h/pan. (27x37) : **NLG 19 470** – Londres, 11 juin 1997 : *Au large du littoral de la Frise, Hollande* 1892, h/pan., une paire (chaque 26,5x37) : **GBP 12 075** – Londres, 21 nov. 1997 : *Doesburg sur le Waal* 1885, h/pan. (45,1x65,4) : **GBP 10 350**.

DOMMERSEN Cornelis Christiaan. Voir **DOMMELSHUIZEN** ou **DOMMERSON Pieter Christiaan Cornelis**

DOMMERSEN William Raymond ou **Dommerson** ou **Dommershuizen**

Mort en 1927. xixe-xxe siècles. Britannique ou Hollandais.

Peintre de paysages, paysages urbains, paysages d'eau.

Il est cité par le *Art Prices Current*.

Ventes Publiques : Londres, 7 déc. 1907 : *Rue à Quimper ; Amersfort* : **GBP 2** – New York, 14 mai 1976 : *Vue de Sorrento*, h/t (76x127) : **USD 1 300** – Reims, 4 mars 1979 : *Ville au bord d'une rivière*, h/t (39x59) : **FRF 6 000** – New York, 4 mai 1979 : *La rue du marché*, h/t (91,5x71) : **USD 2 500** – Londres, 7 mai 1980 : *Barques au large de Strasbourg*, h/t (49x74) : **GBP 1 500** – Lille, 24 avr. 1983 : *Le marché aux fleurs*, h/t (51x76) : **FRF 35 000** – Chester, 13 jan. 1984 : *Vues de villes*, deux h/t (44,5x34) : **GBP 2 700** – Londres, 11 juin 1986 : *Rue Saint-Jean, Rouen*, h/t (76x64) : **GBP 1 700** – Londres, 6 oct. 1989 : *Vue d'une ville côtière*, h/t (30,5x46) : **GBP 1 760** – Amsterdam, 2 mai 1990 : *Ferme au bord d'un lac avec des paysans dans la barque du passeur*, h/t (42x61) : **NLG 9 200** – Amsterdam, 6 nov. 1990 : *Scène urbaine*, h/t (59x49) : **NLG 5 175** – Glasgow, 22 nov. 1990 : *Zierkzee sur Scheldt ; Tholen sur Scheldt*, h/t, une paire (chaque 30,5x40,7) : **GBP 2 090** – Amsterdam, 24 avr. 1991 : *La tour Schrijers à Amsterdam* 1886, h/t (46x36) : **NLG 3 680** – Amsterdam, 23 avr. 1991 : *Sur les bords de l'Amstel en Hollande*, h/t (50x75) : **NLG 10 350** – Londres, 22 mai 1991 : *La douane à Enkhuizen en Hollande*, h/t (40,5x61) : **GBP 3 080** – Montréal, 4 juin 1991 : *Amalfi en Italie*, h/t (45,7x81,2) : **CAD 3 800** – Londres, 4 oct. 1991 : *La côte à Amalfi*, h/t (45,7x81,2) : **GBP 2 750** – New York, 16 juil. 1992 : *Vue d'un lac italien*, h/t (40,6x61) : **USD 1 650** – New York, 29 oct. 1992 : *Flânerie sur la place d'un village* 1880, h/t (28x38) : **USD 2 420** – Amsterdam, 11 fév. 1993 : *Place du marché à Gand avec des nombreux clients devant les étalages*, h/t (51,5x41) : **NLG 3 220** – Londres, 7 avr. 1993 : *Vollelrlhoven au bord de la Zuidersee en Hollande*, h/t (39x60) : **GBP 4 600** – Londres, 11 fév. 1994 : *La Tour de l'Horloge sur l'Amstel en Hollande*, h/t (50,8x76,2) : **GBP 2 530** – New York, 17 fév. 1994 : *Barques de pêche ancrées au large d'un port*, h/t (40,7x61,6) : **USD 3 450** – Amsterdam, 21 avr. 1994 : *La Montelbaanstoren à Amsterdam et le clocher de la cathédrale au fond*, h/t (71,5x100) : **NLG 12 650** – Amsterdam, 11 avr. 1995 : *Sur le Tibre*, h/t (29x44) : **NLG 2 596** – Amsterdam, 5 nov. 1996 : *Vue de Schiedam : Enkuizen sur le Zuiderzee* 1889, h/t (27,5x38 ; 29x39) : **NLG 7 670** – Londres, 31 oct. 1996 : *Vue du lac d'Orta*, h/t (49x75) : **GBP 2 530** – Londres, 22 nov. 1996 : *Paysans italiens sur une terrasse surplombant une crique du littoral avec une ville dans le lointain*, h/t (30,5x40,6) : **GBP 1 495** – Londres, 12 juin 1997 : *Tholen sur la Scheldt, Hollande*, h/t (50,8x76,2) : **GBP 3 220**.

DOMMERSHUIZEN William Raymond. Voir **DOMMERSEN William Raymond**

DOMMERSON P. C. Voir **DOMMELSHUIZEN Pieter Christiaan Cornelis**

DOMMERSON W. Voir **DOMMERSEN William Raymond**

DOMMES W. D.

xviiie siècle. Actif à Furstenberg vers 1765. Allemand.

Peintre sur porcelaine.

Il fut l'élève de S. W. Braun.

DOMMEY Ferdinand

Né vers 1801 en Saxe, de parents français. Mort en 1874 à Paris. xixe siècle. Français.

Peintre.

Élève du baron Gros. Il exposa en 1830, au palais du Luxembourg, deux études de chevaux et participa aux Salons de 1831 à 1840, toujours avec des sujets d'animaux.

DOMOTO Hisao

Né le 2 mars 1928 à Kyoto. xxe siècle. Depuis 1955 actif aussi en France. Japonais.

Peintre. Abstrait-paysagiste, puis abstrait-minimaliste.

Il fut élève de l'École des Beaux-Arts de Kyoto, en art traditionnel, jusqu'en 1949, époque à laquelle il commença d'exposer à Tokyo. En 1952, il effectua un premier voyage en France, Italie, Espagne. Il avait figuré à l'exposition des artistes japonais du Musée du Jeu de Paume, avec une peinture figurative traditionnelle : *Moines taoïstes*. Fixé en France plus durablement à partir de 1955, il fut un temps attiré par le surréalisme. Ce fut toutefois, dès 1957, en tant que peintre abstrait qu'il fut invité au Salon de Mai, qu'il fit sa première exposition personnelle à Paris, et que, dans la suite, il participa à de nombreuses expositions collectives internationales, notamment à Barcelone, Madrid, Rome. En 1958, l'Association des Amis du Musée National d'Art Moderne de Paris lui décerna le Premier Prix des Jeunes Artistes Étrangers. Il poursuivit ses participations à des manifestations collectives, à Osaka, Paris, Turin, aux États-Unis, où il fit une exposition personnelle à New York en 1959. Il continua à exposer isolément à Paris, notamment en 1962.

Pendant une longue période, sa peinture s'apparentait, dans l'abstraction lyrique, au paysagisme abstrait : larges giclées de couleurs, généreuses en tonalités et en matières, brassées au rythme des éléments. Depuis 1965, au contraire, une extrême économie des moyens l'apparenterait à un néo-constructivisme, s'y l'on n'y décelait plutôt le souci de ne pas prendre de recul par rapport à l'art américain. De vastes surfaces monochromes sont disposées en bandes parallèles, rouge, noir ou or, dans une première période sur un format traditionnel plan, puis dans la période suivante sont développées dans la troisième dimension par pliage à la façon des paravents, opposant alternativement une face peinte à une face métallique, aluminium en général.
■ J. B.

Bibliogr. : In : *Peintres contemporains*, Mazenod, Paris, 1964.
Musées : Buffalo – Cologne (Kunstverein) – Paris (Mus. Nat. d'Art Mod.).
Ventes Publiques : New York, 5 mai 1982 : *Solution de continuité N°8* 1964, h/t (51x82) : **USD 7 000** – Zurich, 13 juin 1986 : *Ensembles binaires*, peint. or/t., triptyque (100x200) : **CHF 5 000** – Paris, 22 avr. 1988 : *Conversation* 1957-58, h/t (50x150) : **FRF 35 000** – Londres, 6 avr. 1989 : *Sans titre* 1960, h/t (96x129,6) : **GBP 9 350** – Londres, 22 fév. 1990 : *Peinture 59 n° 23* 1959, h/t (161,5x113,5) : **GBP 35 200** – New York, 6 nov. 1990 : *Sans titre* 1966, h. et acryl./t. (162,6x124,2) : **USD 44 000** – Londres, 21 mars 1991 : *Espace B* 1957, h/t (114x145) : **GBP 19 800** – Amsterdam, 23 mai 1991 : *Sans titre* 1957, h/t (46x65) : **NLG 16 100** – New York, 17 nov. 1992 : *Solution de continuité N°29* 1964, h/t (195,5x152,4) : **USD 82 500** – Londres, 3 déc. 1993 : *Sans titre* 1956, h/t (54x81) : **GBP 4 140** – Londres, 1er déc. 1994 : *Sans titre* 1958, h., colle et gaze/t. (50x150) : **GBP 4 600** – New York, 24 fév. 1995 : *Manhattan* 1966, gche/cart. (37,5x27,9) : **USD 2 300** – Paris, 4 juil. 1995 : *Sans titre* 1959, h/t (60x90) : **FRF 20 000** – New York, 31 oct. 1995 : *Rendez-vous* 1962, h/t, diptyque (100x74,5) : **USD 10 350** – Milan, 28 mai 1996 : *The musele of winds (sic)*, techn. mixte/pap./pan. (60x72) : **ITL 1 150 000** – Paris, 5 oct. 1996 : *Solution de continuité* 1965, gche et encre/cart. (71x51,5) : **FRF 3 500** – Paris, 31 oct. 1997 : *Sans titre* 1965, h/t (46x38) : **FRF 7 800**.

DOMOTO Insho
Né le 25 décembre 1891 à Kyoto. Mort en 1975. xxe siècle. Japonais.
Peintre, fresquiste. Abstrait-informel.
Il obtint le diplôme de l'École des Arts Appliqués de Kyoto. Il étudia sous la direction de Nishiyama Suisho et participa à une exposition de Nitten. Il a reçu en 1925 le premier prix de l'Institut impérial des Beaux-Arts et fut élu membre de l'Académie des Beaux-Arts du Japon. Il reçut l'Odre du Mérite en 1926.
Il a réalisé des fresques pour de nombreux temples. Dans les années soixante, sauf confusion avec Domoto Hisao, il a participé à cette vague japonaise de tachisme et de calligraphie informelle dont l'activité a été largement commentée en Europe.
Ventes Publiques : New York, 16 oct. 1990 : *Perception* 1960, h/t (162,5x130) : **USD 66 000**.

DÖMÖTÖR Gizella
Née en 1894. xxe siècle. Hongroise.
Peintre, aquarelliste. Cubo-expressionniste.
Elle fit ses études à Nagybanya. Elle était la femme du peintre et illustrateur Hugo Mund. Elle a participé à des expositions collectives, et eut des expositions d'ensemble en 1921 à Marosvasarhely et en 1922 à Kolozsvar.
Entre 1916 et 1918, elle peignait dans un esprit expressionniste, tout en publiant des dessins cubistes en 1917.

DOMPE Hernan
xxe siècle. Argentin.
Sculpteur.
Il a participé à des expositions collectives, notammment en France, à Paris, au Salon Découvertes en 1993.
Il réalise des bois sculptés, auxquels il incorpore des objets trouvés ou choisis.
Ventes Publiques : New York, 17 nov. 1994 : *La mariée bleue* 1991, sculpt. de métal et bois peint (H. 201) : **USD 8 050**.

DOMPO Shuo
Mort le 14 octobre 1401 ou 1408. xive siècle. Japonais.
Peintre.
Il était prêtre et aurait été l'élève de Muso Kokushi, mort en 1346.

DOMPSURE Gabriel de
Né au xixe siècle à Bourg (Ain). xixe siècle. Français.
Paysagiste et aquarelliste.
Élève de Hubert. Il débuta au Salon de 1880 avec : *Dans la forêt de Fougemagne*.

DOMPZELAAR Jan Van
xviiie siècle. Actif à Delft en 1754. Hollandais.
Peintre.

DOMS Gommarus
Né vers 1754. Mort le 6 septembre 1815. xviiie-xixe siècles. Éc. flamande.
Peintre.
Il passa semble-t-il, toute sa vie à Anvers.

DOMS Wilhelm
Né le 8 octobre 1868 à Ratibor. xixe-xxe siècles. Allemand.
Peintre de compositions d'imagination, graveur.
Autodidacte. Il vécut à Berlin et exposa à partir de 1904. Il privilégia les sujets d'ordre fantastique.

DOMSCHEIT Frans ou **Domscheid**
Né le 15 septembre 1880 près de Königsberg. xxe siècle. Allemand.
Peintre.
À Königsberg, il fut élève de Louis Corinth.
Ventes Publiques : Zurich, 29 oct. 1980 : *Paysage du Tessin*, h/t (63x78) : **CHF 2 300**.

DOMSCHKE Carl
Né vers 1812. Mort le 30 décembre 1881 à Berlin. xixe siècle. Allemand.
Peintre de genre.
Élève de Hensel. Devint professeur à l'Académie de Berlin. Il a exposé dans plusieurs villes, notamment à Berlin, à l'Académie Royale en 1844. On cite de lui : *Le Matin* et *La voiture du laitier*.

DOMUS Jan
xviiie siècle. Hollandais.
Peintre.
Il travaillait à Leyde en 1702.

DON
xxe siècle. Français.
Dessinateur.
Il collabore à de nombreux journaux humoristiques, depuis 1925. Citons tout spécialement ses portraits-charges des célébrités contemporaines.

DONA Bastiano
xviie siècle. Actif à Venise. Italien.
Sculpteur sur bois.
En 1644, il travaillait à Rovigo.

DONA Lydia
Née en 1955. xxe siècle. Active aux États-Unis. Roumaine.
Peintre. Abstrait.
À l'âge de six ans, elle émigre avec sa famille en Israël, où elle fut élève de la Bezalel School de Jérusalem, de 1973 à 1978. Elle travaille quelques mois dans l'atelier de Richter à Düsseldorf, puis s'installe à New York, poursuivant ses études à la School of Visual Arts, où elle a pour professeur Keith Haring, puis au Hunter College, sous la direction de Rosalind Krauss.
Elle participe à des expositions collectives : depuis 1982 régulièrement à New York ; 1985 Philadelphie ; 1985, 1989, 1990 Los Angeles ; 1986, 1989, 1992 Chicago ; 1987 Art Institute de Kansas City ; 1988 Amsterdam ; 1990 Boston ; 1991 Turin et Corcoran Gallery of Art à Washington ; 1992, 1994 Vienne ; 1993 Londres et Institute of Art de Baltimore. Elle montre ses œuvres dans des expositions personnelles : depuis 1979 New York ; 1986 Chicago ; 1987, 1989, 1991, 1993 Amsterdam ; 1992 Zurich ; 1992, 1994 galerie des Archives Paris.
Elle utilise la laque, l'acrylique et l'huile, mêlant figures géométriques et grilles, coulures et graffitis, alternant vide et surchage. Elle opte pour des verts, roses tendres ou jaunes paille en aplats que le noir vient contrebalancer. Au sein de ses toiles, elle met en regard expressionnisme abstrait et abstraction géométrique, ne désirant « ni le gestuel, ni le rigide, ni l'abstraction ni la représentation. J'aime l'ambiguïté. Je veux être dans l'entre-deux pour que les tableaux soient plus subversifs. Je veux entrer dans la réalité contemporaine, celle des systèmes en chute » (Lydia Dona).
Bibliogr. : Ottman Klaus, in : *Journal Contemporary Art*, vol. IV, n° 2, aut.-hiver 1991 – Catalogue de l'exposition : *Lydia Dona*, Galerie des Archives, Paris, 1992 – Philippe Dagen : *Lydia Dona, les charmes de Lydia Dona*, Le Monde, Paris, 30 août 1993 –

Patricia Brignone : *Lydia Dona*, Art Press, n° 194, Paris, sept. 1994 – Maia Damianovic : *La Peinture au risque du dilemme*, Art Press, n° 211, Paris, mars 1996.

Ventes Publiques : New York, 4 mai 1989 : *I am shifting ground on the margins of understandings*, acryl. et h/t (228,5x182,8) : **USD 7 700** – New York, 6 nov. 1990 : *Les nouveaux essais biochimiques ou Notes fictives sur la géométrie du corail* 1986, h/t (147,3x213,4) : **USD 4 950** – New York, 27 fév. 1992 : *Signes typographiques et vues aériennes des champs abstraits du désir* 1986, h. et acryl./t. (182,8x172,7) : **USD 1 100**.

DONADEI Fabio
XVIIe siècle. Actif à Rome au début du XVIIe siècle. Italien.
Sculpteur.
Il travailla pour le cardinal Aldobrandini à Frascati.

DONADINI Ermenegildo Antonio
Né le 19 juin 1847 à Spolète. Mort en 1936 à Radebeul (près de Dresde). XIXe-XXe siècles. Allemand.
Peintre de sujets mythologiques, scènes de genre, dessinateur.
Il était professeur à l'École des Arts et Métiers et exposa à l'Académie royale à Dresde en 1882.
On cite de lui : *Idylle de bergers* et *Diane et Actéon*, grande composition, terminée en 1887.

Ventes Publiques : Cologne, 15 juin 1989 : *Enfants musiciens*, h/t (85x85) : **DEM 1 700**.

DONADINI Ermenegildo Carlo Giovanni
Né le 8 octobre 1876 à Vienne. XXe siècle. Autrichien.
Peintre de batailles, portraits.
Il était le fils de Ermenegildo Antonio Donadini. Il fut, à Dresde, l'élève de Léon Pohle. On cite de lui le *Portrait du duc Charles Édouard de Saxe Cobourg Gotha*.

DONADO Adrian, fray
Mort en 1630, à un âge très avancé. XVIIe siècle. Espagnol.
Peintre.
De l'ordre des carmes déchaussés de Cordoue, il exécuta pour son couvent quelques œuvres excellentes. Le Musée de Lille possède de lui une *Flagellation du Christ*.

DONADONI Stefano
Né en 1844 à Bergame. Mort en 1911 à Rome. XIXe-XXe siècles. Italien.
Peintre d'intérieurs d'églises, paysages.
Établi à Bergame, il se consacra aux intérieurs d'églises et de palais. Ses principales œuvres sont : *Bergame antique, Le Chevrier, Église de San Salvatore à Bergame, Santa Maggiore à Bergame, Chapelle de Bartolomeo Colleoni à Bergame.*

Donadoni

Ventes Publiques : Londres, 18 fév. 1983 : *Vue du Colisée*, h/t (49x80,5) : **GBP 1 300** – Londres, 20 juin 1985 : *Le Forum Romanum*, aquar. et cr. (68,5x42) : **GBP 700** – Rome, 16 déc. 1987 : *Vue du château Saint-Ange*, cr. et aquar. (31,5x63) : **ITL 1 600 000** – Rome, 12 déc. 1989 : *L'arc de Constantin*, aquar./pap. (22x15,2) : **ITL 1 000 000** – Londres, 4 oct. 1991 : *Pêcheurs au bord du Tibre près du château Saint-Ange à Rome* 1893, aquar./cart. (56x78,7) : **GBP 2 420** – Londres, 7 avr. 1993 : *Vue du Colisée depuis le Forum à Rome* 1906, aquar. (25x38) : **GBP 862** – Londres, 16 mars 1994 : *Forum romain*, encre et aquar. (36,5x54) : **GBP 575** – Rome, 13 déc. 1994 : *Le Tibre au pied du château Saint-Ange*, h/t (33,5x31,5) : **ITL 8 625 000** – Rome, 11 déc. 1996 : *L'Arc de Giano* 1887, aquar./pap. (36x54) : **ITL 4 194 000**.

DONAGHY John
Né le 4 mai 1838 à Holdaysburg (Pennsylvanie). Mort en 1931. XIXe-XXe siècles. Américain.
Peintre de scènes de genre, dessinateur, illustrateur, caricaturiste.
Il fit ses études à Pittsburgh et à New York et fut l'élève d'Eugène Craig. Il exécuta nombre de dessins pour la presse.

Bibliogr. : William H. Gerdts : *Art Across America*.

Ventes Publiques : New York, 5 oct. 1983 : *Just Picked Peaches*, h/t (35,8x30,8) : **USD 2 800** – New York, 4 déc. 1996 : *Le Nid de guêpes* 1871, h/t (45,7x63,4) : **USD 8 050**.

DONAIRE Alonso Martin
XVIe siècle. Travaillant à Séville en 1560. Espagnol.
Sculpteur.

DONALD John Milne
Né en 1819 à Nairn. Mort à Glasgow. XIXe siècle. Britannique.
Peintre de paysages.
Il passa ses premières années à Hamilton et à Glasgow. Il fut élève dans la maison d'un peintre de cette dernière ville, lequel lui apprit à copier des tableaux. En même temps il dessinait assidûment d'après nature et exposa son propre travail alors qu'il n'avait que 19 ans. En 1840, il vint à Paris et y demeura pendant quelques années. Puis il se fixa à Londres, passant quelque temps dans la boutique d'un restaurateur de tableaux.
De retour dans sa patrie, il s'adonna complètement aux paysages écossais, qui exercèrent plus tard une très grande influence sur l'école moderne des paysagistes de Glasgow. En 1878, il exposa dans sa ville natale trois de ses plus belles œuvres : *Cours d'eau (torrent) du Highland, Loch Goil* et *Bowling Bay*.

Musées : Édimbourg : *Rivière d'Irlande* – Glasgow : *Feuilles d'automne – Trois paysages – Scène avec canal – Scène au Loch – L'orage approche.*

Ventes Publiques : Londres, 18 juin 1926 : *Portincaple, Loch Long* 1861 : **GBP 12** – Glasgow, 27 nov. 1930 : *Paysage* : **GBP 16** – Écosse, 1er sep. 1981 : *Un étang*, h/t (63x91) : **GBP 580** – Londres, 30 avr. 1986 : *View on the Falloch* 1858, h/t (71,1x105,4) : **GBP 1 800** – Glasgow, 5 fév. 1991 : *Hawthorn Den sur la rivière Esk*, h/t (45x60) : **GBP 495** – South Queensferry (Écosse), 23 avr. 1991 : *Chemin de campagne* 1853, h/t (23x35,5) : **GBP 550** – Édimbourg, 2 mai 1991 : *Sur l'Arnon à Glen Falloch* 1860, h/t (58,3x91,4) : **GBP 1 430** – New York, 15 oct. 1991 : *Figures au bord d'un ruisseau dans un paysage boisé* 1853, h/t (83,9x121,9) : **USD 3 850** – Édimbourg, 23 mars 1993 : *Paysage de Maryhill*, h/t (30,5x45,5) : **GBP 862**.

DONALD-SMITH Helen
XIXe siècle. Britannique.
Peintre.
Elle exposa à partir de 1883 à la Royal Academy, à Suffolk Street et à la New Water-Colours Society. La National Portrait Gallery conserve d'elle : *Sir William Robert Grove*.

DONALDSON Andrew
Né en 1790 à Comber (près de Belfast). Mort le 21 juillet 1846 à Glasgow. XIXe siècle. Britannique.
Peintre de scènes et paysages typiques, aquarelliste.
Son père l'emmena de très bonne heure à Glasgow, où il fut employé dans une filature de coton. Victime d'un accident, on lui permit de suivre sa vocation et il s'adonna à l'art. Dans ce but il visita une partie de la Grande-Bretagne.
Il exécuta surtout des aquarelles représentant des villages, des moulins et des scènes pittoresques. Donaldson eut une certaine renommée parmi les paysagistes écossais.

Musées : Glasgow : *Village – Vieux théâtre royal* – Londres (Water-Colours) : *Villa Borghèse – Llongollen.*

Ventes Publiques : Perth, 27 août 1985 : *Dunderawe Castle, Argyllshire*, h/t (31x40,5) : **GBP 1 300**.

DONALDSON Andrew Benjamin
Né en 1840. Mort en 1919. XIXe-XXe siècles. Britannique.
Peintre d'histoire, de genre, peintre à la gouache, aquarelliste.

Ventes Publiques : Londres, 1er juil. 1986 : *The royal exile*, h/t (61x182,8) : **GBP 480** – Londres, 13 juin 1990 : *Le Pape Alexandre VI partageant les Indes de l'est et de l'ouest pour mettre fin aux discordes entre l'Espagne et le Portugal* 1885, h/t (102x151) : **GBP 2 750** – New York, 19 juil. 1990 : *Les jours de la semaine*, h/t (127x66,1) : **USD 5 500** – Londres, 29 mars 1996 : *Les pélerins de la nuit*, aquar. et gche (30,5x61) : **GBP 1 150**.

DONALDSON Andrew Brown
XIXe siècle. Britannique.
Peintre d'histoire, de genre.
Il exposa à Londres, à partir de 1861 à la Royal Academy, à Suffolk Street, à la British Institution, à la New Water-Colours Society. Il était membre de la Society of British Artists.

Ventes Publiques : Londres, 26 avr. 1909 : *Marguerite insultée* : **GBP 21**.

DONALDSON Anthony ou **Antony**
Né le 2 septembre 1939 à Godalming (Surrey). XXe siècle. Britannique.
Peintre, peintre de collages, sculpteur de figures, groupes. Pop'art.
Il fut élève de la Slade School de Londres jusqu'en 1962, puis de la Chelsea School of Fine Arts. Il exposa à Londres très tôt avec le London Group. Il expose en Europe occidentale, Hambourg,

Londres, Milan ou Paris, notamment en 1965 à la Biennale des Jeunes Artistes, ainsi qu'aux États-Unis. En 1963, il fit sa première exposition personnelle à Londres.
Ce fut dans les années soixante que le pop art fit son apparition à Londres, New York et Paris. Donaldson fut immédiatement sensible à cette imagerie issue de la publicité, du cinéma et des magazines, et devint un des personnages majeurs du pop art anglais. Pour sa part, il procéda par la technique du collage pour évoquer les spectacles du strip-tease, avec une préférence pour des belles musclées et sportives. Dans la suite, sa peinture s'est désengagée de l'anecdote d'origine, tout en s'appuyant toujours sur les images des moyens de communication de masse (« mass media ») de la publicité et de la photographie. Mais, dans cette deuxième période, il les réduit à des détails suggestifs en soi : gants, slips de bain (bikini), jarretelles, mais désamorcés par un austère traitement géométrique et par leur intégration dans des compositions à objectifs uniquement plastiques, traitées en aplats de roses, bleus pâles, jaunes et verts acides, couleurs décalées en phase avec l'érotisme glacé des nouvelles combinatoires thématiques. Dans le même esprit, il a aussi réalisé des sculptures en polyester, initialement inspirées des personnages des fêtes foraines. ■ J. B.

Bibliogr. : In : *Les Contemporains*, Mazenod, Paris, 1964.
Musées : Londres (Tate Gal.).
Ventes Publiques : Londres, 22 oct. 1987 : *Trailer* 1964-65, acryl./t. (147,3x147,3) : **GBP 800** – Londres, 8 nov. 1991 : *Regard transversal* 1970, h/t (153x153) : **GBP 770**.

DONALDSON David Abercrombie
Né en 1916. Mort en 1996. xxe siècle. Britannique.
Peintre de figures, paysages.
La Scottish Gallery d'Édimbourg à organisé en 1982 l'exposition *David Donaldson*, et la Kelvingrove Art Gallery and Museum de Glasgow l'exposition itinérante *David Donaldson*, en oct.-nov. 1983.
Ventes Publiques : Perth, 27 août 1985 : *Ferme à Montjoi*, h/t (56x56) : **GBP 1 400** – Édimbourg, 23 mai 1996 : *Midi à St. Maurin*, h/t (86,4x91,5) : **GBP 3 220** – Auchterarder (Écosse), 26 août 1997 : *Debout près d'une fenêtre*, h/t (125,5x99) : **GBP 8 050**.

DONALDSON John
Né en 1737 à Édimbourg. Mort le 11 octobre 1801 à Islington. xviiie siècle. Britannique.
Miniaturiste et graveur.
Son père était gantier à Édimbourg. Il était encore tout jeune lorsqu'il fit des miniatures à l'encre de Chine. Il vint à Londres où il obtint en 1765 un prix de la Société des Arts. En 1768, étant à Newcastle, il obtint un prix de cette Société pour une peinture historique sur émail. En 1764, il fut élu membre de la Société des Artistes et il eut du succès comme peintre de portraits. Il délaissa son art pour s'occuper de politique et de religion. Ses amis se détournèrent de lui, il perdit sa facilité d'exécution et renonça à sa carrière d'artiste. Il a peint deux sujets sur émail, *La mort de Didon* et son *Héro et Léandre*, pour lesquels il reçut des prix de la Société des Arts. Il a gravé aussi quelques petites planches de mendiants à la manière de Rembrandt. Il s'adonna à la chimie et fit breveter un moyen de préservation des légumes et des viandes. Il publia un volume de poèmes en 1786, qui ne sont pas sans mérites, un essai sur *Les éléments de la beauté* en 1780. Malgré ses nombreux talents, les vingt dernières années de sa vie furent pleines de souffrances, quelques amis l'aidèrent dans son malheur. Il mourut le 11 octobre 1801 et fut enterré dans le cimetière d'Islington.

DONALDSON Joseph Benjamin
Né en 1853 à Swansea. xixe siècle. Britannique.
Peintre de paysages.
On cite de lui : *Grondle Head*.

DONARAY Jean Charles
xviiie siècle. Actif à Paris en 1740. Français.
Peintre.
Il était membre de l'Académie de Saint-Luc.

DONARD Louis Léon
Né au xixe siècle à Pontoise. xixe siècle. Français.
Peintre de paysages.
Élève de Cormon et de Foubert. Sociétaire des Artistes Français depuis 1900, il figura au Salon de cette Société.

DONAS Marthe, pseudonymes : **Tour-d'Onasky, Tour-Donas**
Née en 1885 à Anvers. Morte en 1967 à Audregnies (Hainaut). xxe siècle. Belge.
Peintre, créateur de vitraux. Cubiste, puis abstrait.
Elle fut d'abord élève de l'Académie des Beaux-Arts d'Anvers de 1902 à 1905. Lors de l'invasion allemande de 1914, elle a fui en Hollande, puis en Irlande, où, en 1915 à Dublin, elle apprit la technique du vitrail, dans l'atelier d'une Miss Purcell, peintre verrier, où elle exécuta trois grands vitraux pour des églises d'Irlande. En 1916, elle vint à Paris, travailla dans les Académies libres de Montparnasse, de la Grande Chaumière, Ranson et surtout en 1917 dans celle d'André Lhote, dont l'enseignement la marqua durablement. Elle rencontra aussi et reçut les conseils d'Archipenko. Elle fut admise dans le groupe des artistes de la Section d'Or, réunis autour de Jacques Villon, et exposa avec eux à Londres en 1919, année de sa première exposition individuelle à Genève. Après avoir cédé son atelier parisien à Mondrian, elle rentra en Belgique en 1920-21, se fixant à Anvers, où elle entra en relation avec Van Doesburg, qui l'encouragea sans réserves, écrivant que ses œuvres : « peuvent être classées parmi les meilleures de l'art moderne », et fréquenta le groupe *De Stijl* des néo-plasticistes. Elle participa alors à des expositions collectives en Europe et aux États-Unis. En 1920, elle fut invitée à exposer à la Galerie *Der Sturm* de Berlin, y rencontrant un grand succès. En 1922, elle exposa treize peintures à l'occasion du deuxième Congrès du Cercle d'Art Moderne, à l'Athénée d'Anvers. Elle fit une dernière exposition à Bruxelles en 1926. Elle cessa totalement de peindre de 1927 à 1937, puis, au cours d'une période figurative d'une dizaine d'années, eut une exposition à Bruxelles en 1949, avant de reprendre ses recherches là où elle les avait interrompues trente ans plus tôt. Une exposition, à Bruxelles en 1958, consacra ce retour à l'abstraction sous le titre *Intuition 1958*. À Bruxelles encore eut lieu une importante exposition rétrospective en 1960.
Ses travaux de l'époque parisienne, surtout des natures mortes, sont nettement marqués par le cubisme. Une peinture, *La Musique*, de 1917-18, mérite l'analyse : très éloignée du cubisme analytique, elle se rattache plutôt au cubisme-orphique de Kupka et Delaunay, par sa construction fondée essentiellement sur l'enchaînement rythmique des formes, s'articulant, se fondant les unes dans les autres. La figuration de deux femmes face à face, potentiellement musiciennes sans que les instruments soient précisés, pas plus que leurs traits individuels, est uniquement stylistique, avec une très forte évidence plastique. On peut aussi remarquer, outre l'élégance des arabesques, la préciosité des accords colorés et des textures pigmentaires, tous raffinements qu'on est tenté de dire féminins. L'influence de Van Doesburg la fit évoluer à l'abstraction. À la fin de cette deuxième période, lors de son exposition de 1926 à Bruxelles, elle était en attitude de recherche concernant la technique du collage et l'exploitation de matières : collages et inclusions d'étoffes, de ciment. Quand elle reprit son activité de peintre, elle eut d'abord une nouvelle période figurative d'une dizaine d'années, puis elle reprit son ancienne recherche abstraite. Dans ses diverses périodes, l'ensemble de sa production est caractérisé par la douceur de la lumière, productrice d'une ambiance rêveuse, d'un charme particulier. Elle a toujours tempéré la radicalité des influences reçues, les adaptant à sa propre sensibilité, manifestant toujours une authentique personnalité. ■ Jacques Busse

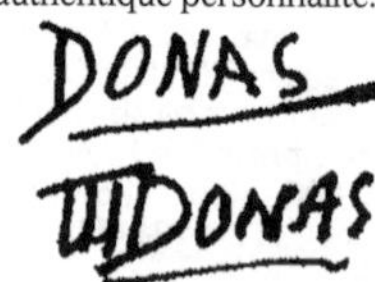

Bibliogr. : H. Walden, in : *Einblick in Kunst, Expressionnismus, Futurismus, Cubismus*, Berlin, 1924 – H. Walden, in : *Der Sturm*, Berlin, avr. 1926 – Walravens : *La peinture contemporaine en Belgique*, Anvers, 1961 – Michel Seuphor : *La peinture abstraite en Flandre*, Bruxelles, 1963 – in : *Les Muses*, Grange Batelière, Paris, 1971.
Musées : New Haven, Connecticut (Yale Art Gal.) : cinq peintures.
Ventes Publiques : Anvers, 6 avr. 1976 : *Composition abstraite n° 5* 1920, h/pan. (63x48) : **BEF 150 000** – Genève, 1er nov. 1984 : *Les blanchisseuses* 1927, h/pan. (55x55) : **CHF 5 000** – Anvers, 21 oct. 1986 : *Composition* 1920, h/t (44x25) : **BEF 180 000** – Paris, 8 déc. 1987 : *Composition* 1920, h/t (24x60) : **FRF 20 000** – Londres, 20 oct. 1989 : *Nature morte à l'éléphant* 1925, h/pan. (53,3x52,7) : **GBP 6 050** – Londres, 16 oct. 1990 : *La musique*, h. et collage/

cart. (77x52,5) : **GBP 99 000** – AMSTERDAM, 22 mai 1991 : *Cartes à jouer* 1953, h/t (75x100) : **NLG 11 500** – LOKEREN, 15 mai 1993 : *Intuition* 1957, h/pan. (43,5x43,5) : **BEF 80 000** – LONDRES, 21 juin 1993 : *Composition géométrique* 1917, h/t (46,1x38,8) : **GBP 10 350** – LOKEREN, 10 déc. 1994 : *Chrysanthèmes* 1923, h/pan. (37,5x37,5) : **BEF 300 000** – LOKEREN, 20 mai 1995 : *Jeux* 1925, h/t (50x60) : **BEF 380 000**.

DONAS Roch Jean Baptiste

Originaire d'Angers. XIXe siècle. Actif au début du XIXe siècle. Français.

Peintre, sculpteur et graveur.

On connaît de lui un portrait gravé du roi Charles IV d'Espagne.

DONAT Johann Daniel

Né le 20 décembre 1744 à Kloster Neuzelle. Mort le 11 mai 1830 à Pest. XVIIIe-XIXe siècles. Autrichien.

Peintre de portraits.

Il fut élève de Reytens à l'Académie de Vienne. Il resta dans cette ville jusqu'en 1812 exécutant presque exclusivement des portraits. Par la suite il s'intéressa à la peinture religieuse et travailla pour plusieurs églises hongroises.

DONAT-JARDINIER Claude. Voir **JARDINIER Claude Donat**

DONATELLO, de son vrai nom : **Donato di Niccolo di Betto Bardi**

Né vers 1386 à Florence. Mort le 13 décembre 1466. XVe siècle. Italien.

Sculpteur.

Après quelques débuts modestes, occupé dès avant sa vingtième année aux travaux de sculptures du Dôme et d'Or San Michele à Florence, il aborde l'exécution d'une série de statues monumentales de marbre, pour créer bientôt deux œuvres maîtresses : *Saint Jean l'Évangéliste*, achevé en 1415, pour la façade du Dôme, dont Michel-Ange se serait inspiré pour son Moïse, puis *Saint Georges*, achevé en 1416, pour une niche d'Or San Michele. On considère cependant que ces deux œuvres, tout en différenciant déjà son art de ceux de Nani et de Ghiberti, procèdent encore de la même conception idéaliste. Donatello exécute ensuite plusieurs autres statues monumentales, pour les façades du Campanile : c'est la série des *Prophètes* qu'il va interrompre en 1426, pour ne la compléter qu'en 1435 avec deux œuvres qui marqueront un changement radical dans sa manière.

Dans l'accomplissement de son œuvre, il s'est avéré capable d'animer avec une égale maîtrise le marbre, le bronze ou le bois. Dès ses premiers travaux à Florence, à la faveur peut-être de son amitié pour Brunelleschi, Donatello dut prendre conscience de son penchant à demander avant tout à la réalité ses moyens d'expression. « A toi de faire les Christ – aurait-il dit un jour à son ami – à moi les paysans ». Des influences ont pu agir en faveur de cette émancipation ; on a conjecturé celle de Claus Sluter ; d'autres ont envisagé celle plus vraisemblable des contemporains italiens : dans le *Saint Louis de Toulouse* de 1425 (Or San Michele), la façon nouvelle et ample de traiter la draperie peut s'inspirer de Jacopo della Quercia. Une étape significative se précise dans le *Festin d'Hérode*, bas-relief de bronze sculpté en 1427 pour les fonts baptismaux de Sienne : on y relève pour la première fois l'expression saisissante, voire brutale, de l'émotion qui animera désormais les acteurs des grands drames chrétiens, ici l'horreur ressentie par les convives à la vue de la tête tranchée, traduite tant sur les visages que dans le geste de s'écarter ou de se voiler la face. On y décèle cependant encore l'influence de Brunelleschi, non seulement dans le décor, en particulier par l'application des lois de la perspective, innovation considérable attribuée partiellement à l'architecte florentin, mais dans une même intensité dramatique. Une autre caractéristique donatellienne, l'interprétation par une étude directe de la nature de l'inspiration puisée dans l'antique, est mise en évidence par quelques statuettes, l'Espérance, les *Putti* musiciens, de 1429, destinées au même baptistère de Sienne. On peut signaler encore l'exécution du tombeau du cardinal Brancacci, pour l'Église San Angelo à Naples, avec son bas-relief de l'Assomption, où il adopte un relief très adouci, dit *schiacciato* (écrasé), sans nuire à la précision du contour, ni à l'expression des personnages. Ce résultat n'aurait pu être atteint avec la saillie donnée aux figures sur les bas-reliefs antiques ; la sculpture acquiert, ainsi traitée, un caractère en quelque sorte pictural.

Le voyage de Donatello à Rome en 1433, est considéré comme le dernier terme de la période de préparation. La connaissance de l'antique qu'il avait pu acquérir déjà à Florence s'élève soudain à la puissance d'une révélation. Les monuments connus à cette époque étaient surtout des arcs de triomphe, des colonnades, principalement des sarcophages. Dans l'œuvre qu'il exécute à Rome, le *Tabernacle de Saint-Pierre* : la *Mise au tombeau* peut reproduire la composition et les attitudes de la *Mort de Méléagre* sculptée sur un sarcophage, Donatello manifeste sa personnalité dans la violence de la douleur qu'expriment certains personnages, dans le réalisme de la pleureuse, pour laquelle il ne redoute pas même la laideur.

Revenu à Florence, il a alors quarante-huit ans, les œuvres vont se succéder. La Chaire extérieure de la cathédrale de Prato à peine entreprise, il passe à la Cantoria du Dôme, qu'il achèvera en 1438, utilisant largement les leçons de l'antique : l'emploi des enfants, interprétés ici d'après le modèle, et dont les rondes joyeuses constituent le motif unique. C'est encore l'encadrement de l'œuvre dans un décor brillant, où les formes empruntées au classique se disposent au gré d'une fantaisie dont le jaillissement se soucie peu des normes traditionnelles, où les jeux de lumière s'avivent de l'éclat de la mosaïque d'or, contribution des basiliques chrétiennes. Mais il semble que tout le renouveau de l'art de Donatello, évolution s'orientant vers un réalisme qui pourra aller parfois jusqu'à la violence, doive se concrétiser dans la fameuse statue, qui avec celle non moins saisissante de *Jérémie*, vient achever en 1435 la série interrompue des *Prophètes* : Habacuc, le populaire Zuccone (le chauve, en langage familier, de Zucca dont le sens propre est citrouille). Figure intensément humaine au regard triste, bas et désabusé ; l'œuvre est traitée sobrement, largement, comme devant être vue à grande hauteur. Ensuite, Donatello va se consacrer aux travaux que lui confie Cosme de Médicis, son ami et son protecteur éclairé ; d'abord pour l'église de Saint-Laurent : la Cantoria, la décoration de la sacristie, avec le buste du saint, des bas-reliefs de terre cuite, surtout les deux portes de bronze comportant une suite de petits panneaux à deux personnages ; puis une partie profane, avec la restauration des antiques. À cette période se rattache le célèbre *David* de bronze du Bargello. Le *Zuccone* et *David* personnifient les deux termes de l'existence, l'un a pu mesurer la vanité des êtres et des choses, l'autre, encore un enfant, a peine à assimiler la grandeur de l'exploit dont il vient d'être l'artisan. Le corps juvénile s'inspire des sinuosités praxitéliennes ; l'attitude paraît nonchalante ; sous la légère coiffe ceinte de laurier, le visage, penché, reste songeur, incrédule ; le glaive puissant surprend à ce bras gracile qui a pu le brandir. Le bas-relief de l'*Annonciation*, à Santa-Croce, dont s'est inspiré Botticelli, est remarquable par l'attitude de la Vierge, qui traduit à la fois un mouvement de fuite à l'arrivée de l'Archange et le retour vers le messager agenouillé. La scène, illustration la plus fidèle du récit de Saint-Luc, est brillamment encadrée dans un ensemble avec rehaussement d'or : c'est la création du style grotesque, florissant dans la seconde moitié du XVe siècle.

Appelé à Padoue vers 1444, Donatello y exécute la première grande statue équestre érigée depuis l'antiquité, celle du condottiere vénitien *Gattamelata*, dont la fonte eut lieu en 1447 : le cavalier au masque énergique et le cheval massif dégagent une impression de force. Le rapprochement classique avec le *Marc-Aurèle* ne doit pas laisser perdre de vue que l'œuvre de Donatello a inspiré toutes les statues équestres qui l'ont suivie, à commencer par le *Colleoni* de Verrochio. On s'attache d'ailleurs plutôt au cheval, qui restitue la puissance et l'allure du grand destrier de bataille. Quant au cavalier, on a évoqué un imperator au regard froid et fier. De 1446 à 1450 se place la reconstruction du maître-autel de la Basilique Saint-Antoine, œuvre considérable, démolie au XVIIe et reconstituée en partie seulement. On y relève, avec l'émouvant *Christ en Croix* de bronze, le non moins impressionnant relief de bronze du *Christ mort pleuré par deux anges*, une *Mise au tombeau*, une statue de bronze de *Saint François*, surtout celle de la Vierge, au regard étrange, si différente de celle de l'*Annonciation* par son attitude hiératique et dans laquelle on a voulu voir une transposition de *Cybèle*, qui témoignerait de l'influence exercée sur Donatello par les idées émises et cultivées dans l'entourage de Cosme de Médicis. Les quatre grands bas-reliefs de bronze, représentant des miracles du saint et mettant en scène, à la façon de Ghiberti, un nombre considérable de personnages, ont retenu l'étude de Raphaël.

Donatello est de retour à Florence, à l'âge de soixante-dix ans (1456) ; la fin de sa carrière s'illustre encore d'œuvres non inégales. Après le groupe en bronze de *Judith*, après *Saint Jean-Baptiste au Désert* (pour la cathédrale de Sienne), c'est *La Made-*

leine du Baptistère de Florence, qui dépasse de beaucoup le *Zuccone* dans la voie du réalisme, pour aller jusqu'à l'horreur ; de cette statue de bois se dégage pourtant une spiritualité exaltée par le contraste de la misère physique de la chair mortifiée par la pénitence. Donatello ne put achever en personne l'exécution des deux chaires de bronze de Saint-Laurent, dont il conçut la composition d'ensemble et sculpta lui-même quelques bas-reliefs, certainement la *Déposition de Croix*, où pour la dernière fois, s'exprime l'intensité tragique du drame sacré.
Envers Donatello, les restrictions d'une critique plus ancienne concernaient plutôt le naturalisme en lui-même. Le réalisme de Donatello ne tendait qu'à l'expression de la douleur ou de l'élan mystique, non à une complaisance à quelque grimaçante laideur. Avec ses contemporains : Nani di Banco, Jacopo della Quercia, Ghiberti, Donatello a créé la sculpture de la première moitié du XVe siècle, dont s'inspirera son développement ultérieur. Seule la paralysie arrêta sa longue carrière, trois ans avant sa mort à l'âge de quatre-vingts ans. ■ E. C. Bénézit, J. B.

Bibliogr. : In : *Diction. de la Sculpture. La sculpt. occident. du Moyen Âge à nos jours*, Larousse, Paris, 1992.

Musées : Bergame (Acad. Carrara) : *La Vierge et l'Enfant* – Florence (Gal. Nat.) : *Saint Jean enfant* – *Bas-relief, danse de petits génies* – *Saint Jean-Baptiste* – *David* – Salford : *David* – douze reliefs – *Saint Georges* – Stockholm : *Vierge et l'Enfant* – *Vierge et l'Enfant* – *La descente au tombeau* – *Gattamelata, jeune homme* – *Saint Jean-Baptiste* – *Jeunes garçons* – *Jeune fille* – Strasbourg : *Marie et l'Enfant* – Troyes : *Saint Georges* – *Enfant riant* – *Saint Jean enfant*, moulage.

Ventes Publiques : Paris, 1858 : *Étude d'une figure en pied*, dess. à la pl. lavé d'encre de Chine : **FRF 26** – Turin, 1860 : *Deux figures de saints*, dess. à la pl. : **FRF 46** – Paris, 1882 : *Homme nu, debout appuyé sur une bêche*, dess. à la pl. : **FRF 13** – Londres, 18 juil. 1910 : *Étude de deux figures*, dess. : **GBP 2** – Paris, 25 fév. 1924 : *Académie d'homme debout*, pl. sur pap. plâtré : **FRF 750**.

DONATELLO
Né peut-être à Trévise. XVe siècle. Italien.
Peintre.

DONATELLO Simone Fiorentino. Voir **DONATO**

DONATELLO da Formello. Voir **FORMELLO Donato da**

DONATH Anton
XVIIIe siècle. Actif vers 1787. Allemand.
Peintre de portraits.
Il travailla dans la région de Lœbau.

DONATH Ernst Friedrich
Mort en 1827. XIXe siècle. Actif à Meissen. Allemand.
Peintre sur porcelaine.

DONATH Gabriel Ambrosius
Né vers 1684 à Grunau. Mort en 1760 à Dresde. XVIIIe siècle. Allemand.
Peintre.
Il exécuta un plafond pour l'église d'Ostritz en Saxe, puis plus tard, en 1752, un retable pour l'église de Grunau. On lui doit également un grand nombre de portraits dont certains ont été gravés.

DONATH Gyula
Né le 13 mars 1850 à Budapest. Mort le 27 septembre 1909 à Budapest. XIXe-XXe siècles. Hongrois.
Sculpteur.
Il fit ses études à Vienne, où il fut l'élève de G. Semper. Il exécuta nombre de sculptures pour des palais de Budapest et des monuments comme celui de *L'Impératrice Elisabeth d'Autriche-Hongrie*, édifié à Budapest en 1908.

DONATH Johann Christian
Né vers 1729. Mort en 1782. XVIIIe siècle. Actif à Dresde. Allemand.
Peintre de portraits.
Il fut élève de A. Graff.

DONATI Alessio
Né à Offida. XVIIIe siècle. Italien.
Sculpteur sur bois.
Il travailla pour l'église d'Offida.

DONATI Angelo
XVIIe siècle. Actif à Bologne. Italien.
Peintre.

DONATI Antonio
XVIIIe siècle. Actif à Florence en 1784. Italien.
Graveur.
On lui doit des *Vues du couvent de Vallombrosa*.

DONATI Bernardino
XVIIe siècle. Actif à Vérone en 1614. Italien.
Peintre.

DONATI Carlo Maria
XVIe siècle. Actif à Ravenne au début du XVIe siècle. Italien.
Peintre.

DONATI Enrico
Né en 1909 à Milan. XXe siècle. Depuis 1940 actif et naturalisé en 1945 aux États-Unis. Italien.
Peintre, sculpteur. Surréaliste, abstrait.
Il fut étudiant de l'Université de Pavie, fit un séjour à Paris de 1934 à 1939, pendant lequel il semble avoir rencontré déjà André Breton et Marcel Duchamp, s'installa à New York, y suivant les cours de la New School for Social Research et de l'Art Students' League. En 1942, il se lia avec André Breton et les surréalistes réfugiés à New York, et participa aux activités du groupe, notamment à la préparation, avec eux et Tanguy, Max Ernst, Gorky, de l'Exposition Surréaliste qui aura lieu en 1947 à Paris. Surtout ami de Matta et de Marcel Duchamp, il aida celui-ci dans la confection des 999 seins en caoutchouc destinés à la couverture des exemplaires de luxe du catalogue de cette Exposition Surréaliste de 1947 à la Galerie Maeght de Paris. Il a participé à de très nombreuses expositions collectives internationales, parmi lesquelles : celles de la Fondation Carnegie de Pittsburgh, les Whitney et Stable Annuals, 1950 Biennale de Venise, 1953 Biennale de São Paulo, 1953 et 1954 *Surfaces embellies* au Musée d'Art Moderne de New York, les expositions de la Fondation Guggenheim, etc. Il montre également ses travaux dans des expositions personnelles, dont les principales : 1942 New York, 1945, 1946, 1947, 1949 Paris, 1950 Rome et Milan, 1952 Venise, 1953 Milan, 1954, 1955, 1957, 1959, 1960, 1962, New York, et ainsi de suite.
Entre autres sources, il a puisé à deux ayant leur origine dans le surréalisme : celle de l'alchimie « madragorienne », et celle inspirée par le domaine des fossiles, considéré comme une des clefs du mystère de la vie. Quant à la première, entre 1940 et 1950, Donati montrait une prédilection pour des formes fluides, ambiguës, très éclatantes sur des fonds glauques de bleus et verts profonds, s'inspirant, dans une sorte d'expressionnisme abstrait, du monde sous-marin ou de celui des oiseaux, des fleurs, de la fantasmagorie des nuages. Le *Feu Saint-Elme*, de 1944, est une grande racine d'arbre (mandragore), incandescente dans des couleurs flamboyantes, et comme flottant dans un espace de ténèbres cosmiques. En 1947, à l'occasion de l'Exposition Surréaliste, il exposa des sculptures (de nouveau mandragore) impressionnantes et morbides : *Le mauvais-œil* et *Le poing*. Dans des domaines autres, il se livra alors à diverses expérimentations, mal connues du public : des œuvres d'inspiration constructiviste et des calligraphies au goudron. Puis, à partir de 1950, il s'intéressa aux effets de matière, de texture, avec des matériaux épais, opaques, granuleux, rejoignant certains aspects de l'Art brut prospecté par Dubuffet. Les premières de ces peintures, les *Paysages lunaires*, sont constituées de grandes surfaces noires, grises et blanches, de construction encore géométrique, et dont l'austérité relative évoque la surface souillée, agressée, culottée, des vieux murs, en relation avec d'autres peintres abstraits informels, matiéristes, et avec les *Hautes Pâtes* de Dubuffet. Donati s'intéressant ensuite aux pigments, la couleur reprit de l'importance dans de nouvelles peintures à la surface encore rugueuse comme des lichens. Quant à la deuxième des sources d'origine surréaliste, entre 1957 et 1960, il peignit la série, plus ramassée et plus brève, des *Fossiles*. Encore ensuite, peut-être à l'exemple de Josef Albers, il construisit ses peintures à partir du carré, choisi comme élément de base, presque en tant que module. Dans les années soixante-dix, revenant à la sculpture, il utilisa des techniques plus lourdes, comme la fonte du bronze. Plutôt qu'un artiste exclusivement et profondément surréaliste, Donati fut un compagnon de route du surréalisme, ne s'interdisant aucun des chemins de traverse qui ont fait l'originalité et la diversité de son œuvre. ■ Jacques Busse

Bibliogr. : *Donati*, Édit. El Milione, Milan, 1954 – Peter Selz : *Donati*, Musée de Poche, Paris, 1965 – in : *Diction. Univers. de la Peint.*, Le Robert, Paris, 1975.

Musées : Bruxelles (Mus. roy. des Beaux-Arts) : *Noir et trois blanches* – *Évasion lunaire* 1953 – New York (Mus. of Mod. Art) : *Feu Saint-Elme* 1944 – New York (Whitney Mus.).

Ventes Publiques : New York, 5 mai 1982 : *Fossil series « Yellow & Yellow »* 1961, h. et sable/t. (99,3x109,4) : **USD 2 100** – New York, 27 fév. 1985 : *Lagash II* 1961, techn. mixte/t. (127x101,6) : **USD 10 000** – New York, 1er oct. 1985 : *Magnet II* 1967, h. et sable/t. (127,4x153) : **USD 12 500** – New York, 5 nov. 1987 : *Ta-Phrom Studies* 1964, h. et sable/t. (109,2x101,6) : **USD 11 000** – Paris, 22 avr. 1988 : *2 Lines* 1954, h. et matière/t. (20x25,5) : **FRF 9 500** – New York, 8 oct. 1988 : *Mystère I* 1965, h. et sable/t. (127x127) : **USD 9 350** – New York, 14 fév. 1989 : *Rappel II* 1971, h. et sable/t. (109x99) : **USD 5 500** – New York, 5 oct. 1989 : *Curtain call VII* 1971, h. et sable/t. (114,5x99) : **USD 7 150** – Milan, 7 nov. 1989 : *Trous d'air* 1952, h/t (23x161) : **ITL 2 000 000** – New York, 7 mai 1990 : *Point zéro II* 1969, acryl., h., sable et mousse synth. (152,4x152,4) : **USD 17 600** – New York, 10 oct. 1990 : *Paysage II* 1973, relief de bronze à patine dorée (62,3x52,1) : **USD 2 750** – New York, 25-26 fév. 1992 : *Récif rouge* 1965, h. et techn. mixte/t. (101,6x76,2) : **USD 5 500** – New York, 17 nov. 1992 : *Fossil series 3000 B. C.*, h.et sable/t. (88,9x114,3) : **USD 6 050** – New York, 5 mai 1994 : *Les trois aînés*, h/t (180,3x249,6) : **USD 12 650** – Milan, 12 déc. 1995 : *Panorama lunaire* 1953, techn. mixte/t. (100x70) : **ITL 3 450 000**.

DONATI Francesco
XVIIIe siècle. Actif à Bologne. Italien.
Peintre.
Il travailla pour des églises de Pérouse.

DONATI Giovan Paolo di Pietro
XVIe siècle. Italien.
Peintre.
Il travailla vers 1576 pour différentes églises d'Aquilée.

DONATI Giuseppe
Né à Aquilée. XVIe-XVIIe siècles. Italien.
Peintre.
Il était sans doute fils de Giovan Paolo et travailla dans la région d'Aquilée.

DONATI Lazzaro
Né en 1909. XXe siècle. Américain.
Peintre de figures.
Ventes Publiques : New York, 12 juin 1991 : *La Signora de Delf* 1962, h/pan. (69,9x49,5) : **USD 770** – New York, 27 fév. 1992 : *Figure en turquoise* 1964, h/pan. (70,5x49,5) : **USD 1 210** – New York, 30 avr. 1996 : *La jolie mère* 1959, h/pan. (50x70) : **USD 805**.

DONATI Lorenzo
Né vers 1600 à Macerata. Mort le 22 juillet 1649 à Rome. XVIIe siècle. Italien.
Peintre.

DONATI Ludovico de
XVe siècle. Actif à Ferrare. Italien.
Peintre.

DONATI Luigi
XVe-XVIe siècles. Actif à Côme vers 1510. Italien.
Peintre d'histoire.
Élève de Civecchio. Il travailla en 1494 pour l'église Santa Maria Maggiore à Verceille. Le Musée de Lyon possède une *Vierge* signée et datée de 1510, due à cet artiste.

DONATI Marco
XVIIIe siècle. Actif à Palerme. Italien.
Peintre.

DONATI Paolo
Né le 21 octobre 1770 à Parme. Mort le 11 juin 1831. XVIIIe-XIXe siècles. Italien.
Peintre.
Il fut élève de Cossetti, puis à partir de 1819 professeur à l'Académie de Parme.

DONATI Vincenzo Michele
Né vers 1750 à Pesaro. XVIIIe siècle. Italien.
Peintre.
Il travailla pour la cathédrale d'Osimo.

DONATI Vittorio
Né au XIXe siècle à Pérouse. XIXe siècle. Italien.
Peintre.
Fit ses études dans sa ville natale. Exposa à Florence, en 1884 : *Indécision* et à Turin, la même année : *Gervais à l'épreuve* et une *Nature morte*.

DONATO
XIIIe siècle. Actif à Venise. Italien.
Sculpteur.
Il travailla à l'église Saint-Marc vers 1275.

DONATO
XIVe siècle. Actif à Venise. Italien.
Peintre.

DONATO
XVe siècle. Actif vers 1459. Italien.
Peintre d'histoire.
Il fut élève de Jacobello di Flore.

DONATO Alvise
XVIe siècle. Actif à Venise. Italien.
Peintre.
Il travailla à la décoration de la Fondaco dei Tedeschi en collaboration avec Battista Franco.

DONATO Antonio
XVIIIe siècle. Actif à Castel di Sangro en 1712. Italien.
Peintre.
Il exécuta une *Vierge* pour l'église de cette ville.

DONATO Giovanni Maria
XVIe siècle. Actif à Venise vers 1533. Italien.
Peintre.
Il travailla plusieurs années à Constantinople.

DONATO Paulo
XVIe siècle. Actif à Venise vers 1500. Italien.
Peintre.

DONATO Simone Fiorentino ou **Donatello**
XVe siècle. Actif à Florence. Italien.
Sculpteur.
On cite parmi ses œuvres connues la plaque tombale en bronze de Martin V, dans l'église de Saint-Jean de Latran, et les bas-reliefs d'une porte de Saint-Pierre de Rome. Certains biographes supposent que cet artiste pourrait être le même que Simon Guini.

DONATO di Battista
XVIe siècle. Actif à Gênes vers 1500. Italien.
Sculpteur.
Louis XII l'invita à venir travailler pour l'abbaye de Saint-Denis.

DONATO di Donato
XIIIe siècle. Actif à Florence vers 1230. Italien.
Peintre.
Il fut également mosaïste.

DONATO Fiorentino
XIVe siècle. Actif à Savone en 1341. Italien.
Peintre.

DONATO da Formello. Voir **FORMELLO**

DONATO di Gaïo
XVIe siècle. Actif à Bologne vers 1500. Italien.
Sculpteur et architecte.
Il travailla pour l'hôtel de ville de Bologne.

DONATO di Lorenzo
XVe siècle. Actif à Pérouse vers 1450. Italien.
Peintre miniaturiste.

DONATO di Maestro Andrea di Giovanni
XIVe siècle. Actif à Gubbio en 1340. Italien.
Peintre.

DONATO di Noferi
XVIe siècle. Actif à Florence. Italien.
Peintre.

DONATO da Pavia
XVe-XVIe siècles. Actif à la fin du XVe siècle. Italien.
Peintre.
L'hôpital de Savone possède de cet artiste : *Le Christ en Croix entre la Vierge et saint Jean*, et le Musée du Louvre : *La Vierge glorieuse avec les saints*, signé et daté de 1507.

DONATO di Ricevuto
Originaire sans doute de Pise. XIIIe siècle. Italien.
Sculpteur.
Il fut élève de Niccolo Pisano et travailla à la cathédrale de Sienne.

DONATO di Santa Maria di Murano
XIVe siècle. Actif à Venise en 1395. Italien.
Peintre.

DONATO da Udine
xvie siècle. Actif à Rome en 1562. Italien.
Peintre.

DONATO d'Ugolino
xive siècle. Actif à Florence en 1375. Italien.
Peintre.

DONATO Veneziano
xve siècle. Italien.
Peintre.
Il fut l'élève de Giovanni Bellini. Les Galeries Nationales de Venise conservent de lui : *Jésus crucifié* et *Jésus mort, entre la Vierge et saint Jean.*

DONATUS
xviiie siècle. Actif à Budapest vers 1775. Hongrois.
Peintre.
Il était moine franciscain.

DONATUS de Castelleto
xiie siècle. Actif à Gênes en 1188. Italien.
Peintre.

DONATUTIUS
xive siècle. Actif à Pérouse en 1312. Italien.
Peintre.

DONAUER Georg
Né vers 1571 à Munich. xvie-xviie siècles. Allemand.
Peintre.
Il était le frère de Johannes. Il travailla pour les ducs de Wurtemberg.

DONAUER Hans
Né vers 1569 à Munich. Mort le 28 janvier 1644 à Munich. xvie-xviie siècles. Allemand.
Peintre.
Il décora une des entrées du Palais Impérial de Munich de peintures qui subsistent encore très restaurées.

DONAUER Lorenz
xvie siècle. Travaillant dans la première moitié du xvie siècle. Allemand.
Graveur au burin.
On cite de lui une copie du *Saint Antoine* d'Albert Dürer.

DONAUER Marx ou **Tanauer**
Mort vers 1510 à Innsbruck. xvie siècle. Autrichien.
Peintre.
On ne connaît qu'une œuvre certaine de cet artiste qui semble avoir eu de son temps une assez grande notoriété : la décoration du couvent Wilten.

DONC Jan Van der
xve siècle. Actif à Bruges en 1436. Éc. flamande.
Peintre.
Il fut un des six gouverneurs qui s'occupèrent, en 1450, de la construction de la chapelle de Bruges.

DONCEL Guillermo
Peut-être d'origine française. xvie siècle. Espagnol.
Sculpteur.
Il travailla à Léon. Il décora l'église Saint-Marc de cette ville.

DONCHER Herman Mijnerts. Voir **DONCKER**

DONCHÔ
viie siècle. Coréen du royaume de Koguryô, actif début viie siècle. Japonais.
Peintre.
Moine bouddhiste et moine-peintre, venu au Japon en 610, il y a introduit la technique de la fabrication des pigments, du papier et de l'encre. Avec l'art bouddhique sont ainsi introduits au Japon une technique et des manières nouvelles sur la base desquelles reposera désormais la peinture nippone.

DONCIA Jean Fr.
Né au xve siècle peut-être à Auch. xve-xvie siècles. Français.
Peintre.
Travailla à Albi vers 1510 et y décora l'église Sainte-Cécile.

DONCK Cornelis Van der
xve siècle. Actif à Bruges à la fin du xve siècle. Éc. flamande.
Peintre.
Il fut reçu maître en 1487.

DONCK Franciscus Victorinus
xviie-xviiie siècles. Actif à Anvers. Éc. flamande.
Graveur.

DONCK Geerard
Mort en 1693. xviie siècle. Actif à Anvers. Éc. flamande.
Peintre miniaturiste.
Il avait été reçu maître en 1652.

DONCK Gérard ou **Gerrit,** parfois **G. Van**
Né avant 1610. Mort vers 1640. xviie siècle. Éc. flamande.
Peintre d'histoire, scènes de genre, portraits, illustrateur, graveur.
Il existe un nombre relativement important d'œuvres de cet artiste dont la vie nous est inconnue.
On lui doit la plus grande partie des illustrations du livre de J. H. Krul *Pampiere Wereld,* publié à Amsterdam en 1644.

Musées : Londres (Nat. Gal.) : *Jan Van Heemskerk et sa famille* – New York (Historical Society) : *Marchande de légumes* – Rotterdam (Boymans) : *Retour de chasse* – Vienne (Liechtenstein) : *Femme en coiffure blanche* – *Homme âgé* – *Femme en habit noir* – Vienne (Czernin) : *Un tonnelier.*
Ventes Publiques : Paris, 1842 : *Raphaël peignant La Vierge jardinière* : **FRF 70** – Londres, 21 juil. 1926 : *Gentilhomme lisant la Bible ; Dame lisant la Bible* : **GBP 125** – Londres, 2-5 mai 1927 : *Dame âgée* 1963 : **GBP 56** – Londres, 29 juin 1962 : *Famille dans un paysage* : **GNS 300** – Londres, 21 mai 1976 : *La marchande de légumes,* h/pan. (55x64) : **GBP 2 200** – New York, 17 jan. 1985 : *Une famille dans un intérieur,* h/pan. (59x74) : **USD 6 000** – Monte-Carlo, 6 déc. 1987 : *Les marchands de légumes,* h/t (61x68) : **FRF 175 000** – Londres, 9 juil. 1993 : *Paysan vendant des œufs dans une rue de village,* h/pan. (42x30,5) : **GBP 7 475.**

DONCK Rueberecht Van der
xvie siècle. Actif à Bruges au début du xvie siècle. Éc. flamande.
Peintre.
Il fut reçu maître en 1516.

DONCKER Arthur
xve siècle. Actif à Bruges, vers 1450. Éc. flamande.
Peintre.
Il était prêtre.

DONCKER Herman Mijnerts ou **Doncher**
Né avant 1620. Mort vers 1656. xviie siècle. Hollandais.
Peintre de genre, portraits.
Travailla à Haarlem en 1653, à Enkhuyzen et à Edam.

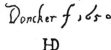

Musées : Amsterdam : *Portrait d'homme* – *Portrait de femme* – Bruxelles : *Un couple dans un jardin* – La Haye : *Le porte-drapeau d'Enkhuyzen* – Stockholm : *Intérieur avec six figures.*
Ventes Publiques : Londres, 19 déc. 1930 : *Joueurs de tric-trac* 1634 : **GBP 10** – Londres, 22 juil. 1932 : *Joueurs de tric-trac* 1634 : **GBP 12** – Londres, 13 mars 1936 : *Joueurs de tric-trac* 1634 : **GBP 13** – New York, 9 oct. 1980 : *Portrait du bourgmestre de Rotterdam avec sa famille,* h/pan. (94x139,5) : **USD 27 000** – New York, 15 jan. 1987 : *Une famille hollandaise dans un paysage,* h/pan. (75x110) : **USD 14 000** – New York, 14 jan. 1988 : *Deux enfants dans un paysage,* h/pan. (74,5x61,5) : **USD 19 800** – Londres, 5 juil. 1989 : *Artiste à son chevalet dans un parc, sa famille autour de lui,* h/pan. (70x92) : **GBP 4 180** – Amsterdam, 7 mai 1993 : *Portrait de Olivier Van Hackfort tot Terhorst ; Portrait de Wilhelmina Bronkhorst,* h/pan., une paire (chaque 65x50) : **NLG 5 750** – Londres, 21 oct. 1994 : *Portrait d'une famille dans un paysage fluvial et boisé,* h/t (97,7x135) : **GBP 8 280** – Londres, 5 avr. 1995 : *Personnages élégants dans un intérieur,* h/pan. (28,5x48) : **GBP 8 625.**

DONCKER Victor de
Né le 19 mai 1827 à Bruxelles. Mort le 23 juin 1881 à Bruxelles. xixe siècle. Belge.

Dessinateur et graveur.
Il fut élève d'Ed. Vermorckens.

DONCKERS F. J. R.
XIXe siècle. Hollandais.
Peintre d'intérieurs d'églises.

DONCKEUR Omaer
Né le 13 juin 1644 à Gand. XVIIe siècle. Belge.
Sculpteur.
Il travailla pour différentes églises de cette ville, comme Saint-Martin et Saint-Michel.

DONCKT François Van der
Né à Bruges. XVIIIe-XIXe siècles. Belge.
Peintre de genre.
Travailla dans la première moitié du XIXe siècle ; peignit des scènes de la vie des maîtres célèbres.

DONCKT Joseph Octave Van der
Né le 30 juin 1757 à Aalst. Mort le 18 mai 1814 à Bruges. XVIIIe-XIXe siècles. Éc. flamande.
Peintre de miniatures, pastelliste de portraits.
Élève de J. de Rycke. Ant. Suweyns et Gaeremyn ; il alla à Paris, où il copia les œuvres de la galerie d'Orléans ; puis vécut à Bruges où sont ses œuvres.
Musées : Bruges : *Portrait de Mlle Delarue – Portrait de M. le baron de Croeser – Portrait de l'artiste – Portrait de P. J. de Cocky.*

DONCRE Guillaume Dominique Jacques
Né le 28 mars 1743 à Zeggers-Cappel (Nord). Mort le 11 mars 1820 à Arras. XVIIIe-XIXe siècles. Français.
Peintre de portraits, natures mortes.
Cet artiste de talent, fixé à Arras depuis 1770, ne chercha jamais à se faire connaître. Ce ne fut qu'après sa mort que ses œuvres acquirent une valeur réelle. Elles sont maintenant dans les églises. Beaucoup de portraits exécutés par lui sont aujourd'hui recherchés.

Musées : Saint-Omer : *Autoportrait – Portrait de Hernant – Nature morte.*
Ventes Publiques : Paris, 17 déc. 1936 : *Portrait d'un écrivain* : **FRF 1 050** – New York, 14 jan. 1938 : *Maître Leroy, notaire, et ses quatre enfants* 1779 : **USD 200** – Londres, 13 juil. 1983 : *Vase de fleurs dans une niche en trompe-l'œil* 1783, h/t (38x29) : **GBP 3 800** – Paris, 12 juin 1986 : *Bouquet de fleurs*, h/t (116x89) : **FRF 40 000** – Paris, 5 avr. 1995 : *Bouquet de fleurs avec corbeille de fruits en grisaille sur un entablement*, h/t (39x31) : **FRF 18 000**.

DONDAINE Gaston
XXe siècle. Français.
Peintre et graveur à l'eau-forte.
Il a surtout gravé des paysages et des aspects de villes.

DONDARI Claes Adriaensen
XVIe siècle. Actif à Anvers vers 1561. Éc. flamande.
Peintre.
A cette date, il était maître libre de la corporation de Saint-Luc.

DONDNI H. V. ou **Doudne**
Hollandais.
Peintre d'animaux, natures mortes.
Cet artiste d'après Siret, aurait probablement fait de la peinture en amateur. Il s'est spécialisé dans la peinture de poissons et natures mortes.

DONDO Giocondo
XVIIe siècle. Actif à Mantoue en 1602. Italien.
Peintre.
Il copia une scène du *Triomphe de César* de Mantegna.

DONDO Lodovico
Originaire de Mantoue. XVIe siècle. Italien.
Peintre.
Il travailla pour l'église Saint-Dominique à Sienne.

DONDOLI, abbé
XVIIIe siècle. Actif à Spello vers 1715. Italien.
Peintre d'histoire.
Ventes Publiques : Paris, 1800 : *Une esquisse* : **FRF 238**,50.

DONDOLI Caterina
XVIIe-XVIIIe siècles. Active à Vérone. Italienne.
Peintre.
Elle était l'épouse de Giacomo.

DONDOLI Giacomo
XVIIIe siècle. Actif à Vérone vers 1700. Italien.
Peintre.
Il fut élève de Zannoni et Giarola à Vérone et poursuivit ses études à Venise. Il décora des églises et des palais à Vérone.

DONDOLI Maria
XVIIIe siècle. Active à Vérone. Italienne.
Peintre.
Elle était la fille de Giacomo et de Caterina Dondoli.

DONDORF Bernhard J.
Né le 19 mars 1809 à Francfort-sur-le-Main. Mort le 13 juin 1902 à Francfort-sur-le-Main. XIXe siècle. Allemand.
Lithographe.
Il créa à Francfort en 1883 un important atelier de lithographie.

DONDUCCI Giovanni Andrea, dit **il Mastelletta**
Né le 14 février 1575 à Bologne. Mort le 25 avril 1655 à Bologne. XVIIe siècle. Italien.
Peintre de compositions religieuses, sujets allégoriques, paysages animés, compositions décoratives, dessinateur.
Son surnom lui vient, dit-on, du genre de commerce qu'exerçait son père, qui faisait des cuvettes (mastello). Élève de Carrache, dont il ne suivit que très imparfaitement les conseils, car il n'étudia pas les principes de l'art et dédaigna la précision académique. Annibale Carrache lui conseilla de s'établir à Rome comme paysagiste ; le conseil ne plut point à l'artiste, qui fréquentait à cette époque les ateliers du Tassi. Revenu à Bologne, il se remit à exécuter des ouvrages de grande dimension. Il tomba dans l'indigence et fut obligé d'embrasser l'état de frère lai, d'abord parmi les conventuels, puis parmi les chanoines de San Salvadore. Un seul de ses élèves, Domenico Mengucci de Pesaro, mérite d'être cité.
Il essaya d'innover un autre style, fondé sur un dessin nouveau et gracieux, en imitant les œuvres de Parmigiano et de Tiarini. Il eut des admirateurs et décora un grand nombre d'édifices publics à Bologne, où se trouvent la plupart de ses œuvres principales. Lanzi dit à son sujet : « J'ai quelquefois soupçonné que ce peintre eut une grande influence sur la secte des peintres désignée par le nom de Ténébreuse, laquelle se répandit ensuite dans l'État vénitien et presque dans toute l'étendue de la Lombardie ». Donducci exécuta aussi des paysages dans le genre des Carrache, ouvrages très estimés surtout à Rome. Le tableau considéré comme le chef-d'œuvre de Donducci, représentant *Sainte Irène arrachant la flèche de la poitrine de saint Sébastien*, se trouve dans l'église des Célestins.
Musées : Florence (Gal. Nat.) : *La Charité* – Paris (Louvre) : *Le Christ et la Vierge apparaissant à saint François d'Assise.*
Ventes Publiques : Paris, 1775 : *La fuite en Égypte*, dess. à la pl. et au bistre : **FRF 13** ; *La Vierge sur un piédestal, près d'elle saint Jérôme et saint Antoine de Padoue*, dess. au bistre reh. de blanc : **FRF 18** – Paris, 1859 : *Couronnement de la Vierge*, dess. à la pl. lavé de bistre : **FRF 16** – Londres, 6 avr. 1977 : *Jésus et la femme adultère*, h/t (93x69) : **GBP 3 500** – Paris, 6 déc. 1982 : *Composition décorative avec la sainte Trinité : le saint Graal ?*, sanguine (22,5x25) : **FRF 9 500** – Rome, 28 mai 1985 : *Saint François en extase ; La fuite en Égypte*, deux h/t (68x43) : **ITL 12 000 000** – Milan, 17 déc. 1987 : *L'Adoration des bergers*, h/t (38x38) : **ITL 11 500 000** – New York, 13 oct. 1989 : *Sainte Élisabeth visitant la Vierge*, h/t (82x69) : **USD 5 500** – Londres, 8 déc. 1989 : *Vierge à l'Enfant avec le jeune saint Jean Baptiste*, h/t (29x22) : **GBP 6 050** – Paris, 19 avr. 1991 : *Fête champêtre*, h/t (99x120,5) : **FRF 2 300 000** – Heidelberg, 11 avr. 1992 : *Paysage fluvial vallonné avec des personnages et les ruines d'un village*, lav. gris, cr. et craie (28x42,7) : **DEM 1 400** – New York, 14 oct. 1992 : *La fuite en Égypte*, h/t (36,8x44,5) : **USD 9 350** – New York, 20 juil. 1994 : *Cavalier en armure abordant une princesse tenant un cheval à la bride (Tancrède et Erminie ?)*, h/t (61,6x73) : **USD 2 760**.

DONEAUD Jacqueline Cécile, née **Adelon**
Née à Dijon (Côte-d'Or). XIXe siècle. Française.
Peintre.
Exposa au Salon de Paris de 1868 à 1875.

DONEAUD Jean Eugène
Né le 22 septembre 1834 à Paris. XIXe siècle. Français.

Peintre de genre, portraits, paysages.
En 1852, il entra à l'École des Beaux-Arts et fut élève de H. Flandrin. Il exposa au Salon de 1861 à 1874, des portraits et quelques sujets de genre.
Ventes Publiques : Londres, 20 mars 1985 : *Les malheurs de Pierrot* 1871, h/pan. (41x69,5) : **GBP 1 500** – New York, 21 mai 1986 : *Paysage aux papillons* 1872, h/pan. (48,8x99,1) : **USD 7 000**.

DONEGA Jetta
Née vers 1920 à Robbio Lomellina. xxe siècle. Italienne.
Sculpteur. Abstrait.
Elle fut élève de Marino Marini et de Manzu, à l'Academia Albertina de Turin en 1941-42, puis de l'Académie des Beaux-Arts de Rome en 1943. Elle participe à des expositions collectives, notamment en 1957 à l'Exposition de la Sculpture Italienne au xxe siècle, à Messine, Rome et Bologne. Elle montre aussi ses œuvres dans des expositions personnelles, depuis la première à Rome en 1957, à Milan en 1959, une rétrospective au Musée d'Art Contemporain de Barcelone, ainsi qu'à l'Association des Artistes Polonais de Varsovie, en 1962...
Dans une première période, ses sculptures évoquaient encore la présence humaine, symbolique ou mythologique : *Déesse survivante, Fleuve en crue, Léviathan.* Ensuite, elle évolua progressivement à l'abstraction, sensible à l'exemple des Brancusi, Arp, Henry Moore, surtout en ce qui concerne l'amour de la belle matière, respectée et maîtrisée : bois, marbre ou fonte.
Bibliogr. : Giuseppe Marchiori, in : *Nouveau Diction. de la Sculpt. Mod.*, Hazan, Paris, 1970.

DONEGAN Cheryl
Née en 1962 à New Haven (Connecticut). xxe siècle. Américaine.
Peintre, technique mixte, vidéaste.
Elle a participé en 1994 à la FIAC (Foire Internationale d'Art Contemporain) à Paris, en 1995 à la Biennale de Lyon. Elle montre ses œuvres dans des expositions personnelles à Paris et également en 1990 : *Solo Exhibition*, Thomas Hunter Gallery, Hunter College (N.Y.).
Ventes Publiques : Paris, 16 déc. 1990 : *« Plus je connais les hommes, plus j'aime mon chat »* 1989, oreiller brodé (60x60) : **FRF 3 800**.

DONEGANI
Né à Fiume. xixe siècle. Italien.
Sculpteur et architecte.
Il construisit et décora l'église de Diakovar.

DONELLA Giovanni Francesco
Né à Carpi. xve-xvie siècles. Italien.
Peintre.
Il travailla vers 1510 à la décoration de la cathédrale d'Albi.

DONELLI Carlo, dit **Carlo Vimercati**
Né en 1660 à Milan. Mort en 1715. xviie-xviiie siècles. Italien.
Peintre.
Élève d'Ercole Procaccini le Jeune. Il exposa peu de peintures dans sa ville natale et exécuta ses meilleures œuvres à Codogno.

DONETT Cornelius Andreas
Né en 1682. Enterré le 13 août 1748. xviiie siècle. Actif à Francfort-sur-le-Main. Allemand.
Sculpteur.
Il se spécialisa dans les sujets religieux.

DONETT Georg Friedrich
Né en 1724. Mort en 1774. xviiie siècle. Actif à Francfort-sur-le-Main. Allemand.
Sculpteur.

DONETT Jakob
xviiie siècle. Actif à Francfort-sur-le-Main en 1707. Allemand.
Peintre.
Il travailla pour le couvent des dominicains de cette ville.

DONETT Johann Peter
Né en 1714 à Francfort-sur-le-Main. xviiie siècle. Allemand.
Peintre de portraits.
On lui doit un : *Christ avec la Vierge.*

DONEUR Antoine
xviie siècle. Actif à Rome en 1675. Français.
Peintre.

DONEY Thomas
xixe siècle. Américain.
Graveur.
Après des études en France, il travailla au Canada et aux États-Unis.

DONG BANGDA ou **Tong Pang-Ta** ou **Tung Pang-Ta**, surnom : **Fucun,** nom de pinceau : **Dongshan**
Né en 1699 à Fuyang (province du Zhejiang). Mort en 1769. xviiie siècle. Chinois.
Peintre de paysages.
Fonctionnaire, président du Bureau des Rites sous le règne de l'empereur Qing Qianlong (1736-1796), il participe à la compilation du catalogue des collections d'art impériales, le *Shiqu Baoqi.* Il fait en outre des paysages dans le style des peintres Yuan, Dong Yuan et Juran (xe siècle). Avec son contemporain le peintre Dong Qichang, et Dong Yuan, on les appelle parfois « les Trois Dong ». C'est le père du peintre Dong Gao.
Musées : Paris (Mus. Guimet) : *Hutte couverte de chaume dans les montagnes à l'automne*, d'après une œuvre de Zhao Yuan, poème de l'empereur Qianlong daté 1766 – *Vue de rivière, poème de l'artiste* – Taipei (Nat. Palace Mus.) : *Couleurs d'automne dans les hauts sommets*, coul. sur pap., rouleau en hauteur.
Ventes Publiques : New York, 4 déc. 1989 : *Rassemblement et célébration du printemps*, encre et pigments/pap., album de huit feuilles (chaque 16,9x27) : **USD 66 000** – New York, 6 déc. 1989 : *Paysages miniatures d'après les maîtres Yuan et Ming*, album de douze feuilles dont huit encre/pap. et quatre encre et pigments/pap. (chaque 10,5x14) : **USD 77 000** – New York, 31 mai 1990 : *Paysage*, encre or/pap. bleu, kakémono (86x37,5) : **USD 3 575** – New York, 25 nov. 1991 : *Prunus*, encre/pap., album de douze feuilles (chaque 23,5x13) : **USD 3 575** – Hong Kong, 29 avr. 1993 : *Quarante vues du lac de l'ouest*, encre et pigments/pap., ensemble de 4 albums de 10 feuilles chacun : **HKD 3 320 000** – New York, 29 nov. 1993 : *Paysages miniatures d'après Yuan et les maîtres Ming*, huit encre/pap. et quatre encre et pigments/pap., album de 12 feuilles (chaque 10,5x14) : **USD 68 500** – New York, 31 mai 1994 : *Paysage d'hiver*, encre et pigment dilué/pap., kakémono (159,4x78,7) : **USD 16 100**.

DONGÉ Lucienne
Née à Paris. xxe siècle. Française.
Peintre de paysages.
Elle fut élève de Pierre Vignal et Louis Biloul. Elle exposait à Paris, au Salon des Artistes Français, en devint sociétaire, mention honorable 1934. Elle peignait à la tempéra (procédé de colles ou gommes détrempées).

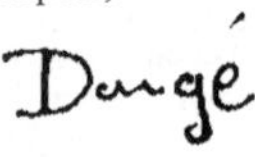

DONGEN Dionys Van
Né le 3 septembre 1748 à Dordrecht. Mort le 21 mai 1819 à Rotterdam. xviiie-xixe siècles. Hollandais.
Peintre d'animaux, paysages.
Élève de J. Xavery à La Haye. Il vécut à Rotterdam à partir de 1771.
Musées : Francfort-sur-le-Main : *Vaches devant l'étable* – Gotha : *Paysage plat en Hollande.*
Ventes Publiques : Paris, 1855 : *Paysage avec figures et chevaux*, dess. lavé de coul. : **FRF 5** – Paris, 20 et 21 jan. 1904 : *Paysages avec bergers et animaux*, deux pendants : **FRF 122** – Londres, 11 mai 1908 : *Deux paysages* : **GBP 15** – Londres, 11 juin 1909 : *Deux scènes champêtres* : **GBP 17** – Amsterdam, 28 avr. 1976 : *Paysans avec un âne et deux vaches dans un paysage*, h/pan. (24,5x31) : **NLG 5 800** – Londres, 15 juil. 1977 : *Paysage d'Italie* 1798, h/pan. (45,7x56) : **GBP 1 500** – Brême, 21 juin 1980 : *Paysage champêtre*, h/pan. : **DEM 12 000** – Londres, 25 oct. 1985 : *Berger et animaux dans un paysage boisé*, h/pan. (39,5x56,5) : **GBP 3 000** – Londres, 11 déc. 1991 : *Paysage avec des bergères se baignant* 1775, h/pan. (21,2x29,7) : **GBP 5 280** – New York, 7 oct. 1994 : *Embarcation hollandaise et barques de pêche sur la mer houleuse*, h/pan. (31,1x39,4) : **USD 6 900**.

DONGEN Guus Van, née **Preitinger Augusta**
Née en 1878 à Cologne, de nationalité hollandaise. Morte en 1946 à Paris. xxe siècle. Active en France. Hollandaise.
Peintre de paysages, marines, fleurs.
Elle fut élève de l'École des Beaux-Arts de Rotterdam de 1894 à 1899, année de son départ pour Paris. Sur la recommandation de Ten Cate, ami de Van Dongen, elle s'installa dans un atelier de la rue Ordener. En 1901, elle se maria avec Van Dongen et lui

servit souvent de modèle. Elle a participé à des expositions collectives aux Pays-Bas. À partir de 1922, elle a figuré régulièrement à Paris, au Salon des Artistes Indépendants. Elle eut aussi des expositions personnelles, en 1921, 1925.

DONGEN Jean Van, pour **Johannes Leonardus Marie**
Né en 1883 à Delfshaven (Rotterdam). Mort en 1970 à Marly-le-Roi (Yvelines). xxe siècle. Actif en France. Hollandais.
Sculpteur, céramiste.

Arrivé à Paris en 1904, il s'installa chez son frère, Kees Van Dongen. Il se lia avec des artistes de Montmartre, surtout avec les sculpteurs Manolo et Paco Durio. Il fit quelques expositions personnelles de ses sculptures. À partir de 1922, il devint le praticien de Maillol.

Ventes Publiques : Paris, 17 déc. 1981 : *Biche couchée*, bronze (H. 27) : **FRF 3 500.**

DONGEN Kees Van, pour **Cornelis Théodore Marie**
Né le 26 janvier 1877 à Delfshaven (près de Rotterdam). Mort le 28 mai 1968 à Monaco. xxe siècle. Depuis 1900 actif et depuis 1929 naturalisé en France. Hollandais.
Peintre de genre, figures, portraits, paysages animés, paysages, fleurs, aquarelliste, dessinateur, illustrateur. Fauve. Groupe du fauvisme.

Son père le plaça d'abord dans une école de dessin industriel et d'art décoratif de Rotterdam. Il fut ensuite, en 1894-1895, élève de J. Striening et J. G. Heyberg à l'Académie des Beaux-Arts de Rotterdam. Ses premières peintures de cette époque étaient signées *C. Van Dongen* et, à partir de 1896, il publiait des dessins, souvent consacrés aux filles publiques, dans des journaux locaux, notamment le *Rotterdamsche Nieuwsblad*, où ils firent scandale. Après un voyage à New York, en juillet 1897 il fit un premier séjour à Paris, habitant chez Siebe Ten Cate, qui l'introduisit auprès des marchands Le Barc de Bouteville et « le père Soulier ». Toutefois, le manque de ressources l'obligea à des métiers d'expédients : porteur aux Halles, déménageur (il était un colosse), portraitiste à la terrasse des cafés, lutteur professionnel. En mars 1900, il s'installa définitivement à Paris. En 1901, il se maria avec sa camarade des Beaux-Arts, Augusta Preitinger, dite Guus. En 1905, naquit sa fille Augusta, surnommée Dolly. En 1905-1906, il se lia avec Picasso, sans que cette amitié ait eu quelque influence sur sa propre évolution, s'installa au Bateau-Lavoir, où vivaient aussi Pierre Mac-Orlan, André Salmon, Max Jacob et que visitaient Apollinaire qui ne l'aimait guère, Derain, Vlaminck et bien d'autres. Ce fut avec Picasso qu'il fréquenta le cirque Médrano, d'où il rapporta ses peintures de clowns et d'acrobates. Fernande Olivier, alors compagne de Picasso, lui servit souvent de modèle. De 1910 à 1912, il effectua plusieurs séjours en Espagne, Italie, Maroc, Tunisie, Égypte. En 1916, séparé par la guerre de sa femme et sa fille, van Dongen s'installa à la Villa Saïd, qui devint aussitôt un rendez-vous obligé pour ce qui comptait à Paris, et surtout l'atelier où furent peints la plupart des grands portraits mondains, d'autant que sa nouvelle compagne, Léo Jasmy Jacob, l'avait introduit dans cette société restreinte qu'on dit abusivement « le monde ». Entre 1920 et 1930, il partagea son temps et son activité entre Cannes, Deauville, Venise et Paris. En 1921, il fit un voyage à Venise. En 1922, il s'installa dans un somptueux hôtel particulier, 5 rue Juliette-Lamber. L'atelier du premier étage était son lieu de travail. Il fut fait chevalier de la Légion d'honneur en 1926. En 1935, il transféra son atelier parisien au 75 rue de Courcelles. En 1938, il se lia avec Marie-Claire, qui lui donna un fils, Jean-Marie. Son activité fut intense jusqu'à la Deuxième Guerre mondiale ; elle fut alors ralentie. Après la guerre, il abandonna les grands formats. Il peignit de nouveaux portraits, dont celui de la comédienne *Brigitte Bardot*. Il partagea son temps entre Paris, Deauville et le Midi, où, à Monaco, il s'était installé depuis 1959 avec sa nouvelle compagne et son fils.

Il participait à des expositions collectives : à son arrivée à Paris, il montra quelques toiles chez « le père Soulier » ; en février 1904, il exposa six peintures au Salon des Artistes Indépendants, aussitôt remarquées par la critique ; il se lia avec Vlaminck et Derain ; en novembre de la même année, il exposa deux peintures au Salon d'Automne. En 1905, il figurait au Salon d'Automne avec deux peintures, dans la salle historique de la « Cage aux Fauves ». En 1907, il signa un contrat avec Kahnweiler, en 1908 avec la galerie Bernheim jeune dirigée par Félix Fénéon. Kahnweiler avait diffusé sa peinture en Allemagne et lui avait fait connaître le peintre Pechstein, qui l'introduisit auprès des peintres de la *Brücke*. En 1908, il fut invité à participer à une exposition de la *Brücke*, sans doute à Munich, et peut-être à d'autres, ce qui reconnaissait, en-deçà de son appartenance au fauvisme, son apparentement d'homme du Nord à l'expressionnisme. En 1908-1909 à Moscou, il exposait avec le groupe de la Toison d'or ; en 1909-1910 à Odessa, Kiev, Saint-Pétersbourg, Riga, il exposait au Salon Izdebsky. Au Salon d'Automne de 1913, une de ses peintures, intitulée innocemment *Tableau*, fut jugée obscène par le Préfet de Police et retirée de l'exposition. Il s'agissait du grand nu, d'après sa femme Guus, successivement appelé *Nu aux pigeons, Mendiant d'amour, Le châle espagnol, Nu au châle jaune*. En 1928, il participait à l'exposition de peinture française contemporaine à Moscou. Jusqu'à la Deuxième Guerre mondiale, il continua de participer aux Salons annuels parisiens et d'exposer dans de nombreux pays du monde entier. Son œuvre était représenté en 1979 à l'exposition : *Paris Moscou*, au Centre Georges Pompidou de Paris.

Son œuvre bénéficia surtout d'expositions personnelles : en 1904, Ambroise Vollard lui organisa une véritable exposition rétrospective, réunissant 105 œuvres de 1892 à 1904, qui aurait été un succès, malgré les audaces des colorations exacerbées ; en 1905, expositions personnelles, galeries Berthe Weil et Druet ; en 1913 à Paris, galerie Bernheim jeune ; 1914 Berlin, galerie Cassirer ; 1918 Paris, galerie Paul Guillaume ; 1921, 1925 Paris, galerie Bernheim jeune ; En 1922, il rompit avec toutes les galeries et devint son propre marchand, organisant ses expositions dans l'atelier du rez-de-chaussée, visitées par le « Tout Paris », amalgame de membres de familles couronnées, d'anarchistes, de peintres fauchés et de milliardaires, et quand même par les amateurs internationaux. Pendant la Seconde Guerre mondiale, il eut une grande exposition rétrospective à la Galerie Charpentier. Après la guerre, les expositions recommencèrent à Paris, aux États-Unis, dans le monde entier, une exposition rétrospective en Hollande en 1949 et une nouvelle à la Galerie Charpentier de Paris. En 1967, un an avant sa mort, le Musée Boymans van Beuningen d'Amsterdam et le Musée d'Art Moderne de la Ville de Paris organisèrent une vaste exposition rétrospective de l'ensemble de son œuvre. À titre posthume, des expositions rétrospectives ont été présentées : 1990 Musée Boymans van Beuningen d'Amsterdam et le Musée d'Art Moderne de la Ville de Paris, manifestations gommant volontairement toute l'époque d'après la guerre de 1939-1945 ; 1997 *Van Dongen retrouvé* au Musée des Beaux-Arts de Lyon et Institut néerlandais de Paris.

Ses difficultés personnelles de jeunesse l'avaient placé en situation de comprendre les misères sociales engendrées par l'ère industrielle et lui, qui devait devenir le portraitiste obligé du monde fortuné, consacra une partie de son travail à dessiner les exclus de la société. À son arrivée à Paris, il se lia avec le critique Félix Fénéon, éditeur de la *Revue blanche*, qui lui fit connaître les peintres pointillistes Maximilien Luce, Edmond Cross et Signac, qui l'influencèrent quant à la technique picturale. Pendant cette période, en partie occupée à des croquis rapides de personnages typiques des rues de Paris, il était surtout influencé par le trait incisif des Steinlen, Forain, Toulouse-Lautrec, influences qui contribuèrent à la simplification synthétique de son dessin. De 1901 à 1903, il collabora aux publications illustrées de l'époque : *Rabelais, Le Rire, L'Indiscret, Gil Blas, Frou-Frou*, et évidemment à *La Revue Blanche*. Dès 1901, un numéro spécial de *L'Assiette au Beurre : Petite histoire pour petits et grands nenfants* (sic) fut consacré à ses seuls dessins, qui lui furent payés 800 francs. Entre 1895 et environ 1912, une partie de son œuvre, principalement les grands dessins sur papier, semble vouée à la dénonciation de la misère, de l'alcool, de la prostitution. Toutefois, c'est à son époque fauve qu'il doit sa place historique, d'autant plus que cette période fauve, en ce qui le concerne, fut relativement longue, poursuivie pendant huit années, pendant lesquelles il resta indifférent au phénomène cubiste. Dès son *Autoportrait* et *La Chimère Pie* de 1895, la violence de sa palette s'inscrivait dans le préfauvisme. Georges Duthuit, historien du fauvisme et gendre de Matisse, a écrit : « Van Dongen a suivi de loin les recherches fauves, à moins qu'il ne les ait devancées dès 1895, sans y faire attention ». Lors de l'époque fauve, ses nus sensuels, ayant souvent pour modèle « Anita, la Gitane », attirèrent l'attention des critiques, au mieux de Félix Fénéon, ou alors de Louis Vauxcelles les disant, hors de propos, « les plus rayonnants, les plus chaleureux depuis Renoir », avec lequel il n'avait rien de commun. L'une des deux peintures qui figurèrent, en 1905, dans la « cage aux fauves » du Salon d'Automne, était un *Torse* d'après sa femme Guus, « bestial et resplendissant » selon Élie Faure. Joliment, Gustave Coquiot écrivit que Van Dongen avait découvert que la femme était le plus beau des paysages. Dans cette année 1905, pendant laquelle eurent lieu les expositions chez Berthe Weill et chez Druet, la facture de certaines de ses peintures était encore, depuis 1903, influencée par la touche divisée des néo-impressionnistes, « ... dans une rétrospective de Seurat, j'étais capable de reprendre sa manière et d'y ajouter quelque chose », influence qu'il abandonna résolument et pour longtemps, devant n'y revenir que parfois dans ses ultimes années. Il ne peignait pas que des nus dans cette période fauve, mais des personnages du spectacle, clowns et danseuses, et bientôt de nombreux portraits. Après la naissance de sa fille, en 1905, il en fit de nombreux et tendres portraits : *La naissance de Dolly, Guus et Dolly portées aux nues.* À Venise en 1921, il peignit la série des vingt et un tableaux, parmi lesquels : *L'Américaine à Venise, Le gondolier.* Après 1922, dans l'atelier de la rue Juliette-Lamber, il continua la série des grands portraits : *La comtesse de Noailles, Le Président Louis Barthou, Le Président Paul Painlevé, L'Aga Khan, Le roi Léopold III,* les comédiens *Maurice Chevalier, Jules Berry, Arletty* dont la gouaille grandiose se prêtait particulièrement à la typologie dongenienne, et bien d'autres. Il peignait aussi des paysages de Paris, Versailles, Venise, Deauville, Cannes, d'Égypte, et des fleurs. Ne pratiquant plus la touche divisée, il en remplaça l'éclat optique par les couleurs pures et hautes du fauvisme. Dans ses années de fidélité aux préceptes fauves, n'usant que des couleurs fondamentales (et non primaires, comme on le lit trop souvent), il renonça aux dégradés, au modelé des volumes, à la profondeur de champ, privilégia les contrastes chromatiques violents et le dessin cloisonné par de longues arabesques sinueuses. Quant à cette radicalité du dessin en arabesques à-plat et de la couleur pure en aplats, Van Dongen se montrait beaucoup plus violent dans le fauvisme que Matisse, qui, au même moment, raffinait encore avec *La joie de vivre* et *Luxe*. Dans cette période, l'observance de la règle fauviste concernant le « fait plastique » en lui-même, ne l'empêcha pas de rester le moraliste cinglant, héritier de Daumier et Toulouse-Lautrec, ni de porter parfois un regard ébloui du côté de Klimt : *Portrait de Guus assise en bleu* en 1910, d'une collection privée de Lausanne. En fait, peut-être ne fut-il un des fauves que parce que le fauvisme adhérait exactement à son expression naturelle et antérieure. Il fut facilement l'un des fauves parce qu'il était d'abord un expressionniste, qu'il resta après que le fauvisme se fût dissocié et dilué dans diverses conventions.

Après sa période fauve proprement dite, sa manière évolua aussi, insensiblement, la gamme colorée devenant plus raffinée, les gris y apparaissant, les arabesques de son dessin s'étirant jusqu'au maniérisme. À partir de 1918, les commandes de portraits commencèrent d'affluer de la part de diplomates, hommes politiques, aristocrates. En 1925, de ses portraits mondains Paul Gsell écrivait : « Tels de ses portraits sont des témoignages narquois et féroces. Tant pis pour les modèles, van Dongen est un puissant ironiste, un moraliste pénétrant... » Il pouvait se permettre alors, en 1920, de peindre un *Anatole France* en accusant les marques de vieillesse de l'académicien, un *Boni de Castellane* en faisant apparaître plus le noceur usé que le dandy prolongé, que Cocteau décrivit comme une synthèse de « la morgue, la superbe, la frivolité grandiose d'un crépuscule des dieux ». Quant aux portraits féminins, il peignait à larges coups de brosse, étalant grassement le noir du khol, le bleu des paupières, sur les tons de chair aux ombres vertes et violettes, faisant transparaître, provocants, seins, reins et jambes sous les tulles indiscrets, ne résistant pas à utiliser le truc des dessins humoristiques, en concrétisant l'éclat des diamants des bagues et boucles, l'éclat des perles des colliers, dont se parsemaient ses modèles, par de violents rayons de blanc pur contrastant sur les fonds colorés, tirés d'un trait, projetés loin hors des bijoux. Il était alors l'anti-Jean-Gabriel Domergue. Loin de flatter ses modèles, il les chargeait, laissant deviner la vulgarité sous l'apparence mondaine. Le prestige de son personnage auprès du snobisme parisien réussissait ce que son talent n'aurait, incompris, pas obtenu de ses clients : la satisfaction de se voir ridiculisé. À la même époque, les marines de Deauville, les scènes parisiennes, montraient, aussi et encore, à la fois le même regard caustique sur une société aussi voyante que douteuse et la même verve picturale talentueuse, tandis que, hors portrait, avec *Homme bleu et femme rouge, Quiétude* de 1918, de la même collection privée de Lausanne citée plus haut, gardés par un chien assoupi et un singe moqueur, couvés par deux perruches inséparables, il peignait allongés côte à côte deux nus tête-bêche, qu'aurait pu signer le Matisse de *La Danse*. Ce parti d'un dessin synthétique, d'une palette d'aplats de tons purs et arbitraires, d'une volonté décorative, se retrouve dans quelques œuvres de la même période : dès 1914 avec *Amusement*, et *La chute d'Icare* de 1922. De van Dongen illustrateur, on ne s'étonne pas qu'il ait, dans la dernière partie de sa vie, outre trois contes de Kipling, quelques romans, illustré *La princesse de Babylone* de Voltaire, *Les fleurs du mal* de Baudelaire et toute *À la recherche du temps perdu* de Marcel Proust.

Puis, sans doute sous la pression d'une demande toujours aussi dense, par lassitude ou par abandon, il édulcora sa manière ou plutôt son regard sur les êtres, et singulièrement sur les femmes, qu'il fascinait autant qu'elles le fascinaient, et qui demeuraient de beaucoup la part importante des commandes de portraits. Elles se voulaient toutes également proches du type de beauté décrété à la mode du moment, représenté surtout par son modèle favori, la comtesse Casati, norme à laquelle d'ailleurs le maquillage uniformisant les rapprochait, il leur attribua les mêmes yeux démesurés et cernés de cils noirs, la même bouche sensuellement entrouverte sur les dents éclatantes, le même corps aminci, étiré, moulé, deviné sous d'impalpables toilettes rehaussées de bijoux voyants. Le maniérisme avait supplanté l'acuité psychologique. Jusqu'au terme d'une encore longue vie, il répéta ses quelques mêmes thèmes, la femme, le portrait, les scènes mondaines, les fleurs, avec de moins en moins de conviction, de plus en plus de conformisme. Restera le Van Dongen du Fauvisme.

■ Jacques Busse

Bibliogr. : Van Dongen : *Van Dongen raconte ici la vie de Rembrandt et parle à ce propos de la Hollande, des femmes et de l'art*, Flammarion, Paris, 1927 – Jean Leymarie : *Le Fauvisme*, Skira,

Genève, 1959 – André Malraux, Bernard Dorival : Catalogue de l'exposition *Van Dongen*, Musée Nat. d'Art Moderne, Paris, 1967 – Louis Chaumeil : *Van Dongen, l'homme et l'artiste, la vie et l'œuvre*, Pierre Cailler, Genève, 1967, d'autres sources donnent 1961 – Gaston Diehl : *Van Dongen*, Flammarion, Paris, 1968 – in : *Les Muses*, Grange Batelière, Paris, 1971 – in : *Diction. Univers. de la Peint.* Le Robert, Paris, 1975 – J.M. Kyriazi : *Van Dongen, après le Fauvisme*, Harmonie et Couleurs, Lausanne, 1976 – in : Catalogue de l'exposition : *Paris Moscou*, Centre Georges Pompidou, Paris, 1979 – in : *Dictionnaire des illustrateurs 1800-1914*, Ides et Calendes, Neuchâtel, 1989 – Philippe Dagen : *Un fauve impudique et mondain*, Le Monde, Paris, 22 mars 1990 – Gérard-Georges Lemaire : *Autoportrait en bleu, L'exhumation de Van Dongen*, Opus International, Paris, mai-juin 1990 – divers : Numéro Spécial *Van Dongen*, Beaux-Arts Magazine, Paris, 1990 – in : *L'Art du xxe siècle*, Larousse, Paris, 1991 – Anita Hopmans : Catalogue de l'exposition *Kees Van Dongen retrouvé, l'œuvre sur papier, 1895-1912*, Institut néerlandais, Paris, 1997.

Musées : Amsterdam (Stedelijk Mus.) : *Le vieux clown* 1910 – *Portrait de la comtesse Anna de Noailles* 1926 – Amsterdam (Rijksmus.) : *Nature morte aux fleurs* – Anvers (Mus. roy. des Beaux-Arts) : *Monseigneur Gerassimos Messara* – Bruxelles (Mus. roy. des Beaux-Arts) : *Louis Barthou* – Bruxelles (Ambassade de France) : *Dimanche au Bois de Boulogne* – Chicago (Art Inst.) : *Femme devant une fenêtre blanche* 1910-1914 – *Rue de la Paix* 1910-1914 – *Thé dans mon studio* 1910-1914 – Cologne (Wallraf-Richartz Mus.) : *Portrait d'une femme peintre suisse* – Copenhague (Statens Mus. for Kunst) : *Tête de femme* 1913 – Genève (Petit-Palais) : *Portrait de D.H. Kahnweiler* – *Le vieux clown* – *La place du village* – *La plage à Deauville* – Grenoble (Mus. des Beaux-Arts) : *Amusement* 1914 – *La femme à l'éventail* 1922 – *Femme à la cheminée* – Le Havre (Nouveau Mus. des Beaux-Arts) : *Montmartre* 1903 – *Les cavaliers du Bois de Boulogne* 1906 – *La Parisienne de Montmartre* 1910 – *Bouquet* – La Haye (Rijksverspreide Kunstvoorwerpen) : *Le Grand Canal à Venise* 1921 – La Haye (Stedelijkmus.) : *Fleurs* – *Les filles du port* 1920 – Lyon (Mus. des Beaux-Arts) : *Femme devant une porte* – Montpellier (Mus. Fabre) : *Fernande Olivier* 1908 – Montréal (Mus. d'Art Contemp.) : *Le crachin, Normandie* – *Jeune fille* – Moscou (Mus. Pouchkine) : *La dame aux gants noirs* vers 1910 – Nantes (Mus. des Beaux-Arts) : *Passe-temps honnête* – New York (Mus. of Mod. Art) : *Madame Modjesko, soprano* 1908 – New York (Brooklyn Mus.) : *Dr. W.S. Davenport* – Nice : *L'ambassadeur de Haïti, Auguste Cassius* – Nice (Mus. Chéret) : *Homme bleu et femme rouge* vers 1918 – Paris (Mus. Nat. d'Art Mod.) : *Saltimbanque aux seins nus* vers 1910 – *La grille de l'Élysée* vers 1912 – *Le lac du Bois de Boulogne* vers 1912 – *Les fellahs* 1913 – *Danseuse espagnole* vers 1913 – *Deauville, le bateau du Havre à Trouville* vers 1920 – *Le couple* 1920 – *Portrait de l'artiste en Neptune* 1922 – *Portrait de Madame Jasmy-Alvin* 1925 – *Portrait de Madame Jenny* 1926 – *Portrait de l'actrice Paulette Pax* 1928 – Paris (Mus. d'Art Mod. de la Ville) : *Deux dames* 1908 – *La vasque fleurie* vers 1925 – *Portrait de Paul Guillaume* – Pittsburgh (Carnegie Inst. Mus.) : *Berry Wall* 1938 – Rome (Gal. Nat. d'Arte Mod.) : *Femme en blanc* vers 1910 – Rotterdam (Boymans-van-Beuningen Mus.) : *Maison à Montmartre* 1903 – *Intérieur à la porte jaune* 1910 – *Portrait du Dr. Charles Rappoport* 1913 – *Le doigt sur la joue* – Saint-Pétersbourg (Ermitage) : *La dame au chapeau noir* avant 1910 – *La danseuse rouge* vers 1907 – Saint-Tropez (Mus. de l'Annonciade) : *Femmes à la balustrade* 1907-1910 – *En la Plaza* 1910 – *La Gitane* – *Petit âne sur la plage* vers 1930 – San Francisco (Mus. of Art) : *La chemise noire* 1906 – San Francisco (California Palace of the Legion of Honor Mus.) : *Folies-Bergère* 1909 – *Jeune femme* 1920 – Tourcoing : *Le couple* 1912 – Troyes (Mus. d'Art Mod., coll. P. Lévy) : *Au Moulin Rouge* 1904 – Tucson (University of Arizona Mus.) : *Pêcheur réparant son filet* 1892 – *Joueurs de polo* 1947 – Wuppertal (Elberfeld, Von der Heydt Mus.) : *Portrait du baron Auguste von der Heydt* – *Jeune fille sur la plage*.

Ventes Publiques : Londres, 30-31 mai 1922 : *Portrait*, aquar. : **GBP 8** ; *Le Départ*, aquar. : **GBP 8** – Paris, 12 mai 1923 : *Premier Chagrin*, lav. reh. de gche : **FRF 440** – Paris, 29 oct. 1927 : *La Terrasse* : **FRF 2 100** – Paris, 29 juin 1928 : *Femme assise à la robe noire* : **FRF 3 010** – Paris, 27 avr. 1929 : *Rêverie* : **FRF 13 500** – Paris, 6 mai 1932 : *Les Élégantes* : **FRF 2 850** – Paris, 9 juin 1933 : *Au casino* : **FRF 4 400** ; *La Piazetta* : **FRF 4 300** – Paris, 4 déc. 1941 : *La Valence, la belle Valence*, aquar., dess. au pinceau : **FRF 2 100** ; *Sur le lit*, aquar. : **FRF 8 000** – Paris, 11 mai 1942 : *Nu assis* : **FRF 20 100** ; *Femme au collier bleu* : **FRF 19 500** – Paris, 30 nov. 1942 : *Le manège* : **FRF 27 100** ; *Tulipes* : **FRF 105 000** – Paris, 10 fév. 1943 : *La Meule*, aquar. gchée : **FRF 7 000** – Paris, 6 mai 1943 : *Tête de femme* : **FRF 5 500** ; *Nu couché* : **FRF 20 500** ; *L'Équilibriste* : **FRF 11 100** – Paris, 2 juil. 1943 : *Souvenir de Dordrecht* : **FRF 36 000** – Paris, 10 déc. 1943 : *Sur le port* : **FRF 64 000** – New York, 26-27 jan. 1944 : *Portrait de jeune fille* : **USD 200** – Paris, 31 jan. 1944 : *À Deauville* : **FRF 15 000** – New York, 20 avr. 1944 : *Lilas* 1937 : **USD 1 150** – Paris, 10 mai 1944 : *Nu au laurier* : **FRF 35 000** ; *Le chapeau de dentelle* : **FRF 35 100** – Paris, 20 juin 1944 : *Ariane* : **FRF 75 000** – Paris, 16 mai 1955 : *Nu couché* : **FRF 205 000** – Paris, 14 juin 1957 : *Les Planches à Deauville* : **FRF 2 500 000** ; *Voiliers à Cannes* : **FRF 850 000** ; *Le Port de Cannes* : **FRF 1 100 000** – Paris, 19 mars 1958 : *Le Souper au casino de Deauville* 1920 : **FRF 350 000** – Amsterdam, 22 oct. 1958 : *L'antichambre* : **NLG 24 000** – Londres, 1er juil. 1959 : *La Goulue en dompteuse*, encre noire et past. : **GBP 350** – Paris, 1er déc. 1959 : *Nu debout*, aquar. : **FRF 1 300 000** – New York, 9 déc. 1959 : *Mille Baisers* : **USD 6 000** – Paris, 10 déc. 1959 : *Danseuse* : **FRF 5 000 000** – Paris, 23 juin 1960 : *Les Arums* : **FRF 75 000** – Londres, 23 nov. 1960 : *Les Danseuses* : **GBP 9 200** – Paris, 14 juin 1961 : *Paris, Place de la Concorde* 1922 : **FRF 43 000** – Genève, 12 mai 1962 : *Portrait de Madame Utrillo-Valore* : **CHF 120 000** – Paris, 12 mars 1964 : *Le Hussard (Holland Night Club)* : **FRF 150 000** – Londres, 31 mars 1965 : *Le coquelicot ou Madame ne veut pas d'enfant* : **GBP 14 000** – New York, 20 avr. 1966 : *La Femme au collier fond rouge* : **USD 47 000** – Genève, 28-29 juin 1968 : *Femmes orientales* : **CHF 355 000** – New York, oct. 1968 : *Portrait d'Anatole France* : **USD 80 000** – Paris, 5 déc. 1968 : *L'Acrobate* : **FRF 185 000** – Paris, 12 juin 1969 : *L'Avenue du Bois* : **FRF 143 000** – Paris, 22 juin 1970 : *L'Opéra* : **FRF 220 000** – Paris, 27 fév. 1973 : *Femme arabe* : **FRF 310 000** – Paris, 12 déc. 1973 : *Le Vieux Port à Cannes* : **FRF 260 000** – Londres, 4 avr. 1974 : *Portrait de femme* : **GBP 4 500** – Los Angeles, 10 mars 1976 : *Portrait de Marian Read Barbee*, h/t (92x74) : **USD 10 000** – New York, 11 mai 1977 : *Portrait d'une jeune femme blonde avec chapeau* vers 1912, h/t (64,7x54) : **USD 42 500** – Londres, 5 avr. 1978 : *Nous sommes les gazelles du désert*, aquar. et gche (24x18) : **GBP 4 500** – Versailles, 18 mars 1979 : *Jeune Femme nue*, aquar., gche et lav. (53x30) : **FRF 14 000** – New York, 7 nov. 1979 : *Portrait de Dolly* 1908, h/t (54,8x45,9) : **USD 115 000** – Londres, 5 déc 1979 : *L'Opéra de La Haye*, aquar. et fus. (20,5x27) : **GBP 1 650** – Hambourg, 12 juin 1981 : *Jeune Fille au parapluie* vers 1910, dess. au lav. et aquar./pap. (55,3x37) : **DEM 35 000** – New York, 16 nov. 1983 : *Portrait de jeune femme*, aquar. et cr./pap. (37,1x27,3) : **USD 46 000** – Londres, 7 déc. 1983 : *Portrait de Marie Van Dongen* 1908, fus. et past. (62x52) : **GBP 17 000** – New York, 16 mai 1984 : *Actrices de foire* 1902-03, aquar./pap. mar./cart. (22,6x27,6) : **USD 42 000** – Londres, 4 déc. 1984 : *Au restaurant Shepheards, Le Caire* 1928, h/t (100x80,7) : **GBP 290 000** – Enghien-les-Bains, 23 nov. 1986 : *La Femme au bas noir*, encre de Chine, fus. et reh. de craie bleue (45x31) : **FRF 86 000** – Enghien-les-Bains, 25 juin 1987 : *L'Égyptienne* 1912-13, gche et h/pap. (61,5x45,5) : **FRF 850 000** – Paris, 20 nov. 1987 : *Le Remorqueur* 1949, h/t (46x55) : **FRF 700 000** – La Varenne-Saint-Hilaire, 6 mars 1988 : *La Dame de Biarritz*, cr. et aquar. (25x20) : **FRF 28 000** – Paris, 18 mars 1988 : *Environs de Rotterdam* 1949 : **FRF 115 000** ; *Deauville*, h/t (54x65) : **FRF 2 950 000** – Paris, 21 mars 1988 : *L'Acrobate* 1905-1907, h/t (79x52) : **FRF 1 780 000** – Londres, 29 mars 1988 : *Vénus*, h/t (147x114) : **GBP 418 000** ; *Le Café de la Paix*, h/t (50x73) : **GBP 209 000** – New York, 11 mai 1988 : *Femme au collier*, h/t (55,2x46,5) : **USD 253 000** – Versailles, 15 mai 1988 : *Chanteuse des rues* vers 1902, lav. d'encre de Chine et reh. de rouge (55x36,5) : **FRF 23 500** – Paris, 2 juin 1988 : *Le Rimmel*, encre de Chine et aquar. (63x48) : **FRF 270 000** – Paris, 12 juin 1988 : *Femme nue devant sa pendule*, aquar. (65x50) : **FRF 380 000** – Versailles, 15 juin 1988 : *Polo-ponies à Deauville*, gche et aquar. (49x64) : **FRF 610 000** – Paris, 19 juin 1988 : *La Femme à la guitare*, h/t (92x73) : **FRF 2 600 000** – Paris, 22 juin 1988 : *Le Vase de tulipes*, h/t (100x81) : **FRF 1 066 000** – Londres, 28 juin 1988 : *La Blonde et la Brune*, h/t (64,8x99,7) : **GBP 93 500** ; *Tulipes dans un vase*, h/t (50,2x61,4) : **GBP 55 000** ; *Le Châle, Andalousie*, h/t (168x104) : **GBP 396 000** – Calais, 3 juil. 1988 : *Rue animée*, lav. à l'encre de Chine et aquar. (19x25) : **FRF 60 000** – Lokeren, 8 oct. 1988 : *Le Champ de course*, pointe sèche (59,5x39,5) : **BEF 140 000** – Londres, 19 oct. 1988 : *Portrait d'Annabella*, cr. et aquar. (46,5x32,5) : **GBP 12 100** – Paris, 20 nov. 1988 : *Femme au chapeau fleuri*, h/t (91x60) : **FRF 4 500 000** ; *La Dispute*, encre de Chine (30,5x40) :

FRF 61 000 – PARIS, 24 nov. 1988 : *La Meule*, dess. reh. d'aquar. et de gche (26,5x44) : **FRF 75 000** – LONDRES, 29 nov. 1988 : *Notre-Dame de Paris*, h/t (81,5x100) : **GBP 187 000** – AMSTERDAM, 8 déc. 1988 : *L'Écharpe verte* 1952, h/t (61x46) : **NLG 155 250** – LONDRES, 22 fév. 1989 : *Sortie de l'Opéra*, cr. et aquar. (45,3x26,5) : **GBP 11 000** – MILAN, 20 mars 1989 : *La Pauvreté* 1901, encre et aquar./pap. (64x49) : **ITL 87 000 000** – LONDRES, 3 avr. 1989 : *Femme au collier de perles*, h/t (65x53,5) : **GBP 187 000** – LONDRES, 5 avr. 1989 : *Tête de femme avec des fleurs*, h/t (65,6x54,5) : **GBP 220 000** – PARIS, 9 avr. 1989 : *Les Amies* 1922, h/t (74x59) : **FRF 4 500 000** – PARIS, 11 avr. 1989 : *L'Entrée du café-concert* vers 1900-1903, lav. d'encre de Chine et estompe (30x25) : **FRF 65 000** – NEW YORK, 9 mai 1989 : *Rue de la Paix à Paris*, h/t (99,2x80,2) : **USD 770 000** – PARIS, 5 juin 1989 : *La Voisine, Criqueboeuf* 1912, h/t (92x73) : **FRF 2 100 000** – PARIS, 17 juin 1989 : *Tête de femme avec fleurs*, h/t (65,6x54,5) : **FRF 2 600 000** – LONDRES, 27 juin 1989 : *Mère et enfant* 1925, aquar./pap. (61x49) : **GBP 60 500** – NEW YORK, 6 oct. 1989 : *Château l'Evêque en Dordogne*, h/t (54x64,8) : **USD 121 000** – NEW YORK, 14 nov. 1989 : *Guerre et paix* 1925, h/t (195x130) : **USD 1 045 000** – PARIS, 19 nov. 1989 : *Portrait de Jasmy*, h/t (73x54) : **FRF 1 600 000** – LONDRES, 28 nov. 1989 : *La plage*, h/t (38x55) : **GBP 110 000** ; *Petite tête de femme blonde*, h/t (41x33,3) : **GBP 253 000** – PARIS, 13 déc. 1989 : *Baigneuse à Trouville*, h/t (55x33) : **FRF 1 280 000** – LONDRES, 3 avr. 1990 : *Le divan au modèle*, h/t (55x46) : **GBP 440 000** – PARIS, 24 avr. 1990 : *Deauville, au Casino*, aquar. (61,5x47,5) : **FRF 670 000** – NEW YORK, 15 mai 1990 : *La petite écuyère*, h/t (65x54) : **USD 1 100 000** – NEW YORK, 16 mai 1990 : *Vase de fleurs*, h/t (73,7x62,3) : **USD 231 000** – LONDRES, 25 juin 1990 : *Nu blond au ruban vert*, h/t (100x81) : **GBP 385 000** – LONDRES, 17 oct. 1990 : *Le petit chien*, h/t (37,5x43,7) : **GBP 33 000** – PARIS, 24 nov. 1990 : *Portrait de femme*, h/cart. (36,5x29,5) : **FRF 330 000** – PARIS, 25 nov. 1990 : *La chute d'Icare*, h/t (217x168) : **FRF 800 000** – LONDRES, 3 déc. 1990 : *Femme fatale*, h/t (82x61) : **GBP 1 430 000** – PARIS, 5 déc. 1990 : *Le jardin du Luxembourg*, h/t (100x81) : **FRF 1 000 000** – AMSTERDAM, 12 déc. 1990 : *Maisons et usine le long d'une route* vers 1900, h/pan. (25,5x32,5) : **NLG 25 300** – BAYEUX, 1er avr. 1991 : *La Gitane de Tolède* 1911, h/t (100x80) : **FRF 4 350 000** – NEW YORK, 9 mai 1991 : *Cannes sous la pluie*, h/rés. synth. (36x27,2) : **USD 88 000** – PARIS, 17 nov. 1991 : *La Femme à l'aigrette* 1908, h/t (55x46) : **FRF 3 100 000** – BIARRITZ, 8 mars 1992 : *Portrait de femme*, past. (39x30) : **FRF 140 000** – NEW YORK, 14 mai 1992 : *La Mille et Unième Nuit*, aquar., gche et encre de Chine (22,2x25,1) : **USD 44 000** – LOKEREN, 23 mai 1992 : *Léda et le Cygne* 1931, aquar. (33,5x23) : **BEF 130 000** – LONDRES, 30 juin 1992 : *Femme au chapeau fleuri* 1905, h/cart. (47,5x37,5) : **GBP 159 500** – PARIS, 24 juin 1992 : *Madame G., dite l'artiste*, gche/pap./cart. (66x52) : **FRF 350 000** – NEW YORK, 10 nov. 1992 : *La Geisha Sada Yacco*, h/t (64,8x54) : **USD 770 000** – PARIS, 17 nov. 1992 : *Rose dans un verre*, h/pan. (32,5x21) : **FRF 160 000** – PARIS, 23 nov. 1992 : *Bal au Moulin de la Galette*, h/t (72,5x100) : **FRF 1 500 000** – AMSTERDAM, 10 déc. 1992 : *Femme nue*, aquar./pap. (24x50) : **NLG 57 500** – MONACO, 14 mars 1993 : *Bouquet de roses rouges*, h/t (73x60) : **FRF 560 000** – AMSTERDAM, 26 mai 1993 : *Jeune Élégante*, h/t (46x38) : **NLG 362 250** – PARIS, 3 juin 1993 : *Jeune Fille en blanc*, h/t (55x46) : **FRF 755 000** – LONDRES, 13 oct. 1993 : *Nu au fauteuil* 1896, h/t (35x35) : **GBP 40 000** – PARIS, 22 nov. 1993 : *Tête de femme au chapeau, Stella* 1907, gche/pap. teinté (24,5x34) : **FRF 170 000** – PARIS, 26 nov. 1993 : *Le Chapeau de dentelle*, h/t (100x81) : **FRF 2 410 000** – LONDRES, 23-24 mars 1994 : *Chemin de halage*, encre de Chine et cr. (15x35) : **GBP 2 300** – PARIS, 25 mars 1994 : *Tête de femme avec des fleurs*, h/t (65x54) : **FRF 950 000** – NEW YORK, 9 mai 1994 : *Fermier labourant*, craie noire, aquar. et gche (26,7x45,7) : **USD 5 520** – NEW YORK, 11 mai 1994 : *Rue de la Paix à Paris*, h/t (99,1x80) : **USD 530 500** – PARIS, 13 juin 1994 : *Deauville, la plage privée*, h/t (60x81) : **FRF 1 090 000** – PARIS, 25 nov. 1994 : *Cannes, le Suquet vu du Palm Beach*, h/t (54x65) : **FRF 1 000 000** – PARIS, 8 déc. 1994 : *Profil de femme*, encre, aquar. et cr./pap. (50x32,7) : **FRF 61 000** – AMSTERDAM, 31 mai 1995 : *La Péniche*, h/cart. (58x72) : **NLG 37 760** – PARIS, 12 juin 1995 : *Le Nil*, h/t (73x50) : **FRF 460 000** – NEW YORK, 8 nov. 1995 : *Anita en aimée* 1908, h/t (194,3x114,3) : **USD 1 652 500** – LE TOUQUET, 12 nov. 1995 : *Place Pigalle, manège de cochons* 1904, h/t (55x46) : **FRF 400 000** – PARIS, 12 déc. 1995 : *Jeune Fille au chapeau*, h/t (55,5x45,5) : **FRF 1 810 000** – NEW YORK, 1er mai 1996 : *La Femme aux colonnes ou La Danseuse aux colonnes, Maroc* 1910, h/t (100x64,8) : **USD 662 500** – PARIS, 19 juin 1996 : *Le Repos sur les fortifs*, fus., encre de Chine et reh. de gche/pap. (22x31,8) : **FRF 10 000** – PARIS, 28 oct. 1996 : *Portrait d'une infirmière*, lav./pap./cart. (47x36) : **FRF 18 000** – PARIS, 24 nov. 1996 : *Agib et sa mère Sett El-Hosn* 1918, encre de Chine et cr. bleu/pap. (31,5x24,5) : **FRF 44 000** – PARIS, 28 nov. 1996 : *Mère et Enfant, Deauville* 1925, aquar./pap. (61x49) : **FRF 180 000** – LONDRES, 3 déc. 1996 : *La Ballerine borgne et son enfant* vers 1905, h/t (81,5x54,5) : **GBP 133 500** – PARIS, 9 déc. 1996 : *Femme au chapeau fleuri* vers 1905-1906, aquar. et encre de Chine/pap. (24x33,5) : **FRF 350 000** ; *Lailla* 1908, h/t (130x97,5) : **FRF 4 300 000** – PARIS, 10 déc. 1996 : *Deauville* 1931, aquar./cuivre, livre illustré de onze gravures (45,8x32,5) : **FRF 20 000** – NEW YORK, 14 nov. 1996 : *Femme nue debout* 1902-1903, aquar./pap. (46x29) : **USD 48 300** – PARIS, 20 mars 1997 : *Rue de village sous la pluie*, h/t (46x38) : **FRF 125 000** – PARIS, 17 déc. 1997 : *Portrait de jeune femme au chapeau cloche* vers 1920, aquar. (35x23) : **FRF 195 000** – LONDRES, 19 mars 1997 : *C'était le génie* 1918, encre et craie bleue avec reh. de gche blanche (32x24,5) : **GBP 1 380** – PARIS, 5 juin 1997 : *La Tulipe jaune*, h/t (46x33) : **FRF 205 000** – AMSTERDAM, 4 juin 1997 : *Groupe d'Égyptiennes et Françaises* vers 1928, aquar. et fus./pap. (26x21) : **NLG 50 740** – PARIS, 16 juin 1997 : *Au bois*, h/t (54x65) : **FRF 1 300 000** – LONDRES, 23 juin 1997 : *La Danseuse et le clown* vers 1907-1910, h/t (125x92) : **GBP 1 046 500** – LONDRES, 24 juin 1997 : *Femme au grand chapeau* 1906, h/t (100x81) : **GBP 2 201 500** – LONDRES, 25 juin 1997 : *Femme au panache de plumes* vers 1920-1925, h/t (130x89) : **GBP 243 500** – PARIS, 10 oct. 1997 : *Portrait de Madame Davis* 1962, dessin (33x25) : **FRF 10 000**.

DONGEON Albert

Né à Paris. XXe siècle. Français.

Sculpteur.

Sociétaire du Salon des Artistes Français. On cite ses bustes exposés à ce Salon depuis 1933.

DONG GAO ou **Tong Kao** ou **Tung Kao**, surnom : **Xijing**, nom de pinceau : **Zhelin**

Né en 1740 à Fuyang (province du Zhejiang). Mort en 1818. XVIIIe-XIXe siècles. Chinois.

Peintre de paysages.

Haut fonctionnaire et poète, il est le fils du peintre Dong Bangda ; il fait des paysages dans le même style que son père.

VENTES PUBLIQUES : NEW YORK, 31 mai 1994 : *Lettrés dans une barque contemplant le paysage*, encre et pigments/pap., éventail (18,1x52,4) : **USD 2 070**.

DONGHEREE Cornille

XVe siècle. Actif à Bruges en 1468. Éc. flamande.

Sculpteur.

DONGHI Antonio

Né en 1897 à Rome. Mort en 1963 à Rome. XXe siècle. Italien.

Peintre de compositions à personnages, figures, nus, paysages, paysages animés, natures mortes, fleurs.

Il fut un des représentants du néo-classicisme italien. Il a peint des nus qui ne sont pas sans analogies avec ceux de Félix Vallotton.

antonio Donghi

MUSÉES : FLORENCE (Gal. d'Art Mod.) : *Femme à la fenêtre*.

VENTES PUBLIQUES : NEW YORK, 24 fév. 1945 : *Carnaval* 1927 : **USD 500** – MILAN, 27 avr. 1967 : *Instruments musicaux* : **ITL 900 000** – ROME, 2 déc. 1980 : *Jeune fille au tambourin*, cr./pap. (30x21) : **ITL 1 300 000** – MILAN, 21 déc. 1982 : *Madre e figlia* 1954, h/t (113x76) : **ITL 15 000 000** – ROME, 1er mars 1983 : *Portrait de jeune fille* 1939, cr. (23,5x18) : **ITL 1 400 000** – ROME, 5 mai 1983 : *Vase de fleurs*, aquar. (27x22) : **ITL 3 500 000** – ROME, 22 mai 1984 : *Paysage urbain* 1943, h/t (45x45) : **ITL 24 000 000** – ROME, 15 nov. 1988 : *Vase de fleurs*, détrempe (32x24) : **ITL 9 500 000** ; *Paysage* 1940, h/t (40x50) : **ITL 34 000 000** – ROME, 7 avr. 1988 : *Place de village* 1943, h/t (45x45) : **ITL 37 000 000** – ROME, 21 mars 1989 : *Jeux d'enfants* 1945, cr./pap. (24x20) : **ITL 4 000 000** – ROME, 17 avr. 1989 : *Paysage avec un village à l'arrière-plan* 1945, h/pan. (38x49) : **ITL 48 000 000** – ROME, 28 nov. 1989 : *Fabbrica di Roma* 1940, h/t (40x50) : **ITL 56 000 000** – ROME, 10 avr. 1990 : *Marguerites* 1948, h/pan. (14,5x9) : **ITL 10 500 000** – ROME, 30 oct. 1990 : *Place de village*, h/t (45x45) : **ITL 48 000 000** – ROME, 30 nov. 1993 : *Étude de décoration plastique*, cr./pap. (20,5x14,5) : **ITL 1 725 000** – ROME,

19 avr. 1994 : *Vase d'anémones* 1932, h/t (50,5x38,5) : **ITL 52 900 000** – MILAN, 27 avr. 1995 : *Paysage romain* 1927, h/t (35x55) : **ITL 83 950 000** – MILAN, 26 nov. 1996 : *Paysage* 1947, h./masonite (40x50) : **ITL 46 000 000**.

DONGHI Eileen
Née à Londres. XXe siècle. Italienne.
Peintre de portraits, genre.
Elle exposait à Paris au Salon des Indépendants de 1931 et au Salon des Artistes Français de 1935.

DONG QICHANG ou **Tong K'i-Tch'ang** ou **Tung Ch'i-Ch'ang**, surnom **Xuanzai,** noms de pinceau : **Sibai, Xiangguang Jushi, Siweng, Huating**
Né en 1555 dans la préfecture de Shanghai. Mort en 1636. XVIe-XVIIe siècles. Chinois.
Peintre de paysages, calligraphe.
Haut fonctionnaire (Président du Bureau des Rites), érudit, calligraphe élégant et peintre, Dong Qichang est pour la peinture de lettré le père d'une orthodoxie : il définit sans appel les dogmes de cet art et prononce contre les peintres professionnels et autres hérétiques l'excommunication. Son imposante personnalité va donc dominer, non seulement son époque, mais aussi les trois siècles de peinture Qing (1644-1911) qui lui succéderont. Car, en dehors de l'énorme masse de ses publications sur la peinture où il réaffirme et approfondit les dogmes de la théorie lettrée, il est responsable de centaines de colophons où s'expriment des jugements de principe aussi bien que des attributions qui conservent un poids considérable encore aujourd'hui. En ce qui concerne sa biographie, Dong a falsifié ses origines sans doute paysannes, en déclarant que sa famille « comptait des mandarins depuis dix générations » et en se disant natif de Huating (Jiangsu), alors qu'il avait fui Shanghai à l'âge de dix-sept ans pour échapper à la corvée (la plupart des historiens d'art le donnent encore actuellement comme natif de Huating). Mais c'est à Huating effectivement que, chez un notable influent, Mo Ruzhong, il reçoit son éducation littéraire et artistique et acquiert les goûts et les mœurs de l'élite lettrée. Le fils de Mo Ruzhong, Mo Shilong, esthète, peintre et penseur génial ne se souciant pas de faire carrière, meurt jeune et la gloire qui aurait normalement échu à ses talents revient finalement à Dong Qichang. Les théories esthétiques de Dong, et particulièrement celle bien connue de « l'école du Nord et de l'école du Sud », sont une reprise des idées de Mo. Du moins Dong a-t-il le génie de les exprimer et la volonté « d'arriver ». Sa vie est une longue procession vers les plus hauts honneurs et culmine avec sa nomination comme précepteur du prince héritier accompagnée d'une immense fortune. Il mourra chargé d'honneur à l'âge de quatre-vingt-un ans, son ancien pupille ayant accédé au trône impérial. Comme théoricien on lui attribue trois ouvrages : le *Hua Zhi*, le *Hua Yan* et le *Hua Chanshi Suibi*, qui posent tous trois de graves problèmes d'identification. Sa célèbre catégorie critique opposant, pour la peinture de paysages, une École du Sud à une École du Nord s'inspire à l'origine de l'histoire de la secte du bouddhisme chan (zen en Japonais) qui s'était divisée en deux écoles, celle du Nord recherchant l'illumination par une discipline graduelle et celle du Sud par l'intuition. En peinture, cette division est tout à fait arbitraire et ne repose sur aucune base historique ni géographique (cela reviendrait à parler d'une peinture appuyée, laborieuse, détaillée, assimilée à l'école gradualiste chan au Nord, et d'une peinture spontanée, suggestive, assimilée à l'école subitiste chan au Sud). Pour Dong, cela n'est rien d'autre en réalité qu'une tentative de rationalisation systématique d'une généalogie imaginaire englobant, au Sud, tous les ancêtres de la peinture lettrée, tous les représentants d'un art dégagé d'exigences matérielles, et au Nord, tous les professionnels et tous les peintres de l'Académie Impériale : en fait, tous les artistes qu'il honnit. Cette classification s'avérera néfaste dans la mesure où elle aggravera la propension naturelle de la critique chinoise à s'en remettre à des jugements abstraits et préétablis : tous les ouvrages chinois sur la peinture qui lui sont postérieurs portent sa marque s'ils ne se réclament pas directement de lui. La culture et le goût l'emportant, chez Dong, sur le tempérament, il est amené à préconiser un éclectisme académique dont l'influence sera parfois stérilisante sur la postérité. Les œuvres des Anciens incarnant pour lui la plus haute perfection possible, les œuvres modernes consistent donc essentiellement dans la copie et l'étude des modèles classiques et dans la combinaison d'éléments éclectiques d'emprunts. Voilà qui sera propre à freiner toute velléité d'élan créateur.
Sa propre peinture s'inspire surtout de Dong Yuan (?-962) et de Mi Fu (1051-1107) ; dénué toutefois de la rigoureuse technicité de ces derniers, il maquille ses carences structurelles sous l'ornement de l'encre (c'est ainsi que ses feuillages cachent bien souvent la pauvreté de ses montagnes et de ses rochers). Comme dans ses théories, il impose une certaine systématisation à la nature qu'il portraiture : il l'observe, l'analyse, la dépouille et en arrive à un point de rupture définitif entre l'artiste et la nature. À cette *nature* objective, il substitue d'une part la *culture* (connaissance des anciens) du lettré, d'autre part l'inspiration subjective de l'artiste qui, débarrassé de toute référence extérieure, se développe dans la plus pure autonomie. Dans son œuvre, cela correspond aux grandes compositions préméditées et à l'impromptu de ses feuillets d'album où il révèle parfois une surprenante sensibilité. Ces deux faces de son esthétisme lui assureront, à l'époque Qing, une double postérité : l'académisme éclectique des « quatre Wang » et l'extrême originalité des grands individualistes Bada Shanren et Daoji. Que cette personnalité ait pu ouvrir simultanément des voies si différentes aux siècles suivants est l'incontestable preuve de son importance historique. ■ Marie Mathelin

BIBLIOGR. : James Cahill : *La Peinture Chinoise*, Genève, 1960.

MUSÉES : BOSTON (Mus. of Fine Arts) : *Petit album de vingt croquis de paysages*, encre sur pap. – COLOGNE (Mus. für Ostasiatische Kunst) : *Paysage*, coul. légères sur soie, rouleau en longueur signé – *Paysage d'automne*, encre sur pap. tacheté d'or, éventail signé – KYOTO (Nat. Mus.) : *Paysage* – OSAKA (mun. Art Mus.) : *Retour à la vallée Ban*, encre et coul. sur soie – PÉKIN (Palais Impérial) : *Falaises et arbres sur la berge d'une rivière* daté 1626, encre sur pap., peint pour Jia Xuan – *Vue de rivière, colline dans le lointain, pins sur une protubérance rocheuse*, daté 1618, inscription – *Vue de montagne : Xishan muxi* signé et daté 1624, encre sur pap. – *Paysages d'après des maîtres anciens*, encre, album d'études – SHANGHAI : *Marché de montagne*, encre sur soie, rouleau en hauteur – *Bosquets épars dans les montagnes distantes*, encre sur pap., rouleau en hauteur – STOCKHOLM (Nat. Musem) : *Vue de montagnes crevassées au bord d'une rivière*, d'après Guo Zhongshu, rouleau en longueur, deux inscriptions du peintre signées et datées 1603 – TAIPEI (Nat. Palace Mus.) : *Studio dans un bosquet de bambous à l'automne* – *Pensées d'automne dans un bois givré* – *A l'ombre des arbres l'été*, coul. légères sur pap., rouleau en hauteur, inscription de l'artiste inspirée par le souvenir d'une œuvre attribuée à Dong Yuan – *Discussion sur l'antiquité au bord de la rivière*, encre sur pap., rouleau en hauteur, inscription de l'artiste – *Sommets dans les nuages*, encre sur pap., rouleau en hauteur – TOKYO (Nat. Mus.) : *Voyage imaginaire aux Cinq Sommets*, album de huit paysages.

VENTES PUBLIQUES : NEW YORK, 1er juin 1989 : *L'atelier au toit de chaume de Wanluan*, kakémono, encre/pap. coréen (111,3x69,2) : **USD 1 650 000** – NEW YORK, 4 déc. 1989 : *Paysage dans le style de Huang Gongwang*, kakémono, encre/pap. (128x43) : **USD 88 000** – NEW YORK, 26 nov. 1990 : *Calligraphie en écriture courante*, encre/pap., 27 doubles feuilles (30x30) : **USD 16 500** – NEW YORK, 1er juin 1992 : *Paysage* 1620, kakémono, encre/pap. coréen (103,2x39,4) : **USD 165 000** – NEW YORK, 1er juin 1993 : *Vue panoramique d'un lac*, encre/pap., makémono (30x111,8) : **USD 90 500** – TAIPEI, 10 avr. 1994 : *Calligraphie en Xong Shu*, encre/satin, makémono (24x187) : **TWD 598 000** – NEW YORK, 21 mars 1995 : *Paysage*, encre/pap., makémono (31,1x211,5) : **USD 20 700** – NEW YORK, 27 mars 1996 : *Calligraphie en écriture courante*, encre/soie, ensemble de 7 kakémonos (chaque 147,3x47,6) : **USD 41 400**.

DONG Wanzhen
Née en 1776, originaire de Haiyan dans la province de Zhejiang. Morte en 1849. XIXe siècle. Chinoise.
Peintre de fleurs. Traditionnel.
Elle était la femme du peintre Tang Yifen. Elle était aussi une poétesse.

VENTES PUBLIQUES : NEW YORK, 6 déc. 1989 : *Iris, bambous et rochers*, kakémono, encre/pap. (90,2x31,4) : USD 1 760.

DONG Xiaochu ou **Tong Hiao-Tch'ou** ou **Tung Hsiao-Ch'u**, surnom **Renchang**
XVIIe siècle. Actif à Huating (province du Jiangsu) à la fin de la dynastie Ming (1368-1644). Chinois.
Peintre.
Fait des paysages dans le style des grands maîtres Yuan.

DONG Xiwen ou **Tong Hi-Wen** ou **Tung Hsi-Wen**
Né en 1914. XXe siècle. Chinois.

Peintre. École Moderne.
Après des études à Hangzhou et à Hanoi, il devint assistant de Chang Shuhong à l'Institut de Recherche de Dunhuang, à partir de 1945. C'est à ces deux artistes qu'on doit l'ambitieux programme de copie à la peinture à l'huile des fresques de Dunhuang.

DONG XUN ou **Tong Hiun** ou **Tung Hsün**, surnom : **Qiquan,** noms de pinceau : **Xiaochi** et **Nianchao**
Originaire de Shanyin, province du Zhejiang. XIXe siècle. Actif au début du XIXe siècle. Chinois.
Peintre.
Ce peintre de Pékin, spécialiste d'orchidées et de bambous, est aussi poète et graveur de sceaux.

DONG YU ou **Tong Yu** ou **Tung Yü**, surnom : **Qingqi**
Originaire de Wujin, province du Jiangsu. XVIIe siècle. Actif dans la seconde moitié du XVIIe siècle. Chinois.
Peintre.

DONGYUAN. Voir **DU QIONG**

DONG YUAN ou **Tong Yuan** ou **Tung Yüan**, surnom : **Shuda,** nom de pinceau : **Beiyuan**
Né à Zhongling (aujourd'hui Nankin). Mort en 962. Xe siècle. Actif sous la dynastie des Tang du Sud (937-975). Chinois.
Peintre.
C'est au Xe siècle que le grand paysage chinois s'affirme dans toute sa plénitude, avec une majesté et une profondeur spirituelle qui resteront inégalables. On atteint alors un équilibre rare entre les moyens techniques et plastiques et la qualité de l'inspiration qui cherche non pas à enregistrer un document singulier ou un moment d'une réalité donnée, mais à créer un univers complet dont la véracité soit parallèle à celle du monde extérieur comme le microcosme l'est au macrocosme. Dong Yuan, puis son disciple Juran (actif vers 975) comptent parmi les pionniers de cette peinture. Les premières activités de Dong Yuan nous sont mal connues mais l'on sait qu'il occupe sous le règne de Zhongzhu (934-962) le poste de « vice-émissaire du Jardin du Nord » (responsable des transactions de thé). S'il subit dans sa jeunesse l'influence des deux grands maîtres qu'avaient été Wang Wei (699-759) et Li Sixun (651-716) (traitement raffiné, riche en couleurs), ses œuvres représentatives sont très différentes et seront considérées plus tard comme des modèles par les peintres lettrés. Originaire de Nankin, ses paysages sont inspirés par la région du Fleuve Bleu, les monts et les vallées du Jiangnan, les collines arrondies, dessinés dans un style large avec une profusion de points et de traits pour adoucir les formes et obtenir une texture proche de celle du sol. L'accent mis sur le travail du pinceau confère une cohésion interne à la surface peinte ; les brumes, la représentation convaincante de l'étagement en profondeur, la présence de lavis plus ou moins étendus pour suggérer l'atmosphère brouillée et humide concourent à créer une unité d'espace : le paysage n'est plus un assemblage d'images indépendantes mais une vision cohérente. Dong Yuan est aussi connu comme peintre animalier et pour ses sujets fantastiques : Dragons, Immortels, Zhong Kui le dompteur de démons. Les catalogues anciens mentionnent plus d'une centaine de ses œuvres ; actuellement les œuvres authentiques sont rares, voire inexistantes mais des peintures exécutées soit par lui soit par des successeurs permettent néanmoins de se faire une idée assez précise de son style.
Bibliogr. : James Cahill : *La Peinture Chinoise*, Genève, 1960.
Musées : Boston (Mus. of Fine Arts) : *Journée claire dans la vallée*, 1911, encre, rouleau en longueur signé, colophons de Dong Qichang (1633), Wang Shimin (1633), Mei Lei (XVIIe siècle), Duan Fang, attr. – Liaoning (prov. Mus.) : *En attendant le bac au gué du Mont Xiajing*, coul. sur soie, rouleau en longueur – Pékin (Palais Impérial) : *Montagnes d'été*, rouleau en longueur, trois colophons de Dong Qichang, attr. – *Paysage de rivière avec des pêcheurs tirant leur filet*, encre et coul. blanche, rouleau en longueur connu sous le nom de Xiao Xiang tu, deux colophons de Dong Qichang – Shanghai : *Vue de rivière*, rouleau en longueur, très proche du précédent – Taipei (Nat. Palace Mus.) : *Festival pour appeler la pluie*, encre et coul. sur soie, rouleau en hauteur – *Temple taoiste dans la montagne* 1592-1652, encre et coul. sur soie, rouleau en hauteur, inscription de 1630 de Wang De qui attribue l'œuvre à Dong Yuan – *Paysage de montagnes avec cours d'eau, bateaux et personnage connu sous le nom de Longsu Jiaomin tu*, encre et coul. sur soie, colophons de Dong Qichang (1555-1636) et de l'empereur Qing Qianlong (règne 1736-1796).

DONG ZHENYI ou **Tung Chen-Yi**
XXe siècle. Chinois.
Peintre de paysages.
Ses paysages ont la fraîcheur et la naïveté, transposées en Chine, des images d'Épinal (Voir HUXIAN, peintres paysans du).

DONI Adone ou **Dono dei Doni**
Né à Assise. Mort le 17 juin 1575 à Assise. XVIe siècle. Actif au début du XVIe siècle. Italien.
Peintre d'histoire et de portraits.
Élève, dit-on, de Pietro Perugino, aux doctrines duquel il se conforma pour la couleur. Artiste plus exact qu'ingénieux, il abandonna, vers la fin de sa vie, l'école de Raphaël pour adopter celle de Michel-Ange. L'église de Saint-François de Pérouse renferme sa grande composition du *Jugement universel*, et l'église Saint-Pierre de la même ville, une *Épiphanie*. La ville natale de Doni possède de nombreuses œuvres de lui. Il peignit à fresque, dans l'église des Anges, plusieurs sujets tirés de la vie du fondateur et de la vie de saint Étienne. Dans le réfectoire, se trouve *La Cène*, peinte en 1573.
Ventes Publiques : Londres, 7 déc. 1987 : *Pietà*, pl. et lav. reh. de blanc/pap. bleu (28,2x27,2) : **GBP 1 500**.

DONIBETTI Alberic ou **Dombetti**. Voir **DUMBETTI**

DONILANDIS Giacomo de
D'origine hollandaise. XVIIe siècle. Travaillant à Rome en 1628. Hollandais.
Peintre.

DONILO Georges
Né dans la deuxième moitié du XIXe siècle à Tulle (Corrèze). XIXe-XXe siècles. Français.
Peintre de portraits, natures mortes.
Il exposa à Paris au Salon des Indépendants en 1911 et 1912.

DONING J. L.
XVIIIe siècle. Actif à Nuremberg. Allemand.
Graveur au burin.
Cité par Nagler.

DONINI Emilio
XIXe siècle. Italien.
Peintre de marines.
La Galerie antique et moderne de Prato conserve de lui : *Coucher de soleil, Barque de pêche, Marine de l'île d'Elbe.*

DONINI Pietro
XVe siècle. Actif à Florence. Italien.
Peintre.
Il travailla pour l'hôtel de ville de Civita di Castello.

DONINO Riccardo
XVIIIe siècle. Actif vers 1740. Italien.
Peintre.

DONINO di Ambrogio
XVIe siècle. Actif à Urbin vers 1578. Italien.
Graveur.
Il était peut-être le fils du sculpteur Ambrogio da Urbino.

DONINO d'Onorio da Urbino
XVIe siècle. Actif à Fano vers 1593. Italien.
Sculpteur.

DONIO Lucien Adolphe
Né à Ivry-sur-Seine (Val-de-Marne). XXe siècle. Français.
Graveur sur pierres fines.
Il exposait à Paris, au Salon des Artistes Français, mention honorable en 1932, Prix Bernier de l'Académie des Beaux-Arts. Il figurait à l'Exposition Universelle de Paris en 1937, où il bénéficia d'un achat de l'État. Il fut fait chevalier de la Légion d'honneur.
Musées : Paris (Mus. Nat. d'Art Mod.) : une intaille.

DONISVELD Olivier Jansz
Mort le 6 janvier 1642 à Amsterdam. XVIIe siècle. Hollandais.
Peintre.
Il peignit surtout, semble-t-il, des tableaux de genre.

DONJEAN Gustave
Né à Saint-Mihiel (Meuse). XIXe siècle. Français.
Peintre.
Il exposa au Salon de Paris un fusain et un dessin en 1865 et 1868.

DONJEUX Rémy
XVIIIe siècle. Actif à Paris en 1784. Français.
Peintre et marchand de tableaux.

DONJEUX Vincent
XVIIIe siècle. Actif à Paris en 1755. Français.

Peintre et sculpteur.
Il fut reçu membre de l'Académie de Saint-Luc en 1755.

DONJEUX Vincent
XVIIIe siècle. Actif à Paris en 1784. Français.
Peintre et marchand de tableaux.

DONKER Jan
Né au début du XVIIe siècle à Gouda. Mort très jeune. XVIIe siècle. Hollandais.
Peintre.
Cousin de Pieter Donker. Houbraken signale un tableau des régents de la maison de correction de Gouda.
Ventes Publiques : Londres, 5 avr. 1909 : *Lucrèce* : **GBP 5.**

DONKER Pieter
Né vers 1635 à Gouda. Mort en 1668 à Gouda. XVIIe siècle. Hollandais.
Peintre d'histoire.
Probablement élève de Jacob Jordaens à Anvers. Il travailla à Francfort, au monument de l'empereur Léopold. Il alla en France en 1659, puis à Rome avec le duc de Créqui et vers 1664 se rendit de Naples à Rome avec le peintre Wil. Schellinks. Il revint en Hollande en 1666.

Ventes Publiques : Paris, 30 avr. 1900 : *Personnages dans un parc* : **FRF 900** – Paris, 10 mars 1924 : *Pasteurs gardant leurs troupeaux* : **FRF 690** – Paris, 22 mars 1926 : *Bergers et troupeau* : **FRF 1 500** – Paris, 22 oct. 1926 : *Bergers et troupeau* : **FRF 580.**

DONKER Van der Hoff Jeanne
Née le 26 mars 1862 à Paris. XIXe siècle. Française.
Peintre et aquarelliste.
Débuta au Salon en 1879.

DONKIN Alice E.
XIXe siècle. Active à Oxford et à Londres. Britannique.
Peintre.
Elle exposa à la Royal Academy à partir de 1871.

DONKYO, de son vrai nom : **Ohara Yoku,** surnoms : **Unkei, Sakingo,** noms de pinceau : **Bokusai, Donkyô**
Né à Tsugaru (Mutsu). Mort en 1810. XIXe siècle. Japonais.
Peintre.
Ce peintre paysagiste, qui vit à Matsumae, a une formation d'autodidacte et travaille dans le style du peintre chinois Zhang Ruitu (actif début XVIIe siècle).

DONNABELLA Giulio
XVIIe siècle. Actif à Turin vers 1610. Italien.
Peintre.
Il travailla plus tard à Rome, puis à Paris pour le compte du duc Gaston d'Orléans, frère de Louis XIII.

DONNADIEU
XIXe siècle. Français.
Graveur au burin.
On cite de lui : *Molière*, d'après Seb. Bourdon.

DONNADIEU Jeanne
Née le 30 janvier 1864 à Paris. XIXe siècle. Française.
Peintre.
Sociétaire des Artistes Français depuis 1889, elle figura au Salon de cette Société. Elle obtint une mention honorable en 1886.

DONNAT. Voir **CANTON Émile**

DONNAUER Jean
XVIe siècle. Allemand.
Peintre d'histoire.

DONNAY Auguste
Né le 23 mars 1862 à Liège. Mort le 18 juillet 1921 à Liège. XIXe-XXe siècles. Belge.
Peintre d'histoire, de genre, paysages, aquarelliste, dessinateur, illustrateur, lithographe. Symboliste.
Il était fils du sculpteur Lambert Donnay, petit-fils d'un artisan-sculpteur ornemaniste. Sa mère mourut en le mettant au monde, d'où il tint sans doute son caractère nostalgique et mystique. Il fréquenta très jeune les cours du soir de l'Académie des Beaux-Arts de Liège. Il mena d'abord une carrière de peintre-décorateur de fleurs, ornements pour plafonds, salles de fêtes, etc. À l'âge de vingt-cinq ans, il remporta une bourse de voyage, qui lui permit de passer cinq mois à Paris. À Paris, il fut en contact avec les Nabis. Toutefois, ce fut surtout la statuaire égyptienne, l'art japonais et les primitifs italiens qui l'attirèrent, avant de découvrir l'œuvre de Puvis de Chavannes. À partir de 1905, il quitta la ville et se fixa à Méry-sur-Ourthe. Une exposition rétrospective posthume lui fut consacrée en 1922. En 1991, le Musée de l'Art Wallon de Liège a organisé une exposition regroupant de nombreux témoignages de ses activités multiples.
Toute sa vie, il se partagea entre l'écriture, la poésie, l'illustration littéraire et la peinture. Il donna d'abord des illustrations dans les revues symbolistes de l'époque : *Caprice-Revue* en 1881, *L'Almanach des Poètes* en 1896, dans lequel il personnifiait les mois par des figures hiératiques inspirées de la Renaissance italienne. Il illustra encore l'Almanach de 1898. Ensuite, il illustra les *Contes pour les enfants d'hier* d'Albert Mockel, divers ouvrages littéraires, le *Théâtre* de Maeterlinck en noir et blanc, etc. Le graphiste fit preuve de nombreuses audaces au sein du mouvement symboliste, notamment dans la mise en page. En peinture, s'il composa de nombreuses images édifiantes, que lui inspirait son tempérament mystique, il fut surtout le paysagiste de la vallée de l'Ourthe, où il voyait un témoignage du divin. Il exploita encore ces paysages comme décors pour des scènes bibliques émues, des compositions telles celles des *Noëls Wallons*, le tryptique de *La légende de saint Walthère* de 1914. L'ensemble de son œuvre témoigne de l'admiration qu'il vouait à Puvis de Chavannes. ■ J. B.

AVG. Donnay

Bibliogr. : J. Bosmant : *Auguste Donnay*, Bruxelles, 1967 – Jacques Parisse : *Auguste Donnay, 1862-1920 Un visage de la tere wallonne*, Crédit Communal de Belgique, 1991.
Ventes Publiques : Lokeren, 28 mai 1988 : *Jeune femme dans un paysage* 1889, fus. (48,5x22) : **BEF 30 000** – Londres, 19 oct. 1989 : *Mery-sur-Ourthe en automne*, h/cart. (42,5x68) : **GBP 6 050** – Liège, 11 déc. 1991 : *Paysage avec des dunes, la plage et la mer*, past./pap. (24x37) : **BEF 60 000.**

DONNAY Félix
Mort en 1886. XIXe siècle. Français.
Peintre.
Sociétaire des Artistes Français, il figura au Salon de cette Société.

DONNAY Jean
Né le 31 mars 1897 à Chératte-lez-Liège. Mort le 2 août 1992 à Herstal. XXe siècle. Belge.
Peintre d'histoire, de paysages, portraits, graveur, décorateur.
Il fut élève d'Auguste Donnay, de qui il était sans doute le fils, de François Maréchal, Adrien De Witte, à l'Académie des Beaux-Arts de Liège. Il y est devenu professeur en 1931, directeur en 1960. En 1935, il fut membre-fondateur du Salon *Le Trait* à Paris. Surtout comme graveur, il a participé à de nombreuses expositions collectives, à travers l'Europe entière, recevant diverses distinctions : 1928 Prix du Trianon, pour l'art wallon ; 1929 diplôme d'honneur à l'exposition internationale de Barcelone ; 1932 et 1936 Biennale de Venise, 1938 invité du Salon de la Jeune Gravure Contemporaine à Paris ; 1946 Prix de la Province de Liège ; 1951 invité de la Société *L'Estampe* à Paris ; 1958 Exposition Universelle de Bruxelles, 1972 Prix septennal de la Province. Il a montré individuellement de très nombreuses expositions de ses œuvres, depuis 1926, à Liège, Bruxelles, Paris, etc., dont des rétrospectives : 1957 au Musée des Beaux-Arts de Liège, 1965 au Musée de l'Art Wallon, 1972 à Stavelot, 1979 à Nancy.
La plupart de ses gravures à l'eau-forte de grands formats est constituée de paysages industriels, ruraux, de scènes typiques, d'épisodes bibliques. Ses ouvriers et paysans sont dépeints dans un souci de véracité. On lui impute parfois un penchant aux effets d'éclairage théâtraux et emphatiques.
Bibliogr. : Catalogue de l'exposition *Jean Donnay* avec liste des 625 premières gravures, Musée de Liège, 1957 – L. Koenig : *Jean Donnay*, Bruxelles, 1961 – in : *Diction. Biograph. illustré des Artistes en Belgique depuis 1830*, Arto, Bruxelles, 1987 – Pierre Somville, in : *Le Cercle royal des Beaux-Arts de Liège 1892-1992*, Crédit Communal, Liège, s.d., 1992.
Musées : Anvers – Belgrade – Bruxelles (Bibl. roy., Cab. des Estampes) – Gand – Liège (Mus. de l'Art Wallon) : *Mise au tombeau* 1935, peint. – Liège (Cab. des Estampes) : *Lessiveuses* 1936, grav. – Madrid – Milan – Moscou – Namur – Paris (BN, Cab. des Estampes) – Prague – Trieste.

DONNAY Lambert
XVIIIe siècle. Travailla en Suède vers 1735. Français.
Peintre d'ornements.
Il participa à la décoration du Palais Royal de Stockholm.

DONNAY Paul
Né en 1915 à Montegnée. XXe siècle. Belge.
Sculpteur, céramiste, mosaïste, peintre de cartons de vitraux.
Il fut élève de l'Académie des Beaux-Arts de Liège. Son art, très stylisé, ressortit souvent à la décoration.
Bibliogr. : In : *Diction. Biograph. illustré des Artistes en Belgique depuis 1830*, Arto, Bruxelles, 1987.

DONNDORF Adolf
Né le 16 février 1835 à Weimar. XIXe siècle. Allemand.
Sculpteur.
Élève de Rietschel et de F. Jade. Il fut nommé professeur à l'Académie de Stuttgart en 1877. On cite de lui le monument funéraire de Schumann à Bonn et la statue équestre de Charles-Auguste à Weimar.
Musées : Hambourg : *Buste de M. Ad. Sillem* – Weimar : *Buste du grand-duc Charles-Alexandre de Saxe – Buste de Lucas Cranach – Nymphe des sources – Buste de Frédéric Preller – Vimaria.*

DONNDORF Karl August
Né le 17 juillet 1870 à Dresde. XXe siècle. Allemand.
Sculpteur.
Il était le fils d'Adolf Donndorf.
Musées : Weimar : *Pensées.*

DONNÉ F.
Mort en 1844 à Nantes. XIXe siècle. Français.
Peintre.
Figura au Salon de Paris de 1837 à 1839.

DONNE Giovandomenico dalle
Né à Florence. XVIIIe siècle. Italien.
Peintre.
Il travailla à Ferrare.

DONNE J. M.
XIXe siècle. Actif à Londres. Britannique.
Peintre.
Il exposa pour la première fois à la Royal Academy en 1865 et exécuta surtout des paysages.

DONNE W.
XVIIe siècle. Allemand.
Graveur.
On cite de lui *Vénus et Adonis* et des paysages.

DONNE Walter
Né en 1867 dans le Surrey. XIXe-XXe siècles. Britannique.
Peintre de paysages.
Il fut élève de Léon Bonnat et reçut une médaille de troisième classe au Salon des Artistes Français en 1905.
Il peignit principalement des paysages d'Angleterre, de Normandie et d'Italie du Sud.

·WALTER DONNE·

Ventes Publiques : Londres, 3 oct. 1984 : *Stitch, stitch, the home of a London tailor*, h/t (102,2x153) : **GBP 6 200** – Londres, 5 mars 1987 : *Stitch, stitch, the home of a London tailor*, h/t (122x152,5) : **GBP 10 000** – Londres, 12 mai 1989 : *Caracas*, h/pan. (25,6x36,2) : **GBP 1 485** – Amsterdam, 5-6 nov. 1991 : *Vue du château de Windsor par une journée ensoleillée*, h/t (74x106) : **NLG 2 990.**

DONNEDIEU Pierre
XIVe siècle. Actif à la fin du XIVe siècle. Français.
Enlumineur et copiste.
Il travaillait pour le duc de Bourgogne Philippe le Hardi, et exécuta, sur ordre, deux grands antiphonaires destinés à l'église de Champmol près Dijon.

DONNELLY John Fretcheville Dykes
Né en 1834. Mort en avril 1902. XIXe siècle. Britannique.
Peintre et graveur amateur.
On lui doit quelques paysages gravés.

DONNER Franz
XVIIIe siècle. Actif à Salzbourg en 1726. Autrichien.
Sculpteur.

DONNER Georg Raphael
Né en 1692 à Esslingen. Mort le 15 février 1741 à Vienne. XVIIIe siècle. Autrichien.
Sculpteur.
Il se forma à Vienne, puis au monastère d'Heiligenkreuz, dans l'atelier de G. Giuliani, qui le fit travailler au Palais Liechtenstein. Ensuite, l'archevêque-comte Harrach l'appela à Salzbourg, en 1725, où il exécuta des statues pour l'escalier du château de Mirabelle. Appelé à Presbourg, après 1725, par le comte Esterhazy-Galantha, il devint sculpteur de la cour et dirigea un atelier important, d'où sortirent, entre autres, les statues du maître-autel de la cathédrale, maintenant dispersées. On cite de cet ensemble, un saint Martin à cheval, en costume de hussard hongrois. C'est à Presbourg qu'il reçut la commande pour la fontaine du Marché au Foin de Vienne, qui est considérée comme son chef-d'œuvre. La fontaine, inaugurée en 1739, représente les fleuves d'Autriche, symbolisés par des statues disposées dans des poses d'une grande diversité, certaines étant couchées sur la margelle ; un pêcheur à l'affût étant même placé en dehors du bassin. On cite encore de lui la statue de *Charles VI* et *Persée et Andromède*, à Vienne. Georg Raphael Donner, en pleine époque du Baroque, représente la survivance d'un classicisme aimable.

DONNER Johann
XVIIe siècle. Actif à Vienne au début du XVIIe siècle. Autrichien.
Peintre.
Il avait le titre de peintre de la cour.

DONNER Mathias
XVIIIe siècle. Actif à Innsbruck en 1763. Autrichien.
Peintre.

DONNER Mattheus
Né le 29 juillet 1704 à Eislingen. Mort le 26 juillet 1756 à Vienne. XVIIIe siècle. Autrichien.
Sculpteur et médailleur.
Il était frère de Georg Raphael.

DONNER Sebastian
Né le 19 janvier 1707 à Esslingen. Mort en octobre 1763. XVIIIe siècle. Autrichien.
Sculpteur.
Il était le frère cadet de Georg Raphael.

DONNER von Richter Otto
Né le 10 mai 1828 à Francfort-sur-le-Main (Hesse). Mort le 13 novembre 1911 à Francfort. XIXe-XXe siècles. Allemand.
Peintre d'histoire.
Il fit des études à Paris sous la direction de Delaroche et à Munich où il profita des conférences de Schwind. On cite de lui : *La chanson du dieu de la mer* et *Portrait de l'empereur d'Allemagne.*
Ventes Publiques : Paris, 27 mai 1997 : *Rues animées de Pompéi*, h/t, deux pendants (43x79,5) : **FRF 50 000.**

DONNET Gustave
Né en 1892 à Anvers. Mort en 1973. XXe siècle. Belge.
Peintre de portraits, dessinateur, aquarelliste.
Il fut élève de Charles Mertens, Isidore Opsomer, à l'Académie des Beaux-Arts d'Anvers, de Franz Courtens à l'Institut Supérieur.
Il travailla surtout dans la région de Kalmthout.
Bibliogr. : In : *Diction. biogr. illustré des Artistes en Belgique depuis 1830*, Arto, Bruxelles, 1987.
Musées : Anvers (Mus. des Beaux-Arts).
Ventes Publiques : Anvers, 8 avr. 1976 : *L'amateur d'estampes*, h/t (52x60) : **BEF 16 000.**

DONNET Johannes
XVIIIe siècle. Actif à Dantzig. Allemand.
Graveur.
Il était fils de Samuel.

DONNET Samuel
XVIIe-XVIIIe siècles. Actif à Dantzig. Allemand.
Graveur.
Il grava un grand nombre de planches d'après les maîtres hollandais du XVIIe siècle.

DONNET-THURNINGER Thérèse
Née à Paris. XIXe siècle. Française.
Peintre.
Élève de Hirsch. Elle exposa au Salon en 1866 et en 1868 deux études.

DONNETTE Casimir Théophile
Né au XIXe siècle à Cramont. XIXe siècle. Français.
Portraitiste.
Élève de Pils. Il débuta au Salon de 1880 avec *Deux portraits.*

DONNHÄUSER J.
XVIIIe siècle. Actif à Offenbach. Allemand.
Graveur.

DONNHÄUSER Johann David
Né en 1752. Mort en 1789. XVIIIe siècle. Actif à Francfort. Allemand.
Dessinateur et graveur sur bois.
VENTES PUBLIQUES : PARIS, 1864 : *Le Christ condamné à mort*, dess. à la pl. : **FRF 5**.

DONNIER Marie Cécile
Née à Saint-Pétersbourg, de parents français. XIXe siècle. Française.
Peintre.
Elle fut élève de Decamps et devint plus tard directrice d'une école de dessin à Paris. Elle exposa au Salon, de 1861 à 1868, des portraits et des natures mortes.

DONNINI Girolamo
Né en 1681 à Correggio. Mort en 1743. XVIIIe siècle. Italien.
Peintre.
Élève de Francesco Stringa à Modène, de J. dal Sole à Bologne et de C. Cignani à Forli. Avec ce dernier, il apprit surtout à traiter les sujet simples. Son plus grand mérite se manifesta dans les tableaux de chevalet, mais il réussit aussi de plus grands ouvrages. C'est à Bologne qu'il acquit une excellente réputation. On trouve dans cette ville un tableau d'autel représentant un *Saint Antoine*. Ses autres œuvres sont disséminées dans la Romagne et à Turin. Son dessin est ferme, son coloris agréable, l'ensemble de sa peinture est harmonieux.

DONNINO Ange
XVe siècle. Italien.
Peintre d'histoire et de portraits.
Il fut un des aides de Michel-Ange.

DONNY Désiré
Né le 5 janvier 1798 à Bruges. Mort en 1861. XIXe siècle. Éc. flamande.
Peintre de paysages animés.
Élève de Odevaere, professeur de l'Académie de Bruges ; il vécut ensuite à Bruxelles.
MUSÉES : YPRES : *Clair de lune*.
VENTES PUBLIQUES : PARIS, 1842 : *Paysage avec figures* : **FRF 105** ; *L'Hiver* : **FRF 50** – COLOGNE, 9 mars 1904 : *Paysage de rivière au soleil couchant* : **DEM 41** – LOKEREN, 10 oct. 1992 : *Paysage fluvial animé*, h/pan. (27,5x43) : **BEF 55 000** – AMSTERDAM, 21 avr. 1994 : *Pêcheurs se reposant dans les dunes auprès d'un village* 1844, h/t (50x58,5) : **NLG 6 900** – AMSTERDAM, 5 nov. 1996 : *Scène côtière avec une famille de pêcheurs devant une barque*, h/t (39,5x59,5) : **NLG 7 080** – LONDRES, 21 nov. 1997 : *Bateaux de pêche à marée basse*, h/pan. (25,4x35,3) : **GBP 4 370**.

DONO Giambattista
XVIIIe siècle. Actif à Rome vers 1730. Italien.
Graveur.
Il fut soutenu par Victor Amédée II.

DONO Paolo di. Voir **UCCELLO Paolo**

DONO dei Doni. Voir **DONI Adone**

DONO GHUE John
Né en 1853 à Chicago. Mort le 2 juillet 1903 à New York. XIXe siècle. Américain.
Sculpteur de bustes.
Il vécut et exposa à Londres et surtout à Paris dans les dernières années du XIXe siècle.
BIBLIOGR. : In : *Dictionnaire des sculpteurs américains, du XVIIIe siècle à nos jours*, Ed. G.B. Opitz, Poughkeepsie N.Y., 1984.
VENTES PUBLIQUES : NEW YORK, 20 avr. 1979 : *Le jeune Sophocle*, bronze, patine brune (H. 113,6) : **USD 8 000** – NEW YORK, 14 nov. 1991 : *Buste de John Boyle O'Reilly*, bronze (H. 69,3) : **USD 825**.

DONOHO G. Ruger
Né en 1857 à Church Hill. XIXe siècle. Américain.
Peintre.
Il obtint une médaille d'argent à l'Exposition Universelle de 1889.
VENTES PUBLIQUES : NEW YORK, 1er et 2 avr. 1902 : *Sur la côte d'Égypte* : **USD 275** ; *La Marcellerie* : **USD 475**.

DONOHUE Geralyn. Voir la notice consacrée à **Wallace Joan**

DONON Claude
Né à Paris. XXe siècle. Français.
Graveur à l'eau-forte.
Élève de R. Sandon. Il a surtout gravé des paysages.

DONOP E. von, baron
XVIIIe siècle. Allemand.
Peintre et graveur à l'eau-forte.
On cite parmi ses gravures 6 paysages représentant des ruines et des fragments d'architecture.

DONOSO Eduardo
Né à Santiago du Chili. XXe siècle. Depuis environ 1925 à 1940 actif en France. Chilien.
Peintre de portraits et de natures mortes.
Sociétaire du Salon des Artistes Français, il y exposa entre 1928 et 1939 et fut invité au Salon des Tuileries en 1934.

DONOSO José Jimenez, ou **Ximenez** ou **Jimenez Donoso**
Né en 1628 à Consuegra (province de Tolède). Mort en 1690 à Madrid. XVIIe siècle. Espagnol.
Peintre de compositions religieuses, compositions murales, fresquiste, architecte. Baroque.
Élève de Francisco Fernandez à Madrid, il alla se fixer à Rome de 1647 à 1654, ou de 1650 à 1657. À son retour, devenu célèbre architecte, habile fresquiste, et peintre de retables, il obtint, en 1685, le titre de peintre du chapitre de Tolède.
En collaboration avec Claudio Coello, il peignit le vestiaire de la cathédrale de Tolède en 1671, les plafonds de la Cassa de la Panaderia de Madrid en 1673. Un grand nombre de ses œuvres, pour la plupart aujourd'hui perdues ou dispersées, ont décoré plusieurs églises de Madrid.
Influencé par l'art baroque de l'architecte Borromini, il a montré une prédilection pour les perspectives habiles. En tant qu'architecte, il fut considéré comme l'introducteur du baroque italien en Espagne. Peu de ses œuvres architecturales sont conservées à Madrid, et on ne les connaît que par des documents, notamment l'église San Luis, construite en 1679-1689. En tant que peintre, sa manière ressemble à celle de Véronèse.
BIBLIOGR. : In : *Dictionnaire de la peinture espagnole et portugaise du Moyen Âge à nos jours*, coll. Essentiels, Larousse, Paris, 1989.
MUSÉES : MADRID (Mus. du Prado) : *Miracle de saint François de Paul*.
VENTES PUBLIQUES : LONDRES, 1er mars 1991 : *Saint Thomas d'Aquin* ; *Saint Augustin*, h/t (127,3x60) : **GBP 12 100** – NEW YORK, 12 jan. 1995 : *L'Immaculée Conception*, h/t, une paire (80,6x59,7) : **USD 21 850**.

DONOWELL John
XVIIIe siècle. Actif à Londres à la fin du XVIIIe siècle. Britannique.
Architecte et graveur.
Il exposa à la Free Society of Artists à partir de 1761.
VENTES PUBLIQUES : LONDRES, 26 fév. 1931 : *Marylebone Gardens à Londres*, lav., encre de Chine : **GBP 41**.

DONS Édouard Charles, baron de Lovendeghem
Né le 17 juin 1798 à Gand. Mort le 18 décembre 1869 à Gand. XIXe siècle. Belge.
Peintre.
Il était parent d'Eugène Jean Auguste Dons.

DONS Eugène Jean Auguste, baron de Lovendeghem
Né le 22 octobre 1798 à Gand. Mort le 25 décembre 1865 à Gand. XIXe siècle. Belge.
Peintre de paysages.
Il peignit surtout des paysages.

DONS L.
Actif à Dresde. Allemand.
Graveur et éditeur.

DONSELAER Barbara Joséphine
Née en 1813 à Gand. Morte en 1883. XIXe siècle. Belge.
Peintre.
Elle était fille d'Hermanus Donselaer. Elle épousa Jacques Keukelaere et exposa pour la première fois en 1833.

DONSELAER Hermanus
Né en 1761 à Middelbourg. Mort en 1829 à Gand. XVIIIe-XIXe siècles. Belge.

Peintre paysagiste.
Le Musée de Dunkerque possède de cet artiste une peinture : *La Mare*.
Ventes Publiques : Paris, 1842 : *Vue d'une ferme en Flandre* : **FRF 90** – Bruxelles, 1851 : *Paysage* : **FRF 100** – Gand, 1888 : *Paysage* : **FRF 55** ; *Autre paysage* : **FRF 137** ; *Paysage*, sur cuivre : **FRF 80** ; *Un clair de lune* : **FRF 30** – Londres, 26 avr. 1968 : *Rivière gelée avec patineurs* : **GNS 420**.

DONSELAER Raphaël Désiré
Né le 18 janvier 1810. Mort le 30 octobre 1870 à Gand. XIXe siècle. Actif à Gand. Belge.
Peintre d'histoire, scènes de genre.
Il était fils d'Hermanus Donselaer.

DONSELAER Thérèse Jeanne
Née en 1811 à Gand. Morte en 1876. XIXe siècle. Belge.
Peintre.
Elle était fille d'Hermanus Donselaer.

DONSKOI Victor
Né en 1945 à Voronej. XXe siècle. Russe.
Peintre de scènes animées.
il fréquenta de 1968 à 1972 l'École des Beaux Arts de Pechtchensk, puis de 1974 à 1979 l'Institut Sourikov de Moscou. Il devint membre de l'Union des Peintre de la Russie. Il vit et travaille à Voronej et à Saint-Pétersbourg. Il participe à des expositions nationales et internationales. Il peint souvent des scènes de la vie paysanne.
Ventes Publiques : Paris, 14 déc. 1993 : *La fête* 1992, h/t (80x85) : **FRF 5 800**.

DONST Franz
XVIIIe siècle. Actif à Cologne vers 1725. Allemand.
Graveur.

DONSTAN A., Frère
XVIIe siècle. Français.
Peintre.
De l'ordre des Bénédictins, on connaît les gravures de deux de ses œuvres : *Saint Benoît dans la solitude* et *Portrait du bénédictin Grégoire Tarrisse*.

DONT Arnoldus
Né à Gand. Mort le 3 avril 1665 à Rome. XVIIe siècle. Éc. flamande.
Peintre.
Il avait été élève d'Anton Van Dyck.

DONTAS
VIe siècle avant J.-C. Actif à Lacédémone en 550 avant Jésus-Christ. Antiquité grecque.
Sculpteur.
Élève de Dipène et de Scyllis. Il exécuta des statues pour le trésor des Mégariens, à Olympie. Il fit encore, avec Pérille, le taureau d'airain dans lequel Phalaris, tyran d'Agrigente, brûlait lentement les victimes condamnées à mort.

DONTCHEFF Wladimir
Né à Kichinew (Bessarabie, appartenant à la Roumanie de 1918 à 1940). XXe siècle. Russe.
Peintre de paysages.
Il figura à Paris, au Salon des Artistes Indépendants et à celui d'Automne entre 1911 et 1913.

DONTELS Pietro
Né vers 1600 en Savoie. Mort en 1623 à Rome. XVIIe siècle. Français.
Peintre.

DONTI Gianangelo
XIVe siècle. Actif à Gubbio. Italien.
Sculpteur et peintre.
Il travailla pour les églises de cette ville.

DONTI Giovanni Pablo
Né peut-être à Aquilée. XVIe siècle. Italien.
Peintre.
Il existe une peinture de cet artiste dans l'église Santa Maria di Paganica de cette ville.

DONTONS Paul
Né en 1600. Mort en 1666. XVIIe siècle. Actif à Valence. Espagnol.
Peintre d'histoire.

P Dontons.

DONVÉ Jean François
Né en 1736 à Saint-Amand. Mort le 15 février 1799 à Lille. XVIIIe siècle. Français.
Peintre.
Cet artiste qui avait été l'élève de Louis Watteau et de Greuze, avait tellement adopté la manière de peindre de ce dernier, que plusieurs de ses tableaux se sont vendus sous le nom de Greuze.

DONVÉ Louis Désiré Joseph ou **Donvee**
Né le 6 janvier 1760 à Lille (Nord). Mort le 2 décembre 1802. XVIIIe siècle. Français.
Peintre de portraits.
Formé à Lille par Louis Watteau, il vint à Paris et fut l'élève de Greuze et de Dussillion. Il fut ensuite l'ami de Greuze qui l'influença incontestablement.
Il a exposé à Lille de 1773 à 1788, et en 1786 il peignit pour sa réception à l'Académie de Lille, fondée en 1755, le *Portrait de Sauvage* conservé actuellement au Musée de Lille.
Musées : Lille : *Autoportraits* – *Portrait de Sauvage*.
Ventes Publiques : Paris, 21 nov. 1984 : *Portrait présumé de Madame Leverd*, h/t (60x49) : **FRF 6 000**.

DONVEAUX Charles
XVIIIe siècle. Actif à Paris en 1760. Français.
Peintre.

DONY Carolus Julien Marie
Né à Bois-le-Duc (Pays-Bas). XXe siècle. Hollandais.
Peintre de portraits, peintre de cartons de tapisseries.
Il exposa à Paris, au Salon des Artistes Français entre 1930 et 1933.
Ventes Publiques : Paris, 16 nov. 1988 : *Composition* 1957, tapisserie (180x240) : **FRF 17 000**.

DONZAK Sam
XVIIe siècle. Actif vers 1678. Tchécoslovaque.
Graveur.

DONZÉ Numa
Né le 6 novembre 1885 à Bâle. Mort en 1952 à Riehen (Bâle). XXe siècle. Suisse.
Peintre de paysages. Fauve, puis tendance expressionniste.
Il fut d'abord l'élève de Fritz Schider et de Rudolf Low à Bâle puis en 1903 et 1904 vint à Munich où il travailla dans l'école de peinture de H. Knira. Il voyage ensuite abondamment, à Rome en 1905, à Paris où il séjourne jusqu'en 1910, effectuant entretemps des séjours en Provence. De retour à Bâle, il est chargé de la décoration de la maison « Zum Gold ». En 1922 il parcourut l'Afrique du Nord et jusqu'en 1952 visita la France, en particulier la Provence. En 1954 la Kunsthalle de Bâle a organisé une vaste rétrospective de son œuvre.
Peintre de paysages, son œuvre est marqué par le fauvisme et un certain expressionnisme qu'il met en application dans la structure de la composition.
Musées : Bâle (Kunsthalle).
Ventes Publiques : Berne, 18 nov. 1972 : *Le Rhin à Neu-Brisach* 1907 : **CHF 6 300** – Berne, 30 avr. 1980 : *Autoportrait au cigare*, h/t (62x56) : **CHF 1 500** – Berne, 24 juin 1983 : *Paysage de Provence* 1911, h/t (81x100) : **CHF 5 800** – Berne, 26 oct. 1984 : *Jeune femme assise au bouquet de fleurs* 1917, h/t (74x55) : **CHF 1 700** – Zurich, 7 oct. 1987 : *Pêcheurs au bord de la rivière*, h/t (90x100) : **CHF 9 500** – Berne, 12 mai 1990 : *Artistes*, h/t (54x44) : **CHF 750** – Zurich, 3 avr. 1996 : *Bâle*, h/t (67x115) : **CHF 1 800**.

DONZEL Charles
Né le 6 février 1824 à Besançon (Doubs). Mort le 20 mars 1889 à Paris. XIXe siècle. Français.
Peintre de paysages, aquarelliste.
Après avoir hésité entre la musique, la sculpture et le dessin, il opta pour la peinture et exposa au Salon de Paris à partir de 1859.
Surnommé « peintre des eaux » par ses amis Corot, Troyon et Daubigny, il laisse effectivement une grande place à l'eau dans ses paysages du Limousin, de Franche-Comté, du Maine et de Normandie. Ses aquarelles ont également un caractère limpide.
Bibliogr. : Gérald Schurr, in : *Les Petits Maîtres de la peinture 1820-1920, valeur de demain*, Les Éditions de l'Amateur, t. III, Paris, 1976.

Musées : Limoges : deux paysages – Mulhouse : *Paysage*, aquar. – *Paysage*, dess. – *Étude d'arbres* – *Bord de mer* – Niort : *Les bords de la Creuse* – Troyes : *La Vienne à Lespinasse*.
Ventes Publiques : Paris, 1875 : *Les vendanges, éventail*, aquar. : **FRF 136** ; *L'Orne*, aquar. : **FRF 205** – Paris, 23-24 fév. 1920 : *Ronde d'amour*, aquar. sur éventail : **FRF 170** – Paris, 28 juin 1923 : *Bords de rivière par temps gris* : **FRF 152** – Paris, 26-27 mai 1941 : *Réunion dans un parc – Baigneuses*, deux past., formant pendants : **FRF 380** – Paris, 4 mars 1992 : *Retour des champs*, h/pan. (21,5x35) : **FRF 8 500**.

DONZEL Eugénie
Née le 23 mai 1860 à Paris. xixe siècle. Française.
Miniaturiste.
Élève de J. Donzel son père. Elle débuta au Salon de 1879 avec Deux portraits.

DONZEL Jules Joseph
xixe siècle. Actif à Paris. Français.
Peintre.
Sociétaire des Artistes Français depuis 1893, il figura au Salon de cette société.

DONZEL Jules Pierre
Né le 13 décembre 1832 à Paris. xixe siècle. Français.
Peintre.
Élève de Binet et L. Pellenc. Au Salon il envoya des aquarelles et des émaux de 1859 à 1882.

DONZEL Marie Antoine Henri
Né au xixe siècle à Besançon. xixe siècle. Français.
Portraitiste et miniaturiste.
Élève de Charles Donzel. Il débuta au Salon de 1877 avec un *Portrait*.

DONZELLI Bruno
Né en 1941 à Naples. xxe siècle. Italien.
Peintre. Nouvelles figurations.
Il expose ses œuvres depuis 1961 dans les principales villes italiennes : à Florence, Gênes, Venise, Rome, Milan et Naples.
Il utilise des images issues de la figuration pop'art qu'il juxtapose dans des collages à des assemblages de formes.
Ventes Publiques : Paris, 20 nov. 1988 : *Ormare*, acryl. et collage/t. (91,5x100) : **FRF 9 500** – Paris, 9 avr. 1989 : *Interno di depero con paesaggio dal vero*, acryl./t. (100x100) : **FRF 13 000** – Rome, 3 déc. 1991 : *Tavolozza sironiana*, techn. mixte/t. (30x40) : **ITL 2 400 000** – Rome, 12 mai 1992 : *La main de Mario Sironi*, acryl./t. (50x50) : **ITL 2 400 000** – Rome, 25 mars 1993 : *La maison de Carra*, h/t (40x50) : **ITL 1 000 000**.

DONZELLI Filippo
xviie siècle. Actif à Naples en 1665. Italien.
Peintre.

DONZELLI Ippolito ou **Donzello**
Né en 1456 à Florence. Mort vers 1494 probablement à Florence. xve siècle. Italien.
Peintre.
Élève de Néri di Bicci, de 1469 à 1471. Il travailla avec son demi-frère Piero à l'école de sa ville natale jusqu'en 1480. En 1481, ou presque tout de suite après il partit avec Piero pour Naples, où avec ce dernier, il travailla à d'importants ouvrages. C'est lui qui exécuta la plus grande partie des compositions historiques peintes pour le réfectoire de Santa Maria Nuova. On ne connaît ni la date, ni les circonstances de sa mort, qui probablement se produisit à Naples, alors qu'il y était encore pour ses travaux. A ces maigres renseignements il est possible d'ajouter les détails suivants. Son prénom, Ippolito est volontiers abrégé en Polito. La chronologie qui le concerne est très incertaine et même contradictoire. Bernardo de Dominici, qui a consacré aux Donzelli une notice dans son livre n'est pas d'accord avec Vasari sur plusieurs points. Ces deux auteurs s'accordent cependant pour faire mourir Polito à Florence, patrie de sa mère, où il avait suivi Benedetto da Majano, frère de Giuliano da Majano. Celui-ci, parent de la mère de Polito, avait, d'après Dominici, enseigné l'architecture aux deux frères. Leurs premières leçons de peinture leur auraient été données par un peintre florentin, imitateur assez habile de Giotto, Agnolo Franco, que leur mère avait épousé en secondes noces. Comme architecte, Polito acheva les travaux d'adduction d'eau du palais Poggio Reale construit par la reine Jeanne II et à la décoration duquel il avait travaillé avec son demi-frère Pietro ou Piero del Donzello, sous la direction de Giuliano da Majano, d'après Vasari, sous celle de Zingaro, suivant Dominici. Selon Vasari, il serait mort peu après le roi Alphonse V d'Aragon (Alphonse Ier, roi de Naples) décédé en 1458, ce qui est en contradiction avec les dates que nous avons données plus haut. Au lieu que Dominici écrit qu'il exécuta avec Pietro les peintures de la *Conjuration des barons*, représentant *les Victoires* de Ferdinand sur ceux-ci, ce qui nous reporte nécessairement après 1460, date de l'avènement de Ferdinand Ier. Parmi les fresques du réfectoire du couvent de Santa Maria la Nuova mentionnées plus haut, dues à la collaboration des deux frères, on peut citer comme les principales : *Le Portement de croix* et *l'Adoration des Mages*. A cette dernière s'ajoutent deux autres compositions représentant *Saint François d'Assise, saint Bonaventure, saint Antoine de Padoue* et d'autres franciscains. Au-dessous, de la main du seul Polito, l'*Annonciation*. Dans le même couvent, une peinture sur bois, *Le Calvaire*, ornait la chapelle et a été transportée au Musée des Études. De dimensions beaucoup plus modestes que le même sujet exécuté par Pietro, il comporte une foule de personnages, cavaliers, spectateurs, la Vierge, saint Jean, les trois Marie et plusieurs autres de 15 à 20 centimètres de hauteur. Jusqu'à son départ pour Florence. Il travailla presque constamment avec son frère Pietro. Le Musée des Études possède un grand retable qu'ils exécutèrent en commun pour la chapelle de la famille Brancaccio dans l'église San Domenico. On y voit au centre, sur un fond d'or, la Vierge, sur ses genoux, l'Enfant jouant avec des cerises. Au-dessous, la Résurrection et les douze Apôtres ; dans la lunette, le Christ, montrant ses plaies, saint Jean l'évangéliste et sainte Madeleine ; dans les compartiments latéraux, d'un côté un franciscain, de l'autre saint Sébastien percé de flèches. Ce retable porte une inscription mentionnant la donatrice : PRVSIA BRANCAZIA HA FACTA FARE QUESTA FIVRA AD TE SE RECOMMANDA VERGINE PVRA ET HE DONATA PER PIV DE UNA MESSA FDI DEDICATU AD HONORE DE SATO SABASTIANO. Dominici mentionne encore une *Annonciation*, une *Nativité*, une *Adoration des Mages* dans l'église Sancta Brigida à Seggio di Porto.

DONZELLI Pietro ou **Donzello**
Né en 1452 à Florence. Mort en 1509 à Florence. xve siècle. Italien.
Peintre.
Fils de Francesco d'Antonio di Jacopo, bailli de Florence ; son maître nous est inconnu. Siret lui donne Colantonio pour maître. On sait cependant qu'il travailla avec son demi-frère de père, Ippolito, dans l'école de Florence, jusqu'en 1480. En 1481, ou peu de temps après, ils partirent pour Naples, pour y décorer le palais construit sur les plans de l'architecte Giuliano de Majano, sous les règnes des rois Robert, Alphonse Ier et Ferdinand. Sous le règne de ce dernier, il peignit, en collaboration avec son frère, dans le réfectoire de Santa Maria Nuova, de grandes compositions historiques et orna aussi, pour le roi Alphonse et la reine Jeanne, un côté du palais de Poggio Reale. Après la mort de son frère, Pietro continua seul l'exercice de ses talents, à Naples, où il se fit remarquer par sa réputation et par ses élèves. Il fut aussi excellent portraitiste. A ce qui précède on peut ajouter ce qui est dit des deux frères à propos d'Ippolito Donzello. Pour l'un comme pour l'autre. Dominici, aussi bien que Vasari, paraissent avoir donné des dates beaucoup trop reculées. C'est du moins ce qui résulte des documents cités par les annotateurs des dernières éditions de Vasari. Comme nous l'avons du reste noté en tête de leur biographie, Pietro (ou Piero) serait né en 1451 et Ippolito (ou Polito), en 1455, au lieu de 1405 pour le premier et 1409 pour le second par conséquent. Il s'ensuit de toute évidence l'impossibilité pour les Donzelli d'avoir reçu des leçons du Zingaro. Solati ou Solario (Antonio), dit le Zingaro (le Bohémien), avait ouvert à Naples un atelier, appelé école des Zingaresques. Mais il mourut en 1455. Ce ne fut donc pas non plus sous la direction du Zingaro, comme le veut Dominici, que les deux frères travaillèrent aux peintures du palais de Poggio Reale. En ce qui concerne spécialement Pietro, nous avons dit qu'il ne suivit pas son frère à Florence lorsque celui-ci y fut emmené par Benedetto da Majano, mais demeura à Naples. Il y exécuta de nombreuses et importantes peintures dans le palais des comtes, Mandaloni et dans celui du prince de Salerne. Pour ce qui est des travaux exécutés en commun par les deux frères se reporter à ce qui est dit à propos d'Ippolito. *Le Calvaire*, peint sur bois séparément par les deux frères, suivant paraît-il, le désir exprimé par le roi Ferdinand Ier, a été traité par Piero de façon considérablement plus ample que par son frère. Sa peinture est en effet haute de un mètre trente centimètres et longue de plus de trois mètres. Elle était placée au-dessus de la porte du réfectoire des moines

de Santa Maria la Nuova. Elle a été transportée, comme celle de Polito, au Musée des Études. Elle présente le divin crucifié de face, au centre, les deux larrons sont de profil ; plusieurs soldats, quelques-uns à cheval ; deux, accroupis, jouent aux dés la robe de Jésus. A gauche, la Vierge, défaillante, est soutenue par une des saintes femmes qui l'entourent : saint Jean, les mains jointes, la Madeleine agenouillée, une femme enveloppée de voiles noirs cachant son visage ; à gauche, une ville dont les remparts offrent une porte décorée de colonnes et de statues, au milieu, au loin, des vallons, des côteaux plantés de petits arbres, sur la droite, le saint sépulcre, s'ouvrant dans un rocher. Le grand retable de l'église San Domenico, ainsi que plusieurs autres tableaux peints en commun, est signalé à propos de Polito. Au Musée des Études se trouvent deux tableaux de Pietro : une *Madone du bon Secours* avec l'Enfant Jésus lui pressant des deux mains l'un des seins tandis qu'elle-même se presse de la main gauche le bout de l'autre sein ; à ses pieds des suppliants dans les flammes du Purgatoire ; saint Jérôme et saint François d'Assise debout ; deux anges soutiennent une couronne d'or au-dessus de sa tête. Le second tableau est un *Saint Martin* à cheval, en costume du XVe siècle, partageant son manteau avec un infirme à demi nu.

DONZELLI Pietro
Né à Mantoue. XVIIe siècle. Italien.
Peintre.
Il fut, à Bologne, élève de Carlo Cignani.

DONZIN René Victor
XIXe siècle. Actif à Nanterre. Français.
Peintre.
Sociétaire des Artistes Français depuis 1885.

DOO George Thomas
Né le 6 janvier 1800 à Christchurch. Mort le 13 novembre 1886 à Sutton (Surrey). XIXe siècle. Britannique.
Graveur.
Élève de Charles Heath, sa première planche représentant le *Duc d'York*, d'après Lawrence, parut en 1824. L'année suivante, il se rendit à Paris, et passa quelque temps dans les ateliers des graveurs français. Rentré à Londres, il fonda une école dans le « Savoy », école destinée à faire étudier d'après nature et d'après l'antiquité. En 1836, il fut nommé graveur ordinaire du roi Guillaume IV, et en 1842, la reine Victoria l'appela au même poste. Associé de l'Académie royale en 1856 et membre en 1857, Doo devint, en 1861, président de la Société de Retraite des Artistes et prit une part active au développement administratif de cette institution. Citons parmi ses meilleures œuvres : *Le Combat*, d'après Etty, *Saint Augustin et sainte Monique*, d'après Ary Scheffer, *La résurrection de Lazare*, d'après Seb. del Tiombo.

DOOIJEWAARD Jacob, Willem. Voir **DOOYEWAARD Jaap, Willem**

DOOLITTLE A.
XIXe siècle. Actif à Cincinnati en 1842. Américain.
Graveur.
Il travailla avec Amos.

DOOLITTLE Amos
Né en 1754 à Cheshire. Mort le 31 janvier 1832 à New Haven (Connecticut). XVIIIe-XIXe siècles. Américain.
Graveur.
Il grava en particulier des scènes de la guerre de libération.

DOOLITTLE Edwin Stafford
Né en 1843 à Albany. Mort en 1879. XIXe siècle. Américain.
Peintre.
Il fut à New York l'élève de J. A. Hows et de William Hart.

DOOLITTLE Samuel
XIXe siècle. Américain.
Graveur.
Il était fils de Amos.

DOOME Pierre
Né en 1940 à Saint-Vith. XXe siècle. Belge.
Dessinateur. Tendance fantastique.
Il fut élève de l'Académie des Beaux-Arts de Verviers. À partir de l'observation de plantes, il recrée un monde baroque étonnant.
Bibliogr. : In : *Diction. biogr. illustré des Artistes en Belgique depuis 1830*, Arto, Bruxelles, 1987.

DOOMER Lambert et parfois, par erreur, **Jacques**
Né vers 1623 à Amsterdam. Mort le 2 juillet 1700 à Amsterdam. XVIIe siècle. Hollandais.
Peintre de genre, paysages, dessinateur.
Peintre de l'école de Rembrandt, il fit de longs voyages en France, en Irlande ; épousa en 1668, à Amsterdam, Mettie Harmens ; vécut à Alkmaar en 1680. On sait fort peu de choses sur cet artiste, mais alors qu'on lui accordait peu d'attention dans le passé, il est aujourd'hui l'objet de la plus sérieuse considération des amateurs.
L'art de Lambert Doomer se distingue nettement par son absolue sincérité devant la nature, de celui des paysagistes hollandais, ses contemporains, même de maîtres justement réputés. Il rejette toutes les formules plus ou moins conventionnelles utilisées parfois par les meilleurs d'entre eux pour donner à leurs ouvrages un côté plaisant assurant le succès. Lui, ne recherche nullement les suffrages ; on pourrait ici risquer le mot d'*indépendant*. Il s'efforce d'exprimer avec le minimum de moyens le caractère profond du terroir hollandais. Ses tableaux ou dessins offrent le plus souvent des paysages aux larges horizons plats, fuyant à l'infini sous une lumière chaude et subtilement observée. Les accents marquant les plans sont toujours caractéristiques, sans surcharges, et décisifs. Un rien lui sert de motif, ainsi que les impressionnistes le feront deux siècles plus tard. S'il a pu emprunter à Rembrandt, il ne recherche pas les effets saisissants ou dramatiques, mais ceux reflétant une âme simple. Sa vraie grandeur, son style particulier familier, naïf, ingénu, reflètent une émouvante originalité. La liberté de sa facture, sans éclats inutiles, bannit toutes prouesses. Combien de paysagistes tels que : Winants, Moucheron, Everdingen, Asselyn, Glauber, Roos, paraissent compliqués, théâtraux, sans véritable grandeur ; médiocres pour tout dire, à côté d'un artiste probe et sincère tel que fut Lambert Doomer.

Doomer f.

Musées : Alkmaar (Orphelinat) : *Trois directrices de l'Orphelinat* – Amsterdam : *Une auberge près de Nantes* – Paris (Louvre) : *Bergère et son chien traversant l'eau.*
Ventes Publiques : Paris, 1776 : *Vue d'un vieux château*, dess. colorié : **FRF 31** ; *Un vieux château sur une montagne*, dess. à la pl. lavé de coul. : **FRF 60** – Avignon, 1779 : *Vue d'une ville de Hollande*, dess. à la pl. et au bistre mêlé d'un peu de coul. : **FRF 30** – Bruxelles, 1797 : *Paysage avec rivière, maisons, figures, etc*, dess. à la pl. lavé de coul. : **FRF 16**,80 – Londres, 1844 : *Paysage*, dess. à la pl. et au bistre : **FRF 12** – Paris, 1882 : *Village de Schoorl, près Alkmaar, Hollande*, dess. au bistre et à l'aquar. : **FRF 130** – Paris, 1900 : *Eliézer et Rébecca à la fontaine*, dess. : **FRF 310** – Londres, 9 juil. 1924 : *Scène près d'Amboise*, dess. aquarellé : **GBP 32** – Londres, 26 avr. 1927 : *Une église gothique*, lav. : **GBP 25** – Londres, 27 avr. 1928 : *La cour d'une taverne* 1676 : **GBP 99** – Paris, 23 mai 1928 : *Auberge à la lisière d'une forêt*, pl. et lav. : **FRF 6 800** – Londres, 20 avr. 1934 : *Troupeau près d'une mare* : **GBP 13** – Londres, 20 juin 1935 : *Scène d'intérieur* 1681 : **GBP 46** – Londres, 27 juil. 1936 : *Paysans faisant de la musique* 1681 : **GBP 36** – Londres, 24 juil. 1946 : *Paysans devant une porte*, cr., encre et lav. : **GBP 20** – Londres, 15 juin 1983 : *Le Fils Prodigue expulsé du bordel*, h/t (64x81,5) : **GBP 5 800** – Londres, 7 juil. 1983 : *Vue de la ville et du château de Saumur sur la Loire*, aquar. et pl. (23,5x41) : **GBP 6 200** – Amsterdam, 26 nov. 1984 : *Jardin d'un ermitage près de Nantes*, pl. et lav. (22,4x36,3) : **NLG 22 000** – Londres, 11 déc. 1985 : *Paysans écoutant un charlatan* 1668, h/pan. (44,5x64) : **GBP 21 000** – Amsterdam, 18 nov. 1985 : *Scène de cour de ferme*, pl. et lav. (16,5x19,7) : **NLG 28 000** – New York, 14 jan. 1992 : *Peintre assis dans un paysage vu de dos*, encre et lav. (14,5x11,7) : **USD 25 300** – Amsterdam, 16 nov. 1993 : *Paysage montagneux avec deux cavaliers galopant sur le chemin* 1690, encre (26,6x30,7) : **NLG 28 750** – Amsterdam, 10 mai 1994 : *La route de Nantes à Rennes*, encre et lav. (24x41,5) : **NLG 16 100** – Paris, 28 oct. 1994 : *Vue du château d'Amboise et des bords de Loire*, pl. et lav. brun et gris (24x41) : **FRF 420 000** – Amsterdam, 15 nov. 1994 : *Habitation troglodyte sur les bords de la Loire*, encre et lav. (21,6x38,6) : **NLG 39 100** – Amsterdam, 15 nov. 1995 : *Rixe dans une taverne*, encre et lav. (20,1x26,8) : **NLG 3 540**.

DOOMS Jan Baptist
XVIIe siècle. Actif à Anvers en 1666. Éc. flamande.
Sculpteur sur bois.

DOOMS Johann Caspar
XVIIe siècle. Tchécoslovaque.

Graveur à la manière noire.
Il travaillait à Prague, entre 1644 et 1675, puis à Vienne et à Mayence. Sa planche la plus connue, aujourd'hui fort rare, est un *Ecce Homo*, d'après Albert Dürer.

DOOMS Joseph Calasanz
XVIIe siècle. Tchécoslovaque.
Graveur au burin.
Il est cité par Nagler à Prague de 1644 à 1675. Il était sans doute fils de Johann Caspar Dooms.

DOOMS Peters
XVIIIe siècle. Actif à Rome en 1710. Éc. flamande.
Graveur.
On cite de lui une *Sainte Famille*.

DOOMS Victor
Né en 1912 à Laethem-Saint-Martin. XXe siècle. Belge.
Peintre de paysages, intérieurs, natures mortes. Intimiste.
Il fut élève de Jules Brouwers à l'Académie des Beaux-Arts de Vilvorde.
Bibliogr. : In : *Diction. biogr. illustré des Artistes en Belgique depuis 1830*, Arto, Bruxelles, 1987.
Musées : Gand.
Ventes Publiques : Lokeren, 4 déc. 1993 : *Marine*, h/pan. (60x70) : **BEF 85 000** – Lokeren, 12 mars 1993 : *Nature morte aux flacons de verre*, h/pan. (50x60) : **BEF 80 000** – Lokeren, 8 oct. 1994 : *Nature morte à la cruche*, h/pan. (40x49,5) : **BEF 85 000.**

DOONIS Gaspar
XVIe siècle. Éc. flamande.
Peintre.
Élève de Gilles Congnet, à Anvers, en 1574.

DOOPERS Léo
Né en 1934 à Hafkum (Friesland). XXe siècle. Hollandais.
Peintre. Figuration-fantastique.
Il fit ses études à l'Académie d'Amsterdam où il vit et expose depuis 1963. En 1965 le Stedelijk Museum lui a consacré une exposition personnelle.
Sa peinture met en scène l'absurde, l'angoisse et l'érotisme parfois traité dans un esprit expressionniste.

DOORDT Jacob Van der ou **Dort**
XVIIe siècle. Allemand.
Peintre de portraits.
Il travailla d'abord à Hambourg, puis entre 1610 et 1626 au Danemark où il fut peintre de la cour et exécuta des *Portraits du roi Christian IV et de la reine Anne Catherine*. Il travailla également à Stockholm, où, entre 1619 et 1629, il fit des portraits de la famille royale, détruits en 1859, lors de l'incendie du château de Frederiksbourg. Le musée de cette ville possède des œuvres de lui.
Ventes Publiques : Londres, 18 nov. 1938 : *Christian IV, roi de Danemark* : **GBP 22.**

DOOREN Claes
XVe siècle. Actif à Anvers à la fin du XVe siècle. Éc. flamande.
Sculpteur.

DOOREN Edmond Van
Né en 1895 ou 1896 à Anvers. Mort en 1965. XXe siècle. Belge.
Peintre, graveur, dessinateur. Cubiste puis expressionniste-abstrait.
En 1908 il fut étudiant à l'Académie des Beaux-Arts de Berchem puis à celle d'Anvers en 1911. En 1918 il exposa à Bruxelles.
À ses débuts, son œuvre, placé sous le signe du cubisme, est marqué par les figures de Gleizes et Metzinger. Parallèlement, le mouvement expressionniste allemand *Der Sturm* et le futurisme italien influencent son travail. En 1918 il fonde avec Jozef Peeters le mouvement *Moderne Kunst*. En 1919 il s'intéresse à l'abstraction, en référence à Delaunay d'abord, puis l'année suivante, au « Stijl » de Mondrian. L'expressionnisme demeure cependant sa manière dominante et, en 1921, il réalise une série de linogravures qui constitue vraisemblablement un des sommets de son œuvre. Il s'éloigne ensuite de l'abstraction pour revenir à une écriture cubiste fortement teintée de symbolisme typiquement flamand. ■ J. B.

E. Van Dooren

Musées : Bruxelles : *Molok*.
Ventes Publiques : Anvers, 7 avr. 1976 : *Paysage d'hiver*, h/t (90x130) : **BEF 40 000** – Anvers, 26 oct. 1982 : *Paysage en hiver*, h/t (105x115) : **BEF 45 000** – Anvers, 22 oct. 1985 : *Fantasia* 1928, h/t (131x136) : **BEF 70 000** – Lokeren, 21 mars 1992 : *Ville futuriste*, fus. (48,5x55) : **BEF 26 000** – Lokeren, 9 oct. 1993 : *L'Escaut*, h/t (100x120) : **BEF 160 000** – Lokeren, 4 déc. 1993 : *Paysage aux comètes*, encre (45,5x48) : **BEF 33 000** – Lokeren, 11 mars 1995 : *L'Escaut*, h/t (100x120) : **BEF 130 000.**

DOOREN Jan Baptist
XVIIe siècle. Actif à Anvers. Éc. flamande.
Peintre.
Il fut élève de Gabriel Francken.

DOORGEEST Abraham
Né en 1889 à Amsterdam. XXe siècle. Hollandais.
Peintre de scènes de genre. Naïf.
Photographe de presse, il a peint de nombreuses scènes typiques de la vie quotidienne hollandaise telles que la neige, des patineurs, les brise-glaces, etc., dans le style descriptif propre aux artistes naïfs.
Bibliogr. : In : Dr L. Gans, *Catal. de la Collection de Peinture Naïve Albert Dorne*, Pays-Bas.

DOORMANN
XVIIe siècle. Actif à Hambourg. Allemand.
Peintre.
On lui doit des *Marines*.

DOORN J. Van
XVIIe siècle. Hollandais.
Peintre de paysages.
Peut-être faut-il l'identifier avec un certain Jacob Van Doren.

DOORNBOS Abraham
XVIIe siècle. Actif à Amsterdam à la fin du XVIIe siècle. Hollandais.
Peintre de genre.

DOORNBOSCH
XVIIIe siècle. Actif à Amsterdam. Hollandais.
Sculpteur.
Il fut le collaborateur d'A. Ziesenis.

DOORNE Jean. Voir **DUERNE**

DOORNER J. ou **Van Doorn**
Hollandais.
Peintre et dessinateur de paysages et de vues de villes.
Œuvres signalées dans le catalogue Floss Van Amstel. Voir DOORN (J. Van).

DOORNIK Frans Van
XVIIIe siècle. Actif à Anvers au début du XVIIIe siècle. Éc. flamande.
Peintre.
Il fut élève de Jacob Van Hal. C'est sans doute le même artiste qui s'expatria en Amérique et dont le Musée de Brooklyn possède des portraits.

DOORNIK Jacques Van
XVe siècle. Éc. flamande.
Peintre.
Il fut membre de la confrérie de Saint-Luc vers 1497.

DOORNIK Jan Van
XVe-XVIe siècles. Éc. flamande.
Peintre.
En 1474 il fut admis dans la gilde d'Anvers ; maître de Hackin du Maret en 1479, de Tysken Marynis en 1507, de Jeroom Bol en 1511.

DOORNIK Jan Van
XVIIIe siècle. Éc. flamande.
Peintre d'histoire, scènes de genre, portraits, paysages, dessinateur.
Actif à Leyde dans la première moitié du XVIIIe siècle, on lui doit des peintures dans le genre de celles de Wouwermans.
Ventes Publiques : Paris, 18 juin 1928 : *Pâtre gardant son troupeau* : **FRF 480** – Londres, 11 déc. 1996 : *Paysage de rivière avec moulin à vent et bateau* 1734, h/pan. (44,1x57,1) : **GBP 5 520.**

DOORNIK Marcus Willemsz
XVIIe siècle. Actif à Amsterdam. Hollandais.
Graveur.
On cite de lui : *L'amiral Tromp*.

DOORSCHOT Hendrik
Né en 1668 à La Haye. Mort en 1723. XVIIe-XVIIIe siècles. Hollandais.

Peintre.
Élève de Const. Netscher en 1703 ; membre de la confrérie de La Haye en 1706. Le Musée communal de La Haye conserve de lui un *Portrait de femme.*

DOORSELAERE Lieven ou **Lievens Van**
XVIIIe siècle. Éc. flamande.
Peintre.
Actif à Gand vers 1740.

DOORSELAERE Pieter Van
Né le 16 janvier 1735 à Gand. Mort le 6 juillet 1792 à Gand. XVIIIe siècle. Éc. flamande.
Peintre.
Il était sans doute fils de Lieven.

DOORT Abraham Van der ou **Dort**
Mort en 1640 à Londres. XVIIe siècle. Hollandais.
Peintre de portraits, sculpteur et médailleur.
D'abord au service de l'empereur Rodolphe II à Prague, il alla en Angleterre, où il fut surveillant des collections royales et des modèles de la monnaie de Charles Ier, le 21 avril 1625 ; il épousa, avec la recommandation du roi, Louyse Cole, en 1628. Il se pendit.
Ventes Publiques : Cologne, 5-6 oct. 1894 : *L'Avare* : **DEM 60.**

DOORT Everardus Van der
XVIIe siècle. Hollandais.
Peintre.
Travailla à Pavie, vers 1614.

DOORT Peter Van der ou **Doost**
XVIIe siècle. Actif à Hambourg, puis à Anvers vers 1602. Éc. flamande.
Graveur.
On cite de lui : *Sainte Famille avec sainte Élisabeth offrant une pomme à l'Enfant Jésus,* d'après B. Passari, *Un grand navire,* d'après A. Micheelsen.

DOOVE BAREND. Voir **DIRCKSZ Barend**

DOOYEWAARD Jaap ou **Jacob** ou **Dooijewaard, Dooijeward**
Né le 12 août 1876 à Amsterdam. Mort en 1969. XXe siècle. Hollandais.
Peintre de genre, figures, portraits, natures mortes, pastelliste.
Il étudia le dessin et le modelage, commençant sa carrière de peintre après 1898. Il voyagea en Norvège, et exposa aux États-Unis, à San Francisco et Saint Louis.
Musées : Amsterdam – Anvers – Barcelone – La Haye – Maryland – Portland – Washington D. C.
Ventes Publiques : Amsterdam, 9-10 fév. 1909 : *L'heure du repos* : **NLG 18** – Amsterdam, 27 avr. 1976 : *Enfant dans un intérieur,* h/pan. (12,5x12,5) : **NLG 6 600** – Amsterdam, 16 juin 1980 : *L'école de danse, Nice,* past. (49x63) : **NLG 1 700** – Amsterdam, 19 mai 1981 : *Nature morte aux fruits* 1935, h/t (44,5x53,5) : **NLG 2 600** – Amsterdam, 3 nov. 1992 : *L'heure du thé,* h/pan. (40x49) : **NLG 1 495** – Amsterdam, 14 sep. 1993 : *Nature morte avec une bouilloire de cuivre, une cruche, des livres et des pommes près d'un rideau* 1942, h/t (55x46) : **NLG 2 185** – Amsterdam, 9 nov. 1994 : *Paysanne attisant son feu,* h/t (41x50) : **NLG 2 300** – Amsterdam, 19-20 fév. 1997 : *Noorse bruid* 1958, h/cart. (26,5x17) : **NLG 2 191.**

DOOYEWAARD Willem
Né en 1892 à Amsterdam. Mort en 1980. XXe siècle. Hollandais.
Peintre de genre, scènes typiques, figures, portraits. Orientaliste.
Il étudia à l'École des Arts et Manufactures d'Amsterdam. Il séjourna pour la première fois en Indonésie en 1913, travaillant dans une plantation de Sumatra. Son second voyage, en 1919, le mena à Bali, puis, pendant une année, il voyagea en Chine, Mongolie, Japon et Afrique du Nord.
Il est un artiste-voyageur type, s'imprégant des cultures locales pour atteindre le meilleur de son art inspiré de ces différentes cultures.
Ventes Publiques : Amsterdam, 7 déc. 1981 : *Le repos de la ballerine,* h/t (72x50) : **NLG 1 550** – Amsterdam, 11 mai 1982 : *Scène de harem, Maroc* 1949, h/t (93,5x128) : **NLG 3 600** – Zurich, 28 oct. 1983 : *Avant la course,* h/t (87x103) : **CHF 3 000** – Amsterdam, 19 sep. 1989 : *Femme espagnole assise vêtue de noir et tenant un éventail,* h/t (86x65) : **NLG 2 990** – Londres, 20 oct. 1989 : *Ballerines s'exerçant à la barre* 1930, h/t (73,7x101) : **GBP 1 210** – Amsterdam, 22 avr. 1992 : *Portrait d'une dame assise* 1924, h/t (74x55) : **NLG 1 380** – Amsterdam, 21 mai 1992 : *Altea (Alicante),* h/t (50x60) : **NLG 4 140** – Amsterdam, 14 sep. 1993 : *Ballerine assise,* h/t (81,5x72,5) : **NLG 11 500** – Amsterdam, 7 nov. 1995 : *Un homme balinais accroupi* 1934, craie noire et aquar. avec reh. de blanc (27x22,5) : **NLG 3 304** – Amsterdam, 23 avr. 1996 : *Indigène donnant le sein à son enfant,* craie noire et past. (61,5x50) : **NLG 20 060** – Amsterdam, 5 nov. 1996 : *Borobudur,* craies noire et coul. (35,5x28,5) : **NLG 1 416.**

DOP Pieter Jacobsz den
XVIIe siècle. Éc. flamande.
Peintre d'histoire et de paysages.
On cite de lui : *Abraham avec l'Ange.*

DOPAGNE Jean Jacques
Mort en 1967. XXe siècle. Belge.
Peintre et poète.

DOPFER Leonhard
Né le 12 février 1835 à Munich. Mort le 22 mai 1891 à Munich. XIXe siècle. Allemand.
Architecte et peintre verrier.
Il exécuta des vitraux pour les églises d'Herheim, Esslingen, Bamberg, Winterthur, etc...

DOPFF Émile
XXe siècle. Français.
Peintre de fleurs.
Sociétaire du Salon des Artistes Français de Paris où il expose depuis 1920.

DOPMEYER Carl
Né en 1824. Mort le 9 novembre 1899 à Hanovre. XIXe siècle. Allemand.
Sculpteur.
Il exécuta à Hanovre une statue colossale de *Gutenberg.*

DOPPEE Jacques
Né en 1946 à Ixelles. XXe siècle. Belge.
Peintre de paysages, dessinateur, aquarelliste, graphiste.
Il fut élève de l'Académie des Beaux-Arts de Bruxelles et de l'École des Beaux-Arts d'Ixelles.
Il est un observateur scrupuleux de la nature. Graphiste, il est l'auteur de nombreux sigles, dont celui du Benelux.
Bibliogr. : In : *Diction. biogr. illustré des Artistes en Belgique depuis 1830,* Arto, Bruxelles, 1987.

DOPPELMAYR Friedrich Wilhelm
Né à Nördlingen. Mort vers 1850. XVIIIe-XIXe siècles. Allemand.
Peintre de genre, paysages, aquarelliste, dessinateur, graveur.
Actif en 1776, il dessina et grava surtout des paysages et des monuments de sa région natale.
Ventes Publiques : Munich, 26 mai 1992 : *Jeune couple de paysans en été,* aquar. (19,5x15,5) : **DEM 2 875.**

DO QUANG EM
Né en 1942, originaire de la province de Ninh Thuan. XXe siècle. Vietnamien.
Peintre. Hyperréaliste.
Diplômé de l'école des Beaux-Arts de Hô Chi Minh-Ville en 1965, il s'exprime exclusivement par la peinture à l'huile.
Ses œuvres, de couleurs sombres mais à la lumière très étudiée, dénotent une vision mystique d'un monde atemporel.
Bibliogr. : In : Catalogue de l'exposition *Paris-Hanoi-Saigon, l'aventure de l'art moderne au Viêt-Nam,* Paris, 1998.

DOR Jean François
XVIIIe siècle. Actif à Paris vers 1718. Éc. flamande.
Peintre verrier.
Il exécuta une série de vitraux illustrant la légende de sainte Thérèse au couvent des Carmélites de Paris.

DORAISE René
XVIIe siècle. Actif à Paris en 1693. Français.
Peintre et sculpteur.
Il était membre de l'Académie de Saint-Luc.

DORAN Albert
Né à Lyon (Rhône). XXe siècle. Français.
Peintre de paysages.
Il fut élève d'A. Barbier et exposa à Paris, au Salon des Artistes Français à partir de 1929. Il aimait décrire la montagne.

DORAN Anne
Née en 1957 à Calgary (Alberta). xxe siècle. Active aux États-Unis. Canadienne.
Artiste.
Elle a figuré dans plusieurs expositions collectives, *36 Hours* au Museum of Contemporary Art à Washington, en 1980 *Up from Punk* à Washington, en 1981 *More portraits* à New York, en 1982 *Le monument redéfini* à l'Attara Building à New York, en 1983 *1+1* à l'Olshonsky Gallery de Washington, en 1984 *On relief* à l'East Gallerie à New York, *Carte blanche, les courtiers du désir* au Musée National d'Art Moderne de Paris, Galeries contemporaines, en 1987. Elle a exposé personnellement au New Museum of Contemporary Art à New York : *Soon everywhere*, en 1986.
Elle utilise des images issues de la publicité ou de la presse qu'elle appose sur des panneaux en aluminium. Ces derniers sont reliés entre eux par des barres métalliques afin de créer une structure murale constituant un réseau de signes. Par ces interactions et associations d'images, dont le procédé dérive du collage, elle cherche à construire une trame narrative et critique des médias. ■ F. M.
Bibliogr. : In : Catal. de l'exposition *Carte blanche – Les courtiers du désir*, Musée National d'Art Moderne, Galeries contemporaines, Paris, avril-mai 1987.

DORANE Alix
xxe siècle. Français.
Sculpteur.
Il exposa à Paris au Salon des Indépendants à partir de 1931.

DORANGE Hélène Marie Antoinette
Née le 29 août 1909 à Mortain (Manche). xxe siècle. Française.
Peintre de portraits, miniaturiste.
Sociétaire à Paris du Salon des Artistes Français, elle y exposa à partir de 1927.

DORANGE J. S.
xxe siècle. Français.
Peintre de paysages.
Il figurait au Salon des Artistes Français en 1913.

DORASIL Antonius. Voir **THORASILL**

DORAT Charlotte
Née à Paris. xxe siècle. Française.
Peintre de paysages et de natures mortes.
Elle exposa à Paris, au Salon d'Automne à partir de 1930 et fut invitée au Salon des Tuileries en 1932.
Ventes Publiques : Paris, 25 mars 1944 : *Quai de Béthune* 1943 : **FRF 2 250**.

DORAT Mary
Née au xxe siècle. xxe siècle. Française.
Céramiste.

DORAY E.
xixe siècle. Actif à Londres vers 1865. Britannique.
Peintre de miniatures.
On lui doit des portraits.

DORAY Yvonne
Née le 8 novembre 1892 à Paris. xxe siècle. Française.
Peintre de fleurs, aquarelliste.
Elle exposa à Paris, aux Salons des Artistes Indépendants et des Artistes Français.

DORAZIL Franz
Né en 1817. xixe siècle. Actif à Ung-Hnadisch. Hongrois.
Peintre.
Il exécuta un retable pour l'église de Stittna.

DORAZIO Piero
Né en 1927 à Rome. xxe siècle. Italien.
Peintre. Art optique.
Il vit et travaille à Todi. Il a figuré dans de nombreuses expositions collectives parmi lesquelles on peut citer : la Biennale de Venise en 1952-1956-1958-1960, la Pittsburgh International Exhibition en 1958, la Documenta de Kassel en 1959, la Biennale de São Paulo en 1963 qui lui consacre une exposition personnelle, comme ce fut le cas à la Biennale de San Marino en 1967. Il a reçu de nombreux prix, celui de la ville d'Alexandrie en 1957, le prix de la Fondation Tursi à la Biennale de Venise en 1960, à Paris en 1961 le prix Kandinsky et le prix de la Biennale des Jeunes. Il a exposé personnellement dans de nombreuses galeries en Italie et à l'étranger, et dans plusieurs musées et centres d'expositions, parmi lesquels on peut citer : en 1956 à Florence au Palazzo Srozzi, en 1963 au Musée d'Art Moderne de São Paulo, en 1965 au Cleveland Museum of Art, en 1967 au Musée des Beaux-Arts de la Chaux-de-Fonds, en 1969 au Musée des Beaux-Arts de Bruxelles, en 1971 à la galerie d'Art Moderne de Bâle, en 1979 au Musée d'Art Moderne de la Ville de Paris, en 1985 à la Pinacothèque de Ravenne et à Tokyo au Takanawa Art Seibu, en 1986 au Centre Tornabuoni, en 1990, une rétrospective de son œuvre s'est tenue au Musée des Beaux-Arts de Grenoble.
S'étant d'abord tourné vers l'architecture à l'Université de Rome, il s'oriente rapidement vers la peinture. En 1947 il participe à la rédaction du manifeste *Forma I.* En 1947-1948 il visite Prague, puis Paris, se rendant aux États-Unis pour la première fois où, en 1960, il sera professeur à l'Université de Pennsylvanie à Philadelphie. A Paris il rencontre les artistes qu'il admire, Magnelli, Arp, Léger, Braque, Le Corbusier et Vantongerloo, et aux États-Unis se lie avec Hans Richter, Robert Motherwell et Cy Twombly. En 1950, il fonde avec Mino Guerilli et Achille Perilli la librairie-Galerie Age d'or, une coopérative d'artistes pour la diffusion de l'art et de la presse artistique internationale spécialisée. Piero Dorazio a toujours mené de front une carrière de peintre, de critique d'art, d'organisateur d'expositions, de conférencier, tout en se spécialisant dans l'histoire de l'art renaissant italien. De 1952 à 1953 il collabora à la revue *Arti visive.* En 1955 il publia *La fantaisie de l'art dans la vie moderne.* En 1984 commence sa collaboration au *Corriere della Sera* en tant que critique d'art.
Vers 1942-1943, Piero Dorazio commence à peindre des œuvres figuratives, des paysages campagnards et des natures mortes. En 1946 il peint toujours des natures mortes mais empreintes d'esprit cubiste et futuriste aux couleurs vives et contrastées. C'est dans ces premières œuvres que la couleur s'affranchit de la forme dans des compositions dynamiques. C'est vers 1947 que la structure linéaire apparaît ; le texte du manifeste *Forma I* laissait apparaître les préceptes qui allaient guider tout son œuvre : créer des formes proprement picturales et véritablement détachées de tout lien avec aucune réalité naturaliste ni même psychologique. Vers le milieu des années cinquante, il connaît une période constructiviste reposant sur l'emploi et la combinaison de carrés de couleur ; cette série de peintures est intitulée *Kasimir.* Après une brève période informelle, il réalise de subtiles compositions où des raies de couleurs, jouant en trames ou en résilles, structurent la surface de la toile en l'occupant totalement, suggérant un espace illimité par leur régularité. Poursuivant ses recherches dans cette direction, Dorazio a substitué à ces fins réseaux de larges bandes colorées, horizontales ou verticales. La facture est impersonnelle mais les lignes et les réseaux continuent d'être peints à la main, le geste conservant une importance primordiale pour Dorazio. L'ensemble du travail de Dorazio ne présente pas une évolution linéaire ou logique, mais se situe résolument du coté de l'exploration des phénomènes propres au maniement des instruments de la peinture et à la nature des colorants : traits de couleur entrecroisés, synthèse soustractive de glacis de couleurs posées les unes sur les autres, mélange optique de tons. ■ J. B., F. M.

DORAZIO

Bibliogr. : In : *Peintres contemporains*, Mazenod, Paris, 1964 – in : *Diction. Univ. de la Peinture*, Le Robert, Paris, 1975 – A. Zevi, *Dorazio*, Ed. Essegi, Ravenne, 1985 – Catal. de l'expositon *Forma I - 1947-1987*, Musée de Brou, Bourg-en-Bresse, Galerie Municipale d'Art Contemporain, Saint-Priest, 1987 – Valérie Dupont, *Piero Dorazio, l'abstraction sur différents modes*, Opus International, N° 122, nov.-déc. 1990, pp 49 à 51 – in : *Dictionnaire de la peinture italienne*, Larousse, 1989.
Musées : Alexandrie – Berlin – Cleveland – Léverkusen – New York – Rome – Zagreb.
Ventes Publiques : Milan, 12 déc. 1972 : *Kantor* : **ITL 2 200 000** – Rome, 18 mai 1976 : *Échange d'ailes II* 1965, h/t (73,5x92) : **ITL 3 800 000** – Rome, 9 déc. 1976 : *Sans titre* 1973, temp. (30x75) : **ITL 900 000** – Milan, 25 oct. 1977 : *Litanie* 1968, acryl./t. (141x180) : **ITL 5 500 000** – Berne, 7 juin 1978 : *Eléments en cinq couleurs* 1967, aquar. (32,3x32,5) : **CHF 2 200** – Milan, 18 déc. 1979 : *Pagina Chiara* 1962, h/t (162x130) : **ITL 6 000 000** – Milan, 6 avr. 1982 : *Rosa, rosa e rosa* 1967, h/t (110x110) : **ITL 5 000 000** – Rome, 5 mai 1983 : *Composition* 1971, temp. (87x68) : **ITL 1 200 000** – Milan, 18 déc. 1984 : *Composition* 1965, past. (34,5x24,5) : **ITL 950 000** – Rome, 18 nov. 1985 : *Litania* 1968, h/t

(140x180) : ITL 20 000 000 - MUNICH, 2 juin 1986 : *Composition* 1965, aquar. (48,5x36,5) : **DEM 2 500** - MILAN, 9 nov. 1987 : *Taglio D* 1971, h/t (175x230) : **ITL 45 000 000** - MILAN, 8 juin 1988 : *Rouge A* 1975, h/t (30x50) : **ITL 6 000 000** - NEW YORK, 10 Nov. 1988 : *Emesa VII* 1976, acryl./t. (50,2x120,3) : **USD 9 900** - MILAN, 14 déc. 1988 : *Vaillance* 1965, h/t (74x54,5) : **ITL 17 000 000** - ROME, 17 avr. 1989 : *Composition* 1979, détrempe/pap. (63x63) : **ITL 4 500 000** - LONDRES, 25 mai 1989 : *Le rêve de saint Pierre* 1964, h/t (170x216) : **GBP 66 000** - MILAN, 6 juin 1989 : *A. 19 1959.S.* 1959, h/t (65,5x45) : **ITL 74 000 000** - MILAN, 8 nov. 1989 : *« Per Aspera ad Aspera »* 1961, h/t (162x131) : **ITL 160 000 000** - ROME, 28 nov. 1989 : *Pandora* 1967, h/t (190x140) : **ITL 90 000 000** - LONDRES, 22 fév. 1990 : *Un conte suédois* 1958, h/t (116x89) : **GBP 77 000** - MILAN, 27 mars 1990 : *Marches d'escalier II* 1968, h/t (54,5x38) : **ITL 19 000 000** - ROME, 10 avr. 1990 : *Pilote XXXII* 1962, h/t (40x30) : **ITL 45 000 000** - LONDRES, 18 oct. 1990 : *Sine die* 1963, h/t (100x81,5) : **GBP 41 800** - MILAN, 23 oct. 1990 : *Zag I* 1970, h/t (39x83) : **ITL 26 000 000** - ROME, 3 déc. 1990 : *Sans titre* 1957, gche/pap. (48x31) : **ITL 18 400 000** - ZURICH, 7-8 déc. 1990 : *Abstraction* 1986, past. (34x49) : **CHF 4 200** - MILAN, 13 déc. 1990 : *Rome B 00805 I* 1970, h/t (119x55) : **ITL 34 000 000** - NEW YORK, 13 fév. 1991 : *La ronde* 1989, acryl./pap. (69,8x99,6) : **USD 7 150** - LONDRES, 21 mars 1991 : *Peur suave* 1958, h/t (65x55) : **GBP 13 200** - ROME, 9 avr. 1991 : *Composition 3/4* 1979, h/t (180x60) : **ITL 50 000 000** - LUCERNE, 25 mai 1991 : *Sans titre*, acryl./t. (20x18,5) : **CHF 7 000** - NEW YORK, 3 oct. 1991 : *Attente*, h./relief de bois avec morceaux de métal (28,5x42,5) : **USD 11 000** - LUGANO, 12 oct. 1991 : *Borealis V* 1986, h/t (85x110) : **CHF 28 000** - ROME, 3 déc. 1991 : *Viseur V* 1969, h/t (45x90) : **ITL 12 000 000** - LUGANO, 28 mars 1992 : *Borealis IV* 1986, h/t (85x110) : **CHF 22 000** - ROME, 25 mai 1992 : *Sans titre* 1983, temp./pap. (35x50) : **ITL 3 680 000** - MILAN, 23 juin 1992 : *L'heure I* 1970, h/t (46x86) : **ITL 12 000 000** - LONDRES, 25 mars 1993 : *Cantegril I* 1988, acryl./t. (60x40) : **GBP 4 600** - ROME, 25 mars 1993 : *Wig Wam bleu* 1991, h/t (35x50) : **ITL 10 000 000** - LONDRES, 24 juin 1993 : *Zoo's story* 1962, h/t (100,5x81,5) : **GBP 24 150** - MILAN, 24 mai 1994 : *Sifflements* 1980, h/t (85x110) : **ITL 16 675 000** - ROME, 14 juin 1994 : *Tamam III* 1983, h/t (65x35) : **ITL 12 650 000** - NEW YORK, 1er nov. 1994 : *Sans titre* 1956, gche/pap. (28,2x21) : **USD 3 220** - LUCERNE, 26 nov. 1994 : *Sans titre* 1991, gche/pap. beige (55x44) : **CHF 4 200** - MILAN, 9 mars 1995 : *L'air de Berlin* 1962, h/t (162x130) : **ITL 88 550 000** - VENISE, 12 mai 1996 : *La Nuit transfigurée* 1989, h/t (70x40) : **ITL 8 000 000** - MILAN, 28 mai 1996 : *Suspension bleue* 1946, h/t (51x113,8) : **ITL 44 850 000** - ZURICH, 12 nov. 1996 : *Élégie* 1992, h/t (60x80) : **CHF 6 000** - MILAN, 25 nov. 1996 : *Sans titre* 1954, h/t (50x30) : **ITL 8 280 000**.

DORBAIS Marcel

Né à Suresnes (Seine). XXe siècle. Français.

Peintre.

Cet artiste a exposé des nus, des paysages et des natures mortes au Salon des Indépendants à partir de 1938.

DORBAY

XVIIIe siècle. Travaillant en France. Français.

Peintre et graveur.

On voit, au Musée d'Angers : *Mendiants* et *Trois amours* qui lui sont attribués.

DORBEC-CHARVOT Henriette

Née le 6 août 1867 à Moulins (Allier). XIXe siècle. Française.

Miniaturiste.

Élève de R. Collin, J.-P. Laurens et de Mlle Vincent et Martinet. Elle débuta au Salon des Artistes Français, dont elle est sociétaire, en 1901.

DORBET Jérôme

XVIIe siècle. Actif à Paris en 1676. Français.

Peintre et sculpteur.

DORBRITZ Marguerite

Née le 4 août 1886 à Paris. XXe siècle. Française.

Peintre de portraits, figures, natures mortes.

Elle exposa à Paris, au Salon des Artistes Français en 1920, recevant une médaille d'honneur, puis nommée hors-concours. Elle exposa également à l'Union des Femmes Peintres et Sculpteurs.

VENTES PUBLIQUES : PARIS, 19 déc. 1944 : *Bouquet de fleurs* : **FRF 1 050** ; *Femme étendue* : **FRF 500**.

DORCE Jacques

XXe siècle. Haitien.

Peintre.

VENTES PUBLIQUES : NEW YORK, 15 nov. 1994 : *La Passion du Christ*, h/rés. synth. (61x76,2) : **USD 2 300**.

DORCELLY Durand

XVIIIe siècle. Actif à Nantes vers 1785. Français.

Peintre.

DORCHIE Eugène

Né en 1873 à Saint-Gilles (Belgique). Mort à Termonde. XXe siècle. Belge.

Peintre de genre, paysages, dessinateur.

Il fut élève de l'Académie des Beaux-Arts de Bruxelles.

BIBLIOGR. : In : *Diction. biogr. illustré des Artistes en Belgique depuis 1830*, Arto, Bruxelles, 1987.

MUSÉES : GAND.

DORCHY Henry

Né le 24 janvier 1920 à Tournai. XXe siècle. Belge.

Peintre. Polymorphe.

Il est licencié en Lettres et Philosophie. Il se forma à la peinture en autodidacte. Il est membre-fondateur du groupe *G.3*. Il participe à des expositions collectives : remarqué par le jury du Prix de la Jeune Peinture Belge au Palais des Beaux-Arts de Bruxelles en 1953 et 1954, en 1954 aussi participa à l'Exposition de la Peinture Belge Contemporaine à Milan, ainsi qu'au Salon Quadriennal de Gand. Sa première exposition personnelle eut lieu à Bruxelles en 1951. Autres expositions personnelles : 1953, 1954, 1955 Bruxelles, 1956 Anvers.

Sa première exposition personnelle de 1951 marqua son passage à l'abstraction. Après 1967, il revint à une certaine figuration, qu'il dit « généralement d'esprit narratif ». Outre ses peintures sur toile, il a réalisé des mosaïques murales et des peintures sur aluminium, puis des aluchromies.

VENTES PUBLIQUES : LOKEREN, 12 mars 1993 : *Composition* 1951, h/t (65x81) : **BEF 55 000** - LOKEREN, 28 mai 1994 : *Nature morte n° 4* 1950, h/pan. (60x50) : **BEF 33 000** - LOKEREN, 8 mars 1997 : *Vers la lumière*, h/pan. (115x82) : **BEF 12 000**.

DORCIÈRE Louis Étienne André

Né en 1805 à Genève. Mort le 30 août 1879 à Genève. XIXe siècle. Suisse.

Sculpteur et peintre.

Élève de Détalle pour la gravure et de Reverdin pour le dessin, il apprit le modelage chez J. Jaquet. Il reçut des leçons d'Auguste Boret et passa quelque temps aussi à Paris chez un médailleur. Il fut professeur de modelage à Genève, succédant à Détalle, pendant de très longues années. Parmi ses œuvres, on cite notamment : *Statues et décorations de la fontaine de la place des Alpes* à Genève (1859). Le Musée Rath conserve de lui : *Agar et Ismaël* (1854), œuvre la plus importante de l'artiste, *La Confidence*, les *Bustes du Professeur Jean Humbert et du professeur Bellot, du sculpteur Chaponnière* ainsi que les *Portraits de François Diday et de H. Darier*. Parmi ses peintures on cite des paysages, des dessins ou des aquarelles.

DORCY Fr. ou **Dorey**

XIXe siècle. Actif au début du XIXe siècle. Français.

Peintre de figures.

Le Musée Roumianzeff, à Moscou, conserve de lui un *Portrait de femme*, et le Musée de Stuttgart : *Tête de jeune fille*.

VENTES PUBLIQUES : PARIS, 1857 : *Jeunes filles jouant avec des colombes* : **FRF 80** ; *Petite fille à la fontaine* : **FRF 80** - PARIS, 1869 : *Tête de jeune fille* : **FRF 2 650** - PARIS, 25 mai 1932 : *Jeune fille à la rose* : **FRF 650** - PARIS, 30 oct. 1942 : *Buste de jeune fille* : **FRF 1 500**.

DORDA Manuel

Mort le 5 février 1870. XIXe siècle. Espagnol.

Peintre de portraits.

Élève à Séville de J.-G. de la Torre. Il débuta au Salon de Madrid en 1856.

DORDAKY

Né en 1847 à Reims. XIXe siècle. Français.

Pastelliste.

Le Musée de Reims conserve de lui : *Jeune fille tirant de l'eau d'un puits*.

DORDAL José

Né en 1780 à Saragosse. Mort en 1808 à Saragosse. XVIIIe siècle. Espagnol.

Graveur en taille-douce.

On cite de lui quelques bonnes estampes, notamment un *Portrait de Ramon Pignatelli*.

DORDAL Mariano
Né à Saragosse. XIXe siècle. Espagnol.
Peintre.
Il était neveu de José et frère de Pablo.

DORDAL Pablo
XIXe siècle. Actif à Saragosse au début du XIXe siècle. Espagnol.
Peintre.
Le Musée de Saragosse conserve de lui un *Tobie*. Il était frère de Mariano.

DORDELLI Pietro
XVIe siècle. Actif à Plaisance. Italien.
Peintre de perspectives.
En 1566 il travaillait pour l'hôtel de ville de Parme.

DORDI Marcantonio
Né en 1598. Mort en 1663. XVIIe siècle. Actif à Bassano. Italien.
Peintre.
Il fut élève de Menarola.

DORDILLY François
XVIIe siècle. Actif à Paris en 1689. Français.
Peintre et sculpteur.
Il était membre de l'Académie de Saint-Luc depuis 1689.

DORDIO-GOMEZ Simao César ou **Gomes**
Né en 1890 à Arraiolos. Mort en 1976. XXe siècle. Portugais.
Peintre de paysages. Expressionniste.
Professeur à l'École des Beaux-Arts de Porto où il a pu exercer tout son talent. Il a fait partie de la génération de peintres formée et influencée par l'avant-garde parisienne avant et après la guerre de 1914-1918. Il a exposé à Paris, au Salon d'Automne en 1922.
Peintre d'un expressionnisme tempéré.
Bibliogr. : In : *Diction. de la Peinture Espagnole*, Larousse, Paris, 1989.
Musées : Porto : *Maisons de Malakoff, Paris* 1922.

DORDONE Giovanni Battista
XVIe siècle. Italien.
Peintre.
Il exécuta après 1550 des fresques pour l'église de Castelleone à Crémone.

DORDRECHT Pierre et **Jean Van**
XVe siècle. Éc. flamande.
Peintres.
Cités par Siret comme ayant travaillé aux entremets de Bruges en 1468.

DORÉ
XVIIIe siècle. Français.
Dessinateur d'ornements.
Cité par Guilmard.

DORÉ, Mme
XVIIIe siècle. Française.
Miniaturiste.
Exposa des portraits en 1769 à l'Exposition de la Jeunesse. Elle était la femme de Louis.
Ventes Publiques : Paris, 20 déc. 1937 : *Portrait d'homme* : **FRF 9 000**.

DORÉ Armand
Né en 1824 à Banans (Doubs). Mort vers 1882 à Paris. XIXe siècle. Français.
Peintre de portraits.
Élève de Desmoulins. Il figura au Salon de Paris de 1857 à 1865.
Ventes Publiques : Paris, 1886 : *La jeune ménagère* : **FRF 150** – Paris, 14 juin 1919 : *Gibier posé sur un entablement, un coq pendu au mur* : **FRF 230**.

DORÉ Constant
Né le 29 mars 1883 à Anvers-le-Hamon (Sarthe). Mort le 21 janvier 1963 à Eaubonne (Val-d'Oise). XXe siècle. Français.
Peintre de paysages.
Élève de Pierre Montézin, il exposa à Paris, au Salon des Artistes Français en 1908, recevant une mention honorable en 1924 et une médaille d'argent en 1926. Il reçut un Prix de la Société des Paysagistes en 1925.

DORÉ Geneviève
Née le 15 mars 1907. Morte le 24 janvier 1936. XXe siècle. Française.
Peintre de portraits, paysages, natures mortes, pastelliste.
Elle exposa à Paris, au Salon d'Automne et au Salon des Artistes Indépendants en 1931.

DORÉ Isabelle
Née au XIXe siècle à Paris. XIXe-XXe siècles. Française.
Peintre.
Sociétaire des Artistes Français depuis 1891, elle figura au Salon de cette société et obtint une mention honorable en 1908.

DORÉ Jean
XIVe siècle. Actif vers 1300. Français.
Peintre.
Il travailla pour le comte d'Artois.

DORÉ Joseph
Né vers 1805. Mort le 31 août 1878. XIXe siècle. Tchécoslovaque.
Peintre et graveur.
Il vécut et travailla surtout dans la région de Frain et de Brno.

DORE Louis
XVIIIe siècle. Français.
Sculpteur.
Actif à Paris. Il était le beau-frère du peintre Germain Drouais.

DORÉ Louis
Né à Rennes (Ille-et-Vilaine). XIXe-XXe siècles. Français.
Sculpteur de bustes.
Il exposa à Paris, au Salon des Artistes Français de 1913 puis au Salon de la Société Nationale des Beaux-Arts à partir de 1919. Il réalisa surtout des bustes d'enfants.

DORE M.
XVIIe siècle. Actif en Bretagne vers 1625. Français.
Sculpteur.
Il existe une statue représentant *Saint Jean l'Évangéliste* à l'église de Saint-Thégonnec (Finistère) signée du nom de cet artiste.

DORÉ Marie Hélène
Née à Viroflay (Seine-et-Oise). XIXe siècle. Française.
Peintre sur porcelaine.
Elle exposa au Salon de Paris en 1877 et 1878.

DORÉ Michaël
Né en 1922 à Bois-d'Haine. XXe siècle. Belge.
Peintre de nus, dessinateur. Tendance surréaliste.
Il fut élève des Académies des Beaux-Arts de Bruxelles et de Mons.
Peintre surtout de nus féminins. Dans une construction de la toile d'inspiration classique, qui se souvient de la lumière de Vermeer, il montre qu'il n'est pas resté insensible à l'investigation surréaliste.

DORÉ Paul Gustave Louis Christophe, dit **Gustave**
Né le 6 janvier 1832 à Strasbourg (Alsace). Mort le 23 janvier 1883 à Paris. XIXe siècle. Français.
Peintre de scènes mythologiques, compositions religieuses, sujets militaires, scènes de genre, portraits, paysages, peintre à la gouache, aquarelliste, sculpteur de monuments, groupes, statues, graveur, dessinateur, illustrateur.
Les dix premières années de cet artiste se déroulèrent à Strasbourg et, plus précisément, à l'ombre de la célèbre cathédrale. Cette ambiance gothique et les architectures alsaciennes – moyenâgeuses ou de l'Ancien Régime – devaient le marquer profondément, tout comme un escalier en colimaçon, d'époque Renaissance, situé dans la maison de ses parents : rue des Écrivains (détail rapporté par Hans Haug, dans la préface au catalogue de l'exposition Doré présentée à Strasbourg, en 1954). Cette Alsace, contemplée par un enfant imaginatif et précocement doué, figura – après avoir subi une géniale transmutation artistique – dans de nombreuses œuvres : de l'illustration des *Contes drolatiques* de Balzac (1855) – l'un des chefs-d'œuvre de Doré – qui emprunta l'essentiel de ses décors de pierre aux pittoresques ou hautaines demeures strasbourgeoises, jusqu'au merveilleux et nostalgique dessin, la *Messe de minuit en Alsace* (vers 1875), en passant par des paysages ou représentations de châteaux et de maisons. En 1843, le père de Doré – ingénieur des Ponts et Chaussées – est nommé à Bourg-en-Bresse où il s'installe avec sa femme et ses trois fils. Le jeune Gustave, qui dessine depuis l'âge de quatre ans, exécute plusieurs albums de charges, dessins humoristiques et même une *Mythologie* (connue actuellement par quelques feuillets seulement). Il vient à Paris en 1847, achève ses études au Lycée Charlemagne tout en collaborant déjà au fameux *Journal pour rire* de Charles Philipon. À dix-sept

ans, nous apprend Hans Haug, « il s'attaque à la peinture de chevalet », multipliant des paysages nés de ses contemplations des Vosges et des Alpes. Son père étant mort en 1849, Doré désormais vivra en compagnie de sa mère et se fixera définitivement à Paris, ville qu'il quittera pour des séjours plus ou moins longs en France (Pyrénées et Alsace), sur les bords du Rhin et en Forêt Noire, en Suisse, en Espagne, en Angleterre et surtout à Londres où, en 1868, il fonde la *Doré Gallery* : le public londonien s'y presse et l'artiste connaît de grands succès commerciaux. C'est dans la capitale anglaise que Doré dessine des planches d'un réalisme aigü : courses, vie quotidienne et, surtout, impitoyable constat de l'atroce misère londonienne du XIXe siècle – échos graphiques aux écrits de Flora Tristan, Friedrich Engels et Karl Marx, annonçant le *Peuple de l'abîme* de Jack London. Mais c'est de 1854 que l'on doit réellement dater la carrière de Doré : avec l'illustration de Rabelais. Et malgré une vie mondaine assez remplie, une pratique sportive intensive, des liaisons avec des actrices ou de belles « impures » comme Cora Pearl et la très captivante Alice Ozy – l'ancien modèle de Chassériau –, il travaille intensément, dessine sans relâche, peint « seize à dix-huit heures, surexcité par le tabac » (Jean Adhémar) : il n'a même plus le temps de graver lui-même et se contente de laisser à des graveurs le soin de l'*interpréter*. À trente ans, « il annonce son intention de publier tous les chefs-d'œuvre de la littérature » (Jean Adhémar), adopte des formats de livres de plus en plus grands et « atteint l'in-folio ». En dehors de son activité de dessinateur (collaborant à de nombreuses publications tant françaises qu'anglaises) et d'illustrateur, Doré peint et expose au Salon de 1848 à 1882 (il se voulut toujours et surtout peintre !) et sculpte. Atteint d'une affection cardiaque en 1878, il s'éteint en 1883 après avoir déclaré peu avant : « J'ai trop travaillé ».

Mort sans avoir pu réaliser son grand rêve : illustrer Shakespeare (des dessins préparatoires pour *Macbeth* ayant été exécutés en 1877), il aurait, à cinquante et un ans seulement, donné « plus de cent mille dessins sur bois, plus d'importantes lithos » – dont l'hallucinante *Rue de la Vieille Lanterne* (1855) : l'un des plus extraordinaires hommages à Gérard de Nerval – « quelques gravures, des tableaux » (Jean Adhémar) et « quarante-cinq groupes, statues, bas-reliefs et pièces décoratives » (d'après Henri Leblanc) ; ces sculptures réalisées durant ses douze dernières années, s'achevèrent sur ce chef-d'œuvre : le *Monument à Alexandre Dumas* (1883), élevé à Paris, place Malesherbes. Il n'est pas possible de citer ici tous les livres illustrés par Doré : ces œuvres formant une galerie où le génie visionnaire de l'artiste s'allie à une imagination sans cesse renouvelée et à une virtuosité technique rarement atteinte. Contentons-nous de mentionner : *Histoire pittoresque, dramatique et caricaturale de la Sainte Russie*, texte de Doré (1854) ; *Œuvres* de Rabelais (1854) ; les *Contes drolatiques*, de Balzac (1855) ; la *Légende du Juif errant* (1856) ; *Nouveaux contes de fées*, de la comtesse de Ségur (1857) ; les *Compagnons de Jéhu*, d'Alexandre Dumas (1859) ; la *Divine Comédie*, de Dante (1861 et 1868) ; le *Roi des Montagnes*, d'Edmond About (1861) ; le *Chemin des Écoliers*, de Saintine (1861) ; la *Mythologie du Rhin*, de Saintine (1862) ; les *Contes* de Perrault (1862) ; *Aventures du Baron de Münchhausen* (1862) ; *Atala*, de Chateaubriand (1863) ; *Don Quichotte*, de Cervantès (1863) ; la *Sainte Bible* (1866) ; le *Capitaine Fracasse*, de Théophile Gautier (1866) ; *Troilers of the Sea* (les *Travailleurs de la mer*) de Victor Hugo (1867) ; le *Paradis perdu*, de Milton (1867) ; les *Idylles du Roi*, de Alfred Tennyson (1868) ; *Fables*, de La Fontaine (1868) ; *London. A Pilgrimage*, de Blanchard Jerrold (1872) ; l'*Espagne*, de Charles Davillier (1874) ; *The Rime of Ancient Mariner*, de Samuel Coleridge (1875) ; *Londres*, de Louis Enault (1876) ; *Histoire des Croisades*, de Michaud (1877) ; *Roland furieux*, de l'Arioste (1879) ; *The Raven*, de Allan Edgar Poe (1883). Précisons que, contrairement à ce qui est dit parfois par erreur, Doré – ami pourtant de Nadar et Hetzel – n'illustra aucun roman de Jules Verne : nous avons pu par contre rapprocher Doré d'illustrateurs des *Voyages extraordinaires* qui, souvent, collaborèrent à des revues comme le *Tour du Monde* ou le *Magasin pittoresque*. Ceci est particulièrement évident pour des romans de Verne comme les *Aventures du capitaine Hatteras*, le *Sphinx des glaces* et *The Rime of Ancient Mariner* de Coleridge. Il convient également de mettre en parallèle la peinture de Caspar David Friedrich, le *Naufrage de l'Espérance* et le lavis rehaussé de gouache de Doré, *Navire parmi les Icebergs* (voir à ce propos : *Art fantastique*, de Marcel Brion).

Influencé à ses débuts par Grandville, Töpffer et Gavarni, puis, après 1861, par Victor Hugo « dessinateur », Doré se rapproche parfois des peintres romantiques allemands. Bresdin collabore avec lui ; Van Gogh, qui l'admire beaucoup, peint sa *Ronde des prisonniers*, d'après une de ses gravures londoniennes ; Redon subit son influence – bien que d'une manière fugitive et diffuse, mais en saisissant pleinement son aspect « visionnaire ». Et, surtout, Doré annonce directement le climat onirique, voire parfois sadique ou glacial, des grands surréalistes. Nous serions d'ailleurs tenté, paraphrasant André Breton, d'écrire : « Doré est surréaliste dans le délire architectural ». En outre, avec la *Sainte Russie*, il apparaît comme l'un des précurseurs au XIXe siècle de la bande dessinée moderne – aux côtés de : Grandville, Töpffer, Wilhelm Busch et George Cruikshank. Artiste fantastique que notre époque remet enfin à sa vraie place – tant comme dessinateur « voyant » que comme peintre « inspiré » – Doré est bien selon la belle expression de M. Jean Adhémar « le roi des illustrateurs (du) romantique Second Empire ».

■ Pierre-André Touttain

G^v. Doré GD

ATELIER G. Doré

Cachet de vente

G Doré

GD

BIBLIOGR. : Delorme René : *Gustave Doré, peintre, sculpteur, dessinateur et graveur*, L. Baschet, Paris, 1879 – Catalogue de la Vente de l'Atelier de *Gustave Doré*, Paris, 10-15 avril 1885 – Valmy-Baysse, J. : *Gustave Doré*, Paris, 1930 – Leblanc, Henri : Catalogue de l'œuvre complet de *Gustave Doré*, Paris, 1931 – Tromp, Édouard : *Gustave Doré*, Paris, 1932 – Catalogue de l'exposition *Gustave Doré*, Petit Palais et Strasbourg, musées des Beaux-Arts, 1932 – Haug, Hans : *Gustave Doré* in *Revue de l'Alliance Française*, janvier 1933 – Mornand, Pierre : *Gustave Doré*, Paris, 1946 – Haug, Hans : *Gustave Doré*, catalogue des œuvres originales et de l'œuvre gravé conservés au Musée des Beaux-Arts, Strasbourg, 1954 – Brion, Marcel : *Art fantastique*, Paris, 1961 – Catalogue de l'exposition : l'*Œuvre de Doré*, notices de Françoise Baudson, Bourg-en-Bresse, Musée de l'Ain, 1963 – Catalogue de l'exposition : *Quelques ancêtres du Surréalisme*, notices de Jean Adhémar, Paris, Bibliothèque Nationale, 1965 – Catalogue de l'exposition *Gustave Doré*, notices de Jean Adhémar et Mariel Frèrebeau, Paris, Bibliothèque Nationale, 1974.

MUSÉES : BEAUVAIS : *Buveur de gin*, peint. – BELFORT : *Entre ciel et terre*, peint. – BOURG-EN-BRESSE : *Don Quichotte*, peint. – Œuvre gravé et livres illustrés – CAEN : *Paysage*, peint. – CARPENTRAS : *Dans les Pyrénées*, peint. – CLERMONT-FERRAND : *Les Saltimbanques* – *Paysage*, peint. – ÉVREUX : *Pêcheur à la ligne*, peint. – GRENOBLE : *Lac d'Écosse après l'orage*, peint. – MONTPELLIER : *Souvenir des Alpes* – *Le Soir sur les bords du Rhin*, peint. – MULHOUSE : *Scène de bombardement de Paris*, peint. – NEMOURS : *Néophyte* – PARIS (BN, Cab. des Estampes) : ensemble de l'œuvre gravé et des livres illustrés dont 40 volumes de fumés, premiers tirages des bois – PARIS (Louvre, Cab. des Dessins) : *Marchand de poissons dans un quartier*, aquar. – *Jeunes mendiants à Londres* vers 1860-1870, dess. – *Rassemblement des troupeaux dans le bois de Boulogne* 1870, lav. – *Paysage d'Écosse*, aquar. – PARIS (Petit Palais) : *Paysage montagneux avec des cerfs*, aquar. – REIMS : *L'Aube, souvenir des Alpes*, peint. – LA ROCHELLE : *Le Christ sortant du tombeau* – *Le Jugement Dernier*, peint. – ROUEN (Mus. des Beaux-Arts) : *Paysage des Vosges*, peint. – SÈTE : *Jésus au milieu des Docteurs*, peint. – *Les Rameaux* – *Scène de théâtre*, dess. – STRASBOURG (Mus. des Beaux-Arts) : sept paysages des Alpes – *Le Mont Sainte-Odile* – *Paysage des Alpes* – *La Chute des Anges rebelles* – *Autoportrait*, peint. – *La Parque et l'Amour* – *Mère et Enfant endormis*, sculptures – 77 dessins au crayon et à la plume, aquarelles et lavis, parmi lesquels : album de 28 dessins à la plume – *La Foire de Brou* – *Soldats et bonnes d'enfants* – *Les ruines du château de Saint-Ulrich* – *Don Quichotte* – *Le Mont*

Sainte-Odile – *La Cigale et la Fourmi* – *Le Château enchanté* – *La chanson de la chemise* – *Pauvresse à Londres* – *Le berceau renversé* – *Paysages romantiques* – *L'Alsace* – *Navire parmi les icebergs* – *Les Danaïdes* – *Sabbat de sorcières* – *Scène de Macbeth* – important ensemble de l'œuvre gravé et livres illustrés – Troyes : *Ruines de trois châteaux*, peint. – Versailles (Château) : *Bataille d'Inkermann* – *Chirurgiens français soignant des blessés russes.*

Ventes Publiques : Paris, 1883 : *Épisode allégorique de la Guerre de 1870*, dess. reh. de blanc : **FRF 1 800** – Paris, 10 mars 1884 : *Les Saltimbanques* : **FRF 5 200** – Paris, 1885 : *La Mort d'Orphée* : **FRF 2 400** ; *Diane chasseresse* : **FRF 1 350** ; *L'Entrée de Jésus à Jérusalem* : **FRF 1 000** ; *Paysage d'Écosse* : **FRF 3 700** ; *Marchand juif de Londres*, aquar. : **FRF 1 400** ; *Le Rhin allemand*, dess. sur pap. bleu reh. de blanc : **FRF 2 200** ; *Onze ébauches au pinceau pour Macbeth*, dess. : **FRF 2 650** – Paris, 1891 : *Le Torrent* : **FRF 2 455** – Paris, 1895 : *La Sorcière de Macbeth*, aquar. et past. : **FRF 270** – New York, 1899 : *Enfants soignant les petits préférés* : **FRF 1 050** – Paris, 19 mars 1900 : *Vue prise des Pyrénées*, aquar. : **FRF 260** – New York, 19 déc. 1902 : *La Transfiguration* : **USD 120** – New York, 8-9 jan. 1903 : *L'Homme aux jambes de bois*, sépia : **USD 30** – New York, 2-27 fév. 1903 : *Gorge rocheuse* : **USD 125** – New York, 12-13 mars 1903 : *Cirque de Gavarnie* : **USD 100** ; *Le Pont du Diable, Suisse* : **USD 70** – Paris, 26-29 avr. 1904 : *Espagnols* : **FRF 1 160** – New York, 9-10 fév. 1905 : *Les Highlands d'Écosse* : **USD 450** – Paris, 28-29 mars 1905 : *La Femme au fichu blanc* : **FRF 105** – New York, 27 avr. 1906 : *Don Quichotte et Sancho Pança* : **USD 200** – New York, 9 fév. 1906 : *Paysage* : **USD 1 025** – Paris, 17 déc. 1906 : *Relai de chasse* : **FRF 500** – New York, 10-11 jan. 1907 : *Paysage* : **USD 500** – Londres, 28 nov. 1908 : *Gédéon choisissant ses hommes* : **GBP 47** – New York, 11-12 mars 1909 : *Le Christ insulté* : **USD 170** – Paris, 23 déc. 1918 : *Les Nymphes de la forêt* : **FRF 305** – Paris, 21 juin 1919 : *Ruines du château de Dreystein, environs de Sainte-Odile* : **FRF 250** ; *La Guerre : carnage et désolation* : **FRF 425** ; *Portrait de vieille femme*, aquar. : **FRF 150** ; *L'Attaque d'un village fortifié, guerre de 1870*, lav. de sépia et gche : **FRF 85** ; *Rassemblement de troupes, la nuit : effet de lune*, aquar. : **FRF 25** – Paris, 30 nov.-2 déc. 1920 : *Roland furieux*, pl. : **FRF 210** ; *Elaine*, gche : **FRF 350** – Paris, 29 déc. 1920 : *Paysanne tenant une faulx*, aquar. : **FRF 350** – Paris, 14 jan. 1921 : *Le Massacre de la Saint-Barthélémy* : **FRF 900** – Paris, 21 mars 1921 : *Le Massacre de la Saint-Barthélémy* : **FRF 260** ; *Le Dressage* : **FRF 60** – Paris, 23-25 juin 1921 : *Le Salut aux aînés*, lav. : **FRF 1 020** – Paris, 30 juin 1921 : *Nature morte* : **FRF 250** – Londres, 4-5 mai 1922 : *La Veuve de l'étendard ou Alsace* : **GBP 10** – Paris, 24 nov. 1922 : *Mère et Enfant*, sépia : **FRF 205** – Paris, 29 déc. 1922 : *L'Arc-en-ciel*, aquar. : **FRF 400** – Paris, 1er-3 mars 1923 : *La Défaite des démons* : **FRF 450** – Paris, 12 mai 1923 : *Paysage au soleil couchant* : **FRF 1 280** – Paris, 11-13 juin 1923 : *A la belle étoile*, lav. et gche : **FRF 700** ; *L'Aigle victorieux*, sépia, reh. de gche : **FRF 320** – Paris, 27 juin 1923 : *Soleil couchant dans les Alpes*, aquar. : **FRF 390** – Paris, 28 juin 1923 : *Jeune Mendiante à Londres*, aquar. : **FRF 1 020** – Paris, 2 juin 1924 : *Scène de sauvetage*, pl. : **FRF 70** – Paris, 11 juin 1924 : *Illustration pour la Bible*, sépia avec reh. : **FRF 240** ; *Types espagnols*, pl. et lav. : **FRF 620** – Paris, 1er juil.1924 : *Petits malheureux* : **FRF 430** – Paris, 17-8 nov. 1924 : *Le Mont Saint-Michel*, aquar. : **FRF 410** ; *Le Cimetière au bord du lac, effet de clair de lune*, aquar. : **FRF 250** – Paris, 6 déc 1924 : *Dante : une scène de l'Enfer*, sépia et gche : **FRF 360** – Paris, 4 fév. 1925 : *La Tentation de saint Antoine* : **FRF 1 200** – Paris, 23 fév. 1925 : *Pour une illustration*, lav. sépia : **FRF 440** – Paris, 26 fév. 1925 : *Le Christ, scène espagnole*, pl. et encre de Chine : **FRF 510** – Paris, 2 mars 1925 : *Le Déjeuner de la Bohémienne*, dess. : **FRF 170** – Paris, 21 mars 1925 : *Scènes humoristiques*, deux cr. : **FRF 230** – Paris, 25 avr. 1925 : *La Salutation angélique*, lav. : **FRF 150** – Paris, 26 mai 1925 : *Démons et Damnés*, cr. et pl. : **FRF 100** – Paris, 14 déc. 1925 : *Composition humoristique* : **FRF 250** – Paris, 12-13 mars 1926 : *Scène de bataille* ; *Renaud prêt à combattre l'Hydre*, deux dess. et aquar. : **FRF 500** – Paris, 26 mars 1926 : *Chanteurs au lutrin*, pl. : **FRF 220** – Paris, 11 juin 1926 : *Le Sabbat des sorcières*, lav. : **FRF 400** – Paris, 27 oct. 1926 : *Culs-de-lampe pour Roland furieux*, cinq dess. : **FRF 1 250** – Paris, 11 déc. 1926 : *Le Torrent* : **FRF 1 100** – Paris, 1er juil. 1927 : *Jeune Page debout*, dess. : **FRF 950** – Londres, 22 juil. 1927 : *La Fleuriste* 1881 : **GBP 10** – Paris, 15 déc. 1927 : *Louis XV et Marie Leczinska recevant les clefs de la ville de Metz*, pl. et encre de Chine : **FRF 360** – Londres, 11 juin 1928 : *Mendiants espagnols* : **GBP 17** – Paris, 6 fév. 1929 : *Épisode de la guerre de 1870*, dess. : **FRF 640** – Paris, 2 mars 1929 : *Le Débarquement en ballon*, dess. : **FRF 105** – Paris, 8 mai 1929 : *Les Avents, Suisse*, aquar. : **FRF 500** – Paris, 1er juil. 1929 : *La Toilette de la gitane*, dess. : **FRF 4 000** – Paris, 9 déc. 1931 : *Combat singulier*, aquar. : **FRF 2 050** ; *Allégorie sur la défense de Paris 1870-1871*, pl. : **FRF 255** – Paris, 9 déc. 1932 : *Promenade au bord de la mer*, aquar. : **FRF 350** – Paris, 26-27 fév. 1934 : *Effet de soleil dans une forêt de sapins, Vosges*, aquar. : **FRF 180** – Paris, 28-29 mai 1934 : *Le Néophyte* : **FRF 1 650** – Paris, 10 mai 1935 : *Composition pour les Aventures du chevalier Jaufre et de la Belle Brunissende*, pl., lav. de sépia et reh. : **FRF 1 120** – Paris, 28 avr. 1937 : *Le Pacte avec le Diable*, pl. et lav., reh. de blanc : **FRF 200** – Paris, 12 mai 1937 : *Évocation*, aquar. gchée : **FRF 160** ; *Gustave Doré, par lui-même, devant un personnage fantastique*, cr. : **FRF 125** ; *Soir au bord d'un lac*, aquar. : **FRF 330** ; *Nuage sur la montagne*, aquar. gchée : **FRF 900** – Paris, 13 déc. 1937 : *La coiffure*, encre, reh. à la pierre noire et à la gche : **FRF 720** – Paris, 9 juin 1938 : *La Mort d'Orphée*, fus. : **FRF 190** – Paris, 8 déc. 1938 : *Silhouette d'homme*, pl. : **FRF 50** – Paris, 8-9 mai 1941 : *La Barque de naufragés luttant contre la tempête* : **FRF 3 100** ; *Paysage de montagne*, aquar. : **FRF 1 700** – Paris, 19 et 20 mai 1941 : *Deux dessins pour les Contes de Perrault*, cr. : **FRF 3 320** – Paris, 28 oct. 1942 : *Les Noces de Cana*, cr. coul. : **FRF 500** – Paris, 4 mars 1943 : *Le Joueur de guitare* 1863, gche blanche et lav. d'encre de Chine : **FRF 9 500** – Paris, 19 mars 1943 : *Portrait de l'artiste par lui-même*, aquar. : **FRF 4 100** – Paris, 24 mai 1943 : *Le Défilé* : **FRF 620** – Paris, 5 juil. 1943 : *Les Vacances du magistrat*, pl., reh. d'aquar. : **FRF 500** – Paris, 10 nov. 1943 : *La Ville engloutie* : **FRF 2 000** – Paris, 26 nov. 1943 : *La Vieille Ville*, aquar. : **FRF 1 500** ; *Vaches à l'abreuvoir*, aquar. : **FRF 1 700** – Paris, 13-14 déc. 1943 : *Le Festival Haendel*, pl., reh. de blanc : **FRF 5 200** ; *Les Blessés*, aquar. : **FRF 4 000** – Paris, 17 déc. 1943 : *Gentilshommes et dames de qualité pour la Belle au Bois dormant* : **FRF 8 500** – Paris, 20 déc. 1943 : *Les Gitans*, cr., reh. de pl. : **FRF 2 700** – Paris, 5 mai 1944 : *Le Siège de Paris*, pl. et aquar. : **FRF 520** – Paris, 12 mai 1944 : *Paysan italien* 1883, aquar. : **FRF 2 650** – Paris, 14 juin 1944 : *Intérieur d'église*, pl. et lav. : **FRF 4 100** ; *La Porteuse d'Amphore*, mine de pb : **FRF 1 300** – Paris, 4 déc. 1944 : *Ballon dans un paysage de montagne* : **FRF 10 000** ; *La Porteuse d'amphore*, mine de pb : **FRF 1 800** – Paris, 9 mars 1945 : *Paysages*, deux toiles : **FRF 2 000** – Paris, 16-17 mai 1945 : *La Cathédrale*, aquar. : **FRF 5 300** – New York, 18-19 mai 1945 : *Crépuscule en Écosse* 1877 : **USD 140** – Paris, 24 mai 1945 : *Effet de lune dans les Vosges* : **FRF 5 000** – Paris, 25 mai 1945 : *Illustrations* 1869, deux lavis gouachés : **FRF 8 500** – Paris, 2 juil. 1945 : *Cerf au repos en forêt*, aquar. : **FRF 1 450** – Paris, oct. 1945-juil. 1946 : *Deux Femmes, l'une auprès de l'autre, vues de profil* ; *Femme drapée dans un étendard*, trois dessins rehaussés : **FRF 3 800** ; *Femme en robe blanche*, dess. gché : **FRF 5 100** – Paris, 25-26 nov. 1946 : *Vues de villes*, huit aquar. : **FRF 2 900** – Paris, 28 nov. 1946 : *Étude pour Les Anges déchus*, camaïeu : **FRF 450** – Paris, 30 juin 1947 : *Cascade dans les gorges* : **FRF 2 100** – Paris, 24 déc. 1948 : *Espagnols* : **FRF 66 000** – Londres, 7 avr. 1965 : *Don Quichotte* : **GBP 700** – Berne, 17 juin 1965 : *La Mort d'Orphée*, gche et aquar. : **CHF 5 400** – Londres, 7 déc. 1966 : *Daniel dans la fosse aux lions* : **GBP 400** – Londres, 17 mars 1971 : *Portrait de femme avec deux chiens à ses pieds* : **GBP 2 000** – Paris, 9 déc. 1976 : *Le Massacre de la Saint-Barthélémy* 1850, h/t (92,5x73) : **FRF 11 000** – Paris, 25 mars 1977 : *La Fuite en Égypte*, h/t (83x142) : **FRF 20 000** – Londres, 27 juin 1978 : *Paysage d'Écosse* 1872, aquar. (34,3x49,8) : **GBP 2 700** – Hambourg, 8 juin 1979 : *Le Chat Botté* vers 1862, h/t (75,7x115) : **DEM 30 000** – Munich, 27 nov. 1980 : *Here I opened wide the door* vers 1882, encre de Chine/ trait de cr. reh. de blanc/pap. (52x36) : **DEM 17 000** – Londres, 15 juin 1982 : *L'énigme* 1871, h/t (126x193) : **GBP 26 000** – New York, 23 fév. 1983 : *Bord de lac montagneux* 1876, cr. et aquar. (36,8x54,3) : **USD 5 500** – Paris, 22 fév. 1984 : *Dante et Virgile aux Enfers suivis de la louve*, litho. : **FRF 5 000** – New York, 29 fév. 1984 : *Souvenir de Loch Carron, Écosse*, h/t (132x203) : **USD 36 000** – Paris, 19 juin 1985 : *Allégorie de la Victoire* 1873, gche en camaïeu et lav. d'encre de Chine (61x94) : **FRF 35 000** – Paris, 3 juin 1986 : *À saute-mouton*, bronze patine brun doré (H. 35,5) : **FRF 79 000** – New York, 25 fév. 1987 : *Le Rêve de la femme de Ponce-Pilate, Claudia Procula*, h/t (304,8x376,2) : **USD 50 000** – Paris, 15 juin 1987 : *Les Deux Grands Ducs* 1879, aquar. gchée (60x43) : **FRF 300 000** – New York, 25 fév. 1988 : *Foule dans une salle voutée*, cr. (42x31,7) : **USD 1 045** – Paris, 11 mars 1988 : *Torrent en Écosse*, h/t (110x185) : **FRF 190 100** ; *Paysage aux cerfs* 1881, h/t (105x184) : **FRF 80 000** ; *La défense du drapeau*, dess. au lav. d'encre brune, aquar. et gche (70x97,5) : **FRF 48 000** ; *Portrait de femme*, dess. mine de pb (24,5x19) : **FRF 3 500** ; *Paysage aux arbres*, aquar. (34x49,5) : **FRF 5 500** – PARIS, 11 mars 1988 : *Les vengeurs*, dess. au cr. noir, pl. et encre de Chine (59,5x47,5) : **FRF 12 500** – PARIS, 21 mars 1988 : *Un orage au Mont Ceroin*, h/t (147x114) : **FRF 155 000** – NEW YORK, 22 fév. 1989 : *Andromède* 1869, h/t (256,5x172,7) : **USD 577 500** ; *Paolo et Francesca da Rimini* 1863, h/t (279,4x194,3) : **USD 605 000** – PARIS, 11 avr. 1989 : *Concert en Gnomes et sous-bois au crépuscule*, h/t (81x65) : **FRF 41 000** – PARIS, 22 juin 1989 : *La Liberté brisant ses chaînes*, lav. et gche (44,5x31,5) : **FRF 53 000** – NEW YORK, 24 oct. 1989 : *Les vagabonds*, h/t (198,1x96,5) : **USD 88 000** – STOCKHOLM, 15 nov. 1989 : *Paysage avec un torrent de montagne sous l'orage*, h/t (95x130) : **SEK 43 000** – LONDRES, 22 nov. 1989 : *Mère et enfant*, h/t (91x71) : **GBP 30 800** – LONDRES, 1er déc. 1989 : *Le juif errant et Gargantua*, h/t (139,5x112) : **GBP 33 000** – PARIS, 21 mars 1990 : *Joueur de mandoline*, h/t (245x97) : **FRF 42 000** – LONDRES, 30 mars 1990 : *Dans les Alpes*, h/t (132x188,5) : **GBP 30 800** – PARIS, 19 juin 1990 : *Paysage montagneux*, aquar. (39,5x58) : **FRF 60 000** – PARIS, 17 oct. 1990 : *La fée Viviane et l'enchanteur Merlin*, h/t (170,5x122,5) : **FRF 150 000** – NEW YORK, 23 oct. 1990 : *Château dans l'île de Skye* 1877, h/t (112,7x196,2) : **USD 77 000** – PARIS, 29 nov. 1990 : *Rixe nocturne à l'entrée d'un estaminet londonien* 1869, lav. d'encre brune et gche blanche (34x24) : **FRF 48 000** – LONDRES, 21 juin 1991 : *Torrent dans les Highlands*, h/t (52,7x78,1) : **GBP 9 900** – PARIS, 1er juil. 1991 : *Roland dans les Pyrénées*, h/t (27x22) : **FRF 240 000** – LONDRES, 29 nov. 1991 : *Le Rêve du moine* 1880, h/t (243,8x304,7) : **GBP 15 400** – MONACO, 18-19 juin 1992 : *La France protège ses enfants* 1871, encre et lav. avec reh. de gche blanche (73,7x55,9) : **FRF 61 050** – PARIS, 22 mars 1993 : *Portrait de femme* 1861, encre et lav. (26x20) : **FRF 6 500** – NEW YORK, 27 mai 1993 : *Vierge à l'Enfant*, bronze (H. 48,2) : **USD 5 750** – PARIS, 22 nov. 1993 : *Souvenir du Loch Carron en Écosse* 1873, h/t (131,5x195,5) : **FRF 200 000** – NEW YORK, 26 mai 1994 : *Le Songe de la femme de Pilate, Claudia Procula*, aquar., encre et lav. (62,2x87,6) : **USD 40 250** ; *La Défense nationale*, bronze (H. 144,8) : **USD 34 500** – PARIS, 30 jan. 1995 : *La Danse*, bronze (H. 88) : **FRF 300 000** – ZURICH, 14 nov. 1995 : *Vol d'aigle*, aquar. et cr. (48x58) : **CHF 3 000** – LONDRES, 15 nov. 1995 : *Le Songe d'une nuit d'été*, h/t (275x200) : **GBP 73 000** – NEW YORK, 23-24 mai 1996 : *L'Entrée de Jésus-Christ à Jérusalem*, aquar. et gche/traits cr./pap./cart. (59,7x80) : **USD 23 000** – STRASBOURG, 21 juin 1996 : *Les Saltimbanques*, h/t (130x87) : **FRF 145 000** – LONDRES, 31 oct. 1996 : *Le Juif errant*, h/t (140x112) : **GBP 2 760** – PARIS, 13 déc. 1996 : *Tête de Christ*, h/t (65x55) : **FRF 197 000** – PARIS, 10 mars 1997 : *Lac, montagne et ciel tourmenté*, h/cart. (15x32) : **FRF 37 000** – PARIS, 13 mai 1997 : *Jeune orientale allaitant son enfant, ou La Madone bohémienne* 1873, h/t (154x94) : **FRF 820 000** – PARIS, 11 juin 1997 : *Intérieur d'un théâtre à Londres*, encre de Chine, lav. de sépia et gche (25x32) : **FRF 29 000** – NEW YORK, 23 oct. 1997 : *Torrent dans l'Engadine*, h/t (127x175,3) : **USD 90 500**.

DORÉ Philibert

Né en 1819 à Nantes (Loire-Atlantique). XIXe siècle. Français.

Peintre.

Il fut élève de Paul Delaroche. Il exécuta un *Baptême du Christ* pour l'église d'Orvault.

DOREDONVILLE Maurice Géry Henry

Né à Douai (Nord). XXe siècle. Français.

Peintre de natures mortes, intérieurs.

Il exposa à Paris au Salon des Indépendants à partir de 1926.

DOREMAN Jacop

XVe siècle. Actif à Gand vers 1482. Éc. flamande.

Sculpteur.

DOREN Benoît Van

Né le 1er novembre 1802 à Lyon. XIXe siècle. Français.

Peintre de fleurs.

Il fut le père de Charles François Clément.

DOREN Charles François Clément

Né le 17 janvier 1830 à Lyon (Rhône). Mort le 11 septembre 1893 à Lyon (Rhône). XIXe siècle. Français.

Peintre.

Il fut à Lyon l'élève de Bonnefond et de Genod. Il peignit des fleurs et des fruits.

DOREN Emile Van

Né le 14 avril 1865 à Bruxelles. Mort en 1949 à Gand. XIXe-XXe siècles. Belge.

Peintre de paysages. Impressionniste.

Il fut élève de Portaels, Jan Stobbaerts, Joseph Quinaux à l'Académie des Beaux-Arts de Bruxelles. Sa demeure *Le coin perdu* à Genk a été voué à son musée personnel.

Il a surtout peint des paysages de Belgique et des Pays-Bas, de la Campine limbourgeoise, nostalgique et mystérieuse. Il était particulièrement sensible aux variations de la lumière selon les heures du jour, de l'aube au couchant, selon aussi les variations atmosphériques.

E. Van Doren

BIBLIOGR. : In : *Diction. biogr. illustré des Artistes en Belgique depuis 1830*, Arto, Bruxelles, 1987.

MUSÉES : HUY – IXELLES : *Les Grands Marais à la nuit tombante* – MALINES.

VENTES PUBLIQUES : BRUXELLES, 16 déc. 1939 : *Couchant brumeux* : **BEF 900** – BRUXELLES, 13 déc. 1977 : *Paysage marécageux*, h/t (70x100) : **BEF 80 000** – ANVERS, 25 oct. 1983 : *Le quai de la Poterie à Bruges*, h/t (74x79) : **BEF 85 000** – BRUXELLES, 12 juin 1985 : *Paysage marécageux*, h/pan. (27x35) : **BEF 32 000** – BRUXELLES, 18 mai 1987 : *Vue de Lissewege*, h/t (75x45) : **BEF 38 000** – BRUXELLES, 27 mars 1990 : *Paysage animé*, h/t (55x108) : **BEF 190 000**.

DORÉN Peter Gustaf

Né le 21 septembre 1857 à Zireköpinge. XIXe siècle. Suédois.

Peintre de décorations.

Il fit ses études à Copenhague puis à Paris avant de s'établir à Hambourg.

DORENCE Marie Jeanne

XVIIIe siècle. Française.

Peintre.

Elle fut reçue à l'Académie de Saint-Luc en 1763.

DORER Kaspar

Né en 1654 à Bade. Mort le 30 mars 1731 à Bade. XVIIe-XVIIIe siècles. Suisse.

Peintre.

Il restaura des fresques dans l'église de Gebensdorf et fit de même pour l'autel et le portail du monastère de Königsfelden, 1713-1714.

DORER Robert Eugène

Né le 13 février 1830 à Bade (Suisse). Mort le 13 avril 1893 probablement à Bade (Suisse). XIXe siècle. Suisse.

Sculpteur.

Élève de L. Schwanthaler à l'Académie de Munich, d'Ernest Rietschel et d'Ernest Hahnel à Dresde, il étudia à Rome, revint en Suisse, en passant de nouveau par Dresde, et exécuta, vers 1869, un monument national pour la ville de Genève. Il travailla aussi pour Berne, fournit huit statues d'hommes d'État célèbres pour le front du Gesellschafts-Museum et le modèle pour un monument national. Plusieurs bâtiments publics de Saint-Gall portent des œuvres de cet artiste.

DORET Jean François

Né en 1742 à Vevey, originaire du Locle et de La Brévine. XVIIIe siècle. Suisse.

Sculpteur sur marbre.

On cite de lui : le *Monument de Gessner* à Zurich, des autels à Fribourg. Un de ses fils devint aussi sculpteur marbrier.

DORET Louis

Né à Vevey. XVIIIe-XIXe siècles. Suisse.

Sculpteur.

Père de David, il fut élève de Rude.

DORET de LA HARPE David

Né le 30 juin 1821 à Vevey, originaire du Locle. XIXe siècle. Suisse.

Sculpteur.

Élève de Louis Dorcière à Genève et de Imhof à Berne. Il a exposé en Suisse et reçut la croix de chevalier de la Légion d'honneur à l'Exposition Universelle de Paris en 1878. On cite parmi ses œuvres : *Monument au tombeau de Léopold Robert*, à Venise, travaux au mausolée du duc de Brunswick, et l'édicule commémoratif à Max de Meuron, érigé par la Société des Amis des Arts.

DORFFMEISTER Joseph

Né le 16 mars 1764 à Oedenburg. Mort vers 1814. XVIIIe-XIXe siècles. Hongrois.

Peintre de portraits, graveur.
Il fit ses études à l'Académie de Vienne. On lui doit des gravures d'après Potter et Ruthart.
Musées : Vienne : *Portrait d'homme.*
Ventes Publiques : Londres, 24 juil. 1987 : *Portrait de deux enfants* 1797, h/t (116,2x86,7) : **GBP 16 000**.

DORFFMEISTER Stephan
Né vers 1729 à Vienne. Mort le 29 mai 1797 à Sopron. xviiie siècle. Hongrois.
Peintre.
Il fut élève de l'Académie de Vienne. Il exécuta d'importantes fresques historiques ou religieuses entre autres à Sàsvàr et à Szigetvàr.

DORFFMUNDT Anton
xixe siècle. Actif vers 1800. Autrichien.
Graveur.
Il grava plusieurs planches d'après Hulfgott Brand.

DORFLES Gillo
Né en 1910 à Trieste. xxe siècle. Italien.
Peintre. Abstrait.
Il participa à la fondation à Milan du groupe *Arte Concreta* avec Monnet et Munari et à la première exposition d'art abstrait qui eut lieu en Italie après la guerre. Il figure depuis dans de nombreuses expositions collectives parmi lesquelles le Salon des Réalités Nouvelles en 1950 à Paris. Sa première exposition personnelle date de 1949. Il a écrit de nombreux articles dans des revues d'art italiennes et françaises.
Bibliogr. : In : *Diction. de la Peinture abstraite,* Hazan, Paris, 1957 – A. Laniece, L. Caramel, G. Dorfles : *Gillo Dorfles : Metamorfosi Métamorphoses,* Fabbri Editori, Milan, 1988.
Ventes Publiques : Milan, 7 juin 1989 : *Personnage à la langue* 1987, acryl./cart. (69,5x50) : **ITL 7 000 000**.

DORFMEISTER Johann Evangelist
Né en 1742 à Vienne. Mort en 1765 à Vienne. xviiie siècle. Autrichien.
Peintre.
La Galerie de Vienne possède de cet artiste une *Partie en forêt.*
Ventes Publiques : Bruxelles, 1767 : *Deux marchés aux légumes* : **FRF 409**.

DORFMEISTER Johann Georg
Né le 22 septembre 1736 à Vienne. Mort en 1786 à Vienne. xviiie siècle. Autrichien.
Sculpteur.
Il fut élève de son beau-frère J. G. Leuthner, puis de Balthasar Moll. On lui doit des bustes, des tombeaux et des sculptures religieuses. Le Musée de Munich et le Musée de l'Armée à Vienne possèdent des œuvres de cet artiste.

DORFMEISTER Vincenz
xixe siècle. Actif au début du xixe siècle. Autrichien.
Peintre de portraits et de genre.
Il fut l'élève de Johann I Dallinger von Dalling.

DORFNER Otto
Né en 1885 à Kirchheim/Teck. Mort en 1955 à Weimar. xxe siècle. Allemand.
Relieur d'art.
Il fit son apprentissage à Berlin. En 1910 il dirigea le cours de reliure de la Kunstgewerbeschule de Weimar. Entre 1919 et 1922 il fut maître de l'atelier de reliure. Il enseigna à nouveau dans divers établissements, puis devint directeur de la Schule für Handwerk de Weimar et de la Thüringische Landesschule. En 1937 il obtint un grand prix à l'Exposition Universelle de Paris.
Bibliogr. : In : Catal de l'exposition *Bauhaus,* Musée National d'Art Moderne de Paris, 1969.

DORGEZ
xviiie siècle. Actif à Paris vers 1780. Français.
Graveur au burin.
On cite de lui : une planche pour : *Essai sur la musique ancienne et moderne,* par de La Borde.

DORIAN D.
Né à Vienne (Autriche). xxe siècle. Britannique.
Peintre.
Il exposa à Paris au Salon des Indépendants en 1939.

DORIAN Pierre
Né en 1914 à Montreuil (Seine-Saint-Denis). xxe siècle. Français.
Peintre de paysages.
Autodidacte, en 1960 il exposa à Paris, au Salon des Artistes Indépendants, au Salon d'Automne et au Salon de la Société Nationale des Beaux-Arts. Il a exposé personnellement à Paris, Londres et New York.
Bibliogr. : Robert Vrian, *Pierre Dorian,* Arts et Editions du Faubourg, Paris, 1960.
Musées : Mulhouse : *Village en Île-de-France.*

DORICO Alberto
xviie siècle. Actif vers 1630. Allemand.
Peintre verrier.
Il travailla à Bormio.

DORIÉ Dominique
Né le 24 janvier 1958 à Versailles (Yvelines). xxe siècle. Français.
Peintre de paysages, marines, fleurs. Postimpressionniste.
Autodidacte. Il participe à des expositions collectives, à Paris : Salons des Artistes Français, d'Automne, de la Marine ; dans des villes de province : Lille, Bordeaux, Grenoble, Nantes, etc. ; au Japon, États-Unis. Il expose individuellement : à Paris, galerie Vendôme.
Dans une technique inspirée du pointillisme néo-impressionniste, il peint des coins de campagne ou des bords de l'eau paisibles, qu'il enveloppe d'une atmosphère ouatée, adoucissant lignes et couleurs.

DORIER Auguste
Né le 11 juillet 1900 à Valence (Drôme). Mort le 1er janvier 1969 à Grenoble (Isère). xxe siècle. Français.
Peintre de paysages.
Autodidacte, il se plut à décrire les paysages du Dauphiné, de la Provence et de la Bretagne. Il réalise également des croquis de personnages, d'oiseaux, d'insectes et de fleurs.
Bibliogr. : In : Maurice Wantellet, *Deux siècles de peinture dauphinoise,* Grenoble, 1987.

DORIGATI Niccolo
Né à Trente. xviie-xviiie siècles. Italien.
Peintre d'histoire.
Il fut à Bologne l'élève de Carlo Cignani. Il exécuta d'importantes peintures décoratives pour la cathédrale de Trente et pour l'église Saint-Marc à Rovereto.

DORIGNAC Georges
Né le 8 novembre 1879 à Bordeaux (Gironde). Mort le 21 décembre 1925 à Paris. xxe siècle. Français.
Peintre de nus, figures, paysages, compositions animées, de cartons de mosaïques, dessinateur.
Il figura à Paris, au Salon des Artistes Indépendants en 1902 et à celui de la Société Nationale des Beaux-Arts à partir de 1910.
Il emploie une technique charbonneuse, dont les effets sont perceptibles dans ses peintures de figures féminines et enfantines, sujets dans lesquels il semble s'être spécialisé. On peut néanmoins citer une composition intitulée *La chasse,* carton dont la technique pointilliste l'a peut-être par la suite incité à faire de la mosaïque. Les formes extrêmement serrées de ses nus tendent à en exalter la matière, et à travers elle, d'atteindre à un réalisme expressionniste.
Musées : Grenoble : *Femme nue accroupie* – Paris (Mus. Nat. d'Art Mod.) : *Nu assis.*
Ventes Publiques : Paris, 4 juin 1925 : *Paysanne,* sanguine : **FRF 200** ; *Femme accroupie,* sanguine : **FRF 120** – Paris, 31 mars 1927 : *Femme se coiffant,* sépia : **FRF 3 000** ; *Femme nue,* sanguine : **FRF 1 600** ; *Le faisan mort,* aquar. et sépia : **FRF 2 400** – Paris, 17 mai 1927 : *La ramasseuse d'herbe,* dess. : **FRF 550** – Paris, 27 fév. 1932 : *Femme vue de dos enlevant sa chemise,* past. : **FRF 1 050** – Paris, 26 et 27 fév. 1934 : *Femme nue accroupie,* dess. au bistre : **FRF 250** – Paris, 3 mai 1937 : *Paysanne arrachant des plantes* : **FRF 400** – Paris, 1er juil. 1943 : *Paysanne,* sanguine : **FRF 160** – Paris, 16 mai 1945 : *Tête de femme* : **FRF 120** – Paris, 4 juil. 1990 : *Scène de chasse, encadrée d'une frise à sujet d'animaux,* h/t (310x110) : **FRF 7 500**.

DORIGNY Charles
Mort vers 1551. xvie siècle. Français.
Peintre de compositions religieuses, sujets mythologiques.
Il est le frère de Théodore Dorigny, et certainement l'ancêtre de Louis, Michel et Nicolas Dorigny. Il travailla à Paris et à Fontainebleau.

Il réalisa des projets pour les médaillons sculptés de l'Hôtel de Ville de Paris, et travailla à la décoration de la galerie François Ier au Château de Fontainebleau, autour de Rosso. On lui attribue aussi la *Déposition de croix*, de la chapelle d'Orléans à l'église des Célestins à Paris.
Bibliogr. : In : *Diction. de la peinture française*, coll. Essentiels, Larousse, Paris, 1989.

DORIGNY Geneviève
XVIIIe siècle. Active à Paris en 1773. Française.
Peintre.
Membre de l'Académie de Saint-Luc.

DORIGNY Jacqueline, née **Bordier**
XVIe siècle. Active à Paris. Française.
Peintre.
Elle était la femme de Charles. Elle exécuta en 1551, après la mort de son mari une décoration pour l'Hôtel de Ville de Paris.

DORIGNY Louis ou **Luigi**
Né le 14 juin 1654 à Paris. Mort le 29 novembre 1742 à Vérone. XVIIe-XVIIIe siècles. Français.
Peintre d'histoire, sujets mythologiques, compositions religieuses, sujets allégoriques, portraits, dessinateur, graveur.
Fils et élève de Michel Dorigny, petit-fils de Simon Vouet, il travailla également avec Lebrun. Il échoua au concours pour le prix de Rome en 1671, mais alla néanmoins en Italie où il séjourna successivement à Rome, à Venise, à Vérone. Vers 1710, il alla en Autriche où il travailla à Vienne et à Prague.
Musées : Bordeaux : *Suzanne et les vieillards*.
Ventes Publiques : Paris, 1775 : *Un roi à genoux aux pieds de la Vierge ; Le lavement des pieds*, deux dess. à la pl. et au bistre : **FRF 45** ; *Quatre feuilles contenant trente sujets*, dess. : **FRF 30** – Paris, 1897 : *Le Temps découvrant la Vérité* : **FRF 880** – Londres, 21 avr. 1982 : *Apollon sur son char*, h/t (42x61) : **USD 1 500** – Londres, 10 déc. 1986 : *Le char d'Apollon*, h/t, de forme ovale (42x61) : **GBP 4 200** – Milan, 12 déc. 1988 : *Allégorie célébrant la campagne militaire d'Espagne du Prince Eugène de Savoie en 1706*, h/t (155x180) : **ITL 5 000 000**.

DORIGNY Michel
Né en 1617 à Saint-Quentin (Aisne). Mort le 21 février 1665 à Paris. XVIIe siècle. Français.
Peintre d'histoire, compositions religieuses, batailles, sujets allégoriques, portraits, compositions murales, graveur, dessinateur.
Il fut élève de Georges Lallemant en 1630, puis de Simon Vouet dont il devint le gendre. Il fut reçu académicien en 1663 et fut nommé professeur à l'Académie des Beaux-Arts de Paris en 1664.
Il peignit et grava beaucoup dans le style de son maître. Il réalisa des panneaux décoratifs pour divers châteaux et hôtels des environs de Paris, dont : le Pavillon de la Reine, au Château de Vincennes ; Château de Colombes ; ainsi que des plafonds au palais Mazarin et à l'hôtel Lauzun. Il exécuta une caricature connue sous le nom de *La Mansarde* et qui était une charge de l'architecte Mansard. Parmi ses gravures, on cite des sujets d'histoire religieuse et mythologiques et des allégories, dont des compositions décoratives de Simon Vouet.
Bibliogr. : In : *Diction. de la peinture française*, coll. Essentiels, Larousse, Paris, 1989.
Musées : Florence (Mus. des Offices) : *Annonciation* – Glasgow : *Les Quatre Saisons* – Madrid (Mus. du Prado) : *Allégorie des quatre vertus cardinales* – Narbonne : *Sépulture de sainte Pétronille* – Paris (Mus. du Louvre) : *Flore et Zéphyre* – *Pan et Syrinx* – Paris (Mus. du Petit Palais) : *Grossesse de Callisto* – *Diane et Actéon* – Paris (BN, Cab. des Estampes) – Vincennes (Mus. historique) : Dessins.
Ventes Publiques : Paris, 21-22 fév. 1919 : *Une bataille*, pl. : **FRF 75** – Vienne, 12 mars 1974 : *Suzanne et les vieillards* : **ATS 70 000** – Versailles, 14 mars 1976 : *La Vierge et l'Enfant dans un paysage*, h/t (69x57,5) : **DEM 3 500** – Londres, 15 juin 1983 : *Christ apparaissant à Saint Antoine après la Tentation*, pierre noire (39,1x22,9) : **GBP 500** – Londres, 6 juil. 1983 : *Hagar et l'Ange*, h/t (140x107) : **GBP 38 000** – Londres, 14 mai 1986 : *Vénus et Cupidon*, h/t (56,5x49,5) : **USD 6 000** – Paris, 4 fév. 1987 : *Étude pour l'Amérique*, pierre noire et reh. de craie blanche (19,5x24,8) : **FRF 16 000** – Paris, 11 mars 1988 : *Cephale et Procris*, pl. brune/pap. beige, forme ronde (diam. 21,2) : **FRF 3 800** – Paris, 12 déc. 1989 : *La Lamentation sur le corps du Christ mort*, cuivre (25x32,5) : **FRF 70 000** – Monaco, 2 juil. 1993 : *Tête et épaules d'un jeune garçon portant une guirlande, vu de profil vers la droite*, craie noire et blanche/pap. beige (20,5x15,8) : **FRF 46 620** – Paris, 28 avr. 1994 : *Études pour la muse Uranie*, pierre noire et reh. de blanc/pap. beige (28,3x38,5) : **FRF 100 000** – Paris, 31 mars 1995 : *La Sibylle*, h/t (66,5x55,5) : **FRF 210 000**.

DORIGNY Nicolas
Né en 1652 à Paris. Mort le 1er décembre 1746 à Paris. XVIIe-XVIIIe siècles. Français.
Peintre d'histoire, graveur et dessinateur.
Il était le second fils de Michel Dorigny et reçut de lui ses premières leçons artistiques. Il débuta comme peintre, mais ne tarda pas à se consacrer à peu près exclusivement à la gravure. Il alla étudier en Italie et y resta vingt-huit ans. Il y connut, en 1711, des Anglais de distinction qui lui conseillèrent d'aller travailler en Angleterre. Le roi Charles II le chargea de reproduire en gravure tous les cartons de Raphaël conservés à Hampton Court. Il travailla quinze ans à Londres pour mener à bien cette tâche. Mais sa vue très affaiblie le contraignit à rentrer en France où il se retira en 1724. Il fut reçu académicien en 1725 et participa aux Salons de Paris à partir de 1739 jusqu'à 1743.

ND.

DORIGNY Théodore
XVIe siècle. Français.
Peintre.
Frère de Charles Daubigny, il est probablement l'ancêtre de Louis, Michel et Nicolas Dorigny.
Il travailla, en collaboration avec son frère, au Louvre et au Château de Fontainebleau, aux côtés du Primatice.

DORILLAC Jean Georges
Né à Bergerac (Dordogne). XXe siècle. Français.
Sculpteur.
Élève de Niclausse et Harion. On cite ses bas-reliefs exposés au Salon des Artistes Français.

DÖRING, de son vrai nom : **Hans Ritter**
XVIe siècle. Actif à Wetzlar vers 1554. Allemand.
Peintre.
Le Musée de Dresde possède un *Portrait de Caspar Neumann*, sans doute dû à cet artiste.

DORING Adolf
XIXe siècle. Actif à Bernbourg. Allemand.
Paysagiste.

DORING Jacob
XIVe siècle. Actif à Schweidnitz en 1379. Allemand.
Peintre.

DORING Willi ou **Doering**
Né le 26 juillet 1850 à Berlin. XIXe siècle. Allemand.
Peintre d'histoire, portraits.
Il fut l'élève de Ferdinand Keller à Karlsruhe. Il a exposé à l'Académie royale de Berlin de 1887 à 1889.
On cite de lui : *Portrait d'une femme, Portrait de l'empereur Frédéric*.

DORINK Mathis
XVe siècle. Actif à Breslau en 1466. Allemand.
Peintre.

DORIOT Adrien Antoine
Né le 29 avril 1821 à Vendôme (Loir-et-Cher). XIXe siècle. Français.
Sculpteur.
En 1846, il entre à l'École des Beaux-Arts et devint l'élève de F. Rude. Il exposa au Salon de Paris de 1851 à 1872. On lui doit le buste en marbre du duc de Saint-Simon.

DORIOT Théodore
Né au XIXe siècle à Vendôme. XIXe siècle. Français.
Sculpteur.
Élève de M. Rude. Frère cadet du précédent. Il débuta au Salon de 1868 avec une statue.

DORIS Alberto
XVe siècle. Actif à Pérouse en 1466. Italien.
Miniaturiste.

DORIS Andrée Yvonne
Née au XXe siècle à Ferryville (Tunisie). XXe siècle. Française.
Peintre.
Élève de Lacaze. Elle a exposé des paysages au Salon des Artistes Français à partir de 1935.

DORISE Marcel
XXe siècle. Français.
Peintre de paysages, scènes rustiques.
Il exposa à Paris au Salon des Indépendants en 1924 et 1927.

DORISY Claude, l'Ancien
Né vers 1517. Mort vers 1565. XVIe siècle. Actif à Malines. Éc. flamande.
Peintre.
H. Vredeman de Vries fut quelque temps son élève. Il organisa en 1559 une loterie de tableaux.

DORISY Claude, le Jeune
XVIe siècle. Actif à Malines. Éc. flamande.
Peintre.
Il était fils de Claude l'Ancien.

DORISY Peter
XVIe siècle. Actif à Augsbourg. Éc. flamande.
Peintre.
Il était originaire de Malines et sans doute parent de Claude l'Ancien. On sait qu'il exécuta le *Portrait de Konrad von Bemmelberg*.

DORITT
Née à Poitiers (Vienne). XXe siècle. Française.
Peintre de nus, fleurs.
Elle exposa à Paris au Salon des Indépendants à partir de 1935.

DORIVAL Antoine
XVIIe siècle. Actif à Grenoble dans la seconde moitié du XVIIe siècle. Français.
Peintre.
Il se maria en 1678.

DORIVAL Geo
Né le 5 novembre 1879 à Paris. Mort en 1968 à Paris. XXe siècle. Français.
Peintre et affichiste.
Élève de l'École Nationale des Arts Décoratifs à Paris, Il exposa au Salon des Artistes Français. Collaborateur de la revue *L'Art et la Mode*, il en devint le directeur. Il a signé de nombreuses affiches entre 1908 et 1928, en général pour les compagnies de chemin de fer et de navigation de l'époque. Entre 1910 et 1914, il réalisa des ombres pour les spectacles d'ombres lyriques, au cabaret montmartrois, « Les Quat'z-Arts ». L'ensemble de son œuvre est servi par un dessin net, une mise en page originale, des couleurs franches.
Bibliogr. : Gérald Schurr, in : *Les Petits Maîtres de la peinture 1820-1920, valeur de demain*, Les Éditions de l'Amateur, t. VII, Paris, 1989.

DORIVAL Louise
Née le 2 mai 1894 à Saint-Hilaire-Chalô (Essonne). XXe siècle. Française.
Peintre de natures mortes.
Elle fut élève de Serge Guillou et de Pierre Bompard. Elle débuta à Paris, au Salon des Artistes Français en 1921.

DORIVAL Paul
Né en 1604. Mort le 24 août 1684. XVIIe siècle. Actif à Grenoble. Français.
Peintre.
Jacques Burlot fit peindre par cet artiste pour l'église de Bellecombe un *Christ en Croix*, entouré de saint Blaise, patron de l'église, saint Laurent et de sainte Apollonie (1668).

DORIVAL Robert Émile
Né le 30 mars 1896 à Champrond (Sarthe). XXe siècle. Français.
Peintre de natures mortes.
Il fut élève d'Alfred Guillou et d'Albert Laurens. Il commença à exposer à Paris, au Salon des Artistes Français en 1924.

DORIVAL-NAUDE Marie-Thérèse
XIXe siècle. Active à Paris. Française.
Peintre.
Sociétaire des Artistes Français depuis 1889. Elle figura au Salon de cette société.

DORIVAL-RHEINS Marie. Voir **RHEINS Marie**

DORLET Marthe
Née en 1899 à Cormeilles-en-Parisis (Val-d'Oise). XXe siècle. Française.
Peintre de portraits, nus, paysages, fleurs, natures mortes.
En 1929, à Paris, elle fut nommée sociétaire du Salon d'Hiver, puis à partir de 1934 exposa au Salon d'Automne. Elle fut aussi invitée au Salon des Tuileries, exposa également au Salon des Artistes Indépendants. Elle travailla avec Suzanne Valadon de 1934 à 1937.

DORLHAC Auguste
XIXe siècle. Travaillant au Puy-en-Velay (Haute-Loire). Français.
Peintre d'architectures et dessinateur.
Musées : Le Puy-en-Velay : Deux tableaux.

DORLIAC Norma Marcella
Née aux États-Unis. XXe siècle. Américaine.
Sculpteur.
Élève de Voletchinkow. En 1929, elle a présenté au Salon de l'Union des Femmes peintres et sculpteurs un *Buste de jeune homme* (ciment).

DORLIANO Jean
Français.
Peintre.
Il fut membre de l'Académie de Saint-Luc.

DORLY
XVIIIe siècle. Actif à Paris. Français.
Peintre de portraits.
Membre de l'Académie de Saint-Luc, il figura aux expositions de cette société, de 1751 à 1753. Il fit surtout des portraits.
Ventes Publiques : Paris, 1893 : *Études de figures humaines, d'animaux, de paysages, etc.*, cr. noir, quarante-huit dessins : **FRF 28**.

DORMAEL Jean Van
XVIe siècle. Actif à Malines en 1523. Éc. flamande.
Peintre.
Il exécuta une *Sainte Ursule* pour l'hospice Notre-Dame de Malines.

DORMAEL Jean-Claude Van
Né en 1943 à Liège. Mort en 1982 à Liège. XXe siècle. Belge.
Dessinateur de portraits, figures, compositions animées, graveur, photographe.
Ancien élève de l'Académie Royale des Beaux-Arts de Liège, il fut professeur de dessin à l'Institut supérieur d'architecture à Liège. Il a figuré au Cercle royal des Beaux-Arts de Liège. Il a obtenu plusieurs prix : 1962, prix Halbart ; 1963, Troisième prix national de gravure ; 1964, prix Marie (pour la photographie). Il a bénéficié à plusieurs reprises de bourses de la Fondation Darchis.
Bibliogr. : Pierre Somville, in : *Le Cercle royal des Beaux-Arts de Liège 1892-1992*, Crédit Communal, Liège, s.d.
Musées : Liège (Cab. des Estampes) : *Rienzi* 1969, grav.

DORMAEL Marie Louise Van
Née le 5 mai 1886 à Laecken. XXe siècle. Belge.
Peintre.
Elle fut élève de Louis Moreels.

DORMAEL Simone Van
Née à Bruxelles. XXe siècle. Belge.
Peintre de compositions à personnages, figures, nus, paysages, fleurs. Tendance symboliste.
Elle fut dessinatrice en joaillerie de 1945 à 1968. Elle s'est formée seule à la peinture. Depuis 1969, elle montre ses peintures dans des expositions collectives, notamment : depuis 1978 à Paris au Salon des Artistes Indépendants, et surtout dans des expositions personnelles nombreuses à Bruxelles, Paris, Monte-Carlo, etc. Elle a peint le *Chemin de Croix* de l'église d'Èze-sur-Mer.
Elle traite les sujets les plus variés. Dans les peintures de fleurs, elle montre une méticulosité à l'ancienne. Ses figures féminines nues ou se dénudant, tendent à la sensualité : *Tourmente, Lady Chatterley*. Dans ses compositions plus ambitieuses, le symbole s'accompagne de naïveté : *La tentation de saint Antoine*.
Ventes Publiques : Bruxelles, 21 mai 1980 : *Vase de fleurs*, h/t (100x60) : **BEF 35 000** – Paris, 4 juil. 1995 : *Venise : festivités près du bassin de Saint-Marc*, h/t (89x116) : **FRF 4 800**.

DORMALE Marten Van
XVIe siècle. Actif à Anvers en 1524. Éc. flamande.
Sculpteur.

DORMAY Auguste Georges
Né dans la deuxième moitié du XIXe siècle au Cateau (Nord). XIXe siècle. Français.

Peintre de paysages et sculpteur.
Il exposa au Salon des Artistes Français à partir de 1894.

DORMESNIL Noël
XVIIIe siècle. Actif à Rouen vers 1700. Français.
Peintre.

DORMEUIL Marthe
Née à Croissy (Seine-et-Oise). XXe siècle. Française.
Peintre.
Elle a débuté avec une nature morte au Salon des Artistes Français de 1922.

DORMIER Alexandre Charles
Né en 1786 à Paris. XIXe siècle. Français.
Graveur au burin.
Élève de Mosly. On cite de lui 12 planches pour *Antiquités de la Nubie*, par F.-E. Gau.

DORMONT Jacques
Né en 1914 à Dour. XXe siècle. Belge.
Peintre. Tendance surréaliste.
Il fut élève de Louis Buisseret et de Léon Navez à l'Académie des Beaux-Arts de Mons.
Bibliogr. : In : *Diction. biogr. illustré des Artistes en Belgique depuis 1830*, Arto, Bruxelles, 1987.

DORN Alois
Né en 1840 à Vienne. Mort vers 1890. XIXe siècle. Autrichien.
Sculpteur.
On cite surtout les bustes de cet artiste, comme celui d'*Adolf Müller* au Musée de Vienne. Il se suicida à l'âge de 50 ans.

DORN Carl
Né le 31 janvier 1831 à Berlin. XIXe siècle. Allemand.
Sculpteur.
Il fut élève de G. Bläser et figura dans les plus importantes expositions berlinoises. Le Musée de Brunschwick possède de lui un *Buste du duc Guillaume*.

DORN Cornelius von
XVIe siècle. Actif à Vienne vers 1575. Autrichien.
Sculpteur.
Il travailla pour Maximilien II.

DORN Friedrich
Né le 29 avril 1861 à Nosdorf. Mort le 25 novembre 1901 à Hambourg. XIXe siècle. Allemand.
Peintre de paysages, graveur.
Il fut à Düsseldorf élève d'Eugen Dücker.
Ventes Publiques : Cologne, 20 mars 1981 : *Paysage boisé*, h/bois (22x32) : **DEM 3 300**.

DORN Georg
XVIIe siècle. Actif à Nuremberg au début du XVIIe siècle. Allemand.
Peintre.
Il était fils de Hans.

DORN Hans
XVIe siècle. Actif à Nuremberg. Allemand.
Peintre.
Il était sans doute fils de Michel et fut père de Georg.

DORN Hans
Originaire de Kirchheim. XVIe siècle. Allemand.
Peintre.
Il travaillait à Stuttgart en 1590.

DORN Ignaz
Né en 1822 à Vienne. Mort le 5 avril 1869 à Vienne. XIXe siècle. Autrichien.
Peintre de paysages.
Il fut élève de l'Académie de Vienne puis professeur de dessin dans cette même ville.

DORN Joseph
Né le 12 août 1759 à Sambach (près de Bamberg). Mort le 6 août 1841 à Bamberg. XVIIIe-XIXe siècles. Allemand.
Peintre d'histoire, sujets mythologiques, scènes de genre.
Élève de Jos. Marquard Treu à Pommersfelden. Il fit des études dans les galeries de Munich, de Vienne, de Mannheim et de Düsseldorf.
On cite de lui : *Le Solitaire, Un Vieux savant, Deux paysans à table.*

Ventes Publiques : Paris, 25 mars 1927 : *La lecture de la lettre* : **FRF 1 500** – Stockholm, 19 avr. 1989 : *Apollon*, h/pan. (27,5x19) : **SEK 11 500** – Stockholm, 5 sep. 1992 : *Apollon*, h/pan. (27,5x19) : **SEK 6 700**.

DORN Michel
XVIe siècle. Actif à Nuremberg à partir de 1576. Allemand.
Peintre.
Peut-être fut-il le père de Hans.

DORN Rosalie, née **Treu**
Née le 18 février 1741. Morte le 19 décembre 1830. XVIIIe-XIXe siècles. Allemande.
Peintre.
Elle fut la femme de Joseph. On lui doit des portraits.

DORN Sebastian
XVIIIe siècle. Actif à Nuremberg. Allemand.
Graveur.
Il grava surtout des cartes de géographie.

DORNBERG Heinrich W. A. Van, freiherr
Né en 1832 à Siegen. XIXe siècle. Allemand.
Peintre d'histoire.
Élève de l'Académie à Düsseldorf. Fixé à Dresde. Il a exposé à Brême en 1880.

DÖRNBERGER Karl Joannes Andreas
Né le 23 septembre 1864 à Tonsberg ou Trie. Mort en 1940 à Soon. XIXe-XXe siècles. Norvégien.
Peintre de paysages, compositions animées.
Musées : Munich : *Début de Printemps.*
Ventes Publiques : Copenhague, 29 août 1990 : *Enfants jouant sur une jetée* 1904, h/bois (35x45) : **DKK 15 000**.

DORNBUSCH J.
XIXe siècle. Allemand.
Peintre.
Il exposa à Berlin en 1814 des peintures religieuses.

DORNE A. Van
XIXe siècle. Actif vers 1843. Éc. flamande.
Peintre de genre.

DORNE François Van
Né le 10 avril 1776. Mort le 30 novembre 1848. XIXe siècle. Actif à Louvain. Éc. flamande.
Peintre d'histoire et de genre.
Fils de Martin Van Dorne, élève de Verhaeghen et de David. Selon Siret, il est l'auteur du *Traité de perspective* de Paillot de Montabert.

DORNE H.
Né au XVIIe siècle à Haarlem. XVIIe siècle. Hollandais.
Peintre de portraits.
On connaît de lui un *Portrait d'homme* signé et daté de 1630.

DORNE Johann von
XIXe siècle. Actif à Louvain au début du XIXe siècle. Allemand.
Peintre de fleurs.

DORNE Martin Van
Né en 1736. Mort en 1808. XVIIIe siècle. Éc. flamande.
Peintre de natures mortes, fleurs et fruits.
Actif à Louvain. Il fut le père de François.
Ventes Publiques : Londres, 27 mai 1966 : *Nature morte aux fleurs et fruits* : **GNS 1 200** – Bruxelles, 16 mars 1972 : *Guirlande de fleurs* : **BEF 180 000** – Londres, 15 fév. 1980 : *Nature morte aux fleurs* 1771, h/t (33x46,2) : **GBP 3 200** – New York, 18 jan. 1984 : *Nature morte aux fruits et aux fleurs* 1780, h/t (61x48,2) : **USD 9 500** – New York, 15 oct. 1992 : *Natures mortes de fleurs et de fruits* 1784, h/t, une paire (57,8x41,3) : **USD 25 300**.

DORNE Peter Van
XVIe siècle. Actif à Anvers entre 1530 et 1550. Éc. flamande.
Enlumineur.

DORNEL Jacques
Né en 1775. Mort en 1852. XIXe siècle. Allemand.
Peintre d'histoire et de paysages.

Il fut nommé en 1808 directeur de la Galerie de Munich.

DORNEMANN Bartholomaus
XVIe siècle. Actif à Brunschwig vers 1569. Allemand.
Peintre.

DORNER Fridolin
Né en 1745 à Ehrenstetten-en-Brisgau. XVIIIe siècle. Allemand.
Peintre.
Il était le frère et fut l'élève de Johann Jakob Dorner l'Aîné.

DORNER Helmut
Né en 1952 en Forêt-Noire. XXe siècle. Allemand.
Sculpteur, puis peintre. Abstrait.
Entre 1970 et 1982, il suivit l'enseignement de Gerhard Richter à l'École des Beaux-Arts de Düsseldorf. Entre 1983 et 1985, il montre d'abord des sculptures lors de nombreuses expositions collectives. Puis, ses peintures ont figuré à la Haus Esters de Krefeld, à la Kunsthalle de Berne, et à la FIAC (Foire Internationale d'Art Contemporain) à Paris en 1993 et 1995 ; 1997 Saint-Étienne, *Abstraction/Abstractions – Géométries provisoires* au musée d'Art moderne. Il a présenté personnellement ses peintures à partir de 1987 dans plusieurs galeries à Francfort, Cologne, Düsseldorf, Paris (1995, double exposition, galerie Philippe Casini et galerie Nelson, Paris) et Lyon. Il enseigne depuis 1990 à l'École des Beaux-Arts de Karlsruhe.
Au début des années quatre-vingt, Helmut Dorner réalise des sculptures, très simples, en plâtre, évoquant des formes organiques ou des outils. Il vient ensuite à la peinture, dans laquelle se conjuguent deux expressions : d'une part, les huiles, travaillées dans la pâte, d'autre part les laques, austères, planes, immédiatement lisibles. Les unes et les autres sont exécutées dans le même temps et constituent fréquemment les différentes parties d'une même œuvre.
Bibliogr. : Éric Suchère : *Dorner contre Dorner*, Beaux-Arts, n° 129, Paris, déc. 1994 – Éric Suchère : *Helmut Dorner*, Art Press, n° 200, Paris, mars 1995 – in : *Abstraction/Abstractions – Géométries provisoires*, catalogue d'exposition, Musée d'Art Moderne, Saint-Étienne, 1997.
Musées : Châteaugiron (FRAC Bretagne) : *ICE* 1994, laque sur Plexiglas, h. et laque sur t. – Paris (FNAC) : *35* 1992.

DORNER Johann Conrad
Né le 15 août 1809 à Egg (près de Bregenz). Mort le 30 juin 1866 à Rome. XIXe siècle. Autrichien.
Peintre de portraits et d'histoire.
Élève de Cornelius, qui lui enseigna la peinture historique, il se rendit, en 1835, à Saint-Pétersbourg où il exécuta de nombreux portraits et tableaux d'autel. Après être retourné à Munich, il partit pour Rome en 1860 et y mourut. C'est dans cette dernière ville qu'il peignit ses meilleures œuvres, qui ont la plupart un caractère religieux. Munich possède de cet artiste une *Madone avec l'Enfant et saint Jean et l'Enfant Jésus*. Il était le petit-neveu de Johann Jakob l'Aîné.

DORNER Johann Jacob, l'Aîné
Né le 18 juillet 1741 à Ehrenstetten-en-Brisgau. Mort le 22 mai 1813 à Munich. XVIIIe-XIXe siècles. Allemand.
Peintre d'histoire, compositions religieuses, sujets allégoriques, scènes de genre, portraits, paysages animés, paysages, aquarelliste, graveur, dessinateur.
Il était le frère de Joseph et de Fridolin. Il travailla dans les genres les plus divers et laissa de nombreux portraits en même temps que des peintures historiques et religieuses, des paysages, voire des tableaux de genre. On cite parmi ses gravures : *Un vieillard assis* ; *Une jeune femme faisant la lecture à un vieillard.*

Musées : Berne : *Mort de Socrate.*
Ventes Publiques : Paris, 30 juin 1925 : *Composition allégorique*, attr. : **FRF 750** – Munich, 28 nov. 1979 : *Paysage fluvial animé de personnages* 1799, aquar./trait de pl. et craie (38,5x55) : **DEM 9 400** – Londres, 18 oct. 1995 : *Antioche et Stratonice* 1769, h/pan. (53x38,5) : **GBP 4 025** – Paris, 18 déc. 1996 : *Portrait de Rembrandt* 1767, grav. sur cuivre (19x15) : **FRF 19 000**.

DORNER Johann-Jakob, le Jeune
Né le 7 juillet 1775 à Munich. Mort le 14 décembre 1852 à Munich. XIXe siècle. Allemand.
Peintre de sujets militaires, paysages animés, paysages, aquarelliste, graveur, dessinateur.
Élève de son père Jakob et de Dir. Mannlich. Il fit des voyages d'études en Bavière, en Suisse et en France. Il était membre de l'Académie de Berlin en 1820, de Munich et de Vienne. Il s'est inspiré à la fois de Everdingen, Claude Lorrain et Ruysdael.
Musées : Munich : *Lac de Walchen – Ravin avec cascade – Dans la vallée du Lech – Près de Pasing.*
Ventes Publiques : Paris, 1852 : *Scène militaire* : **FRF 170** – Paris, 1867 : *Deux soldats chantent appuyés à une fenêtre* : **FRF 395** – Cologne, 8-9 mars 1904 : *Portrait de femme* : **DEM 105** – Munich, 6-8 nov. 1963 : *Temps orageux sur le lac* : **DEM 5 500** – Munich, 5-7 avr. 1967 : *Village au bord d'un lac* : **DEM 8 100** – Londres, 12 juil. 1977 : *Vue de Munich*, aquar. et cr. (27,9x41,2) : **GBP 700** – New York, 9 jan. 1980 : *Soldats et chevaux traversant une rivière sur des bacs*, aquar. (32x46) : **USD 2 600** – Munich, 28 nov. 1985 : *La Vallée de l'Inn* vers 1820-1825, h/t (43x57) : **DEM 20 000** – Munich, 4 juin 1987 : *Vue de Munich* 1812, aquar. (28,5x38) : **DEM 24 000** – Munich, 11 nov. 1987 : *Chasseur dans un paysage d'été* 1835, h/t (74,5x94,5) : **DEM 28 000** – Londres, 11 mai 1990 : *Paysage montagneux et boisé avec des personnages près d'un moulin à eau* 1830, h/t (58,5x66,5) : **GBP 6 600** – Londres, 18 juin 1993 : *Voyageurs dans un paysage montagneux et boisé* 1810, h/t (90x119) : **GBP 6 900**.

DORNER Joseph
Né vers 1736 à Ehrenstetten-en-Brisgau. XVIIIe siècle. Allemand.
Sculpteur.
Il était le frère de Johann Jakob l'Aîné avec lequel il vécut la plus grande partie de sa vie. Il travailla à Augsbourg puis, en Italie, à Trente et à Venise.

DORNER Moriz ou **Moritz**
Mort le 5 décembre 1661 à Soleure. XVIIe siècle. Vivant à Soleure au milieu du XVIIe siècle. Suisse.
Peintre.
D'après le Dr C. Brun, il devint bourgeois de Soleure en 1644, membre de la confrérie de Saint-Luc, et peignit son écusson dans le registre de la corporation.

DORNERIN Philiberte
Morte en 1792 à Lyon. XVIIIe siècle. Française.
Peintre.
Elle avait épousé, à Lyon le 21 octobre 1770, Antoine Favier, sculpteur sur bois. Elle peignait sur étoffes de soie.

DORNHART Job
XVIe siècle. Actif à Freiberg vers 1550. Allemand.
Peintre.
Il était sans doute fils d'Ulrich.

DORNHART Ulrich
XVIe siècle. Actif à Freiberg de 1510 à 1533. Allemand.
Peintre et sculpteur.
Il travailla à la décoration de la cathédrale de Freiberg.

DORNHEIM Johann Carl
Né en 1760 à Gotha. XVIIIe siècle. Allemand.
Graveur.
Il travailla de 1780 à 1810 à Leipzig et à Gotha.

DORNIER Alexandre Charles
Né le 12 juillet 1788 à Paris. XIXe siècle. Français.
Graveur.
Élève de Moisy. Il exposa au Salon de 1827 à 1841.

DORNIS Gustav von
XIXe siècle. Actif à Koburg. Allemand.
Sculpteur.
Il existe un médaillon de cet artiste représentant Rückert jeune à la maison de Goethe à Francfort-sur-le-Main.

DORNOIS Albert Pierre
Né à Sévigny (Orne). XIXe siècle. Français.
Peintre.
Élève de Lalanne et de l'École des Beaux-Arts, il envoya ses fusains au Salon de Paris dès 1878 et obtint une mention honorable à l'Exposition Universelle de 1889. Le Musée de Rouen possède de lui : *Les lavoirs de Vitré.*

DORNY Bertrand
Né le 2 juillet 1931 à Paris. XXe siècle. Français.

Graveur, peintre de collages, dessinateur, sculpteur, illustrateur. Tendance abstraite.

Il commence sa formation dans l'atelier d'Othon Friesz en 1948, la poursuit dans celui d'André Lhote en 1952. Peintre à ses débuts, Bertrand Dorny s'est initié en 1955 à la gravure dans l'Atelier J. Friedlaender. Après avoir été professeur de dessin à l'Académie de la Grande Chaumière, il a enseigné la gravure à l'École Nationale des Beaux-Arts de Paris de 1975 à 1979. Il fut membre du Comité National de l'Estampe et du Comité National du Livre Français Illustré. Il est membre de la Société des Peintres-Graveurs Français. Il participe à de nombreuses expositions collectives, d'entre lesquelles, à Paris : le Salon de la Jeune Peinture, la Biennale de la Jeune Gravure Contemporaine dont il fut sociétaire, le Salon de Mai dont il fut un temps membre du comité, le Salon des Réalités Nouvelles, le groupe *Schèmes*, la Biennale des Jeunes Artistes, la Biennale d'Angoulême, la Biennale de Cracovie (Prix de la Biennale en 1970), 1991 *Rencontres, 50 ans de collages*, exposition organisée par Françoise Monin, galerie Claudine Lustman, 1991 *Pilleurs d'Épaves*, au Chateau-Musée de Dieppe, ainsi qu'à de très nombreuses expositions de groupe à l'étranger. Il montre les différents aspects de son travail dans de nombreuses expositions particulières, dont : 1956, Carl Seimbab Gallery, Boston ; 1965, Galerie du Haut-Pavé, Paris ; 1968, La Nouvelle Gravure ; depuis 1969, Galerie P. Bruck-Jean Aulner (Luxembourg) ; 1970, Galerie La Pochade, Paris ; entre 1972 et 1990, Galerie La Hune, Paris ; 1976, 1978, 1981, 1986, Galerie J. Matarasso, Nice ; 1977, 1984, Château-Musée, Dieppe ; entre 1979 et 1993, Galerie Erval, Paris ; 1986, Artothèque, Toulouse ; 1987, 1989, Galerie Denise Cadé, New York ; 1987, Galerie Arlette Gimaray, Paris ; 1990 présenté pour ses *Bois flottés* par la galerie Erval à la FIAC (Foire Internationale d'Art Contemporain, Paris) ; 1992, *50 livres à la Réserve de la Bibliothèque Nationale*, Paris ; 1992, Salon d'Art Graphique Actuel (SAGA) Grand Palais, Paris présentée par la Galerie du Luxembourg ; 1995, *Papiers pliés (Vitrines, Places et autres lieux)*, galerie le Troisième Œil, Paris ; 1995, *Les Livres de Bertrand Dorny*, galerie de la Bibliothèque publique d'information, Centre Georges Pompidou, Paris.

Graveur depuis 1957, attiré par le relief il se forma à la pratique de la gravure à l'eau forte. Les formes qui constituent nombre de gravures – l'œuvre gravé est de six cents planches – ont souvent été d'origine orthogonale, fondées sur des verticales et horizontales (la série des *Falaises* et des *Paysages*) mais que tempèrent parfois quelques sinuosités, allant jusqu'à privilégier avec la *Suite des Architectures non Répertoriées* (1978-1979) l'ondulatoire. Selon les périodes, les choix chromatiques de l'artiste ont varié. Il se tint un long temps à des harmonies discrètes et raffinées de gris teintés, d'ocres chaleureux et de bruns profonds, mises en valeur par l'intervention éventuelle d'un blanc éclatant, puis, sur des fonds peu teintés, il a fait retentir les cuivres des jaunes et rouges et les cordes des verts et bleus. Depuis quelques années, il cherche à faire vibrer une certaine fluorescence des couleurs. Dans ses collages, B. Dorny, déchire, découpe, colle et plie ses papiers d'origines diverses et insolites. Un savoir-faire original décrit par Bernard Noël, dans le livre : *Bertrand Dorny ou le Roman de Papier*. Parallèlement, il conquiert la troisième dimension en exécutant des sculptures en fonte et en bronze de petite taille et avec la série des *Topomorphoses* : des structures en bois, logées dans des boîtes, vitrées sur la face frontale, à la croisée de la sculpture, du collage et du dessin. Avec les *Bois flottés*, ramassés sur les grèves normandes (Pays de Caux), c'est d'un assemblage, lié au voyage et à la mémoire, auquel il nous invite. Ces ensembles de morceaux de bois, aux couleurs peintes ou naturelles, traces de parcours puis d'abandon, sont réunis et chevillés les uns aux autres. Outre quelques tapisseries commandées par le Mobilier National, B. Dorny a aussi réalisé, depuis 1981, des sculptures d'intégration architecturale pour des bâtiments publics, souvent en collaboration avec M. Potié, architecte du *Groupe 6* de Grenoble. Il a en outre réalisé de nombreux livres typographiques et collages-manuscrits, ces derniers de formats très variés, (petits, oblongs, pyramidaux, en forme de fleurs, de bulle, dans des boîtes d'allumettes...) avec des auteurs et poètes contemporains tels que : G. Marester, A. Marfaing, Kenneth White, M. Butor, B. Noël, E. Guillevic, L. Scheler, M. Lebot, Cioran, M. Deguy, Zeno Bianu... Dans sa diversité de techniques, plastiquement l'œuvre de Dorny présente une remarquable cohérence stylistique. Solitaire dans son acte créateur, il en dit : « ce qui m'intéresse c'est de devenir autre, même avec des moyens très simples. C'est en devenant différent que l'artiste acquiert une certaine plénitude. » ■ C. D., J. B.

Bibliogr. : F. Woiment : *Dorny sur zinc*, Nouvelles de l'Estampe, n° 3, Paris, mai 1972 – G. Marester : *Ordre et sensibilité chez Dorny*, catalogue raisonné des gravures éditées par l'Œuvre Gravé 1969-1973, Berne 1974 – G. Plazy : *Entretien*, catalogue du Centre d'Action Culturelle de Montbéliard, 1979 – B. Gheerbrant : *Lecture pour une œuvre gravée, catalogue raisonné de l'œuvre gravé 1967-1980*, Sources, Paris, 1981 – R. Herbert : *Dorny, 20 ans de gravure*, Smi, Paris, 1987 – Bernard Noël : *Bertrand Dorny ou le Roman de Papier*, Ubacs, Collec. « Pour Voir », Rennes, 1989 – Jean-Luc Chalumeau : *Papiers pliés. Bois flottés*, in : *Opus International*, n° 121, sept-oct. 1990.

Musées : Alès (Mus. P.A. Benoit) – Angoulême – Aubusson (Mus. dép. de la Tapisserie) – Bilbao – Boston (Mus. of Fine Arts) – Bruxelles (Bibliotheca Wittockiana) – Cambridge (The Houghton Library, Harvard Univ.) – Chicago (Art Inst.) – Cracovie – Dieppe – Gravelines – Grenoble – Haïfa – Hanovre – Le Havre (Mus. des Beaux-Arts) – Luxembourg (Mus. d'État) – Madrid (BN) – Marseille (Mus. Cantini) – Montbéliard – Mont-de-Marsan – Mulhouse (Cab. des Estampes) – New Haven (Beinecke Rare Book Library, Yale Univ.) – New York (Library Rare Book coll.) – Nice (Bibl.) – Nice – Paris (Mus. d'Art Mod. de la Ville) – Paris (CNAC) – Paris (BN) – Paris (Mobilier Nat.) – Paris (Mus. de l'Affiche) – Paris (Mus. de l'École des Beaux-Arts) – Paris (Chalcographie du Mus. du Louvre) – Québec – Rouen (FRAC) – Skopje (Mus. d'Art Contemp.) – Toulouse (Bibl. de la Ville) – Washington D. C. (Library of Congress).

Ventes Publiques : Paris, 26 sep. 1989 : *Collage et gche/c* 1985 (24x35) : **FRF 4 000**.

DOROFEEV Alexandre

Né le 28 avril 1954 à Kazan. xxe siècle. Russe.

Peintre de compositions animées, figures, nus, natures mortes, dessinateur. Tendance fantastique.

Il fut élève de l'Institut des Beaux-Arts de Kazan, en architecture et en peinture. À partir de 1979, il travailla comme architecte et designer à Kazan. Il pratique alors la peinture en franc-tireur, n'étant pas homologué à l'Union des Peintres. Il participe à diverses expositions collectives en Russie, Finlande, Pologne. En 1987 et 1992, il réussit à présenter à Kazan deux expositions personnelles de ses œuvres, non sans provoquer quelques remous. Ses compositions animées illustrent les horreurs de la guerre et les étrangetés de la vie sur un mode fantastique associant Jérôme Bosch, Jacques Callot et les collages surréalistes. Les figures, nus isolés et quelques tentatives de monstres hybrides, moins convaincants, visent à l'expressionnisme par l'artifice de timides déformations. Les nombreuses natures mortes forment un domaine à part ; composées d'objets usuels sobrement dessinés et coloriés, elles constituent la partie apaisée de l'œuvre.

Bibliogr. : Catalogue de la Vente *Alexandre Dorofeev*, Salle Drouot, Paris, 22 mars 1993.

Musées : Kazan.

Ventes Publiques : Paris, 22 mars 1993 : *Actrice* 1988, h/cart. (85x120) : **FRF 3 500** ; *Étape* 1989, h/cart. (121x230) : **FRF 4 000** ; *Nature morte avec un pêcheur sur le fond du tableau* 1992, h/cart. (55x110) : **FRF 4 600**.

DOROFEJ

xviie siècle. Actif à Lemberg. Polonais.

Graveur.

On lui doit l'illustration d'Évangiles publiés à Lemberg en 1670.

DOROGOFF Alexander Matvjejevitch

Né en 1819. Mort en 1850 à Saint-Pétersbourg. xixe siècle. Russe.

Peintre.

Il fut élève de Vorobjeff. Le Musée Russe à Leningrad possède de lui des paysages à l'aquarelle.

DORON Sébastien

xviiie siècle. Actif à Lunéville entre 1750 et 1756. Français.

Sculpteur.

DOROPOULOS Vassilis

Né le 13 août 1942 à Kastoria. xxe siècle. Depuis 1965 actif aussi en France. Grec.

Sculpteur de figures, groupes, monuments, médailles.

Il fit ses études en 1965 à l'École des Beaux-Arts de Paris, abor-

dant d'abord la peinture entre 1965 et 1967, puis la sculpture de 1967 à 1972, dans l'atelier d'Étienne-Martin.
Il a figuré dans de nombreuses expositions collectives en France, parmi lesquelles : en 1968-1969-1970 le Salon des Artistes Français, recevant une mention honorable en 1969 ; en 1974 le Salon des Artistes Indépendants ; en 1974 et 1975 le Salon de Mai ; en 1979 le Salon de la Société Nationale des Beaux-Arts ; en 1981 la IIe Triennale Européenne de Sculpture ; en 1982 et 1984 le Salon de la Jeune Peinture ; au Musée Rodin *Formes humaines* – Biennale de Sculpture Contemporaine en 1972-1974-1976-1978 ; en 1985 à l'Hôtel-de-Ville de Paris *Artistes grecs de Paris* ; à Toulouse au Musée des Augustins en 1984 *20 Sculpteurs et leurs Fondeurs* ; à Lyon en 1983 au Palais des Expositions *Rencontre des Arts « Regain »* et en 1985 *Hommage à la Fonderie* au Musée des Beaux-Arts. En Grèce à Athènes il a figuré en 1971-1973-1975 aux XIe, XIIe et XIIIe Expositions Panhelléniques ; en 1978 à la Biennale de Sculpture au jardin de Filothei ; en 1979 au Syndicat des Sculpteurs Grecs ; en 1981 à la IIIe Biennale Internationale de Sculpture Contemporaine au Musée Polychronopoulos ; en 1982 au Skironio Museum *100 petits bronzes et autres matériaux*. À Florence en Italie il a figuré dans une exposition Internationale de Médailles Contemporaines au Pallazzo Medici-Riccacli en 1983. Il a exposé personnellement à partir de 1967 en Grèce et à Paris, notamment en 1993, à la Maison de l'UNESCO à Paris.
Il a réalisé plusieurs médailles pour l'Hôtel-des-Monnaies de la Ville de Paris. La figure humaine constitue le thème principal de la sculpture de Doropoulos, qui tend à la monumentalité. Taillées dans le marbre ou moulées dans le ciment, *Antigone – Athéna*, les figures massives s'élèvent telles des colonnes antiques. Il a réalisé de nombreux groupes, ramassés, compacts, rivés au sol, images de la solidarité des hommes face aux aléas de la vie. Il a mené des recherches dans le domaine de la sculpture polychrome, en réminiscence des sculptures antiques qui furent peintes dans des couleurs vives, ensuite effacées au fil des siècles. Il a exécuté plusieurs monuments en Grèce : *Paix* en bronze à Thessalonique, *Résistance* en bronze à Korydallos, *Réconciliation* en bronze à Athènes.
Bibliogr. : Ionel Jianou, in : *La Sculpture moderne en France*, Arted, Paris, 1982 – divers : Catalogue de l'exposition *Vassilis Doropoulos « Doros »*, Maison de l'UNESCO, Paris, 1993, bonne documentation.
Musées : Athènes (Mus. Levendis) : *La danse grecque* 1975 – Athènes (Mus. Polychronopoulos) : *Athéna* 1981 – Paris (FNAC) : *La fuite* 1983.

DOROSZ Marie
XXe siècle. Française.
Sculpteur. Abstrait.
Elle expose à Paris, aux Salons des Réalités Nouvelles et Grands et Jeunes d'Aujourd'hui.
Ses bronzes dorés, aux formes curvilignes, évoquent des éléments anthropomorphiques.

DOROTHEA von Riethain
XVe-XVIe siècles. Allemande.
Peintre de miniatures.
Vers 1500, elle illustra le manuscrit qui se trouve actuellement à la Bibliothèque de Munich.

DOROTHEOS I
Ve siècle avant J.-C. Argien, travaillant au Ve siècle avant Jésus-Christ. Antiquité grecque.
Sculpteur.
Serait l'auteur d'une statue de *Cérès*, consacrée à Hermione, en Argolide, par Aristodéme.

DOROTHEOS II
IVe ou Ier siècle avant J.-C. Actif à Olynth. Antiquité grecque.
Sculpteur.
On a retrouvé ce nom sur le socle d'une statue de *Pompée*. Mais il est possible que ce socle ait servi auparavant à une autre statue beaucoup plus ancienne.

DOROTHEOS
XIVe siècle. Éc. byzantine.
Miniaturiste.
Il illustra des Évangiles et fut abbé du couvent du Mont Athos.

DOROTHEOS
Antiquité grecque.
Peintre.
Il exécuta à une époque inconnue une Copie de l'*Anadyomène* d'Apelles, qui fut conservée au temple de César à Rome.

DORP Dircksz Van
XVIIIe siècle. Hollandais.
Peintre.

DORP Geeraerd Van
XVIIe siècle. Actif à Anvers. Éc. flamande.
Peintre miniaturiste.
Il était, en 1668, élève de Marcus Lommelin.

DORPE Joris Van den
XVIe siècle. Actif à Bruges vers 1560. Éc. flamande.
Peintre.

DORPH Anton Laurids Johannes
Né le 15 février 1831 à Horsens. Mort en 1914. XIXe-XXe siècles. Danois.
Peintre d'histoire, compositions religieuses, scènes de genre, portraits.
Après avoir fréquenté l'école métropolitaine à Copenhague, Dorph abandonna ses études pour se vouer à l'art. Il fut élève de l'Académie depuis 1845 et travailla en même temps dans l'atelier de peinture d'Eckersberg. En 1859, après avoir reçu la bourse de l'Académie, Dorph fit un voyage d'étude à l'étranger et visita surtout l'Italie. Membre de l'Académie en 1871, il fut nommé chevalier de Danebrog en 1877 et reçut le titre de professeur en 1893.
Il s'acquit de bonne heure une réputation comme portraitiste. Un de ses portraits : *Le sculpteur Evens modelant le buste du professeur Dorph*, eut beaucoup de succès et lui valut le prix Neuhausen. Mais il s'est fait remarquer surtout par des scènes paisibles de la vie populaire reproduites avec un sentiment délicat. La même expression de douce gravité et de paix se retrouve dans ses tableaux d'autel assez nombreux et parmi lesquels on peut citer : *Jésus Christ sur la croix*, à l'église de Galten ; *Jésus chez Marie et Marthe*, à l'église Saint-Étienne à Nörrebro ; *Jésus accueille les petits enfants*, à l'église de Holmen. Ses principaux tableaux de genre sont : *La jeune femme du pêcheur attend le retour de son mari* ; *Enfants dans les dunes* (Musée royal de peintures) ; *Dans la pluie* ; *Pêcheurs sur la plage*.
Musées : Copenhague : *Jeune paysanne tricotant – Pêche d'orphies*.
Ventes Publiques : Copenhague, 26 mars 1974 : *Le galant entretien* 1878 : **DKK 9 000** – Copenhague, 24 août 1982 : *La partie de cartes* 1858, h/t (135x178) : **DKK 18 000** – New York, 31 oct. 1985 : *Pêcheur tirant les filets* 1859, h/t (101,5x140,1) : **USD 7 000** – Copenhague, 19 mars 1986 : *Scène champêtre en été* 1882, h/t (66x93) : **DKK 47 000** – Copenhague, 6 mai 1992 : *Mère et son enfant debout sur une jetée* 1891, h/t (28x44) : **DKK 7 800** – Londres, 18 mars 1994 : *La jeune visiteuse* 1897, h/pan. (36,8x27,3) : **GBP 8 050** – Copenhague, 7 sep. 1994 : *Un pêcheur de Hvidlinge* 1878, h/t (37x45) : **DKK 7 000.**

DORPH Berta Olga Vilhelmine Horlich, née **Green**
Née le 4 juin 1875 à Copenhague. XXe siècle. Danoise.
Peintre de portraits, de figures, de fleurs, d'intérieurs.
Elle a décrit la vie tranquille de la campagne danoise.
Ventes Publiques : Londres, 16 mars 1989 : *La fenêtre ouverte*, h/pan. (75x63,5) : **GBP 3 080** – Londres, 29 mars 1990 : *La lettre*, h/t (119,5x99,4) : **GBP 7 700** – Copenhague, 29 août 1990 : *Bouquet de rhododendrons dans un panier* 1919, h/t (58x94) : **DKK 7 000** – Copenhague, 14 fév. 1996 : *Petite fille blonde* 1914, h/t (46x40) : **DKK 9 000.**

DORPH Niels Vinding
Né le 19 septembre 1862 à Hadersler. Mort en 1931. XIXe-XXe siècles. Danois.
Peintre de genre, portraits, paysages.
Neveu d'Anton. Il vint à Copenhague en 1864. Il fut admis à l'Académie en 1880 après avoir fréquenté l'école de la société technique pendant son apprentissage chez Weber, peintre industriel.
Dorph exposa régulièrement, depuis 1884, des portraits et des tableaux de genre. Un de ces derniers : *Joueurs de Lawn-Tennis*, fut très remarqué. Il fit, en 1886, un voyage d'étude à ses frais ; l'Académie lui accorda une petite bourse en 1890. A Berlin, en 1891, il obtint une mention honorable. Le legs Bjelke lui fut alloué en 1892.
Ventes Publiques : Londres, 10 fév. 1995 : *Femme sur une terrasse regardant le panorama* 1907, h/t (82x113) : **GBP 3 680** – New York, 17 jan. 1996 : *Jardin au clair de lune* 1911, h/t (99,1x124,5) : **USD 805.**

DORR Carl
Né en 1777. Mort en 1842. XIXe siècle. Allemand.

Peintre de portraits, paysages, dessinateur.
Actif à Tübingen (Allemagne), il travailla à Burgdorf vers 1808. On connaît de lui une suite de six *Vues de Burgdorf* et de ses environs, ainsi que quatre *Vues du Leukerbad*. On cite aussi quelques portraits.
Ventes Publiques : Munich, 29 juin 1982 : *La Loreley*, encre et aquar. (26,5x43,5) : **DEM 800**.

DORR Otto Ehrig Friedric August
Né le 3 décembre 1831 à Ludwigslust. Mort le 18 novembre 1868 à Dresde. XIXe siècle. Allemand.
Peintre de genre.
Il fit ses études à l'Académie de Berlin et à Paris sous la direction de Bonnat.
Musées : Berlin : *L'Elbe près de Bethin* – Hambourg : *La sœur de l'artiste – Intérieur de l'église de Warnemünd.*

DORRA
XXe siècle. Français.
Peintre.
A figuré avec des compositions très abstraites, constituées de structures élémentaires, points de couleur et lignes, au Salon des Réalités Nouvelles, à Paris, en 1954 et 1955.

DORRE WILTSCHUT Huig Van. Voir **WILTSCHUT Huig Van DORRE**

DORRÉE Émile
Né le 27 septembre 1885 à Paris. Mort en 1959. XXe siècle. Français.
Peintre de paysages.
Il fut élève de Jules Lefebvre, Tony Robert-Fleury, et Jules Moteley. Sociétaire du Salon des Artistes Français, il reçut une deuxième médaille en 1929. Il obtint également le Prix des Paysagistes en 1924, le Prix Corot en 1929, et la médaille d'argent à l'Exposition Universelle de 1937.
Il peignit de nombreuses vues du Cotentin.
Ventes Publiques : Paris, 5 nov. 1991 : *Chemin de la baie à Urville-Hague (Manche)* 1936, h/t (81x54) : **FRF 5 200** ; *Chemin du château à St-Pierre-Eglise (Manche)* 1937, h/pan. (56x77) : **FRF 9 800** – Calais, 4 juil. 1993 : *Allée ombragée dans le parc* 1936, h/t (81x54) : **FRF 4 500**.

DORREGO Rolando
Né en 1943 à La Havane (Cuba). XXe siècle. Vénézuélien.
Peintre, sculpteur.
Il figura en 1967 et 1968 au Salon officiel des artistes vénézuéliens à Caracas. Il expose personnellement au Venezuela, en Colombie et à New York.
Il étudia le dessin à Caracas puis à l'Art Student's League à New York. Il détourne des meubles ménagers de leur fonction en les peignant comme des objets de rêve issus de contes de fées enfantins.

DORRELL Edmund
Né en 1778 à Warwick. Mort le 28 février 1857 à Londres. XIXe siècle. Britannique.
Peintre de scènes de genre, paysages animés, paysages, aquarelliste.
Élevé par son oncle (un médecin) qui le destinait à la même profession que lui et qui, voyant les dispositions de son neveu, l'aida cependant dans ses études artistiques. Il travailla surtout à Londres, comme aquarelliste.
À partir de 1807, jusqu'en 1836, il fit des envois à l'Académie royale, à la Société des artistes britanniques et à l'ancienne Société royale des aquarellistes. Il devint associé de cette dernière en 1809, membre la même année, et donna sa démission en 1812.
Ses tableaux représentent le plus souvent des paysages et des scènes rustiques.
Musées : Londres (Victoria and Albert Mus.) – Manchester : Aquarelle.
Ventes Publiques : Londres, 14 oct. 1969 : *Paysage*, aquar. : **GNS 85** – Londres, 18 mars 1980 : *Cheval dans un paysage boisé*, aquar. (22x27,5) : **GBP 320** – Londres, 14 juil. 1987 : *Swansea from the road to Briton Ferry*, aquar. (30x42,7) : **GBP 1 300**.

DORRENBACH
XVe siècle. Actif à Sagan en 1493. Allemand.
Sculpteur sur bois.
Ils étaient deux frères.

DORRENBACH Franz
Né le 11 février 1870 à Düsseldorf. XIXe-XXe siècles. Allemand.
Sculpteur.
Il figura à Paris, au Salon des Artistes Français où il obtint une mention honorable en 1910.

DORRINGTON George
XIXe siècle. Actif à Londres au début du XIXe siècle. Britannique.
Graveur sur bois.
Le British Museum de Londres possède des œuvres de cet artiste.

DORRONSORO Maria Antonia
Née à Gadès. XIXe siècle. Espagnole.
Peintre.
Exposa à Cadix en 1858.

DORROS George
Né à Athènes. XXe siècle. Naturalisé aux États-Unis. Grec.
Peintre.
Il exposa à Paris au Salon des Indépendants en 1932.

DORS
XVIIIe siècle. Actif à la fin du XVIIIe siècle. Polonais.
Peintre.
Il exécuta des peintures religieuses pour différentes églises de Galicie.

DORS Mirabelle
Née en Moldavie. XXe siècle. Active en France. Russe.
Peintre, sculpteur. Surréaliste, puis Figuration Critique.
Elle tenta d'abord d'animer des groupes surréalistes en Europe de l'Est, puis vint à Paris, où elle fut accueillie en 1952 par André Breton. Elle fut intégrée au groupe de *L'étoile scellée* avec Clovis Trouille ; avec ce dernier et Maurice Rapin, qui deviendra son mari, ils se rapprochèrent de Magritte, avant de fonder la « Tendance populaire surréaliste ». Elle fut présidente du Salon de la Jeune Peinture, et à la suite fonda, en 1978, le Salon Figuration Critique.
Ses œuvres mettent en scène des populations de formes, d'images, de masques, créant un monde soit féerique, soit cauchemardesque. Magritte, qui l'a encouragée, dit de son art qu'il est à la fois populaire, politique et social, ce qui définit finalement assez bien l'objectif du Salon Figuration Critique.
Bibliogr. : In : *Dictionnaire général du surréalisme et de ses environs*, Presses Universitaires de France, Paris, 1982 – Mirabelle Dors et Maurice Rapin : *Mirabelle et Rapin*, avec appareil documentaire, API édit., Paris, 1991.
Ventes Publiques : Paris, 8 juin 1994 : *Départ sur fond de flammes*, h/pan. (106x76) : **FRF 5 500**.

DORSCH Ferdinand
Né le 10 décembre 1875 à Fünfkirchen. Mort en 1938. XIXe-XXe siècles. Allemand.
Peintre de portraits, compositions animées.
Cet artiste s'établit très jeune à Dresde où il fit ses études artistiques. Après un bref séjour à Vienne, il retourna à Dresde définitivement.
Il a réalisé des portraits officiels comme celui du *Prince Johann Georg de Saxe* mais également de grandes compositions d'imagination.

F. Dorsch

Ventes Publiques : Cologne, 26 mars 1976 : *Nu au perroquet* 1919, h/t (80x100) : **DEM 3 500** – Vienne, 14 déc. 1982 : *Le parc*, h/t (126x97) : **ATS 30 000** – Cologne, 18 mars 1983 : *« Im Cafe »*, gche (23,5x30) : **DEM 3 500** – Londres, 3 déc. 1985 : *La fête dans le jardin*, h/t (90x126) : **GBP 1 400** – Cologne, 24 oct. 1986 : *Nu couché au perroquet* 1901, h/t (80x100) : **DEM 8 500** – Copenhague, 6 mars 1991 : *Intérieur – La chaise rouge*, h/t (63x50) : **DKK 13 000**.

DORSCH Georg
XVIIIe siècle. Actif à Bayreuth. Allemand.
Sculpteur.
Il fut élève de Johann Schnegg.

DORSCH Johann Baptist
Né en 1744 à Bamberg. Mort le 29 novembre 1789 à Dresde. XVIIIe siècle. Allemand.
Sculpteur.
Il fut élève de F. Titz et reçut le titre de sculpteur de la cour de Saxe. On cite de lui le *Tombeau du chevalier de Saxe* (vers 1774) et les décorations du Palais Japonais de Dresde.

DORSCHWILER
XIXe siècle. Allemand.
Peintre et dessinateur.
Cité par Mireur.
Ventes Publiques : Paris, 1863 : *Singes à table*, dess. : **FRF 56.**

DORSMAN
Né en 1765. Mort en 1825. XVIIIe-XIXe siècles. Hollandais.
Peintre miniaturiste.
Travailla à Leyde.

DORSSELAER Jan Van ou **Dosselaer**
XVIIIe siècle. Éc. flamande.
Peintre d'histoire.
Il aurait exécuté douze peintures qui subsistent encore à l'abbaye Saint-Pierre à Gand.

DORST Benedikt
Né vers 1591 à Amberg. XVIIe siècle. Allemand.
Peintre.
Il aurait travaillé pour l'église Saint-Martin à Amberg.

DORST G.
XVIIIe siècle. Actif au milieu du XVIIIe siècle. Hollandais.
Graveur.
On cite de lui : *Quarante feuilles pour « Pierres antiques gravées tirées des principaux cabinets de la France »*, d'après Élisabeth-Sophie Chéron. Peut-être faut-il l'identifier avec le graveur Gottfried Dorst dont parlent Zani et Heinecken.

DORST Pieter Adriaensz Den
XVIIe siècle. Actif à Delft au début du XVIIe siècle. Hollandais.
Peintre.

DORSTE J. V.
Hollandais.
Portraitiste.
Le Musée de Dresde conserve un *Portrait d'homme* portant cette signature. On croit que cette œuvre peut être attribuée à Geraert Droet (Voir ce nom).

DORSTEN Jacob Van
Né sans doute à Dordrecht. Mort en janvier 1674 à Amsterdam. XVIIe siècle. Hollandais.
Peintre de portraits et d'histoire.
On cite de lui des natures mortes, un autoportrait et des copies d'après Rembrandt.

DORT Jacob Van. Voir **DOORT**

DORT Abraham Van der. Voir aussi **DOORT**

DORT Abraham Van der
XVIe-XVIIe siècles. Allemand.
Peintre.
Il travaillait en 1609 au château de Gottorp. Il semble qu'il partit pour Londres où il se distingua comme portraitiste. Mais il y a peut-être confusion avec Abraham Van der DOORT.

DORT Adriaen Van
XVIIe siècle. Hollandais.
Peintre de paysages et de sujets militaires.
Peut-être peut-on l'identifier avec A. Van Dort dont on connaît une peinture signée et datée 1688 dans le style de Wouverman, dont il était élève.
Musées : Lille : *Melchisédec bénissant Abraham.*
Ventes Publiques : Paris, 1756 : *Tête de vieillard*, dess. au cr. noir : **FRF 78.**

DORT Balten Van
XVIe siècle. Actif à Anvers au début du XVIe siècle. Éc. flamande.
Peintre.

DORT Jacob Van der. Voir **DOORDT**

DORTAN François Roger de
Né à Apt (Vaucluse). XIXe siècle. Français.
Peintre sur émail.
Élève de Grandhomme. Il exposa au Salon à partir de 1877.

DORTER Anton
XVIIe siècle. Actif à Rome en 1620. Éc. flamande.
Peintre.

DORUS Eulalie, née **Singry**
XIXe siècle. Française.
Peintre de portraits.
Au Salon de Paris elle envoya ses miniatures de 1833 à 1837. Elle était fille du miniaturiste Jean-Baptiste Singry.

DORVAL-DÉGLISE Jacques
Né au XIXe siècle à Alger. XIXe siècle. Français.
Sculpteur.
Élève de Delaplanche. Il débuta au Salon de 1881 avec : *Portrait de M. Deglesé*, buste terre cuite. Le Musée d'Alger conserve de lui : *Pauvre aveugle.*

DORVILLE Anne
XVIIIe siècle. Actif à Paris en 1760. Français.
Peintre.
Il était membre de l'Académie de Saint-Luc.

DORVILLE Jean
Né le 30 mars 1901 à Paris. Mort le 21 février 1986 à Paris. XXe siècle. Français.
Peintre de paysages, compositions à personnages, figures, peintre à la gouache, aquarelliste, lithographe, illustrateur, décorateur.
Fils du dessinateur politique Noël Dorville. Il fut élève de Paul Renouard à l'École Nationale des Arts Décoratifs de Paris. En 1919, il fut décorateur des spectacles *Art et Action*. Aux États-Unis, en 1920-1921, il ne se consacra qu'à l'art décoratif et fit des dessins pour la presse. À Paris, il figura aux Salons d'Automne et des Indépendants. Il exposa individuellement à Paris et en province. En 1994, la Mairie de Paris organisa une exposition rétrospective de son œuvre.
En 1927-1928, il réalisa les *Poèmes mécaniques*, quinze textes illustrés de dessins cubistes, préfacés par Max Jacob. En 1947, il publia l'album *Les Ponts de Paris*, qui inspira à Jacques Prévert le poème *Encore une fois sur le fleuve*. Il peignit des paysages de Corse, Provence, Bourgogne, du Limousin, de Géorgie et de Venise, et surtout d'Île-de-France et Paris.

Jean Dorville

Musées : Paris (coll. Nat.) : *Brouillard sur Mareil – Chemin de la gare à L'Étang-la-Ville.*
Ventes Publiques : Paris, 8 mars 1929 : *Aquarelle* : **FRF 60** – Paris, 23 mars 1945 : *Baigneuses* 1928 : **FRF 360** – New York, 17 mai 1945 : *Odalisque couchée dans un jardin* 1929, gche et aquar. : **USD 60** ; *Scène dans la rue* 1929, gche et aquar. : **USD 70.**

DORVILLE Noël
Né le 12 mai 1874 à Mercurey (Côte-d'Or). Mort le 6 octobre 1938 à Cosne-sur-Loire (Nièvre). XIXe-XXe siècles. Français.
Dessinateur, lithographe.
Il fut élève, à Paris, de William Bouguereau, de Fernand Cormon et du graveur Paul Renouard. Dessinateur politique, parlementaire et judiciaire, il collabora à *L'Assiette au beurre*, à *L'Illustration*, et à de nombreux journaux, *Le Matin*, *L'Écho de Paris*. Pendant la Première Guerre mondiale, il fut mobilisé dans les services du camouflage. En 1923, il fut fait chevalier de la Légion d'Honneur.
En 1904, il réunit en album un choix de ses dessins politiques *Défense et Bloc*. En 1905, il fut l'auteur d'un *Livre d'or de l'Exposition de Liège* ; en 1908 d'un *Livre d'or de l'Entente Cordiale*. Après la guerre, il réalisa des albums de lithographies consacrés à Aristide Briand, Georges Clémenceau, aux maréchaux Foch et Lyautey.
Ventes Publiques : Paris, 3 fév. 1992 : *Clémenceau et Alsacienne* 1918, past. (61x46,5) : **FRF 3 200.**

DORVILLIER Hector
XVIIIe siècle. Actif à Paris. Français.
Dessinateur et graveur amateur.
On cite parmi ses gravures : *La sainte Vierge et l'Enfant Jésus*, d'après Carlo Maratti ; *La jeune fille lisant*, *La jeune fille dessinant*, d'après de Favanne.

DORYKLEIDAS
VIe siècle avant J.-C. Actif à Lacédémone en 550 avant J.-C. Antiquité grecque.
Sculpteur.
Élève de Dipoïnos et de Scyllis, il travailla avec son frère Médon, à orner de statues d'or et divoire l'Héœum d'Olympie. Avec lui se définit une école lacédémonienne de sculpteurs spécialisés dans la fabrication de statues en bronze et ivoire. Sans doute, en rapport avec des centres crétois et orientaux, ces ateliers, avec Dorykléidas en tête, ont exécuté des statues chryséléphantines, faites d'or et d'ivoire.

DOS suivi d'un patronyme. Voir ce patronyme

DOSA Geza
Né en 1847 à Nagy Enyed. Mort en 1871 à Maros-Vasarhely. XIXe siècle. Hongrois.
Peintre.
Il fut l'élève de Szekely à Budapest. Le Musée des Beaux-Arts de cette ville possède de lui une grande composition historique : *Le prince Bethlen Gabor au milieu de ses disciples.*

DOSAMENTES Francisco
Né en 1911 à Mexico. Mort en 1986. XXe siècle. Mexicain.
Peintre de compositions à personnages, illustrateur, graveur.
Il étudia à l'académie San Carlos puis à l'école centrale des Arts Plastiques à Mexico. Il enseigna les arts plastiques dans plusieurs centres d'art mexicains et fut directeur de l'école de peinture de Capeche. Il a exposé à Mexico, New York, Washington, Philadelphie et Los Angeles.
Spécialisé dans la peinture stylisée et celle des motifs traditionnels, on cite une de ses lithographies *Femmes d'Oaxaca.* Il est l'auteur de nombreuses peintures murales.
Ventes Publiques : New York, 7 nov. 1980 : *Portrait d'un marin,* h/t (69,8x59,7) : **USD 2 700.**

DOSE Ferdinand Theodor
Né le 3 avril 1818 à Bündsdorf. Mort le 29 avril 1851 à Hambourg. XIXe siècle. Allemand.
Peintre.
Il fit ses études à Hambourg, Munich et Düsseldorf. Par la suite, il s'établit à Hambourg où il exécuta surtout des portraits.

DOSE Franz
Né le 24 mars 1868 à Kiel. XIXe siècle. Allemand.
Peintre de paysages et de marines.
Il fut élève de Wolperding et de Bergmann. Le Musée Teyler à Haarlem possède de lui : *Clair de lune.*

DOSE Hans
XVIIe siècle. Actif à Anvers. Allemand.
Sculpteur sur bois.
Il exécuta un crucifix à l'église Saint-Nicolas.

DOSI Edelberto
Né en 1852 à Parme. Mort en septembre 1891 à Parme. XIXe siècle. Italien.
Peintre.
Le Musée de Parme possède de lui un *Chemin de croix.*

DOSI Giuseppe
XVIIIe siècle. Actif à Piacenza. Italien.
Peintre de perspectives.
Il était fils de Marco Aurelio.

DOSI Marco Aurelio
XVIIIe siècle. Actif à Piacenza vers 1740. Italien.
Peintre de perspectives.
Il fut le père de Giuseppe.

DOSIN Augustin
Né le 3 janvier 1818 à Mons. XIXe siècle. Belge.
Sculpteur.
Il était le frère de Pierre. Il exposa des *Lions* en 1846.

DOSIN Pierre
Né le 30 avril 1809 à Mons. Mort le 17 février 1870 à Mons. XIXe siècle. Belge.
Sculpteur sur bois.
Il exposa à Bruxelles en 1842 un candélabre en bois.

DOSIO Dorostante Maria
XVIIe siècle. Actif à Bologne vers 1660. Italien.
Sculpteur.
Il travailla pour le Palazzo Publico de Bologne.

DOSIO Giovanantonio ou **Dosi**
Né en 1533 à Florence. Mort vers 1609 à Rome. XVIe siècle. Italien.
Sculpteur et architecte.
Il fut élève de Raffaele da Montelupo. Il exécuta une statue intitulée l'*Espoir,* au tombeau de Giulio de Vecchi à l'église des Saints-Apôtres à Rome en 1556. Il travailla vers la même époque à Agnani et pour le pape Pie II. Il exécute également un buste d'*Annibale Caro* à l'église Saint-Laurent à Damaso, et un tableau à l'église Saint-Pierre à Montorio. Mais il se rendit surtout célèbre par les travaux d'architecture auxquels il se consacra durant la seconde partie de sa vie. A Florence, il construisit, dans un style sévère, la chapelle Gaddi à Santa Maria Novella, la chapelle Niccolini à Santa Croce, et le palais Larderel-Giacomini.

DOSIO Jules Antoine
XVIe siècle. Actif dans la seconde moitié du XVIe siècle. Italien.
Peintre d'histoire et dessinateur.
Cité par Mireur.
Ventes Publiques : Bruxelles, 1801 : *Un sacrifice païen,* dess. à la pl. lavé de bistre : **FRF 3,05.**

DOSLY
XVIIIe siècle. Actif à Nancy en 1750. Français.
Peintre et dessinateur.
On lui doit un « Recueil de principes de dessin ».

DOSPEVSKI Stanislas
Né en 1826. Mort en 1876. XIXe siècle. Bulgare.
Peintre.
On connaît de lui son *Autoportrait.*

DOSQUE P. T. Raoul
XIXe siècle. Actif au Bouscat (Gironde) au XIXe siècle. Français.
Peintre.
Sociétaire des Artistes Français depuis 1899, il figura au Salon de cette société.
Ventes Publiques : Paris, 4 mai 1928 : *Bords de rivière :* **FRF 110.**

DOSQUE Pierre Toussaint
Né dans la seconde moitié du XIXe siècle à Cenon-la-Bastide (Gironde). XIXe siècle. Français.
Peintre de paysages.
Élève de Cazin et Rapin. C'est en 1889 qu'il débuta au Salon des Artistes Français.

DOSSE
XVIIIe siècle. Actif à Nancy en 1788. Français.
Dessinateur.

DOSSE André
Né à Paris. XXe siècle. Français.
Aquarelliste, peintre de fleurs.

DOSSENA Carlo
Originaire de Breslau. Allemand.
Sculpteur sur bois.
Il travailla pour l'église de Sarezzo.

DOSSER Johann Michael
XVIIIe siècle. Actif à Schnaittach. Allemand.
Sculpteur.
Il travailla entre autres pour plusieurs églises à Auerbach et à Dornbach.

DOSSER Peter
XVIe siècle. Actif au Tyrol. Autrichien.
Sculpteur sur bois.
Le Musée d'Innsbruck possède de cet artiste plusieurs peintures religieuses.

DOSSETTI Joseph-Dominique
Né le 15 février 1923 à Marseille (Bouches-du-Rhône). XXe siècle. Français.
Peintre de compositions allégoriques, paysages, marines, fleurs et fruits, peintre à la gouache, aquarelliste.
Il suivit les cours du soir aux Écoles des Beaux-Arts de Grenoble et Marseille. Il vit et travaille à Marseille. Il participe à des expositions collectives, notamment en 1978 à Marseille et Avignon. Il présente ses œuvres dans des expositions personnelles depuis 1977, surtout à Marseille.
Il peint surtout des paysages et marines de Provence, des tableaux de fleurs. Il réalise aussi des compositions à personnages sur les thèmes qu'il définit comme symboles, mythes et rêveries.

J.D Dossetti

Bibliogr. : Divers : Catalogue de l'exposition-vente *J.-D. Dossetti,* Salle Drouot, Paris, 23 déc. 1992.
Ventes Publiques : Paris, 19 mai 1995 : *Nature morte aux fruits,* h/t (60x73) : **FRF 9 500.**

DOSSEUR François Xavier
Mort en 1944, dans les combats du front de Normandie. XXe siècle. Français.

Peintre de portraits, d'intérieurs, de fleurs, de paysages.
Il exposa à Paris, au Salon des Tuileries entre 1932 et 1935 et au Salon des Artistes Indépendants. Une Association des Amis de Dosseur fut présidée par Georges Desvallières.

DOSSI Battista, de son vrai nom : **Battista de Luteri,** parfois **Battista di Niccolo Luteri**
Né vers 1474. Mort sans doute en 1548. xve-xvie siècles. Italien.
Peintre de compositions religieuses, paysages, caricaturiste.
Paysagiste et caricaturiste, élève de Lorenzo Costa, il travailla toujours avec son frère Giovanni dont il ne se sépara pas, malgré le peu de sympathie qu'il y avait entre eux. D'une humeur difficile, il avait un corps difforme et contrefait et ne communiquait avec son frère que par écrit. D'après Barruffaldi, ils habitèrent Rome pendant six années, puis Venise pendant cinq années, où ils travaillèrent d'après nature et eurent les meilleurs maîtres.
Battista, travaillant notamment à Ferrare, réussit aux ornements et surtout aux paysages. Parmi ses derniers, citons-en deux fantastiques qui se trouvent au Palazzo Borghèse de Rome. Pendant peu de temps, en 1520, il assista Raphaël. La Galerie Costabili de Florence possède de lui quatre paysages et Saint-Pierre de Modène d'autres œuvres.

Musées : Naples : *Vierge.*
Ventes Publiques : Londres, 2 mars 1923 : *Nativité* : **GBP 50** – Londres, 3 mai 1929 : *Scène du Roland furieux* : **GBP 3 150** – Londres, le 28 mai 1965 : *L'Adoration des Rois Mages* : **GNS 1 100** – Rome, 13 avr. 1989 : *Femmes préparant le bain de Jésus pendant la fuite en Egypte de la Sainte Famille,* h/pan. (49x51) : **ITL 24 000 000** – Londres, 14 déc. 1990 : *Vierge à l'Enfant avec Saint Jean-Baptiste et Saint François près de ruines avec une ville au bord d'un lac à l'arrière plan,* h/pan., de forme arrondie : **GBP 77 000** – New York, 15 jan. 1993 : *La fuite en Égypte,* h/t (52,1x34,9) : **USD 31 625.**

DOSSI Evangeliste
Mort en 1586 à Ferrare. xvie siècle. Italien.
Peintre d'histoire.
Il fut peut-être le fils de Battista. Il fut le disciple des frères Dossi.

DOSSI Giovanni, de son vrai nom : **Giovanni de Lutero** ou **de Luteri,** dit **Dossi Dosso**
Né vers 1479 à Mantoue. Mort en 1542 probablement à Modène. xvie siècle. Italien.
Peintre d'histoire, sujets mythologiques, compositions religieuses, sujets allégoriques, portraits, paysages animés, cartons de tapisseries, dessinateur.
Son surnom lui vient probablement d'un dérivé du village de Dosso, dans la province de Ferrare. En 1512, il était élève de Lorenzo Costa di Mantua. Avec son frère Battista, dont le caractère irascible et orgueilleux le fit souffrir toute sa vie, il habita Rome pendant six ans et Venise pendant cinq ans, acquérant, par leurs études du Titien et de Giorgione, un style très personnel qui se fait remarquer par l'originalité de son invention et l'harmonie de ses couleurs.
Avec la rapidité, la facilité du Titien, il reprend les effets lumineux de Giorgione. Il sait harmoniser des nus aux tons chauds à de beaux paysages lyriques. Il aime particulièrement représenter des thèmes mythologiques, mais il sait faire des portraits d'une grande intensité. Ami de l'Arioste, qui l'employa à faire des dessins pour son *Orlando Furioso* et le célébra comme un des artistes les plus distingués de l'époque, il exécuta, en reconnaissance, un remarquable portrait de l'illustre écrivain.
Il fut avec son frère continuellement occupé à des travaux pour la cour, par Alphonse, duc de Ferrare d'abord, puis par Hercule II ensuite. Il exécuta des cartons pour les tapisseries qui ornent la cathédrale de Ferrare et pour celles qui sont à Modène, en partie à Saint-François et en partie au palais ducal, tapisseries représentant les actions mémorables des princes de la maison d'Este.
Ses meilleurs ouvrages sont peut-être aujourd'hui à Dresde, qui en possède sept, et en particulier, le tableau des *Quatre Docteurs,* qui est fort célèbre ; mais celui qui fit le plus de bruit était chez les Dominicains de Faenza, aujourd'hui remplacé par une copie, parce que l'original avait été trop endommagé par le temps. Il survécut d'un certain nombre d'années à Battista, continuant à travailler et à former des élèves jusqu'à ce qu'une longue maladie et la vieillesse l'eussent obligé à abandonner son art.
■ B. A. V. B.

Musées : Bergame (Acad. Carrara) : *Vierge en trône avec l'Enfant* – Berlin : *Sainte Famille* – Breslau, nom all. de Wroclaw : *La décollation de saint Jean-Baptiste* – Budapest : *Portrait de Giorgione* – Dresde : *Saint Georges* – *L'Archange Michel* – *La Justice avec la balance* – *La Paix* – *Les 4 pères de l'Église* – Même sujet – La Fère : *Adoration des Mages* – Florence (Gal. roy.) : *Portrait de l'auteur* – *Massacre des Innocents* – *Sainte couchée et en prière* – Florence (Palais Pitti) : *Bambochade* – *Repos en Égypte* – Franc-fort-sur-le-Main : *Saint Georges* – Graz : *Scène allégorique* – *Le duc de Ferrare entouré de Pygmées* – Londres (Gal. Nat.) : *L'Adoration des Mages* – *Une muse* – Milan (Ambrosiana) : *La blanchisseuse* – Milan (Gal. di Brera) : *Saint Jean-Baptiste* – *Saint Sébastien* – Montauban : *Retour de l'Enfant prodigue* – Nantes : *Saint Jean à Pathmos* – Naples : *La Vierge et saint Jérôme* – New York : *Idylles champêtres* – Oldenbourg : *Sainte Famille* – Paris (Louvre) : *Saint Jérôme* – Parme : *Saint Michel* – Rome (Borghèse) : *Paysage* – *Paysage avec sujet magique* – *Une femme, un jeune homme et deux vieillards* – *Psyché* – *La Crèche* – *Apollon et Daphné* – *Saint Côme et saint Damien* – *Portrait d'une inconnue* – *David* – *La Vierge et l'Enfant* – *Circé* – *La sainte Famille* – *Diane chassant Calisto* – Rovigo : Retable – Stuttgart : *Saül et David* – Vienne (Czernin) : *La Naissance du Christ* – Washington D. C. : *Les Argonautes* – *Les magiciennes.*
Ventes Publiques : Paris, 1844 : *Sainte Famille* : **FRF 4 260** – Paris, 1858 : *Composition avec figures,* dess. au pinceau, lavé d'encre de Chine et reh. de blanc : **FRF 11** – Turin, 1860 : *Sainte Famille dans l'atelier de saint Joseph* : **FRF 385** – Paris, 1865 : *La Présentation au Temple,* dess. au bistre : **FRF 14** – Paris, 1873 : *La sainte Famille au coq* : **FRF 1 750** – Paris, 1881 : *La sainte Famille* : **FRF 500** – Paris, 1900 : *La Vierge et l'Enfant Jésus* : **FRF 160** – Londres, 16 mars 1908 : *Paysage, la Sainte Famille, sainte Catherine et saint Jean* : **GBP 5** – Londres, 19 juil. 1922 : *Cavalier en noir* : **GBP 46** – Londres, 2 mars 1923 : *Saint Jean-Baptiste* : **GBP 99** ; *Annibale Saracco* : **GBP 50** – Londres, 15 juin 1923 : *Annibale Saracco* 1520 : **GBP 73** – Londres, 18 juil. 1924 : *Le duc de Ferrare* : **GBP 84** – Londres, 12 mai 1927 : *Saint Guillaume d'Aquitaine* : **GBP 135** – Londres, 7 déc. 1927 : *La duchesse de Ferrare* : **GBP 1 850** – Londres, 5 juil. 1929 : *Portrait d'une dame* : **GBP 152** – Londres, 19 déc. 1941 : *Portrait de Clément Marot* : **GBP 241** – Londres, 9 déc. 1959 : *Portrait d'un jeune homme* : **GBP 1 000** – New York, 19 oct. 1960 : *Figure allégorique avec Cupidon* : **USD 17 000** – Milan, 15 mai 1962 : *Sibulla* : **ITL 6 500 000** – Vienne, 1er et 4 déc. 1964 : *L'Adoration des Rois Mages* : **ATS 220 000** – Londres, 14 mai 1965 : *Le martyre de saint Pierre* : **GNS 1 800** – Londres, 23 juin 1967 : *Portrait de Laura Pisani* : **GNS 3 500** – Londres, 12 juin 1968 : *La sainte Famille* : **GBP 4 800** – Londres, 26 nov. 1971 : *L'Adoration des bergers* : **GNS 5 000** – Milan, 26 nov. 1985 : *Vierge à l'Enfant et Sainte Catherine,* h/pan. (45x36) : **ITL 30 000 000** – Milan, 4 nov. 1986 : *Salomé présentant la tête de saint Jean à Hérode,* h/pan. (43x37) : **ITL 160 000 000** – Milan, 10 juin. 1988 : *Vierge à l'Enfant avec Ste Catherine d'Alexandrie et un ange,* h/pan. (45x36) : **ITL 18 000 000** – New York, 11 jan. 1989 : *Allégorie avec un couple assis devant un fond sombre,* h/t (178x216,5) : **USD 4 070 000** – New York, 15 jan. 1993 : *Paysage animé avec un chemin et un village à l'arrière-plan,* h/t (81,3x133,4) : **USD 200 500** – Londres, 9 juil. 1993 : *Personnification de la Géométrie,* h/t (140x151,5) : **GBP 144 500.**

DOSSI Tommaso
Né en 1678. Mort le 28 juillet 1730. xviiie siècle. Actif à Vérone. Italien.
Peintre et sculpteur.
Il fut élève de Murari et de Simon Brentana. Dans l'une des églises de Mazzurega il exécuta une *Sainte Eurosie.*

DOSSI Ugo
Né en 1943 à Munich. xxe siècle. Actif en Italie. Allemand.
Peintre.
Il vit et travaille à Spiazzio-Rendena en Italie. Il a figuré dans plusieurs expositions collectives, en 1974 la Biennale de Milan et celle de Campione, en 1975 la 9e Biennale de Paris. Il a exposé personnellement en 1967 à la galerie R.P. Hartmann à Munich, en 1969 à la galerie Leonhart à Munich, en 1970 à la galerie Apollinaire à Milan, en 1973 à Bâle pour Art'4 avec la galerie Schwarz, à la galerie Klang de Cologne, en 1975 à Leverkusen au Städtisches Museum Schloss Morsbroich.
Il réalise des compositions géométriques où apparaissent des figures, jouant sur les chiffres, inspirées des tarots et de leurs multiples connotations. Il a publié un livre-objet en 1972 à la galerie Schwarz.

Bibliogr. : In : Catal. de la 9e *Biennale de Paris*, 1975.
Musées : Duisburg (Lehmbruck Mus.) – Leverkusen – Munich (Städtische Gal. im Lenbachaus).

DOSSIEKIN Nicolaï Wassilievitch
Né en 1863. xixe siècle. Russe.
Peintre de genre, paysages.
C'est à Karkhov qu'il fit ses études, mais il s'établit encore jeune à Paris. Il peignit d'abord des paysages d'Ukraine puis des scènes de la vie parisienne.
Ventes Publiques : San Francisco, 8 oct. 1980 : *Enfants aux lampions*, h/t (121,5x97) : **USD 3 000**.

DOSSIER Michel
Né en 1684 à Paris. Mort en 1750 à Paris. xviiie siècle. Français.
Graveur.
On cite de lui 4 planches représentant des *Sujets religieux* et 6 représentant des *Portraits*. Il fut élève de Pierre Drevet.

DOSSIER Nicolas
Né à Mailly. Mort vers 1700. xviie siècle. Français.
Sculpteur.
Les jardins de Versailles possèdent de lui trois œuvres : *La Musique, La Danse, Le Feu.*

DOST MUHAMMAD inb SULAYMAN
xvie siècle. Actif dans la première moitié du xvie siècle. Éc. persane.
Peintre et calligraphe.
On connaît peu ses œuvres. Il rédigea un « Compte rendu des peintres du passé et du présent », rare source d'information sur la peinture persane.

DOSYNS Hugo
xviie siècle. Actif à Anvers vers 1620. Éc. flamande.
Peintre.

DOT José
xixe siècle. Actif à Barcelone vers 1870. Français.
Peintre et pastelliste.

DOT-LÉWIS Désiré
Né à Commentry (Allier). xxe siècle. Français.
Peintre de paysages.
Il exposa à Paris au Salon d'Automne et au Salon des Indépendants à partir de 1936.

DOTA Tassile
Né au xixe siècle à Albi (Tarn). xixe siècle. Français.
Peintre.
Figura au Salon des Artistes Français et obtint une mention honorable en 1890, médaille d'or à l'Exposition Universelle de 1889. Chevalier de la Légion d'honneur en 1894.

DOTERNIE François ou **Dautrigny**
Mort en 1663. xviie siècle. Actif à Gand. Éc. flamande.
Sculpteur.
Il travailla pour la nouvelle abbaye Saint-Pierre à Gand.

DOTREMONT Christian
Né en décembre 1922 à Tervuren. Mort le 20 août 1979 à Buizingen. xxe siècle. Belge.
Dessinateur, peintre. Groupe Cobra.
Il suivit des cours de dessin à l'Académie de Louvain en 1937. Il rédigea son premier recueil de poèmes *Ancienne éternité* en 1940 et en 1941-1942 prit part aux activités du groupe surréaliste. En 1946-1947, il participa à la création du Groupe Surréaliste Révolutionnaire de Belgique, dont il assurera en France, avec Noël Arnaud, l'extension internationale. En novembre 1948, il fonde avec les Hollandais Corneille, Constant et Karel Appel, le danois Asger Jorn, l'écrivain belge Joseph Noiret, le groupe Cobra dont il sera le principal animateur jusqu'à sa dissolution en 1951. Malgré les origines nordiques des principaux artistes – qui donnèrent son nom au groupe : COpenhague – BRuxelles – Amsterdam – c'est à Paris, dans « l'arrière salle du café du Notre-Dame Hôtel » que le groupe fut fondé. Le Belge Pierre Alechinsky se joignit à eux en mars 1949. En 1956, Dotremont voyagea en Laponie, terre d'inspiration où il retournera à maintes reprises. Il figura dans de très nombreuses expositions collectives organisées autour de Cobra. En 1972 il représenta la Belgique à la Biennale de Venise. Il présenta son œuvre lors d'expositions personnelles en Belgique, en Hollande, au Danemark et à Paris.
Depuis son premier recueil de poèmes, Christian Dotremont n'arrêtera jamais d'écrire. Tout son œuvre est jalonné d'écrits de toute sorte, romans, poèmes, réflexions, la peinture apparaissant sous la forme de la calligraphie. Lors d'un séjour parisien, il fut impressionné par les manuscrits-dessins de Picasso et d'Éluard, l'un dessinant sur les poèmes de l'autre. En 1943, il apprend le chinois. En 1948, il réalise les premières « peintures-mots », qui sont le lieu de l'expression conjointe du peintre et du poète, qui s'expriment simultanément, en s'inspirant mutuellement. Pendant et après Cobra, les « peintures-mots » s'accumulent au hasard des rencontres avec Atlan, Corneille, Appel, Alechinsky, Mogens Balle, Oscar Dominguez... Ayant en 1950 découvert la face cachée de son écriture en maintenant une page manuscrite à l'envers devant la lumière, il aboutit en 1963 à ses *Logogrammes*, des tableaux-poèmes où s'opère l'osmose entre le texte et le graphisme. Les mots sont choisis à l'avance, l'invention verbale allant à la rencontre de l'invention formelle. Ils sont d'abord de dimensions réduites, tracés tantôt au pastel, tantôt à l'encre. Ils seront ensuite plus grands, en blanc et noir ou en noir sur noir, parfois en couleur. Ils seront dessinés sur les supports les plus variés, des valises, des photographies, dans la neige en Laponie, *Logoneiges* – *Logoglaces*. L'activité personnelle de Christian Dotremont ne se départira pas des principes expérimentaux du groupe Cobra, aussi bien dans ses écrits que dans sa production graphique. ■ J. B.
Bibliogr. : In : *Les Muses*, Tome 6, Grange Batelière, 1970 – in : *Dictionnaire Universel de la Peinture*, Le Robert, Paris, 1975 – in : Catal. de l'exposition *Écritures dans la peinture*, Villa Arson, Nice, avr.-juin 1984.
Musées : Bruxelles.
Ventes Publiques : Anvers, 27 oct. 1982 : *Art spontané d'enfance* 1976, aquar. (27x21) : **BEF 15 000** – Copenhague, 2 oct. 1987 : *Composition* 1976, aquar. (50x65) : **DKK 11 000** – Copenhague, 24 fév. 1988 : *Ravi Rêche* 1978, encre de Chine (28x20) : **DKK 7 000** – Copenhague, 10 mai 1989 : *« Une journée si profonde et sombre que je ne vois pas du tout venir à moi les brillantes ténèbres de la mort »* 1977, encre (40x40) : **DKK 16 000** – Copenhague, 20 sep. 1989 : *« Horizon rassemblé en herbes sauvages »* 1977, encre (40x40) : **DKK 18 000** – Copenhague, 22 nov. 1989 : *Composition*, encre (40x40) : **DKK 11 000** – Copenhague, 21-22 mars 1990 : *Composition*, encre (40x40) : **DKK 14 000** – Lokeren, 10 oct. 1992 : *Mots imprécis, pinceau imprécis* 1971, encre et pinceau (54x71) : **BEF 220 000** – Lokeren, 8 oct. 1994 : *Logogramme* 1970, pl. (28,5x21) : **BEF 70 000** – Paris, 1er avr. 1996 : *Logamus écrit invisiblement...* 1976, calligraphie à l'encre de Chine/pap. (89x65) : **FRF 35 000**.

DOTTERMANS Herman
Né en 1940 à Korbeek-Lo. xxe siècle. Belge.
Sculpteur.
Autodidacte de formation. En 1968, il reçut le Prix de la Ville de Louvain.
Il pratique la taille directe, travaille le bois, le marbre et parfois associe marbre et bronze dans des sculptures d'une inspiration située entre baroque et fantastique.
Bibliogr. : In : *Diction. biogr. illustré des Artistes en Belgique depuis 1830*, Arto, Bruxelles, 1987.

DOTTERWEICH Hans
xxe siècle. Actif à Bonn. Allemand.
Peintre.
A figuré, à Paris, au Salon des Réalités Nouvelles, en 1953 et 1955, avec des compositions abstraites, d'une facture très libre.

DOTTI Franco
Né en 1927 à Bergame. xxe siècle. Italien.
Sculpteur. Abstrait.
Il fit ses études artistiques à l'Académie des Beaux-Arts de Brera à partir de 1948. À partir de 1960 il figure dans de nombreuses expositions collectives en Italie, en France et en Allemagne, parmi lesquelles : en 1975-1976-1977 le Salon des Réalités Nouvelles à Paris, en 1975 la xe Biennale internationale du petit bronze et de la petite sculpture à Padoue, en 1976 le Salon de la Jeune Sculpture à Paris, en 1977 *La couleur dans la ville* (150 sculptures polychromes) à l'Espace Cardin à Paris, en 1987 et 1988 au Salon Grands et Jeunes d'Aujourd'hui aussi à Paris. Il a exposé personnellement en Italie et à l'étranger.
Il réalise des compositions abstraites en bronze où les formes s'imbriquent les unes dans les autres dans une certaine dynamique, où alternent surfaces brutes et polies.

DOTTI Giovanni Battista
Né à Bologne. Mort en 1732 à Bologne. xviiie siècle. Italien.

Peintre et graveur.
Élève de Sor Pasinelli.

DOTTI Marcantonio
XVIe siècle. Italien.
Sculpteur sur bois.
Il fut élève de Paolo Gandolfi. Actif à Ferrare, vers 1529.

DOTTI Pietro
Né en 1833, originaire de Busseto. XIXe siècle. Italien.
Peintre de paysages, aquarelliste.
Il fit ses études à l'Académie de Parme et vécut par la suite à Udine, Florence et Camerino.
Ventes Publiques : Rome, 13 déc. 1995 : *Vue de Rome et du temple des Vestales*, aquar./pap. (38x49) : **ITL 2 645 000**.

DOTTI Salvatore
XVIIIe siècle. Actif à Bologne vers 1750. Italien.
Sculpteur.
Il fut élève de Schiaffi.

DOTTI Secondo
Né à Valence. Mort vers 1850. XIXe siècle. Italien.
Sculpteur.

DOTTORI Carlo de, conte
Né vers 1624 à Padoue. Mort en 1686. XVIIe siècle. Italien.
Dessinateur et poète amateur.
Il exécuta des paysages dans le genre de Campagnola.

DOTTORI Gerardo
Né en 1884 à Pérouse. Mort en 1977 à Pérouse. XXe siècle. Italien.
Peintre de paysages et de figures. Futuriste puis figuratif.
Il adhéra en 1913 au mouvement futuriste dans lequel son action fut discrète. En 1919 il peignit le tableau *Force ascensionnelle*, œuvre dont le titre répondait à l'orthodoxie du mouvement. Il fut plus actif dans la seconde période du mouvement futuriste où il occupa une place particulière, signant, en 1929 le manifeste de l'*Aéro-peinture*. En 1926 la décoration qu'il exécuta pour l'aéroport d'Ostie fut déterminante pour la définition de cette aéropeinture futuriste. En 1933, il peignit un *Portrait du Duce*, resté célèbre en tant que témoignage de l'ambiguïté de l'attitude de certains futuristes en regard du fascisme mussolinien. Au cours des années 1960, le regain d'intérêt dont bénéficia le futurisme a valu également que l'attention se porte sur cette dérivation du mouvement.
Bibliogr. : Guido Ballo, *Gerardo Dottori*, Editalia, Rome, 1969 – in : Catalogue de l'exposition *Les Années trente en Europe. Le temps menaçant*, musée d'Art moderne de la ville, Paris musées, Flammarion, Paris, 1997.
Musées : Milan (Castello Sforzesco) : *Portrait du Duce* 1933.
Ventes Publiques : Milan, 1er déc. 1964 : *Vue sur le lac* : **ITL 500 000** – Milan, 24 oct. 1972 : *À 300 km à l'heure au-dessus de la ville* 1934 : **ITL 5 000 000** – Rome, 29 mars 1976 : *Paysage*, h/pan. (53x70) : **ITL 1 575 000** – Milan, 13 déc. 1977 : *Paysage*, h/isor. (43,5x45,5) : **ITL 1 400 000** – Rome, 6 déc. 1978 : *Soleil au crépuscule* 1932, temp./isor. (40x117) : **ITL 1 500 000** – Rome, 16 nov. 1982 : *Paysage avec hameau*, h/pan. (25x35,5) : **ITL 1 800 000** – Milan, 18 déc. 1984 : *Bataille aérienne au dessus du golfe de Naples* 1942, techn. mixte/pan. (200x150) : **ITL 48 000 000** – Rome, 25 nov. 1987 : *Paysage, fin des années 30-début 40*, techn. mixte/pan. (49x66) : **ITL 42 000 000** – Rome, 24 nov. 1987 : *Autoportrait, fin des années 20*, mine de pb (30x20) : **ITL 4 000 000** – Milan, 14 mai 1988 : *Étude de mise en scène* 1913, past./pap. mar./t. (21,5x18,5) : **ITL 3 300 000** – Rome, 15 nov. 1988 : *Tempête – mer – nuit* 1936, h. et détrempe/pan. (106x89) : **ITL 34 000 000** – Milan, 14 déc. 1988 : *Paysage ombré*, détrempe/rés. synth. (31x24) : **ITL 8 000 000** – Rome, 17 avr. 1989 : *La maison dans les arbres*, h/cart. (34,5x25) : **ITL 16 500 000** – Rome, 28 nov. 1989 : *Lac* 1940, détrempe et h/rés. synth. (35x50) : **ITL 20 000 000** – Milan, 19 déc. 1989 : *Arbres au bord d'un lac* 1922, h/pan. (29,5x49,5) : **ITL 13 500 000** – Rome, 10 avr. 1990 : *« Aeropassaggio umbro »* 1950, h/rés. synth. (39,5x46) : **ITL 21 000 000** – Rome, 30 oct. 1990 : *Aéropaysage* 1935, h/cart. (30x22) : **ITL 12 000 000** – Rome, 3 déc. 1990 : *Paysage* 1932, h/rés. synth. (32x100) : **ITL 19 550 000** – Milan, 20 juin 1991 : *Mer et tempête*, techn. mixte et grav./rés. synth. (22,5x27) : **ITL 7 500 000** – Londres, 3 déc. 1991 : *Vitesse* 1913, encre/pap. (11x16,5) : **GBP 4 620** – Rome, 12 mai 1992 : *Reflets sur la colline*, h./contre-plaqué (39,5x56) : **ITL 20 000 000** – Rome, 14 déc. 1992 : *Étude pour forme dynamique* 1924, cr./pap. (15x12) : **ITL 2 500 000** – Milan, 20 mai 1993 : *Paysage*, temp./cart. (29x42) : **ITL 3 000 000** – Milan, 14 déc. 1993 : *Paysage avec des arbres*, h/pan. (22x31) : **ITL 5 290 000** – Rome, 19 avr. 1994 : *Aux combattants de l'Ombrie* 1924, techn. mixte/parchemin découpé (52x85) : **ITL 3 680 000** – Rome, 13 juin 1995 : *Paysage aérien du Trasimeno*, temp./pan. (39,5x30) : **ITL 8 050 000** – Milan, 19 mai 1997 : *Incendie de ville...* 1925, h. et temp./pan. (55x49) : **ITL 48 300 000** – Milan, 24 nov. 1997 : *Forme ascensionali* 1936, h./contreplaqué (99x121) : **ITL 51 750 000**.

DOTY Pietro
Né à Parme. XVIIe siècle. Italien.
Sculpteur.
Il exécuta plusieurs peintures à l'église Santa Maria del Popolo.

DOTZAUER Franz
XIXe siècle. Actif à Leipzig. Allemand.
Peintre paysagiste.
Il fit des études sous la direction du professeur Jäger à Leipzig. On cite de lui : *La Danse nocturne des aunes* et *Un paysage avec un fleuve*.

DOTZINGER Jost
Né à Worms. Mort en 1472 à Strasbourg. XVe siècle. Français.
Sculpteur et architecte.
Il fut l'architecte de la cathédrale de Strasbourg de 1450 à 1472, il avait remplacé l'architecte Jean Hültz, de Cologne. Il sculpta le baptistère de l'église, ce monument terminé en 1453, fut placé à l'origine dans le collatéral du midi, près de la chapelle de Sainte-Catherine, il a été transporté dans le bras septentrional du transept, où il se voit encore aujourd'hui. De 1455 à 1460, l'artiste s'occupa de la restauration du chœur ainsi que de la réfection de la couverture et des voûtes de la grande nef. Il mourut en 1472. Il fut le principal organisateur des grandes associations d'architectes et de maçons allemands qu'on appela loges (hutten). En 1452, il réunit la plupart de ces loges en une association générale ayant son siège à Strasbourg. En 1459, l'assemblée de ces loges réunie à Ratisbonne le nomma grand-maître de l'association. Il fut décidé qu'à l'avenir on choisirait toujours pour grand-maître l'architecte de la cathédrale de Strasbourg.

DOTZLER Karl
Né le 7 décembre 1874 à Nuremberg. XXe siècle. Allemand.
Peintre, aquarelliste.
Musées : Nuremberg.

DOU Gerrit ou **Gérard** ou **Dov** ou **Dow**
Né le 7 avril 1613 à Leyde. Mort en 1675, enterré à Leyde le 9 février 1675. XVIIe siècle. Hollandais.
Peintre d'histoire, scènes de genre, portraits, graveur.
L'orthographe DOU est la plus couramment adoptée : l'artiste l'a employée parfois pour signer ses œuvres ; mais le plus habituellement il signe DOV : c'est en particulier le cas pour ses tableaux du Louvre. On rencontre encore, chez certains de ses biographes, les formes Dow ou Douw.
Il était fils de Jansz Douwe, peintre en vitraux. Après avoir reçu de son père les premiers enseignements de son art, Gérard Dou fut placé chez un graveur sur cuivre, Bartholomée Dolendo, puis chez le peintre sur verre Pieter Couwenhorn. Le 14 février 1628, peu avant sa quinzième année, il entra à l'atelier de Rembrandt, pour y demeurer trois ans. Si l'influence du grand maître a joué un rôle considérable dans la formation de l'élève, celui-ci n'en a pas moins développé une personnalité très originale, qui assigne à son œuvre une place caractéristique. Gérard Dou fit quelques séjours en dehors de sa ville natale, dont il s'absenta notamment de 1651 à 1658 et de 1668 à 1673 environ ; on présume qu'il résida à Haarlem, concernant certains tableaux qui sont à Munich, et qui portent les dates de 1652, 1654, 1663 et 1667.
Sa tendance à la plus extrême minutie dans la recherche du détail son insatiable désir de perfection se traduisent par la préciosité constante de l'exécution, sans que d'ailleurs ce souci du fini et du détail vienne compromettre l'unité de l'effet. C'est précisément l'originalité de Gérard Dou d'avoir réussi, en quelque sorte, à équilibrer une recherche presque obsédante du fini, par des effets rembranesques d'une réelle beauté et non sans vigueur, en usant savamment du clair-obscur, de l'éclairage par en haut, avec des lumières étroites. Il prenait les précautions les plus minutieuses en ce qui concerne la partie matérielle de son

art, la propreté de l'outillage, le broyage des couleurs. En vue d'obtenir une représentation des objets plus petite que nature, il eut également recours à l'emploi d'un miroir convexe. On comprend que ses dispositions naturelles aient dû l'éloigner du portrait, même en petit, qu'il avait d'abord pratiqué, en faveur des objets courants dont il avait mieux le loisir d'atteindre le plus extrême détail. Il est à noter que Gérard Dou devint presque aveugle à l'âge de trente ans, et contraint de travailler péniblement avec des lunettes. On s'explique encore que son tempérament si particulier dut s'exprimer plus aisément dans des œuvres de très petites dimensions, mieux appropriées à en faire ressortir les caractères. Sa production fut par ailleurs considérable, ce qui implique en raison même de sa méthode de travail, un labeur intense.

Du vivant même de Gérard Dou, l'agent suédois Spiering lui payait la somme annuelle de 100 gulden, pour le droit de choisir à son gré parmi ses œuvres les meilleures. Le Directeur de la Compagnie des Indes désirant offrir un présent au roi Charles II, commanda en 1660 à Gérard Dou un tableau pour la somme de 4.000 gulden. Le peintre refusa, d'ailleurs, de se rendre en Angleterre, à l'appel du roi. La *Femme hydropique*, aujourd'hui au Louvre, fut achetée par l'électeur palatin 30.000 florins, pour être offerte au prince Eugène. À la mort de celui-ci, le tableau passa par héritage dans la maison de Savoie, et fut placé dans la galerie royale de Turin. Au moment de son abdication, Charles-Emmanuel IV le donna au futur maréchal, Clausel, alors adjudant-général à l'armée d'Italie comme témoignage de la délicatesse et de la loyauté qu'il avait apportées dans l'accomplissement de la mission difficile dont il était chargé. Clausel en fit hommage à la nation, dans une lettre écrite de Turin, le 21 frimaire an VIII, au Directoire exécutif. Ce fait met tout particulièrement en évidence la faveur dont jouissait l'œuvre de Gérard Dou. Pour exemple : *L'Épicière de village*, de 1647, vendue en 1716 (vente Beuningen, Amsterdam) 1.200 florins, atteignait en 1766 (vente Backer, à Leyde) 7.150 florins, puis successivement en 1777 (vente Randon de Boisset) 15.000 livres ; en 1784 (vente du comte de Vaudreuil) 16.901 livres ; en 1793 (vente du duc de Praslin) 34.850 livres. De même pour de nombreuses autres œuvres.

Très considéré, s'étant acquis de bonne heure une renommée qui lui conférait une grande autorité auprès de ses contemporains, il fonda en 1648 la nouvelle gilde de Saint-Luc. À son nom se trouvent ainsi associés bon nombre de personnages connus, en y joignant ses élèves : Bartholomeus Mathon, Mathys Naiveu, Gerrit Maes, Frans Van Mieris l'Aîné, Godfrids Schalken, Gabriel Metsu, Pieter van Slingelandt, Johannes van Staveren, A. Brekelen Kam ; après 1669, Abraham de Pape, son neveu ou beau-frère Dominicus van Tol, Adrian de Vois, Adriaen van Gaesbeeck, et beaucoup d'autres encore.

En résumé, la manière de Gérard Dou traduit des tendances et des influences très diverses, voire contradictoires. S'il lui fut reproché d'être un imitateur patient et laborieux de la matière immobile et de s'être confiné dans des sujets offrant peu d'essor à l'imagination et à la sensibilité, il n'en sut pas moins conserver l'unité dans la dispersion, la vigueur et la richesse dans la minutie du détail.

Musées : Amsterdam : *Autoportrait – Homme assis – Pêcheuse près d'une fenêtre – Homme debout à côté d'une femme assise – École du soir – Fillette avec une lumière – Ermite* – Arenberg : *Vieille femme* – Berlin : *Madeleine repentante – Vieille femme – Fille de cuisine* – Brunswick : *Autoportrait – Astronome avec un globe* – Bruxelles : *Portrait de l'artiste dessinant* – Budapest : *Deux tableaux représentant des ermites* – Cambridge : *Maître d'école – Marchande de volailles* – Carlsruhe : *Fille de cuisine – Madeleine repentante – Dentellière* – Copenhague : *Médecin et femme – Fillette à la fenêtre* – Dresde : *Le peintre dessinant – Chat couché – Cueilleuse de raisins – Le peintre jouant du violon – Nature morte – Vieux maître d'école – Dentiste – Ermite priant – Femme arrosant des fleurs – Jeune homme et jeune fille près d'un tonneau – Vieillard assis – Jeune homme et jeune fille près d'un tonneau – Ermite lisant – Jeune fille – Vieillard au livre – Vieillard avec lunettes – Vieillard avec un livre sans lunettes* – Florence (Offices) : *Autoportrait – Maître d'école – Marchande de crêpes* – Francfort-sur-le-Main : *Jeune fille préparant le souper* – Gotha : *Vieillard avec une pipe – Fillette au perroquet – Veille femme au rouet – Peintre avec palettes et pinceaux – Joueur de trompette* – La Haye : *Ménage hollandais – Jeune servante avec une lampe* – Kassel : *Homme en cuirasse – Buste de femme* – Londres (Nat. Gal.) : *Autoportrait à la pipe – La femme du peintre – Marchande de volailles – Anne-Marie Schurman* – Lugano : *Jeune fille à la bougie* – Madrid : *Vieillard lisant* – Montpellier : *Garçon à la souricière* – Munich : *Vieille femme en prière – Fileuse disant sa prière – Vieille femme lavant les cheveux d'un enfant – Ermite priant – Dame assise devant la glace – Fillette, une lumière à la main – Marchande de légumes et mendiant – Charlatan – Vieillard devant un chevalet – Ermite priant – Vieille femme à sa table avec deux garçons – Marchande de harengs – Ermite – Autoportrait – Servante vidant une cruche – Femme donnant de l'argent à une pâtissière* – Oldenbourg : *Jeune homme avec ses gants et son chapeau* – Paris (Louvre) : *Lecteurs de la Bible – Autoportrait – Vieille femme – Joueur de trompette – Vieillard lisant – Servante – Marchande villageoise – Femme hydropique – L'aiguière – Le dentiste – Le peseur d'or – Femme suspendant un lièvre à la fenêtre* – Rotterdam (Boymans) : *Jeune femme à sa toilette* – Saint-Pétersbourg (Ermitage) : *Marchande de harengs – Marchande de harengs, seconde version – Autoportrait – Rabbin – Moine – Dévideuse – Bain de Paysans – Femme au bain – Cavalier – Liseuse – Jeune guerrier* – Schwerin : *Dentiste – Autre dentiste – Vieille femme au rouet – Astronome – Épicière – Servante épluchant les carottes* – Stockholm : *Autoportrait – Madeleine dans la grotte* – Stuttgart : *Femme* – Turin : *Les bulles de savon – Géographe – Femme cueillant du raisin* – Vienne (Belvédère) : *Médecin – Femme arrosant une giroflée – Fillette mettant une bougie dans une lanterne* – Vienne (Czernin) : *Peintre à la palette – Joueur de cartes* – Vienne (Liechtenstein) : *Autoportrait – Deux garçons faisant des bulles de savon.*

Ventes Publiques : Amsterdam, 20 avr. 1701 : *Intérieur d'une boutique de barbier* : **FRF 8 250** ; *Marie-Magdeleine* : **FRF 820** – Amsterdam, 12 sep. 1708 : *Le banquet des oiseaux* : **FRF 1 075** – Paris, 1734 : *L'Astronome* : **FRF 2 715** – Paris, 1766 : *L'épicière de village* : **FRF 15 015** – Londres, 1800 : *Intérieur* : **FRF 8 920** – Londres, mai 1800 : *Portrait de l'artiste par lui-même* : **FRF 9 590** – Paris, 1804 : *Ermite à genoux devant un crucifix* : **FRF 42 000** – Paris, 1808 : *L'École du soir* : **FRF 36 750** – Vienne, 1827 : *Ermite en méditation dans une grotte* : **FRF 610** – Londres, 1842 : *La marchande de gibier* : **FRF 33 655** – Bruxelles, 1847 : *Portrait de l'artiste* : **FRF 30** – Paris, 1847 : *Portrait de la mère de G. Dou*, dess. au cr. noir et à la sanguine : **FRF 2 100** – Amsterdam, 1860 : *Saint Jérôme* : **FRF 3 000** – Paris, 1860 : *Portrait de l'artiste* : **FRF 37 000** – Anvers, 1862 : *La cuisinière hollandaise* : **FRF 5 700** – Cologne, 1862 : *Une dame et sa fille* : **FRF 431** – Bruxelles, 1865 : *Galilée en prison* : **FRF 410** – La Haye, 1871 : *L'oiseau apprivoisé* : **FRF 2 630** – Lille, 1881 : *Le médecin* : **FRF 530** – Paris, 1881 : *Ménagère hollandaise* : **FRF 30 100** – Paris, 1883 : *La marchande de poissons* : **FRF 50 000** – Amsterdam, 1892 : *Propos de voisins* : **FRF 15 960** – Londres, 1894 : *Le joueur de flûte* : **FRF 92 050** – Anvers, 1898 : *La cuisinière hollandaise* : **FRF 5 700** – Munich, 1899 : *La ménagère* : **FRF 46 250** ; *Vieille femme à la bougie* : **FRF 12 887** – New York, 1er et 2 avr. 1902 : *Vieille femme hachant des oignons* : **USD 2 500** – Paris, avr. 1904 : *L'École du soir* : **FRF 12 500** ; *L'Ermite* : **FRF 12 500** – Paris, 25 mai 1905 : *Portrait d'une dame de qualité* : **FRF 9 000** – Londres, 21 nov. 1908 : *Une vieille femme lisant* : **GBP 63** – Londres, 7 déc. 1908 : *Une femme et un enfant à la fenêtre* : **GBP 5** – Londres, 27 fév. 1909 : *Tête de femme* : **GBP 4** – New York, 25 et 26 mars 1909 : *Le nettoyage du cuivre* : **USD 210** – Paris, 16-19 juin 1919 : *Portrait de femme* : **FRF 20 600** ; *Portrait de l'artiste* : **FRF 14 100** – Paris, 18 nov. 1920 : *Le joueur de violon*, école de G. Dou : **FRF 500** – Paris, 4 déc. 1920 : *L'Ermite*, école de G. Dou : **FRF 1 700** – Paris, 6 mai 1921 : *Le peseur d'or*, école de G. Dou : **FRF 1 800** – Londres, 28 avr. 1922 : *Paysan et sa femme* : **GBP 63** – Londres, 23 juin 1922 : *Artiste dans son atelier* : **GBP 44** – Londres, 27 et 28 juin 1922 : *Anne Spiering* 1660, dess. : **GBP 36** – Paris, 22 nov. 1922 : *Artiste dessinant à la lumière d'une lampe*, d'après G. Dou : **FRF 400** – Londres, 2 mars 1923 : *Saint Jérôme en prières* : **GBP 136** – Paris, 23 mars 1923 : *Le Changeur*, école de G. Dou : **FRF 300** – Londres, 6 juil. 1923 : *Un fumeur* : **GBP 420** – Paris, 22 déc. 1923 : *L'Homme au turban*, attr. : **FRF 4 150** – Paris, 22 et 23 mai 1924 : *Femme âgée regardant des objets précieux* : **FRF 40 000** ; *Le Trompette* : **FRF 5 900** ; *La Hacheuse d'oignons* : **FRF 4 800** – Paris, 5 juin 1924 : *Jeune femme à sa fenêtre*, attr. : **FRF 1 600** ; *Ermite en méditation*, attr. : **FRF 2 200** – Paris, 6 déc. 1924 : *Fruits et papillons*, école de G. Dou : **FRF 520** – Paris, 8 déc. 1924 : *La Femme économe*, d'après G. Dou : **FRF 1 220** – Paris, 20 mai 1925 : *Le Savant*, école de G. Dou : **FRF 395** – Londres, 22 mai 1925 : *Servante tenant une cruche* : **GBP 147** – Paris, 12 et 13 juin 1925 : *L'Homme endormi*, attr. : **FRF 5 800** – Paris, 27 oct. 1925 : *La cuisinière*, attr. : **FRF 3 530** ; *Le peseur d'or*, genre de G. Dou : **FRF 800** – Paris, 12 déc. 1925 : *Ermite en méditation*, d'après G. Dou : **FRF 800** – Paris, 10 mars 1926 : *La femme hydropique*, d'après G. Dou : **FRF 1 380** – Paris, 20 mai 1926 : *La marchande de poissons*, école de G. Dou : **FRF 1 450** – Paris, 19 et 20 nov. 1926 : *Un moine en prière*, école de G. Dou : **FRF 90** – Paris, 25 mars 1927 : *Moine lisant*, École de G. Dou : **FRF 250** – Paris, 13 mai 1927 : *La marchande de poissons*, école de G. Dou : **FRF 13 000** ; *La femme hydropique* ; *La jeune mère*, deux panneaux, d'après G. Dou : **FRF 1 500** – Londres, 20 mai 1927 : *Le chirurgien* : **GBP 94** – Paris, 21-23 nov. 1927 : *Ménagère à sa fenêtre*, d'après G. Dou : **FRF 1 380** – Paris, 27 avr. 1928 : *La ménagère au faisan*, attr. : **FRF 5 700** – Paris, 12 mai 1928 : *La cuisinière*, école de G. Dou : **FRF 920** – Paris, 8 juin 1928 : *La jeune mère*, d'après G. Dou : **FRF 4 050** – Londres, 15 juin 1928 : *Scène d'intérieur* : **GBP 131** – Paris, 22 fév. 1929 : *La marchande de volailles*, école de G. Dou : **FRF 1 200** – Paris, 5 juil. 1929 : *La marchande de volailles*, école de G. Dou : **FRF 490** – Londres, 12 juil. 1930 : *Portrait d'une dame* : **GBP 126** – New York, 22 jan. 1931 : *Chez le dentiste* : **USD 400** – Paris, 12 juin 1933 : *La Tripière*, école de G. Dou : **FRF 120** – Paris, 13 nov. 1933 : *Le Chirurgien de village* : **FRF 2 000** – Milan, 30 nov. 1933 : *Saint Dominique* : **ITL 1 100** – Genève, 28 août 1934 : *Femme à sa fenêtre* : **CHF 1 250** – Genève, 27 oct. 1934 : *Portrait d'homme* : **CHF 3 050** – Paris, 17 déc. 1934 : *Le Galant surpris*, école de G. Dou : **FRF 310** – Londres, 12 juil. 1935 : *Tobie et son fils* : **GBP 651** – Paris, 2 déc. 1935 : *Le Violoniste et l'Alchimiste*, deux pendants, d'après G. Dou : **FRF 600** – Paris, 17 déc. 1935 : *Femme âgée regardant des objets précieux* : **FRF 8 400** – Amsterdam, 7 avr. 1936 : *Vieille femme* : **NLG 1 650** – New York, 3 déc. 1936 : *Jésus au milieu des docteurs* : **USD 1 250** – Londres, 30 avr. 1937 : *Chèvre dans un paysage* : **GBP 168** – Londres, 2 juil. 1937 : *Jeune paysanne* : **GBP 388** – Londres, 22 déc. 1937 : *Dentiste avec un patient* : **GBP 315** – New York, 3 fév. 1938 : *Ange de l'inspiration* : **USD 500** – Paris, 7 mars 1938 : *Paysanne arrosant des fleurs à sa fenêtre*, école de G. Dou : **FRF 1 200** – Londres, 8 avr. 1938 : *Vieille femme goûtant sa soupe* 1650 : **GBP 609** – Paris, 1er oct. 1940 : *Le portrait du peintre*, genre de G. Dou : **FRF 390** – Paris, 30 mai 1941 : *L'Homme à la toque*, attr. : **FRF 2 200** – Paris, 17 nov. 1941 : *Jeune servante préparant son repas*, école de G. Dou : **FRF 8 200** – Paris, 23 nov. 1942 : *Le Violoniste*, atelier de G. Dou : **FRF 40 000** – Paris, 16 déc. 1942 : *L'Arracheur de dents*, école de G. Dou : **FRF 14 500** – New York, 14-16 jan. 1943 : *Le père de Rembrandt* : **USD 1 500** – Paris, 10 mars 1943 : *Consultation chez le barbier arracheur de dents*, attr. : **FRF 21 000** – Paris, 12 mars 1943 : *La Lecture*, genre de G. Dou : **FRF 1 800** – Paris, 15 mars 1943 : *Le Philosophe*, école de G. Dou : **FRF 2 000** – Paris, 5 avr. 1943 : *Le général Papenheim*, attr. : **FRF 11 500** – Paris, 12 avr. 1943 : *Le Buveur*, école de G. Dou : **FRF 12 000** – Londres, 16 juil. 1943 : *La mère de Rembrandt* : **GBP 945** – New York, 2-5 jan. 1946 : *Jeune cuisinière* : **USD 800** – Londres, 3 mai 1946 : *Homme à la barbe* : **GBP 315** – Paris, 25 nov. 1946 : *L'enfant à la cage*, genre de G. Dou : **FRF 18 000** ; *L'Enfant taquin*, genre de G. Dou : **FRF 7 500** – Paris, 17 fév. 1947 : *La lecture*, école de G. Dou : **FRF 15 000** – Paris, 13 mars 1947 : *Un ermite* : **FRF 13 500** – Paris, 30 nov. 1954 : *La mère de Rembrandt* : **FRF 600 000** – Paris, 14 juin 1960 : *Le petit musicien* : **FRF 13 500** – Londres, 14 juin 1961 : *Une jeune servante* : **GBP 1 400** – Lucerne, 6 déc. 1963 : *Chez l'arracheur de dents* : **CHF 14 500** – Londres, 26 nov. 1965 : *Portrait du père de Rembrandt* : **GNS 1 300** – Londres, 16 mars 1966 : *Jeune femme présentant le sein à un enfant* : **GBP 8 000** – Paris, 21 mars 1969 : *Le petit musicien* : **FRF 14 000** – Londres, 14 mai 1971 : *Portrait d'une dame de qualité* : **GNS 7 500** – Londres, 6 déc. 1972 : *Jeune fille à la fenêtre allumant une bougie* : **GBP 27 000** – Londres, 29 juin 1973 : *Servante tirant du vin d'un tonneau à la lumière d'une bougie*, h/pan. (30,5x25,4) : **GNS 22 000** – Londres, 2 avr. 1976 : *Jeune servante au puits*, h/pan. (24,2x19,1) : **GBP 12 000** – Amsterdam, 31 oct. 1977 : *Les Apprêts du repas*, h/pan. : **NLG 46 000** – Londres, 4 mai 1979 : *Vieille femme assise près de son rouet, mangeant une soupe*, h/pan. (50,7x40,6) : **GBP 110 000** – Amsterdam, 22 avr. 1980 : *Jeune homme à la souricière* 1650, h/pan. (29x23) : **NLG 72 000** – Londres, 6 juil. 1983 : *Un astronome à la lumière d'une bougie*, h/pan. (32x21,2) : **GBP 110 000** – New York, 31 mai 1985 : *Saint Jérôme*, h/pan. (39,5x28) : **USD 25 000** – Londres, 11 avr. 1986 : *Servante tirant du vin d'un tonneau à la lumière d'une bougie*, h/pan. (30,5x25,4) : **GBP 120 000** – New York, 12 jan. 1989 : *La halte pendant la fuite en Egypte*, h/pan. (76x63,5) : **USD 330 000** – Londres, 14 déc. 1990 : *Vieil homme allumant sa pipe dans son cabinet de travail*, h/pan. (49,3x61,7) : **GBP 132 000** – Amsterdam, 6 mai 1993 : *Un moine âgé lisant la bible*, h/pan. (39,3x30,6) : **NLG 126 500** – Londres, 8 déc. 1995 : *Portrait de l'artiste en buste dans son atelier*, h/pan. (12,4x8,3) : **GBP 177 500** – New York, 11 jan. 1996 : *Artiste dans son atelier*, h/pan. (59,1x43,2) : **USD 107 000**.

DOUAIHY Saliba

Né en 1912 à Ehden (Nord-Liban). Mort le 21 janvier 1994 à New York. xxe siècle. Actif aussi aux États-Unis. Libanais.

Peintre de sujets divers. Polymorphe.

Il s'initia à la peinture à Beyrouth, dans l'atelier du portraitiste Habib Serour pendant quatre ans. Une bourse lui permit de se perfectionner à l'École des Arts Décoratifs de Paris, de 1932 à 1936. Il séjourna ensuite à Rome. En 1950, il partit pour les États-Unis, où il resta jusqu'en 1975.

Il a participé à des expositions collectives, parmi lesquelles : 1934 le Salon des Artistes Français à Paris, après la seconde guerre mondiale au Salon des Réalités Nouvelles également à Paris, ainsi que dans des groupes américains : au Musée Guggenheim, à la Pennsylvania Academy of Fine Arts, etc. Il expose aussi individuellement, surtout aux États-Unis. En 1956 il fut décoré de l'Ordre Libanais du Cèdre, en 1968 il reçut le Prix de la Philadelphia Academy of Fine Arts, en 1980 la médaille d'or de l'Academia d'Italia della Arte e del Lavoro. Il s'établit ensuite à Paris, puis aux États-Unis.

D'abord figuratif, il peignit dans un style académique des paysages, portraits, etc., ensuite il géométrisa ces mêmes sujets. Il est devenu, avec des qualités de coloriste raffiné, radicalement abstrait-géométrique. ■ J. B

Bibliogr. : Divers, in : Catalogue de l'exposition *Liban – Le regard des peintres – 200 ans de peinture libanaise*, Institut du Monde Arabe, Paris, 1989.

Musées : Buffalo (Albright Knox Mus.) – New York (Mus. of Mod. Art) – New York (Solomon R. Guggenheim Mus.) – Raleigh, Caroline du Nord (North Carolina Mus. of Art).

DOUAIT Edme Jean Baptiste. Voir **DOUET**

DOUARD

xviiie siècle. Actif à Bayeux à la fin du xviiie siècle. Français.

Peintre.

DOUARD Cécile, pseudonyme de **Leseine Cécile**

Née le 13 décembre 1866 à Rouen (Seine-Maritime). Morte en 1946 à Bruxelles. xixe-xxe siècles. Belge.

Peintre de figures, portraits, sculpteur, écrivain.

Elle fut élève d'Antoine Bourlard à Mons.

Les scènes de mineurs ont été son sujet de prédilection, prenant sur le vif des croquis qu'elle termine au fusain ou à la plume, tandis qu'elle peint de grandes compositions tragiques. Devenue aveugle, vers l'âge de trente ans, elle s'oriente vers la musique, la sculpture et publie en 1929 : *Paysages indistincts* et *Impressions d'une seconde vie*.

Bibliogr. : Gérald Schurr, in : *Les Petits Maîtres de la peinture 1820-1920, valeur de demain*, Les Éditions de l'Amateur, t. VI, Paris, 1985 – in : *Diction. biogr. illustré des Artistes en Belgique depuis 1830*, Arto, Bruxelles, 1987.

Musées : Mons : *Les glaneuses de charbon*.

DOUARD Jacques de

xviiie siècle. Actif à Paris en 1738. Français.

Peintre et sculpteur.

Il était membre de l'Académie de Saint-Luc.

DOUAS

xixe siècle. Actif au début du xixe siècle. Français.

Graveur.

On lui doit un *Portrait de l'impératrice Joséphine*.

DOUAULT
XIXe siècle. Actif vers 1812. Français.
Sculpteur sur ivoire.
Il exposa au salon des bustes de *Napoléon* et de *Joséphine*.

DOUAY Marc Christophe A.
Né au XIXe siècle à Cambrai (Nord). XIXe siècle. Français.
Statuaire.
Élève de l'école de dessin de Cambrai. Il débuta au Salon de 1880 avec un *Portrait*. Le Musée de Château-Thierry conserve une statuette de cet artiste : *L'Esclave*.

DOUBA Joseph ou **Josef**
Né en 1866. Mort en 1928. XIXe-XXe siècles. Allemand.
Peintre d'histoire, scènes de genre, peintre à la gouache.
Débuta à Munich vers 1883 et travailla à Prague.
Ventes Publiques : Londres, 7 avr. 1993 : *La promenade*, gche (30x37) : **GBP 3 680**.

DOUBEK Franz Bohumil
Né le 20 mars 1865 à Budweis. XIXe siècle. Tchécoslovaque.
Peintre.
A Prague il fut élève d'Otto Seitz. Le Musée de Budweis possède des œuvres de cet artiste.

DOUBIN Jean
XVIIe siècle. Actif vers 1606. Français.
Peintre.
Il travaillait pour le duc d'Angoulême.

DOUBLE
XVIIe siècle. Actif à Troyes en 1656. Français.
Peintre.

DOUBLE Charles, dit **Cruche**
XVIIIe siècle. Français.
Peintre.
Il vivait à Lyon en 1744 et fut maître de métier pour les peintres en 1754.

DOUBLEMARD Amédée Donatien
Né le 8 juillet 1826 à Beaurain. Mort en 1900 à Paris. XIXe siècle. Français.
Sculpteur de bustes, groupes.
Il fut élève de Duret, puis de l'École des Beaux-Arts où il entra le 30 mars 1842. Il débuta au Salon en 1844. Au concours pour Rome, en 1854, il n'obtint que le deuxième prix, décision qui souleva d'assez vives polémiques, mais il obtint le premier prix l'année suivante. En 1877, il fut décoré de la Légion d'honneur. Il obtint une médaille d'argent à l'Exposition Universelle de 1889. À son retour de Rome, il se spécialisa dans l'exécution des bustes des contemporains les plus connus. On peut citer de lui la *Statue du maréchal Moncey*, à la place Clichy, la *Statue de Béranger*, au square du Temple, *La France en deuil*, à Saint-Quentin. On lui doit aussi quelques groupes assez remarquables, notamment *Jeune faune et panthère* (1875).
Musées : Amiens : *M. A. T. officier de marine* – Versailles (Galeries) : *L'amiral Hamelin*.
Ventes Publiques : Lokeren, 7 oct. 1995 : *Allister Van Straten* 1864, bronze (H. 46,5 et l. 19) : **BEF 40 000**.

DOUBLEMARD Charles Joseph
Né au XIXe siècle à Paris. XIXe siècle. Français.
Sculpteur.
Élève de A. Doublemard dont il était sans doute le fils. Il débuta au Salon de 1875 avec : *Portrait de M. Bienvenu*.

DOUBLET
Né à Amiens. XVIe siècle. Français.
Sculpteur sur bois.
Il sculpta, en 1534, le buffet des orgues de l'église Saint-Martin, à Troyes, et en 1538, un brancard de la Vraie Croix, orné de feuillages et de figures d'anges, pour l'église Saint-Nicolas.

DOUBLET
XVIIIe siècle. Actif à Paris vers 1780. Français.
Dessinateur.
Janinet exécuta plusieurs planches d'après ses œuvres.

DOUBLET Claude
XVIIe siècle. Actif à Fontainebleau vers 1621. Français.
Peintre et peintre verrier.

DOUBLET Frans ou **Dobbelot**
XVIIe siècle. Actif à Anvers. Éc. flamande.
Sculpteur.
En 1663, il était déjà maître.

DOUBLET Hubert
XVIIe-XVIIIe siècles. Français.
Peintre et sculpteur.
Actif à Paris en 1684, il était membre de l'Académie de Saint-Luc.

DOUBLET Hubert
Mort avant le 8 janvier 1719. XVIIe-XVIIIe siècles. Français.
Peintre.
Actif à Paris, il peignit des tableaux de genre.

DOUBLET Jean François
XVIIe siècle. Français.
Peintre et sculpteur.
Il était membre de l'Académie Saint-Luc. Actif à Paris en 1691, peut-être était-il parent de l'un des deux Hubert Doublet.

DOUBLET Jean Hubert
XVIIIe siècle. Actif à Paris vers 1719. Français.
Peintre.
Il était fils de l'un des deux Hubert Doublet.

DOUBLET Joseph ou **Daublet**
XVIIe siècle. Français.
Sculpteur.
Il fit, en 1673, une statue de *Sainte Hélène*, dans l'église Sainte-Croix à Bernay (Eure).

DOUBLET Louis
XVIIIe siècle. Actif à Paris. Français.
Dessinateur et graveur amateur.
On cite parmi ses gravures le *Portrait de M. Doublet* d'après M. Doublet.
Ventes Publiques : Paris, 7 et 8 mai 1923 : *Sujet allégorique sous Louis XV*, cr., reh. de blanc : **FRF 285**.

DOUBLET Marie Anne, née **Legendre**
Née en 1677 à Paris. Morte en 1768 à Paris. XVIIIe siècle. Française.
Peintre de portraits et pastelliste.
Mme Doublet fut surtout une femme de bel esprit et sa réputation vient de la vogue que connut son salon à partir de l'époque de son veuvage (1723). Elle rentre dans notre domaine par les quelques portraits de célébrités qu'elle peignit entre 1728 et 1760 et qui furent gravés par Bachaumont, Mariette et le comte de Caylus, tous familiers de la maison, où se rédigeaient *Les Mémoires secrets de Bachaumont*. On cite parmi les œuvres dues à cette artiste : *Le Père François de Troy, peintre* (Bachaumont sc.), *L'Abbé Crozat* (id.), *Falconet, médecin* (comte de Caylus, sc.), *Mastici, violoniste célèbre*, 1726 (id.), *L'abbé Crozat* (Mariette (Pierre-Jean) sc.).
Ventes Publiques : Paris, 21 nov. 1919 : *Les quatre saisons*, quatre toiles : **FRF 5 100**.

DOUBLET Simon Hubert
XVIIIe siècle. Actif à Paris en 1753. Français.
Peintre.
Sans doute était-il parent de Jean-François et d'Hubert.

DOUBLOT Denise
Née à Sens (Yonne). XXe siècle. Française.
Graveur.
Elle exposa à Paris au Salon d'Automne à partir de 1930.

DOUBOWSKOI Nicolas. Voir **DUBOWSKOI Nicolay**

DOUBROVIN Michail
XIXe siècle. Russe.
Peintre.
Élève de l'Académie de Saint-Pétersbourg. F. Alexeiff grava en 1815 un portrait du tsar Alexandre III, d'après un de ses dessins.

DOUBTING James
Né en 1841 à Bristol. Mort en 1904. XIXe siècle. Britannique.
Peintre animalier, paysages.
Musées : Bristol : *Le Printemps sur la colline*.
Ventes Publiques : Londres, 14 fév. 1986 : *Du foin pour le troupeau* 1867, h/t (25,5x49,5) : **GBP 2 000**.

DOUCAS Loucas
Né à la fin du XIXe siècle à Athènes. XIXe siècle. Grec.
Sculpteur.
Élève de Boucher. Il exposa à Paris au Salon des Artistes Français en 1923. Il a signé des bustes.

DOUCERÉ Marguerite
XVIIIe siècle. Active à Paris en 1763. Française.
Peintre.
Elle était membre de l'Académie de Saint-Luc.

DOUCET Eugénie
Née en Roumanie. xxe siècle. Française.
Peintre de portraits, paysages.
Elle exposa à Paris au Salon d'Automne et au Salon des Tuileries à partir de 1931.

DOUCET Georges
xvie siècle. Actif à Tours en 1556. Français.
Peintre.

DOUCET Henri
Né le 16 décembre 1883 à Pleumartin (Vienne). Mort le 4 mars 1915 au champ d'honneur sur l'Yser. xxe siècle. Français.
Peintre de figures, intérieurs, paysages animés, paysages.
Il exposa à Berlin, en 1911, avec Manguin et Marquet.
Mort prématurément, il n'a pu donner à son œuvre son plein développement. Il avait une prédilection pour la description des paysages de l'Europe du sud, *Paysages napolitains – Paysages andalous* et les métiers de la campagne *Paysanne à la faucille – Le casseur de pierres*. Après son voyage à Munich en 1910, son style évolue vers l'expressionnisme. Le poète Charles Vildrac a magnifié son œuvre en louant sa mort héroïque, tandis qu'André Salmon a écrit qu'« il décompose pour reconstituer, tirant d'une valeur, d'un volume, d'une teinte, le maximum d'intensité ».
Bibliogr. : Gérald Schurr, in : *Les Petits Maîtres de la peinture 1820-1920, valeur de demain*, Les Éditions de l'Amateur, t. IV, Paris, 1979.
Musées : Château-Thierry : *Paysage en mars*.
Ventes Publiques : Paris, 6 déc. 1921 : *Le Printemps et Le village*, 2 h/t : **FRF 130** – Paris, 4 et 5 fév. 1925 : *Deux femmes en chemise sur des divans* : **FRF 28** – Paris, 18 nov. 1925 : *Au bord de l'eau* : **FRF 590** – New York, 12 avr. 1945 : *Paysage* : **USD 125** – Paris, 23 mars 1987 : *Paysage à Bièvres* 1911, h/cart. (54x75) : **FRF 13 500** – Paris, 15 fév. 1988 : *Paysage en Sicile*, h/t (65x81) : **FRF 8 000** – Paris, 14 déc. 1988 : *La cueillette des cerises*, h/t (81x100) : **FRF 18 200**.

DOUCET Henri Lucien
Né le 23 août 1856 à Paris. Mort le 31 décembre 1895 à Saint-Leu-d'Esserent (Oise). xixe siècle. Français.
Peintre d'histoire, scènes de genre, portraits, pastelliste.
Élève de Boulenger et Lefebvre, il débuta au Salon de Paris en 1877, puis obtint le grand Prix de Rome en 1880. Il obtint une médaille d'or à l'Exposition Universelle de Paris en 1889.
La peinture de Lucien Doucet fit quelque peu scandale à ses débuts, notamment lors de son séjour à la Villa Médicis. Il envoya de Rome une *Bérénice* que l'Institut refusa d'exposer à l'École des Beaux-Arts en raison de « la hardiesse de l'inspiration » prise dans Edgar Poe. D'autre part, il eut des démêlés avec Cabat, alors directeur de l'Académie de France à Rome, lequel s'indignait de la liberté audacieuse de son tableau intitulé : *Harem*. Dans ses premières toiles, Doucet subissait l'influence de Bastien-Lepage, mais, rentré en France, il perdit sa fougue réaliste pour devenir un peintre mondain, travaillant souvent au pastel.

L Doucet

Bibliogr. : Gérald Schurr, in : *Les Petits Maîtres de la peinture 1820-1920, valeur de demain*, Les Éditions de l'Amateur, t. V, Paris, 1981.
Musées : Lyon : *Portraits de mes parents* – Pontoise : *Tête de jeune fille – Espagnole*.
Ventes Publiques : Paris, 1887 : *Cavalier au clair de lune* : **FRF 1 300** – Paris, 12 mai 1897 : *Carmencita* : **FRF 400** – New York, 27 jan. 1905 : *Après le bal* : **USD 1 800** – Paris, 24 fév. 1934 : *La coiffure* : **FRF 140** – Berne, 2 mai 1974 : *Nature morte* : **CHF 2 300** – Paris, 1er fév. 1980 : *Élégante dans un laboratoire*, h/t (41x32) : **FRF 22 500** – Paris, 17 déc. 1980 : *Portrait de comédienne aux seins nus*, past. (75x60) : **FRF 5 000** – Londres, 21 oct. 1983 : *Élégante dans un laboratoire*, h/t (41,4x32,4) : **USD 1 600** – Londres, 27 nov. 1985 : *Élégants personnages près du phare à Trouville*, h/t (92x73) : **GBP 10 000** – New York, 25 fév. 1987 : *Portrait d'une élégante*, h/t (125x81,2) : **USD 3 200** – Paris, 23 oct. 1989 : *Anatomie d'homme*, h/t (82,5x54) : **FRF 5 500** – New York, 30 oct. 1992 : *Beauté de harem*, h/t (45,4x35,7) : **USD 4 400** – New York, 26 mai 1994 : *Melle Galli-Marié dans le rôle de Carmen* 1884, h/t (193x83,8) : **USD 20 700** – Londres, 12 juin 1996 : *Mlle Galli-Marié dans le rôle de Carmen* 1884, h/t (193x83,8) : **GBP 8 280**.

DOUCET Jacques
Né en 1924 à Boulogne-sur-Seine (Hauts-de-Seine). Mort le 11 mars 1994 à Paris. xxe siècle. Français.
Peintre à la gouache, pastelliste, peintre de technique mixte, cartons de tapisseries, dessinateur. Abstrait-informel. Groupe Cobra.
À dix-huit ans il écrit des poèmes et dessine des scènes humoristiques qui plaisent à Max Jacob, qui l'encourage à peindre. En 1947, au cours d'un séjour à Budapest, il fit la connaissance de Corneille. Avec Atlan, il fut l'un des seuls peintres français qui entretinrent, au lendemain de la guerre, des relations avec les groupes expérimentaux belges, hollandais et danois. Il collabora avec le groupe hollandais *Reflex*, adhéra au « Surréalisme Révolutionnaire » et fut membre de Cobra.
Il figura dans de nombreuses expositions collectives internationales parmi lesquelles : en 1944 le Salon d'Automne à Paris, en 1946 et 1947 le Salon des Surindépendants et à partir de 1946 le Salon de Mai à Paris, en 1949 *Cobra* au Stedelijk Museum d'Amsterdam et avec le groupe *Les mains éblouies* à la galerie Maeght à Paris, groupe qui rassemblait la plupart des jeunes artistes abstraits que Paris comptait alors, en 1951 *Cobra* au Musée Royal des Beaux-Arts de Liège, en 1952-1953 le Salon d'Octobre à Paris, en 1954 *La tapisserie française* au Stedelijk Museum d'Amsterdam, en 1955 *30 peintres de la nouvelle génération*, en 1957 la Biennale de Paris, en 1958 *Rencontres d'Octobre* au musée de Nantes et la Biennale de la lithographie, en 1962 *Cobra et après* au Palais des Beaux-Arts de Bruxelles, en 1964 *50 ans de collages* au Musée de Saint-Étienne, en 1966 *Cobra* au Museum Boymans Van Beuningen à Rotterdam, en 1967 *23 peintres de Paris à Tokyo, de Matisse à nos jours* exposition itinérante à Paris, Prague, Varsovie, Bucarest, en 1968 *La tapisserie art mural* à la galerie municipale de Montreuil, en 1970 la Biennale du dessin à Darmstadt, en 1972 *Cobra* au Kunstforum de Gand.
Il exposa personnellement en 1947 à Budapest, de 1953 à 1958 à la galerie Liège à Paris, à Bruxelles au Palais des Beaux-Arts en 1955, entre 1960 et 1970 à la galerie Dina Vierny à Paris, en 1961 à la galerie Blanche à Stockholm, en 1963 à la galerie La Roue à Paris, en 1967 à la galerie Paul Bruck à Luxembourg, en 1971 à la Court Gallery de Copenhague, en 1972 à la galerie Saint-Léger de Genève et en Italie, puis régulièrement à la galerie Ariel de Paris. Après sa mort, de nouveau la galerie Ariel montra des ensembles rétrospectifs de son œuvre, en 1997 à Paris la galerie Thierry Spira.
Ses premières œuvres sont fortement influencées par Klee et Miro, mais également par Matisse et le Picasso de la période bleue. D'emblée, son œuvre est marqué par l'humour et le jeu. Après les œuvres de jeunesse inspirées également par les graffitis et les dessins d'enfants, la peinture de Doucet se fixe rapidement dans son langage propre : des formes abstraites, rondes et sciemment molles, dans des pâtes généreuses et ternies, cernées d'épais traits noirs, s'articulent les unes aux autres comme par une prolifération organique de protubérances mal définies et troubles qui se chercheraient un mode d'existence. La gamme chromatique décline les tons doux et délicats, toutes les nuances de bleus, les ocres, des blancs purs ou teintés, relevés par des rouges et des traits noirs. Des collages apparaissent ensuite, composés à partir de bouts de cartons ou de papiers déchirés, choisis pour leurs qualités plastiques – forme, matière, couleur – auxquels sont adjoints encre et peinture. Dans les années soixante-dix, il crée ce qu'il nomme les *Pétrifications*, rassemblant entre deux plaques de verre des plans de couleur et des objets hétéroclites. L'œuvre de Doucet travaille ainsi dans le sens d'une animation de la richesse des matières et des rapports chromatiques. Sa peinture évoque, douce-amère, une gangue en mal de procréation. ■ F. M., J. B.

doucet

Bibliogr. : In : *Peintres contemporains*, Mazenod, 1964 – Michel Ragon : *Vingt-cinq ans d'art vivant*, Casterman, Paris, 1969 – in : Encyclopédie des Arts *Les Muses*, Tome 6, Grange Batelière, 1970 – in : *Diction. Univ. de la Peinture*, Le Robert, Paris, 1975 – Marguerite Hugues-Tallez : *Deux oubliés, Louis Hemon, Jacques Doucet*, Éditions Lacour, 1990 – André Laude : *Doucet, journal* *d'un voyage au Maroc*, Éditions Fragments, 1994 - Andrée Doucet, divers : *Catalogue raisonné de l'œuvre*, Édit. Galilée, Paris, 1996, 1998, en cours.

Ventes Publiques : Paris, 23 mars 1981 : *Composition*, h/t (100x81) : **FRF 4 100** - Paris, 15 avr. 1983 : *Composition LXXXIX* 1995, h/cart. (47x54) : **FRF 8 000** - Paris, 19 mars 1985 : *Composition* 1955, h/t (65x54) : **FRF 40 500** - Genève, 24 nov. 1985 : *Composition abstraite*, gche (36x34) : **CHF 8 000** - Paris, 7 nov. 1986 : *Composition abstraite*, h/t (146x97) : **FRF 210 000** - Paris, 9 avr. 1987 : *Composition*, gche (38,5x28) : **FRF 22 000** - Paris, 22 nov. 1987 : *Composition*, métaux, cartons, papiers fixés dans un moule en plastique (35x27) : **FRF 7 000** - Paris, 8 déc. 1987 : *Composition abstraite*, h/t (60,5x59,8) : **FRF 72 000** - Copenhague, 24 fév. 1988 : *Composition*, acryl. et collage (59x43) : **DKK 11 500** ; *Composition* 1955 (65x81) : **DKK 90 000** - Londres, 25 fév. 1988 : *Carnavalesque*, h/t (116x89) : **GBP 8 250** - Paris, 20 mars 1988 : *Composition*, gche (61x46) : **FRF 12 000** - Paris, 24 mars 1988 : *L'amoncellement*, h/t (74x92) : **FRF 75 000** - Paris, 1er juin 1988 : *Composition*, past. (52x40) : **FRF 10 000** - Londres, 20 oct. 1988 : *Composition*, h/t (65x92) : **GBP 4 620** - Paris, 26 oct. 1988 : *Composition*, gche (41,5x55,5) : **FRF 21 000** - Copenhague, 8 nov. 1988 : *Composition*, h/pap. (40x62) : **DKK 17 000** - Paris, 20 nov. 1988 : *Minéral pétrifié*, h/t (50x73) : **FRF 61 000** - Paris, 28 nov. 1988 : *Composition*, collage (29x49) : **FRF 42 000** - Copenhague, 8 fév. 1989 : *Composition*, aquar. (31x43) : **DKK 25 000** - Amsterdam, 24 mai 1989 : *Usure des Causses*, h/t (80x53) : **NLG 36 800** - Paris, 4 juin 1989 : *Composition*, h/pan. (39x53) : **FRF 32 000** - Douai, 2 juil. 1989 : *Composition*, encre de Chine et gche (32x24) : **FRF 5 200** - Copenhague, 20 sep. 1989 : *Composition*, collage et gche (30x25) : **DKK 43 000** - Paris, 9 oct. 1989 : *Collage ovale*, techn. mixte et collage (48x26) : **FRF 55 000** - Amsterdam, 13 déc. 1989 : *Saison sèche*, h/t (53,5x81) : **NLG 32 200** - Calais, 4 mars 1990 : *Les allées marines*, gche et collage (42x60) : **FRF 45 000** - Copenhague, 21-22 mars 1990 : *Flore des rocs* 1963, h/t (60x60) : **DKK 165 000** - Paris, 26 avr. 1990 : *Composition*, techn. mixte/pap. (57x41) : **FRF 34 000** - Londres, 18 oct. 1990 : *Sans titre* 1956, h/t (38,4x46) : **GBP 7 480** - Paris, 28 oct. 1990 : *Naissance du mouvement*, h/t (73x60) : **FRF 90 000** - Amsterdam, 22 mai 1991 : *Composition abstraite*, acryl. et h/pap. (62x47) : **NLG 12 650** - Paris, 11 déc. 1991 : *Sans titre*, h/pap. (18,5x13,5) : **FRF 3 700** - Lokeren, 23 mai 1992 : *Composition*, techn. mixte/pap. (49,5x64,5) : **BEF 180 000** - Le Touquet, 8 juin 1992 : *Composition*, gche et collage (15x15) : **FRF 10 000** - Lokeren, 10 oct. 1992 : *Composition* 1982, collage et gche/cart. (65x50) : **BEF 220 000** - Amsterdam, 9 déc. 1992 : *Parade-circus*, h/t (73x92) : **NLG 20 700** - Paris, 19 mars 1993 : *Composition*, gche/pap. (53x38) : **FRF 10 000** - Paris, 30 avr. 1993 : *Peinture sans titre* 1953, h/t (50x65,5) : **FRF 74 000** - Amsterdam, 9 déc. 1993 : *Et pourtant elle tourne* 1988, h/t (diam. 80) : **NLG 17 825** - Copenhague, 2 mars 1994 : *Composition* 1982, gche (51x35) : **DKK 12 000** - Paris, 29 juin 1994 : *Sans titre*, h/t (54x65) : **FRF 61 000** - Amsterdam, 7 déc. 1994 : *L'Homme de sable*, h/t (50x40) : **NLG 27 600** - Lokeren, 11 mars 1995 : *Composition*, acryl., encre et craie (42x58) : **BEF 44 000** - Paris, 15 juin 1995 : *Composition* 1957, h/t (65x50) : **FRF 58 000** - Londres, 26 oct. 1995 : *Zone Bogomile*, h/t (114x162) : **GBP 13 800** - Paris, 19 juin 1996 : *Sans titre*, h/pap./cart. (49,5x64,5) : **FRF 13 000** - Versailles, 21 juil. 1996 : *Labyrinthe*, h/t (88x115) : **FRF 65 000** - Amsterdam, 10 déc. 1996 : *Sans titre*, gche/pap. (31,5x40,5) : **NLG 3 228** - Paris, 5 oct. 1996 : *Composition* 1984, gche et collage/pap. (40,5x53,5) : **FRF 14 000** - Paris, 19 déc. 1996 : *Sans titre* vers 1953, h/t (72,5x53,5) : **FRF 40 000** - Copenhague, 15 mars 1997 : *Été à Saint-Christol* 1991, sérig. : **DKK 1 700** - Paris, 28 avr. 1997 : *Sans titre* 1957, h/t (40x80) : **FRF 72 000** - Amsterdam, 2-3 juin 1997 : *Sans titre*, acryl./pap. (48,5x68,5) : **NLG 4 248** - Londres, 26 juin 1997 : *Abstraction*, h/t (49x72,5) : **GBP 6 900** ; *Sans titre* 1954, h/pan. (111,8x21) : **GBP 8 625** - Paris, 4 oct. 1997 : *Sans titre* 1963, past. gras et fus./pap. (65x50) : **FRF 9 000**.

DOUCET Jean Sylvain
XVIIIe siècle. Actif à Paris. Français.
Sculpteur.
Il fut admis en 1762 à l'Académie de Saint-Luc.

DOUCET Jules Amédée Jean
Né le 25 juillet 1872. XIXe-XXe siècles. Français.
Peintre et décorateur. Postimpressionniste.
Il a réalisé des cuirs d'art qui furent exposés au musée Galliéra à Paris. Il peignait selon la technique impressionniste.

DOUCET Louis Jean
XIXe siècle. Actif à Paris en 1800. Français.
Sculpteur.

DOUCET Pierre Jean
Né au XVIIIe siècle à Paris. XVIIIe siècle. Français.
Sculpteur.
Il se fixa à Grenoble et s'y maria le 10 juin 1749.

DOUCET Roch
XVIe siècle. Actif à Tours XVIe siècle. Français.
Peintre.
En 1549 il travaillait pour l'Hôtel de Ville de Tours.

DOUCET Sarah
Née dans la seconde moitié du XIXe siècle au Blanc (Indre). XIXe-XXe siècles. Française.
Peintre d'intérieurs d'églises.
Elle exposa à Paris au Salon des Artistes Français en 1910.

DOUCET de SURINY J., Mme, née **Glaesner**
Née à Lyon. XVIIIe-XIXe siècles. Française.
Peintre.
« La citoyenne Doucet-Suriny », exposa, à Paris, de 1793 à 1806, des portraits à l'huile et des miniatures.
Ventes Publiques : Paris, 8 avr. 1919 : *Portrait d'un Conventionnel*, miniat. : **FRF 410**.

DOUCET-CLEMENTZ Marguerite
Née le 1er avril 1876 à Strasbourg (Bas-Rhin). XXe siècle. Française.
Sculpteur de bustes, graveur de médailles.
Elle fut élève de l'École des Beaux-Arts de Genève et exposa à Paris, au Salon de la Société Nationale des Beaux-Arts entre 1914 et 1927, figurant également au Salon d'Automne. Elle réalisa entre autres un buste de *Calvin*.

DOUCH Le. Voir **LE DOUCH**

DOUCHEZ Jacques
Né en 1921 à Mâcon (Saône-et-Loire). XXe siècle. Actif au Brésil. Français.
Peintre. Abstrait.
Il figura à la Biennale de São Paulo et présenta personnellement son travail au Musée d'Art Moderne de São Paulo en 1955. C'est à la suite d'une mission universitaire au Brésil qu'il étudia avec le peintre Flexor et figura aux expositions de l'« Atelier Abstraction ».
Bibliogr. : In : *Diction. de la peinture abstraite*, Hazan, Paris, 1957.

DOUCHEZ-VANDELEN Cornille, Mlle
XVIIIe siècle. Active à Paris en 1710. Française.
Peintre.

DOUCHIN Jules Gabriel
Né en 1793 à Paris. XIXe siècle. Français.
Graveur.

DOUCIN Jacques
XVIIe siècle. Actif à Rouen. Français.
Sculpteur.
Il fit, en 1655, un retable dans la sacristie de la cathédrale, répara en 1663, la croix du cimetière de l'église Saint-Michel et fit, en 1665, différents travaux dans le chœur de cette église.

DOUDAN L.
XIXe siècle. Actif vers 1800. Français.
Graveur.
Les Archives Nationales à Paris possèdent des œuvres de cet artiste dont nous ne connaissons pas la vie.

DOUDART Nicolas
XVIe siècle. Hollandais.
Peintre de portraits.
Il exécuta en 1574 un *Portrait de Lodewijk Van Boisot*.

DOUDEAU L.
XIXe siècle. Actif à Paris. Français.
Sculpteur.
Il décora le tombeau du peintre Troyon au cimetière du Père-Lachaise.

DOUDELET Charles ou **Karel**
Né en 1861 à Lille (Nord). Mort en 1938 à Gand. XIXe-XXe siècles. Belge.
Peintre de compositions à personnages, graveur, illustrateur, graphiste. Symboliste.

Il étudia la musique au Conservatoire de Gand et la sculpture à l'École des Arts et Métiers de la même ville. Il a souvent résidé à l'étranger, surtout en Italie. Il participa à l'Exposition de Bruxelles de 1910, avec *Danse espagnole*. Il était membre de la société d'artistes *Les Vingt*.
Il fut l'ami de Maurice Maeterlinck et l'un de ses premiers illustrateurs, notamment pour *Les Douze chansons* de 1896. En tant qu'illustrateur, il collabora à *La Revue Blanche*, à *Pan*, au *Mercure de France*. Il connut le succès avec des compositions de grandes dimensions et des œuvres d'imagination qui montrent son goût pour l'Art Nouveau. Il fut l'auteur d'ouvrages sur la typographie et sur l'histoire de l'imprimerie. Il fut aussi scénographe.
Bibliogr. : Gérald Schurr, in : *Les Petits Maîtres de la peinture 1820-1920, valeur de demain*, Les Éditions de l'Amateur, t. II, Paris, 1982 – *Karel Doudelet*, in : *Grafiek* n° spécial, Gand – in : *Diction. biogr. illustré des Artistes en Belgique depuis 1830*, Arto, Bruxelles, 1987.
Ventes Publiques : Zurich, 26 mai 1984 : *Vierge à l'Enfant* 1908, aquar. et encre (34x25) : **BEF 31 000** – Amsterdam, 12 déc. 1990 : *Nonnes priant dans le jardin d'un couvent*, h/t (24,5x33) : **NLG 4 600**.

DOUDEMANT Gustave Émile
Né vers 1835. Mort en 1908. XIXe siècle. Actif à Paris. Français.
Peintre.
Sociétaire des Artistes Français depuis 1883, il figura au Salon de cette société.

DOUDEMARE Gilles
XVIe siècle. Actif à Rouen. Français.
Peintre et sculpteur.
Il fit, en 1579, un retable pour le maître-autel de l'église Saint-Nicaise, à Rouen, dont le principal sujet était la Résurrection du Christ.

DOUDIET Alphonse
Né en 1807 à Bâle. Mort en 1872 à Neuchâtel. XIXe siècle. Suisse.
Dessinateur et lithographe.
Il exposa à Bâle et à Neuchâtel. Parmi ses œuvres citées par le Dr Brun, on note : *Famille de lions* (aquarelle), deux planches : *Prestation des serments à Valangin, le 4 août 1840* et *L'Assemblée générale de bourgeoisie tenue à Valangin le 4 juillet 1837 ; Le lac de Neuchâtel en février 1830*, signée A. D. ; *Port de Neuchâtel en février 1830* (non signé). On mentionne aussi deux *lithographies*, intitulées : *Fête commémorative du 21 août 1832, donnée à Liestal en l'honneur des victimes tombées en combattant le 21 août 1831* et *Retraite des Bâlois du 3 août 1833* (d'après Dantzer de Huningue).

DOUDIEUX Étienne
Mort le 21 octobre 1706. XVIIe siècle. Actif au Mans. Français.
Peintre et sculpteur.
Il travailla dans les églises du Mans et de la région.

DOUDIEUX Nicolas
XVIIe siècle. Actif au Mans entre 1678 et 1697. Français.
Peintre.
Il travailla aux églises de la Guerche en 1680, et en 1697 à celles de Souillé.

DOUDOULOV Anastas
Né en Bulgarie. XXe siècle. Bulgare.
Sculpteur.

DOUDYN Jan
Né vers 1540. Mort en 1585 à Dordrecht. XVIe siècle. Hollandais.
Peintre d'histoire et de portraits.
En 1574, dans la gilde de Dordrecht. On cite de lui : *L'incendie de l'église Saint-Nicolas à Dordrecht, en 1568* (à l'Hôtel de Ville de Dordrecht) et *le Portrait des maîtres de la Monnaie de Dordrecht* (disparu. signalé par V. Bâlen).

DOUDYNS Willem ou **Doedyns**
Né le 31 décembre 1630 à La Haye. Mort en 1697 à La Haye. XVIIe siècle. Hollandais.
Peintre d'histoire, de sujets mythologiques et peintre décorateur.
Élève d'Alexandre Petit. Il passa douze ans en Italie, où il prit le surnom de *Diomèdes*, et, à son retour, entra, le 8 janvier 1661, dans la gilde de La Haye ; en 1662, l'Académie fut fondée sous sa direction et il en fut directeur ; en 1672, il vivait à Amsterdam. Il eut pour élèves Augustinus et Matheus Terwesten et Willem Wissing. Presque tous ses tableaux sont perdus. On cite de lui : *Premier jugement de Salomon* (à l'Hôtel de Ville de La Haye), *La Justice défendant la Piété* (au Musée d'Utrecht).

Guilielmo Doudijns

Ventes Publiques : Amsterdam, 1707 : *Le Christ parmi les Pharisiens* : **FRF 210** – Paris, 1765 : *La science des fortifications* : **FRF 346** – Paris, 1858 : *Grande composition*, dess. : **FRF 5**,50.

DOUÉ. Voir aussi **HOEY d'**

DOUÉ Jean Jacques
XVIIe siècle. Actif à Paris en 1607. Français.
Peintre et sculpteur.

DOUÉ Martin
Né en 1572. Mort en 1638. XVIe-XVIIe siècles. Actif à Lille. Français.
Peintre et illustrateur.
Il travailla pour l'église Saint-Pierre à Lille.

DOUÉ Nicolas de ou **du Doué**
XVIIe siècle. Actif à Paris en 1692. Français.
Peintre, sculpteur et graveur.
Fit partie de l'Académie de St-Luc.

DOUÉ Suzanne
XXe siècle. Française.
Peintre.
Elle exposa à Paris au Salon des Artistes Français en 1920.

DOUELLE Jehan
Né en 1755 à Courtrai. Mort en 1793 à Tournai. XVIIIe siècle. Éc. flamande.
Peintre d'intérieurs d'églises, aquarelliste.
Douelle exposa au Salon de Lille en 1780, 1782, 1783, 1784. Il fut le maître de P.-J. La Fontaine.
Musées : Lille (Mus. Wicar) : *Vue intérieure de l'ancienne église des dominicains de Lille*, aquarelle.
Ventes Publiques : Paris, 20 mars 1941 : *Trompe l'œil* 1775 : **FRF 2 500** – Paris, 29 nov. 1971 : *Intérieur d'église* 1783 : **FRF 4 500** – Paris, 4 nov. 1987 : *Intérieur de cathédrale*, h/pan. (17x23) : **FRF 13 000**.

DOUET Edme Jean Baptiste ou **Douait**
Né à Paris. XVIIIe siècle. Français.
Dessinateur et peintre de fleurs.
Élève de J.-B. Monnoyer. Il était établi à Lyon en 1745. Un mémoire relatif à l'organisation d'une école de dessin, constate, en 1751, qu'il était alors, à Lyon, le seul « fleuriste » capable de former de bons dessinateurs pour la fabrique de soieries. C'est lui, dit-on, qui introduisit la fleur naturelle dans la composition des dessins pour étoffes. Il a peint des fleurs et exposé à Paris, en 1773, des *Tableaux d'animaux et de fleurs*. Il avait été agréé à l'Académie de Peinture le 26 novembre 1757 ; il ne paraît pas avoir été reçu. Le Musée de Lyon a, de lui, deux peintures, *Fleurs et fruits* (qui a été attribuée à Bourne) et *Tulipes dragonnes dans un vase de terre*.

DOUET Edmond
XVIe siècle. Actif vers 1530. Français.
Graveur sur bois.
On cite de lui : *La Vierge et l'Enfant Jésus*, d'après Andrea del Sarto.

DOUET Jacques
XVIIe siècle. Actif à Paris en 1622. Français.
Peintre.

DOUFFET Gérard, dit **Chevaert**
Né le 6 août 1594 à Liège. Mort vers 1660 à Liège. XVIIe siècle. Flamand.
Peintre de compositions religieuses, portraits.
Il fut élève de Jean Taulier à Liège, du peintre Perpète à Dinant vers 1610, peut-être de Rubens entre 1612 et 1614. En 1614, il alla travailler à Rome, puis se rendit à Venise et revint à Liège avec deux compatriotes, T. W. de Trixhe et M. Houbar. À son retour, il se maria, en 1623, avec Catherine d'Orbespine. Il devint peintre de Ferdinand de Bavière, en 1634. Il dut quitter Liège en 1646, à cause de sa participation au parti de Chiroux, mais revint bientôt. Il eut pour élèves Bertholet Flémalle, Jean Gilles Delcour et Gérard Goswin.

Il fit une *Judith*, d'après une gravure d'un tableau perdu de Rubens. Il réalisa, pour Dom Charles Hardy, une *Invention de la Croix*, dans l'abbaye Saint-Laurent ; pour Charles Caroli, une *Glorification de Saint-François d'Assise*, chez les Minorites de Liège, en 1627. En 1640, il peignit un triptyque représentant le *Martyre de sainte Catherine* (brûlé en 1691, pendant le bombardement), pour Walthère de Liverloo, dans l'église Sainte-Catherine. Il fut l'un des principaux représentants du courant caravagesque dans son pays.

GER.DOVFFET INVENTOR

Bibliogr. : In : *Diction. de la peinture flamande et hollandaise*, coll. Essentiels, Larousse, Paris, 1989.
Musées : Augsbourg : *Le Christ apparaît aux apôtres* – Bruxelles (Mus. des Beaux-Arts) : *Portrait de Dom Fr. Dericx, abbé de Saint-Sauveur à Anvers* – Liège : *La forge de Vulcain* – Munich : *Le pape Nicolas V visitant le tombeau de saint François d'Assise – L'impératrice Hélène fait élever la sainte Croix – Portrait d'un homme à barbe rousse – Portrait d'un marchand – La femme d'un marchand – Portrait d'un homme en violet.*
Ventes Publiques : Paris, 1853 : *Le Christ rendant le dernier soupir* : **FRF 16** – Rome, 19 nov. 1990 : *Saint Jean apôtre*, h/t (80x70) : **ITL 40 250 000.**

DOUGARJAPOV Bato
Né en 1966. xxe siècle. Russe.
Peintre de figures, nus, paysages animés, fleurs. Post-impressionniste.
Il fit ses études à l'École des Beaux-Arts de V. Sourikov à Moscou et travailla sous la direction de Evgueni Maksimov.
Il situe ses personnages, jeunes femmes à leur toilette, nus, dans une atmosphère vaporeuse.
Ventes Publiques : Paris, 5 nov. 1992 : *Nu allongé*, h/t/cart. (33x24) : **FRF 7 000** ; *Chapeau de paille*, h/t/cart. (33x24) : **FRF 40 000** – Paris, 16 nov. 1992 : *La table de maquillage*, h/t (41x33) : **FRF 10 300** – Paris, 12 déc. 1992 : *La brise*, h/t (41x24) : **FRF 19 000** – Paris, 20 mars 1993 : *La femme au chapeau*, h/t (35x27) : **FRF 7 000** – Paris, 7 avr. 1993 : *Jeune fille en robe rose*, h/t (41x46) : **FRF 17 000** – Paris, 18 oct. 1993 : *Nu de dos*, h/t (35x27) : **FRF 8 500** – Paris, 4 mai 1994 : *Nu au miroir*, h/t (61x50) : **FRF 6 200.**

DOUGE Girard
xvie siècle. Actif à Troyes vers 1562. Français.
Peintre.
Il travailla pour l'église Saint-André.

DOUGHERTY Louis R.
Né le 24 décembre 1874 à Philadelphie. xixe-xxe siècles. Américain.
Peintre sculpteur et illustrateur.

DOUGHERTY Parke Custis
Né le 11 août 1867 à Philadelphie. xixe-xxe siècles. Actif aussi en France. Américain.
Peintre de paysages.
Il vécut principalement à Paris où il fut élève de l'Académie Julian. À partir de 1901 il exposa au Salon des Artistes Français des vues des environs de Paris.
Ventes Publiques : Bolton, 17 nov. 1983 : *L'entrée du village*, h/t (89x113,3) : **USD 5 700** – New York, 26 sep. 1991 : *Un matin d'hiver, Quai Voltaire* 1909, h/t (66x81) : **USD 6 600.**

DOUGHERTY Paul
Né le 6 septembre 1877 à Brooklyn. Mort en 1947. xxe siècle. Américain.
Peintre de marines.
Il fit ses études picturales en Europe, à Paris, à Londres, à Venise et à Munich. En 1905, de retour aux États-Unis, il remporta le prix Osborn.
Musées : New York (Metropolitan) – New York (Brooklyn Mus.) – Toledo.
Ventes Publiques : New York, 8 jan. 1930 : *Entre le crépuscule et le lever de lune* : **USD 470** – New York, 6 mai 1937 : *Marine* : **USD 90** – New York, 19 fév. 1942 : *La côte*, aquar. : **USD 22** – New York, 30 avr. 1969 : *Paysage du Finistère* : **USD 1 200** – New York, 11 mars 1982 : *Storm voices*, h/t (91,4x121,9) : **USD 3 500** – New York, 15 oct. 1986 : *After the gale*, h/t (91,5x122) : **USD 15 000** – New York, 17 mars 1988 : *La côte californienne*, h/t (50x75) : **USD 2 420** – New York, 24 jan. 1989 : *Un port*, h/cart. (32,5x40) : **USD 1 540** – Los Angeles-San Francisco, 10 oct. 1990 : *Point Lobos*, h/t (61x71) : **USD 9 900** – New York, 12 mars 1992 : *Un coup de vent fraîchissant*, h/t (68,2x91,6) : **USD 5 500** – New York, 23 sep. 1992 : *Un coup de vent fraîchissant*, h/t (68,2x91,6) : **USD 6 600** – New York, 12 sep. 1994 : *Soleil et rouleaux*, h/t (92,1x122,6) : **USD 10 350.**

DOUGHTY Thomas
Né en 1793 à Philadelphie. Mort en 1856 à New York. xixe siècle. Américain.
Peintre de scènes de genre, paysages, lithographe.
Jusqu'à l'âge de trente ans, il travailla en tant que corroyeur pour un marchand de cuir, puis il s'adonna à la peinture à partir de 1814-1820. Il exposa à la Pennsylvania Academy of Fine Arts en 1822, à Boston et à New York. Venu deux fois en Europe, entre 1837 et 1839, puis en 1845-1846, il résida à Paris, où il produisit plusieurs de ses œuvres connues, et à Londres, où il trouva de nombreux sujets intéressants. Il fut un des premiers artistes américains à devenir célèbre en Europe.
Il fut surtout le peintre de paysages américains, ayant peint sur les rives du Susquehanna et parmi les montagnes de Catskill. Précurseur des peintres de l'Hudson River School, il s'éloigna quelque peu de cette tendance par la trop grande joliesse de ses paysages aux tons fins et agréables à l'œil. Il fut aussi l'auteur de lithographies pour le journal que dirigeait son frère à Philadelphie : le *Cabinet of Natural History and Rural Sports*.
Bibliogr. : In : *Diction. de la peinture anglaise et américaine*, coll. Essentiels, Larousse, Paris, 1991.
Ventes Publiques : Philadelphie, 30-31 mars 1932 : *L'Hudson, près de West Point* 1829 : **USD 70** – New York, 4 jan. 1945 : *Au bord de l'Hudson* 1828 : **USD 275** – New York, 16 mars 1967 : *Paysage avec pêcheur* : **USD 3 250** – New York, 10 mai 1974 : *Lac de montagne* 1834 : **USD 2 500** – New York, 29 avr. 1976 : *Le Chemin menant à la mer*, h/t (35,5x45,8) : **USD 4 000** – New York, 21 juin 1979 : *Paysage au lac*, h/t (35,5x50,8) : **USD 2 500** – Portland, 5 juil. 1980 : *Pêcheur dans un paysage* 1835, ht (43,5x35,8) : **USD 13 000** – New York, 21 oct. 1983 : *Paysage fluvial*, h/pan. (34,3x47) : **USD 13 500** – New York, 7 déc. 1984 : *Vue de l'Hudson près de Tivoli* 1841, h/t (33,5x57,8) : **USD 24 000** – New York, 24 avr. 1985 : *Delaware water gap* 1847, aquar. (12x17,8) : **USD 1 300** – New York, 28 mai 1987 : *Farimount water works, Philadelphia* vers 1826, h/t (51,4x73,7) : **USD 120 000** – New York, 25 mai 1989 : *Paysage boisé avec des personnages sur la passerelle traversant la rivière* 1835, h/t (69,1x87,6) : **USD 28 600** – New York, 30 nov. 1989 : *La Côte du Maine*, h/t (56,5x72,4) : **USD 23 100** – New York, 26 sep. 1990 : *Le Cours du Delaware au travers de la Montagne Bleue* 1827, h/t (35,5x50,8) : **USD 797** – New York, 30 nov. 1990 : *Paysage lacustre avec des pêcheurs et des voiliers*, h/t (36x50,6) : **USD 9 900** – New York, 14 mars 1991 : *Vue de l'Hudson*, h/t (73,7x91,5) : **USD 28 600** – New York, 5 déc. 1991 : *La Partie de pêche*, h/t (53,3x73,7) : **USD 17 600** – New York, 3 déc. 1992 : *Paysage près d'un barrage*, h/t (53,3x74,3) : **USD 11 000** – New York, 11 mars 1993 : *Début d'hiver*, h/t/rés. synth. (108,5x142) : **USD 46 000** – New York, 21 sep. 1994 : *La Pêche dans l'Hudson*, h/t (54,6x69,9) : **USD 23 000** – New York, 4 déc. 1996 : *Paysage, rivière Hudson* 1852, h/t : **USD 101 500** – New York, 27 sep. 1996 : *La Pêche*, h/t (55,5x68) : **USD 34 500** – New York, 23 avr. 1997 : *Tour de garde sur le Rhin* vers 1830, h/t (54,5x68,6) : **USD 11 500** – New York, 7 oct. 1997 : *La Pêche dans la rivière* 1828, h/t (56x68,6) : **USD 32 200.**

DOUGHTY William
Né dans le Yorkshire. Mort en 1782 à Lisbonne. xviiie siècle. Britannique.
Peintre de figures, portraits, graveur.
En 1775, il devint élève de Sir Joshua Reynolds et après un essai infructueux comme portraitiste en Irlande, il se fixa à Londres en 1779. L'année suivante, après avoir épousé une domestique de la maison de sir Reynolds, il s'embarqua pour le Bengale. Le navire qui l'emportait fut capturé par les Espagnols et les Français, qui l'amenèrent à Lisbonne, où il mourut.
Deux de ses peintures, une *Circé* et un *Portrait de Sir Joshua Reynolds* furent exposées. Il a plus de valeur comme graveur. Parmi ses planches au burin et à la manière noire, on cite : *L'Amiral Keppel*, d'après Sir Joshua Reynolds et *William Mason*, le poète (d'après le même).
Ventes Publiques : Londres, 26 juin 1925 : *Portrait of a Lady, called Mrs Gore*, h/t (76x63) : **GNS 3 500** – Londres, 1er août 1929 : *Portrait d'une dame* : **GBP 78** – New York, 4 mai 1941 : *Portrait of a Lady, called Mrs Gore*, h/t (76x63) : **USD 7 000** – Londres, 20 nov. 1985 : *Portrait of a Lady, called Mrs Gore*, h/t (76x63) : **GBP 5 000.**

DOUGLAS Andrew
Né en 1871 à Midlothian. Mort en 1935. XIXe-XXe siècles. Britannique.
Peintre animalier et de paysages.
Il a essentiellement peint des animaux paissant dans la campagne anglaise.
Ventes Publiques : Londres, 22 juil. 1925 : *Troupeau dans la Lande* : **GBP 10** – Glasgow, 10 déc. 1929 : *Troupeau dans un ruisseau* : **GBP 5** – Édimbourg, 11 nov. 1980 : *Le marché au bétail d'Edimbourg,* aquar. (56x79) : **GBP 500** – Queensferry, 29 avr. 1986 : *L'heure de la traite,* aquar. (55x78) : **GBP 900** – Glasgow, 4 fév. 1987 : *Troupeau dans un paysage,* h/t (56x79) : **GBP 1 900** – Édimbourg, 23 mars 1993 : *Dans les Trossachs,* h/cart. (28x44) : **GBP 862** – Glasgow, 1er fév. 1994 : *Gardienne de vaches dans les Highlands,* h/t (56,5x78,5) : **GBP 4 370** – Perth, 20 août 1996 : *Bovins des Highlands,* h/t (56x78,5) : **GBP 1 495**.

DOUGLAS E. Bruce
Né à Cedar Rapids (États-Unis). XXe siècle. Actif en France. Américain.
Sculpteur de bustes, animaux.
Il exposa à Paris, au Salon des Artistes Français entre 1930 et 1935, au Salon d'Automne entre 1932 et 1938 ainsi qu'au Salon des Artistes Indépendants à partir de 1937.

DOUGLAS Edward Algernon Stuart
XIXe-XXe siècles. Actif entre 1860 et 1918. Britannique.
Peintre de genre, scènes de chasse, sujets de sport, animaux.
Il exposa entre 1880 et 1892 à la Royal Academy.
Musées : Londres (Tate Gal.) : *La Mère et la Fille* – Sydney : *Conduisant une enfant dans le droit chemin.*
Ventes Publiques : Londres, 4 mai 1908 : *Le Braconnier* : **GBP 10** – Londres, 27 mars 1909 : *Leçon de morale* : **GBP 29** – Londres, 16 juil. 1909 : *La Fin d'une bonne course* : **GBP 7** ; *L'éveil du matin* : **GBP 21** – Londres, 4-5 mai 1922 : *Le chien du sergent* : **GBP 10** – Londres, 21 juil. 1927 : *Deux scènes de chasse* 1877 : **GBP 66** – Londres, 18 juin 1931 : *The Perseverance Dorking Coach,* aquar. : **GBP 7** – Londres, 20 mars 1979 : *Le Saut de l'obstacle* 1893, h/pan. (35,5x50,8) : **USD 2 500** – Londres, 17 juin 1980 : *Scènes de chasse* 1917-1918, h/t, une paire (39x60) : **GBP 2 200** – New York, 26 fév. 1982 : *Départ pour la chasse* 1917 ; *La Halte des chasseurs* 1918, h/t (40,5x61) : **USD 6 000** – Londres, 27 fév. 1985 : *Départ de la diligence* ; *L'Arrivée au clair de lune,* deux aquar. reh. de blanc (21x33) : **GBP 3 200** – New York, 7 juin 1985 : *Scènes de chasse* 1907, deux h/t (61x30,5) : **USD 6 000** – Londres, 11 juin 1986 : *Foxhounds et Terrier* 1884, h/t (61x91,5) : **GBP 15 500** – Londres, 21 juil. 1987 : *The London to York coach passing a partridge Hunt* 1913 ; *The London to Bath coach passing a Foxhunt* 1913, deux aquar. reh. de blanc (20x33,3) : **GBP 5 000** – Londres, 8 fév. 1991 : *Grand cerf bramant* 1893, aquar. (12,7x20,3) : **GBP 660** – New York, 5 juin 1993 : *Retour d'une belle journée* ; *Journée maussade* 1907, h/t, une paire (61x31,1) : **USD 13 800** – Londres, 13 nov. 1996 : *Steeple Chase* 1880, aquar., une paire (13x10 et 14x22) : **GBP 2 760**.

DOUGLAS Edwin
Né en 1848 à Édimbourg. Mort en 1914. XIXe-XXe siècles. Britannique.
Peintre de genre, animalier.
Il fut élève de l'Académie Royale d'Écosse et travailla dans la manière d'Edwin Landseer. Actif de 1869 à 1906.

Ventes Publiques : Londres, 2 mai 1924 : *Après le massacre de Glencoe* : **GBP 33** – Londres, 7 fév. 1930 : *Scène de la vie de Mahomet* : **GBP 26** – Londres, 19 nov. 1965 : *L'écuyère endormie* : **GNS 480** – Londres, 24 oct. 1980 : *Wayside refreshment,* h/t (174x111,7) : **GBP 1 400** – Londres, 17 fév. 1983 : *Étude de carlin,* h/t (63,5x45,8) : **GBP 4 200** – Londres, 12 juin 1985 : *Pot luck,* h/t (94x60) : **GBP 2 000** – New York, 5 juin 1986 : *Leprechaun à l'écurie* 1891, h/t (70x90) : **USD 10 500** – Édimbourg, 26 avr. 1988 : *Jeunes chiots dans la paille* 1906, h/t (68x58) : **GBP 4 400** – Londres, 14 fév. 1990 : *Un terrier Cairn dans un fauteuil rouge,* h/t (71,1x55,2) : **GBP 3 520** ; – New York, 17 oct. 1991 : *Jeunes cerfs,* h/t (142,2x111,8) : **USD 7 700** – Perth, 1er sep. 1992 : *Setters levant une couvée de perdreaux* 1872, h/t (71,5x98) : **GBP 18 700** – Londres, 3 mars 1993 : *En éveil,* h/t (142x112) : **GBP 10 925** – Londres, 25 mars 1994 : *En sécurité,* h/t (112,1x142,2) : **GBP 13 225** – Londres, 10 mars 1995 : *L'entrainement des petits futurs chasseurs* 1875, h/t (92,2x71,2) : **GBP 24 150** – Londres, 29 mars 1996 : *Repos après une journée de chasse* 1900, h/t (120,7x89,5) : **GBP 19 550**.

DOUGLAS Ethel
Née à Londres. XXe siècle. Active en France. Britannique.
Peintre de paysages urbains.
Elle fut élève de Fernand Pelez. Elle exposa à Paris, au Salon des Artistes Indépendants à partir de 1925 et à partir de 1931 au Salon des Artistes Français. Étrangère à Paris, elle aimait en peindre les différents quartiers.

DOUGLAS Haldane
Née aux États-Unis. XXe siècle. Française.
Peintre de paysages.
Elle exposa à Paris au Salon d'Automne à partir de 1927.

DOUGLAS J.
XIXe siècle. Actif à Londres vers 1825. Britannique.
Peintre de paysages.
Il exposa à la Royal Academy.

DOUGLAS Jacob, dit **de Schot**
XVIIe siècle. Actif à Anvers vers 1680. Éc. flamande.
Peintre.
Il était à cette époque élève de J. S. Van Loybos.

DOUGLAS James
Né en 1753 à Londres. Mort le 5 novembre 1819 à Preston (Sussex). XVIIIe-XIXe siècles. Britannique.
Peintre de portraits, miniaturiste, graveur, illustrateur.
Il pratiqua des genres très divers ; portraitiste, il employa aussi fréquemment l'huile et la miniature ; illustra ses propres ouvrages qu'ils fussent études érudites sur l'Antiquité ou romans humoristiques.

DOUGLAS James
Né en 1858. Mort en 1911. XIXe-XXe siècles. Britannique.
Peintre de portraits, paysages, aquarelliste, dessinateur.
Actif à Édimbourg, il exposa à la New Water-Colours Society en 1885 et à Paris en 1900 (Exposition Universelle).
Ventes Publiques : Édimbourg, 15 déc. 1928 : *Vue de Nuremberg* 1898, aquar. : **GBP 4** – Édimbourg, 13 juil. 1929 : *Printemps en France,* aquar. : **GBP 5** – Édimbourg, 28 oct. 1933 : *La porte du Conseiller,* aquar. : **GBP 6** – Glasgow, 7 fév. 1989 : *Après-midi de novembre,* aquar. et gche (24x34) : **GBP 880** – Londres, 1er nov. 1990 : *« Prince's Street Garden » à Edimbourg,* aquar. avec reh. de blanc (28x38,2) : **GBP 858** – Londres, 14 juin 1991 : *Pêcheurs dans une barque à fond plat,* cr. et aquar. avec reh. de blanc (45,8x29,5) : **GBP 550** – New York, 9 juin 1995 : *Portrait du steamer Arizona* 1883, h/t (61x91,4) : **USD 2 875**.

DOUGLAS Laura Glenn
Née à Wimishow (Caroline du Sud). XXe siècle. Américaine.
Peintre de nus, de paysages, de natures mortes.
Elle exposa à Paris, à partir de 1930 au Salon d'Automne et au Salon des Tuileries.

DOUGLAS Lucile
Née à Tuskegee (Alabama). XIXe-XXe siècles. Américaine.
Peintre de portraits et de paysages.
En 1911 elle exposa à Paris, au Salon d'Automne et à celui des Artistes Indépendants.

DOUGLAS Sholto Johnstone
XIXe-XXe siècles. Actif à Chelsea. Britannique.
Peintre.
Il exposa à Londres à partir de 1902.

DOUGLAS Stan
Né en 1960. XXe siècle. Canadien.
Auteur d'installations, vidéaste.
Il a participé en 1995 à la Biennale de Lyon, avec l'œuvre *Pursuit, Fear, Catastrophe, Ruskin, B. C.*

DOUGLAS Walter
Né le 14 janvier 1868 à Cincinnati. XIXe siècle. Américain.
Peintre.
Il fut l'élève de W. M. Chase.

DOUGLAS William
Né en 1780. Mort en 1832. XIXe siècle. Britannique.
Peintre de miniatures.
Élève de Robert Scott. Il fut à partir de 1816 peintre du prince Leopold de Saxe Cobourg. Il exposa de 1818 à 1826 à la Royal Academy de Londres.

DOUGLAS William Fettes
Né le 29 mars 1822 à Édimbourg. Mort le 20 juillet 1891 à Newburgh-Fife. XIXe siècle. Britannique.
Peintre d'histoire, scènes de genre, natures mortes, aquarelliste.
Après dix ans de vie de labeur, dont il consacra les heures de liberté à l'art, son père, excellent amateur d'aquarelles, consentit enfin à lui laisser faire ses études artistiques. Il fut d'abord élève puis associé de l'Académie royale écossaise ; il en devint membre en 1854 et reçut de l'Université d'Edimbourg le titre honorable de L. L. D. (Docteur). Il fut nommé conservateur de la Galerie nationale écossaise et succéda, en 1882, à la chaire présidentielle de l'Académie, occupée préalablement par Sir Daniel Macnee.
Ce fut un peintre consciencieux et un antiquaire ardent et accompli. Les titres de ses livres indiquent sa prédilection pour les sujets occultes et romantiques. Il exécuta aussi des sujets de genre et d'histoire, quelques paysages à l'huile et, beaucoup plus tard, de charmantes aquarelles. On l'a appelé le plus grand peintre écossais de natures mortes. Homme accompli à tous les points de vue, il était fort instruit et très documenté sur l'histoire.
Musées : Édimbourg : *Le Charme - David Laing - Le Messager - Port de Stonehaven - Marée descendante* - Londres (Victoria and Albert Mus.) : *L'Alchimiste* - Victoria (Gal. d'Art) : *Scène d'après l'Antiquaire.*
Ventes Publiques : Londres, 21 nov. 1908 : *L'Arrestation de Pietro d'Apone* : **GBP 6** - Londres, 2 avr. 1909 : *Port de Stonehaven* : **GBP 29** - Londres, 19 fév. 1910 : *La Madone et l'Enfant* : **GBP 115** - Édimbourg, 13 juil. 1929 : *Bâteaux de pêche*, aquar. : **GBP 5** ; *Portrait d'homme* : **GBP 9** - Édimbourg, 5 avr. 1930 : *L'alchimiste* : **GBP 9** - Édimbourg, 29 nov. 1930 : *Don Quichotte* : **GBP 8** - Édimbourg, 28 nov. 1936 : *Les critiques* : **GBP 5** - Londres, 25 mai 1979 : *La fille de l'Antiquaire*, h/cart. (28x14) : **GBP 1 200** - Écosse, 30 août 1983 : *The China mender*, h/cart. (30,5x46) : **GBP 550** - Haddington (Écosse), 21-22 mai 1990 : *Portrait de Tom Beattie, chasseur pour Richard Oswald, Auchincruive, à poney avec deux chiens et un lièvre suspendu à sa selle*, aquar. (46x42) : **GBP 2 860** - Perth, 27 août 1990 : *Le cabinet aux boiseries*, h/t (30,5x61) : **GBP 2 200** - South Queensferry (Écosse), 23 avr. 1991 : *Rêverie* 1874, h/t (37x30,5) : **GBP 1 320** - Perth, 29 août 1995 : *Le prétendant évincé*, h/pan. (35x51) : **GBP 1 955**.

DOUGY Édouard
Né le 29 janvier 1912 à Saint-Gengoux-le-National (Saône-et-Loire). XXe siècle. Français.
Peintre de figures, paysages, fleurs, dessinateur.
Il expose rarement mais a cependant participé, à Paris, au Salon des Artistes Français en 1955. Il expose également à Saint-Étienne où il vit.
Dessinant un paysage de neige ou une vue panoramique de Paris, il maîtrise irréprochablement son sujet. Sa peinture appartient à un autre domaine, à la fois primitive et méditative, elle fait parfois appel à des notions visionnaires ou médiumniques. Les bouquets de fleurs, de toutes sortes, prolifèrent à travers la toile, en envahissent, sur les traces de Séraphine de Senlis, décorativement toute la surface. Des sortes de mannequins, « femmes-fleurs », fabriqués comme des épouvantails mais pour charmer et non effrayer, avec des cuisses serties de jarretelles et des seins de femmes arrogants, pour le reste sont constitués de branches, de feuillages et de fleurs.

DOUHAERDT Arthur
Né en 1875 à Saint-Gilles (Bruxelles). Mort en 1954 à Strombeek-Bever. XXe siècle. Belge.
Peintre, dessinateur, lithographe.
Bibliogr. : In : *Diction. biogr. illustré des Artistes en Belgique depuis 1830*, Arto, Bruxelles, 1987.

DOUILHÉ Jean
Né le 15 juillet 1616 à Mortain (Orne). Mort le 20 mai 1681 à Auch. XVIIe siècle. Français.
Sculpteur.
Il décora, à partir de 1662, la cathédrale d'Auch.

DOUILLARD Alain
Né le 11 septembre 1929 à Nantes (Loire-Atlantique). XXe siècle. Français.
Sculpteur. Abstrait.
Il fit ses études à l'École des Beaux-Arts de Nantes où il vit et expose fréquemment. Ses sculptures sont exécutées à partir d'assemblages abstraits. Il travaille surtout dans le cadre d'une intégration des œuvres à l'architecture.

DOUILLARD Alexis Marie Louis
Né le 28 juin 1835 à Nantes (Loire-Atlantique). Mort le 7 septembre 1905 à Bellevue. XIXe siècle. Français.
Peintre d'histoire, compositions religieuses, scènes de genre.
En 1855, il entra à l'École des Beaux-Arts, fut élève de H. Flandrin et de Gleyre. De 1861 à 1881, il exposa au Salon de Paris.
On lui doit dans l'église Saint-Julien de Tours : *Le couronnement de la Vierge* et *La Cène*, au maître-autel et au Palais de Justice : *Le Christ en croix*. Citons, aussi : *La protection de saint Joseph* (à l'église de Belfort), *La décollation de saint Paul* (à la chapelle des Barnabites, à Paris).
Musées : Gray : *Un philosophe - Le deuil de l'orpheline.*
Ventes Publiques : Amsterdam, 15 mars 1983 : *Grand-mère raconte*, h/t (100x157) : **NLG 4 800**.

DOUILLARD Henri
Né à Montaigu (Vendée). XIXe siècle. Français.
Peintre paysagiste.
Élève de Guillaume Grootaers. Il prit part en 1886 à l'Exposition d'Angers avec trois paysages.

DOUILLARD Narcisse Eugène
Né à Paris. XIXe siècle. Français.
Graveur sur bois.
Figura au Salon des Artistes Français où il obtint une mention honorable en 1888.

DOUILLET Alfred Alexandre
Né à Paris. XIXe siècle. Français.
Sculpteur.
Élève de Lequien père. Il exposa au Salon quelques médaillons de 1868 à 1877.

DOUILLET-CHEVELEAU Raymond
Né le 20 juillet 1947 à Haumont (Nord). XXe siècle. Français.
Peintre et graveur de compositions à personnages et de paysages animés. Tendance surréaliste.
Il fit ses études à l'École des Beaux-Arts d'Amiens dans la section gravure. En 1972 il fut diplômé de l'École des Arts Décoratifs de Paris et reçut une bourse de la Casa Velasquez à Madrid. Il a exposé personnellement en 1972 à Collioure, en 1973 au musée de Séville, en 1974 à la Casa Velasquez à Madrid, à l'Institut Français d'Alicante et a reçu le Prix Wildenstein. En 1975 il présenta ses œuvres à Paris à la Cité Internationale des Arts, au Centre d'Art et d'Artisanat, à la galerie La Passerelle Saint-Louis.
Il peint dans une facture volontairement académique - qui n'est pas sans évoquer celle de Dali - réunissant l'amoncellement des accessoires de l'imagerie surréaliste avec le rendu perspectif des peintres de la Renaissance tardive, comme Paris Bordone par exemple.
Ventes Publiques : Brest, 19 mai 1985 : *Jeux de Dames*, h/t (115x145) : **FRF 19 500** - Paris, 13 oct. 1987 : *La nuit est à nous*, acryl. et h/t (80x116) : **FRF 4 500** - Lokeren, 20 mai 1995 : *L'hommage des Dervaches au soleil*, h/t (195x97) : **BEF 90 000**.

DOUIN Joseph Charles Louis
Né le 22 août 1825 à Caen (Calvados). XIXe siècle. Français.
Sculpteur.

DOUIN Raoul Joseph
Né le 12 décembre 1855 à Caen. XIXe siècle. Français.
Sculpteur.
Était fils de Joseph Charles Louis Douin.

DOUIN Toussaint
XVIIe siècle. Actif à Cambrai. Français.
Sculpteur.
Il restaura, en 1611, les fleurons du campanile de l'horloge, à la cathédrale de Cambrai.

DOUIS Gaëtan Pierre
Né à Orbec (Calvados). XXe siècle. Français.
Sculpteur animalier.
Il exposa à Paris au Salon des Artistes Français et au Salon des Indépendants depuis 1927. Sociétaire du Salon des Artistes Français, il reçut une troisième médaille en 1937. Il a exposé des plâtres et aussi des bois.

DOUKAS Jean
Né en 1840 en Athènes. XIXe siècle. Grec.
Peintre.
Il fut élève de Lytras en Grèce et de Gérôme à Paris. Le Musée d'Athènes possède de lui : *Achille et le centaure Chiron.*

DOUKING Georges
Né le 6 août 1902 à Paris. XXe siècle. Français.
Peintre de paysages et de compositions à personnages, décorateur de théâtre.
Il peignit des paysages et des scènes rustiques, tout en réalisant des décors et des affiches pour le théâtre. Par la suite il semble s'être consacré à la mise en scène et au décor. Il a également mené une carrière d'acteur.
Ventes Publiques : Paris, 20 juin 1944 : *Les Meules*, aquar. : **FRF 2 500** – Paris, 23 avr. 1945 : *Fête populaire à Hampstead*, aquar. : **FRF 1 000** – Paris, 12 oct. 1988 : *Fleurs* 1956, gche (52x38) : **FRF 1 700** – Paris, 27 juin 1995 : *Le marchand de Venise – saison 1961*, projets de décors et costumes pour Simone Valère, Jean Desailly : **FRF 5 500**.

DOUKNOVITCH Johannes. Voir **DALMATA Giovanni**

DOULAIN Dominique
Né le 13 juillet 1948. XXe siècle. Français.
Peintre de compositions à personnages.
Il fit ses études à l'École des Beaux-Arts de Metz. Il exposa à Paris, au Salon d'Automne, au Salon des Artistes Français et au Salon de la Jeune Peinture. Il a exposé personnellement à Paris et à Wuppertal. Il est professeur à l'École Nationale Supérieure des Arts Plastiques à Paris.
Sa peinture met en scène des personnages fantastiques dans une gamme chromatique raffinée et élégante.
Ventes Publiques : Paris, 28 oct. 1990 : *Sans titre*, acryl./cartons enduits (52x68) : **FRF 8 500** – Paris, 24 avr. 1991 : *Sculpture*, acryl./cart. traité (85x56x33) : **FRF 7 500**.

DOULIOT Marie Anaïs
Née le 10 mai 1834 à Paris. XIXe siècle. Française.
Peintre miniaturiste.
Élève de Belloc. Elle exposa au Salon de 1852 à 1882.

DOULX Adenet Le. Voir **LE DOULX**

DOULX Esprit
XVIIe siècle. Actif à Avignon vers 1604. Français.
Peintre.

DOULX Jacques
XVIIe siècle. Français.
Peintre.
On trouve son nom cité à Avignon en 1614 et en 1625.

DOULX Pierre, l'Ancien
Originaire du Piémont. XVIe siècle. Actif à Marseille en 1549. Français.
Peintre.

DOULX Pierre, le Jeune
XVIIe siècle. Actif à Avignon au début du XVIIe siècle. Français.
Peintre.

DOUMENC Eugène Baptiste
Né le 12 mars 1873 à Genève. XIXe-XXe siècles. Français.
Ciseleur et graveur.
Sociétaire à Paris du Salon des Artistes Français il reçut une deuxième médaille en 1924 et une médaille d'or en 1936. Il fut fait Chevalier de la Légion d'Honneur.
Musées : Genève (Mus. des Arts Décoratifs).

DOUMER Hélène
Née à Lille (Nord). XXe siècle. Française.
Sculpteur de bustes.
Élève de Paul Landowski et d'Alfred Bottiau. Sociétaire du Salon des Artistes Français, elle reçut une troisième médaille en 1934.

DOUMET Gaspard
Né le 2 juin 1720 à Toulon. Mort le 3 décembre 1795 à Toulon. XVIIIe siècle. Français.
Peintre de genre.
En 1767, il fut nommé maître peintre entretenu du roi. Le Musée de Toulon conserve de lui : *Saint Roch, saint Étienne, sainte Marie-Madeleine* et *Saint Christophe* (4 dessins), *Les disciples d'Emmaüs*, *Lion pour un modèle de poulaine*.

DOUMET Zacharie Félix
Né le 4 décembre 1761 à Toulon (Var). Mort en 1818 à Draguignan (Var). XVIIIe-XIXe siècles. Français.
Peintre de figures, paysages, marines, peintre à la gouache.
Fils de Gaspard Doumet. Il fut peintre de marines, mais à la suite des troubles qui se produisirent à Toulon, il abandonna l'arsenal pour émigrer en Corse et trois ans plus tard, à Lisbonne où il fut employé à la direction du Génie comme dessinateur. Il revint à Toulon en 1806.
Ventes Publiques : Paris, 25 et 26 fév. 1924 : *Paysage et petits personnages*, gche : **FRF 1 950** – Paris, 19 nov. 1992 : *Vue de la campagne de Toulon*, gche (40,5x53,5) : **FRF 65 000** – Paris, 4 mai 1994 : *Le berger corse* ; *Le marchand de fromage corse*, gche, une paire (20x16) : **FRF 40 000** – Paris, 22 mars 1996 : *Escadre française à la voile*, gche (26x33,5) : **FRF 15 000**.

DOUMICHAUD de La CHASSAGNE-GROSSE Laetitia, Mme
Née dans la seconde moitié du XIXe siècle à Henrichemont (Cher). XIXe siècle. Française.
Peintre, sculpteur et céramiste.
Élève de J. Lefebvre, Bouguereau, G. Fevrier, Flameng et Marcel Baschet. Sociétaire du Salon des Artistes Français depuis 1897. Elle a peint des portraits, des nus, des fleurs.

DOUMONT Edmond
Né en 1879 à Temploux. XXe siècle. Belge.
Peintre de portraits.
Il exposa aussi en France, au Salon des Artistes Français de 1928 à 1930.

DOUN. Voir **MATABE**

DOUNTCHEV Sergueï
Né en 1916 à Bakou. XXe siècle. Russe.
Peintre de portraits, paysages animés, paysages, natures mortes.
Il fréquenta l'École d'Art de Bakou, puis l'Institut des Beaux-Arts Sourikov à Moscou. Il habite à Serguiév Possad près de Moscou et participe à des expositions nationales et internationales. Il peint de manière réaliste des portraits, natures mortes et paysages.
Ventes Publiques : Paris, 27 mai 1992 : *Le retour à la ferme*, h/t (60x79,5) : **FRF 3 500** ; *Monastère au bord de l'eau* 1989, h/t (90x79,5) : **FRF 3 000** – Paris, 14 déc. 1993 : *Promenade*, h/t (80x100) : **FRF 6 900**.

DOURADO Fernao Vaz
XVIe siècle. Portugais.
Enlumineur.
Cosmographe, il est l'auteur de l'atlas enluminé, conservé aujourd'hui aux Archives royales, sous le nom de *Carte da Cartuxa*.

DOURADOUR François
XVIIe siècle. Actif à Limoges au début du XVIIe siècle. Français.
Peintre sur émail.

DOURGNON Marcel L.
XIXe siècle. Actif à Paris. Français.
Peintre et architecte.
Sociétaire des Artistes Français depuis 1894, il figura au Salon de cette société.

DOURIS
VIe-Ve siècles avant J.-C. Actif à la fin du VIe siècle et au début du Ve siècle avant J.-C. Antiquité grecque.
Peintre de vases.
Il était potier ou propriétaire d'une poterie, mais attachait lui-même plus d'importance à sa peinture, et travaillait comme peintre pour différents ateliers (Python, Kaliades, Kleophrades). Ses œuvres sont parmi les plus recherchées de cette époque. On connaît de lui 31 vases authentiques, avec l'inscription *DOURIS (E)*, ou plus souvent *DORIS (E) EGRAPSÉ*, et un grand nombre d'autres sans inscription qui, s'ils ne sont pas de sa main, doivent au moins sortir de ses ateliers. Le vase *Diota* E 350 du British Museum lui est attribué. Il ne peint pas seulement des figures mythologiques (surtout Dionysos), mais aussi des scènes de la vie grecque de tous les jours, combats, conversations, éducation, etc. Il préfère décorer des coupes, mais d'autres types de vases lui sont également attribués : quelques rhytons, lécythes, et canthares. Au début de sa carrière, vers 500 avant J.-C., il reste attaché à des formules un peu archaïques, se rapprochant de l'art d'Euphronios. Il stylise la musculature, les plis sont assez raides et fins ; l'expression des sentiments garde une certaine retenue. L'ensemble reste exécuté avec une extrême rigueur et n'est pas dépourvu de grandeur. De cette période date l'une des plus belles coupes au fond de laquelle figurent *Eos et Memnon*. Memnon, tué à la guerre de Troie, est soutenu par sa mère Eos. Dans cette scène, Douris a bien su rendre la raideur du corps de Memnon, que soutient sa mère, non sans une certaine élégance

ni émotion. Eos, penchée pour tenir son fils, épouse la forme circulaire du fond de la coupe, elle laisse transparaître les formes de son corps sous son vêtement. Il est troublant de voir en cette scène une sorte de préfiguration d'une Pietà. Ensuite, vers 480 avant J.-C., l'art de Douris fait moins d'emprunts au passé, sa ligne est plus libre jusqu'à devenir un peu maniérée dans les détails. Il traite toujours avec raffinement les draperies qui laissent deviner les corps féminins dessous. Une coupe datant de 485-480 avant J.-C., représentant *Dionysos* et son cortège, montre des nus dessinés dans un trait d'une simplicité voulue. Une danseuse fait tournoyer sa robe dans une belle envolée de draperie. Ce peintre potier aime les compositions simples qui font ressortir l'unité d'action et d'expression de chaque sujet, soutenue par la netteté du trait.
Musées : Berlin : *L'école des garçons* – Boston : *Dionysos* – Chicago (Ryerson) : *Coupe d'Hippodama* – Munich : *Thétis* – Paris : *Combat d'Achille et de Memnon* – *Combat de Pâris et Ménélas* – Vienne : *Combat d'Ajax et d'Odysseus.*

DOURLAN Martin
XVIIe siècle. Français.
Peintre.
Il fut reçu à l'Académie de Saint-Luc à Paris en 1657.

DOURLENS Pierre
XVIe siècle. Actif à Cambrai. Français.
Sculpteur.
Il fit différents travaux à l'évêché de Cambrai, en 1564, et retailla les armoiries et le cadran de l'horloge de la ville, en 1571 et 1572.

DOURLENS Xavier Jules
Né le 10 août 1826 à Arras (Pas-de-Calais). Mort en 1888 à Arras (Pas-de-Calais). XIXe siècle. Français.
Peintre de paysages.
Élève de Constant Dutilleux, il participa au Salon de Paris de 1869 à 1873.
Ses paysages sont solidement construits et se souviennent de l'art de Corot. la Société des Amis des arts lui acheta en 1870 : *Souvenir des environs de Saint-Éloi*, et en 1873 : *Une chaumière en Artois.*
Musées : Arras : *Rue de Villiers à Sainte-Catherine-les-Arras.*
Ventes Publiques : Toulouse, 18 mai 1981 : *Ferme en Normandie*, h/t (24x35,5) : **FRF 4 600** – Montréal, 5 nov. 1990 : *Paysage animé*, h/t (41x56) : **CAD 825.**

DOURNEAU Eugène Constantin
XIXe siècle. Français.
Peintre d'histoire.
Il exposa au Salon de Paris de 1842 à 1848.

DOURNOFF G.
XIXe siècle. Russe.
Sculpteur.
Il travailla à Saint-Pétersbourg vers 1850. L'Académie des Arts de Leningrad possède de lui les bustes en plâtre de l'architecte W. K. Chebouïef (1847), du graveur N. I. Outkin (1848) et du sculpteur F. P. Tolstoï (1852).

DOURNOFF Ivan Trofimovitch
Né le 16 (28) janvier 1801. Mort en 1846. XIXe siècle. Russe.
Peintre.
Il fit ses études à l'Académie de Saint-Pétersbourg, qui lui décerna des médailles en 1817 et 1821. Il participa en 1830 avec V. et A. Dobrovolski à la fondation de l'École Publique des Arts à Moscou, où il fut ensuite professeur. De ses œuvres de peinture, on ne connaît que deux petits portraits à l'aquarelle, qui sont conservés à la Galerie Tretiakoff à Moscou.

DOURNOFF Modeste Alexandrovitch
Né le 24 décembre 1867 (6 janvier 1868). XIXe siècle. Russe.
Peintre et architecte.
Il étudia de 1881 à 1888 à l'École des Arts de Moscou, où il travailla par la suite comme architecte et peintre de portraits. Il fit celui du poète K. Balmont, du chanteur L. Sobinoff, etc. Il exposa plusieurs natures mortes de petit format.

DOURNOFF T. Th.
Né en 1755. Mort en 1833. XVIIIe-XIXe siècles. Russe.
Sculpteur.
Le Musée Russe à Moscou possède de lui un buste de *Tolstoï* (bronze). Paraît identique à Trofim Feodorovitch DOURNOFF, qui, dans ce cas, aurait été également sculpteur et serait peut-être né en 1755.

DOURNOFF Trofim Feodorovitch
Né en 1765. Mort le 8 (20) novembre 1833 à Moscou. XVIIIe-XIXe siècles. Russe.
Peintre.
Serf affranchi du comte A. J. Woronzoff, il fut élève de Akimoff à l'Académie de Saint-Pétersbourg. Il fit de nombreux tableaux de saints pour les églises.
Musées : Saint-Pétersbourg (Mus. Russe) : *Ecce Homo* 1804 – *Le Massacre des Innocents* 1809.

DOURNOVO, Mme
XIXe siècle. Russe.
Peintre.
Elle est seulement connue par son portrait du sculpteur *Nicolas Stephane Pimenoff.*

DOUROUZE Daniel Urbain
Né le 21 mars 1874 à Grenoble (Isère). Mort le 4 décembre 1923 à Paris. XIXe-XXe siècles. Français.
Peintre d'architectures, paysages, aquarelliste, dessinateur.
Il exposa à Paris, au Salon d'Automne, au Salon des Artistes Indépendants, au Salon de la Société Nationale des Beaux-Arts. Il figura dans l'exposition *150 ans de peinture dauphinoise* organisée au Château de la Condamine, Mairie de Corenc en 1980. On mentionne de cet artiste un *Paysage* d'après Ruysdaël. Il peignit de nombreux paysages alpestres *Paysage en Dauphiné* – *Le Torrent* mais également des vues de Paris *Les quais à Paris* – *Les Péniches* – *Le chevet de Notre-Dame*, et d'autres régions françaises *Port du Havre* – *Chartres.*
Bibliogr. : Gérald Schurr, in : *Les Petits Maîtres de la peinture 1820-1920, valeur de demain*, Les Éditions de l'Amateur, t. II, Paris, 1982 – in : Maurice Wantellet, *Deux siècles de peinture dauphinoise*, Grenoble, 1987.
Musées : Grenoble (Mus. de Peinture et de Sculpture).
Ventes Publiques : Paris, 12 oct. 1922 : *Paysage à Vers* : **FRF 240** – Paris, 22 juil. 1942 : *Les remorqueurs*, aquar. : **FRF 340** – Paris, 23 avr. 1947 : *Marécages* 1924, aquar. : **FRF 2 200** ; *Les quais à Paris*, aquar. : **FRF 3 000** – Paris, 19 mai 1971 : *Le Vieux Port de Marseille* 1919, h/t (220x308) : **FRF 1 800** – Paris, 10 déc. 1971 : *Le Pont Marie*, aquar. (31x46) : **FRF 360.**

DOUSEK V.
XIXe siècle. Tchécoslovaque.
Dessinateur.

DOUSSAULT Charles
Né à Fougères (Ille-et-Vilaine). XIXe siècle. Français.
Sculpteur, architecte, peintre. Orientaliste.
Élève d'Achille et Eugène Devéria. Ayant beaucoup voyagé en Orient, il exposa au Salon de Paris, de 1834 à 1870, des toiles empruntées à ses souvenirs. On cite de lui : *Paysans bulgares* ; *Bords de l'Eurotas* ; *L'Acropole d'Athènes* ; *Église du Saint-Sépulcre* ; *Jardin des Oliviers* ; *L'Illis et le Mont Licabethus, à Athènes*. Le Musée de Nantes conserve une statue de lui : *Danseuse antique.*

DOUSSET-RUGEL G. C. D., Mme
XIXe-XXe siècles. Active à Argenteuil. Française.
Peintre.
Sociétaire des Artistes Français depuis 1890, elle figura au Salon de cette société.

DOUSSINE-REY Germaine Adeline Isabelle
Née à Hamman-Lif (Tunisie). XXe siècle. Française.
Peintre de paysages.
Elle fut élève de Jules Adler, Joseph Bergès, et Léon Caniccioni. Elle fut à Paris, sociétaire du Salon des Artistes Français et reçut une bourse de voyage en 1931.

DOUST William Henry
XIXe siècle. Britannique.
Peintre de marines.
Actif à Greenwich, il exposa à Londres à partir de 1859.
Ventes Publiques : Londres, 16 juil. 1976 : *Bateaux en mer* 1853, 2 toiles, formant pendants (44,5x58,5) : **GBP 900.**

DOUSTRE Copin
XVe siècle. Actif à Béthune vers le milieu du XVe siècle. Français.
Peintre et ingénieur.

DOUTRE Jean Jacques
Né vers 1753 à Marseille. Mort le 7 mai 1811 à Lyon. XVIIIe-XIXe siècles. Français.
Peintre sur faïence.
Il fut le père de Jean Philibert.

DOUTRE Jean Philibert
Né le 12 mai 1787 à Lyon. XIXe siècle. Français.
Peintre sur faïence.

DOUTRELEAU Agathe, née **d'Amsinck**
Née au château de Lavieuville (Ille-et-Vilaine). XIXe siècle. Française.
Peintre de genre.
Elle était femme de Valentin-Louis Doutreleau. Sous le nom d'Amsinck, elle exposa au Salon de Paris en 1847, en 1848 et 1851. Elle exposa de 1857 à 1880 sous le nom de Doutreleau. On cite parmi ses œuvres : *Petits mendiants ; La mort du Pilawer ; La mort d'un ami ; Dernier rayon de soleil.*

DOUTRELEAU Pierre
Né le 14 juin 1938 à Bourgoin (Isère). XXe siècle. Français.
Peintre de compositions à personnages, paysages.
Ses peintures sur le thème du sport furent exposées en 1969, à Paris. En 1977, il figura à l'exposition *Meubles-Tableaux* du Centre Beaubourg à Paris.
Sans que sa sincérité soit en cause, il donne une vision du monde et des choses qui ne peut pas ne pas évoquer la dernière manière de De Staël, son époque figurative, d'autant que souvent les sujets traités par Doutreleau l'ont été auparavant par De Staël : matches de rugby, toits de Paris, etc. On retrouve dans ses œuvres l'écho des harmonies grises et des pâtes généreuses étalées au couteau, caractéristiques de celles de De Staël.
Ventes Publiques : Versailles, 8 fév. 1981 : *Bateaux à quai*, h/cart. (38x46) : **FRF 3 000** – Versailles, 20 nov. 1983 : *Giants*, h/t (40x40) : **FRF 6 600** – Paris, 4 déc. 1985 : *Le jockey*, h/t (100x100) : **FRF 10 000** – Versailles, 7 déc. 1986 : *Paquebots en mer*, h/t (60x81) : **FRF 22 500** – Paris, 12 juin 1988 : *Le port d'Honfleur*, h/t (73x54) : **FRF 25 000** – Londres, 22 fév. 1990 : *Cap Couronne*, h/t (73x116) : **GBP 1 210** – Paris, 25 mars 1990 : *Marine* (58x89) : **FRF 44 000** – Paris, 16 mai 1990 : *Bord de mer*, h/t (24x33) : **FRF 19 000** – New York, 10 oct. 1990 : *Barques amarrées*, h/t (46,8x61) : **USD 1 650** – Calais, 9 déc. 1990 : *Barques blanches sur l'étang*, h/t (46x61) : **FRF 21 500** – Monaco, 6 déc. 1992 : *Vue de Venise*, h/t (50x73) : **FRF 19 980** – Le Touquet, 14 nov. 1993 : *Bord de mer*, h/t (74x117) : **FRF 24 500** – Paris, 5 avr. 1995 : *Nature morte aux bouteilles* 1969, h/t (45x55) : **FRF 7 000** – Paris, 6 déc. 1995 : *Tauromachie*, acryl./t. (100x100) : **FRF 38 000**.

DOUTRELEAU Valentin Louis
Né le 8 mars 1814 à Saint-Servan (Ille-et-Vilaine). XIXe siècle. Français.
Peintre de scènes de genre, portraits.
Élève de Paul Delaroche, il exposa au Salon de Paris de 1835 à 1870 et entra à l'École des Beaux-Arts de la même ville en 1837. Il travailla essentiellement à l'ancienne abbaye de Vieuville, à Épiniac, en Ille-et-Vilaine.
Il fit surtout des portraits historiques, donc imaginaires, tels : *Godefroy de Bouillon au Saint-Sépulcre* ou *Confession de Frédégonde*, et des scènes dans le genre troubadour.
Bibliogr. : Gérald Schurr, in : *Les Petits Maîtres de la peinture 1820-1920, valeur de demain*, Les Éditions de l'Amateur, t. IV, Paris, 1979.
Musées : Rouen : *Portrait de M. de Fontenay.*
Ventes Publiques : Paris, 1899 : *Sujet tiré de l'histoire des Croisades* : **FRF 400** ; *Portrait d'un évêque* : **FRF 400** – Paris, 20-21 avr. 1904 : *Le baptême* : **FRF 12** – Genève, 12 juin 1981 : *Chasseur et son chien* 1863, h/t (40x32) : **CHF 3 700**.

DOUVEAUX Charles
XVIIIe siècle. Français.
Peintre.
Il fut reçu à l'Académie de Saint-Luc à Paris en 1760.

DOUVELLES Jean
XIVe siècle. Actif à Cambrai. Français.
Sculpteur sur bois.
Il sculpta, en 1398, la clôture en bois de la chapelle Saint-Étienne, dans la cathédrale de Cambrai.

DOUVEN A. Van
XVIIe siècle. Hollandais.
Peintre.
Actif à Amsterdam, il travailla dans la manière de Gerrit Dou. À rapprocher de A. Van Douwen.

DOUVEN Frans Bartholomaeus ou **Bartholomeus**
Né en 1688 à Düsseldorf. Mort après 1726. XVIIIe siècle. Allemand.
Peintre de sujets mythologiques, compositions religieuses, portraits.
Peut-être fils de Jan Frans Van Douven. Élève de Adr. van der Werft, peintre de la cour du prince palatin Jean-Guillaume et du prince électeur Clément-Auguste de Cologne. On lui doit des portraits et des peintures historiques.

Musées : Florence : *Portraits du prince électeur Jean-Guillaume et de sa femme Louise de Médicis* – Kassel : *Suzanne – Bethsabée – Les Grâces* – Vienne (Liechtenstein) : *Suzanne et les vieillards.*
Ventes Publiques : Paris, 1881 : *Suzanne et les vieillards* : **FRF 650** – Paris, 22 juin 1965 : *Joseph et Putiphar* : **FRF 2 000** – Londres, 1er mars 1991 : *Euterpe*, h/t (132,1x139,1) : **GBP 4 620**.

DOUVEN Jac
Né en 1908 à Neerpelt. XXe siècle. Belge.
Peintre de paysages.
Il fut élève de l'Académie de Saint-Luc à Bruxelles, de Karel Wellens et Armand Maclot. Il fonda le Cercle d'art *Heikracht*.
Il peignit les paysages aux vastes étendues des Campines.
Bibliogr. : W. Van Maasland : *J. Douven.*

DOUVEN Jan Frans Van
Né le 2 mars 1656 à Roermonde. Mort en 1727 à Düsseldorf. XVIIe-XVIIIe siècles. Allemand.
Peintre de genre, portraits.
Élève de Gabriel Lambertin pendant deux ans, de Christophe Puytlinck pendant trois ans. Il fut peintre de la cour du prince palatin Jean-Guillaume, à Düsseldorf, en 1682, et épousa, en 1684, Maria-Johanna Daniels. Peut-être père de Frans Bartholomaeus Douven.
À Vienne, où il alla avec le prince palatin, il fit les portraits de *l'Empereur Léopold* et *l'Impératrice Éléonore* ; au Danemark, les portraits du *Roi*, de la *Reine*, de la *Princesse Charlotte* ; à Modène, en 1697, les portraits de la *Princesse Amélie de Hanovre*, à trois reprises ; à Florence, le portrait du *Grand-duc*, pour sa fille la princesse palatine ; de retour à Düsseldorf, les portraits de *l'Archiduc Charles*, du *Roi d'Espagne*, de la *Princesse Charlotte*.

Musées : Augsbourg : *Portrait de l'abbé Moratelli* – Florence (Offices) : *Elisabeth d'Auray – Jean-Guillaume, prince de Palatinat – Portrait du peintre – Sainte Anne apprenant à lire à la Vierge – Anne-Louise de Médicis, princesse du Palatinat* – Florence (Palais Pitti) : *Une dame avec un éventail de plumes – Princesse Anne de Médicis – Anne-Marie-Louise de Médicis, princesse du Palatinat, en costume de chasse – Même sujet – Prince Jean-Guillaume et sa femme* – Kassel : *La dame à l'éventail – Clément-Auguste, prince de Cologne* – Moscou (Roumianzeff) : *Une mascarade* – Pise : *Anne-Marie de Médicis et Jean-Guillaume l'électeur Palatin – Portrait de Anne-Marie de Médicis.*
Ventes Publiques : Amsterdam, 1767 : *Sainte Famille* : **FRF 315** – Gand, 1835 : *Le violoniste* : **FRF 1 250** – Gand, 1856 : *Le violoniste* : **FRF 2 150** – Paris, 1881 : *Le violoniste* : **FRF 4 200** – Paris, 1892 : *Rendez-vous de chasse* : **FRF 1 000** – Londres, 17 juil. 1931 : *Rencontre de David et d'Abigaïl* : **GBP 4** – Copenhague, 12 avr. 1983 : *Portrait de Gian Gascone de Medici*, h/t (90x65) : **DKK 18 000** – New York, 9 oct. 1991 : *Portrait d'un musicien jouant du violon dans une niche* 1683, h/cuivre (31,3x23,2) : **USD 24 200**.

DOUVERMAN Heinrich
XVIe siècle. Allemand.
Sculpteur.
Cet artiste actif à Dinslaken travailla surtout pour des édifices religieux. Il sculpta vers 1510 un autel pour l'une des églises de Clèves ; il exécuta également un autel pour l'église cathédrale de Kalkar, et la cathédrale de Xanten. On lui attribue d'autres œuvres importantes dont certaines sont discutées.

DOUVERMANN Johann
XVIe siècle. Actif à Xanten au milieu du XVIe siècle. Allemand.
Sculpteur.
Il était fils d'Heinrich.

DOUW
XVIIe siècle. Actif au milieu du XVIIe siècle. Hollandais.

Peintre.
Le Musée d'Amsterdam possède un portrait signé de cet artiste.

DOUW Dirk Remiersz Van der
XVIIe siècle. Actif à Gouda. Hollandais.
Peintre verrier.
On cite de lui un vitrail de l'église Saint-Jan à Gouda, représentant la *Levée du siège de Leyde.*

DOUW Huyg Dircksz
XVIIe siècle. Actif à Delft vers 1623. Hollandais.
Peintre.

DOUW Maghiel
XVIIe siècle. Actif à Middelbourg vers 1675. Hollandais.
Sculpteur.

DOUW Simon Johannes Van ou **Dow**
Né vers 1630. Mort après 1677. XVIIe siècle. Éc. flamande.
Peintre de batailles, scènes de chasse, animaux.
Maître à Anvers en 1654, membre de la gilde de Middelbourg en 1656, il épousa, le 23 juin, Johanna Soolmaeckers et eut deux fils et deux filles. En 1666, il dut aller à Rotterdam. Il eut pour élèves P. Van Bloemen, C. de Fonteyn, Franc Valk, J. Fr. Verbraken, Nicolas de La Haye, Peter Verpoorten, de 1666 à 1674.
Il se spécialisa dans la peinture de combats de cavaliers et de chevaux.

Musées : Amsterdam : *Combat de cavaliers* – Lille : *Le gué* – Mayence : *Cavaliers près d'une ruine* – Prague : *Combat de cavaliers turcs* – Schwerin : *Marché de chevaux et de bestiaux* – Troyes : *Passage du gué* – Weimar : *Départ pour la chasse.*
Ventes Publiques : Cologne, 1862 : *Combat de cavaliers près d'un village* : **FRF 262** – Paris, 1868 : *La Halte à la fontaine* : **FRF 51** – Paris, 4 juil 1932 : *Le Passage du gué*, attr. : **FRF 160** – Londres, 29 mars 1974 : *Scène de marché* : **GNS 5 000** – Londres, 12 oct. 1979 : *Choc de cavalerie*, h/pan. (58,3x79,3) : **GBP 2 400** – Zurich, 16 mai 1980 : *Scène de chasse*, h/t (40,5x59) : **CHF 10 000** – Londres, 11 mars 1983 : *L'École équestre*, h/pan. (28x29,8) : **GBP 12 000** – New York, 11 oct. 1990 : *Scène de bataille*, h/pan. (58x83) : **USD 15 400** – Paris, 26 juin 1992 : *Combat de cavalerie près d'une rivière*, h/pan. (47x63) : **FRF 30 000** – Londres, 26 oct. 1994 : *Une source* 1664, h/pan. (21,9x28,9) : **GBP 4 830** – New York, 12 jan. 1995 : *Préparatifs pour une partie de chasse dans une cour de ferme avec des ruines au lointain*, h/pan. (73,7x107,3) : **USD 25 300** – Paris, 21 juin 1995 : *Scène de bataille*, h/t (154x147) : **FRF 65 000** – Paris, 14 juin 1996 : *Bambochade*, h/t (60x85,5) : **FRF 46 000** – Paris, 16 déc. 1996 : *Combat de cavalerie*, h/pan. (47x63,5) : **FRF 22 000** – Paris, 24 mars 1997 : *Le Choc de cavalerie*, h/pan. (51x43) : **FRF 26 000.**

DOUW Willem Van
XVIIIe siècle. Actif à Rotterdam au début du XVIIIe siècle. Hollandais.
Sculpteur.
Il est parfois connu sous le nom de F. Van Douwe.

DOUWE D. J. de ou **Dowe**
XVIIe siècle. Hollandais.
Peintre de portraits.
Actif vers 1647-1660. On lui attribue deux portraits.
Ventes Publiques : Londres, 8 déc. 1989 : *Portrait de deux enfants costumés en Granida et Daifilo* 1647, h/t (113,5x132) : **GBP 20 900.**

DOUWE Jan
XVIe siècle. Actif à Anvers vers 1535. Éc. flamande.
Peintre.
Il fut élève de Jacob Spoerebol.

DOUWEN A. Van
XVIIe siècle. Hollandais.
Peintre.
Actif au milieu du XVIIe siècle. Il était peut-être fils d'un Fr. Van Douwen (?).

Musées : Amsterdam : *Jeune homme à la fenêtre, près d'une femme travaillant de ses doigts – Deux garçons dont l'un déshabille l'autre jouant avec un mouton et deux chiens*, attributio incertaine.

DOUWEN Willem Jansz Van
XVIIe siècle. Actif à Amsterdam vers 1661. Hollandais.
Sculpteur.

DOUX J. B.
XVIIIe siècle. Éc. flamande.
Peintre de portraits.
Il fut membre de la gilde de Saint-Luc, à Bruxelles, en 1744. exposa trois portraits à Lille en 1775.

DOUX Lucile, née **Fournier**
Née à Paris. XIXe siècle. Française.
Peintre de genre, portraits.
Élève de E. Perrin et C. Chapelin.
De 1853 à 1879, elle exposa au Salon. On cite d'elle : *La toilette d dimanche, Le retour du salut, Un jour d'ennui.*
Ventes Publiques : Paris, 1881 : *Rêverie* : **FRF 55** – Cannes, 1 déc. 1981 : *Portrait de jeune femme*, h/t : **FRF 3 400.**

DOUZETTE Fritz
Né le 6 septembre 1878 à Berlin. XIXe-XXe siècles. Alleman
Peintre.
Il fut élève d'Albert Hertel et travailla à Berlin et à Munich.
Musées : Munich : *Plaisir d'été.*

DOUZETTE Louis
Né le 25 septembre 1834 à Triebsees. Mort en 1924 à Berlir XIXe-XXe siècles. Allemand.
Peintre de paysages animés, paysages.
Il fit des voyages d'études en Suède pour y observer le couche du soleil. Il était élève de H. Eschke.

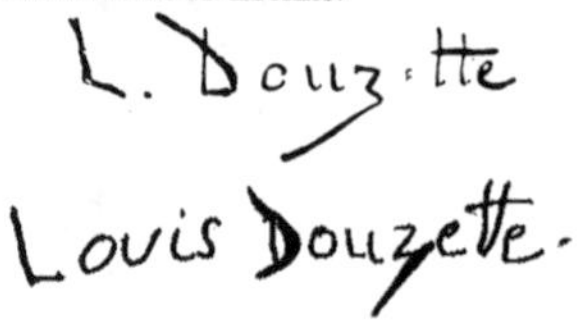

Musées : Anvers : *Clair de lune, hiver* – Berlin : *Alt Prerow sur l Dars* – Leipzig : *Port de mer* – Moscou (Roumianzeff) : *La nuit* Sydney : *Clair de lune.*
Ventes Publiques : Paris, 1891 : *Avant l'orage* : **FRF 840** Londres, 29 fév. 1924 : *Rivière au clair de lune* : **GBP 7** – Londres 6 fév. 1925 : *Clair de lune sur la rivière* : **GBP 10** – Cologne, 14 juin 1976 : *Paysan et troupeau dans un paysage*, h/cart. (68x100) **DEM 5 800** – New York, 11 oct. 1979 : *Vue d'un port, la nuit*, h/ (99x120) : **USD 3 800** – Cologne, 20 mars 1981 : *Paysage au cré puscule*, h/t (70x101) : **DEM 12 000** – Londres, 3 fév. 1984 : *Le laitières* 1898, h/cart. (42x33) : **GBP 7 000** – Hambourg, 4 déc 1987 : *La Scheld au clair de lune* 1914, h/t (80x120) : **DEM 19 00** – Cologne, 15 oct. 1988 : *Clair de lune sur la mer*, h/pap (49,5x74,5) : **DEM 2 800** – Cologne, 18 mars 1989 : *Clair de lun sur un port*, h/cart. (50x71) : **DEM 2 600** – Amsterdam, 30 oct 1991 : *Bergère et son troupeau dans un paysage boisé au clair d lune*, h/t (63x63) : **NLG 6 670** – Amsterdam, 28 oct. 1992 : *Paysag fluvial au clair de lune*, h/cart. (39x54) : **NLG 2 530.**

DOUZIL Henri
Né à Nîmes (Gard). XIXe siècle. Français.
Peintre de portraits.
Exposa au Salon de Paris en 1865, 1868 et 1879.
Ventes Publiques : Paris, 14 déc. 1925 : *Table chargée de fruit et cuivre* : **FRF 110** ; *Table chargée de fruits et cuivre* : **FRF 125**

DOUZON Théodore
Né le 14 octobre 1829 à Paris. Mort en 1914. XIXe-XXe siècles Français.
Peintre de paysages, aquarelliste, dessinateur, graveur
Élève des Beaux-Arts à Paris, de l'école de dessin au Musée Rat avec B. Menn, et de Jules Hébert. Il vivait à Genève à partir d 1853. Douzon exposa à partir de 1859 à Genève, où il se fit natu raliser.
Il a peint des paysages et exécuté des dessins au lavis.
Musées : Genève (Mus. Rath) : *Brouillard d'hiver – Soleil d'hiver*
Ventes Publiques : Berne, 30 avr. 1980 : *Paysage de printemps* h/t (41x62) : **CHF 1 200.**

DOV Gerrit. Voir **DOU**

DOVA Gianni
Né le 18 janvier 1925 à Rome. Mort en 1991. XXe siècle. Italien

Peintre d'animaux, peintre à la gouache, peintre de technique mixte. Tendance surréaliste, puis abstrait.
Il fit ses études artistiques à l'Académie Brera de Milan. En 1946 il fut co-signataire du manifeste *Oltre Guernica* et adhéra au « mouvement spatial » en 1951. Il figura dans plusieurs expositions internationales et collectives au titre de la représentation de la jeune peinture italienne, notamment : la Biennale de Venise en 1952-1954-1956-1962, la Biennale de São Paulo en 1957 où il reçut un prix, la Quadriennale de Rome en 1959 où il reçut le Prix Paris, la Documenta de Kassel en 1959 ; il figura dans la sélection du Prix Guggenheim à New York en 1960, la sélection du Prix Gianni à Milan en 1952, la sélection du Prix « Jeunes Peintres du Monde Entier » en 1955. En 1959 il fut lauréat du Prix Bergame. À Paris il exposa souvent au Salon de Mai. Il présenta ses œuvres lors de nombreuses expositions particulières dont la première se tint en 1947 à Milan.
Ses premières toiles associant des réminiscences de Picasso et de Max Ernst à des effets matiéristes d'inspiration moderniste, ont été parfois rapprochées du surréalisme. Des créatures zoomorphes ou anthropomorphes surgissent de la trituration élaborée de lourdes pâtes sombrement colorées et d'aspect vernissé. Participant au mouvement spatialiste inspiré des théories de Fontana, son œuvre s'oriente alors vers l'abstraction, optant pour une interprétation du tachisme à laquelle il restera fidèle, sans pour autant renoncer à cet esprit « baroque » présent dans les premières œuvres. L'aspect transparent et brillant de sa matière picturale lui vaut parfois le qualificatif de maniériste. L'Italie de l'après-guerre vit un certain temps en lui, l'une des plus sûres valeurs des nouvelles générations. Son œuvre a maintenant acquis son existence propre et ne s'inscrit plus dans les courants avancés de l'aventure plastique, toujours en état de bouleversement. ■ J. B.

dova j.

Bibliogr. : In : *Peintres contemporains*, Mazenod, Paris, 1964 – in : *Diction. Univ. de la Peinture*, Le Robert, Paris, 1975.
Musées : Anvers – Londres – Rome (Gal. d'Arte Mod.) – Salisbury – Trieste – Turin.
Ventes Publiques : Genève, 18 nov. 1961 : *Totem* : **CHF 1 850** – Anvers, 27 avr. 1971 : *Composition* : **BEF 240 000** – Milan, 24 oct. 1972 : *La grande onde pacifique* 1965 : **ITL 4 500 000** – Milan, 5 mars 1974 : *Jardin* 1963 : **ITL 5 000 000** – Anvers, 6 avr. 1976 : *Hommage à John Trouillard*, h/t (50x60) : **BEF 60 000** – Milan, 8 juin 1976 : *Le Coq*, techn. mixte/cart. entoilé (67x48,5) : **ITL 380 000** – Milan, 7 nov. 1978 : *Figure surprise* 1961, h/t (162x130) : **ITL 3 300 000** – Rome, 24 mai 1979 : *Oiseaux*, gche/isor. (50x74) : **ITL 1 300 000** – Milan, 18 déc. 1979 : *Buste de femme* 1966, h/t (30x60) : **ITL 3 500 000** – Milan, 9 nov. 1982 : *Sculpture* 1972, h/t (130x99) : **ITL 7 600 000** – Milan, 19 avr. 1983 : *Composition*, techn. mixte (100x75) : **ITL 2 600 000** – Milan, 14 mai 1985 : *Composition*, temp. (71,5x49,5) : **ITL 1 800 000** – Milan, 10 déc. 1985 : *Madrepore* 1983, h/t (150x100) : **ITL 10 000 000** – Milan, 5 déc. 1985 : *Personnage*, fus. (150x100) : **ITL 3 300 000** – Milan, 16 oct. 1986 : *Grande figura ferita* 1958, h/t (80x180) : **ITL 9 500 000** – Rome, 24 nov. 1987 : *Sans titre*, techn. mixte/pap. (100x74) : **ITL 6 200 000** – Milan, 24 mars 1988 : *Composition* 1957, h/t (70x80) : **ITL 7 000 000** – Milan, 14 mai 1988 : *Apparition en Bretagne* 1984, gche/pap. entoilé (18x24) : **ITL 1 000 000** – Milan, 8 juin 1988 : *Rencontre* 1958, h/t (80x70) : **ITL 4 400 000** – Milan, 14 déc. 1988 : *Composition* 1953, h/t (94x94,5) : **ITL 5 000 000** ; *Deux oiseaux en Bretagne* 1969, h/t (98x130) : **ITL 14 000 000** – Milan, 20 mars 1989 : *Cormoran*, h/t (100x80) : **ITL 14 000 000** – Milan, 7 nov. 1989 : *Sans titre* 1955, h/t (70x60) : **ITL 16 000 000** – Milan, 19 déc. 1989 : *Rencontre nocturne*, h/t (148x193) : **ITL 31 000 000** – Milan, 27 mars 1990 : *Le Regard du paon*, h/t (70x60) : **ITL 12 000 000** – Milan, 12 juin 1990 : *Paysage* 1950, h/t (59x120) : **ITL 13 000 000** – Milan, 27 sep. 1990 : *Totem*, temp. et vernis/pap. (73,5x48,5) : **ITL 4 000 000** – Milan, 24 oct. 1990 : *Composition* 1962, h/t (70x60) : **ITL 20 500 000** – Rome, 3 déc. 1990 : *Composition fantastique* 1972, acryl./t. (75x100) : **ITL 11 500 000** – Milan, 26 mars 1991 : *Composition géométrique* 1950, h/pan. (50x40) : **ITL 4 200 000** – Rome, 9 avr. 1991 : *Composition*, acryl./pap./t. (100x70) : **ITL 8 500 000** – Rome, 9 déc. 1991 : *Composition* 1961, h/t (70x90) : **ITL 19 550 000** – Milan, 14 avr. 1992 : *À l'orée de la forêt* 1963, h/t (70x50) : **ITL 18 000 000** – Milan, 23 juin 1992 : *Approche de nuit* 1962, h/t (80x100) : **ITL 29 000 000** – Milan, 9 nov. 1992 : *Figures sous la lune* 1967, h/t (70x50) : **ITL 16 500 000** – Milan, 15 déc. 1992 : *Composition spatiale* 1953, vernis/t. (62x183) : **ITL 23 000 000** – Milan, 6 nov. 1993 : *Composition* 1950, temp./contreplaqué (69x89) : **ITL 8 050 000** – Milan, 15 mars 1994 : *Sans titre*, h/t (100x80) : **ITL 20 700 000** – Milan, 22 juin 1995 : *Épave* 1969, h/t (130x98) : **ITL 27 600 000** – Milan, 20 mai 1996 : *La mia estate* 1982, vernis/t. (70x100) : **ITL 9 775 000** ; *Paysage de Bretagne* 1971, temp./pap. entoilé (49x74) : **ITL 4 600 000** – Milan, 28 mai 1996 : *Personnage en mouvement*, h/t (100x140) : **ITL 29 900 000** – Milan, 25 nov. 1996 : *Deux Personnages*, h/pap./t. (70x60) : **ITL 11 500 000** – Londres, 20 mars 1997 : *Gli insetti* 1954, h/t (81x100) : **GBP 1 725** – Paris, 28 avr. 1997 : *Le Crâne du dictateur* 1955, h/t (50x40) : **FRF 13 500** – Milan, 24 nov. 1997 : *Fleurs dans une boule en cristal* 1965, h/t (80x120) : **ITL 27 600 000.**

DOVASTON Margaret
Née en 1884. xxe siècle. Britannique.
Peintre de genre.
Elle était active de 1908 à 1950.
Ventes Publiques : Londres, 16 jan. 1979 : *L'antiquaire*, h/t (35,5x30,5) : **GBP 800** – Londres, 17 juin 1980 : *Le canneur*, h/t (39x30,5) : **GBP 550** – Londres, 30 mars 1982 : *Une soirée musicale*, h/t (51x68,5) : **GBP 2 800** – Londres, 30 sep. 1987 : *Combat de coqs*, h/t (52x69) : **GBP 3 800** – Londres, 11 juin 1993 : *Retour des mers du sud*, h/t (50,8x68,6) : **GBP 8 050** – Londres, 29 mars 1995 : *Après la chasse*, h/t (46,5x62) : **GBP 8 625.**

DOVE Arthur Garfield
Né en 1880 à Canandaigua (New York). Mort en 1946 à Center-Port (Long-Island). xxe siècle. Américain.
Peintre, aquarelliste, pastelliste, illustrateur. Abstrait.
Il bénéficia de l'éducation universitaire de la moyenne bourgeoisie au Hobart College et à la Cornell University, puis suivit les cours de l'Art Students' League. Son père, entrepreneur aisé qui souhaitait le voir lui succéder, refusa de l'aider dans sa vocation. De 1903 à 1907 il gagna sa vie comme illustrateur dans des périodiques : *Scribner's, Saturday Evening Post*. Il quitta New York pour la France, où il étudia entre 1907 et 1909, exposant à Paris au Salon d'Automne en 1908 et 1909. Il admira Cézanne et se lia avec ses compatriotes Alfred Maurer et Arthur B. Carles, qui furent aussi du nombre des premiers peintres américains à s'être libérés du conformisme ambiant. Maurer et Dove avaient alors pour objectif de « simplifier l'impressionnisme ». Pendant son séjour, il alla peindre à Cagnes, des paysages et natures mortes encore inspirés des impressionnistes. De retour aux États-Unis, il s'intégra au groupe des artistes américains progressistes, avec John Marin, Marsden Hartley, etc., rassemblés autour de Max Weber à la *Galerie 291* d'Alfred Stieglitz, où il eut une exposition personnelle en 1911 ou 1912, montrant dix pastels sous le titre *Les dix Commandements*. Ce fut ce même Alfred Stieglitz, souvent conseillé par Max Ernst, qui organisa l'année suivante, 1913, l'exposition de l'Armory Show. Dove eut une existence retirée, vivant sur son bateau *La Mona*, ancré dans le détroit de Long Island. Il ne rechercha pas le succès, qui ne le rechercha pas non plus. Des rétrospectives de ses œuvres se sont tenues en 1954 à Ithaca, au White Art Museum de la Cornell University et en 1958 à Los Angeles, à l'Art Gallery, de l'University of California.
La vie et la carrière de Dove ne furent pas plus heureuses que celles de Patrick Henry Bruce. Les États-Unis de la première moitié du siècle, étaient obnubilés par les séquelles du rayonnement de l'École de Paris (la plus bourgeoise). Si l'apparition du fauvisme, puis du cubisme, n'avait pu passer inaperçue, ce ne fut qu'avec réserve qu'ils furent assimilés par les artistes américains, comme ils le furent d'ailleurs en Europe, et non sans avoir subi l'outrage d'un désamorçage dans le sens d'une plate figuration « stylisée » dans le goût « moderne ». Là-bas comme ici, tous les mouvements apparentés à l'abstraction qui s'épanouissaient ou s'étaient épanouis, dans l'Europe de l'Est, avec Kandinsky, Klee, Mondrian, Malevitch et tant d'autres, furent soigneusement ignorés. C'en était assez des perturbations révolutionnaires, et la peinture officiellement reconnue se réinstallait dans le conformisme.
Dove, à son retour à New York en 1910, peignit six œuvres non-figuratives, qu'il titra *Abstractions*, prenant ainsi rang historique parmi les tout premiers expressionnistes abstraits. Il est normal qu'après l'avoir totalement ignoré, la critique américaine exalte aujourd'hui son importance historique, même si ses premières œuvres abstraites résultaient en fait d'un processus de désiden-

tification de l'objet réel, comparable à la démarche analytique cubiste, qu'il connaissait bien, mais sans ses rugosités géométriques anguleuses. Dans ce cas, il s'était inspiré des paysages du nord-ouest américain (New England). Ensuite, à partir de 1920, son œuvre présente une grande régularité de démarche et de style. Comme Georgia O'Keeffe, Dove se ressourçait volontiers aux formes naturelles et simples des plantes et des pierres, par l'intermédiaire desquelles il exprimait métaphoriquement, par synesthésie, ses sensations intimes et éventuellement ses émotions sonores : *Sirènes de brume*. Une organisation plastique des formes en amples rythmes naturels, à la façon de la houle par exemple, caractérise sa manière de composer. Il ne cherche pas d'effets de profondeur et n'évite pas l'aspect décoratif de surfaces de couleurs en aplats, où dominent les bruns, les gris et les noirs, fortement contrastés et parfois opposés à une couleur pure, par exemple le rouge. En 1924, avec le « portrait » de son ami *Ralph Dusenberry*, il fut probablement le premier peintre américain à utiliser la technique du collage, qu'il pratiquait, à l'inverse des cubistes, avec beaucoup de spontanéité et de baroquisme, mêlant des éléments prélevés du quotidien ou totalement naturels : morceaux de vêtements, branches, feuilles, sable, coquillages, etc. Par exemple : *On va à la pêche* de 1925, est composé d'une chemise de grosse toile et de morceaux de canne à pêche. Dans la période de l'entre-deux-guerres, il fut à peu près le seul Américain à poursuivre l'aventure de l'abstraction, même si relativisée. Toutefois, autour de 1937, on peut déceler l'influence des surréalistes dans des paysages fantastiques et lunaires, auxquels appartient encore le célèbre *Pont de Holbrook, entrée nord-ouest* de 1938. À la fin de sa vie, il revint parfois à une formulation plus strictement abstraite, et on trouve là des œuvres sombres et graves, comme dans : *Long Island* 1940, *Parabole* 1943, *Plein Midi* 1944. Il semble qu'il soit mort dans un grand dénuement, trop tôt pour avoir été reconnu. Le public américain a montré depuis la dernière guerre qu'il tiendrait désormais en suspicion ce qui viendrait de Paris et accorderait plus grande attention à ses propres artistes, décision et conduite qui n'ont pas manqué de contribuer heureusement au développement étonnant d'un art spécifiquement américain.

■ Jacques Busse

Bibliogr. : Ritchie : *Abstract painting and sculpture in America*, New York, 1951 – Frederick Wight : *Arthur G. Dove* – John Ashbery, in : *Diction. de l'Art et des Artistes*, Hazan, Paris, 1967 – J.D. Prown, Barbara Rose : *La peint. américaine, de la période coloniale à nos jours*, Skira, Genève, 1969 – divers, in : *Modern American Painting*, Time-Life Library of Art, Alexandria, Virginie, 1970 – B. Haskell, *Arthur Dove*, San Francisco, Museum of Art, 1974 – in : *Diction. Univers. de la peint.*, Le Robert, Paris, 1975 – Ann Lee Morgan – *Arthur Dove : vie et œuvre avec un Catalogue raisonné*, New York, 1984 – divers, in : *Arts des États-Unis*, Gründ, Paris, 1989 – in : *Diction. de la peint. anglaise et américaine*, Larousse, Paris, 1991.

Musées : New Haven (Yale University Art Gal.) : *Lever de soleil III* 1937 – New York (Metrop. Mus.) : *Anonyme* 1942 – New York (Mus. of Mod. Art) : *La grand'mère* 1925, collage – *Willows* 1940 – New York (Whitney Mus.) : *Formes de plantes* 1915 – *Ferry Boat Wreck* 1931 – Washington (Phillips coll.) : *On va à la pêche* 1925.

Ventes Publiques : New York, 11 mai 1966 : *Vert, noir, gris* : **USD 4 250** – New York, 19 oct. 1967 : *Center-Port Series n° 16*, aquar. : **USD 3 250** ; *L'Éclair* : **USD 16 000** – New York, 8 déc. 1971 : *Structure* : **USD 12 000** – New York, 13 déc. 1972 : *Composition en bleu* 1936 : **USD 24 000** – New York, 28 oct. 1976 : *Forme jaune* vers 1942, h/t (38x53,5) : **USD 14 000** – New York, 21 avr. 1977 : *Lune*, encaustique/t. (30,5x40,5) : **USD 12 000** – New York, 21 avr. 1978 : *Maisons* 1938, aquar. (12,5x17,8) : **USD 3 000** – New York, 20 avr. 1979 : *Abstraction* 1946, h/t (30,5x22,9) : **USD 8 000** – New York, 25 oct. 1979 : *Primaries* vers 1940, gche (13,3x17,8) : **USD 11 500** – New York, 24 avr. 1981 : *Red Barns*, aquar. (17,4x12,4) : **USD 3 000** – New York, 9 déc. 1983 : *Through a frosty moon* 1941, émulsion/t. (38x53,5) : **USD 150 000** – New York, 1er juin 1984 : *Nature morte aux fruits* vers 1908, h/t (65,2x81) : **USD 80 000** – New York, 6 déc. 1985 : *Elder Bush* 1934, aquar. (12,5x17,5) : **USD 8 500** – New York, 3 déc. 1987 : *Primaries* 1940, gche/pap./cart. entoilé (13,2x17,7) : **USD 20 000** ; *River bottom, silver, ochre, carmine, green* 1923, h/t (61x45,8) : **USD 440 000** – New York, 1er déc. 1988 : *Dimanche* 1932, h/rés. synth. (36,8x48,2) : **USD 319 000** ; *Vert et brun* 1945, émulsion et h/t (45,7x61) : **USD 93 500** – New York, 28 sep. 1989 : *Derrick* 1933, aquar. et cr./pap./cart. (8,6x12,5) : **USD 4 950** – New York, 24 mai 1990 : *Chien de meute* 1934, h/t (46,5x55,8) : **USD 55 000** – New York, 27 sep. 1990 : *Au travers du port* 1930, aquar. et encre/pap. (22,2x30,3) : **USD 4 950** – New York, 14 mars 1991 : *Séries point central n° 20A*, aquar., fus. et cr./pap./cart. (12,2x17,8) : **USD 6 050** – New York, 27 mai 1992 : *Treillis et bâche*, h/t (56,5x92,1) : **USD 198 000** – New York, 3 déc. 1992 : *Péniche de briques dans un paysage* 1930, h/cart. (76,2x102,2) : **USD 242 000** – New York, 29 nov. 1995 : *Déferlante à Canandaigua outlet* 1937, h/t (40,6x66) : **USD 420 500** – New York, 22 mai 1996 : *Sowing Wheat* 1934, h/t (51,4x71) : **USD 244 500** – New York, 3 déc. 1996 : *Grange*, aquar., cr. et encre noire/pap. (11,5x17) : **USD 11 500** – New York, 5 déc. 1996 : *Centerport VI* vers 1940, aquar./pap. (15,2x22,9) : **USD 21 850** – New York, 25 mars 1997 : *Soleil marron et haut de maison* 1937, aquar./pap. : **USD 12 650** – New York, 23 avr. 1997 : *Bateau*, aquar. et fus./pap. (21x27,3) : **USD 11 500** – New York, 6 juin 1997 : *Vent n° 3* vers 1935-1936, h. et émulsion de cire/pan. (38,7x53,3) : **USD 233 500**.

DOVE Jürgen

Né en 1578 à Minden. XVIIe siècle. Allemand.

Peintre.

Il travailla pour l'église de Hülsede.

DOVE Thomas

Mort en janvier 1887 à Whitby. XIXe siècle. Britannique.

Peintre de marines.

Il commença sa vie en qualité de peintre en bâtiments, puis entra dans l'atelier de George Chambers, où il resta pendant quelque temps.

Réduit à la pauvreté, arrivé à un âge très avancé, il mourut dans la maison du travail de Whitby.

Il se fit connaître dans le Nord de l'Angleterre par ses tableaux qui représentent souvent des scènes de Liverpool ou des environs.

Ventes Publiques : Londres, 16 déc. 1927 : *Deux marines* : **GBP 44** – Londres, 30 mai 1996 : *Salut royal pour la visite du H.R.H. Duc d'Édimbourg à Liverpool, 20 juin 1866*, h/t (61x91,5) : **GBP 1 725**.

DOVE W.

XIXe siècle. Actif à Londres. Britannique.

Peintre de paysages.

Il exposa à la Royal Academy à partir de 1850.

DOVERA Achille

Né le 7 avril 1838 à Milan. Mort en 1895 à Milan. XIXe siècle. Italien.

Peintre de portraits, paysages, marines.

Après avoir fait des études brillantes dans son pays natal, il participa à de nombreuses expositions.

Ses meilleures toiles sont : *Les côtes de Normandie, Les canards conduits à l'eau, Portrait viril* (Profil), *Un sentier périlleux, Marée basse, Dans le parc de Monza* (exposé à Milan en 1872), *Marée basse en Normandie*.

Ventes Publiques : Londres, 20 avr. 1978 : *Le retour des pêcheurs*, h/t (84,5x130) : **GBP 2 400** – Milan, 12 déc. 1983 : *Le retour des pêcheurs*, h/t (65,5x104) : **ITL 6 200 000** – Milan, 4 juin 1985 : *Isola-Bella* 1973, h/t (44x68) : **ITL 3 600 000** – Milan, 14 juin 1989 : *Retour de la pêche*, h/t (60x100) : **ITL 18 500 000** – Londres, 30 mars 1990 : *Déchargement de la pêche du jour*, h/t (86,7x132,1) : **GBP 7 700** – Milan, 30 mai 1990 : *Vue de la lagune avec des barques de pêche* 1881, h/t (47x70) : **ITL 12 000 000** – Milan, 5 déc. 1990 : *Marine au clair de lune*, h/t (50,5x107) : **ITL 12 000 000** – Milan, 7 nov. 1991 : *Près du Palais royal*, aquar./cart. (37,5x26,5) : **ITL 1 200 000** – Milan, 16 juin 1992 : *Amours près d'une source*, h/t (65,5x50) : **ITL 9 000 000** – Milan, 25 oct. 1994 : *Pêcheurs débarquant de leur bateau près de la côte*, h/t (82x52,5) : **ITL 12 075 000** – Milan, 29 mars 1995 : *Rencontre furtive*, h/t (31x54) : **ITL 2 185 000** – Milan, 26 mars 1996 : *Les îles Canaries*, h/t (60x84,5) : **ITL 16 675 000**.

DOVGALEFF Marfa

Née en 1798. XIXe siècle. Russe.

Graveur.

Elle fut l'élève d'A. Utchomsky à l'Académie de Saint-Pétersbourg.

DOVIANE Auguste, pseudonyme de **Viande Auguste**

Né le 15 novembre 1825 à Rome. Mort le 13 octobre 1887 à Marseille (Bouches-du-Rhône). XIXe siècle. Suisse.

Peintre d'histoire, sujets militaires, scènes de genre, décorateur de théâtre.
Fils d'un Genevois et d'une Italienne, il fit ses études artistiques à l'Académie d'Anvers. Il se maria à Paris en 1852 et changea son nom de Viande en celui de Doviane.
Après avoir fourni une carrière militaire au cours de laquelle il atteignit le grade de major d'infanterie et s'être distingué comme peintre militaire, peintre de décors de théâtre et professeur, il alla, en 1881, se fixer à Marseille. Il est représenté dans plusieurs musées suisses.
Musées : Berne : *Dernière gloire de Napoléon* – Genève : *Conférence sur l'Égalité – Scènes militaires – Fête dans un port – Entrée de l'armée de Bourbaki aux Verrières en 1871* – Neuchâtel : *La Visite du médecin.*
Ventes Publiques : Lucerne, 19 nov. 1976 : *Scène de bataille*, h/t (43x60) : **CHF 1 600** – Lucerne, 8 nov. 1984 : *Parade militaire à Genève*, h/t (34,5x54,5) : **CHF 4 500** – Berne, 2 mai 1986 : *Au bon coin*, h/pan. (25x34) : **CHF 4 000** – Berne, 12 mai 1990 : *Soldat de l'infanterie suisse*, h/pan. (22x15,5) : **CHF 2 200**.

DOW Alexander Warren
Né le 25 avril 1873 à Londres. xxe siècle. Britannique.
Peintre, graveur.
Il fut élève de sir Frank Brangwyn et de Norman Garstin. Il poursuivit ses études en France. Il publia aussi des études sur l'art. Il exposait à la Royal Academy de Londres et, en France, au Salon des Artistes Français. On a qualifié son art de littéraire.

DOW Arthur Wesley
Né en 1857 à Ipswich (Massachusetts). Mort en 1922. xixe-xxe siècles. Américain.
Peintre de paysages, compositions décoratives, graveur sur bois.
Il fit ses études à Boston et à Paris où il fut l'élève de Boulanger et de Lefebvre. Il exposa au Salon des Artistes Français en 1887 et 1889.
Ventes Publiques : New York, 24 sep. 1980 : *Modern Art* 1895, affiche (50,8x40) : **USD 550** – Bolton, 19 nov. 1987 : *October twilight* 1888, h/t (30,5x45,7) : **USD 16 000**.

DOW Johannes Van. Voir **DOUW Simon Johannes Van**

DOW Thomas Millie
Né le 28 octobre 1848 à Dysart (Fifeshire). Mort en 1919. xixe-xxe siècles. Britannique.
Peintre de genre, paysages. Postimpressionniste, puis tendance symboliste.
Après des études de Droit, il se rendit à Paris, où il suivit les cours de Gérome à l'École des Beaux-Arts. Il a régulièrement exposé à Glasgow.
Lorsqu'il séjourne en France, que ce soit à Paris ou à Gretz-sur-Loing, il se rapproche de ses compatriotes écossais et fait partie des « Glasgow Boys » qui s'opposent à la sensiblerie victorienne et au sectarisme de la Royal Academy d'Écosse en produisant un art inspiré de l'impressionnisme, mais doté de couleurs plus stridentes. Les paysages de Dow sont traités dans des couleurs vives, saturées, tendance qui se confirme au moment de son séjour aux États-Unis en 1885. Après 1890, et surtout à partir de son installation en Cornouailles en 1895, il s'oriente vers un art plus symboliste.
Bibliogr. : Gérald Schurr, in : *Les Petits Maîtres de la peinture 1820-1920, valeur de demain*, Les Éditions de l'Amateur, t. VII, Paris, 1989.
Musées : Leeds : *Un village dans les Apennins* – Liverpool (Walter Art Gal.) : *Ève.*
Ventes Publiques : Londres, 5 juin 1924 : *Vie de pêcheur* : **GBP 5** – Glasgow, 30 nov. 1976 : *Nature morte aux fleurs*, h/t (58,5x39,5) : **GBP 320** – Glasgow, 1er oct. 1981 : *La forêt de Barbizon en automne* 1879, h/t (50x65) : **GBP 1 300** – Édimbourg, 30 avr. 1986 : *Printemps* 1886, h/t (134,7x99,1) : **GBP 7 500**.

DOWA, de son vrai nom : **Édouard Félix Ledoux**
Né le 5 mars 1811 à Cambrai. Mort le 28 février 1884 à Cambrai. xixe siècle. Français.
Peintre de portraits et de genre.
Figura au Salon de Paris en 1857 et en 1865.

DOWBIGGEN E.
xixe siècle. Actif à Londres. Britannique.
Peintre de paysages et de genre.

DOWE D. J. de. Voir **DOUWE D. J. de**

DOWELL Roy
xxe siècle. Américain.
Peintre, peintre de collages. Abstrait.
Il a figuré à l'exposition *Smoggy Abstraction : Recent Los Angeles Painting* au Haggerty Museum of Art, Marquette University, en 1996.
Ses œuvres se présentent comme des superpositions de couleurs, de texte et d'imagerie populaire, archictectuées en « patchwork ».

DOWER. Voir **DAUHER Adolf**

DOWER Ed. Burtenhaw
xviiie siècle. Actif à Londres. Britannique.
Graveur.
Il grava un paysage d'après George Lambert.

DOWGIRD Thaddaus
Né le 12 mars 1852 à Torbino. xixe siècle. Polonais.
Peintre.
Il fit ses études à Wilna (Vilnius) et à Saint-Pétersbourg ; il exposa à partir de 1876 à Varsovie.

DOWGLASS J.
xviiie-xixe siècles. Actif à Londres. Britannique.
Peintre.
Il exposa à la Royal Academy de Londres de 1802 à 1819.

DOWLING J.
xixe siècle. Actif à Londres. Britannique.
Peintre de miniatures.
Il exposa de 1839 à 1872 à Londres.

DOWLING Mary
xixe siècle. Active à Londres vers 1845. Britannique.
Peintre de miniatures.

DOWLING Robert
Né en 1827. Mort en 1886. xixe siècle. Australien ou Britannique.
Peintre de genre, portraits, animalier, paysages animés.
Musées : Canberra (Australian Nat. Gal.) : *Madame Adolphus Sceales avec le groom Noir-Jimmie* 1856 – Melbourne : *Portrait de lord Loch – Un cheik et son fils entrant au Caire.*
Ventes Publiques : Londres, 13 nov. 1992 : *Le marchand d'esclaves* 1880, h/t (101,6x127) : **GBP 18 150**.

DOWN Vera
xxe siècle. Britannique.
Peintre, graveur.
Vivant et travaillant dans le Surrey, elle étudia auparavant à Paris et y exposa au Salon des Artistes Français. Elle exposait à la Royal Academy et à la Society of Graphic Art.

DOWNARD Ebenezer Newman
xixe siècle. Britannique.
Peintre d'histoire, genre, animaux, paysages, graveur.
Il exposa entre 1849 et 1889 à la Royal Academy, à Suffolk Street et à la British Institution.
Ventes Publiques : Londres, 30 nov. 1907 : *Curiosité* : **GBP 9** – Londres, 11 juil. 1969 : *Paysage montagneux* : **GNS 500** – Londres, 29 mars 1983 : *Le poète* 1853, h/t (61x51) : **GBP 750** – Londres, 3 nov. 1989 : *Les jeunes inventeurs* 1857, h/t (61x51) : **GBP 2 750** – Londres, 5 juin 1996 : *Les Suivants du tambour* 1881, h/t (46x35) : **GBP 4 370**.

DOWNER Natan
xviiie siècle. Actif à Londres vers 1772. Britannique.
Peintre de portraits et de genre.
Ventes Publiques : Londres, 9 avr. 1997 : *Portrait de William Henry Walrond et de sa sœur Margaret*, h/t (164x195) : **GBP 13 800**.

DOWNES Bernard
xviiie siècle. Britannique.
Peintre de portraits.
Actif dans la seconde moitié du xviiie siècle. Il exposa à l'Académie Royale de 1770 à 1775, et à la Société des artistes incorporés, de laquelle il était membre. Il mourut avant 1780.
Ventes Publiques : Londres, 16 jan. 1925 : *Général George Morrison* 1770 : **GBP 13** – New York, 27 fév. 1931 : *Général George Morrison* : **USD 375** – Londres, 24 oct. 1984 : *Portrait de Joseph Bloomer*, h/t (123x98) : **GBP 600**.

DOWNES John P.
D'origine écossaise. xixe siècle. Actif à Londres. Britannique.
Portraitiste.
Le Musée de Glasgow conserve de lui : *Portrait de John Burns.* Il exposa en 1826 et 1827 à la Royal Academy.

DOWNES Rackstraw
Né en 1939. xxe siècle. Américain.
Peintre de paysages, paysages urbains, dessinateur.
Ventes Publiques : New York, 4 mai 1989 : *Portland depuis le fond de la baie* 1983, cr./pap. kraft/cart. (48,2x116,8) : **USD 4 180** – New York, 7 mai 1992 : *110e Rue et Broadway*, h/t (58,4x99,1) : **USD 14 300** – New York, 30 oct. 1996 : *Vue sur les collines depuis Preece's*, h/t (45,7x80,7) : **USD 4 312** – New York, 19 nov. 1996 : *Portland water district wastewater treatment plant*, h/t (26x111,4) : **USD 8 050**.

DOWNES Thomas Price
xixe siècle. Actif à Londres. Britannique.
Peintre de portraits.
On lui doit des paysages d'Italie et des tableaux historiques.

DOWNEY Juan
Né en 1940 à Santiago. xxe siècle. Depuis 1965 actif aux États-Unis. Chilien.
Sculpteur d'installations. Lumino-cinétique.
Entre 1963 et 1965, il étudia la gravure, à l'*Atelier 17* de William Stanley Hayter à Paris. Il y exposa alors, en 1963 au Salon des Réalités Nouvelles, 1964 au Salon de Mai. Depuis 1965, il vit et travaille à New York. Il participe à des expositions collectives, à Washington, New York, en Australie, en 1971 à *Art and Science* au Tel-Aviv Museum, à Minneapolis, Cologne, Caracas, Philadelphie, Milan, Londres, Paris à la 9e Biennale en 1975... Il fait aussi de nombreuses expositions personnelles, depuis la première à Santiago en 1961 et qui y fut suivie d'autres, 1962 Barcelone, 1965, 1969, 1970 Washington, 1967 et 1968 Philadelphie, 1971, 1973 Toronto, 1972, 1974, 1975 New York, etc.
Ses sculptures lumino-cinétiques font appel à la participation du spectateur, « mettant en scène », selon des techniques scientifiques, des jeux d'ombres. Il produit aussi des manifestations publiques, installations, évènements, des bandes vidéo, des publications.

DOWNIE John Patrick
Né le 19 décembre 1871 à Glasgow (Écosse). Mort en 1945. xixe-xxe siècles. Britannique.
Peintre de genre, scènes et paysages animés, figures, paysages, marines, aquarelliste.
Il fut élève à Paris de William Bouguereau et de Gabriel Ferrier. Il exposa à Glasgow, à partir de 1887.
Ventes Publiques : Londres, 21 juil. 1981 : *The mother*, aquar. reh. (59,5x49,5) : **GBP 260** – Glasgow, 1er déc. 1982 : *Un port de pêche* 1895, h/t (76x101,5) : **GBP 480** – Édimbourg, 27 mars 1984 : *Le ramasseur de goémon*, h/t (102x127) : **GBP 1 300** – Perth, 26 août 1986 : *Domestic bliss*, h/t (51x66) : **GBP 1 300** – Édimbourg, 26 avr. 1988 : *Pêcheurs dans les dunes*, h/cart. (25,5x35,5) : **GBP 1 100** – Glasgow, 6 fév. 1990 : *Tendresse maternelle* 1892, h/t (51x66) : **GBP 2 420** – Édimbourg, 26 avr. 1990 : *La préparation du repas*, h/t (91,6x71,2) : **GBP 2 200** – Perth, 1er sep. 1992 : *Distribution de fourrage dans une prairie enneigée*, h/t (30,5x61) : **GBP 1 870** – Perth, 30 août 1994 : *Raccommodage* 1904, h/t (50,5x40,5) : **GBP 575**.

DOWNIE Patrick
Né en 1854 à Glasgow. Mort en 1945. xixe-xxe siècles. Britannique.
Peintre de genre, scènes animées, paysages, paysages urbains, marines, peintre à la gouache, aquarelliste.
Il exposa à Londres, entre 1887 et 1893 à la Royal Academy, à Suffolk Street et à différentes expositions.
Il recherchait les scènes animées et était attentif aux influences atmosphériques et saisonnières sur les paysages.

PATRICK DOWNIE

Musées : Glasgow : *Le jour de repos – L'hiver*.
Ventes Publiques : Glasgow, 18 juin 1929 : *Coucher de soleil* : **GBP 43** – Glasgow, 22 jan. 1930 : *Le Firth of Clyde*, aquar. : **GBP 16** – Glasgow, 21 nov. 1933 : *Le Firth of Clyde*, aquar. : **GBP 13** – Londres, 8 juin 1934 : *Près de Frazerburgh*, dess. : **GBP 12** – Glasgow, 21 juin 1944 : *Le Firth of Clyde* : **GBP 23** – Glasgow, 14 déc. 1944 : *Loch Fyne*, aquar. : **GBP 16** – Glasgow, 8 mars 1946 : *Été à Ailsa Craig*, aquar. : **GBP 15** – Écosse, 31 août 1982 : *La mare aux canards*, h/cart. (30,5x23) : **GBP 500** – Paris, 20 nov. 1985 : *The old order Changeth yielding place to new*, gche (51,5x73) : **FRF 7 000** – Londres, 28 oct. 1986 : *Haddock fishers at sea*, aquar. et gche (35,5x54) : **GBP 500** – Londres, 4 fév. 1987 : *Coucher de soleil sur la mer* 1918, h/t (71x91,5) : **GBP 2 400** – Édimbourg, 30 août 1988 : *Rue de Greenock* 1890, aquar. (19x28) : **GBP 990** – Glasgow, 7 fév. 1989 : *Coup d'œil sur la Clyde depuis le sommet de Ashton au printemps* 1938, h/pan. (28x38) : **GBP 572** – Perth, 29 août 1989 : *Voguant vers la côte* 1942, h/cart. (36x53) : **GBP 1 210** – Glasgow, 6 fév. 1990 : *Soirée pluvieuse à Greenock* 1886, h/cart. (24x17) : **GBP 1 760** – Édimbourg, 26 avr. 1990 : *Travail des pêcheurs sur une grève*, h/cart. (25,4x35,6) : **GBP 660** – Perth, 27 août 1990 : *La récolte du varech*, h/t (101,5x127) : **GBP 3 080** – Glasgow, 5 fév. 1991 : *L'hôtel de « Vieux cerf blanc », Cathcart square à Greenock* 1927, h/t (38x28) : **GBP 2 200** – South Queensferry (Écosse), 23 avr. 1991 : *Une rue de Greenock*, aquar. avec reh. de blanc (29x19) : **GBP 1 100** – Édimbourg, 2 mai 1991 : *Le marché au sel à Glasgow en 1887* 1933, aquar. et gche (34,9x25,4) : **GBP 1 320** – Glasgow, 4 déc. 1991 : *Une rue de Paisley*, h/cart. (17x24) : **GBP 1 320** – Perth, 1er sep. 1992 : *Enfants jouant sur une plage*, h/cart. (24x34) : **GBP 1 430** – Édimbourg, 13 mai 1993 : *Vennel Mart à Paisley*, h/cart. (25,4x35,5) : **GBP 1 980**.

DOWNING Charles Palmer
xixe siècle. Britannique.
Peintre de genre, portraits, animaux.
Actif de 1870 à 1898 à Londres. À partir de 1872 il exposa à la Royal Academy.
On cite entre autres ses *Portraits du général Downing et de son épouse*.
Ventes Publiques : Londres, 14 mai 1976 : *Chien et canard sauvage* 1886, h/t (117x82,5) : **GBP 320** – Londres, 2 nov. 1989 : *Petit garçon à quatre pattes devant un panier de chrysanthèmes* 1887, h/t (101,7x127) : **GBP 3 300**.

DOWNING Delapoer
xxe siècle. Britannique.
Peintre de genre, animaux.
Actif à Londres, de 1885 à 1902.
Ventes Publiques : Londres, 19 nov. 1928 : *Quand l'année est nouvelle* : **GBP 8** – Londres, 13 fév. 1931 : *La fontaine* : **GBP 2** – Londres, 22 juin 1934 : *Two's Company, Three's Nine* : **GBP 5** – Londres, 13 mai 1935 : *How it happened* 1887 : **GBP 9** – Londres, 11 mars 1938 : *Whither ?* : **GBP 5** – Londres, 19 juin 1946 : *Joyeux chasseur* : **GBP 68** – Londres, 23 nov. 1982 : *Distant footsteps*, h/t (84x66) : **GBP 1 300** – Londres, 8 déc. 1987 : *A violent accusation*, h/t (59,1x100,3) : **GBP 2 400** – Londres, 3 juin 1988 : *Après une journée fatigante*, h/t (101,5x134,5) : **GBP 7 920** – Londres, 27 sep. 1989 : *Préparatifs d'un prochain voyage*, h/t (51x76) : **GBP 2 200** – Londres, 29 mars 1996 : *Un mariage vite fait* 1898, h/t (96,5x134,6) : **GBP 13 800**.

DOWNING Edith
Née en 1857 à Cardiff. xixe siècle. Britannique.
Sculpteur.
Elle fut à Londres élève d'Ed. Lanteri et exposa à Londres et à Paris (Salon de la Société des Artistes Français).

DOWNING H. E.
Mort en 1835. xixe siècle. Actif à Londres. Britannique.
Peintre aquarelliste.
Il exposa à la Royal Academy à partir de 1827. Le British Museum possède de lui une *Scène dans une Ville française*.

DOWNING Joseph Dudley, dit **Joe**
Né le 15 novembre 1925 dans le Kentucky. xxe siècle. Depuis 1950 actif en France. Américain.
Peintre, aquarelliste, peintre de décors de théâtre, décors sur porcelaine. Abstrait.
Il fut élève de l'Art Institute de Chicago, de 1946 à 1950. Aussitôt ses études terminées, il se fixa à Paris. Il participe à de très nombreuses expositions collectives internationales, parmi lesquelles : 1952 Salon de la Jeune Peinture à Paris, 1953 Section Américaine de *Peinture Abstraite Internationale* au Musée d'Art Moderne de Madrid, depuis 1956 à Paris Salon Comparaisons, 1957 Festival d'Avant-Garde à Nantes, depuis 1957 à Paris Salon des Réalités Nouvelles, 1959 Biennale des Jeunes Artistes à Paris, 1960 Biennale du Musée de Cincinnati... Il expose aussi souvent en Allemagne, Italie, Belgique, Grande-Bretagne, Canada, Danemark, Suisse, etc. Il fit sa première exposition personnelle à Paris en 1952, d'autres expositions parisiennes suivirent en 1953, 1954, 1955... En 1955, il fit également une exposition personnelle à Charleston (West-Virginia). Ensuite

vinrent d'autres expositions, surtout à Paris, notamment celle de 1988 qui faisait suite à l'importante exposition du Musée d'Art et d'Histoire de Metz, mais encore aux États-Unis, à Tokyo, de nouveau Paris en 1994, etc. En 1961, il obtint le Prix International de la Jeune Peinture au Prix Lissone en Italie, en 1962 le Prix de la Section Américaine à *Jeune Peinture 1962* à Nice. Il aime travailler à partir de matériaux divers, briques, tuiles provençales, portes et fenêtres de bois, cuirs et toiles à matelas, et surtout il a réalisé de nombreux décors d'assiettes et de plaques de porcelaine pour la Manufacture de Sèvres. En 1952, il a réalisé les décors pour *Down in the Valley* de Kurt Weill et pour *Le téléphone* de Gian Carlo Menotti. On peut considérer que sa peinture devint purement abstraite à partir de 1955, pour autant qu'on puisse concevoir une pure abstraction plastique. Séduit dans un premier temps par les magies des hautes pâtes de l'abstraction informelle, il les organisait en fonction de la saveur fruitée de sa propre rêverie poétique. Puis, il s'est défini à lui-même les règles de son langage pictural : la peinture est structurée par un réseau serré de lignes entrecroisées, qui déterminent des sortes de kaléidoscopes aux multiples, minuscules, diverses et précises facettes. Son sens chromatique raffiné est aussi d'une rare diversité, tantôt les couleurs éclatent en gerbes claires et sonores, tantôt elles se subordonnent à une dominante profonde, telles, dans certains vitraux avant le XVIe siècle, les notes jaunes, orangées ou rouges, noyées dans les violets funèbres, bleus-nuit et verts glauques. C'est un travail patient et somptueux d'enlumineur sans images. Le double fait de cette structure linéaire serrée et de ce chromatisme chantant, apparente l'abstraction de Downing à l'abstraction française de l'après-guerre, des Bissière, Bazaine, Manessier, non sans reconnaître l'attache à la richesse poétique de l'œuvre de Paul Klee. Poétique, poésie, ce sont des mots qu'on rencontre souvent sous la plume de ses commentateurs. Autour de 1955, Herta Wescher écrivait déjà : « L'artiste s'exprime comme un médium qui nous communiquerait les secrets à lui confiés. Une fois, nous assistons à des fêtes lumineuses, une autre fois, nous entendons des romances très douces. » À propos de son exposition de 1969 à Paris, Paule Gauthier écrivait : « L'arbre sculpté est la vérification matérielle de l'universalité de la forme abstraite, lorsqu'elle est, comme ici, essence des choses et des êtres. » Le pouvoir poétique de cette peinture, complètement non-figurative, sinon abstraite, somptueusement polychrome, est tel que chacun qui en écrit, recourt à des images, ainsi encore de Marguerite Duras : « Et voici une femme qui sort à petits pas d'une nuit bleue, ruisselante de bleu, une sorte de femme pas tout-à-fait encore décidée : un pas dans le créé, un autre dans l'incréé, vivante dans la mort des choses, elle avance toujours bipartie, tremblante. Et voici villes en plein ciel, formes qui galopent un long galop sauvage, accumulation de la matière en grappes, deuils de la lumière, et lumière, lumière... » C'est un phénomène souvent constatable, notamment dans les nombreux écrits de Jean Grenier sur les peintres et la peinture, que, plus que la peinture figurative, la peinture abstraite suscite volontiers de longs développements, d'une part facilement lyriques, d'autre part extrêmement descriptifs, comme si la peinture non-figurative parlait plus aux sens et à l'esprit que des images trop figées dans leur identité propre ou bien encore comme si la vacuité de la figure abstraite attirait, excitait auprès des spectateurs potentiels, leur interprétation polysémique. La peinture luxuriante de Joe Downing est de ces peintures de charme, qui appellent la glose.

■ Jacques Busse

Bibliogr. : Marguerite Duras : *Les amants dans leur premier voyage*, Cimaise, Paris, nov. 1963 – Michael Peppiatt : *The Achievement of Joe Downing*, Art International, sept.-oct. 1983 – Catalogue de l'exposition *Joe Downing*, Mus. d'Art et d'Histoire, Metz, 1988.

Musées : Cincinnati (Fine Arts Mus.) – Cincinnati (Contemporary Art Center) – Grenoble (Mus. des Beaux-Arts) – Jérusalem (Bez Alel Mus.) – Paris (Mus. d'Art Mod. de la Ville) – Sydney (Nat. Fine Arts Gal.) – Washington D. C. (Nat. Smithsonian Mus.).

Ventes Publiques : Paris, 29 nov. 1982 : *Composition*, gche (48x61) : **FRF 2 500** – Paris, 9 déc. 1985 : *Sans titre, bleu*, aquar. (50x65) : **FRF 4 000** – Paris, 23 nov. 1992 : *Composition*, h/t (100x50) : **FRF 4 500**.

DOWNING Robert James

Né en 1935 à Hamilton (Ontario). XXe siècle. Canadien.

Sculpteur. Abstrait-géométrique.

En 1963, il fut élève de Ted Bieler à Toronto, avec qui il apprit la sculpture. Il réalisa d'abord des décors scéniques, puis travailla ensuite avec des architectes. En 1971, il a participé à la Biennale de Sculpture d'Anvers-Middelheim.

Ses sculptures sont abstraites-géométriques et, pénétrables, sont conçues plus pour être parcourues que pour être contemplées.

DOWNMAN John

Né vers 1750 dans le Devonshire. Mort le 24 décembre 1824 à Wrexham. XVIIIe-XIXe siècles. Britannique.

Peintre de genre, portraits, aquarelliste, dessinateur. Élève de Benjamin West. Il fit des études aux écoles de la Royal Academy. En 1767, il exposa à la Société des artistes. En 1777, il s'établit comme portraitiste à Cambridge. Plus tard, il revint à Londres. En 1795, il fut élu membre de l'Academy.

On cite de lui de nombreux portraits et des sujets différents. Il a peint aussi *Rosalinde* pour la « Shakespeare Gallery ». Ce peintre de l'aristocratie anglaise du XVIIIe siècle, et du commencement du XIXe, connut de son vivant un très vif succès. Ce succès se justifie pleinement par le charme si exceptionnel de ses figures féminines. Ses portraits de femmes reflètent un esprit spécifiquement anglais, fait de distinction, de fraîcheur et de grâce un peu fragile. L'artiste se sert volontiers du crayon noir, traité fort légèrement, sans aucun heurt ni violence, ce dessin rehaussé de teintes discrètes mais rappelant parfois le pastel, donne une légèreté fleurie à ses œuvres vraiment charmantes. Elles ont conservé de nos jours toute leur séduction. On chercherait vainement dans les autres écoles de la même époque, des productions du même style. C'est donc bien un artiste original et parfaitement maître de ses moyens. Il a laissé un nombre considérable de portraits dessinés qui sont justement estimés et recherchés par les amateurs ; bon nombre d'entre eux ont été gravés.

Musées : Londres (Nat. Gal.) : *Portrait de Lady Clarges* – Londres (Water-Colours) : *Le Sybarite – T.-D. Walter – Lady Hildyard – Portrait de jeune homme – Portrait d'un enfant – Portrait d'une jeune femme* – Même sujet – Paris (Louvre) : Deux dessins.

Ventes Publiques : Paris, 1899 : *Portrait de femme*, dess. : **FRF 1 120** – Londres, 19 mars 1906 : *Portrait de Lœtitia Ricketts* : **FRF 7 000** ; *Master Samuel Evans* : **FRF 3 000** – Londres, 7 mai 1909 : *Portrait du commandant Crook* : **GBP 13** – Londres, 5 fév. 1910 : *Mrs Wright* : **GBP 46** ; *Elisabeth Russell, duchesse de Cleveland*, dess. : **GBP 19** – Londres, 28 fév. 1910 : *Anne Saint Paul et colonel Horace Saint Paul* : **GBP 18** ; *Prince George de Danemark* : **GBP 11** – Londres, 8 avr. 1910 : *Gentilhomme* : **GBP 11** – Londres, 6 mai 1910 : *Mrs Payne-Gallwey et ses enfants* : **GBP 735** ; *Lady Elisabeth Somerset et lady Frances Elisabeth Somerset* : **GBP 210** – Paris, 26 et 27 mai 1919 : *Portrait de mrs Freke*, dess. : **FRF 2 600** – Paris, 12 avr. 1920 : *Portrait présumé de miss Aschburton*, cr. : **FRF 1 500** – Paris, 8-9 et 10 juin 1920 : *La lettre*, dess., attr. : **FRF 580** – Londres, 25 nov. 1921 : *Portrait d'infant* : **GBP 27** – Londres, 31 mars 1922 : *Portrait de femme* 1784, dess. : **GBP 50** ; *Gentilhomme* 1776 : **GBP 68** – Londres, 4 et 5 mai 1922 : *Lady Elizabeth Laura Waldegrave* 1782, dess. : **GBP 132** – Paris, 13-14 et 15 nov. 1922 : *Portrait de jeune femme*, cr. et lav., manière de J. Downman : **FRF 1 700** ; *Portrait de jeune femme*, cr., manière de J. Downman : **FRF 2 020** ; *Portraits de jeunes femmes*, deux cr. et lav., manière de J. Downman : **FRF 4 000** – Londres, 16 mars 1923 : *Une dame* 1780, dess. : **GBP 28** – Londres, 13 avr. 1923 : *Un prêtre* 1778 : **GBP 25** – Paris, 20 juin 1924 : *Portrait de jeune femme*, cr., reh. de gche : **FRF 2 480** – Londres, 18 juil. 1924 : *Mrs Frances Petre* 1785, dess. : **GBP 94** – Londres, 25 juil. 1924 : *Mrs Siddons* 1787, dess. : **GBP 220** – Londres, 17 juil. 1925 : *Jeunes filles cueillant du raisin* : **GBP 273** ; *Duchesse de Rutland* 1783, dess. : **GBP 462** ; *Miss Nott* 1789, dess. : **GBP 231** – Londres, 12 fév. 1926 : *Mrs Frances Petre* 1785 : **GBP 120** – Londres, 26 mars 1926 : *Mrs Benjamin West* 1786, dess. : **GBP 231** – Paris, 22-26 nov. 1926 : *Portrait de jeune femme*, dess., attr. : **FRF 1 500** – Paris, 11 mai 1927 : *Portrait du Dr Downman*, dess. : **FRF 450** ; *Portrait de femme*, dess., attr. : **FRF 510** – Paris, 13 juin 1927 : *Portrait de jeune dame*, cr. de coul. : **FRF 10 000** – Londres, 22 déc. 1927 : *Mrs William Ormston* 1771 : **GBP 126** – Londres, 11 mai 1928 : *Mrs Elisabeth Grafton Dare* 1788, dess. : **GBP 199** – Londres, 8 juin 1928 : *Miss Boyd*, dess. : **GBP 136** – Londres, 8 fév. 1929 : *John Howard* 1770 : **GBP 141** – Londres, 26 avr. 1929 : *Mrs Palmer, née Campbell* 1785, dess. : **GBP 199** – Londres, 19 juil. 1929 : *Mary Morice*

1783, dess. : **GBP 178** – New York, 30 et 31 oct. 1929 : *Portrait d'une dame* 1784, past. : **USD 110** – Londres, 6 fév. 1931 : *Dame en robe de mousseline blanche* 1789, dess. : **GBP 147** – New York, 27 mai 1931 : *L'Honorable Robert Grosvenor* : **USD 200** – Londres, 3 juil. 1931 : *Lady Charlotte Villiers* 1784, dess. : **GBP 105** – Philadelphie, 30 et 31 mars 1932 : *Portrait de groupe* : **USD 2 300** – New York, 29 avr. 1932 : *Deux enfants* : **USD 1 050** – Londres, 27 avr. 1934 : *Mary Danby* : **GBP 78** – Londres, 29 mars 1935 : *Portrait de famille* : **GBP 210** – Paris, 22 fév. 1936 : *La femme au manchon*, lav. d'encre de Chine et d'aquar., attr. : **FRF 300** – Londres, 20 nov. 1936 : *Miss Jane Adeane* : **GBP 336** – Paris, 25 jan. 1937 : *Portrait de jeune femme*, aquar. gchée : **FRF 410** – Londres, 14 juin 1939 : *Portrait de la famille Browne* : **GBP 750** – Londres, 25 avr. 1940 : *La duchesse de Rutland* 1783, dess. : **GBP 346** – Londres, 31 mai 1940 : *Henry Collingwood Selby et sa femme* 1790, dess. : **GBP 105** – Paris, 7 juil. 1942 : *Portrait présumé de lady Campbell ; Portrait présumé du captain Campbell*, pierre noire et lav., attr., deux pendants : **FRF 8 000** – Paris, 18 mars 1943 : *Mrs Hildyard ; Mrs Mary Wells*, pierre noire et lav. d'aquar., attr., deux pendants : **FRF 15 000** – New York, 2 avr. 1943 : *Portrait d'une dame*, aquar. : **USD 550** ; *Portrait d'un gentilhomme* 1781, aquar. : **USD 450** – New York, 18-20 nov. 1943 : *Henry Pearse of Bedale*, cr. et aquar. : **USD 700** – New York, 24 mars 1944 : *Mrs Payre Galway et ses enfants* 1781, aquar. : **USD 400** ; *Mrs Larking et ses enfants* 1806, aquar. : **USD 500** – Londres, 31 mars 1944 : *Mrs Crew* 1817, dess. : **GBP 189** ; *Miss Farren*, dess. : **GBP 199** – New York, 1er mars 1945 : *Master William Way et son chien* 1779 : **USD 325** – Paris, 25 mai 1945 : *La lettre* 1797, lav. d'aquar. : **FRF 3 100** – Londres, 1er juin 1945 : *Thomas Lynne* 1789, dess. : **GBP 42** ; *William Lynne* 1783, dess. : **GBP 36** – New York, 17-19 jan. 1946 : *Portrait d'une dame* : **USD 140** – Londres, 3 avr. 1946 : *Mrs Fitzherbert* : **GBP 50** – Paris, 25 nov. 1946 : *Portrait en buste d'une jeune femme*, attr. : **FRF 1 550** – Paris, 2 déc. 1954 : *Portrait de jeune femme. Portrait présumé de Lady Elizabeth Lambart*, pierres noires estompe et lav. d'aquar. : **FRF 155 000** – Londres, 29 nov. 1963 : *Portrait d'une famille* : **GNS 3 200** – Londres, 18 juin 1976 : *Portrait of Edmund Burke* 1777, cuivre, de forme ovale (22,3x18,4) : **GBP 280** – Londres, 19 juil 1979 : *Portrait of a Lady*, craies de coul., forme ovale (19,5x16,5) : **GBP 700** – Londres, 17 nov. 1981 : *Portrait of Miss Hussey Delaval* 1803, craie noire, estampe, craies bleue et rose/pap. (30,5x24) : **GBP 1 200** – New York, 20 avr. 1983 : *Portrait of Monk Lewis as a boy*, past. (21x17) : **USD 2 600** – Londres, 14 mars 1984 : *Portrait of Lady Elizabeth Lubbock* 1778, h/métal, de forme ovale (23,5x19,5) : **GBP 4 800** – Londres, 19 mars 1985 : *Portrait de jeune fille* 1791, aquar., cr. et estompe (37,7x27,2) : **GBP 1 500** – Londres, 25 nov. 1986 : *Portrait of a young man*, aquar. reh. de blanc (18,8x15,2) : **GBP 3 200** – Londres, 9 fév. 1990 : *Portrait d'un gentilhomme assis, vêtu d'un habit brun et d'une cravate blanche et tenant une canne ; Portrait d'une dame assise vêtue de brun avec une modestie blanche et un chapeau blanc garni de plumes d'autruche*, h/pan., une paire (chaque 30x24,5) : **GBP 3 520** – York (Angleterre), 12 nov. 1991 : *Portrait de Edward Seymour, en buste de profil* 1781, craies de coul. (20x16,5) : **GBP 1 760** – Londres, 3 avr. 1996 : *Portrait du Lt. Colonel F. Downman en uniforme, en buste*, h/t (74x62) : **GBP 4 600**.

DOWNS George
XXe siècle. Britannique.
Peintre. Naïf.
Autrefois vendeur. Autodidacte en peinture. Lors de la présentation d'artistes britanniques organisée par l'UNESCO au Musée d'Art Moderne de Paris, il figurait avec un portrait : *Ma femme*.

DOWNSBROUGH Peter
XXe siècle. Américain.
Sculpteur, créateur d'installations, auteur de livres d'artiste.
Il montre ses œuvres dans des expositions personnelles : 1996, pavillon de Bercy, Paris ; 1997, galerie Martine et Thibault de la Châtre, Paris.
Ses œuvres sont destinées à l'espace urbain, qu'il interroge à l'aide de photographies, sérigraphies, cartes postales.
Bibliogr. : Raymond Balau : *Peter Downsbrough*, Artpress, no 220, Paris, janv. 1997.
Musées : Dijon (FRAC) : *The Ring* 1982-1983.

DOWS Olin
XXe siècle. Américain.
Peintre.
Il figurait en 1945, à l'exposition parisienne des *Peintres-Soldats américains*.

DOWSON Russel
XIXe siècle. Actif à Eton. Britannique.
Peintre de paysages.
Il exposa à la Royal Academy de Londres de 1867 à 1893.

DOX-KHNOPFF Madelon ou **Maddox**
Née à Bodeghem. XXe siècle. Belge.
Peintre de genre.
Elle exposa aussi à Paris, au Salon des Artistes Indépendants en 1939, avec *Maternité* et *Méphisto*.

DOXARAS Nicolas
Né à Zante. XVIIe-XVIIIe siècles. Grec.
Peintre.
Il était le fils et fut l'élève de Panagiotis.

DOXARAS Panagiotis
Né en 1662 à Zante. Mort en 1729 à Corfou. XVIIe-XVIIIe siècles. Grec.
Peintre.
Il fut élève de son compatriote Moschos avant de venir s'établir à Venise où il s'initia à la manière des grands coloristes et peignit quelques portraits. Il décora des églises comme l'église Saint-Spiridon à Corfou.

DOXFORD James
Né le 8 septembre 1899. XXe siècle. Britannique.
Peintre.
Il exposait à Londres, à la Royal Academy et à la Royal Wistof England Academy dont il fut membre.

DOYA Sebastian ou **de Oya**
Né à Utrecht. Mort en 1557. XVIe siècle. Hollandais.
Dessinateur et ingénieur.
Travailla pour Charles Quint et Philippe II. Il dessina les *Bains de Dioclétien*.

DOYAT
XVIIIe siècle. Français.
Peintre.
Cet artiste était, en 1769, « aide-professeur » de la classe de Fleurs à l'École de dessin de Lyon.

DOYEN
XVIIIe siècle. Actif à Lille. Français.
Peintre de genre et de portraits.
Exposa au Salon de Lille, de 1779 à 1782, des tableaux, un dessin, une miniature.

DOYEN Andrée
Née à Paris. XXe siècle. Française.
Peintre.
Elle exposa à Paris au Salon des Artistes Français en 1938.

DOYEN Emma
Née en 1902 à Dion-le-Mont. XXe siècle. Belge.
Peintre. Naïf.
Autodidacte, elle n'a peint qu'à partir de 1954.
Bibliogr. : In : *Diction. biogr. illustré des Artistes en Belgique depuis 1830*, Arto, Bruxelles, 1987.

DOYEN Eugène J. J.
XIXe siècle. Actif à Paris. Français.
Peintre.
Sociétaire des Artistes Français, il figura au Salon de cette Société.

DOYEN Gabriel François
Né le 20 mai 1726 à Paris. Mort le 13 mars 1806 à Saint-Pétersbourg. XVIIIe siècle. Français.
Peintre d'histoire, sujets mythologiques, compositions religieuses, sujets allégoriques, scènes de genre, portraits, dessinateur.
Il fut élève de Van Loo dans l'atelier duquel il entra à l'âge de 11 ans. Il n'avait pas tout à fait 20 ans lorsqu'il obtint le Prix de Rome. Dans la capitale de l'Italie, il travailla surtout d'après Annibal Carrache. Il visita également Naples, Venise, Bologne, Parme, Plaisance, Turin. À son retour en France, il fut reçu à l'Académie en 1759, il fut nommé adjoint à professeur, puis professeur en 1776.
Il exécuta à l'église Saint Roch : *La Peste des Ardents*, et fut chargé de la décoration de la chapelle Saint-Grégoire aux Inva-

ides. En 1777, il devint premier peintre du comte de Provence et du comte d'Artois. Peu après, il partit pour la Russie où Catherine II le chargea des décorations des palais impériaux, lui fournit une pension de 1 200 roubles et le nomma professeur de l'Académie de peinture. Le successeur de Catherine II, Paul Ier, lui conserva ces faveurs et lui confia la décoration du palais de l'Ermitage pour lequel il peignit plusieurs plafonds. Doyen resta en Russie jusqu'à sa mort.
Il fut un des derniers représentants de l'école du XVIIIe siècle, mais sa technique n'a pas trop souffert d'être inspirée par les tableaux de Van Loo vieilli. Il fut l'un des artistes qui brillèrent d'un éclat amoindri à côté de David, alors au plus haut faîte de sa réputation ; mais on peut remarquer des emprunts que Gros et Géricault n'ont pas hésité à lui faire.

G. F. Doyen.

Musées : Alger : *Priam aux pieds d'Achille* – Avignon : *Une tête de barbare* – Cambrai : *Enlèvement des Sabines* – Langres : *Hébé servant à boire à Jupiter* – Louviers : *Baigneuse* – Nantes : Deux têtes d'étude – Orléans : *Un ermite en prière* – Paris (Louvre) : *Triomphe d'Amphitrite* – Poitiers : *Mars blessé* – Rouen : *Portrait de Crébillon* – Toulon : *La mort de Virginie* – Troyes : *Assomption de la Vierge*.
Ventes Publiques : Paris, 1777 : *Le mariage de sainte Catherine* : **FRF 502** – Paris, 1894 : *La lecture* : **FRF 210** – Paris, 1898 : *Triomphe d'Amphitrite*, dess. à la sanguine : **FRF 90** – Paris, 1898 : *Étude pour un plafond*, dess. à la sanguine : **FRF 32** – Paris, 29 mars 1906 : *Œdipe, enfant et le berger*, dess. : **FRF 105** – Paris, 7 fév. 1920 : *Achille attachant Hector à son char*, pl. : **FRF 25** – Paris, 21 et 22 nov. 1922 : *Sujet allégorique* : **FRF 650** – Paris, 12 mars 1923 : *La Naissance de Vénus*, attr. : **FRF 900** – Londres, 19 fév. 1926 : *Scène de genre* : **GBP 15** – Paris, 8 déc. 1933 : *Un soldat ; Un Soldat*, dess. à la sanguine : **FRF 400** – Paris, le 14 mars 1955 : *La peste des Ardents* : **FRF 62 000** – Paris, 29 oct. 1980 : *Neptune et Amphitrite ou La pêche*, pierre noire et reh. de pl./pap. (28,8x21,5) : **FRF 60 000** – Paris, 26 juin 1987 : *L'enlèvement des Sabines*, cr. noir et blanc (52,5x43,5) : **FRF 27 000** – Paris, 28 juin 1988 : *Le sacrifice d'Iphigénie*, h/t (155x189) : **FRF 210 000** – Paris, 29 nov. 1989 : *Apothéose de Saint Grégoire* 1767, sanguine à reh. blanc (diam. 50,5) : **FRF 400 000** – Paris, 22 nov. 1991 : *La bénédiction du Saint Sacrement à San Andrea della valle*, encre de Chine avec reh. de blanc (26x19,5) : **FRF 15 500** – Monaco, 20 juin 1992 : *Le sacrifice de Virginie*, craie noire, encre et lav. (18,2x31) : **FRF 122 100** – Monaco, 19 juin 1994 : *La lecture*, h/t (47,5x32) : **FRF 355 200**.

DOYEN Gustave
Né le 29 décembre 1837 à Festieux (Aisne). XIXe siècle. Français.
Peintre de genre, animaux.
Élève de Reverchon et de Bouguereau. Il exposa au Salon de Paris à partir de 1861.
On cite parmi ses œuvres : *La lecture interrompue ; Jalousie ; La promenade ; Contemplation*.
Ventes Publiques : Londres, 28 mars 1927 : *Jeune fille portant une cruche* 1883 : **GBP 23** – Londres, 21 mars 1941 : *Jeune fille récurant une poêle en cuivre* 1884 : **GBP 7** – Londres, 20 fév. 1976 : *Après le bal* 1886, h/t (72,5x53,5) : **GBP 1 100** – Londres, 4 nov. 1977 : *après la réception* 1886, h/t (73,7x53,3) : **GBP 1 300** – Londres, 26 nov. 1982 : *Le chiot* 1872, h./t. (47x33) : **GBP 550** – New York, 27 mai 1992 : *Petite fille au jardin avec un arrosoir*, h/t (127,6x81,8) : **USD 13 200** – Londres, 16 nov. 1994 : *Portrait d'une petite fille en chemise blanche* 1877, h/t (87x54) : **GBP 44 400**.

DOYEN Jean Alexandre
XVIIIe siècle. Actif à Paris. Français.
Peintre.
Il était fils de Pierre Gabriel l'Ancien.

DOYEN Louis Le. Voir **LE DOYEN**

DOYEN Louis Marie
Né le 2 juillet 1864 à Attigny (Ardennes). Mort en mai 1943 dans la région parisienne. XIXe-XXe siècles. Français.
Peintre de genre, figures, portraits.
Élève de J.-P. Laurens, Dawant et Saintpierre. Sociétaire des Artistes Français depuis 1889, il figura au Salon de cette société et obtint une mention honorable en 1892.
Quoique ayant quitté très jeune sa ville natale pour venir avec ses parents à Paris, il y fit par la suite de fréquents séjours et, en 1935, donna à la Mairie d'Attigny un grand tableau : *L'achat des épouses en Assyrie* qui est toujours conservé à la Salle des Mariages.
Musées : Nantes.
Ventes Publiques : Honfleur, 12 juil. 1987 : *Les baigneuses*, h/t (150,2x161,5) : **FRF 29 000**.

DOYEN Lyland
XXe siècle. Belge.
Peintre, pastelliste. Tendance abstraite.
Elle expose en Belgique.
Dans des gammes colorées inusitées, comme décalées, comme des accords musicaux volontairement faux, elle crée des sortes d'espaces complexes et riches, dans lesquels on peut décrypter quelques éléments de la réalité, évoquant parfois des paysages urbains oniriques.

DOYEN Michele
Né vers 1810. Mort en 1871. XIXe siècle. Actif à Turin. Italien.
Lithographe.
Il fonda à Turin un atelier de lithographie.

DOYEN Pierre Gabriel, l'Ancien
Né en 1723 à Paris. Mort en 1799. XVIIIe siècle. Français.
Peintre.
Peut-être parent de Gabriel François. Membre de l'Académie Saint-Luc où il entra en 1750.

DOYEN Pierre Gabriel, le Jeune
XVIIIe siècle. Actif à Paris. Français.
Peintre.
Il était fils de Pierre-Gabriel le vieux. Il fut reçu à l'Académie de Saint-Luc en 1785.

DOYER Jacobus Schoemaker. Voir **SCHŒLMACKER Jakob**

DOYLE Alexander
Né le 28 janvier 1857 à Steubenville (Ohio). Mort en 1922. XIXe-XXe siècles. Américain.
Sculpteur.
Il séjourna longtemps pour ses études en Italie et travailla surtout à New York et à Washington.
Ventes Publiques : New York, 4 déc. 1992 : *Portrait en pied de Robert E. Lee*, bronze (H. 51,4) : **USD 9 350**.

DOYLE Charles Altamount
Né en 1832 à Londres. Mort en 1893. XIXe siècle. Britannique.
Peintre de genre, aquarelliste, dessinateur, illustrateur.
Il était le plus jeune des 7 enfants de John Doyle, illustrateur et caricaturiste de l'époque victorienne connu pour ses séries : Croquis politiques de HB, publiées de 1829 à 1851. Charles manifesta dès l'enfance un talent de dessinateur très encouragé par son père et ainsi ne suivit-il aucun cours. Cependant la réputation de Charles Doyle fut éclipsée par le succès de son frère aîné Richard dont les conseils attentifs lui permirent d'atteindre une plus grande maturité. À partir de 1849 et pendant 27 ans, Doyle fut l'adjoint de Robert Matheson en tant que responsable du design des monuments publiques d'Édimbourg, devenant un habile dessinateur reconnu comme un véritable artiste. En 1849, il décida de concourir pour un projet de vitrail destiné à la cathédrale de Glasgow. En 1855, il épousa une Irlandaise catholique Mary Foley dont il eut 10 enfants dont le plus célèbre est certainement Arthur Conan Doyle le créateur de Sherlock Holmes. La famille vivait dans la misère. Après la visite de son frère, il accepta de travailler comme illustrateur de magazines tels que Le Graphic et London Society mais ses gains n'étaient pas suffisants et son frère lui proposa d'être son agent commercial en Écosse, tâche dont il s'acquita fort bien. En 1876, il abandonna sa charge auprès de la ville d'Édimbourg et sa mauvaise santé et l'alcoolisme le menèrent d'hopitaux en hospices où il termina sa vie.
Ventes Publiques : Londres, 27 oct. 1982 : *Gallant approaches*, pl. et aquar. (26x35,5) : **GBP 850** – Londres, 19 juin 1984 : *At Brighton races*, aquar. et pl. (23,5x38,7) : **GBP 3 500** – Londres, 4 fév. 1986 : *Among the corn*, aquar. pl. et cr. (21x27) : **GBP 1 000** – Édimbourg, 2 mai 1991 : *Danse autour de la lune*, encre et aquar. (24,7x38,7) : **GBP 9 350** ; *La leçon de danse* 1883, encre et aquar. (19,7x33,3) : **GBP 2 310** – Londres, 12 mai 1993 : *La roue du moulin*, aquar. et encre (36,5x26) : **GBP 977** – Londres,

25 mars 1994 : *Les patineurs* 1876, cr., encre et aquar. (73,7x119,4) : **GBP 8 050** – New York, 20 juil. 1994 : *La parade du paon*, encre/pap. en grisaille (24,1x32,4) : **USD 1 150**.

DOYLE Henry Edward

Né en 1827 à Londres. Mort le 17 février 1892 à Londres. XIXe siècle. Britannique.

Peintre de sujets religieux, portraits, illustrateur, caricaturiste.

Reçut une éducation artistique. Contribua aux illustrations du *Punch*. En 1869, il devint directeur de la National Gallery, en Irlande. Sous sa direction, la collection de cette galerie devint une des plus intéressantes du Royaume-Uni.

Musées : Dublin : *Portrait de Richard Doyle – L'Annonciation – Portrait du cardinal Wiseman – Portrait de Robert Emmet.*

DOYLE James E.

Né vers 1822 à Londres. XIXe siècle. Britannique.

Illustrateur.

Il fut élève de son père John Doyle.

DOYLE John

Né en 1797 à Dublin. Mort le 2 janvier 1868 à Londres. XIXe siècle. Irlandais.

Peintre de portraits, animaux, paysages, caricaturiste, illustrateur, graveur.

Cet artiste, plus connu comme dessinateur, commença fort jeune à travailler avec un paysagiste italien, nommé Gabrielli. Puis il étudia à l'Académie de dessin de la société de Dublin et devint l'élève de Comerford. Il débuta comme portraitiste, à Londres, vers 1822. N'ayant guère réussi, il fit de la lithographie et publia des caricatures d'hommes politiques du jour, qu'il signait des initiales *H. B.* Les principaux membres du Parlement, le duc de Wellington, le duc d'York et bien d'autres eurent leurs charges exécutées par lui. Ajoutons cependant que jamais ces dernières ne furent empreintes d'un esprit grossier.

Musées : Dublin : *Portrait de Christoph Moore.*

Ventes Publiques : Londres, 20 juin 1981 : *Ponte Trevisan, Venise* 1974, aquar. et cr. (38x57) : **GBP 160** – Londres, 21 nov. 1984 : *Cheval sellé dans la cour de Carlton House* 1822, h/t (68x86) : **GBP 6 500** – Londres, 2 mai 1986 : *Gentilhomme menant son cheval de course monté par son jockey*, h/t (68,5x90,1) : **GBP 12 000** – Londres, 2 juin 1995 : *Épisode d'une chasse au cerf*, h/t (42,5x90) : **GBP 12 650**.

DOYLE Richard

Né en septembre 1824 à Londres. Mort le 11 décembre 1883 à Londres. XIXe siècle. Britannique.

Peintre de compositions animées, animaux, aquarelliste, caricaturiste, illustrateur.

Second fils de John Doyle (H.B.), il montra de très bonne heure de remarquables dispositions pour la peinture ; son père lui servit de maître, et Richard, dès 16 ans produisait une œuvre conservée au British Museum.

À 19 ans, il collabora au journal *Punch*, dont il dessina la couverture. Il illustra les œuvres de Thackeray, Dickens, Ruskin et bien d'autres. Il fournit des dessins au *Cornhill Magazine* et exécuta plusieurs aquarelles. En 1850, il se démit de l'emploi qu'il occupait au *Punch*, où ses convictions de catholique étaient attaquées. Frappé d'apoplexie le 10 décembre 1883, il mourut le lendemain.

Musées : Dublin : *L'entrée triomphale – Isel Kall – Voyageur surpris – Mère et enfant – Vue dans le parc Studey-Royal – Vue à Boxhill – Un parc de cerfs* – Londres (Victoria and Albert) : *La demeure des sorcières* – Même sujet – *Mœurs et coutumes des singes – Des Elfes dans un bois.*

Ventes Publiques : Londres, 12 nov. 1969 : *Cavalcade*, aquar. reh. de blanc : **GNS 550** – Londres, 21 juil. 1981 : *Derby day*, cr. et lav./pap. (17,8x25,3) : **GBP 650** – Londres, 7 juil. 1983 : *The Fairy Princess leaving church* 1879 (37,5x51) : **GBP 3 900** – Londres, 5 juin 1984 : *Ye fayre Sophia her arrival at Ye Station*, cr. et pl. (15,5x24) : **GBP 1 200** – Londres, 29 oct. 1985 : *A fox-hunter's nightmare*, aquar. et cr. (30,5x45,7) : **GBP 5 000** – Londres, 22 mai 1986 : *Winter games*, aquar. sur traits de pl. reh. de gche (15x65) : **GBP 1 700** – Londres, 3 nov. 1993 : *La danse des lutins*, h/cart. (11,5x32) : **GBP 1 495** – Londres, 29 mars 1996 : *Personnages de contes de fées endormis près d'un lac*, encre et aquar. (25,4x35,6) : **GBP 4 830** – Londres, 6 juin 1997 : *La Danse des fées* 1875, cr. et aquar. reh. de blanc (34,5x50) : **GBP 7 475**.

DOYLE Tom

Né en 1928 à Jerry City (Ohio). XXe siècle. Américain.

Sculpteur d'environnements. Abstrait.

Il fit ses études à l'Ohio State University. Sa première exposition personnelle a lieu en 1956 à New York. il a exposé à Düsseldorf en 1965 et a participé en 1967 à l'exposition *American Sculpture of the sixties* au Los Angeles County Museum. Il fut le mari d'Éva Hesse.

Il réalise des environnements abstraits à partir de surfaces courbes.

DOYLE D'ARCY W.

Né en 1932. XXe siècle. Australien.

Peintre de scènes animées, paysages.

Ventes Publiques : Sydney, 2 mars 1981 : *Morning pastoral*, h/cart. (41x51) : **AUD 900** – Sydney, 25 nov. 1985 : *Droving cattle*, h/cart. (57x87) : **AUD 2 400** – Sydney, 28 sep. 1987 : *Off to the pictures*, h/cart. (90x61) : **AUD 4 750** – Sydney, 4 juil. 1988 : *En quittant Cracovie*, h/cart. (58x91) : **AUD 8 500** – Sydney, 3 juil. 1989 : *Matin d'automne*, h/cart. (41x51) : **AUD 3 750** – Londres, 28 nov. 1991 : *Campement des prospecteurs*, h/rés. synth. (50,8x60,9) : **GBP 638**.

DOYLE-JONES Francis William

Né le 11 novembre 1873 à West Hartlepool. Mort en 1938. XIXe-XXe siècles. Britannique.

Sculpteur de bustes.

Il fut à Londres élève de Lanteri.

C'est comme bustier qu'il se fit une grande réputation. On cite encore de lui : *Le Monument à John Mandeville à Mitchelstown.*

Ventes Publiques : New York, 26 mai 1994 : *L'athlète* 1921, bronze sur base de marbre (H. 37,5) : **USD 3 450**.

DOYMUS, l'Ancien

Originaire de Spalato. XVe siècle. Italien.

Peintre.

Il participa à la décoration de la cathédrale de Sebenico.

DOYMUS Marinello

XVe siècle. Italien.

Peintre.

Il était le fils de Doymus dit l'Ancien. Il était actif à Padoue vers 1464.

DOYRE Marie Juliette

Née dans la seconde moitié du XIXe siècle à Antrau (Vienne). XIXe siècle. Française.

Peintre de paysages, fleurs.

Elle exposa à Paris au Salon d'Automne en 1920 et 1921.

DOYSIÉ Jeanne

Née à Paris. XXe siècle. Française.

Peintre et dessinatrice.

Elle a exposé des portraits et des compositions au Salon d'Automne, au Salon des Tuileries et au Salon des Indépendants depuis 1931.

DOZAN

XIXe siècle. Japonais.

Dessinateur.

Sa biographie est totalement inconnue. Il dessine dans la manière traditionnelle, renouvelée par des personnalités telles que Utamaro, Hiroshige et Hokusai.

DOZE J.-Gustave

Né au XIXe siècle à Marseille (Bouches-du-Rhône). XIXe siècle. Français.

Peintre et dessinateur.

Élève de E. Lafon. Il fut professeur de dessin au Lycée de Périgueux. Le Musée de Périgueux conserve de lui : *Bords de la Drôme.*

DOZE Melchior Jean Marie

Né le 16 décembre 1827 à Uzès (Gard). Mort en avril 1913 à Nîmes (Gard). XIXe-XXe siècles. Français.

Peintre de compositions murales, compositions religieuses, nus, portraits, dessinateur.

Élève de Joseph Félon et d'Hippolyte Flandrin, il exposa, très jeune, à Nîmes, Montpellier, Marseille, Lyon, puis participa au Salon de Paris de 1861 à 1879. Il fut directeur de l'École des Beaux-Arts de Nîmes de 1875 à 1881, et conservateur du musée.

Il se spécialisa dans la peinture décorative d'églises, notamment dans plusieurs églises du Gard. On cite *Le Couronnement de la Vierge*, dans la chapelle de la Vierge de l'église Saint-Gervais (Gard), où il peignit également *Saint Gervais, saint Louis, sainte*

Iélène, les douze apôtres et quatre anges 1861. Dans l'église ;ainte-Perpétue de Nîmes, il réalisa : *L'apparition de sainte \gnès* ; dans l'église Sainte-Croix de Montélimar : *La mort de aint Joseph* ; dans la grande chapelle du séminaire de Beau-aire : *La vocation de saint Jean* ; dans l'église de Tavel : *Jésus nseignant – Saint Jean – Saint Mathieu – Saint Marc – Saint ?ierre – Saint Luc – Saint Férréol* 1863 ; dans l'église de Margue-ittes : *Saint Pierre marchant sur les eaux – Saint Pierre pleurant - Jésus confiant son troupeau à saint Pierre – Saint Pierre guéris-ant un boîteux à la porte du temple – Saint Pierre délivré de la orison* ; dans l'église Saint-Gilles-du-Gard : *Saint Gilles surpris lans sa retraite par le roi Wamba.* Il se consacra ainsi à la pein-ure religieuse jusque vers 1880, date à laquelle il s'orienta vers e portrait.

Bibliogr. : Gérald Schurr, in : *Les Petits Maîtres de la peinture 1820-1920, valeur de demain,* Les Éditions de l'Amateur, t. VI, ?aris, 1985.

Musées : Avignon : *Charité de sainte Élisabeth de Hongrie* – Saint-Lô : *Le sacrement de mariage* – Toulon : *Saint Pierre et aint Jean.*

Ventes Publiques : Paris, 4 mars 1983 : *Jeux d'enfants,* pierre ıoire et fus. : **FRF 2 200** – Milan, 18 déc. 1986 : *Allégorie de la Croix,* h/t (95x84) : **ITL 1 800 000.**

DOZO Joen ou **Dokura**

Né vers 1410. Mort le 10 mars 1481. XVe siècle. Actif à Kyoto. Japonais.

Peintre.

DOZY R.

XIXe siècle. Actif à Anvers. Belge.

Portraitiste.

Il prit part à l'Exposition de Bruxelles en 1910, avec une toile : *Portrait* (sanguine).

DRABBE Jan

XVe siècle. Actif à Bruges vers 1485. Éc. flamande.

Peintre.

DRABBE Jueris

XVe siècle. Actif à Gand dans la première moitié du XVe siècle. Éc. flamande.

Sculpteur et architecte.

Il travaillait en 1448 pour l'église Saint-Eloy à Vosselaere.

DRABBLE Richard R.

XIXe siècle. Britannique.

Peintre de paysages.

Il exposa à Londres à partir de 1859.

DRACH August

XIXe siècle. Actif à Darmstadt. Allemand.

Sculpteur.

C'est à Dresde qu'il fit ses études et il y fut l'élève de E. J. Höhnel.

DRACH Philipp

XVIIIe siècle. Actif à Frankenthal vers 1775. Allemand.

Peintre sur porcelaine.

DRACH Simon

XVIIIe-XIXe siècles. Actif vers 1780. Allemand.

Peintre de miniatures.

Il travaillait encore en 1823.

DRACHKOVITCH-THOMAS Albert

Né le 23 novembre 1928 à Belgrade. XXe siècle. Depuis 1939 actif et naturalisé en France. Serbe.

Peintre de paysages. Naïf.

Il est autodidacte. il s'est formé. Il expose surtout dans la Nièvre où il vit, mais participe également à des salons parisiens, dont le Salon d'Automne.

Figurative, sa peinture est réaliste et décrit des paysages minutieusement observés à la manière flamande.

Bibliogr. : Plaquette de l'exposition : *Sur le chemin des primitifs,* Galerie d'Art de la place Beauvau, Paris, 1992.

Ventes Publiques : Saint-Brieuc, 13 nov. 1977 : *Les Arbres et la campagne enneigée,* h/isor. (26x60,5) : **FRF 7 100** – Saint-Brieuc, 19 juin 1982 : *Chemin en automne* 1969, isor. (33x57,8) : **FRF 16 000** – Saint-Brieuc, 20 juil. 1985 : *Paysage hivernal,* h/isor. (50x73) : **FRF 23 000** – Paris, 26 oct. 1987 : *Ville au bord de la rivière* 1958, h/isor. (30x51) : **FRF 22 500** – Paris, 4 mars 1988 : *Village dans un paysage d'hiver* 1962, dess. au fus. et à l'estampe (106x73) : **FRF 10 600** – Strasbourg, 29 nov. 1989 : *La ferme à la tour,* h/isor. (26,5x35,5) : **FRF 25 000** – Versailles, 10 déc. 1989 : *Paysage de neige* 1978, h/t (55x46) : **FRF 8 000** – Paris, 27 avr. 1992 : *Église sous la neige,* h/isor. (44,5x26) : **FRF 6 500** – Paris, 2 déc. 1992 : *La ferme dans un paysage d'hiver* 1956, h/isor. : **FRF 7 500** – Paris, 23 mars 1993 : *Le hameau en hiver,* h/pan. (21x34) : **FRF 16 000** – Paris, 7 juil. 1994 : *Paysage* 1960, h/isor. (34,5x45,5) : **FRF 4 500.**

DRACHMANN Holger Henrik Herholdt

Né le 9 octobre 1846 à Copenhague. Mort le 14 janvier 1908 à Hornback. XIXe siècle. Danois.

Peintre de paysages, marines.

Il étudia le dessin avec Helsted et la peinture de marine avec Bangöe et Sörensen. Élève de l'Académie de 1866 à 1870, il a exposé, de 1869 à 1874, une série de marines qui révélaient un artiste de grand avenir.

Il s'était déjà acquis une réputation comme peintre de marines, quand il abandonna l'art presque entièrement pour se consacrer à la littérature. Drachamnn se remit à peindre des marines en 1892.

Ventes Publiques : Copenhague, 16 mars 1976 : *Marine,* h/t (29x38) : **DKK 2 300** – Copenhague, 30 août 1977 : *Marine* 1891, h/t (61x101) : **DKK 7 500** – Copenhague, 8 mars 1978 : *Marine,* h/t (102x150) : **DKK 23 000** – Copenhague, 25 avr. 1979 : *Voiliers au large de la côte* 1872, h/t (102x151) : **DKK 11 000** – Copenhague, 13 avr. 1983 : *Barques de pêche au large de la côte,* h/t (100x150) : **DKK 36 000** – Copenhague, 27 fév. 1985 : *Voilier au large de la digue par forte mer* 1892, h/t (38x47) : **DKK 31 000** – Stockholm, 21 oct. 1987 : *Barques et pêcheurs sur la plage* 1907, h/t (35x48) : **SEK 62 000** – Copenhague, 5 avr. 1989 : *Le port de Ronne* 1869, h/t (29x43) : **DKK 11 000** – Stockholm, 19 avr. 1989 : *Paysage côtier avec une jetée et des embarcations,* h/t (29x46) : **SEK 15 500** – Copenhague, 29 août 1990 : *Maison sur la falaise surplombant la mer* 1864, h/t (26x37) : **DKK 5 500** – Copenhague, 6 mars 1991 : *Gondole sur le grand canal* 1905, h/t (14x18) : **DKK 5 200** – Copenhague, 28 août 1991 : *Activités des pêcheurs à l'abri d'une jetée* 1886, h/t (35x54) : **DKK 35 000** – Copenhague, 18 nov. 1992 : *Marine avec des voiliers au large de Christianso* 1873, h/t (6997) : **DKK 40 000** – Copenhague, 2 fév. 1994 : *Jour gris sur une plage* 1870, h/t (55x85) : **DKK 48 000.**

DRACIS-THOTE Madeleine

XXe siècle. Française.

Peintre de paysages.

Elle exposa à Paris au Salon des Artistes Français en 1944.

DRACZ Caspar

XVIIe siècle. Actif à Nuremberg. Allemand.

Graveur au burin.

On cite de lui : Planche pour *Der Edlen Schreibkunst.*

DRADI Giovanni

Né en 1938 à Milan. XXe siècle. Italien.

Peintre de paysages urbains et de compositions animées.

Il fréquente l'École d'Art du Castello Sforzesco de Milan, puis travaille dans l'atelier de son père Carlo Dradi. Il se consacre à la peinture et fait en 1967 sa première exposition particulière. Il expose également à Milan.

Peintre figuratif, il décrit la réalité figée des hommes de son temps, immobiles et comme pris au piège des métros et des escaliers mécaniques.

DRADY John G.

Né en 1833. Mort en 1904 à New York. XIXe siècle. Américain.

Sculpteur.

Il vécut longtemps à Carrare. Il travailla pour la cathédrale Saint-Patrick à New York où il exécuta le *Monument Coleman.*

DRAEGER Joseph Anton

Né le 9 septembre 1794 à Trèves. Mort le 26 juillet 1833 à Rome. XIXe siècle. Allemand.

Peintre d'histoire.

Il travailla avec Gerh. von Kugelen et fit des études à l'Académie de Dresde. Il vécut à Rome depuis 1823, où il se lia avec Preller. Il exposa à l'Académie royale de Berlin en 1820 et en 1831 à l'Académie royale de Rome.

DRAEWING Peter Paul
Né le 29 juin 1876 à Schwann. XXe siècle. Allemand.
Peintre, dessinateur et graveur de paysages.
Il travailla d'abord comme peintre de décoration et de décors à Berlin.
MUSÉES : WEIMAR : plusieurs œuvres : gravures et dessins.

DRAEXEL
XVIe-XVIIe siècles. Actif à Munich. Allemand.
Sculpteur sur bois.

DRAEYERS Arnould
Né à Diest (Brabant). XVe siècle. Éc. flamande.
Sculpteur.
Il exécuta plusieurs statues vers 1445, pour l'église Saint-Sulpice à Diest.

DRAGAN Mihailovic
Né à Belgrade. XXe siècle. Yougoslave.
Peintre de paysages animés. Naïf.
Il vit à Belgrade. Autodidacte en peinture. Il est l'un des très nombreux peintres naïfs qui ont suivi en Yougoslavie l'essor dans ce sens, parti de Generalic et de l'école de Hlebine. À Paris, il expose, dans les années quatre-vingt, au Salon International d'Art Naïf.
Il peint les paysages de la Serbie, avec un grand soin du détail ornemental. Dans ses paysages de neige, les branches des arbres, givrées, sont traitées comme de la dentelle. Les rivières avec leurs petits ponts, les collines, les maisons des villages, tout semble être en jolis jouets aux couleurs délicates. Il y ajoute les activités rurales des paysans telles qu'il les avait connues dans son enfance.
VENTES PUBLIQUES : GRENOBLE, 12 déc. 1983 : *La maisonnette* 1982, h/t (55x46) : **FRF 4 000**.

DRAGE J. Henry
XIXe siècle. Actif à Londres à la fin du XIXe siècle. Britannique.
Peintre de paysages.
Il exposa à Londres à partir de 1882.

DRAGENDORF H.
XIXe siècle. Actif vers 1840. Allemand.
Lithographe.
Il illustra en 1840 un ouvrage sur Lady Hamilton d'après Rehberg.

DRAGEON Gabriel
Né le 22 octobre 1873 à Toulon (Var). Mort le 19 mai 1935. XXe siècle. Français.
Peintre, aquarelliste de paysages et de marines.
Il a commencé par exposer ses aquarelles à Paris, au Salon des Artistes Français à partir de 1908. Il fut vice-consul en Norvège. Chevalier de la Légion d'honneur.

DRAGHETTO Sigismondo
XVIe siècle. Actif à Modène en 1575. Italien.
Sculpteur.

DRAGHI Carlo Virginio
Originaire de Plaisance. XVIIe siècle. Italien.
Peintre et architecte.
Il travailla à Parme et à Plaisance.

DRAGHI Giovanni Battista, il cavaliere
Né en 1657 à Gênes. Mort le 9 février 1712 à Plaisance. XVIIe-XVIIIe siècles. Italien.
Peintre d'histoire.
Élève de D. Piola l'Ancien. Il résida à Parme et à Plaisance. Dans ces deux villes et à Gênes, dans les collections particulières, on trouve un assez grand nombre de ses œuvres qui rappellent, avec le dessin de l'école bolonaise, le goût du Parmigiano. On voit de cet artiste, à Plaisance, dans l'église de San Francesco il Grande, un tableau représentant le *Martyre de saint Jacques*. Cette ville possède encore une *Sainte Agnès* et un *Saint Laurent*, dans l'église de ce nom. Les ouvrages de Draghi sont exécutés d'un pinceau soigné, quoique rapide, brillant et original.

DRAGHI Ippolito
XVIIe siècle. Actif dans la région de Sienne en 1607. Italien.
Peintre.
On connaît de lui une *Pietà* signée et datée.

DRAGHIA Domenico
XVIe siècle. Actif à Venise en 1503. Italien.
Peintre.

DRAGO
XXe siècle. Actif en Italie. Yougoslave.
Peintre. Nouvelles figurations.
Il a figuré, avec deux peintures, à l'exposition organisée à Pari[s] en 1965, par G. Gassiot-Talabot, sous l'enseigne de la *Figur[a]tion narrative*, qui indiquait en partie son apparentement [au] renouveau de la figuration dans la peinture pop' américaine. [Il] expose régulièrement à Rome, où il vit.

DRAGO Francesco del
Né le 22 février 1920 à Rome. XXe siècle. Italien.
Peintre. Figuratif, puis abstrait-automatiste et cin[é]tique.
Après avoir fait la guerre dans la résistance, il décide de [se] consacrer à la peinture et entre à l'Académie des Beaux-Arts [de] Rome dont il ne sort qu'en 1949. Il fait la connaissance de Sev[e]rini et de Gutttuso, puis au cours de son long séjour à Pari[s] dans les années cinquante, il rencontre Pignon qui devient so[n] ami, puis Herbin et Dewasne. Pignon le rejoint durant tro[is] étés, de 1958 à 1960, à Filicciano pour réaliser en commun [une] série de toiles sur les travaux des champs. Il a participé à [la] Biennale de Venise en 1950 et 1958, au Salon de Mai à Paris e[n] 1965, 1973, 1974, au Salon d'Automne en 1967, au Salon d[es] Réalités Nouvelles en 1974, 1976 et 1977 et à plusieurs expos[i]tions collectives en Europe et aux États-Unis. Personnellemen[t] il expose pour la première fois à Rome en 1950, et à cette occa[]sion, Guttuso lui fait la préface de son catalogue, soulignant se[s] qualités de portraitiste du peuple. Il expose aussi régulièremen[t] à Milan depuis 1959, Venise depuis 1963, à Paris en 1971 et [à] Naples, à Villefranche-sur-mer en 1993.
Tout au long de sa carrière, il n'abandonne jamais tout à fait [la] figuration, tout en abordant l'abstraction selon plusieurs tech[]niques. Ainsi commence-t-il en 1964, à Paris, sa recherche su[r] l'automatisme, un automatisme lent et calculé, tout comme e[st] calculé le cinétisme qu'il crée vers 1968 qui amènera les toile[s] permutables de 1970 et celles avec effets de transparences d[e] 1973. Il a inventé en 1978, puis complété en 1981 son cerc[le] chromatique, fondé sur les pigments et non plus sur la complé[]mentarité des couleurs, définissant de nouveaux rapports entr[e] les couleurs, en vertu desquels le vert citron s'oppose pa[r] exemple au violet, le vert moyen au rouge et le vert acier [à] l'orange. Il a exposé ses théories esthétiques dans de nombreu[x] ouvrages et conférences.
BIBLIOGR. : Catalogue de l'exposition : *Del Drago – Grands for[]mats 1976-1992*, Chapelle Sainte-Élisabeth, Villefranche-sur-mer, 1993.

DRAGOMIR Arambachitch. Voir **ARAMBATCHITCH**

DRAGOMIRESCU Radu
Né le 6 juillet 1944 à Rosetti. XXe siècle. Depuis 1974 actif e[n] Italie. Roumain.
Peintre, peintre de compositions murales. Symboliste
Il participe à des expositions collectives, parmi lesquelles : 196[.] Biennale des Jeunes à Paris où il obtint le premier prix, 198[.] Biennale de Venise ; à de nombreuses autres expositions en Ita[]lie, France, Suisse, Espagne, Allemagne, Norvège, Pologne[,] Yougoslavie, Russie, Argentine, Canada, Japon, etc. Il montr[e] aussi ses œuvres dans des expositions personnelles : 1970 [à] l'Institut roumain pour les Relations avec l'étranger à Bucarest[,] puis à Rome, Naples, autres villes d'Italie, et Paris, Cologne[,] Genève...
Son œuvre est partagé entre des compositions symboliques e[t] des compositions abstraites. Il peint à partir de surfaces prépa[]rées en noir, à la manière de la gravure à la manière noire, dan[s] lesquelles il voit « la dimension fondamentale de l'existence, l[a] condition première, le point de départ... » Ses *Paysages noc[]turnes* sont en général sans titres, et toujours sans représenta[]tions humaines.
BIBLIOGR. : Ionel Jianou et divers, in : *Les Artistes roumains e[n] Occident*, American Romanian Acad. of Arts and Sciences, Lo[s] Angeles, 1986.

DRAGON Abraham
XVIIe siècle. Actif à Amsterdam. Hollandais.
Peintre.

DRAGON Vittore Grubicy de. Voir **GRUBICY de Dra[]gon Vittore**

DRAGONI Angelo
Né le 17 décembre 1777 à Crémone. XIXe siècle. Italien.

Peintre.
On lui doit surtout des décorations. En 1827 il travaillait encore.

DRAGONI Giuseppe
Mort vers 1850 à Brescia. XIXe siècle. Actif à Brescia. Italien.
Peintre de décorations.
Il fut élève de Giuseppe Teosa.

DRAGUE Nicolas
XIXe siècle. Actif à Berlin vers 1800. Allemand.
Pastelliste.
On cite de lui un *Portrait du duc Ferdinand de Brunschwick.*

DRAGUTESCU Eugen
Né le 19 mai 1914 à Iassy. XXe siècle. Depuis 1945 actif en Italie. Roumain.
Dessinateur de portraits, paysages urbains, illustrateur.
Il fut diplômé de l'Académie des Beaux-Arts de Bucarest en 1938 et obtint une bourse d'études de trois années à l'Academia di Romania de Rome. Il fit sa première exposition personnelle en 1936 à Bucarest, suivie d'autres nombreuses en Roumanie, Italie et dans divers pays du monde, obtenant plusieurs distinctions.
Il a dessiné les portraits de nombreuses personnalités artistiques en Italie, France et Roumanie, artistes, écrivains et musiciens. Il a également dessiné des vues de villes italiennes, d'Assise, de Rome et d'Orvieto. Il a illustré de nombreux ouvrages littéraires, notamment de Shakespeare.
Bibliogr. : Ionel Jianou et divers : *Les Artistes roumains en Occident*, American Romanian Academy of Arts and Sciences, Los Angeles, 1986.

DRAGUTESCU Tudor
Né le 9 mai 1955 à Assise. XXe siècle. Italien.
Dessinateur, graveur, illustrateur.
Fils de Eugen Dragutescu. Il fut étudiant en architecture, de 1974 à 1978. Il étudia ensuite la photographie et la gravure à Rome. Depuis 1974, il expose en Italie et en Hollande, obtenant plusieurs Prix et distinctions. Il a illustré des ouvrages littéraires en Italie et en Roumanie. Il enseigne à l'Institut d'arts graphiques San Michele de Montecelio à Rome.
Bibliogr. : Ionel Jianou et divers : *Les artistes roumains en Occident*, American Romanian Academy of Arts and Sciences, Los Angeles, 1986.

DRAHN A.
XIXe siècle. Actif à Berlin au début du XIXe siècle. Allemand.
Sculpteur.
Il exécuta vers 1830 une statue de *Frédéric Guillaume III.*

DRAHONET Alexandre Jean, pseudonyme de **Dubois,** parfois **Dubois-Drahonet**
Né en 1791 à Paris. Mort en 1834 à Versailles (Yvelines). XIXe siècle. Français.
Peintre d'histoire, scènes de genre, nus, portraits, peintre à la gouache, pastelliste, graveur.
Il participa au Salon de Paris entre 1812 et 1834, obtenant une médaille en 1827.
Il était surtout spécialisé dans l'art du portrait, pour lequel il montre un goût de la ligne pure, une assurance dans ses compositions munumentales et un savoir-faire dans ses jeux d'ombre et de lumière, qui le rapprochent de l'art d'Ingres.
Bibliogr. : Gérald Schurr, in : *Les Petits Maîtres de la peinture 1820-1920, valeur de demain*, Les Éditions de l'Amateur, t. VI, Paris, 1985.
Musées : Amiens : *La duchesse de Berry* – Amsterdam : *J. A. D. Trip Van Zondtland – Cornelia Gisberta Smit* – Bordeaux : *Duc de Bordeaux* – Haarlem (Mus. Frans Hals) : *Le roi Guillaume II – Wilhelm Huyghens – Jardin de l'hospice de Haarlem* – La Haye (Mus. Mauritshuis) : *Le roi Guillaume II.*
Ventes Publiques : Paris, 25 nov. 1935 : *Portrait d'une artiste* : **FRF 1 680** – Paris, 14 avr. 1937 : *Monuments et figures*, gche : **FRF 110** – Londres, 20 juil. 1938 : *Le duc de Bordeaux et sa sœur, la princesse Louise* 1828 : **GBP 950** – Paris, 24 mars 1977 : *Portraits de jeune homme et de jeune femme* 1823, deux toiles, formant pendants (33x27) : **FRF 21 000** – Paris, 17 juin 1982 : *Nu de dos, Nu de face* 1831, deux h/t (chaque 92x75) : **FRF 73 000** – Paris, 17 avr. 1985 : *Portrait de Madame Jacques Javal, née Blumenthal* 1829, h/t (82x65,5) : **FRF 35 000** – Paris, 26 juin 1985 : *Architecture antique* 1807, gche : **FRF 86 000** – Paris, 18 nov. 1988 : *Destruction d'un pavillon de la vieille aile Louis XIV dans la cour royale à Versailles*, gche (45,5x36) : **FRF 22 000** – Paris, 27 juin 1991 : *Portrait d'une dame avec des fleurs rouges à son bonnet* 1821, h/t (65x55) : **FRF 60 000** – Paris, 16 déc. 1991 : *Portrait en pied de Monsieur Corneille Byony* 1834, h/pan. de carton-pâte (38,5x25,5) : **FRF 34 000** – Montréal, 21 juin 1994 : *Capriccio avec des personnages*, past. (45,6x38,1) : **CAD 1 300** – New York, 16 fév. 1995 : *Les trois Grâces* 1815, h/t (96,5x96,5) : **USD 51 750** – Londres, 21 nov. 1996 : *Portrait d'une lady en robe blanche avec une ceinture rose*, h/t (35,5x27,3) : **GBP 4 830.**

DRAHOS Tom
Né en 1947 à Jabionne. XXe siècle. Depuis 1969 actif en France. Tchécoslovaque.
Artiste, créateur d'installations.
Il vit et travaille à Paris. Il participe à des expositions collectives, dont : 1980, 11e Biennale de Paris ; 1981, *Ils se disent peintres, ils se disent photographes*, ARC, Musée d'Art Moderne de la Ville de Paris ; 1991, *Lato Sensu* exposition itinérante : Mulhouse, Copenhague, Hambourg, Fribourg. Il réalise des expositions personnelles, la première, en 1972, à la galerie Rencontre (Paris) et, depuis : 1984, Bibliothèque nationale, Paris ; 1986, Centre d'arts plastiques, Montbéliard ; 1987, La Sellerie, Aurillac ; 1989, galerie Montenay, Paris ; 1989 galerie Alma, Paris ; 1991, Institut français de Fribourg ; 1993, Prague.
Tom Drahos travaille la photographie depuis plus de vingt ans, n'hésitant pas à la faire évoluer par expérimentations. Son œuvre se présente comme une réflexion sur la finalité de ce média, qu'il examine, plus dans sa qualité de « matériau », que comme simple véhicule d'informations. Cette relation à tendance « plasticienne », se traduit d'une part, par des installations photographiques, avec figurines et papiers froissés, photogrammes et grands cibachromes, d'autre part, par une recherche sur les métamorphoses de la matière, opérations qui consiste, selon Florence de Meredieu, après avoir sublimé « la chair du monde » par la pellicule, à lui redonner corps à l'aide de divers pigments et opérations de broyages, pulvérisations et mélanges. Son approche ne peut être réduite à une simple recherche formelle, tant il imprègne ses éléments d'une signification, dont il tire la substance immatérielle dans notre environnement social (hybridation des cultures, religions) ou personnel. Il a réalisé, à l'occasion de l'exposition à la Sellerie d'Aurillac, une grande pièce, en forme d'enclos entourant un puits, au dispositif harmonieux. ■ C. D.
Bibliogr. : Régis Durand, in : *Art Press*, Paris 1987 – Philippe Piguet, in : *Art Press*, Paris, 1989 – Florence de Meredieu : *La Chair de l'étoile*, in : *Lato Sensu*, dossier de presse, Musée des Beaux-Arts de Mulhouse, 1991.
Ventes Publiques : Paris, 30 jan. 1989 : *Série Jaina* 1987, photo. cibachrome (165x127) : **FRF 11 000.**

DRAINS Géo A.
XXe siècle. Français.
Illustrateur.
On cite parmi les ouvrages illustrés par cet artiste : *Gestes, suivis des Paralipomènes d'Ubu* par Alfred Jarry ; *Les Complaintes* de Jules Laforgue (118 lithographies).

DRAKE Friedrich Johann Heinrich
Né le 23 juin 1805 à Pyrmont. Mort le 6 avril 1882 à Berlin. XIXe siècle. Allemand.
Sculpteur.
Destiné au métier de mécanicien, il y renonça pour se consacrer à la sculpture. Il devint élève de Rauch. Il s'acquit très vite une grosse réputation en Allemagne. En 1836, il exécuta, pour la ville d'Osnabruck, la statue colossale de *Justus Moeser*, puis deux statues en marbre de *Frédéric-Guillaume III*, placées l'une à Stettin, l'autre à Berlin. En 1855, à Paris, il obtint une mention honorable et à l'Exposition Universelle de 1867, pour sa *Statue équestre de Guillaume de Prusse*, une médaille d'argent et la croix de la Légion d'honneur. Il exécuta à Berlin, en 1873, la statue de *la Victoire*, commémorative de la guerre franco-allemande. Il fut membre de l'Académie de Berlin et membre associé de l'Académie des Beaux-Arts de France.
Musées : Anvers : *Vase en bronze – Portrait de l'artiste* – Berlin : *Portrait en buste du conseiller professeur von Raumer* – Brême : *Mélancolie* – Hambourg : *Buste de Friedrich von Raumer.*

DRAKE John Poad
Né le 20 juillet 1794 à Stoke Damerel. Mort le 26 février 1883 à Fowney. XIXe siècle. Britannique.
Peintre.

Il exécuta en 1815, un portrait de Napoléon. On cite également de lui, un retable pour une église à Montréal.

DRAKE Ludwig
Né le 4 février 1826 à Pyrmont. Mort le 28 octobre 1897 à Berlin. XIXe siècle. Allemand.
Sculpteur.
Il était le frère de Friedrich et travailla à Berlin où il exécuta surtout des bustes. On cite de lui un *Portrait de l'empereur d'Allemagne Guillaume Ier*.

DRAKE Nathan
Né en 1728. Mort en 1778. XVIIIe siècle. Britannique.
Peintre de scènes de chasse, portraits, animaux, paysages.
Actif à York et à Lincoln dans le milieu du XVIIIe siècle. Outre ses portraits, il exécuta quelques vues. Il fut membre de la Société des artistes. On le trouve à Londres aux expositions, de 1760 à 1780.
Ventes Publiques : Philadelphie, 30 et 31 mars 1932 : *Benjamin Franklin* : **USD 550** – Londres, 12 mars 1986 : *Sir Michael Newton Bt, with huntsmen and hounds in the grounds of Culverhorpe Hall, Lincolnshire, c. 1735*, h/t (132x141) : **GBP 20 000** – Londres, 6 avr. 1993 : *Gentilhommes avec les piqueurs et la meute dans un paysage*, h/t (96x121,5) : **GBP 8 050**.

DRAKE William Henry
Né le 4 juin 1856 à New York. Mort en 1926. XIXe-XXe siècles. Américain.
Peintre animalier, paysages, aquarelliste, illustrateur.
A Paris, il fut élève de l'Académie Julian. Il se spécialisa dans la peinture d'animaux et illustra *Le Livre de la Jungle* de Kipling.
Ventes Publiques : San Francisco, 24 juin 1981 : *San Fernando Valley, California* 1925, aquar. et gche (58,5x73) : **USD 475**.

DRALIA Johannes
Né à Bruges. Mort en 1504 au Portugal. XVe siècle. Éc. flamande.
Peintre.
Il travailla au Portugal.

DRAMARD Georges de
Né le 24 juin 1839 à Bretteville-sur-Dives (Calvados). Mort en 1900 à Paris. XIXe siècle. Français.
Peintre de genre, paysages, natures mortes. Impressionniste.
Élève d'Edouard Brandon et de Bonnat, il participa au Salon de Paris à partir de 1868.
Il place ses sujets anecdotiques : *La cueillette des pommes aux environs de Houlgate – Intérieur de cour à Samois – Les lavandières – Le repos*, sous un éclairage naturel qui donne du volume à ses personnages, architectures et objets, traités par petites touches de couleurs claires.
Bibliogr. : Gérald Schurr, in : *Les Petits Maîtres de la peinture 1820-1920, valeur de demain*, Les Éditions de l'Amateur, t. IV, Paris, 1979.
Ventes Publiques : Paris, 1881 : *Intérieur de cour* : **FRF 295** – Paris, 1898 : *Souvenir d'Orient* : **FRF 140** – Paris, 22 fév. 1900 : *Dans la rosée* : **FRF 100** – Paris, 22 nov. 1924 : *Cour de ferme* : **FRF 135** – Paris, 19-21 avr. 1926 : *Pivoines roses et rouges* : **FRF 355** – Enghien-les-Bains, 13 juin 1982 : *Le village de pêcheurs*, h/t (129x81) : **FRF 9 000** – Paris, 19 juin 1989 : *Le château de Pierrefonds avant sa restauration*, h/t (128x79) : **FRF 25 500** – New York, 16 juil. 1992 : *Les oiseaux exotiques*, h/t (46,4x32,4) : **USD 3 025** – Londres, 19 nov. 1993 : *La danseuse* 1873, h/t (104x73,5) : **GBP 14 950**.

DRAMART Charles
XVIe siècle. Actif à Paris en 1569. Français.
Peintre.

DRAMEN Simon
XVIIIe siècle. Actif à Copenhague au début du XVIIIe siècle. Danois.
Miniaturiste.
Il fut élève d'Herman von Ham.

DRAMER Léonard
Peintre et dessinateur.
Cité par Mireur.
Ventes Publiques : Paris, 1859 : *Composition de plusieurs figures*, dess. à l'aquar. : **FRF 32**.

DRAMEZ Renée Marie Adèle
Née à Landrecies (Nord). XXe siècle. Française.
Graveur et lithographe.
Élève de L. Jonas et L. Roger. Exposant à Paris du Salon des Artistes Français depuis 1928.

DRANCOLI Bahri
Né à Pec. XXe siècle. Yougoslave.
Artiste, peintre, technique mixte.
De 1962 à 1967, il fait ses études aux écoles des Beaux-Arts de Belgrade, Stuttgart et Munich. Il expose à Munich, Bamberg, Darmstadt, Aix-la-Chapelle, et Paris en 1992 au Salon Découvertes.

DRAND
XVIIIe siècle. Actif à Sèvres. Français.
Peintre.
Cité par Ris-Paquot comme ayant travaillé au cours de la période de 1753 à 1800.

DR

DRANE Herbert Cecil
XIXe-XXe siècles. Actif à Dorking. Britannique.
Peintre de paysages.
Il exposa à Londres à partir de 1890.

DRANER, pseudonyme de **Renard Jules**
Né le 11 novembre 1833. Mort en 1926 à Paris. XIXe-XXe siècles. Actif en France. Belge.
Dessinateur.
Il s'établit à Paris en 1861 et collabora dès lors à la plupart des grands périodiques français satiriques ou d'information, dont *Charivari – L'Éclipse – Le Monde illustré – L'Illustration*. Il dessine souvent des militaires, sur lesquels il fait des commentaires qui deviennent vite populaires. Il est l'auteur de costumes pour le théâtre et le music-hall, notamment pour les Variétés et le Châtelet.
Bibliogr. : Gérald Schurr, in : *Les Petits Maîtres de la peinture 1820-1920, valeur de demain*, Les Éditions de l'Amateur, t. II, Paris, 1982.
Ventes Publiques : Paris, 19 fév. 1898 : *Costumes militaires étrangers*, cinq aquar. : **FRF 40** – Paris, 9 déc. 1931 : *Types militaires*, six aquar. : **FRF 160**.

DRANGOSH Ernesto
Né en 1945 à Buenos Aires. Mort en 1997 à Paris. XXe siècle. Depuis 1979 actif en France. Argentin.
Peintre d'intérieurs, figures, graveur. Figuration narrative.
Il fut élève de l'École des Beaux-Arts de sa ville natale, puis voyage à São Paulo, où il obtint une bourse. Il travaille ensuite à Montevideo (Uruguay) avec divers artistes, disciples du constructiviste Torres-Garcia, et étudie au club de gravure de la ville. Il s'installe à Barcelone en 1974 et, depuis 1979, travaille en France.
Il participe à des expositions collectives, régulièrement à Paris : 1979 *L'Estampe aujourd'hui* à la Bibliothèque nationale, depuis 1981 à l'espace Latino-Américain, 1982 Salon de la Jeune peinture, de 1989 à 1992 et en 1997 Salon de Mai, à partir de 1993 au Salon 109, de 1993 à 1995 Grands et Jeunes d'Aujourd'hui, ainsi que : 1976 Biennale de la peinture contemporaine à Barcelone, 1981 Salon de Montrouge et musée des beaux-arts de Quito. Il montre ses œuvres dans des expositions personnelles à Montevideo (1966, 1967, 1971, 1973), Barcelone (1975, 1991), Paris (1981, 1982, 1984, 1985, 1988, 1992, 1996), Amsterdam (1982), Tokyo (1990), Thun (1990, 1996), Metz (1992), Madrid (1994).
Après des débuts abstraits, il vient à la figuration, créant un monde intime, clos, montré par instantanés, où règne le silence. Il campe la scène solidement construite, dans une pièce neutre, généralement vide. Les fonds, aplats de couleurs contrastées, semblent des réminiscences de sa première période, et contrastent avec ces figures mystérieuses, aux longues jambes, féminines le plus souvent. Solitaires, nues ou à peine vêtues, assises ou allongées, elles attendent. Un escalier, un fauteuil, un piano constituent le lieu de l'action où rien n'arrive mais où l'on devine une tension. De cela, naît le mystère.
Bibliogr. : Catalogue de l'exposition *Drangosh*, Marinovich Arte, Barcelone, 1991 – Catalogue de l'exposition *Drangosh*, galerie Lefor Openo, Paris, 1992.

DRANSART Henri
Né à Somain (Nord). XXe siècle. Français.

Décorateur.
Il a exposé des émaux et céramiques au Salon des Artistes Français, dont il est sociétaire, depuis 1929.

DRANSART Jean
Né en 1915 à Vire (Calvados). XXe siècle. Français.
Peintre.
Autodidacte, il a surtout exposé au Japon.
Bibliogr. : *American Revolution Bicentennial 1776-1976, Art Guide International*, New York, 1976.
Musées : Albi (Mus. Toulouse-Lautrec) – Amiens – Bernburg – Lille (Rect. d'Acad.) – Paris (Mus. de la Ville) – Paris (Centre Internat. des Jeunes) – Toulouse.

DRAP Jacques François
XVIIIe siècle. Actif à Paris en 1750. Français.
Peintre et sculpteur.

DRAPENTIER Johannes ou **Drappentier**
XVIIIe siècle. Hollandais.
Graveur et médailleur.
Auteur de plusieurs médailles. Un graveur du nom de Drapentière (John) dit Bryan, originaire de France, vécut en Angleterre en 1691. Peut-être est-il le même artiste que Johannes Drapentier. On cite de lui : *Tableaux pieux*, d'après Van Pratt.

DRAPENTIER Raphaël ou **Drappentier**
Né vers 1588 à La Haye. Mort après 1626. XVIIe siècle. Hollandais.
Graveur et orfèvre.

DRAPER Charles F.
XIXe siècle. Actif à Londres. Britannique.
Peintre de paysages.
Il exposa à partir de 1871.

DRAPER Herbert James
Né en 1864 à Londres. Mort le 22 septembre 1920 à Londres. XIXe-XXe siècles. Britannique.
Peintre d'histoire, compositions religieuses, compositions mythologiques, portraits, paysages. Symboliste, romantique.
Il fit ses études artistiques à la Royal Academy de Londres de 1884 à 1887, puis à Paris, à l'Académie Julian, jusqu'en 1891. Dès 1887, il exposa à la Royal Academy de Londres et participa à l'Exposition Universelle de Paris en 1900. Une exposition rétrospective de ses œuvres fut organisée en 1913. Peintre de sujets romantiques, historiques, littéraires, sous une lumière diaphane, il a également réalisé des portraits sophistiqués et des paysages. En 1903, il décora le plafond du Draper's Hall.

Herbert Draper

Bibliogr. : Gérald Schurr, in : *Les Petits Maîtres de la peinture 1820-1920, valeur de demain*, Les Éditions de l'Amateur, t. V, Paris, 1981.
Musées : Liverpool : *Tristan et Yseult* – Londres (Nat. Gal.) : *La Toison d'or* – Londres (Tate Gal.) : *The lament for Icare* – Manchester : *Ulysse et les sirènes*.
Ventes Publiques : Londres, 28 jan. 1924 : *Ulysse et les sirènes, esquisse* : **GBP 38** – New York, 16 mai 1929 : *Pearls of the Aphrodite* : **USD 105** – Londres, 30 nov. 1934 : *Lamia* : **GBP 31** – Londres, 29 juin 1976 : *La chaîne en or*, h/t (127x81,5) : **GBP 700** – New York, 23 oct. 1990 : *La nymphe*, h/t (61x114,3) : **USD 27 500** – Londres, 2 nov. 1994 : *Mélodies de la mer*, h/t/cart. (90,5x66) : **GBP 23 000**.

DRAPER William F.
Né en 1912 à Hopedale (Massachusetts). XXe siècle. Américain.
Peintre de portraits, paysages, natures mortes.
Il étudia à la National Academy of Design de Washington sous la direction de Leon Kroll, et travailla l'été dans les ateliers de Charles Hawthorne et Henry Hensche à l'école d'art de Cape Cod de Provincetown. Durant la Seconde Guerre mondiale, il fut un des cinq peintres officiels de l'armée américaine dans la marine et réalisa des scènes de bataille qui parurent dans le *National Geographic Magazine*.
Ses œuvres ont été montrées aux États-Unis, notamment au Metropolitan Museum of Art de New York et à la National Gallery de Washington.
Il est surtout connu pour ses portraits d'hommes politiques, notamment des présidents Kennedy et Nixon, d'hommes d'affaires, de personnalités.
Musées : Washington D. C. (Nat. Portrait Gal.).
Ventes Publiques : New York, 22 mai 1996 : *Portrait du président John F. Kennedy* 1962, h/t (76,2x63,5) : **USD 82 250**.

DRAPER-SAVAGE
Né à Wilmington (Caroline du Nord). XXe siècle. Américain.
Sculpteur.
On cite ses bustes exposés au Salon d'Automne et au Salon des Tuileries de 1926 à 1934.

DRAPIER Jacques
Né à Douai (Nord). XXe siècle. Français.
Peintre de paysages.
Élève de Méréan. Il a exposé, à Paris, au Salon des Artistes Français de 1932 à 1936.

DRAPIER Nicolas
Né à Pont-à-Mousson (Meuthe-et-Moselle). XVIIIe siècle. Français.
Peintre et dessinateur.
Travailla à l'église Sainte-Croix à Pont-à-Mousson, en 1721.

DRAPPENTIER Daniel
XVIIe siècle. Hollandais.
Graveur.
Travailla probablement à Dordrecht et fut peut-être le père du graveur de monnaie Johannes Drapentier. On cite de lui : *Armes du gouvernement de Dordrecht*.

DRAPPENTIER Hans
XVIIe siècle. Actif à Amsterdam en 1638. Hollandais.
Graveur.

DRAPPENTIER Johannes et **Raphaël**. Voir **DRAPENTIER**

DRAPPIER E.
XXe siècle. Français.
Sculpteur.
Il exposa à Paris au Salon des Artistes Français en 1911 et 1912.

DRASCHE-WARTINBERG Richard von
Né le 18 mars 1850 à Vienne. XIXe siècle. Autrichien.
Peintre de paysages.
Il vécut au château d'Inzersdorf près de Vienne.

DRASKOWITZ Wilhelm
Mort en 1932 à Berlin. XXe siècle. Allemand.
Peintre sur porcelaine.
Il travailla à Berlin et à Vienne.

DRASLER Greg
XXe siècle. Américain.
Peintre de paysages et de paysages urbains.
Ce peintre fait partie de ceux, artistes et amateurs, qui ont provoqué dans les années quatre-vingt un renouveau du paysage aux États-Unis. Avec Greg Dasler, le paysage est l'occasion d'exercer son humour : idéalisant des lieux d'habitations, cottage parfait, jardin trop entretenu, il nous les montre au travers de cette finitude « léchée », véritable masque de façade du mal d'être.

DRATHMANN Johann Christoffer
Né le 10 juin 1856 à Brême. XIXe siècle. Allemand.
Peintre de scènes de chasse, animalier, paysages.
On cite de lui : *Un paysage* et *Les Cerfs combattant*.
Musées : Berlin (Mus. des Postes) : *Changement de chevaux au relais de la route de Spandau*.
Ventes Publiques : Londres, 8 oct. 1986 : *Biches dans un paysage*, h/t (86x129) : **GBP 2 300** – Cologne, 15 oct. 1988 : *Partie de chasse*, h/t (100x80) : **DEM 1 300**.

DRATWEIN Leonhard
XVIIe siècle. Actif à Breslau en 1605. Allemand.
Graveur.

DRATZ Constant
Né le 23 août 1875 à Laeken. XXe siècle. Belge.
Peintre de figures, portraits, paysages urbains, graveur, illustrateur, lithographe.
Frère de Jean Dratz. Il était aussi dessinateur de bandes dessinées. Il a participé à des expositions à Bruxelles.
Il a peint des vues des villes et villages de Flandre.
Bibliogr. : In : *Diction. biogr. illustré des artistes en Belgique depuis 1830*, Arto, Bruxelles, 1987.

DRATZ Jean
Né en 1903 ou 1905 à Mont-Saint-Guibert. Mort en 1967 à Bruxelles. XXe siècle. Belge.
Peintre de paysages, dessinateur humoriste, illustrateur, graphiste.
Frère de Constant Dratz. Il était le directeur artistique de l'illustré *Bravo*, dans lequel il publiait ses planches de dessins d'humour. Il a été surnommé « le Dubout belge ».
Il a peint des paysages sensibles et poétiques, dans des harmonies très colorées.

Jean Dratz -

BIBLIOGR. : In : *Diction. biogr. illustré des artistes en Belgique depuis 1830*, Arto, Bruxelles, 1987.

DRATZ-BARRAT Charles
Né à Paris. XXe siècle. Français.
Peintre de paysages, fleurs.
Il a exposé souvent à Paris, au Salon des Artistes Français, dont il devient sociétaire. Il figurait également au Salon des Artistes Indépendants.
VENTES PUBLIQUES : PARIS, 21 nov. 1928 : *Fleurs* : **FRF 1 100** – PARIS, 19 juin 1934 : *Corbeille de fleurs : roses iris et violettes* : **FRF 700** – PARIS, 2 juil. 1936 : *Œillets et fleurs rouges dans un vase à anses* : **FRF 200** – PARIS, 28 mai 1945 : *Paysage* : **FRF 1 400** – PARIS, 5 juin 1987 : *Bord de rivière*, h/t (46x60) : **FRF 5 000** – VERSAILLES, 29 oct. 1989 : *Vase de roses*, h/t (40,5x33) : **FRF 8 500** – PARIS, 12 juin 1990 : *Bouquet de roses*, h/t (33x24) : **FRF 6 500**.

DRAUD Cornelius
Né en 1602 en Hesse. XVIIe siècle. Allemand.
Peintre.
Il fut élève d'Uffenbachs à Francfort-sur-le-Main. Il travailla aussi en Franconie, en Bavière et en Autriche.

DRAUD Georg
XVIe siècle. Actif en Hesse. Allemand.
Peintre.

DRAWER Gustav
Né à Jacobsdorf. Mort à Munich. XIXe siècle. Allemand.
Dessinateur.

DRAX, Miss
XVIIIe siècle. Active à la fin du XVIIIe siècle. Britannique.
Peintre.
Tomkins grava d'après cette artiste.

DRAX Josef
Né en 1728. Mort en 1806. XVIIIe siècle. Autrichien.
Peintre verrier.
Il travailla à Innsbruck.

DRAXL Johann
XVIIIe siècle. Actif à Innsbruck en 1792. Autrichien.
Sculpteur.
Il était fils de Josef.

DRAY Simone
Née le 6 juin 1904 à Reims (Marne). XXe siècle. Française.
Peintre.
Élève de Mme Debillemont-Chardon. À Paris, sociétaire du Salon des Artistes Français depuis 1920.

DRAYER Reinder Juurt
Né en 1899 à Groningue. XXe siècle. Hollandais.
Peintre de portraits, natures mortes, paysages. Polymorphe.
Il travailla d'abord, dans la période de l'entre-deux-guerres, dans l'esprit et la technique minutieuse du réalisme magique. Dans la période de l'après-guerre, il a évolué, conjuguant dans ses thèmes habituels un certain géométrisme du dessin, peut-être issu du *Stijl*, et la brillance joyeuse d'une gamme colorée rappelant celle du pop art.
BIBLIOGR. : In : *Diction. universel. de la peinture*, Le Robert, Paris, 1975.

DRAYERE Jacques den
Mort après 1465. XVe siècle. Actif à Malines. Éc. flamande.
Peintre.
En 1451, il dirigea une représentation du *Mystère de la Vierge*. Il était également rhétoricien.

DRAYTON Grace Gebbie
Née le 14 octobre 1875 à Philadelphie (Pennsylvanie). XXe siècle. Américaine.
Dessinatrice et illustratrice.
Elle travailla surtout à New York et illustra des livres d'enfants.

DRAYTON J.
XIXe siècle. Actif à Philadelphie vers 1820. Américain.
Graveur.
Il se fit surtout connaître comme illustrateur.

DRCA Cedomir
Né en 1950. XXe siècle. Yougoslave.
Artiste. Conceptuel.
Il a fait partie du *Groupe E* de Novi Sad et son travail se rapproche de l'art conceptuel. Il a participé à la Biennale de Paris en 1971.

DRDA Joseph Alois
Né en 1783 à Prague. Mort le 14 septembre 1883 à Prague. XIXe siècle. Tchécoslovaque.
Graveur au burin.
Il grava plusieurs planches d'après les maîtres italiens de la Renaissance.

DREBBE Cornelis Jacobsz
Né en 1572 à Alkmaar. Mort en 1634 à Londres. XVIe-XVIIe siècles. Hollandais.
Graveur. Naturaliste.
Élève de H. Goltzius à Haarlem, il s'adonna ensuite aux mathématiques et à la mécanique, fut emprisonné à Prague par l'empereur Rodolphe, qui trouvait son savoir surnaturel ; délivré par l'entremise du roi d'Angleterre, il alla à Londres et travailla pour celui-ci. Il eut pour élève Constantin Huygens. On cite de lui : *Les sept arts libres*, d'après Goltzius, *Le jugement de Salomon*, d'après C. Van Mander, *Esther devant Assuérus*, *Plan d'Alkmaar*.

DREBBER Anton ou **Adriaen** ou **Drebbel**
Originaire d'Alkmaar. XVIe siècle. Allemand.
Graveur.

DREBER Heinrich ou **Franz-Dreber**
Né le 9 janvier 1822 à Dresde. Mort le 3 août 1875 à Anticoli di Campagna (près de Rome). XIXe siècle. Allemand.
Peintre de sujets mythologiques, animaux, paysages animés, paysages, aquarelliste, dessinateur.
Il était membre de l'Académie de Saint-Luca, à Rome. Il obtint la grande médaille d'or à l'Académie de Dresde.
On cite de lui : *Partie près de Genzano*, *Sapho se promenant au bord de la mer*.
MUSÉES : BERLIN : *Paysage avec la chasse de Diane* – BRESLAU, nom all. de Wroclaw : *Dans la Haute-Etrurie* – *Campagne romaine* – *Jeune fille* – FRANCFORT-SUR-LE-MAIN : *Paysage d'Italie* – GDANSK, ancien. Dantzig : *Paysage* – LEIPZIG : *Campagne romaine* – MOSCOU (Roumiantzeff) : *Paysage italien*.
VENTES PUBLIQUES : MUNICH, 6 juin 1968 : *Paysage montagneux animé de personnages* : **DEM 11 200** – MUNICH, 28 nov. 1979 : *Berger et troupeau dans un paysage*, aquar./trait de pl. (32,5x46,5) : **DEM 7 000** – MUNICH, 29 mai 1980 : *Paysage montagneux* 1841, dess. à la pl. sur trait de cr./pap. (33x47) : **DEM 5 400** – LONDRES, 17 juin 1992 : *Chasseurs dans un vaste paysage romain*, h/t (123x88,5) : **GBP 5 500** – MUNICH, 10 déc. 1992 : *Bergers avec du bétail dans un paysage montagneux*, cr., encre et aquar./pap. (23,8x30,4) : **DEM 20 905**.

DREBOLDT Hinrich
Mort le 22 juillet 1645. XVIIe siècle. Actif à Hambourg. Allemand.
Peintre.

DREBUSCH Günter
Né le 6 décembre 1920 ou 1925 à Witten (Ruhr). XXe siècle. Allemand.
Peintre. Abstrait.
Il expose depuis 1958 en Allemagne, à Munich, Hanovre, Berlin et, en 1963, le Musée de Bochum lui a organisé une exposition. Il a participé également au Salon des Réalités Nouvelles à Paris. Sa peinture, abstraite, est faite de petits signes, couvrant la totalité de la toile, faisant remonter à la surface la totalité de l'expression, selon une technique qui rappelle celle de Tobey. Plus récemment, sa peinture s'est élargie, composée de taches, de traits, de fragments formels rapidement brossés, elle ordonne

avec fougue et dans une certaine apparence de désordre cette hybridation d'éléments.

DRECHSEL Johanne, née **Thomsen**
Née le 17 janvier 1867 à Copenhague. XIXe siècle. Danoise.
Sculpteur.
Élève de Bredal, de C. Thomsen et de A.-V. Saaby. Elle a exposé des bustes en 1889, en 1892 et en 1894.

DRECHSLER Alexander
Né vers 1860 à Dresde. Mort le 1er février 1897 à Munich. XIXe siècle. Allemand.
Peintre de genre.
Il fut élève de F. Pauwels. On cite de lui : *Le Mendiant* et *Encore un regard.*
VENTES PUBLIQUES : NEW YORK, 27 mai 1983 : *Femme en prière dans une église* 1883, h/t (68,6x47) : **USD 1 050**.

DRECHSLER Hans Albert
XVIIe siècle. Actif à Hambourg. Allemand.
Sculpteur.
Il travailla pour l'église de Tönningen.

DRECHSLER Jacob
XIXe siècle. Actif à Vienne en 1822. Autrichien.
Peintre de portraits.

DRECHSLER Johann
XVIIIe siècle. Actif à Olmütz. Allemand.
Peintre.
Il travailla pour les églises et pour la cathédrale d'Olmütz.

DRECHSLER Johann Baptist
Né en 1756 à Vienne. Mort le 28 novembre 1811 à Vienne. XVIIIe-XIXe siècles. Autrichien.
Peintre de natures mortes, fleurs et fruits.
Il exécuta des fleurs et des fruits dans le genre de Huysum. Il fut professeur à l'Académie de sa ville natale.

MUSÉES : FRANCFORT-SUR-LE-MAIN : *Fleurs* – HYÈRES : *Bouquet de fleurs* 1806 – SAINT-PÉTERSBOURG : *Fleurs* – VIENNE : *Grand bouquet de fleurs et fruits* – WEIMAR : *Fleurs.*
VENTES PUBLIQUES : PARIS, 17 et 18 juin 1924 : *Fleurs, insectes et fruits* : **FRF 1 750** – LONDRES, 14 juin 1935 : *Nature morte* 1804 : **GBP 6** – LONDRES, 30 oct. et 2 nov. 1936 : *Vase de fleurs* 1802 : **GBP 48** – LONDRES, 22 déc. 1937 : *Fleurs dans un vase* : **GBP 7** – LONDRES, 27 jan. 1943 : *Fleurs* 1806 : **GBP 100** – PARIS, 7 juin 1955 : *Le bouquet de fleurs* : **FRF 305 000** – VIENNE, 22 mars 1966 : *Vase de fleurs* : **ATS 90 000** – LONDRES, 19 nov. 1969 : *Bouquet de fleurs* : **GBP 6 800** – VIENNE, 16 mars 1971 : *Grand bouquet de fleurs* : **ATS 350 000** – LONDRES, 4 fév. 1972 : *Nature morte aux fleurs* 1811 : **GNS 7 500** – LONDRES, 15 juin 1974 : *Nature morte aux fleurs et aux fruits* 1809 : **GBP 12 000** – LONDRES, 11 fév. 1976 : *Nature morte aux fleurs* 1811, h/pan. (76x61) : **GBP 8 500** – MUNICH, 21 sep. 1978 : *Nature morte aux fleurs* 1804, h/pan. (47,5x35) : **DEM 65 000** – VIENNE, 13 mars 1979 : *Nature morte aux fleurs et aux fruits* 1808, h/t (87,6x69,9) : **ATS 700 000** – LONDRES, 16 mars 1983 : *Nature morte aux fleurs*, h/pan. (87x63,5) : **GBP 20 000** – VIENNE, 23 mars 1983 : *Nature morte aux fleurs, aux fruits et à l'oiseau*, aquar. et gche (70x51) : **ATS 80 000** – LONDRES, 23 juin 1987 : *Nature morte aux fleurs*, h/pan. (87x63,5) : **GBP 44 000** – VIENNE, 23 fév. 1989 : *Importante composition florale dans une urne* 1807, h/pan. (55x41) : **ATS 165 000** ; *Composition florale dans une urne avec des œufs dans un nid sur un entablement* 1807, h/pan. (55x41) : **ATS 660 000** – LONDRES, 16 mars 1994 : *Nature morte de fleurs dans un vase avec des fruits sur la table et un papillon et un nid*, h/pan. (78x56) : **GBP 41 100** – NEW YORK, 16 mai 1996 : *Nature morte de fleurs*, h/pan. (73x58,4) : **USD 40 250**.

DRECHSLER Johann Christian
XVIIIe siècle. Actif à Erlangen. Allemand.
Peintre de décorations.
En 1748 il travaillait à Bayreuth.

DRECHSLER Kaspar
XIXe siècle. Actif à Vienne vers 1800. Autrichien.
Peintre sur porcelaine.

DRECHT Johannes Van. Voir **DREGT Johannes Van**

DRÉE Auguste Adrien de, comte
Né à Paris. Mort en 1877. XIXe siècle. Français.
Peintre d'histoire, paysages.
De 1836 à 1859, il exposa au Salon de Paris.

DREER Gabriel
Mort en 1631 à Steiermark. XVIIe siècle. Allemand.
Peintre.

DREER Hans
XVIe siècle. Actif à Biberach en 1561. Allemand.
Peintre.

DREER Martin
XVIIe siècle. Actif à Biberach au début du XVIIe siècle. Allemand.
Peintre.

DREES
XVIe siècle. Actif à Coesfeld en 1536. Allemand.
Peintre.

DREESER Johann Friedrich
Né en 1814 à Cologne. Mort le 16 mars 1886 à Cologne. XIXe siècle. Allemand.
Sculpteur.
Il fit ses études à l'Académie de Munich et exposa régulièrement à Cologne.

DREESSENS Josette
Née en 1924 à Bruxelles. XXe siècle. Belge.
Peintre-aquarelliste de paysages.
Elle fut élève d'Armand Apol.
Elle peint les paysages de la Meuse, leur conférant une dimension d'étrangeté en agrandissant certains détails de la végétation.
BIBLIOGR. : In : *Diction. biogr. illustré des artistes en Belgique depuis 1830*, Arto, Bruxelles, 1987.

DREETZ Friedrich Wilhelm
XIXe siècle. Actif à Berlin vers 1814. Allemand.
Peintre de portraits.
Il exposa à partir de 1812.

DREGELY Laszlo
Né en 1932 à Pecs. XXe siècle. Hongrois.
Peintre.
Il a étudié à l'Académie des Arts Décoratifs de Hongrie, de 1951 à 1953. Depuis 1958, il poursuivit, parallèlement à son œuvre peint, une carrière de décorateur de télévision.
Sa peinture déploie un graphisme fouillé, influencé par les gravures populaires anciennes, mais que ponctuent différents éléments contemporains.

DREGER Tom von
Né en 1868 à Brno. Mort en 1949. XIXe-XXe siècles. Tchécoslovaque.
Peintre de portraits.
Élève de L'Allemand à Vienne et de Passini à Venise. Il effectua de nombreux séjours à Paris, et choisit Berlin comme lieu d'établissement.
VENTES PUBLIQUES : VIENNE, 18 mars 1981 : *Paysage alpestre* 1913, h/t (75x100) : **ATS 10 000** – VIENNE, 19 mai 1987 : *Autoportrait à la palette*, h/t (84x62) : **ATS 18 000**.

DREGGE Daniel
XVIe siècle. Actif à Anvers en 1528. Éc. flamande.
Peintre.
Il était élève de Jan Aertsen.

DREGGE Daniel
Mort vers 1617. XVIIe siècle. Actif à Dantzig. Allemand.
Peintre.

DREGGHE Daniel
XVe siècle. Actif à Malines à la fin du XVe siècle. Éc. flamande.
Peintre.

DREGSELLIUS Mathias
XVIIe siècle. Actif à Padoue. Italien.
Graveur au burin.
On cite de lui : planche pour le*Theatro delle Citta d'Italia*.

DREGT Johannes Van ou **Drecht**
Né vers 1737 à Amsterdam. Mort en 1807. XVIIIe siècle. Hollandais.

Peintre de paysages, compositions décoratives, décors de théâtre, aquarelliste.
Actif à Amsterdam, il peignit des grisailles, des bas-reliefs et des décors de théâtres. Il eut pour élève Willem Bilderdyck.
Ventes Publiques : Paris, 2 mars 1928 : *Le Château en ruines*, aquar. : **FRF 350** – Paris, 11 avr. 1992 : *Paysage au grand arbre*, h/t (43x49) : **FRF 38 000** – Londres, 8 déc. 1995 : *Putti grimpant à un arbre et s'agrippant à un buste de satyre* 1768, h/t. en grisaille (87,7x196,4) : **GBP 6 900**.

DREHER Franz
Né le 11 octobre 1809 à Illereichen (Bavière). Mort en 1888 probablement à Zurzach. XIXe siècle. Allemand.
Peintre de portraits.
Dreher étudia avec son père, puis chez le sculpteur Schurter à Mindelheim et le peintre Huber à Weissenhorn. Il travailla à l'Académie de Munich avec Cornelius, eut des leçons de Hess, Zimmermann et Schnorr. Il s'adonna au portrait, séjourna à Thiengen et à Zurzach. Il fut professeur de dessin et exposa à Bâle au Tournus en 1848.

DREHER Gustav
Né le 15 novembre 1856 à Stuttgart. XIXe siècle. Allemand.
Graveur sur bois.
Il fut élève de E. Helm et de A. Closs. On cite ses planches d'après Robert Haug et Schönleber.

DREHER Mathias
XVIIe siècle. Actif à Amberg. Allemand.
Peintre.
Il travailla pour l'église d'Aschach.

DREHER Richard
Né le 10 septembre 1875 à Belgrade. XXe siècle. Allemand.
Peintre de paysages. Tendance néo-impressionniste.
Il séjourna quelque temps à Florence puis en France méridionale avant de s'établir à Rockau, près de Dresde.
Il peignit surtout des paysages influencés par l'école néo-impressionniste.
Musées : Posen – Prague.

DREI Benedetto
XVIIe siècle. Actif à Rome. Italien.
Peintre de fleurs et architecte.
Il fut le père de Pietro Paolo.

DREI Ercole
Né en 1886 à Faenza. Mort en 1973 à Rome. XXe siècle. Italien.
Peintre, sculpteur de figures, céramiste.
Ventes Publiques : Rome, 22 mai 1984 : *Les Amies*, h/pan. (88x90) : **ITL 3 000 000** – Rome, 25 nov. 1987 : *Jeune fille au panier de fruits* vers 1930, h/t (50x40) : **ITL 2 200 000** ; *L'Auriga* 1928, bronze (H. 65) : **ITL 6 000 000** – Rome, 7 avr. 1988 : *Coupe avec des hirondelles*, céramique irisée couverte à la manière de Melandri (H. 27) : **ITL 2 000 000** – Rome, 15 nov. 1988 : *Norma*, h/pan. (23x31) : **ITL 1 200 000** – Rome, 28 mars 1995 : *Dédale et Icare* 1937, bronze (26x19x10) : **ITL 5 060 000** – Rome, 14 nov. 1995 : *Danseuse au cerceau* 1913, bronze (30x26x15) : **ITL 7 475 000** – Milan, 2 avr. 1996 : *La voix dans l'espace* 1952, bronze (54x50x30) : **ITL 8 625 000**.

DREI Pietro Paolo
Né sans doute à Carrare. XVIIe siècle. Italien.
Peintre et architecte.
Il travaillait à Rome en 1650.

DREIBAND Laurence
Née en 1944 à New York. XXe siècle. Américaine.
Peintre. Hyperréaliste.
Elle a étudié à l'Art Center College de Los Angeles, et expose dans cette même ville. Sa peinture se rattache au courant hyperréaliste.

DREIBHOLZ Cristiaan Lodewyk Willem ou **Christiaan Lodewijk**
Né le 8 septembre 1799 à Utrecht. Mort le 16 mars 1874 à Utrecht. XIXe siècle. Hollandais.
Peintre de marines, aquarelliste.
Il fut élève de J. Chr. Schotel.
Musées : Amsterdam : *Vue de Dordrecht* – Munich : *Marine*.
Ventes Publiques : Paris, 19 avr. 1865 : *Marine*, aquar. : **FRF 13** – Amsterdam, 25 oct. 1904 : *Bateaux et voiliers sur une mer agitée* : **NLG 60** – Paris, 8-10 juin 1920 : *Estuaire d'un fleuve*, dess. à la pl. : **FRF 500** – Londres, 21 déc. 1944 : *Embouchure de rivière* : **GBP 31** – Londres, 14 juin 1972 : *Scène d'estuaire* 1828 : **GBP 1 150** – Amsterdam, 28 nov. 1978 : *La vallée du Rhin* 1845, h/pan. (37x46,5) : **NLG 4 500** – New York, 30 oct. 1985 : *Bateaux dans le port de Dordrecht*, h/t (54x69,8) : **USD 5 500** – Londres, 23 mars 1988 : *Combat naval d'Aboukir*, h/t (94x124) : **GBP 5 500** – Londres, 6 oct. 1989 : *Barque de pêche sur la mer houleuse*, h/pan. (33,5x47) : **GBP 2 640** – Amsterdam, 25 avr. 1990 : *Embarcations sur un rivière près de Dordrecht*, h/pan. (34,5x49,5) : **NLG 7 475** – Amsterdam, 19-20 fév. 1997 : *Le Sauvetage*, h/t (56x75) : **NLG 7 495**.

DREIER
XIXe siècle. Actif à Saint-Pétersbourg vers 1805. Russe.
Sculpteur bronzier.

DREIER Johann Friedrich Leonard
Né en 1775 à Trondjehm. Mort en 1833 à Bergen. XIXe siècle. Norvégien.
Peintre de portraits, paysages, aquarelliste, miniaturiste.
On cite de lui le portrait de l'évêque de Bergen J. N. Brun, qui fut lithographié par C. Simonsen.
Ventes Publiques : New York, 3 juin 1980 : *Vues de port*, deux aquar. (23,1x33,5) : **USD 1 000**.

DREIER Katherine S.
Née en 1877. Morte en 1952. XXe siècle. Américaine.
Peintre.
Elle fut élève de Walter Shirlaw, puis de Colin (Gustave ?) à Paris. Elle poursuivit sa formation à Munich et Florence. Elle visitait les musées au cours de ses voyages en Europe. En 1913, elle collabora à l'organisation de l'exposition historique de l'*Armory Show* et en fut influencée.
L'influence des débuts de l'abstraction l'incita à dessiner des figures géométriques en fond de perspectives coloriées. Ses « portraits psychologiques » et ses compositions « cosmologiques » sont considérés comme plus personnels. Elle a peint un *Portrait abstrait de Marcel Duchamp*. Elle fut membre du groupe *Abstraction-Création*.
Son rôle dans l'histoire de l'art du début du siècle consista surtout dans la création, avec les conseils de Marcel Duchamp et Man Ray, de la *Société Anonyme*, qui fut le premier musée d'art contemporain aux États-Unis. Il regroupa, outre de nombreux artistes européens, tout ce que les États-Unis comptaient de jeunes artistes tendant à l'abstraction ou tout au moins marqués par les profonds bouleversements récents de l'expression artistique. Ayant fait la connaissance de Mondrian, en 1925, à Paris, elle lui acheta, pour le compte de la Société Anonyme, la première œuvre de lui qui pénétra aux États-Unis. En tant qu'organisatrice, elle fit circuler à travers les États-Unis des expositions d'œuvres de Malevitch, Mondrian, Brancusi, Kandinsky, Schwitters etc., jouant ainsi un rôle prépondérant dans l'évolution de l'art contemporain. La collection de la Société Anonyme fut léguée, en 1941, à la Yale University Art Gallery de New Haven (Connecticut). ■ J. B.
Bibliogr. : *Katherine S. Dreier*, Academy of Allied Arts, New York, 1933 – Marcel Duchamp, in : Catalogue de la *Collection de la Société Anonyme*, Yale University Art Gall., New Haven, 1950.
Musées : New-Haven (Yale University Art Gal.) – New York (Mus. of Mod. Art) : *Portrait abstrait de Marcel Duchamp*.
Ventes Publiques : New York, 17 mars 1988 : *Mercedes au vêtement chinois*, h/t : **USD 6 600** – New York, 26 mai 1993 : *Improvisation* 1938, h/t (41x76,4) : **USD 6 900**.

DREIFELD Meta
Née en 1919. XXe siècle. Russe.
Peintre-aquarelliste de compositions à personnages, figures, natures mortes. Post-cubiste.
Elle fit ses études à l'Académie des Beaux-Arts de Léningrad (Institut Répine) et eut pour professeurs Pavel Filonov et Viktor Orechnikov. Elle se maria avec Alexandre Komarov. Elle fit partie du groupe *L'Art Analytique* organisé par Pavel Filonov. Membre de l'Association des Peintres de Léningrad. Sur le plan national, elle participe à de nombreuses expositions à Moscou et surtout à Léningrad, notamment à l'exposition du groupe *L'Art Analytique* en 1988, à celle de *L'École de Pavel Filonov* en 1989, et à celle de *40 ans d'avant-garde de Léningrad* en 1989. À l'étranger, elle n'expose que deux fois, en 1976 à Helsinki avec *L'école de Léningrad*, et en 1979 à Bruxelles elle figure parmi les

exposants de *L'Art de Léningrad.* Elle bénéficia d'une exposition personnelle à Léningrad en 1958.
Elle n'a reçu aucun titre officialisant son travail d'artiste. En effet, son appartenance, après avoir suivi son enseignement, au groupe de Pavel Filonov, rendait sa peinture éminemment suspecte. Ce type de peinture n'a pu être promu dans des expositions officielles qu'à partir du « dégel » de 1988. L'enseignement de Filonov l'a introduite dans une construction de l'espace et des volumes post-cubiste, qu'elle mène parfois à la limite de l'abstraction. Sa maîtrise de l'aquarelle confère à ses compositions, toujours très élaborées, tantôt hautes en chromatisme, tantôt au contraire retenues dans les gris ou les ocres, une qualité de couleur et de lumière très personnelle. ■ M. M., J. B.
Bibliogr. : In : Catalogue de la vente *L'École de Léningrad*, Drouot, Paris, 19 nov. 1990.
Musées : Moscou (min. de la Culture) – Pskov (Mus. des Beaux-Arts) – Saint-Pétersbourg (Mus. Russe) – Saint-Pétersbourg (Mus. d'Hist.).
Ventes Publiques : Paris, 11 juin 1990 : *La Reine de la montagne de cuivre*, aquar./pap./isor. (28x38) : **FRF 19 000** – Paris, 19 nov. 1990 : *Tragédie*, aquar./pap. (36x44) : **FRF 13 000** – Paris, 15 mai 1991 : *Roses sur la fenêtre* 1958, h/t (40x42) : **FRF 5 000.**

DREIGE Andrée, veuve
Française.
Peintre.
Elle était membre de l'Académie de Saint-Luc à Paris.

DREILING Franz Van
Mort le 20 octobre 1678 à Riga. XVIIe siècle. Russe.
Peintre.
La cathédrale de Riga possède des portraits et un paysage de cet artiste.

DREIMANE Rudite
Née en 1948. XXe siècle. Russe-Lettone.
Peintre.
Elle fréquenta jusqu'en 1973, l'Académie des Beaux-Arts de Lettonie. En 1982, elle devint Membre de l'Union des Artistes. Depuis 1985, elle participe à des expositions à Riga.

DREISS Yves
XXe siècle. Français.
Peintre de figures.
Il vit à Paris. Il décrit lui-même sa démarche picturale : « la base de mon travail est l'étude du corps et la traduction de la peau que j'essaye de rendre réelles par des équivalences picturales. Certains résultats ressemblent à des empreintes. Je procède par une sorte de *tressage* de couleurs que j'utilise par couches successives. » Il a réalisé par la suite une série de toiles sur le métro.

DREISSIGMARK Armandus
XVIIe siècle. Actif à Görlitz. Allemand.
Peintre.

DREISSIGMARK Johann Anton
XVIIe siècle. Actif à Görlitz. Allemand.
Sculpteur.

DREISSIGMARK Maximilian
XVIIe siècle. Actif à Halle. Allemand.
Sculpteur.
Il travailla en 1675 pour l'église de Gross-Halfe.

DREJER Neclai
XVIIIe siècle. Actif au début du XVIIIe siècle. Danois.
Peintre de portraits.
Il a signé un portrait daté du 21 juillet 1701.

DRELAIN Louis
XVIIe siècle. Français.
Sculpteur.
Il fut reçu à l'Académie de Saint-Luc en 1688.

DREML Christoph
XVIe siècle. Actif à Landshut en 1516. Allemand.
Peintre.
Il travailla pour le duc Louis X de Bavière Landshut. On le prénomme parfois également, semble-t-il Jorig ou Hanns.

DREMONT
XIXe siècle. Français.
Peintre de genre.
Ventes Publiques : Paris, 25 avr. 1910 : *La femme au manchon* : **FRF 100.**

DREMONT Melchior
XVIIe siècle. Actif à Anvers vers 1648. Éc. flamande.
Graveur.
Il fut élève de Cornelius Galle. On cite de lui une *Mort de Marie* d'après Saraceni.

DRENEAU Marie Louise
Née au XXe siècle à Montreux. XXe siècle. Suissesse.
Sculpteur.
Élève de C. Hairon. On vit de cette artiste un bas-relief, à Paris, au Salon des Artistes Français de 1935.

DRENTWETT Abraham
Né vers 1647. Mort en 1727. XVIIe-XVIIIe siècles. Actif à Augsbourg. Allemand.
Orfèvre, graveur et éditeur.
On cite de lui 8 planches pour *Allerlei Silberarbeiten* et vingt-huit planches pour *Augsburgische Goldschmiede Kunst.* Il a signé parfois de ses initiales.

DRENTWETT Jonas
Né vers 1650 à Augsbourg. XVIIe siècle. Allemand.
Peintre.
Il vécut à Augsbourg, puis à Presbourg et, à la fin de sa vie à Vienne. On cite de lui : *L'empereur Joseph à cheval*, tableau qui fut gravé par P. Kilian.

DREPPE Jean Pierre
Né le 19 janvier 1734 à Liège. Mort le 20 décembre 1791. XVIIIe siècle. Éc. flamande.
Peintre et graveur.
On cite de lui une *Sainte Famille*. Le Musée d'Asembourg à Liège possède une sépia de cet artiste : *Henri IV et Sully.*

DREPPE Joseph
Né le 30 septembre 1737 à Liège. Mort le 19 mars 1810 à Liège. XVIIIe-XIXe siècles. Éc. flamande.
Peintre et graveur.
Fils d'un graveur de médailles. Élève d'abord de Jan Latour, puis de Placido Constanzi à Rome, en 1758, enfin de Técheux. En 1763, il fut directeur de l'Académie de Liège et peintre de la cour du prince de Hœnsbroech. Pendant la Révolution, il fut parmi les destructeurs des vieilles œuvres d'art.
Ventes Publiques : Paris, 18 avr. 1803 : *Étude d'après les ruines de l'église Saint-Lambert à Liège*, dess. à la pl., lavé d'encre de Chine : **FRF 51** – Paris, 26 et 27 mars 1923 : *Le Triomphe de Grétry* : **FRF 1000.**

DREPPE Louis Godefroid
Né le 1er décembre 1739 à Liège. Mort le 17 février 1782. XVIIIe siècle. Éc. flamande.
Peintre.
Il était le frère de Joseph et de Jean-Pierre. Il illustra plusieurs ouvrages.

DRÉSA Jacques
Né le 11 janvier 1869 à Versailles (Yvelines). Mort en 1929. XIXe-XXe siècles. Français.
Dessinateur de cartons de tapisseries, décorateur, aquarelliste.
Il est connu pour ses modèles de tapisseries et de tissus, mais il fut aussi un décorateur de théâtre, notamment au Théâtre des Arts, où il débuta en 1910, puis à l'Opéra, en 1918. Il réalisa les décors et les costumes pour *Antoine et Cléopâtre* de Shakespeare, *L'Amour peintre* de Molière et *Ma Mère L'Oye*, le ballet de Ravel. Il est aussi l'auteur d'aquarelles aux sujets orientaux.
Bibliogr. : Gérald Schurr, in : *Les Petits Maîtres de la peinture 1820-1920, valeur de demain*, Les Éditions de l'Amateur, t. III, Paris, 1976.
Ventes Publiques : Paris, 27 fév. 1919 : *Sur la terrasse*, dess. à la pl. : **FRF 120** – Paris, 28 mars 1919 : *La grande perruque*, aquar. : **FRF 250** – Paris, 14 nov. 1927 : *Scène orientale*, aquar. : **FRF 180** – Paris, 24 nov. 1941 : *Trouville, L'heure des élégantes*, deux pendants : **FRF 1 050** – Paris, 8 mars 1943 : *Divertissement*, aquar. : **FRF 400** – Paris, 23 et 24 fév. 1944 : *La promenade sous Louis XIV*, dessus de porte : **FRF 1 550** – Paris, 3 fév. 1992 : *La femme au perroquet*, aquar. gchée (44,5x35) : **FRF 3 800.**

DRESA W.
XIXe siècle. Actif à New York. Américain.
Lithographe.

DRESCHER A.
XIXe siècle. Actif à New York à la fin du XIXe siècle. Américain.
Graveur.
On lui doit surtout des planches représentant des paysages.

DRESCHER Conrad
XVIIe-XVIIIe siècles. Actif dans la région de Breslau. Allemand.
Peintre.
Il décora en 1708 l'église évangéliste de Riemberg.

DRESCHER George
XVIIIe siècle. Actif à Breslau. Allemand.
Peintre.

DRESCHER Johann Christoph
Né en 1701 à Breslau. XVIIIe siècle. Allemand.
Peintre.
Il était le fils de George.

DRESCHER Jürgen
XXe siècle. Allemand.
Sculpteur.
Il a participé en 1985 à l'exposition : *Dispositif-Sculpture – J. Drescher, H. Klingelhöller, R. Mucha, T. Schütte*, à l'ARC, musée d'Art moderne de la ville, à Paris en 1985.

DRESCHER Melchior
XVIe-XVIIe siècles. Actif à Rottweil. Allemand.
Peintre.
Il travailla, entre autres, pour l'église de la Sainte-Croix à Rottweil et à l'église de Balingen.

DRESCHFELD Violet J.
Née à Manchester (Angleterre). XXe siècle. Britannique.
Sculpteur.
Elle exposa au Salon de la Société Nationale des Beaux-Arts de Paris à partir de 1929. On cite ses bustes de femmes.

DRESCHLER Johann Baptist
Né en 1756. Mort en 1811. XVIIIe-XIXe siècles. Allemand.
Peintre.

DRESCO Arturo
Né en 1875 à Buenos Aires. XXe siècle. Argentin.
Sculpteur.
Il termina ses études à Florence. Le Musée de Buenos Aires possède des œuvres de cet artiste.

DRESDEN J. Ephraimsz
XIXe siècle. Actif au début du XIXe siècle. Hollandais.
Graveur.
On lui doit, en particulier, des paysages.

DRESDNER Magda
Née à Breslau (Silésie). XXe siècle. Allemande.
Peintre.
Elle exposa à Paris au Salon d'Automne en 1930.

DRESELY Anton
XIXe siècle. Actif à Vienne. Autrichien.
Lithographe.
Il était fils de Johann-Baptist.

DRESELY Johann Baptist
XIXe siècle. Actif à Vienne au début du XIXe siècle. Autrichien.
Dessinateur et lithographe.
On cite de lui les *Portraits de Mathilde Wildauer* et de *Maria Anna Hasselt-Barth*.

DRESELY Max
XIXe siècle. Actif à Vienne. Autrichien.
Lithographe.
Il était fils de Johann-Baptist.

DRESSEL August
Né le 16 juillet 1862 à Schönau. XIXe siècle. Allemand.
Peintre et illustrateur.
Il fut l'élève de l'Académie de Leipzig. On lui doit surtout des paysages.

DRESSEL Clara
Née le 26 octobre 1856 à Stettin. XIXe siècle. Allemande.
Peintre et écrivain.
On lui doit des natures mortes et des paysages. Elle fut surtout connue comme romancière.

DRESSEL Georg Michael
XVIIIe siècle. Actif à Limbach vers 1781. Allemand.
Peintre sur porcelaine.

DRESSEL Heinrich Elias
XVIIIe siècle. Actif à Limbach vers 1778. Allemand.
Peintre sur porcelaine.

DRESSEL Johann Konrad
XVIIIe siècle. Actif à Limbach. Allemand.
Peintre sur porcelaine.
Il travailla, semble-t-il, de 1760 à 1780.

DRESSEN Karsten
XVIIe siècle. Actif au Schleswig-Holstein au début du XVIIe siècle. Allemand.
Sculpteur sur bois.
Il travailla pour l'église de Weddingstedt.

DRESSLER Adolf
Né le 14 mai 1833 à Breslau. Mort le 7 août 1881 à Breslau. XIXe siècle. Allemand.
Peintre de genre, paysages animés, paysages.
Fit ses études à Breslau avec König et Resch et à l'Institut Städel à Francfort-sur-le-Main, sous Jacob Beckers. Depuis 1880, dirigea un atelier de paysages au Musée des Beaux-Arts à Breslau.
MUSÉES : BRESLAU, nom all. de Wroclaw : *Prisonniers Autrichiens – Le Seitenbeutel à Breslau – Solitude dans la forêt – Tranquillité dans la forêt – Campagne en Silésie – Étude de paysage*.
VENTES PUBLIQUES : BERLIN, 1894 : *Paysage italien* : **FRF 425** – COLOGNE, 16 juin 1978 : *Le Pique-nique dans la forêt*, h/t, de forme ovale (40x28,5) : **DEM 7 000** – COLOGNE, 26 juin 1981 : *Jour de lessive*, h/pan. (36,5x23,5) : **DEM 4 000**.

DRESSLER Adolph
Né en 1814 à Berlin. Mort en 1868 à Rome. XIXe siècle. Allemand.
Sculpteur de portraits.
Il exposa en 1832 à Berlin les portraits du tzar et de la tzarine de Russie.

DRESSLER Alberto
Né en 1879 à Milan. XXe siècle. Italien.
Sculpteur.
D'origine allemande, il fut, à Milan, à l'Académie Brera, élève de Butti, puis à Berlin de Kühn. On cite surtout son *Monument au poète Carlo Porta* à Milan.

DRESSLER Alfred
Né le 13 décembre 1870 à Brno. XXe siècle. Tchécoslovaque.
Sculpteur.
Il était le fils de Franz Dressler.

DRESSLER Andreas
Né en 1530 à Kamenz. Mort le 8 octobre 1604 à Kamenz. XVIe siècle. Allemand.
Peintre.
Il exécuta une peinture pour la principale église de Kamenz. Il travailla également à Görlitz.

DRESSLER August Wilhelm
Né en 1886. Mort en 1970. XXe siècle. Allemand.
Peintre de figures, paysages, paysages urbains, peintre à la gouache, aquarelliste.
VENTES PUBLIQUES : HAMBOURG, 3 juin 1976 : *Jeune fille assise sur son lit* 1928, h/isor. : **DEM 3 000** – MUNICH, 25 nov. 1981 : *Am der Havel* 1928, h/t (62x70,5) : **DEM 4 500** – HAMBOURG, 8 juin 1984 : *Bord de lac enneigé*, aquar. (39x59,4) : **DEM 1 400** – HAMBOURG, 6 juin 1985 : *Une rue de Grossbothen* 1935, h/t mar./cart. (49,5x59,5) : **DEM 3 600** – BERLIN, 23 mai 1987 : *Rue à Grossbothen* 1935, gche et t. mar./cart. (49,5x61) : **DEM 5 000**.

DRESSLER Bernhard
XVIe siècle. Actif à Cracovie en 1513. Polonais.
Peintre.

DRESSLER Conrad
Né le 22 mai 1856 à Londres. Mort le 3 août 1940 à Saint-Brévin l'Océan (Loire-Atlantique). XIXe-XXe siècles. Britannique.
Sculpteur de bustes.
Anglais d'ascendance allemande, il étudie au Royal College of Art avec Lanteri et Boehm, puis en France. En 1886 il séjourne avec Ruskin dont il fera un buste en terre cuite conservé à la

Tate Gallery. Il exposa à Londres à partir de 1883, notamment à la Royal Academy. Il a également travaillé comme potier avec Harold Rathbone à Birkenhead, et installe son propre four. Il fut membre de la Royal Society of British Artists de 1905 à 1920. Il vécut ensuite aux U.S.A. et en France.
Musées : Londres (Tate Gal.) : *John Ruskin*, terre cuite.
Ventes Publiques : Londres, 13 avr. 1983 : *John Ruskin* 1887, terre cuite (H. 44,5) : **GBP 800**.

DRESSLER Franz
Né en 1848 à Brno. Mort le 12 janvier 1885 à Brno. XIXe siècle. Tchécoslovaque.
Sculpteur.
Il participa à la restauration de la façade de l'Hôtel de Ville de Brno.

DRESSLER Friedrich Wilhelm Albert
Né le 6 août 1822 à Berlin. Mort en novembre 1897. XIXe siècle. Allemand.
Paysagiste.
Élève de l'Académie de Berlin et de A. Schirmer. Il a exposé à Berlin et à Dresde.

DRESSLER Hans
Né le 5 avril 1869 à Breslau. XIXe-XXe siècles. Allemand.
Peintre de portraits, animaux, paysages.
Il fut élève d'Albrecht Bräuer.
Ventes Publiques : Londres, 6 oct. 1982 : *Lapons dans des paysages de neige* 1922, deux h/t (60x98) : **GBP 950**.

DRESSLER Johann Traugott
XVIIIe siècle. Actif à Dresde. Allemand.
Peintre de miniatures.
A l'Académie de Dresde il fut élève de Schenau vers 1758. Au début de sa vie il copia des œuvres de François Boucher. Après un séjour à Berlin et à Varsovie, il retourna à Dresde. On cite de lui un *Portrait du roi de Pologne*.

DRESSLER Roman
Né à Gablonz. XXe siècle. Tchécoslovaque.
Peintre.
Il fut exposant, à Paris, du Salon des Artistes Indépendants entre 1927 et 1928.

DRETZEL J. C.
XVIIe siècle. Actif à Nuremberg. Allemand.
Peintre.
On connaît un portrait signé de cet artiste.

DREUER Dominicus
XVIIe siècle. Actif à Dresde au début du XVIIe siècle. Allemand.
Peintre.
Il exécuta des *Portraits des princes August, Moritz et Christian de Saxe*.

DREUFAVIER
XIVe siècle. Actif à Paris en 1369. Français.
Sculpteur d'ornements.
Il travailla à la décoration du Louvre.

DREUILLE Auguste François
Né le 3 octobre 1796 à Montpellier (Hérault). Mort le 8 janvier 1852. XIXe siècle. Français.
Peintre.
Au Salon de Paris, il exposa de 1831 à 1849, des tableaux de genre et d'histoire. Le Musée de Montpellier conserve de lui : *Charles le Téméraire*.

DREUSS Benedict
XVe siècle. Actif à Leipzig. Allemand.
Peintre.
Il travaillait en 1475.

DREUX Alfred de. Voir **DEDREUX Alfred**

DREUX Jehan ou **Drues, Druese, Drieu, Rieu, Rieue**, dit **Jehannot le Flament**
XVe siècle. Français.
Enlumineur.
Mentionné à la cour de Bourgogne, de 1439 à 1455. Il travailla pour les ducs de Bourgogne, Philippe le Bon, pour qui il restaura ses *grandes heures quotidiennes*, en 1451, et Charles le Téméraire. Peut-être est-ce le même artiste que le maître *Drosys* qui appartenait, en 1462, à la Confrérie de la Sainte-Croix de l'église Saint-Jacques sur Caudenberg, à Bruxelles.

DREUX Louis
XVIIIe siècle. Actif à Paris en 1767. Français.
Peintre.

DREUX Paul Édouard
Né le 5 octobre 1855 à Paris. XIXe siècle. Français.
Sculpteur animalier.
Il exposait au Salon des Artistes Français et au Salon d'Hiver. Des œuvres de cet artiste figurent à la Manufacture Nationale de Sèvres ainsi qu'au Musée des Arts Décoratifs.

DREUX-DORCY Pierre Joseph de. Voir **DEDREUX-DORCY Pierre Joseph**

DREVER Adrian Van
XVIIe siècle. Hollandais.
Peintre de paysages animés, paysages, marines.
On n'est pas sûr que cet artiste ait existé ; son nom a peut-être été inventé. Il aurait travaillé en Hollande, notamment à Amsterdam et, en 1675, en Angleterre. Les paysages d'hiver dans la manière de Brueghel, appelés *Schneebrueghets*, seraient de lui.

Musées : Vienne : *Paysage d'hiver avec patineurs*.
Ventes Publiques : Cologne, 5-6 oct. 1894 : *Paysage d'hiver* : **DEM 50** – Paris, 9 déc. 1937 : *La plage de Scheveningen* 1647, attr. : **FRF 1 690** – Londres, 29 oct. 1993 : *Lavandières près d'une mare près d'un moulin à eau avec des voyageurs sur le chemin à l'arrière plan*, h/pan. (31,5x42,5) : **GBP 3 680**.

DREVET Angélique Marie
Née à Chambéry (Savoie). XIXe siècle. Française.
Peintre de paysages.
Débuta au Salon de Paris en 1878.

DREVET Claude
Né le 23 avril 1697 à Lyon (Rhône), en 1710 selon certains biographes. Mort à Paris, le 23 décembre 1781 ou en 1768 selon d'autres sources. XVIIIe siècle. Français.
Graveur.
Neveu et élève de Pierre Drevet, Claude continua dignement la tradition familiale. Ses portraits ont la souplesse, la fermeté de trait qui donne aux Drevet une place si intéressante dans la gravure française. Il fut, comme son oncle et son cousin, graveur du roi et eut un logement au Louvre. Le 30 novembre 1759, il fut parrain de Marie-Anne Claudine, fille de Greuze.

DREVET Claude. Voir aussi **DERUET**

DREVET Jean Alphonse
Né le 6 décembre 1819 à Paris. XIXe siècle. Français.
Peintre.
Entré à l'École des Beaux-Arts en 1843, il exposa des portraits au Salon en 1847, 1848 et 1851.

DREVET Jean Baptiste, dit **Joannes**
Né le 25 mai 1854 à Lyon (Rhône). Mort en 1940. XIXe-XXe siècles. Français.
Peintre de paysages, marines, graveur.
Il travailla seul et grava, en 1879, sa première eau-forte. Il exposa à Lyon, de 1880 à 1890, des paysages et des marines (huile, dessins, eaux-fortes), cessa alors de peindre et se consacra à la gravure.
Ses eaux-fortes (environ 150 planches), vigoureuses, largement traitées et bien en relief, représentent, pour la plupart, des vues de Lyon, de ses monuments anciens, de ses environs ; il a gravé aussi des diableries et a lithographié.
Son œuvre gravé comprend surtout les albums suivants : *Lyon disparu et Lyon qui s'en va*, 50 planches (1893) ; *Premières eaux-fortes*, 40 planches (1902) ; *Eaux-fortes lyonnaises*, 36 planches (1905). D'autres eaux-fortes (et près d'un millier de dessins) illustrent des ouvrages lyonnais, notamment : *A travers Lyon*, de M. Sosse (1889) ; *Aux environs de Lyon*, du même (1892) ; *Lyon pittoresque*, d'A. Bleton (1896, 5 eaux-fortes, 20 lithographies) ; *Le Lyon de nos pères*, d'E. Vingtrinier (1901, 20 eaux-fortes) ; *Les vieilles pierres Lyonnaises*, du même (18 eaux-fortes), etc. Il signe « *J. Drevet* ».

Cachet de vente

Ventes Publiques : Lyon, 1er juin 1983 : *L'Yzeron à Beaunant* 1885, h/cart. (9x22,5) : **FRF 10 000** – Lyon, 27 mai 1986 : *Chanaz* 1922, aquar. (17x24) : **FRF 7 800** – Lyon, 20 mai 1987 : *Valonne, juin 1929*, aquar. (21x29) : **FRF 7 500**.

DREVET Jules
Né le 13 janvier 1889 à Lyon (Rhône). xxe siècle. Français.
Graveur, illustrateur.
Autodidacte, il a surtout exercé dans sa ville natale, en particulier avec la Société Lyonnaise des Beaux-Arts, mais également à Paris, Grenoble, Marseille et Nice.
Musées : Lyon (Mus. Saint-Pierre) : quelques eaux-fortes.

DREVET Paul
Né à Lyon (Rhône). xixe siècle. Français.
Peintre.
Élève de Saint-Jean et fixé à Lyon, il a exposé, au Salon de cette ville, de 1840 à 1877, des fleurs à l'huile et à l'aquarelle.

DREVET Pierre
Né le 20 juillet 1663 à Loire (Lyon). Mort le 9 août 1738 à Paris. xviie-xviiie siècles. Français.
Graveur.
Il fut d'abord élève de Germain Audran, à Lyon, puis vint achever son éducation à Paris sous la direction de Gérard. Il prit à ce dernier la fermeté du trait, la rectitude du dessin, mais il ajouta une souplesse, un mœlleux, qui rappellent davantage l'interprétation de Robert Nanteuil, de Claude Mellan et même parfois celle d'Edelinck. Il fut nommé graveur du roi en 1696 et plus tard académicien. Il avait épousé Anne-Marie Bechel et demeurait rue du Foin, dans la paroisse Saint-Séverin. Ce fut là que naquit son fils Pierre-Imbert. Plus tard, Pierre Drevet eut un logement au Louvre.
On cite parmi les pièces les plus importantes les œuvres suivantes : *La Transfiguration*, d'après Raphaël, *La Famille de Darius aux pieds d'Alexandre*, d'après P. Mignard, Les portraits de : *Charles II, d'Angleterre, Philippe, duc d'Anjou*, 1700, *Ant. Arnault*, d'après Ph. de Champaigne, *René de Beauveau*, 1727, *Nic. Boileau*, 1704, *Charles, duc de Bourgogne, Jacob-Nicolas Colbert, archevêque, L. H. de Bourbon, prince de Condé*, d'après Gabert, *François-Louis de Bourbon, prince de Conti*, d'après H. Rigaud, *Olivier Cromwell, Louis-Auguste, prince de Dombes, Philippe V, roi d'Espagne, Cardinal Fleury, Louis XIV, debout, vêtu du manteau royal*, d'après H. Rigaud, *Louis XIV*, d'après H. Rigaud, *Louis dauphin de France* (1697), *Le Prince de Galles*, d'après Largillière, *Duc de Villars*, d'après H. Rigaud, *François Girardon, Ch. Montagne, comte d'Halifax*, d'après Kneller, *J. B. Kneller*, d'après H. Rigaud, *Jean de La Bruyère, Armand-Jean de Rancé, abbé de la Trappe, Le duc de Lesdiguières, Duchesse de Nemours, Adrien-Maurice de Noailles, maréchal de France, Lud. Ant. de Noailles, cardinal, archevêque de Paris, Frédéric-Auguste, roi de Pologne, Hyacinte Rigaud*, d'après lui-même, *Charles-Gustave X, roi de Suède, Charles XI, roi de Suède, Ulrique Eleonore, reine de Suède, Louis-Alexandre de Bourbon, comte de Toulouse, Christine-Caroline, duchesse de Wurtemberg, Pierre de Cotte, Boileau.*

DREVET Pierre Imbert
Né le 22 juin 1697 à Paris. Mort le 27 avril 1739 à Paris. xviiie siècle. Français.
Graveur.
Fils et élève de Pierre Drevet. L'excellente éducation qu'il reçut de son père et ses admirables dispositions lui permirent de prendre rang très jeune parmi les meilleurs graveurs de son temps. Ses portraits, notamment celui de Bossuet, d'après Rigaud, qu'il grava en 1723, et celui de Samuel Bernard peuvent être classés parmi les chefs-d'œuvre de la gravure française. Rappelons aux amateurs que les épreuves de 1er état du portrait de Bossuet ont une grande valeur. On les reconnaît à ce qu'elles ne portent pas les points qui ont été faits à la suite du nom de Rigaud et avec le mot *Trecences* au lieu de *Trecencis*. Il convient de citer aussi : *La Présentation au Temple*, d'après Louis de Boullongne, que l'on considère comme le chef-d'œuvre du maître. Vers 1730, il éprouva des troubles cérébraux assez graves pour qu'on le considérât comme fou. Il continua cependant à graver jusqu'à sa mort.
On cite parmi ses œuvres les portraits de : *Samuel Bernard, Bossuet, N. P. Camus, Princesse Clémentine, femme du prétendant, Robert de Cotte, Le cardinal Dubois, Louis XV, dans sa jeunesse*, d'après H. Rigaud, *Louis XV*, d'après H. Rigaud (1723), *Louis XV*, d'après Ant. Coypel, *Adrienne Lecouvreur, Cardinal de Mally*, d'après C. Van Loo, *François de Neuville, de Villeroy, archevêque de Lyon*, d'après J.-B. Santerre, *La princesse Palatine*, d'après H. Rigaud, *Louis, duc d'Orléans, Prince de Rohan, Fénelon.*

DREVET Régis L.
Né à Lyon (Rhône). xxe siècle. Français.
Peintre aquarelliste.
Il expose des intérieurs d'églises au Salon des Indépendants à Paris en 1929.

DREVILL, pseudonyme de **Villain André**
Né en 1882. xxe siècle. Français.
Peintre de scènes typiques, marines, graveur.
Il fut sociétaire du Salon des Artistes Français de Paris. Il a beaucoup peint la Bretagne (marchés, marins, ports...) et les bords de Seine.

DREVILL André Georges
Né le 2 décembre 1872 à Paris. xxe siècle. Français.
Graveur au burin.
Élève de Toudouze. Il débuta en 1923 à Paris, au Salon des Artistes Français.

DREVIN Alexander
Né en 1889 en Lettonie. Mort en 1938 dans la région de l'Altaï. xxe siècle. Letton.
Peintre. Constructiviste, puis traditionnel.
Il étudia à l'École d'Art de Riga de 1908 à 1913, puis à Moscou vers la fin 1914. Membre de l'Inkhuk en 1920-21, il démissionna en même temps que Kandinsky, Udaltsova et Kliun, pour cause de désaccord avec la politique artistique gouvernementale qui, à l'époque de la reprise en main des activités culturelles par le parti, édicta les règles du réalisme-socialiste et le retour à la peinture traditionnelle, en même temps qu'il frappait de suspicion l'ensemble des courants de l'art progressiste très actifs en Russie depuis le début du siècle, et en particulier le courant constructiviste alors dominant. Il fut membre correspondant du Gakhn de 1920 à 1930. Il fut professeur aux ateliers des Vhutemas, où il rencontra, et épousa Nadezhda Udaltsova. Il séjourna fréquemment en Arménie et dans le Kazakhstan.
Pratiquemment l'ensemble de son œuvre est resté dans sa famille, sauf quelques rares toiles. À la fin des années vingt, il revint à la peinture de paysage, à la nature et aux scènes typiques. Sa peinture de paysage fait parfois penser à celle de Nolde, avec une matière généreuse et onctueuse. ■ J. B.
Ventes Publiques : Moscou, 7 juil. 1988 : *Garage dans la steppe*, h/t (67x88) : **GBP 33 000** – Londres, 6 avr. 1989 : *Scène de ferme*, h/t (28x37) : **GBP 8 800**.

DREVON Jean
Né le 25 octobre 1889 à Saint-Jean-de-Bournay (Isère). Mort le 7 décembre 1978 à Saint-Jean-de-Bournay. xxe siècle. Français.
Peintre de compositions à personnages, scènes typiques.
C'est son instituteur qui décela ses dispositions pour la peinture. Pendant son service militaire, il fut élève de Tony Tollet. Il figura au Salon des Artistes Lyonnais, à Paris fut sociétaire du Salon des Artistes Français et figura à l'exposition *150 ans de peinture dauphinoise* organisée au Château de la Condamine, Mairie de Corenc en 1980.
Paysan, il décrit le monde familier qui est le sien : les travaux des champs des hommes et des animaux, les paysages de la campagne au fil des saisons.
Bibliogr. : In : Maurice Wantellet, *Deux siècles de peinture dauphinoise*, Grenoble, 1987.
Musées : Lyon – Saint-Jean-de-Bournay (Mus. Jean Drevon).
Ventes Publiques : Vienne (Isère), 5 avr. 1987 : *Temps de neige* 1949, h/pan. (73x101) : **FRF 12 500**.

DREVON Nicole
xxe siècle. Active dans la seconde moitié du xxe siècle. Française.
Sculpteur.
Ses sculptures, aux volumes amples, ronds et polis, évoquent Arp.

DREW Clément
Né en 1806 ou 1808. Mort en 1889. xixe siècle. Américain.
Peintre de marines.
Il peignait surtout les côtes et les ports.
Ventes Publiques : Portland, 4 avr. 1981 : *Voilier par forte mer*

1889, h/cart. (25,3x33) : **USD 700** – BOLTON, 21 juin 1984 : *Morning on the coast* 1880, h/t (22,8x30,5) : **USD 2 300** – NEW YORK, 28 mai 1987 : *The coast of Newport* 1880, h/t (22,8x30,5) : **USD 2 800** – NEW YORK, 20 mars 1996 : *Le port de Boston au crépuscule* 1884, h/cart. (22,9x30,5) : **USD 2 875**.

DREW George W.
Né en 1875. Mort en 1968. XIXe-XXe siècles. Américain.
Peintre de paysages, paysages d'eau.
VENTES PUBLIQUES : LOS ANGELES, 8 mars 1976 : *Villa au bord d'une rivière*, h/t (61x91,5) : **USD 1 300** – NEW YORK, 23 sep. 1981 : *Route de la ferme, Connecticut*, h/t (61,6x92,1) : **USD 2 300** – NEW YORK, 27 jan. 1983 : *Paysage d'été*, h/t (50,8x76,8) : **USD 1 900** – WASHINGTON D. C., 8 déc. 1985 : *Paysage d'Espagne*, h/t (61x91,5) : **USD 1 400** – NEW YORK, 7 oct. 1987 : *Paysage de printemps*, h/cart. entoilé (25,3x25,3) : **USD 1 700** – NEW YORK, 14 fév. 1990 : *Ferme dans le Connecticut*, h/t (61x91,5) : **USD 1 650** – NEW YORK, 30 mai 1990 : *Paysage fluvial*, h/t (50,8x76,3) : **USD 1 650** – NEW YORK, 25 sep. 1992 : *Ferme au bord d'un lac en été* 1941, h/t (50,8x76,2) : **USD 880** – NEW YORK, 3 déc. 1996 : *Jour de régate*, h/t (45,8x91,5) : **USD 2 300**.

DREW J. P.
XIXe siècle. Travaillant à Londres dans la première moitié du XIXe siècle. Britannique.
Portraitiste.
Il exposa à l'Académie royale de Londres jusqu'en 1852. Le Musée de Glasgow conserve de lui deux études.
VENTES PUBLIQUES : LONDRES, 19 juin 1908 : *Contemplation* : **GBP 4** – LONDRES, 13 fév. 1909 : *Un matin brumeux* ; *Julia*, les deux : **GBP 25**.

DREW Mary
XIXe siècle. Britannique.
Peintre de genre, portraits.
Elle travailla à Londres à la fin du XIXe siècle.
VENTES PUBLIQUES : NEW YORK, 14 mai 1976 : *Les jeunes navigateurs*, h/pan. (30x41) : **USD 1 500**.

DREWACZYNSKI Franz
Né le 27 janvier 1826 à Varsovie. Mort le 19 juillet 1899 à Cracovie. XIXe siècle. Polonais.
Peintre.
Il fut à Rome élève d'Overbeck, avant de devenir moine dominicain. Il se consacra désormais à la peinture religieuse et décora de nombreuses églises de Pologne.

DREWE Reginald Frank Knowles
Né en 1878 à Farington. XXe siècle. Britannique.
Peintre de paysages.
Il exposa à Paris au Salon des Artistes Français à partir de 1928.

DREWES Werner
Né en 1899. Mort en 1985. XXe siècle. Américain.
Peintre, peintre de collages. Abstrait.
VENTES PUBLIQUES : NEW YORK, 4 déc. 1980 : *Solid position* 1948, h/t (40,6x56) : **USD 2 750** – NEW YORK, 15 mars 1985 : *Composition N° 84* 1935, h/t (44,2x65,1) : **USD 2 600** – NEW YORK, 3 déc. 1987 : *Study of movement-composition N° 7* 1931-1934, h/t (65,5x132,1) : **USD 25 000** – NEW YORK, 17 déc. 1990 : *Sans titre n° 509* 1980, collage et gche/pap. (14,6x16,5) : **USD 1 870** – NEW YORK, 21 mai 1991 : *Formes abstraites*, l'une aquar./cart., l'autre aquar., fus. et cr./pap. (26,8x19,8 et 17,8x28) : **USD 1 320** – NEW YORK, 12 mars 1992 : *Dans le champ bleu* 1973, h/t (102x73,4) : **USD 2 200** – NEW YORK, 15 avr. 1992 : *Sans titre* 1947, h/t (10,8x21,6) : **USD 2 310** – NEW YORK, 25 sep. 1992 : *Abstraction* 1935, aquar./pap. (15,2x22,9) : **USD 1 320** – NEW YORK, 9 sep. 1993 : *Sans titre*, h/t (96,5x91,4) : **USD 5 175** – NEW YORK, 28 nov. 1995 : *Mascarade* 1943, h/t (13x16,5) : **USD 1 840**.

DREWS-THIELE Alfred
Né le 9 novembre 1876 à Berlin. XXe siècle. Allemand.
Peintre de portraits, paysages.
Il vécut à Charlottenburg et se consacra surtout à l'illustration et à la reliure.

DREXLER Franz
Né le 6 octobre 1857 à Osterhofen. XIXe siècle. Allemand.
Sculpteur.
Il exécuta plusieurs monuments pour les villes de Munich et d'Osterhofen.

DREXLER Josef
XVIIIe siècle. Actif à Chocerade (Bohème). Tchécoslovaque.
Sculpteur sur bois.
Il travailla pour les églises de sa région natale.

DREXLER Joseph
XVIIIe siècle. Actif à Vienne à la fin du XVIIIe siècle. Autrichien.
Peintre sur porcelaine.

DREY Léo, pseudonyme de **Dreyfus Léopold**
Né le 12 mars 1879 à Fontenay-le-Comte (Vendée). Mort le 6 mars 1953 à Nice (Alpes-Maritimes). XXe siècle. Français.
Peintre de scènes de genre.
Il a exposé à Paris, de 1918 à 1945, au Salon des Indépendants et, depuis 1946, à celui des Surindépendants. On cite de cet artiste : *Danseur au bord de la mer* et *Jeune femme cousant sous la lampe*.

DREYDORF Johann Georg
Né le 21 mai 1873 à Leipzig. XXe siècle. Actif aussi en Hollande. Allemand.
Peintre de scènes de genre, d'intérieurs, animalier.
Il fit ses études d'art à l'Académie des Beaux-Arts de Düsseldorf. Il alla en Belgique et Hollande où il s'établit à partir de 1897 à Sainte-Anne Ter Muiden.
MUSÉES : BRÊME : *Journée d'automne ensoleillée* – LEIPZIG : *Intérieur hollandais*.
VENTES PUBLIQUES : COLOGNE, 23 oct. 1981 : *Les Alpes en hiver*, h/t (54x62,5) : **DEM 1 500**.

DREYER Benedikt
XVIe siècle. Actif à Lübeck au début du XVIe siècle. Allemand.
Sculpteur sur bois.
Le Musée de Lübeck possède de lui un *Saint Antoine*.

DREYER Dankvart Christian Magnus
Né le 13 juin 1816 à Assens. Mort le 4 novembre 1852 à Barlöse près d'Assens. XIXe siècle. Danois.
Peintre de paysages.
Venu à Copenhague en 1832, il fut élève de l'Académie de 1832 à 1835. Ses premiers paysages furent très remarqués. Le Musée royal de peinture possède six tableaux de lui, entre autres : *Vue sur les forêts de Vedelborg en Fionie* et *Forêts de chênes*.
Il serait certainement devenu, dans des circonstances plus favorables, un des premiers paysagistes de Danemark. Maladif dès son jeune âge, il mourut à trente-six ans.
MUSÉES : COPENHAGUE : *Vue sur les forêts de Vedelsborg* – *Étude de paysage* – *Moulin du Couvent à Odense* – *Odense*, étude – *Chemin entre collines* – *Chemin forestier*, étude – *La source de Caroline à Noesby (Fionie)* – *Le ruisseau du cimetière à Assens* – *Paysage avec nuages*, étude.
VENTES PUBLIQUES : COPENHAGUE, 13 nov. 1968 : *Paysage* : **DKK 5 200** – COPENHAGUE, 19 mars 1969 : *Paysage* : **DKK 11 000** – COPENHAGUE, 11 avr. 1972 : *Paysage* vers 1841 : **DKK 25 000** – COPENHAGUE, 4 sep. 1974 : *La maison du peintre* : **DKK 12 000** – COPENHAGUE, 3 juin 1976 : *Paysage fluvial*, h/t (45x64) : **DKK 9 500** – COPENHAGUE, 21 mai 1980 : *Le puits du village*, h/t (42x38) : **DKK 18 500** – COPENHAGUE, 27 fév. 1985 : *Paysage boisé*, h/t (30x24) : **DKK 60 000** – COPENHAGUE, 25 oct. 1989 : *Arbres*, h/t (35x26) : **DKK 13 000** – COPENHAGUE, 14 fév. 1996 : *Près d'une clôture de pierre*, h/t (37x25) : **DKK 6 000**.

DREYER Friedrich Adolf
Né le 25 mai 1780 à Brême. Mort le 21 mai 1850 à Brême. XIXe siècle. Allemand.
Peintre de paysages et graveur.
Beau-frère du peintre J.-H. Menken. Élève de Klengel à Dresde et de Francesco Casanova à Vienne. Fit un séjour d'étude à Rome. En 1800, il retourna à Brême.
MUSÉES : BRÊME : *Tivoli* – *Paysage* – *Bords de la mer*.

DREYER Georg Leonard
Né le 31 octobre 1793 à Harburg (royaume de Hanovre). Mort le 18 septembre 1879 à Stockholm. XIXe siècle. Suédois.
Dessinateur, lithographe et peintre de miniatures.
Il étudia d'abord le portrait et apprit dans sa patrie la lithographie, art nouveau alors en pleine floraison. Il se rendit en 1827 en Suède, où il commença à exercer aussitôt la lithographie artistique, avec un excellent portrait de P. Van Suchtelen, ambassadeur russe à Stockholm. Il publia pendant les années suivantes plusieurs nouvelles œuvres : *Galerie des hommes de la scène théâtrale suédoise*, un grand portrait de *Charles XIV à cheval* d'après Sondberg, 1830, les portraits de *J. Berggren*, de *A.-V. von Schlegel*, de *Samuel Odman*, du *prince Charles* (plus tard Charles XV). En 1830, il se rendit à Péters-

bourg où il travailla trois ans, avec beaucoup de succès, comme lithographe de portraits. Les meilleurs de ses tableaux proviennent de ce temps et se distinguent par un dessin toujours sûr, par un crayon mœlleux et par des qualités sérieuses de composition. En 1833, il retourna à Stockholm, où il fut nommé inspecteur de l'établissement lithographique de l'état-major. Il occupa cet emploi jusqu'en 1873. Dreyer n'exécutait que rarement lui-même des travaux lithographiques. Mais il s'intéressait toujours vivement à son art et fut l'innovateur de certains procédés, notamment la gravure sur pierre et sur zinc.

DREYER Johannes
Né le 31 octobre 1748 à Eichenberg. Mort le 21 octobre 1795. XVIIIe siècle. Allemand.
Peintre.
On lui doit, entre autres, la décoration de l'église du couvent bénédictin de Wiblingen près d'Ulm.

DREYFUS Bernard
Né en 1940 à Managua. XXe siècle. Actif aussi en France. Nicaraguayen.
Peintre. Abstrait.
Il fit des études universitaires en France et aux États-Unis. Il fut élève de l'Art Center College of Design de Los Angeles. Il participe à des expositions collectives, d'entre lesquelles : 1971 Cinquantenaire de l'Indépendance du Nicaragua où il obtint un Premier Prix ; 1975 Biennale de São Paulo ; 1985, 1987 Foire de Cologne ; 1990 Paris Salon de Mars ; 1992 Miami Foire d'Art, etc. Il montre aussi ses peintures dans des expositions personnelles, dont : 1972 Washington ; 1976, 1980, 1983 New York ; 1985 Paris Foire Internationale d'Art Contemporain (FIAC) ; 1987 Hambourg ; 1988, 1991 San-Salvador...
Dans des colorations très vives sur des fonds contrastés, il peint des formes curvilignes, en sortes de boucles comme flottant dans des espaces sans limites.
Bibliogr. : Divers : Catalogue de l'exposition *Bernard Dreyfus*, galerie Gary Nader, Coral Gables-Floride, 1992.
Musées : Buenos Aires (Mus. de Arte Mod.) – Caracas (Mus. de Bellas Artes) – Mexico (Inst. Nat. de Bellas Artes) – New York (Mus. d'Art Mod.) – Ridgefield, Connecticut (Aldrich Mus. of Contemporary Art) – Rio de Janeiro (Mus. de Arte Mod.) – Washington D. C. (Mus. of Contemp. Art of Latin America).
Ventes Publiques : New York, 17 oct. 1979 : *Paysage lunaire* 1975, techn. mixte sur bois (155x120) : **USD 3 750** – New York, 7 mai 1980 : *Séquence pourpre* 1978, techn. mixte (120x120,5) : **USD 3 700** – New York, 21 nov. 1988 : *La fête* 1985, acryl./t. (80,5x100) : **USD 4 400** – New York, 1er mai 1990 : *Sans titre* 1988, h/t (72x100) : **USD 2 640** – New York, 18 mai 1993 : *Oiseaux qui le long du chemin nous servirent de pensée* 1992, h/t (113,7x145,5) : **USD 9 200**.

DREYFUS Clément
Né le 27 septembre 1858 à Neubrisach (Alsace). XIXe siècle. Français.
Peintre de paysages et de natures mortes.
Il vécut à Paris où il exposa régulièrement des vues de Montmartre et de la Côte d'Azur, au Salon des Indépendants.

DREYFUS Léoplold. Voir **DREY Léo**

DREYFUS Marguerite, dite **Rifa**, née **Bouchet**
Née le 21 mars 1879 à Paris. XXe siècle. Française.
Graveur sur bois.
Elle a débuté au Salon des Artistes Français en 1900. Elle peut être identique à Marguerite Aline Bouchet.

DREYFUS Marie
XIXe siècle. Active à Neuilly. Française.
Peintre.
Sociétaire des Artistes Français depuis 1890, elle figura au Salon de cette Société.

DREYFUS Raoul Henri
Né le 18 septembre 1878 à Londres. Mort le 21 février 1965 à Paris. XXe siècle. Français.
Peintre de portraits, fleurs, pastelliste.
Élève de William Bouguereau et Gabriel Ferrier. Il a débuté, à Paris, au Salon des Artistes Français en 1904. Il est connu pour ses pastels, pour lesquels il applique parfois les principes du pointillisme.
Bibliogr. : Gérald Schurr, in : *Les Petits Maîtres de la peinture 1820-1920, valeur de demain*, Les Éditions de l'Amateur, t. IV, Paris, 1979.
Musées : Rome (Mus. d'Art Mod.) : *Les musiciens* 1911.

DREYFUS Raymonde
Née à Paris. XXe siècle. Française.
Peintre de paysages.
Elle exposa à Paris au Salon d'Automne en 1930 et 1931.

DREYFUS-EGGLY Gilbert
Né au Havre (Seine-Maritime). XXe siècle. Français.
Peintre de paysages, natures mortes.
Exposant à Paris, du Salon des Artistes Français de 1933 à 1939.

DREYFUS-GONZALÈS Édouard Vincent Joseph
Né le 3 mars 1876 à Paris. XXe siècle. Français.
Peintre de portraits.
Il fut élève de Benjamin-Constant et de Paul Dubois.

DREYFUS-LAURIER Marie Jeanne
Née au XXe siècle à Nancy (Meurthe-et-Moselle). XXe siècle. Française.
Peintre.
Élève de J. Adler et de Biloul. Exposant à Paris, du Salon des Artistes Français, puis sociétaire depuis 1925.

DREYFUS-MOCH Raymonde
Née à Paris. XXe siècle. Française.
Peintre de portraits et de genre.
Elle exposa à Paris au Salon des Indépendants de 1931 à 1937.

DREYFUS-STERN Jean
Né le 20 décembre 1890 à Paris. XXe siècle. Français.
Peintre de compositions animées, figures, nus, paysages, paysages urbains, natures mortes.
Il fut élève de C. Guérin et B. Naudin. À Paris, il fut sociétaire du Salon d'Automne à partir de 1920. Il a en outre exposé au Salon des Indépendants, et à celui des Tuileries. En 1925, il prenait part à l'Exposition des Arts Décoratifs.
Ed. Joseph cite de cet artiste : *Cirque d'Hiver, Deauville, Deux femmes*, exemples de son art très libre.
Ventes Publiques : Paris, 27 juin 1929 : *Le Concert à Vittel* : **FRF 400** – Paris, 18 oct. 1946 : *Plante verte et cadre* : **FRF 130** – La Varenne-Saint-Hilaire, 20 juin 1987 : *Jeune Femme dans sa chambre*, h/t (65x81) : **FRF 11 800** – Neuilly, 27 mars 1990 : *Nu*, h/cart. (61x50) : **FRF 5 300** – Paris, 8 avr. 1990 : *Nu*, h/t (75x167) : **FRF 15 000** – Paris, 24 nov. 1996 : *Deux Nus* 1928, h/t (80x57) : **FRF 10 000**.

DREYFUSS Bernard
Né le 21 novembre 1941 à Clermont-Ferrand (Puy-de-Dôme). XXe siècle. Français.
Peintre.
Il fut Grand Prix de Rome de peinture en 1968. Il a participé à de nombreuses expositions collectives à Paris : au Salon de Mai, au Salon Comparaisons et des Grands et Jeunes d'Aujourd'hui en 1970, 1971, 1972 et 1973. Il a participé à la Biennale de Menton en 1972. Sa première exposition personnelle à Paris date de 1969.
Musées : Paris (Mus. d'Art Mod.) – Skopje.

DREYKORN Johann
Né le 16 novembre 1745 à Happurg. Mort le 26 janvier 1799 à Nuremberg. XVIIIe siècle. Allemand.
Dessinateur.
J. C. Bock, grava son autoportrait.

DREYSCHARFF Christoph
XVIIIe siècle. Actif à Vienne vers 1780. Autrichien.
Peintre sur porcelaine.

DREYSELAERE Laureys
XVIe siècle. Actif à Anvers vers 1500. Éc. flamande.
Peintre.

DREYSELERE François
XVIe siècle. Actif vers 1512. Éc. flamande.
Peintre d'histoire.
Il fut élève de Goswin Van der Wehde.

DREYSMICH Hans
Né à Landshut. XVIIe siècle. Allemand.
Sculpteur.
Il exécuta un autel en 1734 pour l'église de Tittmoning.

DREYSTER W. C.
XIXe siècle. Allemand.

Peintre de genre.
Ventes Publiques : Munich, 1899 : *Bal masqué* : **FRF 1 000.**

DREZEL Johann Daniel
Mort sans doute en 1671. xviie siècle. Actif à Nuremberg. Allemand.
Peintre verrier.
Il fut élève du hollandais Abraham Fino et travailla beaucoup semble-t-il, pour la ville de Nuremberg.

DRIAN A.
xxe siècle. Français.
Peintre de fleurs, figures.
Il a signé de nombreuses œuvres dont le souci d'élégance est nettement marqué. Il a aussi illustré divers ouvrages, parmi lesquels : *De la valse au tango* de J. Boulenger ; *La Femme et la guerre* ; *Monsieur de Bougrelon* de J. Lorrain ; *La Canne de jaspe* de H. de Régnier ; Les *Contes de Perrault...*
Ventes Publiques : Londres, 28 mai 1936 : *Fleurs* : **GBP 6** – Paris, 20 juin 1944 : *Bouquet de fleurs* : **FRF 15 000** – Paris, 15 nov. 1946 : *Vase de fleurs* : **FRF 1 550** – Paris, 17 mars 1947 : *Anémones et bouquet de violettes,* aquar. : **FRF 650** – Paris, 2 déc. 1981 : *Boni de Castellane,* fus./pap. (102x71,5) : **FRF 46 000.**

DRIAN Etienne Adrien
Né en 1885. Mort en 1961. xxe siècle. Français.
Peintre de figures, portraits, natures mortes, décorateur de théâtre, aquarelliste, dessinateur, illustrateur.
Il collabora à plusieurs revues, dont *La Gazette du Bon Ton* avant 1914, puis *Fémina, L'Illustration, Flirt.* Il illustra plusieurs ouvrages, entre autres, *Les Contes* de Perrault, des romans de Jean Lorrain et d'Henri Régnier et des œuvres de Sacha Guitry.
Essentiellement peintre de la femme, et plus particulièrement de la Parisienne, il publia *Les Françaises pendant la guerre,* représenta souvent son amie Cécile Sorel, dans des attitudes élégantes, et réalisa les costumes et les décors pour le spectacle du Casino de Paris en 1933.
Bibliogr. : Gérald Schurr, in : *Les Petits Maîtres de la peinture 1820-1920, valeur de demain,* Les Éditions de l'Amateur, t. III, Paris, 1976.
Ventes Publiques : Paris, 27 oct. 1988 : *Élégante parisienne,* past. et fus. (76x55) : **FRF 37 000** – Paris, 2 avr. 1990 : *Élégante en noir,* gche et aquar./cart. (72x54) : **FRF 65 000** – Paris, 18 juin 1990 : *Nature morte au sécateur et au vase de fleurs,* aquar. et gche/cart. (44x51) : **FRF 10 000** – Paris, 19 juin 1991 : *L'athlète noir,* past./pap. brun (62x48) : **FRF 11 000** – Monaco, 11 oct. 1991 : *Portrait de Boris Kochno* 1940, cr. (40,5x30,5) : **FRF 7 215** – Paris, 19 nov. 1991 : *Élégante parisienne,* past. et fus. (76x55) : **FRF 19 000** – Paris, 30 mars 1995 : *Sévillane, trois portraits en pied,* fus., sanguine et craie (43x51) : **FRF 13 000** – Paris, 2 avr. 1997 : *Composition aux pots de fleurs,* h/t (73x117) : **FRF 6 200.**

DRIANT Étienne
xviiie siècle. Actif à Paris en 1789. Français.
Peintre.
Il était membre de l'Académie de Saint-Luc.

DRIDAN David Clyde
Né en 1932. xxe siècle. Australien.
Peintre de paysages.
Il peint les paysages typiques d'Australie.
Ventes Publiques : Sydney, 17 avr. 1988 : *Le mont Barker, S.A.,* h/cart. (90x120) : **AUD 1 400** – Londres, 30 nov. 1989 : *Le Coorong dans le sud australien,* h/cart. (69,2x89,5) : **GBP 1 870.**

DRIELING Frederik Hendrik Cornelis
Né le 25 avril 1805 à Utrecht. Mort le 24 mai 1853 à Utrecht. xixe siècle. Hollandais.
Peintre de paysages.
Élève de Teissier à La Haye et de Schelfhouts. Il voyagea en Belgique, Allemagne, Suisse, Italie et France, de 1823 à 1840.

DRIELST Egbert Van ou **Driest, Driezst**
Né en 1746 ou 1747 à Groningue. Mort le 4 juin 1818 à Amsterdam. xviiie-xixe siècles. Hollandais.
Peintre de paysages animés, paysages, aquarelliste, dessinateur.
Élève de H. Meyer, il travailla pour la fabrique de tapisserie du peintre Augustini à Haarlem et pour celle de Snyers à Amsterdam.

E. V. D[t.] 1792

E. Van Drielst
A. de Lelie pinx
A° 1795

Musées : Amsterdam : *C.-R. T. Krayenhoff quitte le général Daendels à Maarssen* – Rouen : *Paysage – Forêt.*
Ventes Publiques : Vienne, 1823 : *Paysage flamand,* grisaille et aquar. : **FRF 12,45** – Paris, 1858 : *Les pêcheurs à la ligne,* dess. à l'encre de Chine : **FRF 16** – Paris, 9 et 10 mai 1864 : *Paysage,* aquar. : **FRF 35** – Londres, 9 fév. 1925 : *Chaumière dans un paysage* 1790 : **GBP 13** – Londres, 20 fév. 1930 : *Paysage boisé* 1790 : **GBP 19** – Londres, 26 fév. 1932 : *Paysage boisé* : **GBP 12** – Paris, 3 mai 1934 : *Vue d'une ville au fond d'un paysage,* dess. aquarellé : **FRF 135** – Munich, 11 déc. 1968 : *Paysage d'hiver,* aquar. sur préparation à la pierre noire : **DEM 1 700** – Londres, 21 juil. 1976 : *Paysage boisé,* h/t (85x120) : **GBP 3 300** – Amsterdam, 29 oct 1979 : *Pêcheur dans sa barque* 1769, pierre noire et aquar. (26,4x37,2) : **NLG 3 400** – New York, 11 juin 1981 : *Orientaux et voyageurs dans un paysage* 1781, h/t (58,5x61) : **USD 2 900** – Amsterdam, 11 mai 1982 : *Couple de bergers avec enfant et troupeau* 1788, h/t (50,9x66) : **GBP 1 700** – Vienne, 11 sep. 1985 : *Vue d'un village* 1793, h/t (83x106) : **ATS 60 000** – New York, 14 jan. 1987 : *Berger dans un paysage fluvial ; Pêcheur dans un paysage fluvial,* dess. à la pl. et lav. /traits de craie noire, une paire (31,6x28,3 et 29,8x29,9) : **USD 2 600** – Amsterdam, 14 nov. 1988 : *Paysans assis sous les arbres à l'orée d'un champ* 1803, craies et aquar. (34,9x45,7) : **NLG 6 325** – Londres, 18 oct. 1989 : *Paysage avec des personnages sur un chemin à l'orée d'un bois* 1776, h/t (38x49,5) : **GBP 6 820** – Amsterdam, 10 avr. 1990 : *Paysage rhénan avec le château de Doorwerth* 1813, craie noire et aquar./pap. (19x34,5) : **NLG 1 150** – Amsterdam, 11 nov. 1997 : *Vue près de Neext, ferme sous les arbres,* craie noire et aquar. (31,1x45,8) : **NLG 9 440** – Paris, 25 avr. 1997 : *Chaumière,* pierre noire, lav. brun et gris (18x27,3) : **FRF 16 000.**

DRIELST Jan Vuuring Van
Né en 1790. Mort le 13 mars 1813 à Amsterdam. xixe siècle. Hollandais.
Peintre de paysages.
Élève de son père Egbert Van Drielst.

DRIENDL Thomas
Né en 1807 à Pfronten (Bavière). xixe siècle. Allemand.
Lithographe.
On cite de lui des œuvres de circonstance, comme des copies d'après Titien et Raphaël.

DRIER Jean, dit **Chambor**
xviiie siècle. Français.
Peintre.
D'après Edmond Maignien cet artiste travaillait à Grenoble en 1754.

DRIES Franz Van ou **François Vandrisse**
xviie siècle. Hollandais.
Peintre.
Travailla à des modèles de tapisseries pour Simon Vouet à Paris, de 1625 à 1650.

DRIES Jan
Né en 1925 à Mol. xxe siècle. Belge.
Sculpteur de monuments, céramiste. Abstrait.
Il fut élève des Académies des Beaux-Arts de Mol et d'Anvers, de l'Institut Supérieur d'Anvers. Il compléta sa formation à l'École du Marbre à Carrare. Depuis 1949, il a adhéré à plusieurs groupements.
Il créa d'abord des céramiques de formes baroques. Ayant adopté le marbre comme matériau, il crée des sculptures monumentales et ornementales, dont plusieurs ont été mises en place dans des banques et dans le métro de Bruxelles.
Bibliogr. : In : *Diction. biogr. illustré des artistes en Belgique depuis 1830,* Arto, Bruxelles, 1987.
Musées : Anvers – Bruxelles – Courtrai – Ypres.
Ventes Publiques : Anvers, 26 oct. 1982 : *Bouche* 1968, marbre (H. 80) : **BEF 36 000.**

DRIES Jean, pseudonyme de **Driesbach Jean**
Né le 19 octobre 1905 à Bar-le-Duc (Meuse). Mort en 1973. XXe siècle. Actif aussi en Argentine. Français.
Peintre de nus, portraits, paysages, natures mortes, aquarelliste.
Ses études secondaires achevées, il commence à peindre en 1921 et se perfectionne chez un maître-verrier. En 1926, il vient à Paris grâce à une bourse accordée par la Ville de Bar-le-Duc. Il étudie avec Lucien Simon, aux Beaux-Arts, tout en exerçant pour vivre divers métiers. En 1927, premières expositions collectives, à Paris, aux Salons, des Artistes Indépendants, d'Automne, des Tuileries, en 1955 et 1956, aux expositions *Les Peintres Témoins de leur Temps*, et au Salon d'Honfleur. Plusieurs expositions personnelles dans certaines galeries parisiennes. Grand prix des Beaux-Arts de la Ville de Paris en 1958.
Il découvre la lumière méditerranéenne après un voyage à Cassis fait en 1929. Cette même année, il obtient de l'Institut une bourse pour Londres. 1929, c'est également l'année de sa première exposition personnelle à Paris. De 1930 à 1954, il voyage énormément : en Espagne, en France (Normandie), en Italie, au Chili, en Argentine – où il réside plus de deux ans – en Allemagne, au Danemark et en Suède. ■ J. B.

DRIES

Musées : Buenos Aires – Honfleur – Paris (Mus. Nat. d'Art Mod.) – Paris (Petit Palais).
Ventes Publiques : Londres, 15 jan. 1981 : *Vers le départ* 1954, h/t (44,8x64) : **GBP 340** – Honfleur, 1er jan. 1984 : *Nature morte au faisan*, h/t (73x92) : **FRF 12 000** – Honfleur, 25 mai 1986 : *Porquerolles*, aquar. (55x70) : **FRF 4 200** – Paris, 27 avr. 1990 : *Menton, le Vallon* 1958, h/t (65x54) : **FRF 11 500** – Calais, 15 déc. 1996 : *Les Tournesols* 1960, h/t (50x61) : **FRF 7 300** – Paris, 16 déc. 1996 : *Marée basse à Trouville* 1965, h/t (24x41) : **FRF 3 600**.

DRIES Maurice Jozef Eduard Van den
Né en 1944 à Deurne. XXe siècle. Belge.
Peintre, graveur. Tendance surréaliste.
Il fut élève de l'Académie, puis de l'Institut Supérieur des Beaux-Arts d'Anvers. Il obtint le prix National et le prix d'Arts Graphiques de la Province d'Anvers en 1972, le prix de Rome en 1976. Il fut un des membres fondateurs du groupe *Acid*.
Comme pour de nombreux peintres proches du surréalisme, du fantastique, il pratique la technique traditionnelle avec la précision du détail descriptif qu'elle permet.
Bibliogr. : In : *Diction. biographique illustré des artistes en Belgique depuis 1830*, Arto, Bruxelles, 1987.

DRIES N.
XVIIIe siècle. Actif à la fin du XVIIIe siècle. Hollandais.
Graveur.
Il a gravé des portraits.

DRIES Peeter Van den
XVIIe siècle. Actif à Anvers à la fin du XVIIe siècle. Éc. flamande.
Sculpteur.

DRIESCH Johannes
Né en 1901 à Krefeld. Mort en 1930 à Erfurt. XXe siècle. Allemand.
Peintre.
Comme il était apprenti tailleur de pierres, il obtint une bourse pour l'atelier d'Hofmann, à Munich. De 1919 à 1925, il fut élève du Bauhaus. Il a surtout peint à Weimar. Le musée municipal de Möchengladbach lui a consacré une exposition, dont il existe un catalogue avec biographie.

DRIESSCHAERT Herwig
Né en 1938 à Courtrai. XXe siècle. Belge.
Peintre de portraits, aquarelliste, pastelliste, dessinateur, graveur.
Il fut élève de l'Académie des Beaux-Arts de Courtrai, puis de l'Académie de Saint-Luc à Gand, où il devint ensuite professeur. Il fut aussi élève de l'École des Beaux-Arts de Paris. Il participe à des expositions collectives et a montré une exposition personnelle de ses dessins et pastels à Tielt en 1988. Il a obtenu quelques prix régionaux pour les arts graphiques. Il a bénéficié d'achats de l'État. Il s'est spécialisé dans le portrait.
Bibliogr. : In : *Diction. biographique illustré des artistes en Belgique depuis 1830*, Arto, Bruxelles, 1987.

DRIESSCHE Cornelis Van der
XVe siècle. Actif à Bruges vers 1465. Éc. flamande.
Peintre.

DRIESSCHE Ernest Van den
Né en 1894 à Eine-Audenarde. Mort en 1985. XXe siècle. Belge.
Peintre de compositions animées, paysages. Naïf.
Il fut d'abord boucher, jusque vers 1935. Il se consacra ensuite à la peinture.
Il peint les foules colorées, où se côtoient tous les spécimens de l'humanité. Parfois, un rêveur ne s'aperçoit pas qu'il se promène dans les nuages. À l'occasion d'une exposition de ses œuvres à Paris en 1965, Anatole Jakovsky en écrivit la préface, dans laquelle il remarquait la parenté de son inspiration naïve avec le fonds ancien de l'expressionnisme flamand, où avait également puisé James Ensor.
Ventes Publiques : Lokeren, 13 mars 1976 : *Carnaval*, h/t (64x93) : **BEF 60 000** – Lokeren, 14 oct. 1978 : *In den Engel*, h/pan. (64x78) : **BEF 50 000** – Anvers, 27 oct. 1981 : *Les fous du village*, past. (48x68) : **BEF 16 000** – Lokeren, 24 avr. 1982 : *Fête villageoise*, h/pan. (102x120) : **BEF 80 000** – Lokeren, 8 oct. 1988 : *Danseurs à la fête* 1958, h/t (45x60) : **BEF 70 000** – Lokeren, 9 oct. 1993 : *Van Gogh*, h/pan. (25x34) : **BEF 22 000** – Lokeren, 11 mars 1995 : *Calvaire*, h/pan. (47,5x35) : **BEF 28 000** – Lokeren, 5 oct. 1996 : *Feu d'artifice*, h/t (60x50) : **BEF 38 000** – Lokeren, 18 mai 1996 : *Musiciens*, h/pan. (39x34) : **BEF 30 000**.

DRIESSCHE Franz Van den
XVIIIe siècle. Actif à Gand en 1778. Éc. flamande.
Sculpteur.

DRIESSCHE Gommaire Van der
XVIe siècle. Éc. flamande.
Peintre et peintre verrier.
Il fut doyen de la corporation de Saint-Luc en 1553.

DRIESSCHE Jacques Van der
XVIIe siècle. Actif à Gand en 1638. Éc. flamande.
Peintre.

DRIESSCHE Jan Van den
XVe siècle. Éc. flamande.
Peintre de compositions décoratives.
Il fut membre de la confrérie de Saint-Luc à Bruges vers 1450. Il décora la façade de l'Hôtel de Ville de Bruges.

DRIESSCHE Jan Van den
Né en 1954 à Grammont. XXe siècle. Belge.
Peintre, peintre de collages.
Il a fait des études de philosophie. Il expose régulièrement en Belgique : galerie Argo à Knokke-le-Zoute en 1991.
Il peint des assemblées burlesques, composées d'hommes et de femmes, maquillés, voire travestis, un sein pendant pour certains ou certaines, difficile à dire, dans des lieux où la perspective, ignorée, est remplacée par une accumulation hétéroclite de choses et d'objets, et où le personnage de la mort a sa place, dans la tradition flamande, illustrée encore par Ensor.
Bibliogr. : In : *Diction. biogr. illustré des artistes en Belgique depuis 1830*, Arto, Bruxelles, 1987.

DRIESSCHE Lucien Van den
Né le 6 décembre 1926 à Deinze. XXe siècle. Belge.
Peintre, technique mixte. Expressionniste, tendance fantastique.
Il est autodidacte de formation en peinture. Dans ses peintures, il insère des éléments et objets de toutes sortes, s'inspirant ainsi de la pratique d'appropriation du réel des nouveaux réalistes. Sa peinture se situe à la frontière de l'abstraction et de la figuration. Il dispose dans des espaces vides des volumes plus ou moins géométriques en des amoncellements irréguliers qui évoquent quelques planètes mentales. Il renforce cette atmosphère fantastique par l'utilisation appuyée des pourpres, or ou argent.
Bibliogr. : In : *Diction. biogr. illustré des artistes en Belgique depuis 1830*, Arto, Bruxelles, 1987.
Musées : Verviers : Plusieurs œuvres.
Ventes Publiques : Anvers, 7 avr. 1976 : *Usine* 1960, h/pan. (77x122) : **BEF 40 000** – Breda, 25 avr. 1977 : *Paysage d'hiver*, h/pan. (100x122) : **NLG 9 000** – Anvers, 26 avr. 1983 : *Paysage*,

h/pan. (100x123) : **BEF 70 000** – ANVERS, 3 avr. 1984 : *paysage au crépuscule*, h/pan. (100x122) : **BEF 80 000** – ANVERS, 22 avr. 1986 : *Paysage d'automne*, h/pan. (100x120) : **BEF 90 000** – LOKEREN, 9 mars 1996 : *Dégel*, h/pan. (100x120) : **BEF 55 000**.

DRIESSCHE Merlin Van den
XVIe siècle. Actif à Audenarde vers 1518. Éc. flamande.
Sculpteur.

DRIESSCHERE Jan Van
XVIIe siècle. Actif à Anvers vers 1620. Éc. flamande.
Peintre.

DRIESSE Van ou **Driessen**
XVIIe siècle. Éc. flamande.
Peintre d'histoire et de batailles.
Élève d'Aubin Vouet.

DRIESTEN Arend Jan Van
Né en 1878. Mort en 1969. XIXe-XXe siècles. Hollandais.
Peintre de paysages animés, aquarelliste.
Il peignait les paysages typiques, et surtout les paysages d'eau de Hollande.
VENTES PUBLIQUES : AMSTERDAM, 25 mars 1980 : *Chaumières au bord d'un étang*, h/t (58,5x79) : **NLG 9 600** – AMSTERDAM, 15 mai 1984 : *Un pont*, h/t (48,5x70) : **NLG 2 500** – AMSTERDAM, 5 juin 1990 : *Maison au bord de la rivière avec des arbres fleuris*, h/t (40,5x30,5) : **NLG 1 150** – AMSTERDAM, 24 avr. 1991 : *Paysage fluvial en automne avec un pêcheur échouant sa barque*, aquar. avec reh. de blanc/pap. (49,5x75,5) : **NLG 5 175** – AMSTERDAM, 30 oct. 1991 : *Une petite fille donnant la pâtée aux canards près d'un pont*, h/t/cart. (27,5x44,5) : **NLG 1 610** – AMSTERDAM, 24 sep. 1992 : *Maisons en hiver*, h/pan. (16,5x25) : **NLG 1 725** – AMSTERDAM, 14 sep. 1993 : *Ferme au bord d'une mare*, aquar./pap. (55x75) : **NLG 4 370** – AMSTERDAM, 19 oct. 1993 : *Paysage fluvial avec un paysan dans une barque*, h/t (30,5x40,5) : **NLG 5 175** – AMSTERDAM, 14 juin 1994 : *Paysan devant sa ferme*, h/t (52,5x76) : **NLG 10 925** – AMSTERDAM, 18 juin 1996 : *Une maison de Ridderbuurt à Alphen sur le Rhin*, fus. et aquar. (30x43,5) : **NLG 1 265** – AMSTERDAM, 5 nov. 1996 : *Famille se promenant au parc*, h/t/pan. (27x41) : **NLG 2 360**.

DRIESTEN Joseph Emmanuel Van
Né le 16 mai 1853 à Lille (Nord). XIXe siècle. Français.
Peintre d'histoire, sujets militaires, illustrateur, miniaturiste.
Il fut élève de Rondeau et de Colas et se spécialisa dans la peinture d'histoire.
On cite de lui la célèbre série de miniatures de l'ouvrage : *Histoire de l'Ordre de la Toison d'Or*.
VENTES PUBLIQUES : PARIS, 5 mai 1982 : *La bataille de Waterloo à 2h30* 1905, gche (29,5x99,8) : **FRF 15 500**.

DRIESTMAN R.
XVIIe siècle. Actif à Elbing. Polonais.
Peintre.
Bensheimer grava un de ses portraits.

DRIEU Johan ou **Rieue**. Voir **DREUX Jehan**

DRIEU Pierre
XVIIe siècle. Actif à Paris en 1690. Français.
Sculpteur.
Il était membre de l'Académie de Saint-Luc.

DRIEUX Pierre
XVIIe siècle. Actif à Paris en 1682. Français.
Peintre et sculpteur.

DRIEUX Pierre
XVIIIe siècle. Actif à Paris en 1735. Français.
Sculpteur.

DRIFFIELD Rebecca
Née en 1952 à Melbourne. XXe siècle. Active aussi en France. Australienne.
Peintre de compositions à personnages, figures, graveur, peintre de collages. Figuration narrative.
De 1970 à 1973, elle fut élève du Collège Swineburne de Melbourne jusqu'au diplôme des Beaux-Arts. En 1974, elle suivit les cours de gravure à l'École des Beaux-Arts de Camden à Londres. En 1976, elle obtint le diplôme d'éducation en Arts Plastiques à Melbourne. Elle reçut ensuite des bourses importantes : en 1983 et 1984 de la part du ministère des Arts d'Australie, par le même ministère en 1985 pour un séjour d'étude à Vence, en 1986 pour un séjour d'étude à Paris. Elle participe à des expositions collectives depuis 1981, dans plusieurs villes d'Australie, en 1984 au Japon, en 1986 au Salon d'Automne de Paris, en 1988, 1989, 1990 au Salon de la Jeune Peinture de Paris, etc. Elle montre aussi ses réalisations en dessin, gravure, peinture dans des expositions personnelles, en 1974 des dessins à Londres, 1981 gravures à Sydney, 1983 collages à Melbourne, puis 1985, 1989, 1990, 1991-1992 galerie Façade, peintures à Paris.

DRIFT Johannes Adrianus Van der
Né le 26 janvier 1808 à La Haye. Mort en mars 1883 à Weert (près Roermonde). XIXe siècle. Hollandais.
Peintre de paysages animés.
Élève de Andreas Schelfhout, il vécut à Amsterdam.

MUSÉES : AMSTERDAM : *La Gevangenpoort à La Haye* – LA HAYE (Mus. comm.) : *Le Buitenhof de La Haye*.
VENTES PUBLIQUES : LONDRES, 22 mai 1981 : *Paysage d'hiver avec patineurs*, h/t (50,9x66) : **GBP 1 100** – AMSTERDAM, 15 mars 1983 : *Paysage hivernal avec personnages* 1828, h/t (69x87) : **NLG 10 000**.

DRIGGS Elsie
Née en 1898. XXe siècle. Américaine.
Peintre de scènes animées, figures, sujets divers, aquarelliste, pastelliste, peintre de collages, dessinateur.
VENTES PUBLIQUES : NEW YORK, 20 avr. 1979 : *Aéroplane* 1928, h/t (111,7x96,5) : **USD 16 000** – NEW YORK, 18 sep. 1980 : *Femme dans une coupe*, aquar. et cr. (45x35) : **USD 800** – NEW YORK, 11 mars 1982 : *Children jumping rope* 1939, past. et collage (30x52) : **USD 300** – NEW YORK, 23 juin 1983 : *Le vol du faucon* 1958, aquar. et collage (31,2x64,2) : **USD 550** – NEW YORK, 7 déc. 1984 : *Suddenly a hurricane* 1932, aquar. et cr./pap. (35,7x36,3) : **USD 1 300** – NEW YORK, 31 mars 1993 : *Écoutez, écoutez, les chiens doivent aboyer !* 1937, aquar. et cr./pap. (37,8x51,8) : **USD 978** – NEW YORK, 21 mai 1996 : *Bœufs à Anticoli*, h/t (61x76,2) : **USD 2 070**.

DRILLENBURG Willem Van ou **Drielenburch**
Né en 1625 à Utrecht. XVIIe siècle. Hollandais.
Peintre.
Élève de Abraham Bloemaert, maître de Arnold Houbraken vers 1669 et de Willem Blurs vers 1672. Un sculpteur de même nom vécut, en 1690, à La Haye.

MUSÉES : UTRECHT : *Vue de la porte Wittevrouwen à Utrecht*.
VENTES PUBLIQUES : PARIS, 1869 : *Paysage et port de mer* : **FRF 49**.

DRINCKUTH Hans
XVIe siècle. Actif à Brunschwick vers 1522. Allemand.
Sculpteur.

DRING William
Né le 26 janvier 1904 en Angleterre. XXe siècle. Britannique.
Peintre de genre, aquarelliste, pastelliste.
Élève de la Slade School, de 1922 à 1925. Associé de la Royal Society of Painters in Water-Colours.
VENTES PUBLIQUES : LONDRES, 29 juil. 1988 : *Les pantoufles rouges* 1939, past. et fus. (36,3x28,8) : **GBP 2 970** – LONDRES, 2 mars 1989 : *Melissa baignant son fils* 1966, h/t (70x90) : **GBP 2 750**.

DRINGENBERGH
XVIIIe siècle. Actif sans doute à La Haye vers 1700. Hollandais.
Peintre.

DRINGHEBREE Bartholomeus ou **Dringheberghe**
XVe siècle. Éc. flamande.
Peintre.
Il fut membre de la confrérie de Saint-Luc, à Bruges vers 1450.

DRINHAUSEN W.
XIXe siècle. Actif à Berlin. Allemand.
Peintre de fleurs.
Il fut professeur de dessin à Elberfeld.

DRINNEBERG Hans
Né le 3 mars 1852 à Offenbach-sur-le-Main. XIXe siècle. Allemand.

Peintre verrier.
Il travailla surtout à Karlsruhe.

DRION Prosper
Né le 2 juillet 1822 à Liège. Mort le 7 janvier 1906 à Liège. XIXe siècle. Belge.
Sculpteur.
Le Musée de Liège conserve de lui deux bronzes : *Sujets allégoriques.*

DRIOUT Lise
Née le 3 mars 1922 à Courbevoie (Hauts-de-Seine). XXe siècle. Française.
Peintre de portraits et peintre verrier. Postimpressionniste.
À Paris, sociétaire du Salon des Indépendants, elle y expose depuis 1960, ainsi qu'au Salon des Artistes Français et au Salon des Femmes Peintres et Sculpteurs.
Surtout portraitiste, son genre est encore influencé par l'impressionnisme. Elle réalise en outre de nombreux gémmaux et a reçu le prix du Gémmail à Tours en 1957.
Musées : Tours (Mus. du Gémmail).

DRIPPE Eugen
Né le 21 janvier 1873 à Berlin. Mort le 18 mai 1906 à Berlin. XIXe-XXe siècles. Allemand.
Sculpteur.
On cite de lui : *Les Amoureux* et *Groupe de Bacchantes.*

DRISCHLBERGER Georg
Mort le 30 octobre 1619 à Rosenheim. XVIIe siècle. Actif à Rosenheim. Allemand.
Sculpteur.
Il travailla pour l'église d'Osterwarngau.

DRISCHLER Josef
Né le 11 octobre 1838 à Rinteln. Mort en 1917. XIXe-XXe siècles. Allemand.
Sculpteur.
Il exposa à Berlin des bustes et des œuvres de genre.
Ventes Publiques : Düsseldorf, 8 déc. 1982 : *Indien à la chasse* 1892, bronze (H. 80) : **DEM 3 200** – New York, 30 oct. 1996 : *Indien aux aguets* 1892, bronze (H. 31) : **USD 7 475**.

DRISSI Moulay Ahmed
Né en 1924 près de Marrakech. XXe siècle. Marocain.
Peintre de figures. Tendance symboliste.
La non représentation de la réalité dans l'art islamique provient moins d'un interdit religieux, mal cerné et obsolète, que d'un rapport symbolique du musulman avec le monde. La peinture de Drissi est caractéristique de cette ambiguïté : tout en figurant des personnages dans des situations précises, il les dépouille de leur apparence charnelle, silhouettes rigidement hiératiques figées dans burnous ou djellaba, visages sans traits, décor environnant oppressant à force d'être vide, « où les vivants ne sont jamais loin de la tombe. »
Bibliogr. : M. Tanjaoui : *Moulay Ahmed Drissi*, Inframar, Rabat, M.U.C.F., s.d – Khalil M'rabet : *Peinture et identité – L'Expérience marocaine*, L'Harmattan, Rabat, après 1986.

DRIVESSO Demetrio
XVe siècle. Actif à Padoue en 1420. Italien.
Peintre.

DRIVIER Juliette
Née au XXe siècle à Paris. XXe siècle. Française.
Peintre de paysages.
Elle exposa à Paris au Salon d'Automne en 1938.

DRIVIER Léon Ernest
Né en 1878 à Grenoble (Isère). Mort en 1951 à Paris. XXe siècle. Français.
Sculpteur de monuments, figures, portraits, peintre, aquarelliste, pastelliste, dessinateur.
Il fut élève de Barrias à l'École des Beaux-Arts de Paris. Il fut ensuite longtemps le collaborateur de Rodin. À la suite de l'exposition *Certains*, en 1905 à Paris, Drivier fit partie de la « Bande à Schnegg » (Lucien Schnegg). Il fut aussi ami de Maillol et de Despiau.
Il exposait régulièrement à Paris, au Salon de la Nationale des Beaux-Arts, dont il était hors-concours. Il fut fait Chevalier de la Légion d'honneur.
S'il fut sensible, dans ses débuts, au néo-romantisme de Rodin, ses œuvres sont bientôt issues de l'Antiquité classique, dans une recherche d'équilibre de l'ensemble et de synthèse des volumes traités par larges plans ; il déclarait : « Je n'ai pu oublier les Anciens même devant Rodin ». Sa technique irréprochable et son sens d'une construction puissante aux formes pleines donnent le frémissement de la vie intérieure à des figures qui auraient pu n'être qu'académiques, comme dans son *Chevrier* de 1926. Son ouverture à un certain modernisme serein le fit souvent recourir à la polychromie. Ses œuvres les plus connues sont : le *Monument aux morts* de la Ville de Strasbourg, de 1936, *La joie de vivre*, 1937, dans les jardins du Palais de Chaillot, ainsi qu'une *Nymphe allongée* du même Palais, et la *France coloniale* de la Porte Dorée. Pour l'Argentine, il a sculpté le *Monument du colonel Falcon*, et le *Printemps* ; pour le Chili, un *Monument à la Charité*. Il a aussi sculpté de nombreux portraits en bustes d'une émouvante psychologie et gravé des médailles commémoratives. Dans le suivi de son évolution, le caractère de robustesse de ses œuvres antérieures s'adoucit dans un certain maniérisme dû à l'élongation gracieuse des attitudes. ■ J. B.
Bibliogr. : Raymond Cogniat, in : *Dictionnaire de la sculpture moderne*, Hazan, Paris, 1960 – in : *Dictionnaire de la sculpture – La sculpture occidentale du moyen âge à nos jours*, Larousse, Paris, 1992.
Musées : Alger – Grenoble (Mus. des Beaux-Arts) : *Buste d'Émile Bernard* – Lausanne (Mus. canton. des Beaux-Arts) : *Nu assis – Torse de femme* – Lyon – Mont-de-Marsan (Mus. Despiau-Wlérick) : *Maternité* – Paris (Mus. Nat. d'Art Mod.) – Washington D. C.
Ventes Publiques : Paris, 30 mai 1923 : *Femme et enfant*, dess. : **FRF 35** – Paris, 20 mai 1925 : *Fillette assise*, dess. : **FRF 45** – Paris, 5 et 6 juin 1925 : *Quatre femmes nues*, pl. et aquar. : **FRF 140** – Paris, 31 mars 1927 : *La Sieste*, past. : **FRF 380** – Paris, 27 juin 1927 : *La femme au paon*, past. : **FRF 150** – Paris, 21 et 22 jan. 1929 : *Jeunes baigneuses* ; *Jeunes femmes et enfants au bord d'un cours d'eau*, past., ensemble : **FRF 580** – Paris, 24 avr. 1929 : *Nus, Repos sur l'herbe*, past. : **FRF 100** – Paris, 15 mars 1934 : *Adam et Ève*, past. : **FRF 120** – Paris, 30 nov. 1942 : *La Baignade*, past. et aquar. : **FRF 530** – Paris, oct. 1945-juil. 1946 : *Femmes au bain*, sanguine : **FRF 3 400** ; *Étude de nu*, past. : **FRF 5 500** – Melun, 22 fév. 1981 : *Archer grec*, bronze (H. 50) : **FRF 2 200** – Versailles, 28 fév. 1982 : *Les baigneuses*, h/t (50x65) : **FRF 6 100** – Paris, 26 oct. 1984 : *Femme et enfant*, bronze patine brun nuancé (H. 63,5) : **FRF 24 000** – New York, 22 mai 1990 : *Jeune femme portant un poupon*, bronze (H. 23,4) : **USD 2 090** – Paris, 25 mars 1993 : *Femme endormie*, fus. et craies (30x47) : **FRF 3 200** ; *Baigneuses*, h/t (65x81) : **FRF 9 500** – Paris, 18 nov. 1993 : *L'archer*, bronze (H. 51) : **FRF 25 000**.

DRIVON Charles
Né le 9 janvier 1860 à Montélimar (Drôme). XIXe siècle. Français.
Peintre de portraits.
Élève de L. Deschamps. Il débuta au Salon de 1879 avec : *Portrait.*

DRIWALD Matthes
XVIIe siècle. Actif à Freystadt. Allemand.
Peintre.

DRIX Van den
XVIIIe siècle. Travailla à Bordeaux vers 1780. Français.
Sculpteur.
Il décora la façade du théâtre de douze statues.

DRIZZONA Paolo da
XVIe siècle. Actif à Crémone vers 1517. Italien.
Peintre.

DRO S.
XXe siècle. Français.
Sculpteur.
Il exposa à Paris au Salon des Artistes Français en 1912.

DROBOIS André
Né à la fin du XIXe siècle à Saint-Quentin (Aisne). XIXe-XXe siècles. Français.
Sculpteur.
Élève de J. Boucher. Il a exposé des statuettes et des médaillons au Salon des Artistes Français en 1921 et 1922.

DROC Maria
Née le 21 février 1902 à Bucarest. Morte le 22 décembre

1991 à Madrid. XXe siècle. Depuis 1942 active en Italie, depuis 1944 en Espagne. Roumaine.
Peintre, sculpteur. Figurative, puis abstraite.
Diplômée de l'Académie des Beaux-Arts de Bucarest, elle participa aux Salons officiels et à des expositions collectives en Roumanie. Elle fut professeur dans une école de jeunes filles de Bucarest. Pendant deux ans, elle poursuivit ses études en Italie. Établie à Madrid, elle participa à des expositions collectives en Espagne, France, Italie, de nombreux pays d'Europe, aux États-Unis, Brésil, notamment à la Biennale de Venise en 1960, 1964, à la Biennale de São Paulo en 1965. Elle a obtenu plusieurs Prix. Dans une première période, elle peignait des paysages et des natures mortes, dans une facture dynamique et des couleurs vives. À partir de 1956, ayant rencontré Brancusi, elle évolua vers l'abstraction, projetant du ciment sur des supports rigides, obtenant des *Rythmes* gestuels et informels. En 1966, elle réalisa des collages, associant des matériaux divers, parmi lesquels des fragments de tissus folkloriques roumains. Enfin, dans sa dernière période, elle aborda la sculpture, qu'elle pratiquait par assemblage d'éléments métalliques colorés répétitifs, et dans un esprit géométrique proche de l'art optique.
BIBLIOGR. : Ionel Jianou et divers : *Les Artistes roumains en occident*, American Romanian Academy of Arts and Sciences, Los Angeles, 1986.
MUSÉES : BARCELONE – LISBONNE – MADRID.

DROEGE Friedrich
Né en 1801 à Hanovre. XIXe siècle. Allemand.
Peintre de portraits, miniaturiste.
Il fut peintre du roi de Prusse et travailla surtout à Berlin.

DROEGE Max
Né le 26 avril 1867 à Hambourg. XIXe siècle. Allemand.
Peintre de décorations.
On lui doit aussi des dessins et des illustrations.

DROEHMER Hermann
Né en 1820 à Berlin. Mort le 9 juillet 1890 à Berlin. XIXe siècle. Allemand.
Graveur.
Il fut élève de Buchhorn à l'Académie de Berlin.

DROEHMER Paul ou **Drohmer**
Né le 13 mars 1833 à Berlin. Mort le 20 juillet 1886 à Laase (Poméranie). XIXe siècle. Allemand.
Graveur.
Il était le frère d'Hermann.

DROESHOUT Hans
XVIe siècle. Actif à Anvers en 1554. Éc. flamande.
Peintre.
Sans doute faut-il l'identifier avec Jan qui quitta Bruxelles pour Londres en 1585.

DROESHOUT John
Né vers 1596 à Londres. Mort en 1652 à Londres. XVIIe siècle. Britannique.
Graveur au burin.
Il était fils et fut élève de Michiel.

DROESHOUT Maerten ou **Martin**, le Jeune
Né en 1601 à Londres. Mort après 1650. XVIIe siècle. Britannique.
Graveur.
Il était fils et fut élève de Michiel. Il grava un portrait qui passa longtemps, à tort semble-t-il pour celui de William Shakespeare.

DROESHOUT Maerten, l'Ancien
Né vers 1570 à Bruxelles. XVIe siècle. Éc. flamande.
Peintre et graveur.
Sans doute était-il fils de Hans. Il partit en 1585 avec son père pour Londres où il exécuta un grand nombre d'œuvres.

DROESHOUT Michiel
Né vers 1570 à Bruxelles. XVIe siècle. Éc. flamande.
Graveur.
Il était sans doute fils de Hans et partit avec son père en 1585 pour Londres. Il était le frère de Martin l'Ancien et fut le père de John et de Martin le Jeune.

DROGER Lucas
Né en 1772 à Weilheim. XVIIIe-XIXe siècles. Allemand.
Peintre.
Il travailla entre autres pour l'église de Marenbach en Bavière.

DROGON
Mort en 855. IXe siècle.
Amateur d'art.
Il était le fils naturel de Charlemagne ; évêque de Metz, grand protecteur des arts, il contribua puissamment au développement des arts et des lettres. Parmi les œuvres qu'il fit exécuter, la plus remarquable est le fameux manuscrit, du *Sacramentaire à l'usage de l'église de Metz*. Cet ouvrage, superbement orné et relié, se trouve à la Bibliothèque nationale de Paris.

DROGUE Jean Jacques
Né le 7 juillet 1858 à Lyon (Rhône). Mort le 30 décembre 1901 à Lyon. XIXe siècle. Français.
Peintre de figures, portraits, paysages, pastelliste, dessinateur, illustrateur, décorateur.
Élève, à Lyon, de l'École des Beaux-Arts où il entra en 1884, et de Loubet, à Paris, de Boulanger et Lefebvre. Il exposa, à Lyon, depuis 1884, à Paris depuis 1889, des paysages et des portraits (huile et pastel). Il a peint des figures au pastel, des panneaux décoratifs, des décorations d'intérieurs, a dessiné des affiches et des illustrations (notamment pour *l'Illustré moderne* et *L'Image*).

DROGUET Nicolas
XVe-XVIe siècles. Actif à Lyon. Français.
Peintre verrier.
Il était établi à Lyon en 1506 ; cette année-là, il fit pour la chapelle du Saint-Esprit du Pont du Rhône, des vitraux en couleurs ornés d'armoiries.

DROIN, Mme
Française.
Sculpteur.
La Faculté de Médecine de Paris possède un buste de cette artiste.

DROIN Jacques
Né à Joigny (Yonne). XXe siècle. Français.
Graveur sur bois.
Il a exposé, à Paris, au Salon d'Automne et au Salon des Artistes Indépendants à partir de 1920.

DROIN Michel
Né à Dourdan (Essonne). Mort vers 1528 à Marseille (Bouches-du-Rhône). XVIe siècle. Français.
Peintre verrier.
Il travailla pour l'église de Saint-Maximin (Provence) vers 1521.

DROISY Emma Marie T.
Née le 19 novembre 1868 à Rome. XIXe siècle. Française.
Peintre de portraits, pastelliste.
Élève de J. Lefebvre et Cormon. Elle a débuté au Salon des Artistes Français à Paris en 1890.
VENTES PUBLIQUES : PARIS, 24 mars 1995 : *Jeune femme brune au nœud bleu* 1899, past. (68x46) : **FRF 4 500**.

DROIT Jean
Né en 1884 à Lunéville (Meurthe-et-Moselle). Mort en 1961. XXe siècle. Français.
Peintre, illustrateur, créateur d'affiches et décorateur.
Il collabora à *L'Illustration* et aux *Annales*. Il est connu pour ses dessins rehaussés ainsi que pour ses affiches, il exécuta notamment celle des Jeux olympiques de 1924. La Manufacture Nationale de Sèvres lui commanda plusieurs modèles. Parmi les livres illustrés, on peut citer : *Les Lettres de mon Moulin* d'A. Daudet, *Mireille* de F. Mistral, *Paul et Virginie* de Bernardin de Saint-Pierre.
VENTES PUBLIQUES : PARIS, 1er et 2 juin 1942 : *Homme et Femme*, aquar. ; *Poilu dans les barbelés*, dess. : **FRF 10**.

DROIXHE Martine
Née en 1954 à Liège. XXe siècle. Belge.
Peintre.
Élève de l'Académie de Liège. Sa peinture reconstitue la vision et les sensations de l'enfance.

DROJAT Élisa
Née en novembre 1828 à Lyon (Rhône). XIXe siècle. Française.
Peintre d'histoire, compositions religieuses, scènes de genre, figures, portraits.
Élève de L. Cogniet. Elle a exposé, à Lyon depuis 1851, et à Paris (où elle était fixée) depuis 1859 et jusqu'en 1879, des portraits, des figures, quelques tableaux de genre ou d'histoire. Un

tableau d'elle, *Jésus apparaissant à Marie Alacoque*, est, à Paris, dans l'église Saint-Paul et Saint-Louis ; dans la sacristie de la même église se trouve le *Portrait du curé Reboul*. Elle signait : *E. Drojat*.

DROLF Peter
Mort en 1735 à Innsbruck. XVIIIe siècle. Autrichien.
Sculpteur.

DROLII
D'origine italienne. XIXe siècle. Travaillant à Lucerne vers 1824. Italien.
Dessinateur.
Copia en collaboration avec Marzohl et J. Schwegler les peintures de Holbein sur la façade de la Maison Hertenstein.

DROLLING Louise Adéone
Née le 29 mai 1797 à Paris. XIXe siècle. Française.
Peintre de portraits et de genre.
Elle fut élève de son père Martin et épousa l'architecte Pagnierre. Fut connue aussi sous le nom de Mme JOUBERT.
Ventes Publiques : Paris, 23 fév. 1921 : *Portrait d'homme en redingote noire* : **FRF 165** – Paris, 12 mars 1976 : *La jeune ménagère*, h/t (33x25) : **FRF 5 200** – Paris, 12 mai 1989 : *La leçon de lecture*, h/t (53,5x43) : **FRF 32 000**.

DROLLING Martin
Né en 1752 à Oberbergheim (près de Colmar). Mort le 16 avril 1817 à Paris. XVIIIe-XIXe siècles. Français.
Peintre de genre, intérieurs, portraits.
D'abord élève d'un peintre obscur de Schlestadt, il vint ensuite à Paris et suivit les cours de l'École des Beaux-Arts. Mais cet artiste se forma surtout en étudiant les vieux maîtres hollandais. Il peignit un peu dans le goût de Greuze, des scènes familières. Un grand nombre de ses œuvres ont été gravées et lithographiées par F. Noël, Langlumé, Ch. Charles, Tassaert, Leroy, Muller, Normand fils, Péringer, Rœmhild, J. Porcher et P.-L. Debucourt. Il exposa au Salon du Louvre de 1793 à 1817. Il avait aussi exposé quelquefois au Salon de la Correspondance. Œuvres ayant figuré à ces Expositions : Salon de la Correspondance : 1781 : *Une jeune villageoise faisant son ménage, Jeune villageoise dans la douleur*. – 1782 : *Tête de femme allemande*. – 1789 : *La Jeunesse, Portrait de M. de Boisgelin*. – Au Louvre, Salon de 1793 : *Jeu d'enfants interrompu par une femme qui leur jette des pommes*. – Salon 1795 : *Deux petits intérieurs*. – Salon 1798 : *Portrait de femme avec son enfant à une fenêtre de prison, Un enfant à une croisée, tenant un panier de fruits, Un aveugle conduit par un enfant, Jeune femme à une fenêtre donnant la liberté à un oiseau*. – Salon 1800 : *Un jeune homme et une jeune femme, aperçus par une fenêtre, se disposant à faire de la musique, Une jeune fille à une fenêtre, rinçant un pot-au-lait, L'Éducation, Le Retour à la vertu*. – Salon 1801 : *Maison à vendre*. – Salon 1802 : *Le Musicien ambulant, Jeune homme lisant la Bible, Jeune femme faisant sécher des plantes*. – Salon 1804 : *Dieu vous assiste*. – Salon 1806 : *L'Écouteuse aux portes, Scène familière*. – Salon 1808 : *Femme lisant la Bible, Cuisinière récurant un chaudron, Le Messager ou l'Heureuse Nouvelle* (ces deux derniers tableaux sont à tort portés au livret de l'Exposition de 1806, au nom de Mme Drolling), *Le Petit Commissionnaire, La Réflexion inutile*. – Salon 1810 : *Le Prince chéri, L'Hospitalité, Les Deux petits frères*. – Salon 1812 : *Un marchand forain, Un portrait de femme*. – Salon 1814 : *Une laitière, La Marchande d'oranges, Sapho et Phaon chantant leurs amours dans une grotte, Jeune femme portant des secours à une famille malheureuse* (cette jeune femme ne serait autre que la reine Hortense), *Dites votre mea culpa, Le Verglas, Un marchand forain*. – Salon 1817 : *La Maîtresse d'école du village, L'Intérieur d'une cuisine, Intérieur d'une salle à manger*.

Drolling

Musées : Aix : *Jeune paysanne à une fenêtre – Enfant jouant du flageolet* – Bordeaux : *Scène d'intérieur* – Graz : *Conseil de guerre* – Orléans : *Intérieur de cuisine – La Femme et la souris* – Paris (Louvre) : *Intérieur d'une cuisine – Femme à une fenêtre – Joueur de violon à une fenêtre* – Paris (Carnavalet) : *Intérieur sous le premier Empire* – Le Puy-en-Velay : *Jeune garçon mangeant sa soupe – Jeune laitière* – Soissons : *La Dame de charité*.
Ventes Publiques : Paris, 1846 : *La Famille du cultivateur* : **FRF 304** – Paris, 1865 : *Jeune Garçon assis*, sanguine : **FRF 13** – Paris, 1869 : *La Boîte au lait* : **FRF 3 350** – Paris, 1885 : *La Jeune Musicienne* : **FRF 4 200** ; *Vieille femme lisant* : **FRF 3 400** ; *Intérieur villageois* : **FRF 2 250** – Paris, 1886 : *La Famille*, pl. et lav. : **FRF 200** – Dijon, 1894 : *L'Enfant à la cage* : **FRF 210** – Paris, 1900 : *Portrait présumé de Mlle Meyer* : **FRF 5 150** – Paris, 12-14 jan. 1903 : *Le Messager ou l'Heureuse Nouvelle* : **FRF 1 050** – Paris, 4-5 et 6 avr. 1905 : *Jeune Femme assise près d'une fontaine* : **FRF 200** – Paris, 2 fév. 1906 : *Fillette en buste* : **FRF 200** – Paris, 13 avr. 1908 : *Portrait d'une fille de Junot* : **FRF 280** – Paris, 27 avr. 1910 : *Chanteur et ménagère debout près d'une table* : **FRF 635** – Paris, 17 nov. 1919 : *Le Petit Joueur de cerceau* : **FRF 4 120** – Paris, 6 déc. 1919 : *La Ménagère à la fontaine* : **FRF 420** – Paris, 31 mars 1920 : *La Veillée*, sépia : **FRF 280** – Paris, 20-22 mai 1920 : *L'Architecte* : **FRF 2 800** ; *Le Graveur dans la mansarde* : **FRF 1 300** – Paris, 2-4 juin 1920 : *Portrait présumé de Mme Handebourg-Lescot*, cr. : **FRF 350** – Paris, 29 nov. 1922 : *La Ménagère à la fontaine* : **FRF 340** – Paris, 31 jan. 1923 : *La Petite Rue* : **FRF 205** – Paris, 3-4 mai 1923 : *Portrait d'un adolescent* : **FRF 1 130** – Paris, 22 nov. 1923 : *La Bouillie au petit frère* : **FRF 1 900** – Paris, 30 avr. 1924 : *Conversation intime*, pl. : **FRF 170** – Paris, 8 juin 1925 : *Distribution gratuite du vin aux Champs-Élysées* : **FRF 36 000** – Paris, 10-11 juin 1925 : *Portrait présumé du chevalier Hosten* : **FRF 1 400** – Paris, 19 juin 1925 : *Étude de jeune fille*, pierre noire : **FRF 250** – Paris, 11-12 déc. 1926 : *Jeune Femme*, cr., étude : **FRF 1 100** – Paris, 12 déc. 1926 : *La Diseuse d'aventure*, encre de Chine : **FRF 2 250** – Paris, 28-31 déc. 1926 : *Jeune cuisinière plumant un poulet* : **FRF 600** – Paris, 29 jan. 1927 : *Le Retour du soldat*, lav. : **FRF 900** – Paris, 9 mai 1927 : *Les Épines de la rose* : **FRF 17 500** – Paris, 16 mai 1927 : *Les chiens savants* : **FRF 61 000** – Paris, 9 déc. 1927 : *Portrait de jeune femme* : **FRF 45 000** ; *Portrait de jeune femme* : **FRF 43 000** – Paris, 23 jan. 1928 : *Jeune paysanne plumant une volaille* : **FRF 10 100** – Paris, 14-15 mai 1928 : *Portrait de jeune femme assise dans un parc*, peint./porcelaine : **FRF 1 950** – Paris, 9 juin 1928 : *Portrait en pied d'un jeune homme tenant un fusil* : **FRF 4 800** – Paris, 15 nov. 1928 : *Portrait de jeune garçon*, dess. : **FRF 6 500** – Paris, 6 mai 1929 : *L'Oiseau au chien* : **FRF 220** – Paris, 17-19 mai 1929 : *Intérieur de cuisine* : **FRF 4 000** – Paris, 29 déc. 1930 : *Portrait de fillette* : **FRF 1 200** ; *Tête de jeune fille*, cr. noir, reh. de blanc : **FRF 350** – Paris, 28 mai 1931 : *La Jeune artiste* : **FRF 42 000** – Paris, 8-9 nov. 1933 : *Le cavalier* : **FRF 2 700** – Paris, 25 mars 1935 : *Portrait de deux enfants* : **FRF 1 150** – Paris, 5 déc. 1936 : *La Jeune Servante* : **FRF 2 150** – Paris, 28 fév. 1939 : *Le Coup de vent* : **FRF 4 150** – Paris, 28 nov. 1941 : *Le Fumeur de pipe* : **FRF 1 700** – Londres, 5 juin 1942 : *Le Retour du savetier* : **GBP 9** – Paris, 11 jan. 1943 : *La mère éplorée* : **FRF 9 000** – Paris, 27 jan. 1943 : *L'Atelier de l'artiste* : **FRF 14 000** – Paris, 29 jan. 1943 : *Les Chiens savants* : **FRF 235 000** – Paris, 3 fév. 1943 : *La Lessive* : **FRF 1 100** – Paris, 10 fév. 1943 : *Portrait de femme tenant un livre* 1810 : **FRF 4 500** – Londres, 16 juil. 1943 : *Mlle Mayer* : **GBP 294** – Paris, oct. 1945-juil. 1946 : *Les Musiciens de village*, pierre noire : **FRF 1 800** ; *Scènes d'intérieur*, fixés sous verre, deux pendants : **FRF 20 000** – Paris, 17 mars 1947 : *Rue de village* : **FRF 8 900** – Paris, 5 mai 1947 : *Les Petits Pêcheurs*, grav. : **FRF 4 000** – Paris, 27 avr. 1951 : *Le Montreur de marionnettes* : **FRF 450 000** – New York, 12 déc. 1959 : *Le petit oiseleur* : **USD 1 200** – Paris, 31 mars 1960 : *L'Innocence surprise* : **FRF 5 200** – Londres, 26 juin 1963 : *Les Noces villageoises* ; *La Danse*, deux pendants : **GBP 1 100** – Paris, 29 nov. 1968 : *Jeune femme dans un intérieur* : **FRF 4 100** – Deauville, 29 août 1969 : *Scène galante dans une auberge* : **FRF 18 500** – Paris, 26 mai 1972 : *La Jardinière maladroite* 1795 : **FRF 19 000** – Paris, 29 nov. 1976 : *Portrait de l'artiste par lui-même*, h/t mar./cart. (11,5x8,5) : **FRF 6 000** – Monte-Carlo, 26 mai 1980 : *Portrait de jeune fille* 1793, h/t (32x25,5) : **FRF 21 000** – Paris, 8 déc. 1983 : *Portrait de jeune garçon*, h/t (46x38,2) : **FRF 51 000** – New York, 7 nov. 1985 : *Paysans près d'une chaumière au bord de la rivière* 1803, h/pan. (51,5x73,5) : **USD 16 000** – Paris, 19 déc. 1986 : *Portrait de Marcelline Desbordes-Valmore*, h/cart. (45,5x36,5) : **FRF 118 000** – Paris, 13 déc. 1988 : *Scène paysanne* 1811, h/t (Diam. 34) : **FRF 45 000** – New York, 31 mai 1989 : *Mendiante et son enfant s'approchant d'une femme puisant de l'eau devant sa*

maison 1796, h/pan. (15,8x21,6) : **USD 13 200** – LONDRES, 20 juin 1989 : *La Charité*, h/t (50x60,5) : **GBP 28 600** – NEW YORK, 13 oct. 1989 : *Paysages avec des voyageurs sur un chemin longeant le mur d'un jardin* 1816, h/t (39x51,5) : **USD 46 750** – PARIS, 23 avr. 1990 : *L'Heureuse Nouvelle*, h/pan. (17x20) : **FRF 38 000** – NEW YORK, 26 oct. 1990 : *Deux études d'homme vu de dos*, craie blanche et noire/pap. écru (26x21,6) : **USD 4 400** – PARIS, 27 juin 1991 : *Jeune paysan ramenant un fagot de la grange* 1814, h/t (26x18) : **FRF 12 000** – MONACO, 5-6 déc. 1991 : *La Charité* 1796, h/pan. (15,5x21) : **FRF 49 950** ; *Architecte présentant ses plans à une famille dans un jardin*, h/t (146,5x258) : **FRF 310 800** – LONDRES, 17 nov. 1993 : *Sapho et Phaon chantant leurs amours dans une grotte*, h/pan. (51,5x61) : **GBP 10 350** – NEW YORK, 19 mai 1995 : *Jeune Femme avec une guitare assise sur le rebord d'une fenêtre ; Jeune femme ouvrant la cage d'un oiseau accrochée à une fenêtre* 1795, h/t (43,2x36,2) : **USD 85 000** – LONDRES, 8 déc. 1995 : *Jeune Femme assise près d'une fontaine avec un pot brisé à ses pieds dans un vaste paysage*, h/t (22,9x17,5) : **GBP 18 975** – PARIS, 8 déc. 1995 : *La Jeune Artiste* 1787, h/pan. (31x41) : **FRF 150 000** – PARIS, 30 oct. 1996 : *La Cage aux oiseaux*, h/t (26x33,5) : **FRF 32 000** – LONDRES, 13 déc. 1996 : *Jeune Mendiant à l'accordéon avec un singe*, h/pan. (48,9x39,8) : **GBP 11 500**.

DROLLING Michel Martin

Né le 7 mars 1786 à Paris. Mort le 9 janvier 1851 à Paris. XIXe siècle. Français.

Peintre d'histoire, compositions religieuses, scènes de genre, portraits, dessinateur.

Élève de son père Martin Drolling et de David ; il remporta le prix de Rome en 1810 avec *La Colère d'Achille*. Il exposa au Salon entre 1817 et 1850. Il obtint une médaille de deuxième classe en 1817, de première classe en 1819. Le 31 août 1833, il fut nommé membre de l'Académie des Beaux-Arts et la même année devint membre de l'Institut. En 1837, il fut décoré de la croix de chevalier de la Légion d'honneur. Il figura au Salon de 1817 à 1850.

On voit de cet artiste, à l'église Saint-André de Bordeaux : *Saint Seurin*, évêque ; à l'église Saint-Sulpice, à Paris : *La Conversion de saint Paul, La Prédication de saint Paul, L'Apothéose de saint Paul* ; à l'église Notre-Dame-de-Lorette : *Jésus au milieu des docteurs*.

Drolling. M.

Drolling

MUSÉES : AMIENS : *La Force* – BAYEUX : *Le duc de Nemours* – BORDEAUX : *La Prudence* – COMPIÈGNE : *La Prudence* – LEIPZIG : *Caïn et Abel* – LYON : *Le bon Samaritain* – PARIS (Louvre) : *La Loi – La Sagesse – La Justice – Louis XII proclamé père du peuple* – PARIS (Carnavalet) : *Louis-Philippe à l'Hôtel de Ville* – PARIS (Comédie française) : *Baptiste aîné* – LE PUY-EN-VELAY : *Séparation d'Hercule et Polyxène* – LA ROCHE-SUR-YON : *Tête de saint Paul*.

VENTES PUBLIQUES : PARIS, 11 déc. 1919 : *Artiste dessinant un paysage* : **FRF 1 200** – PARIS, 14 fév. 1920 : *Le message désiré* : **FRF 4 020** – PARIS, 13 déc. 1922 : *Portrait de l'avocat Bodin* : **FRF 2 600** – PARIS, 14 et 15 juin 1923 : *Représentation dans le parc d'un château* : **FRF 1 080** – PARIS, 12-14 mai 1924 : *La blanchisseuse* : **FRF 1 000** – PARIS, 16 mai 1924 : *Jeune femme dessinant d'après un plâtre* : **FRF 1 700** – PARIS, 28 et 29 juin 1926 : *Portrait de jeune fille*, trois cr. : **FRF 100** – PARIS, 19 nov. 1927 : *Portrait de Mme Lefebvre du Pray ; Portrait de M. Lefebvre du Pray*, deux toiles : **FRF 5 200** – PARIS, 14 déc. 1936 : *Étude de draperie pour une figure de milicien*, pierre noire, estompe et reh. de craie : **FRF 350** – PARIS, 12 mai 1937 : *Portrait de jeune homme* : **FRF 525** – PARIS, 2 oct. 1942 : *Portrait d'une jeune artiste* 1819 : **FRF 50 000** – VERSAILLES, 13 oct. 1968 : *Portrait d'un homme en buste, portant une décoration* : **FRF 1 700** – PARIS, 5 déc. 1969 : *La collation* : **FRF 12 000** – VERSAILLES, 21 mars 1976 : *L'heureux chasseur de retour de chasse* 1829, h/pan. (50x60) : **FRF 11 000** – PARIS, 27 avr. 1983 : *Mère et enfant*, pierre noire (33,5x34,5) : **FRF 6 500** – PARIS, 9 mars 1984 : *le jeu de la main chaude*, h/pan. (23x33) : **FRF 62 000** – LONDRES, 19 juin 1990 : *Portrait d'un homme de plume* 1819, h/t (110x82) : **GBP 77 000** – PARIS, 13 nov. 1991 : *Portrait de jeune femme en robe de satin blanc* 1809, h/t (80x63,5) : **FRF 21 000** – PARIS, 13 déc. 1995 : *Jeune paysanne tenant un panier de fleurs*, h/pap. (15,5x11,5) : **FRF 12 000** – PARIS, 30 oct. 1996 : *Les Bulles de savon*, pan. parqueté (32,5x25) : **FRF 40 000**.

DROMEL Germaine

Née le 26 mai 1901 à Aix-en-Provence (Bouches-du-Rhône). XXe siècle. Française.

Peintre de natures mortes.

Cette élève de Cormon et de P. Laurens débuta, à Paris, au Salon des Artistes Français, en 1926, en devint par la suite sociétaire.

DRON André

XVIIIe siècle. Actif à Lunéville. Français.

Peintre.

DRON Guilain Éloy

XVIIIe siècle. Travaillant à Grenoble. Français.

Dessinateur.

Cité comme témoin en 1756.

DRON Jean Louis

XVIIIe siècle. Actif à Paris en 1774. Français.

Peintre.

DRONCOURT Jean Joseph

Né vers 1678 à Nancy (Meurthe-et-Moselle). Mort le 13 décembre 1761 à Nancy. XVIIIe siècle. Éc. lorraine.

Sculpteur.

DRONRYP Jan

Mort avant 1730. XVIIIe siècle. Actif à Amsterdam. Hollandais.

Sculpteur.

DRONSART Alexandre

XIXe siècle. Actif à Lille. Français.

Peintre de paysages et de natures mortes.

Le Musée d'Arras possède de lui : *Roses*.

DRONTHEIM

XIXe siècle. Allemand.

Graveur au burin.

Cité par Nagler à Gotha.

DROOGENBROECK Clément Van

Né en 1875. Mort en 1966. XXe siècle. Belge.

Peintre.

DROOGENBROECK Léo Van

XXe siècle. Belge.

Peintre de paysages, marines.

Actuellement totalement absent de tous fichiers et documentations, à l'exception de la seule et unique vente publique relevée dans l'annuaire MAYER 1985.

VENTES PUBLIQUES : LOKEREN, 14 avr. 1984 : *La plage d'Ostende*, h/t (47x61) : **BEF 22 000**.

DROOGSLOOT Cornelis ou **Droochslott**

Né le 21 février 1630 à Utrecht (Pays-Bas). Mort après 1673. XVIIe siècle. Hollandais.

Peintre de scènes de genre, paysages.

Fils de Joost Cornelisz Droogsloot ; il épousa, en 1666, à Utrecht, Joanna de Vries.

Ses œuvres sont difficilement distinguées de celles de son père.

c droochsloot , 664. c.droogsloot 1670 c.d.

MUSÉES : AMSTERDAM : *Rue de village* – KASSEL : *Rue de village* – MULHOUSE : *Kermesse* – VIENNE (Czernin) : *Paysans dans une taverne*.

VENTES PUBLIQUES : PARIS, 27 jan. 1921 : *Scènes villageoises*, deux panneaux : **FRF 950** ; *Scènes villageoises*, deux panneaux : **FRF 3 600** – PARIS, 15 juin 1921 : *Scène villageoise* : **FRF 2 000** ; *La Kermesse* : **FRF 1 505** – VERSAILLES, 30 mai 1967 : *Scènes villageoises*, deux pendants : **FRF 9 000** – VERSAILLES, 7 nov. 1971 : *La Kermesse villageoise* : **FRF 15 000** – PARIS, 16 déc. 1996 : *La Tonte des moutons* 1605, h/pan. (25,5x51,5) : **FRF 80 000** – AMSTERDAM, 11 nov. 1997 : *Une rue de village avec des rustres attablés à l'extérieur d'une auberge, une femme nettoyant des poissons* 1670, h/pan. (46,9x64,9) : **NLG 18 451**.

DROOGSLOOT Joost Cornelisz ou **Droochsloot**
Né en 1586 à Utrecht. Mort le 14 mai 1666 à Utrecht. XVIIe siècle. Hollandais.
Peintre de compositions religieuses, scènes de genre, paysages animés, graveur.
Maître à Utrecht en 1616 ; il épousa, en 1618, Angeniejte Van Ryevelt ; fut doyen en 1623 et 1644. En 1620, il acheta une maison qu'il devait payer en douze ans, moyennant 150 guldens en tableaux par an : en 1628, il offrit à l'Hôpital Hiob, un *Job et ses amis*, et fut régent de l'hôpital en 1638. Il eut pour élèves son fils Cornelis, Jan Peterson, P. van Straesborgh, Steven de Leeuw, Jacob A. Duck.
Il peignit des kermesses, des tableaux d'histoire et de la Bible.

Musées : Amsterdam : *Le bon Samaritain – Saint Martin – Licenciement des mercenaires – Cavalier au milieu de mendiants* – Anvers : *Estropiés et lépreux à Bethsaïde* – Brême : *Scène de foire* – Brunswick : *L'étang de Bethsabée* – Bruxelles : *Licenciement des mercenaires* – Douai : *Fête flamande* – Dresde : *Rue de village* – Dublin : *Le lac* – Haarlem : *Kermesse* – Hanovre : *Kermesse de village* – La Haye : *Kermesse – Village – Vue de la Binnenhof* – Helsinki : *Kermesse* – Hermannstadt, nom all. de Sibiu : *Kermesse* – Madrid : *Patineurs* – Moscou (Roumiantzeff) : *Buveur* – Mulhouse : *Kermesse* – Paris (Louvre) : *Soldats dans un village* – Rotterdam : *Kermesse* – Saint-Pétersbourg (Ermitage) : *Patineurs sur un canal* – Schleisheim : *Pillage d'un village* – Stockholm : *Querelle d'un estropié et d'un mendiant* – Utrecht : *Les œuvres de miséricorde – Vue d'Utrecht – Le bain de Bethsabée – Valet fidèle et valet infidèle – Licenciement des troupes en 1618 – Convives de la noce sous leurs habits de fête* – Vienne (Belvédère) : *Combat entre Gérard et Breauté* – Vienne (Liechtenstein) : *Divertissement de paysans.*

Ventes Publiques : Paris, 1847 : *Vue d'un village* : **FRF 17** – Paris, 1865 : *Un marché* : **FRF 500** – Paris, 1867 : *Une foire dans un village* : **FRF 1 280** – Paris, 4 mars 1897 : *Un marché à Amsterdam* : **FRF 125** – Paris, 30 avr. 1900 : *La Source miraculeuse* : **FRF 330** – Paris, 18 mai 1901 : *Paysans réunis au bord d'un village* : **FRF 135** – Paris, 11-12 avr. 1904 : *Fête de village* : **FRF 410** – Paris, 8 fév.1904 : *Foire de village* : **FRF 280** – Londres, 23 nov. 1907 : *Un village en fête* : **GBP 67** – Londres, 19 avr. 1909 : *Un village en fête* : **GBP 12** – Londres, 2 juil. 1909 : *Une scène villageoise* : **GBP 50** – Londres, 23 juil. 1909 : *Personnages en fête, grisaille ; Paysage boisé* : **GBP 9** – Paris, 10 juil. 1910 : *Entrée de village* : **FRF 280** – Londres, 22 juil. 1910 : *Pillage d'un village* : **GBP 9** – Paris, 10 avr. 1919 : *Les Mendiants et le gouverneur* : **FRF 625** – Londres, 3 fév. 1922 : *Militaires occupant un village* : **GBP 12** – Londres, 7 avr. 1922 : *Pillage d'un village* : **GBP 17** – Londres, 27 juil. 1923 : *Charité* 1644 : **GBP 25** – Paris, 12-14 mai 1924 : *Réjouissances villageoises* : **FRF 2 000** – Londres, 19 mai 1924 : *Entrevue du duc d'Alva et du comte d'Egmont* : **GBP 23** – Paris, 7 mars 1925 : *Convoi d'armes dans un village* : **FRF 4 900** – Paris, 4 avr. 1925 : *Kermesse dans un village* : **FRF 2 000** – Londres, 22 mai 1925 : *Fête villageoise* 1636 : **GBP 162** – Paris, 12 déc. 1925 : *Les œuvres de miséricorde* : **FRF 5 100** – Paris, 28-31 déc. 1925 : *Intérieur d'auberge* : **FRF 1 850** – Paris, 25 nov. 1927 : *Scène de la vie rustique dans un village de Hollande* : **FRF 4 000** – Paris, 23 jan. 1928 : *Réunion de paysans attablés sous une tonnelle* : **FRF 7 000** – Londres, 18 fév. 1929 : *Fête au village* 1653 : **GBP 75** – New York, 30-31 oct. 1929 : *Scène de village* : **USD 260** – New York, 27-28 mars 1930 : *Paysage hollandais* : **USD 225** – New York, 8-11 avr. 1931 : *Scène de village* : **USD 110** – Paris, 20 avr. 1932 : *Marche d'armée traversant la place d'une ville du nord* : **FRF 5 900** – Paris, 23 mai 1932 : *L'Hiver en Hollande* : **FRF 2 900** – Londres, 4 déc. 1936 : *Village hollandais* : **GBP 56** – Paris, 7 juin 1937 : *Kermesse villageoise. La Fête au bord de la rivière* : **FRF 8 100** – Anvers, 4-5 avr. 1938 : *Vue d'un village* : **BEF 1 500** – Londres, 17 fév. 1939 : *Rivière gelée* 1627 : **GBP 71** – Bruxelles, 15 avr. 1939 : *Fête villageoise* : **BEF 3 600** – Paris, 3 déc. 1941 : *La Fête villageoise* : **FRF 45 000** – Paris, 29 oct. 1942 : *Kermesse de village* 1649 : **FRF 61 000** – Paris, oct. 1945-juil. 1946 : *Rue de village* 1646 : **FRF 41 000** – Londres, 18 jan. 1946 : *Jour de terme* 1626 : **GBP 105** – Londres, 1er fév. 1946 : *Scène de village* 1630 : **GBP 92** – Paris, 9 mai 1962 : *Réjouissance villageoise* : **FRF 4 000** – New York, 21 mars 1963 : *La Fête au village* : **USD 1 000** – Bruxelles, 13-15 mai 1964 : *Place de village avec personnages* : **BEF 70 000** – Londres, 6 juil. 1966 : *Fête champêtre* : **GBP 2 000** – Cologne, 16 nov. 1967 : *Soldats pillant un village* : **DEM 13 000** – Zurich, 12 nov. 1968 : *La Place du village* : **CHF 26 500** – Londres, 5 déc. 1969 : *Rue de village animée de personnages* : **GNS 3 200** – Vienne, 30 nov. 1971 : *Scène champêtre* : **ATS 250 000** – Vienne, 28 mai 1974 : *Scène villageoise* : **ATS 400 000** – Londres, 10 juil.1974 : *Marché aux chevaux* 1633 : **GBP 8 500** – Vienne, 22 juin 1976 : *Fête villageoise* 1623, h/t (85x188) : **ATS 500 000** – Vienne, 14 juin 1977 : *Dimanche au village*, h/pan. (37,5x49) : **ATS 250 000** – Cologne, 11 juin 1979 : *La Rixe*, h/pan. (62,5x92,5) : **DEM 27 000** – Londres, 11 juil. 1979 : *Scène villageoise*, h/pan. (91,5x155) : **GBP 6 200** – Londres, 1er juil. 1980 : *Trois mendiants et une femme attablés*, eau-forte (12,8x17,1) : **GBP 650** – Londres, 8 juil. 1983 : *Rue de village animée de nombreux personnages*, h/pan. (47x63,5) : **GBP 12 000** – Lille, 11 déc. 1983 : *Paysage fluvial* 1657, h/pan. (30x39) : **FRF 78 000** – Londres, 3 avr. 1985 : *Vue d'une ville de Hollande en hiver* 1631, h/pan. (28x43,5) : **GBP 33 000** – Milan, 27 oct. 1987 : *Scène villageoise*, h/pan. (90x112) : **ITL 85 000 000** – Paris, 8 déc. 1987 : *Villageois devant une auberge* 1636, h/pan. (44x60,5) : **FRF 88 000** – New York, 7 avr. 1988 : *Fête paysanne dans la cour d'une ferme*, h/t (88x104) : **USD 13 200** – Milan, 21 avr. 1988 : *Scène de la vie quotidienne dans un village nordique*, h/pan. (49x65) : **ITL 50 000 000** – L'Isle-Adam, 29 mai 1988 : *Scène villageoise* 1626, h/pan. (153,5x80) : **FRF 86 000** – Monaco, 19 juin 1988 : *Scène villageoise avec des mendiants et des paysans devant l'auberge* 1655, h/pan. (91,7x154) : **FRF 277 500** – Milan, 10 juin 1988 : *Paysans jouant aux cartes*, h/t (63x103) : **ITL 60 000 000** – Paris, 15 juin 1988 : *Assemblée de paysans sous les murs d'un château* 1639 ; *Assemblée de village devant l'auberge* 1632, deux h/pan. (41x64) : **FRF 320 000** – New York, 21 oct. 1988 : *Place de village avec des personnages*, h/pan. (47x62) : **USD 9 900** – Milan, 25 oct. 1988 : *Scène de vie dans un village de Hollande traversé d'un canal*, h/pan. (48x67) : **ITL 55 000 000** – Amsterdam, 14 nov. 1988 : *Le prince Maurits dissolvant la milice à Utrecht*, h/pan. (72x108,5) : **NLG 48 300** – Milan, 4 avr. 1989 : *Vue d'un village des Flandres*, h/pan. (86x123) : **ITL 56 000 000** – Stockholm, 15 nov. 1989 : *Jésus guérissant un aveugle*, h/t (67x80) : **SEK 25 000** – Monaco, 2 déc. 1989 : *Scène villageoise* 1638, h/pan. (52x82) : **FRF 144 300** – Londres, 18 mai 1990 : *La table des mendiants* 1623, h/pan. (24x35) : **GBP 10 780** – Amsterdam, 12 juin 1990 : *Rue de village avec de nombreux paysans*, h/t (56,7x85,3) : **NLG 29 900** – New York, 10 oct. 1990 : *Le bassin de Bethesda*, h/t (103x142,5) : **USD 16 500** – Amsterdam, 14 nov. 1990 : *Soldats occupant un village* 1633, h/pan. (74,5x107,5) : **NLG 80 500** – Monaco, 7 déc. 1990 : *Vue d'une encombrée de village* 1644, h/pan. (59x97) : **FRF 388 500** – Amsterdam, 12 juin 1990 : *Paysans sur la route du village*, h/pan. (27,5x36) : **NLG 69 000** – New York, 11 jan. 1991 : *Jour de fête sur la place d'un village*, h/pan. (73x112,5) : **USD 46 200** – Amsterdam, 14 nov. 1991 : *Rue de village avec de nombreux mendiants* 1633, h/pan. (73,5x56,8) : **NLG 62 100** – Londres, 1er nov. 1991 : *Garde civique chassant des mendiants hors de la ville*, h/pan. (48x64,5) : **GBP 4 180** – Milan, 28 mai 1992 : *Scène de repas campagnard près d'un village*, h/pan. (72,5x106) : **ITL 65 000 000** – Paris, 19 juin 1992 : *Paysage de rivière en Flandres*, h/pan. : **FRF 130 000** – Londres, 10 juil. 1992 : *Paysans dans une rue de village*, h/pan. (46,7x62,5) : **GBP 14 300** – Amsterdam, 10 nov. 1992 : *Voyageurs traversant une rue de village*, h/pan. (51x74,5) : **NLG 29 900** – Londres, 11 déc. 1992 : *Village au bord d'une rivière avec des* *paysans dans la barque du passeur* 1643, h/pan. (47x88,6) : **GBP 35 200** – Paris, 18 déc. 1992 : *La Place d'un bourg des Flandres*, h/t (80x112) : **FRF 108 000** – New York, 14 jan. 1993 : *Personnages élégants se promenant près d'une arche en ruine et des villageois patinant sur un canal gelé sous les murailles d'une ville fortifiée*, h/pan. (40,9x87) : **USD 85 800** – Londres, 7 juil. 1993 : *Banquet devant une auberge dans une rue de village* 1647, h/t (103,8x155,2) : **GBP 43 300** – Amsterdam, 18 nov. 1993 : *Soldats pillant un village* 1650, h/pan. (75,4x110,2) : **NLG 149 500** – Amsterdam, 17 nov. 1993 : *Paysage campagnard avec des personnages près d'un village* 1662, h/pan. (43x52,5) : **NLG 20 125** – Paris, 29 mars 1994 : *Paysans dans la rue d'un village hollandais*, h/pan. de chêne (42,5x55) : **FRF 150 000** – Paris, 29 juin 1994 : *Kermesse villageoise* 1640, h/t (106x150) : **FRF 460 000** – Londres, 6 juil. 1994 : *Scène de rue de village* 1652, h/pan. (26,4x38,8) : **GBP 10 925** – Paris, 12 juin 1995 : *Paysage à la rivière gelée, patineurs et moulin*, h/pan. de chêne (48,5x74) : **FRF 220 000** – Londres, 5 juil. 1995 : *Scène de village avec un apothicaire*, h/t (82,5x114,5) : **GBP 31 050** – Amsterdam, 13 nov. 1995 : *Mendiants accostant un gentilhomme dans un village*, h/pan. (52x73,8) : **NLG 46 000** – Paris, 6 déc. 1995 : *Rue de village animée* 1659, h/pan. (36,5x52) : **FRF 34 000** – Lille, 10 mars 1996 : *L'Assemblée des gueux* 1643, h/t (101x154) : **FRF 230 000** – Amsterdam, 7 mai 1996 : *Embuscade tendue à des voyageurs sur une route près de ruines* 1641, h/t (102x135,2) : **NLG 23 000** – New York, 16 mai 1996 : *Scène de village* 1647, h/t (74,9x108) : **USD 31 050** – Londres, 3 juil. 1996 : *Scène de la vie quotidienne dans un village flamand* 1643, h/pan. (40,1x71) : **GBP 25 300** – Amsterdam, 7 mai 1996 : *Mendiants accostant des villageois dans la rue et des paysans buvant devant l'auberge*, h/pan. (60,4x84,8) : **NLG 51 750** – New York, 31 jan. 1997 : *Rue d'un village avec des soldats enrôlant des hommes pour la guerre et collectant la dîme* 1643, h/t (74,9x101) : **USD 25 300** – Amsterdam, 7 mai 1997 : *Paysans assis dans une cour de ferme*, h/t (98,4x119,8) : **NLG 109 554** – Amsterdam, 10 nov. 1997 : *Une vue de De Hof à Amersfoort avec des cavaliers, des chevaux et des chariots, l'Hôtel de ville au fond*, h/pan. (26,6x43,4) : **NLG 51 894** – Amsterdam, 11 nov. 1997 : *Brigands envahissant un village*, h/pan. (40,8x54,6) : **NLG 28 830** – Londres, 31 oct. 1997 : *Les sept actions de grâce célébrées dans une rue de village* 1647, h/pan. (74,9x106,4) : **GBP 23 000** – Londres, 3-4 déc. 1997 : *Scène villageoise avec des paysans se rassemblant devant une église* 1625, h/t (89x171) : **GBP 38 900**.

DROOGSLOOT Nicolas
Né en 1650. Mort en 1702. xviie siècle. Hollandais.
Peintre.
Élève de H. Mommers. Le Musée de Bruges conserve de lui : *Paysage avec figures*.
Ventes Publiques : Londres, 23 fév. 1923 : *Village sur la côte* : **GBP 29**.

DROOST J. Van
Né en 1638. Mort en 1694. xviie siècle. Hollandais.
Peintre d'histoire, portraits, dessinateur.
Il se consacra à la peinture d'histoire et au portrait.
Ventes Publiques : Amsterdam, 1707 : *Un joueur de flûte* : **FRF 24** – Amsterdam, 28 mars 1708 : *Une femme cousant* : **FRF 80** – Paris, 1776 : *Oiseaux et autres animaux*, dess. coloriés, quatre feuilles : **FRF 120** – Paris, 1858 : *Portrait d'un homme, coiffé d'un chapeau à plumes*, dess. : **FRF 27** – Paris, 1861 : *La lettre* : **FRF 2 140** – Paris, 1863 : *L'Hospitalité* : **FRF 220**.

DROPPE Marie
Née à Toulouse-du-Jura (Jura). xxe siècle. Française.
Peintre de paysages.
Elle exposa à Paris au Salon d'Automne à partir de 1928.

DROPSI
xviiie siècle. Actif à Reims. Français.
Sculpteur.
Il exécuta un autel pour l'église Saint-Nicaise.

DROPSY Henri
Né le 21 janvier 1885 à Paris. xxe siècle. Français.
Sculpteur, graveur sur médailles.
Élève de F. Vernon, de J. Injalbert et de H. Patey. Il a régulièrement exposé, à Paris, au Salon des Artistes Français, dont il est devenu sociétaire. Chevalier de la Légion d'honneur. Il réalisa des portraits d'hommes célèbres tel que celui d'*Aristide Briand* ou du *Professeur Janselme* et des scènes allégoriques.

DROPSY J. B. Émile
Né au xixe siècle à Paris. xixe siècle. Français.
Sculpteur.
Sociétaire des Artistes Français depuis 1887, il figura au Salon de cette société et obtint une mention honorable en 1890, médaille de troisième classe en 1898, mention honorable à l'Exposition Universelle de 1900 et une médaille de troisième classe en 1903.

DROPSY Jacques
xviiie siècle. Français.
Sculpteur.
Il fut reçu à l'Académie de Saint-Luc à Paris en 1746 et nommé directeur en 1750. Il prit sa retraite de député en 1786. Il travaillait avant tout le marbre.

DROPSY Jacques Antoine
xviiie siècle. Français.
Sculpteur.
Il travaillait en 1783 pour l'hôtel de Salm, et fut reçu à l'Académie de Saint-Luc en 1785.

DROPSY Jacques François
Né en 1719 à Paris. Mort le 21 février 1790 à Paris. xviiie siècle. Français.
Sculpteur.
En 1750, il fut nommé conseiller de l'Académie de Saint-Luc.

DROPSY Lucien Émile
Né dans la deuxième moitié du xixe siècle. Mort au champ d'honneur durant la Première Guerre mondiale (1914-1918). xixe-xxe siècles. Français.
Sculpteur.
On cite ses bustes exposés au Salon des Artistes Français de 1911 à 1914.

DROPSY Nicolas
xviiie siècle. Actif à Nantes en 1770. Français.
Peintre.
Cité par Granges de Surgères dans son ouvrage sur les Artistes Nantais.

DROPY Charles César Joseph
Né le 1er mars 1793 à Douai (Nord). xixe siècle. Français.
Peintre de portraits.
Le Musée de Douai conserve de lui : *Portrait d'un mendiant*.

DROSSAERT Jacob
xviiie siècle. Hollandais.
Peintre de paysages, de scènes de chasse.
Était, en 1706, dans la gilde de Haarlem.

DROSSHIN Peter Semionovitch
Né en 1749. Mort en 1805. xviiie siècle. Russe.
Peintre de portraits.
Il fut élève de Lewitzky et travailla à Leningrad et à Moscou.

DROSSIS Leonidas
Né le 4 décembre 1836 à Athènes. Mort le 6 décembre 1882 à Naples. xixe siècle. Grec.
Sculpteur.
Il fut élève de Siégel à Athènes puis termina ses études à Munich et à Rome avant de retourner dans sa ville natale où il fut nommé professeur à l'Académie. On cite de lui : *Sapho et Alexandre le Grand*.

DROST
xixe siècle. Actif à Amsterdam vers 1830. Hollandais.
Peintre de miniatures.

DROST Anthonie
xviiie siècle. Hollandais.
Peintre animalier, aquarelliste, dessinateur, sculpteur.
Travailla vers 1790 ; quelques-unes de ses œuvres faisaient partie de la collection Ploos Van Amstel.
Ventes Publiques : Paris, 9 mars 1988 : *Deux bergeronnettes dans un paysage*, aquar. gchée (23x31.5) : **FRF 25 000** – Paris, 16 nov. 1993 : *Un chardonneret et une linotte*, aquar. et gche/traits de cr. noir (17,5x26) : **FRF 5 200**.

DROST P.
xviie siècle. Hollandais.
Peintre.
Le Musée d'Innsbruck possède de lui : *L'enfant au vautour*.

DROST Willem ou **Dorste**
Né vers 1630. Mort en janvier 1678 à Amsterdam. xviie siècle. Hollandais.

Peintre de compositions religieuses, sujets mythologiques, portraits.

On connaît peu de choses sur sa vie. Houbraken signale un peintre d'histoire, Drost, élève de Rembrandt, qui séjourna assez longtemps à Rome et revint à Utrecht avec Karel Lot et Jan Van der Meer. Il fut probablement ami du peintre J. van der Capellen.

Il peignit surtout des portraits.

Drost: f. JVDorsto: fci:

Musées : Amsterdam (Rijksmuseum) : *Hérodiade reçoit la tête de saint Jean Baptiste – Christ apparaissant en jardinier à sainte Madeleine* – Budapest : *Portrait de femme* – Copenhague : *Jeune Daniel* – Dresde : *Un homme tenant un verre – Une femme tenant une pêche* – Florence (Mus. des Offices) : *Autoportrait* – La Haye : *Portrait de femme* – Kassel : *Noli me tangere – Portrait d'homme en chapeau – Mercure endormant Argus* – Londres (coll. Wallace) : *Portrait de vieille femme* – Paris (Mus. du Louvre) : *Bethsabée* – Prague : *Annonciation.*

Ventes Publiques : Londres, 14 mars 1930 : *La mère de l'artiste* : **GBP 42** – Lucerne, 19 juin 1964 : *Portrait d'une dame de qualité* : **CHF 6 000** – Londres, 24 juin 1970 : *Jeune femme en costume oriental* : **GBP 3 000** – Londres, 29 mars 1974 : *Portrait de jeune homme* : **GNS 5 500** – Londres, 6 juil. 1983 : *Portrait de jeune homme aux cheveux chatains,* h/pan. (28,5x25) : **GBP 15 000** – Paris, 31 mai 1988 : *Repos pendant la fuite en Égypte,* pl. et lav. brun (14,5x21) : **FRF 180 000** – New York, 1er juin 1990 : *Portrait d'un homme portant un bonnet,* h/t (48,5x40) : **USD 38 500** – Amsterdam, 17 nov. 1993 : *Tête de jeune garçon,* h/t (40x37,5) : **NLG 19 550** – New York, 11 jan. 1996 : *Portrait d'un joueur de flûte,* h/t (74,9x62,2) : **USD 46 000** – Paris, 26 nov. 1996 : *Étude d'homme ; Étude de couple vu de profil,* pl. et encre brune (11,5x10) : **FRF 17 000** – New York, 4 oct. 1996 : *Un soldat de trois quarts, fermant sa ceinture, un casque sur une table à ses côtés,* h/t (101,6x82,5) : **USD 134 500** – New York, 30 jan. 1997 : *Portrait d'un officier au béret rouge* 1654, h/t (102,9x92,1) : **USD 2 697 500.**

DROSTE Bartholemeus

XVIe siècle. Actif à Bruges vers 1527. Éc. flamande.

Peintre.

DROSTE Monica

XXe siècle. Belge.

Dessinateur, sculpteur, artiste d'installations, technique mixte.

Elle travaille avec Guy Rombouts, l'inventeur de l'alphabet *Azart,* qu'ils exploitent pour créer dessins et sculptures.

DROSYS. Voir **DREUX Jehan**

DROUAIS Charles

Français.

Peintre.

Il était membre de l'Académie de Saint-Luc à Paris.

DROUAIS François Hubert

Né le 14 décembre 1727 à Paris. Mort le 21 octobre 1775 à Paris. XVIIIe siècle. Français.

Peintre de portraits.

Il fut l'élève de son père, Hubert Drouais, également portraitiste, puis successivement celui de Nonotte, Carle Van Loo, Natoire et François Boucher. En 1754, il fut agréé à l'Académie et reçu académicien le 25 novembre 1758. Le 2 juillet 1774, il est élevé au grade de conseiller de l'Académie et prit part aux expositions du Louvre de 1755 à 1775. Étant premier peintre du roi, de Monsieur et de Madame, toute la noblesse de France, toute la haute société de l'époque, noblesse de cour et noblesse de robe, magistrats réputés, ambassadeurs étrangers, artistes de la maison du roi, professeurs illustres, artistes fameux, se faisaient un honneur de poser pour François Hubert Drouais. Nous ne pouvons naturellement citer toutes les personnalités qui se firent portraiturer par cet artiste, mais parmi tant d'autres, relevons toutefois les noms de S. M. le roi ; princesse Joséphine de Carignan ; comte et comtesse d'Artois ; Marie-Antoinette en *Hébé* ; Christian IV duc des Deux-Ponts, Louis de Bourbon, comte de Clermont ; Louis XV, Louis XVIII, Louise de Savoie, duc de Choiseul, marquise d'Humières, marquise de Balleroy et ses enfants, comte Rigaud de Vaudreuil, marquise de Serilly, comtesse de Chastenay, vicomte Alexandre de Beauharnais (enfant), comtesse de Brionne ; nous retrouvons plusieurs fois les portraits de Mme du Barry et de Mme de Pompadour, ainsi que ceux de : Hérault de Séchelles (enfant), de Buffon ; de Coustou et Bouchardon, sculpteurs du roi ; du comédien Baron, du président Desvieux, l'archevêque d'Alby, prince Gallitzin, ambassadeur de Russie à la cour de Vienne, etc. Les plus hautes personnalités de l'époque posèrent devant lui. Si nous remarquons un jeune homme jouant avec un chien, le jeune homme en question n'est autre que le comte de Provence, près du duc de Berry tenant des fruits. Le prince et la princesse de Condé paraîssent en costumes de jardinier et jardinière. Sous des habits de vendangeurs nous reconnaissons le prince de Guémenée et Mlle de Soubise, et le prince de Bouillon avec le chevalier, sous les habits de montagnards font danser une marmotte. Un *Concert champêtre* rassemble plusieurs personnages dont chaque figure est un portrait. MM. de Béthune jouent avec un chien. Un *Amour enchaîné et désarmé* sont Mlle de Lorraine, le prince et Mlle d'Elbœuf. Une *Muse* porte les traits de la comtesse du Barry. Mme Clotilde, princesse de Piémont, joue de la guitare. Une autre dame joue de la harpe, une jeune fille tient des raisins, une autre encore quitte sa toilette, une petite fille joue avec un chat, toutes ces jeunes personnes sont telles ou telles grandes dames, que le pinceau de l'artiste a représentées dans des attitudes gracieuses et pleines de charmes.

Artiste consciencieux et travailleur, François Hubert Drouais jouissait d'une grande réputation et la qualité de ses modèles en firent un des hommes en vue de son temps. Son influence fut considérable, sur sa génération et la suivante. Son dessin est large et vigoureux tout en demeurant plein de charme, et son coloris, s'il manque parfois d'éclat, n'est point dépourvu de qualités. Il fut le plus habile et le plus célèbre des peintres de son nom. L'originalité de ses peintures se manifeste dans des représentations où le pittoresque des scènes champêtres, ou d'intérieur, s'agrémente de compositions charmantes, où des personnages illustres posent dans des costumes empruntés à la garde-robe de jardiniers, de vendangeurs, etc. Ce côté un peu trop charmant donne à l'œuvre de François Hubert Drouais un caractère assez superficiel, sans grande invention. En fait il a donné le meilleur de lui-même lorsqu'il a exécuté le portrait de sa femme, en 1758.

Musées : Amiens : *Portrait du duc de Berry, enfant* – Berlin : *Portrait d'Elisabeth Godefred, princesse de Condé – Portrait de la comtesse du Barry – Tête de femme – Petite fille – Le vicomte Alexandre de Beauharnais, enfant – Jeune garçon – Portrait de Christian IV, duc des Deux-Ponts – Portrait de Hérault de Séchelles, enfant – Portrait de femme anonyme* – Bourges : *Jeune garçon tenant son chapeau sous le bras* – Chantilly : *Marie-Antoinette en Hébé* – La Fère : *Portrait d'anonyme* – Grenoble : *L'enfant à la poupée* – Londres (Nat. Gal.) : *Marie-Antoinette à l'âge de dix-sept ans* – Marseille : *Portrait d'un magistrat* – Orléans : *Portrait de Mme de Pompadour – Portrait d'un jeune homme* – Paris (Louvre) : *Portrait de Charles-Philippe, comte d'Artois – Portrait de Mme Clotilde, reine de Sardaigne – Portrait de Bouchardon – Portrait de Coustou fils – Mlle Pélissier – Madame Loys* – Paris (Jacquemart-André) : *Jeune garçon et chat – Charles-Philippe et sa sœur* – Stuttgart : *Portrait de femme* – Versailles : *Portrait du comte d'Artois et de Mme Clotilde – Portrait de Louis de Bourbon, alors comte de Clermont – Portrait de Louis XVIII, alors comte de Provence – Portrait de Mme Clotilde – Portrait de Louis XV – Portrait de Charles X, alors comte d'Artois.*

Ventes Publiques : Londres, 1855 : *Madame de Pompadour* : **FRF 4 860** – Paris, 1865 : *Petit garçon au chat* : **FRF 20 100** – Paris, 1872 : *Les deux frères* : **FRF 18 000** – Paris, 1881 : *Portrait de Mme Du Barry* : **FRF 14 000** – Paris, 1881 : *Portrait du comte Rigaud de Vaudreuil* : **FRF 42 000** – Londres, 1887 : *Le joueur de guitare* : **FRF 18 370** – Londres, 1895 : *Portrait de Mme Du Barry* : **FRF 18 000** – Londres, 1895 : *Mme de Pompadour* : **FRF 4 734** – Paris, 19 mars 1899 : *Portrait de fillette, dess.* : **FRF 2 100** – Bruxelles, mai 1899 : *Portrait de Madame Du Barry* : **FRF 420** – Paris, 1899 : *Mme Du Barry et son nègre Zamore* : **FRF 3 020** ; *Portrait d'un professeur de musique des Enfants de France* : **FRF 17 800** – Paris, 22 mai 1901 : *Portrait de M. Beaujon* : **FRF 1 500** – New York, 26 et 27 fév. 1903 : *Portrait de Buffon* : **USD 150** – New York, 28 et 29 avr. 1904 : *La leçon de musique (portrait de la comtesse de Châtenay et de ses enfants)* : **USD 1 050** ; *Portrait d'une dame* : **USD 145** – Paris, du

26 au 29 avr. 1904 : *Portrait du jeune duc de Choiseul* : **FRF 51 000** – New York, 6 et 7 mars 1905 : *Jeune fille* : **USD 900** – New York, 29 et 30 avr. 1905 : *La marquise d'Humières* : **USD 750** – Paris, 29 juin 1905 : *Portrait de femme* : **FRF 41 000** – New York, 23 et 24 fév. 1906 : *La marquise de Balleroy et ses enfants* : **USD 11 550** – New York, 11 juin 1921 : *Portrait de femme* : **FRF 70 000** – New York, 8 juin 1925 : *Portrait de la comtesse Du Barry* : **FRF 280 000** ; *Portrait de Mademoiselle Foullon* : **FRF 142 000** ; *Portrait de Mademoiselle de Charollais* : **FRF 47 500** ; *L'Enfant au bourdon*, past. : **FRF 18 000** – Londres, 7 mai 1926 : *Le château de cartes* 1766 ; *Les bulles de savon* 1767 : **GBP 13 650** – Paris, 3 et 4 juin 1926 : *Portrait d'Hérault de Séchelles enfant* : **FRF 435 000** ; *Portrait du comte de Nogent, enfant* : **FRF 601 000** – New York, 5 et 6 déc. 1930 : *La jeune dame aux raisins* : **USD 3 100** – New York, 7 déc. 1934 : *Portrait de la marquise de Narbonne* : **FRF 60 000** – New York, 31 mars 1938 : *Portrait de la comtesse Du Barry* : **FRF 460 000** – New York, 20 mai 1942 : *Portrait présumé de M. Beaujon* : **FRF 170 000** – New York, 21 oct. 1944 : *La comtesse Du Barry* 1769 : **USD 8 500** ; *Le Chevalier de Turenne* 1772 : **USD 1 750** – New York, 24 et 25 nov. 1944 : *Jeune fille au panier de fleurs* 1772 : **USD 12 500** – New York, 13 et 14 avr. 1945 : *Renée Anne Jacquette Guillemette Moulin de la Racinière, Mme d'Angot* 1772 : **USD 6 700** – Paris, le 14 déc. 1951 : *L'enfant aux pêches* : **FRF 3 200 000** – Londres, 25 fév. 1959 : *Portrait de la princesse de Provence* : **GBP 2 000** – Londres, 16 juin 1959 : *Portrait présumé de Turgot, marquis de Soufmont* : **FRF 700 000** – Londres, 14 juin 1960 : *Le jeune élève* : **FRF 37 000** – Londres, 25 nov. 1960 : *Jeune fille ramassant des roses* : **GBP 2 205** – Londres, 24 nov. 1961 : *Portrait de Madame Du Barry* : **GBP 17 850** – Paris, 21 mars 1968 : *Portrait de jeune femme* : **FRF 55 000** – Londres, 7 juil. 1972 : *Portrait de l'artiste* ; *Portrait de la femme de l'artiste* 1764 : **GNS 20 000** – Londres, 29 mars 1974 : *Portrait d'une dame de qualité* 1772 : **GNS 12 000** – Paris, 6 avr. 1976 : *Jeune femme tenant une corbeille de fruits*, h/t (73x59) : **FRF 30 000** – Zurich, 25 nov. 1977 : *Le Prince de Guéménée et Madame de Soubise*, h/t (127,7x96,8) : **CHF 54 000** – Paris, 5 déc. 1983 : *Portrait de son père Hubert Drouais*, h/t (197x230) : **FRF 400 000** – Paris, 14 avr. 1986 : *Portrait présumé d'Elisabeth Turgot, marquise de Soufmont* 1766, h/t (81x65) : **FRF 820 000** – Paris, 14 avr. 1988 : *Portrait de Henry Edouard Fox*, h/t (71x59) : **FRF 250 000** – Paris, 10 juin 1988 : *Portrait en buste de la marquise de Pompadour*, h/t (40x34) : **FRF 145 000** – Milan, 25 oct. 1988 : *Portrait d'une jeune femme lisant une lettre*, past. (82,5x65) : **ITL 22 000 000** – Paris, 22 juin 1990 : *L'Enfant au bourdon*, past. (62x50) : **FRF 450 000** – Paris, 5 nov. 1993 : *Portrait de la marquise de Pompadour*, h/t, de forme ovale (62x53) : **FRF 240 000** – Paris, 24 mai 1996 : *Portrait de Marie-Antoinette à dix-sept ans*, h/t (64,5x54,5) : **FRF 50 000** – Paris, 25 juin 1996 : *Portrait de jeune femme au manteau orné de roses*, h/t ovale (73x60,5) : **FRF 130 000** – New York, 4 oct. 1996 : *Jeune garçon portant un carton à dessins* 1760, h/t (59,7x48,6) : **USD 178 500** – New York, 30 jan. 1997 : *Les enfants du Duc de Bouillon habillés en montagnards, l'un jouant de la vielle, l'autre avec une marmotte attachée à un ruban* 1756, h/t (86,4x130,2) : **USD 1 212 500**.

DROUAIS Hubert

Né à Saint-Samson-de-la-Roque (Eure), baptisé le 3 mai 1699. Mort le 9 février 1767 à Paris. xviiie siècle. Français.

Peintre de portraits, miniaturiste, pastelliste, dessinateur.

Fils de peintre, il commença par étudier à Rouen, puis il vint à Paris, dans l'atelier de François de Troy. Il fut reçu membre de l'Académie de Saint-Luc en 1730. Il figura au Salon de Paris, entre 1737 et 1755.

Cet artiste excella dans les portraits en miniature. Après la mort de son maître, il fut employé par Jean-Baptiste Van Loo, Jean-Baptiste Oudry et Jean-Marc Nattier, pour peindre dans leurs toiles, les costumes et les divers accessoires.

Bibliogr. : In : *Diction. de la peinture française*, coll. Essentiels, Larousse, Paris, 1989.

Musées : Paris (Mus. du Louvre) : *Portrait du peintre Joseph Christophe* – *Portrait du sculpteur Robert le Lorrain*.

Ventes Publiques : Paris, 18-19 mai 1921 : *Portrait d'un jeune garçon*, cr. : **FRF 1 800** – Paris, 22 mai 1925 : *Portrait d'un abbé* : **FRF 1 100** – Paris, 20 déc. 1946 : *Portrait de jeune femme en robe vert d'eau* ; *Portrait d'un magistrat*, deux pendants : **FRF 93 000**.

DROUAIS Jean-Germain

Né le 25 novembre 1763 à Paris. Mort le 13 février 1788 à Rome. xviiie siècle. Français.

Peintre d'histoire, sujets religieux, portraits, dessinateur. Néo-classique.

Il est le fils de François Hubert Drouais. Très jeune, il marqua un goût marqué pour les arts et l'on possède de lui des études et des dessins fort remarquables, qu'il exécuta à peine âgé de dix ans. Après avoir travaillé avec son père, il entra d'abord à l'atelier de Nicolas Guy Brenet, puis devint élève de Jacques Louis David qui lui manifesta une affection profonde et qui le considérait comme une gloire future de l'école française. En 1783, il concourut pour le prix de Rome et, mécontent de son œuvre, la détruisit malgré les reproches de David. Il reçut le prix de Rome en 1784, et la réputation du jeune maître fut, du coup, établie. En 1785, il partit donc pour Rome, accompagné de David qui resta un an avec lui. Drouais étudia en Italie les maîtres anciens, Donatello, Michel-Ange, et plus spécialement Raphaël. Il fut atteint d'une fièvre cérébrale, et il mourut en quelques jours, conséquence d'un travail exagéré, à peine âgé de vingt-cinq ans. Il fut enterré dans l'église Sainte-Marie et l'École Française de Rome lui fit ériger un monument dû au sculpteur Michallon. Jean-Germain Drouais promettait d'être un maître dans toute l'acception du mot.

Il peignit le *Retour du fils prodigue* 1782, pour l'église Saint-Roch à Paris. Il réalisa aussi *La Cananéenne aux pieds de Jésus-Christ*, œuvre qui obtint un succès éclatant, et qui lui valut le prix de Rome. Durant son séjour romain, il aida son maître au *Serment des Horaces* 1785. Il envoya de Rome plusieurs tableaux, entre autres *Marius à Minturnes* 1786, dont le succès fut comparable à celui de la *Cananéenne et Jésus-Christ*. Il peignit ensuite *Philoctèle accusant les dieux* et préparait un *Caius Gracchus* lorqu'il tomba malade. Drouais s'affirme dans ses œuvres comme l'un des plus fidèles adeptes du Néo-Classicisme de Jacques-Louis David.

Musées : Aix-en-Provence (Mus. Granet) : *La résurrection du fils de la veuve* – Chartres : *Philoctète dans l'île de Lemnos* – La Fère : *Un soldat romain blessé* – Lille : *Marius à Minturnes*, croquis du tableau – *Coriolan quittant sa mère qui tombe évanouie* – *Jeune femme assise* – *Caius Gracchus sortant pour apaiser la sédition*, esquisse – Paris (Mus. du Louvre) : *Le Christ et la Cananéenne* – *Marius à Minturnes* – Rennes (Mus. des Beaux-Arts) : environ cinq cent dessins – Rouen (Mus. des Beaux-Arts) : *Gladiateur assis*.

Ventes Publiques : Paris, 1877 : *Portrait de Mme la comtesse de Provence*, dess. au cr. : **FRF 305** – New York, 31 mars 1905 : *La marquise de Breteuil* : **USD 1 700** – Londres, 18 juil. 1941 : *Dame en robe rose et fichu blanc*, dess. : **GBP 15** – Londres, 28 mars 1969 : *La résurrection* : **GNS 220** – Paris, 27 avr. 1979 : *Jeune fille au chat*, h/t (60x50) : **FRF 30 000** – Paris, 5 déc. 1983 : *Marius à Minturnes*, h/pap. mar./t. (18,5x25,8) : **FRF 160 000** – New York, 12 jan. 1990 : *Saint Luc*, craie noire avec reh. de blanc/pap. beige (36,5x37,6) : **USD 3 300** – New York, 14 jan. 1992 : *Académie masculine* 1778, craie noire avec reh. de blanc (54x38,3) : **USD 3 575** – Paris, 27 juin 1992 : *La constance d'Eléazar*, h/t (46,5x56) : **FRF 46 000** – New York, 12 jan. 1996 : *Académie : nu masculin figurant Mars*, h/t (183x127) : **USD 11 500**.

DROUANT Armand

Né en 1898 à Lisieux (Calvados). Mort en octobre 1978 à Villefranche-sur-Mer (Alpes-Maritimes). xxe siècle. Français.

Peintre de paysages.

Venu à Paris à vingt-deux ans, il reçut les conseils de Henri Ottmann. Depuis, il n'a pas cessé de donner des paysages savoureux, d'un métier rompu à tous les raffinements. Chimiste et technicien de la peinture, on lui doit des ouvrages qu'il nomme « cliniques », dont les *Dialogues sur la Peinture*, où il met au point une évaluation chiffrée des différentes valeurs d'une toile.

Ventes Publiques : Versailles, 6 oct. 1976 : *Villefranche : le port* 1973, h/t (54,5x92,5) : **FRF 3 500** – Versailles, 16 juin 1983 : *Maisons au bord de la rivière* 1945, h/t (50x73) : **FRF 5 000**.

DROUARD, veuve de

Française.

Peintre.
Elle fut reçue à l'Académie de Saint-Luc à Paris.

DROUARD Charles
XVIIIe siècle. Actif à Paris en 1767. Français.
Peintre.

DROUARD Claude
XVIIe siècle. Français.
Peintre.
Il fut reçu à l'Académie de Saint-Luc en 1666.

DROUARD Élie Jean
Né le 21 février 1756 à Saint-Jean-d'Angély (Charente-Maritime). Mort le 24 juillet 1833 à Fontenay-le-Comte (Vendée). XVIIIe-XIXe siècles. Français.
Sculpteur.
Il était fils de Jean.

DROUARD Jean
Né à Saint-Jean-d'Angély (Charente-Maritime). Mort en 1780 à Niort (Deux-Sèvres). XVIIIe siècle. Français.
Sculpteur.
Il sculpta un autel pour l'église Notre-Dame à Niort.

DROUARD Maurice
Né à Houilles (Yvelines). XXe siècle. Français.
Peintre de paysages.
Il exposa à Paris au Salon des Indépendants en 1931 et 1932.

DROUARD Pierre
XVIIe siècle. Français.
Peintre et sculpteur.
Il était membre de l'Académie de Saint-Luc à Paris en 1690.

DROUARD Pierre
XVIIIe siècle. Actif à Nantes entre 1744 et 1781. Français.
Sculpteur.

DROUARD Pierre Paul
XVIIIe siècle. Actif à Paris en 1736. Français.
Peintre et sculpteur.

DROUART Claude
XVIIe siècle. Actif à Paris en 1666. Français.
Peintre.

DROUART François
XVIIIe siècle. Actif à Paris en 1736. Français.
Sculpteur et peintre.

DROUART Jacques
XVIIe siècle. Actif à Paris en 1681. Français.
Peintre.

DROUART Jean Baptiste
Né le 20 septembre 1739 à Liart (Ardennes). Mort le 30 décembre 1816 à Reims (Marne). XVIIIe-XIXe siècles. Français.
Sculpteur et architecte.
Il travailla pour la cathédrale et différentes églises de Reims.

DROUART Jean Pierre
XVIIIe siècle. Actif à Paris en 1764. Français.
Peintre.

DROUART Lambert
XVIIe siècle. Actif à Paris en 1665. Français.
Peintre.

DROUART Nicolas
Mort le 30 avril 1750. XVIIIe siècle. Actif à Paris. Français.
Peintre et sculpteur.

DROUART Pierre
XVIIe siècle. Français.
Peintre.
Il fut reçu à l'Académie de Saint-Luc en 1690.

DROUART Pierre Henri
Né le 23 janvier 1742 à Paris. Mort en 1781 à Angers (Maine-et-Loire). XVIIIe siècle. Français.
Peintre.
Il était fils de Nicolas.

DROUART Raphaël
Né le 25 mars 1884 à Choisy-le-Roi (Val-de-Marne). Mort le 8 avril 1972 à Nogent-sur-Marne (Val-de-Marne). XXe siècle. Français.
Peintre, graveur, sculpteur, illustrateur.
Élève de Cormon et de M. Denis, il exposa au Salon de Paris à partir de 1919. Il a illustré des œuvres de J. M. de Hérédia, A. de Musset, E. Poe, Swinburn, P. Valéry, P. Verlaine, A. de Vigny, Villiers de l'Isle-Adam, etc. En 1918, il a également réalisé le *Monument aux Alliés morts en captivité*, à Giessen, en Allemagne.
Ventes Publiques : Paris, 21 mai 1930 : *Etude de nu*, aquar. : **FRF 60.**

DROUART-ROUSSEAU. Voir **CAHOUT Alice France**

DROUAT Charles
Français.
Artiste.
Reçu à l'Académie de Saint-Luc ; aucun texte n'indique l'art qu'il exerçait, ni à quelle date il entra dans la compagnie.

DROUAT Nicolas
Né à Tours (Indre-et-Loire). XVIe siècle. Français.
Sculpteur sur bois.
Antoine de Créqui, évêque de Nantes, le chargea, en 1557 de faire les boiseries de la salle haute du palais épiscopal.

DROUCKER Léon
Né en 1867 à Vilnius. XXe siècle. Depuis 1886 actif en France. Lituanien.
Sculpteur.
Sociétaire, à Paris, du Salon d'Automne et de la Société Nationale des Beaux-Arts. Il est l'auteur de bustes et de monuments et réalisa certains bas-reliefs pour la ville de La Havane.

DROUET
XVIIIe siècle. Actif à Paris à la fin du XVIIIe siècle. Français.
Sculpteur.
En 1788 il remporta la premier prix à l'Académie.

DROUET, Mme
XVIIIe siècle. Active à Sèvres en 1795. Française.
Peintre sur porcelaine.

DROUET Bernard
XVIIe siècle. Actif à Toulouse vers 1663. Français.
Sculpteur.

DROUET Charles
Né le 6 mai 1836 à Paris. Mort en 1908 à Paris. XIXe siècle. Français.
Sculpteur.
Élève de Toussaint. Il exposa au Salon de Paris à partir de 1861.

DROUET Gervais
Né à Toulouse (Haute-Garonne). XVIIe siècle. Vivait en 1670. Français.
Sculpteur et maître-architecte.
On lui doit des statues et des bas-reliefs dans l'église de Sainte-Marie, à Auch ; le maître-autel de Saint-Côme, dans le couvent des Jacobins de Toulouse ; le *Martyre de saint Étienne*, groupe au-dessus du grand autel de la cathédrale de Toulouse ; dans le même édifice, les tombeaux du président de Lestang et du chanoine Portes, ainsi que des statues de la Vierge et d'un apôtre, vis-à-vis de ces tombeaux.

DROUET Gilbert
XVIIIe-XIXe siècles. Actif à Sèvres. Français.
Peintre sur porcelaine.

DROUET Jean Guillaume
Né en 1764 à Dieppe (Seine-Maritime). Mort le 12 avril 1836 à Dieppe. XVIIIe-XIXe siècles. Français.
Peintre.
Le Musée de Dieppe conserve de lui quatre portraits.
Ventes Publiques : Paris, 1886 : *Geneviève-Françoise Drouet, fille de J. J. Drouet*, dess. à la sanguine : **FRF 50.**

DROUET Louis
XIXe siècle. Actif à Paris. Français.
Peintre.
Sociétaire des Artistes Français depuis 1893, il figura au Salon de cette société.

DROUET Macé
XVIIe siècle. Actif à Briolay (Anjou) au début du XVIIe siècle. Français.
Enlumineur.

DROUET Nicolas
XVIe siècle. Actif à Tours en 1557. Français.

Sculpteur.
Il travailla aussi à Nantes.

DROUET Théodore Toussaint
Né en 1831 à Paris. XIXe siècle. Français.
Graveur d'architectures.
Élève de Lempereur.

DROUET de Dammartin. Voir **DAMMARTIN**

DROUET D'ERLON Leo von, comte
XIXe siècle. Actif à Munich. Allemand.
Peintre amateur.
Il exécuta de nombreux paysages.

DROUET-AZAM Suzanne
Née le 7 septembre 1908 à Paris. XXe siècle. Française.
Peintre, illustrateur et copiste.
Elle fut élève de L. Roger. Elle exposa depuis 1935, à Paris, au Salon des Artistes Français dont elle devint sociétaire. Outre ses peintures de paysages, elle peignait des tableaux à thèmes décoratifs ainsi que des copies de tableaux anciens. Elle a également illustré des films pour l'Éducation nationale de 1955 à 1960.

DROUET-CORDIER Suzanne ou **Drouet-Réveillaud**, plus tard Mme **Réveillaud**
Née en 1885 à Paris. Morte en 1973. XXe siècle. Française.
Peintre. Orientaliste.
Élève de Humbert à l'École des Beaux-Arts de Paris, elle débuta en 1910 au Salon des Artistes Français. Elle partit avec une bourse de voyage pour la Tunisie où elle séjourna à Tunis et se rendit jusqu'à l'oasis de Tozeur. Elle obtint le Prix de la Tunisie en 1919 puis le Prix du Maroc en 1923. En 1926, à la mort de son mari, elle fonda une école pour les fillettes marocaines à Fès. Dans les années cinquante, elle voyagea au Cameroun, en Extrême-Orient et en Égypte.
Ventes Publiques : Paris, 10-11 juin 1997 : *L'Entrée du Palais*, h/t (50x62) : **FRF 6 000**.

DROUILLARD Claude
Né le 15 mars 1912 à Saint-Jean-d'Angle (Charente-Maritime). XXe siècle. Français.
Peintre, peintre de cartons de mosaïques, de vitraux. Tendance abstraite.
Elève de Lucien Simon aux Beaux-Arts de Paris. Exposant régulier des Salons des Réalités Nouvelles et d'Art Sacré, à Paris.
Son travail sur vitraux et mosaïques, aux motifs non figuratifs, s'apparente parfois à l'esthétique des dessins d'enfants.

DROUILLY Jean
Né le 30 octobre 1641 à Vernon (Eure). Mort en 1698 à Paris. XVIIe siècle. Français.
Sculpteur.
On cite de lui un grand vase : *Aux soleils* et *Le Poème héroïque*, au parc de Versailles.

DROUILLY Philippe François
XVIIIe siècle. Français.
Sculpteur et peintre.
Il fut reçu à l'Académie de Saint-Luc à Paris en 1752.

DROUIN I
XIVe siècle. Français.
Peintre, sculpteur.
Actif à Troyes en Champagne entre 1376 et 1390, il a peint des statues pour les églises Saint-Étienne et Saint-Urbain.

DROUIN II
XIVe siècle. Français.
Peintre, sculpteur.
Actif à Troyes en Champagne à la fin du XIVe siècle.

DROUIN III
XVe siècle. Français.
Sculpteur.
Travaillait à Troyes en Champagne.

DROUIN IV
XVIe siècle. Français.
Sculpteur sur bois.
Il travaillait à Troyes en Champagne vers 1500, exécutant une Vierge pour la cathédrale.

DROUIN, Mme, née **Lemaistre**
XVIIIe-XIXe siècles. Française.
Sculpteur.
Exposa plusieurs bustes au Salon de Paris en 1799 et 1801.

DROUIN Agnès
Née à Châteauroux (Indre). XXe siècle. Française.
Peintre de paysages, natures mortes.
Sociétaire, à Paris, du Salon des Artistes Français où elle a exposé de 1932 à 1938.

DROUIN Armand Alexis
Né le 26 mars 1813 à Deville-lès-Rouen (Seine-Maritime). Mort le 20 septembre 1882 à Rouen (Seine-Maritime). XIXe siècle. Français.
Dessinateur et graveur.
Frère de Gustave Drouin.

DROUIN Barbara von
Morte en 1796. XVIIIe siècle. Active à Munich. Allemande.
Peintre.
Elle fut élève de J.-J. Dorner l'Ancien.

DROUIN Demenge
XVIe-XVIIe siècles. Actif à Nancy entre 1551 et 1617. Français.
Sculpteur.

DROUIN Didier
XVIe siècle. Actif à Nancy en 1598. Français.
Sculpteur.

DROUIN Edouard-J
XXe siècle. Français.
Peintre.
Exposant, à Paris, du Salon des Artistes de Français, dont il devint sociétaire en 1906.

DROUIN Florent
Né vers 1540 à Nancy. Mort le 8 septembre 1612 à Nancy. XVIe-XVIIe siècles. Français.
Sculpteur.
,. Revenu à Nancy,.

DROUIN Florent, le Jeune
Né vers 1540 à Nancy. Mort le 8 novembre 1612 à Nancy. XVIe-XVIIe siècles. Français.
Sculpteur et architecte.
Certaines sources font état de ce qu'il aurait exécuté, après ses études à Paris dans une première période, le tombeau de la famille de Bassompierre, dans l'église des Minimes de la place Royale et le tombeau du cardinal Charles de Lorraine, dans l'église des Cordeliers ; mais il semble qu'il y ait ici confusion entre Paris et Nancy. Il commença à travailler à Nancy en 1572, au palais de Charles III, duc de Lorraine ; il y fit successivement une statue d'Adonis et une cheminée dans la grande salle. Il fit la statue équestre de saint Georges, qui surmonte la porte de ce nom. En 1581, il fut nommé maître des œuvres du duché de Lorraine. En 1582, pour l'église des Cordeliers à Nancy, il fit une Cène (aujourd'hui au Musée Lorrain). Il donna à la même église, en 1589, le tombeau du cardinal de Vaudemont, œuvre qui a subsisté. En 1596, il donna les dessins de la porte Notre-Dame, qu'il orna de bas-reliefs, et en 1607, il fournit le plan d'une fontaine destinée à la grande place de l'Hôtel de Ville. Il fournit un nombre considérable de sculptures pour les églises de Nancy. Enfin, en 1609, il fit les modèles de motifs ornementaux élevés pour l'entrée du duc Henri II de Lorraine.
■ J. B.

Musées : Nancy (Mus. Lorrain) ; *La Cène*. - sculpt.

DROUIN Gustave
Né le 21 août 1822 à Deville-lès-Rouen (Seine-Maritime). Mort à Boisguillaume (Seine-Maritime). XIXe siècle. Français.
Peintre et peintre verrier.
Frère de Armand Alexis Drouin. Il obtint une médaille d'argent en 1889, et travailla dans les églises de Rouen et des environs.
Musées : Rouen : *Pêcheuse* – *Marine* – *Chien couché*.

DROUIN Isabelle
XXe siècle. Française.
Sculpteur. Tendance symboliste-fantastique.
Participe à divers Salons notamment, à Paris, ceux d'Automne, des Indépendants, et du Trait. Plusieurs expositions personnelles à Paris, notamment au Festival de l'Érotisme à la Bastille en 1984 et au Centre culturel français d'Abidjan (Côte d'Ivoire) en 1982.
Elle réalisa pendant plusieurs années, sous forme de bronzes,

les *Licornes d'Or* du Festival international du film fantastique et de science-fiction de Paris.

DROUIN Jean
XVe siècle. Français.
Sculpteur.
Il est cité par A. Jacquot comme ayant travaillé à la cathédrale de Toul.

DROUIN Jean
XVIe siècle. Actif à Tours en 1516. Français.
Peintre.

DROUIN Jean
Mort le 4 septembre 1629 à Nancy (Meuthe-et-Moselle). XVIIe siècle. Français.
Sculpteur.
Il fut le père de Nicolas.

DROUIN Jean
XVIIIe siècle. Actif à Paris en 1703. Français.
Peintre.

DROUIN Jean Pierre
Né en 1782 à Besançon (Doubs). Mort le 4 mars 1861 à Besançon. XIXe siècle. Français.
Peintre de portraits, miniaturiste, aquarelliste.
Élève du sculpteur Dejoux.
Musées : Besançon : *Portraits de Napoléon Ier et de Marie-Louise*, miniatures.
Ventes Publiques : Paris, 27 avr. 1994 : *Portrait d'homme*, miniat. (8x6,5) : **FRF 4 200** – Paris, 4 avr. 1997 : *Portrait de jeune femme* 1832, miniat. (13,8x11,4) : **FRF 7 300**.

DROUIN Jessé
Mort en 1627 à Nancy (Meuthe-et-Moselle). XVIIe siècle. Français.
Sculpteur et architecte.
Sans doute frère cadet de Florent Drouin, il travailla au palais ducal. En 1579, il fut chargé de la décoration de la grande porte des nouvelles écuries. En 1605, il exécuta le maître-autel de l'église Saint-Georges, puis il alla à Toul, où il travailla à la cathédrale, en 1624.

DROUIN Nicolas
Né vers 1580 à Nancy (Meuthe-et-Moselle). Mort en 1669. XVIIe siècle. Français.
Sculpteur.
Il fit le mausolée du duc Charles III, dans l'église des Cordeliers, en 1615.

DROUIN Patrick
Né le 23 mars 1948 à Paris. XXe siècle. Français.
Sculpteur de statues, figures, monuments.
Il s'initia à la sculpture dans l'atelier d'Edmond Moirignot, profitant également des conseils de Paul Belmondo, Jean Carton, Raymond Martin. Sociétaire à Paris, de plusieurs Salons, notamment ceux des Artistes Français, d'Automne, des Indépendants et de la Société Nationale des Beaux-Arts, il réalise également des expositions personnelles : Fondation Taylor, Paris, 1983 ; galerie Leymarie, Paris, 1988. Plusieurs prix lui ont été attribués tels que le Grand Prix des Jeunes Sculpteurs de la Société Nationale des Beaux Arts en 1983, le prix Paul Louis Weiller de L'Académie des Beaux-Arts en 1985, le prix de la Sculpture du Salon d'Automne en 1990. Patrick Drouin a exécuté des commandes de sculptures monumentales pour certaines sociétés privées.
Le travail de Patrick Drouin engendre des figures d'hommes, de femmes, dont l'expression, patinée d'un certain classicisme suave, s'ajuste à une forme issue d'un équilibre entre l'espace, la matière et la lumière. « Ce qui m'intéresse, c'est de montrer des architectures humaines exprimant un sentiment dans l'espace », dit-il. ■ C. D.
Bibliogr. : Patrice de La Perrière : *Patrick Drouin* in : *Arts Actualités Magazine*, n° 20, Paris, 1991.
Musées : Paris (FNAC).
Ventes Publiques : Paris, 26 nov. 1984 : *Nu debout* (H 63,5) : **FRF 7 500**.

DROUIN Siméon
Mort en 1647 à Nancy (Meuthe-et-Moselle). XVIIe siècle. Français.
Sculpteur.
Il travailla au palais ducal en 1610. A. Jacquot cite de lui les statues de *Saint Roch*, de *Saint Charles Borromée* et de *Saint Sébastien*, pour l'église Bonsecours. Siméon ou Simon et Nicolas Drouin appartenaient probablement à la même famille que Florent et Jessé.

DROUIN de Mantes
Né à Mantes (Yvelines). XIVe siècle. Français.
Sculpteur sur bois.
En 1381 il travaillait pour la cathédrale de Troyes.

DROUINOT François Marc
XVIIIe siècle. Actif à Nancy en 1773. Français.
Sculpteur.

DROULIER
XIXe siècle. Français.
Peintre.
Le Musée de Douai conserve de lui : *Le départ de Pâris et d'Hector* (tableau de concours pour le prix de Rome).

DROUOT Auguste César Benjamin
Né à La Fève (Aisne). Mort en 1958. XXe siècle. Français.
Peintre, aquarelliste.
Élève de Ronnot-Dargent. Exposant depuis 1928, à Paris, au Salon des Artistes Français dont il devint sociétaire. Il obtint la médaille d'or en 1951 pour ses aquarelles.
Ventes Publiques : Paris, 28 juin 1991 : *Paysages*, h/t, une paire (chaque 61x50) : **FRF 7 000**.

DROUOT Édouard
Né le 3 avril 1859 à Sommevoire (Haute-Marne). Mort le 22 mai 1945 à Paris. XIXe-XXe siècles. Français.
Peintre de genre, sculpteur de sujets mythologiques, scènes typiques, animaux. Orientaliste.
Il fut élève de Émile Thomas et Mathurin Moreau. Il débuta comme peintre de sujets de genre et participa à l'Exposition universelle de Paris en 1900 avec *L'Amateur* où il obtint une mention honorable. Puis il se consacra à la sculpture, de dimensions modestes, le plus souvent en bronze, réalisant des sujets d'ordre mythologique, tel que *Buste de Diane, Pan* ou autres nymphes, et quelques sujets typiques, tirés de ses voyages, Indiens ou Touaregs.
Ventes Publiques : Londres, 23 juin 1976 : *Homme luttant avec un tigre*, bronze (H. 66) : **GBP 460** – Paris, 24 nov. 1980 : *Cavalier indien pistant*, bronze (H. 52,5) : **FRF 29 000** – Enghien-les-Bains, 16 oct. 1983 : *Méhariste à la lance*, bronze patine dorée (H. 58) : **FRF 70 000** – Washington D. C., 10 juin 1984 : *Quatre coureurs du marathon* vers 1900, bronze patine brun or (H. 61) : **USD 2 200** – Saumur, 8 juin 1985 : *Indien à cheval*, bronze à deux patines (L. 65) : **FRF 50 000** – Londres, 12 juin 1986 : *Deux coureurs à pied* vers 1900, bronze, patine rouge-brun et vert (H. 59) : **GBP 1 800** – Lokeren, 21 fév. 1987 : *Le Tireur à l'arc*, bronze patiné (H. 56) : **BEF 220 000** – Paris, 7 déc. 1987 : *Nymphe aux oiseaux*, bronze (H. 80) : **FRF 14 500** – Reims, 13 mars 1988 : *Indien en embuscade derrière son cheval, tirant à l'arc*, bronze (L. 47) : **FRF 11 000** – New York, 25 avr. 1988 : *Pan dansant*, bronze (H. 50,2) : **USD 1 320** – Paris, 10 juin 1988 : *Guerrier Touareg*, bronze deux patines brune et verte (57x64) : **FRF 24 000** – Paris, 16 oct. 1988 : *Indien et cheval couché*, bronze à deux patines verte et brune (L. 58) : **FRF 15 500** ; *Cavalier Touareg*, bronze à deux patines verte et dorée (H. 55) : **FRF 28 000** – Stockholm, 19 avr. 1989 : *La Vestale, jeune femme debout*, bronze (H. 89) : **SEK 20 000** – New York, 24 mai 1989 : *Buste de Diane*, marbre blanc (H. 73,7) : **USD 3 300** – Paris, 6 avr. 1990 : *Homme luttant avec un aigle*, bronze (H. 50) : **FRF 6 200** – Paris, 27 avr. 1990 : *Méhariste*, bronze (57x64) : **FRF 40 000** – Paris, 19 nov. 1991 : *Chamelier à l'assaut*, bronze (H. 56) : **FRF 25 000** – Paris, 8 mars 1993 : *Carrier*, bronze (H. 31,5, L. 72) : **FRF 6 500** – Lokeren, 20 mars 1993 : *Jongleur*, bronze (H. 59, l. 25) : **BEF 48 000** – New York, 14 oct. 1993 : *Un courrier au Maroc*, bronze (H. 70) : **USD 2 070** – Paris, 13 mars 1995 : *La Charmeuse de serpents*, bronze (H. 69) : **FRF 11 500** – Montréal, 7 déc. 1995 : *La Guerrière turque*, bronze (H. 34) : **CAD 1 200** – Lokeren, 9 déc. 1995 : *Femme avec une harpe*, bronze (H. 86) : **BEF 70 000** – New York, 17 jan. 1996 : *Les Quatre Coureurs*, bronze (H. 55,9, L. 88,9) : **USD 10 062** – Paris, 21 mars 1996 : *Méhariste à la lance*, bronze (H. 53) : **FRF 31 000** – Paris, 20 déc. 1996 : *Homme luttant avec un tigre*, bronze patiné (H. 49) : **FRF 12 000** – Paris, 17 nov. 1997 : *La Charmeuse de serpents*, bronze patine brune et dorée (H. 69) : **FRF 8 000** – Paris, 26 mai 1997 : *Le Labour*, bronze patine médaille (H. 30) : **FRF 4 000**.

DROUOT Jeanne Marie
Née à Dijon (Côte-d'Or). xxe siècle. Française.
Peintre de fleurs.
Élève de Montézin. Cette artiste a exposé de ses tableaux de fleurs au Salon des Artistes Français en 1936 et en 1938.

DROUX Michel
Né le 23 décembre 1946 à Saint-Marcel (Saône-et-Loire). xxe siècle. Français.
Peintre de paysages animés, paysages.
Fréquentant peu l'École des Beaux-Arts de Paris, il se forma surtout en autodidacte. À Paris, il participe aux Salons des Artistes Français, d'Automne ; ainsi qu'à des expositions collectives à Marseille, Salon-de-Provence, etc.
Très jeune, il fut influencé par les œuvres de Corot et Pissarro, qui ont conditionné un certain caractère romantique de ses propres travaux. À partir de 1971 et pendant une quinzaine d'années, il se livra à des expérimentations abstraites en technique mixte. Il est ensuite revenu à l'observation sur nature, qu'il transfère en atelier sur des toiles souvent travaillées au couteau.

DROUX Yvonne
Née à La-Ville-aux-Bois-les-Disy (Aisne). xxe siècle.
Peintre.
Elle a exposé des portraits et des paysages au Salon des Indépendants de 1935 à 1937.

DROUYN François Joseph Léo
Né le 12 juillet 1816 à Izon (Gironde). Mort le 3 août 1896 à Bordeaux (Gironde). xixe siècle. Français.
Peintre de paysages, graveur.
Après avoir suivi les cours de Jaen-Paul Alaux à Bordeaux, il alla à Paris, où il travailla sous la direction de Paul Delaroche, Léon Cogniet et surtout Louis Marvy qui lui enseigna la technique de l'eau-forte. Il participa au Salon de Paris de 1851 à 1880, obtenant, pour le gravure, une médaille en 1867.
En 1846, il publia un recueil de gravures, sous le titre : *Choix de types les plus remarquables de l'architecture du Moyen Âge dans le département de la Gironde*. Il composa également des paysages imaginaires qui prennent un caractère fantastique par leurs effets de contre-jour et d'éclairages contrastés.
Bibliogr. : Gérald Schurr, in : *Les Petits Maîtres de la peinture 1820-1920, valeur de demain*, Les Éditions de l'Amateur, t. III, Paris, 1976.
Musées : Londres (Victoria and Albert Mus.) : *Étang de Lacanau en Gironde – Habitation dans les Landes*.
Ventes Publiques : Paris, 4 nov. 1987 : *Le Corbeau et le renard* 1840, h/t (77x109) : **FRF 31 000**.

DROUYNOT Guyot
xvie siècle. Actif à Troyes entre 1533 et 1548. Français.
Peintre.
Exécuta des travaux pour l'entrée de la reine Éléonore à Troyes.

DROYER
xviiie siècle. Actif vers 1775. Français.
Graveur au burin.
On cite de lui le *Portrait de Franz von Affry*.

DROYSEN Karl
xixe siècle. Actif à Berlin. Allemand.
Peintre de paysages.

DROZ Georges William
Né à Besançon (Doubs), de parents suisses. xxe siècle. Suisse.
Peintre de paysages.
Il exposa à Paris au Salon des Indépendants à partir de 1927.

DROZ Gustave Antoine
Né le 9 juin 1832 à Paris. Mort le 22 octobre 1895 à Paris. xixe siècle. Français.
Peintre de genre, écrivain.
Fils du sculpteur Jules Antoine Droz, il entra à l'École des Beaux-Arts de Paris en 1851 et devint l'élève de Picot. De 1857 à 1865, il participa au Salon de Paris.
Ses tableaux de genre, tels : *Buffet de chemin de fer, Un succès au Salon*, sont proches de la caricature. Plus tard, il s'adonna à la littérature, collaborant avec Marcelin à *la Vie parisienne* et à la *Revue des Deux-Mondes*, en tant que conteur.
Bibliogr. : Gérald Schurr, in : *Les Petits Maîtres de la peinture 1820-1920, valeur de demain*, Les Éditions de l'Amateur, t. II, Paris, 1982.

DROZ Jacques
xviiie siècle. Actif à la fin du xviiie siècle. Français.
Peintre sur émail.

DROZ Jules Antoine
Né le 12 mars 1804 à Paris. Mort le 26 janvier 1872 à Paris. xixe siècle. Français.
Sculpteur de statues.
Élève de son père, Jean-Pierre Droz, puis de Cartellier ; il entra à l'École des Beaux-Arts en 1820. En 1833 il obtint une médaille de troisième classe et la croix de la Légion d'honneur lui fut décernée en 1854. Au Salon, il exposa de 1831 à 1855.
De cet artiste, il faut citer : *Le Génie du Mal*, statue en marbre du château de Compiègne, *Mathieu Molé*, statue en pierre à l'Hôtel de Ville de Paris, *L'Ange du martyre*, statue en pierre à l'église de Saint-Sulpice, *Conté*, statue en bronze à Séez, *Baron Thénard*, statue en bronze, *L'Hiver, l'Été*, statues allégoriques en marbre, au palais du Luxembourg, *Coysevox*, statue en pierre, *P. Chambge*, statue en pierre, au palais du Louvre, *La Gravure*, statue en pierre, dans la cour des écuries, *La Gloire civile et la Gloire militaire*, fronton principal du château de Saverne, *Camoëns et D. Enrique*, au palais de Lisbonne.
Ventes Publiques : Paris, 1er mars 1982 : *Homme assis*, terre cuite (37x15) : **FRF 21 000**.

DROZENSKI Andrzej
xviiie siècle. Actif à Cracovie en 1745. Polonais.
Peintre.

DRUA Antoine
Mort le 29 juillet 1616. xviie siècle. Actif à Malines. Éc. flamande.
Peintre.
Maître de Jérôme Van Orley à Malines en 1612.

DRUARD Henri
Né à Chalon-sur-Saône (Saône-et-Loire). xixe siècle. Français.
Peintre de genre.
Il exposa au Salon de Paris des sujets de genre, de 1848 à 1859.

DRUARD P.
xxe siècle. Actif à Paris vers 1900. Français.
Peintre.
Il exposa à partir de 1889.

DRUCK Hermann
Né le 21 mai 1856 à Vaihingen. Mort en 1931. xixe-xxe siècles. Allemand.
Peintre de paysages.
Fit ses études à l'Académie de Stuttgart avec Ludwig et Kappis. Le roi Charles lui fournit une pension pour aller travailler en Italie.
Musées : Stuttgart.
Ventes Publiques : Stuttgart, 6 mars 1981 : *Bords du Danube*, h/t (80x94) : **DEM 3 000** – Munich, 28 oct. 1982 : *Paysage d'automne*, h/t (62x115) : **DEM 4 500**.

DRUCK von STOCKMAYER Elise
Née le 14 janvier 1862 à Ulm. xixe siècle. Allemande.
Peintre.
Elle fut à Munich élève de Carl Marr.

DRUCKER Amy J.
Née à Londres. xixe-xxe siècles. Britannique.
Peintre.
Elle fit ses études à Paris où elle fut l'élève de Collin et de Binet. Elle exposa à partir de 1899 à la Royal Academy de Londres.

DRUDI Ambrogio
Mort en juin 1529. xvie siècle. Actif à Ferrare. Italien.
Peintre.
Peut-être faut-il l'identifier avec Ambrogio da Ferrara.

DRUDUS de Trivio
xiiie siècle. Actif à Rome. Italien.
Sculpteur.
Il sculpta des objets en marbre, pour la cathédrale de Civita Castellana et pour la cathédrale de Ferentino.

DRUDUS de Trivio Antonio
xiiie siècle. Actif à Rome. Italien.
Sculpteur.
Il était fils du précédent et travailla avec lui.

DRUEFKEN
Allemand.
Graveur sur bois.
On cite de lui des portraits et des sujets d'histoire.

DRUELLE Erasme Melliodore
Né le 6 avril 1806 à Douai (Nord). Mort le 1er octobre 1858 à Douai. XIXe siècle. Français.
Peintre.
Élève de Vallet à Douai, puis d'Hersent à Paris. Le Musée de Douai conserve de lui : *Un canard sur un carnier, Nature morte* et des *Têtes d'études.*

DRUESNES Pierre
Né le 16 mars 1956. XXe siècle. Français.
Sculpteur d'installations.
Il vit et travaille à Chauny (Aisne). La galerie Franka Berndt Bastille a montré une exposition de ses *Élévations* en 1992, puis une exposition de *Sculptures et Reliefs* en 1994.
Dans ces premiers travaux, le principe de base semble être l'occupation d'un espace déterminé par des éléments répétitifs.

DRUET Antoine
Né le 12 août 1857 à Essertenne (Haute-Saône). XIXe siècle. Français.
Peintre de genre, sujets typiques.
Élève de Gérome à l'École des Beaux-Arts de Paris, il figura au Salon des Artistes Français, dont il devint sociétaire en 1901. Il fit de nombreux voyages en Afrique du Nord, Inde, Népal, Espagne, Italie, Russie, d'où il rapporta des scènes typiques non tapageuses, mais le plus souvent sobres et traitées dans des tonalités sombres, sous une lumière contrastée, parfois dramatique.

A^{ne} DRUET

Bibliogr. : Gérald Schurr, in : *Les Petits Maîtres de la peinture 1820-1920, valeur de demain,* Les Éditions de l'Amateur, t. V, Paris, 1981.
Musées : Alger : *Les joueurs de boules* – Dieppe : *Paysage de Ceylan* – Gray : *Le Taj par un clair de lune – Le général André.*
Ventes Publiques : Paris, 1894 : *Le charmeur de serpents et la favorite* : **FRF 110** – Paris, 6 déc. 1919 : *Femmes se baignant à Agra (Inde)* : **FRF 405** – Paris, 11 juin 1927 : *Rue d'une ville du Népal* : **FRF 1 050** – Paris, 16 avr. 1945 : *La cigale et la fourmi,* trois compositions en éventail : **FRF 400** – Versailles, 14 oct. 1979 : *Les Zouaves en Afrique du Nord,* h/t (110x160) : **FRF 2 000** – Londres, 15 juin 1982 : *À midi chez Bignon* 1884, h/t (129x194) : **GBP 33 000** – Londres, 29 mai 1985 : *Promenade en barque à Kachmire,* h/t (59x73) : **GBP 1 300** – Paris, 21 et 22 déc. 1987 : *Portrait d'un grand médecin dans son cabinet* 1890, h/t (92x73) : **FRF 15 000** – Paris, 9 déc. 1988 : *Le café au clair de lune,* h/t : **FRF 44 000** – New York, 20 fév. 1992 : *Le bain des femmes du harem* 1890, h/t (100,3x73) : **USD 44 000** – Paris, 30 mars 1992 : *La caravane de chameaux,* h/t (65x100,5) : **FRF 13 500** – Paris, 5 avr. 1993 : *La jeune femme aux bijoux,* h/t (46x33) : **FRF 26 000** – New York, 12 oct. 1994 : *Jeunes femmes dans un patio,* h/t (64,9x91,9) : **USD 19 550** – Reims, 29 oct. 1995 : *Site des palais de Patan à Katmandou au Népal,* h/t (74x94) : **FRF 13 000** – Paris, 25 avr. 1996 : *Scène familiale dans un jardin,* h/t (60x74) : **FRF 10 500.**

DRUEZ Pierre Joseph
XVIIIe siècle. Actif à Anvers. Éc. flamande.
Paysagiste.
Élève de l'Académie d'Anvers en 1794.

DRUGMAN
XVIIIe siècle. Actif à Parme à la fin du XVIIIe siècle. Italien.
Sculpteur sur bois.

DRUGMAN Giuseppe
Né le 27 avril 1810 à Parme. Mort le 1er octobre 1846 à Parme. XIXe siècle. Italien.
Peintre.
On lui doit des paysages, en particulier de la région romaine.
Musées : Parme : *Vue de Rome – La forêt ensoleillée.*

DRUIELLE Jean
Né à Toulouse (Haute-Garonne). XXe siècle. Français.
Sculpteur.
On mentionne ses bustes exposés au Salon des Artistes Français de 1936 à 1938.

DRUILHET Marie-Louise
Née à Paris. XXe siècle. Française.
Peintre de paysages, marines, natures mortes.
Elle a exposé, à Paris, au Salon des Indépendants en 1931, 1932, 1937, 1940 et 1943.

DRUILLET Philippe
Né en 1944. XXe siècle. Français.
Peintre, peintre à la gouache, aquarelliste, dessinateur, illustrateur, de bandes dessinées, films d'animation. Figuration-fantastique.
Il travaille surtout pour la bande dessinée, notamment dans les revues *Pilote* et *Métal hurlant.* Il réalise également des dessins d'architecture et de perspectives. C'est d'ailleurs dans le domaine des décors des actions qu'il anime qu'il est le plus remarquable, par sa science de la perspective appliquée à des architectures fantastiques totalement imaginaires et par la précision du rendu de leurs moindres détails. Dans une période plus tardive, il travaille pour le dessin animé, au cinéma et à la télévision, où il donne plus d'importance aux personnages, évitant la complexité de décors trop complexes à traiter plan par plan.
Ventes Publiques : Paris, 4 juil. 1984 : *Gail* 1984, gche et acryl./t. (80x110) : **FRF 30 000** ; *The cramps* 1980, acryl. et gche (116x80) : **FRF 56 000** – Paris, 4 juil. 1984 : *Le guerrier* 1982, pâte de verre : **FRF 19 500** – Paris, 12 oct. 1987 : *Dessin pour Gail* 1974, encre de Chine et gche (87x65) : **FRF 14 000** – Paris, 22 juin 1988 : *Éléphant* 1978, acryl./pap. mar./t. (97x212) : **FRF 33 500** ; *Le guerrier,* sculpt. en verre nuagé bleu et jaune (H. 30) : **FRF 17 000** – Paris, 30 mai 1991 : *Le terrible Jamal, ennemi de Bleu, l'enfant de la Terre,* gche et encre de Chine (66x46) : **FRF 5 900** ; *Le Nautile, vaisseau de Manta – la Reine des eaux profondes,* encre de Chine et gche (74x58) : **FRF 4 000.**

DRUKS Michael
Né en 1940 à Jérusalem. XXe siècle. Depuis 1972 actif en Angleterre. Israélien.
Artiste, peintre, réalisateur de vidéos. Conceptuel.
Il a étudié à Tel-Aviv et a exposé dès 1968 en Israël. Il vit depuis 1972 à Londres.
Il figure à de nombreuses expositions collectives parmi lesquelles : 1968, Salon d'Automne, Tel-Aviv ; 1971, *Concept + Information,* Musée Israël, Jérusalem ; 1974, Rencontre internationale à l'Académie Van Eyck à Maastricht (Pays-Bas) ; 1975, Rencontre internationale ouverte de vidéo, Espace Cardin, Paris, etc. Plusieurs expositions personnelles depuis 1968 à Tel-Aviv (galerie Gordon en particulier), à Amsterdam et à Londres ; mai 1978, première grande exposition, Institut des Arts Contemporains, Londres.
Son travail est une réflexion analytique sur l'art, son statut personnel d'artiste, d'homme et de citoyen dans la société. Cette dernière est dénoncée lorsqu'elle étouffe l'individualité de chacun, au nom d'une identité collective, systématisée et organisée par des moyens d'analyses et de communications de masse. Druks réalise également des bandes vidéo, des films et des enregistrements sonores. ■ C. D.
Musées : Haïfa (Mus. of Mod. Art) – Jérusalem (Israël Mus.) – Tel-Aviv.
Ventes Publiques : Tel-Aviv, 3 mai 1980 : *Suitcase* 1966, assemblage (9x33x50) : **ILS 14 000** – Tel-Aviv, 19 juin 1990 : *Personnages* 1969, h/t (96x116) : **USD 1 100.**

DRULIN Antoine
Né le 29 juillet 1802 à Compiègne (Oise). Mort en mars 1869 à Compiègne. XIXe siècle. Français.
Peintre, dessinateur et lithographe.
Élève de Renoux. Il figura au Salon de Paris de 1831 à 1845.

DRULMAN Marinus Johannes, dit **le Jeune**
Né en 1912. XXe siècle. Hollandais.
Peintre de paysages urbains, marines.
Il peint surtout des vues du port de Rotterdam.
Ventes Publiques : Amsterdam, 3 sep. 1988 : *Vue du port de Rotterdam,* h/t (50x71) : **NLG 1 610** – Amsterdam, 25 avr. 1990 : *Le port de Rotterdam,* h/t (59x98) : **NLG 4 600** – Amsterdam, 5-6 fév. 1991 : *Cargos dans le port de commerce de Rotterdam,* h/t (40x80) : **NLG 4 830** – Amsterdam, 23 avr. 1991 : *Le port de Rotterdam,* h/t (58x95) : **NLG 3 450** – Amsterdam, 30 oct. 1991 : *Vue*

de Maashaven à Rotterdam, h/t (60x100) : **NLG 3 910** – Amsterdam, 18 fév. 1992 : *Vue du port de Rotterdam*, h/t (60x100) : **NLG 4 370** – Amsterdam, 14-15 avr. 1992 : *Le port de Rotterdam*, h/t (58,5x99) : **NLG 5 520** – Amsterdam, 20 avr. 1993 : *Vue de Waalhaven à Rotterdam*, h/t (58,5x99,5) : **NLG 2 530** – Amsterdam, 8 fév. 1994 : *Cargos et péniches à quai dans le port de Rotterdam*, h/t (61x100) : **NLG 4 830** – Amsterdam, 7 nov. 1995 : *Le port de Rotterdam*, h/t (40x60) : **NLG 2 006** – Amsterdam, 19-20 fév. 1997 : *Cargos et navires dans le port de Rotterdam*, h/t (40x60) : **NLG 2 767**.

DRUMEAUX Angeline
Née le 23 janvier 1881 à Bouillon (Belgique). Morte en 1959. XXe siècle. Belge.
Peintre de natures mortes, fleurs. Réaliste, puis post-impressionniste.
Prit part à l'Exposition de Bruxelles, avec *Bouquet de chrysanthèmes* et *Souvenir*.
Ventes Publiques : Paris, 9 fév. 1927 : *Roses thé dans un vase et coffret* : **FRF 270** – Cologne, 7 déc. 1984 : *Village de montagne*, h/pan. (17,5x24) : **DEM 2 000** – Bruxelles, 27 mars 1990 : *Fleurs* 1899, h/t (148x98) : **BEF 280 000** – Bruxelles, 12 juin 1990 : *Roses*, h/t (80x65) : **BEF 110 000** – Copenhague, 4 mars 1992 : *Fleurs*, h/t (40x32) : **DKK 6 000** – New York, 26 fév. 1993 : *Lilas pourpré*, h/t (116,2x81,3) : **USD 2 415**.

DRUMH August
Né le 26 mai 1862 à Ulmet. Mort le 21 octobre 1904 à Munich. XIXe siècle. Allemand.
Sculpteur.
Il fut élève à Munich de Syrius Eberle avant de voyager en Italie. On cite de lui : *La paix* à Edenkoben, *L'empereur Louis de Bavière*.

DRUMMEN Nina
XXe siècle. Française.
Peintre et sculpteur. Surréaliste.
Elle a exposé à Paris en 1972. Elle recherche plus, dans ses débordements d'objets, un effet littéraire, qu'une organisation plastique.

DRUMMEN Susan
Née en 1963. XXe siècle. Hollandaise.
Peintre.
Elle vit et travaille à Amsterdam, où elle montre ses œuvres dans des expositions personnelles.
Ses œuvres se caractérisent par une surabondance de motifs dans laquelle le regard se perd. Entre abstrait et figuratif, elle invite à déchiffrer fragment par fragment les différentes couches, les traces du passé et du présent qui se mêlent.

DRUMMER Johann Paul
Né vers 1687. XVIIIe siècle. Actif à Augsbourg. Allemand.
Peintre et graveur.
Il vécut aussi à Nuremberg et à Stettin où il fut l'élève de Gottlieb Heiss.

DRUMMER Peter
XVIIIe siècle. Actif à Augsbourg vers 1750. Allemand.
Peintre.
Il était originaire du Tyrol. Il fut élève et collaborateur de Ferdinand Mack.

DRUMMOND Arthur
Né en 1871 à Bristol. Mort en 1951. XXe siècle. Britannique.
Peintre de scènes de genre.
Il débuta en 1890 à la Royal Academy de Londres.

Ventes Publiques : Londres, 1er déc. 1925 : *Le bain des enfants* 1896 : **GBP 16** – Londres, 13 juin 1984 : *Women of the pelicans* 1893, h/t (86,3x59,7) : **GBP 3 000** – Londres, 23 juin 1987 : *The Empress* 1901, h/t (343x203) : **GBP 10 000** – Londres, 14 juin 1991 : *Jeune femme cueillant des fleurs sous la pergola* 1890, h/t (76x55,5) : **GBP 12 100** – Londres, 29 mars 1996 : *Allégorie de l'Empire britannique* 1901, h/t (305x208,7) : **GBP 26 450**.

DRUMMOND Eliza A.
XIXe siècle. Active à Londres au début du XIXe siècle. Britannique.
Peintre de miniatures.

DRUMMOND F. Ellen
XIXe siècle. Active à Londres au début du XIXe siècle. Britannique.
Peintre de miniatures.
Elle était peut-être sœur d'Eliza et de Rose.

DRUMMOND Frances Ada
Née en Écosse. XXe siècle. Britannique.
Peintre de fleurs.
On cite ses aquarelles exposées en 1933 au Salon des Artistes Français.

DRUMMOND James
Né en 1816 à Edimbourg. Mort le 12 août 1877 à Edimbourg. XIXe siècle. Britannique.
Peintre d'histoire, genre, portraits, aquarelliste, dessinateur.
Il étudia à l'Académie de sa ville natale avec sir William Allan et fut pendant quelque temps professeur de dessin. En 1835, il fit son premier envoi à l'Académie écossaise dont il devint associé en 1846 et en 1852 membre. En 1868, il fut nommé conservateur de la Galerie nationale d'Écosse, membre de la Société des antiquaires.
Ses œuvres sont empreintes du soin avec lequel il traitait tout ce qui concernait l'Antiquité. On lui doit des dessins du Vieil Edimbourg et des armes écossaises anciennes.
Musées : Blackburn : *Portrait de David Geddes* – Édimbourg : *Marie, reine d'Écosse* – *La Populace hostile* – *L'Ancienne Monnaie* – *Le Chemin du château, Edimbourg* – *Le Bain de la reine Marie* – *La maison du cardinal Beaton* – *Entrevue de James I d'Écosse et de la future reine* – Londres (Victoria and Albert) : *Tête de vieille femme*.
Ventes Publiques : Londres, 7 déc. 1925 : *Le sonneur du Royal Exchange* : **GBP 14** – Londres, 4 mars 1932 : *Congrégation écossaise* 1862 : **GBP 12** – Londres, 15 déc. 1944 : *Le sonneur du Royal Exchange* : **GBP 54** – Londres, 4 juin 1969 : *Les contrebandiers* : **GBP 280** – Londres, 19 oct. 1976 : *Pêcheurs sur la plage*, h/t (60x90) : **GBP 300** – Londres, 29 juil. 1977 : *Hiver* 1863, h/t (67,3x54) : **GBP 2 600** – Londres, 25 mai 1979 : *Scène de rue, Écosse*, h/t (44,4x33,6) : **GBP 1 600** – Glasgow, 30 jan. 1985 : *A shooting party*, aquar. reh. de blanc (74x54) : **GBP 500** – Auchterarder (Écosse), 1er sep. 1987 : *The herring girl* 1874, aquar. reh. de blanc (46x35,5) : **GBP 1 500** – Perth, 26 août 1991 : *Rafraîchissements*, h/t (51x40,5) : **GBP 1 100** – Londres, 29 oct. 1991 : *Le carnier*, cr. et aquar. (57,2x44,5) : **GBP 1 210** – Glasgow, 4 déc. 1991 : *Jeune pêcheur*, aquar. avec reh. de blanc (53x33) : **GBP 770** – Perth, 31 août 1993 : *Jeunes pêcheurs : garçon et fille*, aquar. et gche, une paire (chaque 50x34,5) : **GBP 3 105** – Londres, 3 nov. 1993 : *La récolte des huîtres dans un parc* 1871, h/t (76x127) : **GBP 1 840** – Londres, 5 juin 1996 : *The Pet Gull*, h/t (61x51) : **GBP 1 840**.

DRUMMOND Jane
XIXe siècle. Active à Londres au début du XIXe siècle. Britannique.
Peintre de miniatures.

DRUMMOND John
XVIe siècle. Actif à Auchterarder dans la première moitié du XVIe siècle. Britannique.
Sculpteur sur bois.
Il travailla en Écosse.

DRUMMOND Julian
XIXe siècle. Actif à Londres. Britannique.
Peintre de portraits.
Il exposa à la Royal Academy à partir de 1854.
Ventes Publiques : Londres, 7 nov. 1996 : *Portrait des trois enfants Montagu et Muirhead avec un chien* 1853, h/t, de forme ronde (diam. 87,6) : **GBP 10 925**.

DRUMMOND Julian E.
XIXe siècle. Actif à Londres. Britannique.
Peintre de genre et paysagiste.
Il débuta en 1892 à Suffolk Street. Le Musée de Cape-Town conserve de lui : *Les quais de Whitby*.

DRUMMOND M. C.
Né en Angleterre. XIXe siècle. Actif dans la seconde moitié du XIXe siècle. Britannique.
Peintre d'intérieurs et de paysages.
Exposant du Salon des Indépendants de 1911 à 1913. Sans doute identique au suivant.

DRUMMOND Malcolm
Né le 24 mai 1880 à Boyne Hill (Berkshire). Mort le 10 avril 1945 à Moulsford. xxe siècle. Britannique.
Peintre de figures, paysages urbains.
Il étudie à la Slade School de 1903 à 1907, puis, en 1908, à la Westminster School, avec Sickert. Dès 1910 il expose avec l'Allied Artist's Association, ainsi que dans le cadre du *London Group* jusqu'en 1929, dont il fut membre fondateur en 1914. Il se retire en 1932 à Moulsford, où il devient aveugle en 1942. En 1945 il a fait l'objet d'une exposition commémorative avec le *London Group.*
Influencé par Sickert et le postimpressionnisme, il est surtout peintre de personnages et de scènes de ville. Ensuite, il s'inspire de la leçon cézanienne et postcézanienne. Très productif dans les années vingt, il réalise en particulier le retable de l'église de Saint-Peter à Édimbourg et le chemin de Croix d'une église de Birkenhead.
Musées : Londres (Tate Gal.).
Ventes Publiques : Londres, 17 juin 1977 : *Jeune femme sur un canapé, cousant,* h/t mar. sur cart. (58,5x49,5) : **GBP 1 600** – Londres, 5 mars 1980 : *Jeune fille assise,* h/t (49x39) : **GBP 240** – Londres, 9 mars 1984 : *The Princess of Wales Pub, Trafalgar Square : Mrs Francis behind the bar* vers 1931, h/t (66x43) : **GBP 1 600** – Londres, 12 juin 1987 : *The black book trials* vers 1920, h/t (50,8x40,5) : **GBP 1 200** – Londres, 9 juin 1989 : *La jeune fille au cardigan jaune,* h/t (50,8x41,3) : **GBP 2 640** – Londres, 20 sep. 1990 : *Paysage à Donegal,* h/pan. (29x39,5) : **GBP 1 375** – Londres, 6 mars 1992 : *Répétition au piano,* h/t (51x41) : **GBP 2 200.**

DRUMMOND Rose Emma
xixe siècle. Active à Londres. Britannique.
Peintre de miniatures.
Elle collabora aussi à différents journaux.

DRUMMOND Rose Myra
xixe siècle. Active à Londres. Britannique.
Peintre de portraits et de miniatures.
Le Musée de Glasgow possède de cette artiste le *Portrait* (grandeur nature) *de Lady Faucin.*

DRUMMOND Sally Hazalet
Née en 1924. xxe siècle. Américaine.
Peintre.
Élève du Rollins College, de l'Université de Colombia, et de l'Institut du Design de Chicago. Elle fut diplômée de l'Université de Louisville en 1952 et obtint une bourse de la Fondation de Fullbright, qui lui permit de se rendre à Venise. Expositions personnelles depuis 1952 et quelques expositions de groupe. Elle vit à New York.

DRUMMOND Samuel
Né le 25 décembre 1765 à Londres. Mort en août 1844 à Londres. xviiie-xixe siècles. Britannique.
Peintre d'histoire, compositions religieuses, scènes de genre, portraits.
Son père qui avait combattu pour le prétendant en 1745 fut obligé de quitter l'Angleterre pendant quelque temps. Le fils à l'âge de 14 ans s'engagea dans la marine où il resta six à sept ans. Ayant du goût pour l'art, il commença par dessiner au crayon, puis à peindre à l'huile, bien qu'il n'ait reçu aucune instruction. Ses ouvrages furent remarqués et il fut engagé comme dessinateur par l'*European Magazine* où il resta employé plusieurs années.
En 1791, il exposa d'abord à l'Académie. En 1793, il envoya deux marines avec quelques portraits. En 1801, *Un garde forestier,* en 1804, *Un marin ivre à terre* et *Crazy Jassé.* Ces ouvrages lui valurent quelque réputation. En 1808, il fut élu membre associé de l'Académie Royale, puis il fut nommé curateur de l'École de peinture. Il peignit une *Bataille de Trafalgar, La mort de Nelson* et un grand tableau *L'amiral Duncan recevant l'épée de l'amiral hollandais de Winter* (?) Il reçut pouvoir des directeurs de l'Institut britannique pour représenter l'Institut à l'hôpital de Greenwich. Il continua d'exposer à l'Académie et à l'Institut britannique où il recut un prix de 50 livres en 1827.
Sa première manière avait une exécution nette, plus tard il apporta plus de liberté dans ses ouvrages, sa couleur est vive. Ses dernières œuvres étaient principalement des sujets religieux et poétiques.
Musées : Leeds : *Portrait de John N. Rhodes* – Liverpool : *La mort de Nelson* – Londres : *Ellenborough* – Londres (Nat. Portrait Gal.) : *Portraits de Madame Fry et de sir Bambord Brunel.*
Ventes Publiques : New York, 28-29 et 30 mars 1904 : *Miss Tree* : **USD 100** – Londres, 23 avr. 1910 : *Portrait de Charles Frederik Rogers Baylay* : **GBP 44** – Londres, 9 mai 1910 : *Portrait de William Oxberry, comédien* : **GBP 7** – Londres, 4 et 5 mai 1922 : *Charles Dickens* : **GBP 33** – Londres, 11 avr. 1924 : *Julia Betterton* : **GBP 27** – Londres, 13 juin 1927 : *Sir Philip Brooke en uniforme de la Royal Navy* : **GBP 75** – Londres, 23 mai 1928 : *James Asperne* : **GBP 63** – New York, 2 avr. 1931 : *Homme en marron* : **USD 200** ; *Mrs Lanner* : **USD 400** – New York, 27 mai 1931 : *Portrait d'une dame* : **USD 115** – Londres, 11 mars 1932 : *Sir David Dundas* : **GBP 9** – New York, 24 mars 1932 : *Charles Henry Fall* 1811 : **USD 60** – New York, 18 et 19 avr. 1934 : *Mrs Lanner* : **USD 325** – New York, 12 avr. 1935 : *John Thomas Thorpe, lord-maire de Londres* : **USD 1 500** – Londres, 21 juil. 1939 : *La mort de Nelson* : **GBP 15** – Londres, 24 mai 1968 : *La mort de Nelson* : **GNS 400** – Londres, 22 jan. 1971 : *La mort de Nelson* : **GNS 2 000** – New York, 19 sep. 1974 : *Portrait de John Thomas Thorpo* : **USD 5 750** – Londres, 12 mars 1980 : *La mort de Nelson,* h/t (58x79) : **USD 2 800** – Édimbourg, 12 avr. 1983 : *The escape of Earl Nithsdale from the Tower of London in 1715,* h/t (86x112) : **GBP 1 700.**

DRUMMOND William
xixe siècle. Britannique.
Peintre de portraits, dessinateur.
Il fut un portraitiste londonien à la mode et représenta toutes les notoriétés anglaises de l'époque victorienne. Il travailla beaucoup pour les journaux qui reproduisirent un grand nombre de ses œuvres.
Ventes Publiques : Londres, 17 fév. 1982 : *Portrait of an officier of the Royal Horse Artillery* 1860, h/t (88,5x68,5) : **GBP 1 450.**

DRUMONT Honorine, Mme, née **Duchon**
Née à Bourges (cher). xixe siècle. Française.
Peintre.
Elle n'a exposé que sous le nom de Duchon, de 1835 à 1837, des portraits en miniature.

DRUMONT Hubert Paul
Né à Fresnes (Nord). xxe siècle. Français.
Peintre de paysages.
Il exposa à Paris au Salon des Indépendants en 1911 et 1912.

DRUON
xviiie siècle. Actif à Lille. Français.
Peintre de figures.
Élève de l'École de dessin de Lille. Il exposa des dessins au Salon de cette ville en 1776 et 1777.

DRUON Germaine
Née dans la seconde moitié du xixe siècle à Douai (Nord). xixe siècle. Française.
Peintre de genre.
Membre associée du Salon de la Nationale, elle figura aux Expositions de cette société de 1902 à 1912.
Ventes Publiques : Paris, 6 juil. 1928 : *Intérieur* : **FRF 105.**

DRUOT Fulbert Marcellin Justin
Né à Malbrans (Doubs). xixe siècle. Français.
Graveur à l'eau-forte.
Élève de Bouroux. On cite ses gravures de paysages. Exposant du Salon des Artistes Français depuis 1932 ; mention honorable en 1933.

DRUOTON-FROMENTIN Paul Emile Victor
Né au xxe siècle à Besançon (Doubs). xxe siècle. Français.
Sculpteur.
Il a exposé régulièrement au Salon des Artistes Français, à Paris, dont il devint sociétaire. On cite ses bustes exposés en 1934 et 1935.

DRURY Alfred Edward
Né le 11 novembre 1856 à Londres. Mort le 24 décembre 1944 à Wimbledon. xixe-xxe siècles. Britannique.
Sculpteur, peintre.
Élève de l'École d'Art d'Oxford, puis de South-Kensington où il fut élève de Dalou, qu'il suivit à Paris lors de l'amnistie politique qui permit à son maître de rentrer en France. Il travailla avec Dalou pour la statue de celui-ci : *Le Triomphe de la République.* Il exposa à la Royal Academy et à Suffolk Street à partir de 1885. Il devint associé de la Royal Academy en 1900. Il obtint en France une mention honorable en 1909.
Musées : Londres (Tate Gal.) : *Griselda* – Nottingham : *Lord George Gordon Byron.*

VENTES PUBLIQUES : LONDRES, 3 avr. 1936 : *He loves me, he loves me not* 1892 : **GBP 6** – LONDRES, 18 déc. 1968 : *L'âge de l'innocence*, bronze : **GBP 160** – LONDRES, 11 juil. 1969 : *Tête de jeune fille*, bronze : **GNS 110** – LONDRES, 23 fév. 1980 : *L'âge de innocence* 1898, bronze (H. 39,5) : **GBP 850** – LONDRES, 13 avr. 1983 : *Mère et enfant* 1919, bronze (H. 30,5) : **GBP 750** – SANTA FÉ, 2 juil. 1985 : *The age of innocence* 1897, bronze patine verte (H. 33,5) : **GBP 8 500** – LONDRES, 18 déc. 1985 : *Étude en rose* 1894, h/t (51x38) : **GBP 500** – LONDRES, 15 mai 1986 : *The age of innocence*, bronze (H. 39,5) : **GBP 2 400** – LONDRES, 18 mars 1987 : *The age of innocence* 1898, bronze patine noir et vert (H 40) : **GBP 2 800** – NEW YORK, 25 mai 1988 : *Buste de jeune fille* 1907, bronze (H 43,8) : **USD 1 320**.

DRURY J. H.
Né en 1816 à Georgetown. XIXe siècle. Américain.
Peintre.
Il fut élève de Thomas Couture avant de travailler à Chicago.

DRURY Paul Dalou
Né le 14 octobre 1903 en Angleterre. XXe siècle. Britannique.
Peintre, graveur.
Fils d'Alfred Drury (1856-1944) de la Royal Academy. Elève de Edmund J. Sullivan, Clive Gardiner, Malcom Osborn et Stanley Anderson. Il devient professeur à la Goldsmith College School of Art. Expose à la Royal Academy, à la Royal Society of Painters Etchers, au *London Group*, etc.
MUSÉES : LONDRES (British Mus. of Art) – LONDRES (Contemporary Art Soc.).
VENTES PUBLIQUES : LONDRES, 30 avr. 1986 : *At the Rose in june* 1943, h/cart. (33x40,5) : **GBP 800**.

DRURY Susannah
XVIIIe siècle. Active vers 1750. Britannique.
Peintre de paysages.
Vivares grava d'après cette artiste une *Vue de la Chaussée des Géants*.
VENTES PUBLIQUES : LONDRES, 24 juin 1971 : *Paysages d'Irlande*, deux gche : **GBP 1 100**.

DRUSHININ Dmitrij
Né en 1765. XVIIIe siècle. Russe.
Graveur.
Il travailla à Saint-Pétersbourg.

DRUSHININ Michail Fedorovitch
XIXe siècle. Actif à Saint-Pétersbourg vers 1830. Russe.
Graveur.

DRUSHININ Peter
XVIIIe siècle. Russe.
Graveur.
Il exécuta un *Portrait de l'évêque de Pskov Krinovski*.

DRUSIANI Stanislao
XIXe-XXe siècles. Italien.
Peintre de paysages.
Il peignit à Rome vers 1900 et exposa des paysages de Bretagne et d'Italie.

DRÜSSEL Wilhelm
Né à Beromünster. XVIIe siècle. Actif à Sursee dans la seconde moitié du XVIIe siècle. Suisse.
Sculpteur.
Beau-fils de Oswald Krüsi, peintre et sculpteur de Beromünster.

DRUST A.
XIXe siècle. Français.
Peintre de paysages.
Le Musée de Toulouse possède de cet artiste : *Neige d'automne*.

DRUWE Joannes
Mort vers 1735. XVIIIe siècle. Actif à Anvers. Éc. flamande.
Peintre.
Il fut élève de Frans de Neve.

DRUYF Dirck ou **Druijf**
Né vers 1620. XVIIe siècle. Hollandais.
Peintre de genre, portraits, paysages.
Actif à Leyde. On sait qu'il exécuta notamment deux peintures : *L'été* et *L'hiver*.
MUSÉES : GDANSK, ancien. Dantzig : *Un buveur*.
VENTES PUBLIQUES : PARIS, 18 et 28 mai 1926 : *Portrait de jeune fille* : **FRF 7 000** – LONDRES, 18 mai 1990 : *Paysan jouant de la guitare*, h/pan. (25,7x25,7) : **GBP 2 200**.

DRUYF Johannes ou **Druijf**
Mort en novembre 1678. XVIIe siècle. Actif à Delft. Hollandais.
Peintre.

DRUYF Nicolas
XVIIe siècle. Actif à Leyde. Hollandais.
Peintre.
Il était à Leyde en 1648.

DRUYVESTEYN Aart Jansz ou **Druivestein**
Né en 1577 à Haarlem. Mort le 5 août 1627 à Haarlem. XVIIe siècle. Hollandais.
Peintre de paysages.
Frans Hals exécuta son portrait. En 1606 il épousa Aneke de Wale. Il fut échevin de 1619 à 1625, puis bourgmestre de Haarlem.

DRVAL Jan
XVe siècle. Actif à Cracovie en 1477. Polonais.
Peintre.

DRY DE SENNECY Fanny
Née au XIXe siècle à Londres. XIXe siècle. Française.
Sculpteur.
D'origine française, elle fut élève de Roufosse, puis sociétaire à partir de 1902 du Salon des Artistes Français auquel elle participa.

DRYANDER Johann Friedrich
Né le 26 avril 1756 à Saint-Johann-sur-Sarre. Mort le 29 mars 1812 à Saint-Johann-sur-Sarre. XVIIIe-XIXe siècles. Allemand.
Peintre de portraits.
Il fut peintre officiel du prince Louis de Nassau-Sarrebrücken. Il exécuta un grand nombre de portraits.
VENTES PUBLIQUES : PARIS, 1899 : *Portrait du colonel du 6e chasseurs* : **FRF 445** ; *Général en chef et aide de camp* : **FRF 310** – PARIS, 19 et 20 avr. 1921 : *Portrait de jeune homme* : **FRF 900** – PARIS, 28 jan. 1929 : *Un général* : **FRF 465** – PARIS, 17 nov. 1986 : *Portrait de Dominique Garat près d'un buste de Voltaire* 1794, h/t (38,5x30) : **FRF 17 000** – MONACO, 2 déc. 1989 : *Deux militaires à cheval* 1794, h/t (48x57,5) : **FRF 122 100** – NEW YORK, 21 mai 1992 : *Portrait d'une Lady (Elizabeth Zix ?), vêtue d'une robe bleue et d'un bonnet blanc et faisant des travaux d'aiguille près d'une table*, h/t (83,2x66,3) : **USD 3 300**.

DRYBERGH Charles
Né en 1932 à Bruxelles. XXe siècle. Belge.
Peintre. Expressionniste-abstrait.
Il a participé à diverses expositions collectives, surtout en Belgique, en Hollande, en Allemagne et en Suisse. Fait régulièrement depuis 1956 des expositions personnelles à Bruxelles. Il a obtenu des mentions au prix de La Jeune Peinture Belge en 1959 et 1960, ainsi que le prix lui-même en 1961. La même année, il obtient également le prix de la Ville d'Ostende. Sa peinture exprime au travers de violentes « balafres » colorées une certaine tension existentielle.
BIBLIOGR. : *Peintres contemporains*, Mazenod, Paris, 1964.
MUSÉES : LIÈGE – OSTENDE.
VENTES PUBLIQUES : ANVERS, 6 avr. 1976 : *Peinture n° 3* 1962, h/t (199x180) : **BEF 30 000**.

DRYDON Balte
XVIe siècle. Actif à Bruges vers 1500. Éc. flamande.
Peintre.

DRYER Louis Rufus
Né à Rochester (États-Unis). XXe siècle. Américain.
Peintre de sujets divers.
Ce peintre a exposé depuis 1932, à Paris, au Salon d'Automne et au Salon des Tuileries des portraits, des paysages et des natures mortes.

DRYER Moira
Née en 1957. Morte en 1992. XXe siècle. Américaine.
Peintre de portraits, sujets divers.
VENTES PUBLIQUES : NEW YORK, 13 fév. 1991 : *Portrait 122* 1989, caséine/pan. (61x64,8) : **USD 2 200** – NEW YORK, 9 mai 1992 : *Mégaphone* 1986, caséine sur bois (43,2x39,8x58,7) : **USD 1 540** – NEW YORK, 17 nov. 1992 : *Boîte écossaise*, acryl./pan. (122x155) : **USD 6 600** – NEW YORK, 7 mai 1993 : *Portrait N°429*, caséine et vernis/pan. (106,9x106,9x20,3) : **USD 2 530** – NEW YORK, 10 nov. 1993 : *Jugement sévère* 1991, acryl./pan.

(213,4x274,4) : **USD 9 200** – NEW YORK, 3 mai 1994 : *Capitaine courageux* 1990, acryl./pan. (198x218,4) : **USD 6 900** – NEW YORK, 19 nov. 1996 : *Portrait 101* 1985, acryl./pan. (61x61) : **USD 2 300** – NEW YORK, 7 mai 1997 : *Sans titre* 1990, h/bois (121,9x154,9) : **USD 8 625**.

DRYNGHEBERCH Bartholomeus
XVe siècle. Actif à Bruges en 1488. Éc. flamande.
Peintre.

DRYSDALE George Russel, Sir
Né en 1912 à Bognor Regis (Sussex). Mort en 1981 dans les Nouvelles-Galles-du-sud. XXe siècle. Actif en Australie. Britannique.
Peintre, dessinateur de paysages, paysages urbains.

Il a douze ans quand ses parents décident d'émigrer en Australie. Vers l'âge de vingt ans, il fréquente une école d'art à Melbourne, il y suit les cours de Georges Bell. Sa première exposition, célébrée par la critique, lui procure un gain financier suffisant pour continuer son apprentissage en Europe. Entre 1933 et 1939, il séjourne à plusieurs reprises à Londres et Paris. Il retourne à Melbourne en 1939, tente de s'engager en vain dans l'armée. Il est déclaré inapte, ayant perdu entre temps l'usage d'un de ses yeux. Cet échec dans un engagement ardemment souhaité l'affecte profondément, et c'est à cette époque qu'il peint ses toiles les plus dures. En 1946 il figure à l'exposition ouverte à Paris par l'U.N.E.S.C.O. au Musée d'Art Moderne. En 1954 il est choisi, avec William Dobel et Sidney Nolan, pour représenter son pays à la Biennale de Venise. Sa première exposition personnelle en Europe a lieu à Londres en 1950 ; il expose également aux Etats-Unis.

Ses peintures aux couleurs terre, traduisent de manière sobre et légèrement expressionniste la vie rude et solitaire des « pionniers » et des habitants de ces vastes espaces australiens. Si Drysdale n'a jamais peint d'après nature c'est qu'il reconstruisait à l'aide de photographies les images issues de sa mémoire. Son art de la composition se conforme aux principes classiques des paysages de Poussin. Sa peinture est avant tout une réflexion et une urgence, un raffinement calculé et l'expression d'un humanisme certain. ■ C. D.

Russel Drysdale

BIBLIOGR. : In : *Peintres contemporains*, Mazenod, Paris, 1964 – G. Dutton : *George Russel Drysdale*, Londres, 1964 – in : *Diction. universel de la peinture*, Le Robert, Paris, 1975 – in : *Creating Australia, 200 years of Art 1788-1988*, Daniel Thomas, Melbourne, 1988.

MUSÉES : LONDRES (Tate Gal.) : *Mémorial de guerre* 1950 – NEW YORK (Metropolitan Mus.) : *Lundi matin* 1932.

VENTES PUBLIQUES : LONDRES, 23 juin 1966 : *La maison du Conseiller* : **GBP 2 300** – MELBOURNE, 11 et 12 mars 1971 : *Le vieux Larsen* : **AUD 26 000** – LONDRES, 19 juin 1974 : *Aborigène d'Australie* 1958 : **GBP 21 000** – MELBOURNE, 11 mars 1977 : *Etude pour « Man in a landscape »*, aquar. et encre (20,4x31) : **AUD 1 500** – VERSAILLES, 2 déc. 1979 : *Melville Native*, h/t (59,5x49) : **USD 6 000** – LONDRES, 11 mars 1981 : *Jeune homme assis*, cr., pl. et aquar. reh. de blanc/pap. (33x24,5) : **GBP 1 350** – SYDNEY, 28 juin 1982 : *Pearl fisherman and Abo at Broome* 1958, h/t (76x127) : **AUD 55 000** – SYDNEY, 30 mai 1983 : *Man with a pipe*, dess. à l'encre sépia (23x32) : **AUD 1 600** – SYDNEY, 19 mars 1984 : *Pearl fisherman at Broome*, h/t (76x127) : **AUD 60 000** – LONDRES, 15 mars 1985 : *Study for « The Rabbiters »* 1947, pl. et encre noire et craie blanche/pap. beige (22x30,5) : **GBP 6 500** – SYDNEY, 29 oct. 1987 : *Broken mountain*, h/t (100x126) : **AUD 200 000** – LONDRES, 14 oct. 1987 : *Study for Black's Camp*, pl. et encre sépia (19x34) : **GBP 2 600** – SYDNEY, 17 avr. 1988 : *Paysage*, encre (22x36) : **AUD 1 300** – LONDRES, 30 nov. 1989 : *La « Marseillaise »*, stylo-bille (19,7x15,2) : **GBP 462** – SYDNEY, 26 mars 1990 : *Le coupeur de canne*, encre (18x12) : **AUD 1 400** – MELBOURNE, 20-21 août 1996 : *La Montagne blanche* 1952, h/t/pan. (64,5x100) : **AUD 464 500**.

DRYSDALE J. T.
XIXe siècle. Actif à Londres vers 1887. Britannique.
Peintre de paysages.

Il participa à différentes Expositions.

DRYSELIUS Anna Christina
XXe siècle. Suédoise.
Peintre, peintre de cartons de tapisseries. Expressionniste abstrait.

Il obtint le prix international de Clermont-Ferrand.

MUSÉES : PARIS (Inst. Tessin) – PASADENA (Hurschler Tapestry coll.).

DRYVEN S. Van
XVIIe siècle. Actif dans la seconde moitié du XVIIe siècle. Hollandais.
Peintre de portraits.

Peut-être faut-il l'identifier avec Sebastian Van Dryweghen.

DRYVER François de
Né le 23 février 1635 à Malines. XVIIe siècle. Éc. flamande.
Sculpteur et peintre.

Il fut le père de Remi Dryver III.

DRYVER Françoys de
Mort en 1596 à Gand. XVIe siècle. Éc. flamande.
Peintre.

DRYVER Laurent de
XVIe siècle. Actif à Malines vers 1500. Éc. flamande.
Peintre.

DRYVER Remi de I
Né le 28 mai 1595 à Malines. XVIIe siècle. Éc. flamande.
Peintre.

Il fut le père d'un Jan, lui-même père de Rémy de Dryver II.

DRYVER Remi de II
Né en 1661 à Malines. XVIIe siècle. Éc. flamande.
Enlumineur et doreur.

Il était fils d'un Jan, lui-même fils de Rémi de Dryver I.

DRYVER Remi de III
Né en 1662 à Malines. XVIIe siècle. Éc. flamande.
Sculpteur.

Il était fils de François.

DRYVER Rombout de
XVIe siècle. Actif à Malines. Éc. flamande.
Sculpteur.

Il travailla, de 1540 à 1547, au tabernacle en marbre de l'église abbatiale de Tongerloo.

DRYWEGHEN Sebastian Van
XVIIe siècle. Actif à Vienne vers 1670. Hollandais.
Peintre.

Originaire des Pays-Bas, il fut chargé d'exécuter à Vienne les portraits des membres de la famille impériale.

DRZKOVIC Valentin
Né à Velka Polom (Tchécoslovaquie). XXe siècle. Tchécoslovaque.
Peintre de sujets de genre, portraits.

De 1929 à 1932 il a exposé ses tableaux, à Paris, au Salon d'Automne et à celui des Artistes Indépendants.

DSHGUPAWA Maria
Née en 1897 à Armawir. XXe siècle. Russe.
Peintre, dessinateur.

Elle a étudié à Leningrad avec Malevitch.

DSHOGIN Pavel Pavlovitch
Né en 1834 à Bezirke Starodub. Mort en février 1885 à Saint-Pétersbourg. XIXe siècle. Russe.
Peintre et dessinateur.

Après avoir terminé ses études à Tchernigoff, il fut élève de l'Académie de Saint-Pétersbourg avant d'en être membre. Il peignit des paysages de la région de Leningrad, de Novogorod ou de Tchernigoff.

DSYCHA Simon
XVe siècle. Actif à Prague en 1454. Tchécoslovaque.
Peintre.

DUALAND Jacomo. Voir **DUIVELAND Jacob**

DUAN Zhenzhong
Né en 1944. XXe siècle. Chinois.
Peintre de paysages, peintre de décors de théâtre.

Il obtint le diplôme de l'Académie Centrale des Arts Appliqués en 1964. Il est actuellement le décorateur en chef des studios cinématographiques de Pékin. En 1989, il remporta le Coq d'Or du meilleur décor.

Ventes Publiques : Hong Kong, 4 mai 1995 : *Vue d'un village lacustre* 1992, h/t (96,5x96,5) : **HKD 52 900** – Hong Kong, 30 oct. 1995 : *Fin mars* 1993, h/t (86,4x86,4) : **HKD 34 500** – Hong Kong, 30 avr. 1996 : *L'été dans un village lacustre* 1995, h/t (86,4x86,4) : **HKD 36 800**.

DUARTE Angel

Né en 1930 à Aldeanueva del Camino (Caceres). xxe siècle. Depuis 1954 actif en France, Suisse. Espagnol.

Sculpteur. Lumino-cinétique. Groupe Equipo 57.

Il fut élève de l'École des Arts et Métiers de Madrid, entre 1945 et 1948. Vivant à Paris entre 1954 et 1961, il y fonda, en 1957, avec Agustin Ibarrola, Juan Serrano, Juan Cuenca et José Duarte, le groupe Equipo 57 qui eut une activité importante jusqu'à sa dissolution en 1965. En 1996, les deux galeries Denise René de Paris ont organisé une exposition rétrospective de l'activité passée du groupe. Ses sculptures mettent en œuvre des principes scientifiques et technologiques à partir de dièdres plans et de paraboloïdes hyperboliques. Le déplacement d'une ligne crée ces figures déterminées et y introduit le mouvement. Frank Popper dans la *Naissance de l'art Cinétique*, note ce dynamisme inhérent à la genèse de ces figures mathématiques, pouvant conduire par des combinaisons diverses aux frontières des espaces non-euclidiens. Les constructions de Duarte sont réalisées avec des fils métalliques, de l'acier, de la fibre de verre, du polyester, etc. Ces œuvres qui traitent des notions d'espace sont particulièrement susceptibles d'intégration architecturale, posant le problème artistique en termes de formes pures et non en termes d'expression.

Bibliogr. : In : *Nouv. Diction. de la sculpt. mod.*, Hazan, Paris, 1970 – Pierre Mérite : *Equipo 57*, Art Press, n° 217, Paris, oct. 1996.

Musées : Lausanne (Mus. canton. des Beaux-Arts) : *Sans Titre*.

Ventes Publiques : Anvers, 24 oct. 1979 : *Statue cinétique* 1965, métal et verre (43x43) : **BEF 5 500**.

DUARTE Antonio

Né en 1912 à Caldas da Reinha. xxe siècle. Portugais.

Sculpteur.

Formé à l'Académie des Beaux-Arts de Lisbonne, il a exposé dans les grandes rencontres internationales, comme la Biennale de Venise en 1950, la Biennale de Sao Paulo en 1951 ou l'Exposition universelle de Bruxelles en 1958. Il a également participé à l'exposition de sculpture du Musée Rodin à Paris en 1966. Le travail d'Antonio Duarte est de facture classique.

DUARTE Bernardo

xviiie-xixe siècles. Actif à Lisbonne. Portugais.

Sculpteur.

Il fut élève de Joaquin Machado de Castro.

DUARTE Jorge

Né en 1958 à Itapiruçu (Minas Gerais). xxe siècle. Brésilien.

Peintre. Figuration libre.

Il a réalisé plusieurs expositions personnelles à Rio de Janeiro en 1981, 1983 et 1984. Sa peinture est essentiellement l'expression d'une pensée qui cherche, en dehors de tout style pictural, à explorer la genèse de la création dans un mouvement dialectique entre la figure et sa « défiguration. »

DUARTE José

Né en 1928 à Cordon. xxe siècle. Espagnol.

Sculpteur. Lumino-cinétique. Groupe Equipo 57.

Vivant à Paris entre 1954 et 1961, il y fonda, en 1957, avec Agustin Ibarrola, Juan Serrano, Juan Cuenca et Angel Duarte, le groupe Equipo 57 qui eut une activité importante jusqu'à sa dissolution en 1965. En 1996, les deux galeries Denise René de Paris ont organisé une exposition rétrospective de l'activité passée du groupe.

Bibliogr. : Pierre Mérite : *Equipo 57*, Art Press, n° 217, Paris, oct. 1996.

Ventes Publiques : Barcelone, 18 déc. 1986 : *Campesino cordobes* 1974, h/t (79x58) : **ESP 200 000**.

DUARTE Salomon

xviie siècle. Actif à Heidelberg vers 1650. Allemand.

Peintre de portraits.

Il descendait d'une famille hollando-portugaise. Peintre de la cour à Heidelberg, il peignit les portraits de la plupart des membres de la famille royale de Hesse.

DUARTE D'ARMAS

xvie siècle. Actif vers 1507. Portugais.

Dessinateur.

Au service du roi Manoel vers 1507, il a fait des dessins à la plume dans un livre qui se trouve aux archives de Lisbonne. Il voyagea beaucoup. D'après Cyrillo, Damien de Gaes raconte, dans sa *Chronique du roi Emmanuel*, qu'il fut envoyé dans l'île récemment découverte de Corvo ou Marco, pour dessiner une célèbre statue en marbre représentant un jeune cavalier ; malheureusement, la statue se brisa et les morceaux furent dispersés. Le roi Manoel l'envoya dans diverses contrées de l'Afrique, pour relever la topographie des lieux en prévision d'une guerre.

DUASSUT Curtius ou **Curtis**

xixe-xxe siècles. Britannique.

Peintre de paysages animés, paysages.

Il exposa, à Londres, des paysages à partir de 1889.

C. DUASSUT

Ventes Publiques : Londres, 9 déc. 1921 : *Près de Grendon*, dess. : **GBP 10** – Londres, 6 oct. 1981 : *Chat dans un jardin*, aquar. reh. de blanc (29x22,5) : **GBP 340** – Londres, 10 oct. 1985 : *Un jardin*, aquar. reh. de gche (23x19) : **GBP 800** – Londres, 28 avr. 1987 : *An old cottage near Buscombe, Wiltshire*, aquar. et cr. reh. de blanc (27,8x31,1) : **GBP 1 900**.

DUAUTCHOY Charles. Voir **DUSAULCHOY**

DUB Hans

xviie siècle. Allemand.

Tailleur de pierres, sculpteur et peintre décorateur.

Actif à Clèves (Allemagne), il devint bourgeois de Lucerne le 7 mars 1613 et membre de la confrérie de Saint-Luc. Il travailla dans le chœur de l'église principale, et exécuta une tablette avec un crucifix sur l'autel de Saint-Henri incendié en 1863.

DUB Jaroslav

Né le 14 mai 1878 en Bohême. xxe siècle. Actif en Angleterre. Tchécoslovaque.

Peintre.

Elève de A. J. Jakesch à l'École des Beaux Arts de Prague. Associé du Royal College of Art, à Londres, il expose en Angleterre et en Tchécoslovaquie. Il signe : « J. Dub », « Jar. Dub » et encore : « Jaroslav Dub ».

DUB Ludwig

xviie siècle. Travaillant à Lucerne vers le milieu du xviie siècle. Suisse.

Peintre décorateur.

Fils de Hans Dub. Il fut membre de la confrérie de Saint-Luc à Lucerne.

DUBAC Alfred

Né dans la seconde moitié du xixe siècle. xixe siècle. Français.

Graveur à l'eau-forte.

Sociétaire du Salon des Artistes Français ; mention honorable en 1906.

DUBAC Anita

Née à Paris. xxe siècle. Française.

Peintre.

Elle exposa à Paris au Salon des Indépendants en 1928 et 1929.

DUBAIL Berthe

Née en 1911 à Leval-Trahegnies. Morte en 1984 à Watermael-Boitsfort. xxe siècle. Belge.

Peintre, peintre de compositions murales. Abstrait.

Elle fut élève de l'Académie de Mons. Importante rétrospective au Musée de Mons en 1978, suivie d'une autre en 1991 à la Fondation pour l'art belge contemporain.

Artiste néo-expressionniste ayant évolué vers l'abstraction. Elle s'intéresse plus particulièrement à la matière et, à partir de 1965, à la lumière qu'elle cerne dans la plénitude de formes ovoïdes sereines.

Bibliogr. : *Dubail*, catalogue de la rétrospective, Musée de Mons, 1978 – Serge Goyens de Heusch : *Berthe Dubail*, Fondation pour l'art belge contemporain, Bruxelles, 1991.

Ventes Publiques : Bruxelles, 27 mars 1990 : *Composition* 1962, aquar. (48x63) : **BEF 32 000**.

DUBAN

xixe siècle. Actif vers 1831. Français.

Aquarelliste.

Figure dans la vente Victor Daunay (28 juin 1910) avec *Palais romain à l'époque impériale* : 2250 francs, et *Souvenir de Pompei* : 200 francs.

DUBAN Félix Louis Jacques
Né le 14 octobre 1797 à Paris. Mort le 8 octobre 1870 à Bordeaux (Gironde). XIXe siècle. Français.
Architecte, restaurateur, ornemaniste, aquarelliste, dessinateur d'architectures. Romantique.

Formé à l'École des Beaux-Arts de Paris, il obtint le Premier Grand Prix de Rome d'architecture en 1823.

Fort de ses études sur l'Antiquité, à Rome entre 1824 et 1828, il explore le vaste champ (en friche) de l'architecture nationale du Moyen Âge et de la Renaissance. Dès les années 1830, Duban prend place parmi les chefs de file du romantisme architectural, aux côtés de Joseph Louis Duc, Henri Labrouste et Antoine Vaudoyer. À l'exposition de l'École, il est déjà remarqué pour ses dessins, en 1830 pour la *Restauration du portique d'Octavie*, en 1831 pour la *Restauration d'une maison de Pompéi*, en 1833 pour une *Salle d'une villa antique*. Bien qu'il n'ait pas laissé d'écrits théoriques, autres que la publication, à la suite de ces premiers dessins, de la *Galerie chronique des monuments les plus remarquables depuis les temps les plus reculés jusqu'au XVe siècle*, on lui reconnaît une place centrale dans le mouvement historiciste qui se développa au début de la monarchie de Juillet, avec la création par François Guizot et Camille Montalivet des « Institutions de Mémoire ». Dès ses envois de Rome, et plus tard avec ses élèves, il fait preuve de la plus grande liberté vis-à-vis des principes classiques, prônés, entre autres, par Quatremère de Quincy, et se heurte à la très conservatrice Académie des Beaux-Arts. S'il ne rejette en rien l'héritage antique, il y porte un nouveau regard et, en le combinant à l'étude de l'architecture française, il élargit considérablement son enseignement. Comme l'affirme Vaudoyer, dans son discours aux obsèques officielles de 1871 : « Son but était surtout d'imprimer à notre architecture un caractère vraiment national. » En 1832, alors inspecteur des travaux pour les nouveaux bâtiments de l'École des Beaux-Arts de Paris, puis, de 1834 à 1840, chargé seul de la direction de ces travaux, il avait déclaré vouloir faire un « résumé de notre architecture nationale ».

À partir des années 1840, l'intérêt exclusif pour le Moyen Âge de Viollet-le-Duc ou de Jean-Baptiste Antoine Lassus, heurte la conception historique globale de Duban, qui refuse des chantiers tels que Vézelay ou Saint-Denis. Au château de Blois, dont la restauration lui est confiée en 1843, il peut au contraire démontrer la continuité du génie national au long de trois siècles d'architecture. Il dirigea également deux grands chantiers de restauration, entre 1839 et 1849 la Sainte Chapelle de Paris, entre 1848 et 1853 le Louvre, restituant la *Galerie d'Apollon* selon le projet de Lebrun. Il reçut en outre de nombreuses commandes privées.

Son travail comme restaurateur est toujours à la fois fidèle et moderne, extrêmement vivant et coloré. La question du décor, aussi bien intérieur qu'extérieur, est pour lui primordiale, et il entretient d'étroites relations avec les peintres, comme Paul Delaroche à l'École des Beaux-Arts, Delacroix au Louvre pour la *Galerie d'Apollon* ou Ingres à Dampierre.

Très souvent, Duban fait autant œuvre d'ornemaniste et de décorateur que d'architecte, ce qui pourrait suffire à le faire figurer dans le présent ouvrage, s'il n'avait pas aussi été un grand dessinateur, dépassant de loin, par la qualité de sa production, le simple genre du dessin d'architecture. On peut citer par exemple l'album réalisé, pendant les travaux de l'École des Beaux-Arts, en 1837, pour le duc d'Orléans, qui contient les *Vues de quelques monuments de Paris achevés sous le règne de Louis-Philippe Premier* ; le travail fut très apprécié, mais Duban, par modestie, ne signa pas le superbe ouvrage. À la fin de cette même année, la duchesse d'Orléans lui commanda un Livre d'Heures, qui restera à l'état d'ébauche. En 1854, il fut nommé membre de l'Institut et inspecteur général des bâtiments civils. En 1872, deux ans après sa mort, l'exposition de certains de ses dessins et aquarelles suscita un étonnement et une admiration unanimes : Duban s'imposa aux yeux de tous comme un grand coloriste, un peintre à part entière. Dans ses « aquarelles de fantaisie » : *Cella du Parthénon avec la statue de Phidias, Une rue à Pompéi*, etc., l'exactitude archéologique est très secondaire ; Duban fait plutôt jouer sa sensibilité, il restitue une atmosphère, il excite l'imagination. Si les lieux qu'il peint sont toujours très remplis d'éléments divers, on n'y étouffe jamais, l'air circule. Le vide laissé par Duban en terme d'écrits théoriques semble largement comblé par ces compositions et l'ensemble de ses dessins. C'est en artiste complet qu'il y exprime en effet son idéal de l'architecture, dont des réalisations comme l'École des Beaux-Arts ou le château de Blois sont les reflets.

■ Antoine Grün

Bibliogr. : J. Pons : *Félix-Jacques Duban, architecte du gouvernement, 1797-1870*, thèse, 4 vol., École Nat. des Chartes, Paris 1985 – divers : Catalogue de l'exposition *Duban, les couleurs de l'architecte*, Gallimard-Electa, château de Blois, 1996.

Ventes Publiques : Paris, 28 juin 1910 : *Palais romain à l'époque impériale* : **FRF 2 250** ; *Souvenir de Pompei* : **FRF 200**

DUBAR Antoine Joseph
XVIIIe siècle. Actif à Lille. Français.
Peintre de genre et d'histoire.

Élève de l'École de dessin et ancien médailliste de l'Académie des Arts, il exposa au Salon de Lille, de 1773 à 1788, le plus souvent des dessins à l'encre de Chine.

DUBAR Ed.
XIXe siècle. Hollandais.
Peintre de genre, marines.

Il était actif autour de 1842.

DUBAR Hunric
XVIe siècle. Actif à Séville. Espagnol.
Sculpteur.

DUBAR Jacques
Né au XXe siècle à Lille (Nord). XXe siècle. Français.
Dessinateur de paysages.

Il exposa à Paris au Salon d'Automne de 1933 à 1936.

DUBAR Louis
Né en 1876. Mort en 1951. XXe siècle. Belge.
Peintre de portraits, figures, sculpteur.

Il a vécu à Gand et prit part à l'Exposition de Bruxelles en 1910 avec un portrait : *Vieillard*.

Ventes Publiques : Lokeren, 10 oct. 1987 : *Homme nu assis* patine noir-verdâtre, bronze (H.24) : **BEF 44 000** – Amsterdam, 5 juin 1996 : *Nu*, bronze (H. 24,5) : **NLG 1 495**.

DUBAR Marcelle
Née au XXe siècle. XXe siècle. Française.
Peintre de paysages.

Élève de Rémy, Coggle et de Winter. Exposant du Salon des Artistes Français de 1934 à 1939.

DUBAR R. J. G.
XIXe-XXe siècles. Français.
Peintre de portraits.

Il figurait au Salon des Artistes Français de Paris, en 1913.

DUBART-LEBLANC Renée
Née le 24 janvier 1901 à Châlons-sur-Marne (Marne). XXe siècle. Française.
Peintre.

Élève de E. Renard. A débuté en Salon des Artistes Français de 1920.

DU BAS Nicholas
XVIIe siècle. Éc. flamande.
Peintre.

Ce Bruxellois peignit, en 1695, pour le gouvernement de Bruges, un portrait de l'Empereur Charles II. Il est le même probablement que le peintre parisien Lebas (Nicolas).

DUBASTI François Pierre
Né à Paris. XIXe siècle. Français.
Peintre.

Élève de David. Il exposa au Salon en 1802, plusieurs portraits.

DUBASTY Adolphe Henri
Né le 19 juin 1814 à Paris. Mort le 29 décembre 1884 à Paris. XIXe siècle. Français.
Peintre de genre, portraits.

En 1832, il entra à l'école des Beaux-Arts et y fut élève d'Ingres. En 1845, il obtint une médaille de troisième classe et un rappel en 1857. Il figura au Salon de 1842 à 1879. On cite parmi ses œuvres, en dehors de ses portraits : *Le Berceau* ; *Halte dans une auberge* ; *La Paresseuse* ; *Le Guerrier prédicateur*.

Ventes Publiques : Paris, 10 avr.1884 : *Italienne* : **FRF 41** – Londres, 8 déc. 1931 : *Moissonneur* : **GBP 7** – Paris, 12 mars 1941 : *La Lettre* : **FRF 280** – Cologne, 16 nov. 1967 : *Le Modèle* : **DEM 4 000** – Londres, 13 nov. 1969 : *La Toilette* : **GNS 110** –

Paris, 16 nov. 1983 : *La Lettre* 1880, h/pan. (27x20) : **FRF 5 000** – Calais, 15 déc. 1996 : *Maternité*, h/pan. (46x37) : **FRF 28 500**.

DUBASTY E., Mme
xixe siècle. Active à Paris. Française.
Peintre de miniatures.
Elle était la femme de Joseph Dubasty. Elle exposa des portraits au Salon de 1831 à 1839.

DUBASTY Joseph
xixe siècle. Actif à Paris. Français.
Peintre de portraits, miniatures.
Il exposa au Salon de 1833 à 1837.
Ventes Publiques : Paris, 1er déc. 1997 : *Portrait d'une jeune femme assise en robe lie-de-vin*, ivoire, miniature (11x8,8) : **FRF 3 600**.

DUBAUT Jane
Née le 1er septembre 1885 à Paris. xxe siècle. Française.
Peintre de portraits, paysages.
Elève de J. Adler. Elle a débuté, à Paris, au Salon des Artistes Français en 1909, obtint une mention honorable en 1921.

DUBAUT Maxime
Né au xxe siècle à Paris. xxe siècle. Français.
Sculpteur.
Il a exposé des bustes au Salon d'Automne depuis 1942.

DUBAUT Pierre Olivier
Né le 14 septembre 1886 à Paris. Mort en 1968. xxe siècle. Français.
Peintre d'histoire, compositions animées, animalier, aquarelliste.
Il a figuré au Salon des Artistes Indépendants ainsi qu'au Salon des Humoristes, à Paris. On lui doit surtout des scènes équestres, qu'il traite avec agilité, suggérant le mouvement d'un trait rapide. Son admiration pour Géricault l'a certainement beaucoup influencé. Il est également l'auteur de scènes de tranchées durant la guerre 1914-1918.

Bibliogr. : Gérald Schurr, in : *Les Petits Maîtres de la peinture 1820-1920, valeur de demain*, Les Éditions de l'Amateur, t. II, Paris, 1982.
Musées : Belfort – Compiègne – La Haye – Trouville.
Ventes Publiques : Paris, 11 et 13 juin 1923 : *Le Tombereau de sable et Paysans se rendant à la foire*, aquar. : **FRF 150** – Paris, 19 mars 1937 : *Cavaliers au Bois*, aquar. : **FRF 190** – Paris, 15 déc. 1982 : *Au manège*, aquar. gchée (24x29,5) : **FRF 2 500** – Paris, 19 juin 1987 : *L'attelage des drags*, aquar. et encre de Chine (29x47) : **FRF 8 000** – Paris, 23 nov. 1990 : *Sur la plage*, cr. et aquar. (18,5x23) : **FRF 4 000** – Paris, 26 jan. 1991 : *Préparation à la course*, aquar. (24x29,5) : **FRF 7 500** – Paris, 25 mars 1991 : *Dans les stalles*, aquar. et lav. d'encre (22x28,5) : **FRF 5 200** – Paris, 12 juin 1991 : *Promenade au bois de Boulogne* 1927, mine de pb et aquar. (20x26) : **FRF 7 000** – Paris, 30 mars 1992 : *Les joueurs de polo*, cr. et aquar./pap. (22,4x33) : **FRF 4 000** – Paris, 23 fév. 1996 : *Les joueurs de polo*, aquar. (31x44) : **FRF 4 500** – Paris, 28 mai 1997 : *Course de trot*, h/t (54x80) : **FRF 6 000** – Paris, 19 oct. 1997 : *L'Ancien Trocadéro*, aquar., fus. et reh. gche/pap. (22x30) : **FRF 3 500**.

DUBAY Pierre
Né en 1942 à Bratislava. xxe siècle. Tchécoslovaque.
Sculpteur. Tendance abstraite.
Tout jeune, il apprend la peinture avec P. Perrelet, portraitiste. Mais c'est en 1957 qu'il se forme aux techniques pluridimensionnelles dans un atelier d'architecture. Il expose, depuis 1959, en France, en Suisse, à New York et Montréal.
Ses sculptures sont abstraites, constructions en acier inoxydable modifiables, où le lyrisme émane d'une architecture issue du constructivisme.

DUBBELENS Willem ou **Dubbens**
xviiie siècle. Actif à Amsterdam vers 1760. Hollandais.
Sculpteur sur bois.

DUBBELS Hendrik Jacobsz
Né en 1620 ou 1621 à Amsterdam. Enterré à Amsterdam le 9 juin 1676. xviie siècle. Hollandais.
Peintre de marines.
Doyen de la gilde en 1650 ; épousa, en 1651, Janette Cornelis Clucht, et, en 1656, Annetje de Haas ; il eut pour élève L. Backhuyzen. Les tableaux, mentionnés dans les vieux catalogues sous le nom de *Dirk Dubbels*, doivent être de lui. Un tableau à Vienne (Liechtenstein) est attribué à Jan Van Dubbels, et daté de 1640.

Musées : Amsterdam : Trois marines – Autun : *Paysage* – Bordeaux : Peinture – Copenhague : *Marine* – Darmstadt : Peinture – Dresde : *Marine avec bateaux* – Florence (Pitti) : *Mer agitée* – Gotha : *Marine* – Kassel : *Mer calme* – Londres (Nat. Gal.) : *Marine* – Madrid : *Marine* – Nantes : Peinture – Schwerin : *Marine* – Stockholm : *Naufrage* – Vienne : *Clair de lune sur la mer* – Würzburg : Peinture.
Ventes Publiques : Amsterdam, 28 mars 1708 : *Une marine avec navires* : **FRF 80** – Paris, 1869 : *Marine* : **FRF 1 750** – Paris, 1872 : *Marine, mer agitée* : **FRF 980** – Londres, 2 juil. 1909 : *Scène de rivière* : **GBP 65** – Londres, 23 juil. 1909 : *Scène de rivière* : **GBP 10** – Londres, 28 juil. 1909 : *Scène de rivière gelée. Personnages en traîneau sur la glace* : **GBP 6** – Paris, 6 déc. 1922 : *Pêcheurs relevant leurs filets*, attr. : **FRF 420** – Londres, 30 juin 1926 : *Pêcheurs sur la côte* : **GBP 39** – Londres, 1er août 1929 : *Marine* : **GBP 99** – Londres, 20 juil. 1934 : *Marine* : **GBP 29** – Londres, 15 déc. 1937 : *Vue de la côte* : **GBP 110** – Paris, 17 mars 1943 : *L'Hiver* : **FRF 240 000** – Londres, 27 oct. 1943 : *Marine* : **GBP 108** – Paris, le 25 mai 1949 : *Plage à marée basse* : **FRF 350 000** – Paris, 7 déc. 1950 : *Voiliers devant une plage* : **FRF 470 000** – Paris, 21 juin 1960 : *Les patineurs* : **FRF 8 500** – Londres, 24 nov. 1961 : *A Dutch harbour and estuary* : **GNS 3 600** – Lucerne, 7 déc. 1963 : *Vue d'Amsterdam* : **CHF 23 000** – Londres, le 25 fév. 1966 : *Voiliers hollandais dans un estuaire* : **GNS 3 000** – Amsterdam, 23 nov. 1971 : *Bateaux à l'ancre* : **NLG 8 800** – Londres, 29 mars 1974 : *Marine* : **GNS 8 000** – Londres, 8 déc. 1976 : *Bateaux par mer calme*, h/pan. (14,5x19,5) : **GBP 35 000** – New York, 16 juin 1977 : *Voiliers par grosse mer*, h/pan. (43x53) : **USD 7 500** – Amsterdam, 30 mai 1978 : *voiliers au large de la côte* 1661, h/t (33,5x44) : **NLG 10 000** – Bruxelles, 22 nov. 1979 : *Marine*, h/bois (46x32) : **BEF 120 000** – Édimbourg, 12 avr. 1983 : *La côte à Egmond aan-Zee*, h/t (68,5x86,5) : **GBP 10 000** – Zurich, 30 nov. 1984 : *Barques de pêche par forte mer*, h/t (65,5x81,5) : **CHF 18 500** – New York, 5 juin 1986 : *Scène de bord de mer sous un ciel orageux*, h/t (50x65) : **USD 15 000** – Amsterdam, 22 nov. 1989 : *Le littoral avec des barques de pêche et des personnages sur la plage*, h/t (63,5x99,5) : **NLG 138 000** – Londres, 7 fév. 1991 : *Un bâtiment de commerce croisant au large d'une côte rocheuse par tempête*, h/t (80x99,1) : **GBP 8 250** – Londres, 5 juil. 1991 : *Navigation dans l'Ij avec Amsterdam au lointain*, h/t (46,5x56,8) : **GBP 60 500** – New York, 19 mai 1993 : *Vaisseau de guerre hollandais par grand calme entouré de voiliers et de barques avec des personnages sur la grève au premier plan* 1654, h/t (114,9x154,9) : **USD 266 500** – Londres, 9 déc. 1994 : *Navigation par grand calme*, h/t (60,5x77,5) : **GBP 40 000** – Londres, 3 juil. 1997 : *Scène d'estuaire avec des pêcheurs tirant leurs chaluts, d'autres naviguant dans le lointain*, h/pan. (32,5x45) : **GBP 34 500** – Londres, 30 oct. 1997 : *Bateaux sous un ciel orageux*, h/t (34,6x45,4) : **GBP 6 325**.

DUBBELS Jan
xviiie siècle. Hollandais.
Peintre de marines.
Actif vers 1715. Il fut maître ou élève de Backhuysen dont il imita le genre.
Musées : Florence (Palais Pitti) : *Côtes de la Mer – mer agitée*.
Ventes Publiques : Amsterdam, 1765 : *Marine* : **FRF 94** – Gand, 1838 : *Marine, vaisseaux de ligne et autres bâtiments* : **FRF 36** – Paris, 1891 : *Un grain en mer* : **FRF 500** – Londres, 10 mai 1937 : *Marine* : **GBP 10** – Londres, 26 fév. 1965 : *Bord de mer avec barques de pêcheurs* : **GNS 220** – Paris, 15 déc. 1980 : *Navires pris dans la tempête*, h/t (90,5x143,5) : **FRF 12 500**.

DUBBLEWORST Nicolas
xviie siècle. Hollandais.

Peintre.
Offrit, en 1636, un tableau, *Les Trois Mages*, à l'hôpital Hiob à Utrecht.

DUBÉ Louis Théodore
Né à Québec (Canada). XXe siècle. Français.
Peintre de genre, miniaturiste.
Elève de Gérome. Exposa régulièrement, à Paris, au Salon des Artistes Français dont il devint sociétaire en 1929.

DUBÉ Mathie, Mme
Née le 27 décembre 1861 à Florence (États-Unis). XIXe siècle. Américaine.
Peintre de genre.
Élève de Bouguereau et T. Robert-Fleury. Elle figura au Salon des Artistes Français, et obtint une médaille de troisième classe en 1896 et une médaille de bronze à l'Exposition Universelle de 1900.
Ventes Publiques : New York, 2 déc. 1982 : *Fillette et sa poupée* 1894, h/t (100,3x81,3) : **USD 1 100**.

DU BEAUDIEZ Guy Henri
Né à Paris. XXe siècle. Français.
Peintre.
Il a exposé des peintures représentant des navires, notamment au Salon des Indépendants, de 1937 et 1939.

DUBELLAY Jean
XVIe siècle. Français.
Peintre verrier.
Il était actif à Brion (Anjou) en 1544. En 1546, il travaillait pour l'église de Gée.

DU BELLAY
XVIIe siècle. Français.
Graveur sur bois.
Il était actif à Paris. Il fut professeur de Pierre Lesueur et de Jean Papillon.

DUBÉNÉFICE DE LAMOTTE Jean Baptiste
XVIIIe siècle. Français.
Peintre.
Il fut reçu à l'Académie de Saint-Luc à Paris en 1753.

DUBERCELLE F.
XVIIIe siècle. Actif dans la première moitié du XVIIIe siècle. Français.
Dessinateur et graveur.
Il illustra *Gil Blas* et *Le Diable boîteux*.

DUBERN
XIXe siècle. Actif à Nantes vers 1836. Français.
Peintre et graveur.

DUBERRY Émile
Né à Saint-Amand (Cher). XXe siècle. Français.
Sculpteur.
Il exposa à Paris au Salon des Artistes Français en 1927.

DUBERT Louis
Né à Bordeaux (Gironde). XXe siècle. Français.
Peintre de paysages.
Il exposa à Paris au Salon des Indépendants à partir de 1932.

DUBERTEAU Pierre
Né à Caudéran (Gironde). Mort en 1871 à Paris, très jeune. XIXe siècle. Français.
Sculpteur.
Élève de Carpeaux. Il débuta au Salon de Paris en 1870.

DUBERTRAND SCHIFF Jeanne, Mme
Née au XIXe siècle à Paris. XIXe siècle. Française.
Graveur sur bois.
Sociétaire des Artistes Français depuis 1888, elle figura au Salon de cette société et obtint une mention honorable en 1888. Sans doute identique à Jeanne-Henriette SCHIFF, élève de Trichon, qui débuta au Salon de 1868.

DUBÈS Jean Baptiste
Né le 10 octobre 1782 à Toulon. Mort le 4 janvier 1868 à Toulon. XIXe siècle. Français.
Sculpteur sur bois.
Il travailla pour les églises de Toulon.

DUBEY Jean
Né à Montagny (canton de Fribourg), originaire de Momdidier. XVIIe siècle. Suisse.
Tailleur de pierres.
Il fut reçu « bourgeois habitant » de Fribourg le 29 janvier 161[illegible]

DUBIÉ
XVIIe siècle. Français.
Peintre d'émaux.
Élève de Tantin.

DUBIE Henri
Né à Paris. XXe siècle. Français.
Peintre de paysages, natures mortes.
Exposant, à Paris, du Salon des Indépendants de 1932 à 193[illegible]

DUBIEF Joanny
Né au XIXe siècle à Villefranche. XIXe siècle. Français.
Sculpteur.
Sociétaire des Artistes Français depuis 1902, il figura au Salo[n] de cette société ; il obtint une mention honorable en 1901.

DUBIEF Louis Jean Claude
Né à Mâcon (Saône-et-Loire). XXe siècle. Français.
Sculpteur.
Élève de Thomas et Bertrand. Il a exposé des médaillons et de[s] groupes au Salon des Artistes Français en 1923 et 1929.

DUBIEN Prosper Hilaire
Né le 14 janvier 1822 à Paris. XIXe siècle. Français.
Peintre de portraits.
Élève de P. Delaroche. Il exposa au Salon de 1846 à 1868.

DUBIEZ Claudius
Né à Trévoux (Ain). XIXe-XXe siècles. Français.
Peintre et graveur.
Élève d'E. Laurent et de Raphaël Collin. Il a exposé à Lyon, d[e] 1894-95 à 1902, des fruits, des fleurs, des natures mortes, de[s] paysages, et des têtes d'étude, huile et surtout pastel et fusain. [Il] a gravé quelques eaux-fortes.

DUBIGEON Loïc
Né le 27 avril 1934 à Nantes (Loire-Atlantique). XXe siècle. Français.
Peintre, auteur de collages.
Il a eu de nombreuses expositions personnelles en France et [à] l'étranger. Sa technique consiste à coller sur la feuille une multitude de petites bandelettes de papier de magazine qui, choisie[s] pour leurs couleurs et disposées de façon précise, produisen[t] des scènes plus ou moins imaginaires, des paysages allusifs.
Ventes Publiques : Paris, 16 mai 1990 : *Cobra-Firestone*, h[/t] (73x60) : **FRF 5 000**.

DUBISSON Adrien Odot Garot
XVIIe siècle. Français.
Peintre.
Il fut reçu à l'Académie de Saint-Luc en 1695.

DUBISSON W. C.
XIXe siècle. Actif à Londres. Britannique.
Peintre de miniatures.
Il exposa à la Royal Academy en 1821.

DUBIT Philippe
Né en 1945 à Charleroi. XXe siècle. Belge.
Peintre, dessinateur.
Il fut élève de l'Académie de Bruxelles ainsi que celle de Watermael-Boitsfort. Professeur à l'Académie de Bruxelles. Son travail est une recherche sur l'espace pictural, sa matérialisation e[t] sa perception. L'État belge a fait acquisition de ses œuvres.
Musées : Brabant (Province) – San Francisco (College of Art[s] and Crafts) – Woluwe-Saint-Lambert (Commune).

DU BLAISEL H., Miss
XIXe siècle. Britannique.
Portraitiste.
Elle exposa à la Royal Academy de Londres, en 1812-1813.

DUBLÉ Michel
XVIIIe siècle. Actif à Paris en 1774. Français.
Sculpteur.

DUBLEAU Edin
XVIe siècle. Actif à Sille-le-Guillaume. Français.
Peintre.

DUBLEWORST Nicolas. Voir **DUBBLEWORST**

DÜBLIN Jacques ou **Dublin**
Né en 1901 à Oberwil. Mort en 1978. XXe siècle. Suisse.

Peintre de paysages.
Exposant, à Paris, du Salon d'Automne en 1927.
Ventes Publiques : Berne, 24 oct. 1986 : *Le Moulin-Rouge, Paris* 1932, h/t (73x92) : **CHF 12 000** – Berne, 26 oct. 1988 : *Un quartier d'une ville du sud de la France*, aquar. (33x46) : **CHF 700.**

DUBLOT Louis
XVIIIe siècle. Actif à Lyon en 1708. Français.
Sculpteur.

DUBOC Ferdinand
Né vers 1810. XIXe siècle. Français.
Peintre de paysages.
De 1833 à 1841, il participa au Salon de Paris.
Il est surtout connu pour ses vues d'Afrique du Nord, mais aussi de France, Angleterre, Allemagne. Ses tons délicats sont finement posés sous un éclairage limpide.
Bibliogr. : Gérald Schurr, in : *Les Petits Maîtres de la peinture 1820-1920, valeur de demain*, Les Éditions de l'Amateur, t. V, Paris, 1981.
Musées : Reims : *Vue d'une partie de la plaine d'Oran.*
Ventes Publiques : Londres, 26 fév. 1988 : *Cavaliers arabes dans un paysage d'Afrique du Nord*, h/t (59,5x97) : **GBP 1 210.**

DUBOC M. A.
XIXe siècle. Actif à Greenwich. Britannique.
Peintre de genre.
Il exposa à Londres de 1828 à 1842.

DUBOCQ Henri
XIXe siècle. Français.
Portraitiste.
Le Musée de Calais conserve de lui : *Mac-Mahon et son escorte* et *Portrait d'homme.*

DUBOIS
XVIIIe siècle. Français.
Sculpteur sur bois.
Actif à Bordeaux, il décora l'église de Saint-Maximin (Var) en 1688.

DUBOIS
XVIIIe siècle. Actif à Jublain (Mayenne). Français.
Sculpteur.

DUBOIS
XVIIIe siècle. Hollandais.
Peintre de genre.
Cité par Siret. On pense qu'il était le père de Catherine ou Catharina Du Bois (Van Cuyck).

DUBOIS
XVIIIe siècle. Actif à Paris en 1735. Français.
Peintre.

DUBOIS
XVIIIe siècle. Actif à Paris en 1753. Français.
Peintre.

DUBOIS, famille d'artistes
XIXe siècle. Actifs à Paris vers 1800. Français.
Graveurs.
On doit à des membres de cette famille dont l'un signait Mlle Dubois, des scènes galantes en même temps que des vues de Paris ou de Saint-Pétersbourg.

DUBOIS Adolphe
Né le 26 février 1826 à Berlin, originaire du Locle et de La Chaux-de-Fonds. Mort le 16 mars 1862 à Montreux. XIXe siècle. Suisse.
Graveur au burin.
Dubois étudia avec Jules Jacot père, à la Chaux-de-Fonds. Il exposa à Londres, à Paris et à New York et peignit surtout des compositions symboliques qui furent souvent médaillées. On cite de lui : *Quatre parties du monde* (symbolisées par des figures de femmes), l'*Amérique* et les *Quatre Saisons*. Il a parfois signé Ad. D B.

DUBOIS Albert
Né en 1835 à Saint-Lô (Manche). XIXe siècle. Français.
Peintre de paysages.
Élève de Le Vavasseur. Il figura au Salon de Paris de 1865 à 1881.

DUBOIS Alexandre Jean. Voir **DRAHONET Alexandre Jean**

DUBOIS Ambroise, de son vrai nom : **Bosschaert Ambrosius**
Né en 1543 à Anvers. Mort le 29 janvier 1614 à Fontainebleau (Seine-et-Marne) selon le registre de l'église ou le 27 décembre 1615 selon son épitaphe à Avon. XVIe-XVIIe siècles. Actif puis naturalisé en France. Flamand.
Peintre d'histoire, sujets religieux, compositions mythologiques, sujets allégoriques, batailles, scènes de genre, portraits, dessinateur.
Selon Félicien, l'artiste se serait établi à Paris en 1568 ; selon J. Adhémar, il n'y serait venu qu'en 1585. Si l'on ignore le début de sa vie, on sait qu'il épousa Françoise d'Hoey vers 1595. Sans doute son beau-père le présenta-t-il à Henri IV, en même temps que son autre gendre Martin Fréminet ; ce qui expliquerait sa présence tardive à Fontainebleau, carrière qui s'est déroulée à partir de 1598. Il fut naturalisé Français en 1601, et porte le titre de « peintre ordinaire et valet de chambre du roi » Henri IV, charge dans laquelle il succéda à Toussaint Dubreuil. En 1606, il fut nommé peintre de la reine Marie de Médicis, pour laquelle il avait déjà travaillé. Ambroise Dubois forma avec Fréminet et Dubreuil ce que l'on appelle la seconde École de Fontainebleau. À l'occasion d'acquisitions récentes, le Musée du Château de Fontainebleau a organisé en 1987 une exposition consacrée aux œuvres de l'artiste.
Des nombreux travaux qu'Ambroise Dubois a exécuté au Château de Fontainebleau et au Palais du Luxembourg, il ne reste plus que quelques peintures. À Fontainebleau, l'artiste a eu la charge de trois grands ensembles décoratifs. À partir de 1601, il a peint entièrement la Galerie de Diane ; détruite sous l'empire, en 1810, elle était décorée d'une voûte à pans, peinte à l'huile sur plâtre d'arabesques entourant des scènes mythologiques. Sur les parois, le lambris peint de fleurs, paysages et grisailles d'or était surmonté de deux portraits, *Henri IV en Mars* et *Marie de Médicis en Diane* (sur les deux cheminées), de sujets mythologiques et de scènes de bataille d'Henri IV. De ce décor, seuls subsistent quelques fragments de la voûte mis sur toiles, sous Louis-Philippe en 1840, replacés dans une autre salle du château, la galerie des Assiettes. Le Cabinet de la Reine ou de Clorinde, peint vers 1605 semble-t-il, et démembré vers 1740, est le moins bien connu car il n'en subsiste aucun document figuré. Six tableaux de ce cycle, l'*Histoire de Clorinde*, sont aujourd'hui rassemblés à Fontainebleau ; les détails de la composition révèlent la fidélité du peintre au texte littéraire. Seul le Cabinet du Roi ou Cabinet de Théagène, réalisé vers 1610, à peine modifié, a survécu, il nous donne une idée des ensembles à la mode, avec leurs peintures lourdement encadrées de stuc. Quinze scènes de l'*Histoire de Théagène et Chariclée* qui illustrent, aussi bien sur les murs qu'au plafond, ce roman d'Héliodore, sont encore conservées. Quatre tableaux ont été retirés vers 1757 pour ménager l'ouverture de grandes portes, on cite notamment *Trachin enlevant Chariclée*, qui montre le goût du peintre pour les échappées dans le lointain, architecture ou paysage. Ambroise Dubois a également collaboré avec Jan d'Hoey à la décoration de la chapelle haute du Château de Fontainebleau ; en 1612, il y a peint quatre des six compositions achevées notamment par son fils Jean Dubois l'Ancien. On lui attribue encore à Fontainebleau : *Gabrielle d'Estrées en Diane*, autrefois dans le pavillon des Poêles ; une *Diane* et un *Apollon*, à la Volière.
Si l'allongement maniéré des figures, les mouvements tournants et les tonalités claires rappellent Le Primatice, si le sentiment courtois des scènes se souvient de Niccolo dell'Abbate ; Ambroise Dubois, par la clarté de ses compositions et l'absence de tout pittoresque, fait le lien entre le maniérisme de la Première École de Fontainebleau et la peinture française du XVIIe siècle.
■ Sandrine Vézinat

Bibliogr. : Sylvie Béguin : *L'École de Fontainebleau*, Éditions d'art Gonthier-Seghers, Paris, 1960 – in : catalogue de l'exposition *L'École de Fontainebleau*, Galeries Nationales du Grand Palais, Éditions des Musées nationaux, Paris, 1972 – in : *Diction. de la peinture française*, coll. Essentiels, Larousse, Paris, 1989.
Musées : Aix-en-Provence (Mus. Granet) : *Lettre d'Eros et d'Anteros* – Amsterdam (Rijksmuseum) : *Trachin et Chariclée*, dess. – Chenonceau (Mus. du Château) : *Gabrielle d'Estrées en Diane*, attr. – Fontainebleau (Mus. du Château) : *Tancrède et Clorinde à*

la Fontaine – Combat de Tancrède et Clorinde – Trachin enlève Chariclée – Flore – L'Art de Peinture et de Sculpture – Allégorie au Mariage de Marie de Médicis – Théagène blessé et secouru par Chariclée – New York (Pierpont Morgan Library) : Dessins, attr. – Paris (Mus. du Louvre) : *Baptême de Clorinde par Tancrède* – Dessins, attr. – Paris (BN, Cab. des Estampes) : *Embarquement de Chariclée*, dess. – Pontoise : *Le Christ entouré d'anges* – Rouen (Mus. des Beaux-Arts) : Dessins, attr. – Saint-Lô : *La charité romaine* – Vienne (Albertina) : Dessins, attr.
Ventes Publiques : Paris, 1775 : *L'embarquement d'Hélène*, dess. à l'encre de Chine reh. de blanc : **FRF 12** – Paris, 29 oct. 1980 : *Combat de Tancrède et Clorinde endormie près de la fontaine*, h/t (171x252) : **FRF 125 000** – Monte-Carlo, 22 fév. 1986 : *Flore*, h/t (148x138) : **FRF 260 000** – Paris, 4 déc. 1992 : *Jeux d'enfants : les chevaux de bois*, pierre noire (50x81) : **FRF 145 000**.

DUBOIS Anatole
Né à Petrograd. xxe siècle. Russe.
Sculpteur.
Il a exposé, à Paris, au Salon des Indépendants, au Salon d'Automne et au Salon des Tuileries. On cite de cet artiste des bustes dont celui du révolutionnaire *Axelrod* et une *Tête de garde rouge*.

DUBOIS Anne
Née en 1913 à Ostende. xxe siècle. Belge.
Peintre. Abstrait.
Elève de Marthe Velle.
Musées : Ostende (Mus. des Beaux-Arts) : *Composition – Voyage en espace*.

DUBOIS Antoine Benoît
Né en 1619 à Dijon. Mort le 9 juin 1680 à Dijon. xviie siècle. Français.
Peintre et graveur.
En 1663, il fut reçu académicien.

DUBOIS Arsène
Né à Crésantigues (Aube). xixe siècle. Français.
Peintre de paysages.
En 1869, il débuta au Salon de Paris et obtint une mention honorable en 1896.
Ventes Publiques : Cologne, 18 nov. 1982 : *Paysage fluvial* 1881, h/pan. (32,5x40) : **DEM 2 500**.

DUBOIS Auguste
Né le 24 novembre 1892 à Gresswiller (Bas-Rhin). xxe siècle. Français.
Peintre, graveur.
Il a étudié aux Beaux-Arts de Munich de 1910 à 1914. Il a participé, à Paris, au Salon des Artistes Français et a réalisé plusieurs expositions particulières à Strasbourg entre 1928 et 1955. Sa peinture, figurative, est influencée par un postimpressionnisme traditionnel.
Musées : Strasbourg : Plusieurs œuvres.

DUBOIS Benoît ou **du Bois**
Né en 1619. Mort en 1680 à Dijon. xviie siècle. Français.
Paysagiste et graveur.
On croit qu'il fut élève de Claude Lorrain. On connaît deux eaux-fortes conservées à Lyon : *Paysage de ruines avec Alexandre rendant visite à Diogène* et *Paysage de ruines avec Tobie et l'ange*.

DUBOIS Carl Sylva
Né en 1668 à Bruxelles. Mort le 5 juillet 1753 à Köpenik. xviie-xviiie siècles. Éc. flamande.
Peintre paysagiste.
D'abord soldat, puis maître de ballet à Berlin, en 1707, peintre sous le règne de Frédéric-Guillaume Ier. Ses paysages sont souvent ornés par Pesne et Knobelsdorff. Il existe des paysages de cet artiste au Château de Charlottenburg.

DUBOIS Catharina
Morte en 1776. xviiie siècle. Hollandaise.
Peintre de natures mortes, de fleurs et de fruits.
Elle était la femme de Pieter Van Cuyck le Jeune, à La Haye.

DUBOIS Charles
xviiie siècle. Actif à Paris en 1742. Français.
Peintre et sculpteur.

DUBOIS Charles
Né à Valenciennes. xviiie siècle. Français.
Peintre de paysages.
Le talent de cet artiste se fit surtout remarquer dans le paysage historique. Dans l'ancienne église de Saint-Géry à Valenciennes, il exécuta plusieurs peintures.

DUBOIS Charles
xxe siècle. Français.
Peintre de paysages.
Il exposa à Paris au Salon des Tuileries en 1943.

DU BOIS Charles Edouard
Né le 19 octobre 1847 à West-Hoboken (près de New York), d'une famille originaire de Locle. Mort le 6 mars 1885 à Menton. xixe siècle. Suisse.
Paysagiste.
Du Bois reçut les leçons du paysagiste Jecklin en Suisse et de Gleyre à Paris. Il visita la Hollande, la Belgique, l'Italie, l'Allemagne, la Grèce et l'Égypte, et rapporta de ses nombreux voyages une série de paysages, exposés avec succès, dont on conserve un grand nombre au Musée de Neuchâtel. Il figura au Salon de Paris pour la première fois en 1869.
Musées : Neuchâtel.
Ventes Publiques : Lucerne, 6 nov. 1981 : *Vue du château de Chillon*, h/t (28x44,5) : **CHF 1 800** – Zurich, 25 mai 1984 : *Paysage au moulin*, h/t (39,5x54) : **CHF 3 000** – Berne, 26 oct. 1988 : *Sta Maria della Salute à Venise* 1885, h/t (28,5x43) : **CHF 1 700** – Neuilly, 27 mars 1990 : *Paysage*, h/pan. (44x57) : **FRF 25 000** – New York, 25 sep. 1992 : *Le soir à East Hampton à Long Island*, h/t (85,1x130,8) : **USD 1 210**.

DUBOIS Charles Nicolas
xviiie siècle. Actif à Paris en 1759. Français.
Peintre.

DUBOIS Chrétien
Né en 1766 à Amsterdam. Mort le 30 mars 1837 à Amsterdam. xviiie-xixe siècles. Hollandais.
Peintre de paysages et aquafortiste.
Élève de Jos. Marinkelle et Jurriaan Andriessen.
Ventes Publiques : Paris, 1869 : *Intérieur de forêt* : **FRF 272** – Paris, 1873 : *Le château de Bentheim* : **FRF 11 000**.

DUBOIS Claude
xviie siècle. Français.
Sculpteur sur bois.
Il travailla au château du duc d'Épernon à Cadillac (Gironde) et fit un autel pour le couvent des Capucines de Bordeaux, en 1612.

DUBOIS Clémentine E.
Née à Denain (Nord). xxe siècle. Française.
Peintre.
Exposant du Salon des Artistes Français ; mention honorable en 1926.

DUBOIS Constance
Née le 8 janvier 1840 à La Fère-en-Tardenois (Aisne). xixe siècle. Française.
Sculpteur.
Élève de Matabon. En 1870, elle débuta au Salon de Paris.

DU BOIS Cornelis
xviie siècle. Éc. flamande.
Peintre.
Le Musée Czernin, à Vienne, conserve de lui une *Vue de village*.

DUBOIS Danny
Né le 13 avril 1955 à Galmaarden. xxe siècle. Belge.
Peintre. Expressionniste.
Il fit ses études à l'Académie d'Anderlecht. Il traite surtout le nu masculin et féminin.

DUBOIS Désiré
Né en 1817 à Fleurbaix (Pas-de-Calais). Mort en 1889 à Arras (Pas-de-Calais). xixe siècle. Français.
Peintre de portraits, paysages.
Il participa au Salon de Paris de 1861 à 1882. L'emploi de couleurs riches et sa manière fougueuse montrent l'influence de Dutilleux sur son œuvre.

Bibliogr. : Gérald Schurr, in : *Les Petits Maîtres de la peinture 1820-1920, valeur de demain*, Les Éditions de l'Amateur, t. II, Paris, 1982.
Musées : Arras : *Chemin au bord d'un marais – Bords d'un étang – Effet du matin – Paysage d'Artois.*

DUBOIS Dominique François ou **du Bois**
Né le 8 novembre 1800 à Bruges. Mort le 27 octobre 1840. XIXe siècle. Belge.
Peintre d'histoire.
Élève de J.-F. Ducq à Bruges, de Van Bree à Anvers et de Gros à Paris. Il vécut à Bois-le-Duc depuis 1828 et il fut directeur de l'Académie. Il eut pour élève J. H. Van Grootveld.

DUBOIS Eduard ou **du Booys**
Baptisé à Anvers le 9 décembre 1619. Mort en 1697 à Londres. XVIIe siècle. Éc. flamande.
Peintre de portraits et de paysages.
Fils de Hendrick. Il fut, en 1648, dans la gilde de Haarlem et travailla huit ans à Turin pour le duc Charles-Emmanuel de Savoie, puis en Angleterre. Peut-être était-il élève de Pieter Anthonisz Van Grœnewegen, à Delft.
Ventes Publiques : Londres, 15 juil. 1932 : *Dame de la famille Van de Velde* 1665 : **GBP 5** – Londres, 11 déc 1979 : *Étude de quatre nus*, dess. au lav. reh. de peint./pap. bis (29,7x20,9) : **GBP 550.**

DUBOIS Élie
XVIIe siècle. Actif à Paris au début du XVIIe siècle. Français.
Graveur au burin.
On cite de lui : *L'Entrée du roi Louis XIII à Paris ; Maximilien de Béthune, duc de Sully ; (Armes de Narbonne) Animaux ; Armes de Guill. Rueli, conseiller.*
Ventes Publiques : Londres, 1824 : *Portrait de Sully* : **FRF 82** – Paris, 1855 : *Portrait de Sully* : **FRF 55.**

DUBOIS Ernest Henri
Né le 16 mars 1863 à Dieppe (Seine-Maritime). Mort en 1931. XIXe-XXe siècles. Français.
Sculpteur de statues, bustes.
Élève de Falguière, Chapu et Mercié.
Sociétaire des Artistes Français depuis 1893, il figura au Salon de cette société et obtint une mention honorable en 1892, médaille de première classe en 1894, bourse de voyage en 1894, médaille d'honneur en 1899, médaille d'or Exposition Universelle de 1900. Officier de la Légion d'honneur en 1900.
Musées : Arras : *Le pardon* – Dieppe : *Portrait d'Alexandre Dumas* – Paris (Louvre) : *Le pardon – Mansart* – Rouen : *Le pardon – Buste de Lenepveu.*
Ventes Publiques : New York, 1er mars 1980 : *Le pardon*, bronze (H. 72,7) : **USD 2 500** – Paris, 26 avr. 1985 : *Cavalier à l'épervier*, bronze patine dorée (70) : **FRF 33 000** – New York, 19 jan. 1995 : *Le fauconnier*, bronze (H. 67,3) : **USD 5 175.**

DUBOIS Étienne Jean Franklin
Né le 3 janvier 1796 à Paris. Mort le 21 juin 1854 à Paris. XIXe siècle. Français.
Peintre d'histoire et de portraits.
Élève de Regnault, il obtint en 1821 le deuxième grand prix pour son tableau : *Samson livré aux Philistins par Dalila.* Au Salon, il exposa depuis 1819 jusqu'en 1854. Frère de François Dubois.
Ventes Publiques : Paris, 1896 : *Face d'un des salons du prince de Hesse*, dess. à la pl. et à l'aquar. : **FRF 65** – Paris, 1899 : *Portrait présumé de Bouilly*, miniat. : **FRF 135.**

DUBOIS Eugène
Né le 9 novembre 1795 à Paris. Mort en 1863 à Lignières. XIXe siècle. Français.
Sculpteur et médailleur.
Il fut élève de Droz et de Bridan. On cite de lui une statuette représentant une *Jeune fille* exposée au Salon de 1837.

DUBOIS Eugène
Né le 3 avril 1825 à Paris. Mort en 1893. XIXe siècle. Français.
Sculpteur.
Élève de Duret. Il exposa au Salon en 1869 et 1882.

DUBOIS Eugène
Né au XIXe siècle à Paris. XIXe siècle. Français.
Lithographe.
Il obtint une mention honorable en 1884.

DUBOIS Eustache ou **du Bois**
XVIe siècle. Éc. flamande.
Peintre d'histoire.
Appelé par François Ier, il s'occupa des travaux pour l'entrée de Charles Quint à Fontainebleau.

DUBOIS Ferdinand
XIXe siècle. Français.
Peintre de paysages.
Exposa au Salon de Paris de 1839 à 1846.
Ventes Publiques : Paris, 1897 : *Vue prise dans le département de l'Indre* : **FRF 150.**

DUBOIS Fernand
Né en 1861 à Renaix. Mort en 1939 à Bruxelles. XIXe-XXe siècles. Belge.
Sculpteur, graveur, peintre de cartons de tapisseries, décorateur.
Il fréquente l'atelier libre de Charles Van der Stappen à Bruxelles et participe aux expositions des *XX* (1883-1893) et de la Libre Esthétique (1893-1914). Il fut professeur à l'École professionnelle d'art appliqué. Fernand Dubois fut également designer de meubles, de bijoux et d'objets divers.
Musées : Bruxelles (Mus. Horta) : *Candélabre à cinq branches* 1899.
Ventes Publiques : Enghien-les-Bains, 29 mars 1981 : *Femme nue se cachant la face*, bronze (H. 37) : **FRF 16 000.**

DUBOIS François
Né en 1529 à Amiens. Mort le 24 août 1584 à Genève. XVIe siècle. Français.
Peintre.
Ce peintre réfugié en Suisse lors de la Saint-Barthélemy, laissa deux tableaux peints à l'huile sur bois, conservés au Musée Arlaud à Lausanne, une *Scène de la Saint-Barthélemy* et les *Triumvirs oppresseurs de la République romaine*, dont le dernier aurait été peut-être exécuté entre 1561 et 1562. D'après le Dr C. Brun, on cite aussi un troisième tableau chez M. Henri Bordier.

DUBOIS François
Né le 10 mai 1790 à Paris. Mort le 9 février 1871 à Paris. XIXe siècle. Français.
Peintre d'histoire, compositions religieuses, compositions mythologiques, portraits.
Élève de Regnault à l'École des Beaux-Arts de Paris, où il entra en 1813, il obtint le second prix de Rome en 1817 et remporta le premier prix en 1819. Dès 1814, il avait débuté au Salon de Paris, où il exposa jusqu'en 1861, obtenant une médaille de première classe en 1831.
Parmi ses portraits, citons ceux de *François Ier, empereur d'Autriche – Le duc de Montpensier enfant – Le duc d'Aumale*, traités dans la manière davidienne ; parmi ses sujets religieux : *Saint Leu délivrant les prisonniers* ; et ses thèmes mythologiques : *Daphnis et Chloé – Philémon et Baucis.*

FRANCOIS.DVBOIS
1847

Bibliogr. : Gérald Schurr, in : *Les Petits Maîtres de la peinture 1820-1920, valeur de demain*, Les Éditions de l'Amateur, t. IV, Paris, 1979.
Musées : Amiens : *Le corps du jeune Clovis trouvé par un pêcheur dans la Marne en 580 – Saint Louis débarquant à Damiette – Homme nu* – Angers : *Marguerite d'Anjou prise par des brigands* – Hyères : *Napolitains de retour au pays* – Nancy : *Daphnis et Chloé* – Narbonne : *Mort de Manlius* – Paris (Mus. Carnavalet) : *Grenadier de la compagnie Lafitte – Érection de l'obélisque* – Semur-en-Auxois : *Étude de femme – La séparation d'Iphigénie et d'Achille* – Versailles : *Portrait de Belliard, capitaine vendéen – Portrait du chevalier Antoine Chrétien de Nicolaï – Portrait de François Ier, empereur d'Autriche – Distribution des drapeaux à la garde nationale – Lecture à l'Hôtel de Ville de la déclaration des députés et de la proclamation du lieutenant général du royaume – La garde nationale célèbre, dans la cour du Palais-Royal, l'anniversaire de la naissance du roi – Portrait en pied du maréchal Philippe-Henri de Ségur.*
Ventes Publiques : Paris, 1900 : *Érection de l'obélisque de Louqsor* : **FRF 460** – Paris, 18 fév. 1977 : *Portrait de femme en bonnet de dentelle*, h/t (55x46) : **FRF 3 000** – New York, 28 oct. 1986 : *Le galant entretien* 1832, h/t (81,2x65,4) : **USD 8 000** – Paris, 24 mai 1991 : *Scène antique* 1853, h/t (196x130) :

FRF 49 000 – LONDRES, 28 oct. 1992 : *Gardien de chèvres napolitain avec le Vésuve au fond* 1835, h/t (48x35,5) : **GBP 1 485** – PARIS, 6 mai 1994 : *Allégories de la Musique et de la Littérature* 1834, h/t, une paire (chaque 84,5x168) : **FRF 9 000**.

DUBOIS Frédéric
XVIIIe-XIXe siècles. Actif à Paris. Français.
Peintre de portraits.
En 1780, il exposa, au Salon de la Correspondance, le portrait du jeune prince de Craon, puis il figura au Louvre avec des miniatures de 1795 à 1804. Il travailla également beaucoup en Russie.
VENTES PUBLIQUES : PARIS, 8 avr. 1919 : *Portrait d'un Conventionnel*, miniat. : **FRF 1 550** – PARIS, 8 mai 1925 : *Portrait de jeune femme* : **FRF 480** – PARIS, 16 et 17 mai 1929 : *Portrait de femme et d'homme assis dans un fauteuil*, deux dess. : **FRF 860** – PARIS, 12 juin 1929 : *Portrait d'homme vu de face*, miniat. : **FRF 2 350** – PARIS, 18 et 19 déc. 1940 : *La Dame à l'éventail* 1794, aquar. gchée : **FRF 850**.

DUBOIS Georges
Né à Paris. XIXe-XXe siècles. Français.
Sculpteur.
Il fut élève de P. Lehoux et exposa au Salon à partir de 1887.
VENTES PUBLIQUES : PARIS, 11 mars 1988 : *L'écrivain artisan* 1926, bronze patine antique (H 29) : **FRF 2 300**.

DUBOIS Guillam ou **Guillaume**
Né en 1610. Mort en 1680 à Haarlem. XVIIe siècle. Hollandais.
Peintre de paysages animés, paysages.
Actif à Haarlem. Il existait des tableaux de cet artiste dans la collection Thieme à Düsseldorf et dans l'ancienne collection Schloss à Paris.
VENTES PUBLIQUES : LONDRES, 8 avr. 1925 : *Paysage* 1641 : **GBP 65** – NEW YORK, 4 et 5 fév. 1931 : *Paysage hollandais* : **USD 140** – PARIS, 26 fév. 1931 : *Le Hameau au bord de l'eau* : **FRF 3 000** – PARIS, 5 déc. 1951 : *La route de campagne ; Le retour du troupeau*, deux pendants : **FRF 360 000** – VIENNE, 17 sep. 1963 : *La rencontre dans le bois* : **ATS 15 000** – COLOGNE, 24 nov. 1971 : *Paysage boisé* : **DEM 17 000** – VIENNE, 17 sep. 1974 : *Paysage boisé à la chaumière* : **ATS 110 000** – LONDRES, 18 fév. 1976 : *Paysage boisé*, h/pan. (41x60) : **GBP 3 800** – AMSTERDAM, 13 oct. 1979 : *Voyageur dans un paysage*, h/pan. (40x50) : **NLG 15 000** – AMSTERDAM, 15 nov. 1983 : *Paysage boisé*, lav. gris/trait de craie noire (11,3x18,3) : **NLG 3 400** – COLOGNE, 25 nov. 1983 : *Paysage champêtre*, h/pan. (40x60) : **DEM 29 500** – LONDRES, 12 juil. 1985 : *Voyageurs sur un chemin de campagne* 1653, h/pan. (38x49) : **GBP 6 000** – MONACO, 17 juin 1988 : *Paysage avec château*, h/pan. (30x46,5) : **FRF 55 500** – AMSTERDAM, 12 juin 1990 : *Voyageurs faisant halte au bord d'un chemin dans les dunes*, h/pan. (64,5x52,5) : **NLG 14 950** – AMSTERDAM, 16 nov. 1993 : *Voyageurs sur une route dans un vaste paysage de dunes ; Voyageurs sur une route dans un paysage de dunes avec un village dans les bois au fond*, h/pan., une paire (chaque 31,5x45,5) : **NLG 40 250** – AMSTERDAM, 7 mai 1997 : *Paysans sur une route près de Naarden*, h/pan. (39,1x59,9) : **NLG 8 072**.

DUBOIS Guillaume
XVIIIe siècle. Actif à Dijon. Français.
Sculpteur.
Il était fils de Jean Dubois I.
VENTES PUBLIQUES : AMSTERDAM, 29 oct 1979 : *Vue d'une église*, pierre noire (15x19,4) : **NLG 2 100**.

DUBOIS Guy et **Yvonne** ou **du Bois** ou **Pène**. Voir **PÈNE-DUBOIS**

DUBOIS H.
Né au XIXe siècle à Nantes (Loire-Atlantique). XIXe siècle. Français.
Peintre.
Cet artiste figura au Salon des Artistes Français où il obtint une médaille en 1868 ; médaille de bronze à l'Exposition Universelle de 1889. Chevalier de la Légion d'honneur en 1904.

DU BOIS Harmanus ou **Herman** ou **Boos, Bous**
XVIIe siècle. Actif à Delft et Anvers. Hollandais.
Sculpteur.

DUBOIS Hendrick, l'Ancien ou **du Bois** ou **du Boys**
D'origine néerlandaise. Mort vers 1627. XVIIe siècle. Hollandais.
Peintre.
Élève de Rubens, vécut à Cologne depuis 1615. Cet artiste était manchot. On cite de lui : *Assomption de la Vierge* (église Sainte-Marie au Capitole, à Cologne), *Descente de croix* (église Saint-Martin, à Cologne), *Adoration des mages* (autrefois à l'église Sainte-Marie en Pasculo). V.-L. Van der Venne signale chez le peintre B. Kemp, à Cologne, un *Christ couronné d'épines*, et, dans l'église, un *Saint Jérôme*, d'un Hendrik Du Bois, peintre qui n'avait qu'une main, d'après le Dr von Wurzbach. Il aurait travaillé aussi en Italie.

BB.

DUBOIS Hendrick, le Jeune
Né vers 1589 à Anvers. Mort en octobre 1646 à Rotterdam. XVIIe siècle. Hollandais.
Peintre.
Il fut élève de Hans de Wael. On ne connaît aucune œuvre qu'on puisse attribuer en toute certitude à cet artiste qui fut pourtant fécond.

DUBOIS Henri Alfred Auguste
Né le 21 août 1859 à Rome. XIXe siècle. Français.
Sculpteur et médailleur.
Il était fils d'Alphée et fut son élève ainsi que celui de Chapus et Falguière. En 1878 il remportait le second grand prix de Rome. Sociétaire des Artistes Français depuis 1883, il figura au Salon de cette société et obtint une mention honorable en 1883, médaille de troisième classe 1888, bourse de voyage 1888, mention honorable Exposition Universelle de 1889, médaille de deuxième classe en 1893, médaille de première classe en 1898, médaille d'argent Exposition Universelle de 1900, chevalier de la Légion d'honneur en 1903.

DUBOIS Henri Jean
XXe siècle. Français.
Peintre de portraits, natures mortes.
Il exposa à Paris au Salon des Indépendants en 1911 et 1912.

DUBOIS Henri Pierre Hippolyte
Né le 27 février 1837 à Rezé (Loire-Atlantique). Mort en octobre 1909 à Samoens (Haute-Savoie). XIXe siècle. Français.
Peintre de genre, sujets typiques, portraits, paysages.
En 1859, il entra à l'École des Beaux-Arts et fut l'élève de Gleyre. Il exposa au Salon de Paris, à partir de 1863, des portraits et quelques tableaux de genre parmi lesquels : *Femme sortant du bain, Dans la prairie, Femme au bord de la mer, Conversation dans l'atelier*. Il obtint une médaille en 1868.
MUSÉES : ALGER : *Chanteur au café maure – Maison rue de Thèbes – Paysage en Provence* – NANTES : *Erigone – Diane*.
VENTES PUBLIQUES : NEW YORK, 28 oct. 1982 : *Dans la prairie* 1868, h/t (58,5x88,5) : **USD 21 000** – NEW YORK, 29 oct. 1986 : *Dans l'atelier de l'artiste* 1874, h/t (73,7x59,6) : **USD 8 000** – NEW YORK, 14 oct. 1993 : *Un Arabe lisant une lettre*, h/t (64,4x53,3) : **USD 46 000**.

DUBOIS Henry François
XVIIIe siècle. Actif à Paris en 1766. Français.
Peintre.

DUBOIS J.
XVIIe siècle. Actif à Middelbourg vers 1650. Hollandais.
Graveur.
On cite de lui : *Adriaen Baukert*, d'après H. Berckman.

DUBOIS Jacques
XVIIIe siècle. Éc. flamande.
Peintre de portraits.
MUSÉES : YPRES : *Marie-Thérèse, impératrice d'Allemagne – Portrait de Joseph II*.

DUBOIS Jacques
Né en 1912 à Versailles (Yvelines). Mort en juin 1994 à Versailles (Yvelines). XXe siècle. Français.
Pastelliste, dessinateur de figures, intérieurs, paysages, natures mortes, affichiste, graphiste.
Il fut élève de Jean Carlu à l'École des Arts Décoratifs de Paris. Il travailla également dans l'atelier personnel de Cassandre. Il fit une carrière professionnelle dans l'affiche et le graphisme publicitaires. En 1937, à l'Exposition Universelle de Paris, il participa au Pavillon *Art et Technique*, concernant la publicité. À partir de la guerre, il étendit son activité à la photographie, faisant notamment un reportage en Afrique du Nord pour une

compagnie de navigation. Depuis 1946, il a produit quantité d'affiches et de brochures pour la Direction Générale du Tourisme. Il a collaboré à des revues, dont : *Plaisir de France*, ainsi qu'aux Éditions Larousse et Braun. Il a travaillé pour de nombreuses sociétés et entreprises, d'entre lesquelles : Pathé-Marconi, Saint-Gobain, Air France, Van Cleef et Arpels. Il a réalisé quelques beaux livres, pour Hachette Réalités : *Versailles aux quatre saisons*, pour Nathan Images : *L'Aubrac* et *La Bretagne*, tous deux préfacés par Julien Gracq, puis en 1989 *Rues* et en 1991, avec son ami Robert Doisneau, *Les Auvergnats*.
Outre cette activité de graphiste professionnel, il a toujours réalisé des dessins au crayon Conté ou au fusain, qu'il exposa à deux reprises : en 1990 au Centre Culturel de l'église Saint-Vincent à Saint-Flour, et en 1992 au Musée de Pontoise, et des pastels, qui ne seront montrés qu'à titre posthume. Dans ses paysages il ne recherche pas l'effet mais à transcrire la sérénité de la campagne. En général, la pénombre lui convient lorsqu'il prend pour thème quelques objets d'un intérieur quotidien. Traitant de personnages, souvent pensifs ou douloureux, si techniquement, ses dessins aux noirs à la fois profonds et délicats ne sont pas sans rappeler ceux de Seurat, ils en diffèrent par l'humanité qu'ils expriment.

DUBOIS Jacques
Né en 1940 à Pepinster. XXe siècle. Belge.
Sculpteur. Figuration-fantastique.
Il fut élève de l'Académie de Liège. Sa sculpture est une sorte de périple dans un Moyen Âge fantastique.

DUBOIS Jacques François
XVIIIe siècle. Actif à Angers au début du XVIIIe siècle. Français.
Sculpteur.
Il travailla pour l'église Saint-Maurille.

DUBOIS Jean
XVe siècle. Français.
Sculpteur.
Il sculpta, en 1464, l'autel, le tabernacle et une statue de Notre-Dame, à la cathédrale de Cambrai.

DUBOIS Jean
XVIe siècle. Français.
Sculpteur sur bois.
Actif à Rouen. Il alla, en 1508, au château de Gaillon et y prit part à la décoration des stalles de la chapelle.

DUBOIS Jean, l'Ancien
Né en février 1604 à Avon. Mort le 19 avril 1676 à Fontainebleau (Seine-et-Marne). XVIIe siècle. Français.
Peintre de sujets religieux, compositions murales, dessinateur.
Il est le fils aîné d'Ambroise Dubois. À la mort de ce dernier, en 1614, il fut nommé garde des peintures du Roi et chargé, à ce titre, de l'entretien des œuvres de son père.
Il a réalisé le tableau du maître-autel de l'église de la Trinité à Paris. Il a également achevé le cycle de peintures, qui avait été commencé en 1612 par son père, pour la chapelle haute du Château de Fontainebleau.
Bibliogr. : In : *Diction. de la peinture française*, coll. Essentiels, Larousse, Paris, 1989.

DUBOIS Jean I
Né le 20 octobre 1625 à Dijon (Côte-d'Or). Mort le 30 novembre 1694. XVIIe siècle. Français.
Sculpteur de statues, architecte.
Mandé à Paris en 1688 par l'intendant de Bourgogne, de Harlay, pour y faire le buste du chancelier Boucherat, il revint à Dijon, malgré les instances faites pour le retenir et travailla beaucoup pour les églises. On cite de lui : dans l'église Notre-Dame de Dijon : *L'Assomption de la Vierge*, groupe en pierre et le maître-autel et les bas-reliefs du chœur ; dans l'église Saint-Bénigne de Dijon – les tombeaux de *Marguerite de Valois* et *d'Élisabeth de la Mare* et *Saint Jean, Saint Thomas*, statues, ainsi que les douze *Apôtres*, bustes ; dans l'église Saint-Michel de Dijon : la statue de *Saint Yves* et les tombeaux de *Fyot de la Marche*, en marbre noir et blanc, et de *Johannin*, avocat.
Musées : Paris (Mus. du Louvre) : *Saint Bruno – Saint Jean*.

DUBOIS Jean, le Jeune
Né le 9 mars 1645 à Fontainebleau (Seine-et-Marne). Mort en mars 1694 à Fontainebleau. XVIIe siècle. Français.
Peintre.
Fils de Jean Dubois l'Ancien. En 1674, il fut nommé à la survivance de la charge possédée par son père.

DUBOIS Jean
XVIIe siècle. Français.
Sculpteur sur bois.
Actif à Toulouse en 1670, il travailla pour l'église Saint-Sernin et le couvent Saint-Étienne.

DUBOIS Jean II
Né en 1789 à Genève. Mort en 1849. XIXe siècle. Suisse.
Peintre de paysages urbains, vues.
Fils de Louis Albert Du Bois et père de Charles Du Bois-Melly. Il exécuta notamment des plans et panoramas du lac Léman, d'autres vues de la Suisse en collaboration de Briquet, et plusieurs cartes et plans de Genève, du Mont-Blanc, etc., lithographiés par Spengler et Schmid de Genève. Il fut aussi éditeur.
Ventes Publiques : Londres, 26 mars 1981 : *Vues de Genève*, deux gches (9x11,5) : **GBP 820** – Londres, 24 juin 1988 : *Rue de Genève* 1820, encre (12,7x12) : **GBP 682**.

DUBOIS Jean Baptiste
XVIIIe siècle. Actif à Bernay vers 1735. Français.
Peintre.
Il décora l'église Sainte-Croix à Bernay.

DUBOIS Jean Baptiste
Né le 13 novembre 1762 à Arquennes (près de Nivelles). XVIIIe siècle. Éc. flamande.
Sculpteur et architecte.
Il fut professeur de sculpture à l'Académie d'Anvers.

DUBOIS Jean Georges
Né le 11 mars 1856 à Bar-le-Duc (Meuse). XIXe siècle. Français.
Peintre de portraits.
Élève de H. Lehmann et de Maréchal. Il débuta au Salon en 1879.

DUBOIS Jean Joseph
XIXe siècle. Actif à Paris dans les premières années du XIXe siècle. Français.
Dessinateur et médailleur.
On lui doit de nombreux dessins d'après les antiquités égyptiennes du Louvre.

DUBOIS Jean Noël
XVIIIe siècle. Actif à Paris en 1740. Français.
Peintre.

DUBOIS Jean René
Né vers 1740. XVIIIe siècle. Français.
Peintre sur porcelaine.
Il travailla à la Manufacture de Sèvres comme peintre de fleurs.

DUBOIS Joseph
Né en 1760 à Arquennes. Mort le 17 mai 1825 à Arquennes. XVIIIe-XIXe siècles. Belge.
Sculpteur.
« Opzigter » de la carrière d'Arquennes, il exécuta les ornements du château Laeken et des vases dans le parc de Bruxelles.

DUBOIS Jules Charles
Né le 24 octobre 1806 à Rennes (Ille-et-Vilaine). XIXe siècle. Français.
Sculpteur.
Entré à l'École des Beaux-Arts de Paris en 1829, il fut élève de Logerat et Chaumont. Au Salon de Paris, il exposa de 1837 à 1869 sous le nom de Julien. En 1842, il obtint une médaille de troisième classe.
Musées : Rennes (Mus. des Beaux-Arts) : *Joueur*.
Ventes Publiques : New York, 20 mars 1981 : *Arlequin*, bronze (H. 84) : **USD 1 600**.

DUBOIS Jules Charles Théodore ou **du Bois**
Né le 29 avril 1804 à Paris. Mort le 31 août 1879. XIXe siècle. Français.

Peintre de genre, marines, cartons de vitraux, peintre sur porcelaine.
Élève d'Ary Scheffer et Eugène Isabey. En 1848, il fut nommé inspecteur des Beaux-Arts et en 1854, décoré de la Légion d'honneur.
De 1831 à 1848, il figura au Salon par des vues de villes et des marines.
Dubois fut attaché à la Manufacture de Sèvres. Il y peignit sur porcelaine et sur verre. On lui doit presque entièrement les vitraux de la chapelle de Dreux.
Musées : Abbeville : *Vaches et vachères* – Melun : *Le Retour de la pêche.*
Ventes Publiques : Bruxelles, 12 juin 1990 : *L'étang de l'Hermite*, h/t (36x51) : **BEF 40 000** – Calais, 8 juil. 1990 : *Le départ des pêcheurs*, h/t (29x46) : **FRF 10 000**.

DUBOIS Lorenzo
Né à Murcie. xixe siècle. Espagnol.
Peintre d'histoire.
Exposa à Murcie en 1875.

DUBOIS Louis
Né vers 1732 à Paris. xviiie siècle. Français.
Sculpteur et peintre.

DUBOIS Louis A.
Né en 1830 à Bruxelles. Mort le 28 avril 1880 à Schaerbeeck. xixe siècle. Belge.
Peintre d'histoire, portraits, paysages.
Après avoir fréquenté l'École Saint-Luc à Bruxelles, il suivit les cours de Thomas Couture à Paris.
Surtout influencé par Courbet, il se dégage de l'académisme et lutte pour la liberté de l'art. Il écrivait sous le pseudonyme de Hout dans *L'Art Libre* et fut, non le théoricien, mais le pamphlétaire de la Société Libre des Beaux-Arts, dont il fut le cofondateur en 1869, à Bruxelles, et qui, avec l'École de Tervueren, regroupait l'essentiel des paysagistes belges influencés par H. Boulenger. Il défendit un art réaliste et libre, fondé sur l'observation, en réaction contre la peinture d'histoire romantique et académique. Ses ciels ont fait, paraît-il, l'admiration de Boudin.

Bibliogr. : Gérald Schurr, in : *Les Petits Maîtres de la peinture 1820-1920, valeur de demain*, Les Éditions de l'Amateur, t. II, Paris, 1982.
Musées : Bruxelles : *Les cigognes – Poissons – Portrait du père de l'artiste – Chevreuil mort – Les hauteurs de Beez – La mare.*
Ventes Publiques : Bruxelles, 12 mai 1934 : *Nature morte aux poissons* : **BEF 3 500** – Londres, 27 mai 1936 : *Fleurs, fruits et nid d'oiseaux* : **GBP 14** – Lokeren, 14 oct. 1978 : *Nature morte au gibier* 1868, h/t (172x91) : **BEF 55 000** – Bruxelles, 16 déc. 1982 : *Les marais avec hérons*, h/t (165x98) : **BEF 42 000** – Bruxelles, 27 mars 1985 : *Marine avec deux personnages* 1877, h/t (97x198) : **BEF 180 000** – Bruxelles, 17 juin 1987 : *Nature morte aux légumes*, h/t (53x67) : **BEF 36 000** – Cologne, 23 mars 1990 : *Moine lisant*, h/t (25x20) : **DEM 1 500** – Lokeren, 11 mars 1995 : *Nature morte de chasse* 1871, h/t (140x106) : **BEF 36 000**.

DUBOIS Louis Albert
Mort en 1818 à Genève. xviiie-xixe siècles. Suisse.
Dessinateur.
Il fut le père de Jean Dubois II.

DUBOIS Louis Auguste Albert
Né le 29 octobre 1846 à Paris. xixe siècle. Français.
Peintre de fleurs et de natures mortes.
Débuta au Salon en 1877.

DUBOIS Louis Guillaume
xviiie siècle. Actif à Nantes en 1760. Français.
Peintre.

DUBOIS Louis Joseph
xviiie siècle. Actif à Paris en 1767. Français.
Peintre.

DUBOIS Louis, l'Ancien
Né vers 1605. xviie siècle. Français.
Peintre.
En 1644, il fut chargé de l'entretien des peintures de Fréminet dans la chapelle de la Trinité, à Fontainebleau. Louis Dubois était troisième fils d'Ambroise Dubois.

DUBOIS Louis, le Jeune
Né en 1646 à Fontainebleau. Mort en 1702 à Fontainebleau. xviie siècle. Français.
Peintre.
Peintre ordinaire du roi, il était concierge de la maison des Fontaines. C'était le fils de Jean l'Ancien. Le Musée de Saint-Lô conserve de cet artiste, une toile signée intitulée : *Caritas Romana.*

DUBOIS Ludwig
Né en 1826. Mort le 6 janvier 1869. xixe siècle. Actif à Bâle. Suisse.
Peintre.
Dubois peignit des sujets d'architectures de Bâle à l'aquarelle et à la gouache. On cite aussi de lui une composition représentant : *La neige* (février 1855).

DUBOIS Marguerite
Née le 14 novembre 1883 à Paris. xxe siècle. Française.
Peintre de portraits, pastelliste.
Elève de Baschet, P. Thomas, H. Royer et Déchenaud. Elle a débuté, à Paris, au Salon des Artistes Français en 1908. On cite ses pastels.

DUBOIS Marianne
Née au xxe siècle. xxe siècle. Française.
Peintre, dessinateur. Figuration-fantastique.
Elle réalise des dessins fantastiques souvent rehaussés de gouache où, d'une succession de traits vigoureux et de pointillés, naissent des formes stylisées d'animaux oniriques.

DUBOIS Marie
Née vers 1845 à Meaux (Seine-et-Marne). xixe siècle. Française.
Peintre de fleurs, pastelliste.
Elle débuta au Salon de Paris en 1869.
Ses bouquets de fleurs sont peints dans la tradition des Flamands du xviie siècle, montrant un beau métier et la maîtrise des compositions.
Bibliogr. : Gérald Schurr, in : *Les Petits Maîtres de la peinture 1820-1920, valeur de demain*, Les Éditions de l'Amateur, t. IV, Paris, 1979.
Musées : Nice : *Fleurs de mai* – La Rochelle : *Corbeille de fruits et objets divers.*

DUBOIS Marius Eugène
Né à Montreuil-sous-Bois (Seine). xxe siècle. Français.
Peintre de paysages, fleurs.
Il exposa à Paris au Salon des Indépendants en 1926 et 1927.

DUBOIS Martin
xvie siècle. Français.
Graveur au burin.
On cite de lui le *Portrait de Johannes Pompilius Scotus.*

DUBOIS Maurice Pierre. Voir **DUBOIS Pierre Maurice**

DUBOIS Médard
xviie siècle. Actif à Paris en 1650. Français.
Peintre enlumineur.

DUBOIS Nicolas
Né à Noyers en Bourgogne. xviie siècle. Français.
Peintre.
Il habita Grenoble en 1661, d'après Edmond Maignien.

DUBOIS Nicolas
xviie siècle. Actif à Reims en 1662. Français.
Peintre.
Le Musée de Reims possède un *Portrait de Louis XIV* attribué à cet artiste.

DUBOIS Nicolas
xviiie siècle. Actif à Mirecourt entre 1715 et 1730. Français.
Peintre et dessinateur.

DUBOIS Nicolas
xviiie siècle. Actif à Paris en 1738. Français.
Peintre de miniatures.

DUBOIS Nicolas
Né le 22 juillet 1746 à Douci-en-Beauges. Mort avant le 12 février 1826 à Paris. XVIIIe-XIXe siècles. Français.
Peintre.
Il vécut et travailla, sous la Révolution semble-t-il, à Madrid, puis revint à Paris à la fin de sa vie. Le Musée de Chambéry possède des œuvres de lui.

DUBOIS Noël
XVIe siècle. Actif à Cambrai. Français.
Peintre.
Il décora plusieurs tombeaux à la cathédrale de Cambrai vers 1560.

DUBOIS Paul
XVIe siècle. Éc. flamande.
Peintre.
Actif à Anvers dans la seconde moitié du XVIe siècle.
Musées : Turin : *Saint François tenant une croix.*
Ventes Publiques : Paris, 1883 : *Une étude* : **FRF 55.**

DUBOIS Paul
Né le 8 juillet 1829 à Nogent-sur-Seine (Aube). Mort le 22 mai 1905 à Paris. XIXe siècle. Français.
Peintre de genre, sculpteur.
D'abord destiné au barreau, il fit ses études de droit, mais cédant à une vocation irrésistible, il entra, en 1856, dans l'atelier de Toussaint. Deux ans après, il fut reçu à l'École des Beaux-Arts. Il y travailla peu et partit pour l'Italie. Il en revint en 1863 et débuta la même année au Salon où il obtint une troisième médaille dans la section de sculpture. Son *Chanteur Florentin*, exposé en 1865, lui valut la médaille d'honneur du Salon. De 1867 à 1873, il s'abstint d'exposer et reparut au Salon pour obtenir deux médailles de première classe en 1876 et 1878. En 1876, il devint membre de l'Institut. De cette époque datent ses véritables débuts comme peintre. Il s'est surtout fait remarquer comme portraitiste. Depuis 1880, il a exposé assez régulièrement aux sections de peinture et de sculpture. Nommé chevalier de la Légion d'honneur en 1867, il fut promu officier en 1874, commandeur en 1886, et grand-croix en 1896.
Artiste très intéressant et très épris de son art, Dubois restera une des figures de la fin du XIXe siècle. Administrateur de valeur, il fut successivement conservateur du Musée du Luxembourg et directeur de l'École nationale des Beaux-Arts. Les travaux qu'il a exécutés en France sont nombreux. Signalons le *Monument à Lamoricière*, à Nantes, *La Jeanne d'Arc* de Reims, *Anne de Montmorency*, à Chantilly. ■ M. B. de G.

Musées : Bayonne : *Bonnat*, buste en bronze – Bourges : *Général Foy*, buste en plâtre – Bucarest : *La Charité* – Châlons-sur-Marne : *La Charité – L'Alsace et la Lorraine*, bustes allégoriques – Montpellier : *Alexandre Cabanel*, buste – Paris (Mus. d'Art Mod.) : *Chanteur florentin – Saint Jean enfant – Narcisse* – La Roche-sur-Yon : *Paul Baudry*, buste – Troyes : *Saint Jean-Baptiste adolescent – Saint Jean-Baptiste – Chanteur florentin au XVe siècle* – Huit médaillons – *Louis Pasteur*, buste – *Le connétable Anne de Montmorency – Narcisse au bain – Fragment de la tête de Narcisse – Tombeau du général de Lamoricière* – Versailles : *Duhamel du Monceau*, buste en marbre.
Ventes Publiques : Paris, 19-21 avr. 1926 : *Portrait de jeune femme* : **FRF 1 500** ; *Tête de jeune fille blonde* : **FRF 350** ; *Portrait de jeune femme* : **FRF 170** ; *Portrait de jeune femme* : **FRF 120** ; *Jeanne d'Arc* : **FRF 1 250** ; *Portrait de jeune fille blonde* : **FRF 120** – Bruxelles, 10 déc. 1976 : *Saint Jean*, bronze cire perdue : **FRF 26 000** – Bruxelles, 15 juin 1978 : *Maternité*, bronze (H. 73) : **BEF 36 000** – Paris, 20 fév. 1980 : *Saint Jean enfant* 1861, bronze (H. 96) : **FRF 6 000** – New York, 5 oct. 1982 : *Saint Jean-Baptiste enfant*, bronze (H. 84,5) : **USD 1 600** – Troyes, 21 oct. 1984 : *La Charité*, patine médaille, bronze (H. 48) : **FRF 8 950** – Lokeren, 20 avr. 1985 : *Le courage militaire* 1875, bronze, patine brune (H. 51) : **BEF 325 000** – Londres, 20 mars 1986 : *Le courage militaire* vers 1880, bronze patine brun foncé : **GBP 1 800** – Lokeren, 16 mai 1987 : *La dentellière*, patine brun foncé, bronze (H. 44) : **BEF 240 000** – Paris, 7 déc. 1987 : *Jeanne d'Arc*, bronze (H 66) : **FRF 9 800** – New York, 25 mai 1988 : *Saint Jean-Baptiste*, bronze (H 81,2) : **USD 1 540** – Paris, 15 juin 1990 : *Jeanne d'Arc*, cire noire, esquisse (H. 39 ; l. 42 ; prof. 9) : **FRF 100 000** – Lokeren, 21 mars 1992 : *Tribunal – Le courage militaire*, bronze à patine brune (H. 51, l. 22) : **BEF 46 000** – Lokeren, 10 oct. 1992 : *Saint Jean-Baptiste* 1861, bronze à patine brune (H. 39, L. 11) : **BEF 28 000** – Lokeren, 12 mars 1994 : *Mère et deux enfants*, bronze (H. 79, l. 30) : **BEF 220 000** – New York, 26 mai 1994 : *La Charité*, bronze (H. 94) : **USD 21 850** – Lokeren, 7 déc. 1996 : *Maternité*, bronze patine brune (78x37) : **BEF 190 000** – New York, 23 oct. 1997 : *Le Chanteur florentin*, chêne (H. 78,7) : **USD 6 325.**

DUBOIS Paul
Né le 23 septembre 1858 ou 1859 à Aywaille. Mort en 1938 à Uccle. XIXe-XXe siècles. Belge.
Sculpteur, médailleur.
Il fut élève de Simonis à l'Académie des Beaux-Arts de Bruxelles et de l'atelier privé de Ch. Van der Stappen. Membre fondateur du groupe des *XX*. Professeur à l'Académie des Beaux-Arts de Mons à partir de 1900 et à celle de Bruxelles en 1902. Paul Dubois fut membre de l'Académie Royale de Belgique.
Il fut médaillé aux Expositions universelles de Paris, Munich, Dresde, Cologne, etc. Il obtint le Prix Godecharle en 1884 avec un *Hippocrate*.
Il a exécuté de nombreuses œuvres monumentales et décoratives. Parmi ses œuvres : *Violoniste* (1989) ; *La Renommée*.
Musées : Bruxelles : *Jeune femme assise* – Prague : *Buste décoratif – Femme au casque* – Tervueren : *Congolaise*.
Ventes Publiques : Paris, 24 avr. 1988 : *Le chanteur florentin* 1865, bronze patine médaille (H 38,5) : **FRF 4 800** – Lokeren, 8 oct. 1988 : *Après le bain*, terre cuite (H. 32) : **BEF 13 000** – Nanterre, 20 oct. 1994 : *Pasteur* 1880, bronze (H. 53) : **FRF 4 200** – Lokeren, 9 déc. 1995 : *Tête de jeune fille*, bronze cire perdue (H. 38) : **BEF 95 000** – Lokeren, 18 mai 1996 : *David* vers 1890, bronze patine brune (42x23) : **BEF 80 000** – Paris, 19 oct. 1997 : *Diane*, bronze patine brune (38,5x20,5x25,2) : **FRF 24 000.**

DUBOIS Paul Élie ou **Émile**
Né le 29 octobre 1886 à Colombier-Chatelot (Doubs). Mort le 14 février 1949 à Colombier-Chatelot. XXe siècle. Français.
Peintre de portraits, scènes de genre, sujets typiques, paysages. Orientaliste.
Il fut élève de l'Académie Julian et de l'École Nationale des Beaux-Arts. Il a exposé pour la première fois en 1906, à Paris, au Salon des Artistes Français. Hors-concours.
En 1920, il exposait une composition inspirée par la guerre. Il obtint une Bourse de voyage en Algérie et séjourna deux ans à la Villa Abd-El-Tif à Alger, ce qui détermina sa carrière d'orientaliste. Il fut d'ailleurs peintre officiel de la mission du Hoggar en 1928. Il peut donner un tour expressionniste à certaines de ses œuvres, montrant de grandes silhouettes de Touaregs vivement éclairées sur un fond sombre.
Bibliogr. : Gérald Schurr, in : *Les Petits Maîtres de la peinture 1820-1920, valeur de demain*, Les Éditions de l'Amateur, t. III, Paris, 1976.
Musées : Paris (Mus. du Petit Palais).
Ventes Publiques : Paris, 22 oct. 1973 : *Vue d'Alger*, h/t (33x41) : **FRF 400** – Paris, 18 fév. 1980 : *Targhi du Hoggar*, aquar. et encre de Chine (48x64,5) : **FRF 2 700** – Paris, 6 déc. 1982 : *L'Aménokal et sa femme dans le Hoggar* 1928, aquar. et gche (74x52,5) : **FRF 2 300** – New York, 27 mars 1984 : *Femmes cousant à la fenêtre*, h/t (47x38) : **USD 800** – Besançon, 29 oct. 1989 : *Nuit du Hoggar* 1932, h/t (96x115) : **FRF 226 000** – Paris, 8 déc. 1989 : *Joueuse d'amzad* 1938 (46x55) : **FRF 40 000** – Nancy, 24 juin 1990 : *Villa Abd-el-Tif à Alger*, h/t (44x36) : **FRF 7 500** – Paris, 28 mai 1991 : *Femme du Hoggar*, h/isor. (103x78) : **FRF 75 000** – Paris, 11 déc. 1995 : *Portrait d'une Targuia du Hoggar* 1934, lav. d'encre de Chine et gche (30x25) : **FRF 7 500** – Paris, 18-19 mars 1996 : *Les palmiers de la grande maison*, h/cart. (46x32,5) : **FRF 8 000** – Paris, 10-11 avr. 1997 : *Sur le sommet de l'Asekrem, Hoggar*, h/t (44x75) : **FRF 6 500** – Paris, 10-11 juin 1997 : *Aménokal du Hoggar et sa femme* 1928, aquar./pap. beige (52,5x63,5) : **FRF 37 000.**

DUBOIS Paul Gaspard
XVIIIe siècle.

Peintre et sculpteur.
Il fut reçu à l'Académie de Saint-Luc à Paris en 1773 et devint député en 1786.

DUBOIS Pierre
Mort en 1651. XVIIe siècle. Actif à Dijon. Français.
Sculpteur sur bois.
Il fut le père de Jean Dubois I.

DUBOIS Pierre
XVIIe siècle. Actif à Bordeaux à la fin du XVIIe siècle. Français.
Sculpteur.
Il était fils de Claude.

DUBOIS Pierre
XVIIe siècle. Actif à Paris au début du XVIIe siècle. Français.
Dessinateur.
J. Van Halbecck grava d'après lui un portrait du roi Henri IV.

DUBOIS Pierre ou **du Bois**
XVIIe siècle. Français.
Graveur.
Il était parent de Martin Du Bois (ou Dubois).

DUBOIS Pierre
Né le 17 mai 1922 à Paris. XXe siècle. Français.
Peintre de compositions religieuses, cartons de vitraux, fresquiste.
Il fut élève de Maurice Denis à l'Atelier d'Art Sacré entre 1938 et 1947. Il expose à partir de 1948, à Paris, aux Salons des Indépendants, d'Automne et de la Jeune Peinture.
Il a réalisé des vitraux pour l'évêché d'Arras. Il a également exécuté des fresques.

DUBOIS Pierre Claude
Né à Bar-le-Duc (Meuse). XXe siècle. Français.
Peintre de portraits.
Il exposa à Paris au Salon de la Nationale des Beaux-Arts à partir de 1910.

DUBOIS Pierre Maurice
Né le 4 juin 1869 à Bordeaux (Gironde). Mort le 30 mai 1944 à Preignac (Gironde). XXe siècle. Français.
Peintre de sujets militaires.
Il fut élève de Paul Élie Salzedo et A. Dupuy. Il a débuté en 1910, à Paris, au Salon des Artistes Français, où il a régulièrement exposé, dont il devint sociétaire. Chevalier de la Légion d'honneur.

DUBOIS Pieter, dit **Pietro del Legno**. Voir **LIGNIS Pietro de**

DUBOIS Raphael
Né en 1888 à Liège. XXe siècle. Belge.
Peintre de sujets religieux, scènes de genre, paysages, natures mortes.
Il fut élève d'Evariste Carpentier à l'Académie de Liège. Il a exposé : *La promenade du bébé* et *Jardin d'Éden* au Salon d'Automne de 1912.

RAPHAEL DUBOIS
RAPHAEL DUBOIS

BIBLIOGR. : Charles Conrardy : *Le Peintre Raphaël Dubois*, 1946.
VENTES PUBLIQUES : ANVERS, 23 oct. 1985 : *La Tentation de saint Antoine* 1943, h/t (106x152) : **BEF 23 000** – LOKEREN, 16 mai 1987 : *Scène de moisson*, h/t (65x80) : **BEF 33 000** – BRUXELLES, 19 déc. 1989 : *Paysage ensoleillé* 1911, h/t (93x110) : **BEF 220 000** – COLOGNE, 23 mars 1990 : *L'automne à la campagne*, h/t (45x57) : **DEM 1 600** – LOKEREN, 9 oct. 1993 : *Automne* 1917, h/t (58,5x81) : **BEF 60 000** – AMSTERDAM, 9 nov. 1993 : *Jeune fille brodant* 1912, h/t (97x77) : **NLG 1 150** – LOKEREN, 8 oct. 1994 : *Volailles dans une cour de ferme*, h/t (71x91) : **BEF 100 000** – LOKEREN, 9 déc. 1995 : *Port de pêche en Bretagne*, h/t (70x90) : **BEF 50 000** – LOKEREN, 9 mars 1996 : *La roulotte* 1941, h/t (50x65) : **BEF 55 000**.

DUBOIS Renée
Née à Fournes (Nord). XXe siècle. Française.
Peintre et graveur.
Elle fut élève de E. Léon. Elle exposa régulièrement, à Paris, au Salon des Artistes Français à partir de 1934, dont elle devint sociétaire. On cite ses natures mortes. En gravure elle a pratiqué l'eau-forte. Prix Belier-Dollet en 1937.

DU BOIS Roberte, Mlle
Née au XIXe siècle à Scheveningen (Pays-Bas). XIXe siècle. Hollandaise.
Sculpteur.
Élève de Mathurin Moreau et de Gustave Michel. Sociétaire des Artistes Français, elle a exposé à ce seul Salon parisien, obtenant une mention honorable en 1899.

DUBOIS Simon ou **du Bois**
Baptisé à Anvers le 26 juillet 1632. Enterré à Londres le 26 mai 1708. XVIIIe siècle. Éc. flamande.
Peintre de portraits, paysages.
Élève de Claes Pieterz Berchem à Haarlem, de Th. Fonteyn à Rotterdam, de Philip. Wouverman à Haarlem en 1653, il était à Venise en 1657 à Rotterdam en 1661, à Londres en 1685 ; après la mort de son père Édouard, il travailla pour W. Van der Welde le Jeune, et, à 75 ans, épousa la fille de ce dernier.
On cite de lui au Musée d'Amsterdam : *Cinq portraits de la famille Cetters* ; ainsi que *Lord Somers* ; *L'archevêque Tenison* (signalé par Virtue) et un *Portrait de sa femme* (disparu).

S. du Bois fec. 1693

MUSÉES : AMSTERDAM : *Cinq portraits de la famille Cetters*.
VENTES PUBLIQUES : LONDRES, 10 déc. 1928 : *Partie de chasse* : **GBP 28** – LONDRES, 25 oct. 1933 : *Lord Somers* : **GBP 13** – LONDRES, 15 nov. 1991 : *Portrait d'un gentleman, présumé Josiah Diston, en manteau rouge et jabot de dentelle blanche* 1683, h/t (75,9x63,5) : **GBP 2 420**.

DUBOIS Th. Voir **DUBOIS Jules Charles Théodore**

DUBOIS Victor
Né à Beaune (Côte-d'Or). XIXe siècle. Français.
Peintre.
Élève de Michaud. Il envoya au Salon de Paris en 1870 : *La mansarde de la Cigale*, et en 1876, un portrait.

DUBOIS Vincent Joseph
Né le 6 mars 1823 à Soignies. XIXe siècle. Belge.
Sculpteur.
Le Musée de Douai conserve de lui : *Une chimère* modèle exécuté à l'Hôtel de Ville de Douai.

DUBOIS Willem
Mort le 7 juillet 1680 à Haarlem. XVIIe siècle. Hollandais.
Peintre d'animaux, paysages animés, paysages.
Admis en 1646 dans la gilde de Saint-Luc à Haarlem.

GBOIS

MUSÉES : BÂLE : *Parc* – HAARLEM : *Vue sur la plage* – LA HAYE : *Paysage* – STOCKHOLM : *Village hollandais*.
VENTES PUBLIQUES : COLOGNE, 20 oct. 1888 : *Paysage de forêt* : **FRF 1 100** – PARIS, 7 déc. 1950 : *Le retour du troupeau* : **FRF 240 000** – NEW YORK, 6 juin 1985 : *Bergers menant leurs troupeaux au pâturage* 1647, h/pan. (30,5x36) : **USD 8 000**.

DUBOIS D'AISSCHE Louis, comte
Né en 1822 à Edeghem. Mort en 1864. XIXe siècle. Actif à Anvers. Éc. flamande.
Peintre de genre.
Il fut élève de Leys et peignit des intérieurs et des paysages réalistes très influencés par Courbet.
VENTES PUBLIQUES : LOKEREN, 9 oct. 1993 : *Intérieur campagnard avec une fileuse* 1862, h/pan. (59x82) : **BEF 60 000** – RUMBEKE, 20-23 mai 1997 : *Procession s'arrêtant dans la cour d'une ferme* 1864, h/pan. (115x149,5) : **BEF 279 672**.

DUBOIS DE LA RUE Alexandre
XIXe siècle. Actif à Paris. Français.
Peintre.
Sociétaire des Artistes Français depuis 1890, il figura aux Salons de cette société.

DUBOIS DE LESTANG Adèle, comtesse
Née à Paris. Morte le 4 novembre 1868 à Paris. XIXe siècle. Française.

Peintre.
Élève d'Amaury-Duval et A. Boyer. Elle exposa au Salon en 1864, 1865 et 1867, deux intérieurs et une tête d'étude.

DUBOIS DE MONTPERREUX Frédéric
Né le 28 mai 1798 à Môtiers. Mort le 7 mai 1850 à Peseux (canton de Neuchâtel). XIXe siècle. Suisse.
Dessinateur et archéologue.
Ce savant est l'auteur d'un ouvrage intéressant intitulé : *Voyage autour du Caucase* pour lequel il fournit, entre autres illustrations, des vues de ce pays ainsi que des monuments et des objets indigènes. Il vivait en Russie et en Suisse où il jouit d'une réputation méritée.

DUBOIS DE SAINT-VINCENT Paul Gabriel
Né à Apt (Vaucluse). XIXe siècle. Français.
Peintre d'émaux.
A exposé au Salon, dès 1875, des sujets d'après Benvenuto Cellini, Carrache, Raphaël, etc.

DUBOIS de Sainte-Marie
Français.
Peintre et dessinateur.
Cité par Mireur.
Ventes Publiques : Paris, 1892 : *La mélancolie* : **FRF 270** ; *La petite Italienne* : **FRF 630** – Paris, 1892 : *La toilette de la petite maîtresse* ; *Le premier pas à la fortune*, deux dess. au cr. noir, reh. de blanc : **FRF 300**.

DUBOIS-DAMART Henriette. Voir **DAMART**

DUBOIS-DAVESNE Marguerite Fanny
Née en 1832 à Paris. Morte en 1900. XIXe siècle. Française.
Sculpteur.
Élève de Desbœufs et de L. Cogniet. Elle exposa au Salon à partir de 1853. On cite parmi ses œuvres : les bustes en marbre de *Scribe*, de l'*Impératrice*. Au Musée de Semur, le buste de *Béranger*.

DUBOIS-DRAHONET Alexandre Jean. Voir **DRAHONET Alexandre Jean**

DUBOIS DUPERRAY Honoré Jean
Né le 17 septembre 1770 à Chartres. Mort le 22 décembre 1857 à Grogneul. XVIIIe-XIXe siècles. Français.
Peintre.
Il exposa au Salon de Paris en 1810 et en 1814. C'est surtout dans la miniature que cet artiste se distingua. Le Musée de Chartres a de lui un tableau : *Forêt de la Grande-Chartreuse aux environs de Grenoble.*

DUBOIS MELLY Charles Jacques
Né le 5 mai 1821 à Genève. Mort en 1905. XIXe siècle. Suisse.
Peintre et écrivain.
Il étudia chez Calame, exposa à Paris et à Genève, entre 1845 et 1856. Voyagea en Italie. Il peignit à l'huile et à l'aquarelle, et publia une œuvre intitulée : *Châteaux, manoirs et monastères des environs de Genève*, illustrée de plus de cent dessins, dont la plupart de lui. On cite parmi ses tableaux ceux que conserve le Musée Rath de Genève : *Paysage au Bouverei*, *Lac de Némi*. Il est le fils de Jean Dubois II (ou Du Bois), peintre et éditeur.

DUBOIS-MENANT Jules Gabriel
Né le 11 août 1855 à Craon (Mayenne). XIXe siècle. Français.
Peintre de portraits.
Élève de Vuillefroy. Sociétaire des Artistes Français depuis 1890, il figura au Salon de cette société et obtint une mention honorable en 1898.

DUBOIS-PILLET Albert, commandant
Né le 28 octobre 1846 à Paris. Mort le 18 août 1890 au Puy (Haute-Loire). XIXe siècle. Français.
Peintre de scènes de genre, figures, portraits, paysages animés, paysages, natures mortes, fleurs.
Cet artiste, dont les œuvres sont rares, sinon répandues d'une manière incertaine, dispersées, est à la fois célèbre et méconnu. Il est souvent cité pour son activité par des critiques qui ont eu rarement de ses ouvrages sous les yeux. Dubois-Pillet fut un amateur curieusement mêlé au mouvement impressionniste. Il fut l'un des fondateurs du Salon des Indépendants, en 1884. Il fut commandant de gendarmerie dans la Haute-Loire, vice-président de la société des Indépendants et chevalier de la Légion d'honneur.
C'est au Salon des Indépendants qu'il exposa *L'Enfant mort*, que Zola décrivit dans « L'œuvre » en 1886. Il connaissait Seurat et Signac, dont il était l'aîné de quinze ans, et il n'adopta la technique néo-impressionniste qu'en 1887, qu'il appliqua surtout dans les portraits.

dUBois Pillet

Musées : Le Puy-en-Velay : *Le Quai de Bercy à Paris* – *Giroflées* – *L'Enfant mort* – *Saint-Michel d'Aiguilhe, effet de neige* – *Étude de fleurs.*
Ventes Publiques : Paris, 7-8 déc. 1928 : *Bateau norvégien amarré au quai de Lesseps à Rouen* : **FRF 150** – Paris, 6 et 7 mars 1935 : *Clair de lune sur les toits, quartier Saint-Sulpice*, cr. noir : **FRF 150** – Paris, 22 fév. 1936 : *La Lampe à l'abat-jour bariolé* : **FRF 100** – Paris, 2 juin 1943 : *Péniches à quai, Paris* : **FRF 4 600** – Londres, 6 déc. 1961 : *Le Puy en hiver* : **GBP 1 200** – Paris, 10 déc. 1966 : *Le Puy, la place ensoleillée* : **FRF 55 000** – Versailles, 16 mars 1969 : *Vue de Paris, le quai Saint-Michel et Notre-Dame* : **FRF 335 000** – Londres, 15 avr. 1970 : *Champs et Usine* : **GBP 7 000** – Londres, 4 déc. 1974 : *Les Berges* vers 1889 : **GBP 5 000** – Versailles, 24 oct. 1976 : *Chalands sur la rivière* 1888, h/t (46x32,5) : **FRF 23 500** – Paris, 16 juin 1977 : *Portrait d'une jeune femme en robe de mousseline*, h/t (117x90) : **FRF 15 200** – Paris, 9 mai 1979 : *Le Quai de Montebello* 1889-1890, h/t (97x177) : **FRF 505 000** – New York, 18 fév. 1982 : *Les Tours de Saint-Sulpice* vers 1888, h/t (81,3x60) : **USD 21 000** – Londres, 28 juin 1983 : *Falaises à Yport* 1888, h/t (26x42) : **GBP 12 000** – Londres, 2 déc. 1985 : *Paysage d'hiver* vers 1888-1889, h/t (71x133) : **GBP 100 000** – Guéret, 24 mai 1987 : *Bateaux à quai*, h/t : **FRF 360 000** – Paris, 16 mai 1988 : *Le Pavillon de banlieue* 1988 (46x33) : **FRF 40 000** – Londres, 4 avr. 1989 : *Le Vase de fleurs*, h/t (71,5x91,5) : **GBP 11 000** – Paris, 22 nov. 1989 : *Meaux, la passerelle*, h/t (60x83) : **FRF 300 000** – Paris, 16 mars 1991 : *Nature morte aux fruits et poissons*, h/t (59x72,5) : **FRF 370 000** – Paris, 13 avr. 1994 : *Paysage à l'étang*, h/t (27x40) : **FRF 38 000** – Londres, 29 juin 1994 : *Le Puy en hiver*, h/t (37,5x50) : **GBP 56 500** – New York, 28 sep. 1994 : *Bord de rivière*, h/t (27x41) : **USD 9 200** – Paris, 15 déc. 1994 : *Bouquet de fleurs*, h/t (73x59) : **FRF 33 000** – Londres, 28 juin 1995 : *Le Pont-Neuf sous la neige*, h/t (37,5x54,5) : **GBP 36 700** – New York, 13 nov. 1996 : *Vue de Notre-Dame*, h/t (119,4x199,4) : **USD 233 500** – Paris, 24 nov. 1996 : *Paris, les quais*, h/pan. (8,5x14,5) : **FRF 12 000** – Calais, 23 mars 1997 : *Vase de fleurs des champs*, h/t (73x59) : **FRF 15 000**.

DUBOIS-PONSOT M. Eva
Née au XIXe siècle à Paris. XIXe siècle. Française.
Sculpteur.
Sociétaire des Artistes Français depuis 1894, elle figura au Salon de cette société.

DUBOIS-TESSELIN Frédéric François
Né le 3 novembre 1832 à Montmédy (Meuse). XIXe siècle. Français.
Graveur.
En 1850, il entra à l'École des Beaux-Arts et y fut élève de Leprince. Il exposa au Salon de Paris de 1865 à 1879.

DUBOIS-TRINQUIER Suzanne
Née dans la seconde moitié du XIXe siècle à Paris. XIXe-XXe siècles. Française.
Lithographe.
Sociétaire du Salon des Artistes Français ; mention honorable en 1903.

DUBON Jorge
Né le 14 août 1938 à Mexico. XXe siècle. Mexicain.
Sculpteur, architecte, designer. Abstrait.
Il a d'abord étudié a Mexico à partir de 1956, puis à la Visual Art School à New York et à la Slade School de Londres. Il a travaillé avec S. Lipton à New York et avec François Stalhy en France. Il participe à des expositions collectives telles que, la Biennale de Paris en 1961 et 1963, la Biennale de Mexico en 1964 et 1967, celle d'Anvers en 1971.
Il réalise de grandes structures abstraites, de tendances géométrique et constructiviste.
Musées : Amsterdam (Mus. Kröller-Müller) – Mexico (Mus. d'Art Mod.) – New York (Mus. of Mod. Art).

DUBORD Jean Pierre
Né en 1949. XXe siècle. Français.
Peintre de paysages urbains, architectures.

Il travaille sur le site particulièrement pittoresque de Montmartre.

Ventes Publiques : Neuilly, 27 mars 1990 : *Un vieux quartier de Montmartre*, h/t (55x46) : **FRF 10 000** – La Varenne-Saint-Hilaire, 20 mai 1990 : *Rue des Canadiens à Rouen*, h/t (50x61) : **FRF 13 000** – Sceaux, 10 juin 1990 : *Montmartre, la rue St-Vincent*, h/t (60x73) : **FRF 9 500** – Versailles, 8 juil. 1990 : *La route de Saint-Martin à Bocherville*, h/t (54x73) : **FRF 9 500** – Versailles, 9 déc. 1990 : *Montmartre*, h/t (65x54) : **FRF 8 000** – Reims, 15 mars 1992 : *Rouen*, h/t (27x22) : **FRF 4 500**.

DUBORDIEU Pieter
Né à Lille-Bouchard. Mort après 1678. xviie siècle. Éc. flamande.
Peintre de portraits.
Marié à Leyde en 1633, il y était dans la gilde en 1644 ; en 1676, il partit, probablement pour Amsterdam.

Musées : Hanovre : *Portrait du théologien L. de Dieu* – La Haye : *Portrait d'homme* – *Portrait de femme* – Leyde : *Le prince Guillaume II* – *Le prince Guillaume III* – Paris (Louvre) : *Portrait de femme*.
Ventes Publiques : Lucerne, 21-27 nov. 1961 : *Portrait d'un seigneur* : **CHF 2 800**.

DUBOS Angèle
Née le 22 décembre 1844 à Laigle (Orne). xixe siècle. Française.
Peintre de genre, portraits.
Élève de Chaplin.
On cite d'elle : *La fille du barbier* (1875), *Mlle Zizi* (1884).
Musées : Caen : *Rolande* – Le Havre : *Le Bonnet d'âne*.
Ventes Publiques : New York, 26 mai 1993 : *Heureux âge* 1877, h/t (76,2x61) : **USD 14 950**.

DUBOS Armand Gilbert
xxe siècle. Français.
Sculpteur.
Il exposa à Paris au Salon des Tuileries à partir de 1929.

DUBOS Francis
Né à Paris. xxe siècle. Français.
Peintre.
Il exposa à Paris au Salon des Indépendants de 1927 à 1929.

DUBOS Hacquinet
xve siècle. Français.
Peintre.
En 1468, il travailla pour les ducs de Bourgogne.

DU BOS Jacquemart. Voir **JACQUEMART DU BOS**

DU BOS Jehan ou **du Bois**
xive siècle. Éc. flamande.
Peintre.
Il travailla au château d'Hesdin avec son père Pierre Du Bos.

DUBOS Marie Jeanne Renard, dame
Née à Paris. xviiie siècle. Travaillant en 1720. Française.
Graveur.
Elle fut élève de Dupin. Elle grava d'après Robert, Basseporte et autres peintres de son époque.

DU BOS Pierre ou **du Bois**
xive-xve siècles. Éc. flamande.
Peintre.
Peintre officiel du château ducal d'Hesdin de 1387 à 1400 et « garde des engiens d'esbatements », il y exécuta les peintures de la « chambrette du miroir ».

DU BOSC. Voir aussi **BOSC**

DU BOSC Claude
xviie siècle. Français.
Graveur au burin.

DUBOSC Georges
Né le 17 août 1548 à Rouen. xvie siècle. Français.
Peintre.

DUBOSC Gilles
xvie siècle. Actif en Normandie. Français.
Peintre verrier.
Frère de Michel Dubosc.

DUBOSC J.
xviiie siècle. Actif vers 1749. Français.
Peintre de fleurs et graveur.

DUBOSC Michel
xvie siècle. Actif en Normandie. Français.
Peintre verrier.
Frère de Gilles Dubosc.

DU BOSC P.
xviie siècle. Français.
Graveur au burin.

DUBOSCQ Albert Eugène
Né au xixe siècle à Versailles (Yvelines). xixe siècle. Français.
Graveur sur bois.
Figura au Salon des Artistes Français où il obtint une mention honorable en 1889.

DUBOSCQ Geneviève
Née au xxe siècle à Bordeaux (Gironde). xxe siècle. Française.
Peintre de portraits.
Élève de R. M. Castaing ; exposant du Salon des Artistes Français depuis 1939.

DUBOSCQ Michel
Né le 11 mai 1932 à Saintes (Charente-Maritime). xxe siècle. Français.
Peintre de cartons de mosaïques.
Il a étudié aux Beaux-Arts de Paris. Expose depuis 1957. Il a participé à plusieurs expositions collectives, à Paris, notamment au Salon Comparaisons de 1960 à 1967, d'autre part, il fut invité à la Biennale de Paris.
Il réalise des fresques abstraites, des mosaïques et des sculptures.

DUBOSCQ Philippe
xviie siècle. Actif à Paris en 1681. Français.
Sculpteur.

DUBOSQ
xixe siècle. Actif au début du xixe siècle. Français.
Peintre de portraits.
Cet artiste, élève de Regnault, envoya au Salon de Paris, en 1810 et 1812, plusieurs portraits.

DUBOST
Né au xixe siècle à Lyon. xixe siècle. Français.
Graveur à l'eau-forte.
Le Blanc cite, de cet artiste, 10 planches représentant des fleurs et un *Portrait du peintre lyonnais Berjon*, d'après une peinture de Reignier (1845).

DUBOST Antoine
Né le 16 juillet 1769 à Lyon (Rhône). Mort le 6 septembre 1825 à Paris. xviiie-xixe siècles. Français.
Peintre d'histoire, compositions mythologiques, scènes de genre, portraits, lithographe.
Il fut élève, à Paris, de Vincent et se lia avec Carle Vernet. Après avoir été soldat, il voyagea en Italie et en Suisse et revint à Paris, où il exposa : en 1799, *Brutus poursuivi par les soldats d'Antoine est au moment de s'embarquer sans suite* et *Étude de cheval* ; en 1804, *l'Épée de Damoclès*, *Préparatifs de course*, *Pastorale* et un *Portrait* (médaille d'or).
De 1806 à 1813, il séjourna en Angleterre, s'occupant à la fois de peinture et de chevaux (il était riche et faisait courir) ; il organisa, à Londres, des expositions particulières, notamment en 1807, et 1810, expositions où figurèrent un *Portrait de Mme Hoppe* et *La Belle et la Bête*.
Revenu en France, il envoya au Salon de Paris, en 1814 : *Vénus et Diane* ; *Pénélope* ; *Vue de la promenade d'Hyde-Park* ; *Scènes de la vie du cheval de course* (12 toiles peintes à Londres en 1809) ; *Promenade du roi à Windsor* ; *Intérieur d'une tente et Mameluk exposé au feu d'un détachement* ; en 1817 : *Le joueur dépouillé* ; *Vénus et Diane* ; *Pénélope* ; *L'Arabe au désert* ; *La*

promenade d'Hyde-Park, et *Préparatifs de course*. En 1818, il lithographia, d'après ses tableaux, un album : *Newmarket et la vie du cheval de course*. Il fut tué en duel. Son tableau *Vénus et Diane* fut longtemps au Luxembourg.
Ventes Publiques : New York, 13 oct. 1993 : *Le retour d'Hélène*, h/t (130,8x192,1) : **USD 79 500**.

DUBOST Charlotte Marie
Née à Rouen (Seine-Maritime). xxe siècle. Française.
Peintre de natures mortes.
Elle fut élève de Mlle Gillet et de Cannicioni. Elle a exposé régulièrement, à Paris, au Salon des Artistes Français depuis 1936 et en devint sociétaire.

DUBOST François
Né en 1810 à Médéach. xixe siècle. Français.
Peintre.
Le Musée de La Fère conserve de lui : *Pastorale*, et le Musée de Périgueux : *La porte normande à Périgueux* (fusain) et *La Maladrerie*.

DUBOST Michel
Né à Lyon (Rhône). xxe siècle. Français.
Peintre de portraits.
Il a figuré, à Paris, au Salon des Artistes Français en 1935 et 1936 ; invité au Salon des Tuileries en 1935. Il a aussi exposé au Salon des Artistes Indépendants, toujours à Paris. On cite ses nus.

DUBOST R., Mlle
xxe siècle. Française.
Peintre de paysages.
Elle figurait au Salon des Artistes Français de Paris, en 1911.

DUBOU ou **Dubon**
xviiie siècle. Actif en Espagne. Français.
Sculpteur.
Le parc royal de Saint-Ildefonse possède de cet artiste un *Silène*.

DUBOUCHE Adrien
Né à Limoges. Mort le 24 septembre 1881 à Jarnac. xixe siècle. Français.
Peintre de paysages.
De 1857 à 1868, il exposa au Salon de Paris des fusains représentant des vues.

DUBOUCHÉ Théodolinde
xixe siècle. Français.
Pastelliste.
Exposa des portraits et des études au Salon de 1841 à 1844.

DUBOUCHET Alexandre Louis Jérôme
Né le 8 mars 1852 à Saint-Étienne (Loire). Mort en 1882 à Paris. xixe siècle. Français.
Peintre de paysages.
Exposait au Salon depuis 1878 des paysages du Forez, de Normandie et de Bretagne.
Ventes Publiques : Berne, 7 mai 1982 : *Paysage d'automne*, h/t (39x46) : **CHF 2 200** – Stockholm, 15 nov. 1989 : *Paysage animé au crépuscule*, h/t (55x74) : **SEK 5 500** – Paris, 13 avr. 1992 : *La côte normande*, h/t (32x46) : **FRF 17 500**.

DUBOUCHET Armand Louis
Né à Lyon. xixe siècle. Français.
Peintre.
Il exposa à Paris, en 1876, *Souvenir de la place du Forez*, effet de lune.

DUBOUCHET Gustave Joseph
Né en 1867 à Rome, de parents français. xixe siècle. Français.
Peintre de genre, paysages, graveur.
Figura à l'Exposition Universelle de 1889 où il obtint une mention honorable. Parmi ses gravures à l'eau-forte, on cite : *Le mont Saint-Michel* et *Zigzags en Bretagne*.
Ventes Publiques : Londres, 16 juil. 1991 : *Jeux de chatons*, h/t (64,8x54,2) : **GBP 770**.

DUBOUCHET Henri Joseph
Né le 28 mars 1833 à Caluire (Rhône). Mort en 1909. xixe siècle. Français.
Peintre de sujets religieux, figures, paysages, aquarelliste, dessinateur, graveur, lithographe.
Il entra, en 1847, à l'École des Beaux-Arts de Lyon, y fut élève de Vibert et obtint, en 1860, le premier grand Prix de Rome pour la gravure. À son retour de Rome, il se fixa à Paris.
Il avait débuté à Lyon, au Salon de 1855-56, avec un dessin en deux gravures, *La Vierge et l'Enfant*, d'après Sasso Ferrato, et *La Délivrance de saint Pierre*, d'après Teniers ; à ce Salon, et à celui de Paris depuis 1866, il exposa des dessins et surtout des aquarelles d'après les maîtres italiens, des gravures au burin et des peintures (figures, scènes et types d'Italie, paysages). Il obtint à Paris, comme graveur, des médailles aux Salons de 1869 et 1870, une mention honorable et une médaille d'argent aux Expositions Universelles de 1889 et 1900. Il fut professeur de gravure à l'École du Livre.
Ventes Publiques : Londres, 14 jan. 1981 : *Le ménestrel*, h/t (46x59) : **GBP 480**.

DUBOUCHET Jean François
Né le 2 juin 1823 à Tournon (Ardèche). Mort le 21 août 1880 à Lyon. xixe siècle. Français.
Graveur à l'eau-forte et au burin.
Élève de V. Vibert à l'École des Beaux-Arts de Lyon (1837-1845), il vécut dans cette ville, gravant sur pierre et sur cuivre, souvent pour le commerce, l'architecture et l'imagerie religieuse.

DUBOUCHET Suzanne
Née à Paris. xxe siècle. Française.
Peintre de genre.
Elle a débuté, à Paris, au Salon d'Automne en 1930, a participé au Salon des Artistes Indépendants en 1935 et fut invitée au Salon des Tuileries en 1936. On cite ses intérieurs, ses natures mortes, ses fleurs, ses paysages, notamment ses *Effets de nuages*.

DUBOULAN Jeanne
Née le 9 mars 1861 à Paris. xixe siècle. Française.
Peintre portraitiste.
Débuta au Salon en 1879.

DUBOULLAN Charles ou **Boulan Charles de**
xviie siècle. Français.
Peintre.
Il fut reçu en 1672 à l'Académie de Saint-Luc, à Paris.

DU BOULOIR
xviiie siècle. Actif à La Haye. Français.
Graveur.
Il devint, en 1769, membre de la gilde des peintres de cette ville.

DUBOULOIS
xviiie siècle. Actif à Lille au xviiie siècle. Français.
Portraitiste.
Exposa au Salon de Lille, en 1774, le *Portrait du prince de Lorraine*.

DUBOULOZ Jean Auguste ou **Dubouleau**
Né le 20 février 1800 à Paris. Mort le 21 août 1870 à Paris. xixe siècle. Français.
Peintre de sujets religieux, compositions allégoriques, scènes de genre, portraits, pastelliste, dessinateur.
Entré à l'École des Beaux-Arts en 1816, il fut élève de Gros. Il obtint une médaille de troisième classe en 1838 et de deuxième classe en 1840. Au Salon de Paris, il exposa, de 1838 à 1870, des dessins, des esquisses, des pastels, des portraits et des tableaux de genre.
Parmi ces derniers, les plus remarquables sont : *Baigneuses effrayées par un noyé* ; *Les saltimbanques*. Il fit aussi quelques tableaux religieux.
Ventes Publiques : Paris, 1875 : *L'Amour chef de brigands* : **FRF 100** – Paris, 9 déc. 1927 : *Les Tentatrices* : **FRF 2 000** – Stockholm, 15 nov. 1989 : *Allégorie : la danse macabre*, h/t (47x55) : **SEK 29 000** – New York, 23 oct. 1997 : *Le Départ* ; *Le Retour* 1837, h/t, une paire (chaque 100,3x81,3) : **USD 13 800**.

DUBOULOZ Sophava
xixe siècle. Française.
Peintre de portraits.
Fille et élève de Jean-Auguste Dubouloz. Elle exposa au Salon de Paris, de 1849 à 1866, plusieurs pastels.

DUBOURCQ Pierre Louis ou **Dubourg**
Né le 25 avril 1815 à Amsterdam. Mort le 5 mai 1873 à Amsterdam. xixe siècle. Hollandais.
Peintre de paysages animés, paysages, graveur.

Élève de J. Ravenswaay et d'Andreas Schelfhout. Graveur à l'eau-forte.

Musées : Amsterdam (Mus. mun.) : *Le lac de Côme.*
Ventes Publiques : Zurich, 9 nov. 1984 : *Arbres en fleurs*, h/t (65x81) : **CHF 1 200** – Londres, 21 juin 1991 : *L'Agro Romano* 1849, h/pan. (83x120,5) : **GBP 15 400** – Amsterdam, 30 oct. 1991 : *Vue animée de Muiderberg avec la Vieille église*, h/t (100,5x76) : **NLG 9 430** – Amsterdam, 19 oct. 1993 : *Famille paysanne avec un âne près d'une ferme et des promeneurs sur un chemin boisé*, h/t (75x94) : **NLG 34 500** – Amsterdam, 16 avr. 1996 : *Personnages sur un sentier aux environs de Rome avec un village au fond* 1845, h/t (52x65) : **NLG 6 372**.

DUBOURDIEU Jean
XIXe siècle. Actif à Bordeaux. Français.
Peintre.
Il fut le maître de J. R. Brascassat.

DUBOURG
D'origine française. XVIIIe siècle. Actif à Amsterdam au début du XVIIIe siècle. Hollandais.
Miniaturiste.
Frère de Louis-Fabricius Dubourg. Il semble avoir eu une bonne réputation de miniaturiste, mais il mourut très jeune.

DUBOURG
XVIIIe siècle. Français.
Dessinateur.
Le Musée de Condé à Chantilly possède de cet artiste un plan du château du duc de Bourbon à Chantilly.

DUBOURG Alexandre Louis
Né en 1821 ou 1825 à Honfleur (Calvados). Mort en 1891 à Honfleur. XIXe siècle. Français.
Peintre de genre, portraits, paysages.
Élève de L. Cogniet à Paris, il participa au Salon de Paris de 1859 à 1880.
N'ayant presque jamais quitté Honfleur, il s'est attaché à peindre les vues de cette ville, ses marchés, phares, plages, quais, maisons étroites, etc. Citons : *Le marché au poisson* – *Foire au porc*. Ami de Boudin, il sait rendre les ciels changeants de sa ville natale, où il réussit à créer un musée, dont il fut le premier conservateur et qui porte le nom d'Eugène Boudin.
Bibliogr. : Gérald Schurr, in : *Les Petits Maîtres de la peinture 1820-1920, valeur de demain*, Les Éditions de l'Amateur, t. VII, Paris, 1989.
Musées : Honfleur (Mus. Eugène Boudin) : *Barques de pêche* – *Phare de l'hospice* – *Fontaine des Trois Grâces à Caen* – *Jeune fille travaillant* – *Marché Sainte-Catherine à Honfleur* – *Rue de l'Homme des Bois* – *Paysage avec poulets* – Louviers (Gal. Roussel) : *Les cueilleurs d'herbe* – Trouville : *Repas à Saint-Siméon.*
Ventes Publiques : Paris, 3 avr. 1925 : *Le marché de Honfleur* : **FRF 720** – Paris, 8 mai 1929 : *La sortie de la messe à Honfleur* : **FRF 2 500** – Paris, 22 déc. 1976 : *Retour de pêche*, h/t (19x34) : **FRF 4 500** – Honfleur, 26 mars 1978 : *Les bains de mer à Honfleur*, h/t (50x85) : **FRF 46 500** – Honfleur, 1er jan. 1979 : *Bateaux de pêche dans l'entrée du port*, h/t (31,5x49,5) : **FRF 20 000** – Honfleur, 3 avr. 1983 : *Les jardins de la ferme Saint-Siméon*, h/pan. (28x37) : **FRF 19 000** – Honfleur, 7 avr. 1985 : *La cueillette des pommes à Saint-Siméon*, h/t (55x87,5) : **FRF 60 000** – Honfleur, 1er jan. 1987 : *Marché aux poissons à Honfleur*, h/t (17x28) : **FRF 76 000** – Paris, 22 mars 1988 : *Retour de pêche*, h/t (19x34) : **FRF 32 000** – Paris, 26 mai 1989 : *Sous-bois*, h/cart. (30,5x23,5) : **FRF 6 500** – Honfleur, 1er jan. 1990 : *Crinolines le long de l'estuaire à Honfleur*, h/t (32x52) : **FRF 220 000** – Honfleur, 1er jan. 1991 : *Promenade et crinolines à Honfleur*, h/t (23x35) : **FRF 160 000** – Paris, 25 fév. 1996 : *Honfleur, les anciens marins du Poudreux*, h/t (21,5x30) : **FRF 19 500**.

DUBOURG Augustin
Né à la fin du XVIIIe siècle à Saint-Dié. XVIIIe-XIXe siècles. Français.
Peintre de miniatures.
On le confondit longtemps avec J.-B. J. Augustin, comme lui originaire de Saint-Dié, et qui exposa comme lui au Salon du Louvre en 1793, 1798 et 1800. Il exécuta un grand nombre de portraits miniatures sur ivoire signés « Dubourg » ou « Atin Dubourg ».
Ventes Publiques : Paris, 25 nov. 1936 : *Portrait d'une femme en robe violette avec des rayures blanches*, miniat. : **FRF 1 050** – Paris, le 9 mars 1951 : *Portrait de femme en robe blanche décolletée*, ivoire, miniature ovale : **FRF 23 000**.

DUBOURG Claude
XVIe siècle. Actif à Rodez. Français.
Sculpteur.
Il fut chargé, en 1553, d'une statue de Notre-Dame de Pitié, pour l'église de Coussergues (Aveyron).

DUBOURG Jacques, l'Ancien
XVIIIe siècle. Actif à Paris en 1724. Français.
Peintre.

DUBOURG Jacques, le Jeune
XVIIIe siècle. Français.
Peintre.
Il fut reçu à l'Académie de Saint-Luc à Paris en 1758.

DUBOURG Jehan ou **du Bourg**. Voir **BOURT Jean de**

DUBOURG Louis Fabricius ou **du Bourg**
Né le 2 juillet 1693 à Amsterdam, d'origine française. Mort le 16 septembre 1775 à Amsterdam. XVIIIe siècle. Hollandais.
Peintre de compositions mythologiques, sujets allégoriques, portraits, compositions décoratives, aquarelliste, graveur, illustrateur.
Élève de Gérard de Lairesse, de Jan Van Huysum, puis de Rademaker et de Bernard Picart, sacristain de l'église d'Amstel à Amsterdam, il peignit des plafonds, des dessus de cheminées et des aquarelles.
On cite parmi ses gravures : *Les Champs-Élysées, L'Offrande à Diane, Les Baigneurs, L'Arc de Triomphe, Le Voyageur assis, Le Pont à trois arches, Le Pont, La Petite cascade, Le Chemin tournant, La Femme assise.* Son frère, mort avant lui, était miniaturiste.

Musées : Wiesbaden : *Vénus, l'Amour et le Temps.*
Ventes Publiques : Paris, 1862 : *Portrait de J.-B. Louvel*, miniat. : **FRF 98** – Paris, 29 mars 1924 : *Le Temps découvre la Vérité*, sanguine : **FRF 85** – Paris, 22 mars 1928 : *La Justice terrasse la Barbarie*, sanguine : **FRF 420** – Paris, 23 oct. 1964 : *L'offrande à Diane* : **FRF 5 800** – Paris, 9 oct. 1981 : *Illustrations pour une Bible*, pl. et au lav./pap., 25 dessins (13,7x18,3) : **FRF 4 900** – Londres, 15 juin 1984 : *Samson et Dalila* 1736, h/t (70x92) : **GBP 2 600** – Paris, 12 juin 1987 : *Mars et Vénus* 1742, peint. en grisaille/pap. (24,5x30,5) : **FRF 9 000** – New York, 11 jan. 1989 : *Putti soufflant des bulles* 1740, sanguine (17x13,2) : **USD 1 320** – Londres, 11 avr. 1990 : *Persée et Andromède*, h/t (66x84) : **GBP 25 300** – Londres, 28 oct. 1992 : *Personnages élégants admirant un taureau à l'entrée d'une propriété campagnarde*, h/t (48x55,3) : **GBP 9 350**.

DUBOURG M.
XIXe siècle. Actif à Londres. Britannique.
Peintre et graveur au pointillé.
Cet artiste figura à la Royal Academy, en 1786 et 1787 avec quelques portraits miniatures et en 1808 avec une *Scène près de Vauxhall*. Le Musée Victoria and Albert à Londres possède deux reproductions à l'aquatinte de paysages de Claude Lorrain. Il illustra, en collaboration avec John H. Clark, différentes œuvres, parmi lesquelles : *Les costumes et coutumes de l'Inde moderne*, de Williamson ; *Une Année à Saint-Pétersbourg*. Il grava également, d'après un dessin de John H. Clark *Le Temple tournant de la Concorde illuminé* ; *Denis Vassiliévitch Davidof* ; *Le Capitaine noir*, d'après A. Orlovski ; *Sainte Hélène*, deux planches, d'après J. Tobin. Il publia en 1820 une série de planches à l'aquatinte sous le titre : *Vues des restes des constructions antiques de Rome et de ses environs* ; en 1824 une planche unique ; *La Jetée de la Chaîne à Brighton* et en 1838 des illustrations pour l'œuvre de E. W. Brayley *Illustrations du Palais de S. M. à Brighton.*

DUBOURG Pierre
XIXe siècle. Actif à Levallois-Perret. Français.
Sculpteur.
Sociétaire des Artistes Français depuis 1906, il figura au Salon de cette société.

DUBOURG Pierre Louis. Voir **DUBOURCQ Pierre Louis**

DUBOURG Robert
Né le 13 juin 1908 à Préhac (Gironde). XXe siècle. Français.
Peintre. Figuratif puis abstrait-lyrique.
Il expose depuis 1932, à Paris, au Salon des Artistes Indépendants, et dans divers salons de province. Il a réalisé plusieurs expositions particulières à Bordeaux, Avignon et Paris. C'est en 1955 qu'il s'est tourné vers l'abstraction.

DUBOURG Victoria. Voir **FANTIN-LATOUR Victoria**, née **DUBOURG**

DUBOURGET-RIVIÈRE Suzanne
Née au XXe siècle à Le Gust (Calvados). XXe siècle. Française.
Graveur.
Exposant du Salon d'Automne depuis 1942. On cite ses paysages, notamment ses sous-bois.

DUBOURJAL Savinien Edme
Né le 2 décembre 1795 à Paris, en 1797 selon Siret. Mort en 1853. XIXe siècle. Français.
Peintre de portraits.
En 1819, il entra à l'École des Beaux-Arts et fut élève de Girodet. De 1824 jusqu'en 1853, il envoya au Salon des portraits en miniature et des études à l'aquarelle.
Ventes Publiques : Paris, 5 et 6 mars 1923 : *Portrait présumé de Mlle Thénard*, miniat. : **FRF 900**.

DU BOUSQUET Hélène, Mme
XIXe siècle. Française.
Peintre.
Membre de la Société des Artistes Français ; a pris part à ses expositions.
Ventes Publiques : Paris, 1890 : *Fleurs et nacre* : **FRF 14**.

DUBOUT Albert
Né en 1906 à Marseille. Mort en 1978. XXe siècle. Français.
Peintre de scènes de genre, aquarelliste, sculpteur, dessinateur, affichiste.
Il s'est assuré une renommée par ses caricatures de foules considérées sous un angle grotesque. Tirant de la notion de vulgarité un effet parfois saisissant, il a illustré dans cette optique les œuvres de François Villon. Exposant, à Paris, du Salon des Humoristes.

Ventes Publiques : Paris, 1er fév. 1980 : *Fanny (la partie de pétanque)*, affiche (80x119) : **FRF 2 000** – Paris, 8 nov. 1984 : *Chansons de salle de garde* 1969, aquar. (30x45,3) : **FRF 12 500** – Paris, 22 jan. 1988 : *Le Train de Palavas* vers 1959, aquar. (33x50) : **FRF 28 000** – Paris, 12 déc. 1988 : *Zut, on s'est trompé de pic !* 1942, encre (32,5x23) : **FRF 4 800** – Paris, 13 déc. 1989 : *Là, ne bouge plus...*, pl. et encre de Chine (26,5x35) : **FRF 6 500** – Paris, 7 nov. 1990 : *Marqueta*, aquar. (23x31) : **FRF 16 000** – Paris, 1er juil. 1992 : *Merlusse* 1950, affiche pour le film de M. Pagnol (153x116) : **FRF 3 500** – Boulogne-sur-Seine, 27 nov. 1994 : *La Rue sans loi*, encre (32x24) : **FRF 7 600** – Paris, 17 fév. 1995 : *La Lecture interrompue*, encre de Chine et aquar. (18x25) : **FRF 4 400** – Paris, 21 mars 1995 : *La Cantatrice*, rés. polychrome (H. 46) : **FRF 15 000** – Paris, 5 juin 1996 : *Le Torero*, rés. polychrome, sculpt. (H. 54) : **FRF 8 500** – Paris, 4 nov. 1997 : *Sparadra*, rés. polychrome (H. 46) : **FRF 4 500**.

DUBOUT Tranquille
Né en 1817 à Yvetot (Seine-Maritime). XIXe siècle. Français.
Peintre de portraits.
Envoya au Salon de Paris, en 1878 et 1879, des portraits au pastel.

DUBOWSKOI Nicolay, ou **Nicolai Nikanorovich** ou **Dubovskoy** ou **Dubovskoij**
Né en 1859. Mort en 1918. XIXe-XXe siècles. Russe.
Peintre de paysages, marines.
Actif à Saint-Pétersbourg, où il fut professeur à l'Académie des Beaux-Arts. Il participa à l'Exposition Universelle de Paris en 1900.
Il fut surtout peintre de marines. Aussi bien dans les paysages que dans les marines, il était particulièrement attentif aux atmosphères résultant des conditions climatiques dues à l'heure ou à la saison.
Musées : Moscou (Gal. Tretiakoff) : *Soir de novembre – Printemps précoce – Crépuscule – Cascade en Finlande – Le bonasse – L'orage dans les montagnes – Sur la Volga – L'hiver – Côte déserte – Le matin dans les montagnes – Un soir d'hiver – Un soir calme*.
Ventes Publiques : Vienne, 14 juin 1966 : *Paysage au matin* : **ATS 35 000** – Paris, 19 juin 1979 : *Voilier au large de la côte* 1900 (66x88) : **ATS 50 000** – New York, 24 mai 1984 : *Vue d'Oran, Afrique du Nord* 1896, h/t (103x132,4) : **USD 11 500** – Londres, 15 juin 1995 : *Paysage d'hiver avec un moulin à vent* 1904, h/t (45,5x69) : **GBP 4 370** ; *Travail au bord de la mer* 1905, h/t (53x35) : **GBP 1 035** – Londres, 19 déc. 1996 : *Vue d'un port, peut-être Riga*, h/t (44,5x60,5) : **GBP 10 580**.

DUBOY Paul
Né le 8 juillet 1830 à Tours (Indre-et-Loire). Mort avant 1887. XIXe siècle. Français.
Sculpteur.
Entré à l'École des Beaux-Arts en 1849, il eut pour professeurs Geckter et C. Elshoecht. Il figura au Salon de Paris, de 1853 à 1882, avec des médaillons en plâtre et en bronze.

DUBOYS. Voir aussi **BOYS** et **DUBOIS**

DUBOYS Alexandre
XVIe siècle. Actif vers 1507. Français.
Peintre verrier.

DUBOYS Benoit
XVIIe siècle. Actif à Troyes. Français.
Peintre.
Il peignit en 1625 la chapelle Bareton dans l'église Saint-Pierre à Troyes.

DUBOYS Claude
XVIe siècle. Actif à Paris à la fin du XVIe siècle. Français.
Peintre et sculpteur.
Il se peut qu'il y eut deux artistes de ce nom à la même époque. Voir aussi Claude DUBOIS.

DU BOYS Cornelis ou **Bois Corneille de**. Voir **DUBOIS Cornelis**

DUBOYS Georges
XVIe siècle. Actif à Tours. Français.
Peintre verrier.
On sait qu'il travailla en 1579 pour le château de Chenonceaux.

DU BOYS H., J. et **Paul**. Voir **DUBOIS**

DUBOYS Jean, James ou **Jamet** ou **du Boys**
XVe siècle. Français.
Graveur, peintre.
Il était « tailleur de molles de cartes » à Lyon, où il vivait en 1444 et en 1481. C'est le premier graveur sur bois dont on trouve trace dans cette ville. On l'appelait James ou Jamet « le fayseur de cartes ».

DUBRAC Patrick
XXe siècle. Français.
Sculpteur.
En 1997, une exposition de ses sculptures *Les Pluies* a été organisée à Limoges.
Bibliogr. : P. Piguet : *Patrick Dubrac*, Centre d'art de Vassivière, Galerie municipale de Gennevilliers, galerie Barbier-Beltz, Paris, 1992.

DUBRAS
D'origine italienne. XVIIIe siècle.
Peintre de genre.
Élève de l'École de dessin de Lille, il exposa cinq tableaux au Salon de cette ville en 1773.

DUBRAY Charlotte Gabrielle. Voir **BESNARD**

DUBRAY Eugénie Giovanna, Mlle
Née à Florence, de parents français. XIXe siècle. Française.
Sculpteur.
Elle étudia avec son père G.-V. Dubray et avec L. Dieu. De 1875 à 1885, elle envoya au Salón de Paris quelques bustes en plâtre et en bronze.

DUBRAY Jean-Paul
Né à la fin du XIXe siècle. XXe siècle. Français.
Graveur, illustrateur.
Il possède une production abondante de gravures sur bois. Actif dans les milieux artistiques et littéraires, il a été l'initiateur de mouvements indépendants. Il a également travaillé pour la

Ville de Paris. Parmi ses illustrations on peut citer *Visages de musiciens*, du critique d'Art Vuillermoz. Chevalier de la Légion d'honneur.

DUBRAY Séverine
Née le 29 février 1858 à Paris. XIXe siècle. Française.
Peintre et miniaturiste.
Élève de Mme Isbert. Débuta au Salon en 1879.

DUBRAY Vital Gabriel
Né le 29 février 1813 à Paris. Mort en 1892. XIXe siècle. Français.
Sculpteur.
Élève de Ramey, il entra à l'École des Beaux-Arts en 1829. Il obtint une médaille de troisième classe en 1844. En 1857, il fut fait chevalier de la Légion d'honneur et en 1865 il fut promu officier. Il débuta au Salon de 1840 et s'y fit représenter jusqu'en 1882. On cite parmi ses œuvres : *Le joueur de Trottola*, statue en plâtre ; *Spontini inspiré par le génie de la musique*, groupe en bronze ; *L'amour vainqueur*, groupe en plâtre, bronzé ; *Le colonel Abbatucci*, buste en bronze ; *L'Incorrigible*, statuette en marbre ; *Le pauvre aveugle*, groupe en plâtre. On doit, en outre à cet artiste : *Le sacre de l'impératrice Joséphine*, bas-relief en bronze, pour la ville de Saint-Pierre, à la Martinique ; *Joseph Pothier*, pour la ville d'Orléans ; *Saint Bernard*, pour l'église de la Trinité de Paris ; *Jeanne Hachette*, pour la ville de Beauvais ; *L'été*, groupe allégorique en pierre, au palais du Louvre ; *Monument du cardinal Fesch*, avec statue et bas-reliefs en bronze, pour la ville d'Ajaccio ; *Histoire de Jeanne d'Arc*, dix bas-reliefs en bronze au piédestal de la statue de l'héroïne, pour la ville d'Orléans ; *Saint-Benoît*, statue pour l'église Saint-Étienne-du-Mont.
Musées : Aurillac : *Napoléon Ier – Massacre des Innocents* – Bourges : *Buste d'un fonctionnaire en uniforme* – Orléans : *Le Christ couronné d'épines – La Sainte Vierge avec une auréole sur la tête – Jésus-Christ guérissant les infirmes* – Paris (Palais des Beaux-Arts) : *L'impératrice Joséphine*, marbre – Rouen : *Adam*, statue – *Buste du baron Ernest Leroy – Buste du général Abbatucci* – Versailles : *Buste du général Abbatucci*, marbre.

DUBREAU Louise, Mme
Née à Vienne, de parents français. XIXe siècle. Française.
Peintre.
Élève de Cot. Elle envoya au Salon de Paris quelques tableaux de genre en 1877, 1878, 1879 et 1883.

DU BREIGNOU Henri Théobalt Thépault, comte
Né à Morlaix (Finistère). XIXe siècle. Français.
Graveur.
Élève de Brown et de Princeteow. Il débuta au Salon de 1869.
Ventes Publiques : Versailles, 12 nov. 1967 : *Aux courses* : **FRF 5 000**.

DUBREIL François
XVIIe siècle. Actif à Nantes en 1610. Français.
Peintre.
Cité par Granges de Surgères dans son ouvrage sur les Artistes nantais.

DUBRET Henri
XIXe siècle. Actif à Paris. Français.
Sculpteur.
Sociétaire des Artistes Français depuis 1900, il figura au Salon de cette société.

DUBREUCQ Jacques. Voir **DUBROEUCQ**

DUBREUIL Alexis Théophile, l'Aîné
Né en 1825 à Dancevoir (Haute-Marne). Mort le 14 novembre 1898 à Lyon. XIXe siècle. Français.
Sculpteur.
Frère de Eucher Dubreuil, avec lequel il exécuta une série de monuments funéraires au cimetière Loyasse à Lyon.

DUBREUIL Ambroise
Né en 1795 à Dancevoir (Haute-Marne). Mort le 25 novembre 1878 à Lyon. XIXe siècle. Français.
Sculpteur.
Élève de Pierre Robert, il exécuta pour la chapelle de la Vierge de l'église Saint-Bonaventure des Cordeliers un retable, d'après un projet de son maître.

DU BREUIL Antoine ou **du Breulle**
XVIIe siècle. Français.
Peintre.
Il était actif à Paris, où il entra à l'Académie Saint-Luc en 1640.

DUBREUIL Charles Chéri ou **Chéri François**
Né en 1828. Mort vers 1880. XIXe siècle. Français.
Peintre de marines.

C. Dubreuil

Ventes Publiques : Versailles, 18 juil. 1976 : *Vaisseaux dans la rade d'Alger* 1853, h/t (108x160) : **FRF 3 500** – Paris, 9 déc. 1978 : *La flotte française bombardant une ville de Méditerranée*, h/t (116x212) : **FRF 34 000** – Versailles, 4 oct. 1981 : *Le « Nelson » en mer*, h/t (46x65) : **FRF 6 000** – Bolbec, 20 oct. 1986 : *Trois-mâts « Le prophète » au large de Cordouan* 1856, h/t (format 25 marine) : **FRF 23 000** – Paris, 16 déc. 1988 : *Marine* 1856, h/t (85,5x123) : **FRF 8 000** – Paris, 4 mars 1990 : *Voilier en mer*, h/t (80x100) : **FRF 8 000** – Paris, 28 juin 1993 : *Voilier dans la baie* 1866, h/cart. (30x50) : **FRF 9 000** – Paris, 19 jan. 1994 : *Voiliers dans une baie* 1865, h/cart. (30,5x49,5) : **FRF 13 500** – Paris, 28 fév. 1996 : *Bateaux à l'entrée du port* 1869, h/isor. (55,5x91) : **FRF 14 500** – Londres, 17 avr. 1996 : *Les trois bâtiments : « Pionnier », « Père Chaigneau » et « Navigareur » en mer* 1861, h/t (64x96) : **GBP 2 530**.

DUBREUIL Claude
Né vers 1640. Mort le 1er juillet 1710 à Toulon. XVIIe-XVIIIe siècles. Français.
Sculpteur.
Élève de Pierre Puget. Il travailla pour les églises de Toulon et des environs, et pour la marine. On lui doit la porte de l'Hôpital de la marine, le maître-autel et les stalles de l'église de La Seyne-sur-Mer et le portail de l'église de La Valette.

DUBREUIL Eucher
Né en 1829 à Dancevoir dans la Haute-Marne. Mort le 29 avril 1887 à Lyon. XIXe siècle. Français.
Sculpteur.
Frère d'Alexis-Théophile Dubreuil. On lui doit également plusieurs monuments funéraires du cimetière Loyasse à Lyon.

DUBREUIL Ferdinand
Né à Doyet-la-Presle (Allier). XXe siècle. Français.
Graveur.
Elève de A. Marzin. A exposé régulièrement depuis 1929, à Paris, au Salon des Artistes Français dont il devint sociétaire. On cite ses gravures sur bois représentant des paysages.

DUBREUIL Georges Adrien. Voir **BREUIL Georges Adrien**

DUBREUIL Gineh
Née à Saint-Cloud (Seine-et-Oise). XXe siècle. Française.
Peintre de natures mortes, intérieurs.
Elle exposa à Paris au Salon d'Automne en 1927.

DU BREUIL Jacques ou **de Breuil**
XVIe siècle. Actif à Paris. Français.
Peintre et sculpteur.
Il est mentionné en 1561 parmi les « Maîtres peintres et tailleurs d'images de Paris ».

DUBREUIL Jean
XVIIIe siècle. Français.
Peintre.
Il était actif à Paris en 1717.

DUBREUIL Jean
Né le 6 avril 1825 à Paris. XIXe siècle. Français.
Peintre-aquarelliste.
Élève de Leygue. Au Salon de Paris, il envoya ses aquarelles en 1867, 1869 et 1877.
Ventes Publiques : New York, 18-19 juil. 1996 : *Près du cottage* ; *Partie de pêche* 1896, h/t, une paire (24,1x34,9 et 22,9x34,6) : **USD 2 875**.

DUBREUIL Jean
Né le 24 octobre 1920 à Tours (Indre-et-Loire). XXe siècle. Français.
Peintre.
Il fit ses études à l'École des Beaux-Arts de Tours puis, entre 1938 et 1940, à celle de Paris. Pendant cette période il réalisa sept décors de théâtre pour la troupe de Jean Marchat. En

1942, il décide de s'installer à Marseille, époque à partir de laquelle il rencontre Jacques Villon et Albert Gleizes, dont il reçoit les conseils.
Il a participé à de nombreuses expositions collectives surtout dans le Midi, ainsi qu'à la première Biennale de Menton en 1951 dont il fut Lauréat. Il expose, à Paris, en 1961 au Salon d'Automne et au Salon Comparaisons, en 1964 et 1966. Dès 1949, il montre ses œuvres dans une première exposition personnelle à Marseille, puis une deuxième en 1963. Il reçoit le Grand Prix de Marseille décerné au Musée Cantini. Il réalise également des expositions à Paris, en 1962, et 1966. L'Etat fait acquisition de certaines de ses toiles en 1967.
Musées : Marseille (Mus. Cantini) – Paris (Mus. Nat d'Art Mod.) – Sainte-Maries de la Mer – Trouville.
Ventes Publiques : Monaco, 11 oct. 1991 : *Portrait de Boris Kochno en costume oriental* 1966, h/t (116x73) : **FRF 4 440**.

DUBREUIL Jean Baptiste
Né le 16 juillet 1682. Mort le 7 juin 1763. XVIIIe siècle. Français.
Peintre, architecte et sculpteur.
Fils de Claude Dubreuil, il travailla avec lui à la restauration de la porte de l'Hôtel de Ville de Lyon, et y fit la décoration de plusieurs pièces.

DUBREUIL Jean-François
Né le 29 juillet 1946 à Tours (Indre-et-Loire). XXe siècle. Français.
Peintre. Abstrait-géométrique.
Il participe à de nombreuses expositions collectives depuis 1970, entre autres : 1971, 1972, Salon de la Jeune Peinture, Paris ; 1972, 1973, 1986, Salon Grands et Jeunes d'Aujourd'hui, Paris ; 1986, 1987..., Salon des Réalités Nouvelles, Paris ; 1976, 1977, 1979, 1982, 1986, 1987, Galerie 30, Paris ; 1990, 1991, Galerie Convergence, Paris ; 1997, *Abstraction-Intégration*, exposition itinérante en Essonne.
Il réalise également des expositions personnelles : 1976, 1978, 1981, 1984, Galerie 30, Paris ; 1990, Galerie Convergence, Paris ; 1992, 1996, Galerie Lahumière, Paris ; 1993, Galerie Alessandro Vivas, Paris.
La peinture de Jean-François Dubreuil est issue du courant de l'abstraction-géométrique des années vingt, dont le prolongement en différentes tendances telles que le « Hard Edge », l'art minimal, etc., participent à une redéfinition du sens de l'abstraction et à son interprétation conceptuelle. Dans cet univers où règne principalement un radicalisme formel de la couleur, de la ligne et du volume, certains ont tenté d'y déceler le fond même d'une réalité universellle d'où le choix du terme « concret » pour qualifier les œuvres de ce style abstrait. C'est ainsi que Dubreuil participe à des expositions organisées autour des notions d'art construit ou d'abstrait-concret. Son travail consiste à redessiner la « une » des journaux en fonction des différentes surfaces imprimées, dont seules leurs formes en parallélogrammes intéressent l'artiste. Cette recréation de la surface est accompagnée d'une grille déterminée de couleurs. Si le choix des couleurs est opéré, celui de leur disposition est tiré au sort. Outre son aspect formel, cette peinture possède des résonances sémiologiques : c'est une lecture picturale d'un document linguistique, une superposition d'une nouvelle grammaire et donc un transfert de sens. ■ C. D.
Bibliogr. : Jean-Marc Huitorel : *Jean-François Dubreuil*, in : *Art Press*, n° 180, Paris, 1993.
Ventes Publiques : Paris, 18 oct. 1990 : *L'écho du centre n° 14.076* 1990, acryl./t. (65x50) : **FRF 4 000**.

DUBREUIL Louis
XVIe siècle. Français.
Peintre d'ornements et de portraits.
Peut-être un parent de Toussaint Dubreuil. Il travailla sous la direction du Primatice.

DUBREUIL Marie
Née le 9 novembre 1852 à Domfront (Orne). XIXe siècle. Française.
Peintre.
Élève de Chaplin. On cite d'elle : *Espoir* (1878), *La Bonne histoire* (1882). – Le Musée de Bourges conserve de cette artiste : *Le Portrait d'Henri Maret*.

DUBREUIL Michel
XVIIe siècle. Actif à Cambrai en 1680. Français.
Peintre.

DUBREUIL Pierre
Né le 8 septembre 1891 à Quimper (Finistère). Mort le 17 février 1970 à Paris. XXe siècle. Français.
Peintre de compositions à personnages, portraits, nus, paysages animés, natures mortes, peintre de cartons de tapisseries, graveur et illustrateur.
Après des études classiques à Vannes, il vint à Paris. Quittant après un trimestre l'Ecole des Beaux-Arts, il entre en 1908 à l'atelier d'Henri Matisse où il étudie la peinture et la sculpture. Mobilisé pendant la guerre, il ne commencera à exposer à Paris qu'à partir de 1921 dans plusieurs expositions collectives : au Salon des Artistes Indépendants et au Salon d'Automne dont il devient aussitôt sociétaire, ainsi qu'au Salon des Tuileries. En 1934, il participe au Ve groupe de Peintres Contemporains au Petit Palais, présentant : *Fillette en bleu* et *Nativité*. Également graveur, il fut sociétaire, puis président des Peintres-Graveurs Français et sociétaire des Peintres-Graveurs Indépendants. Il fut conseiller technique à la Chalcographie du Louvre.
On lui doit la décoration murale de l'Ecole de Navigation de Paimpol et des cartons de tapisseries pour la Manufacture des Gobelins : *Les quatre parties du Monde*, et pour Aubusson : *Les Jardins*. On cite encore de ce moderne si libre d'aucune tyrannie moderniste : *Concert champêtre* et *Nu au chèvrefeuille*. En tant que graveur, pratiquant préférentiellement le burin, il a exécuté nombre de planches et a beaucoup travaillé pour l'illustration : plusieurs volumes de la collection Ferenczy, *Supplément aux ridicules du temps, La Chaumière indienne* de Bernardin de Saint-Pierre, *La double maîtresse* d'Henri de Régnier, *La Nichina* d'Hugues Rebell, *Simples Contes des Collines* de Rudyard Kipling, les *Sonnets pour Marie* de Ronsard, etc.
Au travers des diverses techniques qu'il maîtrisait, il s'est inscrit dans la peinture française de tradition qui caractérisa la période de l'entre-deux-guerres. Avant toute recherche d'originalité, c'est une peinture qui se veut construite par un dessin exigeant et une couleur authentiquement sensible. Dans l'œuvre de ce Breton discret, peut-être secret, c'est avec les paysages du pays natal, avec les nombreux portraits familiaux et plus encore avec les nus très sensuels qui la jalonnent, qu'il livre plus librement les facettes diverses de sa personnalité profonde. On peut penser que son talent a culminé avec les groupes de *Baigneuses*, peints entre 1943 et 1957, et qu'à l'inverse de la fierté de celles de Cézanne, il les a situées dans la complicité d'une discrète pénombre de sous-bois.
Bibliogr. : Nane Bettex-Cailler et divers : *Pierre Dubreuil*, Cahiers d'Art, Cailler, Genève, 1960 – in : *Grand Larousse Encyclopédique*, Paris, 1961 – Jean-Pierre Zingg et divers : *Pierre Dubreuil*, Édit. Avant et Après, Papeete, 1991.
Musées : La Haye – Londres (British Mus.) – Paris (Mus. du Petit Palais) – Toulouse (Mus. d'Art Mod.) – Vannes.
Ventes Publiques : Paris, 26 nov. 1927 : *La salle d'attente*, aquar. : **FRF 120** – Paris, 29 juin 1928 : *La salle d'attente*, aquar. : **FRF 65** – Paris, 5 nov. 1936 : *Le coup de vent (Baigneuses)* : **FRF 95** – Paris, 30 avr. 1945 : *Le banc* : **FRF 900** – Amsterdam, 3 nov. 1992 : *Nu debout*, h/t (77x60) : **NLG 2 530**.

DUBREUIL Toussaint, appelé aussi **Toussaint-Dubreuil**
Né en 1561 à Paris. Mort le 22 novembre 1602 à Paris. XVIe siècle. Français.
Peintre de compositions religieuses, scènes mythologiques, sujets allégoriques, portraits, cartons de tapisseries, dessinateur.
Il fut élève de Fréminet père. Il devint « peintre ordinaire » de Henri III. Il reçut également les conseils de Ruggiero de Ruggieri. Ses collaborateurs ont été nombreux, d'où la variété des œuvres qui lui sont attribuées.
On le retrouve sur tous les grands chantiers de son époque. Il fut chargé, avec Jacob Bunel, de la décoration de la petite galerie du Louvre, connue autrefois sous le nom de galerie des Rois et aujourd'hui sous celui de galerie d'Apollon ; l'incendie de 1661 détruisit la galerie et la voûte peinte par Dubreuil. Il a exécuté des fresques aux Tuileries ; il a collaboré avec Ruggiero de Ruggieri à la décoration du Pavillon des Poêles au Château de Fontainebleau, il y a peint l'*Histoire d'Hercule*, et a travaillé à la galerie des Cerfs. Tous les tableaux de ce maître, scènes mythologiques et portraits, semblent avoir été détruits, et malheureusement on a peu gravé d'après lui. On ne cite que six pièces dues au burin de Pierre Fatoure, dont : *Noli me tangere*, *Descente du Saint-Esprit*, de Gabriel Lejeune et Pierre Vallet. Toutefois, on lui attribue une *Scène de sacrifice antique*, empruntée à l'Histoire d'Artémise et Mausole, qui proviendrait

du Château-Neuf de Saint-Germain-en-Laye (où il a peint près de quatre-vingt tableaux). Par chance, des projets de plafonds rehaussés d'aquarelle ont été conservés et révèlent son talent de décorateur. On peut aussi juger de son œuvre sur des tapisseries tissées aux Gobelins d'après ses cartons, notamment celles de l'*Histoire de Psyché* et de l'*Histoire de Diane*, ces dernières font valoir le style très libre de Toussaint-Dubreuil.
Faisant partie de la seconde génération de l'École de Fontainebleau, dont il a été l'un des représentants les plus personnels, il a poursuivi la manière des maîtres de la première génération, ayant collaboré avec l'un deux : Ruggiero de Ruggieri. On retrouve dans ses œuvres l'influence de Nicolo del Abbate, qui avait illustré cette première génération des maniéristes italiens de Fontainebleau, dans l'élégance précieuse des figures et l'ordonnance du décor. Il y ajoute une manière nouvelle plus large, du naturel et de l'aisance, le souci du détail vrai, un lien réel entre les personnages et le paysage, jetant ainsi les premières bases du classicisme français de la seconde moitié du XVIIe siècle.
■ A. P., S. D.

Bibliogr. : Louis Réau : *La peinture française, du XIVe au XVIe siècle*, Hypérion, Paris, 1939 – in : catalogue de l'exposition *L'École de Fontainebleau*, Galeries Nationales du Grand Palais, Éditions des Musées nationaux, Paris, 1972 – in : *Diction. de la peinture française*, coll. Essentiels, Larousse, Paris, 1989.

Musées : Amsterdam (Rijksmuseum) – Fontainebleau (Mus. du Château) : *Cybèle éveillant Morphée*, attr. – *Adieu d'un guerrier à une Reine* – *Portrait d'Henri IV*, attr. – Paris (Mus. du Louvre) : *Dicé offrant un banquet à Francus* – *Hyante et Climène offrant un sacrifice à Vénus* – *Hyante et Climène à leur toilette* – *Angélique et Médor* – *Crucifixion* – *Saint Sébastien* – *Prométhée* – *Cérès cherchant sa famille* – Paris (Mus. du Louvre, Cab. des dessins) : *Réception d'un chevalier dans l'ordre du Saint-Esprit*, attr. – *Le coup de lance*, attr. – *Guerrier debout, dans un encadrement*, attr. – *Hercule délivrant Prométhée*, attr. – *Plafond aux armes d'Henri IV*, attr. – *Une femme et un homme dans un paysage*, attr. – *Diane implorant Jupiter*, attr. – *Scène dans un intérieur*, attr. – Paris (École des Beaux-Arts) : Dessins.

Ventes Publiques : Paris, 2 mars 1984 : *Tête de Christ*, pl. (16x11) : **FRF 24 000** – Milan, 3 mars 1987 : *Diane chasseresse*, h/pan. (72x95) : **ITL 9 500 000**.

DUBREUIL Victor
XIXe-XXe siècles. Américain.
Peintre de natures mortes. Trompe-l'œil.
Il était actif de 1880 à 1910.

Ventes Publiques : New York, 22 mars 1978 : *Nature morte aux fruits et au billet de 50 dollars* vers 1895-1900, h/t (26x31) : **USD 2 750** – New York, 21 juin 1979 : *Des barils remplis de dollars*, h/t (63,5x76,3) : **USD 24 000** – New York, 3 déc. 1982 : *Cacahuètes*, h/t (20,2x25,5) : **USD 8 500** – New York, 24 avr. 1985 : *Nature morte à la bouteille de champagne et papier monnaie*, h/t (30,6x40,6) : **USD 13 000** – New York, 23 sep. 1993 : *Un dollar*, h/t (20,3x30,5) : **USD 2 300** – New York, 23 mai 1996 : *Monnaie à brûler* 1893, h/t (61x81,3) : **USD 288 500**.

DUBREUIL-MYSZKOWSKA Marie, Mme
Née au XIXe siècle en Russie. XIXe siècle. Russe.
Peintre.
Figura au Salon des Artistes Français où elle obtint une médaille de deuxième classe. Elle participa également à l'Exposition Universelle de 1900 où elle obtint une mention honorable.

DU BREUILL L. B.
XVIIe siècle. Allemand.
Peintre de miniatures.

Musées : Sigmaringen : *Portrait d'homme.*

DUBREUL Jean ou **Dubreuil**
XVIe siècle. Français.
Peintre.
Cité par Siret, il contribua, au Louvre, en 1557 à la décoration de la grande salle de bal. Ne serait-ce pas Jacques Du Breuil ?

DUBREULIÉ
Mort en 1750 à Paris. XVIIIe siècle. Français.
Graveur au burin.
On connaît de lui des *Ornements*, d'après A. Meissonnier.

DU BREULLE Antoine. Voir **DU BREUIL**

DUBREY Jean
XVIIe siècle. Actif à Dôle en 1634. Français.
Peintre.

DUBROCA Manuel Alise, Mme
XIXe siècle. Active à Paris. Française.
Peintre.
Sociétaire des Artistes Français depuis 1904, elle figura au Salon de cette Société.

DUBROEUCQ Jacques
Né entre 1500 et 1510 à Mons (Hainaut). Mort le 30 septembre 1584 à Mons (Hainaut). XVIe siècle. Hollandais.
Sculpteur et architecte.
Après un voyage en Italie, au service de Marie de Hongrie, il reçut le titre de « Maître artiste de l'Empereur », puis il rentra s'établir à Mons, où il exécuta un grand nombre d'autels, chaires et statues pour les églises de la ville et des environs. D'entre les artistes des Pays-Bas, il fut celui qui assimila le mieux le style des Italiens de la Renaissance, à la suite de son voyage à Rome, en 1530, reliant les personnages et les parties dans l'unité de la composition et atteignant ainsi au monumental. On décèle dans certaines des œuvres qui nous sont parvenues, le souvenir de l'acuité de Ghiberti, la trace de la grâce de Sansovino. Il présage Jean Goujon. Il fut, vers 1545-1550, le maître du Douaisien Jean de Bologne, avant que celui-ci ne partît définitivement se fixer en Italie, où il allait, à son tour, illustrer brillamment cette école « maniériste », maniérisme qui, selon les auteurs, leur est reproché – en vertu de quels critères, de quels canons ? – ou au contraire constitue l'essentiel de leur valeur. Comme architecte, il avait construit les trois châteaux de Marie de Hongrie, dans la région de Mons, et qu'Henri II incendia, en 1554, notamment celui de Binche, fort admiré par Brantôme. Dans la basilique Notre-Dame de Saint-Omer, on voit de lui les tombeaux du bailli Philippe de Sainte-Aldegonde et de l'évêque Eustache de Croy, celui-ci représenté à genoux, priant devant son propre gisant. Du jubé, réputé en son temps, de Sainte-Waudru de Mons, édifié en 1540-1545, il ne subsiste que des statuettes d'albâtre et quelques reliefs : la *Cène*, la *Flagellation*, le *Portement de croix*.

Bibliogr. : Robert Genaille, in : *Dict. de l'Art et des Artistes*, Hazan, Paris, 1967.

DUBROEUIL
Né en 1855. XIXe siècle. Français.
Peintre d'histoire, marines.

Musées : Calais : *Marine.*

Ventes Publiques : Paris, 20 nov. 1985 : *Bombardement de Mogador par l'escadre française*, h/t (115x210) : **FRF 60 000**.

DUBROGLIE Michel
Né vers 1616 à Paris. Mort le 22 octobre 1653 à Rome. XVIIe siècle. Français.
Peintre.

DUBRON Pauline
Née le 9 mai 1852 à Arras (Pas-de-Calais). XIXe siècle. Active à Paris. Française.
Peintre de natures mortes.
Élève de Rozier et de J. Bail. Elle exposa à partir de 1889 au Salon de la Société des Artistes Français, où elle obtint plusieurs médailles.

DUBRUCQ Pierre Isidore
Né le 6 mai 1844 à Gand. Mort le 30 avril 1886 à Gand. XIXe siècle. Belge.
Sculpteur.
Élève de Pierre Devigne et de A. Van Eenaeme. Il exposa plusieurs bustes dans des expositions belges.

Musées : Gand : *Le jeune sculpteur.*

DU BRUISLE Albert
XVIIe siècle. Actif à Lille. Français.
Sculpteur.

DUBRUNFAUT Edmond Jules Victor
Né en 1920 à Denain (Nord). XXe siècle. Belge.
Peintre de compositions à personnages, peintre de compositions murales, cartons de tapisseries, dessinateur, aquarelliste, céramiste.
Il fut élève de l'Académie de Tournai. Dès 1943, Dubrunfaut a consacré une part importante de son activité au renouveau de la tapisserie dans le Tournaisis. Il fit aussi partie du groupe *Forces Murales*. La ville de Tournai lui a consacré, après l'hommage rendu à Mons en 1983, une importante exposition rétrospective en 1992, répartie entre le Musée de la Tapisserie, la cathédrale, la Halle aux Draps, la Maison de la Culture.

Il a réalisé des œuvres monumentales ayant pour thème le peuple du travail manuel et son environnement social, non dans une perspective pessimiste de dénonciation de ses difficultés de vie, mais, au contraire, dans l'exaltation de la tâche et des plaisirs des artisans, des ouvriers, des paysans. Il a pratiqué également la céramique. Il a réalisé de nombreuses décorations pour des édifices publics : ministères, écoles et maisons des jeunes.

Bibliogr. : R. Bodart : *Dubrunfaut*, Bruxelles, 1963 – A. Viray : *Le Chant poétique de Dubrunfaut*, Bruxelles, 1963 – P. Casso : *Dubrunfaut : Au rythme de la vie*, Bruxelles, 1980 – H. Juin : *Dubrunfaut et la recherche de liens communs*, Bruxelles, 1982 – X... : *Une grande rétrospective Dubrunfaut à Tournai*, Arts Antiques Auctions, Bruxelles, avr. 1992.

DUBRUSK Jean, pseudonyme de **Montpellier Jean**
Né le 7 avril 1925 à La Seyne-sur-Mer (Var). xxe siècle. Français.
Peintre de figures, nus, portraits, paysages, compositions d'imagination, aquarelliste.

Jean Montpellier a terminé comme Vice-Amiral à Tahiti, en 1985, une carrière de marin – pilote de chasse – qui ne l'a jamais empêché de poursuivre sa vocation artistique, très affirmée dès le plus jeune âge. Ses carnets de voyages sont des carnets de croquis dans lesquels la sûreté de la main, la rapidité du trait créent la vie avec rien... À partir de 1955, il a reçu les conseils du peintre É. C. Bénézit, qui confortèrent sa technique. En 1963-64 à Paris, il a fréquenté avec assiduité l'Académie de la Grande-Chaumière. À partir de 1982, il vit la majeure partie de son temps en Polynésie.

Jean Dubrusk participe à des expositions collectives, à Paris : Salons des Artistes Indépendants ; des Artistes Français, mention honorable 1974 ; d'Automne, dont il est sociétaire ; ainsi qu'à l'étranger : 1976 Rome, 1985 Dallas, 1997 Seattle. Il a réalisé plusieurs expositions personnelles : à Tahiti en 1986, 1988, 1991, 1995 ; à Paris, en 1987 *Polynésie*, et en 1990 *Soleil d'Auvergne* ; à Monaco en 1993 *Fortunes de mer* ; à Saint-Étienne en 1994 *Voyages*.

Essentiellement figuratif, l'œuvre de Jean Dubrusk, haut en couleurs, exprime la joie. Par larges touches sensuelles et volontaires, que ce soit en métropole ou en Polynésie, l'artiste transcende le sujet, excluant exotisme comme anecdotisme. La végétation asservie est sublimée dans des explosions de couleurs qui sont une fête pour l'œil. Figures, nus et portraits constituent une part importante de l'œuvre : le peintre est manifestement fasciné par le thème de la femme tahitienne, qu'il traite dans des oppositions violentes, avec beaucoup de liberté et de force. Insatiable dans sa quête d'émotions plastiques, il dessine même en plongée sous-marine, la féerie des massifs coralliens, d'où il tire des peintures étranges, dans lesquelles l'abstrait se mêle au réel.

Dans un style puissant, sa peinture se constitue en structures solides, qui, par la vie et la lumière qu'elles reflètent, témoignent d'un sens approfondi du dessin, dessin vigoureux, instinctif et rapide, auquel elle s'intègre par la pâte comme par la couleur, dans la recherche constante du caractère.

Bibliogr. : In : *L'Estampille*, N°66, 1987 – P. Mazellier, in : *Tahiti autonome*, 1990 – in : *Arts Actualités Magazine*, N°48, 1994.

DUBSAY Jean
Né à Paray-sous-Brialles (Allier). xxe siècle. Français.
Peintre de paysages.

Exposant du Salon des Indépendants en 1937 et 1938.

DUBSKY Johann, freiherr von Wittenau
xviiie siècle. Actif à Vienne. Autrichien.
Peintre.

DUBSKY Johann Georg, freiherr von Wittenau
xixe siècle. Actif à Vienne. Autrichien.
Modeleur.

DUBSKY Mario
Né en 1939 à Londres. xxe siècle. Britannique.
Peintre. Abstrait.

Avant d'étudier à la Slade School, entre 1956 et 1960, il a effectué un voyage à travers l'Europe qui l'a mené en France, en Grèce et en Yougoslavie. Parallèlement à sa peinture, il poursuit une carrière d'enseignant. C'est en 1957 qu'il commence à participer à des expositions de groupe à Londres et tandis que sa première exposition personnelle date de 1969.

Sa peinture est abstraite, faite d'une juxtaposition de formes en aplats, d'une géométrie douce et aux couleurs savamment contrastées.

DUBSON Léo
Né en Russie. Mort en 1939. xxe siècle. Russe.
Miniaturiste.

Sociétaire du Salon des Artistes Français où il exposa de 1932 à 1939.

DUBSTELL Moriz
xvie siècle. Travaillant à Lucerne dans la première moitié du xvie siècle. Suisse.
Peintre.

Membre de la confrérie de Saint-Luc à Lucerne au commencement du xvie siècle.

DUBUC Laurent
xviie siècle. Actif à Tournus (Saône-et-Loire) en 1613. Français.
Sculpteur.

DUBUC Marcel
Né au xxe siècle à Eu (Seine-Maritime). xxe siècle. Français.
Peintre de natures mortes, paysages.

Élève de R. Seilhean. A exposé régulièrement depuis 1936, à Paris, au Salon des Artistes Français dont il devint sociétaire.

DUBUC Marie Madeleine
Née au xxe siècle à Lausanne (Canton de Vaud). xxe siècle. Suisse.
Peintre de portraits.

Élève de J. Adler, Bergès et Montézin ; elle a exposé, dès 1939, au Salon des artistes Français.

DUBUC Roland
Né en 1924 Caudebec-les-Elbeuf (Seine-Maritime). Mort le 27 février 1998 à Elbeuf (Seine-Maritime). xxe siècle. Français.
Peintre de paysages, paysages urbains, marines animées, peintre à la gouache, sculpteur. Expressionniste-populiste.

Après une jeunesse précaire en Normandie, en 1950 il vint se fixer à Paris. Glanant quelques conseils du hasard, il s'est initié seul à la peinture. De 1974 à 1980, il vécut et travailla en Suisse. Il a pu montrer des ensembles de ses peintures dans quelques expositions personnelles : 1972 Paris, galerie Jacqueline Laugier ; depuis 1985 à Paris, galerie Jean-Paul Villain.

Naïf, populiste, expressionniste de plein droit, il se situe du côté des Mathieu Verdilhan, des Gen-Paul, par la rusticité délibérée du dessin, le « débondage » des empâtements de couleurs. Il est l'un de ces nombreux peintres qui se sont fait une spécialité confortable du paysage parisien, et tout spécialement des vues touristiques de Montmartre.

R. DUBUC

Bibliogr. : Divers : *R. Dubuc*, Terre des Peintres, Paris, 1989.

Ventes Publiques : Saint-Maur, 18 oct. 1987 : *Scène de rue à Paris*, h/t (38x46) : **FRF 5 000** – Versailles, 17 avr. 1988 : *Péniches dans la neige*, gche (48x63) : **FRF 2 000** – Paris, 15 fév. 1989 : *Rue Tholozé*, h/t (73x60) : **FRF 6 000** – Paris, 18 mai 1989 : *Les Moulins de la Galette*, h/t (61x50) : **FRF 8 500** – Paris, 11 juil. 1989 : *Le Moulin-Rouge*, h/t (60x73) : **FRF 15 500** – Versailles, 24 sep. 1989 : *Montmartre sous la neige*, h/t (54x65) : **FRF 8 500** – Paris, 1er déc. 1989 : *Ruelle à Montmartre*, h/t (58,5x47) : **FRF 20 000** – Paris, 31 jan. 1990 : *La porte Saint-Martin*, h/t (50,5x65) : **FRF 10 500** – Paris, 22 jan. 1990 : *Les Chalutiers sortant du port*, h/t (50x61) : **FRF 6 000** – Paris, 28 mai 1990 : *Le Moulin-Rouge*, h/t (65x81) : **FRF 17 000** – Sceaux, 10 juin 1990 : *14 juillet à Montmartre*, h/t (60x73) : **FRF 12 500** – Paris, 22 nov. 1990 : *La place Blanche*, gche (48x63) : **FRF 15 000** – Paris, 14 juin 1991 : *Les moulins de Montmartre*, h/t (130x97) : **FRF 31 000** – Paris, 5 oct. 1992 : *Buste de Gen-Paul*, pierre calcaire (28,5x28,5x24) : **FRF 4 000** – Paris, 26 oct. 1994 : *Clowns*, h/t (50x64,8) : **FRF 4 300** – Paris, 19 oct. 1997 : *Métro Abbesses*, h/t (46x55) : **FRF 7 000**.

DUBUCAND Alfred
Né le 25 novembre 1828 à Paris. Mort en 1894. xixe siècle. Français.
Sculpteur de sujets de chasse, animalier.

Il fut élève de Justin Marie (?) Lequien. Il exposait à Paris, au Salon puis Salon des Artistes Français, de 1867 à 1883, troisième médaille en 1879. De 1883 à 1890 figurait au Salon un sculpteur E. A. Dubucand.
Surtout animalier, il traitait aussi des sujets de chasse, en général à cheval et souvent orientalistes.
Bibliogr. : Stanislas Lami, in : *Dictionnaire des sculpteurs de l'École française au dix-neuvième siècle*, Paris, 1916.
Musées : Lausanne (Mus. canton. des Beaux-Arts) : *Masque mortuaire de Charles Gleyre* 1874.
Ventes Publiques : Londres, 6 mai 1976 : *Retour de chasse*, bronze doré (l. 27) : **GBP 240** – New York, 1er mars 1980 : *Faisan et serpent*, bronze (H. 70) : **USD 2 400** – Saint-Germain-en-Laye, 24 avr. 1983 : *Cavalier arabe et ses deux lévriers*, bronze patine dorée (H. 51) : **FRF 40 000** – Londres, 20 mars 1984 : *Chasseur persan au guépard*, patine or, bronze (54x44) : **GBP 9 500** – Londres, 21 mars 1985 : *Chasseur berbère sur un dromadaire* vers 1875, bronze patine brun et or (H. 79) : **GBP 24 000** – Londres, 12 juin 1986 : *Chasse au Sahara* vers 1875, bronze patine brun foncé (H. 46) : **GBP 8 000** – Bruxelles, 17 jan. 1987 : *La Flèche du Parthe*, bronze (H. 81) : **BEF 240 000** – Paris, 7 déc. 1987 : *Cerf et biche*, bronze patiné (H. 46) : **FRF 4 200** – Reims, 13 mars 1988 : *Chien de chasse tenant un lièvre dans sa gueule*, bronze patine brune (L. 15) : **FRF 2 700** – New York, 9 juin 1988 : *Oiseau*, bronze doré (H. 16,5) : **USD 605** – Douai, 2 juil. 1989 : *Faisan sur un tertre*, bronze (H. 70) : **FRF 16 000** – Paris, 19 mars 1990 : *Épagneul*, bronze (H. 12,5 et L. 15) : **FRF 4 000** – Paris, 19 nov. 1991 : *Mule et enfant*, bronze (H. 34) : **FRF 12 000** – New York, 27 mai 1992 : *Cerf et biche*, bronze (H. 21,2) : **USD 1 430** – Paris, 5 avr. 1993 : *Cavalier se désaltérant et femme arabe*, bronze (H. 50) : **FRF 30 000** – Paris, 18 juin 1993 : *Chasseur persan au guépard*, bronze (H. 55, terrasse 20x43) : **FRF 45 000** – New York, 14 oct. 1993 : *Chasseur berbère sur son dromadaire*, bronze (H. 73,6) : **USD 19 550** – Perth, 30 août 1994 : *Un cerf et une biche* 1870, bronze (H. 45,5) : **GBP 2 530** – New York, 17 jan. 1996 : *Un cerf et une biche*, bronze (H. 20,3) : **USD 1 035** – Paris, 21 mars 1996 : *Chasseur berbère sur son dromadaire avec deux lévriers*, bronze (H. 74) : **FRF 62 000** – Perth, 26 août 1996 : *Un ânier du Caire*, bronze (33,5x26,6) : **GBP 3 680** – Paris, 13 juin 1997 : *Chasse à l'autruche dans le Sahara*, bronze patiné, épreuve (H. 62,5) : **FRF 25 000** – New York, 23 oct. 1997 : *Chasseur et autruche*, bronze patine brune et dorure (H. 62,2) : **USD 23 000**.

DUBUCAND E. A.
XIXe siècle. Français.
Sculpteur.
Il figura au Salon de 1883 à 1890. Probablement parent d'Alfred Dubucand.

DUBUCQUOY Marguerite Pallu, Mme
XIXe siècle. Active à Paris. Française.
Sculpteur.
Sociétaire des Artistes Français depuis 1890, elle figura au Salon de cette Société.

DUBUFE Claude Marie
Né en 1790 à Paris. Mort le 23 avril 1864 à la Celle-Saint-Cloud (Seine-et-Oise). XIXe siècle. Français.
Peintre d'histoire, scènes de genre, portraits.
Élève de David. En 1831, il obtint une médaille de première classe et en 1837 la croix de chevalier de la Légion d'honneur. De 1810 à 1863, il exposa au Salon de Paris, surtout des portraits. Il fit aussi quelques œuvres de genre ou d'histoire. De ce nombre on cite : *Achille défend Iphigénie contre Agamemnon ; Jésus-Christ apaisant la tempête ; Une liseuse ; Petits Savoyards ; Un marchand d'esclaves ; Malvina ; Jeune personne feuilletant un missel ; Jeune femme grecque sortant du bain*. C'est au Salon de 1827 que sa réputation s'affirma réellement avec ses deux toiles fameuses : *Les Regrets* et *Les Souvenirs*. A ce moment son succès fut tel que les commandes lui vinrent à flot du côté de l'aristocratie. Ce fut un artiste au talent très factice et chez lequel la correction du dessin ne compensait pas l'absence de tout sentiment. Il faisait, cependant, preuve de virtuosité et de verve dans l'exécution de certains portraits et scènes de genre.
Musées : Avignon : *Apollon et Cyparisse* – Berne : *Enfant en prière – Petite fille revenant du marché* – Lisieux : *Pierre et Jules Alexandre Duval Le Camus* – Liverpool (Walker art Gal.) : *La surprise* – Nantes : *Portrait de la maréchale, duchesse de Feltre* – Orléans : *Naissance du duc de Bordeaux* – Pontoise : *Dame assise* – Semur-en-Auxois : *Portrait de M. Laribe, ancien sous-préfet* – Versailles : *Le marquis Anne-Pierre de Montesquiou*.
Ventes Publiques : Londres, 27 juil. 1928 : *Madame Plantain* : **GBP 52** – Paris, 25 jan. 1929 : *Une comédienne* : **FRF 2 550** – Paris, 23 mai 1929 : *Sujets gracieux*, deux aquar. : **FRF 700** – Londres, 31 juil. 1931 : *Madame Plantain* : **GBP 5** – Paris, 25 nov. 1935 : *Portrait de jeune femme en robe blanche*, attr. : **FRF 500** – Londres, 9 juil. 1936 : *Jeune Parisienne* : **GBP 11** – Paris, 5 mars 1937 : *Portrait de jeune femme* : **FRF 2 950** – Berne, 9 mai 1969 : *Portrait de jeune femme* : **CHF 2 000** – Paris, 13 juin 1978 : *L'attente ; La déception*, deux h/toiles, à vue ovale, formant pendants (chaque 89x116) : **FRF 62 000** – Bourg-en-Bresse, 14 oct. 1979 : *Portrait de femme*, h/t (60x73) : **FRF 28 000** – Zurich, 29 oct. 1982 : *Portrait de femme*, h/t (60x73) : **CHF 10 000** – Paris, 17 juin 1986 : *Portrait d'Étienne Gabriel Aimé, vicomte de Nettancourt Vaubécourt*, h/t (116,5x90) : **FRF 125 000** – Monaco, 17 juin 1988 : *Portrait de la marquise de Guyon de Guercheville*, h/t (207x142) : **FRF 105 450** – Londres, 7 juin 1989 : *Portrait d'une dame élégante*, h/t (130x97) : **GBP 2 420** – Monaco, 3 déc. 1989 : *Souvenirs ; Regrets*, h/t, une paire (chaque 65x79) : **FRF 66 600** – Monaco, 16 juin 1990 : *Le sommeil* 1830, h/t (59x72,5) : **FRF 122 100** – Paris, 19 juin 1991 : *Portrait de la Princesse de Beauvau, née Comtesse de Komar*, h/t (130,5x97,5) : **FRF 140 000** – Monaco, 21 juin 1991 : *Le matin*, h/t (90x118) : **FRF 122 100** – Monaco, 6 déc. 1991 : *Le Duc et la Duchesse de Dino au bal masqué du Mardi-Gras 1840*, h/t (50,5x42) : **FRF 55 500** – Londres, 18 mars 1992 : *Portrait d'une dame sur une terrasse*, h/t (208x142) : **GBP 13 750** – Monaco, 20 juin 1992 : *Portrait de Anne Elisabeth Laurence de Montmorency*, h/t (108,5x86,5) : **FRF 66 600** – Paris, 19 déc. 1994 : *Psyché rapportant à Vénus la boîte de beauté*, h/t (46,5x38,5) : **FRF 16 500** – Paris, 31 mars 1995 : *Portrait d'une jeune femme appuyée sur une balustrade*, h/t (117x90) : **FRF 80 000** – Paris, 20 mars 1997 : *Portrait de Madame Plantain*, h/t (65x54) : **FRF 12 500**.

DUBUFE Édouard-Louis
Né en 1820 à Paris. Mort le 11 août 1883 à Paris, ou à Versailles selon certains biographes. XIXe siècle. Français.
Peintre d'histoire, scènes de genre, portraits, pastelliste.
Fils et élève de Claude Marie Dubufe, il eut également pour maître Paul Delaroche.
Il exposa au Salon de Paris entre 1839 et 1879. Il obtint une médaille de troisième classe en 1839, une de deuxième classe en 1840, une de première classe en 1844. Aux expositions universelles de 1855 et de 1878, il reçut une médaille de deuxième classe. En 1853, il fut fait chevalier de la Légion d'honneur, et fut promu officier en 1869.
Ce fut en réalisant le portrait de l'impératrice Eugénie qu'il obtint la consécration. Sa longue carrière fut jalonnée d'honneurs officiels, et on le posa en rival de son contemporain le portraitiste Winterhalter.
Musées : Aix : *Le Prisonnier de Chillon* – Amsterdam (Mus. mun.) : *L'Obole de la veuve* – Compiègne (Mus. Nat. du Château) : *Portrait de l'impératrice Eugénie* – Lisieux : *Tobie enterrant les morts* – Metz : *Portrait du général H. Jos. Paixhans* – Paris (Louvre) : *Portrait de la comtesse Hallez-Claparède – Portrait du peintre Philippe Rousseau* – Paris (Théâtre Français) : *Rachel* – Reims : *Portrait de Mme Louis Pommery* – Rouen : *Étude de jeunes filles* – Sheffield : *Printemps en Italie* – Sydney : *Une étude* – Versailles (Mus. du Château) : *Le Congrès de Paris – Portrait de l'impératrice Eugénie*.
Ventes Publiques : Paris, 1876 : *Le denier de la veuve* : **FRF 6 000** – Amsterdam, 1884 : *Un tableau* : **FRF 4 850** – New York, 1887 : *L'enfant prodigue*, triptyque : **FRF 15 200** – Paris, 1891 : *Portrait de Rosa Bonheur* : **FRF 33 000** – Londres, 1892 : *Portrait de Rosa Bonheur* : **FRF 19 675** – Londres, 10 juil. 1897 : *Le même* : **FRF 6 025** – New York, 28-29 et 30 mars 1904 : *Portrait* : **USD 100** – New York, 16-19 nov. 1904 : *La favorite du sultan* : **USD 405** – Paris, 20-22 oct. 1924 : *Portrait d'homme*, cr., reh. d'aquar. : **FRF 260** – Paris, 30 déc. 1925 : *L'homme d'armes* : **FRF 100** – Paris, 2 et 3 juin 1926 : *Jeune femme de profil* : **FRF 270** – Paris, 26 jan. 1927 : *La favorite du sultan* : **FRF 2 000** – Londres, 17 juin 1927 : *Rosa Bonheur* : **GBP 52** – Londres, 1er juil. 1927 : *Le Prince Impérial enfant, Saint Cloud, 10 août 1859* : **GBP 89** – Paris, 12 juin 1929 : *Portrait d'une femme tenant un livre* : **FRF 580** ; *Portrait de la duchesse de M. C.*, past. : **FRF 420** – Paris, 11 mai 1931 : *Portrait de Mme de Lapeyrière* : **FRF 2 250** – Londres, 24 juin 1932 : *Dame en blanc* 1849 : **GBP 7** – Paris, 8 mai 1940 : *Portrait de la comtesse de Villeneuve* : **FRF 460** – Londres, 29 oct. 1941 : *Visite au prisonnier* 1867 : **GBP 5** – Paris, 19 fév. 1943 : *Tête de femme* 1862 :

FRF 250 – PARIS, 20 mars 1944 : *Portrait de la comtesse de Lareinty-Tholosan* : **FRF 12 500** – PARIS, 14 juin 1944 : *Portrait de la comtesse de Lareinty-Tholosan* : **FRF 5 400** – PARIS, 4 déc. 1944 : *Portrait de la comtesse de Lareinty-Tholosan* : **FRF 6 500** – PARIS, 5 jan. 1945 : *Portrait de jeune femme* : **FRF 4 500** – PARIS, 18 oct. 1946 : *Portrait du compositeur F. Halévy et de sa femme*, deux dessins au crayon noir, rehauts de couleur : **FRF 3 000** – LONDRES, 4 juin 1969 : *L'obole* : **GBP 400** – LONDRES, 20 fév. 1976 : *La lettre d'amour* 1873, h/t (122x90) : **GBP 750** – VERSAILLES, 19 oct. 1980 : *Jeune femme en buste à la robe décolletée* 1874, h/t (72x69,5) : **FRF 8 300** – PARIS, 27 avr. 1983 : *L'odalisque endormie* 1864, h/t (123x220) : **FRF 150 000** – NEW YORK, 31 oct. 1985 : *Jeune fille circassienne* 1867, h/t (81,3x66,7) : **USD 5 500** – PARIS, 18 déc. 1986 : *Portrait de laurence de Montmorency, née Debeaufremont*, h/t (147x115) : **FRF 420 000** – PARIS, 14 mars 1988 : *Portrait de Madame Koechlin* 1866, h/t, à vue ovale (86x67) : **FRF 90 000** – PARIS, 15 avr. 1988 : *Portrait de femme*, h/t (115x88,5) : **FRF 55 000** – LONDRES, 6 oct. 1989 : *Prières pour le malade* 1855, h/t (162,6x119,4) : **GBP 1 430** – PARIS, 15 déc. 1989 : *Odalisque*, peint./t. ovale : **FRF 30 000** – SCEAUX, 10 juin 1990 : *Portrait d'une dame de qualité* 1869, h/t (87x69) : **FRF 21 000** – GLASGOW, 22 nov. 1990 : *Portrait de Mrs Douglas Baird en robe de soirée noire et tenant un face-à-main* 1858, h/t (130,8x92,7) : **GBP 7 150** – NEW YORK, 17 oct. 1991 : *Le Prince Impérial enfant sur la terrasse de Saint-Cloud, le 10 août 1859*, h/t (116,2x88,9) : **USD 8 800** – PARIS, 26 juin 1992 : *Après le bal*, aquar./pap. (50,5x37) : **FRF 7 000** – PARIS, 16 déc. 1992 : *Portrait de Madame Faltet* 1861, h/t (61x50) : **FRF 40 000** – LONDRES, 10 juin 1994 : *Jésus prononçant le Sermon sur la montagne* 1844, h/t (87,6x130,2) : **GBP 6 900** – PARIS, 15 déc. 1994 : *Portrait de jeune femme*, h/t (131x92) : **FRF 21 500** – PARIS, 4 déc. 1995 : *Petite Fille au ruban bleu* 1868, h/t (55,5x46) : **FRF 17 000** – LONDRES, 13 mars 1996 : *Portrait de petite fille* 1868, h/t (43x38) : **GBP 4 140** – MONACO, 14 juin 1996 : *Portrait de la marquise d'Aoust assise sur un canapé* 1857, h/t (130x97,5) : **FRF 144 660** – PARIS, 11 déc. 1996 : *Portrait de femme*, h/t (65x54,5) : **FRF 11 000** – PARIS, 16 oct. 1997 : *Portrait du baron Achille Seillière à son bureau* 1874, t. (137,5x102,5) : **FRF 82 000**.

DUBUFE Édouard Marie-Guillaume ou **Dubuffe**

Né le 16 mai 1853 à Paris. Mort le 23 mai 1909, en mer en partance pour Buenos Aires. XIXe siècle. Français.

Peintre de compositions religieuses, sujets allégoriques, scènes de genre, figures, portraits, aquarelliste, pastelliste, dessinateur, décorateur.

Fils et élève d'Édouard-Louis Dubufe. Il travailla également avec Mazerolle. Une troisième médaille lui fut attribuée en 1877 au Salon de Paris et une deuxième en 1878. Il obtint une médaille d'or à l'Exposition universelle de Paris en 1889 ; il fut la même année décoré de la Légion d'honneur, et promu officier en 1900.

Il débuta au Salon de Paris en 1877 avec *La Mort d'Adonis* ; il exposa depuis cette époque assez régulièrement au Salon des Artistes Français dont il fut sociétaire.

Il a peint quelques portraits, mais surtout des sujets de genre et des allégories. Il a exécuté un plafond à la Comédie-Française et des décorations à l'Hôtel de Ville, à la Sorbonne et à l'Élysée. Ce fut un peintre habile, doué d'un coloris assez plaisant, mais sans grande vigueur.

MUSÉES : AMIENS : *Musique sacrée et Musique profane*, diptyque – CLERMONT-FERRAND : *Sainte Cécile* – LYON : *Sommeil divin* – MULHOUSE : *La Mort de la Vierge*, aquar. – ROUEN : *Académie*.

VENTES PUBLIQUES : LONDRES, 1875 : *Prière pour le soldat absent* : **FRF 6 825** – PARIS, 10 avr. 1884 : *Les Pigeons de Saint-Marc* : **FRF 100** – PARIS, 1899 : *La Naissance de la Vierge*, aquar. : **FRF 1 060** ; *La Toilette de la Vierge*, aquar. : **FRF 780** – NEW YORK, 23-24 jan. 1901 : *Vénus et Adonis* : **USD 150** – LONDRES, 1er juin 1923 : *Vierge profane* 1902, dess. : **GBP 3** – NEW YORK, 14 mai 1976 : *La lettre d'amour*, h/t mar./isor. (100x80) : **USD 1 100** – PARIS, 2 avr. 1982 : *Allégorie de L'Inspiration de Lamartine et de Musset* 1887, deux dess. (54,5x46) : **FRF 4 000** – NEW YORK, 13 déc. 1985 : *Mélusine* 1903, aquar. (71x53,5) : **USD 1 400** – PARIS, 20 déc. 1985 : *Fillette assise sur une table* 1881, fus. reh. de craie/pap. bleu (50x36,8) : **FRF 13 800** – PARIS, 11 mars 1988 : *Femme assise avec éventail* 1882, pierre noire/pap. bleu (50x37) : **FRF 4 000** – PARIS, 11 mars 1988 : *Femme allongée* 1889, pierre noire/pap. bleu (37x50) : **FRF 3 500** – PARIS, 20 mars 1989 : *Portrait de la duchesse d'Albe*, h/pan. (12,5x18) : **FRF 4 300** – PARIS, 12 déc. 1990 : *La vérité interrogeant un miroir*, cr., sanguine et gche blanche (56x46) : **FRF 26 000** – PARIS, 17 nov. 1991 : *La naissance de Vénus*, h/t (34,5x55,5) : **FRF 8 000** – LONDRES, 28 oct. 1992 : *Vénitienne sur la terrasse de son palais avec la Piazzetta au fond* 1882, aquar. et gche (68x39,5) : **GBP 902** – PARIS, 4 oct. 1993 : *L'enfant étendu* 1882, mine de pb et reh. de blanc (37x50) : **FRF 4 550** – NEW YORK, 12 oct. 1993 : *Un passage ensoleillé* 1886, h/pan. (39,3x28,9) : **USD 4 830** – PARIS, 28 juin 1996 : *Anacapri* 1887, past. (56x38) : **FRF 4 600** – PARIS, 20 déc. 1996 : *Portrait d'Ottilie Flahaut* 1879, h/t (130x80) : **FRF 40 000**.

DUBUFE Juliette, Mme, née **Zimmermann**

XIXe siècle. Française.

Sculpteur.

Elle était la femme du peintre Édouard Louis Dubufe. En 1842, elle obtint une médaille de troisième classe, et exposa jusqu'en 1853.

On lui doit le buste en marbre de *Paul Delaroche*.

MUSÉES : PARIS (Mus. d'Orsay) : *Portrait de Claude-Marie Dubufe*, sculpt.

DUBUFÉ-WEHRLÉ Juliette, Mlle

Née le 4 mars 1879 à Paris. XXe siècle. Française.

Portraitiste.

Élève de Édouard-Marie Guillaume Dubufe, auquel elle semble avoir été apparentée. Participa à l'Exposition Universelle de 1900 avec : *Portrait de Mlle M. D.* (pastel), où elle obtint une mention honorable.

DUBUFFE Paul

Mort en 1899. XIXe siècle. Français.

Peintre.

Sociétaire des Artistes Français, il figura au Salon de cette société.

DUBUFFET Jean

Né le 31 juillet 1901 au Havre (Seine-Maritime). Mort le 12 mai 1985 à Paris. XXe siècle. Français.

Peintre, sculpteur, dessinateur, lithographe. Abstrait-informel, tendance art-brut.

À 15 ans Jean Dubuffet suit les cours du soir de l'Ecole de Beaux-Arts du Havre. Après son baccalauréat (série latin, grec, philosophie), il s'inscrit à l'Académie Julian à Paris. Il y restera six mois. Jeune, entre 1919 et 1922, il fait la connaissance de Suzanne Valadon, Max Jacob, Raoul Dufy, André Masson, Fernand Léger et de Juan Gris. En 1924 il abandonne la peinture une première fois, il a 24 ans. Il part travailler à Buenos Aires pendant six mois dans une entreprise de chauffage central. De retour en France, il rejoint l'entreprise familiale de négoce en vins au Havre. Quelques années plus tard, il fonde son entreprise de négoce de vins en gros à Paris (Bercy). Ce n'est qu'en 1934 qu'il se consacre de nouveau entièrement à la peinture et met son commerce en gérance. Trois ans après, il doit reprendre en main les affaires pour éviter la mise en faillite, ce qui l'oblige une seconde fois à renoncer à la peinture. La même année, en 1937, il se marie avec Émilie Carlu (Lili). En 1942 il abandonne définitivement son commerce et se remet à peindre, cette fois jusqu'à sa mort. La rencontre avec Jean Paulhan lui fait connaître Paul Eluard, Pierre Seghers, André Frénaud, Jean Fautrier, Francis Ponge, Eugène Guillevic... 1942 est une année charnière au regard de la « préhistoire » de son œuvre. Elle amorce ce qui deviendra dans sa peinture un style et la toile *Les Gardes du corps* (1943) s'inscrit pleinement dans une démarche de rupture.

Sa première exposition personnelle a lieu à la Galerie Drouin en 1944. La série des *Marionnettes de la ville et de la campagne* y est présentée. On peut déceler dans ces premières œuvres, l'intégration de certaines innovations adoptées par l'avant-garde en France telles, la libération, depuis Klee, de la ligne en spontanéité et automatisme, et l'annulation de l'espace comme réceptacle des lois traditionnelles de la perspective. En effet, si dans ses tableaux il est fait état d'un primitivisme de l'image, c'est surtout le résultat d'une inspiration consciente et ordonnée de cet homme qui s'était imposé, dans la création, de repartir de zéro. Jusqu'en 1945, il travaille sur la série des *Murs*. Il réalise à cette occasion une suite de lithographies avec des poèmes de Guillevic. De ces recherches date cette fameuse esthétique matiériste et de ses dérivés muraux, pierre, graffiti, et gravats. Une seconde exposition en 1946, toujours à la galerie Drouin et intitulée *Mirobulus, Macadam & Co*, suscite de vives polémiques. Dubuffet y expose la série des *Hautes Pâtes*. L'huile, médium noble et ancestral est remplacé par un mélange de mastic liquide, de sables, de graviers, de plâtres, de cailloux, de poussière, en fait de matériaux qui nous environnent, mais délaissés par habitudes esthétiques. Il incise, coupe et racle dans ces pâtes au moyen du grattoir et dessine même avec ses doigts. Ainsi, Dubuffet use de la technique de la haute pâte à la manière de Fautrier. Michel Tapié, alors jeune critique en 1952, élabore à partir des « pâtes » de Fautrier, Dubuffet et de Wols un nouveau concept : « l'informel ». C'est un travail sur la matière qui, antérieure à la forme, doit la laisser surgir sans qu'elle ait été préalablement conçue. Le dessin doit être « libéré » de sa trame formelle. Une troisième exposition, fin 1947, dévoile la fameuse série des portraits *Plus beau qu'ils croient*, motifs d'un nouveau scandale. En effet, en « tirant le portrait » de certains peintres et écrivains, entre autres : Artaud, Michaux, Paulhan, Léautaud, Ponge et Georges Limbourg, Dubuffet s'attaque à la figure humaine, la déforme à souhait, étudiant tout ce qui peut contrarier sa régularité formelle : les drôles de nez, les grosses bouches, les crânes pointus, les lèvres minces, les joues creuses ou gonflées, les dents mal agencées, et les boutons, s'appliquant à déstructurer une certaine apparence. Il le dira lui-même : « Ces portraits étaient anti-psychologiques, anti-individualistes ». Les attaques contre l'artiste proviennent également de la publication peu de temps auparavant de son premier manifeste intitulé *Prospectus aux amateurs de tout genre* dans lequel il dénonce vigoureusement la vanité des tenants de la peinture « soi-disant artistique ». Ces écrivains et amateurs d'art ainsi que leurs principaux véhicules, musées et galeries, sont voués aux gémonies par Dubuffet. La même année (1947), Pierre Matisse organise la première exposition de l'artiste à New York, l'œuvre enthousiasme le public outre-Atlantique.

Depuis 1945, Jean Dubuffet rassemble en France et à l'étranger les œuvres de ceux qu'il nomme les « irréguliers de l'art » à savoir des personnes qui s'expriment picturalement sous l'effet d'une nécessité hors de toutes conventions et socialisation de la pensée, qu'elles soient artistiques ou non. Dubuffet déclare que dans l'Art Brut : « nous assistons à l'opération artistique toute pure, brute, réinventée par son auteur à partir de ses propres impulsions ». Ce sont en général des marginaux et des malades mentaux, des personnes qui s'engagent avec force dans un univers obscur, hors norme, sans signification artistique intentionnelle. Les œuvres ainsi réunies sont exposées à partir de novembre 1947 dans le sous-sol de la Galerie Drouin, Place Vendôme, à Paris. En mai 1948, la *Compagnie de l'Art Brut* est fondée réunissant dans son comité Michel Tapié, Charles Ratton, Jean Paulhan et André Breton, notamment. Diverses expositions sont organisées par la Compagnie, dont celle intitulée *L'Art Brut préféré aux arts culturels*, en octobre 1949. La Compagnie continue de gérer la collection ainsi constituée et se transforme en musée. Le *Catalogue de la Collection*, publié en 1971, recense plus de quatre mille œuvres et cent trente-cinq créateurs. La collection est présentée depuis 1976 au Château de Beaulieu, à Lausanne, aucun lieu d'accueil n'ayant pu être trouvé en France. Cet Art Brut compte quelques remarquables artistes non anonymes, tels Adolf Wölfli, Gaston Chaissac, Michel Hernandez, Aloïse...

Durant cette même période, entre 1947 et 1949, Dubuffet effectue trois séjours au Sahara, matérialisés par une série de *Paysages Grotesques*. On y rencontre le pittoresque et l'exotisme, parmi les chameaux, les mosquées, et les fêtes de villageois, mais toujours exprimés par un graphisme spontané et d'apparence maladroite. En 1950 il produit une des séries les plus importantes qui constitue également une étape, celle des *Corps de Dames*. Ici encore et avec force, Dubuffet brise un tabou esthétique, formel et mental : celui de la représentation de la femme. Chez lui, et dans une moindre et différente mesure avec les *Nus* de Fautrier, le corps de la femme n'est plus le sujet d'un érotisme raffiné, miroir conscient de nos fantasmes régulateurs. C'est la mise en plan d'une manière grotesque du corps et de la chair, matière dans laquelle sont découpées des dames énormes, nues, aux jambes et cuisses charnues, ouvertes. Cependant ces représentations ne sont pas tragiques, ses « dames » sont souriantes et toniques. Dubuffet le dira souvent : « l'art doit un peu faire rire et un peu faire peur. Tout mais ne pas ennuyer ».

Succède en 1951 une autre série, aussi fructueuse sur le plan formel, celle des *Sols et Terrains*. Elle ne fait que prolonger ses recherches sur la matière en les élargissant et les appliquant aux supports de notre environnement. Toujours intéressé au déchiffrement de la texture de la matière, il aborde en 1953 les assemblages, sa principale préoccupation jusqu'en 1958. Ce sont des collages et des assemblages de fragments de tableaux de textures et de morceaux de papiers tachés d'encre. Il réalise aussi des lithographies qui reprennent les montages initiaux et sont redécoupées et associées une nouvelle fois à un autre support, en témoigne la série des *Tableaux d'assemblages*. Entre 1952 et 1958 Dubuffet exécute nombre de séries ayant trait à l'élément minéral : *Terres radieuses, Pâtes battues, Routes et Chaussées, Célébrations du sol*. Ces œuvres sont des déambulations dans un champ pictural irrigué par la terre, le ciel, l'érosion de l'eau et du vent. Viendront par la suite la série des *Texturologies* en 1958 et celle des *Matériologies* en 1959. Ces deux dernières séries sont délogées de tout espace, sans dessin ni image, seules les couleurs meublent ces structures friables ou agglomérées. Les *Matériologies* sont l'aboutissement des expérimentations de Dubuffet sur la matière liée à la peinture à base d'huile ou de résine synthétique. Il utilisera par la suite du papier mâché. Même absorbé dans une série, Dubuffet n'accepte aucune contrainte psychique et s'autorise des séries tout autres telles que *Petites Statues de la vie précaire* ou celle « gentille » et humoristique des *Vaches*.

Fin 1951, Dubuffet part pour un voyage de six mois aux États-Unis au cours duquel il rencontre à New York, Jackson Pollock, Marcel Duchamp et Yves Tanguy. A cette occasion est organisée une exposition de son œuvre à l'Arts Club de Chicago. En 1958, Daniel Cordier monte une première exposition de l'artiste sur le thème de la *Célébration du sol*. Deux grandes rétrospectives se suivent peu de temps après, la première, au Musée des Arts Décoratifs à Paris en 1960, la seconde, au Musée d'Art Moderne de New York en 1962.

La période qui suit, s'étend de 1962 à 1974, c'est le cycle de l'*Hourloupe*, véritable îlot créatif. Elle se subdivise en différentes périodes et séries : notamment celles des *Praticables* et des *Costumes de théâtre* en 1971. *Roman burlesque, Paysages castillans* et *Sites tricolores* sont en 1974 les derniers travaux dans le style de L'*Hourloupe*. Mais c'est la série des *Crayonnages* qui marque véritablement la fin de celui-ci. L'*Hourloupe* est un logos et un nouveau principe de lecture formé, du moins au début, par l'association d'éléments de la vie quotidienne, animaux, objets et même concepts, architecturés en une écriture rapide et continue. Répétitive, elle est composée suivant les périodes de surfaces hachurées, segmentées ou planes. Les effets de dévoilement de cette réalité vivante et en marche sont accrus et maîtrisés par le choix des couleurs, principalement utilisées, le bleu, le rouge et le noir, qui créent les premiers repères visuels. L'*Hourloupe*, écriture globalisante, annexera naturellement la troisième dimension et se matérialisera au travers de constructions et de sculptures. Les premières sculptures peintes au vinyle datent de 1966. L'objet est ici extériorisé, sorti de sa bulle mentale. Les réalisations sculpturales et monumentales de Dubuffet contraignent le spectateur à l'expérience d'un univers échappant aux lois de la perception quotidienne. Agressivité des couleurs aux tonalités rouge et noire, platitude ignorée, la matière rugueuse est là, incontournable. Il réalise des édifices architecturaux tels que *La Villa Falbala* ou *Le Jardin d'hiver* en 1970. Plusieurs commandes de sculptures monumentales lui sont faites comme le *Groupe de quatre arbres* par la Chase Manhattan Bank (inauguré en octobre 1972). Cette période de l'*Hourloupe*, fut décriée par un certain nombre de critiques d'art, qui reprochèrent à Dubuffet de se complaire à la longue dans un style devenu, à force, d'un académisme asséché.

Dubuffet a plusieurs occasions de montrer son travail : à la Galerie Jeanne Bûcher à Paris en 1964, à la Galerie Beyeler à Bâle en 1965, à la Pace Gallery de New York en 1969, au Musée Guggenheim de New York et au Grand Palais en 1973 ainsi que lors d'une exposition collective : « San Lazzaro et ses amis » au Musée d'Art Moderne de la Ville de Paris en 1974, où est présentée pour la première fois, la série des *Crayonnages*. Quant au Musée des Arts Décoratifs, il reçoit une importante donation de l'artiste en 1967. Le 22 novembre 1974 est officiellement constituée la Fondation Jean Dubuffet. Durant cette seconde période il ne renonce nullement à son engagement par l'écriture. Un recueil de ses écrits est publié en 1967, sous le titre de *Prospectus et tous écrits suivants*, un pamphlet est également édité en 1968, intitulé *Asphyxiante Culture*.

À l'automne 1974, débute la troisième grande période de Dubuffet. Alterneront régulièrement des séries de dessins et de peintures, la réalisation de sculptures monumentales, et l'organisation d'expositions. En octobre, avec les séries de dessins, *Récits* et *Figurations*, et en décembre, avec la série des *Parachiffres*, il opère un retour, après le monde purement mental de l'*Hourloupe*, vers ce qu'il appelle « une terre plus ferme ». Ce sont des griffonnages et figures au graphisme rapide évoquant des objets ou des êtres parfois inquiets, toujours interrogatifs. Dubuffet sera ensuite occupé en 1975, avec la série des *Mondanités* (35 peintures), des *Effigies incertaines* et des *Conjectures* (107 dessins), qui sont la prolongation des travaux précédents, mais selon un mode d'organisation formelle, tantôt plus compacte, tantôt moins élaborée. La même année, il produit la série des *Lieux abrégés* et des *Théâtres de mémoire*. La première est une improvisation rapide d'une vision plus quotidienne de la réalité, habitée de personnages plaqués au premier plan dans des paysages. La seconde est un travail minutieux d'assemblages et d'associations de morceaux, en général une quarantaine pour chaque œuvre, provenant des chutes et du découpage des *Lieux abrégés*. Il poursuivra ce travail jusqu'en 1978, exécutant 94 toiles. Il enchaîne avec trois séries de dessins : *Situations*, *Mémorations* et *Annales* qui sont l'équivalent des *Théâtres de mémoire* mais par le biais du dessin en noir et blanc. En 1979 il revient à la peinture avec la série des *Brefs exercices d'école journalière*. Entre 1980 et 1982 sa verve picturale est toujours aussi dense, se succèdent ou se chevauchent une série de dessins les *Sites aux figurines*, trois séries de peintures : *Partitions*, *Sites aléatoires* et l'imposante série des *Psycho-sites* avec plus de 500 peintures sur papier. Cet ensemble de séries a pour objet une recherche sur l'espace en jouant sur l'assemblage : des figures à l'environnement, et réciproquement. Ces personnages, seuls ou en couple, sont cloisonnés dans des bulles, aux frontières hermétiques dans les *Partitions* ou plus perturbées dans les *Psycho-sites*. D'ailleurs, selon l'artiste lui-même, ces derniers ne sont plus que des assemblages d'idées et de notions. Avec les *Mires* qui datent de 1983, Dubuffet, trop âgé pour réaliser des grands formats, peint sur des feuilles de papier qui seront ensuite marouflées sur toile. C'est pourtant au cours de cette série qu'il exécute sa plus grande œuvre par la taille : *Le cours des choses*. Dans les *Mires*, les personnages ont disparu de l'espace, celui-ci est envahi par une inflation de traits et d'hachures, bleus ou rouges sur des fonds blancs ou jaunes. Sa dernière série achevée de peintures et qui semble clore également dans un sens métaphorique sa recherche picturale se nomme les *Non-lieux*, nous sommes en 1984. Ici, la peinture de l'artiste a évolué vers une apparente abstraction quoique légère dans sa composition. La réalité, qui a si longtemps accompagné sa création est sublimée dans un nouvel élan à tendance gestuelle, et brossée : « Il n'y a pas de matière, il n'y a rien qu'élans énergétiques en incessant mouvements, dénués d'aucune tangible consistance », écrit-il. Daniel Abadie souligne qu'avec les œuvres des *Non lieux*, Dubuffet détruit, signe ultime de sa liberté, le style, le langage, qu'il s'était façonné. Plus occupé à écrire sa *Biographie au pas de course*, il commence sans la terminer sa dernière série de dessins les *Activations*. Son dernier dessin date du 17 avril 1985, Dubuffet meurt à Paris le 12 mai 1985 à son domicile parisien rue de Vaugirard.

Parallèlement à cet intense travail il poursuivait, depuis 1974, la réalisation de sculptures monumentales issues, en majorité, de la veine créatrice de l'*Hourloupe*. En 1976, avec l'*Ambassade*, au Musée Hakone au Japon, *La Députation* pour la Pace Gallery et l'installation du *Cabinet logologique* dans la *Villa Falbala*. En 1977, c'est l'achèvement de *La Chambre au lit sous l'arbre* à Périgny. En 1978, est réalisée *La Chiffonnière* à Baltimore. En 1982, le *Manoir d'Essor* au Danemark, en 1983 le *Monument au fantôme* à Houston et en 1984 le *Monument à la bête debout* à Chicago. On ne peut passer sous silence la longue et pénible « affaire Dubuffet » que fut la destruction par la Régie Renault d'une installation-sculpture monumentale, le *Salon d'été*, commandée par cette même société nationalisée. Les démêlés durèrent six années (1975 à 1981). En 1983, Dubuffet fut, en contrepartie, une nouvelle fois sollicité par l'Etat français qui lui passa commande d'une sculpture la *Tour aux figures*. Elle sera finalement implantée et inaugurée à Issy-les-Moulineaux trois ans après sa mort. Plusieurs sculptures seront commandées et construites après son décès. Citons : le *Boqueteau* pour Flaine, l'*Accueillant* pour l'hôpital Robert Debré à Paris et le *Réséda* pour la Caisse des Dépôts et Consignations.

Dubuffet exposa tout au long de cette période (1974-1985) dans des lieux importants tels que : le Musée des Arts Décoratifs à Paris en 1976, à Turin en 1978, à la Kunstakademie de Berlin en 1980, au Musée Guggenheim de New York et au Musée National d'Art Moderne du Centre Georges Pompidou en 1981, au pavillon français de la Biennale de Venise en 1984 et à l'Ecole des Beaux-Arts de Paris en 1985. Les rétrospectives « Dubuffet », depuis celle organisée par la Fondation Maeght à Saint-Paul-de-Vence en juillet 1985, se succèdent à un rythme accéléré : à Rome en 1989, à Francfort en 1990 à la Kunsthalle et enfin à Paris en 1991 pour l'inauguration de la Galerie Nationale du Jeu de Paume.

Si pour Klee la fonction de la peinture était de rendre visible, Dubuffet précise : de rendre visible ce que l'artiste désire voir. Ainsi, « Le peintre en somme, tout à l'opposé de peindre ce qu'il voit, comme le lui prête certain public mal informé, n'a de bonnes raisons qu'à peindre ce qu'il ne voit pas mais qu'il aspire à voir. » Immergé alors dans ce que certains appellent la « planète » Dubuffet, il est tentant de chercher un sens plus global et intelligible à son œuvre. Dubuffet n'a cessé de circuler dans les arcanes matériels et mentaux de la réalité. Cependant, d'un face-à-face le plus immédiat avec les figures de la matière, jusqu'aux spéculations proches d'une métaphysique, sa peinture se déclare ailleurs, un ailleurs qui dérange et malmène nos grilles de lecture d'où, peut-être, « la difficulté que nous éprouvons à faire sa place à l'œuvre de Dubuffet, non pas tant au musée que dans ce que nous nous obstinons à nommer l'histoire de l'art », souligne Hubert Damisch. ■ Christophe Dorny

J. ... Dubuffet

J. Dubuffet

J.D.

J.D.

Bibliogr. : Michel Ragon : *Dubuffet*, Le Musée de Poche, Paris, 1958 – Max Loreau : *Dubuffet et le voyage au centre de la perception*, La Jeune Parque, 1966 – Dubuffet : *Prospectus et tous écrits suivants*, Gallimard, Paris, 1967 – Dubuffet : *Asphyxiante culture*, Jean-Jacques Pauvert, « Liberté », 1968 – in : *l'Arc, Dubuffet, culture et subversion*, n° 35, 1968 – Dubuffet : *La botte à Nique*, Les sentiers de la création, Skira, 1973 – Dubuffet : *L'Homme du commun à l'ouvrage*, Gallimard, « Idées », Paris, 1973 – Gaëtan Picon : *Le Travail de Jean Dubuffet*, Skira, 1973 – *Parachiffres, mondanités et autres peintures de 1975*, Musée des Arts Décoratifs, Paris, 1975 – Rénato Barilli : *Dubuffet, le cycle de l'Hourloupe*, Le Chêne, Paris, 1976 – *Sites aux figurines et Psycho-sites*, Centre Georges-Pompidou, Paris, 1981 – *Dessins, peintures, 1942-1983*, Maison de la Culture d'Amiens, 1984 – *Dubuffet, Mires 1983-1984, Biennale de Venise*, Fernand Hazan, 1984 – in : *Opus international*, n° 82, 1981 – *Dubuffet, les lendemains de l'Hourloupe*, Ecole Nationale des Beaux-Arts, Paris, 1985 – Laurent Danchin : *Jean Dubuffet, peintre-philosophe*, Éditions La Manufacture, Paris, 1988 – Catalogue d'exposition : *Jean Dubuffet les dernières années*, Galerie Nationale du Jeu de Paume, Paris, 1991 – Daniel Abadie, Hubert Damisch et autres : *Dubuffet*, Conférence et Coloques, Galerie Nationale du Jeu de Paume, Paris, 1992.

Musées : Amsterdam (Stedelijk Mus.) – Bâle (Kuntsmuseum) – Bruxelles (Mus. Nat. des Beaux-Arts) – Chicago (Art Inst.) – Humlebaek (Louisiana Mus.) : *L'incertaine* mai 1950 – Lyon (Mus. des Beaux-Arts) – Marseille (Mus. Cantini) : *Effusion de l'être* 1984 – Montréal (Mus. d'Art Contemp.) : *Chacun chez soi* 1957 – New York (Mus. of Mod. Art) : *L'accouchement* mars 1944 – *Transcription aux pierres* novembre 1953 – *Groupe de quatre arbres* novembre 1953 – New York (Solomon R. Guggenheim Mus.) : *Porte au chiendent* 1957 – *L'instant propice* 2-3 janvier 1962 – *Mire G. 132* 1983 – Oberlin (Allen Memorial Art Mus.) : *La dame à l'ombrelle* mars 1955 – Oslo (Fond. Moltzau) – Paris (Mus. Nat. d'Art Mod.) : *Métro* mars 1943 – *La campagne heureuse* 1944 – *Dhotel nuance d'abricot* 1947 – *Jazz Band, Dirty Style Blues* 1950 – *Gymnosophie* juin 1950 – *Vache blanche sur* *fond vert* 1954 – *La Mer de peau* 1959 – *Le train des pendules* 24-28 avril 1965 – *Le Boqueteau* 1969-1988, sculpt. – *Tissu d'épisodes* 1976 – *Essence diffuse* 1981 – *Site avec deux personnages* 1981 – *Site aléatoire avec deux personnages* 1982 – *Mire G 131(Kowloon)* 9 septembre 1983 – Paris (Mus. des Arts Décoratifs, donation Jean Dubuffet) : *Campagne aux cylindres* juillet 1943 – *Buste de femme, cheveux blonds, corsage violet* 1er juillet 1944 – *Jouhandeau* août 1946 – *Bowery Bum* 1952 – *Petits personnages et chien* 1953 – *Jardin nacré* juin 1955 – *Babil au sol* mai 1959 – *Texturologie XLVI (aux clartés ocrées)* 30 mai 1958 – *Texturologie VII (ombreuse et rousse)* 29-30 novembre 1957 – *L'âme égarée* septembre 1959 – *Fruits de terre* décembre 1960 – *Galeries Lafayette* mai 1961 – *La vie de famille* 10 août 1963 – *Chien coiffé EG 138* 25 février 1965 – Périgny-sur-Yerres (Fond. Jean Dubuffet) : *Paysage d'Algérie* 1919 – *Nature morte avec pierres sur une chaise cannée* 1922-1923 – *Lili Renaissance* 1936 – *Il flûte sur la bosse* avril-mai 1947 – *Terre rouge* 15-26 octobre 1957 – *Solario (Portrait)* 1er mars 1967 – *Tour Ballerine* juillet 1974 – *Table porteuse d'instances, d'objets et de projets* 11 janvier 1968 – *Décor de forêt* 26 août 1969 – *Cabinet logologique* août 1967-février 1969 – *La Closerie Falbala* – *Le triomphateur* septembre 1973 – *Paysage gris avec six personnage* 26 juillet 1975 – *Scène de rue* 23 juin 1975 – *Dramatisation* 12 janvier 1978 – *Les temps conjugués (B30)* 24 novembre 1980 – *Site fréquenté* 11 janvier 1981 – *Site avec deux personnages (F 151)* novembre 1982 – *Idéoplasme XI (L 15)* 5 octobre 1954 – Saint-Étienne (Mus. d'Art Mod.) : *le Déchiffreur* 1977 – *Site avec deux personnages E 477* 1982 – Washington D. C. (Hirshorn Mus. and Sculpture Garden) : *Limbour crustacé* 1946 – Zurich (Kunsthaus).

Ventes Publiques : Paris, 5 nov. 1937 : *Poires et Raisins* : **FRF 100** – New York, 27 avr. 1960 : *Grand Jazz Band*, h/t : **USD 27 000** – Stuttgart, 3-4 mai 1962 : *Paysages aux Colias*, gche/pap. et ailes de papillons : **DEM 17 000** – Londres, 22 juin 1965 : *Vue de Paris aux piétons furtifs* : **GBP 9 500** – New York, 15 oct. 1969 : *Deux personnages sur fond noir* : **USD 10 000** – Londres, 1er déc. 1971 : *Le Lippeur de vin clairet* 1945 : **GBP 10 000** – New York, 13 mai 1973 : *Veste bleu et Chapeau jaune* : **USD 60 000** – Paris, 25 juin 1974 : *La montagne rose* 1952 : **FRF 181 000** – New York, 18 mars 1976 : *Autobus Gare Montparnasse-Porte des Lilas* 1961, gche, pl. et cr. (50x67) : **USD 27 000** – Paris, 4 mai 1976 : *Arbre, livre et gîte* 1969, transfert de peint. vinylique/polyester (H. 120) : **FRF 62 000** – Munich, 30 nov. 1976 : *Sourire I* 1961-1962, litho. : **DEM 11 000** – Londres, 2 déc. 1976 : *Marche en campagne* 1974, h/t (158x140) : **GBP 29 000** – New York, 10 fév. 1977 : *Loisirs* 1961, litho. coul. (41x51,8) : **USD 2 250** – New York, 16 mai 1977 : *Muté permuté* 1971, vinyl. et acryl./Klegecell avec polyester et fibre de verre (289x385x4,1) : **USD 180 000** – New York, 19 oct. 1977 : *Visage maculé de rouge* 1954, h/t (99,5x81,2) : **USD 47 500** – Londres, 26 avr. 1978 : *Grandes Figures* 1974, sérig. coul. (77x55,5) : **GBP 1 000** – Londres, 27 juin 1978 : *Palmiers et Jardiniers* 1948, gche (43,5x54,5) : **GBP 2 400** – New York, 20 oct. 1978 : *Personnage à mi-corps* 1967, relief polychrome (46x30,5) : **USD 3 000** – New York, 9 mai 1979 : *Samedi tantôt* 1964, litho. coul. (55x40,5) : **USD 3 250** – Berne, 20 juin 1979 : *Long usage* 1955, h/t (92x73) : **CHF 72 000** – New York, 8 nov. 1979 : *Buste au visage en lame de couteau* 1968, rés. de polyester (H. 61,6) : **USD 13 000** – Munich, 26 nov 1979 : *L'oiseau* 1964, stylos-feutres en coul. (25x16,3) : **DEM 9 400** – Londres, 1er juil. 1981 : *Paysage aux trois compères ivres* 1952, encre de Chine (49,5x65,5) : **GBP 8 000** – New York, 9 nov. 1982 : *Buste effigique* 1968, polyester peint. et vinyl. (106,7x55,9x55,9) : **USD 37 000** – Londres, 23 mars 1983 : *Touareg* 1948, cr. coul. (31,5x22,5) : **GBP 5 200** – Londres, 30 juin 1983 : *Personnage en costume rouge* 1961, litho. en coul. (52,4x38,3) : **GBP 3 500** – New York, 9 nov. 1983 : *Sahara* 1947, gche/pap. (31x40,5) : **USD 22 000** – Paris, 1er déc. 1983 : *Vue de ville*, aquar. (48x61) : **FRF 27 000** – Londres, 26 juin 1984 : *Service de barbe* 1959, techn. mixte/t. (116x89) : **GBP 125 000** – New York, 3 avr. 1985 : *La Scénique de l'Hourloupe III* 1964, marqueur et vinyl./pap. (67x100) : **USD 82 255** – New York, 12 nov. 1985 : *Paris, Montparnasse* 1961, h/t (165x220,5) : **USD 700 000** – New York, 10 nov. 1986 : *Faubourg Montmartre, le dégingandé* 1962, gche/pap. (50x67) : **USD 105 000** – Paris, 5 déc. 1986 : *Fête de nuit* 1951, h. et pâte/isor. (54x65) : **FRF 570 000** – Paris, 5 mai 1986 : *Chez le dentiste* 1947, lav. d'encre de Chine et grattage/pap. préparé (36x31,5) : **FRF 255 000** – New York, 12 mai 1987 : *Bertelé bouquet fleuri, portrait de parade* 1947, h. et sable/t. (115,5x89) : **USD 1 200 000** – Paris, 14 mars 1988 : *Arabe au scorpion* 1948, cr. coul./pap. (32x23) : **FRF 87 000** – Paris, 19 mars 1988 : *Solitude illuminée* 1975, sérig. (82x58) : **FRF 12 000** ; *Site avec cinq personnages* 1978, sérig. (65,5x90) : **FRF 14 000** ; *Personnage* 1978, estampe en noir (30x8) : **FRF 4 000** – New York, 12 avr. 1988 : *Bédouin et chameau sous le soleil* 1948, past./pap. (31,7x24,2) : **USD 22 000** – Londres, 29 avr. 1988 : *Annale VI* 1978, marqueur et collage/pap. (51,2x34,9) : **GBP 14 300** – New York, 3 mai 1988 : *Buste de femme* 1968, transfert/Polyester, sculpt. (34,5x14x10,9) : **USD 37 400** – New York, 12 mai 1988 : *Massif* 1971, feutres colorés/pap. brun (26,8x27,9) : **USD 11 000** – Paris, 24 juin 1988 : *Paysage* 1934, h/t (47x55) : **FRF 400 000** – Londres, 30 juin 1988 : *L'oisif* 1954, h/t (92x73) : **GBP 231 000** – Paris, 7 oct. 1988 : *Fleurs et viscères au sol, nov. 58*, collages, h/t, patchwork (89x116) : **FRF 1 500 000** – New York, 8 oct. 1988 : *Trépidation* 1984, h/pap./t. (67,3x99) : **USD 57 750** ; *Congrès* 1982, acryl./pap./t. (68x101) : **USD 104 500** – Londres, 20 oct. 1988 : *Chevalier d'aube* 1972, marqueur et collage (32x18) : **GBP 6 820** – New York, 12 nov. 1988 : *Arabe et palmiers sous le soleil* 1948, craies grasses/pap. (23,5x32) : **USD 17 600** ; *Arabes et traces de pas* 1948, encre et gche/pap. (31x41) : **USD 52 250** – Paris, 20 nov. 1988 : *Paysage avec trois personnages, DG 39* 1961, encre de Chine, gche et collages (55x67) : **FRF 550 000** ; *Topographie au salpêtre* sep. 1957, h/pap., assemblage (76,5x77,5) : **FRF 1 150 000** – Paris, 24 nov. 1988 : *L'Oberland*, h/pan. : **FRF 4 100 000** – Londres, 1er déc. 1988 : *Campagne noyée d'ombre* 1953, h/t (73x92) : **GBP 154 000** – New York, 1988 : *Nez carotte*, estampe : **USD 41 800** – Limoges, 29 jan. 1989 : *Paysage au ciel rougeoyant* 1952, h/pan. (97x130) : **FRF 2 900 000** – New York, 14 fév. 1989 : *Site avec onze personnages* 1981, feutre noir/pap. (42,3x34,9) : **USD 18 700** – Paris, 23 mars 1989 : *Site avec deux personnages* 1981, acryl./pap. (67x50) : **FRF 450 000** – Londres, 3 avr. 1989 : *Rocs et Broussailles* 1952, h/rés. synth./pan. (114x152) : **GBP 440 000** – Paris, 16 avr. 1989 : *L'Enchiffré* 1965, vinyl. et collage/pap. /t. (102x68,5) : **FRF 1 800 000** – New York, 2 mai 1989 : *Les Versatiles* 1964, h/t (129,5x161,5) : **USD 770 000** – New York, 10 mai 1989 : *La Dame au teint vineux* 1950, h/cart. (73x60) : **USD 495 000** – Paris, 17 juin 1989 : *Chapeau à rayures* 1955, h/t (73x60) : **FRF 3 300 000** ; *Topographie, miettes et pavage* 1958, h/t, assemblage (114x146) : **FRF 3 000 000** – Londres, 29 juin 1989 : *Le Principe dansant de l'Hourloupe* 1963, h/t (198,2x149,8) : **GBP 858 000** – Paris, 11 oct. 1989 : *Polymorphie IX* 1971, marqueur coul./bristol peint. à l'acryl. (50x65) : **FRF 1 380 000** – New York, 7 nov. 1989 : *Monsieur d'Hotel* 1947, sable et h/t (118x89,1) : **USD 2 530 000** – Paris, 19 nov. 1989 : *L'Effrayé* 1951, h/t (91,5x73) : **FRF 6 000 000** – Paris, 18 fév. 1990 : *Insouciance A 32*, acryl. et collage/pap. (43x51) : **FRF 830 000** – New York, 23 fév. 1990 : *Le Pot de confiture VI* 1966, feutre/pap. (25,1x16,5) : **USD 30 800** ; *Site avec 4 personnages* 1981, acryl./pap./t. (51x35) : **USD 187 000** – Versailles, 18 mars 1990 : *Desnuda*, h/t (73x60) : **FRF 6 800 000** – Paris, 25 mars 1990 : *Minaudeuse* 1950, h/isor. (65x54) : **FRF 8 800 000** – Londres, 5 avr. 1990 : *La galipette* 1961, h/t (89x116,5) : **GBP 2 530 000** – Paris, 3 mai 1990 : *Miroir à main* 1968, polyester et polyuréthane, sculpt. peinte de la série de l'Hourloupe (H. 51) : **FRF 620 000** – New York, 7 mai 1990 : *Pèse cheveu* 1962, h/t (193x149) : **USD 5 170 000** – New York, 15 mai 1990 : *L'automobile, fleur de l'industrie* 1961, h/t (217,5x165) : **USD 3 520 000** – New York, 16 mai 1990 : *Chassé croisé* 1961, h/t (81,3x100) : **USD 2 090 000** – Paris, 18 juin 1990 : *Champ d'expansion non-lieux, L28* 1984, acryl./pap. (100x67) : **FRF 900 000** – Enghien-les-Bains, 21 juin 1990 : *Corps de dame jaspé*, h/t (100x73) : **FRF 15 500 000** – Londres, 28 juin 1990 : *Ouvre-bec* 1961, h/t (100x81) : **GBP 1 045 000** – New York, 4 oct. 1990 : *Personnage* 1973, aquar. et collage/cart. (41,8x19) : **USD 22 000** – New York, 5 oct. 1990 : *Fabulation du lavabo* 1965, acryl./pap./t. (100x81) : **USD 220 000** – Paris, 20 juin 1990 : *Dame à la thyroïde rose* 1948, gche et assemblage d'empreintes (68x49) : **FRF 1 520 000** – New York, 6 nov. 1990 : *Maison fondée* 1961, h/t (116x89) : **USD 2 640 000** – Versailles, 18 nov. 1990 : *Paysage vert* 1944, h/t (65x81) : **FRF 8 800 000** – Enghien-les-Bains, 21 nov. 1990 : *J'opterai pour l'erreur* 1963, h/t (114x146) : **FRF 10 000 000** – Londres, 6 déc. 1990 : *Monsieur Macadam* 1945, pâte, oxyde de pb, goudron et gravier (73x60) : **GBP 880 000** – Amsterdam, 13 déc. 1990 : *Paysage avec personnages, maisons, champs et chemins* 1957, gche/pap. (23x33) : **NLG 33 350** – New York, 14 fév. 1991 : *Élément mythique* 1971, feutres coul./collage/pap. (32x48,5) : **USD 26 400** – Londres, 21 mars 1991 : *Portrait II*

1965, cr. feutre/pap. (27x20,4) : **GBP 8 800** – PARIS, 30 mai 1991 : *Libre Pousse* 1957, assemblage d'empreintes (65x63) : **FRF 340 000** – PARIS, 15 juin 1991 : *Mademoiselle mine orange* 1950, ciment et h/isor. (73x65) : **FRF 5 100 000** – LONDRES, 27 juin 1991 : *Heureux de peu* 1957, h/pap. collé/pap./t. (62x68) : **GBP 101 200** ; *Cingria blanc sur fond sombre*, techn. mixte et h/t (146x114) : **GBP 594 000** – NEW YORK, 6 nov. 1991 : *Le père conseille* 1954, h/rés. synth. (65x54) : **USD 319 000** – PARIS, 17 nov. 1991 : *L'Attentif* 1958, h/t (92,2x74,2) : **FRF 2 100 000** – AMSTERDAM, 12 déc. 1991 : *Mire G88 (Kowloon)* 1983, acryl./pap./t. (67x100) : **NLG 89 700** – NEW YORK, 7 mai 1992 : *Arbre au chef touffu* 1969, sculpt. en rés. de polyester (H. 141,6) : **USD 99 000** – LOKEREN, 23 mai 1992 : *Situation CXV* 1979, dess. au cr. feutre (35x25,5) : **BEF 360 000** – ROME, 25 mai 1992 : *Personnage* 1963, gche et collage/pap. (67x30) : **ITL 40 250 000** – LONDRES, 2 juil. 1992 : *Bain de terre* 1957, h. et assemblage/pap./t. (51x78) : **GBP 61 600** ; *Riant été* 1954, h/t (89x116) : **GBP 154 000** – PARIS, 1er oct. 1992 : *Lord Majestic* 1971, acryl./t. (185x103x3) : **FRF 810 000** – NEW YORK, 8 oct. 1992 : *Empressements* 1980, acryl./t. (100x81) : **USD 159 500** – NEW YORK, 18 nov. 1992 : *Paysage contrapuntique* 1969, acryl./rés. de polyester (94x128,9x101,9) : **USD 77 000** – NEW YORK, 19 nov. 1992 : *Passe l'heure* 1980, acryl./t. (100x81,2) : **USD 225 500** – PARIS, 24 nov. 1992 : *La Galipette* 1961, h/t (89x116) : **FRF 6 000 000** – LONDRES, 3 déc. 1992 : *Petite Musique pour Édith* 1946, sable et h/t (81x100) : **GBP 297 000** – PARIS, 23 mars 1993 : *Personnage de la série l'Hourloupe*, encre/pap. (20,5x13) : **FRF 46 000** – NEW YORK, 12 mai 1993 : *Nobles Seigneurs* 1956, collage et h/t (96x56) : **USD 420 500** – NEW YORK, 2 nov. 1993 : *Les Dames aux fenêtres* 1961, h/t (97x130) : **USD 1 762 500** – STOCKHOLM, 30 nov. 1993 : *Théière II*, gche et encre/pap. (67x100) : **SEK 305 000** – LONDRES, 2 déc. 1993 : *Deux Figures dans un paysage* 1949, h/toile d'emballage (89x116) : **GBP 518 500** – PARIS, 11 avr. 1994 : *Fleurs et viscères au sol* 1958, h/t, assemblage (89x116) : **FRF 1 055 000** – PARIS, 29 avr. 1994 : *Prime abord* 1964, h/t (81x100) : **FRF 2 370 000** – HEIDELBERG, 5-13 avr. 1994 : *L'Arbre d'ombre* 1959, litho. (53,8x39,1) : **DEM 1 800** – NEW YORK, 2 nov. 1994 : *Chevalier assailli* 1951, pâte à modeler et h/t (92x73) : **USD 200 500** – LONDRES, 1er déc. 1994 : *Homme léchant l'œillet* 1945, gche/pap. (27x22) : **GBP 23 000** – NEW YORK, 3 mai 1995 : *Figure IX* 1974, acryl./rés. synth. (95,9x118,1) : **USD 101 500** – PARIS, 2 juin 1995 : *Paysage vert* 1944, h/t (65x81) : **FRF 1 300 000** – NEW YORK, 14 nov. 1995 : *Affaires et Démarches* 1961, h/t (164,8x199,2) : **USD 662 500** – LONDRES, 22 nov. 1995 : *Ils tiennent conseil*, h/t (145x112) : **GBP 1 123 500** – NEW YORK, 1er mai 1996 : *Beauté noire* 1945, h/t (73x60) : **USD 882 500** – LONDRES, 26-27 juin 1996 : *Hommes et Arbres somnambuliques* 1946, sable, mastic et h/t (96,5x161,5) : **GBP 826 500** ; *Barbes des songes fumeux* 1959, encre et collage/pap./cart. (67x50) : **GBP 131 300** – PARIS, 19 juin 1996 : *Situation XXXI* 1978, feutre noir avec huit pièces rapportées collées (35x25,5) : **FRF 40 000** – LONDRES, 24 oct. 1996 : *Le Cigare* 1959, pap. mâché (38x10,2x8,3) : **GBP 89 500** – NEW YORK, 13 nov. 1996 : *Palmiers aux roses et oiseaux* 1949, gche/pap. (24,1x33) : **USD 20 700** – LONDRES, 5 déc. 1996 : *Donnée* 1984, acryl./pap./t. (68,5x101) : **GBP 38 900** – LONDRES, 5 déc. 1996 : *Paysage au cochon* 1949, encre/pap. (25,5x32) : **GBP 23 000** ; *Le Grabugeur* 1964, vinyl./t. (130x97,5) : **GBP 177 500** – NEW YORK, 19 nov. 1996 : *La Fleur de barbe* 1959, h/pap./t. (66,7x46) : **USD 332 500** – NEW YORK, 20 nov. 1996 : *Site avec trois personnages* 1981, h/pap./t. (68,6x50,2) : **USD 43 125** – PARIS, 11 avr. 1997 : *Figure cursive P. 169* 1971, marqueur noir, bleu et rouge/pap. offset/pap. noir (33,5x32,5) : **FRF 58 000** – NEW YORK, 18-19 nov. 1997 : *Le Lampeur* 1965, vinyl./t. (130,2x97,2) : **USD 134 500** – NEW YORK, 8 mai 1997 : *Dentiste* 1947, gesso et encre/pap. (34,8x32,4) : **USD 167 500** – LONDRES, 26 juin 1997 : *Les Palefreniers* 1950, (114x146) : **GBP 661 500** – NEW YORK, 7 mai 1997 : *Escalier III* 1967, acryl./t. (251x129,7) : **USD 266 500** – LONDRES, 25 juin 1997 : *Paris-Montparnasse* 1961, h/t (165x220,5) : **GBP 1 827 500** – LONDRES, 23 oct. 1997 : *La nuit tombe* 1956, h. et collage/t. (45x59) : **GBP 66 400**.

DUBUIS Fernand

Né le 25 avril 1908 à Sion (Valais). Mort le 2 septembre 1991 à Bellême (Orne). XXe siècle. Depuis 1930 actif en France. Suisse.

Peintre, peintre à la gouache, de collages. Abstrait.

Il a suivi des études classiques à Sion. En peinture, s'est formé, plus que dans les Académies qu'il put fréquenter, lui-même au cours de recherches personnelles s'accompagnant d'une culture étendue et raffinée. Fortement influencé par l'art de Fernand Léger, il se fixe à Paris à partir de novembre 1930 : Académie Ranson où enseigne Bissière, Atelier d'Art Sacré de Maurice Denis. Après un séjour à Venise, en 1935, au cours duquel il rencontre Marquet et Raoul Dufy, il approfondit sa connaissance des peintres du Quattrocento, mais aussi de l'architecture classique italienne, et de la révolution caravagesque, il pratiqua dans sa propre peinture, un clair-obscur coloré. Mobilisé en Suisse de 1939 à 1945, il peint de grandes natures mortes dans le goût classique. Rentré à Paris en 1945, il étudie dans le sillage de Severini les lois des nombres et des proportions appliquées au tableau. Dès 1952, il passe six mois de l'année à Gordes dans le Vaucluse.

Il a participé à de nombreuses expositions collectives dans les Salons suivants : celui des Artistes Indépendants en 1933 et 1939, celui des Réalités Nouvelles en 1956 et 1957 enfin au Salon Comparaisons en 1979, 1980, 1981, 1982, 1983 et 1984. Nombreuses expositions particulières en Suisse, parmi lesquelles une importante exposition rétrospective au Musée de la Majorie à Sion en 1948 et autres expositions : à Lausanne en 1944, 1960, 1972 et 1978, à Genève en 1943, 1946, 1951 et 1966. À Paris en 1950, 1957, 1959, 1961, 1964, 1968, 1970, 1976 et 1987. Dubuis a réalisé quelques décors de théâtre pour les pièces de Jean Tardieu et de Maurice Zermatten.

Pierre Courthion évoquant les œuvres d'avant-guerre : « Quelques rappels chers aux flâneurs de Paris : arches, tours, corniches d'angle d'un palais, fuite diagonale de la berge, c'est tout ce que le peintre laisse à reconnaître en ses poèmes urbains dont l'ensemble nous apporte la présence même de la ville. » Après la guerre, la palette de l'artiste s'éclaircit et il évolua dès lors vers une forme de peinture pure, où la réalité de la vie est exprimée par les seules valeurs de couleur, à l'intérieur d'un espace abstrait. Courthion encore : « Dubuis voudrait faire que la forme ne soit plus là en tant que soutien principal de la couleur. Poussant l'aphorisme de Cézanne *Quand la couleur est à sa richesse, la forme est à sa plénitude*, et poursuivant les indications théoriques de Malevitch, il souhaiterait que la couleur, par la contradiction de ses plans, leur jeu les uns par rapport aux autres, créât un espace non situé, purement pictural, et qui vibrerait constamment. » Ajoutons que ce jeu de taches colorées prend corps, dans l'œuvre de Dubuis dans des hautes matières distribuées avec autant de brio aventureux que de métier maîtrisé.

BIBLIOGR. : Pierre Courthion : *Art Indépendant*, Albin Michel, 1958 – Jean Grenier : *Dubuis, théoricien de la couleur et amoureux de la nature*, galerie des Arts, Paris 1970 – Maurice Zermatten : *Dubuis*, Guy Gessler, Sion, 1978.

MUSÉES : PARIS (Mus d'Art Mod. de la Ville) : *Maritime* 1973 – PARIS (Mus. Nat. d'Art Mod.) – SION (Mus. de la Majorie).

VENTES PUBLIQUES : BERNE, 12 mai 1990 : *Composition abstraite*, aquar./pap. (34x66) : **CHF 2 400** – PARIS, 28 oct. 1991 : *Composition abstraite* 1957, h/t (92x60) : **FRF 6 000** – PARIS, 10 avr. 1992 : *Composition*, aquar./pap. Auvergne (54x68) : **FRF 4 200**.

DUBUISSON Albert Lucien

Né le 23 avril 1850 à Rouen (Seine-Maritime). Mort en 1937 à Paris. XIXe-XXe siècles. Français.

Peintre de paysages animés, paysages.

Figura au Salon des Artistes Français où il obtint une mention honorable en 1882.

On cite de lui : *Moulin de Sarey* (1880) et *La Rade de Villefranche* (1884).

VENTES PUBLIQUES : BARBIZON, 2 mai 1982 : *Paysage animé*, h/t (30x44) : **FRF 4 000**.

DU BUISSON Alexandre

XVIIe siècle. Français.

Pastelliste de portraits.

Il fut abbé du monastère de Saint-Victor à Paris.

DUBUISSON Alexandre

Né le 25 juin 1805 à Lyon (Rhône). Mort le 12 février 1870 à Versailles (Yvelines). XIXe siècle. Français.

Peintre de sujets militaires, animalier, paysages, dessinateur, illustrateur.

Il fut élève de Hersent à l'École des Beaux-Arts de Paris, où il entra en 1827. Il débuta au Salon de Lyon en 1833 et à celui de Paris en 1835, obtenant une médaille de troisième classe en 1844. Il habita successivement Lyon, Pont-de-Claix et Versailles. Son œuvre, très observé est d'un dessin vigoureux et franc. Il place souvent ses animaux dans un paysage. Il a beaucoup pro-

duit et a laissé une grande quantité de dessins, dont certains étaient destinés à l'illustration. Citons : *Marchand de chevaux sur une grande route* 1839 – *Les défricheurs – Attelage de bœufs* 1857 – *Convois de chevaux en Normandie* 1864 – *Halte de soldats républicains à Anstatt* 1866 – *Chenil de chiens de chasse anglais* 1869. Il signait : « Adr Du Buisson ».
Bibliogr. : Gérald Schurr, in : *Les Petits Maîtres de la peinture 1820-1920, valeur de demain*, Les Éditions de l'Amateur, t. II, Paris, 1982.
Musées : Autun : *Les défricheurs, attelage de bœufs* – Grenoble : *Chevaux et âne à l'abreuvoir – Chèvres au pâturage – Foire de village* – Leipzig : *Chevaux de halage* – Lyon : *Attelage de chevaux faisant la remonte des bateaux sur le Rhône entre Valence et Tournon – Intérieur d'écurie, chevaux de poste* – Nice : *Retour des champs* – Strasbourg : *La poste aux chevaux.*
Ventes Publiques : Paris, 1890 : *Chevaux de labour* : **FRF 487** – Paris, 13-14-15 avr. 1905 : *Paysage avec personnages* : **FRF 44** – Paris, 23 fév. 1933 : *Le repos ; L'abreuvoir*, deux h/t : **FRF 1 050** – Versailles, 10 nov. 1968 : *Paysage à la tour* : **FRF 1 350** – Versailles, 8 mars 1981 : *Paysan et son attelage de bœufs*, h/t (46x60) : **FRF 5 600** – Vienne, 6 mai 1984 : *paysage au moulin à vent dans la vallée du Rhône* 1836, h/t (44x60) : **FRF 10 000**.

DUBUISSON André
Né le 26 février 1912 à Saint-Salve (Nord). xxe siècle. Français.
Peintre de paysages.
Il fut élève, à Paris, à l'École Nationale Supérieure des Beaux-Arts à partir de 1931. Il expose, à Paris, à la Société Nationale des Beaux-Arts en 1934 et au Salon des Artistes Français en 1949 et 1950. Il fut enseignant aux Écoles académiques de Valenciennes de 1946 à 1980.

DUBUISSON Andréas
Né en 1705. Mort après 1775 à Naples. xviiie siècle. Français.
Peintre de paysages.
Il était fils de Jean-Baptiste Dubuisson.

DUBUISSON Augustin
Né le 28 août 1700 à Naples. Mort en 1771 à Berlin. xviiie siècle. Français.
Peintre.
Fils de Jean-Baptiste Dubuisson, élève de A. Pesne qui épousa sa sœur et avec lequel il alla s'établir à Berlin, il travailla comme peintre de fleurs et de fruits pour les châteaux impériaux à Rheinsberg, Potsdam, Sans-Souci et Berlin.

DUBUISSON Christiane Anne Marie
xxe siècle. Français.
Peintre.
Il exposa au Salon des Artistes Français à Paris, à partir de 1942, année où il reçut une mention honorable.

DUBUISSON E., Miss
xixe siècle. Active à Londres. Britannique.
Peintre de portraits et de natures mortes.
Elle exposa de 1805 à 1840, à la British Institution, à la Royal Academy et à Suffolk Street, à Londres.

DUBUISSON Edmond
xixe siècle. Français.
Peintre de vues.
Exposa au Salon de Paris en 1837 et en 1839.

DUBUISSON Emanuel
Né le 13 juillet 1699 à Naples. Mort en 1785 à Berlin. xviiie siècle. Français.
Peintre de portraits.
Fils de Jean-Baptiste Dubuisson, et beau-frère et élève de A. Pesne, qu'il accompagna avec son frère à Berlin, il devint, comme son frère Augustin membre de l'Académie de Berlin. Parmi les portraits de sa main, on cite celui du *Maréchal de Hagen*, celui de *Georg Friedrich von Bismarck*, celui de *Simon Pellutier*.

DUBUISSON G.
xviiie siècle. Actif au début du xviiie siècle. Français.
Peintre.
Musées : La Rochelle : *Portrait du bourgmestre Trahan – Portrait de Robert Butler – Maria Tempelgang.*

DUBUISSON Jean
Né en 1764 à Langres. xviiie siècle. Français.
Peintre.
D'abord élève de l'Académie de Dijon, il vint suivre en 1773 les cours de l'École des Beaux-Arts et fréquenta l'atelier de Suvée. Vers 1789, il devint peintre du duc Maximilien, prince des Deux-Ponts.
Musées : Blois : *Deux portraits d'ecclésiastiques.*

DUBUISSON Jean
xviiie siècle. Actif à Paris en 1765. Français.
Peintre et sculpteur.

DUBUISSON Jean
xviiie siècle. Actif à Paris. Français.
Sculpteur.

DUBUISSON Jean ou **Dubuison**
xviiie siècle. Actif à Madrid vers 1719. Français.
Graveur.

DUBUISSON Jean Baptiste
Mort à Varsovie. xviiie siècle. Français.
Peintre de genre, animaux, paysages, natures mortes, fleurs et fruits.
Musées : Stockholm : *Baigneuses dans un parc – Société dans un parc.*
Ventes Publiques : Londres, 6 fév. 1931 : *Fleurs, fruits, animaux* : **GBP 14** – Versailles, 17 avr. 1983 : *Vases fleuris sur des entablements de pierre*, deux h/t (diam. 22,5) : **FRF 79 000**.

DUBUISSON Joseph
Né vers 1730 à Longwy. Mort le 27 septembre 1819 à Dôle. xviiie-xixe siècles. Français.
Peintre.
Il dirigea à Dôle l'École de Dessin.

DUBUISSON Joseph Pascal
xviiie siècle. Actif à Paris à la fin du xviiie siècle. Français.
Sculpteur.

DUBUISSON Louis Antoine
Né en 1795 à Dunkerque. xixe siècle. Français.
Portraitiste.

DUBUISSON Louis Garat
Mort le 1er février 1738. xviiie siècle. Actif à Paris. Français.
Peintre.
Peut-être est-il identique au G. Dubuisson, dont le Musée de La Rochelle possède quelques œuvres.

DUBUISSON Marguerite
Née dans la seconde moitié du xixe siècle à Lille (Nord). xxe siècle. Française.
Peintre.
Élève de Sabatté. Elle exposa au Salon des Artistes Français depuis 1929.

DUBUISSON Marie Isabelle
xixe-xxe siècles. Active à Paris. Française.
Peintre.
Sociétaire des Artistes Français depuis 1906, elle figura au Salon de cette société.

DUBUISSON Nicole
xxe siècle. Belge.
Peintre de figures, pastelliste. Intimiste.
Elle participe à des expositions collectives et montre des ensembles d'œuvres dans des expositions personnelles, notamment en 1992.
Elle réalise des peintures et pastels de femmes, souvent de nus féminins, explorés par un dessin aux lignes légères, dévoilant avec retenue les expressions des formes corporelles. Ce sont des instants privilégiés où la nudité de la femme est en accord avec les contours psychologiques de son être.

DUBUISSON P. P.
xviiie siècle. Travaillant vers le milieu du xviiie siècle. Français.
Miniaturiste.
Les miniatures des deux volumes des *Épîtres et Évangiles des grandes fêtes*, copiés par Étienne Montehausse en 1751, ont été peintes par lui. Ces manuscrits avaient été exécutés pour l'église Sainte-Opportune, à Paris (d'après Delisle).

DUBUISSON Thomas
xive siècle. Français.
Peintre.
Il travailla pour le roi à Paris vers 1364. Siret dit qu'il travailla au Louvre.

DUBURCK J.
XIXe siècle. Actif vers 1843. Éc. flamande.
Peintre de genre.
Il est cité par Siret.

DUBUS Henry Barthélémy
Né le 2 octobre 1851 à Évreux (Eure). XIXe-XXe siècles. Français.
Peintre, graveur.
Il débuta en 1909 comme graveur, à Paris, au Salon des Artistes Français. Il a peint et gravé surtout des paysages. Il devint conservateur du Musée d'Évreux, sa ville natale.

DUBUS Jehan
XVIe siècle. Actif à Valenciennes. Français.
Peintre.
Il est cité en 1509 comme « fromegier et paintre ».

DUBUS Joannes Baptist ou **du Bus**
XVIIe siècle. Actif à La Haye. Hollandais.
Peintre.
Fils de Mathieu Dubus, comme lui peintre décorateur, il fut aussi peintre de fleurs.

DUBUS Marcelle
Née à Tourcoing (Nord). XXe siècle. Française.
Peintre de portraits.
Élève de Ph. de Winter. Elle figurait au Salon des Artistes Français de 1924.

DUBUS Mathieu ou **du Bus, Dubois**
XVIe siècle. Actif à Leyde vers 1580. Hollandais.
Peintre.
Le Musée d'Amsterdam conserve de lui : *Place forte dans une île rocheuse.*

DUBUT Antoine
Né près de Lyon, originaire de Theisiez. XVIe siècle. Français.
Peintre.
Il travaillait à Genève en 1556.

DUBUT Berthe
Née à Saint-Ouen (Seine-Saint-Denis). XXe siècle. Française.
Sculpteur, graveur en médailles.
Elle fut élève de Marqueste, Patey, Segoffin et Carli. Elle exposa régulièrement, à Paris, au Salon des Artistes Français dont elle devint sociétaire en 1923.

DUBUT Charles Claude
Né vers 1687 à Paris. Mort en mai 1742 à Munich. XVIIIe siècle. Français.
Sculpteur, modeleur et stucateur.
Il devint en 1716 peintre à la cour du prince Électeur Max Emmanuel de Bavière. Il travailla pour les châteaux de Nymphembourg et Schleisheim, ainsi que pour les jardins du Prince Électeur. Le parc du Nymphembourg possède un motif de cascade, *Éole et Flore,* qui est de sa main.

DUBUT Frédéric Guillaume
Né le 24 décembre 1711 à Berlin. Mort le 4 mai 1779 à Dantzig. XVIIIe siècle. Français.
Modeleur, médailleur et sculpteur.
Fils de Charles Claude Dubut, il étudia à Munich, puis fut appelé à la cour du roi Auguste III de Pologne à Varsovie, puis à celle de l'impératrice Elisabeth à Saint-Pétersbourg en 1756. Il fut rappelé dans cette dernière ville en 1764 par l'impératrice Catherine. Il y resta jusqu'en 1766 et revint s'établir définitivement à Dantzig. Il sculpta le marbre, mais eut surtout une grande réputation pour ses bustes en cire : il fit celui de *Stanislas II de Pologne.*

DUBUT Guillaume
XVe siècle. Actif à Saumur. Français.
Peintre verrier.
Il travailla pour l'église Saint-Pierre en 1428.

DUBUT Jeanne
Née à Angers (Maine-et-Loire). XXe siècle. Française.
Peintre.
Elle exposa au Salon de la Société Nationale des Beaux-Arts, à Paris, depuis 1929.

DU BYSSON Gervais
XVIe siècle. Actif à Selles (Orne). Français.
Peintre verrier.

DUC Alphonse Louis
Né en 1811 à Paris. XIXe siècle. Français.
Peintre de portraits et de genre.
Élève d'Ingres. Il exposa au Salon de Paris, de 1835 à 1861, des portraits et quelques tableaux de genre. On a de cet artiste au Musée de Châlons-sur-Marne : *Marie-Thérèse Cousinat,* au Musée de Vienne : *Entretien de dames et de messieurs.*

DUC Antoine
Né le 10 avril 1932 à Valence (Tarn). XXe siècle. Français.
Peintre de sujets oniriques.
De 1949 à 1952, il fit ses études à l'École des Beaux-Arts de Grenoble. En 1970, il se lie d'amitié avec le peintre Dado. Il expose, à partir de 1964, au Musée d'Amiens. Il montre régulièrement ses œuvres dans des expositions personnelles. En 1986, il reçoit la Médaille d'or au Salon Léonard de Vinci.
Ventes Publiques : Paris, 28 mars 1977 : *Le Chaperon rouge* 1973, h/t (65x92) : **FRF 7 500** – Paris, 20 mai 1980 : *Vase de fleurs* 1978, h/pap. (73x60) : **FRF 7 300** – Paris, 14 oct. 1989 : *Chevauchée,* h/bois (73x60) : **FRF 18 000** – Sceaux, 14 juin 1990 : *Émeraude,* h/pan. (26x21,5) : **FRF 6 500** – Paris, 6 fév. 1994 : *Les Gardiens de la vie,* h/pan. (80x100) : **FRF 14 000** – Paris, 7 oct. 1996 : *L'Imprécateur* 1980, acryl./pan. (100x80) : **FRF 3 500.**

DUC Anton
XVIIe siècle.
Portraitiste et peintre de genre.
Cet artiste fut longtemps inconnu. Divers tableaux lui ont été attribués à Vienne, à Dresde, signés des monogrammes *A. D.* ou *L. D.* Il semble avoir subi l'influence de Palamede. Les détails biographiques manquent totalement à son endroit.
Ventes Publiques : Paris, 20 mai 1935 : *L'arrestation,* attr. : **FRF 1 180.**

DUC Edmond Eugène
Né le 29 décembre 1856 à Paris. XIXe-XXe siècles. Français.
Peintre de paysages et de genre.
Élève de Roty et Jules Lefebvre. Sociétaire des Artistes Français depuis 1887, il figura au Salon de cette société de 1890 à 1908.
Ventes Publiques : Paris, 6 mars 1947 : *Femme sous la lampe,* past. : **FRF 1 700.**

DUC Jacob. Voir **DUCK**

DUC Jean
XVIe siècle. Actif à Lyon. Français.
Graveur sur bois.
On lui attribue quatre gravures sur bois représentant les douze mois et des scènes bibliques dans un livre religieux *Officium B. Mariae Virginis ad usum romanum,* publié à Lyon en 1597.

DUC Marcelle
Née à Paris. XXe siècle. Française.
Peintre.
Elle exposa à Paris au Salon des Indépendants à partir de 1923.

DUC Nicolaes
XVIIe siècle. Actif à Leyde. Hollandais.
Peintre.

DUCA Bartolommeo
XVe siècle. Actif à Venise. Italien.
Sculpteur.
Fils de Domenico Duca. Il travailla pour la nouvelle école Saint-Marc, pour le cloître de Saint-Georges Majeur, et, avec son père pour la façade de Saint-Zacharie.

DUCA Domenico
Né au XVe siècle à Cino (Lombardie). XVe siècle. Italien.
Sculpteur.
Il travailla à Venise de 1459 à 1487 pour l'église Saint-Zacharie.

DUCA Giacomo del, dit **Jacopo Siciliano**
Né vers 1520. Mort vers 1601 peut-être à Messine. XVIe siècle. Italien.
Sculpteur, fondeur et architecte.
Élève de Michel-Ange, dont il fut ensuite l'aide dans ses travaux

d'architecture, il travailla à Rome de 1540 à 1600. Il était le frère de Lodovico del Duca. En 1558 il fit les décorations sculpturales de la chapelle de la garde suisse dans le Palais papal et sculpta le plafond de bois du Palais des Conservateurs, de Michel-Ange. On cite de lui quelques travaux à Messine, par exemple le monument funéraire du cardinal Isvaglia, archevêque de Messine, dans la cathédrale de cette ville.

DUCA Lodovico del ou **Siciliano**
Né au XVIe siècle à Cefalu. XVIe siècle. Italien.
Sculpteur et fondeur.
Il était le frère de Giacomo del Duca.

DUCA Lorenzo. Voir **DUCHA**

DUCA Luca
XVe siècle. Actif à Venise en 1476. Italien.
Sculpteur.

DUCA Stefano
XVe siècle. Actif à Venise en 1461. Italien.
Sculpteur.

DU CAILAR Alice
Née au XXe siècle à Marseille. XXe siècle. Française.
Sculpteur.
Elève de Sicard et Carli. Elle a exposé, à Paris, au Salon des Artistes Français de 1926 à 1930.

DUCAIRE Maryse
Née le 20 mars 1911 à Pleaux (Cantal). XXe siècle. Française.
Peintre de natures mortes, fleurs, nus.
Elle fut élève d'Emmanuel Fougerat, elle fit ses études à l'École Nationale des Arts Décoratifs de Paris, dont elle obtint le diplôme. Elle participe à de nombreuses expositions collectives, à Paris, telles que les Salons des Artistes Indépendants dont elle est sociétaire, des Artistes Français dont elle est médaillée d'or, d'Automne et Comparaisons. Elle a réalisé également des expositions personnelles à Paris, Aurillac, Lyon, Grenoble, New York... Chevalier de la Légion d'honneur.

DUCAJU Dominicus
Né en 1802 à Melsel près Beveren. Mort en 1867, d'après Siret. XIXe siècle. Éc. flamande.
Peintre.
Élève du miniaturiste Antissier. Il vécut à Bruxelles.

DUCAJU Joseph Jacques ou **Jacob**
Né le 3 août 1823 à Anvers. Mort le 5 juillet 1891 à Anvers. XIXe siècle. Belge.
Peintre d'histoire, sujets religieux, scènes de genre, sculpteur.
Élève de l'Académie d'Anvers et de Govaerts et Peeters. Il obtint le Prix de Rome en 1846. Il fut nommé chevalier de l'Ordre de Léopold II en 1861 et officier en 1874.
Il fit, avec Ducornet, les stalles du chœur de Saint-Paul à Liège. Il est également l'auteur de 5 bas-reliefs de la façade de la gare du Midi à Bruxelles.
Comme peintures de sa main, on cite : *le miracle des roses de sainte Elisabeth, Ambiorix vainqueur – le rêve d'Athalie*. Son chef-d'œuvre est *Buoduognats*.
Musées : Anvers : *Le Roi Léopold II – Buste de Jeune fille* – Bruxelles : *La chute de Babylone*.
Ventes Publiques : Bruxelles, 4 mai 1976 : *Fillette tenant un nid d'oiseau*, marbre blanc (H.72) : **BEF 32 000**.

DU CAMP Joseph
Né à Alost (Flandre). XVIIe siècle. Français.
Sculpteur.
Reçu à l'Académie de Saint-Luc en 1672, il travailla à Paris jusqu'en 1689.

DUCAREY Pierre François
XVIIIe siècle. Actif à Paris en 1764. Français.
Peintre.

DUCARME
XIXe siècle. Actif au début du XIXe siècle. Français.
Lithographe.
On connaît de lui des portraits de jeunes filles, d'après Raphaël et le Titien, neuf portraits de peintres, d'après leurs propres tableaux et un portrait d'Horace Vernet, d'après Julien.

DUCARRE-BUSSIENNE Daisy, Mme
XIXe siècle. Active à Paris. Française.
Peintre.
Sociétaire des Artistes Français depuis 1895.

DUCART Isak ou **Dusart**
Né vers 1630 à Amsterdam (ou Utrecht). Mort en 1694 ou 1697. XVIIe siècle. Hollandais.
Peintre de fleurs.
Il épousa, en 1661, Catharina Van Valkenburgh à Haarlem, et alla en Angleterre, où il apprit à peindre sur satin.

DUCARUGE Léon Pierre
Né en 1843 à Lavoute-Chilhac (Haute-Loire). Mort en janvier 1911 à Saint-Étienne. XIXe-XXe siècles. Français.
Peintre de paysages, fusiniste.
Après avoir fait des études artistiques à l'École des Beaux-Arts de Saint-Étienne, il fut élève de Harpignies à Paris. Il participa à l'Exposition Universelle de 1873 et débuta au Salon des Artistes Français en 1880. Il exposa ses fusains au Salon Blanc et Noir en 1885 et 1886.
Ses paysages exécutés à l'huile ou au fusain, présentent toujours une prédilection pour des arbres monumentaux.
Bibliogr. : Gérald Schurr, in : *Les Petits Maîtres de la peinture 1820-1920, valeur de demain*, Les Éditions de l'Amateur, t. VI, Paris, 1985.
Musées : Le Puy-en-Velay : *L'Ile de la Garenne à Bas-en-Basset – Le château de Rochebaron – Les bords de l'Allier*, fus. – Saint-Étienne.

DUCASSE
Né vers 1817. XIXe siècle. Français.
Graveur au burin.
Élève de E. Rouargue. Il travailla dans la galerie historique à Versailles où il exécuta les portraits du duc Claude Gouffier et de Louis de Saint-Gelais.

DUCASSE Jean Eugène
Né à Paris. XIXe siècle. Français.
Graveur.
Élève de Chassériau et de Corot. Il exposa en 1857 une eau-forte d'après Corot : *Solitude*, puis une série de vues de Paris : *Promenades parisiennes*.

DU CASSE Ralph S.
Né en 1916 à Paducah (Kentucky). XXe siècle. Américain.
Peintre.
Il fit d'abord des études de médecine, de musique et de d'art théâtral. Ce n'est qu'en 1946 qu'il commença à étudier la peinture. En 1955-56, Il obtint une bourse du Département d'État pour un voyage au Brésil.
Il a participé à de nombreuses expositions collectives, surtout aux États-Unis, en 1958 à l'Exposition internationale de Pittsburgh et aussi à la Biennale de Sao Paulo en 1955. Il a également été enseignant à l'Université de Californie, au Collège des Arts et Métiers de Californie et au Mills College d'Oakland en Californie.
Du Casse pratique une abstraction à tendance constructiviste. La surface claire est barrée de larges bandes sombres, complétées par un réseau de lignes noires d'épaisseur variable.
Bibliogr. : In : *Le catalogue du Musée Solomon R. Guggenheim*, New York, 1959.
Musées : New York (Mus. Solomon R. Guggenheim) : *Strahmutchi*.

DUCASTEL Jean
XVIIIe siècle. Actif de 1767 à 1796 à Saint-Germain de Lisieux. Français.
Peintre.

DUCASTEL Michel
Né en 1644 à Laon. Mort le 18 mars 1686 à Laon. XVIIe siècle. Français.
Sculpteur, architecte et peintre.
Il sculpta, en 1670, pour l'église Saint-Pierre le Vieil, une table d'autel, des lambris et un confessionnal. Il fit, en 1671, pour les chartreux du Val-Saint-Pierre, une chaire, aujourd'hui dans la cathédrale de Laon et qui est la seule de ses œuvres qui ait survécu.

DUCASTIN Alexis Pierre
XIXe siècle. Français.
Peintre de portraits et de genre.

De 1834 à 1849, il figura au Salon de Paris par des portraits et quelques tableaux de genre. On cite : *La leçon de lecture, La réprimande, Les contes de la grand-mère.*

DUCATE Guy

Né en 1936 à Saint-Gilles (Bruxelles). XXe siècle. Belge.

Peintre de paysages, portraits.

Il fut élève à Bruxelles du peintre Michel Delveaux. Il est professeur d'esthétique et d'art floral.

Musées : Luxembourg (Acad. Luxembourgeoise).

DUCATÉ Marie

Née en 1957 à Lille (Nord). XXe siècle. Française.

Peintre de compositions à personnages.

Elle a figuré dans plusieurs expositions collectives parmi lesquelles : *Nos années 80* à la Fondation Cartier en 1989 et exposé personnellement en 1983 à la fondation du Pioch-Pelat à Castelnau-le-Lez.

Les compositions de Marie Ducaté mettent en scène des nus masculins, parfois acompagnés, dans des paysages édéniques ou des intérieurs. Ses nus introduisent le trouble du fait qu'ils placent des hommes dans des poses empruntées au registre féminin de l'iconographie classique. Ils reposent, alanguis dans des intérieurs on ne peut plus kitch, dont chaque détail de l'aménagement est décrit avec un soin méticuleux, d'autant plus précieux qu'il est parfois constitué d'éléments empruntés à l'histoire de l'art, un sol cubiste, un drapé « à la manière de » la Renaissance... Depuis 1986, elle réalise des meubles, tapis, luminaires, des vases et des céramiques, qu'elle installe avec ses toiles accrochées en cimaise, créant ainsi de véritables environnements. ■ F. M.

Bibliogr. : B. Teulon-Nouaille, *Marie Ducaté*, in *Axe Sud*, n° 10, Toulouse, automne 1986, pp 26-27 – in : Catal. de l'exposition *Nos années 80*, Fondation Cartier pour l'art contemporain, Jouy-en-Josas, 1989.

Ventes Publiques : Paris, 26 jan. 1987 : *Adam et Ève au paradis* 1986, gche (92x77) : **FRF 6 000** – Paris, 30 jan. 1989 : *Composition* 1986, gche avec cadre de verre et incrustations (70x85) : **FRF 4 500** – Paris, 14 mars 1990 : *Sans titre* 1988, gche, aquar. et collage, cadre en mosaïque de coquillages et verre peint (87x107,5) : **FRF 12 000**.

DUCATEL Louis

Né le 13 mars 1902 à Frévent (Pas-de-Calais). XXe siècle. Français.

Peintre de paysages, natures mortes.

Surtout célèbre pour son activité d'industriel et ses responsabilités politiques (il fut candidat à la Présidence de la République en 1969), Ducatel se consacre également à la peinture, depuis 1947. Il s'est formé avec Émile Baes. Il a participé à de nombreux salons, et a obtenu, à Paris, la médaille d'or du Salon des Artistes Français en 1965, la médaille d'or de l'Académie internationale de Lutèce, et le Grand Prix d'Excellence du concours international des peintres de la Côte d'Azur.

Sa peinture aux couleurs éclatantes répond à des influences impressionnistes et fauves. Il a surtout peint des paysages et des scènes parisiennes ainsi que les alentours de la ville de Cannes. Son intérêt s'est également porté vers les natures mortes et les nus. Autours de 1970, il abandonne la figuration classique pour développer un style à tendance abstraite. C'est à cette époque qu'il met au point un procédé de peinture à base de métacrylate dont il dépose le brevet. Depuis, Ducatel a opéré un retour vers le figuratif baigné plus que jamais dans l'intensité de ses tonalités chaudes.

Ventes Publiques : Cannes, 29 juin 1976 : *La Tamise*, h/t (48x38) : **FRF 8 000** – Cannes, 15 déc. 1981 : *Bord de lac en Île de France*, h/t (54x65) : **FRF 10 000** – Cannes, 18 nov. 1986 : *Pont de Paris* : **FRF 12 000**.

DUCATI Karl Anton ou **Duchati**

Né en 1667 à Czaslau. Mort le 25 décembre 1714 à Czaslau. XVIIe-XVIIIe siècles. Actif dans la vieille ville de Prague. Tchèque.

Sculpteur.

DUCAY

XVIIe siècle. Actif à Anvers. Éc. flamande.

Sculpteur.

L'église de l'Abbaye d'Afflighem lui doit un autel à la Vierge, qui date de 1632.

DUCAYER Jean ou **de Cayé**

XVIIe siècle. Français.

Peintre.

On lui attribue plusieurs portraits de personnages de l'époque. Il fut probablement élève de François Clouet. Le Musée de Versailles possède une copie du portrait qu'il exécuta de la princesse de Condé, mère du Grand Condé.

DUCCI Agostino. Voir **AGOSTINO d'Antonio di Duccio**

DUCCI Bartolomeo

XVIe siècle. Actif à San Sepolcro. Italien.

Sculpteur.

Il exécuta les armes du Pape Sixte-Quint sur la façade Ouest du Palais de la Commune à Citta di Castello.

DUCCI Domenico

XVIIe siècle. Actif à Naples en 1618. Italien.

Sculpteur.

DUCCI Virgilio

Né le 27 octobre 1623 à Citta di Castello. XVIIe siècle. Italien.

Peintre.

Élève d'Albani. Il imita le style de son maître et exécuta dans la cathédrale de Citta di Castello deux tableaux sur l'*histoire de Tobie* d'un style fort élégant et dans la Confrérie de Saint-Jean-Baptiste, quatre scènes de la vie du saint.

DUCCIO di Buoninsegna

Né à Sienne (?). Mort en 1318. XIIIe-XIVe siècles. Italien.

Peintre de sujets religieux.

Les renseignements sur Duccio ne donnent qu'une connaissance très imparfaite de ce qu'a pu être son existence et ne dévoilent rien du personnage. Seul ce qui reste de son œuvre le représente. Sa naissance paraît se situer, avec le plus de vraisemblance, aux environs de 1255 et sa mort en 1318. Un document dès 1278 le désigne comme peintre.

En 1279, il était chargé de décorer les couvertures des livres de compte de la commune, commande renouvelée plusieurs fois par la suite. Il avait déjà peint, auparavant, douze caisses pour les archives. Les quelques documents que nous possédons sur sa vie nous apprennent qu'il fut à différentes reprises condamné à des amendes, qu'il reconnut une dette et emprunta de l'argent, qu'en 1298 il fit partie du Consiglio minore.

L'histoire de la carrière de Duccio, que l'on désigne parfois du nom de son père, Buoninsegna, s'encadre dans celle de Sienne, et plus particulièrement dans celle de la rivalité entre Sienne et Florence. Cette rivalité, sur le terrain politique, pouvait sembler tranchée en 1260, précisément à l'époque de la naissance de Duccio, par la défaite de Florence à la bataille de Montaperto. Mais Florence, par la chute de la maison de Souabe et la ruine du parti gibelin, échappa à la menace fatale et vit, au contraire, sa situation non seulement rétablie, mais devenir bientôt prépondérante en Toscane. D'autre part Sienne, auparavant gibeline et soumise plus longtemps qu'ailleurs à la domination de la noblesse, devenait guelfe et, de 1280 à 1355, connut une ère de calme et de prospérité prolongée, sous un gouvernement de formation bourgeoise, où dominaient les deux grandes corporations de la banque et de la laine. Cette période brillante laissait place au développement et à l'émulation des industries et des travaux de la paix, en particulier des beaux-arts. Déjà, de grandes constructions avaient été entreprises : la cathédrale, des aqueducs, des fontaines. Ce peuple, exalté par la victoire et l'heureux dénouement des crises politiques, aspirait à une spiritualité paisible.

En 1285, c'est à Florence que Duccio peignit une *Madone* pour Santa-Maria-Novella ; c'est cette *Madone* qui est connue sous le nom de *Madone Rucellai* et qui a été attribuée à Cimabue par Vasari. Effectivement, cette œuvre est assez proche de l'art de Cimabue, mais déjà elle laisse découvrir une sensibilité nouvelle, la draperie de la robe de la Vierge est plus souple, l'espace est plus clairement défini. Vers 1290, la *Madone des Franciscains* aux couleurs raffinées et aux lignes élégantes apporte une nouveauté dans l'organisation de l'espace, reliant avec habileté les différents plans superposés. À travers ces premières œuvres, on relève que, même s'il garde des éléments byzantins dans sa peinture, Duccio a mis la peinture siennoise sur la voie de l'art gothique. Il travailla également, dans sa jeunesse, à Pise, Lucques et Pistoia : rien ne subsiste de toutes ces peintures. En 1302, il exécuta pour la chapelle du Palais public de Sienne une *Maestà avec prédelle*, qui a aussi disparu.

Puis, il entreprit son œuvre principale, la grande *Maestà*, la seule œuvre de dimensions importantes qui subsiste de lui. C'est le 9 octobre 1308, que le fabricien du Dôme commanda à

Duccio le grand tableau de la *Maestà*. L'artiste devait être payé à la journée, à raison de seize sous par jour de travail, tous les frais de charpente, couleurs, dorure, étant à la charge du Dôme. Un second contrat, de 1309 à 1310, est relatif au prix de la partie postérieure du tableau, qui devait être peint sur ses deux faces. L'ensemble comprenait trente huit « histoires », en compartiments. Le prix était fixé à deux florins et demi par compartiment ; cinquante florins devaient être alloués par anticipation, le reste à l'achèvement. La partie antérieure du tableau qui mesure 2 m. 10 de haut sur 4 m. 24 de long, représente la Vierge tenant l'enfant, entourée de saints et d'anges. La partie postérieure est constituée par vingt-six scènes de la vie du Christ. Le tableau fut achevé en juin 1311 et, après deux ans d'attente, fut porté processionnellement au Dôme, par un beau jour de juin, au son des cloches entrecoupé par les fanfares, suivi d'un cortège immense, composé du clergé, des ordres monastiques, des magistrats, portant des cierges, défilant au milieu d'une foule enthousiaste. Il fut placé sur le maître-autel, qui se trouvait alors sous la coupole. Il comportait des pinacles dorés des prédelles, une tenture rouge bordée de franges de soie de couleurs et autres éléments de décoration.
Outre la perte d'une partie certainement considérable de l'œuvre du Siennois, le tableau de la *Maestà*, ainsi que quelques panneaux (un triptyque et trois retables à cinq compartiments, en particulier, qui sont conservés à la Galerie communale de Sienne), permettent de situer Duccio et son œuvre. S'écartant de la convention byzantine, Duccio a donné une nouvelle souplesse au trait, enrichi les couleurs, établi de nouveaux effets d'organisation logique de l'espace, éclairant les premiers plans alors que l'arrière-plan est laissé dans la pénombre. La composition d'ensemble de l'œuvre se démultiplie dans les détails, au hasard des scènes de la vie du Christ : le paysage, pittoresque comme dans *L'entrée à Jérusalem*, ou étrange comme dans *Les Saintes Femmes au Tombeau* ; les expressions du Christ, mélancolique dans *Le baiser de Judas*, docile et lointaine dans *La montée au Calvaire*, douloureuse sur la Croix ; dans le *Crucifiement*, la position relevée de la tête de la Vierge qui prépare l'attitude suivante du *Baiser à la Descente de Croix*, où se rapprochent les deux bouches, du crucifié et de la Vierge, celle morte et celle vivante ; dans le *Noli me tangere*, le contraste des draperies, les plis du vêtement de la Madeleine, harmonieux et vivants, la tunique droite qui enveloppe le corps du ressuscité ; aux côtés de la *Madone* : une sainte, richement drapée, la couleur dans le registre des roses, depuis le rouge vif jusqu'au vermillon, qui s'opposent aux bleux somptueux ou tendres, ses mains encore byzantines peut être, mais le regard et le pli de la bouche étonnamment réalistes. Duccio a inscrit, en lettres d'or, au-dessous de sa *Madone*, la phrase : « Sainte Mère de Dieu, donne la paix à Sienne ; sois la vie de Duccio, puisqu'il t'a peinte ainsi ».
En 1506, l'autel fut reculé jusqu'à l'abside, le tableau enlevé et caché dans un magasin du Dôme. En 1795 seulement, la *Maestà*, comme par étapes successives, devait revoir le jour dans la cathédrale, à l'un des autels latéraux, d'abord sur une seule face, la partie postérieure appliquée contre la muraille et de plus, découronné de ses pinacles, des anges et prophètes qui le surmontaient, puis dans son intégralité reconquise. Au XIXe siècle, on s'avisa de séparer les deux panneaux appliqués dos à dos ; enfin, en 1890, l'œuvre fut transportée au Musée de l'Opera del Duomo et l'on y joignit tous les fragment de prédelle qui purent être retrouvés. Quelques petites compositions, qui avaient déjà passé à l'étranger, se trouvent à Londres, à la National Gallery et dans la collection Benson, et à Berlin, à New York et Washington. Quelques autres fragments en panneaux divers sont conservés encore en différentes villes d'Italie, et en particulier, à Sienne.
Cimabue était l'aîné de Duccio d'environ vingt ans et Giotto fut de six ans plus jeune. Duccio eut à souffrir de la comparaison avec Giotto, dont l'œuvre subsistante est considérable et qui était surtout plus connu. Vers le milieu du XIXe siècle, l'art du Siennois est encore taxé de byzantinisme et on est trop préoccupé de lui opposer Giotto. Le florentin Ghiberti, qui fut le plus ancien historien de l'art en Italie, ne préférait-il pas Duccio à Cimabue ? À la Renaissance, Vasari, qui avait eu connaissance, d'après Ghiberti, de la *Maestà*, qu'il qualifiait d'ailleurs inexactement de *Couronnement de la Vierge*, ne put, malgré tous ses efforts, parvenir à se le faire montrer, ni même savoir ce qu'il était devenu. Il est concevable que Vasari ait pu montrer quelque partialité dans l'appréciation d'un maître de la cité rivale ; en réalité plutôt qu'avoir méconnu Duccio, il semble ne l'avoir pas connu, il fait surtout un mérite à Duccio d'avoir mis en honneur les pavés de mosaïque et il le confond même avec un peintre homonyme qui mourut en 1390. À Sienne, Duccio a été, dit-on, la grande lumière de l'art de sa ville. Après l'épanouissement qui occupe la première moitié du XIVe siècle, l'école siennoise avait consumé sa propre substance quand, en 1355, quelque cent artistes élaborèrent trop tard le statut de la corporation des peintres de Sienne. Duccio, Simone Martini, Pietro et Ambrogio Lorenzetti avaient vécu, tandis qu'à Florence, Giotto mourait en 1337. Pour l'essentiel, le Trecento s'achevait, avant que ne naisse, en 1387, Fra Angelico.
■ E. C. Bénézit, J. Busse

Musées : Berlin : *La Nativité et deux prophètes* – Florence (Mus des Offices) : *La Madone Rucellai* – Londres (Nat. Gal.) : *Triptyque – Annonciation – L'Aveugle de Jéricho – La Transfiguration* – Londres (Palais de Buckingham) : *Triptyque* – Londres (coll. Benson) : *Résurrection de Lazare – La Samaritaine – La Tentation sur la Montagne – La Vocation des Apôtres* – Montepulciano, Italie : *Santa Maria – Madone* – Pérouse (Pina.) *Madone* – Rome (coll. Stroganoff) : *Madone* – Sienne (Gal. comm.) : *Madone des Franciscains – Deux prophètes – Madeleine – Sainte – La Vierge et quatre saints, Triptyque* – Sienne (Mus. de l'Opera Del Duomo) : *La Maestà*, deux panneaux et 19 fragments – Sienne (Palais Saracini) : *Buste d'ange*.

Ventes Publiques : Londres, 24 mars 1965 : *Crucifixion* : **GBP 16 000** – Londres, 2 juil. 1976 : *La Crucifixion*, h/pan. fond or (38x59,7) : **GBP 1 000 000**.

DUCCIO di Nutino

XIVe siècle. Actif à Pistoia en 1347. Italien.

Peintre.

DUCE Aimone

XVe siècle. Italien.

Peintre.

Il travailla en 1417 pour le duc d'Acaia à la Maison Blanche de Pinerolo et à Turin au Château de Porta Fibellona.

DUCE Alberto

Né en 1915 à Saragosse (Aragon). XXe siècle. Espagnol.

Peintre, graveur, dessinateur de portraits, compositions à personnages. Polymorphe.

Il fut élève de l'École des Arts et Métiers de Saragosse puis de l'Atelier Goya de 1931 à 1936. Défenseur de l'Espagne républicaine pendant la guerre civile, il fréquenta ensuite, en 1942, à Madrid, l'atelier d'Edouardo Chicharro, où il apprit la technique classique des maîtres du Prado. En 1948, Il obtint une bourse pour aller étudier à Paris à l'Académie de la Grande Chaumière et aux Beaux-Arts dans l'atelier de lithographie. En 1949, il choisit d'aller aux États-Unis, à Washington. Il rentra en Espagne en 1961, et s'installa à Madrid jusqu'en 1983, date à laquelle il décida de retourner vivre à Saragosse.
Duce a participé à de nombreuses expositions collectives, depuis la première, en 1930, au Salon des Humoristes d'Aragon, et à nouveau en 1931 et 1942, puis : 1943, 1944, 1946 (médaille d'honneur), 1947, Salon des Artistes d'Aragon ; 1944, 1945, 1946, 1947, expositions de la Pena « Niké », Saragosse ; 1966, 1968, 1970, Salon des Peintres d'Afrique, Madrid. Il a également réalisé des expositions particulières depuis sa première en 1933 à l'Atelier Goya, notamment au Salon des Estampes du Musée National d'Art Moderne en 1948. Depuis, il expose régulièrement à Saragosse, Barcelone et Madrid ; 1988, rétrospective, Palais de Sastago, Saragosse.
Duce, très bon dessinateur a réalisé une peinture au style classique jusqu'à la fin des années cinquante. Elle est marquée par une recherche appliquée sur les effets de l'ombre et de la lumière dans la tradition des Zurbaran et autres maîtres... Ses réalisations de natures mortes, de portraits et ses nus féminins lui conférèrent rapidement une certaine notoriété dans sa ville natale et dans les milieux de la bourgeoisie madrilène. Au cours des années soixante, sa peinture dérive vers des compositions au style évaporé, référé au symbolisme, où les personnages souvent d'allure antique sont dessinés par une ligne simple et rapide. Paysages oniriques et érotisme raffiné traduisent une mélancolie latente, une aspiration à un monde mythique, créé par des conteurs de légendes. ■ C. D.

Bibliogr. : *Dictionnaire critique de l'art contemporain espagnol*, Iberico Europea, Madrid, 1973 – A.F. Molina : *Alberto Duce*, Collect. d'Art Esp. Contemp., Fernand Gomez, Madrid, 1987 – *Alberto Duce*, catalogue d'exposition, Palais de Sastago, Saragosse, 1988.

Musées : Madrid (Mus. Nat. d'Art Mod.) – Madrid (Mus. de la Gravure) – Saragosse (Mus. de la Province).
Ventes Publiques : Madrid, 19 oct. 1976 : *Musique au jardin*, h/t (61x76) : **ESP 60 000**.

DUCELLET Guillaume ou **Duisselet**
xviie siècle. Actif à Lyon. Français.
Sculpteur et architecte.
Il prit part, en 1637, à la construction de l'église de l'Hôtel-Dieu.

DUCERCEAU Gabriel Androuet
Morte avant 1743. xviie-xviiie siècles. Travaillait à Paris dans la seconde moitié du xviie siècle. Française.
Peintre et dessinateur.
Fils de Paul Androuet et arrière-petit-fils du célèbre architecte et graveur Jacques Androuet du Cerceau, mentionné dans les actes d'état civil de M. Herluison en 1687 et 1691 (son mariage). En 1706, dans l'acte de naissance de sa fille Françoise-Clémence, il prend la qualité de dessinateur et peintre.

DUCERCEAU Gabrielle Androuette
xviiie siècle. Actif à Paris en 1731. Français.
Dessinatrice.

DUCERCEAU Jacques, de son vrai nom **Androuet**
Né en 1510 probablement à Paris. Mort après 1584 à Annecy ou à Genève. xvie siècle. Français.
Dessinateur d'architectures, graveur de sujets mythologiques, compositions religieuses.
Ses parents se nommaient Androuet ; le nom de Ducerceau vient d'un cercle pendu au sommet de leur maison à Orléans comme marque distinctive. Jacques Androuet l'adjoignit à son nom patronymique. Il passa la majeure partie de sa vie au foyer de sa famille. Un grand nombre de ses ouvrages sont datés. Certains biographes le font élève d'Étienne Delaulne, mais la ressemblance de son style avec celui de Léonard Thiry fait supposer qu'il se forma à l'école de ce dernier. Il visita l'Italie à la suite de George d'Armagnac, ambassadeur de François Ier auprès de la République de Venise ; et, à son retour, en 1546-1547, il fut patronné par la famille royale et la noblesse. On suppose que, devenu vieux, il se retira en Suisse et en Savoie. Sa qualité de protestant lui attirant des persécutions, il demanda son congé au roi.
Comme graveur, il possède un grand mérite. Il grava dans tous les genres, mais la partie la plus recherchée de son œuvre consiste dans les ornements et divers motifs d'architecture. Parmi ses principaux ouvrages, on cite : *Le Mariage de la Vierge*, d'après il Parmigianino – *La Naissance du Christ*, *Les Dieux du Paganisme*, d'après Rosso, etc. Ses fils Baptiste, Jacques II, et son petit-fils Jean, continuèrent son œuvre d'architecte.

I·A·DC.

Ventes Publiques : Paris, 1864 : *Recueil de cent huit dessins d'architecture* : **FRF 2 180** – Paris, 1888 : *La grande salle du Palais de Justice de Paris*, dess. : **FRF 350** – Paris, 1896 : *Recueil de trente-cinq feuillets de dessins originaux*, pl. et lav. d'encre de Chine : **FRF 3 100** ; *Recueil de dix-huit dessins à la plume ; anciens édifices particulièrement de la ville de Rome* : **FRF 2 050** ; *Recueil de cinquante-cinq dessins au tire-ligne et au compas, lavés d'encre de Chine* : **FRF 7 000** – Paris, 1897 : *Perspective de la grande salle du Palais de Justice de Paris*, dess. : **FRF 255** – Londres, 25 mars 1982 : *Livre d'architecture*, quarante dess. à la pl. et au lav. (44,2x30) : **GBP 18 000**.

DUCERCEAU Paul Androuet
xviie siècle. Français.
Orfèvre et graveur.
Reynaud suppose que cet artiste est petit-fils du célèbre Du Cerceau et fils de Jean-Baptiste, qui construisit le Pont-Neuf.

DUCERF, dit **Flamand**
xviiie siècle. Actif à Paris en 1750. Français.
Sculpteur.

DUCHA de Frisone Lorenzo ou **Duca**
xvie siècle. Actif à Naples. Italien.
Peintre.
Il exécuta vers 1583 un grand tableau de la *Vierge avec saints* pour Squillace en Calabre, et fit plusieurs tableaux religieux pour différentes villes d'Italie.

DU CHAFFAT J. H.
xviiie siècle. Actif à Ulm. Allemand.
Dessinateur et graveur.

DU CHAFFAULT Marie L., comtesse
Née à Montbéliard. xixe siècle. Française.
Peintre sur émail.
Élève de Soyer et Bourgeois. Elle débuta au Salon de 1881, à Paris, et exposa aussi à Turin (Exposition Universelle de 1902), et à Londres (Royal Academy).

DUCHAINE
xviiie siècle. Français.
Graveur.
On ne connaît de lui qu'un portrait de J. F. Marmontel. Mais peut-être est-il identique à J. M. Duchesne.

DUCHAISNE Charles
Français.
Peintre.
Il était membre de l'Académie de Saint-Luc à Paris.

DUCHALAIS Ursin Jean Baptiste Adolphe
Né le 11 janvier 1815 à Beaugency. Mort le 20 août 1854 à Mer (Loir-et-Cher). xixe siècle. Français.
Dessinateur amateur et archéologue.
Il fut premier employé au Cabinet des médailles de la Bibliothèque impériale.

DUCHALE
xviie siècle. Français.
Peintre.
Cité par de Marolles.

DUCHALONGE Nicolas
xviiie siècle. Actif à Angers au début du xviiie siècle. Français.
Sculpteur.

DU CHAMBON Geneviève
Née à Paris. xxe siècle. Française.
Peintre.
Elle fut élève de Sabatté. Elle a participé à de nombreuses expositions collectives parisiennes : au Salon des Artistes Français, dont elle est sociétaire, à l'Exposition universelle de 1937, dont elle fut médaillée de bronze, et au Salon de l'Union des Femmes Peintres et Sculpteurs, dont elle est membre. On cite de cette artiste : *Le Vieux Clocher* et *La Maison blanche*.

DUCHAMP Gaston. Voir **VILLON Jacques**

DUCHAMP Jean. Voir **CAMPINO Giovanni di Filippo del**

DUCHAMP Marcel
Né le 28 juillet 1887 à Blainville (Seine-Maritime). Mort le 2 octobre 1968 à Paris. xxe siècle. Français.
Peintre à la gouache, peintre de technique mixte, sculpteur, graveur. Cubo-futuriste, puis dadaïste.
Le père de cette famille était notaire, donc notable de province. De ses sept enfants, quatre ont constitué une conjoncture familiale rare : Marcel Duchamp, ses deux frères Jacques Villon et Raymond Duchamp-Villon, et une de leurs sœurs Suzanne Duchamp, peintre, qui épousa Jean Crotti. Il fit ses premières études peintes en 1902 : *La Chapelle de Blainville*. De 1904 à 1910, Marcel Duchamp, venu à Paris, travailla un peu à l'Académie Julian en 1904-1905, peignant ses premières toiles sous des influences diverses, et publiant des dessins d'humour ou de caractère dans l'esprit de Lautrec, dans le *Courrier français* et *Le Rire*. À partir de 1911, il participa aux réunions du groupe de Puteaux, chez son frère Jacques Villon. Il passa l'été 1912 à Munich. La même année, en 1912, au Salon des Indépendants, les cubistes chargés du placement lui demandèrent de ne pas exposer une de ses peintures, c'était le *Nu descendant un escalier*. Il put cependant exposer peu après la deuxième version du *Nu* à l'exposition de la Section d'Or, organisée par Jacques Villon à la Galerie La Boétie. En cette même année 1912, il décida de ne plus peindre, il avait vingt-quatre ans. Il avait eu le temps de prendre en aversion l'art professionnel et toutes les servitudes qui en découlent, les mesquineries de rivalités entre peintres, le nauséeux du commerce des œuvres d'art. La liberté se paye, il y était prêt, il obtint un poste de bibliothécaire à la Bibliothèque Sainte-Geneviève, où, dit-on, il renseignait fort courtoisement. Cependant, lors de l'exposition, désormais historique, de l'*Armory Show*, à New York en 1913, ce fut son *Nu descendant un escalier* qui obtint simultanément le plus gros succès de scandale certes, mais aussi le plus gros succès tout

court. Les offres affluèrent. Marcel Duchamp maintint sa décision de ne plus peindre, la liberté continuait de se payer. Il commença alors la production des « œuvres », qu'il appellera des « choses », les plus provocatrices du contexte artistique de l'époque. En 1915, réformé, il émigra aux États-Unis, où il fut reçu avec enthousiasme. Il donna des leçons de français et joua aux échecs en professionnel. Dès lors, du fait que ses propositions dans le domaine de l'art se confondaient avec l'action qui les proposait, sa biographie n'est plus séparable de son œuvre : Le catalogue raisonné de l'œuvre de Marcel Duchamp compte 207 numéros. Ont été inclus dans ce catalogue toutes les études, les dessins, des notes préparatoires, jusqu'à des cartes postales considérées comme des « Ready-Made ». En fait, ses œuvres capitales, peintures et verres, ne sont qu'au nombre d'une vingtaine, qui étaient en la possession de ses amis et qu'ils léguèrent, selon son souhait, au Musée de Philadelphie, qui se trouve donc en regrouper l'essentiel. Ces œuvres rares, quelques-unes d'entre elles peut-être, auraient suffi à établir sa renommée, mais sa gloire il la doit bien plus à ce qu'il n'a pas peint. Ce sont les différentes modalités de son refus de poursuivre son œuvre de peintre qui en ont fait le cas le plus énigmatique de l'art du XXe siècle, et le plus fécond en rebondissements.

La brièveté de sa carrière de peintre proprement dit, puis la rareté des productions très diverses de ce qu'on peut appeler sa deuxième carrière, ont fait que son activité d'exposant de son propre chef a été raréfiée. Quant aux expositions collectives, il a commencé par participer, en 1907 et 1908 à Paris, au Salon... des Artistes Humoristes. Ensuite, en France, de 1908 à 1912, il a, très conventionnellement, participé : à Rouen, régulièrement au Salon de la Société des Artistes Rouennais ; à Paris, annuellement aux Salons d'Automne et des Artistes Indépendants, en 1912 à l'exposition de La Section d'Or. À l'étranger, en 1912, il figurait à l'Exposition d'Art Cubiste de Barcelone ; en 1913, à l'Armory Show de New York. Après la cessation de son activité de peinture, ce ne fut qu'après le Salon Dada de Paris, en 1921, qu'on revit, assez rarement en France, exposées soit de ses peintures d'avant 1912, probablement souvent prêtées par des tiers pour des expositions autour du cubisme, soit, de sa propre initiative, des productions dadaïstes ou diversement duchampiennes, pour des expositions autour de Dada ou du surréalisme, par exemple : en 1930 à Paris, une exposition de collages, galerie Goemans ; plus surprenant en 1935, le *Rotorelief* au Concours Lépine de Paris. À l'inverse, et dû au fait de son établissement aux États-Unis, à partir de 1913, ses œuvres, aussi bien cubistes que dadaïstes, n'ont plus cessé d'y être exposées, surtout à New York, ainsi que, à partir de 1931 mais rarement jusqu'en 1947, en Belgique, Espagne, Angleterre, Hollande, Italie, Suisse, Suède, Allemagne, Autriche. Après sa mort, des importantes expositions rétrospectives lui sont consacrées, d'entre lesquelles : en 1973, au Museum of Art de Philadelphie ; en 1974, au Museum of Modern Art de New York et à l'Art Institute de Chicago ; en 1977, au Musée National d'Art Moderne de Paris ; en 1984, à la Fondation Miro de Barcelone, à la Fondation Caixa de Pensions de Madrid, au Musée Ludwig de Cologne ; en 1988, *Marcel Duchamp et l'avant-garde après 1950* au Musée Ludwig de Cologne ; en 1993, au Palazzo Grassi de Venise. Pour le détail, quasiment exhaustif, de ces expositions, on se reportera à l'imposant *Marcel Duchamp* de 1993 des Éditions Bompiani.

Dans ses premières peintures se manifestent les influences successives de l'impressionnisme, des Nabis : *Portrait d'Yvonne Duchamp* 1907, *Maison rouge dans les pommiers* 1908, du fauvisme, de l'expressionnisme : *Nu aux bas noirs*. Avec l'influence de Cézanne, du cubisme et du futurisme, se constituèrent en 1910-1911 ses premières œuvres vraiment personnelles : *À propos de jeune sœur, Portraits de joueurs d'échecs, Portrait père, Yvonne et Madeleine déchiquetées, Dulcinea, Sonate*. Lorsqu'il participait aux réunions de Puteaux, dans l'atelier de Jacques Villon, il s'écartait déjà sensiblement des préceptes du cubisme analytique, n'en conservant que la décomposition des formes en facettes par plans séquentiels, y introduisant, ainsi que le frère sculpteur Raymond Duchamp-Villon qui l'influença dans ce sens, l'expression du mouvement, tous deux sans doute sous l'influence du futurisme, dont le manifeste de Marinetti était paru en 1909 à Paris, et, en tout cas, connaissant les personnages en mouvement que peignit Kupka dès 1909-1910. Il peignit alors : *Jeune homme triste dans un train* de 1911, et les première études pour le *Nu descendant un escalier*. La version définitive du *Nu* fut peinte en janvier 1912. La célèbre peinture est constituée, à la façon des chronophotographies ou chronogrammes, de Marey, de cinq positions successives d'un mannequin humain auquel on fait descendre un escalier tournant, cinq états comme emboîtés les uns dans les autres et dont l'ensemble donne l'impression, comme le dira un critique américain, d'une « explosion dans une tuilerie ». Il peignit ensuite, après de nombreux dessins et études, *Le roi et la reine entourés de nus, vite (ou : vites)*. Au cours de l'été passé à Munich, il peignit la *Vierge*, la *Mariée* et *Passage de la Vierge à la Mariée*, qui furent, à très peu près, ses dernières œuvres peintes. Toutes ces peintures autour du *Nu descendant un escalier*, sont caractérisées par l'utilisation de la même gamme (cubiste) en camaïeu d'ocres et de bruns, et par l'enchevêtrement de figures tronquées, immobiles et « vites » à la fois, toujours dans la perspective de traduire statiquement le mouvement. Cet ensemble de peintures, liées aux recherches parallèles de Kupka et des futuristes, sont aussi à rapprocher des peintures contemporaines de Picabia, dynamiques et presqu'abstraites : *Danses à la source, Udnie* de 1913. Dans le même été munichois, il commençait les études préparatoires au grand travail qui allait l'occuper jusqu'en 1923 : la conception et la réalisation de son *Grand Verre*, ou : *La Mariée mise à nu par ses célibataires, même*. Il s'y agissait d'une « épopée mystico-mécanique du désir humain », selon Henri Pierre Roché, qui allait devenir une sorte de collage, composé de fils et de morceaux d'étain, découpés et peints, puis fixés avec des vernis sur une dalle de verre de 2,80 mètres x 1,73, qui figurent : la mariée-fiancée communiquant par des antennes avec le groupe des célibataires, de conditions diverses et d'aspects guignolesques, parmi lesquels un prêtre, un gendarme, un croque-mort, un chef-de-gare, tous empourprés et autant aliénés par le désir que dans la tenue de leur fonction, ballet grotesque aux yeux de qui n'y participe pas de l'aliénation généralisée.

À partir de 1912, il avait donc résolu de ne plus peindre. À ne proposer qu'une explication unique à une décision si surprenante, on passerait fatalement à côté de la réalité humaine, qui n'est pas réductible à la simplification d'un raisonnement de type logique. Fut-il blessé par la demande de la part des cubistes – alors à ses yeux les grands personnages du moment – qu'il n'exposât pas son *Nu* au Salon des Indépendants ? Vaut-il mieux tenir compte d'une déclaration qu'il répéta souvent : que, justement, il n'aimait pas se répéter, ce qui impliquait en outre qu'il considérait avoir, avec le *Nu*, tout dit en peinture de ce qui pouvait y être dit, et que « la peinture avait de la poussière au derrière ». Avant de dire trop rapidement qu'il aura ensuite une attitude négative envers la création, il convient mieux de préciser qu'il aura surtout une attitude démystifiante envers la « profession » d'artiste, et que toute son activité, souvent et parfois volontairement mal comprise, consistera à proclamer avec toute l'insolence souhaitable, la primauté pour l'artiste de la seule liberté, dégagée de toutes contingences professionnelles ou commerciales, liberté d'être autre (Rimbaud : « Je est un autre »), de ne pas suivre les préceptes édictés, de ne pas utiliser les matériaux des autres, liberté de ne pas produire d'objets qui encourraient le risque d'être commercialisés, liberté de ne rien produire du tout, de s'imposer en tant que créateur de rien, d'imposer ses choix les plus dérisoires (encore que...) : exposer un séchoir à bouteilles, un urinoir mural en céramique... L'homme était à la mesure, le spectacle fut superbe, et souvent laborieuses ont paru les redites et variations de sa postérité.

En fait, il ne resta pas exactement inactif, ni non plus totalement improductif. À partir de 1912, l'attitude de Marcel Duchamp fut ambiguë, et son ambiguïté soigneusement entretenue, jusqu'aux dernières années pendant lesquelles il créa encore une œuvre de plasticien, importante mais en secret. D'abord, il poursuivit la réalisation minutieuse de *La mariée mise à nu*. En 1913 et ensuite, s'intéressant, à sa façon, aux sciences exactes, à la physique, il élabora des « notes de travail » sur sa réflexion personnelle, et réalisa, entre autres, un instrument de physique non conventionnelle, qu'il masqua sous l'aspect d'une « chose » d'art : *Trois Stoppages Étalons*. Il faisait aussi des dessins et même des esquisses peintes très poussées, dont la *Broyeuse de chocolat* de 1913. De cet ensemble concernant ses idées générales et leurs mises en application, il serait hasardeux d'en évaluer la part d'humour. Ce fut aussi en 1913 qu'il décréta son premier « Ready-Made » : la *Roue de bicyclette*, geste provocateur, alors inouï, dont les répercussions allaient être diverses et durables. Fixant par sa fourche à l'envers une roue de bicyclette sur un tabouret, il renversait aussi toutes les valeurs traditionnelles de la création artistique, en posant la question : pourquoi moins ceci que cela ? Qu'est-ce qui est beau et pourquoi ? L'art n'a rien à voir avec un tour de force ou d'adresse. L'artiste n'est pas un équilibriste. Pourquoi moins le choix que le faire ? etc. Dans un esprit proche de celui de la *Mariée mise à nu*, c'est-à-dire encore proche de la peinture, il réalisa en 1914 les *Neuf moules mâlics*. Dans la production des Ready-Made suivirent : le *Porte-bouteilles* 1914, *En attendant le bras cassé* 1915 qui était une pelle à glace, l'urinoir en porcelaine titré *Fontaine* 1917, en tout, entre 1914 et 1925, une vingtaine d'autres objets ordinaires « aidés » ou simplement « désignés » : *Trois ou quatre gouttes de hauteur n'ont rien à voir avec la sauvagerie* de 1916, désignant un peigne en métal rouillé ou encore « rectifiés » : la *Joconde* du Vinci agrémentée d'une moustache et d'une légende ou encore « imités », « servis », « imités-rectifiés », selon le degré d'intervention de l'artiste sur l'objet « ready-made » (tout prêt). Cette procédure de constat, d'appropriation du réel, trouva bientôt son terrain d'action avec le mouvement Dada auquel il participa, avant de resurgir, dans les années cinquante, dans nombre d'aspects du Pop'art américain, dans plusieurs actions d'Yves Klein, puis avec les Nouveaux Réalistes fédérés par Pierre Restany, dans certaines des manifestations qui ont pu être qualifiées de « non-art », et notamment dans les nombreuses variantes de l'art conceptuel, en ce qu'il privilégie l'idée et dénie l'œuvre. En 1915, aux États-Unis où il fut reçu avec enthousiasme, il continua de ne pas peindre, donnant des leçons de français, d'échecs, poursuivant la réalisation de la *Mariée mise à nu*, décrétant parfois, environ un par an, quelques nouveaux Ready-Made, aussitôt offerts à ses amis, dont l'urinoir *Fontaine*, signé R. Mutt du nom du fabricant, qu'il envoya au Salon des Indépendants de New York en 1916. L'objet ayant été refusé par le comité dont il faisait partie, il en démissionna. En 1918, Duchamp exécuta sa toute dernière peinture : *Tu m'*, à la fois réponse à une amie qui lui demandait quelque chose comme un sigle, presqu'une enseigne, pour ouvrir un magasin, et en même temps adieu définitif à la peinture, un adieu très élégant d'ailleurs : la toile, très oblongue, comporte un nuancier riche en couleurs et en valeurs, les ombres d'une roue de bicyclette et d'un tire-bouchon, le collage d'une main l'index pointé. Picabia ayant rejoint Duchamp à New York et complétant les diverses actions de celui-ci par ses propres « Œuvres mécaniques », José Pierre écrit à juste titre qu'on est en droit de dater de ce moment la naissance effective de l'activité dadaïste. D'autres préfèrent pour définir cette époque employer l'expression de « période pré-dadaïste ». Bientôt Marius de Zayas et Man Ray contribuèrent au mouvement, qui se manifesta successivement dans les revues *291*, *The blind man*, *Rongwrong* et *New York Dada*. L'entrée en guerre des États-Unis incita Duchamp à partir, pendant l'année 1918, pour Buenos-Aires. Ce fut en 1919, ayant regagné Paris, qu'il produisit le Ready-Made intitulé *LHOOQ*, au titre phonétiquement irrévérencieux, qui est la très connue reproduction de la *Joconde* du Vinci, ornée d'une fine moustache. Il usait alors du pseudonyme de « Rrose Sélavy », que célébra plus tard Robert Desnos, et sous lequel il publia quelques aphorismes nourris de contrepéteries. De retour à New York, en 1920 il y créa, avec son amie Katherine S. Dreier et Man Ray, la *Société Anonyme*, dont il était le secrétaire et l'administrateur, qui organisa des expositions d'art et d'artistes contemporains, et constitua la première collection d'art moderne aux États-Unis, que Duchamp définit comme un « sanctuaire à caractère ésotérique, qui contraste vigoureusement avec la tendance commerciale de notre temps ». Toute la collection fut léguée, en 1941, à la Yale University Art Gallery, dont les notices du catalogue furent rédigées par Duchamp. Il entreprit, aussi en 1920, avec Man Ray, la réalisation d'appareils optiques, notamment le *Revolving Glass*, qui furent suivis, en 1925, de la *Rotative demi-sphère*, actionnée par un moteur, et, en 1934, des *Roto-reliefs*, disques de carton portant des spirales colorées, dont la rotation engendre des illusions d'optique, expérimentations préssageant les réalisations de l'art-optique (ou Op'art) des années soixante. Duchamp continua de collaborer épisodiquement aux revues et activités dadaïstes, puis surréalistes, André Breton, qui l'avait connu à Paris en 1919, le considérant comme « le grand magnétiseur de l'art moderne ». Toutefois, en 1922, il refusa de participer au Salon Dada par ce télégramme : « Pode Bal », craignant sans doute de voir l'esprit Dada sombrer à son tour dans le professionnalisme. Ce fut en 1923 qu'il considéra que *La mariée mise à nu par ses célibataires, même*, à quoi il avait travaillé depuis presqu'une dizaine d'années, était « définitivement inachevée ». D'ailleurs, lors d'un transport à travers les États-Unis en 1926, à la suite de son exposition au Musée de Brooklyn, le support de verre en fut fêlé en plusieurs endroits, ce dont Duchamp se déclara ravi. Il avait également entrepris la réalisation d'un dessin animé, et se considérait désormais comme un technicien de cinématographe. En 1924, il participa, avec Éric Satie, Man Ray et Picabia, au film de René Clair *Entr'acte*. À-peu-près à ce moment, aux États-Unis, il réalisa un court-métrage *Anémic Cinéma* (on remarque le calembour en anagramme), fondé sur des effets cinétiques. Le flou a toujours recouvert la question de ses moyens d'existence. Depuis 1925, il consacrait alors la plus grande partie de son temps aux échecs, en tant que professionnel, participant aux grands championnats, et dont il publira, en 1932, un traité du jeu. Comme Breton et Tzara, il savait aussi acheter et revendre des objets d'art. Toutefois, il fit, en 1937 à l'Arts Club de Chicago, une exposition personnelle de ses propres œuvres, la seule jusqu'à ce moment il est vrai. Les originaux de ses Ready-Made ont en général été perdus, il en avait toutefois fait quelques exemplaires, distribués aux amis. En 1964, Arturo Schwarz de Milan, en édita huit exemplaires de chaque, numérotés et signés.

Il continua de donner aux surréalistes de Paris quelques témoignages de son intérêt : faisant suspendre au plafond de l'Exposition Surréaliste de 1938 1.200 sacs de charbon. En 1941, d'autres sources indiquent : dès 1934, mais il semble certain qu'il en ait commencé la réalisation en 1938, il fit éditer à 320 exemplaires l'objet de ce fait le plus connu de son œuvre : la *Boîte en valise* ou *Boîte Verte*, dans laquelle sont rassemblées de 68 à 83, selon les exemplaires, répliques miniaturisées, photographies et reproductions de ses œuvres principales, d'autres sources n'indiquent que des documents relatifs à la *Mariée mise à nu*, complétées d'une ampoule de verre contenant cinquante centimètres-cube d'air de Paris, musée délibérément dérisoire de toute l'activité d'une vie avec ses nostalgies. Pour l'Exposition Surréaliste de 1947, il conçut la *Salle de pluie*, le *Dédale*, et le sein en caoutchouc rose et souple qui était fixé sur la couverture du catalogue, avec « prière de toucher ». En retour, les surréalistes contribuèrent à la reconnaissance esthético-morale des activités-inactivités de sa seconde période post-picturale, jusque là limitée à un petit cercle d'amis, en célébrant la rigueur morale de son attitude anti-commerciale, l'humour noir des Ready-Made, une conception métaphysique suggérée par ses rares propos énigmatiques. Enfin, de 1946 à 1966, il réalisa, dans le plus grand secret d'une chambre louée à Broadway, jusqu'à ce qu'elle fût déposée en 1969 après sa mort, au Musée de Philadelphie, son œuvre ultime : *Étant donnés : la chute d'eau, le gaz d'éclairage*, parfois nommée : *La Mariée enfin mise à nu*, œuvre-énigme, en écho final à l'autre œuvre-énigme de sa jeunesse *La mariée mise à nu*, qui n'a pas fini de susciter les décryptages les plus audacieux, certains recourant à la recherche des calembours et contrepéteries dont Marcel Duchamp, alias Marchand du Sel, était coutumier, d'autres extrapolant une initiation à l'alchimie du temps qu'il était bibliothécaire. Dans le concret, il s'agit d'une porte en bois, rustique et délabrée, fermée sur un volume intérieur clos, dans lequel le regard ne peut pénétrer qu'en situation de voyeur, par deux judas. À l'intérieur, un décor composé d'un mur de briques et d'un rideau de scène, derrière lesquels se laisse apercevoir, devant un vrai paysage de collines avec cascade, un mannequin de femme nue, cuisses ouvertes, et qui brandit une lampe à gaz allumée, un « bec Auer » (eau-air). On le voit, toutes les gloses étaient possibles, et nombreux furent, et sont, ceux qui ne s'en sont pas privés. Enfin, en 1967-1968, Duchamp exécuta des dessins et des gravures humoristiques et érotiques, composés d'après des détails d'œuvres célèbres : *Le bain turc* d'Ingres, *La femme aux bas blancs* de Courbet ou encore d'après sa propre *Mariée*. Walter et Louise Arensberg, qui avaient été ses premiers mécènes new-yorkais, ont respecté sa volonté en léguant toutes les œuvres de Duchamp en leur possession au seul Musée de Philadelphie.

Au sujet de Marcel Duchamp, on peut se poser bien des questions. N'a-t-il d'ailleurs pas tout fait pour qu'on se les pose ? Et d'abord celle-ci : s'il n'avait pas, en tant que peintre, été l'auteur, avec le *Nu descendant l'escalier*, d'une des peintures capitales du début de siècle, toute ses activité et non-activité ultérieures lui auraient-elles valu l'extrême attention dont il fut et est l'objet, et qui sembla l'étonner lui-même ? Sa négativité n'a-t-elle pas tiré son importance énigmatique de la positivité qui l'avait précédée ? De nombre de ses productions post-picturales, porte-bouteilles, urinoir, la Joconde, etc., quelle en fut la part d'humour glacial ? S'il y eut de sa part humour dans ces « créations », s'est-il amusé du sérieux des gloses qu'elles suscitaient ? Enfin, et au risque de lèse-majesté, de sacrilège, d'abord : comment a-t-il pu passer tant de temps à la réalisation du *Grand Verre*, dix années, puis de *Étant donnés : la chute d'eau, le gaz d'éclairage*, vingt ans, et enfin : quelle est l'importance artistique particulière, autre que fétichiste, de ces deux « choses », et surtout de la seconde et dernière, dont le bric-à-brac quelconque n'annonce même pas les environnements psycho-dramatiques de Kienholz ? De la vie et de l'œuvre de Marcel Duchamp, il n'y a peut-être pas d'autre conclusion à tirer que celle dont il a, implicitement et si continûment, témoigné : ce n'est pas tant à travers ses rares peintures dans les musées qu'il faut aller à sa rencontre, mais plutôt à travers les Ready-Made dont il a jalonné son interminable silence, par le choix desquels il affirmait la prééminence de la décision de l'artiste sur l'œuvre matérielle, en même temps d'ailleurs qu'il attirait l'attention sur l'objet industriel d'usage quotidien, en tant que constituant l'environnement, le folklore, du monde moderne, méritant d'être considéré au même titre que le décor d'époque était pris en considération dans les autres siècles. Avec toutes les complexités d'un homme énigmatique, d'un joueur appliqué, ce qu'il a cependant clairement indiqué, c'est son doute en ce qui concernait désormais les possibilités expressives des techniques traditionnelles, et, au-delà, son doute en ce qui concernait l'opportunité et le sérieux de toute tentative de création. L'homme et ses activités sont dérisoires, dérisoires ses tentatives de transgression de sa condition par la relativité de la création humaine. Au moins le jeu d'échecs se déroule-t-il dans le néant, la partie terminée il n'en reste rien. Eût-il existé un jeu de succès que Marcel Duchamp n'y aurait pas joué.

■ Jacques Busse

Bibliogr. : Marcel Duchamp : *Marchand du Sel*, Terrain Vague, Paris, 1958 – Robert Lebel : *Sur Marcel Duchamp*, Paris, 1959 – Marcel Jean : *Histoire de la peinture surréaliste*, Seuil, Paris, 1959 – Henri-Pierre Roché, in : *Diction. de la peint. mod.*, Hazan, Paris, 1959 – Ulf Linde : *Marcel Duchamp*, Stockholm, 1963 – Michel Seuphor : *Le style et le cri*, Seuil Paris, 1965 – José Pierre : *Le cubisme* et *Le futurisme*, Rencontre, Lausanne, 1966 – Catalogue de l'exposition *Dada*, Mus. Nat. d'Art Mod., Paris, 1966 – Pierre Cabanne : *Entretiens avec Marcel Duchamp*, Belfond, Paris, 1967 – Catalogue de l'exposition rétrospective *Marcel Duchamp*, Mus. Nat. d'Art Mod., Paris, 1967 – Pierre Restany : *Les nouveaux réalistes*, Planète, Paris, 1968 – Arturo Schwarz : *L'Œuvre Complet de Marcel Duchamp*, Londres, 1969 ou 1966 – Pierre Cabanne, Pierre Restany : *L'avant-garde au xx*[e] *siècle*, André Balland, Paris, 1969 – divers : *Duchamp et après*, Opus International N° spécial 49, Paris, 1974 – Anne d'Harnoncourt, Kynaston Mc – Shine : Catalogue *Marcel Duchamp*, mus. de Philadelphie, New York, Chicago, Thames and Hudson, Londres, 1974 – Pontus Hulten, Jean Clair, divers : Catalogue de l'exposition *L'Œuvre de Marcel Duchamp*, 3 vol., Mus. Nat. d'Art Mod., Paris, 1977 – in : *Diction. de la peint. anglaise et américaine*, Larousse, Paris, 1991 – Pontus Hulten, Jennifer Gough-Cooper, Jacques Caumont : Catalogue de l'exposition *Marcel Duchamp*, Palazzo Grassi, Venise, Édit. Bompiani, Milan, 1993, documentation considérable – A. Schwarz : *L'Œuvre complet de Marcel Duchamp*, Thames and Hudson, Londres, 1997.

Musées : Bâle (Kunstmus.) : *La Boîte en valise, N° XIX/XX* 1949 – Montréal (Mus. d'Art Contemp.) : *Rotoreliefs* 1935, 6 disques en cart. imprimés en litho. offset – New-Haven (Yale University Art Mus.) : *Tu m'* 1918 – *Plaque rotative* 1920 – New York (Mus. of Mod. Art) : *À regarder d'un œil de près, pendant presqu'une heure* 1918 – New York (Solomon R. Guggenheim Mus.) : *À propos de jeune sœur* 1911 – Paris (Mus. Nat. d'Art Mod.) : *Les joueurs d'échecs* 1911 – *Allégorie de genre – George Washington* 1943 – Paris (Bibl. J. Doucet) : *Obligation pour la roulette de Monte-Carlo, N° 18/30* – Philadelphie (Mus. of Art) : *Chapelle de Blainville* 1902 – *La sonate* 1911 – *Yvonne et Madeleine déchiquetées* 1911 – *Le roi et la reine entourés de nus vites* 1912 – *Le Nu descendant un escalier, N°2* 1912 – *Broyeuse de chocolat I* 1913 – *Glissière contenant un moulin à eau en métaux voisins* 1913-1915 – *La mariée mise à nu par ses célibataires, même* 1914-1923 – *Broyeuse de chocolat II* 1914 – *Apolinère Enameled* 1916-1917 – d'autres nombreux objets et documents – Sarasota (Mus. of Art) : *Maison paysanne* 1907 – Stockholm (Mod. Mus.) : diverses copies d'œuvres par Ulf Linde, dont celle de La Mariée mise à nu par ses célibataires, même – Stuttgart (Staatgal.) : *Tamis ou Ombrelle* 1913-1914.

Ventes Publiques : New York, 14 oct. 1965 : *Nu sur nu* : **USD 24 000** – New York, 3 avr. 1968 : *Paysage aux arbres* : **USD 13 000** – Londres, 30 nov. 1976 : *Fontaine* 1964, urinoir en porcelaine (36x48x61) : **GBP 6 000** – New York, 13 juin 1978 : *La Boîte-en-valise, de ou par Marcel Duchamp ou Rose Selavy*, boîte en carton comprenant une collection de reproductions en coul. d'œuvres de Marcel Duchamp (40x30x8) : **USD 2 600** – New York, 3 nov. 1978 : *Fontaine (Urinoir)* 1917, porcelaine, signée R. Mutt, tirage de 1964 (36x48x61) : **USD 18 500** – New York, 9 mai 1979 : *Les joueurs d'échecs* 1965, eau-forte en sanguine (44x57,5) : **USD 2 000** – New York, 5 nov. 1979 : *Femme nue au bas noirs* 1910, h/t (15,5x87,5) : **USD 50 000** ; *Pharmacie*, gche (25,5x19) : **USD 39 000** – New York, 17 mai 1979 : *Femme nue agenouillée* 1910, pl. (51,5x33,2) : **USD 3 200** – New York, 15 mai 1980 : *Fresh Widow* 1964, bois peint., cuir et verre (H. 79,5) : **USD 9 000** – Milan, 25 nov. 1982 : *La pendule de profil* 1964, collage (22x28) : **ITL 4 400 000** – Londres, 19 oct. 1983 : *Chocolate grinder* 1965, eau-forte (25,8x33,2) : **GBP 610** – Londres, 4 déc. 1985 : *Why not sneeze Rose Sélavy* 1964, 152 cubes de marbre en forme de morceaux de sucre dans une cage à oiseaux en bois avec thermomètre (11,4x22x16) : **GBP 17 000** – Londres, 27 mars 1985 : *Etude de chien* 1904-1905, cr. de coul. et lav. (10x17) : **GBP 4 000** – Londres, 22 oct. 1986 : *Prière de toucher* 1947, mousse caoutchouc sur velours noir monté/cart. brun (26x23,5x49) : **GBP 5 200** – Paris, 27 déc. 1987 : *Les Tamis* 1914, dess. à la pl., encre de Chine : **FRF 350 000** – New York, 29 avr. 1988 : *Feuille de vigne femelle*, plâtre peint. (8,5x14x12,7) : **USD 23 100** – New York, 11 mai 1989 : *Marcel Duchamp moulé vif* 1967, bronze, onyx et marbre noir de Belgique (H. 54,6, L. 42,5, l. 23,2) : **USD 38 500** – New York, 6 oct. 1989 : *La-boîte-en-valise*, boîte recouverte de tissu vert contenant des reproductions miniatures en couleur et noir et blanc des œuvres de Marcel Duchamp, de, ou par, Marcel Duchamp ou Rose Sélavy (40,5x37x9,5) : **USD 35 750** – Londres, 29 nov. 1989 : *La mariée mise à nu par ses célibataires* 1934, boîte verte, couverture d'une boîte contenant 94 documents (33,3x28) : **GBP 30 800** – Paris, 25 mars 1990 : *Tzank check* 1919, cr. et encre (37x53) : **FRF 1 800 000** – New York, 16 mai 1990 : *La boîte-en-valise*, mallette de cuir contenant des reproductions en noir et en coul. d'œuvres de l'artiste (41x37,8x10,5) : **USD 88 000** – New York, 7 mai 1991 : *Objet-dard* 1962, bronze (L. 20,3) : **USD 148 500** – Lokeren, 23 mai 1992 : *Un robinet original* 1964, pointe-sèche (17,8x13,6) : **BEF 75 000** – Paris, 28 oct. 1992 : *La boîte-en-valise*, emboitage cartonné recouvert de tissu gris contenant des répliques et des reproductions miniatures d'œuvres de l'artiste, inscription sur le couvercle, de ou par Marcel Duchamp ou Rose Sélavy (39,5x37,5x9) : **FRF 200 000** – New York, 12 mai 1993 : *La boîte-en-valise*, boîte de bois et cart. contenant des reproductions miniatures d'œuvres de Marcel Duchamp, fermée (38,7x33,7) : **USD 71 250** – Londres, 13 oct. 1993 : *Paysan agenouillé vu de dos*, aquar. (17,3x10,7) : **GBP 13 800** – New York, 2 nov. 1993 : *Bouche évier* 1967, bronze patine dorée (diam. 6,4) : **USD 2 645** – Paris, 24 fév. 1995 : *La mère : est-ce que je monte avec toi...aujourd'hui ?* 1909, gche et fus./pap. (58x45) : **FRF 85 000** – Paris, 7 mars 1995 : *La Boîte-en-valise*, emboîtage cartonné recouvert de tissu gris contenant des répliques en miniatures et les reproductions photographiques des œuvres de Duchamp (39,5x37,5x9) : **FRF 185 000** – New York, 14 juin 1995 : *Homme de dos sur un tabouret*, cr. et aquar./pap. (21x13) : **USD 9 775** – Londres, 28 juin 1995 : *Obligation au porteur pour la roulette de Monte Carlo, photo par Man Ray*, timbres fiscaux collés/litho. coul. (31x19) : **GBP 69 700** – New York, 5 mai 1996 : *Le Moulin à chocolat* 1965, eau-forte et aquat. (25,5x32,9) : **USD 3 450** – New York, 8 mai 1996 : *Rasée, LHOOQ*, reproduction de La Joconde encadrée (25,2x21) : **USD 18 400** – Paris, 28 juin 1996 : *Objets et Monts de Piété*, cr. noir, reh. de lav. et de gche (54x46,5) : **FRF 34 000** – New York, 13 nov. 1996 : *La Boîte en valise*, cart. et boîte de bois avec des reproductions miniatures, blanc, noir et coul. (38,7x33,7) : **USD 40 250** – Londres, 4 déc. 1996 : *Apoli-*

nere enameled 1964, cart. et étain peint., ready-made (24x33) : **GBP 46 600**.

DUCHAMP Suzanne

Née en 1889 à Blainville (Seine-Maritime). Morte en septembre 1963 à Neuilly-sur-Seine (Hauts-de-Seine). xxe siècle. Française.

Peintre. Tendance cubiste.

Sœur de Raymond Duchamp-Villon, de Jacques Villon et de Marcel Duchamp, de qui, dès la petite enfance, elle était la préférée et la complice. Elle fut aussi son modèle pour : *À propos de Jeune Sœur*, une de ses premières peintures vraiment personnelles de 1911. Elle commença à peindre elle-même vers 1905 et fit ses études à l'École de Beaux-Arts de Rouen. Elle exposa à la *Section d'Or* en 1912, bien que ne figurant pas au catalogue. S'étant mariée, en 1919, avec le peintre Jean Crotti, elle participa, de 1919 à 1924, avec lui et Marcel Duchamp, aux activités du groupe parisien de Dada, avec des peintures d'aspect mécaniste et d'une grâce fragile, notamment *Ariette d'oubli*, et le *Ready-made malheureux de Marcel*, toutes deux de 1920, la seconde évoquant, en le représentant dans une facture mécaniste, le traité de géométrie que son frère Marcel lui avait offert et dit d'exposer, le jour de son mariage, au balcon, laissant le soin au vent d'en disposer. En 1921, elle exposa avec Jean Crotti à la galerie Montaigne, seule en 1923 à la galerie Paul Guillaume. Elle continua d'exposer ensuite, des œuvres plus timides, bien qu'influencées par l'abstraction, à Paris aux Salons des Artistes Indépendants, d'Automne et des Tuileries. Elle participa à l'exposition *Duchamp frères et sœur, Œuvres d'Art*, en 1958 à la Rose Fried Gallery à New York. ■ J. B.

Bibliogr. : Catalogue de l'exposition *Dada*, Mus. Nat. d'Art Mod., Paris 1966 – in : *Dictionnaire universel de la peinture*, Le Robert, Paris, 1975.

Musées : New Haven (Société Anonyme) : *Chef-d'œuvre : Accordéon* 1921 – Philadelphie (Mus. of Art) : *Ready-Made malheureux de Marcel* 1920.

Ventes Publiques : Paris, 3 mai 1928 : *Chèvres au pâturage* : **FRF 415** – Paris, 1er avr. 1942 : *Le bouquet de Marianne*, aquar. gchée : **FRF 1 000** – Paris, 14 fév. 1947 : *L'âne et la chèvre ; Panorama de Paris*, 2 aquar. : **FRF 2 500** – Versailles, 4 avr. 1976 : *Jeune femme dans le jardin fleuri*, h/t (54x65) : **FRF 2 000** – Londres, 27 fév. 1980 : *Composition abstraite*, gche (63x39) : **GBP 220** – Londres, 7 déc. 1983 : *L'homme aux yeux fatigués* 1922, pl. et cr. (38,7x27,3) : **GBP 1 550** – Versailles, 19 juin 1985 : *Enfants jouant près du bassin*, h/t (59,5x81) : **FRF 13 000** – Londres, 4 déc. 1985 : *French girl acrobate* 1920, gche et pl./cr. (45,5x55) : **GBP 8 000** – Londres, 4 déc. 1985 : *Portrait de Marcel Duchamp* vers 1920, pl. et lav./trait de cr. (22,8x33,8) : **GBP 2 000** – New York, 12 fév. 1987 : *Portrait de femme* 1922, h/t (73x50,2) : **USD 3 000** – Paris, 1er fév. 1989 : *Fond marin* 1936, aquar. (40x53) : **FRF 3 800** – Douai, 2 juil. 1989 : *Vase de fleurs*, aquar. gchée (63,5x48,5) : **FRF 5 000** – Neuilly, 26 juin 1990 : *La Plage*, h/t (73x92) : **FRF 32 000** – Paris, 30 oct. 1990 : *Vase de fleurs*, h/t (73x60) : **FRF 15 000** – Londres, 25 mars 1992 : « *Questionnaire 147* » 1920, cr., encre et gche (32,6x27,6) : **GBP 3 300** – Londres, 29 juin 1994 : *Intimité* 1911, h/t (50x65) : **GBP 11 500**.

DUCHAMP-VILLON Jacques. Voir **VILLON**

DUCHAMP-VILLON Raymond

Né le 5 novembre 1876 à Damville (Eure). Mort le 7 octobre 1918 à Cannes (Alpes-Maritimes). xxe siècle. Français.

Sculpteur de figures, bustes, statues, animaux, nus. Cubo-futuriste, puis abstrait. Groupe de Puteaux.

D'un an le cadet de Jacques Villon, tous deux étaient sensiblement plus âgés que leur frère Marcel et leur sœur Suzanne. Il avait commencé des études de médecine, souvent interrompues par de graves crises de rhumatisme (articulaire ?). Influencé par l'exemple de ses deux frères peintres, il se forma seul à la sculpture pendant ses périodes d'interruption d'études, y montrant d'emblée des dons remarquables. Il exposa à Paris, au Salon de la Société Nationale des Beaux-Arts de 1902 à 1908 (dates variant selon les sources), avec des bustes, des statues et un *Nu couché* en 1904, puis, à partir de 1909 (date également variable) aux Salons d'Automne et des Artistes Indépendants (celui-ci parfois non mentionné). À partir de 1911, il fit partie du groupe de Puteaux, qui, outre ses deux frères Jacques Villon et Marcel Duchamp, comptait La Fresnaye, Léger, Gleizes, Metzinger. En 1912, il participa au Salon de la Section d'Or, organisé par Jacques Villon à la Galerie La Boétie. Cette même année 1912, il présenta au Salon d'Automne le projet de la façade de la *Maison Cubiste*, dont André Mare était chargé de la décoration intérieure, et auquel collaboraient aussi Jacques Villon, La Fresnaye et d'autres. La guerre interrompit prématurément le développement, l'accomplissement d'un œuvre déjà historiquement capital. Mobilisé, puis réformé dans un premier temps, il s'engagea comme médecin-auxiliaire. Affecté à l'Hôpital de Saint-Germain-en-Laye, il put poursuivre son travail personnel et réalisa alors ses œuvres majeures. Dans un deuxième temps, il fut envoyé sur le front de Champagne, où il contracta la fièvre typhoïde, dont il guérit mal. Séjournant en convalescence à Cannes, il y mourut de septicémie.

Ses premières œuvres, par exemple le *Torse de femme* de 1907, dénotaient l'influence de Rodin. Il ne s'attarda cependant guère à cette expression romantique expressionniste. Dès 1910, il mit en œuvre, dans le *Torse de jeune homme*, des moyens qui lui étaient propres, exprimant le dynamisme du corps, non plus par les moyens traditionnels d'analyse de l'effort musculaire, mais, à l'inverse, par une alternance rythmée des formes les unes par rapport aux autres : les formes constituant l'ensemble se développent dans l'espace, imposant au regard qui les suit la lecture d'un mouvement qui se déroule dans le temps. En 1911, il sculpta un *Buste de Baudelaire*, dans lequel la recherche dynamique qu'il venait d'entreprendre ne joue aucun rôle, mais où, malgré une évidente ressemblance expressive, les volumes, en pleins et en creux, sont d'abord traités pour eux-mêmes, en tant que faits plastiques, abstraits de l'obligation de ressemblance, qui ne s'y réintroduit que par surcroît. Depuis 1911, au sein du groupe de Puteaux, il était en contact direct avec le cubisme par certains de ses promoteurs, ce qui ne pouvait pas ne pas l'influencer, au moins dans un premier temps, où il fut historiquement le premier sculpteur cubiste. En 1912, il commença la recherche qui allait bientôt l'accaparer totalement : doter une structure statique d'un effet dynamique. Cependant, en 1913, il sculpta encore *Maggy*, tête de femme, pour laquelle il s'est libéré encore plus nettement de l'apparence qu'avec le Baudelaire, faisant son seul projet du jeu alterné des formes pleines et des formes creuses entre elles, créant là une des premières sculptures modernes. En 1913-1914, il sculpta deux bas-reliefs : *Les Amants* et *Les Petits Danseurs*, dans une manière stylisée et rythmée qui peut être située dans les marges du cubisme, préparant le parti plus radical dans ce sens, qui se constate avec *La Femme assise* de 1914. Depuis 1912, il était intrigué par le cheval, non tellement en tant qu'animal, mais plutôt en tant qu'unité symbolique de la puissance motrice. Certainement informé de la recherche de l'expression plastique-statique du mouvement par les futuristes italiens ou mieux : leur contemporain dans la même recherche, peut-être même influença-t-il Boccioni de passage à Paris, il orientait ses recherches personnelles dans cette direction, et, incidemment y entraînait son frère Marcel. À part les quelques sculptures intermédiaires, il consacrait tout son temps à la réalisation des états successifs du *Cheval*, depuis le *Cheval et Cavalier* et le *Petit Cheval* jusqu'au *Grand Cheval*, tous trois de 1914, puis à celui que Marcel Duchamp nomma le *Cheval majeur*, qui ne sera montré publiquement qu'en 1966 à la Galerie Louis Carré. En 1917, à l'époque de sa convalescence, il conçut encore un décor *Le Coq* pour le Théâtre aux Armées, et il sculpta le *Portrait du professeur Gosset*, dans lequel se reconnaît l'influence de la sculpture nègre, alors à l'honneur dans les milieux proches du cubisme.

Avec les versions successives du *Cheval*, Raymond Duchamp-Villon dépassait largement les préceptes cubistes par la recherche de l'expression du dynamisme. Par la synthèse des phases du dynamique dans le statique de l'œuvre, il s'opposait à la fuite du temps, à l'échéance de la mort. Il décomposait les mouvements du galop indépendamment de l'apparence animale. Son cheval est bien plus proche du « cheval-vapeur » de la thermo-dynamique, que de l'animal, ou plutôt ni l'un ni l'autre. Il est pur mouvement, symbole de la substitution par l'homme du xxe siècle de la puissance de la machine aux forces naturelles d'origine, de la substitution du piston au muscle, et peut-être aussi dans son esprit en même temps que symbole exaltant de la puissance mécanique, symbole effrayant de la puissance destructrice de la guerre moderne. ■ Jacques Busse

Bibliogr. : W. Pach : *Duchamp-Villon sculpteur, 1876-1918*, Paris, 1924 - Jacques Villon, in : *Les sculpteurs célèbres*, Paris, 1954 - Catalogue de l'exposition *Sculptures de Duchamp-Villon*, Gal. Louis Carré, Paris, 1963 - Catalogue de l'exposition *Le Cheval majeur*, Gal. Louis Carré, Paris, 1966 - Joseph Émile Muller, in : *Nouveau diction. de la sculpt. mod.*, Hazan, Paris, 1970 - in : *Les Muses*, Grange-Batelière, Paris, 1971.

Musées : New York (Solomon R. Guggenheim Mus.) : *Maggy* 1913 - Paris (Mus. Nat. d'Art Mod.) : *Buste de Baudelaire* 1911 - *Maggy* 1913 - *Grand Cheval* 1914.

Ventes Publiques : New York, 5 avr. 1967 : *La femme assise*, bronze patiné : **USD 25 000** - Londres, 26 avr. 1967 : *Cheval et cavalier*, bronze : **GBP 1 800** - Londres, 4 avr. 1974 : *Cheval et cavalier*, bronze : **GBP 3 000** - New York, 14 déc. 1976 : *Les petits danseurs* 1911-1912, bronze, patine vert noir (18,5x47) : **USD 900** - New York, 11 mai 1977 : *Baudelaire* 1911, bronze patiné (H. 35,4) : **USD 15 000** - New York, 15 mai 1979 : *Torse de jeune homme* 1910 : **USD 16 000** - New York, 21 mai 1982 : *Torse de jeune homme* 1910, bronze, patine or foncé (H. 55) : **USD 18 000** - New York, 14 mai 1986 : *Fille des bois* 1911, terre cuite (H. 76,7) : **USD 28 000** - New York, 11 nov. 1987 : *Petit Cheval* 1914, bronze patine noire (30x20,5) : **USD 11 000** - Londres, 29 mars 1988 : *Yvonne*, bronze (H. 31) : **GBP 3 300** - Paris, 30 jan. 1989 : *Yvonne* 1909, bronze (31x15x15) : **FRF 80 000** - New York, 9 mai 1989 : *Le Cheval majeur* 1914, bronze (H 150) : **USD 1 100 000** - New York, 15 nov. 1989 : *Petit Cheval* 1914, bronze patine brune (H. 39) : **USD 935 000** - Paris, 15 avr. 1991 : *Yvonne*, bronze patine, médaille (18,5x8x12) : **FRF 60 000** - New York, 3 nov. 1993 : *Tête du Professeur Gosset (grande version)*, bronze (H. 30,2) : **USD 20 700** - Paris, 4 déc. 1995 : *Les Amants* 1913, bas-relief plâtre (68x101x7,5) : **FRF 90 000** - Paris, 28-29 nov. 1996 : *Cheval et Cavalier*, bronze patine brune (H. 22) : **FRF 100 000** ; *Buste de Baudelaire*, terre cuite (H. 42) : **FRF 38 000** - Paris, 9 déc. 1996 : *Cheval et Cavalier* 1914, bronze patine verte (H. 27) : **FRF 212 000**.

DUCHANGE Gaspard
Né en 1662 à Paris. Mort le 6 janvier 1757 à Paris. xviie-xviiie siècles. Français.
Graveur au burin.
En 1707, il fut reçu académicien. Cet artiste était un élève d'Audran. On cite de lui : 27 planches pour *L'Ancien et le Nouveau Testaments*, planche pour le recueil de 90 têtes tirées des 7 cartons de Raphaël, 6 planches représentant des sujets d'histoire, 4 planches représentant des *Portraits*.

DUCHASTEL
xviie siècle. Actif à Châlons. Français.
Sculpteur.
Il décora de ses statues, en 1655, les jardins du château de Sarry (Marne).

DUCHASTEL. Voir aussi **CHASTEL** et **DUCHATEL**

DU CHASTEL François
xviie siècle. Actif à Versailles en 1685. Français.
Sculpteur.

DUCHASTEL Gillet, Guillet ou **Guillaume**
xve siècle. Actif à Rouen. Français.
Sculpteur.
Cet artiste, d'origine flamande, travailla, en 1467, sous la direction de Laurent Adam, aux sculptures de la chaire archiépiscopale, de la cathédrale de Rouen. Il fit, en outre, en 1465, onze statues pour les stalles du chœur, sous la direction de Philippot Viart.

DUCHASTEL J. B.
xviiie siècle. Français.
Graveur.
On connaît de lui des paysages d'après S. Le Clerc et Chaufourrier.

DU CHASTEL Simon
Né en 1926 à Harveng. xxe siècle. Belge.
Céramiste.
Ethnologue, de formation juridique, il étudie les céramiques des différents continents, Asie, Afrique et Amérique latine.
Son travail se présente sous forme de panneaux qui peuvent s'insérer dans des constructions architecturales.

DUCHASTELET Jean
xviie siècle. Français.
Peintre.
Il fut reçu à l'Académie de Saint-Luc à Paris en 1686.

DUCHÂTEAU
xviiie siècle. Français.
Sculpteur.
Il était actif à la Manufacture de porcelaines de Sèvres à la fin du xviiie siècle.

DU CHÂTEAU
xviiie siècle. Français.
Peintre.
Il était actif à Cambrai de 1765 à 1785.

DUCHATEAU Christophe
xviiie siècle. Actif à Nantes en 1781. Français.
Peintre.

DUCHATEAU Hugo
Né en 1938 à Tirlemont (Brabant). xxe siècle. Belge.
Peintre, dessinateur. Tendance pop art.
Il fut élève de l'Institut supérieur d'Architecture et des Arts Appliqués de Hasselt. Membre fondateur du *Research Group* en 1967.
Il a participé à des expositions collectives, notamment à la Biennale de Sao Paulo en 1983. Il a montré également ses œuvres dans des expositions personnelles, on peut citer celle organisée par le ministère de la Culture néerlandais à Cologne en 1977.
Qualifié d'avant-garde (tendance pop art), le travail de Duchateau, est pensé et exécuté autour de la production et de l'existence des objets : en juxtaposant les outils du peintre, pinceaux, règles, et les traces laissées sur la toile par ses outils, Duchateau tente plus une description du mythe de l'outil qu'une définition dialectique du fait matériel de la peinture comme le réalise avec rigueur un Toroni.

Ventes Publiques : Anvers, 28 avr. 1981 : *Dessin autour d'un dessin* 1973, aquar. (70x70) : **BEF 26 000** - Anvers, 26 avr. 1983 : *Action combinée* 1973, h/pan. (120x120) : **BEF 30 000** - Paris, 28 mars 1988 : *Composition*, dess. au fus. (106x74) : **FRF 2 200**.

DUCHATEAU Marie Thérèse
Née le 12 février 1870 à Chaumont (Haute-Marne). Morte le 12 mars 1953 à Tours. xixe-xxe siècles. Française.
Peintre de portraits.
Elle fut élève de Tony Robert Fleury, Jules Lefebvre et de F. Flammeng. Elle figura, à Paris, au Salon des Artistes Français et obtint une mention honorable en 1898 et une médaille de troisième classe en 1902.

Ventes Publiques : New York, 24 avr. 1988 : *Les petites fleuristes* 1901, h/t (201,3x131) : **USD 29 700**.

DUCHATEAU, Mme, née **Destours**
xviiie siècle. Française.
Peintre de paysages, marines, aquarelliste, graveur, dessinatrice.
Elle eut pour maître Joseph Vernet. Au Salon de la Correspondance, sous son nom de jeune fille, elle exposa, de 1779 à 1783, des paysages, des vues et des marines. En 1791 et 1797, elle exposa au Louvre.

Ventes Publiques : Paris, 7-8 mai 1923 : *Ruines*, pl. et lav. : **FRF 220** - Paris, 26 sep. 1941 : *Patrouille sur le port*, pl. aquarellée : **FRF 800**.

DUCHATEL Amand
xiiie siècle. Actif vers 1200. Éc. flamande.
Enlumineur.
Il fut abbé de Marchiennes.

DUCHATEL Édouard
xixe siècle. Actif à Paris. Français.
Graveur.
Sociétaire des Artistes Français depuis 1893, il figura au Salon de cette société.

DUCHATEL François ou **Duchastel**
Né en 1625 ou 1616 probablement à Bruxelles. Mort en 1694 ou 1679. xviie siècle. Éc. flamande.
Peintre de genre, portraits.
Élève de David Teniers le Jeune ; peignit, en 1676, un portrait de Charles II d'Espagne pour le Conseil de Brabant, pour 150 livres d'Artois. Il travailla dans l'atelier de Van der Meulen à Paris, en 1668. Un François Castesle fut, en 1654, maître à

nvers ; on ne sait s'il s'agit de Fr. Duchatel. Sa fille, qui épousa peintre Eglon Van der Neer, fut miniaturiste.

Musées : Anvers : *Réunion de chasseurs – Panorama de Valenciennes en 1656* – Avignon : *Intérieur du corps de garde* – Berlin : *Portrait d'un jeune noble flamand – Cavalcade des chevaliers de la Toison d'Or devant le palais de Bruxelles* – Douai : *Portrait d'homme – Portrait de jeune femme* – Gand : *Le marquis de Castel Rodrigo reçoit les hommages des villes de Flandre à l'avènement de Charles II* – Hadzor (coll. Mus. Howard Galton) : *Réjouissances de paysans* – Lille : *Portrait de jeune Fille* – Londres (Nat. Gal.) : *Portrait de garçon* – Paris (Louvre) : *Portrait d'un cavalier et de deux autres personnes* – Vienne (Kuranda) : *Paysans.*

Ventes Publiques : Bruxelles, 1851 : *Portrait de femme* : FRF 140 – Paris, 1852 : *Kermesse flamande*, dess. à la sanguine : FRF 8 – Cologne, 1862 : *Femme en prière dans la chambre d'une sorcière* : FRF 90 – Bruxelles, 1865 : *Portrait d'homme* : FRF 22 ; *Fumeurs et buveurs dans un intérieur* : FRF 52 – Lille, 1881 : *Portrait d'homme* : FRF 105 – Paris, 11 avr. 1924 : *Danses villageoises*, sanguine : FRF 700 – Londres, 11 juin 1926 : *Une armée devant Anvers* : GBP 30 – Londres, 20 déc. 1935 : *Village hollandais*, dess. : GBP 9 – Londres, 19 juin 1936 : *Dordrecht* : GBP 14 – Paris, 22 mars 1950 : *La partie de dés* : FRF 175 000 – Cologne, 19 fév. 1965 : *Scène de marché* : DEM 3 000 – Versailles, 4 juin 1970 : *Le repas de famille* : FRF 12 000 – Paris, 7 déc. 1981 : *Les joueurs de tric-trac*, h/t (63,5x86,5) : FRF 160 000 – Londres, 9 avr. 1986 : *Portrait équestre d'un jeune aristocrate*, h/t (109x82) : GBP 7 800.

DUCHATEL Fredericus Jacobus. Voir **ROSSUM DU CHATTEL Fredericus Jacobus Van**

DUCHATEL Marie ou **du Chatel**
Morte en 1697. xviie siècle. Hollandaise.
Peintre de miniatures.

Fille de François Duchatel, elle épousa en 1681 Eglon Van der Neer.

Musées : Amsterdam (Rijksmus) : *Portrait de la princesse Amélie de Nassau.*

DUCHATEL Michel
xviiie siècle. Actif à Paris en 1765. Français.
Peintre et sculpteur.

DUCHATEL Nicolas ou **Duchastel**
Mort le 4 janvier 1662 à Paris. xviie siècle. Français.
Peintre.

Il avait le titre de « Maître peintre ordinaire des bastiments du Roy ».

DUCHATELET François
xviiie siècle. Actif à Paris en 1701. Français.
Peintre.

DU CHATELLIER Paul Armand
Né le 13 novembre 1833 à Quimper (Finistère). xixe siècle. Français.
Peintre de paysages.

Élève de Picot et Gudin. De 1865 à 1870, il exposa au Salon de Paris.

DUCHATI. Voir **DUCATI**

DU CHATTEL Wilhelmina Francisca
Née à Leyde (Pays-Bas). xxe siècle. Hollandaise.
Peintre.

En 1927 elle a exposé aux Indépendants : *La douleur.*

DUCHAUFFOUR
xvie siècle. Français.
Peintre.

On peut voir dans les Collections d'Art de la Faculté de Médecine de Paris un portrait du médecin d'Henri II, Jean Fernel, signé de son nom.

DUCHÉ Antoine
xviiie siècle. Actif à Paris en 1767. Français.
Peintre.

DUCHÉ François
xviiie siècle. Français.
Peintre.

Il fut reçu à l'Académie de Saint-Luc en 1755.

DUCHÉ Jean. Voir **DUGHET Jean**

DUCHÉ Michel
Né à Herson. xixe siècle. Français.
Sculpteur.

Élève de Lequien. Il débuta au Salon en 1876.

DUCHÉ Michel
Né à Paris. xxe siècle. Français.
Peintre de paysages.

Il exposa à Paris au Salon des Artistes Français ; mention honorable en 1939.

DUCHÉ Thomas
xviiie siècle. Britannique.
Peintre.

Il vécut probablement à Londres. Un portrait qu'il fit de l'*évêque du Connecticut, Samuel Seabury*, fut gravé par William Sharp et par Richtie, et deux *scènes enfantines* par Henry Birche à la manière noire.

DUCHÉ DE VANCY
Mort en 1788. xviiie siècle. Français.
Dessinateur, peintre et graveur.

Le Musée Carnavalet possède de lui un dessin représentant *La Place Dauphine*, et le Cabinet des Estampes, deux planches dont une est intitulée *Le Poète mécontent.* Née grava d'après ses dessins un *portrait de Stanislas de Pologne* et une planche, *Chambre du Cœur de Voltaire.*

Ventes Publiques : Paris, 13-14 déc. 1897 : *Femme assise et dormant*, dess. : FRF 26 – Paris, 1898 : *La promenade*, sanguine et pl. : FRF 1 250 – Paris, 7 et 8 mai 1923 : *Portrait de Marie-Antoinette*, mine de pb : FRF 3 000 ; *Le nouveau-né*, pl. et lav. : FRF 320 – Paris, 20 mars 1924 : *Les lettres d'amour*, pierre noire : FRF 350 – Paris, 30 avr. 1924 : *Portrait de jeune femme*, cr. aquarellé : FRF 385 – Paris, 8 déc. 1924 : *La lettre d'amour*, pierre noire : FRF 420 – Paris, 22 déc. 1924 : *La Promenade en cabriolet*, sanguine : FRF 1 550 – Paris, 31 mars 1943 : *Portrait de femme*, pierre noire : FRF 2 000 – Paris, 11 déc. 1969 : *Le concours*, aquar. : FRF 5 800.

DUCHEF Barthélémy
xviie siècle. Actif à Boën dans la Loire. Français.
Sculpteur.

DUCHEIN Paul
Né le 20 février 1930 à Rabastens (Tarn). xxe siècle. Français.
Sculpteur d'assemblages, collages, technique mixte. Tendance conceptuelle.

Pharmacien à Montauban et grand collectionneur d'art populaire, de masques africains et d'art contemporain, sa propre pratique artistique trahit l'influence déterminante du surréalisme. Reprenant à son compte la phrase d'André Breton : « toute épave à portée de nos mains doit être considérée comme un précipité de notre désir », il commence, dans les années 70, par récupérer les objets rejetés par la mer, qu'il baptise *Idoles cridiques* en référence au lieudit La Cride, où il ramasse ces épaves. Dans les années 80, il confectionne des sortes de reliquaires intimes, assemblages d'objets divers dans des boîtes, réunis sous le nom de *Rituels de mémoire* et présentés par le Musée des Beaux-Arts de Pau en 1986. Enfin, dans les années 90, avec le même principe, il réalise des *Chambres mémorables* de figures telles que Ronsard, Hannibal, Cassiopée, Mata-Hari, Piranèse, le Grand Moghol, Lucrèce, etc. Il a exposé à la Galerie Alphonse Chave à Vence en 1987, 1993, 1997, et à la Galerie Pleine Marge à Paris en 1993. En 1996, des œuvres de sa collection figuraient à l'exposition *Passions privées* du Musée d'Art Moderne de la Ville de Paris.

Bibliogr. : Catalogue de l'exposition *Paul Duchein, Rituels de mémoire*, Musée des Beaux-Arts de Pau, 1986 – Catalogue de l'exposition *Paul Duchein, Chambres mémorables*, Galerie Alphonse Chave, Vence, 1993.

Ventes Publiques : Paris, 26 sep. 1989 : *Elle collectionne* 1985, boîte-objet vitrée (48x39x11,5) : FRF 3 800 – Paris, 7 oct. 1995 : *La petite officine* 1989, acryl., bois, collage et montage d'objets divers dans une boîte (56x44x16) : FRF 7 000 – Paris, 16 mars

1997 : *Les Appelants* 1987, assemblage, caisse de bois et plexiglass (41,5x53,5x16) : **FRF 5 000**.

DUCHEK Adam
XIVe siècle. Éc. de Bohême.
Peintre.
Il signa l'autel de l'église du Doyenné à Aussiz.

DUCHEMIN
XVIIIe-XIXe siècles. Français.
Graveur et dessinateur.
Il contribua à l'œuvre de François Bonneville *Personnages Célèbres de la Révolution* et à la *Collection des Portraits des Députés aux États Généraux*, parue en 1789.

DUCHEMIN. Voir aussi **CHEMIN**

DU CHEMIN Anthoine
XVIe siècle. Français.
Peintre.
Il travailla au château de Fontainebleau, vers 1540-1550.

DUCHEMIN Catherine
Née le 12 novembre 1630 à Paris. Morte le 21 septembre 1698 à Paris. XVIIe siècle. Française.
Peintre de natures mortes, fleurs.
Fille de Jacques D., en 1657, elle épousa l'artiste Girardon. Elle fut reçue académicienne en 1663. Ce fut, dit-on, la première femme qui, en France, eut l'honneur de faire partie de l'Académie royale des Beaux-Arts.
VENTES PUBLIQUES : NEW YORK, 23 nov. 1977 : *Nature morte aux fleurs*, h/t (89,5x70,5) : **USD 6 000**.

DUCHEMIN Daniel
Né le 5 janvier 1866 à Segré (Maine-et-Loire). XXe siècle. Français.
Peintre.
Il fut élève de A. Beauvais. Exposa régulièrement, à Paris, au Salon des Artistes Français dont il devint sociétaire en 1897, il obtint une mention honorable en 1908.
MUSÉES : DUNKERQUE : *Paysage*.
VENTES PUBLIQUES : NEW YORK, 23 fév. 1968 : *Paysage au moulin* : **USD 700** – REIMS, 22 oct. 1989 : *Vieille ferme et moulin au bord de la rivière*, h/t (53x73) : **FRF 4 200**.

DUCHEMIN François Alexandre A.
Né au XIXe siècle à Paris. XIXe siècle. Français.
Graveur.
Élève de M. H. Lefort. Il figura au Salon des Artistes Français et obtint une mention honorable en 1902.

DUCHEMIN Isaak
XVIe siècle. Actif à Bruxelles vers 1590. Éc. flamande.
Peintre et graveur.
Dans son œuvre gravé, on cite : *Résurrection de Lazare*, d'après Ad. de Werdt, *Portrait du poète Van der Noot*, probablement d'après A. de Werdt.

DUCHEMIN Jacques
XVIIe siècle. Actif au début du XVIIe siècle. Français.
Sculpteur.

DUCHEMIN Suzanne
Née le 12 février 1902 à Liverpool (Angleterre). XXe siècle. Française.
Peintre de paysages, scènes de genre. Tendance expressionniste.
Elle a travaillé dans les ateliers d'André Lothe en 1928 et de Mac Avoy en 1942. Elle a d'abord exposé au Salon de Montevideo en 1926, puis régulièrement, à Paris, au Salon des Artistes Indépendants dont elle est sociétaire depuis 1950.

DUCHEMIN Victoire
Née à Paris. XIXe siècle. Française.
Peintre de portraits et de natures mortes.
Élève de Hugot. Elle exposa au Salon de 1864 à 1879.

DU CHEMIN DU COUDRAY Jacques Philippe
Né à Pont-l'Evêque. XVIIIe siècle. Français.
Peintre.

DUCHEMIN-ILLAIRE Mathilde Jenny
XXe siècle. Française.
Peintre, pastelliste.
Elle exposa à Paris au Salon des Indépendants de 1911 à 1929.

DUCHEN DEL PRINGI Salvador
Mort en janvier 1853. XIXe siècle. Espagnol.
Graveur.
Il fut graveur du roi Ferdinand VII.

DUCHÊNE. Voir aussi **DUCHESNE**

DUCHENÉ Cécilia, née **Merlini**
Née vers 1770 à Varsovie, d'origine italienne. XVIIIe-XIXe siècles. Polonaise.
Peintre.
Fille de l'architecte de la Cour, elle fut à Varsovie, l'élève de J. Grassi qu'elle suivit à Dresde, où elle figura à l'Exposition de 1801 avec un dessin : *Mère et ses enfants*. On lui attribue un portrait miniature sur ivoire de la princesse Thérésa Czartoryska qui figura à l'Exposition de miniatures de Lemberg en 1912.

DUCHÊNE Charles. Voir **EYCKEN Charles Van den**

DUCHÈNE Étienne ou **Duchaine**
Né le 12 avril 1813 à Saint-Georges-de-Reneins (Rhône). XIXe siècle. Français.
Graveur.
Il fut élève de l'École des Beaux-Arts de Lyon de 1835 à 1840. Il participa en 1843 à l'illustration de la *Monographie de l'église de Brou*, de L. Dupasquier et à différentes publications : *Choix d'églises byzantines*, de A. Couchaud, 1842, *Flore et Pomone lyonnaises*, 1847. On lui doit également le *portrait de l'abbé Jordan, curé de Saint-Bonaventure*, d'après Trimolet, et *de Jacquard*, d'après Bonnefond.

DUCHÊNE Gérard
Né le 26 juin 1944 à Lille (Nord). XXe siècle. Français.
Peintre et écrivain. Groupe Textruction.
Exposant d'abord en province, la plupart du temps avec le groupe *Textruction*, dont il a fait partie entre 1971 et 1974, il a également montré son travail à Montréal et à l'Institut d'Art Contemporain de Londres en 1973. Il participe en 1987 à une exposition de groupe, intitulée : *Du construit à la lettre* à la Galerie 30 à Paris. Il montre ses œuvres dans des expositions personnelles, la première à Perpignan, en 1974, ensuite : 1977, 1978, 1988, Paris ; 1981, Belgique ; 1983, Musée d'Art Moderne de Villeneuve d'Ascq ; 1992, Paris, galerie Alessandro Vivas.
À partir d'un texte peint sur la toile, Duchêne, comme le groupe *Textruction*, procède à une analyse matérialiste du texte écrit. Privilégiant dans le mot le signifiant au signifié, il le met en évidence, d'abord par des moyens spécifiquement picturaux, peinture, couleur, gestes, mais également par un travail sur la toile elle-même, chiffonnage (*Textes sur papier froissé*, 1972), et surtout tressage (*Tissu de Mensonges*, 1977) destiné à rendre inopérant le texte devenu illisible, à en occulter le sens. Depuis 1977, il « rédige » sur panneau un journal autobiographique intitulé *Journal d'Il*. Illisible le manuscrit l'est littéralement, puisqu'on ne lit pas de mots, seule en est saisissable une lecture formelle. Le travail de Duchêne ne traduit-il pas la relation conflictuelle qu'entretient l'artiste plasticien au texte ? Un rapport lui-même doublé par la désacralisation des mots et de leur sens dans une société médiatisée à outrance. Duchêne, en destructurant sa propre écriture, démarche non sans risque, voire provocatrice, réalise une re-découverte (une reconstruction) dans un nouvel espace de la valeur et du sens des mots, de la valeur et du sens de son être. ■ C. D.
BIBLIOGR. : Paul Ardenne : *Gérard Duchêne*, in : *Art Press*, Paris, 1992.

DUCHÈNE Guillaume
Né à Paris. XVIe siècle. Français.
Sculpteur sur bois.
Venu à Oloron (Basses-Pyrénées), il fut chargé, en 1520, d'exécuter un grand retable en bois pour l'église de Monein et paraît s'être fixé définitivement en Béarn.

DUCHÈNE Yvette
Née à Paris. XXe siècle. Française.
Sculpteur.
Elle fut élève de Benneteau. Elle a exposé régulièrement, à Paris, au Salon des Artistes Français depuis 1929. À ces occasions, on citait ses bustes d'enfants.

DUCHENNE Jean Edmond
Né en 1817 à Paris. XIXe siècle. Français.
Peintre de paysages.
Élève de Potier. Il exposa au Salon de 1844 à 1868.

DUCHERT J. M.
Allemand.

Sculpteur.
e Musée de Heidelberg conserve de cet artiste une allégorie, elief pour le Jubilé de l'Université de Heidelberg.

DUCHESNAY Jacques
XVIIe siècle. Actif à Paris en 1676. Français.
Peintre.

DUCHESNE
Mort en 1627. XVIIe siècle. Français.
Peintre d'histoire.
'eintre de la cour, cité par Siret.

DUCHESNE
XVIIe siècle. Actif à Toulouse au début du XVIIe siècle. Français.
Peintre.
l peignit douze fresques représentant la vie de David dans le loître des Augustins de Toulouse.

DUCHESNE Alexandre Adolphe
Né en 1797 à Paris. XIXe siècle. Français.
Peintre paysagiste.
Figura au Salon de 1827 à 1838. Eut une mention honorable en 1838.

DUCHESNE Anaïs. Voir **CHIRAT Benoite Anaïs**

DUCHESNE Antoine
Mort en novembre 1709. XVIIe siècle. Actif à Limoges. Français.
Sculpteur.

DUCHESNE Catherine
XVIIIe siècle. Active à Paris. Française.
Graveur au burin à la manière noire.
On cite d'elle le *Portrait de Mlle Blancheau*, d'après J.-B. Santerre.

DUCHESNE Charles ou **du Chesne**
XVIIe-XVIIIe siècles. Actif à Paris. Français.
Peintre.
Cité en 1713 comme « peintre de Mme la duchesse de Berry ».

DUCHESNE Charles
Né à Paris. Mort vers la fin de 1823 à Paris. XIXe siècle. Français.
Peintre de portraits, lithographe.
Au Salon, il débuta en 1819 et fut médaillé la même année. Sa spécialité était les portraits.
Ventes Publiques : Paris, 25 nov. 1935 : *Portrait présumé du comte d'Artois* : **FRF 550** – Paris, 22 juin 1977 : *Le Comte d'Artois dans l'uniforme des « Carabiniers »* 1821, h/t (46x38) : **FRF 13 000** – Monaco, 8 déc. 1990 : *Portrait du Comte d'Escars, pair de France* 1820, h/t (65x54) : **FRF 66 600**.

DUCHESNE Charles Jean Baptiste
Né à Gisors. Mort le 1er janvier 1803 à Paris. XVIIIe siècle. Français.
Sculpteur.
Fils du miniaturiste Jean-Baptiste Joseph D., il travailla en 1784 pour l'église de Parnes.

DUCHESNE Denis
Mort le 22 juillet 1673. XVIIe siècle. Français.
Peintre.
Peintre de la cour à Paris. Ses portraits de Carlo Gonzaga, duc de Mantoue et de Jacques Pouderoux, Seigneur de la Lande, furent gravés par Jacques Humbelot.

DUCHESNE Émery
Né le 1er juin 1847 à Paris. XIXe siècle. Français.
Peintre de portraits.
Élève de Cabanel et de Bonnat. Il exposa au Salon, de 1870 à 1895 des portraits et quelques tableaux de genre. Sociétaire des Artistes Français depuis 1883.
Musées : Lisieux : *Hauer peignant Charlotte Corday*.

DU CHESNE Gédéon
XVIIe siècle. Français.
Sculpteur.
Membre de l'Académie Saint-Luc en 1679, il travailla à Paris.

DUCHESNE Henry
XVIIe siècle. Français.
Sculpteur.
Il exécuta en 1673 un monument funéraire dans le chœur de l'église Saint-Denis à Namur.

DUCHESNE J. M.
XVIIIe siècle. Français.
Graveur.
On connaît de sa main plusieurs planches, dont : *La jeune Écolière*, d'après Schenau, *Recueil de coquilles*, *Le portrait de l'abbé de Pontignac*, d'après Voirot.

DUCHESNE Jean Baptiste ou **du Chesne**
XVIIe siècle. Français.
Sculpteur.
Il était membre de l'Académie Saint-Luc à Paris en 1674.

DUCHESNE Jean Baptiste Joseph ou **Duchesne des Argilliers,** ou **Duchesne de Gisors**
Né le 8 décembre 1770 à Gisors. Mort en décembre 1856 à Paris. XVIIIe-XIXe siècles. Français.
Peintre miniaturiste et sculpteur.
Cet artiste exposa au Salon de 1802 à 1842. En 1814, il fut nommé chevalier de la Légion d'honneur. Élève de Vincent, il se distingua par des portraits en miniature et des peintures sur émail. Son chef-d'œuvre en miniature est le portrait de la duchesse de Berry. On cite aussi comme remarquables, ceux de Louis-Philippe, de la reine Marie-Amélie, de Léopold Ier, roi des Belges. Les émaux de Duchesne se distinguent par l'éclat de la carnation et l'harmonie de composition.

DUCHESNE Jehan
XVIe siècle. Actif à Bourges. Français.
Peintre décorateur.

DUCHESNE Jehan
XVe siècle. Français.
Peintre verrier.
Il travailla en 1443 pour l'église Saint-Sulpice, à Fougères.

DUCHESNE Léonard
XVIIe siècle. Actif à Toulouse. Français.
Sculpteur.
Il travailla en 1674 pour l'Hôtel de Ville.

DUCHESNE Louis Charles
Né en 1824 à Vailly (Aisne). XIXe siècle. Français.
Peintre de portraits et de natures mortes.
Élève de Barrias. Il exposa au Salon de 1863 à 1878. Le Musée de Louviers conserve de lui : *Ananas*.

DUCHESNE Martin Archimède
Né le 23 janvier 1796 à Gisors. XIXe siècle. Français.
Peintre.
Élève de Girodet. En 1814, il envoya au Salon de Paris un portrait en miniature. Il est probablement le fils de Jean-Baptiste-Joseph Duchesne de Gisors.

DUCHESNE Nicolas
XVIIe siècle. Actif à Paris. Français.
Peintre.
Il avait en 1599, le titre de « valet de-chambre et peintre du roi », probablement prédécesseur immédiat de Philippe de Champaigne qui épousa sa fille. Il travailla pour Richelieu, à Paris et à Limours, ainsi que pour Marie de Médicis.

DUCHESNE Nicolas
XVIIe siècle. Actif à Paris en 1604. Français.
Peintre et sculpteur.

DUCHESNE P.
XVIIIe siècle. Actif à Paris au début du XVIIIe siècle. Français.
Graveur sur bois.
Il illustra la *Description de la Ville de Paris* de G. Brice en 1717.

DUCHESNE Pierre ou **du Chesne**
XVIIe siècle. Actif à Paris. Français.
Peintre.
Il fut reçu à l'Académie Saint-Luc en 1667.

DUCHESNE DES ARGILLIERS ou **de Gisors**. Voir **DUCHESNE Jean Baptiste Joseph**

DUCHESNOIS Jacques
XVIIe siècle. Actif à Versailles. Français.
Sculpteur.

DUCHESNOIS Roch
Mort le 7 décembre 1675 à Paris. XVIIe siècle. Français.
Sculpteur.
Il travailla à l'église du Val-de-Grâce, en 1666, puis aux châteaux de Versailles, Saint-Germain-en-Laye et Fontainebleau. Il fut chargé de l'entretien des marbres de Versailles.

DU CHESNOY Jean
XVIIe siècle. Actif à Paris. Français.
Sculpteur.
Il privilégia la sculpture sur marbre.

DUCHINO di Niccoluccio
Né à la fin du XIIIe siècle à Lucques. XIIIe-XIVe siècles. Italien.
Peintre.
Il travaillait à Florence en 1331.

DUCHOISELLE. Voir **DUCHOISEUIL**

DUCHOISEUIL ou **Duchoiselle**
XIXe siècle. Français.
Sculpteur.
Il sculpta en 1882 pour le proscénium de l'Opéra des statues représentant des enfants.
Ventes Publiques : Paris, 11 juin 1987 : *Indien dans une pirogue*, bronze, patine brune (H. 62,5) : **FRF 173 000** – New York, 24 mai 1995 : *Indien « brave » dans un canoë*, bronze sur un socle décoratif de bois recouvert de laiton (bronze : h. 63,5, L. 81,3 ; H. totale 147,3) : **USD 31 050** – New York, 1er nov. 1995 : *Jeune indienne dans un canoë*, marbre blanc (H. 63,5, L. 96,5) : **USD 28 750**.

DUCHON Honorine. Voir **DRUMONT Honorine,** Mme

DUCHOW Albert
Né en 1860 à Königsberg. XIXe siècle. Allemand.
Peintre.
Élève de l'École des Beaux-Arts à Karlsruhe, il se consacra à la peinture religieuse et travailla pour les églises de Mannheim, Rastadt et Schwetzingen. L'église paroissiale de Neuenbourg possède un *Chemin de Croix* peint par cet artiste.

DUCHYNSKA Marie Hélène ou **Duchysarska**
Née le 11 septembre 1852 à Tonneins (Lot-et-Garonne). XIXe siècle. Française.
Miniaturiste.
Élève de Bouguereau et T. Robert-Fleury, cette artiste a débuté au Salon des Artistes Français en 1881.

DUCIMETIERRE Gérard
Né en 1940 à Genève. XXe siècle. Suisse.
Artiste. Conceptuel.
À partir d'interventions et d'événements, Ducimetierre fait des observations sur ce qu'il nomme l'environnement planétaire ; déclenchant les mêmes phénomènes simultanés dans différents points du monde, moments éphémères et sans importance réelle, comportement d'une chose neutre (feuille de papier), abandonnée en même temps dans plusieurs villes du globe, détournement d'objets (arbres plantés à l'envers), etc.

DUCIS Louis
Né le 14 juillet 1775 à Versailles (Yvelines). Mort le 2 mars 1847 à Paris. XVIIIe-XIXe siècles. Français.
Peintre d'histoire, compositions mythologiques, scènes de genre, portraits.
Élève de David, il participa au Salon de Paris de 1804 à 1838, obtenant une médaille de première classe en 1808. Décoré de la Légion d'honneur en 1832.
Les tableaux de Ducis, que ce soient des sujets romantiques, comme *Bianca Capello s'enfuit avec son amant* ou des compositions historiques : *François Ier, armé chevalier par Bayard* ou des scènes mythologiques : *Orphée et Eurydice*, se distinguent par la correction du dessin et la richesse des coloris. Citons parmi ses portraits, ceux de : *La princesse d'Arenberg – Napoléon sur la terrasse de Saint-Cloud – Mlle de La Vallière*.

L Ducis.

Bibliogr. : Gérald Schurr, in : *Les Petits Maîtres de la peinture 1820-1920, valeur de demain*, Les Éditions de l'Amateur, t. IV, Paris, 1979.
Musées : Aix-en-Provence : *Portrait du docteur J.A. Henri Arnaud – Portrait de Mme Gravel – Marie Stuart et David Rizzio* – Cambrai : *Portrait de Charles X* – Cherbourg : *Bianca Capello s'enfuit avec son amant* – Compiègne : *François Ier, armé chevalier par Bayard* – Limoges : *Van Dyck et sa maîtresse, Maria van Ophen – Le Tasse et Léonore d'Este – Marie Stuart et Rizzio* – Lyon : *La mort du Tasse* – Paris (Mus. du Théâtre Français) : *Première entrée en scène de Talma – Ducis tirant l'horoscope du jeune Talma – Brizard, dans Œdipe chez Admète* – Versailles (Mus. Nat. du Château) : *Portrait de Napoléon – Napoléon et ses neveux sur la terrasse de Saint-Cloud*.
Ventes Publiques : Paris, 1846 : *Intérieur de cuisine* : **FRF 20** – Paris, 1897 : *Portrait de Louis-Alexandre de Neufermeil enfant* : **FRF 500** – Monte-Carlo, 23 juin 1985 : *Portrait de jeune femme*, h/t (65x54) : **FRF 12 000** – Monte-Carlo, 22 fév. 1986 : *Van Dyck peignant saint Martin partageant son manteau*, h/t (81,5x54,5) : **FRF 70 000**.

DUCK Jacob ou **Ducq, Duick, Duyck, Duc**
Né vers 1600 à Utrecht. Mort après 1660 ou 1667 à La Haye. XVIIe siècle. Hollandais.
Peintre de compositions à personnages, scènes de genre, portraits, paysages, graveur.
Il fut l'élève de Droochsloot à Utrecht. « Conterfeiten Junge » dans la gilde d'Utrecht en 1621, maître entre 1630 et 1632, il vécut à La Haye de 1656 à 1660. Il a été longtemps confondu avec Jan le Ducq, peintre animalier.
Parmi son œuvre gravé, on cite : *Quatre études de figures pour une adoration des Mages, Homme en manteau et bonnet de fourrure, Un officier vu de dos, Un officier avec son chapeau, Paysage avec un homme à cheval*.

J Duck. Jacob Duck

Musées : Amsterdam : *Écurie avec soldats – Scène dans une cave* – Berlin : *Soldats fourrageant* – Budapest : *Corps de garde* – Dresde : *Divertissement musical – Deux portraits d'homme* – Dublin : *Femme endormie* – Gotha : *Femme en robe de satin blanc devant un cavalier – Quatre autres tableaux* – Hambourg : *Prisonniers conduits devant un capitaine* – Munich : *Réunion musicale et dansante – Une femme endormie et un couple – Scène de camp – Soldats jouant aux cartes dans une écurie* – Paris (Louvre) : *Intérieur d'un corps de garde – Soldats maraudeurs – Le dépôt du butin* – Rouen : *Soldats et une fille dans une taverne* – Saint-Pétersbourg (Ermitage) : *Soldats dans une grange – Corps de garde – Réunion de buveurs – Joueurs de cartes – Soldats montrant à des filles leur butin* – Stockholm : *Officiers dans une cave* – Stuttgart : *Corps de garde* – Vienne (Acad.) : *Cavalier près d'une dame endormie* – Vienne (Liechtenstein) : *Officiers jouant – Une fille tirant une bourse de la poche d'un cavalier endormi* – Vienne (Mus. Nat.) : *Scène de pillage* – Weimar : *Bohémienne disant la bonne aventure*.
Ventes Publiques : Londres, 28 juil. 1909 : *Un Intérieur* : **GBP 38** – Londres, 9 mai 1910 : *Une paysanne avec un enfant* : **GBP 33** – Londres, 25 fév. 1924 : *Intérieur d'un corps de garde* : **GBP 131** – Londres, 15 juin 1925 : *Diseuses de bonne aventure* : **GBP 94** – Paris, 28 et 29 juin 1926 : *Le violoniste*, pierre noire : **FRF 330** – Londres, 27 avr. 1928 : *Corps de garde* : **GBP 136** – Paris, 8 nov. 1928 : *Portrait d'un officier en pied* : **FRF 1 500** ; *Réunion dans un salon* : **FRF 1 600** – New York, 18 déc. 1929 : *Cavalier* : **USD 110** – Londres, 13 fév. 1936 : *Intérieur de corps de garde* : **GBP 40** – Londres, 23 juin 1937 : *Taverne* : **GBP 38** – Londres, 2 juil. 1937 : *Paysans jouant aux cartes* 1636 : **GBP 44** – Londres, 23 fév. 1938 : *Officier dans un intérieur* : **GBP 50** – Paris, 1er juil. 1938 : *Femme et militaire dans un intérieur* : **FRF 900** – Londres, 3 mai 1940 : *Le jeu de quilles* : **GBP 78** – Paris, 7 juil. 1943 : *Les Joueurs de cartes*, attr. : **FRF 4 000** – Paris, 21 avr. 1944 : *La partie de tric-trac*, Genre de J. D. : **FRF 7 000** – Londres, 26 juin 1946 : *Scène d'intérieur* : **GBP 95** – Paris, 4 juin 1951 : *Le corps de garde* : **FRF 95 000** – Paris, le 5 déc. 1951 : *Le repos des militaires* : **FRF 520 000** – Cologne, 11 nov. 1964 : *Concert familial* : **DEM 11 000** – Londres, 29 oct. 1965 : *Jeune femme essayant des boucles d'oreille* : **GNS 1 300** – Londres, 10 juil. 1968 : *La salle de garde* : **GBP 1 700** – Londres, 24 fév. 1971 : *Femme dans un intérieur* : **GBP 2 000** – Londres, 7 juil. 1976 : *La partie de tric-trac*, h/pan. (34,5x33) : **GBP 2 800** – Londres, 12 juil. 1978 : *Soldats dans un intérieur*, h/pan. (36x49) : **GBP 3 000** – Londres, 11 juil. 1979 : *Personnages à l'écurie* 1628, h/pan. (43x60,5) : **GBP 7 000** – Londres, 16 mai 1980 : *L'école d'équitation*, eau-forte (18,4x23,6) : **GBP 300** – New York, 10 juin 1983 : *La salle de garde*, h/pan. (34,5x41) : **USD 18 000** – New York, 6 juin 1985 : *Cavalier et femme endormis à l'intérieur d'une auberge*, h/pan. (45,5x63) : **USD 50 000** – Cologne, 22 mai 1986 : *Chez le notaire*, h/pan. parqueté (37x52) : **DEM 79 000** – New York, 14 jan. 1988 : *Intérieur d'une salle de garde avec des soldats endormis et un gentilhomme au premier plan*, h/pan.

2x63,5) : USD 143 000 – New York, 15 jan. 1988 : *Salle de garde avec un officier entouré de soldats endormis et une ribaude*, h/pan. (45,7x68,8) : USD 220 000 – Amsterdam, 28 nov. 1989 : *Un officier surprenant des filles à soldats en train de jouer aux cartes dans une salle de garde*, h/t (70,5x87,5) : NLG 149 500 – New York, 31 mai 1990 : *Vieil homme déchiffrant un document pour un cavalier et un serviteur attendant près de lui*, h/pan. (28,6x21,5) : USD 15 400 – Londres, 20 juil. 1990 : *Salle de garde avec des soldats tirant le butin au sort*, h/t (48x62,5) : GBP 3 520 – Londres, 8 juil. 1992 : *Une salle de garde avec des militaires et des courtisanes*, h/pan. (48,5x62,5) : GBP 4 400 – Stockholm, 19 mai 1992 : *Groupe d'hommes goûtant du vin dans un chai*, h/pan. (52x76) : SEK 75 000 – New York, 14 jan. 1994 : *Distribution d'aumones dans l'étude d'un notaire*, h/pan. (36,8x52,1) : USD 233 500 – Londres, 20 avr. 1994 : *Dame à sa toilette*, h/t (60x45,8) : GBP 19 550 – Paris, 23 juin 1995 : *Scène de corps de garde*, h/pan. (28,5x35) : FRF 36 000 – New York, 11 jan. 1996 : *Couple jouant au Backgammon près d'une fenêtre ouverte avec une vieille femme fumant la pipe au fond*, h/pan. (33,7x29,2) : USD 63 000 – Amsterdam, 7 mai 1997 : *Vanité : Jeune Femme à sa toilette*, h/t (50,6x45,7) : NLG 34 596 – Londres, 3 déc. 1997 : *Assemblée élégante jouant de la musique dans un intérieur*, h/t (63,8x81,3) : GBP 21 850.

DUCK Jan. Voir **LE DUCQ**

DUCK Johann
XVIIe siècle. Actif à Nordhausen. Allemand.
Sculpteur.

DUCKER Eugène Gustav, appelé par erreur **Dückert**
Né le 10 février 1841 à Arensbourg. Mort en 1916 à Düsseldorf. XIXe-XXe siècles. Russe.
Peintre de compositions animées, paysages, marines, aquafortiste.
Élève de l'Académie de Saint-Pétersbourg, de laquelle il obtint une bourse de voyage. Il prit une place importante parmi les peintres. En 1873, il exécuta, à Moscou, une importante décoration pour le grand-duc Wladimir Alexandrowich. Il voyagea et fut professeur à l'Académie de Düsseldorf. Membre de l'Académie de Saint-Pétersbourg, Stockholm, Düsseldorf. Figura avec grand succès dans les grandes expositions européennes.
Musées : Berlin : *Paysage de Rugen – Crépuscule* – Breslau, nom all. de Wroclaw : *Côtes de la mer du Nord* – Düsseldorf : *Ile d'Osel* 1891 – *Ile de Rügen – Crépuscule – Tourbière – Océan* – Kaliningrad, ancien. Königsberg : *Paysage – Coucher de soleil* – Saint-Pétersbourg (Mus. Russe) : *Après l'orage*.
Ventes Publiques : Londres, 2 mars 1934 : *La source* 1878 : GBP 38 – New York, 18 oct. 1944 : *Départ pour la pêche* : USD 400 – Cologne, 15 mars 1968 : *Barques de pêche* : DEM 2 600 – Cologne, 29 mars 1974 : *Bord de mer* : DEM 2 800 – Londres, 21 avr. 1978 : *Scène de bord de mer à l'aube*, h/t (58x92) : GBP 2 600 – Londres, 5 oct. 1979 : *Scène de bord de mer* 1878, h/t (53,5x93,2) : GBP 3 000 – Londres, 21 mai 1982 : *Pêcheurs sur la plage*, h/t (50,7x91,5) : GBP 1 000 – Zurich, 21 juin 1985 : *L'après-midi, scène de bord de mer* 1893, h/t (61x48) : CHF 9 500 – Cologne, 3 juil. 1987 : *Scène de plage*, h/t (32x53) : DEM 3 000 – Cologne, 18 mars 1989 : *Crépuscule sur un lac*, h/t (48x33) : DEM 4 000 – Cologne, 20 oct. 1989 : *Le ressac*, h/pap. (30x47,5) : DEM 2 400 – Cologne, 23 mars 1990 : *Le soir à Rügen*, h/t (30x48) : DEM 2 000 – Amsterdam, 6 nov. 1990 : *Enfants dans un parc*, h/cart. (39x58,5) : NLG 3 680.

DUCKER Marie
Née le 13 juillet 1847 à Arensbourg (dans l'île de Desel). XIXe siècle. Russe.
Peintre.
Sœur et élève d'Eugène Gustav Ducker, elle travailla comme peintre de fleurs et de natures mortes à Riga et Pernau.

DUCKERS. Voir **DUKERS**

DUCKETT Isabella, Lady
XIXe siècle. Britannique.
Peintre.
Fille du Gouverneur de la Jamaïque, sir Lionel Smith, et élève du peintre de miniatures W. Booth, elle figura régulièrement à partir de 1867 à la Society of Lady Artists à Londres, avec des aquarelles et des peintures à l'huile, oiseaux et fleurs, et en 1871 à l'Exposition Universelle de Londres.

DUCKETT Mathilde
Née le 20 novembre 1844 à Paris. XIXe siècle. Française.
Peintre.
Élève de J. Couture. Elle exposa au Salon de 1861 à 1879. Parmi les œuvres présentées, on cite *la Tireuse de cartes* (1861), *la Samaritaine* (1868).
Musées : Auch : *Vue prise de Mortain*.

DUCKETT Thomas, l'Ancien
Né vers 1804 à Preston (Lancashire). Mort en février 1878. XIXe siècle. Britannique.
Sculpteur.
Élève avec John Gibson, de Francis et Spence à Liverpool, il travailla dans leur atelier, la sculpture monumentale et décorative ; il fut chargé de l'exécution de plusieurs statues d'hommes célèbres. On connaît de lui les projets des statues de sir Richard Arkwright et de Wellington (pour Leeds), et une statue de sir Robert Peel à Preston.

DUCKETT Thomas, le Jeune
Né en 1839. Mort vers mai 1868 à Sydney. XIXe siècle. Britannique.
Sculpteur.
Fils de Thomas Duckett l'Ancien ; il fut élève de Th. Thornycroft. A Sydney il exécuta un *Ange de la Mort* et un *Ange de la Pitié* pour le cimetière d'Haslembruk. Il exposa à la Royal Academy de Londres de 1861 à 1867 des bustes, un monument funéraire et des sculptures de genre.

DUCKMANN John, dit **John The Dutchman**
XVIIe siècle. Actif au début du XVIIe siècle. Hollandais.
Peintre.
Il fut peintre à la cour du Shah Abbas I de Perse. Le palais de Bagh-i-Tschesme à Aschraf possédait des peintures auxquelles il avait travaillé.

DUCLAIN. Voir **DUCLAUX Jean Antoine**

DUCLAIRE Jean ou **Duclairc l'Aîné**
XVIIe siècle. Actif vers 1691. Français.
Peintre.
Siret le cite comme professeur fondateur de l'Académie de Bordeaux.
Musées : Bordeaux : *Trinité*.

DUCLAIRE Pierre ou **Duclairc le Jeune**
XVIIe siècle. Actif à Bordeaux. Français.
Peintre.
« Peintre du Roy », il enseigna comme Jean D. à l'Académie de Bordeaux.

DUCLAUX Balthazard ou **Duclo**
Né au XVIIe siècle à Grenoble. XVIIe siècle. Français.
Peintre de miniatures.
Frère de Gabriel D., il s'établit à Rome, où il était encore en 1680.

DUCLAUX Gabriel
Né à Grenoble. XVIIe siècle. Français.
Peintre.
Actif dans la seconde partie du XVIIe siècle, il peignit un tableau pour la chapelle de la confrérie de Saint-Joseph le 4 janvier 1683. En 1685, on le nomme « peintre ordinaire de la ville » ; il se maria le 3 novembre 1678.

DUCLAUX Jean Antoine
Né le 26 juin 1783 à Lyon (Rhône). Mort le 21 mai 1868 à Lyon (Rhône). XIXe siècle. Français.
Peintre de genre, animalier, paysages, dessinateur, graveur.
Il apprit le dessin, à Lyon, sous la direction de Grognard. D'abord employé de commerce, il partit pour Naples en 1805 ou 1806, comme secrétaire du général Compère, dessina beaucoup en Italie et revint à Lyon, où il travailla d'après nature, conseillé par Revoil et Fleury-Richard. Il débuta au Salon de Paris en 1812, obtenant une médaille de première classe en 1817.
Si, surtout à ses débuts, son dessin est un peu sec, et sa couleur assez froide et grise, il assouplit son graphisme et est considéré par Ingres comme « celui qui dessine le mieux les animaux ». Ceci est particulièrement sensible pour ses eaux-fortes représentant des animaux, mais aussi pour ses paysages. Citons : *Une diligence – Intérieur de manège – Chaise de poste attaquée par des voleurs – La malle au relais – Portrait d'église gothique – Intérieur d'écurie*.
Bibliogr. : Gérald Schurr, in : *Les Petits Maîtres de la peinture*

1820-1920, valeur de demain, Les Éditions de l'Amateur, t. V, Paris, 1981.
Musées : Bourg-en-Bresse : *Cour de ferme* – Dijon : *Les moutons* – Lyon : *Deux taureaux jouant – Halte d'artistes lyonnais à Saint-Rambert en 1824 – Intérieur d'une écurie – Course de chevaux à Perrache en 1844 – Taureaux échappés* – Versailles (Grand Trianon) : *Intérieur d'étable*.
Ventes Publiques : Enghien-les-Bains, 19 avr. 1978 : *Bord de rivière* 1826, h/t (54x81) : **FRF 31 500** – Versailles, 4 oct. 1981 : *Cheval et troupeau au bord de la rivière* 1839, h/pan. (27x40) : **FRF 4 300** – New York, 27 mai 1982 : *Le relais de la diligence d'Eau à Trevoux-sur-la-Saône* 1819, h/t (55x81) : **USD 20 000** – Lyon, 22 oct. 1985 : *Intérieur d'étable* 1858, h/t (42,5x58) : **FRF 38 000** – Lyon, 27 avr. 1989 : *Ferme animée* 1931, h/t (37x57) : **FRF 46 000** – Reims, 15 mars 1992 : *Cour de ferme et chevaux à l'abreuvoir* 1821, h/t (33x46) : **FRF 38 000** – Mayenne, 24 oct. 1993 : *Vue du chateau Pierre Scize à Lyon, bord de Saône* 1820, h/t (55,5x81) : **FRF 280 000** – New York, 12 oct. 1994 : *Paysans sur un chemin* 1831, h/t (46,5x57) : **USD 11 500**.

DUCLAUX Joseph Gabriel Jean Boniface ou **Duclo**
Né au XVIIe siècle à Rome. XVIIe siècle. Français.
Peintre.
Il était fils du miniaturiste Baltazard D., et s'établit à Grenoble.

DUCLER Louis Fortuné
Né à Paris. XIXe siècle. Français.
Peintre.
A l'École des Beaux-Arts, il eut pour maîtres Picot et Yvon. Au Salon de 1879, il exposa un projet de retable : *Sainte Elisabeth de Hongrie, faisant l'aumône*.

DUCLERCQ. Voir **DUCLAIRE**

DUCLÈRE Teodoro ou **Theodor**
Né en 1816 à Naples, de parents français. Mort en 1867. XIXe siècle. Italien.
Peintre de paysages, aquarelliste, dessinateur.
Il fut l'élève et le gendre du Hollandais A. Pitloo qui fonda l'École du Pausilippe.
Il exécuta un grand nombre de dessins et d'aquarelles et quelques grands tableaux à l'huile. La plupart de ses œuvres furent acquises par des étrangers de passage à Naples.
Musées : Naples (Inst. des Beaux-Arts) – Sorrente (Mus. mun.).
Ventes Publiques : Milan, 23 mars 1983 : *Paysage*, h/t (77x64) : **ITL 2 600 000** – Milan, 18 mars 1986 : *Paysage à la cascade*, h/cart. (24x41) : **ITL 3 000 000** – Rome, 19 mai 1987 : *La côte à Amalfi*, temp. (27x41) : **ITL 3 600 000** – Rome, 27 avr. 1993 : *Vue du Golfe de Naples*, cr./pap. (32x57) : **ITL 4 504 200** – Rome, 31 mai 1994 : *La côte amalfitaine* 1855, h/t (32x46) : **ITL 9 428 000** – Rome, 13 déc. 1994 : *La péninsule de Sorrente*, h/t (20,5x41) : **ITL 7 820 000** – Paris, 15 avr. 1996 : *Le marché sur le port ; Vue d'une baie depuis un quai*, h/pap., une paire (chaque 12x17,5) : **FRF 10 000**.

DUCLO. Voir **DUCLAUX**

DUCLOS. Voir aussi **DUCLAUX** et **DUCLOUX**

DUCLOS Adolphe
Né le 8 mai 1865 à Sainte-Barbe-sur-Gaillon (Eure). XIXe siècle. Français.
Peintre.
Élève de Boulanger et de J. Lefebvre. Sociétaire des Artistes Français depuis 1890, il figura au Salon de cette société.

DUCLOS Antoine Jean
Né en 1742 à Paris. Mort le 3 octobre 1795. XVIIIe siècle. Français.
Graveur.
Élève d'Augustin de Saint-Aubin, il ne figura au Salon qu'en 1795. On cite de lui : *Un évêque*, d'après Saint-Aubin, 27 vignettes pour l'*Anacréon*, d'après Ch. Eisen, *Télémaque arrivant chez Calypso*, d'après Fr. Boucher, *La reine annonçant à Madame de Bellegarde la liberté de son mari*, d'après M. Desfossés, *Les suites de la guerre*, d'après P.-P. Rubens, *Le Bal paré*, d'après A. de Saint-Aubin, *Le Concert*, d'après Aug. de Saint-Aubin, *Festin de noces de deux jeunes mariés russes*, d'après J.-B. Le Prince.
Ventes Publiques : Paris, 1899 : *Portrait d'enfant*, dess. : **FRF 400** – Paris, 26 fév. 1900 : *Scène d'opéra-comique*, dess. : **FRF 215** – Paris, 21 mars 1925 : *Portrait de jeune homme*, sanguine : **FRF 100** – Paris, 28 nov. 1928 : *Intérieur paysan avec cinq personnages autour d'un malade*, pl., dessin de vignette : **FRF 2 900** – Londres, 22 juil. 1937 : *Scène d'intérieur* 17[?], dess. : **GBP 30**.

DUCLOS Claude
Mort le 25 août 1695, assassiné. XVIIe siècle. Actif à Laon. Français.
Sculpteur sur bois.
On lui doit les lambris du chœur de l'église Saint-Martin de Laon.

DUCLOS Émile
Né à Paris. XXe siècle. Français.
Peintre de natures mortes.
Il exposa à Paris au Salon d'Automne à partir de 1912.

DUCLOS Gabriel
XVIIIe siècle. Français.
Peintre et sculpteur.
Il fut reçu à l'Académie de Saint-Luc à Paris en 1758.

DUCLOS Georges
Né à Paris. XXe siècle. Français.
Peintre de fleurs.
Il exposa à Paris au Salon d'Automne en 1931.

DUCLOS Guillaume
XVIIIe siècle. Français.
Peintre.
Il fut reçu à l'Académie de Saint-Luc à Paris en 1767.

DUCLOS Janine
Née à Paris. XXe siècle. Française.
Peintre de fleurs, natures mortes.
Élève de J. Grün et L. Bilout. Sociétaire, à Paris, du Salon des Artistes Français où elle a régulièrement exposé de 1927 à 193[?].

DUCLOS Marie Adélaïde Louise
XVIIe siècle. Française.
Graveur.
Elle grava d'après Lafitte en 1793 *Un apôtre agenouillé* et, avec S. Desmarets, un *portrait d'Alexandre Ier de Russie*, d'après C. Nigri.

DUCLOS-CAHON Marie
Née le 3 avril 1845 à Paris. XIXe siècle. Française.
Peintre et graveur.
Exposa au Salon, de 1867 à 1879, plusieurs eaux-fortes et quelques paysages.

DUCLOS-DENCOUX Robert
XVIIIe siècle. Français.
Peintre et sculpteur.
Il fut reçu à l'Académie de Saint-Luc à Paris en 1775.

DUCLOUX Madeleine
XVIIe siècle. Française.
Peintre sur émail.
Un portrait d'ecclésiastique sur émail de cette artiste fut exposé en 1874 au Musée de South Kensington à Londres.

DUCLOUX René ou **Duclos**
Né au XVIe siècle à Troyes. XVIe siècle. Actif en Espagne. Français.
Sculpteur.
Le Musée de Saragosse conserve de cet artiste des restes de chapiteaux provenant de la décoration de l'ancien bâtiment des douanes de cette ville. On lui doit également le portail de l'église Saint-Michel à Barcelone.

DUCLOZ Pierre
XVIe siècle. Travaillant à Grenoble. Français.
Peintre.
En 1547, il exécuta des écussons décoratifs à l'occasion de l'entrée du lieutenant-général Guillaume de Poitiers et de Henri II en 1548, il peignit des écussons et des devises en papier.

DUCLUSEAU Zodalie Michel
XIXe siècle. Française.
Peintre de portraits.
De 1836 à 1848, elle exposa au Salon de Paris, la plupart du temps des portraits. Au Musée de Reims, on voit d'elle : *Pauvre fille*.

DUCLUZEAU Marie Adélaïde, née **Durand**
Née le 16 mars 1787 à Paris. Morte le 2 août 1849 à Paris. XIXe siècle. Française.

Peintre.
Elle obtint une médaille de troisième classe en 1831 et de première classe en 1843. A travaillé à la Manufacture de Sèvres. On voit d'elle au Musée de Versailles : *Portrait de Louis de Revol.*

DUCOIN Marguerite
xxe siècle. Française.
Peintre de natures mortes.
Elle exposa à Paris au Salon des Artistes Français en 1945.

DUCOLLET Robert
Né à Alger. xxe siècle. Français.
Graveur.
Il exposait un paysage au Salon des Artistes Français de 1935.

DUCOMMUN Jean Félix
Né en 1920 à Berne. Mort en 1958. xxe siècle. Suisse.
Peintre de compositions animées, paysages.
Membre de la Société Suisse des Peintres et Sculpteurs.
Ventes Publiques : Berne, 30 avr. 1980 : *Les amies* 1956, h/t (56x38) : **CHF 2 000** – Lucerne, 19 mai 1983 : *Baigneuses au bord de la mer* 1954, h/t (60x92) : **CHF 2 000** – Genève, 29 nov. 1986 : *Ma cour fleurie*, h/cart. (80x115) : **CHF 2 000.**

DUCOMMUN du Locle David Henri Joseph, dit **Daniel**
Né le 15 avril 1804 à Nantes, originaire du Locle. Mort le 19 septembre 1884 à Rethel (Ardennes). xixe siècle. Français.
Sculpteur.
Élève du baron Bosio et de Cortot, il entra à l'École des Beaux-Arts en 1821. Il obtint une médaille de troisième classe en 1839, de deuxième classe et de première classe en 1846. En 1841, il fut décoré de la Légion d'honneur et fut nommé officier du même ordre en août 1865. Il exposa au Salon de 1839 à 1863. Parmi ses œuvres, on cite notamment des statues dont : *Musique* pour le nouveau Louvre, *Cléopâtre* aux Tuileries, *Raimbaud III*, destiné pour la ville d'Orange, etc. Ducommun renonça à la carrière d'artiste en 1865.

DUCOQ
Éc. flamande.
Peintre de portraits.
Il fut cité par le docteur Mireur.
Ventes Publiques : Paris, 1844 : *Portrait de M. Coquelaer, curé de l'église Saint-Sauveur à Bruges* : **FRF 640.**

DUCORNET Louis Joseph César
Né le 10 janvier 1806 à Lille (Nord). Mort le 27 avril 1856 à Paris. xixe siècle. Français.
Peintre de compositions religieuses, sujets allégoriques, portraits.
Cas tout à fait particulier dans l'histoire des arts, Ducornet était né sans bras et sut si bien se servir de ses pieds, qu'il parvint à manier le crayon et le pinceau avec une dextérité étonnante. Surpris par ses premières ébauches, François Watteau n'hésita pas à le faire admettre en 1819, au nombre des élèves de l'École de Lille, dont il était directeur. Pensionné par la ville de Lille et par louis XVIII, il put se rendre à Paris, entra dans l'atelier de Guillaume Lethière, où il acheva de se perfectionner.
Sa palette est onctueuse, riche et contrastée. On voit de lui, dans l'église Saint-Louis-en-L'Ile à Paris : *Apparition du Christ à sainte Madeleine – Le repos de la Sainte Famille en Égypte – Saint Denis prêchant dans les gaules* ; dans l'église d'Auxy-le-Château, Pas-de-Calais : *Gloria in altissimis Deo.*

C. DUCORNET
NÉ SANS BRAS

Bibliogr. : Gérald Schurr, in : *Les Petits Maîtres de la peinture 1820-1920, valeur de demain*, Les Éditions de l'Amateur, t. VI, Paris, 1985.
Musées : Amiens : *Édith retrouve le corps du roi Harold sur le champ de bataille* – Bagnères-de-Bigorre : *La France*, peint. allégorique – Compiègne : *La belle Édith* – Dijon : *Portrait de J.J. Lécurieux* – Lille : *Adieux d'Hector et d'Andromaque – Saint Louis rendant la justice, dans le bois de Vincennes – Deux Portraits de la mère de l'artiste – Portrait du père de l'artiste – autoportrait* – Montpellier : *Portrait d'Ossian Bonnet – Portrait de Madame Ossian Bonnet* – Reims : *Portrait d'une dame – La leçon de danse* – Riom : *Portrait de H. Robillard* – Saint-Omer : *Baigneuse – Autoportrait*, aquar.
Ventes Publiques : Paris, 1er oct. 1946 : *Portrait de jeune garçon* 1841 : **FRF 400** – Paris, 12 juin 1992 : *La halte des hussards* 1837, h/t (55x68) : **FRF 6 800.**

DUCORRON
xixe siècle. Éc. flamande.
Peintre de paysages.
Fils de Julien Joseph Ducorron.

DUCORRON Julien Joseph
Né en 1770 à Ath (Hainaut). Mort en 1848 à Ath. xviiie-xixe siècles. Belge.
Peintre de paysages.
Élève de Balthazar Paul Ommeganck, à l'Académie d'Anvers, il fut nommé, dès 1800, directeur de l'École de dessin de sa ville natale.
Ses paysages de moulins, cascades, torrents, rivières, peints dans la tradition du paysage flamand du xviie siècle, prennent une tournure romantique dans leur mise en page.
Bibliogr. : Gérald Schurr, in : *Les Petits Maîtres de la peinture 1820-1920, valeur de demain*, Les Éditions de l'Amateur, t. V, Paris, 1981.
Musées : Amsterdam – Cambrai.
Ventes Publiques : Paris, 1821 : *Une cascade* : **FRF 55** – Paris, 7 nov. 1927 : *La route encaissée*, lav. de sépia : **FRF 480** – Paris, 7 déc. 1936 : *Le retour des paysans* : **FRF 310** – Valenciennes, 17 mars 1980 : *Pêcheurs près d'un torrent*, h/t (73x100) : **FRF 7 500.**

DUCORROY Joël
xxe siècle. Français.
Artiste.
Il fut élève de l'école nationale des beaux-arts de Paris, où il a participé à une exposition collective en 1995. En 1996, la galerie Boudoin-Lebon a montré une exposition d'ensemble de ses travaux.

DUCOS Bathilde
Née à Paris. xixe siècle. Française.
Peintre de portraits.
Élève de Mme Lecran. Elle envoya des portraits au Salon en 1877 et 1878.

DUCOS de la HAILLE Pierre Henri
Né le 26 juillet 1889 à Poitiers (Vienne). Mort en 1972. xxe siècle. Français.
Peintre de compositions à personnages.
Élève de Raphaël Collin et de Ernest Laurent, il débuta, à Paris, au Salon des Artistes Français en 1920 avec : *Les Rois Mages.* Mention honorable en 1921 avec *Océanides et les Bambins.* Grand Prix de Rome en 1922.

DUCÔTÉ Amable
Mort le 15 mars 1771. xviiie siècle. Actif à Paris. Français.
Peintre et sculpteur.
Il avait été reçu en 1739 à l'Académie de Saint-Luc.

DUCÔTÉ Toussaint Romain
xviiie siècle. Actif à Paris. Français.
Peintre.
Il est le frère d'Amable Ducôté.

DUCOUDRAY Barnabé
xviiie siècle. Actif à Besançon en 1785. Français.
Sculpteur.

DUCOUDRAY Henri
xixe siècle. Actif dans la Loire-Inférieure. Français.
Peintre.
Sociétaire des Artistes Français depuis 1888, il figura au Salon de cette société.

DUCOUDRAY Marie
Née au xixe siècle à Romorantin (Loir-et-Cher). xixe siècle. Française.
Sculpteur.
Sans doute descendante de Marie BOURGAULT-DUCOUDRAY. Élève de Francheschi et Astruc. Sociétaire des Artistes Français depuis 1890, elle figura au Salon de cette société et obtint une mention honorable en 1898 et une autre à l'Exposition Universelle de 1900.

DUCOULOMBIER Carlos Paul
Né à Tourcoing (Nord). xxe siècle. Français.

Peintre de portraits, paysages.
Élève de H. Léty. Sociétaire, à Paris, du Salon des Artistes Français où il a exposé, de 1932 à 1939, des paysages et des portraits (pastel et crayon).

DUCOULOMBIER J.H.
Né en 1927 à Saintes (Charente-Maritime). XXe siècle. Français.
Peintre.
Il a exposé en 1963 et 1965 au Palais des Beaux-Arts de Bruxelles. Le matiérisme, bois, jute, tissus déchirés, tient un place importante dans sa peinture.

DUCOURET Francisque
Né à Paris. XIXe siècle. Français.
Peintre.
Envoya des fusains au Salon en 1869 et 1870.

DUCOURNEAU Louis
XIXe siècle. Français.
Peintre de portraits.
Établi à Madrid il y figura à plusieurs Expositions avec des travaux sur porcelaine et cristal, dont le portrait du roi Alphonse XII et des Infantes Paz et Eulalie de Bourbon.

DUCOURTIL Jean I ou **du Courtil**
Mort en 1571. XVIe siècle. Actif à Lyon. Français.
Peintre, verrier.

DUCOURTIL Jean II ou **du Curtil** ou **du Curty**
XVIe siècle. Français.
Peintre, verrier.
Probablement fils de Jean I Ducourtil. Il travailla à Lyon de 1574 à 1590, notamment en 1574 pour l'entrée d'Henri III.

DUCOURTIOUX Renée
Née à Vannes (Morbihan). XXe siècle. Française.
Peintre de paysages.
Elle exposa à Paris au Salon des Indépendants de 1911 à 1913.

DUCQ Jan. Voir **LE DUCQ**

DUCQ Joseph François
Né le 10 septembre 1762 à Ledeghem. Mort le 9 avril 1829 à Bruges. XVIIIe-XIXe siècles. Français.
Peintre d'histoire, de compositions religieuses, scènes de genre, portraits, paysages.
Il eut pour maître Suvée. En 1800, il eut le deuxième grand prix de Rome. Au Salon de Paris il obtint une médaille en 1810. De 1799 à 1814, il exposa au Salon de Paris des tableaux de genre, des vues et des portraits.
Musées : Bruges : *Scipion retrouvant son fils – Portrait de Van Gierdegom – Portrait de Guillaume Ier* – Dunkerque : *Joueurs de trictrac* – Lisieux : *Aurore.*
Ventes Publiques : Paris, 1834 : *Saint Jean l'Évangéliste* : **FRF 100** – La Haye, 23 mars 1908 : *Les Prisonniers* : **FRF 750** – Aix-en-Provence, 28 jan. 1974 : *Scipion retrouvant son fils* : **FRF 12 000** – Paris, 20 déc. 1996 : *Scène antique* 1806, h/t (66x50,5) : **FRF 74 000.**

DUCRAI ou **Ducray**
XIXe siècle. Française.
Miniaturiste.
Cette artiste est mentionnée à Saint-Pétersbourg vers 1807.

DUCRAUX François
XVIIIe siècle. Actif à Paris en 1708. Français.
Sculpteur.

DUCRAY Charles
XVIIIe siècle. Actif à Paris en 1729. Français.
Sculpteur.

DUCRÉ
XIXe siècle. Française.
Miniaturiste.
On ne connaît de cette artiste qu'un petit portrait miniature sur ivoire de la danseuse Fanny Elssler exposé en 1906 par Friedmann et Weber à l'Exposition des Miniatures à Berlin. Peut-être est-elle identique à la miniaturiste Ducrai, ou à Antoinette Clémence Ducreux.

DUCRÉ Jean Salomon
Né vers 1731. Mort le 14 août 1771 à Genève. XVIIIe siècle. Suisse.
Peintre sur émail.
Ducré, cité par le Dr Brun, s'associa avec Maurice Dunant.

DUCRÉE Friedrich Wilhelm
Né le 21 décembre 1719 à Francfort-sur-le-Main. Mort le 22 avril 1760 à Francfort-sur-le-Main. XVIIIe siècle. Allemand.
Peintre.
Élève de Justus Juncker le vieux. Il peignit de petits tableaux de genre et des paysages avec personnages. Le Musée Historique de Francfort possède 4 de ses tableaux.

DUCREST Cathellin ou **Catherin**
XVIe siècle. Actif à Annecy de 1548 à 1553. Français.
Peintre.

DUCRET Jacques Joseph
XVIIIe siècle. Actif à Fribourg en 1738. Suisse.
Sculpteur.
Fils de Jean-Joseph-Daniel Ducret.

DUCRET Jean Joseph Daniel
Né à Vernex (paroisse à Montreux). XVIIe-XVIIIe siècles. Suisse.
Sculpteur.
Ducret étudia son métier à Soleure, et devint bourgeois de Fribourg, où il travailla, le 4 mars 1738. Il reconstruisit le portail latéral de gauche de la collégiale.

DUCRET Marcelle
Née à Lausanne (Vaud). XXe siècle. Suissesse.
Peintre de portraits.
Elle exposa à Paris au Salon des Indépendants en 1922 et 1923.

DUCRETET André
Né à Paris. XXe siècle. Français.
Sculpteur.
Il a exposé des bustes à Paris au Salon des Artistes Français de 1932 à 1934.

DUCREUX
XVIIIe siècle. Français.
Peintre et sculpteur.
Il travaillait aux « Menus Plaisirs de la Cour ». En 1701 il fit deux portraits de cire du roi Jacques Stuart qui furent utilisés pour ses funérailles à Saint-Germain-en-Laye.

DUCREUX Adrien
XVIIIe siècle. Actif à Paris à la fin du XVIIIe siècle. Français.
Peintre.
Troisième fils de Joseph Ducreux et élève de son père et de Greuze, il mourut à l'âge de 16 ans.

DUCREUX Antoinette Clémence
XVIIIe siècle. Active à Paris. Française.
Peintre de fleurs et miniaturiste.
Filleule de Marie-Antoinette, fille et élève de Joseph Ducreux.

DUCREUX Charles
XVIIIe siècle. Actif à Nancy en 1735. Français.
Peintre.

DUCREUX Jean Louis
XVIIIe siècle. Français.
Peintre.
Il fut reçu à l'Académie de Saint-Luc en 1753.

DUCREUX Jean Nicolas
XVIIIe siècle. Actif à Nancy. Français.
Peintre.
Cité par M. A. Jacquot dans son *Essai de Répertoire des Artistes Lorrains.*

DUCREUX Joseph
XVIIIe siècle. Actif à Nancy entre 1706 et 1731. Français.
Peintre.

DUCREUX Joseph
Né le 26 juin 1735 à Nancy (Meurthe-et-Moselle). Mort le 24 juillet 1802 à Paris. XVIIIe siècle. Français.
Peintre de portraits, pastelliste, graveur.
Fils de Charles Ducreux, et unique élève de Latour, il fut choisi, en 1769, par M. de Choiseul, pour aller faire à Vienne le portrait de l'archiduchesse Marie-Antoinette. Cet honneur lui valut plus tard le titre de premier peintre de la reine et celui de baron. Il fut membre de l'Académie impériale de Vienne et de celle de Saint-Luc, à Paris.
Il prit part aux Expositions de la correspondance à partir de 1781 avec : *Portrait de M. de la Blancherie*, pastel (réexposé en

1785). – 1782 : *Portrait de Franklin*, pastel. – 1783 : *Portrait de Mlle de Fels, chanteuse – Un Homme vêtu d'une redingote rouge, qui bâille en se réveillant (vu à mi-corps) – Le Portrait de l'Artiste (il rit)*. – 1785 : *Portrait de Mlle D'Éon, chevalière de l'ordre royal et militaire de Saint-Louis*. Il a participé aux Expositions du Louvre, notamment au Salon de 1791, avec : *Le Silence*, portrait ovale – *Un Bénédictin – Portrait d'Homme – Portrait d'Homme – Portrait d'Homme – Un Homme bâillant*. – Salon 1793 : *Portrait de Brichard, notaire – Un Portrait de femme – Robespierre – Le Portrait de Bourbeau – Le Portrait de Saint-Huruge – Un moqueur qui montre au doigt – Le Portrait de Couthon, président du Comité du salut public – Portrait du citoyen Périgny – Le Portrait de Laveau*. – Salon 1795 : *Portrait du citoyen la Chabaussière, homme de lettres – Le citoyen Plaichard, législateur – Le Citoyen Le Brun, poète – Le citoyen Ducreux peint par lui-même – La citoyenne Beauharnais – Le citoyen Chénier, législateur – Portrait du citoyen Méhul, inspecteur du Conservatoire de Musique*. – Salon 1796 : *Boissy d'Anglas, présidant la Convention le 1er prairial... d'une main il repousse avec horreur la tête du député Ferrand qu'on lui présente au bout d'une pique, et de l'autre il rappelle l'assemblée au calme – La citoyenne Récamier, en pied – Un général, membre du Conseil des Anciens – La citoyenne Labouchardie – Le citoyen Étienne Méjan, homme de lettres – Étude d'expression*. – Salon 1798 : *Portrait du citoyen Dupont de Nemours, membre de l'Institut – Portrait du citoyen Dussaux, membre de l'Institut – Portrait du général Ernouf – Étude d'après l'auteur*. – Salon 1799 : *Le citoyen Xavier Andouin – Portrait du citoyen Pieyre, de l'Institut National – Portrait du citoyen Verdière, général de division, commandant la place de Paris – une Étude*. – Salon 1800 : *Portrait du citoyen Bitaubé, membre de l'Institut – Portrait de Mme Robierre – Le citoyen Robierre*. – Salon 1801 : *Portrait de Lantier, auteur du « Voyage d'Amour » – Portrait de Mme Hamor – Portrait du cousin Jacques – Portrait du général de division Clarke*.

Il fit beaucoup de portraits. Pendant la Révolution, il exécuta ceux de Mirabeau, de Barnave, de Robespierre, de Couthon, de Saint-Just et de bien d'autres, il reproduisit les traits de Bailly aux trois crayons, à la veille de son exécution. Ducreux put en outre pénétrer à la prison du Temple, où se trouvait Louis XVI sur le point de monter à l'échafaud.

Musées : Londres (Nat. Gal.) : *Portrait du peintre par lui-même* – Nice : *Portrait d'une jeune femme sous Louis XVI* – Paris (Louvre) : *Portrait par lui-même* – Paris (Jacquemart-André) : *Portrait de l'auteur* – Rouen : *Portrait de l'artiste, en uniforme d'officier de marine* – Versailles : *Le Français de Lalande, astronome – Méhul*, past. – *L'impératrice Marie-Thérèse*.

Ventes Publiques : Paris, 1893 : *Portrait*, past. : **FRF 800** – Paris, 1898 : *Portrait d'enfant en gros bonnet*, dess. au cr. noir, reh. : **FRF 260** – Paris, 1898 : *Portrait de femme âgée* : **FRF 4 200** – Paris, 12 mai 1898 : *Portrait présumé de Marie-Adélaïde de France ; Mme Clotilde, reine de Sardaigne* 1802, miniatures sur boîtes : **FRF 670** ; *Portrait présumé de Mme Boucher d'Angis*, miniat. sur boîte : **FRF 600** – Paris, 1899 : *Portrait de fillette*, past. : **FRF 6 100** – Paris, 1899 : *Tête d'homme* : **FRF 2 850** – Paris, 17 déc. 1900 : *Portrait d'une femme*, past. : **FRF 230** – New York, 29 et 30 mars 1905 : *Portrait de Marie-Antoinette* : **USD 650** – Paris, 15 et 16 déc. 1906 : *Portrait de dame assise sur un canapé* : **FRF 1 000** – Paris, 27-30 nov. 1918 : *Portrait de fillette*, past. : **FRF 3 000** – Paris, 19 mars 1924 : *Portrait d'un chasseur* : **FRF 2 550** ; *Buste d'homme paré d'un jabot de dentelle*, École de J. D. : **FRF 140** – Paris, 16 mai 1924 : *Portrait de jeune homme portant perruque blanche*, attr. : **FRF 330** – Paris, 14 nov. 1924 : *Portrait présumé de l'imprimeur Potier, de Lille* : **FRF 1 000** – Paris, 17 nov. 1924 : *Portrait de gentilhomme en buste de trois quarts vers la droite*, pierre noire, reh. sanguine et blanc : **FRF 550** – Paris, 6 mai 1925 : *Portrait présumé de l'artiste jeune*, past. : **FRF 14 500** – Paris, 22 mai 1925 : *Portrait de J. du Moustier de la Fond, député à l'Assemblée Nationale*, cr., reh., sanguine et blanc : **FRF 11 800** – Paris, 17 et 18 juin 1925 : *Portrait de fillette*, past. : **FRF 33 500** – Paris, 4 avr. 1928 : *Portrait de femme, en buste*, sanguine : **FRF 340** – Paris, 27 avr. 1928 : *Portrait d'homme en habit bleu*, attr. : **FRF 1 000** – Paris, 6 juin 1928 : *Portrait de femme*, sanguine : **FRF 5 200** – Paris, 15 nov. 1928 : *Portrait de jeune femme assise*, dess. : **FRF 1 350** – Londres, 27 fév. 1931 : *Portrait de Joseph II* : **GBP 6** – Paris, 22 et 23 mars 1933 : *Portrait d'homme* : **FRF 7 600** – Paris, 20 nov. 1933 : *Portrait de jeune garçon vu en buste* : **FRF 310** – Londres, 8 mai 1936 : *Dame en robe verte* : **GBP 5** – Paris, 14 déc. 1936 : *L'homme au bonnet de coton*, sanguine : **FRF 190** – Paris, 17 déc. 1936 : *Portrait de femme coiffée d'un bonnet de dentelle*, past., attr. : **FRF 680** – Paris, 19 mars 1937 : *Portrait en buste de Marie-Louis Maignan, frère du gendre de l'artiste*, past. : **FRF 280** – Paris, 5 mai 1937 : *Portrait d'homme en buste*, pierre noire et reh. de blanc, attr. : **FRF 145** – Paris, 22 mai 1940 : *Une dame assise*, craie et pierre noire : **FRF 300** – Paris, 1er oct. 1940 : *Une dame assise*, craie et pierre noire : **FRF 300** – Paris, 15 mai 1941 : *Portrait d'homme* : **FRF 26 000** – Paris, 23 et 24 oct. 1941 : *Portrait de l'artiste*, past. : **FRF 52 000** – Paris, 24 juin 1955 : *Portrait d'homme*, past. : **FRF 62 000** – Londres, 10 juin 1959 : *Portrait de femme* : **GBP 750** – New York, 9 et 10 nov. 1962 : *Portrait présumé de Louise-Marie-Thérèse de France, Madame Victoire* : **USD 2 000** – Paris, 24 nov. 1971 : *Portrait de l'artiste en homme bâillant* : **FRF 195 000** – Paris, 6 avr. 1976 : *Le silence – La frayeur*, deux toiles (66,5x52,5) : **FRF 42 000** – New York, 12 jan. 1979 : *Portrait présumé de Marie-Thérèse de France, Mme Victoire*, h/t (71x58,5) : **USD 5 500** – Paris, 15 juin 1979 : *Portrait du graveur suisse E. Weirotten* 1769, past. (65x50) : **FRF 255 000** – Londres, 8 juil. 1980 : *Têtes de femme et de jeune fille*, craies noire et blanche/pap. bis (52x41) : **GBP 500** – Paris, 20 oct. 1983 : *Portrait de Louis XVII*, past. (43x35) : **FRF 61 000** – Paris, 12 mars 1984 : *Le bâilleur*, h/t (64x55) : **FRF 43 000** – Paris, 16 déc. 1985 : *Portrait de Jean Dusaulx*, past. (68x54) : **FRF 6 000** – Paris, 26 juin 1989 : *Autoportrait en moqueur*, h/t (90x71,5) : **FRF 1 010 000** – Londres, 12 déc. 1990 : *Autoportrait*, h/t (46x38) : **GBP 41 800**.

DUCREUX Joseph

XVIIIe siècle. Actif à Paris en 1764. Français.

Peintre.

DUCREUX Jules

Mort en 1792, des suites de la bataille de Jemmapes. XVIIIe siècle. Français.

Peintre.

Fils aîné de Joseph Ducreux, il fut « officier historiographe » de Dumouriez. Il a peint des scènes de batailles. Les archives du Ministère de la Guerre conservent plusieurs de ses dessins et de ses cartes.

DUCREUX Léon

Mort à la fin du XVIIIe siècle à Strasbourg. XVIIIe siècle. Français.

Peintre de fleurs.

Deuxième fils de Joseph Ducreux, il fut soldat sous Dumouriez.

DUCREUX Michel Joseph

Mort le 11 janvier 1715. XVIIIe siècle. Actif à Paris. Français.

Peintre et sculpteur.

Il créa des têtes et masques de carton et de cire pour les déguisements.

DUCREUX Rose Adélaïde

Née en 1761. Morte le 26 juillet 1802 à Saint-Domingue. XVIIIe siècle. Française.

Peintre de portraits.

Fille de Joseph Ducreux, elle épousa M. de Montgiraud, préfet maritime de Saint-Dominique. Elle envoya au Louvre des portraits et des études, de 1791 à 1799.

Ventes Publiques : New York, 12 jan. 1996 : *Portrait d'une dame assise près d'une table, vêtue d'une robe rayée pourpre et mauve et d'un fichu blanc avec sa petite fille en robe blanche et tenant un bouquet sur ses genoux*, h/t (195,6x130,2) : **USD 68 500**.

DUCRO Marc

XVIIIe siècle. Français.

Sculpteur sur bois.
Il est mentionné comme travaillant à Valenciennes en 1757 dans l'atelier de Philippe Fior.

DUCROCQ
Né au XVIIIe siècle à Vitry-le-François. XVIIIe-XIXe siècles. Français.
Sculpteur.
Il orna de sculptures de 1807 à 1810 les arcs de triomphe érigés sur un pont à Châlons-sur-Marne, et maintenant détruits.

DUCROCQ Jehan
XVe siècle. Actif à Laon en 1496. Français.
Peintre.
Peut-être identique à Jehan Ducrot, peintre à Laon, à la fin du XVe siècle. Un Jean Du Croc, peintre et verrier, vivait à Genève, en 1560.

DUCROCQ Simone
Née à Paris. XXe siècle. Française.
Peintre de paysages.
Elle figurait au Salon d'Automne de Paris, en 1930.

DU CROQUET Françoise. Voir l'article **BECQUEREL Françoise**

DUCROS Abraham Louis Rodolphe ou **Ducroz**
Né en avril 1748 à Yverdon (comté de Vaud). Mort le 10 février 1810 à Lausanne. XVIIIe-XIXe siècles. Suisse.
Peintre d'histoire, intérieurs, paysages animés, paysages, peintre à la gouache, aquarelliste, graveur, dessinateur.
Ducros, qui semble s'être formé lui-même, passa la majeure partie de sa vie d'artiste en Italie. Plus tard, il fonda une école de dessin à Lausanne. Il travailla aussi parfois avec Volpato et P. de Montagnani. En 1992, le Musée cantonal des Beaux-Arts de Lausanne a montré une exposition des aquarelles de Ducros faisant partie des collections du musée.
C'est vers 1784 que sa production d'aquarelles augmenta, encouragé sans doute par le succès que ses gravures coloriées à la main remportaient auprès des visiteurs de Rome. Traitant dans un esprit fantastique certains sujets peu pratiqués, tel cette *Explosion d'un Magasin de Poudre à Cefalu* du musée de Lausanne, il se révèle pré-romantique. Ses œuvres ont été souvent gravées.
Musées : Berne : *Environs de Rome* – Gotha (Gal. du château) : *Grotte à Malte* – Lausanne : *Tivoli – Explosion d'un Magasin de Poudre à Cefalu* vers 1780 – série d'aquarelles.
Ventes Publiques : Londres, 27 mars 1925 : *Le Temple d'Antonin et Faustine* 1784, dess. : **GBP 39** ; *Le Panthéon, Rome*, dess. : **GBP 69** – Londres, 17 oct. 1962 : *The Dressing Room* : **GBP 280** – Londres, 28 juin 1966 : *Vue du Colisée et de l'Arc de Titus*, aquar. : **GNS 420** – Berne, 11 juin 1976 : *Temples romains et églises à Rome* 1779, aquar. (53,2x73,8) : **CHF 2 000** – Londres, 5 juil. 1985 : *Les Cascades de Tivoli* 1781, h/t (59,5x74,5) : **GBP 6 500** – Londres, 12 déc. 1985 : *Soldats romains et une femme dans un paysage escarpé*, aquar. et craie noire (68,5x103,2) : **GBP 1 500** – Versailles, 18 oct. 1987 : *La Baie de Naples vue de San Martino*, aquar./pap. mar./t. (82,5x163) : **FRF 158 000** – Monaco, 5-6 déc. 1991 : *L'Arc de Septime Sévère*, encre et aquar. (50x72,5) : **FRF 37 740** – Monaco, 18-19 juin 1992 : *La Villa Montalto-Negroni*, aquar./pierre noire (51,2x74,5) : **FRF 144 300** – Londres, 6 juil. 1992 : *Paysans frappant un âne devant le Colisée*, aquar. et gche sur encre brune/pap. (109x72) : **GBP 28 600** – Londres, 5 juil. 1993 : *Le Temple de Sibylle à Tivoli*, aquar. et gche/pap./t. (81x107,5) : **GBP 11 730** – Londres, 3 juil. 1995 : *Vue de la cascade à Tivoli*, aquar. (68x105) : **GBP 20 700** – Londres, 17 avr. 1996 : *L'Arc de Titus*, aquar. et gche (74x50,5) : **GBP 4 600** – New York, 31 jan. 1997 : *Vue d'un parc avec des femmes et des enfants auprès d'une fontaine* (64,1x76) : **USD 112 500**.

DUCROS Edouard Auguste Marius Antoine
Né le 28 août 1856 à Aix-en-Provence (Bouches-du-Rhône). Mort le 27 octobre 1936 à Aix-en-Provence. XIXe-XXe siècles. Français.
Peintre de paysages, marines. Postimpressionniste.
Il abandonna sa carrière juridique à 46 ans, pour se consacrer à l'art pictural. Il s'était formé dans les ateliers de Louis Gautier puis de Gagliardini, et exposa à Lyon et Paris. Passionné par la Provence, il fonda la Société des Amis et des Arts d'Aix-en-Provence.
Il cherche à rendre les effets changeants de la lumière, principalement à Martigues, sur l'Étang de Berre, mais aussi sur les bords de Seine et du Loing. Son *Grand canal de Martigues* a été acquis par la Ville de Paris. Après 1920, il travaille au couteau ou à la spatule, par touches plus larges.
Bibliogr. : Gérald Schurr, in : *Les Petits Maîtres de la peinture 1820-1920, valeur de demain*, Les Éditions de l'Amateur, t. IV Paris, 1979.
Musées : Aix-en-Provence – Béziers – Digne – Montpellier.
Ventes Publiques : Marseille, 26 mars 1977 : *Environs de Ventabren*, h/t (33x46) : **FRF 2 200** – Paris, 25 mai 1994 : *Canal du roi à Martigues* 1923, h/pan. (46,5x61) : **FRF 6 000**.

DUCROS Éléonore Françoise, comtesse
Née à Yebles. XIXe siècle. Française.
Portraitiste.
Élève de H. Scheffer. Elle débuta au Salon en 1869.

DUCROS François Robert
XVIIIe siècle. Actif à Paris en 1750. Français.
Peintre et sculpteur.

DUCROS Jacques
Né le 12 janvier 1845 à Saint-Germain-Laval (Loire). XIXe siècle. Français.
Sculpteur.
Élève de A. Dumont. Il exposa au Salon de Paris en 1870, un buste en plâtre.

DUCROS Pierre
Né en 1748 en Suisse. Mort en 1810 à Lausanne. XVIIIe-XIXe siècles. Suisse.
Peintre et graveur au burin.
On cite parmi ses gravures : *Vue de Messine après le tremblement de terre en 1784, Vue de Palerme, L'Amphithéâtre de Syracuse*.
Ventes Publiques : Paris, 6 fév. 1895 : *Au bord du ruisseau* : **FRF 100** ; *Femmes et canards* : **FRF 100** ; *Paysan près de deux jeunes femmes*, dess. en coul. : **FRF 81** – Rome, 19 mai 1981 : *Vue du Colisée* ; *Vue du Campo Vaccino* 1787, deux temperas (114x76 et 102x70) : **ITL 6 000 000**.

DUCROT
XVIIIe siècle. Français.
Sculpteur sur bois.
Il exécuta des autels, des crucifix, des chaires pour les églises de Villeneuve-sur-Bellot (Seine-et-Marne), de Saint-Barthélémy et de Soissons.

DUCROT
XIXe siècle. Actif à Paris. Français.
Dessinateur.
Il travaillait à la fabrique de bronze Denière à Paris en 1874.

DUCROT Antoine
Né le 27 octobre 1814 à Précy-le-Sec. XIXe siècle. Français.
Peintre de genre et d'histoire.
Élève de Gros, de Drolling et de l'École des Beaux-Arts. Exposa au Salon, de 1839 à 1870, un grand nombre de tableaux et quelques aquarelles.

DUCROT Hélène Marie. Voir **DARIEL-DUCROT**

DUCROT Jehan. Voir l'article **DUCROCQ**

DUCROT Victor
Né vers 1852 à Lyon (Rhône). Mort le 9 novembre 1912 à Sainte-Foy-lès-Lyon. XIXe-XXe siècles. Français.
Peintre de paysages, aquarelliste, dessinateur.
Élève de l'École des Beaux-Arts de Lyon, de Chatigny, Balouzet et J. Montchablon. Il exposa à Lyon, depuis 1887, des paysages à l'huile, à la plume et à l'aquarelle. Il a obtenu, à Lyon, une troisième médaille en 1893 et un rappel de médaille en 1900 avec *Les Oliviers du cap d'Antibes* et *Coucher de soleil au golfe Juan*.
Ventes Publiques : Bruxelles, 21 mai 1980 : *Vue de Lyon* 1889, h/t (46x65) : **BEF 34 000** – Vienne, 16 jan. 1985 : *Vue de Zermatt* 1889, h/t (43x61) : **ATS 25 000** – Reims, 16 déc. 1990 : *La Loue dans le Jura*, h/cart. (24x33) : **FRF 4 800**.

DUCROT-ICARD Francine
Née au XIXe siècle à Pont-de-Vaux (Ain). XIXe siècle. Française.
Sculpteur.
Élève de Levasseur et de Valton et Bouches, elle figura au Salon des Artistes Français et obtint une mention honorable en 1894,

édaille de troisième classe 1894 et mention honorable à l'Exposition Universelle de 1900.

DUCROZ. Voir **DUCROS**

DU CROZET Roger, marquis
Né au château de Cumignat (Haute-Loire). XIXe siècle. Français.
Peintre et aquarelliste.
lève de Soldel. Il exposa, en 1869, et en 1876, des sujets de hasse.

DUCRUET Pierre
Né à Paris. XXe siècle. Français.
Peintre de paysages, fleurs.
exposa à Paris au Salon des Indépendants de 1922 à 1926.

DUCUING André
Né dans la seconde moitié du XIXe siècle à Paris. XIXe-XXe siècles. Français.
Peintre et décorateur.
epuis 1911 il figure au Salon d'Automne où il a exposé des aysages et aussi des laques, à la section d'Arts décoratifs.

DUCUING Charles
Né à Bordeaux (Gironde). XXe siècle. Français.
Sculpteur.
figurait au Salon des Artistes Français de 1934.

DUCUING Fanchette
Née à Versailles (Seine-et-Oise). XXe siècle. Française.
Peintre de portraits.
xposant, à Paris, du Salon des Artistes Indépendants depuis 944.

DUCUING Paul
Né le 1er mars 1868 à Lannemezan (Hautes-Pyrénées). XIXe-XXe siècles. Français.
Sculpteur.
lève de Falguière et de A. Mercié. Sociétaire, à Paris, depuis 902, du Salon des Artistes Français, où il exposa pour la première fois en 1888. Il figura au Salon de cette société et obtint ne médaille de troisième classe en 1898, deuxième classe en 901, médaille de première classe en 1906. Hors concours, chevalier de la Légion d'honneur en 1906, officier en 1923.
Ventes Publiques : Paris, 10 déc. 1980 : *Jean Jaurès*, bronze (H. 0) : **FRF 3 200**.

DUCUING Yvonne
Née au XXe siècle à Toulouse (Haute-Garonne). XXe siècle. Française.
Peintre de sujets divers.
Exposant depuis 1929, à Paris, au Salon d'Automne et au Salon des Tuileries. Elle montra des portraits, notamment d'enfants, des paysages, des fleurs et des natures mortes.

DUCULTIT Gabriel
Né en 1878 à Serrières (Ardèche). Mort en 1955 à Paris. XXe siècle. Français.
Peintre de paysages, pastelliste, aquarelliste.
Il figure à des expositions notamment celle au Château de la Condamine, à la Mairie de Corenc, exposition collective intitulée : *150 ans de peinture dauphinoise*.
Musicien, il fait de nombreux voyages au cours desquels il note les paysages qu'il découvre. Il exécute des compositions aux tonalités sombres, au graphisme ferme et synthétique ; pratique également l'aquarelle et le pastel.
Bibliogr. : Maurice Wantellet : *Deux siècles et plus de peinture dauphinoise*, M. Wantellet, Grenoble, 1987.
Musées : Grenoble (Mus. des Beaux-Arts).

DUCYGNE Michel
XVIe siècle. Éc. flamande.
Peintre.
Élève de Jan Mabuse, à Anvers en 1507.

DUCZYNSKA Hélène von
XIXe siècle. Active à la fin du XIXe siècle. Autrichienne.
Peintre de portraits.
Sœur d'Irma von D. elle exposa parfois ses œuvres avec elle à Vienne.

DUCZYNSKA Irma von
Née en 1869 à Lemberg. XXe siècle. Autrichienne.
Peintre, sculpteur, graveur sur bois.
Nièce du dessinateur Eduard von Duczynski, elle vint de bonne heure à Vienne où elle fut élève du peintre H. Lefler, puis de F. Andri. Elle exposa à Vienne à partir de 1901 des études de genre et des aquarelles. Elle figura aux Expositions de Munich en 1903, de Dresde et de Cracovie en 1904, et au Salon de la Société Nationale à Paris en 1905. Comme sculpteur, son groupe de bronze : *Le Petit Frère*, présenté en 1907 à Venise, à Paris, à la Société Nationale, et à Dresde, en 1908, eut beaucoup de succès. À Vienne eut lieu une exposition collective de ses œuvres en 1909 ; en 1913 elle présenta à l'Exposition de Rome un portrait de sa mère.

DUCZYNSKA von DUCZTA Emilie. Voir **DUKSZYNSKA von DUKSZTA**

DUCZYNSKI Eduard von
Né en 1825 à Zalosce (Galicie). Mort le 25 mars 1861 à Miekosz-Stary. XIXe siècle. Autrichien.
Aquarelliste et dessinateur amateur.
Officier autrichien d'origine polonaise ; il a fait un grand nombre d'aquarelles et dessins, paysages, portraits, vues de Vienne et de l'Italie.

DUD Yves
Né le 22 décembre 1952 à Paris. XXe siècle. Français.
Peintre de personnages, paysages, natures mortes, fleurs et fruits, peintre à la gouache, aquarelliste, dessinateur. Figuratif.
Il se laisse avant tout guider par un sentiment aigü de la nature, nature non pas « jolie » ou « nourricière », mais prégnante et obsédante. Sans ostentation, imprégnés de calme et de certitude, ses paysages, ses chapelles de Bretagne, ses lentes péniches révèlent le regard attentif d'un artiste patient, humble par volonté.
Musées : Bordeaux (coll. part.) – Paris (coll. part.).
Ventes Publiques : Paris, 24 mai 1997 : *Paysage près de Pont-Aven* 1985, aquar. (45x60) : **FRF 6 500** – Paris, 26 juin 1997 : *Fleurs* 1995, gche (30x40) : **FRF 5 100** – Paris, 19 août 1998 : *Nuit* 1997, gche (30x40) : **FRF 7 200**.

DUDA Mizon
Né à Nowy-Senez (Pologne). XXe siècle. Polonais.
Peintre de natures mortes.
De 1925 à 1929 il a exposé au Salon d'Automne, à Paris.

DUDAN Gabriel Dominique
XIXe siècle. Français.
Peintre.
Le Musée de Saint-Étienne conserve de lui *Fleurs et fruits*.

DUDAN Jean
XVIe siècle. Actif à Rouen. Français.
Sculpteur.
Il fit, en 1582, un crucifix pour l'église Saint-Godard, de Rouen.

DUDANT Roger
Né en 1929 à Laplaigne (Hainaut). XXe siècle. Belge.
Peintre de paysages oniriques.
Élève de l'Académie des Beaux-Arts de Tournai et de l'Ecole des Beaux-Arts de Bruxelles où il reçut les conseils de Paul Delvaux. Il a participé à plusieurs expositions collectives à Bruxelles, Paris, Rome et Pittsburgh. Prix de la Jeune Peinture Belge en 1954 ; prix de la région du Hainaut en 1965, année où il fut lauréat de l'exposition *Noir et Blanc* de Lugano. En 1956, il obtint le Prix Carnegie Pittsburgh.
Il peint des paysages qui, bien que d'origine onirique, rappellent les éléments caractéristiques du pays minier : puits de mines, voies de chemin de fer, trous d'eau. De grands traits horizontaux que barrent quelques obliques, délimitent des compartiments peints de gris très délicats qui recréent l'espace.
Bibliogr. : In : *Peintres contemporains*, Mazenod, Paris, 1964 – F. Maret : *Roger Dudant*, 1963.
Ventes Publiques : Bruxelles, 27 oct. 1976 : *Esplanade* 1969, h/t (96x193) : **BEF 50 000** – Bruxelles, 13 déc. 1977 : *Composition* 1965, h/t (80x115) : **BEF 70 000** – Bruxelles, 21 mai 1980 : *Chantier n° 33* 1962, h/t (130x80) : **BEF 24 000** – Bruxelles, 23 mars 1983 : *Paysage* 1968, h/t (60x91) : **BEF 38 000** – Bruxelles, 30 oct. 1985 : *Composition* 1958, h/pan. (60x120) : **BEF 46 000** – Anvers, 21 oct. 1986 : *Composition* 1976, h/t (54x81) : **BEF 40 000** – Lokeren, 8 oct. 1988 : *Construction* 1967, h/t (53x100) : **BEF 60 000** – Lokeren, 21 mars 1992 : *Construction* 1976, h/t (81x116) : **BEF 100 000** – Lokeren, 10 oct. 1992 : *Construction* 1976, h/t (81x116) : **BEF 65 000** – Lokeren, 9 oct. 1993 : *Composition* 1960, h/t (80x150) : **BEF 80 000** – Lokeren,

28 mai 1994 : *Composition* 1960, h/t (80x150) : **BEF 65 000** – Lokeren, 11 mars 1995 : *Composition* 1961, h/t (89x130) : **BEF 44 000**.

DU DASHOU ou **Tou Ta-Cheou,** ou **Tu Ta-Shou**, surnom **Ziyi**

Né originaire de Suzhou, province du Jiangsu. XVIIe siècle. Chinois.

Peintre de paysages et de fleurs.

Actif vers 1650, d'autres sources donnent 1610.

Musées : Paris (Mus. Guimet) : *Trois pousses d'epidendrum*, signé, poème par le peintre daté de 1558.

Ventes Publiques : New York, 31 mai 1989 : *Touffes d'orchidées sur les rochers* 1627, makemono, encre/pap. (30,5x110,2) : **USD 6 050**.

DUDDA Gottfried ou **Duda**

XVIIIe siècle. Actif en Prusse. Allemand.

Peintre.

Il travailla pour les églises de Gross-Engelau et de Gerdauen.

DUDDINGSTON John Thomson

Né en 1778. Mort en 1840 en Écosse. XIXe siècle. Britannique.

Peintre.

Peintre amateur dont l'œuvre est peu connue en dehors d'Écosse. Ami de Wilkie, Raeburn, Scott et Turner, ses meilleures œuvres sont les paysages écossais, sauvages, où une lumière romantique éclaire des ruines médiévales.

Ventes Publiques : Londres, 23 mai 1980 : *Paysage à la cascade*, h/t (44,4x57,2) : **GBP 400**.

DUDENSING Richard

Né en Allemagne. Mort le 4 septembre 1889 à New York. XIXe siècle. Allemand.

Graveur.

A New York il grava des portraits sur cuivre et à l'eau-forte et exposa ses œuvres à l'Etching Club en 1887 et 1888.

DUDERICH Hunt

Né en Hongrie. XXe siècle. Hongrois.

Sculpteur.

Il figurait au Salon des Indépendants de 1913.

DUDERSTADT Henrich von

XVe siècle. Allemand.

Peintre d'histoire.

On cite de lui des peintures dans l'église de Göttingen.

DUDEVANT Jean François Maurice. Voir **SAND Maurice**

DUDGEON Thomas

XIXe siècle. Britannique.

Peintre de genre, paysages, marines, paysages d'eau, peintre à la gouache.

Il était actif entre 1831 et 1878.

Ventes Publiques : Écosse, 26 août 1980 : *Dumbarton rock from the park* 1867, gche (40,5x61) : **GBP 2 400** – Glasgow, 8 juil. 1982 : *Vue de la rivière Clyde* 1865, h/t (37x27,5) : **GBP 2 600** – South Queensferry (Écosse), 23 avr. 1991 : *La Clyde* 1867, h/pap./cart. (42x60) : **GBP 2 860** – Édimbourg, 28 avr. 1992 : *Le phare de Cloch* 1868, h/t (30,5x46) : **GBP 660** – Perth, 30 août 1994 : *L'éventaire de la marchande de thé* 1871, h/t (41x56) : **GBP 1 150** – Glasgow, 11 déc. 1996 : *The clyde from Dalnottar Hill*, h/pan. (16,5x31) : **GBP 2 415**.

DUDICOURT J. A.

XIXe siècle. Français.

Peintre de figures, portraits.

Il exposa au Salon de Paris de 1881 à 1893.

Ventes Publiques : Londres, 17 mai 1991 : *Le garde du harem* 1886, h/t (77x54) : **GBP 4 180**.

DUDITS Andor

Né le 27 juin 1866 à Budapest. Mort en 1944. XIXe-XXe siècles. Hongrois.

Peintre de compositions religieuses, scènes de genre, paysages urbains, paysages, fresquiste.

Il étudia d'abord avec S. L'Allemand à Vienne, puis avec Hollosy, Herterich et Liezen-Mayer à Munich, où il débuta avec un tableau de genre naturaliste. En 1894, il reçut à Budapest un prix pour un projet de retable, *Saint Étienne*, destiné à l'église de Recski, près d'Eger-Erlau, et en 1897, le prix Ipolyi pour une *Conversion de saint Norbert*.

À partir de 1897, il créa de grandes fresques : *le Coup d'épé*[e] au Palais du Parlement à Budapest, puis une série de fresqu[es] dans l'église de Breznobanya. Parmi ses tableaux à l'huile [on] cite des paysages comme : *Coucher de soleil* et *Jezsova*, gra[nd] tableau représentant un groupe de femmes.

Ventes Publiques : Lucerne, 26 juin 1965 : *La place du musée Budapest* : **CHF 2 300** – Londres, 5 mai 1989 : *L'opéra de Budapest*, h/t (59,7x50,1) : **GBP 660**.

DUDLEY

XIXe siècle. Actif vers 1800. Britannique.

Graveur.

Il grava à l'eau-forte un portrait en pied de l'actrice Mar[y] Rebecca Duncan (Mrs Davison).

DUDLEY Arthur

XIXe-XXe siècles. Britannique.

Peintre.

Il figura aux Expositions de Londres de la Royal Academy av[ec] des natures mortes, dont *Fruits et fleurs*.

DUDLEY Charles Robert

XIXe-XXe siècles. Britannique.

Peintre de scènes animées, paysages, peintre à [la] gouache, aquarelliste.

Ventes Publiques : Londres, 21 mai 1981 : *Intérieur de la chapelle de Guillaume Tell au bord du lac de Lucerne* 1876, aquar. [et] gche (35x51) : **GBP 400** – Londres, 9 juil. 1985 : *Out of reach*, h[/t] (127x76) : **GBP 900** – Londres, 19 nov. 1987 : *The wedding procession of princess Alexandra of Denmark* 1863, aquar. et [r]eh. de gche (20x27) : **GBP 4 000** – Londres, 27 sep. 1989 : *L[a] cueillette des fleurs dans la prairie*, h/t (37x53,5) : **GBP 2 970** [–] Londres, 28 mars 1996 : *Fox terrier près d'un violon*, h[/t] (50,8x40,7) : **GBP 1 150**.

DUDLEY Howard

Né en 1820 à Londres. Mort en 1864 à Londres. XIXe siècl[e]. Britannique.

Sculpteur sur bois et illustrateur.

Il illustra ses propres écrits sur le Sussex.

DUDLEY Robert

XIXe siècle. Britannique.

Peintre de paysages, paysages urbains, marines, lithographe.

Il figura à Londres, à la Royal Academy de 1865 à 1891 avec de[s] vues de Venise, de Tanger et de l'Espagne et des tableau[x] représentant des ports anglais.

DUDLEY Rodney, dit **Rod**

Né en 1935 à Melbourne. XXe siècle. Actif en Italie. Australien.

Peintre, sculpteur de figures.

Il a étudié l'art à Melbourne puis l'a enseigné comme professeur à Victoria jusqu'en 1965, date à laquelle il obtint un[e] bourse du gouvernement italien. Il poursuivit sa formation [à] l'Académie Brera à Milan avec Marino Marini et Alik Cavaliere[.] En 1974, avec l'architecte Ico Parisi, il collabora aux projet[s] *Hypothèses* et *Opération Arcevia* exposés à la Biennale d[e] Venise en 1976.

Depuis 1965, il participe à de nombreuses expositions collectives : 1965, Exposition internationale, Mantoue ; 1973, Triennale, Milan ; 1976, Biennale de Venise ; 1977, *Mythologies Quotidiennes 2*, Musée d'Art Moderne, Paris ; 1980, Biennale d[e] Venise ; 1990, Canberra ; 1991, Melbourn Art Fair.

Il montre des expositions personnelles dont : 1969, Hollande[;] 1971, Sydney ; 1974, Realities Gallery, Melbourne ; 1975[,] Cologne ; 1976, galerie D'Enendt, Amsterdam ; 1979, 1983[,] galerie Del Naviglio, Milan ; 1985, Palazzo Grassi, Venise ; 1989[,] B.M.G. Gallery, Adelaide ; 1991, Contemporary Art Gallery[,] Melbourne ; 1993, Ascoli-Piceno ; 1997, *Rétrospective 1965-1996*, Galerie d'Art Moderne, Gallarate.

Dans ses peintures, Dudley assemble, sur des fonds géométriques de couleurs vives, les divers personnages de son univers personnel, hommes et femmes nus se dorant au soleil[,] conjointement à des personnes d'âge mûr aux traits cruellement marqués, attifés ridiculement pour faire encore jeunes[.] Sculpteur, il crée des personnages en bois sculpté, très stylisés[,] en majorité des femmes, aux couleurs rouge, jaune et bleue[,] aux visages expressifs et enjoués, à l'allure sinon conquérante[,] du moins de celles qui connaissent la force de leur charme e[t] sensualité. Les lignes et le grain du bois participent habilemen[t] l'habillage et au dévoilement de ces créatures différenciées : la mme avec un chien, la femme en rouge qui court, la fiancée ı noir, la femme dans le vent, les femmes-soldats aux poitrines :rogantes et le couple en tenue de soirée qui converse. Son avail rappelle parfois, avec ce type de sculpture en pied, les oles des peuplades primitives. Néanmoins, les totems de udley, précieux et terriblement adorés, magiques et sources 'effroi, sont de ceux qui environnent notre vie et constituent ertains de nos repères dans une société où la vacuité, le araître et le stéréotype sont un genre. Le sens de la caricature st donc lisible dans les œuvres de Dudley qui pourraient releer de l'art pop. ■ C. D.

IBLIOGR. : *Rod Dudley – mostra antologica 1965-1996*, catague d'exposition, Civica Galleria d'Arte Moderna, Gallarate, 997.

USÉES : SYDNEY (Université).

DUDLEY Thomas

Né vers 1634. Mort en 1700. XVIIe siècle. Britannique.

Graveur.

lève d'Hollar il n'obtint pas les succès du célèbre artiste mais ut acquérir un talent digne d'attention. Il grava, pour la *Vie 'Ésope*, de Barlow une suite de 27 gravures publiées en 1687 t exécuta les portraits de *Richard Russel (évêque de Porılegre), James Sharpe, évêque de saint-André, Titus Oates, ichard Baxter.*

DUDLEY William Harold

Né à Bilston (Angleterre). XXe siècle. Britannique.

Peintre.

xposant, à Paris, du Salon des Artistes Français de 1924 à 939. En 1925, il obtenait une mention honorable pour son nvoi : *The Old Story*.

DUDLEY-HARDY. Voir **HARDY Dudley**

DUDLEY-HEATH Ernest

Né à Londres. XXe siècle. Britannique.

Peintre.

lève de la Royal Academy. Il a exposé au Salon des Artistes rançais de 1924.

DUDONI Francesco

XVIe siècle. Italien.

Peintre.

travailla en 1560 pour la commune de Fano.

DUDOT Pierre

XVIIe siècle. Actif à Paris en 1664. Français.

Peintre.

eut-être est-il identique à René Dudot.

DUDOT René

XVIIe siècle. Vivant à Rouen. Français.

Peintre et graveur.

n 1653, il fut reçu maître du métier de peinture. En 1659, il xécuta le trente et unième tableau votif de Notre-Dame : *La Mort de la Vierge*. Le Musée de Rouen conserve de lui : *Le Repos en Égypte*.

DU DOUÉ Nicolas. Voir **DOUÉ Nicolas de**

DUDOUET Marcel Georges

Né le 4 mars 1924 à Paris. XXe siècle. Français.

Peintre.

l expose à Paris depuis 1947. Il participe au Salon des Indépendants depuis 1952, au Salon d'Automne et au Salon de la Société Nationale des Beaux-Arts. Il peint surtout des portraits dans un style réaliste poétique.

DUDOUIT André

XXe siècle. Français.

Peintre de paysages.

Il exposa à Paris au Salon des Artistes Français de 1920.

DUDOUIT Paul

Né dans la seconde moitié du XIXe siècle. XIXe-XXe siècles. Français.

Sculpteur de statues.

Élève de A. Mercié, Jasq et J. Boucher. Il a exposé régulièrement, à Paris, au Salon des Artistes Français dont il est devenu sociétaire en 1922. Mention honorable en 1922. On cite ses statues religieuses et ses portraits d'enfants.

DUDOVICH Marcello

Né le 21 mars 1878 à Trieste (Italie). Mort en 1962 à Milan. XIXe-XXe siècles. Italien.

Peintre, dessinateur.

Il étudia à Bologne où il travailla pour l'éditeur Chappuis de même qu'à Munich pour l'éditeur Ricordi et la revue *Simplisissimus*. Il exposa à Milan en 1905.

VENTES PUBLIQUES : MILAN, 26 avr. 1979 : *Paysage*, h/isor. (43x34) : **ITL 1 300 000** – PARIS, 22 juin 1980 : *Padova corsa d'automobile* 1899, affiche (75x111) : **FRF 2 000** – ROME, 23 avr. 1985 : *Une élégante*, temp. et aquar. (70x47) : **ITL 1 400 000** – MILAN, 9 avr. 1987 : *Les ongles rouges* 1934, temp./cart. (47x47) : **ITL 4 500 000** – ROME, 30 oct. 1990 : *Femme se promenant*, techn. mixte/pap. (46x38,5) : **ITL 2 200 000** – ROME, 9 avr. 1991 : *Couple élégant*, fus. et craie/pap. (66x48) : **ITL 4 400 000** – ROME, 12 mai 1992 : *La collégienne amoureuse*, cr./pap. (29x21) : **ITL 1 000 000** – MILAN, 21 mai 1992 : *Visage féminin*, past. (64x46) : **ITL 2 800 000** – ROME, 27 mai 1993 : *Paysage* 1912, h/pap. (49x35) : **ITL 3 500 000** – ROME, 30 nov. 1993 : *Buste féminin*, past./pap. jaune (65x46,5) : **ITL 2 070 000** – VENISE, 7-8 oct. 1996 : *Sur la luge*, cr. et temp./pap. (48,5x33,5) : **ITL 4 025 000**.

DUDOY Alice

Née au XXe siècle à Vernon (Eure). XXe siècle. Française.

Peintre de sujets divers.

Elle a exposé, de 1933 à 1939, à Paris, au Salon des Tuileries et au Salon d'Automne. Elle a également pris part au Salon des Artistes Indépendants. Elle peignait en général des paysages, des fleurs et natures mortes.

DUDREVILLE Leonardo

Né en 1885 à Venise. Mort en 1976 à Chioggia. XXe siècle. Italien.

Peintre de scènes de genre, paysages, marines, natures mortes. Groupe du Novecento.

Élève de C. Tallone à l'Académie de Milan. Il fit partie du groupe du Novecento, fondé à la galerie Pesaro à Milan en 1922, qui lutte « contre les excès d'une avant-garde ayant rompu tout lien avec l'histoire nationale » (Giovanni Lista).

Il figura aux Expositions internationales de Venise en 1922 et 1924, et régulièrement depuis 1926, à la Biennale de cette ville. Une peinture minutieuse et délicate.

MUSÉES : FLORENCE (Gal. d'Art Mod.) : *Il Lambro a Melegnano*.

VENTES PUBLIQUES : ROME, 23 nov. 1981 : *Paysage* 1914, h/t (87x77) : **ITL 13 000 000** – MILAN, 19 déc. 1985 : *le port* 1935, h/pan. (32,5x37,5) : **ITL 2 700 000** – MILAN, 18 juin 1987 : *Chiavari* 1921, h/t (46x55) : **ITL 5 500 000** – ROME, 25 mai 1988 : *L'Oisillon mort* 1925, h/pan. (15x20) : **ITL 3 000 000** – MILAN, 7 juin 1989 : *La canaletta à Chioggia* 1938, h/pan. (27x37) : **ITL 4 200 000** – MILAN, 7 nov. 1989 : *Nature morte* 1928, h/pan. (35x50) : **ITL 4 000 000** – MILAN, 6 déc. 1989 : *Marine*, h/pan. (20x28) : **ITL 2 000 000** – ROME, 30 oct. 1990 : *Paysage montagneux* 1926, h/t (56,5x74,5) : **ITL 7 000 000** – MILAN, 20 juin 1991 : *Paysage* 1934, h/pan. (28x36,5) : **ITL 4 000 000** – MILAN, 14 avr. 1992 : *Marine* 1935, h./contre-plaqué (32x38,5) : **ITL 5 500 000** – MILAN, 29 oct. 1992 : *Nature morte* 1951, h/pan. (27,5x37) : **ITL 2 600 000** ; *Paysage* 1914, h/t (87x77) : **ITL 33 000 000** – ROME, 25 mars 1993 : *Sens*, h/t (85x121) : **ITL 52 000 000** – MILAN, 16 nov. 1993 : *Pommes* ; *Radis*, h/t, une paire (chaque 20x28,5) : **ITL 9 775 000** – MILAN, 25 oct. 1994 : *Nature morte avec des fraises, une bouteille et un verre* 1941, h/pan. (40x49,5) : **ITL 14 375 000** – MILAN, 9 mars 1995 : *Héroïsme, tragédie, folie, obsession, asphyxie* 1914, past./cart. (60x77) : **ITL 55 200 000**.

DU DUY-DELAGE

XVIIIe siècle. Actif au début du XVIIIe siècle. Français.

Peintre et graveur à la manière noire.

On cite parmi ses gravures : *Saint Pierre Voy, pêcheur endurcy*.

DUDZINSKY Christophe, dit **Duzi**

Né le 20 octobre 1935 à Random. XXe siècle. Depuis 1985 actif en France. Polonais.

Peintre.

Il vit et travaille à Paris. Il a participé à diverses expositions collectives en France et en Pologne.

Il livre des messages clairs au milieu de joyeux éparpillements de lettres et signes.

VENTES PUBLIQUES : PARIS, 20 nov. 1988 : *L'amour*, acryl./t. (131x98) : **FRF 3 200** – PARIS, 14 oct. 1989 : *Si tu m'aimes, moi je danse comme un diable*, h/t (114x150) : **FRF 4 500**.

DUE Frederik Gottschalck
Né le 14 avril 1796 à Trondhjem (Norvège). Mort le 16 octobre 1873 à Christiania (auj. Oslo). XIXe siècle. Norvégien.
Peintre de portraits.
Il était ministre d'État. Il a laissé quelques portraits miniatures.

DUE Johan Frederik
Né à Copenhague. Mort au début du XIXe siècle. XVIIIe siècle. Danois.
Peintre sur émail.
Il a travaillé pour la Fabrique royale de porcelaine, où on le trouve nommé dans les comptes de 1782 et 1783. Il a exécuté *Les Quatre Saisons* (sur émail).

DUE Ole
Né en 1875. XXe siècle. Danois.
Peintre de paysages.
Il exposa à partir de 1898 au Château de Charlottenbourg à Copenhague des paysages, la plupart du Jutland.
Ventes Publiques : Paris, 26 mai 1989 : *Dragon* 1978, h/isor. (118x89) : **FRF 7 000**.

DUÉE Benedictus
XVIIe siècle. Actif à Londres vers 1668. Hollandais.
Peintre.

DUEHI Johann
XVIIe siècle. Actif à Gratz en 1629. Autrichien.
Peintre.

DUEL Jean
XVIIe siècle. Actif à Amiens. Français.
Sculpteur.
Comme son frère Pierre, il travailla dans l'atelier de Jean Blassel à Amiens.

DUEL Jean Baptiste, appelé **Duès**
XVIIIe siècle. Actif à Bonnieux (Vaucluse). Français.
Sculpteur sur bois.
Il exécuta en 1740 un tabernacle pour l'église de Lauris.

DUEL Pierre
XVIIe siècle. Actif à Amiens. Français.
Sculpteur.
Élève de Bernard et Jean Blassel.

DUELLO Francesco
Originaire de Gênes. XVIIe siècle. Italien.
Peintre.
Il travaillait à Rome en 1649.

DUENWEGE. Voir **DUNWEGE**

DUEREN Jan Van
XVIIe siècle. Hollandais.
Peintre.

DUEREN Pieter Van ou **Duren**
Mort en septembre 1652 à Rotterdam. XVIIe siècle. Hollandais.
Peintre.
Il peignit probablement des paysages.

DUERINCKX Adrien Paul François
Né le 15 avril 1888 à Schaerbeck (Bruxelles). XXe siècle. Belge.
Peintre.
Il a exposé aux Salons Triennaux d'Art belge.

DUERNE Jan I Van ou **Doorne**
Né en 1532. Mort en 1619. XVIe-XVIIe siècles. Éc. flamande.
Sculpteur.
En 1589, fit un calvaire pour l'église Saint-Jean de Malines ; en 1590, le cheval de la statue de Saint-Georges dans la chapelle des arquebusiers, une Vierge pour l'Hôtel de Ville ; en 1591, deux figures d'apôtres pour la cathédrale de Malines ; en 1600, fut trésorier ; en 1604, doyen. Son fils et son petit-fils du même nom, furent sculpteurs à Malines.

DUERNE Van Bresselinck Jan II
Mort avant 1621. XVIe-XVIIe siècles. Éc. flamande.
Sculpteur.
Il fut reçu maître à Malines en 1619. Il était le fils de Jan I Van D., et devint le beau-frère de Martin Van Calsters.

DUERNE Van Bresselinck Jan III
Né avant 1616. Mort en 1671. XVIIe siècle. Éc. flamande.
Sculpteur.
Actif à Malines. Fils de Jan I Van Duerne et élève de Martin Van Calsters, qui fut aussi son tuteur.

DUÈS. Voir **DUEL Jean Baptiste**

DUESBURY William
Né le 7 septembre 1725 à Longton-Hall. Mort en novembre 1785 à Derby. XVIIIe siècle. Britannique.
Peintre sur porcelaine.
Il travailla à Londres et à Longton-Hall comme peintre sur porcelaine puis devint fabricant, fondant à Derby une Manufacture dont son fils prit la succession après sa mort.

DUETECUM. Voir **DOETECHUM**

DUEZ Arnould. Voir **VUEZ**

DUEZ Ernest Ange
Né le 8 mars 1843 à Paris. Mort en 1896 à Saint-Germain. XIXe siècle. Français.
Peintre de genre, portraits, paysages, aquarelliste, pastelliste, dessinateur.
Élève de Pils, il débuta au Salon de 1868, assez obscurément. Son premier succès date de 1874, année où il obtint une troisième médaille. De cette époque commença sa réputation. Il obtint successivement plusieurs médailles au Salon, et son tableau de *Saint Cuthbert* fut acquis en 1879 pour le Musée du Luxembourg.
Il débuta comme portraitiste vers 1880 avec deux belles toiles représentant l'une le peintre Butin, l'autre Alphonse de Neuville, mais il revint assez vite au paysage auquel convenait mieux sa forme réaliste et ses qualités puissantes de coloriste. En pleine possession de son talent, il mourut d'une hémorragie cérébrale, au cours d'une promenade à bicyclette dans la forêt de Saint-Germain.

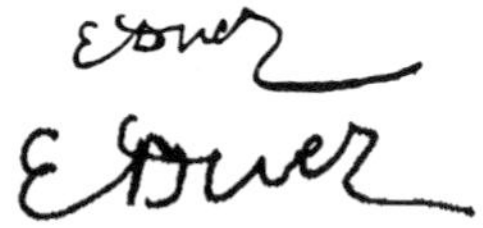

Musées : Château-Thierry : *Jeune fille cueillant des fleurs dans les blés* – Gdansk, ancien. Dantzig : *Réflexion* – Lyon : *Autour de la lampe* – New York (Metropolitan Mus.) : *Le bouquet* – Paris (Art Mod.) : *Saint Cuthbert* – *Portrait d'Ulysse Butin* – Rouen : *L'heure du bain au bord de la mer*.
Ventes Publiques : Paris, 1880 : *Une Parisienne* : **FRF 620** – Paris, 3 fév. 1883 : *L'accouchée* : **FRF 2 020** – Paris, 1888 : *Sur la plage*, aquar. : **FRF 430** – Paris, 1893 : *Les dunes*, past. : **FRF 645** – Paris, 23 nov. 1894 : *Escalier des Moulières, à Villerville*, dess. : **FRF 61** – New York, 1898 : *Le Pont-Neuf, à Paris* : **FRF 2 500** – Paris, 1899 : *Pleine mer*, deux aquar. : **FRF 500** – Paris, 1900 : *Jeune femme au bord de la mer* : **FRF 235** – Paris, 24-28 juin 1902 : *Sur la falaise* : **FRF 2 500** ; *Les rochers à marée basse* : **FRF 135** – Paris, 5 mars 1903 : *Derniers rayons* : **FRF 225** – Paris, 20 mai 1904 : *Danse au bord de la mer* : **FRF 210** – Londres, 21 mars 1908 : *Atelier d'un sculpteur* : **GBP 2** – Paris, 6 fév. 1909 : *Lever de lune à Villerville* : **FRF 85** – Paris, 4 et 5 mars 1920 : *Étude de jeune femme, de dos* : **FRF 60** ; *Les Hauteurs de Villerville* : **FRF 360** – Paris, 6 mars 1920 : *En soirée*, past. : **FRF 280** ; *Femme à l'éventail*, fus. : **FRF 22** – Paris, 31 mars 1920 : *Un quartier de Toulon*, aquar. : **FRF 55** – Paris, 30 mai 1923 : *Sur la plage* : **FRF 40** – Paris, 27 juin 1923 : *Jeune mère et son enfant au bois de Boulogne* : **FRF 85** – Paris, 8 mai 1924 : *Le déjeuner sur la terrasse à Villerville* : **FRF 600** ; *Le Coucher du soleil sur la mer à Villerville*, past. : **FRF 1 520** ; *Le vieux Marin*, past. : **FRF 120** – Londres, 9 mai 1924 : *Retour du marché aux fleurs* : **GBP 4** – Paris, 11 et 12 mai 1925 : *Pêcheuses de moules sur la grève à Villerville*, aquar. : **FRF 240** – Paris, 1er mars 1926 : *Le marché aux fleurs* : **FRF 180** – Paris, 13 juin 1926 : *Mélancolie* : **FRF 260** – Paris, 27 et 28 déc. 1927 : *La jeune mère* : **FRF 310** – Paris, 17 mai 1929 : *Le peintre sur la dune* : **FRF 160** – Paris, 8 mai 1936 : *Les quais du Havre*, dess. aquarellé : **FRF 70** – Paris, 6 mars 1942 : *Venise*, past. : **FRF 110** – Paris, 20 nov. 1942 : *La Chaumière* : **FRF 500** – Paris, 2 juin 1943 : *La Chaumière* : **FRF 280** – Paris, 26 mars 1945 : *Femme assise, vue de dos* : **FRF 2 000** ; *Mer d'encre*, aquar. : **FRF 1 050** ; *Fleurs*, aquar. : **FRF 520** – Paris, oct. 1945-Juillet 1946 : *La barque*, past. : **FRF 1 600** – Vienne, 29 nov. 1966 : *La promenade sur la plage* : **ATS 1 400** – Paris, 27 mars 1974 : *Sur*

la plage : **FRF 7 500** – Londres, 22 juil. 1977 : *Jeune femme à la fenêtre*, h/t (104,4x49) : **GBP 1 000** – Rome, 26 oct. 1983 : *Nature morte aux fleurs et oiseaux*, h/t (60x100) : **ITL 8 500 000** – New York, 31 oct. 1985 : *La convalescente*, h/t (92,7x155) : **USD 27 000** – New York, 24 fév. 1987 : *La convalescence*, h/t (92,7x155) : **USD 24 000** – Londres, 27 juin 1988 : *Promenade au bord de mer (Sarah Bernhardt ?)*, past./pap. (26x39) : **GBP 3 520** – Londres, 22 nov. 1989 : *Le Pont Neuf à Paris* 1884, h/t (64x80) : **GBP 35 200** – Londres, 16 fév. 1990 : *Un moment de réflection* 1895, h/t (105x50,5) : **GBP 7 150** – Monaco, 15 juin 1990 : *Jeune femme regardant la mer à bord d'un navire* 1873, h/t (124,5x60,7) : **FRF 643 800** – Paris, 26 nov. 1992 : *Élégante*, aquar. gchée (37,5x27) : **FRF 7 000** – Paris, 6 déc. 1993 : *Jeune femme dans un bateau*, h/t (19,5x9) : **FRF 7 500** – New York, 9 jan. 1997 : *Faucheur sur le chemin*, h/t (54x73) : **USD 6 325** – New York, 23 mai 1997 : *Jeune femme au bord de la mer*, h/t (95,3x99,1) : **USD 57 500**.

DUFAERT C.
xviie siècle. Actif à la fin du xviie siècle. Hollandais.
Peintre et dessinateur.
Cité par le Dr Mireur.
Ventes Publiques : Paris, 1783 : *Une fête de village*, dess. à la pl. ; *Une composition de trois figures*, croquis colorié : **FRF 34**.

DU FAGET Athalie Joséphine Mélanie
Née en 1811 à Les Vans (Ardèche). xixe siècle. Française.
Peintre.
Fille de Jean-François du Faget. Elle figura au Salon entre 1833 et 1844 avec des aquarelles et des peintures sur porcelaine.

DU FAGET Jean François Scipion
Né en 1776 à Les Vans (Ardèche). xixe siècle. Français.
Peintre de genre.
On a souvent attribué à cet artiste une toile figurant au Musée de Nancy sous le titre : *Conversation galante dans un parc* et signée J. D. F. f. Ce tableau a été également donné à Fragonard. Jean du Faget fut surtout un copiste. Cependant il fit aussi des aquarelles originales et de la peinture sur verre. Il travailla également à la Manufacture de Sèvres.

DUFAILLY
xviiie siècle. Actif à Châlons-sur-Marne. Français.
Sculpteur sur bois.
En 1795, il participa à la fabrication d'un crucifix et de candélabres pour le maître-autel de l'église Saint-Loup de Châlons-sur-Marne, et pendant la Révolution, à la création ou restauration de statues de bois, dans la chapelle de la Vierge de la même église.

DUFAILLY François
Né vers 1752. Mort le 30 juin 1809 à Paris. xviiie siècle. Français.
Sculpteur.

DU FAILLY Pierre ou **Dufailly**
xvie siècle. Actif à Bordeaux. Français.
Peintre.
Il prit part aux travaux nécessités par les préparatifs de l'entrée à Bordeaux de la reine Eléonore de Portugal en 1530, de celle de Charles Quint en 1538, et de celle d'Isabelle de Valois en 1559.

DUFAU Clémentine Hélène
Née en 1869 à Quinsac (Gironde). Morte en 1937 à Paris. xixe-xxe siècles. Française.
Peintre de scènes de genre, paysages, compositions murales.
Venue à Paris en 1889, elle fut élève à l'Académie Julian, de William Bouguereau, Tony Robert-Fleury et G. Perrier (?). Elle exposa régulièrement, à Paris, au Salon de la Société des Artistes Français à partir de 1893 et fut membre-fondateur du Salon d'Automne. En 1895 pour ses débuts, elle obtint le prix Marie Bashkirtseff, puis une troisième médaille en 1897, une bourse de voyage en 1898, une médaille d'argent en 1900 (Exposition universelle) et une médaille de deuxième classe en 1902. On lui doit une série de cartes postales pour l'Exposition universelle de 1900. Décorée de la Légion d'honneur en 1909. De suite, elle s'imposa par les qualités de son dessin et l'éclat de ses coloris. Ses tableaux de chevalet furent remarqués, mais elle se manifesta surtout comme douée d'un talent spécial pour la peinture décorative. Parmi ses meilleures œuvres, sont citées : la décoration de la maison d'Edmond Rostand à Cambo, dont les projets furent exposés au Salon de 1906, et certaines décorations murales à la Sorbonne. Elle illustra également un livre de P. Valdagne : *L'Amour par principes*.

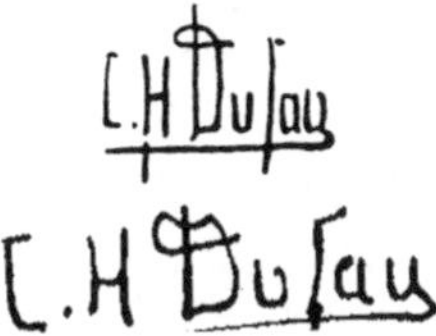

Musées : Bordeaux : *Baigneuse* – Cambrai : *La comtesse de Noailles* 1914 – Nantes : *Au Jardin d'Andalousie* – Paris (Mus. Nat. d'Art Mod.) : *L'Automne* – Pau – Rouen.
Ventes Publiques : Paris, 13 et 14 mars 1919 : *Intérieur d'église* : **FRF 200** – Paris, 26 oct. 1922 : *Étude de femme nue dormant* : **FRF 400** – Paris, 26 jan. 1929 : *Jeune femme portant un vase de fleurs* : **FRF 200** – Paris, 24 fév. 1934 : *Nu assis* : **FRF 450** – Paris, 13 juil. 1942 : *Jeune femme lisant* : **FRF 400** – Paris, 11 avr. 1975 : *Le centaure* 1917, h/t (172x200) : **FRF 5 100** – Munich, 27 mai 1977 : *Jeune fille à l'album* vers 1910, h/t (80x53) : **DEM 3 200** – Paris, 19 mars 1979 : *Éros et Psyché au Jardin Terrestre* 1914, h/t (210x366) : **FRF 13 500** – Londres, 11 mars 1981 : *L'école du ballet* 1920, h/t (49,5x59,5) : **GBP 380** – Paris, 19 mars 1985 : *Intérieur japonisant, portrait de femme*, h/t (156x111) : **FRF 16 000** – Londres, 9 oct. 1987 : *Une beauté maure*, h/t (91,5x121) : **GBP 3 800** – New York, 9 juin 1994 : *Dans le jardin*, h/pan. (23,5x33) : **USD 1 380**.

DUFAU Evelyne
Née à Paris. Morte en 1937. xxe siècle. Française.
Peintre de sujets divers.
Elle a régulièrement exposé des paysages, des fleurs et des intérieurs au Salon d'Automne, à Paris, dont elle devenue sociétaire.

DUFAU Fortuné
Né vers 1770 à Saint-Domingue. Mort en 1821 à Paris. xviiie-xixe siècles. Français.
Peintre.
Élève de David. Il exposa au Salon, de 1800 à 1819, des tableaux d'histoire et de genre. On cite parmi ses œuvres : *Le comte Ugolin et ses quatre fils, condamnés à mourir de faim par Roger, archevêque de Pise* ; *Jeune femme couchée sur un lit de repos* ; *Saint Vincent de Paul*.

f Dufau.

Musées : Marseille : *Gustave Vasa s'adresse à des paysans de Dalécarlie* – Montpellier : *Portrait de J.-P. Ricard* – Paris (Mus. Carnavalet) : *Portrait de Paul et Alfred* – Pontoise : *Mort de Cléopâtre* – Rouen : *Pont-de-l'Arche*.

DUFAU-ACÉZAT Katheryn. Voir **ACÉZAT**

DUFAUD Georges Achille
Né le 25 septembre 1831 à Fourchambault (Nièvre). xixe siècle. Français.
Peintre de paysages, marines.
Élève de Lapostolet. Il débuta au Salon en 1879.
Ventes Publiques : New York, 24 mai 1989 : *Scène d'une rue animée*, h/t (65,1x94,5) : **USD 20 900** – Paris, 27 sep. 1990 : *Bord de mer en Normandie*, h/t (72x99) : **FRF 8 000** ; *Paysanne dans la campagne normande*, h/t : **FRF 3 300**.

DUFAUR Marguerite, Mm
xixe siècle. Française.
Sculpteur.
Le Musée de Bourges conserve d'elle le buste d'un sculpteur.

DUFAU Gustave Charles
Né le 14 avril 1892 à Paris. xxe siècle. Français.
Peintre de portraits, paysages.
Il a régulièrement exposé, à Paris, au Salon d'Automne et au Salon des Artistes Indépendants depuis 1920.

DUFAUT Joseph
xviiie siècle. Actif à Vergaville en Lorraine en 1790. Français.
Sculpteur.

DUFAUT Prefete
Né en 1923 à Jacmel. xxe siècle. Haïtien.

Peintre. Naïf.
Charpentier en barques, il peint le paysage des abords de Jacmel. Il a peint aussi une *Tentation de Notre Seigneur*, dans l'église épiscopale de Port-au-Prince.
Bibliogr. : Oto Bihalji-Merin : *Les peintres naïfs*, Delpire, Paris, s. d.

DUFAUX
XVIIIe siècle. Actif à Paris. Français.
Peintre.
Il est mentionné en 1752 comme ayant participé à des travaux d'ornements pour les funérailles de Madame Henriette de France.

DUFAUX Antoine
XVIIIe siècle. Actif à Paris. Français.
Sculpteur.

DUFAUX Edith
XXe siècle. Française.
Peintre.
Elle est diplômée de l'École des Arts Décoratifs. En 1988 elle a exposé à la Fondation Cartier à Jouy-en-Josas dans le cadre des expositions intitulées « Un artiste par mois ».
Ventes Publiques : Paris, 12 fév. 1989 : *Sans titre*, h/pap. et bois (100x100) : **FRF 5 000**.

DUFAUX François
XVIIIe siècle. Actif à Paris en 1739. Français.
Peintre et sculpteur.

DUFAUX François
XVIIIe siècle. Actif à Paris. Français.
Sculpteur.
Fils d'Antoine. Il fut reçu à l'Académie Saint-Luc en 1749.

DUFAUX Frédéric I
Né en 1820 à Genève. Mort en 1871 à Genève. XIXe siècle. Suisse.
Sculpteur.
Son fils Frédéric fut aussi sculpteur.
Musées : Genève (Mus. Rath) : *Buste du peintre François Diday*.

DUFAUX Frédéric II
Né le 12 juillet 1852 à Genève. Mort en 1943 à Lausanne. XIXe-XXe siècles. Suisse.
Peintre de genre, figures, nus, paysages, marines, sculpteur.
Il étudia aux écoles d'art de Genève ainsi qu'à Florence et à Paris. Parmi ses œuvres, on cite : *Messagers d'amours*, au musée Ariana, à Genève, qu'il décora de peintures murales. Dufaux fut médaillé à l'Exposition Universelle de Paris en 1889. Il est le fils de Frédéric Dufaux, sculpteur.
Musées : Genève (Mus. Rath) : *François Diday*, bronze, buste – *Départ pour le marché de Vevey*.
Ventes Publiques : Genève, 24 avr. 1970 : *Jeune femme arrosant un pot de fleurs* : **CHF 11 000** – Berne, 9 mai 1974 : *Deux enfants regardant un livre d'images* : **CHF 5 200** – Zurich, 5 mai 1976 : *Trois nus au bord d'un lac* 1922, h/t (100x81) : **CHF 19 000** – Berne, 5 mai 1977 : *L'Heure de musique* 1903, h/t (75x53,5) : **CHF 5 000** – Berne, 24 oct. 1979 : *Le Bain* 1933, h/t (56x39) : **CHF 3 600** – Berne, 22 oct. 1982 : *Avant la promenade*, h/t (72x56) : **CHF 4 500** – Londres, 23 mars 1984 : *Régates à Genève* 1885, h/t (78x125) : **GBP 60 000** – Berne, 2 mai 1986 : *Jeune femme au parasol au bord du lac de Genève* 1894, h/t (30x46) : **CHF 11 000** – Amsterdam, 30 oct. 1991 : *Amour maternel*, h/t (110x79) : **NLG 21 850** – Paris, 1er juil. 1992 : *Marine* 1925, h/pan. (17x24) : **FRF 5 500** – Zurich, 9 juin 1993 : *Saint-Saphorin*, h/cart. (38x64) : **CHF 6 900** – Paris, 9 déc. 1996 : *Jeunes Algériennes dans leur intérieur*, h/t (190x150) : **FRF 400 000**.

DUFAUX Henri
Né dans la seconde moitié du XIXe siècle à Chens (Haute-Savoie). XIXe siècle. Français.
Peintre de figures.
Élève d'Imbert. Il a débuté au Salon des Artistes Français de 1914.

DUFAUX Jérôme
XVIIIe siècle. Actif à Paris en 1737. Français.
Peintre et sculpteur.

DUFAUX Louis
XVIIe siècle. Français.
Peintre et sculpteur.
Il fut reçu à l'Académie de Saint-Luc à Paris en 1680.

DUFAUX Louis Antoine
XVIIIe siècle. Actif à Paris à la fin du XVIIIe siècle. Français.
Sculpteur.
Fils d'Antoine et frère de François Dufaux.

DUFAUX Marc
Né le 25 avril 1834 à Genève. Mort le 20 janvier 1887. XIXe siècle. Suisse.
Peintre sur émail.
Il étudia à Genève et travailla à la Manufacture de Sèvres avec son frère Pierre D. Il introduisit la peinture sur émail dans l'industrie horlogère à la Chaux-de-Fonds, où il dirigea son propre atelier.

DU FAUX Martin, l'Ancien
XVIIe siècle. Français.
Peintre ou sculpteur.
Il fut reçu à l'Académie de St-Luc, en 1663.

DUFAUX Martin, le Jeune
XVIIe siècle. Français.
Peintre.
Il était parent de Martin l'Ancien, Louis, Noël et Paul. Il fut reçu à l'Académie de Saint-Luc à Paris en 1680.

DUFAUX Nicolas Antoine
XVIIIe siècle. Actif à Paris à la fin du XVIIIe siècle. Français.
Sculpteur.
Il était le fils d'Antoine Dufaux.

DU FAUX Noël et **Paul**
XVIIe siècle. Français.
Peintres ou sculpteurs.
Ils furent reçus à l'Académie de St-Luc en 1680.

DUFAUX Pierre
XIXe siècle. Actif à Sèvres. Suisse.
Peintre sur émail.
Frère de Marc Dufaux.

DUFAY A.
XIXe siècle. Français.
Dessinateur.
Le Musée de Nantes conserve de lui un dessin : *Soldat au repos*.
Ventes Publiques : Paris, 7 nov. 1927 : *Le Petit Ramoneur*, cr. noir : **FRF 610**.

DUFAY Ferdinand François
Né au XIXe siècle à Paris. XIXe siècle. Français.
Lithographe.
Élève de Lequien. Il exposa au Salon de 1876 une lithochromie : *Jeune fille à la Colombe*, d'après Chaplin.

DUFAY Jules Amédée
Né le 13 avril 1822 à Béthune (Pas-de-Calais). XIXe siècle. Français.
Peintre de natures mortes.
Exposa au Salon de Paris des fruits et des natures mortes, de 1868 à 1870.

DUFAY Pierre Jean
XVIIIe siècle. Actif à Nantes en 1789. Français.
Peintre.

DUFAYE Laurent ou **du Faye**
XVIIe siècle. Français.
Peintre.
Il fut de 1649 à 1652 au service d'Anne d'Autriche, comme « peintre de l'écurie ».

DUFÉE Jean
Mort le 22 août 1786. XVIIIe siècle. Actif à Paris. Français.
Peintre.
Il fut nommé « peintre au Château de Bicêtre ».

DUFET Michel
Né en 1888 à Déville-lès-Rouen (Seine-Maritime). Mort en 1985. XXe siècle. Français.
Artiste décorateur, peintre. Tendance cubiste, abstrait.
Avant tout, créateur de meubles, il avait fondé la maison M.A.M. : Meubles Artistiques Modernes, synthèse entre le purisme du Bauhaus et le goût Art Déco. Il révéla son œuvre peint lors d'une exposition en 1984, au Musée Antoine Bourdelle, où il montrait aussi ses réalisations décoratives.

Ses tableaux, souvent signés MAM, dont la construction rigoureuse rappelle celle du cubisme, sont des évocations poétiques très proches de l'abstraction.

DUFET-MEZZARA Marthe
Née à Paris. XXe siècle. Française.
Peintre de paysages.
Elle exposa à Paris au Salon des Indépendants de 1937 à 1939.

DUFÊTRE Pauline
Née au XIXe siècle à Lyon. XIXe siècle. Française.
Peintre.
Élève de A. Perrachon et de Tollet. Elle figura au Salon de Lyon à partir de 1892 avec des portraits et des fleurs à l'huile et au pastel. La Faculté des Lettres de Lyon possède un de ses tableaux : *Cerisiers doubles*.

DUFEU Claude Joseph
Né vers 1678. Mort en 1775 à Besançon. XVIIIe siècle. Français.
Sculpteur.
Père de Jean-Claude Dufeu.

DUFEU Édouard Jacques
Né en 1840 à Marseille (Bouches-du-Rhône), originaire d'Égypte. Mort le 1er décembre 1900 à Grasse (Alpes-Maritimes). XIXe siècle. Français.
Peintre de figures, portraits, paysages, marines, natures mortes, aquarelliste, graveur.
Incompris, presque dédaigné, sauf par de rares admirateurs, Dufeu était un indépendant, il répugnait aux compromissions des succès faciles. Dufeu dut, pour vivre, accepter souvent les tâches les plus ingrates. Il fournit des dessins à d'éphémères journaux illustrés. Il fut professeur de dessin dans une école municipale à Paris. Il fut bien chargé d'une décoration pour le vice-roi d'Égypte, mais, très probablement, son caractère un peu sauvage ne lui permit pas de tirer le parti possible de cette entrée dans le monde officiel. L'artiste finit sa vie tristement, en butte parfois aux plus cruelles nécessités, laissant dans son atelier un nombre considérable de peintures, d'aquarelles et de dessins. Mme Berne-Bellecour, la belle-fille du peintre militaire, qui du vivant de Dufeu, s'était montrée son amie dévouée, s'est appliquée, après sa mort, à mettre ses œuvres en lumière.
Il aurait pu faire sien le précepte de Jean-François Millet : « Ce qui est exprimé faiblement gagnerait à n'être pas dit. » Sa peinture reflète son origine orientale. Dufeu se montra tour à tour le délicat réaliste épris de Vélasquez, comme dans le portrait de femme conservé au Petit Palais, le créateur de figures de vieux et de vieilles. C'est encore le peintre de natures mortes, le paysagiste qui sait dégager le « sentiment » des choses, leurs côtés tragiques comme leur grâce. ■ E. B.

VENTES PUBLIQUES : PARIS, 25 jan. 1895 : *Palais des doges à Venise* : **FRF 105** – PARIS, 4 mai 1901 : *Nature morte* : **FRF 850** – PARIS, 18 et 19 nov. 1901 : *Le pont* : **FRF 155** – PARIS, 25 mai 1904 : *Vue de Venise* : **FRF 210** ; *Marine* : **FRF 175** – PARIS, 5 juin 1909 : *Grand'rue de village* : **FRF 45** ; *Marine* : **FRF 32** – PARIS, 8 nov. 1918 : *La Seine à Neuilly* : **FRF 190** – PARIS, 20 nov. 1918 : *Prière du soir à la veillée* : **FRF 160** – PARIS, 4 et 5 déc. 1918 : *Pêcheurs à Constantinople* : **FRF 350** ; *Un marché oriental* : **FRF 200** – PARIS, 23 déc. 1918 : *Une rue à Constantinople* : **FRF 170** – PARIS, 3 fév. 1919 : *Rentrée de procession* : **FRF 900** – PARIS, 22 mars 1919 : *Marine* : **FRF 210** – PARIS, 28 mars 1919 : *Femme au piano*, aquar. : **FRF 480** – PARIS, 30 nov.-1er et 2 déc. 1920 : *Ruelle près de la cathédrale de Chartres*, aquar. : **FRF 310** – PARIS, 23 et 24 mai 1921 : *Tête d'après un bronze mortuaire de Naples*, fus. : **FRF 22** – ROUEN, 30 juin 1921 : *Rue de village* : **FRF 130** – ROUEN, 30 mai 1923 : *Vue d'Orient* : **FRF 90** ; *Vue d'Orient* : **FRF 150** – ROUEN, 28 juin 1923 : *Venise* : **FRF 1 320** – ROUEN, 30 mai 1924 : *Route de village* : **FRF 90** – ROUEN, 1er juil. 1924 : *Canal à Venise* : **FRF 95** – ROUEN, 6 déc. 1924 : *La Montée de la diligence*, aquar. : **FRF 130** ; *Le Campement* : **FRF 280** – ROUEN, 14 mai 1925 : *Venise, la plage* : **FRF 310** – ROUEN, 5 et 6 juin 1925 : *Chartres*, aquar. : **FRF 380** ; *Venise, le Canal* : **FRF 300** – ROUEN, 30 juin 1925 : *Vue de Venise* : **FRF 205** – ROUEN, 30 déc. 1925 : *Les ruines du temple* : **FRF 320** – ROUEN, 18 jan. 1926 : *L'arrivée des barques* : **FRF 520** – ROUEN, 22 mars 1926 : *Venise* : **FRF 850** – ROUEN, 10 mai 1926 : *Venise* : **FRF 420** ; *Les ruines* : **FRF 550** – ROUEN, 31 mai 1926 : *Vue prise en Algérie* : **FRF 660** – ROUEN, 12 juin 1926 : *Coin de village*, aquar. : **FRF 200** ; *La colonne Saint-Marc à Venise* : **FRF 1 120** ; *Ferme à Gamaches* : **FRF 700** – ROUEN, 21 juin 1926 : *Marine* : **FRF 760** – ROUEN, 26 oct. 1926 : *Constantinople* : **FRF 130** ; *Jour d'orage* : **FRF 130** – ROUEN, 22 jan. 1927 : *Caravane* : **FRF 950** – ROUEN, 5 mai 1927 : *Venise, le grand canal, lever de soleil* : **FRF 1 550** – ROUEN, 30 et 31 mai 1927 : *Marseille : la cathédrale et les bassins de la Joliette* : **FRF 2 300** – ROUEN, 3 déc. 1928 : *Entrée de ville, vue prise en Orient* : **FRF 7 500** – ROUEN, 25 juin 1929 : *Constantinople* : **FRF 380** – ROUEN, 24 mars 1930 : *La Sicile* : **FRF 280** – ROUEN, 3 mai 1930 : *Bateaux à marée basse* : **FRF 700** – ROUEN, 17 déc. 1931 : *Paysage oriental* : **FRF 160** – ROUEN, 4 mars 1932 : *Port de pêcheurs marocains* : **FRF 420** – ROUEN, 25 oct. 1933 : *Vue de Venise* : **FRF 360** – ROUEN, 26 et 27 fév. 1934 : *Chef oriental et son escorte de soldats et de dromadaires en déplacement dans le désert* : **FRF 240** – LONDRES, 7 mars 1938 : *Le port de Marseille* : **GBP 7** – PARIS, 21 mars 1938 : *Coin de port* : **FRF 210** ; *Passage d'un gué par des cavaliers*, dess. à la pierre noire : **FRF 12** ; *Intérieur d'église* : **FRF 400** ; *Le port à marée basse* : **FRF 185** ; *Les gondoles à Venise : Effet du soir* : **FRF 195** ; *Venise : Santa Maria del Salute* : **FRF 320** – PARIS, 5 déc. 1940 : *Entrée de ville : vue prise en Orient* : **FRF 1 550** – PARIS, 12 mars 1941 : *Place publique en Orient* : **FRF 750** – PARIS, 20 mars 1942 : *Voiliers et gondoles sur le canal Saint-Marc à Venise* : **FRF 7 000** – PARIS, 18 et 19 mai 1942 : *Palais des Doges à Venise* : **FRF 4 760** – PARIS, 22 mai 1942 : *Pêches* : **FRF 200** ; *Rue orientale* : **FRF 900** – PARIS, 15 déc. 1942 : *Vue de Venise* : **FRF 4 000** – PARIS, 11 jan. 1943 : *Vue de Venise* : **FRF 3 400** – PARIS, 8 mars 1943 : *Soleil couchant* : **FRF 1 250** – PARIS, 15 mars 1943 : *Barque* : **FRF 130** – PARIS, 24 mai 1943 : *Les Funérailles du chevalier* : **FRF 1 200** – PARIS, 21 juin 1943 : *Venise* : **FRF 1 400** – PARIS, 23 juin 1943 : *Venise au crépuscule* : **FRF 8 800** ; *Port d'Orient* : **FRF 950** – PARIS, 10 nov. 1943 : *Venise* : **FRF 1 950** – PARIS, 16 fév. 1944 : *Devant la mosquée* : **FRF 2 500** – PARIS, 8 déc. 1944 : *Vue de Paris : La Seine*, aquar. : **FRF 400** – PARIS, 19 déc. 1944 : *Bateaux de pêche à marée basse* : **FRF 3 000** – PARIS, 16 fév. 1945 : *La charrette de foin* : **FRF 2 000** – PARIS, 23 fév. 1945 : *Ville arabe au bord de la mer* : **FRF 1 500** – PARIS, 7 mars 1945 : *Venise* : **FRF 7 500** ; *Paysage de neige*, Genre d'E. J. D. : **FRF 6 400** – NEW YORK, 12 avr. 1945 : *Personnages dans les ruines* : **USD 75** ; *Scène de rue* : **USD 100** – PARIS, oct. 1945-Juillet 1946 : *Rue encombrée de charrettes* : **FRF 5 200** – PARIS, 24 jan. 1947 : *Le port*, aquar. : **FRF 2 100** – PARIS, 10 fév. 1947 : *Place en Orient* : **FRF 2 800** – PARIS, 6 mars 1947 : *Venise* : **FRF 3 200** – PARIS, 2 mars 1949 : *Gondoles à Venise* : **FRF 20 500** – PARIS, 4 et 5 mai 1955 : *Le Grand Canal à Venise* : **FRF 23 000** – LUCERNE, 25 juil. 1965 : *Nature morte aux huîtres* : **CHF 3 900** – LUCERNE, 2 déc. 1967 : *Bord de mer* : **CHF 4 500** – PARIS, 29 nov. 1976 : *Rue du Caire*, h/t (38x46) : **FRF 5 500** – VERSAILLES, 23 mars 1980 : *Le Grand Canal de Venise*, h/t (36x53) : **FRF 10 000** – PARIS, 15 fév. 1983 : *Sarah Bernhardt dans le parc Borely*, h/t (163x130) : **FRF 8 000** – MONTE-CARLO, 8 déc. 1984 : *Le canal Saint-Martin*, aquar. (31,6x51) : **FRF 4 000** – LUCERNE, 7 nov. 1985 : *Vue de Venise*, h/t (27x41) : **CHF 6 500** – PARIS, 10 déc. 1987 : *Vue de Venise*, h/pan. (46x61,5) : **FRF 20 000** – CALAIS, 13 nov. 1988 : *Le carnaval de Venise*, h/t (61x50) : **FRF 10 000** ; *L'Elégante*, h/t (51,5x36) : **FRF 38 000** – PARIS, 10 juin 1990 : *Marché à l'entrée de la ville*, h/pan. (37,5x45) : **FRF 5 200** – MONACO, 16 juin 1990 : *Vue de Constantinople*, h/t (34x60) : **FRF 21 090** – PARIS, 24 sep. 1992 : *Venise – le Grand Canal*, h/t (65x81) : **FRF 41 000** – PARIS, 5 avr. 1993 : *En regardant couler d'oued*, h/t (36x54) : **FRF 10 000** – ZURICH, 13 oct. 1993 : *Le port*, h/t (50x61) : **CHF 1 500** – PARIS, 22 mars 1994 : *Venise – la place Saint-Marc*, h/t (38,5x46) : **FRF 6 400** – PARIS, 13 avr. 1994 : *Canal à Venise*, h/pan. (65x52) : **FRF 11 000** – PARIS, 4 juil. 1995 : *Embarcations devant une mosquée*, h/t (46x56) : **FRF 7 800** – PARIS, 23 fév. 1996 : *Vue de Constantinople*, h/t (37x52) : **FRF 5 000** – PARIS, 10-11 avr. 1997 : *Caïques sur le Bosphore*, h/pan. (37x55) : **FRF 8 000**.

DUFEU Jaume
XIVe siècle. Actif à Barcelone vers 1350. Espagnol.
Peintre.
Fut le père de Ramon.

DUFEU Jean Claude
Né le 13 juin 1728 à Besançon. Mort en 1777. XVIIIe siècle. Français.

Peintre.
Fils de Claude-Joseph Dufeu.

DUFEU Ramon ou **Desfeu** ou **Dez Feu**
XIVe siècle. Actif à Barcelone. Espagnol.
Peintre.
Fils du peintre Jaume dez Feu, et gendre du peintre Pere de Puig. La chapelle Saint-Thomas de la Cathédrale de Barcelone possède un plafond peint par cet artiste.

DUFEU Thérèse Françoise
XVIIIe siècle. Actif à Paris en 1765. Français.
Peintre.

DUFEY
Né au XIXe siècle en Suisse. XIXe siècle. Français.
Peintre d'émaux et miniaturiste.
Exposa des portraits au Salon de 1806 à 1814.

DUFF John
Mort en 1787 à Dublin. XVIIIe siècle. Irlandais.
Graveur.
On connaît de lui des illustrations et ex-libris gravés à partir de 1770.

DUFF John Robert Keitley
Né en 1862 à Londres. XIXe siècle. Actif à Hendon. Britannique.
Peintre de scènes rustiques.
Il débuta en 1891 à la Royal Academy et à Suffolk Street.
Ventes Publiques : New York, 15 mars 1907 : *Faisant la garde*, past. : **USD 70** – Amsterdam, 9-10 fév. 1909 : *En Écosse*, past. : **NLG 280** – Amsterdam, 4 juil. 1910 : *Moutons sur la montagne*, past. : **NLG 18** – Londres, 2 fév. 1923 : *Un dessin* : **GBP 5** – Londres, 19 fév. 1926 : *La tonte des moutons* 1903, past. : **GBP 6** – Londres, 19 et 20 mai 1926 : *Béliers* : **GBP 8.**

DUFFANT
XVIe siècle. Actif à Auch vers 1550. Français.
Peintre d'histoire.

DUFFAU Jean-François
Né le 28 mars 1942 à Paris. XXe siècle. Français.
Sculpteur de figures, monuments.
De 1959 à 1961, il suivit les cours du soir de la Ville de Paris. Après son service militaire en Algérie de 1963 à 1965, il entra à l'École des Beaux-Arts de Paris, où il étudia de 1966 à 1971, devenant pensionnaire de la Villa Médicis à Rome, de 1971 à 1973. Il avait fait une première exposition de sculptures sur bois à Alger en 1962, été invité au Salon de la Jeune Sculpture en 1969. En 1973, il exposa dans les galeries de la Villa Médicis. En 1974-1975, il figura au Salon de Mai, à Paris. Ensuite, il participe à des expositions collectives, notamment : 1983 au Centre d'art et de sculpture contemporains à Jouy-en-Josas, 1987 au Centre Beaubourg à Paris, à l'exposition *Visage* au Musée Saint-Georges à Liège. En 1989, un Hommage individuel lui a été consacré au Salon d'Automne, etc. Il a obtenu : en 1974 le 1er Grand Prix du Salon international de Toulon, en 1981 le Prix Pierre Lyautey à Monaco. Depuis 1975, il est professeur de sculpture à l'École des Beaux-Arts de Paris. En 1987, il fut le conseiller artistique pour le film *Camille Claudel*.
Nourri de tradition, fidèle à la représentation de la réalité humaine, il a une pratique extrêmement sensible, un « toucher » à fleur-de-peau. Si on le réfère, techniquement, à Rodin, pour user d'un exemple connu, il est du côté des plâtres, des modelages, certainement pas du côté des marbres travaillés par ses praticiens. Ses sculptures peuvent dialoguer avec la mort, il traite d'images religieuses. Il a créé d'émouvants *Gisants*, sur lesquels il inscrit, après Ligier Richier, le frémissement, entre la vie et la mort, du travail de la décomposition des chairs. ■ J. B.
Bibliogr. : In : Catalogue du *Salon d'Automne*, Paris, 1989.

DUFFAUD Jean Baptiste
Né en 1853 à Marseille (Bouches-du-Rhône). Mort le 17 juin 1927 à Paris. XIXe-XXe siècles. Français.
Peintre d'histoire, scènes de genre, portraits, paysages.
Élève de Magaud à l'École des Beaux-Arts de Marseille, puis de P. Barrias et de Gérome à Paris, il participa au Salon de Paris de 1875 à 1882, obtenant une mention honorable en 1885, une médaille de troisième classe et mention honorable en 1889, une médaille de deuxième classe en 1891. Prix Marie Bashkirtseff en 1891, chevalier de la Légion d'honneur en 1906.
Après avoir exécuté des portraits, scènes historiques, sujets de genre, grandeur nature, dans des tonalités sombres, il changea de style, pour peindre, vers 1911-1912, des paysages de petites dimensions, aux couleurs claires, dans une pâte riche.
Bibliogr. : Gérald Schurr, in : *Les Petits Maîtres de la peinture 1820-1920, valeur de demain*, Les Éditions de l'Amateur, t. V, Paris, 1981.
Musées : Avignon (Mus. Calvet) : *Portrait d'Étienne Parrocel* 1896 – Paris (Mus. d'Art Mod. de la Ville de Paris) : *Les Anglais en Irlande – Pastorale en Provence « Lou core s'esviha »* – Troyes : *Mort de saint Pol de Léon*.
Ventes Publiques : Paris, 4 fév. 1928 : *La tempête* : **FRF 950** ; *Les falaises* : **FRF 1 000** – Versailles, 17 fév. 1980 : *Maisons de pêcheurs près de la mer*, h/t (38x55) : **FRF 2 200** – Paris, 19 avr. 1996 : *Environs de Martigues*, h/t, une paire (chaque 38x55) : **FRF 10 500.**

DUFFAUT Préféte
Né en 1923 ou 1929 à Jacmel (Haïti). XXe siècle. Haïtien.
Peintre. Naïf.
Charpentier en barques, il peignait le paysage des abords de Jacmel. Il a peint aussi une *Tentation de Notre-Seigneur*, dans l'église épiscopale de Port-au-Prince. Il figura à des expositions, dont celle, en 1968-1960, à l'Arts Council de Grande Bretagne à Londres intitulée *Peintures populaires d'Haïti*, et celle qui s'est tenue au Musée Ostwall à Dortmund, en 1968-1970 : *Peinture d'Haïti*. Plus récemment il a participé à une exposition itinérante dans le sud des États-Unis : *Maîtres de la peinture haïtienne dans la collection de Siri Von Reis*, en 1984-1986.
Bibliogr. : Oto Bihalji : *Les peintres naïfs*, Delpire, Paris, s.d.
Ventes Publiques : New York, 9 nov. 1976 : *Trésors de Reine Titane* 1955, h/isor. (61x51) : **USD 2 300** – New York, 13 avr. 1977 : *Paysage au pont* 1963, h/isor. (59x51) : **USD 1 300** – New York, 24 nov. 1982 : *Ville de Miragoane* 1949, h/cart. (50,8x61) : **USD 4 750** – New York, 27 nov. 1985 : *La reine Erzulie* 1949, h/isor. (77x71,6) : **USD 4 000** – New York, 18 nov. 1987 : *Reine Titante* 1954, h/isor. (76,5x37) : **USD 2 800** – New York, 2 mai 1990 : *Cérémonia Sibbi-Deux Aux* 1952, h/rés. synth. (50,8x60,9) : **USD 6 600** – New York, 19-20 nov. 1990 : *Ville au bord de la mer* 1963, h/pan. (61x91) : **USD 3 080** – New York, 15 mai 1991 : *Jacmel*, h/t (61x91,5) : **USD 2 420** – New York, 19 mai 1992 : *Erzulie (Reine Titane)* 1963, h. (60,5x73) : **USD 5 280** – New York, 25 nov. 1992 : *Les trésors de la Reine Herzulie* 1955, h/rés. synth. (76,8x61) : **USD 5 720** – Paris, 14 déc. 1992 : *La montagne magique*, h/bois (45x50) : **FRF 12 000** – New York, 30 juin 1993 : *Paysage imaginaire*, h/rés. synth. (61x40,6) : **USD 1 495** – New York, 24 nov. 1993 : *Cité imaginaire*, h/rés. synth. (75,5x101,7) : **USD 4 370** – Amsterdam, 31 mai 1994 : *Personnages dansant dans un village* 1982, h/t (35x45) : **NLG 4 600** – Paris, 13 juin 1994 : *Village fantastique*, h/t (60x75) : **FRF 6 000** – Paris, 12 juin 1995 : *Croisière aux Antilles*, h/t (61x91) : **FRF 8 700** – New York, 21 nov. 1995 : *La reine des bois* 1956, h/rés. synth. (61x50,8) : **USD 6 325** – Paris, 25 mai 1997 : *Le Palais blanc*, acryl./t. (41x51) : **FRF 3 000.**

DUFFEIT ou **Duffet**. Voir **DOUFFET**

DUFFELER Pierre
Éc. flamande.
Peintre de paysages.
Cité par Mireur.
Ventes Publiques : Paris, 1864 : *Intérieur d'une forêt*, dess. à la pl. : **FRF 2.**

DUFFER Louis S. Voir **FAIVRE-DUFFER**

DUFFIELD Mary Elizabeth Anne, née **Rosenberg**
Née le 2 avril 1819 à Bath. Morte en 1914. XIXe siècle. Britannique.
Peintre de natures mortes, fleurs et fruits, aquarelliste.
Fille de Thomas E. Rosenberg, elle épousa William Duffield en 1850. Elle exposa à la New Water-Colours Society, à Suffolk Street, et à la Royal Society de 1851 à 1874.

ME Duffield

Ventes Publiques : Vienne, 29 nov. 1977 : *Nature morte aux fleurs et papillon*, h/t (38x46,5) : **ATS 20 000** – Londres, 20 nov. 1979 : *Natures mortes aux fleurs*, 2 aquar. reh. de blanc (29x38) : **GBP 550** – Lindau, 7 mai 1980 : *Nature morte*, h/t (30,5x25,5) : **DEM 4 600** – Londres, 9 fév. 1983 : *Roses*, aquar./trait de cr. reh. de blanc (26,5x39,5) : **GBP 380** – Londres, 10 mai 1985 : *Bords de rivière fleuris*, h/t (59x33,6) : **GBP 600** – Londres, 23 mai 1985 : *Nature morte aux fleurs d'été*, aquar./cr. (30,5x57) : GBP 750 – GÖTEBORG, 18 mai 1989 : *Panier de fruits*, h/t (45x50) : SEK 6 300 – LONDRES, 5 juin 1991 : *Nature morte de roses trémières, fleurs de la passion et arums* 1868, aquar. avec reh. de blanc (30,5x39,5) : **GBP 1 100**.

DUFFIELD William
Né en 1816 à Bath. Mort en 1863 ou 1871 à Londres. XIXe siècle. Britannique.
Peintre de portraits, natures mortes, fleurs et fruits.
Élève de George Lance, il étudia ensuite aux écoles de l'Académie royale et enfin avec Wappers à Anvers. Il débuta dans le portrait, mais son premier envoi à l'Académie royale fut un tableau de fruits. Il continua à exposer dans le même genre, tant à l'Académie qu'à la société des artistes britanniques et excella dans cette sorte de peinture. En 1850, il épousa Mary-Elisabeth Rosenberg, native de Bath, peintre de fleurs et de poissons. S'étant fixé à Londres en 1856, il y mourut sept ans après.
MUSÉES : LEICESTER : *Nature morte* – SUNDERLAND : *Fruits*.
VENTES PUBLIQUES : LONDRES, 29 mai 1908 : *Daim et oiseaux morts* : **GBP 17** – LONDRES, 21 nov. 1908 : *Fruits et azalées par T. Warmsey* : **GBP 5** – LONDRES, 14 nov. 1921 : *Nature morte* 1848 : **GBP 6** – LONDRES, 21 déc. 1923 : *Fruits* 1857 : **GBP 12** – LONDRES, 5 fév. 1925 : *Nature morte* 1858 : **GBP 9** – LONDRES, 10 déc. 1926 : *Nature morte* 1861 : **GBP 5** – LONDRES, 1er août 1930 : *Nature morte* 1859 : **GBP 15** – LONDRES, 2 nov. 1936 : *Fruits* 1861 : **GBP 6** – LONDRES, 29 juil. 1942 : *Nature morte* 1862 : **GBP 8** – LONDRES, 8 oct. 1943 : *Fruits et verre de vin* : **GBP 26** – LONDRES, 31 juil. 1946 : *Fleurs* : **GBP 52** – LONDRES, 18 nov. 1960 : *Nature morte aux fruits et au gibier* 1857, h/t (112x142) : **GNS 210** – LONDRES, 22 jan. 1965 : *Échec et mat* : **GNS 130** – LONDRES, 8 juil. 1966 : *La corbeille de fruits* : **GNS 180** – LONDRES, 14 avr. 1967 : *Nature morte* : **GNS 260** – LONDRES, 15 oct. 1969 : *Nature morte aux fruits* : **GBP 2 700** – LONDRES, 18 oct. 1974 : *Nature morte* 1861 : **GNS 900** – NEW YORK, 12 mai 1978 : *Trophée de chasse* 1881, h/t (48x77) : **USD 2 750** – LONDRES, 24 oct. 1978 : *Nature morte aux fruits* 1858, h/t (69x89) : **GBP 6 500** – LONDRES, 3 juil. 1979 : *Nature morte au gibier* 1860, h/t (50x41) : **GBP 1 200** – LONDRES, 29 mars 1983 : *Nature morte aux fruits et volatiles* 1861, h/t (54x81) : **GBP 1 200** – LONDRES, 11 juin 1985 : *Nature morte aux fruits et au gibier* 1857, h/t (112x142) : **GBP 24 000** – LONDRES, 30 sep. 1987 : *Nature morte aux fruits et pots* 1852, h/t (35,5x49,5) : **GBP 4 200** – NEW YORK, 25 avr. 1988 : *Raisin, pêches, prunes, et ananas* 1861, h/pan. (30,5x42,5) : **USD 5 500** – LONDRES, 12 juil. 1989 : *Portrait de l'Honorable Frederick Villiers avec ses sœurs Sarah et Clementina Villiers* 1840, h/t (100x124) : **GBP 19 800** – MONTRÉAL, 30 avr. 1990 : *Nature morte*, h/t (66x104) : **CAD 3 740** – LONDRES, 13 fév. 1991 : *Gibiers d'hiver* 1859, h/t (65x100) : **GBP 6 050** – LONDRES, 5 nov. 1993 : *La gibecière*, h/t (30,5x53,4) : **GBP 828** – LONDRES, 29 mars 1995 : *Gibier et corbeille de fruits*, h/t (101,5x127) : **GBP 10 925**.

DUFFIELD William L.
XIXe siècle. Actif à Londres. Britannique.
Peintre.
Probablement fils de William Duffield. Il exposa de 1873 à 1880 à Suffolk Street et en 1877 à la Royal Academy des paysages écossais et des personnages.

DUFFIN Paul
Né au XVIIIe siècle à Chelsea. XVIIIe siècle. Britannique.
Peintre et aquafortiste.
Vers 1750 il travaillait comme peintre de portraits dans les environs de Canterbury. Il exposa en 1773 et 1775 à la Society of Artists à Londres.
VENTES PUBLIQUES : VERSAILLES, 28 avr. 1968 : *Conversation galante* ; *La partie de cartes*, deux cuivres : **FRF 3 150**.

DUFFY Daniel James
Né à Airdries (Écosse). XXe siècle. Britannique.
Peintre de paysages, natures mortes.
De 1921 à 1939 cet artiste a figuré, à Paris, au Salon des Artistes Français, période au cours de laquelle on a cité ses natures mortes et un *Paysage japonais*.

DUFFY Patrick Vincent
Né en mars 1832 à Dublin. Mort le 22 novembre 1909 à Dublin. XIXe siècle. Irlandais.
Peintre de paysages.
Il fut élève de la Royal Art Society School à Dublin.
Il exposa de 1851 à 1909 des paysages à la Royal Hibernian Academy, dont il devint par la suite le conservateur et le trésorier. Il figura également à la Royal Academy et à Suffolk Street à Londres.
MUSÉES : DUBLIN (mun. Art Gal.) : *Inondation dans le Dargle* – DUBLIN (Nat. Gal. of Ireland) : *La lande de Wicklow*.
VENTES PUBLIQUES : TORONTO, 30 nov. 1988 : *Le littoral irlandais*, h/t (29,5x50) : **CAD 1 800**.

DUFLOCQ ou **Duflos**
Mort le 24 novembre 1749 à Paris. XVIIIe siècle. Actif à Paris. Français.
Peintre et dessinateur.
Il était membre de l'Académie de Saint-Luc dont il fut l'élève. En 1702, il obtint le prix de Rome avec son tableau : *Moïse devant le buisson ardent*.
MUSÉES : PARIS (Mus. du Louvre) : *Projet d'un retable d'autel avec Saint Luc devant la Madone* – *Martyre de Saint Jean l'Évangéliste* – *Paysage de montagne*.

DUFLOCQ Hippolyte
XIXe siècle. Français.
Peintre.
En 1834, il envoya au Salon de Paris : *Vue prise dans le comté de Norfolk*, et en 1837 : *Ancien hôtel des monnaies, à Caen*.

DUFLOS, Mme
XVIIIe siècle. Française.
Graveur à l'eau-forte.
Femme de Pierre Duflos. On cite d'elle : Vignette pour les *Œuvres de Dorat*, *Recueil d'estampes représentant les grades, les rangs et les dignités suivant les costumes de toutes les nations*, *Abrégé de l'Histoire universelle en figures*, dessiné par Monnet.

DUFLOS. Voir aussi **DUFLOCQ**

DUFLOS Claude
Né en 1665 à Coucy-le-Château. Mort le 18 septembre 1727 à Paris. XVIIe-XVIIIe siècles. Français.
Graveur.
Ses œuvres sont confondues avec celles de Claude-Augustin Duflos, probablement son parent. Néanmoins on connaît de lui un « *Massacre des innocents* » d'après Lebrun, un « *Jésus-Christ au tombeau* » d'après Pérugin et « *Le Christ en Croix* » d'après Girardon.
VENTES PUBLIQUES : PARIS, 1811 : *Vues des bords du Tibre, du pont et du château Saint-Ange, et quinze autres monuments d'Italie*, dess. dont plusieurs coloriés : **FRF 23** – PARIS, 1861 : *Académies d'hommes debout et assis*, deux dessins à la sanguine : **FRF 2,50**.

DUFLOS Claude Augustin Pierre
Né en 1700. Mort en 1786. XVIIIe siècle. Français.
Graveur.
Il a gravé d'après Boucher, Pater, Schenau, Benard, Le Barbier, etc.

DUFLOS F. Pierre
XVIIIe siècle. Actif à Rome. Français.
Peintre, dessinateur et graveur au burin.
On cite parmi ses gravures : 20 planches pour les lettres de l'Alphabet, Vignettes pour *Antiqua Numismata maximi moduli aurea*. Peut-être parent de Philothée Duflos.

DUFLOS Nelly
Née à Outreau (Pas-de-Calais). XXe siècle. Française.
Peintre.
Élève de Mme J. Chauleur. Sociétaire du Salon des Artistes Français ; mention honorable en 1937.

DUFLOS Philothée François
Né vers 1710 à Paris. Mort en 1746 à Lyon. XVIIIe siècle. Français.
Peintre de compositions à personnages, portraits, dessinateur, graveur.
Prix de Rome, en 1729 avec *Joab faisant lapider le prophète Zacharie*, il fut élève de J.-F. de Troy à l'Académie de France à Rome et vécut longtemps en Italie. En 1740, il peignit son *Portrait* pour la galerie des Offices à Florence ; en 1741, il exécuta à Rome, une copie de l'*École d'Athènes* de Raphaël, aujourd'hui au Musée de Lille.

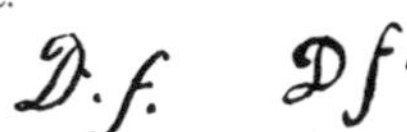

Musées : Florence (Gal. des Offices) : *Autoportrait.*
Ventes Publiques : Londres, 25 mars 1982 : *Andromaque et Hector,* pl. et lav. (29,5x46) : **GBP 400.**

DUFLOS Pierre
Né en 1742 à Lyon. Mort en 1816 à Paris. XVIIIe-XIXe siècles. Français.
Graveur au burin.
Il a travaillé à Paris et a gravé de nombreuses planches, signées souvent de ses initiales, notamment *Recueil d'estampes représentant... le costume de toutes les nations,* 1780 (264 pl.) et un *Abrégé de l'histoire universelle,* 1785 (dessins de Monnet). Sa femme travailla avec lui à Paris, dans la seconde moitié du XVIIIe siècle, et grava des vignettes à l'eau-forte pour une édition des œuvres de Dorat.

D.Sc.

DUFLOS Robert Louis Raymond
Né le 10 octobre 1898 à Rouen (Seine-Maritime). XXe siècle. Français.
Peintre de sujets divers.
Sociétaire, à Paris, du Salon des Artistes Français, prenant part également au Salon des Artistes Indépendants ainsi qu'à la Société Nationale des Beaux-Arts, en 1929.
Il a exposé de portraits, des nus, des paysages et des marines.
Ventes Publiques : Lokeren, 4 déc. 1993 : *Nu lisant,* past./pap./t. (65x53) : **BEF 28 000.**

DUFLOS Simon Nicolas
XVIIIe siècle. Français.
Graveur au burin.
Fils de Claude D., il vivait à Lyon, dans la seconde moitié du XVIIIe siècle. On cite de lui : *L'Accouchée,* d'après Et. Jeaurat, *le Château de Cartes* et *La Maîtresse d'école,* d'après J.-B. S. Chardin, *La Relevée,* d'après Et. Jeaurat.

DUFLOT-BAILLIÈRE Georgette
Née le 17 janvier 1885 à Paris. XXe siècle. Française.
Peintre, pastelliste.
Élève de Vignal et Thévenot. Elle a débuté, à Paris, au Salon des Artistes Français en 1909. Elle a exposé également au Salon de l'Union des Femmes Peintres et Sculpteurs et Salon des peintres de montagne.
Musées : Troyes.

DUFNER Edward
Né en 1871 ou 1872 à Buffalo (New York). Mort en 1957. XIXe-XXe siècles. Américain.
Peintre de genre, peintre à la gouache.
Élève de J.P. Laurens et B. Constant. Il exposa, à Paris, au Salon des Artistes Français et obtint une mention honorable en 1902.

E DUFNER

Musées : Buffalo (Mus.) : *À l'atelier.*
Ventes Publiques : New York, 29 mai 1981 : *Barque sur un lac au clair de lune* 1904, h/t (63,5x81,3) : **USD 9 000** – New York, 31 mai 1984 : *Summer day,* aquar./pap. mar./cart. (62,2x74,9) : **USD 10 000** – New York, 24 oct. 1984 : *Evening Song,* h/t (101,6x127) : **USD 13 000** – New York, 15 mars 1986 : *Paysage d'été,* h/t (50,8x61) : **USD 5 750** – New York, 28 mai 1987 : *Dorothea faisant du crochet,* h/t (76,2x63,5) : **USD 18 000** – New York, 23 juin 1987 : *Vue d'une baie,* aquar. et gche (43,5x58,5) : **USD 2 750** – New York, 24 juin 1988 : *Dorothée composant un bouquet,* h/t (112,5x86,4) : **USD 11 000** ; *Les Bâtisseurs de cheminées,* h/t (62,5x75) : **USD 4 675** – New York, 24 mai 1989 : *Ombre et lumière d'été,* h/t (50,9x61) : **USD 15 400** – New York, 30 nov. 1989 : *Jours heureux,* h/t (137,1x137,1) : **USD 220 000** – New York, 14 fév. 1990 : *Soleil levant,* h/t (40,9x30,5) : **USD 8 800** – New York, 12 mars 1992 : *La Lumière du petit matin,* h/t/pan. (76,5x63,5) : **USD 9 900** – New York, 4 déc. 1992 : *Matin ensoleillé,* h/t/cart. (65,4x78,2) : **USD 57 200** – New York, 31 mars 1994 : *Promenade du matin,* h/t/cart. (21x25,4) : **USD 7 188** – New York, 22 mai 1996 : *Margaret à la fenêtre* 1915, h/t (40,6x30,5) : **USD 68 500.**

DUFO Alain
Né le 15 avril 1934 à Sevran (Seine-Saint-Denis). XXe siècle. Français.
Peintre, technique mixte. Tendance Pop'art.
Il fut élève de l'École des Arts Décoratifs de Nice, puis, pendant cinq ans, de l'École des Beaux-Arts de Paris. Sans doute fut-il aussi étudiant dans le cursus de l'enseignement des arts plastiques, puisqu'il fut professeur dans les lycées et collèges et obtint le titre d'agrégé.
À Paris, il a exposé à plusieurs reprises au Salon de la Jeune Peinture, de 1963 à 1966, ainsi qu'aux Salons des Réalités Nouvelles, Comparaisons, et Grands et Jeunes d'Aujourd'hui. Il a également fait l'objet d'expositions personnelles, 1967 Copenhague, 1968-1969 Bruxelles, ainsi qu'à Amsterdam et plusieurs fois à Paris. En 1965, il obtint le Prix du Dôme, en 1966 le Prix du Festival d'Avignon. En 1967, il fut invité à la Biennale de Paris et en obtint le Prix.
Dans ses débuts, il a participé, conjointement à l'apparition et aux manifestations du Pop'art, au renouveau de la figuration souvent avec humour. Les peintures de Dufo échappent aux matériaux et aux formats traditionnels. Il crée en perspective illusionniste de faux objets, ne visant cependant pas au trompe l'œil. Sur poly-vinyl, il peint des « jeux d'images », comme on dit des jeux de mots. Son matériau de support étant transparent, il profite de cette propriété, par exemple : en peignant au recto les parties émergées du corps d'une femme dans sa baignoire, et au verso les parties immergées. Dans la suite de son travail, et avec les mêmes moyens matériels, il a posé des interrogations sur les rapports de l'image et de la réalité représentée, et des interrogations sur l'image en elle-même.
On peut subdiviser son œuvre en plusieurs périodes : vers 1968, les *Valises,* où il jouait entre la représentation perspective d'une part et les reliefs réels dont il dotait d'autre part le support de la peinture. Ensuite dans une série consacrée aux *Fourchettes,* il juxtaposait sur un même plan une partie de fourchette peinte avec l'autre partie de la fourchette réelle. Vers 1970, avec les *Tabourets,* sa réflexion s'est plus directement tournée vers l'image en elle-même, triturant, froissant, découpant l'image d'un tabouret, jusqu'à son aliénation totale en tant qu'image de tabouret devenue autre chose, une autre image autonome. Différent est l'esprit des *Sachets* qu'il produisit ensuite. Enfermant herbe, air, eau... dans des sachets, il semble qu'il ait voulu préserver et conserver des fragments de nature encore intacts, alors que, peut-être en voie de disparition, la nature, encore plus que l'art, requiert attention et respect, et peut-être aussi le musée. ■ J. B.
Musées : Avignon – Marseille (Mus. Cantini) : *Vraie ombre fausse* 1967.
Ventes Publiques : Paris, 6 déc. 1985 : *Coffres et ballons* 1968, acryl. et techn. mixte/vinyl. (161x130) : **FRF 4 500** – Paris, 14 mars 1990 : *Sans titre* 1969, t. plastifiée (91,5x73) : **FRF 6 200** – Paris, 23 mars 1992 : *Sans titre* 1960, plastique et t. cirée sur châssis (92x73) : **FRF 3 700.**

DUFOING Suzanne Marie Ghislaine
Née en 1930 à Corbion. XXe siècle. Belge.
Peintre, illustrateur. Naïf.
Elle fut élève de Léon Devos à l'Académie de Bruxelles. Elle obtint le Prix Hélène Jacquet en 1962. Elle est membre-correspondant de l'Académie Luxembourgeoise.
Bibliogr. : In : *Diction. biographique illustré des artistes en Belgique depuis 1830,* Arto, Bruxelles, 1987.
Musées : Mons.

DUFOIX Henri Célestin Alexandre
Né à La Ville-aux-Clercs (Loir-et-Cher). XXe siècle. Français.
Sculpteur de bustes.
Il exposait à Paris, au Salon des Artistes Français depuis 1929.

DUFONT Antoine
XVIIIe siècle. Actif à Valenciennes. Français.
Sculpteur.
En 1784, il travailla dans l'atelier de Jean-Baptiste Danezan.

DUFOOR Frédéric
Né en 1943 à Tournai. XXe siècle. Belge.
Peintre de nus, natures mortes. Hyperréaliste.
Il fut élève de l'Académie Saint-Luc de Tournai et de Van Lint à l'Académie Saint-Luc de Bruxelles. Il obtint le Prix de la Vocation en 1970. Il montre ses peintures dans des expositins personnelles, surtout à Bruxelles, notamment en 1990 à la galerie Janssens.
Il peint à la tempéra et décrit des éléments précis et fragmentés de son environnement dans une gamme sobre de gris jusqu'au noir et d'ocres lumineux et tendres. Ses deux sujets de prédilec-

tion sont les natures mortes dites « de peintre », chevalet, pinceaux, etc., et les nus de jeunes femmes jolies.
Bibliogr. : In : *Diction. biographique illustré des artistes en Belgique depuis 1830*, Arto, Bruxelles, 1987.
Ventes Publiques : Douai, 26 mars 1988 : *Deux pommes* 1984, temp. (123x123) : **FRF 3 000**.

DUFOREST Jacques Philippe
Né au xviiie siècle à Paris. xviiie siècle. Français.
Sculpteur sur bois.
En 1782, il vint à Angers pour achever avec Jacques Gaultier les sculptures du chœur de la cathédrale. Il eut aussi à exécuter les boiseries de l'église Saint-Laud et de la grande salle de l'Hôtel de Ville, où il sculpta la porte de la Chambre du Conseil.

DUFORGET Jean Jacques Marie
xviiie siècle. Français.
Peintre.
Il fut reçu à l'Académie de Saint-Luc à Paris en 1773.

DUFORNEAU
xixe siècle. Français.
Peintre.
Il est mentionné comme étant agréé de l'Académie de Marseille. Peut-être est-il identique à Dufourneau.

DUFOSSEZ Eugène Clément
Né en 1876 à Thuin. Mort en 1938 à Bruxelles. xxe siècle. Belge.
Sculpteur de statues, bustes, peintre.
Il participa à l'Exposition de Bruxelles en 1910, avec un *Buste d'enfant*. Il exposait aussi à Paris, au Salon des Artistes Français, recevant une médaille d'or en 1923.
Bibliogr. : In : *Diction. biographique illustré des artistes en Belgique depuis 1830*, Arto, Bruxelles, 1987.
Musées : Liège : Sculpture en marbre – Paris (Mus. d'Orsay) : Sculpture en marbre.

DUFOUR Ambroise Clément
Né à Troyes. xixe siècle. Français.
Peintre de portraits et graveur.
Débuta au Salon en 1875 et continua à exposer des portraits.

DUFOUR Anne Louise
xviiie siècle. Active à Paris en 1766. Française.
Peintre.

DUFOUR Anne-Marie
Née le 8 août 1922 à Paris. xxe siècle. Française.
Peintre. Polymorphe.
Elle expose à Paris, au Salon des Artistes Français, dont elle est sociétaire depuis 1954, des Artistes Indépendants dont elle est sociétaire depuis 1956.
De formation classique, elle fit un passage par l'abstraction, puis revint à une figuration relative. Dans l'épaisseur de matières pigmentaires elle inscrit directement les symboles des quatre éléments : air, terre, eau, feu.

DUFOUR Augustine
xviiie siècle. Active à la fin du xviiie siècle. Française.
Aquarelliste, peintre de fleurs, animaux.
Élève de Redouté.

DUFOUR Benoît
xviie siècle. Français.
Sculpteur.
Il travailla de 1671 à 1698 à Montbrison (Loire) et exécuta avec Chabrerias en 1698 des retables pour l'église de Cezay (Loire).

DUFOUR Bernard
Né le 21 novembre 1922 à Paris. xxe siècle. Français.
Peintre de figures, nus, portraits, paysages, peintre de technique mixte, graveur, dessinateur, illustrateur, photographe.
Son père était le peintre Jean-Jules Dufour. Toutefois, il n'y eut aucune étude artistique pour Bernard, il semble qu'il n'y pensait pas. En bout du cycle traditionnel d'études, il devint élève de l'Institut National Agronomique de Paris en 1942, condisciple d'Alain Robbe-Grillet, début d'une intime amitié. Les élèves de l'Institut appartenant à la classe 42 furent envoyés au Service du Travail obligatoire en Allemagne. Revenu en 1945, il termina ses études et devint ingénieur agronome en 1946. Il fut engagé comme ingénieur chimiste, à mi-temps sur sa demande, à ce qui devint *Gaz de France*, où il resta jusqu'en 1954. Depuis 1942 environ, il dessinait et peignait un peu, surtout des reproductions d'œuvres qu'il aimait, il lisait des écrits d'artistes. Ce fut à partir de 1946, retour d'Allemagne et fin d'études, qu'il alla peindre d'après modèles dans les Académies libres de Montparnasse et copier Michel-Ange et Tintoret au Cabinet des Dessins du Louvre. Ensuite, il ne cessa plus de s'enseigner lui-même, techniquement et esthétiquement. Encore ingénieur-chimiste, par le hasard des rencontres il fut invité à exposer, Galerie Maeght en 1949 et 1950, avec le groupe des *Mains Éblouies*, où furent réunis les jeunes peintres abstraits de la génération apparue après la guerre, ainsi qu'au Salon des Réalités Nouvelles en 1949, créé depuis 1946, et au Salon de Mai de 1949 à 1971, créé depuis 1945, et dont il fit partie du comité en 1957 et 1958. En 1952, il participa à la fondation, par Charles Estienne, du Salon d'Octobre, et y figura encore en 1953. Il participa encore à de nombreuses expositions collectives, d'entre lesquelles : 1958 Exposition Internationale de Bruxelles, 1959 Documenta III de Kassel, 1961 Biennale de São Paulo, 1963 sélectionné à l'exposition du Prix Carnegie de Pittsburgh, 1964 Biennale de Venise avec une exposition personnelle dans le Pavillon Français, 1977 *Topino-Lebrun et ses amis* présentée par Alain Jouffroy au Centre Georges Pompidou, et *L'aventure de Pierre Loeb* au Musée d'Art Moderne de la Ville de Paris, 1980 *Le corps* au Musée de Tours, 1983 *20 ans d'art en France, 1960-1980* présentée en Allemagne par Marcelin Pleynet, etc. En 1953 était survenu le suicide de sa première femme ; il se remariera en 1954, se séparera en 1959, et épousera très durablement en 1961 Martine, qui devint le personnage-clé de sa peinture. En 1954, Pierre Loeb l'avait pris en contrat dans sa galerie, ce qui lui permit de quitter Gaz de France. Il lui organisera plusieurs expositions personnelles, en 1955, 1956, 1957, 1958, 1960, 1962, 1963. En 1959, 1961, 1963, il exposa à New York, dans la galerie d'Albert Loeb, fils de Pierre. Il exposa à Londres en 1960. Il connut alors, entre autres, par Alain Robbe-Grillet, René de Solier et Germaine Richier, puis André Pieyre de Mandiargues, Francis Ponge, Jean Paulhan. Fin 1959, la peinture de Bernard Dufour devint de plus en plus figurative, et, par une pratique constante de modèles « dragués dans la rue », le corps de femmes nues envahit son œuvre. En 1962, il acheta une maison dans l'Aveyron, le Pradié, toujours plus son lieu de travail principal. En 1964, il exposait dans une salle entière au Pavillon Français de la Biennale de Venise. La même année, Pierre Loeb mourut, fin du contrat. Il fut repris aussitôt par la Galerie de l'Œil (galerie de la revue du même titre), qui lui organisa une exposition, mais cessa ensuite son activité. N'ayant plus de marchand, il fit lui-même, en 1967, une exposition dans le magasin d'antiquités de sa femme. Autour de 1968, il s'équipa pour la sérigraphie. En 1971, il fit une exposition importante à Saint-Étienne. En 1977, il participa au Centre Beaubourg, à l'exposition *Guillotine et peinture* ou *Topino-Lebrun et ses amis*, organisée par Alain Jouffroy. En 1977, il exposa à Châteauroux, en 1978 à Paris Galerie Beaubourg. En 1982, il put montrer ensemble, toujours Galerie Beaubourg, des peintures de ses différentes époques depuis le début de la figuration. En 1986, eut lieu à la Fondation du Château de Jau une exposition de ses peintures des années soixante. Ensuite, ses expositions parisiennes se font, conjointement en 1987, dans les galeries Beaubourg, Jacques Barbier, Albert Loeb, chacune montrant les peintures de leurs années de collaboration ou de rachat de fonds. Il a illustré plusieurs ouvrages littéraires, dont : *Le gouverneur polygame* de Daniel Boulanger 1960, suivi de plusieurs livres du même jusqu'en 1968, *La nuit l'amour* d'André Pieyre de Mandiargues en 1961, *Mouvement brownien, La banlieue de l'aube à l'aurore* de Michel Butor 1968, *Éloge de la véhémence* de Denis Roche 1970, puis *Lutte et rature* en 1972, *Le repas et l'amour chez les Mérinas* de Jean Paulhan 1970, *En pays touareg et en période d'amour les filles respirent les narines des garçons* de Pierre Guyotat 1970... En outre, Bernard Dufour a donné de nombreux textes et participé à de nombreux entretiens, publiés dans journaux, notamment *Libération*, revues, surtout *Art press*, catalogues, etc. En 1991, l'émission de télévision *Océaniques* de Pierre André Boutang a réalisé un *Portrait de Bernard Dufour*, et sortit en salles le film de Jacques Rivette *La Belle Noiseuse*, dans lequel, en place de celles de l'acteur, ce sont les mains de Bernard Dufour qui peignent les nus de la belle comédienne.
Bernard Dufour, sauf ses tout premiers essais de copies d'anciens, a peint d'emblée abstrait, époques des *Mains Éblouies*, du Salon d'Octobre et du contrat Pierre Loeb. Sa peinture resta

dans la mouvance abstraite jusqu'en 1958. Il est toujours artificiel de tenter une description de peintures, très sommairement on peut dire que sa période abstraite n'a rien de géométrique, qu'elle se rattache donc plutôt à l'abstraction lyrique, encore que la gestualité n'est pas non plus ce qui la caractérise. Elle est constituée de formes et de signes très précisément définis, les formes plutôt de la famille de la courbe et du cercle, de couleurs vives, souvent rouges, sur des fonds foncés, bleus par exemple ou au contraire très clairs, les signes accompagnant le dessin des formes, souvent tracés en noir, plus rectilignes, nerveux, griffés, la touche, le toucher pictural, spontané, libre mais tendu. En fait, ces formes si définies semblent issues de choses vues, regardées, semblent abstraites d'une réalité qu'elles occultent, et sont souvent considérées comme participant du paysagisme abstrait ou mieux de l'expressionnisme abstrait, se donnant pour objectif de traduire dans un langage formel général, les sensations particulières éprouvées au contact du divers extérieur. D'ailleurs, dans un de ses nombreux écrits, Bernard Dufour s'explique sur son passage en douceur de l'abstraction à la figuration : « Les formes sexuelles des tableaux abstraits deviennent des femmes sexuées. » Son marchand, Pierre Loeb, n'en eut pas d'états d'âme et, contrairement aux critiques qui avaient défendu sa période abstraite et qui ne le suivirent pas dans la figuration, il présenta au public les peintures et les nus de la nouvelle période avec une au moins égale chaleur. Cet épisode autorise à s'interroger une fois de plus sur la recevabilité de l'ostracisme réciproque entre figuration et abstraction, au moins dans tous ces cas, auxquels Dufour appartient, d'une abstraction qui ne peut refuser ou qui incite à, un éventuel déchiffrage. On est d'autant moins dépaysé par le passage de Dufour de « son » abstraction à la figuration, que l'écriture picturale reste absolument la même dans les peintures de la période figurative, et surtout dans les premières, dont la figuration est encore plus allusive que descriptive : ses *Femme et homme* de 1958-59 n'ont de sexualité qu'emblématique, certaines peintures prétendues *Sans titre* de 1958 excitent le désir de les décripter, tandis que le *Réseau auprès d'un miroir* de 1959 ne se livre guère. Peut-être plus émouvantes apparaissent les *Ils surgissent* de 1959-60, les *Plusieurs* de 1960, et les *Nus* qui suivent immédiatement, où des formes humanoïdes semblent s'arracher douloureusement d'une gangue picturale informelle pour accéder à l'être, comme une métaphore d'un passage initiatique de Bernard Dufour, de la non-figuration à la figuration.
À partir de 1962, la figuration est totalement assumée, sans que l'écriture picturale en soit fondamentalement modifiée : les anciennes formes abstraites rondes se précisent facilement en visages, ventres, seins, soulignés par les mêmes traits sombres. De même que les anciennes formes et lignes abstraites étaient dynamiquement projetées éparses sur la toile, le propos des peintures figuratives n'est pas obligatoirement cohérent : sur une même toile peuvent être dispersés, sans lien logique ni plastique, un visage, un gros-plan sur un sexe largement offert, un fragment de paysage ou d'architecture : *Palais, masque, buste* et *Trois têtes, deux corps, palais* de 1962 à la suite du séjour à Venise, *Grand nu reflété et tête* de la série des *Fenêtres et miroirs* dans le grenier de 1962, *Les bottines* de la série « érotique avec accessoires » de 1963, qui groupe autour du nu une partie du visage de Dufour qui épie, un soutien-gorge et les bottines à talons hauts du titre, *Femme nue, trois arbres* de 1966, et jusque *À la peinture* de 1983-84, dans laquelle Dufour s'est représenté trois fois, a peint deux fois son matériel de peinture et un petit paysage anodin. D'autres subdivisions en séries distinctes seraient possibles, mais subalternes.
Les thèmes se sont succédés et continuent de s'entremêler, mais ne sont là que pour proposer quelques points de repère dérisoires au déroulement de la songerie du peintre sur la vanité du peu de réalité. Quelques éléments d'architecture ou plus rarement de paysage, ne figurent, quelque part épars dans la composition décomposée, qu'en tant que catalyseurs du resouvenir proustien, à travers quoi il répète son image, illusoire renvoyée de miroir en miroir, confrontée aux traces peintes çà et là de ses obsessions anciennes et toujours recommencées : l'amour, la mort, l'identité, l'autre. De la permanence des deux thèmes majeurs, nus féminins érotiques et autoportraits en attente, on pourrait conclure que Bernard Dufour ne pouvait pas ne pas aboutir à une peinture figurative, l'abstraction s'étant avérée incompatible avec l'assouvissement symbolique de ses obsessions vitales : l'image complaisamment répétée de lui-même, accolée à la représentation anatomique du sexe féminin entr'ouvert, tel que d'abord épié, saisi – après, avant l'acte ? – par l'appareil photographique du voyeur, impatient de passer de l'autre côté des apparences. ■ Jacques Busse

Bernard Dufour

Bibliogr. : Pierre Mazars, in : *Diction. des artistes contemp.*, Libraires associés, Paris, 1964 – in : *Les Muses*, Grange Batelière, Paris, 1971 – in : *Diction. Univers. de la Peint.*, Le Robert, Paris, 1975 – Jacques Henric : *Bernard Dufour – en plein dans tout*, Marval, Paris, 1986, biographie, bibliographie, textes de Bernard Dufour.

Musées : Lausanne – New York – Paris (Mus. Nat. d'Art Mod.) – Rio de Janeiro.

Ventes Publiques : Paris, 17 mars 1961 : *Tête* : **FRF 3 100** – New York, 11 avr. 1962 : *Rochers à Sainte-Victoire* : **USD 850** – Paris, 14 juin 1963 : *Composition* : **FRF 3 400** – New York, 21 oct. 1964 : *Peinture* : **USD 1 000** – Paris, 26 avr. 1982 : *La vie est belle* 1976, h/t (162x130) : **FRF 5 200** – Paris, 30 jan. 1987 : *Paysage comme féminin* 1965, h/t (73x92) : **FRF 5 000** – Paris, 29 jan. 1988 : *Mineur, Villefranche-de-Rouergue* 1976, h/t (130x162) : **FRF 7 800** – Paris, 12 fév. 1989 : *Nu aux fleurs roses* 1965 (146x114) : **FRF 72 000** – Stockholm, 22 mai 1989 : *Les putains de faubourg III*, h/t (21x26) : **SEK 5 200** – Paris, 6 avr. 1989 : *Visage et sexe* 1975, h/t (78x60) : **FRF 11 000** – Paris, 12 avr. 1989 : *Composition* 1968, h/t (101x82) : **FRF 21 000** – Paris, 23 juin 1989 : *Sans titre* 1957, h/t (100x81) : **FRF 30 000** – Londres, 18 oct. 1990 : *Composition* 1956, h/t (146x114) : **GBP 2 530** – Paris, 15 mars 1991 : *Femme* 1972, h/t (100x81) : **FRF 38 000** – Paris, 5 juil. 1991 : *Sans titre* 1956, h/t (116x81) : **FRF 10 000** – Paris, 15 déc. 1991 : *Personnages* 1967, h/t (146x114) : **FRF 36 000** – Paris, 16 fév. 1992 : *Nu de dos*, h. et fus./t. à sac (130x97) : **FRF 22 000** – Paris, 28 oct. 1992 : *Deux nus encadrant un nu blanc* 1962, h/t (81x100) : **FRF 30 000** – Paris, 14 oct. 1993 : *Couple n° 4* 1977, acryl./t. de lin (163x130) : **FRF 25 000** – New York, 24 fév. 1994 : *Nu debout blanc, maison rouge, nu debout clair-obscur, maison noire, architecture, escalier* 1962, h/t (149,2x115,9) : **USD 1 840** – Paris, 28 fév. 1994 : *Autoportrait – fenêtre* 1965, h/t (100x81) : **FRF 13 500** – Paris, 26 juin 1995 : *Paysans d'Aveyron...* 1976, h/t (130x162) : **FRF 12 000** – Paris, 5 oct. 1996 : *L'Empereur* 1959, h/t (100x91) : **FRF 7 500** – Paris, 16 déc. 1996 : *Élévation et projection d'un monument* 1962, h/t (162x130) : **FRF 8 000** – Paris, 28 avr. 1997 : *Sans titre* 1955, h/t (100x65) : **FRF 5 000** – Paris, 25 mai 1997 : *Le Marché d'Aligre* 1972, h/t (130x97) : **FRF 4 200**.

DUFOUR Camille Émile

Né le 8 février 1841 à Paris. XIXe siècle. Français.

Peintre de paysages. Postimpressionniste.

Élève de Cogniet et de Charles Jacque, il participa au Salon de Paris à partir de 1877, obtenant une mention honorable en 1882, une médaille de troisième classe en 1887, une médaille de deuxième classe en 1893. À l'Exposition Universelle de 1889 à Paris, il reçut une médaille de bronze et à celle de 1900, une médaille d'argent.
Ses paysages de Normandie, Bretagne, Provence, dont les compositions sobres cherchent surtout à rendre des effets de luminosité, font penser davantage à l'art de Corot plutôt qu'à celui de ses maîtres. Il travailla également auprès de Claude Monet à Vétheuil, ce qui lui permit de peindre des impressions visuelles proches de l'impressionnisme.

Camille Dufour

Bibliogr. : Gérald Schurr, in : *Les Petits Maîtres de la peinture 1820-1920, valeur de demain*, Les Éditions de l'Amateur, t. III, Paris, 1976.

Musées : Avignon (Mus. Calvet) : *Vue d'Avignon près de Villeneuve* – Paris (Mus. d'Art Mod.) : *Avignon en décembre* – Saint-Brieuc : *Village au bord de la Seine* – Sydney : *Vue de Vétheuil*.

Ventes Publiques : Paris, 29 avr. 1889 : *Paysage avec moutons* : **FRF 180** – Paris, 6 fév. 1909 : *Bonnières (Seine-et-Oise)* : **FRF 110** – Paris, 15 fév. 1926 : *Environs de Longny (Orne)* : **FRF 300** – Paris, 26 jan. 1942 : *Les bords de la Seine à La Roche-Guyon* : **FRF 510** – Paris, 2 déc. 1946 : *Le village* : **FRF 2 500** –

Londres, 19 avr. 1978 : *Paysage fluvial boisé*, h/pan. (17,8x26) : **GBP 750** – Barbizon, 31 oct. 1982 : *La Seine à Pont de l'Arche*, h/t (38,5x55) : **FRF 15 500** – San Francisco, 20 juin 1985 : *Un village au bord de la Seine*, h/t (38x56) : **USD 950** – New York, 21 mai 1991 : *Ville au bord d'une rivière*, h/t (38x55,9) : **USD 1 650** – Paris, 10 avr. 1996 : *Maisons près du canal*, h/t (46x55) : **FRF 10 000**.

DUFOUR Charles Edouard
Né le 22 mars 1855 à Mooërges, originaire de Goumoëns-la-Ville. xixe siècle. Suisse.
Dessinateur et architecte.
Étudia à l'École Polytechnique à Stuttgart et aux Beaux-Arts de Paris. Exposa en 1880 à Lausanne.

DUFOUR Charles Hilbert
Né au xixe siècle à Amiens (Somme). xixe siècle. Français.
Peintre de genre.
Le Musée de Dieppe conserve de lui : *Rue du Vieil-Abattoir à Dieppe*.

DUFOUR Charles Jules Eugène
Né dans la seconde moitié du xixe siècle à Paris. xixe siècle. Français.
Peintre de paysages urbains.
Il exposa au Salon des Indépendants de 1911 à 1913. Il a privilégié les vues de Paris.

DUFOUR Claude Ignace
xviiie siècle. Actif à Paris. Français.
Sculpteur et peintre.
Fils du peintre François D. Il fut un certain temps directeur de l'Académie Saint-Luc.

DUFOUR Elise
Née le 26 avril 1824 à Lignerolles, originaire de Goumoëns-la-Ville. Morte après 1900. xixe siècle. Suisse.
Peintre de fleurs.
Élève de Mme Hegg et de Rosalie Gay, elle se spécialisa dans la peinture de fleurs à l'aquarelle. Elle obtint un succès appréciable en Angleterre.

DUFOUR Émilien Léon Jean
Né à Paris. xxe siècle. Français.
Peintre de portraits, paysages.
Il a exposé à Paris, depuis 1932, aux Salons d'Automne, dont il est sociétaire, et des Tuileries.

DUFOUR Étienne, appelé aussi **Furno Stefano**
xvie siècle. Français.
Peintre.
D'après Siret, cet artiste fut chargé de terminer, à Orvieto, entre 1559 et 1585, les mosaïques du Dôme, commencées par les Vénitiens. Sans doute identique à FURNO (Stefano del).

DUFOUR Eugène François
xxe siècle. Français.
Peintre de paysages, natures mortes.
Il exposa à Paris au Salon des Indépendants de 1913 à 1924.

DUFOUR François
Mort vers 1703. xviie siècle. Actif à Paris. Français.
Peintre.

DUFOUR François
xviiie siècle. Actif à Paris. Français.
Sculpteur.

DUFOUR François
Né le 4 mai 1950 à Valenciennes (Nord). xxe siècle. Français.
Sculpteur de figures. Populiste.
Il vit et travaille à Valenciennes. Il participe à des expositions collectives à Paris, dont le Salon International d'Art Naïf.
Il sculpte des petits personnages drôlatiques : *Jeunes gens mutins*.

DUFOUR Gabriel
Mort après 1687. xviie siècle. Français.
Peintre.
Frère de Pierre Dufour.

DUFOUR Henri Joseph
Né au xixe siècle à Paris. xixe siècle. Français.
Peintre de paysages.
Il débuta au Salon de 1883 avec : *Souvenir de Touraine*, fusain. Sociétaire des Artistes Français depuis 1889.

DUFOUR Jean Jules
Né à Toulouse (Haute-Garonne). xxe siècle. Français.
Peintre de paysages, peintre à la gouache, graveur.
Il fut élève de Fernand Cormon. Il exposait à Paris, au Salon des Artistes Indépendants et au Salon des Artistes Français, sociétaire, médaille d'argent 1932, médaille d'or 1937 à l'occasion de l'Exposition Universelle.
Ventes Publiques : Paris, 24 avr. 1944 : *Sous-bois à la barrière, Peupliers*, 2 gches : **FRF 3 100**.

DUFOUR Jean Martin
Né le 10 décembre 1769 à Genève. Mort le 23 juillet 1839. xviiie-xixe siècles. Suisse.
Peintre en émail.
De 1795 à 1810 il travailla avec Jean-François Chaponnière pour la fabrique de montres de Genève.

DUFOUR Jehan
xviie siècle. Actif à Tournai. Éc. flamande.
Sculpteur.
Il acquit le droit de bourgeoisie en 1627 et fut doyen de la Gilde des sculpteurs. En 1638, il travailla au tombeau de Noël Lebon à Saint-Brice (Tournai).

DUFOUR Jos
Né en 1896 à Louvain. Mort en 1976 à Heverlee. xxe siècle. Belge.
Peintre de compositions d'imagination. Tendance fantastique. Groupe Fantasmagie.
Il faisait partie du groupe *Fantasmagie*, qui prolongeait la veine fantastique toujours vivace dans la tradition belge.
Bibliogr. : In : *Diction. biographique illustré des artistes en Belgique depuis 1830*, Arto, Bruxelles, 1987.

DUFOUR Jules
Né en 1812 à Péronne (Somme). Mort en 1871. xixe siècle. Français.
Peintre de genre.
Le Musée d'Amiens possède de lui son propre portrait.

DUFOUR Laurent
Mort avant 1687. xviie siècle. Français.
Peintre.
Frère de Pierre et de Gabriel Dufour. Robert Nanteuil grava d'après une de ses œuvres le portrait de la femme de Charles Emmanuel II, *Maria Giovanna Battista de Savoie Nemours*.

DUFOUR Maurizio
Né en 1837 à Turin. Mort en 1897 à Turin. xixe siècle. Italien.
Architecte et peintre.
Il étudia à Gênes, puis à Florence avec Bonainti. Il fit surtout des tableaux religieux à la manière de Fra Angelico et de Giotto.

DUFOUR Mélina
Née au xixe siècle à Cherbourg (Manche). xixe siècle. Française.
Peintre.
Elle travailla en collaboration avec sa sœur Sélima, et exécuta surtout des portraits en miniature.

DUFOUR Nicolas
xviie siècle. Français.
Sculpteur.
Il décora, en 1685, les bateaux de la pièce d'eau des Suisses et du canal de Versailles. De 1687 à 1695, il fit des groupes d'enfants pour le château de Marly, travailla à Trianon, au château de Meudon, et fit deux vases en pierre pour le château de Versailles. Enfin il sculpta, en 1696, des consoles à la porte du parc de Chaville.

DUFOUR Nicolas Simon
xviiie siècle. Actif à Paris. Français.
Peintre.

DUFOUR Pierre
xviie siècle. Français.
Peintre.
En 1627 il devint bourgeois d'Annecy qu'il quitta pour vivre à Turin. Il y fut, avec ses frères Gabriel et Laurent, peintre de cour du duc Charles Emmanuel II de Savoie. Ils exécutèrent des miniatures et des portraits du duc et de sa famille. Une *Descente de Croix* dans la chapelle de Montdenis porte leur nom. On attribue à Pierre seul un *portrait de saint François de Sales*, exécuté en 1627 pour l'Hôtel de Ville d'Annecy, puis une *Nais-*

sance du Christ dans une chapelle de l'église Saint-Laurent à Turin et un *portrait du duc Charles Emmanuel II*, gravé par Tasnière.

DUFOUR Pierre. Voir **FURNIUS Pieter**

DUFOUR Pierre Charles Nicolas ou **du Four**
Mort en 1818. XIXe siècle. Actif à Abbeville. Français.
Graveur.
Élève de Jacques Aliamet. Il travailla à Paris, puis en Angleterre. Son œuvre gravé d'après Delignières, comporte : *Entrée du port de Palerme*, d'après Vernet, *Vue des environs de Reggio*, d'après Vernet, *Deux vues du Tréport*, d'après Hackert, *Deux vues de Pont-de-l'Arche*, d'après Hackert, *Quatre vues sur la Meuse*, d'après Weirotter, *Le Berger Constant*, d'après Jeaurat, *Le Garçon jardinier*, d'après Jeaurat, *Préparatifs pour la pêche*.

DUFOUR Richard Gaston
Né à Ardentes (Indre). XXe siècle. Français.
Sculpteur de bustes, statuettes.
De 1922 à 1930, il a exposé à Paris, au Salon d'Automne, et au Salon des Artistes Français dont il était sociétaire.

DUFOUR Roger Lucien
Né le 28 février 1918 à Bordeaux (Gironde). XXe siècle. Français.
Peintre de figures, nus, paysages, marines, illustrateur.
Il participe à de nombreuses expositions collectives ou montre des expositions personnelles de ses œuvres, depuis 1937, dans de très nombreuses villes de France, notamment en Bretagne, où il s'est fixé en 1952, par exemple à Saint-Pol-de-Léon *50 ans de peinture* en 1991. En 1992, il a montré cent peintures à Esch-sur-Alzette au Luxembourg.
Surtout peintre de marines, il transmet sa vision de la mer, de la Bretagne à la Provence, avec la discrétion d'une gamme de gris et de bleutés.
Bibliogr. : Henri Queffélec et divers : Catalogue de l'exposition *Roger Lucien Dufour*, Château de Kerjean, Finistère, 1989.

DUFOUR Sélima
Née au XIXe siècle à Cherbourg (Manche). XIXe siècle. Française.
Peintre.
Au Salon de Paris, de 1827 à 1837, elle envoya avec sa sœur Mélina des portraits en miniature. Sélima seule signa un portrait d'homme, maintenant dans une collection privée en Allemagne.

DUFOUR William
XVIIIe siècle. Actif à Londres. Britannique.
Peintre de portraits.
En 1765 il présenta à l'Exposition de la Free Society son propre portrait.

DUFOUR-NEUHAUSER, Mme
Née dans la seconde moitié du XIXe siècle à Domfront (Orne). XIXe siècle. Française.
Peintre de portraits, animaux, paysages.
Elle exposa à Paris au Salon des Indépendants de 1911 à 1913. Elle eut une prédilection pour les chats.

DUFOURCQ
Né vers 1807 au Portugal, d'origine française. XIXe siècle. Français.
Peintre de paysages.
Il fut peintre à Lisbonne.

DUFOURCQ A.
XIXe siècle. Français.
Peintre de paysages.
Établi à Londres, il y figura à la Royal Academy en 1830 et 1844 avec des vues de Rome.

DUFOURCQ B.
XIXe siècle. Français.
Peintre de paysages.
De 1827 à 1834, il envoya au Salon de Paris, des aquarelles, représentant des vues et des paysages d'Italie et figura de 1830 à 1834 à la Royal Academy et à la British Institution à Londres.

DUFOURG François
XVIIe siècle. Actif à Paris en 1675. Français.
Peintre et sculpteur.

DUFOURMANTELLE Bruno
Né en 1949 à Paris. XXe siècle. Français.
Peintre. Abstrait-informel-matiériste.
Depuis 1986, il expose à Paris, soit en groupes, soit seul en 1986 et 1988, dans une même galerie.
Volontiers sur des grands formats, voire même dans des diptyques, avec des touches de couleurs mélangées et très précieuses, posées, juxtaposées, entrecroisées, avec les doigts, il met en place de riches champs colorés, répartis en damiers, quelque peu référés à Rothko, d'où il fait surgir la suggestion hachurée d'un buste ou d'un visage, qui, eux, renvoient à Giacometti. Dans son évolution des années quatre-vingts finissantes, les visages ont pris une importance et une présence grandissantes par rapport aux fonds colorés. Des silhouettes de corps y sont même apparues.
Bibliogr. : Nadine Descendre : *Bruno Dufourmantelle*, Beaux-Arts Magazine, Paris, hiver 1988.

DUFOURMANTELLE C. Félix
Né en 1824 à Amiens (Somme). Mort en septembre 1859 à Paris. XIXe siècle. Français.
Lithographe et peintre.
De 1848 à 1859, il exposa au Salon des portraits et des sujets de genre d'après Lefebvre, Tassaert et Meissonier. Il fut élève de Mouilleron et de Meissonier. Le Musée d'Amiens possède de lui : *Un buveur*.
Ventes Publiques : Paris, 21 déc. 1908 : *L'Armurier* : **FRF 70** ; *La lecture* : **FRF 55**.

DUFOURMANTELLE Jeanne
Née à Amiens (Somme). XXe siècle. Française.
Peintre de fleurs.
Elle fut élève d'Eugénie Faux-Froidure. Elle exposait à Paris, au Salon des Artistes Français, dont elle devint sociétaire en 1939.

DUFOURNEAU
XIXe siècle. Français.
Peintre.
En 1812 il envoya au Salon de Paris un tableau représentant dans un fond de paysage, *la Vierge et l'Enfant Jésus*. Peut-être est-il identique à Duforneau.

DUFRAINE Charles
Né en 1827 à Saint-Germain-du-Plain. Mort en 1900 à Lyon. XIXe siècle. Français.
Sculpteur.
Élève de Bonnet avec lequel il collabora à la fontaine de la place Louis XVI à Lyon. Ses œuvres se trouvent principalement dans les églises, notamment dans celles de Saint-Georges, de Notre-Dame, de Saint-Vincent à Lyon, de Bourg, d'Ars, de Courson, etc. On cite encore de lui les bustes de Chatigny et du pasteur Aeschiman.

DUFRAISSE Stéphane
Né le 19 août 1953 à Avignon (Vaucluse). XXe siècle. Français.
Peintre de natures mortes, dessinateur. Trompe-l'œil.
En 1979, il a participé à la fondation d'une galerie à Capentras. Depuis 1980, il participe à des expositions collectives dans des villes du sud de la France, des États-Unis, etc. Il fait aussi des expositions personnelles dans la région d'Avignon, en Suisse, etc.
Il peint souvent sur des panneaux de bois décoratifs, portes d'armoires ou autres. Comme beaucoup de peintres de trompe-l'œil, il aime rendre la matière et la réaction à la lumière de métaux différents, d'objets en verre, des fleurs et des fruits.

DUFRANE Paul
Né en 1922 à Saint-Gilles (Région de Bruxelles-Capitale). XXe siècle. Belge.
Peintre, dessinateur, peintre de collages, graveur. Tendance surréaliste.
Autodidacte en peinture. Un article sur la peinture belge écrivait qu'« il insère l'insolite dans le quotidien, dans un langage serré hérité du cubisme. Il a bénéficié d'achats de l'État belge, du Cabinet des Estampes, de la Province de Brabant. »
Bibliogr. : In : *Diction. biographique illustré des artistes en Belgique depuis 1830*, Arto, Bruxelles, 1987.
Ventes Publiques : Bruxelles, 19 déc. 1989 : *L'inspiratrice du soir* 1952, h/pan. (73x50) : **BEF 50 000** – Bruxelles, 27 mars 1990 : *Les moissons* 1943, h/pan. (40x60) : **BEF 26 000** – Lokeren, 10 oct. 1992 : *Le cyclope anticonformiste* 1975, h/pan. (80x50) : **BEF 28 000**.

DUFRASNE Gabriel
XXe siècle. Français.

Sculpteur.
Il a exposé à Paris, au Salon des Artistes Français, dont il était sociétaire depuis 1902.

DUFRÊNE François
Né le 21 octobre 1930. Mort en 1982. XXe siècle. Français.
Peintre, poète. Abstrait-informel, affichiste. Groupe lettriste, groupe des nouveaux-réalistes.
Il se fit d'abord connaître comme poète, dans le groupe lettriste d'Isidore Isou, qu'il quitta en 1952, pour poursuivre ses propres expérimentations de poésie phonétique post-dadaïste, à la suite de sa « découverte des ultralettres », devenant ainsi « ultra-lettriste » : *Le Tombeau de Pierre Larousse* de 1957. Avec ses auditions publiques et enregistrements des *Cris-Rythmes ultra-lettristes* et de la *Suite Magnétique*, il privilégia la voix en tant que telle, indépendamment des bribes de phonèmes subsistant jusque-là. En 1952, il présenta à Cannes, hors festival : *Tambour et jugement premier*, un film sans pellicule ni écran. Il était alors ami d'Yves Klein, et à la suite de Raymond Hains et Jacques de La Villeglé, il utilisa les potentialités expressives des affiches fortuitement, ou délibérément, déchirées. À partir de 1957, et surtout en 1962 et 1964, il a exposé à la *Galerie J* à Paris. Il a figuré à la Biennale des Jeunes Artistes de Paris en 1959, où il décora le plafond de la salle des abstraits informels, et de nouveau en 1961 avec des collages d'affiches lacérées sur le fond noir de l'auditorium. En 1960, il fut invité à créer une « salle expérimentale » au Salon Comparaisons, et, la même année, il fut un des membres-fondateurs du groupe des *Nouveaux-Réalistes*, participant à toutes les expositions du groupe, jusqu'à la rétrospective de Milan en 1970. En 1973, il exposa des stencils et dessous de stencils, des *Bibliothèques* en ouate de cellulose marouflée sur toile. Toujours soucieux de rapprocher son travail pictural de celui sur les sons, en 1977, il réalisa sa *Cantate de mots carrés*, d'où tout sens possible était éliminé au profit de l'image. Il fit une exposition personnelle de ses travaux également en 1970. En 1989, les musées de Dole (Jura), Villeneuve d'Ascq (Nord), des Sables-d'Olonne (Vendée) et de Nemours ont organisé une exposition rétrospective posthume de son œuvre.
Il retrouvait dans les affiches lacérées, comme l'écho plastique à ses *Cris-Rythmes*. Les psychologues, linguistes et sociologues du mouvement « structuraliste » contemporain s'intéressèrent aux prolongements des expérimentations de Dufrêne en direction des structures primitives du langage-cri, du langage-écrit, de l'écrit-détruit. Pour sa part, et c'est en cela qu'il a su se distinguer de ses deux comparses, il utilisait l'envers des affiches déchirées qu'il décollait. Sous cet angle inverse et inattendu, les compositions aléatoires qu'il obtenait, présentent plus de surfaces blanches dues au verso des affiches, de ce fait l'ensemble est moins haut en couleurs, les tonalités fondues façon pastel d'avoir été diluées par la colle d'origine et amalgamées au sable et au salpêtre des murs, les caractères et éléments de phrases typographiques perdent encore plus, d'être inversés, tout lien avec leur sens initial, pour inciter à d'autres cheminements, d'autant que Dufrêne, en phase avec l'usage par Léonard des taches d'humidité sur les murs, était attentif aux capacités de suggestion proposées par les contours des fragments d'affiches, plus nets graphiquement tout en étant moins prégnants plastiquement dans les siennes inversées que dans le plein de couleurs des affiches à l'endroit. Là où les affiches de La Villeglé ou Hains gardent de leurs images d'origine des restes de structures construites, celles de Dufrêne, dans l'abstraction, participent de l'informel. Le processus d'appropriation du réel qui spécifiait les nouveaux réalismes, Dufrêne a su l'infléchir de façon à pouvoir y compromettre sa propre sensibilité poétique et plastique. ■ Jacques Busse
Bibliogr. : Pierre Restany : *Les Nouveaux Réalistes*, Planète, Paris, 1968 – in : *Les Muses*, Grange Batelière, Paris, 1971 – in : *Diction. Univers. de la Peint.*, Le Robert, Paris, 1975 – Jacques Beauffet, Bernard Ceysson : Catalogue de l'exposition *Beautés volées*, Musée d'Art et d'Industrie, Saint-Étienne, 1976 – divers : *Les affichistes*, numéro spécial Opus International, n° 112, fév.-mars 1989.
Musées : Marseille (Mus. Cantini) : *Queen Tana* 1965, dessous d'affiches lacérées marouflées sur fond blanc.
Ventes Publiques : Paris, 8 nov. 1976 : *Les Vikings en Égypte*, dessous d'affiches (53x82) : **FRF 2 500** – Paris, 23 avr. 1980 : *Sphincter de sphynx* 1962, affiche lacérée : **FRF 2 300** – Paris, 23 mai 1984 : *Licktenstein auquel il manque le berg* 1965, dessous d'affiche (61x46) : **FRF 4 600** – Aix-les-Bains, 14 juin 1986 : *Pop Tintin* 1963, affiche lacérée (114x146) : **FRF 37 000** – Paris, 4 juin 1987 : *Composition* 1960, techn. mixte/pap. (64x97) : **FRF 13 000** – Paris, 24 mars 1988 : *Hello Mimo* 1968, affiches recollés/t. et vernis (65x50) : **FRF 16 000** – Paris, 12 avr. 1989 : *Bayreuth* 1963, arrachage d'affiches (66x101) : **FRF 69 000** – Paris, 28 oct. 1990 : *Ancre lassée* 1971, affiche lacérée sur t. (100x81) : **FRF 100 000** – Paris, 30 mai 1991 : *E...E* 1973, dessous d'affiche collé/t. (100x81) : **FRF 50 000** – Paris, 24 juin 1994 : *Décollage* 1962 (32x35) : **FRF 6 000** – Paris, 27 jan. 1996 : *Sans titre* 1962, envers d'affiche (14,5x13,5) : **FRF 5 000**.

DUFRÈNE Léon
Né à Paris. Tombé au champ d'honneur durant la Première Guerre mondiale (1914-1918). XXe siècle. Français.
Sculpteur.
Il fut élève d'Edmond Desca et de Louis Ernest Barrias. Il exposait à Paris, au Salon des Artistes Français, sociétaire depuis 1907, mention honorable 1908, médaille de troisième classe 1909.

DUFRÈNE Maurice
Né en 1876 à Paris. Mort en 1955. XXe siècle. Français.
Peintre, décorateur.
Il exposait à Paris, au Salon de la Société Nationale des Beaux-Arts, dont il était sociétaire depuis 1909. Sa participation à la Section Arts Décoratifs du Salon d'Automne fut toujours prépondérante. Il prit une part importante à l'organisation de l'Exposition Universelle de Paris en 1937.
Il fut surtout décorateur. Il contribua à définir dans l'ameublement le style de cette époque, simple et net, contrastant avec l'ornementation des époques précédentes.

MAURICE DUFRÉNE

Ventes Publiques : New York, 1er nov. 1980 : *Rayon de soieries* 1930, affiche (119,4x78,4) : **USD 1 100**.

DUFRÈNE Michel
Né à Saint-Laurent-les-Mâcon. Mort vers 1925. XXe siècle. Français.
Peintre de compositions.
Il exposa au Salon des Indépendants de 1920 à 1924.
Ventes Publiques : Versailles, 14 oct. 1979 : *Femme allongée entourée d'amours et de dauphins*, h/t (80x100) : **FRF 10 500**.

DUFRÈNE Raymond
Né à Périgueux (Dordogne). XXe siècle. Français.
Peintre de portraits, paysages, natures mortes, fleurs.
Il exposait à Paris, au Salon des Artistes Indépendants, et, de 1921 à 1938, au Salon d'Automne.

DUFRENEY Marie Amicie, Mme, née **Mousseaux**
Née à Paris. XIXe siècle. Française.
Peintre.
Élève de Mme Villeneuve. Elle envoya ses miniatures au Salon, de 1872 à 1876.

DUFRENOY Georges Léon
Né le 20 juin 1870 à Thiais (Val-de-Marne). Mort en 1942. XIXe-XXe siècles. Français.
Peintre de paysages urbains, paysages animés, fleurs et fruits. Postimpressionniste.
Après un bref passage à l'Académie Julian, il entra à l'atelier de Désiré Laugée. En fait, il fut, de très bonne heure et avant tout autre, sensible à l'influence de l'impressionnisme de Monet. Il fit de fréquents séjours en Italie, Il participa à l'Exposition Universelle de Bruxelles en 1910. Il exposa régulièrement à Paris, aux Salons d'Automne et des Artistes Indépendants. Il était chevalier de la Légion d'Honneur. En 1948, le Musée Gallira de Paris organisa une exposition rétrospective posthume de son œuvre.
Toute sa vie, il pratiqua une technique impressionniste par larges touches grasses, qu'il tenait de l'exemple de Monet, mais qu'il avait confortée à Venise, en copiant Titien et Tintoret. Il a surtout peint des paysages : Venise, Gênes, Sienne et Paris.

Dufrenoy

Dufrenoy

Musées : Paris (Mus. Nat. d'Art Mod.) : *Le violon.*
Ventes Publiques : Paris, 23 fév. 1920 : *La Place Stanislas à Nancy* : **FRF 530** – Paris, 10 mai 1926 : *La Place de la Bastille* : **FRF 3 450** – Paris, 9 juin 1927 : *Le Grand-Canal de Venise* : **FRF 6 400** – Paris, 16 mars 1929 : *Nature morte au violon* : **FRF 7 300** – Paris, 14 juin 1930 : *Le guéridon* : **FRF 8 800** – Paris, 29 avr. 1933 : *Venise* : **FRF 780** – Paris, 9 juin 1933 : *Paris, vue prise du quai Bourbon* : **FRF 1 100** – Paris, 6 déc. 1933 : *Place des Vosges après l'averse* : **FRF 1 450** ; *Vase de fleurs* : **FRF 2 000** – Paris, 2 juil. 1936 : *La fontaine de la Place Daumesnil à Paris* : **FRF 300** – Paris, 10 juin 1937 : *Pont-Neuf* : **FRF 5 100** – Paris, 1er avr. 1942 : *Vase de roses à la draperie rouge* : **FRF 5 100** – Paris, 21 déc. 1942 : *Vase de roses* : **FRF 6 400** – Paris, 2 avr. 1943 : *Canal et gondole à Venise* : **FRF 11 000** – Paris, 7 avr. 1943 : *La rue de Charenton* : **FRF 5 000** ; *Chrysanthèmes* : **FRF 9 000** – Paris, 23 fév. 1945 : *Palais italien* : **FRF 15 500** – Paris, 5 mars 1945 : *Panorama* : **FRF 40 000** – Paris, 15 juin 1945 : *Fleurs et fruits* : **FRF 12 000** ; *Panier de fruits* : **FRF 16 500** – Paris, 5 déc. 1946 : *Les arums* 1918 : **FRF 30 000** ; *Quai de l'Hôtel-de-Ville* 1917 : **FRF 21 000** ; *Sous-bois* : **FRF 10 800** – Paris, 23 déc. 1949 : *Le clavecin* : **FRF 118 000** – Paris, 28 mars 1955 : *Paysage d'Italie* : **FRF 203 000** – Paris, 15 déc. 1961 : *Bruxelles, maison des tailleurs et doreurs* : **FRF 2 500** – Paris, 16 mars 1964 : *Place des Vosges* : **FRF 4 100** – Paris, 16 juin 1969 : *Rue de Paris* : **FRF 6 800** – Grenoble, 20 mars 1978 : *Venise*, h/cart. (41x64,5) : **FRF 6 000** – Versailles, 16 oct. 1983 : *Nature morte au vase de fleurs*, h/t (90,5x73) : **FRF 4 600** – Monte-Carlo, 9 déc. 1984 : *Nature morte au tapis et à la bouteille de vin*, h/cart. (77x105) : **FRF 17 000** – Versailles, 18 juin 1986 : *Paris, place des Vosges* 1927, h/t (106,5x75) : **FRF 28 000** – Paris, 4 avr. 1989 : *Nature morte aux aubergines*, h/cart. (73x97) : **FRF 13 000** – Le Touquet, 12 nov. 1989 : *Pont à Venise*, h/t (46x50) : **FRF 18 000** – Reims, 18 mars 1990 : *L'Île de la cité*, h/cart. (88x67) : **FRF 10 000** – Paris, 30 mai 1990 : *La vallée au printemps*, h/cart. (65x92) : **FRF 32 000** – Paris, 27 nov. 1991 : *Paris – la place des Vosges*, h/cart. (73x60) : **FRF 13 000** – Paris, 10 fév. 1993 : *Palais à Venise*, h/t (93x73) : **FRF 20 000** – Paris, 18 mars 1996 : *Pont à Venise*, h/t (68x88) : **FRF 25 000**.

DUFRENOYS Nicolas. Voir **DUFRESNOY Nicolas**

DUFRESNE Abel Jean Henri
Né en 1788 à Étampes. XIXe siècle. Français.
Peintre paysagiste.
Élève de Watelet et de Berton. Il débuta au Salon de 1817. Le Musée de Besançon possède son portrait au crayon par Ingres.

DUFRESNE Alexandre Henry
Né le 2 avril 1820 à Paris. XIXe siècle. Français.
Sculpteur, médailleur et aquafortiste.
Ses maîtres furent Paul Delaroche et Drolling. En 1861, il obtint une médaille de troisième classe. Il fut nommé, en 1867, membre du Conseil supérieur de l'enseignement secondaire spécial. De 1855 à 1861, il envoya quelques œuvres au Salon, des bas-reliefs et des médaillons repoussés sur argent.

DUFRESNE Augustine
Née le 10 octobre 1789 à Paris. Morte le 5 janvier 1842. XIXe siècle. Française.
Peintre de genre, paysages.
De 1814 à 1819, elle envoya au Salon des paysages. Cette artiste épousa le baron Antoine Jean Gros.
Ventes Publiques : Paris, 22 juin 1921 : *Convoi militaire* : **FRF 850** – Cologne, 20 mai 1985 : *Paysage fluvial* 1837, h/t (32x41) : **DEM 15 000**.

DUFRESNE Charles. Voir **NITOT Michel**

DUFRESNE Charles Georges
Né le 23 novembre 1876 à Millemont (Yvelines). Mort le 8 août 1938 à La Seyne (Var). XXe siècle. Français.
Peintre de compositions mythologiques, sujets religieux, scènes de chasse, nus, figures, animaux, paysages animés, natures mortes, fleurs et fruits, peintre à la gouache, aquarelliste, pastelliste, peintre de compositions murales, cartons de tapisseries, décors de théâtre, graveur. Postcézannien.

À l'âge de onze ans, ses parents le placèrent comme apprenti chez un graveur industriel. Après avoir fréquenté un cours du soir de dessin, il fut élève de l'École des Beaux-Arts de Paris, admis dans un atelier de gravure en médailles, jusqu'en 1910, année où lui fut attribuée la bourse de la Villa Abd-El-Tif, qui lui permit de séjourner deux ans à Alger, après qu'il eût déjà fait un séjour en Italie en 1905-1906. Il a participé, depuis la première fois en 1899 et en sculpture au Salon de la Société Nationale des Beaux-Arts, ensuite à plusieurs autres Salons d'art de Paris : des Artistes Indépendants, des Tuileries, dont il fut un des membres fondateurs, lorsqu'avec des amis il fut décidé de créer un Salon indépendant des tenants d'un autre âge et d'une autre esthétique. Ils exposèrent donc dans une construction en bois, élevée par Perret dans le jardin des Tuileries, et où, paraît-il, la lumière était sans égale. Contrairement à de nombreuses sources, il n'exposa pas au Salon d'Automne. À Paris, Londres, Bruxelles, de très nombreuses expositions personnelles lui furent consacrées. En 1938, la Biennale de Venise montrait un ensemble important de son œuvre. À Pittsburgh lui fut attribué le 3e Prix de la Fondation Carnegie, année du 1er Prix à Picasso. En 1987, le musée de Troyes a organisé une exposition rétrospective de l'œuvre de Charles Dufresne. En 1994, la Bibliothèque Nationale de Paris a organisé l'exposition *Charles Dufresne 1876-1938. L'œuvre gravé.* En 1996 à Paris, la galerie Larock-Granoff a présenté douze œuvres choisies de Dufresne.
D'une indépendance féroce, dont on rapportait des anecdotes savoureuses ou des mots terribles, il refusa toujours honneurs et distinctions. Pourtant il se crut tenu d'accepter un poste de professeur à cette Académie Scandinave, qui contribua avec éclat à l'enseignement artistique à Paris dans les années trente, entendu dans une nouvelle tradition, jeune et sincère, foncièrement anti-académique. Dans de nombreux pays du monde, des artistes issus de cette Académie se souvenaient de ce maître, duquel ils déclaraient que « c'était un seigneur ».
Son activité fut infatigable et, outre l'œuvre peint proprement dit, les aspects de son talent furent divers. Il a produit une grande quantité de gouaches – en réalité peintes à l'huile diluée dans des essences maigres – dont l'accumulation préparait l'envolée lyrique de ses grandes compositions. Les décorateurs Süe et Mare lui commandèrent les cartons d'un salon, tissé par Aubusson, qui fut un des succès de l'Exposition Internationale des Arts Décoratifs de 1925, et ce lui fut l'occasion de la charmante suite des aventures de *Paul et Virginie*, où il put, une fois de plus, évoquer ses chères îles. Quelques années avant sa mort, le Mobilier National lui commanda un autre salon, tissé par la Manufacture de Beauvais, sur le thème des *Plaisirs de la plage*. En 1937, à Paris, il exécuta pour le Palais de Chaillot, en construction pour l'Exposition Universelle, les deux peintures murales connues sous le double titre : *Le Théâtre de Molière* ou *La Comédie Italienne*, et pour la Faculté de Pharmacie, cinq autres importantes décorations murales, terminées peu avant sa mort, qui démentent éloquemment l'assertion qu'il sacrifiait parfois la construction à la grâce. Il réalisa aussi les maquettes des décors pour *Antar*, drame oriental créé à Paris à l'Opéra, dirigé alors par Jacques Rouché, où l'on retrouvait ce sens du grandiose, qu'il montrait dans ses compositions peintes, pour situer des personnages tragiques et éclatants dans la majesté des décors naturels, ciel embrasé ou forêt aux ombres profondes.
Ayant commencé à peindre, souvent au pastel sans doute pour des raisons matérielles, dès 1901, jusqu'à son séjour algérien de 1910 les thèmes qu'il traitait tournaient autour des scènes de café-concert, de guinguette, du cirque, scènes marquées de l'influence de Toulouse-Lautrec, Forain. Le peintre Dufresne a connu la célébrité bien avant sa mort. Pourtant, sa place dans l'histoire de la peinture du XXe siècle est insuffisamment définie. Tandis que par un énorme travail, il brassait, broyait, accumulait les matériaux, les éléments de son œuvre à élever, toutefois par son immense don d'amour et d'enthousiasme il se ménageait l'évasion. L'évasion, ce pourrait être le titre générique de l'œuvre de Dufresne. Certes, tout son œuvre est empreint des souvenirs de son séjour de deux années à Alger, mais il est dit que, descendant d'une famille de navigateurs normands, il n'avait pas attendu cette occasion pour partir en imagination à la conquête des océans et des terres inconnues. Il écrivait à un ami, alors qu'il venait de prendre possession de la maison de L'Aiguillette, dans la rade de Toulon, où la famille, avec ses filles et garçons, vécut des vacances heureuses, et où, plus tard, le

frappera la maladie qui lui fut fatale : « J'ai découvert une petite maison dont la fenêtre donne sur la mer. Dans la cour, il y a un palmier. Avec cela, je fais les plus beaux voyages du monde. » Celui que ses élèves de l'Académie Scandinave appelaient un seigneur, fut en effet un seigneur conquérant, qui renonça à courir les mers par amour de l'art, mais pour qui l'art apporta en rêve, jusqu'à son chevalet, les continents lointains, avec leur féérie et leur luxuriance. À son retour d'Alger, il était déjà en possession de tous ses moyens, plus encore de ses thèmes, et, jusqu'à sa mort, ne cessera plus de magnifier marchés d'esclaves, découverte du nouveau monde par la caravelle de Christophe Colomb, chasses au lion, et autres exotismes. C'est un cas très rare, dans le XXe siècle, que celui d'un peintre duquel une très grande partie de l'œuvre est œuvre d'imagination, de conteur. Mais, si, en effet, la faveur du public s'empara tout d'abord des œuvres les plus attractives, narratives, de Dufresne – n'en est-il pas toujours ainsi des époques roses et bleues de Picasso ? – il convient de ne pas omettre qu'elles ne représentent qu'une facette de son talent multiple. On se souvient, concernant ses peintures d'après modèles, d'une nature morte, composée autour d'un buste de plâtre ou d'une *Maternité*, dans lesquelles le peintre démontrait qu'il n'avait rien laissé perdre de l'exemple de Cézanne ou bien encore de ce que, dans telle composition de dimensions importantes, où figure en premier plan un grand nu couché de dos, il apparaît qu'il n'avait rien à envier à La Fresnaye, dans la maîtrise du modelé des volumes par la couleur, ni dans celle des « passages » (sans séparation par contour ni cerne) d'une forme éclairée à une autre ou d'une forme ombrée à une autre. Tandis que, d'entre ses compositions d'imagination ou de mémoire, peut-être peut-on considérer comme son œuvre majeure, parmi ses compositions religieuses et mythologiques, comme la somme de son œuvre entier : la *Crucifixion* du Musée National d'Art Moderne de Paris. La foule bigarrée, enchevêtrée, d'où émergent, ici Marie ou un soudard, là quelque autre figure de la Passion, grouille au pied de la croix, au haut de laquelle, dans un autre monde, sous un ciel menaçant, se passe le drame. Le drame, ici, semble être celui de la couleur, mais, pas un instant, ce feu-d'artifice n'éclate au détriment de la composition abondante, aisée bien que serrée. C'en est ici bien fini, une fois de plus depuis Delacroix, de l'historique dichotomie : dessinateur ou coloriste. On ne trouve pas cet isolé parmi les Fauves, bien qu'il ait adopté leur palette de couleurs fortes, on ne le trouve pas parmi les cubistes, bien qu'il applique leur reconstruction du volume simplifié et de l'espace postcézannienne, on ne le trouve pas parmi les abstraits, bien que certaine de ses *Chasses aux fauves* soit aussi non-figurative qu'un Poliakoff.

Dans une époque à tendance nettement analytique, expérimentale, Dufresne a pratiqué la grande composition, avec autant d'aisance que les maîtres des grandes époques. Sa maîtrise technique exceptionnelle, la clarté de sa démarche de plasticien, résolvaient les contradictions d'époque. Il a fait œuvre de précurseur en cela que, tout en tenant compte de l'évolution de l'art dans une époque qui fut charnière à l'aube d'un siècle nouveau, il fut un des rares artistes de ce temps, qui n'eurent jamais à sacrifier en rien à la forme, leur lyrisme respectif. En outre, dans son cas personnel, d'entre les peintres qui ont fait la peinture active du XXe siècle, il fut à-peu-près le seul, et le dernier peut-être, à perpétuer, par la mythologie, la religion et l'Orient, les grands thèmes d'imagination. ■ Jacques Busse

dufresne

Bibliogr. : Maurice Raynal, in : *La peinture en France de 1906 à nos jours*, Paris, 1927 – Claude Roger-Marx, in : *Maîtres du XIXe et du XXe siècles*, Genève, 1931 – René Huyghe et Georges Bazin, in : *Hist. de l'art contemp., la peinture*, Paris, 1935 – Bernard Dorival, in : *Les étapes de la peint. franç. contemp.*, Gallimard, Paris, 1946 – Raymond Cogniat : *Charles Dufresne*, Panorama des Arts, Paris, 1947 – François Fosca : *Charles Dufresne*, Biblioth. des Arts, Paris, 1958 – Georges Charensol, in : *Les grands maîtres de la peint. mod.*, Lausanne, 1967 – in : *Les Muses*, Grange Batelière, Paris, 1971 – in : *Diction. Univers. de la Peint.*, Le Robert, Paris, 1975 – Jacques Dufresne, Thomas Dufresne : *Charles Dufresne. Catalogue raisonné de l'œuvre*, Paris, en cours.

Musées : Alger – Amsterdam – Anvers – Avignon – Bordeaux – Bruxelles – Chicago – Copenhague – Dijon – Gand – Genève – Grenoble (Mus. des Beaux-Arts) : *Le Pont-Marie* 1920 – Limoges – Londres – Montpellier – Moscou – Nancy – New York – Paris (Mus. Nat. d'Art Mod.) : *Patio à Alger* 1912-1913 – *Crucifixion – Le Sacrifice d'Iphigénie* 1936-1937 – en tout plus d'une quarantaine d'œuvres – Paris (Mus. d'Art Mod. de la Ville) : *Maternité* 1920 – Paris (Mus. des Arts Décoratifs) : *L'Enlèvement des Sabines* 1934 – Paris (Mus. Carnavalet) – Paris (Mus. de l'Armée) – Paris (Mus. des Territoires d'Outre-Mer) – Prague – Saint-Tropez (Mus. de l'Annonciade) – Stockholm – Troyes (Donation Pierre et Denise Lévy) : *La chasse au lion* vers 1925 – Venise – Versailles – Washington D. C.

Ventes Publiques : Paris, 25 mars 1921 : *Nature morte* : **FRF 850** ; *Chasseurs de lions*, gche : **FRF 290** – Paris, 18 nov. 1925 : *Nature morte* : **FRF 9 000** – Paris, 12 déc. 1925 : *Dans l'oasis* : **FRF 7 000** ; *Le Déjeuner dans la forêt*, aquar. gchée : **FRF 1 250** – Paris, 21 déc. 1925 : *Le Chasseur et l'odalisque* : **FRF 22 500** – Paris, 26 avr. 1926 : *La Chasse aux lions* : **FRF 8 800** ; *La Chaise-longue* : **FRF 21 000** – Paris, 26 fév. 1927 : *Pastorale* : **FRF 20 500** – Paris, 27 fév. 1928 : *Chasse aux fauves*, gche : **FRF 1 050** ; *Chasseurs en Afrique* : **FRF 2 520** ; *Portrait de femme* : **FRF 5 800** – Paris, 22 juin 1928 : *Scène de chasse* : **FRF 6 100** ; *Scène de chasse* : **FRF 11 500** – Paris, 6-7 juil. 1928 : *L'Enlèvement d'Europe*, gche : **FRF 1 760** ; *La découverte de l'Amérique* : **FRF 19 000** – Paris, 19 mai 1930 : *Femmes d'Alger* : **FRF 17 500** – Paris, 4 mars 1932 : *Au café-concert*, past. : **FRF 820** ; *Au cirque*, past. : **FRF 1 320** – Paris, 17 nov. 1932 : *Nu* : **FRF 1 320** – Paris, 23 juin 1933 : *Femme assise* : **FRF 1 200** – Paris, 2 mars 1934 : *Vision d'Afrique, à El-Kantara*, aquar. : **FRF 1 900** – Paris, 2 juil. 1936 : *Mise au tombeau*, gche : **FRF 400** ; *Les montagnes à Bou-Sahada*, aquar. : **FRF 250** – Paris, 2 juil. 1936 : *Nature morte* : **FRF 3 000** – Paris, 12 déc. 1936 : *Scène champêtre* : **FRF 1 550** ; *Nu couché* : **FRF 2 200** – Paris, 28 oct. 1937 : *Forêt équatoriale* : **FRF 7 000** ; *Combat d'hommes et d'animaux* : **FRF 5 700** – Paris, 22 juin 1942 : *La Résurrection de Lazare*, gche : **FRF 4 200** – Paris, 7 avr. 1943 : *Moïse sauvé des eaux* : **FRF 21 500** – Paris, 6 mai 1943 : *Jonas et la baleine* : **FRF 26 000** – Paris, 14 mai 1943 : *La Chasse* : **FRF 40 000** – New York, 26-27 jan. 1944 : *Deux zèbres* : **USD 600** – Paris, 10 mars 1944 : *Femme en rouge* : **FRF 41 000** ; *Femme en jaune* : **FRF 38 000** – New York, 11 mai 1944 : *Orphée et les animaux* : **USD 150** – Paris, 5 juin 1944 : *La Terrasse*, aquar. : **FRF 6 000** – Paris, 9 avr. 1945 : *Fleurs, fruits, oiseaux exotiques*, deux peint. : **FRF 55 000** – Paris, 20 juin 1947 : *Nature morte* : **FRF 28 000** – Bruxelles, 11 mars 1950 : *Marché d'esclaves* : **BEF 32 000** ; *Nature morte* : **BEF 28 000** – Paris, 21 mai 1951 : *Fleurs sur la table* : **FRF 200 000** – Paris, 22 mars 1955 : *La Chasse au lion* : **FRF 640 000** – New York, 8 nov. 1957 : *Nature morte* : **USD 1 100** – Paris, 11 juin 1958 : *La Chasse* : **FRF 1 300 000** – Amsterdam, 22 oct. 1958 : *Descente de croix* : **NLG 4 600** – Londres, 25 nov. 1959 : *Femme assise* : **GBP 600** – Paris, 17 juin 1960 : *Panthère attaquant un buffle*, aquar. : **FRF 2 600** – Milan, 21 nov. 1961 : *Cheval et cavalier*, aquar. : **ITL 480 000** – Paris, 29 nov. 1962 : *La chasse aux lions* : **FRF 9 200** – Genève, 25 mai 1963 : *À l'Hôtel Olympia* : **CHF 33 000** – Paris, 30 nov. 1967 : *Vénus* : **FRF 10 200** – Paris, 27 nov. 1968 : *Le chasseur turc* : **FRF 57 000** – Paris, 21 mars 1974 : *Cavaliers*, gche : **FRF 8 000** – Paris, 27 mars 1974 : *La romance*, past. : **FRF 9 000** – Paris, 31 mars 1976 : *L'enlèvement des Sabines*, h/t (120x186) : **FRF 18 000** – Versailles, 12 mai 1976 : *La chasse en Afrique*, gche (28x43) : **FRF 3 500** – Versailles, 4 déc. 1977 : *Dans la jungle*, h/t (80x90) : **FRF 10 000** – Versailles, 16 déc. 1979 : *Le défilé sur les quais à Amiens*, aquar. gchée sur deux feuilles pliées/pan. (36x95,5) : **FRF 6 000** – Paris, 19 juin 1981 : *Chasseurs de lions*, eau-forte : **FRF 2 600** – Paris, 18 mars 1983 : *L'Europe*, gche (32,5x47) : **FRF 8 500** – Paris, 23 juin 1983 : *En bordée*, h/t (134x108) : **FRF 220 000** – Paris, 26 nov. 1984 : *La table*, h/t (50x73) : **FRF 145 000** – Paris, 28 nov. 1985 : *Baigneuses*, aquar. gchée (27x26) : **FRF 20 000** – Paris, 2 mars 1987 : *Les cavaliers de l'Apocalypse*, h/t (73x92) : **FRF 16 000** – Paris, 18 mai 1987 : *Femme endormie*, gche (28x35) : **FRF 16 000** – Paris, 16 juin 1987 : *Portrait de Jacques Dufresne*, h/t (65x50) : **FRF 70 000** – Paris, 29 jan. 1988 : *Nature morte au melon*, h/t (27x45,5) : **FRF 14 500** – Paris, 15 fév. 1988 : *Nature morte aux animaux*, gche (61x47) : **FRF 21 000** ; *Tobie recouvrant la vue*, h/t (65x53) : **FRF 12 000** – Londres, 24 fév. 1988 : *La naissance de Vénus*, aquar. et gche/pap. (19x47) : **GBP 990** – Paris, 2 mars 1988 : *Les cavaliers de l'Apocalypse*, h/t, avéré faux (73x92) : **FRF 16 000** – Paris, 18 mars 1988 : *Scène orientale*, h/t (92x73) : **FRF 90 000** – Paris, 23 juin 1988 :

La cage aux oiseaux, h/t (65,5x54) : **FRF 42 000** – CALAIS, 3 juil. 1988 : *Voilier entrant au port de La Rochelle*, h/cart. (34x33) : **FRF 25 000** – NEW YORK, 6 oct. 1988 : *Nature morte à la guitare*, h/t (102,8x102,8) : **USD 17 600** – PARIS, 16 déc. 1988 : *Félin et serpent*, aquar. (14,5x18) : **FRF 5 800** – LA VARENNE-SAINT-HILAIRE, 12 mars 1989 : *La chasse au lion*, aquar. (21x27) : **FRF 17 100** – MONTE-CARLO, 3 mai 1989 : *Pastorale*, h/t (23,8x33,7) : **FRF 24 420** – PARIS, 18 nov. 1989 : *Nature morte de fleurs et fruits*, h/t (81x101) : **FRF 480 000** – PARIS, 27 nov. 1989 : *Paul et Virginie*, h. à l'essence (41,5x60) : **FRF 50 000** – PARIS, 21 mars 1990 : *Chasse au rhinocéros*, h/t (40x61) : **FRF 63 000** – PARIS, 10 avr. 1990 : *Nature morte aux fruits et coquillage* vers 1932, h/t (27x75) : **FRF 55 000** – PARIS, 11 mai 1990 : *Allégorie : Daphné*, gche (49x56) : **FRF 49 000** – PARIS, 5 juil. 1990 : *Personnages*, h. et peint. à l'essence (31x29,5) : **FRF 23 000** – PARIS, 6 oct. 1990 : *Scène champêtre*, h/pan. (58x48) : **FRF 35 000** – BRUXELLES, 13 déc. 1990 : *Les baigneuses* 1930, gche et aquar./pap. (33x27) : **BEF 136 800** – PARIS, 15 déc. 1990 : *L'Enlèvement d'Europe*, h/t (36x104) : **FRF 100 000** – PARIS, 5 avr. 1992 : *Fleurs et fruits*, h/t (46x65) : **FRF 65 000** – PARIS, 24 fév. 1993 : *La partie de cartes* 1923, pointe sèche coloriée au pochoir : **FRF 16 500** – NEW YORK, 10 mai 1993 : *La Petite Chasse*, h. et encre/pap./t. (35x45,8) : **USD 3 105** – PARIS, 7 juin 1993 : *La Pêcheuse d'Agon*, h/t (100x100) : **FRF 30 000** – PARIS, 8 nov. 1993 : *La Partie de chasse* 1930, h. encre et cr./pap. bistre/t. (35x45,8) : **FRF 31 000** – LONDRES, 23-24 mars 1994 : *La Chasse aux lions* 1929, h/t (128x250) : **GBP 18 400** – CALAIS, 11 déc. 1994 : *Le Rêve*, h/t (500x61) : **FRF 24 000** – PARIS, 4 juil. 1995 : *Nature morte à la sculpture*, h/t (86x100) : **FRF 35 500** – PARIS, 8 mars 1996 : *Jeunes femmes à la plage* 1937, h/t (32x189) : **FRF 66 000** – PARIS, 28 mars 1996 : *Arlequin*, h/pap. (65x54) : **FRF 25 000** ; *Chevaux et personnages*, h/pap. (38x53) : **FRF 10 500** – SAINT-GERMAIN-EN-LAYE, 16 juin 1996 : *Chasse au lion à dos d'éléphant*, h/t (81x116) : **FRF 48 000** – SAINT-GERMAIN-EN-LAYE, 24 nov. 1996 : *Le Christ aux outrages*, h/t (100x100) : **FRF 40 000** – PARIS, 12 déc. 1996 : *Lion dévorant une antilope*, encre de Chine et h/t (40x47) : **FRF 8 000** – PARIS, 10 juin 1997 : *Le Triomphe de Galatée* vers 1922, eau-forte et pointe sèche (32x42) : **FRF 6 000**.

DUFRESNE Charles Louis, sieur de Postel
Né vers 1635 à Nantes. Mort le 7 janvier 1711 à Argentan. XVIIe-XVIIIe siècles. Français.
Peintre d'histoire et graveur.
Fils de Claude Dufresne, il devint valet de chambre du roi et en 1663, avec *Le sacrifice de Polyxène*, il fut reçu académicien. Il fut nommé conseiller en 1665.

DUFRESNE Charles Paul
XXe siècle. Français.
Graveur de paysages.
Il figura à Paris, au Salon des Artistes Français, où il obtint une mention honorable en 1908.
Il pratique toutes les techniques de la gravure, pointe-sèche, burin, aquatinte, eau-forte, gravure sur bois.
VENTES PUBLIQUES : PARIS, 24 mars 1982 : *Concarneau* 1920, pointe-sèche et aquat. : **FRF 2 800** – PARIS, 11 juin 1993 : *À la Guadeloupe* 1919, eau-forte et bois gravé en coul. (21,3x28,2) : **FRF 18 000** – PARIS, 18 nov. 1994 : *Concarneau*, pointe-sèche et eau-forte (22,8x29,8) : **FRF 7 800**.

DUFRESNE Claude Jean
XVIIIe siècle. Actif à Angers vers 1785. Français.
Sculpteur.

DUFRESNE Claude, sieur de Postel
Né à Argentan. Mort le 10 février 1675 à Argentan. XVIIe siècle. Français.
Peintre et peintre verrier.

DUFRESNE François. Voir **DUFRÊNE François**

DUFRESNE G.
XVIIe siècle. Actif à Alençon. Français.
Peintre.
On cite de lui : *L'Assomption* et l'*Adoration des Bergers*, en 1699. D'après certains, il serait identique à Charles-Louis Dufresne.

DUFRESNE Geneviève
Née le 7 février 1892 à Paris. XXe siècle. Française.
Peintre-miniaturiste.
Elle exposa à Paris, au Salon des Artistes Français depuis 1912.

DUFRESNE Jacques
XVIIIe siècle. Actif à Paris en 1752. Français.
Peintre et sculpteur.

DUFRESNE Jacques Pierre
Né le 25 octobre 1922 à Paris. XXe siècle. Francais.
Sculpteur de nus, graveur, décorateur. Figuratif.
Fils de Charles Dufresne. Il fut élève de l'École des Arts Appliqués en 1940-1941, puis élève de Robert Wlérick et de Charles Despiau à l'Académie de la Grande Chaumière à Paris, en 1942. À partir de 1943, il travailla avec Henri Laurens, qui fut son professeur et son ami. Il était membre du groupe de *L'Échelle*, avec Busse, Calmettes, Cortot, Michel Patrix, et participa à ses expositions collectives, de 1943 à 1948. À partir de 1943 et à Paris, il a également participé au Salon des Tuileries, depuis 1945 au Salon de Mai.
Sans renoncer à l'expression de l'humaine apparence, sa sculpture lui fait toutefois subir des licences anatomiques. Très habile manuellement et sachant s'informer, il a pratiqué et pratique des techniques diversifiées. Comme la plupart des sculpteurs il a modelé pour la fonte de bronze, lui pour créer de petits nus féminins aux attitudes déliées ou des couples enlaçables. Après avoir façonné, non sans humour, des personnages en fil-de-fer tordu, noué, torsadé, il trouva le matériau qui convenait alors à son sens personnel de l'occupation de l'espace, avec le métal, découpé, durement travaillé et soudé, avec des effets de surfusion. Depuis les années soixante-dix, il assemble et soude lui-même des mobiliers en bronze, dans lesquels il intègre ses statuettes. ■ J. B.
BIBLIOGR. : Denys Chevalier, in : *Diction. de la sculpt. moderne*, Hazan, Paris, 1960.
MUSÉES : PARIS (Mus. Nat. d'Art Mod.).

DUFRESNE Michel. Voir **NITOT Michel**

DUFRESNE Thomas
Né le 7 mars 1958 à Paris. XXe siècle. Français.
Peintre de figures, natures mortes. Figuration libre.
Petit-fils de Charles Dufresne et fils de Jacques Dufresne. Du côté maternel, également issu d'une famille de peintres. Lui-même est autodidacte, il a commencé à peindre à l'huile en 1974, s'est tenu éloigné de l'enseignement officiel et n'éprouve aucun goût pour les théories esthétiques. Il participe à des expositions collectives à Paris : 1984 *Sur invitation* au Musée des Arts Décoratifs, 1985, 1986, 1989 Salon de Mai. Il a fait une exposition particulière au Centre d'Art Contemporain de Rouen en 1987.
Il accorde beaucoup d'importance à la sincérité quant à l'acte créateur, et techniquement à la couleur. Ses peintures, spontanées, fougueusement brossées, de grands portraits imaginaires, de natures mortes inventées, s'inscrivent dans les courants les plus libérés de sa génération.

DUFRESNOY Charles Alphonse
Né en 1611 à Paris. Mort le 16 janvier 1668 à Villiers-le-Bel. XVIIe siècle. Français.
Peintre de sujets mythologiques, architectures, paysages, fleurs.
Élève de Vouet et de Perrier. En 1633, il partit pour Rome où il peignit des tableaux d'architecture. Vingt ans après, il quitta Rome pour aller à Venise où il étudia les maîtres vénitiens. En 1656, étant rentré à Paris, il fut chargé par Sanguin de la décoration du Raincy. Quelque temps après, il mourut paralytique. Il était aussi littérateur.
MUSÉES : CAEN : *Ivresse de Noé* – COPENHAGUE (Gal. roy.) : *Portrait de l'auteur* – ÉPINAL : *Nymphe assise auprès d'une rivière* – ÉVREUX : *Sainte Marguerite, vierge et martyre sous le règne d'Aurélien* – FLORENCE (Gal. des Offices) : *La mort de Socrate* – HANOVRE (Kestner) : *Vierge au berceau*, d'après Raphaël – PARIS (Louvre) : *Naïades* – POTSDAM (Nouveau Palais) : *Vénus arrivant à Cythère* – *La coloration des roses* – TROYES : *Portrait d'homme* – VARSOVIE (Dabrovska) : *Vénus couchée* – VIENNE (Czernin) : *La vision d'Alcmène*.
VENTES PUBLIQUES : PARIS, 1792 : *Armide abandonnée* : **FRF 1 498** – PARIS, 1858 : *Dessin* : **FRF 2** – PARIS, 13 mars 1899 : *La toilette de Vénus* : **FRF 350** – PARIS, 11 avr. 1910 : *Vase de fleurs* : **FRF 320** – PARIS, 25 nov. 1927 : *Nymphes et faunes dansant* : **FRF 3 280** – LONDRES, 12 juil. 1929 : *Le Triomphe de Bacchus* : **GBP 31** – PARIS, 14 mars 1931 : *Paysage : au fond, une cathédrale* : **FRF 1 450** – MONACO, 18-19 juin 1992 : *Renaud abandonnant Armide*, h/t (112,5x154) : **FRF 310 800**.

DU FRESNOY F.
XIXe siècle. Actif à Londres. Britannique.

Peintre de paysages.
Il exposa à la Royal Academy de 1801 à 1806.

DUFRESNOY Nicolas
XVIIIe siècle. Français.
Peintre, sculpteur.
Il fut reçu à l'Académie de Saint-Luc à Paris en 1747.

DU FRESNOY Pierre
XVIe siècle. Actif à Beauvais. Français.
Sculpteur.
Il sculpta, dans l'église Saint-Gervais et Saint-Protais, de Gisors, en 1585, un bas-relief en pierre, haut de dix mètres, placé dans la chapelle du Rosaire et figurant l'arbre de Jessé. Ce bas-relief existe encore aujourd'hui.

DUFRETAY, chevalier ou **de Fretay**
XVIIIe-XIXe siècles.
Peintre de portraits amateur.
Il exposa de 1797 à 1802 à la Royal Academy à Londres.

DUFROE
Français.
Peintre.
Il travailla avec Joseph Boze.

DUFY Jean
Né le 12 mars 1888 au Havre (Seine-Maritime). Mort en mai 1964 à Boussay (près de Nantes, Loire-Atlantique). XXe siècle. Français.
Peintre de compositions animées, sujets divers, paysages, marines, natures mortes, peintre à la gouache, aquarelliste, décorateur.
Dans une famille de neuf enfants, il était le jeune frère de Raoul Dufy. Le milieu familial était ouvert aux arts, particulièrement à la musique. Dès l'âge de quatorze ans, Jean Dufy montra des dons artistiques, qu'encouragèrent aussitôt son frère Raoul et l'ami de celui-ci, Othon Friesz. Jean Dufy montait alors aussi des pièces de théâtre, qu'il jouait en famille. Il entra à l'École des Beaux-Arts du Havre, où avaient été élèves son frère Raoul, Friesz et Braque, mais il la quitta tôt pour rejoindre son frère à Paris, qui fut son véritable maître. Il eut à cette époque la révélation des voyages, il parcourut l'Europe de l'Ouest et l'Afrique du Nord. La Première Guerre mondiale, qu'il accomplit comme cavalier, interrompit toutes ses activités. À partir de 1920, il exposa de nouveau ses peintures à Paris, notamment au Salon d'Automne, dont il était déjà sociétaire. De même que son frère, il eut des activités dans les arts dits décoratifs, notamment dans le textile pour les soiries de Lyon, et pour les porcelaines de Limoges. En 1966, la galerie Reine de New York organisa une exposition rétrospective de son œuvre.
La comparaison de son œuvre avec celui de son frère est inévitable. Il a également pratiqué surtout l'aquarelle, parfois il travaillait aux encres d'imprimerie. Les thèmes sont sensiblement ceux de son frère : vues de Paris ou de quelques autres villes, scènes du cirque, courses de chevaux, scènes de plage, orchestres, etc. Précisément les orchestres qu'il a peints, ont permis à la critique d'essayer d'établir les différences que son écriture présente par rapport à celle de son frère. On a dit que l'écriture de Raoul Dufy était un « staccato », rythme classique dans un tempo vif, tandis que Jean Dufy, lui-même bon joueur de guitare classique et amateur de jazz, pratiquait un rythme plus coulé, aux sonorités plus confidentielles, à base de bleus profonds, qu'animent les rouges et les verts, tandis que les jaunes viennent poser les accents de lumière. Tandis que Raoul Dufy s'attache souvent à disséquer chacun des éléments qui entrent dans une de ses compositions, souvent avec humour ou tendresse, en tout cas avec acuité, Jean Dufy est plus sensible au panorama global de la scène représentée, la particularité, l'individualité, le touchent moins. Ainsi dans sa vie a-t-il fui la compagnie, la société, retiré presque de tout temps et jusqu'à sa mort dans sa ferme du Pays de Loire, y peignant pourtant abondamment les sujets pleins de fraîcheur, d'amour de la vie, qu'il empruntait à son aîné, ce qui explique peut-être une mysanthropie d'insatisfaction.

Jean Dufy

Ventes Publiques : Paris, 14 nov. 1924 : *Maisons sur un fond de paysage* : **FRF 400** – Paris, 24-25 nov. 1924 : *Fleurs*, aquar. gchée : **FRF 420** – Paris, 15 fév. 1930 : *Au bois de Saint-Cloud* : **FRF 850** – Paris, 7 juil. 1932 : *La maison du poète*, aquar. : **FRF 125** – Paris, 2 déc. 1938 : *Corbeille et fraises* : **FRF 1 100** ; *Fontaine de Vence* : **FRF 3 500** – Paris, 20 juin 1941 : *Ile d'Yeu* : **FRF 1 600** – Paris, 21 déc. 1942 : *Les canotiers* 1920, aquar. : **FRF 3 200** ; *Le Palefrenier* 1916, aquar. : **FRF 2 000** – Paris, 22 fév. 1943 : *Le Voilier* 1926, aquar. : **FRF 1 500** ; *Le marché aux bestiaux* : **FRF 3 800** ; *La femme brune* 1928 ; *Portrait de femme* 1930, h/t, une paire : **FRF 3 000** – Paris, 25 mars 1944 : *Paris* 1926 : **FRF 2 500** – New York, 17-18 jan. 1945 : *Route de village* 1920, aquar. : **USD 160** – Paris, 9 avr. 1945 : *Notre-Dame-de-Paris* : **FRF 3 000** – New York, 17 mai 1945 : *Village* 1920, aquar. : **USD 110** – Paris, 29 juin 1945 : *La Claise à Preuilly (Indre-et-Loire)* : **FRF 5 000** – Paris, 12 déc. 1946 : *Le cirque*, aquar. : **FRF 30 000** – Paris, 24 fév. 1947 : *Femme assise au salon* : **FRF 3 800** ; *Panorama vu d'une terrasse* 1928 : **FRF 7 500** – Paris, 20 déc. 1954 : *Paris, la Seine* : **FRF 105 000** – Paris, 5 juil. 1955 : *Les Musiciens* 1927, h/t : **FRF 52 000** – New York, 5 avr. 1958 : *Le concert*, h/t : **USD 550** ; *Scène de boulevard*, gche : **USD 350** – Paris, 20 mars 1959 : *Paysage du Maroc*, aquar. : **FRF 150 000** – New York, 15 jan. 1961 : *Place de la Concorde*, h/t : **USD 2 100** – New York, 17 oct. 1963 : *Cavaliers du bois de Boulogne* : **USD 2 200** – Cologne, 8 déc. 1965 : *Promenade au bord de la Seine* : **DEM 13 000** – New York, 3 nov. 1966 : *Venise* : **USD 6 500** – Versailles, 1er déc. 1968 : *La moisson* : **FRF 21 000** – New York, 28 mars 1969 : *La Place Pigalle*, gche : **USD 3 700** – New York, 16 déc. 1970 : *Le port du Havre* : **USD 7 000** – Londres, 4 avr. 1974 : *Après le jardinage* : **GBP 1 300** – Versailles, 11 juin 1974 : *Voiliers au port* : **FRF 29 000** – New York, 3 mai 1974 : *Fleurs et fruits* 1929 : **USD 7 250** – Versailles, 24 oct. 1976 : *Marine avec bateaux, voiliers et chalutiers près de la côte*, h/t (73x92) : **FRF 30 000** – Versailles, 7 nov. 1976 : *Cavaliers et calèches à la porte d'Auteuil*, gche (48x63,5) : **FRF 16 000** – Munich, 26 mai 1977 : *Bergère et moutons dans un paysage boisé* 1921, h/t (62x50) : **DEM 18 000** – New York, 15 juin 1979 : *Scène de port* vers 1917, h/t (64,2x78,7) : **USD 6 250** – Versailles, 20 juin 1979 : *Orchestre et danseurs* 1925, aquar. gchée/pap./cart. (42,5x54,5) : **FRF 17 300** – New York, 25 fév. 1981 : *Villefranche-sur-Mer*, stylo-bille bleu/pap. (22,3x28,8) : **USD 900** – Versailles, 8 juin 1983 : *Paysage au Boussay*, h/t (38x55) : **FRF 39 000** – New York, 22 juin 1983 : *L'Orchestre*, pl. et cr. (35,3x52,7) : **USD 600** – Londres, 24 juin 1985 : *L'Orchestre*, gche (46,5x62,5) : **GBP 6 000** – New York, 18 oct. 1985 : *Aux courses à Auteuil* vers 1945, h/t (46x55) : **USD 15 500** – New York, 7 oct. 1987 : *L'Arc de Triomphe et les Champs-Élysées*, aquar. et gche/pap. (50x65) : **USD 20 000** – Londres, 21 oct. 1987 : *Les Cavaliers au bois de Boulogne*, h/t (46x55,3) : **GBP 18 000** – New York, 18 fév. 1988 : *Paris, rue animée*, h/t (64,7x81,2) : **USD 26 400** – L'Isle-Adam, 21 fév. 1988 : *Le carnaval de Rio*, gche (37x56) : **FRF 57 000** – Calais, 28 fév. 1988 : *Bord de Seine à Paris*, h/t (22x35) : **FRF 57 000** – La Varenne-Saint-Hilaire, 6 mars 1988 : *La Route de campagne*, gche (44,5x58) : **FRF 45 000** – Versailles, 20 mars 1988 : *La Cour de ferme* 1923, h/t (54x65) : **FRF 70 000** ; *Le lac de Côme à Lenno* 1928, h/t (46x32,5) : **FRF 48 000** – Paris, 21 mars 1988 : *Notre-Dame et la Seine*, h/t (38x22) : **FRF 90 000** – Paris, 11 avr. 1988 : *Le port*, h/t (54x72) : **FRF 255 000** – Versailles, 15 mai 1988 : *Tête de femme* 1929, h/t (27x22) : **FRF 24 100** – Paris, 16 mai 1988 : *Les Bateaux*, past./cart. (51x66) : **FRF 13 000** – Londres, 18 mai 1988 : *Le Port*, h/t (44x54) : **GBP 14 850** – La Varenne-Saint-Hilaire, 29 mai 1988 : *Panorama de Paris et de la Seine*, h/t (38x46) : **FRF 80 000** – Paris, 12 juin 1988 : *Le Pont de Moret-sur-Loing*, h/t (52x66) : **FRF 75 000** – Paris, 22 juin 1988 : *Le Port d'Honfleur* 1930, h/t (41x33) : **FRF 61 000** – Paris, 23 juin 1988 : *L'allée sous les arbres* 1908 (60x49,5) : **FRF 30 000** – Calais, 3 juil. 1988 : *Le Port du Havre*, aquar. (38x49) : **FRF 21 000** – New York, 6 oct. 1988 : *Square Saint-Pierre*, h/t (33,5x40,8) : **USD 20 900** – Londres, 21 oct. 1988 : *Paysage à Preuilly-sur-Claise*, h/t (61x50,5) : **GBP 3 960** – Calais, 13 nov. 1988 : *L'Écuyère*, gche (32x46) : **FRF 68 000** – Versailles, 11 jan. 1989 : *Bateaux au Guilvinec*, dess. au cr. à bille (25,5x40) : **FRF 3 700** – Londres, 27 juin 1989 : *L'Arc du Carroussel à Paris*, h/t (46,5x55,3) : **GBP 36 300** – New York, 5 oct. 1989 : *La Seine, la Sainte-Chapelle*, h/t (46x54,9) : **USD 33 000** – Versailles, 21 jan. 1990 : *Bateaux à Audierne*, dess. au cr. à bille (25,5x40) : **FRF 3 500** – Paris, 24 jan. 1990 : *La Butte Montmartre*, gche (41x59) : **FRF 62 000** – New York, 26 fév. 1990 : *Le Port*, h/t (33x46) : **USD 35 200** – Calais, 4 mars 1990 : *Les Voiliers au bassin* vers 1917, h/t (62x17) : **FRF 185 000** – Paris, 19 juin 1990 :

Les Deux modèles 1930, h/t (81x100) : **FRF 5 400 000** – New York, 3 oct. 1990 : *Retour de pêche*, h/t (89x129,7) : **USD 46 200** – Le Touquet, 11 nov. 1990 : *Canal à Venise*, aquar. (25x19) : **FRF 24 000** – Paris, 27 nov. 1990 : *Clowns musiciens*, gche (44x54) : **FRF 142 000** – New York, 15 fév. 1991 : *Femme assise au chat* 1926, h/t (73x59,6) : **USD 30 250** – Londres, 25 juin 1991 : *Le Havre* 1930, h/t (65x81) : **GBP 24 200** – Perth, 26 août 1991 : *Édimbourg*, h/t (45,5x55) : **GBP 8 800** – New York, 25 fév. 1992 : *Nature morte sur la terrasse*, h/t (50x61) : **USD 35 200** – New York, 14 mai 1992 : *Paysage* 1920, h/t (36,8x61) : **USD 38 500** – Paris, 6 avr. 1993 : *Jeté de fleurs*, h/t (65x54) : **FRF 35 000** – New York, 13 mai 1993 : *Paris, la Cité*, h/t (46x60,6) : **USD 33 350** – Lucerne, 20 nov. 1993 : *Le Carnaval de Nice*, gche et encre/pap. (48x68) : **CHF 6 800** – Calais, 12 déc. 1993 : *Vase d'anémones*, aquar. et gche (49x42) : **FRF 55 000** – Paris, 27 mars 1994 : *Honfleur, le bassin*, h/pan. (13,5x35) : **FRF 75 000** – Londres, 29 juin 1994 : *Le Port de Boulogne-sur-Mer*, h/t (45,5x53,5) : **GBP 13 800** – New York, 10 nov. 1994 : *L'Orchestre à la Selle* 1929, h/t (88,9x129,5) : **USD 46 000** – Tel-Aviv, 22 avr. 1995 : *Ponts de Paris sur la Seine*, h/t (46x61) : **USD 40 250** – Paris, 6 mars 1996 : *L'Écuyère*, aquar. (47x63) : **FRF 9 500** – New York, 1er mai 1996 : *Vue de Montmartre et Sacré-Cœur*, gche/pap. (45,8x59,7) : **USD 19 550** – Paris, 14 juin 1996 : *Monsieur Loyal et les clowns* 1926, aquar. gchée (46,5x59,5) : **FRF 19 500** – Tel-Aviv, 7 oct. 1996 : *Musiciens*, gche et aquar./pap. (52,7x42,6) : **USD 11 500** – Paris, 24 nov. 1996 : *Le Port* 1929, h/t (73x60) : **FRF 110 000** – Calais, 15 déc. 1996 : *Champ fleuri au printemps*, h/t (22x12) : **FRF 8 500** – New York, 9 oct. 1996 : *L'Arc du Carroussel*, h/t (47x55,3) : **USD 37 375**.

DUFY Raoul

Né le 3 juin 1877 au Havre (Seine-Maritime). Mort le 23 mars 1953 à Forcalquier (Alpes-de-Haute-Provence). XXe siècle. Français.

Peintre, aquarelliste, dessinateur, graveur, lithographe, illustrateur, peintre de cartons de tapisseries, peintre de cartons de céramiques, dessinateur. Fauve.

Raoul Dufy est né dans une famille de neuf enfants, dont cinq sœurs et le frère cadet Jean, qui devait aussi devenir peintre. Le père était comptable dans une importante affaire du Havre. La famille était ouverte à la musique : le père touchait de l'orgue, son frère aîné l'oncle Léon aussi, le plus jeune frère Gaston était flûtiste et devint critique musical à Paris. À l'âge de quatorze ans, Raoul Dufy dut interrompre des études classiques, pourtant bien amorcées, obligé de contribuer aux ressources familiales. Manifestant depuis l'enfance d'évidents dons pour le dessin et la peinture, bien qu'employé de commerce dans une entreprise d'importation de café du Brésil, il put toutefois suivre les cours du soir de l'École Municipale des Beaux-Arts, à partir de 1892, sous la direction de Charles Marie Lhullier ou Lhuillier, qui resta aussi dans le souvenir affectueux d'Othon Friesz et de Georges Braque. Ce fut dans ces cours du soir qu'il s'exerça à dessiner de la main gauche. Sans doute gaucher contrarié, il ne se servit plus désormais que de la main gauche pour dessiner et peindre. À dix-neuf ans, il fut libéré du service militaire. Il vit les Boudin du musée du Havre, *La justice de Trajan* à celui de Rouen. Une bourse de la municipalité lui permit de partir pour Paris en 1900, où il cohabita d'abord avec Friesz. Il fut admis à l'École des Beaux-Arts, dans l'atelier de Léon Bonnat. Le maître n'incitait pas à l'audace. Comme bien d'autres, il devait en dire plus tard : « Les Beaux-Arts, il est bon d'y entrer, à condition d'en sortir », ce qu'il ne fit pourtant qu'au bout de quatre ans. Avec quelques camarades, il allait plutôt chercher exemples, leçons et courage à la vitrine des quelques grands marchands, Ambroise Vollard, Durand-Ruel, Eugène Blot, Bernheim jeune, qui, à l'encontre de l'opinion publique, montraient les impressionnistes. L'impressionnisme, alors pour eux, c'était le rejet de l'académisme, le plein-air de Manet, la lumière, les couleurs vives, et au-delà de l'impressionnisme même, les audaces novatrices des Gauguin, Van Gogh, le divisionnisme de Seurat, Cézanne, les scènes de cabarets de Toulouse-Lautrec. Raoul Dufy, trouvant chez ces aînés l'incitation à l'individualité, ne fut pas tenté de suivre l'un ou l'autre. Après les années de labeur de sa carrière, de 1935 à 1937, pour la réalisation de la *Fée Électricité*, l'E.D.F. avait mis à sa disposition un vaste hangar, mal chauffé, où la polyarthrite dont il souffrait déjà, s'aggrava encore. En 1937, il fit un premier séjour aux États-Unis, en tant que membre du jury du Prix Carnegie. En 1940, à cause de ses rhumatismes, et de la guerre, il s'installa d'abord à Nice. À son retour à Paris en 1950, souffrant de plus en plus de rhumatismes déformants il partit pour les États-Unis se prêter au nouveau traitement par la cortisone dans un hôpital de Boston. Il ne cessa pas de travailler, s'installant à Harvard, à New York, puis à Tucson dans l'Arizona.

Le traitement n'eut pas grand effet, il recouvra pourtant l'usage de ses doigts. Il revint à Paris en 1951. Enfin, il décida de se fixer à Forcalquier, dont le climat sec lui était recommandé, mais où il termina bientôt sa vie dans un fauteuil roulant. Il fut enterré à Cimiez.

Dans les années de ses débuts, il exposa en 1901 au Salon des Artistes Français *Fin de journée au Havre*, en 1902, son camarade le peintre Maurice Delcourt le présenta à Berthe Weill, qui lui acheta un pastel et montra de ses peintures dans sa galerie, il montra ses peintures au Salon des Artistes Indépendants depuis 1903 jusqu'en 1911, puis en 1913, 1920, 1923. À son premier Salon des Artistes Indépendants de 1903, Maurice Denis lui acheta une peinture. En 1921, il exposa sept tissus au Salon des Artistes Décorateurs. En 1925, il participa à l'Exposition Internationale des Arts Décoratifs. En 1937, il participait à l'Exposition Internationale de Paris, avec sa *Fée Électricité*. En 1946, il participa à l'*Exposition de la Tapisserie Française* au Musée National d'Art Moderne de Paris.

Il fit sa première exposition personnelle en 1906 chez Berthe Weill. En 1921, il fit une exposition personnelle à la galerie Bernheim jeune. En 1923, il fit une exposition personnelle à la galerie du Centaure à Bruxelles. En 1926, il fit une nouvelle exposition, d'aquarelles cette fois, chez Bernheim jeune. En 1944, Louis Carré devint son marchand attitré. En 1952, il alla à Genève, à l'occasion de la plus grande exposition rétrospective d'ensemble de son œuvre, au Musée d'Art et d'Histoire, puis à Venise, recevoir le Grand Prix de la Biennale. Il partagea d'ailleurs le montant de son prix entre un artiste italien pour qu'il puisse faire un voyage en France, et un peintre français, Charles Lapicque, pour qu'il puisse aller à Venise. Entre autres expositions consacrées à son œuvre après sa mort, la Galerie Hayward de Londres organisa une très importante rétrospective en 1983-84 ; le Palais des Congrès de Nice une exposition d'ensemble en 1985-86 ; le Musée de l'Annonciade de Saint-Tropez une exposition de sa période fauve en 1987 ; la Villa Medicis de Rome en 1995-1996 ; en 1997 à Martigny (Suisse), à la Fondation Pierre Gianadda, Didier Schulmann a organisé une exposition consacrée aux principales séries de l'œuvre de Dufy ; en 1997 aussi à Paris, la Fondation Électricité de France a organisé à l'Espace Electra l'exposition *Dufy, les années 30*...

De 1895 à 1898, il peignit de nombreuses aquarelles de paysages du Havre, d'Honfleur, Falaise, etc. Dans les premières années du siècle, sans peindre encore les séries qui caractériseront sa maturité, il traitait déjà quelques sujets privilégiés, paysages des rues pavoisées et monuments de Paris, plages de Normandie animées, fêtes nautiques, et notamment : *L'estacade de Sainte-Adresse*. Ce fut en 1905-1906 que, avec ses amis du Havre Friesz et Braque, et Matisse, Derain, Vlaminck, Van Dongen, Rouault, quelques autres, il se retrouva, comme eux tous par le hasard d'un mot de critique, engagé dans l'aventure du fauvisme. Il y avait là une volonté commune d'innovation, ils se mirent d'accord sur quelques principes de base. Les intentions générales convenaient à Dufy, la peinture de Matisse *Luxe, calme et volupté* l'impressionna fortement par sa nouveauté et sa liberté : « J'ai compris toutes les nouvelles raisons de peindre et le réalisme impressionniste perdit pour moi son charme à la contemplation du miracle de l'imagination introduite dans le dessin et la couleur ». Il se rallia au groupe, fraternisant plus avec Marquet, avec lequel il alla sur les mêmes motifs, le long de la côte normande, dessinant et peignant avec des similitudes stylistiques. De son époque fauve datent les variations sur : *Rue pavoisée au Havre – Pêcheurs à la ligne*. Son passage par le fauvisme fut bref, en 1909, ressentant le désir personnel d'une structuration de la composition plus ferme que ne le permettait le dessin en arabesques du fauvisme, et un traitement construit du volume auquel ne se prêtaient pas les couleurs pures, au cours d'un séjour avec Braque à l'Estaque, il s'intéressa au cubisme naissant, et à travers lui à Cézanne. Il appliqua ces nouveaux principes à *Arbres verts à l'Estaque*, à des *Baigneuses*, à une série sur le Bois de Boulogne, à des modèles dans l'atelier, aux chevaux, à des natures mortes. Ce « retour à la forme », qu'opérèrent également Friesz, Derain, Vlaminck, tandis que Braque avait déjà quitté le fauvisme pour l'invention

cubiste, Dufy le paracheva pendant un séjour à Munich et en Bavière, en 1909, avec Friesz, d'où les peintures de ce voyage sont dites de la période « munichoise », dans laquelle s'inscrit le thème de *L'atelier*, qui était alors celui de la rue Séguier. Ce thème de l'atelier, il le reprit à plusieurs reprises, avec celui de l'impasse Guelma à Pigalle, qu'il conserva toute sa vie depuis 1911, celui du Havre, enfin, de 1940 à 1950, les deux de Perpignan, rue de la Poste et place Arago. Les peintures de l'époque « munichoise » se caractérisent par une palette assombrie et un dessin plus cézannien dans la structuration spatiale.
À partir de son retour de Munich, ayant fait le tour des possibilités qui s'ouvraient alors à la peinture, son « écriture » se stabilisa dans sa manière cézannienne, préludant à ce qui allait s'avérer sa personnalité définitive.
Le public ne l'ayant pas suivi dans la diversité de ses expérimentations, n'adhéra pas à sa nouvelle manière. Il connut des années difficiles. Aussi accepta-t-il l'offre du couturier Paul Poiret de lui installer, avenue de Clichy, un petit atelier d'impression sur tissus à partir de gravures sur bois. Les robes de Poiret dans les tissus de Dufy firent sensation. Avec l'accord de Paul Poiret, il conçut ensuite, et pendant des années, le décor des soieries de la firme lyonnaise Bianchini-Atuyer-Ferrier, de 1912 à 1914, puis de nouveau après la guerre jusqu'en 1930, redonnant vie à une industrie déclinante. Ce travail de grand décorateur, qui ne lui pesait pas, le soulageant des difficultés matérielles, ne compromettait pas son activité picturale. Il y avait même acquis une rare sûreté de main, un dessin plus souple, la couleur plus vive, une composition aérée, et un goût prononcé pour les thèmes heureux. Avec l'abandon de la période cézannienne, ce fut le commencement des séries. Sur un même thème, il en traitait toutes les possibilités, les variantes, jusqu'à épuisement total du sujet. Ces séries furent très nombreuses, parfois abandonnées puis reprises plus tard, se développaient conjointement, s'entrecroisaient. Aussi serait-il vain de tenter d'en établir la chronologie exacte. On peut situer à-peu-près les premières, à partir d'un séjour à Vence en 1919 et de sa familiarisation avec le monde méditerranéen : 1920-1922 : *Vence*, 1924 : *Les canotiers sur la Marne*, de 1925 à 1935 : *La jetée à Trouville – Les courses*. Jusqu'en 1940 s'épanouirent de très nombreuses séries : *Les moissons – La Baie des Anges – Les réceptions officielles – La table de Baccarat – La salle de l'Opéra* – les *Nus couchés* et les *Hindoues*, et toutes les vues du Midi, Provence et Côte d'Azur : casinos, kiosques à musique, carnavals, terrasses sur la mer, fontaines, palmiers, marchés, étals de poissonniers...
Ce fut en 1922, qu'étant allé aux courses pour juger de l'effet de ses tissus sur les robes des élégantes, il fut séduit par le spectacle des courses même et en fit un de ses thèmes. À partir de ce moment, il délaissa en partie la peinture à l'huile pour l'aquarelle, qui lui permettait des notations plus rapides, génératrices d'impressions de mouvement. En 1925, il exécuta quatorze tentures, avec les personnages grandeur nature de ses thèmes favoris, qui furent montrées à l'occasion de l'Exposition des Arts Décoratifs. De 1930 à 1933, il peignit les versions successives d'une peinture murale de un mètre soixante-quinze sur seize mètres cinquante, où il développait le thème de *l'Itinéraire de Paris à Sainte-Adresse et à la mer*. En 1935, l'Électricité de France (E.D.F.) lui passa commande d'une peinture pour son pavillon de l'Exposition Internationale de 1937, dont l'architecte était Mallet-Stevens. C'était une époque où l'on pensait que les pays industrialisés étaient destinés au « tout électricité ». Dufy conçut donc le projet de *La Fée Électricité*. Il travailla, pendant plus de deux années de documentation et d'esquisses, à cette gigantesque peinture de dix mètres de hauteur sur soixante de longueur. Entre 1940 et 1950, il développa la série, capitale dans son œuvre des grands *Concerts, Orchestres* et des divers orchestres de chambre : trios, quattuors, etc. Depuis 1930, il avait accumulé des croquis des musiciens de l'Orchestre du Conservatoire, notés pendant les répétitions, du haut de la scène, où il s'asseyait à côté du percussionniste. Installé ensuite à Perpignan, il peignit aussi des nus, des arlequins, des paysages, des scènes de dépiquage du blé après un séjour chez Roland Dorgelès à Montsaunes (Haute-Garonne), et commença la série nombreuse des *Cargots noirs*, poursuivie de 1948 à 1952, qui, en fin de carrière, semble reprendre les éléments des vues de Sainte-Adresse de ses tout débuts. Dans ces *Cargots noirs*, comme en d'autres peintures, il disait « faire de la lumière avec du noir ». En 1943, il peignit une réplique du *Bal du Moulin de la Galette* d'après Renoir, et *Le beau Dimanche* qu'il considérait comme son meilleur tableau. En 1944, il composa les décors pour *Les fiancés du Havre* d'Armand Salacrou, à la Comédie Française. En 1946, les tapisseries qu'il avait conçues pour des meubles réalisés dans les ateliers de Madame Cuttoli figurèrent à l'*Exposition de la Tapisserie Française*. En 1952, il réalisa les décors pour *L'invitation au château* de Jean Anouilh.
L'œuvre de Raoul Dufy s'est développé et matérialisé dans des techniques diverses. Outre les céramiques, d'abord créées en collaboration avec Artigas, puis parfois exécutées et co-signées avec Jean-Jacques Prolongeau, les tissus imprimés déjà cités, il a produit d'innombrables dessins, environ quatre mille aquarelles et deux mille peintures. Graveur sur bois jusqu'en 1920, et sur cuivre et lithographe ensuite, il a illustré de nombreux ouvrages littéraires, d'entre lesquels : Fernand Fleuret *Friperies* bois coloriés à la main en 1907 mais qui ne parut qu'en 1923, Guillaume Apollinaire *Le Bestiaire ou Cortège d'Orphée* trente gravures au canif sur bois, exposées en 1910 au Salon d'Automne et dont la parution en 1911 fut considérée comme renouvelant la conception du livre moderne, Émile Verhaeren *Poèmes légendaires de Flandre et de Brabant* 1917, Roger Allard *Élégies martiales* 1917, Rémy de Gourmont *Monsieur Croquant* 1918, Stéphane Mallarmé *Madrigaux* lithographies en couleurs de 1920, Guillaume Apollinaire *Le poète assassiné* 1927, les quatre-vingt-treize eaux-fortes pour *La belle enfant* d'Eugène Montfort en 1930, *Mon docteur le vin* pour les Établissements Nicolas 1936, *Tartarin de Tarascon* d'Alphonse Daudet 1937, et encore *La terre frottée d'ail* de Gustave Coquiot, *Aphorismes et Variétés* de Brillat-Savarin, *Pour un herbier* de Colette, les *Bucoliques* de Virgile dont les dessins ne furent pas publiés, etc. Il a aussi collaboré, avant la première guerre mondiale, à diverses parutions, *Le Mot* d'Iribe, *L'Almanach des Lettres et des Arts*, avec des illustrations dans l'esprit de l'imagerie populaire.
Ce furent ses aquarelles des *Courses* qui, en 1925, attirèrent tout d'abord la faveur du public. Dans l'esprit de Dufy, en tout cas au début, ses aquarelles étaient les esquisses préliminaires aux peintures. De fait, encore aujourd'hui, le public marque une préférence presque sentimentale pour le Dufy aquarelliste. Peut-être peut-on dire que ses peintures à l'huile semblent techniquement un peu plus lourdes que les aquarelles, que leur écriture n'en a pas le délié, ni les couleurs l'intensité en brillance ou en profondeur. On sait que lui-même souhaita tout au long de sa vie faire bénéficier ses peintures à l'huile de la fluidité et de la transparence de l'aquarelle. Il est vrai aussi qu'il exécutait ses aquarelles en peu de temps, quitte à éliminer celles qui ne lui convenaient pas et à les recommencer jusqu'à la réussite souhaitée. Cependant, au moment de la commande de *La Fée Électricité*, en 1935, Dufy rencontra Jacques Maroger, peintre et surtout restaurateur de tableaux, qui recherchait les secrets des médiums à peindre anciens. Tous deux mirent au point une émulsion souple qui facilita l'énorme travail de Dufy. Dufy utilisa souvent dans la suite cette émulsion, le « médium Maroger », qui conféra à ses peintures à l'huile une ductilité et une transparence comparables à celles des aquarelles, notamment dans les peintures de la série des *Ateliers* de Perpignan. À l'occasion de cette peinture de dimensions peu communes, qui retrace l'histoire de la lumière depuis le début de l'humanité, Dufy en profita pour y développer les thèmes qui lui étaient chers : des deux côtés du centre, où sont représentées les turbines génératrices, il a peint cent-vingt-cinq personnages, grandeur nature et d'après documents, chacun en costume de son époque, du monde des sciences en relation avec l'histoire de la lumière et les phénomènes annexes : éclairs d'orage, arc-en-ciel, aurore boréale, mais aussi des mondes conjoints de la mythologie dans l'Antiquité, de l'agriculture, de la navigation, de la musique, des distractions mondaines... Entre 1937 et 1940, Dufy réalisa encore pour la décoration du bar du Palais de Chaillot : *La Seine*, en pendant à celle de Friesz sur le même sujet, et celle de la singerie du Jardin des Plantes.
Ce ne sont évidemment pas seulement les thèmes traités par Dufy qui font l'originalité de l'œuvre, mais bien la manière dont il les traitait, son « écriture », sa « touche », immédiatement reconnaissables et uniques. Il maîtrisa totalement et définitivement cette « écriture » à partir de l'abandon de sa manière cézannienne en 1919, à la faveur du séjour à Vence, qui lui révéla le monde méditerranéen sous ses aspects de fête permanente. Pour nul autre ce terme d'« écriture » n'est autant justifié. C'est un véritable langage de signes qu'il a créé, non de hiéroglyphes abstraits requérant un savant décriptage, mais

d'idéogrammes elliptiques, aptes à figurer prestement à-peu-près tout ce qui peut être vu sur terre. Ce terme d'« écriture » peut être utilisé au sujet de tout artiste, en effet tout artiste a « son écriture », mais rarement comme pour Dufy, sauf en Chine et au Japon, le dessin d'un artiste n'a ressemblé autant à l'écriture. Ce dessin, cette écriture est d'autant plus singulière et reconnaissable qu'elle est d'un gaucher, qui trace plus volontiers les traits verticaux du haut en bas vers la droite et les courbes leur côté concave vers la gauche. Outre son dessin, l'autre caractéristique principale de l'art de Dufy réside dans sa façon de poser la couleur. Il ne « module » pas la couleur pour transcrire le modelé du volume ou la profondeur de l'espace. Jacques Lassaigne a écrit qu'il a substitué « à la perspective euclidienne une perspective mentale ». Il applique la couleur locale de chaque élément de la composition par aplats et c'est le dessin de chaque élément qui le situe, par plans successifs, par rapport aux autres. À partir de 1927, il partagea souvent préalablement la surface de la toile ou de la feuille de papier en trois larges bandes horizontales de trois couleurs différentes, leur juxtaposition créant alors les plans successifs de l'espace, par exemple : la zone du bas pour recevoir l'indication des spectateurs d'une course, la suivante pour les chevaux, la troisième pour le paysage. À partir de la fin des années quarante, il abandonna la partition trichromique des peintures et expérimenta à plusieurs reprises une composition « tonale », couvrant toute la surface d'une couleur unique, créant une lumière monochrome, par dessus laquelle s'organisaient les éléments du tableau. Ainsi n'y a-t-il pas imitation d'une lumière ou d'un éclairage, la lumière générale est créée dans chaque cas par l'accord chromatique des trois zones ou par la couleur unique. En outre, et c'est un des effets les plus remarqués de l'écriture plastique de Dufy à partir de 1927 aussi, la couleur ne colorie pas le dessin, elle ne coïncide pas avec ses contours, elle déborde d'un côté ou de l'autre. En effet, il avait observé, un jour sur la jetée de Trouville, que la sensation des taches de couleur des promeneurs, allant et venant devant ses yeux, y subsistait plus longtemps que leur dessin. L'exploitation de ce phénomène produit une impression de mouvement, en accord avec son dessin elliptique rapide, qui correspond bien au mouvement, voire à l'agitation des scènes que Dufy aimait à traiter. Ce qu'il convient, a posteriori, d'appeler le style de Dufy est tellement typé qu'il ne pouvait guère susciter que des imitateurs, au premier rang desquels son frère Jean, mais pas de descendance, si ce n'est qu'on peut discerner des éléments de filiation dans l'œuvre de Charles Lapicque : diversité de thèmes familiers et heureux, écriture sténographique, mais dans des désaccords de couleurs lourdes et hérissantes. Des expérimentations de sa jeunesse, Dufy garda du fauvisme le parti des couleurs pures, non modulées, qu'il n'éclaircissait, comme son ami Friesz, que par la transparence du blanc de la toile ou du papier, du cubisme, où il ne s'attarda guère, un dessin de type orthogonal et le rejet de l'imitation du volume et de l'éloignement, remplacés par la succession de plans chromatiques. Au-delà de ces détails techniques, l'originalité du style de Dufy est totale et totalement appropriée à l'illustration d'un monde qu'il n'a voulu connaître qu'heureux.

■ Jacques Busse

Raoul Dufy 1933

Raoul-Dufy/1942

Raoul Dufy

Raoul Dufy

Raoul Dufy

Raoul Dufy

Raoul Dufy

Bibliogr. : Pierre Courthion : *Raoul Dufy*, Chroniques du jour, Paris, 1929 – Marcelle Berr de Turique : *Raoul Dufy*, Floury, Paris, 1930 – Fernand Fleuret : *Éloge de Raoul Dufy*, Paris, 1932 – *Dessins et croquis extraits des cartons et carnets de Dufy*, Louis Carré, Paris, 1944 – Jean Cassou : *Raoul Dufy, poète et artisan*, Genève, 1946 – Claude Roger-Marx : *Raoul Dufy*, Hazan, Paris, 1950 – Pierre Courthion : *Raoul Dufy*, Cailler, Genève, 1951 – Jean Cassou, Colette, M. Berr de Turique, in : *L'Amour de l'Art*, Paris, 1953 – Jean Cassou, Bernard Dorival : Catalogue de l'exposition *Raoul Dufy*, Mus. Nat. d'Art Mod. Paris, 1953 – Jacques Lassaigne : *Dufy*, Skira, Genève, 1954 – Marcel Brion : *Raoul Dufy*, Londres, 1955 – Raymond Cogniat : *Dufy décorateur*, Pierre Cailler, Genève, 1957 – Jean Tardieu, Dr. A. Roudinesco : *Dessins de Raoul Dufy*, Lausanne, 1958 – Raymond Cogniat : *Raoul Dufy*, Flammarion, 1962 – A. Werner : *Dufy*, Nlles Édit. Françaises, Paris, 1971 – Maurice Laffaille : *Catalogue raisonné de l'œuvre peint de Raoul Dufy*, Motte, Genève, 1972-1973 – in : *Diction. Univers. de la Peint.*, Le Robert, Paris, 1975 – Maurice Laffaille : *Raoul Dufy à Nice*, Catalogue de l'exposition du Musée Chéret, Nice, 1977 – Fanny Guillon-Laffaille : *Raoul Dufy, Catalogue raisonné des aquarelles, gouaches et pastels*, Louis Carré, Paris, 1982 – Fanny Guillon-Laffaille : *Raoul Dufy, catalogue raisonné des dessins*, Marval, Gal. Fanny Guillon-Laffaille, Paris, 1991.

Musées : Amsterdam (Stedelijk Mus.) : *Le Paddock – Régates* 1938 – Bâle (Kunstmus.) : *Vue sur Sainte-Adresse* 1924 – *Deauville* 1929 – Baltimore (Mus. of Art) : *Haras du Pin* – Chicago (Art Inst.) : *Fenêtre ouverte, Nice* 1928 – *Villerville* 1928 – *La Marne à Nogent* 1935 – Copenhague (Mus. roy. des Beaux-Arts) : *Effet de soleil à Sainte-Adresse* 1906 – *Intérieur avec Hindoue* 1930 – Le Havre (Mus. des Beaux-Arts) : *Yacht pavoisé* 1904 – *Jeanne dans les fleurs* vers 1907 – *Les Percherons bleus* 1925 – *Baigneuse, cargo, voiliers et papillons* 1925-27 – *La place d'Hyères, l'obélisque et le kiosque à musique* 1927 – *La véranda de Villerville* 1930-35 – *Nogent, pont rose et chemin-de-fer* 1933 – *Nu debout avec tableaux* 1943 – *Autoportrait* 1945 – *Gaston Dufy, soldat* 1950 – Londres (Tate Gal.) : *Deauville, les voiles qui sèchent* 1933 – Lyon (Mus. des Beaux-Arts) : *Bateau pavoisé* vers 1906 – *Le cargo noir* 1952 – Marseille (Mus. Cantini) : *Le port de Martigues* 1904 – *Arbres à l'Estaque* 1908 – *Arcades à l'Estaque* 1908 – *Statue aux deux vases rouges* 1908 – *La Tuilerie Saint-Henri ou L'usine* 1908 – Nantes (Mus. des Beaux-Arts) : *Port du Havre* 1906 – New York (Mus. of Mod. Art) : *Pêcheurs à la ligne* vers 1908 – *Voiliers à Sainte-Adresse* 1912 – Nice : *Vence* 1919-20 – *Hommage à Claude Lorrain* 1927 – *Portrait de Madame Raoul Dufy* 1930 – *Le Mai à Nice* 1930-33 – *Soir de moisson* 1935 – *Feu d'artifice, casino de la Jetée* 1947 – *Le grand concert* 1948 – *Nu au piano* 1949 – *Port de Marseille* 1950 – *Hommage à Claude Debussy* – Paris (Mus. Nat. d'Art Mod.) : *La terrasse de café aux Martigues* 1904 – *La plage de Ste-Adresse* 1904 – *Les affiches à Trouville* 1906 – *Rue du village* 1906 – *Rue pavoisée au Havre* 1906 – *Quatorze Juillet* 1906 – *La Dame en rose* 1907-08 – *L'Apéritif ou le Café à l'Estaque* 1908 – *Bateaux dans le port de Marseille* vers 1910 – *Nature morte à la tour blanche* 1913-1947 – *Pêcheur au filet* 1914 – *Les Trois baigneuses* 1919 – *Acrobates sur cheval de cirque* 1923-24 – *La Mer au Havre* 1924-25 – *Le Paddock à Deauville* vers 1930 – *Les Cavaliers sous bois* 1931 – *Les Pommiers normands* 1932 – *Les Funérailles nationales du président Paul Painlevé au Panthéon* 1933 – *Amphitrite* 1935-53 – *Le Carrosse de la reine d'Angleterre* 1936 – *Le Violon rouge* 1948 – *Les Astres* 1948 – *Nature morte au violon, Hommage à Bach* 1952 – Paris (Mus. d'Art Mod. de la Ville) : *Le jardin abandonné* 1913 – *Taormina* 1923 – *Bords de la Marne* 1925 – *Fête nautique au Havre* 1925 – *La Jetée d'Honfleur* 1928 – *Nu sur fond bleu* 1930 – *La Fée Électricité* 1936-37 (10 m x 60 m) – Reims (Mus. Saint-Denis) : *Estacade à Sainte-Adresse* 1902-1903 – Rotterdam (Mus. Boymans-Van Beuningen) : *La*

Calèche dans le bois de Boulogne 1909 – TROYES (Mus. d'Art Mod., Donation P. Lévy) : *Nature morte aux fruits* vers 1919 – et une salle à lui consacrée – WASHINGTON D. C. (Phillips Memorial Gal.) : *Château et Chevaux* 1930 – *Versailles* 1936 – *Joinville* 1938 – *Polo* – WUPPERTAL (Von der Heydt Mus.) : *Le Port du Havre* vers 1906.

VENTES PUBLIQUES : PARIS, 28 mars 1919 : *L'Avenue du Bois* : **FRF 280** – PARIS, 21 juin 1920 : *Les régates* : **FRF 930** ; *Marine* : **FRF 850** – PARIS, 30 mai 1921 : *Plage à marée basse* : **FRF 1 400** ; *Le Cavalier arabe* : **FRF 1 950** ; *Le Canal* : **FRF 900** ; *La Statue dans le parc* : **FRF 1 050** – PARIS, 4 fév. 1922 : *L'essayage*, encre de Chine : **FRF 140** ; *L'Oise à l'Isle-Adam*, aquar. : **FRF 200** ; *Marine* : **FRF 780** – PARIS, 24-25 nov. 1924 : *Nature morte*, pl. reh. d'aquar. : **FRF 280** ; *La mer au Havre*, gche : **FRF 2 550** ; *Le Boulevard Maritime au Havre*, gche : **FRF 3 300** – PARIS, 18 juin 1925 : *Au bord du lac* : **FRF 7 000** – PARIS, 18 nov. 1925 : *Souvenir de Florence*, aquar. : **FRF 4 500** ; *Bords de la Marne*, aquar. : **FRF 750** ; *Les Chaumes* : **FRF 5 200** ; *Les Régates* : **FRF 8 000** – PARIS, 28 oct. 1926 : *Le Pâturage* : **FRF 5 000** ; *Le chapeau jaune* : **FRF 3 200** ; *Les Baigneurs* : **FRF 8 500** ; *Nature morte* : **FRF 11 500** – PARIS, 30-31 mai 1927 : *La Plage et l'Estacade de Trouville, après-midi ensoleillée* : **FRF 25 100** – PARIS, 6 juin 1928 : *Promenade au bord de la mer* : **FRF 14 000** – PARIS, 6-7 juil. 1928 : *Le Paddock*, aquar. : **FRF 5 900** ; *Panorama de Paris*, peint./paravent : **FRF 37 000** – PARIS, 19 fév. 1932 : *Fleurs*, aquar. : **FRF 1 200** ; *Paysage en Normandie* : **FRF 5 000** – NEW YORK, 24 mars 1932 : *Antibes*, aquar. : **USD 65** ; *Paysage normand*, aquar. : **USD 200** – PARIS, 10 nov. 1933 : *Musique arabe*, aquar. : **FRF 2 350** ; *Village en Provence*, aquar. : **FRF 1 450** – PARIS, 15 fév. 1935 : *Vence, les côteaux, vue panoramique* : **FRF 2 720** – NEW YORK, 29 avr. 1937 : *Promenade des Anglais à Nice*, dess. : **USD 360** ; *Villas et jardins* : **USD 525** – PARIS, 10 juin 1937 : *La Musique verte* : **FRF 7 700** – PARIS, 5 nov. 1937 : *Pêcheurs à la ligne*, aquar. gchée : **FRF 2 020** – BRUXELLES, 12-13 nov. 1937 : *Les Oliviers à Vence* : **BEF 2 600** ; *Le Bois de Boulogne* : **BEF 2 300** – PARIS, 18 fév. 1939 : *Maisons à Honfleur* : **FRF 6 000** ; *Hôtel Sube* : **FRF 16 000** – LONDRES, 12 juin 1940 : *Les Moissons à Falaise* 1932 : **GBP 110** – PARIS, 13 déc. 1940 : *Nu*, gche : **FRF 1 250** ; *Nu aux papillons* 1930 : **FRF 11 000** ; *Nu allongé* : **FRF 5 000** ; *Les Régates* : **FRF 7 000** ; *Le panier de poires* : **FRF 2 700** ; *La Moisson* : **FRF 10 700** – PARIS, 4 déc. 1941 : *Bateaux*, aquar. : **FRF 16 000** – PARIS, 22 déc. 1941 : *Les Arbres*, aquar. gchée : **FRF 6 000** ; *Vapeurs entre les jetées*, aquar. : **FRF 7 600** ; *Paysage du Midi*, aquar. : **FRF 12 100** ; *Paysage rouge et jaune* : **FRF 18 500** ; *La Fontaine à Vence* : **FRF 20 600** – PARIS, 19 mars 1942 : *Gerbe de fleurs*, aquar. : **FRF 24 500** – PARIS, 5 juin 1942 : *La Musique dans le square* : **FRF 60 000** ; *Les bords de la Marne* : **FRF 42 000** ; *Nice* : **FRF 120 000** – LONDRES, 24 mai 1944 : *Séchage des voiles* 1930 : **GBP 200** – PARIS, 8 déc. 1944 : *Paysage* : **FRF 51 000** – PARIS, 8 fév. 1945 : *Le Port* : **FRF 112 000** – NEW YORK, 1er mars 1945 : *Venise* 1938, aquar. : **USD 410** – PARIS, 5 mars 1945 : *Régates au Havre* : **FRF 128 000** – PARIS, 15 juin 1945 : *Trouville* : **FRF 80 000** – NEW YORK, 11 avr. 1946 : *Cheval et son entraîneur à Deauville*, aquar. gchée : **USD 625** – PARIS, 27 nov. 1946 : *Paysage à Vence* : **FRF 63 000** – PARIS, 24 jan. 1947 : *Intérieur de mosquée*, aquar. : **FRF 40 000** – PARIS, 20 juin 1947 : *Maisonnette et jardin* : **FRF 75 100** ; *Bateaux à Saint-Tropez*, dess. : **FRF 12 000** – PARIS, 10 juin 1955 : *Le Cirque, chevaux en piste*, h/t : **FRF 1 000 000** – PARIS, 21 mai 1957 : *Le Port de Deauville* 1928, h/t : **FRF 3 000 000** – PARIS, 23 mai 1957 : *Deauville, les courses*, h/t : **FRF 8 000 000** – NEW YORK, 7 nov. 1957 : *Paris*, h/t : **USD 26 000** – PARIS, 19 mars 1958 : *Les Trois Baigneuses*, h/pan. : **FRF 860 000** – LONDRES, 9 juil. 1958 : *Voiliers sur une mer calme*, aquar. : **GBP 450** – STUTTGART, 21 nov. 1958 : *Les Marronniers de l'avenue du Bois de Boulogne*, h/t : **DEM 26 000** – PARIS, 18 mars 1959 : *Les Régates*, h/t : **FRF 6 100 000** – NEW YORK, 15 avr. 1959 : *La plage*, h/t : **USD 5 750** – LONDRES, 6 mai 1959 : *Le Paddock à Ascott*, aquar. gchée : **GBP 2 400** – PARIS, 1er déc. 1959 : *Paddock*, aquar. : **FRF 4 500 000** – NEW YORK, 27 avr. 1960 : *Modèle à l'atelier*, h/pan. : **USD 7 000** – LONDRES, 20 mai 1960 : *Promenade sur la Riviera*, h/t : **GBP 2 310** – LONDRES, 6 juil. 1960 : *Le Bassin de Deauville*, h/t : **GBP 4 800** – HAMBOURG, 26 nov. 1960 : *Trouville, les planches*, h/t : **DEM 50 000** – PARIS, 13 mars 1961 : *Au Havre*, h/t : **FRF 53 000** – GENÈVE, 29 avr. 1961 : *Le Christ, la Vierge et l'Enfant*, gche : **CHF 48 000** – LONDRES, 1er juil. 1964 : *La Plage du Havre* : **GBP 17 000** – GENÈVE, 5 déc. 1964 : *Les Courses*, gche : **CHF 53 000** – NEW YORK, 12 mai 1965 : *Les Courses à Deauville*, aquar. gchée : **USD 10 750** – NEW YORK, 14 oct. 1965 : *L'Atelier au tapis et peintre* : **USD 125 000** – PARIS, 3 déc. 1969 : *Le Paddock*, aquar. gchée : **FRF 112 000** ; *L'orchestre* : **FRF 200 000** – LONDRES, 1er déc. 1971 : *Marseille ? Notre-Dame-de-la-Garde* : **GNS 27 000** – PARIS, 21 mars 1974 : *Nature morte aux poires et citrons*, aquar. : **FRF 25 000** ; *Livarot*, h/t : **FRF 88 000** – LONDRES, 4 avr. 1974 : *Taormina* 1922 : **GBP 7 500** ; *Chevaux de course* : **GBP 15 000** – PARIS, 5 juin 1974 : *Chevaux sur la plage de Deauville*, aquar. gchée : **FRF 45 000** ; *Tybalt*, dess. : **FRF 13 000** – LONDRES, 2 juil. 1974 : *La Moisson* : **GNS 26 000** – GENÈVE, 6 juil. 1974 : *La Route de Vence* : **CHF 148 000** – BERNE, 9 juin 1976 : *Jeune femme à la plage* vers 1925, litho. (51,7x35,8) : **CHF 4 000** – PARIS, 17 juin 1976 : *Régates à Henley* 1930, h/t (54x65) : **FRF 200 000** – LONDRES, 1er déc. 1976 : *Chevaux de course*, aquar. et gche (49x65) : **GBP 18 000** – LONDRES, 4 oct. 1977 : *La Baigneuse* vers 1918, litho. reh. de past. (52x36) : **GBP 1 400** – VERSAILLES, 16 oct. 1977 : *Le Village dans les arbres* 1918, aquar. (23x31) : **FRF 4 000** – VERSAILLES, 7 juin 1978 : *Honfleur, le marché place Sainte-Catherine* 1900, aquar. (31x49) : **FRF 45 500** – LOS ANGELES, 18 sep. 1978 : *La Grande Baigneuse* 1921, litho. coul. (66x53) : **USD 1 500** – NEW YORK, 16 mai 1979 : *La Plage de Sainte-Adresse*, h/t (65x81) : **USD 95 000** – NEW YORK, 17 mai 1979 : *Les Mannequins à Longchamp* 1920, gche, cr. et collage reh. de blanc (23x43) : **USD 13 000** – NEW YORK, 13 nov. 1979 : *Le Havre* vers 1945, litho. en coul. (50,7x66,2) : **USD 3 000** – VERSAILLES, 4 mars 1979 : *Personnages sur le port*, cr. (41x48) : **FRF 3 600** – VERSAILLES, 13 avr. 1980 : *L'Église dans la campagne*, mine de pb/pap. (81x100) : **FRF 13 100** – NEW YORK, 18 mai 1983 : *Les Régates* 1907, h/t (50x80) : **USD 310 000** – NEW YORK, 22 juin 1983 : *Le Combat de boxe de Primo Carnera à l'Albert Hall de Londres* 1930, pl. et aquar. (49x63) : **USD 8 250** – NEW YORK, 22 sep. 1983 : *Le Havre* vers 1945, litho. en coul. (50,6x66) : **USD 2 500** – LONDRES, 25-27 juin 1984 : *Les Passants* vers 1906-07, h/t (46x55) : **GBP 135 000** ; *Vue de Paris* 1945, aquar. reh. de gche (32,5x50) : **GBP 220 000** – CHAMBORD (château de), 10 mai 1986 : *Paris le 14 juillet 1901, bal populaire place du Tertre*, h/t (54x65) : **FRF 950 000** – NEW YORK, 15 mai 1986 : *Courses à Deauville par une belle journée d'été* 1934, aquar./pap. (78x64) : **USD 95 000** – NEW YORK, 13 fév. 1986 : *Le Paddock à Ascot* vers 1930, pl. (34,9x54) : **USD 7 000** – NEW YORK, 11 mai 1987 : *L'Avenue du Bois*, h/t (54x63,5) : **USD 209 000** – PARIS, 19 juin 1987 : *La Baie de Sainte-Adresse* 1906, h/t (65x81) : **FRF 4 600 000** – PARIS, 20 nov. 1987 : *L'Entrée du port de Sainte-Adresse* 1951, h/pan. (50x65) : **FRF 900 000** – PARIS, 4 déc. 1987 : *Portrait, 9 nov. 1924*, carreau de céramique signé Dufy et Artigas : **FRF 14 000** – PARIS, 9 déc. 1987 : *Fenêtre ouverte sur la mer et bouquet*, aquar. gchée (50x66) : **FRF 325 000** – LONDRES, 24 fév. 1988 : *Étude pour tissus imprimé*, gche et encre (25x53) : **GBP 2 200** – NEW YORK, 18 fév. 1988 : *Rameurs sur une rivière*, aquar. (49x64,2) : **USD 44 000** – PARIS, 15 mars 1988 : *Orchestre* 1942, peint./t. (46x55) : **FRF 1 160 000** ; *Nu debout aux tableaux* 1944, h/t (65x54) : **FRF 1 000 000** – PARIS, 18 mars 1988 : *Les Régates*, litho. coul. : **FRF 58 000** – PARIS, 18 mars 1988 : *L'Orchestre* 1944, aquar. (50x65) : **FRF 320 000** ; *Cour de ferme*, h/t (46x55) : **FRF 380 000** – L'ISLE-ADAM, 20 mars 1988 : *La Sieste* vers 1905, h/t (24,5x32,5) : **FRF 420 000** – PARIS, 21 mars 1988 : *Les Mannequins de Poiret aux courses* 1943, h/t (46x110) : **FRF 2 400 000** ; *Le Plongeon* 1906, h/t (58x72) : **FRF 2 200 000** – PARIS, 22 mars 1988 : *Le Paddock de Deauville*, h/t (54x65) : **FRF 1 310 000** – LONDRES, 29 mars 1988 : *Les jetées de Trouville-Deauville* 1935, h/t (46,3x109,1) : **GBP 181 500** ; *Le Casino rose*, h/t (65,5x81) : **GBP 147 400** ; *Le Pont de Waterloo à Londres*, aquar./pap. (48,5x63) : **GBP 25 300** ; *La Plage de Sainte-Adresse* 1906, h/t (53,8x64,5) : **FRF 396 000** – NEW YORK, 11 mai 1988 : *Le Paddock* 1925-26, h/t (86x126,4) : **USD 935 000** – LONDRES, 18 mai 1988 : *Nu debout*, gche (65x51) : **GBP 13 200** – LOKEREN, 28 mai 1988 : *Fleurs*, gche (27x23) : **BEF 110 000** – LOS ANGELES, 9 juin 1988 : *Village*, cr., fus. et h/pap. (44,5x59) : **USD 20 900** – PARIS, 12 juin 1988 : *Intérieur aux lampions*, cr. (49x64) : **FRF 45 000** ; *Le Kiosque à musique*, aquar. (25x37) : **FRF 60 000** ; *La Madeleine*, gche (72x36) : **FRF 180 000** – PARIS, 22 juin 1988 : *Bateaux au Havre* 1928, aquar. (48x64) : **FRF 270 000** – LONDRES, 28 juin 1988 : *Paysage de Langres*, h/t (38,1x45,7) : **GBP 49 500** ; *Le Marché au poisson à Marseille* 1905, h/t (54x65) : **GBP 137 500** ; *Les Promeneurs*, h/t (46x55) : **GBP 352 000** – L'ISLE-ADAM, 10 juil. 1988 : *La terrasse à Nice* 1940, aquar. (50x65) : **FRF 460 000** – LUCERNE, 30 sep. 1988 : *Dessin pour l'impression d'une soierie*, détrempe/pap. (23x25) : **CHF 5 200** – LONDRES, 19 oct. 1988 : *Le*

Combat de boxe de Primo Carnera à l'Albert Hall de Londres 1930, encre, aquar. et gche (49x64,8) : **GBP 9 350** – GRANDVILLE, 30 oct. 1988 : *La Femme au collier*, gche (65x49,5) : **FRF 100 100** – NEW YORK, 12 nov. 1988 : *Vue de Vence*, past./pap. (44,5x59) : **USD 55 000** – PARIS, 20 nov. 1988 : *Berthe nue, vue de dos*, aquar. (50x65) : **FRF 230 000** ; *Le pont de Waterloo* vers 1930, aquar. (48,5x63) : **FRF 360 000** ; *Deauville, les drags* vers 1940, aquar. (49x64) : **FRF 600 000** ; *Femme nue assise* vers 1929-1930, h/t (38x46) : **FRF 500 000** – PARIS, 21 nov. 1988 : *La Rentrée dans le bassin de Deauville* vers 1928, h/t (38x46,5) : **FRF 940 000** – PARIS, 24 nov. 1988 : *Le Théâtre antique à Taormine* 1922, aquar. (47x60) : **FRF 170 000** – LONDRES, 29 nov. 1988 : *Paddock à Deauville*, h/t (54x65,5) : **GBP 198 000** – PARIS, 25 jan. 1989 : *Intérieur mauresque*, gche (50x65) : **FRF 352 000** – NEW YORK, 16 fév. 1989 : *Le château* 1937, aquar./pap. (47,5x62,5) : **USD 71 500** – LONDRES, 22 fév. 1989 : *Le Cirque*, h/t (54x24) : **GBP 17 600** – LONDRES, 4 avr. 1989 : *Le Havre, la plage et le cap de la Heve*, h/t (33,5x41) : **GBP 57 200** – NEW YORK, 3 mai 1989 : *Les moissons*, aquar./pap. (49,5x64,1) : **USD 144 300** – NEW YORK, 9 mai 1989 : *Paris* 1937, h/t (193x150) : **USD 1 815 000** – LONDRES, 27 juin 1989 : *Nu au canapé*, h/t (65x81) : **GBP 121 000** ; *La Procession grecque*, étude pour une impression de tissu : **FRF 55 000** – L'ISLE-ADAM, 9 juil. 1989 : *Tempête à Sainte-Adresse* 1908, h/t (54x65) : **FRF 2 320 000** – NEW YORK, 6 oct. 1989 : *Carnaval de Nice*, h/t (28,2x55,3) : **USD 170 500** – LONDRES, 28 nov. 1989 : *Paysage au puits*, h/t (53x65) : **GBP 143 000** – PARIS, 15 déc. 1989 : *Les Bains Marie-Christine à Sainte-Adresse*, h/t (55x65) : **FRF 4 500 000** – NEW YORK, 26 fév. 1990 : *Orchestre dans un paysage avec un nu couché*, h/pan. (16,5x43,2) : **USD 192 500** – RAMBOUILLET, 1er avr. 1990 : *Sainte-Adresse à travers les arbres*, h/t (73x60,5) : **FRF 3 900 000** – LONDRES, 2 avr. 1990 : *La Grande Baigneuse* 1914, h/t (245x182) : **GBP 825 000** – PARIS, 5 avr. 1990 : *Le Port de Deauville* 1931, aquar./pap. (50x65) : **FRF 520 000** – NEW YORK, 16 mai 1990 : *Le Port* 1907, h/t (28,9x34,9) : **USD 242 000** – NEW YORK, 17 mai 1990 : *Les Bains Marie-Christine à Sainte-Adresse* 1903, h/t (54x65) : **USD 1 265 000** – NEW YORK, 14 nov. 1990 : *La Place d'Hyères, l'obélisque et le kiosque à musique* 1927, h/t (129,5x161) : **USD 852 500** – PARIS, 23 nov. 1990 : *Le Pont d'Asnières*, h/t (49,5x107,5) : **FRF 700 000** – PARIS, 26 nov. 1990 : *Nature morte devant la mer* 1923, h/t (65x81) : **FRF 1 100 000** – LONDRES, 19 mars 1991 : *Les Rameurs à Henley*, aquar./pap. (50x65) : **GBP 27 500** – NEW YORK, 8 mai 1991 : *Les Marchandes des quatre saisons* 1905, h/t (89,5x116,5) : **USD 330 000** – NEW YORK, 6 nov. 1991 : *Barques aux Martigues* 1907, h/t (65x81) : **USD 687 500** – LONDRES, 2 déc. 1991 : *Voiliers dans le port de Deauville* 1935, h/t (64,7x80,6) : **GBP 159 500** – ZURICH, 29 avr. 1992 : *Le Port, hommage à Claude Lorrain* 1926, aquar. (50x65) : **CHF 48 000** – NEW YORK, 12 mai 1992 : *Le Bel Été* 1941, tapisserie (245,2x433) : **USD 77 000** – PARIS, 24 mai 1992 : *Visite de l'escadre anglaise au Havre*, h/t (46x65) : **FRF 750 000** – PARIS, 10 juin 1992 : *Étude pour Un bal champêtre* 1905, h/t (46x38) : **FRF 1 560 000** ; *Le débarcadère* 1921, h/t (65x81) : **FRF 1 150 000** – PARIS, 2 déc. 1992 : *La Plage arrière du vapeur reliant Le Havre à Deauville*, h/t (54x65) : **FRF 770 000** – NEW YORK, 12 mai 1993 : *Paris* 1937, h/t (193x150) : **USD 772 500** – PARIS, 2 juin 1993 : *Régates à Deauville*, aquar. (50x60) : **FRF 400 000** – PARIS, 22 nov. 1993 : *Arlequin à la manière vénitienne* 1939, h/pan. (62x48) : **FRF 1 800 000** – PARIS, 26 nov. 1993 : *Le Canotage* 1907, h/t (54x65) : **FRF 2 300 000** – LONDRES, 29 nov. 1993 : *Les Deux Modèles* 1930, h/t (81x100) : **GBP 463 500** – MILAN, 22 nov. 1993 : *La Dame au Baccarat*, encre/pap. (52x41) : **ITL 14 142 000** – LONDRES, 23-24 mars 1994 : *Voiliers sur la côte*, gche et aquar. (50x65,5) : **GBP 33 350** – PARIS, 22 juin 1994 : *L'Hindoue* 1928, h/t (65x81) : **FRF 1 310 000** – DEAUVILLE, 19 août 1994 : *Deauville, les courses* 1929, aquar. et gche (50x65) : **FRF 500 000** – NEW YORK, 8 mai 1995 : *Ascott, le pesage* 1931, h/t (35,6x82,6) : **USD 255 500** – PARIS, 20 juin 1995 : *Le Port de Deauville* 1928, h/t (46x55) : **FRF 1 020 000** – DEAUVILLE, 18 août 1995 : *Personnages et cabines sur la plage* 1906, h/t (46x55) : **FRF 840 000** – NEW YORK, 8 nov. 1995 : *Régates dans le port de Trouville*, h/t (46,4x110,2) : **USD 294 000** – PARIS, 13 juin 1996 : *Baigneuse devant le port* vers 1925, litho. (34x44) : **FRF 8 500** – LONDRES, 25 juin 1996 : *Le Bassin* 1929, h/t (130x162) : **GBP 463 500** – CALAIS, 7 juil. 1996 : *Fleurs et Feuillage*, aquar. (43x41) : **FRF 6 500** – NEW YORK, 13 nov. 1996 : *La Place du Carrousel* 1903, past./pap. (39,7x58,7) : **USD 40 250** – LONDRES, 3 déc. 1996 : *Le Départ à Saint-Cloud* vers 1932, aquar./pap. (50x64) : **GBP 45 500** – LONDRES, 4 déc. 1996 : *Régates à Deauville* vers 1946, aquar./pap. (50,2x65,4) : **GBP 58 700** – PARIS, 17 déc. 1996 : *Buste de femme*, encre/pap. (58,5x45) : **FRF 12 000** – LONDRES, 23 oct. 1996 : *Nu couché*, h/pan. (38,5x50) : **GBP 81 800** – NEW YORK, 10 oct. 1996 : *Les Toits rouges* 1921, aquar. et cr./pap. (47x61) : **USD 1 840** – LONDRES, 2 déc. 1996 : *Vase bleu aux baigneuses* 1935, terre cuite, vase peint (H.26,5) : **GBP 22 000** – NEW YORK, 9 oct. 1996 : *Jardin des papillons*, céramique émaillée (L. 40,6) : **USD 48 875** – PARIS, 7 mars 1997 : *Scène de carnaval à Nice*, fus. (13x20) : **FRF 4 000** – PARIS, 14 mars 1997 : *Portrait de Madame Dufy*, gche (64x49) : **FRF 31 000** – LOKEREN, 8 mars 1997 : *Nature morte* vers 1942, aquar. (66x50) : **BEF 380 000** – AMSTERDAM, 2-3 juin 1997 : *Fès, les terrasses* 1926, aquar. et cr./pap. (48,5x63) : **NLG 41 300** – PARIS, 16 juin 1997 : *Le Dépiquage gris* 1948, h/t (33x41) : **FRF 250 000** – LONDRES, 25 juin 1997 : *Feu d'artifice à Trouville* 1938, aquar. (50x66) : **GBP 45 500**.

DUFY-MARIETTE Suzanne

Née à Sanvic (Seine-Maritime). XXe siècle. Française.

Peintre de nus, paysages.

Elle exposait à Paris, au Salon des Artistes Français, dont elle devint sociétaire, troisième médaille 1939. Elle figura aussi au Salon d'Automne.

DUGA Marcelle Yvonne

XXe siècle. Française.

Peintre de paysages.

Elle exposa à Paris au Salon des Artistes Français à partir de 1942.

DUGAIN Yann

Né en 1947. XXe siècle. Français.

Peintre. Abstrait.

Il vit et travaille à Malakoff.

Il participe à des expositions collectives : 1982 Salon de Montrouge ; 1986 musées de Besançon, Cagnes-sur-Mer, Carcassonne, Châteauroux, Montpellier. Il montre ses œuvres dans des expositions personnelles : 1979, 1981, 1983 Paris ; 1983 musée des Beaux-Arts de Chartres ; 1985 Lille ; 1987 Boston ; 1988 Tokyo ; 1990 Saint-Pierre de la Réunion.

DUGAND Jean Nicolas

XVIIIe siècle. Français.

Peintre.

Il fut reçu à l'Académie de Saint-Luc à Paris en 1758.

DUGANELLI François

Né vers 1630. Mort le 3 janvier 1655 à Rome. XVIIe siècle. Français.

Peintre.

DUGAR Emanuele

XVIIe siècle. Actif à Turin. Italien.

Sculpteur sur bois.

Il exécuta avec son fils Francesco, une série de frises dans la Chambre de l'Alcôve et la Salle des Estaffiers du château de Turin en 1659 et 1660.

DUGAR Francesco

XVIIe siècle. Italien.

Sculpteur sur bois.

Il travailla avec son père Emanuele au château de Turin.

DUGAR I.

Né aux Indes. XXe siècle. Indien.

Peintre de paysages.

Il a travaillé aux Indes. Il a figuré en 1946 à l'exposition ouverte à Paris, au Musée d'Art Moderne, par l'Organisation des Nations unies ; il y présentait : *Les Monts du Rajgir*.

DUGARD Charles

XVIIIe siècle. Actif à Rouen. Français.

Peintre.

Il fut reçu dans la Gilde de Saint-Luc en 1703 et élu « Garde » de la Gilde.

DU GARDIER Raoul

Né le 1er avril 1871 à Wiesbaden, de parents français. Mort en 1952. XIXe-XXe siècles. Français.

Peintre de scènes de genre, paysages animés, paysages d'eau, marines, aquarelliste, graveur, dessinateur, illustrateur.

Il fut élève de Gustave Moreau, Théobald Chartran, Élie Delaunay et Albert Maignan. Il exposa au Salon des Artistes Français de Paris, obtenant une mention honorable en 1897 ; une

médaille de bronze à l'Exposition Universelle de 1900, année où il devint sociétaire ; une médaille de troisième classe, et une mention honorable pour la gravure, en 1904 ; une médaille de deuxième classe en 1905. Il figura également au Salon de Bruxelles de 1910.
Il peignit des scènes de genre et de nombreuses marines. Il illustra *Les Grandes croisières*, de Paul Chack.
Bibliogr. : Gérald Schurr, in : *Les Petits Maîtres de la peinture 1820-1920, valeur de demain*, Les Éditions de l'Amateur, t. III, Paris, 1976.
Ventes Publiques : Paris, 21 fév. 1920 : *Au soleil* : **FRF 800** – Paris, 14 mai 1925 : *La petite anse* : **FRF 1 400** – Paris, 16-18 fév. 1931 : *Croisière*, aquar. : **FRF 45** – Paris, 15 mai 1944 : *Le bain de mer* : **FRF 4 000** ; *Sur le Yacht* : **FRF 3 000** ; *Promenade en barque sur la Tamise* : **FRF 5 500** – Paris, 18 fév. 1980 : *Scène de marché égyptien*, h/t (110x350) : **FRF 4 200** – New York, 30 mai 1984 : *Portrait d'un garçon au bord de la mer*, h/t (61,3x50,4) : **USD 800** – Paris, 27 fév. 1984 : *Sur la terrasse*, h/t (71,5x85) : **FRF 65 000** – Paris, 21 avr. 1988 : *Sur la plage*, h/pan. (27x35) : **FRF 3 500** – Paris, 26 jan. 1990 : *Le Canoë*, h/t (67x70) : **FRF 10 000** – Paris, 12 oct. 1990 : *Baignade en mer*, h/t (54x65) : **FRF 48 000** – Lokeren, 23 mai 1992 : *Bain de soleil*, h/t (88,5x146) : **BEF 360 000** – Paris, 6 juil. 1993 : *L'arrivée du croiseur sur les côtes d'Afrique*, h/cart. (51x47) : **FRF 24 000** – Lokeren, 8 oct. 1994 : *Bain de soleil* 1933, h/t (88,5x146) : **BEF 300 000**.

DUGARDIN. Voir aussi **DUJARDIN**

DUGARDIN Bertrémine ou **Jardin**, dit **du Four**
Né à Bruges. xve siècle. Éc. flamande.
Peintre.
Élève de Philippot Truffin ; cité par Siret.

DUGARDIN Guillaume ou **du Gardin**
xive siècle. Éc. flamande.
Sculpteur.
En 1341, fit le tombeau du duc Jean III, à Tournay. Probablement le même que le Dujardin cité à Bruxelles en 1338.

DUGARDIN Guilliam ou **Julian** ou **Dujardin**
Né vers 1597. Mort en 1647. xviie siècle. Hollandais.
Peintre.
Il épousa à Amsterdam, en 1618, Jannetjen Isbrants, et, en 1639, Annetje Vermouw. Peut-être fut-il le père de Karel Dujardin.

G. Dü · gardin

Musées : Amsterdam : *Découverte de Moïse*.
Ventes Publiques : New York, 4 oct. 1996 : *Le Roi David jouant de la harpe devant l'Arche Sainte dans la maison de Obed-Edom le Ghittéen*, h/pan. (61x83,8) : **USD 3 450**.

DUGARDIN Haine
xve siècle. Actif à Tournay. Éc. flamande.
Peintre.
Il fut reçu maître en 1438.

DUGARDIN Henri
xve siècle. Actif à Tournay en 1441. Éc. flamande.
Peintre.

DUGARDIN Jean
xve siècle. Français.
Sculpteur sur bois.
Il sculpta, en 1428, un bahut richement orné, destiné à enfermer les ornements du culte de l'église Saint-Étienne, à Lille.

DUGARDYN. Voir **DUJARDIN**

DUGASSEAU Charles
Né en 1812 à Fresnay-sur-Sarthe (Sarthe). Mort en 1885 au Mans (Sarthe). xixe siècle. Français.
Peintre d'histoire, compositions religieuses, scènes de genre, paysages.
Élève d'Ingres, il exposa au Salon de Paris de 1835 à 1878 et fut nommé conservateur du musée du Mans.
À côté de ses scènes historiques, religieuses et sujets de genre, il peint largement des paysages aux grands ciels qui permettent des effets lumineux colorés.
Bibliogr. : Gérald Schurr, in : *Les Petits Maîtres de la peinture 1820-1920, valeur de demain*, Les Éditions de l'Amateur, t. III, Paris, 1976.
Musées : Le Mans (Mus. de Tessé) : *Paysage – La toilette – La mort de Sapho* 1842 – *Jésus parmi les docteurs*.
Ventes Publiques : Fontainebleau, 7 oct. 1984 : *Les nomades dans l'oasis*, h/t (42x60) : **FRF 19 000**.

DUGAST
xviiie siècle. Actif à la fin du xviiie siècle. Français.
Graveur au burin.
On connaît de lui deux planches d'après Louis Binet : *Le Chasseur* et *La Nourrice élégante*.

DUGAST Étienne
xviie siècle. Actif à Toulouse. Français.
Sculpteur.

DUGAUD Jean Nicolas
xviiie siècle. Actif à Paris en 1758. Français.
Peintre et sculpteur.

DUGDALE Thomas Cantrell
Né le 2 juin 1880 à Blackburn (Lancashire). Mort le 13 novembre 1952 à Londres. xxe siècle. Britannique.
Peintre de genre, nus, portraits, paysages urbains, décorateur.
Il fut élève de l'École des Beaux-Arts de Manchester, de l'École de South Kensington à Londres, et à Paris des Académies Julian et Colarossi. Il exposa à partir de 1901 à la Royal Academy et au New English Art Club. Outre Londres, il a exposé à Vienne et Düsseldorf. Il fut membre de la Royal Institution of Oil-painters, de la Royal Society of Portrait Painters. En 1943, il fut élu à la Royal Academy.
Il a peint des scènes et des vues de quartiers populaires, et créé des tissus.
Musées : Kapstadt (Art Gal.) : *Une visite* – Londres (Tate Gal.) : *Le gilet rouge* – Manchester (City Art Gal.) : *Poésies* – Rochdale (Art Gal.) : *La baignade*.
Ventes Publiques : Londres, 4 août 1944 : *Le modèle nu* : **GBP 126** – Londres, 12 nov. 1987 : *Nu aux bras levés*, h/t (90x76,7) : **GBP 3 500**.

DU GEER Ignatius
Mort le 13 janvier 1751. xviiie siècle. Actif à Dublin. Irlandais.
Peintre de miniatures.

DUGELAY
xixe siècle. Français.
Graveur à l'aquatinte.
On connaît de lui deux planches : *Chiens bassets* et *La famille malheureuse*, copie d'après une lithographie de Prudhon.

DUGELAY Baptiste ou **du Gillet**
xvie siècle. Actif à Lyon. Français.
Peintre.
Jean-Baptiste Dugelay, peintre et verrier, fut pendant vingt ans (1575-1595) peintre de l'Aumône générale.

DUGELAY Jean ou **Dugelley**
xvie-xviie siècles. Français.
Peintre et peintre verrier.
Il fut, comme Baptiste et Pierre Dugelay, peintre de l'Aumône générale à Lyon.

DUGELAY Pierre ou **du Geley**
xviie siècle. Actif à Lyon. Français.
Peintre verrier.
Il fut de 1588 à 1610 peintre de l'Aumône générale de Lyon, mais il fut destitué.

DUGELAY Yves
Né le 30 mai 1930 à Montpellier (Hérault). xxe siècle. Français.
Peintre. Abstrait-paysagiste.
Il fut élève de Gromaire à l'École des Arts Décoratifs de Paris. Il y expose au Salon d'Automne depuis 1959.
Il s'inspire surtout des paysages du Languedoc : plages, plaines et salins. Il pratique un paysagisme assez proche de l'abstraction, peignant en larges aplats, fractionnés en zones d'ombre et d'espaces lumineux.

DUGGAN Patrick
xixe siècle. Irlandais.
Peintre.

Il fut élève de l'École des Beaux-Arts de Dublin. Il peignit des portraits et des paysages dont quelques-uns furent reproduits et gravés sur cuivre : pour l'*Histoire de Galway* d'Hardiman, pour les *Mémoires de la Famille de Grace*, etc.

DUGGAN Peter Paul
Né vers 1810 en Irlande. Mort en 1861 à Paris. XIXe siècle. Britannique.
Peintre.
Cet artiste quitta fort jeune sa terre natale pour se rendre en Amérique. De retour en Angleterre, il passa quelques années près de Londres, puis se rendit à Paris dans cette ville. Il exécuta plusieurs portraits à l'huile, mais travailla surtout au crayon.

DUGGELIN Beat Fridolin
XVIIe siècle. Vivant à Lachen (Suisse). Suisse.
Peintre d'histoire et de portraits.
Il exécuta en 1680, le *Portrait de l'abbé Augustin de Reding-Biberegg* à Einsiedeln. On cite de lui une *Naissance du Christ* peinte pour le Prévôt Imfeld à Frauenfeld.

DUGGELIN Joseph Franz
Né le 1er février 1797 à Lachen (Suisse). Mort vers 1817. XIXe siècle. Suisse.
Peintre.
On lui doit un tableau d'autel dans une chapelle à Uznach, et une tablette d'autel dans l'église paroissiale, à Lachen le *Christ chez Marthe et Marie*.

DUGHET Gaspard, appelé communément **Gaspard Poussin,** dit aussi **le Guaspre**
Né en 1615 à Rome, de parents français. Mort en 1675 à Rome. XVIIe siècle. Actif en Italie. Français.
Peintre de compositions religieuses, paysages animés, paysages, dessinateur.
Gaspard Dughet était fils de sujets français fixés à Rome. Nicolas Poussin se trouvant, en 1620, seul et isolé à Rome, fut reçu dans l'intimité de la famille Dughet. Il se maria avec la fille de la maison. Devenu le beau-frère de Jean et de Gaspard, il encouragea les dispositions obervées chez les deux frères. Deux influences orientèrent la vie de Gaspard. L'influence de Nicolas Poussin s'affirma jusqu'à l'époque où Dughet se fixa définitivement à Rome après avoir visité plusieurs villes, époque pendant laquelle il produisit de bonnes œuvres un peu impersonnelles. Après avoir quitté l'atelier de Poussin, avec lequel il travailla pendant trois ans, s'appliquant surtout à l'étude de la nature, il passa un an à Pérouse et à Castiglione, en compagnie du duc della Cornia, qui le traita avec égards et l'accompagna lors de son retour à Rome. Il fit ensuite un petit voyage à Milan. Le duc della Cornia lui procura alors plusieurs travaux décoratifs au Palais Pitti de Florence et à Naples. De retour définitivement à Rome, il se trouva en contact avec Claude Lorrain, alors à l'apogée de son art. C'est à l'étude de l'œuvre de celui-ci qu'il dut les effets de lumière et de ciels obtenus dans les peintures de sa maturité. Pour mieux observer la nature, il loua à Rome quatre maisons, deux dans les endroits les plus élevés de la ville, une autre à Tivoli et une quatrième à Frascati. Il ne se maria jamais et, en dehors du temps qu'il réserva à la chasse et à la pêche, ou à ses relations mondaines, il consacra le reste de sa vie à la peinture. Il travaillait avec facilité et pouvait, dit-on, ne mettre qu'un jour à exécuter un tableau de grandes dimensions. Il eut des élèves, dont : Crescenzio di Onofrio, Vicentio et Jacques de Rooster. Dughet fut un artiste d'une grande fertilité. À côté des ouvrages qui sont dispersés dans les différents pays d'Europe, il exécuta quelques fresques sur la *Vie du prophète Elie*, dans l'église des Carmélites de San Martino di Monti. Ses chefs-d'œuvre se trouvent dans les palais Doria Colonna et Borghèse. Poussin, Pietro da Cortona, Filippo Lauri lui prêtèrent leur concours en peignant les figures dans ses tableaux.
Dans ses œuvres empreintes de grandeur et de solennité, Dughet excella dans la représentation des effets de lumière au soleil levant et au soleil couchant et peignit les tempêtes avec un art consommé des effets du vent et de la tourmente.
■ E. Bénézit, J. B.

Gasparo Duche in. sculp. Roma

Musées : Abbeville : *Paysage* – Amsterdam : *Paysage italien* – *Paysage* – Augsbourg : *Paysage* – Auxerre : *Paysage* – Avignon : *Paysage montagneux* – *Même sujet* – *Même sujet* – *Paysage mythologique* – Bergame (Acad. Carrara) : *Paysage* – *Même sujet* – Bergues : *Même sujet* – Berlin : *Paysage aux environs de Rome* – Bernay : *Vision de saint Paul* – Berne : *Fille endormie* – Bordeaux : *Paysage avec figure* – *Paysage* – Brooklyn : *Paysage* – Bruxelles : *Paysage* – Budapest : *Paysage* – Cambridge : *Paysage* – Châlons-sur-Marne : *Maisons à Frascati et à Tivoli* – Chantilly : Quatre paysages – Cherbourg : *Paysage* – Darmstadt : *Paysage* – Douai : *Solitude* – Dresde : Quatre paysages – Édimbourg : *L'orage* – Épinal : *Paysage* – Florence (Gal. Nat.) : *Petit paysage* – Florence (Palais Pitti) : Quatre paysages – Genève : *En vue des environs de Rome* – *Esquisse de paysage* – *Paysage* – *Environs de Tivoli* – *Paysage* – Glasgow : *Paysage* – Gotha : *Paysage* – Hambourg : *Paysage italien* – Hanovre : Deux paysages – La Haye : *Paysage* – Lille : *Vue de la campagne de Rome* – Liverpool : *Paysage* – Londres (Nat. Gal.) : *Paysage* – *Une tempête sur terre* – *Paysage*, deux toiles – *Vue de la Riccia* – *Paysage italien* – *La Vocation d'Abraham* – *Paysage avec Énée et Didon* – Londres (Bridgewater) : *Paysage* – Londres (coll. Wallace) : *Les cascades de Tivoli* – Louviers : *Paysage avec figures* – Lyon : *Agar abandonnée reçoit la visite d'un ange* – Madrid (Prado) : *Paysage de montagnes avec Marie Madeleine* – *Paysage avec cascade* – *Tempête* – *Paysage* – *Même sujet* – Mannheim : *Paysage* – Mayence : *La fuite en Égypte* – *L'invention de la peinture* – Melbourne (Nat. Gal. of Victoria) : *Paysage* – Milan (Gal. Brera) : *Fonds avec bois* – Montauban : *Paysage* – Montpellier : *Apollon et Daphné* – Moret-sur-Loing : *Paysage* – Moscou (Roumantzieff) : *Paysage avec des figures* – Munich : *Paysage* – Nancy : *Paysage* – Nantes : Quatre paysages – Naples : *Paysage* – Narbonne : *Paysage* – New York (Metropolitan) : *Paysage* – Nice : *Vaches* – Oldenbourg : *Paysage* – Oslo : *Paysage* – *Paysage italien* – Oxford : *Paysage* – Paris (Louvre) : *Paysages* – Philadelphie : *Paysage* – Prague (Rudolphinum) : *Paysage* – Prague (Gal. Chlumetzky) : *Paysage* – Prague (Gal. Nostitz) : *Paysage* – Le Puy-en-Velay : *Paysage* – Reims : *Un orage* – Rennes : *Paysage* – Rochefort : *Soleil couchant d'Italie* – Rome : *Vue d'une forêt* – *Retour de la Sainte Famille* – *Mercure et Argus* – *Sainte Famille* – *Vue de Rome* – Trois paysages – Rome (Gal. Colonna) : *Paysage* – Rome (Palais Doria Pamphili) : *Paysages* – Saint-Pétersbourg (Ermitage) : Quatre paysages – Schleissheim : *Paysage* – Schwerin : *Paysage* – Stockholm : Deux paysages – Strasbourg : *Paysage italien* – Stuttgart : *Paysage* – Turin : *Paysage* – Varsovie : *Paysage* – Vienne : *Tombeau de Caecilia Metella* – *Paysage* – *Bois* – Vienne (Czernin) : *Grand paysage* – *Paysage avec figures historiques* – Vienne (Acad.) : *Paysage* – Vienne (Harrach) : *Paysage* – Vienne (Liechtenstein) : *Paysage* – Würzburg (Université) : *Paysage* – Zurich : *Paysage*.

Ventes Publiques : Gand, 1838 : *Paysage animé* : **FRF 280** – Londres, 1842 : *Quatre paysages* : **FRF 14 590** – Lille, 1881 : *Paysage* : **FRF 105** – Paris, 1881 : *L'Enfance de Bacchus* : **FRF 9 000** – Paris, 20 mars 1894 : *Temple de Vesta à Tivoli* : **FRF 190** – Paris, 13-14 déc. 1897 : *Offrande de noce*, dess. : **FRF 49** – Paris, 1900 : *Paysage* : **FRF 100** – Paris, 1900 : *Paysage* : **FRF 100** – Paris, 21 nov. 1919 : *Paysage historique*, attr. : **FRF 800** – Londres, 23 fév. 1923 : *Paysage rocheux* : **GBP 16** – Londres, 4-7 mai 1923 : *Paysage boisé* : **GBP 39** – Londres, 4 fév. 1927 : *Incendie dans la campagne* : **GBP 31** – Londres, 17-18 mai 1928 : *Narcisse au bord de l'eau* : **GBP 178** ; *Après l'ondée* : **GBP 157** ; *Tivoli* : **GBP 168** ; *Pâtre dans les collines* : **GBP 189** – Londres, 14 juin 1929 : *Tempête* : **GBP 294** – Londres, 12 juil. 1929 : *Paysage italien* : **GBP 199** ; *Vue de Tivoli* : **GBP 189** – Paris, 17 juin 1942 : *Paysages et figures*, École de G. D. : **FRF 1 300** – Paris, 10 fév. 1943 : *Paysage accidenté*, attr. : **FRF 17 800** ; *Paysage italien*, attr. : **FRF 1 700** – Paris, 12 mars 1943 : *Paysage italien avec cavalier et laveuse*, attr. : **FRF 7 500** – Paris, 24 mai 1943 : *Paysage animé*, attr. : **FRF 12 000** – Paris, 3 fév. 1944 : *Baigneuses à l'orée d'un bois*, attr. : **FRF 800** – Paris, 9 juin 1944 : *Suzanne et les vieillards*, attr. : **FRF 8 000** – Paris, oct. 1945-juil. 1946 : *Personnage parmi les ruines* : **FRF 4 200** – Paris, 6 déc. 1946 : *La Cascade*, École de G. D. : **FRF 3 300** – Paris, 18 déc. 1946 : *Les Moines pourvoyeurs*, attr. : **FRF 1 700** – Milan, 20 nov. 1963 : *Paysage* : **ITL 1 800 000** – Londres, 24 juin 1964 : *Vue près de Tivoli* : **GBP 1 150** – Vienne, 30 nov. 1965 :

Vue de Tivoli : **ATS 80 000** – LONDRES, 27 mars 1968 : *Paysage boisé escarpé* : **GBP 1 400** – LONDRES, 27 mars 1974 : *Berger et troupeau dans un paysage* : **GBP 13 000** – LONDRES, 29 juin 1979 : *Paysage d'Italie animé de personnages,* h/t (74,2x107,2) : **GBP 5 000** – PARIS, 4 juin 1982 : *Paysage,* pl. et lav. (40,5x52,5) : **FRF 17 500** – PARIS, 10 oct. 1983 : *Paysage,* pl. et lav. de bistre/ traits de cr. (27,5x37,4) : **FRF 9 500** – LONDRES, 19 avr. 1985 : *Paysages d'Italie animés de personnages,* deux h/t (38x48,2) : **GBP 10 000** – MILAN, 4 déc. 1986 : *Cheval au galop dans un paysage,* pl. et lav. reh. de blanc (34,3x48,5) : **ITL 3 700 000** – MILAN, 3 mars 1987 : *Paysage animé de deux personnages,* h/t (88x114) : **ITL 340 000 000** – PARIS, 2 juil. 1987 : *Paysage,* cr. noir/pap. bleu (28x40,8) : **FRF 31 000** – STOCKHOLM, 29 avr. 1988 : *Paysage classique, avec au fond une montagne et personnage près d'un lac,* h/t (101x140) : **SEK 325 000** – MILAN, 10 juin 1988 : *Paysage animé,* h/t (71x97,5) : **ITL 14 000 000** – COLOGNE, 15 juin 1989 : *L'Arrivée de l'orage en montagne,* h/t (80x100) : **DEM 2 400** – LONDRES, 18 oct. 1989 : *Chasseur et son chien arrivant à un village dominant un vaste paysage,* h/t (48,5x64,5) : **GBP 13 750** – MILAN, 24 oct. 1989 : *Paysage animé sous un ciel d'orage,* h/t (74x115) : **ITL 15 000 000** – MONACO, 2 déc. 1989 : *Paysage fluvial en Italie,* h/t (97,5x133) : **FRF 144 300** – MILAN, 13 déc. 1989 : *Paysage avec des bergers,* h/t (70,5x96,5) : **ITL 14 000 000** – LONDRES, 6 juil. 1990 : *Paysage classique boisé avec deux adolescents assis au premier plan,* h/t (98,5x137,5) : **GBP 44 000** – NEW YORK, 11 oct. 1990 : *Paysage classique avec deux bergers se reposant près d'un lac,* h/t (49x66) : **USD 9 350** – PARIS, 24 jan. 1991 : *Paysage animé aux alentours de la Porta Ostiense,* pl. à l'encre brune et lav. gris (7,1x9,3) : **FRF 6 000** – LONDRES, 15 avr. 1992 : *Paysage classique avec saint Jean Baptiste demandant aux disciples de suivre le Christ,* h/t (48x65,8) : **GBP 13 000** – PARIS, 15 mai 1993 : *Paysage avec deux hommes assis près d'une rivière,* eau-forte (23,2x21,5) : **FRF 3 800** – PARIS, 15 déc. 1993 : *Jeune femme rencontrant un berger dans un paysage de rivière,* h/t (27,5x43) : **FRF 85 000** – LONDRES, 10 juin 1994 : *Vaste paysage fluvial italien avec des bergers jouant du pipeau à un pêcheur et un voyageur dans une barque au premier plan,* h/t (142,3x197,5) : **GBP 80 700** – PARIS, 17 juin 1994 : *Paysage avec trois personnages,* pierre noire/pap. bleu (18,2x25,5) : **FRF 11 800** – PARIS, 22 mars 1995 : *Paysage animé,* encre (22,5x37) : **FRF 15 000** – LONDRES, 5 juil. 1995 : *Paysage italien avec un couple au bord d'un ruisseau, un homme arrêté au bord du chemin et un berger et son troupeau au fond,* h/t (74x96,4) : **GBP 28 750** – ICKWORTH, 12 juin 1996 : *Paysage classique animé de montagne et de collines,* h/t, une paire (chacune 68,5x50) : **GBP 18 400** – PARIS, 20 nov. 1996 : *Paysage imaginaire,* sanguine (20,2x25) : **FRF 11 000** – NEW YORK, 31 jan. 1997 : *Paysage montagneux avec rivière et voyageurs sur un chemin,* h/t (66x49,5) : **USD 19 550.**

DUGHET Jean ou **Duché**

Né en 1614 à Rome, de parents français. Mort après 1679. XVIIe siècle. Actif en Italie. Français.

Peintre, graveur de reproductions.

Frère de Gaspard Dughet et donc aussi beau-frère de Nicolas Poussin. Celui-ci l'aida de ses conseils. Après quelques essais de peinture, il grava quelques œuvres de Poussin. Il fut aussi marchand d'estampes. On cite de lui : *Le Jugement de Salomon,* 7 planches pour *Les Sacrements,* d'après N. Poussin, *Le Parnasse, La Naissance de Bacchus,* d'après N. Poussin.

DU GILLET. Voir **DUGELAY**

DUGLE Joseph

Né à Fécamp (Seine-Maritime). XXe siècle. Français.

Peintre de paysages.

Exposant du Salon d'Automne en 1929.

DUGMORE Edward

Né en 1915 à Hartford (Connecticut). XXe siècle. Américain.

Peintre. Expressionniste-abstrait.

Il fut élève de la Hartford Art School de 1934 à 1938, de la California School of Fine Arts de 1948 à 1950, et de l'Université de Guadalajara à Mexico en 1951-1952. Il se fixa ensuite à New York. Il participe à des expositions collectives de niveau international, notamment : 1955 Exposition Internationale Carnegie à Pittsburgh, 1959 Whitney Annual à New York, 1961 *Expressionnistes et Imagistes Abstraits d'Amérique* au Solomon R. Guggenheim Museum de New York, 1962 65e Exposition Américaine de l'Art Institute de Chicago, etc. Il fait aussi des expositions personnelles : 1959 Chicago, 1960-1961 Cleveland et New York.

VENTES PUBLIQUES : NEW YORK, 9 mai 1984 : *Sans titre* 1954, h/t (139,7x97,1) : **USD 1 600.**

DUGNANO Giovanni

XVIIIe siècle. Actif à Milan. Italien.

Sculpteur.

Il exécuta des statues pour la cathédrale de Milan.

DUGONI Antonio

Né le 1er juin 1827 à Cividale. Mort le 9 juin 1874 à Cividale. XIXe siècle. Italien.

Peintre.

Élève de l'Académie de Venise, il exécuta un grand nombre de tableaux d'autel pour les églises Saint-Antoine à Gemone et Saint-Pierre à Cividale, ainsi que pour l'église paroissiale de Gagliano. Il fut aussi peintre de portraits.

DUGOULON Jean

Mort en 1687. XVIIe siècle. Français.

Sculpteur de sujets religieux, groupes, statues.

Il fut chargé en 1679 d'exécuter avec François Claude, sculpteur de Limoges, un retable en pierre pour l'autel des Trois-Marie, dans la cathédrale d'Angoulême. Il fit, en 1684, pour Versailles, un vase en marbre qu'on voit encore près de la fontaine du Point-du-Jour, dans le Parterre d'Eau. Il travailla aussi au château de Saint-Germain-en-Laye.

VENTES PUBLIQUES : PARIS, 13 déc. 1978 : *Vierge à l'Enfant* 1678, terre cuite (H. 41,5) : **FRF 9 000.**

DUGOULON Jules

XVIIIe siècle. Actif à Paris. Français.

Sculpteur.

Sculpteur ordinaire des Bâtiments du roi, fils de Jean Dugoulon. Son œuvre, exécutée entre 1698 et 1731 et presque exclusivement composée de sculptures sur bois, se répartit entre les châteaux de Versailles, Meudon, Marly, et Fontainebleau, l'église des Invalides, Notre-Dame-de-Paris, la cathédrale d'Orléans et le Palais de Madrid édifié pour Philippe V. Si la biographie demeure assez obscure, l'œuvre offre cet intérêt d'être particulièrement représentative d'une forme d'art dont la qualité et la signification profonde échappent de plus en plus à l'observateur d'aujourd'hui. Les travaux de décoration et d'ornementation, tels qu'on les conçoit à notre époque, s'inspirent de trop de considérations à caractère industriel et utilitaire, pour que le public ne soit porté à méconnaître le caractère hautement artistique d'œuvres qui lui paraissent menues et peu conséquentes, de par leur destination même. Dugoulon a, certes, exécuté des travaux importants, tels que les stalles du chœur de Notre-Dame-de-Paris, avec deux chaires (1699 à 1714), celles de la cathédrale d'Orléans (1702) avec un trône épiscopal, la sculpture du buffet d'orgue de la chapelle du château de Versailles (1709). Mais son talent s'est surtout déployé dans la décoration des appartements, aux châteaux de Versailles, Marly, Meudon, etc : décoration de cheminées, panneaux, chambranles et trumeaux, boiseries pour bibliothèques, oratoires et travaux similaires. Or, nous voyons que les sculptures de la Ménagerie de Versailles lui furent payées 7880 livres, huit grands cadres pour les vestibules de Marly 1160 livres, la décoration de la cheminée de la chambre de Mme de Maintenon, à Meudon, 641 livres (le Trône épiscopal d'Orléans avait été payé 3900). Ces chiffres précisent la valeur que l'on attribuait aux œuvres de ce genre et l'importance qui leur revenait dans la production artistique, au regard de l'artiste lui-même. Le sens de l'évolution d'une forme d'art est de nature sociologique : on ne peut le saisir, si on l'isole du cadre général et du mouvement d'ensemble de la civilisation. La spiritualité domine sans doute la vie de l'art ; l'effort artistique implique la foi en un certain mode d'idéal, sur la suggestion duquel s'organise l'expansion de la vie intérieure ; encore doit-on considérer les conditions matérielles sous la contrainte desquelles s'exerce à chaque époque l'activité de l'artiste. La sculpture sur bois a pu fleurir dans les châteaux, les cathédrales : Dugoulon travaille pour les rois, pour des résidences princières, pour des hôtels de Longueville ou de Lassay : là, il peut œuvrer en artiste probe, soucieux de son style et de son renom, et surtout à peu près maître de son temps. Un talent ainsi inspiré trouverait-il son emploi dans nos palaces modernes ? Que deviendrait-il en s'imprégnant de la nécessité de faire vite, de mesurer son essor à des contingences pratiques que son siècle ne pouvait même pas soupçonner ? Et pourtant conçoit-on la possibilité d'un art qui refuserait de s'adapter au climat d'une ère industrielle, à base d'intuitions rapides, nourries de science appliquée et d'esprit de vulgarisation ? – Parmi les travaux de Dugoulon figure encore « la sculpture des gondoles et des galiotes du canal du château de Fontainebleau ». Les canaux et pièces d'eau des grands parcs s'ornaient alors d'embarcations somptueuses, reproduisant parfois en réduction la silhouette des navires de haut bord. Ce n'était là que jeu de princes, mais bien fait pour rappeler de façon pittoresque l'extension qu'avait prise à l'époque l'art de décorer les navires, cet art même dans l'apprentissage duquel Pierre Puget, a puisé les premiers principes de la sculpture sur bois. Aujourd'hui le luxe de la décoration, banni de l'extérieur des coques d'acier a trouvé sa revanche à l'intérieur des grands paquebots ; mais c'est le luxe des grands hôtels, loin d'être méprisable à la vérité, qui pourtant ne s'apparente guère aux puissantes figures de proue d'un Puget, ni à ses harmonieux tritons dorés.

DUGOUR Louis
XVIIIe siècle. Français.
Peintre.
Frère lai de l'ordre des Jacobins, il vécut dans les monastères de Quingey en Franche-Comté, et de Lyon. Il peignit pour l'église de son cloître à Lyon : un *Saint Dominique*, une *Sainte Catherine de Sienne*, une *Descente de Croix* et les *Mystères de la Passion du Christ*.

DUGOURC Jean Démosthène ou **Dugoure**
Né en 1749 à Versailles (Yvelines). Mort en 1825 à Paris. XVIIIe-XIXe siècles. Français.
Peintre, sculpteur, graveur, peintre de décors et costumes de scène, décorateur.
Son père, au service du duc d'Orléans, possédait une fortune honorable. Dugourc partagea les études du duc de Chartres (futur Philippe-Égalité) et à quinze ans partit pour Rome, attaché à l'ambassade du comte de Cani. Dès son enfance, il avait travaillé le dessin, la perspective, l'architecture. La mort de sa mère, suivie peu après de la perte de la fortune paternelle, changea sa situation. D'amateur qu'il était, il devint artiste. Il fit de la peinture, de la sculpture, de la gravure. Dans un ouvrage publié en 1779, il posa les premiers fondements de la réforme totale des costumes théâtraux. En 1780, il devint dessinateur du Cabinet du comte de Provence et dirigea les fêtes données à Brunoy. En 1781, le roi de Suède le chargeait de fournir les dessins de six opéras joués à Stockholm. En 1782, Dugourc refusa l'invitation de Paul Ier, alors grand duc de Russie, de l'emmener avec lui, mais lui fournit les dessins d'une galerie pour le palais de Camenoïstrof. Il réalisa également pour l'impératrice Catherine les plans d'un palais. La même année, il publiait six planches d'arabesques gravées, décoration qu'avec les ornements étrusques il avait été le premier à introduire non seulement en architecture, mais aussi dans les meubles, les tentures, les étoffes. En 1783, il fut nommé directeur des décorations et des costumes de l'Opéra et l'année suivante dessinateur du Garde-Meuble de la Couronne et Intendant des Bâtiments du comte de Provence. Durant la Révolution, Dugourc se tourna vers l'industrie.
Il eut une influence considérable sur l'art industriel lyonnais et les dessins exécutés à Lyon par Pernon furent dirigés par lui. À Paris, les bijoux, les bronzes, notamment ceux créés par Godon, l'étaient d'après ses conseils et souvent sur ses dessins.
■ E. Bénézit
Musées : Lyon (Mus. des Arts Décoratifs) : calques – Paris (Louvre) – Saint-Germain-en-Laye – Versailles.
Ventes Publiques : Paris, 1898 : *Sujet représentant un grand lit dans une alcôve*, aquar. : **FRF 35** – Paris, 27 jan. 1899 : *Frontispice*, encre de Chine : **FRF 115** – Londres, 3 et 4 juil. 1899 : *Partie de chasse au faisan*, gche : **FRF 16 500** – Paris, 16 déc. 1922 : *Le Cadeau, Mme du Barry et le nègre Zamore ?*, cr. : **FRF 500** – Paris, 7 et 8 mai 1923 : *Hommage à Paul Ier*, lav. sépia : **FRF 620** – Paris, 6 déc. 1923 : *Le Désir et le Mystère conduisant la Jeunesse à l'Amour ; Les Grâces conduisant l'Amour à la Fidélité*, deux lavis à l'encre de Chine : **FRF 2 810** ; *Les Amours de Psyché et de Cupidon ; L'Amour blessé par ses armes ; Psyché secourue par les Naïades ; Psyché arrive à l'habitation du pêcheur ; Psyché brûle l'Amour ; Apothéose de Psyché*, cinq lavis à l'encre de Chine : **FRF 6 550** – Paris, 19 mars 1924 : *Invitation pour une fête donnée à Bagatelle* 1780, mine de pb : **FRF 425** – Paris, 20 mars 1924 : *Henri IV et Gabrielle d'Estrées*, mine de pb : **FRF 1 005** – Paris, 12 et 13 mars 1926 : *Scène hindoue*, pl. et lav. : **FRF 260** – Paris, 1er-2 déc. 1932 : *Le Lever de la mariée*, gche : **FRF 76 000** – Paris, 14 mai 1936 : *L'instant désiré*, gche : **FRF 1 300** – Londres, 31 juil. 1946 : *Le Retour de la chasse*, gche : **GBP 29** – New York, 7 mars 1964 : *Le jardin*, gche : **USD 1 100** – Londres, 9 déc. 1980 : *Un ingénieur militaire dans un intérieur* 1774, gche (17,8x13,2) : **GBP 2 600** – Paris, 1er mars 1985 : *Vue d'architecture animée de deux personnages et d'un chien* 1781, aquar. (44x38) : **FRF 13 000** – New York, 25 avr. 1985 : *Les amours de Psyché et Cupidon*, dess. à la pl. et lav./trait de craie noire, suite de cinq de formes ovales (22,3x17,2) : **USD 13 000** – Paris, 15 mai 1992 : *Un amateur dans un cabinet*, pl. et lav. gris (25x19) : **FRF 38 000** – Monaco, 20 juin 1992 : *La toilette de Psyché ; Le réveil de Psyché*, encre noire/pap. verni, une paire (38x29,5) : **FRF 7 770** – Paris, 21 fév. 1996 : *Hommage au Grand Duc Paul de Russie* 1782, cr. noir et lav. (51,5x37) : **FRF 12 200** – Londres, 12 déc. 1996 : *Feux d'artifice au-dessus d'un palais et de ses jardins* 1799, craie noire, pl. et encre grise avec reh. de blanc (14,5x22) : **GBP 1 265** – New York, 29 jan. 1997 : *Étude pour une pièce turque*, aquar. (22,9x28,6) : **USD 11 500**.

DUGOURD Henri Nicolas
Né en 1863 à Paris. XIXe siècle. Français.
Graveur et lithographe.
Sociétaire des Artistes Français depuis 1890, il figura au Salon de cette société et obtint une mention honorable en 1889, une médaille de troisième classe en 1890 et une bourse de voyage en 1893.

DUGOURD-MARTINET Marie Élisabeth, Mme
Née à Paris. XIXe siècle. Française.
Peintre de genre.
Élève de son mari et de Mlle Chevalier. Elle participa à l'Exposition Universelle de 1900 avec : *Un graveur*.

DU GOUZE Abel Louis
XVIIIe siècle. Français.
Peintre et dessinateur.
« Dessinateur de la chambre du Cabinet de Monsieur », on mentionne de lui un dessus-de-porte daté de 1784 dans le style de Greuze, *Un berger apporte à sa bergère une corbeille de fruits*.

DUGRIP
Né en 1832. Mort en 1896. XIXe siècle. Français.
Peintre et dessinateur.
Le Musée de Sète conserve de lui deux dessins.

DU GUARNIER. Voir **DU GUERNIER**

DUGUAY Rodolphe
Né le 27 avril 1891 à Nicolet (Québec). Mort le 25 août 1973 à Nicolet (Québec). XXe siècle. Canadien.
Peintre de scènes de genre, portraits, paysages, dessinateur, graveur, illustrateur.
Il fait son apprentissage au Monument national de Montréal, entre 1911 et 1918, tout en travaillant pour le peintre Georges Delfosse et en suivant les cours de peinture à la Galerie des Arts avec Brenner. De 1918 à 1920, il travaille sous la direction de Suzor Côté, puis se rend à Paris, où il séjourne de 1920 à 1927, suivant les cours de l'Académie Julian, Adler, de la Grande Chaumière et à Colarossi. De retour au Canada en 1927, il s'installe dans sa ville natale, jusqu'à sa mort. Dès 1920, il participe au Salon du Printemps au Musée des Beaux-Arts de Montréal et expose régulièrement aux Trois-Rivières, Ottawa, Québec, Montréal.
Profondément canadien, Rodolphe Duguay cherche à rendre la qualité spirituelle de la vie traditionnelle dans les campagnes québécoises, aussi bien à travers ses peintures, que ses gravures sur bois ou ses illustrations.
Musées : Montréal (Mus. des Beaux-Arts) – Ottawa (Mus. des Beaux-Arts du Canada) – Québec (Mus. du Québec) : *Crépuscule nicolétain – La femme de chez nous* – Plus de deux cent vingt-cinq dessins, gravures et peintures – Québec (Mus. du Séminaire).
Ventes Publiques : Montréal, 30 oct. 1989 : *Paysage d'été* 1936, h/pan. (22x27) : **CAD 770**.

DUGUÉ
XVIIe siècle.
Peintre de miniatures.
Musées : Gotha : *Portrait de Louis XIV*.

DUGUÉ Louise, Mlle
XVIIIe siècle. Française.

Peintre.
Elle fut reçue à l'Académie de Saint-Luc à Paris en 1749.

DUGUÉ Nicolas ou **Duguey**
XVIe siècle. Actif à Troyes entre 1544 et 1577. Français.
Peintre.

DU GUERNIER Alexandre I, appelé à l'origine **Grenier,** ou **Guarnier**
XVIIe siècle. Français.
Peintre de miniatures.
De religion protestante il séjourna en Angleterre pendant les guerres de religions, et revint à Paris après l'Édit de Nantes. Il y travailla comme peintre de miniatures.

DU GUERNIER Alexandre II
Enterré à Paris le 22 septembre 1655. XVIIe siècle. Français.
Peintre.
Mentionné comme « peintre du Roy », il s'adonna surtout à la peinture de paysages.

DU GUERNIER F.
XVIIe siècle. Travaillant à Paris vers 1660. Français.
Peintre.
On lui attribue à tort un portrait gravé en 1671 par J. Frosne, et qui paraît être l'œuvre de Louis du Guernier l'aîné. Il est possible que F. du Guernier n'exista pas.

DU GUERNIER Louis I, l'Aîné
Né en 1614 à Paris. Mort le 16 janvier 1659 à Paris. XVIIe siècle. Français.
Peintre de miniatures.
En 1648 il fut reçu académicien fondateur; en 1655 il fut nommé professeur et l'année suivante conseiller. C'est à tort que certains biographes lui donnent le nom d'Alexandre et prétendent qu'il mourut en exil, victime de la révocation de l'Édit de Nantes, fait matériellement impossible, étant donnée la date de sa mort. Le portrait de cet artiste fut gravé par Samuel Bernard d'après Sebast. Il peignit des paysages dans lesquels son frère Pierre ajoutait des figures.

DU GUERNIER Louis II, ou **Lewis**
Né en 1677 à Paris. Mort le 19 décembre 1716 à Londres. XVIIe-XVIIIe siècles. Français.
Dessinateur et graveur.
Élève de Chatillon, il vint à Londres en 1708. Le poste de directeur de l'Académie des artistes lui fut confié et il le conserva jusqu'à sa mort. La famille du Guernier était protestante, et il est probable que la question de religion ne fut pas étrangère à l'établissement de notre artiste en Angleterre. Il travailla surtout pour les libraires et aida du Bosc pour la gravure des batailles de Marlborough. On lui doit aussi un nombre important de portraits; il ne fut jamais considéré comme un très habile graveur, mais son dessin est excellent. On cite notamment: *Les Joueurs*, dix estampes, sept planches pour les *Poésies pastorales de Gay*, d'autres pour les œuvres de Spencer, *La Peste*, d'après J. Poilly. Il mourut de la petite vérole. Il est probablement le même que Louis Guernier, orfèvre, fils de Louis l'aîné.

DU GUERNIER Pierre, le Jeune
Né en 1624 à Paris. Mort le 26 octobre 1674 à Paris. XVIIe siècle. Français.
Peintre de miniatures et émailleur.
Frère de Louis du Guernier l'aîné. En 1663 il fut reçu académicien. Il est considéré comme l'un des meilleurs peintres sur émail de son temps. Ses portraits se font remarquer par la fraîcheur et l'éclat du coloris.

DUGUET, Mme
XIXe siècle. Française.
Peintre de portraits.
Exposa au Salon de Paris, en 1836 et 1839, des portraits à l'aquarelle.

DUGUET Charles
Né à Bourges (Cher). XXe siècle. Français.
Peintre de paysages.
Il exposait à Paris, au Salon des Artistes Indépendants, à partir de 1928.

DUGUET Jean
Né en 1777 à Turin. XIXe siècle. Français.
Sculpteur.
Fils de Simon Duguet. Il hérita à la mort de celui-ci du titre de son père « sculpteur royal sur bronze ».

DUGUET Madeleine
Née en 1909 à Liège. Morte en 1974 à Anvers. XXe siècle. Belge.
Peintre de figures, dessinateur, sculpteur.
Elle fut élève de l'Académie des Beaux-Arts de Bruxelles. Elle obtint le Prix Louis Clesse en 1974.
Elle dessine et peint des enfants. Elle a bénéficié d'achats de l'État belge.
Bibliogr. : In : *Diction. biographique illustré des artistes en Belgique depuis 1830*, Arto, Bruxelles, 1987.

DUGUET Nicolas
XVIe siècle. Actif à Angers. Français.
Peintre.
Il participa aux travaux occasionnés par les fêtes de l'entrée du roi Charles IX à Angers. Peut-être est-il identique à Nicolas Dugué.

DUGUET Simon
Mort en 1795. XVIIIe siècle. Français.
Sculpteur.
Originaire de Paris, il travailla avec Fr. Ladatte à Turin ; il fut nommé après la mort de celui-ci « sculpteur royal sur bronze ».

DUGY J. S. ou **Duig**
XVIIIe siècle. Actif à Paris vers 1760. Français.
Graveur.
Il a gravé surtout d'après Boucher.

DU HA Jean William Henri
Né à Bordeaux (Gironde). XXe siècle. Français.
Sculpteur.
Il fut élève de François Jouffroy, Eugène Delaplanche et Alexandre Falguière. Il exposait, au début du siècle, à Paris au Salon des Artistes Français.

DU HAMEEL Alart ou **Alaert**
Né vers 1449 à Bois-le-Duc. Mort vers 1509 à Bois-le-Duc. XVe siècle. Éc. flamande.
Sculpteur, architecte et graveur.
En 1478, il dirigea les travaux à l'église Saint-Jans à Bois-le-Duc et y travailla jusqu'en 1494. Comme graveur, on lui doit surtout des sujets mythologiques. On cite, parmi ses très rares gravures : *Le Serpent d'airain, Le Jugement dernier, Le Saint Sacrement, Le Reliquaire, L'Éléphant, Constantin le Grand, Cavaliers autour d'une chapelle*, la plupart d'après Van Bosch.

DUHAMEL
XVIIIe siècle. Actif à Lille. Français.
Peintre d'histoire.
Élève de l'École de dessin de Lille, il exposa au Salon de cette ville en 1779.

DUHAMEL A. B.
Né en 1736 à Paris. XVIIIe siècle. Français.
Graveur au burin et peintre.
Élève de Saint-Aubin. Cet artiste travailla beaucoup pour les libraires. Ses œuvres sont fort recherchées.
On cite parmi ses gravures : quatre *Portraits*, d'après Greuze, Nic. Cochin, etc.
Ventes Publiques : Paris, 31 avr. 1902 : *Costumes et coiffures de Louis XVI*, six sujets : **FRF 905**.

DUHAMEL Casimir
Mort vers 1774. XVIIIe siècle. Actif à Paris. Français.
Sculpteur.
Il fut directeur de l'Académie de Saint-Luc.

DUHAMEL Édouard
Né à Paris. XIXe siècle. Français.
Graveur.
Élève de Coste. Il figura au Salon en 1870.

DUHAMEL G.
Né au XVIIIe siècle à Bruges. XVIIIe siècle. Éc. flamande.
Peintre.
Il travailla en Angleterre comme « peintre de Sa Majesté Impériale ». Il figura en 1767 et 1768 à la Free Society avec des pro-

jets et dessins, et, en 1780 et 1783 à la Society of Artists avec des paysages, parmi lesquels : *Port de mer, Paysage rhénan, Vue d'Anvers.* Il exposa probablement aussi de 1780 à 1783 à la Royal Academy sous le nom de *W. Duhamel.* Son prénom était sans doute Guillaume, qu'il transforma en William.

DUHAMEL Gaston Pierre
Né à Rouen (Seine-Maritime). XXe siècle. Français.
Peintre.
Il exposa à Paris, à partir de 1928, au Salon des Artistes Indépendants.

DUHAMEL Jean François
Mort en 1724. XVIIIe siècle. Actif à Tulle. Français.
Sculpteur.
Le Musée de Vire conserve de lui un *Saint Joseph* (statue en bois). Il était fils de Julien I Duhamel.

DUHAMEL Jean Louis
XVIIIe siècle. Français.
Peintre.
Il fut reçu à l'Académie de Saint-Luc à Paris en 1771.

DUHAMEL Julien I
Né en 1618 à Tulle. Mort le 29 juillet 1690. XVIIe siècle. Français.
Sculpteur.
En 1657, il exécuta avec Jean Duparc un tabernacle pour l'église Saint-Julien à Tulle ; en 1661, il travailla aux retables de l'Abbaye Notre-Dame de Dalon, et pour une chapelle à Saint-Julien ; en 1676 il participa aux travaux de décoration du château de Hautefort. Il était le fils de Thomas Duhamel.

DUHAMEL Julien II
XVIIIe siècle. Actif à Tulle en 1711. Français.
Sculpteur.
Fils de Pierre Duhamel. Il travailla pour l'église des Cordeliers à Brive.
Musées : Brive-la-Gaillarde : *Saint François.*

DUHAMEL Léger
Né en 1648. Mort en novembre 1711. XVIIe-XVIIIe siècles. Actif à Tulle. Français.
Sculpteur.
Fils de Julien Duhamel I. Il travailla avec son frère à la statue de saint Jacques pour l'église de Conil ; en 1674, à un tabernacle pour l'église d'Ussac ; en 1684, aux stalles de l'église de Meymac.

DUHAMEL Marie Marguerite
XVIIIe siècle. Active à Paris en 1764. Française.
Peintre.

DUHAMEL Pierre
Né en 1648. Mort en 1704. XVIIe siècle. Actif à Tulle. Français.
Sculpteur.
Fils de Julien Duhamel I, il fit le retable du maître-autel de l'église de Naves (canton de Tulle) qui mesure quatorze mètres sur douze. Il sculpta aussi, en 1681, des tabernacles dans les églises de Peyrelevade, Saint-Augustin et Ladignac ; en 1683, un retable pour la confrérie des Pénitents gris de Tulle, et en 1684 une chaire dans l'église de Meymac.

DUHAMEL Thomas
XVIIe siècle. Actif à Tulle au début du XVIIe siècle. Français.
Sculpteur.
Il est le premier de toute une lignée de sculpteurs.

DUHAMEL Tristan
Né au XVe siècle à Amiens. XVe siècle. Français.
Enlumineur.
On ne connaît aucune de ses œuvres, mais il est cité comme enlumineur sur les registres de la ville d'Amiens en 1470.

DUHAMEL W. Voir **DUHAMEL G.**

DUHAMEL-HORMAIN Jeanne Adèle Marie
Née à Pontivy (Morbihan). XXe siècle. Française.
Peintre-miniaturiste.
Elle fut élève de Gabrielle Debillemont-Chardon, Fanny Jacquier, Émile Renard. Elle exposait à Paris, au Salon des Artistes Français depuis 1903, mention honorable en 1914.

DU HAN François ou **de Haut**
XVIe siècle. Français.
Sculpteur de monuments, groupes.
Sous la direction de Philibert Delorme, il travailla, à Paris, dans l'hôtel d'Étampes, à la sculpture des marbres du tombeau de François Ier. En 1568, Pierre Lescot l'employa à d'importants travaux au Nouveau Louvre.

DU HANCY
Mort en 1515 à Paris. XVe-XVIe siècles. Français.
Sculpteur sur bois.
Il était actif dans la seconde moitié du XVe siècle et au début du XVIe, et vivait à Paris. Nommé sculpteur du roi en 1485, il fut le maître d'œuvre de « la Grand-Salle du Palais », la primitive salle gothique, célèbre dans toute l'Europe par son plafond de menuiserie qui, au lieu de participer de la charpente comme auparavant, était accroché à celle-ci au moyen de clefs pendantes, célèbre également par sa longue série de statues de rois, peintes d'azur et d'or, qui accrochées à chaque pilier de la double nef gothique à plus de cinq mètres au-dessus du sol, semblaient présider aux banquets, réceptions solennelles, publications des traités de paix... Incendiée en 1618, elle fut reconstruite en pierre et c'est l'actuelle salle des pas perdus au Palais de Justice. Les gravures de l'époque reproduisent exactement « la Grand-Salle du Palais » du Moyen Âge, et en particulier une gravure d'Androuët du Cerceau reproduite dans le Bulletin de la Société de l'Histoire de Paris et Ile-de-France (tome III).
■ André Hancy

DUHAUPAS Maurice
XXe siècle. Français.
Peintre de paysages, fleurs, animalier.
Il exposait à Paris, au Salon des Artistes Indépendants depuis 1927.

DUHAY. Voir aussi **HAY**

DU HAY Fernand
XVIe siècle. Actif à Rouen. Français.
Peintre et sculpteur.
Il contribua, en 1590, à la décoration de l'église paroissiale de Saint-Sauveur, à Rouen. Il travailla aussi à Gaillon et à Amboise.

DUHAY Richard
Né à Rouen. XVe siècle. Français.
Peintre d'histoire.

DUHEM Henri Aimé
Né le 7 avril 1860 à Douai (Nord). Mort le 24 octobre 1941 à Juan-les-Pins (Alpes-Maritimes). XIXe-XXe siècles. Français.
Peintre de paysages, aquarelliste. Postimpressionniste.
Il exposait régulièrement à Paris, au Salon des Artistes Français, et obtint une médaille de bronze à l'occasion de l'Exposition Universelle de 1900. Il fut fait chevalier de la Légion d'Honneur.
L'influence de l'impressionnisme fut déterminante pour lui. De l'impressionnisme, en plus de la technique de la touche divisée, il adopta les thèmes : bords de cours d'eau, paysages de neige, les meules, et aussi la sensibilité aux effets dus aux modifications de la lumière : effets de l'aube ou du soir. Il peignit souvent des vues de Douai, des paysages des Flandres.

HENRI DUHEM.

Musées : Arras : *Fin de journée* – Calais : *Route de Flandre* – Douai : *Sainte-Geneviève* – Lille : *Paix de la nuit* – Lyon : *Hâleur* – Paris (Mus. d'Orsay) : *Canal flamand.*
Ventes Publiques : Paris, 19 déc. 1923 : *Bords de la mare* : **FRF 135** – Paris, 27 mars 1926 : *La grille* : **FRF 290** – Paris, 16 nov. 1928 : *La rue de Paris à Douai*, aquar. : **FRF 130** – Paris, 15 déc. 1933 : *La fontaine, effet de crépuscule après la neige* : **FRF 260** – Paris, 12 mars 1941 : *La fontaine le soir* : **FRF 180** – Paris, 22 déc. 1944 : *Berger et ses moutons*, aquar. : **FRF 350** – Paris, 30 mai 1945 : *La glaneuse* : **FRF 1 000** – Paris, 28 avr. 1947 : *La Place Vendôme à Paris* : **FRF 400** – Cannes, 6 oct. 1981 : *Péniche au bord du canal*, h/t (65x92) : **FRF 3 500** – Douai, 23 oct. 1988 : *Le chemin creux, lever de lune*, h/t (65x102) : **FRF 10 500** – Paris, 7 déc. 1990 : *Marais de Planques au printemps*, h/t (72x98) : **FRF 13 000.**

DUHEM Louise. Voir **HEM Louise de**

DUHEM Marie Geneviève
Née en 1871 à Guemps (Pas-de-Calais). Morte en 1918 à Douai (Nord). XIXe-XXe siècles. Française.

Peintre de genre, paysages, natures mortes, fleurs, pastelliste. Postimpressionniste.
Élève de Jules Lefebvre, Hugrel et de Virginie Demont-Breton, elle épousa le peintre Henri Duhem. Elle obtint une médaille de troisième classe en 1895, au Salon de Paris, et une médaille de bronze à l'Exposition Universelle de 1900.
Son art se dégage peu à peu du côté intimiste des sujets pieux, pour donner des compositions dont le sujet prend moins d'importance que leur mise en page parfois audacieuse, dans des harmonies de couleurs qui peuvent être surprenantes.
Bibliogr. : Gérald Schurr, in : *Les Petits Maîtres de la peinture 1820-1920, valeur de demain*, Les Éditions de l'Amateur, t. VII, Paris, 1989.
Musées : Amiens : *La promenade des sœurs* – Arras : *Une âme à Dieu* – Calais : *Soir de Pâques* – Dunkerque : *Portrait du peintre Le Sidaner* – Paris (Mus. d'Art Mod.) : *Fleurs*.
Ventes Publiques : Paris, 16 fév. 1928 : *Anémones lilas dans un verre à pied* : **FRF 1 000** – Paris, 8 mai 1936 : *L'allée verte* : **FRF 110** – Paris, 3 juin 1942 : *Jardin* : **FRF 140** – Paris, 30 mai 1945 : *Le jardin au printemps* : **FRF 1 000** – Cannes, 6 oct. 1981 : *La maison aux lauriers*, past. (37,5x60) : **FRF 3 200**.

DU HEM Pierre
Mort avant 1512. xvie siècle. Actif à Lille. Français.
Peintre.
En 1510, il travailla pour la chapelle Sainte-Élisabeth de Hospital-Comtesse.

DUHEM-SERGEANT Nelly
xxe siècle. Française.
Peintre de nus, fleurs.
Elle exposa à Paris au Salon des Tuileries en 1927.

DUHEN Jacques Joseph
Né le 3 mai 1748 à Douai. Mort le 17 novembre 1840 à Douai. xviiie-xixe siècles. Français.
Peintre de figures, paysages.
En 1810, il exposa au Salon de Paris un paysage.
Musées : Douai : *Mère prodiguant des soins à son enfant.*
Ventes Publiques : Versailles, 14 déc. 1969 : *Lever du jour sur une crique de la Méditerranée* : **FRF 5 300** – New York, 28 oct. 1987 : *Le Petit Chaperon rouge* 1825, h/pan. (28,5x38,1) : **USD 6 000**.

DUHENNOY Blanche
Née à Bourg (Ain). xxe siècle. Française.
Peintre de paysages, natures mortes.
Elle fut élève de Louis Roger. Elle exposait à Paris, au Salon des Artistes Français depuis 1921.

DUHERLIN Robert
xve siècle. Actif à Tours. Français.
Enlumineur et écrivain.
La Bibliothèque Nationale à Paris conserve de cet artiste deux manuscrits : *Le Pommier de Douleur* et *Les Heures de la Croix*. Il fut au service de Louis XI et Charles VIII.

DUHESME Guillaume Jean Marie Gaston
Né au xixe siècle à Paris. xixe siècle. Français.
Peintre.
Cassagne fut son maître. De 1869 à 1877, il exposa ses aquarelles au Salon.

DUHÊTRE Jean
Né à Clauzel (Gironde). xxe siècle. Français.
Peintre de portraits.
Il exposa à Paris au Salon des Indépendants en 1920.

DUHME Charles
Né en 1779 à Paris. Mort après 1830. xixe siècle. Français.
Peintre de portraits.
On sait qu'il fut élève de Pauquet et de Greuze.

DUHN R. von
xixe siècle. Actif à Hambourg. Allemand.
Lithographe.
Il fit plusieurs lithographies des ruines de Hambourg, après le grand incendie de la ville en 1842.

DUHORT Louis
xviiie siècle. Actif à Lille. Français.
Peintre de genre.
Élève de l'École de dessin de Lille, il exposa au Salon de cette ville en 1774.

DUHUAN Marin
xviie siècle. Actif à Lyon de 1641 à 1648. Français.
Sculpteur.

DUIA Matteo ou **Matieto**
xve-xvie siècles. Actif de 1491 à 1543 à Venise. Italien.
Peintre.

DUIA Pietro di Niccolo ou **Dugia**
xvie siècle. Actif à Venise. Italien.
Peintre.
Imitateur de Giovanni Bellini.
Musées : Florence (Offices) : *Madone à l'Enfant – Saint Pierre et sainte Élisabeth* – Venise (Mus. Civique) : *Madone à l'Enfant – Saint François – Saint Joseph.*
Ventes Publiques : Londres, 24 avr. 1970 : *La Vierge et l'Enfant* : **GNS 1 600**.

DUIFHUIZEN Pieter Jacobsz ou **Duifhuis** ou **Duyfhuyzen**, dit **Colinchovius**
Né en 1608 à Rotterdam. Mort fin septembre 1677 à Rotterdam. xviie siècle. Hollandais.
Peintre de compositions religieuses, genre, portraits, intérieurs.
Il fut probablement élève de J. Simonsz Torrentius. Selon G. Van Spaan, il peignit aussi des paysages avec ruines et bétail.

P DVFHVISEN

Musées : Rotterdam : *Loth et ses filles abandonnant Sodome.*
Ventes Publiques : Londres, 15 déc. 1978 : *Paysans fumant et jouant aux cartes dans une cuisine*, h/pan. (37,5x49,5) : **GBP 3 000** – Londres, 5 juil. 1995 : *La Dentellière*, h/pan. (34x26) : **GBP 69 700** – Paris, 19 déc. 1997 : *La Jeune Cuisinière*, pan. chêne parqueté (30,5x27,5) : **FRF 41 000**.

DUIG J. S. Voir **DUGY**

DUIKER Simon
Né en 1874. Mort en 1941 ou 1961. xixe-xxe siècles. Hollandais.
Peintre de genre.
Ventes Publiques : Amsterdam, 15-16 oct. 1907 : *Vieille femme chez elle* : **NLG 100** ; *Jeune femme pelant des pommes de terre devant une table* : **NLG 62** – Amsterdam, 9-10 fév. 1909 : *Le Petit Bateau* : **NLG 370** – Amsterdam, 21 avr. 1993 : *Femme tricotant près d'un bébé dans une maison*, h/t (61,5x49,5) : **NLG 3 220** – Amsterdam, 18 juin 1996 : *Jeune fille lisant*, h/t (40x31,5) : **NLG 1 265**.

DUINEN. Voir **DUIVE** et **DEYNUM**

DUISART Christian ou **Dusart**
Mort à La Haye, à un âge avancé. xviie siècle. Actif à La Haye vers 1665. Hollandais.
Peintre de paysages et miniaturiste.
Il fit partie de la gilde des peintres. Ne pas confondre avec Christiaen DUSART.

DUISSELET. Voir **DUCELLET**

DUITTOZ Juliane Lily
Née le 28 janvier 1884 à Nice (Alpes-Maritimes). xxe siècle. Française.
Peintre de portraits, paysages.
Elle fut élève de Marcel Baschet, Victor Mottez, Lionel Royer, William Laparra. Elle débuta à Paris, au Salon des Artistes Français de 1910.
On cite ses paysages marins de la Côte d'Azur.

DUIVE Jan ou **Duiven** ou **Duyve** ou **Duinen**
Né en 1600 à Gouda. Mort en 1649. xviie siècle. Hollandais.
Peintre.
En sortant de l'orphelinat, où il avait été élevé, il fut élève de Wouter Crabeth. Compagnon d'études d'Arthur Van Waes, on croit qu'il voyagea en Italie avec lui. Il acquit la réputation de peintre habile avec ses *Portraits des Régents de l'Orphelinat du Saint-Esprit* et celui du *Moine Simpernel.*

DUIVELAND Jacob ou **Duyvelant**
Mort peut-être en 1660. xviie siècle. Hollandais.
Peintre et portraitiste.
Peut-être est-il le même que le Jacomo Dualand qui était à Rome en 1637. Il travailla à La Haye, de 1650 à 1660, et fut un des fondateurs de la Pictura, en 1656. Il travailla, comme Abraham Van Dyck, dans des sujets d'actualité. Houbraken mentionne un peintre Dirk van Duiveland, tout à fait inconnu.

DUIVENS. Voir **DÜVENS Hendrik Van**

DU JANERAND Daniel
Né vers 1920. XXe siècle. Français.
Peintre de figures, paysages, marines, natures mortes.
Il expose à Paris, dans les Salons annuels, notamment au Salon de la Société Nationale des Beaux-Arts.
Il peint les aspects de la vie heureuse, dans des gammes claires et ensoleillées, une facture élégante et cependant robuste.
Ventes Publiques : Versailles, 22 avr. 1990 : *Couchant à Saint-Cado*, h/t (54x65) : **FRF 6 000** – Paris, 7 nov. 1990 : *Le Port*, h/t (39x80) : **FRF 6 500** – Paris, 7 déc. 1990 : *Les Jardins de Bristol*, h/t (130x62) : **FRF 18 000** – Calais, 24 mars 1996 : *Bateaux de plaisance près du casino*, h/t (38x61) : **FRF 6 500**.

DUJARDIN. Voir aussi **DUGARDIN**

DUJARDIN
XVIIIe siècle. Actif à Caen vers 1790. Français.
Peintre.

DUJARDIN
XVIIIe siècle. Actif à Lille au XVIIIe siècle. Français.
Peintre de figures.
Élève de l'École de dessin de Lille, il exposa au Salon de cette ville en 1785.

DUJARDIN
XVIIIe siècle. Français.
Sculpteur.
Il exécuta en 1737 des sculptures pour le maître-autel de l'église de Colombiers.

DUJARDIN Auguste
Né le 4 juin 1847 à Paris. XIXe siècle. Français.
Sculpteur.
Élève de Dumont, il eut, en 1867, au concours pour Rome, un second accessit. Il avait, en 1866, exposé au Salon un médaillon en marbre.

DU JARDIN Bertremine. Voir **DU GARDIN**

DUJARDIN Charlotte, Miss, Mrs **Meers**
XIXe siècle. Active à Londres. Britannique.
Peintre de paysages.
Ses *Clairs de lune* furent exposés sous son nom de jeune fille de 1826 à 1831, et en 1836 sous son nom de femme, à la Suffolk Street Gallery et à la British Institution.

DUJARDIN Davidt ou **Jardyn** ou **Gardyn**
Né en 1637. XVIIe siècle. Hollandais.
Peintre.
Probablement frère de Karel ; vécut à Amsterdam.

DUJARDIN Dominique
Né en 1482 à Lyon. Mort avant 1503. XVe siècle. Français.
Peintre d'histoire et peintre verrier.

DUJARDIN Edward
Né le 19 novembre 1817 à Anvers. Mort en 1889. XIXe siècle. Éc. flamande.
Peintre d'histoire.
Élève de Wappers ; professeur à l'Académie d'Anvers depuis 1841. Le Musée d'Anvers conserve de lui un triptyque représentant *La mort d'Abel*.

Edward Du Jardin
1843

DUJARDIN Gaston Achille Pierre
Né à Tourcoing (Nord). XXe siècle. Français.
Peintre de paysages.
Il exposait à Paris, depuis 1933 au Salon des Artistes Français, dont il était sociétaire.

DUJARDIN Guillaume
XIVe siècle. Éc. flamande.
Sculpteur.
Fit, aux Frères mineurs de Bruxelles, les statues de Henri de Louvain, de son fils et de son petit-fils (1338).

DUJARDIN John I, l'Ancien
XIXe siècle. Actif à Londres. Britannique.
Peintre de scènes de genre, paysages, marines, natures mortes.
À la Royal Academy, à la British Institution et à la Suffolk Street Gallery furent exposées ses œuvres de 1820 à 1863 ; ce sont des vues des côtes anglaises et des rives de la Tamise et également des tableaux de genre et des natures mortes.
Ventes Publiques : Londres, 13 fév. 1976 : *La Tamise à Woolwich*, h/t (53,5x89) : **GBP 500**.

DUJARDIN John II, le Jeune
XIXe siècle. Britannique.
Peintre de scènes de genre, marines.
Il exposa à la Royal Academy, à la British Institution et à Suffolk Street de 1837 à 1858.
Musées : Strafford-sur-Avon (Gal. Shakespeare) : *Shakespeare au travail*.
Ventes Publiques : Londres, 6 juin 1996 : *The New Comrade*, h/pan. (45,5x61) : **GBP 1 610**.

DUJARDIN Jules
Né en 1863 à Bruxelles. XIXe-XXe siècles. Belge.
Peintre de portraits, dessinateur, lithographe.
Il fut surtout historien et critique d'art. En 1910 à l'Exposition de Bruxelles, il montra *Portrait d'enfant, Portrait de Madame J. D. J.* Il publia une suite de lithographies : *Épitres aux civilisés futurs*.
Bibliogr. : In : *Diction. biogr. illustré des artistes en Belgique depuis 1830*, Arto, Bruxelles, 1987.

DUJARDIN Julien ou **Gardyn**
XVIIe siècle. Hollandais.
Peintre d'histoire.
Il travailla à Cologne, puis vint s'établir à Amsterdam. En 1640, Jean-Henri Roos était son élève.

DUJARDIN Karel ou **Carel** ou **du Jardin, du Jardin**
Né vers 1622 probablement à Amsterdam. Mort le 20 novembre 1678 à Venise. XVIIe siècle. Éc. flamande.
Peintre de compositions religieuses, sujets allégoriques, scènes de genre, portraits, animaux, paysages, aquarelliste, graveur, dessinateur.
Les biographes ne sont d'accord ni sur le lieu ni sur la date de sa naissance. Ploos Van Amstel dit que : « suivant les informations prises par lui, il est né à Haarlem en 1625 ». Descamps donne la date de 1640. Cependant que la plupart des auteurs placent sa naissance à Amsterdam, en 1634 ou 1635 ; d'autres encore le feront naître en 1622, date retenue aujourd'hui. On connaît de cet artiste, des pièces gravées en date de 1648 et 1652. Un portrait de Karel du Jardin, peint par lui-même, et daté de 1657, montre qu'il avait à cette époque plus de vingt-cinq ans. Suivant Houbraken, du Jardin aurait été élève de Nicolaes Berchem, ou de Paulus Potter, il a également été formé par Van Laar et le Bamboche, en Italie. Il demeurait à La Haye, bien avant 1656, date à laquelle il reçut la proposition de commissaire de la gilde de Saint-Luc. Le 5 juin 1658, nous retrouvons son nom parmi les membres de la nouvelle confrérie des peintres de cette ville. Dans sa jeunesse, il séjourna en Italie, et à Rome, il fut reçu dans la « bande joyeuse académique » qui lui donna le nom de « Bokkbaart » en témoignage de sa barbiche en forme de barbe de bouc. Les Italiens apprécièrent et estimèrent hautement les tableaux de du Jardin et payèrent très cher le droit de posséder ses œuvres. Malgré ses succès, Karel retourna en Hollande vers 1655. On dit que pour solder une grosse somme qu'il devait à son hôtesse, lors de son passage à Lyon, il s'acquitta de cette dette en... épousant sa créancière ! Il revint avec elle à Amsterdam. En 1656 il fut l'un des fondateurs de la confrérie de la Pictura, à La Haye, où il vécut jusqu'après 1657. Il retourna à Amsterdam en 1659. Dans son pays natal, comme en Italie, ses tableaux étaient recherchés et il ne pouvait suffire aux commandes qui affluaient de toutes parts. Ses œuvres se vendaient cher, même en Angleterre où il était très aimé. Il peignait des scènes de familles, des paysages où se reflète les doux rayons du soleil d'Italie, également quelques sujets religieux, des scènes champêtres, des animaux ; il fut remarquable aussi dans ses portraits. Il eut quelques élèves : Willems Schellincks, Jan Lingelbach, Wilhelm Romeyn, Martinus Laeckeman, Jacob van der Does. Jean le Ducq imita plusieurs de ses œuvres. Un témoin affirme que le 16 mai 1672, du Jardin avouait avoir cinquante ans, et qu'il avait la nostalgie des contrées méridionales et de l'Italie. Aussi, lorsque son ami Jan Reinst partit pour Livourne, l'ayant accompagné jusqu'au port de Texel, Karel ne put résister : il s'embarqua avec lui et retourna à Rome où il reprit ses anciennes habitudes et retrouva ses anciennes relations. Il ne voulut plus retourner dans sa patrie, sous les brumes de la Hollande, et il mourut à Venise, le

20 novembre 1687. Un grand nombre de ses tableaux sont au Louvre, dans d'autres musées, ou collections privées.

K: Du Jardin K J f 1677

KAREL:DU:IARDIN:fec

K·DU·IARDIN·fe

K·DU·IARDIN·fe 1672.

K:DU:IARDIN·fe 1655.

K·DU·IARDIN·fe

Musées : Aix-en-Provence : *Jésus insulté – Danse de paysans – Fabrique et figures* – Amsterdam : *Portrait de l'artiste – Les régents de la maison des lépreux d'Amsterdam – Gérard Reynst – Portrait d'homme – Un paysan devant sa hutte – Un muletier – Un trompette à cheval – Paysage avec muletiers – Paysage italien avec bétail – Cavaliers buvant devant une auberge* – Anvers : *Paysage* – Bâle : *Clairon à cheval* – Berlin : *Portrait de jeune marchand de vin, soleil levant – Paysage au matin – Paysage le soir* – Bordeaux : *Paysage* – Breslau, nom all. de Wroclaw : *Scène dans un parc* – Bruxelles : *Un soldat racontant des aventures à un groupe – L'avant-garde d'un convoi – Berger jouant de la flûte* – Budapest : *Tobie et l'ange* – Cologne : *Paysage* – Constance : *Paysage* – Copenhague : *Enfants jouant* – Dessau : *Troupeau sous un arbre* – Dresde : *Femme trayant ses chèvres – Le bœuf rouge – Diogène* – Dublin : *École d'équitation* – Édimbourg : *Forge – Halte devant l'auberge* – La Fère : *Paysage* – Genève (Ariana) : *Jeune fille trayant une vache* – Genève (Rath) : *A la rivière – Le Calvaire – La Halte* – Hambourg : *Paysage* – Hanovre : *L'artiste* – La Haye : *Cascade – Saint Pierre guérit des malades – Le berger italien* – Kassel : *Les Charlatans – Paysage italien avec chasseurs* – Leipzig : *Paysage* – Lille : *Paysage* – Londres (Nat. Gal.) : *Bergers et bœufs sous les arbres – Femme et enfant traversant une rivière – Paysage et animaux – Brebis et chèvres* – Londres (coll. Wallace) : *La forge – Un gentilhomme – Divertissement de villageois* – Lyon : *Berger et troupeau* – Mayence : *Vénus accorde l'immortalité à Adonis* – Montpellier : *Paysans devant une auberge* – Munich : *La chèvre malade – Un jeune garçon avec des chèvres et des brebis* – Naples : *Berger et troupeau* – Paris (Louvre) : *La Crucifixion – Charlatans italiens – Paysan, enfant et âne traversant un ruisseau – Paysage et bétail – Même sujet – Même sujet – Pâturage – Le gué, site d'Italie – Le bocage – Portrait d'homme, présumé de l'artiste* – Rouen : *Les quatre évangélistes dans quatre paysages* – Saint-Pétersbourg (Ermitage) : Sept paysages – Sarasota : *Agar et Ismaël* – Schwerin : *Vache et âne – Allégorie* – Stockholm : *Paysage de fleuve italien – Jeune fille trayant une vache – Paysage avec figures près d'un saule – Portrait de Van Huteren, gouverneur de Batavia* – Stuttgart : *Berger et troupeau* – Vienne : *Berger et troupeau* – Vienne (Czernin) : *Jeune fille trayant une vache – Honneurs rendus à Bacchus – Joyeuse réunion – Animaux* – Vienne (Liechtenstein) : *Couple d'amoureux à une table de jardin – Marchand de fruits et de légumes devant des ruines – Paysages montagneux.*

Ventes Publiques : Paris, 1er-2 et 3 juin 1865 : *Marche d'animaux* : **FRF 25 000** – Paris, 27 mars 1893 : *Paysage et animaux* : **FRF 150** – Paris, 26 mars 1900 : *Les marchands de poissons* : **FRF 950** ; *Le passage du gué* : **FRF 1 080** – Paris, 10-11 mai 1904 : *Les Marchands de poissons* : **FRF 520** – Londres, 28 nov. 1908 : *Bœufs, vaches et moutons dans un pâturage* : **GBP 5** – Londres, 28 nov. 1908 : *Bœufs, vaches et moutons dans un pâturage* : **GBP 5** – Paris, 28 fév. 1919 : *Danse de paysans* : **FRF 340** – Paris, 10 avr. 1919 : *Le Passage du gué*, attr. : **FRF 660** – Paris, 17-18 oct. 1919 : *Le Passage du gué*, attr. : **FRF 340** – Paris, 11 déc. 1919 : *Paysage et figures* : **FRF 900** – Paris, 24 mars 1920 : *Paysage avec figures et animaux* : **FRF 851** – Paris, 8-10 juin 1920 : *Le Gué*, lav. : **FRF 1 660** ; *Paysage*, lav. : **FRF 1 080** – Paris, 23 juin 1920 : *Bohémiens demandant l'aumône* : **FRF 2 000** – Paris, 23 nov. 1922 : *A l'Abreuvoir* : **FRF 400** – Paris, 27 nov. 1922 : *Paysan, paysanne et ânier à l'entrée d'un hameau*, attr. : **FRF 810** – Londres, 2 mars 1923 : *Musiciens ambulants* : **GBP 131** – Londres, 13 avr. 1923 : *Scène italienne* : **GBP 220** – Paris, 22 juin 1923 : *Bergères et troupeau de chèvres et de moutons dans un paysage montueux* : **FRF 360** ; *Halte de paysans à l'entrée d'un village*, attr. : **FRF 250** – Paris, 22 nov. 1923 : *Le Repos du berger* : **FRF 4 000** – Paris, 17-18 juin 1924 : *Joyeuse compagnie* : **FRF 2 000** ; *La Promenade aux portes de la ville* : **FRF 1 650** – Paris, 20 juin 1924 : *Animaux dans un paysage*, attr. : **FRF 520** – Paris, 13 nov. 1924 : *Berger et son troupeau* : **FRF 630** – Paris, 7 mars 1925 : *Village fortifié au bord d'une rivière avec berger et animaux* : **FRF 2 550** – Paris, 6 mai 1925 : *Les Musiciens ambulants* : **FRF 1 350** – Paris, 8 mai 1925 : *Le Repos des hallebardiers*, aquar. : **FRF 65** – Londres, 22 mai 1925 : *La Fraîche Matinée* : **GBP 210** – Paris, 8 juin 1925 : *Âne, brebis et chèvres*, attr. : **FRF 150** – Paris, 12-13 juin 1925 : *Le Chien savant* : **FRF 9 600** ; *Portrait d'homme* : **FRF 5 200** – Paris, 1er juin 1927 : *Berger et bergère ramenant leur troupeau*, attr. : **FRF 720** – Paris, 25 nov. 1927 : *Berger et bergère ramenant leur troupeau*, attr. : **FRF 620** – Paris, 2 déc. 1927 : *Le Départ pour la chasse au faucon*, attr. : **FRF 2 500** – Londres, 17 et 18 mai 1928 : *La Halte des voyageurs* 1655 : **GBP 892** ; *Paysage* 1677 : **GBP 357** – Paris, 21 et 22 mai 1928 : *Le Petit Berger* : **FRF 16 500** – Paris, 21-22 jan. 1929 : *L'Ânier*, École de K. D. : **FRF 65** – Paris, 2 mars 1929 : *Paysage avec ruines et troupeau*, dess. : **FRF 1 550** – Paris, 24 avr. 1929 : *Cheval et chèvres dans un paysage* : **FRF 700** – Londres, 20 juin 1930 : *Cavalier* : **GBP 231** – New York, 22 jan. 1931 : *Au repos* : **USD 375** – Londres, 3 juil. 1931 : *Le Comte Egmont* : **GBP 54** – Paris, 23 mai 1932 : *Le Retour du marché* : **FRF 1 700** – Londres, 27 avr. 1934 : *Cavalier* : **GBP 199** – Genève, 7 déc. 1935 : *Paysage fluvial* : **CHF 10 250** – Paris, 22 avr. 1936 : *Le Passage du gué* : **FRF 410** – Londres, 30 avr. 1937 : *Paysans avec un troupeau* : **GBP 92** – Paris, 26 mai 1937 : *Les Âniers*, pl. et lav. : **FRF 360** – Paris, 8 déc. 1938 : *Le Château de Rosendaal en Gueldre*, pierre noire et lav. : **FRF 1 200** – Paris, 26-27 mai 1941 : *Halte de paysans sous un pont en ruine*, École de K. D. : **FRF 1 900** – Paris, 8 juil. 1942 : *Âne, chèvre et mouton devant une étable*, attr. : **FRF 2 050** – Paris, 17 mars 1943 : *La Bergère* : **FRF 65 000** – Paris, 25 avr. 1951 : *Le Pâturage* : **FRF 142 000** – Londres, 24 nov. 1961 : *Goats at the mouth of a cave* : **GNS 500** – Londres, 19 mars 1965 : *La Halte des voyageurs* : **GNS 2 000** – Milan, 31 mai 1966 : *Allégorie de la Musique* : **ITL 1 300 000** – Copenhague, 14 fév. 1967 : *Paysage montagneux avec deux cavaliers* : **DKK 41 000** – Vienne, 19 mars 1968 : *Berger dans un paysage montagneux* : **ATS 75 000** – Londres, 3 déc. 1969 : *Voyageurs devant une auberge* : **GBP 11 000** – Londres, 29 mars 1974 : *Cavaliers se désaltérant* : **GNS 22 000** – Versailles, 6 mars 1977 : *Le Cheval blanc*, h/bois (42x47) : **FRF 36 000** – New York, 3 juin 1981 : *Deux mules*, sanguine/pap. (15,3x21) : **USD 2 400** – Versailles, 27 nov. 1983 : *Paysage animé de personnages devant des colonnades*, h/t (88,5x130) : **FRF 37 000** – New York, 6 juin 1984 : *Vue de la campagne romaine*, h/t (49,5x57,2) : **USD 8 000** – Londres, 11 déc. 1987 : *Saint Paul guérissant les malades à Lystra*, h/t (179x139) : **GBP 310 000** – New York, 14 jan. 1988 : *Le Passage du gué*, h/t (50,7x46,5) : **USD 209 000** – Stockholm, 15 nov. 1989 : *Paysage avec berger et bétail*, h/t (39x53) : **SEK 12 000** – Amsterdam, 22 nov. 1989 : *Couple de bergers avec leur troupeau*, h/t (58x72) : **NLG 23 000** – New York, 5 avr. 1990 : *Couple de bergers avec un enfant et leur troupeau* 1671, h/t (35,5x45,5) : **USD 19 800** – Paris, 25 avr. 1990 : *Porcher et son troupeau*, h/pan. (34x41) : **FRF 110 000** – Amsterdam, 12 juin 1990 : *Berger gardant son bétail dans les dunes* 1646, h/pan. (46x38) : **NLG 23 000** – Londres, 6 juil. 1990 : *Vaste paysage valloné avec des bergers et leurs troupeaux sur un tertre au premier plan*, h/pan. (90,3x115,5) : **GBP 49 500** – Amsterdam, 2 mai 1991 : *La flagellation*, h/t (69,5x61,5) : **NLG 563 500** – Amsterdam, 25 nov. 1991 : *Étude d'un adolescent à demi-couché et* *appuyé sur un récipient*, craies noire et rouge (19,6x25,4) : **NLG 48 300** – PARIS, 12 juin 1992 : *Personnages dans un village aux environs de Rome*, pl. et lav. gris (16,2x26) : **FRF 17 000** – LONDRES, 9 déc. 1992 : *Vaste paysage fluvial*, h/t (63x80) : **GBP 37 400** – ROME, 29 avr. 1993 : *Paysage avec des bergers et le troupeau*, h/t (53x67) : **ITL 12 500 000** – PARIS, 16 juin 1993 : *Scène pastorale*, h/pan. (38x43) : **FRF 106 000** – STOCKHOLM, 30 nov. 1993 : *Berger et troupeau dans un paysage*, h/t (39x53) : **SEK 22 000** – NEW YORK, 12 jan. 1994 : *Bergers jouant aux cartes près de bâtiments en ruines*, h/t (51,5x66) : **USD 34 500** – PARIS, 29 mars 1994 : *Portrait d'une jeune femme près d'une fontaine*, h/t (128x142) : **FRF 580 000** – AMSTERDAM, 10 mai 1994 : *Paysage méridional montagneux avec un pont enjambant une large rivière* 1657, encre et lav. gris sur craie noire (10,2x20,8) : **NLG 8 970** – AMSTERDAM, 15 nov. 1995 : *Paysan bêchant près d'une charrette à cheval avec un porc et un chien près de lui*, craie noire et lav. (13,9x20) : **NLG 17 700** – PARIS, 26 mars 1996 : *L'Homme au chien* 1659, eau-forte : **FRF 4 200** – NEW YORK, 31 jan. 1997 : *Saint Paul guérissant les malades à Lystra*, h/t (179x139) : **USD 442 500** – PARIS, 13 juin 1997 : *La jeune mère apprenant les premiers pas à son fils ou Le Chien savant*, pan. chêne (31,5x42) : **FRF 170 000**.

DUJARDIN Louis
Né le 23 janvier 1808 à Rouen. Mort en 1859 à Paris. XIXe siècle. Français.
Graveur.
Élève de H. Brévière, il figura au Salon de Paris de 1847 à 1855.

DUJARDIN Louise
XIXe siècle. Française.
Peintre de portraits, miniatures.
En 1848, 1849 et 1851, elle exposa au Salon de Paris plusieurs portraits en miniature.

DUJARDIN René Marie
Né en 1913 à Anvers. XXe siècle. Belge.
Peintre de marines, aquarelliste. Postimpressionniste.
Il fut élève de l'Institut Supérieur d'Art d'Anvers. Il a beaucoup voyagé au Proche-Orient, en Afrique, aux États-Unis. Il a presque exclusivement peint des marines et des ports, notamment dans le Midi de la France.
BIBLIOGR. : In : *Diction. biogr. illustré des artistes en Belgique depuis 1830*, Arto, Bruxelles, 1987.

DUJARDIN Victoire Augustine
Née au XIXe siècle à Carvin (Pas-de-Calais). XIXe siècle. Française.
Peintre de portraits.
Élève de O. Mathieu. Elle débuta au Salon de 1875.

DUJARDIN-BEAUMETZ Henri Charles Étienne
Né en 1852 à Paris. Mort en 1913. XIXe-XXe siècles. Français.
Peintre.
Élève de Cabanel et de L. Roux, il débuta au Salon de 1880 et son premier tableau : *Les voilà !* dont le sujet évoquait le souvenir de la guerre franco-allemande de 1870, fut un succès. L'année suivante, l'artiste, qui signait *Étienne Beaumetz*, exposait : *Bataillon quittant la frontière* ; puis, en 1882, *La Brigade Lapasset brûlant ses drapeaux*, qui fut une des toiles sensationnelles de l'exposition et que de nombreuses reproductions popularisèrent. H. Dujardin-Beaumetz affirma encore ses qualités de peintre populaire dans : *Les Libérateurs, À Champigny, La garnison quittant Belfort, À la baïonnette, Dernier devoir*, qui parurent au Salon de 1885. Une carrière artistique brillante paraissait réservée à M. Dujardin-Beaumetz, quand il abandonna la peinture pour la politique, terrain sur lequel nous ne le suivrons pas, constatant seulement qu'après avoir été élu député, puis sénateur, il fut sous-secrétaire d'État aux Beaux-Arts.

DUJARDIN-BEAUMETZ Marie, Mme, née **Petiet**
Née à Limoux (Aude). Morte en 1893 à Paris. XIXe siècle. Française.
Peintre.
Fille et élève du peintre Léopold Petiet, elle figura à la Société des Artistes Français de 1877 à 1882 sous son nom de jeune fille, et, après avoir épousé Étienne Dujardin-Beaumetz en 1886, sous le nom de Dujardin-Petiet de 1887 à 1891. Elle peignit des scènes de genre et des portraits.

DUJARDIN-BEAUMETZ Rose
Née à Paris. XIXe-XXe siècles. Française.
Peintre de paysages.
Elle exposait à Paris, au Salon des Artistes Indépendants, notamment à l'Exposition Rétrospective de cette Société en 1926.
Elle a surtout peint des paysages de Bretagne : Saint-Malo, Saint-Servan, Roscoff ; de Vendée : *Le port des Sables-d'Olonne* ; et du département de l'Aude : *Le village de Villelongue*.

DUJARRIC de La RIVIÈRE Élisabeth
Née le 2 septembre 1930 à Jouy-en-Josas. XXe siècle. Française.
Peintre de figures, natures mortes, illustrateur.
Elle fut élève des Académies Julian et de la Grande-Chaumière à Paris, en même temps qu'elle menait des études d'histoire de l'art en Sorbonne. Elle a toujours partagé son temps de travail entre Paris et la Dordogne, origine familiale. Elle a commencé à montrer ses premières peintures en 1954. Elle était très liée alors avec les peintres du groupe de « La Ruche », autour de Paul Rebeyrolle, avec Tisserand, Biras, etc. Elle a exposé au Salon d'Automne en 1952, 1953, au Salon des Jeunes Peintres de 1954 à 1966, où elle fut membre du comité en 1957-1958, au Salon de Mai à partir de 1957. Elle participe à de nombreuses expositions collectives, parmi lesquelles : 1955, 1956 Londres, 1956 *La Nouvelle Vague* à Paris, 1961, 1962 *La Ruche* à Milan et Venise, 1965 *1/65* au Musée d'Art Moderne de la Ville de Paris, etc. Elle montre aussi ses peintures dans des expositions personnelles, notamment à Paris en 1968. Elle a obtenu le Prix des Jeunes Peintres en 1957, figura à la sélection du Prix Antral en 1961, obtint le Prix de l'Académie du Périgord, à Brantôme, en 1962. En 1969, Jean Cassou a préfacé un recueil de 32 illustrations sur le thème du *Journal des Moissons*.
Jusqu'en 1960, elle a peint de grandes natures mortes et une série d'autoportraits. À partir des années soixante-dix, ses peintures, toujours de visages, semblent résulter de l'observation indiscrète, insistante, sous l'angle du contact, du visage antagoniste épié dans l'abandon de l'intimité, parfois démesurément grossi parce que de si près vu, à moins qu'il ne s'agisse du reflet obsessionnel de soi-même, capté de quelque miroir introspectif où attiser l'absence de l'autre. ■ J. B.

DU JILIAN ou **Tu Chi-Lien**
Né vers 1920. XXe siècle. Chinois.
Peintre amateur.
À l'occasion de le « Révolution culturelle », il a été entraîné dans le mouvement de peinture populaire de la région de Huxian, dont il est dit qu'il en a donné une vision quelque peu futuriste (Voir HUXIAN, peintres paysans du).

DU JILONG ou **Tou Ki-Long** ou **Tu Chi-Lung**, surnom : **Shiliang**
Originaire de Suzhou, province du Jiangsu. XVIe siècle. Chinois.
Peintre.
Peintre paysagiste dans le style de Shenzhou (1427-1509).
MUSÉES : PÉKIN (Palais Impérial) : *Vue de rivière, pavillons et arbres morts sur une rive*, encre sur pap. tacheté d'or.

DU JIN ou **Tu Chin** ou **Tou Kin**, surnom : **Junan,** noms de pinceau : **Chengju, Gukuang, Qingxia Tingzhang**
Originaire de Dantu, province du Jiangsu. XVe siècle. Actif dans la seconde moitié du XVe siècle. Chinois.
Peintre.
Connaisseur en poésie, en belles-lettres et en philologie, ce peintre excelle dans les représentations d'oiseaux, de fleurs et de personnages. On sait qu'il s'installe à la capitale pendant le règne de l'empereur Ming Chenghua (1465-1488). Il fait aussi des paysages dans le style de Mayuan et Xiagui (XIVe siècle).
MUSÉES : CLEVELAND (Mus. of Art) : *Promeneur passant devant un vieux prunier dans les montagnes au clair de lune*, encre et coul. légères sur pap., signé – PÉKIN (Palais Impérial) : *Pavillon avec deux hommes sur une terrasse dans un petit jardin* daté 1509, signé, colophon de Wen Boren – *Lettré écrivant sur un bambou, accompagné d'un ami et de son fils*, encre et coul. sur soie, signé à la manière de Dai Jin – SHANGHAI : *Jouant du luth sous un prunier*, encre et coul. sur soie, rouleau en hauteur – TAIPEI (Nat. Palace Mus.) : *Réunion de lettrés pour étudier des antiquités*, encre et coul. sur soie, rouleau en hauteur signé.

DUJON Charles
XVIIIe siècle. Français.
Peintre.

Il fut reçu à l'Académie de Saint-Luc à Paris en 1784. Il fut élu député en 1786.

DU JONCQUOIS Gilles ou **Jonquoy** ou **Gioncoy**
Né en 1532. Mort en 1611. XVIe-XVIIe siècles. Actif à Tournai. Éc. flamande.
Peintre.
Fils de Pierchon du Joncquois. Il entra dans la gilde en 1548 et fut doyen en 1564.

DU JONCQUOIS Jean ou **Jonquoy** ou **Gioncoy**
XVIe siècle. Éc. flamande.
Peintre.
Peintre de l'École de Tournai. Il eut pour élève, en 1497, Loyset de Framerg.

DU JONCQUOIS Michel ou **Jonquoy** ou **Gioncoy**
Mort en 1606. XVIe siècle. Actif à Tournai. Éc. flamande.
Peintre.
Frère de Gilles du Joncquois. En 1573, il travaillait à Rome avec B. Spranger. En 1581, il entra dans la gilde des peintres de Tournai. En 1584, il fut reçu bourgeois d'Anvers et il vivait encore dans cette ville en 1586. En 1600, il fut chargé d'exécuter plusieurs portraits de l'archiduc Albert et de l'archiduchesse Isabelle.

DU JONCQUOIS Pierchon ou **Jonquoy** ou **Gioncoy**
XVIe siècle. Actif à Tournai. Éc. flamande.
Peintre.
Inscrit dans la gilde en 1515.

DUJOURIE Lili
Née en 1941 à Roselaere. XXe siècle. Belge.
Sculpteur d'installations, technique mixte. Conceptuel.
Elle expose, depuis 1968, aux Pays-Bas, en Allemagne, Angleterre, en France, en 1987 dans les Abbayes de Fontevraud et de Maymac, puis au Musée d'Art Moderne de la Ville de Paris en décembre 1990 dans le contexte de *La Scène Belge*. Sa première exposition personnelle fut en 1970 à Anvers, d'autres suivirent, notamment au *Magasin* de Grenoble en 1990, à la galerie Xavier Hufkens de Bruxelles en 1992...
En fait, dans son cas, les matériaux du luxe, marbre et miroirs, et les couleurs les plus somptueuses, souvent des étoffes précieuses, des velours de couleurs fanées ou éclatantes, en outre agencés, présentés avec grâce et théâtralité dans des espaces intégrés, drapés étudiés sur paravents de bois nu, contredisent l'appartenance à l'art conceptuel. Pourtant, ce sont bien des concepts auxquels ses œuvres renvoient par leurs titres poétiques : *Echo in the memory, Lieux dédiés à la nuit et à la Tosca* ou bien une citation, un prénom, etc. Mais, en contrepartie de l'arte povera, pourrait-on arguer d'un « arte ricca » ? Puis, elle a épuré ses mises-en-scène, s'attachant à une problématique plus nettement conceptuelle sur l'apparence et le caché, la présence et l'absence.

DUKE Alfred Arthur
Mort vers 1905. XXe siècle. Britannique.
Peintre de genre, animaux.

VENTES PUBLIQUES : LONDRES, 9 déc. 1907 : *Une figure étrange* : **GBP 4** – LONDRES, 27 avr. 1908 : *Laissé en garde* : **GBP 9** – CHESTER, 29 oct. 1981 : *Dog biscuits*, h/t (39x30) : **GBP 800** – CHESTER, 5 mai 1983 : *Following the scent*, h/t (35,5x46) : **GBP 480** – LONDRES, 12 juin 1985 : *Chiens de chasse poursuivant une loutre*, h/t (60x90) : **GBP 3 000** – PERTH, 27 août 1985 : *Deux chiens dans les landes*, aquar. reh. de gche (32,5x43) : **GBP 750** – LONDRES, 31 oct. 1986 : *Chiens de chasse à l'arrêt*, h/t (44,5x59,7) : **GBP 1 800** – LONDRES, 15 juin 1988 : *Faisans*, h/t (41x61) : **GBP 1 650** – LONDRES, 16 juil. 1991 : *La meute lancée sur une trace*, h/t (30,4x40,6) : **GBP 880** – LONDRES, 3 juin 1992 : *La meute sur la piste d'un renard*, h/t (51x76) : **GBP 1 210** – LONDRES, 13 nov. 1992 : *Une pièce difficile à suivre*, h/t (45,8x61) : **GBP 3 080** – LONDRES, 5 mars 1993 : *Le repas des chiens*, h/t (46,1x61,3) : **GBP 5 750** – PERTH, 30 août 1994 : *Faisans*, h/t (41x61) : **GBP 2 645** – LONDRES, 7 juin 1995 : *Chiens de meute*, h/t (40,5x61) : **GBP 1 265**.

DUKERS Auguste François Joseph ou **Duckers**
Né le 15 décembre 1792 à Liège. Mort le 29 décembre 1831 à Liège. XIXe siècle. Éc. flamande.
Architecte et dessinateur.
Fils de Thomas Dukers. On cite parmi ses dessins une *Vue du temple de Junon, à Agrigente, Un Combat entre chien et chat*, plusieurs plans de palais, de ponts, etc., ainsi que des portraits.

DUKERS Thomas François Joseph ou **Duckers**
Né le 31 mai 1765 à Liège. Mort le 22 septembre 1823 à Liège. XVIIIe-XIXe siècles. Éc. flamande.
Architecte et peintre décorateur.

DUKES Charles
XIXe siècle. Britannique.
Peintre de genre, intérieurs.
Cet artiste exposa à Londres, notamment à la Royal Academy, de 1829 à 1865.
MUSÉES : YORK, Angleterre : *Nid d'oiseau*.
VENTES PUBLIQUES : LONDRES, 13 juin 1910 : *Au printemps ; Intérieur d'une chaumière* : **GBP 6** – LONDRES, 23 nov. 1982 : *Femmes et enfant*, h/t (63,5x53,5) : **GBP 800** – LONDRES, 1er oct. 1986 : *A family by a stile*, h/t (91x70) : **GBP 2 500** – LONDRES, 30 mars 1994 : *Le Chéri de maman*, h/t (60x50,5) : **GBP 4 370**.

DUKMAN Zacharie
XVIIe siècle. Hollandais.
Peintre.
Il fut membre de la corporation de Saint-Luc à La Haye, en 1631.

DUKSZYNSKA von DUKSZTA Emilie
Née en 1847 à Saint-Pétersbourg. Morte en 1898 à Varsovie. XIXe siècle. Polonaise.
Peintre d'histoire, scènes de genre, portraits, pastelliste.
Elle peignit des portraits à l'huile et au pastel, des tableaux historiques et des scènes de genre, et figura dans de nombreuses expositions d'Europe : Paris, Anvers, Amsterdam, Varsovie, Saint-Pétersbourg et Dresde. Les Musées de Cracovie et de Varsovie conservent quelques-unes de ses œuvres.
MUSÉES : CRACOVIE – VARSOVIE.
VENTES PUBLIQUES : NEW YORK, 24 jan. 1980 : *Portrait de fillette*, h/t (76,5x55) : **USD 1 600**.

DULAC Adolphe Édouard
Né au XIXe siècle à Paris. XIXe siècle. Français.
Sculpteur.
Élève de Levasseur. Il débuta au Salon de 1877 avec un : *Portrait* (médaillon), puis il donna en 1879 un buste en marbre : *Dona Sol*.

DULAC Alban
Né à Toulouse (Haute-Garonne). XXe siècle. Français.
Peintre de paysages.
Il fut élève de Jules Lefebvre, Tony Robert-Fleury, Julien Gagliardini. Il exposait régulièrement à Paris, au Salon des Artistes Français, dont il était sociétaire depuis 1907.
VENTES PUBLIQUES : NEW YORK, 21 mai 1987 : *La vie de Bohême* 1931, h/t (59x73,5) : **USD 7 000**.

DULAC Antoine Charles
XVIIIe siècle. Français.
Peintre.
Il fut reçu à l'Académie de Saint-Luc à Paris en 1758. Il pratiqua également la dorure.

DULAC Charles
XVIIIe siècle. Français.
Peintre.
Il fut reçu à l'Académie de Saint-Luc à Paris en 1709.

DULAC Charles Marie
Né en 1865 à Paris. Mort le 29 décembre 1898 à Paris. XIXe siècle. Français.
Peintre d'architectures, paysages, lithographe.
Il débuta très jeune au Salon des Indépendants, puis, à partir de 1891, il exposa à celui de la Société Nationale des Beaux-Arts. Il voyagea beaucoup en Italie, dans le Midi de la France et en Belgique.
Il se spécialisa d'abord dans la reproduction des vieux quartiers de Montmartre, puis se consacra aux représentations de cathédrales en dessin et lithographie. Ses lithographies ont été réunies dans le *Cantique des créatures* et *Suite de paysages*.
BIBLIOGR. : Gérald Schurr, in : *Les Petits Maîtres de la peinture 1820-1920, valeur de demain*, Les Éditions de l'Amateur, t. II, Paris, 1982.

Musées : Gray : *Château de Saint-Cloud – Nef de Vézelay* 1891 – Paris (Mus. d'Art Mod. de la Ville de Paris) : *Intérieur d'église de Vézelay.*

Ventes Publiques : Los Angeles, 21 sep. 1981 : *Suite de paysages* 1892-1893 (65,2x50,2) : **USD 1 150**.

DULAC Edmond, puis **Edmund**

Né le 22 octobre 1882 à Toulouse (Haute-Garonne). Mort le 15 mai 1953 à Londres. xxe siècle. Depuis 1905 actif et depuis 1912 naturalisé en Angleterre. Français.

Peintre, peintre à la gouache, aquarelliste, dessinateur de compositions animées, portraits, caricatures, illustrateur.

Il fut élève de l'École des Beaux-Arts de Toulouse, puis, brièvement, de l'Académie Julian à Paris. Il émigra en Angleterre à l'âge de vingt-trois ans. À Londres, la Leicester Gallery exposa ses dessins et caricatures en 1920, puis le Royal Institute of Painters in Watercolours.

Il élabora son style à partir des miniatures persanes, de l'illustrateur anglais Arthur Rackam, des graveurs sur bois japonais, et aussi des préraphaélites et de l'Art Nouveau. Son dessin, uniquement au trait et en hachures, anguleux et sec, archaïsant à la manière des burinistes et graveurs sur bois du Bas Moyen-âge germanique, est d'une grande précision narrative. Il a peint de très nombreuses gouaches et aquarelles, presque toujours sur des sujets littéraires ou assimilés. Il a très peu peint à l'huile, notamment quelques portraits. Il a illustré plus de six cents ouvrages, d'entre lesquels : *Jane Eyre* de Charlote Brontë 1905, *Les Hauts de Hurlevent* d'Emily Brontë 1905, *La tempête* de William Shakespeare 1908, *Le Ruba'iyat* d'Omar Khaiyam 1909, les *Contes* d'H. C. Andersen 1912, les *Œuvres Poétiques* d'Edgar Allan Poe 1912, *L'île au trésor* de J. Stevenson 1927, et surtout les *Contes des mille et une nuits* qui assurèrent son succès. Il publia aussi des albums de dessins et peintures, et exécuta des caricatures de personnalités de son temps, écrivains, poètes, artistes, hommes politiques, etc. ■ J. B.

Edmund Dulac

Bibliogr. : Marcus Osterwalder : *Dictionnaire des illustrateurs 1800-1914*, Hubschmid & Bouret, Paris, 1983 – Ann Conolly Hughey : *Edmund Dulac : His Book Illustrations*, Buttonwood Press, Potomac, Maryland, 1995.

Ventes Publiques : Londres, 13 nov. 1924 : *Le rossignol*, aquar. : **GBP 21** – Londres, 11 juil. 1928 : *La reine des Ebeny Isles* 1907, aquar. : **GBP 12** – Londres, 25 nov. 1931 : *Intérieur* 1928, aquar. : **GBP 4** – Londres, 15 mai 1942 : *M. Winston Churchill* 1915, dess. : **GBP 13** – New York, 2 avr. 1943 : *Les trois mages* 1917, gche : **USD 140** – Londres, 25-27 avr. 1946 : *M. John Sargent*, aquar. : **GBP 60** – Londres, 29 mai 1963 : *Réveillez-vous, le soleil est levé*, aquar. avec reh. de blanc : **GBP 200** – New York, 31 oct. 1968 : *Adam et Ève*, aquar. : **USD 1 200** – Londres, 12 nov. 1976 : *Ali-Baba et les quarante voleurs* 1906, aquar. (28,5x41,6) : **GBP 1 450** – Londres, 28 oct. 1977 : *Prince oriental découvrant une jeune fille endormie*, aquar. (28,6x25,5) : **GBP 1 050** – Londres, 19 oct. 1979 : *La porteuse d'eau* 1909, aquar., pl. et or (30,5x22) : **GBP 1 900** – Londres, 31 juil. 1981 : *Hercule et Hypolyte*, aquar. (33,3x30,8) : **GBP 1 400** – Londres, 21 juin 1983 : *Le Songe de Salomon*, suite de huit h/cart. (33,5x30,5) : **GBP 15 000** – New York, 16 déc. 1983 : *Illustration pour « La Tempête »* 1908, aquar. et cr. (42,1x26,5) : **USD 3 250** – Londres, 9 nov. 1984 : *Portrait of Elizabeth Allhusen* 1922, h. et or/t. mar./pan. (48,3x35,5) : **GBP 6 000** – New York, 15 fév. 1985 : *La Reine des neiges* 1910, aquar. gche et pl. (31,4x24,7) : **USD 67 000** – Londres, 20 juin 1986 : *Fillette embrassant un renne*, aquar. (31,3x24,9) : **GBP 25 500** – Londres, 29 juil. 1988 : *Moïse retrouvé*, aquar. et gche (33,9x28,8) : **GBP 1 980** – New York, 27 mai 1992 : *La Reine Isabeau de Bavière*, gche/cart. (33,4x30,7) : **USD 17 600** – New York, 29 oct. 1992 : *Le Sage* 1906, aquar. et gche/pap. (17,1x17,1) : **USD 10 450** – New York, 20 juil. 1994 : *Cendrillon et le prince charmant*, aquar./cart. (43,2x35,6) : **USD 4 312**.

DULAC Édouard

xviiie siècle. Français.

Peintre.

Il fut reçu à l'Académie de Saint-Luc à Paris en 1761.

DULAC G. B. ou **Dulach**

xviie siècle. Actif à Rome vers 1660. Français.

Peintre.

DULAC Guillaume

Né en 1868 à Fumel (Lot-et-Garonne). Mort en 1922 à Paris. xixe-xxe siècles. Français.

Peintre de nus, paysages, natures mortes, fleurs.

Il exposait à Paris, depuis 1905 au Salon des Artistes Indépendants, à partir de 1910 au Salon de la Société Nationale des Beaux-Arts. La veille du vernissage de son exposition dans une galerie parisienne en 1922, il se jette dans la Seine.

Sur un dessin précis, il pose des couleurs claires et raffinées, dans des compositions sobres.

Bibliogr. : Gérald Schurr, in : *Les Petits Maîtres de la peinture 1820-1920, valeur de demain*, Les Éditions de l'Amateur, t. II, Paris, 1982.

Ventes Publiques : Paris, 28 nov. 1924 : *Barques sur la Seine* : **FRF 1 400** – Paris, 5 et 6 juin 1925 : *Paysage*, toile décorative : **FRF 150** – Paris, 18 mai 1934 : *Figuier à Cassis* : **FRF 55** ; *Les régates sur la Seine à Triel* : **FRF 95**.

DULAC Jacques

xviie siècle. Actif à Nantes en 1672. Français.

Peintre.

DULAC Jean

Né à Bourgoin (Isère). xxe siècle. Français.

Sculpteur de bustes.

Il fut élève de Paul Landowski. Il exposait à Paris depuis 1930, aux Salons des Artistes Français et d'Automne.

DULAC Pierre

xviiie siècle. Actif à Paris en 1774. Français.

Peintre.

DULAC Pierre Charles

xviiie siècle. Français.

Peintre.

Il fut reçu à l'Académie de Saint-Luc à Paris en 1773.

DULAC Sébastien

Né le 12 avril 1802 à Paris. Mort après 1851. xixe siècle. Français.

Peintre de genre, portraits.

Élève de Perron, Auguste Vinchon et Jérôme Martin Langlois, à l'École des Beaux-Arts de Paris, il figura au Salon de Paris de 1824 à 1851. Ses petits tableaux de genre montrant souvent des scènes populaires italiennes sont très pittoresques et hautes en couleur. Citons : *Contentement passe richesse – Le modèle cuisinier – Suite d'une léthargie.*

Bibliogr. : Gérald Schurr, in : *Les Petits Maîtres de la peinture 1820-1920, valeur de demain*, Les Éditions de l'Amateur, t. VI, Paris, 1985.

DULAS, Mme

xviiie-xixe siècles. Française.

Graveur.

DULAU Jacques Victor

Né à Dax (Landes). xxe siècle. Français.

Sculpteur de bustes, animalier.

Il exposait à Paris, de 1941 à 1944 au Salon d'Automne, dont il était sociétaire.

DULAURENS André

Né le 23 juin 1918 à Autun (Saône-et-Loire). xxe siècle. Français.

Peintre de sujets divers, graveur, illustrateur.

Après avoir exercé le métier de peintre en bâtiment, il commença à peindre en autodidacte. Il ne semble pas avoir exposé dans les Salons institutionnels.

Il a peint des portraits, nus, paysages, natures mortes, fleurs. Il a peint neuf tableaux retraçant la vie du Christ, destinés à la chapelle du château de Marguerite de Bourgogne. Il a illustré de gravures : *La bataille d'Autun* et *Paysages et Types de Bourgogne.*

DULAURIER Vincent

Français.

Peintre.

Il fut membre de l'Académie de Saint-Luc.

DÜLBERG Ewald

Né le 12 décembre 1888 à Schwerin. xxe siècle. Allemand.

Peintre de portraits, décors de théâtre.
Il travailla à Munich de 1908 à 1912. À partir de 1912, nommé conseiller pour les décorations scéniques, il poursuivit son activité de portraitiste et se consacra au décor de théâtre.
Ventes Publiques : Hambourg, 11 juin 1982 : *Eros* 1924, grav. sur bois (67,7x41,4) : **DEM 850**.

DULCKEN Geert Van
XVIe siècle. Actif à Nimègue dans la seconde moitié du XVIe siècle. Hollandais.
Sculpteur.
Auteur des stalles du tribunal de la chambre des échevins, à l'Hôtel de Ville de Nimègue.

DULEBIANKA Marie ou **Duleba**
Née en 1862 à Cracovie. XIXe siècle. Polonaise.
Peintre.
Elle fut élève de W. (A.) Gerson à Varsovie, et de Robert-Fleury, Bouguereau, Henner et Carolus-Duran à Paris. Elle exposa au Salon des Artistes Français à Paris en 1891-92 deux tableaux de genre : *Ave Maria* et *Chloé*, et un autre en 1905 : *Après l'arrêt*.

DULER Eugène Henry
Né au Boucau (Pyrénées-Atlantiques). XXe siècle. Français.
Sculpteur de bustes, sujets de genre.
Il expose depuis 1938, notamment des bustes et une *Bacchante*.

DULÉRY Rose-Marie
Née à Rouen (Seine-Maritime). XXe siècle. Française.
Peintre de portraits.
Elle fut élève de Paul Laurens et René Xavier Prinet. Elle a exposé à Paris depuis 1931, au Salon des Artistes Français.

DULEX Hélène
XIXe-XXe siècles. Vivant à Lausanne. Suisse.
Peintre de paysages, fleurs, aquarelliste, peintre sur porcelaine.
Exposa à Vevey et à Lausanne de 1888 à 1901, et enseigna le dessin à Lausanne.

DULIEU
XVIIIe siècle. Actif à Paris. Français.
Peintre sur émail.

DULIEU Marcel
XXe siècle. Français.
Peintre de portraits.
Il exposa à Paris au Salon des Artistes Français en 1940.

DULIEU Pierre
Né en 1930 à Thin. XXe siècle. Belge.
Peintre de paysages, décorations murales.
Il fut élève de Jacques Maes à l'École d'Art de St-Josse-ten-Noode. Il obtint plusieurs Prix : Campo à Anvers, Lebon à Auderghem, de la Ville d'Ostende. Il expose régulièrement, notamment à Bruxelles en 1991.
Pratiquant une touche postimpressionniste, la violence de sa gamme colorée l'apparente à l'expressionnisme. Il s'inspire souvent des paysages de Provence.
Bibliogr. : In : *Diction. biogr. illustré des artistes en Belgique depuis 1830*, Arto, Bruxelles, 1987.

DULIEU René
XXe siècle. Français.
Peintre de nus, paysages, marines.
Travaillant à Paris, il exposa au Salon des Indépendants à partir de 1941.
Ventes Publiques : Los Angeles, 18 mars 1980 : *La Station de métro Saint-Michel*, h/t (46x56) : **USD 500**.

DULIGNON Abraham
Né au XVIIIe siècle dans le sud de la France. XVIIIe siècle. Français.
Peintre d'éventails, dessinateur, sculpteur-modeleur de cire.
Vint jeune à Amsterdam.
Ventes Publiques : Paris, 1857 : *Paysage avec ruines*, aquar. : **FRF 9**.

DULIN, le Jeune
XVIIIe siècle. Actif à Paris. Français.
Peintre.
Probablement le fils de Louis Dulin. L'Académie de Paris lui décerna un Prix en 1704, 1705 et 1707.

DULIN James Harvey
Né à Kanoor-City (Missouri). XXe siècle. Américain.
Graveur de paysages.
Il exposa à Paris au Salon de la Société Nationale des Beaux-Arts à partir de 1929.

DULIN Louis
XVIIe siècle. Actif à Paris. Français.
Sculpteur.

DULIN Pierre ou **d'Ulin**
Né le 17 septembre 1669 à Paris. Mort le 28 janvier 1748 à Paris. XVIIe-XVIIIe siècles. Français.
Peintre d'histoire, compositions religieuses, dessinateur.
Peintre ordinaire du Roi, il eut le premier grand prix en 1696 et 1697, avec deux sujets empruntés à l'histoire sainte. En 1707, il fut reçu académicien et en 1726 il fut nommé adjoint à professeur. De 1737 à 1747, il envoya au Salon des tableaux d'histoire.

Dulin.

Musées : Arras : *L'Annonciation* – Mayence : *Le Christ guérit un possédé* – Montpellier : *Jésus-Christ opérant des miracles au bord de la mer* – Versailles : *Établissement de l'Hôtel royal des Invalides* – Versailles (Trianon) : *Saint Claude ressuscitant un enfant*.
Ventes Publiques : Paris, 1883 : *Scène du sacre de Louis XV*, sanguine reh. de blanc : **FRF 120** – Paris, 29 mars 1943 : *Étude pour un couronnement*, lav., reh. de blanc : **FRF 400** – Paris, 5 déc. 1962 : *Après la chasse* : **FRF 5 500** – Paris, 6 déc. 1982 : *La Multiplication des pains*, sanguine (25,5x21,8) : **FRF 2 650**.

DULIS Pierre
XVIe siècle. Actif à Rouen. Français.
Sculpteur.
Sous la direction de Roullant Leroux, il travailla, de 1513 à 1520, aux statues du portail de la cathédrale de Rouen.

DULK Markus
Né en 1949 en Suisse. XXe siècle. Depuis 1973 actif en Allemagne. Suisse.
Peintre et dessinateur.
Études à Zurich et Berlin. Réside à Berlin. Nombreuses expositions de groupe, notamment à la 9e Biennale de Paris en 1975. Plusieurs expositions personnelles depuis 1973, en Suisse, en Allemagne et en Israël.
Abstrait et de tendance gestuelle, le travail à l'époque de la Biennale de Paris insistait sur la notion de vibration : « Un espace qui doit vous mettre en mouvement ».
Bibliogr. : Catalogue de la *9e Biennale de Paris*, Paris, 1975.
Musées : Zurich (Mus. de la Ville).

DULL A.
XVIIIe siècle. Hollandais.
Dessinateur.
Deux de ses dessins de paysages furent vendus avec la collection Ploos Van Amstel en 1800.

DULL Alois
Né le 28 juin 1843 à Vienne. Mort le 12 mars 1900 à Vienne. XIXe siècle. Autrichien.
Sculpteur.
Il fut à l'Académie des Arts à Vienne élève de Franz Bauer et de Karl Kundmann, puis de Hahnels à Dresde. Après un séjour de deux ans en Italie, il occupa différents postes de professeur dans les écoles d'Art de Vienne. Il exécuta de nombreuses statues pour les différents monuments de Vienne : pour le Parlement : *Fabius Maximus Cunctator, Déméter, Pallas Athénée, Diane, Polybe* ; pour l'Hôtel de Ville : *Soldat de la garde, L'Art, La Science* ; pour l'Université : *Les Dogmes, L'Apologétique, Pastorale, La Morale* ; pour le Musée impérial : *Moïse, Lysippe et Apelle*. Il travailla également pour le Théâtre impérial, l'Académie des Arts, la Bourse, etc. Ses meilleurs bustes sont ceux du peintre d'histoire *J. Hasslwander*, de *Mme de Newotny*, de *Mlle Hanousek*, et le buste en plâtre du *Cardinal-Archevêque Gangelbauer*. Il figura en 1877 à l'Exposition Historique des Arts avec les œuvres suivantes : *Faune ivre, Pietà, Pan et une Bacchante, Le Fils perdu, Rébecca* ; et à l'Exposition du Jubilé à la Maison des Artistes en 1888, avec une statuette de bronze, *Mozart*.

DULL Cornelis, l'Ancien ou **Dul**
XVe siècle. Actif à Anvers. Éc. flamande.
Sculpteur.

Il fut apprenti de Lenaert Van Berghen, et fut reçu maître sculpteur en 1495.

DULL Cornelis, le Jeune ou **Dul**
XVIe siècle. Actif à Anvers. Éc. flamande.
Sculpteur.
Fils de Cornelis Dull l'Ancien. Il fut reçu Maître en 1514.

DULL Gheert
XVIe siècle. Actif à Anvers. Éc. flamande.
Sculpteur.
Fils de Cornelis Dull l'Ancien. Il fut reçu Maître en 1514. Les documents le mentionnent jusqu'en 1558-59.

DÜLL Heinrich
Né le 19 septembre 1867 à Munich. XIXe siècle. Allemand.
Sculpteur.
Il fut élève de A. H. Hess et de B. Romeis à l'École Professionnelle des Arts à Munich, puis de S. Eberle et Friedrich Thiersch à l'Académie, où il étudia avec Georg Pezold, avec lequel il collabora par la suite dans l'exécution de nombreux travaux pour les monuments de Munich. Leur première œuvre, en collaboration avec le sculpteur Max Heilmaier fut le gigantesque monument à *La Paix* pour la Terrasse du prince Régent Léopold. Ils exécutèrent également la *Fontaine du Loup*, la *Fontaine Georges* (dans les jardins du Restaurant Betz), l'ornementation plastique du *Pont Max-Joseph (L'Air et l'Eau)*, les statues allégoriques de la *Force* et la *Beauté* (marbres) décorant l'entrée de la villa Kustermann à Munich-Bogenhausen, deux monuments funéraires au cimetière de cette dernière ville ; et un nombre considérable d'autres œuvres à Munich, et à Dürckheim de 1908 à 1910.

DULL John J.
Né en 1862 à Philadelphie. XIXe siècle. Américain.
Peintre de paysages, aquarelliste, pastelliste.
Ses paysages parurent régulièrement aux Expositions de Philadelphie et Chicago. Il était également architecte.
VENTES PUBLIQUES : NEW YORK, 22 jan. 1985 : *Paysage d'hiver*, h/t (76,2x92) : **USD 1 300**.

DULL Peter
XVIe siècle. Actif à Anvers. Éc. flamande.
Sculpteur.
Fils de Cornelis Dull l'Ancien. Il fut reçu Maître en 1514.

DULL von Frieberg Konrad ou **Dall, Doll, Dotel**
XVIe siècle. Actif à Francfort-sur-le-Main. Allemand.
Peintre.
L'Empereur Maximilien lui fit exécuter un tableau *La Maison d'Autriche*, terminé en 1500.

DULLAERT Heyman
Né le 6 février 1636 à Rotterdam. Mort le 6 mai 1684. XVIIe siècle. Hollandais.
Peintre d'histoire, compositions religieuses, portraits, intérieurs.
Il fut élève de Rembrandt vers 1650. Il fut aussi poète. Ses tableaux sont extrêmement rares.

H Dullaert.

BIBLIOGR. : W. Somowski : *Peinture de l'école de Rembrandt*, Landau, 1990.
MUSÉES : VIENNE (Mus. Liechtenstein) : *Mars harnaché – Portraits – Cuisine – Ermite priant – Homme et jeune femme – Massacre des Innocents de Bethléem.*
VENTES PUBLIQUES : AMSTERDAM, 28 nov. 1989 : *Trompe-l'œil d'un flacon, un étui à sceaux, un pot de faïence de Delft, une lettre adressée à l'artiste et des plumes d'oies sur une étagère sur une cloison de bois*, h/pan. (24,6x37,5) : **NLG 92 000** – PARIS, 23 juin 1993 : *Le changeur*, h/t (78x64) : **FRF 100 000** – LONDRES, 9 juil. 1993 : *Jeune homme en train d'étudier dans son cabinet de travail*, h/t (68,8x53,3) : **GBP 13 800** – LONDRES, 8 déc. 1995 : *Une dinde sur un chauffe-plat avec une orange et un citron pelé avec une cuisse de la volaille dans une assiette, une flûte, un couteau et du pain sur une table en partie drapée*, h/t (54,6x73) : **GBP 40 000**.

DULLAH
Né en 1919 à Surakarta (Java). Mort en 1996. XXe siècle. Indonésien.
Peintre de figures typiques, portraits, paysages.
Il est connu pour ses paysages et ses portraits. Il fut le peintre du Palais présidentiel dans les années cinquante et reçut commande de portraits de personnalités. Il a participé à de nombreuses expositions nationales et internationales. Il est également l'auteur de deux ouvrages consacrés à la collection privée du président Soekarno.
VENTES PUBLIQUES : SINGAPOUR, 5 oct. 1996 : *Danseuse balinaise*, h/t (122x77,5) : **SGD 26 450** – SINGAPOUR, 29 mars 1997 : *Scène villageoise* 1975, h/t (89,5x69) : **SGD 23 000**.

DULLEUE Jan Choossens Van
XVIIe siècle. Actif à Delft. Hollandais.
Peintre.
Il fut inscrit à la Corporation de Saint-Luc entre 1613 et 1649.

DULLOT
XVIIIe siècle. Actif à Paris. Français.
Sculpteur sur ivoire.

DULMEN Jean Goossensz Van
XVIIe siècle. Hollandais.
Peintre et peintre verrier.

DULMEN KRUMPELMAN Erasmus Bernhard Van
Né en 1897. Mort en 1987. XXe siècle. Hollandais.
Peintre de figures, compositions à personnages, paysages.
Il peint des paysages et des scènes quotidiennes des Pays-Bas.
VENTES PUBLIQUES : AMSTERDAM, 10 fév. 1988 : *Vue de Leeuwarden avec le Nieuwstad*, h/t (71x84,5) : **NLG 3 220** – AMSTERDAM, 13 déc. 1989 : *Deux garçons*, aquar./pap. (71x53) : **NLG 2 990** – AMSTERDAM, 10 avr. 1990 : *Baigneurs*, aquar./pap. (23x33) : **NLG 1 380** – AMSTERDAM, 23 mai 1991 : *Baigneuses* 1969, h/t (93x62) : **NLG 4 025** – AMSTERDAM, 2 nov. 1992 : *Enfants en train de patiner*, h/t (71x100) : **NLG 6 900** – AMSTERDAM, 9 déc. 1992 : *Baigneuses*, h/t (100x60) : **NLG 1 840** – AMSTERDAM, 20 avr. 1993 : *Nus*, h/t/pan. (100x62) : **NLG 3 680** – AMSTERDAM, 9 nov. 1993 : *Vue de Molsteeg près de l'Église Neuve d'Amsterdam*, h/t (88,5x63) : **NLG 4 830** – AMSTERDAM, 14 juin 1994 : *Une midinette avec un chapeau rouge*, h/t (112x65,5) : **NLG 18 400**.

DULOIR
XVIIe siècle. Français.
Peintre.
Cité par de Marolles.

DULOMPRÉ Joseph Julien Guillaume
Né en 1789 à Paris. XIXe siècle. Français.
Graveur.
Il fut élève de Lafitte. On connaît de lui les portraits au burin : du *Curé de Saint-Sulpice*, de *Ch. Louis de Lantages*, du *Tsar Alexandre Ier* et du *Général Moreau*, et aussi quelques vignettes et illustrations de livres.

DULONG Alexis
XIXe siècle. Français.
Peintre de paysages.
Figura au Salon de Paris en 1836 et 1837.

DULONG Alphonse Louis
Né en 1811 à Paris. Mort en 1857. XIXe siècle. Français.
Peintre.
Élève de Steuben et d'Ingres. Il fut nommé professeur de dessin à l'École polytechnique et figura au Salon de 1835 à 1848 avec des sujets religieux et des paysages : *La Chaumière indienne, Les Adieux, Jeanne d'Arc dans sa prison.*

DULONG Jean Louis
Né le 16 août 1800 à Astaffort (Lot-et-Garonne). Mort en octobre 1868 à Paris. XIXe siècle. Français.
Peintre d'histoire, scènes de genre, paysages, natures mortes.
Il fut élève de Gros et d'Abel de Pujol. Au Salon de Paris, il exposa de 1833 à 1868, obtenant en 1844 une médaille de troisième classe.
Cet artiste a un peu touché à tous les genres. On cite de ses tableaux : *Napoléon et la Champenoise, Ambassade du roi de France auprès du pape Sixte IV, Marie-Antoinette à la Conciergerie, interrogée par Saint-Just et Lebas.*
MUSÉES : LE HAVRE : *La Cabane du paria* – SEMUR-EN-AUXOIS : *La Fin de l'intrigue.*
VENTES PUBLIQUES : PARIS, 21 juin 1919 : *Nature morte* : **FRF 460** – PARIS, 7 et 8 déc. 1923 : *La Bonne Aventure* : **FRF 1 100** – ROUBAIX, 23 oct. 1983 : *Chiens dans un parc* 1851, h/t, deux pendants

chaque 50x61) : **FRF 42 000** – Paris, 4 avr. 1984 : *La Bonne Aventure* 1835, h/t (128x97,5) : **FRF 8 500**.

DULONGVAL Emilia
XIXe siècle. Espagnol.
Peintre.
Exposa à Madrid de 1845 à 1851.

DULOT Victor
Né dans la seconde moitié du XIXe siècle à Hesdin (Pas-de-Calais). XIXe siècle. Français.
Peintre de paysages, natures mortes.
Il exposa à Paris aux Salons d'Automne et des Indépendants en 1911 et 1912.

DULOUT Marie
Née le 13 mars 1870 à Vire (Calvados). XIXe siècle. Française.
Miniaturiste.
Élève de Rivoire et Claude. Cette artiste a débuté au Salon des Artistes Français de 1889.

DULT Johann Franz
XVIIIe siècle. Actif à Nabburg (Palatinat). Allemand.
Sculpteur.
Il exécuta en 1735 le maître-autel et la chaire de l'église de Dirnsricht.

DULUARD Georges Auguste Lucien
Né à Château-Gontier (Mayenne). XXe siècle. Français.
Peintre de paysages, marines, graveur.
Il fut élève de Fernand Cormon, Charles Jouas, Fernand Sabatté, Alexandre Leleu. Il exposait à Paris, au Salon des Artistes Français, dont il était sociétaire, Prix Belin-Dollet 1910, médaille d'or 1929, hors-concours.
Ses marines sont en général des vues de ports.

DULUARD Hippolyte François Léon
Né le 18 novembre 1871 à Paris. XIXe-XXe siècles. Français.
Peintre de genre, graveur, aquarelliste.
Il fut élève de Jean Léon Gérome. Il exposait à Paris, régulièrement au Salon des Artistes Français, mention honorable 1909, médaille de troisième classe 1910. En 1910 il figura également à l'Exposition de Bruxelles.
Il a peint des sujets de genre : *Avant le duel, La leçon de danse, Personnages Louis XIII consultant une carte*, etc., mais aussi des sujets militaires : *Le porte-drapeau, Le rapport du porte-étendard*, etc.
Ventes Publiques : New York, 22-24 nov. 1899 : *Avant le duel* : **USD 250** – New York, 26-27 mars 1902 : *La leçon de danse* : **USD 490** – Paris, 17 mars 1906 : *La gavotte* : **FRF 220** – Paris, 3-4 mai 1923 : *Le porte-drapeau* : **FRF 700** – Paris, 4 mars 1926 : *Le porte-drapeau* : **FRF 1 180** – Paris, 26 jan. 1942 : *Le porte-étendard* : **FRF 1 150** – Londres, 16 juin 1978 : *Cavalier prenant congé*, h/pan. (72,3x57,7) : **GBP 1 000** – New York, 1er mars 1984 : *Le messager*, h/pan. (81,2x64,8) : **USD 3 000** – New York, 22 mai 1991 : *Portrait d'un Boyard*, h/pan. (80,6x63,8) : **USD 6 325** – Paris, 3 juin 1992 : *Le mousquetaire*, h/pan. (44x27) : **FRF 3 500** – New York, 19 jan. 1995 : *Portrait d'un cavalier*, h/pan. (106x90,2) : **USD 4 600**.

DULYS François Pantaléon
Né en 1708 à Commercy. XVIIIe siècle. Actif en Lorraine. Français.
Peintre.

DU LYS Louis Nicolas. Voir **LEONY**

DUM Franz
XVIe siècle. Actif à Innsbruck. Autrichien.
Peintre.

DUMAIGE Claude Liévain
Né en 1733 à Abbeville. Mort en 1758 à Abbeville. XVIIIe siècle. Français.
Peintre.
Musées : Abbeville : *Portrait du peintre par lui-même à l'âge de dix-huit ans.*

DUMAIGE Etienne Henry
Né le 30 mars 1830 à Paris. Mort en 1888 à Saint-Gilles-Croix-de-Vie (Vendée). XIXe siècle. Français.
Sculpteur de groupes, sujets militaires, sujets typiques, statues, bustes.
Il fut élève de Jean-Jacques Feuchère. À partir de 1862, il exposait au Salon de Paris, en 1880 deuxième médaille.
De 1862 à 1877, il a exposé au Salon un groupe en marbre *Retour des champs*, des statues et des bustes. Il a sculpté aussi des sujets militaires, antiques, orientalistes.
Musées : Rouen : *Camille Desmoulins*, statuette – Tours : *Rabelais*, plâtre, esquisse de la statue.
Ventes Publiques : Londres, 21 mars 1979 : *Avant le combat, volontaire de 1792 ; Après le combat, grenadier de 1792*, deux bronzes (H. 67) : **GBP 1 100** – Los Angeles, 4 mars 1980 : *Femme debout* 1878, bronze (H. 61,5) : **USD 1 800** – Londres, 17 mars 1983 : *Camille Desmoulins* vers 1870, bronze patine brune (H ; 97) : **GBP 2 000** – Londres, 21 mars 1985 : *Avant le combat* vers 1880 ; *Après le combat* vers 1880, deux bronzes patines brunes (H. 66) : **GBP 2 400** – Londres, 6 nov. 1986 : *Casse-cou* vers 1880, bronze patiné (H. 53) : **GBP 1 500** – Londres, 11 juin 1987 : *Camille Desmoulins* vers 1870, bronze patine brun-rouge (H. 96,5) : **GBP 2 100** – New York, 17 fév. 1993 : *Scène allégorique égyptienne*, bronze (H. 61) : **USD 7 188** – New York, 19 jan. 1995 : *Les deux danseuses*, bronze (H. 51,4) : **USD 2 990** – New York, 16 fév. 1995 : *Porteuses de fleurs nubiennes*, bronze doré, une paire (H. 82,6) : **USD 9 200** – Lokeren, 9 mars 1996 : *Après le combat – grenadier de 1792*, bronze (H. 65) : **BEF 55 000** – Paris, 21 mars 1996 : *Femme à l'antique assise sur une stèle* 1872, bronze (H. 40,5) : **FRF 6 200**.

DUMAIL Jeanne
Née le 16 juin 1876 à Paris. XXe siècle. Française.
Peintre-miniaturiste.
Elle fut élève de Jean-Paul Laurens et de la miniaturiste Marie Laforge. Elle exposait à Paris, au Salon des Artistes Français où elle a débuté en 1909.

DUMAND-SAINT-HUBERT Marthe Yvonne
Née le 25 décembre 1892 à Paris. XXe siècle. Française.
Peintre de genre, portraits, nus.
Elle fut élève de Fernand Humbert et Ernest Laurent. Elle exposait à Paris, au Salon des Artistes Français depuis 1912.

DUMANDRÉ Antonio ou **Antoine** ou **Demandre**
Né vers 1700 en Lorraine. Mort en 1761 à Morteau. XVIIIe siècle. Français.
Sculpteur.
Il fut élève de Coustou à Paris ; il travailla surtout en Espagne. Parmi ses œuvres, on peut citer : Le groupe *Apollon et Daphné* dans les Jardins de San Ildefonso à La Granja, et le *Gédéon* de la façade nord du Château de Madrid. Cité par Jules Gauthier, dans son *Dictionnaire des Artistes Franc-Comtois*.

DUMANDRÉ Huberto ou **Demandre**
Né en 1701 en Lorraine. Mort en 1781 à Madrid. XVIIIe siècle. Français.
Sculpteur.
Il travailla surtout en Espagne avec son frère Antonio. À partir de 1754 il dirigea, comme membre de l'Académie de San Fernando, la section sculpture de cet institut. Il fit, dans les jardins du Château San Ildefonso à La Granja un *Bain de Diane* et la *Fontaine de Latone* ; plusieurs sculptures de la cathédrale de Ségovie sont son œuvre. La Bibliothèque de Madrid conserve la maquette d'une *Fontaine de Minerve* datée de 1755.

DUMANDRÉ Joaquin
XIXe siècle. Espagnol.
Sculpteur.
Fils et élève de Antonio D., il travailla à Madrid et Aranjuez. Les quatre bénitiers de la cathédrale de Ségovie sont son œuvre.

DUMANDRÉ Telesforo
Né en 1777 à San Ildefonse. XIXe siècle. Espagnol.
Sculpteur.
Fils de Joaquin D. Cet artiste fut chargé d'exécuter les statues, pour les jardins de la Granja, parc dessiné à l'imitation de celui de Versailles. L'Espagne lui doit, en outre, le beau mausolée de Philippe V à Saint-Ildefonse.

DUMANGEOT Gilles
XVIIe siècle. Actif à Guise. Français.
Sculpteur.
Il exécuta en 1630 un ange pour le beffroi de la ville.

DUMANGET Jean
Né vers 1737. Mort le 24 mai 1802 à Paris. XVIIIe siècle. Actif à Paris. Français.
Sculpteur.
Il fut reçu à l'Académie de Saint-Luc en 1771.

DUMANGET Jean
XVIIIe siècle. Actif à Paris en 1771. Français.
Sculpteur.

DUMANOIR Catherine
Née à Luxembourg (Grand Duché). XXe siècle. Luxembourgeoise.
Peintre de portraits.
Elle exposa à Paris au Salon des Indépendants en 1923 et 1924.

DUMAR J.
XVIIIe siècle. Actif dans la seconde moitié du XVIIIe siècle. Hollandais.
Graveur.
On cite de lui : *Portrait du peintre Dionys de Nimègue*, d'après lui-même.

DU MARBORÉ Jean, pseudonyme de **Pitsh**
Né le 4 janvier 1896 à Paris. Mort en 1933. XXe siècle. Français.
Peintre de portraits, paysages, natures mortes, fleurs. Post-cubiste.
D'origine populaire, il se forma seul. Il exposait à Paris, depuis 1922 au Salon d'Automne, dont il était sociétaire.
Ventes Publiques : Paris, 6 avr. 1936 : *Vision antique porteuse d'amphore* : **FRF 70** – Paris, 15 fév. 1940 : *Tête de femme* : **FRF 55** ; *Fleurs et fruits* : **FRF 220** – Zurich, 9 nov. 1984 : *Bouquet de fleurs* 1928, h/t (73x50) : **CHF 1 800** – Paris, 4 mars 1991 : *Bouquet de fleurs*, h/t (61x46) : **FRF 6 000** – Paris, 6 oct. 1993 : *Nu assis*, h/t (92x60) : **FRF 9 500**.

DUMARESQ Armand. Voir **ARMAND-DUMARESQ Edouard**

DUMAREST Antoine Rambert
Né le 13 novembre 1820 à Paris. XIXe siècle. Français.
Peintre.
Peut-être parent du graveur en médailles Rambert Dumarest, élève de Blondel et de l'École des Beaux-Arts. Il exposa au Salon, de 1851 à 1868, des vues, des portraits, des tableaux de genre, des études, des dessins, etc.

DUMARET Odette
Née à Paris. XXe siècle. Française.
Peintre de portraits, nus, paysages, natures mortes, fleurs.
Elle a exposé à Paris depuis 1935, aux Salons des Artistes Français, d'Automne, des Tuileries, des Artistes Indépendants.

DUMAS
XVIIe siècle. Actif à Angers. Français.
Peintre et sculpteur.
En 1673-74 il restaura le *Maître-autel de Saint-Maimbœuf à Angers*, et à Saumur la *Grande statue de saint Christophe*, ainsi que d'autres statues dans la chapelle de la Résurrection.

DUMAS
XVIIIe siècle. Français.
Peintre miniaturiste.
Au Salon de 1793, à Paris, cet artiste exposa des miniatures.

DUMAS
XVIIIe siècle. Actif à Marseille. Français.
Sculpteur.
Il devint, en 1759, membre de l'Académie de cette ville.

DUMAS
XVIIIe siècle. Actif dans la seconde moitié du XVIIIe siècle. Français.
Dessinateur et graveur.
Cité par Mireur.
Ventes Publiques : Paris, 1897 : *La halle à la marée, au moment de la criée*, aquar. : **FRF 460** ; *Rentrée d'un régiment de gardes-françaises*, aquar. : **FRF 400**.

DUMAS Aimée
Née à Caussade (Tarn-et-Garonne). XIXe siècle. Française.
Peintre de portraits.
Élève de A. Loyer. Elle exposa au Salon de Paris de 1861 à 1876.

DUMAS Alice Dick
Née le 4 janvier 1878 à Paris. XXe siècle. Française.
Miniaturiste.
Élève de Carrière et Pelez. Cette artiste a débuté au Salon des Artistes Français de 1903.

DUMAS Alphonse
XIXe siècle. Français.
Peintre de genre.
Cité par Mireur.
Ventes Publiques : Paris, 18 juin 1895 : *Le modèle frileux* **FRF 440** ; *Naïade* : **FRF 165**.

DUMAS Amélie, Mme, née **Rœmhild**
Née en 1835 à Paris. Morte en avril 1869 à Paris. XIXe siècle. Française.
Peintre de portraits.
Elle eut pour maître Lazerges et exposa au Salon de Paris de 1861 à 1869.

DUMAS Antoine
Né le 19 avril 1820 à Avignon (Vaucluse). Mort en 1859. XIXe siècle. Français.
Peintre de genre, sujets typiques, lithographe.
Élève de Reboul, il exposa au Salon de Paris en 1857 et 1859. Ses tableaux représentent souvent des scènes espagnoles *Danseurs espagnols* ou *Halte de muletiers espagnols* 1859, mais aussi des sujets orientaux : *Bazar égyptien* ou *Pendaison d'un criminel à Kartoum*. Sa pâte grumeleuse est soutenue par un dessin précis, tandis que la lumière met fortement en relief les formes.
Bibliogr. : Gérald Schurr, in : *Les Petits Maîtres de la peinture 1820-1920, valeur de demain*, Les Éditions de l'Amateur, t. II, Paris, 1982.
Musées : Avignon : *Halte de muletiers espagnols – Danseurs espagnols – Faneuses endormies – Bazar égyptien – Pendaison d'un criminel à Kartoum*.

DUMAS Antoine
Né en 1932 à Québec. XXe siècle. Canadien.
Peintre de genre, animaux, peintre à la gouache, peintre de compositions murales, graveur, décorateur, illustrateur.
Il fut diplômé de l'École des Beaux-Arts de Québec en 1958. Il se consacra tout d'abord à la publicité, puis enseigna dans sa ville natale à partir de 1962. Après un séjour d'un an à San Francisco, il enseigna à l'Université de Laval jusqu'en 1973. Il a essentiellement exposé avec les Graphistes de Québec au Musée des Beaux-Arts de Montréal, en 1966, 1974, 1975, et à Toronto en 1980. À titre personnel, il a exposé pour la première fois à Québec et Montréal à partir de 1960, à New York en 1975, à Toronto à partir de 1977.
Il est aussi l'auteur de compositions murales, décors d'opéra, timbres pour la Poste canadienne, illustrations de livres. Il pratique un art dont les caractéristiques se rapprochent de celles de l'art publicitaire. Il peint des sujets figuratifs en procédant par larges aplats de couleurs, jouant de la superposition de tons, qui deviennent ainsi plus denses et plus riches. Des contre-jours et des éclairages directionnels scandent ses œuvres de taches de lumière. ■ A. P.
Musées : Québec : *Promotion* 1974.
Ventes Publiques : Montréal, 27 avr. 1986 : *Labrador*, gche (50,8x25,3) : **CAD 2 600** – Montréal, 30 oct. 1989 : *La Pause*, h/t (56x71) : **CAD 3 740**.

DUMAS Arthur Julien
Né au Verdier (Dordogne). XXe siècle. Français.
Peintre.
Il exposa à Paris au Salon des Artistes Français en 1928.

DUMAS Augustin
XIXe siècle. Actif à Arles (Bouches-du-Rhône). Français.
Peintre de fleurs et peintre d'histoire.
Il devint, en 1857, conservateur du Musée d'Arles. Il exposa ses œuvres à Paris et dans d'autres villes françaises.

DUMAS Élisabeth
Née le 11 septembre 1852 à Paris. XIXe siècle. Française.
Peintre pastelliste.
Élève de Chaplin. Sociétaire des Artistes Français, depuis 1883, elle figura au Salon de cette société.

DUMAS Esther
Née à Genève. XXe siècle. Suissesse.
Peintre de paysages, marines, natures mortes.
Elle exposait à Paris depuis 1919, aux Salons des Artistes Indépendants, d'Automne et des Tuileries.

DUMAS Félix
Né dans la seconde moitié du XIXe siècle à Lyon (Rhône). XIXe siècle. Français.

Sculpteur.
Il exposa à Paris au Salon des Artistes Français, où il reçut une mention honorable en 1908.

DUMAS Gaëtan
Né en 1879 à Marseille (Bouches-du-Rhône). Mort en 1950 à Bordeaux (Gironde). xxe siècle. Français.
Peintre de portraits, nus, paysages, natures mortes.
Il exposait à Paris, aux Salons d'Automne, des Artistes Indépendants et des Tuileries. Le Salon d'Automne montra une exposition rétrospective de son œuvre. Des expositions posthumes eurent lieu à Paris, en 1952 et 1960. En 1979, une exposition importante de son œuvre a été présentée aux Archives Municipales de Bordeaux.
Il pratiquait une peinture directe et large. On cite ses nus généreux.
Musées : Bordeaux – Courbevoie – Dijon – Marseille – Meudon – Paris (Mus. du Petit-Palais) – Paris (Mus. Carnavalet) : peintures de petits formats – Paris (BN, Cab. des Estampes) – Paris (Mus. des Art et Tradit. Pop.) : dessins – Toulouse.
Ventes Publiques : Versailles, 8 déc. 1985 : *Fleurs*, h/t (65x81) : **FRF 4 000** – Versailles, 24 sep. 1989 : *Fleurs*, h/t (81x65) : **FRF 7 500** – Versailles, 26 nov. 1989 : *Jeune femme à l'arbre fleuri*, h/t (92x70) : **FRF 5 200**.

DUMAS Hector
Né au xixe siècle à Fontenay-sous-Bois (Val-de-Marne). xixe siècle. Français.
Peintre de genre.
Associé au Salon de la Nationale des Beaux-Arts depuis 1901, il figura au Salon de cette société.

DUMAS Henri Pierre
Né à Excideuil (Dordogne). xxe siècle. Français.
Décorateur.
Il exposa à Paris au Salon des Artistes Français, où il reçut une mention honorable en 1932.

DUMAS Jean
xvie siècle. Français.
Sculpteur.
Picard, il travailla en 1508 aux stalles de la cathédrale d'Amiens.

DUMAS Jean
Mort en 1667. xviie siècle. Actif à Paris. Français.
Peintre et sculpteur.
Il entra à l'Académie Saint-Luc en 1655.

DUMAS Jean Joseph
Né le 23 juin 1838 à Romont. xixe siècle. Suisse.
Peintre, aquarelliste, lithographe, dessinateur, illustrateur.
Il étudia à Romont et à Fribourg, et créa *La Fronde*, journal satirique qui eut une courte existence. On cite de lui une vue, à l'aquarelle, de Romont, exposée à Lausanne en 1887. Il fut tour à tour soldat, professeur et homme de lettres.

DUMAS Jean-Baptiste
Né à Lyon (Rhône). xxe siècle. Français.
Peintre.
Il a exposé à Paris, au Salon des Artistes Indépendants, de 1912 à 1929.

DUMAS Jules
xixe siècle. Actif au début du xixe siècle. Français.
Dessinateur.
Il fit les dessins d'une série de lithographies représentant des paysages des bords de la Loire.

DUMAS Marc A.
Né le 9 août 1923 à Paris. xxe siècle. Français.
Peintre de marines, graveur, illustrateur, graphiste, calligraphe.
Il fut élève de l'Ecole des Beaux-Arts de Paris. Depuis 1946, il participe à des expositions collectives, notamment à Paris le Salon de la Marine, le Salon des Artistes Indépendants, etc. Il a une importante activité de maquettiste-concepteur de livres, une activité pédagogique par des manuels d'initiation aux pratiques artistiques. En 1984, il a été nommé professeur à l'Ecole Estienne des Arts et Industries Graphiques. Il a illustré de nombreux ouvrages techniques et littéraires, dont *Madame de La Chanterie* de Balzac, les *Ballades* de Villon, etc.
Peintre, il a exécuté quelques décorations murales à thèmes, mais il s'est surtout manifesté en tant que peintre de marines, notamment en Bretagne.

DUMAS Marlène
Née en 1953 au Cap. xxe siècle. Depuis 1976 active en Hollande. Sud-Africaine.
Peintre, dessinateur, aquarelliste. Expressionniste.
Elle vit et travaille à Amsterdam, où elle expose régulièrement. Elle participe à des expositions collectives : 1982, 1992 Documenta de Cassel ; 1994 *Art – Pays-Bas – xxe siècle – Du concept à l'image*, à l'ARC, Musée d'Art Moderne de la Ville de Paris. Elle a été sélectionnée pour représenter les Pays-Bas à la Biennale de Venise de 1995. Elle montre ses œuvres dans des expositions collectives, dont : 1996, galerie Samia Saouma, Paris.
Ses œuvres figuratives désirent rendre compte d'une sensibilité, d'une expérience personnelle. Pour ce faire, elle utilise et manipule ou reproduit des photographies, des textes accompagnent ses œuvres, dévoilant par des mots ce que sa peinture montre : les sentiments humains, la sexualité. « Mes meilleures œuvres sont des évocations érotiques de confusions mentales ».
Bibliogr. : In : Catalogue de l'exposition *Art – Pays-Bas – xxe siècle. Du concept à l'image*, Musée d'Art Moderne de la Ville de Paris, 1994.
Musées : La Haye (Gemeentemus.) : *Snowwhite and the broken arm* 1988.
Ventes Publiques : Amsterdam, 7 déc. 1994 : *The girl can help it* 1983, cr. et acryl./pap. (58,5x35) : **NLG 6 325** – Zurich, 30 nov. 1995 : *Madeleine, gloire à Venise*, h/t (200x100) : **CHF 42 550**.

DUMAS Michel
Né le 19 juin 1812 à Lyon (Rhône). Mort le 26 juin 1885 à Lyon. xixe siècle. Français.
Peintre d'histoire, compositions religieuses, portraits, paysages.
De 1826 à 1833, il fut élève de Grobon puis de Bonnefond à l'École des Beaux-Arts de Lyon. Il entra dans l'atelier d'Ingres en 1834, à l'École des Beaux-Arts de Paris, où il travailla aussi sous la direction d'Orsel. En 1838, il alla retrouver Ingres et Flandrin à Rome, et passa entre quatorze et seize ans en Italie. Il vécut ensuite à Paris et, en 1878, fut nommé directeur de l'École des Beaux-Arts de Lyon, où il enseigna la peinture jusqu'à sa mort.
À partir de 1838, il exposa régulièrement à Lyon et au Salon de Paris, obtenant une médaille de troisième classe en 1857, une médaille de première classe en 1863.
Dès ses débuts, il fit des compositions décoratives pour des églises, puisqu'il travailla pendant un an avec Ingres, puis avec Orsel, aux fresques de Notre-Dame de Lorette à Paris. Pour l'église de Saint-Maurice-sur-Aveyron, Loiret, il a peint une *Vierge à l'Enfant* 1853 ; à l'église de la Madeleine à Montargis, se trouve *Le dévouement de l'abbé Bouloy* 1856 ; à l'église de Saint-Cloud, un *Salvator mundi*. On le retrouve à Paris, à Saint-Louis d'Antin, avec *Les Disciples d'Emmaüs* 1859 ; à Notre-Dame de Clignancourt, pour laquelle il a peint quatre *Scènes de la vie de saint Denis* 1869 ; à la chapelle des fonts baptismaux de la Trinité, avec *Consolatrix afflictorum* et *Mater Dolorosa* 1872-1876. Citons encore, parmi ses œuvres religieuses : *Agar renvoyée par Abraham* 1838 – *Mater Dolorosa, Mater purissima, les saintes femmes au tombeau – Le curé d'Ousson, Loiret, pendant le choléra de 1854 – La tentation du Christ* 1872.
Il reste fidèle au dessin et au coloris d'Ingres, tout en donnant un caractère réservé, recueilli et pudique à son œuvre.

Bibliogr. : Gérald Schurr, in : *Les Petits Maîtres de la peinture 1820-1920, valeur de demain*, Les Éditions de l'Amateur, t. VI, Paris, 1985.
Musées : Langres : *Fra Angelico de Fiesole* – Lyon (Mus. des Beaux-Arts) : *Autoportrait* – Paris (Mus. d'Orsay) : *Séparation de saint Pierre et de saint Paul*.
Ventes Publiques : Paris, 8 juin 1994 : *Étude de main*, cr. noir (20x28) : **FRF 4 500**.

DUMAS Paul Alexandre
xxe siècle. Français.
Graveur sur bois.
Il exposa à Paris au Salon des Artistes Français à partir de 1928.

DUMAS Paul Eugène
Né en 1849 à Paris. xixe siècle. Français.
Peintre portraitiste.

Élève de Pils, Aumont et Lecoq de Boisbaudran. Il débuta au Salon en 1875.

DUMAS Philippe
Né le 26 septembre 1940 à Cannes (Alpes-Maritimes). XXe siècle. Français.
Peintre.
Il fut élève de l'École des Beaux-Arts de Paris, de 1959 à 1967. De 1963 à 1967, il a participé au Salon d'Automne de Paris. En 1965, il a figuré à la Biennale des Jeunes Artistes de Paris.

DUMAS Pierre Henri
Né en 1886 ou 1890 à Excideuil (Dordogne). Mort en 1967 ou 1973. XXe siècle. Français.
Peintre de paysages, peintre de décors et costumes de théâtre, dessinateur, illustrateur.
En 1905, il fut classé premier au Concours National des Ouvriers d'Art. Il exposait à Paris, au Salon des Artistes Français, mention honorable 1932, puis médaille d'or. À partir de 1938, il exposait surtout dans les villes de la Côte, faisant de nombreux voyages de travail en Espagne, Grèce, Afrique-du-Nord. Il fut professeur à l'École des Beaux-Arts de Roubaix et de Lille, puis nommé à celle de Toulon, où il a pu y mener parallèlement sa vie de peintre sur la Méditerranée. Après la Seconde Guerre mondiale, il a contribué à animer des festivals artistiques sur la Côte-d'Azur.
Il travailla essentiellement pour la mode et le spectacle. Il débuta sa carrière comme créateur de soieries pour le couturier Paul Poiret, Bianchini-Ferrier, Calcombet, pendant plusieurs années chef de l'atelier de dessin chez Goode-Bedin. Il créa de nombreux décors et costumes pour les spectacles du Casino de Paris et illustra nombre de journaux de mode. Ses nombreux paysages datent surtout de la deuxième partie de sa vie, en Provence et dans le Midi en général, et au cours de ses voyages.

DUMAS Pierre Ludovic
Né le 8 juillet 1892 à Limoges (Haute-Vienne). XXe siècle. Français.
Peintre de portraits.
Il fut élève de Fernand Cormon. Il a exposé à Paris, au Salon des Artistes Français depuis 1920, deuxième médaille en 1931, hors-concours.
À son propos est parfois évoquée une parenté de style avec Raoul Dufy.

DUMAS René
Né à Lyon (Rhône). XXe siècle. Français.
Peintre de genre.
Il exposa à Paris au Salon d'Automne en 1938.

DUMAS Victor
Né le 5 décembre 1831 à Paris. Mort en 1878 à Paris. XIXe siècle. Français.
Peintre de paysages.
Élève de Couture. Il exposa au Salon, de 1863 à 1876, des paysages avec animaux.
VENTES PUBLIQUES : PARIS, 8 juin 1894 : *Baignade de chevaux dans la mer* : **FRF 220** – PARIS, 10 nov. 1920 : *Piqueur partant pour la chasse* : **FRF 155**.

DUMAS DES COMBES Joseph Marie
Né le 23 juin 1813 à Paris. Mort en 1885. XIXe siècle. Français.
Peintre de paysages.
Élève de Rouille et de Lambinet. Il exposa au Salon de 1864 à 1872, une série de paysages. Le Musée de Lyon conserve son portrait peint par lui-même.

DU MAURIER Georges Louis Palmella Busson. Voir **BUSSON du MAURIER**

DUMAX Ernest Joachim
Né en 1811 à Paris. XIXe siècle. Français.
Peintre de paysages animés, paysages.
Il fut élève de Monvoisin et de Corot. Il envoya au Salon, de 1844 à 1882, des vues, dont plusieurs prises en Italie, et des paysages animés.
VENTES PUBLIQUES : PARIS, 8 nov. 1918 : *La vallée de Munster* : **FRF 25** ; *Le port et le château de Brest* : **FRF 30** ; *Villerville, temps gris* : **FRF 45** ; *Le guitariste* : **FRF 140** ; *Jeune femme peignant* : **FRF 120** – BERNE, 7 mai 1982 : *Paysage fluvial avec peupliers*, h/t (24,5x32,5) : **CHF 1 600** – PARIS, 24 mars 1995 : *Vaches dans les prés*, h/t (26x40,5) : **FRF 4 200**.

DUMAY
XVIIe siècle. Actif à Nancy. Français.
Peintre.
Il est cité par A. Jacquot dans son *Essai de Répertoire des Artistes Lorrains*.

DUMAY François
XVIIe siècle. Français.
Peintre.
Il travailla à la « Ménagerie de Mademoiselle » à Saint-Cloud.

DUMAY Pierre
XIXe siècle. Français.
Peintre de paysages.
En 1837, cet artiste envoya au Salon de Paris deux vues et un paysage de Normandie.

DUMBETTI Albéric ou **Dombetti**
Mort en 1462 à Avignon. XVe siècle. Français.
Peintre, peintre verrier.
Il travailla avec son père, Guillaume, peintre d'Avignon, au Palais archiépiscopal vers 1457. Il exécuta, en 1459, avec son frère Jacques Dumbetti, le retable et les vitraux de la chapelle de la Vierge dans l'église des Carmes, à Arles.

DUMBETTI Guillaume ou **Dombetti**
Né à Cuisery (près de Châlons). Mort en 1458 à Avignon. XVe siècle. Français.
Peintre et peintre verrier.
Il est cité à Avignon dès 1430. Il y exécuta, en 1448, les vitraux de la chapelle de Saint-Pierre-de-Luxembourg. Il était père d'Albéric, Jacques et Jean Dumbetti et beau-père d'Arnold de Catz.

DUMBETTI Jacques ou **Dombetti**
XVe siècle. Actif à Avignon au milieu du XVe siècle. Français.
Peintre et peintre verrier.
Il fut surtout l'aide de son père et de son frère Albéric.

DUMBETTI Jean ou **Dombetti**
Né à Avignon. Mort après 1462 à Cuisery. XVe siècle. Français.
Peintre.
Il était fils de Guillaume Dumbetti. Il quitta Avignon vers 1452 pour revenir habiter Cuisery, près de Châlons, d'où sa famille était originaire.

DUME
XVIIe siècle. Français.
Peintre de portraits.
Cité par Siret.

DUME Edme
Né le 15 novembre 1792 à Tanlay (Yonne). Mort le 27 janvier 1861 à Rouen. XIXe siècle. Français.
Peintre de paysages, aquarelliste, décorateur.
Il fut élève de Ciceri. Il devint directeur de matériel théâtral de la ville de Rouen, peignit plusieurs décors pour l'opéra et en 1831, 1833 et 1834, envoya des aquarelles au Salon de Paris, représentant des vues.
MUSÉES : BAYONNE : *Étude d'arbres*.
VENTES PUBLIQUES : ROUEN, 15 déc. 1985 : *Les Quais à Rouen vus de la rive gauche* ; *Les quais à Rouen et la côte de Bonsecours* 1853 (31x40) : **FRF 65 000**.

DUMÉE, chevalier ou **du Mée**
XVIIe siècle. Actif à Paris à la fin du XVIIe siècle. Français.
Peintre de portraits.
Il paraît avoir eu une grande réputation, à en juger par les nombreux portraits au burin, exécutés d'après ses œuvres.

DUMÉE Bonaventure
XVIIe siècle. Actif à Fontainebleau. Français.
Peintre.
Neveu de Guillaume D., il était « garde pour les plaisirs du Roi, en la forêt de Brière ».

DUMÉE E. J.
XVIIIe siècle. Actif à la fin du XVIIIe siècle. Britannique.
Peintre dessinateur et graveur.

DUMÉE Guillaume
XVIIe siècle. Français.
Peintre.
Élève de Toussaint-Dubreuil. Il travailla au château de Fontainebleau et fut nommé peintre du Roi pour la fabrique de

tapisserie, en 1605. Au Musée de Rouen on conserve de cet artiste un tableau représentant un paysage des environs de Rouen.

DUMÉE Toussaint
Né en 1601. XVIIe siècle. Français.
Peintre.
Fils de Guillaume Dumée. Il obtint, en 1626, la survivance de la charge de son père.

DUMEIS Ange René
XIXe siècle. Français.
Peintre.
Il fit surtout des tableaux d'inspiration religieuse, dont beaucoup se trouvent dans des églises du Loiret.

DUMEIX Étienne
Né à Saint-Pierre-de-la-Martinique. XXe siècle. Français.
Peintre de paysages.
Il exposa à Paris au Salon des Indépendants de 1937 à 1939.

DUMEL Hans
XVe siècle. Actif à Nuremberg. Allemand.
Peintre.

DUMEL Jean François
XVIIIe siècle. Actif à Paris en 1761. Français.
Sculpteur.

DUMELLE Pierre
XVIIe siècle. Français.
Peintre.
Ses armes figurent à l'Armorial Général de 1696.

DUMENIL. Voir aussi **DUMESNIL**

DU MÉNIL Élie. Voir **DU MESNIL**

DUMENIL Jan Frans ou **Dumunel**
XVIIIe siècle. Actif à Anvers au début du XVIIIe siècle. Éc. flamande.
Peintre.

DUMENIL Paul Chrétien Romain Constant
Né en 1779 à Paris. XIXe siècle. Français.
Peintre.
Ses maîtres furent Lair et Niquevert. Il privilégia les sujets d'histoire naturelle. Au Salon de 1822, il envoya : *Papillons* et *Insectes*.

DUMENIL Pierre Anne
Né en 1862 à Lyon (Rhône). XIXe siècle. Français.
Peintre.
Il exposa, à partir de 1893, à Lyon et Paris (Société des Artistes Français et Société des Aquarellistes Français), des tableaux à l'huile et des aquarelles : *Venise, Sienne, Tunis, Bretagne, Parc du Luxembourg*.
Ventes Publiques : Paris, 31 oct. 1941 : *L'Abside de Chartres*, aquar. gchée : **FRF 750**.

DUMER F. V.
XVIIIe siècle. Allemand.
Graveur.

DUMER Jean. Voir **MER Johann de**

DUMERAY, Mme, née **Brinau**
XIXe siècle. Active au début du XIXe siècle. Française.
Peintre de portraits, aquarelliste, peintre de miniatures, dessinatrice.
Élève de Augustin et Laurent, elle figura au Salon de Paris, à partir de 1806, jusqu'en 1831. Elle fit un grand nombre de portraits en miniature.
Ventes Publiques : Paris, 18 mai 1894 : *Portrait de Napoléon Ier*, dess. : **FRF 15** – Paris, 24 mai 1894 : *Portrait de femme âgée*, miniat. : **FRF 50** ; *Portrait de jeune femme* : **FRF 135** – Paris, 10 déc. 1926 : *Portrait de la duchesse d'Aumont*, aquar. : **FRF 400** – Paris, 22 fév. 1995 : *Portrait d'homme et de femme* 1809, fus. avec reh. de blanc (65x54) : **FRF 10 000** – Paris, 20 mars 1997 : *Portrait de Louis-Philippe jeune*, aquar., miniature de forme ovale (15x13) : **FRF 6 800**.

DUMERGUE Arnaud
XVIIe siècle. Français.
Sculpteur sur bois.
Il participa à l'exécution du maître-autel de l'église abbatiale de Saint-Cybard à Angoulême en 1616.

DUMESLE Pierre
XVIIe siècle. Actif à Paris. Français.
Peintre.
Il fut nommé directeur de la Manufacture des tapisseries d'Aubusson, fondée par le maréchal de la Feuillade. Peut-être est-il le même que le « Pierre Dumelse, marchand et cy devant peintre » mort en 1710.

DUMESNIL, Mlle
XVIIIe siècle. Active à la fin du XVIIIe siècle. Française.
Dessinatrice et graveur.
Elle exécuta au burin, d'après son propre dessin le *Portrait du comte de Saint-Priest*.

DUMESNIL André
Né vers 1656. Mort le 22 février 1708 à Paris. XVIIe siècle. Français.
Sculpteur.

DU MESNIL Élie ou **Ménil**
Né en 1726 à Troyes. XVIIIe siècle. Français.
Graveur au burin.
Élève de Et. Fessard. Il grava des sujets de genre.

DUMESNIL F.
XVIIIe siècle. Hollandais.
Peintre de portraits.
Le portrait du poète Willem Van Haren qu'il a peint en 1753, fut gravé au burin par J. Houbraken en 1758. Il pourrait s'agir du peintre Jan Frans Dumesnil, enregistré en 1728-1729 comme maître de la gilde de Saint-Luc à Anvers.
Ventes Publiques : Rumbeke, 20-23 mai 1997 : *Portrait d'un gentleman* 1729, h/t (121x159) : **BEF 139 836**.

DUMESNIL François
Né vers 1635. Mort le 11 septembre 1705. XVIIe siècle. Français.
Peintre.
Il était membre de l'Académie de Peinture à Paris.

DUMESNIL Ivan
Né vers 1784, d'origine française. XIXe siècle. Russe.
Graveur.
L'Académie de Saint-Pétersbourg lui décerna en 1800 une médaille d'argent pour la copie gravée sur cuivre d'une œuvre de J. G. Wille : *La Maîtresse d'école*.

DUMESNIL Jean Nicolas Laurent
XVIIIe siècle. Actif à Paris en 1766. Français.
Peintre et sculpteur.

DUMESNIL Jeannie
Née le 18 janvier 1926 à Paris. XXe siècle. Française.
Peintre. Abstrait.
Elle commença à participer tôt à des expositions collectives, d'entre lesquelles : à Paris de 1947 à 1953 Salons d'Automne, des Moins de Trente Ans, de la Jeune Sculpture, de 1965 à 1973 Salon Grands et Jeunes d'Aujourd'hui, 1966 *Peinture française* au Musée de Tours, 1968 *Peinture française contemporaine* à la Maison de la Culture du Havre, 1990 *Le belvédère de Mandiargues* à la galerie *Artcurial*, ainsi qu'au Musée de Tours *Peinture française* en 1966, 1968 *Peinture française contemporaine* à la Maison de la Culture du Havre, 1989 *Face-à-Face Arts Primitifs, Arts d'Aujourd'hui* à l'Abbaye de Saint-Savin, etc. Elle montre régulièrement ses peintures dans des expositions personnelles : dans des galeries parisiennes en 1953, 1955, 1957, 1959, 1963, 1969, ensuite à la Galerie Erval 1980, 1985, 1989, 1993, et à Londres 1956, La Haye 1960, Châteauroux 1962, Bruxelles 1973, 1986, Stockholm 1981...
Après des premières peintures d'inspiration fantastique, mêlant des visions ténébreuses à un onirisme érotique, au cours des années l'œuvre de Jeannie Dumesnil, ayant évolué progressivement en direction de l'abstraction, s'est subdivisé en séries successives, dont les séparations ne sont pas forcément tranchées. D'une façon générale, à l'intérieur de chaque série et de toutes, ses peintures, abstraites certes, préservent le souvenir, la sensation des ou même le contact avec les éléments primordiaux. Jusqu'à sa première exposition à la Galerie Erval, à partir d'une infrastructure orthogonale à peine perceptible, un pointillisme de touches blanches en virgules sur un fond monochrome, plus que d'un feuillage léger tel celui du saule, suggère le substitut, l'équivalence d'un espace bruissant de ses particules, recréant comme en hommage à Monet la subtilité de

l'aube ou la nostalgie du crépuscule, écho apaisé de la vision corpusculaire hallucinée de Van Gogh. Dans les séries suivantes, des formes opaques, d'abord discrètement limitées aux sonorités des gris, progressivement ont occupé l'espace toujours ouvert, encore vacant, dans la toile. Puis, les diverses composantes des peintures antérieures se sont groupées, additionnées, reconstituant une totalité, dans laquelle Milan Kundera identifie la « gamme ontologique » de Jeannie Dumesnil, composée avec « le sol », qui, s'il est plutôt « matière mouvante », serait « l'eau, plus précisément la mer », avec « l'espace » et avec « l'horizon », qu'occulterait « le bloc », posé là comme le poids du destin, s'il n'était fendu, écartelé par « la faille », par laquelle « un éclair est passé, par là on a enterré une étoile ». Ainsi Kundera, dans la peinture de Jeannie Dumesnil, retrouve-t-il, lui aussi, quelque chose comme l'éternité, à peu près « la mer allée avec le soleil ». Dans la série, montrée en 1993, Jeannie Dumesnil, se souvenant être la petite-fille d'Eugène Carrière, évoque des visages et des familles, dont Kundera souligne encore leur relation avec le règne minéral : « Les tableaux de Jeannie Dumesnil racontent la mystérieuse rencontre du monde vivant et du monde non-animé ».

■ Jacques Busse

Bibliogr. : Claude Roy : Préface du catalogue de l'exposition *Jeannie Dumesnil*, Gal. Craven, Paris, 1959 – Milan Kundera : *La gamme de Jeannie Dumesnil*, présentation de l'exposition *Jeannie Dumesnil – Paysages imaginaires*, Gal. Erval, Paris, 1989.
Musées : Dimona, Israël – Paris (CNAC) : plusieurs dess. à la mine de pb – Rio de Janeiro.
Ventes Publiques : Paris, 4 déc. 1976 : *Composition* 1955, h/t (96x195) : **FRF 3 800** – Paris, 15 oct. 1987 : *Composition* 1981, h/t (70x70) : **FRF 7 500** – Paris, 26 sep. 1989 : *Sans titre* 1989, h/t (46x55) : **FRF 7 000**.

DUMESNIL Jules
Né le 26 avril 1836 à Paris. XIXe siècle. Français.
Peintre de paysages.
Élève de Rosier. Il exposa au Salon en 1868 et 1869.

DUMESNIL Louis Claude, l'Aîné
Mort en 1769 à Paris. XVIIIe siècle. Français.
Peintre.
Il exposa à l'Académie Saint-Luc, de 1751 à 1762, plusieurs toiles, dont : *Le Repos d'Hercule, Portrait de M. Gillet père, Saint Jérôme méditant, Saint Jean prêchant dans le Désert.*

DUMESNIL Louis Michel
Né en 1680. XVIIIe siècle. Français.
Peintre d'histoire.
Ancien professeur adjoint à recteur de l'Académie de Saint-Luc à Paris, il figura aux expositions de cette société, de 1751 à 1762, par des tableaux d'histoire.
Musées : Amsterdam : *Réception à la cour de Louis XV, de Corn. Hop, ambassadeur des États Généraux.*
Ventes Publiques : Paris, 1777 : *Le Gâteau des rois* : **FRF 150**.

DUMESNIL Louis Michel
XVIIIe siècle. Actif à Paris en 1736. Français.
Peintre et sculpteur.

DUMESNIL Louis ou **Louis Michel**
XVIIe siècle. Français.
Peintre.
Il est reçu le 12 août 1670 membre de l'Académie Saint-Luc de Paris, et est cité comme « peintre ordinaire de l'Hôtel de Ville ».

DUMESNIL Marie
Née le 30 juin 1850 à Paris. XIXe siècle. Française.
Peintre de natures mortes.
Exposa au Salon en 1868 et 1870.

DUMESNIL N.
XVIIIe siècle. Actif à Nantes en 1778. Français.
Peintre.

DUMESNIL Nicolas
XVIe siècle. Actif à Rouen. Français.
Sculpteur.
Il ornementa, en 1527, les piliers supportant la Danse macabre, au cimetière de Saint-Maclou, à Rouen.

DUMESNIL Pauline
Morte en 1897 à Paris. XIXe siècle. Française.
Peintre.
Sociétaire des Artistes Français.

DUMESNIL Pierre
XVIIe siècle. Actif à Bernay (Normandie). Français.
Peintre.

DUMESNIL Pierre Louis, le Jeune
Né en 1698. Mort le 23 juin 1781 à Paris. XVIIIe siècle. Français.
Peintre de genre, dessinateur.
Cet artiste fit beaucoup de tableaux de genre qu'il envoya, de 1751 à 1774, aux expositions de l'Académie de Saint-Luc dont il était professeur et recteur. Ses œuvres principales sont : *Métamorphose de Syrinx en roseau, Une frileuse endormie, Une mère regardant jouer ses enfants.*
Il peignit dans le genre de Chardin.
Ventes Publiques : Paris, 1878 : *Le jeune dessinateur* : **FRF 5 400** – Paris, 1886 : *Le jeune dessinateur* : **FRF 6 700** – Paris, 28 avr. 1898 : *Le jeune artiste peintre* : **FRF 620** – Paris, 23 et 24 mai 1927 : *Intérieur de ferme*, sanguine : **FRF 730** – Monaco, 19 juin 1988 : *Gentilhomme saluant une dame au cours d'une soirée*, h/t (37,5x45) : **FRF 94 350** – Monaco, 21 juin 1991 : *Conversation de salon*, h/t (37x45) : **FRF 244 200** – Monaco, 19 juin 1994 : *Le jeu du sifflet*, h/cuivre (20x23,3) : **FRF 46 620** – New York, 26 fév. 1997 : *Saint Charles Borromée donnant des amandes aux pauvres* 1741, h/t (215,2x116,2) : **USD 19 550**.

DUMESNIL Samuel
XVIIe siècle. Allemand.
Peintre.
Il fut élève d'un certain Friedrich v. Hamel à Heidelberg ; il débuta en 1611 à Munich.

DU MESNIL DE LA TOUR Georges. Voir l'article **LA TOUR Georges de**

DUMESNY Charles
Né à Paris. XXe siècle. Français.
Peintre de paysages.
Il exposa à Paris au Salon des Indépendants à partir de 1937.

DUMESNY Suzanne Adrienne
Née à Rouen (Seine-Maritime). XXe siècle. Française.
Lithographe.
Elle exposa en 1929 au Salon des Artistes Français.

DUMET Jean Philibert
Mort vers 1814. XIXe siècle. Français.
Peintre de portraits et d'histoire.
En 1808, il envoya au Salon de Paris : *Générosité du chevalier Bayard* et eut une médaille de deuxième classe. Il exposa encore en 1810 des portraits et : *Circé et Ulysse*. Cet ouvrage se trouve au Musée d'Orléans.

DUMEZ Jean François
XVIIIe siècle. Français.
Peintre.
Il fut reçu à l'Académie de Saint-Luc à Paris en 1761.

DUMIEN Henri
Né en 1909 à Boulogne-Billancourt (Hauts-de-Seine). XXe siècle. Français.
Peintre de figures, paysages et scènes typiques.
Il fut élève de l'École des Beaux-Arts de Paris en 1926, puis des Académies libres de Montparnasse de 1928 à 1930. À Paris, il a exposé au Salon de la Société Nationale des Beaux-Arts en 1927, aux Salons des Artistes Indépendants et d'Automne à partir de 1928. Depuis 1939, il réside en Océanie. Des expositions particulières de ses peintures eurent lieu à Papeete en 1940, Honolulu 1941, Nouméa 1945, 1946, Paris 1951, Berne 1954, Cannes 1957, Bruxelles 1958, de nouveau Paris 1964.

DUMILATRE Jean Alphonse Edme Achille
Né le 12 avril 1844 à Bordeaux (Gironde). Mort en 1923. XIXe-XXe siècles. Français.
Sculpteur.
Élève de Dumont et de Cavelier, il eut, en 1867, un troisième accessit au concours pour Rome et une médaille de première classe en 1878 (Exposition Universelle). Il exposa au Salon de Paris de 1866 à 1878. On lui doit le buste en marbre d'*Auguste Faure*, ancien professeur de mathématiques à l'école centrale. Cette œuvre appartient à la société des ingénieurs civils. On cite encore le buste en bronze de l'*Abbé Cordier* ; le buste en marbre du *Général Decaen*, au ministère des Beaux-Arts. Au cimetière du Père-Lachaise, sur le tombeau érigé aux victimes de la catastrophe du « Zénith », on voit de cet artiste les statues

de *Crocé-Spinelli* et de *Théodore Sivel*. On lui doit, en outre, une statue de *Montesquieu*, à Bordeaux, le buste en marbre du *Colonel Denfert-Rochereau*, le modèle du monument de *La Fontaine*, à Auteuil. Pour le théâtre de Bordeaux, il exécuta : *La Poésie lyrique*. Enfin le Musée de cette ville conserve de cet artiste : *Jeune vendangeur*.
Ventes Publiques : Paris, 13 mai 1997 : *Les Girondins*, plâtre, maquette (H. 86,5) : **FRF 70 000**.

DUMILLIER Dominique
Né au xixe siècle à Lyon. xixe siècle. Français.
Peintre de natures mortes, peintre à la gouache, dessinateur.
Il travailla pour les manufactures de soie lyonnaises. Il exposa au Salon de Lyon des natures mortes à l'huile et à la gouache et un panneau décoratif : *Les Raisins*, de 1857 à 1892.

DUMINI Adolfo
Né le 11 mai 1863. xixe siècle. Italien.
Peintre de genre, intérieurs.
Toscan, il fit ses études à l'Académie de Florence sous la direction du professeur Ciaranfi. Sa première œuvre s'intitulait *Bonne Nouvelle*.
Ventes Publiques : Londres, 25 juin 1982 : *Le Salon de l'Illiade au Palais Pitti à Florence*, h/t (74x112) : **GBP 1 700** – Londres, 26 fév. 1988 : *C'est à moi !*, h/t (58,5x43,5) : **GBP 2 310**.

DUMINIL Franck
Né le 27 décembre 1933 à Paris. xxe siècle. Français.
Peintre, graveur. Abstrait-informel.
Il étudia d'abord l'architecture. Il pratiqua ensuite la peinture traditionnelle à l'huile sur toile. Puis, il peignit en « aluchromie » sur plaques d'aluminium, teintant, par procédé électrochimique, l'aluminium dans la masse, y produisant de larges nébuleuses abstraites. Il participe à des expositions collectives, notamment : 1971, 1985, 1990 Salon d'Automne de Paris ; 1985 *Osaka 85* au Japon ; 1986, 1988, 1990 Salon Comparaisons à Paris. Il a montré ses travaux à Paris, dans des expositions personnelles, dans son propre atelier en 1984, et dans des galeries privées en 1986, 1992, 1994, ainsi qu'à l'étranger : Santiago, Bonn, Oxford...
Sur la surface de la toile, dans la pénombre, des gestes, des instants de peinture viennent se fixer : griffures, rayures, lignes, coulées, signes. L'espace s'ouvre, mystérieux.

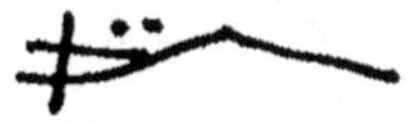

Ventes Publiques : Versailles, 17 nov. 1985 : *Composition*, h/t (60x80,5) : **FRF 5 000** – Versailles, 25 mai 1986 : *Composition*, h/t (100x73) : **FRF 4 500** – Versailles, 5 avr. 1987 : *Composition fond bleu*, h/t (60x73) : **FRF 5 000** – Versailles, 21 fév. 1988 : *Composition*, h/t (59,5x72,5) : **FRF 5 000** – Paris, 16 juin 1988 : *Composition*, h/t (27x35) : **FRF 1 700** – Paris, 18 juin 1989 : *Composition*, h/t (100x81) : **FRF 6 500** – Paris, 8 oct. 1989 : *Sans titre*, h/t (100x82) : **FRF 5 600** – Les Andelys, 19 nov. 1989 : *Sans titre*, h/t (100x81) : **FRF 4 500** – Versailles, 10 déc. 1989 : *Sans titre*, h/t (100x81) : **FRF 5 000** – Paris, 12 fév. 1990 : *Sans titre*, h/t (100x80) : **FRF 6 000** – Paris, 13 juin 1990 : *Composition*, h/t (131x97) : **FRF 18 000** – La Varenne-Saint-Hilaire, 16 juin 1990 : *Développement*, h/t (81x65) : **FRF 13 500** – Paris, 15 oct. 1990 : *Sans titre*, h/t (100x81) : **FRF 8 000** – Le Touquet, 11 nov. 1990 : *Composition*, h/t (81x65) : **FRF 7 000** – Paris, 7 fév. 1991 : *Composition*, h/t (130x97) : **FRF 12 500** – Paris, 17 nov. 1991 : *Composition*, h/t (73x60) : **FRF 7 200** – Paris, 3 juin 1992 : *Composition*, h/t (81x101) : **FRF 4 800** – Paris, 21 nov. 1993 : *Composition*, h/t (73x60) : **FRF 4 800**.

DUMITRESCO Natalia Dumitrescu, plus tard épouse **Istrati**
Née le 20 décembre 1915 à Bucarest (Roumanie). Morte le 3 juillet 1997 à Paris. xxe siècle. Roumaine.
Peintre à la gouache, peintre de technique mixte, dessinatrice. Abstrait.
Elle fut élève de l'Académie des Beaux-Arts de Bucarest, de 1932 jusqu'au diplôme en 1939. La même année 1939, elle se maria avec Alexandre Istrati. Elle avait déjà commencé à exposer dans des manifestations collectives et aux Salons institutionnels de Bucarest. Elle arriva à Paris en 1947. Les deux jeunes Roumains vécurent et travaillèrent dans l'entourage de Brancusi, leur voisin d'atelier impasse Ronsin, jusqu'à sa mort en 1957. Il les fit ses légataires universels. En 1969, elle a illustré un texte de Brancusi : *Histoire des Brigands*. En 1977, Istrati et elle ont organisé la reconstitution de l'atelier de Brancusi au Centre Beaubourg.
Elle participe à de nombreuses expositions collectives en France et à l'étranger, notamment à Paris : annuellement le Salon des Réalités Nouvelles, Grands et Jeunes d'Aujourd'hui, le Salon de Mai, etc. En 1959, elle obtint le Prix Carnegie à l'occasion de l'Exposition Internationale de Peinture Contemporaine du Carnegie Institute de Pittsburgh. En 1955, elle obtint le Prix Kandinsky, en 1957 le Prix des Amateurs d'Art.
Elle montre ses peintures dans de nombreuses expositions personnelles, déjà à Bucarest en 1946, à Paris depuis la première en 1950 Galerie René Breteau, puis Galerie Arnaud 1952, 1954, 1956, 1957, Galerie La Roue 1959, Galerie de la revue xxe siècle 1960, et encore dans d'autres galeries : Galerie Daniel Gervis 1969, 1974, Artcurial 1985..., et en province ou à l'étranger : Bruxelles Palais des Beaux-Arts 1956, Liège 1957, New York 1959, Cologne, Londres et Milan 1960, Copenhague 1961, Cannes, Munich, Nantes 1962, Mannheim 1963, Bâle 1964, Cannes, Mannheim 1965, Zurich 1966, Liège 1967, Lucerne 1968, Cannes 1970, Copenhague 1972, Cannes 1978, Tokyo 1981... En 1987, le Musée des Arts Décoratifs de Paris organisa une exposition rétrospective de son œuvre, *Natalia Dumitresco – Peintures 1950-1987*. Après la mort d'Istrati, une exposition a encore réuni leurs œuvres à Pontoise en 1992.
Après une première période très marquée par les constructivistes, ses peintures étant alors organisées à partir d'éléments géométriques, carrés, rectangles, cercles, elle a élaboré très rapidement son propre langage plastique, caractérisé par l'harmonieux équilibre entre une construction rigoureuse et pourtant souple, et le charme d'une expression poétique très personnelle, faite de tendresse pudiquement habillée d'humour, qui retrace la chronique du regard indulgent qu'elle pose sur le monde extérieur. Ses peintures sont fondées sur un réseau graphique de lignes verticales et horizontales entrecroisées, qui déterminent, fait d'un foisonnement de petits quadrilatères colorés, un espace complexe évoquant consciemment des structures bâties et paysages urbains, ce qui rapproche fortuitement sa peinture de celle, contemporaine, de Vieira da Silva. Sa palette, pendant longtemps sobre jusqu'à se limiter au noir et blanc, s'est enhardie progressivement, devenant dans les années soixante-dix joyeusement multicolore, souvent à dominante rouge. Un des charmes de la peinture de Natalia Dumitresco provient de la façon dont, parfaitement intégrés dans son langage plastique personnel abstrait, elle a su préserver des rappels discrets et repensés, comme en écho nostalgique et pourtant joyeux, des motifs décoratifs populaires traditionnels, propres aux tissus d'habillement, aux chemises d'hommes, aux corsages féminins ou encore aux tapis d'apparat de son pays d'enfance et de jeunesse. De toutes ces composantes, venues de la mémoire et surtout dues à son invention plastique et à sa poésie intime, Natalia Dumitresco a créé au long des années une peinture de fête. ■ Jacques Busse
Bibliogr. : Jean-Clarence Lambert, in : *La peinture abstraite*, Rencontre, Lausanne, 1967 – in : *Diction. Univers. de la Peint.*, Le Robert, Paris, 1975 – Olga Busneag : *Natalia Dumitrescu, Alexandru Istrati*, Édit. Méridiane, Bucarest, 1985 – Ionel Jianou et divers, in : *Les artistes roumains en Occident*, American Romanian Academy of Arts and Sciences, Los Angeles, 1986.
Musées : Antibes (Mus. Picasso) : *Orange-ville* 1981 – Bâle (Kunstmus.) : *Hélicoptère* 1964 – Dunkerque (Mus. d'Art Contemp.) : *Composition Cotillon* 1968 – Mannheim (Kunsthalle) : *Le Mystère de la vie* 1957 – Paris (Mus. Nat. d'Art Mod.) : *Souriante gravité I* 1978.
Ventes Publiques : Genève, 12 mai 1962 : *Composition* : **CHF 3 300** – Milan, 9 nov. 1976 : *Quand l'espace se déplie* 1957, h/t (130x160) : **ITL 600 000** – Paris, 14 oct. 1984 : *Sans titre* 1956, h/t (33x55) : **FRF 7 100** – Versailles, 21 déc. 1986 : *Composition sans titre* 1959, gche (30x40) : **FRF 6 500** – Paris, 24 juin 1987 : *Sans titre* 1957, h/t (160x80) : **FRF 50 000** – Paris, 20 mars 1988 : *Sans titre* 1958, h/t (81x100) : **FRF 35 000** ; *Composition* 1953, feutre et gche (44,5x33) : **FRF 8 000** – Neuilly, 20 juin 1988 : *Composition* 1957, h/t (160x80) : **FRF 95 000** ; *Sans titre*, h/t (92x73) : **FRF 29 000** ; *Composition* 1974, h/t (46x55) : **FRF 32 000** – Versailles, 25 sep. 1988 : *Au fur et à mesure que l'angle de vue se déplace*, h/t (130x162) : **FRF 66 000** – Paris, 16 oct. 1988 : *Sans titre* 1964, h/t (60x73) : **FRF 26 000** – Douai, 23 oct. 1988 : *Constellation en gris, rouge et blanc* 1960, h/t (46x61) :

FRF 38 000 – Neuilly, 22 nov. 1988 : *Composition* 1972, aquar. et encre (31x23) : FRF 7 500 – Neuilly, 6 juin 1989 : *Rythms in red* 1958, h/t (100x81) : FRF 122 000 – Paris, 20 nov. 1989 : *Los Angeles – Free away* 1972, h/t (92x73) : FRF 30 000 – Paris, 25 mars 1990 : *Composition abstraite* 1962, h/t (80x100) : FRF 79 000 – Copenhague, 30 mai 1990 : *Composition*, h/t (33x24) : DKK 11 000 – Paris, 25 juin 1990 : *Ocre-ville* 1973-1979, h/t : FRF 65 000 – Douai, 24 mars 1991 : *Composition jaune et bleue* 1962, h/t (93x73) : FRF 52 000 – Copenhague, 4 mars 1992 : *Composition* 1972, acryl. et collage (35x26) : DKK 7 500 – Paris, 17 nov. 1992 : *Composition fond rouge*, h. et grattage/pan. (40,5x32,5) : FRF 8 000 – Paris, 30 jan. 1995 : *Sans titre* 1959, encre/pap. (30x40) : FRF 4 500 – Paris, 5 oct. 1996 : *Composition* 1956, h/t (74x50) : FRF 24 000 – Paris, 16 déc. 1996 : *Composition*, h/t (65x81) : FRF 19 500 – Paris, 28 avr. 1997 : *Composition abstraite*, gche/pap. (43x54) : FRF 3 800 ; *Composition* 1964, h/t (91x73) : FRF 11 100 – Paris, 29 avr. 1997 : *Rythm in red* 1958, h/t (81x100) : FRF 16 500.

DÜMLER Heinrich
xviie siècle. Actif à Nuremberg. Allemand.
Peintre.
Il étudia de 1649 à 1654 chez Georg Strauch à Nuremberg.

DUMLER Hermann
Né le 23 février 1878 à Francfort-sur-le-Main. xxe siècle. Allemand.
Peintre de paysages.
Il a peint les paysages de l'Allemagne de l'Ouest : Forêt-Noire, Rhénanie.
Musées : Wiesbaden : *Haute futaie.*
Ventes Publiques : Heidelberg, 5 mai 1979 : *Paysage au ciel orageux* 1905, h/cart. (27x35,5) : DEM 3 300.

DÜMLER Johann Andreas
Né le 29 décembre 1650 à Hersbruck. Mort le 6 janvier 1723 à Nuremberg. xviie-xviiie siècles. Allemand.
Sculpteur sur bois.
Il était surtout ébéniste.

DUMOLARD Noël
Né le 13 avril 1925 à Voiron (Isère). xxe siècle. Français.
Peintre de compositions narratives, décorateur.
Il a d'abord travaillé comme dessinateur de papiers peints. Il a commencé la peinture vers 1970. Il a exposé une première fois à Paris en 1972, puis à Cannes en 1973.
Ses peintures racontent de petites histoires à tendance humoristique, onirique, voire surréalisantes.

DU MOLIJN J. Voir **DU MOLIN**

DU MOLIN J. ou **Molijn**
xviie siècle. Hollandais.
Portraitiste et peintre de genre.
Actif de 1670 à 1695.

DU MOLIN J. B.
xviie siècle. Hollandais.
Peintre de portraits.
Actif de 1670 à 1701.
Ventes Publiques : Amsterdam, 14 nov. 1991 : *Portrait d'une dame debout près d'une colonne et vêtue d'une robe de soie bleue ; Portrait d'une dame debout vêtue d'une robe de soierie brune et d'une écharpe bleue*, h/t, une paire (100,5x82 et 103,4x82) : NLG 8 050.

DU MOLIN Jean
xvie siècle. Éc. flamande.
Enlumineur.
Actif à Tournai en 1502.

DUMON Jean
xviie siècle. Actif à Grenoble. Français.
Peintre.
Cité comme témoin en 1616.

DUMONCEAU de BERGENDAL Mathilde, comtesse
Née en 1877 à Schaerbeek. Morte en 1952 à Schaerbeek. xxe siècle. Belge.
Peintre de paysages, fleurs.
Elle fut élève de Adrien De Witte, Auguste Donnay, à l'Académie des Beaux-Arts de Liège.
Elle a surtout peint des paysages industriels, des vues de parcs et des fleurs.
Bibliogr. : In : *Diction. biogr. illustré des artistes en Belgique depuis 1830*, Arto, Bruxelles, 1987.

Ventes Publiques : Lokeren, 23 mai 1992 : *Le jardin à Menton*, h/t (75x100) : BEF 260 000.

DU MONCEL Bon
Né le 8 octobre 1807 à Cherbourg (Manche). Mort le 14 mars 1846 à Cherbourg (Manche). xixe siècle. Français.
Peintre.
Il fut le professeur de J.-F. Millet.
Musées : Cherbourg : *Portrait du peintre par lui-même.*

DU MONCEL Théodore Achille Louis, vicomte
Né en 1821 à Martinvast (Manche). Mort en 1884. xixe siècle. Français.
Lithographe.
De 1846 à 1851, il envoya au Salon de Paris des vues de villes de Grèce, d'Italie, du Levant et des paysages.

DUMONCHEL
xviiie siècle. Actif dans la seconde moitié du xviiie siècle. Français.
Peintre.
D'après ses œuvres P. Dupin grava *Le Bain*, et Fr. Ph. Charpentier : *Le Nourrisson.*

DUMONCHET Nicolas
xvie siècle. Actif à Paris vers 1538. Français.
Peintre d'histoire.

DUMOND Auguste Henri
Né à Lille (Nord). xxe siècle. Français.
Peintre.
Sociétaire du Salon des Artistes Français. Ed. Joseph cite son *Béguinage à Bruges.*

DUMOND Frank Vincent ou **du Mond**
Né en 1865 à Rochester (New York). Mort en 1951. xixe-xxe siècles. Américain.
Peintre de compositions à personnages, scènes de genre, paysages animés.
À Paris, il fut élève de Gustave Boulanger, Jules Lefebvre, Benjamin-Constant.
Ses peintures sont souvent empreintes de spiritualité.
Musées : Richmond (Indiana) : *À la fontaine.*
Ventes Publiques : New York, 22 mai 1900 : *Vision mystique*, h/t (56x40,5) : USD 1 200 – New York, 4 juin 1982 : *Golden afternoon in Old Lyme* 1903, h/t (66x91,5) : USD 3 000 – New York, 15 mars 1985 : *Windswept willows* vers 1911, h/t (61x76,1) : USD 1 600 – New York, 29 mai 1987 : *Paysage de printemps* 1908, h/cart. (30,2x40,7) : USD 5 000 – New York, 30 sep. 1988 : *Vision mystique*, h/t (56x40,6) : USD 2 200 – New York, 25 mai 1989 : *Walt Whitman cueillant du lilas*, h/t (61x77) : USD 6 600 – New York, 14 fév. 1990 : *Dans le jardin d'un monastère*, encre/t. (163,5x203,2) : USD 8 250 – New York, 14 mars 1991 : *Matinée enfantine*, h/t (33x32) : USD 5 280 – New York, 10 mars 1993 : *Le ruisseau à Nova Scotia* 1933, h/t (63,5x76,2) : USD 6 900 – New York, 3 déc. 1996 : *Fleur de lys*, h/t/cart. (24,2x17,3) : USD 12 650.

DUMOND Frederick Melville
Né au xixe siècle à Rochester (États-Unis). xixe siècle. Américain.
Peintre d'animaux.
Élève de Jules Lefebvre, Benjamin-Constant, Cormon et J.-P. Laurens. Il exposa au Salon des Artistes Français et obtint une mention honorable en 1893, et une médaille de troisième classe en 1899.

DUMOND Jean Adolphe
Né à Brives (Corrèze). xxe siècle. Français.
Peintre de paysages.
Élève de R. Gasperi. Exposant du Salon des Artistes Français en 1939.

DUMOND Louise Adèle
Née au xixe siècle à Paris. xixe siècle. Française.
Peintre.
Figura au Salon des Artistes Français où elle obtint une mention honorable en 1893.

DUMOND Marthe Y.
xxe siècle. Française.
Peintre.
Elle exposa à Paris au Salon des Artistes Français à partir de 1921.

DUMOND Suzanne
Née à Paris. xxe siècle. Française.

Peintre.
Élève de Sabatté ; a débuté au Salon des Artistes Français de 1934.

DUMONS Jean Joseph
Né le 26 mars 1687 à Tulle. Mort le 25 mars 1779 à Paris. XVIIIe siècle. Français.
Peintre d'histoire.
Peintre ordinaire, du roi, il fut nommé directeur des manufactures d'Aubusson en 1731, fut reçu académicien en 1735 et fut nommé directeur de la Manufacture de Beauvais en 1735. De 1737 à 1753, il exposa au Salon.

DUMONSTIER, famille d'artistes
XVIe-XVIIe siècles. Français.
Peintres, dessinateurs.
Les du Monstier (1537-1667) Geoffroy du Monstier (1537) ? Cardin (1550) ? Cosme (vivait encore en 1602), Estienne (1520-1603), Pierre Ier (1565-1656), Daniel (1574-1646), Pierre II, Estienne (jeune), (1604 vivait encore en 1653), Nicolas (1612-1667).
Monstier ou Moustier (Les du) l'étymologie du nom (Monasterium) dont on a fait Monstier et Moustier, était écrit d'abord : Du Monstier, les contemporains de cette famille les nommaient le plus souvent Dumoutier. Cependant, c'est toujours Du Monstier que chacun d'eux signait, forme que nous avons adoptée. Ces artistes peintres et crayonneurs vécurent au XVIe et XVIIe siècle, et ils eurent une nombreuse lignée, mais nous ne retiendrons ici que les noms de ceux qui illustrèrent les arts d'une façon toute particulière. Cette suite d'artistes habiles et recherchés de leurs contemporains depuis 1550, ont produit une multitude de chefs-d'œuvre, portraits dessinés ou au pastel, et cependant, nous connaissons peu leurs ouvrages. Nos aïeux ont bien mal conservé leurs travaux et le souvenir de cet art si caractéristiquement Français. Quelques rares collectionneurs ont gardé des eaux-fortes de Geoffroy. Daniel a conservé sa célébrité, grâce au soin qu'il avait de dater ses œuvres. Pierre n'a laissé que trois ou quatre portraits. Mais que sont devenus les crayons de Cosme et d'Estienne ? Où donc la collection des œuvres d'Estienne, et qui fut vendue à l'archiduchesse Isabelle se cache-t-elle ? Estienne aurait certes bien fait de signer et dater ses œuvres, comme l'a fait son neveu, nous pourrions ainsi retrouver, parmi ces portraits, exécutés à la pierre noire et à la sanguine, sans rehaut de pastel, qui sentent de loin le XVIe siècle, et qui sont au Louvre des œuvres anonymes, plusieurs ouvrages d'Estienne.

DUMONSTIER Cardin ou **Dumoustier**
XVIe siècle. Français.
Sculpteur.
Probablement parent de Geoffroy de Moustier, il figure dans un compte des bâtiments de 1540 à 1550, comme ayant été employé au château de Fontainebleau. Bien que ne possédant aucune preuve de filiation directe, il n'est pas invraisemblable de supposer que ce Cardin Du Moustier soit un parent de Geoffroy, mais à quel degré ? Nous l'ignorons. Nous ne connaissons ni le lieu, ni la date de naissance, ni même la date de sa mort. Le seul document qui établit son existence est un compte de bâtiments débutant en 1540 et se terminant en 1550, où il figure comme ayant été employé au château de Fontainebleau, à raison de douze livres par mois, « pour avoir vacqué à nettoyer la figure de Cléopâtre naguère jetée en cuivre, en la fonderie des figures antiques amenées de Rome ». Ce Cardin Du Moustier aurait été « imagier » c'est-à-dire sculpteur. Il ne paraît pas que l'on ait conservé aucune œuvre de cet artiste.

DUMONSTIER Charles
Mort en 1782. XVIIIe siècle. Français.
Portraitiste et graveur.
Le Musée du Louvre, possède des portraits en profil du *Roi Louis XV*, de *Marie Leczinska* et du *Dauphin*, qui lui sont attribués.

DUMONSTIER Cosme ou **Dumoustier**
Mort le 5 octobre 1605 à Rouen (Seine-Maritime). XVIe siècle. Français.
Peintre de miniatures, graveur, pastelliste.
Il est le fils de Geoffroy Dumonstier et le frère de Pierre et d'Étienne II ; lequel des trois est l'aîné, nous l'ignorons, la date de leur naissance est inconnue. Jal nous dit, qu'en 1581, il était peintre de la reine Catherine de Médicis. De 1583 à 1584, son nom figure sur un compte, comme faisant partie des « officiers » du Roi, et en 1586, étant attaché au service de la Reine (comte de Laborde). Il cumulait peut-être les deux positions. Il était fort considéré à la cour, car Mariette nous dit : « Avoir lu dans un manuscrit de Sauval, que le roi (Henri III ou Henri IV) qui se confiant en sa prudence, l'envoya en plusieurs cours chargés de commissions importantes ». Après le décès de la reine, il se retira à Rouen, et, bien que nous soyons très peu documentés sur cette période de sa vie, le 9 mai 1602, il se faisait représenter au mariage de son fils Daniel. Dans le contrat de mariage, pièce publiée dans les *Archives de l'art français*, on le qualifie ainsi : « Noble homme Cosme du Moustier peintre et vallet de chambre de la feue royne mère ». En juin 1581, il était de la suite de la reine Marguerite de Navarre, lors de ses voyages à Nérac et à Bagnères.
Il n'est arrivé à notre connaissance aucun ouvrage de Cosme, mais nous venons de voir qu'en 1581, il était peintre de la reine ; peintre en miniature et probablement au pastel. Mariette lui attribue quelques planches gravées, datées de 1543 et 1547.
BIBLIOGR. : In : *Diction. de la peinture française*, coll. Essentiels, Larousse, Paris, 1989.

DUMONSTIER Daniel ou **Dumoustier**
Né en 1574 à Paris. Mort le 22 juin 1646 à Paris. XVIe-XVIIe siècles. Français.
Peintre de portraits, dessinateur.
Daniel épousa le 20 mai 1602, Geneviève Balifrè dont il eut onze enfants, huit filles et trois fils, parmi lesquels Estienne (jeune) et Nicolas, qui devinrent tous deux artistes. Veuf de Geneviève en décembre 1628, il se remaria en mai 1630, avec Françoise Lesèque, dont il eut quatre enfants. Daniel fut le plus habile et le plus connu des Du Monstier. Ses œuvres sont très nombreuses. Il a été gravé par Léonard Gaultier et par Michel Lasne. Daniel Du Monstier était connu, non seulement comme un brillant artiste, mais aussi pour son amour de la musique, sa bibliothèque réputée, son cabinet de curiosités, son franc-parler, libre, satyrique, parfois singulièrement mal embouché et peu édifiant, il connaissait l'Italien et l'Espagnol, dit Tallemant et l'abbé de Marolles lui consacra un quatrain plein d'humour. Félibien fait son éloge et déclare : « Ces belles qualités luy avoient acquis beaucoup d'amis à la Cour et parmi les gens de lettres ». Un contemporain dit de lui : « C'est le plus excellent crayonneur de l'Europe ». Sa renommée est immense et toutes les célébrités de l'époque viendront poser devant lui, écoutant ses plaisanteries gauloises, ses brusqueries et parfois ses excentricités douteuses, mais on aime son coup de crayon et on sourit à ses boutades. Daniel était peintre en titre et valet de chambre du roi. Louis XIII, en considération « de ses bons, fidelles et agréables services lui fait don des droits de rachapt lods et ventes de la terre du Plessis-Bertrand, sénéchaussée de Rennes », don confirmé en 1613 par lettre patente de la reine Marie de Médicis.
On cite de cet artiste : *Portrait présumé de César, duc de Vendôme*, dessin au crayon noir et signé ; *Portrait présumé de Mlle de Roye de la Rochefoucauld* ; *Portrait d'une dame en costume de veuve*, aux crayons noir et rouge et au pastel ; *Portrait de jeune femme en buste vue de trois quarts tournée vers la droite*, au pastel et au crayon noir ; *Portrait d'homme en buste, vu de trois quarts, tourné vers la droite*, à la pierre noire, à la sanguine et au pastel (on lit sur ce dessin : Ce 30 de septembre 1608 ; et d'une autre écriture : C'est le fils aîné de M. le président le Faure. On l'apelloit M. de Marsan) ; *Tête de femme, vue de trois quarts, tournée vers la droite*, aux crayons rouge et noir et au pastel ; *Portrait d'une religieuse, en buste, vue de trois quarts, tournée vers la droite*, aux crayons rouge et noir et au pastel ; *Tête d'homme jeune encore, vue de trois quarts, et tourné vers la droite*, à la pierre noire, à la sanguine et au pastel ; *Jésus, assis sur son trône, se montre au milieu de sa gloire aux bienheureux admis dans la cité céleste*, dessin à la plume et lavé ; *Portrait du roi Henri IV* ; *Portrait de Malherbe*, qui a été gravé par M. Dien ; *Portrait de l'abbé de Saint-Cyran*, fait de mémoire un an après la mort du modèle.
Très inégal dans ces conceptions, le mérite est très différent entre les portraits qu'il traitait avec soin, et les exécutions rapides dont il était coutumier. Antérieurement à 1600 on ne connaît aucun dessin de sa main et ses crayons doivent se perdre avec ceux que l'on doit aux nombreux portraitistes de cette fin du XVIe siècle. C'est âgé de soixante-dix ans (1644)

qu'est relevée la date la plus tardive de ses œuvres : *Portrait de l'abbé de Saint-Cyran.*

Musées : Douai : *Portrait de Jacques de Harlay, marquis de Chamvallon, favori de Henri III* – Paris (Louvre) : *Portrait du duc de Longueville* 1632, crayons rouge et noir et pastel – *Portrait de N. Brulard, marquis de Sillery, chancelier de France,* pierre noire, sanguine et pastel – dix dessins – Paris (Bibl. Sainte-Geneviève) : quatre-vingts œuvres.
Ventes Publiques : Paris, 1882 : *Portrait présumé du duc de Lorraine* : **FRF 850** – Paris, 1883 : *Le duc de Danville,* dess. aux trois cr. : **FRF 510** ; *Le maréchal de Guébriant,* dess. aux trois cr. et à l'encre de Chine : **FRF 1 200** – Paris, 1898 : *Portrait de Gabrielle d'Estrées,* dess. aux cr. rouge et noir : **FRF 5 300** ; *Portrait de Henriette Stuart,* dess. aux trois cr. : **FRF 910** – Paris, 1900 : *Portrait d'une dame de qualité* : **FRF 3 850** ; *Portrait d'un jeune homme* : **FRF 2 950** – Paris, 16-19 juin 1919 : *Portrait d'une dame de qualité,* dess. aux cr. de coul. : **FRF 4 500** ; *Le cardinal Du Perron,* dess. au cr., à la sanguine et au lav. : **FRF 7 000** ; *Portrait d'un homme de qualité,* dess. au cr. et à la sanguine : **FRF 3 800** – Paris, 26 et 27 mai 1919 : *Portrait d'homme, en buste,* dess. aux cr. de coul. : **FRF 1 400** ; *Portrait d'homme,* dess. aux cr. de coul. : **FRF 6 300** – Paris, 8-9 et 10 juin 1920 : *Portrait de femme,* cr. : **FRF 2 500** – Londres, 10 mai 1922 : *Deux portraits,* cr. de coul. : **GBP 27** – Paris, 14 nov. 1924 : *Portrait de Jacques Nompar de Caumont La Force, lieutenant général des armées du roi,* cr. et sanguine : **FRF 980** – Paris, 24 nov. 1924 : *Portrait d'homme portant un habit à fraise,* pierre noire, reh. de cr., École de D. : **FRF 250** – Paris, 4 fév. 1925 : *Portrait de jeune homme en buste,* pierre noire, reh. de sanguine, École de D. : **FRF 360** – Paris, 26 oct. 1925 : *Portrait d'un gentilhomme,* cr., École de D. : **FRF 245** – Paris, 10 et 11 mai 1926 : *Portrait du cardinal de Richelieu,* cr. : **FRF 3 200** – Paris, 8 déc. 1926 : *Portrait présumé de Marie de Médicis,* cr. de coul., École de D. : **FRF 500** – Londres, 26 avr. 1927 : *Le cardinal Clément Dolera,* dess. : **GBP 76** ; *Gentilhomme,* dess. : **GBP 48** – Paris, 21-22 déc. 1927 : *Portrait de femme assise tenant un livre,* cr. noir : **FRF 55** – Paris, 28 nov. 1928 : *Portrait d'homme à longue barbe, vu de face, coiffé d'un chapeau,* dess., attr. : **FRF 7 000** – Paris, 2 mars 1929 : *Portrait du maréchal de Montluc,* dess. : **FRF 5 500** – Paris, 13-15 mars 1929 : *Portrait d'un homme de qualité,* dess. : **FRF 40 000** – New York, 2 avr. 1931 : *Madame Bernard de la Valette* : **USD 225** – Londres, 10-14 juil. 1936 : *Portrait d'une dame,* craies de coul. : **GBP 39** – New York, 18-20 nov. 1943 : *Anne d'Autriche,* cr. de coul. et mine de pb : **USD 500** – New York, 5 juin 1979 : *Portrait d'homme,* craies noire et rouge et lav. reh. de blanc (20,5x15,5) : **USD 7 250** – New York, 10 jan. 1980 : *Portrait d'homme,* h/pan. (30,5x22,5) : **USD 16 000** – Londres, 13 déc. 1984 : *Portrait d'un gentihomme,* craie noire et rouge (29,2x21,4) : **GBP 9 500** – Londres, 7 juil. 1992 : *Portrait de Pierre Le Hayer Duperron en buste,* craies de coul. et h/t (15,2x13,8) : **GBP 15 400** – Paris, 22 nov. 1995 : *Portrait d'une dame de qualité* 1629, cr. noir et sanguine (39,5x28) : **FRF 20 000.**

DUMONSTIER Étienne I
xvie siècle. Français.
Peintre de miniatures.
Il peignit en 1501 pour le cardinal Georges d'Amboise, archevêque de Rouen, un Bréviaire et autres livres saints, dont il réalisa les enluminures.

DUMONSTIER Étienne II, l'Aîné ou **Dumoustier**
Né en 1520 à Paris. Mort le 23 octobre 1603 à Paris. xvie siècle. Français.
Peintre de portraits, dessinateur.
Il est le fils de Geoffroy Dumonstier et le frère de Cosme et de Pierre. Dans l'église Saint-Jean-en-Grève, le tombeau de Estienne Du Monstier porte l'épitaphe suivante : « Cy gist Estienne Du Monstier : noble, rare et excellent en son art ; il estoit peintre et valet de chambre ordre des rois Henri II, François II, Charles IX, et Henri III, et de la très grande royne Catherine de Médicis et du roy à présent depuis l'espace de cinquante ans et plus jusqu'à la fin de âge, qui fust le 23e jour d'octobre 1603, âgé de 83 ans. Priez Dieu pour son âme. Il portoit d'azur à l'église ou Monstier d'argent ». Cette inscription lapidaire témoigne que cet artiste jouit de la faveur de cinq rois et d'une reine, en l'espace de cinquante ans ; la reine l'envoya à la cour impériale de Vienne, au service de Maximilien II ; preuve que ses capacités artistiques étaient au niveau des honneurs dont il était comblé. Lorsqu'au xvie siècle, les comptes ou les auteurs mentionnent le nom de « Dumonstier : l'aisné », c'est d'Estienne qu'il s'agit, et au xviie siècle, lorsqu'on parle de Du Monstier, sans nom de baptême, c'est Daniel, qu'il faut entendre. Estienne Du Monstier épousa Madeleine Linières. Le registre de baptême de l'église Saint-Germain-l'Auxerrois, mentionne la naissance de l'un de ses enfants, un fils du nom de Gilles, le 1er avril 1574 ; Estienne avait alors cinquante quatre ans, et ce n'était certes pas son premier enfant.
Il est regrettable que les travaux d'un si brillant artiste soient introuvables, à part quelques dessins, et où donc se cache la collection des œuvres d'Estienne Du Monstier, que son fils Pierre vendit à l'archiduchesse Isabelle ?
Bibliogr. : In : *Diction. de la peinture française,* coll. Essentiels, Larousse, Paris, 1989.
Musées : Paris (BN) : *Mayenne, le chef de la Ligue,* dess.
Ventes Publiques : Paris, 10-11 mai 1926 : *Portrait d'homme,* trois cr. : **FRF 18 100** ; *Portrait d'homme,* pierre noire et sanguine : **FRF 5 000** – Paris, 12 déc. 1990 : *Portrait d'une dame blonde,* cr. de coul. (24,5x18,7) : **FRF 50 000** – Londres, 11 mars 1993 : *Portrait d'un gentilhomme de trois-quarts, vêtu d'un pourpoint noir et tenant une épée,* h/t (59x41,6) : **GBP 1 610.**

DUMONSTIER Étienne III
Né le 14 juin 1604 à Paris. xviie siècle. Français.
Peintre.
Fils aîné de Daniel, il naquit le 12 juin 1604, ce jeune artiste reçut le nom d'Estienne en souvenir de celui qui fut la véritable gloire de la famille des Du Monstier. À peine âgé de quinze ans, il ébauchait déjà des portraits que son père corrigeait et terminait. La Bibliothèque Sainte Geneviève a conservé un de ses dessins, avec cette attestation. Estienne jeune, paraît être resté un simple amateur et un copiste de son père, car on ne retrouve sur son compte, aucune mention spéciale. Nous ignorons la date de sa mort, nous savons seulement qu'il vivait encore en 1653. Mellan a gravé un portrait de Nicolas Coeffeteau, évêque de Marseille, d'après Antoine Du Monstier. Un Louis Du Monstier, graveur, exécuta en 1694, d'après Lefèvre, un portrait de Robert de Fénouilères, chanoine.

DUMONSTIER Geoffroy ou **Dumoustier**
Mort en 1573 à Paris. xvie siècle. Français.
Peintre de compositions religieuses, figures, portraits, miniatures, graveur, dessinateur.
Il fut enlumineur des rois François i[er] et Henri II. La date de naissance de cet artiste est inconnue ; toutefois, il travaillait aux peintures du château de Fontainebleau, sous les ordres du Rosso, entre 1537 et 1540, à raison de vingt sous par jour. En 1547, Geoffroy signait un ouvrage cité par Mariette ; si l'on considère que le Florentin Rosso de Rossi vint à Paris vers 1530, il est à présumer qu'il ne se l'attacha qu'ayant déjà acquis une certaine valeur comme peintre ou dessinateur ; il est donc permis de supposer qu'il naquit en France entre 1500 et 1506. Il était également miniaturiste, graveur et peintre sur verre, ainsi que le suppose Mariette, car entre ses dessins à compartiments faits pour une verrière et ses eaux-fortes, on reconnaît la parfaite identité de style, la même manière austère. Il peignit aussi sur vélin des figures et des ornements. On attribue également à Geoffroy plusieurs compositions gravées. Une eau-forte de cet artiste représente *La Vierge debout tenant l'Enfant Jésus* et est datée de 1543. Une *Figure de femme debout, vue de face, tenant d'une main le globe du soleil, et de l'autre le globe de la lune,* porte la date de 1547. M. Robert Dumesnil, dans son tome V, a décrit vingt-deux pièces à l'eau-forte de Geoffroy Du Monstier.
Musées : Paris (Louvre, Cab. des dessins) – Paris (BN) : gravures – Saint-Pétersbourg *(Musée de l'Ermitage) : Autoportrait.*
Ventes Publiques : Paris, 11-12 juin 1903 : *Portrait de femme âgée,* dess. : **FRF 1 250** – Paris, 28 avr. 1906 : *Portrait de Gabriel de Bourbon,* dess. : **FRF 460** ; *Portrait de Mme de Montbazon,* dess. : **FRF 900** – Londres, 12 avr. 1983 : *La Nativité,* pl. et encre noire, lav. bleu (14,2x9,2) : **GBP 1 200.**

DUMONSTIER Jean
Né à Saint-Étienne-du-Rouvray (près de Rouen). XVIe siècle. Français.
Peintre miniaturiste.
Père de Geoffroy.

DUMONSTIER Jehan
XVIe siècle. Actif à Paris. Français.
Peintre.

DUMONSTIER Louis
XVIIe siècle. Actif à Paris à la fin du XVIIe siècle. Français.
Graveur au burin.
Fils de Nicolas D. On cite de lui le *Portrait de Robertos de Fenovillers.*

DUMONSTIER Nicolas ou **Dumoustier**
Né en 1612 à Paris. Mort le 16 septembre 1667 à Paris. XVIIe siècle. Français.
Peintre.
Élève de son père Daniel, dont il était le troisième fils. En 1630, bien que âgé de dix-huit ans, il obtient du roi, la survivance du logement de son père au Louvre, faveur que le roi lui accordait pour reconnaître les services passés et présents de Daniel « tant en sa personne qu'en celle de Nicolas Du Monstier son fils, lequel il nourrist et instruict audict art de peinture, l'envoyant à cette fin en Italie pour le rendre d'autant plus capable de servir Sa Majesté ». Il fut peintre et valet de chambre du roi. En 1638, il épousa Marie Gaspar, dont il eut quatre enfants (quatre fils). Agréé à l'Académie de peinture le 31 mars 1663, il est reçu Académicien le 4 janvier 1665 (portrait D'Errard). Lors du terrible incendie de la galerie du Louvre, en 1661, Nicolas se distingua par son courage, et sauva de la destruction plusieurs portraits du roi. En souvenir de cette action d'éclat, sa veuve bénéficia d'une somme de 1500 livres (1668).

DUMONSTIER Pierre I ou **Dumoustier**
Né vers 1540. Mort en 1625 à Paris. XVIe-XVIIe siècles. Français.
Peintre de portraits, dessinateur.
Il est le fils de Geoffroy Dumonstier et le frère de Cosme et d'Étienne II. Il travailla à la cour impériale de Vienne avec son frère Étienne, puis à la cour de Catherine de Médicis en 1586. Les portraits qu'il fit du calligraphe Guillaume Le Gagneur, et de Jean de Beaugrand furent gravés par Thomas de Leu. Il fit également des portraits aux trois crayons et au fusain, comme son frère.
BIBLIOGR. : In : *Diction. de la peinture française*, coll. Essentiels, Larousse, Paris, 1989.
MUSÉES : BAYONNE : *Duc d'Aiguillon, fils de Mayenne*, grav. d'après lui.

DUMONSTIER Pierre II ou **Dumoustier**
Né vers 1565 à Paris. Mort le 26 avril 1656 à Paris. XVIe-XVIIe siècles. Français.
Peintre.
Une confusion regrettable met ici en présence, deux Pierre Du Monstier. L'un, selon Jal, serait le fils de Geoffroy et frère de Cosme et d'Estienne. L'autre, serait le fils d'Estienne. Dans la version de Jal, nous lisons ceci : « Geoffroy Du Monstier eut trois fils : peintres, dessinateurs, enlumineurs et crayonneurs (Étienne, Pierre et Côme). Dans les comptes de la trésorerie de la reine Catherine de Médicis, pour l'année 1585, Pierre et Côme Du Monstier sont nommés parmi les peintres valets de chambre. » Félibien *(Entretiens sur les vies et les ouvrages des peintres)* dit : « Il y avait (du temps de Jehannet) un Du Monstier qui faisait des portraits au crayon. Il était père de celui que nous avons vu à Rome en 1648, et oncle de Daniel. » Il y a là une grande difficulté ; les oncles de Daniel étaient Étienne et Pierre Ier ; or, Étienne mourut en 1603, âgé de 83 ans, quant à Pierre Ier, son frère, il aurait eu 125 ans en 1648. Ce n'est donc pas Pierre Ier que Félibien a vu à Rome. Tallemant des Réaux dit avoir vu à Rome en 1640, un des cousins germains de Daniel (fils d'Estienne ou de Pierre Ier) artistes contemporains de Jehannet Clouet, celui qu'en 1640 Tallemant a vu à Rome, était peut-être le même qu'avait vu Félibien en 1648. Mariette dit : « Avoir vu un portrait au pastel de sa façon signé du nom de Pierre et daté de 1625. » Ce Pierre II est l'auteur d'une tête de Turc, au crayon et au pastel que garde la Bibliothèque Sainte Geneviève, et sur le fond de laquelle on lit : *Petrus Du Monstier parisiensis faciebat Romoe 1623*. À ce Pierre appartiennent deux portraits, datés : 28 août 1618, et *derniers jours d'octobre 1618* (celui-ci représente M. de Nègrepelisse). La Bibliothèque Nationale possède un portrait de G. Le Gagneur, gravé d'après P. Du Monstier et illustré par quatre vers de Jean Dorat. À la Bibliothèque Sainte Geneviève, il y a également un dessin plein d'intérêt ; c'est un croquis bistré et rehaussé de blanc, et est sous carreaux, ce qui indique que le sujet devait être reproduit en grand, par le crayon ou le pinceau. Ce dessin représente la reine Catherine assise devant une table se disposant à écrire ; assise à terre et jouant avec un chien, est Mme de Sauves ; devant la table figurent deux nains, près de la reine un jeune homme, sous lequel une main a tracé ces mots : « Estienne Du Monstier l'aisné », plus loin un jeune page de quinze à vingt ans, avec l'inscription : « Pierre Du Monstier ». Ce dessin paraît avoir été composé entre 1559 et octobre 1584. – 1559 est l'année de la mort de Henri II, c'est seulement alors que Catherine put se faire nommer « reine mère » (10 juillet) à l'avènement de François II. (Sous le portrait de Catherine, on lit : « La Reyne mère du Roy »). L'inscription sous la dame jouant avec le chien porte « Mme de Sauves ». Or, Mme veuve de Sauves se remaria en octobre 1584. Pierre Du Monstier valet de chambre du Roi épousa, le 23 novembre 1611, Anne Dallière, il mourut le 26 avril 1656. – Une autre version, celle de Émile Bellier de la Chavignerie, fait naître un Pierre Du Monstier, à la même date, mais fils d'Estienne, et déclare : « Qu'est devenue la collection des œuvres d'Estienne vendue *par son fils Pierre*, à l'archiduchesse Isabelle ? » Toujours selon le même auteur, ce Pierre, visita l'Italie, où il séjourna longtemps, et il mourut à Paris en 1656. Nous sommes donc ici en présence de deux Pierre Du Monstier. L'un (selon Jal) serait fils de Geoffroy (Pierre Ier). L'autre (selon Bellier) serait fils d'Estienne. Les dates de naissances et de décès sont les mêmes, Pierre Ier ne pouvant se réclamer être le fils de deux pères, il y a lieu d'adopter (selon Jal, qui est le plus versé en la matière) la paternité de Geoffroy, Jal parle encore d'un Pierre II, fils de Cosme et frère de Daniel. Pour les prix, se reporter aussi à DUMONSTIER Daniel.
VENTES PUBLIQUES : PARIS, 23 jan. 1928 : *Portrait de Bernard de la Valette* : **FRF 5 000** – PARIS, 18 déc. 1946 : *Portrait présumé de Marguerite d'Orléans, dite Mademoiselle d'Estouteville*, cr. de coul., attr. : **FRF 51 500**.

DUMONT
XVIIIe siècle. Actif à Lille. Français.
Peintre de genre.
Élève de l'École de dessin de Lille. Il exposa des dessins au Salon de cette ville en 1783 et 1784.

DU MONT, sieur. Voir **MUSY Claude**

DUMONT, Mme
XVIIIe siècle. Française.
Peintre de genre.
En 1793, elle exposa au Salon de Paris.

DUMONT, Mme, née **Corbion**
XIXe siècle. Française.
Peintre sur porcelaine.
Elle exposa au Salon, en 1822, 1824 et 1831, des paysages peints sur porcelaine.

DUMONT A. L.
Mort en 1853. XIXe siècle. Français.
Peintre.
Il est cité par Siret, secrétaire de l'École des Beaux-Arts.

DUMONT Adam
XVe siècle. Actif à Dijon. Français.
Peintre.
Dans une salle de la Chambre des Comptes à Dijon, on peut voir une « istoire de l'Annunciation Nostre Dame » peinte en 1459. Son fils, du même nom, entra en apprentissage en 1490 chez le peintre Changenet à Avignon.

DUMONT Aimé Gaston
Né le 21 janvier 1899 à Beaumont-en-Argonne (Ardennes). XXe siècle. Français.
Sculpteur de figures, groupes.
Il fut élève de Hermann Peter, Jules Coutan, Auguste Carli à l'École des Beaux-Arts de Paris, où il obtint les Prix Chenavard et Roux. Il exposait à Paris, au Salon des Artistes Français, dont il était sociétaire, troisième médaille 1926, bourse de voyage 1930, médaille d'argent à l'occasion de l'Exposition Universelle de 1937.
On cite sa *Femme aux pigeons* et des groupes conservés à la Mairie de Pantin (Seine-Saint-Denis).

DUMONT Alfred Paul Emile Etienne
Né en 1828 à Perroy (près de Rolle). Mort en 1894 à Genève. XIXe siècle. Suisse.
Peintre de genre.
Fit ses études à l'Académie de Düsseldorf avec B. Vautier. Travailla chez Gleyre à Paris. Il vécut à Genève et à l'étranger. Le Musée de Bâle conserve de lui : *Le morceau de musique difficile.*
Ventes Publiques : Cologne, 22 oct. 1965 : *La chasse à courre* : **DEM 1 400**.

DUMONT Alvarez. Voir **ALVAREZ-DUMONT Cesar** et **Eugenio**

DUMONT Amédée
XIXe siècle. Français.
Peintre de portraits.
Exposa au Salon de Paris de 1834 à 1839.

DUMONT Anne Yvonne
XXe siècle. Française.
Miniaturiste.
Elle exposa à Paris au Salon des Artistes Français à partir de 1943.

DUMONT Antoine
Né vers 1638. Mort le 21 juin 1676 à Paris. XVIIe siècle. Français.
Peintre.

DU MONT Artus ou **Artus del Monte**
Mort en novembre 1680 à Rome. XVIIe siècle. Italien.
Peintre.
Il se fixa à Rome en 1633.

DUMONT Auguste
Né à Lille (Nord). XXe siècle. Français.
Peintre de paysages.
Élève d'Hippolyte Léty.
Il exposa à Paris, au Salon des Artistes Français à partir de 1928.
Ventes Publiques : Paris, 10 déc. 1980 : *Buste de Pajou,* terre cuite (77x53x32) : **FRF 24 000**.

DUMONT Augustin Alexandre
Né le 4 août 1801 à Paris. Mort en février 1884. XIXe siècle. Français.
Sculpteur.
En 1818, il entra à l'École des Beaux-Arts. Il fut l'élève de son père Jacques-Edme Dumont et de Cartellier. En 1821, il eut le deuxième prix au concours pour Rome, en 1823 il remporta le premier prix. Il obtint une médaille de première classe en 1831. En 1836, il fut décoré de la Légion d'honneur. En 1838, il devint membre de l'Institut. Il eut la grande médaille d'honneur à l'Exposition Universelle de 1855. En 1852, il devint professeur à l'École des Beaux-Arts. En 1870, la croix de commandeur de la Légion d'honneur lui fut donnée. Son œuvre est considérable. Il travailla pour la décoration de nombreux monuments, notamment on lui doit : *N. Poussin,* pour le palais de l'Institut, *Sainte Cécile,* statue en pierre à l'église de la Madeleine, *Saint Louis,* à la salle des séances du Sénat, *Blanche de Castille,* au jardin du Luxembourg, *Le Commerce,* statue pour la façade du palais de la Bourse, Toute la sculpture du pavillon Lesdiguières au Louvre, *Le marquis de Pastoret,* au palais du Sénat, *Le général Carrèra,* à Santiago, *Napoléon Ier en Cesar,* statue colossale en bronze, placée sur la colonne de la Grande-Armée, place Vendôme, le 4 novembre 1863, *Le maréchal Davout, prince d'Eckmühl,* statue en bronze, inaugurée à Auxerre le 28 juillet 1867, *Alexandre Labrouste,* buste en marbre pour le collège de Sainte-Barbe.

Musées : Anvers : *L'amour tourmentant l'âme* – Clamecy : *Projet d'une statue de Pascal* – Gênes : *Statuette en marbre – Bacchus et Leucothoé, marbre* – Le Havre : *François Ier* – Montpellier : *Jean-Pierre Collot* – Nancy : *Jeune Romaine à sa toilette* – Nice : *Éros et le papillon* – Semur-en-Auxois : *La France, la Paix et la Guerre – Le duc Decazes – Mme Delaroche – Le général Carrera – Bacchus, enfant, élevé par la nymphe Leucothoé – La Prudence – La Vérité – Le maréchal Bugeaud – Napoléon Ier – Maréchal Davout – Le Commerce – Louis Ier de Bourbon – Blanche de Castille – Jeune fille romaine – Sainte Cécile – La muse de l'Harmonie, couronnant le buste de Chérubini – Ducis – La Gloire et l'Immortalité – L'Architecture – La Sculpture – Alexandre Labrouste – Le prince Eugène – Hippolyte Lebas – Mahé de la Bourdonnais – Le pape Urbain V – Alexandre Lenoir – Marquis de Brignoles – Maréchal Suchet – L'abbé Magne – La Justice – La Vierge – Jeune fille ajustant une couronne de fleurs sur sa coiffure – Le génie de la Liberté – De Humbodlt – Adoration de la Croix – Guérin – L'abbé Félix Coquereau – Le général Gourgaud – L'amiral Touchard – Tête d'homme – Saint Philippe – Pallas et Evandre – Pierre Gerdi, bronze – De Pastoret – Dumont, père – La ville de Mézin offrant une couronne au général Tartas – Le prince Charles Bonaparte – L'amour tourmentant l'âme – Napoléon Ier.*

DUMONT Bernard. Voir **BEDU**

DUMONT Charles
Né à Daville-lès-Rouen (Seine-Maritime). XXe siècle. Français.
Sculpteur.
Il exposait à Paris, au Salon des Artistes Français de 1912 à 1926.

DUMONT Daniel
Né à L'Isle-Adam (Seine-et-Oise). XXe siècle. Français.
Sculpteur.
Il exposa à Paris au Salon des Artistes Français en 1931.

DUMONT Edme
Né en 1722 à Paris. Mort le 10 novembre 1775 à Paris. XVIIIe siècle. Français.
Sculpteur de groupes, graveur.
Son maître fut Bouchardon. En 1752, il fut agréé à l'Académie et il fut reçu académicien en 1768. Il exposa au Salon de 1753 à 1771. On cite de ses œuvres : *Céphale contemple le présent de Procris,* statue, *Milon de Crotone,* statue en marbre, au Musée du Louvre, *Diane et Endymion endormi.* On lui doit en outre le fronton de la Manufacture de Sèvres et le fronton de l'Hôtel de la Monnaie.
Ventes Publiques : New York, 29 avr. 1966 : *Lion dévorant un sanglier,* terre cuite : **USD 1 750** – Londres, 7 avr. 1981 : *Lion dévorant un sanglier,* terre cuite (36x38) : **GBP 3 500** – Paris, 21 mars 1985 : *Milon de Crotone* vers 1770, bronze patine brun foncé (H. 77,5) : **GBP 1 050** – Londres, 20 mars 1986 : *Milon de Crotone,* bronze patine brune (H. 79) : **GBP 1 350**.

DUMONT Élie Henri
Né à Bordeaux (Gironde). XXe siècle. Français.
Peintre de paysages.
Il exposa à Paris au Salon des Indépendants à partir de 1931.

DUMONT Étienne
XVIIe siècle. Français.
Sculpteur.
Il fut reçu à l'Académie de Saint-Luc en 1689.

DUMONT François
Né en 1688 à Paris. Mort le 14 décembre 1726. XVIIIe siècle. Français.
Sculpteur.
Fils et élève de Pierre Dumont, il épousa la sœur de Coypel et entra à l'Académie en 1712 avec un : *Titan foudroyé,* marbre aujourd'hui au Louvre. On a de lui : à l'église Saint-Sulpice, au-dehors, deux groupes d'enfants ; à l'intérieur : *saint Jean, saint Joseph, saint Pierre, saint Paul,* statues ; – à Montpellier : un *monument à la mémoire de Mlle Bounier* ; – à Lille : le *mausolée du duc de Melun,* fils du prince d'Épinay. Pendant la pose de ce monument, Dumont tomba de l'échafaudage et se tua ; il fut enterré à côté de son œuvre.
Musées : Louvre : *Titan foudroyé.*

DUMONT François, l'Aîné
Né le 7 janvier 1751 à Lunéville. Mort le 27 août 1831 à Paris. XVIIIe-XIXe siècles. Français.
Peintre d'histoire, portraits, miniatures.
Il était fils de Toussaint Dumont et élève de Girardet. En 1788, il fut agréé à l'Académie et la même année, il fut reçu académicien. Il exposa au Salon de 1789 à 1830. Outre des portraits, cet artiste peignit plusieurs toiles d'histoire de très petites dimensions : *Henri IV vient annoncer son entrée à Paris à la belle Gabrielle, Louis XIV vient chercher Mme de la Vallière au couvent de Chaillot, Une délibération à la Chambre des pairs.*

Musées : Londres (coll. Wallace) : *Portrait du dauphin Louis XVII – Portrait de Mme Vigée-Lebrun tenant une palette* – Ypres : *Façade des Halles avant la Restauration*, dessin.
Ventes Publiques : Paris, 1872 : *Portrait du dauphin Louis XVII*, miniat. : **FRF 1 450** – Paris, 1891 : *Portrait de la duchesse de Polignac*, miniat. sur boîte en ivoire : **FRF 4 200** ; *Portrait de jeune femme*, miniat. : **FRF 8 000** – Londres, 1895 : *Portrait de femme en robe lilas avec un grand chapeau*, miniat. : **FRF 2 250** – Paris, 1898 : *Jeune mère et son enfant*, miniat. : **FRF 3 400** – Paris, 1899 : *Portrait d'homme en buste*, miniat. : **FRF 1 000** ; *Portrait d'homme*, miniat. : **FRF 415** – Dijon, 12 fév. 1900 : *Portrait présumé de Mlle de Fontanges*, miniature : **FRF 261** – Dijon, 8 avr. 1919 : *Portrait présumé du peintre Antoine Laurent*, miniat. : **FRF 2 900** ; *Portrait de femme*, miniat./boîte : **FRF 7 000** – Dijon, 15 avr. 1921 : *Portrait de femme*, miniat./boîte : **FRF 3 360** – Londres, 15 juin 1923 : *Marie-Antoinette* 1784, dess. : **GBP 42** – Londres, 8 mai 1926 : *Portrait de fillette*, miniat./boîte : **FRF 1 000** – Londres, 24 déc. 1940 : *Portraits présumés du vicomte d'Arlincourt et de son fils*, miniat., attr. : **FRF 16 800** – Londres, 22 mars 1945 : *Portrait présumé de Louis XVII*, miniat., attr. : **FRF 8 000** – Londres, 1er avr. 1949 : *Portrait de Mme Elisabeth* : **FRF 30 000** – Londres, 9 mars 1951 : *Portrait de jeune femme*, miniat., de forme ovale : **FRF 70 000** – Amsterdam, 16 nov. 1988 : *L'Eau bénite* 1879, h/pan. (71x46,5) : **NLG 2 990** – Paris, 31 jan. 1991 : *Portrait de Marie-Antoinette serrant des lys sur son cœur*, h/t (67,5x54,5) : **FRF 65 000**.

DU MONT François, Frans
Né vers 1850 à Bruxelles. XIXe siècle. Belge.
Peintre de genre.
Il exposa à Anvers et à Gand en 1870, puis participa au Salon de Paris en 1884 et 1885.
Ses scènes de genre retracent des fêtes populaires médiévales, des sujets anecdotiques, dans un genre troubadour.
Bibliogr. : Gérald Schurr, in : *Les Petits Maîtres de la peinture 1820-1920, valeur de demain*, Les Éditions de l'Amateur, t. IV, Paris, 1979.
Musées : Courtrai : *Amour fidèle* 1879 – Le Puy-en-Velay (Mus. Crozatier) : *Femme au bain*.
Ventes Publiques : Paris, 3 fév. 1928 : *L'Aumône* : **FRF 170** ; *Bouquiniste au Moyen Âge* : **FRF 300** – Paris, 20 juin 1947 : *Entrée joyeuse à Bruges sous Charles-Quint* : **FRF 5 500** – Paris, 24 mars 1976 : *Faust, Marguerite et Méphisto*, h/t (80x63) : **FRF 1 800** – Saint-Jean-Cap-Ferrat, 16 mars 1993 : *Les Géographes* 1903, h/t (46x55) : **FRF 10 000** – Paris, 5 avr. 1996 : *Leçon de musique au XVIIe siècle* 1900, h/pan. (24x18,8) : **FRF 6 000**.

DUMONT François Pierre Jean Désiré
Né le 14 mars 1831 à Paris. XIXe siècle. Français.
Graveur.
Exposa au Salon de 1870 à 1877.

DUMONT Gabriel Pierre Martin
Né vers 1720 à Paris. XVIIIe siècle. Français.
Architecte et aquafortiste.
En dehors de ses travaux d'architecture, il s'est attaché à rappeler le souvenir de Soufflot en gravant ses œuvres, surtout les monuments d'Italie, et en particulier les ruines de Paestum.

DUMONT Gaston Aimé. Voir **DUMONT Aimé Gaston**

DUMONT Gilberte
Née le 6 octobre 1910 à Montignies-sur-Sambre. Morte en 1988 à Charleroi. XXe siècle. Belge.
Peintre.
Elle fut élève en art, jusqu'en 1935, de l'Université du Travail de Charleroi, sous la direction de Léon Van den Houten, participant au cercle *Pour l'Art* qu'il avait fondé. En 1939, elle épousa Victor Lefebvre qui avait suivi le même cycle de formation. De 1928 à 1936, elle participa aux Salons d'Art des villes wallonnes : Charleroi, Liège, Mons, etc., fondant en 1933-1934 *L'Art Vivant au Pays de Charleroi*. En 1936, elle cessa de peindre, pour reprendre sa formation à la base, dessinant d'après modèle vivant, étudiant le traité de Cennino Cennini, peignant à tempera. À partir de 1938, elle exposa de nouveau, en groupe ou avec son mari. Elle interrompit de nouveau la peinture jusqu'en 1964, puis participa de nouveau aux expositions collectives régionales, montrant aussi ses peintures dans des expositions personnelles : 1971, 1974 Bruxelles, 1973 Charleroi.
Elle fut surtout le peintre ému de la vie quotidienne et des paysages peu pittoresques et parfois misérables du Pays Noir.

Bibliogr. : Marc Eemans, in : *L'art vivant en Belgique*, Édit. Meddens, Bruxelles, 1973 – in : *Diction. biogr. illustré des peintres en Belgique depuis 1830*, Arto, Bruxelles, 1987.

DU MONT Gillis ou **dal Monte**
Né à Anvers. Mort le 24 janvier 1697 à Rome. XVIIe siècle. Éc. flamande.
Peintre.
Il prit aussi, à Rome, le surnom de Brybergh. Peut-être parent de Artus Du Mont.

DUMONT Henri
XIXe siècle. Français.
Graveur.
Il exposa au Salon des Artistes Français de Paris, dont il était sociétaire, y obtenant une mention honorable en 1887. Il privilégia la technique de l'ea-forte.

DUMONT Henri Julien
Né en 1859 à Beauvais (Oise). XIXe siècle. Français.
Peintre de paysages, paysages urbains, natures mortes, fleurs. Impressionniste.
Peintre impressionniste, il exposa successivement aux Artistes Français, au Salon de la Nationale des Beaux-Arts et aux Indépendants. Il obtint une médaille de bronze à l'Exposition Universelle de 1900.

henri Dumont

Musées : Chambéry (Mus. des Beaux-Arts) : *Marguerites et bleuets*.
Ventes Publiques : Paris, 6 déc. 1924 : *Œillets* ; *Roses*, deux toiles : **FRF 350** – Paris, 11 et 12 mai 1925 : *Le Pot de géraniums* : **FRF 1 020** – Paris, 14 et 15 déc. 1927 : *Glycine*, past. : **FRF 1 000** ; *Anémones dans un vase* : **FRF 120** – Paris, 23 déc. 1927 : *Le Rosier* : **FRF 110** ; *Les Iris* : **FRF 100** – Paris, 4 fév. 1928 : *Lilas* : **FRF 100** – Paris, 20 fév. 1928 : *Au jardin* : **FRF 210** – Paris, 8 mars 1929 : *Hortensias* : **FRF 150** ; *Fleurs* : **FRF 110** ; *Vase de fleurs* : **FRF 100** ; *Vase de fleurs* : **FRF 100** ; *Fleurs* : **FRF 100** ; *Fleurs* : **FRF 100** ; *Fleurs* : **FRF 100** ; *Nénuphars* : **FRF 100** ; *Fleurs* : **FRF 170** ; *Parc* : **FRF 100** – Paris, 2 juil. 1936 : *Pivoines épanouies* : **FRF 125** – Paris, 14 mars 1941 : *Roses*, deux pendants : **FRF 75** – Paris, 22 juil. 1942 : *La Branche de rosier* ; *Les Iris*, deux toiles : **FRF 600** – Paris, 23 déc. 1942 : *Bouquet d'hortensias* : **FRF 1 300** ; *Trois Roses* : **FRF 700** ; *La Branche de rosier* : **FRF 1 500** – Paris, 1er juil. 1943 : *Les Trois Roses* : **FRF 125** ; *La Branche de rosier* ; *L'Hortensia* : **FRF 580** – Paris, 10 nov. 1943 : *Le Bouquet de violettes* : **FRF 380** – Paris, 25 mars 1944 : *Vase de roses* : **FRF 1 000** – Paris, 3 mai 1945 : *Fleurs dans un vase* : **FRF 800** – Paris, 5 juil. 1955 : *Toile* : **FRF 55 000** – New York, 12 oct. 1994 : *Le Café de la Paix, place de l'Opéra, Paris*, h/pan. (77,5x116,2) : **USD 71 250** – Londres, 13 mars 1996 : *Nature morte avec des fleurs, une canne, un chapeau et un livre*, h/t (58x72) : **GBP 2 300**.

DUMONT Henry, Mme
Née au milieu du XIXe siècle à Bourges (Cher). XIXe siècle. Française.
Peintre de fleurs.
Ventes Publiques : Paris, 1898 : *Entourage d'une page avec lettres ornées*, dess. : **FRF 14** – Paris, 1900 : *Roses* : **FRF 100**.

DUMONT Hilarion Charles Isidore
Né le 24 décembre 1809 à Carpentras (Vaucluse). Mort vers 1880 dans la Marne. XIXe siècle. Français.
Peintre de portraits.
Entré à l'École des Beaux-Arts en 1833, il envoya, de 1838 à 1849, au Salon de Paris des portraits et quelques tableaux religieux.

DUMONT Jacques
Né au XVIe siècle à Buvrynne (Hainaut). XVIe siècle. Actif à Tournai. Éc. flamande.
Peintre.
Il faisait partie de la gilde des peintres et acquit en 1531 le droit de Bourgeoisie.

DUMONT Jacques Edme
Né le 10 avril 1761 à Paris. Mort le 21 février 1844 à Paris. XVIIIe-XIXe siècles. Français.
Sculpteur.

Élève de Pajou. En 1783, il eut le deuxième grand prix de Rome. Il remporta le premier prix en 1788 avec la *Mort de Tarquin*. Aux concours nationaux de 1795, il eut trois prix. Il figura au Salon de Paris de 1791 à 1824. Voici ses œuvres les plus remarquables : *Buste de Mirabeau, La liberté présentant les droits de l'homme*, statue, *Une femme sortant du bain, se pressant les cheveux, Marceau*, buste en marbre, *Lamoignon de Malesherbes*, pour le Palais de Justice, *Le général Marceau*, pour le Luxembourg, *Louis d'Outre-Mer*, pour l'église Saint-Denis. Cet artiste exécuta aussi, pour la chaire de Saint-Sulpice, un groupe en bois, et plusieurs bas-reliefs pour la colonne Vendôme.
Musées : Chartres : *Le général Marceau* – Paris (Louvre) : *Le général Marceau – Femme inconnue* – Rouen : *Buste de Guérin – Christ en croix* – Semur-en-Auxois : *Louis d'Outre-Mer – Le général Causse – Lamoignon de Malesherbes – Méléagre – Oiseau percé d'une flèche – Tête d'homme – d'Arson* – Versailles : *Jean-Jacques Causse, chef de brigade – François Ier, roi de France – Guillaume Malesherbes – Le général Marceau.*

DUMONT Jacques Philippe
Né le 14 août 1745 à Valenciennes. Mort en 1821 à Paris. XVIIIe-XIXe siècles. Français.
Sculpteur.
Élève de Duret et de Clodion, il obtint comme son grand-père Pierre Dumont le brevet de sculpteur ordinaire du duc d'Orléans. On cite de cet artiste : les statuettes en bronze de *Voltaire* et de *J.-J. Rousseau*, le buste en marbre d'*André Chénier*, le buste en marbre du *duc d'Orléans*, père du roi Louis-Philippe, le buste de *Rosalie Levasseur*. On lui doit encore les sculptures du château de Monceaux et la sculpture décorative des écuries de la place du Carrousel, faites pour le duc d'Orléans. En 1801, il exposa au Salon : *Une fille de Niobé, Périclès et Aspasie, Julie, fille d'Auguste*, et des camées représentant Napoléon Bonaparte, premier consul. Le Musée de Valenciennes possède de cet artiste le buste de *Pujol de Mortry* et *Le Pilote du roi Mélas*.

DUMONT Jean ou **du Mont**
XVe siècle. Français.
Peintre.
Il vivait à Lyon en 1487 et 1489 et travailla pour cette ville en 1488.

DUMONT Jean Claude
Né en 1805 à Lyon. Mort en 1874 ou 1875. XIXe siècle. Français.
Peintre de natures mortes, fleurs et fruits.
Il était élève de Berjon à l'École des Beaux-Arts de Lyon, en 1820. Il exposa à Lyon de 1844 à 1875 et à Paris en 1865 et en 1870 des natures mortes, le plus souvent des raisins.
Ventes Publiques : Versailles, 28 nov. 1982 : *Le Pot d'œillets*, h/t (45x32,5) : **FRF 5 500.**

DUMONT Jean ou **Jacques**, dit **le Romain**
Né en 1701 à Paris. Mort le 17 février 1781 à Paris. XVIIIe siècle. Français.
Peintre de sujets allégoriques, compositions religieuses, genre, portraits, nus, miniatures, graveur, dessinateur.
Second fils de Pierre Dumont et frère de François, il fut élève d'Antoine Lebel. En 1728, il fut reçu académicien. Adjoint à professeur en 1733, il devint professeur en 1736. Il fut nommé recteur en 1752, chancelier en 1768, et directeur honoraire en 1763.Il exposa au Salon de Paris de 1737 à 1761.
Parmi ses tableaux on cite : *Le Baptême de Jésus, Abraham prosterné devant les anges, Rébecca donnant à boire à Eliézer, Saint Philippe baptisant l'eunuque de la reine de Candace, Saint Mathieu écrivant son évangile, La Publication de la paix en 1749*, tableau allégorique pour la grande salle de l'Hôtel de Ville, *La Mère savoyarde*.
Musées : Besançon : *Mucius Scævola* – La Fère : *Moïse* – Paris (Louvre) : *Mme Mercier, nourrice du duc d'Anjou, entourée de sa famille* – dessins – Tours : *Hercule aux pieds d'Omphale*.
Ventes Publiques : Paris, 1888 : *Mme Mercier, montrant à sa famille le portrait de Louis XV* : **FRF 8 550** – Paris, 1893 : *Femme en prière*, dess. : **FRF 32** – Paris, 1896 : *Plan général d'une place pour une salle d'opéra*, dess. : **FRF 300** – Paris, 1900 : *L'Avare surpris par la mort* : **FRF 165** – Paris, 8-9 et 10 juin 1920 : *Diane et une de ses suivantes*, contre épreuve d'une sanguine : **FRF 220** – Paris, 18 déc. 1920 : *Hercule et Omphale*, attr. : **FRF 650** – Paris, 4 juin 1923 : *Atalante et Méléagre* : **FRF 3 000** ; *Atalante remet à Méléagre le javelot dont il doit frapper le sanglier de Calydon*, pendant du précédent : **FRF 1 900** – Paris, 19 mars 1924 : *Atalante et Méléagre* : **FRF 3 200** – Paris, 22-24 juin 1927 : *Fête donnée à Rome pour la réception de l'ambassadeur de France*, lav. : **FRF 30 000** ; *Portrait de jeune femme en costume de bergère*, miniat. : **FRF 11 200** ; *Portrait présumé de la reine Marie-Antoinette*, miniat. : **FRF 25 000** – Paris, 14 mai 1936 : *Rébecca donnant à boire à Eliézer* : **FRF 750** – Paris, 25 nov. 1964 : *L'Enlèvement* : **FRF 2 310** – Paris, 18 juin 1965 : *La Leçon de musique* : **FRF 7 500** – Versailles, 8 avr. 1979 : *Glaucus et Scylla*, h/t (130x103) : **FRF 34 000** – Paris, 23 mars 1982 : *Portrait de la comtesse de Grasse-Briançon ou la Jeune Femme aux œillets*, h/t (148x114) : **FRF 29 000** – Monte-Carlo, 20 juin 1987 : *Le Bénédicité*, h/t (73x91) : **FRF 105 000** – Monaco, 17 juin 1988 : *La Confirmation*, h/t (112x141,5) : **FRF 66 600** – Paris, 23 avr. 1990 : *Portrait de Monsieur Bocque*, h/t (65x54) : **FRF 32 000** – Paris, 27 mars 1992 : *Le jeune homme à la gibecière*, h/t (73x59) : **FRF 85 000** – Paris, 12 juin 1992 : *Serpent attaquant un homme à terre* 1756, sanguine et reh. de blanc (30x50) : **FRF 6 000** – Londres, 11 déc. 1992 : *Galatée*, h/t (53,6x65,1) : **GBP 11 000** – Paris, 5 avr. 1995 : *Mucius Scaevola devant Porsenna*, h/t (140x106) : **FRF 23 000** – Londres, 18 avr. 1996 : *Nu masculin allongé*, sanguine (35x45,3) : **GBP 1 380.**

DUMONT Jehan
Né en 1470 en Picardie. XVe siècle. Actif à Saint-Quentin. Français.
Sculpteur et fondeur.

DUMONT Juliette Henriette
Née à Paris. XIXe siècle. Française.
Peintre d'émaux.
Élève de Coblentz et de Mme Thoret. Elle débuta au Salon en 1879.

DUMONT Laurent
XVIIIe siècle. Français.
Peintre.
Il fut reçu à l'Académie de Saint-Luc à Paris en 1786.

DUMONT Louis Paul Pierre
Né le 17 décembre 1822 à Paris. XIXe siècle. Français.
Peintre et graveur.
Élève de l'École de dessin des Gobelins à Paris. Il exposa au Salon de Paris, de 1850 à 1882. Peut-être à rapprocher de Pierre Paul Louis Courselles-Dumont ?

DUMONT Louise Adèle
Née au XIXe siècle à Paris. XIXe siècle. Française.
Peintre.
Elle obtint une mention honorable en 1894.

DUMONT Marcel
Né en 1910 à Liège. XXe siècle. Belge.
Peintre, peintre à la gouache, de collages, graveur, illustrateur. Polymorphe.
En 1946, il obtint un Prix *Art Jeune*. Il a illustré des œuvres de Stefan Zweig et de Pierre Louys.
Il est cité tantôt comme réaliste, tantôt comme abstrait ou encore proche du Pop'art.
Bibliogr. : In : *Diction. biogr. illustré des peintres en Belgique depuis 1830*, Arto, Bruxelles, 1987.
Musées : Bruxelles (Cab. des Estampes) – Liège.

DUMONT Marcel
Né en 1921 à Douai (Nord). XXe siècle. Français.
Peintre de paysages.
Étudiant en philosophie à l'Université de Lyon, il y suivait conjointement les cours de l'École des Beaux-Arts. Ensuite enseignant, il mène également une carrière de peintre. Il expose à Lyon et dans le Midi depuis 1954.
En 1948, il découvrit les Alpilles de Provence. Il y fit de fréquents séjours et s'y fixa en 1970. Dans un graphisme presqu'abstrait, il décrit les paysages et l'âme profonde de cette Provence aride et pourtant riante.

DUMONT Marie Madeleine Amélie
Née au XIXe siècle à Paris. XIXe siècle. Française.
Peintre de genre et de portraits.
Élève de Mme L. Langlois et de M. Pierre Dupuis. Elle débuta au Salon de 1880 avec un *portrait*.

DUMONT Marie Nicole
XVIIIe siècle. Française.
Peintre.
Elle était fille du peintre de portraits Antoine Vestrier, et épousa

François Dumont. Elle exposa au Salon en 1793 : *L'auteur à ses occupations.*

DUMONT Nicolas ou **del Monte**
XVIe siècle. Actif à Rome. Éc. flamande.
Peintre.

DUMONT Nicolas Antoine Laurent. Voir **DUMONT Tony**

DUMONT Paul
Né le 18 août 1955 à Uccle-lez-Bruxelles. XXe siècle. Belge.
Peintre, graveur. Abstrait.

Il fut élève en gravure, de l'École Nationale des Art Visuels de La Cambre. Depuis 1979, il participe à des expositions collectives, d'entre lesquelles : 1980 XXe Prix International de Dessin Joan Miro à Barcelone, 1981 XIVe Biennale de gravure de Ljubljan, 1983 exposition du Prix Godecharles Bruxelles, 1986 *Acte 85* à Paris, etc. Il montre aussi son travail dans des expositions personnelles depuis 1985, à Liège, Bruxelles, à Hamois-en-Condroz en 1991, etc. Il a obtenu diverses distinctions.

Il utilise à l'infini une structure inépuisable : une sorte de damier irrégulier, dont les cases sont peintes, dans une technique assez sensuelle, de motifs informels, où l'on peut croire suggérés personnages ou paysages.

Musées : Bruxelles (Bibl. roy. de Belg.) – Cleveland (County Mus.) – Ixelles-Bruxelles.

DUMONT Philippe
XVIIIe siècle. Actif à Paris en 1775. Français.
Peintre et sculpteur.

DUMONT Pierre
XVIIe siècle. Actif à Pont-à-Mousson. Français.
Peintre.

Il peignit deux *Saint Nicolas.*

DUMONT Pierre
Né en 1660 à Valenciennes. Mort en 1737. XVIIe-XVIIIe siècles. Français.
Sculpteur.

Il se fixa dans différentes villes ; à Paris en 1687, à Rennes en 1697, à Compiègne en 1713 et à Nancy en 1719. Il travailla à la décoration du palais ducal de Nancy, fut sculpteur de la chapelle du roi et sculpteur ordinaire du duc de Lorraine.

DUMONT Pierre, pseudonyme pendant un temps : **Jallot**
Né le 29 mars 1884 à Paris. Mort le 9 avril 1936 à Paris. XXe siècle. Français.
Peintre de paysages, paysages urbains, marines, natures mortes, fleurs. Expressionniste.

Originaire d'une famille bourgeoise de Rouen, sa décision d'être peintre y fut peu appréciée. En 1909, il exposa à Rouen, chez Legrip, marchand et défenseur des peintres progressistes de la ville. À Rouen, Pierre Dumont fonda le groupe des XXX, puis la Société Normande de Peinture. Joseph Delattre, Jacques Villon et Marcel Duchamp en faisaient partie, tandis que, de Paris, Utrillo, Vlaminck, Guillaumin, Luce envoyaient des peintures aux expositions de la Société. Le critique local du *Journal de Rouen* publia un article sur Dumont et lui acheta une peinture. Dans le même moment, Dumont collaborait à *Rouen-Gazette*, où il dicta à son ami Varenne un article enthousiaste sur Jacques Villon. En 1912, il fonda une parution *La Section d'Or*, qui fut de courte durée, qui préludait à l'exposition du même titre, organisée par Villon à Paris, et où il envoya trois peintures. Apollinaire et Reverdy confièrent des articles à sa revue. Dumont demanda à Apollinaire de venir à Rouen prononcer une conférence sur le cubisme. Dumont était également lié avec Picabia. Il se décida à s'installer à Paris, dans un des ateliers du Bateau-Lavoir, où il rencontra bientôt Juan Gris, Max Jacob et d'autres. Il participa aux Salons des Artistes Indépendants et d'Automne, en tant que « cubiste-orphique » selon une des catégories du cubisme définies par Apollinaire, jusqu'en 1918. Pendant un certain temps, lorsqu'il s'éloigna des cubistes pour reprendre sa manière personnelle, il signa alors ses peintures *Jallot*. Il fit une première exposition personnelle à Paris en 1914. Le musée de Rouen lui organisa aussi une exposition en 1916. Il voyagea à ce moment dans le Jura, en Provence, à Marseille. Il était désormais reconnu et apprécié, lorsque, en 1927, lors d'un séjour à Rouen, il fut atteint des premiers troubles mentaux, qui ne lui laissèrent plus que de brefs répits. Des expositions sont régulièrement consacrées à son œuvre. En 1988, la Galerie Katia Granoff montra un important ensemble de ses peintures, tant de Paris que de Normandie.

Ses toutes premières peintures furent marquées par les influences de Van Gogh et Cézanne. Dès cette époque, ce qu'il peignait était plein de vie, évoquant la fougue du fauvisme. Il peignait alors les paysages de Varengeville, d'Eauplet, de l'Île Brouilly. Les jours gris de pluie, il se réfugiait dans son atelier et peignait des natures mortes colorées. À partir de 1910 environ, il commença à représenter la cathédrale de Rouen, qui devint un des thèmes majeurs de son œuvre. De 1914 à 1919, il peignit surtout les rues de Montmartre, la cathédrale Notre-Dame, les ponts de Paris et les quais de la Seine. Son apparentement au cubisme ne dura guère, son goût des couleurs vibrantes l'éloignant par trop de l'orthodoxie. Il retourna à son écriture personnelle, à sa palette flamboyante et aux empâtements de touches larges, énergiques et grasses qui sont restés la marque définitive de son style. ■ Pierre-André Touttain, J. B.

Pierre Dumont

Bibliogr. : Pierre Varenne : Catalogue de l'exposition *Pierre Dumont*, Gal. M. Denis, Paris, 1944 – G. de Knyff : *Pierre Dumont*, Mayer, Paris, 1984.

Ventes Publiques : Paris, 28 mars 1919 : *Le port de Rouen* : **FRF 230** – Paris, 12 avr. 1930 : *La Seine à Rouen* : **FRF 710** – Paris, 10 nov. 1933 : *La cathédrale de Rouen, plein soleil* : **FRF 1 350** – Paris, 6 mars 1940 : *Le lapin Agile* : **FRF 1 620** – Paris, 11 mai 1942 : *Port de Rouen* : **FRF 10 000** – Paris, 27 nov. 1942 : *Cathédrale de Rouen* : **FRF 10 200** ; *Notre-Dame* : **FRF 12 000** ; *Nature morte à la brioche* : **FRF 12 000** ; *Violon et fleurs* : **FRF 19 000** – Paris, 15 jan. 1943 : *Cathédrale* : **FRF 25 600** – Paris, 7 avr. 1943 : *Le pont sur la Seine* : **FRF 14 500** – Paris, 6 mai 1943 : *Tulipes* : **FRF 18 100** ; *Place du Tertre sous la neige* : **FRF 20 100** ; *Rue du Mont-Cenis* : **FRF 11 500** ; *Le Pont-Neuf* : **FRF 17 000** – Paris, 5 juin 1944 : *Le Pont-Neuf* : **FRF 20 000** – Paris, 30 mai 1945 : *La cathédrale de Rouen* : **FRF 29 500** – Paris, 13 juin 1947 : *Bords de la Seine* : **FRF 24 000** – Paris, 9 juil. 1947 : *Fleurs* : **FRF 49 000** – Paris, 4 juil. 1949 : *Les bords de la Seine* : **FRF 34 000** – Paris, 12 avr. 1954 : *Château-fort* : **FRF 98 000** – Paris, 14 fév. 1958 : *Portail de Saint-Maclou à Rouen* : **FRF 185 000** – Paris, 8 déc. 1959 : *Bord de rivière* : **FRF 230 000** – Paris, 9 juin 1961 : *Montmartre, effet de neige* : **FRF 5 700** – Genève, 27 nov. 1965 : *Cirque de Varengeville* : **CHF 5 000** – Milan, 9 avr. 1968 : *Le Pont-Neuf* : **ITL 800 000** – Versailles, 5 déc. 1971 : *Marché à Rouen* : **FRF 18 000** – Zurich, 16 mai 1973 : *La cathédrale Saint-Maclou à Rouen* : **CHF 18 000** – Versailles, 14 mars 1976 : *Le moulin près de la rivière*, h/t (60x73) : **FRF 6 000** – Rouen, 21 juin 1977 : *Maison au bord de l'eau*, h/t (54x65) : **FRF 30 000** – Rouen, 25 nov. 1979 : *La cathédrale de Rouen*, h/t (100x73) : **FRF 9 500** – Paris, 19 mars 1983 : *La Seine derrière Notre-Dame*, h/t (82x65) : **FRF 15 500** – Enghien-les-Bains, 1er déc. 1985 : *Les falaises*, h/t (73x93) : **FRF 48 000** – Paris, 15 juin 1986 : *Bugatti royale coupé de Ville Binde*, gche (50x65) : **FRF 6 500** – Paris, 2 juil. 1986 : *Arbres dans les champs*, h/t (70x92) : **FRF 41 000** – Versailles, 13 déc. 1987 : *Rue animée près de la cathédrale*, h/t (54,5x45,5) : **FRF 21 500** – Paris, 22 mars 1988 : *Cathédrale en France*, h/t (65x81) : **FRF 40 000** – Paris, 28 mars 1988 : *Péniches sur le quai*, h/t (60x81) : **FRF 150 000** – Versailles, 15 mai 1988 : *Les arbres au bord de la rivière*, h/t (54x64,5) : **FRF 11 000** – Paris, 16 mai 1988 : *Le Sacré Cœur*, h/t (46x38) : **FRF 30 000** – Paris, 6 juin 1988 : *Rivière dans la ville*, h/t (46x55) : **FRF 10 000** – Versailles, 15 juin 1988 : *Cathédrale de Rouen en plein soleil* 1916, h/t (92x73) : **FRF 57 000** – Paris, 16 oct. 1988 : *Bord d'étang*, h/t (50x61) : **FRF 38 000** – La Varenne-Saint-Hilaire, 23 oct. 1988 : *Animation auprès du Pont-Neuf à Paris*, h/t (65x81) : **FRF 92 000** – Calais, 13 nov. 1988 : *Bouquet de fleurs*, h/t (81x65) : **FRF 35 000** – Neuilly, 22 nov. 1988 : *Bouquet de fleurs à la cruche et au verre*, h/t (46x38) : **FRF 30 000** – Paris, 14 déc. 1988 : *Nature morte aux fruits et pichet bleu* 1908, h/t (60x73) : **FRF 80 000** – Versailles, 18 déc. 1988 : *Voiliers dans le port d'Honfleur*, h/t (49,5x61) : **FRF 29 000** – Paris, 16 jan. 1989 : *Marché à Rouen*, h/t (80x65) : **FRF 83 000** ; *Voilier dans la baie*, h/t (47x55) : **FRF 18 000** – Paris, 12 fév. 1989 : *La Poupée*, h/t (65x81) : **FRF 35 000** – La Varenne-Saint-Hilaire, 12 mars 1989 : *La Maison de Mimi Pinson à Montmartre*, h/t (50x65) : **FRF 60 000** – Paris, 15 mars 1989 : *L'étang de Saint-Cucufa à l'Automne*, h/t (65,5x81) : **FRF 26 000** – Paris, 19 juin 1989 : *Bateau à quai*, h/t (32,5x45) : **FRF 19 000** – Paris, 22 nov. 1989 : *Le port du Havre : le premier France*, h/t (72x92) : **FRF 300 000**

– PARIS, 26 nov. 1989 : *Intérieur à la guitare*, h/t (81x65) : **FRF 100 000** – COPENHAGUE, 21 fév. 1990 : *Nature morte d'une importante composition florale dans un vase*, h/t (59x73) : **DKK 13 000** – PARIS, 11 mars 1990 : *Les toits de Rouen*, h/t (55x43) : **FRF 75 000** – VERSAILLES, 25 mars 1990 : *Vue de Rouen*, h/t (55x46) : **FRF 95 000** – PARIS, 4 mai 1990 : *Nature morte aux pommes et au vase*, h/t (61x50) : **FRF 60 000** – ROUEN, 2 juin 1991 : *Le Pont Corneille à Rouen*, h/t (80x64) : **FRF 102 000** – PARIS, 9 déc. 1991 : *Nature morte à la bouteille de Chianti*, h/t (54x65) : **FRF 9 000** – NEUILLY, 23 fév. 1992 : *L'Étang de Saint-Cucufa*, h/t (60x81) : **FRF 8 200** – PARIS, 13 nov. 1992 : *Voilier près de la côte*, h/t (73x60) : **FRF 16 000** – PARIS, 6 avr. 1993 : *Pont sur la Seine*, h/t (50x61) : **FRF 18 500** – STOCKHOLM, 10-12 mai 1993 : *Un marché à Rotterdam*, h/t (98x143) : **SEK 31 000** – PARIS, 2 juin 1993 : *Paris et la cathédrale Notre-Dame*, h/t (60x73) : **FRF 42 000** – AMSTERDAM, 9 nov. 1993 : *Citadins sur un quai de Rotterdam*, h/t (96,5x142,5) : **NLG 9 775** – SAINT-ÉTIENNE, 26 mars 1994 : *Le Pont Boïeldieu à Rouen*, h/t (65x82) : **FRF 51 000** – PARIS, 30 nov. 1994 : *La Cathédrale de Rouen*, h/t (92x74) : **FRF 23 000** – LONDRES, 10 fév. 1995 : *Un port avec des pêcheurs déchargeant leur prise*, h/t (97x143) : **GBP 3 910** – PARIS, 30 nov. 1995 : *Notre-Dame de Paris*, h/t (66x81,5) : **FRF 40 000** – PARIS, 15 déc. 1996 : *La Petite Église de village*, h/t (54x65) : **FRF 15 000** – PARIS, 20 jan. 1997 : *La Place du Tertre*, h/t (54x65) : **FRF 9 000** – PARIS, 10 mars 1997 : *Paysage au pont*, h/t (64x80) : **FRF 4 200** – CALAIS, 24 mars 1997 : *Bouquet de fleurs*, h/t (60x49) : **FRF 16 500** – PARIS, 25 mai 1997 : *Nature morte au vase de fleurs et brioche*, h/t (62x73) : **FRF 11 000** – PARIS, 25 juin 1997 : *Nature morte*, h/t (60x73) : **FRF 19 000**.

DUMONT Pierre Laurent
XVIIIe siècle. Actif à Paris en 1731. Français.
Dessinateur.

DUMONT Rasson
XVIe siècle. Actif à Tournai. Éc. flamande.
Peintre.
Entre 1549 et 1556 il s'occupe de différents travaux municipaux de peinture et de restauration. En 1566, il peint pour l'Abbaye de Saint-Nicolas-des-Prés, les 12 *Apôtres* et un autel à l'église Saint-Médard.

DUMONT Richard
XVIIIe siècle. Actif à Paris en 1737. Français.
Peintre et sculpteur.

DUMONT Thomas
Né en 1755 à Nancy. XVIIIe siècle. Français.
Sculpteur sur bois.
Cité dans les Archives municipales de Nancy.

DUMONT Tony, pour **Nicolas Antoine Laurent**, le Jeune
Né en 1752 à Lunéville. XVIIIe siècle. Français.
Peintre de portraits, miniatures.
Frère et élève de François Dumont, il exposa au Salon de Paris de 1798 à 1810. On cite parmi ses œuvres : une miniature de *Napoléon*, les portraits de l'architecte Piron et du peintre Lagrenée.
VENTES PUBLIQUES : PARIS, 20 oct. 1994 : *Portrait présumé d'Hortense de Beauharnais*, miniat./ivoire (9x7,5) : **FRF 25 000**.

DUMONT-DUPARC Robert
Né à Falaise (Calvados). XXe siècle. Français.
Peintre de paysages, marines.
Il exposa à Paris au Salon des Artistes Français en 1928 et en 1930.
VENTES PUBLIQUES : RAMBOUILLET, 18 avr. 1982 : *Goélette terre-neuvienne en route*, h/t (70x100) : **FRF 4 000** – PARIS, 19 juin 1994 : *La Baie d'Halong au Tonkin à bord du Lotus* 1918 ; *Habitations de pêcheurs de la baie d'Halong*, h/cart., une paire (chaque 166x22) : **FRF 4 000**.

DU MONTEROULT Marc
Né à Tiverval (près de Saint-Germain-en-Laye). XVIe siècle. Vivant à Genève dans la seconde moitié du XVIe siècle. Français.
Tailleur de pierre ou sculpteur.
Il fut reçu habitant de Genève le 20 novembre 1559.

DUMONTET Gabriel, Mme
Née au XIXe siècle à Bourg-sur-Gironde. XIXe siècle. Active à Paris. Française.
Sculpteur.
Elle fut élève de Jules Franceschi et d'Alfred Boucher. Elle figura d'abord en 1891 au Salon des Artistes Français, où elle exposa par la suite presque chaque année. Mentions en 1892 et 1900 (Ex. Un.).

DUMONTHEIL Jérôme
Né au Puy-en-Velay (Haute-Loire). XVIIe siècle. Français.
Graveur.
Il vivait au Puy-en-Velay à la fin du XVIIe siècle.
MUSÉES : LE PUY-EN-VELAY : *Sainte Anne et la Vierge*, planche gravée sur cuivre – LE PUY-EN-VELAY (Mus. religieux) : *Portrait de Mgr de Béthune*, planche gravée – *M. le marquis de Polignac – Portrait du cardinal Melchior de Polignac*, planche gravée.

DUMONTIER. Voir **DUMONSTIER**

DU MORET Alard. Voir **ALARD DU MORET**

DUMORTIER ou **Dumoustier**
XVIIIe siècle. Français.
Peintre d'histoire, paysages.
Élève de l'École de dessin de Lille, il exposa au Salon de cette ville en 1780 et 1781.

DUMORTIER Félix
XIXe siècle. Éc. flamande.
Peintre d'histoire.
Actif vers 1852.

DUMORTIER Jacques François
XVIIe siècle. Éc. flamande.
Peintre.
Actif à Tournai.

DUMORTIER Paul
Né en 1763 à Tournai. Mort en décembre 1838. XVIIIe-XIXe siècles. Éc. flamande.
Sculpteur et marchand d'objets d'art.
Élève de Moitte, à Paris.

DUMORTIER Philippe
Né en 1789 à Metz. XIXe siècle. Français.
Graveur.
Élève de Tardieu aîné. Il figura au Salon de Paris en 1827.

DUMORTIER Prosper
Né en 1805. Mort en 1879. XIXe siècle. Éc. flamande.
Peintre de genre.
Actif à Tournai, il était le fils de Paul Dumortier.

DU MOTEL Jean Baptiste P. Voir **POTERIN DU MOTEL**

DU MOUCEAU Andreas Lorenz
XVIIIe siècle. Allemand.
Miniaturiste et graveur.
Élève de J. M. Bückle. A partir de 1796, il se fixa à Ansbach.

DUMOUCEL Bon. Voir **DU MONCEL**

DUMOUCHEL Albert
Né le 15 avril 1916 à Valleyfield (Québec). Mort le 11 janvier 1971 à Saint-Antoine-sur-Richelieu (Québec). XXe siècle. Canadien.
Peintre, graveur. Polymorphe.
Il étudia la gravure avec James Lowe ainsi que la sculpture à Montréal. Il a beaucoup contribué à la propagation des techniques de la gravure au Québec, et a formé de très nombreux élèves. Dès 1942, il enseignait la gravure à l'Institut des Arts Graphiques de Montréal. En 1948, il signa le manifeste d'Alfred Pellan, « Prisme d'yeux », revendiquant l'indépendance idéologique et esthétique de l'artiste. En 1951, il fut invité à l'Exposition Internationale du Groupe COBRA, à Liège. Il fut boursier de l'UNESCO en 1956, et parcourut l'Europe. De 1960 à 1971, il dirigea la section graphique à l'École des Beaux-Arts de Montréal. De 1942 à 1971, donc pendant presque trente ans d'enseignement de la gravure, il eut un rayonnement considérable dans l'essor de cette technique. Il participa à des expositions collectives nombreuses, au Mexique, à Rio de Janeiro, São Paulo, Paris, Tokyo, Bruxelles, etc. Il fit des expositions personnelles au Canada et aux États-Unis. En 1960, il participa à la Biennale de Venise. Il a figuré à la Biennale de Gravure de São Paulo, et fut le représentant permanent du Canada à la Biennale de Gravure de Ljubliana.
Surtout en ce qui concerne la partie peinture de son œuvre, il

ne se fixa à aucun parti esthétique, après des débuts figuratifs hésitants, il fut séduit dans les années cinquante par un expressionnisme marqué par le surréalisme européen, qui se développa alors au Canada parallèlement à l'importante tendance de l'abstraction lyrique d'origine américaine. Puis il fut lui-même amené dans les premières années soixante à l'abstraction lyrique, à une sorte de paysagisme abstrait apparenté au mouvement COBRA, qui lui fut l'occasion de développer des recherches de matières, textures, reliefs. Il se consacra ensuite à la réalisation des variations sur le thème des *Liturgies d'Éros*. Il revint finalement à une figuration narrative tonique, proche de l'image de constat du Pop'art, mixée avec la nouvelle figuration européenne, époque de son œuvre qui influença les jeunes générations canadiennes. ■ J. B.

Bibliogr. : In : *Diction. Univers. de la Peint.*, Le Robert, Paris, 1975 – in : *Les vingt ans du musée à travers sa collection*, Mus. d'Art Contemp., Montréal, 1985.

Musées : Montréal (Mus. d'Art Contemp.) : *Stèle pour le roi Ménès* 1963, eau-forte – *Un moment dans la vie d'Anna* 1966.

Ventes Publiques : Montréal, 30 avr. 1990 : *« La nappe liée »* 1961, h/t (46x56) : **CAD 1 045**.

DUMOUCHEL Louis
xxe siècle. Français.
Sculpteur animalier.

Il fut invité au Salon des Tuileries en 1932 et 1933.

DUMOUCHEL Louis Georges
Né vers 1891 au Havre (Seine-Maritime). Mort le 5 novembre 1978 à Paris. xxe siècle. Français.
Peintre de portraits, nus, animaux, paysages, marines, sculpteur, décorateur. Surréaliste.

À partir de 1919, il a exposé à Paris, au Salon d'Automne dont il était sociétaire, et au Salon des Artistes Indépendants. Il a été le seul peintre surréaliste français à participer à l'importante exposition surréaliste organisée autour de Magritte, à Bruxelles, à la Galerie La Boétie, en 1945-1946.

Ventes Publiques : Le Havre, 25 juin 1976 : *Barques sur une mer agitée*, h/t (100x195) : **FRF 2 200**.

DUMOULIN
xviiie siècle. Vivant à Paris. Français.
Peintre de batailles.

En 1793, cet artiste envoya au Salon trois sujets de batailles.

DUMOULIN A.
Né en 1675 près de Liège. Mort vers 1740. xviiie siècle. Éc. flamande.
Peintre.

Il peignit surtout des sujets religieux, historiques et mythologiques. L'Hôtel de Ville de Liège possède des tableaux représentant *Diane, Vénus, Endymion*, et le Musée d'Ansembourg une *Sainte Famille*.

DUMOULIN Albert
Né le 21 février 1871 à Maastricht. Mort en 1935 à Forest. xixe-xxe siècles. Actif en Belgique. Hollandais.
Peintre de genre, figures, aquarelliste, pastelliste.

Il débuta sa formation à Maastricht, puis fut élève de Rosier à Anvers. En 1895, il entra dans l'atelier de Léon Bonnat, à l'École des Beaux-Arts de Paris. De 1896 à 1899, il séjourna à Munich. Ensuite, il s'établit à Bruxelles.
Il fut essentiellement peintre de scènes de genre, d'entre lesquelles : *La tireuse de cartes, La leçon de tambourin, Le premier cadeau, Avant le ballet*.

Ventes Publiques : Bruxelles, 12 juin 1990 : *Visages symbolistes*, dess. (40x53) : **BEF 30 000**.

DUMOULIN Chrysostome Eugène
Né le 1er décembre 1816 à Paris. xixe siècle. Français.
Peintre de portraits et d'histoire.

En 1835, il entra à l'École des Beaux-Arts et fut élève de Blondel et d'Ingres. Au Salon il exposa de 1837 à 1861.

DUMOULIN Denis Ignace
xixe siècle. Français.
Peintre de paysages.

De 1844 à 1849, il envoya au Salon des vues prises dans les environs de Paris.

DUMOULIN Dominique
xxe siècle.
Peintre de compositions animées.

Il montre ses œuvres dans des exposiitons personnelles : 1996 galerie Céres Franco à Paris.
Il a réalisé des peintures sur toile cirée, à la facture primitive, des compositions animées chargées de motifs, aux formes cernées de noir.

DUMOULIN Édouard
Né en 1898 à Sennely (Loiret). xxe siècle. Français.
Peintre.

Il exposa à Paris au Salon de la Société Nationale des Beaux-Arts à partir de 1929.

DUMOULIN Émile
Né le 25 avril 1850 à Blaisy-Bas (Côte-d'Or). xixe siècle. Français.
Peintre de genre, portraits, nus.

Élève de MM. Bonnat et Jeanniot, il débuta au Salon de Paris de 1879 avec *Le Réveil*.

Ventes Publiques : Londres, 25 mars 1987 : *Nu couché au bord d'une rivière*, h/t (98x209) : **GBP 5 500**.

DUMOULIN François Aimé Louis
Né le 11 août 1753 à Vevey. Mort le 16 février 1836 à Vevey. xviiie-xixe siècles. Suisse.
Peintre de portraits, paysages, marines, peintre de marines, dessinateur, graveur, dessinateur, illustrateur.

Il fut professeur de dessin à Vevey. Il visita l'Angleterre et habita neuf ans l'île de Grenade (Antilles). Il a illustré notamment pour une édition de *Robinson Crusoé*.

Bibliogr. : Paul Morand : *Monsieur Dumoulin à l'Isle de la Grenade*, Édit. Maritimes et d'Outre-mer, Paris, 1976.

Musées : Vevey : aquarelles.

Ventes Publiques : Zurich, 8 déc. 1994 : *Vue du temple de Delphes et du Mont Parnasse ; Vue du temple de Minerve et du promontoire de Sunium où enseignait Platon* 1809, gche/pap., une paire (chaque 40x48) : **CHF 17 250**.

DUMOULIN Georges Marcel
Né le 18 mai 1882 à Villecreux (Côte-d'Or). Mort le 30 mars 1959 à Paris. xxe siècle. Français.
Peintre de paysages, marines.

Il exposait ses peintures à Paris, à partir de 1922 au Salon des Artistes Français. Dans la section des Arts Décoratifs, il fut déclaré Hors-Concours en 1924. Il était également maître verrier.
Un DUMOULIN Georges Marcel, né aussi en Côte-d'Or, à Villetaux, a exposé à Paris, des paysages et marines au Salon d'Automne dont il était sociétaire, au Salon des Artistes Indépendants et au Salon des Tuileries.

DUMOULIN Jean Baptiste
xviie siècle. Actif à Paris. Français.
Sculpteur.

DUMOULIN Lambert
Né vers 1665 à Liège. Mort le 16 août 1743. xviie-xviiie siècles. Éc. flamande.
Peintre paysagiste.

Travailla à Liège pour l'église Saint-Paul (quatre paysages), et, de 1727 à 1728, pour l'Hôtel de Ville. Il imita Gaspar Dughet ; ses œuvres sont à Liège dans des collections particulières.

DUMOULIN Léon ou **Léonce**
Né au xixe siècle à Limoges (Haute-Vienne). xxe siècle. Français.
Sculpteur de statues.

Il fut élève de Charles Raoul Verlet. Il exposa régulièrement à Paris, au Salon des Artistes Français, obtenant une mention honorable en 1906. Il devint sociétaire en 1907.

Ventes Publiques : Paris, 13 déc. 1986 : *Femme-fleur*, marbre (H. 115) : **FRF 25 000**.

DUMOULIN Louis Jules
Né le 12 octobre 1860 à Paris. Mort en 1924. xixe-xxe siècles. Français.
Peintre de genre, paysages, peintre de compositions murales.

Il fut élève de Henri Gervex. Il exposa régulièrement à Paris, débutant, avec *Environs de Fontainebleau*, en 1879 au Salon des Artistes Français, dont il devint sociétaire ; il obtint la mention honorable en 1887. En 1890, il fut l'un des créateurs de la Société Nationale des Beaux-Arts. En 1913, il installa le musée de Tananarive dans l'ancien palais de la Reine à Madagascar. Il fut fait officier de la Légion d'Honneur en 1906.

Il rapporta des paysages ensoleillés de ses nombreux voyages à Rome, Venise, en Chine, au Japon et en Russie. Il est l'auteur de grandes peintures décoratives pour le paquebot Normandie, pour l'Hôtel de Ville de Paris et l'amphithéâtre de l'École des Chartes.
Bibliogr. : Gérald Schurr, in : *Les Petits Maîtres de la peinture 1820-1920, valeur de demain*, Les Éditions de l'Amateur, t. III, Paris, 1976.
Musées : Bourges : *À l'ombre de l'olivier* – Paris (Mus. d'Orsay) : *Portail de la Calende* – Troyes : *Un jardin de Bonzerie.*
Ventes Publiques : Paris, 27 avr. 1900 : *Le Carnaval à Rome* : **FRF 125** – Paris, 2 mars 1942 : *La Baie de Toulon* : **FRF 630** – Paris, 30 juin 1943 : *Vue de Capri* : **FRF 450** – Paris, 27 oct. 1982 : *Village dans la campagne* 1881, h/t (49,5x61) : **FRF 8 900** – Paris, 22 fév. 1984 : *Paysage en Bretagne* 1880, h/t (81x116) : **FRF 14 000** – Versailles, 16 fév. 1986 : *Chemin près de la ferme* 1881, h/t (50x61) : **FRF 4 800** – Paris, 5 juin 1989 : *Petite maison près de l'étang*, h/t (38x55) : **FRF 9 000** – Paris, 18 mai 1992 : *Plage aux cocotiers*, h/pan. (82x24) : **FRF 3 000** – Paris, 6 juil. 1992 : *Le port de Bizerte*, h/cart. (54x39) : **FRF 7 500** – Paris, 12 mai 1995 : *Paysage de montagne*, h/t (29x39) : **FRF 7 000**.

DUMOULIN Matthieu
XVIIe siècle. Français.
Sculpteur.
Il exécuta, en 1638, pour l'église Notre-Dame la Grande, à Valenciennes, *un candélabre à 24 branches en forme de tiare.*

DUMOULIN Michel
XVIIe siècle. Actif à Bernay. Français.
Sculpteur sur bois.
Il travailla avec son père Robert D.

DU MOULIN Nicolas
XVIIe siècle. Actif à Mons en 1682. Éc. flamande.
Sculpteur et ciseleur.

DUMOULIN Paul Antoine Gustave
Né à Paris. XIXe siècle. Français.
Peintre de paysages.
Il eut pour maître Lazerges. Il exposa au Salon de 1848 à 1859.

DUMOULIN Robert
XVIIe siècle. Actif à Bernay. Français.
Sculpteur sur bois.
Il sculpta, en 1618, avec son fils Michel, la clôture et les stalles du chœur de l'église de la Couture, à Bernay (Eure).

DUMOULIN Romeo
Né le 18 mars 1883 à Tournai. Mort en 1944 à Bruxelles. XXe siècle. Belge.
Peintre de compositions animées, figures, graveur, aquarelliste.
Il était autodidacte en peinture. Il a exposé à Paris, au Salon des Artistes Français.
Dans ses scènes réalistes, il mêlait le comique et le tragique. Le côté psychologique de ses compositions l'apparentait à Steinlen.

Bibliogr. : In : *Diction. Biogr. Illustré des Artistes en Belgique depuis 1830*, Arto, Bruxelles, 1987.
Musées : Paris (Mus. de la Guerre).
Ventes Publiques : Berne, 15 juin 1973 : *Scène de plage* : **BEF 32 000** – Bruxelles, 23 nov. 1977 : *La Fête au village*, h/t (120x110) : **BEF 160 000** – Bruxelles, 28 avr. 1983 : *La Grand-Place de Bruxelles sous la neige* 1918, h/pan. (60x70) : **BEF 65 000** – Anvers, 25 oct. 1983 : *La manufacture de tabac* 1916, gche (49x64) : **BEF 40 000** – Bruxelles, 24 oct. 1984 : *Personnages et Hôtel Joseph, boulevard Anspach à Bruxelles* 1909, aquar. (19x27) : **BEF 42 000** – Bruxelles, 12 nov. 1984 : *Le marchand de fleurs* 1932, h/t (40x47) : **BEF 34 000** – Bruxelles, 19 mars 1986 : *La leçon de chant*, past. (47x59) : **BEF 85 000** – Anvers, 3 mars 1987 : *Sortie de l'école des Frères à Liège, rue Pierreuse*, h/t (100x66) : **BEF 150 000** – Bruxelles, 27 mars 1990 : *Femme assise dans l'atelier*, h/t (50x40) : **BEF 340 000** – Bruxelles, 12 juin 1990 : *Grenade* 1935, h/t (41x60) : **BEF 110 000** – Bruxelles, 7 oct. 1991 : *Le chat noir à Paris* 1920, h/t (56x70) : **BEF 170 000** – Paris, 9 déc. 1991 : *Place Saint-André-des-Arts*, h/pan. (27x36) : **FRF 13 000** – Lokeren, 20 mars 1993 : *Rue de Bruxelles* 1917, aquar. (44,5x30) : **BEF 80 000** – Lokeren, 4 déc. 1993 : *L'heure du salut* 1917, aquar. (25,5x34) : **BEF 36 000** – Lokeren, 10 déc. 1994 : *Une famille de paysans sur le chemin de la foire*, h/t (67,5x72) : **BEF 240 000** – Lokeren, 9 mars 1996 : *Entrée de cour à Bruxelles*, h/pan. (36x28) : **BEF 75 000**.

DUMOULIN-DARCY Auguste. Voir **DARCY-DUMOULIN Alexis Auguste**

DUMOURIEZ G.
XIXe siècle. Actif à Paris vers 1800. Français.
Miniaturiste.
Dans la vente aux enchères de la Collection Jaffé, faite en 1905 chez Heberle à Cologne, se trouvait une œuvre de ce peintre : *Portrait en buste d'un homme âgé.*

DUMOUSTIER. Voir aussi **DUMONSTIER, DUMORTIER**

DUMOUTET Jules
Né au XIXe siècle à Bourges (Cher). XIXe siècle. Français.
Sculpteur et dessinateur.
Formé par Dantan aîné, il figura au Salon de Paris de 1841 à 1857. On cite, parmi ses sculptures : *Le buste de Bourdaloue, Le Christ en croix*, statue en plâtre pour la cathédrale de Bourges.
Musées : Bourges : *Alexandre Boucher*, médaillon – *Jeune Berrichonne* – *Vierge sur un support* – *Don Carlos*, statuette – *Schiller*, statuette – *Le colonel Marnier*, statuette – *Le Colonel Marnier*, buste – *C.-D. Mater, président de la cour d'appel*, buste – *La Vierge assise avec l'enfant Jésus*, groupe – *Jacques Cœur*, projet du monument avec piédestal – *Vierge assise*, statuette – *Le Père Franc*, statuette – *Bourdaloue*, buste en marbre – *Monseigneur Phélippeaux d'Herbault, archevêque de Bourges* – *Vierge couronnée*, statuette – *La fille de Jephté*, statuette – *Charles VII*, médaillon marbre – *Jean Boucher*, buste marbre – *Mayet-Genetry*, statuette.

DUMOUTIER. Voir aussi **DUMONSTIER**

DUMOUTIER Adrien
XVIIIe siècle. Français.
Peintre miniaturiste.
En 1791, il envoya au Salon de Paris un cadre contenant des miniatures.

DUMOUZA Paul
Né le 7 novembre 1812 à Paris. XIXe siècle. Français.
Peintre et aquarelliste.
Il figura au Salon en 1870 et 1879.

DUMOUZA Pauline
Née le 19 avril 1850 à Fourchambault (Nièvre). XIXe siècle. Française.
Graveur.
Élève de Trichon. Elle exposa au Salon en 1868, 1869 et 1870.

DÜMPEL Viet ou **Dempel, Tümpel**
Mort le 27 avril 1633 à Nuremberg. XVIIe siècle. Allemand.
Sculpteur.
Il travailla aux sculptures du nouvel Hôtel de Ville de Nuremberg en 1622.

DUMPER Simon ou **Dimper, Duncker**
XVIe siècle. Actif à Nuremberg. Allemand.
Enlumineur.

DUMSER Lucien
Né à Paris. XXe siècle. Français.
Graveur sur bois.
Il exposait à Paris, au Salon des Artistes Français, mention honorable 1911, Prix Jules Robert 1913.

DUMSTREY Marie
Née le 5 avril 1866 à Colberg. XIXe siècle. Allemande.
Peintre de portraits.
Elle présenta en 1888, à l'Exposition de l'Académie de Berlin, un tableau de genre, puis envoya des toiles régulièrement de 1893 à 1901 aux Salons de Berlin et de Munich.

DUN. Voir aussi **DUNN**

DUN John
XIXe siècle. Actif à Edimbourg. Britannique.

Peintre portraitiste et paysagiste.
Il envoya, de 1872 à 1884, à la Royal Academy, des tableaux de genre et des paysages.

DUNACH José
Né à Barcelone (Catalogne). XXe siècle. Espagnol.
Sculpteur de bustes, nus, sujets mythologiques.
Il exposa à Paris, au Salon d'Automne de 1919 à 1925, et dont il était sociétaire.

DUNAISZKY Laszlo
Né en 1822 à Budapest. Mort en 1904 à Budapest. XIXe siècle. Hongrois.
Sculpteur.
Il est le fils et l'élève de Lorincz Dunaiszky. Il travailla à Munich à partir de 1848 avec Schwanthaler, puis à Vienne. En 1854, il exécuta *la statue du poète serbe J. Holly* ; en 1856, *les bustes du poète hongrois M. Vorosmarty* et *des musiciens Franz Liszt et Franz Erkel* ; vers 1860, *les statues du poète J. Katoma*, et de *l'acteur M. Lendvay*, pour le théâtre National de Budapest. En 1869 fut exposé, à Munich, son groupe *Nessus et Déjanire* et à Londres *Samson et Dalila*. On peut citer encore parmi ses œuvres les bustes des poètes *Petofi* et *Jokai* et des hommes d'État : *St. Széchényi* et *Fr. Deak*.

DUNAISZKY Lorincz
Né en 1784 à Litbetbanya. Mort le 5 février 1833. XIXe siècle. Hongrois.
Sculpteur.
Il étudia de 1804 à 1809 à l'Académie de Vienne, avec F. Zauner et J.-M. Fischer, et s'installa à Budapest comme sculpteur et sculpteur sur bois ; il y exécuta des travaux de style classique, comme la statue monumentale de Flore que l'on peut encore voir à Budapest, mais surtout des sujets d'église : en 1816, un autel sculpté sur bois pour l'église Saint-Étienne. Parmi ses autres œuvres, la Galerie des Portraits Historiques de Budapest conserve un buste du Général Alvinczy, et le Musée des Beaux-Arts des bas-reliefs de tombeaux et un *Ecce Homo* dans le style de Canova.

DUNAND Bernard
Né le 13 juin 1908 à Paris. XXe siècle. Français.
Peintre sur laque, décorateur.
Fils et élève de Jean Dunand, il collabora avec son père, de 1925 à 1939, notamment pour les grandes décorations monumentales des paquebots *Atlantique* et *Normandie*. En 1933, avec l'ami de son père François Louis Schmied, il effectua un périple aux Antilles, en Guyanne hollandaise, au Venezuela. À son retour, il en résulta une série de petits tableaux en laque, qui firent l'objet d'une exposition. En 1937, il reçut un Grand Prix à l'Exposition Internationale de Paris. En 1938, il fut chargé de mission en Indochine. Prisonnier pendant la seconde guerre mondiale, il écrivit *L'esthétique du laque*, qui fut publié en 1949. Il est sociétaire de la Société des Artistes-Décorateurs et de la Société Nationale des Beaux-Arts, et figurait également régulièrement au Salon d'Automne.
Bibliogr. : Catalogue de la vente *Schmied, Miklos, Dunand*, Drouot, Paris, 30 avr. 1975.

DUNAND Geneviève
Née à Mercury-Gémilly (Savoie). XXe siècle. Française.
Peintre-miniaturiste de portraits.
Elle fut élève des sœurs miniaturistes Odette et Marguerite Pauvert. Elle exposait à Paris, au Salon des Artistes Français de 1932 à 1936.

DUNAND Jean. Voir **DUNAND Jules John**

DUNAND Jules John, dit **Jean**
Né le 20 mars 1877 au Lancy (Genève). Mort le 7 juin 1942. XXe siècle. Actif en France. Suisse.
Peintre sur laque, décorateur, dinandier, sculpteur. Art-Déco.
Il fut élève de l'École des Arts Industriels de Genève, où il fut le condisciple de François Louis Schmied, le graveur sur bois, qui devait rester l'ami et collaborateur de toute sa vie. Ils vinrent travailler à Paris tous les deux en 1897. Dunand participa alors à la fabrication des groupes de chevaux ailés du Pont Alexandre III, qui devaient être prêts pour l'inauguration de l'Exposition Universelle de 1900. À titre personnel, il commençait à exposer quelques sculptures assez conventionnelles au Salon de la Société Nationale des Beaux-Arts. Il délaissa bientôt la sculpture proprement dite pour se consacrer à la création de vases et plats en métal incrusté d'argent ou d'or, qu'il présenta annuellement au Salon. En 1912, il se fit initier par Sougarawa à la technique de la (ou du) laque. Ensuite, il réalisa dans cette technique un grand nombre d'objets à décor géométrique. Après l'interruption de la première guerre mondiale, il créa également des meubles ornés de dessins, d'incrustations de nacre et de coquille d'œuf. À partir de 1921, la collaboration Dunand-Goulden-Jouve-Schmied connut un considérable succès. À l'Exposition des Arts Décoratifs de 1925, il collabora avec Ruhlmann pour le Pavillon du Collectionneur. Pour l'Exposition Coloniale de 1931, il réalisa, avec son fils Bernard, une série de grands panneaux décoratifs.
Dunand bénéficiait de la plus grande réputation auprès d'un public étendu, on disait « un laque de Dunand ». Ses créations monumentales les plus importantes furent pour les paquebots *Atlantique* en 1931, et *Normandie* en 1935. Ses créations appartiennent à l'art-décoratif. Dunand et ses collaborateurs avaient contribué à l'élaboration d'un style d'époque, caractérisé justement par la « stylisation » du dessin, simplification maniériste géométrisante des contours. Typiques du style qu'on appella « Art-Déco », leurs créations furent un temps négligées, pour reparaître en force avec un nouvel engouement pour le style 1930, en attendant que la roue du goût esthétique continue de tourner. Ce fut peut-être une époque plus favorable à l'architecture et au meuble nu, qu'à l'ornementation décorative. ■ J. B.

JEAN DUNAND

Bibliogr. : Y Brunhammer : Catalogue de l'exposition *Jean Dunand, Jean Goulden*, Gal. du Luxembourg, Paris, 1973 – Catalogue de la vente *Schmied, Miklos, Dunand*, Drouot, Paris, 30 avr. 1975.
Musées : Genève (Mus. des Arts Décoratifs) – Lausanne (Mus. canton. des Beaux-Arts) : *Buste de jeune fille* vers 1904 – Paris (Mus. des Arts Décoratifs) – Zurich (Mus. des Arts Décoratifs).
Ventes Publiques : Versailles, 7 nov. 1976 : *Marabout* vers 1935, h/pan. de laque à fond or (122x67) : **FRF 7 800** – Paris, 25 mars 1977 : *Marabout*, h/pan. (120x67) : **FRF 13 500** – Monte-Carlo, 9 oct. 1977 : *Grand naja dressé, plom*, platine médaille (H. 37) : **FRF 30 000** – Paris, 27 mars 1981 : *Serpent*, bronze (H. 23,5) : **FRF 29 000** – Paris, 10 mars 1983 : *Panthères noires s'abreuvant*, pan. en laque de Chine polychrome (134x155) : **FRF 172 000** – Paris, 13 juin 1983 : *Canards sauvages*, pan. de laque/fond or (153x245) : **FRF 6 800** – Neuilly, 13 déc. 1983 : *Serpent*, bronze argenté émail rouge et noir (H. 19,5) : **FRF 39 200** – New York, 31 mars 1984 : *Deux biches dans une forêt* vers 1929, h/pan. et laque saumon noir et rouge (246,5x241,5) : **USD 60 000** – Paris, 27 juin 1986 : *Le parfum des roses* 1927, h/pan. en laque, de forme octogonale, à décor gravé dans la technique de Coromandel, réalisé en collaboration avec Georges Barbier (232x232) : **FRF 400 000** – Paris, 15 déc. 1986 : *Serpent lové, bronze*, patine multicolore (Diam. 10) : **FRF 12 000** – Paris, 19 juin 1987 : *Le reflet, portrait de Madame W.*, laque/pan. partiellement recouvert de feuille d'argent (143x56) : **FRF 350 000** – Paris, 1er fév. 1988 : *4 panneaux*, laque sculptée sur fond or, partie d'un grd bas-relief (188x126) : **FRF 158 000** – Paris, 25 mars 1988 : *Plateau*, coquille d'œuf mosaïquée, noyée en laque noire et disposée de façon libre, piètement laqué noir (Plateau 101x71,5, H 35,5) : **FRF 139 000** ; *3 tables-gigognes à piétement*, bois laqué noir, bandeau découpé en biais formant un décrochement latéral pyramidal, plateaux en dinanderie de métal argenté, incrusté de cuivre jaune à motifs géométriques (Grand plateau 37,5x25, H 44) : **FRF 450 000** ; *Vase en dinanderie à décor géométrique argent* (H 27,5) : **FRF 41 000** – Paris, 3 oct. 1988 : *Naja* vers 1919, bronze patiné, écailles or-brun (37x27x17) : **FRF 116 000** – Paris, 26 oct. 1988 : *Porteuse d'eau*, laque de Chine, pan. noir à fond argenté mat, figure en laque arrachée ocre (102x62) : **FRF 86 000** ; *Portrait de Madame Joubert*, past. et fus. (70,5x47,5) : **FRF 4 000** ; *Panneau à décor de biches et gazelles dans un sous-bois*, laque marron rouge/fond brun reh. de feuilles d'or (92x68,5) : **FRF 81 000** – Béthune, 3 déc. 1989 : *Deux félins sur fond de végétation luxuriante*, laque de Chine polychrome sur fond noir reh. d'or (134x155) : **FRF 1 100 000** – Paris, 13 déc. 1989 : *Cobra dressé*, bronze à patine brun-vert (H. 37) : **FRF 170 000** – Paris, 14 mars 1994 : *Le pêche* 1936, pan. de laque d'or et de coul. (242x212) : **FRF 700 000** – Nice, 4 déc. 1994 : *La conquête du cheval*, laque sur fond or, une paire de panneaux (chaque 80x150) : **FRF 580 000**.

DUNAND Louis
Né à Irigny (Rhône). XXe siècle. Français.
Aquarelliste.
Élève de P. Bonnard. Exposant du Salon des Artistes Français en 1932.

DUNANT Jacques
Né le 22 août 1825 à Genève. Mort le 29 août 1870 à Genève. XIXe siècle. Suisse.
Peintre de paysages, dessinateur.
Il fut élève de François Diday et a souvent exposé à Genève. Il a laissé un grand nombre d'études, surtout des paysages suisses.
Musées : Bâle : *Paysage avec paysans travaillant à la charrue* – Genève : *Le Reichenbach au-dessus de la chute* – Genève (Ariana) : *Vue du Salève et paysage alpestre* 1845 – Genève (Rath) : *La Moisson.*
Ventes Publiques : Londres, 20 avr. 1978 : *Vue du port de Nyon*, h/t (33,6x48,8) : **USD 1 600** – Berne, 21 oct. 1983 : *Paysage d'hiver animé de personnages*, h/cart. (37x28) : **CHF 1 900** – Zurich, 22 mai 1987 : *Le repos du midi au bord du lac de Genève* 1869, h/t (45x55) : **CHF 8 000** – Paris, 11 oct 1988 : *Pêcheurs sur le lac* 1865, h/t (83x132,5) : **FRF 20 000** – Berne, 26 oct. 1988 : *Le vieux port de Nyon*, h/cart. (34x49) : **CHF 5 200** – Paris, 23 juin 1993 : *Paysage de montagne* 1855, h/t (130x111) : **FRF 11 500.**

DUNANT Jean François
Né vers 1780 à Lyon. Mort en 1858 à Paris. XIXe siècle. Français.
Peintre.
Élève de Regnault et fixé à Paris, il exposa au Salon de cette ville, de 1806 à 1827, des tableaux d'histoire et de genre et des intérieurs, notamment : *Trait de générosité de l'armée française* (1806), *Le petit Chaperon rouge* (1814), *Henri IV faisant entrer des vivres dans Paris assiégé* (1817), *Intérieur d'une boutique de menuiserie, La main chaude* (1822), *Un corsaire africain vendant des femmes à un Turc* (1827). Le Musée de Douai a de lui : *La laitière.*

Ventes Publiques : Paris, 1899 : *Vaches à Villeneuve ; Sur le lac de Genève*, ensemble : **FRF 800** – Paris, 20 mars 1924 : *Figures de mode : Jeune femme et dandy*, deux aquar. sur trait de pl. : **FRF 350.**

DUNANT Pierre
Né à La Roche en Savoie. Mort le 2 avril 1552 à Genève. XVIe siècle. Suisse.
Peintre.

DUNANT-VALLIER Jean-Marc
Né le 28 avril 1818 à Genève. Mort le 20 juin 1888. XIXe siècle. Suisse.
Peintre de paysages.
Élève de Guignon et d'Alexandre Calame en Suisse, il travailla à Rome et visita Venise, l'Ombrie, la Toscane, séjournant également dans le Midi de la France.
Il choisit des vues très touristiques des lacs italiens, villages du Midi, etc.
Bibliogr. : Gérald Schurr, in : *Les Petits Maîtres de la peinture 1820-1920, valeur de demain*, Les Éditions de l'Amateur, t. IV, Paris, 1979.
Musées : Genève (Mus. Rath) : *Rue à Sion – Lac de Lucerne* – Genève (Mus. Ariana) : *Lac de Lugano.*
Ventes Publiques : Berne, 28 oct. 1966 : *Paysage aux environs de Sion* : **CHF 1 800** – Berne, 24 oct. 1979 : *Le Pont d'Avignon*, h/pan. (16x30) : **CHF 2 700.**

DUNAULT Huguenin ou **Dunolt**
XVe siècle. Actif à Besançon. Français.
Peintre.

DUNBAR D.
XIXe siècle. Britannique.
Sculpteur.
Il exposa entre 1815 et 1823 à la Royal Academy de Londres.

DUNBAR David
Mort en 1866 à Dumfries (Écosse). XIXe siècle. Britannique.
Sculpteur.
Il étudia en Italie, et, à son retour exposa de 1841 à 1848, puis en 1859 à la Royal Academy, en 1844 à la British Institution, des bustes et des médaillons. Il termina sa vie en Écosse, où il était fort réputé pour ses bustes.
Peut-être s'agit-il du même artiste que D. Dunbar, sculpteur à Londres.

DUNBAR Evelyn Mary
Née le 18 décembre 1906 à Reading (Berkshire). Morte le 12 mai 1960 près de Ashford (Kent). XXe siècle. Britannique.
Peintre de paysages, compositions animées, portraits.
En 1933 et 1936, elle exécuta des peintures murales pour l'École de Brockley. En 1938, elle devint membre de la Society of Mural Painters. Durant la guerre de 1939-1945, elle fut chargée de mission. Après la guerre, elle devint membre du New English Art Club. Elle figurait à l'Exposition de Peinture Anglaise du XXe Siècle au Musée du Jeu de Paume de Paris en 1946. En 1952, elle se fixa dans le Kent.
Elle fut surtout l'auteur de scènes pastorales, sortes de Georgiques en peinture. Une fois dans le Kent, elle a commencé à peindre des portraits.
Musées : Londres (Tate Gal.).

DUNBAR Harold C.
Né le 8 décembre 1882 à Brockton (Massachusetts). XXe siècle. Américain.
Paysagiste.
Il étudia avec Ernest L. Major et Joseph Decamp à la Normal Art School de Boston. On peut voir de ses œuvres à l'Art Club et au City Club de Boston.

DUNBAR Peter
XIXe siècle. Britannique.
Peintre de paysages.
Il exposa de 1869 à 1877 à la Royal Academy et à Suffolk Street à Londres.
Ventes Publiques : Londres, 15 mai 1979 : *Paysage du Hampshire*, h/t (74x125,5) : **USD 700** – Glasgow, 8 avr. 1982 : *Le Bac*, h/t (34x60) : **GBP 400** – Écosse, 28 août 1984 : *Moulin du Pertshire*, h/t (53,3x40,6) : **GBP 550.**

DUNBAR Sophia, Lady, née **Orred**
Née à Duffur Elgin (Écosse). XIXe siècle. Britannique.
Peintre de paysages, aquarelliste.
Elle fut l'élève de Le Capelin à Jersey. Ses œuvres furent présentées à la Society of Female Art à Londres, à la Royal Scottish Academy, ainsi qu'à plusieurs Salons de Londres et de province.
Elle peignit surtout des paysages et des vues de la Riviera française, de l'Espagne, de la Corse et de l'Algérie.
Ventes Publiques : Milan, 20 déc. 1994 : *Vue de Voltri da Pegli* 1890, aquar./pap. (39x56) : **ITL 1 495 000.**

DUNBAR Ulric S.J.
Né le 31 janvier 1862 à Londres (Ontario). XIXe siècle. Canadien.
Sculpteur.
Il travailla à Toronto et Washington. On cite, parmi ses œuvres la statue en bronze du Gouverneur Alex. R. Shepherd sur la façade de l'Hôtel de Ville de Washington, le Monument Singleton au cimetière de Oak Hill, les bustes de Henridcks et Martin Van Buren au Sénat. On peut voir d'autres statues et bustes au Musée de Saint Louis, à l'Union Club à New York et à la Galerie d'Art Corcoran à Washington.

DUNCA Sanda
Née le 13 janvier 1940 à Bucarest. XXe siècle. Depuis 1980 active en Allemagne. Roumaine.
Peintre, aquarelliste, pastelliste, graphiste publicitaire. Polymorphe.
Elle fut élève de l'Institut d'Arts Plastiques N. Grigorescu de Bucarest, d'où elle sortit diplômée en 1968. Elle participe depuis 1968 à des expositions collectives en Roumanie, Allemagne, Hollande, Autriche, Brésil, Israël, etc. Elle fit sa première exposition personnelle à la Maison de la Culture Fr. Schiller de Bucarest en 1974, suivie d'autres en Allemagne (alors fédérale) : 1984 à Rosenheim, 1986 à Berlin et Munich...
Elle a d'une façon schématique évolué de la figuration à l'abstraction, toutefois ce choix ne s'est pas avéré systématique et elle balance d'une manière à l'autre. Dans ses peintures figuratives, elle montre une élégante sensibilité typiquement féminine. Ses tentatives tendant à l'abstraction s'avèrent encore hésitantes.

Bibliogr. : Ional Jianou et divers, in : *Les artistes roumains en Occident*, American Romanian Acad. of Arts and Sciences, Los Angeles, 1986.

DUNCAN Alexander C. W.
XIXe siècle. Britannique.
Peintre de genre.
Il exposa de 1853 à 1862 à la British Institution et dans d'autres Salons à Londres.
Ventes Publiques : Édimbourg, 30 avr. 1986 : *Rêverie* 1894, h/t (61x50,7) : **GBP 2 000**.

DUNCAN Allan
XIXe siècle. Actif à Londres. Britannique.
Peintre aquarelliste.
Il exposa de 1854 à 1887 à la Royal Academy et à Suffolk Street des tableaux de genre et des paysages parmi lesquels : *La Marchande de Fleurs* (1856), *A Oystermouth* (1871), *Hors de danger* (1881).

DUNCAN Andreas J.
Né à Amsterdam. Mort le 13 août 1834 à Gand. XIXe siècle. Hollandais.
Peintre de paysages, paysages urbains, natures mortes.
Il peignit surtout des vues de ville. Il était également poète.
Ventes Publiques : Paris, 7 mai 1976 : *Nature morte* 1831, h/pan. (25,5x24) : **FRF 2 500**.

DUNCAN Andrew
Né en 1795. XIXe siècle. Britannique.
Graveur.
Sidérographe, il vécut à Londres, où il travaillait encore en 1845. Parmi ses nombreuses œuvres, on cite : *Thomas Cromwell, Comte d'Essex*, d'après Holbein le Jeune, *Corn. Van der Geest*, d'après van Dyck, *J.C. Schotel, Leo von Klenze, J. A. Kryloff*, etc. Comme graveur d'illustrations, il collabora à diverses publications d'Antiques du British Museum.

DUNCAN Edward
Né en 1803 à Londres. Mort le 11 avril 1882 à Londres. XIXe siècle. Britannique.
Peintre de compositions animées, marines, aquarelliste.
Il montra de bonne heure de grandes dispositions artistiques. Attaché au service de Robert Havell, l'aquafortiste, il eut l'occasion de copier les œuvres de William Havell. Ce dernier développa son goût pour le dessin et l'emploi des couleurs. Duncan abandonna peu à peu la gravure pour s'adonner à l'aquarelle. De 1880 à 1882, il exposa fréquemment aux Sociétés d'aquarellistes et de temps en temps à la Royal Academy, entre 1846 et 1873. En 1833, il devint membre de la nouvelle société des aquarellistes, mais donna sa démission en 1847. Élu associé de l'ancienne société en 1848, il en devint membre en 1849.
Ses marines, admirables de fraîcheur, constituent ses œuvres les plus remarquables.

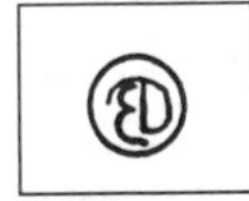

Cachet de vente

E. Duncan

Musées : Birmingham : *Spithead* – Blackburn : *Le Naufrage* – Bristol : *Aquarelle* – Dublin : *Fenaison* – Leicester : *Por Madoc* – Londres (Victoria and Albert) : *La flotte de la Manche* – *La récolte du varech à Guernesey* – *Sur la Jare Norfolk* – *Le château de Kenilworth* – *La lune* – *Bas rochers* – *Wreckers at work* – *Rhosilly bay* – *Soleil couchant* – *Étude, environs d'Hasbugs* – *Lightship (service des phares) sur le Goodwins* – *Paysage à Guernesey* – Manchester : *Falaise de Guy* – Reading : *Rives de la Mersey* – *Matin d'hiver* – Scheffield : *Le naufrage*.
Ventes Publiques : Paris, 1883 : *Surpris par la marée* : **FRF 8 135** – Londres, 1894 : *Bateaux de pêche du port de Calais*, aquar. : **FRF 1 050** – Londres, 1897 : *Whitby Sands* ; *Débarquement de poissons*, aquar. : **FRF 5 375** – Londres, 4 avr. 1903 : *Le Naufrage* 1868, aquar. reh. de blanc (49,5x74) : **GNS 80** – Londres, 21 nov. 1908 : *Bateaux de pêche en vue de la côte* : **GBP 8** – Londres, 28 nov. 1908 : *Paysage* : **GBP 8** – Londres, 27 mars 1909 : *Cueillette d'algues à Jersey* : **GBP 28** – Londres, 3 mai 1909 : *Scène de rivière* : **GBP 4** – Londres, 9 avr. 1910 : *Charriant le foin*, dess. : **GBP 8** ; *Route allant à l'église*, dess. : **GBP 8** – Londres, 11-14 nov. 1922 : *Naufrage* 1850 : **GBP 12** – Londres, 21 juil. 1922 : *Le dernier homme du naufrage* 1860, dess. : **GBP 13** ; *Sur la Midway*, dess. : **GBP 27** – Londres, 6 avr. 1923 : *Le château de Windsor*, dess. : **GBP 14** – Londres, 30 juil. 1924 : *Marée basse* 1877, dess. : **GBP 15** – Londres, 28 mai 1925 : *Bergers des montagnes* 1858, dess. : **GBP 24** – Londres, 24 juin 1927 : *Le gué* 1853, dess. : **GBP 33** ; *Pêcheurs* 1838 : **GBP 26** – Londres, 7 juin 1928 : *Un naufrage* 1870, aquar. : **GBP 7** – Londres, 19 avr. 1929 : *Soir d'été* 1858, dess. : **GBP 52** – Londres, 7 mars 1930 : *Bateaux de pêche*, dess. : **GBP 9** – Londres, 4 fév. 1931 : *Scène de côte* 1853 : **GBP 6** – Londres, 21 déc. 1933 : *Arsenal* : **GBP 10** – Londres, 2 août 1934 : *Chargement d'un bateau*, dess. : **GBP 8** – Londres, 29 juil. 1936 : *Bateaux de pêche sur le Yare* 1862, aquar. : **GBP 6** – Londres, 28 mai 1937 : *Le naufrage* 1881, dess. : **GBP 5** – Londres, 2 juil. 1941 : *Huîtriers* 1859, dess. : **GBP 17** – Londres, 3 juil. 1942 : *Le naufrage* 1869, dess. : **GBP 5** – Londres, 14 jan. 1944 : *Embouchure de rivière* 1868, dess. : **GBP 26** – Londres, 26 avr. 1946 : *Gillingham sur la Midway* 1858 : **GBP 44** – Londres, 13 juil. 1965 : *Les régates*, aquar. : **GNS 440** – Londres, 14 nov. 1968 : *Bord de mer* : **GNS 380** – Londres, 20 fév. 1970 : *Paysage au moulin* : **GBP 800** – Londres, 9 avr. 1973 : *Le retour des pêcheurs* : **GBP 950** – Londres, 2 mars 1976 : *Paysage au moulin* 1867, aquar. et cr. (33,5x50,5) : **GBP 500** – Londres, 16 nov. 1976 : *La fin de l'arc en ciel*, h/t (70x112) : **GBP 600** – Paris, 25 mars 1978 : *A View of Spithead frome isle of wight* 1857, aquar. (45,2x91) : **GBP 1 800** – Londres, 21 nov. 1978 : *A view of Spithead from the isle of Wight* 1857, aquar. (45,2x91) : **GBP 1 800** – Londres, 6 mars 1979 : *Les Ramasseurs de goémon*, aquar. et reh. de blanc (54x75) : **GBP 850** – Londres, 30 juin 1981 : *Le Naufrage* 1868, aquar. reh. de blanc (49,5x74) : **GBP 1 700** – New York, 28 mai 1982 : *Ludlow Castle* 1872, h/t (85x131,5) : **USD 6 000** – Londres, 29 mars 1983 : *Voiliers au large de la côte* 1854, aquar. et cr. (25x41,5) : **GBP 2 600** – Londres, 14 mars 1985 : *Tantalon Castle and the Bass Rock* 1844, aquar./cr. reh. de blanc (74x64) : **GBP 4 000** – Londres, 25 nov. 1986 : *Shipping in a squall* 1856, aquar. et cr. (40x71,2) : **GBP 5 800** – Londres, 15 déc. 1987 : *la maison du planteur dans l'est de l'Inde* 1836, h/pan. (62x87) : **GBP 14 000** – Londres, 25 jan. 1988 : *Abingdon* 1859, aquar. (34x51) : **GBP 4 400** – Londres, 22 sep. 1988 : *Le sauvetage*, aquar. (51x76) : **GBP 1 045** – Londres, 5 oct. 1989 : *Voilier et barques de pêche dans un coup de vent* 1843, h/t (37,5x54,5) : **GBP 1 760** – Londres, 30 mai 1990 : *L'Arrivée de la tempête* 1873, aquar. (29,5x48) : **GBP 2 640** – Londres, 30 jan. 1991 : *Au large de Nore* 1858, aquar./cr. (20x49,5) : **GBP 1 100** – Londres, 29 oct. 1991 : *Navigation au large de la côte* 1862, cr. et aquar. (24,8x39,4) : **GBP 825** – Londres, 9 avr. 1992 : *Pêcheurs au large de la côte de Seaford dans le Sussex* 1859, aquar. et gche (28,5x46,5) : **GBP 2 200** – Londres, 30 mars 1994 : *Moutons paissant dans les Downs* 1850, aquar. avec reh. de blanc (38,5x69,5) : **GBP 2 530** – Londres, 9 mai 1996 : *Bétail sur un chemin des Highlands* 1874, aquar. (33x50) : **GBP 747**.

DUNCAN Fanny, Miss
XIXe siècle. Active à Manchester et à Paris. Britannique.
Peintre de genre.
Elle exposa de 1876 à 1889 à la Royal Academy à Londres, de 1884 à 1889 au Salon de Paris et, en 1887, au Salon de Bruxelles.

DUNCAN George Bernard
Né en Australie. XXe siècle. Australien.
Peintre de figures, paysages animés.
On cite ses bords de mer et ses figures dans des paysages.
Ventes Publiques : Sydney, 6 oct. 1976 : *Femme de pêcheur* 1939, h/t (61x51) : **AUD 620** – Melbourne, 26 juil. 1987 : *Ladies' parlour* vers 1942, h/t (74x61,5) : **AUD 2 800**.

DUNCAN James
Né en 1805 à Coleraine (Irlande). Mort le 28 septembre 1881 à Montréal. XIXe siècle. Canadien.
Peintre de paysages, aquarelliste, dessinateur, illustrateur.
Il a émigré au Canada en 1830 et est devenu professeur d'art à Montréal. Il a illustré *Hochelaga depicta* de Newton Bosworth. Une collection de 36 esquisses de vues de Montréal, longtemps attribuées à Cornelius Krieghoff, est en fait de James Duncan.
Musées : Montréal (roy. Ontario Mus.) : 36 esquisses de vues de Montréal.
Ventes Publiques : Tronto, 26 mai 1981 : *Bord de mer*, aquar.

(19,4x31,9) : **CAD 5 000** – Toronto, 28 mai 1985 : *Lac des Deux Montagnes*, aquar. (29,4x41,3) : **CAD 8 500** – Glasgow, 4 fév. 1987 : *La Chasse aux uniformes*, h/t (35,5x69) : **GBP 3 000** – Londres, 4 nov. 1987 : *Bord de mer*, aquar./cr. : **GBP 12 000**.

DUNCAN John Mc Kirdy
Né en 1866 à Dundee (Écosse). Mort en 1945 à Édimbourg. XIXe-XXe siècles. Britannique.
Peintre d'histoire, compositions mythologiques, scènes de genre, paysages, marines, peintre à la gouache, aquarelliste, peintre de technique mixte, peintre de compositions murales, cartons de vitraux, dessinateur, illustrateur.

Il fréquenta l'école d'art de Dundee, puis passa trois années à Londres avant de partir pour Anvers et Düsseldorf. Pendant son séjour sur le continent, il passa un hiver à Rome où il acquit une profonde admiration pour Michel-Ange. De retour à Dundee, il devint membre de l'Association d'Arts Graphiques. De 1902 à 1904, il alla professer aux États-Unis. Il s'installa ensuite à Édimbourg, où son atelier devint un lieu de rencontre pour les artistes et les intellectuels ; il travailla aussi à Glasgow.
En tant qu'illustrateur d'ouvrages littéraires ou dessinant pour des revues, *The Glasgow Herald, The Evergreen*, il fut influencé par le style décoratif japonais du XVIIIe siècle (Korin), et par les graveurs d'estampes du XIXe. Il participa à la décoration du hall de l'Université d'Édimbourg. Il peignit des scènes de genre inspirées des légendes écossaises. Il eut de nombreuses commandes de décorations d'églises, tant peintures que vitraux. Il peignit aussi de rigoureux paysages de Iona et s'intéressa au developpement du « modern art ».
Bibliogr. : Marcus Osterwalder, in : *Diction. des illustrateurs, 1800-1914*, Ides et Calendes, Neuchâtel, 1989.
Ventes Publiques : Londres, 6 oct. 1980 : *En ma fin est mon commencement*, aquar. reh. de gche (76x90) : **GBP 4 800** – Londres, 24 juil. 1985 : *Bateaux de pêche*, h/t (49,5x59) : **GBP 650** – Queensferry, 29 avr. 1986 : *The turn of the tide*, temp./pl./pan. (46x61) : **GBP 1 100** – Londres, 15 mai 1987 : *Jésus lisant les prophéties du Messie* 1909, h/t (123,2x62,3) : **GBP 1 000** – Toronto, 30 nov. 1988 : *Léda et le cygne*, h/t (30x40) : **CAD 2 800** – Douai, 3 déc. 1989 : *De profundis* 1978, h/t (162x114) : **FRF 6 000** – Douai, 11 nov. 1990 : *Indien vainqueur* 1985, h/t (55x46) : **FRF 5 800** – Paris, 14 avr. 1991 : *Composition* 1956, techn. mixte (100x150) : **FRF 5 800** – South Queensferry, 23 avr. 1991 : *La déclaration* 1906, h/t (122x79) : **GBP 5 280** – Londres, 25 fév. 1992 : *Faucon de Greenland* 1901, aquar. et gche (45,8x35,7) : **GBP 1 320** – New York, 25 sep. 1992 : *La Reine de Saba et sa cour*, temp. et cr./pap. (48,3x70,5) : **USD 1 760** – Londres, 11 juin 1993 : *Yorinda et Yoringel dans la forêt de la sorcière* 1909, h/t (66,6x91,8) : **GBP 13 800** – Londres, 5 nov. 1993 : *La Reine Mary d'Écosse (En ma fin est mon commencement)*, temp. à l'œuf (91,5x76,2) : **GBP 14 375** – Londres, 4 nov. 1994 : *Beauté mystique*, h/t (60,6x45,7) : **GBP 9 200**.

DUNCAN Joseph
Né le 16 décembre 1920 à Londres. XXe siècle. Britannique.
Peintre de figures, fleurs, sujets divers. Expressionniste.

Il fut élève de la Slade School de Londres, de 1944 à 1949. Il vint en France en 1951. Il expose à Amsterdam, Milan, Florence, Venise, Bruxelles, Paris, Londres, Cologne, etc. Il a participé à l'Exposition Internationale de Bruxelles en 1958, à celle de Montréal de 1967.
La peinture de Duncan, nettement expressionniste, utilise une technique proche du « dripping », où de taches et giclures surgissent des signes identifiables : têtes, fleurs, etc., qu'on peut également rapprocher de certains graffitis de l'art brut.
Musées : Amsterdam (Stedelijk Mus.) – Dublin – Grenoble – Le Havre – Londres (Tate Gal.) – Providence – Saint-Étienne (Mus. d'Art et d'Industrie).

DUNCAN Lawrence
XIXe siècle. Britannique.
Peintre de genre, paysages, peintre à la gouache, aquarelliste.

Fils de Edward Duncan, il participa de 1860 à 1891 aux expositions de Londres avec des tableaux de genre et des paysages, tels : *La Fenaison* (1872), *Le Départ des Bergers bretons* (1876), *Le Chat Favori* (1877), *Un vieux moulin* (1890).
Ventes Publiques : New York, 23 fév. 1983 : *Le Petit Braconnier* 1864, aquar., cr. et gche (28,2x33) : **USD 1 100** – Londres, 29 oct. 1991 : *La Cueillette des mûres ; La Récolte des joncs*, cr. et aquar., une paire (28,2x23,2 et 26x22,3) : **GBP 2 200** – Londres, 6 nov. 1996 : *Préparatifs pour le marché*, aquar. et reh. de gche (52x71) : **GBP 2 760**.

DUNCAN Mary
Née en 1885 en Angleterre. XXe siècle. Britannique.
Peintre et graveur.

Elle étudia à Londres et à Paris. Elle expose à la Royal Academy et au New English Club.

DUNCAN Philip Bury
Né en 1772. Mort en 1863. XVIIIe-XIXe siècles. Britannique.
Peintre aquarelliste amateur.

Il fut directeur de l'Ashmolean Museum à Oxford. Le Musée de l'Université d'Oxford possède de lui un petit portrait à l'aquarelle du géologue Alex Brongniart.

DUNCAN Raymond
Né à San Francisco (Californie). Mort vers 1967 à Paris. XXe siècle. Actif en France. Américain.
Peintre, décorateur.

Il était le frère de la danseuse Isadora Duncan. Cet artiste singulier, fixé à Paris depuis de longues années, avait d'abord vécu à Londres. Peintre qui exposa au Salon des Artistes Indépendants, il s'est surtout fait connaître comme décorateur. Il avait créé à Paris un atelier de tissage et de broderie. Avec quelques disciples, il a proposé, dans des conférences, une méthode de retour à l'hellénisme, mise surtout en relief par le costume, hardiment promené par nos rues modernes.
Ventes Publiques : Londres, 21 nov. 1962 : *Convolution* : **GBP 180**.

DUNCAN Thomas
Né en 1807 à Kinclaven. Mort en 1845 à Édimbourg. XIXe siècle. Britannique.
Peintre de genre, figures, dessinateur.

Ses parents le confièrent au peintre William Allan à Édimbourg. Remarqué comme peintre de portraits, il fut choisi comme professeur de peinture. Le premier tableau qui lui assura la notoriété fut *La Laitière*. En 1840, il débuta à l'Académie Royale avec *Le prince Charles-Edouard et les Montagnards entrent à Édimbourg après la bataille de Preston Pans*. Il fut élu à l'Académie Royale écossaise en 1830, et associé de l'Académie Royale de Londres en 1843. Peu de coloristes l'ont surpassé.

Thomas Duncan Pinx

Musées : Édimbourg : *Portrait de l'artiste – Catherine Lady Stuart d'Allanbouk* – Glasgow : *Martyre de John Brown – Martyre de John Brown*, études – Londres (Victoria and Albert Mus.) : *The Waefer' Heart*.
Ventes Publiques : Paris, 21-22 fév. 1919 : *Étude de jeune fille, de dos et études de mains*, fus. reh. de sanguine : **FRF 300** – Glasgow, 18 déc. 1980 : *Deux Enfants avec un lapin*, h/t (92x70,5) : **GBP 950** – Auchterarder (Écosse), 26 août 1997 : *Le Prince Charles Édouard endormi dans l'une de ses retraites après la bataille de Culloden et protégé par Flora Macdonald et des highlanders*, h/t (141x198) : **GBP 9 200**.

DUNCAN Walter
XIXe siècle. Actif à Londres. Britannique.
Peintre d'histoire, paysages, marines, peintre à la gouache, aquarelliste.

Fils d'Edward Duncan, il fut membre de la Old Water-Colours Society ; il exposa à partir de 1869 à la Royal Academy, à Suffolk Street, à la Old Water-Colours Society et à diverses expositions à Londres.
Musées : Liverpool : *Navires au large*.
Ventes Publiques : Londres, 20 mars 1979 : *Scène de plage* 1873, h/t (53,5x104) : **GBP 750** – Londres, 6 mai 1981 : *La musique a du charme* 1879, aquar. et cr. (29,5x53,5) : **GBP 280** – Londres, 9 fév. 1983 : *La sérénade* 1879, aquar./trait de cr. reh. de gche (29x53) : **GBP 400** – Londres, 22 mai 1986 : *Westminster : The Thames*, aquar. et cr. rehaussées de gche, une paire (19x28) : **GBP 520** – Londres, 22 mai 1991 : *Promenade en barque* 1882, aquar. (19x29,5) : **GBP 1 100**.

DUNCAN-GUERTIN Renata
Née en 1920 à Bozieni-Roman. XXe siècle. Depuis 1976 active en Israël et depuis 1979 au Canada. Roumaine.

Peintre, peintre de cartons de tapisseries. Polymorphe.
Elle fut élève d'Alexandru Ciucurenco et diplômée, en 1954, de l'Institut d'Arts Plastiques N. Grigorescu de Bucarest. Elle participe à des expositions collectives, depuis le Festival de la Jeunesse de Varsovie en 1955, puis en Roumanie, Israël, France, Italie, Belgique, Pologne, Canada, Japon, etc. Elle expose aussi à titre personnel, depuis la première à Bucarest en 1963, suivie de nombreuses autres en Roumanie, en 1976 et 1977 à Tel-Aviv en Israël, France, à partir de 1982 nombreuses à Montréal... Elle fut membre de l'Union des Artistes Plasticiens de Roumanie, enseigna la peinture à l'Institut Pédagogique de l'Université de Bucarest de 1956 à 1967, dirigea la *Revue de l'Artisanat de Roumanie* de 1967 à 1974. Ayant quitté la Roumanie pour Israël, elle épousa l'avocat canadien Fernand Guertin en 1979 et s'établit à Montréal.
Dans une première période, elle dut se plier aux impératifs du réalisme socialiste officiel, et peignit des grandes compositions sur la vie des paysans et des ouvriers. Elle pouvait alors se montrer plus personnelle dans les portraits et les paysages. Libérée des contraintes idéologiques et techniques, dans la période suivante elle fut influencée par le cubisme et surtout par Georges Braque, duquel elle apprit la rigueur de la construction dans le format, un dessin synthétique efficace, gamme chromatique sobre et matières sensuelles. Ensuite, poursuivant l'exploration de ses propres moyens d'expression, elle évolua dans le sens d'un dessin aux déformations expressionnistes soulignées par des couleurs évocatrices. Ensuite encore, elle aborda l'abstraction, dans un registre à tendance géométrique tempérée, contrastant des couleurs saturées, se référant peut-être à la période des cercles concentriques des Delaunay. Sans doute l'œuvre dans son ensemble perd en cohérence de s'être un peu dispersé dans des directions diverses, mais, séparément, les différentes périodes de la peinture de Renata Duncan ne manquent ni de conviction, ni de tempérament. ■ J. B.
Bibliogr. : Ionel Jianou et divers, in : *Les artistes roumains en Occident*, American Romanian Acad. of Arts and Sciences, Los Angeles, 1986.

DUNCANNON Frederick, vicomte
Né en 1758. Mort en 1844. XVIIIe-XIXe siècles. Britannique.
Peintre aquarelliste amateur.
Quatre de ses tableaux furent gravés pour le livre d'Angus : *Les Principaux Châteaux de la Haute et de la Petite Noblesse en Grande-Bretagne*.

DUNCANSON Robert S.
Né en 1821. Mort en 1872. XIXe siècle. Américain.
Peintre de figures, paysages. Tendance École de Hudson.
Il fut le premier artiste afro-américain à être reconnu vivant. Selon Joseph D. Ketner, Conservateur de la galerie d'Art de l'Université de Washington, il peint dans la tradition de l'École de l'Hudson. Il est souvent inspiré par la littérature romantique anglaise.
Ventes Publiques : New York, 18 sep. 1980 : *Ruines maya, Yucatan* 1848, h/t (35,5x50,8) : **USD 6 000** – New York, 2 juin 1983 : *Paysage* 1852, h/t (83,3x122) : **USD 15 000** – New York, 7 déc. 1984 : *Paysage à la cascade* 1853, h/t (105,4x141) : **USD 17 000** – New York, 26 sep. 1990 : *Les chutes d'eau* 1871, h/t (86,3x73,6) : **USD 19 800** – New York, 15 mai 1991 : *Paysage fluvial et boisé avec une cascade*, h/t (26x41,3) : **USD 3 300** – New York, 4 déc. 1992 : *La Vallée du Cachemire* 1870, h/t (66x125,1) : **USD 35 200** – New York, 31 mars 1993 : *Le pêcheur*, h/t (25,4x40,6) : **USD 10 350** – New York, 2 déc. 1993 : *Les chutes de Minehaha* 1870, h/t (83,8x71,1) : **USD 48 300** – New York, 17 mars 1994 : *Le lac Majeur* 1871, h/t (84,5x71,1) : **USD 10 350** – New York, 18 mai 1994 : *Ruines maya* 1848, h/t (35,9x50,8) : **USD 23 000** – Montréal, 6 déc. 1994 : *Personnages et canoes dans un paysage montagneux*, h/t (72,3x124,5) : **CAD 6 000**.

DÜNCKEL Wilhelm, l'Ancien
Né le 8 juillet 1818 à Mannheim. Mort le 17 janvier 1880 à Karlsruhe. XIXe siècle. Allemand.
Peintre.
Il peignit des paysages à l'huile et à l'aquarelle et s'adonna particulièrement à la peinture architecturale des églises.

DÜNCKEL Wilhelm, le Jeune
Né le 29 novembre 1848 à Mannheim. Mort le 6 août 1902 à Lüterswil (Suisse). XIXe siècle. Allemand.
Peintre et dessinateur.
Élève de son oncle Wilhelm Dünckel le Vieux, il peignit et dessina des paysages de la région de Mannheim, du Tyrol et de Suisse.

DUNCKER. Voir aussi **DUNKER**

DUNCKER Carl, ou **Leopold Auguste Emil Carl** ou **Dunker**
Né en 1808. Mort le 30 octobre 1868 à Berlin. XIXe siècle. Allemand.
Peintre d'histoire, sujets mythologiques, scènes de genre.
Élève de Wach et de Schadow, il travailla à Königsberg. Il exposa à Berlin et à Londres, à la Royal Academy. Duncker était sourd-muet.
Citons parmi ses œuvres : *Un enfant et son ange gardien* (1828), *Herminie au milieu des bergers* (1832), *Rébecca à la fontaine* (1834), *Les Fugitifs* (1836).
Ventes Publiques : Stockholm, 26 avr. 1983 : *La Loge des artistes du cirque* 1858, h/t (69x99) : **SEK 138 000**.

DUNCOMBE Susanna
Née vers 1730. Morte le 28 octobre 1812 à Londres. XVIIIe-XIXe siècles. Britannique.
Peintre et écrivain.
Fille du peintre Joseph Highmore, elle épousa en 1763 le Révérend John Duncombe, archéologue à Canterbury. Elle dessina le frontispice des *Lettres de John Hughes*, livre que fit paraître son mari en 1773.

DUNDAS Agnes, Miss ou **Dundase**
XIXe siècle. Britannique.
Peintre d'animaux.
Elle exposa de 1863 à 1873 à la Royal Academy, à la British Institution et à Suffolk Street à Londres un grand nombre de tableaux, représentant pour la plupart des oiseaux et des chiens.
Ventes Publiques : Londres, 25 mai 1979 : *Tête de chien*, h/t, de forme ronde (diam. 18,4) : **GBP 750**.

DUNDAS Douglas Roberts
Né en Australie. XXe siècle. Australien.
Peintre de paysages.
Il exposa à Paris au Salon des Artistes Français à partir de 1929.

DUNDAS Maria. Voir **CALLCOTT**

DUNDASS Josef
XVIIIe siècle. Actif à Copenhague. Danois.
Peintre de miniatures.
Il fit en 1758 plusieurs portraits de Frédéric V et de sa femme.

DUNDER Mathias
XIVe siècle. Actif à Strasbourg vers 1350. Allemand.
Sculpteur.

DUNEPART Nicolas Hilaire
Mort après 1763. XVIIIe siècle. Français.
Sculpteur.
Il fut reçu à l'Académie Saint-Luc à Paris en 1744.

DUNEPART Pierre Nicolas
Né le 10 septembre 1751. XVIIIe siècle. Français.
Sculpteur.
Son mérite et les soins donnés par son père (N.H.) dans le procès contre les éventaillistes, le firent recevoir à l'Académie à titre gracieux.

DUNESIO Giovanni Antonio, dit **Fracassa**
XVIe siècle. Actif en Lombardie. Italien.
Sculpteur.
Il fut appelé de Lodi à Milan en 1515 pour l'exécution de travaux au Dôme de cette ville, où travaillèrent également un *Ludovico* et un *Stefano Dunesio* en 1488.

DUNET Alfred
Né en 1889 à Rouen (Seine-Maritime). Mort en 1939. XXe siècle. Français.
Peintre de sujets divers, aquarelliste.
Il exposait, à Paris, aux Salons d'Automne et des Artistes Indépendants, de 1921 à 1928.
Il a peint des portraits, des nus, des paysages : *La rue Drevet à Montmartre*, des natures mortes et des compositions animées :

La danse au cabaret. Il passe des tonalités grises à de riches couleurs vibrantes posées sur un dessin qui se simplifie.

ALFRED DUNET

Bibliogr. : *L'école de Rouen. À la découverte d'autres impressionnistes.* Promo-Éditions, Poitiers – *7 peintres de l'École de Rouen,* Graphi 13, 1990.

Ventes Publiques : Paris, 21 avr. 1943 : *L'assiette de pommes* : **FRF 350** – Rouen, 12 juin 1983 : *La rue de l'Épicerie à Rouen,* h/pan. (58x46) : **FRF 7 000** – Rouen, 24 mars 1985 : *Remorqueur à quai,* h/t (38x46) : **FRF 5 200** – Paris, 5 juil. 1989 : *La place,* aquar. (25x32) : **FRF 5 400** – Versailles, 10 déc. 1989 : *Bateau sur le Seine,* h/t (38x46) : **FRF 6 800** – Paris, 30 nov. 1992 : *La Marne à Nogent,* gche (29x40) : **FRF 28 000** – New York, 10 mai 1993 : *Pichet de fleurs,* h/t (61x46,3) : **USD 1 725** – Paris, 2 juin 1993 : *La rue Norvins et le Sacré-Cœur* 1933, h/t (54x65) : **FRF 20 500** ; *Les pavots,* h/pap./t. (60x48,5) : **FRF 19 000** – Paris, 17 mai 1995 : *La rue Norvins à Montmartre,* h/t (65x54) : **FRF 17 000.**

DUNET Philippe
XVIIe-XVIIIe siècles. Français.
Sculpteur-ivoirier.
Il se maria à Dieppe en 1699.

DUNEUF-GERMAIN, Mlle
XVIIIe siècle. Française.
Peintre de portraits.
Un portrait du Maréchal Maurice de Saxe est signé de son nom.

DUNEUF-GERMAIN Édouard Paul
Né à Paris. XXe siècle. Français.
Graveur de portraits, paysages.
Il exposait à Paris, dans les années quarante au Salon d'Automne dont il était sociétaire.

DUNGL. Voir **DUNKEL Joseph**

DUNHAM Carroll
Née en 1949. XXe siècle. Américaine.
Peintre de technique mixte. Néo-pop'art.
Elle peint presque toujours sur panneaux, intégrant les accidents du bois dans la structure même de l'œuvre. Elle dessine et peint, d'un trait ferme de bande dessinée et violemment coloriées, des « choses » indéfinissables, bien que précisément décrites. Ces « choses » sont trop présentes pour pouvoir être dites abstraites.

Ventes Publiques : New York, 3 mai 1988 : *Sans titre* 1985, gche, cr. coul., encres coul./pan. (37,8x23,8) : **USD 8 250** – New York, 10 Nov. 1988 : *Sans titre* 1983, fus. et graphite sur placage de bois (48,8x36,8) : **USD 12 100** – New York, 3 mai 1989 : *« P »* 1985, techn. mixte/placage d'érable (122x91) : **USD 33 000** – New York, 9 mai 1990 : *Migration* 1986, graphite et acryl. sur bois vernis/pan. (210,8x119,5) : **USD 60 500** – New York, 7 nov. 1990 : *Sans titre* 1987, acryl./deux pan. de bois (en tout 89x61) : **USD 19 800** – New York, 1er mai 1991 : *Le premier pin* 1982, caséine, pigments secs, cr. et fus./bois (144,7x122) : **USD 41 250** – New York, 13 nov. 1991 : *Sans titre* 1987, acryl. et graphite/placage de bois/pan. (142,2x81,2) : **USD 28 600** – New York, 27 fév. 1992 : *Violet et bleu* 1986, h. et encre/bois de placage (73x61) : **USD 12 100** – New York, 6 mai 1992 : *La tache violette* 1986, acryl. et cr./placage de bois (103,5x73) : **USD 15 950** ; *Graine sauvage,* caséine, pigment sec, fus. et cr./pan. (183,2x121,9) : **USD 46 200** – New York, 19 nov. 1992 : *Sans titre* 1987, h., caséïne, encre et graphite/bois en deux parties (135x48,2) : **USD 13 200** – New York, 24 fév. 1993 : *Noix américaine* 1984, caséine, pigments secs, projections et fus./placage de bois de noyer d'Amérique (229,9x153,7) : **USD 35 200** – New York, 3 mai 1994 : *Transit,* encre, cr. coul., graphite et h/pan. de placage d'érable (198x99) : **USD 17 250** – New York, 15 nov. 1995 : *Problème à l'horizon* 1984, caséine, pigment sec, cr. et fus./placage de chêne, noyer et érable (165,2x114,2) : **USD 23 000** – New York, 10 nov. 1997 : *Sans titre 5/26/85* 1984-1985, caséine, fus., craie, cr. coul./pin noueux et noyer massif (107x73) : **USD 29 900.**

DUNHOOT David
XVIe siècle. Actif à Anvers. Éc. flamande.
Peintre.
Il fut reçu maître en 1513.

DUNIKOWSKI Xaver
Né en 1876 à Cracovie. Mort en 1964 à Varsovie. XXe siècle. Polonais.
Sculpteur de bustes, figures, groupes, monuments.
Il fit ses premières études à Varsovie et les compléta à Cracovie, avec Alfred Daun et Konstant Laszczka dont il fut le meilleur élève. Après un voyage en Italie, il fut nommé professeur à l'École d'Art de Varsovie. Il quitta ce poste quelques années plus tard et s'établit définitivement à Cracovie, où il fut nommé président de l'association des artistes polonais *Sztuka* et de la société des sculpteurs *Rzézba.*
Il savait traduire l'émotion et les expressions les plus intimes : *Femmes enceintes* 1906. Parmi ses œuvres, on cite un grand groupe symbolique de *Jésus qui bénit et l'Humanité qui souffre et prie,* exécuté en 1911 pour le portail de l'église des Jésuites à Cracovie. Il a sculpté des portraits en bustes : le peintre *Szczyglinski,* l'acteur *Kaminski.* Son propre *Autoportrait* de 1916 environ, révèle une influence du cubisme à ce moment de son évolution. Son véritable style monumental et grandiose doit être cherché dans les têtes qu'il a sculptées au château de Warvel, et, en 1937-1938, dans son monument du *Docteur Dietl* à Cracovie. ■ J. B.

DUNKARTON Robert
Né en 1744 à Londres. XVIIIe siècle. Britannique.
Graveur à la manière noire.
Élève de Pether, il exécuta quelques portraits qui furent exposés à l'Académie Royale et à Spring Gardens jusqu'en 1777. Il obtint son plus grand succès en gravant, dans un style clair et fini, plusieurs portraits et sujets historiques. Ses planches portent des dates comprises entre 1770 et 1811. Après cette dernière année, on n'a plus aucune trace de l'artiste. On cite de lui : six planches pour : *l'Ancien et le Nouveau Testaments, Saint Étienne,* deux planches pour des *Sujets d'histoire,* dix planches pour des *Portraits, Sisters contemplating an morality,* d'après G. Romney, *The soldier's Widow,* d'après Wil Bigg.

DUNKEL Eugène
Né aux États-Unis. XXe siècle. Américain.
Peintre et graveur, décorateur.
On le cite surtout pour ses décors de théâtre.

DUNKEL Joseph ou **Dungl**
XIXe siècle. Actif à Vienne. Autrichien.
Peintre sur porcelaine.
Il travailla de 1803 à 1805 à la Manufacture impériale, spécialement comme peintre de fleurs.

DUNKELGOD
XXe siècle. Allemand.
Sculpteur. Tendance Pop'art.
Vers 1970, il a réalisé des sculptures gonflables en plastique souple. Tantôt abstraites, tantôt figuratives, représentant un nœud, un bouton, ses sculptures, aux formes arrondies comme des saucisses et violemment colorées, avaient une indiscutable bonhommie.

DUNKELSTEINER Kaspar
Mort en 1425. XVe siècle. Actif à Vienne. Autrichien.
Peintre.

DUNKER Balthasar Anton
Né en 1746 à Saal (près de Stralsund). Mort en 1807 à Berne. XVIIIe siècle. Allemand.
Peintre de figures, paysages animés, paysages, aquarelliste, graveur, dessinateur.
Élève de Jakob-Philipp Hackert et de Vien, cet artiste se fit plus connaître comme graveur que comme peintre. A part quelques paysages gravés comme : *Les Environs de Berne* et des *vues de Leghorn,* il reproduisit surtout les costumes et traita les habitudes des Français d'avant la Révolution, d'après Roos, Van der Does, Hackert et Schutz.

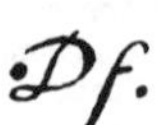

Ventes Publiques : Paris, 1823 : *Pays montagneux avec ruines et chutes d'eau,* pl., lav. de bistre : **FRF 13** – Paris, 28 avr. 1906 : *Paysage avec cours d'eau et figure* : **FRF 510** – Paris, 21 et 22 fév. 1919 : *Buste de femme,* sanguine, d'après A. Watteau : **FRF 30** ; *L'Enfant au béguin,* sanguine, d'après A. Watteau :

FRF 37 – Paris, 11 fév. 1921 : *Paysages de l'Oberland*, aquar., une paire : **FRF 1 000** – Paris, 11 avr. 1921 : *Le Petit Pont*, aquar. : **FRF 280** – Paris, 24-25 juin 1921 : *Les Ruines*, aquar. : **FRF 480** ; *Paysage montagneux*, aquar. : **FRF 720** – Paris, 8 déc. 1922 : *Ruine gothique*, aquar. : **FRF 300** – Paris, 7 et 8 mai 1923 : *Tête de femme*, sanguine, d'après Pierre de Cortone : **FRF 250** – Paris, 6 déc. 1923 : *La Jolie Bernoise*, sanguine : **FRF 600** – Paris, 12 et 13 mars 1926 : *Deux phoques et oiseaux chantant de la musique*, lav., cul de lampe, : **FRF 230** ; *Sabre et casque*, lav., cul de lampe : **FRF 110** ; *Boussole méridienne posée sur deux livres*, sanguine : **FRF 100** – Paris, 29 avr. 1926 : *Dessin du fleuron de titre des Poésies Helvétiennes*, pl. et lav. : **FRF 450** – Paris, 8 déc. 1926 : *Ruines avec cavalier et paysanne*, aquar. : **FRF 520** – Paris, 3 juin 1935 : *Composition pour une illustration*, pl. et lav. d'encre de Chine : **FRF 50** – Berne, 11 juin 1976 : *L'Attaque de la diligence* 1794, aquar./trait de pl./pap. (31,2x42,4) : **CHF 2 400** – Zurich, 30 nov. 1981 : *Paysage avec lac et figures* 1797, lav. d'encre de Chine/pap. (25x74,5) : **FRF 19 000** – Londres, 3 oct. 1983 : *Vue perspective de la ville, du lac et des environs de Zurich prise à l'auberge de l'Épée, du côté de l'Orient*, eau-forte coloriée, d'après Johann Jakob Aschmann (34,5x49,8) : **GBP 4 200** – Londres, 4 juil. 1984 : *Un artiste avec son protecteur dans un paysage montagneux, à l'entrée d'une caverne* 1775, aquar. et pl. (27,6x21,7) : **GBP 1 800** – Paris, 29 nov. 1985 : *Une fonderie avec des personnages* 1772, sanguine (26x35,5) : **FRF 15 000** – Londres, 2 juil. 1996 : *Paysage boisé au printemps avec un homme buvant à une source* 1781, gche (21x25) : **GBP 3 450**.

DUNKER E. C.
xviiie siècle. Actif à la fin du xviiie siècle. Allemand.
Peintre.
Il n'est connu que par une gravure à la manière noire, d'après son portrait de l'explorateur allemand U. J. Seetzen, avec la désignation : « Peint par E. C. Dunker, gravé par F. C. Bierweiler ».

DUNKER Johann Franz
xviiie siècle. Allemand.
Sculpteur et sculpteur sur bois.
De Vienne il alla à Saint-Pétersbourg où, avec le Français Girardon, il travailla à la décoration du Palais Anitchkoff ; puis il travailla pour la résidence d'été de Tsarkoïé-Sélo et pour le palais impérial d'hiver, où il sculpta en particulier la chaire et la tribune de la Chapelle. Les imposantes cariatides de style baroque de la façade principale du « Vieux-Palais » à Tsarkoïé-Sélo, et le décor rococo de la grande salle d'Honneur du même palais furent également son œuvre. Il fut aussi modeleur à la Manufacture Impériale de porcelaine.

DUNKER Philip Heinrich
Né en 1780 à Berne. Mort en 1836 à Nuremberg. xixe siècle. Allemand.
Peintre et graveur.
Fils de Balthazar, il travailla l'aquarelle et la gravure et semble avoir été surtout un copiste dans les deux genres. Ses dessins sont d'après Köbell, Roos, Weenix, De Maane et d'autres.
Ventes Publiques : Paris, 2e vente) : *Galop de lanciers le long d'une rivière bordant un village*, aquar. : **FRF 45 000** – Munich, 11 déc. 1968 : *L'échoppe du cordonnier*, gche : **DEM 1 500**.

DUNKI Louis
Né le 5 mai 1856 à Genève. xixe siècle. Suisse.
Peintre de sujets typiques, animaux, paysages, aquarelliste, dessinateur, illustrateur.
Suivant le Dr C. Brun, Dunki étudia à Genève avec B. Menn. A Paris, il travailla dans l'atelier de Lix, puis fournit des dessins pour le *Monde Illustré*, *L'Illustration*, etc., ainsi que pour des éditeurs parisiens, notamment pour la maison Pelletan : *Contes à ma sœur*, d'Hégésippe Moreau, et *Servitude et Grandeur militaires*, d'Alfred de Vigny. Pour Conquet, il réalisa des dessins pour *La Maison du Chat qui Pelote*, de Balzac, pour Firmin-Didot, *De Ragionamenti* de l'Aretin. Il travailla aussi pour des éditeurs suisses, illustrant : *Jean-Louis*, de Bachelin, et les *Petites Chroniques genevoises*. Il exposa à Paris et à Genève, notamment au Salon des Champs-Élysées en 1892. En 1902, Dunki présida la section de Genève dans la commission fédérale des Beaux-Arts.
Parmi ses peintures à l'huile et à l'aquarelle, on cite des sujets d'animaux et des scènes algériennes.
Ventes Publiques : Berne, 20 oct. 1982 : *L'Arrivée des tambours*, lav. de cr. (36x68) : **CHF 1 000**.

DUNLAP Helena
Née en 1876 à Los-Angeles. Morte en 1955. xxe siècle. Américaine.
Peintre de genre, portraits, paysages.
À partir de 1910, elle a aussi exposé à Paris, aux Salons de la Société Nationale des Beaux-Arts, d'Automne, des Artistes Indépendants.
Ventes Publiques : Los Angeles-San Francisco, 12 juil. 1990 : *La fleuriste*, h/t (88x98) : **USD 17 600**.

DUNLAP William
Né en 1766 à Perth Amboy, dans le New-Jersey. Mort en 1839 à New York. xviiie-xixe siècles. Américain.
Peintre.
A peine âgé de dix-sept ans, il peignit le portrait de Washington. La collection de la Société Historique de New York possède de cet artiste un groupe de sa famille, exécuté en 1788. En 1834, il publia son *Histoire de l'art du dessin aux États-Unis*.
Ventes Publiques : New York, 26 nov. 1943 : *James Madison*, d'après Gilbert Stuart : **USD 425**.

DUNLOP Hazel B.
xxe siècle. Britannique.
Peintre.
Femme du peintre Francis E. Hodge. Elle vit et travaille à Londres. Elle expose à la Royal Academy de Londres et au Salon des Artistes Français de Paris.

DUNLOP Ronald Ossory
Né le 28 juin 1894 à Manchester. Mort en 1973. xxe siècle. Britannique.
Peintre de paysages, marines.
Il était membre du New English Art Club, de la Royal Society of British Artists, du London Group. Associé en 1939 de la Royal Academy, il en devint membre en 1950. Il fut l'un des fondateurs du groupe de peintres et d'écrivains dits *Émotionnistes*.

Dunlop

Musées : Londres (Tate Gal.).
Ventes Publiques : Londres, 12 juil. 1973 : *Printemps* : **GNS 380** – Londres, 3 nov. 1982 : *Le café du port* 1934, h/pan. (27x34,5) : **GBP 1 500** – Londres, 26 sep. 1984 : *Brighton from Palace pier*, h/t (51x61) : **GBP 1 100** – Londres, 5 mars 1987 : *Portrait de l'artiste*, h/t (59,2x49) : **GBP 1 200** – Londres, 29 juil. 1988 : *Voiliers dans un estuaire* 1922, h/t (55x67,5) : **GBP 902** – Londres, 12 mai 1989 : *Le parc de Swanbourne*, h/t (69,7x85,4) : **GBP 1 760** – Londres, 20 sep. 1990 : *Arbres le long de la Wey*, h/t (49,5x60) : **GBP 1 045** – Londres, 5 juin 1992 : *La Tamise à Walton*, h/t (61x76) : **GBP 2 420** – St. Asaph (Angleterre), 2 juin 1994 : *Le lac de Framfield dans le Sussex*, h/t (61x73,5) : **GBP 805** – Londres, 27 sep. 1994 : *Autoportrait*, h/t (51x40,5) : **GBP 517**.

DUNN Andrew
xixe siècle. Irlandais.
Peintre de miniatures.
En 1808, il organisa à Dublin une exposition de ses miniatures (*portraits de notables irlandais et anglais*). Puis à l'Exposition de la Royal Academy à Londres, il présenta les portraits de *l'archevêque de Dublin, vicomte Somerton, de la princesse Charlotte de Galles*, ainsi qu'un *Portrait du peintre par lui-même*. En 1817, la British Institution reçut un tableau de genre : *Un naufrage*.

DUNN Harvey T.
Né en 1884. Mort en 1952. xxe siècle. Américain.
Peintre de genre, figures typiques, paysages.
Ventes Publiques : New York, 24 avr. 1981 : *End of the frontier* 1911, h/t (102x76,7) : **USD 58 000** – New York, 5 déc. 1985 : *The tea party* 1916, h/t (76,2x96,5) : **USD 15 000** – Bolton, 19 nov. 1987 : *La roue de la Fortune*, h/t (97,5x82) : **USD 4 000** – New York, 24 mai 1989 : *Par le chemin des torches électriques*, h/t (86,4x97,1) : **USD 19 800** – New York, 28 sep. 1989 : *Le vieux mineur* 1925, h/t (77x101) : **USD 8 800** – New York, 24 sep. 1992 : *Le trappeur* 1908, h/t (92,1x61) : **USD 20 900** – New York, 4 déc. 1992 : *Le thé* 1916, h/t (76,8x97) : **USD 30 800** – New York, 2 déc. 1993 : *Le souffle du chinook*, h/t (76,2x114,3) : **USD 36 800**.

DUNN John. Voir aussi **DUN**

DUNN John ou **Dun**
xviiie-xixe siècles. Irlandais.

Peintre de miniatures.
Il prit part de 1801 à 1804 et en 1810 à l'Exposition de la Art Society de Dublin. Quatre de ses œuvres figurèrent à Londres à l'Exposition du Guildhall en 1904. Plusieurs portraits sur ivoire de Joachim Murat et de sa famille lui sont attribués ; le Musée de Naples possède de lui une miniature sur ivoire de *Dame Inconnue*. Il fit, à Naples, pour l'amiral Nelson, le *portrait de Lady Hamilton*, qui parut à l'Exposition des Miniatures de Londres en 1865. On peut voir d'autres de ses œuvres dans la Collection Wallace à Londres, et dans différentes collections de Vienne, Berlin et Bruxelles.

DUNN Michael
XIXe siècle. Irlandais.
Peintre de miniatures.
Il reçut un prix de l'École d'Art de Dublin en 1819. Il est probablement l'auteur d'œuvres exposées à la Royal Hibernian Academy de Dublin : un *Crucifiement* et deux *portraits*.

DUNN Wendy
XXe siècle. Australien.
Peintre, technique mixte.
Musées : Adelaïde (Art Gal. of South-Australia) : *Jour National Australien = Jour de l'Invasion* 1986.

DUNN-GARDNER Violet
Née à Londres. XXe siècle. Britannique.
Peintre de paysages.
Elle exposa à Paris au Salon des Artistes Français à partir de 1929.

DUNNEL E. G.
XIXe siècle. Américain.
Graveur.
Il fut, en 1837, élève de l'Académie de New York. En 1847, il travailla comme graveur de paysages et d'illustrations pour Rawdon, Wright et Hatch.

DUNNEL William N.
XIXe siècle. Américain.
Graveur.
Il fut l'élève de A. L. Dick à New York. Vers 1845, il grava des illustrations pour plusieurs Revues. L'Association Howard « pour la lutte contre la fièvre jaune » possède une médaille signée W. N. Dunnell qui lui est attribuée.

DUNNETT Frank
Né en Écosse. XIXe siècle. Britannique.
Peintre de paysages.
Il fut élève de Turner. Il voyagea en Australie en 1859.
Bibliogr. : In : *Creating Australia - 200 Years of art 1788-1988*, The Art Gallery of South Australia, Adelaïde, 1988.

DUNNING Robert Spear
Né en 1829. Mort en 1905. XIXe siècle. Américain.
Peintre de natures mortes, fleurs et fruits.
Comme bon nombre de peintres de natures mortes de fleurs et fruits, Dunning se réfère aux modèles hollandais des XVIIe et XVIIIe siècles.
Ventes Publiques : New York, 20 avr. 1979 : *Nature morte aux fruits* 1876, h/t (32,4x22,8) : **USD 6 000** – New York, 8 déc. 1983 : *Nature morte aux fruits* 1866, h/t (35,5x45,7) : **USD 55 000** – Washington D. C., 6 déc. 1985 : *Autumn's bounty* 1869, h/t (50x64,3) : **USD 260 000** – New York, 29 mai 1986 : *Nature morte aux pêches et aux raisins* 1902, h/t (21,6x31,7) : **USD 12 000** – New York, 28 sep. 1989 : *Pêches dans une coupe de verre*, h/t (28,5x32,3) : **USD 8 800** – New York, 30 nov. 1989 : *Nature morte de pêche, poire et raisin* 1897, h/t (19x28,5) : **USD 23 100** – New York, 30 nov. 1990 : *Roses, pêches et cerises* 1891, h/t (33x22) : **USD 8 250** – New York, 15 nov. 1993 : *Personnages au bord de la mer avec des voiliers à distance*, h/t (15,5x28,2) : **USD 4 025** – New York, 21 sep. 1994 : *Voiliers au large de la côte à Newport* 1881, h/t (16,5x27,9) : **USD 8 050** – New York, 25 mai 1995 : *Nature morte avec des fleurs et des pêches* 1903, h/t (48,3x61) : **USD 65 750** – New York, 4 déc. 1996 : *Nature morte aux roses et rayons de miel* 1904, h/t (54,6x67,3) : **USD 85 000**.

DUNNINGTON Albert
XIXe siècle. Britannique.
Peintre de paysages.
Ventes Publiques : Londres, 20 mai 1980 : *Vue de Peel, île de Man* 1889, h/t (42x59,5) : **GBP 320** – Glasgow, 1er déc. 1982 : *Shetland isles* 1891, h/t (76x127) : **GBP 800** – Londres, 24 juil. 1985 : *Paysage du Kent en hiver*, h/t (59,5x90) : **GBP 750**.

DUNOD Charles René
Né au XIXe siècle à Paris. XIXe siècle. Français.
Graveur.
Figura au Salon des Artistes Français où il obtint une mention honorable en 1891.

DUNOUY Alexandre Hyacinthe
Né en 1757 à Paris. Mort en 1841 à Jouy-sur-Lionne. XVIIIe-XIXe siècles. Français.
Peintre de paysages animés, graveur.
Cet artiste étudia sous la direction de Briand et obtint des médailles en 1819 et 1827. Il exposa au Salon, de 1791 à 1833, des vues, des études et un grand nombre de paysages.
Dunouy grava à l'eau-forte environ trente paysages, d'après ses dessins et ses peintures. Il faisait partie d'une équipe chargée par Louis XVIII d'étudier des projets de décors pour plusieurs châteaux, dont celui de Fontainebleau.

Musées : Boulogne-Billancourt : *Le Pont de Sèvres et l'île Seguin* 1821 – Château-Thierry : *Paysage composé* – Cherbourg : *Vue d'une prairie – Prairie* – Compiègne : *Paysage* – Épinal : *Deux vues de Venise* – Lyon : *Vue du château de Pierre-Scize* – Orléans : *Paysage* – Paris (Marmottan) : *J.-J. Rousseau* – Paris (Carnavalet) : *Vue de Montmorency* – Riom : *Paysage* 1830 – Sceaux : *Saint-Cloud et la Seine vus de la hauteur de Brimborion à Sèvres* – Stockholm : *L'Entrée du bois de Boulogne* – Versailles : *Rencontre de Napoléon et de Pie VII en forêt de Fontainebleau*.
Ventes Publiques : Lyon, 1860 : *Vue prise aux environs de Rome* : **FRF 401** – Poitiers, 1863 : *Un paysage* : **FRF 495** ; *Un autre paysage* : **FRF 87** – Paris, 20 juin 1983 : *Paysage animé de personnages*, h/t (72,8x91,5) : **FRF 14 800** – Londres, 20 fév. 1986 : *Vallée boisée avec bergers et troupeau près d'un monument* 1800, h/t (56,5x81,2) : **GBP 8 000** – New York, 12 jan. 1989 : *Paysage italien animé avec une ville et un pont à l'arrière plan* 1790, h/t (78,5x111) : **USD 20 900** – Paris, 27 fév. 1989 : *Paysage italien* 1824, h/t (58x77) : **FRF 250 000** – Paris, 12 mai 1989 : *Vue des écuries de Mécène et d'une partie de la ville de Tivoli et ses cascatelles* 1795, h/t (96x145) : **FRF 420 000** – Paris, 22 juin 1990 : *Vue du Rhône*, h/t (43x57,5) : **FRF 180 000** – Le Touquet, 10 nov. 1991 : *Paysage romantique*, h/t (33x52) : **FRF 25 000** – Monaco, 2 juil. 1993 : *Cavalier sur un chemin dans un paysage rocheux* 1806, h/t (38,5x53,5) : **FRF 44 400** – Milan, 29 mars 1995 : *Naples, Castel dell'Ovo* 1814, h/pan. (29,5x44,5) : **ITL 16 100 000** – Paris, 28 juin 1996 : *Paysage italien, village au pied d'une chaîne de montagnes* 1797, h/t (112x157) : **FRF 300 000** – Londres, 30 oct. 1996 : *Rassemblement de cavaliers près d'une rivière dans un paysage* 1793, h/t (58,5x112,7) : **GBP 5 750**.

DU NOYER George Victor
Né en 1817 à Dublin, d'origine française. Mort le 3 janvier 1869 à Dublin. XIXe siècle. Irlandais.
Paysagiste et peintre de vues.
Élève de G. Petrie, grâce à qui il fut nommé dessinateur de la Ordnance Survey à l'âge de 20 ans. On voit de lui sept volumes de dessins, à la Royal Irish Academy, et une aquarelle au Musée de Dublin.

DUNOYER Jacques Michel
Né à Arras (Pas-de-Calais). XXe siècle. Français.
Peintre de paysages, fleurs.
Il fut élève d'un collège à Marseille. Il ne quitta plus la Provence et le Midi. Ayant entrepris des études de droit, il commençait toutefois à peindre. Il reçut les conseils du directeur de galerie et fabricant de couleurs Armand Drouant. Après Marseille, il se fixa à Saint-Paul-de-Vence. Il montra la première exposition personnelle de ses peintures à Cannes en 1966. Depuis, il participe à des expositions collectives, à Paris aux Salons des Artistes Français, d'Automne, de l'Art Libre, et expose dans de nombreuses villes du monde.
Si sa technique fut un temps marquée par le postimpression-

nisme, devenue plus fluide, elle rappelle plutôt celle des peintres de Barbizon. Peintre de l'eau et des ciels, des arbres se reflétant dans des cours d'eau, ses paysages, plus que le Midi, semblent avoir été saisis dans la nature et la lumière du Nord.

DUNOYER Pierre

Né le 20 janvier 1949 à Marseille (Bouches-du-Rhône). xxe siècle. Actif aussi aux États-Unis. Français.

Peintre. Abstrait-analytique.

Sa formation initiale ne le destinait pas à une activité artistique. Il peint depuis 1976. Il a exposé à Paris dans les années quatre-vingts. Il vécut alors à New York pendant une dizaine d'années. Il participe à des expositions collectives : 1978 à Paris *Ja-na-pa I, II et III*, 1979 à la galerie Sonnabend de Paris *Boltanski, Dunoyer, Kirili, Sarkis*, 1980 au Musée d'Art Moderne de la Ville de Paris *Tendances de l'art en France 1968-1978 III : partis-pris autres*, plusieurs expositions de groupe à New York de 1984 à 1989, 1990 à la Deutsch Fondation en Suisse *L'aventure de l'abstraction 1960-1990*, etc. Sa première exposition personnelle a eu lieu à Londres, suivie d'autres à Paris à la galerie Jean Chauvelin en 1976, galerie Sonnabend 1979, 1980, galerie Laage-Solomon 1982, dans plusieurs galeries new-yorkaises entre 1983 et 1987. Enfin, en 1991, avec Robert Gobert et Raul Ruiz, il a exposé 24 grandes peintures en six séries de quatre sur fonds monochromes noir, blanc, bleu, rouge, jaune, vert, pour la deuxième exposition de la Galerie Nationale du Jeu-de-Paume.

Lorsque Pierre Dunoyer commença à peindre, la belle époque de *Supports-Surfaces* était révolue et abandonnait le terrain aux pratiques répétitives des suiveurs attardés. Toutefois la méthode de questionnement de la spécificité de la chose peinte qu'avaient conduite et pratiquée les initiateurs du groupe ne le laissa pas indifférent, d'autant qu'elle restait un moyen d'analyse apte à s'opposer aux déferlements néo-figuratifs du moment. Toutefois, il s'opposait à la négativité de leur principe de déconstruction du tableau, à l'affirmation ambiante de la fin de la peinture, et à leur référence matisséenne préférait la référence plus conceptuelle à Mondrian et Ad Reinhardt, se situant donc préférentiellement du côté des minimalismes radicaux. Dans sa pratique, totalement cohérente depuis le début, Pierre Dunoyer sépare radicalement l'être du tableau, support ou champ, de l'être du « peint ». Le tableau-champ, de dimensions imposantes et en général constantes, est d'abord recouvert d'une couche monochrome et lisse, blanche dans une première époque, ensuite de couleurs franches décrétées par séries. Puis, Pierre Dunoyer applique sur le champ monochrome les traces sinueuses et entrecroisées d'une matière pigmentaire neutre en épaisseurs. Enfin, dans la phase terminale, il peint, il recouvre de peinture – du geste, des outils et des matériaux du « peindre » – les épais agglomérats sinueux solidifiés, dans un premier temps d'une seule couleur bleue, puis, au contraire, des couleurs différentes les plus franches, qu'on pourrait dire les plus fraîches, acceptant ou peut-être provoquant, les effets hasardeux de débordement ou de retrait de la couleur ductile, par dessus ou se heurtant contre, les arêtes latérales des épaisseurs solidifiées. Au terme des trois temps scindés de sa pratique picturale, Pierre Dunoyer veut démontrer que « Le tableau présentifie un lieu qui n'est pas spatial, mais objectal, et qui reste à décliner ». Dans ses décisions initiales et dans sa pratique, il y a chez Pierre Dunoyer la revendication, alors proscrite, du tableau et de la pratique picturale de la tradition, se référant à Philippe de Champaigne et à Manet. En outre, et un peu comme Claude Viallat avec ses dérives permissives quant au format et à la couleur, sans rien renoncer de la démarche théorisante, par delà une réflexion analytique et historique austère sinon quelque peu pataphysicienne, Pierre Dunoyer aboutit, paradoxalement, comme par inadvertance et quoi qu'il en ait, à une peinture tonique et joyeuse, à un état d'innocence de la peinture. ■ Jacques Busse

Bibliogr. : Alfred Pacquement, entretien d'Alain Cueff avec le peintre : *Pierre Dunoyer*, Édit. du Jeu de Paume, Paris, 1991, appareil documentaire important – Ea Carmean : *Pierre Dunoyer, vingt-quatre tableaux*, in : Art Press, n° 162, oct. 1991.

Musées : Paris (FNAC) : *Gris* 1995.

Ventes Publiques : New York, 13 nov. 1991 : *Jaune* 1982, acryl./t. (176,5x151,8) : **USD 19 800** – New York, 6 mai 1992 : *Branche de saule* 1979, acryl./t. (97,2x194,9) : **USD 8 250** – Paris, 24 juin 1994 : *Bleu, vert, noir*, techn. mixte (160x150) : **FRF 9 000** – Paris, 7 mars 1995 : *Peinture*, acryl./t. (155x150) : **FRF 8 000** – Paris, 1er juil. 1996 : *Peinture*, acryl./t. (165x150) : **FRF 10 000**.

DUNOYER de SEGONZAC André Albert Marie ou en réalité **Albert André Marie**

Né le 7 juillet 1884 à Boussy-Saint-Antoine (Essonne). Mort le 17 septembre 1974 à Paris. xxe siècle. Français.

Peintre de compositions à personnages, figures, nus, paysages, natures mortes, aquarelliste, dessinateur, graveur, illustrateur.

En 1900, il fut élève libre de l'École des Beaux-Arts de Paris. Il fut élève de l'atelier privé de Luc-Olivier Merson en 1903. Après son service militaire, il fut refusé au concours d'entrée à l'École des Beaux-Arts en 1905, retourna à l'atelier de Luc-Olivier Merson, d'où il fut renvoyé, entra dans l'atelier de Jean-Paul Laurens, puis, à l'Académie de La Palette, reçut les conseils de Georges Desvallières et Charles Guérin. À partir de 1906, il travailla seul. Il commença à exposer à Paris, aux Salons d'Automne et des Artistes Indépendants, à partir de 1908. Dès cette même année, louant, avec Boussingault et Luc-Albert Moreau, une maison appartenant à Signac, il découvrit les paysages de Saint-Tropez, auxquels il resta fidèle et où il vécut jusqu'à la fin de sa vie. Toutefois, il n'y séjournait que préférentiellement à la belle saison, pour le reste au contraire ayant mené une véritable vie de nomade à petits pas, à la recherche du motif, surtout à travers l'Île-de-France et la vallée du Morin : Villepreux, Chennevières, Triel, Feucherolles, etc. En 1910, il connut Paul Poiret, chez qui il fréquenta, rencontrant Max Jocob, Dufy, Vlaminck, Iribe... Il visita successivement, et parfois y retourna, l'Italie en 1912, l'Espagne, l'Afrique du Nord en 1913. Il fit sa première exposition personnelle en 1914 à Paris. Il fit la guerre de 1914-1918, durement dans l'infanterie, avant d'être affecté au camouflage. Sa carrière en fut évidemment interrompue, bien qu'il en ait rapporté de saisissantes études. Il a figuré de nouveau dans de très nombreuses expositions collectives, dont les principaux Salons annuels de Paris. En 1919, pour illustrer *Les Croix de bois* de Dorgelès, il s'initia à la gravure à l'eau-forte, et, de 1920, datent ses premiers paysages à l'aquarelle, deux volets de son activité qui allaient ensuite tenir une place primordiale dans l'ensemble de son œuvre. En 1921, il connut Valéry, Léon-Paul Fargue, Valéry-Larbaud, Jean Cocteau... En 1925, avec Villebœuf et Luc-Albert Moreau, ils achetèrent à Camoin la propriété *Le Maquis* à Saint-Tropez. Ses expositions personnelles avaient repris depuis celles de 1920 et 1927 à Londres, à Paris 1924, 1928, etc., à New York 1934. En 1928, il fit un voyage en Amérique. En 1930 commença l'amitié avec Derain. En 1936, il voyagea en Allemagne et à Vienne. En 1933, il avait reçu le Prix de la Fondation Carnegie de Pittsburgh, et en 1934 le Prix de la Biennale de Venise. En 1937, la Bibliothèque Nationale fit une exposition de son œuvre gravé, et, à l'occasion de l'Exposition Internationale, l'exposition des *Maîtres de l'Art Indépendant* au Petit Palais lui consacra une salle. En 1938 : exposition à Chicago, en 1939 : exposition de ses œuvres de guerre au Pavillon de Marsan, et exposition à Londres à la Galerie Wildenstein. En 1948 eut lieu à la Galerie Charpentier une exposition d'ensemble de son œuvre, suivie d'une autre à la Kunsthalle de Bâle. En 1951 eut lieu l'exposition d'ensemble au Musée d'Art et d'Histoire de Genève, suivie d'autres : en 1955 au Musée de Nice, 1958 Bibliothèque Nationale de Paris, 1959 Royal Academy de Londres, 1964 Bibliothèque de Versailles, 1969 Galerie Vallotton de Lausanne, 1972 Galerie Durand-Ruel de Paris, 1974 de nouveau Galerie Vallotton de Lausanne pour ses quatre-vingt-dix ans. Après sa mort commencèrent les rétrospectives posthumes : 1975 Musée de l'Athénée à Genève, 1976 exposition d'ensemble des 65 ans de peinture de Segonzac à l'Orangerie des Tuileries, puis Moscou, Odessa, Léningrad, Berlin (alors Est)... Il a créé quelques décors de théâtre : 1911 *Nabuchodonosor* avec des costumes de Paul Poiret, 1933 *Le Messager* d'Henry Bernstein. Il a illustré de très nombreux ouvrages littéraires, parmi lesquels : *Chansons aigres-douces* de Francis Carco 1913, *Les Croix de bois* de Roland Dorgelès en 1921, *Tableaux de la boxe* de Tristan Bernard en 1922-1923, *Le Cabaret de la belle femme* de Roland Dorgelès en 1924, *Ouvert la nuit* de Paul Morand, et *Bubu de Montparnasse* de Charles-Louis Philippe en 1927-1928, *La Treille muscate* de Colette en 1932, *Les Géorgiques* de Virgile pour lesquelles il travailla de 1928 jusqu'à la parution en 1948, et encore *Ouvert la nuit* de Paul Morand, *Amour, couleur de Paris* de Jules Romains. Il a en outre publié *Dessins de nus, Danses d'Isadora Duncan, Boxeurs* en 1914, puis *Huit illustrations de guerre*, la suite sur *La Vallée du Morin* de 1923, une suite d'eaux-fortes sur *Versailles* de 1924, *Plages* en 1935, et les portraits gravés de *Gide, Proust,*

Léon-Paul Fargue, Colette, Léautaud... En 1947, il fut élu membre de la Royal Academy de Londres, et en 1948 membre associé de l'Académie Royale de Belgique.
L'œuvre d'André Dunoyer de Segonzac est multiple, multiple techniquement puisque partagé entre dessins, gravures, illustrations, aquarelles, peintures à l'huile, mais encore multiple esthétiquement parce que sous ses diverses matérialisations se sont exprimées des conceptions plastiques différentes. Les milliers de dessins qu'il a produits au long de sa carrière sont à mettre au compte de la catégorie du croquis, préparatoire à la gravure ou à l'aquarelle. Dessinateur agile et prolixe, ses innombrables croquis, dénués d'originalité et d'intentionnalité, outre l'habileté du « coup de patte », ont l'intérêt de leur objet, par exemple ses croquis de reportage sur la danseuse Isadora Duncan, sur les boxeurs, sur la guerre telle qu'il la vécut, etc. Chez le graveur d'environ deux mille pièces et l'illustrateur, la médiateté de la technique l'a incité à quelque rigueur et dans la composition générale et dans la plasticité des parties et l'acuité du détail, d'autant que Segonzac est rapidement devenu totalement maître de la technique. Cette habileté instinctive, cette maîtrise technique tôt acquise, se retrouvent chez Segonzac aquarelliste, mais, dans ce cas, amplifiées dans une dimension qu'on peut qualifier de facilité. D'abord, au lieu d'avoir tenté d'analyser la spécificité des possibilités techniques de l'aquarelle, comme l'a fait Dufy à la même époque, aboutissant à l'aquarelle, pure de tout tracé, à la fois dessin et peinture, les aquarelles de Segonzac sont pratiquement toutes plaquées sur un dessin préalable, crayon ou plume. Ensuite, et en conséquence, contrairement à la rigueur relative observée dans les gravures et illustrations, Segonzac dans les aquarelles abandonne totalement le faire aquarellé à la spontanéité de son dessin instinctif. Ce qui fait que, malgré le charme de l'habileté, souvent caractéristique d'une certaine classe d'artistes, qui les fit et fait tant apprécier du grand public, ce qui n'est pas forcément un critère positif, on ne voit pas très bien l'intérêt, en soi et historiquement, d'une telle profusion de paysages à l'aquarelle, au fond peu différents de ceux de nombreux amateurs normalement doués.
L'œuvre peint à l'huile propose un aspect bien différent de la production de Segonzac. Il est dommage qu'à partir de 1925 environ, il n'ait plus pratiqué cette technique qu'épisodiquement. Là, il a peint aussi de nombreux paysages, mais en outre des sujets plus ambitieux, des compositions de personnages. Dès ses premières peintures à l'huile de peu avant 1910, à partir de compositions de l'ensemble plastiquement structurées et d'un dessin des parties synthétique et énergiquement cerné, il s'est élaboré une technique personnelle par épaisses couches pigmentaires superposées, maçonnées au couteau. De cette veine, en marquent le début les *Buveurs* qu'il exposa au Salon d'Automne de 1910, et le *Village* exposé au Salon des Indépendants de 1911, la jalonnent tout au long de nombreux paysages, la continue la série des nus autour de 1921, tandis que *Les Canotiers sur le Morin* en sonna glorieusement l'apogée et la fin en 1924. Dans cette part des peintures à l'huile, il utilisa, jusqu'à la guerre, une gamme sobre et chaude d'ocres, de terres et de bruns généralisée, valorisée de bleus et de verts sombres et froids, aux forts contrastes entre clairs et ombres, puis, après 1919, il éclaircit notablement l'austérité de cette palette, lui conférant une fluidité plus heureuse. S'il fut, dans cette technique, indifférent au fauvisme et à peine intéressé par le cubisme peu avant 1914, il s'y est montré très influencé par Cézanne, duquel les *Buveurs* de 1910 évoquent les *Joueurs de cartes*, en cela en phase avec certains fauves en rupture de ban, Friesz, Derain, Vlaminck, dans leur période de « retour à la forme », alors que les cubistes étaient, eux, préalablement partis du cézannisme. Dans cette part de son œuvre, Segonzac a sa place entre les peintres français de la réalité de cette époque, qui, sans se situer dans les courants novateurs qui firent l'histoire de la peinture, n'en ont cependant pas moins produit des œuvres d'une qualité accessible à un public élargi, peu informé mais cependant sélectif. D'entre ces peintres de la réalité, Segonzac se distingue, dans ses nus comme dans ses paysages peints à l'huile, par un sens charnel des personnages comme de la terre, qui le situait dans la lignée de Courbet, tant qu'il ne cédait pas à sa facilité naturelle. ■ Jacques Busse

A. Dunoyer de Segonzac

a. Dunoyer de Segonzac

A. D. de Segonzac

Bibliogr. : Claude Roger-Marx : *Dunoyer de Segonzac*, Cahier d'Aujourd'hui, Paris, 1925 – Jacques Guienne : *A. Dunoyer de Segonzac*, Paris, 1928 – Paul Jamot : *Dunoyer de Segonzac*, Floury, Paris, 1930 – P. Jannot : *Dunoyer de Segonzac*, Paris, 1941 – Maximilien Gauthier : *Dunoyer de Segonzac*, Paris, 1949 – Aimée Lioré et Pierre Cailler : *Catalogue de l'œuvre gravé de Dunoyer de Segonzac*, en cours de parution depuis 1949 – Maurice Genevoix : *Dunoyer de Segonzac*, Paris, 1950 – Claude Roger-Marx : *Dunoyer de Segonzac*, Pierre Cailler, Genève, 1951 – Waldemar-George : *Dunoyer de Segonzac*, Arcueil, 1956 – Max-Pol Fouchet : *Dunoyer de Segonzac, Saint-Tropez et la Provence*, Paris, 1965 – Pierre Cailler : *Dessins de Segonzac de 1910 à 1970*, Édit. P. Cailler, Genève, 1970 – Roger Passeron : *Les gravures de Dunoyer de Segonzac*, Biblioth. des Arts, Paris, 1970 – Roger Passeron : *Aquarelles de Segonzac*, Neuchâtel, 1976 – in : *Diction. Univers. de la Peint.*, Le Robert, Paris, 1975 – Georges Poisson et divers : Catalogue de la *Donation André Dunoyer de Segonzac*, Musée de l'Île-de-France, Château de Sceaux, nouvelle édit. 1977, appareil documentaire abondant.

Musées : Albi (Mus. Toulouse-Lautrec) : *Le golfe*, aquar. – Bagnols-sur-Cèze : *L'église*, dess. – Boussy-Saint-Antoine : Important ensemble de gravures, affiches, livres illustrés, documents – Cambrai : Deux paysages – *Étude de nu*, dess. – Chicago – Copenhague – Detroit – Dole (Mus. du Jura) : Dix gravures – Épinal (Mus. départ. des Vosges) : *Maison à l'arbre abattu* – Grenoble (Mus. de Peinture et de Sculpture) : *Paysage de Saint-Tropez*, aquar. – *L'église*, dess. et aquar. – Lille (Mus. des Beaux-Arts) : *La côtelette* 1933 – Lyon (Mus. des Beaux-Arts) : *Vue de Saint-Tropez*, aquar. – Meudon : *Jouy-en-Josas*, aquar. – quelques gravures – Paris (Mus. Nat. d'Art Mod.) : Ensemble important, depuis « Les Buveurs » de 1910 jusqu'à « La Route de Collobrières » de 1961 – Paris (Mus. des Deux Guerres) : Dessins et aquarelles de guerre – Paris (Mus. d'Art Mod. de la Ville) : *Nu couché* 1910 – *Nature morte au verre de vin* – *Les Labours en Provence* – La Rochelle (Mus. des Beaux-Arts) : *Environs de Saint-Tropez*, dess. et lav. – Rodez (Mus. des Beaux-Arts) : *Nu assis* 1939, dess. – Saint-Tropez (Mus. de l'Annonciade) – Sceaux (Mus. de l'Île-de-France) : Donation importante – Strasbourg (Mus. des Beaux-Arts) : *Paysage d'Île-de-France*, aquar. – *La fleur au fusil* 1914-1918, dess. – Troyes (Mus. d'Art Mod., coll. P. Lévy) : Salle entière – Versailles (Mus. Lambinet) : *L'escalier du Grand-Trianon, vu du Grand-Canal*, aquar. – Ensemble d'aquarelles et dessins sur Versailles.

Ventes Publiques : Paris, 7 oct. 1988 : *Jeune fille à l'ombrelle*, h/t (55x38) : **FRF 48 000** – Paris, 12 fév. 1921 : *Statuette de femme nue sur une table*, aquar. : **FRF 405** – Paris, 7 avr. 1924 : *Paysage* : **FRF 6 000** – Paris, 18 nov. 1925 : *La chaumière* : **FRF 16 000** ; *L'étang* : **FRF 21 000** ; *Les buveurs* : **FRF 90 000** – Paris, 9 juin 1928 : *Jeune-fille à demi-nue dans un paysage* : **FRF 52 000** – Paris, 15 déc. 1930 : *Les vignes*, dess. à la pl. : **FRF 4 700** ; *La place de Joinville*, aquar. : **FRF 17 800** – New York, 24 mars 1932 : *Paysage*, aquar. : **USD 350** – Londres, 6 mai 1932 : *Paysage boisé* : **GBP 35** – Paris, 12 déc. 1932 : *Les chênes-liège* : **FRF 23 000** ; *La baigneuse* : **FRF 41 000** – Paris, 9 juin 1933 : *Golfe de Saint-Tropez* : **FRF 20 000** ; *Nu à l'écharpe bleue* : **FRF 6 800** ; *Baigneuses* : **FRF 16 200** – Paris, 17 mars 1936 : *Paysage sous bois* : **FRF 27 000** – Paris, 12 déc. 1936 : *Les canotiers* : **FRF 13 000** – Paris, 2 juil. 1936 : *La maison dans le verger*, h/t (54x81) : **FRF 62 000** – Paris, 28 oct. 1937 : *Sous-bois, pelouse et passerelle* : **FRF 43 000** ; *Lesbiennes* : **FRF 20 000** ; *Homme et femme sous bois* : **FRF 36 000** – Paris, 9 mars 1942 : *La statuette*, aquar. : **FRF 15 000** – Paris, 5 juin 1942 : *Paysage à Saint-Tropez* : **FRF 380 000** ; *Nature morte à la soupière blanche* : **FRF 141 000** – Paris, 2 juil. 1943 : *Les vignes*, dess. à la pl. et lav. : **FRF 18 000** ; *Le pont de Joinville* : **FRF 240 000** – New York, 21 oct. 1943 : *Pont sur la Marne*, aquar. : **USD 950** ; *Table de jardin* : **USD 3 300** ; *L'église et la Marne à Champigny* : **USD 7 250** – Paris, 10 mars 1944 : *Paysage de Saint-Tropez* : **FRF 400 000** – Paris, 24 mars 1947 : *Les muletiers*, aquar. : **FRF 30 000** ; *Tête d'alpin* 1917, pl. : **FRF 5 600** – Paris, 25 oct. 1950 : *Natured-morte* : **FRF 701 000** – Paris, 14 déc. 1951 : *La* *route de Crécy* : **FRF 3 000 000** – PARIS, 4 avr. 1957 : *Petit pont à l'orée d'un bois* : **FRF 1 600 200** – NEW YORK, 7 nov. 1957 : *Paysage* : **USD 6 000** – AMSTERDAM, 23 oct. 1958 : *Couple* : **NLG 14 000** – LONDRES, 1er juil. 1959 : *Femme nue couchée* : **GBP 500** – NEW YORK, 9 déc. 1959 : *Intérieur avec abat-jour bleu*, aquar. : **USD 2 750** – LONDRES, 6 juil. 1960 : *Cirque dans le parc*, aquar. : **GBP 2 500** ; *Piste dans la forêt* : **GBP 4 200** – PARIS, 19 juin 1962 : *Les canotiers sur le Morin* : **FRF 165 000** – GENÈVE, 23 mai 1964 : *Nature morte aux fleurs* : **CHF 43 000** – NEW YORK, 13 mai 1970 : *Le vieux moulin (vallée de la Marne)* : **USD 25 000** – MUNICH, 28 mai 1971 : *Nature morte aux fruits et aux fleurs*, aquar. : **DEM 55 000** – LONDRES, 12 avr. 1972 : *La baie de Saint-Tropez* : **GBP 8 500** – PARIS, 5 juin 1974 : *Ramatuelle*, dess. à la pl. et lav. : **FRF 14 500** ; *Saint-Tropez*, aquar. : **FRF 51 000** – VERSAILLES, 12 mai 1976 : *Les demoiselles de la Marne*, eau-forte (27x40,5) : **FRF 3 000** – ZURICH, 17 nov. 1976 : *Baie de St.-Tropez*, aquar. (57,5x79) : **CHF 50 000** – LONDRES, 1er juil. 1976 : *Les œufs* vers 1929, h/t (64x51) : **GBP 4 000** – PARIS, 9 fév. 1977 : *Méditerranée* 1934, eau-forte/pap. ancien : **FRF 8 000** – NEW YORK, 2 nov. 1978 : *Paysage d'Île-de-France*, aquar. et pl./pap. mar./cart. (46x76) : **USD 8 000** – LONDRES, 29 juin 1978 : *Le vallon*, h/t (38x55) : **GBP 2 800** – VERSAILLES, 25 avr. 1979 : *La mare dans le bois de Chaville*, aquar. (62x47,5) : **FRF 30 000** – PARIS, 20 oct. 1979 : *L'église et le golfe de Saint-Tropez*, eau-forte en coul. : **FRF 20 000** – LONDRES, 6 déc. 1979 : *La route de Chaville* vers 1910, h/t (92x73,5) : **GBP 4 500** – LONDRES, 5 juil 1979 : *Vue de Saint-Tropez*, pl. et lav. (55x75) : **GBP 3 000** – PARIS, 6 mai 1981 : *La pointe du Vert-Galant et les maisons de la place Dauphine* vers 1930, pl. et lav./pap. (25x74,5) : **FRF 19 000** – VERSAILLES, 5 déc. 1982 : *Nature morte aux fleurs et au chapeau de paille*, h/t (46x55) : **FRF 76 000** – PARIS, 16 nov. 1983 : *Saint-Tropez : le port* 1927, eau-forte : **FRF 10 000** – VERSAILLES, 11 déc. 1983 : *Les canotiers* 1924, encre de Chine et lav. (32x60) : **FRF 25 000** – NEW YORK, 16 nov. 1984 : *Nature morte*, aquar. et encre de Chine (56,5x78,8) : **USD 24 000** – PARIS, 12 déc. 1985 : *L'écluse de Moret*, h/t (66x100) : **FRF 245 000** – VERSAILLES, 12 juin 1985 : *Printemps en banlieue* vers 1920-1922, pl. et lav. (42x56,5) : **FRF 20 000** – PARIS, 23 juin 1986 : *La fenêtre sur le jardin* 1927, h/t (100x81) : **FRF 170 000** – CALAIS, 8 nov. 1987 : *Moulin de Quinte-Joie-sur-Morin* 1935, dess. et lav. d'encre de Chine (34x47) : **FRF 48 000** – NEW YORK, 11 nov. 1987 : *Nature morte aux fruits, panier et bouquet de fleurs*, aquar. et pl./pap. (57,5x79,5) : **USD 55 000** – NEW YORK, 18 fév. 1988 : *Les canotiers sur la Marne*, aquar. et encre/pap. (53,5x78,5) : **USD 22 000** – CALAIS, 28 fév. 1988 : *La mappemonde* vers 1926, h/t (82x100) : **FRF 80 000** – PARIS, 15 mars 1988 : *Le Loing près de Moret* 1929, h/t (81x100) : **FRF 240 000** – PARIS, 8 mars 1988 : *La baie de Saint-Tropez*, h/t (64x100) : **FRF 120 000** – PARIS, 28 mars 1988 : *Le poilu* 1917, encre de Chine et lav. (27x22,5) : **FRF 4 800** – PARIS, 9 mai 1988 : *Jeune femme allongée*, encre de Chine (30x48) : **FRF 28 000** – LONDRES, 18 mai 1988 : *Saules au bord de la route*, h/t (60,5x120,5) : **GBP 3 960** – L'ISLE-ADAM, 11 juin 1988 : *Peupliers au bord de la Marne*, encre de Chine (35x46) : **FRF 20 500** – PARIS, 23 juin 1988 : *Crûche, choux et totmates*, h/t (45x54) : **FRF 31 000** – PARIS, 1er juil. 1988 : *Coupe de fruits et bouquet de table*, aquar. gchée/pap./t. (53x72) : **FRF 121 000** – VERSAILLES, 25 sep. 1988 : *Le sommeil*, h/t (38x55) : **FRF 35 000** – VERSAILLES, 6 nov. 1988 : *Paysage à Ramatuelle* 1960, aquar. (43x53) : **FRF 73 000** – LONDRES, 21 fév. 1989 : *Notre-Dame de Paris*, aquar./pap. (54x44,5) : **GBP 6 600** – PARIS, 3 mars 1989 : *Les pêcheurs au bord de la rivière*, dess. à l'encre (34x48) : **FRF 19 000** – NEW YORK, 10 mai 1989 : *La table sur la terrasse*, h/t (46,3x55,2) : **USD 27 500** – NEW YORK, 5 oct. 1989 : *Nature morte*, h/t (60,7x81,9) : **USD 48 400** – NEW YORK, 18 oct. 1989 : *Le compotier vert* 1947, h/t (66x101) : **USD 74 250** – LONDRES, 28 nov. 1989 : *La table de jardin*, h/t (60x81) : **GBP 35 200** – PARIS, 11 oct. 1989 : *La table sur la terrasse*, h/t (46,3x55,2) : **FRF 340 000** – PARIS, 15 déc. 1989 : *Paysage près de Vilers-sur-Morin*, h/t (65x100) : **FRF 125 000** – NEW YORK, 17 mai 1990 : *Nature morte*, aquar. et encre/pap. (49,5x69,8) : **USD 27 500** – PARIS, 25 juin 1990 : *Nature morte au vase de mimosas*, aquar. (56x65) : **FRF 170 000** – NEW YORK, 3 oct. 1990 : *Nature morte avec une soupière et une bouteille de lait* 1927, h/t (54,6x81,3) : **USD 22 000** – NEW YORK, 12 nov. 1990 : *Nature morte*, aquar. et encre de Chine/pap./cart. (56,5x78,8) : **USD 49 500** – PARIS, 25 mars 1991 : *Le port de Saint-Tropez*, aquar. et encre de Chine/pap. (45x79) : **FRF 150 000** – NEW YORK, 13 mai 1992 : *Nature morte au tapis rouge*, aquar. et encre de Chine/pap. (57,2x77,5) : **USD 57 750** – PARIS, 24 mai 1992 : *Vase de fleurs sur une nappe rouge*, aquar. et encre de Chine/pap. (54x78,5) : **FRF 175 000** – SAINT-JEAN-CAP-FERRAT, 16 mars 1993 : *Nature morte à la cruche*, aquar. (55x77) : **FRF 85 000** – LONDRES, 23 juin 1993 : *Vue de Grimaud*, aquar. et encre (56,5x79) : **GBP 26 450** – TEL-AVIV, 4 oct. 1993 : *Village au bord de la rivière* 1924, h/t (65x92) : **USD 10 350** – CHALON-SUR-SAÔNE, 21 nov. 1993 : *Combat de boxe* 1913, pl. (25x32) : **FRF 7 000** – ZURICH, 3 déc. 1993 : *La vieille ferme*, encre et lav. (38x56,5) : **CHF 3 200** – LONDRES, 23-24 mars 1994 : *Nature morte au vase de fleurs*, aquar. et encre (49x54) : **GBP 11 270** – ZURICH, 21 avr. 1994 : *Au bord de la rivière* 1924, h/t (65x92) : **CHF 19 000** – NEW YORK, 12 mai 1994 : *Bouquet de fleurs*, aquar. et encre de Chine/pap./rés. synth. (58,4x80) : **USD 57 500** – PARIS, 19 oct. 1994 : *Méditerranée* 1934, eau-forte (34,5x46,5) : **FRF 14 800** – NEW YORK, 10 mai 1995 : *Depuis la terrasse vue de la mer*, aquar. et encre de Chine/pap. (57,2x78,7) : **USD 59 700** – PARIS, 17 mai 1995 : *Vue de Moret-sur-Loing*, aquar. et encre (54x74) : **FRF 30 000** – PARIS, 13 déc. 1995 : *Au jardin : bouquet et capeline sur une table* 1927, h/t (54x81) : **FRF 200 000** – LONDRES, 26 juin 1996 : *Les Lys rouges*, aquar. et encre/pap. (56x81) : **GBP 20 700** – CALAIS, 7 juil. 1996 : *Le Petit Pont suspendu*, encre de Chine (53x73) : **FRF 13 500** – NEW YORK, 12 nov. 1996 : *Nature morte*, aquar./traits de cr. et encre noire/pap. (47x57,4) : **USD 10 350** – PARIS, 8 déc. 1996 : *La Grande Route*, h/t (92x73) : **FRF 50 000** – PARIS, 12 déc. 1996 : *Paysage méditerranéen*, lav. d'encre de Chine (34x47) : **FRF 11 500** – NEW YORK, 9 oct. 1996 : *La Marne à Crète, passerelle sur la Marne*, aquar., encre de Chine et lav./pap. (50,2x75,6) : **USD 8 337** – NEW YORK, 14 nov. 1996 : *Fleurs et fruits sur la terrasse*, aquar., pl. et encre noire/pap./masonite (58,5x79) : **USD 64 100** – PARIS, 6 juin 1997 : *La Remontée du skieur, Mégève* 1930, encre (29,5x26,5) : **FRF 5 500** ; *Pour les croix de bois, étude pour l'eau-forte*, encre (20x25) : **FRF 7 200** – PARIS, 18 juin 1997 : *La Baie de Saint-Tropez*, aquar. et pl. (54x74) : **FRF 29 000** – PARIS, 19 oct. 1997 : *Le Chemin dans la forêt*, encre et lav. d'encre/pap. (38x57) : **FRF 11 000**.

DUNSELMAN Jan

Né le 5 août 1863 au Helder. XIXe siècle. Hollandais.

Peintre.

Il entra à dix-huit ans à l'Académie d'Anvers, et obtint en 1884 le Prix de Rome. Il étudia alors pendant quelques années en Italie et en Espagne. Il a peint surtout des tableaux et chemins de Croix pour les églises catholiques : pour l'Église Saint-Nicolas et la Chapelle du Couvent Sainte-Elisabeth à Amsterdam, et pour l'Église de Schiedam (une série de *scènes de la vie de Sainte Lydwine*).

DUNSMORE John Ward

Né en 1856. XIXe siècle. Britannique.

Peintre de genre, figures.

Il exposa de 1884 à 1888 à Suffolk Street à Londres.

VENTES PUBLIQUES : NEW YORK, 8 jan. 1930 : *Le Connaisseur* : **USD 130** – NEW YORK, 14 mai 1976 : *L'Amateur d'art* 1910, h/pan. (28x20) : **USD 1 500** – NEW YORK, 27 oct. 1982 : *Le Philosophe* 1912, h/pan. (28x19,6) : **USD 900**.

DUNST Heinrich

Né en 1955 à Hallein. XXe siècle. Autrichien.

Peintre. Abstrait.

Il participe à de nombreuses expositions collectives : 1986 *Tableaux abstraits* à la Villa Arson à Nice ; 1989 *Kunst der letzen 10. Jahre* au Musée d'Art Moderne de Vienne ; 1992 Salon Découvertes à Paris.

Il travaille par séries, réalisant des monochromes.

DUNSTALL John

XVIIe siècle. Vivant à Londres vers 1660. Britannique.

Graveur et dessinateur.

Il grava quelques portraits dans le style de Hollar, et, en 1662, publia un recueil d'oiseaux, d'animaux, de fleurs, de fruits, etc., d'après ses propres dessins. Parmi les portraits gravés par cet artiste, on cite ceux de Marie, femme de Jacques II, et de James Ussher, archevêque d'Armagh.

DUNSTAN

XVIIe siècle. Français.

Peintre.

Moine de l'ordre de Saint Benoît, il est cité par de Marolles.

DUNSTAN Bernard

Né en 1920 en Angleterre. XXe siècle. Britannique.

Peintre de portraits, groupes, figures, nus, intérieurs, paysages, pastelliste.

Il fut élève de Francis Ernest Jackson. Il expose à Londres, à la Royal Academy et au New English Art Club dont il est membre.
Ventes Publiques : Londres, 16 juin 1976 : *La Salle de bain rose* 1972, h/cart. (24,5x21) : **GBP 260** – Londres, 13 juin 1980 : *Le Repassage dans la cuisine*, h/cart. (24,2x33) : **GBP 600** – Londres, 20 juin 1983 : *Shuttered room* 1981, h/t (71x84) : **GBP 750** – Londres, 18 avr. 1984 : *Nu à la chemise de nuit*, h/cart. (28x33) : **GBP 800** – Londres, 22 juil. 1987 : *The tea table*, h/t (51x40,5) : **GBP 6 000** – Londres, 9 juin 1988 : *Caroline*, h/cart. (22,5x20) : **GBP 2 200** ; *Nu devant la fenêtre de l'atelier*, h/t (50,7x39,4) : **GBP 990** – Londres, 2 mars 1989 : *Réunion du conseil de l'Académie Royale*, h/cart. (23,7x26,2) : **GBP 1 650** – Londres, 8 juin 1989 : *Le Matin à Ronciglione* 1983, h/cart. (48,8x40,8) : **GBP 4 840** – Londres, 21 sep. 1989 : *La salle de bain*, past. (35x28) : **GBP 1 760** – Londres, 8 mars 1990 : *S'habiller derrière la porte 1*, h/cart. (42x29,3) : **GBP 3 850** – Londres, 6 juin 1991 : *Soir d'été* 1986, past. (46x43) : **GBP 1 980** – Londres, 27 sep. 1991 : *Deux baigneuses*, h/t/cart. (21,5x30,5) : **GBP 1 320** – Londres, 7 nov. 1991 : *Autoportrait avec un modèle nu* 1982, h/cart. (28x30,8) : **GBP 2 860** – Londres, 14 mai 1992 : *Derrière les persiennes*, past. (43x33) : **GBP 770**.

DUNSTAN Pruden
Né en Angleterre. xxe siècle. Britannique.
Sculpteur.
A participé en 1946, à Paris, à l'Exposition d'Art Sacré Anglais.
Ventes Publiques : Londres, 22 juil. 1986 : *Masque*, argent (25,5x20) : **GBP 800**.

DUNTHORNE John I, père
xviiie siècle. Actif dans la seconde moitié du xviiie siècle. Britannique.
Peintre.
Il travaillait à Colchester et exécuta surtout des portraits.

DUNTHORNE John II, fils
xviiie siècle. Actif dans la seconde moitié du xviiie siècle. Britannique.
Peintre.
Comme son père, il travaillait à Colchester, mais il s'adonna plutôt aux sujets de genre et fit quelques envois à l'Académie royale, entre 1783 et 1794.

DUNTHORNE John III
Né en 1770. Mort le 19 octobre 1844. xviiie-xixe siècles. Actif à East Berhgolt (Suffolk). Britannique.
Peintre.
Il peignit des paysages d'après nature, et contribua puissamment à la formation artistique de son compatriote et ami John Constable.
Ventes Publiques : Londres, 22 nov. 1967 : *La cathédrale de Salisbury* : **GBP 2 300**.

DUNTHORNE John IV
Né le 19 avril 1798 à East Berhgolt (Suffolk). Mort en 1832. xixe siècle. Britannique.
Peintre.
Fils de John III Dunthorne. Il fut le compagnon inséparable de J. Constable. Il peignit des paysages qu'il exposa de 1827 à 1832 à la Royal Academy et de 1828 à 1832 à la British Institution.

DUNTON William Herbert, dit **Buck**
Né en 1878. Mort en 1936. xxe siècle. Américain.
Peintre de genre.
Son surnom de « Buck », susceptible de nombreuses acceptions, semble le désigner comme un aventurier ou un coutumier des Indiens. En tout cas, il s'était spécialisé dans les scènes typiques du grand Ouest, ainsi que l'attestent les titres de ses peintures passées en ventes publiques.
Ventes Publiques : New York, 16 mars 1934 : *La vache attardée* : **USD 200** ; *L'attaque* : **USD 75** – New York, 11 mars 1943 : *Le poste avancé* : **USD 145** – New York, 13 sep. 1972 : *Cavalier dans un paysage de neige* : **USD 5 700** – Los Angeles, 22 mai 1973 : *Deux cow-boys à cheval* : **USD 9 500** – New York, 23 avr. 1981 : *Cheval Taos* 1912, h/t (35,6x50,8) : **USD 6 000** – New York, 26 mai 1988 : *Le dresseur de cheval sauvage* 1908, h/t (74,1x48,5) : **USD 41 800** – New York, 30 nov. 1989 : *Police montée dans les montagnes* 1913, h/t (81,3x63,5) : **USD 30 800** – New York, 12 avr. 1991 : *Cow-boy dans le désert*, h/t (76,2x50,8) : **USD 17 600** – New York, 27 mai 1992 : *Sentinelle des grands espaces* 1906, h/t (99,1x66) : **USD 38 500** – New York, 1er déc. 1994 : *Portrait d'un guerrier*, h/t (81,3x63,5) : **USD 34 500** – New York, 27 sep. 1996 : *Campement d'hiver sioux*, h/t (38,1x30,5) : **USD 23 000**.

DUNTZ. Voir **DÜNZ**

DUNTZE Johannes Bertholomaus
Né le 6 mai 1823 à Rablinghausen (près de Brême). Mort en 1895. xixe siècle. Allemand.
Peintre de paysages.
Il étudia à Munich, chez Krause à Berlin et de 1851-1855 avec Calame à Genève. Il entreprit de nombreux voyages d'études, visita Paris, la Norvège, la Suisse, le Tyrol, la Hollande, la Belgique. Il exposa en Suisse, en Allemagne et en Angleterre et se fixa à Düsseldorf à partir de 1876.

J Duntze

Musées : , on conserve un – Berne : *Paysage d'hiver de l'Allemagne du Nord* – Genève (Mus. Ariana) : *Paysage alpestre de Duntze : Impression d'hiver* – Hanovre : *Paysage d'hiver* – Mayence : *Paysage d'hiver* – Stuttgart : *Paysage norvégien*.
Ventes Publiques : Londres, 4 juin 1928 : *Paysage d'hiver* 1865 : **GBP 10** – New York, 7 et 8 jan. 1931 : *Paysage d'hiver* : **USD 50** – Londres, 18 fév. 1938 : *Patinage sur la Moselle* : **GBP 17** – Paris, 23 déc. 1943 : *Le Traîneau sur la glace* 1859 : **FRF 7 100** – Londres, 9 oct. 1964 : *Vue d'un fjord* : **GNS 300** – Cologne, 22 oct. 1965 : *Paysage d'hiver* : **DEM 5 500** – Londres, 8 juil. 1966 : *La rivière gelée* : **GNS 600** – Vienne, 28 nov. 1972 : *Le château de Chillon sur le lac Léman* : **ATS 60 000** – Londres, 15 mars 1974 : *Paysage d'hiver* 1872 : **GNS 3 400** – Londres, 23 juil. 1976 : *Paysage d'hiver avec troupeau* 1872, h/t (58,5x95) : **GBP 3 500** – Londres, 6 mai 1977 : *Vue d'un fjord de Norvège* 1858, h/t (96,5x138,4) : **GBP 5 500** – Londres, 18 jan. 1980 : *Paysage d'hiver à la rivière gelée* 1894, h/t (63x96,6) : **GBP 5 000** – Cologne, 18 mars 1983 : *Jour d'hiver, Suisse* 1865, h/t (35,5x46,5) : **DEM 19 000** – New York, 19 oct. 1984 : *Vue de Sognefjord, Norvège* 1858, h/t (94,5x136) : **USD 16 000** – Londres, 9 oct. 1987 : *Vue d'un village en hiver avec patineur sur une rivière gelée* 1866, h/pan. (35,5x48,2) : **GBP 9 800** – New York, 25 mai 1988 : *Le fjord de Geinanger* 1873, h/t (60x90,2) : **USD 8 800** – Munich, 31 mai 1990 : *Le fjord Hardanger* 1863, h/t (63,5x89) : **DEM 22 000** – Londres, 19 mars 1993 : *Paysage hivernal avec des patineurs sur une rivière gelée* 1860, h/t (78,7x113,7) : **GBP 17 250** – Londres, 26 mars 1997 : *Les Coupeurs de glace*, h/t (77,5x110,5) : **GBP 16 675**.

DUNWEGE Heinrich et **Victor** ou **Dümwegge**
xvie siècle. Actifs à Dortmund vers 1523. Allemands.
Peintres.
Élèves de l'ancienne École de Cologne.
Musées : Anvers : *La Sainte Famille* – Munich : *Crucifixion* – *Le corps du Christ* – Nuremberg : *Christ pleuré*.

DÜNZ Hans Jakob II
Baptisé à Berne le 25 février 1603. xviie siècle. Suisse.
Peintre de portraits.
Ce peintre étudia chez Barthomé Saarbruch dans sa ville natale et compléta probablement son éducation artistique à Zurich. Il habita et se maria à Brugg où naquit son fils, le peintre Johannes Dünz. Selon le Docteur Brun, Dünz fit don à la bibliothèque de Zurich de la « table d'Holbein », aujourd'hui au Musée National de Zurich.

DÜNZ Hanz Jakob I
Mort après 1649. xvie-xviie siècles. Suisse.
Peintre verrier.
Actif probablement à Brugg (Suisse), il vécut à Berne. Dünz fournit des vitraux pour la ville de Berne. D'après le Docteur C. Brun, quelques-uns sont conservés ainsi qu'une série de trente dessins de lui. Il vint à Berne de Brugg, en 1599. Son fils Hans Jakob devint portraitiste.

DUNZ Ida
Née le 9 janvier 1864. xixe-xxe siècles. Vivant à Oerlikon. Suisse.
Peintre.
Elle étudia chez G. Dietrich à Thun et avec Georges à Genève.

DÜNZ Johannes
Né le 17 janvier 1645 à Brugg. Mort le 10 octobre 1736 à Berne. xviie-xviiie siècles. Suisse.
Portraitiste.

Johannes Dünz aurait travaillé presque entièrement pour des magistrats et des particuliers de Berne, et s'essaya à la peinture de paysage et de nature morte aussi bien qu'au portrait. Le Musée de Berne renferme dix portraits, quatre toiles de fruits et fleurs, et un tableau de fantaisie : *Pan poursuit Syrinx*. Il peignit aussi son portrait en compagnie de sa femme en 1695.

Ventes Publiques : Berne, 23 nov. 1968 : *Nature morte aux fleurs et aux fruits* : **CHF 22 000**.

DUOPANEN Suzanne
Née à Chartres (Eure-et-Loir). xxe siècle. Française.
Graveur de paysages.
Elle exposa à Paris à partir de 1932, aux Salons d'Automne et des Artistes Français.

DUPAGNE Adrien
Né en 1889 à Liège. Mort en 1980. xxe siècle. Belge.
Peintre de figures, nus, paysages, aquarelliste.
Il fut élève de l'Académie de Liège, dont il devint professeur. Il a visité de nombreux pays, notamment Maroc et Tunisie. Il a exposé à Paris, au Salon d'Automne depuis 1928.
Il a peint presqu'exclusivement des figures et nus féminins. Pourtant il a aussi traité des types paysans et des paysages.

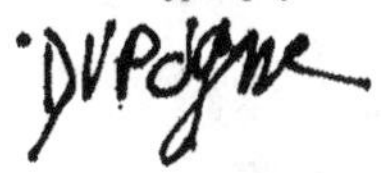

Bibliogr. : In : *Diction. Biogr. Illustré des Artistes en Belgique depuis 1830*, Arto, Bruxelles, 1987.
Ventes Publiques : Paris, 31 jan. 1938 : *Femme nue étendue*, dess. reh. de cr. coul. : **FRF 57** ; *Femme allongée sur un canapé*, aquar. : **FRF 70** ; *Femme nue assise* : **FRF 100** ; *Jeune femme nue assise dans un intérieur* : **FRF 125** – Paris, 2 déc. 1938 : *Femme nue assise* : **FRF 75** – Paris, 14 juin 1985 : *Versailles : le bosquet des Bains d'Apollon*, h/t (121x98) : **FRF 18 000** – Lokeren, 5 mars 1988 : *La conversation*, aquar. (22,5x30,5) : **BEF 38 000** – Calais, 3 juil. 1988 : *Le modèle*, h/pan. (46x38) : **FRF 10 500** – Lokeren, 20 mai 1995 : *Dimanche sur la plage de la Alberca* 1952, h/t (73x92) : **BEF 80 000**.

DUPAGNE Arthur
Né en 1895 à Liège. Mort en octobre 1961 à Woluwe-Saint-Pierre. xxe siècle. Belge.
Sculpteur de figures typiques, statues monumentales, groupes, bustes, portraits, médailles.
Il fut élève de Georges Petit et Oscar Berchmans aux cours du soir de l'Académie des Beaux-Arts de Liège. Il eut d'abord une carrière d'ingénieur, qui l'amena, en 1927, au Congo alors belge. En 1935, il rentra en Belgique et se consacra entièrement à la sculpture. En 1937, il a participé au Salon des Artistes Français, à l'occasion de l'Exposition Internationale de Paris ; en 1939, à l'Exposition de l'Eau à Liège et à l'Exposition Internationale de New York ; en 1958 à l'Exposition Internationale de Bruxelles ; en 1961, médaille d'argent au Salon des Artistes Français de Paris. En 1941, la galerie de l'Art Belge de Bruxelles a exposé plus d'une centaine de ses œuvres ; en 1945, exposition personnelle au Musée de l'Afrique Centrale à Tervuren ; en 1998, son atelier de Bruxelles est devenu un lieu d'exposition permanent et la galerie Catherine Niederhauser de Lausanne a montré un ensemble de ses œuvres, ainsi que la galerie Vallois à Paris et la galerie Milstain de Bruxelles. En 1940, il fut fait chevalier de l'Ordre de la Couronne ; en 1952, chevalier de l'Ordre Royal du Lion.
Il a trouvé son thème avec les noirs du Congo. Il a sculpté un grand nombre de statues, bustes et médailles d'après ces êtres dont il admirait la beauté pure et primitive.
Bibliogr. : In : *Diction. Biogr. Illustré des Artistes en Belgique depuis 1830*, Arto, Bruxelles, 1987 – Catalogue de l'exposition permanente *Arthur Dupagne*, Atelier A. Dupagne, Bruxelles, 1998, bonne documentation.
Musées : Ixelles – Liège – Tervuren (Mus. roy. de l'Afrique Centrale) : *Saison sèche* – Tournai.
Ventes Publiques : Anvers, 27 oct. 1981 : *Nu debout*, bronze (H. 55) : **BEF 26 000** – Lokeren, 19 avr. 1986 : *Repos, bronze*, patine brun-vert (H. 30,5) : **BEF 55 000** – Paris, 27 avr. 1990 : *Congolaise à la calebasse*, plâtre original à patine brune (H. 60) : **FRF 8 000** – Lokeren, 21 mars 1992 : *Femme blanche, bras croisés dans le dos*, plâtre à patine brune (H. 63, l. 20) : **BEF 48 000** – Lokeren, 10 oct. 1992 : *Indigène debout dans son bateau*, bronze à patine noire (H. 54, l. 59) : **BEF 130 000** – Lokeren, 9 oct. 1993 : *Mère et enfant*, plâtre (H. 46,5, l. 30) : **BEF 65 000** – Lokeren, 8 oct. 1994 : *Joueur de tam-tam*, plâtre patiné (H. 76, l. 64) : **BEF 55 000**.

DUPAIGNE-DOMERGUE Jeanne
Née au xixe siècle à Paris. xixe siècle. Française.
Peintre de miniatures.
Élève de Mme Debillemont-Chardon. Sociétaire des Artistes Français depuis 1906, elle figura au Salon de cette société.

DUPAIN E., Mlle
xixe siècle. Française.
Peintre de paysages.
Exposa au Salon de Paris de 1841 à 1844.

DUPAIN Edmond Louis
Né le 13 janvier 1847 à Bordeaux (Gironde). xixe siècle. Français.
Peintre de genre, figures, marines, dessinateur.
Il fut élève de MM. Cabanel et Gué, il débuta au Salon de 1870 avec : *Mort de la nymphe Hespérie*, et continua d'exposer régulièrement au Salon des Artistes Français. Sociétaire des Artistes Français depuis 1883, il obtint une médaille de troisième classe en 1875, première classe 1877, mention honorable à l'Exposition Universelle de 1878, médaille de bronze à l'Exposition Universelle de 1889, chevalier de la Légion d'honneur en 1894. On cite de lui : *Le Centenaire de l'École Polytechnique*. Il a peint un plafond pour l'Observatoire de Paris.
Coloriste délicat, il possède de belles qualités de composition.
Ventes Publiques : Paris, 1880 : *Dessins* : **FRF 18** – Paris, 1894 : *A la dérive* : **FRF 210** – Paris, 20 mai 1905 : *Avant le bal* : **FRF 135** – Paris, 25 oct. 1919 : *Sur la Piazetta (Venise)* : **FRF 250** ; *Repos sous bois, la lecture* : **FRF 250** – Paris, 28 mai 1923 : *La Baie de Monaco* : **FRF 190** – Paris, 26 nov. 1941 : *Marine* : **FRF 820** – Paris, 30 nov. 1942 : *Femme marchant au bord de la mer* : **FRF 1 000** – Paris, 6 déc. 1946 : *Jeune femme en barque* : **FRF 9 000** – Enghien-les-Bains, 17 avr. 1983 : *Douce Pensée ou Les Adieux* 1932, h/t (116x90) : **FRF 15 500** – Honfleur, 1er jan. 1984 : *Le Moulin à Étrechy*, h/t (46x38) : **FRF 5 000** – Paris, 12 oct. 1990 : *Galants au repos à l'auberge du Coq hardi* 1927, h/t (97x131) : **FRF 10 500** – New York, 28 mai 1993 : *Gentilhomme essayant de cueillir une fleur au bord de la falaise pour l'offrir à une dame*, h/t (99x71,2) : **USD 4 600**.

DUPAIN de FRANLIEU. Voir **DUPIN**

DUPAN Barthélémy ou **du Pan**
Né le 19 août 1712 à Genève. Mort le 4 janvier 1763 à Paris. xviiie siècle. Suisse.
Peintre de portraits.
Il étudia à Genève et Paris. À partir de 1743, il travailla en Angleterre, parrainé par le Prince de Galles Frederick. Très apprécié des Cours Royales de la Haye et de Londres, il fit le *Portrait de Georges III*.
Musées : Genève (Bibl. Publique) : *Portrait du peintre par lui-même avec sa femme et ses enfants* – Londres (British Mus.) : *Portrait de Matthew Maty* – Londres (Palais de Saint-James) : *Portrait du roi George III* – *Les Enfants du prince de Galles* 1746.
Ventes Publiques : Londres, 12 juil. 1995 : *Portrait de la Princesse Augusta de Saxe-Gotha, femme de Frederick, Prince de Galles*, h/t (58x47) : **GBP 9 200**.

DUPAN Marie, Mlle
xixe siècle. Française.
Peintre de paysages.
Elle exposa au Salon de Paris de 1835 à 1846.

DUPANIER Émile
xxe siècle. Français.
Peintre de paysages, natures mortes.
Il a exposé à Paris, à partir de 1934 aux Salons des Tuileries et des Artistes Indépendants.

DU PAPE Simon ou **Depape**
xviiie siècle. Actif à Paris. Français.
Peintre d'histoire, de portraits et d'ornements.
L'église de Briançon conserve de lui : *Départ de Saint-Louis pour la croisade*. L'ancien cloître des Franciscains avait recueilli de cet artiste un *Portrait du pape Sixte IV* et d'*Alexandre V*, ainsi qu'un *Saint-Antoine de Padoue*.

DUPARC
XVIIIe siècle. Actif à Paris en 1734. Français.
Peintre.

DUPARC Albert
XVIIe siècle. Français.
Sculpteur et architecte.
Il fit la chaire de l'église des Dominicains de Marseille et se chargea, en 1696, avec Antoine Fleury, de la construction et de la décoration de la façade de la cathédrale Sainte-Marie, à Toulon.

DUPARC Antoine
Né en 1675 à Marseille. Mort le 19 avril 1755. XVIIIe siècle. Français.
Peintre, sculpteur de statues, bas-reliefs.
Il était fils d'Albert Duparc et fut son élève. Il fit, à Marseille, sur la façade de l'église des Récollets, les statues en pierre de saint Louis, évêque de Toulouse, et de saint Louis, roi de France, ainsi que le maître-autel et la chaire de l'église paroissiale Saint-Martin. Il commença le maître-autel de la cathédrale de Coutances, que son fils Raphaël acheva après sa mort. Il était aussi architecte.
Ventes Publiques : Monte-Carlo, 22 juin 1987 : *La Vierge apparaissant à un évêque entouré de plusieurs saints*, terre cuite, bas-relief (49x85) : **FRF 150 000**.

DUPARC Antoine
Né à Marseille. XIXe siècle. Français.
Sculpteur.
Dans l'église de la Madeleine à Aix, on voit de cet artiste le mausolée du marquis de Villeneuve.

DUPARC Charles
XVIIe siècle. Français.
Peintre.
Il entra à l'Académie en 1663.

DUPARC Françoise
Née vers 1705 à Marseille. Morte le 17 octobre 1778 à Marseille. XVIIIe siècle. Française.
Peintre d'histoire, portraits.
Françoise Duparc était la fille du sculpteur marseillais, Antoine Duparc. Après avoir pris des leçons de son père, elle entra dans l'atelier de J.-B. Van Loo dont elle subit l'influence, elle obtint ainsi un grand succès. On cite l'anecdote suivante qui donne la mesure de la perfection de ses ouvrages. Dans l'atelier de Vanloo, la jeune Duparc remarqua le portrait de M. le comte de Vence, dans lequel le maître avouait s'être surpassé. Elle en fit la copie à son insu et n'en prévint Van Loo que lorsqu'il fut achevé. Curieux de voir cette copie, il entra dans l'atelier où les deux portraits étaient placés sur le même chevalet. Il examina l'un et l'autre attentivement ; et, après les avoir comparés, il complimenta son élève en lui signalant, toutefois, quelques imperfections qu'il l'engagea à faire disparaître. L'élève rougit et ne répondit pas ; le maître insista et Françoise Duparc, forcée de rompre le silence, avoua son insuffisance à retoucher le tableau du maître lui-même. Van Loo avait ainsi, sans s'en douter, jugé la copie supérieure à l'original. A la mort de Van Loo, elle se rendit à Paris, où elle acquit en peu de temps une réputation méritée. La mort de sa sœur, qui était artiste comme elle, et destinée à un grand avenir, l'affecta douloureusement. Elle quitta Paris pour Londres, où elle obtint un succès considérable. Les plus grands personnages se firent peindre par elle. Evan fait mention du portrait de W. Stanhope Hamigton, comte de Northampton, mort en 1756, peint par elle et gravé par Ford, grand in-folio. Françoise Duparc, après avoir réalisé la fortune qu'elle s'était acquise, revint à Paris puis à Marseille où elle vécut dans la plus grande obscurité, à tel point qu'un négociant de cette ville, chargé de lui remettre une somme d'argent de la part de l'impératrice de Russie, eut beaucoup de peine à trouver sa demeure. L'Académie de peinture fut heureuse de l'admettre au nombre de ses membres, mais son âge et ses infirmités ne lui permirent pas d'offrir une de ses œuvres à cette Académie. Elle a légué par testament quatre tableaux à l'Hôtel-de-Ville de Marseille ; ils étaient placés dans l'ancienne salle consulaire. Ils figurent maintenant au Musée de Marseille. A en juger par ces œuvres, Françoise Duparc tient une place distinguée dans l'école française du XVIIIe siècle, elle appartient plutôt au groupe réaliste des Chardin, Lépicié, Jaurat, etc., qu'à celui des peintres plus affectés, tels que Boucher. Elle observe consciencieusement la nature ; son origine provençale se retrouve dans la forte accentuation des effets de lumière, où un puissant relief frappe de suite et distingue sa manière. Elle semble presque brutale, mais c'est justement cette vigueur qui mérite à ses œuvres l'estime où on les tient aujourd'hui.

DUPARC Marie Alexandre
XVIIIe-XIXe siècles. Actif à Paris. Français.
Graveur au burin.
On cite parmi ses gravures des *Portraits* et des *Paysages*. On cite encore : *Les Blanchisseuses au lac*, d'après Van der Neer, *Le Chansonnier*, d'après Adr. van Ostade, *Choc de cavalerie*, d'après Ph. Wouwerman, *La Danse de village*.

DUPARC Raphaël
Né en 1736. Mort en 1766 à Paris. XVIIIe siècle. Français.
Sculpteur et architecte.
Fils et élève d'Antoine Duparc, frère de Françoise Duparc. Il acheva après la mort de son père le maître-autel de la cathédrale de Coutances, en avril 1757.

DUPARCHY Pierre
XVIIe siècle. Français.
Sculpteur.
Il fut admis en 1655 dans la Corporation des sculpteurs de Saint-Claude (Jura).

DUPARCQ Marie Madeleine
Née le 17 avril 1849 à Troyes (Aube). XIXe siècle. Française.
Peintre.
Élève de Schitz. Elle envoya au Salon de Paris, en 1869, 1870 et 1872, deux pastels et un fusain.

DUPARCQ René André
Né le 28 octobre 1897 à Marly-lez-Valenciennes (Nord). Mort le 16 juillet 1966 à Paris. XXe siècle. Français.
Sculpteur de statues d'histoire et de genre.
Il fut élève d'Élie Raset à Valenciennes et du sculpteur Alfred Boucher à Paris. Il exposait régulièrement à Paris, au Salon des Artistes Français, dont il était sociétaire, mention honorable 1923, troisième médaille 1928, deuxième médaille 1932, première médaille en 1935 et en 1937 à l'occasion de l'Exposition Universelle. En 1935, il fut nommé professeur chef-d'atelier à l'École des Beaux-Arts de Rouen.
Statuaire, il a réalisé notamment *Le charpentier* élevé au jardin de la Rhonelle à Valenciennes, *Pierre Corneille* à Rouen, *François Ier* au Havre, *La porteuse d'eau* à Paris.
Musées : Paris (Mus. de la Ville) : *La porteuse d'eau*.

DU PARKET Jean. Voir **JEAN DU PARKET**

DUPARQ
XIXe siècle. Français.
Graveur.
En 1822, il envoya au Salon de Paris : *La chasse de Diane*, d'après Paul Bril.

DUPAS J. G. Voir **GUEROULT DU PAS**

DUPAS Jean Théodore
Né le 21 février 1882 à Bordeaux (Gironde). Mort en 1964. XXe siècle. Français.
Peintre de compositions religieuses, mythologiques, allégoriques, scènes animées, figures, nus, animalier, peintre de compositions murales, peintre à la gouache, graveur, lithographe, dessinateur.
Il fut élève de Carolus-Duran et d'Albert Besnard. Il exposait à Paris, au Salon des Artistes Français, mention honorable 1909, Prix de Rome et médaille de troisième classe 1910, hors-concours, chevalier de la Légion d'Honneur. Il fut professeur à l'École des Beaux-Arts de Paris. Il fut élu membre de l'Institut en 1941.
Il eut une activité de décorateur, notamment pour le paquebot *Normandie*. Il fut un peintre de compositions ambitieuses : *Jésus servi par des anges, Le jugement de Pâris*, d'allégories : *La Paix*, de figures : *Malvina, Nelly*, peintre animalier : *Les pigeons blancs, Les antilopes*.
Ventes Publiques : Monte-Carlo, 24 sep. 1978 : *Après le bain* 1924, h/pan. (38x46) : **FRF 11 000** – Enghien-les-Bains, 28 oct. 1979 : *La Sculpture, l'Architecture et la Peinture décorative* 1924, gche et fus. (72,5x52) : **FRF 10 100** – Paris, 28 mai 1980 : *Têtes de jeunes femmes* 1924, cr. noir, fus. et aquar./pap. (85x80) : **FRF 50 000** – Versailles, 20 mars 1983 : *Les amoureux* 1925, mine de pb et gche (21x16,5) : **FRF 9 200** – Enghien-les-Bains, 26 juin 1983 : *Femme au chapeau rouge*, fus., aquar. et cr. de

coul. (85x64) : **FRF 53 000** – Londres, 29 juin 1983 : *Where is this bower beside the silver Thames* 1930, litho. en coul. (95,2x120,6) : **GBP 1 900** – New York, 17 déc. 1983 : *Aquarius* 1931, h/cart. (40,5x49,5) : **USD 18 000** – Monte-Carlo, 11 mars 1984 : *Tête de jeune femme* 1925, h/pan. (39x40) : **FRF 35 000** – Paris, 18 mars 1985 : *Couple sur un taureau noir* 1931, estampe en coul. (61,5x78) : **FRF 15 000** – New York, 13 déc. 1986 : *Nu montant un cheval cabré* 1920, h/t (108,6x88,9) : **USD 75 000** – Paris, 22 oct. 1986 : *Femme à la cruche* 1932, fus. et encre de Chine/pap. bistre (53x52) : **FRF 43 000** – Versailles, 14 juin 1987 : *Arlequin et le bal masqué* 1926, aquar., fus. et encre de Chine reh. de gche (75x65) : **FRF 39 000** – Paris, 24 nov. 1987 : *Trois femmes dans un paysage fantastique* 1924, gche et encre de Chine/pap. (37x22,5) : **FRF 31 500** – Paris, 9 déc. 1987 : *Le char de Vénus (projet pour le panneau peint sur glace dans le grand-salon des 1res classes du paquebot « Normandie »* 1934, encre de Chine et cr. noir avec mise au carreau (107x223) : **FRF 196 000** – Paris, 10 déc. 1987 : *Bacchante à la colombe*, cr. de coul. et aquar. (48,5x38) : **FRF 40 000** – Paris, 14 déc. 1988 : *Femme et gazelle à l'ombre du palmier* 1930, encre et fus. (46x40) : **FRF 27 000** – Paris, 21 nov. 1990 : *L'enlèvement* 1931, litho. (63x80) : **FRF 15 500** – Paris, 18 déc. 1992 : *La rivière dans la ville*, h/t (50x61) : **FRF 6 500** – Rome, 3 juin 1993 : *Les musiciens* 1932, techn. mixte/pap. (68x52) : **USD 2 400 000** – Paris, 19 mars 1994 : *La musique* 1932, dess. à la pl. et lav. (53x69) : **FRF 52 000** – Paris, 22 nov. 1995 : *Visage de femme* 1926, cr. noir (34,5x25,5) : **FRF 5 800** – Paris, 21 fév. 1996 : *Femme à la lyre* 1930, estampe (16,5x13,5) : **FRF 4 400**.

DUPAS Loÿs
XVIe siècle. Actif à Bordeaux. Français.
Peintre.

DUPAS Rob
XVIIIe siècle. Actif à la fin du XVIIIe siècle. Britannique.
Graveur.
Cité par Mireur.

DU PASQUIER Antoine Léonard
Né vers 1748 à Paris. Mort en 1831 ou 1832 à Paris. XVIIIe-XIXe siècles. Français.
Sculpteur.
Exposa sous le nom de Pasquier (du) au Salon de 1791, et sous celui de Dupasquier à partir de l'Exposition de 1808. Obtint une médaille en 1810. On lui doit : *Les retranchements de l'ennemi forcés par le corps que commandait le Maréchal Ney à Elchingen en Souabe*, bas-relief faisant partie de ceux qui entourent le fût de la colonne Vendôme, *La Capitulation d'Ulm*, bas-relief pour le corps législatif, *Le général de division Hervo*, statue pour le pont de la Concorde, *Dugay-Trouin*, statue en marbre aujourd'hui dans la cour d'honneur du Palais de Versailles. Le Musée de Narbonne possède de cet artiste *Arion*, et le Musée de Versailles, *Pierre Beaumarchais*.

DUPASQUIER Chloé, Mme
XIXe siècle. Française.
Peintre.
Fixée à Lyon, elle exposa au Salon de cette ville, de 1841-42 à 1868, des portraits, des figures, des tableaux religieux et de genre et des natures mortes (peintures et pastels), parmi lesquels : *Dernier adieu au pays* (1841-42), *Christ à la colonne* (1845-46).

DUPASQUIER Gamen. Voir **GAMEN-DUPASQUIER**

DUPASQUIER Joseph Auguste
Né le 16 juin 1817 à Lyon (Rhône). XIXe siècle. Français.
Peintre.
Élève de Bonnefond et de Thierriat à l'École des Beaux-Arts de Lyon, dont il suivit les cours de 1834 à 1838. Il exposa à Lyon (de 1848-49 à 1874) des natures mortes (surtout des fleurs), des motifs de décoration et des panneaux décoratifs (*Les perroquets*, en 1860, *Perdrix*, en 1861). Le Musée de Saint-Étienne conserve de lui : *Fleurs et nature morte*.

DU PASQUIER Louis
Né en 1808 à Colombier. Mort en 1885 à Colombier. XIXe siècle. Suisse.
Dessinateur, peintre de fleurs, fruits, aquarelliste.
Du Pasquier étudia dans une école d'arts industriels à Lyon, travailla à Cortaillod, Neuenkirchen près Vienne, résida longtemps à Moscou et se fixa en Suisse vers 1846. Il exposa en Suisse et en Allemagne. On cite de lui *Fleurs et fruits* (au Musée de Neuchâtel) et une série d'aquarelles représentant la flore du Jura, également à Neuchâtel dans une collection particulière.

DU PASSAGE Arthur Marie Gabriel, comte
Né le 24 juin 1838 à Frohen-le-Grand (Somme). Mort le 1er février 1900 à Frohen-le-Grand. XIXe siècle. Français.
Sculpteur animalier, illustrateur.
Il fut élève de Barye.
Musées : Amiens – Orléans.
Ventes Publiques : Paris, 16-18 fév. 1931 : *Pitou* : **FRF 40** – Paris, 22 nov. 1978 : *Cheval à l'entraînement*, bronze : **FRF 24 500** – Cologne, 19 oct. 1979 : *Globe-Trotter*, bronze (H. 55) : **DEM 4 000** – Enghien-les-Bains, 2 mars 1980 : *Épagneul à l'arrêt, sa proie dans la gueule*, bronze (H. 37) : **FRF 5 000** – Paris, 12 déc. 1983 : *Le piqueux* 1899, bronze, patine médaille (H. 100, L. 130) : **FRF 170 000** – Londres, 8 mars 1984 : *Groom courant près d'un trotteur* vers 1880, bronze patine brune (H. 44,5) : **GBP 3 200** – Rambouillet, 16 juin 1985 : *Brocard attaqué par deux chiens*, bronze : **FRF 201 000** – Paris, 9 déc. 1985 : *Cerfs dans un bois*, h/pan. (51,5x37,5) : **FRF 11 000** – Rambouillet, 15 fév. 1987 : *Le Piqueux* 1899, bronze patine médaille (L. 130) : **FRF 181 000** – Versailles, 15 juin 1988 : *Jockey retenant son cheval*, bronze à patine brune (H. 75, L. 110) : **FRF 122 000** – Paris, 10 nov. 1988 : *Lad et pur-sang*, bronze à patine brune (Long. 28) : **FRF 28 000** – New York, 24 mai 1989 : *Jument harnachée par un lad*, bronze (H. 33) : **USD 7 700** – Paris, 17 déc. 1990 : *Le contrebandier*, bronze (h.57) : **FRF 20 000** – Paris, 26 jan. 1991 : *Joueurs de polo*, bronze (H. 51,5, L 73) : **FRF 86 000** – New York, 23 mai 1991 : *Groupe équestre avec un groom courant avec son cheval*, bronze à patine brune (H. 34,2) : **USD 4 950** – New York, 7 juin 1991 : *Groupe équestre avec un groom courant près de son cheval*, bronze à patine brune (H. 33) : **USD 5 775** – New York, 4 juin 1993 : *Cheval et son groom*, bronze (H. 20,3, L. 49,5) : **USD 4 888** – Perth, 30 août 1994 : *Cheval au grand trot avec son lad courant à son côté*, bronze (H. 35) : **GBP 5 750** – Paris, 8 nov. 1995 : *Pur-sang au pas avec son lad* 1885, bronze (H. 33) : **FRF 68 000** – Paris, 13 mai 1997 : *Cheval à l'entraînement avec son lad*, bronze patine brune, épreuve (44x63x26) : **FRF 42 000**.

DU PASSAGE Charles Marie, vicomte
Né le 28 juin 1848 à Frohen-le-Grand (Somme). Mort le 26 janvier 1926 à Boulogne-sur-Mer. XIXe-XXe siècles. Français.
Peintre d'animaux, illustrateur.
Il était le frère d'Arthur. Il fut l'élève de Trovier.
Musées : Abbeville – Amiens.
Ventes Publiques : Dijon, 20 mai 1979 : *Les Biches*, bronze : **FRF 16 000**.

DU PASSAGE Édouard Guy, comte
Né en 1872 à Paris. Mort en 1925 à Paris. XIXe-XXe siècles. Français.
Peintre, sculpteur animalier.
Fils du peintre animalier le comte Arthur Marie Gabriel Du Passage.
Ventes Publiques : Londres, 21 avr. 1976 : *Le trappeur à cheval*, bronze patiné (H. 54,5) : **GBP 2 000** – Paris, 28 avr. 1995 : *Cheval et lad*, bronze (H. 35, L. 44) : **FRF 30 500**.

DUPATI. Voir **DU PATY Léon**

DUPATIZ Bernard ou **du Pastilz**
XVIe siècle. Actif à Tours au début du XVIe siècle. Français.
Peintre et enlumineur.
Il collabora en 1516 aux travaux de décoration pour l'entrée de François Ier à Tours.

DUPATY Éléonore
XVIIIe siècle. Française.
Peintre.
Elle envoya des dessins au Salon de la Jeunesse en 1788.

DUPATY Emmanuel Charles
XVIIIe siècle. Français.
Peintre de portraits, figures, dessinateur.
Il exposa au Salon de la Jeunesse à Paris en 1788.
Musées : Paris (Louvre) : *Biblis, mourante, changée en fontaine*.
Ventes Publiques : Londres, 16 mars 1983 : *Autoportrait* 1808, fus. (35,5x27,5) : **GBP 800** – Monaco, 3 déc. 1988 : *Portrait en buste d'un gentilhomme vêtu d'un habit rouge sur un gilet jaune écrivant* 1796, h/t (68,3x53,8) : **FRF 27 500**.

DUPATY France
XXe siècle. Française.

Peintre de scènes typiques, paysages.
Elle a séjourné longuement au Brésil, qui a marqué fortement sa peinture, jusqu'à ce qu'elle ait évolué dans le sens de l'abstraction constructiviste, ce qui la fit exposer au Salon des Réalités Nouvelles à Paris en 1953.

DUPATY François
XVIIIe siècle. Français.
Peintre de paysages.
Il envoya un paysage au Salon de la Jeunesse de Paris en 1787.

DU PATY Léon
Né à Paris. XIXe siècle. Français.
Peintre d'histoire, scènes de genre, paysages.
Il fut élève de Pils. Au Salon il envoya, de 1869 à 1879, des tableaux représentant des sujets de genre et d'histoire. Il obtint une mention en 1880 ; il devint sociétaire des Artistes Français en 1893.
VENTES PUBLIQUES : LONDRES, 14 nov. 1973 : *Hiver à Saint-Pétersbourg* : **GBP 500.**

DUPATY Louis Marie Charles Henri Mercier
Né le 29 septembre 1771 à Bordeaux. Mort le 12 novembre 1825 à Paris. XVIIIe-XIXe siècles. Français.
Sculpteur de groupes, statues, peintre d'histoire, paysages.
Il fit des études de droit, et s'adonna assez tard à la peinture. Il commença par faire du paysage sous la direction de Valenciennes, puis s'essaya dans le genre historique ; ne goûtant pas le succès escompté, il abandonna ses pinceaux pour se consacrer à la sculpture. En 1799, il remporta le prix de Rome, mais les événements politiques l'empêchèrent de séjourner à Rome. Ce ne fut qu'en 1803 qu'il put partir pour l'Italie où il resta huit ans. Professeur à l'École des Beaux-Arts en 1823, il devint plus tard conservateur adjoint de la galerie du Luxembourg. Il figura au Salon de Paris de 1793 à 1822. En 1816, il fut nommé membre de l'Institut, et fait officier de la Légion d'honneur en 1819.
En 1816, Dupaty fut chargé de faire la statue équestre de Louis XIII pour la place Royale. Le plâtre en fut achevé en 1821. D'après ce modèle, elle fut exécutée en marbre par Cortot, alors que l'artiste n'existait plus. Cortot termina également le groupe de la *France et la ville de Paris, pleurant sur l'urne du duc de Berry*, que Dupaty laissa inachevé.
Parmi son œuvre de statuaire, il faut citer : *Vénus Génitrix, Madame, mère de l'Empereur, Mlle de la Rue, Oreste tourmenté par une Euménide au moment où il vient de frapper Clytemnestre, Cadmus combattant le serpent de la fontaine de Dircé, L'Amour cachant des chaînes et montrant des fleurs, Un jeune berger et son chevreau*. On lui doit un grand nombre de bustes, entre autres ceux de *Napoléon*, de *Lucien Bonaparte* et de sa femme, de *M. Vaublanc*, de *Mlle de Montholon*, de *Mme Pasta*, de *M. Lethière*, du *général Lemarrois*.
Dupaty est regardé comme le dernier représentant de l'école classique.
MUSÉES : BORDEAUX : *Cadmus tuant le Dragon*, sculpture – *Ajax bravant les dieux* – *La Pasta*, sculpture – COMPIÈGNE (Palais) : *Philoctète*, sculpture – PARIS (Gal. du Jardin des Plantes) : *Vénus Génitrix*, statue en marbre – PARIS (jardin des Tuileries) : *Cadmus combattant le serpent de la fontaine de Dircé*, statue en marbre – VERSAILLES : *Vénus devant Pâris*, sculpture – *Le Général Leclerc*, statue.
VENTES PUBLIQUES : MONTE-CARLO, 22 juin 1987 : *Ajax*, marbre blanc (H. 286) : **FRF 400 000.**

DUPAU Louise
Née le 4 juin 1874 à Sancey-le-Grand (Doubs). Morte le 24 mars 1966 à Martigues. XIXe-XXe siècles. Française.
Peintre.
Elle a exposé des marines et des paysages au Salon de l'Union des Femmes Peintres et Sculpteurs, ainsi qu'au Salon d'Hiver.

DU PAVILLON Isidore Péan, ou **Péon** ou **Pineau du Pavillon**
Né en 1790 à Paris. Mort le 13 juin 1856 à Paris. XIXe siècle. Français.
Peintre.
Élève de David. Il figura au Salon de Paris, de 1814 à 1834, avec des sujets d'histoire.
MUSÉES : BAGNÈRES-DE-BIGORRE : *Lays, rôle d'Anacréon* – *Jeune fille* – BORDEAUX : *Portrait de Louis-Philippe* – DOUAI : *La colère d'Achille* – NANTES (Mus. Th. Dobrée) : *Portraits de M. et Mme Dobrée*.

VENTES PUBLIQUES : PARIS, 7 déc. 1931 : *Portrait d'homme* : **FRF 1 050.**

DUPAYAGE Guillaume
XIVe siècle. Actif à Cambrai. Français.
Sculpteur.
Il travailla à l'ornementation de la flèche de la cathédrale de Cambrai, en 1393 et 1394.

DUPAYS Éloi
Né en 1841 à Séranville. Mort le 10 février 1884 à Nancy. XIXe siècle. Français.
Peintre de portraits.
Il débuta au Salon de 1880 avec *Fillette*, pastel.

DUPÈCHEZ Charles
Né au XIXe siècle à Paris. XIXe siècle. Français.
Graveur au burin.
Figura au Salon des Artistes Français où il obtint une mention honorable en 1908.

DUPENDANT
Né vers 1835. XIXe siècle. Français.
Dessinateur, caricaturiste.
Il fut redécouvert à l'occasion d'une exposition sur le centenaire de la Commune, au musée de Saint-Denis, en 1971.
Ses caricatures exécutées, le plus souvent, au lavis d'aquarelle ou rehaussées de gouache, sont d'un style agressif, virulent qui fait penser à l'art de Daumier.
BIBLIOGR. : Gérald Schurr, in : *Les Petits Maîtres de la peinture 1820-1920, valeur de demain*, Les Éditions de l'Amateur, t. II, Paris, 198.
MUSÉES : SAINT-DENIS (Mus. d'Art et d'Hist.) : *Courbet tenant la Colonne Vendôme*, dess. au lav.

DUPERAC Étienne
Né vers 1525 à Bordeaux. Mort à Paris, en 1601 ou 1604 d'après Bryan. XVIe siècle. Français.
Peintre, architecte et graveur.
Il étudia en Italie, puis de retour en France, il publia un recueil intitulé : *Vues perspectives des jardins de Tivoli*, dédié à Marie de Médicis. Henri IV le nomma son architecte et le chargea des travaux à exécuter au palais de Fontainebleau. Sans négliger ses occupations d'architecte, il peignit dans la salle du bain cinq sujets de *Dieux marins* et les *Amours de Jupiter et de Callisto*. Dupérac grava plusieurs tableaux du Titien.

VENTES PUBLIQUES : PARIS, 4 fév. 1925 : *Ruines antiques dans la campagne romaine*, pl. : **FRF 60.**

DUPÉRELLE Francisque
Né à Cournon (Puy-de-Dôme). XIXe siècle. Français.
Peintre de paysages.
Il travailla à Paris et à Savigny-sur-Orge (Seine-et-Oise), et exposa au Salon de 1876 à 1883.

DUPÉRIÉ-PELLOU Philippe Louis
Né à Paris. XIXe siècle. Français.
Peintre de paysages.
Il fut élève de C. Flers. Il exposa au Salon de Paris de 1838 à 1869.
VENTES PUBLIQUES : CHARTRES, 27 jan. 1980 : *Le Bac*, h/t (66x95) : **FRF 11 500.**

DUPEROIS Jean
XVIIIe siècle. Actif à Paris en 1715. Français.
Sculpteur.

DUPERON Marie Marguerite
XVIIIe siècle. Actif à Paris en 1752. Français.
Peintre.

DUPEROY François
XVIIe siècle. Actif à Paris en 1681. Français.
Peintre et sculpteur.

DUPEROY Jean
XVIIIe siècle. Actif à Paris. Français.
Sculpteur.
Il fut reçu membre de l'Académie Saint-Luc en 1724.

DUPERRÉ Gabriel
XIXe siècle. Français.
Peintre de paysages, vues.

Il exposa à Paris, au Salon officiel, de 1836 à 1845.
Ses paysages représentent le plus souvent des vues prises dans l'Amérique du Sud, notamment à Pétropolis au Brésil, qui fut la capitale de l'État de Rio-de-Janeiro.
Ventes Publiques : New York, 7 nov. 1980 : *Vue de Petropolis* 1839, h/t (68,6x101,3) : **USD 14 000** – New York, 12 mai 1983 : *Vue de Petropolis* 1843, h/t (68x100,3) : **USD 8 000** – New York, 29-30 mai 1997 : *Vue de Petropolis* 1843, h/t (68x100,3) : **USD 19 550.**

DUPERREUX Alexandre Louis Robert Millin. Voir **MILLIN du PERREUX Alexandre Louis Robert**

DUPERREY Célestin François Hippolyte
Né à Londres. xxe siècle. Français.
Peintre de natures mortes, paysages.
Il exposa à Paris au Salon des Indépendants en 1911.

DUPERRON
xviiie siècle. Actif à Metz. Français.
Peintre.
A. Jacquot, dans son *Essai de Répertoire des Artistes Lorrains*, cite de lui, en collaboration avec un peintre nommé Guyon : *Jésus dans le désert*, en 1719, qui se trouve actuellement au Musée Lorrain.
Ventes Publiques : Paris, 13 nov. 1924 : *Martyre de sainte Cécile ; Sainte Cécile enlevée au ciel par les anges*, deux toiles : **FRF 1 800.**

DUPERRON L. Sylvestre
xixe siècle. Actif à Lyon. Français.
Peintre de marines.
Il exposa au Salon en 1873 : *Naufrage d'une frégate, Mers de Chine*, en 1874 : *Le canal Grande à Venise*, en 1875 : *la Flotte française appareillant à Toulon le 27 avril 1859*. Le Musée de Nice conserve de lui : *Lagunes à Venise* (1878).

DUPERROY Louis
Né vers 1656. Mort le 20 octobre 1711 à Toulon. xviie-xviiie siècles. Français.
Sculpteur.
Il fut sculpteur-décorateur de la Marine.

DUPERROY Pierre
Mort le 6 août 1699 à Toulon. xviie siècle. Français.
Sculpteur.
Il était, comme son frère Louis, sculpteur-décorateur de la Marine.

DUPERTUIS Marcel
Né le 21 février 1941 à Lausanne. xxe siècle. Actif aussi en France. Suisse.
Sculpteur. Abstrait.
Après ses études à l'École des Beaux-Arts de Lausanne, il se fixa à Paris en 1964. Il expose en Suisse depuis 1963, à Paris depuis 1965, où il participe aux Salons des Réalités Nouvelles et de la Jeune Sculpture.
Il a d'abord travaillé le bois, la pierre et le métal, puis il a réalisé des sculptures en fer et plastique. Depuis 1967, il utilise également l'acier inoxydable polychrome. Sa sculpture est en général abstraite, à tendance géométrique, mais qui se ménage des marges de sensibilité.

DUPERY A. E.
xviiie siècle. Éc. flamande.
Peintre.
Une de ses œuvres se trouve à l'Hôtel-de-Ville de Louvain (*Moïse changeant sa baguette en serpent devant le Pharaon*). D'autres tableaux de sa main se trouvent dans l'ancienne « Maison des Brasseurs » (devenue depuis « Café des Brasseurs »).

DUPESCHÉ Pierre
xviiie siècle. Actif à Paris en 1710. Français.
Peintre.

DUPEUX Pierre
Né en 1825 à Paris. xixe siècle. Français.
Peintre de panoramas.
Pendant longtemps il coopéra aux panoramas de Prévost, dont il fut l'élève. Il exécuta un grand nombre d'intérieurs, dont quelques-uns furent très appréciés. Le Cosmorama de Londres possède diverses grandes toiles de cet artiste. C'est à tort que Siret, dans son dictionnaire, écrit le nom de cet artiste Dupeur.

DUPEYRAT Jacky
Né en 1952 à Ablon (Val-de-Marne). xxe siècle. Français.
Peintre. Abstrait.
Il expose en 1991 à Paris, au Salon Grands et Jeunes d'Aujourd'hui.
Il pratique une peinture abstraite informelle, très colorée.

DUPEYRON Bonnet
Né à Bordeaux. xixe siècle. Français.
Graveur.
En 1861, il exposa une gravure d'après Gustave Doré. Probablement père de BONNET-DUPEYRON.

DUPHORN Hugo
Né le 10 juin 1876 à Eisenach. Mort le 20 avril 1909 à Lilla-Bakka (Suède). xixe siècle. Allemand.
Peintre de paysages.
Après avoir renoncé à la carrière de marin, il commença, à l'âge de vingt-trois ans, à étudier avec le peintre paysagiste Bakenhus. En 1900, il devint élève de Hagen à Weimar. Parmi ses œuvres, citons : *Soir d'automne dans le marais, Brouillard sur la tourbière, Soirée sur la lande*. La Galerie d'Oldenburg possède : *Maison sur le lac, Le Ruisseau en Hiver*.

DUPIERY, Mme ou **du Piery**
xviiie siècle. Active dans la seconde moitié du xviiie siècle. Française.
Peintre ou dessinatrice.
Elle est seulement connue par ses portraits de l'astronome F. W. Herschel et du physicien Leonhard Euler. Voir aussi à Piery.

DUPILE, Mme
xviiie siècle. Française.
Peintre de figures, dessinatrice.
Elle travaillait à Paris vers 1750.
On ne connaît d'elle qu'une œuvre : *La Blanchisseuse*.

DUPILLE Jean ou **Dupil**
Né en 1683. Mort le 7 juillet 1761 à Paris. xviiie siècle. Français.
Sculpteur.
Il était membre de l'Académie Saint-Luc à Paris.

DUPIN, le Jeune
Né en 1753 à Paris. xviiie siècle. Français.
Graveur.
Élève d'Auguste de Saint Aubin, il travailla surtout avec P. A. Le Beau pour la Maison d'Édition Esnauts et Rapilly. Il collabora aux publications suivantes : *Les Costumes François* (1776), *Galerie des Modes* (1778), *Livre de Meubles*, etc., de J.-Fr. Boucher, *Le Voyage pittoresque de l'Abbé de Saint-Nom* (1781-1786). En 1791, il grava une *Apothéose de Voltaire*.

DUPIN Albert
Né le 29 avril 1910 à Toulouse (Hte-Garonne). xxe siècle. Français.
Sculpteur de bas-reliefs, compositions murales. Abstrait.
Il fut élève de l'École des Beaux-Arts de Toulouse de 1926 à 1928. Il expose à Paris, depuis 1945 au Salon d'Automne. Il a participé au Salon de Mai en 1954, et au Salon de la Jeune Sculpture.
Il réalise des sculptures abstraites qui évoquent certaines gormes naturelles.

DUPIN André
xxe siècle. Français.
Peintre-aquarelliste de paysages, dessinateur humoriste.
Avant 1939, il publiait illustrations et caricatures dans les magazines *Le Rire, L'illustration, Fantasio*, etc. Après la seconde guerre mondiale, il s'est révélé habile aquarelliste de paysages, qu'il a montrés lors d'une exposition personnelle à Paris en 1986.

DUPIN Aurore Amantine Lucile. Voir **SAND George**

DUPIN C.
Français.
Graveur.
Il est cité par Mireur. Il privilégia la technique du burin.
Musées : Le Puy-en-Velay : une gravure.

DUPIN Étiennette Octavie, Mme
Née à Lyon. xixe siècle. Française.
Portraitiste.
Élève de M. Lazerges. Elle débuta au Salon de 1868 avec : *Tête de Christ*.

DUPIN Jean Victor
Né en 1718 à Paris. XVIIIe siècle. Français.
Graveur.
Fils de Pierre Dupin, il fut surtout graveur de portraits. Il fit ceux du *cardinal Dom. de la Rochefoucauld,* du philosophe *Helvétius,* d'après L. M. Van Loo (1773), de *Diderot,* d'après Greuze, de la chanteuse d'Opéra *Mlle Contat,* d'après Desrais, du *comte Charles Ph. d'Artois* (Charles X), et de la *comtesse Marie-Thérèse d'Artois,* d'après Hall, tous signés « Dupin fils ». Il illustra *Le Jardinier et son seigneur* (1761) et *Blaise le Savetier,* de Sedaine (1762), *Le Bûcheron et les trois souhaits,* comédie de Guichard (1763) et *Zémire et Azor* de Marmontel.

DUPIN Pierre
Né vers 1690. XVIIIe siècle. Travaillant à Paris. Français.
Graveur au burin.
On cite de lui : onze planches de portraits, *Le Bain,* d'après Dumonchel, *La femme commode,* d'après N. Lancret, *La Ménagère,* d'après Chardin, *Le Nourrisson,* d'après Dumonchel, *Le Pardon,* d'après Chardin, *La Savoyarde et ses deux enfants,* d'après N. Hallé.

DUPIN de FRANLIEU ou **Dupain**
XVIIIe siècle. Français.
Graveur et peintre amateur.
En 1734, il grava trois vues de son château de Chenonceaux. Un autre tableau de sa main, représentant ce même château, fut gravé par Jean Aveline.

DUPINEAU Jean
Né en 1583. XVIIe siècle. Actif à Nemours. Français.
Peintre verrier.
Il ne reste que peu de traces de ses nombreux travaux. On sait qu'il travailla à la restauration des vitraux de l'église Saint-Jean-Baptiste à Nemours.

DU PINS Jean ou **Hennequin**, dit **la Barbe**
Né à Troyes. XVe siècle. Français.
Peintre verrier.
Cité par Siret, il était actif à Troyes de 1416 à 1419. Il exécuta des verrières pour les chapelles Saint-Jacques et Saint-Michel de la cathédrale de Troyes.

DU PIPE
XVIe siècle. Actif dans la première moitié du XVIe siècle. Allemand.
Miniaturiste.
Il peignit une miniature de *La Visitation,* des ornements et des armes dans le Missel Bavaricum, à Wolfenbüttel.

DUPIRE Georges Joseph
Né le 1er octobre 1873 à Paris. XIXe-XXe siècles. Français.
Graveur, dessinateur de paysages.
Il exposait à Paris, au Salon des Artistes Français, dont il était sociétaire, mention honorable 1925.
Il a gravé et dessiné des vues d'Alsace, du château de Versailles, etc.

DUPIRRE Baltazin
XVe siècle. Français.
Peintre.
Nous savons qu'en 1468 il travailla pour les ducs de Bourgogne.

DUPLAIN Agathe
Née à Mulhouse. XIXe siècle. Française.
Peintre de portraits.
Élève de Mlle Mikulska. Elle débuta au Salon de 1879 avec un *Portrait.*

DUPLAIN Ami Ferdinand
Né à La Chaux-de-Fonds (Suisse). XXe siècle. Suisse.
Peintre de paysages.
Exposant du Salon de Indépendants depuis 1927.

DUPLAIS-DESTOUCHES Antoine
Né à Aurillac. XIXe siècle. Français.
Peintre et graveur.
Le Musée de Saintes conserve de lui de nombreux dessins et gravures, et le Musée de Saint-Brieuc une reproduction de sa gravure *Danse Macabre.*

DUPLAIX Georges
Né à Nevers (Nièvre). XXe siècle. Français.
Peintre.
Exposant du Salon d'Automne.

DUPLAN Jean
XVIIe siècle. Actif à Avignon. Français.
Peintre.

DUPLAN Pierre
XVIe siècle. Français.
Peintre.
Il décora plusieurs églises à Avignon vers 1576.

DUPLAN Pierre
Né le 21 mai 1929 à Auch (Gers). XXe siècle. Français.
Peintre, sculpteur, illustrateur. Polymorphe.
Il fut élève de l'École des Beaux-Arts de Toulouse. En 1955, il vint à Paris préparer le professorat de dessin. Il fit une exposition personnelle de peintures à Toulouse en 1953. En 1959, il fit un séjour en Pologne. En 1960, il exposa un dessin au Salon de la Société Nationale des Beaux-Arts. En 1963, il lfit une exposition personnelle de peintures à Paris et participa au Salon de la Jeune Sculpture. À partir de 1965, il a participé à de nombreuses expositions collectives à Paris et en province. En 1969, il a commencé ses sculptures en aluminium et et bronze. En 1973, il fit une exposition personnelle de l'ensemble de ses activités à Villiers (Val-de-Marne). En 1975, le Musée Paul Valéry de Sète a exposé ses 150 illustrations destinées au *Cimetière marin.* La Maison des Arts de Créteil a organisé une exposition de ses travaux : peintures, sculptures, dessins, illustrations, en 1978. Depuis 1962, il enseigne à l'École Estienne du Livre à Paris. Il a réalisé des peintures murales dans un réfectoire scolaire du Plessis-Trévise.
Selon qu'il peint, sculpte ou illustre, il suit des voies totalement différentes, conventionnelles figuratives en peinture, conventionnelles abstraites en sculpture.
Bibliogr. : Jean-Michel Rosenfeld : Catalogue de l'exposition *Pierre Duplan,* Maison des Arts, Créteil, 1978.

DUPLAT Jean Louis
Né le 28 janvier 1757 à Orange. Mort le 20 mai 1833 à Paris. XVIIIe-XIXe siècles. Français.
Graveur.
Cet artiste est l'inventeur de la gravure sur pierre en tailles de relief.

DUPLAT Pierre Louis
Né le 12 juin 1795. Mort fin 1870 à Auteuil. XIXe siècle. Français.
Peintre de paysages.
Élève de Bertin et Bourgeois. De 1824 à 1848, il exposa au Salon de Paris des paysages et quelques tableaux de genre. Le Musée de Besançon possède de lui : *Château de Clisson.*
Ventes Publiques : Paris, 1889 : *Paysage avec figures* : **FRF 150.**

DUPLAY Mathieu Philippe
Né le 1er mai 1844 à Saint-Étienne (Loire). Mort le 11 février 1908 à Pantin. XIXe siècle. Français.
Peintre de fleurs.
Élève de Reignier, Bruyas, de l'École Impériale des Beaux-Arts à Lyon et de Muller à Paris, cet artiste exposa aux Beaux-Arts à Lyon. La plupart de ses tableaux sont la propriété du Musée des Beaux-Arts de Lyon. Duplay abandonna l'art pour l'industrie après la guerre de 1870.

DUPLESSI-BERTAUX Jean ou **Duplessis Bertaux**
Né en 1747 à Paris. Mort en 1819 à Paris. XVIIIe-XIXe siècles. Français.
Graveur et peintre.
Élève de Vien, on lui doit une grande partie des planches des voyages en Grèce et en Italie et de l'ouvrage sur l'Égypte de M. de Choiseul. Il figura au Salon en 1795 et 1805. Duplessi-Bertaux exécuta plusieurs gravures sur les événements de la Révolution ; ce fut un graveur très remarquable dont les œuvres sont aujourd'hui en grande vogue. Le Musée de La Fère conserve de lui un tableau représentant un paysage.
Ventes Publiques : Paris, 1859 : *Choc de cavalerie,* dess. à la pl. lavé de bistre : **FRF 13** – Auxerre, 1873 : *L'Arracheur de dents* : **FRF 110** – Paris, 1890 : *Halte de cavalerie* : **FRF 1 700** – Paris, 17 mai 1895 : *Le camp* : **FRF 145** ; *La halte* : **FRF 142** ; *Militaires en voyage* : **FRF 240** – Paris, 1897 : *La foire Saint-Ovide,* dess. : **FRF 1 050** ; *Vue d'une fête sous la Révolution,* dess. à la pl. trempée dans le bistre et lavé d'encre de Chine : **FRF 400** – Paris, 1899 : *Le charlatan français,* dess. : **FRF 1 000** ; *Le charla-*

tan allemand, dess. : **FRF 1 000** – PARIS, 1900 : *Portrait présumé du comte d'Artois* : **FRF 1 820** – PARIS, 9-10 et 11 avr. 1902 : *Portrait de Necker* : **FRF 13 220** – PARIS, 26-27 et 28 mai 1904 : *Portrait d'homme* : **FRF 610** – PARIS, 8 fév. 1905 : *Jeune femme dans un fauteuil* : **FRF 1 500** – PARIS, 29 juin 1905 : *Portrait présumé du comte de Provence* : **FRF 105** – PARIS, 4-5 et 6 avr. 1910 : *Une réquisition* : **FRF 375** – PARIS, 19-22 mai 1919 : *Fête équestre dans un village*, dess. au lav. d'encre de Chine : **FRF 350** – PARIS, 23-25 mai 1921 : *Marchands et Cavaliers ; Cheval près d'une tente*, deux panneaux, attr. : **FRF 850** – PARIS, 4 nov. 1922 : *Paysage*, dess. reh. : **FRF 290** – PARIS, 8 nov. 1922 : *Cavalier devant une auberge*, attr. : **FRF 200** – PARIS, 10 nov. 1922 : *Costume d'Abbé coquet*, cr. : **FRF 155** ; *Scène à la Convention*, cr. et pl. : **FRF 405** – PARIS, 23 mai 1923 : *Un refuge au Palais-Royal*, lav. : **FRF 200** – PARIS, 21 et 22 juin 1923 : *Combat de cavaliers*, deux dess. pl. et aquar. : **FRF 1 020** – PARIS, 12 et 13 déc. 1924 : *Le Combat ; L'Arrivée au cantonnement*, pl. et lav. : **FRF 1 150** – PARIS, 17 jan. 1925 : *Scènes de batailles*, deux panneaux : **FRF 1 200** – PARIS, 10 et 11 juin 1925 : *Scène militaire*, cr. : **FRF 200** – PARIS, 21 déc. 1925 : *Retour du marché ; Départ pour le marché*, deux panneaux : **FRF 2 800** – PARIS, 10 mars 1926 : *Le campement* : **FRF 1 250** – PARIS, 9 et 10 juin 1926 : *Halte de paysans*, attr. : **FRF 3 600** – PARIS, 10 juin 1926 : *Le combat à l'épée*, pl. : **FRF 125** – PARIS, 18 nov. 1926 : *Fête civile en l'honneur de Louis XVI, donnée à Lyon*, aquar., attr. : **FRF 1 480** – PARIS, 23-24 mai 1927 : *Convoi d'armée franchissant un pont*, pl. et lav. : **FRF 500** ; *Scène de bataille*, sanguine : **FRF 210** – PARIS, 20 fév. 1928 : *Portraits*, dix-huit dess. et croquis : **FRF 1 450** – PARIS, 23 mai 1928 : *Le Convoi ; Halte de soldats*, deux dess. pl. et lav. : **FRF 1 450** – PARIS, 7-8 juin 1928 : *Scène de courses de chevaux*, lav. d'encre de Chine : **FRF 1 500** – PARIS, 10-11 avr. 1929 : *Projet de stèle*, pl. et lav. d'encre de Chine : **FRF 2 400** – PARIS, 16-17 mai 1929 : *Camp militaire*, dess. : **FRF 180** – PARIS, 23 mai 1929 : *Procession sous la Révolution ; Port de rivière ; Vue d'un camp ; Voitures dans une cour*, quatre dess. : **FRF 310** – PARIS, 31 mai 1929 : *La halte* : **FRF 5 900** – PARIS, 29 juin 1929 : *Portrait de M. Grandménil, de la Comédie Française*, dess. : **FRF 1 600** – PARIS, 19 nov. 1931 : *Le cireur de bottes*, lav. d'encre de Chine : **FRF 65** – PARIS, 8-9 déc. 1933 : *Projet de stèle où se voit la prise de la Bastille* : **FRF 305** – PARIS, 7 déc. 1934 : *Le Charlatan français*, lav. d'encre de Chine : **FRF 2 450** ; *Le Charlatan allemand*, lav. d'encre de Chine : **FRF 2 450** – PARIS, 25 mars 1935 : *Marches militaires* : **FRF 950** – PARIS, 3 juin 1935 : *Garde française debout, de dos*, mine de pb : **FRF 60** – PARIS, 14 déc. 1936 : *L'Éléphant de la Bastille*, pl. et lav. d'encre avec touches d'aquar. : **FRF 1 000** – PARIS, 12 mai 1937 : *Le maître d'armes*, cr. : **FRF 100** – PARIS, 28 fév. 1938 : *Berlines de voyage, arrêtées à l'entrée d'un village*, cr. et encre de Chine : **FRF 950** – PARIS, 17 déc. 1941 : *Officier d'artillerie blessé faisant évacuer sa pièce*, lav. de sépia : **FRF 550** – PARIS, 17-18 déc. 1941 : *Les Musiciens sur la place*, aquar./trait de pl. : **FRF 1 550** – PARIS, 16 jan. 1942 : *Cavaliers et Convoi sur une route* : **FRF 1 950** – PARIS, 18 déc. 1942 : *Halte de troupes* : **FRF 11 500** – PARIS, 29 mars 1943 : *Halte de troupes*, lav. et mine de pb, attr. : **FRF 520** – PARIS, 31 mars 1943 : *Militaires regagnant leur camp*, mine de pb : **FRF 3 200** ; *Garde française vue de dos*, mine de pb : **FRF 800** – PARIS, 16 fév. 1944 : *Le Convoi d'armée*, lav., attr. : **FRF 450** – PARIS, 22 mars 1944 : *Charrette et cavaliers sur une route* : **FRF 32 000** – PARIS, 23 mars 1963 : *Haltes de convois militaires*, deux panneaux faisant pendants : **FRF 9 200** – VERSAILLES, 25 fév. 1973 : *Le convoi aux abords des ruines* : **FRF 4 000** – LONDRES, 8 juil. 1980 : *Études faites à la Convention*, cr./pap. (22,9x29,6) : **GBP 550** – PARIS, 12 juin 1986 : *La halte à l'auberge*, h/pan. (24,5x33) : **FRF 23 000** – PARIS, 30 jan. 1991 : *Paysage de rivière*, deux h/t (23,5x37) : **FRF 25 000** – PARIS, 22 mars 1995 : *Un bal public sous le Directoire*, encre brune et lav. (11x16,5) : **FRF 13 000** – PARIS, 26 mars 1996 : *Le bivouac et Le bivouac sous la neige*, h/t, une paire (chaque 24,3x23,4) : **FRF 20 500** – LONDRES, 3 juil. 1996 : *Un moine rejetant l'uniforme de soldat*, sanguine (34,9x23,2) : **GBP 1 380** – PARIS, 20 nov. 1996 : *La Réddition d'une ville* 1798, gche (28x41) : **FRF 5 500**.

DUPLESSIS

XVIIIe siècle. Actif vers 1708.

Peintre portraitiste.

Selon Siret, cet artiste, d'origine française, aurait fait partie de la gilde de Saint-Luc à Bruxelles, en 1717, à titre d'étranger.

DUPLESSIS

Né au XIXe siècle à Rennes. XIXe siècle. Français.

Peintre.

On peut voir au Musée de Rennes un tableau de sa main représentant une scène de l'enfance de Duguesclin.

DUPLESSIS, Mlle

XVIIIe siècle. Active à Paris. Française.

Peintre en émail.

DUPLESSIS A.

XVIIIe siècle. Français.

Graveur.

MUSÉES : LONDRES (British Mus.).

DUPLESSIS Alexandre ou **Duplessi**

XVIIe siècle. Français.

Peintre.

Il fut condamné aux galères à Rome en 1683, mais s'enfuit avant d'être pris.

DUPLESSIS Edmond

Né à Paris. XIXe siècle. Français.

Graveur sur bois.

Élève d'Albert Bellanger. Sociétaire des Artistes Français depuis 1898, il figura régulièrement au Salon de cette société et obtint une mention honorable en 1889, médaille de troisième classe 1895, médaille de deuxième classe, 1900, médaille de bronze à l'Exposition Universelle de 1900 et une médaille de première classe en 1905.

DUPLESSIS Georges

Né en 1852 à Fontainebleau (Seine-et-Marne). XIXe siècle. Français.

Peintre de figures, portraits, aquarelliste.

Il fut élève de Baron et de Comte. Il débuta au Salon de Paris en 1878.

VENTES PUBLIQUES : PARIS, 22 mars 1994 : *Jeune Turque au perroquet*, aquar. (35x24) : **FRF 10 000**.

DUPLESSIS Jacques

XVIIIe siècle. Français.

Peintre.

Par décret du 22 juin 1721, il fut chargé de tout ce qui avait trait à l'art dans la Manufacture de tapisseries de Beauvais.

DUPLESSIS Joseph Guillaume, l'Ancien

XVIIIe siècle. Français.

Peintre.

Il vivait en 1700. Il abandonna la chirurgie, où il occupait un rang distingué pour suivre son goût pour la peinture. Son fils, Joseph-Siffrein Duplessis, fut son élève.

DUPLESSIS Louis Joseph Siffrède

Né le 22 septembre 1725 à Carpentras. Mort le 1er avril 1802 à Versailles. XVIIIe siècle. Français.

Peintre de genre, portraits, aquarelliste.

Son père était un chirurgien connu, mais il abandonna cette profession pour s'adonner à la peinture. Il fut le premier professeur de son fils. celui-ci eut ensuite des leçons du frère chartreux J. G. Imberg et de Subleyras, peintre du roi. Il fut agréé à l'Académie le 29 juillet 1769, et reçu académicien le 6 août 1774, avec les portraits de Allegrain et Vien. Il fut agréé à l'Académie de Saint-Luc et devint directeur des galeries de Versailles. En 1794, Duplessis fut nommé administrateur du musée spécial de Versailles.

Étant peintre du roi, toute la noblesse, toutes les personnalités marquantes de l'époque se pressaient dans son atelier. Pour ne citer que quelques tableaux de familles princières ou nobles : *Louis XVI, Duc et Duchesse d'Aiguillon, Duchesse de Chartres, Comte de Provence, Comtesse de Lamballe, Marquis de Croissi, Comte d'Usson, Marquis de Bièvre, Monsieur, frère du roi, Prince de Marsan*, exécuté pour la ville de Marseille, *Comte d'Angiviller*.

Dans le monde religieux, nous devons citer les portraits du pape Pie VII, de Mgr de Cheylus, de l'évêque de Tréguier, de l'abbé Jourdans, chanoine de Saint-Louis du Louvre, de l'abbé Bossut, de l'Académie royale des sciences ; il peignit aussi les portraits de personnages célèbres, tels que le compositeur Gluck, le ministre et Mme Necker, le capitaine des gardes françaises, brigadier des armées du roi, le marquis de Rasilly, du lieutenant général des armées du roi, le marquis de l'Hôpital, du président d'Ormesson, de Franklin, et quelques portraits de médecins renommés ou attachés à la cour, et enfin des portraits de notaires, avocats, sculpteurs, peintres, secrétaires, académiciens, conseillers d'État, etc.

On signale également quelques tableaux de genre : *Le Triomphe de Voltaire, Haltes d'armées, Quartier de vivandières, Caravane, Le Passage d'un gué, Un cénacle*. Son propre portrait fut gravé par Muller-Klauber.
Les musées, les collectionneurs, les vieilles familles françaises possèdent des œuvres de Duplessis, dont les très nombreux portraits donnent une image expressive et véridique des personnes représentées.

J.S. Duplessis
pinx. parisis 1775

Musées : Amiens : *Portrait d'un abbé* – Avignon : *Portrait de M.-J.-F. de Lassone – Portrait de Joseph Peru – Portrait de l'abbé Claude Siffrein Duplessis – Portrait du peintre Pierre* – Bayeux : *Portrait de Mgr de Cheylus* – Berlin : *Gluck, compositeur – Le ministre Necker* – Besançon : *Éclaireur militaire* – Brest : *Franklin* – Chantilly : *La duchesse de Chartres voit s'éloigner le vaisseau du Saint-Esprit – Portrait du comte de Provence – Portrait de Louis XVI – Portrait du comte d'Angiviller* – Épinal : *Imbert de Charmois* – Metz : *Portrait de la comtesse de Lamballe* – Montauban : *Louis XVI* – Orléans : *Portrait de M. P. Guillaume Chabanon* – Paris (Louvre) : *Portrait du sculpteur C.-G. Allegrain – Portrait du peintre J.-M. Vien – Portrait de femme* – Paris (Carnavalet) : *M. de la Michodière – Portrait de femme* – Rennes : *Scène de l'enfance de Duguesclin – Portrait du pape Pie VII* – Versailles : *Comte d'Angiviller de la Billardie – Louis XVI – Portrait du compositeur Gluck*.

Ventes Publiques : Paris, 1871 : *Portrait de Gluck* : **FRF 200** – Paris, 1885 : *Portrait de femme* : **FRF 400** – Paris, 1892 : *Portrait de Gluck* : **FRF 500** – Paris, 25 nov. 1918 : *Portrait de Louis XVI* : **FRF 30 000** – Paris, 10 juin 1921 : *Portrait présumé de M. de Villeneuve* : **FRF 6 200** – Londres, 14 juin 1922 : *Benjamin Franklin* : **GBP 128** – Paris, 23 nov. 1922 : *Portrait de femme en bleu*, attr. : **FRF 400** – Paris, 15 déc. 1922 : *Portrait d'homme en habit brun et gilet rouge*, attr. : **FRF 200** – Paris, 25 et 26 fév. 1924 : *Paysans, troupeaux et paysans*, deux panneaux : **FRF 7 900** – Paris, 25 et 26 mars 1924 : *Portrait de Mme Necker et Portrait de Necker*, deux toiles : **FRF 56 000** – Paris, 30 avr. 1924 : *Portrait d'homme*, past. : **FRF 12 500** – Paris, 14 nov. 1924 : *Portrait d'homme* : **FRF 9 200** – Paris, 6 déc. 1924 : *Portrait présumé de la Dugazon* : **FRF 550** – Paris, 8 juin 1925 : *Portrait de femme*, attr. : **FRF 150** ; *Portrait de femme sous les traits d'une pèlerine*, attr. : **FRF 150** – Paris, 10 et 11 juin 1925 : *Portrait du comte de Provence, frère de Louis XVI, depuis Louis XVIII*, attr. : **FRF 1 000** – Paris, 27 et 28 mai 1927 : *Portrait d'homme*, attr. : **FRF 2 200** – Paris, 17 juin 1927 : *Portrait d'homme*, attr. : **FRF 2 100** – Paris, 20 jan. 1928 : *Portrait du comte de Provence*, attr. : **FRF 500** – Paris, 21 et 22 mai 1928 : *Portrait du roi Louis XVI*, attr. : **FRF 13 000** – Paris, 9 juin 1928 : *Portrait de jeune femme en bacchante* : **FRF 4 200** – Paris, 12 juin 1929 : *Portrait d'homme* : **FRF 18 500** – Paris, 25 juin 1929 : *Portrait d'une cantatrice*, attr. : **FRF 3 900** – New York, 18 déc. 1929 : *Le marquis de Mirabeau*, ? : **USD 90** – New York, 24-28 mars 1931 : *Le frère de Marie-Antoinette* : **USD 530** – Paris, 20 juin 1932 : *Portrait de jeune femme*, attr. : **FRF 625** – Londres, 9 mars 1934 : *Une dame* : **GBP 29** – Paris, 14 et 15 mars 1934 : *La dame au Collier*, past., attr. : **FRF 1 520** – New York, 18 et 19 avr. 1934 : *Benjamin Franklin* : **USD 2 000** – Paris, 14 mai 1935 : *Portrait d'homme* : **FRF 7 300** – Londres, 9 juil. 1936 : *Louis XVI* : **GBP 32** – Londres, 5 mai 1939 : *Benjamin Franklin* : **GBP 525** – Paris, 18 déc. 1940 : *Portrait présumé du roi Louis XVI*, attr. : **FRF 450** – Paris, 13 et 14 fév. 1941 : *Portrait d'homme* : **FRF 14 000** – Paris, 29 juin 1942 : *Portrait d'un inconnu* : **FRF 46 000** – Paris, 31 mai 1943 : *Arrivée au cantonnement*, aquar. : **FRF 2 900** – Paris, 26 avr. 1944 : *Un Magistrat* : **FRF 35 000** – Paris, 25 mai 1951 : *Portrait de Gluck* : **FRF 400 000** – Paris, 15 déc. 1958 : *Portrait de Gluck* : **FRF 4 600 000** – Paris, 12 juin 1959 : *Portrait présumé de Louis XVI jeune* : **FRF 480 000** – Paris, 20 juin 1961 : *Portrait présumé de Rose Bertin* : **FRF 4 500** – Paris, 5 et 6 déc. 1965 : *Portrait de Louis Dussieux* : **FRF 4 800** – Paris, 23 nov. 1965 : *Portrait de Gluck*, past. : **FRF 21 000** – Copenhague, 24 avr. 1979 : *Charles Claude Flahaut de la Billarderie comte d'Angiviller*, h/t (150x115) : **DKK 350 000** – New York, 5 juin 1980 : *Portrait d'un artiste*, h/t, de forme ronde (Diam. 53,4) : **USD 3 000** – Versailles, 14 nov. 1982 : *Portrait de Louis XVI*, h/t (79x65) : **FRF 27 000** – Paris, 20 mars 1992 : *Portrait du Comte d'Osmond 1771*, h/t, de forme ovale (65x52,5) : **FRF 90 000** – Paris, 16 juin 1993 : *Portrait du Marquis de Becdelièvre*, h/t (63,5x51) : **FRF 48 000** – Paris, 18 déc. 1995 : *Portrait de la comtesse d'Estavayé*, h/t, de forme ovale (31x25) : **FRF 40 000** – Paris, 19 mars 1996 : *Portrait de l'architecte Louis François Petit Radel*, h/t (64x53) : **FRF 140 000**.

DUPLESSIS Marc Antoine Michel Hamon
xviiie siècle. Français.
Peintre, sculpteur.
En 1772, cet artiste est mentionné à Paris. Il est peut-être identique à Michel Hamon Duplessis.
Ventes Publiques : Paris, 18 mars 1987 : *Halte de cavaliers*, pl. et lav. reh. de gche blanche (25x35) : **FRF 9 000**.

DUPLESSIS Michel Hamon ou **C. Michel Hamon**
Né à Versailles (Yvelines). xviiie siècle. Français.
Peintre de sujets militaires, scènes de genre, paysages animés, paysages, aquarelliste, dessinateur.
Il fut élève de Descamps. Il exposa au Salon de Paris de 1791 à 1799.
Musées : Bayeux : *Au bord d'un canal de Flandre* – Besançon : *Les Abords d'un camp*.
Ventes Publiques : Paris, 27-30 nov. 1918 : *Convoi d'artillerie*, dess. au lav. : **FRF 430** – Paris, 13 déc. 1920 : *Convoi de bagages* : **FRF 680** – Paris, 27 jan. 1921 : *Sortie d'un port* : **FRF 410** – Paris, 13-14 et 15 nov. 1922 : *La reddition*, aquar. gchée : **FRF 2 780** – Paris, 15 déc. 1922 : *Halte de soldats*, aquar. gchée : **FRF 1 680** – Paris, 2 et 3 mai 1923 : *Sujets de guerre*, deux pendants : **FRF 1 820** – Paris, 21 et 22 juin 1923 : *Scène de camp*, pl. et lav. : **FRF 350** – Paris, 23 fév. 1925 : *Le Trompette* : **FRF 5 700** – Paris, 12 mars 1927 : *L'Heureux ménage* : **FRF 635** – Paris, 26 déc. 1928 : *Soldats arrêtés, près de marchands ambulants, aux abords d'un village en ruines*, deux toiles : **FRF 7 300** – Paris, 3 juin 1935 : *Le Départ pour le marché*, lav. d'encre de Chine, reh. de gche : **FRF 320** – Paris, 14 mai 1936 : *Halte d'un convoi d'artillerie dans la montagne ; Halte d'un convoi de bagages*, deux dess. au lav. d'encre de Chine, avec reh. de gche blanche : **FRF 1 100** – Paris, 17 fév. 1937 : *Convoi d'armée en marche*, lav. de sépia, reh. de gche : **FRF 320** – Paris, 20 déc. 1937 : *Marche d'artillerie ; Campement militaire*, deux pendants : **FRF 700** – Paris, 20 mars 1941 : *Haltes de soldats*, deux pendants : **FRF 14 500** – Paris, 23 juin 1941 : *Convoi militaire ; Halte militaire*, deux pendants : **FRF 6 200** – Paris, 31 mars 1943 : *L'Embarcadère du coche d'eau*, pl. et lav. d'aquar. : **FRF 5 000** – Paris, 20 déc. 1943 : *L'Abreuvoir*, pl. et aquar. : **FRF 2 500** – Paris, oct. 1945-Juillet 1946 : *Vue d'un port animé de figures* : **FRF 32 100** ; *Convoi militaire* : **FRF 42 000** ; *Campement de soldats* : **FRF 21 000** – Paris, 18 déc. 1946 : *Campement de soldats* : **FRF 19 100** – Paris, 17 déc. 1948 : *Le bivouac* : **FRF 100 000** – Paris, 31 mars 1966 : *Un convoi militaire ; La halte dans la campagne*, deux aq. gchées rehaussées de bl., faisant pendants : **FRF 4 800** – Paris, 1er juin 1967 : *Le bivouac* : **FRF 9 000** – Versailles, 12 juin 1969 : *Charroi passant devant une tour en ruines ; Cavaliers au repos conversant*, deux pendants : **FRF 25 000** – Versailles, 8 nov. 1972 : *Convois militaires dans des paysages*, deux panneaux formant pendants : **GBP 1 050** – Versailles, 25 mars 1973 : *La halte devant la ferme* : **FRF 10 100** – Versailles, 28 nov. 1976 : *Campement militaire*, h/pan. (38,5x52) : **FRF 16 000** – Versailles, 5 mars 1978 : *L'Arrivée de l'intendance au campement*, h/t (53,5x62) : **FRF 29 000** – Paris, 29 oct. 1980 : *Les marchands ambulants*, mine de pb, lav. de bistre et reh. de blanc/pap. (33,2x43,1) : **FRF 5 500** – Lille, 28 fév. 1982 : *Halte de cavaliers*, h/bois (40,5x52) : **FRF 30 000** – Paris, 8 mars 1985 : *La halte des cavaliers devant l'auberge*, h/pan. (50x43) : **FRF 70 000** – Paris, 3 juil. 1986 : *Le marché aux poisoons sur le port*, h/pan. (56x84) : **FRF 46 000** – Paris, 28 sep. 1989 : *La Halte des cavaliers. Le repas devant l'auberge*, deux h. /pan., formant pendant (23x32) : **FRF 111 000** – Paris, 8 déc. 1989 : *Le convoi militaire*, h/pan. (16x21) : **FRF 15 000** – Paris, 9 avr. 1990 : *Scène de campement*, h/pan. (53,5x75) : **FRF 100 000** – Paris, 23 avr. 1990 : *Convoi militaire passant un gué*, h/pan. (24,5x33) : **FRF 52 000** – Paris, 19 juin 1991 : *Scène de port*, h/bois (16,5x21,5) : **FRF 30 000** – New York, 14 oct. 1992 : *Campement sous les fortifications d'une ville ; Campement près d'une poterne*, h/pan., une paire (chaque 38,7x51,4) : **USD 15 400** – Paris, 16 juin 1993 : *Campement de soldats*,

h/pan. (38,5x52) : **FRF 60 000** – MONACO, 2 juil. 1993 : *Les abords d'un bac avec des soldats déchargeant une charrette et des barques de pêche*, craie noire, encre et lav./pap. beige (32,5x43,2) : **FRF 33 300** – PARIS, 31 jan. 1994 : *Halte de cavaliers dans le village*, h/pan. (31x25) : **FRF 22 000** – PARIS, 4 oct. 1994 : *Scène pastorale près d'un temple romain*, h/pan. (42x53,5) : **FRF 27 000** – NEW YORK, 12 jan. 1995 : *Voyageurs arrêtés dans un port fluvial avec des lavandières*, h/pan. (37,8x54) : **USD 12 650** – PARIS, 18 mars 1995 : *Scène de campement ; Cavaliers à l'abreuvoir*, h/pan., une paire (chaque 19x25,5) : **FRF 16 500** – PARIS, 11 déc. 1996 : *Scènes de campement militaire devant un village*, h/pan., deux pendants (24x32,5) : **FRF 52 000**.

DUPLESSIS Pierre Le Goubet
XVIIIe siècle. Français.
Peintre.
Il fut reçu à l'Académie de Saint-Luc en 1781.

DU PLESSY. Voir aussi **DUPLESSIS**

DUPLESSY C.
XVIIIe siècle. Français.
Peintre d'histoire, compositions religieuses.
Il fut reçu en 1717 comme étranger à la Corporation Saint-Luc à Bruxelles.
MUSÉES : LOUVAIN (Hôtel de Ville) : *Apothéose de Jean IV de Brabant – Chute des Titans* – LOUVAIN (réfectoire de l'Abbaye des Prémontrés) : *Les Noces de Cana – Jésus bénissant les Enfants – Les Disciples d'Emmaüs – La Résurrection de Lazare – La Vision de saint Norbert* 1718.

DUPLESSY Jean Alphonse
Né en 1817 à Paris. XIXe siècle. Français.
Peintre de genre, natures mortes.
Élève de Jean Auguste Dubouloz, il participa au Salon de Paris de 1865 à 1872.
Outre ses sujets de genre, tels : *Le déjeuner du vieux savant – Le déjeuner de M. le curé* ou *Le prêteur sur gages*, il traite avec précision des natures mortes, auxquelles il donne parfois un arrière-plan symbolique, comme le montrent : *Les bibelots de la jeunesse* et *Les bibelots de la vieillesse*.
BIBLIOGR. : Gérald Schurr, in : *Les Petits Maîtres de la peinture 1820-1920, valeur de demain*, Les Éditions de l'Amateur, t. V, Paris, 1981.
VENTES PUBLIQUES : PARIS, 3 et 4 mai 1923 : *Le déjeuner du vieux savant* : **FRF 530** ; *Le déjeuner de M. le curé* : **FRF 350** – ROME, 12 nov. 1986 : *Le singe peintre*, h/t (73x60) : **ITL 25 000 000**.

DUPLONICH Vedastus
XVIIe siècle. Actif vers 1660. Allemand.
Graveur.
Il a gravé des vues de Hollande.

DUPOIN Jean Baptiste
XVIIIe siècle. Actif à Paris en 1745. Français.
Peintre et sculpteur.

DUPOMEREULLE
XVIIIe siècle. Actif à Paris. Français.
Peintre aquarelliste.
Il participa en 1788 à l'Exposition de la Jeunesse.

DUPON Arthur
Né en 1890 à Borgerhout. Mort en 1972 à Anvers. XXe siècle. Belge.
Sculpteur de monuments, médailles.
Il fut élève de l'Académie des Beaux-Arts d'Anvers, puis de Jules Lagae et Thomas Vinçotte à l'Institut Supérieur. Il obtint le Prix Van Lérius en 1910, le Prix de Rome en 1912. Il devint professeur à l'Académie d'Anvers en 1930, membre de l'Académie Royale de Belgique, membre de la commission du musée de sculpture d'Anvers-Middelheim.
BIBLIOGR. : In : *Diction. Biogr. Illustré des Artistes en Belgique depuis 1830*, Arto, Bruxelles, 1987.
MUSÉES : ANVERS-MIDDELHEIM.

DU PON G.
XVIIIe siècle. Actif à Leeuwarden vers 1765. Hollandais.
Peintre.

DUPON Josué
Né en 1864 à Ichteghem. Mort en 1935 à Anvers. XIXe-XXe siècles. Belge.
Sculpteur de figures, animalier, sculpteur sur ivoire.
Il fut élève de l'Académie des Beaux-Arts d'Anvers, puis de Thomas Vinçotte à l'Institut Supérieur. Il devint professeur à l'Académie. Il exposa aussi à Paris, obtenant une médaille de bronze à l'Exposition Universelle de 1900.
BIBLIOGR. : In : *Diction. Biogr. Illustré des Artistes en Belgique depuis 1830*, Arto, Bruxelles, 1987.
MUSÉES : ANVERS : *Diane – Antoine Van Dyck – Vautour défendant sa proie* – BUCAREST (Mus. Simu) : *Le premier chasseur*.
VENTES PUBLIQUES : LOKEREN, 1er juin 1985 : *Lion couché*, bronze, patine verte (H. 19) : **BEF 45 000** – LOKEREN, 28 mai 1988 : *Sonneur de cor au Bangala*, bronze (H. 108,5) : **BEF 360 000** – LOKEREN, 12 mars 1994 : *L'homme au pélican*, bronze (H. 119, l. 120) : **BEF 600 000** – LOKEREN, 28 mai 1994 : *Samson et le lion* 1890, bronze (H. 47, l. 53) : **BEF 330 000**.

DUPON Karel
Né en 1926 à Bruges. XXe siècle. Belge.
Sculpteur de monuments, bas-reliefs.
Il fut élève de l'Académie des Beaux-Arts de Bruges, puis de l'Institut Supérieur d'Anvers. En 1952, il obtint le Prix Van Lerius.
Il est l'auteur de retables dans l'église Saint-Martin de Courtrai, d'une *Mise au tombeau* au Québec, d'un *Chemin de croix* à l'île de Man (Grande-Bretagne), de plaques commémorant le héros légendaire Till Eulenspiegel en Allemagne.
BIBLIOGR. : In : *Diction. Biogr. Illustré des Artistes en Belgique depuis 1830*, Arto, Bruxelles, 1987.

DUPONCHEL
XIXe siècle. Français.
Sculpteur.
Le Musée de Douai conserve de lui le *buste du général Lahure*.

DUPONCHEL Charles Eugène
Né en 1748 à Abbeville. XVIIIe siècle. Français.
Graveur.
Élève de Tardieu. La Galerie des Offices, à Florence conserve de lui deux estampes : *La Sainte Famille* et *La Vierge à la Chaise*, d'après Raphaël. On cite encore de lui le portrait de *Marie Leczinska* et celui de *Marie-Antoinette*, d'après Ducreux.

DUPONCHEL Marie Louise
XIXe siècle. Française.
Peintre de miniatures.
Élève de Flandrin. Elle travailla au Grand Montrouge (Seine), et exposa des portraits au Salon en 1874, 1876, 1879.

DUPOND Marcel
Né en mars 1907 à Paris. Mort le 20 novembre 1954 à Montréal. XXe siècle. Depuis 1946 actif au Canada. Français.
Peintre de portraits, paysages, émailleur.
Il acquit d'abord une formation juridique, puis se voua à la peinture à partir de 1934. Dès 1938, il participa à Paris, aux Salons des Artistes Indépendants, puis d'Automne et des Tuileries. En 1946, une exposition de ses œuvres fut organisée au Canada, où il se rendit et se fixa.
En France, il peignit surtout des paysages de Bretagne. Pendant la guerre de 1939-1940, il fit de nombreux croquis au 5e régiment de tirailleurs marocains, tous acquis par l'État français. Au Canada, il a peint les paysages du Saint-Laurent et des portraits. Il s'initia à l'art de l'émail auquel il apporta des rénovations. Ses émaux figurent dans quelques musées canadiens et américains.

DUPONT, dit **Pointié**
Né en 1660 à Bruxelles. Mort en 1712 à Bruxelles. XVIIe-XVIIIe siècles. Actif à Bruxelles. Éc. flamande.
Peintre de perspectives.
Ses tableaux furent ornés par F. Bout et par Boudewyns.

DUPONT
Mort en 1728 à Paris. XVIIIe siècle. Français.
Peintre.
Il peignit entre 1689 et 1694 un tableau pour l'église Notre-Dame de Montereau. On lui attribue également un tableau représentant la Madone et saint Joseph, peint en 1716, pour l'église Notre-Dame à Château-Landon.

DUPONT
XVIIIe siècle. Français.
Sculpteur.
Professeur à l'Académie de Saint-Luc, il figura aux expositions de cette société de 1751 à 1753.

DUPONT
XVIIIe siècle. Français.
Sculpteur.
Il travailla à Sèvres.

DUPONT, Mme
XVIIIe siècle. Française.
Graveur.
Elle travaillait à Paris vers la fin du XVIIIe siècle. On connaît d'elle une gravure en couleur d'après Fr. Boucher : *Vénus enivrant l'Amour.*

DUPONT, Mme, née **Michel**
Née en 1696 à Liège. Morte vers 1750. XVIIIe siècle. Éc. flamande.
Peintre.

DUPONT
XIXe siècle. Actif au Mans au début du XIXe siècle. Français.
Sculpteur.
Il exécuta le reliquaire de Sainte Scholastique pour la Sacristie de l'église Saint-Benoît au Mans.

DUPONT
Né à Saillans (Drôme). XIXe siècle. Français.
Peintre.
Le Musée de Valence conserve de lui : *Saint Pierre* (1840), *Ruines d'un château, Ruines du château de Pierrefonds, Enlèvement d'Orythie.*

DUPONT Alphonse
XIXe siècle. Français.
Peintre de vues, paysages.
Il fut l'élève de Gros et de Bertin. Il exposa au Salon de Paris, de 1824 à 1833, notamment des vues prises aux environs de Rome.
Musées : Nantes : *Clair de lune.*
Ventes Publiques : Paris, 11 mai 1984 : *Paysage italien avec chutes d'eau* 1828, h/t (30x39,5) : **FRF 6 500** – Paris, 15 avr. 1996 : *Voyage en Italie dans les années 1823-1824 avec les principaux sites et monuments d'Italie*, cr. noir/pap. végétal, album de 143 pages : **FRF 20 000** – New York, 23-24 mai 1996 : *Vue des temples d'Agrigente avec une marchande d'oranges au premier plan* 1828 ; *Environs du mont Soracte* 1826, h/t, une paire (chaque 74,9x99,7) : **USD 17 250.**

DUPONT André Joseph
XVIIIe siècle. Actif à Namur. Éc. flamande.
Sculpteur.
Vers 1766 il travailla pour l'église conventuelle d'Ardenne (arrondissement de Namur).

DUPONT Antoine François
XVIIIe siècle. Français.
Peintre.
Il fut reçu à l'Académie de Saint-Luc à Paris en 1743.

DUPONT Charles Carle Henri, dit aussi **Carle-Dupont**
Né le 25 mai 1872 à Grenoble (Isère). XIXe-XXe siècles. Français.
Graveur.
Il fut élève de Jean Léon Gérome, du graveur Jules Jacquet et de Frédéric La Guillermie. Il exposa à Paris, régulièrement au Salon des Artistes Français, où il obtint une mention honorable en 1889, et dont il fut nommé sociétaire en 1904. Il reçut une médaille de bronze à l'Exposition universelle de 1900, et une médaille de deuxième classe en 1904.

DUPONT Chrestien
XVIe siècle. Actif à Cambrai. Français.
Peintre verrier.

DUPONT Christiane
Née à Dunkerque (Nord). XXe siècle. Française.
Pastelliste.
Élève de Debourg ; cette artiste a exposé des fleurs au Salon de l'Union des Femmes Peintres et Sculpteurs.

DUPONT Émile
Né à Troyes. XIXe siècle. Français.
Paysagiste.
Le Musée de Clamecy conserve de lui un *Paysage.*

DUPONT Ernest
Né en 1816 à Paris. Mort en 1888. XIXe siècle. Français.
Peintre de portraits.
Élève de Paul Delaroche. De 1845 à 1870, il envoya au Salon des portraits et des tableaux avec figures.
Ventes Publiques : Paris, 3 mai 1898 : *La petite villageoise* : **FRF 150** – Paris, 23 et 24 avr. 1909 : *Nature morte* : **FRF 400.**

DUPONT Étienne, Mlle
XVIIIe siècle. Française.
Artiste.
Elle fut reçue à l'Académie de Saint-Luc en 1757.

DUPONT François Léonard, appelé aussi **Dupont-Watteau,** dit **Dupont de Lille**
Né en 1756 à Moorsel, de parents français. Mort le 7 février 1821 à Lille. XVIIIe-XIXe siècles. Français.
Peintre de figures, portraits, miniatures, paysages animés, paysages, natures mortes.
Arrivé à Lille à l'époque où Louis Watteau était professeur à l'Académie, il subit complètement l'influence de ce maître. En 1782, Watteau lui donna sa fille en mariage.
Dupont a touché à tous les genres. Vers 1799, il renonça à la peinture pour se livrer à la mécanique, pour laquelle il avait une prédilection marquée.

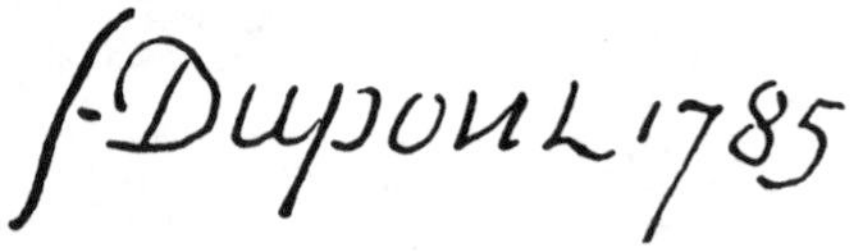

Musées : Glasgow : *La Vendange* – Lille : *Nature morte.*
Ventes Publiques : Paris, 1809 : *Le Peintre Lantara dans sa chambre* : **FRF 172** – Paris, 24 déc. 1894 : *Tête de femme* : **FRF 310** – Paris, 19 mars 1924 : *Paysage traversé par un cours d'eau et animé de figures* : **FRF 1 405** – Versailles, 11 oct. 1981 : *Personnages près d'un torrent ; Ville dans un paysage montagneux* 1784, h/t, une paire (73x60) : **FRF 27 000** – Londres, 24 oct. 1984 : *Nature morte aux fruits et aux fleurs*, h/t (72x91) : **GBP 1 800** – Paris, 7 mars 1994 : *Baigneuse à la cascade* 1786, h/t (73x59) : **FRF 50 000.**

DUPONT François Louis Félix
Né à Bordeaux (Gironde). Mort en 1897 à Mulhouse. XIXe siècle. Français.
Peintre d'histoire.
Ses maîtres furent Gué, Gibert et Cabanel. Il figura au Salon des Artistes Français de 1873 à 1882, année où il obtint une mention honorable, et une médaille de troisième classe en 1885, puis une deuxième médaille en 1904.

DUPONT Françoise
XVIIIe siècle. Française.
Peintre.
Elle travaillait à Paris en 1739.

DUPONT G. G.
XIXe siècle. Français.
Peintre.
Il exposa au Salon de 1882 à 1889 des natures mortes (fleurs, instruments de musique), des paysages, et un tableau de genre : *Chez l'Antiquaire.*

DUPONT Gaston
Né à Château-Thierry (Aisne). XXe siècle. Français.
Peintre.
Il exposa à Paris au Salon des Indépendants à partir de 1927.

DUPONT Geneviève
Née au XIXe siècle à Paris. XIXe siècle. Française.
Peintre de portraits et miniaturiste.
Élève de Mme D. Cool et MM. Carmino et Feyen. Elle débuta au Salon de 1876 avec : *Bruun-Neergaard*, d'après Prud'hon.

DUPONT Jacques
Né en 1909 à Chatou (Yvelines). Mort le 21 avril 1978 à Paris. XXe siècle.
Peintre d'intérieurs, natures mortes, peintre de décors de théâtre.
Il exposait ses peintures à Paris, aux Salons d'Automne et des Tuileries depuis 1942.
Il a surtout été peintre de décors de théâtre, travaillant surtout à Paris pour la Comédie Française et l'Opéra, entre autres : *La chartreuse de Parme* d'Henri Sauguet 1939, et du même : *Les caprices de Marianne* pour le Festival d'Aix-en-Provence 1954

et *La dame aux camélias* pour l'Opéra 1960, *Don Carlos* de Verdi 1963, *Cyrano de Bergerac* de Rostand et *Le prince travesti* d'Audiberti 1964, *Turandot* de Puccini 1966, etc. jusqu'à *Ariane et Barbe-bleue* de Paul Dukas 1975, *Samson et Dalila* de Saint-Saens 1975. Il réalisa encore les décors de *Faust* pour New York 1965 et la Scala de Milan 1966.
Ventes Publiques : New York, 1er déc. 1967 : *Terrain vague* : **USD 650** – Paris, 23 nov. 1981 : *Ballet du troisième acte de Samson et Dalila* 1974, gche (50x32) : **FRF 5 000** – L'Isle-Adam, 10 mars 1985 : *Le jardinier*, gche (31x50) : **FRF 4 600**.

DUPONT Jean
Né en 1934 à Herseaux. xxe siècle. Belge.
Peintre de paysages, fleurs, peintre de cartons de tapisseries.
Il est professeur de dessin et d'art décoratif à l'Institut des Arts Décoratifs et Industriels de Liège.
Il peint des sortes d'arbres-fleurs aux formes stylisées qu'il situe systématiquement sur un fond bleu.
Bibliogr. : In : *Diction. Biogr. Illustré des Artistes en Belgique depuis 1830*, Arto, Bruxelles, 1987.

DUPONT Jean
xve siècle. Actif à Nancy dans la seconde moitié du xve siècle. Français.
Peintre.
Il était prêtre.

DUPONT Jean
xve siècle. Actif à Paris. Français.
Peintre.
Il fit en 1418 deux tableaux représentant la vie de saint Marcel et de saint Clément pour le chœur de l'église Saint-Marcel, à Paris.

DUPONT Jean
xvie siècle. Actif à Rouen. Français.
Sculpteur.
Il refit, en 1562, les boiseries du chœur de l'église Saint-Jean, à Rouen, que les réformistes avaient saccagées.

DUPONT Jean
xviiie siècle. Actif à Paris en 1715. Français.
Sculpteur.

DUPONT Jean Baptiste
Mort le 18 avril 1754. xviiie siècle. Actif à Paris. Français.
Sculpteur.
Il était professeur à l'Académie Saint-Luc ; il exposa au Salon de cette même Académie de 1751 à 1753 différentes œuvres, dont deux groupes de marbre, et les statues, également en marbre, de saint Augustin et de saint Jérôme.

DUPONT Jean François Victor
Né en 1785 à Genève. Mort en 1863. xixe siècle. Suisse.
Peintre sur porcelaine et sur émail.
Il a exposé à Paris (1855) et dans sa ville natale. On cite de lui deux émaux au Musée Rath de Genève : *Portraits de Henri IV* et du *roi George IV d'Angleterre*, ainsi que ceux du *syndic Rigaud, d'H.-B. de Saussure*, d'après Saint-Ours. On mentionne encore son portrait par lui-même et d'autres d'après Hornung, Saint-Ours, etc.

DUPONT Jules Félix Maximilien
Né à Rochefort (Charente-Maritime). xixe siècle. Français.
Peintre de paysages.
En 1878 et 1897, il exposa au Salon quelques paysages dont les motifs étaient pris dans le Gard et dans les Vosges.

DUPONT Justin
Mort en 1891 à Genève. xixe siècle. Travaillant à Genève. Suisse.
Peintre de portraits sur émail.
Fils de Jean-François-Victor Dupont. Il remplit le poste de professeur de dessin au collège de Genève, exposa dans cette ville. A surtout copié les grands maîtres.

DUPONT Louis
Né en 1740 à Liège. Mort le 18 avril 1815. xviiie-xixe siècles. Éc. flamande.
Peintre.
Fils du sculpteur André-Joseph Dupont, il fut nommé professeur à l'Académie de Liège ; il présenta ses œuvres dans plusieurs expositions de Liège : *Descente de croix* (1781), *Madone* (1782), *Joueur de Tambourin, Joueuse de Lyre* (1784).

DUPONT Louis
Né au xixe siècle à Barcelonnette (Basses-Alpes). xixe siècle. Français.
Portraitiste et dessinateur.
Élève de M. Richard. Il débuta au Salon de 1879.

DUPONT Louis G.
Né à Montfiquet. Mort le 15 septembre 1775 à Rouen. xviiie siècle. Français.
Peintre de paysages.
Ventes Publiques : Paris, 1887 : *Paysage* : **FRF 167**.

DUPONT Louis Henry
Né à Paris. xxe siècle. Français.
Graveur de paysages.
Il fut élève de Gérome. Il exposait à Paris, au Salon des Artistes Français, dont il était sociétaire. Il gravait à l'eau-forte en couleurs.

DUPONT Louis Richard François
Né en 1734 à Bayeux. Mort en 1765 à Rouen. xviiie siècle. Français.
Peintre de portraits.
On connaît de lui le portrait du marquis de l'Isle (1759), de sa sœur, Mlle du Moulin de l'Isle, et de l'abbé du Moulin de l'Isle.
Ventes Publiques : Paris, 14 avr. 1989 : *Portrait d'homme en cuirasse vu en buste, le profil tourné vers la gauche* 1759 ; *Portrait de jeune femme vue en buste, le profil légèrement tourné vers la droite* 1759, deux h/t, formant pendants (61x51) : **FRF 140 000** – Paris, 26 juin 1989 : *Portrait de jeune femme en Source*, h/t (92x73) : **FRF 75 000** – Paris, 28 juin 1993 : *Portrait d'homme en habit bleu* 1752, h/t (81x63) : **FRF 40 000** – New York, 12 jan. 1994 : *Portrait d'une dame en vêtement de soie avec une écharpe bleue*, h/t (60x50,2) : **USD 23 000** – Paris, 22 mars 1995 : *Portrait d'une jeune femme personnifiant une source*, h/t (78x61) : **FRF 16 000**.

DUPONT Louise
Née le 17 septembre 1849 à Samer (Pas-de-Calais). xixe siècle. Française.
Peintre.
Élève de M. A. Delacroix et de E. Girard. Elle exposa au Salon de Paris des aquarelles en 1869 et 1870.

DUPONT Madeleine Étiennette
xviiie siècle. Actif à Paris en 1757. Français.
Peintre.

DUPONT N.
Né à Bayeux. Mort en 1765 à Rouen. xviiie siècle. Français.
Peintre de portraits.
Il fut élève de Nattier.
Ventes Publiques : Paris, 21-22 juin 1920 : *Portrait de femme* : **FRF 8 500** – Paris, 18 déc. 1920 : *Portrait d'homme en habit marron* : **FRF 850** – Paris, 19 mars 1924 : *Portrait de femme en corsage décolleté et paré d'un nœud de ruban* : **FRF 2 500** – Paris, 30 mars 1976 : *Jeune Femme en Diane chasseresse*, h/t (110,5x81) : **FRF 20 000**.

DUPONT Paul
Né au xixe siècle à Paris. xixe siècle. Français.
Peintre de paysages.
Élève de M. P. Delaroche. Il débuta au Salon de 1869.

DUPONT Pierre
xve siècle. Français.
Peintre.
Il travaillait à Lyon, en 1499, pour l'entrée de Louis XII.

DUPONT Pierre
xvie siècle. Actif à Paris vers 1535. Français.
Peintre de miniatures.

DUPONT Pierre
Né entre 1560 et 1570. Mort en juin 1640. xvie-xviie siècles. Actif à Paris. Français.
Peintre de portraits.
Il fut principalement tapissier de la Cour, mais exécuta également des portraits et des miniatures. Il illustra de miniatures un livre pour Mme de Châteauneuf, maîtresse d'Henri III.

DUPONT Pierre
Né en 1730. Mort à la fin du xviiie siècle. xviiie siècle. Actif à Londres. Français.
Graveur à la manière noire.
Il est cité par Nagler.

DUPONT Pieter
Né en 1870 à Hilversum. Mort en 1911 à Amsterdam. XIXe-XXe siècles. Actif aussi en France. Hollandais.
Graveur de portraits et divers.
Il fut d'abord employé du Chemin-de-fer. Il étudia le dessin à la Ryles Normaalschool d'Amsterdam, puis entra à l'Académie des Beaux-Arts. En 1890, il fit un séjour à Paris, puis vécut en France de 1900 à 1903, à Nogent-sur-Marne et à Auvers-sur-Oise. Il devint professeur à l'Académie d'Amsterdam.
Il a gravé des billets de banque de dix Florins et des timbres-postes. Pendant son séjour en France, il fréquentait Montmartre, où, en 1901, il grava le portrait de son ami Steinlen.
Ventes Publiques : Amsterdam, 5-6 nov. 1991 : *Fermier en train de labourer* 1906, craies noire et coul. (44,5x58,5) : **NLG 2 070** – Amsterdam, 20 avr. 1993 : *Le porche de Notre-Dame de Paris* 1906, past. (71x97) : **NLG 1 150** – Amsterdam, 8 nov. 1994 : *Un omnibus à chevaux à Paris* 1908, past. (42x55,5) : **NLG 6 900**.

DUPONT Raymond Pierre
Né à Brebières (Pas-de-Calais). XXe siècle. Français.
Sculpteur.
Élève de H. Blaise. Cet artiste a exposé des bustes au Salon des Artistes Français en 1934 et 1935.

DUPONT Robert
Né le 28 juillet 1874 à Caen (Calvados). Mort le 1er septembre 1949 à Montabon (Sarthe). XIXe-XXe siècles. Français.
Peintre de genre, portraits, paysages, natures mortes, dessinateur.
Il fut élève de Élie Delaunay et Gustave Moreau à l'École des Beaux-Arts de Paris, où il reçut le Prix Troyon en 1894. Il exposa à Paris, au Salon des Artistes Français de 1895 à 1905, au Salon des Artistes Indépendants en 1907.
Ventes Publiques : Paris, 26 fév. 1931 : *Le Quai d'Anjou et Notre-Dame*, cr. noir avec reh. de blanc et sanguine : **FRF 40** ; *Bateau-lavoir au Quai d'Anjou ; Le Pont-Marie*, 2 dess. reh. : **FRF 90**.

DUPONT Thomas
XVe siècle. Actif à Troyes au début du XVe siècle. Français.
Sculpteur.

DUPONT Veerle
Née en 1942 à Anvers. XXe siècle. Belge.
Peintre, sculpteur.
Elle suivit des cours de tissage à Bergen (Hollande). En 1979, elle représentait la Belgique à *Exempla* à Munich.
Outrepassant la tapisserie traditionnelle, elle crée ses tissages muraux à partir de bois, d'éléments disparates, qu'elle assemble par le tressage de fibres textiles.
Bibliogr. : In : *Diction. Biogr. Illustré des Artistes en Belgique depuis 1830*, Arto, Bruxelles, 1987.

DUPONT Victor
Né le 12 juillet 1875 à Boulogne-sur-Mer (Pas-de-Calais). XXe siècle. Français.
Peintre de compositions religieuses, portraits, paysages, intérieurs. Expressionniste.
Il fut élève à l'École des Beaux-Arts de Lille et à l'Académie de Boulogne de 1895 à 1901. À Paris, il étudia les peintures de Puvis de Chavannes, Cézanne et Renoir. Il y exposa au Salon des Artistes Indépendants, à partir de 1903. Il figura aussi au Salon d'Automne, dès 1904.
Bibliogr. : Gérald Schurr, in : *Les Petits Maîtres de la peinture 1820-1920, valeur de demain*, Les Éditions de l'Amateur, t. VI, Paris, 1985.
Musées : Beauvais (Mus. de l'Oise).
Ventes Publiques : Paris, 2 déc. 1992 : *Femme à sa toilette* 1906, h/t (77x60) : **FRF 4 500**.

DUPONT Yvonne E.M.
Née le 12 juillet 1897 à Paris. XXe siècle. Française.
Peintre, pastelliste.
Elle fut élève d'Émile Renard. Elle a exposé à Paris, au Salon des Artistes Français à partir de 1921.

DUPONT-BINARD G., Mlle
XIXe siècle. Active à Versailles. Française.
Peintre de genre et graveur.
Élève de MM. Bonnat et Jules Lefebvre. Sociétaire des Artistes Français depuis 1884, elle figura au Salon de cette société.

DUPONT-CRESPIN Henri Ernest Clément
Né à Notre-Dame-de-Bondeville (Seine-Maritime). XXe siècle. Français.
Peintre de portraits, paysages.
Il exposa à Paris au Salon des Indépendants à partir de 1928.

DUPONT-GAGNEUR J. L. J.
XXe siècle. Français.
Sculpteur.
Il exposa à Paris au Salon des Artistes Français en 1914.

DUPONT-GAINSBOROUGH
Né vers 1754. Mort en 1797 à Londres. XVIIIe siècle. Britannique.
Peintre de portraits, paysages animés, paysages, architectures, graveur.
Neveu de Thomas Gainsborough, il fut également son élève. Il fut surtout un bon graveur à la manière noire, surtout lorsqu'il travailla d'après Gainsborough, dont il sut admirablement rendre l'expression. On cite parmi ses meilleures planches : *Georges III* d'après Gainsborough, *La Reine Charlotte*, d'après Gainsborough, *Le Général Conway*, toujours d'après Gainsborough.
Il exécuta des portraits et des paysages dans le style de son oncle et des paysages avec ruines, dans lesquels on sent l'influence de Nicolas Poussin.
Musées : Londres (Tower Hill, chambre de la cour) : *Portraits des maîtres de la Trinité*.
Ventes Publiques : New York, 6-7 avr. 1905 : *Sir Henry Dudley et sa femme* : **USD 200** ; *Les Filles d'Alexandre, quatrième duc de Gordon* : **USD 850** – New York, 12 mars 1908 : *Sir John Reade et son frère* : **USD 500** ; *Jeune Femme dans un paysage* : **USD 250** – New York, 9-10 avr. 1908 : *Les Enfants de sir Charles Ashley* : **FRF 550** – Paris, 6-8 déc. 1920 : *Portrait de femme ; Portrait d'homme*, h/t, une paire : **FRF 4 600** – Londres, 25 nov. 1921 : *Portrait d'un gentilhomme* : **GBP 17** – Londres, 4-5 mai 1922 : *Margaret Gainsborough* : **GBP 99** – Londres, 17 juil. 1925 : *Jeune Garçon* : **GBP 57** – Londres, 12 fév. 1926 : *Mrs Law, ses deux enfants et un chien* : **GBP 120** – Paris, 23 nov. 1927 : *Le Chemin de la ferme* : **FRF 2 300** – New York, 11 avr. 1929 : *Les rivaux* : **USD 45** – Londres, 29 mai 1929 : *Mme Vestris* : **GBP 42** – Londres, 20 déc. 1929 : *Portrait de Master Fairlient* : **GBP 14** – New York, 20 fév. 1930 : *Portrait d'une dame* : **USD 600** – New York, 28-31 jan. 1931 : *Un gentilhomme* : **USD 60** – Londres, 17 fév. 1932 : *Jeune homme de la famille Darnley* : **GBP 16** – New York, 29 avr. 1932 : *Miss Bridget Power* : **USD 550** – Londres, 25 mai 1934 : *Officier de marine* : **GBP 57** – Londres, 28 fév. 1936 : *Samuel Emerson, esq.* : **GBP 10** – Londres, 26 juil. 1937 : *Deux gentilshommes* : **GBP 11** – Londres, 22 juil. 1938 : *Dame en blanc* : **GBP 33** – New York, 13 déc. 1941 : *Sœurs dans le Parc* : **USD 25** – New York, 30 nov. 1943 : *Portrait d'une dame*, past. : **USD 250** – New York, 27 juin 1962 : *Portrait de William Pitt* : **GBP 600** – New York, 3 avr. 1968 : *Portrait d'un gentleman* : **GBP 180** – New York, 19 nov. 1969 : *Portrait du baron Mulgrave* : **GBP 600** – New York, 22 oct. 1970 : *Jeune femme entourée de ses quatre enfants* : **USD 6 500** – Londres, 6 avr. 1973 : *Portrait de George Drummond* : **GNS 5 500** – New York, 2 déc. 1976 : *Portrait de miss Augusta Phipps*, h/t (74,5x62,5) : **USD 250** – Londres, 6 juil. 1977 : *Portrait de William Thomas Lewis*, h/t (69x60,5) : **GBP 3 000** – Londres, 15 juil. 1983 : *Jeune berger dans un paysage boisé écoutant une pie*, h/t (190,5x137,5) : **GBP 16 000** – New York, 17 jan. 1985 : *Laitière et charretier dans un paysage boisé*, h/t (63x76) : **USD 5 500** – Londres, 12 mars 1986 : *Portrait de William Windham of Felberg, Norfolk*, h/t, de forme ovale (72,5x59,5) : **GBP 4 200** – Londres, 18 mai 1990 : *Portrait de Mrs Ralph Willett vêtue d'une robe brune et d'un châle noir et portant une coiffe de dentelle*, h/t (76,2x63,7) : **GBP 2 750** – New York, 11 oct. 1990 : *Femmes surveillant les jeux de leurs enfants devant la porte de la maison*, h/t (49,5x59) : **USD 2 750** – New York, 11 avr. 1991 : *Portrait d'une dame en buste, portant une perruque poudrée*, h/t (75x62) : **USD 3 300** – Londres, 10 nov. 1993 : *Portrait du révérend Robert Heron assis dans un intérieur*, h/t (54x38,5) : **GBP 3 450** – Londres, 15 déc. 1993 : *Portrait du roi George III, de buste, en uniforme Windsor et portant l'étoile de l'Ordre de la Jarretière*, h/t (76,2x63,5) : **GBP 5 175** – New York, 15 mai 1996 : *Paysan faisant sa cour à une laitière*, h/t (126,4x101) : **USD 39 100** – Londres, 10 juil. 1996 : *Portrait d'un gentilhomme vêtu d'un habit noir, en buste*, h/t, de forme ovale (74x61,5) : **GBP 2 875** – Londres, 9 juil. 1997 : *Portrait de John Clementson*, h/t (127x96,5) : **GBP 6 325**.

DUPONT-PINGENET Jean Marie
Né au XIXe siècle à Versailles. XIXe siècle. Français.
Peintre miniaturiste.
Élève de David. Il exposa au Salon de Paris en 1830 des portraits en miniature.

DUPONT-SAINT-PIERRE Claude
XVIIIe siècle. Français.
Peintre sur émail.
Il fut appelé « émailleur de Mme de Bourgogne ».

DUPONT-WATTEAU. Voir **DUPONT François Léonard**

DUPONT-ZIPCY Émile
Né le 14 mars 1822 à Douai (Nord). Mort le 8 juin 1885 à Lille. XIXe siècle. Français.
Peintre.
Il se forma à l'Académie de Lille et fut élève de Souchon. Cet artiste a laissé un grand nombre de portraits, de paysages, de marines et de panneaux décoratifs. Il exposa au Salon de Paris de 1869 à 1879. Dupont-Zipcy publia des articles sur les arts dans la *Revue du Nord*, *l'Artiste* et le *Musée Universel*. Au Musée de *La Rochelle*, on a de cet artiste : *Jeune fille grecque*.

DU PONTAVICE Ulric, vicomte
XIXe siècle. Actif à Paris. Français.
Peintre.
Sociétaire des Artistes Français, depuis 1887, il figura au Salon de ce groupement.

DUPORT
XVIe siècle. Actif à Limoges. Français.
Peintre sur émail.
Une peinture sur émail représentant saint Hubert se trouve dans la Collection du duc de Martina à Naples.

DUPORT, et fils
XIXe siècle. Français.
Sculpteurs.
Ils fournirent en 1808 pour le château de Meudon un groupe de bronze : *Télémaque et Mentor* destiné à une pendule.

DUPORT F. Adrienne, Mme
Née à Paris. XIXe siècle. Française.
Peintre de genre, portraits.
Elle exposa au Salon de 1831 à 1839. Elle obtint une médaille en 1838.
Ventes Publiques : Versailles, 4 oct. 1981 : *L'Arrivée en chaise à porteurs*, h/t (72,5x59,5) : **FRF 3 600**.

DUPORT Michel
Né en 1943. XXe siècle. Français.
Peintre, sculpteur.
Il montre ses œuvres dans des expositions personnelles : 1997 musée des Jacobins de Morlaix puis musée de Valence ; 1998 Paris, galerie Piltzer.
Il s'est d'abord intéressé aux surfaces planes puis ses tableaux se sont transformés en volumes peints constitués de silhouettes découpées.
Ventes Publiques : Paris, 26 sep. 1989 : *h/t* 1986 (47x45) : **FRF 4 500**.

DUPOUCH
XVIIIe siècle. Français.
Peintre.
Il fut probablement le premier maître de Maurice-Q.-de Latour. Son portrait au pastel, peint par Latour, figura au Salon de 1739. Reçu à l'Académie de Saint-Luc en 1747.

DUPPA Bryan Edward
XIXe siècle. Actif à Londres. Britannique.
Peintre de portraits.
Il exposa de 1832 à 1853 à la Royal Academy, à la British Institution et à Suffolk Street. Plusieurs de ses portraits de politiciens anglais furent gravés en 1840 pour illustrer l'œuvre de Saunder « Political Reformers ».

DUPPA Richard
Né en 1770. Mort le 11 juillet 1831. XVIIIe-XIXe siècles. Britannique.
Copiste.
Artiste surtout connu par les ouvrages sur Michel-Ange et Raphaël qu'il publia en 1807 et 1816. Ses livres contiennent les portraits des artistes dont il relata la vie. Il travailla d'abord quelque temps à Rome.

DUPPERON, Mlle
Née au XVIIIe siècle. XVIIIe siècle. Française.
Peintre.
Élève de Greuze.
Ventes Publiques : Paris, 21-22 fév. 1919 : *Portrait de jeune femme*, trois crayons : **FRF 252** – Rome, 27 mars 1980 : *Portrait d'un gentilhomme*, h/t (74x62) : **ITL 1 900 000** – Rome, 20 nov. 1984 : *Portrait d'un gentilhomme*, h/t (64x72) : **ITL 3 000 000** – Londres, 8 juil. 1988 : *Portrait d'un jeune seigneur en habit blanc brodé de fleurs et jouant du clavecin*, h/t (99x74) : **GBP 9 350**.

DUPRA Giorgio Domenico ou **Duprat, Dupraz**
Né en 1689 à Turin. Mort le 21 février 1770. XVIIIe siècle. Italien.
Peintre de portraits.
Il étudia à Rome avec son frère Giuseppe et, avec lui, fut peintre à la Cour de Charles-Emmanuel III de Savoie.
Il est parfois difficile de dire auquel des deux frères appartient la paternité de certains tableaux, comme le portrait de la reine Marie Barbara d'Espagne, jeune fille, ceux de Charles-Emmanuel IV et de sa sœur Joséphine enfants. Signés de Domenico, nous avons les portraits du cardinal G. Spinelli, de William Henry, comte de Rochford, du prince Charles Edward Casimir Stuart, de Sinibaldo Doria, de Jacques Coste, etc.
Ventes Publiques : Londres, 5 avr. 1929 : *Un gentilhomme* 1741 : **GBP 56** – Venise, 24 mai 1997 : *Eugenio di Savoia*, h/t (118x87) : **ITL 16 000 000**.

DUPRA Giuseppe ou **Duprat, Dupraz**
XVIIIe siècle. Actif à Turin. Italien.
Peintre.
Il était frère de Domenico Dupra (voir aussi l'article Dupra Giorgio Domenico). De sa main, on cite une *Madone avec saint Joseph et sainte Anne*, dans l'église Saint-Thomas à Turin et un *Saint François* dans l'église Saint-Roch à Farnèse, près de Rome.
Ventes Publiques : New York, 15 nov. 1945 : *Mascarade* : **USD 1 300** ; *Musique* : **USD 1 300**.

DUPRAS Henri Théodore Auguste
Né au XIXe siècle à Domfront (Orne). XIXe siècle. Français.
Peintre de fleurs.
Élève de M. Levasseur. Il débuta au Salon de 1880 avec : *Roses*.

DUPRAT
XVIIIe siècle. Français.
Peintre.
Le Musée de Madrid conserve de lui le *Portrait de la princesse des Asturies, femme de Ferdinand VI*.

DUPRAT. Voir aussi **DUPRA**

DUPRAT Albert Ferdinand
Né le 12 janvier 1882 à Venise. XXe siècle. Italien.
Peintre de paysages urbains et d'eau. Postimpressionniste.
Il se forma à l'École des Beaux-Arts de Venise.
Il s'est presqu'exclusivement voué à la peinture de vues de Venise, des canaux et monuments, de quelques marines de la lagune ou de l'Adriatique, et des environs immédiats. Toutefois, il a peint aussi à Paris, les berges et les ponts de la Seine, et à Martigues les canaux de la « Venise provençale ». Peintre de paysages d'eau, il ne dédaignait pas les effets de coucher de soleil.

A. Duprat

Bibliogr. : Gérald Schurr, in : *Les Petits Maîtres de la peinture 1820-1920, valeur de demain*, Les Éditions de l'Amateur, t. IV, Paris, 1979.
Musées : Aix-en-Provence – Brest – Laval.
Ventes Publiques : New York, 12 fév. 1909 : *Rio Santa Sophia (Venise)* : **USD 97** ; *Rio Santa Sophia (Venise)* : **USD 250** – Paris, 18 fév. 1920 : *Le Palais Ducal et la Salute (Venise)* : **FRF 1 050** ; *Le quartier du Brescon (Martigues)* : **FRF 600** – Paris, 28 oct. 1922 : *Le marché aux pommes (Quai de Gesvres)* : **FRF 505** – Paris, 18 jan. 1924 : *Canal à Venise* : **FRF 330** – Paris, 20 juin 1928 : *Bateaux de pêche sur la lagune* : **FRF 1 050** ; *Venise, canal au coucher du soleil* : **FRF 750** – Paris, 22 juin 1942 : *Le rio San Trovaso* : **FRF 4 100** – Paris, 29 jan. 1943 : *Vue du Bosphore* : **FRF 5 100** – Paris, 5 mars 1945 : *Canal à Venise* : **FRF 4 500** – Paris, 14 fév. 1947 : *Canal à Venise* : **FRF 5 000** – Lucerne, 28

juin 1969 : *Vue de Venise* : **CHF 1 400** – VERSAILLES, 25 oct. 1981 : *Venise*, h/t (55x74) : **FRF 2 000** – PARIS, 29 oct. 1984 : *Une île près de Venise*, h/t (46x65) : **FRF 7 000** – PARIS, 15 mai 1987 : *Venise : un canal*, h/t (54x65) : **FRF 10 000** – HEIDELBERG, 14 oct. 1988 : *Canal à Venise au crépuscule*, h/t (61x41) : **DEM 1 200** – AMSTERDAM, 24 mai 1989 : *Paysage fluvial avec un pont près d'un village en été* 1903, h/t (39,5x50) : **NLG 2 990** – PARIS, 12 oct. 1990 : *La lagune*, h/t (56x73) : **FRF 24 000** – VERSAILLES, 25 nov. 1990 : *Venise*, h/pan. (26,5x34,5) : **FRF 14 000** – LONDRES, 22 mai 1992 : *Un petit canal de Venise*, h/t (58,5x80) : **GBP 3 300** – PARIS, 10 fév. 1993 : *Le Grand Canal*, h/t (65x110,5) : **FRF 25 000** – CHAUMONT, 17 sep. 1995 : *La lagune à Venise*, h/t (45x100) : **FRF 16 500** – NEW YORK, 22 oct. 1997 : *Les Quais avec la coupole de l'Institut à droite et les tours de Notre-Dame dans le fond*, h/t (49,9x81) : **USD 10 350**.

DUPRAT André

Né le 13 septembre 1913 à Tarbes (Htes-Pyrénées). XXe siècle. Français.

Peintre de paysages de montagne, marines, natures mortes, fleurs, créateur d'affiches.

Il travailla dans l'atelier du peintre aveyronnais Charles Manciet de 1937 à 1939. Il participe à des expositions collectives dans les grandes villes du Sud-Ouest et aux Salons de Toulouse, Pau, Albi, etc. Il a figuré aussi dans des expositions à Nice, Tours, etc. A titre individuel, il expose régulièrement à Tarbes depuis 1950. Ses peintures décorent de nombreux édifices publics à Tarbes, Lourdes, et dans d'autres villes des Hautes-Pyrénées. Il a créé une affiche très graphique pour le Refuge de *La Brèche de Roland*.

L'écriture de ses paysages de montagne est volontaire. Dans ses marines, il recherche les éclairages rares, aubes, crépuscules, contre-jours. Dans ses natures mortes, il sait rendre la profusion et la diversité des bouquets de fleurs des champs.

DUPRAT Hubert

Né en 1957 à Nérac. XXe siècle. Français.

Peintre, sculpteur, artiste technique mixte. Conceptuel.

Il vit et travaille à Claret, une petite ville de l'Hérault. Il expose depuis 1985, à Toulouse, Bordeaux. Il montre ses travaux dans des expositions personnelles, parmi lesquelles : 1988 Galerie Jean-François Dumont à Bordeaux, 1990 à *La Criée* de Rennes, 1992 à la Fondation Nationale des Arts de Paris ; 1994 Thiers, Centre d'art contemporain ; 1995 Nice, Villa Arson ; 1998 Antibes, Musée Picasso.

Peintre de technique mixte, en fait Hubert Duprat utilise plutôt le dessin, la photographie et la troisième dimension des sculpteurs. Sans ressortir exactement au conceptuel, ses réalisations matérialisent la diversité du regard sur un espace donné. Son principe consiste à projeter le dessin schématisé d'un espace, par exemple en 1990 celui du mur du fond de son atelier, son atelier en tant que réceptacle de toutes les images possibles, avec la porte interrompant la plinthe, le début des deux angles de la pièce et le départ du plancher, et de répéter ce dessin sur des supports divers, par exemple enroulé à l'intérieur d'un volume cylindrique pénétrable, qui lui confèrent des altérations comparables à des effets d'anamorphose. Ce qui complique ou compromet peut-être le principe conceptuel des interventions, est que ces répliques du dessin initial sont exécutées, non pas avec la sobriété qui convient au genre, mais au contraire avec un certain raffinement technique et finalement plastique, par incrustation dans du contreplaqué, du béton, etc., de marqueterie de buis, d'étain, d'écailles de tortue. On peut considérer aussi que ce soin apporté à l'exécution précise et accentue l'intention tacitement conférée à l'œuvre, qui serait de provoquer, non une appréhension tactile, vécue, d'un espace, mais bien plutôt visuelle. Ce processus et ses variations ne constituent qu'un moment de la création d'un artiste qui ne recherche pas la cohérence. Dans les années quatre-vingt-dix, il crée des objets, intitulés *Larves aquatiques de tricoptères*, de nouveau à base de matériaux plutôt précieux : or, perles, opales, en tout cas d'aspect. ■ J. B.

BIBLIOGR. : Ramon Tio Bellido : Catalogue de l'exposition *Hubert Duprat*, Gal. J.-F. Dumont, Bordeaux, 1988 – Ramon Tio Bellido : *Hubert Duprat*, Beaux-Arts, Paris, 1990 – Didier Arnaudet : *Hubert Duprat*, Art press, Paris, 1990 – Hervé Legros : *Hubert Duprat, Alain Séchas*, Art Press N° 168, Paris, avr. 1992 – Catalogue de l'exposition *Hubert Duprat*, Mus. Picasso, Antibes, 1998.

MUSÉES : CHAMALIÈRES (FRAC Auvergne) : *Sans Titre* 1986 – CHÂTEAUGIRON (FRAC Bretagne) : *Sans Titre* 1986-1989 – LIMOGES (FRAC) : *Coupé-cloué* 1991-1992.

DUPRAT Marc

XXe siècle. Français.

Peintre de compositions religieuses, portraits.

Il exposa à Paris au Salon des Tuileries de 1932 à 1935.

DUPRAT Sophie

Née au XIXe siècle à Paris. XIXe siècle. Française.

Miniaturiste.

De 1833 à 1851, elle envoya au Salon de Paris des miniatures dont quelques-unes représentant des sujets religieux d'après les grands maîtres italiens.

VENTES PUBLIQUES : PARIS, 4 avr. 1894 : *Raisins et pivoines*, deux pendants : **FRF 145**.

DUPRAT Yolande

XXe siècle. Française.

Peintre de portraits, natures mortes.

Elle exposa à Paris au Salon des Tuileries à partir de 1929.

DUPRAY Henri Louis

Né le 3 novembre 1841 à Sedan (Ardennes). Mort en avril 1909 à Paris. XIXe siècle. Français.

Peintre de sujets militaires, portraits.

Élève de L. Cogniet et de Pils, il participa au Salon de Paris à partir de 1863, obtenant une médaille de troisième classe en 1872 et de deuxième classe en 1874. Il fut décoré de la Légion d'honneur en 1878.

Ses portraits et sujets militaires sont enlevés avec beaucoup de vivacité et de savoir-faire.

h. Dupray

BIBLIOGR. : Gérald Schurr, in : *Les Petits Maîtres de la peinture 1820-1920, valeur de demain*, Les Éditions de l'Amateur, t. II, Paris, 1982.

MUSÉES : GRENOBLE : *Visite aux avant-postes pendant le siège* – LONDRES (Victoria and Albert Mus.) : *Brigadier, vous avez raison* – *École de tambours* – *La patrouille* – LUCERNE : *Attaque de cavalerie* – ROCHEFORT : *Artilleurs*.

VENTES PUBLIQUES : PARIS, 1894 : *Bataille de Langoon*, dess. : **FRF 80** ; *Les grandes manœuvres* : **FRF 920** – NEW YORK, 3 fév. 1898 : *Waterloo* : **USD 1 050** – PARIS, 5 mai 1902 : *Lanciers de la garde sous le second empire* : **FRF 360** – NEW YORK, 19 jan. 1905 : *Un accident aux manœuvres* : **USD 350** – PARIS, 3 déc. 1927 : *La sortie de la caserne le dimanche* : **FRF 450** – PARIS, 11 jan. 1943 : *Charge de hussards* – *Cuirassier blanc*, deux h/pan. : **FRF 2 000** – PARIS, oct. 1945-juil. 1946 : *Arabe à cheval* : **FRF 13 000** – PARIS, 19 mai 1947 : *Brigadier vous avez raison* : **FRF 1 600** – NEW YORK, 11 fév. 1981 : *Scène de bataille*, h/t (79x121) : **USD 2 500** – REIMS, 23 oct. 1983 : *Le défilé de la musique militaire*, h/t (72x59) : **FRF 16 000** – NEW YORK, 13 déc. 1985 : *La bataille d'Inkermann*, h/t (73x92) : **USD 1 600** – STOCKHOLM, 5 nov. 1986 : *La cavalier*, h/pan. (37x45) : **SEK 12 500** – CALAIS, 13 nov. 1988 : *Les grandes manœuvres près du château présumé de Versailles en présence des attachés militaires étrangers*, h/pan. (31x46) : **FRF 35 000** – PARIS, 28 sep. 1989 : *Un poste à Landrecies*, h/pan. (35x26) : **FRF 4 200** – REIMS, 21 oct. 1990 : *Officier à cheval – scène militaire*, aquar. (33x44,5) : **FRF 6 000** – PARIS, 14 déc. 1990 : *L'inspection des chevaux de l'armée* 1890, h/t (36x46) : **FRF 14 000** – NEW YORK, 28 mai 1993 : *Charge de cavalerie*, h/t (54,2x81,2) : **USD 4 630** – MILAN, 22 mars 1994 : *Bataille*, h/pan. (23,5x33) : **ITL 7 130 000** – CALAIS, 25 juin 1995 : *Les lanciers* 1874, h/pan. (26x22) : **FRF 5 000**.

DU PRAYEL Pierre. Voir **DU PRÉAU**

DUPRAZ. Voir aussi **DUPRA**

DUPRAZ Louis

Né en 1865 à Paris. XIXe siècle. Français.

Peintre.

Le Musée de Limoges conserve de lui : *Poignard et sa gaine*.

DUPRÉ

XVIIe siècle. Français.

Peintre.

Cité par de Marolles.

DUPRÉ Alexandre

Né à Paris. XXe siècle. Français.

Peintre d'animaux.
Il exposa à Paris de 1927 à 1935 au Salon des Indépendants où il présenta des peintures de chevaux.
Ventes Publiques : Paris, 16 oct. 1981 : *Le Poulailler*, h/t (46x61) : **FRF 4 100.**

DUPRÉ Amalia
Née vers 1845 à Florence. XIXe siècle. Italienne.
Sculpteur.
Fille et élève de Giovanni Dupré.

DUPRÉ Angélique
XVIIIe siècle. Active à Paris en 1736. Française.
Peintre.

DUPRÉ Anthony ou **du Pré**
XVIIe siècle. Actif à Anvers. Éc. flamande.
Peintre.
Il fut l'élève de Godefridus Maes et fut reçu maître en 1685-86.

DUPRÉ Antoine
XVIIe siècle. Actif à Rome. Français.
Peintre.

DUPRÉ C.
XXe siècle. Français.
Peintre de portraits.
Il exposa à Paris au Salon des Artistes Français en 1912.

DUPRÉ Claude
XVIIIe siècle. Français.
Peintre.
Il fut reçu à l'Académie de Saint-Luc à Paris en 1772.

DUPRÉ Daniel ou **du Pré**
XVIIe siècle. Actif à Anvers. Français.
Enlumineur.
Il fut reçu maître en 1644. Il est probablement le Daniel Dupré (voir notice suivante) qui, le 20 janvier 1650 fut admis à l'Académie Saint-Luc, à Paris, où il fut naturalisé en 1656.

DUPRÉ Daniel
Mort le 11 avril 1687. XVIIe siècle. Français.
Peintre, sculpteur.
Il était peintre ordinaire chez le roi ; il fut reçu à l'Académie de Saint-Luc à Paris en 1650.

DUPRÉ Daniel
Né en 1752 à Amsterdam. Mort le 4 juin 1817 à Amsterdam. XVIIIe-XIXe siècles. Hollandais.
Peintre de paysages animés, paysages, graveur, dessinateur.
Il fut élève de J. Van Dregt et de J. Andriessen.
Ventes Publiques : Londres, 14 déc. 1938 : *Scène pastorale* : **GBP 27** – Londres, 22 avr. 1977 : *Paysage montagneux animé de personnages*, h/t (33x43,5) : **GBP 950** – Versailles, 27 juil. 1980 : *Patineur sur une rivière gelée*, h/pan. (29x37) : **FRF 6 500** – Cologne, 22 nov. 1984 : *Paysage au monastère*, h/t (54x70) : **DEM 4 500** – Londres, 18 avr. 1996 : *Vue de la côte napolitaine : Vico* 1789, lav./craie noire (17,8x34,8) : **GBP 575.**

DUPRÉ E.
XIXe siècle. Français.
Peintre.
Le Musée de Tours conserve un portrait de sa main, représentant le comte *E. C. de Ris.*

DUPRÉ Elias. Voir **GODEFROY**

DUPRÉ Estienne
XVIIIe siècle. Actif à Paris vers 1730. Français.
Sculpteur.

DUPRÉ Félicie
Née à Paris. XIXe siècle. Française.
Peintre.
Élève de L. Cogniet et Mlle R. Thévenin. Elle exposa ses pastels, en 1872, 1873 et 1874.

DU PRÉ François
XVIIIe siècle. Éc. flamande.
Sculpteur sur bois.
Il travailla à Gand en 1782 aux stalles de l'église Saint-Bavon.

DUPRÉ François
XVIe siècle. Actif à Roye (Picardie). Français.
Sculpteur sur bois.
Il travailla à Amiens vers 1530.

DUPRÉ François
Né en 1781 à L'Isle-Adam. XIXe siècle. Français.
Peintre sur porcelaine.

DUPRÉ François Xavier
Né le 25 juillet 1803 à Paris. Mort le 28 février 1871 à Paris. XIXe siècle. Français.
Peintre.
Entré à l'École des Beaux-Arts en 1819, il eut pour professeurs Guérin et Lethière. Au concours pour Rome, en 1826, il eut le deuxième prix, et l'année suivante il remporta le premier prix sur le sujet : *Coriolan chez Tullus, roi des Volsques.* Ses meilleurs ouvrages parus aux Salons sont les suivants : *Épisode du tremblement de terre de Pompéi* ; *La Saltarello, dame romaine* ; *Paysannes napolitaines* ; *La Speranza, costumes du royaume de Naples* ; *La prière.* On a de cet artiste au Musée de Versailles : les portraits de *Richemond, comte de Bretagne*, de *Louis-Philippe d'Orléans*, de *Gilbert de Montpensier*, de *Louis de Bourbon* et de *Parizot de la Valette.*
Ventes Publiques : Paris, 9 avr. 1973 : *Vaches à l'abreuvoir* : **FRF 10 800.**

DUPRÉ Frédéric
Né à Paris. XXe siècle. Français.
Peintre de paysages, fleurs.
Il a exposé à Paris, au Salon des Artistes Indépendants depuis 1926, à celui des Tuileries à partir de 1934.

DUPRÉ Georges
Né le 29 janvier 1807 à Lyon. Mort le 25 mai 1853 à Lyon. XIXe siècle. Français.
Peintre d'histoire, compositions religieuses, scènes de genre, figures, portraits.
Élève de Revoil à l'École des Beaux-Arts de Lyon, il exposa, à Lyon à partir de 1828, à Paris à partir de 1833. On cite parmi ses œuvres : *Une scène de famille* exposé à Paris en 1833, *Sainte Madeleine* à Lyon en 1839, *Le Chevalier Bayard* à Lyon en 1841-1942, *Portrait du cardinal de Bonald* et *L'Assomption* à Lyon en 1844-1945, *Repos de baigneuses* à Paris en 1848, *Sainte Famille* à Lyon en 1853-1854.

DUPRÉ Georges
Né à Saint-Étienne (Loire). XIXe-XXe siècles. Français.
Sculpteur.
Il fut élève d'Oscar Roty et d'Émile Thomas. Il exposait à Paris, régulièrement au Salon des Artistes Français, dont il était sociétaire depuis 1902, y ayant obtenu une mention honorable en 1893, médaille de troisième classe 1899, de deuxième classe 1901, de première classe 1904. Entre-temps, il avait obtenu le Prix de Rome en 1896.

DUPRÉ Giovanni
Né le 1er mars 1817 à Sienne, de parents français. Mort en 1882. XIXe siècle. Italien.
Sculpteur de monuments, statues.
Il obtint une médaille de première classe en 1855. Chevalier de la Légion d'honneur en 1867. Il était membre associé de l'Institut de France. Il a exécuté le monument érigé en 1873 à Turin à la mémoire de Cavour. On cite parmi ses œuvres une *Pietà* ; *Le Triomphe de la Croix.*
Dupré est un des sculpteurs les plus intéressants de l'École toscane au XIXe siècle.
Musées : Assise (chœur de l'église Saint-François) : *Saint François*, statue – Pistoia (cathédrale) : *L'Archevêque Bindi*, statue.
Ventes Publiques : Londres, 15 oct. 1981 : *Béatrice*, marbre (H. 81) : **GBP 2 800** – New York, 13 oct. 1993 : *Sapho* 1880, marbre (H. 73,7, l. 64,8) : **USD 18 400.**

DU PRÉ Guillaume
XIVe siècle. Français.
Sculpteur sur bois.
Il travailla à la Chartreuse de Gosnay en Artois et, de 1322 à 1324 au cloître de Saint-Omer, avec Jean de Saint-Omer.

DUPRÉ Guillaume
Né vers 1574 à Sissonne (Aisne). Mort en 1647. XVIe-XVIIe siècles. Français.
Sculpteur et graveur en médailles.
Dupré était protestant. Il épousa en 1600, la fille de son coreligionnaire le sculpteur Barthélemy Prieur. Il eut cinq enfants, dont un fils Abraham lui succéda dans sa charge de « contrô-

leur général des poinçons et effigies pour les monnaies ». En 1603, ayant déjà le titre de sculpteur ordinaire du roi, il obtint le privilège de fondre lui-même ses médailles, en or et en argent, dans la galerie du Louvre où Henri IV lui avait accordé un logement. En 1604, il fut nommé d'abord conjointement avec Jean Pillon, ensuite seul à la charge de « conducteur et contrôleur général en l'art de sculpture sur le joint des monnaies et revers d'icelles ». On attribue à Dupré la statue d'Henri IV qui fut élevée sur le Pont-Neuf en 1614, d'aucuns prétendent qu'elle appartient à Pierre de Francheville. Il ne s'agit que du cavalier, car le cheval ouvrage du Florentin Tadda ou Tosca avait été donné à Marie de Médicis par Cosme II, duc de Toscane. Ses œuvres les plus remarquables sont les médaillons, les médailles, les types monétaires. La Bibliothèque Nationale en renferme un grand nombre de toute beauté. Notamment, la médaille frappée en 1603 à l'occasion du mariage d'Henri IV et de Marie de Médicis. Au Louvre, le médaillon en bronze de Brulart de Sillery, chancelier de France et le buste en marbre de Dominique de Vie, comte d'Ermenonville. On lui attribue le buste en cire d'Henri IV, qui se trouve au château de Chantilly. A Turin dans le vestibule d'honneur du palais royal la statue en bronze de Victor-Amédée Ier de Savoie. La Monnaie de Paris possède quelques poinçons de ce maître, portraits d'Henri IV, de Marie de Médicis, de Louis XIII, enfant, du cardinal de Richelieu, de Gaston d'Orléans, du prince de Condé. Les revers représentent souvent des sujets composés d'un dessin très ferme et d'une heureuse disposition et d'une grande allure. En outre, les coins des monnaies du règne d'Henri IV et ceux de la minorité de Louis XIII ont été gravés d'après les types très remarquables fournis par G. Dupré au tailleur général des monnaies. Certaines médailles sont signées Georges Dupré, bien que son œuvre en général ne porte que la signature G. Dupré. La médaille du maréchal de Toyras, datée de 1634, est signée Guil Dupré. Georges et Guillaume Dupré sont bien du même artiste. Dupré fut le plus célèbre médailleur de l'école française.

DUPRÉ Guillaume

Mort le 2 février 1767 à Paris. XVIIIe siècle. Actif à Paris. Français.

Sculpteur.

DUPRÉ Gustave

Né en 1827 à Paris. XIXe siècle. Français.

Peintre de paysages.

Élève de Corot et Léon Cogniet. De 1848 à 1879, il envoya des paysages au Salon.

DUPRÉ Jacques

XIVe siècle. Actif à Poitiers. Français.

Sculpteur.

Il travailla, de 1383 à 1387, au palais et à la grosse horloge de Poitiers. Un Robert Dupré, qui était comme lui du nombre des artistes à la solde du duc Jean de Berry, et qui travailla, sous la direction de Pierre Juglar, à la décoration du château de Riom, en 1384, était probablement son frère.

DUPRÉ Jacques ou **du Prez**

Né vers 1603. Mort le 2 janvier 1670 à Paris. XVIIe siècle. Actif à Paris. Français.

Peintre.

Il est cité pour la première fois en 1634 comme « Peintre du Roy ».

DUPRÉ Jan ou **de Prez**

Né en 1701. Mort le 23 novembre 1771. XVIIIe siècle. Actif à Gand. Éc. flamande.

Sculpteur.

Il fut reçu maître en 1731. Il fit pour la gilde des Maçons et Tailleurs de pierre un porte-flambeau exécuté par Frans Allaert et conservé au Musée archéologique de Gand.

DUPRÉ Jean Baptiste Pierre

Né le 25 juin 1843 à Cossé-le-Vivien (Mayenne). XIXe siècle. Français.

Peintre de portraits.

Élève de T. Abraham et de R. Touzé. Il exposa au Salon de Paris des portraits et quelques tableaux de genre de 1870 à 1882.

DU PRÉ Jean Daniel

XVIIIe siècle. Actif à Genève, en 1775. Suisse.

Graveur.

DUPRÉ Jules

Né le 5 avril 1811 à Nantes (Loire-Atlantique). Mort le 6 octobre 1889 à l'Isle-Adam (Val-d'Oise). XIXe siècle. Français.

Peintre de paysages animés, paysages, graveur.

Il était fils d'un peintre devenu industriel, aux environs de Creil, où il avait une fabrique de porcelaine. Pour plaire à son père, il fit son apprentissage à l'usine, dans la décoration des assiettes ; ce qui ne l'empêcha pas de travailler de bonne heure à la peinture, pendant ses loisirs. Par la suite, le jeune homme accompagna son père à Saint-Yrieix, où celui-ci avait établi une nouvelle manufacture. Événement fort important pour celui qui allait devenir le peintre du Limousin. C'était l'époque où George Sand demandait à cette même nature la consolation des infortunes de la première phase de son existence. Tous deux arrivèrent à Paris à peu près à la même époque : *Indiana* est de 1832. Dupré s'était lié d'amitié avec les artistes de l'école de 1830, alors en pleine fièvre de renouvellement, notamment Troyon, Daubigny, Théodore Rousseau, Millet, Cabat, Paul Huet. Dupré avait reçu quelques leçons de Jean-Michel Diebolt, ancien élève de Demarne.

Ses débuts de peintre datent de 1831 : il exposait au Salon sept œuvres, en particulier des paysages de la Haute-Vienne, de Montmorency et une vue de l'Isle-Adam, où il devait terminer sa vie. Th. Rousseau débutait la même année. Dupré partait volontiers pour travailler à la campagne, à la recherche de quelque étude d'après nature, avec ses amis J. André, Troyon ou Cabat. C'étaient parfois des séjours de quelques semaines dans l'Indre ou le Berry. En 1834, il partit pour l'Angleterre, sur l'invitation de lord Grave ; il séjourna à Londres, Plymouth, Southampton ; entrant ainsi en contact avec Constable, Turner, Crome, Bonington et tous les maîtres anglais, dont il reçut une impression profonde. À son retour, il obtenait un succès au Salon de 1835 avec sa vue de Southampton. Dupré, toujours assez gêné, on connaît sa boutade : « j'aurai à manger quand je n'aurai plus d'estomac », cherchait des acquéreurs à ses tableaux pour aider ses amis dans le besoin. Rousseau et Millet purent mettre à l'épreuve la sincérité de ses sentiments. Fait chevalier de la Légion d'honneur en 1849, sans renoncer le moins du monde au travail, il s'était désintéressé des Salons annuels, n'ayant reparu, après celui de 1839, qu'en 1852. Après cette date on ne le revit qu'au Salon de 1867, pour l'Exposition Universelle. De 1831 à 1867, Dupré a exposé au Salon : en 1831 : *Intérieur de forêt* ; *Vue prise dans la Haute-Vienne* ; *Entrée de bois*, Haute-Vienne ; *Intérieur de cour* ; *Vallée de Montmorency* ; *Vue de l'Isle-Adam* ; *Vue de la vallée de Montmorency* ; en 1833 : *L'heure de la soupe* (esquisse d'après nature) ; *Vue prise aux environs d'Argentan* (Orne), *Vue prise aux environs de Paris* ; *Vue de cour, vallée de Montmorency* ; *Intérieur de cour couverte* (étude) ; en 1834 : *Vue prise aux environs d'Argenton-sur-Creuse* ; *Vue prise aux environs de Châteauroux* (Indre) ; *Vue prise d'un intérieur de chaumière*, dans le Berry ; *Vue prise aux environs d'Abbeville* ; en 1835 : *Vue prise dans les pacages du Limousin* ; *Vue prise à Abbeville* ; *Étude faite dans les bois de la Creuse* ; *Vue prise à Southampton* (Angleterre) ; en 1836 : *Vue prise en Angleterre* ; *Intérieur de chaumière du Limousin* (aquarelle) ; en 1839 : *Pont du village de Saint-Paul sur la rivière du Fay* (Indre) ; *Pont sur la rivière du Faye* ; *Vue prise dans le Bas-Limousin* (Corrèze) ; *Vue prise en Normandie* ; *Les baigneuses* ; *Vue prise dans le département de l'Indre* ; *Animaux passant un gué* ; en 1852 : *Un pacage. Entrée d'un hameau dans les Landes* ; *Soleil couchant* ; en 1867 (Exposition Universelle) : *Passage d'animaux sur un pont dans le Berry* ; *Forêt de Compiègne* ; *La Gorge des Eaux-Chaudes* (Basses-Pyrénées) ; *Une bergerie dans le Berry* ; *La Route tournante* ; *Forêt de Compiègne* ; *La Vanne* ; *Souvenir des Landes* ; *Un marais dans la Sologne* ; *Route dans les Landes* ; *La Saulée* ; *Le retour du troupeau* ; *Cours d'eau en Picardie*.

En 1867, il peignit pour l'hôtel Demidoff le *Matin et le Soir*, aujourd'hui au Louvre. La vogue qui, surtout après 1870, favorisa l'école de 1830, intervint fort heureusement pour rendre sa vieillesse plus heureuse. Bien qu'il semble s'être lassé du combat d'assez bonne heure, il travailla jusqu'à son dernier jour : ce n'était pas de vains triomphes qu'il demandait à la peinture.

Dupré a dit : « Le ciel est derrière l'arbre, dans l'arbre, devant l'arbre ». Que pouvait-il vouloir entendre par là sinon qu'il attribuait à l'atmosphère le rôle principal dans la représentation de la nature. Avant Dupré, au XVIIe, au XVIIIe, le paysage était conçu comme un décor de théâtre : le ciel n'était qu'un fond, sur lequel se détachaient des plans successifs. Dupré est le peintre

du ciel. Dupré peint le soleil couchant, spectacle essentiellement éphémère et qui ne se reproduit jamais ; pourtant, loin de vouloir peindre l'instantanéité, c'est au contraire une idée d'universalité, de permanence qu'il exprime. Alors que Diaz divertit, selon son intention constante, Dupré peut lasser par son austérité voulue, recherchée. Le propos de divertir est inconciliable avec la fin si élevée qui est la sienne. Il donnera toujours à sa peinture un aspect sévère, bien qu'en choisissant des effets qui, par définition devraient engendrer le résultat contraire, comme le soleil couchant. Dupré, peintre du fantastique et du drame, demeurant toujours très près du rêve, excluant le hasard en faveur de l'ordre, va ordonner le rêve. On a traité parfois Dupré de peintre de « soleil couchant », du fait qu'il ne conçoit pas la nature autrement que sous un aspect d'exception et surtout dramatique, à l'opposé de Corot. On a pu remarquer l'absence à peu près complète de l'homme dans ses œuvres.
Une brouille profonde et durable a séparé Dupré de Théodore Rousseau, qui fut d'abord son grand ami. La différence des techniques, qui la motiva à l'extérieur, ne faisait que traduire la différence intime des caractères de chacun d'eux. Hypnotisé par Ruysdael et les Hollandais, Rousseau poussa le souci de l'exécution analytique aussi loin que possible, ce qui le mettait en contradiction absolue avec la manière de Dupré. Le conflit surgit à propos de « l'Allée de Châtaigniers » : Dupré eut beau supplier son ami de laisser son œuvre à l'état d'ébauche, Rousseau résistant à ce qu'il croyait l'erreur d'un esprit abusé, persista dans son travail acharné et résolument très lent. Tel paraît être bien le sens de la manière simple de Dupré, lorsqu'on la compare à celle de Rousseau. Par cette manière, ce que Dupré entend exprimer, c'est bien la prépondérance de l'esprit sur la matière, seulement, chez Dupré, l'observateur superficiel peut être dérouté du fait que cette manifestation tout idéaliste s'exprime par l'emploi de moyens aussi concrets que possible. Car c'est encore là un autre caractère original de sa peinture : le contraste que l'on trouve entre l'idéalité de la conception et la matérialité de la forme qu'il adopte pour l'exprimer. Ce n'est pas seulement la peinture épaisse en elle-même, ce sont les rochers rugueux, les aspérités des pierres, dont le sens s'éclaire d'autant mieux que l'on a compris combien la recherche du détail demeure étrangère, et même contradictoire, à l'intention qui explique l'œuvre. ■ E. C. Bénézit, J. B.

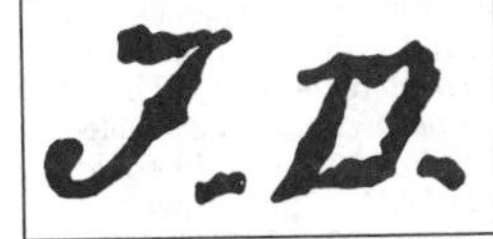

Cachet de vente

Bibliogr. : Pierre Miquel, in : *Le paysage français au XIXe siècle 1800-1900, l'école de la nature*, Éditions de La Martinelle, vol. II-III, Maurs-la-Jolie, 1985.

Musées : Agen : *Paysage* – Alençon : *Paysage* – Amsterdam : *Symphonie* – *La Mer* – Breslau, nom all. de Wroclaw : *Intérieur de paysans* – La Haye (Mesdag) : 7 paysages – Nantes : *Le Matin* – *Le Soir* – Paris (Louvre) : *L'étang* – *La petite charrette* – *L'Automne* – *La Mare* – *Pâturage de Normandie* – *Paysage avec rivière* – *Vaches au bord de l'eau* – *Les Landes* – *Bords de la Rivière* – *Le grand Chêne* – *Soleil couchant sur un marais* – *Soleil couchant après l'orage* – *Le Matin* – *Le Soir* – *Étude de paysage* – *Autoportrait* – Pau (Mus. des Beaux-Arts) : *Le Cirque de Gavarnie 1844* – Reims (Mus. des Beaux-Arts) : *Les moulins à vents 1835* – *L'abreuvoir 1836* – *Paysage avec cours d'eau* – *Barque échouée* – *Marine* – *Paysage avec moutons* – *Porteuse de lait* – Rennes (Mus. des Beaux-Arts) : *Paysage* – Saint-Quentin : *Forêt de Fontainebleau* – Stockholm : *Bestiaux au bord d'une rivière en forêt*.

Ventes Publiques : Paris, 1873 : *La Mare aux chênes* : **FRF 38 000** ; *Les Landes* : **FRF 30 000** ; *La Barque* : **FRF 19 500** – Paris, 1873 : *Le vieux chêne* : **FRF 25 000** – Paris, 1873 : *Grand pacage du Limousin* : **FRF 38 100** ; *Intérieur d'une ferme dans le Berry* : **FRF 19 000** – Bruxelles, 1874 : *Les cabanes* : **FRF 6 600** – Bruxelles, 1877 : *Le Soir* : **FRF 2 300** – Paris, 1877 : *Le matin* : **FRF 23 000** ; *Paysage* : **FRF 1 550** – New York, 1883 : *Marine* : **FRF 4 300** ; *Après l'orage* : **FRF 7 500** – Amsterdam, 1884 : *Paysage* : **FRF 4 620** – New York, 1885 : *Paysage* : **FRF 8 750** – Paris, 1886 : *Symphonie* : **FRF 40 500** – Paris, 1888 : *Le moulin à vent* : **FRF 20 100** – Paris, 1893 : *Le ruisseau* : **FRF 20 000** – Paris, 1894 : *Pont de bois* : **FRF 4 000** ; *Le pêcheur* : **FRF 20 000** – New York, 1894 : *Pont de bois* : **FRF 4 000** ; *Le pêcheur* : **FRF 20 000** – New York, 1895 : *Le chêne de la Mare-aux-Fées* : **FRF 10 000** ; *Marine* : **FRF 5 750** – New York, 1895 : *Coucher de soleil* : **FRF 3 625** – Londres, 1895 : *Paysage* : **FRF 15 478** – New York, 25 fév. 1898 : *Le cours d'eau* : **USD 3 850** ; *Bétail à l'abreuvoir* : **USD 7 600** – Paris, 1898 : *Bestiaux à l'abreuvoir* : **FRF 33 500** – Paris, 1898 : *Pleine mer* : **FRF 22 900** ; *Le Matin au bord du lac* : **FRF 15 500** – Anvers, 1898 : *Crépuscule* : **FRF 43 500** – Paris, 1899 : *Paysage*, deux pendants : **FRF 50 000** – Boston, 1899 : *Halte de pêcheurs* : **FRF 2 000** ; *La mare* : **FRF 5 250** – Londres, 1899 : *Tempête sur une côte rocheuse* : **FRF 9 130** – Londres, 1899 : *La Rivière* : **FRF 6 890** – Paris, 1899 : *Marine* : **FRF 1 820** – Paris, 1900 : *L'Abreuvoir* : **FRF 48 000** ; *Vaches se désaltérant dans une mare* : **FRF 19 500** ; *Les Toits de chaume à Cayeux* : **FRF 1 120** – Paris, 1900 : *La Mare* : **FRF 7 950** ; *La passerelle* : **FRF 23 500** – Paris, 1900 : *Bouquet d'arbres dans la campagne*, dess. : **FRF 260** – Paris, 1900 : *Le Chemin montant*, aquar. : **FRF 2 950** – New York, 13-14 fév. 1900 : *Paysage avec troupeau* : **USD 9 000** – New York, 28 mars 1901 : *Bords de rivière* : **USD 1 025** ; *La Cour de la ferme* : **USD 1 800** – Paris, 3 mai 1901 : *La Rivière* : **FRF 8 250** – Bruxelles, 11 mai 1901 : *La Rivière* : **FRF 19 200** ; *Vaches à l'abreuvoir* : **FRF 20 500** ; *Le Pêcheur* : **FRF 7 100** – New York, 30 jan. 1902 : *La Mare, coucher de soleil* : **USD 1 500** ; *Les Vaches à l'abreuvoir* : **USD 1 500** ; *La Mare aux grenouilles* : **USD 6 850** ; *Temps venteux* : **USD 1 900** ; *Matinée à la ferme* : **USD 3 800** – Paris, 20-21 juin 1902 : *Le Pêcheur* : **FRF 17 000** – New York, 8-9 jan. 1903 : *Coucher de soleil* : **USD 3 000** ; *Sur la falaise* : **USD 7 600** ; *Crépuscule sur la Seine* : **USD 3 200** ; *Paysage d'automne* : **USD 1 800** – Paris, 13 juin 1903 : *Un pêcheur à l'aube* : **FRF 25 000** – Paris, 26-29 avr. 1904 : *La Rivière* : **FRF 18 600** ; *La Cabane* : **FRF 16 400** – Paris, 7 juin 1904 : *L'Abreuvoir* : **FRF 107 000** – New York, 9-10 fév. 1905 : *Bords de l'Oise* : **USD 1 475** ; *La Cour de la ferme* : **USD 3 100** – New York, 31 mars 1905 : *Coucher de soleil* : **USD 7 400** – Paris, 25 mai 1905 : *La Passerelle* : **FRF 11 000** – Paris, 5 déc. 1905 : *La Mare* : **FRF 60 100** ; *Le Troupeau au bord de la mare* : **FRF 34 000** – New York, 19 jan. 1906 : *Paysage* : **USD 5 100** – New York, 15-16 fév. 1906 : *Moisson* : **USD 1 075** – New York, 12-14 mars 1906 : *Le Cottage* : **USD 2 600** ; *Coucher de soleil* : **USD 3 750** – Paris, 15 nov. 1906 : *L'Étang* : **FRF 23 500** – New York, 25 jan. 1907 : *Effet de soleil* : **USD 8 300** ; *Crépuscule* : **USD 13 300** – New York, 17-18 avr. 1907 : *Paysage* : **USD 11 500** – New York, 10-11 jan. 1907 : *Paysage* : **USD 2 500** – Paris, 11-12 mars 1908 : *La Mare* : **FRF 11 500** ; *Le Vieux Pont* : **FRF 34 000** – New York, 11 mars 1909 : *Bétail près de la mare* : **USD 2 500** – Paris, 5 juin 1909 : *La Rivière* : **FRF 4 000** – Londres, 30 jan. 1909 : *La Ferme* : **GBP 7** – Londres, 30 avr. 1909 : *La Symphonie* : **GBP 480** – Londres, 21 mai 1909 : *Pâturage au bord de la mare* : **GBP 2 835** ; *Scène de rivière, paysage boisé* : **GBP 735** – Londres, 10 juin 1909 : *Le Soir* : **GBP 304** ; *Les Baigneuses* : **GBP 378** – Londres, 23 avr. 1910 : *Paysage avec un berger et des moutons* ; *Coucher de soleil* : **GBP 42** – Paris, avr. 1910 : *La chasse aux canards* : **FRF 10 000** ; *Paysage avec rivière* : **FRF 25 500** ; *Lever du soleil* : **FRF 29 500** ; *Marine* : **FRF 30 000** – Paris, avr. 1910 : *La Forêt* : **FRF 11 000** – Paris, avr. 1910 : *Marine* : **FRF 8 000** – Paris, 4-5 déc. 1918 : *Le Chemin devant les chaumières* : **FRF 2 900** ; *Soleil couchant au-dessus de la plaine* : **FRF 3 900** – Paris, 5-7 déc. 1918 : *Pleine mer* : **FRF 6 100** – Paris, 7 déc. 1918 : *Chevaux au pré*, dess. reh. : **FRF 190** – Paris, 24 jan. 1919 : *Vaches à la mare*, dess. : **FRF 190** – Paris, 3 fév. 1919 : *Une route à Champagne, effet de soleil* : **FRF 1 100** ; *Entrée de ferme* : **FRF 4 100** – Paris, 26-27 fév. 1919 : *Le Passage de la rivière* : **FRF 6 000** – Paris, 27-28 fév. 1919 : *Tronc d'arbre* : **FRF 75** – Paris, 3 mars 1919 : *Deux vaches au bord d'une mare* : **FRF 7 200** ; *Soleil couchant* : **FRF 10 500** – Paris, 22 mars 1919 : *Paysage* : **FRF 2 350** ; *La Petite Mare* :

FRF 2 000 – Paris, 20 juin 1919 : *Cour de ferme* : **FRF 4 800** ; *L'Abreuvoir en forêt* : **FRF 4 100** – Paris, 21-22 nov. 1920 : *Près d'un étang* : **FRF 1 420** – Paris, 30 nov.-1er et 2 déc. 1920 : *La Plaine*, past. : **FRF 4 500** ; *La Route dans la plaine*, cr. : **FRF 2 250** ; *Bouquet d'arbres au bord d'une mare*, cr. : **FRF 1 000** ; *Arbres à flanc de coteau*, cr. : **FRF 550** ; *La Chaumière près de la mare*, cr. : **FRF 200** ; *La Vallée de la Seine vue du parc de Saint-Germain*, mine de pb : **FRF 305** – Paris, 13 déc. 1920 : *Cabanes à Cayeux* : **FRF 1 420** – Paris, 4-5 mars 1921 : *La Ferme*, aquar. : **FRF 820** – Paris, 16 mars 1921 : *La Forêt*, dess. : **FRF 280** – Paris, 29 avr. 1921 : *L'Étang près de la ferme* : **FRF 250** – Paris, 17 juin 1921 : *Marais en Picardie* : **FRF 750** – Paris, 22 juin 1921 : *La Saulaie* : **FRF 440** – Paris, 7 juil. 1921 : *Marine* : **FRF 3 200** – Londres, 26 mai 1922 : *La Ferme* : **GBP 42** – Paris, 20 nov. 1922 : *Paysage* : **FRF 1 550** – Paris, 7 déc. 1922 : *Le Vieux Pont*, fus., reh. de blanc : **FRF 1 820** – Paris, 9 fév. 1923 : *Une Pêche* : **FRF 220** – Paris, 9-10 mars 1923 : *Sortie de forêt*, fus. : **FRF 135** ; *Le Berceau de l'Enfant, Bretagne*, fus., reh. de blanc : **FRF 50** – Paris, 14 avr. 1923 : *Entrée de bois*, pl. : **FRF 210** ; *Le vieux berger*, fus. : **FRF 200** ; *Troncs d'arbres abattus dans une clairière*, mine de pb : **FRF 300** ; *Vieille ferme à Tendu, Indre*, fus. : **FRF 140** ; *Étude de chêne*, fus. : **FRF 220** ; *Le Chêne*, fus., reh. de blanc : **FRF 120** ; *Vue prise dans le Morvan, aux environs de Torcy, Aube*, fus. : **FRF 230** ; *Bords de l'Oise, à l'Isle-Adam* : **FRF 9 000** ; *Bords de la rivière, le soir* : **FRF 3 100** ; *Tempête à Cayeux-sur-Mer* : **FRF 620** ; *Vue prise aux environs du Mont-Dore* : **FRF 1 120** ; *Le Chêne au bord de la rivière : effet de clair de lune* : **FRF 230** ; *Vaches buvant, le soir, à une mare*, esquisse : **FRF 2 600** ; *Étude d'arbres au bord d'une rivière*, esquisse : **FRF 360** – Paris, 17 mai 1923 : *Paysage*, cr. : **GBP 19** – Paris, 21 mars 1927 : *Le bouquet de chênes au bord de la rivière* : **FRF 6 500** – Paris, 20 mai 1927 : *Les bords de la Tamise* : **FRF 12 200** ; *Le Moulin à vent* : **FRF 14 000** ; *Les Arbres abattus* : **FRF 2 100** – Londres, 23-24 mai 1927 : *Les Chênes*, dess. : **FRF 880** ; *Sous-bois, haute futaie* : **FRF 5 800** – Londres, 1er-2 juin 1927 : *Grand vent* : **GBP 141** – Londres, 10 juin 1927 : *Coucher de soleil en hiver* : **GBP 147** – Paris, 17-18 juin 1927 : *Le Berger* : **FRF 10 300** ; *Marine* : **FRF 7 800** ; *Le Retour du troupeau en hiver* : **FRF 720** – Londres, 22 juil. 1927 : *Marine* : **GBP 162** – Londres, 20 juil. 1928 : *Marine* : **GBP 120** – New York, 30 jan. 1930 : *Le chêne* : **USD 3 000** – Paris, 17 mai 1930 : *Prairies au bord d'un ruisseau* : **FRF 4 000** ; *Le Berger* : **FRF 4 600** ; *Moulin à Cayeux* : **FRF 9 000** ; *La Mare, effet du soir* : **FRF 2 400** – Paris, 18 juin 1930 : *Les Vieux Chênes* : **FRF 13 000** – New York, 4-5 fév. 1931 : *Paysage* : **USD 900** – New York, 25-26 mars 1931 : *Troupeau dans un paysage* : **USD 200** – Paris, 27 mars 1931 : *Le Gros Chêne*, dess. : **FRF 900** – Paris, 15 mai 1931 : *La Mare, effet de soir* : **FRF 23 500** – New York, 29 oct. 1931 : *Près de Richebourg* : **USD 90** – Paris, 19 nov. 1931 : *Marine* : **FRF 100** – New York, 4-5 fév. 1932 : *Paysage* : **USD 375** – New York, 5 mai 1932 : *La Fin de l'orage* : **USD 180** – Paris, 27 avr. 1933 : *Le Verger* : **FRF 1 750** – Paris, 3 juil. 1933 : *Pâturage dans le Limousin* : **FRF 850** – New York, 7-8 déc. 1933 : *Rivière* : **USD 475** – Paris, 15 déc. 1933 : *Vaches buvant à la mare, effet du soir* : **FRF 3 000** – Paris, 26-27 fév. 1934 : *Derniers rayons du soir sur la mare* : **FRF 720** – New York, 29 mars 1934 : *Paysage de rivière* : **USD 950** – Paris, 4 déc. 1934 : *Le Pont-Neuf ; Les Maisons du quai des Orfèvres*, aquar. : **FRF 3 100** – Paris, 3 mai 1935 : *Intérieur villageois* : **FRF 310** – New York, 1er nov. 1935 : *Paysage* : **USD 350** – New York, 7 nov. 1935 : *Le Chêne* : **USD 1 500** – Paris, 23 nov. 1936 : *Granges et chaumières* : **FRF 215** – New York, 3 déc. 1936 : *Le Chêne* : **USD 725** – Paris, 5 déc. 1936 : *La Métairie* : **FRF 8 500** – Londres, 12 fév. 1937 : *L'Abreuvoir* 1864 : **GBP 17** – Londres, 3 mars 1939 : *Troupeau à l'abreuvoir* : **GBP 11** – Paris, 16-17 mai 1939 : *Chaumière au pied du chêne* : **FRF 3 100** ; *Pêcheur en barque* : **FRF 4 100** – Paris, 20 mars 1940 : *Les Bûcherons* : **FRF 2 850** – Paris, 19 juin 1942 : *Les Vaches à la mare* : **FRF 10 500** ; *Les Vaches à la mare* 1867 : **FRF 9 500** – Paris, 23 oct. 1942 : *Paysage des bords de l'Indre* : **FRF 15 100** – Paris, 17 mai 1944 : *L'Étang au crépuscule* : **FRF 51 000** ; *La Mare dans la Vallée* : **FRF 41 500** ; *Bords de rivière* : **FRF 61 000** – Paris, 4 déc. 1944 : *Le Cheval* : **FRF 1 100** ; *Barque échouée* : **FRF 10 000** – Paris, 29 déc. 1944 : *Bouquet de fleurs dans un vase bleu*, attr. : **FRF 2 820** – New York, 1er mars 1945 : *Paysage* : **USD 700** – Paris, 23 mars 1945 : *Étude d'un coin de bois* : **FRF 3 800** – New York, 18-19 avr. 1945 : *Bateaux sur la rivière* 1834 : **USD 1 600** ; *Crépuscule d'automne* : **USD 2 100** – Paris, 16-17 mai 1945 : *La mare* : **FRF 19 500** – Paris, 25 juin 1945 : *Coins de bois* : **FRF 2 400** – Paris, 27 juin 1945 : *Cour de ferme* : **FRF 45 000** – New York, 13 déc. 1945 : *L'Abreuvoir* : **USD 825** ; *Le Chêne* : **USD 350** – New York, 21 fév. 1946 : *Troupeau dans la campagne* : **USD 175** – Paris, 18 nov. 1946 : *Bateau échoué* : **FRF 3 500** – Paris, 2 déc. 1946 : *Le Moulin* : **FRF 8 500** – Paris, 12 fév. 1947 : *Vaches dans un paysage*, attr. : **FRF 3 000** – Paris, 3 juin 1947 : *Vaches dans la rivière* : **FRF 5 100** ; *Brebis couchée* : **FRF 800** – Paris, 20 juin 1947 : *Berger et moutons auprès d'un étang* : **FRF 14 500** – Paris, 6 mars 1951 : *Clairière avec lavandière* : **FRF 72 000** – Paris, 15 juin 1954 : *Gardeuse de vaches* : **FRF 370 000** – New York, 26 avr. 1959 : *Marine* : **USD 250** – Paris, 9 mai 1960 : *Le Moulin* : **FRF 1 450** – Londres, 8 mai 1963 : *Paysage* : **GBP 100** – Milan, 1er déc. 1964 : *Paysage du Berri* : **ITL 1 400 000** – New York, 29 avr. 1965 : *Paysage à la rivière* : **USD 1 800** – New York, 6 oct. 1966 : *Paysage fluvial* : **USD 925** – Berne, 27 oct. 1967 : *Paysage avec étang* : **CHF 10 000** – Tokyo, 3 oct. 1969 : *Pêcheur à l'étang le soir* : **JPY 600 000** – Berne, 22 oct. 1971 : *Bords de rivière* : **CHF 7 000** – Londres, 6 oct. 1972 : *Paysage animé de personnages* 1834 : **GNS 850** – Paris, 13 fév. 1974 : *Paysage à Fontainebleau* : **FRF 12 500** – Amsterdam, 27 avr. 1976 : *Paysage au moulin*, h/pan. (19,5x25) : **NLG 25 000** – Bruxelles, 20 oct. 1977 : *Troupeau au bord d'une rivière*, h/t (46x55) : **CHF 9 000** – Londres, 20 juin 1979 : *Paysage fluvial*, h/t (20x37) : **GBP 1 300** – Paris, 16 mai 1979 : *Abatis d'arbres, Berry* 1834, cr. noir reh. de blanc et de coul. (45x63) : **FRF 7 200** – Neuilly, 22 mars 1983 : *Berger et son troupeau au bord de la rivière* 1862, h/t (64x81) : **FRF 115 000** – New York, 24 mai 1984 : *Crépuscule*, h/t (66x81,3) : **USD 10 500** – Londres, 28 nov. 1985 : *Mère et enfants dans un intérieur rustique* 1835, aquar. (23,5x46) : **GBP 1 400** – New York, 29 oct. 1987 : *Les moissonneuses* 1885, h/t (45,7x61,6) : **USD 32 000** – Paris, 21 déc. 1987 : *Paysage avec troupeau près d'une mare*, h/t (63x98) : **FRF 155 000** – Californie, 3 fév. 1988 : *Matin*, h/t (41,5x33) : **USD 8 800** – New York, 25 fév. 1988 : *Bétail près d'une mare dans un paysage boisé*, h/pan. (31,4x41,2) : **USD 4 400** – Berne, 30 avr. 1988 : *Paysage boisé avec une chaumière et un puits*, h/t (56x46) : **CHF 7 500** – New York, 25 mai 1988 : *Marine*, h/t (50,4x65,7) : **USD 20 900** – Paris, 14 juin 1988 : *Marine, environs de Cayeux* 1876, h/t (37,5x55) : **FRF 19 000** – Monaco, 17 juin 1988 : *Chaumière près d'une rivière*, h/t, de forme ovale (63,5x79,5) : **FRF 31 080** – Paris, 23 juin 1988 : *Vaches au bord de la mare*, h/t (19x24) : **FRF 25 000** – Paris, 22 nov. 1988 : *Homme en pied tenant un chapeau*, aquar. (33x19,2) : **FRF 3 500** – New York, 23 fév. 1989 : *Personnages et un chien devant une ferme*, h/pan. (42x55,3) : **USD 15 400** – Cologne, 20 oct. 1989 : *Paysage avec des bovins se désaltérant dans une mare*, h/t (33x41) : **DEM 4 000** – New York, 17 jan. 1990 : *Bovins dans un paysage fluvial*, h/t (66,1x81,4) : **USD 4 125** – Amsterdam, 2 mai 1990 : *Nature morte avec des pots de grès et des fruits dans un panier sur un entablement*, h/t (51x61) : **NLG 16 100** – Berne, 12 mai 1990 : *Cours d'eau en forêt au soleil couchant*, h/t (40x32) : **CHF 1 300** – New York, 22 mai 1990 : *Bateau de pêche par mer agitée*, h/pan. (31,6x46) : **USD 8 800** – New York, 23 mai 1990 : *Vaches à l'abreuvoir*, h/pan. (23,8x32,8) : **USD 7 700** – Calais, 9 déc. 1990 : *Bateau dans la baie*, h/pan. (40x32) : **FRF 36 000** – New York, 23 mai 1991 : *Le ravin*, h/t (64,1x53,3) : **USD 13 200** – Barbizon, 16 juin 1991 : *La lisière du bois*, h/t (112x131) : **FRF 270 000** – Londres, 19 juin 1991 : *Bétail près d'une mare*, h/t (65x81) : **GBP 9 900** – Amsterdam, 22 avr. 1992 : *Vaches se rafraîchissant dans une prairie ombragée*, h/t (46,5x65) : **NLG 18 400** – New York, 27 mai 1992 : *Intérieur de ferme dans le Berry* 1833, h/t (47,9x63,5) : **USD 93 500** – New York, 30 oct. 1992 : *Vaches au pâturage*, h/t (26,7x43,8) : **USD 22 000** – Calais, 14 mars 1993 : *Bord de rivière animée*, h/pan. (16x22) : **FRF 25 500** – Amsterdam, 20 avr. 1993 : *Paysage avec un hameau et des vaches se désaltérant au premier plan*, h/pan. (12,5x26) : **NLG 5 750** – Lyon, 22 nov. 1993 : *Paysage*, h/t (25x21) : **FRF 49 000** – New York, 16 fév. 1994 : *Au bord de la rivière*, h/t (68,9x96,8) : **USD 43 125** – St. Asaph (Angleterre), 2 juin 1994 : *Paysage avec du bétail se désaltérant*, h/pan. (48x61) : **GBP 2 530** – Pontoise, 19 juin 1994 : *Environs de Pontoise*, h/t (46x65) : **FRF 75 000** – Monaco, 2 déc. 1994 : *Paysage*, h/t (27x17,5) : **FRF 19 980** – New York, 16 fév. 1995 : *Les Environs de Plymouth*, h/pan. (57,2x85,1) : **USD 65 750** – Londres, 13 mars 1996 : *Chemin forestier*, h/t (73x58) : **GBP 20 125** – Paris, 5 juin 1996 : *Personnage dans une ferme*, h/pan. (47x34) : **FRF 30 000** – Paris, 10 mars 1997 : *Vaches à la mare* vers 1880, h/t (45,5x65) : **FRF 71 500** – Londres, 13 juin 1997 : *Vaches au bord de la mare* vers 1870, h/t

(46x38,5) : **GBP 14 375** – New York, 26 fév. 1997 : *Champ à Barbizon*, h/t/pan. (27x37,5) : **USD 5 750**.

DUPRÉ Julien

Né le 17 mars 1851 à Paris. Mort en avril 1910. XIXe-XXe siècles. Français.

Peintre animalier, paysages.

Élève de Pils et de Lehmann, il participa au Salon de 1876 à 1881, obtenant une médaille de troisième classe en 1880 et une médaille de deuxième classe en 1881. Il reçut une médaille d'argent à l'Exposition Universelle de 1889 à Paris. Décoré de la Légion d'honneur en 1892.
Après avoir essentiellement peint des paysages, il se consacra, à partir de 1881, à la représentation d'animaux.

JULIEN DUPRÉ

Bibliogr. : Gérald Schurr, in : *Les Petits Maîtres de la peinture 1820-1920, valeur de demain*, Les Éditions de l'Amateur, t. III, Paris, 1976.

Musées : Carcassonne : *Dans la prairie* – Cognac : *Un moissonneur* – Grenoble : *Vallée à Archelles* – Le Mans : *Les lieurs de gerbes* – New York (Metropolitan Mus.) : *Le ballon* – Paris (Mus. d'Art Mod.) : *La vache blanche* – *Les faucheurs* – Paris (Mus. du Petit Palais) : *La traite* – Prague : *La faneuse* – Rouen – Saint-Louis : *Au pâturage*.

Ventes Publiques : Paris, 1888 : *Paysage avec animaux* : **FRF 2 700** – New York, 22-23 mars 1900 : *Changement de pâturage* : **USD 400** – New York, 4 jan. 1907 : *Les glaneurs* : **USD 1 800** – Londres, 3 avr. 1922 : *Vaches dans un pré* : **GBP 63** – Paris, 30 oct. 1925 : *Vaches dans la prairie* : **FRF 6 200** – Londres, 11 juin 1934 : *Paysanne avec une vache* : **GBP 33** – Paris, 12 mars 1945 : *Vaches dans un pré* : **FRF 22 500** – New York, 18 oct. 1945 : *Bergère* : **USD 950** – Paris, 13 jan. 1947 : *Bergère gardant une vache* : **FRF 10 100** – Versailles, 15 mai 1963 : *Le ballon* : **FRF 3 600** – Berne, 28 oct. 1966 : *Bergère et son troupeau dans un paysage* : **CHF 3 600** – Vienne, 14 mars 1967 : *Soir d'été en Normandie* : **ATS 38 000** – Londres, 4 juil. 1969 : *La gardeuse de vaches* : **GNS 300** – Los Angeles, 13 nov. 1972 : *La gardeuse de vaches* : **USD 1 500** – Berne, 17 oct. 1974 : *Le retour des champs* : **CHF 6 000** – Lucerne, 26 juin 1976 : *Paysage boisé*, h/t (91,5x109) : **CHF 11 500** – Lucerne, 18 nov. 1977 : *Troupeau au pâturage*, h/t (47x60) : **CHF 5 200** – Londres, 20 juin 1979 : *Paysage fluvial*, h/t (20x37) : **GBP 1 300** – Londres, 15 mars 1983 : *Jeunes fermières ramassant le foin* 1881, h/t (63x79) : **GBP 12 000** – New York, 24 mai 1985 : *Scène de moisson*, h/t (64,7x81,3) : **USD 27 000** – New York, 28 oct. 1986 : *Le temps des moissons*, h/t (66x81,3) : **USD 24 000** – New York, 24 fév. 1987 : *Le repas du moissonneur* 1882, h/t (64,2x81,9) : **USD 50 000** – Los Angeles, 9 juin 1988 : *Moissonneurs*, h/t (46x61) : **USD 24 750** – Paris, 24 juin 1988 : *La porteuse de lait*, h/t (47x55) : **FRF 39 000** – Calais, 26 fév. 1989 : *Le retour à la ferme* 1895, h/t (120x150) : **FRF 165 000** – New York, 23 mai 1989 : *Les faucheurs*, h/t (46,3x55,2) : **USD 37 400** – New York, 24 oct. 1989 : *Le berger*, h/t (141x199,5) : **USD 170 500** – New York, 1er mars 1990 : *Bergère avec son troupeau*, h/t (61x49,5) : **USD 35 200** – Versailles, 8 juil. 1990 : *Fermière et ses vaches au pâturage*, h/t (15,7x11,8) : **FRF 15 000** – Londres, 28 nov. 1990 : *Jeune paysanne avec des animaux de ferme dans un paysage*, h/t (54,5x81,5) : **GBP 19 800** – New York, 22 mai 1991 : *La récolte des foins* 1881, h/t (134,9x229,9) : **USD 209 000** – Nantes, 6 juin 1991 : *La moisson*, h/t (60x73) : **FRF 123 000** – Amsterdam, 5-6 nov. 1991 : *Dans la cour de la ferme*, h/pap./t. (17x19) : **NLG 4 025** – New York, 20 fév. 1992 : *La vachère*, h/t (47,6x64,8) : **USD 17 600** – New York, 27 mai 1992 : *La gardeuse de vaches et de chèvres*, h/t (59,7x81,6) : **USD 38 500** – Amsterdam, 19 avr. 1994 : *Dans la prairie*, h/t (45x60) : **NLG 34 500** – New York, 26 mai 1994 : *La seconde récolte de foin*, h/t (100x127,5) : **USD 398 500** – Paris, 22 fév. 1995 : *Maison dans les bois*, h/t (40x33) : **FRF 6 500** – Londres, 17 nov. 1995 : *Prairie à Arques-la-Bataille en Normandie*, h/t (38x61) : **GBP 6 670** – Londres, 20 nov. 1996 : *Vaches et leur gardienne*, h/t (37x45) : **GBP 11 500** – New York, 23 mai 1997 : *La Gardeuse de vaches*, h/t (38,1x55,3) : **USD 37 950** – New York, 23 oct. 1997 : *Dans la prairie*, h/t (50,2x59,7) : **USD 28 750**.

DUPRÉ Léon Victor

Né le 18 juin 1816 à Limoges. Mort en 1879 à Paris. XIXe siècle. Français.

Peintre de genre, paysages animés, paysages.

Il fut élève de son frère, le peintre Jules Dupré. Il obtint une médaille de troisième classe en 1849.
Il peignit lui aussi des bords de rivières, sous des ciels orageux. On cite parmi ses meilleures toiles : *Village du Berry*, *Bords de l'Oise*, *Mare dans les Landes*.

Victor Dupré

Musées : Brest : *Étang* – Chartres : *Paysage* 1848 – *Paysage* – Douai : *Marais* – Douai : *Paysage* 1836 – Honfleur : *La mare* – Reims : *Animaux à l'abreuvoir* 1848 – *Environs de l'Isle-Adam* 1850.

Ventes Publiques : Paris, 1896 : *L'Abreuvoir* : **FRF 1 005** – Paris, 1900 : *L'Abreuvoir* : **FRF 122** – Paris, 18 mai 1901 : *Vaches au bord d'un étang* : **FRF 405** – New York, du 26 au 28 fév. 1902 : *Soir* : **USD 175** – New York, 1er et 2 avr. 1902 : *Paysage et cottages* : **USD 1 125** – Paris, 10 avr. 1905 : *Paysage* : **FRF 400** – Paris, 10 avr. 1905 : *Femme au bord d'une rivière* : **FRF 980** – Paris, 1er juin 1908 : *Bords de rivière* : **FRF 1 060** ; *Bords de rivière* : **FRF 750** ; *La petite ferme* : **FRF 1 350** – Paris, 12 et 13 juin 1908 : *Vaches paissant au bord d'une mare* : **FRF 1 520** – Paris, 12 fév. 1909 : *Les chaumières* : **FRF 2 000** – Paris, 20 juin 1919 : *Le pâturage* : **FRF 3 055** – Paris, 13 déc. 1920 : *Arbres près d'une rivière* : **FRF 1 400** – Londres, 17 fév. 1922 : *Jour d'automne* : **GBP 73** – Londres, 3 juil. 1922 : *L'Abreuvoir* : **GBP 39** – Paris, 14 nov. 1924 : *Vaches s'abreuvant à la rivière* : **FRF 2 150** – Paris, 11 et 12 déc. 1924 : *Bestiaux à l'abreuvoir* : **FRF 3 300** – Paris, 23-24 mai 1927 : *Les chaumières* : **FRF 3 600** – Paris, 31 jan. 1929 : *La mare au chêne : paysage du Berri* : **FRF 3 250** ; *Vaches s'abreuvant, paysage du soir* : **FRF 6 000** – Londres, 1er août 1930 : *L'abreuvoir* 1840 : **GBP 12** – Paris, 27 mars 1931 : *Vaches buvant à une mare* : **FRF 5 000** – Londres, 26 juin 1931 : *Troupeau près d'un ruisseau* : **GBP 12** – Paris, 3 juil. 1933 : *Chaumières et vaches au bord de la rivière* : **FRF 910** – New York, 15 fév. 1934 : *Troupeau à l'abreuvoir* : **USD 50** – Paris, 27 fév. 1936 : *Paysage* : **FRF 900** – Londres, 12 juin 1936 : *Le soir* : **GBP 5** – Londres, 12 fév. 1937 : *Ruisseau* 1870 : **GBP 7** – Londres, 21 mai 1937 : *Chemin dans les bois* : **GBP 8** – Paris, 25 juin 1937 : *Paysage avec troupeau au pâturage* : **FRF 260** – Paris, 18 mai 1938 : *Bords de rivière* : **FRF 720** – Paris, 16 et 17 mai 1939 : *La mare aux grands arbres* : **FRF 1 050** ; *Troupeau à la mare* : **FRF 800** ; *La Pêche* : **FRF 520** ; *Vaches à la mare* : **FRF 1 200** – Paris, 24 mai 1939 : *Vaches près d'une mare* : **FRF 1 620** – Paris, 1er oct. 1940 : *La Chaumière* : **FRF 500** – Paris, 12 mai 1941 : *La Gardienne de vaches* : **FRF 400** – Paris, 23 mai 1941 : *Paysage et bords de rivières*, deux pendants : **FRF 7 050** – Paris, 11 juil. 1941 : *L'Étang* : **FRF 660** ; *La Ferme* : **FRF 3 500** – Paris, 29 déc. 1941 : *Le Troupeau à la mare* : **FRF 480** ; *La Mare*, attr. : **FRF 10 200** – Paris, 20 fév. 1942 : *L'Arbre dans la lande* : **FRF 860** – Paris, 15 avr. 1942 : *La Mare aux grands arbres* : **FRF 16 000** – Paris, 4 mai 1942 : *Village au bord de la mer*, fus. : **FRF 350** – Paris, 18 et 19 mai 1942 : *Chaumière en Brière* 1852 : **FRF 17 000** – Paris, 24 juin 1942 : *La Mare* : **FRF 700** – Paris, 20 nov. 1942 : *Le Marais vendéen* 1892 : **FRF 23 000** – Paris, 30 nov. et 1er déc. 1942 : *Paysage*, attr. : **FRF 4 500** – Paris, 23 déc. 1942 : *Chaumière au bord de la mare* 1840 : **FRF 24 500** – Paris, 11 jan. 1943 : *Ferme en Normandie* 1845 : **FRF 35 100** – Paris, 1er mars 1943 : *La Mare près de la chaumière* : **FRF 1 800** – Paris, 12 mars 1943 : *Vaches paissant sous deux chênes au bord d'une mare* 1867 : **FRF 22 000** – Paris, 29 et 30 mars 1943 : *Paysage avec une mare et un troupeau*, attr. : **FRF 1 900** – Paris, 2 avr. 1943 : *Fécamp* : **FRF 200** – Paris, 2 juin 1943 : *Le Moulin à vent* 1854 : **FRF 10 100** – Paris, 9 juin 1943 : *La Chaumière près de l'étang* 1841 : **FRF 4 100** – Paris, 13 oct. 1943 : *Vaches à l'abreuvoir* : **FRF 8 200** ; *Paysage* : **FRF 5 000** – Paris, 10 déc. 1943 : *Bords de rivière* : **FRF 3 800** – Paris, 17 déc. 1943 : *Le Vallon* : **FRF 4 000** – Paris, 23 et 24 fév. 1944 : *Mare au milieu des pâturages* : **FRF 8 100** – Paris, 10 mai 1944 : *Vaches à la mare* ; *Vaches à la rivière*, deux pendants : **FRF 39 500** – Paris, 17 mai 1944 : *Bestiaux au nord de l'estuaire* 1853 : **FRF 14 500** – Paris, 14 juin 1944 : *Le Repos du vacher*, dess. au cr. : **FRF 450** – Paris, 4 déc. 1944 : *Le repos du vacher*, dess. au cr. noir : **FRF 350** – Bordeaux, 20 déc. 1944 : *Paysage* : **FRF 11 000** – Paris, 19 jan. 1945 : *Paysage à la barque* : **FRF 36 000** – Paris, 23 mars 1945 : *Paysage* : **FRF 10 100** – Paris, 9 avr. 1945 : *Chaumière en*

Brière : **FRF 30 300** - PARIS, 16 avr. 1945 : *Paysage à la mare*, attr. : **FRF 5 800** - PARIS, 18 et 19 avr. 1945 : *Mare en forêt* : **FRF 10 000** - PARIS, oct. 1945-Juillet 1946 : *Paysages*, deux pendants : **FRF 5 000** ; *Paysage* 1862 : **FRF 14 800** ; *Paysage* 1854 : **FRF 20 000** - PARIS, 20 nov. 1946 : *Paysage*, attr. : **FRF 3 100** - PARIS, 2 déc. 1946 : *Paysage boisé*, attr. : **FRF 26 000** - LILLE, 16-20 déc. 1946 : *Vaches s'abreuvant à un étang* : **FRF 13 500** - PARIS, 25 mars 1947 : *La mare* : **FRF 2 300** - PARIS, 11 juin 1947 : *Vaches à la mare* : **FRF 5 000** - PARIS, 9 mars 1949 : *Bord de rivière* : **FRF 45 000** - PARIS, 1er fév. 1950 : *La ferme dans la plaine* : **FRF 100 000** - PARIS, 2 mai 1961 : *Les vaches au bord de la rivière* : **FRF 1 700** - PARIS, 28 juin 1962 : *Vaches à l'abreuvoir* : **FRF 3 800** - BERNE, 23 oct. 1965 : *Paysage fluvial à la chaumière* : **CHF 4 100** - LONDRES, 15 déc. 1967 : *L'abreuvoir* : **GNS 800** - PARIS, 11 juin 1969 : *Paysage avec troupeau* : **FRF 5 000** - GENÈVE, 22 sep. 1970 : *Paysages*, deux pendants : **CHF 15 500** - VERSAILLES, 2 déc. 1973 : *Bergers au bord de la rivière* 1860 : **FRF 17 000** - LUCERNE, 15 nov. 1974 : *Paysage avec troupeau* 1878 : **CHF 6 400** - VIENNE, 16 mars 1976 : *Paysage avec laboureur*, h/t (62,5x99) : **ATS 38 000** - NEW YORK, 17 nov. 1977 : *Pastorale*, h/pan. (19,5x27,5) : **USD 1 500** - ZURICH, 25 mai 1979 : *Vaches à l'abreuvoir*, h/pan. (18,5x25) : **CHF 5 400** - NEW YORK, 27 mai 1982 : *Troupeau à l'abreuvoir* 1861, h/t (46x56) : **USD 9 500** - NEW YORK, 15 fév. 1985 : *Troupeau à l'abreuvoir dans un paysage fluvial boisé* 1855, h/t (32,7x55,3) : **USD 5 500** - NEW YORK, 24 fév. 1987 : *Troupeau à l'abreuvoir près d'une chaumière* 1846, h/t (53,3x83,8) : **USD 24 000** - PARIS, 15 mars 1988 : *Paysage animé d'une bergère et d'un troupeau devant un lac de montagne*, h/pan. (24x32,5) : **FRF 24 000** - PARIS, 28 mars 1988 : *Paysage à la mare*, h/t (38,5x48) : **FRF 24 500** - BERNE, 30 avr. 1988 : *Tempête sur un pâturage*, h/t (16x22) : **CHF 2 400** - CALAIS, 13 nov. 1988 : *Paysanne près de son troupeau*, h/t (31x43) : **FRF 32 000** - PARIS, 19 déc. 1988 : *Bord de lac*, h/pan. (24x33) : **FRF 32 000** - PARIS, 1er mars 1989 : *Village à l'étang*, h/pan. (24x33) : **FRF 19 000** - LONDRES, 7 juin 1989 : *Bétail se désaltérant dans une mare* 1869, h/pan. (27x41) : **GBP 6 050** - LONDRES, 6 oct. 1989 : *Paysage boisé avec des personnages près d'une mare*, h/pan. (19x24) : **GBP 1 320** - PARIS, 21 mars 1990 : *Le Pêcheur*, h/t (27x41) : **FRF 28 000** - AMSTERDAM, 25 avr. 1990 : *Maisons rustiques au bord d'une rivière*, h/pan. (25x32) : **NLG 9 775** - REIMS, 17 juin 1990 : *Troupeau de vaches au bord de la mare*, h/t (17x27,5) : **FRF 8 600** - PARIS, 12 oct. 1990 : *Environs de Caen*, h/pan. (18x36) : **FRF 42 000** - NEW YORK, 23 oct. 1990 : *Pâturage au printemps*, h/pan. (27,3x42,9) : **USD 12 100** - AMSTERDAM, 30 oct. 1990 : *Bétail se désaltérant dans un paysage*, h/t (27,5x41) : **NLG 8 625** - BARBIZON, 1er déc. 1990 : *Pâturage dans le Berry* 1855, h/t (45x74,5) : **FRF 148 000** - MONACO, 8 déc. 1990 : *Troupeau s'abreuvant* 1853, h/pan. (24x32,5) : **FRF 29 970** - NEW YORK, 21 mai 1991 : *Bétail au pré au bord de la rivière*, h/t (26,8x35,6) : **USD 3 520** - AMSTERDAM, 14-15 avr. 1992 : *Paysage avec un pont de bois*, h/pan. (22x16) : **NLG 2 875** - SAINT-ÉTIENNE, 15 fév. 1993 : *Gardienne de vaches au bord d'une mare* 1877, h/t : **FRF 52 500** - CALAIS, 14 mars 1993 : *Paysage champêtre en médaillon*, h/pan. (13x17) : **FRF 14 500** - AMSTERDAM, 20 avr. 1993 : *Paysage boisé avec du bétail se désaltérant*, h/t (41x55,5) : **NLG 3 450** - NEW YORK, 28 mai 1993 : *Vaches au bord d'une mare avec des maisons à distance* 1874, h/t (46,3x62,7) : **USD 5 520** - PARIS, 23 juin 1993 : *Troupeau à la rivière*, h/t (26x41) : **FRF 25 000** - NEW YORK, 26 mai 1994 : *La ferme* 1846, h/t (40x59,1) : **USD 9 200** - PARIS, 27 mai 1994 : *Paysage*, h/pan. (31x46) : **FRF 19 000** - PARIS, 2 déc. 1994 : *Paysage de campagne*, h/pan. (23x40,7) : **FRF 29 000** - LONDRES, 11 avr. 1995 : *Bétail se désaltérant dans une mare dans un pré*, h/pan. (20x17) : **GBP 1 725** - NEW YORK, 24 oct. 1996 : *Troupeau dans la campagne* 1854, h/pan. (40,5x76,5) : **USD 34 500** - PARIS, 10 mars 1997 : *Chaumière à l'orée de la plaine* vers 1855-1858, h/pan. (24,5x43,5) : **FRF 35 000** - PARIS, 18 juin 1997 : *Vaches s'abreuvant dans une mare*, h/t (22x27) : **FRF 24 500**.

DUPRÉ Louis

XVIIe siècle. Actif à Paris en 1690. Français.

Peintre et sculpteur.

Reçu à l'Académie de Saint-Luc en 1690.

DUPRÉ Louis

Né le 9 janvier 1789 à Versailles. Mort le 12 octobre 1837 à Paris. XIXe siècle. Français.

Peintre d'histoire, figures, paysages animés,vues, aquarelliste, dessinateur.

En 1811, le roi de Westphalie le nomma peintre de la cour. Il envoya au Salon des peintures, des dessins et des aquarelles de 1817 à 1837. Il rapporta d'un voyage d'Athènes à Constantinople un grand nombre de vues d'après nature.

MUSÉES : BERNAY : *Camille sauve Rome des Gaulois* - VERSAILLES : *Prise de Trino*.

VENTES PUBLIQUES : PARIS, 18 nov. 1976 : *Un prêtre et Méhémet Salem, aga du Vizir* ; *Les Fils de Vély Pacha*, aquar., une paire (29x41,8 et 27,5x41) : **FRF 29 000** - PARIS, 18 juin 1982 : *Voyage à Athènes et Constantinople* 1819 : **FRF 135 000** - LONDRES, 1er juin 1983 : *L'Acropolis, vu de la maison du consul de France M. Fauvel*, litho. coloriée (39,3x42,8) : **GBP 600** - MONTE-CARLO, 26 juin 1983 : *La place d'Armes à Versailles* 1823, h/t (27x35) : **FRF 45 000** - LONDRES, 20 juin 1985 : *Une Athénienne* ; *Jeune Grecque de Livadie*, aquar./cr., une paire (41x29,5) : **GBP 5 500** - LONDRES, 24 juin 1987 : *Tartare avec un pur-sang*, aquar./cr. (31x46) : **GBP 6 000** - NEW YORK, 26 oct. 1990 : *Portrait du compositeur Cavaliere Rossini*, encre et aquar. (40,6x26,7) : **USD 8 800** - LONDRES, 17 mars 1995 : *Les Musiciens*, cr. et aquar. (13x19) : **GBP 2 875**.

DUPRÉ Michel

Né en 1935. XXe siècle. Français.

Peintre de compositions animées, peintre de collages, technique mixte. Nouvelles figurations.

Avec François Derivery et Raymond Perrot, condisciples de l'Académie Julian de Paris entre 1955 et 1958, il fut l'un des créateurs du groupe *DDP*.Si chacun poursuit une création individuelle, leur principale activité, et production, est collective. Théoriciens, leur travail est une réflexion sur le sens porté par l'image ou tous autres médias, et l'exploitation plastique et graphique de ces potentialités dans des compositions complexes, le plus souvent issues de la technique et du principe du collage, sur des thèmes en général militants.

BIBLIOGR. : In : *Écritures dans la peinture*, Villa Arson, Nice, 1984.

DUPRÉ Michel

XVIIe-XVIIIe siècles. Français.

Sculpteur.

Il travailla à l'église des Invalides, de 1691 à 1709.

DUPRÉ Nicolas François

Né en 1729. Mort le 17 avril 1787 à Versailles. XVIIIe siècle. Français.

Sculpteur.

En 1784, il fut agréé à l'Académie. Élève de Coustou et de J. B. Pigalle, il exécuta les statues *La Terre* et *Le Feu* pour la façade de l'Hôtel de la Monnaie, rue Guénégaud ; il fut nommé en 1773 conservateur des sculptures des Tuileries, et obtint plus tard la même charge à Versailles.

DUPRÉ Nikolaes

Né en 1734 à Utrecht. Mort en 1786 à Utrecht. XVIIIe siècle. Hollandais.

Peintre de paysages, de portraits et animalier.

Il peignit des paysages, des portraits, des tableaux d'histoire, etc.

DUPRÉ Philippe

XVIIe siècle. Actif à Paris en 1614. Français.

Peintre et sculpteur.

DUPRÉ Valentine

Née à Paris. XXe siècle. Française.

Graveur, à l'eau-forte.

Sociétaire du Salon des Artistes Français où elle expose depuis 1928.

DUPRÉ de LA ROUSSIÈRE Émile

XIXe siècle. Français.

Peintre.

Exposa au Salon, en 1834 et 1841, des vues et des paysages.

DUPREAU Pierre ou **Pierre du Prayel**, dit **d'Outreman,** surnommé **Piérart-Marmouzet**

Né à Valenciennes. XVe siècle. Éc. flamande.

Sculpteur.

Il vivait à Valenciennes de 1466 à 1486. On lui doit : *Saint Christophe portant l'Enfant Jésus*, statue de marbre, dans l'église Saint-Nicolas à Valenciennes ; *Les douze apôtres*, grandes statues en pierre, autrefois placées dans l'église des Récollets et aujourd'hui ornant l'église Saint-Géry de cette ville, enfin des bas-reliefs de pierre, qui ornaient l'intérieur de l'église de Vicoigne (Nord).

DUPRÉELLE Jean Baptiste Michel ou **Duprelle**
XVIIIe siècle. Français.
Peintre et sculpteur.
Il fut reçu à l'Académie de Saint-Luc à Paris en 1757.

DUPREHEL ou **Dupréel**
XVIIIe-XIXe siècles. Français.
Graveur.
En 1792, il exposa une gravure d'après Bassan, au Salon de Paris.

DUPRELLE Jean Baptiste Michel. Voir **DUPRÉELLE**

DUPRESSOIR François Joseph
Né le 3 avril 1800 à Paris. Mort le 6 mars 1859 à Paris. XIXe siècle. Français.
Peintre de sujets militaires, marines, paysages, aquarelliste.
Il participa au Salon de Paris de 1824 à 1842, obtenant une médaille de troisième classe en 1836.
À côté de ses scènes de batailles conservées à Versailles, il a peint des paysages d'Ile-de-France, Normandie, avec un certain goût du détail et des jeux d'ombre et de lumière.
Bibliogr. : Gérald Schurr, in : *Les Petits Maîtres de la peinture 1820-1920, valeur de demain*, Les Éditions de l'Amateur, t. V, Paris, 1981.
Musées : Douai : *Vue de Cronstadt* – Nérac : *Vue générale à Édimbourg* – Orléans (Mus. des Beaux-Arts) : *Mise à l'eau d'un bateau de pêche par gros temps* – Poitiers : *Paysage* 1838 – Pontoise : *Mouthon, près de Meaux* – Versailles : *Bataille de Rethel – Siège de Stenay – Prise de Quesnoy – Prise de Cadaquès – Bataille de Senef – Prise de Burick – Prise de Hesel – Prise d'Eru-nerich – Prise de Schenck.*
Ventes Publiques : Paris, 26 déc. 1923 : *Cour d'un moulin en Normandie* : **FRF 360** – Paris, 1er juil. 1924 : *Le départ pour le marché* : **FRF 205** – Saint-Brieuc, 7 avr. 1980 : *Le rammassage du bois en forêt* 1836, h/t (41x57) : **FRF 6 500**.

DU PRET Eleuthère. Voir **ELEUTHÈRE DU PRET**

DUPREY
XVIIIe siècle. Actif à Salins (Jura). Français.
Sculpteur sur bois.
On peut voir dans les archives du département du Jura à Dôle un dessin de boiseries destinées à la chapelle de l'Oratoire de Poligny.

DUPREY Jean Pierre
Né le 1er janvier 1930 à Rouen (Seine-Maritime). Mort le 2 octobre 1959 à Paris. XXe siècle. Français.
Sculpteur, peintre, poète.
Venu à Paris, en 1948, il participa au mouvement surréaliste. Son livre *Derrière son double* fut préfacé par André Breton. Il participa à l'activité du mouvement surréaliste, et figure dans plusieurs publications s'y rattachant : l'*Almanach surréaliste du demi-siècle* et l'*Anthologie de l'humour noir*, d'André Breton. Il commença à sculpter en 1950, tentant de donner forme aux personnages de son imagination. Après quelques essais de peintures, il reprit la sculpture en 1953.
Il participe de 1955 à 1959 aux activités du mouvement *Phases*, et en tant que sculpteur aux expositions *Phases* de 1955, 1956, et 1957 au Stedelijk Museum d'Amsterdam. Il fit une exposition personnelle en 1956 à Paris (galerie Furstenberg). Il exposa ses peintures en 1953 (galerie l'Étoile Scellée) avec Andralis et Maurice Rapin. Il participa au Salon de la Jeune Sculpture à Paris, et à l'exposition *Cinq Jeunes sculpteurs* à la galerie Saint-Augustin (avec Chavignier, Guino, Cardenas et Hiquily). Jean-Pierre Duprey mit fin à ses jours le 2 octobre 1959.
Après une période consacrée au métal, sous l'influence de Gonzalez – étape cruciale, où selon E. Jaguer, « vraiment le verbe s'est fait chair, chair de fer » – il pratiqua par la suite la sculpture comme de la peinture en trois dimensions, sortes de bas-reliefs en ciment autant travaillés en creux qu'en pleins. Toujours sous la plume de Jaguer, et à propos de la période de l'*Animation des Cavernes* : « Il s'agit vraiment, en violentant et en tourmentant une tourbe comparable au chaos originel, d'arracher à la terre ses secrets, de faire renaître aux parois de gouffres immémoriaux les fossilisations d'êtres hallucinants, dont les silhouettes restent en général au-deçà de la figuration telle qu'on l'entend actuellement. » Certains de ses reliefs en ciment sont polychromés.
Bibliogr. : Denys Chevalier, in : *Diction. de la sculpt. mod.*, Hazan, Paris, 1960 – Édouard Jaguer : *Sculptures 1950-1960, Poétique de la sculpture*, Georges Fall Éditeur, coll. le Musée de Poche, Paris, 1960.
Ventes Publiques : Paris, 1er juil. 1996 : *Tête*, bronze et base ciment (H. 75) : **FRF 16 500**.

DU PREZ. Voir **DUPRÉ**

DUPREZ Alexandra Julie
XIXe siècle. Française.
Peintre de vues.
Elle exposa au Salon de Paris en 1848 et 1849, des vues.

DU PREZ Louis ou **Prée** ou **Pret**
Né vers 1588. Mort après 1660. XVIIe siècle. Hollandais.
Peintre.
Élève de C. v. d. Voort. Il travailla à Amsterdam de 1635 à 1660.

DUPREZ Marguerite, Mme
Née à Paris. XIXe siècle. Française.
Peintre de paysages.
Élève de Barbé. Elle exposa au Salon de Paris des vues et des paysages de 1868 à 1872.

DU PUGET-PUSZET Ludwik, baron
Né le 21 juin 1877 à Cracovie. XXe siècle. Polonais.
Sculpteur animalier, bustes, figures.
Il fit ses études à l'Académie de Cracovie et sculpta surtout des animaux. Il fut également critique d'art.
Musées : Cracovie (Mus. Nat.) : *Buste de Mm J. – Iracunda – Figelinda* – Varsovie (Mus. Nat.) : *Troupeau de moutons.*

DUPUICH Blanche
XIXe siècle. Française.
Miniaturiste.
Elle débuta au Salon en 1881.

DUPUICH Micheline Hélène
Née au XXe siècle à Amiens (Somme). XXe siècle. Française.
Peintre.
Élève de Selmy et Cléty. Cette artiste a, depuis 1939, exposé au Salon des Artistes Français des tableaux de genre et des paysages.

DU PUIGAUDEAU. Voir **PUIGAUDEAU de**

DUPUIS, appelé aussi **Van Putten**
XVIe siècle. Actif vers la fin du XVIe siècle. Français.
Enlumineur.
Ernest de Bavière, évêque de Liège, l'employa plusieurs fois, ainsi que l'attestent divers paiements qu'il lui fit, notamment aux dates de 1582 et de 1596.

DUPUIS
XVIIIe siècle. Français.
Peintre.
Il travailla en Russie vers 1730-1740. On ne connaît de lui qu'un portrait à l'huile d'un fou de la cour de la tsarine Anna nommé *J. A. Balakneff.*

DUPUIS Alain
Né en 1938 à Saint-Germain (Yvelines). XXe siècle. Français.
Peintre, peintre de cartons de vitraux, de tapisseries.
Il expose en Suisse, à Milan, à Venise et Paris. Nombreux travaux d'intégration architecturale.

DUPUIS Albert
Né le 3 décembre 1923 à Haine-Saint-Pierre. XXe siècle. Belge.
Peintre de sujets fantastiques. Informel, puis symboliste.
Il fit des études de philosophie et de lettres à l'Université Libre de Bruxelles, et se forma parallèlement à l'Académie des Beaux-Arts de la même ville. Après une activité professionnelle dans le milieu culturel (il fut notamment conseiller technique dans le cabinet d'André Malraux de 1958 à 1963), il se consacre totalement à la peinture à partir de 1968, mettant au point un procédé lui permettant de peindre sur cuivre. Il a eu de nombreuses expositions, à Stuttgart, Hanovre, Nuremberg, Casteau, Anvers, Bruxelles, Louvain, Zurich, Paris...
Sa peinture, aux accents symbolistes, est aussi parfois proche de ce que les Italiens appellent « pittura colta », multipliant les citations des grands maîtres et des monuments de l'histoire de l'art.

DUPUIS Alexandre
Mort le 13 janvier 1854 à Paris. XIXe siècle. Français.

Peintre de portraits.
En 1831, il fut nommé professeur au collège Saint-Louis. Il fut décoré de la Légion d'honneur en 1838. De 1824 à 1840, il exposa au Salon. Cet artiste publia en 1847 un ouvrage relatif à l'enseignement général du dessin.

DUPUIS Antoine ou **Antonin**
Né vers 1672. Mort en juillet 1755 à Paris. XVIIe-XVIIIe siècles. Français.
Sculpteur.
Il travaillait à Paris en 1740.

DUPUIS Charles
Né en 1685 à Paris. Mort le 3 mars 1742. XVIIIe siècle. Français.
Graveur.
Élève de Gaspard Duchange. Il fut reçu académicien en 1742. Il exposa au Salon en 1737 et 1741. Il a gravé des portraits d'après Le Gros, Gueulain, Raoux, etc. On cite encore : *La Leçon d'amour,* d'après A. Watteau ; *Occupation selon l'âge,* d'après A. Watteau, et des planches pour : *Voyage sur le Rhin depuis Mayence jusqu'à Düsseldorf.*

DUPUIS Charles
XVIIIe siècle. Actif à Versailles. Français.
Architecte, graveur et dessinateur.

DUPUIS Charles ou **Carl**
Né vers 1752 à Versailles. Mort le 8 juin 1807 à Cologne. XVIIIe siècle. Français.
Peintre de paysages, graveur, dessinateur.
Il était fils d'Étienne Dupuis. Officier de carrière au service du Grand Électeur de Cologne, il se retira vers 1780 et s'adonna au dessin. Il vécut à Bonn, puis à Cologne où il reçut le titre de « Dessinateur du Cabinet du Grand Électeur ».
Il grava lui-même un grand nombre de ses dessins, représentant surtout des paysages et vues de Cologne et de ses environs.

DUPUIS Daniel Jean Baptiste
Né le 15 février 1849 à Blois (Loir-et-Cher). Mort en 1899 à Paris. XIXe siècle. Français.
Peintre de nus, sculpteur, médailleur.
Il fut élève à l'École des Beaux-Arts de Paris, tout d'abord en peinture, puis ne tarda pas à se consacrer à la sculpture et à la gravure en médailles. Il obtint, à ce dernier titre, le prix de Rome, partit à la Villa Médicis en 1872 et y resta quatre ans. Il mourut d'une façon tragique : sa femme, neurasthénique, le tua pendant son sommeil, puis se suicida.
Comme sculpteur, on cite de lui : *Samson brisant ses liens – Berceuse,* mais il fut surtout créateur de médailles.
Bibliogr. : Gérald Schurr, in : *Les Petits Maîtres de la peinture 1820-1920, valeur de demain,* Les Éditions de l'Amateur, t. VII, Paris, 1989.
Musées : Blois : *Nu étendu,* peint. – Médailles – Brême (Kunsthalle) – Chicago – Copenhague (Glyptoteck) – Gand – Nantes – Paris (Mus. d'Orsay) – Paris (Hôtel de la Monnaie) – Paris (Mus. du Petit Palais).

DUPUIS Edmond Marie
Né à Homecourt (Moselle). XXe siècle. Français.
Peintre de portraits.
Élève de Beltran-Massés. Connu pour ses portraits : d'*E. Branly,* de *Sacha Guitry* et de *Ch. Oulmont.*

DUPUIS Étienne
XIXe siècle. Français.
Peintre de paysages.
De 1839 à 1844, il envoya au Salon de Paris des tableaux représentant les châteaux de Blois, Chambord et Chenonceaux.
Ventes Publiques : Londres, 12 déc. 1924 : *Le Château de Blois* : **GBP 42** – Paris, 4 déc. 1931 : *Visite du duc d'Orléans au château de Blois* : **FRF 5 000** – New York, 23 oct. 1997 : *La Marchande de fleurs,* h/t (64,5x53,3) : **USD 18 400**.

DUPUIS Félix
XIXe siècle. Français.
Sculpteur.
Il travailla à la restauration de l'église Notre-Dame de Châlons-sur-Marne entre 1838 et 1858.

DUPUIS Ferdinand
XIXe siècle. Français.
Peintre de portraits.
En 1831 et 1835, il exposa au Salon de Paris.

DUPUIS Ferréol
XIXe siècle. Actif à Lons-le-Saulnier dans la première moitié du XIXe siècle. Français.
Peintre.
Il fit des tableaux religieux pour les églises.

DUPUIS François ou **Dupuy**. Voir **FRANÇOIS Guy**

DUPUIS François Nicolas
XVIIIe-XIXe siècles. Français.
Peintre de genre, paysages animés.
Élève de Lépine, il fut nommé professeur de dessin à Chartres. Il exposa au Salon de Paris, de 1795 à 1802, des paysages animés et des scènes familières. Littérateur, il fournit plusieurs articles au *Journal des Sciences, Arts et Belles-Lettres* d'Eure-et-Loir.
Ventes Publiques : Versailles, 18 oct. 1987 : *Paysage classique animé de personnages,* h/pan. (45x55) : **FRF 30 800** – Paris, 1er juil. 1988 : *Paysage animé,* h/bois (45x55,5) : **FRF 35 000** – Paris, 27 juin 1991 : *Enfant soufflant des bulles de savon,* h/t (24,5x32,5) : **FRF 7 000**.

DUPUIS Géo ou **Georges**
Né en 1875 au Havre (Seine-Maritime). XXe siècle. Français.
Dessinateur de scènes typiques, peintre, illustrateur.
Il fut élève à l'École des Arts Décoratifs de Paris. Il exposa, à Paris, au Salon des Artistes Indépendants de 1909. Il illustra avec beaucoup de succès pour la Maison d'édition Ollendorf un grand nombre d'œuvres d'auteurs célèbres, tels que Maupassant, Claretie, Maurice Barrès. Ses dessins : *La lettre – En attendant – Le Triomphateur aux élections – Sur le Turf – Vue de Valognes* furent également très remarqués. Ses toiles ne sont pas sans rappeler celles de Derain ou de Vlaminck, par leur coloris fauve.
Bibliogr. : Gérald Schurr, in : *Les Petits Maîtres de la peinture 1820-1920, valeur de demain,* Les Éditions de l'Amateur, t. III, Paris, 1976.
Ventes Publiques : Paris, 7 mai 1926 : *Le Verger : les pommiers* : **FRF 400** ; *La Paysanne à la crinoline et au panier rouge* : **FRF 200** ; *Fillettes assises sur un canapé* : **FRF 320** – Versailles, 12 oct. 1975 : *Deux enfants assis dans le jardin,* h/t (54x65) : **FRF 800**.

DUPUIS Gilbert
Né en 1942 en Anjou. XXe siècle. Français.
Peintre, graveur, dessinateur, peintre de collages, créateur d'installations. Abstrait-géométrique.
Il fut élève de James Guitet à Angers. En 1960, il reçoit une bourse de la fondation Zellidja qui lui permet de voyager en Allemagne puis à Rome. L'année suivante il séjourne au Sénégal et dans les années soixante-dix au Canada. Il enseigne les arts plastiques à l'université de Rennes. Il vit et travaille à Rennes et à Paris.
Il participe à de nombreuses expositions collectives régulièrement à Paris : 1978 *Processus et Texte* à la galerie 30 ; 1979 Salon de la Jeune Gravure ; 1980 Salon de la Jeune Peinture ; 1981, 1982, 1983, 1985, 1990 Salon des Réalités Nouvelles ; 1986 *Dix ans d'activité 1975-1985* à la galerie 30 ; ainsi que : 1975 *Una nova concepçao do discurso abstracto* à la galerie Quadrum de Lisbonne ; 1977 *03.23.03* aux musées de Montréal et d'Ottawa ; 1982 *Du Livre* au musée des Beaux-Arts de Rouen, *Livres d'Artistes/Livres-objets* à la Maison de la culture de Saint-Étienne ; 1985 *Signes & Écritures* au centre d'Action culturelle de Bruxelles ; 1987 *Du construit à la lettre* au Centre Noroît à Arras, galerie Art et Essai à Rennes ; 1990 Artothèque de Nantes ; 1993 musée de Trouville ; 1994 médiathèque Louis Aragon au Mans ; 1995 musée des Beaux-Arts de Rennes. Il montre ses œuvres dans des expositions personnelles : 1977, 1981, 1984 galerie 30 à Paris ; 1989, 1990 musée historique de Hagueneau ; 1992 musée de Coutances ; 1995 galerie Susini et Ateliers d'arts plastiques de l'université d'Aix-en-Provence ; 1997 centre d'Arts plastiques de Royan.
L'ensemble de son travail porte l'empreinte d'une vision abstraite et géométrique, élaborée à partir du concept du quadrilatère, et développée dans ses différentes figures, aussi bien sur la toile, que gravée sur des plaques de métal ou par des assemblages de pages d'écrits anonymes. Depuis ses débuts, il privilégie le papier comme support interrogeant la surface picturale, sa matérialité, notamment à partir de pigments naturels comme dans la série *Peinture à la terre* débutée en 1973 alors qu'il est

fasciné par les couleurs naturelles du Midi. Influencé par la pensée orientale et la calligraphie, il crée un champ coloré, privilégie l'immédiateté, la spontanéité du signe, opère un travail sur la mémoire, la toile se faisant lieu d'émergence de l'expérience sensible. Dans les années quatre-vingt, revenant à la toile sur châssis, il réalise plusieurs séries à partir de matériaux naturels, notamment herbe, brindille, comme dans la série *Peintures sous serre* qui consiste en une pièce d'herbe ayant poussé sous du grillage, du plastique, découpée puis traitée de manière à obtenir un tableau.
Bibliogr. : Catalogue de l'exposition : *Dix Ans d'activité 1975-1985*, Galerie 30, Paris, 1975 – Jean Marc Huitorel : *Gilbert Dupuis*, L'État des lieux, musée de Coutances, La Différence, Paris, 1992 – Catalogue de l'exposition : *Gilbert Dupuis – Œuvres récentes 1993/1996*, Centre d'Arts Plastiques, Royan, 1997.
Musées : Caen (FRAC) – Coutances – Nantes (Artothèque) – Paris (Mus. Nat. d'Art Mod.) – Paris (FNAC) – Rennes (FRAC) – Rennes (Mus. des Beaux-Arts) – Sables d'olonne (Mus. de l'abbaye Sainte-Croix) – Sélestat (FRAC).

DUPUIS Jacques
Né en 1914 à Quaregnon. xxe siècle. Belge.
Peintre, peintre de collages. Abstrait-géométrique.
Il fut élève de l'Académie des Beaux-Arts de La Cambre à Bruxelles. Il est surtout architecte.
Bibliogr. : In : *Diction. biogr. illustré des artistes en Belgique depuis 1830*, Arto, Bruxelles, 1987.

DUPUIS Jean
xviie siècle. Actif à Montargis. Français.
Peintre.
Il peignit en 1617 et 1618 des tableaux pour l'église Notre-Dame de Château-Landon.

DUPUIS Jean Baptiste
Né en 1698. Mort le 3 mars 1780 à Paris. xviiie siècle. Français.
Sculpteur.
Professeur à l'Académie d'Amiens, on voit de ses œuvres dans la cathédrale de cette ville.

DUPUIS Jean Guillaume
xviiie siècle. Actif à Paris en 1760. Français.
Peintre.

DUPUIS Julien Daniel
Né le 26 juin 1863 à Lausanne. Mort le 6 juin 1901 à Lausanne. xixe siècle. Suisse.
Dessinateur.
A dessiné à la plume et laissé des études intéressantes. A fourni des dessins pour la lithographie.

DUPUIS Louis
xviie siècle. Actif à Paris. Français.
Peintre.
Il fut reçu membre de l'Académie Saint-Luc en 1678.

DUPUIS Louis
xviiie siècle. Actif à Paris en 1749. Français.
Peintre et sculpteur.

DUPUIS Louis
Né à Paris. xxe siècle. Français.
Peintre de genre.
Il exposa à Paris au Salon des Indépendants à partir de 1931.

DUPUIS Louis François Joseph
Né en 1842 à Lixhe (près de Liège). xixe siècle. Belge.
Sculpteur.
Élève de l'Académie d'Anvers. Le Musée de cette ville conserve de lui le *Buste de J.-J. de Caju*.

DUPUIS Louis Frédéric
Né à Bayonne (Basses-Pyrénées). xxe siècle. Français.
Peintre.
Élève de P. Laurens. Cet artiste a exposé des portraits et des baigneuses au Salon des Artistes Français depuis 1931. Deuxième médaille en 1936 ; première médaille en 1938.

DUPUIS Louise Catherine
xviiie siècle. Active à Paris en 1777. Française.
Peintre.

DUPUIS Luce Madeleine
Née à Rosières (Cher). xxe siècle. Française.
Aquarelliste.
Élève de Vignal, Charousset et Mme Bon-Desbenoit ; exposant du Salon des Artistes Français depuis 1931.

DUPUIS Maurice
Né en 1882 à Gand. Mort en 1959. xxe siècle. Belge.
Peintre de scènes de genre, figures, natures mortes, marines.
Il fut élève de Jean-Joseph Delvin à l'Académie des Beaux-Arts de Gand. Il est lui-même devenu professeur.
Bibliogr. : In : *Diction. biogr. illustré des artistes en Belgique depuis 1830*, Arto, Bruxelles, 1987.
Musées : Gand.
Ventes Publiques : Anvers, 18 avr. 1972 : *Nature morte* 1927 : **BEF 72 000** – Anvers, 24 oct. 1973 : *Nature morte au jambon* : **BEF 70 000** – Lokeren, 18 oct. 1980 : *Chat endormi* 1924, h/t (23x33) : **BEF 240 000** – Lokeren, 26 fév. 1983 : *Autoportrait au chevalet*, h/t mar./pan. (39x49) : **BEF 150 000** – Lokeren, 16 fév. 1985 : *Palais des Merveilles* 1919, h/t mar./pan. (40x53) : **BEF 330 000** – Lokeren, 15 mai 1993 : *Ma chambre d'étudiant* 1924, h/t/pan. (28x28) : **BEF 140 000** – Lokeren, 9 oct. 1993 : *Avenue de Clichy* 1921, h/t (21,5x36) : **BEF 180 000** – Lokeren, 4 déc. 1993 : *Nature morte aux harengs et à la pipe* 1922, h/t (31x43) : **BEF 160 000** – Lokeren, 12 mars 1994 : *Parade du théâtre forain la nuit*, h/t (53,5x72) : **BEF 400 000**.

DUPUIS Michel Jean ou **Jean Michel**
xviiie siècle. Français.
Peintre, sculpteur.
Il fut reçu à l'Académie de Saint-Luc à Paris en 1746 et devint conseiller en 1764.

DUPUIS Nicolas
xviiie siècle. Actif à Paris. Français.
Sculpteur.
Il était le gendre du peintre Claude Tallot.

DUPUIS Nicolas
xviiie siècle. Actif à Paris en 1744. Français.
Peintre.

DUPUIS Nicolas Gabriel
Né en 1698 à Paris. Mort le 26 mars 1771 à Paris. xviiie siècle. Français.
Graveur.
Graveur du roi, il fut agréé à l'Académie en 1751 et reçu académicien en 1754. Il fut l'un des artistes chargés de graver la galerie de Dresde et comme son frère Charles Dupuis, il fut plusieurs fois appelé en Angleterre pour y graver les maîtres italiens. Au Salon il figura de 1751 à 1765. Il a gravé : 4 planches pour l'Ancien et le Nouveau Testaments, 9 planches représentant des *saints* et des *saintes*, 5 planches de Théologie païenne et 17 planches représentant des portraits. On cite encore : *Amusement de la vie pastorale*, d'après G. Barbarelli ; *Amusement de la jeunesse*, d'après Fr. Eisen ; *Le Chantre à table*, d'après Fr. Dumesnil, *Les déguisements enfantins*, d'après Fr. Eisen ; *L'Espérance au hasard*, d'après J. Elézéar Schenau ; *Le Philosophe marié*, d'après N. Lancret ; *La malice enfantine*, d'après Fr. Eisen ; *Le Réveil maladroit*, d'après J. Elézéar Schenau ; *La toilette de nuit*, d'après Ern. Boonen.

DUPUIS P.
Né à Orléans. xixe siècle. Français.
Peintre.
Il ne semble pas y avoir lieu d'un rapprochement avec le Pierre Dupuis né à Orléans. Il figura au Salon des Artistes Français où il obtint une mention honorable en 1882, une médaille de troisième classe en 1884. Il obtint également une mention honorable à l'Exposition universelle de 1889.

DUPUIS P.
xxe siècle. Français.
Peintre de genre, portraits, paysages.
Il exposa, à Paris, au Salon des Artistes Français, de 1911 à 1914.
Ventes Publiques : Paris, 10 fév. 1993 : *Fillette aux cerises*, h/t (92x73) : **FRF 7 500**.

DUPUIS Pépin
xviiie siècle. Français.
Peintre.
Exposa au Louvre en 1793 : *L'école de l'amour* ; *Le choix indécis*.

DUPUIS Philippe Félix
Né le 24 juillet 1824 à Lyon (Rhône). Mort le 29 avril 1888 à Paris. XIXe siècle. Français.
Peintre de genre, portraits, dessinateur.
Inscrit à l'École des Beaux-Arts de Lyon en 1838, admis en avril 1844 à l'École des Beaux-Arts de Paris, et élève de L. Cogniet, il exposa à Paris, à partir de 1845, notamment : *Dernier Sermon sur la Montagne* (1865), *Portrait de sir Fred. Leighton* (1880), *Le Drapeau de la France, souvenir du 14 juillet 1880* et *Portrait de sir Rich. Wallace*, dessin (1882), *Daphné*, panneau décoratif (1885), *Carnot organisant la victoire au Comité de Salut public* (1887), *Le Lac* (1888). Il séjourna à Londres en 1879-1880.
MUSÉES : PÉRIGUEUX : *Portrait de Lachambeaudie.*

DUPUIS Pierre ou **Dupuy**
Né le 3 mars 1610 à Montfort-l'Amaury (Yvelines). Mort le 18 février 1682 à Paris. XVIIe siècle. Français.
Peintre de natures mortes, fleurs et fruits.
En 1663, il fut reçu académicien. En 1673, il exposa au Salon un grand tableau représentant un tapis et un singe.
Au cœur du XVIIe siècle, il travaillait, à Paris, dans la tradition archaïsante des peintres flamands de natures mortes, affectionnant, comme Linard et Louise Moillon, la peinture de bouquets de fleurs. Un sens décoratif rappelant le style de l'école de Le Brun, le rattache toutefois à son époque. Il était représenté par deux œuvres à l'exposition du XVIIe Siècle Français, au Petit Palais de Paris, en 1958.
MUSÉES : ALGER (Mus. des Beaux-Arts) : *Nature morte* – LA FÈRE : *Panier de prunes.*
VENTES PUBLIQUES : PARIS, 8 déc. 1983 : *Nature morte de pêches, prunes et grenade sur un entablement de pierre sculpté* 1676, h/t (33x41,5) : **FRF 39 000** – PARIS, 28 juin 1988 : *Corbeille de raisins*, h/t (53x69) : **FRF 350 000** – PARIS, 22 juin 1990 : *Fruits posés sur un entablement de marbres*, paire de cuivres (chacun 26,5x40,5) : **FRF 700 000** – NEW YORK, 31 mai 1991 : *Pêches et raisin dans une coupe et prunes dans une corbeille sur un entablement drapé*, h/t (87,6x121,3) : **USD 110 000** – PARIS, 28 juin 1993 : *Prunes dans une coupe en faïence sur un entablement à décor d'oves*, h/t (54x65) : **FRF 250 000** – LONDRES, 4 juil. 1997 : *Raisins dans une coupe en porcelaine blanche et bleue avec un martin-pêcheur mort sur un entablement de pierre sculpté et un couple de perdrix suspendues contre un mur* vers 1655, h/t (58x76) : **GBP 199 500**.

DUPUIS Pierre
Né le 9 juillet 1833 à Orléans. XIXe siècle. Français.
Peintre de compositions religieuses, portraits, fleurs.
En 1848, il entra à l'École des Beaux-Arts et eut pour professeurs H. Vernet et L. Cogniet. Il débuta au Salon de Paris en 1863 et reçut la même année le deuxième prix au concours pour Rome.
Cet artiste exécuta un assez grand nombre de portraits. De ses autres ouvrages, on mentionne : *L'enfant Dieu contemplé par la Vierge Marie ; Les derniers moments de François II ; Enfants surpris par l'orage.*
MUSÉES : LANGRES : Étude – ORLÉANS : *Zénobie soignée par des pâtres – Jeune fille piquée par un reptile et secourue par son frère – Les Derniers Moments de François II* – LA ROCHELLE : *Démasquée.*
VENTES PUBLIQUES : LONDRES, 18 jan. 1980 : *Nymphe des eaux* 1892, h/t (64,1x39,3) : **GBP 900** – NEW YORK, 23-24 mai 1996 : *Pivoines au vase japonais* 1890, h/t (125,1x100,3) : **USD 11 500**.

DUPUIS Pierre Charles
Né en 1689 à Paris. Mort le 1er février 1754. XVIIIe siècle. Français.
Sculpteur.
Il était membre de l'Académie Saint-Luc.

DUPUIS Pierre François
Né vers la fin du XVIIe siècle probablement à Paris. XVIIe-XVIIIe siècles. Français.
Peintre et graveur à la manière noire.
Petit-fils de Pierre Dupuis. On cite de lui : *Portrait de Petrus Dupuis.*

DUPUIS Toon
Né en 1877 à Anvers. Mort en 1937. XXe siècle. Belge.
Sculpteur.
Élève de l'Académie d'Anvers. Il participa à l'Exposition universelle de Bruxelles en 1910. Connu pour un buste de *Mesdag.*
VENTES PUBLIQUES : AMSTERDAM, 26 mars 1988 : *Nu debout*, bronze (H. 81) : **NLG 4 140**.

DUPUIS-COLSON Hippolyte Isidore
Né le 6 octobre 1820 à Paris. Mort le 24 juin 1862 à Paris. XIXe siècle. Français.
Peintre.
Élève de P. Delaroche et de Ary Scheffer. Il exposa au Salon de 1844 à 1861. Il se distingua surtout dans la représentation des sujets religieux. Son tableau de : *Jésus apaisant la tempête* fut acquis par le ministère d'État. Le Musée de Versailles a de cet artiste le *Portrait de l'agronome Parmentier.*

DUPUIS DELAGE. Voir **DUPUY de LAGE**

DU PUT Friedrich Wilhelm
XVIIIe siècle. Travaillant à Munich. Allemand.
Sculpteur-modeleur de cire.
Il a sculpté en 1741 la statue d'un ecclésiastique.

DUPUY. Voir aussi **DUPUIS**

DUPUY ou **Puy**
XVIIe siècle. Français.
Peintre.
Un peintre de ce nom peignit, en 1662, avec Blanchet, les décorations, imaginées par le P. Ménestrier, pour la Cour du Collège de la Trinité à Lyon. Un peintre appelé Michel Dupuys vivait à Lyon en 1650 et 1652.

DUPUY Alexandre Édouard
Né au XIXe siècle à Tours (Indre-et-Loire). XIXe siècle. Français.
Sculpteur.
Élève de M. Toussaint. Il débuta au Salon de 1874 avec : *Louis XI.*

DUPUY Anne France
Née à Toulon (Var). XXe siècle. Française.
Sculpteur.
Sociétaire du Salon des Artistes Français où elle expose depuis 1930.

DUPUY Bernard
XVIIIe siècle. Actif au Mans. Français.
Sculpteur.
Travailla à l'église de Souvigné-sur-Nême en 1744.

DUPUY Charles
XVIIe siècle. Actif à Paris. Français.
Peintre.

DUPUY Dominique
XVIIe siècle. Actif à Toulouse. Français.
Sculpteur sur bois.
Il fit en 1608 les stalles du chœur de l'église des religieuses de Saint-Pantaléon.

DUPUY E.
Né à Saint-Paul-Laroche. Mort en 1863. XIXe siècle. Français.
Peintre d'histoire, dessinateur.
Il travailla avec Ingres. Il fut professeur de dessin au lycée de Périgueux.

DUPUY Emma, Mme, née **Laurent**
XIXe siècle. Française.
Peintre de portraits, miniatures.
Cette artiste a exposé de 1822 à 1834 au Salon de Paris, sous le nom de Mlle Emma Laurent.

DU PUY Étienne
XVe siècle. Français.
Peintre.
Il fut chargé à partir de 1459 d'organiser les Jeux et les Mystères prévus pour la visite du Roi à Lyon en 1463. Il était encore actif à Lyon en 1464.

DUPUY Eugène. Voir **GALIEN-LALOUE Eugène**

DU PUY J.
XVIIIe siècle. Actif à Montpellier. Français.
Peintre.
Il fut reçu à l'Académie de Montpellier avec Roques, et exposa au Salon en 1784.

DU PUY Jean
Mort en 1481 ou 1482. XVe siècle. Français.
Peintre.
Actif à Lyon en 1473, il peignit des écussons, des panonceaux et des étendards. Les travaux qu'il avait entrepris furent terminés en 1482-84 par ses « compagnons ».

DUPUY Jean
XVe siècle. Français.
Peintre verrier.
Il était actif à Montpellier ; il exécuta des travaux pour la cathédrale de cette ville vers 1480.

DUPUY Jean
Né en 1925 à Moulins (Allier). XXe siècle. Français.
Peintre, dessinateur, auteur de performances, créateur d'installations. Fluxus.
Il a suivi les cours de l'École des Beaux-Arts de Paris. Il participe à des expositions collectives, principalement aux rencontres d'art technologique, surtout aux États-Unis : à l'exposition *La Machine à la fin de l'âge mécanique* qu'organise Pontus Hulten au Museum of Modern Art de New York en 1968 où il remporte dans le cadre de cette dernière exposition un concours destiné à encourager le travail en collaboration entre artistes et ingénieurs, organisé par l'E.A.T. (Experiment in Art and Technology, association créée en 1966 par Robert Rauschenberg) ; *Motion Pictures* avec la pièce *Paris-Bordeaux* au Whitney Museum à New York ; 1972, *72-72*, Grand Palais, Paris ; 1983, *Revue Parlée* avec sa pièce *Lecture Rasante*, Centre Georges Pompidou, Paris ; 1983, *Électra*, Musée d'Art Moderne de la Ville de Paris.
Il montre ses œuvres et réalisations dans des expositions personnelles, dont : 1958, Montréal ; 1961, galerie Fachetti, Paris ; 1963, Bruxelles ; 1970, 1971, 1972, galerie Sonnabend, Paris et New York ; 1981, 1982, galerie Riedel, Paris, où il présente une installation d'« Art Paresseux » conçue avec Jacques Monory intitulée *Et maintenant Miroir, Réfléchis* ; 1988, galerie Duval, Paris ; 1990, galerie Donguy, Paris.
Dupuy commence par pratiquer une peinture gestuelle. C'est à partir de son départ pour New York que son activité s'oriente vers un art technologique, étudiant plus particulièrement dans l'esprit de Fluxus, les relations entre l'organisme et les lois de la physique. Il emploie par exemple un matériel sophistiqué pour une proposition extrêmement simple : écouter les battements de son cœur, voir l'intérieur de son oreille, construire une sculpture en poussière, entendre, de loin, les « bruits du silence » d'un disque muet (...). Dupuy « romantise » cette appréhension de la réalité scientifique. À propos de sa réalisation *Heart beats Dust (Cone Pyramid)*, qui fut primée lors de l'exposition de 1968 à New York, il déclarait : « C'est le premier d'une série d'objets que j'ai faits, qui nécessite pour exister, la participation du public. Un art vivant que je considère aussi comme un art paresseux. » Jean Dupuy s'interroge également sur le sens des mots qu'il met en exergue sous forme d'anagrammes, d'aphorismes et de palindromes, par un jeu réalisé à partir de leurs structures formelles, sous formes de quadrillages, de combinaisons de lettres, et par des relations phoniques et de couleurs. ■ C. D.
Bibliogr. : *Jean Dupuy*, catalogue d'exposition, galerie de l'Ancienne Poste, Calais, 1981 – *Rouge/vert*, catalogue d'exposition, galerie Jean-Claude Riedel, Paris, 1982.
Musées : Dijon (FRAC) – Minneapolis (The Mus. of Electricity in Life) – New York (Malcom Forbes) – Palm Beach (Lannon Foundation) – Paris (FNAC) : *Where* 1987 – Paris (Mus. Nat. d'Art Mod.) – Paris (Mus. des Sciences de la Villette).

DUPUY Jean Albéric
Né au XIXe siècle à Bergerac (Dordogne). XIXe siècle. Français.
Peintre.
Élève de Valade. Il exposa au Salon de Paris en 1870 : *Monsieur, Madame et bébé* et en 1875 : *Les derniers regards de Samson.*

DUPUY Jean Louis
Né en 1710 à Besançon. Mort en 1739. XVIIIe siècle. Français.
Peintre.
Cité par Jules Gauthier dans son *Dictionnaire des Artistes Franc-Comtois.*

DUPUY Laurence
Née dans la seconde moitié du XIXe siècle à Nîmes (Gard). XXe siècle. Française.
Sculpteur.
Elle exposa régulièrement, à Paris, au Salon des Artistes Français dont elle devint sociétaire ; obtient une Mention honorable en 1906.
Ventes Publiques : Paris, 17 nov. 1990 : *Marine*, h/t (17x36) : **FRF 6 000** – Lyon, 18 mai 1994 : *Londres – la Tamise*, h/pan. (17x35) : **FRF 6 200**.

DUPUY Louis, un des nombreux pseudonymes **de Galien-Laloue Eugène**
XIXe-XXe siècles. Français.
Peintre de paysages animés, paysages, paysages d'eau.
Il s'agit ici d'un des nombreux pseudonymes dont usa Eugène Galien-Laloue (Voir la notice). Il est possible que Galien-Laloue réserva ce pseudonyme pour ses paysages ruraux et paysages d'eau.

Ventes Publiques : Paris, 22 mai 1981 : *Lavandières devant le moulin*, h/pan. (25x18) : **FRF 2 100** – Paris, 21 mars 1984 : *Vues de villages*, deux h/t et une h/pan. (41x32) : **FRF 11 100** – Paris, 21 jan. 1987 : *Village au bord de la rivière*, h/t (46x55) : **FRF 6 200** – Paris, 30 mai 1988 : *Ramasseuses de fagots au bord de l'eau*, h/t (24x33) : **FRF 5 200** – Calais, 13 nov. 1988 : *Bord de rivière*, h/pan. (18x36) : **FRF 7 500** – La Varenne-Saint-Hilaire, 12 mars 1989 : *Promeneuse aux abords du village*, h/pan. (22x16) : **FRF 5 300** – Reims, 22 oct. 1989 : *Fermes au bord de la rivière*, deux h/t (38x55) : **FRF 10 500** – Calais, 13 déc. 1989 : *L'étang à la lisière de la forêt*, h/t (65x54) : **FRF 4 500** – Paris, 4 mars 1990 : *Bord de rivière à l'automne*, h/t (50x65) : **FRF 12 000** – Versailles, 18 mars 1990 : *Paysage – Lavandières à l'entrée du village*, h/t (41,5x32,5) : **FRF 8 000** – Le Touquet, 11 nov. 1990 : *Paysannes au bord de la rivière*, h/pan. (16x22) : **FRF 7 500** – Calais, 13 déc. 1992 : *Église au bord de la rivière*, h/t (24x33) : **FRF 7 000** – Calais, 4 juil. 1993 : *Paysannes dans une clairière*, h/pan. (16x22) : **FRF 4 000** – Paris, 23 mars 1994 : *Maison sur la rivière*, h/t (18x36) : **FRF 4 800**.

DUPUY Marie Louise
XXe siècle. Française.
Peintre de paysages.
Elle devint sociétaire des Artistes Français en 1905.
Ventes Publiques : Lucerne, 20 mai 1980 : *Paysage boisé avec lac*, h/bois (36x17) : **CHF 1 000**.

DUPUY Marthe
Née dans la seconde moitié du XIXe siècle à Cahors (Lot). XXe siècle. Française.
Peintre de paysages, intérieurs, pastelliste.
Elle fut élève de B. Constant. Elle a exposé au Salon de l'Union des Femmes Peintres et Sculpteurs, à Paris.

DUPUY Nicolas Philippe ou **Dupuys**
XVIIe siècle. Français.
Peintre.
Il fut peintre ordinaire de Léopold et de Stanislas, rois de Pologne. Le Musée de Nancy conserve de lui le *Portrait de Pierre Jobart.*

DUPUY Noémie Marguerite
Née en 1850 à Paris. XIXe siècle. Française.
Peintre de portraits, dessinatrice.
Elle fut élève de Mlle Houssaye et de Jacquesson de la Chevreuse. Elle exposa au Salon, de 1870 à 1882, des études, de nombreux portraits, quelques peintures sur émail et sur porcelaine.
Musées : Chambéry (Mus. des Beaux-Arts) : *Portrait de Charles Buet – Portrait de Mme Charles Buet.*

DUPUY Paul Michel
Né le 24 mars 1869 à Pau (Pyrénées-Atlantiques). Mort le 2 novembre 1949 à Paris. XIXe-XXe siècles. Français.
Peintre de scènes de genre, portraits, animaux, paysages animés, paysages, paysages d'eau, fleurs. Post-impressionniste.
Il fut élève de Léon Bonnat et d'Albert Maignan à l'École des Beaux-Arts de Paris. Il a exposé au Salon des Artistes Français à partir de 1896 et sans interruption jusqu'à sa mort ; il en devint sociétaire en 1899. Pour *Les Éléphants au Jardin d'Acclimatation* il reçut la médaille de troisième classe 1901, pour *Le Luxembourg, soir d'automne* la médaille de deuxième classe 1902, puis il fut nommé Hors-concours et chevalier de la Légion d'honneur ; pour *Les Sœurs de la Compassion* lui fut attribuée la médaille d'honneur en 1933.
Il se voulait dans la tradition d'un Henri Martin. Formé à l'académisme, il avait été touché par l'impressionnisme, aimant travailler sur le motif en plein air, sensible aux jeux changeants de

la lumière, attiré par l'éclat de la couleur sans négliger le dessin. Il a peint de nombreux portraits, à l'exemple de son maître Bonnat. Il a recherché ses sujets au cours de voyages en Bretagne, Normandie, dans le Midi, le Sud-Ouest, ainsi qu'en Italie, Espagne. On l'a dit à l'époque « peintre de la vie et du mouvement » ; il eut en effet une prédilection pour les scènes enfantines qu'il situait dans des parcs, jardins publics ou sur les plages. ■ J. B.

P. M. Dupuy

P.M Dupuy

P. M Dupuy

Bibliogr. : Catalogue de vente publique, Reims, 5 mars 1989.
Musées : Bourges – Paris (Mus. Nat. d'Art Mod.) : *Le Luxembourg, soir d'automne* – Pau (Mus. des Beaux-Arts) : *Les éléphants au Jardin d'Acclimatation* – Reims (Mus. Saint-Denis) : *Le parterre du Luxembourg* – Saint-Étienne – Tourcoing (Mus. des Beaux-Arts) : *Les sœurs de la Compassion* – Vierzon.
Ventes Publiques : Paris, 19 nov. 1924 : *Mères et enfants dans un jardin public* : **FRF 110** – Londres, 6 fév. 1925 : *Le parc Monceau* : **GBP 4** – Paris, 15 mai 1944 : *Enfants jouant aux Tuileries* 1901 : **FRF 1 900** – Paris, 26 juin 1975 : *Scène de plage*, h/t (35x52) : **FRF 2 700** – Londres, 6 oct. 1982 : *Le jardin du Luxembourg au printemps* 1903, h/t (31,1x61) : **GBP 550** – Roubaix, 27 fév. 1983 : *Le jardin des Tuileries*, h/t (41x61) : **FRF 14 000** – Paris, 5 mai 1986 : *Catalane au marché*, h/t (240x168) : **FRF 30 000** – Paris, 20 avr. 1988 : *Baigneuses sur la plage*, h/t (61x43) : **FRF 11 000** – Reims, 5 mars 1989 : *Fillette cueillant des cerises*, h/t (41x32) : **FRF 14 200** ; *Au Luxembourg, la flotte*, h/t (65x100) : **FRF 138 000** ; *Jeunesse ou Pastorale*, h/t (61x93) : **FRF 71 000** – Reims, 23 avr. 1989 : *Enfants sur la plage le soir* 1903, h/pan. (26x35) : **FRF 38 000** – Londres, 21 juin 1989 : *Enfant mettant leurs voiliers à l'eau dans le bassin du Luxembourg à Paris*, h/t (63,5x98) : **GBP 19 800** – Londres, 4 oct. 1989 : *Jeune fille au chapeau de paille*, h/t (54,5x32) : **GBP 2 750** – Le Touquet, 12 nov. 1989 : *Barque au bord de l'étang*, h/t (46x55) : **FRF 11 000** – Versailles, 19 nov. 1989 : *La promenade des enfants au jardin d'Acclimatation* 1901, h/t (38,5x46,5) : **FRF 31 000** – Londres, 14 fév. 1990 : *Voiliers dans un estuaire*, h/t (81x116) : **GBP 4 620** – New York, 28 fév. 1990 : *Enfants jouant avec leurs voiliers au bassin du Luxembourg à Paris*, h/t (63,5x98) : **USD 33 000** – Versailles, 25 mars 1990 : *La plage*, h/t (31x19) : **FRF 21 000** – Paris, 13 juin 1990 : *L'Ombrelle*, h/t (39x62) : **FRF 19 000** – Paris, 2 juil. 1990 : *Sur la plage, Trouville*, h/t (46x55) : **FRF 60 000** – Versailles, 9 déc. 1990 : *Barque sur l'étang*, h/t (46x55) : **FRF 13 000** – Reims, 15 mars 1992 : *Le semeur*, h/t, étude (41x27) : **FRF 11 000** – New York, 28 mai 1992 : *Les bords du lac en été* 1911, h/t (81,3x54,6) : **USD 9 900** – Paris, 2 nov. 1992 : *Au jardin* 1901, h/t (33x41) : **FRF 7 500** – Londres, 17 mars 1993 : *Mère et ses enfants dans une barque*, h/t (45x64) : **GBP 12 650** – Calais, 4 juil. 1993 : *Enfants au jardin du Luxembourg*, h/t (27x41) : **FRF 13 000** – New York, 16 fév. 1994 : *Le jardin des Tuileries*, h/t (54x81) : **USD 23 000** – Reims, 18 juin 1995 : *La Seine à Montesson*, h/t (50x64) : **FRF 13 000** – New York, 20 juil. 1995 : *Enfants au jardin des Tuileries à Paris* 1901, h/t (27,3x40) : **USD 10 350** – Paris, 22 nov. 1996 : *Pois de senteur*, h/t (55x46) : **FRF 7 500** – Paris, 10 déc. 1996 : *Enfants au bord de la plage*, h/t (41x34) : **FRF 16 300** – New York, 23 mai 1997 : *Enfants jouant sur la plage*, h/t (61x77,5) : **USD 31 050**.

DUPUY Philippe ou **Dupuis**
XVIIIe siècle. Actif au début du XVIIIe siècle. Français.
Peintre de portraits.
Fils de Nicolas Dupuy, peintre de Cour de la Régente Élisabeth Charlotte d'Orléans, il fit le portrait de cette dernière et celui de Stanislas de Pologne, sur lequel il se désigne lui-même « noble et peintre ordinaire du Roi ».

DUPUY DE LAGE P. ou **Dupuis de Lage**
XVIIIe siècle. Actif au début du XVIIIe siècle. Français.
Peintre.
Il travailla à la manière de Lebrun. Duflos grava d'après une de ses œuvres un *portrait de Louis XV enfant* (1716) et N. Tardieu : *Saint Paul résiste à saint Pierre*.

DUPUY de LA ROCHE Alexandre Amédée
Né le 7 septembre 1819 à Vernaison (Rhône). XIXe siècle. Français.
Peintre.
Élève de H. Scheffer, à Paris. Expose au Salon de Lyon à partir de 1844. Principales œuvres : 1857, *Repos de la Sainte Famille, Portrait du cardinal de Bonald*. 1859, *Évanouissement de la Vierge pendant la mise au tombeau*. Expose au Salon de Paris à partir de 1858. Citons : 1859, *Portrait du cardinal de Bonnechose*. 1864, *Décoration de la chapelle des sœurs de Saint-Vincent-de-Paul à Rouen, Portrait de l'abbé Cochet* (Musée de Dieppe). 1865, *Décoration de l'église de Saint-Godard à Rouen*. 1866, Portraits au fusain et au pastel. 1868, *Le Conseil du modèle* et *La rêverie*, pastels, *Décoration de l'église de la Feuillée*, Seine-Inférieure, (*Glorification de saint Eustache*). 1873, *Décoration de l'église Sainte-Marie du Havre*. 1874, *Peintures à la cire dans la chapelle de l'Archevêché de Rouen*. 1875, *Décoration des églises de Saint-Jacques sur Darnetal et de Saint-Louis à Saint Pierre-les-Elbeuf*. 1876, *Décoration de la chapelle du deuxième monastère de la Visitation à Rouen*. 1879, *Décoration de la chapelle de l'Asile Saint-Yon à Quatre-Mares*, près de Rouen, et *de l'église de Sainte-Marie du Havre*. 1880, *Décoration de l'église Saint-François au Havre*. 1883, *Décoration de l'église Saint-Clément à Rouen et de l'église Saint-François au Havre*. 1887 et 1888, *Décoration de l'église de Saint-Romain à Rouen*.
■ André Granger

DUPUY DES ISLETS, Mlle
XIXe siècle. Française.
Peintre de figures.
Elle travailla à la Manufacture de Sèvres.

DUPUY-ROGÉ Marie Désirée Juliette
Née à Châlons-sur-Marne (Marne). XXe siècle. Française.
Peintre de portraits.
Élève de H. Zo ; exposant du Salon des Artistes Français depuis 1934.

DUPUY-SALLE René
Né en 1944 à Bures-sur-Yvette (Essonne). XXe siècle. Français.
Peintre. Tendance figuration-onirique.
Études à Paris de 1965 à 1968. Il vit et travaille à Nice depuis 1972. Expositions de groupe et personnelles.
Ses peintures évoquent un jeu formel de pleins et d'enchevêtrements de matières, aux couleurs tranchées, froides ou chaudes.

DU QIONG ou **Tou K'Iong** ou **Tu Ch'Iung**, surnom : **Yongjia,** nom de pinceau : **Luguan Daoren**
Né en 1396, originaire de Suzhou, province du Jiangsu. Mort en 1474. XVe siècle. Chinois.
Peintre de paysages.
Il peignit dans le style de Dong Yuan (Xe siècle).
Musées : Honolulu (Acad. of Art) : *Ruisseaux, rochers, pavillons, arbres et échappées*, encre sur pap., rouleau en longueur signé, colophon de Wen Zhongyi – Taipeh (Nat. Palace Mus.) : *Hutte couverte de chaume au bord du Lac du Sud* 1468, encre sur pap., rouleau en hauteur – *Paysage d'après Wang Meng*, inscription de l'artiste datée 1443, deux autres inscriptions.

DUQUE Diego
XVIIIe siècle. Espagnol.
Peintre.
Actif à Séville, il travailla probablement au XVIIIe siècle avec Guerrero de Léon, peintre.

DUQUE Manuel
Né en 1919 à Nerva (Huelva). XXe siècle. Depuis 1954 actif en France. Espagnol.
Peintre. Abstrait-lyrique, tendance nuagiste.
Il a participé à nombre d'expositions collectives, notamment, à Paris, aux Salons de l'École de Paris, Comparaisons, Réalités Nouvelles en 1961, 1965, Salon de Mai en 1967. Il a participé au IIe Prix Lissone et a participé à diverses expositions collectives à l'étranger, notamment au Premier Salon international des Galeries Pilotes, au Musée Cantonal de Lausanne, en 1963. Il a

débuté ses expositions particulières en Espagne durant la guerre en 1943, puis en 1945 et 1953.
Bien que sa peinture soit fondée parfois sur un support allusif de la réalité, sa peinture se rattache à l'abstraction lyrique, et plus précisément à la tendance que l'on qualifie de nuagisme.

DUQUE Raoullet
XIVe siècle. Actif à Paris. Français.
Sculpteur sur bois.
En 1399 il exécuta pour le duc d'Orléans des boiseries dans la Chapelle des Célestins.

DUQUE CORNEJO Y ROLDAN Pedro
Né en 1677 à Séville. Mort en 1757 à Cordoue. XVIIIe siècle. Espagnol.
Sculpteur.
Il fut, en Andalousie, l'un des meilleurs représentants du style rococo, en sculpture. Il a tout d'abord travaillé sur des retables à Séville. A Grenade, il a fait et transformé la décoration sculptée de l'église de la Virgen de las Angustias, pour laquelle il a sculpté quatorze statues représentant *le Christ, la Vierge, et les Apôtres*, placés dans la nef. A la cathédrale de Grenade, il fit le retable de la Antigua. Au Paular, près de Madrid, il est l'auteur de *Saint Pierre* et *Saint Joseph*. C'est à Cordoue qu'il crée sa dernière œuvre sur laquelle il a travaillé jusqu'à sa mort : les stalles du chœur de l'ancienne mosquée. Duque Cornejo y Roldan avait le sens du mouvement et des formes courbes, soutenus par une technique très sûre.

DUQUE Y DUQUE Eugenio
XIXe siècle. Espagnol.
Sculpteur.
Élève de Piquer. Exposa à Madrid à partir de 1860. Ce fut un des meilleurs sculpteurs espagnols du XIXe siècle.

DUQUEAU Jean
XVIIe siècle. Français.
Peintre.
Il fut, à Lyon, maître de métier pour les peintres en 1661 et 1662.

DU QUELAR Paul, ou **Hugues Jean François Paul** ou **du Queylard**. Voir **DUQUEYLAR**

DUQUENNE Alcide Paul
Né le 21 juin 1849 à La Rochelle. XIXe siècle. Français.
Peintre.
Élève de Gérome. Il envoya quelques dessins au Salon de Paris en 1868, 1870 et 1876.

DUQUENNE Jules Alfred
Né le 20 avril 1874 à Nogent-sur-Marne (Val-de-Marne). Mort le 6 décembre 1950 à Fontenay-sous-Bois (Val-de-Marne). XXe siècle. Français.
Peintre de natures mortes, fleurs et fruits, aquarelliste.
Il fut élève, à Paris, de l'École des Beaux-Arts de 1890 à 1892, et de l'École des Arts Décoratifs, de 1890 à 1895, où il avait été reçu la même année. Il reçut des distinctions de la Société Nationale de l'Horticulture de France.

DUQUESNE Henri
XVIIIe siècle. Actif à Lille. Français.
Peintre d'histoire.
Élève de Dusillion. Il exposa au Salon de Lille en 1787.

DUQUESNE Michael
Né au XVIIe siècle à Oels. XVIIe siècle. Actif à Breslau. Allemand.
Peintre.
Élève de Joachim Rese. Il fut reçu Maître en 1615. En 1617 il participe aux travaux de l'Arc-de-Triomphe de Ferdinand II.

DUQUESNE Pierre François Célestin Adrien Joseph
XVIIIe siècle. Français.
Peintre.
Il fut reçu à l'Académie de Saint-Luc à Paris en 1762.

DUQUESNOY, Mlle
XVIIIe siècle. Française.
Graveur.
On ne connaît d'elle qu'une suite de quatre *Petites Pastorales* d'après Boucher.

DUQUESNOY Antoine
XVe siècle. Actif à Laon en 1496. Français.
Peintre.

DUQUESNOY Floris
XVe siècle. Éc. flamande.
Peintre.
D'après Siret, il travailla pour les ducs de Bourgogne.

DUQUESNOY François ou **Frans Van Kenoy**, appelé aussi **Francesco Fiammingo,** ou **Fattore di Putti, François le Flamand**
Né à Bruxelles, vers 1594, en 1592 selon de Bie. Mort le 12 juillet 1643 à Livourne (Italie). XVIIe siècle. Éc. flamande.
Sculpteur de groupes, statues, bas-reliefs, dessinateur.
Il fut l'élève de son père, le sculpteur Heinrich Duquesnoy. L'archiduc Albert lui permit de séjourner en Italie. Ses débuts furent pénibles et pour assurer sa subsistance il travailla longtemps à confectionner des figurines de bois. Cependant, il fut remarqué par Van Dyck, qui fit son portrait en 1623 ; il travailla avec lui ainsi qu'avec Nicolas Poussin et le peintre Albane, dont les enfants lui servaient fréquemment de modèles pour ses bas-reliefs et ses groupes d'enfants. Le connétable Filippo Colonna le protégea et le chargea d'exécuter un grand crucifix d'ivoire pour l'offrir au pape Urbain VIII. Le marquis Vincentio Giustiniani lui acheta un *Apollon* et un *Mercure* de bronze, et lui commanda une *Vénus* de marbre, plus grande que nature ; il l'employa également à la décoration de sa galerie. Duquesnoy travailla aussi à des ornementations en bronze pour l'église Saint-Pierre. Il eut plusieurs élèves, dont Arthur Quelinus père, Rombout Pauwels, L. le Doux, et pendant peu de temps Konraet van Noremberg. Les magistrats d'Amsterdam lui achetèrent 6 000 gulden un *Amour* en marbre pour l'offrir au prince d'Orange. Louis XIII lui proposa de se rendre à Paris pour un traitement de 3 000 livres par an, mais Duquesnoy mourut en route à Livourne. Il fut enterré dans le cloître des Franciscains. Sa biographie est encore assez nébuleuse, et on sait peu de choses sur sa vie privée, ainsi que sur les circonstances de sa mort. Le bruit courut qu'il avait été empoisonné par son frère, d'autres assurèrent qu'il s'était blessé en réparant une grande statue de sainte Suzanne.
Ses groupes d'enfants, ses bas-reliefs ont des figures pleines de grâces et de douceur. Gérard Dou copia ses sculptures pour ses encadrements de fenêtres.
Musées : Dresde : *Bacchus* – Lille : *Enfant assis tenant une pomme* – Rome (Borghèse) : *Sculpture d'autel* – *Scènes bachiques* – Stockholm : *Relief avec figures* – *Masque d'une tête d'enfant* – *Masques de deux têtes d'enfant* – Vienne : *Groupe*.
Ventes Publiques : Paris, 1858 : *Quatre groupes d'enfants sur une feuille*, dess. à la pl. lavé de bistre : **FRF 18** – Paris, 1893 : *Enfant debout, pleurant*, dess. à la sanguine : **FRF 8** – Paris, 21 et 22 fév. 1919 : *Buste d'enfant*, sanguine, attr. : **FRF 110** – Paris, 8 mai 1919 : *Allégorie de l'automne*, sanguine : **FRF 100** – Paris, 7 et 8 juin 1928 : *Allégorie de l'automne*, sanguine : **FRF 1 250** – Paris, 20 et 21 avr. 1932 : *Un amour*, pierre noire, reh. de blanc : **FRF 305** – Paris, 8 déc. 1938 : *Étude d'enfant*, sanguine : **FRF 480** – Paris, 1er déc. 1965 : *Silène et Dionysos*, bronze : **FRF 16 500** – Londres, 24 sep. 1979 : *Mercure et Cupidon* ; *Apollon et Cupidon*, bronze patiné, une paire (H. 62,2x64) : **GBP 42 000**.

DUQUESNOY Heinrich, l'Ancien
Né avant 1570. Mort en 1641 à Bruxelles. XVIe-XVIIe siècles. Éc. flamande.
Sculpteur de statues.
Il était père de François et de Hieronymus le Jeune. Maître franc de la Corporation des Quatre-Couronnés, il exécuta à Bruxelles de nombreux travaux. Il fut chargé d'exécuter pour une fontaine le fameux « Manneken-Pis » en remplacement d'un motif précédent probablement semblable (son œuvre elle-même a été sans doute détruite en 1794).
Ses œuvres furent fréquemment confondues avec celles de ses fils. On lui attribue une *Vierge* à l'église Sainte-Gudule de Bruxelles.
Musées : Bruxelles (Nouvelle Chancellerie) : *Statue de la Justice* – Bruxelles (château de Tervueren) : *Saint Jean* – Hal (Mairie) : *La Vérité et la Justice*, statues.

DUQUESNOY Hieronymus
Né en 1602, ou en 1612 probablement. Mort le 28 septembre 1654 à Gand (Belgique), condamné à mort et exécuté. XVIIe siècle. Éc. flamande.
Sculpteur.
Il est le frère de François Duquesnoy, également sculpteur. Le 12 octobre 1654, soit quelques jours après l'exécution de Hieronymus, André Ghysels, orfèvre à Bruxelles, en vue de réhabiliter la mémoire du supplicié, déclara devant notaire que : douze

ans auparavant, se trouvant avec sa femme à Livourne, il vit les deux frères Duquesnoy qui venaient d'arriver dans cette ville et qu'ils travaillaient de concert en bonne intelligence, qu'il apprit que François avait été invité par le roi Louis XIII à se rendre à Paris, et qu'une somme de 2 000 ducats lui avaient été remise pour son voyage. François serait mort au cours du voyage et on aurait accusé son frère Hieronymus de l'avoir empoisonné. Ghysels déclare encore que : après un séjour en Espagne, Hieronymus vécut neuf mois à Florence, puis alla rejoindre son frère à Rome et travailla avec lui pour le pape Urbain VIII. Après la mort de son frère, il serait retourné en Hollande. En fait, Hieronymus travailla à la cour de Philippe IV à Madrid, puis avec son frère en Italie, et ensuite il revint en Flandre avec son ami, l'artiste Rombout Pauwels et s'installa à Gand. Il eut comme élève Jacques Voorspool jusqu'en 1654. En 1651, le 5 juin, il fut nommé architecte, statuaire et sculpteur de la cour du roi Philippe IV à Bruxelles, au tarif de 800 livres de Fl. par an. En 1653, le publiciste A. Van Lockeren, publia dans le « Messager des Sciences historiques » le procès intenté à Hieronymus, qui fut condamné à être étranglé et brûlé, pour crime de sodomie. C'est en vain que ses parents, s'adressèrent à l'archiduc, Léopold Guillaume, pour le faire juger en sa qualité de sculpteur du roi, et architecte de la cour ; il aurait bénéficié d'une juridiction spéciale ; mais cette demande fut rejetée et Hieronymus subit sa peine sur le marché aux grains à Gand, le 28 septembre 1654. Malgré les réclamations de ses frères et sœurs, ses biens furent confisqués, et sa dernière œuvre, le mausolée de l'archevêque de Trieste, resta inachevée.

DUQUESNOY Jeanne Amélie
Née le 1er novembre 1872 à Bordeaux (Gironde). xxe siècle. Française.
Peintre de natures mortes.
Élève de F. Carmes et E. Claude. Exposant, à Paris, du Salon des Artistes Français depuis 1924.

DUQUESNOY Pierre
xviiie siècle. Actif à Lille. Français.
Portraitiste et paysagiste.
Élève de l'École de dessin de Lille. Exposa au Salon de cette ville en 1775 et 1776.

DUQUET Jean
Né à Amiens. xve siècle. Actif dans la seconde moitié du xve siècle. Français.
Enlumineur.
Il exécuta les enluminures d'une copie de différents traités passés entre princes et souverains (1479). Cet ouvrage existe encore dans les Archives de la ville d'Amiens ; il prouve le talent de l'artiste.

DUQUET Jean Baptiste
xviie siècle. Français.
Sculpteur.
Il fit, dans la chapelle de Saint-Jean-du-Vœu, à la cathédrale d'Amiens, le tombeau de François Faure, évêque de cette ville, décédé en 1687. On possède une gravure de ce monument par Jean Lepautre et Béray.

DUQUEYLAR Paul, ou **Hugues Jean François Paul** ou **du Queylard,** ou **du Quelar**
Né le 31 octobre 1771 à Digne (Basses-Alpes). Mort le 1er mars 1845 au château de Valmousse (près de Lambesc, Bouches-du-Rhône). xviiie-xixe siècles. Français.
Peintre d'histoire et de paysages.
Élève de David. On cite des productions de cet artiste : *Minos jugeant les ombres* ; *La Sainte Famille* ; *Pâris et Hélène*. Il exécuta sur le grand plafond, au Palais de Monte-Cavallo : *Trajan distribuant les sceptres de l'Asie*. Le Musée d'Aix conserve de lui : *Bélisaire*.

DUR ou **Dür**. Voir aussi **DURR** et **DÜRR**

DUR Andres
xvie siècle. Actif à Aarau. Suisse.
Peintre verrier.

DUR Hans ou **Durr, Dür**
xvie siècle. Vivant à Bâle au commencement du xvie siècle. Suisse.
Sculpteur.
Mentionné à Bâle entre 1519-1523. D'après le Dr C. Brun, il serait peut-être le même que Hans Thurner qui exécuta les statuettes sur l'horloge de la façade de l'Hôtel de Ville à Bâle en 1510-1511.

DUR Hilarius ou **Dürr**
xviie siècle. Travaillant à Biel et à Berne. Suisse.
Peintre sur verre.
Il fournit des vitraux pour le Conseil de Berne en 1602, et vivait encore dans cette ville en 1640.

DÜR Johann Heinrich
Né en 1696. Mort en 1781. xviiie siècle. Actif à Zofingen. Suisse.
Peintre de miniatures.

DUR Johann Sebastian
Baptisé à Burgdorf le 25 décembre 1709. Mort le 9 octobre 1749 à Varsovie. xviiie siècle. Suisse.
Peintre de miniatures, pastelliste.
Il fut élève de Johann Grimm.

DUR Mily
xxe siècle. Allemande.
Peintre, illustrateur.
Elle a étudié à Zurich. Elle expose, depuis 1957, en Suisse, en Allemagne, en Israël et en France. Elle a obtenu diverses récompenses.

DURA Alberto
Né en 1888. Mort en 1971. xxe siècle. Uruguayen.
Peintre de paysages, paysages urbains.
Il obtint une médaille d'argent à l'exposition d'art ibéro-américain, en 1930, à Montevideo.
Il a principalement représenté dans une gamme de couleurs franches des paysages champêtres écrasés par le soleil d'été, et saisis dans la banlieue Aires-Puros de Montevideo.
Ventes Publiques : New York, 18-19 mai 1993 : *Jardin* 1920, h/t (79,4x66) : **USD 9 200**.

DURA Gaetano
xixe siècle. Actif à Naples. Italien.
Peintre de genre, paysages, peintre à la gouache, aquarelliste, graveur.
Ventes Publiques : Londres, 25 mars 1988 : *La Côte napolitaine*, gche (29x43,2) : **GBP 1 815** – Paris, 5 avr. 1991 : *Le Marchand de tambourins*, aquar. (20x16) : **FRF 4 500** – New York, 16 juil. 1992 : *Vue de Capri*, gche/cart. (31,1x45,1) : **USD 2 200**.

DURACH Johann Baptist
Né le 24 décembre 1724 à Wangen. Mort le 7 février 1793 à Passau. xviiie siècle. Autrichien.
Peintre.
Parmi ses œuvres, on cite l'*Ascension de Marie*, au maître-autel de la cathédrale de Ratisbonne.

DURADE. Voir **DURANT Jacques Louis**

DURADE Alex Louis François et **Julie**. Voir **ALBERT-DURADE**

DURAJSKI Gabriel ou **Dorajski**
xviiie siècle. Polonais.
Peintre.
De 1745 à 1750 il fut maître de sa corporation à Cracovie.

DURAMANO, Mme
xviiie siècle. Italienne.
Peintre de natures mortes, fleurs.
Elle travaillait à Venise au début du xviiie siècle. Elle fut la mère du peintre Francesco Duramano.

DURAMANO Francesco
xviiie siècle. Italien.
Peintre de natures mortes, fleurs.
Actif à Venise et à Brescia vers 1750, il imitait le style de G. Lopez.

DURAMEAU Louis Jean Jacques
Né en 1733 à Paris. Mort le 4 septembre 1796 à Versailles. xviiie siècle. Français.
Peintre d'histoire, compositions religieuses, scènes de genre.
En 1756, il eut le deuxième prix au concours pour Rome et le premier prix l'année suivante. En 1766, il fut agréé à l'Académie et fut reçu académicien en 1774. Adjoint à professeur en 1776, il fut nommé professeur en 1781. Il était peintre de la chambre et du cabinet du roi et garde des tableaux de la surintendance de Versailles. Au Salon il exposa de 1767 à 1789.

Parmi ses œuvres, on cite : *Le Martyre de saint Cyr et de sainte Juliette ; Saint François de Sales mourant ; Un joueur de basson ; Une dormeuse tenant un chat.* Il exécuta une vingtaine de copies, selon la commande de Mariette, « d'après les plus célèbres tableaux des différents maîtres qui ne sont point encore connus par aucune estampe ». Les œuvres de cet artiste se distinguent par la pureté du dessin et la vigueur du pinceau.
Musées : Besançon : *Un buveur – Joueur de violon* – Grenoble : *Le Chevalier Bayard* – Paris (Louvre) : *L'Été* – Paris (Louvre, voûte de la Gal. d'Apollon) : *Cérès et ses compagnes implorant le soleil* – Paris (chapelle de l'École militaire) : *Saint Louis lavant les pieds aux pauvres* – Rouen (chambre criminelle du Parlement) : *Le Triomphe de la Justice.*
Ventes Publiques : Paris, 1787 : *Paysanne assise* : **FRF 60** – Paris, 22 oct. 1897 : *Junon déchaînant la tempête* : **FRF 140** – Paris, 1897 : *Une partie de cartes aux bougies*, bistre reh. de blanc : **FRF 1 000** ; *La tempête*, cr. noir et à la sanguine reh. de gche : **FRF 200** – Paris, 10 nov. 1898 : *L'atelier du peintre*, dess. : **FRF 135** – Paris, 7 fév. 1898 : *L'Amour caressant Junon* : **FRF 69** – Paris, 12 fév. 1906 : *La tempête* : **FRF 200** – Paris, 3 avr. 1909 : *Groupes d'amours* : **FRF 110** – Paris, 7 et 8 mai 1923 : *Les Soins maternels*, pierre noire, reh. de blanc : **FRF 410** – Paris, 6 déc. 1923 : *Les jeunes dessinateurs*, pl. et lav. sépia : **FRF 1 400** ; *La Comtesse prépare ses parures pour le 1er Opéra*, pl. et lav. : **FRF 400** – Paris, 20 mars 1924 : *La partie de cartes*, pierre noire, reh. : **FRF 420** ; *La leçon de dessin*, cr. et reh. sanguine : **FRF 830** ; *Portrait d'homme*, pierre noire, reh. : **FRF 180** – Paris, 17 et 18 juin 1925 : *La Partie de cartes aux bougies*, pl. et lav. de bistre, reh. de blanc : **FRF 36 000** – Paris, 14 nov. 1927 : *Samson et Dalila*, pl. lav. de sépia : **FRF 155** – Paris, 23 nov. 1927 : *Le jeune homme à l'épée*, pierre noire reh. : **FRF 1 800** ; *Ensevelissement dans un temple*, pl. et lav. : **FRF 250** – Paris, 9 fév. 1928 : *La jeune fille au chat* : **FRF 11 100** – Paris, 7 et 8 juin 1928 : *Portrait présumé du miniaturiste Pellerin*, pierre noire reh. : **FRF 15 000** – Paris, 28 nov. 1928 : *La leçon de musique*, pl. : **FRF 29 000** – Paris, 23 nov. 1936 : *Les Dessinateurs*, pl. et lav., attr. : **FRF 1 200** – Paris, 22 fév. 1937 : *Quatre dames, travaillant dans un salon éclairé aux bougies*, pierre noire, reh. de blanc : **FRF 4 300** ; *La Lettre*, pierre noire, reh. de craie : **FRF 4 100** – Paris, 26 mai 1937 : *Nymphes et Amour*, sanguine, lav. de sépia et brun rouge : **FRF 300** – Paris, 2 avr. 1941 : *Portrait présumé de Mlle de Charolais*, pierre noire et reh. de blanc, attr. : **FRF 240** – Paris, 29 avr. 1942 : *Étude de moines*, sanguine : **FRF 130** – Paris, 17 déc. 1943 : *Joueur de mandoline ; Joueur de violon*, deux dessins à la pierre noire avec rehauts de blanc : **FRF 150** – Paris, 19 juin 1967 : *Évêque célébrant une union ; Reine et sa suite, offrant un présent à un seigneur* : **FRF 3 300** – Paris, 29 oct. 1980 : *Le Peintre dans son atelier*, pl., lav. et reh. de blanc/pap. (15,5x22,5) : **FRF 10 500** – Paris, 22 nov. 1982 : *Femme en buste*, pierre noire (20x17) : **FRF 3 000** – Paris, 29 nov. 1985 : *Tête de loup*, past. et pierre noire (42,5x37) : **FRF 82 000** – Paris, 11 déc. 1992 : *La partie de cartes*, pl., encre noire et lav. gris (15,8x11,2) : **FRF 9 000** – Paris, 18 juin 1993 : *Quos ego* 1775, pl., lav., sanguine et gche (32,7x41) : **FRF 42 000** – Monaco, 20 juin 1994 : *Jeune femme assise les jambes allongées et caressant un chat sur ses genoux*, craie noire et lav. brun (16,3x20,5) : **FRF 17 760** – Paris, 21 mars 1995 : *Nymphes et putto*, sanguine et lav. brun (18x23) : **FRF 4 200** – Paris, 25 avr. 1997 : *Figure allégorique*, pierre noire, fus., estompe et reh. de gche blanche, étude de plafond (35,5x54,5) : **FRF 260 000**.

DURAN Carolus. Voir **CAROLUS-DURAN**

DURAN Feyhaman
Né en 1886 en Turquie. xxe siècle. Turc.
Peintre de portraits, paysages, marines, natures mortes, dessinateur.
À sa sortie de l'Académie des Beaux-Arts d'Istanbul, il gagne Paris et travaille dans les ateliers de Cormon et de Jean-Paul Laurens. Il a figuré à l'Exposition Internationale d'Art Moderne, ouverte en 1946 au Musée d'Art Moderne de Paris par l'Organisation des Nations Unies (O.N.U.).
Ce n'est qu'après son retour en Turquie, en 1914, que le véritable art du portrait s'est imposé dans ce pays. Duran demeurera dans l'histoire de la peinture turque le premier artiste à se servir dans ses portraits d'une palette transparente et animée. Il a fait aussi des natures mortes et des dessins.

DURAN Francisca de Paula
xixe siècle. Espagnole.
Peintre.
Le Musée de Saragosse conserve d'elle une *Vénus* et un *Cupidon.*

DURAN Gabriel
Né vers 1749 à Vich (Catalogne). Mort le 14 avril 1806 à Rome. xviiie siècle. Espagnol.
Peintre.
Il fut nommé en 1788 membre de l'Académie Saint-Luc. Il peignit à Rome un *Saint Miguel de Los Santos* pour la canonisation de celui-ci. Ce tableau fut par la suite transporté dans la cathédrale de Vich.

DURAN Jaime ou **Gioachino**
Né vers 1709. Mort entre 1772 et 1798 à Rome. xviiie siècle. Espagnol.
Peintre.
Il peignit pour l'église des Quarante Martyrs au Transtévère un *Saint Jean-Baptiste.*

DURAN Jeanne M.
Née dans la seconde moitié du xixe siècle à Toulouse (Haute-Garonne). xixe siècle. Française.
Sculpteur.
Sociétaire du Salon des Artistes Français ; mention honorable en 1912.

DURAN Pauline. Voir **CAROLUS-DURAN**

DURAN Pedro
xvie siècle. Actif à Séville. Espagnol.
Sculpteur.
Prit un élève le 8 mai 1550, habitait la paroisse Santa Maria en 1557, fit son testament en 1558.

DURAN Y RIERA José
Né à Barcelone. xixe siècle. Espagnol.
Peintre de genre.
Il fut élève de Serra, et exposa aux Salons de Catalogne. On cite de lui : *Vendeuses de poules ; Deux Rivaux ; Petits Vendeurs de fruits.*

DURANA Juan de
Né à Zamora. xvie siècle. Travaillant à Valladolid. Espagnol.
Peintre.
Témoin dans un procès soutenu par Berruguete vers 1560, il continua après lui l'œuvre commencée par ce grand maître, pour l'église de Santiago de Caceres, qui comprend des figures en ronde bosse, des bas-reliefs et des hauts-reliefs.

DURAN-CAMPS Rafaël, pseudonyme de **Durancamps**
Né en 1881 à Sabadell. Mort en 1978 ou 1979 à Barcelone. xxe siècle. Espagnol.
Peintre de paysages, natures mortes, aquarelliste.
Autodidacte, il fit son apprentissage à l'École des Beaux-Arts de Barcelone, ainsi qu'en copiant les œuvres des maîtres conservées au Prado. Il passa d'assez longs séjours en France à partir de 1924 ou 1927. À partir de 1939 il se fixa à San Sebastian et Madrid.
Première exposition à Barcelone en 1915. Autre exposition à Madrid en 1923. Il participa avec des compositions murales à l'Exposition internationale de Barcelone en 1929. Il montre ses œuvres à San Sebastian, Sabadell, Bilbao, Londres et Philadelphie. Il exécuta également des décorations murales pour le château normand de Radepont. Il expose, à Paris, en 1931 à la galerie de la Renaissance.
Il mit une technique aisée et brillante au service d'un art au réalisme chaleureux. Il peignit de nombreuses natures mortes. Ses paysages sont de deux types, les uns de caractère romantique, les autres nettement plus réalistes, proche de la mise en scène de la nature morte, à l'atmosphère même un peu fantastique.

Bibliogr. : A. M. Campoy : *Diccionario critico del arte espanol contemporaneo*, Madrid, 1973 – in : *Cien anos de pintura en Espana y Portugal 1830-1930*, Antiqvaria, Madrid, 1988.
Musées : Barcelone (Mus. d'Art Mod.) – Madrid (Mus. d'Art Mod.) – San Sebastian (Mus. d'Art Mod.).
Ventes Publiques : Madrid, 14 juin 1976 : *Marine, Cadaquès*, gche (25x33) : **ESP 48 000** – Madrid, 25 jan. 1977 : *L'Attente*, h/t (38x45) : **ESP 110 000** – Madrid, 17 oct. 1979 : *Cadaquès*, h/t (33x41) : **ESP 275 000** – Barcelone, 1er avr. 1982 : *Le pique-*

nique, h/pan. (56x72,5) : **ESP 290 000** – Barcelone, 27 juin 1985 : *Scène de tauromachie*, h/isor. (53x80) : **ESP 875 000** – Madrid, 18 déc. 1986 : *Scène de marché*, h/pan. (54x80) : **ESP 1 700 000** – Paris, 3 juin 1988 : *Nature morte au poisson*, h/t (50x61) : **FRF 18 000** – Londres, 21 fév. 1989 : *Vue de la mer* 1965, h/cart. (36,6x59,7) : **GBP 8 250** – Paris, 23 nov. 1990 : *Rue d'une ville de province*, h/t (38x46) : **FRF 40 000** – Paris, 21 déc. 1992 : *L'artiste peignant en sous-bois*, h/pan. (46x38) : **FRF 20 000** – Paris, 13 avr. 1994 : *Paysage au bord de la mer*, h/t (46x65,5) : **FRF 36 000** – Paris, 13 oct. 1995 : *Le bouquet de fleurs*, h/t (55x46) : **FRF 23 000**.

DURAND. Voir aussi **DURANT** et **DURANTI**

DURAND

XIIIe siècle. Actif à Rouen. Français.

Sculpteur-architecte.

Son nom a été trouvé sur la clef de voûte principale de la dernière travée de la nef, représentant l'Agneau de Dieu, dans la cathédrale de Rouen. Cette clef de voûte porte : *Durandus me fecit*, et est aujourd'hui au Musée de Rouen. Durand fut maître de l'œuvre de la cathédrale, de 1235 à 1251, entre Ingeiram et Gauthier de Saint-Hilaire.

DURAND

XVIIe siècle. Actif à Toulouse. Français.

Peintre.

DURAND, dit **Darsonval**

Né au XVIIIe siècle à Paris. XVIIIe siècle. Français.

Peintre, en miniatures.

De 1799 à 1802, il exposa au Salon.

DURAND

XIXe siècle. Actif au début du XIXe siècle. Français.

Graveur.

On cite de lui des vignettes, d'après Achille Deveria.

DURAND

XVIIIe siècle. Français.

Peintre.

Il a signé comme député de l'Académie de Saint-Luc une lettre datée du 31 décembre 1767 contre les prétentions des maîtres peintres.

DURAND A.

XVIIIe siècle. Français.

Peintre.

Il peignit pour le retable de l'église de Châtillon-sur-Loing une *Vision de saint Joseph*.

DURAND Albert

Né à Fougères (Ille-et-Vilaine). XIXe siècle. Français.

Peintre.

Élève de Boulanger et de Jules Lefebvre. Sociétaire des Artistes Français depuis 1885, il figura au Salon de cette société. Le Musée de Saint-Brieuc conserve de lui une *Tête de femme*.

DURAND Amédée Pierre

Né en 1789 à Paris. Mort en septembre 1873. XIXe siècle. Français.

Sculpteur et médailleur.

Élève de l'École des Beaux-Arts, il y obtint en 1810 le premier prix de Rome pour les médailles et le second pour la sculpture. En Italie, il exécuta les bustes du roi Murat et de sa famille et se lia intimement avec Ingres. Il travailla en 1816 comme médailleur à Londres. A partir de 1817 il figura plusieurs fois au Salon à Paris. Deux de ses médailles les plus réputées représentent des scènes de la vie de Napoléon.

DURAND André

Né le 5 mai 1807 à Amfreville-la-Mivoie (Seine-Maritime). Mort le 10 août 1867 à Paris. XIXe siècle. Français.

Peintre d'architectures, dessinateur, lithographe, aquarelliste.

Élève à l'École de dessin et de peinture de Rouen, il exposa au Salon de Paris entre 1833 et 1864. Participant aux campagnes archéologiques du prince Demidoff, il réalisa plusieurs notices archéologiques publiées dans le *Journal de Rouen*, dont le caractère romantique était inévitable à cette époque. Ses dessins et aquarelles gouachées sont d'une précision qui vient de son métier d'archéologue. Il était correspondant du comité des monuments historiques.

Bibliogr. : Gérald Schurr, in : *Les Petits Maîtres de la peinture 1820-1920, valeur de demain*, Les Éditions de l'Amateur, t. II, Paris, 1982.

Musées : Le Puy-en-Velay : *L'ancien charnier de Saint-Sauveur à Rouen*.

Ventes Publiques : Paris, 1882 : *Une église à Moscou*, dess. reh. de blanc à la gche : **FRF 9**.

DURAND Antoine

XVIIe siècle. Actif à Toulouse. Français.

Peintre.

Élève de J. Chalette, il fut nommé, après la mort de celui-ci, son successeur. Il peignit, pendant les seize années où il occupa le poste de « Peintre de l'Hôtel de Ville » de Toulouse, 384 portraits des Conseillers municipaux. Le Musée de Toulouse possède deux *Portraits d'hommes inconnus* qui lui sont attribués.

DURAND Antoine

Né au XIXe siècle à Revel (Haute-Garonne), d'origine française. XIXe siècle. Français.

Peintre de portraits.

Élève de MM. A. Dournefon et P. Dupuis. Il débuta au Salon de 1879. Le Musée de Toulouse possède de lui deux portraits.

DURAND Asher Brown

Né en 1796 à South Orange (New Jersey). Mort en 1886. XIXe siècle. Américain.

Peintre d'histoire, scènes de genre, portraits, paysages animés, paysages, graveur. Romantique.

Ce très remarquable artiste était originaire d'une famille française réfugiée en Amérique au moment de la révocation de l'édit de Nantes. Il s'est essayé un peu dans tous les genres de peinture. On cite parmi ses paysages : *Forêt vierge, Les Chutes de Catskill*, et parmi ses tableaux d'histoire : *La Capture du major André*. Asher Brown Durand fut fondateur de l'Académie Nationale Amérique. Comme graveur, son œuvre principale est la reproduction du tableau de Trumbull : *La Déclaration de l'Indépendance*. Dans ses œuvres achevées, la précision de dessin des premiers plans rappelle le métier de la gravure, les lointains au contraire sont estompés délicatement. En dehors de ces œuvres destinées à l'exposition, il traitait sur nature quantités d'études très spontanées, dont beaucoup sont conservées par la New York Historical Society.

Il manifesta dans tout son œuvre un sentiment totalement respectueux de la nature, en rapport avec le panthéisme romantique de son époque.

Musées : New York (Century Assoc.) : *Portrait de James Madison* – New York (Metropolitan Mus.) : *Ariadne – Dans les Bois – Le Jugement de Gog* – New York (Brooklyn Inst.) : *La Première Moisson*.

Ventes Publiques : New York, 1894 : *Paysage* : **FRF 1 100** – New York, 10-11 jan. 1907 : *Dans les Alpes* : **USD 100** – New York, 4-5 fév. 1932 : *George Horatio Derby* : **USD 70** – New York, 23 jan. 1936 : *Vue de la vallée de l'Hudson* 1851 : **USD 375** – New York, 14-16 avr. 1943 : *Jour d'été* : **USD 145** – New York, 31 jan. 1946 : *Paysage montagneux* : **USD 275** – New York, 15 et 16 mai 1946 : *Portrait d'un gentilhomme* : **USD 200** – New York, 17 nov. 1966 : *Paysage boisé* : **USD 1 400** – New York, 15 nov. 1967 : *Paysage fluvial* : **USD 11 000** – New York, 28 oct. 1971 : *Paysage de New Jersey* 1867 : **USD 3 500** – Hyannis (Massachusetts), 7 août 1973 : *Cour de ferme* 1843 : **USD 20 000** – New York, 23 mai 1974 : *Paysage escarpé* : **USD 9 000** – New York, 28 oct. 1976 : *Campement indien* 1846, h/t (114,5x91,5) : **USD 60 000** – New York, 28 jan. 1977 : *Vaches dans un paysage* vers 1860, h/t (25,4x38) : **USD 7 250** – New York, 20 avr. 1979 : *Paysage à la rivière* vers 1860-70, h/t (35,5x50,8) : **USD 4 500** – New York, 8 déc. 1983 : *Wooded Glen*, h/t (61x47) : **USD 27 000** – New York, 6 déc. 1985 : *Troupeau à l'ombre du vieux chêne*, h/t (64,2x54) : **USD 22 000** – New York, 3 déc. 1987 : *Mountain Stream* 1848, h/t (101,6x152,5) : **USD 270 000** – Paris, 16 déc. 1987 : *Deux Chasseurs dans un paysage des lacs* (61x36) : **FRF 16 000** – New York, 1er déc. 1988 : *À l'ombre du vieux chêne*, h/t (64,1x54,2) : **USD 29 700** – New York, 30 nov. 1989 : *Sur les bords de l'Hudson* 1846, h/t (diam. 60,9) : **USD 60 500** – New York, 16 mars 1990 : *Un ruisseau en été* 1858, h/t (51,1x76,2) : **USD 27 500** – New York, 6 déc. 1991 : *Étude des environs de Factory Point dans le Vermont*, h/t (45,8x61) : **USD 24 200** – New York, 24 sep. 1992 : *Paysage* 1869, h/t (54,6x43,2) : **USD 11 550** – New York, 22 sep. 1993 : *Paysage paisible*, h/t (49,2x68,8) : **USD 18 400** – New York, 14 sep. 1995 : *Rochers d'Elizabethtown dans les Adirondacks*, h/t (56,5x45,7) : **USD 8 050** – New York, 22 mai 1996 : *Paysage boisé* 1854, h/t (50,8x71,1) : **USD 29 900** – New York, 4 déc. 1996 : *Le Mont Washington* 1855, h/t (63,5x92) : **USD 33 350**.

DURAND Charles
XIXe siècle. Français.
Peintre.
Le Musée d'Auxerre conserve un tableau de sa main : *Soirée d'hiver.*

DURAND Charles
XIXe siècle. Français.
Dessinateur.
Il dessina, d'après des motifs du XVIIIe siècle, les bordures de quelques tapisseries conservées au Musée de la Manufacture Gobelins à Paris.

DURAND Charles Auguste
Né le 12 juillet 1829 à Paris. XIXe siècle. Français.
Peintre.
Il eut pour maître Yvon. De 1857 à 1870, il figura au Salon. Citons parmi ses œuvres : *La fin d'un roman ; Hercule aux pieds d'Omphale.*
Musées : Vire : *Flore.*

DURAND Charles Emile Auguste. Voir **CAROLUS-DURAN**

DURAND Christiane
XXe siècle. Française.
Peintre.
Elle a montré une exposition de ses œuvres en 1997 à la galerie Darthea Speyer à Paris.

DURAND Claude François
XVIIIe siècle. Français.
Peintre et sculpteur.
Il fut reçu à l'Académie de Saint-Luc, en 1777.

DURAND Cyrille
Né en 1790 à Bordeaux. Mort le 8 octobre 1840 à Bordeaux. XIXe siècle. Français.
Peintre de genre.
Le Musée de Bordeaux conserve de lui : *Intérieur.*

DURAND Daniel
XVIIIe siècle. Français.
Peintre paysagiste et animalier.
Cité par Mireur.
Ventes Publiques : Paris, 1777 : *Cinq oiseaux* : **FRF 72** ; *Un oiseau de proie* : **FRF 72.**

DURAND Daniel
Né à Paris. XXe siècle. Français.
Peintre de paysages.
Il exposa à Paris au Salon des Artistes Français en 1938.

DURAND Denis
XVIe siècle. Français.
Peintre.
Conseiller de l'Académie de Saint-Luc, il participa aux expositions de cette société de 1752 à 1762, avec des portraits et des paysages animés. On a de lui au musée de Rouen : *Église et tour de Carville.*

DURAND Denis
XVIIIe siècle. Actif à Paris en 1751. Français.
Peintre et sculpteur.

DURAND Denise Jeanne
Née à Paris. XXe siècle. Française.
Peintre.
Élève de L. Simon et Sabatté. Cette artiste exposait un *Intérieur* au Salon des Artistes Français de 1939.

DURAND Édouard Léonard
XVIIe siècle. Français.
Peintre.
Il était, de 1660 à 1661, au service de la « Maison de la Reine ».

DURAND Édouard Victor
XIXe siècle. Actif à Paris. Français.
Peintre.
Sociétaire des Artistes Français depuis 1885, il figura au Salon de cette société et obtint une mention honorable en 1888.

DURAND Flavie
XVIIIe siècle. Française.
Peintre.
Fille et élève de Jean-Baptiste Durand, elle était très habile dans le portrait. Femme de Philippe Gianetti.

DURAND Francisque
XIXe siècle. Français.
Peintre.
De 1834 à 1847, il envoya au Salon de Paris des vues et des intérieurs.

DURAND François. Voir **DERAND**

DURAND Gabriel
Né en 1812 à Toulouse. XIXe siècle. Français.
Peintre de portraits.
Habile pastelliste, il exposa au Salon de Paris des portraits, de 1847 à 1878. Le Musée de Toulouse conserve de lui un *Portrait de Théodore Richard.*

DURAND Gaspard
XVIIIe siècle. Actif à Paris en 1717. Français.
Peintre.

DURAND Geneviève
Née à Tonnerre (Yonne). XXe siècle. Française.
Peintre de paysages.
Elle exposa à Paris au Salon d'Automne à partir de 1942.

DURAND Georg
Né en 1811 à Hanovre. XIXe siècle. Allemand.
Peintre de paysages et peintre de genre.
Il était élève de Giesewells à Hanovre. Il étudia en 1829 à l'Académie de Munich. Le Musée Historique Municipal de Munich possède une aquarelle de sa main, *Intérieur Paysan.*

DURAND Georges
Né au XIXe siècle à Paris. XIXe-XXe siècles. Français.
Peintre de marines.
Il débuta au Salon de 1880 avec : *La pointe du Heurt à Villerville.*

DURAND Georges
Né à Lyon (Rhône). XXe siècle. Français.
Peintre de portraits.
Élève de l'École Nationale des Beaux-Arts. Sociétaire du Salon des Artistes Français en 1929.

DURAND Georges Alexandre
Né le 11 février 1881 à Montpellier (Hérault). Mort le 20 janvier 1957. XXe siècle. Français.
Sculpteur de figures, sujets mythologiques.
Élève de Baussan et de Mercié. Il fut pensionné par la ville de Montpellier. Il figura, à Paris, au Salon des Artistes Français et obtint une mention honorable en 1905.
Musées : Montpellier : *Tête de jeune fille – Berger d'Arcadie.*

DURAND Georges Jean
Né le 16 septembre 1867 à Lyon (Rhône). XIXe siècle. Français.
Peintre.
Élève, à l'École des Beaux-Arts de Lyon, de Miciol et de Poncet. Il exposa des portraits à Lyon depuis 1888, et à Paris (1899). Il a obtenu, à Lyon, une deuxième médaille en 1893.

DURAND Giambattista
XVIIIe siècle. Vivant en Bourgogne. Français.
Peintre d'histoire et de portraits.
Siret le dit élève du Dominiquin, ce qui nous parait sujet à caution, étant donné les dates.

DURAND Gilbert
XVIIe siècle. Français.
Peintre.
Il peignit, en 1683, une Madone pour une église d'Angers ; ce tableau se trouve maintenant dans l'église de Beaucouzé. A Notre-Dame d'Angers on peut voir *Les Pestiférés de Milan,* d'après Mignard, et dans la Chapelle du Prieuré de Villemoisant une *Ascension.*

DURAND Godefroy
Né en 1832 à Düsseldorf, de parents français. XIXe siècle. Français.
Peintre et dessinateur.
Il fut élève de Léon Cogniet. Mais il fut plus dessinateur que peintre et a illustré entre autres ouvrages : *La vie de Jésus,* de Renan et *La Guerre au Maroc* de Yriarte.

DURAND Gustave
Né à Porchères (Gironde). XXe siècle. Français.
Peintre de figures.
Il exposa à Paris au Salon de la Société Nationale des Beaux-Arts à partir de 1929.

DURAND Hélène d'Espagnac, Mme
Née le 9 mars 1841 à Paris. XIXe siècle. Française.
Peintre.
De 1865 à 1870, elle exposa, sous le nom de Durand, des portraits.

DURAND Henriette
Née à Paris. XIXe siècle. Française.
Peintre de portraits.
Figura au Salon de 1844 à 1851.

DURAND Isaac
XVIIIe siècle. Travaillant à Genève dans la seconde moitié du XVIIIe siècle. Suisse.
Peintre sur émail.
Il s'associa, en 1769, avec Jacob Pierre Bontoux. Cité par le Docteur C. Brun.

DURAND Isaac. Voir aussi **DURANT**

DURAND Jacqueline
Née à Villers-Bretonneux (Somme). XXe siècle. Française.
Peintre.
Élève de Bricard et Congheon. Exposant, depuis 1939, du Salon des Artistes Français, à Paris, où elle envoya des natures mortes.

DURAND Jacques
XVIIIe siècle. Français.
Sculpteur.
Il travailla à Bayeux de 1777 à 1787.

DURAND Jacques
Né en 1696 à Nancy. Mort en 1778 à Nancy. XVIIIe siècle. Français.
Peintre.
Élève de Claude Charles et de Nattier, il se rendit en 1719 en Italie. Les ouvrages qu'il envoya de là lui valurent une pension de Léopold, duc de Lorraine. De retour en France, en 1721, il fut très apprécié des amateurs et ses tableaux furent très recherchés. Il fut chargé en 1743 de décorer la coupole de la chapelle funèbre des ducs de Lorraine, aux Cordeliers de Nancy.

DURAND Jacques Louis. Voir **DURANT**

DURAND Jean
Né au XVIe siècle à Rouen. XVIe siècle. Français.
Sculpteur sur bois.
Il travailla vers 1507 à la décoration du Château de Gaillon près d'Amboise.

DURAND Jean
XVIIe siècle. Français.
Peintre en émail.
Il travailla avec son frère Nicolas vers 1642 dans la Manufacture d'Antoine Clérissy à Fontainebleau.

DURAND Jean
Né en 1894. Mort en 1977. XXe siècle. Français.
Peintre animalier, décorateur.
Il fut sociétaire, à Paris, de la Société Nationale des Beaux-Arts et de la Société des Artistes Coloniaux. Cédant aux opportunités de la mode et à son goût de peintre animalier, il travailla à des décorations d'intérieurs : le paquebot *Athos II*, le pavillon du Cameroun lors de l'Exposition coloniale de 1937, la salle de réception du Musée d'Art Moderne au Palais de Tokyo...
Bibliogr. : C. Ritzenthaler : *Les Animaliers*, Ed. Van Wilder, Paris.
Ventes Publiques : Paris, 28 oct. 1990 : *Panthère marchant* 1955, h/pan. : **FRF 29 000** – Paris, 22 déc. 1993 : *Panthère*, lav., aquar., cr. noir et estompe (90x90) : **FRF 31 000**.

DURAND Jean Aimé Roger
Né le 23 juin 1914 à Bordeaux (Gironde). XXe siècle. Actif aussi au Maroc et depuis 1938 en Algérie. Français.
Peintre, sculpteur.
Il fut élève de l'École des Beaux-Arts de Bordeaux. Sculpteur pendant une période de dix années, à Bordeaux, puis à Paris, et au Maroc. Il finit par se fixer en Algérie en 1938 et se consacre dès lors à la peinture. Il prit part à de nombreuses expositions en Afrique du Nord et à Paris.
Musées : Alger : Certaines œuvres – Oran : Certaines œuvres.

DURAND Jean Baptiste
Né vers 1734. Mort le 24 mars 1792 à Paris. XVIIIe siècle. Actif à Paris. Français.
Sculpteur.

DURAND Jean François
XVIIIe siècle. Actif à Paris. Français.
Sculpteur.
Il fut admis à l'Académie Saint-Luc en 1756. Il vivait encore en 1763.

DURAND Jean François
Né le 4 janvier 1731 à Nancy. Mort en 1778. XVIIIe siècle. Français.
Peintre.
Fils de Jacques Durand. Son fils, du même nom et peintre comme lui, épousa la fille du graveur lorrain Nicole. Tous deux vivaient encore en 1778.
Ventes Publiques : New York, 10 jan. 1995 : *Paysage avec des lavandières et des constructions* ; *Paysage avec un couple et leurs chiens près de constructions*, gche, une paire (chaque 32,1x48,3) : **USD 13 800**.

DURAND Jean Louis. Voir **DURANT**

DURAND Jeanne
Née au XIXe siècle à Paris. XIXe siècle. Française.
Peintre de genre et aquarelliste.
Élève de M. Foulongue. Elle débuta au Salon de 1880 avec : *Souvenir de la Chapelle*.

DURAND Jérôme
Né en 1555 à Lyon. Mort vers 1607 à Lyon. XVIe siècle. Français.
Peintre et peintre verrier.
Fils de Nicolas Durand, il travailla en 1574 comme « compagnon peintre » aux décorations pour l'entrée du Roi Henri III à Lyon, et comme « maître peintre » pour Marie de Médicis. Il fut nommé en janvier 1581 « Peintre et Verrier de l'Église de Lyon », succédant ainsi à son père.

DURAND Jesus Ruiz
Né en 1940 à Huancavelica. XXe siècle. Péruvien.
Peintre. Cinétique.
À l'École Nationale des Beaux-Arts, il fut élève de Ugarte, Grau et Tello. Il a exposé à Lima.
Ses recherches cinétiques sont issues des travaux de Vasarely.

DURAND Joannès
Né en 1873 à Lyon (Rhône). Mort en 1914 au Cannet (Alpes-Maritimes). XIXe-XXe siècles. Français.
Peintre de genre, intérieurs, paysages, natures mortes, graveur.
Fils de graveur et d'une famille de soyeux, il commença à travailler sous les encouragements de Louis Paviot et Jean Puy, avec lesquels il exposa au Salon des Indépendants à partir de 1900.
Ses scènes de bars, paysages, natures mortes sont traités dans des coloris fauves qui, peu à peu, vont s'assagir pour revenir à un style plus classique.
Bibliogr. : Gérald Schurr, in : *Les Petits Maîtres de la peinture 1820-1920, valeur de demain*, Les Éditions de l'Amateur, t. VII, Paris, 1989.

DURAND Joanny
Né le 23 juillet 1886 à Boën-sur-Lignon (Loire). Mort le 10 octobre 1956 à Sainte-Agathe-la-Bouteresse (Loire). XXe siècle. Français.
Sculpteur, graveur.
Élève de Injalbert, Dampt et Mariston. Exposant, à Paris, du Salon des Artistes Français, il figura également au Salon des Humoristes.

DURAND John
XVIIIe siècle. Actif à Londres. Britannique.
Peintre.
Il exposa des paysages à la Royal Academy en 1777 et 1778.

DURAND John
Né vers 1792. Mort vers 1820. XIXe siècle. Américain.
Orfèvre et graveur.
Frère de Asher Brown Durand, il illustra les œuvres de William Cowper et de Thomas Gray.

DURAND Joseph. Voir **DUROND Joseph**

DURAND Louis
XVIIIe siècle. Travaillant à Versailles. Français.
Peintre sur émail.

En 1760, il était déjà considéré comme le meilleur artiste de ce genre ; il entra au service du Roi et du duc d'Orléans. Parmi ses œuvres, on cite un *Portrait en miniature de Louis XV*, d'après Van Loo ; une tabatière avec le *Portrait du Roi*, cadeau du Ministère des Affaires Étrangères à l'Ambassadeur de Modane ; une tabatière avec une miniature sur émail représentant *Hercule et Omphale* ; un *Médaillon-portrait de Louis XV*, en nacre. Dans la collection de miniatures Jaffé à Hambourg, on pouvait voir une *Silhouette* sur nacre, le *Portrait en buste d'une jeune femme*. Fessard a gravé d'après ses dessins une *Allégorie sur la mort de l'Impératrice Marie-Thérèse*. Il exécuta probablement aussi des sculptures sur ivoire.

DURAND Louis
Né le 23 avril 1817 à Vevey. Mort en 1890 probablement à Lausanne. XIXe siècle. Suisse.
Peintre et dessinateur.
Il fut élève de Théoph. Steinlen, dessina à la plume, peignit à l'huile et à l'aquarelle, et illustra des poésies de Henri Steinlen, frère de son maître. Pasteur, voué à l'état ecclésiastique, il fut aussi un ardent amateur d'art. Il exposa à Lausanne entre 1874 et 1884.

DURAND Luc
XVIIe siècle. Actif au Mans. Français.
Sculpteur.
Il sculpta, en 1684, le baptistère de l'église de Saint-Sauveur, à Bellesme (Orne).

DURAND Ludovic Eugène
Né le 11 février 1832 à Saint-Brieuc (Côtes-du-Nord). Mort en octobre 1905 à Courbevoie. XIXe siècle. Français.
Sculpteur.
Entré à l'École des Beaux-Arts en 1848, il devint l'élève de Toussaint. Il obtint une médaille de deuxième classe en 1872 et de première classe en 1874. Au Salon de Paris, il figura de 1855 à 1879. Ses plus remarquables ouvrages sont : *L'amour fait revivre*, groupe en plâtre ; *Dauvergne*, buste en marbre ; *La malaria*, groupe en marbre ; *Méry*, buste en bronze ; *Patti, marquise de Caux*, buste en marbre ; *Histrio*, statue en marbre ; *Libre*, statue en marbre.
Musées : Dunkerque : *Mercure* – Louviers : *Exilé* – Saint-Brieuc : *Pleureuse* – *L'amiral Charner* – *La Source*.

DURAND Marie
Née en 1854 à Valton (Ardèche). Morte en 1890 à la Tour-de-Peilz. XIXe siècle. Française.
Peintre.
Élève de Blatter et de Mme Hegg. En 1876, elle figura à l'Exposition suisse des Beaux-Arts à Lausanne.

DURAND Marie
Née au XIXe siècle à Bordeaux (Gironde). XIXe siècle. Française.
Peintre sur porcelaine.
Élève d'Ange Tissien, elle travailla à la Manufacture de Sèvres comme peintre de figures. En 1867 Napoléon III offrit au roi de Portugal deux de ses œuvres, deux *Vases-Œuf* représentant l'*Enlèvement de Déjanire* et l'*Éducation d'Hercule*. Ses portraits miniatures et ses peintures sur émail figurèrent au Salon de 1859 à 1866. Le Musée Vivenel à Compiègne possède d'elle *Le Rêve de Bonheur*, d'après le tableau de Mlle C. Mayer au Louvre, et le Musée de Bagnères-de-Bigorre une *Sainte Famille* d'après Rubens.

DURAND Mathelin
XVIe siècle. Actif à Bourges. Français.
Sculpteur.
Il fut du nombre de ceux qui, en 1513, travaillèrent à la cathédrale de Bourges.

DURAND Michel
XVIIIe siècle. Actif à Paris. Français.
Sculpteur.

DURAND N.
XVIIIe siècle. Actif à Nantes vers 1722. Français.
Graveur.

DURAND Nicolas
XVIe siècle. Actif à Lyon. Français.
Peintre et peintre verrier.
Il fut nommé en novembre 1564 « Verrier de l'Église de Lyon ». De 1569 à 1573, il peignit des blasons, bannières et vitraux, et en 1574 dirigea les travaux de décoration pour l'entrée du Roi Henri III à Lyon. De 1567 à 1588, il fut élu six fois « maître de métier » de la Corporation des peintres de Lyon. Père de Jérôme Durand.

DURAND Nicolas
XVIIe siècle. Français.
Peintre.
En 1644 et 1652 il exécuta les travaux de décoration de l'Église de Dôle (Jura) et entreprit le 23 mars 1665, avec un certain Steinmetz et un peintre verrier, la décoration de l'église Saint-Pierre à Doué.

DURAND Nicolas
XVIIe siècle. Français.
Peintre sur émail.
Frère de Jean Durand, il travailla également à Fontainebleau chez Antoine Clérissy.

DURAND Nicolas
Mort le 19 avril 1763. XVIIIe siècle. Actif à Paris. Français.
Sculpteur.

DURAND P. L.
XVIIIe siècle. Actif à la fin du XVIIIe siècle. Français.
Peintre, dessinateur et graveur.
Ventes Publiques : Paris, 1880 : *Six sujets pour illustrer « L'Aristénète Français » de Félix Nogaret*, dess. à la pl. et à l'encre de Chine : **FRF 549** – Paris, 1897 : *Obélisque, avec figures allégoriques*, dess. au lav. d'encre de Chine : **FRF 580** – Paris, 12 et 13 mars 1926 : *L'origine de l'éventail*, dess. à la pl. : **FRF 350** ; *Vignette*, pl. : **FRF 135**.

DURAND Paul Emmanuel
Né en 1806 à Paris. Mort le 27 décembre 1882 à Paris. XIXe siècle. Français.
Peintre, dessinateur et architecte.

DURAND Philippe
Mort en novembre 1682. XVIIe siècle. Actif à Paris. Français.
Peintre de miniatures et enlumineur.

DURAND Philippe Fortuné
Né le 1er mai 1798 à Paris. Mort le 25 juin 1876 à Lyon. XIXe siècle. Français.
Graveur sur bois et sur métal.
Établi graveur à Lyon de 1830 à 1872 (il y était aussi photographe en 1849-62), il a exposé au Salon de cette ville, en 1838, des gravures sur bois. Il a gravé des jetons et des médailles (1829-1863) ; il a gravé sur bois, très adroitement, des vues de Lyon d'après des daguerréotypes, des planches pour l'illustration (notamment d'après Leymarie), les *Portraits de J. Cleberg* et de *Jacquard* (ce dernier d'après la statue de Foyatier). Il signait *« Durand », « Durd », « Dd »*.

DURAND Philippe Gaspard
XVIIIe siècle. Actif à Paris en 1731. Français.
Peintre.

DURAND Pierre
XVIIe siècle. Français.
Peintre.
Il fut reçu à l'Académie de Saint-Luc en 1689.

DURAND Pierre
XVIIIe siècle. Actif à Paris en 1731. Français.
Peintre et sculpteur.

DURAND Pierre
XVIIIe siècle. Actif à Paris en 1767. Français.
Sculpteur.

DURAND Pierre Charles
XIXe siècle. Actif au début du XIXe siècle. Français.
Peintre.
Bourgeois de la Richarderie grava d'après une de ses œuvres *Origine des cartes à jouer*.

DURAND Simon
Né le 18 décembre 1838 à Genève. Mort le 7 mai 1896 à Genève. XIXe siècle. Suisse.
Peintre de genre, portraits, dessinateur.
Durand travailla d'abord dans l'atelier de gravure de Moïse Spiess, puis séjourna quelque temps à Paris. Il étudia aussi aux écoles d'art de sa ville natale où il reçut des conseils de B. Menn. Son pays natal, notamment le Valais, lui fournit ses

modèles. Il exposa deux toiles à Paris en 1873 : *La Boutique du Barbier* et *Le Permis de séjour*. Ses œuvres furent mentionnées et récompensées entre 1876 et 1894 dans des expositions à Lyon, Rouen, Paris, etc.
Parmi ses œuvres, dont plusieurs furent populaires, on cite notamment : *Après la Revue, Jeune Cuisinier plumant une oie, L'Incendie des moulins, David à Genève, Cuisinier calculant son dîner, Le Rémouleur invalide*. Il a aussi fait des portraits et une quantité de croquis.

Simon Durand

Musées : Bâle : *Oiseaux de passage* – Genève (Mus. Rath) : *Le Retour de la Revue* – Genève (Mus. Ariana) : *Marché aux fleurs de la place de Molard* – Genève (grande salle de la mairie de Plainpalais) : *Les Promotions*, panneau décoratif.
Ventes Publiques : Paris, 3 déc. 1925 : *Marché aux poissons, la nuit* : **FRF 500** – Lucerne, 21-27 nov. 1961 : *Le théâtre de Guignol* : **CHF 1 200** – Lucerne, 19 juin 1964 : *Les botanistes à l'auberge* : **CHF 1 500** – Lucerne, 21 juin 1968 : *Le théâtre de marionettes* : **CHF 2 000** – Lucerne, 19 nov. 1976 : *Paysage*, h/t (72x98) : **CHF 11 000** – Zurich, 12 mai 1977 : *L'armée Bourbaki*, h/t (72x53) : **CHF 5 800** – Zurich, 19 mai 1979 : *Le nouveau-né*, h/t (59,5x77,5) : **CHF 12 000** – Lucerne, 25 mai 1982 : *Soldat blessé dans un intérieur*, h/t (65x53) : **CHF 3 500** – Lucerne, 23 mai 1985 : *La gardeuse d'oies*, h/t (72x98) : **CHF 11 000** – Berne, 2 mai 1986 : *Chez la fleuriste*, h/cart. (25,5x23) : **CHF 1 900**.

DURAND Victor Henri
Né à Paris. xxe siècle. Français.
Sculpteur.
Élève de l'École Boulle. De 1921 à 1924, il a exposé des médaillons au Salon des Artistes Français.

DURAND-BRAGER Jean-Baptiste Henri
Né le 21 mai 1814 à Dol (Ille-et-Vilaine). Mort en 1879 à Paris. xixe siècle. Français.
Peintre de sujets militaires, marines.
Entré dans l'atelier du peintre Eugène Isabey après plusieurs campagnes au long cours, il parcourut l'Europe, puis l'Algérie, le Sénégal et presque toute la côte atlantique d'Afrique. En 1840, il fut attaché à l'expédition chargée de rapporter en France, les cendres de Napoléon Ier. Il publia un *in-folio* à ce sujet, avec texte et pièces officielles. Il fut décoré de la croix de chevalier de la Légion d'honneur en 1844 et devint officier en 1865. À la fin de 1843, il rentra en France et peignit *Le combat de la frégate française Niémen contre les frégates anglaises Aréthusa et Amethyst*. Il fut chargé, l'annéee suivante, par le gouvernement, d'exécuter les deux grandes toiles : *Bombardement de Mogador* et *Prise de l'Ile de Mogador*. Après la guerre de Sébastopol, il fit partie de l'expédition de Kluburn. Plus tard, il peignit pour l'empereur de Russie *Le combat de Sinope*. En 1869, il exécuta pour Versailles, le *Deuxième combat entre les batteries japonaises et les escadres alliées*. Il fit pour l'empereur d'Autriche, en 1886, le panorama représentant la *Bataille de Lissa*. Il publia plusieurs albums sur la marine, dont : *La Marine française – La Marine de commerce – Études de marine – Types et physionomie des armées d'Orient*.
Musées : Bordeaux : *Le combat de la frégate française Niémen contre les frégates anglaises Aréthusa et Amethyst* – Laval : *Marée basse* – Nantes : *Vue d'Eupatoria* – Versailles : *Siège de Sébastopol* – Vingt compositions.
Ventes Publiques : Paris, 12 déc. 1877 : *La tempête* : **FRF 435** – Paris, 1890 : *Marine* : **FRF 850** – Paris, 19 jan. 1944 : *Voilier et vapeur en mer par gros temps* : **FRF 7 000** – Paris, 3 déc. 1971 : *Le phare*, aquar. (46x23) : **FRF 500** – Bruxelles, 26 fév. 1974 : *Paysage fluvial* : **BEF 50 000** – Bruxelles, 27 sep. 1979 : *Paysage fluvial nord-africain* 1874, h/t (59x100) : **BEF 80 000** – New York, 18 sep. 1981 : *Port d'Afrique du Nord sous l'orage* 1871, h/pan. (59,7x102,8) : **USD 2 200** – Enghien-les-Bains, 4 mars 1984 : *Voiliers dans le port de Constantinople au petit matin* 1859, h/t (81x120) : **FRF 235 000** – Monte-Carlo, 21 juin 1987 : *Le port de La Rochelle*, h/t (38x68) : **FRF 26 000** – Paris, 22 fév. 1988 : *Marines*, deux panneaux faisant pendants (chacun 28x40) : **FRF 27 000** – Reims, 13 mars 1988 : *Vieux port en Turquie*, h/t (60x101) : **FRF 48 000** – Paris, 24 juin 1988 : *Marine* 1851, h/t (75x122) : **FRF 42 000** – New York, 23 fév. 1989 : *Vue d'un port*, h/t (35,5x65,4) : **USD 4 620** – Paris, 6 avr. 1990 : *Port de pêche*, h/t (30x50) : **FRF 24 000** – Paris, 6 déc. 1990 : *Long-courrier drossé par gros temps sur la jetée du port de Montevideo* 1866, h/t (40x70) : **FRF 28 500** – Amsterdam, 24 avr. 1991 : *Vue d'un port et des personnages sur le quai*, h/t (32x63) : **NLG 3 680** – Paris, 10 avr. 1992 : *Combat naval devant la côte marocaine* 1849, h/t (59,5x105) : **FRF 80 000** – Rennes, 23 juin 1992 : *Le marquis de Chasseloup-Laubat arrivant à Brest à bord de « la Reine Hortense » escorté par « l'Ariel » ; Le Marquis de Chasseloup-Laubat accueillant l'escadre anglaise en 1865*, h/t, une paire (chaque 23,5x78,5) : **FRF 91 000** – Amsterdam, 28 oct. 1992 : *Un deux-mâts doublant une jetée avec un phare au fond*, h/pan. (43,5x70,5) : **NLG 8 050** – Calais, 13 déc. 1992 : *Retour de pêche* 1874, h/pan. (27x50) : **FRF 11 000** – Paris, 18 juin 1993 : *Port de pêche en Turquie*, h/t (30x50) : **FRF 9 000** – Paris, 22 mars 1994 : *Un port de Méditerranée*, h/pan. (50x81) : **FRF 24 000** – Londres, 17 nov. 1994 : *Paysage de l'embouchure du Bosphore*, h/pan. (33,4x63,5) : **GBP 1 610** – Paris, 30 oct. 1996 : *Ville arabe sur la côte*, h/t (38,5x67) : **FRF 16 000** – Paris, 24 oct. 1997 : *Bateaux de pêche sur la plage, au pied du Vésuve* 1873, h/pan. (27,7x50) : **FRF 8 500**.

DURAND-BRUNNER Charles
Né à Neumanil. xixe siècle. Français.
Peintre et dessinateur.
Élève de Paul Delaroche. Il exposa au Salon, en 1844, 1859 et 1861, des dessins d'après le Guide, Morales, Paul Veronèse.

DURAND-CAMBUZAT Lucie, Mme
Née au xixe siècle à Paris. xixe siècle. Française.
Peintre de portraits.
Élève de Mme Thoret et de Chaplin. Elle débuta au Salon de 1880.

DURAND-DUCLOS
xixe siècle. Français.
Peintre de portraits.
En 1804, il figura au Salon de Paris par plusieurs portraits en miniature. C'était un élève de David.

DURAND-DURANGEL Antoine Victor Léopold ou **Durand-Du Rangel**
Né le 17 janvier 1828 à Marseille (Bouches-du-Rhône). Mort en 1891 ou 1898. xixe siècle. Français.
Peintre de compositions murales, compositions religieuses, sujets allégoriques, scènes de genre, portraits, pastelliste.
Entré à l'École des Beaux-Arts de Paris en 1852, il fut élève de Ferdinand Waschmuth et d'Horace Vernet. À partir de 1859, il participa régulièrement au Salon de Paris. Il fut chargé de peintures décoratives au Muséum et au Palais Longchamp de Marseille, au Palais de Justice de Paris et à l'église de Charenton. Ses toiles sont peintes avec précision et souci de vérité.

LÉOPOLD DURANGEL.
1869

Bibliogr. : Gérald Schurr, in : *Les Petits Maîtres de la peinture 1820-1920, valeur de demain*, Les Éditions de l'Amateur, t. V, Paris, 1981.
Musées : Aix-en-Provence – Bayonne : *Consomption* – Marseille – Toulon : *Le Rêve du tour – Spahi assis*.
Ventes Publiques : Paris, 12 juin 1995 : *Portrait de femme*, past./t. (46x38) : **FRF 10 000**.

DURAND-HENRIOT Jacques
Né le 4 décembre 1922 à Paris. Mort le 15 octobre 1997 à Rennes (Ille-et-Vilaine). xxe siècle. Français.
Peintre de scènes animées, nus, paysages, marines, fleurs.
Il fut élève d'Unterstellar à l'École des Beaux-Arts de Paris. De 1952 à 1971, il fut professeur, puis de 1971 à 1988 directeur de l'École des Beaux-Arts de Rennes. Il participait à de nombreuses expositions collectives, dont, à Paris, les Salons d'Automne dont il était sociétaire depuis 1948, du Dessin et de la Peinture à l'eau, de la Marine, et en province, obtenant diverses distinctions régionales. Depuis 1945, il exposait individuellement, notamment : en 1950, 1951 Paris, galerie de Seine ; 1952, 1954 Paris, galerie Chardin ; depuis 1955 à 1968 Rennes, galerie Jobbé-Duval ; 1988, 1990, 1994 Rennes, galerie O. Jobbé-Duval ; 1989 Rennes, rétrospective dans les salons de la mairie ; 1991 Le Faouet, rétrospective au Musée des Ursulines ; etc.
Outre quelques scènes du monde des courses de chevaux, quel-

ques nus, il fut surtout peintre des paysages de Bretagne, de Normandie, de Provence, d'Italie et notamment de Venise.
Bibliogr. : Catalogue *J. Durand-Henriot*, Fougères, 1988.
Ventes Publiques : Calais, 3 juil. 1988 : *Paysage de Cayeux*, h/t (38x46) : **FRF 9 000**.

DURAND-LORIENTAIS Alphonse Hippolyte
Né à Lorient (Morbihan). xixe siècle. Français.
Peintre de portraits.
Élève de Paul Baudry et François Éd. Picot à l'École des Beaux-Arts de Paris. Sociétaire des Artistes Français depuis 1896, il figura au Salon de cette société.
Ventes Publiques : Paris, 22 déc. 1924 : *Pêcheurs peignant leurs voiles* : **FRF 220** – Paris, 5 mai 1928 : *Pêcheurs venètes peignant leurs voiles* : **FRF 320** – Paris, 30 mai 1988 : *Chants vénitiens – Gondoles et Pont des soupirs*, 2 h/t, formant pendants (chaque 93x80) : **FRF 18 000**.

DURAND-LORIÈRE Marthe Marie
Née à Magny-le-Désert (Orne). xxe siècle. Française.
Peintre.
Élève de Mlle Milien. Cette artiste a exposé des portraits et des fleurs au Salon des Artistes Français de 1936 à 1939.

DURAND-LOUIS, pseudonyme de **Louis Albert Durand**
Né le 15 juin 1902 à Bagnolet. xxe siècle. Français.
Peintre.
Il expose dans les Salons parisiens, depuis 1945, des toiles de tendance expressionniste.

DURAND-PÉRY Henri
Né à Paris. xxe siècle. Français.
Peintre de paysages et de natures mortes.
Exposant du Salon des Artistes Français depuis 1938.

DURAND-ROSÉ Auguste
Né le 19 février 1887 à Marseille (Bouches-du-Rhône). Mort en 1962 à Paris. xxe siècle. Français.
Peintre.
Il a figuré, à Paris, au Salon des Artistes Indépendants, au Salon des Tuileries et au Salon d'Automne dont il a été membre en 1937. Dès 1927, il exposait à Paris, et participa à de nombreuses expositions de groupe en France, à Bruxelles, Prague, Varsovie ainsi qu'à la Fondation Carnegie à Pittsburgh. L'État a acquis trois de ses œuvres, trois autres ayant été achetées par sa ville natale.
Sa peinture est fondée sur la vieille tradition de l'enluminure.
Musées : Marseille (Mus. Cantini) : *Gitane – La Roulotte – La Galante de la Redonne.*
Ventes Publiques : Paris, 7 juil. 1932 : *Rivière sous bois* : **FRF 30** – Paris, 28 avr. 1937 : *Nature morte aux pichets de terre rouge et aux pommes* : **FRF 65** – Versailles, 22 nov. 1970 : *La moisson* : **FRF 1 400** – Paris, 10 déc. 1985 : *Le berger*, h/t (73,5x92) : **FRF 8 000** – Paris, 26 mai 1989 : *Personnages dans la neige*, h/t (38x46) : **FRF 3 800**.

DURAND-ROY René Émile, pseudonyme : **Red**
Né le 29 octobre 1894 à Saintes (Charente-Maritime). xxe siècle. Français.
Peintre de paysages, sujets de sport, illustrateur.
Il a exposé, à Paris, au Salon des Artistes Français dès 1923, il en fut sociétaire en 1925. Il exposait des paysages de Saintonge, de Provence, et une *Impression de vitesse*. Il prend part ensuite aux expositions des Artistes Indépendants. En 1935, il participa à une exposition à New York, et à celle de l'Art français à Zagreb (Yougoslavie).
Sous son nom et son pseudonyme de Red, il a donné de nombreux dessins de caractère sportif, notamment des scènes du Tour de France cycliste (de 1925 à 1939) aux quotidiens et aux magazines. Il fut correspondant graphique du *New York Times* de 1925 à 1938. Il a illustré : *Isabelle au volant* de R. Dieudonné, *Records du monde* de A. Reuze, *Champion-Fantôme* de J. Cézembre.

DURANDEAU Auguste Antoine
Né le 30 juillet 1854 à Bordeaux. xixe siècle. Français.
Peintre.
Élève de Cabanel et de Galland. Sociétaire des Artistes Français depuis 1886, il figura au Salon de cette société. Le Musée de Bordeaux conserve de lui : *Fleurs*.

DURANDEAU E.
xixe siècle. Français.
Graveur.
Beraldi cite de lui : Portraits-charges lithographiés pour le journal *Le Boulevard*.

DURANDI Cristoforo
xve siècle. Actif à Nice. Français.
Peintre.
Avec son frère Jacopo, il fut chargé par le gouvernement de Nice de peindre les Armes ducales à la poupe de la Galère Saint-Maurice. En avril 1469, il fut chargé d'achever le retable destiné à la chapelle Saint-Sébastien à Cannes. Il travailla également pour l'église Notre-Dame-de-Grâce à Aix.

DURANDI Giovanna ou **Duranti, Duranta**
xviiie siècle. Active à Milan vers 1720. Italienne.
Peintre.
Elle est l'auteur du retable de la chapelle Fiaschi de Santa Maria de Servi à Ferrare, représentant Saint Pellegrino Laziosi, ainsi que de quelques tableaux de l'église des Saints Martyrs à Turin.

DURANDI Jacopo ou **Duranti**
Né vers 1410. Mort avant 1469. xve siècle. Actif à Nice. Français.
Peintre.
Il travailla surtout à Nice et Marseille, où il se trouvait en 1450. La seule œuvre signée de lui est le retable de *Sainte Marguerite* de la cathédrale de Fréjus. Il peignit vers 1454 le retable pour le monastère des Iles de Lérins. Il exécuta en 1455 le portrait du gouverneur de Nice, George de Piossasco. Un retable, maintenant au Musée de Nice, représentant *Saint Jean-Baptiste*, lui est attribué, ainsi qu'un autre retable en six parties qui se trouve dans la chapelle Saint-Pons à Bouyon.

DURANEL Jean
Né en 1946. xxe siècle. Français.
Peintre de genre.
À Paris, il participe aux expositions de la Biennale du Groupe 109.
Ventes Publiques : Paris, 8 oct. 1989 : *La pastèque*, h/t (100x100) : **FRF 4 200** – Paris, 8 oct. 1989 : *La femme sollicitée*, h/t (86x131) : **FRF 6 200** – Les Andelys, 19 nov. 1989 : *L'autobus*, h/t (146x89) : **FRF 6 200** – Paris, 26 avr. 1990 : *Orchestre de jazz*, h/t (90x90) : **FRF 10 500** – Paris, 10 juin 1990 : *Les deux copains*, h/t (100x100) : **FRF 6 200** – Paris, 14 avr. 1991 : *Les piétons et les murs*, techn. mixte/t. (118x92) : **FRF 7 500** – Paris, 17 nov. 1991 : *Soir d'été*, h/t (65x54) : **FRF 4 000** – Paris, 5 avr. 1992 : *Tango*, h/t (81x100) : **FRF 6 000** – Paris, 19 oct. 1997 : *Paris la nuit*, rés., bas-relief (86,5x66,5) : **FRF 3 600**.

DURANGEL Léopold. Voir **DURAND-DURANGEL**

DURANHAUT Jehan
xviie siècle. Actif à Paris en 1609. Français.
Peintre et sculpteur.

DURANS Marcel
xxe siècle. Français.
Peintre. Postimpressionniste.
Il fut un peintre agréé par l'armée française entre 1939 et 1945. Plusieurs expositions collectives et personnelles à Paris, dont le Salon d'Automne. Il expose aussi à Marseille, Lyon, Nantes, Pont-Aven, Grenoble, Tours..., de même qu'à l'étranger : Casablanca, Dakar, Tanger, Chicago, Las Vegas, Haïti, Venise, Québec... Plusieurs fois médaillé, décoré et récompensé, entre autres : prix de l'Afrique occidentale française en 1957.
Musées : Loudun – Pont-Aven (Mus. Paul Gauguin).
Ventes Publiques : Vienne, 2 mai 1982 : *Le parapluie rouge* : **FRF 3 400**.

DURANT. Voir aussi **DURAND**

DURANT Guillaume
xvie siècle. Parisien, vivant au xvie siècle. Français.
Sculpteur et fondeur.
Il travailla au château de Fontainebleau, d'abord de 1540 à 1550, à des réparations de statues, notamment d'Apollon et de Vénus, ensuite, avec Laurent Regnauldin, Pierre Bontemps, Louis Lerambert et Claude Luxembourg, il s'occupa à réparer des figurines et des ouvrages de corail que le roi fit mettre dans son cabinet, au château.

DURANT Isaac
xviie siècle. Français.
Graveur.
Il grava en 1661 le frontispice des « Antiquités de l'Église de Saint-Aignan » avec une vue de cette église.

DURANT Isaac. Voir aussi **DURAND**

DURANT Jacquemart

XIVe siècle. Actif à Lille. Français.

Sculpteur.

Il travailla, en 1396, à la décoration du Palais de Justice de Lille.

DURANT Jacques

XIVe siècle. Actif à Lille. Français.

Sculpteur.

Qualifié tailleur de grès, il travailla, en 1396, à la décoration de la halle des échevins de Lille.

DURANT Jacques

XVIIIe siècle. Actif à Londres. Français.

Graveur.

On connaît de lui un *Portrait du roi Jacques II* et un autre de la *Reine Marie*, femme de Guillaume III, d'après G. Kneller. Il était probablement fils de Jacques-Louis Durant, et frère de Jean-Louis Durant.

DURANT Jacques Louis ou **Durand**

Né en 1622 à Orléans. XVIIe siècle. Français.

Peintre et graveur.

Il travailla en 1670 à Genève. On cite de lui une série de gravures représentant *Les ponts du Rhône*, et le portrait gravé des professeurs de théologie genevois *Ph. Mestrezat* et *Louis Tronchin*.

DURANT Jean Alexandre

Né à Méry (Seine-et-Oise). XIXe siècle. Français.

Peintre de natures mortes.

Exposa au Salon de Paris des natures mortes, de 1868 à 1889. Le Musée d'Avignon conserve de lui le *Portrait de l'abbé J. H. R. Prompsault*.

DURANT Jean Louis ou **Durand**

Né le 20 juillet 1654 à Genève. Mort le 26 octobre 1718. XVIIe-XVIIIe siècles. Suisse.

Graveur et peintre sur émail.

D'après le Docteur C. Brun, les éléments biographiques de cet artiste semblent assez indécis. Il est peut-être le *Jean-Louis* mentionné à Genève en 1685 et « qui avait un frère nommé Jacob ou Jacques, établi à Londres ». Le même biographe croit cependant qu'il y aurait eu deux artistes, probablement père et fils, portant les mêmes prénoms. On cite de lui des planches d'ornements d'orfèvrerie ou le *Livre de feuilles orfévriques, frises, taille d'épargne, moresques, masques, chiffres*, composé d'un titre avec le portrait de l'auteur et six planches (1682). Une montre finement ornée d'émail et signée J.-L. Durant est conservée au British Museum à Londres. On doit établir des rapprochements avec Jacques Louis Durant, Isaac Durant, ainsi que d'autres Durant, peintres sur émail.

DURANT Jehan

XVe siècle. Actif à Amboise. Français.

Peintre.

Il fut chargé par Anne de Bretagne de travaux d'importance secondaire.

DURANT Nicolas

XVIe siècle. Français.

Sculpteur sur bois.

Il exécuta des boiseries sculptées pour la chapelle des Orfèvres, à Paris, en 1565.

DURANT Pierre

XVe siècle. Français.

Sculpteur sur bois.

Il fit, en 1464, pour la municipalité d'Amiens, deux tableaux, très richement ornementés, où se voyaient les écussons des corporations de la ville.

DURANT Roger

Originaire de Normandie. XVe siècle. Actif à Venise. Italien.

Peintre de miniatures.

DURANT Susan D., Miss

Née entre 1820 et 1830 probablement dans le Devon. Morte le 1er janvier 1873 à Paris. XIXe siècle. Britannique.

Sculpteur de statues, bustes.

Elle étudia à Paris dans l'atelier du baron de Triqueti. A partir de 1847, elle exposa presque chaque année et jusqu'à sa mort, à la Royal Academy, des bustes, généralement en marbre ; en 1853 le sien propre, en 1857 *Mrs Harriet Beecher Stowe*, en 1864 *Baron H. de Triqueti*. Elle fit aussi des statues de genre : en 1850 ; *Jeune Fille affligée*, en 1856 ; *Robin Hood*, en 1858 ; *Le Petit Chasseur de sauterelles*, en 1863 ; *La Bergère fidèle*. Introduite à la cour de la reine Victoria, celle-ci la chargea d'exécuter le cénotaphe du roi de Belgique Léopold II. Elle fit également un buste en marbre de la reine Victoria, et plusieurs bustes de la famille royale.

Musées : Windsor (chapelle Saint-Georges) : *Cénotaphe du roi de Belgique Léopold II* – Windsor (chapelle Albert) : *La Reine Victoria et ses enfants*, médaillons de marbre.

Ventes Publiques : Londres, 25 nov. 1987 : *Nina, fille de Frederich Lehmann* 1871, marbre (H. 76) : **GBP 11 000**.

DURANTE. Voir aussi **DURANDI**

DURANTE Alberti. Voir **ALBERTI**

DURANTE Angelo

XVe siècle.

Enlumineur.

DURANTE Annibale

XVIIe siècle. Actif à Rome. Italien.

Peintre décorateur.

Il fut, à partir de 1607, membre de l'Académie Saint-Luc. Il travailla pour la Confrérie de l'Église allemande Sainte-Marie du Campo Santo, et de 1617 à 1621 pour la cour papale et le cardinal Scipion Borghèse.

DURANTE Armando

Né en 1934 à Buenos Aires. XXe siècle. Argentin.

Peintre, sculpteur. Lumino-cinétique.

Il a étudié à l'Académie des Beaux-Arts de Buenos Aires. Il a exposé à Buenos Aires en 1966 et a participé à l'exposition *Lumière et Mouvement*, à Paris, en 1967.

Comme de nombreux Sud Américains il s'intéresse à l'art lumino-cinétique, conjuguant les effets de la lumière et du mouvement.

DURANTE Balduino ou **Boudewijn**

XVIIe siècle. Actif à Rome. Italien.

Peintre.

Peut-être est-il fils d'Annibale Durante. Il fut tuteur des enfants du peintre verrier Andreas Haghe. Il fut en 1679 Président de la Confrérie de San Giuliano dei Fiamminghi.

DURANTE Carlo Antonio

Né vers 1672 à Gênes. Mort en 1712. XVIIe-XVIIIe siècles. Italien.

Peintre.

Élève de Gaulli, il étudia à Rome avec G. Maria della Piane. Il peignit des paysages et fit des caricatures.

DURANTE Faustino ou **Duranti**

Né en 1695. Mort en 1766. XVIIIe siècle. Italien.

Peintre, miniaturiste.

Frère de Giorgio Durante, il entra après la mort de ce dernier, en 1755, au cloître de Palazzolo. Comme lui, il peignit surtout des oiseaux, et exclusivement en miniature.

DURANTE Giorgio, comte

Né en 1685 à Brescia. Mort en 1755 à Palazzolo. XVIIIe siècle. Italien.

Peintre d'animaux, natures mortes, fleurs et fruits.

Cet artiste peignit, avec une très grande exactitude et beaucoup de soin, des fleurs et des oiseaux. Peu de ses œuvres se trouvent en dehors de sa ville natale. Seules quelques familles nobles de Venise et la collection royale de Turin en possèdent.

Ventes Publiques : Vienne, 3-6 déc. 1963 : *Nature morte à la volaille* : **ATS 55 000** – Cremone, 19-20 mai 1967 : *Intérieur de cuisine* : **ITL 2 800 000** – Monte-Carlo, 7 déc. 1987 : *Dindon, coq et chouette dans un paysage boisé et rocheux*, h/t (30,5x41) : **FRF 50 000** – Paris, 26 juin 1992 : *Étude de hérons ; Étude de dindons*, h/t, une paire (37,5x47,5) : **FRF 50 000** – Londres, 18 oct. 1995 : *Volatiles dans un paysage*, h/t (60,2x80,4) : **GBP 6 900**.

DURANTE Giuseppe

XIXe siècle. Actif à Messine. Italien.

Sculpteur.

Il acheva en 1801 la décoration de la chapelle des Sacrements de la cathédrale de Messine.

DURANTE Nicola

Mort le 10 décembre 1728. XVIIIe siècle. Actif à Naples. Italien.

Peintre.
Il fut reçu membre de la Gilde de Sainte-Anne et Saint-Luc en 1697.

DURANTE di Nobili. Voir **NOBILI**

DURANTI Pierre
Né en Languedoc. XIIIe siècle. Français.
Peintre, sculpteur et architecte.
Il vint se fixer à Montpellier, en 1248, et y fut nommé maître des œuvres de la ville, en 1254.

DURANTINI Luigi, cavaliere
Né en 1791. Mort en 1857 à Rome. XIXe siècle. Italien.
Peintre de compositions religieuses, dessinateur.
Il fut, à partir de 1822, professeur à l'Académie Saint-Luc à Rome. Un dessin qu'il fit de la « venere Vincitrice » d'après Canova, fut gravé par A. Bertini.
Musées : Rome (Acad. Saint-Luc) : *Sainte Agnès*.
Ventes Publiques : Milan, 18 juin 1981 : *La Vierge et l'Enfant ; L'Ascension*, h/t, une paire (108x71) : **ITL 2 400 000**.

DURANTINO Francesco
XVIe siècle. Italien.
Peintre sur majolique.

DURANTON André
Né en 1905. XXe siècle. Français.
Peintre. Naïf.
Ventes Publiques : Zurich, 31 oct. 1980 : *Chat assis sur une feuille*, h/t (46x38) : **CHF 8 000** – Paris, 17 fév. 1988 : *Les Chats*, h/t (46x61) : **FRF 2 100** – Paris, 16 oct. 1988 : *La Partie de billard*, h/t (33x41) : **FRF 10 000**.

DURANTON Édouard
Né à Paris. XXe siècle. Français.
Peintre de natures mortes, fleurs.
Élève de J. Pagès et Benner. Depuis 1931, cet artiste a exposé des natures mortes et des fleurs, à Paris, au Salon des Artistes Français.

DURANTON Jeanne Marie Céline, Mme
Née à Paris. XIXe-XXe siècles. Française.
Peintre d'intérieurs, natures mortes, fleurs et fruits.
Elle fut élève d'Achile, de Cesbron et d'Alexandre Nozal. Sociétaire des Artistes Français depuis 1907, elle figura régulièrement au Salon de cette société.
Ventes Publiques : Londres, 21 fév. 1989 : *Nature morte aux fleurs*, h/t (64,8x81,3) : **GBP 990**.

DURANTON Simone Marie Berthe
Née à Toulon (Var). XXe siècle. Française.
Peintre, pastelliste.

DURARD
Né en 1738 à Paris. XVIIIe siècle. Français.
Peintre, architecte et graveur.
On cite de lui le portrait du peintre Durand.

DURAS Marie. Voir **DURASOVA Mary**

DURASOVA Marie ou **Duras**
Née le 10 mai 1898 à Vienne. XXe siècle. Active en Allemagne. Tchécoslovaque.
Sculpteur de bustes, figures. Néo-classique.
Elle a étudié entre 1916 et 1919 aux Arts Décoratifs de Prague, avec Stursa, puis, de 1922 à 1924, aux Beaux-Arts de Dresde. Elle a ensuite vécu deux ans à New York, puis de 1924 à 1927, à Paris.
Elle a participé, à Paris, au Salon des Artistes Indépendants en 1927 et exposé un buste et une figure de femme. Elle s'est fixée enfin en Allemagne.
Sa sculpture est de tendance classique, prônant un retour aux canons de l'Antiquitié grecque, très influencée en cela par son maître Stursa.

DURASSIER Eugène
Né dans la seconde moitié du XIXe siècle. XIXe-XXe siècles. Français.
Sculpteur.
Élève de Vion. Sociétaire du Salon des Artistes Français où il expose depuis 1906. On cite ses bas-reliefs, allégories et oiseaux.

DURAT Pierre
XVIIe siècle. Français.
Peintre.
Il travailla en 1613 à Souvigné-sur-Même (Sarthe).

DURAU Henri
Né en 1791 à Paris. XIXe siècle. Français.
Graveur.
Élève de Lemaître. Il exposa au Salon en 1869.

DURAU Louis
Né au XIXe siècle à Paris. XIXe siècle. Français.
Graveur.
En 1822, il exposa au Salon.

DURAY Claude. Voir **DURÉ**

DURAY Emile A. F.
Né le 12 septembre 1862 à Bruxelles. XIXe siècle. Naturalisé en France. Belge.
Peintre de portraits.
Élève de Cabanel. Sociétaire des Artistes Français depuis 1904, il figura au Salon de cette société.
Ventes Publiques : Paris, 5 mars 1997 : *La Cartomancienne*, t. (98x131) : **FRF 20 000**.

DURAY Simon Joseph ou **du Ré, de Roi**
XVIIIe siècle. Éc. flamande.
Sculpteur.
Il exécuta de 1765 à 1785 les sculptures du maître-autel de Sainte Gudule à Bruxelles, d'après les dessins de J.-B. Verhaegen, une chaire, qui fut transportée à Liège en 1776, et des confessionnaux.

DURBESSON Félix
Né le 16 juillet 1858 à Carpentras (Vaucluse). Mort le 1er décembre 1936 à Carpentras (Vaucluse). XIXe-XXe siècles. Français.
Peintre de portraits.
Élève de Cabanel et Maillard. Il débuta au Salon de 1879.

DURBIANO Jean-Pierre, pseudonyme de **Aldo**
Né le 9 juillet 1948 à Rives-sur-Fure (Isère). XXe siècle. Français.
Peintre. Abstrait.
Il se forma dans les ateliers de la Ville de Paris. Il participe à quelques expositions collectives, notamment localisées autour du quartier de Montmartre. Depuis 1983, quelques expositions personnelles.
Sa peinture emprunte différentes voies exploitées dans l'histoire de l'abstraction.

DURBUTO Antoine ou **Duburto, Deburto**
Né vers la fin du XVIe siècle à Liège. Mort après 1634. XVIe-XVIIe siècles. Éc. flamande.
Peintre.
On connaît de lui un grand retable à Robermont près de Liège, et deux retables plus petits dans l'église des Chartreux à Liège.

DURCHHOLZER Augustin
XVIIIe siècle. Actif au début du XVIIIe siècle. Autrichien.
Peintre.
Moine de l'ordre des Augustins, il fit, avec Th. Wagner, les peintures du cloître des Augustins à Mülln vers 1701, et probablement aussi celles de la chapelle du cloître de Hallein.

DÜRCK Friedrich
Né le 28 août 1809 à Leipzig. Mort le 25 octobre 1884 à Munich. XIXe siècle. Allemand.
Portraitiste et peintre de genre.
En 1834, il entra à l'Académie de Munich, où il travailla avec son oncle Jos Stieler, peintre de la cour. En 1836, il fit des voyages d'études en Italie. Il s'établit à Munich. En 1867, il devint membre honoraire de l'Académie de Munich. Le Musée de Munich conserve de lui : *Portrait du comte Karl von Steineheim*.

DURDEN James
Né en 1878 à Manchester. Mort en 1964. XXe siècle. Britannique.
Peintre de genre.
Il a participé, à Paris, au Salon des Artistes Français, obtenant une deuxième médaille en 1927.
Ventes Publiques : Londres, 22 fév. 1980 : *The green sunblind*, h/t (104,5x61,5) : **GBP 900** – Londres, 13 nov. 1985 : *Delphiniums*, h/t (76x56) : **GBP 5 500** – Londres, 21 mai 1986 : *Danseuse de flamenco dans un intérieur*, h/t (91,5x76) : **GBP 6 000**.

DURÉ Claude ou **Duray**
XVIIe siècle. Français.
Peintre et sculpteur.
Il fut admis à l'Académie Saint-Luc en 1658.

DUREFORT Guillaume
XVIe siècle. Français.
Sculpteur.
Il prit part aux travaux d'ornementation du château de Fontainebleau, de 1537 à 1540.

DUREL Auguste
Né le 2 mars 1904 à Toulouse (Haute-Garonne). XXe siècle. Français.
Sculpteur, peintre de paysages. Postimpressionniste.
Il fut élève de Vergeaud à l'École des Beaux-Arts de Tunis. Il entre en 1926 aux Beaux-Arts de Paris, puis à son retour en Tunisie, il s'affirme comme sculpteur, d'ailleurs n'expose-t-il pas en 1927 une statuette au Salon des Artistes Indépendants. On lui doit également en 1933 le *Monument aux Morts du 4e Zouave*, puis celui dédié à G. P. Curteslin en 1935. Fixé à Paris en 1937, il se spécialise dans la peinture de paysages. Il participe, entre 1937 et 1951, aux Expositions artistiques de l'Afrique française et expose depuis 1938, à Paris, au Salon d'Automne dont il est sociétaire. Un *Hommage* lui est rendu en 1979 dans le cadre de ce Salon. Il participe également au Salon des Indépendants, au Salon des Tuileries, et également aux *Peintres Témoins de leur Temps*, notamment en 1957, avec un *Portrait de Kees Van Dongen* qui avait amicalement accepté de poser pour son jeune confrère. Plusieurs expositions particulières.
Il a souvent peint des paysages méditerranéens (installé depuis 1975 à Mougins). Il est apprécié pour ses effets de pluie et de neige.
Bibliogr. : Catalogue de l'exposition : *Lumières tunisiennes*, Pavillon des Arts, Paris, 1995.
Musées : Tunis (Mus. d'Art Mod.) : *Boulevard Bab Jedid*.

DUREL Gaston
Né en 1879 à Gaillac (Tarn). Mort en 1954 à Paris. XXe siècle. Français.
Peintre de sujets typiques, paysages animés. Orientaliste.
Il fut lauréat de la Société Coloniale des Artistes Français en 1920, et partit cette même année pour le Maroc.
Ventes Publiques : Paris, 1er déc. 1983 : *Ville d'Afrique du Nord*, h/t (46x38) : **FRF 4 800** – Cologne, 28 juin 1991 : *Personnages à Louxor*, h/cart. (46x38) : **DEM 1 400** – Paris, 21 juin 1993 : *Village au bord de l'eau au Maroc*, h/t (46x55,5) : **FRF 11 500** – Londres, 17 nov. 1994 : *Souk dans le Rif*, h/cart. (30,5x40,9) : **GBP 2 070** – Paris, 12 juin 1995 : *Le Fondouk et la fontaine Néjarine à Fès*, h/pan. (61x50) : **FRF 25 000** – Paris, 17 nov. 1997 : *Vue d'Azemmour*, h/t (33x46) : **FRF 8 500**.

DUREL Louis
Né au XIXe siècle à Paris. XIXe siècle. Français.
Graveur sur bois.
Élève de Jonnard. Figura au Salon des Artistes Français où il obtint une mention honorable en 1908.

DURELLI Antonio
XIXe siècle. Actif à Milan. Italien.
Peintre et graveur.
Frère de Gaetano et de Francesco Durelli. Il exposa à Milan, en 1828, une *Sainte Famille* et un *Saint Louis*.

DURELLI Francesco
XVIIIe-XIXe siècles. Italien.
Graveur.
Frère de Gaetano Durelli, il fut professeur de dessin d'architecture à Milan. Il exécuta des gravures pour *Les monuments de Milan* de G. d'Adda, les *Familles Célèbres* de Litta et *La description historique du Dôme de Milan*, de Franchetti.

DURELLI Gaetano Marco Innocenzo
Né en 1789 à Milan. Mort le 12 mars 1855 à Genève. XIXe siècle. Italien.
Dessinateur et graveur.
Travailla d'abord à Milan et, en 1826, devint directeur de l'École d'ornements à Genève. On cite de lui une *Vue de l'intérieur de Saint-Pierre de Genève* et des *Descriptions de la Chartreuse de Pavie* (1823) et *de l'abbaye de Hautecombe*, dessinées et gravées par lui.

DURELLO Simone
XVIIe siècle. Italien.
Graveur.
Il a gravé des portraits pour une *Histoire de Leopold empereur*, publiée à Vienne vers 1674.

DUREN Adam Van
XVIe siècle. Actif au début du XVIe siècle.
Sculpteur et architecte.

DUREN Jan Van
XVIe siècle. Actif au début du XVIe siècle. Éc. flamande.
Enlumineur.
Il fut admis comme enlumineur dans la confrérie Saint-Luc à Anvers, en 1505.

DÜREN Johann von, l'Ancien ou **Duyren**
XVe siècle. Actif à Cologne. Hollandais.
Peintre.
En 1489 la corporation des peintres de Cologne l'élut conseiller.

DÜREN Johann von, le Jeune ou **Duyren**
XVIe siècle. Actif à Cologne. Allemand.
Peintre.
On pensa l'identifier avec le Maître de la mort de Marie (voir MAÎTRES ANONYMES).

DUREN P. Van
Hollandais.
Peintre de paysages.
Cité, sans date, par Siret. Probablement DUEREN (Pieter Van).

DÜREN Statius von
XVIe siècle. Actif à Lübeck. Allemand.
Sculpteur.
Il fut aussi tuilier.

DURENNE Eugène Antoine
Né le 11 décembre 1860 à Paris. Mort en 1944 à Dourgne (Tarn). XIXe-XXe siècles. Français.
Peintre de scènes de genre, portraits, paysages, intérieurs, natures mortes, aquarelliste.
Ce n'est qu'en 1895 qu'il se mit à la peinture, ayant été jusque-là sténographe et député. Il entretint avec Camille Pissarro des relations amicales. Il débuta, à Paris, au Salon de la Société Nationale des Beaux-Arts en 1898 avec un autoportrait. À partir de 1900, il se consacra entièrement à la peinture, à Paris, en Normandie, en Bretagne et, avec ses amis, Valtat, Albert André, d'Espagnat, Vuillard et Bonnard, il découvre Marseille, Toulon, Antibes, Villefranche, Nice et l'Italie, où s'exprime son amour de la nature. À partir de 1937 il vit dans l'Ain, en Savoie et enfin à Dourgne. Il exposa, à Paris, au Salon des Artistes Indépendants des études de genre, de marines et de paysages. Il figura au Salon d'Automne à partir de sa fondation et jusqu'en 1913, et dans plusieurs salons de province.

Durenne

Musées : Copenhague – Le Havre (Mus. des Beaux-Arts) : *La Ménagerie* – Nice (Mus. Chéret) : *Le Cargo* – Paris (Mus. du Louvre) : *La Toilette* – Toulouse : *La Leçon de Broderie* – *L'Enfant à la poupée*.
Ventes Publiques : Paris, 15 fév. 1935 : *Nature morte* : **FRF 260** – Paris, 24 fév. 1943 : *Portrait d'homme*, dess. : **FRF 2 800** ; *Le pont et la Cathédrale d'Albi* : **FRF 3 900** – Paris, 1er juil. 1943 : *Les pommes* : **FRF 2 000** – Paris, 23 déc. 1946 : *Fleurs et livres sur la table* : **FRF 1 200** – Paris, 27 nov. 1973 : *Le Var en amont de Saint-Laurent* : **FRF 4 200** – Londres, 3 déc. 1976 : *Nature morte* 1921, h/t (55x74) : **GBP 1 100** – Londres, 1er juil. 1977 : *Légumes et framboises* 1921, h/t (55x74) : **GBP 1 200** – Paris, 29 nov. 1978 : *Le port de Dieppe* 1908, h/t (46x55) : **FRF 5 000** – Paris, 15 juin 1983 : *La Fille du peintre*, h/t (61x50) : **FRF 10 500** – Londres, 26 mars 1985 : *Légumes et framboises* 1921, h/t (55,3x73,7) : **GBP 3 200** – Versailles, 17 juin 1987 : *Les Martigues* 1919, h/t (38x55) : **FRF 14 000** – Paris, 11 déc. 1987 : *Vallée de l'Isère* 1918, aquar. (18,5x21,5) : **FRF 2 500** – Versailles, 20 mars 1988 : *Descente de rue à Dourgne* 1941, h. et peint. à l'essence/pap. (46x38) : **FRF 14 000** – Versailles, 15 juin 1988 : *Jeune fille normande* 1902, h/t (72,5x60) : **FRF 38 000** – Paris, 17 juin 1988 : *Environs de Belley (Ain)* 1939, h/pap. mar./t. (28x22,5) : **FRF 5 000** – Paris, 23 juin 1988 : *Le lever*, h/t (38x46) : **FRF 34 000** – Paris, 12 fév. 1989 : *Enfants sur le port*, h/t (43x35) : **FRF 18 000** – Monaco, 3 mai 1989 : *Nature morte au pichet*, h/t (54,5x65,5) : **FRF 105 450** – Paris, 6 juin 1990 : *Vallée de Saint-Jeannet*, h/t (50x65) : **FRF 30 000** – New York, 10 oct.

1990 : *Fillette au piano*, h/t (54,6x64,8) : **USD 5 500** – PARIS, 26 oct. 1990 : *Vue de Cagnes, le matin*, h/t (50x65) : **FRF 38 000** – NEUILLY, 7 avr. 1991 : *Vallée de la Seine à Houdedonville*, h/t (54x73) : **FRF 12 000** – LONDRES, 13 oct. 1993 : *Marseille : l'entrée du port* 1918, h/t (32,3x46,2) : **GBP 977** – PARIS, 10 avr. 1995 : *Femme dans un intérieur*, h/pap./t. (31x23) : **FRF 20 000** – PARIS, 16 mars 1997 : *La Repasseuse* 1917, h/pap. (23,2x28) : **FRF 12 500** – PARIS, 20 mars 1997 : *Jeune fille peignant au bord de l'eau* 1926, h/t (73x92) : **FRF 32 000** – PARIS, 23 juin 1997 : *Jardin à Cimiez*, aquar./pap. mar./t. (38,5x29) : **FRF 4 300**.

DURENS Adam Andreas von
XVIIe siècle. Actif à Brieg. Allemand.
Peintre.

DURENS Daniel von
XVIIe siècle. Actif à Dantzig. Allemand.
Peintre.
Il était frère d'Adam von Durens.

DUREPT Charles Barthélémy Jean
Né en 1784 à Paris. Mort en 1838. XIXe siècle. Français.
Peintre d'histoire.
Le Musée de Vire conserve de lui : *Mort de Pierre le Cruel, Boissy d'Anglas se découvrant devant la tête de Féraud*, et des copies d'œuvres de Coutan et de Géricault.

DÜRER Albrecht
Né le 24 mai 1471 à Nuremberg. Mort le 5 avril 1528 à Nuremberg. XVe-XVIe siècles. Allemand.
Peintre de compositions religieuses, mythologiques, allégoriques, figures, portraits, aquarelliste, graveur.
Dürer était d'origine hongroise. Son père, Albrecht Dürer l'Aîné, appartenait, d'après ce que Dürer a rapporté lui-même, à une famille d'éleveurs de chevaux et de bœufs nommée Ajtos, dérivé de Ajto (une porte), et, ayant quitté la Hongrie pour embrasser l'état d'orfèvre, germanisa son nom par une traduction en celui de Thürer (Portier), équivalent allemand, ou Dürer. Après avoir vécu quelque temps dans les Pays-Bas, son père, jeune Hongrois, venait à Nuremberg en 1455, entrait au service de l'orfèvre Hieronymus Holper dont il épousait la fille Barbara, en 1467, et ce mariage lui donnait du même coup la maîtrise comme orfèvre et le titre de bourgeois de la cité. Dix-huit enfants naquirent de cette union. Albrecht, le troisième de la lignée, dont le parrain avait été le peintre Anton Koberger, fut appelé, quand il sut lire et écrire, à prendre place dans l'atelier de son père. Cependant le goût tout particulier que le petit apprenti montrait pour le dessin le fit placer, à l'âge de quinze ans, dans l'atelier du peintre nurembergeois le plus célèbre d'alors : Michel Wolgemut. Dürer y demeura trois ans et, en 1490, après Pâques, il en sortait avec des connaissances techniques suffisantes pour que le vieux Dürer l'autorisât à partir pour un voyage qui dura quatre ans. Les biographes ne sont pas d'accord sur les contrées visitées alors par le jeune artiste. Certains, sans appuyer leurs dires sur d'autres preuves qu'une tradition un peu vague, disent qu'il visita l'Allemagne, la Suisse et l'Italie. D'autres, plus réservés, se contentent de constater sa présence à Colmar en 1492, où il aurait rencontré trois frères de Martin Schongauer. D'autres établissent sa présence à Bâle de 1492 à 1494, notamment par sa signature que porte le bloc d'une gravure sur bois conservé à la Bibliothèque de Bâle et ayant servi à l'illustration d'une édition des *Épîtres de Saint Jérôme*, imprimée par M. Kesler en 1492. Deux portraits exécutés par lui durant ce voyage, permettent de croire qu'il visita Strasbourg en 1494. Il est avéré que Dürer était de retour à Nuremberg au mois de mai 1494, ce qui résulte de sa propre affirmation. Durant son absence, ou dès son retour, la question de son mariage fut réglée entre le vieux Dürer et Hans Frey et celui-ci donna sa fille Agnès à Albrecht avec une dot de 200 florins. L'union fut célébrée le 7 juin 1494. La tradition rapporte que ce mariage fut malheureux pour l'artiste. Si Dürer ne se plaint pas de sa femme dans les mémoires qu'il a laissés, un témoin, Pirkheimer, son intime ami, la représente, dans des lettres venues jusqu'à nous, comme une mégère abusant de l'extrême bonhomie de son mari pour l'obliger, même par des mauvais traitements, à s'exténuer au travail. Dürer demeura près de son père plusieurs années après son mariage ; après la mort du vieux Dürer, en 1502, Albrecht recueille sa mère, et celle-ci vit avec son fils jusqu'à sa mort en 1514 ; il prend aussi à sa charge son jeune frère Hans, dont il fait l'éducation artistique. Trois autres grands voyages sont à signaler dans la vie de Dürer : le premier, à Venise, durant l'hiver 1494-95, attesté par des dessins et des cuivres où l'on découvre l'influence de Mantegna. Le second voyage à Venise date de 1505, où il paraît avoir été appelé par des marchands nurembergeois établis dans la ville des Doges, pour prendre part à la décoration de leur Bourse de Commerce – La Fondaco dei Tedeschi – décoration à laquelle prirent part également Titien et Giorgione. Cette commande résulte-t-elle de son premier séjour à Venise ? Faut-il y voir plutôt l'effet du succès obtenu par les gravures qu'il avait produites depuis dix ans ? Vasari affirme que ce second voyage eut lieu pour mettre un terme aux contrefaçons que Marc-Antoine faisait de ses gravures et qui poussait l'audace jusqu'à reproduire le monogramme de Dürer ; mais on a fait remarquer avec raison que ce ne fut que plus tard que Raimondi donna tout le développement à son plagiat. Il est mentionné cependant que Dürer porta l'affaire devant la justice et qu'il fut interdit à Marc-Antoine de reproduire les œuvres du maître nurembergeois sans y faire figurer sa marque personnelle. En 1512, Dürer fut employé par l'empereur Maximilien Ier et jusqu'à la mort de ce prince, en 1519. En 1520-21, Dürer entreprit dans les Pays-Bas un voyage dont il a laissé le journal. On croit que le motif était le désir de rencontrer le successeur de Maximilien et d'obtenir de lui la continuation d'une pension allouée par l'Empereur.
Dès qu'il revint de Venise, en 1498, Dürer produisit un recueil de gravures sur bois : *l'Apocalypse*, peignit plusieurs portraits énergiques : *Oswolt Krell*, un *Jeune homme au béret*. Vers 1503-1504, il composa le *retable Paumgartner* et *l'Adoration des Mages*. Il est certain qu'il commença son grand tableau : *La Fête du Rosaire*, actuellement au monastère de Strahow, près de Prague, peu après son arrivée à Venise, lors du second voyage, et qu'il y travailla jusqu'au commencement de 1507. À son retour à Nuremberg, en 1507, Dürer peignit plusieurs œuvres considérables, notamment les figures d'*Adam et d'Ève*, actuellement au Musée du Prado ; l'année suivante, ce furent *Le Massacre des dix mille chrétiens*, actuellement à la Galerie impériale de Vienne, *La Vierge à l'iris*, pour l'évêque de Breslau, œuvre que l'on croit identique au tableau de la Collection de Sir Frederick Cook, *L'Assomption de la Vierge*, destinée à l'autel de la Chapelle des Dominicains, et qui, transportée à Munich, y fut brûlée en 1674. Il faut citer encore, en 1514, *L'Adoration de la Sainte Trinité*, actuellement au Musée de Vienne. Dans le même temps, Dürer produisait plusieurs de ses plus importantes gravures sur bois et sur cuivre. Il exécuta pour l'empereur Maximilien Ier des dessins sur un livre de prières, conservé à Munich ; le célèbre arc de triomphe ; le char triomphal relatif au mariage de Maximilien avec Marie de Bourgogne ; il exécuta aussi le portrait de son protecteur, gravé et peint à l'huile. La tradition accuse encore la femme de Dürer de l'avoir obligé à laisser de côté la peinture pour s'occuper de gravure, dont le produit était des plus avantageux. En fait, l'immense succès de ses estampes l'incitant à en produire de nouvelles, ne lui laissait guère le temps de peindre. C'est l'époque où il publia plusieurs suites de bois : *la Grande et la Petite Passion, la Vie de la Vierge* ; et, gravés sur cuivre : *Le Chevalier de la mort et le Diable ; Saint Jérôme dans sa cellule*. Dans la dernière période de sa vie, il peignit encore l'importante composition des *Quatre Apôtres, saint Pierre, saint Paul, saint Jean* et *saint Marc*, actuellement au Musée de Munich.
Dürer eut les plus illustres amitiés, sans parler de Luther et de Mélanchton. Ce dernier a dit que « le moindre mérite d'Albrecht était son talent d'artiste » ; il fut aussi extrêmement lié avec Raphaël, qui, sur les murs de son atelier, conservait les principales estampes de Dürer. Les deux artistes avaient échangé leur portrait. C'est surtout comme graveur sur cuivre que sa réputation fut le plus solidement établie. Malgré la longueur de la liste de l'œuvre gravé, il est apparu intéressant de la publier, œuvres sur cuivre et sur bois, avec le descriptif des copies :
I) PIÈCES SUR MÉTAL.
Ancien et Nouveau Testaments : 1. *Adam et Ève*, 1504 ; 1re copie gravée par Wierix. On la reconnaît aux trois oiseaux qui volent à la droite du haut et qui sont dessinés avec plus de soin que dans l'original ; 2e copie par un anonyme. – 2. *L'Éducation de la Vierge* ; copie gravée en contrepartie par le Maître R. K. – 3. *La Nativité*, 1504 ; 1re copie par Adr. Huber ; très trompeuse ; 2e copie par Jérôme Wierix ; 3e copie, par Jérôme Hopfer. – 4. *La Vierge aux cheveux longs, liés par une bandelette* ; 1re copie trompeuse. On la reconnaît à ce que l'on voit très distinctement

les cinq doigts de la main gauche de l'Enfant Jésus placée sur la pomme, tandis que dans l'original on n'en distingue que trois ; 2e copie assez trompeuse, par un anonyme. On la reconnaît à quelques rayons qui sortent du bout du croissant à gauche ; dans la copie, deux traits de rayons isolés ; dans l'original il y en a quatre ; 3e copie, par un anonyme. On la reconnaît au monogramme : la lettre D est sensiblement plus petite que dans l'original ; 4e copie, par le Maître C ; 5e copie en contrepartie gravée par le Maître P. M. – 5. *La Vierge au singe* ; 1re copie gravée par Jérôme Wierix et marquée au bas de la droite des lettres J. H. W. Æ. 17. On la reconnaît aux pentures de la fenêtre vue à la façade de la maison au fond à droite, désignées en simples traits dans l'original, elles sont ornées de rinceaux à leurs bouts dans cette copie ; 2e copie en contrepartie par Wenceslas d'Olmultz ; 3e copie en contrepartie par le maître B. S. ; 4e copie en contrepartie par le Maître H. W. T. ; 5e copie en contrepartie par Ag. da Musis. – 6. *La Sainte Famille*, gravée sur fer. – 7. *La Sainte Famille au papillon*. – 8. *La Vierge, allaitant l'Enfant Jésus*, 1503 ; 1re copie très exacte. On la reconnaît à la date 1566 gravée dans la tablette au lieu de 1503 ; 2e copie gravée en contrepartie par Zoan-Andrea dont la marque est gravée au milieu du bas sur la pierre ; 3e copie en contrepartie ; 4e copie en contrepartie. – 9. *La Vierge à la couronne d'étoiles*, 1508 ; 1re copie fort trompeuse, on la reconnaît par les sept tailles longues qui, dans l'original, font les extrémités des rayons émanés du côté de l'oreille gauche de l'Enfant Jésus, tandis que dans la copie il n'y en a que six ; 2e copie par un anonyme désigné par les lettres J. H. V. F., écrites dans le croissant vers la gauche ; 3e copie par Jérôme Hopfer ; 4e copie en contrepartie. – 10. *La Vierge à la poire*, 1511 ; copie trompeuse. On la reconnaît aux deux lettres J. R. qui se voient dans le haut à droite. – 11. *La Vierge donnant le sein à l'Enfant Jésus*, 1512 ; 1re copie gravée par Jérôme Wierix, 1566 ; 2e copie en contrepartie. – 12. *La Vierge assise, embrassant l'Enfant Jésus*, 1513 ; copie en contrepartie. – 13. *La Vierge aux cheveux courts, liés avec une bandelette*, 1514 ; copie gravée par Lambert Hopfer. – 14. *La Vierge assise au pied d'une muraille*, 1514 ; 1re copie par le Maître aux initiales J. B. ; 2e copie gravée avec une exactitude étonnante. La seule différence qui soit sensible se trouve dans l'écriteau sur lequel l'année 1514 et le chiffre de Dürer sont marqués dans la partie du mur où ce papier est attaché ; 3e copie que l'on reconnaît en ce qu'en la maison large qui se trouve au fond on compte neuf fenêtres, tandis qu'il y en a dix dans l'original ; 4e copie par Jérôme Hopfer ; 5e copie en contrepartie marquée à la gauche du bas A. E. ; 6e copie en contrepartie. – 15. *La Vierge à la couronne d'étoiles et au sceptre*, 1516 ; 1re copie par un anonyme sans date ni monogramme ; 2e copie par Jérôme Hopfer ; 3e copie avec quelques changements par le Maître au monogramme H. H. ; 4e copie en contrepartie ; 5e copie en contrepartie. – 16. *La Vierge couronnée par deux anges*, 1518 ; 1re copie par Jacob Binck ; 2e copie en contrepartie portant à la gauche du bas A. E. 14 ; 3e copie en contrepartie. – 17. *La Vierge couronnée par un ange*, 1520 ; 1re copie très exacte. On la reconnaît à une marque de nœud dans la planche du banc qui est plus éloignée ; 2e copie en contrepartie ; 3e copie en contrepartie. – 18. *La Vierge avec l'Enfant Jésus emmailloté*. Copie bien gravée par un des Wiericx et portant au milieu du bas AE. 14. – 19. *La Vierge à la porte*, 1520. Certains critiques pensent que cette pièce est gravée par le Maître à l'écrevisse. – 20. *L'Enfant prodigue* ; 1re copie. On la reconnaît aux trois fenêtres rangées en large qui sont dans la copie en ligne horizontale, tandis que dans l'original elles forment degrés ; 2e copie en contrepartie, gravée par le Maître B. P. – 21 à 36. *La Passion de J.-C.*, 1507-1513 : 1. *L'homme de douleurs*. – 2. *J.-C. en prière sur le Mont des Oliviers*. – 3. *J.-C. saisi par les juifs*. – 4. *J.-C. devant Caïphe*. – 5. *J.-C. amené devant Pilate*. – 6. *La Flagellation*. – 7. *Le couronnement d'épines*. – 8. *L'Ecce Homo*. – 9. *Pilate se lavant les mains*. – 10. *Le Portement de croix*. – 12. *La Descente de croix*. – 13. *J.-C. mis au tombeau*. – 14. *La descente aux limbes*. – 15. *La Résurrection*. – 16. *Saint Pierre et saint Jean guérissant le boiteux à la porte du Temple* ; premières copies par W. de Haen, datées 1611 ; 2e copie par Lambert Hopfer ; 3e copie par anonyme et numérotée à la droite du bas ; 4e copie en plus petit. – 37. *J.-C. en prière au jardin des Oliviers*, 1515. – 38. *L'Homme de douleurs aux bras étendus* ; 1re copie par un anonyme, la lettre D. dans le chiffre de Dürer est à rebours ; 2e copie gravée par un des Wiericx et portant à la gauche du bas l'indication AE. 12 ; 3e copie en contrepartie avec l'adresse : *Rabel excu.* – 39. *L'Homme de douleurs aux mains liées*, gravée sur fer ; 1re copie. On la distingue de l'original par le bateau qui se voit dans le lointain et qui diffère dans la forme ; 2e copie par une anonyme. On la reconnaît aussi à la forme du bateau qui diffère également de la 1re copie et de l'original. – 40. *L'Homme de douleurs, assis*, 1515, eau-forte sur étain. 1er état avant la retouche et les taches produites par l'oxydation. – 41. *Crucifix*, un des chefs-d'œuvre de Dürer, rare ; 1re copie par un anonyme, très trompeuse ; 2e copie presque aussi trompeuse que la précédente ; 3e copie par Jérôme Wiericx. Les lettres initiales de son nom se trouvent sur les bords de la planche, les 4 lettres J. N. R. J. en haut de la croix ne sont pas à rebours comme dans l'original ; 4e copie moins belle par un anonyme. On reconnaît ces quatre pièces de l'original par les différences que l'on remarque dans le modelé du genou et de la jambe gauche du Christ ; 5e copie en contrepartie, marquée W. S. ; 6e copie marquée « Ant. Wierx fec. » ; 7e copie, sans nom ni marque. – 42. *J.-C. expirant sur la croix*, 1508 ; 1re copie extrêmement trompeuse, par un anonyme. Les trois cailloux qui se voient au fond, à mi-hauteur, sont de même grandeur, tandis que dans l'original l'un est beaucoup plus petit ; 2e copie gravée avec quelques changements par le Maître B. C. ; 3e copie en contrepartie anonyme ; 4e copie en contrepartie, gravée par un des Wiericx signée AE 15C. J. V. ex. – 43. *La Sainte Face de J.-C.* ; 1re copie en contrepartie ; 2e copie en contrepartie. – 44. *La Sainte Face de J.-C.* gravée sur étain. – Sujets de sainteté et Saints : 45. *La Sainte Trinité*. Le chiffre de Dürer est marqué sur une tablette ; Bartsch pense que cette pièce est une reproduction d'une estampe gravée sur bois. – 46. *Saint Antoine*, 1519 ; 1re copie très exacte. On la reconnaît à ce qu'il manque la cheminée d'une des maisons qui se voient à gauche au-delà du pont ; 2e copie très exacte. La cheminée y manque comme dans la copie précédente ; la cheminée de la tour est plus haute et sort du sommet de cette tour comme dans l'original ; 3e copie gravée par Noël Garnier ; 4e copie gravée par L. Donauer ; 5e copie en contrepartie. – 47. *Saint Christophe à la tête retournée*. 1re copie gravée par le Maître W. S. ; 2e copie gravée par le Maître M. P. – 48. *Saint Christophe*, 1521. – 49. *Saint Eustache ou saint Hubert*. Pièce capitale ; 1re copie très bien gravée en contrepartie par le Maître A. D. G. H. ; 2e copie gravée par Jérôme Hopfer. – 50. *Saint Georges à pied* ; 1re copie en contrepartie par le Maître M. P. ; 2e copie en contrepartie par Alaert Claas ; 3e copie par le Maître P. H. – 51. *Saint Georges à cheval*, 1508 ; 1re copie trompeuse. Dans l'original, l'espace entre le zéro de l'année 1508 et le chiffre de Dürer est très petit, tandis que dans la copie il est d'une ligne entière ; 2e copie par un des Wiericx ; 3e copie par Jérôme Hopfer ; 4e copie en contrepartie. – 52. *Saint Jérôme*, le chiffre est sur un rocher, l'année 1512 au milieu du haut de la planche ; copie par Melchior Lorich. – 53. *Saint Jérôme dans sa chapelle*, 1514 ; 1re copie par Jérôme Wiericx, marquée au milieu du bas J. R. W. 13. On la reconnaît aux tringles de fer qui traversent les carreaux de vitres du volet le plus avancé de la fenêtre ; 2e copie fort trompeuse ; on la reconnaît à l'angle du petit doigt de la patte du lion, qui dans l'original est un peu ombré et est ici tout blanc ; 3e copie par Jérôme Hopfer. – 54. *Saint Jérôme faisant pénitence* ; 1re copie par un anonyme. On la reconnaît aux brins des herbes dont la pierre qui se trouve sur le devant à gauche est entourée ; 2e copie en contrepartie par Zoan Andrea dont la marque se voit au milieu du bas ; 3e copie par Jérôme Hopfer. – 55. *Saint Jérôme*, extrêmement rare. – 56. *Saint Sébastien*. Une tablette avec le chiffre de Dürer est suspendue à une petite branche d'arbre ; 1re copie assez exacte par un anonyme. On la reconnaît en ce qu'il y manque les petits points qui, dans l'original, se trouvent au-dessous des deux bouts de barre horizontale de la lettre A dans le chiffre de Dürer ; 2e copie par Wiericx, marquée Æ. 12 ; 3e copie médiocre par le Maître M. F. – 57. *Saint Sébastien attaché à une colonne*. Un écriteau avec le monogramme est attaché avec une pierre au côté gauche. Dans le 1er état, la bouche du saint est de travers ; dans la 2e, elle est corrigée. Copie médiocre par le Maître M. F. – 58 à 62. *Les cinq disciples de J.-C.*, 1514-1526 ; 1er état avec l'adresse de *L. Guidotti*. Copies gravées par le Maître C. M. – 58. *Saint Philippe*. Le chiffre et l'année 1526 se trouvent au bas ; copie gravée par un des Wiericx. – 59. *Saint Barthélemy*. La tablette avec l'année 1523 et le chiffre est au fond ; copie par Jérôme Wiericx. – 60. *Saint Thomas*. Le monogramme et l'année 1514 sont sur un papier au bas de la gauche ; copie par Jérôme Wiericx. – 61. *Saint Simon*, 1523 ; 1re copie par Jérôme Wiericx ; 2e copie par le Maître H. A. B. – 62. *Saint Paul*, 1514 ; copie par Jérôme Wiericx. – 63. *Sainte Geneviève* ; copie en

contrepartie par Zoan Andrea. – 64. *Sainte Véronique*, 1510, très rare.
Théologie païenne : 65. *Apollon et Diane* ; copie en petit en contrepartie par le Maître J. B. – 66. *Le Jugement de Pâris*, anonyme, très rare. – 67. *Les trois génies* ; copie par Wiericx, 1565. – 68. *La famille du Satyre*. La date 1505 et le monogramme sont sur une tablette suspendue à un arbre ; 1re copie par Wiericx, 1556 ; la position des doigts de cette main est très différente de celle de l'original ; 2e copie par Jérôme Hopfer ; 3e copie avec quelques changements par Alaert Claas. – 69. *L'Enlèvement d'Amymone* ; 1re copie par Wenceslas d'Olmutz ; 2e copie en contrepartie par Zoan Andrea ; 3e copie par Jérôme Wiericx. – 70. *Le Ravissement d'une jeune femme*, 1516 ; copie en contrepartie par Jérôme Hopfer.
Sciences : 71. *Le Pourceau monstrueux*. – 72. *La Sorcière*.
Arts, Études : 73. *Le Groupe de quatre femmes nues*, 1495 ; 1re copie par Israël Van Mecken ; 2e copie par Wenceslas d'Olmutz ; 3e copie par le Maître H. S. ; 4e copie par Nicoletto Rosex, avec plusieurs changements. – 74. *Cinq études de figure à l'eau-forte*, anonyme ; copie en contrepartie par Gio.-Ant. da Brescia. – 75. *Le petit cheval*, 1505 : 1re copie très trompeuse. On la reconnaît à quelques brins d'une petite touffe d'herbes qui sortent d'une pierre au milieu. – 76. *Le grand cheval*, 1505 ; copie en contrepartie, datée 1620 par un Maître au monogramme G. T. W.
Belles-Lettres, Allégories : 77. *Le Cheval de la Mort*, 1513, très rare ; 1re copie où l'année 1513 et la lettre S ne se trouvent pas gravées dans la tablette ; 2e copie gravée par le Maître H. R. ; 3e copie en contrepartie par un des Wiericx avec l'année 1564. – 78. *L'Effet de la Jalousie* ; copie par Wenceslas d'Olmutz. – 79. *La Mélancolie*, 1514, rare. 1re copie par Jean Wiericx. La marque semblable à un 5 qui, dans l'estampe originale, est entre le mot mélancolia et la lettre J, ne s'y trouve pas ; 2e copie par un anonyme. Le panneton d'une des clefs pendues à la ceinture de la Mélancolie est marqué d'une petite croix à quatre bouts, tandis que celle de l'original n'en a que trois ; 3e copie faite seulement au trait ; 4e copie en contrepartie. – 80. *L'Oisiveté ou le Songe* : copie par Wenceslas d'Olmutz. – 81. *La Grande Fortune* ; 1re copie en contrepartie de la même dimension que l'original ; 2e copie en contrepartie, plus petite. – 82. *La petite Fortune* ; 1re copie. Le terrain à droite est dans l'original exprimé par quatre traits horizontaux parallèles et par trois traits isolés, plus courts, dans cette copie il est fait par une hachure de plusieurs traits serrés ; 2e copie en contrepartie. – 83. *La Justice* ; copie fort trompeuse par Jérôme Wiericx.
Portraits : 84. *Érasme de Rotterdam*, 1526. – 85. *Albert*, électeur de Mayence, vu de face ; 1re copie. On la reconnaît en ce qu'on a écrit Haiber au lieu de Halber, etc. ; 2e copie par Lucas Cranach. – 86. *Albert*, électeur de Mayence, vu de profil, 1523. – 87. *Philippe Melanchton*, 1526. – 88. *Joachim Patenier*, peintre. La date 1521 et le chiffre de Dürer sont tracés sur le fond. – 89. *Bélibald Pirtheimer* ; 1re copie. Dans l'original, la lettre G du mot Effigies est surmontée d'un trait fin, effet d'une glissade de burin ; 2e copie également assez trompeuse, elle est distinguée de l'original par le manque de la date 1524. – 90. *Frédéric*, électeur de Saxe, 1524 ; copie trompeuse par un anonyme. La marque distinctive se voit dans les petits boutons marqués A aux extrémités des poignées des deux épées qui sont dans les armoiries. – 91. *L'Assemblée des gens de guerre*. – 92. *L'Enseigne* ; 1re copie assez trompeuse ; on la distingue de l'original par l'absence dans l'eau des rames de deux bateaux exprimés dans l'original. Cette copie porte les initiales de J.-C. Wischer ; 2e copie par Lambert Hopfer ; 3e copie en contrepartie. – 93. *Le Canon*, 1518 ; copie par Jérôme Hopfer. – 94. *Le Petit Courrier*. – 95. *Le Grand Courrier*, anonyme, extrêmement rare. – 96. *Le Seigneur et la Dame* ; 1re copie par Israël van Mecken ; 2e copie par Wenceslas d'Olmutz ; 3e copie par le Maître H. H. S. ; 4e copie en contrepartie par M. Ant. Raimondi. – 97. *La Dame à cheval* ; 1re copie par Wenceslas d'Olmutz : 2e copie gravée par un des Wiericx ; 3e copie en contrepartie. – 98. *Les trois Paysans* ; 1re copie en contrepartie par le Maître A. D. B. ; 2e copie en contrepartie ; 3e copie en contrepartie. – 99. *Le Paysan de Marché* ; 1re copie qui se reconnaît en ce que le bout inférieur du 5 de l'année est cohérent au premier 1, tandis que dans l'original ces deux chiffres sont séparés ; 2e copie. Différence dans le fagot de bois qui sort au-dessus de l'épaule de la femme ; 3e copie par le Maître J. B. ; 4e copie par le Maître M. P. – 100. *Le Paysan et sa femme* ; 1re copie très trompeuse par Jérôme Wiericx avec la date 1565 tracée d'une pointe très fine dans le coin gauche ; 2e copie en contrepartie, par le Maître B. G. – 101. *L'Hôtesse et le cuisinier*. – 102. *L'Oriental et sa femme* ; 1re copie en contrepartie par le Maître... A. P. – 103. *Le Branle*. La date 1514 et le monogramme sont au milieu du haut de l'estampe ; 1re copie par Jérôme Wiericx ; 2e copie en contrepartie par le Maître... – 104. *Le Joueur de Cornemuse* ; 1re copie par le Maître M. P. ; 2e copie par le Maître A. I. C. ; 3e copie par Lambert Hopfer. – 105. *Le Violent* ; copie trompeuse. – 106. *Les Offres d'amour*.
Blasons : 170. *Les Armoiries au coq*. – 108. *Les Armoiries à la tête de mort*. La date 1503 est au milieu du bas sur une pierre ; copie trompeuse par Joh. Wiericx. Il y a six clous sur la bande horizontale au milieu du heaume, quatre grands et deux petits ; dans l'original, seulement cinq, quatre grands et un petit.
II) PIÈCES SUR BOIS
Ancien et Nouveau Testaments et Saints : 109. *Caïn tuant Abel*, 1511. – 110. *Samson tuant le lion*. – 111 à 130. *La Vie de la Vierge* de 1504 à 1510, suite de 20 p. 1er état avant le texte au verso ; 2e texte latin au verso. – 131. *Les trois Rois*, 1511. – 132. *La Sainte Famille ; L'Enfant Jésus feuillette un livre*. – 133. *La Vierge assise donnant le sein à l'Enfant Jésus ; dans le fond, saint Joseph et quatre anges*. – 134. *La Sainte Famille. Un ange présente des fleurs à l'Enfant Jésus*. – 135. *La Sainte Famille et saint Joachim debout sur le devant* ; copie en plus grand. – 136. *La Sainte Famille* ; au milieu du devant, deux petits anges dont l'un joue de la guitare, 1511. – 137. *La Sainte Famille, La Vierge assise sur un banc offre de la main gauche une pomme à l'Enfant Jésus*. – 138. *La Vierge et l'Enfant Jésus entourés d'anges*, 1518. – 139. *J.-C. au Jardin des Oliviers*. – 140. *J.-C. célébrant la cène*. – 141. *J.-C. en croix* ; il existe une copie. – 142. *Le Calvaire*. Copie ; on peut la distinguer aux petits traits gravés en ligne horizontale dans le plat au milieu du devant, au nombre de quatre dans l'original et de cinq dans la copie. – 143 à 154. *La Grande Passion* : 1. Titre. *J.-C. couronné d'épines*. – 2. *La Cène*, 1510. – 3. *Le Christ au Mont des Oliviers*. – 4. *La Prise de J.-C.*, 1510. – 5. *La Flagellation*. – 6. *J.-C. présenté au peuple*. Copie sans le monogramme. – 7. *J.-C. en croix*. – 8. *Le Portement de croix*. – 9. *La Sépulture*. – 10. *J.-C. pleuré par la Vierge et les Saintes femmes*. – 11. *La Rédemption des ancêtres*. – 12. *La Résurrection*, 1510. – 155 à 191. *La petite Passion*. Suite de 37 p. 1er état : avant le texte au verso ; 2e avec un texte latin au verso ; 3e avec un texte italien. Premières copies sur bois par un anonyme ; deuxièmes copies par Virgilius Solis ; troisièmes copies par le Maître... ; quatrièmes copies gravées au burin par un anonyme. – 192. *J.-C. en croix*. – 193. *J.-C. en croix*, 1516 ; 1re copie, plus petite ; 2e copie, encore plus petite ; 3e copie, qui diffère de la précédente en ce qu'elle est moins finement gravée ; 4e copie, plus petite. – 194. *J.-C. en croix*. – 195. *Saint Christophe*. Copie assez exacte ; au haut de la droite, deux grands oiseaux noirs qui ne se voient pas dans l'original. – 196. *Saint Christophe*, 1511, anonyme. – 197. *Saint Christophe*, 1525. – 198. *Saint Colomau*, anonyme. 1er état : on lit dans la marge : *Duco Colomanno martyro Sancto MDXIII* ; 2e, dans la marge : 3. *Colomanni effigies MDCCLXXXI*. – 199. *Saint Élie*. – 200. *Les saints Étienne, Grégoire et Laurent*. – 201. *Saint Étienne au milieu de deux évêques*. – 202. *Saint François recevant les stigmates*. – 203. *Saint Georges tuant le Dragon*. – 204. *Jésus-Christ apparaissant à saint Grégoire, pendant la messe* 1511 ; copie marquée J. K., 1588. – 205. *La Décollation de saint Jean-Baptiste*, 1510. – 206. *Hérodiade recevant la tête de saint Jean-Baptiste*. – 207. *Saint Jean l'évangéliste et saint Jérôme*. – 208 à 222. *L'Apocalypse de saint Jean*, 1498 et 1511 ; suite de 15 p. 1er état, avec le texte ; 2e état, imprimé en 1498 ; 3e état, imprimé en 1511. Copie imprimée à Strasbourg en 1502. – 223. *Saint Jérôme*, sans date. – 224. *Saint Jérôme*, 1511. – 225. *Saint Jérôme*, 1512. – 226. *Les huit saints patrons de l'Autriche debout l'un à côté de l'autre*, anonyme. – 227. *Un saint se mortifiant avec la discipline*. – 228. *Le Martyre de sainte Catherine*. – 229. *Sainte Madeleine transportée au ciel*. – 231. *La Sainte Trinité*, 1511. – 232. *Le Supplice des dix mille Martyrs de Nicomédie*. – 233. *Trois évêques debout*. – 234. *Le Jugement universel*. 1er état, le chiffre d'Albrecht Dürer est effacé.
Théologie païenne : 230. *Hercules*. – 235. *Le Jugement de Pâris*, anonyme.
Arts : 236 à 238. *Trois dessins du Globe céleste*. – 239 à 242. *Quatre pièces pour l'art de la perspective de P. Psintzing*. – 243 à 248. *Les dessins de broderie surnommés les Dédales*, suite de 6 p. – 249. *La Colonne*. – 250. *Le Rhinocéros*.
Belles Lettres, Allégories : 251. *La Philosophie sous la forme d'une reine assise sur un trône*. – 252. *La Mort montrant un sablier à un soldat*, 1510.

Histoire : 253. *L'Arc triomphal de l'empereur Maximilien Ier*, extrêmement rare. – 254. *Le Char triomphal de l'empereur Maximilien Ier*, grande p. de 8 morceaux. – 255. *Le siège d'une ville.*
Portraits : 256. *Maximilien, empereur d'Allemagne*, 1519. – 257. Même sujet, mais sans la bordure. – 258. *Albrecht Dürer.* 1er état sans le chiffre de l'année 1527 ; 2e, sans le chiffre ni l'année ; dans la marge, *Albrecht Dürer* ; 3e, avec les armoiries de Dürer, son chiffre et l'année 1517. 1re copie du 3e état, d'une taille moins nette que l'original ; 2e copie par Andrea Andreani ; 3e copie en petit. – 259. *Jean, baron de Schwarzenberg*, portrait entouré de seize écussons d'armes. – 260. *Ulrich Varnbuler*, 1522. Il existe des épreuves en clair-obscur. – Blasons : 261. *Cinq écus des armoiries impériales d'Allemagne entourés de la chaîne de l'ordre de la Toison d'Or*, 1504 ; 2e état, sans date. – 262. *Armoiries de la famille de Behem* ; un écu parti, à la barre ondée. – 263. *Armoiries d'Albrecht Dürer* ; l'écu offre une porte à deux battants ouverts, 1523. – 264. *Armoiries de la famille de Kresen de Kresenstein et Kraftshof* ; un écu est à l'épée posée en bande, anonyme. – 265. *Armoiries de la famille de Nuremberg* ; trois écus sont soutenus par deux génies ailés, 1521, anonyme. – 266. *Armoiries d'Hector Pomer, prévôt de Saint-Laurent.* – 267. *Armoiries de Scheurt de Geucler de Herolsberg*, anonyme. – 268. *Armoiries de Johann Stab* : un écu à l'aigle aux ailes déployées, anonyme. – 269. Mêmes armoiries avec quelques changements : le nom de Stabius est écrit entre la couronne et l'entrelacs ; il n'y a point d'inscription dans la bordure, anonyme. – 270. *Armoiries de Laurent Staiber.* – 271. Même pièce gravée une 2e fois avec un changement qui consiste en ce que le lion a sur la tête une couronne royale d'où sortent deux étendards. – 272. *Un écu à la fasce accompagné de trois têtes de lion, deux en chef et une en pointe.* – 273. *L'Écusson à l'homme sauvage.*
Mœurs et Usages : 274. *L'Homme à cheval.* – 275. *Un maître d'école enseignant à quelques jeunes gens les principes de la morale chrétienne*, 1510. – 276. *Un homme et une femme qui s'embrassent*, anonyme. – 277. *Le Bain.* ■ E. Bénézit, J. B.

Bibliogr. : M. Brion : *Dürer. L'Homme et son Œuvre*, Somogy – Pierre Vaisse : *Tout l'œuvre peint de Dürer*, Flammarion, Paris, 1970 – Erwin Panofsky : *La Vie et l'Art d'Albrecht Dürer*, Hazan, Paris, 1987 – Jean Selz : *Albrecht Dürer*, Édit. de l'Amateur, Paris, 1996.

Musées : Aix : *Fuite en Égypte* – Bâle : *La Crucifixion du Christ*, dessin – Bayonne : *Portrait d'homme*, dessin – Bergame (Acad. Carrara) : *L'Allée au Calvaire* – Berlin (Mus. roy.) : *Portrait de Frédéric le Sage – Portrait de Jacob Muffel – Portrait de Hieronymus Holzchuher – La Madone au serin – Portrait d'une jeune femme – Marie en prière – Portrait d'une jeune fille* – Berlin (Bootte Art Mus.) : *Un coin de prairie* – Berne : *Jésus se séparant des siens* – Bourges : *Le Char de la mort – Saint Simon méditant* – Brême : *Saint Onnuphre – Saint Jean l'évangéliste – Tête de Christ* – Bruxelles : *Portrait d'homme* – Budapest : *Portrait d'homme* – Cologne : *Siffleur et Trompette* – Compiègne : Tête de femme, dess. – Même sujet, dess. – Dublin : *Figure de femme*, dess. – *Un lapin*, dess. – Florence (Gal. Nat.) : *Adoration des Rois – La Vierge avec son fils dans les bras – Saint Jacques apôtre – Portrait d'un vieillard – Saint Philippe – Portrait de l'auteur* – Florence (Palais Pitti) : *Ève – Adam* – Francfort-sur-le-Main : *Job* – Gênes : *Tête d'homme* – Gênes : *Jésus sur les genoux du père éternel*, dess. – Genève : *Adam et Ève au Paradis* – Graz : *Marie et l'Enfant Jésus* – Kassel : *Portrait d'Elisabeth Tucher* – Lille : *Portrait d'homme*, dess. – *La Vierge*, dess. – *Un ange*, dess. – *Une figure debout*, dess. – Lisbonne : *Saint Jérôme* – Londres (Nat. Gal.) : *Portrait de son père* – Madrid (Prado) : *Adam la pomme à la main – Ève et le serpent – Portrait de l'auteur – Portrait d'un homme de cinquante ans* – Mayence : *Adam et Ève* – Milan (Ambrosiana) : *Homme et femme*, dess. – *La Flagellation*, dess. – *David*, dess. – Montréal (Mus. des Beaux-Arts) : *Adam et Ève : la chute 1504, burin* – Munich : *Portrait de M. Oswolt Krell – Portrait d'un jeune homme – Christ pleuré – Portrait de l'artiste – La nativité – Le patricien Luc Baumgartner de Saint-Georges – Le patricien Etienne Baumgartner en Saint Eustache – Portrait de Michaël Wolgemut – Suicide de Lucrèce – Saint Joachim et Saint Joseph – Saint Siméon et Lazare – L'Évangéliste Saint Jean – L'apôtre Paul – La mater dolorosa – Les Quatre Apôtres ou les quatre Tempéraments* – Nantes : *Saint Christophe* – Nuremberg : *Deux hommes avec massue – Christ pleuré – Hercule – Portrait de Charles le Grand – Portrait de l'empereur Maximilien Ier* – Paris (Louvre) : *Tête de vieillard – Tête de jeune garçon – Autoportrait* – Poitiers : *Personnages, xvie siècle*, dess. – Composition symbolique, dessin – Pontoise : *Sainte Catherine*, dess. – Le Puy-en-Velay : *Un fauconnier*, dess. – Rennes : Dessin allégorique – Vienne : *Marie et l'Enfant Jésus – Portrait de l'Empereur – Maximilien Ier – Portrait d'homme – L'Adoration de la Sainte Trinité – Martyre des 10 000 chrétiens en Perse – Jean Kleberger* – Weimar : *Portrait de Hans Tucher – Portrait de Felicitas Tucher.*

Ventes Publiques : Amsterdam, 18 mai 1707 : *Le Christ portant sa croix* : **FRF 350** ; *Une église romaine* : **FRF 26** – Amsterdam, 1713 : *Une vierge* : **FRF 190** – Amsterdam, 1738 : *Saint Hubert* : **FRF 90** – Paris, 1738 : *La tête du Christ avec sa couronne d'épines*, aquar. : **FRF 16** – Paris, 1741 : *Quatre dessins dont la première pensée du tableau* : *Les dix mille martyrs* : **FRF 21** – Paris, 1756 : *Un prêtre disant la messe* : **FRF 184** – Paris, 1775 : *La Vierge portant Jésus dans ses bras* : **FRF 1 155** ; *Saint Jérôme au désert* : **FRF 105** – Paris, 1800 : *Portrait d'homme* : **FRF 480** – Londres, 1802 : *Présentation de la Vierge* : **FRF 3 675** – Londres, 1804 : *Portrait de Léon X* : **FRF 4 256** – Paris, 1840 : *La Vierge et l'Enfant Jésus* : **FRF 1 130** – Londres, 1848 : *Sainte Barbara* : **FRF 4 200** ; *Sainte Catherine lisant dans un livre* : **FRF 3 940** – Paris, 1850 : *Saint Hubert agenouillé devant le cerf mystérieux* : **FRF 7 980** – Paris, 1854 : *Saint Hubert et saint Eustache*, dess. : **FRF 178** ; *La Mélancolie*, dess. : **FRF 100** – Paris, 1854 : *Portrait d'homme* : **FRF 3 675** – Paris, 1858 : *La Vierge et l'Enfant Jésus*, dess. à la pl. : **FRF 90** ; *L'Annonciation*, dess. à la pl. : **FRF 42** ; *Un évêque assis et plusieurs saints personnages en prière*, dess. à la pl. : **FRF 31** – Paris, 1864 : *Vingt-cinq dessins* : **FRF de 100 à 2 500** – Paris, 1865 : *Salomé, excitée par sa mère, demande à Hérode la tête de saint Jean* : **FRF 2 000** ; *Portrait de Maximilien Ier* : **FRF 13 000** ; *Dessin à la plume*, partagé en trois compartiments : **FRF 4 500** ; *Un Empereur*, dess. à la pl. : **FRF 900** ; *L'Empereur Maximilien*, dess. au cr. : **FRF 140** – Paris, 1867 : *Une tête d'homme* : **FRF 75 000** – Londres, 1873 : *Adam et Ève* : **FRF 1 585** ; *La Mélancolie* : **FRF 1 000** ; *Étude d'une tête de jeune homme*, dess. : **FRF 1 200** – Paris, 1875 : *Deux têtes*, peint. à l'eau sur t. : **FRF 9 650** – Paris, 1877 : *Douze dessins* : **FRF de 100 à 5 500** – Paris, 1881 : *La décollation de saint Jean-Baptiste* : **FRF 6 500** – Londres, 1881 : *Tête de jeune homme*, dess. : **FRF 4 875** – Paris, 1882 : *Figure d'apôtre* : **FRF 7 100** ; *La Vierge*, dess. à la pl. : **FRF 3 600** ; *Portrait d'Érasme*, dess. au cr. noir : **FRF 12 000** ; *Un apôtre*, dess. : **FRF 7 100** ; *Portrait de Maître Hieronymus*, dess. : **FRF 7 600** ; *Constructions*, dess. : **FRF 5 600** – Paris, 1883 : *Portrait du sénateur Muffel, de Nuremberg* : **FRF 78 000** – Paris, 1883 : *Académie d'homme*, dess. à la pl. avec fond au lav. vert d'eau : **FRF 820** – Paris, 1885 : *La Sainte Vierge*, dess. : **FRF 1 950** – Londres, 1888 : *La Vierge et Jésus dans ses bras, tenant une pomme, quatre anges* : **FRF 5 250** – Londres, 1896 : *Portrait de Lucas de Leyde*, dess. : **FRF 11 025** ; *Profil d'homme*, dess. : **FRF 10 500** ; *Buste d'homme*, dess. : **FRF 6 300** – Londres, 1896 : *La Vierge tenant l'Enfant Jésus dans ses bras* : **FRF 7 500** – Paris, 1900 : *Quatre têtes de profil* : **FRF 1 800** ; *Portrait de Jacob Muffel, bourgmestre de Nuremberg* : **FRF 36 000** ; *Portrait de Wilibad Pirkeimer, sénateur de Nuremberg* : **FRF 17 500** ; *La Vierge et deux Saintes Femmes* : **FRF 16 250** ; *Jeune apôtre debout* : **FRF 12 500** ; *La Madeleine au pied de la Croix* : **FRF 4 000** ; *Le Christ descendu de la Croix* : **FRF 6 600** ;

Le Christ devant Caïphe : **FRF 3 450** – Paris, 14 juin 1900 : *Portrait d'homme* : **FRF 18 000** – New York, 25-30 mars 1901 : *Tête de vieille femme hollandaise* : **USD 60** – Londres, 8 mai 1908 : *Portrait de Wilibad Pirkeimer* : **GBP 9** – Amsterdam, 15-18 juin 1908 : *La Chouette*, dess. : **FRF 2 550** – Londres, 12 déc. 1908 : *Ecce Homo* : **GBP 17** – Paris, 5 mars 1909 : *Saint Hubert* : **FRF 230** ; *La fuite en Égypte* : **FRF 105** – Londres, 15 mars 1910 : *Saint Hubert* : **GBP 46** – Paris, avr. 1910 : *Portrait de Hans Gunder* : **FRF 25 000** – Amsterdam, 22 juin 1910 : *Étude de saint Christophe*, dess. : **NLG 6 400** – Paris, 7 nov. 1911 : *Adam et Ève* : **FRF 1 005** ; *La Mélancolie* : **FRF 370** – Paris, 8 nov. 1911 : *La Vierge au pied d'une muraille* : **FRF 180** ; *La Vierge au papillon* : **FRF 230** ; *Saint Hubert* : **FRF 440** ; *Melanchton* : **FRF 280** – Paris, 7 mars 1912 : *Sainte Anne et la Vierge* : **FRF 120** – Paris, 18 mars 1912 : *Groupe de quatre femmes nues* : **FRF 180** – Paris, 25 avr. 1912 : *La Vierge à la poire* : **FRF 400** ; *La Sainte Famille* : **FRF 315** ; *Les Quatre femmes nues* : **FRF 450** – Paris, 19 nov. 1912 : *Vierge assise embrassant l'Enfant Jésus* : **FRF 260** ; *La Vierge couronnée par un ange* : **FRF 333** ; *L'Enlèvement d'Amymone* : **FRF 450** ; *Groupe de quatre femmes nues* : **FRF 400** – Paris, 12 déc. 1912 : *La Vierge couronnée par deux anges* : **FRF 310** – Paris, 5 déc. 1913 : *La Nativité* : **FRF 900** ; *La Passion de Jésus-Christ*, suite de seize planches : **FRF 3 800** ; *La Vierge à la poire* : **FRF 1 250** ; *La Vierge au singe* : **FRF 2 550** ; *La Grande Fortune* : **FRF 1 050** ; *L'Hôtesse et le cuisinier* : **FRF 800** ; *Les trois paysans* : **FRF 1 250** ; *Le seigneur et la dame* : **FRF 1 850** ; *Le petit cheval* : **FRF 850** ; *Le grand cheval* : **FRF 1 450** ; *Le cheval et la mort* : **FRF 4 000** – Paris, 23 avr. 1914 : *La face de Jésus-Christ* : **FRF 510** ; *Saint Hubert* : **FRF 2 900** ; *Apollon et Diane* : **FRF 1 030** ; *La mélancolie* : **FRF 1 900** ; *L'enseigne* : **FRF 530** ; *Le grand cheval* : **FRF 2 500** – Paris, 30 mars 1916 : *La face de Jésus-Christ* : **FRF 510** – Paris, 16-19 juin 1919 : *Le Christ descendu de la Croix*, dess. à la pl. : **FRF 6 200** – Paris, 4 juin 1919 : *La Nativité* : **FRF 2 600** ; *La Vierge allaitant l'enfant Jésus* : **FRF 5 500** – Paris, 6 juin 1919 : *L'apocalypse de saint Jean*, suite de seize bois, édition latine de 1511 : **FRF 2 650** – Paris, 11 fév. 1920 : *Jésus expirant sur la croix* : **FRF 900** ; *La face de Jésus-Christ* : **FRF 1 050** ; *La Vierge à la couronne d'étoiles et au sceptre* : **FRF 605** ; *La Vierge allaitant l'enfant Jésus* : **FRF 1 700** ; *La mélancolie* : **FRF 2 700** ; *Les armoiries du coq* : **FRF 1 320** ; *Érasme* : **FRF 4 000** – Paris, 22 avr. 1920 : *Passion de Jésus-Christ*, suite complète des seize planches : **FRF 780** ; *La Vierge assise au pied d'une muraille* : **FRF 5 000** – Paris, 14 avr. 1921 : *L'Effet de la jalousie* : **FRF 480** – Paris, 27 juin 1921 : *Le petit cheval* : **FRF 800** – Paris, 16 déc. 1921 : *Adam et Ève* : **FRF 8 080** ; *La Vierge allaitant l'enfant Jésus* : **FRF 4 000** ; *La Vierge au singe* : **FRF 6 600** ; *Saint Hubert* : **FRF 7 300** ; *La Famille du satyre* : **FRF 1 150** ; *L'enlèvement d'Amymone* : **FRF 3 800** ; *La dame à cheval* : **FRF 1 220** ; *Le seigneur et la dame* : **FRF 2 200** ; *Les armoiries à la tête de mort* : **FRF 14 600** – Paris, 8 nov. 1922 : *La Vie de la Vierge*, suite des vingt bois : **FRF 6 000** – Paris, 12 mai 1923 : *La Sainte Famille au papillon* : **FRF 5 300** ; *La mélancolie* : **FRF 8 750** – Paris, 24 nov. 1923 : *Adam et Ève* : **FRF 10 100** – Paris, 17 déc. 1924 : *La Vierge au singe* : **FRF 17 900** ; *Saint Georges à cheval* : **FRF 5 700** – Paris, 5 mars 1926 : *La grande fortune* : **FRF 20 000** – Paris, 27 mai 1926 : *La Vierge donnant le sein à l'enfant Jésus* : **FRF 2 500** ; *Les quatre cavaliers de l'Apocalypse* : **FRF 6 900** ; *L'oisiveté ou le songe* : **FRF 2 100** – Paris, 10 juin 1926 : *Saint Antoine* : **FRF 5 800** – Paris, 26 avr. 1927 : *Una Urluna Windish* 1505, pl., encre, lav. : **GBP 2 500** – Paris, 30 mars 1927 : *Le porte-étendard* : **FRF 3 900** ; *Le branle* : **FRF 2 000** ; *Le petit cheval* : **FRF 9 000** ; *Les armoiries au coq* : **FRF 3 600** – Paris, 27 juil. 1928 : *La Vierge et l'Enfant* : **GBP 441** – Paris, 6 juin 1928 : *Saint Jérôme dans sa cellule* : **FRF 53 000** – Paris, 12 nov. 1928 : *La Nativité* : **FRF 14 200** – Paris, 10 déc. 1928 : *Le seigneur et la dame* : **FRF 1 950** ; *Les armoiries au coq* : **FRF 6 800** – Paris, 20 nov. 1933 : *Personnage revêtu d'une armure*, dess. à la sanguine : **FRF 260** – Londres, 20 déc. 1935 : *Gentilhomme en noir* : **GBP 420** – Londres, 10-14 juil. 1936 : *Portrait de jeune femme*, dess. : **GBP 325** ; *Vierge sage* 1493, cr. et encre : **GBP 2 415** ; *Vierge*, cr. et encre : **GBP 693** ; *La Vierge et l'Enfant*, cr. et encre : **GBP 409** – Munich, 7 déc. 1956 : *Mélancolie* : **DEM 3 300** – Londres, 7 mars 1963 : *Adam et Ève*, estampe, 4e état sur 5 : **GBP 3 400** – Londres, 13 mai 1964 : *Homme nu au miroir (recto), Homme nu avec lion (verso)*, dess. à l'encre : **GBP 8 800** – Londres, 19 mars 1965 : *Le calvaire* : **GNS 15 000** – Paris, 7 mars 1967 : *Jeune femme lisant*, dess. à la pl. : **FRF 340 000** – Berne, 14 juin 1967 : *La petite crucifixion*, gravure originale, tirée vers 1518, sur plaque d'or : **CHF 38 000** – Londres, 21 mars 1968 : *Melancolia*, épreuve du 1er état : **GBP 4 800** – Londres, 26 juin 1969 : *Un scarabée*, gche et aquar. : **GBP 58 000** – Munich, 29 mai 1976 : *St. Georges à cheval* 1508, cuivre gravé : **DEM 17 000** – Londres, 17 nov. 1977 : *Le Fils Prodigue*, grav. sur cuivre (24,1x18,9) : **GBP 2 300** – Munich, 29 mai 1978 : *Adam et Ève* 1504, grav./cuivre : **DEM 34 000** – Londres, 24 avr. 1979 : *Saint Jérôme étudiant*, grav. sur cuivre (24,4x18,6) : **GBP 10 000** – Londres, 9 avr. 1981 : *La famille du satyre*, pl./pap. (11x7,3) : **GBP 52 000** – Berne, 24 avr. 1983 : *La Sainte Famille aux lièvres*, bois gravé : **CHF 126 000** – Berne, 24 juin 1983 : *La Sainte Famille*, encre à la pl. : **CHF 95 000** ; *La Grande Passion* 1496-1511, suite complète de 11 gravures/bois et page de titre : **CHF 90 000** ; *La Vie de la Vierge* 1502-1510, suite complète de 19 grav./bois et page de titre : **CHF 155 000** – New York, 1er mai 1984 : *Adam et Ève* 1504, grav./cart. (24,5x19) : **USD 30 000** – Londres, 27 juin 1984 : *Les armoiries à la tête de mort*, grav./cart. (22,6x16,2) : **GBP 61 000** – Londres, 5 déc. 1985 : *Le Chevalier, la Mort et le Diable* 1513, grav./cuivre/pap. non filigrané (24,6x18,9) : **GBP 170 000** – Berne, 20 juin 1986 : *Melancolia*, cuivre : **CHF 450 000** – Londres, 1er déc. 1986 : *Adam et Ève* 1504, grav./cuivre/pap. filigrané « tête de taureau » (25x19,4) : **GBP 220 000** – New York, 17 nov. 1986 : *La Famille du satyre*, pl. et encre brune (11x7,3) : **USD 400 000** – New York, 13 mai 1987 : *Melancolia* 1514, grav./cuivre (24,1x18,9) : **USD 465 000** – Berne, 17 juin 1987 : *Adam et Ève*, cuivre : **CHF 210 000** – Heidelberg, 14 oct. 1988 : *Le couronnement d'épines*, cuivre gravé (11,6x7,3) : **DEM 3 500** ; *Marie avec un sceptre et une couronne d'étoiles*, cuivre gravé (11,6x7,3) : **DEM 3 500** ; *Marie et l'Enfant taitant*, cuivre gravé (11,6x7,4) : **DEM 9 200** ; *La chute*, bois gravé (12,5x9,8) : **DEM 1 050** ; *Jean devant Dieu le Père et les anciens*, bois gravé (39,4x28,1) : **DEM 3 750** – Paris, 26 oct. 1988 : *Le songe du Docteur*, burin (in-8° en haut.) : **FRF 45 000** – Paris, 6 nov. 1991 : *La Vierge et l'Enfant à la poire*, burin (15,7x10,7) : **FRF 60 500** – Munich, 26-27 nov. 1991 : *Le gros cheval* 1505, cuivre : **DEM 41 400** ; *Le rapt de Amymone*, cuivre : **DEM 52 900** – Paris, 29 juin 1992 : *La fuite en Égypte* 1511, brois gravé : **FRF 11 000** – Heidelberg, 9 oct. 1992 : *La promenade*, cuivre (19x11,9) : **DEM 6 200** – Paris, 3 fév. 1993 : *L'Adoration des Mages*, grav. sur bois (29,6x20,9) : **FRF 4 000** – Paris, 16 juin 1993 : *Joachim et l'ange*, bois gravé (29x20,5) : **FRF 4 200** – Heidelberg, 15-16 oct. 1993 : *Jeune femme à la poire*, cuivre gravé (16x10,9) : **DEM 21 000** – Paris, 16 mars 1994 : *La Sainte Famille avec trois lapins*, bois gravé (39x28,1) : **FRF 31 000** – Paris, 18 juin 1994 : *La Vierge couronnée par un ange* 1520, burin (13,6x9,7) : **FRF 40 000** – New York, 9 jan. 1996 : *La Sainte Famille se reposant sous un arbre avec un château à distance*, encre (22,8x14,6) : **USD 244 500** – Paris, 28 juin 1996 : *Portrait d'Erasme de Rotterdam* 1526, burin (24,7x19,3) : **FRF 21 000**.

DÜRER Jean Hans

Né en 1478 à Nuremberg, ou en 1490 selon Bryan. Mort avant 1538. xvie siècle. Allemand.

Peintre de compositions animées, dessinateur.

Frère d'Albrecht, il prit part aux travaux de restauration du château de Cracovie. Il fut nommé peintre de la cour royale de Pologne.

Ventes Publiques : Munich, 29 juin 1982 : *Étude de personnages*, pl. (6,5x17) : **DEM 5 500**.

DURER Sébastien

xviiie siècle. Français.

Peintre.

Il fut reçu à l'Académie de Saint-Luc à Paris en 1779.

DUREST Auguste

xixe siècle. Français.

Peintre de genre et de paysages.

Cité par Mireur.

Ventes Publiques : Paris, 1890 : *La causette dans la cour de ferme* : **FRF 110** – Paris, 8 juin 1894 : *La Seine au pont de Neuilly : effet d'hiver* : **FRF 120**.

DURET

xviie siècle. Français.

Peintre de paysages.
Élève de Van der Meulen.

DURET
Français.
Sculpteur, statuaire.
Il fut reçu à l'Académie de Saint-Luc à Paris et fut professeur au Noviciat.

DURET Claude François
XVIIIe siècle. Actif à Paris en 1739. Français.
Peintre.

DURET Daniel
XVe siècle. Éc. flamande.
Peintre.
Il travailla à la cour de Philippe le Bon vers 1448.

DURET Francisque Joseph
Né le 19 octobre 1804 à Paris. Mort le 26 mai 1865 à Paris. XIXe siècle. Français.
Sculpteur de sujets allégoriques, groupes, statues.
Son père François-Joseph Duret fut son premier maître. Il entra ensuite à l'École des beaux-arts en 1818, et se forma sous la conduite de Bosio. En 1823, il obtint le premier grand prix de sculpture sur le sujet : *Douleur d'Evandre sur le corps de son fils*. En 1831, il obtint la médaille de première classe et la grande médaille en 1855. Il devint membre de l'Institut en 1845. Il fut nommé officier de la Légion d'honneur en 1853. Au Salon de Paris, il exposa de 1831 à 1863.
On cite parmi ses œuvres : les deux cariatides en bronze de la porte d'entrée du tombeau de Napoléon Ier aux Invalides, le groupe en bronze de Saint Michel, à la fontaine de la place de ce nom, le fronton du Louvre, représentant *la France protégeant ses enfants, Mercure inventant la lyre*, statue en marbre.
Musées : Aix : *Jeune Pêcheur* – Avignon : *Oreste* – Cambrai : *Mercure inventant la lyre* – Genève : *Vieillard jouant de la guitare* – Leipzig : *Improvisateur napolitain à la vendange*, bronze – Lyon : *Chactas sur la tombe d'Atala* – Montpellier : *Napolitain dansant la tarentelle – Danseur napolitain* – Nantes : *Saint Michel terrassant le démon* – Paris (Chambre des députés) : *Casimir Périer*, statue en marbre – Paris (Sénat) : *La Victoire*, statue en marbre – Paris (Bourse) : *La Justice*, statue en pierre – Paris (Théâtre-Français) : *La Tragédie*, statue en marbre – *La Comédie*, statue en marbre – Paris (église de la Madeleine) : *Le Christ se révélant au monde*, statue en marbre – *L'Ange Gabriel*, statue en pierre – Paris (église Saint-Vincent-de-Paul) : *Le Christ*, statue en marbre – Paris (Champs-Élysées) : *Vénus au bain*, statue en bronze – Paris (salle des séances de l'Inst. de France) : *Molière*, statue en marbre – Paris (Louvre) : *Pêcheur dansant – Vendangeur* – Rouen : *Richelieu* – Semur-en-Auxois : *Le Christ* – Soissons : *Paillet, ancien bâtonnier de l'ordre des avocats*, statue en bronze – Toulon : *Mercure inventant la lyre* – Troyes : *Simart* – Versailles : *Jacques Berwick, maréchal de France – Le Bâtard d'Orléans – Philippe de France – Montcalm – L'Amiral Jean de Vienne – Louise-Marie-Thérèse de Condé*, buste – *René Descartes* – Vire : *Pêcheurs dansant*.
Ventes Publiques : Londres, 26 mars 1980 : *Pêcheurs dansant*, bronze, une paire (H. 43) : **GBP 950** – Toronto, 21 juin 1982 : *Improvvisato*, bronze patiné (H. 54,6) : **CAD 1 600** – Londres, 8 mars 1984 : *Bacchus à la mandoline*, bronze (H. 56) : **GBP 1 000** – Angers, 11 juin 1985 : *Les Danseurs*, bronze, une paire (H. 53) : **FRF 15 000** – New York, 25 mai 1988 : *Allégorie de la Tragédie*, bronze (H. 94,6) : **USD 1 650** – Le Touquet, 10 nov. 1991 : *La Comédie*, bronze (H. 40) : **FRF 10 000**.

DURET François ou **Dureti**
XVe siècle. Français.
Peintre.
Il fut chargé en 1476 de la décoration de la maison d'un ecclésiastique à Grasse.

DURET François Joseph
XVIIIe siècle. Actif à Paris en 1766. Français.
Sculpteur.

DURET François Joseph ou **Durez**
Né en 1732 à Valenciennes. Mort le 7 août 1816 à Paris. XVIIIe-XIXe siècles. Français.
Sculpteur.
Ornemaniste et décorateur distingué, il fut chargé des sculptures de décorations pour les fêtes nationales sous Louis XVI, sous la République et sous l'Empire. On doit à cet artiste le fronton de l'église Saint-Philippe-du-Roule, *les bustes du général Hatry et du peintre sénateur Vien*, ainsi que la *statue en plâtre d'Épaminondas*, au Palais du Luxembourg, les sculptures en bois de l'orgue, à l'église Saint-Sulpice, *la statue de la Vierge* et celle de *Saint Joseph*, à l'église de Saint-Chaumont. Élève d'Antoine Gilis, il était membre de l'Académie de Saint-Luc et sculpteur ordinaire du comte de Provence. Il figura au Salon de 1791 et continua à s'y faire représenter de temps à autre jusqu'en 1812. On a de cet artiste, au Musée de Valenciennes : *Diogène cherchant un homme*.

DURET Joseph
XVIIIe siècle. Actif à Paris en 1782. Français.
Peintre.

DURET Patrick
Né en 1963 à Paris. XXe siècle. Français.
Peintre. Tendance figuration-onirique.
Il a réalisé des expositions de groupes dans certaines galeries dont la galerie Vendôme Rive Gauche en 1987. Il a participé également à des manifestations collectives, telles que les Salons d'Automne, des Jeunes Artistes, des Indépendants, des Artistes Français ainsi qu'au Salon international de Peinture. Depuis 1983, Patrick Duret fait régulièrement des expositions personnelles en France ou en Espagne.
Sa peinture sobre et dépouillée, révèle des architectures aux volumes protecteurs mais aux frontières desquelles, les hommes dans un élan mystique communiquent de leur condition humaine avec les forces cosmiques de l'Infini, dans le Tout.

DURET Pierre Jacques
Né en 1729 à Paris. XVIIIe siècle. Français.
Graveur au burin.
Élève de Le Bas. On cite de lui des planches représentant des paysages et des vues de villes.

DURET-DUJARRIC Isabelle
Née le 22 juin 1949 à Neuilly-sur-Seine (Hauts-de-Seine). XXe siècle. Française.
Peintre de figures, paysages. Expressionniste.
Parallèlement à des études supérieures, elle s'initia à la peinture à l'huile sur papier, recevant quelques conseils d'artistes rencontrés. Elle participe aux Salons institutionnels de Paris, des Artistes Français, des Indépendants, d'Automne, ainsi qu'à de nombreux groupements nationaux et internationaux. Depuis 1973, elle montre des ensembles de ses peintures dans des expositions personnelles nombreuses à travers le monde.
Avec quelques taches de couleurs violentes et un dessin aux traits noirs épais, elle donne des impressions sommaires de paysages et de types humains du Sud de la France.

Ventes Publiques : Sceaux, 15 mai 1986 : *Le chêne-liège* 1985, h/pap. (73x51) : **FRF 15 000** – Provins, 3 déc. 1989 : *L'heure rose*, h/pap. (42x59) : **FRF 26 000** – Autun, 4 nov. 1990 : *Le mort et le vif* 1990, h/pap. (42x59) : **FRF 120 000** – Autun, 26 mai 1991 : *Le jeune plant*, h/pap. (73x51) : **FRF 180 000** – Troyes, 26 oct. 1991 : *Automne* 1989, h/pap./t. : **FRF 60 000** – Troyes, 12 avr. 1992 : *Le bouquet de roses*, h/pap. (50x32) : **FRF 71 000** – Reims, 26 avr. 1992 : *Les jonquilles*, h/pap. (50x32,5) : **FRF 75 000** – Autun, 28 nov. 1992 : *Vent d'automne*, h/pap. (32,5x50) : **FRF 70 000** – Autun, 16 oct. 1993 : *L'eau du pont* 1992, h./contrecollé de pap. (73x51) : **FRF 250 000** – Autun, 26 fév. 1994 : *Plein sud* 1991, h/pap. (51x73) : **FRF 255 000**.

DUREUX Vincent
XVIIe siècle. Actif à Saint-Maximin (Var). Français.
Sculpteur.
Frère dominicain, il travailla, de 1683 à 1692, avec le frère Vincent Funel aux sculptures sur bois du chœur de l'église du monastère de Saint-Maximin.

DUREY René
Né en 1890 à Paris. Mort en 1959. XXe siècle. Français.
Peintre de paysages, paysages urbains, natures mortes. Postcubiste.
Il figura à la rétrospective des Indépendants en 1926 avec six toiles : *Paysage méditerranéen, Naples, Voltera, Nature morte, Banlieue de Paris, Paysage de l'Île-de-France*. Une exposition *Hommage* eut lieu au Musée Galliera en 1960.
Cet artiste habile a concilié tradition et liberté d'expression, recherchant les nuances délicates par le raffinement de sa palette. Il fut influencé par le cubisme tempéré de Roger de La Fresnaye. Paysagiste, il peignit des sites d'Île-de-France, du Midi, des Pyrénées et d'Italie ainsi que des natures mortes.

René Durey

Bibliogr. : G. Schurr et J. Cl. de Chaudun : *René Durey*, Imprimerie Jean Riss, Paris, 1973.
Ventes Publiques : Paris, 12 oct. 1922 : *Paysage de Provence* : **FRF 200** – Paris, 4 mai 1923 : *Nature morte* : **FRF 60** – Paris, oct. 1926-juil. 1927 : *Dix paysages et deux natures mortes* : **FRF de 340 à 2 300** – Paris, 24 mars 1930 : *Nature morte à la chaise* : **FRF 380** – Paris, 10 nov. 1933 : *Nature morte* : **FRF 150** – Paris, 15 mars 1934 : *Neige à Meudon* : **FRF 280** – Paris, 7 nov. 1934 : *La Seine près de Bellevue* : **FRF 400** – Paris, 10 mai 1935 : *Neauphle-le-Château* : **FRF 700** – Paris, 11 déc. 1935 : *Canard et orange* : **FRF 310** – Paris, 5 mai 1937 : *Maison au bord de l'eau* : **FRF 70** – Paris, 18 mars 1938 : *Soupière et fruits* : **FRF 150** – Paris, 4 déc. 1941 : *Grenades* : **FRF 2 100** – Paris, 11 mai 1942 : *Chrysanthèmes* : **FRF 1 750** – Paris, 7 avr. 1943 : *La Seine au quai de Passy* : **FRF 10 000** – Paris, 14 mai 1943 : *Nature morte* : **FRF 1 350** – Paris, 17 déc. 1943 : *Nature morte* : **FRF 500** – Paris, 23 fév. 1945 : *Environs de Paris* : **FRF 17 000** – Paris, 15 juin 1945 : *Fruits* : **FRF 8 000** – Paris, 27 nov. 1946 : *Au baromètre* : **FRF 3 100** – Paris, 12 déc. 1946 : *Paysage de neige* : **FRF 10 500** – Paris, 25 juin 1947 : *Rue de banlieue* : **FRF 7 500** – Paris, 2 juil. 1947 : *Paysage* : **FRF 6 200** ; *L'église du village* : **FRF 800** – Paris, 30 mars 1971 : *Nature morte aux fruits*, h/t (38x55) : **FRF 1 250** – Zurich, 28 mai 1976 : *Vue d'un village*, h/t (54,5x65) : **CHF 2 400** – Versailles, 22 fév. 1987 : *Paris, le Pont Neuf*, h/t (54x65) : **FRF 5 200** – Paris, 22 fév. 1988 : *Collioure, rochers et montagnes* 1919, t. (65x81) : **FRF 10 500** – Paris, 8 juin 1988 : *Nature morte au rideau violet, Saint-Tropez* 1916, h/t (81x65) : **FRF 19 000** – Paris, 12 oct. 1988 : *Village*, peint./t. (33x27) : **FRF 3 600** – Paris, 18 nov. 1988 : *Paris la Tour Eiffel : Vue de Meudon*, h/t (33x41) : **FRF 3 500** ; *La bouteille de Saint-Émilion*, h/t (46x38) : **FRF 8 000** – Paris, 27 avr. 1990 : *Le pont d'Issy*, h/t (24x41) : **FRF 6 200** – Paris, 6 oct. 1990 : *Paysage maritime au pin parasol* 1912, h/t (60x73) : **FRF 20 000** – Paris, 9 nov. 1990 : *Le port de Trafani, Sicile* 1913, h/t (65x81) : **FRF 21 000** – Paris, 3 juil. 1992 : *Stockholm* 1948, h/t (55x73) : **FRF 4 000** – Paris, 1er oct. 1993 : *Tipasa la fenêtre* 1914, h/t (65x54) : **FRF 5 000**.

DÜRFELDT Friedrich
Né en 1765 à Gotha. Mort le 22 mars 1827 à Saint-Pétersbourg. XVIIIe-XIXe siècles. Allemand.
Graveur.
Il travailla à partir de 1790 en Russie, grava des illustrations de livres et des portraits, dont celui du *Général A. V. Saouvroff*, de l'homme d'État et poète *G. R. Dershawin*, du conseiller d'État *J. von Boeber*.

DÜRFFELDT Johann Nicolaus
XIXe siècle. Actif à Seebergen (Saxe-Cobourg-Gotha). Allemand.
Sculpteur.

DURHAM C. J.
XIXe siècle. Actif à Londres. Britannique.
Peintre.
Il exposa de 1859 à 1880, à Suffolk Street, des scènes de genre, et en 1867 à la Royal Academy un *Portrait de femme*.

DURHAM Cornelius B.
XIXe siècle. Actif à Londres. Britannique.
Miniaturiste.
Il exposa de 1827 à 1858 à Suffolk Street et à la Royal Academy plus de 200 portraits en miniature. Il figura ensuite à l'Exposition de Miniatures de Londres en 1865. Il fit le portrait du musicien *John Parry* et de *Lady Cecilia Cath. Gordon Lennox* (fille du duc de Richmond).

DURHAM Jimmie
XXe siècle. Américain.
Sculpteur, peintre de collages, auteur d'installations, dessinateur.
En 1993, le Palais des Beaux-Arts de Bruxelles a organisé une exposition d'un ensemble de ses œuvres, puis en 1996 le FRAC Champagne-Ardenne à Reims *La Leçon d'anatomie-Le Progress report*, la Maison Wittgenstein à Vienne *Le Libertin et la statue du Commandeur*, et la galerie de l'Ancienne poste à Calais *La Porte de l'Europe*.
Indien Cherokee de l'Oklahoma, ses sculptures, inspirées d'un certain folklore, techniquement tiennent de l'art de l'assemblage, ici assemblage de matériaux hétérogènes de récupération, et sont destinées à manifester la revendication d'une culture et d'une dignité toujours menacées.
Bibliogr. : Thierry Davila : *Jimmie Durham – Un Indien à Calais*, Beaux-Arts, n° 144, Paris, avr. 1996 – Pascale Cassagnau : *Jimmie Durham*, Art Press, n° 214, Paris, juin 1996.
Musées : Reims (FRAC Champagne Ardenne) : *Paradigm for an arch* 1994, pvc, bois, papier-mâché, corne, pap., tissu.

DURHAM Joseph
Né en 1814. Mort en 1877. XIXe siècle. Britannique.
Sculpteur de groupes, statues.
Il fit ses études sous la direction de E. H. Bailly, membre de la Royal Academy. Il exposa, en 1848, à la Royal Academy et en 1867, il en fut élu membre.
Musées : Liverpool : *Floriz et Perdita* – Londres (Nat. Portrait Gal.) : *Charles Knight – Sir George Pollock Bart* – Sydney : *Hon. John Blaxland*.
Ventes Publiques : Londres, 12 avr. 1929 : *Jenny Lind dans La Fille du Régiment* : **GBP 10** – New York, 13 juin 1981 : *Buste de femme*, marbre blanc (H. 69,2) : **USD 1 250** – Londres, 15 mai 1986 : *Le Joueur de cricket* 1863, bronze (20,5x25) : **GBP 2 500** – Londres, 25 nov. 1987 : *Ready for my bath* 1867, marbre (H. 89) : **GBP 5 000** – New York, 24 mai 1989 : *Le soleil brille, Nu féminin assis* 1865, marbre blanc (H. 66) : **USD 2 860**.

DURHAM Mary Edith, Miss
Morte en 1944. XIXe-XXe siècles. Britannique.
Peintre de genre, portraits, illustratrice.
Elle fut élève de la Royal Academy de Londres. Elle débuta au

Salon de cette même académie en 1892 avec un portrait de jeune fille et y présenta en 1899 et 1900 des tableaux de genre. Elle illustra également plusieurs livres, en particulier celui des reptiles de l'*Histoire Naturelle* de Cambridge.
VENTES PUBLIQUES : LONDRES, 14 fév. 1990 : *Jack Russel, le paresseux* 1909, h/t (91,4x71) : **GBP 1 320**.

DURHEIM Johann Ludwig Rudolf
Né le 11 février 1811 à Berne. Mort le 15 février 1895 à Berne. XIXe siècle. Suisse.
Peintre.
Durheim se forma sous la direction de Lugardon et d'August Scheffer. Il fit de longs voyages en Égypte, en Palestine et en Italie, et exposa entre 1838 et 1888 à Berne, et probablement à Bâle. On cite de lui des copies d'après Murillo et Scheffer, cent vingt tableaux à l'huile, à l'aquarelle et des dessins (impressions de ses voyages). Le Musée de Berne renferme les œuvres suivantes : *Bords du Nil à Gizeh, Vue de Gizeh*, et diverses études, *Portraits de John Ruskin* et *Auguste Gendron* (Florence, 1846), *Forêt noire* (1841), *Cimetière de Baben Nasr* (1847), *Aux Arméniens*, église du Saint-Sépulcre (1854).

DURIAU Alfred Florent
Né en 1877 à Mons (Hainaut). XXe siècle. Belge.
Peintre de portraits, graveur.
Participa à l'Exposition de Bruxelles en 1910 avec *Portrait de Mme B...* et *Le poète Pierre*. Il fut professeur à l'Académie des Beaux-Arts de Mons.

DURIER Pierre
XVe siècle. Actif à Paris. Français.
Sculpteur et architecte.
Il était maître des bâtiments royaux, à Paris, en 1496.

DURIEU Florent ou **du Rieu**
XVIIe siècle. Actif à Namur vers 1620. Éc. flamande.
Peintre et poète.
Il publia en 1658 à Namur : *Les tableaux parlant du peintre namurois en vers et en prose par Fl. du Rieu, peintre de Namur.*

DURIEU Virginie
Née en octobre 1820 à Nîmes. XIXe siècle. Française.
Peintre miniaturiste.
Au Salon de Paris, elle figura de 1845 à 1848. Elle obtint une médaille de troisième classe en 1846.

DURIEUX
XVIIIe siècle. Actif à la Rochelle. Français.
Peintre.

DURIEUX Alfred
XIXe siècle. Français.
Peintre de sujets typiques, paysages.
MUSÉES : NANTES : *Vue du Bosphore.*
VENTES PUBLIQUES : LONDRES, 7 juin 1989 : *Cavalier arabe*, h/pan. (50x39) : **GBP 2 420**.

DURIEUX Gustave
Né le 4 mai 1898. XXe siècle. Français.
Peintre de paysages, paysages urbains.
Il fut sociétaire, à Paris, du Salon des Artistes Français et du Salon des Artistes Indépendants.
Ses peintures aux tonalités sombres évoquent souvent les paysages de Paris, Dunkerque et Bruges. Il affectionnait tout particulièrement les sites enneigés.

DURIEUX Marie Adélaïde, appelée par erreur **Duvieux, la Citoyenne**, née **Landragin**
XVIIIe siècle. Française.
Peintre en miniatures.
Sous son nom de jeune fille, Marie-Adélaïde Landragin, elle exposa au Salon de Paris en 1793 et 1795. Elle figura sous le nom de femme Durieux en 1796 et 1798.

DU RIEUX Pierre
XVIe siècle. Actif à Lyon entre 1515 et 1536. Français.
Peintre.

DURIEUX René Auguste
Né dans la seconde moitié du XIXe siècle à Bordeaux (Gironde). XIXe-XXe siècles. Français.
Peintre.
Élève de Cormon. Ed. Joseph cite sa *Femme roumaine* exposée au Salon des Artistes Français de 1929.

DURIEZ Élie Philippe Joseph
Né au XIXe siècle à Arras (Pas-de-Calais). XIXe siècle. Français.
Lithographe.
Élève de Hersent. Il envoya, en 1870, au Salon de Paris, le *Portrait de Mgr le cardinal Donnet.*

DURIEZ Irénée
Né en 1950 à Torhout (Flandre-Occidentale). XXe siècle. Belge.
Sculpteur de bustes, statues, dessinateur.
Il s'est formé à l'Académie de Bruges auprès de Willem Van Aerden entre 1967 et 1978. Il a réalisé plusieurs expositions personnelles, et a obtenu plusieurs prix.
Il réalise des sculptures en bronze de facture classique, certaines sont des bustes, d'autres des corps nus de femmes. Il privilégie le thème de la naissance de l'enfant, l'instant, par exemple, où la tête sort de l'utérus de la mère, le tout, traduit dans une sobriété formelle et chromatique.
BIBLIOGR. : In : *Diction. biogra. illustré des artistes en Belgique depuis 1830*, Arto, Bruxelles, 1987 – Catalogue : *Kunst Beeld Nu '88*, Ostende, 1988.
MUSÉES : OSTENDE (Mus. des Beaux-Arts).

DURIEZ Julien
XXe siècle. Français.
Peintre de paysages, portraits, fleurs, scènes typiques. Tendance postimpressionniste.
Il a beaucoup travaillé au milieu des paysages de la Côte-d'Or, dans la campagne bressane ou jurassienne, encouragé par René-Jean. Il entre en relation avec Vlaminck et Van Dongen, puis avec Brayer, Friesz, Lhote, Chagall et Dali.
Également écrivain, son style littéraire est à l'image de son style pictural qu'il qualifie « de figuratif mais large de touche et point trop stylisé ». Entre abstraction et figuration, Duriez choisit son « camp » : « Les prés et les fermes, les bois me retenaient beaucoup plus ; leurs tentacules venaient jusqu'à Paris, elles me ramenaient à la réalité ; je pensais qu'abandonner tout cela et la peinture en plein air avec le contact enrichissant que le paysage champêtre apporte pour se livrer désormais, sans esprit de retour, à des cubes et à des cercles, c'était un peu une trahison... » Les titres de ses œuvres sont évocateurs de son travail : *Roses – Marine près de Dieppe – Madeleine – La conversation – Nature morte au maïs – Femme bressane près d'une clairière.*
■ C. D.
BIBLIOGR. : Julien Duriez : *Le Peintre Julien Duriez par lui-même, l'enfance et la jeunesse*, s.d., s.e. – Julien Duriez : *Pourquoi et comment je suis devenu peintre*, s.e., 1980.

DURIF Nicolas Robert
XVIIIe siècle. Actif à Paris de 1724 à 1734. Français.
Sculpteur sur bois.

DURIG Jean Joseph
Né le 13 octobre 1750 à Strasbourg. Mort le 16 février 1816 à Lille. XVIIIe-XIXe siècles. Français.
Graveur et dessinateur.

DÜRIG Rolf
Né en 1926 à Berne. Mort en 1985. XXe siècle. Suisse.
Peintre.
Il a subi l'influence de « l'école de Paris », après avoir été élève de von Mahlenen.
VENTES PUBLIQUES : BERNE, 11 mai 1984 : *Paysage*, h/cart. entoilé (50x65) : **CHF 1 500** – BERNE, 26 oct. 1984 : *Canard dans un jardin fleuri* 1963, aquar. (58x45) : **CHF 1 100** – BERNE, 8 mai 1987 : *Le printemps* 1952, h/t (103x108) : **CHF 4 500** – BERNE, 30 mars 1988 : *Grand paysage avec une maison*, h/pan. (90x260) : **CHF 6 000** – AMSTERDAM, 24 mai 1989 : *Visage et épaules d'une jeune femme, en forêt* 1965, h/cart. (56,5x47,5) : **NLG 1 610** – BERNE, 12 mai 1990 : *Paysage III « Sète »* 1949, h/rés. synth. (39x56) : **CHF 4 400**.

DURIN Bernard
Mort en 1988. XXe siècle. Français.
Peintre, aquarelliste, dessinateur.
En 1997 à Paris, la galerie Martine Gossieaux a montré une exposition de ce que Durin appelait sa « galerie de portraits ». Dessinateur humoriste, il se caractérisait par une technique extrêmement soucieuse du détail. À partir de 1972, il se passionna pour les insectes et a constitué une série d'aquarelles quasi scientifiques d'après les collections du Muséum d'Histoire Naturelle de Paris.

DURIN Marie Mélanie
Née le 3 octobre 1879 à Paris. XXe siècle. Française.

Peintre de natures mortes.
Cette artiste a débuté, à Paris, au Salon des Artistes Français en 1921.

DURING. Voir aussi **DURINK Stanislaus** et **TURING**

DÜRING Johann Michel
Né en 1787 à Marktscheinfeld en Bavière. XIXe siècle. Allemand.
Peintre et graveur amateur.
Il est cité par Brulliot.

DÜRING Sebastian ou **Dürig**
Né le 9 octobre 1671 à Lucerne. Mort le 20 janvier 1723 à Lucerne. XVIIe-XVIIIe siècles. Suisse.
Peintre de portraits.
On cite de lui un portrait d'un membre de la famille Göldlin (1718), exposé à Lucerne en 1869, et un tableau d'autel pour l'église des Capucines à Schüpfheim, représentant saint Charles Borromée visitant les victimes de la peste à Milan (1716). D'après le Docteur Brun, Düring eut de son temps une réputation considérable comme portraitiste.

DÜRINGER
XIXe siècle. Travaillant à Steckborn entre 1820-1860. Suisse.
Peintre à l'huile et à fresques.
Il copia des œuvres de Daniel Düringer, dont on le croit parent. Il exécuta des fresques à l'Hôtel de Ville à Steckborn.

DÜRINGER Daniel
Né le 21 mai 1720 à Steckborn. Mort le 24 octobre 1786 à Steckborn. XVIIIe siècle. Suisse.
Peintre de portraits et d'animaux, et graveur.
Il étudia le dessin et la peinture à Zurich et à Berne. On cite de lui deux toiles : *Paysages avec troupeaux*, à Steckborn, et des dessins à Zurich.

Ventes Publiques : Paris, 18-20 mars 1920 : *Berger et animaux*, sépia : **FRF 1 450** ; *Les environs de Chambéry*, sépia : **FRF 800**.

DURINI Alessandro
Né le 31 mai 1818 à Milan. Mort le 9 février 1892 à Milan. XIXe siècle. Italien.
Peintre d'histoire.
Après ses études à l'Académie de la Brera, il commença à traiter des sujets historiques et s'adonna à l'aquarelle. Voici quelques toiles de cet artiste : *Les Milanais recevant et secourant les émigrés chassés de Tortona et arrêtés par Frédéric Barberousse* ; *Bianca Cappello et Pietro Bonaventuri présentés à la cour du duc François de Médicis* ; *Saint Antoine ayant une vision de la Sainte Famille* (panneau d'autel) ; *Femme se baignant* ; *Dans le bois* ; *Passe-temps agréable* ; *La légende* ; *Ne m'oublie pas*. Durini combattit pour l'indépendance de sa patrie et se mêla à la politique de l'Italie pendant quelques années, défendant les intérêts de ses concitoyens avec une rare abnégation. La plupart de ses œuvres sont conservées à la Galerie Durini à Milan.

DURINK Stanislaus ou **During, Dorynk**
XVe siècle. Polonais.
Peintre de miniatures.

DURIO Césare
Né au XIXe siècle à Mede in Lomellina. XIXe siècle. Italien.
Peintre, aquarelliste et pastelliste.
Possède une facilité rare pour traiter tous les genres de peinture. Il y a dans son talent une certaine fraîcheur et une suavité peu commune. En 1884, il envoya à l'Exposition de Turin des *Études* d'une réelle originalité, qui affirment son talent dans le pastel. Comme peintre de genre, il a donné : *Le guerrier blessé* (Milan, 1881), *Colombes et fauvettes* (exposé à Florence en 1884), enfin *son Portrait par lui-même*, exposé à Turin en 1884 et qui lui valut une distinction honorifique.

DURIT Jacques
XVIIe siècle. Actif à Paris. Français.
Peintre.

DURIVAULT Charles Maxime
Né à Paris. XXe siècle. Français.
Peintre de paysages.
Cet artiste a exposé au Salon d'Automne et à celui des Indépendants à partir de 1926.

DURIZ
Né en Suisse. XXe siècle. Suisse.
Peintre.
Il a signé des œuvres d'un extrême modernisme.

DURK
XIXe siècle. Actif à Leipzig vers 1809. Allemand.
Peintre portraitiste.

DÜRK. Voir **DÜRCK Friedrich**

DURKSER D.
XIXe siècle.
Peintre de paysages.
Cité dans le *Art Prices Current*.
Ventes Publiques : Londres, 10 juil. 1908 : *Paysage* : **GBP 2**.

DURLE Pierre de
XIVe siècle. Actif à Aix-en-Provence en 1323. Français.
Sculpteur et architecte.

DÜRLER Anton
Né le 10 avril 1789 à Saint-Gall. Mort le 6 juin 1859 à Saint-Gall. XIXe siècle. Suisse.
Peintre et lithographe.
Il étudia à Vienne, puis revint s'établir à Saint-Gall. On lui doit quelques lithographies, notamment un *Portrait lithographié de Th. Bornhauser* (1830). Il fit aussi quelques peintures à l'huile.

DURLER Franz Joseph
XIXe siècle. Travaillait en Suisse au milieu du XIXe siècle. Suisse.
Modeleur.
Il remplit le poste de maître de dessin à l'École Normale de Rathausen, et enseigna aussi à Lucerne, vers 1851.

DURLET Franciscus Andreas
Né le 11 juillet 1816 à Anvers. Mort le 2 avril 1867. XIXe siècle. Éc. flamande.
Aquafortiste et architecte.
Élève de Laenen et F. Berkmans. Il répara les stalles gothiques de la cathédrale d'Anvers.

DURLET Lodewijk Franciscus
Né le 8 juillet 1829 à Anvers. Mort le 5 février 1871 à Anvers. XIXe siècle. Belge.
Sculpteur et graveur.
Il fut élève de l'Académie d'Anvers. Il exécuta des travaux décoratifs de sculpture pour la restauration des tours de la cathédrale. Il se consacra surtout par la suite à la sculpture sur bois, autels et meubles d'églises.

DURLEU A.
XVIIIe siècle. Actif à Groningue vers 1700. Hollandais.
Graveur.
On cite de lui : *Wilhelmus Schortinghius*, d'après L. Van der Warf.

DURM Léopold
Né le 3 juillet 1878 à Karlsruhe (Bade-Wurtemberg). XXe siècle. Allemand.
Peintre de natures mortes, paysages, portraits.
Il fit d'abord des études de médecine qu'il mena jusqu'au titre de docteur, mais finit par s'exprimer exclusivement par la peinture. Il subit l'influence de Holder et de Cézanne. Parmi ses œuvres les plus importantes il y a : *Portrait du peintre par lui-même* ; *Le Cordonnier du village*, plusieurs portraits de sa mère et de sa femme, et plusieurs natures mortes.

DURMER Franz Valentin
Né en 1766 à Vienne. Mort après 1835 à Vienne. XVIIIe-XIXe siècles. Autrichien.
Graveur.
Il étudia à l'Académie de sa ville natale. Ses deux meilleures œuvres sont : *Les quatre saisons*, d'après Guido Reni, et *La Nativité*, d'après Poelenborch. On ignore la date de sa mort.

DURNBAUER Ludwig
Né en 1860 à Vienne. Mort en 1895. XIXe siècle. Autrichien.

Sculpteur.
Il obtint une médaille de troisième classe au Salon de 1893.

DÜRNDORT Nikolaus
XVe siècle. Actif à Nuremberg. Allemand.
Enlumineur.

DÜRNER Hans
Mort le 7 juin 1613 à Ellwangen. XVIIe siècle. Allemand.
Sculpteur sur bois.
Il exécuta en 1589 la sculpture du plafond et le retable d'autel de la chapelle du château de Heiligenberg, et en 1592 de nombreux travaux dans l'église paroissiale de Biberach : autel, chaire, tribune.

DURNFORD F. Andrew
XIXe siècle. Actif à Londres. Britannique.
Peintre de marines.
Il exposa à la Royal Academy, à la British Institution et à Suffolk Street, de nombreux tableaux représentant les côtes françaises, anglaises et hollandaises, les bords de la Tamise et de l'Humber.

DURNISSEAU. Voir **DURUISSEAU L. F.**

DURNO James
Né vers 1745 à Londres. Mort en 1795 en Italie. XVIIIe siècle. Britannique.
Peintre d'histoire.
Ayant produit très tôt des œuvres intéressantes, on crut voir en lui un génie précoce. Malheureusement, il ne répondit pas aux espérances qu'il inspira. Après avoir travaillé avec Andrea Casali, puis avec West, il exécuta deux tableaux pour la *Galerie de Shakespeare*, de Boydell. En 1774, il se rendit en Italie et y mourut.
Ventes Publiques : Londres, 8 avr. 1992 : *Une scène des Joyeuses commères de Windsor ; Une scène de Henry IV*, h/t, une paire (chaque 70x103) : **GBP 4 400**.

DURNYSEN Lienhard ou **Thurneysen**
XVIe siècle. Suisse.
Sculpteur.
Il est mentionné à Bâle en 1519.

DUROCHER Pierre
Mort le 6 avril 1658. XVIIe siècle. Français.
Peintre.
Il travailla à Angers, de 1650 à 1653, comme peintre d'armoiries.

DUROEULX Jean Ernest
Né à Avesnes-sur-Helpe (Nord). XXe siècle. Français.
Lithographe.
Élève de A. Leleux. Sociétaire du Salon des Artistes Français ; mention honorable en 1933.

DU RONCERAY
XVIIIe siècle. Français.
Peintre de portraits.
On trouve aussi un peintre du XVIIIe siècle, nommé Duronsay (Louis), ainsi qu'un autre et Marguerite Louise Amélie Delorme-Ronceray.
Ventes Publiques : Paris, 11 déc. 1950 : *Portraits de Favart ; de Mme Favart* 1760, deux pendants : **FRF 20 500**.

DUROND Joseph
Né le 18 septembre 1816 à Paris. XIXe siècle. Français.
Graveur.
Il eut pour maître Courtin. De 1848 à 1855, il exposa au Salon des vues d'Algérie et d'Égypte. Ne serait-ce pas le même que Durand (Joseph), graveur, élève de Courtin, cité par Bellier de la Chavignerie ?

DURONSAY Louis
XVIIIe siècle. Actif à Paris en 1743. Français.
Peintre.

DURORCI
XIXe siècle.
Miniaturiste.
Un portrait de Napoléon, signé de son nom, se trouvait à l'Exposition de miniatures de Reuss et Pollack à Berlin en 1912.

DUROT Auguste
Né le 7 juillet 1842 à Paris. XIXe siècle. Français.
Peintre.
Élève de Hébert et L. Bonnat. Cet artiste a exposé au Salon des Artistes Français de 1868 à 1889. On le retrouve au Salon de la Société Nationale. Au premier Salon, il avait obtenu une mention honorable en 1882, et une médaille en 1884 ; médaille d'argent à l'Exposition Universelle de 1889, une médaille de bronze à l'Exposition Universelle de 1900. Hors concours ; chevalier de la Légion d'honneur en 1902.

DUROUSSEAU Paul Léonard
Né au XIXe siècle à Paris. XIXe siècle. Français.
Sculpteur.
Associé au Salon de la Nationale depuis 1907.

DUROUVENOZ Marc
Né en 1865 à Genève. XIXe siècle. Suisse.
Graveur et dessinateur.
Il étudia aux écoles d'art et à l'École des Arts Industriels de Genève, et dirigea un atelier de gravure dans cette ville. En 1889 et 1890, il exposa à Genève.

DU ROY. Voir aussi **DURAY**

DU ROY Jas, ou **Jaes,** ou **Joseph,** ou **Jaspar Coninckx**. Voir **LE ROY Jas**

DUROZÉ Fernand
Né au XIXe siècle à Paris. XIXe-XXe siècles. Français.
Peintre de scènes de genre.
Exposant et associé depuis 1910, à Paris, du Salon de la Société Nationale des Beaux-Arts.
Ventes Publiques : Paris, 2 juin 1943 : *Le jardin de l'artiste* : **FRF 1 550** – Paris, 16 juin 1944 : *Bouquet des champs* : **FRF 1 700** ; *Nature morte* : **FRF 800**.

DURPANT Eugène Édouard
Né au XIXe siècle à Paris. XIXe siècle. Français.
Peintre.
Ses maîtres furent T. Couture et Pils. En 1863, il envoya au Salon : *Enfants dans la campagne*, et en 1866 : *Récréation*.

DÜRR. Voir aussi **DÜR** et **DUR**

DÜRR C. L.
XVIIe siècle. Allemand.
Graveur au burin.
Nagler le mentionne à Dantzig en 1664.

DÜRR Ernst Caspar ou **Dürre**
XVIIe siècle. Actif à Dresde. Allemand.
Graveur de portraits et médailles.
Il grava de nombreux portraits parmi lesquels on cite ceux des juristes saxons *Georg Massmann* et *J. Schilter*, et des théologiens *Mathias Zimmermann* et *Justus Siber*.

DÜRR Georg ou **Dhürr**
Mort en décembre 1651 à Dresde. XVIIe siècle. Allemand.
Peintre.
Peintre de cour, il fit, en 1610, le portrait en pied du Grand Électeur Christian II ; en 1623, celui de Jean George Ier. Il illustra des livres, principalement avec des oiseaux et des fleurs. Il travailla également à la décoration des châteaux des Grands Électeurs à Freiberg et à Dresde.

DÜRR Johann
Né au XVIIe siècle à Augsbourg. XVIIe siècle. Allemand.
Graveur de portraits.
Il séjourna vers 1650 à Leipzig, où il grava le portrait de nombreuses personnalités. Il fut peintre de cour et l'on cite de lui les portraits des princes de Saxe et de Weimar, du roi Gustave Adolphe et de la reine Christine de Suède.

DÜRR Johann Georg
Né le 2 avril 1723 à Wielheim. Mort le 9 octobre 1779 à Mimmenhausen (Bade). XVIIIe siècle. Allemand.
Sculpteur.
Il exécuta, en 1765, avec J. A. Feuchtmayr, le maître-autel de la chapelle du château de Heiligenberg ; il entreprit, en 1774, son œuvre principale : la décoration de la cathédrale de Salem (district de Constance), qui compte parmi les plus importantes productions du style rococo allemand.

DÜRR John
XVIIe siècle. Actif vers 1625. Allemand.
Graveur.
Il a gravé des portraits et des planches pour les libraires.

DÜRR Louis
Né en 1896 à Burgdorf. Mort en 1973 à Berne. XXe siècle. Suisse.

Peintre de paysages, paysages d'eau, paysages de montagne.

Il peignait les paysages typiques de la Suisse.

VENTES PUBLIQUES : BERNE, 6 mai 1981 : *Paysage de l'Engadine* 1934, h/t (50x50) : **CHF 2 800** – BERNE, 6 mai 1983 : *Vue de l'Eiger* 1953, h/t (70x60) : **CHF 2 000** – BERNE, 11 mai 1984 : *Paysage montagneux* 1947, h/t (51x51) : **CHF 1 300** – BERNE, 24 oct. 1986 : *Vue du lac de Thoune vers Interlaken* 1928, h/t (56x70,5) : **CHF 4 500** – BERNE, 12 mai 1990 : *Paysage lacustre* 1952, h/cart. apprêté (40x33) : **CHF 3 200**.

DÜRR Melchior

Né au début du XVIe siècle à Soleure. Mort vers 1578. XVIe siècle. Suisse.

Peintre sur verre.

Dürr appartint à la confrérie Saint-Luc à Soleure, dont il fut un des fondateurs ; il devint bourgeois de cette ville en 1558. Il fut également homme d'État.

DURR Wilhelm, l'Ancien

Né en 1815 à Villingen. Mort en 1890. XIXe siècle. Allemand.

Peintre d'histoire.

Fit ses études à l'Académie de Vienne et dans l'atelier de Kupelwieser, sous la direction duquel il étudia jusqu'en 1840. Ensuite il alla à Rome où il devint membre du cercle des Artistes Allemands. Il revint à Fribourg en Brisgau et en 1852 il devint peintre de la cour de Bade. Le Musée de Mayence conserve de lui : *Le Critique d'art.*

DURR Wilhelm, le Jeune

Né en 1857 à Fribourg-en-Brisgau. Mort en février 1900 à Munich. XIXe siècle. Allemand.

Paysagiste et peintre de genre.

Fils de Wilhelm Durr. Il fut professeur à l'Académie de Munich.

DURRANS Louis François

Né le 1er mai 1756 à Marseille (Bouches-du-Rhône). Mort le 12 novembre 1847 à Tours (Indre-et-Loire). XVIIIe-XIXe siècles. Français.

Peintre de portraits.

Élève de Vien à Paris, il travailla ensuite à Tours, où il fut professeur de dessin. Il réalisa plusieurs portraits posthumes d'hommes célèbres de Touraine, comme Rabelais, Racan, Descartes, Destouches, Bouilly, etc, conservés dans la salle des séances de la Société d'Agriculture de Tours.

BIBLIOGR. : Gérald Schurr, in : *Les Petits Maîtres de la peinture 1820-1920, valeur de demain*, Les Éditions de l'Amateur, t. V, Paris, 1981.

MUSÉES : TOURS : *Portrait de l'historien J. L. Chalmel – Portrait de Pierre Bertin.*

DURRANT Eugène Édouard

XIXe siècle. Français.

Peintre de genre.

Élève de Couture et de Pils, il exposa au Salon en 1863 : *Enfants dans la campagne* ; en 1866 *Récréation* ; en 1881 *La Fille au Coq* ; en 1882 *Au Concert* et en 1883 un *Portrait de femme inconnue.*

DURRANT Ivan

Né en 1947. XXe siècle. Australien.

Peintre de figures.

MUSÉES : BRISBANE (University Art Mus.) : *Le gagnant* 1973.

DURRBACH René

Né le 1er janvier 1919 à Bar-le-Duc (Meuse). XXe siècle. Français.

Sculpteur, peintre de cartons de vitraux. Tendance symboliste.

Il a effectué sa formation à l'Académie Julian de Paris. Il expose à Paris au Salon des Réalités Nouvelles et à celui de la Jeune Sculpture. Il a participé en 1967 à l'Exposition internationale de Montréal. Il a réalisé plusieurs expositions particulières notamment à Cannes et dans le Midi où il vit.

Durrbach pratique un ésotérisme à la fois lyrique et expressionniste, pouvant s'approcher de l'abstraction. Il a conçu les vitraux de l'église de Mézières.

DURREN Olivier Van. Voir **DEUREN Olivier Van**

DURRENMATT Friedrich

Mort en 1990. XXe siècle. Suisse.

Peintre de compositions mythologiques, compositions animées, portraits, dessinateur.

Célèbre comme romancier, il fut aussi peintre et dessinateur. Il a montré ses œuvres dans une exposition personnelle en 1995 au Centre culturel suisse à Paris. Il a réalisé des portraits de ses proches, ainsi que des dessins autour des mythes d'Atlas, de Sisyphe ou du Minotaure.

DURRER Balthasar ou **Balz**

Né le 3 octobre 1762 à Kerns (Obwalden). Mort le 13 avril 1841 à Lucerne. XVIIIe-XIXe siècles. Suisse.

Sculpteur.

Durrer travailla pour les églises de Kerns et d'Alpnach, et exécuta des monuments funéraires pour des personnages de marque à Lucerne, notamment pour le lieutenant-colonel J.-B. Bucher, Fridolin Hartmann, professeur Gugler, etc.

DÜRRER Heinrich

XVIIe siècle. Actif à Breitungen (Saxe). Allemand.

Sculpteur.

DURREY Valentine

Née à Paris. XXe siècle. Française.

Peintre de portraits, natures mortes.

Elle fut l'élève d'Etcheverry. Elle exposa régulièrement à partir de 1933 au Salon des Artistes Français, à Paris, dont elle devint sociétaire. Elle obtint une mention honorable en 1924.

DÜRRICH Hermann

Né le 13 janvier 1864 à Stuttgart. XIXe siècle. Allemand.

Sculpteur et médailleur.

Il est surtout connu pour ses médailles, dont on peut citer sa propre médaille de mariage (1898), celle du centenaire de l'Empereur Guillaume Ier, une médaille de Bismarck et une médaille officielle pour le millénaire de la ville de Cassel (1913).

DURRIE George Henry

Né en 1820. Mort en 1863. XIXe siècle. Américain.

Peintre de genre, paysages animés, paysages.

VENTES PUBLIQUES : NEW YORK, 28 mars 1930 : *West Rock ; Westville* : **USD 200** – NEW YORK, 27 jan. 1938 : *Hiver à la campagne* : **USD 950** – NEW YORK, 22 oct. 1969 : *Paysage de neige avec traîneau* : **USD 4 000** – NEW YORK, 10 mai 1974 : *Le Retour du chasseur* : **USD 8 750** – NEW YORK, 21 avr. 1977 : *Paysage de neige*, h/t (45,7x61) : **USD 26 000** – NEW YORK, 21 avr. 1978 : *Enfants patinant dans un paysage d'hiver*, h/cart. (16,5x28,5) : **USD 8 500** – NEW YORK, 23 mai 1979 : *Ferme de la Nouvelle Angleterre au bord d'une route enneigée* 1854, h/t (45,5x61) : **USD 54 000** – NEW YORK, 22 oct. 1982 : *Jones Inn près de Farmington en hiver*, h/t (66x91,5) : **USD 90 000** – WASHINGTON D. C., 6 déc. 1985 : *Vue d'une ferme en hiver*, h/t (45,8x61,1) : **USD 70 000** – NEW YORK, 3 déc. 1987 : *Winter in the country, distant hills* 1861, h/t (66x91,5) : **USD 180 000** – NEW YORK, 25 mai 1989 : *A sept milles de Salem* 1863, h/t (66x91,4) : **USD 385 000** – NEW YORK, 28 sep. 1989 : *Une ferme en hiver* 1862, h/cart. (20,3x32) : **USD 16 500** – NEW YORK, 30 nov. 1989 : *Le Moulin à eau en hiver* 1858, h/t (66x91,4) : **USD 264 000** – NEW YORK, 30 nov. 1990 : *L'hiver à Jones Inn*, h/t (45,7x61) : **USD 74 800** – NEW YORK, 12 mars 1992 : *Un traîneau dans la neige*, h/t (15,3x23) : **USD 7 150** – NEW YORK, 3 déc. 1993 : *Bûcheron en hiver*, h/t (46x61,2) : **USD 32 200** – NEW YORK, 29 nov. 1995 : *Attelage de bœufs tirant un traîneau de bois*, h/cart. (20,3x32,4) : **USD 40 250** – NEW YORK, 23 avr. 1997 : *Corbeille aux fraises et aux cerises*, h/pap./pan. (21x33) : **USD 3 680**.

DURRIO Paco, pseudonyme de **Durrieu de Madron Francisco**

Né en 1875 en Espagne. Mort en 1940 à Paris. XXe siècle. Actif en France. Espagnol.

Sculpteur, céramiste.

Venu très jeune à Paris, il connut Gauguin et admirait son travail, possédait même certaines de ses œuvres dans son atelier à Montmarte. Vers 1905 il se lia avec les poètes et les artistes de la rue Ravignan, chez Picasso. Pendant tout son séjour en France il ne perdit jamais contact avec l'Espagne, pour laquelle il exécuta divers ouvrages. On lui doit des vases, des jardinières, des tasses et aussi des bijoux. La manufacture de Sèvres présenta l'ensemble de son œuvre en une grande exposition qui consacra l'artiste.

DURROUX Christiane

Née en 1927 à Betchot (Ariège). XXe siècle. Française.

Sculpteur de statuettes, nus.

Elle fut élève, entre autres, d'Ossip Zadkine. Elle participe à des expositions collectives, notamment à Paris, aux Salons des

Artistes Français dont elle reçut une médaille d'argent en 1971, et d'Automne dont elle fut nommée sociétaire en 1989.
Elle sculpte des nus de jeunes femmes dans des attitudes naturelles.

DURRUTHY-LAYRLE Zélie, Mme
Née au XIXe siècle à Paris. XIXe siècle. Française.
Peintre.
Sociétaire des Artistes Français depuis 1893, elle figura au Salon de cette société et obtint une mention honorable en 1897.

DÜRRWANG Rudolf
Né le 15 mai 1883 à Bâle. Mort en 1936 à Neumünchenstein. XXe siècle. Suisse.
Peintre de portraits, graveur.
Il fut élève de F. Schider à Bâle et de l'Académie de Munich. Il figura dans les Expositions suisses et internationales. Il fut également peintre d'affiches.
Ventes Publiques : Berne, 21 oct. 1976 : *Paysage du Jura* 1934, h/t (60x70) : **CHF 1 500**.

DURST Alan Lydiat
Né le 27 juin 1883 à Alverstoke (Hampshire). Mort en 1970. XXe siècle. Britannique.
Sculpteur de compositions religieuses, figures, animalier, graveur.
Il fut élève de la Central School of Art and Crafts, il poursuivit ses études en Suisse et en France, à Chartres. Il devint professeur de sculpture sur bois au Royal College of Art.
Alan Durst a participé à de nombreuses expositions collectives à la Royal Academy, au *London Group*, dont il fut membre, et à l'Exposition des artistes de la Guerre en 1944 et 1945. On peut voir notamment certaines de ses œuvres dans les cathédrales de Canterbury et de Winchester. Son travail n'est pas exclusivement d'ordre religieux, il sculpta également des personnages et des animaux.
Musées : Londres (Tate Gal.) : *Féline*.
Ventes Publiques : Londres, 6 mars 1987 : *Saint François et les oiseaux* 1929, pierre (H. 61,6) : **GBP 950** – Londres, 21 sep. 1989 : *Chouette* 1955, pierre (H. 38,2) : **GBP 2 420**.

DURST August
Né en 1842 à Paris. Mort en 1930 à Puteaux. XIXe-XXe siècles. Français.
Peintre de portraits, animalier, paysages, natures mortes.
Élève de Hébert et de Bonnat, il participa au Salon de Paris à partir de 1868. Sociétaire du Salon des Artistes Français, il a obtenu une médaille de deuxième classe en 1884, une médaille de bronze en 1889 et une médaille d'argent en 1900. Il fut décoré de la Légion d'honneur en 1902.
Ce peintre de portraits, natures mortes, s'est spécialisé dans les représentations de basses-cours, de paysages où interviennent des fermières et leurs volailles. Il en est ainsi de *La gardeuse d'oies*, où une fermière dort paisiblement au milieu de ses oies, tandis que dans *Le réveil*, une autre fermière s'étire au milieu de ses poules. Il scande ses compositions de points lumineux habilement répartis.
Bibliogr. : Gérald Schurr, in : *Les Petits Maîtres de la peinture 1820-1920, valeur de demain*, Les Éditions de l'Amateur, t. VII, Paris, 1989.
Musées : Bayonne : *Paysage aux poules* – Pau (Mus. des Beaux-Arts) : *Paysage aux poules* 1882 – Saint-Louis.
Ventes Publiques : Lucerne, 2 juin 1981 : *La basse-cour*, h/t (50,5x74) : **CHF 8 000** – Honfleur, 10 nov. 1985 : *Paysage à la basse-cour*, h/t (61x93) : **FRF 18 000** – New York, 17 fév. 1993 : *Jeune fille sur un pont*, h/t (59,1x81) : **USD 7 763**.

DURST Marius
Né le 8 avril 1832 à Paris. XIXe siècle. Français.
Sculpteur.
Formé par Rude. Il envoya des bustes en marbre, en plâtre et en terre cuite, au Salon de 1857 à 1880.

DURSTELER Erhard David
XVIIIe siècle. Actif à Zurich. Suisse.
Paysagiste.
Il fut élève de Balthazar Bullingen en 1759. Il était officier.

DURU
Né en 1733. XVIIIe siècle. Français.
Sculpteur.
Il fut élève de Falconet et travailla à la Manufacture de Sèvres. On connaît de lui un groupe représentant *Pygmalion et Galathée*, d'après Falconet.

DURU Ernest
Né à Vierzon (Cher). XXe siècle. Français.
Peintre de paysages.
Il exposa à Paris au Salon des Indépendants à partir de 1938.

DURU François Camille
XVIIIe siècle. Actif à Paris en 1769. Français.
Peintre et sculpteur.

DURU Jean
XVIIIe siècle. Actif à Paris en 1787. Français.
Peintre et sculpteur.

DURU Jean Baptiste ou **du Ru**
XVIIIe siècle. Français.
Peintre d'histoire, batailles.
Il est mentionné comme « Peintre ordinaire du Roy aux Gobelins » en 1708, et comme « Peintre des conquestes du Roy », en 1709.
Ventes Publiques : Toulouse, 1er mars 1983 : *Scènes de bataille*, h/t, une paire (80x110) : **FRF 113 000** – New York, 11 jan. 1990 : *Scènes de bataille*, h/t, une paire (chaque 78,5x107) : **USD 49 500**.

DU RUFFLAY Marc
XVIIe-XVIIIe siècles. Travaillant de 1641 à 1700. Français.
Sculpteur, peintre et architecte.
Il sculpta les autels de Lamballe et de Plévenon.

DURUISSEAU L. F.
XVIIIe siècle. Français.
Graveur.
En 1795, il exposa au Salon de Paris plusieurs gravures au lavis.

DURUP
XVIIe siècle. Lorrain, actif au XVIIe siècle. Français.
Peintre.

DURUPT Charles Barthélémy Jean
Né en 1804 à Paris. Mort vers 1850 à Paris. XIXe siècle. Français.
Peintre d'histoire, compositions religieuses.
Cet artiste fut élève du baron Gros. En 1836, il obtint une médaille de troisième classe et de deuxième classe en 1837. Il exposa au Salon de 1827 à 1838.
On cite de lui : *La Flagellation du Christ* ; *Derniers moments d'Edouard III, roi d'Angleterre* ; *Saint Paul prêchant les Corinthiens* ; *Charles VIII à Toscanelle* ; *Abélard et Héloïse*.
Musées : Blois : *Assassinat du duc de Guise* 1832 – Caen : *Le mauvais riche* – Soissons : *Portrait de Mme Adrien Jarry, de Nancy* – Versailles : *Lothaire défait Othon II* – *Portrait du lieutenant Antoine Richepance*.
Ventes Publiques : Paris, 5 mai 1944 : *Portrait de jeune femme* 1831 : **FRF 1 000** – Paris, oct. 1945-juil. 1946 : *Le ramoneur* : **FRF 5 000** – Paris, 21 oct. 1992 : *Intérieur avec un troubadour aux genoux d'une dame* 1842, h/t (73x60) : **FRF 21 000**.

DURUPT Juliette
Née à Paris. XXe siècle. Française.
Peintre de paysages.
Elle exposa à Paris au Salon des Indépendants de 1924 à 1927.

DURUPT Maurice
Né à Combeaufontaine (Haute-Saône). XXe siècle. Français.
Peintre de genre.
Il exposa à Paris au Salon des Indépendants de 1931 à 1937.

DURUSSEL Edouard
Né le 16 février 1842 à Morges (canton de Vaud). Mort le 17 mai 1888 à Préfargier. XIXe siècle. Suisse.
Graveur et médailleur.
Très jeune, il parcourut l'Allemagne à pied ; puis il travailla à Paris chez Tasset et à l'École des Beaux-Arts, enfin, à partir de 1868 à Berne ; il figura alors régulièrement dans les expositions suisses.

DURUY Jean Alexandre
Né au XIXe siècle à Paris. XIXe siècle. Français.
Lithographe.
Élève de J. Arnout. Il figura au Salon en 1877, 1878, 1881.

DURVIS Marie, Mme
Née au XIXe siècle à Paris. XIXe siècle. Française.

Sculpteur.
Figura au Salon des Artistes Français où elle obtint une mention honorable en 1882.

DURY Antoine, dit **Tony**
Né le 22 mars 1819 à Lyon (Rhône). XIXe siècle. Français.
Peintre.
Élève de Bonnefond et de Picot aux Écoles des Beaux-Arts de Lyon (1831-34, puis 1838) et de Paris (1836), il exposa à Paris, depuis 1844, des portraits ; en 1845, *Le Chemin du ciel*, en 1848, *Intérieur de Saint-Étienne-du-Mont* et *Intérieur de Notre-Dame de Paris*. En 1878, il était fixé à Warwick (Grande-Bretagne).

DURY-VASSELON Hortense M. G., Mme ou **Dury-Vassalon**
Née à Paris. XIXe siècle. Française.
Peintre de natures mortes,fleurs.
Elle fut élève de Vollon. Sociétaire des Artistes Français depuis 1887, elle figura au Salon de cette société et obtint une mention honorable en 1898.

Ventes Publiques : Paris, 14 avr. 1920 : *Roses dans les jardinières* : **FRF 650** – Paris, 1er-3 mars 1923 : *Corbeille de pêches* : **FRF 270** – Reims, 22 oct. 1989 : *Vase de fleurs*, h/t (82x65) : **FRF 66 000** – Paris, 9 déc. 1991 : *Corbeille de pêches et branche de prunier*, h/t (38,5x46,5) : **FRF 15 000** – Paris, 27 jan. 1995 : *Bouquet de roses dans une jardinière d'argent*, h/t (74x92) : **FRF 80 000** – Londres, 10 fév. 1995 : *Narcisses, œillets et mimosa dans un vase de verre*, h/t (55,5x46,5) : **GBP 4 370**.

DURYN Nicacius ou **Dueryn**
XVIe siècle. Éc. flamande.
Peintre.
Il était en 1550 élève de Jan de Meuleneer, et fut reçu maître à Anvers en 1557.

DUSALLE
XVIIIe-XIXe siècles. Actif à Sèvres entre 1753 et 1800. Français.
Peintre.

DUSALT
XIXe siècle. Allemand.
Peintre de genre.

DUSARGET Jean Jacques Marie
XVIIIe siècle. Actif à Paris en 1777. Français.
Peintre et sculpteur.

DUSART Christiaen Jansz ou **Duisart**
Né le 25 février 1618 à Anvers. Mort après 1681 à Amsterdam. XVIIe siècle. Éc. flamande.
Peintre d'histoire, scènes de genre, portraits, miniatures.
Il se maria en 1642 à Amsterdam, et partit pour l'Angleterre en 1656, en revenant deux ans plus tard. En 1664 il était à La Haye, et à Amsterdam de 1666 à 1681. Il devint l'ami de Rubens qui lui emprunta, en 1668, 600 gulden.

Musées : Amsterdam : *Jeune homme à la lumière d'une bougie* – Stockholm : *Portrait du baron Krister Karlssohn Bonde*.
Ventes Publiques : Londres, 13 juil. 1977 : *Kermesse villageoise* 1662, h/t (95,5x124) : **GBP 4 000** – Londres, 1er déc. 1978 : *Kermesse villageoise* 1662, h/t (95,2x123,2) : **GBP 5 500**.

DUSART Cornelis ou **Dusaert, du Sart**
Né le 24 avril 1660 à Haarlem. Mort le 1er octobre 1704 à Haarlem. XVIIe siècle. Hollandais.
Peintre de genre, graveur.
Élève d'Adriaen Van Ostade, il entra dans la gilde de Haarlem le 10 janvier 1679, dont il devint commissaire en 1692. Il devint membre de l'église réformée en 1682. Ami de Dongemaus, collectionneur, il réunit lui-même des tableaux et des gravures.

Musées : Amsterdam : *Musiciens Bohémiens – Marché au poisson – Kermesse de paysans – Auberge paysanne – Joies maternelles* – Anvers : *Intérieur* – Avignon : *Le Fumeur* – Berlin (Mus. Brunswick) : *Réunion de paysans* – Berlin (Schonbaum) : *Divertissement de paysans* – Berne : *Un Alchimiste – Savant étudiant* – Brême : *Un Charlatan* – Bruxelles : *Kermesse* – Budapest : *Intérieur d'une Auberge* – Château-Gontier : *Les Politiques* – Clamecy : *Une buveuse* – Cologne : *Marché villageois* – Constance : *Scène paysanne* – Dresde : *Mère et l'Enfant – Paysans jouant aux quilles – Querelle de paysans* – Dublin : *Gaîté hollandaise* – Épinal : *Le moment propice* – Glasgow : *Les musiciens* – Haarlem : *Intérieur d'auberge* – Hambourg : *Ferme* – Hanovre : *Portrait d'homme* – La Haye : *Divertissement de paysans* – Leipzig : *Intérieur d'Auberge – Danse champêtre – A la Taverne* – Londres (Dulwich Gal.) : *Famille de paysans devant une ferme* – Maastricht : *Un paysan lisant le journal à deux autres* – Prague : *Le Joueur de cornemuse – Le Joueur de vielle* – Saint-Pétersbourg (Mus. de l'Ermitage) : *Un Ane – Famille de paysans – La petite boutique* – Stockholm : *Un homme badinant avec une femme* – Venise (Gal. Nat.) : *Trois buveurs* – Vienne : *Le Charlatan*.
Ventes Publiques : Haarlem, 1711 : *Intérieur avec personnages* : **FRF 108** – Paris, 1780 : *Un repas de paysans sous un berceau de vignes* : **FRF 1 600** – Paris, 1783 : *Trois paysans faisant de la musique*, dess. colorié : **FRF 149** – Paris, 1851 : *Cuisinière tenant un coq* : **FRF 3 900** – Amsterdam, 1860 : *Cabaret hollandais* : **FRF 9 800** – Paris, 1860 : *Fête de village*, dess. : **FRF 656** – Liège, 1863 : *Intérieur* : **FRF 400** – Paris, 1865 : *Fête de village*, dess. à l'aquar. : **FRF 102** – La Haye, 1871 : *La marchande de beignets* : **FRF 815** – Londres, 1872 : *Intérieur de cabaret* : **FRF 1 100** – Amsterdam, 1872 : *Le jeu de quilles* : **FRF 11 550** – Paris, 1875 : *Le vieux musicien* : **FRF 6 000** – Paris, 1875 : *Paysan roulant une brouette*, pl. et bistre ; *Intérieur d'une cuisine hollandaise* ; *Portrait d'homme* ; *Portrait de femme*, pl., encre de Chine et aquar., les quatre dessins : **FRF 40** – Londres, 1875 : *Cour de ferme* : **FRF 8 137** – Paris, 1881 : *Une Kermesse* : **FRF 15 000** ; *Intérieur flamand* : **FRF 2 250** ; *Joueurs de quilles* : **FRF 6 000** ; *La Marchande de beignets* : **FRF 1 200** – Lille, 1881 : *Fête rustique* : **FRF 3 390** – Paris, 1882 : *Homme et femme buvant*, aquar. : **FRF 80** – Amsterdam, 1892 : *Le joueur de vielle* : **FRF 3 307** ; *Le spectacle de la kermesse* : **FRF 7 560** – Paris, 1895 : *Buveurs dans un cellier*, dess. à la pl., lavé d'encre de Chine : **FRF 23** – Bruxelles, 1899 : *Joseph et l'épouse de Putiphar* : **FRF 1 250** ; *Intérieur de cabaret* : **FRF 4 800** – Berlin, 20 mars 1900 : *Vielleur* : **FRF 4 875** – Paris, 30 avr. 1900 : *Scène villageoise* : **FRF 260** – New York, 26 et 27 fév. 1903 : *Le buveur* : **USD 25** – Paris, avr. 1910 : *Fête villageoise* : **FRF 7 250** – Londres, 18 juil. 1910 : *La leçon de violon*, dess. : **GBP 35** ; *Tête de paysan et trois figures*, dess. : **GBP 42** – Paris, 19 mars 1919 : *Intérieur d'auberge* : **FRF 1 700** – Paris, 26-30 avr. 1919 : *Personnages chantant et buvant* : **FRF 320** – Paris, 20 oct. 1920 : *Les chanteurs ambulants* : **FRF 450** – Paris, 13 déc. 1920 : *Le marchand ambulant* : **FRF 4 700** – Paris, 13 juin 1921 : *Le dentiste* : **FRF 500** – Londres, 24 mars 1922 : *Paysan endormi* 1686, craie : **GBP 12** – Londres, 23 et 24 mai 1922 : *La sieste* : **GBP 30** – Paris, 13 nov. 1922 : *Réunion de villageois près d'un cours d'eau* : **FRF 1 600** – Paris, 6 déc. 1922 : *Intérieur*

de cabaret : FRF 1 850 – PARIS, 23 déc. 1922 : *Paysans jouant aux cartes et buvant devant une auberge*, école de C. D. : **FRF 290** – LONDRES, 19 jan. 1923 : *Deux paysans* : **GBP 18** – PARIS, 7 et 8 fév. 1923 : *La Danse au cabaret*, pl. et sépia : **FRF 500** – PARIS, 16 fév. 1923 : *Fête villageoise*, attr. : **FRF 236** – PARIS, 5 juin 1924 : *La Danse devant l'auberge* : **FRF 4 100** ; *Les Joueurs de boules* : **FRF 3 500** – PARIS, 17 et 18 juin 1924 : *Le Marché*, attr. : **FRF 2 200** – PARIS, 4 déc. 1924 : *Le diseur de bonne aventure*, attr. : **FRF 1 350** – PARIS, 4 fév. 1925 : *Types de gueux*, deux cr., reh. aquar., formant pendants : **FRF 600** – PARIS, 25 mars 1925 : *Paysanne debout accoudée à un mur*, pl. et aquar. : **FRF 500** ; *Paysanne debout vue de dos*, pl. et aquar. : **FRF 350** ; *Paysanne assise sur un banc*, pl. et aquar. : **FRF 360** – PARIS, 25 avr. 1925 : *Personnage de qualité rendant visite à un sculpteur* : **FRF 600** – PARIS, 8 mai 1925 : *La fête foraine du village*, attr. : **FRF 500** – PARIS, 12 déc. 1925 : *Le Fumeur* : **FRF 2 800** – PARIS, 26 jan. 1927 : *Le joyeux buveur*, aquar., attr. : **FRF 230** – PARIS, 23 et 24 mai 1927 : *Le Joyeux buveur*, dess. reh. : **FRF 2 000** – LONDRES, 20 juin 1927 : *Intérieur d'une chaumière* : **GBP 65** – LONDRES, 17 fév. 1930 : *Le repas frugal* 1687, dess. : **GBP 42** – LONDRES, 21 fév. 1930 : *Les amoureux* : **GBP 56** – LONDRES, 10-14 juil. 1936 : *Intérieur paysan*, pl. et lav. : **GBP 25** ; *Buveur* 1698, aquar. : **GBP 50** – PARIS, 22 fév. 1937 : *Scène de fête villageoise*, pl. et lav. : **FRF 880** – NEW YORK, 6 mai 1937 : *Scène de village* : **USD 70** – PARIS, 12 mai 1937 : *La marchande de poissons*, pl. et aquar. : **FRF 180** – PARIS, 26 mai 1937 : *Paysan portant un panier sur l'épaule*, pl. et lav. de bistre : **FRF 550** – LONDRES, 14 juin 1937 : *Paysans devant une auberge* : **GBP 48** – LONDRES, 18 mars 1938 : *Intérieur paysan* : **GBP 115** – PARIS, 13 fév. 1939 : *Le marchand de légumes et son chien*, pl. et lav. de bistre : **FRF 1 300** – LONDRES, 17 fév. 1939 : *Paysans dans une auberge* 1692 : **GBP 84** – PARIS, 17 juil. 1941 : *Réjouissance villageoise*, pl. et lav. de bistre : **FRF 3 200** – LONDRES, 29 jan. 1943 : *Sainte Barbara* : **GBP 136** – PARIS, 29 jan. 1943 : *Le Joueur de vielle* 1684 : **FRF 82 000** – LONDRES, 13 juil. 1945 : *Un Cabaret* : **GBP 84** – PARIS, 21 oct. 1946 : *La réunion paysanne* : **FRF 41 000** – PARIS, 5 déc. 1951 : *La lecture* : **FRF 410 000** – PARIS, 20 juin 1961 : *Trois fumeurs*, dess. et aquar. : **FRF 2 800** – LONDRES, 13 mai 1964 : *Paysan dormant sur une chaise*, aquar. sur craie noire : **GBP 220** – PARIS, 12 déc. 1964 : *La danse paysanne* : **FRF 10 000** – NEW YORK, 2 mars 1967 : *Famille dans un intérieur* : **USD 3 250** – PARIS, le 23 mars 1968 : *Cortège burlesque de musiciens dans un village*, aquar. sur parchemin : **FRF 18 000** – LONDRES, 10 juil. 1968 : *Personnages devant une auberge* ; *Scène de cabaret*, deux toiles : **GBP 2 050** – HAMBOURG, 6 juin 1969 : *Scène de cabaret* : **DEM 9 500** – VIENNE, 30 nov. 1971 : *Paysage au soir couchant* : **ATS 300 000** – AMSTERDAM, 26 avr. 1976 : *Scène villageoise* 1680, h/pan. (28,5x35) : **NLG 60 000** – MUNICH, 24 nov. 1977 : *Réjouissances villageoises* 1685, eau-forte : **DEM 2 900** – NEW YORK, 13 jan. 1978 : *Scène de cabaret* 1695, h/t (33,5x38) : **USD 14 000** – AMSTERDAM, 17 nov. 1980 : *Joueur de cornemuse dans un intérieur* 1694, pl. et lav. sur craie noire/pap. (25x18,9) : **NLG 20 000** – LONDRES, 18 juin 1982 : *La grande foire villageoise* 1685, eau-forte (26,5x34,3) : **GBP 1 200** – NEW YORK, 4 mai 1983 : *La grande kermesse villageoise* 1685, eau-forte : **USD 2 300** – BERNE, 24 juin 1983 : *Le violoniste et le joueur de flûteau*, aquar. (18x15,2) : **CHF 5 600** – PARIS, 13 nov. 1985 : *Le buveur*, aquar. gchée (8,7x4,6) : **FRF 11 000** – NEW YORK, 16 jan. 1985 : *Scène villageoise*, pl. et lav./trait de craie noire (26,6x21,1) : **USD 10 000** – PARIS, 27 mai 1987 : *Intérieur de cabaret* 1690, aquar./velin (25,5x30) : **FRF 52 000** – NEW YORK, 21 oct. 1988 : *Intérieur de taverne avec des paysans mangeant des crêpes* 1693, h/t (39,4x51,4) : **USD 319 000** – NEW YORK, 11 jan. 1989 : *Paysans buvant et fumant dans la cour de l'auberge*, h/pan. (46x37,5) : **USD 18 700** – MONACO, 17 juin 1989 : *Scène de taverne*, h/pan. (43,5x37) : **FRF 91 020** – AMSTERDAM, 28 nov. 1989 : *Distractions paysannes à l'intérieur de l'auberge* 1692, h/cuivre (23,2x29,2) : **NLG 299 000** – STOCKHOLM, 16 mai 1990 : *Personnages autour de la ferme* 1695, h/pan. (60x73) : **SEK 40 000** – NEW YORK, 11 avr. 1991 : *Un violonneux et des paysans devant l'auberge*, h/t (38,5x30,5) : **USD 22 000** – STOCKHOLM, 29 mai 1991 : *Personnages dans une cour de ferme* 1695, h/pan. (60x73) : **SEK 18 000** – LONDRES, 13 déc. 1991 : *Musicien ambulant entouré d'enfants devant une maison*, h/pan. (33,7x29) : **GBP 9 900** – HEIDELBERG, 11 avr. 1992 : *Famille de paysans tuant les cochons*, grav. (21,5x15,4) : **DEM 1 350** – AMSTERDAM, 7 mai 1992 : *Kermesse de village*, h/t (86,5x135,6) : **NLG 149 500** – AMSTERDAM, 25 nov. 1992 : *Étude d'un homme à califourchon sur un banc et buvant à même une cruche*, craies noire, rouge et blanche/pap. bleu (26,6x17,7) : **NLG 27 600** – NEW YORK, 14 jan. 1993 : *Un homme lisant une lettre assis devant une table*, h/pan. (22,9x17,4) : **USD 9 900** – LONDRES, 10 déc. 1993 : *Village avec un couple de paysans dans une charrette de légumes et un jeune ramasseur de fagots*, h/pan. (28,2x34,8) : **GBP 32 200** – AMSTERDAM, 10 mai 1994 : *Vieille femme changeant la couche d'un bébé* 1687, craies rouge et noire et aquar. (14,3x12,2) : **NLG 17 825** – PARIS, 28 oct. 1994 : *Buveur devant un couple de paysans avec un chien* 1689, cr. noir et sanguine aquar. sur parchemin (21,5x17) : **FRF 80 000** – NEW YORK, 11 jan. 1995 : *Rue de village avec des joueurs de boules et des paysans près d'une auberge*, craie noire, encre brune, aquar. et gche (19x29,8) : **USD 25 300** – AMSTERDAM, 15 nov. 1995 : *Étude d'un profil de jeune femme*, sanguine et lav. (8,4x7,9) : **NLG 11 564** – LONDRES, 2 juil. 1996 : *Couple de paysans devant sa maison* 1689, mine de pb et aquar./vélin (27x24) : **GBP 10 350** – AMSTERDAM, 12 nov. 1996 : *Couple de paysans, silhouette d'un autre paysan au premier plan*, craie noire et lav. gris (15,5x13,8) : **NLG 2 360** – PARIS, 23 mai 1997 : *Couple de danseurs* 1695, pl. et lav. (24x17,5) : **FRF 82 000** – AMSTERDAM, 11 nov. 1997 : *Rustres attablés buvant et fumant dans une cour de ferme avec une paysanne et des enfants près d'une pompe à eau en arrière-plan* 1684, h/pan. (47,7x37,4) : **NLG 98 022**.

DUSART Francisco ou **Frans**. Voir **DIEUSSORT**

DUSART Jacques

XVIIIe siècle. Actif à Paris en 1710. Français.

Sculpteur.

DUSART Jean Baptiste ou **Dieussart**

XVIIe siècle. Actif en Suède. Français.

Sculpteur.

Il exécuta de nombreuses sculptures pour l'architecte Jean de la Vallée, par exemple les statues de grès allégoriques du toit de l'Hôtel de Ville à Stockholm ; il travailla surtout pour le comte Magnus Gabriel De la Gardie.

DUSART Johan ou **du Sart**

XVIe siècle. Actif à Nimègue vers 1560. Hollandais.

Sculpteur.

DUSART Lucienne. Voir **BERGER-LHEUREUX-DUSART**

DUSART Thomas

XVIIe siècle. Hollandais.

Graveur.

Il grava en 1619 une *Fragilité*, d'après W. Van Valckert.

DUSAULCHOY Charles

Né en 1781 à Toul. Mort le 6 juillet 1852 à Montmorency. XIXe siècle. Français.

Peintre d'histoire.

Élève de David. De 1808 à 1851, il exposa au Salon des vues, des marines et des sujets militaires. On a de lui au Musée de Versailles : *Combat naval en* 1811.

VENTES PUBLIQUES : PARIS, 7 et 8 fév. 1923 : *Après Austerlitz : signature de l'armistice*, encre de Chine : **FRF 300**.

DUSAULT Jacques

XVIe siècle. Actif à Bourges. Français.

Sculpteur.

Il sculpta une gargouille pour le premier étage de la tour du nord de la cathédrale de Bourges, en 1516.

DUSAUSOY Janine

Née à Nogent-sur-Marne (Val-de-Marne). XXe siècle. Française.

Peintre de paysages, fleurs.

Depuis 1934, cette artiste a exposé, à Paris, au Salon des Artistes Indépendants, au Salon d'Automne et au Salon des Tuileries.

DUSAUSSAY Arsène

Né au XIXe siècle à Paris. XIXe siècle. Français.

Peintre.

Il figura au Salon en 1869 et en 1870.

DUSAUSSAY Jules Louis

Né le 25 septembre 1828 à Troyes (Aube). XIXe siècle. Français.

Peintre de paysages.

Il fut élève de Cabat. Il exposa au Salon de Paris, de 1857 à 1877, des paysages.

Musées : Troyes : *Un soir d'automne.*
Ventes Publiques : Berne, 30 avr. 1980 : *Paysage fluvial*, h/t (38x61) : **CHF 2 400** – Paris, 12 déc. 1990 : *Scène champêtre dans la vallée de la Seine*, h/t (57x85) : **FRF 12 000**.

DUSAUSSAY Maurice
Né au XIXe siècle à Troyes (Aube). XIXe siècle. Français.
Peintre.
En 1864, il exposa au Salon de Paris : *Brouillard du matin.*

DUSAUTOY Jacques Léon
Né le 18 octobre 1817 à Meaux (Seine-et-Marne). Mort le 22 septembre 1894 à Fontainebleau. XIXe siècle. Français.
Peintre de portraits.
Élève de Drolling, il envoya au Salon de Paris, de 1838 à 1879, des portraits et quelques tableaux de genre. Le Musée de Compiègne possède de cet artiste le portrait de J. Nicolas de Seroux.
Ventes Publiques : Paris, 29 et 30 avr. 1929 : *Portrait d'une actrice* : **FRF 920.**

DUSCH Anton Carl
Né le 10 avril 1760 à Altona. Mort le 8 octobre 1829 à Altona. XVIIIe-XIXe siècles. Danois.
Paysagiste.
Fils unique du poète J. Dusch, il exposa quelques paysages de la contrée de Harzen. Il peignait aussi des pastiches, des tableaux de clair de lune, d'après Van der Neer, et des tableaux de nuit, d'après Gotfred Schalken. Dusch a fondé, avec Bundsen et F. Rosenberg de Dantzig, les expositions artistiques d'Altona. La collection royale de peinture conserve quelques dessins de lui, datés de 1800 à 1816, témoignant qu'il a voyagé en Danemark et en Allemagne. Il avait en 1819 deux tableaux à l'exposition de l'Académie de Copenhague.

DUSCH Georg Hyacinth
XVIIIe siècle. Actif au début du XVIIIe siècle. Éc. flamande.
Peintre.
Jakob Petrus grava d'après une de ses œuvres le portrait d'un professeur de philosophie d'Iéna, Jakob Lehmann.

DUSCH Johann ou **Tusch**. Voir **TUSCH**

DUSCH Wilhelm ou **Duschi**
XVIIe-XVIIIe siècles. Allemand.
Sculpteur sur bois.
Il était originaire de Cologne. On ne connaît de lui qu'un *Crucifix* grandeur nature qu'il exécuta pour une église de Mantoue.

DUSCHEK Léopold
Né en 1876 à Alt-Weitra. XXe siècle. Autrichien.
Sculpteur et médailleur.
Il entra en 1890 dans l'atelier de Karl Waschmann à Vienne comme ciseleur.

DUSCHENÉ Cécilia. Voir **DUCHENÉ**

DUSEIGNEUR Jean Bernard, dit **Jehan**
Né le 23 juin 1808 à Paris. Mort le 6 mars 1866. XIXe siècle. Français.
Sculpteur et écrivain d'art.
Élève de Bosio, Dupaty et Cortot. De 1831 à 1866, il envoya au Salon plusieurs de ses ouvrages. Il obtint une médaille de deuxième classe en 1834. On remarque parmi ses œuvres : *Roland furieux*, statue en plâtre, coulée en bronze après la mort de l'artiste, et placée au jardin du Luxembourg ; *Une larme pour une goutte d'eau*, groupe en plâtre rehaussé d'or ; *L'ange Saint Michel, vainqueur de Satan, annonce le règne de Dieu*, groupe en plâtre ; *La Sainte Vierge et l'Enfant Jésus*, groupe en marbre pour la cathédrale de Bordeaux ; *Pierre de Viole*, prévôt des marchands, statue en pierre pour l'Hôtel de Ville de Paris ; *Sainte Agnès*, statue en pierre pour l'église de la Madeleine ; *Saint Pierre*, statue en plâtre à l'église Notre-Dame des Victoires ; *Les Beaux-Arts*, groupe en pierre pour le nouveau Louvre ; *Charles Duclos, historiographe*, buste pour la ville de Dinan, *Marquis* de *Lally-Tollendal*, buste pour la bibliothèque du Sénat ; *Campenon*, buste pour l'Institut, *Le duc de Gaète*, buste pour le ministère des Finances ; *Chapral*, buste pour le conservatoire des Arts et Métiers. Jean Duseigneur a en outre exécuté plus de 80 médaillons. Ami des écrivains romantiques : Nerval, P. Borel, Ph. O'Neddy.
Musées : Paris (Mus. du Louvre) : *Roland furieux*, bronze – Pau : *Buste du poète Lucien Davesiès de Pontès* – Saint-Omer : *Louis-Philippe* – Versailles : *Dagobert Ier, roi des Francs – Jacques Bougé, marquis Du Plessis-Bellière, lieutenant général – Marquis de Castelnau, maréchal de France – Jean de Bourbon, comte de Soissons – François Gesvres, potier – César Goislin, colonel des Suisses de Grisons – Charles V, roi de France – Louis Gesvres, maréchal de camps – Jacques Douglas, maréchal de camps – Charles le Téméraire.*

DUSEIGNEUR Louis Didier Georges
Né le 6 décembre 1841 à Lyon (Rhône). Mort en 1906 à Paris. XIXe siècle. Français.
Peintre.
Élève de Vibert et de Danguin à l'École des Beaux-Arts de Lyon (1859-60), puis, à Paris, de Gleyre et Yvon, il a exposé, à Paris depuis 1865, à Lyon depuis 1867, des paysages (huile, aquarelle et eaux-fortes), des figures et des tableaux de genre, dessinés ou peints, notamment : *Le retour des champs* (Paris, 1865), *Un moulin au Caire* (Paris, 1867), *Souvenir d'ambulance* (Lyon), 1872).

DUSEIGNEUR Maurice
Né en 1845 à Paris. Mort en 1892. XIXe siècle. Français.
Peintre, critique d'art et architecte.
Il a exposé à Paris, en 1872, une aquarelle, *La Barricade de la rue Saint-Antoine.* Fils du sculpteur Jean Duseigneur.

DUSEK Jean V.
Né à Tabor (Tchécoslovaquie). XXe siècle. Tchécoslovaque.
Sculpteur.
Cet artiste a exposé des bustes et des médailles, généralement de personnalités tchécoslovaques, au Salon de la Société Nationale à partir de 1929.

DUSEL Johann
XVIIIe siècle. Actif à Nuremberg. Allemand.
Sculpteur.

DUSELIER Saturnin
XVIIe siècle. Actif à Paris en 1689. Français.
Peintre et sculpteur.

DUSEPULCHRE Francis
Né en 1934 à Seneffe. XXe siècle. Belge.
Peintre, sculpteur. Abstrait.
Autodidacte, il est professeur à Charleroi et Mariemont. Il a obtenu le prix de sculpture de la Biennale internationale d'Art Contemporain en 1979.
Ses œuvres accusent un géométrisme sobre et dépouillé. Il a réalisé des œuvres monumentales pour le Musée de Mariemont, dans la cité-jardin de Trazegnies et dans la station de métro *Beaux-Arts* à Charleroi. Plusieurs œuvres ont pris place dans les collections de l'État belge.
Bibliogr. : In : *Diction. biogra. illustré des artistes en Belgique depuis 1830*, Arto, Bruxelles, 1987.

DUSERÉ Marie Jeanne
XVIIIe siècle. Active à Paris en 1742. Française.
Peintre.

DUSI Antonio
Né en 1725 à Brescia. Mort en 1776. XVIIIe siècle. Italien.
Peintre de compositions religieuses, portraits, fresquiste.
Il peignit des tableaux d'église et des fresques, ainsi que des portraits qui furent célèbres.
Musées : Brescia (église Saint-Joseph) : *L'Immaculée Conception avec plusieurs saints*, retable – Brescia (église Saint-Georges) : *Sacré-Cœur avec chérubins.*
Ventes Publiques : Paris, 2 juin 1981 : *Vue d'un port*, h/t (85x109) : **FRF 31 000** – Paris, 26 juin 1990 : *Chats débarquant d'un bateau*, h/t (89x109) : **FRF 100 000**.

DUSI Bartolomeo
Né au XIXe siècle. XIXe siècle. Actif à Venise. Italien.
Peintre et architecte.
Exposa à Naples en 1877 : *Une fleur* (tête de femme) ; en 1883, à Rome : *On n'entre pas.* Dusi est aussi l'auteur de nombreux travaux d'architectures qui lui valurent l'estime de ses contemporains.

DUSI Cosroe
Né le 28 juillet 1808 à Venise. Mort le 9 octobre 1859 à Marostica (province de Vicence). XIXe siècle. Italien.
Peintre.
Il étudia à partir de 1820 à l'Académie de Venise avec Teod. Matteini, et travailla dans l'atelier du lithographe Galvani. Il se

mit à la peinture à partir de 1830, et donna des tableaux d'une grande richesse de coloris. Il exécuta des retables pour des églises de Venise et du Tyrol, et décora plusieurs théâtres. On le trouve en 1837 à Munich, plus tard à la cour de Russie, où, invité par le tsar Nicolas, il eut à faire le portrait du tsarevitch, de plusieurs Grands Ducs et personnalités de la cour, et des tableaux religieux. Il décora une pièce du Palais de l'Ermitage avec des tableaux représentant *les Saisons*. Puis il rentra à Venise et y resta jusqu'à sa mort. On peut voir dans l'église paroissiale de Cherso (près de Bergame) le *Miracle de la Neige*, à Saint Jean-Baptiste de Bragore, une *Descente de Croix* et un *Saint Antoine de Padoue* et à Saint Martin, à Venise, une *Sainte Philomène*.

DUSIGN
Mort en 1770 à Rome. XVIIIe siècle. Britannique.
Portraitiste.
Fils du colonel Dusign, il fut l'élève de Sir Joshua Reynolds et travailla pendant plusieurs années à Bath, où résidait sa famille. Il se rendit à Rome et y mourut.

DUSILLION Fidèle ou **Dussillion Fils Aîné**
Né en 1773. XVIIIe-XIXe siècles. Actif à Lille. Français.
Peintre.
Fils de Jean Baptiste Dusillion. Élève de l'École de dessins et d'architectures. Il exposa à Lille dès 1781, à l'âge de 8 ans. Il fut surtout par la suite peintre de miniatures.

DUSILLION Ignace ou **Dussillion**
XVIIIe siècle. Actif à Lille. Français.
Portraitiste.
Fils de Jean Baptiste Dusillion. Il exposa à Lille en 1785 et 1786.

DUSILLION Jean Baptiste ou **Dussillion, Dusillon, Dussillon**
Né vers 1748. Mort le 21 mai 1788. XVIIIe siècle. Français.
Peintre de genre, natures mortes, peintre à la gouache.
Élève de l'École de dessin, académicien, adjoint pour la décision des prix de l'École de dessin, ancien médailliste des Écoles de dessins et d'architectures de la ville de Lille, il exposa dans cette ville un très grand nombre d'œuvres entre 1773 et 1798.
VENTES PUBLIQUES : PARIS, 19 avr. 1928 : *Oiseaux morts sur une table* : **FRF 1 450** – ROUEN, 14 juin 1987 : *Nature morte* 1762, aquar. reh. de gche, une paire (24x29) : **FRF 78 000** – MONACO, 20 fév. 1988 : *Natures mortes aux pommes et aux poires*, gche et aquar., une paire (chaque : 25x30,5) : **FRF 35 520**.

DUSILLION Louis ou **Dussillion**
XVIIIe siècle. Actif à Lille. Français.
Portraitiste.
Également fils de Jean Baptiste Dusillion. Il exposa au Salon de Lille en 1785 et 1786.

DU SIMITIERE Pierre Eugène ou **Simitier**
Né vers 1736 à Genève. Mort en 1784 à Philadelphie. XVIIIe siècle. Américain.
Peintre de portraits, de paysages et de cartes géographiques.
Explorateur, il peignit des vues et des cartes et réalisa douze portraits de *Washington* et d'autres personnalités de son époque.

DUSMAN Cornelius
Mort vers 1680. XVIIe siècle. Actif à Vicence. Hollandais.
Peintre de paysages et d'animaux.

DUSOLD Joseph
Né en 1750 à Rattetsdorf près Bamberg. XVIIIe siècle. Autrichien.
Sculpteur.
Il étudia aux Académies de Vienne et de Paris et, à son retour, dans l'atelier du sculpteur de Bamberg, Karl Wurzer. Il exécuta pour le prince-évêque F. L. von Erthal *une jolie corbeille de fleurs d'après nature*, en chêne, et plusieurs autres œuvres plus petites.

DUSOLLE
XVIIIe siècle. Français.
Peintre sur porcelaine.
Peintre de la Manufacture de Sèvres.

DUSOLT Jacques
XVIIe siècle. Français.
Peintre.
Il est cité de 1647 à 1652 comme « Peintre de la Maison du Roi ».

DUSOLT Joseph
Né au XVIIIe siècle en Bavière. XVIIIe siècle. Allemand.
Peintre.
Il étudia à l'Académie de Munich, où il fut peintre de miniatures et peintre sur porcelaine.

DUSOMMERARD Edmond ou **du Sommerard**
Né le 27 avril 1817 à Paris. Mort le 5 février 1885 à Paris. XIXe siècle. Français.
Peintre, dessinateur et archéologue.
En 1841, il exposa au Louvre, de Paris, *Vue de la place et de l'église de Foligno* et *Vue du grand canal de Venise*, et en 1842, *Vue d'une place à Bergame*. Il était le fils du célèbre collectionneur Alexandre du Sommerard, qui installa ses collections dans l'Hôtel de Cluny, racheté par le gouvernement à sa mort, en 1842.

DUSOUCHET Pierre Léon
Né le 25 avril 1876 à Versailles (Yvelines). Mort le 27 décembre 1936 à Versailles. XXe siècle. Français.
Peintre, sculpteur.
Il fut élève de l'École des Arts décoratifs, membre, à Paris, du Salon d'Automne et du Salon des Artistes Indépendants, officier d'Académie.
Les plus importants de ses tableaux furent exposés au Salon d'Automne : *Sous les arbres*, daté de 1904 et acheté par l'État, *Mise au tombeau* (fresque) et *Le Paradis perdu* (1911), un dessus-de-porte en peinture et sculpture daté de 1912, ainsi qu'au Salon des Artistes Indépendants : *Clair de lune* (1905), *Chant dionysiaque* (1910) et *Concert Champêtre* daté de 1913 et acheté par l'État.
VENTES PUBLIQUES : PARIS, 9 juin 1918 : *Nature Morte* : **FRF 130** – PARIS, 24 mai 1943 : *La procession* : **FRF 420** – PARIS, 5 juin 1989 : *Nature morte aux fleurs*, h/t (49x65) : **FRF 11 000**.

DUSOYER Jean Jacques Marie
XVIIIe siècle. Actif à Paris. Français.
Peintre.

DUSS Roland
Né à Entlebuche (Lucerne). XXe siècle. Suisse.
Sculpteur.
Il exposa à Paris au Salon d'Automne en 1937.

DUSSARE Jacques
XVIIe siècle. Actif à Paris. Français.
Sculpteur.

DUSSART Gustave
Né le 26 septembre 1875 à Lille (Nord). Mort le 19 février 1952 à Amiens (Somme). XXe siècle. Français.
Sculpteur de sujets allégoriques, figures.
Il fut élève de Gérome. Sociétaire, à Paris, du Salon des Artistes Français depuis 1904, il obtint une mention honorable en 1909. Il a sculpté pour la façade du Palais de Monaco : *Le Secours* et *Le Progrès venant au secours de l'Humanité*.
VENTES PUBLIQUES : SAINT-GERMAIN-EN-LAYE, 9 déc. 1984 : *Le réveil*, patine brune, bronze (H. 65) : **FRF 7 000**.

DUSSART Léon
Né le 24 décembre 1824 à Romilly-sur-Seine (Aube). XIXe siècle. Français.
Peintre.
Élève de P. Delaroche. Il exposa au Salon de Paris de 1848 à 1867. On cite de lui : *Charlotte Corday frappant à la porte de Marat, Gardien de Harem, Collégiens en vacances*.

DUSSAUCE Auguste
Né le 17 décembre 1802 à Beaune. Mort en 1877 à Paris. XIXe siècle. Français.
Peintre décorateur.
Élève de Matis et Deroche. Il exposa au Salon des natures mortes et des portraits, à partir de 1827, jusqu'en 1859. La Croix de la Légion d'honneur lui fut donnée en 1855.

DUSSAULT
XVIIe siècle. Français.
Sculpteur.
Il exécuta à Montauban en 1685 la décoration de la chapelle du couvent des Sœurs Mineures.

DUSSAULT Arthur
Né dans la seconde moitié du XIXe siècle à Villeneuve (Yonne). XIXe-XXe siècles. Français.

Peintre de paysages.
Il exposa à Paris au Salon des Indépendants de 1920 à 1928.

DUSSAULT Karl
Né le 14 juin 1860 à Karlsruhe. XIXe siècle. Allemand.
Peintre de portraits et de paysages.
Il étudia à l'Académie de Karlsruhe de 1884 à 1895 ; parcourut l'Italie du Nord, la Suisse, la Bade, l'Alsace, le Palatinat et le Harz. Citons parmi ses œuvres, dont quelques-unes font partie de la collection municipale de Karlsruhe : *Jour d'hiver ensoleillé, Matin de printemps, Soir de printemps, Ruisseau dans la prairie, Paysage d'hiver.*

DUSSAUSSOY François
Né au XVIIIe siècle probablement à Dijon. XVIIIe siècle. Français.
Sculpteur sur bois.
Il fut l'élève de J. B. Bouchardon et travailla à Dijon, en particulier pour le couvent des Ursulines (deux autels en chêne pour les chapelles de Saint-Auguste et de Saint-Joseph).

DUSSAUX Jean Marie
XVIIIe siècle. Français.
Peintre, décorateur.
Il travailla à Paris, spécialement pour le prince Louis-Joseph de Condé. De 1771 à 1772, et de 1775 à 1777, il travailla à la décoration de la salle de spectacles du château de Chantilly. Puis il fut chargé de peindre les chambres à coucher, boudoirs et salles à manger. Il contribua également à la décoration du théâtre de la Montansier, rue Richelieu à Paris.
VENTES PUBLIQUES : MONTE-CARLO, 22 juin 1985 : *Panneaux décoratifs à sujets de grotesques*, trois h/t (132x44,4) : **FRF 190 000** – NEW YORK, 7 oct. 1994 : *Turquerie avec des musiciens, une dame dans un harem et autres motifs décoratifs*, h/t, ensemble de trois panneaux (chaque 132,1x44,5) : **USD 48 875**.

DUSSAVER
XVIIIe siècle. Actif à Paris en 1762. Français.
Peintre.

DUSSEK Eduard Adrian
Né le 24 mars 1871 à Klyusso (Hongrie). XIXe-XXe siècles. Hongrois.
Peintre de compositions à personnages, portraits, nus, illustrateur.
Il étudia aux Académies de Budapest, Vienne et Munich, et plus tard à Paris et en Italie. Il travailla surtout à Budapest. Citons, parmi ses portraits et tableaux, inspirés par la vie du peuple et de la société hongroise : *Portrait d'enfant* ; *Portrait de dame* ; *Portrait de l'empereur d'Autriche* ; *Csardas* ; *Feu croisé* ; *Roman d'amour*, triptyque, *Adieu* ; *Le Modèle*. Il illustra également de nombreux ouvrages : *François Joseph et son temps, Histoire de la Nation hongroise.*
VENTES PUBLIQUES : AMSTERDAM, 13 déc. 1990 : *Nu allongé* 1921, h/t (90,5x86) : **NLG 4 830** – AMSTERDAM, 12 déc. 1991 : *Nu allongé* 1921, h/t (90,5x86) : **NLG 1 725**.

DUSSELDORP Jan Van
XVIIIe siècle. Actif à Delft. Hollandais.
Peintre sur faïence.
Il travailla à Arnheim dans la Manufacture de Jan Van Kerckhoff.

DUSSEN Adriaen ou **Aryen Fransz Van der**
XVIIe siècle. Hollandais.
Peintre.
Il entra en 1622 à la gilde Saint-Luc de Delft.

DUSSENT José
XVIIIe siècle. Vivant en 1752. Espagnol.
Peintre de genre.
Neveu de Van Loo. Il fut l'un des premiers élèves de l'Académie de Saint-Fernand.

DUSSEUIL Léonie
Née en 1843 à Nancy (Meurthe-et-Moselle). Morte en septembre 1912 à Paris. XIXe-XXe siècles. Française.
Peintre de portraits.
Élève de L. Cogniet et de Mmes Rosa et Juliette Bonheur. Elle se distingua particulièrement dans le portrait. Elle exposa au Salon de Paris de 1859 à 1880. On cite de ses œuvres principales : *Sainte Clotilde implorant du ciel la guérison de son fils, Marie-Antoinette au Temple.*

DUSSIEUX Louise Stéphanie
Née à Versailles. XIXe siècle. Française.
Peintre de natures mortes, fleurs.
Ses maîtres furent Fontaine, Pallandre et de Villers. Elle peignit surtout des fleurs. Au Salon de Paris, elle figura de 1877 à 1882.
VENTES PUBLIQUES : NEW YORK, 22-23 juil. 1993 : *Nature morte de fleurs, coquillages et nid* 1870, h/t (43,2x55,2) : **USD 3 910**.

DUSSILLION. Voir **DUSILLION**

DUSSMANN Hans. Voir **TUSSMANN**

DUSSORT Claude Antoine
Né le 8 avril 1855 à Dagneux (Ain). XIXe siècle. Français.
Peintre.
Élève de Reignier à l'École des Beaux-Arts de Lyon où il entra en 1872. Il exposa, à Lyon, depuis 1879, des fruits et des fleurs. Il a peint des paysages et des natures mortes à l'huile, à la gouache et à l'aquarelle.

DUSSOUR Louis
Né en 1905 à Riom (Puy-de-Dôme). XXe siècle. Français.
Peintre de compositions à personnages, religieuses, paysages, natures mortes, compositions murales. Tendance postimpressionniste.
Il fut élève de l'École régionale des Beaux-Arts de Clermont-Ferrand, puis de l'École Nationale des Beaux-Arts à Paris dans les ateliers d'Ernest Laurent et Paul Baudoin, ce dernier enseignant la fresque. En 1943, il est nommé à la direction de l'École régionale des Beaux-Arts de Clermont-Ferrand puis devint directeur de l'École Nationale d'Art Décoratif de Nice en 1949. Durant son séjour dans cette ville, il rencontra Henri Matisse, Jean Cocteau et Marc Chagall.
Louis Dussour participe à des expositions collectives, telles que : 1937 Exposition internationale de Paris, qui lui valut une médaille d'or ; 1969 Exposition internationale de Liège ; 1950 Clavière ; Biennale de Menton où il obtint une médaille d'or ; Salon des Artistes Français, Paris, dont il est devint sociétaire ; Salon d'Automne, Paris ; Salon des Tuileries, Paris ; Salon des Artistes Indépendants, Paris. Il montre des expositions particulières, notamment à Clermont-Ferrand en 1974 et qui présentait cinquante années de travail, de même qu'à Nice, Riom, Paris, etc.
S'il s'est surtout consacré à la peinture murale, il n'a pas pour autant négligé la peinture de chevalet. Concernant le premier aspect de son travail, il a décoré de nombreuses églises (dont celle de Nanterre) et monuments publics : la Salle des Mariages à Antony, le Palais de la Ville de Paris à l'Exposition internationale de Liège en 1939, une décoration murale pour un groupe scolaire à Riom, etc. Ses fresques et peintures murales sont surtout des compositions à personnages, dont les sujets et leur traitement sont puisés dans les thèmes religieux et antiques à la manière et en hommage au Quattrocento. Ses peintures de chevalet qui évoquent également ces sujets de prédilection sont, au regard des œuvres monumentales, le support d'une expression plus libre et intime, aussi bien dans les paysages que dans les natures mortes au style postimpressionniste, voire même parfois cubiste. ■ C. D.
BIBLIOGR. : X... : *Louis Dussour*, catalogue d'exposition, Centre Municipal, Clermont-Ferrand, 1974.

DUSSY Robert
Mort le 28 août 1677 à Paris. XVIIe siècle. Français.
Peintre.
Il fut admis à l'Académie Saint-Luc le 9 juin 1638.

DÜSTAU Johann Christian ou **Distau** ou **Diestau**
XVIIIe siècle. Actif au début du XVIIIe siècle. Allemand.
Peintre.
Il étudia à Nuremberg et son « tableau d'essai », *L'Adoration des Mages* fut exposé à l'Hôtel de Ville de cette ville en 1711.

DUSTIR Wilma
Née en 1914 à Bakou (Russie). XXe siècle. Active en Argentine. Russe.
Peintre. Abstrait.
Elle vit à Buenos Aires. Elle participe à des expositions de groupe.

DUSTON Benjamin
Né au XIXe siècle à Toulouse (Haute-Garonne). XIXe siècle. Français.
Peintre.
Élève de Steuben et de Rémond. Il exposa au Salon de Paris, des paysages, de 1843 à 1869. Le Musée de Toulouse conserve de lui : *Bords de rivière* et *Souvenir du lac d'Albano.*

DUSUAU Henry
XVIIIe siècle. Actif à Paris en 1741. Français.
Peintre et sculpteur.

DU SUAU DE LA CROIX Henri Frédéric Enguerrand, comte
Né le 13 octobre 1840 au Château Petit-Val (Seine-Maritime). Mort le 19 mars 1914 à Paris. XIXe-XXe siècles. Français.
Émailleur.

DUSYK Adam
XVIe siècle. Actif dans la vieille ville de Prague. Tchécoslovaque.
Peintre.

DUTAC Antoine
Né le 15 septembre 1787 à Épinal (Vosges). Mort en 1873. XIXe siècle. Français.
Peintre de paysages.
Il participa au Salon de Paris de 1817 à 1851.
Ses paysages montrent des vues prises essentiellement dans les Vosges.
Bibliogr. : Gérald Schurr, in : *Les Petits Maîtres de la peinture 1820-1920, valeur de demain,* Les Éditions de l'Amateur, t. II, Paris, 1982.
Musées : Épinal : *Paysage.*
Ventes Publiques : Paris, 19 fév. 1971 : *Paysage* : **FRF 780.**

DUTAILLY
Né à Lyon. XVIIIe-XIXe siècles. Français.
Peintre de genre, paysages, peintre à la gouache, aquarelliste, dessinateur.
Il fut élève de Doyen. Il exposa à Paris, en 1800 et 1801 : *Danse du boléro.* Il s'est aussi consacré à la peinture à l'huile. Ses tableaux et ses dessins jouissent d'une certaine réputation.
Ventes Publiques : Paris, 1861 : *L'Instant favorable,* dess. : **FRF 93** – Paris, 1900 : *La Déclaration interrompue* : **FRF 510** ; *Le concert* : **FRF 760** – Paris, les 3 et 4 mars 1905 : *Concert intime* : **FRF 1 900** – Paris, 26 fév. 1927 : *Vue d'une partie de l'aqueduc de Mérida,* aquar. : **FRF 820** – Paris, 23 et 24 fév. 1939 : *L'Imitation de l'Antique,* pl., lav. de bistre et reh. de blanc ; *L'Admiration de l'Antique,* pl., lav. de bistre et reh. de blanc, deux pendants : **FRF 5 250** – Paris, 18 nov. 1981 : *La Sérénade* 1796, aquar. et gche (31x39) : **FRF 16 000.**

DUTAILLY François
Français.
Peintre.
Il était membre de l'Académie Saint-Luc à Paris.

DUTANDA
XVIIIe siècle. Français.
Peintre.
Il travailla comme peintre de fleurs à la Manufacture de Sèvres de 1765 à 1802.

DUTANDA, Mlle
XVIIIe siècle. Française.
Peintre.
Elle est nommée en 1797 comme peintre de fleurs à la Manufacture de Sèvres.

DUTANS Louis
XVIIIe siècle. Actif à Paris en 1762. Français.
Peintre.

DUTARY Alberto
Né en 1932 à Panama City. XXe siècle. Panaméen.
Peintre. Tendance abstraite.
Il acheva sa formation artistique en Espagne, où il passa six années, et fit, en 1957, sa première exposition personnelle. Sa peinture mettant en œuvre des matières généreuses, bien que de tendance abstraite, reste allusive à la réalité colorée de son pays. Il travaille à Panama, expose aussi en Colombie et aux Etats-Unis.

DUTASTA Louis
Né au XIXe siècle à Bordeaux. XIXe siècle. Français.
Peintre de paysages.
Il se forma sous la conduite de Baudit et de Harpignies. A partir de 1878, il figura au Salon, avec des paysages.
Ventes Publiques : Paris, 22 fév. 1935 : *La Clairière* : **FRF 70.**

DUTCZYNSKA Irma von. Voir **DUCZYNSKA Irma von**

DUTEIL Alice
Née à Paris. XXe siècle. Française.
Peintre.
Élève de H. Lévy et F. Bivel. Sociétaire du Salon d'Automne. On cite ses natures mortes.

DUTEILLÉ Étienne
XVIIIe siècle. Actif à Paris. Français.
Sculpteur.

DUTENS Louis
XVIIIe siècle. Français.
Peintre.
Il fut reçu à l'Académie Saint-Luc à Paris en 1762.

DUTER Martin
XVIIIe siècle. Actif à Paris en 1788. Français.
Peintre et sculpteur.

DUTER Sébastien
XVIIIe siècle. Actif à Paris en 1779. Français.
Peintre et sculpteur.

DUTERIOLLE Pierre
Né à Dijon. XVIIe siècle. Français.
Peintre.

DUTERME Roger
Né en 1919 à Etterbeck (Bruxelles). XXe siècle. Belge.
Peintre, peintre de cartons de tapisseries, sculpteur médailleur et céramiste, dessinateur, décorateur, illustrateur. Hyperréaliste.
Il fut élève des Arts et Métiers d'Etterbeck et de Saint-Luc à Bruxelles où il devint professeur de dessin. Directeur de l'École des Arts d'Ixelles. Il a exécuté de grands panneaux de décoration au Pavillon du Saint-Siège à l'Exposition de 1958, ainsi qu'au Baudoinville.
Ses peintures ont souvent pour objet des paysages, des marines ou des natures mortes.
Bibliogr. : In : *Diction. biogra. illustré des artistes en Belgique depuis 1830,* Arto, Bruxelles, 1987.
Musées : Bruxelles (Mus. roy. d'Art et d'Hist.) – Düsseldorf – Wuppertal.

DUTERREAU B.
XIXe siècle. Français (?).
Graveur.
On cite de cet artiste, qui fut actif en France et en Angleterre à la fin du XIXe siècle, deux planches gravées au burin pour : *The Squire's Door,* d'après G. Morland.

DUTERREAU Benjamin
XIXe siècle. Français.
Peintre de genre, portraits, aquarelliste.
Il exposa de 1817 à 1825 à la Royal Academy et à la British Institution à Londres. Peut-être est-il le même que le graveur B. Duterreau qui travailla à Londres à la même époque.
Ventes Publiques : Hobart, 26 août 1996 : *La Cathédrale de Glasgow,* aquar. et encre (52,5x65) : **AUD 4 600.**

DUTERRIER Jeanne Françoise Alzire ou **du Terrier**
Née en 1805 à Paris. Morte le 3 décembre 1868 à Paris. XIXe siècle. Française.
Peintre.
Exposa des portraits au Salon, de 1883 à 1846.

DUTERTRE André
Né en 1753. Mort en avril 1842 à Paris. XVIIIe-XIXe siècles. Français.
Peintre et graveur.
Professeur à l'école gratuite de dessin, membre de l'Institut d'Égypte, chevalier de la Légion d'honneur, il avait été l'élève de Vien et de Collet. En 1796, il envoya au Salon plusieurs dessins exécutés d'après les peintures à fresques de Raphaël, dans les chambres du Vatican. Il figura au Salon en 1804 et 1812, avec des portraits, notamment ceux de Desaix et de Kléber, et par des tableaux représentant des figures de musulmans et des scènes égyptiennes. Dutertre fut un artiste intéressant.
Musées : Lille : *Étude de femme* – Versailles : *Belliard, général de brigade – Damas, général de division – Estève, général de l'armée d'Orient – Donzelot, général de brigade – Dugua, général de division – Davout, général de brigade – Desaix, général de division – Destaing, général de brigade – Kléber – Lagrange, général de brigade – Vial, général de brigade – Zaionczek, général de brigade – Rabasse, adjudant général – Rampon, général de*

brigade – Un général inconnu – Reynier, général de division – Robin, général de brigade – Valentin, général de brigade – Verdier, général de brigade – D'Aure, ordonnateur en chef de l'armée d'Orient – Baudot, général de brigade – Jean-Baptiste-Étienne Poussielgue, administrateur général en chef des finances de l'armée d'Orient – Lanusse, général de division – Le Clerc d'Ostein – Menou, général en chef de l'armée d'Orient – Almeras, général de brigade – Morand, général de brigade – Friant, général de brigade – Fugière, général de brigade, dess. au fus.
VENTES PUBLIQUES : PARIS, 4 déc. 1931 : *Paysage italien,* dess. au lav., attr. : **FRF 150**.

DUTERTRE Jean
XVIe siècle. Actif à Fontainebleau de 1540 à 1550. Français.
Peintre.

DUTERTRE L. Voir **LÉGALL-DUTERTRE**

DUTERTRE Victor
Né le 10 février 1850 à Thilouze (Indre-et-Loire). XIXe siècle. Français.
Graveur sur bois.
Élève de J.-A. Quartley. Figura au Salon des Artistes Français où il obtint une mention honorable en 1896 et une médaille de troisième classe en 1899. Le Cabinet des Estampes conserve de ses épreuves.

DUTEURTRE Pierre Eugène
Né le 10 juillet 1911 à Deuil (Val d'Oise). XXe siècle. Français.
Peintre. Tendance postimpressionniste.
Il expose, à Paris, au Salon d'Automne, au salon des Artistes Français, aux *Peintres Témoins de leur Temps* et au Salon de la Société Nationale des Beaux-Arts, des toiles d'une facture postimpressionniste.

VENTES PUBLIQUES : VERSAILLES, 23 mars 1986 : *Femme au bouquet,* h/t (55x46) : **FRF 8 000** – VERSAILLES, 7 fév. 1988 : *Femme à l'éventail,* h/t (55x46) : **FRF 6 200** – PARIS, 22 avr. 1988 : *La jeune dessinatrice,* h/t (55x46) : **FRF 7 000** – LE TOUQUET, 11 nov. 1990 : *Paysage aux marais,* h/t (33x41) : **FRF 6 000** – PARIS, 20 jan. 1991 : *Femme à l'éventail,* h/t (55x46) : **FRF 15 000** – PARIS, 27 avr. 1992 : *Déjeuner au jardin,* h/t (54x65) : **FRF 5 000**.

DUTFOY Georges Hervé
Né à Larcan (Haute-Garonne). XXe siècle. Français.
Peintre de natures mortes.
Élève de E. Fougerat. Sociétaire du Salon des Artistes Français.

DUTHE J.
XIXe siècle. Actif à Paris entre 1800 et 1840. Français.
Graveur.
Beraldi cite de lui des gravures de sainteté. Il a aussi gravé au pointillé toute la vie de Marie de Médicis. Il a également gravé en couleurs des sujets élégiaques.

DUTHEIL Georges Denys
Né le 24 mai 1888 à Paris. XXe siècle. Français.
Peintre, sculpteur.
Sociétaire, à Paris, du Salon de la Société Nationale des Beaux-Arts, membre du jury. Il exposa aussi au Salon d'Automne et à celui des Artistes Indépendants. Il a effectué en Afrique Équatoriale un voyage d'étude. On cite de cet artiste : *l'Âme* (tombeau de sa mère) au cimetière de Saint-Ouen.

DUTHEIL Hippolyte C.
XIXe-XXe siècles. Français.
Graveur sur bois.
Exposant du Salon des Artistes Français ; troisième médaille en 1888.

DUTHIE Spottiswoode
XXe siècle. Britannique.
Peintre de scènes de genre, sujets allégoriques, paysages.
Depuis ses débuts à la Royal Academy en 1896, il a exposé de nombreuses toiles parmi elles : *Rayon de soleil*(1896), *Été, Solitude* (1898), *Je voudrais être un papillon errant* (1899), *Cupidon* (1900), *La Fille du moulin* (1907), etc.
VENTES PUBLIQUES : LONDRES, 18 mars 1987 : *Le chasseur de papillons,* h/t (81x66) : **GBP 3 000**.

DUTHIEL Hippolyte
Né au XIXe siècle à Paris. XIXe siècle. Français.
Graveur.
Élève de Verdeil. Il exposa au Salon de 1875 à 1882 ; il obtint une mention honorable en 1882 et une médaille de troisième classe en 1888.

DU THIELT Ghalt ou **Walther**. Voir **DU TIELT**

DUTHIELT Wilh
Né au début du XVIIe siècle à Ypres. XVIIe siècle. Éc. flamande.
Peintre et graveur à l'eau-forte et au burin.
Élève de Rubens. On cite parmi ses gravures le *Plan de la ville d'Ypres.* À rapprocher de Guil Du Tielt.

DUTHOIT Aimé
Né à Amiens. Mort en mars 1869 à Amiens. XIXe siècle. Français.
Sculpteur.
En 1857, il envoya au Salon de Paris, le buste en bronze d'Auguste Leprince, un des fondateurs de la société des Antiquaires de Picardie.

DUTHOIT Alcide
Né au XIXe siècle à Amiens. XIXe siècle. Français.
Sculpteur.
De 1833 à 1835, il envoya au Salon de Paris, quelques bustes en plâtre et un bas-relief.

DUTHOIT Florence, Mme
XIXe siècle. Française.
Sculpteur.
Figura au Salon de Paris en 1848.

DUTHOIT Jacques François
XVIIIe siècle. Français.
Sculpteur.
Exécuta en 1720 un autel sculpté pour l'église Saint-Nicaise à Tournai.

DUTHOIT Jean Baptiste
Né le 10 août 1811. Mort le 11 décembre 1883. XIXe siècle. Actif à Toulon. Français.
Sculpteur.
Il était le troisième fils de Marcelin Duthoit, dont il termina beaucoup d'œuvres. Il exécuta ainsi de 1853 à 1862 la plastique ornementale de 68 gros vaisseaux. Il fit également un grand autel sculpté pour l'église paroissiale Saint-Louis à Toulon.

DUTHOIT Louis
Né en 1807 à Amiens. Mort en 1874 à Amiens. XIXe siècle. Français.
Sculpteur et dessinateur.
Fils de Louis Joseph Duthoit, il travailla surtout avec son frère Aimé de 1805 à 1869 ; ils exécutèrent une série de statues et d'autels pour l'église Saint-Vulfram à Abbeville, et pour la cathédrale d'Amiens, qui possède également un grand nombre de statues de saints, signées de Louis seul.

DUTHOIT Louis Joseph
Né le 7 décembre 1766 à Lille. Mort le 12 novembre 1824 à Amiens. XVIIIe-XIXe siècles. Français.
Sculpteur.
Fils d'un Charles François Duthoit, il travailla à Amiens et fit surtout des restaurations de sculptures.

DUTHOIT Marcelin François
Né en 1765 à Marseille. Mort le 1er avril 1845 à Toulon. XVIIIe-XIXe siècles. Français.
Sculpteur.
Fils d'un François Duthoit, qui avait un atelier de décoration de bateaux à Toulon, et dont il prit la succession. En 1805, il fut chargé de toutes les sculptures destinées à la Marine à Toulon.

DUTHOIT Paul Maurice
Né le 20 novembre 1858 à Lille (Nord). XIXe siècle. Français.
Peintre.
Élève de Gérome, Glaize et Humbert. Sociétaire des Artistes Français depuis 1886.

Musées : Arras : *L'angélus en mer* – Calais : *L'attente* – Lille : *Solitude* – Périgueux : *La Madone de la lagune* – Tourcoing : *Parisienne.*
Ventes Publiques : Paris, 29 oct. 1927 : *Portrait de jeune femme à chevelure rousse* : **FRF 330.**

DUTHOIT Séraphin Joseph
XVIIIe siècle. Français.
Sculpteur.
Il fut reçu maître à Lille en 1784.

DUTHOO Jacques
Né en 1910 à Tours (Indre-et-Loire). Mort le 13 mars 1960 à Paris. XXe siècle. Français.
Peintre, graveur à l'eau-forte. Abstrait.
Il ne commença à peindre qu'en 1943 et s'orienta presque aussitôt vers l'abstraction. Sa première exposition, avec Serge Poliakoff, à Paris, eut lieu en 1946. Il participa au Salon d'Automne en 1946, au Salon des Surindépendants en 1947 et exposa tout au long de sa vie au Salon des Réalités Nouvelles, dès sa création en 1947. Il figura aussi au Salon Comparaison et de Mai. Il réalisa des expositions particulières à Paris, Bruxelles, et en Suisse. La dernière de son vivant ayant eu lieu à Paris en 1959. Le Musée de Tours, en 1961, ainsi qu'une galerie parisienne (Ariel) en 1965, consacrèrent des expositions rétrospectives à l'ensemble de son œuvre, puis la galerie Barbier-Beltz organisa en 1989 une nouvelle exposition sur Jacques Duthoo. Il fit une peinture classiquement abstraite, discrète avant tout. On y trouve de grands formats dans les dernières années. Solitaire, souvent retiré à Tours, sa peinture était à son image, la forme en est calme et équilibrée, la gamme sobre dans les bruns. Bitran écrira : « Saisir l'ambiance d'un Duthoo implique le recul dans un temps émotionnel, vers un lieu discontinu de rêves intimes qu'il s'agit de se remémorer d'un premier regard au petit matin de la conscience. »
Bibliogr. : In : *Peintres contemporains,* Mazenod, Paris, 1964.
Musées : Paris (Mus. Nat. d'Art Mod.) – Tours (Mus. des Beaux-Arts).
Ventes Publiques : Paris, 21 avr. 1985 : *Ocre et noir* 1958, h/t (64x80) : **FRF 11 000** – Paris, 11 fév. 1987 : *Composition,* h/t (81x116) : **FRF 17 000** – Paris, 30 mai 1990 : *Composition* 1958, h/t (66x52) : **FRF 19 000.**

DUTHOREAU Michau
XVe siècle. Actif à Tours vers 1489. Français.
Peintre verrier.

DU THUILLAY Lewis
XVIIIe siècle. Actif à Londres dans la seconde moitié du XVIIIe siècle. Britannique.
Peintre d'histoire et portraitiste.
Il exposa à Londres de 1765 à 1774.

DUTI Giovanni Giacomo
XVIe siècle. Actif à Urbino. Italien.
Peintre.

DU TIELT Ghalt ou **Gualterius** ou **Walther** ou **du Thielt**
XVIIe siècle. Hollandais.
Graveur au burin.
Il était actif à Ypres au XVIIe siècle. Il grava des armoiries.

DU TIELT Guil ou **Guillaume** ou **du Thielt**
XVIIe siècle. Éc. flamande.
Peintre de portraits, graveur.
Actif à Ypres vers 1610, jusqu'en 1630, il grava d'après Rubens, ce qui incite à le supposer peut-être identique à, ou au moins apparenté à Wilh Duthielt.
Musées : Ypres : *Portrait d'un maréchal,* peinture.

DU TIELT Louis
XVIIe siècle. Hollandais.
Peintre et graveur de vues.
Il était actif à Ypres de 1614 à 1630. Certainement apparenté aux Du Tielt et Duthielt d'Ypres.

DU TIELT P., ou **T.** ou **Dutielt**
Né vers 1610 à Ypres. Mort en 1669. XVIIe siècle. Éc. flamande.
Peintre de portraits, graveur au burin.
Il paraît peu probable qu'il y ait eu simultanément un P. Du Tielt et un T. Dutielt. Probablement fils de Guil Du Tielt. Il peignit des sujets religieux.
Musées : Versailles (Mus.) : *Portrait du théologien Cornelis Jansenius.*

DUTILLE Yvonne
XXe siècle. Française.
Sculpteur.
Exposant puis sociétaire, à Paris, du Salon des Artistes Français. Mention honorable en 1921.

DUTILLEUL
XVIIIe siècle. Français.
Peintre.
Membre de l'Académie Saint-Luc, il exposa, en 1753, quatre tableaux représentant des fleurs et des fruits.

DUTILLEUL Marcelle
Née à Paris. XXe siècle. Française.
Sculpteur animalier.
Sociétaire du Salon des Artistes Français de Paris où elle expose depuis 1926.

DUTILLEUL Philippe
XXe siècle.
Peintre de paysages, architectures.
Il a montré ses œuvres en 1993, à Paris dans une exposition personnelle à la FIAC (Foire Internationale d'Art Contemporain), à la galerie Alain Blondel.

DUTILLEUX
XVIIIe siècle. Français.
Peintre de natures mortes.
Il était membre de l'Académie Saint-Luc à Paris et exposa en 1753.

DUTILLEUX Henri Joseph Constant
Né le 5 octobre 1807 à Douai. Mort le 21 octobre 1865 à Paris. XIXe siècle. Français.
Peintre de portraits, nus, paysages animés, paysages, intérieurs, natures mortes, lithographe.
Il fut l'élève de Hersent à l'École des Beaux-Arts. Fondateur et président de la Société artésienne des Amis des Arts, il se fixa à Arras en 1730 et y resta jusqu'en 1860. Il figura au Salon de 1834 à 1866 avec des natures mortes, des vues, quelques paysages, et en 1852 avec le *Portrait du cardinal de la Tour d'Auvergne Lauraguais sur son lit de mort.* Dans sa collection, Alfred Ribaut a lithographié diverses œuvres de Dutilleux.
Il fut l'intime ami de Delacroix, qui lui offrit son dernier tableau, et de Corot qui considérait la famille de Dutilleux un peu comme la sienne. Cette précieuse intimité eut sur l'art de Dutilleux une influence considérable. Sa peinture fut le reflet de son amitié : la couleur, la composition, la touche même, tout vient de Corot dans la peinture de Dutilleux à partir du moment où ils se fréquentèrent. Cette apparente identité fit même se tromper quelques-uns, et l'on attribua parfois à Corot des œuvres de Dutilleux. La personnalité de Dutilleux se dégage mieux de ses nus, portraits, natures mortes et scènes d'intérieur.

Cachet de vente

Musées : Amiens : *La Madeleine* – Arras : *Souvenir de la Messe – Paysage – Bord de marais – Adam et Ève – Descente de Croix – Soleil couchant – Sous bois – Le cardinal de la Tour d'Auvergne – Gorges d'Apremont – Paysage – Roches – Prairie – Le maréchal Niel – Le Tonnelier – Ses élèves – Nu – Le Charlemagne – Nature morte – Devant l'auberge – Nu – Sous bois – Le Tréport* – Douai : *Vue des environs d'Arras – Vue du Tréport – Tête de vieillard* – Lille : *Paysage – Saint Jérôme – Saint Sébastien – Effet du soir – Effet du matin – Un chemin creux – Portrait de Pierre Dutilleux, fils de l'artiste – Paysage, étude – Autre paysage – Autre paysage – Métairie dans la forêt de Fontainebleau – Souvenir de Hollande* – Montpellier : *Le chenal de Graveline* – Paris (Mus. du Louvre) : *L'enfant au papillon* – Tournai : *Bacchante.*

Ventes Publiques : Paris, 1897 : *Paysage : effet de matin* : **FRF 100** – Paris, 1900 : *La source de Gy, à Duisans* : **FRF 130** – Paris, 27-28 fév. 1919 : *Sous bois* : **FRF 310** – Paris, 28 nov. 1919 : *Le chemin tournant, effet de brouillard* : **FRF 120** ; *Roche dans une clairière, forêt de Fontainebleau* : **FRF 780** ; *Clairière* : **FRF 140** ; *Roche dans la forêt (Fontainebleau)* : **FRF 120** ; *Saint-Nicolas les Arras* : **FRF 300** ; *Athies les Arras* : **FRF 600** ; *Ruisseau à l'entrée de la forêt* : **FRF 800** ; *Chaumière à l'ombre de grands arbres* : **FRF 540** ; *Saint-Éloi* : **FRF 105** ; *Pâturage en Artois* : **FRF 420** ; *Les Dunes de Gravelines* : **FRF 550** ; *Saules au bord d'un ruisseau* : **FRF 380** ; *Vue de Douai entre le Pont Rouge et Lambri* 1854 : **FRF 150** ; *Le chemin sous les branches dans la forêt* : **FRF 750** ; *Au petit port Philippe, Gravelines* : **FRF 520** ; *Les Falaises au Tréport* : **FRF 210** ; *Le chemin ensoleillé, campagne d'Arras* : **FRF 600** – Paris, 30 nov.-1er et 2 déc. 1920 : *La Crète de Sin*, fus. : **FRF 100** – Paris, 10 mars 1926 : *Environs d'Arras* : **FRF 750** – Paris, 22 mars 1926 : *La forêt* : **FRF 250** – Paris, 29 mai 1926 : *Rochers en forêt de Fontainebleau* : **FRF 160** – Paris, 23 déc. 1942 : *Gardeuse de vaches au bord de la mer* : **FRF 13 500** – Paris, 3 fév. 1943 : *Jeune garçon nu allongé en plein air* : **FRF 500** – Paris, 20 nov. 1981 : *Le Cloître*, h/pap. (19x31) : **FRF 6 800** – Paris, 15 juin 1983 : *Paysages animés*, deux h/pan. (chaque 25x40,5) : **FRF 9 000** – Paris, 14 juin 1993 : *Rochers dans la forêt de Fontainebleau* 1855, h/t (28x34,5) : **FRF 5 500** – Paris, 18 nov. 1993 : *Personnage devant la ferme*, h/t (27x35,5) : **FRF 3 500** – Paris, 14 fév. 1996 : *Pêcheurs le soir*, cliché-verre (11,5x15,5) : **FRF 9 000**.

DUTILLEUX Jef
Né en 1876 à Bruxelles. Mort en 1960. xxe siècle. Belge.
Peintre de figures, paysages.
Ventes Publiques : Lokeren, 5 mars 1988 : *Le mendiant*, h/pan. (19x30) : **BEF 20 000** – Bruxelles, 19 déc. 1989 : *Paysage au cours d'eau*, h/t (50x85) : **BEF 28 000** – Bruxelles, 12 juin 1990 : *Scène de port*, h/pan. (45x60) : **BEF 65 000**.

DUTILLEUX Pierre François
xviiie siècle. Actif à Paris en 1753. Français.
Peintre et sculpteur.

DUTILLIEU Armand
Né en 1689 à Paris. Mort en 1710 à Paris. xviiie siècle. Français.
Peintre.
Il était le fils de François Dutillieu et fut l'élève de Claude Gillot, chez lequel il travailla avec Lancret, Pater et Watteau. Mort très jeune, il a laissé peu de tableaux.

DUTILLIEU Charles Gilles
Né le 31 janvier 1697 à Paris. Mort le 11 juin 1738 à Paris. xviiie siècle. Français.
Peintre et décorateur.
Fils de François Dutillieu, il exécuta des décorations dans les châteaux de Sceaux et Anet pour la duchesse du Maine, de Chantilly pour le prince de Condé, et du Louvre en 1738. Il fut admis en 1720 à l'Académie Saint-Luc.

DUTILLIEU Étienne
Né le 7 avril 1729 à Paris. Mort le 19 décembre 1782 à Paris. xviiie siècle. Français.
Dessinateur et peintre.
Fils de Charles Gilles Dutillieu, il travailla à Lyon comme dessinateur modeliste de broderies.

DUTILLIEU François
Né en 1660 à Paris. Mort le 4 octobre 1723 à Paris. xviie-xviiie siècles. Français.
Peintre.
Il fut le premier de toute une génération d'artistes. Élève de Le Brun, il travailla ensuite à Paris avec A. Hénault, beau-père de Noël Coypel et épousa le peintre de fleurs Anne Lefèvre. Il peignit à Trianon une série de linteaux.

DUTILLIEU Jacques Charles
Né le 14 mai 1718 à Paris. Mort le 5 mars 1782 à Lyon. xviiie siècle. Français.
Peintre de natures mortes, fleurs, dessinateur.
Il travailla à Paris sous la direction d'Oudry et se fixa, en 1736, à Lyon, où il fut dessinateur, puis marchand-fabricant de soieries. Il était maître-garde de sa corporation en 1760.
Ventes Publiques : Londres, 12 avr. 1978 : *Vase de fleurs*, h/t (85x114) : **GBP 5 200**.

DUTILLIEU Pierre
Né en 1702 à Paris. Mort le 9 juillet 1760 à Paris. xviiie siècle. Français.
Peintre.
Fils de François Dutillieu Il fut d'abord peintre de fleurs, mais se consacra bientôt aux décorations de théâtre.

DUTILLOIS Auguste
xixe siècle. Français.
Graveur en taille-douce.
Exposa au Salon de Paris de 1831 à 1838.

DUTOCQ Louis Sébastien
Né au xixe siècle à Écouen (Val-d'Oise). xixe siècle. Français.
Graveur.
Élève d'A. François. Il exposa au Salon de Paris en 1867.

DUTOILLE François
xviiie siècle. Actif à Paris en 1746. Français.
Peintre et sculpteur.

DUTOIT Jean Ulysse
xxe siècle. Français.
Peintre.
Cet artiste a exposé des nus, paysages et natures mortes au Salon des Tuileries en 1938 et 1939.

DUTOUR Charles
Mort le 2 avril 1785. xviiie siècle. Français.
Peintre.
Il fut membre de l'Académie Saint-Luc à Paris.

DUTOUR Nicolas Simon
xviiie siècle. Actif à Paris en 1755. Français.
Peintre.

DUTRA Alipio
Né à São Paulo (Brésil). xxe siècle. Brésilien.
Peintre.
Élève de Laparra, P.-A. Laurens. Pagès et P. M. Dupuy. En 1923 et 1924 il a exposé au Salon des Artistes Français un portrait d'enfant et un paysage.

DUTRÉ
xviie siècle. Actif à la fin du xviie siècle. Allemand.
Peintre de portraits.
D'après son portrait du théologien Justus Siber, Moritz Bodenehr exécuta une gravure au burin.

DUTRECH Paul
xixe siècle. Français.
Peintre.
En 1849 et en 1850, il envoya des vues au Salon de Paris.

DU TRET Didier
xive siècle. Travaillant aux Andelys, en 1396. Français.
Peintre verrier.

DU TREUIL Pierre Emmanuel
Né à Genève. xviiie siècle. Suisse.
Graveur.
Il fut reçu bourgeois natif de Genève le 15 février 1790.

DU TREUIL Samuel
Baptisé à Genève le 3 août 1733. Mort le 29 janvier 1818. xviiie-xixe siècles. Suisse.
Peintre sur émail.

DUTRIAC Georges Pierre
Né dans la seconde moitié du xixe siècle à Bordeaux (Gironde). xixe siècle. Français.
Peintre de genre.
Il obtint une mention honorable en 1893 au Salon de Paris.
Ventes Publiques : Paris, 15 nov. 1976 : *Soirée familiale*, h/t (46x61) : **FRF 3 300** – Paris, 26 juin 1995 : *Révélation troublante* 1895, h/t (45x28) : **FRF 9 500**.

DUTRIE
xviiie siècle. Actif à Paris. Français.
Sculpteur.

DUTRIEU Edmond
Né en 1882. Mort en 1962. xxe siècle. Belge.
Peintre.

DUTRIEU Michel
Né en 1910 à Froyennes. xxe siècle. Belge.
Peintre de paysages, paysages urbains, marines.

Bibliogr. : In : *Diction. biogra. illustré des artistes en Belgique depuis 1830*, Arto, Bruxelles, 1987.
Musées : Tournai.
Ventes Publiques : Anvers, 30 avr. 1981 : *Barques de pêche sur la rivière*, h/t (115x130) : **BEF 20 000**.

DUTRIEUX
xviiie siècle. Français.
Peintre de portraits.
Agréé à l'Académie de Lille, il exposa de nombreux portraits au Salon de cette ville de 1773 à 1784. Père d'Henri Dutrieux.

DUTRIEUX Amable
Né en 1816 à Tournai. Mort le 13 avril 1886 à Tournai. xixe siècle. Belge.
Sculpteur.
Il fut élève de l'Académie de Tournai et de G. Geefs à Bruxelles, où il séjourna longtemps. On cite de lui les œuvres suivantes : les statues de *Léopold Ier* à Ixelles (1851), de la *Princesse d'Épinay* à Tournai (1863), de *la Justice* pour le Palais de Justice de Bruxelles. Namur, Bruxelles et Tournai possèdent quelques-unes de ses œuvres.

DUTRIEUX Henri
xviiie siècle. Actif à Lille. Français.
Peintre de portraits.
Élève de l'école de dessin. Il exposa à plusieurs reprises au Salon de Lille entre 1773 et 1788.

DUTRILLEUR
xviiie siècle. Français.
Sculpteur.
Il exécuta pour l'église Saint-Vulfram à Abbeville la statue d'un saint Roch en bois peint.

DUTROU Jean Baptiste
Né le 8 janvier 1814 à Paris. xixe siècle. Français.
Peintre de natures mortes.
Figura au Salon avec des natures mortes de 1869 à 1880.

DUTROUE Léonard, dit **Lafond**
xviiie siècle. Actif à Paris en 1770. Français.
Peintre et sculpteur.

DUTRUY Jean Louis
xviiie siècle. Vivant à Genève dans la seconde moitié du xviiie siècle. Suisse.
Peintre sur émail.
Il fut reçu habitant de Genève le 29 août 1761, et s'associa avec Jacob Meyer, vers 1758.

DUTRY Edmond
Né en 1897 à Lokeren. xxe siècle. Belge.
Peintre de figures, portraits, dessinateur.

DUTRY Maria
Née en 1871 à Klken. Morte en 1933 à Gand (Flandre-Orientale). xxe siècle. Belge.
Peintre de paysages, aquarelliste.
Élève de J. Vindevogel.

DUTRY Pierre Joseph Isidore
xviiie siècle. Actif à Paris en 1779. Français.
Peintre et sculpteur.

DUTTENHOFER Anton
Né en 1812 à Stuttgart. Mort en 1843 à Stuttgart. xixe siècle. Allemand.
Graveur.
Fils de Christian Friedrich Duttenhofer. On cite de lui : *Roméo et Juliette*, d'après A. Brukmann.

DUTTENHOFER Christian Friedrich
Né en 1778 à Gronau. Mort en 1846 à Heidelberg. xixe siècle. Allemand.
Graveur au burin.
On cite de lui des planches représentant des vues de villes et des paysages.

DUTTENHOFER Christiane Luise, née **Hummel**
Née le 5 avril 1776 à Waiblingen. Morte le 16 mai 1829 à Munich. xixe siècle. Allemande.
Peintre de miniatures.
Elle a silhouetté les portraits des plus célèbres de ses contemporains : Schiller, Goethe, Uhland, Dannecker, Matthisson, etc. Une exposition de ses œuvres organisée à Stuttgart en avril 1908 rappela le nom presque oublié de cette artiste.

DUTTER Pierre
Français.
Peintre.
Il est cité par Ris-Paquot.

DUTTILE Yvonne
Née à Vincennes (Val-de-Marne). xxe siècle. Française.
Sculpteur.
Élève de Hanneaux. Sociétaire du Salon des Artistes Français ; mention honorable en 1921.

DUTTON John Harrison
xixe siècle. Britannique.
Peintre de portraits, graveur.
Il exposa ses œuvres de 1828 à 1839 à la Royal Academy à Londres. Parmi celles-ci, citons le portrait gravé du duc de Wellington et du général Washington. Il pratiqua la gravure sur pierre à la main.
Ventes Publiques : Londres, 21 sep. 1983 : *Portrait de femme* 1916, h/t (91,5x71) : **GBP 580**.

DUTTON Mary Martha. Voir **PEARSON Mary Martha**

DUTTON Thomas G.
xixe-xxe siècles. Britannique.
Peintre de marines, graveur.
Ventes Publiques : Londres, 17 et 18 déc. 1925 : *Marine* 1857, aquar. : **GBP 14** – New York, 10-13 mai 1944 : *Les bateaux ; Treping et Ariel* : **USD 125** – Londres, 17 fév. 1983 : *Anglo-American Atlantic Yacht Race of 1870*, litho. en teinte (43,8x62,2) : **GBP 380** – New York, 30 oct. 1985 : *Yacht of the Royal Thames Yacht Club*, aquar./cr. (36,4x60,4) : **USD 2 800**.

DUTUIT Philippe Auguste Jean Baptiste
Né le 17 juin 1812 à Paris. Mort le 11 juillet 1902 à Rome. xixe siècle. Français.
Peintre de genre.
Il fut élève de Thomas Couture. Il exposa au Salon en 1868 : *Cardinaux sortant du Vatican par la porte des Suisses, après une audience du Saint-Père ; La Leçon de chant des enfants de chœur dans une sacristie à Rome* ; et en 1869 : *Modèles dans un atelier pendant l'absence du peintre*.
Dutuit fut une des figures les plus originales du siècle dernier. Sa très grande fortune lui permit d'acquérir à des prix parfois considérables des trésors de toutes natures avant de les léguer à la Ville de Paris. La Collection Dutuit exposée au Petit Palais fait l'admiration de tous : c'est une réunion sans égale d'œuvres de choix, où tableaux anciens, dessins, gravures, objets d'art et meubles rivalisent de beauté.
Ventes Publiques : Copenhague, 8 nov. 1983 : *Le Sommeil du paysan*, h/t (53x44) : **DKK 12 000**.

DUTY Claudius
Né le 6 décembre 1833. xixe siècle. Français.
Peintre.
Exposa au Salon de Paris en 1868, une étude, et en 1869, une nature morte.

DUTY Marcelle
Née à Paris. xxe siècle. Française.
Sculpteur.
Sociétaire du Salon des Artistes Français de Paris où elle expose depuis 1922.

DÜTZING J. C. Voir **DIETZ**

DUTZSCHOLD Henri
Né le 4 janvier 1841 à Paris. Mort en 1891. xixe siècle. Français.
Peintre de genre, paysages.
Élève de Gérome, Véron et Harpignies, il exposa au Salon de Paris de 1868 à 1879.
Il partage son activité entre les scènes de genre et les paysages d'Île-de-France, Bretagne, Provence, des bords du lac Léman. On cite : *La mare aux corbeaux à Romainville – Feux de nuit sur des trains de bois – La petite buveuse*.
Bibliogr. : Gérald Schurr, in : *Les Petits Maîtres de la peinture 1820-1920, valeur de demain*, Les Éditions de l'Amateur, t. III, Paris, 1976.
Musées : Abbeville – Arras : *La butte de Chatillon* – Bordeaux : *Près de Bagneux* – Brest : *Villeneuve-les-Avignon* – Compiègne : *Paysage* – Dieppe : *Paysage* – Saint-Brieuc : *Sucy-Bonneuil*.

Ventes Publiques : Paris, 1890 : *Une rue aux Martigues (Provence)* : **FRF 35** – New York, 23 jan. 1903 : *Ruines d'un théâtre romain* : **USD 100.**

DUUC Lodewijk de, ou **Lowiis le**. Voir **LE DUC Louis**

DUVAL

XVIIIe siècle. Actif à Paris. Français.

Peintre.

On lui attribue un retable *Le Christ à Emmaüs* (1726), destiné à l'église de Villiers en Brière (Seine-et-Marne). Peut-être est-il également l'auteur d'une *Madone* (1757) à la Confrérie du Rosaire de Burcy (Calvados).

DUVAL

XVIIIe siècle. Français.

Graveur.

On connaît de lui une série de 4 planches, *Sofas*, éditées par Daumont. Il grava également quelques planches des œuvres complètes de Boucher Fils (1774).

DUVAL A...se

XIXe siècle. Allemand.

Peintre de miniatures.

On ne connaît de lui qu'une miniature représentant un homme âgé et signée *Ase Duval*. Cette miniature, provenant de la collection Lechmann de Hambourg, fut exposée en 1906 chez Friedmann et Weber à Berlin.

DUVAL Alix

Née en 1848 à Paris. XIXe siècle. Française.

Peintre de portraits.

Élève d'Ange-Tessier. Elle exposa au Salon de 1869 à 1875. Elle exécuta des portraits et des scènes familières.

DUVAL AMAURY. Voir **AMAURY-DUVAL**

DUVAL Arsène Eugène et **Jules**. Voir **DELAUNAY**

DUVAL Béatrice

Née en 1880 dans le canton de Vaud. Morte en 1973 à San Remo (Italie). XXe siècle. Suissesse.

Peintre de paysages. Néo-impressionniste.

Née dans une famille fortunée, elle voyagea beaucoup à travers le monde, avec sa famille et surtout son père qu'elle affectionnait spécialement. À l'occasion d'une halte à Saint-Cloud, elle se lia avec Émile Verhaeren, Camille Pissarro et surtout Paul Signac, qui la conseilla et l'influença dans la voie du néo-impressionnisme. Tous trois demeurèrent durablement ses amis, ainsi que Matisse, Maximilien Luce, Lucie Cousturier et le critique Félix Fénéon. Dans les premières années du siècle, elle peignit avec passion, ses amis parisiens, Lucie Cousturier en particulier, s'occupant de porter ses envois au Salon des Artistes Indépendants, et aux galeries Druet et Bernheim Jeune. Toujours avec son père, les voyages se suivaient, entrecoupés de séjours à Saint-Tropez, auprès des Signac. En 1913, elle s'installa pour quelques mois, près de Quimperlé, en Bretagne, séjour alors obligé dans la vie des peintres. La guerre de 1914 obligea père et fille à regagner la Suisse. Après la guerre, ils s'installèrent à San Remo, où le père mourut en 1929. Le choc fut fatal à sa vocation. Elle cessa définitivement de peindre. Elle consacra le reste de sa longue vie à la protection des oiseaux. L'œuvre entier fut oublié, pour n'être redécouvert qu'en 1985. Une exposition rétrospective lui fut consacrée à Lyon en 1991.

Toutes les peintures qui constituent l'ensemble de l'œuvre, ne sont pas exactement néo-impressionnistes. D'ailleurs, ce ne pouvait être alors qu'un néoimpressionnisme tardif (Seurat : 1859-1891). Les paysages les plus fidèlement néo-impressionnistes portent la marque de Paul Signac : palette claire, touches larges, divisionnisme assoupli. Les paysages non dogmatiques, sans doute antérieurs aux conseils de Signac, sont d'une facture aisée, énergique. La jeune femme était douée. Sans avoir encore atteint à la transposition colorée qu'entraînait la pratique du divisionnisme – chaque teinte étant restituée par la juxtaposition des couleurs pures qui la constituent – dans sa transposition encore réaliste du paysage, elle osait des audaces chromatiques surprenantes, par exemple : par derrière les masses feuillues vertes et vert-jaune du premier plan d'un pin parasol, elle indique les feuillages de l'arrière-plan par des larges traînées de bleu-outremer pur. Cette sorte de redécouvertes permet parfois l'arrivée de l'œuvre presque vierge de « petits maîtres » d'une tendance dont le marché s'épuisait.

■ Jacques Busse

Bibliogr. : Françoise Delamarre-Tindy, Jean Selz : *Béatrice Duval*, Édit. Vincent Buisson, Thonon, 1991.

Ventes Publiques : Paris, 13 mars 1991 : *Ferme à Arcy-sur-Cure*, h/pap./t. (45x33) : **FRF 39 000** – Boulogne-Billancourt, 29 mai 1994 : *Les pins à Saint-Tropez*, h/pan. (32x36) : **FRF 40 000.**

DUVAL Bertin

XVIe siècle. Français.

Peintre et sculpteur.

Il travaillait au Mans vers 1519 comme enlumineur. Il était peintre et sculpteur du roi François 1er. Père de Marc DUVAL.

DUVAL Caroline

XIXe siècle. Française.

Peintre de portraits.

Exposa au Salon de 1844 à 1848.

DUVAL Charles

XVIIIe siècle. Actif à Dombasle vers 1799. Français.

Peintre de portraits, miniatures, aquarelliste.

Élève de Heim et d'Aubry.

DUVAL Charles

Né à Paris. XIXe siècle. Français.

Peintre de paysages, aquarelliste.

Il fut élève de Paul Delaroche. Il débuta au Salon de 1880.

DU VAL Charles Allen

Né en 1808 en Irlande. Mort le 14 juin 1872 à Alderby (Cheshire). XIXe siècle. Irlandais.

Peintre de genre, portraits, graveur, lithographe.

Il vint vers 1830 à Manchester où il travailla jusqu'à sa mort. Parmi les tableaux qu'il exposa aux expositions de la Royal Academy à Londres, de Manchester et Liverpool, on cite : *Le Giaour* (1838), *Colomb enchaîné* (1855), *La Promenade matinale* (1861). Un de ses premiers portraits est celui du politicien irlandais O'Connell (1838). Il fit également ceux de F. C. Lewis, J. Stephenson, S. W. Reynolds junior. Il grava lui-même le portrait du philosophe Dalton d'après Chantrey pour la *Revue de l'Irlande du Nord* en 1842. Il exposa à Londres en 1865 une miniature sur ivoire représentant une *Jeune femme*. Il fit également le Portrait de la Malibran en lithographie d'après H. Decaisne.

DUVAL Claude ou **du Val**

XVIe siècle. Actif à Paris. Français.

Peintre.

Il peignit de 1534 à 1536 des travaux en stuc exécutés par Primaticcio.

DUVAL Constant Léon

Né en 1877 à Longuerron (Yonne). XXe siècle. Français.

Peintre de portraits, paysages.

Il fut élève de Guillemet et de P. Dupuy. Il obtint une mention honorable en 1909, une médaille d'or en 1926.

Ventes Publiques : Paris, 16 mai 1924 : *Portrait de Pradier* : **FRF 155** – New York, 17 jan. 1990 : *Parc en automne*, h/t (190,7x128,3) : **USD 2 200.**

DUVAL Edward J.

XIXe siècle. Britannique.

Peintre d'histoire, portraits, paysages.

Actif à Manchester, il exposa à partir de 1876 à la Royal Academy et à Suffolk Street à Londres.

Ventes Publiques : Londres, 28 juil. : *Céphale et Procris* : **GBP 2** – Londres, 19 juil. 1909 : *Where Sunlight glints* : **GBP 21** – Londres, 18 juil. 1984 : *Port de pêche au clair de lune* 1877, h/t (86,3x136,5) : **GBP 1 000.**

DUVAL Élisabeth

XVIe siècle. Active à Paris vers la fin du XVIe siècle. Française.

Dessinatrice.

Fille de Marc Duval, elle était considérée comme très adroite dessinatrice, spécialement par Lacroix du Maine qui en fait l'éloge.

DUVAL Esprit

XVIIIe siècle. Actif à Toulon en 1703. Français.

Peintre.

DUVAL Eugène Emmanuel PINEUX-DUVAL, appelé **Amaury-Duval**. Voir **AMAURY-DUVAL**

DUVAL Eugène Stanislas Guillaume

Né le 7 mai 1845 à Paris. XIXe siècle. Français.

Peintre de genre.

Leloir et Pils furent ses maîtres. Au Salon, il exposa ses ouvrages de 1866 à 1870. Parmi ceux-ci, on mentionne notamment : *Soldats à la recherche de Vitellius, Le Jardinier et son seigneur, La Précaution inutile.*
Ventes Publiques : Berne, 22 oct. 1971 : *Le Goûter* : **CHF 1 600** – Londres, 16 mars 1983 : *Le Berger et la Mer* 1870, h/t (104x190) : **GBP 3 800** – Cologne, 21 mai 1984 : *Les Fiançailles* 1867, h/pan. (39x28,5) : **DEM 1 400**.

DUVAL Eustache François
Né au xviiie siècle à Paris. xviiie siècle. Français.
Peintre de paysages.
Il prit part aux expositions de la Jeunesse en 1784, 1788 et 1789 et exposa au Salon de 1793 à 1836. Cet artiste s'est distingué dans le paysage. On a de lui au Musée de Cherbourg, un tableau : *Paysage*, et au Musée de Nantes : *Paysanne faisant des crêpes.*
Ventes Publiques : Paris, 15 déc. 1922 : *Le Départ pour la promenade* : **FRF 1 600**.

DUVAL Félix ou **du Val**
xviie siècle. Français.
Peintre.
Il fut reçu à l'Académie Saint-Luc à Paris en 1660.

DUVAL Gervaise
xvie siècle. Actif au Mans. Français.
Graveur.
En 1510 il s'engagea par contrat à graver une plaque de tombeau en cuivre représentant un chevalier, pour le fondeur Jean Saultereau.

DUVAL Guillaume
xviie siècle. Actif à Saint-Galmier (Loire). Français.
Sculpteur.

DUVAL Hector
xvie siècle. Actif à Tours. Français.
Peintre d'armoiries.
Fils du tapissier Jean Duval, il travailla avec son père, et peignit de nombreux étendards et armoiries.

DUVAL Henri Philippe Adolphe
Né à Liège. xixe siècle. Belge.
Peintre, dessinateur et graveur.
Élève de Bléry. Beraldi cite de lui : *Études de paysages.* Il fit également des dessins pour journaux illustrés, et des eaux-fortes représentant paysages et animaux.

DUVAL Jean Charles
Né en 1880 à Paris. Mort en 1963. xxe siècle. Français.
Peintre de compositions décoratives, figures, paysages, aquarelliste, pastelliste. Orientaliste.
Il figura au Salon de la Société Nationale des Beaux-Arts, dont il fut associé.
Grand voyageur, il peignit plusieurs paysages de France : Bretagne, les Alpilles, la Montagne Sainte-Victoire, la Route Napoléon, mais surtout des paysages orientaux. En 1908, il visita l'Algérie, d'où il rapporta des croquis de paysages et de personnages, puis en 1924, il fit partie d'une mission officielle en Syrie, pour l'Institut Français d'Art Musulman de Damas, ce qui lui permit de faire de nombreux dessins aquarellés représentant Alep, Damas, le Krack des Chevaliers, etc. Il aborda d'autres domaines, notamment des dessins sur la danse, pour l'Opéra de Paris, et pour les Ballets Russes en 1910. C'est plus particulièrement dans ce genre qu'il montre, dans l'assurance de son trait, l'influence de Degas dont il était un ami depuis 1904, et dont il se souviendra à la fin de sa vie, lorsqu'il publia : *Degas tel que je l'ai connu*, aux Éditions de la Table Ronde.
Bibliogr. : Gérald Schurr, in : *Les Petits Maîtres de la peinture 1820-1920, valeur de demain*, Les Éditions de l'Amateur, t. VI, Paris, 1985.
Musées : Aix-en-Provence (Mus. Granet) : *Les Alpilles – La Montagne Sainte-Victoire* – Beauvais (Mus. de l'Oise) : *Paysages orientalistes – Deux femmes drapant leur châle* – Brest : *Paysage du Finistère* – Gap : *Villages et citadelles de la Route Napoléon* – Quimper : *Paysage du Finistère* – Saint-Malo : *Vues des maisons de corsaires* 1903.
Ventes Publiques : Paris, 5 avr. 1943 : *Château dans un parc* : **FRF 100**.

DUVAL Jean François André
Né le 13 mars 1776 à Saint-Pétersbourg, d'origine suisse. Mort le 16 décembre 1854 à Genève. xixe siècle. Suisse.
Peintre.
Père du peintre Étienne Duval. Ce fut un ardent amateur d'art et un homme d'État. Il peignit à l'huile avec talent et épousa la fille d'Adam W. Topffer. Sa superbe collection de tableaux de vieux maîtres fut acquise par le comte de Morny en 1845 et revendue à Londres en 1846, d'après le Dr Brun.
Ventes Publiques : Paris, 4 jan. 1945 : *Assemblée de personnages*, dess. : **FRF 1 050**.

DUVAL Jean Jacques
xviiie siècle. Français.
Peintre.
Il fut reçu à l'Académie Saint-Luc en 1772.

DUVAL Jean Louis
xviiie siècle. Actif à Paris. Français.
Sculpteur.
Élève de Boizot et de l'École des Beaux-Arts à Paris, il reçut en 1797 un deuxième Prix pour son œuvre *Ulysse et Néoptolème enlevant à Philoctète l'Arc et les Flèches d'Hercule.*

DUVAL Jean Maurice
Né le 10 décembre 1871 à Paris. xixe-xxe siècles. Français.
Peintre de portraits, sujets divers.
Il fut élève de J. P. Laurens et de Benjamin-Constant, puis de Gustave Moreau. Il fut exposant, à Paris, du Salon des Artistes Français, dont il devint sociétaire en 1901. Il obtint une mention honorable en 1895.
Il peint ses figures sous d'étranges éclairages, donnant à ses compositions un caractère de cérémonies initiatiques.
Bibliogr. : Gérald Schurr, in : *Les Petits Maîtres de la peinture 1820-1920, valeur de demain*, Les Éditions de l'Amateur, t. V, Paris, 1981.
Ventes Publiques : New York, 7 mars 1902 : *La galerie d'Apollon, au Louvre* : **USD 130** – Paris, 21 juin 1919 : *Tête d'Espagnol* : **FRF 200** – Paris, 28 mars 1974 : *La Nuit*, h/t (200x100) : **FRF 42 000** – Paris, 22 oct. 1986 : *L'aurore*, h/t (200x100) : **FRF 52 000**.

DUVAL Jehan ou **du Val**
xviie siècle. Actif à Paris en 1625. Français.
Peintre.

DUVAL John ou **Duvall**
Né en 1816. Mort en 1892. xixe siècle. Britannique.
Peintre de scènes de chasse, genre, paysages, paysages d'eau.
Il exposa un grand nombre de tableaux à Ipswich (Suffolk) et à Londres, de 1834 à 1881 à la Royal Academy, à la British Institution et à Suffolk Street.
Il peignit surtout des scènes de chasse, des courses de chevaux, des animaux et des sujets d'inspiration sentimentale.
Ventes Publiques : Londres, 7 juil. 1982 : *La Rivière Orwell près de Werstead, Suffolk*, h/t (51x76) : **GBP 1 300** – Londres, 24 oct. 1984 : *Étalon noir à l'écurie*, h/t (39,5x49,5) : **GBP 720** – Londres, 19 fév. 1986 : *Chasseur à cheval dans un paysage*, h/t (61x73,5) : **GBP 4 200** – Londres, 9 fév. 1990 : *La Rivière Orwell près de Werstead avec des charretiers et des voyageurs sur une route de campagne*, h/t (51x76) : **GBP 1 265** – Londres, 3 nov. 1993 : *Le cheval Citadel*, h/t (41x51) : **GBP 1 495** – Londres, 13 nov. 1996 : *Eau-de-Vie et son jockey* 1884, h/t (85,5x111) : **GBP 7 130**.

DUVAL Louis Étienne
Né le 6 janvier 1824 à Genève. Mort en 1914. xixe siècle. Suisse.
Peintre de sujets typiques, paysages.
Il se forma avec Alexandre Calame, en compagnie duquel il fit un voyage en Italie en 1845. Il voyagea aussi en Égypte, et exposa en Suisse et à Paris. Il figura à l'Exposition Universelle de 1889 où il obtint une médaille de bronze.
Il donne à ses paysages des éclairages particuliers de début de journée, clair du lune ou soir.
Bibliogr. : Gérald Schurr, in : *Les Petits Maîtres de la peinture 1820-1920, valeur de demain*, Les Éditions de l'Amateur, t. IV, Paris, 1979.
Musées : Genève (Mus. Rath) : *Soir au bord du Nil – Une matinée au Val d'Arno* – Genève (Mus. Ariana) : *La Djebel Sebana dans la Basse-Nubie, effet de lune – Paysage romain avec troupeaux – Les tombeaux des Marabouts en Égypte, avec caravane – Paysage aux environs de Sion, Valais* – Lausanne – Lucerne – Neuchâtel : *La montagne du Lion en Basse-Nubie* – Vevey : *Orphée – Sagittaire* – Zurich.

Ventes Publiques : Berne, 27 nov. 1974 : *Plaine de Rome* : **CHF 6 800** – Berne, 21 oct. 1976 : *Capri*, h/cart. (35x53,5) : **CHF 1 500** – Genève, 4 mai 1981 : *La moisson* 1852, h/t (67x98) : **CHF 10 500** – Londres, 17 mai 1985 : *Bords du Nil*, h/t (40,6x79,2) : **GBP 1 800** – Berne, 2 mai 1986 : *Vue d'une ville d'Égypte, avec mosquée* 1884, h/cart. (27x44,5) : **CHF 1 200** – Paris, 5 avr. 1993 : *Le Passage de la Grande Porte*, h/t (29,5x40) : **FRF 4 000**.

DUVAL Louis H. P.
XIXe siècle. Français.
Graveur.
Élève de Delaunay jeune, il exposa au Salon, en 1795, un cadre renfermant six sujets d'après Moitte, Gérard Wicar. On cite de lui : *L'Amitié en pleurs à la porte d'une prison*, d'après Chaudet, *La Thébaïde*, d'après Prud'hon.

DUVAL Marc
Né vers 1530 au Mans. Mort le 13 septembre 1581 à Paris. XVIe siècle. Français.
Peintre et graveur.
Fils de Bertin Duval. Il alla en Italie vers 1550, où il travailla chez Giulio Clovio. A Florence, où il retrouva le Français Ponce Jacquiau qui sculptait pour le Palais Sacchetti, il peignit des fresques dans le même palais, dans le goût maniériste. Il rentra à Paris vers 1560, et entra, comme miniaturiste, au service de Catherine de Médicis, puis fut le peintre attitré de son fils Charles IX. C'est de cette époque que date le dessin des *Trois Coligny* (1579), conservé au Cabinet des Estampes. On suppose qu'il aurait gravé de nombreux portraits, mais les attributions sont jusqu'ici incertaines. On lui attribue, sans certitudes, le *Portrait de Jean Babou de La Bourdaisière* (vers 1558), et le *Flûtiste borgne* (daté de 1566), tous deux conservés au Louvre, peintures dans la tradition italienne, mais empreints d'une gravité pré-caravagesque.
Bibliogr. : Jeanie Arnaud, in : *Dict. de l'Art et des Artistes*, Hazan, Paris, 1967.

DUVAL Marc
XVIe siècle. Actif à Tours. Français.
Peintre d'armoiries.
Frère d'Hector Duval, il travailla avec lui dans l'atelier de Tapisseries de Haute-Lice de leur père, et fut peintre d'armoiries officiel de la ville de Tours.

DUVAL Marie, pseudonyme de **Isabelle Émilie de Tessier**
Née vers 1850 à Paris. XIXe siècle. Active en Angleterre. Britannique.
Caricaturiste et dessinatrice.
Elle illustra de nombreuses revues anglaises, françaises et allemandes. Elle inventa la figure comique *Ally Sloper* dans le journal anglais *Judy*. Elle illustra encore, sous différents pseudonymes de nombreux journaux et livres, par exemple, le livre pour enfants : *Des Reines et des Rois, et d'autres choses*. Elle fut également actrice.

DUVAL Nicolas
XVIe siècle. Actif au Mans. Français.
Sculpteur.
Il travailla, en 1509, pour l'abbesse Jeanne de Laval, à l'abbaye d'Etival-en-Charnie (Mayenne) ; la même année et pour la même abbesse, il fit une statue de la Trinité, une de Notre-Dame et une de saint Louis, destinées à différentes chapelles.

DUVAL Nicolas
XVIIe siècle. Actif à Paris en 1671. Français.
Sculpteur.

DUVAL Nicolas
XVIIIe siècle. Actif à Paris en 1757. Français.
Peintre et sculpteur.

DUVAL Odette. Voir **DUVAL DOVILLERS**

DUVAL Philippe
Mort en 1709 à Londres. XVIIe siècle. Actif aussi en Italie et en Angleterre. Français.
Peintre d'histoire.
Élève de Le Brun. Il travailla aussi à Venise, puis à Londres sous le règne de Charles II.
Ventes Publiques : Londres, 2 août 1928 : *Le comte de Orkney, septième de ce nom* 1676 : **GBP 54**.

DUVAL Pierre ou **de Val**
XIVe siècle. Français.
Sculpteur-architecte.
Il fut placé par la reine Jeanne de Navarre, femme de Philippe le Bel, à la tête des artistes chargés d'exécuter les statues placées par son ordre, sur le portail du collège de Navarre, fondé à Paris, en 1304.

DUVAL Pierre
XVIe siècle. Actif à Tours. Français.
Peintre.
Il contribua avec Gallopie à la décoration de l'Hôtel de Ville de Tours.

DUVAL Pierre
XVIIIe siècle. Actif à Paris en 1752. Français.
Peintre.

DUVAL Pierre
Né à Louviers. XXe siècle. Français.
Peintre de genre, paysages.
Il exposa à Paris au Salon des Indépendants à partir de 1931.

DUVAL Pierre François
XVIIIe siècle. Actif à Besançon en 1783. Français.
Sculpteur.

DUVAL Pierre Jean
XVIIIe siècle. Actif à Paris en 1781. Français.
Peintre et sculpteur.

DUVAL Pierre Joseph
XVIIIe siècle. Français.
Peintre de paysages animés, paysages montagneux.
Formé par Demarne, il envoya au Salon de Paris, en 1796, deux vues prises dans les Apennins.
Ventes Publiques : Paris, 30 juin 1995 : *Paysage à la cascade* ; *Paysage valloné animé de bergers*, h/pap., de forme ovale, une paire (24x18) : **FRF 5 000**.

DUVAL Rémy
Né au début du XXe siècle. XXe siècle. Français.
Peintre.
A quitté une situation, pour se consacrer à son art. On cite ses natures mortes.

DUVAL Robbert ou **Nicolas** ou **du Val**
Né en 1644 (ou 1649) à La Haye. Mort le 22 janvier 1732 à La Haye. XVIIe-XVIIIe siècles. Hollandais.
Peintre d'histoire.
Élève de Nicolaes Willing ; il travailla à Berlin deux ans à Rome, dix ans à Venise, où il prit le nom de Fortuyn. En 1682, marié à la fille du prédicateur français de Marées, il entra dans la gilde de La Haye ; fut directeur de la galerie de Guillaume III et alla en Angleterre travailler pour le roi. Il travailla peu, imita P. da Cortona et restaura les cartons de Raphaël.
Ventes Publiques : Paris, 4 juin 1941 : *Bergère et son troupeau à la mare. Bergère et son troupeau devant l'étable* : **FRF 800**.

DUVAL Roch
XVIIIe siècle. Actif à Paris en 1706. Français.
Peintre.

DUVAL Roger Georges André
Né le 4 mai 1901 à Meudon (Hauts-de-Seine). XXe siècle. Français.
Peintre de genre, portraits, illustrateur.
Il fut exposant, à Paris, du Salon d'automne à partir de 1920 et du Salon des Artistes Indépendants. En 1928, il figurait à l'Exposition de Boston. Il a été également illustrateur, moyen par lequel il a affirmé sa modernité.
Ventes Publiques : Paris, 18 nov. 1925 : *Conversation* : **FRF 205**.

DUVAL Samuel
Né en 1697 à La Haye. Mort vers 1733. XVIIIe siècle. Hollandais.
Peintre.
Il fut élève de son père Robert. Il visita l'Italie et resta trois ans à Rome.

DUVAL Serge
XXe siècle. Belge.
Peintre de compositions animées, natures mortes, fleurs et fruits.
Ventes Publiques : Milan, 6 juin 1991 : *Entrée d'une ville orientale*, h/t (60x90) : **ITL 6 000 000** – Londres, 22 fév. 1995 : *Corbeille de fleurs renversée et cerises près d'un pichet*, h/t (63x90) : **GBP 2 990**.

DUVAL Toussaint
XVIIe siècle. Français.
Peintre.
Il fut reçu à l'Académie Saint-Luc en 1665.

DUVAL Victor
Né à Paris. XIXe siècle. Français.
Peintre de paysages, architectures, intérieurs.
Il exposa au Salon de 1833 à 1868.
Ventes Publiques : New York, 13 fév. 1985 : *La Galerie d'Apollon au Louvre*, h/t (66x81,4) : **USD 3 750** – Londres, 26 fév. 1988 : *La Galerie d'Apollon au Louvre à Paris*, h/t (64,7x81,2) : **GBP 4 950** – Paris, 9 juin 1989 : *L'Église Saint-Étienne-du-Mont*, h/t (98x114) : **FRF 39 000** – Paris, 17 déc. 1997 : *Vue de la galerie d'Apollon au Louvre* 1866, t. (40x61) : **FRF 90 000**.

DUVAL-CARRIÉ Edouard
XXe siècle. Haïtien.
Peintre. Figuration Fantastique.
Exposition sous forme d'hommage à la galerie Armand (Paris). On retrouve dans cette peinture les traditions et croyances des Caraïbes, carrefour de plusieurs peuples et cultures, exprimées par une figuration réaliste, cependant baignée d'une présence d'irréalité, dans les senteurs de ces paysages paradisiaques et colorés.
Ventes Publiques : New York, 24 nov. 1993 : *Adi Bobo* 1989, h/t (58,4x68,6) : **USD 2 760** – New York, 21 nov. 1995 : *Rada le jour* 1994, h/t (120x100) : **USD 4 600**.

DUVAL-DAUSSIN Jeanne, Mme
XIXe siècle. Active à Montmorency. Française.
Peintre.
Sociétaire des Artistes Français depuis 1898, elle figura au Salon de cette société.

DUVAL DOVILLERS Odette
Née le 5 avril 1912 à Saint-Ouen (Seine-Saint-Denis). XXe siècle. Française.
Peintre de paysages.
Elle a étudié aux Beaux-Arts dans l'Atelier de Lucien Simon. Elle a participé régulièrement, à Paris, au Salon des Artistes Indépendants, dont elle devint sociétaire en 1946 ainsi qu'au Salon d'Automne. Tout en exécutant de nombreuses répliques de tableaux flamands, elle a pu s'élever vers une réalité transfigurée pour laisser la place à son imagination poétique. Elle a rencontré Carrade et Lapoujade, en 1956, et ces rencontres ont été déterminantes pour sa peinture.

DUVAL-GOZLAN Léon
Né le 7 avril 1853 à Paris. Mort en 1941. XIXe-XXe siècles. Français.
Peintre de figures, paysages animés, paysages, peintre à la gouache, aquarelliste, dessinateur.
Petit-fils du romancier Léon Gozlan, il travailla tout jeune à Ville-d'Avray avec Corot. Il entra alors à l'École des Beaux-Arts dans l'atelier de Cabanel. Intimement mêlé à la vie artistique de son temps, il exposa avec Matisse, alors très jeune, puis avec Camoin, Manguin. Ses œuvres figurent dans de nombreux musées de province.
Il délaissa vite l'enseignement officiel, pour retrouver la liberté en face de la nature que lui avait enseignée Corot. Coloriste, il reçut quelque influence des impressionnistes, mais ne sacrifia jamais la forme. L'esthétique symboliste l'attira quelque temps, ainsi que le début du fauvisme.
Bibliogr. : Georges Turpin : *Léon Duval-Gozlan*, Debresse, Paris, 1952 – *Catalogue de l'exposition Léon Duval-Gozlan*, Gal. Vendôme, Paris, 1973.
Musées : Rouen : *Le Soir*.
Ventes Publiques : Paris, 4-5 déc. 1918 : *Masures à Châtel-Guyon* : **FRF 255** ; *La Dordogne à Beaulieu (Corrèze)* : **FRF 200** – Paris, 24 nov. 1928 : *Village de Bretagne* : **FRF 300** ; *La Trinité (Morbihan)* : **FRF 200** – Paris, 2 mars 1934 : *Dans la presqu'île de Quiberon avant l'orage* : **FRF 100** – Paris, 31 mars et 1er avr. 1943 : *Rue à Saint-Céré*, aquar. : **FRF 160** ; *La Dordogne à Beaulieu* : **FRF 400** – Paris, 4 mai 1943 : *Paysage* : **FRF 360** – Paris, 5 avr. 1945 : *Paysage*, aquar. : **FRF 300** ; *Paysage*, aquar. : **FRF 550** – Paris, 3 fév. 1947 : *Houlgate* : **FRF 950** – Paris, 2 juin 1947 : *Clos normand* : **FRF 2 200** – Versailles, 7 oct. 1973 : *Les lavandières au bord de l'eau* : **FRF 4 600** – Versailles, 30 nov. 1980 : *Jeune Paysanne près du champ de blé*, h/t (73,5x111) : **FRF 9 200** – Brest, 12 déc. 1982 : *Paysage*, aquar. gchée (22x40) : **FRF 2 600** – Versailles, 20 mars 1983 : *Chaumière au bord de la mer*, gche et fus. (36x54) : **FRF 6 300** – Lorient, 15 juin 1985 : *Halles d'Auray*, h/t (45,5x67) : **FRF 24 000** – Paris, 25 oct. 1987 : *Paysage*, h/t (51x77,5) : **FRF 22 000** – Paris, 6 mai 1988 : *Le colombier*, h/t (38x55) : **FRF 14 500** – Paris, 24 juin 1988 : *Paysage au troupeau*, h/t (61x52) : **FRF 11 000** – Paris, 12 oct. 1988 : *Entrée de village breton*, h/t (48x65) : **FRF 9 500** ; *Paysage de Dordogne*, h/t (52x79) : **FRF 14 000** – Paris, 19 déc. 1988 : *Paysage de Bretagne*, h/pan. (24x30) : **FRF 9 200** – Calais, 4 mars 1990 : *Chaumières au bord de la mer*, h/t (51x78) : **FRF 20 000** – Paris, 2 avr. 1990 : *Bords du Lot* 1907, cr., aquar., gche (31,5x48,5) : **FRF 3 900** – Paris, 5 juil. 1990 : *Laveuses bretonnes*, gche (32x41) : **FRF 4 500** – Le Touquet, 10 nov. 1991 : *Moulin à vent sur la colline*, h/t (52x61) : **FRF 19 000** – Paris, 28 juin 1995 : *Jeune Fermière dans la prairie*, h/t (46x38) : **FRF 4 000** – Paris, 28 mars 1997 : *Vieux Moulin*, h/pan. (31x46) : **FRF 5 200**.

DUVAL-LECAMUS Jules Alexandre
Né le 5 août 1814 à Paris. Mort en 1878. XIXe siècle. Français.
Peintre de compositions religieuses, scènes de genre, compositions décoratives.
Fils de Pierre Duval-Lecamus, il fut aussi son élève et celui de P. Delaroche et de Drolling, ayant le deuxième prix de Rome en 1838. Il exposa au Salon de Paris de 1843 à 1867, obtenant une médaille de troisème classe en 1843 et de deuxième classe en 1845. Il fut décoré de la croix de la Légion d'honneur en 1895. Sa production considérable passe des sujets religieux, comme *La Fuite en Égypte* ou *Le Christ au tombeau* à des scènes de genre, tels *Les petits déjeuners de Marly* ou *Les femmes à la tortue*. Il a réalisé des peintures décoratives pour l'église de Saint-Cloud.
Bibliogr. : Gérald Schurr, in : *Les Petits Maîtres de la peinture 1820-1920, valeur de demain*, Les Éditions de l'Amateur, t. V, Paris, 1981.
Musées : Bagnères-de-Bigorre : *Saint Antoine en prière* – Mayenne : *Portrait d'une dame* – Nice : *Les femmes à la tortue*.
Ventes Publiques : Paris, 20 nov. 1981 : *Femme assise*, h/t (88x67) : **FRF 3 000** – Versailles, 1er avr. 1984 : *Homme courtisant une servante*, h/t (32,5x25) : **FRF 14 200** – New York, 1er nov. 1995 : *Fête champêtre*, h/t (114x148,6) : **USD 32 200**.

DUVAL-LECAMUS Pierre
Né le 14 février 1790 à Lisieux (Calvados). Mort le 29 juillet 1854 à Saint-Cloud (Hauts-de-Seine). XIXe siècle. Français.
Peintre de genre, portraits.
Élève de David, il participa au Salon de Paris, obtenant une médaille de deuxième classe en 1819 et de première classe en 1827. Il exposait à Cologne en 1844. Il fut, pendant plusieurs années, le maire de Saint-Cloud et peintre attaché à la maison de la duchesse de Berry. En 1837, il fut décoré de la Légion d'honneur.
Parmi ses scènes de genre, on cite : *La Partie de piquet de deux invalides – Signature d'un acte de mariage – La Marchande d'eau-de-vie au corps de garde – La Famille du cultivateur – Premières Amours – Un pifferari donnant une leçon à son fils*, œuvres habilement construites, dont les étoffes sont traitées avec brio.
Bibliogr. : Gérald Schurr, in : *Les Petits Maîtres de la peinture 1820-1920, valeur de demain*, Les Éditions de l'Amateur, t. IV, Paris, 1979.
Musées : Bordeaux : *Intérieur* – Cherbourg : *La Réponse* – Narbonne : *Les Cancans chez la portière – Le Petit Ramoneur* – Orléans : *Portrait de Mgr de Beauregard – Retour des champs* – Rouen : *Macbeth chez les sorcières – Portrait du sculpteur Michel Angnier – La Grand-mère* – Versailles (Trianon) : *La Nourrice*.
Ventes Publiques : Paris, 30 avr. 1919 : *Une corvée désagréable* : **FRF 720** – Paris, 22-23 mai 1924 : *Le Petit Savoyard* : **FRF 2 500** – Paris, 12 juin 1929 : *Portrait présumé de l'artiste* : **FRF 400** – Paris, 31 jan. 1955 : *Le Petit Joueur de vielle* : **FRF 40 000** – Versailles, 14 mars 1976 : *La Lecture* 1820, h/t (26,5x21) : **FRF 10 200** – Paris, 21 juin 1977 : *Souvenirs de campagne* 1820, h/t, deux pendants (46x36) : **FRF 83 000** – Paris, 27 juin 1985 : *Portrait d'homme en pied dans un paysage* ; *Portrait de femme en pied appuyée à une barrière dans un paysage*, h/t, deux pendants (chaque 40,5x33) : **FRF 95 000** – Paris, 23 oct. 1992 : *Portrait d'un jeune homme en tenue d'attelage*, h/t (41x33) : **FRF 28 000** – Paris, 30 nov. 1994 : *Portrait du comte Charles de Novion* 1817, h/t (41x33) : **FRF 55 000** – Paris, 10 déc. 1996 : *Scène de genre*, h/t (46x38) : **FRF 20 000**.

DUVAL-WENTA Simone
Née le 3 juin 1934 à Denain (Nord). XXe siècle. Française.
Peintre de scènes animées, paysages, paysages urbains, aquarelliste.
Elle s'est établie à Cabourg. Elle expose dans les Salons régionaux, obtenant diverses distinctions.
L'essentiel de son activité concerne le Calvados et Cabourg. Surtout aquarelliste, elle en illustre tous les aspects. En 1995 a été publié son album *D'Illiers-Combray à Cabourg-Balbec – 30 aquarelles sur les pas de Marcel Proust.*

DUVALL J. C. A.
XIXe siècle. Britannique.
Peintre de paysages, marines.
De 1826 à 1856 il exposa dans plusieurs endroits, notamment à la Royal Academy et à Suffolk Street à Londres. On cite de lui : *Le Pont de Vauxhall, Bateaux hollandais dans la tempête, Les Docks de Woolwich.*

DUVALL Thomas George
XIXe siècle. Britannique.
Peintre de genre, paysages.
Il exposa de 1840 à 1879, surtout à la Royal Academy et à Suffolk Street à Londres. Citons parmi ses œuvres : *Bateau de pêche hollandais, Résignation, La Charité du roi Canut, Scène au village abandonné.*

DUVALLET Charles Léon
Né à Danville (Eure). XXe siècle. Français.
Peintre de scènes de genre, paysages, nus.
Il fut exposant, à Paris, du Salon des Artistes Indépendants à partir de 1929.

DUVANEL Jules Jean Aristide
Né le 21 octobre 1844 à Nantes (Loire-Atlantique). XIXe siècle. Français.
Peintre.
Élève de F. Grellet à Paris, il débuta au Salon en 1880 par un dessin *Souvenir d'Auvergne,* et exposa chaque année, au Salon à partir de 1884 et aux Indépendants à partir de 1909, des toiles représentant principalement les environs de Paris, les bords de la Seine et de la Marne, d'Auvergne, etc.

DUVANEL Roger
Né le 16 mai 1926 à Annemasse (Haute-Savoie). XXe siècle. Français.
Peintre. Naïf.
Il expose, à Paris, ses tableaux au Salon des Artistes Indépendants.

DUVARTS S.
Peintre de portraits.
Cité par Mireur.
Ventes Publiques : Paris, 1900 : *Portrait d'homme* : **FRF 672.**

DUVAULL Jules Jean A.
XIXe siècle. Actif à Paris. Français.
Peintre.
Sociétaire des Artistes Français depuis 1887, il figura au Salon de cette société.

DU VAUTENET Louis Jean Aulnette. Voir **AULNETTE DU VAUTENET louis Julien Jean**

DUVAUX Jules Antoine
Né en 1818 à Bordeaux. Mort en 1884 à Paris. XIXe siècle. Français.
Peintre de batailles et graveur.
En 1848, il obtint une médaille de deuxième classe. De 1844, à 1882 il exposa au Salon de Paris tant par ses eaux-fortes que par ses aquarelles. Duvaux collabora à divers journaux et recueils illustrés. On a de cet artiste au Musée de Bayonne : *Combat du col de Mazat,* et au Musée de Versailles : *Assaut de Sébastopol.* Le Musée de Bordeaux possède aussi de lui : *Combat de Velizy.*
Ventes Publiques : Paris, 8 mai 1929 : *Waterloo : un convoi de blessés* : **FRF 1 680.**

DUVE. Voir **DUE Johann Frederik**

DUVE J.
XIXe siècle. Allemand.
Peintre de portraits.
Il exposa de 1812 à 1816 aux expositions de l'Académie de Berlin quelques portraits de femmes, une *Suzanne devant ses juges,* et des copies de Van Bâlen et Lairesse.

DUVEAU Louis Jean Noël
Né le 25 décembre 1818 à Saint-Malo (Ille-et-Vilaine). Mort le 26 mai 1867 à Paris. XIXe siècle. Français.
Peintre d'histoire, compositions religieuses, mythologiques, compositions murales, scènes de genre, décorateur de théâtre.
Élève de Léon Cogniet, à l'École des Beaux-Arts de Paris en 1840, il eut le deuxième prix de Rome en 1848. Il participa au Salon de Paris de 1842 à 1867, obtenant des médailles en 1846, 1848 et 1867.
Ses sujets sont très variés, relatant des épisodes des guerres de Vendée, des sujets mythologiques et des scènes de genre. Il décora entièrement l'église de Saint-Servan, près de Saint-Malo, et la chapelle des fonds baptismaux de l'église Saint-Roch à Paris. On lui doit la peinture du rideau d'entr'acte du nouveau théâtre de la Gaîté à Paris.
Bibliogr. : Gérald Schurr, in : *Les Petits Maîtres de la peinture 1820-1920, valeur de demain,* Les Éditions de l'Amateur, t. V, Paris, 1981.
Musées : Alençon : *Viatique en Bretagne* – Lille : *Persée délivrant Andromède* – Rennes : *La messe en mer* – Toulouse : *Abdication de Foscari.*
Ventes Publiques : Paris, 29-30 nov. 1918 : *L'escarpolette* : **FRF 200** – Paris, 25-26 juin 1928 : *Épisode des guerres de Vendée* : **FRF 95** – Paris, 4 mars 1985 : *L'atelier du sculpteur,* h/t (60x73) : **FRF 19 000.**

DUVELLY Charles
Né en 1800. Mort en 1874. XIXe siècle. Actif à Sèvres. Français.
Peintre.
Il travailla pour la Manufacture de Sèvres.

CD

DUVENECK Frank
Né le 9 octobre 1848 à Covington (Kentucky). Mort en 1919. XIXe-XXe siècles. Américain.
Peintre de scènes de genre, portraits, aquarelliste, sculpteur, graveur.
Il obtint une mention honorable en 1895 à Paris. Il commença ses études à l'Académie Royale de Bavière de Munich au début des années 1870. En 1878 il créa sa propre école avec des membres « des 10 » et d'autres artistes, connus plus tard comme « Les Garçons de Duveneck ». En 1879, ils s'installèrent à Florence dans une villa de son élève et future femme Elizabeth Boott. Il dirigea un atelier à Florence et, à son retour en Amérique, à Cincinnati, où se trouve une grande partie de son œuvre.
Ayant commencé à travailler à Munich, avec des élèves de Courbet, il fut un des propagateurs de l'Impressionnisme aux États-Unis.
Musées : Sydney : deux gravures à l'eau-forte.
Ventes Publiques : New York, 14 mars 1968 : *Portrait de M. Moran* : **USD 2 700** – New York, 19 mars 1969 : *Deux Vénitiennes assises sur le pas de leur porte* : **USD 7 000** – New York, 14 nov. 1972 : *Portrait de femme* : **USD 2 200** – Los Angeles, 8 mars 1976 : *Moine lisant,* h/t (76x62) : **USD 1 300** – New York, 18 nov. 1977 : *L'Espagnol* vers 1870, h/t (52x41) : **USD 2 000** – New York, 27 oct. 1978 : *Italian villa* 1887, h/cart. (63,5x76,2) : **USD 8 500** – New York, 20 avr. 1979 : *Portrait of Maggie Wilson,* h/pan. (38,1x30,5) : **USD 10 500** – Bolton, 4 nov. 1981 : *Venise,* eau-forte : **USD 1 800** – New York, 23 juin 1983 : *Portrait d'une femme* 1879, h/pan. (19x13) : **USD 3 800** – New York, 30 mai 1985 : *La Marchande de fleurs,* h/t (61x48,3) : **USD 75 000** – New York, 30 jan. 1987 : *Frau Mierle,* h/t (86,5x57,5) : **USD 8 000** – New York, 1er oct. 1987 : *Jeune Paysanne* vers 1870, aquar. et cr. (47,9x33,6) : **USD 3 000** – New York, 23 sep. 1993 : *Portrait de Georg von Hoesslin,* h/t (40,6x34,9) : **USD 6 210** – New York, 25 mai 1995 : *Marchande de fruits à Venise* 1884, h/t (61,6x76,2) : **USD 145 500** – New York, 4 déc. 1996 : *Portrait de Ralph Curtis* 1872, h/t (110x69,8) : **USD 79 500** – New York, 25 mars 1997 : *Portrait d'un homme barbu* avant 1880, h/t (52,4x38,4) : **USD 8 625.**

DUVENEDE Marcus Van ou **Marc Van Duvene**
Né vers 1674 à Bruges. Mort le 4 février 1730 à Bruges. XVIIe-XVIIIe siècles. Éc. flamande.
Peintre de compositions religieuses.
Élève de J.-B. Herregouts, et, en Italie, de Carlo Maratti pen-

dant quatre ans. Il reste deux ans à Naples. Maître à Bruges en 1700, un des fondateurs de l'Académie en 1717. Ayant épousé une marchande de dentelles et gagnant beaucoup d'argent, il abandonna la peinture.

DUVENHOFF Lodewyck Jansen
XVIIe siècle. Actif à Utrecht. Hollandais.
Graveur sur bois.
Il exécuta des stalles pour une église d'Utrecht en 1642-43.

DUVENROCK Albert ou **Dovenrock**
XVIIe siècle. Actif à Brême. Allemand.
Peintre.

DÜVENS Heinrich ou **Hendrik Van**
XVIIIe siècle. Danois.
Peintre.
Il aurait travaillé en Danemark vers 1700-1702. Düvens a peint en 1700 un portrait de B. Botsach, pasteur à l'église Petri (Saint-Pierre). Ce portrait a été gravé par Bernigeroth. Le Château de Valdemar (dans l'île de Tasinge) conserve des portraits de Christian V et de Frédéric IV qui lui sont attribués, le Musée de Frederiksborg le portrait du prédicateur Masius.

DUVENT Charles Jules
Né le 24 juin 1867 à Langres (Haute-Marne). Mort en 1940. XIXe-XXe siècles. Français.
Peintre de scènes de genre, figures décoratives, paysages, paysages urbains, pastelliste, aquarelliste.
Il fut élève de Boulanger, de Gérome et de Jules Lefebvre. Sociétaire, à Paris, du Salon des Artistes Français depuis 1884. Il obtint une mention honorable en 1891, médaillé de troisième classe en 1893, de deuxième classe en 1895, d'argent en 1896 et reçut une bourse d'étude. Il participa à l'Exposition universelle de 1900. Officier de la Légion d'honneur.
Ses paysages très variés et vivement colorés, présentent des vues de Russie, du Japon, des mers de Chine, des déserts africains, mais aussi de Venise et Florence. Il est l'auteur de grandes figures décoratives, notamment à la mairie de Neuilly-sur-Seine.
Bibliogr. : Gérald Schurr, in : *Les Petits Maîtres de la peinture 1820-1920, valeur de demain*, Les Éditions de l'Amateur, t. III, Paris, 1976.
Musées : Clamecy : *Une bretonne à Ploubalzanec* – Lille : *La Procession*, triptyque – Nancy (Mus. des Beaux-Arts) : *Intérieur de l'église de Pont-Croix.*
Ventes Publiques : Paris, 1893 : *Vue de Paris* : **FRF 140** – Paris, 1898 : *Portrait de mademoiselle Julia Depois*, past. : **FRF 800** – Paris, 31 oct. 1919 : *Venise* : **FRF 22** – Paris, 26 fév. 1926 : *Venise : le Grand Canal* : **FRF 720** – Paris, 25 sep. 1942 : *Soleil couchant sur la mer de Chine* : **FRF 100** – Paris, 20 nov. 1946 : *La lagune* : **FRF 3 500** – Enghien-les-Bains, 16 oct. 1983 : *Vue de Rabat* 1929, h/pan. (30x36) : **FRF 7 500** – Paris, 12 déc. 1984 : *Bretonnes au lavoir*, h/t (72x60) : **FRF 11 100** – Paris, 24 avr. 1992 : *La côte près de Toulon* 1932, h/pan. (54x65) : **FRF 37 000.**

DUVENT Simon, dit **Léandre**
Né à Vesoul. XIXe siècle. Français.
Peintre portraitiste.
Élève de Carriage et Jeanney. Il exposa des fusains au Salon en 1876 et 1879.

DUVERBET P.
XVIIIe siècle. Français.
Graveur.
Cité par Mireur.

DU VERDION Daniel
XVIIe-XVIIIe siècles. Allemand.
Paysagiste.
Il travailla pour le château royal de Berlin et fut peintre à la cour de Potsdam.

DUVERDY François
XVIIIe siècle. Français.
Peintre.
Il peignit sur porcelaine à la Manufacture de Sèvres en 1757-1758.

DUVERGER Frieda
Née en 1938 à Saint-Nicolas-sur-Waas. XXe siècle. Belge.
Peintre. Figuration-fantastique.
Elle fut élève de l'Académie d'Anvers. Prix Triennal de peinture de la ville de Saint-Nicolas.
Bibliogr. : In : *Diction. biogra. illustré des artistes en Belgique depuis 1830*, Arto, Bruxelles, 1987.

DUVERGER Jean ou **du Verger**
XVIIe siècle. Français.
Peintre.
Il fut en 1765 membre de l'Académie Saint-Luc à Paris.

DUVERGER Marie Jeanne
XVIIIe siècle. Active à Paris en 1766. Française.
Peintre.

DUVERGER Maurice Alexandre Véron
Né le 2 juillet 1845 à Paris. XIXe siècle. Français.
Peintre de genre.
Élève de Mme Bertaux et de E. Pépin. Participa à l'Exposition Universelle en 1900 à Paris avec : *Simple Jeunesse.*
Ventes Publiques : Londres, 16 oct. 1968 : *L'anniversaire de grand'mère* : **GBP 1 150.**

DUVERGER Paul
XVIIIe siècle. Français.
Peintre de figures, animaux, paysages animés, dessinateur.
Ventes Publiques : Paris, 1814 : *Paysage avec animaux*, dess. au bistre : **FRF 40** – Paris, 18 nov. 1927 : *L'Escarmouche*, craie : **FRF 95** – Paris, 18 juin 1928 : *Bataille nocturne*, dess. reh. : **FRF 100** – Paris, 10-11 juin 1929 : *Le Marché villageois ; La Halte à l'auberge*, dess., une paire : **FRF 1 320** ; *Cavaliers en reconnaissance*, dess. : **FRF 620** – Paris, 20-21 avr. 1932 : *Le Passage du gué*, lav. et reh. de blanc : **FRF 90** – New York, 5 déc. 1980 : *Bateaux de pêche sur la grève*, h/t (61x107) : **USD 1 300.**

DUVERGER Philippe ou **du Verger**
XVIe siècle. Actif à Fontainebleau vers 1540. Français.
Peintre.

DU VERGER Pierre René. Voir **SANDIER**

DUVERGER Théophile Emmanuel
Né le 7 septembre 1821 à Bordeaux (Gironde). XIXe siècle. Français.
Peintre de scènes de genre, portraits.
Autodidacte, il se forma en étudiant les grands maîtres dans les musées. Il participa au Salon de Paris, obtenant une médaille de troisième classe en 1861, un rappel en 1863 et une médaille en 1865.
Son œuvre est teinté de populisme et de misérabilisme, comme le suggèrent les titres de ses toiles : *Les larmes du foyer – Les derniers sacrements – Le berceau vide – Vice et misère – Travail et bonheur – Les orphelins.* Ses compositions équilibrées sont peintes dans des tonalités chaudes, sous un éclairage recherché.
Bibliogr. : Gérald Schurr, in : *Les Petits Maîtres de la peinture 1820-1920, valeur de demain*, Les Éditions de l'Amateur, t. II et III, Paris, 1982.
Musées : Bordeaux : *Cache-cache* – Cambrai : *Portrait d'Auguste Legrand* – Glasgow : *Enfants jouant avec un chien* – Hambourg : *Dernière exhortation* – Luxembourg (Mus. mun.) : *La délivrance de Charles VI* – New York (Metropolitain Mus.) – Sheffield : *Quand le chat n'est pas là, les souris dansent.*
Ventes Publiques : Paris, 1865 : *La retenue* : **FRF 4 600** – New York, 10-11 jan. 1907 : *Le premier cidre* : **USD 100** – Londres, 29 juin 1908 : *Alarme de guerre, l'appel* : **GBP 36** – Paris, 23-24 nov. 1923 : *La visite à la nourrice* : **FRF 800** – Londres, 22 jan. 1964 : *Les premiers pas* : **GBP 460** – Paris, 10 nov. 1971 : *Le repas de bébé* : **GBP 1 650** – Londres, 12 mai 1972 : *Le jeune artiste dans son atelier* : **GNS 2 000** – Londres, 14 juin 1974 : *In the vestry* : **GNS 1 300** – Londres, 29 oct. 1976 : *La punition du jeune commis* 1853, h/pan. (21x28) : **GBP 2 200** – New York, 7 oct. 1977 : *La Toilette de bébé*, h/pan. (65x48) : **USD 4 600** – New York ?, 4 mai 1979 : *Les mauvais élèves*, h/pan. (47,5x70) : **USD 24 000** – New York, 28 oct. 1982 : *Amour fraternel*, h/pan. (32x41) : **USD 13 500** – New York, 24 mai 1984 : *La confirmation dans l'église de Villiers-le-Bel* 1867, h/pan. (69x98) : **USD 13 000** – Londres, 7 fév. 1986 : *Enfants jouant à la marelle*, h/pan. (34,9x43,8) : **GBP 7 500** – Londres, 23 mars 1988 : *La retenue*, h/pan. (43x64) : **GBP 9 350** – Toronto, 30 nov. 1988 : *La classe avec l'institutrice et les élèves*, h/pan. (34x26,5) : **CAD 3 600** – Paris, 9 déc. 1988 : *La chasse aux souris*, h/t (53,5x79,5) : **FRF 35 000** – Londres, 17 mars 1989 : *Les comédiens ambulants*, h/pan. (45x65) : **GBP 8 800** – Londres, 16 fév. 1990 : *La*

composition d'un bouquet, h/pan. (25,4x19) : **GBP 1 540** – New York, 28 fév. 1990 : *La marelle*, h/pan. (34,9x43,8) : **USD 23 100** – Londres, 5 oct. 1990 : *Dans les coulisses*, h/pan. (46x37,8) : **GBP 4 400** – Paris, 14 déc. 1990 : *La cueillette des coquelicots*, h/t (46x37) : **FRF 31 000** – New York, 23 mai 1991 : *Le pansement au doigt*, h/pan. (32,3x23,8) : **USD 9 350** – Paris, 29 nov. 1991 : *Intérieur paysan*, h/pan. (61x47,5) : **FRF 13 000** – Londres, 19 mars 1993 : *Les comédiens ambulants*, h/pan. (41,9x61,6) : **GBP 6 670** – St. Asaph (Angleterre), 2 juin 1994 : *Réveil en fanfare*, h/pan. (38x30,5) : **GBP 13 225** – New York, 12 oct. 1994 : *Le laboureur et ses enfants*, h/pan. (51,4x75,2) : **USD 10 350** – Londres, 13 mars 1996 : *Le jeune artiste*, h/pan. (31x26) : **GBP 9 200** – Paris, 21 mars 1996 : *La farce des écoliers*, h/pan. (23x19) : **FRF 25 000**.

DUVERNAY Gabriel
XVIIe siècle. Français.
Peintre de genre.
Il obtint un deuxième prix à l'Académie Royale de peinture, en 1682.

DUVERNET Gabriel
XVIIe siècle. Français.
Peintre, sculpteur.
Actif à Paris en 1691, cet artiste est sans doute le même que Gabriel Duvernay.

DU VERNIER Gabriel. Voir **DUVIVIER Gabriel**

DUVERNOIS Charles François ou **Duvernoy**
Né en 1796 ou 1798. Mort en 1872. XIXe siècle. Français.
Peintre de paysages.
Il exposa des vues au Salon de Paris de 1844 à 1848.
Ventes Publiques : Paris, 2 déc. 1994 : *Vue de Marly-le-Roi*, h/pan. (22x32) : **FRF 17 000** – Amsterdam, 9 nov. 1994 : *Maison à la campagne* 1836, h/pan. (35x44,5) : **NLG 3 220**.

DUVET Jean, dit **le Maître à la Licorne**
Né vers 1485 à Langres. Mort après 1561, ou vers 1570. XVIe siècle. Français.
Graveur.
On l'appelait le Maître à la licorne parce qu'il était surtout connu pour une série de planches dont le sujet était : *l'Histoire de la Licorne*. Il fut tour à tour au service de François Ier et d'Henri II, exécutant le reliquaire de Saint Mammès à Langres (aujourd'hui disparu). Protestant, il dut s'enfuir et se réfugier à Genève où il gravait les coins des monnaies de la République en 1541, et où il demeura jusqu'en 1556. Il était également orfèvre. Il fit principalement un travail de graveur, exécutant entre 1546 et 1555 vingt-cinq grands burins de *l'Apocalypse figurée*. Influencé par les Italiens, il se singularise par une conception nouvelle de la composition. Il travaille la gravure avec une technique d'orfèvre, ne laissant pas un blanc. A travers ses compositions, nous découvrons une imagination visionnaire, un monde proche de celui de Dürer.
Ventes Publiques : Berne, 20 juin 1980 : *La Majesté royale*, grav./cuivre : **CHF 35 000** – Munich, 25 nov. 1982 : *Le Dragon à sept têtes*, grav./cart. : **DEM 7 200** – Londres, 5 déc. 1985 : *La Mise au tombeau* vers 1530, grav./cuivre, d'après Mantegna (18x28,2) : **GBP 60 000**.

DU VEYRIER Marie Nicolas Honoré
Né le 9 décembre 1813 à Aix-en-Provence (Bouches-du-Rhône). Mort le 4 septembre 1879 à Aix-en-Provence. XIXe siècle. Français.
Peintre de genre.
Élève de Clérian et Gibert. Le Musée d'Aix conserve de lui *Intérieur d'une cour*.

DUVIDAL DE MONTFERRIER Louise Rose Julie, comtesse, née **Hugo**
Née en 1797 à Paris. Morte en 1869. XIXe siècle. Française.
Peintre.
Élève de Gérard et de Mlle Godefroid, elle fut médaillée de deuxième classe en 1824. Elle figura au Salon par des portraits et des tableaux d'histoire de 1819 à 1827. Cette artiste exécuta, au château de Rambouillet, deux dessus-de-porte représentant des sujets mythologiques.
Musées : Amiens : *Un capucin de Rome* – Caen : *Portrait de Mme de Montaran* – Compiègne : *Tête d'enfant* – Versailles : *Portrait de Mme Campan*.

DUVIERT Antoine ou **du Viert**
XVIIe siècle. Français.
Peintre.
Il fit le portrait du Commandeur de La Mothe-Houdancourt, chevalier de Malte ; ce portrait fut gravé en 1672 par J. Lenfant.

DUVIERT Joachim
XVIIe siècle. Hollandais.
Dessinateur.
Il parcourut une grande partie de la France de 1600 à 1614, et dessina chemin faisant villes, châteaux et couvents. 125 de ces planches sont conservées à la Bibliothèque Nationale à Paris dans la collection Lallemant de Betz. Elles sont d'une importance de premier ordre au point de vue documentaire et topographique.

DUVIEUX Henri
Né en 1855 à Paris. XIXe siècle. Actif vers 1880. Français.
Peintre de scènes de genre, sujets orientaux, figures, paysages animés, paysages, peintre à la gouache, dessinateur. Orientaliste.
Élève de M. Marilhat. Il débuta au Salon de 1880. Selon le goût du jour, il fit des *Vues de Venise*, de *Constantinople*.
Musées : Avignon : *Place Saint-Marc, à Venise* – *Jardin public à Venise* – Château-Thierry : *Mosquée sur les bords du Danube* – Reims : *Vue de Venise*.
Ventes Publiques : Paris, 1895 : *Paysage avec laveuse au bord d'une rivière* : **FRF 32** – Marseille, 15 jan. 1900 : *Vue de Constantinople* : **FRF 60** – Paris, 1900 : *Ville ancienne sur la Méditerranée* : **FRF 215** – Paris, 1er juin 1908 : *Baigneuses à une mare* : **FRF 125** ; *Vue de Venise* : **FRF 55** ; *Deux peintures*, formant pendants : **FRF 600** ; *Deux peintures*, ensemble : **FRF 230** – Paris, 29 juin 1927 : *Le Grand Canal à Venise* : **FRF 680** ; *Coucher de soleil à Venise* : **FRF 580** – Paris, 3 déc. 1927 : *Venise* : **FRF 520** ; *Vaches à l'abreuvoir, fin de jour* : **FRF 400** – Paris, 19 mars 1928 : *Venise* : **FRF 225** – Paris, 4 avr. 1928 : *Panorama avec voiliers et gondoles à Venise* : **FRF 1 250** – Paris, 5 mai 1928 : *Venise. Notre-Dame della Salute* : **FRF 330** ; *Stamboul : le débarcadère des barques* : **FRF 460** – Paris, 27 fév. 1929 : *Vue de la Salute et du Palais des Doges à Venise* ; *Vue à Venise*, deux toiles : **FRF 1 900** – Paris, 24 mars 1930 : *Un marché en Orient* : **FRF 370** – Paris, 14 mars 1931 : *La Piazzetta Saint-Marc à Venise* : **FRF 130** – Paris, 26-27 fév. 1934 : *Soir féérique sur le grand canal, à Venise* : **FRF 240** ; *La Piazzetta à Venise, au coucher du soleil* : **FRF 200** – Paris, 11 juil.1941 : *Fête sur le grand canal à Venise* : **FRF 510** ; *La Piazzetta au soleil couchant* : **FRF 460** ; *Venise. Le pont sur le grand canal* : **FRF 260** ; *La Halte des Méharistes* : **FRF 250** ; *Bateaux de pêche en Orient* : **FRF 620** ; *La Chasse à la Perdrix* ; *La Chasse au canard*, deux pendants : **FRF 620** ; *Un Port en Turquie* : **FRF 300** ; *Barque sur le Bosphore* : **FRF 405** ; *Paysage d'Orient* : **FRF 180** ; *Coucher de soleil en Orient* : **FRF 240** ; *La Pêche en barque* : **FRF 250** ; *Les Trois-Mâts* : **FRF 420** ; *La Halte de la caravane* : **FRF 230** ; *Bateau dans la tempête* : **FRF 280** – Paris, 8 déc. 1941 : *Venise, le Grand Canal* : **FRF 2 000** – Paris, 13 mars 1942 : *La Place Saint-Marc* : **FRF 1 700** ; *Le Bosphore* : **FRF 1 700** ; *La Halte des méharistes* : **FRF 500** – Paris, 8 mai 1942 : *Port en Orient* : **FRF 1 900** – Paris, 23 déc. 1942 : *Canal à Venise* : **FRF 6 500** – Paris, 18 nov. 1942 : *Vue du Bosphore* : **FRF 4 800** – Paris, 5 mars 1943 : *Vues de Venise*, trois peint. : **FRF 3 000** – Paris, 24 mai 1943 : *Vue de Constantinople au soleil couchant* : **FRF 520** ; *La Porte Saint-Denis* : **FRF 410** ; *Venise : la lagune* : **FRF 950** – Paris, 31 mai 1943 : *Vues de Venise*, deux toiles : **FRF 2 600** – Paris, 2 juin 1943 : *Grand canal à Venise* : **FRF 3 800** – Paris, 23 juin 1943 : *Le Bosphore* : **FRF 1 600** – Paris, 20 mars 1944 : *Le Bosphore* : **FRF 1 300** – Paris, 14 juin 1944 : *Barques de pêche au clair de lune* : **FRF 1 400** ; *Deux peintures*, ensemble : **FRF 3 020** – Vienne, 19 sep. 1972 : *Soir d'été sur le Bosphore* : **ATS 20 000** – Vienne, 15 mars 1977 : *Venise*, h/t (51x91) : **ATS 18 000** – Versailles, 28 juin 1981 : *Venise au soleil couchant*, h/t (40x65) : **FRF 5 500** – Londres, 30 mai 1984 : *Venise à la tombée du jour*, h/t (38x62) : **GBP 500** – Paris, 25 fév. 1985 : *Place animée à Venise*, h/pan. (24x19) : **FRF 11 000** – Paris, 27 mars 1985 : *Constantinople*, gche (14,5x22,3) : **FRF 4 500** – Paris, 13 déc. 1986 : *Gondole devant la place Saint-Marc*, h/pan. (24x15) : **FRF 10 500** – Paris, 11 déc. 1987 : *Venise, le palais des Doges*, panneau (14,5x24) : **FRF 10 000** – Londres, 26 fév. 1988 : *Vue de Venise depuis la lagune*, h/t (15,2x24,2) : **GBP 990** – Paris, 23 juin 1988 : *Vue du Bosphore*, h/t (24x33) : **FRF 6 500** – Versailles, 5 mars 1989 : *Vues de Venise*, deux h/pap. (22,5x32) : **FRF 15 000** – Londres, 5 mai 1989 : *La lagune à Venise au crépuscule*, h/t (39,3x63,5) : **GBP 660** – Paris, 19 juin 1989 : *Campe-*

ment arabe 1863, h/t : **FRF 16 000** – PARIS, 8 déc. 1989 : *Campement arabe au crépuscule*, h/t (42,5x62,5) : **FRF 20 000** – PARIS, 18 déc. 1989 : *Venise, la Salute et le Palais des Doges*, deux h/t (40x65) : **FRF 28 000** – LONDRES, 16 fév. 1990 : *Le Palais de Doges avec la place Saint-Marc ; L'Ile San Giorgio*, h/cart., une paire (chaque 22x32) : **GBP 3 300** – VERSAILLES, 18 mars 1990 : *Gondole devant Venise*, h/t (40x65) : **FRF 48 000** – PARIS, 12 juin 1990 : *Vue de Paris*, h/pan. (17x24) : **FRF 17 000** – PARIS, 12 oct. 1990 : *Venise*, h/t (40x65) : **FRF 18 000** – NEW YORK, 21 mai 1991 : *Venise*, h/t (50,8x91,4) : **USD 5 060** – REIMS, 9 juin 1991 : *Venise, le palais des Doges*, h/t (65x40) : **FRF 22 000** – LONDRES, 4 oct. 1991 : *Le Pont du Rialto à Venise*, h/pap./pan. (22,2x31,1) : **GBP 1 650** – LONDRES, 17 juin 1992 : *Coucher de soleil sur Venise*, h/pan. (13,5x23,5) : **GBP 1 100** – PARIS, 22 juin 1992 : *Halte de la caravane dans le désert*, h/pan. (18x28,5) : **FRF 10 000** – CALAIS, 13 déc. 1992 : *Vue de Venise*, h/t (47x33) : **FRF 11 500** – PARIS, 10 fév. 1993 : *Migration*, h/t (53,5x104,5) : **FRF 17 000** – NEW YORK, 18 fév. 1993 : *Vue de Constantinople*, h/t (41x65) : **USD 7 700** – PARIS, 25 mars 1993 : *Canal à Venise*, h/pan. (38x61) : **FRF 22 000** – LONDRES, 17 nov. 1994 : *Constantinople*, h/t (40x65) : **GBP 4 025** – PARIS, 11 déc. 1995 : *Vue du Bosphore au clair de lune*, h/t (41x65) : **FRF 15 000** – LONDRES, 11 oct. 1996 : *Vue de Constantinople*, h/t (35x64,5) : **GBP 6 210** – CALAIS, 20 jan. 1997 : *Venise, baigneurs dans la lagune*, h/t (17x29) : **FRF 9 200** – CALAIS, 23 mars 1997 : *Venise, le Grand Canal*, h/t (41x65) : **FRF 17 000** – PARIS, 23 juin 1997 : *Coucher de soleil sur Notre-Dame*, h/pap. (22x33) : **FRF 10 000** – REIMS, 29 juin 1997 : *Venise, vue de la lagune*, h/t (35x65) : **FRF 16 000** – LONDRES, 17 oct. 1997 : *Vue d'Istanbul*, h/t (49x90,5) : **GBP 6 900**.

DUVIGEON Bernard
Né vers 1683. Mort le 11 avril 1760 à Paris. XVIIIe siècle. Français.
Miniaturiste.
Probablement identique à Duvigeon. Il peignit les portraits du roi et du duc d'Orléans.

DU VIGEON Gérard
XVIIe-XVIIIe siècles. Français.
Peintre.
Reçu à l'Académie Saint-Luc à Paris en 1672. Le Musée de Strasbourg conserve de lui le *Portrait de Claude de Siffrédy*.

DU VIGEON L.
XVIIIe siècle. Actif à Besançon dans la première moitié du XVIIIe siècle. Français.
Peintre.
Le Musée de Besançon conserve de lui le *Portrait de H. J. du Ban*, daté de 1714.

DU VIGNEAU Louise Suzanne, plus tard Mme **Dobler**
Née le 27 septembre 1763 à Leipzig. Morte en 1823 à Lyon (Rhône). XVIIIe-XIXe siècles. Française.
Miniaturiste et dessinateur.

DUVIGNEAUD
XVIIIe siècle. Britannique.
Peintre de miniatures.
Il exposa 5 portraits en 1797 à la Royal Academy à Londres.

DU VILLARD Jean
Né vers 1539. Mort le 26 octobre 1610. XVIe-XVIIe siècles. Suisse.
Aquarelliste et dessinateur de cartes géographiques.
La Bibliothèque Municipale de Genève conserve de lui *Carte du Lac Léman* et *Les espèces principales des poissons du Lac Léman*.

DUVILLE Daniel
Né à Reims (Marne). XXe siècle. Français.
Peintre de paysages.
Il exposa à Paris au Salon d'Automne à partir de 1931.

DUVILLIER Georges
Né à Tourcoing (Nord). XIXe siècle. Français.
Peintre de marines.
Il fut élève de M. H. Jacquet. Sociétaire des Artistes Français depuis 1889, il figura au Salon de cette société et obtint une mention honorable en 1910.

DUVILLIER René
Né le 3 avril 1919 à Oyonnax (Ain). XXe siècle. Français.
Peintre, peintre de techniques mixtes, dessinateur. Abstrait-lyrique.
Entre 1935 et 1938, il fut élève à l'École Nationale Supérieure des Beaux-Arts de Paris, notamment dans l'atelier de Charles Guérin. Prisonnier de guerre entre 1939 et 1945. Il fut déporté au stalag de Cracovie-Kobierzyn en raison de plusieurs évasions et actes de résistance. Il y organisera en 1943 une exposition de travaux non figuratifs d'après la Genèse. 1952, c'est la rencontre décisive avec Charles Estienne, qui lui fera connaître Soulages, Degottex, Hartung, Lapicque, Poliakoff, André Breton et Benjamin Péret. 1954-1955, c'est l'époque où commence à se mettre en place la technique et le registre formel du peintre, précipités par sa rencontre avec la mer. Se succéderont dorénavant les séries de peintures et d'œuvres sur papier. En 1971, il commence à enseigner en tant que plasticien dans l'Unité Pédagogique d'Architecture de Versailles, puis à donner des cours dans le cadre de la formation professionnelle continue. Il est fait officier des Arts et Lettres en 1984.
Duvillier participe à de nombreuses expositions collectives en France et à l'étranger : 1951 ; *Jeunes peintres graveurs*, librairie La Hune, Paris ; 1952 ; *Peintres de la nouvelle école de Paris*, présentée par Charles Estienne, galerie de Babylone, Paris ; 1953 ; *Younger European Painters*, Musée Guggenheim, New York ; 1953 ; *Pour une abstraction lyrique*, galerie Craven, Paris ; 1960 ; *Nouvelles tendances de la peinture française*, Kunstlerhaus, Vienne ; 1960 ; *Antagonismes*, sur des textes de G. Salles, F. Mathey et de J. Alvard, Musée des Arts Décoratifs de Paris ; 1968 ; *Trois ans d'art vivant 1965-1968*, Fondation Maeght, Saint-Paul-de-Vence ; 1981 ; *L'Abstraction lyrique*, hommage à Michel Ragon ; 1984 ; *Charles Estienne et l'art à Paris 1945-1966*, Centre National des Arts Plastiques ; 1985 ; *Les Années 50*, exposition itinérante en France. Il a participé également au Salon de Mai en 1947, 1948, 1949, 1988 et 1989, au Salon d'Octobre en 1952 et 1953, au Salon des Réalités Nouvelles en 1958 et 1986, au Salon Comparaisons en 1957 et 1958, au Carnegie Institute en 1964, 1965, 1966 et 1967, à l'Internationale Kunstmesse Art à Bâle en 1971, au Palazzo Reale de Milan pour l'exposition *I Surrealisti* en 1989, au Musée National d'Art Moderne de Paris en 1991, à l'occasion de l'exposition *André Breton, la Beauté Convulsive*, présentée également au Museo Nacional Centro de Arte Reina-Sofia, à Madrid.
Duvillier réalise des expositions personnelles : 1955 ; sur des textes de A. Breton, B. Péret et Charles Estienne, galerie de l'Étoile Scellée, Paris ; 1962 ; *Les Javelots et la mer*, exposition présentée par P. Restany, galerie Schoeller, Paris ; 1966 ; *Cycle aérien*, galerie Schoeller, Paris ; 1967 ; *De la mer au regard*, sur un texte de J. L. Daval, Eurogalerie, Montreux ; 1968, *Visions*, sur des textes de G. Gassiot-Talabot, Genève ; 1969 ; *Approche des planètes* ; 1972 ; *Parcours*, exposition des peintures de 1954 à 1971, accompagnées de textes de Michel Ragon, André Breton, Benjamin Péret, Julien Alvard, Jacques Woliner, Henry Maldiney, Pierre Restany, Charles Estienne, Gérald Gassiot-Talabot, Ernest Schwyn, Maryse Haerdi, Musée d'Art Moderne de la ville de Paris ; 1987 ; galerie Mostini, Paris ; 1988 ; *Peintures et dessins de 1948 à 1988*, Maison de la Culture de Créteil ; 1989 ; *René Duvillier de 1954 à 1989*, Musée de Morlaix ; 1998 Paris, *L'Eau de L'Air*, galerie Larock-Granoff.
Depuis sa rencontre avec la mer, en 1954, Duvillier a « trouvé le mouvement et le geste » et ce fut, dit-il, « un choc épouvantable ». Ses peintures évoluent dans un tournoiement formel à deux ou trois couleurs essentielles : le violet (érotisme), le noir (angoisse) et le bleu (espace). Il rompt en 1957-1958 avec sa vision polychrome de la mer pour une recherche de simplification avec *Les Monochromes* et *Les Tourbillons* datant de 1959-60. Sa quête le conduit une nouvelle fois à aborder en couleurs les espaces magiques des *Traverses*, des *Vents*, et des *Orages* en 1961, pour aboutir avec *Les Diables de mer*, les *Javelots et la Mer* et les *Luminaires* à « ces combats acharnés, où toutes les forces s'enchevêtrent pour se battre, se dévorer. Ces batailles déchaînées étaient aussi des combats d'amour », commente-t-il. En 1964-1965, un autre fait marquant fut la sensation de l'air éprouvée lors de son premier voyage en avion pour aller à New York : le cycle aérien débute. Recherche d'une vision toujours plus lointaine, spacieuse, en profondeur, un autre « choc », celui ressenti par le regard humain – « L'œil me donne la dimension du tragique » – l'amènera peu à peu à se libérer encore plus généreusement en déambulations cosmiques avec : *Les Regards* en 1967, *Les Visions* et *Les Cycles des profondeurs* en 1968, *Approche de planètes* en 1969, *Têtes chercheuses* en 1970, *Le Noyau, sensations internes* en 1971, *Les êtrastres* en 1972, *Jouissance de l'espace* en 1973-75, où selon

son expression : « Tout est cosmisé, tout s'élance, tout circule, tout explose ».
Depuis 1989, l'artiste a repris contact avec la mer, et développe une série de peintures, intitulée *Arcs-en-ciel-Arcs-en-mer*. Celle-ci nous plonge dans les éléments liquides, maritime (mer) et aérien (nuages), extraits de leur situation d'ensemble, et « présentés » à nos yeux sur la toile. Duvillier nous « apprend » l'eau, à travers la plasticité de ses formes, de la transparence de son être, de sa vitalité. Une des caractéristiques de sa peinture réside dans le geste de l'artiste, dont les traces apparaissent si souvent sur ses toiles, geste qui communique directement l'impulsion d'une action, d'une existence, de la vie. « Le regard n'offre aucune assurance, c'est la main qui maîtrise et commande, pas le regard. Corrige-t-il ? Je n'en suis pas si sûr... » C'est une transposition directe d'un élan par le médium de la peinture, qui recouvre, accélère et sculpte la naissance d'un espace nouveau, fruit du balayage inconscient et finalement ordonnateur d'une vision. G. Gassiot-Talabot nous rapporte que Duvillier a affiché dans son premier atelier, durant de longues années, le texte du sermon du feu du Bouddha et qui débute par : « Tout est flamme (...) ». Éclairé par cette lumière, c'est donc avec raison que Jacques Busse écrit à propos de la peinture de Duvillier « qu'elle ne peut qu'artificiellement être rattachée, par pure commodité, à l'abstraction lyrique, à l'abstraction gestuelle ou graphique, au nuagisme ». Les toiles de Duvillier manient un langage formel composé d'antagonismes : aux lignes courbes des *Tourbillons* et des *Nuits* succèdent des éléments anguleux, foisonnants, d'une constante tension, telles des nervures et tendons, dans *Les Javelots et la Mer, Le Cycle aérien*, et *Les regards*. Ces deux pôles d'expression n'ont rien de figé, on les retrouve tout au long de l'œuvre, même si l'artiste s'oriente, depuis peu, vers une « vastitude » translucide de la matière. *Jouissance de l'espace*, 1974, est comme l'aboutissement de cette bipolarité vieille comme le monde, du masculin et du féminin, de l'imaginaire phallique et vaginal. Au milieu de cette dialectique, il y a ce point central de « fuite », qui est très souvent représenté, à l'image de la notion de centre, vers lequel l'œil rapidement se focalise. Les mythes créateurs du monde, rappels avant tout de notre finitude humaine, ainsi que les légendes qui mettent en scène des êtres surhumains (Titans, Danaïdes, Hécate...) sont réutilisés par l'artiste dans notre espace social actuel ou rêvé. ■ Christophe Dorny

Bibliogr. : H. Maldiney, in : *Art International*, Paris, Oct. 1960 – Maryse Haerdi et J. L. Daval : *Duvillier, Peintre, Cénesthésique*, Eurogalerie, Montreux, 1967 – R. J. Moulin, in : *Opus International*, Paris, avr. 1969 – Catalogue de l'Exposition *Parcours*, du Mus. d'Art Mod. de la Ville de Paris, 1972 – G. Gassiot-Talabot, R. J. Moulin, C. Millet, M. Ragon, J. J. Levêque, P. Cabanne : *Duvillier*, Galerie Mostini, Paris, 1987 – V. Bertrand : *R. D. Initiale n°17. Notes impromptues de Duvillier*, Area, Paris, 1988 – Philippe Le Guillou, G. Gassiot-Talabot, Alin Alexis Avila : *René Duvillier Rétrospective de 1954 à 1989*, Musée de Morlaix, 1989.

Musées : Beaulieu Abbaye (Centre d'Art Contemp.) – Grenoble (Mus. de Peinture et de Sculpture) – Lausanne (Mus. Cant. des Beaux-Arts) – Milan (Fonda. A. Schwarz) – Morlaix (Mus. des Jacobins) – Nantes (Mus. des Beaux-Arts) – New York (Solomon Guggenheim Mus.) – Paris (CNAC) – Paris (Mus. d'Art Mod.) – Rennes (FRAC) – Saint Louis (St Louis University) – Washington D. C. (Smithsonian Inst.).

Ventes Publiques : Genève, 17 juin 1972 : *Naissance de la vie* : **CHF 5 200** – Paris, 25 mars 1974 : *Cycle aérien l'arc I* 1964 : **FRF 2 800** – Paris, 22 juin 1984 : *La Vulve de la mer II* 1977, h/t (130x162) : **FRF 15 000** – Versailles, 29 nov. 1987 : *Noir IV* 1957, h/t (70x140) : **FRF 9 000** – Paris, 18 mai 1988 : *Cycle aérien* 1965, h/t (55x65) : **FRF 7 000** – Copenhague, 10 mai 1989 : *Danseuse et Coureuse* 1959, h/t (130x195) : **DKK 10 000** – Paris, 13 oct. 1989 : *Cycle aérien 18*, h/t (81x100) : **FRF 19 000** – Paris, 8 nov. 1989 : *Les Javelots et la Mer, le grand combat*, h/t (130x195) : **FRF 65 000** – Paris, 8 mars 1990 : *Traverses* 1961, h/t : **FRF 45 000** – Douai, 1er avr. 1990 : *Composition* 1955, encre rouge (55x75) : **FRF 9 000** – Paris, 26 avr. 1990 : *Jouissance de l'espace n° 34*, h/t (89x116) : **FRF 28 000** – Paris, 31 oct. 1990 : *Cycle aérien* 1964, h/t : **FRF 38 000** – Douai, 24 mars 1991 : *Cycle aérien, éclatement* 1964, acryl./t. (130x194) : **FRF 51 000** – Paris, 4 nov. 1991 : *Cycle du vent A* 1961, h/t (127x193) : **FRF 33 000** – Paris, 6 déc. 1992 : *La Mer de vent* 1961, h/t (195x300) : **FRF 24 500** – Paris, 3 fév. 1993 : *Le couple II* 1968, h/t (146x114) : **FRF 5 500** – Paris, 28 nov. 1994 : *Pourchasse acharnée*, h/t (130x195) : **FRF 20 000** – Paris, 3 fév. 1996 : *Composition* 1960, h/t (100x73) : **FRF 6 000** – Paris, 19 juin 1996 : *Le Marin* 1961, h/t (114x145) : **FRF 12 500** – Paris, 24 mars 1997 : *Les Yeux d'Ezechiel* 1960, acryl./t. (69x118) : **FRF 4 500**.

DUVIVIER ou **du Vivier**
XVIIIe siècle. Français.
Graveur.
Il était peintre de cour du duc de Bourbon. On cite de lui quatre gravures au burin : *Le Repos, La Bergerie, Herminie sous les armes de Clorinde, Herminie écrivant sur l'écorce des arbres le nom de Tancrède.*

DUVIVIER
XIXe siècle. Vivant en 1820. Français.
Peintre d'histoire et de portraits.
On cite de cet élève de Suvée : *Vœu de sainte Clotilde, Petit saint Jean.*

DUVIVIER Aimée
XVIIIe siècle. Française.
Peintre de portraits.
Elle prit part aux expositions de la Jeunesse en 1786 et 1787. Au Louvre elle exposa de 1791 à 1824. Elle était la fille de Pierre Charles Duvivier.
Ventes Publiques : Paris, 10 mars 1926 : *Portrait d'une fillette en robe rayée* : **FRF 1 650** – Londres, 14 juin 1972 : *Portrait d'un gentilhomme* 1785 : **GBP 300**.

DUVIVIER Albert Ludovic Paul Émile Antony
Né le 28 janvier 1842 à Nevers. XIXe siècle. Français.
Peintre et graveur.
Élève de Pils. Il exposa au Salon de Paris de 1869 à 1882. Sociétaire des Artistes Français depuis 1883, il obtint une mention honorable en 1882, médaille de troisième classe 1884, médaille deuxième classe 1886. Parmi ses peintures, on mentionne : *La fin du repas.*

DUVIVIER Antoine Joseph
XVIIIe siècle. Actif à Tournai. Éc. flamande.
Peintre.
Il était fils de Jacques François Duvivier, et fut reçu maître en 1757.

DUVIVIER Benjamin ou **Pierre Simon Benjamin**
Né en 1730 à Paris. Mort en 1819. XVIIIe-XIXe siècles. Français.
Graveur, médailleur.
Fils de Jean Duvivier, il apprit dans l'atelier de son père la gravure des médailles. Il reçut en 1756 un premier prix de l'Académie de Paris, et fut autorisé en 1761 à succéder à son père au Louvre. En 1774, il fut nommé graveur général des Monnaies de France. Il créa les monnaies de Louis XVI, de son avènement à la Révolution. Les plus importantes des médailles qu'il grava sont les suivantes : *Louis XV à cheval* (1763), *La Princesse Troubetskoï* (1764), *Le duc de Villars* (1766 ; prix de l'Académie de Marseille), *Le Mariage du Dauphin* (1770), *La Mort de Louis XV* (1774), *Le Couronnement de Louis XVI* (1775), *Naissance de Madame* (1778), *Louis XVI et Marie-Antoinette* (1781), *Le Pont Louis XVI* (1788), *Necker, Lafayette* (1789), *L'Exposition de l'Industrie* (1799), *Bonaparte Premier Consul* (1800), *Pie VII* (1805). Au Louvre sont conservés des dessins de sa main : les portraits de *Lafayette* et de *l'archevêque de Reims, Talleyrand-Périgord* ; au Musée Carnavalet un album contenant les portraits de Louis XVI, Marie-Antoinette, de l'impératrice Marie-Louise, etc.

DUVIVIER Bernard. Voir **DUVIVIER Johannes Bernardus**

DUVIVIER Christophe
Né en 1958. XXe siècle. Français.
Peintre. Abstrait-géométrique.
Il a participé à plusieurs expositions collectives dont celle organisée, à Paris, par le Salon des Réalités Nouvelles en 1986.
Il réalise une peinture à base de petits carrés juxtaposés qui recouvrent toute la surface de la toile, formant ainsi l'armature d'une composition qui est également tributaire des contrastes de valeurs et des différentes couleurs que l'artiste choisit, en vue de créer par un jeu d'ombre et de lumière et un effet de transparence, de nouvelles figures géométriques. Un jeu perspectif s'ouvre alors à notre regard. Cependant la peinture de Duvivier n'est pas seulement le reflet d'un géométrisme sec, au

contraire, il introduit dans ses créations un déséquilibre discret, mais efficace, résultat d'un compromis – douloureux ? – avec les lignes issues de sobres spéculations cérébrales.

DUVIVIER Claire, Mme, née **Thomas**
Née le 10 décembre 1846 à Vittel (Vosges). XIXe siècle. Française.
Peintre et graveur.
Elle envoya plusieurs de ses gravures au Salon de Paris de 1870 à 1882.

DUVIVIER Conrad
XVIe siècle. Actif à Paris vers 1547. Français.
Miniaturiste.

DUVIVIER David ou **Vivier**
XVIIe siècle. Actif à Paris. Français.
Dessinateur et graveur.
On connaît de lui une grande planche ainsi sous-titrée : *Veüe de l'église royale de Saint-Germain en-Laye, etc. dessinée et gravée par du Vivier l'Aîné, géographe du Roy, en 1686.*

DUVIVIER Edgard
Né le 16 janvier 1916 à Rio de Janeiro. XXe siècle. Brésilien.
Sculpteur.
Après des études de droit, puis d'architecture, il se consacre à la sculpture en 1946. Il a eu des commandes de Oscar Niemeyer pour Brasilia. Il travaille le bronze, le marbre, puis le fer au chalumeau. On lui connaît déjà deux périodes, l'une figurative et l'autre abstraite. Ses sculptures abstraites sont dynamiques, sans doute influencées par les œuvres de Pevsner ou de Gabo.

DUVIVIER Fernand
Né le 10 décembre 1844 à Rouen (Seine-Maritime). XIXe siècle. Français.
Peintre.
Il eut pour maîtres Hunten et Adams. En 1869, il envoya au Salon de Paris : *Un intérieur d'écurie, Le billet de logement, cuirassiers prussiens du temps de Frédéric le Grand.*

DUVIVIER François
Mort avant 1671. XVIIe siècle. Actif à Angers. Français.
Peintre.
Il exécuta pour l'église Saint-Laud à Angers un *Crucifiement* et deux tableaux plus petits « en feillage » qui furent placés aux côtés du Crucifiement (1654).

DUVIVIER Gabriel ou **du Vivier** ou **du Vernier**
XVIIe siècle. Éc. flamande.
Peintre.
Il fut reçu maître en 1662 à Gand.

DUVIVIER Guillaume ou **du Vivier**
XVIIe siècle. Éc. flamande.
Dessinateur et graveur.
Il est peut-être de Gand. Il travailla avant 1666.

DUVIVIER Guillaume
Né à Liège. Mort le 6 mars 1743 à Liège. XVIIIe siècle. Éc. flamande.
Graveur.
On connaît de lui quelques gravures, probablement pas les plus importantes : *Saint Hubert et le cerf* (1706), *Frontispice d'une Bible* éditée par Broncart à Liège en 1701, 8 *Gravures pour un missel, Caricature de Jean Brulé de Monplainchamp.*

DUVIVIER Henri Joseph
XVIIIe siècle. Actif à Tournai. Éc. flamande.
Peintre.
Peut-être a-t-il séjourné un certain temps en Angleterre. En 1771, il restaura des fresques à Saint-Quentin. Il travailla à la Manufacture de Porcelaines de Tournai, et y peignit des batailles et des paysages.

DUVIVIER Hilarius ou **Duvinius**
Né à Paris. Mort le 8 juillet 1643 à Rattenberg. XVIIe siècle. Actif à Rattenberg et Kufstein (Tyrol). Autrichien.
Peintre et dessinateur.
Il fit à Innsbruck en 1624 le portrait de nombreuses personnalités. A Breitenach se trouve à l'église paroissiale une *Assomption* signée de lui. Il fut aussi cartographe.

DUVIVIER Ignaz
Né en 1758 à Rians ou à Marseille. Mort en 1832 à Paris ou à Reims. XVIIIe-XIXe siècles. Français.
Peintre et graveur.
Élève de Casanova. Il exécuta des tableaux de batailles dans le genre de son maître. S'étant rendu à Vienne, il s'y occupa souvent à peindre des paysages. La galerie de cette ville possède de lui une *Cascade*. Il grava aussi un grand nombre de paysages et de tableaux de genre. Le Palais de Compiègne conserve un paysage de lui.
Ventes Publiques : Paris, 1896 : *Choc de cavalerie*, dess. au lav. reh. de blanc : **FRF 50** – Paris, 24 nov. 1923 : *Le Retour des champs*, cr. et sépia : **FRF 450** – Paris, 23 fév. 1938 : *L'atelier d'un artiste*, pierre noire et lav. de bistre : **FRF 150** – Paris, 2 avr. 1941 : *Bergers et troupeaux*, dess. à la pierre noire : **FRF 120.**

DUVIVIER Jacques François
Né au XVIIIe siècle à Tournai. XVIIIe siècle. Éc. flamande.
Peintre.
Il fut vraisemblablement le Duvivier admis à la gilde Saint-Luc d'Anvers en 1710. Il peignit une *Vie de saint Antoine* sur les murs de l'église des Doyens à Tournai. Il est mentionné à plusieurs reprises dans les services municipaux.

DUVIVIER Jean ou **Dervivier** ou **Durivier**
Né le 7 février 1687 à Liège. Mort le 30 avril 1761 à Paris. XVIIIe siècle. Français.
Graveur, dessinateur.
Il fut nommé graveur du roi, logé au Louvre, et en 1718 il devint membre de l'Académie. Il est surtout connu pour ses médailles.

Ventes Publiques : Paris, 1896 : *Portraits des rois Louis XV et Louis XVI, de Marie-Antoinette et autres personnages de la cour*, trente-deux dess. au cr. et à la sanguine : **FRF 790** – Paris, 12 et 13 mars 1926 : *Portrait d'homme*, sanguine pour une médaille : **FRF 130** – Paris, 22 mars 1928 : *Portrait de l'abbé de Céricourt*, pierre noire reh. : **FRF 210** – Paris, 28 fév. 1938 : *L'abbé de Céricourt*, cr. et craie : **FRF 110.**

DUVIVIER Johannes Bernardus
Né en 1762 à Bruges. Mort le 21 novembre 1837 à Paris. XVIIIe-XIXe siècles. Naturalisé en France. Éc. flamande.
Peintre d'histoire, scènes mythologiques, aquarelliste, dessinateur.
Il fut élève de Hubert et Paul de Kock, de Suvée, à Paris, en 1783 ; il travailla, de 1790 à 1796, en Italie, puis s'installa à Paris. Il exposa au Salon de 1793 à 1824, obtenant un second prix de peinture en 1785. Cet artiste est cité par Bellier de la Chavignerie avec les prénoms de Pierre-Bernard.
Ventes Publiques : Paris, 1864 : *Paysage avec figures*, aquar. : **FRF 10** ; *Un paysage et une vue*, pinceau, lavés de bistre, deux dessins : **FRF 9** – Paris, 1880 : *Iphis à la porte d'Anavarète ; Vertumne et Pomone ; Troisième composition pour les Métamorphoses d'Ovide*, sépia, trois dessins : **FRF 220** ; *Deux amours tenant une banderole*, sépia : **FRF 32** – Paris, 1881 : *Fruits et ustensiles de cuisine* : **FRF 860** – Paris, 10 mars 1924 : *La Rentrée du troupeau*, aquar. et pl. : **FRF 720** – Paris, 12-13 mars 1926 : *Robinson Crusoë*, lav., vignette : **FRF 340** – Monte-Carlo, 26 juin 1983 : *Hector pleuré par les Troyens et sa famille* 1793, pl., encre grise et aquar. (42x55,5) : **FRF 21 000.**

DUVIVIER Louis
XVIIe siècle. Actif à Paris. Français.
Sculpteur.

DU VIVIER Louis
Né à Liège (Wallonie). XXe siècle. Belge.
Peintre de paysages.
Exposant, à Paris, du Salon des Artistes Indépendants depuis 1931.

DUVIVIER Pierre Charles
Né le 24 juin 1716 à Paris. Mort le 25 août 1788. XVIIIe siècle. Français.
Peintre de natures mortes.
En 1761, il exposa au Salon de la Jeunesse des natures mortes dans le style de Chardin ; jusqu'en 1776, il fut directeur de la Savonnerie des Gobelins.
Un Gobelin avec le portrait de Louis XV, qui se trouvait en 1869 à l'Exposition rétrospective de Beauvais, lui est attribué.
Ventes Publiques : New York, 22 jan. 1976 : *Nature morte* 1772, h/t (98,5x75,5) : **USD 8 500.**

DUVIVIER Thomas Germain Joseph
Né le 30 août 1735 à Paris. Mort le 4 avril 1814 à Paris. XVIIIe-XIXe siècles. Français.
Peintre de sujets divers, graveur.
Il était fils de Jean Duvivier et fut élève de Chardin.
Ses compositions dépeignent systématiquement un buste ou une petite sculpture, en général de marbre blanc, entourés d'objets donnant un thème à l'œuvre.
Bibliogr. : Catalogue vente Sotheby's, Monaco, 5-6 déc. 1991.
Ventes Publiques : Monaco, 5-6 déc. 1991 : *Vanité*, h/t (62x78) : **FRF 88 800** – Monaco, 4 déc. 1992 : *Les Attributs des Arts*, h/t (67x108) : **FRF 55 500**.

DUVOCELLE Julien Adolphe
Né le 9 janvier 1873 à Lille (Nord). Mort le 11 février 1961 à Corbeil-Essonnes (Essonne). XXe siècle. Français.
Peintre de portraits.
Il fut élève de Bonnat et de Winter. Il participa, à Paris, au Salon des Artistes Français et obtint une mention honorable en 1897, une médaille de troisième classe lors d'un autre Salon. En 1898, il est médaillé de bronze à l'Exposition universelle de 1900, à Paris.
Musées : Paris (Mus. d'Orsay) : *Crâne aux yeux exorbités*, dess.

DUVOISIN Henri
Né le 1er mai 1877 à Genève. Mort en 1959 à Genève. XXe siècle. Suisse.
Peintre de paysages, portraits, natures mortes.
Peut-être parent de Marie Deytard de Grandson, née Duvoisin. Il fut élève de l'École des Arts Industriels et des Écoles municipales d'art où il a travaillé surtout avec Pignolat, Bodmer et Gaud. Duvoisin séjourna en France, notamment à Paris, et exposa à Genève à partir de 1898. Parmi ses œuvres : *Village en Normandie* ; *Etrembières* ; *Autoportrait* ; *Le Lac de Locarno*.
Musées : Genève (Mus. Rath) : *Poissons*.
Ventes Publiques : Berne, 8 mai 1987 : *Pêcheur à la ligne au bord de la rivière* 1918, h/t (81x65) : **CHF 1 000**.

DUVRIE J.
XIXe siècle. Actif au début du XIXe siècle.
Peintre.
Ventes Publiques : Londres, 15 mai 1931 : *Ville française sur une rivière* : **GBP 4**.

DUWART Salomon
XVIIe siècle. Hollandais.
Peintre.
Il entra à la gilde Saint-Luc à Alkmaar en 1633, et à La Haye en 1650 (sous le nom de « Saelleemon Duwart »). Il fut surtout peintre de portraits.

DUWÉE Henri Joseph ou **Duwez**
Né en 1810. Mort en 1884. XIXe siècle. Belge.
Peintre d'histoire, genre, graveur.
Il fut élève de Navez, et travailla de 1833 à 1870.
Musées : Amsterdam : *Femme avec un tambourin*.
Ventes Publiques : Paris, 6 fév. 1895 : *Seule au monde* : **FRF 140** – Londres, 14 juin 1974 : *Fillette au tambourin* : **GNS 950** – Amsterdam, 22 avr. 1992 : *La Fille au tambourin*, h/t, de forme ovale (90x110) : **NLG 7 130**.

DUWENS Daniel ou **Duben**
Né à Sureck en Frise. Mort après 1683. XVIIe siècle. Actif à Dantzig. Allemand.
Peintre.
Il fut reçu dans la Corporation des Peintres en 1649. Il eut six fils, tous peintres.

DUX Gustave
XIXe siècle. Actif à Amsterdam. Hollandais.
Peintre et lithographe.

DUX Siegmund
Né vers 1830 à Pressbourg. Mort en juillet 1900 à Vienne. XIXe siècle. Autrichien.
Peintre.
Il fut élève de l'Académie de Vienne, où il travailla ensuite comme peintre de genre.

DUXA Aloïs
Né en 1843 à Neu-Sandec (Galicie). XIXe siècle. Autrichien.
Peintre de genre et portraitiste.
Élève de K. Wurzinger à l'Académie de Vienne, il figura dans différentes Expositions à Vienne et en Galicie.

DUXA Karl ou **Carl**
Né le 28 janvier 1871 à Vienne. Mort en 1937 à Vienne. XIXe-XXe siècles. Autrichien.
Peintre de genre.
Fils d'Aloïs Duxa, il fut élève de l'Académie de Vienne et étudia avec Trenkwald. Il peignit surtout des scènes de la vie de famille des paysans et de la petite bourgeoisie : *Idylle de Famille* (1902), *l'Attente* (1906), *Choix Difficile* (1910), *Le Fumeur* (1912).

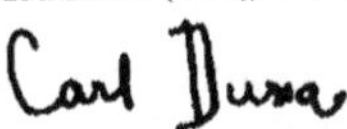

Ventes Publiques : New York, 27 jan. 1906 : *Intérieur hollandais* : **USD 165** ; *Son histoire favorite* : **USD 165** ; *Mère et Enfant* : **USD 155** – Vienne, 12 mars 1974 : *Fillettes cueillant des fleurs* : **ATS 10 000** – Vienne, 13 avr. 1976 : *Deux femmes dans une cuisine*, h/t (61x53) : **ATS 9 000** – Vienne, 11 mars 1980 : *Scène d'auberge*, h/pan. (34x39) : **ATS 25 000** – Vienne, 15 nov. 1983 : *Joies maternelles*, h/t (100x124) : **ATS 22 000** – Vienne, 6 nov. 1984 : *Vierge à l'Enfant*, h/pan. (41x31) : **ATS 20 000** – Vienne, 19 mars 1986 : *Bouquet de fleurs*, h/t (40x31,5) : **ATS 32 000** – Londres, 23 mars 1988 : *Clientèle de bar* 1913, h/pan. (72x100) : **GBP 4 180** – Berne, 26 oct. 1988 : *La lecture du journal en fumant la pipe*, h/pan. (17,5x13) : **CHF 1 600** – New York, 20 jan. 1993 : *Printemps*, h/t (51,4x41,3) : **USD 1 150**.

DUXAIMO ou **Jusayne**
XVe siècle. Actif à Pinerolo. Italien.
Peintre.

DUXI
XVIIe siècle. Actif à Spandau. Allemand.
Peintre.

DUYCK Edouard, Edward
Né en 1856 à Bruxelles. Mort en 1897 à Bruxelles. XIXe siècle. Belge.
Peintre de sujets oniriques.
Musées : Bruxelles : *Le Rêve*.
Ventes Publiques : Amsterdam, 14-15 avr. 1992 : *La Tentation* 1893, h/t (31x22,5) : **NLG 2 300**.

DUYCK Jacky
Né en 1947 à Uccle (Brabant). XXe siècle. Belge.
Peintre, aquarelliste, dessinateur, décorateur de théâtre. Tendance abstraite.
Il fut élève de Van Saene à Saint-Luc à Schaerbeek. Il a réalisé des décors de théâtre.
Bibliogr. : In : *Dictionnaire biographique illustré des artistes en Belgique depuis 1830*, Arto, Bruxelles, 1987.

DUYCK Jacob. Voir **DUCK**

DUYCKAERTS Eric
Né en 1953 à Liège. XXe siècle. Actif en France. Belge.
Créateur d'installations, vidéaste, dessinateur, pastelliste.
Il fit des études de droit et philosophie. Il vit et travaille à Paris. Il participe à des expositions collectives : 1993 Bruxelles, 1994 Paris, 1995 Biennale de Venise, 1997 *Coïncidences, Coïncidences* à la Fondation Cartier à Paris. Il montre ses œuvres dans des expositions personnelles : 1995 Espace croisé de Lille, FRAC (Fonds régional d'Art contemporain) à Clermont-Ferrand, Centre d'art contemporain de Meymac, galerie Emmanuel Perrotin à Paris.
Il réalise de nombreuses vidéos.
Bibliogr. : Patricia Brignone : *Eric Duyckaerts – Portrait de l'artiste en conférencier*, Art Press, n° 212, Paris, avr. 1996.
Musées : Marseille (FRAC Alpes-Côtes d'Azur) : *One forearm hypothesis* 1994, plastique, acier, cuivre, vidéo, bois.

DUYF Claes
XVIIe siècle. Actif à Leyde. Hollandais.
Peintre.

DUYFF Caspar
XVIIe siècle. Actif à Amsterdam. Hollandais.
Peintre.

DÜYFFCKE C. F. J.
XIXe siècle. Actif à Hambourg au début du XIXe siècle. Allemand.
Architecte et peintre.
Il était le père de Paul Düyffcke Au Musée Historique de Hambourg se trouvaient deux aquarelles de sa main.

DÜYFFCKE Paul
Né le 17 décembre 1846 à Hambourg. XIXe siècle. Allemand.
Sculpteur, peintre d'histoire et de genre.
Élève de Verlat à Weimar. Il débuta à Berlin vers 1872.
Musées : Hambourg (Gal. des Arts) : *Brahms*, bronze – Weimar : *Amalbergis*, sculpt.
Ventes Publiques : Paris, 7 et 8 juin 1928 : *Officier supérieur d'un régiment suisse de la garde royale française*, aquar. : **FRF 460**.

DUYFHUYSEN Pierre. Voir **DUIFHUIZEN**

DUYL-SCHWARTZE ou **Duyll**. Voir **SCHWARTZE Thérèse**

DUYN H. Van
XVIIe siècle. Hollandais.
Peintre.
Il fut un imitateur de Teniers. Il figura à l'Exposition de 1910 à Bruxelles avec un tableau, *Atelier avec personnages*.

DUYNEN Gerardt Van
XVIIe siècle. Hollandais.
Peintre de natures mortes.
Il appartenait à la société Pictura, à La Haye, vers 1666.
Ventes Publiques : Londres, 12 juil. 1985 : *Nature morte aux fruits, poissons, plat d'étain et oignons sur une table* 1654, h/t (40x52) : **GBP 32 000**.

DUYNEN Isaac ou **Jan Van** ou **Van Duyn**
Né à Anvers selon Kramm. Mort en 1688 ou 1689 à La Haye. XVIIe siècle. Hollandais.
Peintre d'animaux, natures mortes.
Originaire de Dordrecht, il vint à La Haye en 1657, y paraît dans la Confrérie en 1665, épousa Maria Van Bladen et, en 1673, défendit son pays contre la France.
Il s'est spécialisé dans la peinture de poissons et natures mortes.
Musées : Amsterdam : *Poissons de mer* – Budapest : *Poissons de mer* – Lille : *Poissons* – Stockholm : *Poissons, crabes et huîtres*.
Ventes Publiques : Paris, 1864 : *Le homard* : **FRF 130** – Paris, 29 mai 1908 : *Poissons et coquillages* : **FRF 95** – Londres, 27 jan. 1922 : *Marchande de poissons et son étal* : **GBP 27** – Londres, 24 fév. 1922 : *Dame devant une table avec poissons, fruits et nature morte* : **GBP 19** – Londres, 24 mars 1922 : *Poisson et légumes* : **GBP 21** – Londres, 12 juin 1925 : *Poisson sur une table* : **GBP 13** – Londres, 22 mars 1926 : *Poisson, fruit et légumes* : **GBP 9** – Paris, 27 et 28 déc. 1927 : *Poissons morts*, deux toiles, attr. : **FRF 260** – Paris, 22 juin 1928 : *Filet et poissons sur un entablement de pierre* : **FRF 2 800** – Londres, 18 juin 1934 : *Poissons* : **GBP 5** – Londres, 6 juil. 1934 : *Poissons sur une dalle en marbre* : **GBP 7** – Londres, 28 juil. 1938 : *Étal de poissons* : **GBP 10** – Londres, 21 juil. 1939 : *Étal de poissons* : **GBP 6** – Paris, 25 juin 1943 : *Poissons sur un étal de pierre* : **FRF 10 000** – Paris, 18 jan. 1944 : *Poissons et crustacés*, attr. : **FRF 10 000** – Paris, 20 avr. 1945 : *Poissons de mer et crustacés* : **FRF 18 000** – Paris, 5 avr. 1965 : *Nature morte à la coupe ciselée* : **FRF 12 000** – Paris, 19 juin 1970 : *Nature morte à la coupe ciselée* : **FRF 16 000** – Bruxelles, 12 déc. 1979 : *Nature morte aux poissons*, h/t (66x52) : **BEF 120 000** – Rome, 1er déc. 1982 : *Nature morte aux poissons*, h/t (80x118) : **ITL 7 000 000** – Londres, 14 oct. 1983 : *Nature morte aux poissons*, h/t (119,3x158,7) : **GBP 1 900** – New York, 8 nov. 1985 : *Vieille femme assise* 1677, h/t (48,3x38) : **USD 2 600** – Paris, 5 déc. 1986 : *Nature morte aux poissons*, h/t (170x245) : **FRF 9 500** – Rome, 10 mai 1988 : *Nature morte aux poissons*, h/t (78,5x117) : **ITL 17 000 000** – Paris, 31 mars 1994 : *Nature morte aux poissons*, h/t (66x57) : **FRF 9 000** – Amsterdam, 16 nov. 1994 : *Nature morte aux poissons sur une table*, h/t (87,5x69) : **NLG 12 650**.

DUYREN. Voir **DÜREN**

DUYS Abraham
XVIIe siècle. Actif à Anvers. Éc. flamande.
Peintre.
Élève de Gabriel Francken. Il fut reçu maître en 1636.

DUYSELEN Jacob Van
XVIIIe siècle. Actif à La Haye. Éc. flamande.
Peintre.

DUYSEND Cornelis Claezoon ou **Dusend**
XVIIe siècle. Hollandais.
Graveur.
On cite parmi ses œuvres : *Titre pour Isaac Vossius Justini historiarum*, *Titre pour L. Annœus Florus*.

DUYSTER Willem Cornelisz
Né en 1599 probablement à Amsterdam. Enterré à Amsterdam le 31 janvier 1635. XVIIe siècle. Éc. flamande.
Peintre de compositions à personnages, portraits.
On a pensé qu'il avait été l'élève de Pieter Codde, étant donnée la subtilité de ses bruns qui caractérise quelques-uns de ses tableaux, dont la touche est toutefois plus lisse que celle de Codde. Une autre partie de son œuvre montre l'influence des tissus colorés hollandais de l'époque. Il est possible que Ter Borch fut son élève. Duyster fut un peintre anecdotique à la manière des petits maîtres hollandais du milieu du XVIIe siècle ; il représenta des scènes de la vie en société et de la vie militaire, donnant souvent une expression mélancolique à ses personnages.

W. D. DVYSTER ... DVVSTER

Musées : Amsterdam : *Les joueurs de trictrac* – *Les noces d'Adriaen Ploos Van Amstel et d'Agnès Van Byler* – *Réunion musicale*, copie d'un tableau autrefois à Lille, coll. Lenglart. – Cologne : *Masques à la lumière des torches* – Douai : *Maître de musique* – Dresde : *Soldats partageant le butin* – Dublin : *Intérieur hollandais* – *Intérieur avec soldats* – *Portrait d'un homme et de sa femme* – Haarlem (Mus. mun.) : *Soldats au quartier* – Hambourg : *Prisonniers conduits devant un officier* – La Haye : *Officiers et soldats jouant aux dés dans une grange* – Londres (Nat. Gal.) : *Combat entre cavaliers et brigands* – *Joueurs de trictrac* – Paris (Mus. du Louvre) : *Les maraudeurs* – Saint-Pétersbourg (Mus. de l'Ermitage) : *Joueurs de trictrac* – Stockholm : *Attaque dans une grange*.
Ventes Publiques : New York, 7-8 avr. 1904 : *Le jeu de trictrac* : **USD 130** – Paris, 15-16 nov. 1920 : *Le Page* : **FRF 7 000** – Londres, 20 déc. 1922 : *Intérieur avec cavaliers et dames jouant aux cartes* : **GBP 6** – Londres, 20 avr. 1923 : *Cavaliers et dames* : **GBP 36** ; *Joueurs de tric-trac* : **GBP 16** – Londres, 25 juin 1923 : *Cavaliers et dames dans une chambre* : **GBP 24** – Londres, 25 avr. 1924 : *Salle de garde avec soldats* : **GBP 42** – Paris, 17-18 juin 1924 : *Le mauvais joueur* : **FRF 3 100** – Paris, 7 mars 1925 : *Dame et officiers près d'une table servie*, attr. : **FRF 4 010** – Londres, 7 déc. 1925 : *Repas de dames et de cavaliers* : **GBP 9** – Londres, 28-29 juil. 1926 : *Salle de garde avec soldats au cours d'une orgie* : **GBP 16** – Londres, 22 avr. 1929 : *Un concert* : **GBP 7** ; *Un concert* : **GBP 173** – Londres, 21 mai 1935 : *Une galante assemblée* 1631 : **GBP 25** – Londres, 5 juil. 1935 : *Un intérieur* : **GBP 34** – Londres, 8 avr. 1938 : *Conversation* : **GBP 44** – Londres, 17 mars 1939 : *Intérieur de salle de garde* : **GBP 12** – Londres, 21 mars 1941 : *Salle de garde avec soldats jouant aux cartes* : **GBP 18** – Londres, 1er mai 1946 : *Le Duo* : **GBP 50** – Paris, 5 déc. 1951 : *La Lecture de la lettre* : **FRF 365 000** – Londres, 24 mars 1965 : *La salle de garde* : **GBP 1 000** – Londres, 5 déc. 1969 : *Voleurs dans un intérieur* : **GNS 3 200** – New York, 17 mai 1972 : *Le Pillage* : **USD 9 000** – Amsterdam, 26 avr. 1976 : *Scène de cabaret*, h/pan. (25,5x30,5) : **NLG 33 000** – Londres, 8 juil. 1981 : *La Partie de cartes*, h/pan. (32x25) : **GBP 4 400** – Londres, 12 déc. 1984 : *L'Heure de musique*, h/pan. (40x63,5) : **GBP 82 000** – Norfolk (Angleterre), 22 oct. 1986 : *Soldats jouant aux dés sur un tambour* 1632, h/pan. (35,5x30) : **GBP 6 500** – Amsterdam, 11 nov. 1992 : *Un cavalier*, h/pan. (28x20,5) : **NLG 41 400** – Londres, 13 déc. 1996 : *Soldats se partageant le butin dans une grange, couple élégant captif*, h/pan. (32,6x43,2) : **GBP 65 300** – Londres, 4 juil. 1997 : *Soldats avec leur butin*, h/pan. (38x56,2) : **GBP 139 000**.

DUYSTERN J. Van
XVIIe siècle. Actif au milieu du XVIIe siècle.
Peintre de natures mortes.

DUYTS B., G., J., Den. Voir **DEN DUYTS**

DUYTS Jan de
Né le 28 janvier 1629 à Anvers. Mort en 1676. XVIIe siècle. Éc. flamande.
Peintre de compositions religieuses, sujets mythologiques.

Élève de Franz Denys en 1642, maître à Anvers en 1648 ; il épousa Elisabeth Huybrechts, le 22 septembre 1653.

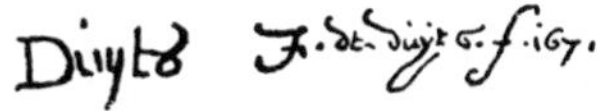

Musées : Brunswick : *Diane au bain* – La Haye : *Nymphes* – Leipzig : *Bacchante.*

DUYTSCH F. E.
xviiie siècle. Actif à la fin du xviiie siècle. Éc. flamande.
Dessinateur et graveur.

DUYVE. Voir **DUIVE Jan**

DUYVELANT Jacob. Voir **DUIVELAND**

DUYVELIER Ysaak
xviie siècle. Hollandais.
Peintre.
Il fut de 1696 à 1698 maître-franc de la Gilde de Middelbourg.

DUYVEN Steven Van
xviie siècle. Éc. flamande.
Peintre de figures, portraits, intérieurs.
Il fut admis dans la gilde de Kampen le 19 octobre 1683.

Ventes Publiques : Stockholm, 16 mai 1990 : *Femme assise dans un intérieur cossu* 1682, h/t (80x61) : **SEK 150 000** – Amsterdam, 12 juin 1990 : *Portrait d'une jeune femme assise de trois-quarts et vêtue d'une robe rose et d'une écharpe blanche* 1684, h/t (54,9x39,9) : **NLG 8 050.**

DUYVENDAK Jean
Né à Amsterdam (Pays-Bas). xxe siècle. Hollandais.
Peintre.
En 1932, il exposait *La Miséreuse* au Salon des Artistes Français à Paris.

DUYVER Albéric Victor
Né le 28 février 1859 à Thielt (Belgique). xixe siècle. Belge.
Peintre.
Élève de Colas et de Lehmann. Il a obtenu une mention honorable en 1894. Le Musée de Lille conserve de lui le *Portrait de M. Ch. Manso, poète lillois.*

DVORAK Anton
Né le 16 décembre 1817 à Nemcic (près de Leitomischl). Mort le 24 avril 1881 à Prague. xixe siècle. Tchécoslovaque.
Peintre de genre, portraits.
Il étudia aux Académies de Prague et de Vienne, et fut aussi l'élève de Waldmüller.
Ventes Publiques : Cologne, 6 juin 1973 : *Scène de ferme* : **DEM 4 900.**

DVORAK Franz
Né en 1862 à Prelouc (Bohême). Mort en 1912 ou 1927 à Londres. xixe-xxe siècles. Actif en France, puis en Angleterre. Tchèque.
Peintre de compositions religieuses, sujets allégoriques, scènes de genre, figures, portraits.
Il fut élève de l'Académie de Vienne. Établi à Paris, il participa, au Salon des Artistes Français de 1898, avec *Saint Laurent bienfaiteur des pauvres* ; à celui de 1900, avec un *Pygmalion,* pour l'Exposition Universelle ; à ceux de 1903 avec *Dame aux fleurs,* de 1904 avec *Dame aux capucines.* Ensuite à Londres, il présenta des sujets religieux à la Royal Academy, en 1909 et 1911. Vivant aux États-Unis de 1890 à 1898, il exécuta plusieurs portraits. De retour en Europe, il se fixa en France, où il peignit des sujets symboliques, dont les compositions en arabesque et les tonalités douces font penser à l'art des Préraphaélites. Cette tendance se précisa lorsqu'il s'installa à Londres, après 1904.
Bibliogr. : Gérald Schurr, in : *Les Petits Maîtres de la peinture 1820-1920, valeur de demain,* Les Éditions de l'Amateur, t. VI, Paris, 1985.
Ventes Publiques : Londres, 20 juin 1984 : *L'ange des oiseaux* 1910, h/t (201x105) : **GBP 7 500** – New York, 21 mai 1987 : *Dans le verger* 1912, h/t (182,9x121,9) : **USD 20 000** – New York, 15 oct. 1991 : *Le premier baiser* 1890, h/t (52x34,4) : **USD 4 400** – New York, 28 mai 1992 : *Aux courses* 1892, h/t (97,2x114,3) : **USD 16 500** – Londres, 17 mars 1993 : *La Vierge Marie et le Christ parmi les anges* 1893, h/t (68x95) : **GBP 6 900** – New York, 17 fév. 1993 : *Concert à Saratoga : les belles années 90,* h/t (186,7x274,3) : **USD 79 500** – Londres, 16 mars 1994 : *Pureté et passion,* h/t (48,5x64) : **GBP 27 600** – New York, 1er nov. 1995 : *L'adoration,* h/t (121,9x157,5) : **USD 10 350** – Londres, 21 mars 1997 : *L'Ange des oiseaux* 1910, h/t (106,7x203,2) : **GBP 52 100.**

DVORAK Karel
Né le 1er janvier 1893 à Prague. Mort le 28 février 1950 à Prague. xxe siècle. Tchécoslovaque.
Sculpteur de figures.
Il a étudié entre 1911 et 1913 aux Arts Décoratifs de Prague, puis en 1913 et de 1917 à 1919 aux Beaux-Arts de Prague.
Il a participé au courant tchèque de l'entre-deux-guerres qui voulut faire la synthèse entre la forme et l'idée en se référant à l'idéal de l'Antiquité et de la Renaissance. Il fut en cela tributaire de l'influence de Bourdelle et Despiau. Après la guerre, il a réalisé des sculptures aux accents patriotiques et humanitaires, voire humanistes, dont *La Tragédie,* montrée à Paris en 1968, lors d'une exposition de sculptures tchèques au Musée Rodin, est un exemple révélateur.

DVORALZ
Né en Tchécoslovaquie. xxe siècle. Tchécoslovaque.
Sculpteur.
Il appartient à cette jeune école de sculpture tchécoslovaque comprenant Sturza, Gutfreund, Landa et Kostki, qui fut influencée par les recherches plastiques dont le cycle s'ouvre à la mort de Rodin.

DVORNIKOFF Tite Jakovlevitch
Né en 1862 à Odessa. xixe siècle. Russe.
Paysagiste.
Musées : Moscou (Gal. Tretiakoff) : *En hiver dans la forêt* – Saint-Pétersbourg (Acad. des Arts) : *Doux hiver.*

DVORSKY Bohumir
Né en 1902 à Pakové (Moravie). xxe siècle. Tchécoslovaque.
Peintre de compositions à personnages.
Il fut élève de Nejedleho à l'Académie des Beaux-Arts de Prague, de 1924 à 1930. Il a voyagé en Italie, en France et en U.R.S.S. Il a commencé à exposer en 1934 à Prague, Brno, etc. Il figurait à l'exposition *50 ans de peinture tchécoslovaque,* organisée en 1968, dans les Galeries Nationales, à l'occasion du Cinquantenaire de la République tchécoslovaque.
Il peint souvent des personnages dans un cadre naturel, voire des foules, au moyen d'une technique qui allie l'héritage de l'impressionnisme à la solide tradition expressionniste fortement implantée en Europe centrale.

DWIGHT-BRIDGE John
Né à Saint Louis (Missouri). xxe siècle. Américain.
Peintre.
En 1927 il exposait un portrait et une étude au Salon des Artistes Français.

DWORACEK Jan
Né en 1825 à Dobruschka. Mort le 29 juin 1898 à Teplitz-Schönau. xixe siècle. Tchécoslovaque.
Peintre.
Il étudia à l'Académie de Prague, où il exposa en 1851 un tableau historique *Charles IV sculpteur.* On connaît, comme autres œuvres de sa main, un dessin au crayon, *L'Empereur Charles IV,* et un portrait à l'aquarelle, *L'Empereur François-Joseph Ier.*

DWORKOWITZ Alan
Né en 1946 à New York. xxe siècle. Américain.
Peintre. Hyperréaliste.
Avec le succès remporté par l'hyperréalisme, Dworkowitz a exposé aux États-Unis en 1972 et 1973 des tableaux représentant avec une précision photographique des gros plans de motos, sujet qui évoque les toiles de Parrish sans pour autant en avoir le luxe de détails. Udo Kulterman le cite dans son livre sur l'hyperréalisme.

DWORNICKI P.
xviiie siècle. Polonais.
Peintre.
Il peignit, dans l'église d'Olszowa, près de Cracovie, en 1753, une fresque signée de son nom.

DWORZAK Adolf
XIXe siècle. Actif à Vienne. Autrichien.
Graveur.
Originaire de Bohême, il étudia à Vienne et s'y établit. Il illustra les *Poésies de Vorosmarty* en 1883, d'après des dessins de Clarot et von Schwind. L'église d'Alt-Bunzlau près de Prague possède un *Baptême du Christ* qu'il grava d'après K. Vogel von Vogelstein.

DWORZAK Daniel
XVIIIe siècle. Actif à Prague. Tchécoslovaque.
Graveur.
On cite de lui des planches représentant des *Saints*.

DWORZAK Samuel, père
Mort en 1689. XVIIe siècle. Actif à Prague. Tchécoslovaque.
Graveur au burin.
On cite de lui des planches de *Théologie* et des planches de *Portraits*.

DWORZAK Samuel, fils
Tchécoslovaque.
Graveur au burin.
Fils et élève du précédent, on cite de lui des planches représentants des sujets religieux.

DWURNIK Édouard
Né en 1943 à Radzymin. XXe siècle. Polonais.
Peintre de compositions animées. Tendance expressionniste.
Il a participé à la Nouvelle Biennale de Paris en 1985 avec notamment *Victoire, 35 ans après, Tête Rouge*. Il a exposé personnellement en Pologne : 1980 galerie SBWA, Varsovie ; 1981 galerie Sciana Wschodnia, Varsovie ; 1984 District Museum, Chelm ; en Finlande en 1984 ; aux Pays-Bas au Van Abbemuseum d'Eindhoven en 1985.
Lors de la Nouvelle Biennale de Paris, Dwurnik dépeignit le quotidien de la Pologne, durant « l'état de siège ». Rafael Jablonka : « Des animaux aux traits humains, des humains au faciès animal, des têtes hurlantes sorties de terre et des croix surgissant de ces crânes comme des arbres peuplent un arrière-plan qui transforme le quotidien de l'état de siège en un état de siège du quotidien. » Peinture travaillée dans une atmosphère de fébrilité, aux couleurs ternes, vision d'un cauchemar déjà réalisé.
Bibliogr. : In : *Nouvelle Biennale de Paris*, Catalogue, Electa Moniteur, Paris, 1985.

DWYER Marie, Mme
Née à Boulogne-sur-Mer (Pas-de-Calais). XXe siècle. Française.
Peintre.
En 1933 cette artiste exposait *Le Collier rouge* au Salon des Artistes Français.

DWYER Nancy
Née en 1954. XXe siècle. Américaine.
Peintre, technique mixte.
Ventes Publiques : New York, 8 oct. 1992 : *Fate Built* 1986, Formica sur formes de bois (41,3x184,2x60,6) : **USD 7 700** – New York, 17 nov. 1992 : *Rich* 1989, acryl./t. (200,7x228,6) : **USD 4 950** – New York, 8 nov. 1993 : *Out of my mind* 1988, projection/t. (177,8x228,6) : **USD 1 610** – New York, 3 mai 1994 : *Le quatrième degré* 1988, acier (85,1x16,8x81,3) : **USD 4 025.**

DYAERC Jehan
XVe siècle. Actif à Rouen vers 1497. Français.
Peintre d'histoire et d'ornements.

DYAS Edward
XVIIIe siècle. Actif à Madeley (Shropshire). Britannique.
Sculpteur sur bois.
Il illustra le poème de Beddoes *L'Expédition d'Alexandre*, imprimé en 1772 et jamais publié.

DYBOWSKI Stanislas
Né à Varsovie. XXe siècle. Polonais.
Peintre.
En 1926 cet artiste exposait un *Paysage* au Salon d'Automne.

DYBSKY Evgeni
Né en 1955 à Constanza (Roumanie). XXe siècle. Actif en Russie. Roumain.
Peintre de paysages. Tendance abstraite.
Il a effectué sa formation à l'École d'Art de Moscou de 1973 à 1978. Vit à Moscou depuis 1981. Diplômé de l'Institut d'Art Surikov de Moscou en 1984. Il est actuellement membre des Jeunes Artistes de l'Union des Artistes Soviétiques. À la recherche d'une réalité secrète qui ferait le lien entre le monde visible et le subconscient, Dybsky s'efforce dans un élan que l'on peut qualifier de mystique de faire jaillir de ses toiles aux pâtes épaisses et colorées des forces énergétiques. « Mon principal but est de créer mon propre monde, qui prendrait place dans le Cosmos originel du Créateur », précise-t-il.
Ventes Publiques : Moscou, 7 juil. 1988 : *Paysage aux météorites* 1986, h/t (150x200) : **GBP 3 300** ; *Problèmes de construction* 1987, h/t (80x100) : **GBP 4 180** – New York, 6 oct. 1992 : *Paysage aux météorites*, h/t (150x200) : **USD 4 400.**

DYBVAD Knud
Né en 1880. XXe siècle. Danois.
Peintre de paysages.
Il a figuré depuis 1905 aux Expositions du château de Charlottenborg à Copenhague, avec surtout des paysages du Jutland.

DYCE Alexander
Né le 30 juin 1798 à Édimbourg. Mort le 15 mai 1869 à Londres. XIXe siècle. Britannique.
Peintre, aquarelliste, dessinateur, écrivain et collectionneur.
Il peignait et dessinait en amateur. La National Gallery possède de sa main un grand nombre d'aquarelles et de dessins représentant pour la plupart des fleurs et des papillons.
Musées : Londres (Nat. Gal.).

DYCE William
Né en 1806 à Aberdeen. Mort le 15 février 1864 à Streatham. XIXe siècle. Britannique.
Peintre d'histoire, compositions religieuses, figures, portraits, paysages, fresquiste, peintre de cartons de vitraux, graveur.
Fils d'un médecin, il fut élève au collège de Marischal, où il obtint son diplôme à 16 ans. Il suivit ensuite les cours des Académies de Londres et d'Édimbourg. En 1825, il passa quelques mois à Rome, où on le retrouve de 1827 à 1829. Il y forma son goût en y étudiant surtout la peinture à fresque. Rentré d'Italie, il se fixa à Édimbourg, où il fut élu, en 1835, associé de l'Académie Écossaise. Il s'adonna au portrait et devint, en 1837, professeur à l'Académie. Un pamphlet sur les écoles de dessin (adressé à Lord Meadowbank), fait en collaboration avec C.-H. Wilson, attira l'attention du gouvernement : il fut nommé secrétaire de la nouvelle école de dessin à Somerset House, à Londres, chargé de faire un rapport sur les institutions similaires du continent. Ce rapport servit de base aux modifications à apporter dans les écoles de Londres. En 1844, Dyce fut nommé au poste de conférencier des Beaux-Arts au collège royal. Associé de l'Académie royale en 1844, académicien en 1848, il était déjà membre honoraire de l'Académie royale écossaise. En dehors du domaine artistique, il sut également se faire distinguer, car il remporta en 1829 un prix sur un essai d'électro-magnétisme.
Il fut un des artistes qui décorèrent le Palais du Parlement. Les fresques exécutées par lui dans le Queen's Robing room furent son ouvrage le plus important et le travail décoratif le plus grand de l'Angleterre. Il y représenta *le Baptême d'Ethelbert* et plusieurs scènes de la vie du roi Arthur.
Son œuvre est nettement teinté de préraphaélisme, surtout avec des peintures comme : *La Baie de Pegwell* et *Titien s'essayant pour la première fois à la couleur.*
Musées : Birmingham : *La Samaritaine* – Édimbourg : *Jugement de Salomon – Hercule enfant – Françoise de Rimini – La Vierge et l'Enfant* – Hambourg : *Joas retire le trait de la blessure du Christ – Jacob et Rachel – Paysage* – Londres (Victoria and Albert Mus.) : *Étude de tête – Vase oriental et fleurs – Rose et soucis – Fleurs*, deux œuvres – *Neuf papillons – Étude de nénuphars et autres plantes – Goat Felle – Ile d'Arran – Paysage* – Londres (Nat. Portrait Gal.) : *Galbraith Lowry Cole* – Manchester : *Béatrice.*
Ventes Publiques : Manchester, 1861 : *Georges et Herbert, à Bemerton* : **FRF 17 750** – Londres, 1877 : *Le jardin de Gethsemani* : **FRF 9 705** ; *Georges Herbert, à Bemerton* : **FRF 27 000** – Londres, avr. 1893 : *Jacob et Rachel* : **FRF 7 480** – Londres, 24 juin 1927 : *Glen Rosa, île d'Array*, dess. : **GBP 131** ; *Entrée au presbytère* : **GBP 81** – Londres, 7 juil. 1930 : *Sainte Catherine* : **GBP 8** – Londres, 11 mars 1935 : *Le Bon Pasteur* : **GBP 5** ; *Une*

Pietà : **GBP 33** – Londres, 26 avr. 1935 : *Béatrice* : **GBP 33** – Londres, 26 juin 1941 : *Glen Rosa* : **GBP 15** – Londres, 6 mars 1942 : *Le Bon Pasteur* : **GBP 10** – Londres, 26 avr. 1946 : *Jacob et Rachel* : **GBP 39** – Londres, 31 juil. 1947 : *Une Pietà* : **GBP 52** – Londres, 2 avr. 1969 : *L'île d'Arran*, aquar. reh. de blanc : **GNS 400** – Londres, 10 juin 1973 : *Cour de ferme* : **GBP 23 000** – Londres, 26 juil. 1974 : *Neptune offrant à l'Angleterre l'empire des mers* : **GNS 1 900** – Londres, 25 mai 1979 : *Scène de bord de mer*, h/t (89x123,1) : **GBP 4 500** – Londres, 14 mars 1980 : *La Sainte Famille avec sainte Catherine et saint Jean Baptiste*, h/pap. (28,2x17,2) : **GBP 350** – Londres, 30 mars 1983 : *Portrait de Charlotte Dyce, la sœur de l'artiste*, past./parchemin (19x16) : **GBP 520** – Londres, 10 mai 1983 : *The lamentation of the death Christ* 1835, h/t (210x165) : **GBP 125 000** – Londres, 17 déc. 1986 : *Catherine Dorcas Maule-Jardine, second daughter of the seventh Barons* vers 1836, h/cart. (43x35,5) : **GBP 2 200** – Londres, 30 sep. 1987 : *The daughters of Jethro defended by Moses*, h/t (74x126) : **GBP 4 800** – New York, 28 mai 1992 : *Une dame avec ses enfants*, h/t (122,5x99,6) : **USD 2 200** – Londres, 12 avr. 1995 : *Familles de pêcheurs travaillant sur la grève* 1830, h/t (90x122,5) : **GBP 3 680**.

DYCK Abraham Van ou **Dijk, Dick**, appelé aussi **Van der Eyck,** dit **le Van Dyck d'Alkmaar**

Né en 1635. Mort en 1672 à Amsterdam. XVIIe siècle. Éc. flamande.

Peintre de genre, portraits, dessinateur.

Il vécut sans doute en Angleterre.

Musées : Oldenbourg : *Vieillard dormant dans un fauteuil* – Sigmaringen (Château) : *Portrait de vieille femme* – Stockholm : *Le Bénédicité*.

Ventes Publiques : Paris, 20 déc. 1946 : *Le Philosophe*, attr. : **FRF 49 500** – New York, 20 jan. 1982 : *Jeune femme lisant au coin du feu*, pierre noire, pl. et lav. (19x25,1) : **USD 3 600** – Londres, 3 avr. 1985 : *Les Joueurs de cartes*, h/t (56x42,5) : **GBP 29 000** – Amsterdam, 18 mai 1988 : *Vieille Femme couverte d'une mantille de laine lisant*, h/t (76,2x64,1) : **NLG 46 000** – Londres, 18 oct. 1989 : *Portrait d'une dame*, h/t (75x62) : **GBP 9 020** – Londres, 12 déc. 1990 : *Vieille femme s'appuyant sur un bâton*, h/pan. (71x54,5) : **GBP 26 400** – Amsterdam, 25 nov. 1991 : *Homme avec un chapeau assis dans une niche*, encre et lav. (16,3x8,9) : **NLG 17 250** – Londres, 3 déc. 1997 : *Un docteur, un vieil homme et sa fille dans un intérieur*, h/pan. (44,4x35,5) : **GBP 18 975**.

DYCK Adrianus, ou **Pieter Pieterszoon Van**

XVIIIe siècle. Hollandais.

Graveur.

Un portrait gravé d'un pasteur d'Utrecht A. Van Brienen, d'après la peinture de G. Wyckersloot (1683) est attribué à un Adrianus ou à un Pieter Pieterszoon van Dyck.

DYCK Albert Van

Né en 1902 à Turnhout (Anvers). Mort en 1951 à Schilde (Anvers). XXe siècle. Belge.

Peintre de sujets divers.

Il fut élève de l'Académie et de l'Institut supérieur d'Anvers, dont il devint par la suite professeur. Il a obtenu le prix Rubens. Il peignit des portraits, des figures, des scènes de genre et des natures mortes. Il pratiqua également l'aquarelle et la gravure.

Bibliogr. : R. Avermaete : *A. Van Dyck*, Bruxelles, 1956 – J. Muls : *A. Van Dyck*, Bruxelles, 1957 – J. L. De Belder, F. Naeyart, P. Baudoin et R. De Smedt, in : *Albert Van Dyck*, Anvers, 1978 – in : *Dictionnaire biographique illustré des artistes en Belgique depuis 1930*, Arto, Bruxelles, 1987.

Ventes Publiques : Lokeren, 6 nov. 1976 : *Paysage boisé*, h/pan. (30x40) : **BEF 40 000** – Breda, 25 avr. 1977 : *Paysage à Oelegem*, h/t (40x60) : **NLG 6 500** – Anvers, 8 mai 1979 : *Maisons sous la neige à Schilde*, h/t (55x70) : **BEF 170 000** – Anvers, 8 mai 1979 : *Garçon à la table*, dess. (26x31) : **BEF 30 000** – Anvers, 29 avr. 1981 : *La toilette*, dess./pap. (36x23) : **BEF 38 000** – Anvers, 22 oct. 1985 : *Garçon en bleu*, h/t (120x70) : **BEF 480 000** – Lokeren, 19 avr. 1986 : *Couple d'amoureux* 1942-44, h/t (80x101) : **BEF 500 000** – Lokeren, 12 déc. 1987 : *Lena*, fus. (56x43) : **BEF 70 000** – Lokeren, 21 mars 1992 : *La vieille route de Schilde*, h/pan. (30x40) : **BEF 80 000** – Lokeren, 20 mars 1993 : *Franske* 1939, plâtre à patine brun-noir (H. 40, l. 18) : **BEF 30 000** – Lokeren, 15 mai 1993 : *Gusta à table*, sanguine (32,5x28) : **BEF 26 000** – Lokeren, 9 oct. 1993 : *Nu*, h/t/pan. (40x30) : **BEF 60 000** – Lokeren, 28 mai 1994 : *Vue de Schilde*, h/pan. (27x37) : **BEF 30 000** – Lokeren, 7 oct. 1995 : *Jeune fille* 1946, fus. et sanguine (28x24) : **BEF 44 000** – Lokeren, 9 mars 1996 : *Groupe d'enfants* 1944, fus. (23x28) : **BEF 52 000** – Lokeren, 5 oct. 1996 : *Liza* 1940, h/t/pan. (40x30) : **BEF 60 000**.

DYCK Alexander Van

XVIIe siècle. Hollandais.

Peintre.

Il était actif à La Haye et travailla de 1640 à 1650 environ.

DYCK Andries Van

XVIIe siècle. Éc. flamande.

Peintre.

Il fut reçu maître à Anvers en 1633 ou 1634.

DYCK Anton Van, ou **Anthony**

Né le 22 mars 1599 à Anvers. Mort le 9 décembre 1641 à Blackfriars (près de Londres). XVIIe siècle. Éc. flamande.

Peintre d'histoire, portraits, graveur.

Anton Van Dyck avait onze ans lorsque son père Franz Van Dyck, peintre verrier, le mit en apprentissage chez Van Bâlen. Il y resta deux ans, puis entra dans l'atelier de Rubens qui, frappé de ses dispositions, ne tarda pas à en faire son disciple favori. Il lui prodigua ses conseils, si bien que Van Dyck fut bientôt jugé digne de collaborer aux grands travaux du maître. Sa réputation fut si vite faite qu'à 19 ans, au début de 1618, il fut reçu franc-maître de la confrérie Saint-Luc. Durant trois ans, il continua de travailler, soit seul, soit avec Rubens. Il était, dès 1620, attiré par l'Angleterre, où il fit alors un bref séjour, invité par le comte d'Arundel ; mais son succès ne fut pas entier, aussi préféra-t-il s'en aller en Italie, chez la comtesse d'Arundel. Il séjourna successivement à Gênes, puis à Rome où il copia les œuvres de Michel-Ange, de Léonard de Vinci et surtout de Raphaël. Il vint ensuite à Florence et à Bologne, mais il se sentait attiré par les maîtres de l'École vénitienne et il se rendit à Venise pour y étudier la technique du Titien, de Paul Véronèse et de Giorgione. Il revint à Rome en s'arrêtant à Mantoue au début de 1623. Sa réputation lui valut diverses commandes de la part du vice-roi de Sicile, le prince Emmanuel-Albert de Savoie qui l'appela à Palerme. Van Dick fut reçu avec de grands honneurs à la cour de ce prince. Il fut sans doute demeuré plus longtemps à Palerme, si une terrible épidémie de peste ne s'y était déclarée. Il quitta précipitamment la Sicile et se réfugia à Gênes. Il y séjourna peu de temps et en juillet 1625, il débarqua à Marseille. Il visita cette ville, puis Aix et vint à Paris, mais l'accueil qui lui y fut fait différait considérablement de celui qu'il avait trouvé en Italie. D'autre part, après quatre années d'absence, avant la fin de cette même année 1625, il était rentré à Anvers. Rubens, son ancien maître, l'accueillit avec chaleur, ce qui lui assura une belle réputation et des commandes nombreuses. Il y resta six ans, y produisant des tableaux et des portraits. C'est également de cette époque que datent les meilleures de ses eaux-fortes. Sa réputation vint jusqu'à Charles Ier d'Angleterre qui l'appela à sa cour, en 1630. Le peintre d'Anvers trouva cette fois en Angleterre un accueil tout différent de celui qui lui avait été fait lors de son premier voyage. Le roi lui accorda une grosse pension, le nomma son premier peintre en 1633 et le fit chevalier. En Angleterre, la facilité avec laquelle il réussissait à gagner de l'argent le grisa un peu et, en compagnie de son ami l'émailleur Jean Petitot qu'il avait présenté à Charles Ier, il commença une vie dissipée qui abrégea certainement ses jours. Il resta en Angleterre jusqu'à sa mort, exception faite de deux voyages, l'un en 1640 à Anvers, où Rubens venait de mourir et où il fut solennellement nommé doyen de l'Académie Saint-Luc, l'autre en 1641 à Paris où il vint vainement intriguer pour obtenir les peintures de la galerie du Louvre, dont l'exécution avait déjà été confiée à Poussin. Il mourut à son retour à Londres d'une « maladie de langueur » peu de jours après la naissance de sa fille.

Les peintures de Van Dyck ne bougent pas des musées et des collections où elles sont conservées. Toutefois, en 1997-1998, le Palais Ducal de Gênes a pu en regrouper quarante-deux de la centaine qu'il avait peintes à Gênes pendant les six années de son séjour.

Ses premières œuvres, jusqu'à son voyage de 1622-23 en Italie, laissent paraître l'influence de Rubens, que ce soit à travers le *Saint Martin* de l'église de Saventhem (1621), ou ses tableaux mythologiques, comme *Silène ivre, Jupiter et Antiope*, ou encore ses *Études des quatres têtes de nègres* (1617), aujourd'hui à Liverpool. À Gênes, il peignit notamment le beau *Portrait de Marie de Médicis*, qui est une de ses œuvres majeures, ainsi que de nombreux portraits des familles *De Wael, Durazzo, Grimaldi*. À Rome, en 1623, il peignit le *Portrait du cardinal Bentivoglio*.

De retour à Anvers, en 1624, il donne toute l'ampleur qui convient aux portraits des personnages de la haute société qu'il peint dans des poses rigoureuses et des compositions d'une sobriété monumentale. Van Dyck sait rendre la personnalité des figures qu'il peint non sans laisser transparaître quelque chose de mélancolique ou de romanesque. Ses tons sont ambrés et chauds, ses ombres atténuées font vibrer les couleurs. Il préfère parfois sacrifier des accessoires, pour mettre en valeur mains et visages.

En Angleterre, de 1635 date l'un de ses plus beaux portraits de *Charles Ier* (celui du Louvre), qui paraît dans toute son assurance royale, n'ayant aucunement besoin de somptueux vêtements d'apparat, peint dans une composition hardie où le cheval, les serviteurs et le paysage occupent une bonne partie du tableau, mais ne détournent pas l'attention de la personnalité du souverain. Il harmonise couleurs brillantes, gris délicats et tons dorés.

Van Dyck a contribué à établir un lien entre la peinture flamande et l'italienne, dans la mesure, relative et dans un seul sens, où il fut influencé par les œuvres, vues en Italie, à Rome, Gênes et Venise, de Titien et de Véronèse peut-être, non du Caravage parfois cité à tort, sans oublier qu'il a pu être dit le « Raphaël flamand ». Van Dyck a surtout joué un rôle déterminant dans l'établissement d'une future école de peinture anglaise du XVIIIe siècle, annonçant les Gainsborough et surtout les portraitistes Reynolds et Lawrence. En effet, Van Dyck fut surtout un peintre de portraits, en raison des commandes qui lui en étaient faites. Le genre est limité. Toutefois, derrière l'apparente uniformité du sujet, il sut échapper à sa monotonie, profitant de la diversité sociale de ses commanditaires, princes et princesses, prélats, banquiers, bijoutiers, marchands, hommes, femmes, vieux, jeunes et enfants, les faisant poser dans toutes les attitudes possibles, les situant devant des décors personnalisés, échappée sur un paysage naturel, jardin apprêté avec temple à l'Antique, les flanquant de faire-valoir attractifs, tel le serviteur noir portant ombrelle rouge du *Portrait d'Elena Grimaldi Cattanco*, mettant en valeur étoffes, costumes, armures, bijoux, tous détails contribuant à l'expression de la psychologie des personnages d'une société où il fallait paraître pour exister. ■ M. Boucheny de Grandval, J. B.

Bibliogr. : Jules Guiffrey : *Sir Anthony Van Dyck. His life and Works*, 1896 – L. Van Puyvelde : *Van Dyck*, Les peintres flamands du XVIIe siècle – Fierens Gevaert : *Van Dyck*, Grands Artistes, 1904 – Imberg, *Van Dyck*, Monaco, 1950 – Marie Mauquoy-Henrickx : *L'Iconographie d'Antoine Van Dyck. Catalogue raisonné*, Bruxelles, 1956 – H. Vey : *Die Zeichnungen Anto Van Dycks*, Bruxelles, 1962 – Friedrich Wilhelm Heinrich Hollstein, in : *Dutch and Flemish Etchings, Engravings and Woodcuts, circa 1450-1700*, vol. II-XVI, Menno Hertzberger, Van Gendt & Co., Amsterdam, 1949-1974 – Erik Larsen : *L'opera completa di Van Dyck*, Rizzoli Editore, Milan, 1980 – Erik Larsen : *The paintings of Anthony Van Dyck*, 2 vol., Luca Verlarg, Freren, 1988.

Musées : Aix : *Portrait de Van Diepenbeeck et de Rickaert* – Amiens : *Tête d'homme* deux œuvres – *Assomption de la Vierge* – Amsterdam : *Madeleine repentante* – *François (?) Van der Borght* – *Johanne Baptista Franck* – *Nicolaes Van der Borcht* – *Le prince Guillaume II et sa femme la princesse Marie Stuart* – *Petrus Paulus Rubens* – *Caspar Gevaerts* – *Salvator mundi* – Anvers : *Christ en croix* – *Jan Malderus, 5e évêque d'Anvers* – *Christ déposé de la croix* – *Christ au tombeau* – *Portrait de César-Alexandre Seaglia* – *Christ en croix* – *Portrait d'un prêtre* – *Portrait de l'artiste Marten Pepyn* – Bayonne : *Élévation de croix*, esquisse – *Tête de Saint Jean* – *Tête de jeune homme* – *Portrait de Van Baelen* – *Henriette de France et ses deux enfants* – *Portrait d'Isabelle-Claire-Eugénie d'Autriche* – Bergame (Acad. Carrara) : *La Charité romaine* – *Portrait d'enfant* – *Portrait de la famille du comte Philippe de Penbrok*, ébauche – Berlin (Mus. roy.) : *Christ bafoué* – *Christ pleuré* – *Portrait de Ph. Fr. de Carignan, prince de Savoie* – *Nymphe au bain* – *Portrait d'un noble de Gênes* – *Portrait de la marquise Geronina Spinola* – *Tête d'apôtre* – *Les deux Jean* – Béziers : *Portrait d'homme* – Bruxelles : *Jean-Vincent Impériale, duc de San Angelo* – *Alexandre Dellafaille* – *Silène ivre* – *Martyre de saint Pierre* – *Saint Antoine de Padoue* – *Saint François d'Assise* – *Crucifiement* – *Portrait d'homme* – *Renaud et Armide* – Budapest : *Anthonie Van Dyck* – *Vénus pleure sur la mort d'Adonis* – *Portrait d'un couple* – *La Trinité* – *Saint Éloi* – *Portrait de l'archiduc Ferdinand*, copie d'après Rubens – Caen : *Jésus couronné d'épines* – Chantilly : *Portrait de Gaston d'Orléans, duc d'Orléans* – *Portrait du comte Henri de Berghe* – *Portrait de la princesse Marie de Barbançon, duchesse d'Arenberg* – *Portrait de Guillaume de Neubourg* – Cherbourg : *Méléagre et Atalante* – Courtrai (Notre-Dame) : *Érection de la croix* – Darmstadt : *Portrait de jeune femme* – Douai : *Le Christ pleuré* – *Réception de saint Placide et de saint Maur par saint Benoît* – *Portrait d'homme* – Dresde : *Les trois aînées de Charles Ier d'Angleterre* – *Le Christ marchant sur le serpent* – *Portrait d'un général* – *Portrait d'un homme en noir* – *Portrait d'une dame en noir* – *Portrait d'une dame avec enfant* – *Portrait d'un monsieur* – *Portrait d'une dame* – *Saint Hieronymus* – *Portrait de Bartholomé* – *Portrait de Mathieu* – *Portrait de Siméon* – *Portrait de Pierre* – *Portrait de Paul* – *Portrait d'un vieux monsieur* – *Portrait d'une dame* – *Portrait d'un jeune homme* – *Portrait d'un monsieur en noir* – *Portrait d'un homme à barbe blonde* – *d'un blond à moustache* – *de Thomas Parr à 150 ans* – *Marche de Silène ivre* – Dublin : *Portrait de Frédéric Marselar* – *Étude pour une peinture de saint Sébastien* – Édimbourg (Nat. Gal. of Scottland) : *Noble Italien* – *Étude de tête* – *La famille Lomellini* – *Martyre de saint Sébastien* – La Fère : *Le miracle du pestiféré* – *Madeleine repentante* – Florence (Gal. roy.) : *Portrait d'une dame* – *Portrait de la princesse Marguerite de Lorraine* – *La Vierge et l'Enfant Jésus* – *Portrait d'homme* – *Portrait de Jecunde Monfort* – *Portrait de Charles 1er* – *Jean de Montfort* – Florence (Palais Pitti) : *Portrait du cardinal Guido Bentivoglio* – *Tête de la Vierge* – *Portrait de Charles 1er d'Angleterre et de Henriette de France* – *Le repos en Égypte* – Francfort-sur-le-Main : *La croix* – *Portrait de Mme Brignole-Sale et sa fille* – *Portrait de Pauline Brignole-Sale* – *Portrait du prince d'Orange* – *Portrait du père et du fils* – *Portrait du marquis et poète Antoine-Jules Brignole-Sale* – Gand (Saint-Michel) : *Le Calvaire* – Gênes : *Portraits de familles génoises* – *Le Christ* – Genève : *Extase maternelle* – *Georges de la Rive* – *Le Christ sur la croix* – Glasgow : *Le Repos en Égypte* – *Portrait d'un vieillard* – Grenoble : *Madeleine repentante* – Hambourg : *Portrait d'Holmalius* – Hanovre : *Étude de tête* – *Un cavalier* – *Même sujet* – *Christ et le paralytique* – La Haye : *Portrait de Sir Sheffield* – *Portrait d'Anna Wake, épouse de Sir Sheffield* – *Portrait de Qurintyn Simons* – *Portraits de Pierre Stievens et sa femme* – Kassel : *Portrait d'Isabelle d'Assche ?* – *Portrait d'un homme de 50 à 55 ans* – *Portrait de la femme du précédent* – *Portraits des frères Lucas et Cornelius de Wael* – *Sebastien Leerse avec sa femme et son enfant* – *Portrait d'un homme et d'une femme* – *Portrait du peintre F. Snyders et sa femme* – *Por-*

trait de Justus van Meerstraeten – *Portrait du paysagiste Jean Wildens – L'enfant Jésus – Portrait d'une femme de 45 à 48 ans – Portrait d'un seigneur italien* – Lille : *Jésus sur la croix – Miracle de saint Antoine de Padoue à Toulouse – Portrait de femme – Portrait de Marie de Médicis – Adoration des bergers* – Londres (Nat. Portrait Gal.) : *Portrait de l'artiste – Sir Anthony Keneln Digby* – Londres (Gal. Nat.) : *Portrait d'un artiste – L'empereur Théodore – Portrait de Cornelius van der Geest – Étude de chevaux – La pêche miraculeuse – Portrait de l'artiste – Le crucifiement – Renaud et Armide – Portrait équestre de Charles Ier, roi de Grande-Bretagne* – Londres (Victoria and Albert Mus.) : *Homme portant une armure* – Londres (coll. Wallace) : *Portrait d'une dame flamande – Portrait d'un jeune gentilhomme italien – Portrait de Philippe le Roy – Portrait de la femme de Philippe le Roy – Portrait de l'artiste* – Lyon : *Deux têtes d'étude* – Madrid (Prado) : *Saint Jérôme, pénitent – Le couronnement d'épines – Portrait du peintre David Ryckaert – Portrait de l'Infant – Cardinal D. Fernando d'Autriche – Portrait de la comtesse d'Oxford – Portrait d'Henri de Nassau, prince d'Orange – Portrait de la princesse d'Orange – Portrait équestre de Charles Ier d'Angleterre – Portrait d'une femme d'âge mur – Portrait d'Henri, comte de Berg – Portrait d'un musicien – Portrait d'un personnage inconnu – Portrait de Van Dyck et du comte de Bristol – Portrait d'Henri Liberti – Tête de vieillard – La Vierge des angoisses – Portrait d'un religieux – L'arrestation du Christ – Diane et Endymion endormis – Saint François d'Assise en esclave – Portrait de Poléxéna, première marquise de Leganes* – Malines (Saint-Rombaut) : *Crucifixion* – Mayence : *Tête d'un mourant – Madeleine repentante* – Melbourne : *Portrait de Francis Frank – Portrait de l'artiste – Portrait de Jucodus Momper* – Metz : *Portrait de Rykaert* – Milan (Gal. Brera) : *Portrait d'Amelia de Solms – Madone avec Jésus et saint Antoine de Padoue* – Montauban : *Portrait d'un moine* – Montréal (Learmont) : *La descente de croix* – Moscou (Roumianzeff) : *Portrait de lady Philadelphia Wharton – Portrait d'une religieuse – La philogèniture – L'Enfant Christ et saint Jean-Baptiste – Portraits d'hommes* – Munich : *Général Tilly – Comte Albrecht de Wallenstein, duc de Friedland – Le roi Gustave-Adolphe de Suède – La princesse Margarethe de Lorraine – Le prince Franz Thomas de Carignan – Portrait buste du peintre de batailles et de paysages d'Anvers, P. Sivayers – Portrait de la femme de l'artiste, Maria Ruthwen – Portrait de Heinrick Liberti de Gröningen – Portrait du graveur Karl Malery d'Anvers – Portrait du peintre Jan de Wael et de sa femme – Portrait de la femme du précédent – Portrait du sculpteur Colyn de Nole – Portrait d'un homme en noir – Portrait de Geneviève d'Urphé – Portrait du duc Carl Alexandre de Croi – Tête d'étude d'un enfant – Martyre de saint Sébastien – Portrait du marchand Sébastien Leerse, à Anvers – Saint Sébastien attaché à l'arbre – Christ sur la croix – Marie avec l'enfant – Repos à la fuite en Égypte – Christ pleuré* deux œuvres – *La bataille près de Martin d'Église – Portrait de l'artiste – Portrait d'un jeune homme – Portrait du jeune marquis de Mirabelle – Portrait de D. Filippo Spinola – Portrait du duc Wolfgang Wilhelm de Neubourg* deux œuvres – *Étude d'apôtre – Suzanne au bain – Portrait du peintre de bataille Palamedes Palamedesz – Portrait du peintre Jan Brueghel avec cheveux roux – Le paysagiste Lucas Van Uden – Comte Jean de Nassau – Abbé César – Alexandre Scaglio* – Nancy : *La Vierge et l'Enfant – Portrait du peintre Antoine Van Opstal – Portrait du comte Jean de Nassau et de sa famille* – Naples : *Jésus en croix* – New York : *Portrait du peintre F. Snyders* – Nice : *Saint Dominique* – Nottingham : *Portrait de Charles Ier* – Palerme (Oratoire du Rosaire) : *Vierge du rosaire* – Paris (Mus. du Louvre) : *La Vierge et l'Enfant Jésus – La Vierge aux donateurs – Le Christ pleuré – Saint Sébastien – Vénus et Vulcain – Renaud et Armide – Portrait de Charles Ier, roi d'Angleterre – Portrait des enfants de Charles Ier – Portrait de Charles-Louis, duc de Bavière et de Robert, son frère, plus tard duc de Cumberland – Portrait d'Isabelle-Claire Eugènie d'Autriche, infante d'Espagne, souveraine des Pays-Bas – Portrait équestre de François de Moncade, marquis d'Aytona – Portrait en buste de François de Moncade – Portrait d'un homme et d'un enfant – Portrait d'une dame et de sa fille – Portrait du duc de Richmond* – trois portraits d'hommes – *Tête de vieillard – Buste de saint Joseph – Le martyre de saint Sébastien – Portrait de femme – Portrait de Van Dyck* – Perpignan : *Vierge aux quatre donateurs* – Porto (Nouveau Mus.) : *Portrait d'homme* – Le Puy-en-Velay : *Le Christ pleure* – Rome (Gal. Borghèse) : *Jésus-Christ crucifié* – Rome (Gal. Colonna) : *Charles Colonna – Portrait de Lucrèce Tomacelli* – Rome (Gal. Doria Pamphili) : *Portrait de dame âgée* – Rotterdam (Boymans Mus.) : *Portrait de Charles Ier d'Angleterre avec sa femme Henriette et ses deux enfants* – Saint-Pétersbourg (Mus. de l'Ermitage) : *La Sainte Famille – La Sainte Cène – Le Christ en croix – Le Christ descendu de la croix – L'incrédulité de saint Thomas – Saint Sébastien – Portrait d'homme – Portrait d'une femme – Charles Ier, roi de Grande-Bretagne – Henriette Marie de France – Guillaume II de Nassau – William Lound archevêque de Canterbury – Antoine de Triest évêque de Gand – Henri Danoers, comte de Danby – Lord Philipp Wharton – Sir Thomas Wharton – Elisabeth Philadelphie Wharton – Lady Jane Goodwin – Thomas Chaloner – Lord Rowland Wandesford – Jan Van den Wouver – Adriaan Stevens aumônier de la ville d'Anvers – Portrait de la femme d'Adrien Stevens – Portrait du peintre Jan Brueghel de Velours – Portrait de l'architecte Inigo Jonès – Portrait de famille – Portrait d'un jeune homme – Buste d'un vieillard – Portrait de Marc-Antoine Lumagne – Portrait d'Evenard – Portrait de Lazarus Markijzus – Deux dames – Portrait d'une dame* – Saventhem : *Saint Martin partageant son manteau* – Stockholm : *Saint Hieronymus – Portrait du prince Guillaume de Hesse-Cassel* – Strasbourg : *Portrait d'une dame en noir – Étude de tête* – Termonde (Notre-Dame) : *Adoration des Bergers – Christ en croix entouré de saints* – Toulouse : *Le Christ aux anges – Le miracle de la mule – Achille reconnu par Ulysse* – Troyes : *Portrait de François Snyders* – Turin : *Portraits des enfants royaux d'Angleterre* – Vaduz : *Portrait de Gaspard de Crayer – Portrait de Jean Vermeulen* – Valenciennes : *Martyre de saint Jacques – Portrait de Jacques le Roy, seigneur de Horbaix – Tête de saint Mathieu – Portrait de Mme de Cantecroix* – Venise : *Portrait d'enfant – Tête d'enfant endormi – Jésus crucifié* – Venise (Gal. roy.) : *Jésus crucifié – Portrait d'un enfant – Tête d'enfant endormi* – Versailles : *Thomas de Savoie, prince de Carignan* – Vienne : *Portrait de la comtesse Amélie Solms, princesse d'Orange – Portrait d'une femme âgée – Étude de tête de femme – Portrait de la reine Marie d'Angleterre – Portrait du prince Rhodokani – Portrait d'un jeune capitaine – Vénus chez Vulcain – Saint François Séraphin – Portrait d'homme – Portrait du prince Karl Ludwig du Patalinat – Saint Germain Joseph – Sainte Rosalie reçoit une couronne de Jésus – Portrait de jeune homme – Portrait du prince Ruprecht de Palatinat – Samson et Dalila – Ecce Homo – Portrait de l'archiduchesse Isabelle-Claire – Portrait du marquis Francesco de Moncada – Sainte Famille – Portrait du conseiller espagnol – Jean de Montfort – Portrait de Carolus Sribani – Portrait d'homme – Portrait de femme – Portrait du peintre – L'Amour avec arc et flèches – Marie et l'Enfant Jésus – Portrait du peintre Paul de Vos* – Vienne (Mus. Czernin) : *Neptune – Ecce Homo – Portrait d'homme dans un fauteuil – Portrait d'homme – Portrait d'un jeune homme – Un Amour* – Washington D. C. (Nat. Gal.) : *Portraits de familles génoises* – Windsor Castle : *Charles Ier vu sous trois faces – Portraits des enfants royaux d'Angleterre* – Ypres : *Portrait d'homme – Portrait de femme.*

Ventes Publiques : Amsterdam, 13 mai 1705 : *Portrait d'un vieillard* : **FRF 35** – Amsterdam, 17 mai 1710 : *Une esquisse* : **FRF 325** – Paris, 1792 : *La famille de Charles Ier* : **FRF 26 250** ; *Portrait de Snyders* : **FRF 10 000** – Paris, 1800 : *Un tableau* : **FRF 150 000** – Paris, 1810 : *Jésus chez le paralytique* : **FRF 82 500** – Londres, 1810 : *Saint Sébastien entouré de ses soldats* : **FRF 22 305** – Anvers, 1822 : *Portrait de Le Roy* : **FRF 11 440** ; *Portrait de Mme Le Roy* : **FRF 13 200** – Paris, 1872 : *Le jeune compositeur* : **FRF 37 800** – Londres, 1886 : *Portrait équestre de Charles Ier* : **FRF 375 000** ; *Portrait de Marie, duchesse de Richmond* : **FRF 39 190** – Gand, 1887 : *La Vierge et l'Enfant Jésus* : **FRF 220** – Paris, 1891 : *Portrait du comte d'Aligre* : **FRF 69 000** – New York, 1895 : *La marquise de Spinola et sa petite-fille* : **FRF 250 000** – Anvers, 1898 : *Portrait de Martin Pépyn* : **FRF 60 000** – Paris, 1898 : *Le mariage mystique de sainte Catherine* : **FRF 13 500** – Londres, 1898 : *Portrait d'un jeune garçon en justaucorps pourpre et culotte verte* : **FRF 42 000** – Bruxelles, 1899 : *Portrait d'Ambroise Doria* : **BEF 40 000** – New York, 1899 : *Lord Arundel* : **FRF 44 000** – Londres, 1900 : *Portrait de Bartholomeo Guisdimani, un des maîtres de Van Dyck* : **FRF 606 250** – Londres, 3 juil. 1908 : *Portrait du cardinal Domenico Rivarole* : **GBP 819** ; *Portrait de la comtesse de Northumberland* : **GBP 210** – Londres, 12 déc. 1908 : *Portrait d'un monsieur* : **GBP 50** – Londres, 30 avr. 1909 : *Portrait de Mutio Vitelleschi, chef des jésuites*, contenu dans l'Art Treasures in Great Britain : **GBP 99** – Londres, 2 juil. 1909 : *Portrait d'un jésuite* : **GBP 189** – Londres, 16 juil. 1909 : *Charité*, grisaille : **GBP 65** – Londres, 6 mai 1910 : *Portrait de Catherine*

Hastings : **GBP 357** ; *Portrait de la reine Henriette-Marie* : **GBP 367** ; *Portrait d'une dame en robe noire et argent* : **GBP 367** ; *Portrait du cardinal Domenico Rivarole* : **GBP 945** ; *Portrait de Dorothy Devereux* : **GBP 157** – PARIS, avr. 1910 : *Portrait de Wolfgang, duc de Neubourg* : **FRF 12 500** – PARIS, 25 nov. 1918 : *Deux têtes d'enfant* : **FRF 111 000** – LONDRES, 26 mai 1922 : *Elisabeth, comtesse de Southampton* : **GBP 6 510** – LONDRES, 4-7 mai 1923 : *L'Adoration des Bergers* : **GBP 178** – LONDRES, 6 juil. 1923 : *Mr de Witte* : **GBP 2 100** ; *Mme de Witte* : **GBP 892** ; *Princesse Marie, fille de Charles 1*er : **GBP 1 050** – LONDRES, 13 juil. 1923 : *L'artiste* : **GBP 5 985** ; *Henri Liberti de Groningen* : **GBP 2 100** – PARIS, 2 juin 1924 : *Le Martyre de saint Sébastien*, esquisse : **FRF 30 000** ; *Portrait de Ferdinand Boisschot, baron de Saventhem* : **FRF 86 000** – LONDRES, 4 juil. 1924 : *La Vierge, l'Enfant et sainte Catherine* : **GBP 3 150** – LONDRES, 1er mai 1925 : *George Stuart, lord d'Aubigny* : **GBP 840** – LONDRES, 7 mai 1926 : *Geneviève d'Urfé, duchesse de Croy* : **GBP 609** – PARIS, 27 et 28 mai 1926 : *Portrait de Jan Van den Wouver* : **FRF 185 000** ; *Portrait du graveur Jean-Baptiste Barbé* : **FRF 50 000** ; *Portrait de Paul de Halmale* : **FRF 47 000** ; *Tête d'adolescent*, étude : **FRF 41 000** ; *Tête d'adolescent et mains* : **FRF 37 000** – LONDRES, 12 mai 1927 : *Tête de femme* : **GBP 2 100** – LONDRES, 17 et 18 mai 1928 : *La marquise Catherine Durazzo* : **GBP 1 575** ; *Comte Brandolini* : **GBP 1 312** – PARIS, 21 et 22 mai 1928 : *Têtes d'enfants* : **FRF 255 000** – LONDRES, 8 juin 1928 : *Jupiter et Antiope* : **GBP 787** – LONDRES, 25 juin 1928 : *Saint François en prière* : **GBP 472** – PARIS, 28 nov. 1928 : *Étude d'homme debout, de trois quarts à droite, en costume à brandebourgs*, dess. : **FRF 4 000** – PARIS, 19 déc. 1928 : *Portrait de jeune femme parée d'un collier et vue à mi-corps* : **FRF 4 000** – LONDRES, 3 mai 1929 : *Portrait de Mr Jacques Le Roy* : **GBP 17 850** – LONDRES, 21 juin 1929 : *Portrait de Charles II enfant* : **GBP 4 830** – LONDRES, 1er août 1929 : *Anne-Marie de Camudio* : **GBP 99** – LONDRES, 27 juin 1930 : *Portrait de la reine Henriette Maria* : **GBP 997** – LONDRES, 25 juil. 1930 : *Le Christ enfant sur un globe* : **GBP 189** – NEW YORK, 22 jan. 1931 : *Saint Paul* : **USD 1 500** ; *Saint Philippe* : **USD 900** ; *Saint Jean l'Évangéliste* : **USD 13 000** – NEW YORK, 4 et 5 fév. 1931 : *Portrait d'un bourgmestre* : **USD 1 650** – NEW YORK, 22 avr. 1932 : *Portrait de trois enfants de Charles 1*er : **USD 3 600** – LONDRES, 27-30 mai 1932 : *Le prince Rupert* : **GBP 231** – PARIS, 11 déc. 1934 : *Le Christ en croix* : **FRF 46 000** – NEW YORK, 3 déc. 1936 : *Edward Sutton* : **USD 2 900** – COLOGNE, 4 mai 1937 : *Homme* : **DEM 8 000** – LONDRES, 1er juil. 1938 : *Une femme* : **GBP 2 100** ; *William Feilding* : **GBP 1 995** ; *Mary duchesse de Richmond* : **GBP 1 552** – NEW YORK, 20 avr. 1939 : *Wolfgang, prince de Pfalz-Neuber* : **USD 1 600** – NEW YORK, 4 jan. 1945 : *Portrait présumé de Constantin Huygens* : **USD 13 000** – NEW YORK, 21 fév. 1945 : *Ferdinand de Boisschot* : **USD 3 500** ; *Donna Polyxera Spinola marquise de Leganes* : **USD 10 000** – LONDRES, 1er juin 1945 : *Inspiration de saint Jérôme* : **GBP 2 145** – NEW YORK, 25 oct. 1945 : *Le comte Wolfgang Wilhem von Pfalz-Neuberg* : **USD 3 000** – LONDRES, 12 juil. 1946 : *Gentilhomme* : **GBP 4 189** – PARIS, 25 mai 1949 : *Portrait du graveur Paul Pontius* : **FRF 3 900 000** – PARIS, 9 déc. 1952 : *Têtes d'enfants* : **FRF 3 950 000** – LONDRES, 28 nov. 1956 : *Deux têtes de nègres* : **GBP 7 800** – NEW YORK, 13 mars 1957 : *Portrait du cardinal Guido Bentivoglio* : **USD 5 000** – LONDRES, 26 juin 1957 : *Le repentir de Saint Jérôme* : **GBP 2 500** – LONDRES, 27 juin 1958 : *Saint Judas Thaddeus* : **GBP 5 775** – LONDRES, 26 nov. 1958 : *Portrait d'homme* : **GBP 7 000** – LONDRES, 8 juil. 1959 : *La Vierge, l'Enfant, avec sainte Anne* : **GBP 3 400** – GENÈVE, 13 juin 1960 : *L'extase de saint François*, pl. et lav. de bistre : **CHF 1 000** – LONDRES, 15 juil. 1960 : *Portrait de femme* : **GBP 6 300** – LONDRES, 7 déc. 1960 : *Sainte Rosalie intercédant pour la ville de Palerme* : **GBP 5 000** – LONDRES, 14 juin 1961 : *Portrait d'un aristocrate* : **GBP 19 000** – PARIS, 20 juin 1961 : *Portrait de Clarissimus Erycius Puteanus*, craie, lav. et gche : **FRF 4 100** – NEW YORK, 15 nov. 1961 : *Portrait d'un officier génois* : **USD 27 000** – LONDRES, 3 juil. 1963 : *Portrait de Lucy, comtesse de Carlisle* : **GBP 14 000** – LONDRES, 12 juin 1968 : *La Vierge, l'Enfant et Sainte Anne* : **GBP 21 000** – LONDRES, 26 mars 1969 : *Portrait d'homme barbu* : **GBP 8 600** – LONDRES, 25 juin 1971 : *Quatre têtes de nègres* : **GNS 400 000** – LONDRES, 6 déc. 1972 : *Deux études de têtes d'homme*, h. sur pap. mar. sur t. : **GBP 17 000** – LONDRES, 11 juil. 1973 : *Marchesa Lomellini - Donazzo* : **GBP 180 000** – LONDRES, 2 juil. 1976 : *La Vierge et l'enfant* vers 1627-1632, h/pan. (154,5x108) : **GBP 200 000** – NEW YORK, 16 juin 1977 : *Portrait de Don Paolo Gordano Orsini, Duc de Bracciano*, h/t (188,5x135) : **USD 27 000** – BERNE, 9 juin 1978 : *Frans Francken* vers 1635, eau-forte : **CHF 7 000** – NEW YORK, 16 fév. 1979 : *Pieter Brueghel le Jeune*, eau-forte (24,4x15,5) : **USD 12 000** – LONDRES, 3 mai 1979 : *Étude d'homme agenouillé*, dess. double face à la pierre noire (21,7x17) : **GBP 2 000** – LONDRES, 9 avr. 1981 : *Études de la Sainte Famille et tête de moine (recto) et La Vierge et l'Enfant avec deux Saints et une chaumière (verso)*, pl. et encre brune/pap. (19,3x14) : **GBP 13 000** – BERNE, 24 juin 1983 : *Lucas Vorstermans* vers 1640, eau-forte : **CHF 1 500** – LONDRES, 3 juil. 1984 : *Paysage boisé avec une maison sur la droite*, aquar. et pl. et encre brune (18,9x36,3) : **GBP 240 000** – LONDRES, 23 nov. 1984 : *Portrait d'Anne Carr, comtesse de Bedford, tenant une rose*, h/t (101x82,5) : **GBP 150 000** – LONDRES, 3 juil. 1984 : *Portrait de Hendrick van Balen*, craie noire (24,3x19,7) : **GBP 540 000** – LONDRES, 9 juil. 1986 : *Portrait of Dorothy Lady Dacre*, h/t (130x103) : **GBP 145 000** – NEW YORK, 20 nov. 1986 : *Jan de Wael* avant 1632, eau-forte et burin (25,3x18) : **USD 32 000** – NEW YORK, 17 nov. 1986 : *Saint Jérôme, Saint Georges, Sainte Catherine d'Alexandrie et Saints moines*, pinceau et encre brune et lav. gris (29,5x24) : **USD 130 000** – LONDRES, 6 juil. 1987 : *Le mariage mystique de sainte Catherine*, craie noire, pl. et encre brune, lav. brun et gris (18,2x27,9) : **GBP 220 000** – STOCKHOLM, 29 avr. 1988 : *Portrait de la reine Henriette-Maris*, h/t (123x90) : **SEK 16 000** – STOCKHOLM, 15 nov. 1988 : *Portrait d'un homme vêtu de sombre*, h. (78x55) : **SEK 10 000** – NEW YORK, 31 mai 1989 : *Portrait de Nicholas Rockox agé de 76 ans vêtu d'un habit noir avec une fraise blanche* 1636, h/pan. (diam. 15,2) : **USD 231 000** – NEW YORK, 2 juin 1989 : *Portrait d'un cavalier* 1634, h/pan. (73x55) : **USD 374 000** – LONDRES, 17 nov. 1989 : *Portrait de Mary, Princesse royale, debout vêtue d'une robe rose brodée d'argent avec des rubans et un col de dentelle*, h/t (155x106,5) : **GBP 880 000** – NEW YORK, 1er juin 1990 : *Saint Jacques le Majeur*, h/pap./t. (84,5x63) : **USD 176 000** – LONDRES, 6 juil. 1990 : *Saint Jérôme pénitent*, h/t (131,5x178,5) : **GBP 110 000** – LONDRES, 14 nov. 1990 : *Portrait de Thomas Wentworth, 1*er *comte de Strafford, debout portant son armure*, h/t (101,5x84) : **GBP 19 800** – LONDRES, 2 juil. 1991 : *Paris*, craies blanche et noire/pap. brun clair (40x25,5) : **GBP 9 900** – LONDRES, 9 nov. 1994 : *Portrait de George Hay, Comte de Kinnoul debout en armure*, h/t (218x132) : **GBP 82 900** – LONDRES, 3 avr. 1996 : *Portrait d'Élisabeth Stuart, comtesse d'Arundel vêtue d'une robe de satin blanc avec une étole de fourrure sur l'épaule droite, en buste*, h/t (74,5x59) : **GBP 177 500** – NEW YORK, 30 jan. 1997 : *Vanitas, deux très jeunes garçons faisant des bulles*, h/pap./pan. (64,1x52,7) : **USD 41 400** – LONDRES, 9 avr. 1997 : *Portrait de Sir Arthur Hopton* vers 1637-1638, h/t, de forme ovale (59x47,5) : **GBP 95 000** – LONDRES, 3-4 déc. 1997 : *Portrait en pied du Prince Charles Louis, l'Électeur Palatine*, h/t (218,5x124,5) : **GBP 771 500**.

DYCK Ary Van I
XVIIIe siècle. Hollandais.
Sculpteur.

Il fut nommé membre de la gilde Saint-Luc, à Leyde, en 1696.

DYCK Ary Van II
XVIIIe siècle. Hollandais.
Sculpteur.

Fils de Ary I Van Dyck. Il entra dans la gilde Saint-Luc, à Leyde, en 1730, après la mort de son père.

DYCK César Van
XVIe siècle. Actif à Anvers. Éc. flamande.
Peintre d'histoire et de portraits.

Élève d'Adam Van Noort en 1598. D'après Siret, cet artiste est le même que Siger Van Dyck.

DYCK Christophe Van
XVIIe siècle. Hollandais.
Graveur.

Graveur des poinçons des caractères Elzévir et tenu par eux pour le meilleur maître du temps.

DYCK Cornelis Van den ou **Dycke**
XVe siècle. Éc. flamande.
Peintre.

Élève de son père Joannis à Anvers, bourgeois de Malines le 5 août 1496.

DYCK Daniel Van den
Mort en 1670 à Mantoue. XVIIe siècle. Éc. flamande.
Peintre d'histoire et graveur.

Élève de Pieter Verhaeght en 1631, maître en 1634 à Anvers ; il épousa, à Venise, Lucretia Regnier, peintre, et fut inspecteur de la Galerie du duc de Mantoue, en 1658.

Ventes Publiques : Paris, 1875 : *Bacchanale*, dess. : **FRF 28.**

DYCK Edmonde Djakéli, Mme
xxe siècle. Travaillant à Paris. Française (?).
Peintre de genre.
En 1943 cette artiste exposait *L'Homme à la pipe* au Salon des Indépendants.

DYCK Floris ou **Floreus Van** ou **Dyk** ou **Dijk**
Né en 1575 à Haarlem. Mort en novembre 1651 à Haarlem. xviie siècle. Hollandais.
Peintre de natures mortes, fleurs et fruits.
En 1610, il appartenait à la gilde de Haarlem ; il alla en Italie et en revint en 1637. Selon d'autres biographes, il vécut longtemps en Italie avec son ami Jos. Arpinas ; tombés malades, le pape leur envoya son propre médecin, qu'ils remercièrent, une fois guéris, par un tableau. Van Dyck serait ensuite revenu et serait mort à Haarlem en 1648 selon certaines sources.

Musées : Amsterdam : *Fruits et plantes.*
Ventes Publiques : Londres, 20 mars 1964 : *Nature morte aux fruits* : **GNS 750** – Amsterdam, 9 juin 1977 : *Nature morte aux fruits et aux fromages*, h/pan. (45x84) : **NLG 250 000** – Paris, 25 mars 1994 : *Nature morte de fromages et de fruits, aiguière et rohmer disposés sur une nappe brodée*, h/pan. (80,5x124) : **FRF 3 500 000** – Londres, 6 déc. 1995 : *Nature morte d'une table dressée avec des fruits dans des porcelaines de chine, des fromages dans des plats en étain, une aiguière, un verre un couteau et autres petits fruits éparpillés sur une table drapée*, h/pan. de chêne (74,5x114) : **GBP 320 500.**

DYCK Hendrik Van
xviie siècle. Hollandais.
Sculpteur.
Élève de Jan Van der Heyde. Il fut reçu maître à La Haye en 1672. On peut le confondre avec un Hendrik Van Dick, sculpteur à Haarlem en 1743.

DYCK Henri J. Van
Né en 1849 à Bruges (Flandre). xixe-xxe siècles. Belge.
Peintre de scènes de genre, portraits.
Il fut élève des Académies de Roubaix et d'Anvers.
Bibliogr. : In : *Diction. biogra. illustré des artistes en Belgique depuis 1930*, Arto, Bruxelles, 1987.
Musées : Anvers.

DYCK Hermann
Né le 4 octobre 1812 à Würzburg. Mort le 25 mars 1874 à Munich. xixe siècle. Allemand.
Peintre de paysages, d'architectures et caricaturiste.
Musées : Dublin : *Le dernier des frères* – Hambourg : *Antichambre d'une salle d'audience* – Stuttgart : *Vieille porte de ville allemande.*

DYCK J. A.
xviie siècle. Éc. flamande.
Peintre.
Musées : Karlsruhe : *Le trône de Vénus.*

DYCK J. Van
xixe siècle. Hollandais.
Peintre et aquafortiste.
Il peignit en 1850 un tableau *Pierre et Jean au tombeau du Christ* qui fut distingué par l'Institut Néerlandais pour l'Art et la Science.

DYCK Jacobus Van
xvie siècle. Actif à Anvers. Éc. flamande.
Peintre de miniatures.
Il fut reçu maître en 1595.

DYCK Jan Van
xviie siècle. Éc. flamande.
Peintre de miniatures.
Il fut reçu maître en 1689 à Anvers.

DYCK Jan Van
xviie siècle. Hollandais.
Peintre.
On lui attribue un *Devin* peint avant 1692.

DYCK Jan Van ou **Dyk**
xviiie siècle. Hollandais.
Peintre, graveur et écrivain.

DYCK Jan Van ou **Noyen**
xvie siècle. Actif à Utrecht. Hollandais.
Sculpteur.
En 1545, dans la gilde d'Anvers.

DYCK Joséphine Van
xixe siècle. Active vers 1843. Belge.
Peintre de genre.

DYCK Justina Van
Née le 1er décembre 1641 en Angleterre. Morte avant le 6 juillet 1690. xviie siècle. Éc. flamande.
Peintre.
Fille d'Anton Van Dyck. Sa tante, la béguine Suzanne Van Dyck, chercha, dès 1645, à l'attirer à Anvers ; en 1654, son oncle Waltmann Van Dyck vint aussi la chercher, mais il dut retourner seul, car entre temps, à 12 ans, elle avait épousé sir John Baptist Stepney de Frendergast ; elle vint à Anvers puis retourna en Angleterre où elle reçut du roi Charles II une rente annuelle de 200 livres, irrégulièrement payée. Elle retourna encore à Anvers, en 1665, après la mort de sa tante Suzanne. Elle lui offrit en 1660 une de ses peintures : *Le Calvaire.*

DYCK Loys Van
xviie siècle. Actif à Anvers. Éc. flamande.
Sculpteur sur bois.
Il fut reçu maître en 1627.

DYCK P. R. Van
xviiie siècle. Hollandais.
Dessinateur.
D'après un de ses dessins J. v. d. Schley grava la façade d'un hospice.

DYCK Pauline Van
xixe siècle. Active vers 1843. Belge.
Peintre de genre.

DYCK Philip Van. Voir **DYK**

DYCK Philip Van
xviiie siècle.
Sculpteur.
Il fut reçu maître à Anvers en 1755.

DYCK Pieter Emanuelszoon Van
xviie siècle. Actif à Amsterdam. Hollandais.
Sculpteur.
Il fut chargé par Van Uffelen, de Hambourg, de l'exécution d'une chaire en pierre et de son escalier, travail qu'il partagea avec le sculpteur Pieter de Keijser d'Amsterdam.

DYCK Pieter Van
Né vers 1675. xviiie siècle. Actif à Leyde. Hollandais.
Peintre.
Il était membre de la gilde de Leyde.

DYCK Pieter Pieterszoon Van
xviie siècle. Hollandais.
Graveur.
Les documents prouvent qu'il mena une vie de débauche. Il grava en 1677 vingt planches à sujets licencieux. Voir aussi l'article Dyck Adrianus.

DYCK Willem Cornelis Van. Voir **DYK Willem Cornelis Van**

DYCKE Antoni Van
xvie siècle. Actif à Anvers. Éc. flamande.
Peintre.
Il fut élève de Jan Van Cleve et fut reçu maître à Anvers en 1556.

DYCKE Yvon Van. Voir **VANDYCKE Yvon**

DYCKERHOFF Jakob Friedrich
Né le 12 décembre 1774 à Mannheim. Mort le 12 octobre 1845 à Mannheim. xviiie-xixe siècles. Allemand.
Peintre de sujets allégoriques, animaux, paysages,

natures mortes, peintre à la gouache, aquarelliste, dessinateur.
Il étudia à l'Académie de Berlin. Il fut l'ami de W. von Kobell. Il exposa au Salon de l'Académie de Berlin en 1797 une gouache *Restes du temple de la Sibylle à Tivoli*. Il était également ingénieur et architecte. Son dessin, *Passage du Rhin par les troupes saxonnes* fut peint à l'aquarelle par W. von Kobell.
Ventes Publiques : Heidelberg, 12 oct. 1991 : *Allégorie d'une scène mythologique grecque*, encre de Chine et aquar. (46x62,5) : **DEM 4 800**.

DYCKMANS Anthony
xviie siècle. Hollandais.
Peintre.
Fils de Sacharias Dyckmans il entra à la gilde de La Haye en 1655 et en devint le doyen en 1696. Il est probablement l'auteur de peintures dans la Nouvelle Église.

DYCKMANS Bruno
Né en 1920 à Lierre (Anvers). xxe siècle. Belge.
Peintre. Polymorphe.
Il fut élève des Académies de Berchem et d'Anvers.
Bibliogr. : In : *Diction. biographique illustré des peintre en Belgique depuis 1830*, Arto, Bruxelles, 1987.

DYCKMANS Gerard Jacobszoon
xviie siècle. Actif à La Haye. Hollandais.
Peintre.

DYCKMANS Jacob
xviie siècle. Actif à Amsterdam. Hollandais.
Peintre.
On connaît de lui un dessin à la plume *Attaque de Brigands*, d'après Callot.

DYCKMANS Josephus Laurentius ou **Dijkmans**, dit **le Gérard Dou Belge**
Né le 9 août 1811 à Lierre. Mort le 8 janvier 1888 à Anvers. xixe siècle. Hollandais.
Peintre de genre, figures.
Élève de Thielman et de Wappers, il fut professeur à l'Académie d'Anvers de 1841 à 1854. Il devint membre de l'Académie d'Anvers en 1853. Il a exposé à Anvers et à la Royal Academy de Londres entre 1846 et 1869.
Ce fut un peintre très épris de l'exactitude des détails. Sa manière rappelle un peu celle de Meissonier, mais son coloris est plus éclatant.

J Dyckmans 1852

Musées : Anvers : *Ancienne façade – Pompe monumentale à Anvers – L'Aveugle*.
Ventes Publiques : Paris, 1872 : *L'Aveugle* : **FRF 25 000** – Londres, 1875 : *Marie au pied de la croix* : **FRF 13 125** – Paris, 1886 : *Vieille Femme en prière* : **FRF 4 200** – Paris, 1899 : *L'occasion fait le larron* : **FRF 6 950** – Londres, 25 jan. 1908 : *Une vieille femme à l'église* : **GBP 15** – Londres, 21 juil. 1922 : *Les chanteurs de romances*, dess. : **GBP 15** – Londres, 30 juil. 1924 : *Le mendiant aveugle* : **GBP 42** – Londres, 8 fév. 1930 : *Le récit saisissant* : **GBP 15** – Londres, 15 mai 1931 : *L'hôte*, dess. : **GBP 5** – Londres, 18 mars 1932 : *Femme faisant de la dentelle* : **GBP 89** – Paris, 25 mai 1932 : *Le Sommeil du saltimbanque* : **FRF 620** – Londres, 22 juin 1934 : *Industrie* : **GBP 9** – Anvers, 3-6 oct. 1938 : *L'Attente* : **BEF 6 400** – Vienne, 5 déc. 1984 : *Jeune Femme à sa couture* 1849, h/pan. (50x38) : **ATS 450 000** – Amsterdam, 11 sep. 1990 : *Intérieur avec une vieille femme versant du lait dans une soucoupe pour le chat*, h/pan. (18,5x17) : **NLG 4 600** – Londres, 19 mars 1993 : *La Dentellière* 1844, h/pan. (48x37,2) : **GBP 6 670** – Amsterdam, 7 nov. 1995 : *Deux Femmes dans un intérieur*, h/t (44x38) : **NLG 5 900** – Londres, 21 nov. 1997 : *Les Récits de Grand-mère* 1841, h/pan. (66x52) : **GBP 14 950** ; *Le Nouveau Châle* 1847, h/pan. (89x73) : **GBP 31 050**.

DYCKMANS Sacharias
xviie siècle. Actif à La Haye. Hollandais.
Peintre.
Il était membre de la gilde Saint-Luc.

DYE Charlie
Né en 1906. Mort en 1973. xxe siècle. Américain.
Peintre de paysages, scènes typiques.
Dans une note manuscrite au dos d'une de ses peintures, *Gardiens de troupeau capturant du bétail*, il écrit : « Cette scène est typique des activités de mon adolescence... »
Ventes Publiques : New York, 28 mai 1987 : *Night stage*, h/t (61x76,2) : **USD 12 000** – New York, 26 mai 1988 : *La capture des vaches mexicaines*, h/rés. synth. (76x101,2) : **USD 18 700** – New York, 25 sep. 1991 : *Capture d'un veau égaré dans les buissons*, h/rés. synth. (45,7x61) : **USD 19 800** – New York, 24 sep. 1992 : *Gardiens de troupeau capturant du bétail*, h/t (61x91,4) : **USD 27 500**.

DYE Clarkson
Né en 1869. Mort en 1955. xixe-xxe siècles. Américain.
Peintre de paysages.
Il est cité par miss Florence Levy.
Ventes Publiques : New York, 1er-2 avr. 1902 : *Une rue l'hiver* : **USD 45** – Los Angeles-San Francisco, 7 fév. 1990 : *Mission Saint-Antoine de Padoue*, h/t (63,5x76) : **USD 3 300** – Los Angeles-San Francisco, 12 juil. 1990 : *Palmiers dans le désert au crépuscule*, h/pan. (41x61) : **USD 3 025** – Los Angeles-San Francisco, 10 oct. 1990 : *Palmiers dans le désert*, h/cart. (58,5x85) : **USD 3 025**.

DYE David
Né en 1945 à Ryde (Île de Wight). xxe siècle. Britannique.
Artiste multimédia.
Il étudia à la Saint-Martin's School of Art à Londres de 1967 à 1971.
Il participe à des expositions collectives, notamment celle intitulée *Beyond Painting and Sculpture* en 1974 à l'Arts Council de Londres, également participation à la IXe Biennale de Paris en 1975. Il expose personnellement depuis 1972. Il travaille la photographie et sa relation au texte, réalise également des films.
Musées : Londres (Arts Council).

DYENEN. Voir **DEYNUM**

DYENS Georges
Né en 1932 à Tunis. xxe siècle. Actif au Québec. Français.
Sculpteur, créateur d'installations. Abstrait.
Il a été l'élève de Janniot et H. G. Adam à l'École des Beaux-Arts de Paris dont il sort diplômé. Il a obtenu le Prix de Rome en 1961, le prix Susse (Biennale de Paris) et le prix de la Critique allemande. Depuis 1970, Georges Dyens a bénéficié de plusieurs bourses de travail et de recherche d'institutions publiques ou privées nord-américaines. Il s'installe en 1966 au Québec où il enseigne la sculpture à l'École des Beaux-Arts de Montréal et le dessin à l'Université du Québec également à Montréal.
Il participe, à Paris, à de nombreuses manifestations collectives dans les années soixante : au Salon de la Jeune Sculpture, au Salon Comparaisons, au Salon des Réalités Nouvelles, au Salon de Mai et à la Biennale de Paris ; il représente plusieurs fois la France dans des manifestations internationales : au Salon de la Sculpture Internationale à Paris, à la Biennale de New Delhi, à la Mostra Internationale di Scultura à Milan, etc. Au cours des années quatre-vingt, il expose son travail de sculpture à la cire perdue à la galerie de l'Université du Québec à Montréal, participe en 1990 à l'exposition *Images du futur* à Montréal, présente en 1991, à Reims, dans le cadre de l'exposition *Les Artistes et la lumière*, le *Big Bang II*, installation holographique.
Son travail d'avant les années quatre-vingt, abstrait et informel, a possédé un temps des résonances expressionnistes. Georges Dyens s'intéresse depuis 1981 à l'holographie qui, définie d'une façon réductrice, est la production d'images en couleurs en trois dimensions par laser. Très employée aux États-Unis, au Canada (grâce surtout à Dyens), en Grande-Bretagne et en Allemagne, l'holographie reste un domaine méconnu en France. Georges Dyens a en effet introduit l'holographie monumentale – une « holo-sculpture » – au Québec, avec son *Arche* pour le Festival de Lanaudière et son installation sur les rives du Saint-Laurent près de Montréal. Ses *Big Bang I* et *II*, participent tout à la fois de l'holographie, de la sculpture, et de la musique électronique. ■ C. D.
Bibliogr. : *Art Press*, n° Spécial : *Nouvelles Technologies, un Art sans modèle ?* – Hervé Fisher : *Holographie, Art Majeur*, Paris, 1991.
Musées : Montréal (Mus. d'Art Contemp.) – New York (Mus. d'Holographie) – Paris (Mus. d'Art Mod.).

DYER Abraham
xviiie siècle. Actif à Bamberg. Allemand.
Peintre.

DYER Charles Gifford
Né en 1840 à Chicago. Mort le 27 janvier 1912 à Munich. XIXe-XXe siècles. Américain.
Peintre de genre, paysages, architectures, intérieurs d'églises, intérieurs, dessinateur.
Cet artiste, d'abord destiné à la marine, puis à la diplomatie – il fut consul à Bristol, puis à Beyrouth – abandonna cette carrière pour s'adonner à la peinture sous la direction de L. Jacquesson de la Chavreuse à Paris. En 1871, il se rend à Munich, où il est l'élève de l'Académie et de son compatriote David Neal ; dès 1872, il entreprend une suite de voyages d'études en Italie, en Syrie, en Grèce. A partir de 1873 il figura dans les Expositions américaines ; une vue intérieure de Saint-Marc fut achetée par Pierpont Morgan. A l'Exposition de la Royal Academy de Londres en 1880, il envoya un tableau de genre, *L'Étudiant*. Après un long voyage en Orient, il retourna à Munich en 1910 et y entreprit l'exécution d'un cycle de trente grands tableaux représentant les restes des monuments les plus importants de l'antiquité grecque.
Il a fait au cours de ses voyages de nombreuses esquisses, surtout des monuments antiques. Ses tableaux architecturaux de Venise, exécutés à l'huile, eurent un grand succès auprès de ses compatriotes.
Musées : Chicago : *Intérieur au XVIIe siècle*.
Ventes Publiques : New York, 25-26 mars 1931 : *Le Grand Canal à Venise* 1889 : **USD 150** – Milwaukee, 2 nov. 1980 : *Intérieur de Saint-Marc*, h/t (81,3x108) : **USD 1 150** – Moulins, 25 nov. 1983 : *Scène orientaliste*, h/t : **FRF 34 700**.

DYER G. E. O.
XIXe siècle. Britannique.
Peintre de portraits, miniatures.
Il exposa une série de portraits miniatures à la Royal Academy à Londres en 1821, 1822, 1826 et 1847. Il exposa trois portraits miniatures à la Royal Academy en 1835.

DYER Hezekiah Anthony
Né le 28 octobre 1872 à Providence (Rhode Island). XXe siècle. Américain.
Peintre de paysages.
Il étudia à Providence, puis effectua un séjour d'études en Europe, notamment en Hollande, en France et en Italie. Il fut président du Club artistique de sa ville natale.
Ventes Publiques : New York, 31 mai 1985 : *English cottage*, aquar. (76x55,6) : **USD 2 600**.

DYER John
Né vers 1700 à Aberglasney (Carmarthenshire). Mort le 24 juillet 1758. XVIIIe siècle. Britannique.
Peintre et poète.
Il étudia la peinture à Londres sous la direction du portraitiste J. Richardson. Après avoir parcouru à pied les provinces du pays de Galles, pour y recueillir des vues de paysages et de ruines, il se rendit en Italie pour compléter ses études de peinture. Il en rapporta des études de paysages des environs de Rome et de Florence. Ses paysages furent reproduits par différents graveurs. Son *Portrait de l'évêque de Worcester, John Hough* fut gravé par J. Faber junior. Toutefois il fut plus spécialement apprécié par ses contemporains pour ses dons de poète : il publia à Londres en 1840 une suite de poèmes, *Les Ruine de Rome*.

DYER R. H.
XIXe siècle. Actif à Londres. Britannique.
Graveur.
Graveur-illustrateur et graveur de portraits au pointillé, il contribua à l'illustration de l'œuvre de T. K. Hervey *Illustrations de la Sculpture Moderne*. Il grava un portrait de l'antiquaire londonien J. Miller d'après une miniature de Ch. Bestland.

DYF Marcel, pseudonyme de **Dreyfus Marcel**
Né le 7 octobre 1899. Mort le 15 septembre 1985 à Bois-d'Arcy (Yvelines). XXe siècle. Français.
Peintre de genre, figures, portraits, paysages, natures mortes, fleurs.
Il a exposé, à Paris, au Salon des Artistes Français, au Salon d'Automne et au Salon des Tuileries.
De très nombreuses reproductions ont divulgué avec abondance ses portraits, souvent des gitanes ou des bohémiennes, traités dans des teintes assez agressives, voire vulgaires, mais qui n'ont d'autre prétention que de se vouloir décoratifs.

Ventes Publiques : Paris, 30 avr. 1945 : *Arlequin et Danseuse* : **FRF 1 500** – Zurich, 12 nov. 1976 : *Bouquet de roses*, h/t (92x73) : **CHF 2 200** – Londres, 7 déc. 1979 : *Fleurs d'été*, h/t (46x38) : **GBP 1 600** – Versailles, 2 mars 1980 : *Le Déjeuner de Claudine*, h/t (73x60) : **FRF 17 000** – Londres, 24 oct. 1984 : *Couple de danseurs espagnols*, past. (53x36) : **GBP 1 700** – Lyon, 22 oct. 1985 : *Paysage*, h/t (46,3x55,5) : **GBP 48 000** – Londres, 3 juil. 1987 : *Joueuse de mandoline devant un miroir*, h/t (73x60,5) : **GBP 11 000** – Paris, 21 et 22 déc. 1987 : *Le Village des pêcheurs*, h/t (53x74) : **FRF 12 000** – Londres, 24 fév. 1988 : *Marine, bateaux en rade*, h/t (46x55,5) : **GBP 4 950** – Versailles, 20 mars 1988 : *Jeune Femme dévêtue en buste*, h/t (46x38) : **FRF 27 000** – Paris, 21 avr. 1988 : *La Lettre*, h/t (73x60) : **FRF 30 000** ; *Déjeuner sur l'herbe*, h/t (46x55) : **FRF 23 000** – Calais, 28 avr. 1988 : *Campement de gitans*, h/t (46x55) : **FRF 9 000** – Paris, 29 avr. 1988 : *Jardin du Luxembourg*, h/t (46x55) : **FRF 28 000** – Los Angeles, 9 juin 1988 : *Voiliers par temps calme*, h/t (46x55) : **USD 4 400** – L'Isle-Adam, 11 juin 1988 : *La Fantasia*, h/t (55x46) : **FRF 32 000** ; *Bord de mer en Normandie*, h/t (55x46) : **FRF 35 500** – Paris, 26 juin 1988 : *L'Entrée du souk*, h/t (46x55) : **FRF 35 000** – L'Isle-Adam, 25 sep. 1988 : *Personnages sur la plage*, h/t (55x46) : **FRF 40 000** – Londres, 21 oct. 1988 : *Jeune Femme au bouquet*, h/t (59,7x73) : **GBP 7 700** – Calais, 13 nov. 1988 : *Chapelle aux Alyscamps à Arles*, h/t (54x73) : **FRF 17 000** – Paris, 14 déc. 1988 : *La jetée*, h/t (38x46) : **FRF 6 500** – Paris, 16 déc. 1988 : *Jeune femme de profil*, h/t (55x46) : **FRF 36 000** – Londres, 21 fév. 1989 : *Bouquet de fleurs*, h/t (53,3x45,1) : **GBP 13 200** – New York, 3 mai 1989 : *Le Port de Saint-Tropez*, h/t (54,5x65) : **USD 66 600** – Paris, 18 mai 1989 : *La Brune au ruban*, h/t (41x33) : **FRF 32 000** – Londres, 20 oct. 1989 : *Le Champ de blé*, h/t (74x61) : **GBP 18 700** – Le Touquet, 12 nov. 1989 : *Baigneurs sur la plage*, h/pan. (38x47) : **FRF 22 000** – Paris, 27 nov. 1989 : *Les Gitans*, h/t (46x55) : **FRF 18 000** – Paris, 20 fév. 1990 : *Vase de dalhias*, h/t (61x51) : **FRF 35 000** – New York, 21 fév. 1990 : *Jeune fille au chapeau*, h/t (54,6x45,5) : **USD 11 550** – Calais, 4 mars 1990 : *Jeune Femme dans ses souvenirs* 1943, h/t (38x46) : **FRF 49 000** – Neuilly, 27 mars 1990 : *Nu assis*, h/t (105x54) : **FRF 69 000** – New York, 7 mai 1991 : *Bouquet de fleurs*, h/t (55,2x47,6) : **USD 10 450** – Neuilly, 11 juin 1991 : *Le Marché aux fleurs*, h/t (60x73) : **FRF 105 000** – Londres, 16 oct. 1991 : *Vase de fleurs*, h/t (54,4x65,2) : **GBP 4 950** – Paris, 13 déc. 1991 : *Paysage*, h/pan. (18x22) : **FRF 6 000** – Londres, 24 mars 1992 : *La Ferme aux peupliers*, h/t (45,8x55,3) : **GBP 3 300** – Paris, 26 mai 1992 : *Église de campagne* 1931, h/t (55x46) : **FRF 5 000** – New York, 12 juin 1992 : *Paysage printanier*, h/t (73x91,4) : **USD 5 500** – New York, 10 nov. 1992 : *Nu à sa toilette*, h/t (54,6x46) : **USD 4 180** – Édimbourg, 13 mai 1993 : *Les Meules de paille*, h/t (60,3x73) : **GBP 5 500** – Londres, 13 oct. 1993 : *Automne en Provence*, h/t (46x55) : **GBP 6 325** – Paris, 13 avr. 1994 : *Lavandières en Afrique du Nord*, h/t (72x60) : **FRF 60 000** – New York, 9 mai 1994 : *Jeune Fille à sa toilette*, h/t (56x47) : **USD 4 600** – Londres, 14 mars 1995 : *Paysannes dans la campagne*, h/t (60,2x73) : **GBP 5 980** – Calais, 24 mars 1996 : *Vase de fleurs des champs*, h/t (55x46) : **FRF 48 000** – New York, 30 avr. 1996 : *Jacqueline à sa toilette* 1960, h/t (54,5x46) : **USD 4 025** – Calais, 7 juil. 1996 : *Fenêtre ouverte sur la rade*, h/t (89x116) : **FRF 52 000** – New York, 12 nov. 1996 : *Portrait de Claudine* vers 1970, h/t (54,6x46) : **USD 2 760** – Calais, 15 déc. 1996 : *Le Jardin des Tuileries et le Carrousel du Louvre*, h/t (54x65) : **FRF 28 800** – Londres, 23 oct. 1996 : *Le port*, h/t (47x55) : **GBP 3 450** – New York, 10 oct. 1996 : *Champs de blé et meules*, h/t (60,3x73,3) : **USD 9 200** – Calais, 23 mars 1997 : *Vase de fleurs*, h/t (46x38) : **FRF 25 000** – Paris, 23 juin 1997 : *Bouquet de fleurs*, h/t (72x60) : **FRF 30 000**.

DYFVERMAN Karl Johan
Né le 18 février 1844 à Morlanda. Mort le 10 janvier 1892 à Stockholm. XIXe siècle. Suédois.
Sculpteur.
Il fut élève de l'Académie de Stockholm. Son œuvre est surtout décorative. Il exécuta des portes de bronze pour la cathédrale de Lund.

DYG Hans
Né à Zurich. XVIe siècle. Suisse.

Peintre.
On lui doit plusieurs peintures dans l'église Saint-Pierre à Bâle, et de nombreuses peintures murales, dont un grand *Jugement Dernier* à l'Hôtel de Ville, également à Bâle.

DYK. Voir aussi **DYCK**

DYK Philip Van de Linden Van
Né à La Haye. Mort après 1776. XVIIIe siècle. Hollandais.
Peintre de portraits.
Élève de son oncle Philip Van Dyck, il fut élève à La Haye en 1719 et alla en Angleterre.
Musées : Londres (Nat. Gal.) : *Coleridge – Southey* – Utrecht : *Portrait de Jean de Haart.*

DYK Philip Van ou **Dyck, Dijk**, dit **le Petit Van Dyk**
Né le 10 janvier 1680 à Amsterdam. Mort le 3 février 1753 à La Haye. XVIIIe siècle. Éc. flamande.
Peintre d'histoire, genre, portraits.
Élève de Arnold Boonen, il vécut à Amsterdam jusqu'en 1708, à Middelbourg en 1718, puis à La Haye. Il fut peintre de la cour du landgrave Guillaume VIII de Hesse Kassel, à qui il avait vendu des collections de tableaux ; il était à Kassel de 1725 à 1736 et eut pour élève Louis de Moni.

Musées : Amsterdam : *Adriaen Parduyn, commandant de Vlissingen – Caspar Adriaen Parduyn – Marie Van Atten sa femme – Adriaen Caspar Parduyn – Abraham Boudaen – Justina Johanna Ramskrammer, sa femme – La même avec sa fille* – Berlin : *Joueur de luth – Femme donnant une leçon de dessin à un enfant* – Bruxelles : *Jeune femme à sa toilette* – Gotha : *Vénus et Amour* – La Haye : *Judith – Joueuse de luth – Jeune dame à sa toilette – Le tailleur de plume* – Kassel : *Famille du landgrave Karl de Hesse – Le langrave Guillaume VIII – Madeleine repentante* – Paris (Mus. du Louvre) : *Sarah conduit Agar à Abraham – Abraham répudie Agar* – Stockholm : *Prince Guillaume, fils de Charles VI de Hesse Cassel – Portrait d'homme* – Toulon : *Portrait de l'artiste* – Troyes : *Portrait de femme.*
Ventes Publiques : Paris, 1857 : *La Servante amoureuse* : **FRF 2 100** – Paris, 1868 : *Suzanne et les vieillards* : **FRF 855** – Paris, 1873 : *La servante amoureuse* : **FRF 2 460** ; *La chaste Suzanne* : **FRF 3 050** – Paris, 27 oct. 1919 : *Portrait d'homme couvert d'un manteau bleu* : **FRF 390** – Paris, 11 déc. 1919 : *Portrait d'homme* : **FRF 1 410** – Paris, 30 mai 1924 : *Portrait d'un prélat*, attr. : **FRF 125** – Paris, 6 mars 1929 : *Portrait de femme* : **FRF 2 500** – Paris, 26 fév. 1931 : *Portrait de femme en robe jaune et manteau rouge doublé d'hermine* : **FRF 1 200** – Londres, 5 mars 1937 : *Le Sportif* : **GBP 42** – Paris, 12 mai 1937 : *La Diseuse de bonne aventure* : **FRF 3 500** – Londres, 3 nov. 1937 : *Personnages sur un balcon* : **GBP 26** – Londres, 22 déc. 1937 : *Bohémien diseur de bonne aventure* : **GBP 30** – Londres, 18 déc. 1942 : *Bergers et Bergères* : **GBP 25** – New York, 20 jan. 1945 : *Une femme* : **USD 270** – Londres, 30 nov. 1973 : *Portrait d'un gentilhomme* 1743 : **GNS 1 600** – Londres, 8 juil. 1977 : *Couple faisant de la musique sur un balcon*, h/pan. (36,2x30,7) : **GBP 24 000** – Londres, 24 juil. 1981 : *Portrait d'un officier de marine* 1732, h/pan. (49,5x38,2) : **GBP 750** – Londres, 17 déc. 1982 : *Portrait d'un jeune gentilhomme*, h/t (81,2x67,3) : **GBP 5 000** – New York, 6 juin 1984 : *Suzanne et les Vieillards* 1721, h/pan. (57,2x47) : **USD 10 000** – Londres, 11 déc. 1987 : *Jeune couple élégant faisant de la musique avec un enfant tenant une cage à oiseaux*, h/pan. (37,5x31,8) : **GBP 26 000** – Amsterdam, 14 nov. 1988 : *Portrait d'un gentilhomme se servant d'un compas, un chien et un perroquet près de lui, une fenêtre donnant sur le large au fond* 1743, h/t (84x63,5) : **NLG 14 950** – New York, 13 oct. 1989 : *Portrait d'un gentilhomme se servant d'un compas, un chien et un perroquet près de lui, une fenêtre ouverte sur le large au fond* 1743, h/t (84x63,5) : **USD 8 250** – Londres, 10 avr. 1992 : *Portrait de groupe de Jan Albert Sighterman avec son fils Jan Albert, un serviteur et son chien*, h/t (148,5x117) : **GBP 12 100** – Londres, 9 déc. 1992 : *Dame assise dans un paysage près d'une urne de fleurs*, h/pan. (37,5x29,5) : **GBP 4 400** – New York, 15 jan. 1993 : *Portrait d'un gentilhomme* 1722, h/t (81,3x68,6) : **USD 4 025** – New York, 11 jan. 1996 : *Portrait d'une dame* 1726, h/t, de forme ovale (50,2x41,9) : **USD 3 450** – Paris, 16 mai 1997 : *Suzanne et les Vieillards*, h/pan. de chêne (46,5x41) : **FRF 40 000**.

DYK Philip Van, le Jeune
XVIIIe siècle. Hollandais.
Peintre de marines.

DYK Willem Cornelis Van ou **Dijk**
Né en 1825. Mort en 1881 à Amsterdam. XIXe siècle. Hollandais.
Peintre de genre, portraits, graveur.
On connaît de cet artiste des dessins, des esquisses et des eaux-fortes, dont *L'Enfant au Cerceau* (1856), une *Taverne de Matelots*, un *Portrait du peintre Pieter Lyonet* (1842).
Musées : Utrecht : *Portrait du peintre Jan de Haart.*
Ventes Publiques : Londres, 21 mai 1982 : *Le Repos* 1853, h/pan. (31,7x28) : **GBP 550** – Amsterdam, 24 avr. 1991 : *Mère et Fille dans une ferme* 1857, h/t (64x53,5) : **NLG 3 910**.

DYKAS Thomas
Né en 1850 à Gumniska (Galicie). XIXe siècle. Polonais.
Sculpteur.
Élève de l'École des Beaux-Arts à Cracovie, puis de K. von Zumbusch à Vienne, il s'établit à Cracovie après des voyages d'études en Allemagne, en Italie et en France. Les projets qu'il fit d'un monument à Mickiewicz lui valurent en 1881 et 1885 deux premiers prix. Enfin, s'installant définitivement à Lemberg, il y exécuta de nombreux monuments funéraires et une série de sculptures en marbre pour la cathédrale catholique romaine et pour l'église arménienne. Il fit également plusieurs monuments à Mickiewicz pour Przemysl, Tarnopol et Zloczow en Galicie.

DYKE Peter Van
XVIe siècle. Actif à Anvers. Éc. flamande.
Peintre.
Il devint maître en 1497.

DYKE Pieter Van ou **Vandyke**
XVIIIe siècle. Actif en Angleterre. Hollandais.
Peintre.
Peut-être est-il le fils de Philip Van de Linden Van Dyck. Probablement attiré des Pays-Bas à Londres par J. Reynolds, il y travailla comme portraitiste de 1762 à 1772. Il fut également l'élève de l'Écossais Allan Ramsay. Il débuta en 1762 à la Society of Artists avec un *Portrait de Femme* et une *Diane*. Puis, de 1764 à 1772, il figura à la Free Society of Artists avec une série de portraits. Établi à Bristol vers 1795, il y grava pour Joseph Cottle les portraits des poètes *Southey* et *Coleridge* jeunes.
Musées : Londres (Nat. Gal.) : *Southey – Coleridge.*

DYKE R. H.
XIXe siècle. Actif à Londres. Britannique.
Peintre.

Il exposa de 1856 à 1867 à Suffolk Street et à la British Institution à Londres des paysages et des marines.

DYKE Richard William
XVIIIe siècle. Irlandais.
Peintre.
Élève de l'Académie de Dublin en 1787, il s'établit à Belfast, puis à Dublin comme peintre de portraits et de miniatures. On connaît de lui un portrait au pastel du *Révérend Hugh O'Donnel*.

DYKER Bernardus
XVe siècle. Actif à Brême. Allemand.
Calligraphe et miniaturiste.

DYKHOFF J., Jr.
XIXe siècle. Actif à Amsterdam dans la première moitié du XIXe siècle. Hollandais.
Peintre de paysages.
Élève de J. Hulswit.

DYKMAN-LEMONNIER Jeanne, Mme
Née le 20 mai 1872 à Paris. XIXe-XXe siècles. Française.
Peintre.
Sociétaire des Artistes Français depuis 1895.

DYKMANS. Voir **DYCKMANS**

DYKSTRA B.
XVIIIe siècle. Actif à Leeuwarden. Hollandais.
Sculpteur.
Travailla à l'Hôtel de Ville de Leeuwarden en 1715.

DYL Dirk Van
Né en 1742 à Amsterdam. Mort en 1814 à Amsterdam. XVIIIe-XIXe siècles. Hollandais.
Peintre de voitures.
Fut élève de G. Van der Myn. Également collectionneur.
Ventes Publiques : Paris, 1850 : *Le marché aux herbes d'Anvers* : **FRF 6 510**.

DYL Hans
XVIe siècle. Actif à Nuremberg. Allemand.
Sculpteur.

DYL Yan Bernard
XXe siècle. Français.
Peintre.
Il exposa à Paris au Salon des Tuileries en 1938 et 1939.
Ventes Publiques : Paris, 16 oct. 1981 : *Méditation* 1939, h/t (130x81) : **FRF 5 200** – Paris, 26 jan. 1983 : *Peinture rythmique* 1938, h/pan. (108x77) : **FRF 8 000** – Versailles, 8 mars 1987 : *Méditation* 1939, h/t (129x80) : **FRF 15 100**.

DYLCZYNSKI Cyprian
Né en 1836 à Varsovie. XIXe siècle. Polonais.
Peintre.
Élève de l'Académie de Varsovie, il étudia ensuite à Dresde, Munich (avec W. v. Kaulbach) et Paris. D'abord peintre d'histoire, il se consacra bientôt à la peinture de genre.

DYLEFF Peter Alexandrovitch
Né en 1842. Mort en 1886. XIXe siècle. Russe.
Sculpteur.
Élève de l'Académie de Saint-Pétersbourg, il y exposa en 1868 un *Prométhée enchaîné* qui lui valut une médaille d'or, en 1870 un bas-relief en plâtre *Alexandre le Grand et son médecin Philippe*, et en 1871, une statue de *Pierre le Grand*.

DYLER Johann
XVIIe siècle. Actif à Strasbourg vers 1618. Français.
Peintre.

DYMINSKI Jan
XVIIe siècle. Actif à Niedzwiedz (près de Cracovie). Polonais.
Peintre.

DYNEN. Voir **DEYNUM** et **DUYNEN**

DYNGA Georg
XVIIIe siècle. Autrichien.
Peintre de miniatures, illustrateur.
Il travailla à Lipov en Moravie, où il fut connu comme pasteur. Il écrivit et illustra un livre d'hymnes en slovaque, maintenant propriété de l'église de Kuzelan près de Lipov (1740).

DYNO. Voir **TINO da Camaino**

DYNYS Chiara
Née en 1958 à Mantoue (Lombardie). XXe siècle. Italienne.
Artiste, créateur d'installations.
Elle expose à Rome et a présenté une installation au Musée imaginaire de Domo Dossola en 1990.
Elle réfléchit et travaille sur les limites de la peinture et sur ses relations éventuelles avec l'espace en général et les lieux en particulier.

DYONISIUS. Voir **DIONYSIOS**

DYONNET Edmund
Né le 25 juin 1859 à Crest (Drôme). Mort en 1954. XIXe-XXe siècles. Canadien.
Peintre de portraits.
Il fut élève, en Italie, de P. C. Gilardi et Andrea Gastuldi. Il a exposé à Rome en 1890, à Buffalo, à New York en 1901, où il obtint une médaille d'argent, ainsi qu'à l'Exposition Internationale de Saint Louis en 1904 ; il a participé encore aux Expositions de la Royal Canadian Academy of Arts de Montréal ; il a figuré enfin à Toronto et à Québec. Nommé membre du Royal College of Art en 1893, il devint secrétaire de la Royal Canadian Academy of Arts en 1910.
Ventes Publiques : Montréal, 26 nov. 1986 : *Portrait du Dr Boulet*, h/pan. (33x26) : **CAD 1 300**.

DYPRÉ Abraham
XVIe siècle. Actif à Alençon. Français.
Peintre.
Fils de Guillaume Dupré. Il fit en 1564 une *Madone* pour le maître-autel de l'église Notre-Dame à Alençon.

DYPRÉ Guillaume I ou **Dipré**
XVIe siècle. Actif à Alençon. Français.
Peintre et peintre verrier.

DYPRÉ Guillaume II
XVIe siècle. Actif à Alençon. Français.
Peintre verrier.
Il était le fils de Guillaume I Dypré.

DYRDON Henryk
Né en 1860. Mort en 1894 à Cracovie. XIXe siècle. Polonais.
Peintre.
Élève de Jan Matejko à Cracovie, il y fit comme son maître de nombreuses peintures pour l'église Sainte-Marie. Il fut aussi peintre de genre.

DYRICK. Voir **DIRCK**

DYS Gheert
XVIe siècle. Éc. flamande.
Peintre.
Il fut reçu maître à Anvers en 1528.

DYSAART. Voir **DIEUSSORT François**

DYSHLENKO Yuri
Né en 1936 à Novosibirsk (Russie). Mort le 30 janvier 1995 à Richmond Hills (New York). XXe siècle. Depuis 1989 actif aux États-Unis. Russe.
Peintre de collages.
Il est diplômé de l'Institut polytechnique de Leningrad en 1958 et de l'Institut théâtral de cette même ville en 1962. Il a montré une première exposition de ses œuvres, en 1988, à la galerie Phyllis Kind à New York.
Le travail de Y. Dyshlenko se présente comme une juxtaposition d'éléments disparates, papiers et photographies découpées produisant un effet associatif parfois insolite.
Musées : Rutgers (Zimmerli Art Mus.).
Ventes Publiques : Moscou, 7 juil. 1988 : *Sale provocation : détails scandaleux* 1988, acryl./t. (148,5x97,5) : **GBP 2 200**.

DYSSELHOF Gerrit Willem. Voir **DIJSSELHOF**

DYULLUS
Ve siècle avant J.-C. Actif à Corinthe. Antiquité grecque.
Sculpteur.
Avec Amyclœus, il fit la statue du divin Tellias, chef des Phocidiens, peu avant l'invasion des Perses. Ils firent aussi, à Delphes, un bas-relief représentant le combat d'Apollon et d'Hercule.

DYXHOORN Pieter Aarnout
Né en 1810 à Rotterdam. Mort le 14 septembre 1839 à Groningue. XIXe siècle. Hollandais.
Peintre de marines.
Il fut élève de Martinus Schouman et de Schotel. Ses tableaux furent quelquefois ornés par Willem Hendrik Smichdt.

Ventes Publiques : Londres, 19 jan. 1923 : *Danger sous le vent* : **GBP 10** – New York, 30 oct. 1980 : *Voiliers par forte mer*, h/t (42x56) : **USD 1 750**.

DYZERIN Paul
XVe siècle. Actif à Bruges vers 1450. Éc. flamande.
Peintre.

DZAMONJA Duan
Né le 31 janvier 1958 à Strumica (Yougoslavie). XXe siècle. Yougoslave.
Sculpteur. Abstrait.
Il fut élève de l'Académie des Beaux-Arts de Zagreb, de 1945 à 1951. Il a participé à de nombreuses manifestations collectives de la jeune sculpture yougoslave depuis 1954, notamment dans la capitale et à Zagreb. Il s'est également montré plusieurs fois à l'étranger : à la Biennale de Venise en 1954 et 1960, à la Biennale d'Anvers-Middelheim en 1959 et 1961, à la IIe Biennale de Paris en 1961. En 1992, il a exposé individuellement en Belgique.
Après une période que l'on pourrait qualifier de figurative, dans la mesure où Duan Dzamonja s'inspirait du corps humain, son travail, depuis 1959 avec ses *Fiancées*, s'est détaché de tout souci de représentation d'une forme corporelle évidente. Ses sculptures sont des torses de bois secrètement mutilés par le fer et le feu : lardés de clous et objet d'une combustion plus ou moins radicale, l'artiste les décore de cabochons de verroterie en guise de bijoux funèbres. Œuvres qui s'imposent comme des témoignages sur des actes de sorcelleries portés à des mandragores, où l'on reconnaît cependant encore l'ancienne influence de Pevsner et surtout de Chadwick. Dans son évolution ultérieure, il est resté fidèle à une abstraction certaine, bien que ses sculptures, apparemment très simples, se réfèrent à des volumes qu'aurait pétri une main sensuelle ou encore à des productions végétales.
Bibliogr. : Michel Ragon : *25 Ans d'art vivant*, Casterman, Paris, 1969 – in : *Nouveau dictionnaire de la sculpture moderne*, Hazan, Paris, 1970.

DZANG Su-Hong
Né à Hong Chow (Chine). XXe siècle. Chinois.
Peintre de portraits, natures mortes.
Il fit ses études à Paris. Ses maîtres furent Decôte et P.A. Laurens. Il participe, à Paris, au Salon des Artistes Français et au Salon des Tuileries depuis 1933.

DZANG Tze Su, Mme
Née à Tché-Kiang. XXe siècle. Chinoise.
Sculpteur.
Élève de Sicard. Cette artiste exposait des bustes au Salon des Artistes Français de 1934.

DZBANSKI Constantin
Né en 1823 à Lomna (Galicie). XIXe siècle. Polonais.
Peintre.
Élève de J. Maszkowski à Lemberg, puis de l'Académie de Vienne, il participa à la fondation de la Société des Amis des Arts de Lemberg en 1855. Parmi ses œuvres, on cite des tableaux de genre, comme *Bergers autour d'un feu de camp*, des compositions, comme *Cimon et Pero*, et des petits portraits à l'aquarelle, parmi lesquels un *Portrait du peintre par lui-même*, un *Portrait d'enfant* daté de 1859 et un *Groupe de cinq officiers*, daté de 1858.

DZENIS Burkards
Né en 1870 près de Riga (Lettonie). XXe siècle. Letton.
Sculpteur de bustes, monuments.
Il fut élève de l'École des Beaux-Arts Stieglitz à Saint-Pétersbourg. En 1905, il reçut une bourse et se rendit à l'étranger. Il a été directeur du Musée d'État de Riga. Il figurait en 1939, avec des bustes à l'Exposition de l'art de la Lettonie, à Paris. Il est l'auteur de nombreux monuments publics.

DZIANG Leu
Né à Kiang-Sou (Chine). XXe siècle. Chinois.
Peintre.
Élève de Sabatté. Il a figuré au Salon des Artistes Français en 1938 et 1939.

DZIEKONSKI Bogdan Joseph
Né en 1815. Mort en 1885. XIXe siècle. Polonais.
Peintre, graveur et écrivain.
On ne connaît de lui que quelques dessins gravés, dont *La Madone de Czenstochau* et le *Pèlerinage de Dembowski à Podgorze*.

DZIELINSKA Sophie
Née à Joryczow (Pologne). XXe siècle. Polonaise.
Sculpteur.
En 1935, cette artiste exposait des bustes au Salon d'Automne.

DZIERZWIC Dominik
XVIIe siècle. Actif à Cracovie. Polonais.
Peintre.

DZIERZYNSKI André
Né le 3 décembre 1936 à Varsovie. XXe siècle. Actif en Angleterre et en Italie. Polonais.
Peintre de paysages, dessinateur.
Il a étudié l'histoire de l'art à l'Université de Varsovie de 1953 à 1957 où il fut notamment l'élève du Professeur d'archéologie Kazimir Michalowski. Installé à Londres en 1957, il aborda l'année suivante la peinture en recevant les encouragements du sculpteur polonais Irène Kunicka. En 1970, il décide de vivre une partie de l'année en Italie, près de San Gimignano. La première exposition de Dzierzynski fut collective, datant de 1959, elle eut lieu dans une maison privée en compagnie de jeunes artistes, il y montra des paysages de France et d'Italie. Mais sa première exposition d'importance se tint, peu de temps après, au Centre Charles Péguy à Londres, où il exposa avec le sculpteur Elena Gaputyte. Depuis 1962, il montre régulièrement ses œuvres dans des expositions personnelles : Galerie Upper Grosvnor, Londres, 1964, 1965, 1966, 1967 ; Centre Charles Péguy, Londres, 1966 ; galerie Vaccarino, Florence, 1970 ; galerie Studius, Rio de Janeiro, 1975.
Chaque exposition de l'artiste est l'occasion de montrer des suites de paysages naturels peints sur les lieux de ses nombreux voyages, dans un style que l'on peut qualifier de figuratif. Si sa première source d'inspiration fut tout naturellement la campagne polonaise, il n'hésita pas à diversifier ses regards et à apprendre dans la nouveauté. Curieux, avide de voir, il parcourut le monde, réalisant puis les exposant, des paysages italiens, polonais, irlandais, hollandais, anglais, de la Terre Sainte, mexicains, persans, indiens et brésiliens. C'est après son voyage aux Indes, en 1973-74, que Dzierzynski modifia sa technique de peindre. Substituant le couteau à la brosse, il obtint une légèreté d'exécution dans ses paysages brésiliens que sa pâte épaisse antérieure oblitérait quelque peu. Ses paysages ont toujours été saisis sur le vif, loin de toute surcharge de détails, faisant contraster les couleurs, d'où la forme fraîche semble éclore. ■ C. D.

DZIEWONSKI Joseph
Né en 1827 à Swiatniki (près de Cracovie). Mort après 1900 à Jaroslav en Galicie. XIXe siècle. Polonais.
Peintre, graveur et lithographe.
Élève à Lemberg, de F. Lobeski et de N. Strzegocki, il acheva sa formation à l'Académie de Vienne. Il figura à l'Exposition Rétrospective de Lemberg en 1894 avec un dessin à la plume : *Soulèvement à Cracovie en 1848*, une peinture à l'huile, *Paysage dans la région de Roznov* et un *Portrait de l'artiste par lui-même* au fusain.

DZIGUSKI Alexander, dit **Alex**
Né en 1911. XXe siècle. Actif aux États-Unis. Yougoslave.
Peintre.
Ventes Publiques : Los Angeles, 16 mars 1981 : *La mer au crépuscule*, h/t (61,5x91,5) : **USD 1 200** – Los Angeles, 29 juin 1982 : *Bord de mer*, h/t (61x91,5) : **USD 1 400** – New York, 4 mars 1987 : *Paysage maritime*, h/t (61x91,5) : **USD 1 300** – New York, 18 déc. 1991 : *Marine*, h/t (61x91,4) : **USD 1 320**.

DZIUBANIUK Ela
Née à Lwow (Pologne). XXe siècle. Polonaise.
Peintre de genre.
Elle exposa à Paris au Salon des Indépendants à partir de 1932.

DZIWAK Pierre, appelé aussi **Wunderlich**
Né à Cracovie. XVIe siècle. Polonais.
Peintre.

DZMERCOVIC Bozidar
Né en 1930 à Mogilac (Yougoslavie). XXe siècle. Yougoslave.
Graveur. Abstrait, tendance informelle.
Il a étudié à l'École d'Art de Belgrade avec Célébonovic. Il a participé à la Biennale de Ljubljana en 1965 et 1967, et à celle de

Cracovie en 1966. Il a commencé à exposer à Belgrade en 1965. Ses gravures abstraites, à tendance informelle, laissent place à une importante recherche sur la matière.

DZUBAS Friedel

Né en 1915 à Berlin. xxe siècle. Depuis 1940 actif aux États-Unis. Allemand.

Peintre. Expressionniste-abstrait, color-field painting.

Il aurait été, selon certaines sources biographiques, élève de l'Académie des Beaux-Arts de Berlin de 1931 à 1934 ; une autre source affirme qu'autodidacte il serait devenu, de 1933 à 1936, apprenti peintre-décorateur dans une société berlinoise, en étudiant seul la peinture dans les musées. Dans les années trente, il combat la montée du nazisme en intégrant une organisation de jeunesse communiste. En 1939, il réussit à quitter l'Allemagne, d'abord pour Londres et ensuite, en 1940, pour les États-Unis. À New York, cette même année il s'installe à Chicago et devient designer pour l'édition. Il ne cesse cependant de s'intéresser au développement de la peinture moderne et aux écrits de Clement Greenberg. En 1954, Dzubas retourne à New York. Il y rencontre Clement Greenberg qui le présente à Jackson Pollock et à d'autres artistes expressionnistes abstraits. Il entre aussi en contact avec Katherine Dreier et la *Société Anonyme* pour qui il dessine le premier catalogue de la collection en 1950. En 1952, il partage son atelier new yorkais avec Helen Frankenthaler. Dans les années soixante il effectue un séjour en Europe.

Il participe à de nombreuses expositions collectives, parmi lesquelles : 1961, *60 Américains 1960*. Il réalise des expositions particulières de ses œuvres : 1952, Tibo de Nagy Gallery, New York ; 1958, 1959, galerie French & Co, New York, dirigée par Clement Greenberg ; 1974, rétrospective, Museum of Fine Arts, Houston.

Son style du début fut fortement influencé par la peinture de Klee. Par la suite, Friedel Dzubas deviendra, dans les années soixante, un des représentants de l'expressionnisme abstrait. Il faisait partie avec Sam Francis et Helen Frankenthaler d'un cercle de peintres qui, groupés sous l'appellation américaine du *Color-field painting*, combattaient l'expressionnisme pictural de De Kooning et défendaient ardemment le style « all-over » de Pollock. Leurs préoccupations majeures étaient le rejet de l'illusion de la profondeur, l'affirmation de la bi-dimensionnalité de la surface à peindre, l'élimination de la touche gestuelle, et la libération de la couleur. Dans cette atmosphère artistique passionnelle, il déclarait à propos des peintres imitateurs de De Kooning : « Ce ne sont que bavardages d'êtres satisfaits d'eux-mêmes et l'on y trouve tous les ingrédients de ce qui est à la mode, le pinceau que l'on fait traîner, les accents minimes et raisonnables, de la nonchalance apparente et de la violence pomponnée. » ■ C. D.

Bibliogr. : Jules David Prown et Barbara Rose : *La Peinture américaine de la période coloniale à nos jours*, Skira, Genève, 1969 – Robert Atkins : *A Guide to Contemporary Ideas, Movements, and Buzzwords*, Abbeville Press Publishers, New York, 1990.

Musées : Buffalo (Albright-Knox Art Gal.).

Ventes Publiques : Londres, 5 déc. 1974 : *Satori I* 1963 : **GBP 640** – New York, 30 nov. 1980 : *Angels wing* 1977, acryl./t. (157,5x388,5) : **USD 14 000** – New York, 9 nov. 1983 : *Sans titre* 1965, h/t (213,4x175,3) : **USD 13 000** – Londres, 18 juin 1985 : *Vol de nuit*, acryl./t. (183x183) : **USD 9 000** – New York, 5 mai 1987 : *Sans titre* 1966, acryl./t. (71,2x424,2) : **USD 16 500** – Londres, 13 avr. 1988 : *Abbaye grise* 1968, h/t (241,3x183) : **USD 3 080** – New York, 4 mai 1988 : *Henge* 1965, h/t (175,2x213,2) : **USD 8 800** – New York, 8 oct. 1988 : *1965*, h/t (117x233,7) : **USD 7 700** – New York, 10 Nov. 1988 : *Mesita Run* 1976, acryl./t. (101,8x101,8) : **USD 10 450** – Londres, 6 avr. 1989 : *Nuptial* 1978, acryl./t. (101,6x101,6) : **GBP 1 870** – New York, 3 mai 1989 : *Autre désert* 1974, acryl./t. (183x183) : **USD 19 800** – New York, 5 oct. 1989 : *Sans titre* 1980, acryl./t. (183x183) : **USD 30 250** – New York, 23 fév. 1990 : *Bantu/1973*, acryl./t. (155,5x262,2) : **USD 33 000** – New York, 8 mai 1990 : *Après gris* 1974, acryl./t. (154,9x261,9) : **USD 33 000** – New York, 7 mai 1991 : *Scherazade* 1988, acryl./t. (72,4x108) : **USD 4 180** – New York, 12 juin 1991 : *Saints passion* 1976, acryl./t. (101,6x101,6) : **USD 6 600** – New York, 3 oct. 1991 : *Entrée* 1974, acryl./t. (183x269,3) : **USD 27 500** – New York, 13 nov. 1991 : *Le voyage des Vikings* 1975, acryl./t. (145x333) : **USD 14 300** – New York, 25-26 fév. 1992 : *Cold hedge* 1973, h/t (99,1x99,1) : **USD 16 500** – New York, 7 mai 1992 : *Sang du Christ* 1972, acryl./t. (182,9x182,9) : **USD 26 400** – New York, 5 mai 1993 : *Hesperus*, acryl./t. (157,5x294,6) : **USD 16 100** – New York, 11 nov. 1993 : *Chutes d'ombre* 1979, acryl./t. (182,9x182,9) : **USD 17 250** – New York, 22 fév. 1996 : *Construction* 1981, enduit/t. (119,4x274,3) : **USD 23 000** – New York, 10 oct. 1996 : *Northern* 1963, h/t (88,9x88,9) : **USD 5 175** – New York, 19 fév. 1997 : *Trajet caché* 1983, acryl./t. (182,9x183,5) : **USD 12 650.**

DZUBENKO Michel

Né à Viborg (Finlande). xxe siècle. Russe.

Peintre de paysages, fleurs, intérieurs.

Il a exposé, à Paris, au Salon d'Automne en 1930 et 1931.

DZWENK Stanislaus

xvie siècle. Actif à Cracovie. Polonais.

Peintre.

DZWONOWSKI Zacharias

xviie siècle. Actif à Cracovie. Polonais.

Peintre.

A Cracovie en 1636, il peignit huit tableaux à l'huile représentant la vie de saint Augustin pour le couvent Sainte-Catherine à Kazimierz en Pologne.

Maîtres anonymes connus par un monogramme ou des initiales commençant par D

D' suivi d'un patronyme. Voir ce patronyme

D. B.
Marque d'un graveur.

D. B.
XVIe siècle. Allemand.
Marque d'un peintre et graveur.
Actif à Wittemberg.

D. E.
XVe siècle. Allemand.
Monogramme d'un graveur.
Il est cité par M. Ris Paquot ; ses planches en cuivre portent la date de 1465 accompagnée d'un lion ailé.

D. E. F.
Éc. flamande.
Monogramme d'un graveur.
Ce monogramme a été relevé sur des épreuves sur cuivre et à l'eau-forte exécutées dans la manière de Van Vliet.

D. H.
XVIe siècle. Allemand.
Monogramme d'un graveur.
On cite de cet artiste une gravure sur bois représentant : *Un seigneur allemand, son épouse et leurs enfants.*

D. I. B. C.
XVIIe siècle.
Monogramme d'un ou de deux graveurs.
Ces marques se trouvent sur une estampe : *La Charité,* dont la composition paraît pouvoir être attribuée à Raphaël, ou à un de ses bons imitateurs.

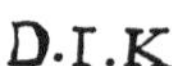

D. I. K.
XVIe siècle. Allemand.
Monogramme d'un graveur.

D. K.
XVIe siècle.
Monogramme d'un graveur sur cuivre et sur bois.

D. L. M.
Allemand.
Monogramme d'un dessinateur.
On cite de lui une gravure sur bois : *Un seigneur et une dame s'amusant à la chasse au vol.*

D. M.
XVIe siècle. Allemand.
Monogramme d'un graveur.
On cite de lui des estampes représentant *la Vierge immaculée* (Copies d'Albert Dürer).

D. M. F.
Monogramme d'un graveur.

D. N.
Monogramme d'un graveur sur bois.

D. R.
XVIe siècle (?).
Monogramme d'un graveur.
Monogramme non authentifié, probablement du XVIe siècle. On a de lui une très bonne copie en contrepartie de l'estampe d'Aldegrever : *La Pensée de la Mort.*

D. S.
XVIe siècle. Suisse.
Graveur sur bois et peintre, dessinateur, illustrateur.
Originaire de Bâle, actif entre 1503 et 1515, il fut un dessinateur remarquable qui n'a illustré que des livres édités à Bâle.
Musées : Bâle : *Le pêcheur pénitent et le pêcheur impénitent à leur lit de mort,* grav. – Berlin (Cab. des Estampes) : *Crucifixion,* grav. – Francfort-sur-le-Main (Stadel) : *Les saints martyrs,* grav. – Londres (British Mus.) : *La messe de saint Grégoire,* grav. – Prague : *La crucifixion du Christ,* grav.

D. V. R. F.
Monogramme d'un miniaturiste sur ivoire.